Münchener Kommentar zur Zivilprozessordnung

Herausgegeben von

Dr. Thomas Rauscher
Professor an der
Universität Leipzig

Peter Wax
Präsident des Landgerichts
Hechingen a. D.

und

Dr. Joachim Wenzel
Vizepräsident des Bundesgerichtshofs a. D.
Karlsruhe

Die einzelnen Bände
des Münchener Kommentars zur ZPO

Band 1
Einleitung, §§ 1–510 c

Band 2
§§ 511–945

Band 3
§§ 946–1086
EGZPO · GVG · EGGVG
Internationales Zivilprozessrecht

Münchener Kommentar zur Zivilprozessordnung

mit Gerichtsverfassungsgesetz und Nebengesetzen

Band 1

§§ 1–510 c

Herausgegeben von

Dr. Thomas Rauscher
Professor an der
Universität Leipzig

Peter Wax
Präsident des Landgerichts
Hechingen a. D

Dr. Joachim Wenzel
Vizepräsident des Bundesgerichtshofs a. D.
Karlsruhe

3. Auflage

Verlag C. H. Beck München 2008

Zitiervorschlag:
MünchKommZPO/*Wöstmann* § 1 Rn. 1

Verlag C. H. Beck im Internet:
beck.de

ISBN 978 3 406 55291 5

Wilhelmstraße 9, 80801 München
Druck: Kösel GmbH & Co KG
Am Buchweg 1, 87452 Altusried-Krugzell

Satz: Druckerei C. H. Beck Nördlingen
(Adresse wie Verlag)

Gedruckt auf säurefreiem, alterungsbeständigem Papier
(hergestellt aus chlorfrei gebleichtem Zellstoff)

Die Bearbeiter des ersten Bandes

Dr. Ekkehard Becker-Eberhard
Professor an der Universität Leipzig

Dr. Jürgen Damrau
Rechtsanwalt, Professor an der Universität Konstanz, Richter am LG a.D.

Dr. Karl Günther Deubner
Vorsitzender Richter am Landgericht a.D.

Dr. Markus Gehrlein
Richter am Bundesgerichtshof Karlsruhe
Honorarprofessor an der Universität Mannheim

Martin Giebel
Richter am Thüringer Oberlandesgericht Jena

Dr. Dr. h.c. Peter Gottwald
Professor an der Universität Regensburg

Dr. Martin Häublein
Professor an der Freien Universität Berlin

Dr. Christian Heinrich
Professor an der Katholischen Universität Eichstätt-Ingolstadt

Dr. Walter F. Lindacher
Professor an der Universität Trier

Dr. Christoph von Mettenheim
Rechtsanwalt beim Bundesgerichtshof Karlsruhe

Dr. Stefan Motzer
Vorsitzender Richter am Landgericht Stuttgart

Dr. Hans-Joachim Musielak
Professor an der Universität Passau

Dr. Reinhard Patzina
Rechtsanwalt in Frankfurt am Main

Dr. Hanns Prütting
Professor an der Universität Köln

Dr. Thomas Rauscher
Professor an der Universität Leipzig

Dr. Klaus Schreiber
Professor an der Ruhr-Universität Bochum

Bearbeiter

Dr. Hans-Jörg Schultes
Rechtsanwalt in Bonn

Dr. Claus Wagner
Vorsitzender Richter am Oberlandesgericht Dresden

Heinz Wöstmann
Richter am Bundesgerichtshof Karlsruhe
Lehrbeauftragter an der Universität Münster

Dr. Walter Zimmermann
Vizepräsident des Landgerichts Passau a. D.
Honorarprofessor an der Universität Regensburg

Im Einzelnen haben bearbeitet:

Einleitung	Dr. Thomas Rauscher
§§ 1–11	Heinz Wöstmann
§§ 12–40	Dr. Reinhard Patzina
§§ 41–49	Dr. Markus Gehrlein
§§ 50–58	Dr. Walter F. Lindacher
§§ 59–77	Dr. Hans-Jörg Schultes
§§ 78–90	Dr. Christoph von Mettenheim
§ 91	Martin Giebel
§ 91 a	Dr. Walter F. Lindacher
§§ 92–113	Martin Giebel
§§ 114–127 a	Dr. Stefan Motzer
§§ 128–165	Dr. Claus Wagner
§§ 166–213 a	Dr. Martin Häublein
§§ 214–252	Dr. Markus Gehrlein
§§ 253–271	Dr. Ekkehard Becker-Eberhard
§§ 272–299 a	Dr. Hanns Prütting
§§ 300–321 a	Dr. Hans-Joachim Musielak
§§ 322–328	Dr. Dr. h. c. Peter Gottwald
§ 329	Dr. Hans-Joachim Musielak
§§ 330–347	Dr. Hanns Prütting
§§ 348–354	Dr. Karl Günther Deubner
§§ 355–370	Dr. Christian Heinrich
§§ 371–372 a	Dr. Walter Zimmermann
§§ 373–401	Dr. Jürgen Damrau
§§ 402–414	Dr. Walter Zimmermann
§§ 415–494 a	Dr. Klaus Schreiber
§§ 495–510 c	Dr. Karl-Günther Deubner

Vorwort zur dritten Auflage

Seit dem Erscheinen der 2. Auflage hat der Gesetzgeber die ZPO in vielen Bereichen tiefgreifend umgestaltet. Das Gesetz zur Reform des Zivilprozesses vom 27. 7. 2001, das am 1. 1. 2002 in Kraft getreten ist, hat nicht nur das Rechtsmittelsystem, das einen der Schwerpunkte des zweiten Bandes bildet, sondern auch das Verfahren erster Instanz schwerpunktmäßig neu geregelt. Darüber hinaus ist das seit Inkrafttreten der ZPO nahezu unverändert gebliebene Recht des Zustellungsverfahrens durch das am 1. 7. 2002 in Kraft getretene Zustellungsreformgesetz auf eine völlig neue Grundlage gestellt. Die Gesetzesänderungen konnten bereits im Ergänzungsband zur 2. Auflage, der 2002 erschienen ist, erläutert werden. Seitdem haben Literatur und Rechtsprechung vieles, was zunächst unklar oder streitig war, klären oder unstreitig stellen können. Ein Werk wie das vorliegende kann sich nicht damit begnügen, die Ergebnisse dieser Entwicklung zu dokumentieren, sondern hat die Aufgabe, sie kritisch zu begleiten, die Auswirkungen auf andere Gebiete des Verfahrensrechts deutlich zu machen, auf Bedenken und Zweifel hinzuweisen, die in vielen Bereichen nach wie vor bestehen, und Wege zur Lösung bislang ungelöster und streitiger Probleme aufzuzeigen. Dasselbe gilt für die vielfältigen anderen Gesetzesänderungen, die seit dem Erscheinen der 2. Auflage in Kraft getreten sind. Zu nennen sind insbesondere das OLG-Vertretungsänderungsgesetz vom 23. 7. 2002, das Erste Justizmodernisierungsgesetz vom 24. 8. 2004, das auf eine Entscheidung des BVerfG zurückgehende Gesetz über die Rechtsbehelfe bei Verletzung des Anspruchs auf rechtliches Gehör vom 9. 12. 2004, das EG-Prozesskostenhilfegesetz vom 15. 12. 2004, das Justizkommunikationsgesetz vom 22. 3. 2005, das Gesetz zur Einführung von Kapitalanleger-Musterverfahren vom 16. 8. 2005, das Zweite Gesetz zur Modernisierung der Justiz vom 22. 12. 2006, das Gesetz zur Stärkung der Selbstverwaltung der Rechtsanwaltschaft vom 26. 3. 2007 und das Gesetz zur Änderung des Wohnungseigentumsgesetzes und anderer Gesetze vom 26. 3. 2007. Diese und weitere Gesetzesänderungen machten in vielen Bereichen eine umfassende Überarbeitung der Kommentierung erforderlich, die zugleich in sämtlichen Bereichen auf den aktuellen Stand von Literatur und Rechtsprechung gebracht wurde.

Dem zunehmend bestimmenden Einfluss europarechtlicher Vorschriften auf das Verfahrensrecht entspricht die Bedeutung des internationalen Prozessrechts als einem der zentralen Gebiete des Zivilprozessrechts. Wo sie die Anwendung von Vorschriften des nationalen Rechts unmittelbar oder mittelbar beeinflussen, ist darauf hingewiesen worden.

Professor Dr. Dr. h. c. Gerhard Lüke, der zunächst an der Konzeption der 3. Auflage noch beteiligt war, hat den Kreis der Herausgeber und Autoren aus gesundheitlichen Gründen auf eigenen Wunsch verlassen. Mit seinem Ausscheiden hat das Werk nach Alfred Walchshöfer den zweiten Gründungsherausgeber verloren. Gerhard Lüke hat sich unschätzbare Verdienste um den Münchener Kommentar zur Zivilprozessordnung erworben. Als Herausgeber hat er von Beginn an die Konzeption des Gesamtwerks seit den ersten Planungen mit großem Geschick und überragender Sachkunde geprägt und damit entscheidend zum Erfolg des Werks beigetragen. Darüber hinaus hat er als Autor in zentralen Bereichen des Kommentars Maßstäbe für das gesamte Werk gesetzt. Seine souveräne Beherrschung des Stoffes und dessen überzeugende und klare Vermittlung sind von Benutzern wie von Rezensenten vielfach als Glanzpunkte des Kommentars gerühmt worden. Wer das Glück hatte, als Mitherausgeber, als Autor oder im Verlag mit Gerhard Lüke zusammenarbeiten zu dürfen, erinnert sich dankbar an die stets zwanglose, freundliche und kollegiale Art des Umgangs, mit der er anderen diese Zusammenarbeit zur Freude gemacht hat.

An die Stelle von Gerhard Lüke ist Thomas Rauscher getreten, der die 3. Auflage zusammen mit Peter Wax und Joachim Wenzel als Herausgeber betreut und als Autor neben Teilen des internationalen Verfahrensrechts auch die Einleitung in dem ersten Band übernommen hat.

Der Kreis der Autoren des ersten Bandes, der außer der Einleitung die Erläuterungen zu den §§ 1 bis 510c ZPO umfasst, hat sich nicht nur durch das Ausscheiden von Gerhard Lüke wesentlich verändert. Ausgeschieden sind August Belz, Oskar Feiber, Egbert Peters, Eberhard Schilken und Dirk Schwerdtfeger. Ihnen haben der Verlag und die Herausgeber für ihre grundlegende und erfolgreiche Mitarbeit zu danken. Als Autoren des ersten Bandes ausgeschieden sind ferner die Mitherausgeber Peter Wax und Joachim Wenzel. An Stelle der Ausgeschiedenen konnten Ekkehard Becker-Eberhard, Markus Gehrlein, Martin Giebel, Martin Häublein, Stefan Motzer, Hans-Jörg Schultes, Claus Wagner, Heinz Wöstmann und Walter Zimmermann als Autoren gewonnen werden.

Vorwort

Der erste Band ist auf dem Stand vom 1. August 2007 mit Nachträgen bis Ende September 2007. Der Band 3 wird in kurzem Abstand folgen und damit das gesamte Werk auf den aktuellen Stand von Gesetzgebung, Literatur und Rechtsprechung bringen.

Für konstruktive Kritik sind Herausgeber, Autoren und Verlag auch weiterhin dankbar.

Im Oktober 2007

Herausgeber und Verlag

Inhaltsverzeichnis

Zivilprozessordnung

Verzeichnis der Abkürzungen

a.	auch
aA	anderer Ansicht
AAA	American Arbitration Association
aaO	am angegebenen Ort
AbgG	Gesetz über die Rechtsverhältnisse der Mitglieder des Deutschen Bundestages (Abgeordnetengesetz) idF d. Bek. v. 21. 2. 1996 (BGBl. I S. 326)
abgedr.	abgedruckt
Abh.	Abhandlung(en)
Abk.	Abkommen
ABl.	Amtsblatt
abl.	ablehnend
ABl. EU	Amtsblatt der Europäischen Union
Abs.	Absatz
Abschn.	Abschnitt
Abt.	Abteilung
abw.	abweichend
abwM	abweichende Meinung
AcP	Archiv für die civilistische Praxis (Zeitschrift; zitiert nach Band und Seite; in Klammer Erscheinungsjahr des jeweiligen Bandes)
ADS	Allgemeine Deutsche Seeversicherungsbedingungen
ADSp.	Allgemeine Deutsche Spediteurbedingungen
AdVermiG	Gesetz über die Vermittlung der Annahme als Kind und über das Verbot der Vermittlung von Ersatzmüttern (Adoptionsvermittlungsgesetz – AdVermG) idF d. Bek. v. 22. 12. 2001 (BGBl. 2002 I S. 354)
aE	am Ende
aF	alte Fassung
AfP	Archiv für Presserecht (Zeitschrift)
AG	Aktiengesellschaft; Die Aktiengesellschaft (Zeitschrift); Amtsgericht (mit Ortsnamen)
AGB	Allgemeine Geschäftsbedingungen
AGBG	Gesetz zur Regelung des Rechts der Allgemeinen Geschäftsbedingungen (AGB-Gesetz) idF d. Bek. vom 29. 6. 2000 (BGBl. I S. 946), außer Kraft 31. 12. 2001
AGBGB	Ausführungsgesetz zum BGB
AGH	Anwaltsgerichtshof
AGHZPÜ	Ausführungsgesetz zum Haager Übereinkommen für den Zivilprozeß 1954
AGJ	Arbeitsgemeinschaft für Jugendhilfe
AGJJ	Arbeitsgemeinschaft für Jugendpflege und Jugendfürsorge
AG § 15a EGZPO	Gesetz zur Ausführung von § 15a des Gesetzes betreffend die Einführung der Zivilprozeßordnung (Ausführungsgesetz zu § 15a EGZPO – AG § 15a EGZPO) vom 9. 5. 2000 (GVBl. NRW S. 476)
AgrarR	Agrarrecht, Zeitschrift für das gesamte Recht der Landwirtschaft, der Agrarmärkte und des ländlichen Raumes (nun: Zeitschrift für Agrar- und Umweltrecht – AUR, siehe dort)
AGS	Anwaltsgebühren Spezial (Zeitschrift)
AHB	Allgemeine Versicherungsbedingungen für die Haftpflichtversicherung
AHK	Alliierte Hohe Kommission
AHKBl.	Amtsblatt der Alliierten Hohen Kommission in Deutschland
AJCL	American Journal of Comparative Law
AktG	Aktiengesetz v. 6. 9. 1965 (BGBl. I S. 1089)
allgM	allgemeine Meinung
ALR	Allgemeines Landrecht für die Preußischen Staaten von 1794 (zitiert nach §, Teil und Titel)

Abkürzungen

Alt.	Alternative
aM	anderer Meinung
Am.J. Comp. L.	American Journal of Comparative Law
amtl.	amtlich
Amtl. Begr.	Amtliche Begründung
Amtl. Mitt.	Amtliche Mitteilung(en)
ANBA	Amtliche Nachrichten der Bundesagentur für Arbeit
ÄndG	Gesetz zur Änderung
AnfG	Gesetz betreffend die Anfechtung von Rechtshandlungen eines Schuldners außerhalb des Insolvenzverfahrens v. 5. 10. 1994 (BGBl. I S. 2911)
Anh.	Anhang
Anl.	Anlage
Anm.	Anmerkung
AnwBl.	Anwaltsblatt (Zeitschrift)
anwendb.	anwendbar
AO	Abgabenordnung (AO 1977) idF d. Bek. v. 1. 10. 2002 (BGBl. I S. 3866)
AOK	Allgemeine Ortskrankenkasse
AöR	Archiv des öffentlichen Rechts (Zeitschrift)
ArbG	Arbeitsgericht (mit Ortsnamen)
ArbGeb.	Der Arbeitgeber (Zeitschrift)
ArbGG	Arbeitsgerichtsgesetz idF d. Bek. v. 2. 7. 1979 (BGBl. I S. 853, ber. S. 1036)
Arb. Int.	Arbitration International
Arb. J.	The Arbitration Journal
ArbMin.	Arbeitsministerium
ArbN	Arbeitnehmer
ArbnErfG	Gesetz über Arbeitnehmererfindungen v. 25. 7. 1957 (BGBl. I S. 756)
ArbPlSchG	Gesetz über den Schutz des Arbeitsplatzes bei Einberufung zum Wehrdienst (Arbeitsplatzschutzgesetz – ArbPlSchG) idF d. Bek. v. 14. 2. 2001 (BGBl. I S. 3002)
ArbRBl.	vgl. AR-Blattei
ArbRspr.	Die Rechtsprechung in Arbeitssachen
ArbuR	s. AuR
ArbZG	Arbeitszeitgesetz (ArbZG) v. 6. 6. 1994 (BGBl. I S. 1170)
Arch.	Archiv
ArchBürgR	Archiv für Bürgerliches Recht (Zeitschrift)
ArchivPT	Archiv für Post und Telekommunikation (Zeitschrift)
arg.	argumentum
ARS	Arbeitsrechts-Sammlung, Entscheidungen des Reichsarbeitsgerichts und der Landesarbeitsgerichte (1928–1944)
ARST.	Arbeitsrecht in Stichworten (Entscheidungssammlung)
Art.	Artikel
AsylVfG	Asylverfahrensgesetz idF d. Bek. v. 27. 7. 1993 (BGBl. I S. 1361)
AT	Allgemeiner Teil
ATZG	Altersteilzeitgesetz v. 23. 7. 1996 (BGBl. I S. 1078)
Auff.	Auffassung
Aufl.	Auflage
AUG	Gesetz zur Geltendmachung von Unterhaltsansprüchen im Verkehr mit ausländischen Staaten (Auslandsunterhaltsgesetz) v. 19. 12. 1986 (BGBl. I S. 2563)
AÜG	Gesetz zur Regelung der gewerbsmäßigen Arbeitnehmerüberlassung (Arbeitnehmerüberlassungsgesetz – AÜG) idF d. Bek. v. 3. 2. 1995 (BGBl. I S. 158)
AuR	Arbeit und Recht, Zeitschrift für die Arbeitsrechtspraxis, hrsg. vom Deutschen Gewerkschaftsbund
AUR	Zeitschrift für Agrar- und Umweltrecht – AUR
ausf.	ausführlich
AusfG	Ausführungsgesetz
AusfVO	Ausführungsverordnung

AuslInvestmG	Auslandsinvestment-Gesetz idF d. Bek. v. 9. 9. 1998 (BGBl. I S. 2820), aufgehoben d. G. v. 15. 12. 2003 (BGBl. I S. 2676)
AuslG	Gesetz über die Einreise und den Aufenthalt von Ausländern im Bundesgebiet (Ausländergesetz) v. 9. 7. 1990 (BGBl. I S. 1354), außer Kraft
AVAG	Gesetz zur Ausführung zwischenstaatlicher Verträge und zur Durchführung von Verordnungen und Abkommen der Europäischen Gemeinschaft auf dem Gebiet der Anerkennung und Vollstreckung in Zivil- und Handelssachen (Anerkennungs- und Vollstreckungsausführungsgesetz – AVAG) vom 19. 2. 2001 (BGBl. I S. 288)
AV	Allgemeine Verfügung
AVB	Allgemeine Versicherungsbedingungen; Allgemeine Vertragsbedingungen
AVO	Ausführungsverordnung
AVV	Allgemeine Verwaltungsvorschrift
AWD	Außenwirtschaftsdienst des Betriebsberaters (Zeitschrift, 4. 1958–20. 1974; vorher und anschließend RIW)
AWG	Außenwirtschaftsgesetz idF der Bek. v. 26. 6. 2006 (BGBl. I S. 1386)
Az.	Aktenzeichen
BABl.	Bundesarbeitsblatt (Zeitschrift)
BadNotZ	Badische Notar-Zeitschrift
BAFöG	Bundesgesetz über individuelle Förderung der Ausbildung (Bundesausbildungsförderungsgesetz) idF d. Bek. v. 26. 8. 1971 (BGBl. I/1983 S. 645)
BAG	Bundesarbeitsgericht
BAGE	Entscheidungen des Bundesarbeitsgerichts
BAnz.	Bundesanzeiger
BarwertVO	Verordnung zur Ermittlung des Barwerts einer auszugleichenden Versorgung nach § 1587 a Abs. 3 Nr. 2, Abs. 4 des Bürgerlichen Gesetzbuchs (Barwert-Verordnung) v. 24. 6. 1977 (BGBl. I S. 1014), außer Kraft 31. 5. 2006
BauFdgG	Gesetz zur Sicherung der Bauforderungen v. 1. 6. 1909 (RGBl. S. 449)
BauGB	Baugesetzbuch idF d. Bek. v. 23. 9. 2004 (BGBl. I S. 2414)
BauR	Baurecht (Zeitschrift)
BaWü.	Baden-Württemberg
Bay., bay.	Bayern, bayerisch
BayAGGVG	Bayerisches Gesetz zur Ausführung des Gerichtsverfassungsgesetzes und von Verfahrensgesetzen des Bundes v. 23. 6. 1981 (BayRS 300-1-1-J)
BayBS	Bereinigte Sammlung des bayerischen Landesrechts
BayGVBl.	Bayerisches Gesetz- und Verordnungsblatt
BayJMBl.	Bayerisches Justizministerialblatt
BayNotZ	Bayerische Notariats-Zeitung und Zeitschrift für die freiwillige Rechtspflege der Gerichte in Bayern
BayObLG	Bayerisches Oberstes Landesgericht
BayObLGZ	Amtliche Sammlung von Entscheidungen des Bayerischen Obersten Landesgerichts in Zivilsachen
BaySchlG	Bayerisches Gesetz zur obligatorischen außergerichtlichen Streitschlichtung in Zivilsachen und zur Änderung gerichtsverfassungsrechtlicher Vorschriften (Bayerisches Schlichtungsgesetz) v. 25. 4. 2000 (GVBl. S. 268, BayRS 300-1-5-J, 300-1-1-J)
BayVBl.	Bayerische Verwaltungsblätter (Zeitschrift)
BayVerfGH	Bayerischer Verfassungsgerichtshof
BayVerfGE	Sammlung von Entscheidungen des Bayerischen Verfassungsgerichtshofes
BayVGH	Bayerischer Verwaltungsgerichtshof
BayZ	Zeitschrift für Rechtspflege in Bayern
BB	Der Betriebs-Berater (Zeitschrift)
BBankG	Gesetz über die Deutsche Bundesbank idF d. Bek. v. 22. 10. 1992 (BGBl. I S. 1782)
BBauBl.	Bundesbaublatt
BBesG	Bundesbesoldungsgesetz idF d. Bek. v. 6. 8. 2002 (BGBl. I S. 3020)
BBG	Bundesbeamtengesetz idF d. Bek. v. 31. 3. 1999 (BGBl. I S. 675)

Abkürzungen

BbgVerfG	Brandenburgisches Verfassungsgericht
BBiG	Berufsbildungsgesetz v. 23. 3. 2005 (BGBl. I S. 931)
Bd. (Bde.)	Band (Bände)
BDH	Bundesdisziplinarhof
BDO	Bundesdisziplinarordnung idF d. Bek. v. 20. 7. 1967 (BGBl. I S. 750, ber. S. 984), außer Kraft
BDSG	Bundesdatenschutzgesetz (Art. 1 Gesetz zur Fortentwicklung der Datenverarbeitung und des Datenschutzes) idF der Bek. v. 14. 1. 2003 (BGBl. I S. 66)
BeamtVG	Gesetz über die Versorgung der Beamten und Richter in Bund und Ländern (Beamtenversorgungsgesetz) idF d. Bek. v. 16. 3. 1999 (BGBl. I S. 322, ber. S. 847 und S. 2033)
Bearb., bearb.	Bearbeitung/Bearbeiter; bearbeitet
BEG	Bundesgesetz zur Entschädigung für Opfer der nationalsozialistischen Verfolgung (Bundesentschädigungsgesetz) v. 29. 6. 1956 (BGBl. I S. 559)
Begr.	Begründung
begr. (v.)	begründet (von)
Beih.	Beiheft
Beil.	Beilage
Bek.	Bekanntmachung
Bem.	Bemerkung
ber.	berichtigt
BerHG	Gesetz über Rechtsberatung und Vertretung für Bürger mit geringem Einkommen v. 18. 6. 1980 (BGBl. I S. 689)
BerlVerfGH	Berliner Verfassungsgerichtshof
BErzGG	Gesetz über die Gewährung von Erziehungsgeld und Erziehungsurlaub (Bundeserziehungsgeldgesetz) idF d. Bek. v. 9. 2. 2004 (BGBl. I S. 206)
bes.	besonders, besondere(-r, -s)
Beschl.	Beschluss
bestr.	bestritten
betr.	betreffend
BetrVG	Betriebsverfassungsgesetz idF d. Bek. v. 25. 9. 2001 (BGBl. I S. 2518)
BeurkG	Beurkundungsgesetz v. 28. 8. 1969 (BGBl. I S. 1513)
BewG	Bewertungsgesetz idF d. Bek. v. 1. 2. 1991 (BGBl. I S. 230)
BezG	Bezirksgericht (DDR)
BfA	Bundesagentur für Arbeit
BFH	Bundesfinanzhof
BFHE	Sammlung der Entscheidungen (bis 1963: und Gutachten) des BFH (zitiert nach Band u. Seite)
BFH/NV	Sammlung amtlich nicht veröffentlichter Entscheidungen des BFH
BG	Bezirksgericht
BGB	Bürgerliches Gesetzbuch idF d. Bek. v. 2. 1. 2002 (BGBl. I S. 42)
BGBl. I – III	Bundesgesetzblatt, Teil I–III (zitiert nach Jahr, sofern es nicht mit dem Jahr des Gesetzeserlasses übereinstimmt, Teil u. Seite)
BGE	Entscheidungen des Schweizer Bundesgerichts
BGH	Bundesgerichtshof
BGHGZs	Bundesgerichtshof, Großer Senat in Zivilsachen
BGHR	Systematische Sammlung der Entscheidungen des Bundesgerichtshofes, Loseblatt (zitiert nach Gesetz, sofern nicht die ZPO gemeint ist, §, sofern sich die Gesetzesstelle nicht auf den gerade kommentierten Paragraphen bezieht, und Stichwort)
BGHReport	BGHReport (Jahr und Seite)
BGHSt.	Entscheidungen des Bundesgerichtshofs in Strafsachen
BGHVGS	Bundesgerichtshof, Vereinigte Große Senate
BGHWarn.	Rechtsprechung des Bundesgerichtshofs in Zivilsachen, Fortsetzung von WarnR (zitiert nach Jahr u. Nr.)
BGHZ	Entscheidungssammlung des Bundesgerichtshofs in Zivilsachen
BinnSchVerfG	Gesetz über das gerichtliche Verfahren in Binnenschiffahrtssachen v. 27. 9. 1952 (BGBl. I S. 641)
BJM	Bundesjustizminister; Bundesjustizministerium

BKartA	Bundeskartellamt
BKGG	Bundeskindergeldgesetz idF d. Bek. v.22. 2. 2005 (BGBl. I S. 458)
Bl.	Blatt
BLeistG	Bundesleistungsgesetz v. 27. 9. 1961 (BGBl. I S. 1769)
BlfRA	Blätter für Rechtsanwendung, zunächst in Bayern (Zeitschrift, 1. 1836–71. 1906, danach SeuffBl.)
BlGBW	Blätter für Grundstücks-, Bau- und Wohnungsrecht (Zeitschrift, 1. 1952–34. 1985)
BlGenW	Blätter für Genossenschaftswesen (Zeitschrift, 13. 1866–119. 1973, vorher – seit 1853 – Die Innung der Zukunft)
BlIntPR	Blätter für internationales Privatrecht (Beilage zur LZ, 1. 1926–6. 1931)
BlPMZ	Blatt für Patent-, Muster- und Zeichenwesen (Zeitschrift)
BMinG	Gesetz über die Rechtsverhältnisse der Mitglieder der Bundesregierung (Bundesministergesetz) idF d. Bek. v. 27. 7. 1971 (BGBl. I S. 1166)
BMJ	Bundesminister(ium) der Justiz
BNotO	Bundesnotarordnung idF d. Bek. v. 24. 2. 1961 (BGBl. I S. 98)
BORA	Berufsordnung der Rechtsanwälte
BPatA	Bundespatentamt
BPatG	Bundespatentgericht
BPersVG	Bundespersonalvertretungsgesetz v. 15. 3. 1974 (BGBl. I S. 693)
BRAGO	Bundesrechtsanwaltsgebührenordnung v. 26. 7. 1957 (BGBl. I S. 907), außer Kraft 30. 6. 2004; siehe nun RVG
BRAK-Mitt.	BRAK-Mitteilungen (12. 1981 ff.; vorher: Mitteilungen der Bundesrechtsanwaltskammer)
BRAO	Bundesrechtsanwaltsordnung v. 1. 8. 1959 (BGBl. I S. 565)
BRat	Bundesrat
BRatE	Entwurf des Deutschen Bundesrates
BR-Drucks.	Drucksache des Deutschen Bundesrates
BreVerf	Verfassung der Freien und Hansestadt Bremen
BR-Prot.	Protokoll des Deutschen Bundesrates
BRRG	Beamtenrechtsrahmengesetz idF d Bek. v. 31. 3. 1999 (BGBl. I S. 654)
Brüssel I-VO	Verordnung (EG) Nr. 44/2001 des Rates vom 22. 12. 2000 über die gerichtliche Zuständigkeit und die Anerkennung und Vollstreckung von Entscheidungen in Zivil- oder Handelssachen (ABl. L Nr. 12/1 v. 16. 1. 2001)
Brüssel II-VO	Verordnung (EG) Nr. 1347/2000 des Rates vom 29. 5. 2000 über die Zuständigkeit und die Anerkennung und Vollstreckung von Entscheidungen betreffend die elterliche Verantwortung für die gemeinsamen Kinder der Ehegatten (ABl. L Nr. 160/19 v. 30. 6. 2000), aufgehoben durch die Brüssel IIa-VO
Brüssel IIa-VO	Verordnung (EG) Nr. 2201/2003 des Rates vom 27. 11. 2003 über die Zuständigkeit und die Anerkennung und Vollstreckung von Entscheidungen in Ehesachen und in Verfahren betreffend die elterliche Verantwortung und zur Aufhebung der Verordnung (EG) Nr. 1347/2000 v. 23. 12. 2000 (ABl. L Nr. 338/1 v. 23. 12. 2003)
BrZ	Britische Zone
BSG	Bundessozialgericht
BSGE	Entscheidungssammlung des BSG (zitiert nach Band u. Seite)
BSHG	Bundessozialhilfegesetz idF d. Bek. v. 23. 3. 1994 (BGBl. I S. 646, ber. S. 2975); außer Kraft 31. 12. 2004, danach: SGB XII
Bsp.	Beispiel
BStBl. I–III	Bundessteuerblatt, Teil I–III
BT	Besonderer Teil
BTag	Bundestag
BT-Drucks.	Drucksache des Deutschen Bundestages
BtÄndG	Gesetz zur Änderung des Betreuungsrechts sowie weiterer Vorschriften (Betreuungsrechtsänderungsgesetz) v. 25. 6. 1998 (BGBl. I S. 1580)
BtG	Gesetz zur Reform des Rechts der Vormundschaft und Pflegschaft für Volljährige (Betreuungsgesetz) v. 12. 9. 1990 (BGBl. I S. 2002), außer Kraft

Abkürzungen

BT-Prot.	Protokoll des Deutschen Bundestages
Buchst.	Buchstabe
BVerfG	Bundesverfassungsgericht
BVerfGE	Entscheidungen des Bundesverfassungsgerichts
BVerfGG	Bundesverfassungsgerichtsgesetz idF d. Bek. v. 11. 8. 1993 (BGBl. I S. 1473)
BVerwG	Bundesverwaltungsgericht
BVerwGE	Entscheidungen des Bundesverwaltungsgerichts
BVFG	Gesetz über die Angelegenheiten der Vertriebenen und Flüchtlinge (Bundesvertriebenengesetz) idF d. Bek. v. 2. 6. 1993 (BGBl. I S. 829)
BVG	Gesetz über die Versorgung der Opfer des Krieges (Bundesversorgungsgesetz) idF d. Bek. v. 22. 1. 1982 (BGBl. I S. 21)
BVwVfG	Verwaltungsverfahrensgesetz des Bundes v. 25. 5. 1976 (BGBl. I S. 1253); s. auch VwVfG
BWNotZ	Mitteilungen aus der Praxis, Zeitschrift für das Notariat in Baden-Württemberg (früher WürttNotV)
bzgl.	bezüglich
BZRG	Bundeszentralregistergesetz idF d. Bek. v. 21. 9. 1984 (BGBl. I S. 1229, ber. 1985 I S. 195)
bzw.	beziehungsweise
cc	code civile; codice civile
CIEC	Luxemburger CIEC-Übereinkommen über die Anerkennung von Entscheidungen in Ehesachen v. 8. 9. 1967
c.i.f.	cost, insurance, freight
CIM	(Convention internationale concernant le transport des marchandises par chemins de fer) Internat. Übk. v. 7. 2. 1970 ü.d. Eisenbahnfrachtverkehr (BGBl. 1974 II S. 381)
CISG	Übereinkommen der Vereinten Nationen über Verträge über den internationalen Warenkauf v. 11. 4. 1980 (BGBl. 1989 II S. 588)
CIV	(Convention internationale convernant le transport des voyageurs et des bagages par chemins de fer) Internat. Übk. v. 7. 2. 1970 ü.d. Eisenbahn-, Personen- u. Gepäckverkehr (BGBl. 1974 II S. 493)
Clunet	Journal du Droit international, begr. von *Clunet*
CMR	(Convention relative an Contract de transport international de marchandises par route) Übk. v. 19. 5. 1956 ü.d. Beförderungsvertrag im internationalen Straßengüterverkehr (BGBl. 1961 II S. 1120)
Cod.	Codex
Comp.L. Yearb.	Comparative Law Yearbook
COTIF	Übereinkommen v. 9. 5. 1980 über den internationalen Eisenbahnverkehr, G v. 23. 1. 1985 (BGBl. II S. 130), in Kraft getreten am 1. 5. 1985 aufgrund Bek. v. 24. 7. 1985 (BGBl. II S. 1001)
CPO	Civilprozeß-Ordnung von 1877
CR	Computer und Recht (Zeitschrift)
DAR	Deutsches Autorecht (Zeitschrift)
DAVorm.	Der Amtsvormund, Rundbrief des Deutschen Instituts für Vormundschaftswesen (Zeitschrift)
DB	Der Betrieb (Zeitschrift)
DDR-FGB	s. FamGB
Denkschr.	Denkschrift
DepotG	Gesetz über die Verwahrung und Anschaffung von Wertpapieren (Depotgesetz) idF d. Bek. v. 11. 1. 1995 (BGBl. I S. 34)
ders.	derselbe
DGB	Deutscher Gewerkschaftsbund
DGH	Dienstgerichtshof
dgl.	desgleichen; dergleichen
DGVZ	Deutsche Gerichtsvollzieher-Zeitung
dh.	das heißt
dies.	dieselbe(n)

DIS	Deutsche Institution für Schiedsgerichtsbarkeit e. V.
DiskE	Diskussionsentwurf zur Neufassung des Zehnten Buchs der ZPO der Kommission zur Neuordnung des Schiedsverfahrensrechts
Diss.	Dissertation
DIV	Deutsches Institut für Vormundschaftswesen
DJ	Deutsche Justiz (Zeitschrift)
DJT	Deutscher Juristentag
DJZ	Deutsche Juristenzeitung
DMBilG	Gesetz über die Eröffnungsbilanz in Deutscher Mark und die Kapitalneufestsetzung (D-Markbilanzgesetz – DMBilG) v. 28. 7. 1994 (BGBl. I S. 1842)
DNotV	Zeitschrift des Deutschen Notarvereins (1901–1933), dann DNotZ
DNotZ	Deutsche Notar-Zeitschrift
DÖD	Der öffentliche Dienst (Zeitschrift)
DöKVAG	s. AGDöK
DONot	Dienstordnung für Notare – Bundeseinheitliche Verwaltungsvorschrift der Landesjustizverwaltungen idF d. Bek. v. 21. 5. 1970, außer Kraft
DÖV	Die öffentliche Verwaltung
DPA	Deutsches Patentamt
DR	Deutsches Recht (Zeitschrift)
DRiG	Deutsches Richtergesetz idF d. Bek. v. 19. 4. 1972 (BGBl. I S. 713)
DRiZ	Deutsche Richterzeitung
DRpfl	Deutsche Rechtspflege (mit) Rechtsprechungsbeilage
DRspr.	Deutsche Rechtsprechung, Entscheidungssammlung und Aufsatzhinweise
DRW	Deutsche Rechtswissenschaft
DRZ	Deutsche Rechts-Zeitschrift
DStR	Deutsches Steuerrecht (Zeitschrift)
Drucks.	Drucksache
DS	Der Sachverständige (Zeitschrift)
dt.	deutsch
DtZ	Deutsch-deutsche Rechtszeitschrift
DV	Deutsche Verwaltung (Zeitschrift)
DVBl.	Deutsches Verwaltungsblatt (Zeitschrift)
DVO	Durchführungsverordnung
DWW	Deutsche Wohnungswirtschaft (Zeitschrift; herausgegeben vom Zentralverband der deutschen Haus-, Wohnungs- und Grundeigentümer)
DZWiR	Deutsche Zeitschrift für Wirtschafts- und Insolvenzrecht (1991–1998: Deutsche Zeitschrift für Wirtschaftsrecht)
E	Entwurf, Entscheidung (in der amtlichen Sammlung); Erwägung
EA	ersetzt die Abkürzung „EAGV" für die ab 1. 5. 1999 geltenden Bestimmungen dieses Vertrages, s. NJW 2000, 52
EAG	Europäische Atom Gemeinschaft (EURATOM)
EAGV	Vertrag v. 25. 3. 1957 zur Gründung der Europäischen Atomgemeinschaft, G v. 27. 7. 1957 (BGBl. II S. 753, 1014, 1678), in Kraft getreten am 1. 1. 1958 aufgrund Bek. v. 27. 12. 1957 (BGBl. 1958 II S. 1); s. a. EGV; für die ab dem 1. 5. 1999 geltenden Vorschriften wird die Abkürzung „EA" verwendet, s. NJW 2000, 52.
ebd.	ebenda
EBE	Eildienst Bundesgerichtliche Entscheidungen (Zeitschrift)
EFG	Entscheidungen der Finanzgerichte
EFSlg.	(österreichische) Ehe- und familienrechtliche Entscheidungen
EFTA	European Free Trade Association (Europäische Freihandelsassoziation)
EFZG	Gesetz über die Zahlung des Arbeitsentgelts an Feiertagen und im Krankheitsfall (Entgeltfortzahlungsgesetz) v. 26. 5. 1994 (BGBl. I S. 1014)
EG	Einführungsgesetz; Europäische Gemeinschaften; ersetzt die Abkürzung „EGV" für die ab 1. 5. 1999 geltende Bestimmung dieses Vertrages, s. NJW 2000, 52
EG-BeweisVO	Verordnung (EG) Nr. 1206/2001 des Rates vom 28. 5. 2001 über die Zusammenarbeit zwischen den Gerichten der Mitgliedstaaten auf dem

	Gebiet der Beweisaufnahme in Zivil- und Handelssachen (ABl. L Nr. 174/1 v. 27. 6. 2001)
EGBGB	Einführungsgesetz zum Bürgerlichen Gesetzbuch idF d. Bek. v. 21. 9. 1994 (BGBl. I S. 2494)
EGGVG	Einführungsgesetz zum Gerichtsverfassungsgesetz v. 27. 1. 1877 (RGBl. S. 77)
EGH	Ehrengerichtshof; Entscheidungen der Ehrengerichtshöfe der Rechtsanwaltschaft
EGInsO	Einführungsgesetz zur Insolvenzordnung v. 5. 10. 1994 (BGBl. I S. 2911)
EGInsOÄndG	Gesetz zur Änderung des Einführungsgesetzes zur Insolvenzordnung und anderer Gesetze
EG-InsVO	Verordnung (EG) Nr. 1346/2000 des Rates vom 29. 5. 2000 über Insolvenzverfahren (ABl. L Nr. 160/1 v. 30. 6. 2000)
EGKSV	Vertrag v. 18. 4. 1951 über die Gründung der Europäischen Gemeinschaft für Kohle und Stahl, G v. 29. 4. 1952 (BGBl. II S. 445), in Kraft getreten am 23. 7. 1952 aufgrund Bek. v. 14. 10. 1952 (BGBl. II S. 978); s. a. EGV; für die ab dem 1. 5. 1999 geltenden Vorschriften wird die Abkürzung „KS" verwendet, s. NJW 2000, 52, außer Kraft 23. 7. 2002
EG-MahnVO	Verordnung (EG) Nr. 1896/2006 des Europäischen Parlaments und des Rates vom 12. 12. 2006 zur Einführung eines Europäischen Mahnverfahrens (ABl. L Nr. 399/1 v. 30. 12. 2006)
EGMR	Europäischer Gerichtshof für Menschenrechte
EGStGB	Einführungsgesetz zum Strafgesetzbuch v. 2. 3. 1974 (BGBl. I S. 469)
EGStPO	Einführungsgesetz zur Strafprozeßordnung v. 18. 2. 1877 (RGBl. S. 346)
EGV	Umbenennung des EWGV (s. dort) seit dem Vertrag über die Europäische Union v. 7. 2. 1992 (BGBl. II S. 1251, 1255); für die ab dem 1. 5. 1999 geltenden Vorschriften wird die Abkürzung „EG" verwendet, s. NJW 2000, 52
EG-VollstrTitelVO	Verordnung (EG) Nr. 805/2004 des Europäischen Parlaments und des Rates vom 21. 4. 2004 zur Einführung eines europäischen Vollstreckungstitels für unbestrittene Forderungen (ABl. L 143/15 v. 21. 4. 2004, ber. ABl. L 97/64 v. 15. 4. 2005,)
EGZPO	Einführungsgesetz zur Zivilprozeßordnung v. 30. 1. 1877 (RGBl. S. 244)
EG-ZustellVO	Verordnung (EG) Nr. 1348/2000 des Rates vom 29. 5. 2000 über die Zustellung gerichtlicher und außergerichtlicher Schriftstücke in Zivil- und Handelssachen in den Mitgliedstaaten (ABl. L Nr. 160/37 v. 30. 6. 2006)
EheVO	siehe Brüssel II-VO
EheNÄndG	Ehenamensänderungsgesetz v. 27. 3. 1979 (BGBl. I S. 401)
EhelAnfKl.	Ehelichkeitsanfechtungsklage
1. EheRG	Erstes Gesetz zur Reform des Ehe- und Familienrechts v. 14. 6. 1976 (BGBl. I S. 1421)
EhrRiEG	Gesetz über die Entschädigung ehrenamtlicher Richter idF d. Bek. v. 1. 10. 1969 (BGBl. I S. 1753), außer Kraft 30. 5. 2004, siehe nun JVEG
Einf.	Einführung
Einl.	Einleitung (ohne Zusatz: am Anfang dieses Buches)
einschl.	einschließlich
einschr.	einschränkend
einstw.	einstweilig
einstw. AnO	einstweilige Anordnung
einstw. Vfg.	einstweilige Verfügung
EJF	Entscheidungen aus dem Jugend- und Familienrecht (Abschnitt und Nummer)
EKG	Einheitliches Gesetz über den Abschluß von internationalen Kaufverträgen über bewegliche Sachen v. 17. 7. 1973 (BGBl. I S. 868) iVm. Bek. v. 12. 1. 1974 (BGBl. I S. 358)
EKMR	Europäische Kommission für Menschenrechte

EMRK	Konvention zum Schutz der Menschenrechte und Grundfreiheiten idF der Bek. v. 17. 5. 2002 (BGBl. II 2006 S. 138)
Entsch.	Entscheidung
entspr.	entsprechend, entspricht
Entw.	Entwurf
ErbbauVO	Verordnung über das Erbbaurecht v. 15. 1. 1919 (RGBl. S. 72, 122)
ErbGleichG	Gesetz zur erbrechtlichen Gleichstellung nichtehelicher Kinder (Erbrechtsgleichstellungsgesetz) v. 16. 12. 1997 (BGBl. I S. 2968, ber. 1998 I S. 583)
Erg.	Ergänzung
Erl.	Erläuterung
EStG 1997	Einkommensteuergesetz idF d. Bek. v. 19. 10. 2002 (BGBl. I S. 4210)
EU	Europa, Europäische Union
EuAdÜbk.	Europäisches Übereinkommen v. 24. 4. 1967 über die Adoption von Kindern, G v. 25. 8. 1980 (BGBl. II S. 1093), in Kraft getreten am 11. 2. 1981 aufgrund Bek. v. 21. 1. 1981 (BGBl. II S. 72)
EuEheVO	siehe Brüssel IIa-VO
EuEheVO a. F.	siehe Brüssel II-VO
EuGH	Gerichtshof der Europäischen Gemeinschaft
EuGHE	Entscheidungen des Gerichtshofes der Europäischen Gemeinschaften
EuGHMR	Europäischer Gerichtshof für Menschenrechte
EuGRZ	Europäische Grundrechte (Zeitschrift)
EuGVO	siehe Brüssel I-VO
EuGVO II	siehe Brüssel IIa-VO
EuGVVO	siehe Brüssel I-VO
EuGVÜ	Übereinkommen v. 27. 9. 1968 über die gerichtliche Zuständigkeit und die Vollstreckung gerichtlicher Entscheidungen in Zivil- und Handelssachen, G v. 24. 7. 1972 (BGBl. II S. 773), in Kraft getreten am 1. 2. 1973 aufgrund Bek. v. 12. 1. 1973 (BGBl. II S. 60); idF d. Übk. v. 26. 5. 1989, G v. 20. 4. 1994 (BGBl. II S. 518), in Kraft getreten am 1. 12. 1994 aufgrund Bek. v. 25. 10. 1994 (BGBl. II S. 3707)
EuInsVO	siehe EG-InsVO
EuR	Europarecht (Zeitschrift)
EuRAG	Gesetz über die Tätigkeit europäischer Rechtsanwälte in Deutschland v. 9. 3. 2000 (BGBl. I S. 182)
Eur. L. Rev.	European Law Review
EuroEG	Gesetz zur Einführung des Euro (Euro-Einführungsgesetz) v. 9. 6. 1998 (BGBl. I S. 1242) neue Gesetze, länderabhängig
EuSorgRÜbk.	Europäisches Übereinkommen v. 20. 5. 1980 über die Anerkennung und Vollstreckung von Entscheidungen über das Sorgerecht für Kinder und die Wiederherstellung des Sorgeverhältnisses, G v. 5. 4. 1990 (BGBl. II S. 206, 220), in Kraft getreten am 1. 2. 1991 aufgrund Bek. v. 19. 12. 1990 (BGBl. 1991 II S. 392); zum Ausführungsgesetz s. SorgeRÜbkAG
EuÜ	Europäisches Übereinkommen über die Internationale Handelsschiedsgerichtsbarkeit vom 21. 4. 1961 (BGBl. 1964 II S. 426)
EuZW	Europäische Zeitschrift für Wirtschaftsrecht
e. V.	eingetragener Verein
EVertr.	Vertrag zwischen der Bundesrepublik Deutschland und der Deutschen Demokratischen Republik über die Herstellung der Einheit Deutschlands – Einigungsvertrag – (BGBl. II 1990 S. 889)
EVO	Eisenbahn-Verkehrsordnung idF d. Bek. v. 20. 4. 1999 (BGBl. I S. 782)
evtl.	eventuell
EVÜ	Römisches EWG-Übereinkommen über das auf vertragliche Schuldverhältnisse anzuwendende Recht v. 19. 6. 1980 (BGBl. 1986 II S. 810)
EWG	Europäische Wirtschaftsgemeinschaft, jetzt EG (s. dort und EGV)
EWGV	Vertrag v. 25. 3. 1957 zur Gründung der Europäischen Wirtschaftsgemeinschaft, G v. 27. 7. 1957 (BGBl. II S. 753, 1678; 1958 II S. 64), in Kraft getreten am 27. 7. 1958 aufgrund Bek. v. 27. 12. 1957 (BGBl. 1958 II S. 1); jetzt EGV

Abkürzungen

EWiR .... Entscheidungen zum Wirtschaftsrecht (Zeitschrift)
EWIV .... Europäische wirtschaftliche Interessenvereinigung, vgl. EWG-NO Nr. 2137/85 v. 25. 7. 1985 (ABl. EG Nr. L 199 S. 1) und Gesetz zur Ausführung der EWG-Verordnung über die europäische wirtschaftliche Interessenvereinigung (EWIV-Ausführungsgesetz) v. 14. 4. 1988 (BGBl. I S. 514)
EWIV-AG .... EWIV-Ausführungsgesetz, s. EWIV
EWR .... Europäischer Wirtschaftsraum
EWS .... Europäisches Wirtschafts- und Steuerrecht (Zeitschrift)
EzA .... Entscheidungssammlung zum Arbeitsrecht, Loseblatt (zitiert nach Gesetz, sofern nicht die ZPO gemeint ist, §, sofern sich die Gesetzesstelle nicht auf den gerade kommentierten Paragraphen bezieht, und Nr.)
EzFamR .... Entscheidungssammlung zum Familienrecht, Loseblatt (zitiert nach Gesetz, sofern nicht die ZPO gemeint ist, §, sofern sich die Gesetzesstelle nicht auf den gerade kommentierten Paragraphen bezieht, und Nr.)

f., ff. .... folgend(e)
FA .... Finanzamt
FAG .... Gesetz über Fernmeldeanlagen idF d. Bek. v. 3. 7. 1989 (BGBl. I S. 1455); tritt nach § 28 FAG mit Ablauf des 31. 12. 1997 außer Kraft)
FamG .... Familiengericht
FamGB .... Familiengesetzbuch der DDR v. 20. 12. 1965 (GBl. (DDR) 1966 I S. 1), zuletzt geändert durch das 1. Familienrechtsänderungsgesetz v. 20. 7. 1990 (GBl. (DDR) I S. 1038)
FamRÄndG .... Familienrechtsänderungsgesetz v. 11. 8. 1961 (BGBl. I S. 1221)
FamRefK/*Bearbeiter* .... Familienrechtsreformkommentar, 1998
FamRZ .... Zeitschrift für das gesamte Familienrecht
FamS .... Familiensache/Familiensenat
FernUSG .... Gesetz zum Schutz der Teilnehmer am Fernunterricht (Fernunterrichtsschutzgesetz) v. 4. 12. 2000 (BGBl. I S. 1670)
FEVG .... Gesetz über das gerichtliche Verfahren bei Freiheitsentziehungen v. 29. 6. 1956 (BGBl. I S. 599)
FEVS .... Fürsorgerechtliche Entscheidungen der Verwaltungs- und Sozialgerichte
FF .... Forum Familien- und Erbracht (Zeitschrift)
FG; fG .... Finanzgericht; freiwillige Gerichtsbarkeit
FGB (DDR) .... s. FamGB
FGG .... Gesetz über die Angelegenheiten der freiwilligen Gerichtsbarkeit idF d. Bek. v. 20. 5. 1898 (RGBl. I S. 771)
FG-Gericht .... Gericht der freiwilligen Gerichtsbarkeit
FGO .... Finanzgerichtsordnung v. 28. 3. 2001 (BGBl. I S. 442)
FGPrax .... Praxis der Freiwilligen Gerichtsbarkeit (Zeitschrift), vereinigt mit OLGZ
FLF .... Finanzierung, Leasing, Factoring (Zeitschrift)
FlurbG .... Flurbereinigungsgesetz idF d. Bek. v. 16. 3. 1976 (BGBl. I S. 546)
Fn. .... Fußnote
FNA .... Fundstellennachweis A, Beilage zum Bundesgesetzblatt Teil I
FNB .... Fundstellennachweis B, Beilage zum Bundesgesetzblatt Teil II
fob. .... free on bord
FÜR .... Familie Partnerschaft Recht (Zeitschrift)
FreihEntzG .... Gesetz über das gerichtliche Verfahren bei Freiheitsentziehungen v. 29. 6. 1956 (BGBl. I S. 599)
FRES .... Entscheidungssammlung zum gesamten Bereich von Ehe und Familie
FS .... Festschrift
FStrG .... Bundesfernstraßengesetz idF d. Bek. v. 20. 2. 2003 (BGBl. I S. 286)
FuR .... Familie und Recht (Zeitschrift)
FWW .... Die freie Wohnungswirtschaft (Informationsdienst des Verbandes Freier Wohnungsunternehmer; Zeitschrift)

G .... Gesetz
GA .... Genfer Abkommen; Goldtammers Archiv für Strafrecht (1953 ff.)
GAnwZ .... Geschäftsanweisung für die Geschäftsstellen der Gerichte in Zivilsachen

GB	Grundbuch
GBA	Grundbuchamt
GBl. (DDR)	Gesetzblatt (der DDR)
GBO	Grundbuchordnung idF d. Bek. v. 26. 5. 1994 (BGBl. I S. 1114)
GbR	Gesellschaft bürgerlichen Rechts
GBV	Verordnung zur Durchführung der Grundbuchordnung (Grundbuchverfügung) idF d. Bek. v. 24. 1. 1995 (BGBl. I S. 114)
GebrMG	Gebrauchsmustergesetz idF d. Bek. v. 28. 8. 1986 (BGBl. I S. 1455)
GedS	Gedenkschrift
gem.	gemäß
GemO	Gemeindeordnung
GemS	Gemeinsamer Senat der obersten Gerichtshöfe des Bundes
Genf. Abk.	Genfer Abkommen v. 26. 9. 1927 zur Vollstreckung ausländischer Schiedssprüche, G v. 28. 7. 1930 (RGBl. II S. 1067), in Kraft getreten am 1. 12. 1930 aufgrund Bek. v. 5. 11. 1930 (RGBl. II S. 1269); s.a. UNÜbkSchdG
Genf. Prot.	Genfer Protokoll v. 24. 9. 1923 über die Schiedsklauseln, in Kraft getreten am 27. 12. 1924 aufgrund Bek. v. 7. 2. 1925 (RGBl. II S. 47); s.a. UNÜbkSchdG
GenG	Gesetz betreffend die Erwerbs- und Wirtschaftsgenossenschaften idF d. Bek. v. 16. 10. 2006 (BGBl. I S. 2230)
GerVollz.	Der Gerichtsvollzieher (Zeitschrift)
GerOrgG	Gerichtsorganisationsgesetz (Landesrecht), Bayern: Gesetz vom 25. 4. 1973 (GVBl. S. 189; BayRS 300–2-2-J)
GeschmMG	Gesetz über den rechtlichen Schutz von Mustern und Modellen (Geschmacksmustergesetz – GeschmMG) vom 12. 3. 2004 (BGBl. I S. 390)
GeschO	Geschäftsordnung
GesEinhG	Gesetz zur Wiederherstellung der Gesetzeseinheit auf dem Gebiete des bürgerlichen Rechts v. 5. 3. 1953 (BGBl. I S. 33), außer Kraft
GewA	Gewerbe-Archiv (Zeitschrift)
GewO	Gewerbeordnung idF d. Bek. v. 22. 2. 1999 (BGBl. I S. 202)
GG	Grundgesetz für die Bundesrepublik Deutschland v. 23. 5. 1949 (BGBl. I S. 1)
ggf.	gegebenenfalls
ggü.	gegenüber
GKG	Gerichtskostengesetz vom 5. 5. 2004 (BGBl. I S. 718)
GleichberG	Gesetz über die Gleichberechtigung von Mann und Frau auf dem Gebiete des bürgerlichen Rechts v. 18. 6. 1957 (BGBl. I S. 609)
2. GleichberG	Gesetz zur Durchsetzung der Gleichberechtigung von Frauen und Männern v. 24. 6. 1994 (BGBl. I S. 1406)
GmbH	Gesellschaft mit beschränkter Haftung
GmbH & Co. (KG)	Gesellschaft mit beschränkter Haftung und Kompanie (Kommanditgesellschaft)
GmbHG	Gesetz betreffend die Gesellschaften mit beschränkter Haftung idF d. Bek. v. 20. 5. 1898 (RGBl. I S. 846)
GmbHR	GmbH-Rundschau (Zeitschrift)
GMBl.	Gemeinsames Ministerialblatt
GmS-OBG	Gemeinsamer Senat der Obersten Gerichtshöfe des Bundes
grdl.	grundlegend
grds.	grundsätzlich
GrdstVG	Gesetz über Maßnahmen zur Verbesserung der Agrarstruktur und zur Sicherung land- und forstwirtschaftlicher Betriebe (Grundstückverkehrsgesetz) v. 28. 7. 1961 (BGBl. I S. 1091)
GrS	Großer Senat
GrundE	Das Grundeigentum (Zeitschrift)
GrünhutsZ	Zeitschrift für das Privat- und öffentliche Recht der Gegenwart, begr. v. *Grünhut*
GRUR	Gewerblicher Rechtsschutz und Urheberrecht (Zeitschrift)
GRUR Ausl.	Gewerblicher Rechtsschutz und Urheberrecht, Auslands- und internationaler Teil (Zeitschrift), 1952–1969

GRUR Int.	Gewerblicher Rechtsschutz und Urheberrecht, Internationaler Teil (Zeitschrift) 1970 ff.
GS	Großer Senat
GSZ	Großer Senat in Zivilsachen
GüKG	Güterkraftverkehrsgesetz v. 22. 6. 1998 (BGBl. I S. 1485)
GüschlG NRW	Gesetz über die Anerkennung von Gütestellen im Sinne des § 794 Abs. 1 Nr. 1 der ZPO und die obligatorische außergerichtliche Streitschlichtung in Nordrhein-Westfalen vom 9. 5. 2000 (GVBl. S. 476)
GV	Gerichtsvollzieher
GVBl.	Gesetz- und Verordnungsblatt
GVG	Gerichtsverfassungsgesetz idF d. Bek. v. 9. 5. 1975 (BGBl. I S. 1077)
GVGA (Bay.)	Bayerische Geschäftsanweisung für Gerichtsvollzieher (BayBSVJu II 210; JMBl. 1958, 26; 1963, 336; 1969, 60; 1971, 21; 1973, 158; 1980, 39)
GVKostG	Gesetz über Kosten der Gerichtsvollzieher v. 19. 4. 2001 (BGBl. I S. 623, Ber. 1959 I S. 155)
GVKostGr.	Gerichtsvollzieherkostengrundsätze (bundeseinheitlich), BayJMBl. 1976 S. 55
GVO	Gerichtsvollzieherordnung; Neufassung 1968, bundeseinheitlich vereinbart, VO v. 8. 7. 1976 (BGBl. I S. 1783)
GVO (Bay.)	Bayerische Gerichtsvollzieherordnung idF d. Bek. v. 7. 3. 1980 (BayJMBl. S. 43)
GVOBl./(GVBl.)	Gesetz- und Verordnungsblatt
GVVO	Verordnung über die einheitliche Regelung der Gerichtsverfassung
GWB	Gesetz gegen Wettbewerbsbeschränkungen idF d. Bek. v. 15. 7. 2005 (BGBl. I S. 2114)
HaagAbk.	Haager Abkommen
HaagBeweisÜbk.	Haager Übereinkommen v. 18. 3. 1970 über die Beweisaufnahme im Ausland in Zivil- oder Handelssachen, G v. 22. 12. 1977 (BGBl. II S. 1452, 1472), in Kraft getreten am 26. 6. 1979 aufgrund Bek. v. 21. 6. 1979 (BGBl. II S. 780)
HaagEntmündAbk.	Haager Abkommen über die Entmündigung usw. v. 17. 7. 1905 (RGBl. 1912 S. 463)
HaagKindEÜbk.	Haager Übereinkommen v. 25. 10. 1980 über die zivilrechtlichen Aspekte internationaler Kindesentführung, G v. 5. 4. 1990 (BGBl. II S. 206), in Kraft getreten am 1. 12. 1990 aufgrund Bek. v. 11. 12. 1990 (BGBl. 1991 II S. 329); zum Ausführungsgesetz s. SorgeRÜbkAG
Habil.	Habilitation
Halbbd.	Halbband
Halbs.	Halbsatz
HandwO	Gesetz über die Ordnung des Handwerks (Handwerksordnung) idF d. Bek. v. 24. 9. 1998 (BGBl. I S. 3074)
HansGZ	Hanseatische Gerichtszeitung
HansOLG	Hanseatisches Oberlandesgericht
HansRGZ	Hanseatische Rechts- und Gerichtszeitschrift
HansRZ	Hanseatische Rechtszeitschrift für Handel, Schiffahrt und Versicherung Kolonial- und Auslandsbeziehungen
HausratsVO	Verordnung über die Behandlung der Ehewohnung und des Hausrats nach der Scheidung v. 21. 10. 1944 (RGBl. S. 256)
HaustürWG	Gesetz über den Widerruf von Haustürgeschäften und ähnlichen Geschäften v. 29. 6. 2000 (BGBl. I S. 955), außer Kraft 13. 12. 2001
HBewÜ	Haager Übereinkommen über die Beweisaufnahme im Ausland usw. v. 18. 3. 1970 (BGBl. II 1977 S. 1472)
HbgVerf	Verfassung der Freien und Hansestadt Hamburg
Hdb.	Handbuch
HeimArbG	Heimarbeitsgesetz v. 14. 3. 1951 (BGBl. I S. 191)
HessBG	(HBG) Hessisches Beamtengesetz idF d. Bek. v. 11. 1. 1989 (GVBl. I S. 26)
HessJMBl.	Hessisches Justizministerialblatt
HessRspr.	Hessische Rechtsprechung

HessStGHE .... Entscheidungen des Hessischen Staatsgerichtshofs
HessVerf .... Verfassung des Landes Hessen
HEZ .... Höchstrichterliche Entscheidungen in Zivilsachen
HFR .... Höchstrichterliche Finanzrechtsprechung
HGB .... Handelsgesetzbuch v. 10. 5. 1897 (RGBl. S. 219)
HHG .... Häftlingshilfegesetz idF d. Bek. v. 2. 6. 1993 (BGBl. I S. 838)
HintO (HO) .... Hinterlegungsordnung v. 10. 3. 1937 (RGBl. I S. 285)
Hinw. .... Hinweis
hL .... herrschende Lehre
hM .... herrschende Meinung
HMR .... Handbuch des gesamten Miet- und Raumrechts, Loseblatt (1. 1948–4. 1951, dann ZMR)
HOAI .... Verordnung über die Honorare für Leistungen der Architekten und Ingenieure (Honorarordnung für Architekten und Ingenieure) idF d. Bek. v. 4. 3. 1991 (BGBl. I S. 533)
HöfeO .... Höfeordnung idF d. Bek. v. 26. 7. 1976 (BGBl. I S. 1933)
HPflG .... Haftpflichtgesetz idF v. 4. 1. 1978 (BGBl. I S. 145)
HRefG .... Gesetz zur Neuregelung des Kaufmanns- und Firmenrechts und zur Änderung anderer handels- und gesellschaftsrechtlicher Vorschriften (Handelsrechtsreformgesetz) v. 22. 6. 1998 (BGBl. I S. 1474)
HRR .... Höchstrichterliche Rechtsprechung (Zeitschrift)
Hrsg., hrsg. .... Herausgeber, herausgegeben
h. Rspr. .... herrschende Rechtsprechung
HUVÜ 1958 .... Haager Übereinkommen über die Anerkennung und Vollstreckung von Entscheidungen auf dem Gebiet der Unterhaltspflicht gegenüber Kindern v. 15. 4. 1958 (BGBl. 1961 II S. 1006)
HUVÜ 1973 .... Haager Übereinkommen über die Anerkennung und Vollstreckung von Unterhaltsentscheidungen v. 2. 10. 1973 (BGBl. 1986 II S. 826)
HWB .... Handwörterbuch
HZPÜ 1954 .... Haager Übereinkommen über den Zivilprozeß v. 1. 3. 1954 (BGBl. II 1958 S. 577)
HZÜ .... Haager Übereinkommen über die Zustellung gerichtlicher und außergerichtlicher Entscheidungen im Ausland in Zivil- und Handelssachen v. 15. 11. 1965 (BGBl. II 1977 S. 1453)

i. a. .... im allgemeinen
IBA .... International Bar Association
ICC .... International Chamber of Commerce (Paris) [siehe auch unter IHK]
I. C. L. Q. .... International and Comparative Law Quaterly
idF .... in der Fassung
idR .... in der Regel
idS .... in diesem Sinne
iE .... im Ergebnis
i. e. .... im einzelnen
ieS .... im engeren Sinne
IGH .... Internationaler Gerichtshof (Weltgerichtshof) in Den Haag
IHK .... Industrie- und Handelskammer [siehe auch unter ICC]
iHv. .... in Höhe von
i. L. .... in Liquidation
insb. .... inbesondere
InsO .... Insolvenzordnung v. 5. 10. 1994 (BGBl. I S. 2866)
InsVV .... Insolvenzrechtliche Vergütungsverordnung v. 19. 8. 1998 (BGBl. I S. 2205)
internat. .... international
IntGesR .... Internationales Gesellschaftsrecht
IntHK .... Internationale Handelskammer
IntRDipl. .... Internationales Recht und Diplomatie (Zeitschrift)
InVo .... Insolvenz und Vollstreckung (Zeitschrift)
IPG .... Gutachten zum internationalen und ausländischen Privatrecht
IPR .... Internationales Privatrecht

IPRax	Praxis des Internationalen Privat- und Verfahrensrechts (Zeitschrift)
IPRG	Gesetz zur Neuregelung des Internationalen Privatrechts v. 25. 7. 1986 (BGBl. I S. 1142)
IPRG	(Schweizerisches) Bundesgesetz über das Internationale Privatrecht
IRO	International Refugee Organization
iS (d.)	im Sinne (des, der)
iSv.	im Sinne von
IuR	Informatik und Recht (Zeitschrift)
i. Ü.	im Übrigen
iVm.	in Verbindung mit
IVR	Internationales Vertragsrecht
IWB	Internationale Wirtschaftsbriefe
iwS	im weiteren Sinne
IZPR	Internationales Zivilprozessrecht
IzRspr	Sammlung der deutschen Entscheidungen zum interzonalen Privatrecht
JA	Juristische Arbeitsblätter
JahrbAkDR	Jahrbuch der Akademie für Deutsches Recht
JahrbIntR	Jahrbuch für internationales Recht
JahrbOstR	Jahrbuch für Ostrecht
JAO	Juristische Ausbildungsordnung
JAPO	Juristische Ausbildungs- und Prüfungsordnung
JArbSchG	Jugendarbeitsschutzgesetz v. 12. 4. 1976 (BGBl. I S. 965)
Jb.	Jahrbuch
JBeitrO	Justizbeitreibungsordnung v. 11. 3. 1937 (RGBl. I S. 298)
JbfOstR	Jahrbuch für Ostrecht (Zeitschrift)
JbJZW	Jahrbuch Junger Zivilrechtswissenschaftler
J. B. L.	Journal of Business Law
JBlSaar.	Justizblatt des Saarlandes
JbPrSch.	Jahrbuch für die Praxis der Schiedsgerichtsbarkeit
JbRSoz.	Jahrbuch für Rechtssoziologie und Rechtstheorie (1. 1979–5. 1978) (Zeitschrift)
jew.	jeweils
JFG	Jahrbücher für Rechtsprechung in der freiwilligen Gerichtsbarkeit
Jg.	Jahrgang
JGG	Jugendgerichtsgesetz idF d. Bek. v. 11. 12. 1974 (BGBl. I S. 3427)
Jh.	Jahrhundert
JherJb.	*Jherings* Jahrbuch für die Dogmatik des bürgerlichen Rechts (Zeitschrift)
J. Int. Arb.	Journal of International Arbitration
JKMO	Justizkostenmarkenordnung
JKomG	Gesetz über die Verwendung elektronischer Kommunikationsformen in der Justiz v. 22. 3. 2005 (BGBl. I S. 837)
JM	Justizminister
JMBl.	Justizministerialblatt (Zeitschrift)
JMBlLSA	Justizministerialblatt für das Land Sachsen-Anhalt (Zeitschrift)
JMBlNRW	Justizministerialblatt von Nordrhein-Westfalen (Zeitschrift)
JMBlSaar	Justizministerialblatt für das Saarland (Zeitschrift)
JöR	Jahrbuch des öffentlichen Rechts der Gegenwart
JR	Juristische Rundschau (Zeitschrift)
JRfPrV	Juristische Rundschau für die Privatversicherung (Zeitschrift)
JuMiG	Justizmitteilungsgesetz und Gesetz zur Änderung kostenrechtlicher Vorschriften und anderer Gesetze v. 18. 6. 1997 (BGBl. I S. 1430)
jur.	juristisch(e)
1. JuMoG	Erstes Gesetz zur Modernisierung der Justiz (Justizmodernisierungsgesetz) v. 24. 8. 2004 (BGBl. I S. 2198)
2. JuMoG	Zweites Gesetz zur Modernisierung der Justiz (Justizmodernisierungsgesetz) v. 22. 12. 2006 (BGBl. I S. 3416)
Jura	Juristische Ausbildung (Zeitschrift)
JurA	Juristische Analysen (Zeitschrift)
JurBüro	Das Juristische Büro (Zeitschrift)

JurJb. .... Juristen-Jahrbuch
JuS .... Juristische Schulung (Zeitschrift)
Justiz .... Die Justiz, Amtsblatt des Justizministeriums Baden-Württemberg
JustVA .... Justizverwaltungsabkommen
JVBl. .... Justizverwaltungsblatt (Zeitschrift)
JVEG .... Gesetz über die Vergütung von Sachverständigen, Dolmetscherinnen, Dolmetscher, Übersetzerinnen und Übersetzer sowie die Entschädigung von ehrenamtlichen Richterinnen, ehrenamtlichen Richtern, Zeuginnen, Zeugen und Dritten (Justizvergütung- und -entschädigungsgesetz – JVEG), verkündet als Art. 2 Kostenrechtsmodernisierungsgesetz vom 5. 5. 2004 (BGBl. I S. 718, 776)
JVKostO .... Justizverwaltungskostenordnung v. 14. 2. 1940 (RGBl. I S. 357)
JW .... Juristische Wochenschrift (Zeitschrift)
JWG .... Jugendwohlfahrtsgesetz idF d. Bek. v. 25. 4. 1977 (BGBl. I S. 633, 795)
JZ .... Juristenzeitung
JZ-GD .... Juristenzeitung Gesetzgebungsdienst (monatliche Beilage der Juristenzeitung über die Bundesgesetzgebung)

KAGG .... Gesetz über Kapitalanlagegesellschaften idF d. Bek. v. 9. 9. 1998 (BGBl. I S. 2726), außer Kraft 31. 12. 2003
Kap. .... Kapitel
KapErhG .... Gesetz über steuerrechtliche Maßnahmen bei Erhöhung des Nennkapitals aus Gesellschaftsmitteln und bei Überlassung von eigenen Aktien an Arbeitnehmer v. 30. 12. 1959 (BGBl. I S. 789) idF d. Bek. v. 10. 10. 1967 (BGBl. I S. 977), außer Kraft
KF .... Karlsruher Forum (Beil. zu VersR)
KfH .... Kammer für Handelssachen
KfzPflVV .... Verordnung über den Versicherungsschutz in der Kraftfahrzeug-Haftpflichtversicherung (Kraftfahrzeug-Pflichtversicherungsverordnung) v. 29. 7. 1994 (BGBl. I S. 1837)
KG .... Kammergericht (Berlin); Kommanditgesellschaft
KGaA .... Kommanditgesellschaft auf Aktien
KGBl. .... Blätter für Rechtspflege im Bereich des Kammergerichts in Sachen der freiwilligen Gerichtsbarkeit in Kosten-, Stempel- und Strafsachen (Zeitschrift)
KindRG .... Gesetz zur Reform des Kindschaftsrechts (Kindschaftsrechtsreformgesetz) v. 16. 12. 1997 (BGBl. I S. 2942), außer Kraft 1. 7. 2003
KindUG .... Gesetz zur Vereinheitlichung des Unterhaltsrechts minderjähriger Kinder (Kindesunterhaltsgesetz) v. 6. 4. 1998 (BGBl. I S. 666)
KindUVV .... Verordnung zur Einführung von Vordrucken für das vereinfachte Verfahren über den Unterhalt minderjähriger Kinder (Kindesunterhalts-Vordruckverordnung) v. 19. 6. 1998 (BGBl. I S. 1364)
KiStG .... Kirchensteuergesetz
KJHG .... Gesetz zur Neuordnung des Kinder- und Jugendhilferechts (Kinder- und Jugendhilfegesetz) v. 26. 6. 1990 (BGBl. I S. 1163); s. SGB VIII
KO .... Konkursordnung vom 10. 2. 1877 idF d. Bek. v. 20. 5. 1898 (RGBl. S. 612); aufgehoben durch Art. 2 Nr. 4 EGInsO
Kom.-Ber. .... Bericht der Kommission zur Neuordnung des Schiedsverfahrensrechts mit einem Diskussionsentwurf zur Neufassung des Zehnten Buchs der ZPO
Komm. .... Kommentar; Kommission
KonkTreuh. .... Konkurs-, Treuhand- und Schiedsgerichtswesen (Zeitschrift)
KonsG .... Gesetz über die Konsularbeamten, ihre Aufgaben und Befugnisse (Konsulargesetz) v. 11. 9. 1974 (BGBl. S. 2317)
Konv. .... Konvention
KostÄndG .... Gesetz zur Änderung und Ergänzung kostenrechtlicher Vorschriften v. 26. 7. 1957 (BGBl. I S. 861)
KostGErmAV .... Verordnung zur Anpassung der für die Kostengesetzte in dem in Artikel 3 des Einigungsvertrages genannten Gebiet geltenden Ermäßigungssätze v. 15. 4. 1996 (BGBl. I S. 604), außer Kraft

KostO	Gesetz über die Kosten in Angelegenheiten der freiwilligen Gerichtsbarkeit (Kostenordnung) idF d. Bek. v. 26. 7. 1957 (BGBl. I S. 960)
KostRÄndG 1994	Gesetz zur Änderung von Kostengesetzen und anderen Gesetzen (Kostenrechtsänderungsgesetz 1994) v. 24. 6. 1994 (BGBl. I S. 1325, ber. S. 2591 und 3471)
KostRMoG	Gesetz zur Modernisierung des Kostenrechts (Kostenrechtsmodernisierungsgesetz) v. 5. 5. 2004 (BGBl. I S. 718)
KostRspr.	Kostenrechtsprechung, Entscheidungssammlung mit Anm., Loseblatt (zitiert nach Gesetz, sofern nicht die ZPO gemeint ist, §, sofern sich die Gesetzesstelle nicht auf den gerade kommentierten Paragraphen bezieht, und Nr.)
KostVfg.	Kostenverfügung idF d. Bek. v. 1. 3. 1976 und 1. 8. 1985 (bundeseinheitlich vereinbart), BayJMBl. 1976, 41; 1985, 246
KR	Alliierter Kontrollrat
KrG	Kreisgericht (DDR)
krit.	kritisch
KritJ	Kritische Justiz (Zeitschrift)
KrVjschr.	Kritische Vierteljahresschrift für Gesetzgebung und Rechtswissenschaft
KS	ersetzt die Abkürzung „EGKSV" für die ab 1. 5. 1999 geltenden Bestimmungen dieses Vertrages, s. NJW 2000, 52
KSchG	Kündigungsschutzgesetz idF d. Bek. v. 25. 8. 1969 (BGBl. I S. 1317)
KStZ	Kommunale Steuer-Zeitschrift
KTS	Zeitschrift für Konkurs-, Treuhand- und Schiedsgerichtswesen
KUG	Gesetz betreffend das Urheberrecht an Werken der bildenden Künste und der Photographie v. 9. 1. 1907 (RGBl. 7), aufgehoben durch § 141 Nr. 5 des Urheberrechtsgesetzes v. 9. 9. 1965 (BGBl. I S. 1273), soweit es nicht den Schutz v. Bildnissen betrifft
KV	Kostenverzeichnis (Anlage zum GKG)
KVO	Kraftverkehrsordnung für den Güterfernverkehr mit Kraftfahrzeugen v. 23. 12. 1958 (BAnz. Nr. 249), zuletzt geändert durch Art. 3 der VO vom 11. 10. 1995 (BGBl. I S. 1414)
KWG	Gesetz über das Kreditwesen idF d. Bek. v. 9. 9. 1998 (BGBl. I S. 2776)
LAG	Landesarbeitsgericht (mit Ortsnamen); Gesetz über den Lastenausgleich (Lastenausgleichsgesetz) idF d. Bek. v. 2. 6. 1993 (BGBl. I S. 845)
LAGE	Entscheidungen der Landesarbeitsgerichte
LFGZ	Lohnfortzahlungsgesetz v. 27. 7. 1969 (BGBl. I S. 946), außer Kraft
LFGG	Landesgesetz über die freiwillige Gerichtsbarkeit (Baden-Württemberg) v. 12. 2. 1975 (GBl. S. 116)
LG	Landgericht (mit Ortsnamen)
LGEntlG	Gesetz zur Entlastung der Landgerichte und zur Vereinfachung des gerichtlichen Protokolls v. 20. 12. 1974 (BGBl. I S. 3651)
LGZ	(österreichisches) Landgericht für Zivilrechtssachen
li. Sp.	linke Spalte
Lit.; lit	Literatur; Litera
LJV	Landesjustizverwaltung
LS	Leitsatz
LSG	Landessozialgericht
LuftfzRG	Gesetz über Rechte an Luftfahrzeugen v. 26. 2. 1959 (BGBl. I S. 57, 223)
LuftRegV	Verordnung über die Einrichtung und die Führung des Registers für Pfandrechte an Luftfahrzeugen (Luftfahrzeugpfandrechtsregisterverordnung) v. 2. 3. 1999 (BGBl. I S. 279)
LuftVG	Luftverkehrsgesetz idF d. Bek. v. 27. 3. 1999 (BGBl. I S. 550)
LUG	Gesetz betr. das Urheberrecht an Werken der Literatur und der Tonkunst v. 19. 6. 1901 (RGBl. S. 227)
LugÜ	Lugano-Übereinkommen v. 16. 9. 1988 über die gerichtliche Zuständigkeit und die Vollstreckung gerichtlicher Entscheidungen in Zivil- und Handelssachen, G v. 30. 9. 1994 (BGBl. II S. 2658, 3772), in Kraft getreten am 1. 3. 1995 aufgrund Bek. v. 8. 2. 1995 (BGBl. II S. 221)
LVA	Landesversicherungsanstalt

LwG	Landwirtschaftsgericht
LwVG	Gesetz über das gerichtliche Verfahren in Landwirtschaftssachen v. 21. 7. 1953 (BGBl. I S. 667)
m. abl. Anm.	mit ablehnender Anmerkung
MaBV	Verordnung über die Pflichten der Makler, Darlehens- und Anlagenvermittler, Bauträger und Baubetreuer (Makler- und Bauträgerverordnung) idF d. Bek. v. 7. 11. 1990 (BGBl. I S. 2479)
m. Anm.	mit Anmerkung
MarkenG	Gesetz über den Schutz von Marken und sonstigen Kennzeichen (Markengesetz) v. 25. 10. 1994 (BGBl. I S. 3082, ber. 1995 I S. 156)
maW	mit anderen Worten
MBl.	Ministerialblatt
MDR	Monatsschrift für Deutsches Recht (Zeitschrift)
mE	meines Erachtens
MedSach	Der medizinische Sachverständige (Zeitschrift)
MedR	Medizinrecht (Zeitschrift)
MHbeG	Gesetz zur Beschränkung der Haftung Minderjähriger (Minderjährigenhaftungsbeschränkungsgesetz) v. 25. 8. 1998 (BGBl. I S. 2487)
MHG	Gesetz zur Regelung der Miethöhe (Art. 3 des 2. WKSchG v. 18. 12. 1974, BGBl. I S. 3604), außer Kraft 1. 9. 2001
Mio.	Million(en)
Mitt.	Mitteilung(en)
Mitt. AGJ	Mitteilungen der Arbeitsgemeinschaft für Jugendhilfe (Zeitschrift)
Mitt. AGJJ	Mitteilungen der Arbeitsgemeinschaft für Jugendpflege und Jugendfürsorge (Zeitschrift)
MittBayNot.	Mitteilungen des Bayerischen Notarvereins (Zeitschrift)
MittPat.	Mitteilungen der deutschen Patentanwälte (Zeitschrift)
MittRhNotK	Mitteilungen der Rheinischen Notarkammer (Zeitschrift)
m. krit. Anm.	mit kritischer Anmerkung
MiZi	Allgemeine Verfügung über Mitteilungen in Zivilsachen v. 29. 7. 1998 (BAnz. Nr. 10705)
MMR	MultiMedia und Recht (Zeitschrift)
ModG	UNCITRAL-Modellgesetz über die internationale Handelsschiedsgerichtsbarkeit
Mot.	Motive
Mot. I–V	Motive zu dem Entwurf eines Bürgerlichen Gesetzbuches für das Deutsche Reich (Bd. I Allgemeiner Teil; Bd. II Recht der Schuldverhältnisse; Bd. III Sachenrecht; Bd. IV Familienrecht; Bd. V Erbrecht)
MPI	Max-Planck-Institut für internationales und ausländisches Privatrecht
MRG	Gesetz der Militärregierung
MRK	s. EMRK
MRVO	Verordnung der Militärregierung
MSA	Übereinkommen über die Zuständigkeit und das anzuwendende Recht auf dem Gebiet des Schutzes von Minderjährigen (Haager Minderjährigenschutzabkommen) v. 5. 10. 1961 (BGBl. 1971 II S. 217)
MSchutzG	Mutterschutzgesetz idF d. Bek. v. 20. 6. 2002 (BGBl. I S. 2318)
m. umf. Nachw.	mit umfangreichen Nachweisen
MuW	Markenschutz und Wettbewerb (Zeitschrift)
m. weit. Nachw.	mit weiteren Nachweisen
MWSt.	Mehrwertsteuer, s. UStG
m. zahlr. Nachw.	mit zahlreichen Nachweisen
m. zust. Anm.	mit zustimmender Anmerkung
nachf.	nachfolgend
Nachw.	Nachweis
NachwG	Gesetz über den Nachweis der für ein Arbeitsverhältnis geltenden wesentlichen Bedingungen (Nachweisgesetz) v. 20. 7. 1995 (BGBl. I S. 946)
NATO	North Atlantic Treaty Organization (Nordatlantikpakt)
NblLVABa.	Nachrichtenblatt, Zeitschrift der Landesversicherungsanstalt Baden

NDBZ	Neue Deutsche Beamtenzeitung (Zeitschrift)
NdsRpfl.	Niedersächsische Rechtspflege (Zeitschrift)
NdsVBl.	Niedersächsisches Verwaltungsblatt (Zeitschrift)
NDV	Nachrichtendienst des deutschen Vereins für öffentliche und private Fürsorge
NEhelG	Gesetz über die rechtliche Stellung der nichtehelichen Kinder v. 19. 8. 1969 (BGBl. I S. 1243)
nF	neue Fassung
NichtehelG	s. NEhelG
niederl.	niederländisch
NiemeyersZ	Niemeyers Zeitschrift für internationales Recht (25. 1915–52. 1937/38; vorher s. BöhmsZ)
NJ	Neue Justiz (DDR-Zeitschrift)
NJOZ	Neue Juristische Online Zeitschrift
NJW	Neue Juristische Wochenschrift (Zeitschrift)
NJW-CoR	NJW-Computerreport (Zeitschrift)
NJWE-FER	NJW-Entscheidungsdienst-Familien- und Erbrecht (Zeitschrift)
NJWE-MietR	NJW-Entscheidungsdienst-Miet- und Wohnungsrecht (Zeitschrift)
NJWE-VHR	NJW-Entscheidungsdienst-Versicherungs- und Haftungsrecht (Zeitschrift)
NJWE-WettbR	NJW-Entscheidungsdienst-Wettbewerbsrecht (Zeitschrift)
NJW-RR	Neue Juristische Wochenschrift Rechtsprechungs-Report (Zeitschrift)
NMV	Verordnung über die Ermittlung der zulässigen Miete für preisgebundene Wohnungen (Neubaumietenverordnung 1970) idF d. Bek. v. 12. 10. 1990 (BGBl. I S. 2203)
NN	nomen nescio
NotBZ	Zeitschrift für notarielle Beratungs- und Beurkundungspraxis
NotO	Notarordnung für Rheinland-Pfalz v. 3. 9. 1949 (GVBl. S. 391)
Nov.	Novelle
Nr.	Nummer
NRW	Nordrhein-Westfalen
NStE	Neue Entscheidungssammlung für Strafrecht (zitiert nach Gesetz, § u. Nr.)
NStZ	Neue Zeitschrift für Strafrecht (1981 ff.)
NStZ-RR	Neue Zeitschrift für Strafrecht Rechtsprechungs-Report (Zeitschrift)
NTS	Nato-Truppen-Statut v. 19. 6. 1951 (BGBl. 1961 II S. 1190)
NTS-ZA	Zusatzabkommen v. 3. 8. 1959 zu dem Abkommen zwischen den Parteien des Nordatlantikvertrages v. 19. 6. 1951 über die Rechtsstellung ihrer Truppen hinsichtlich der in der Bundesrepublik Deutschland stationierten ausländischen Truppen, G v. 18. 8. 1961 (BGBl. II S. 1183, 1218), in Kraft getreten am 1. 7. 1963 aufgrund Bek. v. 16. 6. 1963 (BGBl. II S. 745); s. a. NTS
NVwZ	Neue Zeitschrift für Verwaltungsrecht
NVwZ-RR	Neue Zeitschrift für Verwaltungsrecht – Rechtsprechungs-Report
NWVBl.	Nordrhein-Westfälische Verwaltungsblätter (Zeitschrift)
NZA	Neue Zeitschrift für Arbeits- und Sozialrecht
NZA-RR	Neue Zeitschrift für Arbeits- und Sozialrecht – Rechtsprechungs-Report
NZBau	Neue Zeitschrift für Baurecht und Vergaberecht
NZG	Neue Zeitschrift für Gesellschaftsrecht
NZI	Neue Zeitschrift für Insolvenzrecht und Sanierung
NZM	Neue Zeitschrift für Miet- und Wohnungsrecht
NZS	Neue Zeitschrift für Sozialrecht
NZV	Neue Zeitschrift für Verkehrsrecht
o.	oben
o. a.	oben angegeben
o. Ä.	oder Ähnliches
ObG	Obergericht
obj.	objektiv

öff. .... öffentlich
OECD .... Organization of Economic Cooperation and Development
OEG .... Gesetz über die Entschädigung für Opfer von Gewalttaten v. 7. 1. 1985 (BGBl. I S. 1)
o. g. .... oben genannt(e)
OG .... Oberster Gerichtshof (der DDR)
OGH .... Oberster Gerichtshof (Österreich)
OGH-BrZ .... Oberster Gerichtshof für die Britische Zone
OGHSt. .... Entscheidungen des Obersten Gerichtshofes für die Britische Zone in Strafsachen (Band u. Seite)
OGHZ .... Entscheidungen des Obersten Gerichtshofes für die Britische Zone in Zivilsachen (Band u. Seite)
OHG .... offene Handelsgesellschaft
ÖJZ .... Österreichische Juristenzeitung (Zeitschrift)
OLG .... Oberlandesgericht
OLG-NL .... OLG-Rechtsprechung Neue Länder (Zeitschrift)
OLGR .... OLG-Report (Zeitschrift)
OLGRspr. .... OLG Rechtsprechung (Zeitschrift)
OLGZ .... Rechtsprechung der Oberlandesgerichte in Zivilsachen, Amtliche Entscheidungssammlung
ÖNotZ .... Österreichische Notariats-Zeitung
OR .... Schweizerisches Obligationsrecht
ÖRiZ .... Österreichische Richterzeitung
österr. .... österreichisch
ÖstHPraxintauslR .... Österreichische Hefte für die Praxis des internationalen und ausländ. Rechts
(öst) JBl. .... Juristische Blätter (Österreich)
(öst) ZVerkR .... Zeitschrift für Verkehrsrecht (Österreich)
OVG .... Oberverwaltungsgericht
OWiG .... Gesetz über Ordnungswidrigkeiten idF d. Bek. v. 19. 2. 1987 (BGBl. I S. 602)

ParteienG .... Gesetz über die politischen Parteien (Parteiengesetz) idF d. Bek. v. 31. 3. 1994 (BGBl. I S. 149)
PartGG .... Gesetz über Partnerschaftsgesellschaften Angehöriger Freier Berufe (Partnerschaftsgesellschaftsgesetz) v. 25. 7. 1994 (BGBl. I S. 1744), s. a. PRV
PatAnwO .... Patentanwaltsordnung v. 7. 9. 1966 (BGBl. I S. 557)
PatG .... Patentgesetz idF d. Bek. v. 16. 12. 1980 (BGBl. 1981 I S. 1)
PBefG .... Personenbeförderungsgesetz idF d. Bek. v. 8. 8. 1990 (BGBl. I S. 1690)
PersV .... Die Personalvertretung (Zeitschrift)
PflegeVG .... Gesetz zur sozialen Absicherung des Risikos der Pflegebedürftigkeit (Pflege-Versicherungsgesetz) v. 26. 5. 1994 (BGBl. I S. 1014), s. a. SGB XI
PflVG .... Gesetz über die Pflichtversicherung der Kraftfahrzeughalter (Pflichtversicherungsgesetz) idF d. Bek. v. 5. 4. 1965 (BGBl. I S. 213)
PKH .... Prozesskostenhilfe
PKHB 2007 .... Bekanntmachung zu § 115 der Zivilprozeßordnung (Prozeßkostenhilfebekanntmachung 2007) v. 11. 6. 2007 (BGBl. I S. 1058)
PKHG .... Gesetz über die Prozesskostenhilfe v. 13. 6. 1980 (BGBl. I S. 677)
PKV .... Prozesskostenvorschuss
PostG .... Gesetz über das Postwesen idF d. Bek. v. 22. 12. 1997 (BGBl. I S. 3294)
PostUmwG .... Gesetz zur Umwandlung der Unternehmen der Deutschen Bundespost in die Rechtsform der Aktiengesellschaft (Postumwandlungsgesetz, Art. 3 des PostNeuOG) v. 14. 9. 1994 (BGBl. I S. 2325)
PostV .... Postdienstverordnung idF d. Bek. v. 31. 1. 1994 (BGBl. I S. 335)
PrGS .... Sammlung des in Nordrhein-Westfalen geltenden preußischen Rechts (1806–1945)
PrJMBl .... Justizministerialblatt für die Preußische Gesetzgebung und Rechtspflege
ProdHaftG .... Gesetz über die Haftung für fehlerhafte Produkte (Produkthaftungsgesetz) v. 15. 12. 1989 (BGBl. I S. 2198)

ProdSG	Gesetz zur Regelung der Sicherheitsanforderungen an Produkte und zum Schutz der CE-Kennzeichnung (Produktsicherheitsgesetz) v. 22. 4. 1997 (BGBl. I S. 934), außer Kraft 30. 4. 2004
Prot.	Protokolle
Prot. I – VI	Protokolle der Kommission für die zweite Lesung des Entwurfs des BGB (Bd. I und IV 1897; Bd. II 1898; Bd. III, V und VI 1899)
ProtRA	Protokolle des Rechtsausschusses
PrOVG	Preußisches Oberverwaltungsgericht
PRV	Verordnung über die Einrichtung und Führung des Partnerschaftsregisters (Partnerschaftsregisterverordnung) v. 16. 6. 1995 (BGBl. I S. 808), s. a. PartGG
PStG	Personenstandsgesetz idF d. Bek. v. 8. 8. 1957 (BGBl. I S. 1125)
PStV	Verordnung zur Ausführung des Personenstandsgesetzes idF d. Bek. v. 25. 2. 1977 (BGBl. I S. 377)
RabattG	Gesetz über Preisnachlässe (Rabattgesetz) v. 25. 11. 1933 (RGBl. S. 1011), außer Kraft 25. 7. 2001
RabelsZ	Zeitschrift für ausländisches und internationales Privatrecht (Band und Seite)
RABerufsNeuOG	Gesetz zur Neuordnung des Berufsrechts der Rechtsanwälte und Patentanwälte v. 2. 9. 1994 (BGBl. I S. 2278)
RADG	Erstes Gesetz zur Änderung des Gesetzes zur Durchführung der Richtlinie des Rates der Europäischen Gemeinschaften vom 22. 3. 1977 zur Erleichterung der tatsächlichen Ausübung des freien Dienstleistungsverkehrs der Rechtsanwälte (Rechtsanwaltsdienstleistungsgesetz) v. 14. 3. 1990 (BGBl. I S. 479), außer Kraft
RAG	Reichsarbeitsgericht, zugleich amtliche Sammlung der Entscheidungen (Band und Seite)
RAGE	Sammlung der Entscheidungen des RAG (zitiert nach Band u. Seite)
RAnwG DDR	Gesetz über die Anwendung des Rechts auf internationale zivil-, familien- und arbeitsrechtliche Beziehungen sowie auf internationale Wirtschaftsverträge – Rechtsanwendungsgesetz (DDR) v. 5. 12. 1975 (GBl. DDR I S. 748)
RAnz.	Deutscher Reichs-Anzeiger
RBerG	Rechtsberatungsgesetz v. 13. 12. 1935 (RGBl. S. 1478)
RdA	Recht der Arbeit (Zeitschrift)
RdE	Recht der Energiewirtschaft (Zeitschrift)
RdErl.	Runderlass
RdJ	Recht der Jugend (Zeitschrift)
RdJB	Recht der Jugend und des Bildungswesens (Zeitschrift)
RdK	Das Recht des Kraftfahrers (Zeitschrift, ab 1952: Deutsches Autorecht)
RdL	Recht der Landwirtschaft (Zeitschrift)
RdSchr.	Rundschreiben
RE	Rechtsentscheid
Recht	Das Recht (Zeitschrift)
Rechtstheorie	Rechtstheorie (Zeitschrift)
Red.	Redaktion
RefE	Referentenentwurf
Reg.	Regierung
RegBedarfsV	Verordnung zur Neufestsetzung des Regelbedarfs v. 30. 7. 1976 (BGBl. I S. 2042)
RegBetrVO	Regelbetrag-Verordnung (Art. 2 des KindUG) v. 6. 4. 1998 (BGBl. I S. 666, 668) idF d. 1. VO zur Änderung der RegBetrVO v. 25. 5. 1999 (BGBl. I S. 1100)
RegBl.	Regierungsblatt
RegE	Regierungsentwurf
RegUnterhV	Regelunterhalt-Verordnung v. 27. 6. 1970 (BGBl. I S. 1010)
RegVBG	Gesetz zur Vereinfachung und Beschleunigung registerrechtlicher und anderer Verfahren (Registerverfahrensbeschleunigungsgesetz) v. 20. 12. 1993 (BGBl. I S. 2182)

re. Sp.	rechte Spalte
Rev. Arb.	Révue de L'Arbitrage
Rev. crit. dr. int. pr.	Revue critique de droit international prive
RFH	Reichsfinanzhof; zugleich amtliche Sammlung der Entscheidungen (Band u. Seite)
RFHE	Sammlung der Entscheidungen und Gutachten des RFH (Band u. Seite)
RG	Reichsgericht
RGBl.	Reichsgesetzblatt
RGRK/*Bearbeiter*	Das Bürgerliche Gesetzbuch, hrsg. v. Mitgliedern des Bundesgerichtshofs, 12. Aufl. 1974–2000
RGSt.	Amtliche Sammlung von Entscheidungen des Reichsgerichts in Strafsachen
RGZ	Amtliche Sammlung von Entscheidungen des Reichsgerichts in Zivilsachen
RheinSchA	Revidierte Rheinschiffahrtsakte v. 17. 10. 1868 (Mannheimer Akte) (BGBl. II 1969 S. 598)
RheinZ	Rheinische Zeitschrift für Zivil- und Prozeßrecht
RhSchiffG	Rheinschiffahrtsgericht
RiA	Das Recht im Amt (Zeitschrift)
RichtlRA	Grundsätze der anwaltlichen Standesrichtlinien, Richtlinie gemäß § 177 BRAO, festgestellt von der Bundesrechtsanwaltskammer
RiVASt	Richtlinien für den Verkehr mit dem Ausland in strafrechtlichen Angelegenheiten v. 18. 9. 1984 (BAnz.-Beilage Nr. 176 a)
RIW	Recht der internationalen Wirtschaft (Zeitschrift, 1. 1954/55–3. 1957 u. 21. 1975 ff.; früher AWD)
RJA	Entscheidungen in Angelegenheiten der freiwilligen Gerichtsbarkeit und des Grundbuchrechts, zusammengestellt im Reichsjustizamt (1. 1900–17. 1922)
RJM	Reichsminister der Justiz
RKG	Reichsknappschaftsgesetz idF d. Bek. v. 1. 7. 1926 (RGBl. I S. 369)
RLA	Rundschau für den Lastenausgleich (1. 1952 ff.)
RMBl.	Reichsministerialblatt
Rn.	Randnummer(n)
RNotO	Reichsnotarordnung
ROE	IBA-Rules of Ethics for International Arbitrators von 1986 – IBA-Standesregeln
ROHG	Reichsoberhandelsgericht; auch Entscheidungssammlung (Band und Seite)
RonToE	IBA-Rules on Taking of Evidence in International Commercial Arbitration von 1999 – JBA-Beweisregeln
ROW	Recht in Ost u. West (Zeitschrift)
Rpfl.	Rechtspfleger
RpflAnpG	Gesetz zur Anpassung der Rechtspflege im Beitrittsgebiet (Rechtspflege-Anpassungsgesetz) v. 26. 6. 1992 (BGBl. I S. 1147), außer Kraft
RpflBl	Rechtspflegerblatt (Zeitschrift)
Rpfleger	Der Deutsche Rechtspfleger (Zeitschrift)
3. RPflegerÄndG	Drittes Gesetz zur Änderung des Rechtspflegergesetzes und anderer Gesetze v. 6. 8. 1998 (BGBl. I S. 2030)
RpflEntlG	Gesetz zur Entlastung der Rechtspflege v. 11. 1. 1993 (BGBl. I S. 50)
RpflG	Rechtspflegergesetz v. 5. 11. 1969 (BGBl. I S. 2065)
RpflJB	Rechtspflegerjahrbuch
Rpfl. Stud.	Rechtspfleger-Studienhefte (1. 1977 ff.) (Zeitschrift)
RpflVereinfG	Rechtspflege-Vereinfachungsgesetz v. 17. 12. 1990 (BGBl. I S. 2847)
RPS	Recht und Praxis der Schiedsgerichtsbarkeit (BB-Beilage, nun: IDR)
r+s	Recht und Schaden (Zeitschrift)
Rspr.	Rechtsprechung
RsprEinhG	Gesetz zur Wahrung der Einheitlichkeit der Rechtsprechung der obersten Gerichtshöfe des Bundes v. 19. 6. 1968 (BGBl. I S. 661)
RTierärzteO	Reichstierärzteordnung

RÜG .... Gesetz zur Herstellung der Rechtseinheit in der gesetzlichen Renten- und Unfallversicherung (Renten-Überleitungsgesetz – RÜG) v. 25. 7. 1991 (BGBl. I S. 1606)
RuG .... Recht und Gesellschaft (Zeitschrift)
RuStAG .... Reichs- und Staatsangehörigkeitsgesetz v. 22. 7. 1913 (RGBl. S. 583); jetzt StAG
RuW .... Recht und Wirtschaft (Zeitschrift)
RV .... Die Rentenversicherung (Zeitschrift)
RVG .... Gesetz über die Vergütung der Rechtsanwältinnen und Rechtsanwälte (Rechtsanwaltsvergütungsgesetz – RVG), verkündet als Art. 3 Kostenrechtsmodernisierungsgesetz vom 5. 5. 2004 (BGBl. I S. 718, 788)
RvglHWB .... Rechtsvergleichendes Handwörterbuch für das Zivil- und Handelsrecht des In- und Auslandes (Band u. Seite)
RVO .... Reichsversicherungsordnung idF d. Bek. v. 15. 12. 1924 (RGBl. S. 779); teilweise aufgehoben durch Art. 35 Nr. 1 UVEG, s. SGB VI
RWiG .... Reichswirtschaftsgericht RzW Rechtsprechung zum Wiedergutmachungsrecht
RWP .... Rechts- und Wirtschaftspraxis (Loseblatt-Ausgabe)
RzW .... Rechtsprechung zum Wiedergutmachungsrecht (Zeitschrift)

S. .... Seite; Satz
s. .... siehe; section
s. a. .... siehe auch
SaBl. .... Sammelblatt für Rechtsvorschriften des Bundes und der Länder
SaBremR .... Sammlung des bremischen Rechts
SachenRBerG .... Gesetz zur Sachenrechtsbereinigung im Beitrittsgebiet (Sachenrechtsbereinigungsgesetz, Art. 1 des Gesetzes zur Änderung sachenrechtlicher Bestimmungen – SachenRÄndG) v. 21. 9. 1994 (BGBl. I S. 2457)
SächsAnn. .... Annalen des Sächsischen Oberlandesgerichts zu Dresden
SächsArch. .... Sächsisches Archiv für Bürgerliches Recht und Prozeß (Zeitschrift)
SächsVBl. .... Sächsische Verwaltungsblätter (Zeitschrift)
SAE .... Sammlung arbeitsrechtlicher Entscheidungen, Österreich (Zeitschrift)
ScheckG .... Scheckgesetz v. 14. 8. 1933 (RGBl. I S. 597)
SchiedsVfG .... Gesetz zur Neuregelung des Schiedsverfahrensrechts (Schiedsverfahrens-Neuregelungsgesetz) v. 22. 12. 1997 (BGBl. I S. 3224)
SchiedsVZ.. .... Zeitschrift für Schiedsverfahren – SchiedsVZ (Zeitschrift)
SchiffG .... Schiffahrtsgericht
SchiffsRegO .... Schiffsregisterordnung idF d. Bek. v. 26. 5. 1994 (BGBl. I S. 1133)
SchiffsRG .... Gesetz über Rechte an eingetragenen Schiffen und Schiffsbauwerken (Schiffsrechtegesetz) v. 15. 11. 1940 (RGBl. I S. 1499)
SchlG .... Schlichtungsgesetz
SchlH .... Schleswig-Holstein
SchlHA .... Schleswig-Holsteinische Anzeigen (NF 1. 1837 ff. Zeitschrift)
SchlHOLG .... Schleswig-Holsteinisches Oberlandesgericht
Schlußanh. .... Schlußanhang
SchO .... (UNCITRAL-) Schiedsgerichtsordnung
SchweizAG .... Schweizerische Aktiengesellschaft, Société anonyme suisse (Zeitschrift)
Schweiz. IPRG-Entwurf Entwurf zum schweizerischen internationalen Privatrechtsgesetz
SchweizJZ .... Schweizerische Juristenzeitung
SchwJbIntR .... Schweizerisches Jahrbuch für internationales Recht
s. d. .... siehe dort
1. SED-UnBerG .... Erstes Gesetz zur Bereinigung von SED-Unrecht (Erstes SED-Unrechtsbereinigungsgesetz) v. 29. 10. 1992 (BGBl. I S. 1814)
SG .... Sozialgericht; Schiedsgericht
SGB .... Sozialgesetzbuch – SGB I: (1. Buch) Allgemeiner Teil v. 11. 12. 1975 (BGBl. I S. 3015); SGB IV: (4. Buch) Gemeinsame Vorschriften für die Sozialversicherung v. 23. 12. 1976 (BGBl. I S. 3845); SGB X: (10. Buch) Verwaltungsverfahren v. 18. 1. 2001 (BGBl. I S. 130), Zusammenarbeit der Leistungsträger und ihre Beziehungen zu Dritten

v. 4. 11. 1982 (BGBl. I S. 1450); SGB XII (12. Buch) Sozialhilfe v. 22. 12. 2003 (BGBl. I S. 3022)

SGb .... Die Sozialgerichtsbarkeit (Zeitschrift)

SGG .... Sozialgerichtsgesetz idF d. Bek. v. 23. 9. 1975 (BGBl. I S. 2535)

SGVNW .... Sammlung des bereinigten Gesetz- und Verordnungsblattes für das Land Nordrhein-Westfalen, 1962 ff., Loseblatt-Sammlung

SGVO .... Verordnung über das schiedsgerichtliche Verfahren vom 18. 12. 1975 (DDR-GBl. 1976 I S. 8)

SiG .... Gesetz über die Rahmenbedingungen für elektronische Signaturen (Signaturgesetz) v. 16. 5. 2001 (BGBl. I S. 179)

SJZ .... Süddeutsche Juristenzeitung (Zeitschrift)

s. o. .... siehe oben

SN .... Secretariat Note – Arbeitspapiere des (UNCITRAL-) Sekretariats für ein Modellgesetz über die Internationale Handelsschiedsgerichtsbarkeit

sog. .... sogenannt(e)

SoldatenG .... Gesetz über die Rechtsstellung der Soldaten (Soldatengesetz) idF d. Bek. v. 30. 5. 2005 (BGBl. I S. 1482)

SoldVersG .... Gesetz über die Versorgung für die ehemaligen Soldaten der Bundeswehr und ihrer Hinterbliebenen (Soldatenversorgungsgesetz) idF d. Bek. v. 9. 4. 2002 (BGBl. I S. 1258, ber. S. 1909)

SorgerechtsÄndG .... Gesetz zur Neuregelung des Rechts der elterlichen Sorge v. 18. 7. 1979 (BGBl. I S. 1061)

SorgeRÜbkAG .... Gesetz zur Ausführung des Haager Übereinkommens v. 25. 10. 1980 über die zivilrechtlichen Aspekte internationaler Kindesentführung und des Europäischen Übereinkommens v. 20. 5. 1980 über die Anerkennung und Vollstreckung von Entscheidungen über das Sorgerecht für Kinder und die Wiederherstellung des Sorgeverhältnisses (Sorgerechtsübereinkommens-Ausführungsgesetz) v. 5. 4. 1990 (BGBl. I S. 701), außer Kraft; s. a. HaagKindEÜbk. u. EuSorgeRÜbk.

SozR .... Sozialrecht, Rechtsprechung und Schrifttum, bearbeitet von den Richtern des Bundessozialgerichts

SozVers .... Die Sozialversicherung (Zeitschrift)

Sp. .... Spalte

SR .... Summary Record – Diskussionsprotokolle der (UNCITRAL-)Kommissionssitzungen

st. .... ständig

Staat .... Der Staat. Zeitschrift für Staatslehre, öffentliches Recht und Verfassungsgeschichte (Band u. Seite)

StAG .... Staatsangehörigkeitsgesetz, früher RuStAG, Bezeichnung geändert durch das Gesetz zur Reform des Staatsangehörigkeitsrechts v. 15. 7. 1999 (BGBl. I S. 1618)

StAnz. .... Staatsanzeiger

StAZ .... Das Standesamt (Zeitschrift)

StB .... Der Steuerberater (Zeitschrift)

StBerG .... Steuerberatungsgesetz idF d. Bek. v. 4. 11. 1975 (BGBl. I S. 2735)

Sten. Prot. .... Stenographisches Protokoll

StGB .... Strafgesetzbuch idF d. Bek. v. 13. 11. 1998 (BGBl. I S. 3322)

StGH .... Staatsgerichtshof

stillschw. .... stillschweigend

StPO .... Strafprozeßordnung idF d. Bek. v. 7. 4. 1987 (BGBl. I S. 1074)

str. .... streitig

Strafrechtl. RehabilitierungsG .... s. StrRehaG

StrEG .... Gesetz über Entschädigung für Strafverfolgungsmaßnahmen v. 8. 3. 1971 (BGBl. I S. 157)

st. Rspr. .... ständige Rechtsprechung

StrRehaG .... Gesetz über die Rehabilitation und Entschädigung von Opfern rechtsstaatswidriger Strafverfolgungsmaßnahmen im Beitrittsgebiet (Strafrechtliches Rehabilitierungsgesetz, Art. 1 des 1. SED-UnBerG) v. 29. 10. 1992 (BGBl. I S. 1841) idF d. Bek. v. 17. 12. 1999 (BGBl. I S. 2664)

StrVollstrO .... Strafvollstreckungsordnung (StVollstrO) idF d. Bek. v. 23. 3. 2001 (BAnz S. 9157)
StuR .... Staat und Recht (DDR-Zeitschrift)
StuW .... Steuer und Wirtschaft (Zeitschrift)
StV .... Strafverteidiger (Zeitschrift)
StVG .... Straßenverkehrsgesetz v. 5. 3. 2003 (BGBl. I S. 310)
StVO .... Straßenverkehrsordnung idF d. Bek. v. 16. 11. 1970 (BGBl. I S. 1565; 1971 I S. 38)
StVollzG .... Strafvollzugsgesetz v. 16. 3. 1976 (BGBl. I S. 581)
StVZO .... Straßenverkehrs-Zulassungs-Ordnung idF d. Bek. v. 28. 9. 1988 (BGBl. I S. 1793)
s. u. .... siehe unten
SZ .... Entscheidungen des Obersten Gerichtshofes in Zivil- und Justizverwaltungssachen (Österreich)

TierSG .... Tierseuchengesetz idF d. Bek. v. 22. 6. 2004 (BGBl. I S. 2360, ber. S. 3587)
TierSchG .... Tierschutzgesetz idF d. Bek. v. 18. 5. 2006 (BGBl. I S. 1206, ber. S. 1313)
TKG .... Telekommunikationsgesetz v. 22. 6. 2004 (BGBl. I S. 1190)
TransportR .... Transport- und Speditionsrecht (Zeitschrift)
TRG .... Gesetz zur Neuregelung des Fracht-, Speditions- und Lagerrechts (Transportrechtsreformgesetz) v. 25. 6. 1998 (BGBl. I S. 1588)
TzWrG .... Gesetz über die Veräußerung von Teilzeitnutzungsrechten an Wohngebäuden idF d. Bek. v. 29. 6. 2000 (BGBl. I S. 957), außer Kraft 31. 12. 2001

u. .... und; unten; unter
u. a. .... unter anderem; und andere
u. a. m. .... und andere(s) mehr
UÄndG .... Gesetz zur Änderung unterhaltsrechtlicher, verfahrensrechtlicher und anderer Vorschriften v. 20. 2. 1986 (BGBl. I S. 86, 301)
u. Ä. .... und Ähnliche(s)
überwM .... überwiegende Meinung
Übk. .... Übereinkommen
UFITA .... Archiv für Urheber-, Film-, Funk- und Theaterrecht (Zeitschrift)
umst. .... umstritten
UmwBerG .... Gesetz zur Bereinigung des Umwandlungsrechts v. 28. 10. 1994 (BGBl. S. 3210, ber. 1995 I S. 428)
UmweltHG .... Gesetz über die Umwelthaftung (Art. 1 des Gesetzes über die Umwelthaftung) vom 10. 12. 1990 (BGBl. I S. 2634)
UmwG .... Umwandlungsgesetz v. 28. 10. 1994 (BGBl. I S. 3210, ber. 1995 I S. 428)
UN .... United Nations
UNCITRAL .... United Nations Commission on International Trade Law – Kommission der Vereinten Nationen für Internationales Handelsrecht
UNCTAD .... United Nations Conference of Trade and Development
UNIDROIT .... Institut International pour l'Unification du Droit Privé
UNO .... United Nations Organization
unstr. .... unstreitig
UntÄndG .... Gesetz zur vereinfachten Abänderung v. Unterhaltsrenten v. 29. 7. 1976 (BGBl. I S. 2029)
UntVorschG .... Gesetz zur Sicherung des Unterhalts von Kindern alleinstehender Mütter und Väter durch Unterhaltsvorschüsse oder Ausfallleistungen (Unterhaltsvorschußgesetz) idF d. Bek. v. 2. 1. 2002 (BGBl. I S. 2)
UNÜ .... (New Yorker UN-)Übereinkommen über die Anerkennung und Vollstreckung ausländischer Schiedssprüche vom 10. 6. 1958 (BGBl. 1961 II S. 122)
UNÜbkSchdG .... UN-Übereinkommen v. 10. 6. 1958 über die Anerkennung und Vollstreckung ausländischer Schiedssprüche, G v. 15. 3. 1961 (BGBl. II S. 121), in Kraft getreten am 28. 9. 1961 aufgrund Bek. v. 23. 3. 1962 (BGBl. II S. 102)

UNUÜ 1956 .... UN-Übereinkommen über die Geltendmachung von Unterhaltsansprüchen im Ausland v. 20. 6. 1956
UrhG .... Gesetz über Urheberrecht und verwandte Schutzrechte (Urheberrechtsgesetz) v. 9. 9. 1965 (BGBl. I S. 1273)
Urk. .... Urkunde
Urt. .... Urteil
USG .... Gesetz über die Sicherung des Unterhalts der zum Wehrdienst einberufenen Wehrpflichtigen und ihrer Angehörigen (Unterhaltssicherungsgesetz) idF d. Bek. v. 20. 2. 2002 (BGBl. I S. 972)
usf. .... und so fort
usw. .... und so weiter
uU .... unter Umständen
UWG .... Gesetz gegen den unlauteren Wettbewerb (UWG) v. 3. 7. 2004 (BGBl. S. 1414)

v. .... vom; von
VAG .... Gesetz über die Beaufsichtigung der privaten Versicherungsunternehmen idF d. Bek. 17. 12. 1992 (BGBl. 1993 I S. 2)
VAHRG .... Gesetz zur Regelung von Härten im Versorgungsausgleich v. 21. 2. 1983 (BGBl. I S. 105)
VAÜA .... Versorgungsausgleichs-Überleitungsgesetz
vAw .... von Amts wegen
VB .... Vollstreckungsbescheid
VBl. .... Versorgungsanstalt des Bundes und der Länder
VBlBW .... Verwaltungsblätter für Baden-Württemberg (Zeitschrift)
VEB .... Volkseigener Betrieb (DDR)
VerBAV .... Veröffentlichungen des Bundesaufsichtsamtes f. das Versicherungs- und Bausparwesen (Zeitschrift)
Verb. Komm. .... Verbandskommentar, Kommentar zur Reichsversicherungsordnung (4. und 5. Buch), hrsg. v. Verband Deutscher Rentenversicherungsträger
VerbrKrG .... Verbraucherkreditgesetz v. 29. 6. 2000 (BGBl. I S. 940), außer Kraft 31. 12. 2001
VereinfNov. .... Gesetz zur Vereinfachung und Beschleunigung gerichtlicher Verfahren (Vereinfachungsnovelle) v. 3. 12. 1976 (BGBl. I S. 3281)
VereinfVerf. .... Vereinfachtes Verfahren (zur Unterhaltstiteländerung), siehe UntÄndG
VereinsG .... Gesetz zur Regelung des öffentlichen Vereinsrechts (Vereinsgesetz) v. 5. 8. 1964 (BGBl. I S. 593)
Verf. .... Verfahren; Verfassung
VerfGH .... Verfassungsgerichtshof
VerfOEGMR .... Verfahrensordnung des Europäischen Gerichtshofes für Menschenrechte v. 26. 1. 1989 idF d. Bek. v. 27. 11. 1989 (BGBl. II S. 955)
VerfOEKMK .... Verfahrensordnung der Europäischen Kommission für Menschenrechte v. 4. 9. 1990, idF d. Bek. v. 29. 5. 1991 (BGBl. II S. 838)
VerfOEuGH .... Verfahrensordnung des Gerichtshofes der Europäischen Gemeinschaften v. 19. 6. 1991 (AblEG Nr. L 176 v. 4. 7. 1991 S. 7, ber. Nr. L 383 v. 29. 12. 1992 S. 117)
VerfOEuGMR .... Verfahrensordnung des Europäischen Gerichtshofes für Menschenrechte v. 18. 9. 1959, d. Neubek. v. 17. 1. 1979 (BGBl. II S. 212)
VerfOEuKMK .... Verfahrensordnung der Europäischen Kommission für Menschenrechte v. 2. 4. 1959, idF d. Bek. v. 13. 12. 1974 (BGBl. II 1977 S. 1277)
VerkBl. .... Verkehrsblatt, Amtsblatt des Bundesministers für Verkehr
VerkMitt. .... Verkehrsrechtliche Mitteilungen (Zeitschrift); s. a. VR
VerkRdsch. .... Verkehrsrechtliche Rundschau (Zeitschrift); s. a. VR
VerlG .... Gesetz über das Verlagsrecht v. 19. 6. 1901 (RGBl. S. 217)
5. VermBG .... Fünftes Gesetz zur Förderung der Vermögensbildung der Arbeitnehmer (Fünftes Vermögensbildungsgesetz) idF d. Bek. v. 4. 3. 1994 (BGBl. I S. 406)
VermG .... Gesetz zur Regelung offener Vermögensfragen (Vermögensgesetz) idF d. Bek. v. 9. 2. 2006 (BGBl. I S. 205)

VersArch.	Versicherungswissenschaftliches Archiv (Zeitschrift)
VerschG	Verschollenheitsgesetz idF d. Bek. v. 15. 1. 1951 (BGBl. I S. 63)
VersN	Versicherungsnehmer
VersorgAusglHärteG	s. VAHRG
VersR	Versicherungsrecht (Zeitschrift)
VersRdsch	Versicherungsrundschau (Zeitschrift)
VersW	Versicherungswirtschaft (Zeitschrift)
VerwArch.	Verwaltungsarchiv (Zeitschrift)
VerwG	Verwaltungsgericht
VerwGH	Verwaltungsgerichtshof
VerwRdsch.	Verwaltungsrundschau
VerwRspr.	Verwaltungsrechtsprechung in Deutschland (Band und Seite)
Vfg.	Verfügung
VG	Verwaltungsgericht
VGH	Verfassungsgerichtshof
vgl.	vergleiche
VIZ	Zeitschrift für Vermögens- und Immobilienrecht (bis 1996: für Vermögens- und Investitionsrecht)
vH	von (vom) Hundert
VHG	Gesetz über die richterliche Vertragshilfe (Vertragshilfegesetz) v. 26. 3. 1952 (BGBl. I S. 198), außer Kraft 30. 6. 2000
VMBl.	Ministerialblatt des Bundesministers für (ab 1962: der) Verteidigung
VO	Verordnung
VOB Teil A/B	Verdingungsordnung für Bauleistungen, Teil A: Allg. Best. für die Vergabe von Bauleistungen, Teil B: Allg. Vertragsbedingungen für die Ausführung von Bauleistungen v. 9. 7. 1996 (BAnz. Nr. 125 a, in der Fassung des Ergänzungsbandes 1998, BAnz. Nr. 125)
VOBl.	Verordnungsblatt
VOBlBrZ	Verordnungsblatt für die britische Zone
Vol.	Volume (= Band)
VolljG	Gesetz zur Neuregelung des Volljährigkeitsalters v. 31. 7. 1974 (BGBl. I S. 1713)
Vollstr.	Vollstreckung
VollstVergV	Verordnung über die Vergütung von Beamten im Vollstreckungsdienst (Vollstreckungsvergütungsverordnung) v. 6. 1. 2003 (BGBl. I S. 8)
Voraufl.	Vorauflage
Vorb.	Vorbemerkung
VormG	Vormundschaftsgericht
VPB	Verwaltungspraxis der Bundesbehörden (früher VEB)
VRS	Verkehrsrechts-Sammlung (Zeitschrift)
VRÜ	Verfassung und Recht in Übersee (Zeitschrift)
VSSR	Vierteljahresschrift für Sozialrecht
VVaG	Versicherungsverein auf Gegenseitigkeit
VVDStRL	Veröffentlichungen der Vereinigung Deutscher Staatsrechtslehrer
VVG	Gesetz über den Versicherungsvertrag v. 30. 5. 1908 (RGBl. S. 263)
VwGO	Verwaltungsgerichtsordnung v. 19. 3. 1991 (BGBl. I S. 686)
VwKostG	Verwaltungskostengesetz v. 23. 6. 1970 (BGBl. I S. 821)
VwVfG	Verwaltungsverfahrensgesetz des Bundes idF d. Bek. v. 23. 1. 2003 (BGBl. I S. 102)
VwVG	Verwaltungs-Vollstreckungsgesetz v. 27. 4. 1953 (BGBl. I S. 157)
VwZG	Verwaltungszustellungsgesetz v. 12. 8. 2005 (BGBl. I S. 2354)
VZOG	Gesetz über die Feststellung der Zuordnung von ehemals volkseigenem Vermögen (Vermögenszuordnungsgesetz) idF d. Bek. v. 29. 3. 1994 (BGBl. I S. 709)
VZS	Vereinigte Zivilsenate
WährG	Währungsgesetz v. 20. 6. 1948 (WiGBl. Beilage Nr. 5 S. 1), außer Kraft 1. 1. 2002
WahlO	Wahlordnung v.

WahrnG	Gesetz über die Wahrnehmung von Urheberrechten und verwandten Schutzrechten (Urheberrechtswahrnehmungsgesetz) v. 9. 9. 1965 (BGBl. I S. 1294)
Warn.	s. BGHWarn.
WarschAbk.	Warschauer Abkommen v. 12. 10. 1929 zur Vereinheitlichung von Regeln über die Beförderung im internationalen Luftverkehr; Bek. der Neufassung v. 7. 8. 1958 (BGBl. II S. 312), in Kraft getreten am 1. 8. 1963 aufgrund Bek. v. 14. 8. 1964 (BGBl. II S. 1295)
WasStrG	Bundeswasserstraßengesetz idF d. Bek. v. 4. 11. 1998 (BGBl. I S. 3294)
WEG	Gesetz über das Wohnungseigentum und das Dauerwohnrecht (Wohnungseigentumsgesetz) v. 15. 3. 1951 (BGBl. I S. 175)
wg.	wegen
WG	Wechselgesetz v. 21. 6. 1933 (RGBl. I S. 399)
WGO	WGO-Monatsheft für Osteuropäisches Recht
WGR	Working Group Report – Arbeitsberichte der (UNCITRAL-)Arbeitsgruppe für ein Modellgesetz über die Internationale Handelsschiedsgerichtsbarkeit
WHG	Gesetz zur Ordnung des Wasserhaushalts (Wasserhaushaltsgesetz) idF d. Bek. v. 19. 8. 2002 (BGBl. I S. 3245)
WiPO	Gesetz über eine Berufsordnung der Wirtschaftsprüfer (Wirtschaftsprüferordnung) idF d. Bek. v. 5. 11. 1975 (BGBl. I S. 2803)
WiSta	Wirtschaft und Statistik (Zeitschrift)
wistra	Zeitschrift für Wirtschaft, Steuer und Strafrecht
2. WKSchG	Zweites Gesetz über den Kündigungsschutz für Mietverhältnisse über Wohnraum (Zweites Wohnraumkündigungsgesetz) v. 18. 12. 1974 (BGBl. I S. 3603)
WM	Wertpapiermitteilungen für Wirtschafts- und Bankrecht (Zeitschrift)
WobauG	Erstes Wohnungsbaugesetz idF d. Bek. v. 25. 8. 1953 (BGBl. I S. 1047)
2. WobauG	Zweites Wohnungsbaugesetz (Wohnungsbau- und Familiengesetz) idF d. Bek. v. 19. 8. 1994 (BGBl. I S. 2137), außer Kraft
WoGG	Wohngeldgesetz idF d. Bek. v. 23. 1. 2002 (BGBl. I S. 474)
WoGV	Wohngeldverordnung idF d. Bek. v. 19. 10. 2001 (BGBl. I S. 2722)
WoM	Wohnungswirtschaft und Mietrecht (Zeitschrift)
WP	Wahlperiode
WpflG	Wehrpflichtgesetz idF d. Bek. v. 30. 5. 2005 (BGBl. I S. 1465)
WPg	Die Wirtschaftsprüfung (Zeitschrift)
WRP	Wettbewerb in Recht und Praxis (Zeitschrift)
WRV	Weimarer Reichsverfassung v. 11. 8. 1919 (RGBl. S. 1383)
WuB	Entscheidungssammlung zum Wirtschafts- und Bankrecht
WÜD	Wiener Übereinkommen über diplomatische Beziehungen v. 18. 4. 1961 (BGBl. 1964 II S. 957, 1006, 1018)
WÜK	Wiener Übereinkommen über konsularische Beziehungen v. 24. 4. 1963 (BGBl. 1969 II S. 1585, 1674, 1688)
WuM	vgl. WoM
WuR	Die Wirtschaft und das Recht (Zeitschrift)
WürttNV	Mitteilungen aus der Praxis, herausgegeben vom Württembergischen Notarverein (bis 20. 1954), dann BWNotZ
WürttRpflZ	Württembergische Zeitschrift für Rechtspflege und Verwaltung
WuV	Wirtschaft und Wettbewerb (Zeitschrift)
WuW	Wirtschaft und Wettbewerb (Zeitschrift)
WuW/E	Wirtschaft und Wettbewerb – Entscheidungssammlung zum Kartellrecht
Yb.	Yearbook of UNCITRAL
YCA	Yearbook of Commercial Arbitration
z.	zur, zum
ZAkDR	Zeitschrift der Akademie für Deutsches Recht
ZaöRV	Zeitschrift für ausländisches öffentliches Recht und Völkerrecht (zitiert nach Band u. Seite)
ZAP	Zeitschrift für Anwaltspraxis

ZAS	Zeitschrift für Arbeits- und Sozialrecht (Österreich)
zB	zum Beispiel
ZBB	Zeitschrift für Bankrecht und Bankwirtschaft
ZBergR	Zeitschrift für Bergrecht
ZBlFG	Zentralblatt für freiwillige Gerichtsbarkeit und Notariat (ab 1911/12: für freiwillige Gerichtsbarkeit, Notariat und Zwangsversteigerung), 1900/01–1921/22
ZBlHR	Zentralblatt für Handelsrecht
ZBlJugR	s. ZfJ
ZblSozVers.	Zentralblatt für Sozialversicherung, Sozialhilfe und -versorgung
ZBR	Zeitschrift für Beamtenrecht
ZDG	s. ZivildienstG
ZDJ	Zeitschrift des Bundes Deutscher Justizamtmänner
ZEuP	Zeitschrift für Europäisches Privatrecht
ZevKR	Zeitschrift für evangelisches Kirchenrecht
ZfA	Zeitschrift für Arbeitsrecht
ZfBR	Zeitschrift für deutsches und internationales Baurecht (1978 ff.)
ZfF	Zeitschrift für das Fürsorgewesen
ZfgG	s. ZgesGenW
ZfJ	Zentralblatt für Jugendrecht [früher: und Jugendwohlfahrt] (Zeitschrift)
ZfIR	Zeitschrift für Immobilienrecht
ZfRV	Zeitschrift für Rechtsvergleichung
ZfS	Zeitschrift für Schadensrecht
ZfSH	Zeitschrift für Sozialhilfe (ab 1983) und Sozialgesetzbuch
ZfSozW	Zeitschrift für Sozialwissenschaft
ZfV	Zeitschrift für Versicherungswesen
ZGB	Schweizerisches Zivilgesetzbuch v. 10. 12. 1907
ZGB-DDR	Zivilgesetzbuch der Deutschen Demokratischen Republik v. 19. 6. 1975 (GBl. DDR I S. 465)
ZgesGenW	Zeitschrift für das gesamte Genossenschaftswesen
ZgesKredW	Zeitschrift für das gesamte Kreditwesen
ZgesStaatsW	Zeitschrift für die gesamte Staatswissenschaft
ZgesStrafW	s. ZStrW
ZGR	Zeitschrift für Unternehmens- und Gesellschaftsrecht
ZHR	Zeitschrift für das gesamte Handelsrecht und Wirtschaftsrecht, begr. v. *Goldschmidt* (früher Zeitschrift für das gesamte Handelsrecht und Konkursrecht)
Ziff.	Ziffer(n)
ZInsO	Zeitschrift für das gesamte Insolvenzrecht
ZIP	Zeitschrift für Wirtschaftsrecht und Insolvenzpraxis
ZIR	Zeitschrift für internationales Recht (früher NiemeyersZ)
ZivildienstG	Gesetz über den Zivildienst der Kriegsdienstverweigerer (Zivildienstgesetz – ZDG) idF d. Bek. v. 17. 5. 2005 (BGBl. I S. 1346)
ZJJ	Zentralblatt für Jugendrecht und Jugendwohlfahrt (Zeitschrift)
ZKredW	Zeitschrift für das gesamte Kreditwesen
ZLR	Zeitschrift für Luftrecht
ZLW	Zeitschrift für Luftrecht und Weltraumrechtsfragen
ZMR	Zeitschrift für Miet- und Raumrecht
ZNotP	Zeitschrift für die Notarpraxis
ZöffR	Zeitschrift für öffentliches Recht
ZPO	Zivilprozessordnung idF der Bek. v. 5. 12. 2005 (BGBl. I S. 3202)
ZPO-RG	Gesetz zur Reform des Zivilprozesses (Zivilprozessreformgesetz – ZPO-RG) v. 27. 7. 2002 (BGBl. I S. 1887)
ZRG	Zeitschrift der Savigny-Stiftung für Rechtsgeschichte (germ. Abt. = germanistische Abteilung; rom. Abt. = romanistische Abteilung; kanon. Abt. = kanonistische Abteilung)
ZRHO	Rechtshilfeordnung für Zivilsachen idF d. Bek. v. 26. 2. 1976
ZRP	Zeitschrift für Rechtspolitik (Beil. zur NJW, 1. 1968 ff.)
ZS	*Zivilsenat*
ZSchweizR	Zeitschrift für schweizerisches Recht

ZSEG .... Gesetz über die Entschädigung von Zeugen und Sachverständigen idF d. Bek. v. 1. 10. 1969 (BGBl. I S. 1756); außer Kraft (siehe nun JVEG)
ZSR .... Zeitschrift für Sozialreform
ZStrW .... Zeitschrift für die gesamte Strafrechtswissenschaft (Band und Seite)
ZSW .... Zeitschrift für das gesamte Sachverständigenwesen
zT .... zum Teil
ZugabeVO .... Verordnung des Reichspräsidenten zum Schutze der Wirtschaft (Zugabeverordnung) v. 9. 3. 1932 (RGBl. I S. 121), außer Kraft
ZUM .... Zeitschrift für Urheber- und Medienrecht
ZusAbkNTS .... s. NTS-ZA
zust. .... zuständig, zustimmend
ZustG .... Zustimmungsgesetz
ZustG/MSA .... (deutsches) Gesetz vom 30. 4. 1971 zu dem Haager Übereinkommen vom 5. 10. 1961 über die Zuständigkeit der Behörden und das anzuwendende Recht auf dem Gebiet des Schutzes von Minderjährigen
zutr. .... zutreffend
ZustUrk. .... Zustellungsurkunde
ZVerkR .... Zeitschrift für Verkehrsrecht (Österreich)
ZVersWes. .... Zeitschrift für Versicherungswesen
ZVersWiss. .... Zeitschrift für die gesamte Versicherungswissenschaft, s. a. VersArch.
ZVG .... Gesetz über die Zwangsversteigerung und Zwangsverwaltung idF d. Bek. v. 20. 5. 1898 (RGBl. S. 369, 713)
ZVglRWiss. .... Zeitschrift für vergleichende Rechtswissenschaft (Band, Jahr u. Seite)
ZVOBl. .... Zentralverordnungsblatt, sowjetische Besatzungszone in Deutschland (1947–1949, dann GBl. (DDR)
ZVölkR .... Zeitschrift für Völkerrecht
ZVP .... Zeitschrift für Verbraucherpolitik
ZWE .... Zeitschrift für Wohnungseigentumsrecht
ZwVerst. .... Zwangsversteigerung
ZwVerw. .... Zwangsverwaltung
zZ .... zur Zeit
ZZP .... Zeitschrift für Zivilprozeß (Band u. Seite)
ZZPInt. .... Zeitschrift für Zivilprozeß International (zitiert nach Band u. Seite; in Klammern Erscheinungsjahr des jeweiligen Bandes)

Verzeichnis der abgekürzt zitierten Literatur

AGBGE	*Bunte,* Entscheidungssammlung zum AGBG, Bd. I: Entscheidungen aus 1977–1980, Bd. II: Entscheidungen aus 1981, Bd. III: Entscheidungen aus 1982, Bd. IV: Entscheidungen aus 1983, Bd. V: Entscheidungen aus 1984, Bd. VI: Entscheidungen aus 1985 (zitiert nach Band, §, Nr.)
AK-BGB/*Bearbeiter*	Alternativkommentar zum Bürgerlichen Gesetzbuch, hrsg. v. *Wassermann,* 1980 ff., 2. Aufl. 1988 ff.
AK-ZPO/*Bearbeiter*	Alternativkommentar zur Zivilprozeßordnung, hrsg. v. *Ankermann/Wassermann,* 1987
Amend	*Amend,* Insolvenzrecht in der anwaltlichen Praxis, 3. Aufl. 2002
Anders/Gehle	*Anders/Gehle,* Antrag und Entscheidung im Zivilprozeß, 3. Aufl. 1999
Anders/Gehle Assessor	*Anders/Gehle,* Das Assessorexamen im Zivilrecht, 8. Aufl. 2005
Anders/Gehle Streitwert	*Andes/Gehle,* Streitwert-Lexikon, 4. Aufl. 2002
AnwK-BGB/*Bearbeiter*	Anwaltskommentar BGB, hrsg. von *Dauner-Lieb* u. a., 2002 ff.
AP	Arbeitsrechtliche Praxis, Nachschlagewerk des Bundesarbeitsgerichts (Sammlung der Entscheidungen des Bundesarbeitsgerichts, der Landesarbeitsgerichte und der Arbeitsgerichte; zitiert nach Gesetz, sofern nicht die ZPO gemeint ist, § und Nr., ggf. zusätzlichem Stichwort)
AR-Blattei	Arbeitsrecht-Blattei, Handbuch für die Praxis, begr. v. *Sitzler,* hrsg. v. *Oehmann* u. *Dieterich*
Arens	*Arens,* Zivilprozessrecht, 8. Aufl. 2003
Arnold/Meyer-Stolte/Bearbeiter	*Arnold/Meyer-Stolte,* Rechtspflegergesetz, 6. Aufl. 2002
Bamberger/Roth	*Bamberger/Roth,* Kommentar zum BGB, 3 Bände, 2003
Bärmann/Pick/Merle	*Bärmann/Pick/Merle,* Wohnungseigentumsgesetz, 9. Aufl. 2003
Bassenge/Herbst	*Bassenge/Herbst,* Gesetz über die Angelegenheiten der Freiwilligen Gerichtsbarkeit, Rechtspflegergesetz, 11. Aufl. 2007
Bauer/v. Oefele/Bearbeiter	Grundbuchordnung, hrsg. v. *Bauer/v. Oefele,* 2. Aufl. 2006
Baumbach/Hefermehl	*Baumbach/Hefermehl,* Wechselgesetz und Scheckgesetz, 22. Aufl. 2000
Baumbach/Hefermehl Wettbewerbsrecht	*Baumbach/Hefermehl,* Wettbewerbsrecht, 25. Aufl. 2007
Baumbach/Hopt	*Baumbach/Hopt,* Handelsgesetzbuch, 32. Aufl. 2006
Baumbach/Hueck	*Baumbach/Hueck,* GmbHG, 18. Aufl. 2006
Baumbach/Lauterbach/Bearbeiter	*Baumbach/Lauterbach/Albers/Hartmann,* Zivilprozessordnung, 65. Aufl. 2007
Baumgärtel/Bearbeiter	*Baumgärtel,* Handbuch der Beweislast im Privatrecht, 1981 ff.; 2. Aufl. Bd. 1 2206 u. 3. Aufl. Bd. 2 2007
Baur/Grunsky ZivilprR	*Baur/Grunsky,* Zivilprozessrecht, 12. Aufl. 2006
Baur/Stürner	*Baur/Stürner,* Zwangsvollstreckungs-, Konkurs- und Vergleichsrecht, 11. Aufl. 1983 (jetzt: *Stürner,* 13. Aufl. 2006, Bd. 1)
Beck'sches Richterhandbuch/*Bearbeiter*	Beck'sches Richterhandbuch, hrsg. v. *Seitz* und *Büchel,* 2. Aufl. 1999
Beitzke FamR	*Lüderitz/Dethloff,* Familienrecht, 28. Aufl. 2007
Beitzke Reform	*Beitzke* (Hrsg.), Vorschläge und Gutachten zur Reform des deutschen internationalen Personen-, Familien- und Erbrechts, 1981
Bender/Nack	*Bender/Nack,* Tatsachenfeststellung vor Gericht, 2. Aufl. 1995, Bd. I: Glaubwürdigkeits- und Beweislehre, Bd. II: Vernehmungslehre
Berger	*Berger,* Einstweiliger Rechtsschutz im Zivilrecht, 2006
Bergerfurth	*Bergerfurth,* Der Zivilprozeß, 6. Aufl. 1991
Bergerfurth Anwaltzw.	*Bergerfurth,* Der Anwaltszwang und seine Ausnahmen, 2. Aufl. 1988 mit Nachtrag 1991
Bergerfurth Eheverf.	*Bergerfurth,* Der Ehescheidungsprozess und die anderen Eheverfahren, 15. Aufl. 2006

Literatur

Bergmann/Ferid .... Internationales Ehe- und Kindschaftsrecht mit Staatsangehörigkeitsrecht, hrsg. v. *Bergmann/Ferid,* Loseblatt, 6. Aufl. 1983, Stand 2007

Bienwald .... *Bienwald,* Betreuungsrecht, 4. Aufl. 2005

Binz/Dörndorfer/Petzold/Zimmermann .... *Binz/Dörndorfer/Petzold/Zimmermann,* GKG, JVEG, 2007

Blomeyer .... *Blomeyer,* Zivilprozeßrecht – Erkenntnisverfahren, 2. Aufl. 1985

Blomeyer ZVR .... *Blomeyer,* Zivilprozeßrecht – Vollstreckungsverfahren, 1975

Böttcher .... *Böttcher,* Gesetz über die Zwangsversteigerung und Zwangsverwaltung (ZVG), 4. Aufl. 2005

BonnerKomm/*Bearbeiter* .... Bonner Kommentar zum Grundgesetz, von *Dolzer/Vogel/Graf* (Hrsg), Loseblatt, Stand 2006

Borgmann/Haug .... *Borgmann/Haug,* Anwaltshaftung, 4. Aufl. 2005

Bork .... *Bork,* Einführung in das Insolvenzrecht, 4. Aufl. 2005

Breuer .... *Breuer,* Insolvenzrechts-Formularbuch, 3. Aufl. 2007

Brox/Walker .... *Brox/Walker,* Zwangsvollstreckungsrecht, 7. Aufl. 2003

Bruckmann .... *Bruckmann,* Die Praxis der Zwangsvollstreckung, 4. Aufl. 2002

Brüggemann .... *Brüggemann,* Kommentar zum Gesetz zur vereinfachten Abänderung von Unterhaltsrenten, 1976

Bruns/Peters .... *Bruns/Peters,* Zwangsvollstreckungsrecht, 3. Aufl. 1987

Buchholz .... *Buchholz,* Sammel- und Nachschlagewerk zur Rechtsprechung des Bundesverwaltungsgerichts

Bülow/Böckstiegel/Bearbeiter *Bülow/Böckstiegel/Geimer/Schütze,* Der Internationale Rechtsverkehr in Zivil- und Handelssachen, Loseblatt, 4. Aufl., Stand 2000

Büttner .... *Büttner,* Wiedereinsetzung in den vorigen Stand, 2. Aufl. 1999

Bumiller/Winkler .... *Bumiller/Winkler,* Freiwillige Gerichtsbarkeit, 8. Aufl. 2006

Burhoff .... *Burhoff,* Handbuch der nichtehelichen Lebensgemeinschaft, 2. Aufl. 1998

Coester-Waltjen .... *Coester-Waltjen,* Internationales Beweisrecht, 1983

Dallmayer/Eickmann .... *Dallmayer/Eickmann,* Rechtspflegergesetz, 1996

Dassler/Bearbeiter .... *Dassler/Schiffhauer/Gerhart/Muth,* Gesetz über die Zwangsversteigerung und Zwangsverwaltung, 12. Aufl. 1991

Demharter .... *Demharter,* Grundbuchordnung, 25. Aufl. 2005

Doukoff .... *Doukoff,* Die zivilrechtliche Berufung nach dem neuen Recht, 3. Aufl. 2005

Drischler/Oestreich/Winter ... *Drischler/Oestreich/Winter,* Gerichtskostengesetz, Loseblatt

Enders .... *Enders,* RVG für Anfänger, 13. Aufl. 2006

Erman/Bearbeiter .... Handkommentar zum Bürgerlichen Gesetzbuch, begr. v. *Erman,* 11. Aufl. 2004

Eyermann/Bearbeiter .... *Eyermann/Bearbeiter,* Verwaltungsgerichtsordnung VwGO, 12. Aufl. 2006

Festg. BGH .... 50 Jahre Bundesgerichtshof, festgabe aus der Wissenschaft, Bände I-IV, 2000

Finke/Garbe/Bearbeiter .... Familienrecht in der anwaltlichen Praxis, hrsg. v. *Finke/Garbe,* 5. Aufl. 2003

Firsching/Graba .... *Firsching/Graba,* Familienrecht, 1. Halbband: Familiensachen, 6. Aufl. 1998

Firsching/Dodegge .... *Firsching/Dodegge,* Familienrecht, 2. Halbband, Kindschaftssachen, 6. Aufl. 1999

Frankfurter KommInsO/*Bearbeiter* .... Frankfurter Kommentar zur Insolvenzordnung, 4. Aufl. 2006

Flume AT .... *Flume,* Allgemeiner Teil des Bürgerlichen Rechts, 1. Bd. 1. Teil: Die Personengesellschaft, 1998, 1. Bd. 2. Teil: Die juristische Person, 1983, 2. Bd.: Das Rechtsgeschäft, 4. Aufl. 1992

Furtner .... *Furtner,* Das Urteil im Zivilprozeß, 5. Aufl. 1985

Geigel/Bearbeiter .... Der Haftpflichtprozeß, hrsg. v. *Schlegelmilch,* 24. Aufl. 2004

Geimer .... *Geimer,* Internationales Zivilprozeßrecht, 5. Aufl. 2005

Geimer Beweisaufnahme .... *Geimer,* Internationale Beweisaufnahme, 1998

Geimer/Schütze .... *Geimer/Schütze,* Internationale Urteilsanerkennung, I 1 1996, I 2 1996, II 1996

Geimer/Schütze EuGVÜ .... *Geimer/Schütze,* Europäisches Zivilverfahrensrecht, 2. Aufl. 2004

Germelmann/Matthes/Prütting/Müller-Glöge ...... *Germelmann/Matthes/Prütting/Müller-Glöge,* Arbeitsgerichtsgesetz 5. Aufl. 2004

Gernhuber/Coester-Waltjen .. *Gernhuber/Coester-Waltjen,* Lehrbuch des Familienrechts, 5. Aufl. 2006

Gerold/Schmidt/v. Eicken/Madert/Müller-Rabe .... *Gerold/Schmidt/v.Eicken/Madert/Müller-Rabe,* Rechtsanwaltsvergütungsgesetz, RVG, 17. Aufl. 2006

Gießler/Soyka .... *Gießler/Soyka,* Vorläufiger Rechtsschutz in Ehe-, Familien- und Kindschaftssachen, 4. Aufl. 2005

Glossner/Bredow/Bühler ...... *Glossner/Bredow/Bühler,* Das Schiedsgericht in der Praxis, 4. Aufl. 2004

GoltdArch. .... *Goltdammers* Archiv für Strafrecht (zitiert nach Band und Seite; ab 1. 1954: Jahr und Seite)

Göppinger/Börger .... Vereinbarungen anläßlich der Ehescheidung, begr. v. *Göppinger,* 8. Aufl. 2005

Göppinger/Wax/Bearbeiter ... Unterhaltsrecht, hrsg. v. *Wax,* 8. Aufl. 2003

Göttlich/Mümmler/Bearbeiter KostO .... Kostenordnung, begr. v. *Göttlich/Mümmler,* 15. Aufl. 2003

Gottwald/Bearbeiter .... Insolvenzrechts-Handbuch, hrsg. v. *Peter Gottwald,* 3. Aufl. 2006

Gottwald .... *Gottwald, Uwe,* Zwangsvollstreckung, Kommentierung der §§ 704–915 h ZPO, 5. Aufl. 2005

Gottwald Zivilurteil .... *Gottwald, Uwe,* Das Zivilurteil, 2. Aufl. 2005

Graba .... *Graba,* Die Abänderung von Unterhaltstiteln, 3. Aufl. 2004

Gross/Diepold/Hintzen .... *Gross/Diepold/Hintzen,* Musteranträge für Pfändung und Überweisung, 8. Aufl. 2006

Granzow .... Das UNCITRAL-Modellgesetz über die internationale Handelsschiedsgerichtsbarkeit, 1998

Grunsky .... *Grunsky,* Grundlagen des Verfahrensrechts, 2. Aufl. 1974

Grunsky ArbGG .... *Grunsky,* Arbeitsgerichtsgesetz, 7. Aufl. 1995

Grziwotz .... *Grziwotz,* Nichteheliche Lebensgemeinschaft, 4. Aufl. 2006

GVGA .... Geschäftsanweisung für Gerichtsvollzieher; in Kraft getreten am 1. 5. 1999, abgedruckt bei *Hintzen/Wolf*

Haarmeyer/Wutzke/Förster .. *Haarmeyer/Wutzke/Förster,* Insolvenzrechtliche Vergütung (InsVV), 4. Aufl. 2007

Haarmeyer/Wutzke/Förster/Hintzen .... *Haarmeyer/Wutzke/Förster/Hintzen,* Zwangsverwaltung, 4. Aufl. 2007

Haegele/Schöner/Stöber .... *Haegele/Schöner/Stöber,* Grundbuchrecht, 13. Aufl. 2004

Hahn/Stegemann .... *Hahn/Stegemann,* Die gesamten Materialien zur Zivilprozessordnung, 1. Abteilung, Bd. 2, 2. Aufl. Berlin 1881, Neudruck Aalen 1983

Hannich/Meyer-Seitz .... Die ZPO-Reform 2002, hrsg. von *Hannich/Meyer-Seitz,* 2002

Hansens .... *Hansens,* Bundesgebührenordnung für Rechtsanwälte, 9. Aufl. 2007

Hartmann .... *Hartmann,* Kostengesetze, 37. Aufl. 2007

Hartung/Holl .... Anwaltliche Berufsordnung, hrsg. v. *Hartung/Holl,* 2. Aufl. 2001

Hartung/Römermann .... *Hartung/Römermann,* Praxiskommentar zum Rechtsanwaltsvergütungsgesetz, 2004

Hauck .... *Hauck,* Arbeitsgerichtsgesetz, 3. Aufl. 2006

Hausmann/Hohloch/Bearbeiter .... Das Recht der nichtehelichen Lebensgemeinschaft, hrsg. v. *Hausmann/Hohloch,* 2. Aufl. 2004

Hdb. FamR/*Bearbeiter* .... Handbuch des Fachanwalts – Familienrecht, hrsg. v. *Gerhardt/v. Heintschel-Heinegg/Klein,* 6. Aufl. 2007

Heiß/Bearbeiter .... *Heiß,* Unterhaltsrecht, Ein Handbuch für die Praxis, Loseblatt, 30. Aufl., Stand 2006

Henn .... *Henn,* Schiedsverfahrensrecht, 3. Aufl. 2000

Henssler/Prütting/Bearbeiter .. Kommentar zur Bundesrechtsanwaltsordnung, hrsg. v. *Henssler/Prütting,* 2. Aufl. 2004

Hess .... *Hess,* Kommentar zur Insolvenzordnung mit EGInsO und InsVV, 2. Aufl. 2000

Hess/Binz	*Hess/Binz,* Formulare und Muster zum Insolvenzrecht, 2. Aufl. 2001
Hillach/Rohs	*Hillach/Rohs,* Handbuch des Streitwerts in Zivilsachen, 9. Aufl. 1995
Hintzen	*Hintzen,* Handbuch der Immobiliarvollstreckung, 3. Aufl. 1999
Hintzen/Wolf	*Hintzen/Wolf,* Handbuch der Mobiliarvollstreckung, 2. Aufl. 1999
Hk-ZPO/*Bearbeiter*	Handkommentar zur ZPO, herausgegeben von *Saenger,* 2006; auch *Saenger/Bearbeiter*
HKInsO/*Bearbeiter*	Heidelberger Kommentar zur Insolvenzordnung, hrsg. v. *Eickmann/Flessner/Irschlinger,* 4. Aufl. 2006
Hoppenz	*Hoppenz,* Familiensachen, Kommentar anhand der Rechtsprechung des Bundesgerichtshofes, 9. Aufl. 2007
Huber	*Huber, Michael,* Anfechtungsgesetz, 10. Aufl. 2006
Huber, Zivilurteil	*Huber, Michael,* Das Zivilurteil, 2. Aufl. 2003
Huhnstock	*Huhnstock,* Abänderung und Aufhebung der Prozeßkostenhilfe (§ 120 Abs. 4 ZPO und § 124 ZPO), 1995
Hußlein/Stich	*Hußlein/Stich,* Das UNCITRAL-Modellgesetz über die internationale Handelsschiedsgerichtsbarkeit von 1985, 1990
HWBRWiss.	Handwörterbuch der Rechtswissenschaft, hrsg. v. *Stier-Somlo* und *Elster* (Band u. Seite)
Immenga/Mestmäcker	*Immenga/Mestmäcker,* Kommentar zum Gesetz gegen Wettbewerbsbeschränkungen, 4. Aufl. 2007
Insolvenzrechts-Handbuch	Beck'sches Insolvenzrechts-Handbuch, hrsg. v. *Gottwald,* 3. Aufl. 2006
IPRspr.	*Makarov/Gamillscheg/Müller/Dierk/Kropholler,* Die deutsche Rechtsprechung auf dem Gebiet des internationalen Privatrechts, 1952 ff.
Jaeger	*Jaeger/Lent/Weber,* Konkursordnung, 8. Aufl. 1958–1973; 9. Aufl. 1977–1997 (nur §§ 1–42 erschienen) bearbeitet von *Henckel/Weber,* 1977 ff.
Jansen FGG	*Jansen,* Freiwillige Gerichtsbarkeit, Band I 1969, Band II 1970, Band III 1971 (2. Aufl.)
Jarass/Pieroth	*Jarass/Pieroth,* Grundgesetzkommentar, 8. Aufl. 2006
Jaeger/Henckel/Gerhardt	*Jaeger/Henckel/Gerhardt,* Großkommentar zur Insolvenzordnung, 2004 ff. (früher: *Jaeger/Weber,* Konkursordnung, 9. Aufl. 1977 ff.)
Jauernig ZPR	*Jauernig,* Zivilprozessrecht, 28. Aufl. 2003
Jauernig ZVR	*Jauernig,* Zwangsvollstreckungs- und Insolvenzrecht, 22. Aufl. 2007
Jauernig-Bearbeiter	*Jauernig,* Bürgerliches Gesetzbuch, 12. Aufl. 2007
Jessnitzer	*Jessnitzer,* Der gerichtliche Sachverständige, 12. Aufl. 2007
Johannsen/Henrich	*Johannsen/Henrich,* Eherecht, 4. Aufl. 2003
Kalthoener/Büttner	*Kalthoener/Büttner,* Die Rechtsprechung zur Höhe des Unterhalts, 9. Aufl. 2004
Kalthoener/Büttner/Wrobel-Sachs PKH	*Kalthoener/Büttner/Wrobel-Sachs,* Prozesskostenhilfe und Beratungshilfe, 4. Aufl. 2005
Kegel/Schurig	*Kegel/Schurig,* Internationales Privatrecht, 9. Aufl. 2004
KEHE/*Bearbeiter*	*Kuntze/Ertl/Hermann/Eickmann,* Grundbuchrecht, 6. Aufl. 2006
Keidel/Kuntze/Winkler	*Keidel/Kuntze/Winkler,* Freiwillige Gerichtsbarkeit, 15. Aufl. 2003
Keidel/Winkler BeurkG	*Keidel/Winkler,* Beurkundungsgesetz, 15. Aufl. 2003
Kilger/Schmidt	*Kilger/K. Schmidt,* Insolvenzgesetze, 17. Aufl. 1997
Kissel/Mayer	*Kissel/Mayer,* Gerichtsverfassungsgesetz, 4. Aufl. 2005
KK/*Bearbeiter*	Kölner Kommentar zum Aktiengesetz, 2. Aufl. 1988
Kleinknecht/Meyer-Goßner	*Kleinknecht/Meyer-Goßner,* Strafprozeßordnung, 49. Aufl. 2006 (nun: *Meyer-Goßner,* siehe dort)
Knöringer	*Knöringer,* Die Assessorklausur im Zivilrecht, 11. Aufl. 2005
Knöringer FGG	*Knöringer,* Freiwillige Gerichtsbarkeit, 4. Aufl. 2005
Kopp VwGO	*Kopp,* Verwaltungsgerichtsordnung, 14. Aufl. 2005
Korintenberg/Bearbeiter	*Korintenberg/Lappe/Bengel/Reimann,* Kostenordnung, 16. Aufl. 2005
KostRspr/*Bearbeiter*	Kostenrechtsprechung, Loseblatt, bearbeitet von *Lappe, von Eicken, Noll, E. Schneider, Herget*
Kropholler	*Kropholler,* Europäisches Zivilprozeßrecht, Kommentar zum EuGVÜ, 8. Aufl. 2005
Lachmann	*Lachmann,* Handbuch für die Schiedsgerichtspraxis, 2. Aufl. 2002
Lackmann	*Lackmann,* Zwangsvollstreckungsrecht, 7. Aufl. 2005

Lappe Familiens.	*Lappe,* Kosten in Familiensachen, 5. Aufl. 1994
Larenz I	*Larenz,* Lehrbuch des Schuldrechts, Band I Allg. Teil, 14. Aufl. 1987
Larenz II/1	*Larenz,* Lehrbuch des Schuldrechts, Band II I. Halbbd. Bes. Teil, 13. Aufl. 1986
Larenz/Canaris	*Larenz/Canaris,* Lehrbuch des Schuldrechts, Band II, Halbbd. 2, Bes. Teil, 13. Aufl. 1994
Larenz/Wolf	*Larenz/Wolf,* Allgemeiner Teil des deutschen Bürgerlichen Rechts, 9. Aufl. 2004
LdR	Lexikon des Rechts, Band: Zivilverfahrensrecht, 2. Aufl. 1995
Lechner/Zuck	*Lechner/Zuck,* Bundesverfassungsgerichtsgesetz, 5. Aufl. 2006
Lionnet	*Lionnet,* Handbuch der internationalen und nationalen Schiedsgerichtsbarkeit, 3. Aufl. 2005
LM	*Lindenmaier/Möhring,* Nachschlagewerk des Bundesgerichtshofs (Nr. ohne Gesetzesstelle bezieht sich auf den gerade kommentierten Paragraphen)
Lörcher/Lörcher	*Lörcher/Lörcher,* Das Schiedsverfahren – national/international – nach neuem Recht, 2. Aufl. 2001
Löwe/Rosenberg/Bearbeiter	*Löwe/Rosenberg,* Die Strafprozeßordnung und das Gerichtsverfassungsgesetz, 26. Aufl. 2006 ff.
Lüderitz	*Lüderitz,* Familienrecht, begr. v. *Beitzke,* 28. Aufl. 2007
Lüke	*Lüke,* Zivilprozessrecht, 9. Aufl. 2006
Madert	*Madert,* Der Gegenstandswert in bürgerlichen Rechtsangelegenheiten, 4. Aufl. 1998
Markl	*Markl/Meyer,* Gerichtskostengesetz, 8. Aufl. 2006
Mat.	*Hahn,* Materialien zu den Reichsjustizgesetzen (s. auch *Hahn*)
Maunz/Dürig/Bearbeiter	Kommentar zum Grundgesetz, Loseblattsammlung, Stand 2007
Meyer-Goßner	*Meyer-Goßner,* Strafprozessordnung, 49. Aufl. 2006
Meyer-Ladewig	*Meyer-Ladewig,* Sozialgerichtsgesetz, 8. Aufl. 2005
Mohrbutter/Mohrbutter	*Mohrbutter/Mohrbutter,* Handbuch der Insolvenzverwaltung, 8. Aufl. 2007
MRS	Mietrechtssammlung, Rechtsprechung des BVerfG, des BGH, des BayObLG, des Kammergerichts und der OLGe zum Mietrecht, hrsg. von *Otto,* 1980 ff.
Mümmler	*Mümmler,* Kostenrechtsprechung seit 1945, Loseblatt
v. Münch/Bearbeiter	Grundgesetz-Kommentar, begr. von *v. Münch,* Band 1 (Präambel bis Art. 19) 5. Aufl. 2000, Band 2 (Art. 20 bis Art. 69) 4./5. Aufl. 2001, Band 3 (Art. 70 bis Art. 146) 5. Aufl. 2003
MünchKommBGB/*Bearbeiter*	Münchener Kommentar zum BGB, 4. Aufl. 2000
Mugdan	Die gesamten Materialien zum Bürgerlichen Gesetzbuch für das Deutsche Reich, hrsg. v. *Mugdan,* Bd. I–V, 1899
Musielak	*Musielak,* Die Grundlagen der Beweislast im Zivilprozeß, 1975
Musielak, Examenskurs BGB	*Musielak,* Examenskurs BGB, 2007
Musielak, GK BGB	*Musielak,* Grundkurs BGB, 10. Aufl. 2007
Musielak, GK ZPO	*Musielak,* Grundkurs ZPO, 9. Aufl. 2007
Musielak/Bearbeiter	*Musielak* (Hrsg.), Kommentar zur ZPO, 5. Aufl. 2007
Musielak/Stadler, BewR	*Musielak/Stadler,* Grundfragen des Beweisrechts, Beweisaufnahme – Beweiswürdigung – Beweislast, 1984
Nagel/Gottwald	*Nagel,* Internationales Zivilprozessrecht, 6. Aufl. 2007
Nerlich/Niehus	*Nerlich/Niehus,* Anfechtungsgesetz, 2000
Nerlich/Römermann/Bearbeiter	Insolvenzordnung, hrsg. v. *Nerlich/Römermann,* Loseblatt, Stand 2006
Neuhaus	*Neuhaus,* Die Grundbegriffe des internationalen Privatrechts, 2. Aufl. 1977
Nies	*Nies,* Praxis der Mobiliarvollstreckung, 1998
Oelkers	*Oelkers,* Sorge- und Umgangsrecht in der Praxis, 2. Aufl. 2004
Oestreich/Winter/Hellstab	*Oestreich/Winter/Hellstab,* Gerichtskostengesetz, Loseblatt, Stand 2006
Olivet	*Olivet,* Die Kostenverteilung im Zivilurteil, 4. Aufl. 2006

Literatur

Palandt/Bearbeiter .... *Palandt,* Bürgerliches Gesetzbuch, 66. Aufl. 2006

Pastor/Ahrens .... *Pastor/Ahrens,* Der Wettbewerbsprozeß, 5. Aufl. 2005

Paulus .... *Paulus,* Zivilprozessrecht, Erkenntnisverfahren und Zwangsvollstreckung, 3. Aufl. 2004

Peters .... *Peters,* Zivilprozeßrecht einschließlich Zwangsvollstreckung und Konkurs, 4. Aufl. 1986

Pfennig .... *Pfennig,* Die internationale Zustellung in Zivil- und Handelssachen, 1988

Piller/Hermann .... *Piller/Hermann,* Justizverwaltungsvorschriften, begr. v. *Piller,* fortgef. v. *Hermann,* Loseblatt, 66. Aufl., Stand 2006

Podlech/Trappmann .... *Podlech/Trappmann,* BRAGO-Basiswissen, 3. Aufl. 2002

Prölss/Martin/Bearbeiter .... Versicherungsvertragsgesetz, begr. v. *Prölss/Martin,* 27. Aufl. 2004

Prütting/Wegen/Weinrich/ Bearbeiter .... *Prütting/Wegen/Weinrich,* BGB, 2. Aufl. 2007

Pukall .... *Pukall,* Der Zivilprozess in der Praxis, 6. Aufl. 2006

Raeschke-Kessler/Berger .... *Raeschke-Kessler/Berger,* Recht und Praxis des Schiedsverfahrens, 4. Aufl. 2007

Raeschke-Kessler/Berger Rechtsfragen .... *Raeschke-Kessler/Berger,* Aktuelle Rechtsfragen der Schiedsgerichtsbarkeit, 3. Aufl. 1999

Rahm/Künkel/Bearbeiter ..... *Rahm/Künkel,* Handbuch des Familiengerichtsverfahrens, Loseblatt, Stand 2006

Rauscher/Bearbeiter .... *Rauscher* (Hrsg.), Europäisches Zivilprozessrecht, 2. Aufl. 2006

Redeker/von Oertzen .... *Redeker/von Oertzen,* Verwaltungsgerichtsordnung, 14. Aufl. 2005

RES .... Sammlung der Rechtsentscheide in Wohnraummietsachen, hrsg. v. *Landfermann/Herde,* Band 1 ff., 1980 ff.

Riedel/Sußbauer .... *Riedel/Sußbauer,* BRAGO, Bundesgebührenordnung für Rechtsanwälte, 9. Aufl. 2005

RiM .... Rechtsentscheide im Mietrecht *(Müller/Oske/Becker/Blümmel),* Loseblatt

Rimmelspacher .... *Rimmelspacher,* Zivilprozessreform 2002, 2002

Rinsche .... *Rinsche,* Die Haftung des Rechtsanwalts und des Notars, 7. Aufl. 2005

Rohs/Wedewer/Blechhaus .... *Rohs/Wedewer/Blechhaus,* Kostenordnung, Loseblatt, Stand 2006

Rolland/Bearbeiter .... *Rolland,* Familienrecht-Kommentar (Fortführung des Kommentars zum 1. Eherechtsreformgesetz, 2. Aufl. 1982), hrsg. v. *Rolland,* Loseblatt, Stand 2000

Rosenberg/Gaul/Schilken ..... *Rosenberg/Gaul/Schilken,* Zwangsvollstreckungsrecht, 11. Aufl. 1997

Rosenberg/Schwab/Gottwald *Rosenberg/Schwab/Gottwald,* Zivilprozessrecht, 16. Aufl. 2004

Sachs/Bearbeiter .... Grundgesetz, hrsg. v. *Sachs,* 4. Aufl. 2007

Saenger/Bearbeiter .... *Saenger* (Hrsg.) Kommentar zur ZPO, 2006; auch Hk-ZPO/*Bearbeiter*

Schack .... *Schack,* Internationales Zivilverfahrensrecht, 4. Aufl. 2006

Schaub .... *Schaub,* Arbeitsrechts-Handbuch, 12. Aufl. 2007

Schellhammer .... *Schellhammer,* Zivilprozess, 12. Aufl. 2007

Schilken GVR .... *Schilken,* Gerichtsverfassungsrecht, 3. Aufl. 2003

Schilken ZPR .... *Schilken,* Zivilprozessrecht, 5. Aufl. 2006

Schlosser .... *Schlosser,* Das Recht der internationalen privaten Schiedsgerichtsbarkeit, 2. Aufl. 1989

Schlosser Bd. I .... *Schlosser,* Zivilprozeßrecht, Bd. I, 2. Aufl. 1991

Schlosser Bd. II .... *Schlosser,* Zivilprozeßrecht, Bd. II, 1984

Schlosser EuGVÜ .... *Schlosser,* EuGVÜ, 1996

Schmeel .... *Schmeel,* Anwalts-Taschenbuch Gebührenrecht, 1999

Schmidt-Räntsch .... *Schmidt-Räntsch,* Deutsches Richtergesetz, 6. Aufl. 2007

Schneider/Herget .... *Schneider/Herget,* Streitwert-Kommentar für den Zivilprozess in ABC-Form, 12. Aufl. 2004

Schneider Beweis .... *Schneider,* Beweis und Beweiswürdigung, 5. Aufl. 1994

Schoch/Schmidt-Aßmann/ Pietzner/Bearbeiter .... Verwaltungsgerichtsordnung, hrsg. v. *Schoch/Schmidt-Aßmann/Pietzner,* Loseblatt, Stand 2006

Scholz/Stein/Bearbeiter .... Praxishandbuch Familienrecht, hrsg. v. *Scholz/Stein,* Loseblatt, Stand 2006

Schoreit/Dehn	*Schoreit/Dehn,* Beratungshilfegesetz – Prozesskostenhilfegesetz, 8. Aufl. 2004
Schrader/Steinert	*Schrader/Steinert,* Handbuch der Rechtspraxis, Zwangsvollstreckung in das bewegliche Vermögen, 8. Aufl. 2006 (s. nun *Steinert/Theede*)
Schrader/Uhlenbruck/Delhaes	*Schrader/Uhlenbruck/Delhaes,* Konkurs- u. Vergleichsverfahren, 5. Aufl. 1990
Schröder/Kay/Bearbeiter	*Schröder/Kay/Bearbeiter,* Das Kostenwesen der Gerichtsvollzieher, begr. v. *Schröder/Kay,* 12. Aufl. 2006
Schütze	*Schütze,* Internationales Zivilprozeßrecht, 1985
Schütze Schiedsrecht	*Schütze,* Schiedsgericht und Schiedsverfahren, 4. Aufl. 2007
Schütze/Tscherning/Wais	*Schütze/Tscherning/Wais,* Handbuch des Schiedsverfahrens, 2. Aufl. 1990
SchuldRAnpG	Gesetz zur Anpassung schuldrechtlicher Nutzungsverhältnisse an Grundstücken im Beitrittsgebiet (Schuldrechtsanpassungsgesetz, Art. 1 des Gesetzes zur Änderung schuldrechtlicher Bestimmungen im Beitrittsgebiet – SchuldRÄndG) v. 21. 9. 1994 (BGBl. I S. 2538)
Schulze Rechtspr.	Rechtsprechung zum Urheberrecht; Entscheidungssammlung mit Anm. von *E. Schulze*
Schumann/Kramer	*Schumann/Kramer,* Die Berufung in Zivilsachen, 6. Aufl. 2007
Schuschke/Walker	*Schuschke/Walker,* Vollstreckung und vorläufiger Rechtsschutz, Band 1: Zwangsvollstreckung: §§ 704–915 h ZPO, 3. Aufl. 2002; Band 2: Arrest, Einstweilige Verfügung, §§ 916–945 ZPO, 3. Aufl. 2005
Schwab/Bearbeiter Familienrecht	Das neue Familienrecht, hrsg. v. *Schwab,* 1998
Schwab/Bearbeiter ScheidungsR	Handbuch des Scheidungsrechts, hrsg. v. *D. Schwab,* 5. Aufl. 2004
Schwab/Walter	*Schwab/Walter,* Schiedsgerichtsbarkeit, 7. Aufl. 2005
Schwab/Weth/Bearbeiter	*Schwab/Weth* (Hrsg.), Kommentar zum Arbeitsgerichtsgesetz, 2004
SeuffA	*Seufferts* Archiv für Entscheidungen der obersten Gerichte in den deutschen Staaten (Zeitschrift; 1. 1847–98. 1944 zitiert nach Band u. Nr.)
SeuffBl.	*Seufferts* Blätter für Rechtsanwendung (Zeitschrift, zitiert nach Band u. Seite)
Smid	*Smid,* Grundzüge des neuen Insolvenzrechts, 4. Aufl. 2002
Smid/Bearbeiter	Insolvenzordnung, hrsg. v. *Smid,* 2. Aufl. 2001
Sodan/Ziekow/Bearbeiter	Nomos-Kommentar zur Verwaltungsgerichtsordnung, hrsg. v. *Sodan/Ziekow,* Loseblatt, Stand 2003
Soergel/Bearbeiter	Bürgerliches Gesetzbuch mit Einführungsgesetz und Nebengesetzen, begründet von *Soergel,* 13. Aufl. 1999 ff.
Staub/Bearbeiter	Großkommentar zum HGB und seinen Nebengesetzen, hrsg. v. *Canaris/Schilling/Ulmer,* 4. Aufl. 1983 ff.
Staudinger/Bearbeiter	Kommentar zum Bürgerlichen Gesetzbuch, 12. Aufl. 1978–1999, 13. Bearbeitung 1993 ff. (erscheinen parallel)
Stein/Jonas/Bearbeiter	Zivilprozeßordnung, begr. v. *Gaupp/Stein/Jonas,* 22. Aufl. 2002 ff.
Steiner/Bearbeiter	Zwangsversteigerung und Zwangsverwaltung, begr. v. *Steiner,* 9. Aufl. 1984–1986
Steinert/Theede	*Steinert/Theede,* Zivilprozess, 8. Aufl. 2004
Stöber	*Stöber,* Forderungspfändung, 14. Aufl. 2005
Stöber ZVG	*Stöber,* Handbuch der Rechtspraxis, Zwangsvollstreckung in das unbewegliche Vermögen, 8. Aufl. 2007
Stollenwerk	*Stollenwerk,* Praxishandbuch Unterhaltsrecht, 2. Aufl. 1998
Storz	*Storz,* Praxis des Zwangsversteigerungsverfahrens, 10. Aufl. 2007
Tempel Bd. I	*Tempel,* Mustertexte zum Zivilprozess, Band I: Erkenntnisverfahren erster Instanz, 6. Aufl. 2006
Tempel Bd. II	*Tempel,* Mustertexte zum Zivilprozess, Band II: Arrest, einstweilige Verfügung, Zwangsvollstreckung, Kostenwesen, Rechtsmittel und Prozessvergleich – Relationstechnik, 6. Aufl. 2007
Thomas/Putzo/Bearbeiter	*Thomas/Putzo,* Zivilprozessordnung mit Gerichtsverfassungsgesetz und den Einführungsgesetzen, 28. Aufl. 2007

Literatur

Tschischgale/Satzky .... *Tschischgale/Satzky,* Das Kostenrecht in Arbeitssachen, 3. Aufl. 1982

Uhlenbruck .... *Uhlenbruck,* Insolvenzordnung, 12. Aufl. 2002 (früher: *Kuhn/Uhlenbruck,* Konkursordnung, 11. Aufl. 1994)

Uhlenbruck/Delhaes .... *Uhlenbruck/Delhaes,* Handbuch der Rechtspraxis, Konkurs- und Vergleichsverfahren, 5. Aufl. 1990

Walker .... *Walker,* Der einstweilige Rechtsschutz im Zivilprozeß und im arbeitsgerichtlichen Verfahren, 1993

WarnJ .... Jahrbuch der Entscheidungen zum bürgerlichen Gesetzbuch und den Nebengesetzen, begr. *Warneyer*

WarnR .... Rechtsprechung des Reichsgerichts, herausgegeben von *Warneyer* (Band u. Nr.), ab 1961: Rechtsprechung des Bundesgerichtshofs in Zivilsachen

Weigand .... *Weigand,* Practitioner´s Handbook on International Arbitration, 2002

Weise .... *Weise,* Praxis des selbständigen Beweisverfahrens, 1994

Weisemann/Smid/Bearbeiter Handbuch Unternehmensinsolvenz, hrsg. v. *Weisemann/Smid,* 1999

Weitnauer/Bearbeiter .... *Weitnauer/Hauger/Lüke/Mansel,* Wohnungseigentumsgesetz, 9. Aufl. 2004

Wendl/Staudigl/Bearbeiter .... Das Unterhaltsrecht in der familienrichterlichen Praxis, begr. v. *Wendl/Staudigl,* 6. Aufl. 2004

Wenz .... *Wenz,* Zwangsvollstreckungsrecht, 3. Aufl. 1999

Werner/Pastor .... *Werner/Pastor,* Der Bauprozess, 11. Aufl. 2005

Wieczorek/Schütze/ Bearbeiter .... Zivilprozeßordnung und Nebengesetze, begr. von *Wieczorek,* hrsg. von *Schütze,* 3. Aufl. 1994 ff.

Wohlfahrt Bd. 1 .... *Wohlfahrt,* Familienrecht, Band 1: Scheidungs-, Sorge-, Umgangs-, Hausrats- und Kindschaftssachen, 2. Aufl. 2001

Wohlfahrt Bd. 2 .... *Wohlfahrt,* Familienrecht, Band 2: Unterhalts- und Güterrecht, 2. Aufl. 2001

Wolf Chr. .... *Wolf Christian,* Die institutionelle Handelsschiedsgerichtsbarkeit, 1992

Wolf M. .... *Wolf Manfred,* Gerichtsverfassungsrecht aller Verfahrenszweige, 6. Aufl. 1987

Wolf/Horn/Lindacher .... *Wolf Manfred/Horn/Lindacher,* AGB-Gesetz, 2007

Wolfsteiner .... *Wolfsteiner,* Die vollstreckbare Urkunde, 2. Aufl. 2006

Zeiss .... *Zeiss,* Zivilprozeßrecht, 10. Auflage 2003

Zeller/Stöber .... *Zeller/Stöber,* Zwangsversteigerungsgesetz, 18. Aufl. 2006

Zerbe .... *Zerbe,* Die Reform des deutschen Schiedsverfahrensrechts auf der Grundlage des UNCITRAL-Modellgesetzes über die internationale Handelsschiedsgerichtsbarkeit, 1995

Zimmermann .... *Zimmermann,* ZPO, 8. Aufl. 2007

Zimmermann FG .... *Zimmermann,* Praktikum der freiwilligen Gerichtsbarkeit, 6. Aufl. 2004

Zimmermann PKH .... *Zimmermann,* Prozeßkostenhilfe, 3. Aufl. 2007

Zöller/Bearbeiter .... Kommentar zur ZPO, begr. v. *Zöller,* 26. Aufl. 2007

Zivilprozessordnung

vom 30. Januar 1877 (RGBl. S. 83)
in der Fassung der Bekanntmachung vom 5. Dezember 2005
(BGBl. S. 3202, ber. BGBl. 2006 I S. 431, 2007 I S. 1781)
(BGBl. III 310-4)

Zuletzt geändert durch Gesetz vom 26. 3. 2007
(BGBl. I S. 370)

Buch 1. Allgemeine Vorschriften und Buch 2. Verfahren im ersten Rechtszug (§§ 1–510 c)

Einleitung

Schrifttum: *Arens,* Willensmängel bei Prozeßhandlungen im Zivilprozeß, 1969; *ders.,* Der Einfluß der Rechtsprechung des Bundesverfassungsgerichts auf das Zivilprozeßrecht, in: 40 Jahre Grundgesetz, 1990, S. 87; *Bachmann,* Allgemeines Prozessrecht – Eine kritische Untersuchung am Beispiel von Videovernehmung und Unmittelbarkeitsgrundsatz, ZZP 118 (2005), 133; *Bamberger,* Die Reform der Zivilprozessordnung – Eine Wirkungskontrolle, ZRP 2004, 138; *Baumgärtel,* Treu und Glauben im Zivilprozeß, ZZP 86 (1973), 353; *ders.,* Wesen und Begriff der Prozeßhandlung einer Partei im Zivilprozeß 2. Aufl., 1972; *Bettermann,* Hundert Jahre Zivilprozeßordnung – Das Schicksal einer liberalen Kodifikation, ZZP 91 (1978), 365; *Borth,* Empfiehlt es sich, für Familiensachen eine selbständige Verfahrensordnung zu schaffen?, FS Musielak, 2004, S. 105; *Beys* (Hrsg.), Grundrechtsverletzungen bei der Zwangsvollstreckung, Dike International 1996 III; *Damrau,* Die Entwicklung einzelner Prozeßmaximen seit der Reichszivilprozeßordnung von 1877, 1975; *Doms,* Neue ZPO – Umsetzung in der anwaltlichen Praxis, NJW 2002, 777; *Dury,* Die „Große Justizreform" beruht auf großen Irrtümern, ZRP 2005, 262; *Duve,* Brauchen wir ein Recht der Mediation?, AnwBl 2005, 1; *Gaul,* Zur Frage nach dem Zweck des Zivilprozesses, AcP 168 (1968), 27; *ders.,* Die Haftung aus dem Vollstreckungszugriff, ZZP 110 (1997), 3; *Gehrlein,* Zivilprozessrecht nach der ZPO-Reform 2002, 2001; *Gerhardt,* Die Ehe unter besonderem Schutz der staatlichen Ordnung bei Zwangsvollstreckungen und im Insolvenzverfahren?, GS Lüderitz, 2000, S. 189; *Gilles,* Vereinheitlichung und Angleichung unterschiedlicher nationaler Rechte – Die Europäisierung des Zivilprozeßrechts als ein Beispiel, ZZPInt 7 (2002), 3; *Goldschmidt,* Der Prozeß als Rechtslage, 1925; *Geimer,* Nichtvertragliche Schiedsgerichte, FS Schlosser, 2005, S. 197; *Goldstein,* The Utility of the Comparative Perspective in Understanding, Analyzing and Reforming Procedural Law, ZZPInt 5 (2000), 375; *Gottwald,* Die ökonomische Analyse zur Kritik und Reform des Zivilprozeßrechts, FS Fasching, 1988, S. 181; *ders.,* Zum Stand der Prozessrechtsvergleichung, FS Schlosser, 2005, S. 227; *Grunsky,* Zum Tatsachenstoff im Berufungsverfahren nach der Reform der ZPO, NJW 2002, 800; *Habscheid,* Das deutsche Zivilprozeßrecht und seine Ausstrahlung auf andere Rechtsordnungen, 1991; *Häsemeyer,* Beteiligtenverhalten im Zivilrechtsstreit, ZZP 118 (2005), 265; *Hahn,* Anwaltliche Rechtsausführungen im Zivilprozeß, 1998; *Hannich/Meyer-Seitz,* ZPO-Reform 2002 mit Zustellungsreformgesetz, 2002; *Hartmann,* Zivilprozess 2001/2002: Hundert wichtige Änderungen, NJW 2001, 2577; *Heister-Neumann,* „Große Justizreform" – Der Weg zu einer zukunftsfähigen Justiz, ZRP 2005, 12; *Hellwig,* Zur Systematik des zivilprozeßrechtlichen Vertrages, 1968; *Hendal,* Prozeßrecht und materielles Recht, 1970; *Henke,* „Ein Mann – ein Wort"? – Die Auslegung von Prozeßhandlungen, ZZP 112 (1999), 397; *Heß,* Die Integrationsfunktion des Europäischen Zivilverfahrensrechts, IPRax 2001, 389; *Huber,* Verfahren und Urteil erster Instanz nach dem Zivilprozessreformgesetz (ZPO-RG), JuS 2002, 483, 593; *Jolowicz,* On the comparison of procedures, Essays in honour of A. v. Mehren, 2002, 721; *Kilian/Wielgosz,* Gerichtsnahe Mediation – Rechtsvergleichende Betrachtungen zur Einbindung alternativer Konfliktlösungsmechanismen in das Zivilverfahrensrecht, ZZPInt 9 (2004), 355; *Koch,* Gerichtliche Mediation – gerichtsverfassungs- und verfahrensrechtliche Rahmenbedingungen, NJ 2005, 97; *ders.,* Mediation im internationalen Streit, FS Schlosser, 2005, S. 399; *Kuntze,* Referentenentwurf eines FGG-Reformgesetzes, FGPRax 2005, 185; *Leipold,* Zivilprozeßrecht und Ideologie, JZ 1982, 441; *Loritz,* Zusammenführung von Gerichtsbarkeiten zur Verhinderung weiterer Rechtszersplitterung in Deutschland, FS Beys, Bd. 2, 2003, S. 923; *Lüke,* Betrachtungen zum Prozeßrechtsverhältnis, ZZP 108 (1995), 427; *W. Lüke,* Die Beteiligung Dritter im Zivilprozeß, 1993; *Matscher,* Der Begriff des fairen Verfahrens nach Art. 6 EMRK, FS Beys, Bd. 2, 2003, S. 989; *Meyer,* Wandel des Prozessrechtsverständnisses – vom ‚liberalen' zum ‚sozialen' Zivilprozess?, JR 2004, 1; *Meyer-Seitz/Kröger/Heiter,* Auf dem Weg zu einem modernen Familienverfahrensrecht – die familienverfahrensrechtlichen Regelungen im Entwurf eines FamFG, FamRZ 2005, 1430; *Oberheim,* Die Reform des Zivilprozesses, 2001; *v. Olshausen,* Wer zu spät kommt, den belohnt die neue ZPO – jedenfalls manchmal, NJW 2002, 802; *Olzen,* Die Wahrheitspflicht der Parteien im Zivilprozeß, ZZP 98 (1985), 403; *Pache,* Das europäische Grundrecht auf einen fairen Prozess, NVwZ 2001, 1342; *Pawlowski,* Aufgabe des Zivilprozesses, ZZP 80 (1967), 345; *Pfister,* Die neue Rechtsprechung zu Treu und Glauben im Zivilprozeß, 1998; *Prütting,* Vom deutschen zum europäischen Streitgegenstand, FS Beys, Bd. 2, 2003, S. 1273; *ders.,* Die materielle Prozessleitung, FS Musielak, 2004, S. 397; *Roßnagel/Fischer-Dieskau,* Elektronische Dokumente als Beweismittel, NJW 2006, 806; *Roth,* Zivilprozessuales Rechtsmittelrecht und funktionale Zweigliedrigkeit, JZ 2006, 9; *Schack,* Die EG-Kommission auf dem Holzweg von Amsterdam, ZEuP 1999, 805; *Schenke,* Rechtswegabgrenzung, Festg. BGH (2000), Bd. III, S. 45; *Scherf,* Vollstreckungsverträge, 1971; *Schlosser,* Einverständliches Parteihandeln im Zivilprozeß, 1968; *E. Schneider,* Die missglückte ZPO-Reform, NJW 2001, 3756; *Schöpflin,* Die Verfahrensökonomie – eine Prozessmaxime?, JR 2003, 485; *Schumann,* Der Einfluß des Grundgesetzes auf die zivilprozessuale Rechtsprechung, Festg. BGH (2000), Bd. III, S. 3; *Schwab/Gottwald,* Verfassung und Zivilprozeß, 1984; *Sourlas,* Gedanken zu einer normativen Theorie des Verfahrens, FS Beys, Bd. 2, 2003, S. 1561; *Stackmann,* Die Neugestaltung des Berufungs- und Beschwerdeverfahrens in Zivilsachen, NJW 2002, 781; *Stadler,* Der Zivilprozeß und neue Formen der Informationstechnik, ZZP 111 (2002), 413; *Stamatis,* The Philosophical Status of a Critical Theory of Justice, FS Beys, Bd. 2, 2003, S. 1649; *Stürner,* Verfahrensgrundsätze des Zivilprozesses und Verfassung, FS Baur, 1981, S. 647; *ders.,* Die richterliche Aufklärung im Zivilprozeß, 1982; *ders.,* Prinzipien der Einzelzwangsvollstreckung, ZZP 99 (1986), 291; *ders.,* Rechtskraft in Europa, FS Schütze, 1999, S. 913; *Völzmann-Stickelbrock,* Unmittelbarkeit der Beweisaufnahme und Parteiöffentlichkeit – Nicht mehr zeitgemäße oder unverzichtbare Elemente des Zivilprozesses?, ZZP 118 (2005), 359; *Vollkommer,* Der Anspruch der Parteien auf ein faires Verfahren im Zivilprozeß, GedS Bruns, 1980, S. 195; *ders.*, Der Grundsatz der Waffengleichheit im Zivilprozeß, FS Schwab, 1990, S. 305; *ders.*, Erste praktische Erfahrungen mit der neuen Gehörsrüge, FS Musielak, 2004, S. 619; *Wagner,* Prozeßverträge, 1998; *ders.*, Schiedsgerichtsbarkeit in Scheidungssachen, FS Schlosser, 2005, S. 1025; *Waldner,* Der Anspruch auf rechtliches Gehör, 2000; *Weth,* Prämien für gute Richter, FS Lüke, 1997, S. 961; *ders.*, Justizminister im Reformrausch? – Zum geplanten Umbau der Justiz, ZRP 2005, 119; *Wilfinger,* Das Gebot effektiven Rechtsschutzes in Grundgesetz und Europäischer Menschenrechtskonvention, 1995; *Zeuner,* Rechtsvergewisserung und Wahrheitsermittlung als Funktionen des zivilgerichtlichen Verfahrens und ihre Beeinflussung unter persönlichkeitsrechtlichen Aspekten in der neueren Entwicklung des deutschen Rechts, FS Beys, Bd. 2, 2003, S. 1787; *Zuck,* Wann verletzt ein Verstoß gegen ZPO-Vorschriften zugleich den Grundsatz rechtlichen Gehörs?, NJW 2005, 3753.

Übersicht

I. Zivilprozessrecht: Grundfragen

1 **1. Zivilprozess. a) Abgrenzung der Rechtswege. aa)** Der Zivilprozess ist das gerichtliche Verfahren in **bürgerlichen Rechtsstreitigkeiten.** Obgleich die gesetzliche Regelung auf einen Streit der Parteien zugeschnitten ist, wie schon die Terminologie der ZPO andeutet, kommt auch eine nicht streitige Prozesserledigung in Betracht, so, wenn der Beklagte im Termin zur mündlichen Verhandlung nicht erscheint oder den geltend gemachten Anspruch sofort anerkennt (§§ 331, 307). Privatrechtliche Streitigkeiten können aber auch durch außergerichtliche Einigung oder durch private Schiedsgerichte erledigt werden (Rn. 58ff.).

2 **bb)** Die **Zulässigkeit des Rechtswegs**[1] zu den Zivilgerichten, den das Grundgesetz als ordentlichen Rechtsweg bezeichnet (Art. 19 Abs. 4 S. 2 GG), was jedoch nicht den Schluss begründet, dass andere Rechtswege „außerordentliche" sind, ist in § 13 GVG geregelt. Danach gehören vor die Zivilgerichte alle bürgerlichen Rechtsstreitigkeiten, soweit sie nicht durch besondere Vorschriften einem anderen Rechtsweg zugewiesen sind. Nur wenn keine ausdrückliche Zuweisung besteht, kommt die Bestimmung des Rechtswegs nach der Natur der Streitigkeit in Betracht.[2] Seit der Einführung der verwaltungsgerichtlichen Generalklausel (§ 40 Abs. 1 VwGO) und der Gewährleistung eines verfahrensrechtlich lückenlosen Individualrechtsschutzes durch Art. 19 Abs. 4 GG hat § 13 GVG seine frühere Bedeutung als Voraussetzung der Rechtsschutzgewährung verloren. Er ist nur noch Grundlage für die Abgrenzung eines von mehreren Rechtswegen; zur Verweisung vgl. § 17a GVG.

3 **cc)** Zur ordentlichen Gerichtsbarkeit gehören nach deutscher Rechtstradition auch die **Strafgerichte.** Zwar kann der Verletzte gegen den Beschuldigten einen aus der Straftat erwachsenen vermögensrechtlichen Anspruch im Strafverfahren geltend machen; jedoch hat das 1943 eingeführte **Adhäsionsverfahren** (§§ 403ff. StPO) keine praktische Bedeutung erlangt.[3] Entscheidend für die geringe Akzeptanz ist, dass das Gericht nach § 406 Abs. 5 S. 2 StPO von einer Entscheidung absieht, wenn sich der Antrag zur Erledigung im Strafverfahren nicht eignet, insbesondere das Verfahren verzögern würde.

4 **dd)** Das Nebeneinander von Straf- und Zivilprozess wirft die Frage auf, inwieweit die **Strafgerichte** an rechtskräftige **Urteile der Zivilgerichte gebunden** sind. Diese Frage stellt sich, wenn Straftatbestände in Abhängigkeit zu zivilrechtlichen oder vollstreckungsrechtlichen[4] Tatbeständen[5] stehen. Sie sollte dahingehend beantwortet werden, dass eine Bindung an rechtskräftige zivilgerichtliche Urteile besteht, soweit das Zivilrecht eine tatbestandliche Vorfrage im Rahmen des Straftatbestands aufwirft.[6] Die hM im Strafrecht sieht dies anders:[7] Zwar wird zu § 170 Abs. 1 StGB eine tatbestandliche Bindungswirkung an Statusurteile angenommen, da sie inter omnes wirken. Eine Bindung an zivilrechtliche Unterhaltsurteile, einerlei, ob sie den Anspruch abweisen oder ihm stattgeben, wird hingegen abgelehnt. Dies ist zumindest für ein den Unterhaltsanspruch rechtskräftig

---

[1] Grundlegend zur Bedeutung der Rechtswegabgrenzung *Schenke,* Festg. BGH, Bd. III, S. 45ff.

[2] BGHZ 34, 53, 56 = NJW 1961, 405; BGHZ 56, 395, 396f. = NJW 1971, 1606 (GmS-OGB betreffend den Verwaltungsrechtsweg nach § 40 Abs. 1 VwGO).

[3] *Weigend,* in: *Will* (Hrsg.), Schadensersatz im Strafverfahren, 1990, S. 11, 15 m. Nachw.; s. aber BGH NJW 1999, 437 (zu § 406 Abs. 1 S. 2 StPO).

[4] Dazu *Lüke,* FS A. Kaufmann, 1993, S. 565.

[5] Ähnliche Probleme ergeben sich im Verhältnis zum Steuerrecht aus den steuerrechtlichen Straftatbeständen, insb. § 370 AO.

[6] *Lüke,* GedS Schultz, 1987, S. 235, 246; *Schwab* NJW 1960, 2169.

[7] *Lackner/Kühl* § 170 StGB Rn. 3.

abweisendes Zivilurteil nicht einsichtig, da es an einem Straftatbestand nach § 170 StGB begriffsnotwendig fehlt, wenn gegen den Angeklagten kein Unterhaltsanspruch bestand.

Umgekehrt sind **Zivilgerichte** nicht an Strafurteile gebunden (vgl. § 14 Abs. 1 Nr. 1 EGZPO), auch wenn das angewendete Strafgesetz Tatbestandsmerkmal einer zivilrechtlichen Anspruchsgrundlage ist.[8] Sie können die dort getroffenen Feststellungen aber als Beweismittel verwenden[9] und werden hiervon nur abweichen, wenn gewichtige Gründe für deren Unrichtigkeit sprechen.[10]

ee) Die **Freiwillige Gerichtsbarkeit** ist neben der streitigen ein Bereich der Zivilrechtspflege. 5
Das Verhältnis von Zivilprozess und Verfahren der Freiwilligen Gerichtsbarkeit betrifft nicht im engeren Sinn die Zulässigkeit des Rechtswegs. Die Rechtswegvorschriften, insbesondere §§ 17 bis 17b GVG, gelten entsprechend.[11]

ff) Das **Familiengericht,** eingerichtet durch das 1. EheRG (Rn. 72), ist eine Abteilung des 6
Amtsgerichts (§ 23b GVG). Im Verhältnis zu den anderen Spruchkörpern des Amtsgerichts handelt es sich nach hM bei den Zuständigkeitszuweisungen an das Familiengericht (insbesondere § 621) nicht um eine funktionelle Zuständigkeit, sondern um einen Fall der gesetzlich geregelten Geschäftsverteilung.[12] Zu der geplanten Erweiterung und Konzentration von Zuständigkeiten bei einem **„Großen Familiengericht"** s. den Entwurf eines FamFG Rn. 183.

gg) Die **Arbeitsgerichte** galten bis 1990 trotz ihrer Erwähnung in Art. 95 Abs. 1 GG nicht als 7
eigener Rechtsweg, sondern als besondere Zivilgerichte, die Kompetenz war eine Frage der sachlichen Zuständigkeit.[13] Gemäß § 48 Abs. 1 ArbGG sind nun auf die Arbeitsgerichtsbarkeit die Rechtswegevorschriften anwendbar.[14]

b) Prozesszweck. aa) In einer Privatrechtsordnung, in der Anspruch und subjektives Recht im 8
Mittelpunkt stehen, bezweckt der Zivilprozess primär die **Feststellung, Durchsetzung und Gestaltung subjektiver Rechte,** nicht aber die Wahrung der objektiven Rechtsordnung.[15] Ohne die Möglichkeit der Rechtsverwirklichung mit Hilfe staatlicher Gerichte ist das subjektive Recht wertlos, da der Staat das Gewaltmonopol beansprucht und Selbsthilfe auf wenige Ausnahmefälle beschränkt ist. Da die Durchsetzung subjektiver Rechte nach den Regeln des Prozessrechts zu erfolgen hat, kann sie scheitern, obgleich das subjektive Recht an sich bestanden hat. Wahrheitsfindung an sich ist nicht Zweck des Zivilprozesses,[16] auch wenn grundsätzlich das Verfahren nach dem materiell richtigen Ergebnis strebt. Gleichwohl besteht der Prozesszweck nicht nur darin, eine formell qualifizierte Rechtsausübung zu gewährleisten.[17]

bb) Der Zivilprozess dient faktisch auch der Herstellung und Erhaltung des **Rechtsfriedens.** 9
Der Rechtsfrieden sollte jedoch nicht nur als bloße Folge der durch Rechtskraft erreichten Streitbeendigung angesehen werden.[18] Rechtsfrieden erschöpft sich nicht in Rechtsgewissheit.[19] Justizgewährungsanspruch und staatliches Gewaltmonopol (Rn. 8) erfordern die Bereitstellung des Zivilprozesses als eines geordneten Verfahrens zur Anspruchsdurchsetzung. Das aber wird nur erreicht durch einen Zivilprozess, der Akzeptanz der Rechtsunterworfenen erreicht, der nicht als „kurzer Prozess",[20] sondern als Suche nach materieller Gerechtigkeit wahrgenommen wird.[21]

cc) Der Zivilprozess dient zudem, über den einzelnen Prozess hinaus, der **Rechtsfortbildung** 10
und der **Einheit der Rechtsordnung.** Durch die Entscheidung neuer Rechtsfragen, die dem Richter auch in Gestalt neuer Sachverhalte unterbreitet werden, die der Gesetzgeber nicht bedenken konnte, trägt er zur Weiterentwicklung des objektiven Rechts und zur Sicherung der Rechtseinheit bei. Diesen Zwecken dient ausdrücklich die Zulassungsrevision im Fall des § 543

---

[8] Zu strafrechtlichen Schutzgesetzes im Rahmen des § 823 Abs. 2; OLG Koblenz NJW-RR 1995, 727; LG Mainz 12. 9. 2002, 1 O 92/96 (juris).

[9] BGH WM 1973, 561; OLG Koblenz NJW-RR 1995, 727.

[10] Vgl. LG Mainz 12. 9. 2002, 1 O 92/96 (juris); BGH 26. 1. 1989, X ZR 100/89.

[11] BGHZ 40, 1, 7 = NJW 1963, 2219; BGHZ 130, 159 = NJW 1995, 2851; BGH NJW 2003, 1032.

[12] BGHZ 71, 264 = NJW 1978, 1531.

[13] BGHZ 26, 304, 306 = NJW 1958, 543; BAGE 19, 355, 359; BAG NJW 1991, 1630.

[14] *Germelmann/Matthes/Prütting* Einl. Rn. 42 m. Nachw.

[15] Dazu *Gaul* AcP 168 (1968), 27, 46 ff.

[16] *Zeuner,* FS Beys, 2003, Bd. 2, S. 1787, 1790.

[17] So *Henckel,* Prozeßrecht und materielles Recht, 1970, S. 63.

[18] So wohl LG Kiel WM 1998, 364; *Zöller/Vollkommer* Einl. Rn. 39; *Musielak/Musielak* Einl. Rn. 5; *Stürner,* FS Baumgärtel, 1990, S. 545 f.; *Rosenberg/Schwab/Gottwald* § 1 III.

[19] Dazu *Zeuner,* FS Beys, 2003, Bd. 2, S. 1787 ff.

[20] Vgl. *Schulz-Hillenbrand* AnwBl. 2000, 37.

[21] AK-ZPO/*Schmidt* Einl. Rn. 18.

Abs. 2[22] und die Möglichkeit, eine Entscheidung des Großen Senats des BGH herbeizuführen, wenn dies zur Sicherung dieser Ziele erforderlich ist (§ 132 Abs. 4 GVG).[23]

11 **c) Prozessauffassungen. aa)** Die **liberale Prozessauffassung,** die die ZPO in ihrer ursprünglichen Gestalt geprägt hat, betrachtete den Zivilprozess unter dem Gesichtspunkt der Feststellung und Durchsetzung subjektiver Rechte gleich starker Marktteilnehmer als Prozessparteien. Die Verfahrensgestaltung war in Konsequenz Privatangelegenheit der Parteien. Ihnen war die Prozessführung überlassen, während der Richter eher passiv bleiben musste. Prozessrecht bedeutete Schutz gegen richterliche Willkür.

12 **bb)** Die **soziale Prozessauffassung**[24] entwickelte sich parallel zur Kritik an der liberalen Grundhaltung des BGB; sie strebt ein Prozessrecht an, das allen Bürgern die gleiche Chance verschafft, ein ihnen zustehendes Recht durchzusetzen.[25] Ursprüngliche Grundidee war der Schutz der sozial Schwachen, die Sicht des Prozesses als staatliche Wohlfahrtseinrichtung.[26] Methodisch zielt diese auf die Stärkung der Richtermacht und die Beschränkung der Parteifreiheit im Zivilprozess sowie den Abbau von Zugangshürden zum Zivilprozess ab. Das Gedankengut dieser Auffassung gelangte schrittweise[27] in den deutschen Zivilprozess.

13 Die soziale Prozessauffassung kann nicht den liberalen Ansatz des Zivilprozesses verdrängen. Zwar hat unter Geltung des **Sozialstaatsgedankens des Grundgesetzes** der Gesetzgeber sowohl im materiellen Recht als auch im Prozessrecht die Aufgabe, Chancengleichheit herzustellen, wo sie zu Beginn des 20. Jahrhunderts unterstellt wurde. Diese Chancengleichheit darf aber nicht verwechselt werden mit dem sozialromantischen Ausgangspunkt der Ergebnisgleichheit, der den als sozial schwach Typisierten schon um seiner Schwäche willen im Recht sieht:[28] Sozial kann im Zivilprozess immer nur die Gewährleistung des gleichen Zugangs zur Rechtsdurchsetzung sein; im Ergebnis schutzwürdig bleibt gleichwohl derjenige, der tatsächlich im Recht ist.[29]

14 Immer klärungsbedürftig bleibt das rechte **Maß der sozialen Einflussnahme** auf den Prozess, die sich in der Aufgabenverteilung zwischen Gericht und Parteien widerspiegelt. **Fürsorgepflicht** des Gerichts gegenüber den Parteien kann auch Bevormundung bedeuten. Fürsorgliche prozessuale Aufklärungspflicht, die die Gewichte der im Zivilprozess zugewiesenen Positionen zugunsten des Gerichts verschiebt, kann auf eine Hinwendung zum Untersuchungsgrundsatz hinauslaufen. Nicht außer Betracht bleiben darf auch der Effekt eines überzogenen prozessualen Schutzes von Gruppen, die typisiert als schwache Marktteilnehmer behandelt werden. Auch der durch die Rechtsordnung bewirkte soziale Schutz wird von anderen Marktteilnehmern als Marktfaktor ins Kalkül gezogen.[30] Schutz kann zum Pyrrhus-Sieg werden, wenn sich Marktteilnehmer in das Ausland zurückziehen, wo das Problem der Vollstreckbarkeit entsteht oder gar mit überschützten Gruppen nicht mehr kontrahiert wird.

15 **cc)** Der Ansatz der **ökonomischen Analyse des Rechts** hat die Verbesserung von Ökonomie und Effizienz der Rechtsverfolgung zum Ziel.[31] Ökonomische Analyse ist keine Theorie, die das Wesen des Zivilprozesses als Zwecksetzung zu beschreiben versucht, sondern eine Methode, die Modelle zu entwickeln versucht, mit denen die anderweitigen Prozesszwecke ökonomisch effektiver erreicht werden. Hierbei stehen wirtschaftliche Rationalität des Handelns der Beteiligten, rationale Gestaltung der Institutionen und damit Nutzung vorhandener Ressourcen im Vordergrund.[32]

---

[22] BGH NJW 2003, 65; BGH MDR 2004, 168; *Baukelmann,* FS Erdmann, 2002, S. 767; *Wenzel* NJW 2002, 3353; *Gehrlein* MDR 2004, 912.

[23] BGH NJW 2000, 1185.

[24] Begründet von *Franz Klein,* dem *spiritus rector* der österreichischen ZPO von 1895.

[25] *Meyer* JR 2004, 1.

[26] *Franz Klein,* Zeit- und Geistesströmungen im Prozesse, 1901, 25 ff.

[27] Im Einzelnen: *Meyer* JR 2004, 1, 2.

[28] Tendenzen in diese Richtung zeigt etwa die Begründung eines Vorschlags der Kommission der EG zu einer Verordnung über die *Zuständigkeit* etc. in Unterhaltssachen (KOM 2005, 649 vom 15. 12. 2005), die sich durchgehend am Fall des zu schützenden Unterhaltsberechtigten und des säumigen Unterhaltsschuldners orientiert.

[29] Zutreffend *Meyer* JR 2004, 1, 2.

[30] So hat etwa der derzeit für Verbraucher gegenüber Unternehmen mit Sitz oder Niederlassung in der EU bestehende Gerichtsstandsvorteil aus Art. 16 VO (EG) Nr. 44/2001 („Brüssel I") manche Anbieter aus Nicht-EU-Staaten bewogen, ihre europäischen Niederlassungen zu schließen, was sie dem Anwendungsbereich der Regelung entzieht, und den Vertrieb an europäische Verbraucher nur noch über Internet gegen Vorkasse zu organisieren, was die Prozessführung durch den geschützten Verbraucher erheblich erschwert.

[31] *Gottwald,* FS Fasching, 1988, S. 181; *Assmann/Kirchner/Schanze,* Ökonomische Analyse des Rechts, 1993.

[32] Eine ökonomische Analyse von Reformvorschlägen, insbes. zur Abkopplung der Prozesskosten vom Streitwert, bei *Schmidtchen/Kirstein,* FS Lüke, 1997, S. 741; zur Funktionsfähigkeit der Justiz *Schmidtchen/Weth* (Hrsg.), Der Effizienz auf der Spur, 1999; zur Kosten sparenden und Akzeptanz fördernden Moderation von Streitigkeiten am Beispiel des Verwaltungsprozesses: *Möllers* DÖV 2000, 667.

Die Dienlichkeit für die Entwicklung sachgerechter Lösungen zivilprozessualer Fragen ist umstritten.[33] Gerade Reformen, die sich als Steuerungsinstrumente zur Straffung des Zivilprozesses verstehen, haben außer der Methode des *trial and error* nur die Rechtsvergleichung und die ökonomische Analyse als Instrumente, um prognostisch die Wirkung auf das Verhalten der Prozessparteien zu untersuchen. Versteht man den oft auf Einzelverfahren bezogenen Begriff der **Verfahrensökonomie** als ein übergeordnetes Prinzip des Zivilprozesses, das auch die Prozessrechts- und nicht nur die Verfahrensgestaltung beeinflusst,[34] so liegt es nicht fern, das Verhalten von Streitparteien als (potentielle) Prozessparteien auch unter dem Gesichtpunkt der wirtschaftlichen Motivation für oder gegen prozessrelevante Entscheidungen zu untersuchen.

d) Justizgewährungsanspruch. Im Rechtsstaat, der das **Gewaltmonopol** beansprucht und folgerichtig dem Bürger Selbsthilfe zur Durchsetzung seiner Ansprüche nur ausnahmsweise erlaubt (§§ 227ff., 562b Abs. 1, 859, 904, 962 BGB) besteht ein Anspruch des Bürgers gegen den Staat, Organe zur Rechtsdurchsetzung, insbesondere Gerichte, bereitzustellen.[35] Dieser Justizgewährungsanspruch ist aus dem Rechtsstaatsprinzip (Art. 20 Abs. 3 GG) abzuleiten; er gewährt Anspruch auf die Bereitstellung einer Gerichtsbarkeit, den effektiven Zugang zu dieser, sowie eine effektive Gestaltung des Verfahrens hin zu einer verbindlichen richterlichen Entscheidung;[36] seine Verletzung muss einer instanziellen Kontrolle durch die Fachgerichte zugänglich sein.[37] Darüber hinaus ist der Justizgewährungsanspruch Grundlage weiterer einzelner Verfahrensgrundrechte und -prinzipien[38] (Rn. 190ff.). 16

Der Justizgewährungsanspruch fordert zudem eine Gestaltung des Verfahrens, welches die Herbeiführung einer mit dem Gesetz übereinstimmenden, also sachlich richtigen Entscheidung gewährleistet.[39] Hingegen besteht kein darüber hinausgehender **Rechtsschutzanspruch** der Prozesspartei gegen den Staat auf einen der materiellen Rechtslage entsprechenden günstigen Rechtsschutz.[40] Justizgewährung ist beschränkt auf die Bereitstellung der Ressourcen, die vorbehaltlich der immer möglichen Parteidisposition geeignet sind, zu einem zutreffenden Urteil zu führen.[41] Überdies dürfte die wesentlichere Bedeutung des rechtsstaatlichen Verfahrens nicht in der Richtigkeit des Ergebnisses liegen, sondern in der Qualität der prozessualen Ergebnisgewinnung, die ihrerseits als Garant für das nicht nur zufällig richtige Ergebnis steht.[42] 17

e) Erkenntnisverfahren und Vollstreckungsverfahren. aa) Entsprechend ihrem Zweck, die Durchsetzung subjektiver Rechte zu vermitteln, hat die Zivilrechtspflege im Wesentlichen drei **Aufgaben** zu erfüllen, die Rechtsfeststellung, die Rechtsdurchsetzung und die (vorsorgliche) Rechtssicherung. Diesen Zielen entsprechen das Erkenntnis- oder Urteilsverfahren, das Vollstreckungsverfahren, sowie das Verfahren des Arrestes und der einstweiligen Verfügung. 18

Das **Erkenntnisverfahren** hat die Feststellung des Bestehens oder Nichtbestehens des in der Klage behaupteten oder verneinten Rechts zum Ziel. Das **Leistungsurteil** verwandelt den Anspruch zu einem erzwingbaren Leistungsanspruch. Das **Feststellungsurteil** stellt das Bestehen oder Nichtbestehen des Rechtsverhältnisses außer Streit, wobei auch alle klageabweisenden Urteile (nur) feststellenden Inhalt haben. Das **Gestaltungsurteil** führt zur unmittelbaren richterlichen Gestaltung des streitigen Rechtsverhältnisses, ohne dass es weiterer Durchsetzungsschritte bedarf. Erkenntnisverfahren finden im Grundtypus des ordentlichen Verfahrens (§§ 1–591) statt oder in einer **besonderen Verfahrensart,** die mit Rücksicht auf Besonderheiten bestimmter Materien (Ehe- (§§ 606ff.), Familien- (§§ 621ff.) und Kindschaftssachen (§§ 640ff.) oder für besondere Interessenlagen (Urkunden- und Wechselprozess (§§ 592ff.), Mahnverfahren (§§ 688ff.) zur Verfügung steht. 19

---

[33] *Gottwald,* FS Fasching, 1988, S. 193, 194; zur Kritik an der ökonomischen Analyse des Rechts *Frank,* FS Pieper, 1998, S. 77.

[34] Dazu *Schöpflin* JR 2003, 485.

[35] Auch für Bagatellforderungen: *Kirchner* RPfleger 2004, 395.

[36] BVerfGE 85, 337, 345 = NJW 1992, 1673; BGHZ 97, 169, 185 = NJW 1998, 1475, 1478; BVerfG NJW 2004, 3188; BVerfG NJW 2005, 154; zur Begrenzung des Zugangs zur Revision: BVerfG NJW 2004, 1729.

[37] BVerfG NJW 2003, 1924; zu der Frage, ob sich diese Aussage des BVerfG auf die Verletzung des rechtlichen Gehörs beschränkt oder auch andere Fälle der Verletzung des Justizgewährungsanspruchs erfasst: *Redeker* NJW 2003, 2956.

[38] Zum rechtlichen Gehör: BVerfG NJW 2003, 1924; Zur Bedeutung eines verfahrensökonomischen – und damit möglichst wenig belastenden – Prozesses unter dem Aspekt des Justizgewährungsanspruchs: *Schöpflin* JR 2003, 485, 487.

[39] BVerfGE 69, 126, 140.

[40] Vgl. aber *Detterbeck* AcP 192 (1992) 325, 333ff.

[41] Zutreffend *Musielak/Musielak* Rn. 8.

[42] Zur Bedeutung der Qualität des Verfahrens für die Gewinnung von Gerechtigkeit: *Soulas,* FS Beys, 2003, Bd. 2, S. 1561, 1570.

20 **bb)** Die zwangsweise Durchsetzung im Erkenntnisverfahren festgestellter Ansprüche und sonstiger Vollstreckungstitel geschieht im **Vollstreckungsverfahren** (§§ 704 ff.). Auch die Zwangsvollstreckung ist rechtssystematisch ein **Teil des Zivilprozesses;** ihr Gegenstand ist eine bürgerliche Rechtsstreitigkeit, sie gehört daher zur Rechtspflege und nicht zur Verwaltung. Allerdings haben manche hoheitlichen Vollstreckungsmaßnahmen materiell große Ähnlichkeit mit Verwaltungsakten. Innerhalb der Zivilrechtspflege ist die Zwangsvollstreckung der **streitigen** und nicht der freiwilligen **Gerichtsbarkeit** zuzuordnen.

21 **cc)** Erkenntnis- und Vollstreckungsverfahren sind **voneinander unabhängig;** sie bilden weder rechtlich noch tatsächlich eine Einheit. Es gibt Erkenntnisverfahren ohne anschließende Zwangsvollstreckung, wenn das Urteil, wie zB bei Feststellungs- und Gestaltungsurteilen, nicht vollstreckungsfähig oder nicht vollstreckungsbedürftig ist, weil der Schuldner freiwillig leistet, und Vollstreckungsverfahren ohne vorausgegangenes Erkenntnisverfahren, zB bei der Zwangsvollstreckung aus einer vollstreckbaren Urkunde (§ 794 Abs. 1 Nr. 5) oder einem vollstreckbaren Anwaltsvergleich (§ 794 Abs. 1 Nr. 4a, Nr. 4b iVm. §§ 796a ff.). Auch können Erkenntnis- und Vollstreckungsverfahren parallel laufen, zB Berufungsverfahren und Vollstreckung aus einem für vorläufig vollstreckbar erklärten Urteil. Die Zwangsvollstreckung kann, zB bei einstweiligen Anordnungen, auch dem Erkenntnisverfahren in der Hauptsache vorangehen.

22 **dd)** Der Sicherung gefährdeter Rechte und Rechtsverhältnisse dienen **Arrest und einstweilige Verfügung** (§§ 916 ff.). Obgleich beide systematisch dem Zwangsvollstreckungsverfahren (Buch 8) zugeordnet sind, umfassen sie ein summarisches **Erkenntnisverfahren** über den Arrest- (§§ 916 ff.) bzw. Verfügungsanspruch (§§ 935 ff.) und die hiervon zu unterscheidende **Vollziehung** von – dort angeordnetem – Arrest und einstweiliger Verfügung (§§ 928 ff., 933 ff.).

23 **2. Zivilprozessrecht. a) Zivilprozessrecht als öffentliches Recht.** Das Zivilprozessrecht ist **öffentliches Recht;** denn es regelt die Einrichtung der staatlichen Zivilrechtspflege (zusammen mit dem Gerichtsverfassungsrecht), die Tätigkeit der Rechtspflegeorgane und das von ihnen anzuwendende Verfahren. Seine Vorschriften sind im Interesse der Rechtssicherheit, der Wahrheitsfindung und eines zügigen Verfahrensablaufs ganz überwiegend zwingend. Die ZPO enthält aber auch dispositives Recht und lässt einen begrenzten Freiraum für Dispositionen der Parteien etwa in Form von Prozessverträgen (Rn. 395 ff.).

24 Die Zuordnung zum öffentlichen Recht schließt aus, dass zur Lückenausfüllung ohne weiteres auf das **BGB** zurückgegriffen werden kann. So sind zB gerichtliche Entscheidungen Hoheitsakte und unterliegen den dafür geltenden Grundsätzen. Prozesshandlungen der Parteien sind keine Rechtsgeschäfte und können nicht nach den Vorschriften über Willenserklärungen beurteilt werden (Rn. 381 ff.). Fehlerhafte Urteile sind, anders als Rechtsgeschäfte, nur ganz ausnahmsweise nichtig, nämlich bei „greifbarer Gesetzeswidrigkeit".

25 **b) Zivilprozessrecht und Zivilrecht. aa) Zivilprozessrecht und Zivilrecht,** auch als formelles und materielles Recht unterschieden, sind getrennte Rechtsgebiete mit eigenen Regelungsgegenständen und Aufgaben. Sie stehen aber nicht beziehungslos nebeneinander; vielmehr hat das Zivilprozessrecht insofern eine dienende Funktion, als es die Verwirklichung des Privatrechts erst ermöglicht. Aus diesem besonderen Verhältnis resultieren die zentralen zivilprozessualen Problemkreise, zB des Streitgegenstands[43] und der materiellen Rechtskraft.[44]

26 **bb)** Da Prozessrecht einer eigenen Dogmatik folgt, ist die **Zuordnung einer Norm** zum **Zivil- oder Prozessrecht** zu treffen. Diese Zuordnung erfolgt funktional, nicht gesetzessystematisch: Das BGB enthält auch Prozessrechtssätze (zB §§ 1958, 2039 BGB), die ZPO auch Privatrechtssätze (zB §§ 717 Abs. 2, 945). Zweifelhaft ist allerdings, wie innerhalb des deutschen Rechts die Funktionalität des Prozessrechts von der des Zivilrechts abzugrenzen ist, zumal im Rahmen rechtspolitischer Zielsetzungen verfahrens- und materiellrechtliche Instrumente partiell austauschbar scheinen oder sich doch ergänzen.[45] Theoretische Ansätze, wonach Prozessrecht menschliches Verhalten in einem auf ein Rechtspflegeziel ausgerichteten Verfahren von und vor Rechtspflegeorganen regelt,[46] bzw. Prozessrecht auf Rechtsungewissheit, materielles Recht auf Rechtsgewissheit zugeschnitten ist,[47] beschreiben zwar die funktionale Unterschiedlichkeit, sind aber für die Lösung von Einzelfragen wenig geeignet. Relevant wird die Abgrenzung auch bei der Entscheidung von **ausländi-**

---

[43] *Jauernig* ZPO S. 149 ff. m. weit. Nachw.
[44] Dazu BGH NJW 2003, 3058; BGH NJW 2004, 1258.
[45] So kann etwa Verbraucherschutz und lauterer Wettbewerb durch einen Erfüllungsanspruch (§ 661 a BGB, Gewinnzusagen) gesichert werden, aber auch durch eine Verbandsklagebefugnis (§ 1 UKlaG, AGB-Verwendung).
[46] *Henckel* Prozeßrecht S. 24.
[47] *Häsemeyer* AcP 188 (1988) 140, 144 ff.

schem materiellem Recht unterliegenden Sachverhalten vor deutschen Gerichten. Da das Prozessrecht grundsätzlich der lex fori zu entnehmen ist, stoßen in diesen Fällen deutsches Prozessrecht und fremdes materielles Recht aufeinander. Dies kann zu Lücken führen, wenn das fremde materielle Recht Einzelfragen nicht löst, weil es sich prozessrechtlich qualifiziert, das deutsche Rechtsverständnis aber eine materielle Norm erwartet. Auch hier ist funktional zu qualifizieren, wobei in diesem Fall regelmäßig von einer geklärten Qualifikation im deutschen Recht ausgegangen werden kann, so dass praktische Ergebnisse erzielbar sind.[48]

cc) Die **Eigenständigkeit des Zivilprozessrechts** gegenüber dem Zivilrecht zeigt sich u. a. 27
darin, dass gleich lautende Begriffe, wie zB Anspruch, Einrede, Anerkenntnis und Verzicht, einen anderen Inhalt haben. Auch für Revisibilität und zeitliche Geltung von Vorschriften bestehen Unterschiede. Nur der Zivilprozess ist einer prozessualen Betrachtungsweise zugänglich.[49]

dd) Die Einstufung als **formelles Recht** macht das Prozessrecht jedoch nicht zu einem reinen 28
Zweckmäßigkeitsrecht für ein geordnetes Verfahren, das der unbeschränkten Disposition des Gesetzgebers unterliegt. Dem stehen schon die verfahrensrechtlichen Garantien des Grundgesetzes entgegen (Rn. 190 ff.). Zudem müssen die Gerichte im jeweiligen Verfahren die materiellen Grundrechte zur Geltung bringen und bei mehreren Auslegungsmöglichkeiten des Verfahrensrechts diejenige wählen, die es ermöglicht, den Grundrechten Wirksamkeit zu verschaffen. Mit dem Vordringen von Europarecht im Zivilprozessrecht (Rn. 426 ff.) erlangt zudem der Grundsatz europäisch-einheitlicher Auslegung, die ggf. durch den EuGH sicherzustellen ist, Bedeutung.

3. Prozessrechtsverhältnis. a) Bedeutung. aa) Der Prozess lässt sich einerseits als Verfahren 29
betrachten, nämlich als Gesamtheit der Partei- und Gerichtshandlungen, die alle auf die Herbeiführung der gerichtlichen Rechtsschutzhandlung abzielen und durch diesen Zweck zusammengehalten werden. Er begründet andererseits auch ein Rechtsverhältnis, das die prozessualen Rechtsbeziehungen zwischen dem Gericht und den Parteien einschließt. Das Bestehen eines Prozessrechtsverhältnisses ist ganz überwiegend anerkannt.[50] Sein dogmatischer Wert besteht darin, dass es die zahlreichen Einzelhandlungen und Rechtslagen des Prozesses zusammenfasst und prozessuale Regelungen dogmatisch erklärt, wie die Rechtsnachfolge in den Prozess.[51] Eine darüber hinausgehende praktische Bedeutung hat es nicht.[52]

bb) Das Prozessrechtsverhältnis ist ein **dreiseitiges Verhältnis,** das sowohl zwischen dem Ge- 30
richt und den Parteien als auch zwischen den Parteien besteht. Es wird durch die Klageerhebung begründet, unabhängig vom Vorliegen der Prozessvoraussetzungen,[53] und endet mit dem Erlöschen der Rechtshängigkeit.[54] Es ist öffentlich-rechtlicher Natur und von dem privatrechtlichen Verhältnis zu unterscheiden, das Gegenstand des Prozesses ist.

cc) Der in der Literatur unternommene Versuch,[55] den Prozess als Rechtsverhältnis durch den 31
Prozess als Rechtslage, nämlich als Inbegriff von prozessualen Aussichten, Möglichkeiten, Lasten und Befreiungen von Lasten einer Partei, zu ersetzen, ist u. a. deshalb gescheitert, weil sich nach dieser Theorie die im Prozess auch bestehenden Handlungspflichten der Parteien nicht unterbringen lassen. Der Prozess ist deshalb im Ganzen als ein Rechtsverhältnis zu begreifen; die einzelnen Stadien der Prozessführung sind Rechtslagen.[56]

b) Inhalt. aa) Das Parteiverhalten wird überwiegend von **Handlungslasten,** nicht von Hand- 32
lungspflichten bestimmt. Die Parteien haben zB die Behauptungs-, Erklärungs- und Beweislast. Diese haben die Qualität von Obliegenheiten, denen die Partei nicht im Sinn einer Verpflichtung nachkommen muss, jedoch zur Vermeidung prozessualer Nachteile nachzukommen gehalten ist, zB im Termin zu erscheinen, um ein Versäumnisurteil zu vermeiden (§§ 331 f.).

bb) Das Zivilprozessrecht kennt jedoch auch **Handlungspflichten.** Sie bestehen sowohl ge- 33
genüber dem Gericht als auch gegenüber der Gegenpartei. So haben die Parteien die Pflicht, auf Anordnung des Gerichts zu erscheinen (§§ 141, 613), in ihren Händen befindliche Urkunden vor-

---

48 Zur Qualifikation ausländischer Prozessrechtsvorschriften aus deutscher Sicht: MünchKommBGB/*Sonnenberger* (4. Aufl., 2006) Einl. IPR Rn. 521.

49 *Goldschmidt* S. 151 ff., 227 ff.

50 Vgl. OLG Frankfurt/Main NJWE-WettbR 2000, 149; OLG Jena FamRZ 2001, 1619; KG MDR 2003, 712.

51 Vgl. OLG Jena FamRZ 2001, 1619.

52 Zum Versuch einer „Aufwertung" s. *Lüke* ZZP 118 (1995), 427; krit. *Gaul* ZZP 110 (1997), 3.

53 BGH NJW 1992, 2575.

54 Zur Beendigung des Prozessrechtsverhältnisses bei Erledigung: *Prütting/Wesser* ZZP 116 (2003) 267 ff.; bei außergerichtlichem Vergleich und Anerkenntnis: *Häsemayer* ZZP 108 (1995), 289 ff.

55 *Goldschmidt* S. 146 ff.

56 *Rosenberg/Schwab/Gottwald* § 2 I, II 3.

zulegen (§§ 420 ff.) und bestimmte Untersuchungen zu dulden (§ 372 a). Sie sind zu sachgemäßer und sorgfältiger Prozessführung verpflichtet und dürfen den Prozess nicht verzögern oder verschleppen (Rn. 318). Ferner haben sie die Pflicht, ihre Erklärungen wahrheitsgemäß und vollständig abzugeben (§ 138).

34 **c) Treu und Glauben. aa)** Der Grundsatz von Treu und Glauben gilt im Prozessrecht entsprechend.[57] Hierunter fallen vier typische Fallgruppen:[58] Verbot des arglistigen Schaffens prozessualer Rechtslagen, des widersprüchlichen Verhaltens, des Missbrauchs prozessualer Befugnisse,[59] sowie Verwirkung.[60] Die prozessuale Beachtlichkeit von klagebeschränkenden Verträgen ergibt sich hingegen nicht aus Treu und Glauben, sondern unmittelbar aus deren prozessualer Beachtlichkeit.[61]

35 **bb)** Der Rückgriff auf Treu und Glauben darf nicht dazu führen, dass der streng geordnete und formalisierte Verfahrensablauf aufgeweicht wird.[62] Deshalb ist **Zurückhaltung** geboten. Spezielle gesetzliche Regelungen schließen die Anwendung des § 242 BGB aus. So können Ausschlussfristen nicht mit Hilfe der Verwirkung verkürzt werden. Nicht möglich ist die Verwirkung der Klagebefugnis.[63] Umstritten ist das Verhältnis von Rechtsschutzbedürfnis und Treu und Glauben.[64]

36 **4. Zivilgerichte der Ordentlichen Gerichtsbarkeit. a) Gerichtsaufbau. aa)** Nach § 13 GVG ist die Entscheidung in allen bürgerlichen Rechtsstreitigkeiten den **ordentlichen Gerichten** zugewiesen, soweit nicht auf Grund besonderer Vorschriften Verwaltungsbehörden oder -gerichte zuständig sind (zur Abgrenzung § 40 VwGO) oder Besondere Gerichte bestehen. Die ordentliche Zivilgerichtsbarkeit[65] unterteilt sich in die ordentliche **streitige Gerichtsbarkeit** sowie die **Freiwillige Gerichtsbarkeit.** Besondere Gerichte iSd. § 13 GVG sind die nach § 14 GVG zugelassenen Schifffahrtsgerichte sowie das nach § 65 Abs. 1 PatG eingerichtete Bundespatentgericht. Die Arbeitsgerichte sind als selbstständiger Zweig der Gerichtsbarkeit (Rn. 7) keine Gerichte der ordentlichen Gerichtsbarkeit.

37 **bb)** Gerichte der **ordentlichen Gerichtsbarkeit** sind, als Gerichte der Bundesländer, die Amtsgerichte, Landgerichte, Oberlandsgerichte, sowie als Gericht des Bundes der BGH. Das in Bayern bestehende Bayerische Oberste Landesgericht ist mit Wirkung vom 1. 7. 2006 aufgelöst.[66]

---

57 RGZ 102, 217, 222; 154, 299, 303; BGHZ 20, 198, 206; BGHZ 31, 77, 83; BGHZ 69, 37, 43 = NJW 1977, 1637; BGH NJW 1978, 426; BGH NJW-RR 2000, 1114; OLG Hamm FamRZ 1979, 847, 849; OLG München OLGZ 1985, 456; OLG Brandenburg BauR 2001, 130.

58 Beispiele aus der Rechtsprechung: BGH NJW 1970, 349 (unzulässige Berufung auf Formvorschrift); BGH VersR 1984, 81 (Schutz des Vertrauens einer Partei auf Hinweis nach § 139); BGHZ 102, 199 = NJW 1988, 1215 (Arglisteinrede gegenüber Schiedseinrede); BGH NJW-RR 1987, 1194, 1195 (mißbräuchliche Berufung auf das Fehlen des Schiedsvertrages); BGHZ 132, 119, 129 ff. = NJW 1996, 1467 (unechte Rückwirkung der Änderung einer lange geltenden höchstrichterlichen Rspr., soweit die Grundsätze von Treu und Glauben nicht entgegenstehen); BGH NJW 1997, 3377, 3379 (Einwand der unzulässigen Rechtsausübung wegen widersprüchlichen Verhaltens im Patentverletzungsverfahren); BGH NJW 1999, 657, 648 (Einwand der unzulässigen Rechtsausübung gegenüber Berufung auf Schlichtungsklausel); BGH NJW-RR 2000, 1114 (Berufung auf fehlende Passivlegitimation); OLG Zweibrücken OLGZ 1965, 141 (widersprüchliches Verhalten gegenüber Klagerücknahmeversprechen); OLG Celle GRUR 1980, 945 (Verwirkung); OLG Koblenz FamRZ 1986, 375 (Mißbrauch des Rechts auf Beiordnung eines Anwalts); OLG Koblenz NJW-RR 1990, 960 (Treu und Glauben bei der Beurteilung notwendiger Prozesskosten); OLG Brandenburg BauR 2001, 130 (kein Verstoß bei unterschiedlicher Einlassung in parallelen Bauprozessen). Zum ganzen *Pfister,* Die neuere Rechtsprechung zu Treu und Glauben im Zivilprozeß, 1998.

59 Vgl. BGH WM 2003, 2372: Berufung auf die Unwirksamkeit einer prozessualen Erklärung, die materiellrechtlich geschuldet ist.

60 *Baumgärtel* ZZP 86 (1973), 353, 355; *Stein/Jonas/Schumann/Brehm* (22. Aufl.) Vor § 1 Rn. 228 ff.

61 *Lang* WM 1999, 2330, 2331 (vertraglicher Ausschluss der Geltendmachung eines Anspruchs im Urkundenprozess).

62 *Baur* in: Summum ius, summa iniuria, 1963, S. 97, 112 ff.

63 KG OLGZ 1977, 428; BGH NJW-RR 1990, 886, 887; *Henckel,* Prozessrecht, S. 115; *Stein/Jonas/Schumann/Brehm* Vor § 1 Rn. 235; *Zöller/Vollkommer* Einl. Rn. 57 a; aA BVerfGE 32, 305, 308 = NJW 1972, 675 m. krit. Bespr. *Dütz* NJW 1972, 1025; BAGE 11, 353, 356 = NJW 1962, 463. In der zivilgerichtlichen Rspr. taucht die Frage vor allem bei Verbandsklagen auf; der BGH spricht denn nicht von Prozessführungsbefugnis, sondern von Klagebefugnis, wohl mit Rücksicht auf den besonderen Charakter der Klagen nach § 13 Abs. 2 AGBG, § 13 Abs. 2 UWG (öffentliches Interesse!), zB NJW 1995, 1488, 1489. Zu beachten ist, dass die Verwirkung prozessualer Befugnisse nicht mit der Verwirkung der geltend gemachten materiell-rechtlichen Ansprüche verwechselt wird.

64 Dazu *Baumgärtel* ZZP 86 (1973) 353, 366 ff.

65 Auch Strafsachen gehören nach § 13 GVG vor die ordentlichen Gerichte.

66 § 1 Nr. 1, § 10 Abs. 2 BayObLGAuflG; dessen Zuständigkeiten gehen nach Maßgabe der Art. 11 a und 11 b BayAGGVG idF durch § 2 Nr. 4 BayObLGAuflG für einzelne Gegenstände gebündelt auf die OLGe München und Bamberg über. Den Übergang von am 1. 1. 2005 (Inkrafttreten des BayObLGAuflG) beim

cc) Als **Spruchkörper** ist in Zivilsachen am **Amtsgericht** stets der Einzelrichter tätig (§ 22 Abs. 1, 4 GVG). Am **Familiengericht** ist ebenfalls der Einzelrichter nach Maßgabe der Geschäftsverteilung tätig (§ 23b GVG). Am **Landgericht** werden in Zivilsachen Zivilkammern gebildet (§ 60 GVG), die mit drei Mitgliedern einschließlich des Vorsitzenden besetzt sind (§ 75 GVG); nach §§ 348, 348a entscheiden jedoch die Zivilkammer meist, seit der Neufassung durch das ZPO-RG als Regelfall, durch den Einzelrichter. Des Weiteren können durch die Landesjustizverwaltung am Landgericht Kammern für Handelssachen gebildet werden (§ 93 GVG), sowie besondere Streitsachen (Patente, § 143 Abs. 2 PatG – Kennzeichen, § 140 Abs. 2 MarkenG – Gebrauchsmuster, § 27 Abs. 2 GebrMG – Wettbewerbssachen, § 13 Abs. 2 UWG) an einem Landgericht für mehrere LG-Bezirke zusammengefasst werden. Am **Oberlandesgericht** entscheiden in Zivilsachen Zivilsenate (§ 116 Abs. 1 GVG) aus drei Mitgliedern einschließlich des Vorsitzenden (§ 122 GVG), die nur nach Maßgabe der §§ 526, 527, 568 durch den Einzelrichter entscheiden. Das gerichtsorganisatorische Pendant zum Familiengericht ist der Familiensenat am OLG (§ 119 Abs. 2 iVm. 23b Abs. 1 GVG). Der **BGH** entscheidet durch Zivilsenate in Besetzung mit fünf Mitgliedern (§ 139 GVG). Daneben besteht ein Großer Senat für Zivilsachen (§ 132 Abs. 1 GVG, zur Besetzung § 132 Abs. 5 S. 1 GVG), dem zur Sicherung der Einheitlichkeit der Rechtsprechung Divergenzentscheidungen zwischen zwei Zivilsenaten (§ 132 Abs. 2 GVG) übertragen sind. Des Weiteren gibt es die Vereinigten Großen Senate (gebildet aus dem Großen Senat für Zivilsachen und dem für Strafsachen, § 132 Abs. 1 S. 2 GVG, zur Besetzung § 132 Abs. 5 S. 3 GVG), die über drohende Divergenz zwischen Straf- und Zivilsenaten entscheiden (§ 132 Abs. 2 GVG). 38

b) Instanzenzug. aa) Erstinstanzlich werden in Zivilsachen die Amtsgerichte und die Landgerichte tätig. Die funktionelle Zuständigkeit bestimmt sich für das Amtsgericht nach §§ 23, 23a, 23b GVG, für das Landgericht nach § 71 GVG. 39

bb) Die durch das ZPO-RG (Rn. 127ff.) umgestalteten Zuständigkeiten in **zweiter Instanz** liegen bei den Landgerichten und dem OLG. Nach Maßgabe von § 119 GVG ist das OLG zuständig für die Entscheidung über Berufung und Beschwerde gegen erstinstanzliche Entscheidungen des Landgerichts (§ 119 Abs. 1 Nr. 2 GVG). Über die schon vorher bestehende Zuständigkeit für die Berufung und Beschwerde gegen Entscheidungen der Familiengerichte ist das OLG nun auch für die Berufung und Beschwerde gegen Entscheidungen des Amtsgerichts in Sachen mit **Auslandsbezug** zuständig (§ 119 Abs. 1 Nr. 1b, c GVG). Eine **Experimentierklausel** (§ 119 Abs. 3 GVG)[67] erlaubt den Bundesländern die landesgesetzliche Übertragung aller Berufungen und Beschwerden gegen amtsgerichtliche Entscheidungen auf das OLG, soweit diese vor dem 1. 1. 2008 eingelegt werden. Die damit gewonnenen Erfahrungen sollen in die Entwicklung eines geeigneten einheitlichen Instanzenzuges eingehen. Nur soweit § 119 GVG nicht die Zuständigkeit des OLG begründet, ist das **Landgericht** für Berufung und Beschwerde gegen Entscheidungen des Amtsgerichts zuständig (§ 72 GVG). 40

cc) Die Zuständigkeit **dritter Instanz,** also für Revision, Sprungrevision und Rechtsbeschwerde, liegt nach Auflösung des BayObLG ausschließlich beim BGH (§ 133 GVG). Insbesondere ist, was aus deutschem Blickwinkel selbstverständlich ist, jedoch rechtsvergleichend[68] der Betonung bedarf, der BGH als Bundesgericht in den aus den Gerichten der Länder aufsteigenden Instanzenzug eingebettet; es gibt keine erstinstanzielle bundesgerichtliche Zuständigkeit in Zivilsachen. 41

c) Statistik. aa) Knappheit der Ressource Recht ist eine Prämisse, die seit Jahrzehnten Reformbestrebungen im Zivilprozessrecht (Rn. 73, 84ff., 126ff., 182ff.) begleitet. An dieser Stelle kann nur ein **Eindruck** von Umfang und Entwicklung der **Belastung der Zivilgerichtsbarkeit** gegeben werden. Der folgende Überblick ist zudem eine **Momentaufnahme,** die langfristige Entwicklungen nicht erfasst. 42

Umfangreiches **statistisches Material** zur (Zivil-)Rechtspflege steht in den jährlichen Berichten des Statistischen Bundesamts[69] zur Verfügung. In 2004 wurde die Zivilgerichtsbarkeit durch 687 43

BayObLG anhängigen Verfahren regelt Art. 55 Abs. 6 BayAGGVG. Nach dieser Regelung am 30. 6. 2006 (Auflösungszeitpunkt) noch beim BayObLG anhängige Verfahren gehen ausnahmslos in dem Stand, in dem sie sich befinden, auf die in der Neufassung zuständigen Gerichte über.

[67] Zu deren Nutzung im Einzelnen bei § 119 GVG.

[68] Vgl. zum föderal geteilten Gerichtsaufbau *und* Instanzenzug in den U.S.A. *Hay,* US-Amerikanisches Recht, 3. Aufl. 2005, Rn. 106ff.

[69] Fachserie 10/Reihe 2.1. Rechtspflege, Zivilgerichte, erscheinend jeweils im ersten Quartal des zweiten auf den Berichtszeitraum folgenden Kalenderjahres; sowie Fachserie 10/Reihe 1 Rechtspflege, Ausgewählte Zahlen für die Rechtspflege, erscheinend gegen Ende des auf den Berichtszeitraum folgenden Kalenderjahres. Zusätzliches statistisches Material ergibt sich für den Zeitraum seit der ZPO-Reform 2002 aus einer Studie von *Hommerich/Prütting* (dazu unten in Fn. 150ff.).

Amtsgerichte, 116 Landgerichte mit 1494 Zivilkammern und 25 Oberlandesgerichte mit 484 Zivilsenaten sowie den BGH ausgeübt. 15 207 Richter im Landesdienst und 249 Richter im Bundesdienst[70] haben an ordentlichen Gerichten (einschließlich Strafgerichte) Recht gesprochen.

44 **bb)** Die Zahl der zu Jahresbeginn am Amtsgericht anhängigen **erstinstanzlichen Zivilverfahren** (ohne Familiengerichte) stieg von **2001 bis 2003**[71] von rund 578 000 auf rund 613 000, die Neuzugänge von rund 1 421 000 auf 1 500 000. An den Landgerichten zeigt sich erwartungsgemäß ein anderes Verhältnis von anhängigen Altverfahren (steigend von rund 266 000 auf rund 277 000) zu Neuzugängen (steigend von rund 403 000 auf rund 427 000), was auch Rückschlüsse auf eine etwas längere Verfahrensdauer erlaubt. Dabei ist bemerkenswert, dass die jährlichen Erledigungszahlen an den Amtsgerichten und Landgerichten die Zahl der jährlichen Neuzugänge nicht wesentlich unterschreiten, was darauf hindeutet, dass die Ziviljustiz gerade im internationalen Vergleich schnell und effizient arbeitet. Freilich öffnet sich auch hier die „Schere", was im stetigen Anwachsen der Überhänge in das nächste Jahr deutlich wird.

45 **cc)** Bei den **Rechtsmittelverfahren** vor den Landgerichten weist die Statistik für 2001 bis 2003 eine deutlich rückläufige Entwicklung (Senkung des Überhangs von rund 45 000 auf rund 34 000, Rückgang der Neuzugänge von rund 88 000 auf rund 70 000) auf, wobei die Erledigungszahlen, obgleich ebenfalls rückläufig, stabil über der Zahl der Neuzugänge liegen. Ein ähnliches Bild ergibt sich bei den Oberlandesgerichten (Überhang rund 47 000 auf 40 000; Neuzugänge rund 64 000 auf rund 57 000; Erledigungen rund 64 000 auf rund 61 000). Beim **BGH** halten sich schließlich zu Jahresbeginn anhängige und neu hinzukommende Verfahren fast die Waage, wobei das Verfahrensaufkommen zur Erledigung ebenfalls in einem recht ausgewogenen Verhältnis steht (Überhang rund 5000 steigend auf rund 5500, Neuzugänge schwankend zwischen rund 5500 und 6500, Erledigung schwankend zwischen rund 5400 und rund 6200, davon ca. 75% Revisionen).

46 **dd) Familiensachen** nehmen am Aufkommen vor den **Amtsgerichten** vor allem angesichts zunehmender Scheidungsverfahren inzwischen einen Anteil von fast 30%. Gleichwohl steigen offenbar die Erledigungszahlen (rund 537 000 bis rund 577 000) schneller als die Neuzugänge (rund 570 000 bis 573 000). Etwa 45% dieser Verfahren sind Scheidungsverfahren (rund 235 000 bis rund 251 000) und andere Ehesachen, die bemerkenswerterweise zum Aufkommen bei den **Oberlandesgerichten** (Familiensachen insgesamt: Überhang schwankend rund 12 500 bis 13 000; Neuzugänge leicht rückläufig rund 29 500 bis 27 600; Erledigungen leicht steigend rund 27 000 bis 27 500) nur mit ca. 3% (um 1000) beitragen. Der Scheidungsausspruch – anders Entscheidungen in Folgesachen – wird also bemerkenswert selten mit Rechtsmitteln angegriffen.

47 **d) Résumé.** Vor diesem – knappen – Überblick scheint gesetzgeberischer Aktionismus in Richtung auf eine weitere Beschränkung des Zugangs zur Zivilgerichtsbarkeit, insbesondere zum Instanzenzug, jedenfalls nicht mit dem statistischen Verfahrensaufkommen begründbar. Wenn gleichwohl eine zunehmende **Belastung der Gerichte** zu konstatieren ist, dann hat dies seine Ursache weniger im wachsenden Verfahrensaufkommen als im sinkenden Personalstand. Die öffentlichen Haushalte, welche die Justiz längst als ein Objekt rein fiskalisch orientierten Spardenkens entdeckt haben, müssen sich fragen lassen, in welchem Maß diese im internationalen Vergleich hervorragende Ziviljustiz nicht ohnehin ihre eigenen Kosten durch Gerichtsgebühren erwirtschaftet und welchen ökonomischen Standortvorteil eine funktionsfähige, korruptionsfreie und qualitativ hochwertige Ziviljustiz ausmacht. So bereut mancher Unternehmer, der unter Kostengesichtspunkten seine Produktion in Schwellenländer verlegt hat, diese Entscheidung, sobald er sich Zögerlichkeit und Korruption dortiger Gerichtsbarkeit ausgesetzt sieht.

48 **5. Außergerichtliche („alternative") Streitbeilegung. a) Von der Prozessbeschleunigung zur Prozessvermeidung. aa)** Über Jahrzehnte wurde die Lösung für wachsenden Arbeitsanfall bei den Zivilgerichten (Rn. 42 ff.) weitestgehend **innerhalb des ordentlichen Zivilprozesses** gesucht. Ein wesentliches Problem dieses Ansatzes dürfte darin begründet sein, dass nicht der umfängliche Zivilprozess, sondern der um kleine Streitwerte geführte, die Ressourcen verhältnismäßig am stärksten belastet, sich aber kaum straffen lässt.

49 **bb)** Kann nicht mehr auf weitere **Prozessbeschleunigung** gesetzt werden, so muss zwangsläufig nach Methoden der **Prozessvermeidung** gesucht werden, die für streitgeneigte Parteien (ökonomische) Anreize bieten, ihren Streit ohne die Durchführung eines (vollständigen) Zivilprozesses zu bewältigen. Die beiden dabei einsetzbaren Faktoren sind Geld und Zeit; rasche und kostengüns-

---

[70] Zahlen 2002 gemäß Statistisches Bundesamt Fachserie 10/Reihe 1, 2004, 15.

[71] Alle nachfolgenden Zahlen beziehen sich auf diese Berichtszeiträume, Quelle vorige Fn.; jüngere Zahlen sind derzeit noch *nicht beim Statistischen* Bundesamt verfügbar; vgl aber aus einer Pressemitteilung der BReg, unten Fn. 159 ff.

tige Streitbeilegung[72] sind, neben der Chance, gerade in Nachbarverhältnissen die Krise nicht noch anzuheizen, die wesentlichen Anreize, wobei leider der Kostenfaktor angesichts der weit verbreiteten Rechtsschutzversicherung, die gerade in Bagatellfällen aus Werbegründen selten restriktiv vorprüft, Parteien nicht flächendeckend dem Kostenanreiz zugänglich sind.

cc) Eine Entlastung der Gerichte auf der Aufkommensseite kommt schwerlich im Bereich der Rechtsmittelverfahren in Betracht, die schon vom Streitwert her für die Beteiligten Bedeutung haben; Ansatzpunkt sind **Bagatellsachen.** Nicht unbedenklich im Hinblick auf die Streitkultur ist es, dass in rund 48% der vor den Amtsgerichten erledigten Fällen, der Streitwert unter 1000 Euro lag[73] und in rund 18% der Fälle um weniger als 300 Euro gestritten wird. Hier darf man vermuten, dass die Gerichtskosten nicht annähernd die Kosten der eingesetzten Ressourcen decken. Selbstverständlich muss auch für solche Verfahren der Rechtsstaat Rechtsschutz bereitstellen, schon, um frivole Schuldner an der Nichterfüllung kleinerer Forderungen zu hindern. Gerade solche Schuldner würden freilich durch annähernd kostendeckende Gerichtskosten (zB Missbrauchsgebühren in Bagatellsachen bei offenkundig unbegründeter Forderung oder Zahlungsverweigerung) durchaus abgeschreckt. 50

b) Konsensual orientierte Schlichtungsverfahren. aa) Gütliche Lösungen können zum einen vor dem und zu Beginn des Zivilprozesses gesucht und **verfahrensrechtlich eingebettet** werden. Trotz erheblicher Ressentiments in der Prozessrechtslehre[74] hat der Gesetzgeber verschiedene **Schlichtungsverfahren** ermöglicht. § 15a EGZPO ermächtigt seit dem 1. 1. 2000[75] die Landesgesetzgeber, in vermögensrechtlichen Streitigkeiten bis zu einem Streitwert von 750 Euro, in Nachbarstreitigkeiten und in Streitigkeiten wegen Verletzung der Ehre, die nicht in Presse und Rundfunk begangen wurden, die Zulässigkeit der Klageerhebung von einem Schlichtungsversuch vor einer Gütestelle abhängig zu machen.[76] Gewiss ist insoweit das Risiko nicht von der Hand zu weisen, dass zum Streit entschlossene Parteien dieses Verfahren nur als Durchgangsstation verstehen und sich dadurch die Kosten noch erhöhen,[77] was erste Praxisuntersuchungen zu bestätigen scheinen.[78] 51

bb) Im weiteren Sinn zur Schlichtung kann man auch das **selbstständige Beweisverfahren** (§§ 485ff.) rechnen, das zwar nicht durch Schlichtung in Rechtsfragen, wohl aber durch eine sachkundige Sachverhaltsaufklärung befriedende Wirkung erzeugt. Da der in diesem Verfahren zugelassene Vergleich (§ 492 Abs. 2) Vollstreckungstitel ist (§ 794 Nr. 1), kann der Rechtsstreit auf Grundlage der aus dem Beweisergebnis gewonnenen besseren Einsicht vermieden werden. Erneut dürfte hier der Respekt gegenüber der Kompetenz (insoweit des Sachverständigen) wesentliche Triebfeder für die Bereitschaft zum gütlichen Abschluss sein. 52

cc) Auch der **vollstreckbare Anwaltsvergleich** (§§ 796a ff.) kann als Schlichtungsinstrument eingesetzt werden, wobei hier deutlich das mediative Element gegenüber dem Aspekt der Achtung von Kompetenz überwiegt. Keine Partei wird die Kompetenz des Anwalts der Gegenseite achten, wie sie die Kompetenz des Sachverständigen achtet; daher eignet sich der Anwaltsvergleich eher für grundsätzlich einigungsbereite Parteien, denen eine Brücke zum Konsens gebaut werden muss. 53

dd) Dies wiederum gilt auch für die aus dem Arbeitgerichtsverfahren durch das ZPO-RG in den allgemeinen Zivilprozess übernommene **Güteverhandlung** (§ 278 Abs. 2). Allerdings muss in der Tat bezweifelt werden, ob die Institutionalisierung der Güteverhandlung, verglichen mit dem nicht neuen Gebot, in jeder Lage des Verfahrens auf eine gütliche Beilegung des Rechtsstreits hinzuwirken (§ 278 Abs. 1) spürbare Erfolge erbringen kann.[79] Parteien, die sich mit gehörigen Hinweisen auf die Kosten einer Beweisaufnahme und damit verbundenen Kostenvorschüssen nicht zu 54

---

[72] *Musielak/Musielak* Rn. 21.

[73] Zahlen 2000 bis 2003 gemäß Statistisches Bundesamt Fachserie 10/Reihe 2.1., 2003, 7.

[74] Vgl. MünchKommZPO/*Lüke,* 2. Aufl. Einl. Rn. 96: „Außergerichtliche obligatorische Streitschlichtung ist nicht der richtige Weg zur Entlastung der Zivilgerichte"; *Wagner* JZ 1998, 836; positiv hingegen *Wassermann* NJW 1998, 1685.

[75] Gesetz zur Förderung der außergerichtlichen Streitbeilegung unten Rn. 48ff.

[76] Die erste Umsetzung erfolgte in Bayern durch das BaySchlG vom 25. 4. 2000 BayGVBl 2000, 268; dazu *Schläger* ZMR 2000, 503; inzwischen sind zahlreiche Bundesländer gefolgt, im Einzelnen *Zietsch/Roschmann* NJW 2001, 3; einen Rechtsprechungsüberblick gibt *Friedrich* NJW 2002, 3223; *ders.* NJW 2003, 3534; zur Mitwirkung von Notaren *Birnstiel* MittBayNot-Sonderheft 2000, 8; *Stumpp* MittBayNot 2001, 351; zur Stellung des Rechtsanwalts im Schlichtungsverfahren *Kempe* AnwBl 2003, 393; zu Umgehungsstrategien *Bitter* NJW 2005, 1235.

[77] Kritisch *Wagner* JZ 1998, 836.

[78] *Stickelbrock* JZ 2002, 633; *Lauer* NJW 2004, 1280 untersucht das Ergebnis von 300 Schlichtungen; im OLG-Bezirk Köln; *Friedrich* JR 2002, 397; *ders.* MDR 2004, 481.

[79] *Friedrich* JR 2002, 397.

einem Prozessvergleich „nötigen" lassen, werden schwerlich in einem früheren Stadium des Prozesses den gütlich-gütigen Einigungsvorschlag des Gerichts akzeptieren. Insoweit kann wohl nur der Grundsatz gelten, dass, mag es auch nicht viel nützen, es doch nicht schadet, sofern konsequent im Sinn von § 279 Abs. 1 verfahren wird, also der frühe erste Termin oder Haupttermin unmittelbar an eine gescheiterte Güteverhandlung anschließt.

55 **c) An Autorität orientierte Schlichtungsverfahren. aa)** Im Gegensatz zu der eher verhaltenen Akzeptanz konsensualer Schlichtungsansätze im Prozessumfeld zeigen Erfahrungen mit **fakultativen Schlichtungsverfahren für bestimmte Marktsegmente,** die aus der skandinavischen Idee des „Ombudsmann" schöpfen und häufig im Verhältnis marktschwacher zu marktstarken Parteien eingerichtet werden, durchaus effizient prozessvermeidende Wirkungen. Das 1992 eingerichtete und gut funktionierende Schlichtungsverfahren für Kundenbeschwerden gegen **private Banken**[80] hat durch die gesetzliche Regelung in § 14 UKlaG (zuvor § 29 AGBG) eine gesetzliche Aufwertung erfahren. Schlichtungsverfahren haben Bedeutung im **Arztrecht,**[81] im **Versicherungsvertragsrecht,**[82] im Recht der **privaten Bausparkassen,**[83] im **Urhebervertragsrecht,**[84] sowie im **Bauvertragsrecht.**[85]

56 **bb)** Die Inanspruchnahme solcher Schlichtungsverfahren ist jeweils freigestellt; häufig besteht jedoch durch die Unterwerfung der marktstarken Seite unter den Schlichterspruch sowie durch Kostenfreiheit für die marktschwache Seite ein erheblicher **Anreiz zur Inanspruchnahme.** Die Parteien sind hier nicht zur konsensualen Lösung aufgerufen, was diese Form der Schlichtung funktional in die Nähe des Schiedsverfahrens rückt; vielmehr beruht der Verzicht auf einen Zivilprozess letztlich auf der Akzeptanz einer autoritären Entscheidung über den Streit, mag diese auch nicht beide Parteien binden. Der Erfolg dieser Verfahren dürfte verschiedene Gründe haben: Zunächst liegt die Vermutung nahe, dass die Schlichtungsbereitschaft mit dem Gefälle der **Marktstärke** zu tun hat; wer sich einem mächtigen Gegner gegenübersieht, ist leichter bereit, sich unter Vermeidung des Kostenrisikos an eine Schlichtungsstelle zu wenden, als die sich dem Nachbarn ebenbürtig fühlende Partei. Ein weiterer fördernder Faktor dürfte die **Freiwilligkeit** sein, die das Verfahren nicht zum lästigen Durchgangsstadium macht. Schließlich schöpfen die genannten Verfahren aus der **Kompetenz** der jeweiligen Schlichtungsstelle in dem Rechtsbereich, zu dem der Streit gehört und die fachspezifisch häufig höher eingeschätzt wird als die des Richters.

57 **cc)** Eine **bindende Vereinbarung** über die Inanspruchnahme von Schlichtungsverfahren ist möglich; sie ist in der Praxis gebräuchlich zwischen beiderseits beruflich oder gewerblich handelnden Parteien und steht insoweit der Schiedsvereinbarung nahe, als eine Klage zu den ordentlichen Gerichten ohne Inanspruchnahme des Schlichtungsverfahrens unzulässig ist. Im Gegensatz zur Schiedsabrede beinhaltet die Schlichtungsabrede jedoch keine abschließende Unterwerfung unter die Schlichtung, sondern lässt bei Scheitern den Weg zu den ordentlichen Gerichten offen.[86]

58 **d) Schiedsverfahren. aa)** Das **Schiedsrichterliche Verfahren** (§§ 1025 ff.) tritt im Gegensatz zur Schlichtung an die Stelle des ordentlichen Zivilprozesses. Auf Grundlage der von den Parteien getroffenen Schiedsvereinbarung (§§ 1029 ff.) wird die Entscheidung des Rechtsstreits in der Regel abschließend einem Schiedsgericht übertragen; eine Klage in einer Angelegenheit, die Gegenstand einer wirksamen Schiedsvereinbarung ist, ist als unzulässig abzuweisen (§ 1032).

59 **bb)** Die Wirksamkeit der Schiedsvereinbarung setzt die **Schiedsfähigkeit** des Streitgegenstandes voraus. Obgleich Schiedsvereinbarungen ihre praktische Domäne im (internationalen) Handels-,[87] Wirtschafts- und Sportrecht haben, erstreckt sich der Rahmen schiedsfähiger Streitgegenstände erheblich weiter auf alle vermögensrechtlichen Ansprüche, sowie auf jene nicht vermögensrechtlichen Ansprüche, über deren Gegenstand die Parteien durch Vergleich disponieren können.

60 Diese weite Schiedsfähigkeit gibt Anlass zu Überlegungen, auch im Schiedsverfahren eine Möglichkeit zur **Entlastung der Zivilgerichtsbarkeit** zu suchen. Motivierend wird hier in aller Regel zwar nicht der Kostenaspekt wirken, da die nicht rechtskundige Partei auch im Schiedsverfahren

---

[80] *Hoeren* NJW 1992, 2727; *Parsch* WM 1997, 1228.
[81] *Nemann* MedR 1998, 309; *Scheppokat/Neu* VersR 2002, 397.
[82] *Römer* ZfS 2003, 158.
[83] Vgl. die Ombudsmann-Verfahrensordnung vom 18. 5. 2001.
[84] *Hendricks* ZUM 2002, 423.
[85] *Schuf* BauRB 2005, 215; *Quack* ZfBR 2003, 211.
[86] Vgl. BGH NJW 1999, 647: Übernahme einer Steuerberaterpraxis mit Schlichtungsvereinbarung zur Steuerberaterkammer.
[87] Zur Schiedsfähigkeit gesellschaftsrechtlicher Streitigkeiten BGH DStR 2005, 204; BGH NJW 2004, 2898; OLG Düsseldorf NZG 2004, 916; *Henze* ZIP 2002, 97.

nicht ohne anwaltliche Vertretung auskommt und die Verfahrenskosten erster Instanz vor den ordentlichen Gerichten deutlich unter denen eines Schiedsspruches liegen. Was hier zählt ist jedoch der Kompetenzfaktor, der Zeitgewinn, sowie der Kostenvergleich zwischen einem über alle Instanzen geführten Zivilprozess und dem Schiedsverfahren. Dies zeigt im Vergleich mit dem Akzeptanzhintergrund der spezifischen Schlichtungsmodelle (Rn. 51), dass das Schiedsverfahren kein Modell für Streitigkeiten mit kleinen Streitwerten ist, seine Möglichkeiten bei großen Streitwerten hingegen durchaus noch nicht ausgeschöpft sind.

cc) Zum einen ist hier das nur durch § 1066 erfasste Phänomen des durch (letztwillige) Verfügung bestimmten nicht-vertraglichen Schiedsgerichts, durch das in **Erbsachen** die Beteiligten einem Schiedsverfahren unterworfen werden können,[88] was für größere Nachlässe ein durchaus probates Mittel sein kann, um diversifizierte Prozesse vor ordentlichen Gerichten zu konzentrieren und zu beschleunigen. 61

dd) Interessant könnten angesichts der hohen Zahl betroffener Verfahren jedoch vor allem Erwägungen zur Schiedsfähigkeit von **Familiensachen** sein.[89] Zwar sind **Ehesachen** als solche, für die ebenfalls in bestimmten Fällen an außergerichtliche Lösungen gedacht werden kann,[90] und einige FG-Familiensachen (§ 621 Abs. Nr. 1 bis 3, 10, 12 und 13) mangels vermögensrechtlicher Natur und materieller Unverfügbarkeit nicht schiedsfähig. Hingegen sind Unterhalts-,[91] Güterrechts- und Hausratsstreitigkeiten unproblematisch schiedsfähig; für den Versorgungsausgleich könnte dies trotz seiner vermögensrechtlichen Natur zweifelhaft sein, weil er von Amts wegen im Verbund mit der Ehesache zu entscheiden ist (§ 623 Abs. 1 S. 3).[92] Gewiss werden sich der Idee, vermögende Ehegatten könnten vermehrt ehevertraglich die ehevermögensrechtlichen Folgen einer dereinstigen Scheidung durch Schiedsabrede den Familiengerichten entziehen, jene Stimmen energisch widersetzen, die BVerfG und BGH zu einer verstärkten Inhalts- und Ausübungskontrolle von Eheverträgen[93] gedrängt haben. Schiedsvereinbarungen bieten durchaus Potential, diese Kontrolle zu reduzieren. Auch stellt sich die Frage, ob mit der Wahl eines ausländischen Schiedsgerichts die Begrenzung der Rechtswahl in Art. 15 Abs. 2, 3 EGBGB und die Unzulässigkeit der Rechtswahl im Unterhaltsstatut[94] umgangen werden können. Gewiss wäre es kein Gewinn, würde sich die Fülle ehevermögensrechtlicher Verfahren in Aufhebungsanträgen nach § 1059 Abs. 2 Nr. 2b (ordre public) fortsetzen. Andererseits könnte eine effiziente Familienvermögens-Schiedsgerichtsbarkeit vermögenden Ehegatten, insbesondere solchen mit internationalem Hintergrund, konkurrierende Verfahren in verschiedenen (Heimat-)staaten, Prozesse über alle Instanzen und partiell auch die unerfreuliche Medienpräsenz im Umfeld von prominenten Scheidungsverfahren ersparen. 62

Überlegenswert erscheint auch mit Blick auf die hohe Zahl der **Scheidungsverfahren** und die zugleich über 99%-ige Akzeptanz des erstinstanzlichen Scheidungsausspruchs die immer wieder heftig diskutierte Idee einer Privatisierung einverständlicher Ehescheidungen unter Einbindung der Anwaltschaft und der Notare.[95] 63

e) Mediationsverfahren. aa) Mediation hat als Importprodukt aus dem US-amerikanischen Rechtsraum[96] im letzten Jahrzehnt in Deutschland Fuß gefasst. Die Resonanz für diese Methode wird nicht zuletzt deutlich durch den Vorschlag der Kommission der EG für eine Richtlinie zur Mediation.[97] Sie wird verstanden als ein alternatives Streitbeilegungsverfahren, das von einem neutralen Dritten, dem Mediator, strukturiert wird,[98] der jedoch nicht die Funktion eines Streitlösers einnimmt. Die Streitschlichtung muss unter seiner neutralen Vermittlung durch die Streitparteien erarbeitet werden.[99] Die Idee, durch eine neue Streitkultur das im Zivilprozess vorgezeichnete Resultat von Siegern und Besiegten zu vermeiden und dadurch eine emotionale Befriedung herbei- 64

---

[88] Dazu *Geimer,* FS Schlosser, 2005, S. 197.

[89] Eingehend *Schumacher* FamRZ 2004, 1677.

[90] Zu rechtspolitischen Erwägungen, einverständliche Ehescheidungen ohne gerichtliche Beteiligung auf konsensualer Basis zu ermöglichen: *Staudinger/Rauscher* (2004) Vorbem zu §§ 1564 ff. Rn. 80 ff. mit Nachw. De lege ferenda ist wohl nicht mit der Umsetzung zu rechnen, da selbst das in § 143 FamFG-Referentenentwurf, unten Rn. 183 ff. angedachte vereinfachte, jedoch gerichtliche, Ehescheidungsverfahren nicht durchsetzbar war.

[91] Zur Problematik der Schiedsfähigkeit künftiger Unterhaltsansprüche *Musielak/Voit* § 1030 Rn. 2.

[92] Schiedsfähigkeit bejahend *Schumacher* FamRZ 2004, 1677; *Baumbach/Lauterbach/Hartmann* § 1030 Rn. 5.

[93] Seit BGHZ 158, 81.

[94] Haager Übereinkommen über das auf Unterhaltspflichten anzuwendende Recht vom 2. 10. 1973.

[95] Im Einzelnen *Staudinger/Rauscher* (2004) Vorbem. §§ 1564 ff. Rn. 80 ff.

[96] *Koch,* FS Schlosser, 2005, 399; wegweisend *Breidenbach,* Mediation, 1995.

[97] Vorschlag einer EG-Richtlinie über bestimmte Aspekte der Mediation in Zivil- und Handelssachen vom 22. 10. 2004 KOM (2004) 718; Stellungnahme Wirtschafts- und Sozialausschuss ABl. EU 2005 C 286/1.

[98] Zu den Anforderungen *Breidenbach/Henssler,* Mediation für Juristen, 1997.

[99] Vgl. die Begriffsbestimmung in Art. 2 des Vorschlags einer EG-Richtlinie, Fn. 97.

zuführen, wird einerseits für **familienrechtliche Streitigkeiten** sowie andere Fälle engerer persönlicher und emotional geladener Konflikte (Nachbarstreitigkeiten, Arbeitskollegen)[100] diskutiert, wobei gerade in diesen Bereichen, die *prima facie* besonders geeignet für Mediation zu sein scheinen, insbesondere das Problem der Freiwilligkeit eine schwierige Rolle spielt. Die Frage lautet insbesondere, ob man in streitigen Ehesachen Mediation verordnen kann,[101] und, falls nicht, ob Mediation dann geeignet ist, in relevantem Umfang die Familiengerichte zu entlasten.

65 **bb)** Andererseits werden Ansätze zur **Mediation im Wirtschaftsverkehr** deutlich, die womöglich sogar chancenreicher sind als jene im Familienrecht, weil sich erheblich weniger emotional gesteuerte Parteien begegnen, die häufig beide an einem gedeihlichen (Wirtschafts-)Leben nach dem Streit interessiert sind, das erfahrungsgemäß durch die Auseinandersetzung vor Gericht eher erschwert wird. Mediationsklauseln in Verträgen und Geschäftsbedingungen[102] sind vor diesem Hintergrund eine Alternative zur (autoritär orientierten) Schlichtungsvereinbarung und der Schiedsvereinbarung und stehen dem konsensualen Schlichtungsansatz der § 15a EGZPO und § 278 Abs. 2 nahe. Hier gibt es enge Berührungspunkte, da diese Instrumente des Prozessrechts auch in Richtung auf eine gerichtliche Mediation[103] hin entwickelt werden können. Außergerichtliche Mediation in Gestalt bei Vertragsschluss vereinbarter **Mediationsklauseln** will die Vorteile der Freiwilligkeit, der Ferne zum ordentlichen Prozess und der Qualität einer von den Streitparteien gemeinsam getragenen konsensualen Lösung verbinden.

II. Geschichtliche Entwicklung des Zivilprozessrechts

66 **1. Bis 1945.** Zur geschichtlichen Entwicklung des Erkenntnisverfahrens bis 1945 vgl. 2. Aufl. Rn. 34–51; zum Vollstreckungsverfahren ebenda Rn. 325 ff.

67 **2. Entwicklung von 1945 bis zur Wiedervereinigung. a) Wiederherstellung der Rechtseinheit nach 1945.** Schon während der Schlussphase des Zweiten Weltkrieges sowie in der ersten Zeit danach kam zunächst die gesamte Zivilrechtspflege zum Stillstand. Anschließend verlief die Rechtsentwicklung in den Besatzungszonen unterschiedlich. Durch das **Gesetz zur Wiederherstellung der Rechtseinheit** auf dem Gebiete der Gerichtsverfassung, der bürgerlichen Rechtspflege, des Strafverfahrens und des Kostenrechts vom 12. 9. 1950 wurde die Rechtszersplitterung in der Bundesrepublik Deutschland beseitigt und die ZPO neu bekannt gemacht. Es wurde weitgehend die Fassung von 1933 wiederhergestellt, allerdings mit folgenden Besonderheiten: Beibehaltung des im Kriege auch für den Anwaltsprozess eingeführten Amtsbetriebes, Abschaffung des obligatorischen Güteverfahrens im Amtsgerichtsprozess. Für das Zwangsvollstreckungsrecht erfolgte die Vereinheitlichung erst durch das Gesetz über Maßnahmen auf dem Gebiete der Zwangsvollstreckung vom 20. 8. 1953. In der Folgezeit hat der Bundesgesetzgeber die ZPO häufig und tief greifend geändert.

68 **b) Nichtehelichengesetz 1969.** Das **Nichtehelichengesetz vom 19. 8. 1969** reformierte das Kindschaftsverfahrensrecht grundlegend, u. a. durch Abschaffung der Doppelspurigkeit der Vaterschaftsfeststellung.

69 **c) Gerichtsstandsnovelle 1974.** Ziel der **Gerichtsstandsnovelle vom 21. 3. 1974** war die Bekämpfung des Missbrauchs von Gerichtsstandsvereinbarungen in Allgemeinen Geschäftsbedingungen und Formularverträgen. Demgemäß wurde die Prorogationsmöglichkeit für Nichtkaufleute grundsätzlich ausgeschlossen.

70 **d) Einzelrichternovelle 1974.** Die **Einzelrichternovelle vom 20. 12. 1974** diente der personellen Entlastung der Landgerichte im erstinstanzlichen Verfahren durch den allein entscheidenden Einzelrichter. Sie vereinfachte ferner das Protokollwesen.

71 **e) Revisionsnovelle 1975.** Die **Revisionsnovelle vom 8. 7. 1975** bezweckte die Entlastung des Bundesgerichtshofs durch Erschwerung der Zulassung der Revision. Diese wurde in vermögensrechtlichen Streitigkeiten bis 40 000 DM und in nichtvermögensrechtlichen Streitigkeiten von der Zulassung durch das Oberlandesgericht abhängig gemacht. Für Streitigkeiten über 40 000 DM sah sie die Möglichkeit der Ablehnung für Sachen ohne grundsätzliche Bedeutung vor.

72 **f) 1. EheRG 1976.** Das Erste Gesetz zur **Reform des Ehe- und Familienrechts vom 14. 6. 1976** regelte das Verfahren in Familiensachen völlig neu, fasste insbesondere Scheidungs- und Folgesachen zu einem Verbund (§ 623) zusammen und führte das Familiengericht ein.

---

[100] *Stadler* NJW 1998, 2479; *Stickelbrock* JZ 2002, 633.
[101] *Curtius/Schwarz* FPR 2004, 191.
[102] Zu Erscheinungsformen und Zulässigkeit im Einzelnen *Böttcher/Laskawy* DB 2004, 1247.
[103] Über Pilotprojekte berichtet *Koch* NJ 2005, 97.

g) Vereinfachungsnovelle 1976. Die bedeutsamsten Veränderungen enthielt das **Gesetz zur Vereinfachung und Beschleunigung gerichtlicher Verfahren vom 3. 12. 1976,** das am 1. 7. 1977 in Kraft getreten ist.[104] Diese sog. Vereinfachungsnovelle strebte vor allem die Beschleunigung des Zivilprozesses durch Konzentration des Verfahrens auf möglichst einen Verhandlungstermin an und wollte die mündliche Verhandlung wieder zum Kern des Prozesses machen. Dementsprechend sah sie einerseits die gründlichere Vorbereitung der mündlichen Verhandlung durch das Gericht vor und andererseits die Zurückweisung verspäteten Vorbringens. Außerdem wurden die Abfassung des Urteils und das Versäumnisverfahren vereinfacht sowie das Mahnverfahren weitgehend automatisiert. Im Zwangsvollstreckungsrecht wurde die vorläufige Vollstreckbarkeit reformiert. Die Novelle ging von einem „aktiven" Richter aus, dem sie Belehrungs- und Fürsorgepflichten den Parteien gegenüber zuwies.[105] **73**

h) Prozesskostenhilfegesetz 1980. Das Gesetz über die Prozesskostenhilfe vom 13. 6. 1980 wollte den Zugang zum Gericht für jeden Bürger durch Beseitigung der Kostenbarriere erleichtern und damit die Chancengleichheit bei der Erlangung von gerichtlichem Rechtsschutz verbessern. Terminologisch wurde das bisherige „Armenrecht" durch „Prozesskostenhilfe" ersetzt. In engem Sachzusammenhang damit stand das Gesetz über Rechtsberatung und Vertretung für Bürger mit geringem Einkommen **(Beratungshilfegesetz) vom 18. 6. 1980.** **74**

i) Wertgrenzen-ErhöhungsG 1982. Das Gesetz zur Erhöhung von Wertgrenzen in der Gerichtsbarkeit vom 8. 12. 1982 setzte die Streitwertgrenze für das Amtsgericht auf 5000 DM und die Berufungssumme auf 700 DM herauf. **75**

k) Unterhaltsrechtsänderungsgesetz und IPR-Neuregelungsgesetz 1986. Das Gesetz zur Änderung unterhaltsrechtlicher, verfahrensrechtlicher und anderer Vorschriften (UÄndG) vom 20. 2. 1986 brachte **Änderungen** für das Verfahren **in Familiensachen** nach dem 1. EheRG. – Das Gesetz zur **Neuregelung des Internationalen Privatrechts vom 25. 7. 1986** änderte auch Vorschriften des Internationalen Zivilverfahrensrechts. **76**

l) Vollstreckungsrecht. aa) Die Entwicklung des Vollstreckungsrechts nach dem Zweiten Weltkrieg ist durch die Tendenz gekennzeichnet, das Zwangsvollstreckungsnotrecht zu vereinfachen und wieder in die ZPO einzugliedern sowie den übertriebenen, durch die wirtschaftlichen Verhältnisse überholten Schuldnerschutz abzubauen und damit wieder mehr die **Verwirklichung des Gläubigerrechts** zu betonen, ohne den Gedanken des sozialen Schuldnerschutzes zu vernachlässigen. Ausgangspunkt war insbesondere das **Gesetz über Maßnahmen auf dem Gebiete der Zwangsvollstreckung vom 20. 8. 1953.** **77**

bb) Diese Entwicklung hat sich in zahlreichen Vorschriften niedergeschlagen, zB in § 811 (unpfändbare Sachen), §§ 850 ff. (Pfändungsbeschränkungen für Forderungen), § 765 a (allgemeine Härteklauseln zugunsten des Schuldners), § 813 a (zeitweilige Aussetzung der Verwertung). Zu § 765 a hat das BVerfG den Schuldnerschutz verfassungsrechtlich durch Anwendung des Grundsatzes der Verhältnismäßigkeit sowie des Gebots zum Schutze des Lebens und der körperlichen Unversehrtheit (Art. 2 Abs. 1 GG) verstärkt.[106] Die Pfändungsschutzbestimmungen lassen sich mit ihren generalklauselartigen Formulierungen auch ohne Änderung des Wortlauts veränderten wirtschaftlichen Verhältnissen anpassen. Die ursprünglich von der Rechtsprechung entwickelte Austauschpfändung (§ 811 a) zeigt deutlich das Bestreben des Gesetzgebers, den Gläubiger- und Schuldnerinteressen gleichermaßen gerecht zu werden. **78**

cc) In Bereichen des Vollstreckungsrechts, in denen es nicht unmittelbar um Gläubiger- und Schuldnerschutz geht, waren gesetzliche Änderungen oft eine **Folge von Reformen auf anderen Rechtsgebieten.** Hierzu zählen die Neuerungen durch das **Gleichberechtigungsgesetz vom 18. 6. 1957,** die **Vereinfachungsnovelle vom 3. 12. 1976** und das **Gesetz zur Änderung zwangsvollstreckungsrechtlicher Vorschriften vom 1. 2. 1979.** Sämtliche gesetzgeberische Eingriffe, auch in Bezug auf den Ausgleich von Gläubiger- und Schuldnerinteressen, haben sich stets innerhalb des ursprünglichen Zwangsvollstreckungssystems bewegt, ohne dessen Grundstruktur anzutasten.[107] **79**

m) SBZ und DDR. aa) In der **SBZ** sowie nach deren Umwandlung in die **DDR** galt die ZPO zunächst in der Fassung von Januar 1933 weiter;[108] erste Änderungen beruhen vor allem auf Enteig- **80**

---

104 Zu ihrer Bewertung nach 20 Jahren Erfahrung *W. Lüke* JuS 1997, 681.

105 *Franzki* DRiZ 1977, 162; *Baur,* Tradition und Fortschritt im Recht, 1977, S. 165; *Prütting* NJW 1980, 363.

106 BVerfGE 52, 214, 219 = NJW 1979, 2607.

107 *Gaul* JZ 1973, 473, 475; AK-ZPO/*Schmidt-von Rhein* Vor § 704 Rn. 43.

108 Zur Inkraftsetzung der ZPO zum 1. 1. 1949: *Nathan* NJ 1948, 212.

nungen[109] und Währungsreform. Es wurde eine Generalstaatsanwaltschaft errichtet (Art. 126 ff. Verfassung 1949), welche die Befugnis besaß, rechtskräftige zivilgerichtliche Entscheidungen beim Obersten Zivilgericht aufheben zu lassen,[110] was sowohl Rechtskraftgrundsätze durchbrach als auch Eingriffe der Staatsgewalt in die Unabhängigkeit der Zivilgerichte erlaubte. Das OG erhielt zugleich die Kompetenz, nicht nur Recht zu sprechen, sondern auch die Bürger über das Recht aufzuklären.

81 **bb)** 1951/1952 führte die Forderung nach **Parteilichkeit** im Zuge der Stalinisierung zur Auflösung der Amts-, Land- und Oberlandesgerichte. Nach sowjetischem Vorbild wurden Kreis- und Bezirksgerichte geschaffen, die verpflichtet wurden, dem Wohle des sozialistischen Eigentums und der Volkswirtschaftspläne zu dienen.[111] Dieses Prozessrecht stellte sich grundsätzlich in den Dienst der sozialistisch-totalitären Gesellschaftsordnung.[112] Die nach Art. 92 DDR-Verfassung[113] eingerichteten „Gesellschaftlichen Gerichte" in Gestalt von ehrenamtlich besetzten betrieblichen Konfliktkommissionen sowie in Wohngebieten eingerichteten Schiedskommissionen[114] hatten auch Funktionen im Bereich der Zivilrechtspflege inne und dokumentieren, dass auch über die Gerichtsverfassung staatlicher Einfluss auf die Lebensgestaltung ermöglicht wurde.[115]

82 **cc)** 1952 wurde die ZPO sodann durch die Angleichungsverordnung auch in den **Verfahrensgrundsätzen** massiv verändert. Der Dispositionsgrundsatz wurde durch den Amtsermittlungsgrundsatz völlig verdrängt,[116] die Ermittlung materieller Wahrheit in den Vordergrund gestellt. In der Folge wurden Ermittlungskompetenzen auf den Staatsanwalt[117] übertragen und ihm die Befugnis gegeben, jederzeit in das zivilgerichtliche Verfahren einzugreifen.[118] Mit Erlass der Eheverfahrensordnung[119] im Jahr 1956 wurde diese Materie aus der ZPO genommen.[120] Die Vereinfachungsverordnung von 1973[121] brachte sogar eine gewisse Wiederbelebung der Parteiherrschaft.[122] Auch die Funktion des OG wurde durch das DDR-GVG[123] mit Wirkung vom 1. 11. 1974 wieder auf Rechtsprechungsfunktionen reduziert.

83 **dd)** Die vermeintlich endgültige formale Ablösung von der deutschen ZPO erfolgte wie im Zivilrecht erst spät,[124] durch die am 1. 1. 1976 in Kraft getretene Zivilprozessordnung der DDR vom 19. 6. 1975 **(DDR-ZPO).**[125,126] Die **DDR-ZPO** dokumentiert vor dieser Entwicklung die Vollendung der Abkehr des DDR-Zivilprozesses von einem bürgerlich-liberalen Grundverständnis.[127]

84 **3. Entwicklung seit der Wiedervereinigung bis 2001. a) Einigungsvertrag 1990. aa)** Mit dem Wirksamwerden des Beitritts der Deutschen Demokratischen Republik zur Bundesrepublik Deutschland am 3. Oktober 1990 trat grundsätzlich das gesamte Bundesrecht im Beitrittsgebiet in

---

[109] OLG Halle NJ 1949, 118; OLG Gera NJ 1949, 258.

[110] *Nikisch* DRZ 1949, 439; *Heinrich* NJ 1950, 333.

[111] GBl. 1952, 791 f.; weiterführend: OLG Erfurt NJ 1951, 522 mit Anmerkung *Nathan;* o. Verf. NJ 1951, 558.

[112] Vgl. später auch § 2 Abs. 1 DDR-ZPO von 1976: „Die Gerichte haben die Aufgabe, die sozialistische Staats- und Gesellschaftsordnung zu schützen, gesetzlich garantierte Rechte und Interessen zu wahren und durchzusetzen sowie durch eine hohe Wirksamkeit des gerichtlichen Verfahrens dazu beizutragen, sozialistische Beziehungen im gesellschaftlichen Zusammenleben der Bürger zu fördern."

[113] Vom 6. 4. 1968, neu gefasst durch Gesetz vom 7. 10. 1974, GBl. DDR 1974 I S. 432; dazu Gesetz über die gesellschaftlichen Gerichte der DDR vom 25. 3. 1982, GBl. DDR 1982 I S. 269.

[114] Dazu *Beyer* NJW 1990, 1090, 1091 f.

[115] Beginnend mit den 1958 installierten „Konfliktkommissionen" in Betrieben (Art. 4, 5 Richtlinie zur Bekämpfung von Konfliktsituationen; dazu *Püschel* NJ 1958, 741) und „Schiedsgerichten" für Streitigkeiten in Wohngebieten (Art. 71 Richtlinie zur Bekämpfung von Konfliktsituationen; dazu *Kirchner* NJ 1964, 353).

[116] *Artzt* NJ 1952, 605; *Pfuhl,* Die sowjetische Zivilprozessordnung und ihr Einfluß auf den sowjetzonalen Zivilprozess, Berlin 1955, 140 f.

[117] GBl. 1952, 408.

[118] StAG 1952 vom 23. 5. 1952; *Artzt* NJ 1952, 605; *Benjamin* NJ 1954, 97.

[119] GBl. DDR 1955 I, 849 f.

[120] Mit ausdrücklicher Klarstellung *NN* NJ 1954, 377 ff.

[121] GBl. DDR 1973 I 117 f.

[122] *Strasberg* NJ 1971, 567.

[123] GBl. DDR 1975 I S. 533; näher hierzu: *Brunner* NJW 1977, 177; *Beyer* NJ 1974, 291.

[124] Zu früheren Entwürfen einer ZPO seit 1958: *Dillhöfer* NJ 1957, 432; *Fischer* NJ 1957, 625.

[125] GBl. DDR 1975 I S. 533; neu gefasst durch Gesetz vom 25. 3. 1982 über die gesellschaftlichen Gerichte der DDR, GBl. DDR 1982 I S. 269.

[126] Dazu *Brunner* NJW 1977, 177.

[127] Zu Verfahrensgrundsätzen und praktischen Aspekten des DDR-Zivilprozesses *Beyer* NJW 1990, 1090; *de Mazière* NJ 1998, 454.

Kraft, soweit der Einigungsvertrag und insbesondere dessen Anlage I nichts anderes bestimmen (Art. 8 EVertr.). Das Zivilverfahrens- und Gerichtsverfassungsrecht der Bundesrepublik erlangt im Gebiet der ehemaligen DDR vorübergehend mit stark modifiziertem Inhalt Geltung.

bb) Ziel der vielfältigen **Maßgaben** war es, einerseits ein rechtsstaatliches Verfahren auch im 85
Beitrittsgebiet einzurichten, andererseits den Besonderheiten der Übergangszeit, die vor allem in der personellen und sachlichen Ausstattung der Justiz lagen, Rechnung zu tragen. Inzwischen sind diese Maßgaben außer Kraft getreten.

b) Betreuungsgesetz 1990. Das **Betreuungsgesetz vom 12. 9. 1990,** das die Entmündi- 86
gung, die Vormundschaft über Volljährige und die Gebrechlichkeitspflegschaft abgeschafft und durch das neue Rechtsinstitut der Betreuung ersetzt hat, wirkt sich zwangsläufig auch auf die ZPO aus. Neben kleineren Änderungen wurde der gesamte Vierte Abschnitt des Sechsten Buches über das Verfahren in Entmündigungssachen (§§ 645 bis 687 aF) aufgehoben. Das Gesetz ist am 1. 1. 1992 in Kraft getreten (Art. 11 BtG); es wurde geändert durch das **Betreuungsrechtsänderungsgesetz** mit Wirkung vom 1. 1. 1999.

c) Rechtspflege-Vereinfachungsgesetz 1990. aa) Zielsetzung. Mit dem **Rechtspflege-** 87
Vereinfachungsgesetz vom 17. 12. 1990, mit Ausnahme weniger Vorschriften am 1. 4. 1991 in Kraft getreten, versuchte der Gesetzgeber, durch eine Fülle von Einzelmaßnahmen das Verfahren zu beschleunigen, die Arbeit der Gerichte zu erleichtern sowie diese durch die Förderung der außergerichtlichen Streitbeilegung zu entlasten. Außerdem wurden mehrere Vorschriften geändert, die sich in der Praxis nicht bewährt hatten. Das Gesetz hat die angestrebte Entlastung der Zivilgerichte nicht bewirkt.[128] Im Einzelnen:

bb) Zuständigkeit. Für Klagen Dritter, zB von Architekten, Handwerkern, Wartungsfirmen 88
und Bauunternehmern, die sich gegen Mitglieder oder frühere Mitglieder einer Wohnungseigentümergemeinschaft richten und sich auf das Eigentum oder seine Verwaltung beziehen, gibt § 29 b eine besondere Zuständigkeit des Gerichts, in dessen Bezirk das Grundstück liegt. Damit wird vermieden, dass der Kläger vor verschiedenen Gerichten klagen muss, wenn die Wohnungseigentümer ihren allgemeinen Gerichtsstand an verschiedenen Orten haben und sodann eine Bestimmung eines einheitlich zuständigen Gerichts nach § 36 Abs. 1 Nr. 3 erfolgen muss.

cc) Entscheidung ohne mündliche Verhandlung. In § 128 Abs. 3 S. 1 aF wurde die **Wert-** 89
grenze für das schriftliche Verfahren, das von Amts wegen angeordnet werden kann, auf DM 1200,– (später 1500,–) angehoben. Die Neufassung des § 91 a Abs. 1 ermöglicht, die **Erledigung der Hauptsache** auch durch Einreichung eines Schriftsatzes oder zu Protokoll der Geschäftsstelle zu erklären. Ein Kosten verursachender Termin zur mündlichen Verhandlung wird damit entbehrlich; ebenso entfällt der Anwaltszwang, falls nicht mündlich verhandelt wird.

Klarstellende Funktion hat der neu gefasste § 937 Abs. 2. Danach kann die Zurückweisung des 90
Antrags auf Erlass einer **einstweiligen Verfügung ohne mündliche Verhandlung** erfolgen, was nach der bisherigen Rechtslage umstritten war.

Ebenfalls ohne mündliche Verhandlung kann über die **Verweisung** nach § 281 Abs. 1 entschie- 91
den werden. Das Gleiche gilt für den Antrag auf Verweisung an eine andere Kammer gemäß § 101 Abs. 2 S. 2 GVG. Nach § 96 Abs. 2 GVG ist es nicht mehr möglich, erst im Verhandlungstermin der Zivilkammer die Verweisung des Rechtsstreits an die Kammer für Handelssachen zu beantragen und damit die Prozessvorbereitung des Gerichts gegenstandslos zu machen.

dd) Bagatellverfahren.[129] Zu einer Vereinfachung und Beschleunigung soll das **amtsgericht-** 92
liche Verfahren nach § 495 a für Sachen mit geringem Streitwert führen. Die Streitwertgrenze von damals 1200,– DM wurde bislang nicht erhöht (derzeit 600 Euro). Nach § 495 a bestimmt das Amtsgericht sein Verfahren nach billigem Ermessen. Die mündliche Verhandlung findet nur auf Antrag statt. Das Urteil kann vereinfacht abgefasst werden.

ee) Beweisrecht. § 375 Abs. 1 beschränkt die kommissarische Vernehmung von Zeugen und 93
stärkt damit den Grundsatz der **Unmittelbarkeit** der Beweisaufnahme. Sie kommt nur in Betracht, wenn von vornherein anzunehmen ist, dass das Prozessgericht das Beweisergebnis auch ohne unmittelbaren Eindruck von dem Verlauf der Beweisaufnahme sachgemäß würdigen kann. Durch die Änderung des § 377 Abs. 3 wird die Zulässigkeit einer schriftlichen Zeugenaussage erweitert. § 378 Abs. 1 erlegt dem Zeugen zur Erleichterung seiner Aussage die Verpflichtung auf, Aufzeichnungen und andere Unterlagen zu dem Termin mitzubringen.

---

[128] Diese Feststellung hat der Bundesrat bereits drei Monate nach Inkrafttreten des Gesetzes getroffen; BT-Drucks. 12/1217, S. 18.

[129] Vgl. *Bergerfurth* NJW 1991, 961.

94 Um die **Zusammenarbeit** zwischen Parteien, Gericht und Sachverständigen zu verbessern, wurde das Recht des Sachverständigenbeweises erheblich geändert. Der neue § 404a enthält einen Katalog der Pflichten des Gerichts gegenüber dem Sachverständigen; § 407a regelt umgekehrt die wesentlichen Pflichten des Sachverständigen gegenüber dem Gericht.

95 **ff) Selbstständiges Beweisverfahren.** An die Stelle des bisherigen Beweissicherungsverfahrens ist das selbstständige Beweisverfahren getreten, dessen Anwendungsbereich größer ist. Während die Neufassung des § 485 Abs. 1 im Wesentlichen mit dem bisherigen Recht übereinstimmt, kann nach § 485 Abs. 2 eine Partei vor Rechtshängigkeit die schriftliche Begutachtung durch einen Sachverständigen beantragen, wenn sie ein rechtliches Interesse hat. Das Gericht kann die Parteien zur mündlichen Verhandlung laden; einen etwaigen Vergleich hat es zu protokollieren (§ 492 Abs. 3). Dem trägt die erweiterte Fassung des § 794 Abs. 1 Nr. 1 Rechnung. § 494a bietet nach dem Vorbild des § 926 die Handhabe, dem Antragsgegner des selbstständigen Beweisverfahrens zu seinen Kosten zu verhelfen, wenn ein Rechtsstreit nicht anhängig ist.

96 **gg) Rechtsmittelrecht.** Die **Berufungssumme** wurde auf DM 1200,– erhöht (§ 511a Abs. 1 S. 1 aF; nunmehr § 511 Abs. 2 Nr. 1 idF durch das ZPO-RG 2002: 600 Euro), die Revisionssumme auf DM 60000,– (§ 546 Abs. 1 S. 1 aF; nun gemäß § 543 idF des ZPO-RG 2002 nur noch Zulassungsrevision) und der Beschwerdewert für Kostenentscheidungen auf DM 200,– (§ 567 Abs. 2 aF; nunmehr 200 Euro idF durch KostRModG 2004).

97 Die Neuerungen des **Beschwerderechtszuges** (Beschränkung in § 567 Abs. 3 S. 1 auf den Rechtszug der Hauptsache, Beschränkung der weiteren Beschwerde in § 568 Abs. 2) wurden durch das ZPO-RG 2002 erneut reformiert.

98 **hh) Anwaltsvergleich.** Eine **Förderung der außergerichtlichen Streitbeilegung** verspricht sich der Gesetzgeber von der Einführung des Anwaltsvergleichs. Aus diesem von den Rechtsanwälten der Parteien unterschriebenen Vergleich findet die Zwangsvollstreckung statt, wenn er für vollstreckbar erklärt ist. Voraussetzung hierfür ist, dass sich der Schuldner in ihm der sofortigen Zwangsvollstreckung unterworfen hat und der Vergleich bei einem Amtsgericht niedergelegt ist (§ 796a Abs. 1 idF des SchiedsVfG). Das Verfahren der Vollstreckbarerklärung wird vom Gericht oder mit Zustimmung der Parteien von einem Notar nach Maßgabe der §§ 796a Abs. 3 bis 796c durchgeführt.

99 **d) Viertes Gesetz zur Änderung der VwGO 1990. aa)** Das Gesetz vom 17. 12. 1990, in Kraft seit 1. 1. 1991, fasste mit Modifikationen in den neuen §§ 17, 17a und 17b GVG die bisher auf die einzelnen Verfahrensgesetze verteilten **Rechtswege-Vorschriften** zusammen.

100 **bb)** Nach § 17 Abs. 1 S. 1 GVG wird die Zulässigkeit des beschrittenen Rechtsweges durch eine **nach Rechtshängigkeit eintretende Veränderung** der sie begründenden Umstände nicht berührt. Dies beschränkt den Wortlaut des § 261 Abs. 3 Nr. 2 auf die eigentliche perpetuatio fori. Abs. 3 Nr. 1 stellt klar, dass während der Rechtshängigkeit die Sache von keiner Partei – auch nicht in einem anderen Rechtsweg – anhängig gemacht werden kann, was die Gleichwertigkeit aller Rechtswege unterstreicht.

101 **cc)** Ist die **Klage unzulässig,** so spricht dies das Gericht von Amts wegen aus und verweist den Rechtsstreit ebenfalls von Amts wegen, also nicht mehr nur auf Antrag des Klägers, zugleich an das zuständige Gericht des zulässigen Rechtsweges (§ 17a Abs. 2 S. 1 GVG). Damit ist es ausgeschlossen, eine Klage mangels Zulässigkeit des Rechtsweges als unzulässig abzuweisen. Dass die Zulässigkeit des Rechtsweges Prozessvoraussetzung und von Amts wegen zu prüfen ist, hat sich für die erste Instanz nicht geändert. In der Rechtsmittelinstanz wird nicht geprüft, ob der beschrittene Rechtsweg zulässig ist (§ 17a Abs. 5 GVG).

102 **dd)** Eine praktisch und dogmatisch gleichermaßen wichtige Änderung, die eine in Lehre und Rechtsprechung höchst umstrittene Frage[130] klärt, bringt § 17 Abs. 2 S. 1 GVG. Danach entscheidet das Gericht des zulässigen Rechtsweges den Rechtsstreit unter allen in Betracht kommenden rechtlichen Gesichtspunkten. Das bedeutet, dass bei einem Sachverhalt, der auch Klagegründe enthält, die bei isolierter Geltendmachung in einen anderen Rechtsweg gehören würden, der Streitgegenstand nicht kraft Gesetzes geteilt wird; das Gericht muss auch über die **rechtswegfremden Klagegründe** mitentscheiden.[131] Nur für die Ansprüche aus Enteignung und Amtspflichtverletzung gilt etwas anderes (§ 17 Abs. 2 S. 2 GVG).

103 **e) Gesetz zur Entlastung der Rechtspflege 1993.** Von den weit reichenden Plänen, die schon bald nach Inkrafttreten des Rechtspflege-Vereinfachungsgesetzes diskutiert wurden, blieb nur das am

---

[130] BGH NJW-RR 2005, 1138; OVG Lüneburg NVwZ 2004, 1513.
[131] *Kissel* NJW 1991, 945, 951; *Windel* ZZP 111 (1998), 3, 11 ff.

1. 3. 1993 in Kraft getretene Gesetz zur Entlastung der Rechtspflege übrig. Es hat ZPO und GVG nur in wenigen Punkten geändert.[132] Es beseitigte die Unterscheidung von vermögensrechtlichen und nichtvermögensrechtlichen Streitigkeiten und verschob die Streitwertgrenze zwischen Amts- und Landgerichten auf DM 10 000,– (§ 23 Nr. 1 GVG, nunmehr 5000 Euro). Die Änderungen der Wertgrenzen (Berufungssumme § 511 a Abs. 1 S. 1 aF: DM 1500,–; Grenze für das schriftliche Verfahren § 128 Abs. 3 S. 1 aF: DM 1500,–; Grenze für „Bagatellverfahren" § 495 Abs. 1 aF: DM 1200,–) wurden zwischenzeitlich nicht nur zur Einführung des Euro angepasst, sondern im ZPO-RG 2002 erneut substantiell geändert. Mit § 348 Abs. 1 aF wurde zur Entlastung der Landgerichte die fakultative Übertragung („in der Regel") auf den Einzelrichter zur Entscheidung eingeführt, eine Entwicklung, die nunmehr in § 348 zum originären Einzelrichter fortgesetzt wurde.

f) Gesetz zur Neuregelung des Schiedsverfahrensrechts 1997. aa) Das am 1. 1. 1998 in Kraft getretene **Gesetz zur Neuregelung des Schiedsverfahrensrechts** (Schiedsverfahrens-Neuregelungsgesetz – SchiedVfG) vom 22. 12. 1997 hat im Wesentlichen das von der Kommission der Vereinten Nationen für internationales Handelsrecht **(UNCITRAL)**[133] erarbeitete und von der Vollversammlung 1985 empfohlene Modellgesetz in nationales Recht (10. Buch der ZPO) umgesetzt. Ein politisches Ziel der Übernahme ist es, Deutschland als Standort für internationale Schiedsverfahren attraktiver zu machen.[134] **104**

bb) Die Zuständigkeit folgt dem Gedanken der **Territorialität.** Danach ist deutsches Schiedsverfahrensrecht anzuwenden, wenn der Ort des Schiedsverfahrens in Deutschland liegt (§ 1025 Abs. 1). Der Kreis schiedsfähiger Ansprüche wurde erweitert. Gemäß § 1030 Abs. 1 kann jeder vermögensrechtliche Anspruch Gegenstand einer Schiedsvereinbarung sein. Verfügungs-, Vergleichs- oder Verzichtsverbote stehen einer Schiedsvereinbarung nicht entgegen. Die **Formerfordernisse** unterscheiden nicht mehr danach, ob die Schiedsvereinbarung zwischen Kaufleuten oder Nichtkaufleuten geschlossen wird. Grundsätzlich ist Schriftform erforderlich oder eine andere Form der Nachrichtenübermittlung, die den Nachweis der Vereinbarung sicherstellt. Den Parteien steht es frei, die Zahl der Schiedsrichter zu bestimmen (§ 1034 Abs. 1); fehlt es an einer Abrede, so wird ein Schiedsgericht mit drei und nicht mit zwei Schiedsrichtern bestimmt. Das Schiedsgericht hat die Kompetenz, seine eigene Zuständigkeit festzustellen und die Gültigkeit der Schiedsvereinbarung zu prüfen (§ 1040 Abs. 1). **105**

cc) Das **Verfahren** ist in §§ 1042 ff. ausführlicher als bisher geregelt. Dies soll den Parteien, insbesondere aus dem Ausland, Rechtssicherheit über den Verfahrensablauf geben. Die Verfahrensvorschriften können jedoch weitgehend abbedungen werden. Ausgenommen sind Grundprinzipien, wie die Gleichbehandlung der Parteien, die Gewährung rechtlichen Gehörs und die Bevollmächtigung von Rechtsanwälten (§ 1042). Abstimmung bei Entscheidungsfindung sowie Form und Inhalt des Schiedsspruchs sind in §§ 1051 ff. geregelt. Gemäß § 1055 erlangt der Schiedsspruch zwischen den Parteien Rechtskraft. Gegen den Schiedsspruch kann nur der Antrag auf Aufhebung beim staatlichen Gericht gestellt werden, grundsätzlich innerhalb einer Frist von drei Monaten (§ 1059). **106**

dd) Die **Vollstreckung des Schiedsspruchs** bedarf nicht mehr seiner Niederlegung bei Gericht. Es genügt die Übersendung des Spruchs an jede Partei; förmliche Zustellung wird nicht verlangt. Wie bisher bedarf ein inländischer Schiedsspruch der Vollstreckbarerklärung, die nur bei Vorliegen von Aufhebungsgründen abgelehnt werden darf (§ 1060 Abs. 1). Sonderregelungen gelten für die Anerkennung und Vollstreckung ausländischer Schiedssprüche (§ 1061 Abs. 1). Damit der Schiedsspruch schnell endgültig wird, ist der Instanzenzug erheblich verkürzt. So ist das OLG sachlich zuständig. Mehrere Länder können die Zuständigkeit eines OLG über die Ländergrenzen hinaus vereinbaren; entsprechendes gilt innerhalb eines Landes, sofern es dort mehrere OLG-Bezirke gibt (§ 1062 Abs. 5). Das Amtsgericht ist für die Unterstützung bei der Beweisaufnahme und für sonstige richterliche Handlungen, zu denen das Schiedsgericht nicht befugt ist (§ 1050), zuständig. **107**

g) Kindschaftsrechtsreform 1998. aa) Kindschaftsreformgesetz. Die zum 1. 7. 1998 in Kraft getretene Reform des Kindschaftsrechts durch das Kindschaftsreformgesetz **(KindRG) vom 16. 12. 1997** und das Gesetz zur Neuregelung des Kindesunterhalts **(KindUG) vom 6. 4. 1998** machte im verfahrensrechtlichen Bereich Anpassungen an das neue materielle Recht erforderlich.[135] Die bei Ehescheidung nur noch auf Antrag eines Elternteils erforderliche Sorgerechtsregelung **108**

---

[132] Zu Einzelheiten s. Sonderheft MünchKomm ZPO, 1993.

[133] www.uncitral.org/uncitral/en/uncitral_texts/arbitration/1985Model_arbitration.html (Stand 1. 7. 2006).

[134] Dazu *Lörcher/Lörcher,* Das Schiedsverfahren – national/international – nach neuem Recht, 1998.

[135] Zu Einzelheiten s. *Büttner* und *Künkel,* in: *D. Schwab,* Das neue Familienrecht, 1998, S. 471 und 449; *W. Lüke* JuS 1998, 857, 859.

(§ 1671 Abs. 1 BGB) ergeht als Folgesache im Verbund, wenn der Antrag vor oder während der Anhängigkeit der Scheidungssache gestellt wird; § 623 Abs. 2 S. 1.

109 **bb) Kindesunterhaltsgesetz.** Die Änderungen des Kindesunterhaltsrechts betreffen vor allem das **vereinfachte Verfahren zur Erstfestsetzung des Unterhalts** (§§ 645 ff.). Dieses ist nun einstufig ausgestaltet. Es bedarf keines richterlichen Titels mehr, in dem der unterhaltspflichtige Elternteil abstrakt zur Zahlung des Regelunterhalts verurteilt wird, ehe der Rechtspfleger dessen Höhe festsetzen kann. Vielmehr steht dem Rechtspfleger die Befugnis zu, den Unterhalt festzusetzen. Das Vereinfachte Verfahren steht nur zur Verfügung, wenn der Unterhalt das Eineinhalbfache des Regelbetrages nach der Regelbetrag-Verordnung gemäß § 1612 a BGB nicht übersteigt. Höhere Unterhaltsbeträge oder -prozentsätze können wie bisher nur durch Unterhaltsklage geltend gemacht werden; im Einzelnen §§ 645 ff.

110 **h) Eheschließungsrechtsgesetz 1998.** Folgeänderungen der ZPO enthält auch das **Gesetz zur Neuordnung des Eheschließungsrechts** (Eheschließungsrechtsgesetz – EheschlRG) vom 4. 5. 1998, in Kraft seit 1. 7. 1998. Die Nichtigkeit der Ehe wurde beseitigt und die Fehlerfolgen bei der Eheschließung vereinfacht. Nunmehr führen Verstöße gegen Eheverbote einheitlich zur Aufhebbarkeit der Ehe. Dies verlangte entsprechende verfahrensrechtliche Anpassungen. Für das Verfahren auf Aufhebung einer Ehe und auf Feststellung des Bestehens oder Nichtbestehens einer Ehe gelten einige Besonderheiten (§§ 631, 632).

111 **i) Drittes Gesetz zur Änderung des RPflG 1998. aa)** Das **Dritte Gesetz zur Änderung des Rechtspflegergesetzes,** am 1. 10. 1998 in Kraft getreten, unterstreicht die Bedeutung des Rechtspflegers in der freiwilligen Gerichtsbarkeit und in der Zwangsvollstreckung und stärkt seine Selbstständigkeit gegenüber dem Richter. Es schränkt die Pflicht zur Vorlage an den Richter ein (§ 5 RPflG) und betont seine Weisungsfreiheit. Nach § 9 RPflG ist der Rechtspfleger sachlich unabhängig und nur an Recht und Gesetz gebunden.

112 **bb)** Neu geordnet wurde das **System der Rechtsmittel** gegen Entscheidungen des Rechtspflegers. Grundsätzlich ist nun das nach allgemeinem Verfahrensrecht zulässige Rechtsmittel auch dann statthaft, wenn die Entscheidung von einem Rechtspfleger getroffen wurde (§ 11 Abs. 1 RPflG), in der Regel also die einfache oder die sofortige Beschwerde. Die früher umfassend zwischengeschaltete Rechtspflegererinnerung, die nur bei Nichtabhilfe durch den Richter zum regelmäßigen Rechtsmittel wird, findet nur noch statt, wenn ein Rechtsmittel nicht gegeben ist, und unterliegt dann der Frist der sofortigen Beschwerde; Erinnerungen, denen der Rechtspfleger nicht abhilft, legt er dem Richter vor (§ 11 Abs. 2 S. 3 RPflG).

113 **k) Ausdehnung der Postulationsfähigkeit.** Durch die Neufassung des § 78 ist seit 1. 1. 2000 jeder bei einem Amts- oder Landgericht zugelassene Rechtsanwalt bundesweit vor allen Amts- und Landgerichten postulationsfähig.[136] Vgl. auch Rn. 149.

114 **l) Gesetz zur Förderung der außergerichtlichen Streitbeilegung (1999).** Den Gedanken der außergerichtlichen Streitbeilegung und damit der Prozessvermeidung greift der seit 1. 1. 2000 geltende § 15 a EGZPO (Art. 1 Gesetz zur Förderung der außergerichtlichen Streitbeilegung vom 15. 12. 1999) auf. § 15 a Abs. 1 EGZPO ermächtigt die Landesgesetzgeber, für Streitigkeiten, deren Wert DM 1500,– (nunmehr 750,– Euro) nicht übersteigt, sowie in Nachbar- und Ehrverletzungsstreitigkeiten die Zulässigkeit der Klageerhebung von einem vorherigen Versuch der einvernehmlichen Streitbeilegung vor einer durch die Landesjustizverwaltung eingerichteten oder anerkannten Gütestelle abhängig zu machen (Rn. 51).

115 **m) Euro-Einführung 1999–2001. aa) Bedeutung.** Die Einführung des Euro als multinationaler Währung[137] in Deutschland und zehn weiteren Teilnehmerstaaten hatte auf das Zivilprozessrecht vielfältige formale, aber nur geringe substantielle Auswirkungen. Nach Ablauf der Übergangszeit bis zum 31. 12. 2001, während derer Geldschulden unbar sowohl in Euro als auch in DM auf Grundlage der Referenzkurse beglichen werden konnten, sowie der zweimonatigen Phase, während derer Barzahlungen sowohl in Euro als auch in DM möglich waren,[138] sind insbesondere alle Geldbeträge in zivilprozessualen Normen auf Euro umgestellt.[139]

---

[136] Gesetz v. 17. 12. 1999, BGBl. 1999 I S. 2448.

[137] Vgl. zu den europäischen Rechtsgrundlagen (EG-Vertrag, Euro-VO I vom 17. 6. 1997, ABlEG Nr. L 162, Euro-VO II vom 3. 5. 1998, ABlEG Nr. L 139) sowie zum nationalen deutschen Recht im einzelnen *Dierdorf* u. a. NJW 1998, 3145 ff.; *Küb* JuS 1999, 10; *Dittrich* NJW 2000, 487.

[138] Einzelheiten bei *Dittrich* NJW 2000, 487.

[139] Die Umstellung in zivilprozessualen Normen erfolgte durch: 1. EuroEG vom 9. 6. 1998, BGBl. I S. 1242; 2. EuroEG vom 24. 3. 1999, *BGBl. I* S. 385; 3. EuroEG vom 16. 12. 1999, BGBl. I S. 2402; 4. AuroEG vom 21. 12. 2000, BGBl. 2000 I S. 1983, BGBl. 2001 I S. 3584; 5. EuroEG vom 25. 6. 2001, BGBl. I S. 1215;

bb) Klagen im Übergangszeitraum bis zum 31. 12. 2001. Zwischen dem 1. 1. 1999 und dem 31. 12. 2001 ergab sich die Frage, ob ein Urteil auf Euro oder auf DM zu lauten hatte; ob der Gläubiger Zahlung in DM oder Euro verlangen konnte, beurteilte sich nach dem zugrunde liegenden Rechtsverhältnis, insbesondere der vertraglichen Vereinbarung. Lautete ein Vertrag auf Zahlung in DM, so konnte materiell-rechtlich nicht Zahlung in Euro verlangt[140] und nicht auf Zahlung in Euro geklagt werden, auch wenn der Anspruch erst nach dem 1. 1. 1999 fällig war. 116

cc) Klagen seit dem 1. 1. 2002. Nach Umstellung aller Zahlungsverpflichtungen in allen Teilnehmerstaaten automatisch zum Referenzkurs auf Euro zum 1. 1. 2002,[141] können Zahlungsklagen nur noch auf Euro lautend erhoben werden, auch wenn die Zahlungsverpflichtung ursprünglich in DM ausgewiesen ist. Eine am Stichtag anhängige auf DM lautende Klage war nach dem Referenzkurs auf Euro umzustellen. Wie bei Verträgen[142] kann im Klageantrag „DM" als „Euro zum Umrechnungskurs" gelesen werden. Deshalb ist in bereits vor dem 1. 1. 2002 anhängig gewordenen Verfahren eine ausdrückliche Umstellung des Klageantrags zwar empfehlenswert, aber nicht notwendig. 117

Eine **Abänderungsklage,** die allein auf die Währungsumstellung gestützt wird, ist nicht zulässig, da sich allein durch die Einführung des Euro an der Höhe der Zahlungsverpflichtung nichts ändert. Wird über eine aus anderen Gründen zulässige Abänderungsklage, die einen vor dem 31. 12. 2001 begründeten Titel betrifft, entschieden, so muss der nunmehr geschuldete Betrag im neuen Titel auf Euro lauten. 118

dd) Zwangsvollstreckung. Mit Wirkung vom 1. 1. 2002 sind sämtliche Titel automatisch auf Euro umgestellt. Eine „Umschreibung" ist nicht erforderlich; für einen entsprechenden Antrag würde es sowohl an einer Rechtsgrundlage als auch am Rechtsschutzinteresse fehlen. An die Stelle des Diskontsatzes, auf den in Zahlungstiteln zur Berechnung des geschuldeten Zinssatzes Bezug genommen wird, ist seit dem 1. 1. 1999 der Basiszinssatz getreten.[143] 119

n) Vollstreckungsrecht. Eine umfangreiche Novellierung des Achten Buches erfolgte durch das am 1. 1. 1999 in Kraft getretene Zweite Gesetz zur Änderung zwangsvollstreckungsrechtlicher Vorschriften **(2. Zwangsvollstreckungsnovelle)** vom 17. 12. 1997.[144] Das Gesetz enthält eine Vielzahl von Änderungen, die durchweg das Ziel haben, das Vollstreckungsverfahren zu vereinfachen, zu beschleunigen und effektiver zu machen. 120

aa) § 806b verpflichtet den Gerichtsvollzieher bei der Vollstreckung wegen Geldforderungen in das bewegliche Vermögen zu einer **„gütlichen und zügigen Erledigung"** des Verfahrens, ähnlich § 813a Abs. 5 S. 3 aF (jetzt § 813b Abs. 5 S. 3) für das Vollstreckungsgericht, der allerdings kaum praktische Bedeutung erlangt hat. Das neue Recht gibt dem Gerichtsvollzieher ausdrücklich die Befugnis, Teilzahlungen mit dem Schuldner zu vereinbaren und Teilleistungen entgegenzunehmen, falls der Gläubiger einverstanden ist. § 813a erlaubt dem Gerichtsvollzieher den **Aufschub der Verwertung** der gepfändeten Sache. Der Aufschub endet, wenn der Gläubiger widerspricht oder der Schuldner mit einer Zahlung in Verzug kommt. 121

§ 811 Abs. 2 regelt die früher umstrittene Frage, ob der Verkäufer wegen des Kaufpreises in die unter **Eigentumsvorbehalt** verkaufte unpfändbare Sache vollstrecken darf. § 811 Abs. 2 gestattet dies für die in Nr. 1, 4, 5 bis 7 bezeichneten Sachen, so dass sich insoweit die Herausgabevollstreckung erübrigt. 122

Die **anderweitige Verwertung** setzt nach § 825 Abs. 1 nicht mehr eine Anordnung des Vollstreckungsgerichts voraus; der Gläubiger oder der Schuldner kann sie beim Gerichtsvollzieher beantragen. Jedoch muss die Versteigerung durch eine andere Person wie bisher vom Vollstreckungsgericht angeordnet werden (§ 825 Abs. 2). 123

bb) Änderungen der **Vollstreckung in Geldforderungen** sollen diese praktisch wichtigste Vollstreckungsart einfacher und wirkungsvoller machen. So soll die Pfändung mehrerer Geldforderungen gegen verschiedene Drittschuldner durch einheitlichen Beschluss ausgesprochen werden, falls schutzwürdige Interessen der Drittschuldner nicht entgegenstehen (§ 829 Abs. 1 S. 3). Die 124

---

6. EuroEG vom 3. 12. 2001, BGBl. I S. 3306; 7. EuroEG vom 9. 9. 2001, BGBl. I S. 2331; 8. EuroEG vom 23. 10. 2001, BGBl. I S. 2702; 9. EuroEG vom 10. 11. 2001, BGBl. I S. 2992; 10. EuroEG vom 15. 12. 2001 BGBl. I S. 3762; 11. EuroEG vom 20. 7. 2001, BGBl. I S. 1850; 12. EuroEG vom 9. 6. 1998 BGBl. 2001 I S. 2081; EuroUmstG vom 9. 6. 1998, BGBl. I S. 1242, 1250; ZPO-RG vom 27. 7. 2001, BGBl. I S. 1887; Gesetz zur Einführung des Euro in Rechtspflegegesetzen etc. vom 13. 12. 2001, BGBl. I S. 3574.

[140] Art. 8 Euro-VO II; *Dierdorf* NJW 1998, 3144, 3134.

[141] Art. 14 Euro-VO II.

[142] *Kilb* JuS 1999, 10, 12.

[143] Diskontsatz-Überleitungsgesetz, Art. 1 des EuroEG; dazu *Schefold* NJW 1998, 3155, 3156.

[144] Zum Entwurf im fortgeschrittenen Stadium prägnant *Münzberg,* FS Lüke, 1997, S. 527.

Schuldnerauskunft in Form der eidesstattlichen Versicherung kann der Gläubiger erzwingen (§ 836 Abs. 3 S. 2).

125 **cc)** Das Verfahren zur **Abgabe der eidesstattlichen Versicherung** wurde neu geregelt. Zuständig ist der Gerichtsvollzieher, nur noch ausnahmsweise das Vollstreckungsgericht (§§ 899, 900 Abs. 4). Angepasst wurde § 807 für den Fall des wiederholten Nichtantreffens des Schuldners (Abs. 1 Nr. 4).

126 **4. ZPO-Reform 2002. a) Reformwelle.** Im Jahr 2002 ist eine ganze Reihe von Gesetzen in Kraft getreten, die den Zivilprozess erheblich umgestaltet haben.[145] Die beiden größten Reformprojekte wurden durch das **Gesetz zur Reform des Zivilprozesses (ZPO-RG)**[146] vom 27. 7. 2001 mit Wirkung zum 1. 1. 2002 sowie durch das **Gesetz zur Reform des Verfahrens bei Zustellungen im gerichtlichen Verfahren (ZustRG)**[147] vom 25. 6. 2001 mit Wirkung vom 1. 7. 2002 verwirklicht. Nur in zufälligem zeitlichem Zusammenhang stehen eine Reihe weiterer Gesetze, die im bisher üblichen Stil kleinere Änderungen, häufig aus Anlass materiellrechtlicher Reformen, in die ZPO einfügten.

127 **b) ZPO-RG.** [148] **aa) Reformschwerpunkte.** Das ZPO-RG hat im Wesentlichen **vier Schwerpunkte:** Stärkung der ersten Instanz, grundlegende Umgestaltung des Berufungsverfahrens, Änderung des Revisionsrechts sowie Vereinfachung und Beschleunigung des Beschwerderechts. Der Erfolg der Reform wurde in einer am 17. 5. 2006 vorgestellten Studie[149] evaluiert.

128 **bb) Berufungsrecht.** Die Reform hat die Berufung als zweite Tatsacheninstanz grundsätzlich beseitigt. Nunmehr dient die Berufung der Fehlerkontrolle und Fehlerbeseitigung.[150] Sie kann nur darauf gestützt werden, dass die Entscheidung auf einer Rechtsverletzung beruht (§ 513 Abs. 1), wobei die fehlerhafte Inanspruchnahme der sachlichen oder örtlichen[151] Zuständigkeit nicht gerügt werden kann (§ 513 Abs. 2). Neue Tatsachen können nur noch in engen Grenzen berücksichtigt werden (§ 529). Die Berufung ist statthaft, wenn die reduzierte Berufungssumme von 600 Euro[152] erreicht ist oder das Gericht des ersten Rechtszuges sie im Urteil zugelassen hat (§ 511 Abs. 2).[153] Als Maßnahme zur Beschleunigung des Berufungsverfahrens sieht das Gesetz eine vereinfachte Erledigungsmöglichkeit für „substanzlose" Berufungen durch nicht anfechtbaren Beschluss des Berufungsgerichts vor (§ 522 Abs. 2).[154]

129 **cc) Revisionsrecht.** Im Revisionsrecht wurde das frühere Mischsystem von Zulassungs- und Streitwertrevision durch die Zulassungsrevision mit Nichtzulassungsbeschwerde ersetzt. Danach findet die Revision nur statt, wenn das Berufungsgericht oder auf Beschwerde gegen die Nichtzulassung das Revisionsgericht die Revision zugelassen hat (§ 543 Abs. 1). Die Revision dient in erster Linie der Rechtsfortbildung und der Rechtseinheit.[155] Demgemäß ist sie zuzulassen, wenn die Rechtssache grundsätzliche Bedeutung hat oder die Fortbildung des Rechts oder die Sicherung

---

[145] Vgl. *Hartmann* NJW 2001, 2577: „Hunderte wichtiger Änderungen".

[146] BGBl. 2001 I S. 1887 mit Änderungen durch das Schuldrechtsmodernisierungsgesetz, BGBl. 2001 I S. 3179.

[147] BGBl. 2001 I S. 1206.

[148] Vgl. *Rimmelspacher* Jura 2002, 11; *ders.* NJW 2002, 1897; *Gottwald* DGVZ 2002, 97; *Vollkommer* MittdtPatA 2002, 125; *Grunsky* NJW 2002, 800; *Gruber/Kießling* ZZP 116 (2002), 305; *Dom* AnwBl. 2002, 208; *Gehrlein* MDR 2003, 421; *Huber* JuS 2002, 483; zu Familiensachen: *Bergerfurth* FamRZ 2001, 1493; *Luthin* FF 2002, 2; *van Els* FF 2002, 4; zu Erbsachen: *Krug* ZEV 2002, 58; zu Arbeitssachen: *Düwell* FA 2001, 294.

[149] *Hommerich/Prütting,* Abschlussbericht der Evaluation der ZPO-Reform, im Folgenden wiedergegebene Zahlen auszugsweise nach der Pressemitteilung des BMJ vom 17. 5. 2006.

[150] Die Zahl der Beweisaufnahmen in der Berufungsinstanz ist von 10,1%/13% (LG/OLG) in 2001 auf 6,8%/8,4% zurückgegangen, die erstinstanzliche Beweisaufnahme wurde in 2004 in 7%/12% der Fälle wiederholt (vgl. Fn. 159).

[151] Hingegen ist die Verletzung der internationalen Zuständigkeit weiterhin Berufungs- und Revisionsgrund: BGH NJW 2003, 2916.

[152] Dies hat zu einem mäßigen Anstieg der Berufungen mit Streitwerten zwischen 600 und 766,94 Euro (= 1500 DM) geführt: In 2002/2004 lagen 4,4%/6,3% der Berufungsverfahren, bzw. in absoluten Zahlen 4523 in 2004, in diesem Segment (vgl. Fn. 159).

[153] Die Berufungsquote (= Verhältnis anfechtbarer erstinstanzlicher Urteile zu den Neueingängen der Berufungsgerichte) sank von 2001 bis 2006 für Urteile des AG von 38,7% auf 32,4%, für die des LG von 58,6% auf 55,7% (vgl. Fn. 159).

[154] Hiervon machten in 2002 4,2%/5,7% der LGe/OLGe Gebrauch, in 2004 bereits 10,7%/11,0%. Auch die Zahl der Berufungsrücknahmen steigt leicht von 26,9%/29,6% (LG/OLG) in 2001 auf 31,8%/32,3% in 2004 (vgl. Fn. 159).

[155] Die Anzahl der Revisionen und Nichtzulassungsbeschwerden sank von 4595 (2002) auf 3233 (2005) (vgl. Fn. 159).

einer einheitlichen Rechtsprechung eine Entscheidung des Revisionsgerichts erfordert (§ 543 Abs. 2). Bis zum 31. 12. 2006[156] ist die Nichtzulassungsbeschwerde nur zulässig, wenn der Wert der Revisionsbeschwer 20 000 Euro übersteigt. Die Neuregelung erweist sich bei entsprechender Handhabung der Nichtzulassungsbeschwerde insbesondere als geeignet, die erst nachträglich vom BVerfG[157] festgestellte Verfassungswidrigkeit der streitwertabhängigen Revision im Fall der Verletzung des rechtlichen Gehörs zu bereinigen.[158]

dd) Beschwerderecht. Die **einfache** (unbefristete) **Beschwerde** gibt es nicht mehr. Die sofortige Beschwerde findet gegen die im ersten Rechtszuge ergangenen Entscheidungen des AG oder LG statt (§ 567 Abs. 1). Die Frist beträgt zwei Wochen (§ 569 Abs. 1). Durch die generelle Befristung werden die Verfahren beschleunigt und frühzeitig klare Rechtsverhältnisse geschaffen. Über die Beschwerde entscheidet der Einzelrichter, wenn die angefochtene Entscheidung von einem Einzelrichter oder einem Rechtspfleger erlassen wurde (§ 568 S. 1). Die Beschwerde kann auf neue Angriffs- und Verteidigungsmittel gestützt werden; das neue Vorbringen unterliegt der Präklusion (§ 571 Abs. 2 und 3). 130

Die **Rechtsbeschwerde,** die revisionsähnlich ausgestaltet ist, findet in den gesetzlich ausdrücklich vorgesehenen Fällen oder bei Zulassung in dem Beschluss durch das Gericht statt (§ 574 Abs. 1). Die Rechtsbeschwerdefrist beträgt einen Monat (§ 575 Abs. 1). 131

ee) Zuständigkeit. Auch das neue Rechtsmittelrecht weist Entscheidungen über **Berufungen und Beschwerden** gegen Entscheidungen der Amtsgerichte dem **OLG** nur in besonderen Fällen zu (Familiensachen: § 119 Abs. 1 Nr. 1 lit. a; Auslandsbezug: § 119 Abs. 1 Nr. 1 lit. b, c GVG). Jedoch sieht eine bis zum 31. 12. 2007 befristete **Experimentierklausel** vor, dass der Landesgesetzgeber die Zuständigkeit für Berufungen und Beschwerden beim OLG zusammenfassen kann (§ 119 Abs. 3 bis 5 GVG). 132

ff) Stärkung der Ersten Instanz. Durch die Stärkung der Ersten Instanz will die Reform erreichen, dass der Rechtsstreit – unter effizientem Richtereinsatz – möglichst schon hier **endgültig erledigt** wird, sowie Transparenz und Akzeptanz der richterlichen Entscheidung erhöhen. Hierzu dienen verschiedene Maßnahmen, die aber die bisherige Konzeption des erstinstanzlichen Verfahrens nicht verändert haben. Sie sollen auch den Wegfall der Berufung als zweite Tatsacheninstanz ausgleichen. 133

Das **Einzelrichtersystem** am Landgericht ist weitgehend verwirklicht. Neu eingeführt ist der grundsätzlich allzuständige originäre Einzelrichter (§ 348 Abs. 1 S. 1).[159] Soweit nach dem Geschäftsverteilungsplan die Zuständigkeit der Kammer begründet ist (§ 348 Abs. 1 S. 2), überträgt die Zivilkammer die Sache durch Beschluss einem ihrer Mitglieder als obligatorischem Einzelrichter, wenn keine besonderen Schwierigkeiten tatsächlicher oder rechtlicher Art vorliegen, die Sache keine grundsätzliche Bedeutung hat und nicht bereits in einem Haupttermin vor der Kammer verhandelt worden ist (§ 348 a Abs. 1). Eine Rückübernahme ist möglich (§ 348 a Abs. 2). 134

Die neu geordnete **materielle Prozessleitungsbefugnis** (§ 139)[160] steht im engen Zusammenhang mit dem geänderten Zuschnitt des Berufungsverfahrens. Das Gericht ist mit Beginn des Verfahrens und während der gesamten Dauer verpflichtet, durch eine offene und rechtzeitige Information die Parteien zum entscheidungserheblichen Vortrag des Sachverhalts zu veranlassen. Dadurch sollen die Parteien erkennen, worauf das Gericht seine Entscheidung stützen wird. Es soll vermieden werden, dass sie aus Sorge vor etwaiger Präklusion von Tatsachen den Prozess mit nicht entscheidungserheblichem Vorbringen überfrachten und dadurch in die Länge ziehen. Sind gebotene Hinweise unterblieben, so sind sie nachzuholen, notfalls unter Wiedereröffnung einer schon geschlossenen Verhandlung (§ 156 Abs. 2 Nr. 1). 135

Der **Gütegedanke** wird im Anschluss an die Idee des § 15 a EGZPO (Rn. 114) weiterentwickelt. In Anlehnung an das arbeitsgerichtliche Verfahren (§ 54 ArbGG) geht der mündlichen Ver- 136

---

156 Diese Regelung wird mit dem 2. Justizmodernisierungsgesetz bis 31. 12. 2011 verlängert.

157 Beschluss vom 7. 10. 2003, BGBl. 2004 I S. 124.

158 Das vergleichbare Problem der fachgerichtlichen Abhilfe bei Gehörsverletzungen in unteren Instanzen wird durch das Anhörungsrügengesetz vom 9. 12. 2004 (Rn. 178) bewältigt.

159 Die Einzelrichterquote erreicht mit 73% den Erwartungsgrad des Gesetzentwurfs (70%). Eine Entlastung erkennen darin allerdings nur 56% der erstinstanzlichen Richter am LG; die Zufriedenheit mit der Arbeit der Einzelrichter in der Anwaltschaft ist ansehnlich, wenn auch nicht überschäumend: 48% zufrieden, 26% unzufrieden; die Berufungsquote gegen Entscheidungen von Einzelrichtern ist nicht gestiegen. Dass sie mit rund 42% unter der Berufungsquote gegen LG-Urteile insgesamt (55,7%) liegt, lässt übrigens vermuten, dass nicht die Einschätzung der Parteien von der Qualität des Urteils, sondern die Sachbedeutung wesentliches Motiv der Berufungseinlegung ist (vgl. Fn. 150).

160 Dazu *Prütting,* FS Musielak, 2004, S. 397, 401 ff.

handlung eine **Güteverhandlung** zwecks gütlicher Beilegung des Rechtsstreits voraus,[161] es sei denn, es hat bereits ein Einigungsversuch vor einer außergerichtlichen Gütestelle stattgefunden oder die Güteverhandlung erscheint erkennbar aussichtslos (§ 278 Abs. 2).

137 Die richterlichen Befugnisse zur **Sachverhaltsaufklärung** von Amts wegen sind erweitert. Unabhängig von einem Beweisantritt kann das Gericht Anordnungen bis zur Vorlage von Urkunden und sonstigen Unterlagen sowie zur Duldung der Begutachtung durch Sachverständige treffen. Diese Anordnungen können auch gegen Dritte gerichtet sein, sofern ihnen die Vorlegung oder Duldung zumutbar ist (§§ 142 Abs. 2, 144 Abs. 2).

138 Eingeschränkt ist der Grundsatz der **notwendigen mündlichen Verhandlung.** Er gilt nur noch für Entscheidungen durch Urteile. Andere Entscheidungen können ohne mündliche Verhandlung ergehen (§ 128 Abs. 4). Neu ist § 128a. Danach sind mündliche Verhandlungen unter Beteiligung von Parteien und Prozessbevollmächtigten zulässig, die per Videokonferenz zugeschaltet sind. Zeugen, Sachverständige und Parteien können so auch vernommen werden.

139 § 321a ermöglicht erstmals dem erstinstanzlichen Gericht, **sein eigenes Urteil** zu korrigieren, wenn eine Berufung nicht zulässig ist und die Verletzung des Anspruchs auf rechtliches Gehör in entscheidungserheblicher Weise gerügt wird. Damit wird zugleich das Bundesverfassungsgericht entlastet. Werden entsprechende Verfahrensfehler nach Schluss der mündlichen Verhandlung entdeckt, so ist diese wieder zu eröffnen (§ 156 Abs. 2 Nr. 1).

140 **c) ZustRG.**[162] Das am 1. 7. 2002 in Kraft getretene **Zustellungsreformgesetz (ZustRG)** vom 25. 6. 2001 hat das Zustellungsrecht modernen Lebens- und Kommunikationsverhältnissen angepasst, wobei als Ziele die Nutzbarmachung neuer Kommunikationstechniken, die Reduzierung von Beurkundungsaufwand bei der Zustellung und die Vereinfachung der Ersatzzustellung, deren vorherige Regelung erhebliche Fehlerquellen, insbesondere bei Ersatzzustellungen in Geschäftsräumen, beinhaltete, im Vordergrund standen.[163]

141 Grundmodell ist danach die **Zustellung von Amts wegen** (§§ 166 ff.), was der Entwicklung weg von der ursprünglich im Vordergrund stehenden Zustellung im Parteibetrieb entspricht, die heute im Erkenntnisverfahren auf den Fall des § 699 Abs. 4 beschränkt ist.

142 Im praktischen Regelfall der mit Hilfe der **Post** bewirkten Zustellung tritt an die Stelle der eine Beurkundung erfordernden (§§ 195 Abs. 2, 191 aF) Zustellung durch den Postbediensteten (§ 195 aF) die auch international gebräuchlich gewordene Zustellung durch **Einschreiben mit Rückschein** (§ 175).

143 Die Zulässigkeit der **Ersatzzustellung** in der Wohnung wurde erweitert um die Ersatzzustellung an erwachsende ständige Mitbewohner (§ 178 Abs. 1 Nr. 1); die Ersatzzustellung an den Hauswirt bzw. Vermieter entfiel als unzeitgemäß. Die Ersatzzustellung in Geschäftsräumen wurde für natürliche und juristische Personen vereinheitlicht (§ 178 Abs. 1 Nr. 2). In beiden Fällen ist eine Ersatzzustellung durch Einlegen in den Briefkasten statthaft (§ 180), so dass die Zustellung durch Niederlegung auf der Geschäftsstelle (§ 181) an Bedeutung verliert.

144 **Elektronische Kommunikationsmittel** wurden, entgegen weitergehenden Tendenzen in EG-Rechtsinstrumenten[164] nur im Rahmen der Zustellung gegen Empfangsbekenntnis zugelassen. Telefax und E-mail (§ 174 Abs. 3 und 4) als Zustellungsweg erscheinen in der Tat außerhalb des in § 174 Abs. 1 beschriebenen Personenkreises kaum einsetzbar, da sie nicht nur die Gewährleistungsfunktion der Zustellung sondern auch deren Warnfunktion schwerlich erfüllen.

145 **d) Sonstige relevante ZPO-Änderungen in 2001/2002. aa)** Das **Lebenspartnerschaftsgesetz (LPartG)** vom 16. 2. 2001 führte neben der weitgehend schematischen Ausdehnung verfahrensrechtlicher Bestimmungen von Ehegatten auf Lebenspartner (u. a. § 41 Nr. 2a, § 78 Abs. 2 S. 1 Nr. 1a, § 93a Abs. 5, § 97 Abs. 3; § 115 Abs. 1 S. 3 Nr. 2; § 154 Abs. 1, § 313a Abs. 2 Nr. 1a, § 328 Abs. 2, § 383 Abs. 1 Nr. 2a, § 739 Abs. 2, § 850c Abs. 1S. 2, § 850d Abs. 1 S. 1, § 850d Abs. 2 lit. b, § 850 i Abs. 1 S. 1, § 863 Abs. 1 S. 1) die neue familienverfahrensrechtliche Kategorie der Lebenspartnerschaftssachen (§ 661) ein.

---

[161] Die Güteverhandlung findet beim AG in 58% und beim LG in 64% aller Verfahren statt; die Vergleichquote ist zwischen 2001 und 2006 von 21,3% auf 29,3% (AG) bzw 29,6% auf 38% (LG) gestiegen. Relevanten Mehraufwand/Verzögerung des Rechtsstreits verneinen 71%/88% der Richter am AG und 91%/94% der Richter am LG. Objektiv ist die Dauer der erstinstanzlichen Verfahren durch Güteverhandlung und erweiterte Hinweispflichten nicht statistische relevant gestiegen: AG: 4,3 auf 4,4 Monate; LG: 6,9 auf 7,2 Monate, jeweils 2001/2004 (vgl. Fn. 150).

[162] Dazu *Häublein* MDR 2002, 563; *Hornung* RPfleger 2002, 493.

[163] Vgl. Regierungsentwurf BT-Drucks. 14/4554, S. 13.

[164] Vgl. die nach der EG-VollstreckungstitelVO und der EG-MahnVO (unten Rn. 434, 446) als hinreichend angesehenen Fälle der Zustellung durch E-mail.

bb) Das **Gesetz zur Anpassung der Formvorschriften des Privatrechts und anderer Vorschriften an den modernen Rechtsgeschäftsverkehr** vom 13. 7. 2001 implementierte die schon vorher in der Rechtsprechung zugelassene Übermittlung vorbereitender Schriftsätze durch Telefax in § 130 Nr. 6 und erweiterte sie um die Möglichkeit der Übermittlung von in Schriftform abzugebenden Schriftsätzen als elektronisch signiertes elektronisches Dokument (§ 130 a). **146**

cc) Eine erneute Anpassung der Pfändungsfreigrenzen (§§ 813, 850 a, 850 c, 850 f, 866, 888, 890, 915 b, 915 h, Anlage § 850 c) unter gleichzeitiger Umstellung der Beträge auf Euro erfolgte mit partieller Rückwirkung (§ 20 EGZPO) durch das **Siebte Gesetz zur Änderung der Pfändungsfreigrenzen** vom 13. 12. 2001.[165] **147**

dd) Zusammen mit dem **Gewaltschutzgesetz (GewSchG)**[166] vom 17. 12. 2001 wurde das Verfahren nach diesem Gesetz als Familiensache in § 620 Nr. 9 etabliert, dieses Verfahren in § 620 c (sofortige Beschwerde) einbezogen, der Zuständigkeit des Familiengerichts unterstellt (§ 621 Abs. 1 Nr. 7, 13; Abs. 2 Nr. 5) und den FGG-Familiensachen (§ 621 a Abs. 1 S. 1) einschließlich der befristeten Beschwerde nach § 621 e Abs. 1 unterstellt, sowie spezifische Vollstreckungsregelungen getroffen (§§ 794 Abs. 1 Nr. 3 a, § 885 Abs. 1 S. 2 bis 4, § 892 a). **148**

ee) Durch das **OLG-Vertretungsänderungsgesetz (OLGVertrÄndG)**[167] vom 23. 7. 2002 wurde das Lokalisationsprinzip auch für die Vertretung der Parteien vor den Oberlandesgerichten aufgegeben. Das Erfordernis der Zulassung bei einem OLG fiel erst durch § 78 ZPO idF des G zur Stärkung der Selbstverwaltung in der Rechtsanwaltschaft vom 26. 3. 2007.[168] **149**

5. Änderungen der ZPO seit 2002. a) Überblick. Der großen Reform der ZPO im Jahre 2002 zum Ende der XIV. Legislaturperiode folgte in der XV. Legislaturperiode eine ganze Reihe von Reformanliegen, die das Zivilprozessrecht nicht unerheblich fortentwickelten. Ein modernisiertes Kostenrecht, weitere Versuche einer Verschlankung des Zivilprozesses durch ein, warnend als „Erstes"[169] bezeichnetes Justizmodernisierungsgesetz, die Befassung mit Neuen Medien im Zivilprozess und der Versuch einer deutschen Antwort auf die der amerikanischen *class action* zugrunde liegenden Bedürfnisse (Rn. 181) sind keine prozessualen Marginalien. **150**

Besonderes Gewicht erlangen mit Inkrafttreten einiger auf Art. 61 lit. c EGV idF von Amsterdam gestützter **EG-Verordnungen** auf dem Gebiet des Internationalen Prozessrechts die zugehörigen **Ausführungsgesetze.** Teils wurden die Ausführungsbestimmungen in Nebengesetzen zur ZPO erlassen, zunehmend jedoch in das neu geschaffene **11. Buch** eingestellt; die Regelungen sind nur aus dem Zusammenhang zu den entsprechenden EG-VOen verständlich (Rn. 430 ff.). **151**

b) Materiellrechtlich indizierte Änderungen der ZPO. Kleinere Eingriffe in die ZPO aus Anlass materiellrechtlicher, insbesondere familienrechtlicher, Reformen haben auch in jüngster Zeit stattgefunden. Das **Gesetz zur Änderung der Vorschriften über die Anfechtung der Vaterschaft etc.**[170] vom 23. 4. 2004 schränkt in § 640 h Abs. 1 aus Anlass der Einführung eines beschränkten Anfechtungsrechts des „biologischen" Vaters gegenüber der Vaterschaft eines anderen Mannes (dazu § 1600 Abs. 1 Nr. 2 BGB) die dem Statusurteil eigene Wirkung *inter omnes* ein, soweit ein nicht prozessbeteiligter Dritter die Vaterschaft beansprucht und sorgt durch Erweiterung der Wirkung des Vaterschaftsanfechtungsurteils dafür, dass bei Anfechtung durch den „biologischen" Vater das Kind nicht nur den rechtlichen Vater verliert, sondern uno actu die Vaterschaft des Anfechtenden festgestellt wird. **152**

Das **Gesetz zur Überarbeitung des Lebenspartnerschaftsrechts** vom 15. 12. 2004,[171] das materiell die Lebenspartnerschaft weitgehend der Ehe angeglichen, insbesondere Lebenspartnern die Stiefkindadoption eröffnet hat, nimmt in § 661 Abs. 1 Nr. 3 a bis 3 d Verfahren, welche elterliche Sorge, Umgang, Herausgabe oder Unterhalt für solchermaßen gemeinschaftliche Kinder der Le- **153**

---

165 BGBl. 2001 I S. 3638.

166 Art. 1 des Gesetzes zur Verbesserung des zivilgerichtlichen Schutzes bei Gewalttaten und Nachstellungen sowie zur Erleichterung der Überlassung der Ehewohnung bei Trennung BGBl. 2001 I S. 3513.

167 BGBl. 2002 I S. 2850, BGBl. 2002 I S. 4410 ber.

168 BGBl. 2007 I S. 358.

169 Gegenüber der mit der Nummerierung des ersten einer beabsichtigen Reihe von Gesetzen verbundenen gesetzgeberischen Selbstverpflichtung gibt das 1. EheRG Hoffnung, dem nach dem Wechsel der parlamentarischen Mehrheitsverhältnisse erst nach mehr als 20 Jahren ein zweites (das EheSchlRG) folgte, das dann nicht mehr als EheRG bezeichnet wurde; das 2. JuModG ist freilich schon erlassen (Rn. 178).

170 Gesetz zur Änderung der Vorschriften über die Anfechtung der Vaterschaft und das Umgangsrecht von Bezugspersonen des Kindes, zur Registrierung von Vorsorgeverfügungen und zur Einführung von Vordrucken für die Vergütung von Berufsbetreuern, BGBl. 2004 I S. 598.

171 BGBl. 2004 I S. 3396.

benspartner betreffen in den Katalog der Lebenspartnerschaftssachen auf, für die wiederum die Vorschriften über Ehe- und Familiensachen entsprechend anwendbar sind (§ 661 Abs. 2).

154 Das **Zweite Betreuungsrechtsänderungsgesetz (BtÄndG)**[172] vom 21. 4. 2005 flankiert die erwünschte Funktion der Vorsorgevollmacht als die Betreuung überflüssig machendes Instrument und stellt dazu in § 51 Abs. 3 einen zur gerichtlichen Vertretung Bevollmächtigten einem gesetzlichen Vertreter gleich, sofern die Bevollmächtigung geeignet ist, gemäß § 1896 Abs. 2 S. 2 BGB die Erforderlichkeit einer Betreuung entfallen zu lassen.

155 **c) Kostenrechtsmodernisierungsgesetz 2004.** Das Kostenrechtsmodernisierungsgesetz **(KostRMoG)**[173] vom 5. 5. 2004 enthält eine vollständig überarbeitete Neufassung des **GKG**, die neben strukturellen Änderungen auch nicht unerhebliche Gebührenerhöhungen in Teilbereichen mit sich bringt. Das 1994 in erstinstanzlichen Zivilsachen ohne Familiensachen eingeführte Pauschalgebührensystem wird ausgedehnt, gilt aber für Familiensachen weiterhin nur modifiziert (§§ 46, 48f. GKG). Die Gebührentatbestände sind für jede Art von Verfahren nun gesondert in eigenen Gliederungsteilen unter weitgehendem Verzicht auf Verweisungen zusammengefasst, was zwar das Kostenverzeichnis umfangreicher macht, aber in einem Bereich, in dem der Rechtssuchende durchaus versucht sein kann, sich selbst anhand des Gesetzes zu informieren, der Übersichtlichkeit dient.

156 Eine weitgehende Strukturänderung erfährt auch die **Rechtsanwaltsvergütung,** für die das neue Rechtsanwaltsvergütungsgesetz (RVG) die bisherige BRAGO ablöst. Die Neuregelung gibt die Fixierung auf die gerichtliche Tätigkeit auf, um der zunehmenden Bedeutung außergerichtlicher (kautelarer wie streitvermeidender) Tätigkeit des Rechtsanwalts gerecht zu werden. Die in der BRAGO nur in einer Norm (§ 118 BRAGO) erfasste außergerichtliche und rechtsbesorgende Tätigkeit des Rechtsanwalts bildet den Schwerpunkt des RVG. Im Prozess fallen anstelle der bisher möglichen drei Gebühren (Prozess-, Verhandlungs-, Beweisgebühr) nun regelmäßig 2,5 Gebühren an, was das Vergütungsinteresse des Rechtsanwalts an der Durchführung einer Beweisaufnahme beseitigt. Nicht zu verkennen ist allerdings, dass das RVG trotz einer mäßigen Gebührenanhebung nicht zu einer gleichmäßigen Honoraranpassung führt. Je nach ihrer Spezialisierung nehmen Rechtsanwälte über- oder unterproportional an Einkommensverbesserungen teil oder erleiden sogar Einkommensverluste.

157 Ebenfalls einer sowohl strukturellen als auch monetären Reform unterzieht das **Justizvergütungs- und -entschädigungsgesetz** die Zeugen- insbesondere aber die Sachverständigen-, Übersetzer- und Dolmetschervergütungen. Der überholte Ansatz des ZuSEG, das diesen Personenkreis als in der Regel anderweit besoldete „Hilfspersonen" des Gerichts ansah, die ihren Sachverstand zu eher geringfügigen Entschädigungen zur Verfügung stellen sollten, wählt das JVEG ein Vergütungsmodell, das zwar nicht die Honorierung für private Leistungserbringung erreicht, jedoch mit Stundensätzen von bis zu 95 Euro versucht, realitätsnähere Honorare vorzusehen. Bedenkt man freilich, dass nach Stunden berechnete Sachverständigenhonorare, anders als die Gerichtskosten und Rechtsanwaltsgebühren nicht an der inflationsbedingten Streitwertentwicklung teilhaben, ist der Anpassungsfaktor eher bescheiden. Jedoch wird die Eingruppierung in Honorargruppen der Erkenntnis besser gerecht, dass das Gericht sich bereits bei Auswahl des Sachverständigen bewusst machen muss, welches Maß an Sachverstand es benötigt und nicht mehr, wie unter dem ZuSEG der Honorarforderung des Sachverständigen entgegen halten kann, die Materie hätte seine Qualifikation nicht gefordert.

158 **d) 1. Justizmodernisierungsgesetz 2004.** Das 1. Justizmodernisierungsgesetz vom 24. 8. 2004[174] verfolgt das Ziel einer **verbesserten Verfahrenssteuerung** durch Beseitigung „überholter prozessualer Formalien", insbesondere durch Straffung arbeitsteiliger Verfahrensabläufe.[175] Dem dienen – abgesehen von einigen rein klarstellenden Regelungen – zahlreiche Einzelmaßnahmen zu verschiedenen Bereichen des Zivilprozessrechts. Weitere Vorschläge aus dem Regierungsentwurf[176] und der Stellungnahme des Bundesrates[177] wurden letztlich nicht Gesetz, was auch verdeutlicht, wie eng zunehmend der Spielraum rechtsstaatlicher Verfahrensstraffung wird.

159 **Befangenheitsablehnungen** während der mündlichen Verhandlung führen nach dem neuen § 47 Abs. 2 nicht mehr zu einem Verfahrensstillstand, wodurch missbräuchlichen Ablehnungsgesu-

---

[172] BGBl. 2005 I S. 1073.

[173] BGBl. 2004 I S. 718.

[174] BGBl. 2004 I S. 2198; berichtigt BGBl. 2004 I S. 2300; dazu *Knauer/Wolf* NJW 2004, 2857; *Schneider* AnwBl 2003, 547; *Rellermeyer* RPfleger 2004, 593; *Jungbauer* JurBüro 2005, 344.

[175] Gesetzentwurf der Bundesregierung, BR-Drucks. 378/03 S. 1.

[176] BR-Drucks. 378/03.

[177] Vgl. hierzu die mit Begründung versehenen Empfehlungen der Ausschüsse BR-Drucks. 378/1/03.

chen begegnet wird; kann nicht ohne Vertagung über den Antrag entschieden werden, so kann der Termin unter Mitwirkung des abgelehnten Richters fortgesetzt werden und ist (nur) im Fall der begründeten Ablehnung insoweit zu wiederholen.

§ 91 Abs. 4 bestätigt die Praxis der **„Kostenrückfestsetzung"**. Aufgrund eines vorläufig vollstreckbaren Urteils vom letztlich obsiegenden Schuldner bezahlte Prozesskosten lösten bisher nur einen Schadensersatzanspruch aus, der zwar nach § 717 Abs. 2 S. 2 in den laufenden Rechtsstreit eingeführt werden konnte, was aber in der Praxis selten geschah. Um auch für solche Ansprüche das vereinfachte Kostenfestsetzungsverfahren nutzbar zu machen, ließ die herrschende Ansicht eine Rückfestsetzung zu, deren Statthaftigkeit von BAG[178] und BFH[179] unterschiedlich gesehen worden war. § 91 Abs. 4 stellt nun klar, dass solche Kosten zu den vom letztinstanzlichen Urteil erfassten und damit festsetzungsfähigen Kosten gehören. § 91a Abs. 1 S. 2 erlaubt eine **Kostenentscheidung** nach Sach- und Streitstand auch in Fällen, in denen der Beklagte nicht auf die Klage reagiert hat, gleichwohl erfüllt und auf die nachfolgende *Erledigungserklärung* des Klägers wiederum prozessual nicht reagiert. Bisher musste in diesem Fall streitig zur Erledigung verhandelt und – regelmäßig durch Versäumnisurteil – entschieden werden. § 269 Abs. 3 S. 3 dehnt die bisher nur bei unverzüglicher Klagerücknahme vorgesehene prozessökonomische **Kostenregelung in § 91a** auf Fälle aus, in denen der Kläger die Klage nicht unverzüglich zurückgenommen hat. Der neue letzte Teilsatz stellt klar, dass dies auch für Klagerücknahme vor Zustellung gilt. 160

§ 159 Abs. 1 S. 2 passt die gesetzlichen Voraussetzungen der Zuziehung des Urkundsbeamten der Geschäftsstelle als **Protokollführer** der Praxis an, wo die Protokollierung durch Diktate des Zivilrichters auf Tonträger die Regel ist. Um den Ausnahmecharakter klarzustellen,[180] sind die engen Voraussetzungen, unter denen ein Urkundsbeamter zugezogen werden kann, ausdrücklich normiert. § 181 Abs. 1 S. 1 stellt klar, dass die **Ersatzzustellung durch Niederlegung** auch dann auf der Geschäftsstelle des Amtsgerichts erfolgen kann, wenn die Post mit der Ausführung der Zustellung beauftragt wurde. § 181 Abs. 1 S. 2 sucht angesichts der Schließung zahlreicher Poststellen sowie der neuen Postdienste, die über örtliche Poststellen nicht verfügen, eine Lösung, die vermeidet, dass die Niederlegung regelmäßig bei der Geschäftsstelle des Amtsgerichts erfolgt: Die Niederlegung kann deshalb bei einer Poststelle am Ort der Zustellung oder einer *Poststelle* am Ort des Amtsgerichts erfolgen. 161

§ 234 Abs. 1 verlängert die Frist für den Antrag auf **Wiedereinsetzung bei Versäumnis einer Rechtsmittelbegründungsfrist** auf einen Monat und setzt damit die Rechtsprechung des BAG und des BVerwG[181] zur Rechtsmittelbegründungsfrist nach Gewährung von Prozesskostenhilfe um, wonach auch der nicht bemittelten Partei nicht lediglich die Zwei-Wochen-Frist des Wiedereinsetzungsrechts, sondern die volle Rechtsmittelbegründungsfrist zustehen muss. 162

§ 278 Abs. 6 erleichtert den Abschluss eines **gerichtlichen Vergleichs,** der nun auch schriftlich unterbreitet, schriftsätzlich angenommen und vom Gericht durch Beschluss festgestellt werden kann.[182] § 284 S. 2 bis 4 ermöglichen mit Einverständnis der Parteien **freibeweisliche Beweiserhebungsformen** im Zivilprozess, die bisher allenfalls durch Verzicht auf Verfahrensrügen (§ 295 Abs. 1) praktiziert werden konnten. Die Entbindung des Gerichts vom Strengbeweis kann generell erteilt, aber auch im Interesse der Vorhersehbarkeit auf einzelne Beweiserhebungen beschränkt werden und ist nur eingeschränkt (S. 4) widerruflich. 163

§ 307 erstreckt den Verzicht auf eine mündliche Verhandlung vor Erlass eines **Anerkenntnisurteils** auf alle Fälle des Anerkenntnisses, was bisher nur in den Fällen des § 128 Abs. 2 und des § 307 Abs. 2 aF möglich war. § 310 Abs. 3 erspart die **Anberaumung eines Verkündungstermins** für Urteile, durch die ohne mündliche Verhandlung der Einspruch gegen ein Versäumnisurteil zurückgewiesen wird; die Verkündung wird durch die Zustellung des Urteils ersetzt. Auch § 320 Abs. 3 macht eine mündliche Verhandlung entbehrlich; über einen **Tatbestandsberichtigungsantrag** ist nur noch auf Antrag einer Partei mündlich zu verhandeln. § 321a Abs. 5 S. 1 beschneidet eine nicht gebotene Konsequenz der erfolgreichen **Gehörsrüge.** Auf eine begründete Gehörsrüge hin wird der Prozess nur noch im Hinblick auf die betroffene Partei und den von der Rüge betroffenen Streitgegenstand zurückversetzt. Insbesondere erhält der Gegner der rügenden Partei nicht die – unverdiente – zweite Chance, seinen Vortrag zu ergänzen. Die Bestimmung wurde insoweit im nachfolgenden Anhörungsrügengesetz übernommen. § 331 Abs. 3 erweitert die Möglichkeiten im 164

---

178 BAG DRsp. 1997/772 Rn. 46.
179 BFHE 106, 181, 184.
180 Vgl. BR-Drucks. 378/1/03, S. 2.
181 Dazu BR-Drucks. 378/03, S. 38.
182 Hiervon machen 98% bzw. 96% der Richter an den Amts- bzw. Landgerichten Gebrauch, wobei die Annahmequote bei 71% liegt (vgl. Fn. 149).

Versäumnisverfahren ohne mündliche Verhandlung zu entscheiden; dies ist nun auch bei nur teilweise schlüssigen Klagen statthaft und erspart die mündliche Verhandlung, wenn der Kläger trotz Hinweises des Gerichts auf die teilweise Unschlüssigkeit und die Rechtsfolgen nach § 331 Abs. 3 seine Klage nicht insoweit zurücknimmt.

165 § 411 a erlaubt nun die **Verwertung von gerichtlichen Sachverständigengutachten** aus anderen Verfahren als Sachverständigenbeweis, die bisher nur mit Einschränkungen und nur als *Urkundenbeweis*[183] möglich war. Dies eröffnet freilich nicht nur ein urheberrechtlich zweifelhaftes Verwertungsrecht des Gerichts, sondern birgt das erhebliche Risiko unzutreffender Subsumtion neuer Sachverhalte unter auf diese nicht bezogene Gutachten.[184]

166 § 511 Abs. 4 klärt das Verhältnis von **Zulassungsberufung und Wertberufung** dahingehend, dass die Zulassungsberufung nur noch zu prüfen ist, wenn die Partei nicht mit mehr als 600 Euro beschwert ist, also nicht Wertberufung einlegen könnte. Nach § 524 Abs. 2 ist die Frist zur Einlegung der **Anschlussberufung** nicht mehr abstrakt an die Zustellung der Berufungsbegründung gebunden, sondern dem Berufungsbeklagten zu setzen.

167 In § 527 Abs. 3 Nr. 1 wird das seit dem ZPO-Reformgesetz 2001 bestehende versehentlich verursachte Problem beseitigt, dass der **Vorsitzende der Kammer für Handelssachen** nicht mehr als vorbereitender Einzelrichter für Verweisungen nach § 100 iVm. §§ 97 bis 99 GVG entscheiden konnte.

168 Eine erstaunliche Regelung, die Rückschlüsse auf den „normalen Geschäftsgang" zulässt, schafft § 541 Abs. 1 S. 2: Das Gericht des ersten Rechtszuges hat die **Prozessakten unverzüglich an das Berufungsgericht** zu übersenden, nachdem es gemäß Abs. 1 S. 1 (unverzüglich nach Einreichen der Berufung) aufgefordert wurde. Versteht sich das nicht von selbst? Ebenfalls ein **Aktenversandproblem** löst § 551 Abs. 2. Nachdem der BGH als Folge der Neufassung der §§ 551 Abs. 2 S. 5, 6 und 544 Abs. 2 S. 2 durch das ZPO-Reformgesetz 2001 praktische Schwierigkeiten moniert hatte, weil die Akten von den Berufungsgerichten nicht immer fristgerecht eintrafen, erlaubt § 551 Abs. 2 S. 6 2. Hs. eine Verlängerung der Revisionsbegründungsfrist, wenn dem Revisionskläger Einsicht in die Prozessakten nicht fristgerecht gewährt werden kann (weil sie nicht vorhanden sind!). Damit Berufungsgerichte dies nicht als Einladung zur Verzögerung missverstehen, verweist § 565 nun auch auf das neue – sanktionslose – Unverzüglichkeitsgebot für die Aktenübersendung in § 541 Abs. 1 S. 2

169 Mit § 552 a[185] wird die Möglichkeit geschaffen, dass das Revisionsgericht die vom Berufungsgericht zugelassene **Revision durch einstimmigen Beschluss** zurückweist, wenn es davon überzeugt ist, dass die Zulassungsvoraussetzungen nicht vorliegen und die Revision keine Aussicht auf Erfolg hat. Die Bestimmung ist weder unter dem Gesichtspunkt der dadurch ermöglichten Entscheidung ohne mündliche Verhandlung noch wegen des Fehlens einer Übergangsvorschrift für Altverfahren verfassungsrechtlichen Bedenken ausgesetzt.[186]

170 § 574 Abs. 1 stellt klar, dass die **Rechtsbeschwerde** im Verfahren des **einstweiligen Rechtsschutzes** ebenso unstatthaft ist wie die Revision. § 577 Abs. 6 erweitert die Gründe, aus denen auf eine **Begründung der Revision** verzichtet werden kann; als letztinstanzliche Entscheidung dient die Revisionsentscheidung vorrangig der Klärung von Rechtsfragen und der Einheit der Rechtsordnung, weshalb von einer Begründung abgesehen werden kann, wenn für diese Zwecke kein Beitrag zu erwarten ist.

171 § 708 Nr. 10 bezieht Berufungsurteile in vermögensrechtlichen Streitigkeiten nun insgesamt in den Kreis der **ohne Sicherheitsleistung** für **vorläufig vollstreckbar** zu erklärenden Urteile auf. Damit entfällt die als nicht sachgerecht angesehene Unterscheidung zwischen Berufungsurteilen der OLGe (§ 708 Nr. 10 aF) und Berufungsurteilen der Landgerichte, die durch die ZPO-Reform 2002 revisibel wurden, deshalb nun auch der vorläufigen Vollstreckbarerklärung bedürfen und bis zur Neufassung des § 708 Nr. 10 nach § 709 zu behandeln waren.

172 **e) AnhörungsrügenG 2004.** Das Anhörungsrügengesetz vom 9. 12. 2004 vervollständigt als Reaktion auf die Entscheidung des BVerfG vom 30. 4. 2003[187] die vom Rechtsstaatsprinzip geforderte Möglichkeit **fachgerichtlicher Abhilfe** gegen Verletzungen des rechtlichen Gehörs unterhalb des Verfassungsbeschwerdeverfahrens. Hierzu eröffnet eine an der Struktur des bisherigen

---

183 BGH NJW 1997, 3381.

184 Besonders bei Gutachten zu *ausländischem Recht* haben manche Gerichte erhebliche geringere Bedenken, weitere Sachverhalte in (überschätzter) eigener Sachkunde zu subsumieren, als dies bei fachfremden, insbesondere technischen Gutachten der Fall ist.

185 Nur technische Anpassungen in §§ 553, 554.

186 BVerfG NJW 2005, 1485.

187 NJW 2003, 1024.

§ 321 a orientierte Erweiterung über den ersten Rechtszug hinaus umfassend eine Anhörungsrüge gegen mit anderen Rechtsmitteln oder Rechtsbehelfen nicht angreifbare Endentscheidungen, durch die das Gericht den Anspruch auf rechtliches Gehör des Rechtsbehelfsführers verletzt hat. Anders als § 321 a aF hindert, wie sich aus der Neufassung des § 705 ergibt, die erweiterte Anhörungsrüge den Eintritt der Rechtskraft nicht; es kann jedoch Vollstreckungsschutz nach § 707 gewährt werden.

f) Pfändungsfreigrenzenbekanntmachung 2005.[188] Die in § 850 c Abs. 2 a geschaffene Kopplung der Pfändungsfreigrenzen an den Grundfreibetrag nach § 32 a Abs. 1 Nr. 1 EStG hat zu einer Bekanntmachung des BMJ gemäß § 850 c Abs. 2 a S. 2 zum 1. 7. 2005[189] geführt, die deshalb umstritten war, weil § 850 c Abs. 2 a auf Änderungen des Grundfreibetrags im „Vorjahreszeitraum" abstellt, dieser sich zwischen dem 1. 7. 2003 und dem 30. 6. 2004 erhöhte, die Anpassung jedoch zum Ablauf eines jeden zweiten Jahres stattfindet. Nach zutreffender Ansicht des BGH[190] ist die bekannt gemachte Erhöhung wirksam, der Begriff „Vorjahreszeitraum" also als „Zwei-Vorjahreszeitraum" zu lesen. 173

g) JustizkommunikationsG 2005. Das Justizkommunikationsgesetz (JKomG) vom 22. 3. 2005[191] setzt die durch das ZustRG 2002 begonnene Öffnung der Justiz für den **elektronischen Rechtsverkehr** fort mit dem Ziel einer umfassenden elektronischen Aktenbearbeitung innerhalb des Gerichts. Zu bewältigen ist dabei insbesondere der Brückenschlag von dem auf dem „Medium Papier" und seiner Verbindung zu Akten beruhenden Prozess sowie die Schaffung elektronischer Parallelformen für die Anbringung von Vermerken und Verbindung von Dokumenten. Wesentliches Elemente der Regelung sind das in § 130 b geregelte und in zahlreichen Bestimmungen an die Stelle des „Schriftstücks" tretende **„Gerichtliche elektronische Dokument"**, das durch die Namensunterschrift des Richters unter Beifügung einer qualifizierten elektronischen Signatur gekennzeichnet ist und von dem ein Aktenausdruck nach § 298 für die real in Papierform geführte Akte gefertigt werden kann. Weiteres Element ist die **„Elektronische Akte"** nach § 298 a, in die neben originären (gerichtlichen) elektronischen Dokumenten auch die in Papierform eingereichten Aktenteile nach Umwandlung in elektronische Dokumente (Scannen) einverleibt werden. Auch für die Akteneinsicht erschließen sich dadurch neue Wege, weil neben der realen Einsicht in einen Ausdruck der elektronischen Akte auch deren Darstellung auf einem Bildschirm oder die Übermittlung elektronischer Dokumente – unter Sicherung durch qualifizierte elektronische Signatur und gegen unbefugte Kenntnisnahme – zugelassen wird (§ 299 Abs. 3). 174

Durch Einbeziehung elektronischer und öffentlicher elektronischer Dokumente in die **Beweiskraftregelungen** (§ 371 a Abs. 1 und 2)[192] wird einerseits dem Bedürfnis gerecht, auch in der Beweiserhebung den Umweg über das Medium Papier zu vermeiden. Andererseits stellt § 416 a sicher, dass auch öffentliche elektronische Dokumente durch einen mit Beglaubigungsvermerk versehenen Ausdruck ohne Verlust an Beweiskraft (Gleichstellung mit beglaubigter Abschrift einer öffentlichen Urkunde) in den „papierenen Rechtsverkehr" eingespeist werden können. Ein weiterer wesentlicher Vereinfachungseffekt wird durch die Ersetzung des „Vordrucks" durch das **Formular** (§§ 117, 190, 659, 702 Abs. 1, 703 c Abs. 1, 2, 758 a Abs. 6) erreicht, das auch elektronisch bereitgestellt werden kann. 175

Die gegenwärtigen Grenzen der Elektronisierung des Gerichtsgangs dürften sich nicht nur aus den hierfür in der Justiz erforderlichen Haushaltsmitteln ergeben, sondern vor allem an der Schnittstelle zum Rechtssuchenden und seinem Prozessbevollmächtigten. Die im Regierungsentwurf[193] erwähnte kleine oder mittlere Kanzlei ohne die erforderliche IT-Ausstattung dürfte – sieht man von Signaturerfordernissen ab – zwar selten sein. Der nicht digitalisierte Bürger darf hingegen nicht ausgegrenzt werden. 176

h) Kapitalanleger-MusterverfahrensG 2005. Der Zuschnitt der ZPO auf die Geltendmachung von Einzelansprüchen in Einzelverfahren erweist sich – auch vor dem Hintergrund der insbesondere in den U. S. A. vorhandenen Möglichkeiten zur Bündelung gleichartiger Verfahren (*class action*) – in bestimmten Anspruchskonstellationen als unbefriedigend. Eine Fallgruppe stellen Verfahren wegen kapitalmarktrechtlicher Haftung, bei denen der einzelne Anleger häufig durch das im Verhältnis zu seinem Schaden hohe Prozesskostenrisiko (Sachverständigengutachten zur Klärung komplexer kapitalmarktrechtlicher Fragen) von einer Klageerhebung abgehalten wird. Das **Kapi-** 177

---

188 Unverändert gemäß Pfändungsfreigrenzenbekanntmachung 2007 bis 30. 6. 2009.
189 Bekanntmachung des BMJ vom 25. 2. 2005.
190 BGH NJW 2006, 777.
191 BGBl. 2005 I S. 837.
192 Dazu *Rossnagel/Fischer-Dieskau* NJW 2006, 806.
193 BR-Drucks. 609/04, S. 2.

talanleger-Musterverfahrensgesetz (KapMuG) vom 16. 8. 2005[194] stellt ein Verfahren bereit, in dem für Klagen der in § 1 KapMuG genannten Art (Schadensersatz wegen falscher (etc.) Kapitalmarktinformation, Erfüllungsanspruch aus Verträgen auf Grund Wertpapiererwerbs- und Übernahmegesetz) die Feststellung anspruchsbegründender oder -ausschließender Voraussetzungen begehrt werden kann, ohne dass die Einzelverfahren im Übrigen gebündelt werden. Musterfeststellungsanträge (§ 1 KapMuG) werden hierzu im elektronischen Bundesanzeiger eingerichteten Klageregister bekannt gemacht (§ 2 KapMuG), um gleichgerichtete Musterfeststellungsanträge anzuregen und zusammenzuführen. Liegen innerhalb von 4 Monaten mindestens neun weitere Anträge vor, so führt das zeitlich erstbefasste Gericht die Entscheidung des übergeordneten OLG über das Feststellungsziel gleichgerichteter Musterfeststellungsanträge herbei (§ 4 KapMuG). Die Einleitung des Musterverfahrens führt zur Aussetzung aller bereits anhängigen oder bis zum Erlass des Musterentscheids noch anhängig werdenden Verfahren aus (§ 7 KapMuG). Das Verfahren findet sodann vor dem OLG zwischen dem vom OLG nach billigem Ermessen bestimmten Musterkläger und Musterbeklagtem statt; die Parteien der übrigen ausgesetzten Verfahren sind beizuladen (§ 8 KapMuG). Der vom OLG zu erlassende Musterentscheid (§ 14 KapMuG) bindet sodann die Prozessgerichte, vor denen die abhängigen anderen Verfahren zu entscheiden sind (§ 16 Abs. 1 KapMuG); insoweit treten der Streitverkündung ähnliche Wirkungen in Ansehung der Beigeladenen ein (§ 16 Abs. 2 KapMuG). Die Kosten des Musterverfahrens sind anteilig Kosten der Einzelverfahren, worüber die Beigeladenen zu belehren sind (§ 8 Abs. 3 Nr. 1 KapMuG). Das **Musterverfahren** selbst unterliegt den Vorschriften der ZPO für das Verfahren im ersten Rechtszug mit Ausnahme der §§ 278, 348 bis 350, 379 (§ 9 Abs. 1 KapMuG). Verfahrensrechtliche Sonderregelungen enthalten §§ 10 bis 14 KapMuG. Aus Anlass des KapMuG wurde in § 32b ein **ausschließlicher Gerichtsstand** bei falschen, irreführenden oder unterlassenen öffentlichen Kapitalmarktinformationen geschaffen, dessen sachlicher Geltungsbereich wörtlich dem des § 1 KapMuG entspricht. Dadurch kommt es ohnehin zur Bündelung von Fällen, die für gleichgerichtete Musteranträge geeignet sind, wobei § 32b Abs. 2 zudem den Landesgesetzgeber ermächtigt eine Kompetenzkonzentration dieses Verfahrenstypus bei einem Landgericht für den Bezirk mehrerer Landgerichte herbeizuführen.

178 **i) 2. Justizmodernisierungsgesetz 2007. aa)** In der Tradition des 1. JuMoG (Rn. 158ff.) greift das 2. JuMoG vom 22. 12. 2006[195] erneut zahlreiche Detailfragen der Verfahrensgesetze auf. Neben bloßen Fehlerbehebungen ergeben sich Änderungen der ZPO einerseits im Umfeld des **Sachverständigenbeweises.** § 72 Abs. 2 schließt die nach der Einführung des § 839a BGB in Mode geratene **Streitverkündung** gegenüber dem Sachverständigen und gegenüber dem Gericht aus. § 411 Abs. 1 versucht, den viel beklagten Missstand langer Begutachtungszeiten dadurch zu bekämpfen, dass das Gericht nun eine Frist für die Abgabe des schriftlichen Gutachtens setzen „soll", nicht nur „kann". Ob dies das Dilemma behebt, das bei hochqualifizierten Spezialisten als Gutachter nicht zuletzt ein Belastungs- und Honorarproblem ist, scheint zweifelhaft. Die Ablehnung der Heranziehung als Sachverständiger wegen Überlastung ist heute schon ein ebenso großes Problem wie die Verzögerung des, oft aus Entgegenkommen mit Bedenken angenommenen Auftrages. Andererseits wird die in § 411a durch das 1. JuMoG geschaffene Möglichkeit der Einbringung von Gutachten aus anderen Verfahren nun auch auf staatsanwaltschaftlich eingeholte Sachverständigengutachten erstreckt. Ob die Kostenersparnis durch Mehrfachverwendung das Risiko der Fehleinschätzung der Vergleichbarkeit des Sachverhalts aufwiegt, ist fraglich. Die gleichzeitige Modifikation des **§ 13 JVEG,** die auch der PKH-berechtigten Partei die Möglichkeit zur Teilnahme an einer Honorarvereinbarung mit dem Sachverständigen gibt, macht das Dilemma deutlich.

179 **bb)** Eine Stärkung der innerstaatlichen Bedeutung des **EGMR** (und damit der EMRK Rn. 193ff.), dessen Entscheidungen einerseits bindende Wirkung haben, der andererseits Urteile nationaler Gerichte nicht aufheben kann, erreicht § 580 Nr. 8 der die vom EGMR festgestellte Verletzung der EMRK zum Restitutionsgrund gegen ein auf der Verletzung beruhendes Urteil erhebt.

180 **cc)** Eher formale Änderungen betreffen die nach § 690 Abs. 3 S. 2 nun bei Anragstellung durch einen Rechtsanwalt zwingende **maschinell lesbare Form des Mahnantrags,** die Klärung des vom BAG[196] ausgelösten Streites um die Zuständigkeit zur Erteilung der Vollstreckungsklausel auf gerichtliche Vergleiche (§ 795b) sowie die Klarstellung, wie eine Vorpfändungsbenachrichtigung im Ausland zuzustellen ist (§ 845 Abs. 1).

---

[194] Art. 1 des Gesetzes zur Einführung eines Kapitalanleger-Musterverfahrens, BGBl. 2005 I S. 2437; eingehend *Gebauer* ZZP 119 (2006) 159; *Lüke* ZZP 119 (2006) 131.
[195] BGBl. 2006 I S. 3416; vgl. BT-Drucks. 16/3038; BT-Drucks. 16/3640.
[196] NJW 2004, 701.

6. Vorhaben für die XVI. Legislaturperiode. a) „Große Justizreform"? aa) Der Ruf nach einer stärkeren **Funktionsdifferenzierung** der Instanzen ist trotz der ZPO-Reform 2002 nicht verstummt. Gegen das weiterhin die Rechtsprechung beherrschende Verständnis der Berufungsinstanz als Tatsacheninstanz[197] haben insbesondere die Justizminister der Länder die Forderung nach einer (erneuten) „Großen Justizreform" gestellt,[198] die insbesondere eine grundsätzliche Beschränkung auf eine Rechtsmittelinstanz mit ausschließlicher Rechtsfehlerkontrolle anstrebt. Der *Koalitionsvertrag* vom 11. 11. 2005[199] bezieht sich ausdrücklich auf diese Vorschläge und strebt ein „Gesamtkonzept für eine nachhaltige Sicherung der Leistungs- und Zukunftsfähigkeit der Justiz bei voller Wahrung rechtsstaatlicher Standards" an und lässt mit dem Handlungsziel „straffen und überschaubarer machen" der „verfahrensrechtlichen Strukturen" jedenfalls Sympathie für weitere Beschränkungen der Justizressourcen erkennen. Am 1./2. 6. 2006 hat die 77. Konferenz der **Länderjustizminister** eine vorläufige Einigung erzielt, die zwar viele Ziele der „Großen" Justizreform ablegt, jedoch wider Erwarten recht erhebliche Änderungen der ZPO vorsieht. So ist in Zivilverfahren die funktionale Zweigliedrigkeit des Rechtsmittelzuges durch Zulassungsberufung in Anlehnung an die Zulassungsgründe der VWGO geplant; darüber hinaus soll die Berufungsschwelle auf mindestens 1000 Euro steigen.[200] 181

bb) Weder die Begründung mit angeblicher Überlänge von Zivilverfahren,[201] noch die hektische Abfolge, mit der „große" Reformen diskutiert werden,[202] wirkt seriös. Inhaltlich wird weiter um die Grundfrage zu ringen sein, wie ein Instanzenzug auszusehen hat, der die rechte Balance zwischen Einzelfallgerechtigkeit und genereller Bedeutung der Rechtsfrage hält.[203] Im Zentrum grundlegender Umgestaltungsmöglichkeiten des Zivilprozesses[204] steht die Frage, ob, wie § 529 Abs. 1 Nr. 1 dies auch nach der Reform von 2002 vorsieht, eine rechtsfehlerfreie Tatsachenfeststellung der ersten Instanz einer inhaltlichen Korrektur durch die Berufungsinstanz zugänglich bleiben soll, oder zur reinen – und dann abschließenden – Rechtsfrageninstanz wird.[205] Diese Frage primär vor dem Hintergrund vermeintlicher Spareffekte[206] für die öffentlichen Haushalte zu diskutieren, mag Leitfaden einer Politik[207] sein, die Haushaltskürzungen als Selbstzweck sieht und bereit ist, dieses Handlungsziel mit unüberprüften Prämissen, hier der angeblichen Langsamkeit, Aufblähung und Kostenträchtigkeit der deutschen Justiz zu begründen. Im Vordergrund muss die Frage stehen, wie der deutsche Zivilprozess dem Rechtsstaatsprinzip weiterhin genügt und wie er sein hohes internationales Ansehen[208] bewahren kann. Dies fordert zumindest eine ohne politischen Zeitdruck geführte Diskussion,[209] die auch die Erfahrungen anderer Industrienationen vergleichend einzubeziehen hätte. 182

---

197 BGH NJW 2004, 2751; BGH NJW 2005, 1583; ein insgesamt positives Bild der Wirkungen der ZPO-Reform 2002 vermittelt *Bamberger* ZRP 2004, 137.

198 Dazu *Heister-Neumann* ZRP 2005, 12; vgl. auch *Weth* ZRP 2005, 119.

199 Zeilen 6055–6062.

200 *Fiebig* NJW-aktuell 26/2006 VI; die Beschlüsse finden sich (Stand 1. 7. 2006) unter http://www.justiz.bayern.de/ministerium/jumiko/beschluss/#anker_sprungmarke_0_35.

201 Zutreffend *Roth* JZ 2006, 9, 10; vgl. zu Erledigungszahlen oben Rn. 43 ff.

202 *Roth* JZ 2006, 9, 11: „‚Große Justizreformen' im Herzschlagtakt".

203 Die relativ hohe Berufungsquote und ihre nur geringfügige Abnahme gegen Urteile der Landgerichte nach der Reform 2002 (oben Rn. 145 ff.) zeigt im Übrigen, dass bei wirtschaftlich bedeutsamen Sachen die Grenze der Akzeptanz weiterer Maßnahmen zur Rechtswegbeschneidung wohl erreicht ist. Eine Radikallösung, welche die gegen mehr als 50% der LG-Urteile eingelegte Berufung erheblich erschwert oder gar beseitigt, würde empfindlich den Bedarf der Rechtssuchenden verkürzen.

204 Die Idee einer Großen Justizreform spielt überdies mit Strukturreformen in den Gerichtszweigen, die über die fakultative Zusammenlegung von Verwaltungs-, Finanz- und Sozialgerichtsbarkeit („Kleine Justizreform"; dazu die Gesetzentwürfe BR-Drucks. 543/04 und 544/04.

205 Vgl. zu den konträren Standpunkten *Rimmelspacher* ZZP 107 (1994), 421, 449 ff.; *ders.* Jura 2002, 11, 14; andererseits *Roth* JZ 2006, 9; *Dury* ZRP 2005, 262 jeweils mit weiteren Nachw.

206 Der übliche Ansatz bei der Ausgabenseite, der von der Erwartung ausgeht, durch Reformen maßgebliche Stellenkürzungen zu erreichen, ist für das Prozessrecht schon deshalb verfehlt, weil, anders als etwa im Wissenschaftssektor in der Justiz Schäden nicht nur langfristig auftreten, sondern auch eine nicht irrelevante unmittelbar fiskalisch wirkende Einnahmeseite zu beachten ist, die unter einer Rechtsschutzverkürzung, die sich gerade auf höherwertige Streitwerte mit annähernd kostendeckenden Gerichtskosten auswirkt, besonders leiden müsste. Überdies sind auch die strukturellen Auswirkungen auf den Arbeitsmarkt für Juristen zu beachten, selbst wenn man die Frage nur haushaltspolitisch angehen möchte.

207 Vgl. den Beitrag von *Heister-Neumann* ZRP 2005, 12.

208 Dass der BGH (BGHZ 115, 93) Anlass hatte, § 23 ZPO einschränkend auszulegen ist ein guter Beweis dafür, wie vorteilhaft ausländische Parteien den deutschen Zivilprozess einschätzen.

209 Insbesondere die Evaluierung der Reform 2002 von *Hommerich/Prütting* (Fn. 149) lässt wenig Handlungsbedarf erkennen.

183 **b) FGG-Reform und Familienverfahren. aa) Familienverfahren als Teil der FG.** Erheblich konkreter sind die schon in der 15. Legislaturperiode zu einem Referentenentwurf gediehenen,[210] ebenfalls im *Koalitionsvertrag*[211] erwähnten Bestrebungen um ein neues Verfahrensrecht für die Freiwillige Gerichtsbarkeit. Einerseits sollen bürgerliche Streitverfahren der FG entzogen werden, was bereits zur **Eingliederung des WEG-Verfahren** in die ZPO geführt hat.[212] Andererseits ist eine vollständige **Ausgliederung des Familienverfahrensrechts** aus der ZPO (Aufhebung des 6. Buches) und Eingliederung in ein neues *Gesetz über das Verfahren in Familiensachen und in den Angelegenheiten der freiwilligen Gerichtsbarkeit* **(FamFG-E)** geplant.[213]

184 **bb) Großes Familiengericht.** Der wesentlichste Aspekt der Reform soll die Verwirklichung des vielfach geforderten[214] Konzepts eines Großen Familiengerichts sein; der Katalog der Familiensachen wird in § 111 FamFG-E um sämtliche Gewaltschutzsachen unbeschadet einer familiären Beziehung, Adoptionssachen und um „sonstige Familiensachen" (§ 111 Nr. 10 FamFG-E) erweitert, was zu einer Abschaffung des Vormundschaftsgerichts und zu einer Konzentration bisher der allgemeinen Zivilabteilung zugewiesener Verfahren über Ansprüche aus Ehe, Lebenspartnerschaft, Eltern-Kind-Verhältnis sowie aus der Auflösung von Verlöbnissen, Ehen und Lebenspartnerschaften führen soll.

185 **cc) Systematik des FamFG-E.** Systematisch sind die **allgemeinen Bestimmungen** über das Familienverfahren in das 1. Buch FamFG-E und damit in den Allgemeinen Teil der Freiwilligen Gerichtsbarkeit eingestellt; in einem zweiten Buch (§§ 111 ff. FamFG-E) sind Abschnitte für **einzelne Familiensachen** betreffende spezielle Verfahrensregeln, insbesondere das Verfahren in Ehesachen (§§ 121 ff. FamFG-E), vorgesehen.

186 **dd) Substantielle Änderungen.** Inhaltlich sind die geplanten Änderungen weit weniger umstürzend, als dies die vollständige Verlagerung in die der Freiwilligen Gerichtsbarkeit gewidmete Kodifikation vermuten lässt. Die in § 621 a Abs. 1 angelegte Unterscheidung von ZPO-Familiensachen und FGG-Familiensachen setzt sich vielmehr fort in einer Unterscheidung zwischen „Familienstreitsachen" (§§ 112 ff. FamFG-E), die weitgehend den Bestimmungen der ZPO unterstellt werden und den übrigen Familiensachen, die tatsächlich umfassend den in §§ 1 ff. geregelten Bestimmungen des Verfahrens der Freiwilligen Gerichtsbarkeit unterliegen. Auch das Verfahren in Ehe- und Lebenspartnerschaftssachen nimmt weiterhin eine Sonderstellung ein, die in der umfänglichen, an §§ 606 ff. orientierten, Regelung in §§ 121–150 FamFG-E zum Ausdruck kommt. **Inhaltliche Neuerungen** finden sich damit vor allem in der Gestaltung des Verfahrens bzw. einzelner Kategorien von Familiensachen. Äußerlich tritt die Vereinheitlichung der Entscheidungsform (Beschluss auch in Familienstreitsachen, § 116 FamFG-E), des Rechtsmittelzuges (sofortige Beschwerde und Rechtsbeschwerde auch in Familienstreitsachen, § 117 Abs. 1 FamFG-E, freilich mit weitgehender Angleichung an das ZPO-Berufungsverfahren) und ein einheitliches Kostenrecht (§§ 80 ff. FamFG-E) hervor, während die Vollstreckung in Familienstreitsachen weiterhin nach den Bestimmungen der ZPO erfolgen soll (§ 120 FamFG-E).

186 a Die noch im Referentenentwurf geplante Einführung eines **vereinfachten Scheidungsverfahrens,** das die durch Umgehung praktisch obsolete Regelung des § 630[215] ersetzen und für kinderlose Ehen eine Scheidung ohne anwaltliche Vertretung nach vorhergehender (notarieller) Einigung über Unterhalt, Ehewohnung und Hausrat eröffnen sollte, ist am breiten Widerstand in Anwaltschaft und Teilen der Regierungsfraktionen gescheitert.[216] Eine erleichterte Scheidung bei erhöhten außergerichtlichen Einigungsanforderungen wird es damit nicht geben. Immerhin soll die in der Praxis verbreitete Umgehung der einverständlichen Scheidung aufgrund der Vermutung des § 1566 Abs. 1 BGB durch eine eher formale Scheidung aus dem Grundtatbestand (§ 1565 Abs. 1 BGB) dadurch vermieden werden, dass die Koppelung der Scheiternsvermutung (§ 1566 Abs.1 BGB) an eine Einigung über Folgesachen (§ 630 Abs. 1) ersatzlos entfällt. § 134 FamFG-E verzichtet auf verfahrensrechtliche Voraussetzungen für das Eingreifen der Scheiternsvermutung. Diese Lösung mag ehrlich sein, denn sie entspricht der ohnehin geübten Praxis. Sie vertut freilich die Chance, durch eine kos-

[210] Dazu *Kuntze* FGPrax 2005, 185.

[211] Zeilen 6079–6082.

[212] Gesetz zur Änderung des Wohnungseigentumsgesetzes und anderer Gesetze vom 26. 3. 2007, BGBl. 2007 I 370.

[213] Gesetzentwurf der Bundesregierung vom 10. 5. 2007 BR-Drucks. 309/07. Zum Inhalt im Einzelnen *Meyer-Seitz/Kröger/Heiter* FamRZ 2005, 1430.

[214] Vgl. schon *Diederichsen* ZZP 91 (1978), 397, 408.

[215] Dazu *Staudinger/Rauscher* (2004) Vorbem. §§ 1564 ff. BGB Rn. 81 f.

[216] Ablehnend: *Bergerfurth* FF 2005, 178; *Rakete-Dombek* FF 2005, 293; *Brudermüller* FF-editorial 4/2006; DAV-Pressemitteilung Nr. 42/05, FF 2005, 291, Nr. 7/06 FF 2006, 125.

tengünstigere einverständliche Scheidung echte Anreize für einverständliche Folgesachenregelungen zu schaffen, also jenes Ziel zu erreichen, das § 630 Abs. 1 mit der Einigung als „Preis" der Vermutung des § 1566 Abs. 1 BGB nach der Intention des 1. EheRG eigentlich erstrebt hatte.

ee) Kritik. Das ungleiche Verhältnis zwischen großem systematischem Umsturz und eher detailorientierter Reform erinnert ein wenig an die Schuldrechtsreform 2002, deren Protagonisten sich nach zwei Jahrzehnten rechtspolitischer Diskussion große Mühe gaben, der Praxis zu bekunden, es würden einige Missstände des alten Rechts ausgemerzt, im Übrigen bleibe im Grunde alles beim Alten. Der moderne Gesetzgeber scheint die äußerlich große Reform, die inwendig eher kleinere, hier im Ganzen sogar nützliche, Modifikationen umfasst, zu benötigen, weil damit der politische Anspruch gestalterischer Kraft eher zum Ausdruck kommt und der Wähler angesichts neuer Schläuche gerne glaubt, sie enthielten auch neuen Wein. Gewiss kann man, wenn man sein altes Haus nicht mehr aufräumen und renovieren mag, ein neues errichten, auch wenn das Mobiliar nicht vollständig erneuert werden muss. Auch die Rückgewinnung der Übersichtlichkeit ist gewiss von Wert für eine Verfahrensordnung.[217] Unschön ist nur, dass die im bisherigen Recht geschulten Praktiker[218] sich im neuen Haus zunächst verirren, ehe sie erfreut die alten Möbel wieder finden. Dies in einer Zeit, in der gerade das Prozessrecht angesichts der Flut europäischer Verordnungen für die Praxis ohnehin bedrohliche Dynamik entfaltet. Vor diesem Hintergrund sollte noch einmal bedacht werden, ob nicht die einzelnen materiellen Reformen auch in der alten Systematik ihren Platz finden können. **187**

c) Rechtsberatungsreform. Nur mittelbare Auswirkungen auf den Zivilprozess haben die ebenfalls in die 16. Legislaturperiode mitgenommenen[219] Bestrebungen zu einer Reform des Rechtsberatungsrechts. Der vorliegende Referentenentwurf eines *Rechtsdienstleistungsgesetzes* **(RDG-E)**[220] strebt einen Wechsel des Ausgangspunktes vom Kriterium der Geschäftsmäßigkeit hin zum Kriterium der Entgeltlichkeit an. Im unentgeltlichen Bereich steht die Zulassung sozial motivierter Rechtsberatung im Vordergrund. Im entgeltlichen Bereich lockert der Entwurf nur hinsichtlich der außergerichtlichen Rechtsdienstleistung das Monopol der Rechtsanwaltschaft; künftig sollen in einem eng enumerierten Bereich (Inkassodienstleistung, Rentenberatung, ausländisches Recht) auch besonders sachkundige Personen als **Rechtsdienstleister** registriert werden können (§§ 10ff. RDG-E). Hingegen ist die Einführung eines allgemeinen Rechtsdienstleistungsberufs unterhalb der Rechtsanwaltschaft – zu Recht – nicht vorgesehen. Die Vertretung im Zivilprozess bleibt im Anwaltsprozess (§ 78) weiterhin ausschließlich den Rechtsanwälten vorbehalten. Registrierte Rechtsdienstleister sollen selbst im Parteiprozess nur in geringem Umfang (§ 79 Abs. 2 Nr. 4 idF des RDG-E), insbesondere nicht im Streitverfahren, vertretungsbefugt sein. Dies spiegelt die Erwartung fehlender Prozessrechtskenntnis dieses Personenkreises wider, führt aber in einem nicht unbedeutenden Fall zu ungereimten Ergebnissen: Vertretungsberechtigt sollen zwar nach § 79 Abs. 2 Nr. 2 ZPO idF des RDG-E unentgeltlich handelnde Personen mit Befähigung zum Richteramt nach dem DRiG sein, nicht aber registrierte Rechtsdienstleister, die diese Befähigung besitzen. So könnte künftig ein für Rechtsdienstleistung zu einem ausländischen Recht registrierter deutscher Volljurist, dem die Zulassung zur Anwaltschaft nicht möglich ist (zB ein beamteter Hochschullehrer) – in seiner Eigenschaft als registrierter Rechtsdienstleister – den Mandanten in Vorbereitung von dessen ausländischem Recht unterliegenden Ehescheidungsverfahren entgeltlich beraten, ihn auch – in seiner Eigenschaft als Volljurist – vor Gericht vertreten, dies aber nur unentgeltlich, was zu Umgehungen geradezu herausfordert und in keiner Weise mit der Schutzbedürftigkeit des Rechtssuchenden erklärbar ist. **188**

d) Überlange Verfahrensdauer. Mit Urteil vom 8. 6. 2006 hat der EGMR[221] die Dauer eines konkreten deutschen Zivilprozesses sowie das Fehlen eines gegen überlange Verfahrensdauer gerichteten Rechtsbehelfs im deutschen Zivilprozessrecht als Verstoß gegen Art. 6 Abs. 1 EMRK beanstandet. Schon als Reaktion auf eine gegen Polen ergangene Entscheidung des EGMR[222] hatte die Bundesregierung kurz vor dem Ende der 15. Legislaturperiode einen Referentenentwurf[223] zur Schaffung einer, im Fall der Nichtabhilfe dem Beschwerdegericht vorzulegenden Untätigkeitsbeschwerde (§ 198 GVG-E) vorgelegt. **189**

---

[217] Hierzu *Borth,* FS Musielak, 2004, S. 105, 113ff.

[218] Darauf weist – gegen eine große Familienverfahrensrechtsreform – der Regierungsentwurf zum KindRG hin: BT-Drucks. 13/4899, S. 74.

[219] Koalitionsvertrag vom 11. 11. 2005 Zeilen 6075–6077.

[220] Vom 23. 8. 2006 http://www.bmj.bund.de/media/archive/1306.pdf

[221] EGMR *(Sürmeli/Deutschland)* NJW 2006, 2389.

[222] EGMR *(Kudla/Deutschland)* NJW 2001, 2694.

[223] Vom 18. 9. 2005, vgl. Pressemitteilung des BMJ vom 26. 8. 2005, der freilich bislang nicht eingebracht wurde; weiterführend zu Problematik *Kroppenberg* ZZP 119 (2006) 177; *Jakob* ZZP 119 (2006) 303.

III. Grundgesetz und Zivilprozessrecht

190 **1. Zivilprozessrecht unter dem Einfluss des BVerfG. a) Verfassungsrechtliche Grundlagen.** Neben den spezifischen Prozessgrundrechten des Grundgesetzes (Art. 101 ff. GG) nehmen auch die Grundrechte aus Art. 1 ff. GG, das Rechtsstaatsprinzip (Art. 20 Abs. 3 GG) sowie die Rechtsschutzgarantie (Art. 19 Abs. 4 GG) Einfluss auf das Zivilprozessrecht. Grundrechtsverletzungen im Verfahren sind mit der Verfassungsbeschwerde zum BVerfG (Art. 93 Abs. 1 Nr. 4 a GG) nach Ausschöpfung des Rechtswegs zu den ordentlichen Gerichten angreifbar. Auf dieser Grundlage hatte das BVerfG in zahlreichen Fällen in das Zivilprozessrecht einzugreifen,[224] was durchaus nicht immer ohne Kritik bleibt, stellt sich doch die Korrektur der Einzelfallentscheidung durch das BVerfG als „Pannenhelfer“[225] als Faktor der Unruhe in der formalen Ordnungsfunktion des Prozessrechts dar.

191 **b) BVerfG und Rechtswegerschöpfung. aa)** Das BVerfG ist sich dieser Gefahr durchaus bewusst und hat nicht nur durch im Rahmen der Rechtswegerschöpfung, sondern auch positiv im Wege einer **Rechtsmittelausdehnung** versucht, die Beseitigung von „Pannen“ des Zivilprozesses innerhalb der Zivilrechtspflege zu lösen. Das BVerfG[226] hat schließlich sogar den Gesetzgeber angehalten, Lücken im ordentlichen Rechtsschutz, speziell gegenüber Verstößen gegen das Grundrecht auf rechtliches Gehör zu schließen, wobei es dem Gesetzgeber überlassen bleibt, ob dies durch Erweiterung der Statthaftigkeit von Rechtsmitteln oder auch durch Selbstkontrolle des iudex a quo erfolgt. Diese Wertung hat zwischenzeitlich die Neuregelung durch das Anhörungsrügengesetz (Rn. 178) hervorgerufen und kann bei entsprechender Beachtung durch den Gesetzgeber die Fälle reduzieren, in denen das BVerfG Einzelfallgerechtigkeit herstellen muss.

192 **bb)** Trotz der mit einzelnen verfassungsindizierten Eingriffen in die Zivilrechtspflege verbundenen Gefahr, das BVerfG zu einer Überinstanz werden zu lassen, erscheint grundsätzliche **Kritik an Einzeleingriffen des BVerfG verfehlt.**[227] Gerade im Zusammenhang mit der Kontrolle von einfachgerichtlichen Entscheidungen am Willkürverbot (Art. 3 Abs. 1 GG, Rn. 234 ff.) trifft es zwar zu, dass das BVerfG nicht die großen Linien des Verfassungsrechts schützt, sondern Einzelfallgerechtigkeit herstellen muss, doch spricht dies nicht gegen das Eingreifen des BVerfG. Da das BVerfG in allen nachfolgenden Fallgruppen immer wieder betont, die bloße Verletzung einfachen Rechts führe nicht zum prozessualen Verfassungsverstoß, insbesondere ein Richterspruch nur dann als willkürlich anzusehen ist, „wenn er unter keinem denkbaren Aspekt rechtlich vertretbar ist und sich daher der Schluss aufdrängt, dass er auf sachfremden Erwägungen beruht“,[228] geht es jedenfalls in der dogmatischen Grundlegung um Fälle, in denen unbeschadet der fehlenden Grundsätzlichkeit des Problems ein Rechtsstaat es nicht hinnehmen kann, wenn ein solcher Richterspruch Bestand hat. Die faktische Verlagerung auf das BVerfG beruht insbesondere darauf, dass der Gesetzgeber sich nur unter dem Druck des BVerfG[229] zu einer Lösung des Phänomens grundrechtswidriger Entscheidungen innerhalb der Zivilgerichtsbarkeit durchringt und die Zivilrechtsprechung sich schwer tut, prater legem effiziente Modelle zu entwickeln.[230]

193 **c) EMRK, Europäische Grundrechtscharta und Menschenrechtsbeschwerde zum EGMR. aa)** Zunehmende Bedeutung für den verfahrensrechtlichen Grundrechtsschutz erlangt das Menschenrecht auf ein **faires Verfahren** gemäß **Art. 6 Abs. 1 EMRK.** Im Gegensatz zum System der ausdrücklichen und impliziten Verfahrensgrundrechte[231] im GG deckt Art. 6 Abs. 1 EMRK die gesamte Bandbreite der Verfahrensgrundrechte unter dem Dach des fairen Verfahrens ab.[232] So fällt insbesondere auch der Anspruch auf **rechtliches Gehör** unter Art. 6 Abs. 1

---

[224] Zu der gegenüber der WRV fundamental gewachsenen Bedeutung des GG und des BVerfG für das Zivilprozessrecht *Schumann,* FS 50 Jahre BGH, Bd. III, 3, 15 ff.

[225] Der Ausdruck geht auf das BVerfG selbst zurück; s. BVerfGE 42, 243, 248 = NJW 1976, 1837.

[226] BVerfG NJW 2003, 1924 (Plenarbeschluss); BVerfG NJW 2003, 3687; vgl. auch BVerfG BGBl. 2004 I 124: Verstoß der streitwertabhängigen Revision vor Inkrafttreten des ZPO-RG 2002 gegen das Rechtsstaatsprinzip iVm. Art. 103 Abs. 1 GG wegen Fehlen eines Rechtsschutzes gegen Verletzung des rechtlichen Gehörs im oberlandesgerichtlichen Berufungsverfahren.

[227] Zur Problematik des BVerfG als „Superrevisor“ *Kenntner* NW 2005, 785.

[228] BVerfG NJW 2001, 1125.

[229] Die Entwicklung zu § 321 a idF des ZPO-RG und seine vom BVerfG veranlasste Änderung durch das Anhörungsrügengesetz geben hierfür ein Beispiel, unten Rn. 159.

[230] Vgl. unten Rn. 251 zur Gegenvorstellung.

[231] Vgl. etwa zur Problematik einer überlangen Verfahrensdauer oben Rn. 189.

[232] Ähnlich der Ansatz des ALI-UNIDROIT-Entwurfs „Principles and Rules of Transnational Civil Procedure“, dazu *Ferrand* ZEuP 2004, 615.

EMRK.[233] Dies mag zur Begriffsverwirrung beitragen, weil aus Sicht des Grundgesetzes ebenfalls ein Anspruch auf ein faires Verfahren besteht (Rn. 219ff.), der im Hinblick auf die ausdrückliche Regelung des Art. 103 Abs. 1 GG von diesem abgegrenzt und mangels ausdrücklicher Nennung im GG aus dem Rechtsstaatsprinzip (Art. 20 Abs. 3 GG) abgeleitet wird. Tatsächlich ist der Anspruch auf rechtliches Gehör kein aliud zum Anspruch auf ein faires Verfahren, sondern eher, wie Art. 6 Abs. 1 EMRK dies sieht, Teil des fairen Verfahrens oder dessen unabdingbare Voraussetzung.[234]

bb) er EGMR hat aus Art. 6 Abs. 1 EMRK ein umfassendes Recht auf wirksamen, effizienten[235] 194
und fairen Rechtsschutz hergeleitet, das zusammenfassend als „right to a fair trial"[236] etikettiert wird. Dieses umfasst neben dem **rechtlichen Gehör** einen Anspruch auf **Zugang zum Gericht,** weitgehend die Prinzipien der **Mündlichkeit,** der **Öffentlichkeit**[237] und der **Waffengleichheit.**[238] Erhebliche Bedeutung erlangt in der Rechtsprechung des EGMR der ebenfalls aus Art. 6 Abs. 1 EMRK hergeleitete Anspruch auf eine Entscheidung in **angemessener Frist,**[239] dessen Verletzung durch deutsche Gerichte mehrfach Gegenstand von Vertragsverletzungsverfahren war,[240] was einen nicht unwesentlichen Einfluss auf die Entwicklung des außerordentlichen Rechtsbehelfs der Untätigkeitsbeschwerde im deutschen Verfahrensrecht hatte.

cc) Wegen Verletzung der Rechte aus Art. 6 Abs. 1 EMRK findet die Beschwerde an den **Europäischen Gerichtshof für Menschenrechte** gemäß Art. 34, 35 EMRK statt. Sie setzt die Ausschöpfung des Rechtswegs zu nationalen Gerichten voraus.[241] Beruht ein Urteil auf einer vom EGMR festgestellten Verletzung der EMRK, so ist dies Restitutionsgrund (§ 580 Nr. 8). 195

dd) Die **Europäische Grundrechtscharta** hat den durch den EGMR zu Art. 6 Abs. 1 EMRK 196
geschaffenen gesamteuropäischen Standard von Verfahrensgrundrechten in Kapitel VI (Justizielle Rechte) übernommen und partiell erweitert; insbesondere fehlt die in Art. 6 EMRK enthaltene Beschränkung auf Straf- und Zivilverfahren. Allerdings fehlt es derzeit der Grundrechtscharta nicht nur an unmittelbarer Verbindlichkeit, so dass sie (lediglich) als Ausdruck eines europäischen Grundwerteverständnisses in der Rechtsprechung des EuGH herangezogen werden kann. Es fehlt vor allem an **Rechtsbehelfen** zu Gerichten der EU, mit denen eine Verletzung gerügt werden könnte.

2. Gesetzlicher Richter (Art. 101 Abs. 1 S. 2 GG). a) Fallsituationen im Zivilprozess. 197
Die Garantie des **gesetzlichen Richters** (Art. 101 Abs. 1 S. 2 GG) spielt im Zivilprozess[242] eine weniger bedeutende Rolle. Sie ist zB verletzt, wenn trotz erkannter grundsätzlicher Bedeutung der Einzelrichter entscheidet,[243] oder wenn ein Gericht die Verpflichtung zur Vorlage an ein anderes Gericht (zB OLG an BGH) willkürlich außer Acht lässt.[244] Hingegen bedeutet nicht jede fehlerhafte Anwendung von Zuständigkeitsregeln oder des Ablehnungsrechts einen Verstoß gegen das Recht auf den gesetzlichen Richter.[245] Die Grenzen zum Verfassungsverstoß sind jedoch überschritten, wenn die Auslegung der Zuständigkeitsnorm oder ihre Handhabung im Einzelfall willkürlich oder offensichtlich unhaltbar ist oder wenn die richterliche Entscheidung Bedeutung und Tragweite der Verfassungsgarantie des Art. 101 Abs. 1 S. 2 GG grundlegend verkennt.[246] Damit steht der Kontrollmaßstab im Gegensatz zum Fall der Verletzung des rechtlichen Gehörs (Rn. 199) näher bei der Willkürgrenze, die unter Art. 3 Abs. 1 GG an sonstige Verletzungen des Verfahrensrechts anzulegen ist (Rn. 235).

---

[233] EGMR NJW 2004, 2505: Gericht hat Vortrag der Parteien zu würdigen; EGMR NJW 2001, 2315: Anhörung.

[234] So *Musielak/Musielak* Rn. 29, der zutreffend auf die praktische Konsequenz hinweist, dass es zu fehlerhafter Zuordnung einzelner Fallgruppen kommt; nicht ganz zutreffend daher *Baumbach/Lauterbach/Hartmann* Rn. 16, der das rechtliche Gehör aus Art. 6 EMRK sowie Art. 2 Abs. 1, 20 Abs. 3 GG herleitet.

[235] Hierzu eingehend *Wilfinger,* Das Gebot effektiven Rechtsschutzes in Grundgesetz und Europäischer Menschenrechtskonvention, 1995.

[236] Im Einzelnen *Pache* NVwZ 2001, 1342; *Geppert* Jura 1992, 597; *Matscher,* FS Beys, 2003, Bd. 2, S. 988.

[237] EGMR NJW 1992, 1813; EGMR NJW 1991, 623; *Safferling* NStZ 2004, 181.

[238] EGMR FamRZ 2003, 149.

[239] EGMR NVwZ 1999, 1325.

[240] EGMR NJW 1998, 2961; EGMR NJW 1997, 2809.

[241] Zu den Voraussetzungen im einzelnen *Rogge* EuGRZ 1996, 341; *Meyer-Ladewig/Petzold* NJW 1999, 1165; *Schlette* JZ 1999, 219.

[242] Anders im Strafprozess vgl. BVerfG NJW 2004, 3482; BVerfG NJW 2005, 2689.

[243] BGH ZVI 2003, 467; BGH NJW 2004, 223.

[244] BVerfGE 42, 237, 241 = NJW 1976, 2128.

[245] BVerfG NJW 2005, 3410.

[246] BVerfG NJW 2005, 3410.

198 **b) EuGH als gesetzlicher Richter?** In diesem Zusammenhang wird angesichts zunehmender prozessualer EG-Verordnungen die Frage bedeutsam, ob auch der **EuGH gesetzlicher Richter** ist, so dass das Unterbleiben einer sachlich gebotenen Vorlage nach Art. 68, 234 EG eine Verletzung von Art. 101 Abs. 1 S. 2 GG darstellen würde.[247] Nach wohl hM gilt dieser Grundsatz auch bei Nichtzulassung der Revision aus unsachlichen Gründen.[248]

199 **3. Rechtliches Gehör (Art. 103 Abs. 1 GG). a) Verfassungsrechtlicher Maßstab. aa)** Art. 103 Abs. 1 GG garantiert jedermann vor Gericht Anspruch auf rechtliches Gehör. Dieses **Prozessgrundrecht**[249] lässt sich auf die Achtung der Menschenwürde (Art. 1 Abs. 1 GG) zurückführen, die es verbietet, den Menschen als bloßes Objekt staatlichen Handelns zu betrachten und daher seine Respektierung als Subjekt des Verfahrens fordert.[250] Des Weiteren wurzelt der Anspruch auf rechtliches Gehör im Rechtsstaatsprinzip (Art. 20 Abs. 3 GG) und ist daher ein unverzichtbarer Bestandteil einer jeden rechtsstaatlichen Prozessordnung.

200 **bb)** Art. 103 Abs. 1 GG bedeutet nicht lediglich eine verfassungsrechtliche Bestätigung der einfachrechtlichen Ausformung des rechtlichen Gehörs in den Verfahrensgesetzen, also auch der ZPO (zB §§ 136 Abs. 3, 139, sowie Anhörungsbestimmungen), sondern verfassungsrechtlicher Maßstab, der über dem einfachen Verfahrensrecht steht, bei dessen Auslegung zu beachten ist und ggf. bei Fehlen einer einfachrechtlichen Regelung unmittelbar Anwendung findet.[251] Verstöße gegen Art. 103 Abs. 1 GG können als Grundrechtsverstöße mit der Verfassungsbeschwerde gerügt werden (Art. 93 Abs. 1 Nr. 4a GG).

201 **cc)** Andererseits ergibt sich aus der vielfältigen Absicherung des rechtlichen Gehörs im **einfachen Verfahrensrecht** das Problem der Abgrenzung zwischen Verstößen gegen einfachrechtliche Anhörungsvorschriften, die (nur) fehlerhafte Anwendung einfachen Rechts bedeuten können und Verstößen gegen das Recht aus Art. 103 Abs. 1 GG. Genau betrachtet gibt es drei Kategorien von Verstößen gegen das rechtliche Gehör, die unterschiedlich zu behandeln sind: Verstöße gegen einfachrechtliche Vorschriften, die nicht zugleich Art. 103 Abs. 1 GG verletzen, Verstöße gegen einfachrechtliche Vorschriften, die zugleich Art. 103 Abs. 1 GG verletzen und Verstöße gegen Art. 103 Abs. 1 GG, die vorliegen, obgleich oder gerade weil das einfache Verfahrensrecht keine Regelung vorsieht. Nur die beiden letzten Kategorien haben Verfassungsrelevanz und sind hier zu behandeln. Für eine generelle Abgrenzung der beiden ersten Kategorien fehlen freilich, trotz umfänglicher Kasuistik, hinreichend klare abstrakte Grundsätze.[252]

202 **dd)** Die Zulässigkeit der **Verfassungsbeschwerde** wegen Verletzung des Art. 103 Abs. 1 GG setzt einerseits die Wahrung **gesteigerter Sorgfaltspflichten** durch den Beschwerdeführer im vorangehenden Zivilprozess voraus. Er hat bei drohender und bereits vorinstanzlich erfolgter Verletzung des Art. 103 Abs. 1 GG alle sich bietenden, nicht offensichtlich aussichtslosen verfahrensrechtlichen Behelfe zu ergreifen, um den Verstoß zu vermeiden oder zu beseitigen,[253] was insbesondere die Einlegung des im ZPO-RG neu geschaffenen[254] und im Anhörungsrügengesetz verstärkten[255] Rechtsbehelfs der Anhörungsrüge (§ 321a) umfasst.[256]

203 **ee)** Der **Kontrollmaßstab** bei Rüge der Verletzung von Art. 103 Abs. 1 GG weist spezifisch auf das Verfahrensrecht bezogene Besonderheiten auf. Grundsätzlich gibt das BVerfG den Instanzgerichten in Anwendung einfachen Rechts einen erheblichen Spielraum. In Anwendung von Bestimmungen des Verfahrensrechts, welche grundsätzlich der Wahrung rechtlichen Gehörs dienen, insbesondere von Form- und Fristvorschriften, ist hingegen wegen der damit verbundenen einschneidenden Wirkungen ein strengerer Kontrollmaßstab geboten.[257] Dabei bezieht sich die Kontrollintensität nicht auf bestimmte einfachrechtliche Vorschriften, sondern auf die konkrete Auswir-

---

[247] Zu entsprechenden Folgerungen aus BVerfG NJW 2001, 1276 vgl. *Füßer* DVBl. 2001, 1574.

[248] Offengelassen in BVerfGE 67, 90, 95 = NJW 1984, 2147.

[249] BVerfG NJW 2003, 1655; ähnlich BVerfG NJW 2004, 2443; vgl. auch die Gleichstellung in Art. 93 Abs. 1 Nr. 4a GG.

[250] BVerfGE 7, 275, 279 = NJW 1958, 665; BVerfGE 9, 89, 95 = NJW 1959, 427.

[251] *Rosenberg/Schwab/Gottwald* § 82 Rn. 1; zur Einwirkung der Rechtsprechung des BVerfG zu den Präklusionsbestimmungen auf deren Auslegung durch den BGH: *Otto,* Festg. BGH, Bd. III, S. 160.

[252] *Zuck* NJW 2005, 3753.

[253] BVerfGE 95, 96, 129 = NJW 1997, 929; BVerfG NJW 2005, 1413, 1414; BayVerfGH MDR 1996, 740.

[254] *Müller* NJW 2002, 2743.

[255] *Zuck* NJW 2005, 1226.

[256] *Zuck* NJW 2005, 3753, 3754; zu den sich daraus für den *Rechtsanwalt* ergebenden Konsequenzen (Haftung, wenn wegen Unterbleiben der Anhörungsrüge die Verfassungsbeschwerde unzulässig wird) *Zuck* NJW 2005, 1226.

[257] BVerfGE 75, 302, 312; BVerfG NJW 2004, 3551.

kung: Hat zB die Anwendung von §§ 288, 290 im konkreten Fall eine präkludierende Wirkung, so unterliegt sie der strengeren verfassungsgerichtlichen Überprüfung.[258]

Dies erklärt den **Unterschied des Prüfungsmaßstabs**[259] zwischen der bloßen Willkürkontrolle und der Kontrolle am Maßstab des Art. 103 Abs. 1 GG: Wendet ein Instanzgericht einfaches Recht unrichtig an, so ist darin nur dann ein Verfassungsverstoß in Ansehung von Art. 3 Abs. 1 GG (Willkürverbot) zu sehen, wenn die Entscheidung unter keinem denkbaren Aspekt rechtlich vertretbar ist und sich deshalb aufdrängt, dass sie auf sachfremden Erwägungen beruht.[260] Hingegen liegt ein Verstoß gegen Art. 103 Abs. 1 GG nicht erst dann vor, wenn auch Willkür vorliegt, sondern bereits, wenn die Auslegung und Anwendung der das rechtliche Gehör regelnden und beschränkenden einfachrechtlichen Normen offenkundig unrichtig ist.[261] Hält man, zumindest theoretisch, die Topoi des Verstoßes gegen Art. 103 Abs. 1 GG und der Willkür klar getrennt, so ist diese Abstufung völlig logisch: Nicht jeder Rechtsfehler ist Willkür, aber jeder Rechtsfehler, der das rechtliche Gehör verletzt, verletzt bereits Art. 103 Abs. 1 GG. **204**

b) Rechtsinhaber und Verfahrenstypus. aa) Inhaber des Anspruchs ist **„Jedermann"**, was zunächst verdeutlicht, dass es sich um ein Grundrecht mit nicht beschränktem Adressatenkreis handelt, das insbesondere nicht nur Deutsche begünstigt. Anspruch auf rechtliches Gehör haben Deutsche und Ausländer, natürliche und juristische Personen. **205**

bb) Der Schutz des Art. 103 Abs. 1 GG setzt jedoch, ebenso wie Art. 6 Abs. 1 EMRK, ein **gerichtliches Verfahren** voraus; jedermann hat „vor Gericht" den Anspruch auf rechtliches Gehör. Dies führt nicht nur zu der Erkenntnis, dass sich aus Art. 103 Abs. 1 GG nicht der Zugang zu Gericht, also der Justizgewährungsanspruch herleiten lässt.[262] Es wirft auch das Problem auf, wer in einem grundsätzlich auf ein Prozessrechtsverhältnis zwischen förmlichen Parteien zugeschnittenen Zivilprozess das Grundrecht, bezogen auf diesen Prozess, beanspruchen kann. **206**

cc) Der Kreis der anzuhörenden Personen **beschränkt sich nicht auf formell Beteiligte,** sondern erfasst auch materiell Beteiligte bei unmittelbarer Einwirkung auf deren Rechte.[263] Dies bedeutet freilich nicht, dass sämtliche materiell Beteiligte den Schutz des Art. 103 Abs. 1 GG genießen.[264] Die hM beschränkt den Anspruch auf rechtliches Gehör auf solche Dritte, deren Rechtsstellung durch die Wirkungen des zu erlassenden Urteils rechtlich (nicht nur faktisch) betroffen ist.[265] Auch dies kann durchaus zu einer Erweiterung gegenüber dem formellen Partei- bzw. Beteiligtenkreis führen, etwa bei Statusprozessen,[266] aber auch bei der Auflösungsklage gegen eine GmbH bezüglich eines nicht verklagten Mitgesellschafters.[267] **Zeugen und Sachverständige** sind als solche nicht erfasst. Eine Ausnahme gilt nur, soweit sich das Verfahren auf ihre eigene Rechtsposition auswirkt (Beispiele: Zeugnisverweigerungsrecht, Festsetzung eines Ordnungsgeldes).[268] **207**

dd) Der Anspruch aus Art. 103 Abs. 1 GG beschränkt sich nicht auf bestimmte **Verfahrensarten** oder **Rechtswege.** Er besteht universell in allen Gerichtszweigen; innerhalb des Zivilverfahrens gilt er über das Erkenntnis- und Vollstreckungsverfahren hinaus auch für einstweilige Maßnahmen, das Mahnbescheidsverfahren, insbesondere aber auch im PKH-Verfahren.[269] Auch die Geltung des Amtsermittlungsgrundsatzes in einer Verfahrensart verdrängt nicht den Anspruch auf rechtliches Gehör.[270] In Verfahren vor dem **Rechtspfleger** bestimmt sich jedoch die Pflicht zur Anhörung nicht nach Art. 103 Abs. 1 GG, sondern nach dem rechtsstaatlichen Grundsatz eines fairen Verfahrens (Rn. 219 ff.).[271] **208**

c) Anspruch auf Rechtliches Gehör – Einzelheiten und Kasuistik. aa) Fallgruppen. Der Anspruch auf rechtliches Gehör umfasst grundsätzlich **Informationspflichten** des Gerichts, **Äuße-** **209**

---

258 BVerfG NJW 2001, 1565.
259 Vgl. *Zuck* NJW 2005, 3753, 3754: „neuerdings ... geringere Anforderungen".
260 BVerfGE 58, 163 = NJW 1982, 983; BVerfGE 80, 48 = NJW 1989, 1917; BVerfG NJW 2001, 1125.
261 BVerfG NJW 2004, 3551.
262 *Lerche* ZZP 78 (1965), 1, 6 ff.; *Zeuner,* FS Nipperdey I, 1965, S. 1013, 1016 ff.; *Wassermann* DRiZ 1984, 425 ff.
263 BVerfGE 21, 132, 137 = NJW 1967, 492.
264 So jedoch *Schlosser* JZ 1967, 431.
265 *Zeuner* S. 1013, 1038; *ders.,* Rechtliches Gehör, materielles Recht und Urteilswirkungen, 1974, S. 21, 26; BVerfGE 75, 201, 215 = NJW 1988, 125.
266 BVerfGE 21, 132, 137 = NJW 1967, 492.
267 BVerfGE 60, 7 ff. = NJW 1982, 1635.
268 *Rosenberg/Schwab/Gottwald* § 82 Rn. 8; *Stein/Jonas/Leipold* Vor § 128 Rn. 36.
269 Vgl. BVerfGE 9, 256 = NJW 1959, 1028.
270 BVerfGE 7, 53, 57 = NJW 1957, 1228; BVerfGE 19, 148, 149; 89, 381, 390 = NJW 1994, 1053.
271 BVerfG NJW 2000, 1709.

rungsbefugnisse der Beteiligten sowie die Verpflichtung des Gerichts, diese Äußerungen angemessen bei seiner Entscheidungsfindung zu **berücksichtigen.**

210 **bb) Informationspflichten. Informationspflicht und Äußerungsbefugnis** sind dabei miteinander verwoben: Nur die vom Verfahren überhaupt, von den Äußerungen des Prozessgegners,[272] sowie von den entscheidungsrelevanten Tatsachenerkenntnissen des Gerichts[273] informierte Partei kann sich hierzu sachgerecht äußern. Information ermöglicht erst, dass die Partei erkennt, auf welche Gesichtspunkte es für die Entscheidung ankommt.[274]

211 Grundsätzlich besteht zwar keine Pflicht zur **Erörterung der Rechtsansicht** des Gerichts.[275] Auch Hinweispflichten nach § 139 Abs. 1 haben nicht umfassend Verfassungsrang.[276] Jedoch besteht eine **richterliche Hinweispflicht** (§ 139 Abs. 1), auf tatsächliche oder rechtliche Irrtümer, sowie die Verpflichtung zum Schutz vor Überraschungsentscheidungen (§ 139 Abs. 2).[277] Art. 103 Abs. 1 GG gebietet jedoch einen Hinweis auf vom Gericht gestellte Anforderungen an den Sachvortrag, mit denen auch ein gewissenhafter und kundiger Prozessbeteiligter nicht zu rechnen braucht.[278] Hinzuweisen ist auch auf eine **gewandelte Rechtsanschauung** des Gerichts, um Vortrag zu ermöglichen,[279] auf eine Rechtsansicht des Gerichts, mit der die Beteiligten nach dem bisherigen Verlauf des Verfahrens (auch erster Instanz) nicht zu rechnen brauchten,[280] sowie auf eine vom Erstrichter abweichende Beweiswürdigung durch das Berufungsgericht.[281]

212 **cc) Äußerungsbefugnis.** Den Parteien ist Gelegenheit zu geben, umfänglich zum **Sachverhalt** und zu ihren **Rechtsauffassungen** vorzutragen.[282] Eine Rechtsdiskussion ist hingegen nicht geschuldet.[283]

In welcher **Form** den Berechtigten das rechtliche Gehör gewährt werden muss, hängt von der Art des Verfahrens ab. Im schriftlichen Verfahren reicht eine schriftliche Gewährung aus; ein Recht auf mündliche Anhörung besteht nicht.[284] Es genügt, dass dem Berechtigten Gelegenheit zur Stellungnahme gegeben worden ist; ob er die Gelegenheit wahrgenommen hat, ist unerheblich. Auch muss er sich um Gehör bemühen, soweit dies für ihn zumutbar ist, etwa durch einen Antrag auf Vertagung, Fristverlängerung oder Wiedereröffnung der mündlichen Verhandlung.[285]

213 Die Gelegenheit zur Äußerung muss grundsätzlich **vor Erlass** einer gerichtlichen Entscheidung[286] gewährt werden, weil sie sonst nicht zur Grundlage der Entscheidung gemacht werden kann. Die Möglichkeit späterer Anfechtung genügt nicht. Allerdings kann ein Verstoß nachträglich geheilt werden, wenn das Gehör im Rechtsmittelverfahren nachgeholt wird. Das Gericht muss vor jeder Entscheidung prüfen, ob rechtliches Gehör gewährt wurde.[287]

214 Die besondere Art eines Verfahrens kann die **nachträgliche Gewährung** rechtfertigen, wenn sie nach dem Zweck des Verfahrens erforderlich ist. Das trifft vor allem für den einstweiligen Rechtsschutz zu, der ohne Überraschungseffekt nicht auskommt, wenn er effizient sein soll. Im Arrestverfahren kann das Gericht ohne mündliche Verhandlung entscheiden, im einstweiligen Verfügungsverfahren nur in dringenden Fällen (§§ 921 Abs. 1, 937 Abs. 2). Die Einseitigkeit des Verfahrens wird dadurch ausgeglichen, dass die Entscheidung nachträglich unter Gewährung vollen rechtlichen Gehörs kontrolliert werden kann.[288] In der Praxis hat sich die sog. **Schutzschrift** entwickelt, damit das Gericht das Absehen von der mündlichen Verhandlung sorgfältig prüft und das

---

[272] BVerfGE 30, 406, 408; BVerfGE 55, 95, 99.

[273] BVerfG FPR 2003, 488.

[274] BVerfG FPR 2003, 488.

[275] BVerfGE 31, 364, 370 = NJW 1971, 1739; BVerfGE 42, 64 = NJW 1976, 1391; BVerfGE 67, 90, 96 = NJW 1984, 2147; BVerfGE 74, 1, 6 = NJW 1987, 1192.

[276] BVerfG WuM 2002, 23: Kein Hinweis an anwaltlich vertretene Partei auf fehlende Aktivlegitimation.

[277] BVerfGE 84, 188 = NJW 1991, 2823; BVerfGE 86, 133 = NJW 1992, 2877; BVerfGE 98, 218 = NJW 1998, 2515.

[278] BVerfGE 84, 188 = NJW 1991, 2823; BVerfG NJW 2003, 3687.

[279] BVerfGE 78, 123 = NJW 1988, 2787; BVerfG NJW 2003, 3687; vgl. auch BGH NJW 1976, 474: unerwartete Anwendung ausländischen Rechts.

[280] BVerfG NJW 2002, 1334.

[281] BVerfG NJW 2003, 2524.

[282] BVerfGE 9, 231 = NJW 1959, 1124; BVerfGE 9, 261 = NJW 1959, 1315.

[283] BVerfGE 31, 364 = NJW 1971, 1739.

[284] BVerfGE 6, 19, 20.

[285] *Stein/Jonas/Leipold* Vor § 128 Rn. 50 ff.

[286] BVerfG NJW 2005, 1487.

[287] BVerfGE 36, 85, 87 = NJW 1974, 133.

[288] BVerfGE 9, 89, 97 f. = NJW 1959, 427.

Beschlussverfahren nicht zur Regel macht.[289] Die vom einfachen Recht für die Entscheidung ohne mündliche Verhandlung angeordneten besonderen Voraussetzungen (zB § 937 Abs. 2: „in dringenden Fällen") begrenzen jedoch zugleich die Zulässigkeit des Absehens von vorherigem rechtlichem Gehör. Unrichtige Anwendung dieser Voraussetzungen kann wiederum Art. 103 Abs. 1 GG verletzen.

dd) Berücksichtigungspflicht. Art. 103 Abs. 1 GG verpflichtet das Gericht, nur den Prozessstoff seiner Entscheidung zugrunde zu legen, zu dem allen Beteiligten Gehör gewährt wurde.[290] Das Gericht hat die Ausführungen der Prozessbeteiligten **zur Kenntnis zu nehmen** und in Erwägung zu ziehen,[291] die angebotenen Beweise grundsätzlich zu erheben.[292] Die Nichtberücksichtigung eines von den Fachgerichten als erheblich angesehenen Beweisangebotes verstößt daher gegen Art. 103 Abs. 1 GG, wenn sie im Prozessrecht keine Stütze mehr findet.[293] Umfasst ist auch die Anhörung gerichtlicher Sachverständiger.[294] Hingegen besteht kein Recht auf die Auswahl eines bestimmten Beweismittels oder auf bestimmte Arten von Beweismitteln.[295] 215

Das Gericht hat sich weiter mit dem vorgetragenen Tatsachenvortrag und Rechtsmeinungen **auseinanderzusetzen,** sofern sie nicht offensichtlich unrichtig sind. Die Gerichte sind nicht verpflichtet, sich mit jedem Vorbringen in den Entscheidungsgründen ausdrücklich zu befassen; jedoch müssen die Ausführungen der Parteien erkennbar verarbeitet sein,[296] was nicht die Auseinandersetzung mit jedem Parteivortrag erfordert.[297] Grundsätzlich ist zu vermuten, dass das Gericht das Parteivorbringen auch zur Kenntnis genommen und in Erwägung gezogen hat, für das Gegenteil müssen sich besondere Umstände ergeben.[298] Ist das Gericht auf den wesentlichen Kern des Tatsachenvortrags einer Partei zu einer Frage, die für das Verfahren zentrale Bedeutung hat, nicht eingegangen, so lässt dies jedoch auf Nichtberücksichtigung schließen, sofern der Vortrag nicht unerheblich oder offensichtlich unsubstanziiert war[299] oder als verspätet behandelt wurde. 216

Bei einem **Kollegialgericht** genügt es, dass ein Berichterstatter einen anderen Richter über den Akteninhalt informiert.[300] Die Mitglieder des Gerichts brauchen sich nicht durch eigenes Aktenstudium Kenntnis vom gesamten Prozessstoff zu verschaffen.[301] 217

Art. 103 Abs. 1 GG schützt nicht dagegen, dass das Gericht Vorbringen der Beteiligten aus Gründen formellen oder materiellen Rechts unberücksichtigt lässt.[302] Bestimmungen über **Säumnis** und **Präklusion**[303] sowie **Fristen zur Einlegung von Rechtsbehelfen** sind daher als solche verfassungskonform. Die Auslegung unbestimmter Rechtsbegriffe in solchen Bestimmungen des Verfahrensrechts obliegt den Instanzgerichten.[304] Ein Verstoß gegen Art. 103 Abs. 1 GG kann[305] sich jedoch bei fehlerhafter Anwendung dieser Bestimmungen, insbesondere bei unzureichender Prozessleitung und somit Verletzung der **prozessualen Fürsorgepflicht** des Gerichts ergeben.[306] Vom Gericht gesetzte Fristen müssen angemessen sein, insbesondere berücksichtigen, dass auch bei einem gewissenhaften Verfahrensbevollmächtigten eine gewisse Zeit vergeht, bis er von einer Fristsetzung Kenntnis erlangt;[307] ggf. müssen sie auf Antrag verlängert werden. Das Gericht ist sodann 218

---

289 *Lüke,* FS Jahr, 1993, S. 293, 300 ff.

290 BVerfGE 55, 95, 98.

291 BVerfGE 51, 126, 129 = NJW 1980, 278; BVerfGE 70, 215, 218 = NJW 1987, 485; BVerfGE 86, 133, 146 = NVwZ 1992, 401; BVerfG NJW 1998, 2044 u. 2273.

292 BVerfGE 50, 32, 35 f. = NJW 1979, 413; BVerfGE 53, 205, 206; BVerfG NJW 2005, 1487.

293 BVerfGE 50, 32 = NJW 1979, 413; BVerfGE 60, 250; BVerfG NJW 2005, 1487.

294 BVerfG NJW 1998, 2273.

295 BVerfG NJW 1996, 3145, 3146.

296 BVerfGE 47, 182, 189 = NJW 1978, 989; BVerfGE 54, 43, 46 = FamRZ 1980, 547; BVerfG NJW 1997, 122.

297 BVerfG FuR 2001, 306.

298 BVerfGE 42, 364, 368; BVerfG NJW 1978, 989.

299 BVerfG NVwZ-RR 2002, 802.

300 BVerfG NJW 1987, 2219, 2220; *Stein/Jonas/Leipold* Vor § 128 Rn. 65; *Zöller/Greger* Vor § 128 Rn. 7; *Herr* NJW 1983, 2131.

301 So aber *v. Stackelberg* MDR 1983, 364; *Doehring* NJW 1983, 851.

302 BVerfGE 21, 191, 194 = NJW 1967, 923; BVerfGE 96, 205 = NJW 1997, 2310; BVerfG NJW-RR 2004, 1710.

303 Zu § 531 Abs. 2: BVerfG NJW 2005, 1768.

304 BVerfGE 75, 302 = NJW 1987, 2733: § 296 Abs. 2 („Verzögerung", „grobe Nachlässigkeit").

305 Nicht jede fehlerhafte Anwendung von Präklusionsvorschriften verletzt Art. 103 Abs. 1 GG: BVerfGE 75, 302.

306 BVerfGE 51, 188 = NJW 1980, 277; BVerfGE 60, 1 = NJW 1982, 1453; BVerfGE 75, 302 = NJW 1987, 2733; BVerfGE 69, 126 = NJW 1985, 1149; BVerfGE 81, 264.

307 BVerfG NVwZ 2003, 859.

an seine eigenen Fristen gebunden, muss also fristgerecht vorgebrachte Tatsachen berücksichtigen.[308] Die Unzulässigkeit einer Berufung, die mit fristgerecht eingegangenem Telefax eingelegt wurde, darf nicht allein daraus hergeleitet werden, dass einzelne Passagen fehlen, ohne dass die eingegangenen Passagen auf den erforderlichen Mindestinhalt überprüft werden.[309]

219 **4. Faires Verfahren (Art. 20 Abs. 3 GG). a) Allgemeines Prozessgrundrecht. aa)** Das BVerfG hat, beginnend mit Entscheidungen zum Zuschlag im Vollstreckungsrecht[310] und zur Beweiserleichterung im Arzthaftungsrecht[311] ein allgemeines **Prozessgrundrecht**[312] **auf ein faires Verfahren** entwickelt, das verfassungsrechtlich aus dem Rechtsstaatsprinzip (Art. 20 Abs. 3 GG) in Verbindung mit dem Grundsatz der freien Entfaltung der Persönlichkeit (Art. 2 Abs. 1 GG) folgt. Auch dieses Verfahrensgrundrecht steht nicht nur Deutschen, sondern auch Ausländern in gleicher Weise zu.[313] Der Richter muss das Verfahren so gestalten, wie die Parteien des Zivilprozesses es von ihm erwarten dürfen; er darf sich nicht widersprüchlich verhalten, ist zur Rücksichtnahme gegenüber den Verfahrensbeteiligten in ihrer konkreten Situation verpflichtet[314] und darf nicht aus eigenen oder ihm zuzurechnenden Fehlern oder Versäumnissen Verfahrensnachteile für eine Partei ableiten.[315] Das Gericht hat das Verfahrensrecht so zu handhaben, dass die eigentlichen materiellen Rechtsfragen entschieden werden und ihnen nicht durch übertriebene Anforderungen an das formelle Recht ausgewichen wird; Verfahrensrecht ist so auszulegen, dass es mit einer rechtsstaatlichen Verfahrensordnung nicht in Widerspruch gerät und den Rechtssuchenden nicht unverhältnismäßig belastet.[316]

220 **bb)** Die **Abgrenzung zu anderen Verfahrensgrundrechten** erweist sich als schwierig, weil eine faire Gestaltung des Verfahrens im Grunde als das übergeordnete verfassungsrechtliche Prinzip des (Zivil-)Prozesses verstanden werden kann, wie dies Art. 6 Abs. 1 EMRK auch tut. Insbesondere die Abgrenzung zu den auf Art. 19 Abs. 4 GG gestützten Prinzipien wird im Schrifttum in unterschiedlicher Weise vorgenommen. Plausibel erscheint es, ohne dass dies ein zwingender Ansatz zur Kategorisierung wäre, dem aus Art. 2 Abs. 1 iVm. Art 20 Abs. 3 GG hergeleiteten Verfahren jene Prinzipien zuzuordnen, die nicht in speziellen Grundrechtsnormen oder durch die Rechtsweggarantie (Art. 19 Abs. 4 GG) geschützt sind.

221 **cc)** Wiederum mag es aus **Sicht des Prozessrechts** wie ein Übergriff wirken, wenn selbst banalere verfahrensrechtliche Fragen nach verfassungsrechtlichen Prinzipien entschieden werden, obgleich sie eine Regelung im einfachen Prozessrecht und seinen Prozessgrundsätzen finden. Gleichwohl verhält es sich mit der Kritik an der Herleitung durch das BVerfG hier ebenso wie mit der Kritik an der ausufernd scheinenden Rechtsprechung zum rechtlichen Gehör oder der Problematik verfassungsrechtlicher Korrektur willkürlicher Entscheidungen: Es ist nicht das BVerfG, das einen Richter veranlasst, bewusst oder unbewusst gegen eine vernünftige Auslegung von Verfahrensprinzipien zu verstoßen. Geschieht dies in einer für einen Rechtsstaat nicht hinnehmbaren Weise, so kann man schwerlich dem BVerfG einen Vorwurf machen, wenn es das Rechtsstaatsprinzip als verletzt ansieht. Gerade die Kasuistik zur Prozessleitung (Rn. 226 ff.) zeigt, dass es nicht primär um die Überhöhung prozessualer Rücksichtnahme in das Verfassungsrecht geht, sondern um Fälle, in denen Instanzgerichte, aus welchen Motiven auch immer, sich in einer Weise verhalten haben, deren Rechtsstaatswidrigkeit jedem vernünftigen Juristen auffallen müsste.

222 **b) Fallgruppen und Kasuistik. aa) Waffengleichheit.** Der **Grundsatz der Waffengleichheit** der Parteien ist für den Zivilprozess allgemein anerkannt.[317] Ungeklärt sind sein Verhältnis zum Verfassungsrecht und zu anderen verfassungsrechtlichen Prozessgrundsätzen sowie sein grundsätzlicher Inhalt.[318] Das **BVerfG** leitet den Grundsatz sowohl aus dem **Rechtsstaatsprinzip** als auch aus dem **Allgemeinen Gleichheitssatz** (Art. 3 Abs. 1 GG) her[319] und charakterisiert ihn als

---

[308] BVerfGE 64, 224, 227; BVerfGE 60, 120, 123 = NJW 1982, 1453.

[309] BVerfG NJW 2004, 3551.

[310] BVerfGE 42, 64 = NJW 1976, 1391; BVerfGE 46, 325 = NJW 1978, 368; BVerfGE 49, 220 = NJW 1979, 534; BVerfGE 51, 150 = DRiZ 1979, 249.

[311] BVerfGE 52, 131 = NJW 1979, 1925; dazu *Stürner* NJW 1979, 2335; erneut BVerfG NJW 2004, 2079.

[312] BVerfG NJW 1991, 3140; BVerfG NJW 1996, 3202; BVerfG NJW 1998, 2044; anders noch BVerfGE 57, 250, 276 = NJW 1981, 1718; BVerfGE 63, 45, 61 = NJW 1983, 1043: konkretisierungsbedürftiger Verfahrensgrundsatz.

[313] BVerfG NJW 2004, 50.

[314] BVerfGE 78, 123, 126 = NJW 1988, 2787; BVerfG NJW 1998, 2044.

[315] BVerfGE 51, 188; BVerfGE 60, 1; BVerfGE 75, 183; BVerfG FamRZ 2003, 1447.

[316] BVerfG NJW 2005, 814.

[317] Eingehend *Vollkommer,* FS Schwab, 1990, S. 503, 519; krit. AK-ZPO/*Schmidt* Einl. Rn. 89 f.

[318] Ebenso *Musielak/Musielak* Rn. 31.

[319] BVerfGE 52, 131, 144 = NJW 1979, 1925; BVerfG NJW 1988, 2597.

die verfassungsrechtlich gewährleistete Gleichwertigkeit der prozessualen Stellung der Parteien vor dem Richter[320] und gleichmäßige Verteilung des Risikos am Verfahrensausgang.[321] Hierbei tendiert das BVerfG zur Anwendung des weiten Prüfungsmaßstabes des Art. 3 Abs. 1 GG. Die Waffengleichheit ist im Zivilprozess nur dann verletzt, wenn eine fehlerhafte Rechtsanwendung bei verständiger Würdigung der das GG beherrschenden Gedanken nicht mehr verständlich ist und sich daher der Schluss aufdrängt, dass sie auf sachfremden Erwägungen beruht.[322] Damit ist ausgeschlossen, dass jeder Fehler bei der Anwendung des § 139 die Verfassungsbeschwerde begründet. Zum verfassungsrechtlich relevanten Inhalt des Grundsatzes der Waffengleichheit gehört, dass beiden Prozessparteien die Möglichkeit eingeräumt wird, alles für die gerichtliche Entscheidung Erhebliche vorzutragen und alle zur Abwehr des gegnerischen Angriffs erforderlichen prozessualen Verteidigungsmittel geltend zu machen.[323] Diese Anforderungen sind jedoch nicht mit dem Anspruch auf rechtliches Gehör abgedeckt.[324] Bei der Problematik der Waffengleichheit geht es vielmehr darum, jeder Partei den Zugang zu einer gehörigen Nutzung ihres rechtlichen Gehörs zu ermöglichen, indem sie nicht durch Kostenerwägungen von der Anrufung des Gerichts abgehalten wird.[325]

Der **BGH** hat teilweise auf eine **Einordnung der Waffengleichheit** verzichtet[326] und den Begriff in eine Reihe mit den Geboten der Verfahrensfairness,[327] der prozessualen Billigkeit[328] und der Prozessökonomie[329] gestellt, teils die Waffengleichheit aber auch dem Grundsatz des fairen Verfahrens zugeordnet.[330] Betrachtet man den Grundsatz des fairen Verfahrens vor dem Hintergrund der Einordnung durch Art. 6 Abs. 1 EMRK als das übergeordnete Prinzip, aus dem das GG lediglich einzelne Verfahrensgrundrechte besonders betont, so liegt es nahe, die im GG nicht gesondert geregelten Verfahrensgrundrechte wie die Waffengleichheit mit dem EGMR[331] dem Anspruch auf ein faires Verfahren zuzuordnen.[332] 223

Die **Zivilgerichte** wenden den Grundsatz der Waffengleichheit vielfältig an. Eine wichtige Fallgruppe betrifft die Gewährung von **PKH** und die **Beiordnung eines Rechtsanwaltes** im Rahmen der PKH, wenn der Gegner ebenfalls anwaltlich vertreten ist.[333] 224

Der zweite Hauptfall der Anwendung des Grundsatzes der Waffengleichheit betrifft Fälle der **Beweisnot.** Hierzu gehören die vom BVerfG entschiedenen Fälle in Arzthaftungsprozessen (Rn. 219). Waffengleichheit erfordert es aber auch, dass einer Partei, die für ein **Vieraugengespräch** (mit einem Zeugen der Gegenseite) ihrerseits keinen Zeugen hat, Gelegenheit zu geben, ihre Darstellung des Gesprächs in den Prozess einzubringen, sei es über § 448 (Parteieinvernahme) oder eine persönliche Anhörung (§ 141); beides darf nicht von einer vorherigen überwiegenden Wahrscheinlichkeit für das Vorbringen dieser Partei abhängig gemacht werden.[334] Auch die Erstattung der Kosten eines **Privatgutachtens** kann durch die Waffengleichheit gefordert sein.[335] Waffengleichheit gebietet schließlich auch die Möglichkeit der **Rechtsmittelanschließung** durch die zunächst stillhaltende Partei[336] und begrenzt die Zulässigkeit der Zurückweisung im **frühen ersten Termin.**[337] 225

bb) Prozessleitung. Erhebliche praktische Bedeutung hat der Anspruch auf ein faires Verfahren für die Anforderungen an eine **Fehler kompensierende Prozessleitung.** Beruht eine Frist- 226

---

[320] BVerfGE 52, 131, 156 = NJW 1979, 1925.

[321] BVerfG NJW 1988, 2597.

[322] BVerfG NJW 1988, 2597.

[323] BVerfGE 55, 72, 93 ff. = NJW 1981, 271; BVerfGE 69, 126, 139 ff. = NJW 1985, 1149.

[324] Anders *Schlosser* NJW 1995, 1404 f. – Zum Einfluss des Grundsatzes der Waffengleichheit bei der Anwendung des § 448; BGH NJW 1999, 363, 364; des § 141 OLG Zweibrücken NJW 1998, 167, 168. Das Ergebnis eines für Kläger und Beklagten verschieden hohen Beschwerdewertes verletzt den Grundsatz nicht; BGHZ (GZS) 128, 85, 90 = NJW 1995, 664.

[325] BVerfG BeckRS 2005, 29 635: Kostenerstattung im Strafverfahren an Nebenkläger.

[326] BGH NJW 1988, 494, 495; BGH NJW 1999, 363, 364.

[327] BGHZ 98, 368, 372 = NJW 1987, 500.

[328] BGHZ 88, 360, 362 = NJW 1984, 437.

[329] BGHZ 92, 207, 211 = NJW 1985, 968.

[330] BGHZ 98, 368, 372 = NJW 1987, 500.

[331] EGMR NJW 1995, 1413 m. Anm. *Schlosser* NJW 1995, 1404; *Schöpflin* NJW 1996, 2134.

[332] BGHZ 98, 368, 372; *Dörr,* Faires Verfahren, 1984, 74 ff.; *Tettinger,* Fairneß und Waffengleichheit, 1984, 18 ff., 36 ff.

[333] BAG InVo 2003, 349; OLG Zweibrücken, FamRZ 2003, 1937; vgl. auch BVerfG 1988, 2597; für Streithelfer: OLG Köln FamRZ 2002, 1198; einschränkend OLG Schleswig SchlHA 2000, 254.

[334] BGH NJW 1999, 363; BGH NJW 2002, 2247; BGH NJW 2003, 3636; BGH NZBau 2005, 690.

[335] LG Hamburg JurBüro 2003, 311.

[336] BGHZ 91, 154, 160 = NJW 1984, 2831; BGHZ 92, 207, 211 = NJW 1985, 968.

[337] BGHZ 98, 368, 372 = NJW 1987, 500.

versäumnis auf Fehlern des Gerichts, so sind unter dem Gesichtspunkt des fairen Verfahrens hohe Anforderungen an die Entscheidung über einen Wiedereinsetzungsantrag zu stellen.[338] Insbesondere eine durch einen internen Fehler der Justiz bewirkte Fristversäumnis ist durch Wiedereinsetzung von Amts wegen zu beheben.[339]

227 Da das BVerfG eine Verpflichtung des Gerichts annimmt, fristgebundene Schriftsätze an das zuständige **Rechtsmittelgericht weiterzuleiten,** ist daher Wiedereinsetzung auch zu gewähren, wenn das Gericht einen an das unzuständige Gericht adressierten Schriftsatz im ordentlichen Geschäftsgang noch fristwahrend an das zuständige Gericht hätte weiterleiten können.[340]

228 Zudem kann ein Prozessbeteiligter erwarten, dass **offenkundige Versehen** seinerseits in angemessener Frist vom Gericht bemerkt werden und innerhalb eines ordnungsgemäßen Geschäftsgangs die notwendigen Maßnahmen getroffen werden, um Fristversäumnisse zu vermeiden.[341] Freilich besteht keine Verpflichtung zu außerordentlichen Maßnahmen, etwa die Partei innerhalb der nur noch knappen restlichen Rechtsmittelfrist telefonisch oder per Telefax auf eine fehlerhafte Einlegung hinzuweisen.[342]

229 Grundsätzlich fordert ein faires Verfahren zwar keine **Rechtsbelehrung.** So lehnt das BVerfG eine Pflicht zu Rechtsmittelbelehrungen in Zivilurteilen ab.[343] Jedoch kann eine Verpflichtung zum Hinweis auf bestimmte Rechtsfolgen prozessualen Handelns bestehen, zB auf die Kostenfolge des im Mahnverfahren vorsorglich gestellten Antrags auf Durchführung des streitigen Verfahrens.[344]

230 Eine faire Verfahrensführung gebietet es auch, den **Termin zur Verkündung einer Entscheidung,** für die eine umstrittene Rechtsfrage entscheidungserheblich ist, zu verschieben, wenn bekannt wird, dass der BGH über diese Rechtsfrage entschieden hat, die Begründung jedoch noch nicht bekannt ist.[345]

231 **cc) Widersprüchliches Verhalten.** Dem Gericht ist es versagt, sich mit **eigenem vorherigem Verhalten im Prozess** in Widerspruch zu setzen. Dies ist der Fall, wenn das Gericht bei einem Parteiwechsel (Prozessstandschafter zu Anspruchsinhaber) durch Gewährung von Wiedereinsetzung den Eindruck erweckt hat, zuvor gewährte PKH erstrecke sich auf den eintretenden Kläger und anschließend sich auf einen gegenteiligen Standpunkt stellt.[346] Ebenso verstößt es gegen ein faires Verfahren, wenn das Gericht nach einem Hinweis auf einen Mangel der Berufungsschrift und Stellung eines Wiedereinsetzungsantrags mehr als zwei Jahre die Verhandlung der Sache fortsetzt, um sodann Wiedereinsetzung zu versagen.[347]

232 Widersprüchliches Verhalten kann aber auch vorliegen, wenn das Gericht von **Usancen der Verfahrensführung** ohne Vorwarnung abweicht, etwa den erstmaligen mit detailliert dargelegter Überlastung begründeten Antrag auf Verlängerung der Berufungsbegründungsfrist abweist.[348]

233 **dd) Rechtsschutz in angemessener Zeit.** Der auch durch die Rechtsprechung des EGMR (Rn. 189, 194) verstärkt ins Bewusstsein dringende Aspekt der Durchführung eines gerichtlichen Verfahrens **innerhalb angemessener Zeit,** wurde zunächst unter dem Aspekt der Rechtsweggarantie des Art. 19 Abs. 4 GG gesehen,[349] wird aber heute vom BVerfG[350] im Anschluss an die Rechtsprechung des EGMR dem Grundsatz des fairen Verfahrens zugeordnet. Verfassungsrechtlich zu beanstanden ist jedenfalls eine nach den Umständen des Einzelfalles außergewöhnliche Prozessdauer. Mit zunehmender Dauer eines Verfahrens verdichtet sich die mit dem Justizgewährleistungsanspruch verbundene Pflicht des Gerichts, sich nachhaltig um eine Beschleunigung des Verfahrens und dessen Beendigung zu bemühen.[351] Auch die Angemessenheit der Dauer eines Verfahrens vor dem BVerfG kann unter Art. 6 Abs. 1 EMRK dem EGMR im Wege der Individualbeschwerde vorlegt werden.[352]

---

[338] BVerfG NJW 2004, 2887.
[339] BVerfG NJW 2005, 3629.
[340] BVerfG NJW 2005, 2137.
[341] BVerfG NJW 2005, 814.
[342] BVerfG NJW 2001, 1343.
[343] BVerfG NJW 1995, 3173, 3175.
[344] BVerfG NJW 2004, 1097.
[345] BVerfG WM 2004, 2348 „verfassungsrechtlich bedenklich".
[346] BVerfG FamRZ 2003, 1447.
[347] BVerfG NJW 2004, 2149.
[348] BVerfG NJW 1998, 3703.
[349] BVerfGE 54, 39, 41 = NJW 1980, 1511; BVerfGE 88, 118, 124 = NJW 1993, 1635; BVerfG NJW 1997, 2811, 2812; 2000, 797.
[350] BVerfG NJW 2005, 739 m. Nachw.
[351] BVerfG NJW 2001, 214; BVerfG NJW 2005, 739.
[352] EGMR NJW 1997, 2809, 2810; 1998, 2961 (LS); dazu *Sangmeister* NJW 1998, 2952.

5. Willkürliche Entscheidungen (Art. 3 Abs. 1 GG). a) Abgrenzung (nur) von Art. 3 Abs. 1 GG erfasster Fälle. Extreme Fehlentscheidungen im Zivilprozess können unter dem Gesichtspunkt der gegen den allgemeinen Gleichheitssatz (Art. 3 Abs. 1 GG) verstoßenden **Willkür** durch das BVerfG korrigiert werden. Da der Topos der Willkür auch im Beurteilungsmaßstab gegenüber Verstößen gegen Art. 101 Abs. 1 S. 2 GG vorkommt und im Rahmen des Art. 103 Abs. 1 GG Erwähnung findet, wenn dort auch letztlich ein niedrigerer Maßstab eingreift, erscheint der Begriff „Willkürrechtsprechung" zumindest unklar. Hier geht es um Fälle, in denen eine zivilgerichtliche Entscheidung kein spezifisches Prozessgrundrecht verletzt, gleichwohl aber sich nicht nur in einer Verletzung einfachen Rechts erschöpft, sondern in einer Weise unrichtig ist, dass der Allgemeine Gleichheitssatz (Art. 3 Abs. 1 GG) verletzt wird. Da dies sowohl in Anwendung von materiellem Recht wie von Verfahrensrecht der Fall sein kann, ist die Fallgruppe an dieser Stelle weiter einzugrenzen auf Fälle, in denen sich eine Verletzung von einfachem Zivilverfahrensrecht als willkürlich erweist. 234

b) Maßstab. Ein **Richterspruch ist willkürlich** und verletzt dadurch Art. 3 Abs. 1 GG, wenn er unter keinem denkbaren Aspekt rechtlich vertretbar ist und sich daher der Schluss aufdrängt, dass er auf sachfremden Erwägungen beruht. Das ist anhand objektiver Kriterien festzustellen. Schuldhaftes Handeln des Richters ist nicht erforderlich.[353] Fehlerhafte Auslegung des Gesetzes allein macht eine Gerichtsentscheidung nicht willkürlich; Willkür liegt erst vor, wenn die Rechtslage in krasser Weise verkannt wird. Das ist nicht der Fall, wenn sich das Gericht eingehend mit der Rechtslage auseinandersetzt und seine Auffassung nicht jedes sachlichen Grundes entbehrt.[354] Daraus ergibt sich von selbst eine Begrenzung auf Ausnahmefälle, die durch die Weite des Art. 3 Abs. 1 GG, der nur nach einem vernünftigen Differenzierungskriterium verlangt, verfassungsrechtlich abgesichert ist. 235

c) Fallgruppen und Kasuistik. aa) Willkürentscheidungen werden regelmäßig als solche nur vor dem **BVerfG** behandelt. Im **Instanzenzug** unterscheiden sie sich nicht von anderen rechtsfehlerhaften Urteilen, Willkür ist deshalb, anders als der Grundsatz des fairen Verfahrens, kein relevanter Begründungstopos vor dem BGH. 236

bb) In der Rechtsprechung des BVerfG findet sich eine ansehnliche Bandbreite von Verfahrensrechtsverletzungen durch Instanzgerichte, die dem strikten Maßstab der Willkür nicht standhalten. 237

Als willkürlich aufzuheben sind Entscheidungen, bei denen das Gericht entscheidungserheblichen und offenkundigen **Tatsachenvortrag** übersehen oder nach dem Inhalt des Urteils widersprüchlich gewürdigt hat.[355] Auch offenbare **Rechenfehler** können ein Urteil willkürlich erscheinen lassen.[356]

Willkür liegt selbstverständlich nicht vor, wenn ein Gericht herrschenden **Rechtsmeinungen** nicht folgt oder von einer als nicht mehr richtig erkannten Rechtsprechung abweicht.[357] Eine Entscheidung, die zu einer **strittigen Rechtsfrage** ausdrücklich von einer Entscheidung des BGH abweicht, muss sich mit dieser auseinandersetzen. Verweist sie zur Begründung lediglich auf eine nicht einschlägige Kommentarstelle, verstößt dies jedoch gegen das Willkürverbot.[358] 238

Willkürlich können insbesondere Behinderungen einer Partei bei Ablehnung von Prozesskostenhilfe,[359] im Rahmen der **Beweiserhebung,**[360] insbesondere aber eine unrichtige Rechtsanwendung im Zusammenhang mit der Zulassung oder der Beurteilung der Zulässigkeit[361] von **Rechtsmitteln** sein. Die Nichtzulassung der Berufung[362] oder der Revision[363] bei entscheidungsrelevanten strittigen Rechtsfragen ist willkürlich. Jedoch steht auch hier den Zivilgerichten ein Auslegungsspielraum hinsichtlich rechtsmittel-relevanter Normen zu, solange nicht objektive Willkürlichkeit 239

---

[353] BVerfGE 62, 189, 192 = NJW 1983, 809; BVerfGE 67, 90, 94 = NJW 1984, 2147; BVerfGE 87, 273, 278 = NJW 1993, 996; BVerfG NJW 1996, 1336; BVerfG NJW 2001, 1125; teilweise bezeichnet als „objektive Willkür": BVerfGE 42, 64, 72f. = NJW 1976, 1391; BVerfG NJW 2005, 3345.

[354] BVerfGE 87, 273 = NJW 1993, 996; BVerfGE 89, 1 = NJW 1993, 2035; BVerfGE 96, 189 = NJW 1997, 2305.

[355] BVerfGE 57, 39, 42: Mängelrüge übersehen; BVerfGE 70, 93 = NJW 1986, 575: Widerspruch zwischen Urteilstenor und -gründen zum Maß des nachbarrechtlichen Grenzabstands.

[356] BVerfGE 62, 189 = NJW 1983, 809: Fehlerhafte Kostenentscheidung.

[357] BVerfG NJW 2005, 409, auch unter dem Gesichtspunkt des Art. 20 Abs. 3 GG.

[358] BVerfG NJW 1995, 2911.

[359] BVerfG NJW 2005, 409.

[360] BVerfGE 58, 163 = NJW 1982, 983: Unterbliebene Einholung eines von einem Auslagenvorschuss abhängig gemachten Sachverständigenbeweises.

[361] BVerfGE 71, 202 = NJW 1986, 2101: Verwerfung der Berufung wegen Nichterkennbarkeit des Berufungsführers trotz dessen ausdrücklicher Bezeichnung.

[362] BVerfG NJW 2004, 2584.

[363] BVerfG NJW 2001, 1125

eingreift.[364] Liegt zu sämtlichen mit einer Revisionsbegründung aufgeworfenen Rechtsfragen eine gefestigte höchstrichterliche Rechtsprechung vor, der das angegriffene Urteil gefolgt ist, so ist die Nichtannahme der Revision nicht willkürlich.[365]

240 **6. Rechtsschutzgarantie (Art. 19 Abs. 4 GG). a) Grundsatz.** Art. 19 Abs. 4 GG[366] gewährt einen lückenlosen und wirksamen Rechtsschutz. Nach der Rechtsprechung des BVerfG, die überwiegend nicht aus Anlass von Zivilprozessen ergangen ist, darf der Rechtsweg weder ausgeschlossen noch in unzumutbarer, aus Sachgründen nicht mehr zu rechtfertigender Weise erschwert werden.[367] Das gilt nicht nur für den ersten Zugang zu einem Gericht, sondern auch für die Wahrnehmung aller vom Gesetzgeber jeweils vorgesehenen Instanzen.[368] Die Effektivität des Rechtsschutzes innerhalb des Verfahrens, insbesondere die Gewährleistung eines Rechtsschutzes in angemessener Zeit sowie das Gebot einer Verfahrensgestaltung, die die Effektivität des Rechtsschutzes nicht an einer förmlichen Handhabung des Verfahrensrechts scheitern lässt, wird in jüngerer Zeit verstärkt aus dem Rechtsstaatsgebot (Art. 20 Abs. 3 GG) hergeleitet und damit dem Anspruch auf ein faires Verfahren zugeordnet.[369]

241 **b) Instanzenzug.** Art. 19 Abs. 4 GG **garantiert keinen Instanzenzug,** da er Schutz durch den Richter, nicht aber gegen den Richter gewährt.[370] Auch aus den übrigen ein rechtsstaatliches Verfahren sichernden Gewährleistungen des GG ergibt sich für den Gesetzgeber nicht die Verpflichtung, überhaupt einen Instanzenzug oder einen solchen mit mehreren Stufen bereit zu stellen.[371]

242 **c) Sonstiges. aa)** Ein Verfahrensrecht **ohne Prozesskostenhilfe** würde nicht nur gegen das Sozialstaatsprinzip und Art. 3 Abs. 1 GG verstoßen, sondern auch mit Art. 19 Abs. 4 GG unvereinbar sein. Dagegen wird Art. 19 Abs. 4 GG nicht dadurch verletzt, dass die Bewilligung der Prozesskostenhilfe hinreichende Aussicht auf Erfolg des Rechtsschutzbegehrens voraussetzt.[372] Auch die Pflicht des Klägers zur Bevorschussung der Prozesskosten ist im Allgemeinen verfassungsrechtlich nicht zu beanstanden, ebenso wenig eine Regelung, nach der bei Nichtzahlung des Vorschusses der Antrag, die Klage oder das Rechtsmittel kraft Gesetzes als zurückgenommen gilt.[373]

243 Die Effektivität des Rechtsschutzes verlangt auch, dass die Verfahrensordnungen **Eilverfahren** vorsehen und die Gerichte die entsprechenden Regelungen so handhaben, dass vorläufiger Rechtsschutz wirksam gewährt wird.[374] Arrest und einstweilige Verfügungen sowie die einstweiligen Anordnungen im familiengerichtlichen Bereich und im Vollstreckungsrecht genügen den verfassungsrechtlichen Anforderungen des Art. 19 Abs. 4 GG.

244 **7. Einfach-verfahrensrechtliche Rechtsbehelfe gegen GG-Verstöße. a) Bedeutung.** Da zivilprozessuale Verfassungsverstöße nur dann mit der Verfassungsbeschwerde gerügt werden können, wenn der **Rechtsweg erschöpft** ist, ist grundsätzlich zu fragen, in welcher Weise solche Verstöße im Instanzenzug behoben werden können. Zwar steht traditionell die Behandlung von Verstößen gegen das Grundrecht auf rechtliches Gehör im Vordergrund der Betrachtung und ist durch die jüngste Entwicklung zur Anhörungsrüge weiter in den Fokus gerückt. Gleichwohl handelt es sich um ein generelles Problem. Da die Schaffung (ZPO-RG) und Verstärkung (Anhörungsrügengesetz) des § 321 a die Problematik von Gehörsverstößen endlich in gebotener Weise in die Hände der Zivilgerichte gelegt hat, dürfte es absehbar sein, dass sich die Diskussion stärker auf die Frage richten wird, ob für andere zivilprozessuale Verfassungsverstöße die Verfassungsbeschwerde nicht ebenfalls einer zivilprozessualen Entlastung bedarf.

245 **b) Verstöße gegen das Rechtliche Gehör. aa) Ordentliche Rechtsbehelfe.** Die Verletzung des Anspruchs auf rechtliches Gehör ist ein **wesentlicher Verfahrensmangel;** auf ein Verschulden des Gerichts kommt es nicht an.[375] Die Entscheidung ist nicht nichtig, sondern nur an-

---

[364] BVerfG NJW 2005, 3345: Auslegung von § 543 Abs. 2 ZPO.
[365] BVerfG NJW 2004, 151.
[366] Gelegentlich stützt das BVerfG die Garantie wirkungsvollen Rechtsschutzes auch auf Art. 20 Abs. 3 GG: BVerfG BeckRS 2005, 29 635.
[367] BVerfGE 84, 366, 370 = NJW 1992, 105.
[368] BVerfGE 40, 272, 274 f. = NJW 1976, 141; BVerfGE 41, 23, 26 = NJW 1976, 513.
[369] Vgl. BVerfG LKV 2005, 116; BVerfG NJW 2005, 739.
[370] BVerfGE 49, 329, 340 f. = NJW 1979, 154; BVerfGE 65, 76, 90 = NJW 1983, 2929.
[371] BVerfGE 42, 243, 248 = NJW 1976, 1837; BVerfGE 54, 277, 291 = NJW 1981, 39. S. auch *Voßkuhle* NJW 1995, 1377, 1382 ff.
[372] BVerfGE 10, 264, 268 f. = NJW 1960, 331.
[373] BVerfGE 10, 264, 268 = NJW 1960, 331 m. krit. Anm. *Riegner* S. 667; s. auch *Lüke* NJW 1978, 928.
[374] BVerfGE 46, 166, 178 = NJW 1978, 693 (zu § 198 Abs. 2 SGG).
[375] BVerfGE 60, 120, 123 = NJW 1982, 1453; BVerfGE 62, 347, 352 = NJW 1983, 2187.

fechtbar.[376] Für die zweite Tatsacheninstanz bedeutet dies, dass das Berufungsgericht die angefochtene Entscheidung aufheben und die Sache gemäß § 538 zurückverweisen kann. Es kann aber auch selbst in der Sache entscheiden, falls es der betroffenen Partei ausreichendes rechtliches Gehör gewährt und den Mangel beseitigt; hierdurch wird die Verletzung des Art. 103 Abs. 1 GG geheilt.[377]

In der **Revisionsinstanz** muss immer zurückverwiesen werden (§§ 563, 564). Die Verletzung **246**
des Art. 103 Abs. 1 GG stellt jedoch keinen absoluten Revisionsgrund dar.[378] Die Revision hat daher nur Erfolg, wenn die angefochtene Entscheidung auf der Verletzung des rechtlichen Gehörs beruht oder beruhen kann.

Ein Verstoß gegen Art. 103 Abs. 1 GG wird nicht dadurch unbeachtlich, dass die benachteiligte **247**
Partei zuvor auf das rechtliche Gehör verzichtet hat. Da die Norm nicht nur den Schutz der Beteiligten, sondern auch die Rechtsstaatlichkeit des Verfahrens gewährleistet, ist ihre Befolgung **unverzichtbar.** Zudem besteht für einen vorherigen Verzicht kein Bedürfnis, da es den Verfahrensbeteiligten freisteht, ob sie die spätere Gelegenheit zur Stellungnahme nutzen wollen.

Die Verletzung des rechtlichen Gehörs wird als **Wiederaufnahmegrund** in entsprechender **248**
Anwendung von § 579 Abs. 1 Nr. 4 zunehmend bejaht.[379]

bb) Anhörungsrüge. Nach der ZPO macht die Verletzung des rechtlichen Gehörs grundsätz- **249**
lich weder ein unstatthaftes Rechtsmittel statthaft[380] noch verlängert sie den Instanzenzug.[381] Dies führte dazu, dass gerade in Fällen, in denen **kein ordentliches Rechtsmittel mehr statthaft** war, das (letztinstanzliche) Gericht aber den Anspruch auf rechtliches Gehör verletzt hatte, dieser Verstoß nur noch auf Verfassungsbeschwerde durch das BVerfG beseitigt werden konnte. Das BVerfG betonte ständig, dass es Aufgabe der Fachgerichte sein müsse, im Wege der Selbstkontrolle Grundrechtsverstöße zu beseitigen.[382] Nachdem die Einführung der als Abhilfeverfahren konzipierten und gegenüber ordentlichen Rechtsmitteln und Rechtsbehelfen subsidiären **Anhörungsrüge** in § 321 a Abs. 1 durch das ZPO-RG die Problematik noch immer nicht vollständig gelöst hatte, verpflichtete das BVerfG im Plenarbeschluss vom 30. 4. 2003[383] den Gesetzgeber zu einer einfach-verfahrensrechtlichen Lösung. Diese ist in Gestalt der Ausdehnung des § 321 a Abs. 1 auf alle nicht mehr mit Rechtmitteln oder Rechtsbehelfen angreifbare Endentscheidungen durch das **Anhörungsrügengesetz** zum 1. 1. 2005 in Kraft getreten.

cc) Folgerung für andere außerordentliche Rechtsbehelfe. § 321 a Abs. 1 ZPO ist als **ab- 250**
schließende Regelung konzipiert für Verstöße gegen das rechtliche Gehör, die mit ordentlichen Rechtsbehelfen nicht mehr angegriffen werden können. Damit haben sich **frühere Ansätze,** die zur verfahrensrechtlichen Lösung des Problems unternommen wurden, erledigt.[384] Nach dem Zweck der in § 321 a gefundenen Regelung sind selbstverständlich nicht außerordentliche Rechtsbehelfe als „anderer Rechtsbehelf" iSd. § 321 a Abs. 1 Nr. 1 zu verstehen.[385]

Erledigt hat sich einerseits eine Tendenz zur extensiven Auslegung der Statthaftigkeit ordent- **251**
licher Rechtsbehelfe, die das BVerfG anfangs favorisierte.[386] Auch die von BGH und BVerwG entwickelte **befristete**[387] **Gegenvorstellung**[388] ist für Verletzungen des rechtlichen Gehörs durch § 321 a überholt.[389] Gegen Entscheidungen, mit denen eine Rüge nach § 321 a durch das Berufungsgericht verworfen wird, ist kein Rechtsmittel zum BGH statthaft.[390] Insoweit bleibt weiterhin

---

376 *Rosenberg/Schwab/Gottwald* § 82 Rn. 27.

377 BVerfGE 5, 22, 24 = NJW 1956, 1026; BGH NJW 1975, 1652.

378 BVerfGE 13, 132, 145 = NJW 1962, 29; BGHZ 31, 43, 46 f. = NJW 1959, 2213; *Henckel* ZZP 77 (1964), 321, 344 ff.

379 BVerfG NJW 1998, 745; KG NJW-RR 1987, 1216; VGH Kassel NJW 1986, 210; *Baumbach/Lauterbach/Hartmann* § 579 Rn. 13; aA BAG MDR 1994, 1044; *Zöller/Greger* § 579 Rn. 7.

380 BVerfGE 60, 96, 98 = NJW 1982, 1454.

381 BVerfGE 1, 433, 437 = NJW 1953, 178; BVerfGE 60, 96, 98 = NJW 1982, 1454; BGH NJW 1990, 838; 1995, 403. *Stein/Jonas/Leipold* Vor § 128 Rn. 85, 87.

382 BVerfGE 42, 243, 248 = NJW 1976, 1837; BVerfGE 46, 185, 187 = MDR 1978, 201; BVerfG NJW 1997, 1228.

383 BVerfG NJW 2003, 1924, dazu oben Rn. 130.

384 Zur Anwendung von § 321 a auch auf vor dem 1. 1. 2005 rechtskräftig gewordene Entscheidungen: BVerfG NJW 2005, 3059.

385 *Zuck* NJW 2005, 1226, 1227.

386 BVerfGE 60, 96, 98 f. = NJW 1982, 1454; BVerfGE 64, 203, 206 = NJW 1983, 2492. Beispiel: OLG Schleswig NJW 1988, 67 (Statthaftigkeit der Berufung trotz Nichterreichens der Berufungssumme analog § 513 Abs. 2).

387 BGHZ 160, 214.

388 Zuletzt BGHZ 150, 133 = NJW 2002, 1577.

389 BT-Drucks. 15/3706, S. 14.

390 BGH NJW 2005, 73.

nur die Verfassungsbeschwerde. Die ebenfalls vom BGH nur für Fälle greifbarer Gesetzwidrigkeit (Willkürfälle), also nicht für „schlichte" Gehörsverstöße entwickelte[391] **außerordentliche Beschwerde** war nie auf Gehörsverletzungen anzuwenden. Eine Ausdehnung, die nach der ersten drängenden Entscheidung des BVerfG[392] in diesem Problemkreis im Raum stand, hat sich durch § 321a erledigt.

252 **c) Andere prozessuale Grundrechtsverstöße. aa)** Für **ordentliche Rechtsbehelfe** im Instanzenzug gilt nichts anderes als für die Verletzung rechtlichen Gehörs. Grundrechtsverstöße sind regelmäßig wesentliche Verfahrensmängel. Können sie nicht in der Rechtsmittelinstanz geheilt werden, so kommt nur eine Zurückverweisung in Betracht. Allerdings ergeben sich rein faktische Unterschiede, die an der Spruchpraxis des BVerfG ablesbar sind. Der Grundsatz des fairen Verfahrens tritt häufiger in der BGH-Rechtsprechung argumentativ in Erscheinung; hingegen werden Willkürentscheidungen als solche faktisch nur bezeichnet, wenn sie im Instanzenzug nicht mehr behebbar sind; eine Verletzung einfachen Verfahrensrechts ist im Revisionsrechtszug schlicht ein Verfahrensfehler, die Kategorie der Willkür erlangt hier erst vor dem BVerfG Interesse. Das ändert aber nichts daran, dass jeder letztinstanzlich nicht behobene prozessuale Verfassungsverstoß letztlich in die Verfassungsbeschwerde mündet, wenn nicht außerordentliche zivilprozessuale Rechtsbehelfe statthaft sind.

253 **bb)** Ein ausdrücklich geregeltes Pendant zu § 321a steht für sonstige Verfassungsverstöße nicht zur Verfügung. Jedoch kommt die zur Entlastung des BVerfG und zur Stärkung der Selbstkontrolle der Zivilgerichte entwickelte **Gegenvorstellung** für **andere Grundrechtsverletzungen als Gehörsverletzungen** weiter zur Anwendung.[393] Sie ist jedoch insoweit durch die Neuregelung des Revisionsrechts im ZPO-RG betroffen, als gegen die Nichtabhilfe auf Gegenvorstellung ein (außerordentliches) Rechtsmittel zum BGH im Hinblick auf § 574 Abs. 1 nicht stattfindet. Hilft also der iudex a quo auf Gegenvorstellung der Grundrechtsverletzung nicht ab, so kommt allein Verfassungsbeschwerde zum BVerfG in Betracht.[394] Fraglich ist, ob nach dem ZPO-RG eine Gegenvorstellung auch gegen rechtskräftige Urteile des BGH statthaft bleibt.[395]

254 **cc)** Die vom BGH nur für Fälle greifbarer Gesetzwidrigkeit (Willkürfälle), also nicht für „schlichte" Gehörsverstöße entwickelte,[396] im Urteilsverfahren ohnehin nicht angewendete[397] **außerordentliche Beschwerde,** hat sich hingegen insgesamt durch die Neuregelung des Beschwerderechts im ZPO-RG erledigt. Sie ist insbesondere auch auf Verstöße gegen Art. 3 Abs. 1 GG nicht mehr anwendbar.[398] Insbesondere Fälle willkürlicher Anwendung der Bestimmungen zur Revisionszulassung können nur im Rahmen der **Nichtzulassungsbeschwerde (§ 544)** zum BGH gebracht werden. Diese muss vor Erhebung der Verfassungsbeschwerde zur Erschöpfung des Rechtsweges erhoben werden.[399]

255 **8. Verfassungsrechtliche Absicherung sonstiger Prozessprinzipien. a) Mündlichkeit, Öffentlichkeit.** Die meisten Prozessmaximen (Rn. 271ff.) sind nicht verfassungsrechtlich abgesichert.[400] Das gilt nach hM für die Grundsätze der Öffentlichkeit der Verhandlung (§§ 169ff. GVG)[401] und der Mündlichkeit,[402] obgleich sie unter Art. 6 Abs. 1 EMRK als Teil eines fairen Verfahrens angesehen werden. Art. 103 Abs. 1 GG gibt keinen Anspruch auf Mündlichkeit, son-

---

[391] BGHZ 130, 97, 99 = NJW 1995, 592; BGH BeckRS 2002, 06032; BGH NJOZ 2001, 1245; einschränkend BGH NJW-RR 2002, 501: nicht für das Urteilsverfahren; eingehend *Wax,* FS Lüke, 1997, S. 941; *Kerwer* JuS 1997, 592, 594.

[392] BVerfG NJW 1997, 46, 47.

[393] BT-Drucks. 15/3706, S. 14; BGHZ 150, 133 = NJW 2002, 1577; BGHZ 160, 214; BGH NJW-RR 2005, 1406; ebenso BFH NJW 2006, 861; BAG NJW 2006, 1614.

[394] BGHZ 150, 133 = NJW 2002, 1577.

[395] BGH BeckRS 2004, 09817.

[396] BGHZ 130, 97, 99 = NJW 1995, 592; BGH BeckRS 2002, 06032; BGH NJOZ 2001, 1245; eingehend *Wax,* FS Lüke, 1997, S 941; *Kerwer* JuS 1997, 592, 594.

[397] BGH NJW-RR 2002, 501.

[398] BGH NJW 2003, 3137; BGH FuR 2003, 82.

[399] BVerfG NJW 2004, 3029.

[400] *Stürner,* FS Baur, 1981, S. 647, 666, plädiert für eine vorsichtige Verortung der Verfahrensgrundsätze in der Verfassung.

[401] Deren Bedeutung allerdings dadurch erheblich gestärkt wurde, daß der BGH aus der Verletzung der Öffentlichkeit die unwiderlegbare Vermutung der Kausalität des Verfahrensfehlers für die angegriffene Entscheidung herleitet: BGH JZ 2001, 151.

[402] BVerfGE 15, 303, 307 = NJW 1963, 757; BVerfGE 36, 85, 87 = NJW 1974, 133; für die Öffentlichkeit aA *Stein/Jonas/Leipold* Vor § 128 Rn. 202, § 128 Rn. 5.

dern begründet (nur) für den Fall, dass eine mündliche Verhandlung stattfindet, das Recht der Parteien auf Äußerung in dieser Verhandlung.[403]

256 **b) Dispositionsgrundsatz.** Der Dispositionsgrundsatz ist durch **Art. 2 Abs. 1 GG** und die Gewährleistung effektiven Rechtsschutzes (Art. 19 Abs. 4 GG) insoweit garantiert, als es sich um die Verfahrenseinleitung zur Verfolgung subjektiver Rechte des Einzelnen und dementsprechend um die grundsätzliche Möglichkeit der Verfahrensbeendigung handelt.[404] Damit ist auch die Bindung des Gerichts an die Parteianträge (§ 308 Abs. 1) gewährleistet. Im Übrigen unterliegt die Dispositionsmaxime der Gestaltungsfreiheit des Gesetzgebers.

257 **c) Verhandlungsgrundsatz. Art. 103 Abs. 1 GG** sichert den Verhandlungsgrundsatz teilweise ab: Die Parteien haben das Recht, Tatsachen und Beweismittel in den Prozess einzuführen, und zwar auch in Verfahren mit Untersuchungsmaxime.

258 **d) Unmittelbarkeit.** Der Grundsatz der Unmittelbarkeit hat insgesamt nicht den Rang eines Verfassungsrechtsgrundsatzes. Er lässt sich weder aus Art. 103 Abs. 1 GG noch aus dem Rechtsstaatsprinzip ableiten.[405]

259 **9. Grundgesetz und Vollstreckungsverfahren.**[406] **a) Rechtliches Gehör. aa)** Art. 103 Abs. 1 GG gilt – wie alle Verfahrensgrundrechte[407] – grundsätzlich auch in der Zwangsvollstreckung, so dass der Schuldner als Betroffener vor gerichtlichen Entscheidungen und Vollstreckungsmaßnahmen zu hören ist. Bestimmungen, wonach der Schuldner vor Vollstreckungsmaßnahmen nicht (§ 834) zu hören ist, sind verfassungsgemäß, soweit die Sicherung gefährdeter Interessen den Verzicht auf Anhörung erfordert. Soweit die Anhörung in das Ermessen des Gerichts gestellt ist, muss das Gericht im Einzelfall unter Abwägung aller Umstände prüfen, ob bei Anhörung eine Gefährdung des Vollstreckungserfolges vorläge.[408] Verfassungsrechtlich geboten bleibt eine nachträgliche Äußerungsmöglichkeit, die dem Schuldner jedenfalls nach Einlegung eines Rechtsbehelfs offen stehen muss.

260 **bb)** Eine Verletzung rechtlichen Gehörs im **Erkenntnisverfahren** schlägt, insbesondere bei der Vollstreckung aus einem Versäumnisurteil, nicht auf das Vollstreckungsverfahren durch. Das Vollstreckungsverfahren kann nur mit der auf Art. 103 Abs. 1 GG gestützten Verfassungsbeschwerde angegriffen werden, wenn in diesem Verfahren das rechtliche Gehör verletzt wurde. Eine Verletzung des rechtlichen Gehörs im Erkenntnisverfahren kann nur mit Verfassungsbeschwerde gegen das Urteil angegriffen werden.[409]

261 **b) Leben, körperliche Unversehrtheit, Freiheit (Art. 2 Abs. 2 GG). aa)** Eine zentrale Rolle im Vollstreckungsrecht spielt, wenn auch in besonders gelagerten Fällen, das Grundrecht auf Leben und körperliche Unversehrtheit. Hingegen sind die mit der Zwangsvollstreckung verbundenen Eingriffe in die Handlungsfreiheit (zB Durchsuchung der Kleidung bei der Taschenpfändung) verfassungsrechtlich unbedenklich, soweit sie außerhalb der Wohnung erfolgen, wo das speziellere Grundrecht des Art. 13 Abs. 1 GG den Maßstab setzt.[410]

262 **bb)** Art. 2 Abs. 2 GG wirkt in erheblichem Maß auf die Handhabung von § 765 a Abs. 1 ein,[411] soweit dem Schuldner durch die Zwangsvollstreckung Gefahr für Leib und Leben droht. Dies betrifft insbesondere Fälle der **Räumungsvollstreckung.** Eine (vorübergehende) Aussetzung der Räumungsvollstreckung kann nach Art. 2 Abs. 2 GG geboten sein bei konkreter Suizidgefahr oder auf Grund konkreter besonders schwer belastender Umstände,[412] ggf. aber auch bei schwerer Gesundheitsgefahr.[413] Selbst Suizidgefahr schließt eine Räumungsvollstreckung nicht absolut aus; erforderlich ist immer eine Abwägung gegen die Rechte des Gläubigers aus Art. 14 Abs. 1 GG (Eigentum) und Art. 19 Abs. 4 GG (wirksamer Rechtsschutz).[414] Im Zweifel ist freilich dem Recht

---

403 BVerfGE 42, 364, 370 = NJW 1977, 1443.

404 Ebenso *Stürner* S. 652 ff.

405 *Stürner* S. 665.

406 Detailliert hierzu *Gaul,* in: *Beys* (Hrsg.), S. 27; *Peters,* ebenda, S. 53; *Fenge,* ebenda, S. 63; *Prütting,* ebenda, S. 93; *Schilken,* ebenda, S. 99; *Gilles,* ebenda, S. 111; *Lüke,* ebenda, S. 161; *Wolf,* ebenda, S. 201; *Rauscher,* ebenda, S. 213.

407 Vgl. BVerfG NJW-RR 2005, 365 betreffend einen (nicht vorliegenden) Verstoß gegen Art. 20 Abs. 3 GG in Gestalt des Anspruchs auf ein faires Verfahren: Befangenheitsablehnung des Gerichtsvollziehers.

408 BVerfGE 57, 346, 360 = NJW 1981, 2121.

409 BVerfG NJW-RR 2004, 934.

410 BVerfGE 57, 346 = NJW 1981, 2111.

411 BVerfG NJW 2004, 49.

412 BVerfGE 52, 214, 219 f. aufgrund schwerer Depressionen; BVerfG NJW 1998, 295 hohes Alter, Verlust der Autonomie in neuer Umgebung.

413 BVerfG NJW 2004, 49.

414 Im Einzelnen zu den Kriterien BGHZ 163, 66.

auf Leben der Vorrang einzuräumen. Dies kann in besonders gelagerten Einzelfällen dazu führen, dass die Räumungsvollstreckung für einen längeren Zeitraum und – in absoluten Ausnahmefällen – auf unbestimmte Zeit einzustellen ist.[415] Hierbei kann jedoch vom Räumungsschuldner jedes zumutbare Bemühen um eine Verringerung des Gesundheitsrisikos verlangt werden.[416] Das Gericht hat dazu erforderliche Maßnahmen nicht nur zu empfehlen, sondern auf deren Vornahme durch Auflagen hinzuwirken.[417] Bei der **Zwangsversteigerung der Wohnimmobilie** des Schuldners ist zu differenzieren; besteht die dem Schuldner drohende Gefahr für Leib und Leben, insbesondere die Suizidgefahr (nur) wegen des drohenden Verlustes des bisherigen Lebensmittelpunktes, so kann dem durch einstweilige Einstellung der *Räumungsvollstreckung* begegnet werden. Besteht sie schon deshalb, weil der Schuldner den Eigentumsverlust durch *Zuschlagserteilung* fürchtet, so ist der Zuschlagsbeschluss zu versagen bzw. nötigenfalls aufzuheben.[418]

263 **cc)** Art. 2 Abs. 2 GG kann selbst die Aussetzung der **Zwangsvollstreckung wegen Geldforderungen** gebieten, wenn die Gefahr des finanziellen Ruins des Schuldners in Abwägung gegen die Nachteile des Gläubigers durch die Verzögerung der Zwangsvollstreckung steht.[419]

264 **dd)** Die Anordnung der **Erzwingungshaft** nach § 901 stellt keinen unverhältnismäßigen Eingriff in die Freiheit der Person (Art. 2 Abs. 2 S. 2 GG) dar, wenn die Einkünfte des Schuldners zum Zeitpunkt des Antrags auf Haftanordnung ungewiss sind.[420] Steht dagegen die Leistungsunfähigkeit des Schuldners zur Überzeugung des Gerichts fest, so fehlt einem Antrag auf Anordnung der Erzwingungshaft das Rechtsschutzinteresse, weil diese zweckuntauglich wäre; mit dieser rein verfahrensrechtlich bestimmten Auslegung ist § 901 verfassungsrechtlich nicht zu beanstanden.

265 **c) Ehe und Familie (Art. 6 Abs. 1 GG). aa)** Art. 6 Abs. 1 GG wirkt zum einen begrenzend, wenn an das Bestehen einer Ehe den **Ehegatten nachteilige Regelungen** geknüpft werden; dies ist nur zulässig, wenn sich für eine Differenzierung zu Lasten Verheirateter eindeutige Sachgründe finden.[421] Fragwürdig ist deshalb das Zusammenwirken von § 739 mit § 1362 BGB, weil die Differenzierungslinie zwischen Ehegatten und nicht miteinander Verheirateten das Risiko Gläubiger gefährdender Vermögensverschiebungen unzutreffend beschreibt; diese sind auch bei nicht ehelichem Zusammenleben in gleicher Weise möglich. Gegen Art. 6 Abs. 1 GG verstößt zwar noch nicht die aus § 1362 BGB folgende Beweislastumkehr,[422] wohl aber die nachteilige Behandlung der Ehegatten in der Zwangsvollstreckung, was de lege lata allenfalls durch analoge Anwendung von § 739 verfassungskonform lösbar scheint.[423]

266 **bb)** Das in Art. 6. Abs. 1 GG normierte **Förderungsgebot** wirkt auf Gestaltung und Auslegung vollstreckungsrechtlicher Bestimmungen ein. Die Bemessung von Pfändungsfreigrenzen sowie die Schonung unpfändbarer Sachen hat neben der Wahrung des Existenzminimums und der Interessen des Schuldners auch dessen Unterhaltspflichten und die Interessen der Kleinfamilie zu wahren.[424] Hingegen ist der Pfändungsschutz für Unterhaltsansprüche in der Zwangsvollstreckung gegen den Unterhaltsgläubiger nicht deshalb verfassungsgeschützt, weil Unterhaltsschuldner- und -gläubiger Familienangehörige sind,[425] sondern mit Rücksicht auf die Zweckbindung zur Existenzsicherung nur in dem Rahmen, in dem Art. 1 und Art. 2 Abs. 1 GG gebieten, dem Schuldner in Abwägung gegen die Interessen des Gläubigers ein menschenwürdiges Dasein zu ermöglichen.

267 **d) Verhältnismäßigkeit (Art. 20 Abs. 3 GG), Eigentum (Art. 14 Abs. 1 GG). aa)** Der sich ebenfalls aus dem Rechtsstaatsprinzip ergebende und deshalb mit Verfassungsrang ausgestattete Grundsatz der Verhältnismäßigkeit[426] könnte vor allem für die Problematik **Vermögensverschleuderung** durch Zwangsvollstreckung wegen geringfügiger Forderungen eine Rolle spielen.

268 **bb)** An der Verhältnismäßigkeit scheitert grundsätzlich nicht die Vollstreckung von **Bagatellforderungen.** Das Gesetz selbst kennt keine Vollstreckungssperre für sie.[427] Eine hiervon zu unter-

---

[415] BVerfG NZM 2005, 657; BGH NJW 2006, 508.
[416] BVerfG NZM 2005, 657.
[417] BGH NJW 2006, 508.
[418] BGH NJW 2006, 505.
[419] BVerfG WM 2004, 2348, wo allerdings das Bestehen der Forderung (Darlehen zur Finanzierung eines Immobilienfondsbeitritts) höchst fraglich war.
[420] BVerfGE 61, 126, 135 = NJW 1983, 559.
[421] BVerfGE 81, 1, 8; BVerfG NJW 1991, 2695.
[422] BVerfG NJW 1991, 2695.
[423] Im Einzelnen: *Gerhardt,* GedS Lüderitz, 2000, S. 189, 190 ff.
[424] *Gerhardt,* GedS Lüderitz, 2000, S. 189, 193 f.
[425] Zu einzelnen anders zu beurteilenden Konstellationen *Gerhardt,* GedS Lüderitz, 2000, S. 189, 195 ff.
[426] BVerfGE 19, 342, 348 f. = NJW 1966, 243; BVerfGE 38, 348, 368 = NJW 1975, 727.
[427] So wohl auch die hM; vgl. *Rosenberg/Gaul/Schillen* § 26 II 1 c m. Nachw.

scheidende Frage ist, ob der Gläubiger durch den Verhältnismäßigkeitsgrundsatz daran gehindert sein kann, wegen relativ **geringfügiger Forderungen erhebliche Vermögenswerte** des Schuldners durch Zwangsvollstreckung zu zerschlagen. Im zivilprozessualen Schrifttum wird wegen der Betonung der Wahlfreiheit des Gläubigers bei Auswahl des Vollstreckungsobjekts die Anwendung des Verhältnismäßigkeitsgrundsatzes bekämpft.[428]

Das **BVerfG** hat in dieser Frage die Anwendung des Verhältnismäßigkeitsgrundsatzes vermieden 269
und die konkrete Grundrechtsabwägung zwischen den **Eigentumsgrundrechten** des Gläubigers und des Schuldners aus Art. 14 Abs. 1 GG vorgezogen: Die Versteigerung eines Grundstücks im Wert von DM 41 000 für einen Zuschlag von nur DM 21 000 zur Befriedigung eines Schuldtitels von knapp DM 1000 verstieß gegen Art. 14 Abs. 1 GG,[429] nicht aber gegen den Grundsatz der Verhältnismäßigkeit. Hingegen hat *Böhmer* in seinem Sondervotum zu dieser Entscheidung[430] überzeugend dargelegt, dass sich die Zwangsvollstreckung als eine Einschränkung der Grundrechte des Schuldners erweist und deshalb in jeder Richtung verfassungsgemäß gestaltet sein muss; dies schließt das Übermaßverbot und den Grundsatz der Verhältnismäßigkeit ein. Dass gegen diesen Ansatz im zivilprozessualen Schrifttum schroffe Ablehnung laut wurde,[431] ist wenig verständlich. Es behindert weder die Zwangsvollstreckung noch schränkt es Rechte des Gläubigers unverhältnismäßig ein, wenn der Schuldner sich mit dem Hinweis auf anderes vollstreckungsfähiges Vermögen der Zerschlagung unverhältnismäßig wertvollen Vermögens widersetzen kann.

cc) Erweist sich hingegen die Vollstreckungsmaßnahme schon wegen **willkürlicher Anwen-** 270
dung einfachen Rechts als verfassungswidrig, so muss weder auf Art. 14 Abs. 1 GG noch auf den Verhältnismäßigkeitsgrundsatz zugegriffen werden; die Lösung erfolgt im einfachen Recht.[432]

IV. Verfahrensgrundsätze, Prozessmaximen

1. Begriff. a) Abgrenzung. aa) Verfahrensgrundsätze im weiteren Sinne sind alle **Rechts-** 271
grundsätze, an denen der Gesetzgeber die Regelung des äußeren Verfahrensablaufs und das Verhältnis von Gericht und Parteien ausgerichtet hat. Hierzu gehören insbesondere auch die verfassungsrechtlich geschützten Grundsätze (Rn. 190 ff., 255 ff.), die in aller Regel nicht spezifisch für eine bestimmte Art des Prozesses sind.

bb) Im engeren Sinne sind es die das Wesen des Zivilprozesses prägenden **Prozessmaximen.** 272
Dazu gehören die Grundsätze, die die Verteilung der Aufgaben zwischen Gericht und Parteien regeln, die Dauer des Verfahrens beeinflussen sowie die Durchführung des Beweises und die Beweiswürdigung betreffen. Andere Verfahrensgrundsätze, wie zB das Mündlichkeitsprinzip oder der Anspruch auf rechtliches Gehör, sind für den Zivilprozess nicht charakteristisch und werden hier nur in ihren speziellen Auswirkungen auf den Zivilprozess erwähnt.[433]

b) Verfahrensgestaltung und Prozesszweck. Die Prozessmaximen entwickeln sich als das 273
Ergebnis einer Auswahl zwischen **mehreren Gestaltungsalternativen,** die in engem **Sachzusammenhang mit dem Prozesszweck** steht, der ihre Wahl entscheidend beeinflusst hat und zu dessen Verwirklichung sie beitragen sollen. Sie haben grundsätzlich keine Rechtsnormqualität und entfalten ihre Bedeutung dadurch, dass sie in einzelnen Verfahrensnormen realisiert sind und zu deren Auslegung herangezogen werden können. Sie bestimmen die grundsätzlichen Unterschiede zwischen verschiedenen Prozessarten (Zivilprozess, Verwaltungsprozess, Strafprozess etc.) und geben Aufschluss über die Vergleichbarkeit der Regelungen verschiedener Prozessarten und die Möglichkeit der Schließung von Gesetzeslücken in der jeweiligen anderen Prozessart.

2. Dispositions- und Offizialmaxime. a) Begriff, Abgrenzung. aa) Der Dispositions- 274
grundsatz, der den Zivilprozess in weitem Umfang mitprägt, bezeichnet die Befugnis der Parteien, über Inhalt und Gang des Verfahrens im Ganzen zu verfügen. Er ist Ausdruck der **liberalen Grundhaltung der ZPO** und das prozessuale Spiegelbild der im materiellen Recht geltenden Privatautonomie. Das Zivilprozessrecht geht von einer weitgehenden Selbstbestimmung des Einzelnen hinsichtlich der Durchsetzung seiner individuellen Rechtspositionen aus. Da es ihm zivilrechtlich

---

[428] *Gaul* JZ 1974, 283; *Vollkommer* RPfleger 1982, 8; *Behr* RPfleger 1981, 418.
[429] BVerfGE 49, 220 = NJW 1979, 534.
[430] *Böhmer* BVerfGE 49, 220, 228; dazu näher *Rauscher* in: *Beys* (Hrsg.), S. 213, 221 f.
[431] Vgl. insbesondere *Vollkommer* RPfleger 1982, 8.
[432] BVerfGE 42, 64 = NJW 1976, 1391, obgleich auch eine Verletzung von Art. 14 Abs. 1 GG (Wert 144 TDM, Versteigerungserlös 20 TDM) nahe gelegen hätte. *Geiger* stützt sein Sondervotum auf die Verletzung des Art. 103 Abs. 1 GG, BVerfGE 42, 64, 80 = NJW 1976, 1391.
[433] Für einen sorgsamen Umgang mit den Prozessmaximen *Walder,* FS Lüke, 1997, S. 918.

überlassen bleibt, ob er seine Rechte geltend macht, muss er auch über die Inanspruchnahme der Gerichte zur Rechtsverfolgung oder Rechtsverteidigung frei bestimmen können.

275 **bb)** Der **Dispositionsgrundsatz bedeutet** die Herrschaft über das Verfahren, die Verfügungsfreiheit über den Streitgegenstand. Die Dispositionsmaxime bezieht sich auf Einleitung,[434] Inhalt, Gang und Beendigung[435] des Verfahrens. Der bei Beginn des Verfahrens festgelegte **Streitgegenstand** kann nicht ohne weiteres einseitig verändert werden.

276 **cc)** Der Dispositionsgrundsatz ist **nicht Teil des Verhandlungsgrundsatzes,** sondern inhaltlich von diesem zu trennen: Der Verhandlungsgrundsatz betrifft die Aufgabenverteilung bei der Stoffsammlung.[436] Zwar treten beide Maximen oft in der selben Prozessart auf, da beide Maximen den Grundsatz von Parteifreiheit und Parteiverantwortung im Zivilprozess repräsentieren.[437] Sie sind aber nicht notwendig gekoppelt, so gilt im Verwaltungsprozess sowie in den echten Streitverfahren der freiwilligen Gerichtsbarkeit zwar die Dispositionsmaxime, jedoch nicht der Verhandlungs-, sondern der Untersuchungsgrundsatz (§ 86 VwGO, § 12 FGG).

277 **dd)** Das dem Dispositionsgrundsatz entgegengesetzte Prinzip ist die **Offizialmaxime,** nach der das Verfahren von Amts wegen eröffnet, durchgeführt und beendet wird. Sie beherrscht insbesondere den Strafprozess; im Zivilverfahren finden sich nur Elemente der Offizialmaxime, wo es um Ansprüche und Rechte geht, die nicht zur Disposition der Parteien stehen (Rn. 286 ff.). Mit der Offizialmaxime nichts zu tun hat die Klagebefugnis von rechtsfähigen Verbänden nach dem Unterlassungsklagengesetz; die Klagebefugnis besteht zwar im öffentlichen Interesse, die Kläger bleiben gleichwohl private Prozessparteien, die eigene Unterlassungsansprüche geltend machen.

278 **ee)** Nicht zu verwechseln mit der Offizialmaxime ist der Grundsatz des **Amtsbetriebs.** Nach ihm liegt die Herrschaft über den **äußeren Verfahrensablauf,** insbesondere das Inganghalten des Prozesses, beim Gericht. Die Alternative hierzu ist der Parteibetrieb. Historisch ist die Entwicklung vom Parteibetrieb zum Amtsbetrieb verlaufen. Der Parteibetrieb prägt noch heute teilweise den angelsächsischen Prozess.[438]

279 Von Amts wegen werden die **Termine** bestimmt und die **Ladungen** veranlasst (§§ 214, 216). Auch die **Zustellungen** erfolgen im Erkenntnisverfahren regelmäßig von Amts wegen (§ 166 Abs. 2). Das gilt auch für Urteile (§§ 317 Abs. 1, 495), Mahn- und Vollstreckungsbescheide (§§ 693, 699 Abs. 4). Lediglich Arreste und einstweilige Verfügungen werden auf Betreiben der Parteien zugestellt (§§ 922 Abs. 2, 936). Die **Verfahrensdauer** wird ebenfalls allein vom Gericht bestimmt. Ein Konventionalprozess, bei dem die Parteien für das Gericht verbindliche Vereinbarungen über den Prozessablauf treffen, ist nach der ZPO nicht zulässig; das gilt auch für das Bagatellverfahren nach § 495 a. So können durch Parteiabsprachen Fristen nicht verlängert, sondern nur abgekürzt werden (§ 224 Abs. 1). Die Aufhebung oder Verlegung eines Termins obliegt dem Vorsitzenden; über die Vertagung entscheidet das Gericht, und zwar jeweils nur aus erheblichen Gründen (§ 227). Auch die Anordnung des Ruhens des Verfahrens fällt in die Kompetenz des Gerichts; der übereinstimmende Antrag beider Parteien allein reicht hierfür nicht aus (§ 251).

280 **b) Prozessuale Ausprägungen des Dispositionsgrundsatzes. aa)** Der Zivilprozess wird nicht von Amts wegen eingeleitet; er setzt vielmehr eine **Klage** voraus (§ 253). Für die **Rechtsmittelverfahren** ergibt sich das Antragserfordernis aus §§ 519, 549, 551 Abs. 2, für das Ehescheidungsverfahren aus § 622 Abs. 1, für das Mahnverfahren aus § 690, für das Arrest- und einstweilige Verfügungsverfahren aus §§ 920, 936. Die Anträge müssen nach Form und Inhalt Mindestanforderungen erfüllen. Das Erfordernis der Bestimmtheit gewährleistet, dass das angerufene Gericht, die gewählte Verfahrensart, die beteiligten Parteien und der Streitgegenstand festgelegt werden. Diese Konkretisierung bewirkt die Bindung des Gerichts an den Antrag. Ihm ist verwehrt, dem Kläger mehr oder etwas anderes als beantragt zuzusprechen (§ 308 Abs. 1 *ne ultra petita*). Der Kläger sichert sich damit zwar den entscheidenden Einfluss auf das Verfahren, trägt aber auch das prozessuale Risiko für seine Antragstellung. Selbst wenn das Gericht auf Grund des festgestellten Sachverhalts weitergehende Rechtsfolgen erkennt, ist ihm deren Ausspruch verwehrt. Der Kläger kann seinen Klageantrag in einem solchen Fall nur unter den Voraussetzungen der §§ 263 ff. ändern.

281 **bb)** Die Dispositionsbefugnis der Parteien wirkt sich auch bei der **Beendigung des Prozesses** aus. Der Kläger kann die Klage, der Rechtsmittelkläger das Rechtsmittel zurücknehmen (§§ 269, 516, 565) oder auf das Rechtsmittel verzichten (§§ 515, 565).

---

[434] So auch die hM; anders *Rosenberg/Schwab/Gottwald* § 76 I 2.

[435] Zu Erledigungserklärung und Dispositionsmaxime *Lange* NJW 2001, 2150, 2152.

[436] *Rosenberg/Schwab/Gottwald* § 77 I; *Lüke* JuS 1961, 41, 42; *Vollkommer* LdR S. 374.

[437] *Stein/Jonas/Leipold* Vor § 128 Rn. 146 f.

[438] Dazu *Hay*, US-amerikanisches Recht, 3. Aufl., 2005, Rn. 150 ff.

Die Parteien können aber auch über den **jeweiligen Anspruch** im Rahmen des Prozesses disponieren: Der Kläger kann auf den Anspruch verzichten (§ 306), worauf die Klage durch Verzichtsurteil abzuweisen ist; der Beklagte kann den geltend gemachten Anspruch anerkennen (§ 307), was (insoweit) zu einem Anerkenntnisurteil führt. Das Gericht ist an Anerkenntnis und Verzicht gebunden; jede Nachprüfung, auch in rechtlicher Hinsicht, ist ausgeschlossen, vorbehaltlich der Prüfung der Sachurteilsvoraussetzungen. Anerkenntnis und Verzicht sind Ausfluss der Dispositionsbefugnis; nicht aber beruhen sie auf dem Verhandlungsgrundsatz. Deshalb sind Anerkenntnis- und Verzichtsurteile auch mit dem Untersuchungsgrundsatz vereinbar.[439] **282**

cc) Die Parteien können schließlich einverständlich über den Anspruch disponieren, indem sie einen **Prozessvergleich** schließen (§ 794 Abs. 1 Nr. 1) oder die Hauptsache übereinstimmend für erledigt erklären (§ 91 a). In diesen Fällen endet das Verfahren ohne Urteil allein durch die Dispositionsakte der Parteien. **283**

dd) Wie ein Verzicht wirkt auch die **Säumnis** des Klägers; die Klage ist wegen der Säumnis als unbegründet abzuweisen (§ 330). Dagegen ist an die Säumnis des Beklagten lediglich eine Geständnisfiktion geknüpft (§ 331 Abs. 1), was lediglich die Nachweisebene berührt. Diese Säumnisregelung setzt daher den Beibringungsgrundsatz voraus und wäre mit dem Untersuchungsgrundsatz nicht zu vereinbaren. Deshalb setzt das Versäumnisurteil gegen den Beklagten auch voraus, dass die Klage schlüssig ist (§ 331 Abs. 1); andernfalls ist die Klage trotz der Säumnis als unbegründet bzw. unzulässig abzuweisen („unechtes" Versäumnisurteil). **284**

ee) Eine Frage des Umfangs der Dispositionsbefugnis ist es auch, ob der Kläger allein oder im Zusammenwirken mit dem Beklagten das Gericht nicht nur auf bestimmte Klageanträge festlegen darf, sondern auch in der Rechtsanwendung, also hinsichtlich der einzelnen materiellrechtlichen Anspruchsgrundlage mit der Maßnahme beschränken kann, dass es den Prozessstoff nur unter bestimmten rechtlichen Gesichtspunkten prüfen darf.[440] **285**

c) Einschränkungen im Sinn der Offizialmaxime. aa) Die Dispositionsmaxime ist nicht lückenlos durchgeführt. Sie ist inhaltlich geringfügig **eingeschränkt** hinsichtlich von **Nebenentscheidungen:** Über die Prozesskosten (§ 308 Abs. 2), die Fortsetzung eines entgegen §§ 574 bis 574b BGB gekündigten Mietverhältnisses (§ 308 a) und die vorläufige Vollstreckbarkeit von Urteilen (§§ 708, 709) muss auch ohne Parteiantrag entschieden werden; die Entscheidung über die Gewährung einer Räumungsfrist in Räumungsurteilen über Wohnraum ergeht auf Antrag oder von Amts wegen (§ 721 Abs. 1). **286**

bb) Teilweise gilt auch im Zivilprozess die **Offizialmaxime.** Da die Dispositionsfreiheit der Parteien Spiegelbild und Fortführung der materiellrechtlichen Privatautonomie ist, muss sie dort ihre Grenzen finden, wo der Verfahrensgegenstand materiell der Verfügung der Parteien entzogen ist. Es handelt sich um die Bereiche, in denen ein öffentliches Interesse an der Durchsetzung von Privatrechten und an dem Bestand von Rechtsverhältnissen vorhanden ist. Bei der Verletzung bestimmter **Ehehindernisse** ist die zuständige Verwaltungsbehörde berechtigt, den Antrag auf Aufhebung der Ehe zu stellen (§ 1316 Abs. 1 Nr. 1 BGB). Im Ehescheidungsverfahren ist von Amts wegen über den Versorgungsausgleich zu entscheiden (§ 623 Abs. 1 S. 3), Sorgerechtssachen sind – in Fällen der Kindeswohlgefährdung – Amtsverfahren (insbesondere § 1666 BGB). **287**

cc) In **Ehe- und Kindschaftssachen** ist im Übrigen zwar die Disposition der Parteien über die Klage (Einleitung und Beendigung) weitgehend unbeschränkt, nicht aber die Disposition über den Anspruch: Daher hat das Anerkenntnis keine Wirkung (§§ 617, 640 Abs. 1), es kann auch kein Vergleich geschlossen werden und gegen den Antragsgegner/Beklagten kein Versäumnisurteil ergehen (§ 612 Abs. 4). Der Antragsteller/Kläger/Rechtsmittelführer kann die Klage oder ein Rechtsmittel zurücknehmen oder verzichten; die Säumnis des Klägers in Verfahren über die Feststellung des Bestehens oder Nichtbestehens einer Ehe (§ 632 Abs. 4) und in Kindschaftssachen (§ 640 Abs. 1) ist jedoch als Klagerücknahme zu behandeln. **288**

dd) Generell wird die Dispositionsmaxime durch die **richterliche Hinweis- und Aufklärungspflicht** berührt. Nach § 139 Abs. 1 hat der Vorsitzende darauf hinzuwirken, dass die Parteien sachdienliche Anträge stellen. Hierdurch wird das Gericht an der inhaltlichen Gestaltung des Verfahrens beteiligt. Die Dispositionsmaxime wird dadurch aber nur beeinflusst, nicht beseitigt; denn es ist Sache der Parteien, den Anregungen des Vorsitzenden zu folgen, und sie tragen bei Befolgung das prozessuale Risiko, ohne dass die Anregung eine Rechtsbindung für das Gericht er- **289**

---

439 *Lüke* JuS 1961, 41, 45; für Anerkenntnisurteile im Verwaltungsprozess jetzt auch BVerwG DÖV 1997, 376; dazu *Christonakis* JA 2000, 498.

440 BAG ZIP 1991, 334; MünchKommBGB/*Musielak* § 308 Rn. 12; *Schneider* MDR 1975, 801.

zeugt. Wie § 139 mit der Dispositionsmaxime vereinbar ist, so ist er dies auch mit dem Verhandlungsgrundsatz.

290 **3. Verhandlungs- und Untersuchungsmaxime. a) Regelfall: Verhandlungsmaxime, Abgrenzung. aa)** Das Alternativpaar Verhandlungs- und Untersuchungsmaxime bezieht sich auf die **Tatsachenseite** des Prozesses. Es beantwortet die Frage, wer für die Beschaffung der tatsächlichen Entscheidungsgrundlage verantwortlich ist. Nach der auch als **Beibringungsgrundsatz** bezeichneten Verhandlungsmaxime ist es Aufgabe der Parteien, den tatsächlichen Prozessstoff und die Beweismittel beizubringen. Die auch als **Inquisitionsmaxime** bezeichnete Untersuchungsmaxime hingegen weist diese Verantwortung dem Gericht zu. Unberührt von der Verteilung der Aufgaben bei der Beschaffung des Tatsachenstoffes bleibt die stets dem Gericht obliegenden Verpflichtung zur Ermittlung und Anwendung des Rechts (Rn. 306).

291 **bb)** Der ZPO liegt, wenn auch mit Einschränkungen und Abschwächungen, die **Verhandlungsmaxime** zugrunde, ohne dass es dafür eine Vorschrift gibt.[441] Ihre Geltung wird jedoch aus einem Umkehrschluss zu § 616 Abs. 1 bestätigt, wonach für Ehesachen der Untersuchungsgrundsatz gilt.[442] Die Verhandlungsmaxime ist zusammen mit der Dispositionsmaxime die verfahrensrechtliche Ausprägung einer Privatrechtsordnung, in der das **subjektive Recht** im Mittelpunkt steht. Der Verfügungsbefugnis der Parteien in der materiellen Ebene entspricht ihre grundsätzliche Befugnis zur Verfügung über das Verfahren.[443] In ihr drückt sich die liberale Grundhaltung der ZPO aus. Eine Verfahrensordnung, die von der Autonomie und Eigenverantwortlichkeit der Parteien ausgeht, entspricht überdies dem grundgesetzlichen Verständnis von der Stellung des Einzelnen im Staat.[444]

292 **cc)** Hinzu kommt die **Zweckmäßigkeitserwägung,** dass das Interesse an der Durchsetzung des eigenen Rechts im Allgemeinen das geeignete Mittel für eine korrekte Sachverhaltsfeststellung ist. Dadurch wirkt die Verhandlungsmaxime im Sinne der Verfahrenswirtschaftlichkeit (Prozessökonomie);[445] die Parteien sollten am besten wissen, auf welchen Sachvortrag es für die Entscheidung über den Anspruch ankommt und wie er zu beschaffen ist.

293 **dd)** Die Verhandlungsmaxime unterliegt im Interesse des Gegners und einer geordneten Rechtspflege **Einschränkungen.**[446] Die Grenzen werden durch die Wahrheitspflicht, die richterliche Hinweis- und Aufklärungspflicht[447] sowie durch das der Verfahrenskonzentration dienende Instrumentarium gezogen.

294 **b) Verhandlungsmaxime und Darlegungslast. aa)** Die Parteien bestimmen mit bindender Wirkung für das Gericht darüber, **welche Tatsachen** im Prozess vorgebracht werden und damit der Entscheidung zugrunde gelegt werden dürfen. Dies gilt unbeschadet der prozessualen Wahrheitspflicht (Rn. 303f.). Das Gericht darf nicht selbstständig Prozessstoff einbringen und zum Gegenstand der Entscheidung machen. Das bedeutet insbesondere, dass **privates Wissen des Richters** ebenso wenig in die Entscheidung einfließen darf wie solche Tatsachen, die bei Gelegenheit einer Beweisaufnahme bekannt geworden sind, ohne dass eine Partei sie aufgegriffen hat.[448] Eine Ausnahme gilt für die Verwertung **offenkundiger Tatsachen** (§ 291). Sie sind vom Gericht auch dann zu berücksichtigen, wenn keine Partei sich auf sie beruft.[449] Dies gilt allerdings grundsätzlich nicht für die Schlüssigkeitsprüfung. Auch zu den offenkundigen Tatsachen ist den Parteien rechtliches Gehör zu gewähren.[450]

295 **bb)** Unerheblich ist, **welche Partei** eine Tatsachenbehauptung in den Prozess einführt; sie braucht nicht von der darlegungs- oder beweisbelasteten Partei auszugehen. Daher muss jede Partei

---

[441] BVerfGE 67, 39, 49 = NJW 1984, 2203.

[442] Vgl. *Prütting* NJW 1980, 361, 362, der sich zu Recht gegen die sachliche Unterscheidung von Verhandlungs- und Beibringungsgrundsatz (*Zettel,* Der Beibringungsgrundsatz, 1977, S. 25ff.) wendet.

[443] BVerfGE 52, 131, 153 = NJW 1979, 1925, 1927.

[444] *Jauernig* § 25 VIII 3; *Leipold* JZ 1982, 441, 448; *Weyers,* FS Esser, 1975, S. 193, 200, nennt dies die „ideologische Begründung" der Verhandlungsmaxime.

[445] *Schöpflin* JR 2003, 485; die Verfahrensökonomie ist keine eigenständige Prozessmaxime, sondern spiegelt das natürliche Anliegen des Gesetzgebers, mit den Ressourcen der Rechtspflege effizient umzugehen.

[446] *Henckel,* GedS Bruns, 1980, S. 111, 126.

[447] Zu deren Verhältnis zum Verhandlungsgrundsatz *Reischl* ZZP 116 (2003), 81, 102ff.; *Burbulla* JA 2004, 905.

[448] *Rosenberg/Schwab/Gottwald* § 77 II 1; *Stein/Jonas/Leipold* Vor § 128 Rn. 153; aA *Weyers,* FS Esser, 1975, S. 193, 208.

[449] HM; s. nur AK-ZPO/*Rüßmann* § 291 Rn. 1; aA BAG NJW 1977, 695; trotz der in der Urteilsüberschrift auf die Schlüssigkeit bezogenen Aussage verneint das BAG generell die Berücksichtigung offenkundiger Tatsachen, wenn sie nicht von der darlegungspflichtigen Partei aufgegriffen worden sind.

[450] BVerfGE 10, 177, 182 = NJW 1960, 31; BVerfGE 48, 206, 209.

auch die eigenen ungünstigen Tatsachenbehauptungen gegen sich gelten lassen.[451] Dies hat zur Folge, dass die Klage unschlüssig ist, wenn der Kläger begründete Einwendungen des Beklagten vorträgt. Ebenso sind für eine Partei günstige Tatsachen, die nur die Gegenpartei vorgebracht hat, für die Entscheidung verwertbar, ohne dass die Partei sich diesen Vortrag zueigen gemacht hat. Beklagtenvortrag, der außerhalb des Streitgegenstands liegt, ist nicht entscheidungserheblich. Bewegt sich der Beklagte mit seinem Sachvortrag innerhalb des Streitgegenstands und stellt er den Sachverhalt nur abweichend dar, so dass er eine andere Anspruchsgrundlage ausfüllt (gleichwertiges Parteivorbringen), so darf der Klage nur stattgegeben werden, falls der Kläger sich diesen Vortrag zueigen macht und seine Klage darauf stützt, nicht aber, wenn er ihn bestreitet oder seine eigene Klagebegründung nicht nachweisen kann.[452]

cc) Von diesem Grundsatz gibt es **zwei Ausnahmen:** Für die **Schlüssigkeit** der Klage kommt es ausschließlich auf den **Klägervortrag** an. Sie kann nicht vom Beklagten hergestellt werden. Ergibt erst das Beklagtenvorbringen die Schlüssigkeit, so greift allerdings in der Regel die richterliche Hinweispflicht ein. Trägt der Kläger nicht ergänzend vor, was auch darin bestehen kann, dass er sich den Vortrag des Beklagten zu Eigen macht, so bleibt die Klage unschlüssig; das Gericht darf von sich aus den Vortrag nicht ergänzen.[453] Deshalb können auch offenkundige Tatsachen (§ 291) die Schlüssigkeit nicht herbeiführen. Dies schließt nicht aus, dass entgegenstehende offenkundige Tatsachen die Geständnisfiktion nach § 331 Abs. 2 begrenzen, so dass ein Versäumnisurteil nicht ergehen kann.[454] 296

dd) Einreden werden nur berücksichtigt, wenn der Berechtigte, in der Regel also der Beklagte, sie geltend macht, weil sie sonst nicht wirksam ausgeübt worden sind.[455] Dabei genügt es, dass der Beklagte sich zu ihrer Subsumtion auf vom Kläger vorgetragene Tatsachen beruft. Hat der Beklagte die Einrede außerprozessual geltend gemacht und führt der Kläger diesen Umstand mit seiner Klage in den Prozess ein, so ist diese unschlüssig und verhindert ein Versäumnisurteil gegen den Beklagten (§ 331 Abs. 2). 297

c) Verhandlungsmaxime und Beweis. aa) Die Parteien bestimmen durch ihr Verhalten auch über die **Feststellungsbedürftigkeit** der von ihnen behaupteten Tatsachen. Sie können die Behauptungen des Gegners substantiiert bestreiten und somit beweisbedürftig machen; pauschaliertes Bestreiten ist grundsätzlich unzulässig.[456] Sie können die behaupteten Tatsachen aber auch ausdrücklich oder durch Nichtbestreiten zugestehen und sie so einer Beweisaufnahme entziehen (§§ 288 Abs. 1, 138 Abs. 3). Solche unstreitigen Tatsachen müssen vom Gericht der Entscheidung ohne Nachprüfung zugrunde gelegt werden (§ 288).[457] Diese Bindung des Gerichts an die **„formelle Wahrheit"** endet bei unmöglichen oder offensichtlich unwahren Tatsachen.[458] 298

bb) Gegenstand des Prozesses ist jedoch nicht das **Beweisergebnis,** sondern der **Parteivortrag,** soweit er unbestritten oder durch das Ergebnis der Beweisaufnahme belegt ist. Weicht das Ergebnis der Beweisaufnahme wesentlich von klägerischem Vortrag ab, so kann das Gericht es mit Rücksicht auf die Verhandlungsmaxime nicht seiner Entscheidung zu Grunde legen, wenn die Partei, der dieses Ergebnis günstig ist, sich nicht zumindest konkludent das Ergebnis der Beweisaufnahme zu Eigen macht.[459] 299

cc) Nach hM ist auch das **bewusst unwahre Geständnis** für das Gericht bindend, wenn es zu Ungunsten der behauptenden Partei wirkt.[460] Zweifelhaft ist das Argument, die Wahrheitspflicht (§ 138 Abs. 1) verbiete nur die Unwahrheit zu eigenen Gunsten. Für die Bindung spricht jedoch § 290, wonach ein bewusst unwahres Geständnis mangels Irrtum nicht widerrufen werden kann. Einigkeit besteht bei betrügerischem Zusammenwirken der Parteien, wo auch die hM keine Bin- 300

---

451 BGH VersR 1974, 160; BGHZ 82, 13, 18 = NJW 1982, 940.
452 BGH NJW 1989, 2756; zum gleichwertigen Parteivorbringen *Jauernig,* FS Schwab, 1990, S. 247.
453 BVerfGE 52, 131, 156 = NJW 1979, 1925, 1927.
454 BGH NJW 1979, 2029.
455 Für § 320 BGB zutr. BGH NJW 1999, 53.
456 Zur Frage, wann substantiiertes Bestreiten vom Prozessgegner verlangt werden kann, BGHZ 140, 156, 158 = NJW 1999, 579, 580.
457 AA AK-ZPO/*Rüßmann* Vor § 288 Rn. 2ff., der insbesondere unter Hinweis auf §§ 138, 141, 448, 286 ein Verfügungsrecht der Parteien über tatsächliche Behauptungen ablehnt und demzufolge die Bindung des Gerichts an einen übereinstimmend vorgetragenen Sachverhalt verneint. *Rüßmann* räumt ein, daß das Geständnisrecht dadurch weitgehend obsolet wird.
458 BGH VersR 1970, 826, 827; NJW 1979, 2089.
459 OLG Celle NZS 2004, 216.
460 BGHZ 37, 154, 155 = NJW 1962, 1395; BGH VersR 1970, 826, 827; passim auch BGH NJW 1995, 1432.

dung des Gerichts annimmt,[461] sowie von offenkundig unwahren Tatsachen, die nicht zugestanden werden können. Bedenklich ist die hM im Hinblick auf die Interessen Dritter. Eine Partei wird im Zivilprozess in aller Regel nur dann versucht sein, bewusst nachteilige Tatsachen zu gestehen, wenn letztlich die wirtschaftlichen Folgen ein Dritter (zB der Haftpflichtversicherer) zu tragen hat. Diese Problematik wird einerseits dadurch gemildert, dass der BGH nunmehr Einlassungen im Rahmen der Vernehmung als Partei nicht mehr als Geständnis wertet, sondern der freien Beweiswürdigung unterzieht.[462] Auch kann das materielle Recht Sanktionen an ein solches Verhalten knüpfen, etwa das Versicherungsvertragsrecht das Geständnis als Obliegenheitsverletzung werten. Schließlich ist zu bedenken, dass die gestehende Partei den Anspruch auch anerkennen könnte, ohne einer Wahrheitsprüfung ausgesetzt zu sein. Dort, wo im Interesse Dritter die Wahrheit des Ergebnisses in besonderem Maß Prozessziel ist, insbesondere im Statusprozess, verbietet die ZPO daher Geständnis und Anerkenntnis.

301 **dd)** Den Parteien obliegt auch die **Beschaffung der Beweismittel.** Obgleich es im Beweisrecht die reine Parteiherrschaft nicht mehr gibt, besteht sie im Grundsatz fort.[463] Die Initiative liegt im Allgemeinen bei den Parteien; das Gericht wird nur nach seinem Ermessen tätig. Die Parteien bestimmen durch Beweisantritt über die **Beweismittel,** sowie den **Umfang der Beweisaufnahme,** da sich der Beweisantritt auf den Nachweis bestimmter Tatsachen bezieht (vgl. zum Zeugenbeweis § 373). Allerdings ist die Parteiherrschaft dadurch eingeschränkt, dass bestimmte Beweismittel auch ohne Beweisantritt erhoben werden können. Das Gericht kann von Amts wegen die Vorlage von Urkunden (§ 142) und Akten, die sich im Besitz einer Partei befinden (§ 143), anordnen und amtliche Auskünfte einholen (§ 273 Abs. 2 Nr. 2). Ebenso kann es die Einnahme des Augenscheins und die Begutachtung durch Sachverständige anordnen (§ 144). Die Parteivernehmung ist ergänzend von Amts wegen zulässig (§ 448). Nur der Zeugenbeweis bedarf immer des Beweisantritts, insbesondere auch im Rahmen vorbereitender Anordnungen des Gerichts zur Vorbereitung des Termins (§ 273 Abs. 2 Nr. 4 Hs. 1).

302 **ee)** Fraglich ist, welche Auswirkungen die **rechtswidrige Erlangung eines Beweismittels** auf den Verhandlungsgrundsatz hat. Ob ein prozessuales Verwertungsverbot hinsichtlich des Beweismittels besteht, ist sehr strittig; jedenfalls unter Verstoß gegen Grundrechte (allgemeines Persönlichkeitsrecht) erlangte Beweismittel dürften unverwertbar sein,[464] was freilich die beweisbelastete Partei in erhebliche Beweisnot bringen kann. Noch schwieriger ist die Frage zu beurteilen, ob die rechtswidrige Erlangung eines Beweismittels auf den **entsprechenden Sachvortrag** durchschlagen kann. Dies wird teilweise angenommen, wenn, etwa bei rechtswidrigem Abhören,[465] die dem Sachvortrag zugrunde liegende Kenntnis untrennbar mit der Erlangung des Beweismittels verbunden ist; ein Verbot des reinen Sachvortrags könnte aber dem Verhandlungsgrundsatz und dem Anspruch auf rechtliches Gehör widersprechen.[466] Bedenklich ist insbesondere die Rechtsprechung des BGH zu heimlichen DNA-Gutachten im Vaterschaftsprozess,[467] weil danach nicht nur die Verwertung als Beweismittel wegen Verletzung des (von der Mutter bestimmten) informationellen Selbstbestimmungsrechts des Kindes ausscheidet, sondern zugleich die positive oder negative Behauptung der Abstammung, die der BGH von einem Anfangsbeweis abhängig macht.

303 **d) Wahrheitspflicht und richterliche Hinweis- und Aufklärungspflicht. aa)** Die Verhandlungsmaxime wird durch die Wahrheitspflicht sowie die richterliche Hinweis- und Aufklärungspflicht beeinflusst. Die Parteien haben die Pflicht, sich über tatsächliche Umstände **vollständig** und **wahrheitsgemäß** zu erklären (§ 138 Abs. 1). Diese Pflicht besteht gegenüber Gericht und Gegner;[468] sie ist **Kernstück der prozessrechtlichen Lauterkeitspflicht,** nämlich der Pflicht zur redlichen, sorgfältigen und sachgemäßen Prozessführung.

304 Die Wahrheitspflicht mit der sie ergänzenden Vollständigkeitspflicht durchbricht jedoch nicht die **Verhandlungsmaxime.** Dogmatisch entspricht dem Recht, den tatsächlichen Prozessstoff zu beschaffen und damit den Richter zu binden, die Pflicht zur Wahrhaftigkeit. Praktisch wird die Wahrheitspflicht deshalb selten zum Hindernis für die Freiheit der Partei unter der Verhandlungsmaxime, weil die Wahrheitspflicht als Pflicht zur subjektiven Wahrheit verstanden wird. Die Partei

---

[461] BGHZ 37, 154, 156 = NJW 1962, 1395; weiter gehend *Musielak/Huber* § 288 Rn. 9: auch wenn das Gericht erkennt, dass die Partei lügt.
[462] BGH NJW 1995, 1432; anders noch BGHZ 8, 235 = NJW 1953, 621.
[463] Ebenso *Stein/Jonas/Leipold* Vor § 128 Rn. 168.
[464] Vgl. zum Streitstand *Kiethe* MDR 2005, 965.
[465] OLG Karlsruhe NJW 2000, 1577.
[466] *Heinemann* MDR 2001, 137.
[467] BGH NJW 2005, 497.
[468] OLG Brandenburg NJW-RR 2000, 1522; *Olzen* ZZP 98 (1985), 403.

darf lediglich nicht wider besseres Wissen vortragen, sie darf aber durchaus zweifelhafte Tatsachen für sich günstig darstellen.

bb) Die **richterliche Hinweis- und Aufklärungspflicht** (§ 139) bietet die verfahrensrechtliche Handhabe, um im einzelnen Prozess die materielle Waffengleichheit unter den Parteien herzustellen. Im Zivilprozess sollte allerdings besser von Chancengleichheit gesprochen werden, um dem Eindruck vorzubeugen, als sei das Gericht lediglich auf eine passive Schiedsrichterrolle beschränkt, was nach § 139 gerade nicht der Fall ist. Das Gericht muss auf die Beseitigung von Unklarheiten, Lücken und Mängeln des Parteivorbringens hinwirken und gebotene Änderungen der Parteianträge anregen. Dadurch trägt es eine wesentliche Mitverantwortung für die Beschaffung des Tatsachenmaterials. Die Mitwirkungspflicht des Gerichts endet jedenfalls dort, wo die Parteien ihr Vorbringen trotz richterlicher Hinweise nicht entsprechend ergänzen oder anpassen; das Gericht darf Tatsachen nicht von Amts wegen berücksichtigen (Rn. 290). Das Gericht darf aber auch nicht beratend darauf hinwirken, ihm bekannten oder von ihm vermuteten völlig neuen Vortrag in den Prozess einzubringen, der über Lückenfüllung und Klarstellung hinausgeht. **305**

e) Iura novit curia. aa) Die **Rechtsanwendung** unterliegt nicht der Verhandlungsmaxime. Die rechtliche Würdigung des Parteivorbringens ist Sache des Gerichts (iura novit curia). Die Parteien sind nicht verpflichtet, Rechtsausführungen zu machen. Sie unterstützen aber häufig, vor allem im Anwaltsprozess, den Richter bei der Findung des Rechts. An die Rechtsausführung der Parteien ist das Gericht nicht gebunden. Es hat das Vorbringen der Parteien unter allen in Betracht kommenden rechtlichen Gesichtspunkten daraufhin zu prüfen, ob das Klagebegehren gerechtfertigt ist. Auch in der Beweiswürdigung ist das Gericht frei (§ 286). **306**

bb) Ausländisches Recht ist im deutschen Zivilprozess Recht und keine Tatsache. Daher gelten grundsätzlich diese Prinzipien auch dann, wenn nach den Regeln des Internationalen Privatrechts die Klage nach einer ausländischen Rechtsordnung zu entscheiden ist. Über ausländisches Recht, dessen Kenntnis dem Gericht nicht abverlangt werden kann, obgleich es nach der Rollenverteilung letztlich vom Gericht zu ermitteln ist, kann jedoch Beweis erhoben werden, wobei das Gericht nicht an die von den Parteien beigebrachten oder angetretenen Beweise beschränkt ist (§ 293). Die Anwendung ausländischen Rechts ist jedoch nicht revisibel,[469] da es nicht von den Revisionsgründen (§ 545 Abs. 1) umfasst ist. Gerügt werden kann jedoch die unzureichende Ermittlung ausländischen Rechts.[470] **307**

f) Ausnahme: Untersuchungsmaxime. aa) Die Verhandlungsmaxime gilt im Zivilprozessrecht nicht ausnahmslos. In den Bereichen, in denen mit Rücksicht auf die in Streit befangenen Rechte das **öffentliche Interesse an einer vollständigen Sachverhaltsaufklärung** überwiegt, sieht das Gesetz den Untersuchungsgrundsatz (Inquisitionsmaxime) vor. Danach ist die Stoffsammlung Aufgabe des Gerichts; es erforscht den Sachverhalt von Amts wegen. Dies führt zu erheblichen Abweichungen gegenüber dem dem Verhandlungsgrundsatz unterliegenden Verfahren. **308**

bb) Das Gericht darf und muss einerseits auch solche **Tatsachen** bei der Urteilsfindung berücksichtigen, die **nicht von den Parteien** in den Prozess eingeführt worden sind (vgl. § 616 Abs. 1). Daraus folgt notwendig, dass es an das Vorbringen und die Beweisanträge der Parteien nicht gebunden ist (vgl. § 86 Abs. 1 S. 2 VwGO). Die Parteien dürfen, ja müssen sich jedoch an der Beschaffung des tatsächlichen Prozessstoffes beteiligen. Denn einmal ist eine sinnvolle Ermittlungstätigkeit des Gerichts nur möglich, wenn die Parteien wenigstens ein Minimum an Tatsachen vorgetragen haben. Zum zweiten trifft die Parteien auch darüber hinaus aus Gründen der Prozessökonomie eine Förderungs- und Mitwirkungspflicht. Schließlich wirkt sich die Unaufklärbarkeit von Tatsachen zu Lasten der Partei aus, die aus diesen Tatsachen für sich eine positive Rechtsfolge beansprucht. Insbesondere, wenn die Dispositionsmaxime mit dem Untersuchungsgrundsatz gekoppelt ist (wie im Eheprozess, § 616), trägt der Antragsteller/Kläger das Risiko der Abweisung seines Antrags als unbegründet: Der Untersuchungsgrundsatz schließt nur die **Beweisführungslast** für die Parteien aus. Sie beseitigt jedoch nicht die **materielle Beweislast,** da weder Untersuchungs- noch Verhandlungsmaxime mit der materiellen Beweislast zu tun hat. An ein **Geständnis** ist das Gericht nicht gebunden; es muss das Geständnis frei würdigen. **309**

cc) Im Bereich der Untersuchungsmaxime gibt es **keine Schlüssigkeitsprüfung** bezüglich **der Klage.** Die Schlüssigkeitsprüfung basiert auf dem Dispositionsgrundsatz und dem Verhandlungsgrundsatz; sie bedeutet, dass die vom Kläger mit der Klage aufgestellte Rechtsbehauptung an seinem **310**

---

[469] Weshalb in der Berufungsinstanz auch bei gleichem Ergebnis nicht offen bleiben kann, ob ausländisches oder deutsches Recht anzuwenden ist: BGH NJW 1991, 2214.

[470] BGH ZfIR 1999, 264; BGHZ 122, 373, 378 = NJW 1993, 2312; BGH NJW 2002, 3335; im Einzelnen *Pfeiffer* NJW 2002, 3306.

Tatsachenvortrag gemessen wird. Die Untersuchungsmaxime enthebt den Kläger der Last, alle die Tatsachen vorzutragen, die seine Klage begründet erscheinen lassen. Jedoch gibt es eine **begrenzte Schlüssigkeitsprüfung** für die Feststellung von Prozessvoraussetzungen, falls diese gleichzeitig zur Begründetheit der Klage gehören **(„doppelrelevante Tatsachen").**[471]

311 **dd)** Der Untersuchungsgrundsatz gilt in **Ehe- und Kindschaftssachen** (§§ 616 Abs. 1, 617, 640 Abs. 1) sowie im Aufgebotsverfahren (§§ 952 Abs. 3, 986 Abs. 3). In Verfahren auf Scheidung, Eheaufhebung oder Herstellung des ehelichen Lebens gilt er mit der Besonderheit, dass der „ehefeindliche" Ehegatte der Verwertung amtswegig ermittelter Tatsachen bindend widersprechen kann, sofern sie nicht der Aufrechterhaltung der Ehe dienen (§ 616 Abs. 2). Auch im Vaterschaftsanfechtungsprozess ist der Untersuchungsgrundsatz eingeschränkt (§ 640 d); der Anfechtende kann bindend die Verwertung von Tatsachen verhindern, die seinen Antrag stützen, frei vom Amts wegen eingeführt werden nur Tatsachen, die der Anfechtung entgegenstehen.

Die genannten Bestimmungen haben Ausnahmecharakter; über sie hinaus kann der Untersuchungsgrundsatz nicht ohne gesetzliche Anordnung ausgedehnt werden.[472]

312 **g) Prüfung von Amts wegen. aa)** Die in der ZPO insbesondere für Sachurteilsvoraussetzungen und die Zulässigkeit von Rechtsmitteln und Rechtsbehelfen vorgeschriebene Prüfung von Amts wegen (§§ 56 Abs. 1, 88 Abs. 2, 341 Abs. 1, 522 Abs. 1, 552, 577 Abs. 1, 589 Abs. 1) ist nicht identisch mit der Geltung des Untersuchungsgrundsatzes; dem Gericht ist also **keine Amtsermittlungspflicht** auferlegt.[473] Vielmehr ist die Einführung der entsprechenden Tatsachen Aufgabe der Parteien.

313 Die Amtsprüfung, die zwischen der Verhandlungs- und der Untersuchungsmaxime steht,[474] bedeutet, dass das **Gericht auf** die **Bedenken aufmerksam zu machen hat,** die in Ansehung der von Amts wegen zu berücksichtigenden Punkte bestehen (§ 139 Abs. 3). Ob die Bedenken auf Parteibehauptungen beruhen,[475] ist unerheblich. Durch den richterlichen Hinweis werden fehlende Tatsachen nicht zum Prozessstoff.[476] Das Gericht ist gerade nicht befugt, von Amts wegen Tatsachen einzuführen; sonst müssten diese auch positiv berücksichtigt werden mit der Folge, dass die Unzulässigkeit behoben wäre.

314 Im Rahmen der Amtsprüfung ist das **Verhalten der Parteien** für die Feststellung der fraglichen Punkte **unerheblich.** Das gilt in rechtlicher und tatsächlicher Hinsicht. Eine Erklärung, mit der der Beklagte die Zulässigkeit der Klage insgesamt anerkennt, ist ebenso wirkungslos wie sein Zugeständnis, die Behauptung der Gegenseite, sie habe das Rechtsmittel in einem bestimmten Zeitpunkt eingelegt, sei wahr. Das Gericht ist auch nicht an Nichtbestreiten gebunden (§ 138 Abs. 3); ebenso wenig greift die Geständnisfiktion des § 331 Abs. 2 ein.[477]

315 Da die Feststellungsbedürftigkeit der Tatsachen nicht vom Parteiwillen abhängt, ist die Beweisaufnahme nicht an einen Antrag gebunden. Nach der jetzt wohl hM, der zuzustimmen ist, gilt auch im Bereich der Amtsprüfung für das Beweisverfahren **Strengbeweis** und nicht Freibeweis. Eine Beweiserhebungspflicht hat das Gericht nicht; auch dadurch unterscheidet sich die Amtsprüfung vom Untersuchungsgrundsatz. Die Verteilung der Beweislast ändert sich durch die Amtsprüfung nicht.[478]

316 **bb)** Die Amtsprüfung erstreckt sich **über die im Gesetz ausdrücklich geregelten Fälle hinaus** auf sämtliche Sachurteilsvoraussetzungen und Zulässigkeitsbedingungen für Rechtsmittel und Rechtsbehelfe. Sie gilt auch für das Rechtsschutzinteresse, das Feststellungsinteresse, sowie für die Prozessführungsbefugnis. Nur soweit Zulässigkeitsvoraussetzungen zugleich Teil der Begründetheit sind, genügt die schlüssige Behauptung ihres Vorliegens (zB nach § 32).[479] Prozesshindernisse, also die echten prozessualen Einreden unterliegen nicht der Amtsprüfung.[480]

317 Bei der Prüfung der **Zuständigkeit** kann das Parteiverhalten mittelbar Bedeutung haben, soweit die Möglichkeit der rügelosen Einlassung besteht. Durch rügeloses Verhandeln zur Hauptsache

---

[471] *Lüke* JuS 1961, 41, 44; krit. *Würthwein* ZZP 106 (1993), 51, 56 ff.

[472] Vgl. *Henckel,* Prozessrecht, S. 135; *Stein/Jonas/Leipold* Vor § 128 Rn. 178.

[473] BGH NJW 1982, 1467, 1468 (für die Zulässigkeit der Berufung); 1989, 2064, 2065 (für die Rechtshängigkeit); BAG NJW 1997, 3396 (für das Feststellungsinteresse).

[474] *Lüke* JuS 1961, 41, 44; *Jauernig* § 25 X.

[475] Vgl. BGH NJW 2001, 2095 zu Zweifeln an der Wirksamkeit der Prozessvollmacht.

[476] *Rosenberg/Schwab/Gottwald* § 78 V 2 a; aA *Stein/Jonas/Leipold* Vor § 128 Rn. 95.

[477] BGH NJW 1976, 149.

[478] RGZ 160, 338, 346, 347.

[479] *Lüke* AöR 84 (1959), 185, 191 ff.

[480] Deshalb ist es terminologisch unglücklich, dass der BGH NJW 1989, 2064 von der Amtsprüfung eines Prozesshindernisses spricht, aber in der Sache zutreffend die negative Sachurteilsvoraussetzung der Rechtshängigkeit meint.

wird die Zuständigkeit des Gerichts des ersten Rechtszuges begründet (§ 39 S. 1), sofern nicht eine Zuständigkeitsvereinbarung überhaupt ausgeschlossen (§ 40 Abs. 2) und im Parteiprozess die Belehrung nach § 504 nicht unterblieben ist (§ 39 S. 2).

4. Konzentrationsmaxime. a) Verfahrensbeschleunigung als Prozessmaxime. aa) Verfahrensbeschleunigung war das Ziel nahezu jeder **Reform der ZPO** im vergangenen Jahrhundert. Da die in den ZPO-Novellen 1924 und 1933 vorgesehenen Möglichkeiten zur Prozessbeschleunigung mangels wirksamer Umsetzung in der Praxis nicht zu einer deutlichen Straffung und Abkürzung der Verfahren geführt haben, hat die Vereinfachungsnovelle 1976 die Beschleunigungsmaßnahmen ausgebaut und insbesondere die einschneidende Sanktion der Präklusion verspäteten Vorbringens verschärft und zum Kernstück der Reform gemacht. Der Prozess soll möglichst auf einen einzigen Termin, den Haupttermin, konzentriert werden, der die mündliche Verhandlung, die Beweisaufnahme und die Urteilsverkündung umfasst (§ 272 Abs. 1). Auch das ZPO-RG steht unter dem Vorzeichen der Straffung des Verfahrens.[481] **318**

Verfahrensbeschleunigung ist auch als ein zivilprozessuales Prinzip anerkannt, welches in der **Rechtsprechung** der Auslegung von verfahrensrechtlichen Bestimmungen zu Grunde zu legen ist. **319**

bb) Insbesondere die in jüngerer Zeit verstärkte Sicht der **verfassungsrechtlichen Dimension der Prozessdauer** hat das Bewusstsein gestärkt, dass ein Anspruch auf Verfahrenserledigung in angemessener Zeit aus dem Rechtsstaatsprinzip[482] (Art. 20 Abs. 3 GG, Rn. 219 ff.) bzw. dem Menschenrecht auf ein faires Verfahren (Art. 6 Abs. 1 EMRK, Rn. 193) folgt. Dies hat den Blickwinkel durchaus verändert: Stand im Mittelpunkt der zahlreichen Beschleunigungs- und Vereinfachungsnovellen die zu bekämpfende Zögerlichkeit der Parteien, so ist es heute durchaus auch der Richter, der sich den Appell zur Beschleunigung gefallen lassen muss.[483] **320**

cc) Nicht zweifelsfrei ist jedoch, ob Verfahrensbeschleunigung in Gestalt einer **Konzentrationsmaxime** die Qualität einer Prozessmaxime hat.[484] Verfahrensbeschleunigung ist nach dem Gesagten zwar ein anerkanntes und sogar verfassungsrechtlich gebotenes Prinzip der Verfahrensgestaltung und -führung. Sie ist aber nicht Maxime in dem Sinn, dass mit Beschleunigung bestimmte Zwecke des Verfahrens besser erreichbar wären als mit einer anderen Art der Verfahrensführung. Unbeschadet dieser Zweifel hat sich eine Konzentrationsmaxime als durchgängiges Prinzip des Zivilprozesses entwickelt, das in zahlreichen Einzelregelungen Ausdruck findet. Das bedeutet nicht, dass bei Auslegungszweifeln stets die Auslegung vorzuziehen ist, die einen schnelleren Verfahrensablauf bewirkt. Beschleunigung und sorgfältige richterliche Arbeit stehen in einem Spannungsverhältnis, weshalb Ziel der Verfahrensbeschleunigung nur sein kann, vermeidbare Verzögerungen unter Rücksichtnahme auf die Besonderheiten des Einzelfalles auszuschalten.[485] **321**

dd) Die von der ZPO im Allgemeinen nicht übernommene **Eventualmaxime** stimmt nicht mit der Konzentrationsmaxime überein, auch wenn sie ähnliche Zielsetzungen hat. Sie findet sich noch in einigen Vorschriften (§§ 282 Abs. 3, 389 Abs. 3, 551 Abs. 3 Nr. 2b, 554 Abs. 3, 557 Abs. 1, 767 Abs. 3). Die auf ihr beruhenden Regelungen zerlegen das Verfahren in einzelne Abschnitte und schließen weiteres Vorbringen und Beweismittel nach Beendigung eines Verfahrensabschnitts aus. Um nicht präkludiert zu werden, sind die Parteien gezwungen, alle Tatsachen und Beweismittel auf einmal vorzubringen, auch diejenigen, die nur eventuell bedeutsam werden können.[486] Die Konzentrationsmaxime in der in der ZPO verwirklichten Gestalt hat die Methode der Beschleunigung durch Präklusion mit der Eventualmaxime gemeinsam. **322**

b) Ausprägungen im Gesetz. Die zahlreichen Vorschriften, in denen die Konzentrationsmaxime ihren Niederschlag gefunden hat (zB §§ 272, 273, 278, 282, 296, 349, 358a, 527), verlangen sowohl vom Gericht als auch von den Parteien prozessförderndes Verhalten. Soll der Rechtsstreit in einem Termin erledigt werden, so müssen **Gericht und Parteien** ihn umfassend vorbereiten.[487] **323**

aa) Dem Gericht stehen **zwei vorbereitende Verfahren** alternativ zur Verfügung (§ 272 Abs. 2): Bestimmung eines frühen ersten Termins (§ 275) oder Durchführung eines schriftlichen Vorverfahrens (§ 276). Welches Verfahren das Gericht wählt, steht in seinem Ermessen; nur für Ehe- und Kindschaftssachen gelten Besonderheiten (§§ 611 Abs. 2, 640 Abs. 1). Die weitere Pro- **324**

---

481 Vgl. *Hannemann* RPfleger 2002, 12.

482 BVerfGE 54, 39, 41 = NJW 1980, 1511; BVerfG NJW 2001, 214; BVerfG NJW 2005, 739.

483 *Redeker* NJW 2000, 2796 zum Verhältnis von Justizgewährungspflicht und richterlicher Unabhängigkeit.

484 Dagegen *Stein/Jonas/Leipold* Vor § 128 Rn. 8; zweifeln *Musielak/Musielak* Rn. 52.

485 Ebenso *Musielak/Musielak* Rn. 52.

486 *Damrau* S. 27.

487 Zur Prozessförderungspflicht des Gerichts BVerfGE 81, 264, 270 = NJW 1990, 2373; BGH NJW 1999, 585.

zessförderung erfolgt durch Fristsetzungen gegenüber den Parteien. Im schriftlichen Vorverfahren ist dem Beklagten mit Zustellung der Klage zwingend eine zweiwöchige Notfrist zu setzen, in der er seine Verteidigungsbereitschaft anzeigen, sowie eine weitere mindestens zweiwöchige Frist, in der er auf die Klage erwidern muss (§ 276 Abs. 1). Zur Vorbereitung des frühen ersten Termins kann das Gericht fakultativ eine Frist zur Klageerwiderung bestimmen, sich jedoch auch mit der Aufforderung begnügen, Verteidigungsmittel unverzüglich durch den zu bestellenden Rechtsanwalt mitzuteilen (§ 275 Abs. 1). Eine Fristsetzung zur schriftlichen Klageerwiderung wird hier zwingend, wenn das Verfahren sich nicht im ersten Termin erledigt und die bisherige Stellungnahme des Beklagten nicht ausreicht (§ 275 Abs. 3). In beiden vorbereitenden Verfahren kann das Gericht nach Eingang der Klageerwiderung[488] dem Kläger eine Frist zur Replik wiederum von mindestens zwei Wochen setzen (§§ 275 Abs. 4, 276 Abs. 3, 277 Abs. 4).

325 **bb)** Darüber hinaus hat das Gericht Möglichkeiten, die **mündliche Verhandlung** effektiv vorzubereiten. Dazu gehören insbesondere die Maßnahmen nach § 273 Abs. 2, wie die Aufforderung an die Parteien zur Ergänzung oder Erläuterung ihrer vorbereitenden Schriftsätze oder weiteren Erklärungen (Nr. 1), Ersuchen an Behörden oder Amtsträger um Mitteilung von Urkunden oder Erteilung amtlicher Auskünfte (Nr. 2), Anordnung des persönlichen Erscheinens der Parteien (Nr. 3) sowie die Ladung von Sachverständigen und Zeugen, auf die sich eine Partei bezogen hat (Nr. 4). Ferner kann das Gericht schon vor der mündlichen Verhandlung einen Beweisbeschluss erlassen und ihn bezüglich bestimmter Anordnung auch ausführen (§ 358a). Außerdem fördert die richterliche Hinweispflicht im vorbereitenden Verfahren dessen zügigen Ablauf; ihre korrekte Wahrnehmung trägt dazu bei, dass die Parteien sich von Anfang an vollständig erklären und frühzeitig sachgerechte Anträge stellen.

326 **cc)** Ohne Mitwirkung der **Parteien** ist ein straffer und zeitlich angemessener Verfahrensablauf nicht möglich. Deshalb obliegt auch ihnen die **Pflicht zur Prozessförderung.** Nach § 282 Abs. 1 haben die Parteien in der mündlichen Verhandlung ihre Angriffs- und Verteidigungsmittel so zeitig vorzubringen, wie es nach der Prozesslage einer sorgfältigen und auf Förderung des Verfahrens bedachten Prozessführung entspricht. Die hM erblickt darin die gesetzliche Festlegung einer allgemeinen Prozessförderungspflicht der Parteien, die sich nur auf den Zeitpunkt, nicht aber auf den Inhalt des Parteivorbringens bezieht.[489] Prozessuale Mitwirkungspflichten bei der Sachverhaltsbeschaffung und bei der Beweisführung (§§ 138 Abs. 1 und 2, 372a, 423, 445 ff.) können nicht zu einer umfassenden prozessualen Mitwirkungs- und Förderungspflicht erweitert werden.[490]

327 **dd)** Weitere **Einzelpflichten** sind den Parteien ausdrücklich auferlegt. So müssen Anträge und Angriffs- und Verteidigungsmittel, auf die eine Erklärung nur nach vorheriger Erkundigung möglich ist, so zeitig durch vorbereitende Schriftsätze mitgeteilt werden, dass der Gegner die erforderliche Erkundigung noch einholen kann. Immer muss ein vorbereitender Schriftsatz, der neues Vorbringen oder eine Gegenerklärung dazu enthält, früh genug eingereicht werden, damit der Gegner in der mündlichen Verhandlung Stellung zu nehmen vermag (vgl. § 132). Rügen zur Zulässigkeit der Klage sind gleichzeitig und vor der Verhandlung zur Hauptsache, bei vorheriger Fristsetzung zur schriftlichen Klageerwiderung innerhalb dieser Frist, geltend zu machen. Auch sonst müssen gesetzliche und richterlich bestimmte Fristen von den Parteien eingehalten werden.

328 **c) Sanktionen. aa)** Damit die Prozessförderungspflicht der Parteien wirkungsvoll durchgesetzt werden kann, sind prozessuale Sanktionen unerlässlich. Wichtigstes Durchsetzungsmittel ist die **Präklusion verspäteten Vorbringens** bei Verletzung der Prozessförderungspflicht (§§ 296 Abs. 2, 282) bzw. Fristversäumnis (§ 296 Abs. 1; für die Berufungsinstanz §§ 530, 531). Der BGH stellt für die Verspätung darauf ab, ob das Verfahren bei Zulassung des verspäteten Vorbringens länger dauern würde als bei seiner Zurückweisung (absoluter Verzögerungsbegriff),[491] nicht darauf, ob das Verfahren bei Berücksichtigung des verspäteten Vorbringens länger dauern würde als es bei Rechtzeitigkeit des Vorbringens gedauert hätte (relativer oder hypothetischer Verzögerungsbegriff). Das BVerfG hat zwar den absoluten Verzögerungsbegriff gebilligt;[492] der hypothetische Kausalverlauf ist jedoch zu berücksichtigen, wenn dieselbe Verzögerung offensichtlich auch bei rechtzeitigem

[488] BGHZ 76, 236, 240 = NJW 1980, 1167.
[489] Die von *Peters,* FS Schwab, 1990, S. 399, an der Einordnung als Pflicht geäußerten Zweifel lassen außer acht, daß die Sanktion der Präklusion viel einschneidender ist als die der Mißachtung der Last zum Erscheinen in Form des Versäumnisurteils, das ohne weiteres mit dem Einspruch angefochten werden kann.
[490] AA *Stürner,* Die richterliche Aufklärung im Zivilprozeß, 1982, S. 92 ff.
[491] BGHZ 86, 31, 34 = NJW 1983, 575; BGHZ 86, 198, 202 f. = NJW 1983, 1495.
[492] *BVerfGE* 75, 302; erste recht ist die in die nächste Instanz prolongierte Präklusion nach § 531 Abs. 2 Nr. 3 verfassungsrechtlich unbedenklich: BVerfG NJW 2005, 1768.

Vortrag eingetreten wäre;[493] zudem muss das Gericht durch zumutbare Maßnahmen versuchen, die Verzögerung aufzufangen, ehe es Vortrag als präkludiert ansieht.[494] Zur Grundrechtsbetroffenheit durch Präklusion s. Rn. 218.

bb) Weitere Mittel sollen Prozessverschleppung durch die Parteien verhindern. § 331 Abs. 3 sieht ein Versäumnisurteil im schriftlichen Vorverfahren vor, wenn der Beklagte nicht fristgemäß iSd. § 276 Abs. 1 S. 1 seine Verteidigungsbereitschaft anzeigt. Weiterhin drohen einer nachlässig prozessierenden Partei gemäß §§ 95, 97 Abs. 2 Kostennachteile: Das Gericht kann Kosten, die durch Säumnis oder Fristverlängerung entstanden sind, der dafür verantwortlichen Partei auferlegen (§ 95); ebenso kann es die Kosten des Rechtsmittelverfahrens auch der siegreichen Partei auferlegen, sofern diese auf Grund eines neuen Vorbringens obsiegt, das sie schon im früheren Rechtszug hätte geltend machen können (§ 97 Abs. 2). **329**

cc) Versäumnisse des **Prozessbevollmächtigten** werden der Partei zugerechnet (§ 85 Abs. 2). Nach Aufhebung des § 102 aF ist eine Kostenbelastung nicht mehr möglich;[495] der Anwalt ist jedoch schadensersatzpflichtig, auch wenn das Gericht denselben Fehler gemacht und ihn nicht nachträglich korrigiert hat.[496] **330**

dd) Bei **richterlichen Verstößen** gegen die Prozessförderungspflicht ist die Dienstaufsicht eine nur wenig effiziente mittelbare Sanktion. Der Schutz der richterlichen Unabhängigkeit und das Richterprivileg (§ 839 Abs. 2 BGB) gebieten jedenfalls Zurückhaltung gegenüber Maßnahmen, die sich außerhalb des jeweiligen Verfahrens gegen den Richter wenden.[497] § 21 Abs. 1 GKG, wonach Kosten, die bei richtiger Behandlung der Sache nicht entstanden wären, nicht erhoben werden, reicht nicht aus. Bedeutung erlangt jedoch die inzwischen als zulässig anerkannte **Untätigkeitsbeschwerde,** die insbesondere in zeitsensiblen Materien, insbesondere in Sorge- und Umgangsrechtsverfahren[498] sowie im PKH-Verfahren[499] als außerordentliches Rechtsmittel erhoben werden kann. Die damit von der höheren Instanz bewirkte Einflussnahme auf die Beschleunigung des Verfahrens berührt die richterliche Unabhängigkeit erheblich weniger als dies dienstaufsichtliche Maßnahmen tun und ist zugleich erheblich effizienter, weil sie nicht nur zur Rüge ex post, sondern zur, oft erstaunlich schnellen, Anordnung ex ante führt. **331**

5. Mündlichkeit. a) Grundlagen und Bedeutung. aa) Der Grundsatz der Mündlichkeit betrifft – wie ihre Antithese, die Schriftlichkeit – den äußeren Ablauf des Verfahrens, speziell die **Form der Prozesshandlungen.** Das Mündlichkeitsprinzip ist in § 128 Abs. 1 festgelegt und besagt, dass das Gericht nur auf Grund mündlicher Verhandlung entscheiden und als Prozessstoff nur berücksichtigen darf, was in der mündlichen Verhandlung vorgetragen worden ist. Es soll eine gründliche und konzentrierte Durchführung des Verfahrens gewährleisten. Regelmäßig gibt der mündliche Vortrag der Parteien einen anschaulichen und lebensnahen Eindruck vom zugrunde liegenden Sachverhalt und den streitigen Interessen der Parteien. **332**

bb) Die Mündlichkeit hängt mit dem **Anspruch auf rechtliches Gehör** (Art. 103 Abs. 1 GG) zusammen. Der EGMR (Rn. 193) zählt sie sogar zu den aus Art. 6 Abs. 1 EMRK folgenden Ausformungen eines fairen Verfahrens. Die mündliche Verhandlung ist das wichtigste Instrument zur Gewährung rechtlichen Gehörs, obgleich Gehör auch schriftlich gewährt werden kann. Eine enge Verknüpfung besteht auch mit dem Grundsatz der Unmittelbarkeit (Rn. 352). Da erst die mündliche Verhandlung den direkten persönlichen Kontakt mit Parteien und Zeugen ermöglicht, gehen Mündlichkeit und Unmittelbarkeit in der Regel Hand in Hand. Zwingend ist die Mündlichkeit im öffentlichen Verfahren. Da eine Veröffentlichung von Gerichtsakten im schriftlichen Verfahren praktisch nicht durchführbar ist, kann nur eine mündliche Verhandlung die Öffentlichkeit gewährleisten. Auch der Grundsatz der Öffentlichkeit ist von Art. 6 Abs. 1 EMRK umfasst. **333**

cc) Mündlichkeit hat Bedeutung für die **prozessuale Redlichkeit.** In der mündlichen Verhandlung sind sofortige Gegenfragen möglich, durch die etwaige Widersprüche aufgedeckt werden. Damit dient sie der Erfüllung der den Parteien obliegenden Wahrheitspflicht (§ 138 Abs. 1), fördert die Aufklärung des Sachverhalts und erleichtert die Wahrheitsfindung. Sie trägt zugleich zur Kon- **334**

---

[493] BVerfGE 75, 302, 316 = NJW 1987, 2733 m. krit. Anm. *Deubner;* einschränkend BVerfGE 75, 182.

[494] BVerfGE 81, 264.

[495] Die Vorschrift wurde mit der nicht überzeugenden Begründung aufgehoben, sie sei systemwidrig und nur selten angewandt worden.

[496] BGH NJW 1988, 3013, 3016.

[497] Hierzu *Baur,* FS Schwab, 1990, S. 53; *Lüke,* FS Baumgärtel, 1990, S. 349; *Weth,* FS Lüke, 1997, S. 961; differenzierend *Redeker* NJW 2000, 2796.

[498] BVerfG NJW 2001, 961; BVerfG NJW 2004, 835; OLG Dresden FamRZ 2000, 1422.

[499] OLG Zweibrücken NJW-RR 2003, 1653.

zentration des Verfahrens bei; sie macht das Austauschen von Schriftsätzen überflüssig und spart Zeit.

335 **dd)** Schließlich schafft die Mündlichkeit erst die Voraussetzungen für die **wirksame Erfüllung der richterlichen Hinweis- und Aufklärungspflicht** nach § 139. Eine umfassende Erörterung des Sach- und Streitstandes ist nur in einem mündlichen Gespräch möglich. Das Gericht kann die materielle Prozessleitung sachgerecht wahrnehmen und seiner Mitverantwortung bei der Stoffsammlung entsprechen.

336 **ee)** Der Mündlichkeitsgrundsatz bietet andererseits durchaus gewichtige **Nachteile.** Vor allem in Prozessen, die so komplex sind, dass sie sich unmöglich in einem Verhandlungstermin erledigen lassen, ist eine rein mündliche Gestaltung ohne schriftliche Elemente unpraktikabel. Auch besteht die Gefahr, dass in der mündlichen Verhandlung Wichtiges überhört wird oder der Überblick über den Prozessstoff verloren geht. Vor allem für die höheren Instanzen ist die schriftliche Fixierung des genauen Prozessablaufs unerlässlich. Nicht zu übersehen ist auch, dass in der Praxis der Grundsatz der Mündlichkeit nicht selten, gestützt auf § 137 Abs. 3, zur Formalie gerät. Mündlichkeit ohne Rechtsgespräch, was die Erörterung von Beweisergebnissen einschließt (§ 279 Abs. 3), verfehlt letztlich ihren Sinn,[500] eine mündliche Verhandlung, die auf das Restelement der **Antragstellung** unter Bezugnahme auf Schriftsätze reduziert wird, erfüllt ihre Funktion nicht. Dies spricht aber nicht gegen den Grundsatz, sondern für einen Ausbau der hierzu möglichen Ausnahmen, insbesondere in der Handhabung des § 128 Abs. 2.

337 **ff)** Angesichts dieser **Vor- und Nachteile** stellt das Prinzip der Mündlichkeit kein unantastbares Dogma dar. Vielmehr ist die Entscheidung zwischen beiden Prinzipien eine Zweckmäßigkeitsfrage. In diesem Sinne versucht das geltende Recht vom Mündlichkeitsgrundsatz ausgehend die Vorzüge von Mündlichkeit und Schriftlichkeit miteinander zu verbinden. Zwar findet grundsätzlich ein mündlicher Haupttermin statt, der jedoch durch ein schriftliches Vorverfahren vorbereitet werden kann. Außerdem ist die mündliche Verhandlung vielfach nur fakultativ.

338 **b) Inhalt. aa)** Grundsätzlich darf keine Entscheidung ohne **mündliche Verhandlung** (§ 279) ergehen; Entscheidungsgrundlage darf nur der in der mündlichen Verhandlung vorgetragene Prozessstoff sein, und schließlich muss umgekehrt alles mündlich Vorgetragene in der Entscheidung Berücksichtigung finden. Mündliche Verhandlung umfasst die Erörterung von Sach- und Streitstand, sowie im Anschluss an eine Beweisaufnahme auch die Erörterung von deren Ergebnis (§ 279 Abs. 3).[501]

339 Zwingend ist die mündliche Verhandlung im **Urteilsverfahren;**[502] isolierte Kostenentscheidungen (§ 128 Abs. 3) und Entscheidungen, die nicht Urteile sind, können ohne mündliche Verhandlung ergehen (§ 128 Abs. 4). Im Urteilsverfahren ist nur die Verhandlung über den Rechtsstreit vor dem erkennenden Gericht notwendig mündlich. Darunter fallen auch der Einzelrichter (§ 348) und der Vorsitzende der Kammer für Handelssachen (§ 349), nicht aber der beauftragte und ersuchte Richter (§§ 361, 362), ebenso nicht der Vorsitzende des Kollegiums bei prozessleitenden Maßnahmen. Andererseits gilt das Mündlichkeitsprinzip im Urteilsverfahren umfassend, also nicht nur für das Urteil, sondern auch für prozessleitende Beschlüsse, zB Verbindungs- und Trennungsbeschlüsse.[503]

340 **bb)** Da lediglich das in der Verhandlung Vorgetragene der Urteilsfindung zugrunde gelegt werden darf, muss der in den vorbereitenden Schriftsätzen enthaltene **Vortrag** grundsätzlich **in der mündlichen Verhandlung wiederholt** werden. Dies gilt sowohl für Angriffs- und Verteidigungsmittel als auch für alle Anträge und prozessuale Rügen. Das schriftsätzliche Vorbringen stellt lediglich eine Ankündigung dar.

341 **cc)** § 137 Abs. 3 erlaubt den Parteien, auf **Schriftsätze,** Protokolle und sonstige Urkunden **Bezug zu nehmen,** sofern keine der Parteien widerspricht und das Gericht dies für sachdienlich hält. Diese Möglichkeit, die in der Praxis große Bedeutung hat, soll die mündliche Verhandlung auf die diskussionsbedürftigen Punkte konzentrieren und überflüssige Ausführungen vermeiden. Sie stellt keine Einschränkung des Mündlichkeitsprinzips dar, sondern soll dessen sachgemäße Anwendung sichern. Fehlt es an erörterungsbedürftigen Fragen, so ist auch die Entscheidung ohne mündliche Verhandlung nach § 128 Abs. 2 möglich.

342 **dd)** Vorbringen, das sich nur in vorbereitenden Schriftsätzen findet, ist für die Entscheidung unbeachtlich. Bei **Nichterscheinen einer Partei** im Termin oder Nichtverhandeln bleibt es folglich

---

[500] Zutreffend *Redeker* NJW 2002, 192.

[501] Zu § 279 Abs. 3 idF des ZPO-RG *Schulz/Sticken* MDR 2005, 1.

[502] Auch im Instanzenzug, zum Beschwerdeverfahren BayObLG NJW-RR 2004, 804; OLG Karlsruhe ZMR 2003, 374.

[503] *Rosenberg/Schwab/Gottwald* § 79 III 1 b.

insgesamt unberücksichtigt, so dass ein Versäumnisurteil ergehen kann (§§ 330, 331). Möglich ist aber auch ein Urteil nach Lage der Akten (§§ 251 a, 331 a). Es ist eine kontradiktorische Entscheidung und hat den schriftlichen Vortrag zur Grundlage. Gleichwohl wird das Mündlichkeitsprinzip dadurch nicht durchbrochen, weil die Aktenlageendentscheidung voraussetzt, dass in einem früheren Termin mündlich verhandelt worden ist (§§ 251 a Abs. 2, 331 a S. 2). Vielmehr stärkt der von dieser Regelung ausgehende Zwang die Mündlichkeit.[504]

ee) Auch die **nach Schluss der mündlichen Verhandlung** nachgereichten Schriftsätze entbehren der Mündlichkeit und fallen bei der Entscheidungsfindung aus. Für Angriffs- und Verteidigungsmittel ergibt sich dies unmittelbar aus § 296 a, der die Ausnahmen der §§ 156, 283 unberührt lässt (§ 296 a S. 2). § 156 ermöglicht die Wiedereröffnung einer schon geschlossenen Verhandlung, zu der das Gericht unter bestimmten Voraussetzungen verpflichtet ist,[505] selbst wenn das Urteil bereits iSd. § 309 gefällt, aber noch nicht verkündet ist.[506] § 283 verpflichtet das Gericht zur Berücksichtigung nachgereichter Schriftsätze, sofern es deren Nachreichen gestattet hat. Auch nicht nachgelassene Schriftsätze erfordern die Prüfung, ob die mündliche Verhandlung wieder zu eröffnen ist.[507] **343**

ff) Im sachlichen Zusammenhang mit dem Mündlichkeitsprinzip steht der Grundsatz der **Einheit der mündlichen Verhandlung.** Er besagt, dass sämtliche Verhandlungstermine eine Einheit bilden, wenn die mündliche Verhandlung vertagt oder in mehreren Terminen fortgesetzt wird. Daraus folgt, dass Anträge und das Vorbringen von Tatsachen und Beweismitteln in einem Verhandlungstermin auch in den folgenden Terminen als Prozessstoff erhalten bleiben, ohne dass es einer Wiederholung bedarf. Deshalb sind alle Verhandlungstermine grundsätzlich gleichwertig. Jedoch nimmt der letzte Termin zur mündlichen Verhandlung insofern eine Sonderstellung ein, als durch die Vorgänge in ihm der frühere Prozessstoff unerheblich werden kann. So bildet er die alleinige Urteilsgrundlage, wenn in ihm ein Anerkenntnis oder Verzicht erklärt, die Klage zurückgenommen oder der Rechtsstreit übereinstimmend für erledigt erklärt wird. Eine Gleichwertigkeit der Verhandlungstermine in dem Sinne, dass jede Partei ihre Angriffs- und Verteidigungsmittel sowie ihre Beweismittel bis zum Schluss des letzten Termins zeitlich unbegrenzt frei vorbringen kann, gibt es angesichts der verschärften Präklusionsvorschriften hingegen nicht.[508] **344**

gg) Bei einem **Richterwechsel** kann das Urteil nur von denjenigen Richtern gefällt werden, die an der Verhandlung teilgenommen haben. Wechselt ein Richter nach dem letzten Termin zur mündlichen Verhandlung, so kann der neue Richter nur dann an dem Urteil mitwirken, wenn die Verhandlung nach § 156 wiedereröffnet wird.[509] Ein Richterwechsel zwischen der Beweisaufnahme und der letzten mündlichen Verhandlung ist hingegen unschädlich; auch unter dem Gesichtspunkt der Unmittelbarkeit der Beweisaufnahme.[510] Nicht erforderlich ist auch eine Wiederholung vorher gestellter Anträge, sofern von einer stillschweigenden Bezugnahme auszugehen ist.[511] Hat der Gesamtspruchkörper eines **Kollegialgerichts** nach § 309 über ein Urteil beraten und abgestimmt, so kann über eine Wiedereröffnung analog § 320 Abs. 4 S. 2, 3 nur in der Besetzung der Schlussverhandlung, also ohne Hinzuziehung eines Vertreters in der verbleibenden Besetzung entschieden werden.[512] **345**

c) Einschränkungen und Ausnahmen. aa) Der Grundsatz der Mündlichkeit wird nicht so strikt durchgehalten, dass alle Elemente der Schriftlichkeit ausgeschlossen sind. Selbst im Rahmen der obligatorischen Mündlichkeit müssen zahlreiche Parteihandlungen schriftlich vorgenommen werden; es handelt sich um Einschränkungen, nicht um Ausnahmen des Mündlichkeitsprinzips. So ist die Schriftform zB vorgeschrieben für die Klageerhebung (§ 253), die Einlegung von Einspruch und Rechtsmitteln (§§ 340, 519, 524 Abs. 1 S. 2, 549, 554 Abs. 1 S. 2, 569 Abs. 2) und deren Begründung (§§ 520, 524 Abs. 3, 551, 554 Abs. 3), die Aufnahme eines unterbrochenen oder ausgesetzten Verfahrens (§ 250), die Wiederaufnahme des Verfahrens (§ 587) sowie für den Widerspruch bei Arrest und einstweiliger Verfügung (§§ 924, 936). **346**

---

[504] Ebenso *Stein/Jonas/Leipold* § 128 Rn. 24, 29 f.
[505] Vgl. BAG NJW 1996, 2749.
[506] BGH NJW 2002, 1426.
[507] BGH NJW 2002, 1426.
[508] *Stein/Jonas/Leipold* § 128 Rn. 40; *Jauernig* § 28 III 2.
[509] OLG Rostock OLG-NL 2004, 118; zur Gehörsrüge bei Richterwegfall nach Urteilsverkündung: *Schneider* MDR 2005, 248.
[510] BGH NJW 1979, 2518, einschränkend BSG SGb 2003, 232, soweit es auf den persönlichen Eindruck ankommt, wenn dieser nicht protokolliert ist.
[511] OLG Jena OLGR 2004, 170; aA BAG NJW 1971, 1332; offen gelassen von BGH NJ 2005, 524.
[512] BGH NJW 2002, 1426.

347 **bb)** Eine weitergehende Einschränkung des Mündlichkeitsprinzips gilt im Bereich der **fakultativen mündlichen Verhandlung.** Hier findet eine mündliche Verhandlung nur nach Ermessen des Gerichts statt. Es handelt sich um Fallgruppen, die außerhalb des § 128 Abs. 1 liegen, zB Entscheidungen des Vorsitzenden, des ersuchten oder beauftragen Richters, Beschwerdeentscheidungen (§ 571 Abs. 4 S. 2), Entscheidungen des Vollstreckungsgerichts (§ 764 Abs. 3), Arrestbeschlüsse (§ 922 Abs. 1), sowie um sonstige im Gesetz ausdrücklich vorgesehene Fälle. Schriftliches Vorbringen ist hier auch dann zu berücksichtigen, wenn eine mündliche Verhandlung stattgefunden hat.

348 **cc)** In einigen **Verfahrensarten** und **Verfahrensabschnitten** wird der Grundsatz der Mündlichkeit nach der Zweckmäßigkeit modifiziert oder ganz außer Kraft gesetzt. Das trifft zB für das schriftliche Vorverfahren zu (§§ 272 Abs. 2, 276). Da ihm die mündliche Verhandlung regelmäßig nachfolgt, ist es selbst keine Ausnahme vom Mündlichkeitsprinzip. Nur wenn schon im schriftlichen Vorverfahren ein Anerkenntnis- oder Versäumnisurteil ergeht (§§ 307 S. 2, 331 Abs. 3), findet eine mündliche Verhandlung nicht mehr statt; die Entscheidung ergeht ausnahmsweise allein auf Grund des schriftlichen Vorbringens.

349 **dd)** Eine echte Ausnahme bildet das **Mahnverfahren,** das schriftlich abläuft; das gilt auch für die Anhörung des Antragstellers, die vor der Zurückweisung des Mahnantrags zu erfolgen hat (§ 691 Abs. 1 S. 2). In der Zwangsvollstreckung muss differenziert werden: Geht es um Vollstreckungsklagen, so gilt die Mündlichkeit uneingeschränkt; geht es um einstweilige Anordnungen (§§ 707 Abs. 2 S. 1, 769 Abs. 3, 771 Abs. 3 S. 1), so ist die mündliche Verhandlung fakultativ. Die Vornahme von Vollstreckungsakten erfordert keine mündliche Verhandlung.

350 **ee)** § 128 selbst sieht Ausnahmen vom Mündlichkeitsprinzip vor. § 128 Abs. 2 erlaubt dem Gericht eine **Entscheidung ohne mündliche Verhandlung,** sofern die Parteien zustimmen. Trotz Zustimmung liegt die Anordnung des schriftlichen Verfahrens im Ermessen des Gerichts. Wird irrtümlich ohne mündliche Verhandlung entschieden, obwohl kein wirksamer Verzicht vorliegt, so verletzt dies den Anspruch auf rechtliches Gehör.[513]

351 **d) Folgen eines Verstoßes.** Die Verletzung des Grundsatzes der Mündlichkeit ist ein wesentlicher Verfahrensmangel, der im **Berufungsverfahren** die Zurückverweisung begründet (§ 538 Abs. 2 S. 1 Nr. 1).[514] Die **Revision** begründet sie nur, wenn das Urteil auf dem Fehler beruht (§ 545 Abs. 1). Ein absoluter Revisionsgrund iSd. § 547 liegt nicht bei Verletzung der Mündlichkeit,[515] sondern nur bei Verletzung der Öffentlichkeit im Fall mündlicher Verhandlung vor (§ 547 Nr. 5). Eine Heilung durch Verzicht der Parteien oder Unterlassen der Rüge ist möglich (§§ 295 Abs. 1, 534); aus § 128 Abs. 2 folgt, dass die Parteien in gewissem Umfang über die Mündlichkeit disponieren können.[516]

352 **6. Unmittelbarkeit. a) Bedeutung. aa)** Der Grundsatz der Unmittelbarkeit erfordert mündliche **Verhandlung** und **Beweisaufnahme** unmittelbar **vor dem erkennenden Gericht.** Das Gericht darf sich keiner richterlichen Mittelspersonen bedienen, muss das Verfahren selbst durchführen und kann nur so auf Grund eigenen Eindrucks ein Urteil fällen und verantworten.

353 Zwischen den Grundsätzen der **Unmittelbarkeit** und der **Mündlichkeit** besteht ein **enger Sachzusammenhang.** Die jahrzehntelange Vernachlässigung der Unmittelbarkeit in der Praxis durch eine großzügige Anwendung der Ausnahmenregelung (Rn. 358) hat sich erst mit der Stärkung einzelner Elemente der Mündlichkeit durch die Vereinfachungsnovelle 1976 geändert. Die Einführung eines Haupttermins, in dem die Beweisaufnahme der streitigen Verhandlung unmittelbar folgen soll (§ 279 Abs. 2), hat der Unmittelbarkeit größeres Gewicht beigelegt, das durch §§ 273 Abs. 2 Nr. 4, 358a gestützt wird, die es dem Gericht ermöglichen, bereits im Haupttermin alle Beweismittel zur Hand zu haben.

354 **bb)** § 355 bestimmt, die **Unmittelbarkeit der Beweisaufnahme** (ebenso § 58 ArbGG).[517] Nur ein Richter, der ein persönliches Bild von den Zeugen sowie den sonstigen Beweismitteln erlangt hat, kann den Beweis gehörig würdigen und darauf aufbauend ein Urteil fällen.[518] Deshalb muss auch das Berufungsgericht einen Zeugen selbst vernehmen, wenn es dessen Glaubwürdigkeit anders als das Gericht erster Instanz bewerten will.[519] Eine Vernehmung im Wege der **Rechtshilfe** ist daher nur statthaft, wenn ex ante anzunehmen ist, dass auch ohne persönlichen Eindruck eine

---

513 Vgl. BFH BFH/NV 2004, 504 zu § 96 Abs. 2 FGO.
514 BGHZ 17, 118, 121 = NJW 1955, 988; OLG Köln NJW 1977, 1159; BGH NJW 2000, 143.
515 BGHZ 17, 118, 121 = NJW 1955, 988.
516 RGZ 115, 222, 223.
517 Dazu im Einzelnen *Völzmann-Stickelbrock* ZZP 118 (2005), 359.
518 Zur Problematik blinder Richter BVerfG NJW 2004, 2150.
519 BGH NJW 1982, 108, 109 = LM § 398 Nr. 11.

sachgerechte Beweiswürdigung möglich ist (§ 375 Abs. 1).[520] Im Falle des **Richterwechsels** gilt § 309 auch für die Beweisaufnahme. Die Übertragung der Beweisaufnahme auf ein **Mitglied des Prozessgerichts** verstieße an sich gegen den Unmittelbarkeitsgrundsatz,[521] ist jedoch unter den Voraussetzungen des § 375 zulässig.

cc) Eine **materielle Unmittelbarkeit** in dem Sinne, dass von allen verfügbaren Beweismitteln jeweils dasjenige zu wählen ist, das die Erkenntnis der erheblichen Tatsache am sachnächsten ermöglicht, zB nur Tatzeugen, gibt es nach der ZPO nicht. Auch de lege ferenda ist ihre Einführung nicht zu empfehlen; der geringere Wert eines mittelbaren Beweismittels kann bei der Beweiswürdigung hinreichend berücksichtigt werden.[522] **355**

dd) Ein Substitut der Unmittelbarkeit sieht § 128 a in Gestalt der **Verhandlung im Wege der Bild- und Tonübertragung** vor.[523] Zwar legt die systematische Stellung der Regelung eine Zuordnung zur Mündlichkeitsmaxime nahe; die systematische Stellung erklärt sich jedoch daraus, dass es sich um eine Gestaltungsmöglichkeit der mündlichen Verhandlung handelt. Die „Zuschaltung" von Prozessbeteiligten, die sich an einem anderen Ort als dem Sitzungszimmer aufhalten, berührt jedoch substantiell den Unmittelbarkeitsgrundsatz. **356**

Die Verhandlung im Wege des § 128 a umfasst sowohl die **Möglichkeit,** dass Parteien und ihre Verfahrensbevollmächtigten sich während der mündlichen Verhandlung (§ 128 a Abs. 1) oder der Beweisaufnahme (§ 128 a Abs. 2 S. 1 2. Alt.) an einem anderen Ort aufhalten und Prozesshandlungen vornehmen, als auch die Beweisaufnahme mit Zeugen und Sachverständigen, die sich an einem anderen Ort aufhalten (§ 128 a Abs. 2 S. 1 1. Alt.). Erforderlich ist jeweils das Einverständnis beider Parteien.[524] Die Verhandlung bzw. die Vernehmung wird jeweils zeitgleich in Bild und Ton an beide Orte übertragen,[525] nicht jedoch aufgezeichnet (§ 128 a Abs. 3 S. 1). Die möglichen **Zeit- und Kostenvorteile** dieser Lösung sind unübersehbar. Erstmals bietet sich dadurch die Möglichkeit, die spezifischen Vorzüge der Unmittelbarkeit weitgehend zu erreichen, ohne die Nachteile kosten- und zeitaufwändiger Anreise einzugehen. Gleichwohl ist das Gericht an den entsprechenden Antrag und die Zustimmung der Parteien nicht gebunden und hat immer zu prüfen, ob der **persönliche Eindruck,** der durch Bild- und Tonübertragung nur begrenzt vermittelt wird (zB Unsicherheit des Zeugen) durch eine persönliche Anwesenheit erforderlich ist.[526] **357**

b) Ausnahmen. aa) Die Beweisaufnahme darf nur in den ausdrücklich bestimmten Fällen einem Mitglied des Prozessgerichts als **beauftragtem Richter** (§§ 361 Abs. 1, 372 Abs. 2, § 375 Abs. 1, 1 a) oder dem Richter eines anderen Gerichts als **ersuchtem Richter** (§ 362, § 372 Abs. 2, § 157 GVG) übertragen werden (§ 355 Abs. 1 S. 2): nach § 372 Abs. 2 für die Einnahme des Augenscheins, nach § 375 Abs. 1 und 1 a für die Zeugenvernehmung, nach § 375 iVm. § 402 für die Vernehmung von Sachverständigen, nach § 434 für die Vorlage von Urkunden sowie nach § 375 iVm. § 451 für die Parteivernehmung. **358**

bb) Soweit nach § 348 Abs. 1 der Einzelrichter nicht vorbereitend, sondern als **originärer Einzelrichter** tätig wird, repräsentiert dieser auch im Sinn des Unmittelbarkeitsgrundsatzes das Gericht. Der Vorsitzende der Kammer für Handelssachen kann in dieser Eigenschaft nach § 349 Abs. 1 S. 2 Beweis allein erheben; der vorbereitende Einzelrichter nach § 527 kann dies nach § 527 Abs. 2 nur sehr eingeschränkt. Hingegen ist dem **entscheidenden Richter** der gesamte Entscheidungsvorgang übertragen (§ 526). **359**

c) Folgen eines Verstoßes. aa) Die Verletzung des Unmittelbarkeitsprinzips begründet einen Verfahrensfehler. Sie führt daher grundsätzlich zur Unverwertbarkeit des gewonnenen Beweisergebnisses und zur Aufhebbarkeit der darauf beruhenden Entscheidung.[527] **360**

bb) Die Verletzung der Unmittelbarkeit ist **heilbar** (§ 295 Abs. 1), sofern nicht zugleich § 286 verletzt ist.[528] Eine unzulässig erfolgte Übertragung der Beweisaufnahme auf den beauftragten Richter führt nicht zu einem unverzichtbaren Mangel iSd. § 295 Abs. 2,[529] weil auch bei einer un- **361**

---

520 OLG Frankfurt/Main OLGR 2005, 321.
521 BGHZ 40, 179.
522 AK-ZPO/*Rüßmann* § 355 Rn. 6; BVerfG NJW 1981, 1719, 1724 (für § 261 StPO).
523 Im Einzelnen *Stadler* ZZP 111 (2002), 413.
524 Kritisch *Bachmann* ZZP 118 (2005), 133.
525 Über ISDN- oder DSL-Verbindungen, zur technischen Umsetzung in der Justiz *Borchert* CR 2002, 854; *Schultzky* NJW 2003, 313; *Thomsen* SchlHA 2004, 285.
526 *Rosenberg/Schwab/Gottwald* § 79 IV.
527 BGHZ 87, 337 = NJW 1984, 918; BGH NJW 1991, 1302.
528 BGH NJW RR 1997, 506.
529 AA OLG Köln NJW 1976, 1101; *Werner/Pastor* NJW 1975, 329, 331; *E. Schneider* DRiZ 1977, 13, 15 f.; *Paul Müller* DRiZ 1977, 305, 306 f.

zulässigen Übertragung das Prozessgericht gesetzlicher Richter bleibt (Art. 101 Abs. 1 S. 2 GG). Hingegen ist Tätigwerden des Einzelrichters ohne Übertragung (gesetzlich oder durch Beschluss) nicht heilbar.[530]

362 **7. Öffentlichkeit. a) Bedeutung. aa)** Ein tragendes Prinzip **rechtsstaatlicher Gerichtsverfahren** ist die Öffentlichkeit der Verhandlung vor dem erkennenden Gericht (§ 169 S. 1 GVG). Die Öffentlichkeit dient der demokratischen Kontrolle der Tätigkeit der Gerichte und stärkt die richterliche Unabhängigkeit. Sie ist durch Art. 6 Abs. 1 EMRK (Rn. 194) sowie in Gestalt der Parteiöffentlichkeit durch Art. 103 Abs. 1 GG geschützt. Ein Recht auf Eröffnung der Gerichtsverhandlung als **Informationsquelle,** insbesondere ein Recht auf Ton- und Bildübertragungen ergibt sich hingegen nur im Rahmen einfacher Gesetze (derzeit § 169 S. 2 GVG) und ist weder aus Art. 5 Abs. 1 S. 1 oder S. 2 GG herzuleiten noch vom Öffentlichkeitsgrundsatz erfasst.[531]

363 **bb)** Der Grundsatz der Öffentlichkeit besagt, dass **jedermann freien Zutritt** zu den Gerichtsverhandlungen hat. Folglich kann er nur verwirklicht werden, wenn das Verfahren mündlich ausgestaltet ist. Die Öffentlichkeit bezieht sich nur auf die mündliche Verhandlung, ein Recht auf Durchführung einer mündlichen Verhandlung sowie ein allgemeines Recht auf Akteneinsicht besteht für nicht am Verfahren Beteiligte nicht (§§ 299, 760).

364 **b) Parteiöffentlichkeit.** Parteiöffentlichkeit bedeutet das **Recht der Parteien,** von allen Handlungen des Gerichts und des Gegners offiziell Kenntnis zu erhalten[532] und Beweisaufnahmen, auch wenn sie nicht allgemein öffentlich sind, wie vor dem beauftragten und ersuchten Richter, beizuwohnen, Fragen an Zeugen und Sachverständige zu stellen und in der mündlichen Verhandlung neben dem Anwalt das Wort zu ergreifen (§§ 137 Abs. 4, 357 Abs. 1, 397 Abs. 2, 402, 451). Sie umfasst auch die Befugnis, die **Prozessakten** einzusehen und sich aus ihnen Ausfertigungen, Auszüge und Abschriften erteilen zu lassen (§ 299 Abs. 1); das gilt auch für die Vollstreckungsakten des Gerichtsvollziehers (§ 760).

365 **c) Folgen eines Verstoßes.** Erfolgt eine mündliche Verhandlung oder eine Beweisaufnahme unter Verletzung der Vorschriften über die Öffentlichkeit so bedeutet dies einen **Verfahrensfehler,** dessen Kausalität für die angegriffene Entscheidung unwiderlegbar vermutet wird. Übernimmt das Berufungsgericht den nicht durch Rückverweisung und erneute Durchführung geheilten Verfahrensabschnitt, so bedeutet dies einen erneuten Verstoß gegen § 169 GVG, der zu einem absoluten Revisionsgrund iSd. § 547 Nr. 5 führt.[533]

366 **8. Verfahrensgrundsätze im Vollstreckungsrecht. a) Dispositionsgrundsatz. aa)** Auch in der Zwangsvollstreckung gilt der Dispositionsgrundsatz. Die Zwangsvollstreckung wird nur auf Antrag des Gläubigers eingeleitet. Er bestimmt auch Art und Umfang der Vollstreckung; er kann das Verfahren insgesamt beenden, einstweilen einstellen oder einzelne Vollstreckungsmaßnahmen aufheben lassen. Dem steht nicht entgegen, dass das Verfahren nach Einleitung vom Vollstreckungsorgan von Amts wegen fortgeführt wird. Kommt das Vollstreckungsorgan seinen Anweisungen nicht nach, so kann er sie mittels Erinnerung (§ 766) durchsetzen. Weil der Gläubiger Herr des Verfahrens ist, sind die Klagen aus §§ 767 und 771 gegen ihn zu richten.

367 **bb)** Der Gläubiger hat im Allgemeinen nur ein Interesse daran, möglichst schnell wegen seines Titels befriedigt zu werden. Zur Wahrnehmung dieses Interesses ist der Gerichtsvollzieher verpflichtet (§ 64 S. 1 GVGA). Ein **spezielles Interesse,** aus einem bestimmten Gegenstand des Schuldners befriedigt zu werden, besteht durchweg nicht. Der Gerichtsvollzieher führt insofern die Zwangsvollstreckung selbstständig und in eigener Verantwortung durch (§ 58 Nr. 1 S. 1 GVGA). Nur wenn der Gläubiger ein besonderes Interesse an der Pfändung eines bestimmten Gegenstandes hat, zB bei der Vollstreckung in seine eigene Sache oder zur Umsetzung eines die Vollstreckung beschränkenden Vertrages, ist ein spezieller Vollstreckungsantrag zulässig und der Gerichtsvollzieher daran gebunden.

368 **cc)** Die **Dispositionsbefugnis des Schuldners** spielt eine untergeordnete Rolle. Sie beschränkt sich im Wesentlichen darauf, Anträge zum Vollstreckungsschutz und zur Einstellung des Verfahrens zu stellen sowie Rechtsbehelfe einzulegen. Zur Verhinderung der unverhältnismäßigen Vollstreckung Rn. 268ff.

369 **b) Formalisierung.** Die Zwangsvollstreckung zeichnet sich im Interesse einer optimalen Durchsetzungskraft und der Rechtssicherheit durch **strenge Formgebundenheit** aus. Sie ist an

[530] *Baumbach/Lauterbach/Hartmann* § 295 Rn. 53.
[531] BVerfG NJW 2001, 1633.
[532] Vgl. BGH NJW 1961, 363 = LM § 286 Nr. 17.
[533] BGH JZ 2001, 151.

formale Voraussetzungen geknüpft; materielle Gesichtspunkte spielen grundsätzlich keine Rolle.[534] Dadurch wird zugleich ein spezieller Zuschnitt der Prüfungskompetenzen für die verschiedenen Vollstreckungsorgane erreicht. So haben diese nicht zu prüfen, ob der Anspruch des Gläubigers besteht. Vielmehr ist für die Vollstreckung der Titel maßgebend, für die Vollstreckbarkeit die Klausel.[535] Liegen auch die sonstigen Voraussetzungen der Zwangsvollstreckung vor, so handelt das Vollstreckungsorgan prozessual rechtmäßig, auch wenn der zu vollstreckende Anspruch nicht oder nicht mehr besteht. Es ist dann Sache des Schuldners, sich gegen die Zwangsvollstreckung zu wehren (§ 767).

Die Formalisierung gilt auch für das **Eingriffsverhältnis.** Hat der Schuldner eine Sache im Gewahrsam, so muss der Gerichtsvollzieher sie pfänden (§ 808); die Eigentumsverhältnisse darf er grundsätzlich nicht prüfen. Der Hinweis des Schuldners gegenüber dem Zugriff des Gerichtsvollziehers auf das (angebliche) Eigentum eines Dritten ist im Allgemeinen unbeachtlich; Rechte Dritter können nur mit der Drittwiderspruchsklage (§ 771) geltend gemacht werden. 370

c) Mündliche Verhandlung. Nach seiner Zweckbestimmung erfordert das Vollstreckungsverfahren keine mündliche Verhandlung; sie ist vor Entscheidungen fakultativ (§§ 764 Abs. 3, 891 S. 1). 371

V. Prozesshandlungen

1. Begriffsbestimmung. a) Funktioneller Prozesshandlungsbegriff. aa) In einem umfassenden Sinn bezeichnet **Prozesshandlung** jede auf die Prozessentwicklung gerichtete Handlung der Parteien untereinander, gegenüber dem Gericht sowie des Gerichts. Das Gesetz beschränkt den Begriff „Prozesshandlung" auf Handlungen der Parteien (zB §§ 54, 67, 78 Abs. 3, 81, 83 Abs. 2, 85 Abs. 1, 230, 231 Abs. 2, 236, 237, 238, 249 Abs. 2). Gleichwohl ist der Begriff der „Prozesshandlung" auch für **Handlungen des Gerichts** gebräuchlich.[536] Prozesshandlungen des Gerichts, insbesondere Entscheidungen, unterliegen jedoch als hoheitliche Maßnahmen eigenen Regeln. 372

bb) Für die Prozesshandlungen der Parteien werden unterschiedliche **Prozesshandlungsbegriffe** vertreten, wobei genau genommen zwei Begriffspaare abzugrenzen sind: Substantiell ist nach einem engen Begriff Prozesshandlung jedes Parteiverhalten, das den Prozess unmittelbar gestaltet, nach einem weiten Begriff jedes Verhalten, dessen charakteristische Wirkungen in der Gestaltung des Verfahrens oder in der Schaffung eines sich auf das Verfahren beziehenden Tatbestandes bestehen. Der weite Begriff umfasst Prozessverträge, insbesondere Gerichtsstandsvereinbarungen,[537] der enge Begriff nur einseitige Prozesshandlungen.[538] Strittig ist aber auch, ob sich die Prozessgerichtetheit aus der Funktion der Handlung für den Prozess ergibt **(funktioneller Prozesshandlungsbegriff)**[539] oder aus der systematischen Stellung der Voraussetzungen und Wirkungen im Prozessrecht **(systematischer Prozesshandlungsbegriff).**[540] Obgleich mit der hM der funktionellen Einordnung der Vorzug zu geben ist, weil die Einordnung gerade den Zweck hat, eine Abgrenzung zu bürgerlichrechtlichen Rechtsgeschäften herzustellen, bleiben Einordnungsprobleme, weil auch für Prozesshandlungen partiell materiellrechtliche Grundsätze gelten können.[541] 373

cc) Prozesshandlungen können **materiellrechtliche Nebenwirkungen** hervorbringen; dies ändert an ihrer Zuordnung nichts. So unterbricht zB die Klageerhebung die Verjährung (§ 214 BGB) und verschärft die Haftung des Beklagten (§§ 818 IV, 819, 989 BGB). Umgekehrt können auch Rechtsgeschäfte des materiellen Rechts prozessuale Konsequenzen nach sich ziehen. So löst zB die Veräußerung der in Streit befangenen Sache (§ 929 BGB) die Folgen der §§ 265, 325, 727 aus. 374

dd) Prozesshandlungen können aber auch mit **materiellen Gestaltungsrechten** (zB Anfechtung, Aufrechnung) zusammen im Prozess ausgeübt werden. Dies führt zu einer äußerlichen Doppelnatur, weil die einheitliche Erklärung sowohl die materiellrechtliche Ausübung als auch die prozessuale Geltendmachung der sich daraus ergebenden Einwendung als Prozesshandlung umfasst. 375

---

[534] Zurückhaltend gegenüber der Formstrenge der Zwangsvollstreckung Sondervotum *Böhmer* BVerfGE 49, 220, 228, 239 = NJW 1979, 534; dazu krit. *Stürner* ZZP 99 (1986), 291, 316 f.

[535] Im Anwendungsbereich der EG-VollstrTitelVO (Rn. 434 ff.) entspricht der Klausel die Bestätigung des ausländischen Gerichts.

[536] BGHZ 134, 385, 390 zur Verjährungsunterbrechung nach § 211 Abs. 2 BGB durch die (gerichtliche) Prozesshandlung der Verfügung eines Mahnbescheids.

[537] So *Musielak/Musielak* Rn. 59.

[538] Eingehend *Schwab,* FS Baumgärtel, 1990, 503 ff.

[539] *Baumgärtel* S. 291; *Henckel* S. 30.

[540] BGHZ 49, 384, 386 = NJW 1968, 1233.

[541] *Stein/Jonas/Leipold* Vor § 128 Rn. 210.

Diese Tatbestände sind gesondert nach materiellem Recht respektive nach Prozessrecht zu beurteilen. Sie stehen jedoch in Sachzusammenhang, so dass bei Unzulässigkeit der Prozesshandlung, zB wegen Verspätung, der Rechtsgedanke des § 139 BGB anwendbar ist.[542] Einziges Rechtsinstitut mit substantieller Doppelnatur, das also sowohl dem Prozessrecht als auch dem materiellen Recht zugehört, ist der Prozessvergleich (§ 794). Ist er nach der einen oder anderen Seite unwirksam, so fällt er insgesamt weg; § 139 BGB ist nicht anwendbar.[543]

376 **b) Einteilung. aa)** Die Prozesshandlungen der Parteien werden üblicherweise eingeteilt in Erwirkungs- und Bewirkungshandlungen.[544] **Erwirkungshandlungen** sollen das Gericht zu einer bestimmten Entscheidung veranlassen; erst durch diese wirken sie auf den Prozess ein. Demgegenüber beeinflussen **Bewirkungshandlungen** die Prozesslage unmittelbar. Die Unterscheidung hat vor allem für die Widerruflichkeit und die Folgen der Fehlerhaftigkeit Bedeutung.

377 **bb)** Inhaltlich lassen sich die **Erwirkungshandlungen** einteilen in Anträge, Behauptungen und Beweisführungen. Die Anträge sind Sach- oder Prozessanträge, je nachdem, ob sie auf eine Entscheidung zur Sache abzielen (wie Klage- und Rechtsmittelanträge sowie die entsprechenden Gegenanträge) oder das zu beobachtende Verfahren betreffen (zB Anordnung der Verbindung oder Trennung von Prozessen, §§ 147, 150). Die ZPO nennt sie auch Gesuche, wenn über sie ohne mündliche Verhandlung entschieden werden kann (zB §§ 225 Abs. 1, 248 Abs. 1, 920). Über einen Antrag kann sachlich nur entschieden werden, wenn er zulässig ist.

378 Die **Behauptungen der Parteien** beziehen sich entweder auf rechtliche Verhältnisse (Rechtsbehauptungen) oder – wie in der Regel – auf Tatsachen (Tatsachenbehauptungen). Zu diesen gehören auch Erklärungen, mit denen das tatsächliche Vorbringen des Gegners bestritten oder zugestanden wird. Die Behauptungen sind entweder **Angriffs- oder Verteidigungsmittel.** Die Angriffsmittel dienen dem Angriff (zB Behauptungen zur Begründung der Klage oder Widerklage). Verteidigungsmittel ist alles, was der Abwehr dient (zB Behauptungen zur Abwehr von Klage und Widerklage, Einreden, Dupliken); § 282 Abs. 1. Selbstständige Angriffs- und Verteidigungsmittel (§§ 146, 289 Abs. 1) wirken für sich allein rechtsbegründend, -erhaltend, -hindernd oder -vernichtend. Unselbstständig sind die Angriffs- und Verteidigungsmittel, die nur ein einzelnes Tatbestandsmerkmal einer Rechtsnorm ausfüllen.

379 Die **Beweisführung** soll das Gericht von der Wahrheit oder Unwahrheit einer tatsächlichen Behauptung überzeugen. Sie geschieht durch Beweisantritt. Die Beweiserhebung ist Sache des Gerichts. Die Parteien haben die Behauptungslast und bei Bestreiten auch die Beweislast.

380 **cc) Bewirkungshandlungen** können **einseitig oder zweiseitig** sein; zu den Prozessverträgen Rn. 395 ff. Adressat ist das Gericht oder der Gegner. Ihre inhaltliche Einteilung in Willenserklärungen, Willensmitteilungen, Vorstellungsmitteilungen und Realakte hat nur einen sehr beschränkten Wert. Am wichtigsten ist die Gruppe der Willenserklärungen, die teilweise auch als Prozessrechtsgeschäfte bezeichnet werden. Es sind Erklärungen, durch die die Parteien das Verfahren nach ihrem Willen gestalten, zB Klagerücknahme oder Zurücknahme eines Rechtsmittels. Trotz ihrer Ähnlichkeit mit den Willenserklärungen des bürgerlichen Rechts sind sie Parteihandlungen und unterliegen den für diese geltenden Regeln.

381 **2. Wirksamkeit. a) Voraussetzungen. aa)** Die Voraussetzungen für die Wirksamkeit von Prozesshandlungen ergeben sich allein aus dem Prozessrecht. Die Vorschriften des bürgerlichen Rechts (zB über Geschäftsfähigkeit oder Willenserklärungen) sind grundsätzlich unanwendbar. Deshalb müssen aus einzelnen Normen des Prozessrechts allgemeine Grundsätze abgeleitet werden; ergeben sich Lücken, so ist, immer unter Beachtung der Besonderheiten des Prozessrechts, eine Analogie zu den Normen des bürgerlichen Rechts zu erwägen.[545]

382 **bb)** In persönlicher Hinsicht müssen die **Prozesshandlungsvoraussetzungen** der ZPO erfüllt sein. Das sind Parteifähigkeit, Prozessfähigkeit, Postulationsfähigkeit sowie bei Stellvertretung gesetzliche Vertretungsmacht und Prozessvollmacht.

383 **cc)** Prozesshandlungen sind in der Regel **empfangsbedürftig.** Entsprechend ihrer Zielsetzung ist Adressat von Erwirkungshandlungen das Gericht. Für Bewirkungshandlungen ist häufig vorgeschrieben, dass sie ebenfalls gegenüber dem Gericht vorzunehmen sind (zB nach §§ 269 Abs. 2 S. 1, 516 Abs. 2 S. 1). Soweit es keine Vorschriften gibt, können Bewirkungshandlungen wahlweise dem Gericht oder dem Gegner gegenüber vorgenommen werden. Ihre Berücksichtigung setzt immer voraus, dass sie von den Parteien als Prozessstoff eingeführt werden.

---

542 *Lüke,* Fälle zum ZPR, S. 86 m. Nachw.; *ders.* JuS 1995, 685, 686; s. auch *Musielak* JuS 1994, 817, 820 ff.
543 Ebenso *Wagner* S. 516.
544 Im Anschluß an *Goldschmidt* S. 364 ff.
545 *Coester-Waltjen,* LdR, S. 235.

b) Form. Die **Prozesshandlungen** der Parteien werden entweder **mündlich oder schriftlich** vorgenommen. In der Verhandlung wird die Erklärung mündlich abgegeben. Außerhalb einer Verhandlung erfolgt die Vornahme regelmäßig durch Einreichung eines Schriftsatzes oder durch Erklärung zu Protokoll der Geschäftsstelle (§ 496). 384

Dem **Gegner** gegenüber wird die schriftliche Parteihandlung entweder durch Zustellung oder formlose Mitteilung vorgenommen, dem Gericht gegenüber durch Einreichung eines Schriftsatzes oder durch Erklärung zu Protokoll der Geschäftsstelle (zB nach §§ 117 Abs. 1, 496). 385

c) Bedingungsfeindlichkeit. aa) Prozesshandlungen sind **bedingungsfeindlich,** weil im Prozess für Gericht und Gegner klare Verhältnisse herrschen müssen.[546] Zulässig ist jedoch, die Prozesshandlung von einer bestimmten Entwicklung der Verfahrenslage abhängig zu machen.[547] Hierher gehören insbesondere Eventualaufrechnung und Eventualanträge. Im Falle des Eventualantrages werden zwei Anträge gestellt. Über den Eventualantrag darf nur entschieden werden, wenn der Hauptantrag keinen Erfolg hat. Auch Prozessanträge können als Eventualanträge gestellt werden; zB den Rechtsstreit hilfsweise an das zuständige Gericht zu verweisen (§ 281 Abs. 1). Umstritten ist die Zulässigkeit einer durch die Gewährung von Prozesskostenhilfe bedingten Klageerhebung.[548] 386

bb) Die **Aufrechnung** im Prozess ist im Zweifel immer Eventualaufrechnung, auch wenn der Beklagte sie nicht ausdrücklich so bezeichnet.[549] Sie wird für den Fall geltend gemacht, dass alle anderen Verteidigungsmittel fehlschlagen. Der Beklagte begehrt primär Abweisung der Klage ohne Aufrechnung, hilfsweise infolge Aufrechnung. Die Eventualaufrechnung verstößt auch nicht materiellrechtlich gegen § 388 S. 2 BGB. Da der Beklagte das Wirksamwerden der Aufrechnung vom tatsächlichen Bestehen der Klageforderung abhängig macht, setzt er als Bedingung nur voraus, was kraft Gesetzes Wirksamkeitsvoraussetzung ist, nämlich das Bestehen der Forderung, gegen die aufgerechnet werden soll; nicht aber macht er die Wirksamkeit der Aufrechnungserklärung von einem künftigen ungewissen Ereignis abhängig, so dass keine echte Bedingung vorliegt.[550] 387

d) Unwiderruflichkeit. Bewirkungshandlungen sind wegen ihrer prozessgestaltenden Wirkung **grundsätzlich unwiderruflich,** zB Anerkenntnis und Verzicht. Erwirkungshandlungen können widerrufen werden, solange die zu erwirkende gerichtliche Handlung noch nicht vorgenommen worden, also noch keine neue Verfahrenslage entstanden ist.[551] In einigen Fällen sieht das Gesetz die Möglichkeit zum Widerruf oder zur Rücknahme innerhalb bestimmter Grenzen vor, zB den Widerruf eines durch Irrtum veranlassten Geständnisses (§ 290) oder die Rücknahme von Klage, Einspruch oder Rechtsmittel (§§ 269 Abs. 1, 346, 516 Abs. 1, 566). Zum Widerruf wegen Willensmängeln s. Rn. 393. 388

e) Mängel und Heilung. aa) Fehlt es an einer **Wirksamkeitsvoraussetzung,** so ist die Prozesshandlung fehlerhaft. Für eine Erwirkungshandlung bedeutet dies, dass sie keinen Erfolg haben kann und vom Gericht als unzulässig zurückzuweisen ist. Fehlerhafte Bewirkungshandlungen können nicht die mit ihr beabsichtigten Rechtsfolgen herbeiführen, sondern bleiben wirkungslos; eine gerichtliche Entscheidung darüber ergeht nur mittelbar im Rahmen der Hauptentscheidung. 389

bb) Fehlerhafte Prozesshandlungen können **geheilt** und unter Vermeidung des Fehlers **neu vorgenommen** werden. Die Korrektur eines Fehlers (zB Nachholen der fehlenden Unterschrift) und die Neuvornahme wirken ex nunc mit der möglichen Folge, dass etwaige Fristen versäumt sind. Fehlende persönliche Prozesshandlungsvoraussetzungen werden durch **Genehmigung** der handlungsfähigen Partei rückwirkend geheilt (vgl. §§ 89, 549 Abs. 2, 551 Abs. 4, 579 Abs. 1 Nr. 4).[552] Bei Verstößen gegen verzichtbare Verfahrensvorschriften tritt Heilung durch Rügeverzicht oder Nichtrüge ein (§ 295). 390

f) Auslegung, Umdeutung. aa) Prozesshandlungen sind der **Auslegung** nach den Grundsätzen der §§ 133, 157 BGB fähig.[553] Die Vorschriften über die Auslegung von Willenserklärungen finden entsprechende Anwendung. Im Hinblick auf die Rechtssicherheit im Prozessrecht ist auf 391

546 BGH NJW-RR 1989, 766, 767.
547 Zu den Grenzen *Baumgärtel* S. 34 ff.
548 Dazu *Woitkewitsch* VuR 2005, 161.
549 RGZ 167, 257, 258; BGH LM § 322 Nr. 21; BAGE 11, 346, 348.
550 RGZ 97, 269, 273; *Blomeyer* ZivilprozeßR § 60 I; *Musielak* JuS 1994, 817, 820 argumentiert mit einer teleologischen Reduktion des § 388 S. 2 BGB.
551 BGHZ 22, 268, 269 = JR 1957, 224 m. Anm. *Blomeyer.*
552 BGH NJW 1992, 2575.
553 BAG NJW 1982, 1174; BGH NJW 1988, 128; BAG NZA 2004, 999; BGH FamRZ 2001, 1703; hierzu eingehend *Henke* ZZP 112 (1999), 397.

den objektiven Erklärungswert abzustellen.[554] Bei offensichtlichem Irrtum ist eine berichtigende Auslegung möglich.[555]

392 **bb)** Auch eine **Umdeutung** von Prozesshandlungen ist grundsätzlich möglich (Rechtsgedanke des § 140 BGB). Sie hat jedoch angesichts der richterlichen Hinweispflicht (§ 139), die vorgeht, kaum praktische Bedeutung.

393 **3. Willensmängel. a) Unanwendbarkeit der BGB-Vorschriften.** Nach ganz hM sind die Vorschriften des BGB über Willensmängel auf Prozesshandlungen **nicht (analog) anwendbar.** Daher ist insbesondere die Anfechtung wegen Irrtums, Täuschung oder Drohung ausgeschlossen.[556] Eine Mindermeinung lässt die Anfechtung von Klage- und Rechtsmittelrücknahme, Geständnis, Anerkenntnis und Verzicht zu.[557] Gegen sie spricht, dass die handelnde Partei durch die Möglichkeit der erneuten Klageerhebung bzw. Rechtsmitteleinlegung sowie durch das Widerrufsrecht wegen Vorliegens von Restitutionsgründen ausreichend geschützt ist.[558]

394 **b) Widerruf wegen Wiederaufnahmegrund.** Sofern die Voraussetzungen gegeben sind, unter denen eine Restitutionsklage nach § 580 Nr. 4 begründet wäre, ist der **Widerruf der fehlerhaften Prozesshandlung** zulässig.[559] Es wäre widersinnig, müsste erst das Urteil ergehen und seine Rechtskraft abgewartet werden, um dann Restitutionsklage zu erheben. Falls der Restitutionsgrund in einer strafbaren Handlung besteht, müssen auch die Voraussetzungen des § 581 erfüllt sein.[560] Für die Erklärung des Widerrufs gelten die Fristen des § 586 Abs. 1 und 2.[561]

395 **4. Prozessverträge.**[562] **a) Anwendungsbereich. aa)** Von den einseitigen Prozesshandlungen sind die **zweiseitigen Vereinbarungen** über die unmittelbare Gestaltung eines anhängigen oder künftigen Prozesses zu unterscheiden. In diesen Prozessverträgen können sich die Parteien auch zu einem bestimmten prozessualen Verhalten verpflichten. Da sie primär eine prozessuale Wirkung bezwecken, fallen sie unter den Prozesshandlungsbegriff (Rn. 372). Diese systematische Einordnung entscheidet jedoch noch nicht über die rechtliche Behandlung der Prozessverträge, so dass ihre praktische Bedeutung gering ist.

396 **bb)** Für einzelne **Prozessverträge** ergibt sich die Zulässigkeit aus dem **Gesetz**, so für Gerichtsstands- und Schiedsvereinbarung (§§ 38, 1029), Vereinbarungen über die Art der Sicherheitsleistung (§ 108), Abkürzung von Fristen (§ 224 Abs. 1) und das Schiedsverfahren (§ 1042 Abs. 4), die Einigung auf einen bestimmten Sachverständigen (§ 404 Abs. 4) sowie über Versteigerungszeit und -ort (§ 816 Abs. 1 und 2).[563] Strittig ist, in welchem Umfang darüber hinaus **prozessvertragliche Privatautonomie** besteht, die nur durch zwingende Normen begrenzt wird,[564] oder ob wegen der Unabdingbarkeit des Prozessrechts die Parteien lediglich innerhalb der ihnen eingeräumten Dispositionsbefugnis Verträge schließen können.[565] Die Rechtsprechung bejaht zutreffend, dass sich die Prozessparteien, auch die zukünftigen, zu jedem prozessualen Verhalten vertraglich verpflichten können, das möglich ist und nicht gegen ein gesetzliches Verbot oder die guten Sitten verstößt.[566] Zulässig sind zB die vertragliche Verpflichtung zur Klage-, Einspruchs- oder Rechtsmittelrücknahme,[567] der Verzicht auf ein künftiges Rechtsmittel in einer bestimmten Sache,[568] nicht aber der unbeschränkte Rechtsmittelverzicht,[569] die Verpflichtung, keine Vollstreckungsabwehrklage gegen die

---

[554] BGH NJW 1959, 724, 725 = LM § 529 Nr. 15; BGH NJW 1981, 2816 = MDR 1982, 128; BGH NJW-RR 1995, 1183.
[555] BGH NJW-RR 1997, 1216.
[556] BGHZ 80, 389, 392 = NJW 1981, 2193; BFH 23. 5. 2005 (X B 62/05) juris; *Rosenberg/Schwab/Gottwald* § 65 V 3; *Schwab,* FS Baumgärtel, 1990, S. 505.
[557] *Grunsky* § 23 I; *Orfanides* S. 74; *W. Lüke* Rn. 215.
[558] *Gaul* AcP 172 (1972), 342, 353 ff.; *Baumgärtel* ZZP (1974), 121, 128 f.
[559] BGHZ 12, 284, 285 = NJW 1954, 676; BGHZ 80, 389, 394 = NJW 1981, 2193.
[560] BGHZ 12, 284, 285 f. = NJW 1954, 676; BGHZ 33, 73, 75 = NJW 1960, 1764; aA RGZ 150, 392, 396; *Schwab* JuS 1976, 69, 71.
[561] BGHZ 33, 73, 75 = NJW 1960, 1764.
[562] Umfassend hierzu *Häsemeyer* ZZP 118 (2005), 265.
[563] Im Insolvenzrecht auch Insolvenzverwaltungsverträge; vgl. *Eidenmüller* ZZP 114 (2001) 3 ff.
[564] *Schlosser* S. 9 ff.; *Wagner* S. 79 ff.; *Musielak/Musielak* Rn. 67.
[565] *Stein/Jonas/Leipold* Vor § 128 Rn. 300 f.; *Hellwig* S. 84 ff.; zum Ganzen *Teubel/Künzel* MDR 1988, 720.
[566] BGHZ 28, 45, 48 f. = NJW 1958, 1397; BGHZ 38, 254, 258 = NJW 1963, 243; BGH NJW 1982, 2072, 2073; 1986, 198.
[567] BGHZ 20, 198, 205 = NJW 1956, 990; BGH NJW 1984, 805 = LM § 515 Nr. 22; BGH NJW-RR 1987, 307.
[568] BGHZ 28, 45, 48 = NJW 1958, 1397; BGH NJW 1986, 198.
[569] *Baumgärtel* S. 210; *Schlosser* S. 77.

Vollstreckung aus einem konkreten Titel zu erheben[570] oder von einer Verfahrensart, etwa dem Urkundenprozess, keinen Gebrauch zu machen,[571] sowie Vereinbarungen über Beweismittelbeschränkungen.[572]

b) Rechtliche Behandlung. aa) Auf Prozessverträge finden die **Vorschriften des BGB** für Vertragsschluss (§§ 145ff. BGB),[573] Auslegung (§§ 133, 157 BGB) und Umdeutung (§ 140 BGB) entsprechende Anwendung, da das Prozessrecht hierfür keine eigenen Regeln hat. Anders als bei einseitigen Prozesshandlungen sind Bedingungen grundsätzlich zulässig; Willensmängel führen zur Anfechtbarkeit nach §§ 119ff. BGB, sofern nicht der Vertrag durch die prozessuale Lage überholt ist. **397**

bb) Für die persönlichen Wirksamkeitsvoraussetzungen der Parteien ist zu unterscheiden, ob der **Prozessvertrag im Prozess oder bereits vorher** bzw. außerhalb des Prozesses **abgeschlossen wird.** Im Prozess müssen die vertragschließenden Parteien partei- und prozessfähig und ggf. anwaltlich vertreten sein. Im anderen Fall genügen Parteifähigkeit und beschränkte Geschäftsfähigkeit mit Einwilligung oder Genehmigung des gesetzlichen Vertreters.[574] Anwaltszwang (§ 78) besteht auch dann nicht, wenn der Vertrag einen Anwaltsprozess betrifft.[575] **398**

c) Wirkungen. aa) Nach der Art ihrer Wirkung lassen sich zwei Gruppen von Prozessverträgen unterscheiden.[576] Prozessverträge mit **Verfügungscharakter** wirken unmittelbar gestaltend auf die Prozessrechtslage ein. So verändert der Prorogationsvertrag die gesetzliche Zuständigkeitsregelung mit der Folge, dass die Klage unzulässig ist, wenn die vereinbarte Zuständigkeit missachtet wird. Ähnlich ist die Wirkung der Schiedsvereinbarung. Dass sie technisch als Prozesshindernis ausgestaltet ist und deshalb nur wirken kann, wenn sich der Beklagte auf sie beruft (§ 1032 Abs. 1), ändert seinen Verfügungscharakter nicht. Rechtsnachfolger sind an diese Art von Prozessverträgen gebunden. **399**

bb) Den **„verpflichtenden" Prozessverträgen** misst die hM eine schwächere Wirkung zu.[577] Sie stellt bei Nichterfüllung der Verpflichtung, zB das Rechtsmittel zurückzunehmen, darauf ab, dass mit seinem vorangegangenen rechtsgeschäftlichen Verhalten sich auch prozessual niemand in Widerspruch setzen dürfe, und gibt dem Prozessgegner eine Einrede, die zur Verwerfung des Rechtsmittels als unzulässig führt.[578] Die Gegenansicht misst auch „verpflichtenden" Prozessverträgen verfügungsähnliche Wirkung zu. Danach beeinflusst die Verpflichtung, kein Rechtsmittel einzulegen oder ein eingelegtes Rechtsmittel zurückzunehmen, die Statthaftigkeit des Rechtsmittels unmittelbar; sie schließt diese aus, so dass das gleichwohl eingelegte oder nicht zurückgenommene Rechtsmittel unstatthaft und daher als unzulässig zu verwerfen ist.[579] **400**

cc) Bei **Gesamtrechtsnachfolge** gehen die „verpflichtenden" Prozessverträge auf den Rechtsnachfolger über. Für den Übergang durch Einzelrechtsnachfolge ist zu differenzieren: Bezieht sich der Prozessvertrag auf einen bereits **anhängigen Prozess** und übernimmt ihn der Rechtsnachfolger (§ 265 Abs. 2 S. 2), so ist dieser an die durch den Vertrag entstandene Prozesslage gebunden. **401**

Betrifft der Vertrag einen **künftigen Prozess,** so bindet die Verpflichtung, zB keinen Urkundenprozess anhängig zu machen, wegen der verfügungsähnlichen Wirkung den Rechtsnachfolger ebenfalls.[580] Die hM fordert dagegen in analoger Anwendung der BGB-Vorschriften entsprechende vertragliche Erklärungen; sie weist jedoch ausdrücklich auf die Möglichkeit der konkludenten Übernahme hin.[581] **402**

5. Vollstreckungsverträge.[582] **a) Disponibilität. aa)** Das Vollstreckungsrecht ist **überwiegend zwingend** und der Parteidisposition entzogen. Trotzdem ist Raum für Vollstreckungsverträge. Es muss jeweils geprüft werden, ob die angestrebten Vertragswirkungen gegen zwingendes Recht verstoßen oder sich im Bereich dispositiver Normen halten, ob also das öffentliche Interesse **403**

---

570 BGH NJW 1982, 2072, 2073.
571 *Häsemeyer* ZZP 118 (2005) 265, 306.
572 *Häsemeyer* ZZP 118 (2005) 265, 307; *Stein/Jonas/Leipold* § 286 Rn. 132ff.
573 BGHZ 49, 384, 386 = NJW 1968, 1233.
574 *Stein/Jonas/Leipold* Vor § 128 Rn. 234, 306f.; *Zöller/Greger* Vor § 128 Rn. 28; für Prozessfähigkeit *Rosenberg/Schwab/Gottwald* § 66 IV 1.
575 BGH NJW 1984, 805 = LM § 515 Nr. 22; BGH NJW 1986, 198.
576 *Schwab,* FS Baumgärtel, 1990, S. 503, 509ff.; krit. *Wagner* S. 35ff., 219ff.
577 *Stein/Jonas/Leipold* Vor § 128 Rn. 303.
578 BGH NJW 1984, 805 = LM § 515 Nr. 22; BGH NJW 1986, 198.
579 BGH NJW 1989, 39.
580 Im Ergebnis ebenso *Hellwig* S. 114ff.
581 *Stein/Jonas/Leipold* Vor § 128 Rn. 317ff.
582 *Wagner* S. 729ff.; *Rinck,* Parteivereinbarungen in der Zwangsvollstreckung aus dogmatischer Sicht, 1996.

und das der Rechtspflegeorgane in Erfüllung ihrer Rechtsschutzaufgabe die Einhaltung der Normen gebietet oder das allein in Betracht kommende Privatinteresse ein Abgehen von der Norm gestattet.[583]

404 **bb) Vollstreckungserweiternde Verträge** sind unzulässig. So können die Parteien nicht vereinbaren, dass der Gläubiger ohne Titel und Klausel vollstrecken darf.[584] Ob der Schuldner auf deren Zustellung verzichten kann, ist strittig; die hM lässt einen Verzicht nicht zu.[585] Unwirksam ist auch der Verzicht des Schuldners auf den Schutz der §§ 811, 850ff. Nicht nur der Verzicht ex ante ist unwirksam,[586] sondern auch der bei oder nach der Pfändung ausdrücklich erklärte Verzicht, da dieser nicht als Leistungsverweigerungsrecht gestaltet ist, sondern dem Schuldnerschutz aus sozialen Gründen im öffentlichen Interesse (Art. 20, 28 GG) dient und nicht zur Disposition des Schuldners steht.[587]

405 **cc)** Verträge, die die **Vollstreckung gegenständlich beschränken,** sind wirksam; das Gleiche gilt für Verträge, die die Vollstreckungsbefugnis des Gläubigers zeitlich einschränken oder eine Vollstreckungsart oder Vollstreckungsmodalität ausschließen.[588] Auch eine Vereinbarung, dass der Gläubiger von einem Vollstreckungstitel nicht Gebrauch macht, ist wirksam. Zwar steht die Rechtskraft und damit die Vollstreckbarkeit einer Entscheidung nicht zur Disposition der Parteien.[589] Es ist den Parteien jedoch unbenommen, nach Rechtskraft ihre den Anspruch betreffenden Verhältnisse neu zu gestalten.[590] Allerdings ist es möglich, einen Anspruch durch Vereinbarung unvollstreckbar zu machen.[591] Im Vollstreckungsverfahren ist der Ausschluss der Vollstreckbarkeit nur zu beachten, wenn er im Urteil aufgenommen ist.

406 **b) Rechtsbehelfe. aa)** Soweit die Zulässigkeit von Vollstreckungsverträgen anerkannt wird, ist zweifelhaft, mit welchen **Rechtsbehelfen** ihre Verletzung zu rügen ist. In Betracht kommen die Erinnerung (§ 766) oder die Vollstreckungsabwehrklage (§ 767). Im Einzelfall ist zu prüfen, ob es sich überhaupt um einen vollstreckungsrechtlichen oder aber um einen materiellrechtlichen Vertrag handelt. Liegt zB ein Erlass oder eine Stundung vor, so sind die daraus resultierenden Rechte bereits im Prozess geltend zu machen bzw. später im Wege des § 767, falls die Einwendungen nach Schluss der letzten Tatsachenverhandlung entstanden sind.

407 **bb)** Da die Vollstreckungsverträge nicht unmittelbar die Vollstreckungsorgane binden, ist die **abredewidrige Vollstreckung nicht unzulässig;** die unmittelbare Anwendung des § 766 scheidet mangels Verletzung einer Verfahrensbestimmung aus. Nach zutreffender Ansicht des BGH ist jedoch die Vollstreckungsabwehrklage analog § 767 statthaft, jedenfalls dann, wenn die vollstreckungsbeschränkende Vereinbarung im Zusammenhang mit einer einverständlichen Gestaltung (auch) der materiellen Rechtslage steht.[592] Unberührt bleiben materiellrechtliche Folgen einer abredewidrigen Vollstreckung, insbesondere Ansprüche aus § 826 BGB.[593]

VI. Zeitliche und räumliche Geltung der ZPO

408 **1. Zeitliche Geltung.**[594] **a) Grundsatz. aa)** Prozessrecht ist grundsätzlich in der jeweils geltenden Fassung anzuwenden; im Gegensatz zum materiellen Recht, dessen Anwendung durch Übergangsregelungen (intertemporales Privatrecht) gesteuert wird (insbesondere Art. 219ff. EGBGB sowie Übergangsregelungen in Artikelgesetzen), sind Übergangsregelungen im Verfahrensrecht unüblich. Änderungen des Zivilprozessrechts ergreifen daher grundsätzlich auch anhängige Verfahren. Hierbei handelt es sich zwar um eine **unechte Rückwirkung,**[595] die an den

---

[583] *Gaul* JuS 1971, 347, 348.
[584] OVG Münster NJW 1984, 2485.
[585] RGZ 72, 181; *Stein/Jonas/Münzberg* Vor § 704 Rn. 100, § 750 Rn. 8f.
[586] *Stein/Jonas/Münzberg* § 811 Rn. 17.
[587] Vgl. BGHZ 137, 193, 197; BFH NJW 1990, 1871.
[588] Zur Vollstreckungsvereinbarung mit dem Generalbundesanwalt bei einem vollstreckbaren ausländischen Unterhaltstitel: OLG Celle 21. 4. 2004, 15 UF 6/04, juris.
[589] BGH NJW 1968, 700; BGH NJW 1991, 2295, 2296.
[590] BGH NJW 1991, 2295, 2296 unter Berufung auf das Initiativrecht des Gläubigers hinsichtlich der Zwangsvollstreckung *Gaul* JuS 1971, 347, 348; aA *Schug,* S. 126ff., 133ff., 167ff.
[591] *Lüke,* ZwangsvollstreckungsR, S. 35; ähnlich *Emmerich* ZZP 82 (1969), 413, 436; *Scherf* S. 68; *Wagner* S. 748.
[592] BGH NJW 1991, 2295; OLG Karlsruhe NJW-RR 1999, 941, 942.
[593] Umfassend zur Haftung aus dem Vollstreckungszugriff *Gaul* ZZP 110 (1997) 3ff.
[594] *W. Lüke,* FS Lüke, 1997, S. 391.
[595] Dazu BVerfGE 63, 312, 329f. = NJW 1983, 1841; BVerfGE 67, 1, 14ff. = NJW 1984, 2567; BVerfGE 72, 175, 196 = NJW 1986, 2561; BVerfGE 72, 200, 241ff. = NJW 1987, 1749; BGH MDR 1978, 126.

Grundsätzen der Rechtssicherheit und des Vertrauensschutzes zu messen ist (Art. 2 Abs. 1 iVm. Art. 20 Abs. 3 GG). Vertrauen in den Fortbestand des Verfahrensrechts ist jedoch im Gegensatz zu Vertrauen in den Bestand materieller Rechtspositionen nur eingeschränkt geschützt.[596]

bb) Dieser Grundsatz erfährt **Einschränkungen** zum Zweck des Vertrauensschutzes, die Übergangsbestimmungen[597] erforderlich machen; solche können sich auch stillschweigend aus Sinn und Zweck der jeweiligen Norm und dem systematischen Zusammenhang mit anderen Rechtsgrundsätzen[598] sowie aus einer verfassungskonformen Auslegung[599] ergeben. Ist eine **Prozesslage abschließend** entstanden, zB infolge eines Anerkenntnisses, so kann sie auch durch unechte Rückwirkung nicht mehr beeinträchtigt werden;[600] insbesondere kann eine Rechtsänderung einem eingelegten Rechtsmittel nicht die Statthaftigkeit entziehen.[601] Zulässig ist hingegen eine unechte Rückwirkung auch dann, wenn sie die Gründe, aus denen das Rechtsmittelgericht ein bereits unter altem Recht zulässig eingelegtes Rechtsmittel zurückweisen kann, erweitert.[602] 409

b) Rechtsweg, Zuständigkeit. aa) Besonderheiten gelten für die Zulässigkeit des Rechtsweges und die Zuständigkeit des Gerichts. Obgleich beide Voraussetzungen grundsätzlich im Zeitpunkt der letzten mündlichen Verhandlung gegeben sein müssen, gilt der Grundsatz der **perpetuatio fori,** der im Gesetz ausdrücklich nur für geänderte Anknüpfungskriterien festgelegt ist (§ 17 Abs. 1 S. 1 GVG, § 261 Abs. 3 Nr. 2), jedoch auch für Rechtsänderungen Anwendung findet.[603] 410

bb) Die perpetuatio fori betrifft nicht den **Instanzenzug,** entzieht ihn also bis zur Einlegung des Rechtsmittels auch für anhängige Prozesse nicht gesetzlichen Änderungen der funktionellen Zuständigkeit. Die Zuständigkeit des Rechtsmittelgerichts bestimmt sich nach dem Recht zurzeit der Rechtsmitteleinlegung.[604] 411

2. Räumliche Geltung. a) Räumliche Geltung innerhalb Deutschlands. Der räumliche Geltungsbereich der ZPO hat sich in der **Vergangenheit** mehrfach geändert. In der ursprünglichen Fassung ist die ZPO für das gesamte damalige Reichsgebiet in Kraft getreten (§ 1 EGZPO). In der Folgezeit deckte sich ihr Geltungsbereich jeweils mit den staatsrechtlichen Grenzen Deutschlands. Nach dem Zweiten Weltkrieg und nach der Entstehung zweier Staatsgebilde auf dem Territorium des Deutschen Reiches galt sie zunächst in beiden Teilen fort, mit Inkrafttreten des Grundgesetzes in der Bundesrepublik als Bundesrecht (Art. 123 Abs. 1, 125 GG). Seit der Neubekanntmachung durch das VereinhG vom 12. 9. 1950 ist die ZPO **nachkonstitutionelles Bundesrecht.**[605] Auch in Berlin (West) wurde das VereinhG im Wege der Parallelgesetzgebung verabschiedet und am 15. 12. 1951 verkündet, so dass die ZPO auch dort fortan als Bundesrecht galt.[606] Seit dem 3. 10. 1990 gilt die ZPO auch in dem in Art. 3 des Einigungsvertrages bezeichneten Beitrittsgebiet (zu vorübergehenden Einschränkungen Rn. 84 ff.) 412

b) Deutsches und ausländisches Zivilprozessrecht. aa) Der Zivilprozess vor deutschen Gerichten unterliegt auch bei einem Auslandsbezug des Falles grundsätzlich deutschem Prozessrecht unter Einschluss der geltenden EG-rechtlichen Bestimmungen (Rn. 426 ff.) und der für die Bundesrepublik geltenden Völkerverträge **(lex fori-Prinzip).** Nur einzelne prozessuale Fragen werden kollisionsrechtlich angeknüpft. Die **Parteifähigkeit** (insbesondere juristischer Personen und Gesellschaften) unterliegt dem Prozessrecht des Gesellschaftsstatuts;[607] die **Prozessfähigkeit** eines Ausländers bestimmt sich nach dem Prozessrecht seines Heimatrechts,[608] jedoch gilt zum Schutz des inländischen Rechtsverkehrs § 55 entsprechend. Im Rahmen der Anerkennung ausländischer Ur- 413

---

596 BverfG NJW 2005, 1485; BVerfGE 11, 139, 146 f. = NJW 1960, 1467; BVerfGE 24, 33, 55 = NJW 1968, 1467; BVerfGE 39, 156, 166 f. = NJW 1975, 1013.

597 RGZ 110, 367, 370; BGH JZ 1978, 33, 34; BGH NJW 1978, 889; BGHZ 76, 305, 309 f. = NJW 1980, 1626; BGH NJW 1986, 1109; 1992, 2640.

598 RGZ 170, 367, 370; BGH NJW 1978, 427; BGHZ 76, 305, 309 f. = NJW 1980, 1626.

599 BVerfG NJW 2005, 1485, 1486.

600 BGHZ 114, 1, 4 = NJW 1991, 1686; *Zöller/Vollkommer* Rn. 104.

601 BVerfGE 87, 48, 64 = NJW 1993, 1123; BVerfG NJW 2005, 1485.

602 BVerfG NJW 2005, 1485 f.

603 Im Erg. ebenso *Musielak* Rn. 13.

604 BGH NJW 1978, 427; 1978, 889 f.; aA insbes. *Jauernig* DRiZ 1977, 206; FamRZ 1977, 762. Der Meinungsstreit war anläßlich des Inkrafttretens des 1. EheRG am 1. 7. 1977 entstanden.

605 KG NJW 1977, 1694, 1695.

606 Das hatte zur Folge, daß das Berliner Gesetz über die Vollstreckung von Entscheidungen auswärtiger Gerichte idF vom 26. 2. 1953 mangels Gesetzgebungskompetenz teilweise nichtig war; KG NJW 1977, 1694.

607 Ähnlich MünchKommBGB/*Sonnenberger* Einl. IPR Rn. 458: Recht am Sitz – was aber nur noch insoweit gelten kann, wie die kollisionsrechtliche Sitztheorie europarechtlich haltbar ist.

608 KG FamRZ 1991, 1456; *Geimer* Rn. 2217.

teile ist die **ordnungsgemäße Zustellung** der dortigen Klage (§ 328 Abs. 1 Nr. 2) nach dem Prozessrecht des Urteilsstaates unter Einschluss geltender Völkerverträge zu prüfen. Seitdem § 110 auf die völkervertragliche und nicht mehr auf die faktische Verbürgung der Gegenseitigkeit abstellt, ist in Fragen der **Prozesskostensicherheit** ausländisches Zivilprozessrecht nicht mehr zu ermitteln.

414 **bb) Ausländische verfahrensrechtliche Normen** können im deutschen Zivilprozess anwendbar sein, wenn sie aus deutscher Sicht nicht prozessrechtlich, sondern materiellrechtlich zu qualifizieren sind, also im Rahmen des vom IPR berufenen Sachrechts Anwendung finden.[609] Trotz des lex fori-Prinzips kann sich aber auch das Bedürfnis ergeben, vor deutschen Gerichten – auch aus deutscher Sicht prozessual zu qualifizierendes – **ausländisches Verfahrensrecht anzuwenden** oder zu berücksichtigen, wenn dies für die Verwirklichung von Tatbeständen des vom IPR berufenen Sachrechts erforderlich ist. Verlangt ein anwendbares Vertragsstatut ein Gestaltungsurteil, wo das deutsche Recht eine Willenserklärung vorsieht, erfordert der Ausspruch einer Ehescheidung nach fremdem Recht ein vorheriges gerichtliches Versöhnungsverfahren, kann eine nach einem fremden Kindschaftsrecht erforderliche Erklärung ersetzt werden oder ist ein Verzeichnis in bestimmter Form aufzunehmen, um die Erbenhaftung zu beschränken,[610] so wird die dienende Funktion des Prozessrechts deutlich: Das deutsche Verfahren muss, solange es eine solche materiell relevante gerichtliche Funktion mit seinen Verfahrensnormen erfüllen kann und ihm keine **wesensfremde Tätigkeit** abverlangt wird, dem materiell anwendbaren Recht zur Verwirklichung verhelfen.[611]

415 **cc)** Ob **materiellrechtliche Tatbestandsmerkmale** in prozessrechtlichen Normen der deutschen lex fori (Wohnsitz in § 13, Erfüllungsort in § 29) nach dem vom IPR berufenen materiellen Recht auszufüllen sind oder einen eigenständigen prozessualen Inhalt haben, ist fraglich. Für den **Wohnsitz** entscheidet die hM dahingehend, dass der Wohnsitzbegriff der §§ 7 ff. BGB in den Wohnsitzbegriff des § 13 hineingelesen wird, es also nicht zu einer kollisionsrechtlichen Anknüpfung kommt.[612] Da aus Sicht des § 13 nur von Interesse ist, ob der (ausländische) Beklagte einen Wohnsitz in Deutschland hat, fällt dies im Ergebnis zusammen mit dem Ansatz des Art. 59 Brüssel I-VO (Rn. 431), wonach der Wohnsitz nach dem Recht des Mitgliedstaats zu bestimmen ist, in dem er für die jeweilige Norm festzustellen ist. Anders verfährt die hM für den **Erfüllungsort** im Rahmen des § 29, was seine Ursache in der Rechtsprechung des EuGH[613] zu Art. 5 Nr. 1 EuGVÜ (Rn. 426) hat. Danach ist der Erfüllungsort auch für Zwecke des Prozessrechts nach dem Vertragsstatut zu bestimmen, welches in Anwendung des IPR der *lex fori* zu ermitteln ist. Vorzuziehen wäre eine prozessual angelegte Erfüllungsortbestimmung, welche die prozessualen Interessen berücksichtigt und die materiellrechtlichen Kriterien auf ihre prozessuale Relevanz hin prüft, anstatt sie unreflektiert zu übertragen.

416 **c) Internationales Zivilprozessrecht. aa)** Unter dem **Begriff** „Internationales Zivilprozessrecht" sammeln sich Fragestellungen, die das deutsche (oder europäische) Zivilprozessrecht zu lösen hat, weil der Streitgegenstand oder eine Entscheidung Bezug zu einer anderen Gerichtsbarkeit hat. Es geht hierbei also nicht um die Anwendung ausländischer Normen des Zivilprozessrechts, sondern um Bestimmungen des deutschen Zivilprozessrechts, freilich unter Einschluss des Europäischen Zivilprozessrechts und zivilprozessualer Völkerverträge.

417 **bb)** Fragestellungen, welche unmittelbar mit der Beteiligung von **Ausländern als Partei** verbunden sind, ergeben sich im Zusammenhang mit der Ausländersicherheit (§ 110) sowie aus der Beschränkung der deutschen Gerichtsbarkeit (§§ 18–20 GVG) durch **Immunität** im Erkenntnis- und Vollstreckungsverfahren.

418 **cc)** Die **internationale Zuständigkeit** deutscher Gerichte ist neben der ZPO in mehreren Quellen des EuZPR geregelt, die gegenüber der ZPO Vorrang beanspruchen, insbesondere im EuGVÜ, dem Luganer Übereinkommen, der Brüssel I-VO und der Brüssel IIa-VO (Rn. 437 ff. sowie Band III). Soweit diese Instrumente und auch Völkerverträge (zB das Haager Minderjährigenschutzabkommen bzw. das es demnächst ablösende Haager Kinderschutzübereinkommen) keine Regelungen enthalten, gelten vereinzelte ausdrückliche Regeln der internationalen Zuständigkeit (§§ 23, 606 a, 640 a Abs. 2), sowie ergänzend das Prinzip der analogen Anwendung der die örtliche Zuständigkeit (als innerstaatliches Pendant der internationalen) regelnden Normen.

419 **dd) Konkurrierende Rechtshängigkeit** vor deutschen und ausländischen Gerichten ist wiederum vorrangig nach EG-Verordnungen (Art. 21 ff. EuGVÜ; Art. 21 ff. Luganer Übereinkom-

---

[609] Dazu MünchKommBGB/*Sonnenberger* Einl. IPR Rn. 445 f.
[610] Dazu eingehend mit zahlreichen Beispielen MünchKommBGB/*Sonnenberger* Einl. IPR Rn. 461 ff.
[611] Dazu MünchKommBGB/*Sonnenberger* Einl. IPR Rn. 463 mit Nachw.
[612] BGH DB 1975, 2081; eingehend MünchKommBGB/*Sonnenberger* Einl. IPR Rn. 450.
[613] EuGH Rs. 12/76 *(Tessili/Dunlop)* NJW 1977, 491.

men; Art. 27 ff. Brüssel I-VO, Art. 19 Brüssel IIa-VO; Rn. 430 ff. sowie Band III), sonst in analoger Anwendung von § 261 Abs. 3 Nr. 1 zu lösen.

ee) Die **Anerkennung** und **Vollstreckung** ausländischer Entscheidungen in Zivilsachen unterliegt ebenfalls vorrangig EG-Verordnungen (Art. 25 ff., 31 ff. EuGVÜ bzw. Luganer Übereinkommen; Art. 33 ff., 38 ff. Brüssel I-VO; Art. 21 ff., 28 ff., 40 ff. Brüssel IIa-VO; EG-VollstrTitelVO, EG-MahnVO; Rn. 430 ff. sowie Band III). Hinzu kommen völkerrechtliche Verträge (Schlussanhang C.2., C.5., C.6.). Soweit deutsches IZPR nicht verdrängt ist, erfolgen Anerkennung und Vollstreckung nach §§ 328, 722. 420

ff) Die **Zustellung im Ausland** sowie die Rechtshilfe für ausländische Gerichte bei Zustellung im Inland unterliegen der EG-ZustellVO (Rn. 440 f.), dem HZÜ und anderen völkerrechtlichen Verträgen (Schlussanhang C.4.) sowie wiederum subsidiär §§ 183 ff. **Beweisaufnahmen im Ausland** sowie die Rechtshilfe für ausländische Gerichte bei Beweisaufnahmen im Inland bestimmen sich nach der EG-BeweisVO (Rn. 442 f.), dem HBÜ (Schlussanhang C.3.) und bilateralen Rechtshilfeabkommen. Im europarechtlich und völkervertraglich ungeregelten Bereich ergeben sich erhebliche völkerrechtliche Bedenken gegen die Heranziehung von Personen zur Beweisaufnahme, die sich nicht im Gerichtsstaat aufhalten.[614] 421

d) Gerichte der ehemaligen DDR. aa) Da die DDR nicht Ausland und ihre Bürger folglich Deutsche iSd. Art. 116 Abs. 1 GG waren[615] – ihnen wurde derselbe Rechtsschutz wie den Bundesbürgern garantiert, wenn sie in den Schutzbereich der staatlichen Ordnung der Bundesrepublik Deutschland gelangten[616] –, konnte im **Verhältnis der beiden deutschen Staaten** zueinander das IZPR nicht unmittelbar angewendet werden. Um der Tatsache der geteilten Staatsgewalt Rechnung zu tragen, wurden die Regeln des IZPR als innerdeutsches oder interlokales Zivilprozessrecht entsprechend angewendet.[617] Die Gerichte der DDR wurden als deutsche Gerichte angesehen,[618] ihre Urteile jedoch nicht in jeder Beziehung den Urteilen bundesdeutscher Gerichte gleichgestellt.[619] 422

bb) Durch die **Wiedervereinigung** sind Urteile früherer DDR-Gerichte zu solchen der eigenen – nicht mehr einer interlokal fremden – Gerichtsbarkeit geworden. Sie bleiben kraft gesetzlicher Anordnung im Einigungsvertrag (Art. 18, 19 EV) wirksam. Für bestimmte Materien, insbesondere familienrechtliche Gestaltungsurteile, ist dies ausdrücklich in Übergangsbestimmungen geregelt (Art. 231 § 1, Art. 234 § 7, § 11 Abs. 2, § 13 Abs. 2, § 14 Abs. 2 S. 1, § 15 Abs. 2 EGBGB).[620] 423

VII. Prozessrechtsvergleichung

Die Bedeutung der Rechtsvergleichung im Prozessrecht wird nicht selten unterschätzt. Das lex fori-Prinzip (Rn. 413) verringert – gegenüber dem materiellen Recht – zwar die Bedeutung der Rechtsvergleichung für das **Verständnis** des anzuwendenden fremden Rechts, wenngleich diese praxisnächste Form der Rechtsvergleichung eine Rolle spielt bei der vom EuGH in Auslegung von Rechtsbegriffen des EuZPR bevorzugten „europäisch-autonomen Auslegung".[621] Die drei anderen klassischen Ziele der Rechtsvergleichung (Suche nach Grundprinzipien, Reformimpulse, Vereinheitlichungsimpulse) sind jedoch für das Zivilprozessrecht in gleicher Weise bedeutsam wie für das materielle Recht.[622] Angesichts globalisierter Geschäfts- und Lebensformen stellen sich in den Industrienationen dem Zivilprozess durchaus vergleichbare Herausforderungen. Die Vergleichung der Instrumente, mit denen diese bewältigt werden, ist durchaus gerade vor dem Hintergrund höchst unterschiedlicher Systeme (zB des deutschen und des Common Law-Prozesses) als **Reformimpuls** geeignet. Die **Rechtsvereinheitlichung** hat in Bereichen mit zwangsläufig internationalem Bezug (Zuständigkeit, Anerkennung und Vollstreckung) gegenüber materieller Rechtsvereinheitlichung sogar größere Bedeutung und zugleich größere Verwirklichungschancen. An die Stelle von Teil- 424

---

[614] Dazu *Musielak,* FS Geimer, 2002, S. 1281, 1287.

[615] BVerfGE 36, 1, 29 f. = NJW 1973, 1539; BGHZ 85, 16, 22 = NJW 1983, 279.

[616] BVerfGE 36, 1, 29 f. = NJW 1973, 1539; BVerfGE 37, 57, 64 = NJW 1974, 839; BGHZ 84, 17, 18 = NJW 1982, 1947; BGHZ 85, 16, 22 = NJW 1983, 279; BGHZ 91, 187 = NJW 1984, 2361.

[617] BGHZ 84, 17, 18 f. = NJW 1982, 1947; BGHZ 85, 16, 22 = NJW 1983, 279; BGHZ 91, 186, 187 = NJW 1984, 2361.

[618] BVerfGE 37, 57, 64 = NJW 1974, 839; BGHZ 95, 212, 217 = NJW 1985, 2644.

[619] BGHZ 95, 212, 217 = NJW 1985, 2644.

[620] *Staudinger/Rauscher* (2003) Art. 230 EGBGB Rn. 84; *Andrae* IPRax 1994, 223.

[621] *Gottwald,* FS Schlosser, 2005, S. 229.

[622] Zur Methodik: *Gottwald,* FS Schlosser, 2005, S. 227; *Jolowicz,* FS von Mehren, 2002, S. 721; *Goldstein* ZZPInt 5 (2000), 375; Gilles *Prozessrechtsvergleichung,* 1996.

oder Vollrezeptionen fremder Kodifikationen[623] ist seit der Mitte des 20. Jahrhunderts durchaus erfolgreich die Methode der völkervertraglichen Vereinheitlichung, insbesondere durch Haager Übereinkommen[624] und in jüngerer Zeit durch EG-Recht (Rn. 426 ff.) getreten, auch wenn das wenig erfolgreiche Haager Übereinkommen über die Anerkennung und Vollstreckung von Urteilen in Zivil- und Handelssachen[625] und der auf die Prorogation reduzierte neue Haager Entwurf eines Zuständigkeits-, Anerkennungs- und Vollstreckungsübereinkommens[626] zeigt, dass auch das Zivilprozessrecht anscheinend unüberwindbare kulturelle Prägungen aufweisen kann. Ein weiterer Weg der Prozessrechtsvereinheitlichung führt über Modellgesetze.[627] Die Erkenntnis **gemeinsamer Grundprinzipien** ist nicht zuletzt Basis für die Entwicklung eines Systems des fairen Verfahrens aus Art. 6 EMRK (Rn. 193).

425 Zu jüngeren rechtsvergleichenden Arbeiten auf dem Gebiet des Zivilprozessrechts können hier nur **Literaturhinweise**[628] gegeben werden.

VIII. Europäisches Zivilprozessrecht

426 **1. EWG-Übereinkommen. a) Brüssel I (EuGVÜ).** Unter Geltung des EWGV vom 25. 3. 1957 bestand die einzige **Grundlage** für die Schaffung Europäischen Zivilprozessrechts in Art. 220 EWGV. Die dort statuierte Absichtserklärung, soweit erforderlich, Verhandlungen zur Vereinfachung der Förmlichkeiten für die gegenseitige Anerkennung und Vollstreckung gerichtlicher Entscheidungen aufzunehmen, wurde für das Zivilprozessrecht erstmals in dem Brüsseler EWG-Übereinkommen vom 27. 9. 1968[629] umgesetzt. Diese als völkerrechtlicher Vertrag konzipierte und deshalb ratifikationsbedürftige Rechtsquelle wurde bis zum 1. 1. 1999 im 4. Beitrittsübereinkommen auf die neun bis dahin der EWG als Neumitglieder beigetretenen Staaten erstreckt. Obgleich nicht primäres oder sekundäres Europarecht, unterliegt das Abkommen auf Grund des **Auslegungsprotokolls** vom 3. 6. 1971[630] dem Vorabentscheidungsverfahren durch den EuGH.[631] Für

---

[623] Am bekanntesten dürfte die 1889 erfolgte Rezeption der deutschen ZPO durch Japan sein: hierzu vgl. *Gottwald,* FS Schlosser, 2005, S. 230; zu späteren US-amerikanischen Einflüssen im japanischen Zivilprozess vgl. *Nakamura,* FS Beys, 2003, Bd. 2, S. 1105; zum Export deutschen Zivilprozessrechts vgl. *Habscheid* (Hrsg.), Das deutsche Zivilprozessrecht und seine Ausstrahlung, 1991.

[624] Haager Zivilprozess-Übereinkommen vom 1. 3. 1954; Haager Zustellungs-Übereinkommen vom 15. 11. 1965; auch die familienkollisionsrechtlichen Haager Übereinkommen enthalten Zuständigkeitsregeln, zB Haager Minderjährigenschutz-Abkommen vom 5. 10. 1961, Haager Adoptions-Abkommen vom 15. 11. 1965, Haager Kinderschutz-Übereinkommen vom 19. 10. 1996; Verzeichnis, Zeichnungsstand und Texte der Haager Übereinkommen zum Internationalen Privat- und Prozessrecht finden sich auf der web-site der Hague Conference on Private International Law (derzeit: http://www.hcch.net/index_en.php?act=conventions.listing).

[625] Vom 1. 2. 1971, das nur von Zypern, den Niederlanden und Portugal ratifiziert wurde.

[626] Dazu *Wagner* IPRax 2001, 533; *Gottwald,* FS Geimer, 2002, S. 231.

[627] Dazu *Gottwald,* FS Schlosser, 2005, S. 244.

[628] *Beys* (Hrsg.), Grundrechtsverletzungen bei der Zwangsvollstreckung, Dike Int. 1996, 3; *Ebbing,* Class action, Die Gruppenklage: Ein Vorbild für das deutsche Recht?, ZVglRWiss 103 (2004) 31; *Gerber,* Comparing procedural systems: toward an analytic framework, FS von Mehren, 2002, S. 665; *Hirte,* Sammelklagen – Fluch oder Segen?, FS Leser, 1998, S. 335; *Kerameus,* Revisibilität ausländischen Rechts. Ein rechtsvergleichender Überblick, ZZP 99 (1986) 176; *ders.,* Development of Enforcement Proceedings in a Comparative Perspective, FS Schumann, 2001, 259; *ders.,* Garnishment in a Comparative Perspective, GedS Lüderitz, 2000, S. 385; *Kilian/Wielgosz,* Gerichtsnahe Mediation – Rechtsvergleichende Betrachtungen zur Einbindung alternativer Konfliktlösungsmechanismen in das Zivilverfahrensrecht –, ZZPInt 9 (2004) 355; *Nagel/Bajons,* Beweis – Preuve – Evidence, 2003; *Posch,* ‚Amerikanisierung' oder ‚Verwilderung der Sitten'?, FS Jelinek, 2002, S. 209; *Seif,* Historische Bemerkungen zur Rolle des Richters in Deutschland und England, FS Musielak, 2004, S. 535; *Stengel/Hakeman,* Gruppenklage – Ein neues Institut im schwedischen Zivilverfahrensrecht, RIW 2004, 221; *Schack,* Einheitliche und zwingende Regeln der internationalen Zustellung, FS Geimer, 2002, S. 931; *Schlosser,* Jurisdiction and international judicial and administrative co-operation Rec.d.Cours 284 (2000); *Spellenberg,* Drittbeteiligung im Zivilprozeß in rechtsvergleichender Sicht, ZZP 106 (1993) 283; *Storme* (Hrsg.), Procedural Laws in Europe, 2003; *Stürner,* Das französische und englische Zwangsvollstreckungsrecht, FS Nakamura, 1996, S. 599; *ders.,* Die erzwungene Intervention Dritter im europäischen Zivilprozess, FS Geimer, 2002, S. 1307; *ders.,* Rechtskraft in Europa, FS Schütze, 1999, S. 913; *ders.,* Zur Struktur des europäischen Zivilprozesses, FS Schumann, 2001, 491; *Taruffo,* Legal cultures and models of civil justice, FS Nakamura, 1996, S. 621; *Varga,* Beweiserhebung in transatlantischen Schiedsverfahren, 2005; *Yoshida,* Die Informationsbeschaffung im Zivilprozess, 2001; *Zuckerman,* Justice in crisis: Comparative Perspectives of Civil Procedure, 1999; sowie die umfangreichen rechtsvergleichenden Abschnitte der ZZPInt 1 (1996) ff.

[629] EWG-Übereinkommen über die gerichtliche Zuständigkeit und die Vollstreckung gerichtlicher Entscheidungen in Zivil- und Handelssachen vom 27. 9. 1968, BGBl. 1972 II 774.

[630] BGBl. 1972 II 846.

[631] Eine aktuelle Leitsatzkartei zur EuGH-Rechtsprechung zu diesem Übereinkommen sowie allen weiteren Instrumenten des Europäischen Zivilprozessrechts findet sich auf www.iprserv.de/eudocs.

seit dem 1. 3. 2002 erhobene Klagen ist das Übereinkommen mit Ausnahme des Verhältnisses zu Dänemark durch die Brüssel I-VO (Rn. 431) verdrängt.

Das Übereinkommen Brüssel I regelt neben der internationalen **Zuständigkeit** auch die **Anerkennung** und **Vollstreckung** gerichtlicher Entscheidungen und öffentlicher Urkunden in Zivil- 427
und Handelssachen. Die Anerkennungshindernisse sowie die Methode der Vollstreckbarerklärung durch Exequaturentscheidung im Vollstreckungsstaat folgt dabei weitgehend den tradierten Vorbildern; wesentlicher Gewinn gegenüber früherem nationalem Recht besteht insoweit in der vertraglichen Gewährung der Gegenseitigkeit und dem auf dem einheitlichen Zuständigkeitsrecht beruhenden Verzicht auf eine Zuständigkeitsprüfung ex post.

In einem weiteren – EG-übergreifenden – Sinn zum EuZPR gehört auch das dem Brüssel 428
I-Übereinkommen in zeitlich engem Zusammenhang mit dem 3. Beitrittsübereinkommen[632] weitgehend nachgebildete **Luganer Übereinkommen** vom 16. 9. 1988,[633] welches die EG-Staaten sowie die weiteren Staaten des EWR umfasst und damit das Zuständigkeits-, Anerkennungs- und Vollstreckungsmodell von Brüssel I in einem weiteren Rahmen europäisiert. Dieses Übereinkommen ist als über die Grenzen der EU hinausreichender Völkervertrag von der Brüssel I-VO grundsätzlich nicht berührt.

b) Brüssel II. Die in Art. 1 Abs. 2 lit. a Brüssel I-Übereinkommen ausgenommene Materie der 429
internationalen Zuständigkeit, Anerkennung und Vollstreckung von Entscheidungen in Ehesachen wurde auf der Grundlage des Art. K. 31 EUV in einem EWG-Übereinkommen vom 28. 5. 1998[634] geregelt; dieses Übereinkommen wurde durch die Entwicklung nach dem Inkrafttreten des EGV idF von Amsterdam überholt und ist nie in Kraft getreten.

**2. Verordnungen (EG)/Richtlinien (EG). a) Raum der Freiheit, der Sicherheit und 430
des Rechts.** Kurz nach Inkrafttreten des EGV idF von Amsterdam[635] legte die Kommission auf der Grundlage der Ratsbeschlüsse von Tampere einen **Aktionsplan** zur Schaffung eines Raumes der Freiheit, der Sicherheit und des Rechts in der EU[636] vor. Obgleich die ehemalige Rechtsgrundlage (Art. 220 EWGV) in Art. 293 EGV fortgilt, erfolgt der damit angelegte Ausbau des europäischen Justizraumes nicht mehr mit den Mitteln des Völkervertragsrechts, sondern für das Zivilprozessrecht auf Grundlage der Art. 61 lit. c, 65 EGV im Verfahren nach Art. 67 EGV. Hierbei bedient sich die Gemeinschaft bisher mit einer Ausnahme[637] des Rechtsinstruments der unmittelbar geltenden Verordnung. Diese anfangs überraschende Kompetenzbeanspruchung birgt neben dem Vorteil **unmittelbarer Geltung** der Rechtsinstrumente als sekundäres EG-Recht durchaus Nachteile. Das in hohem Tempo wachsende System des EuZPR tritt vor allem in Konkurrenz zu bestehenden Haager Übereinkommen und verursacht dabei unnötige **Rechtsnormkonflikte;**[638] auf Grund der Nicht-Teilnahme von Dänemark[639] an diesem Teil des EGV gelten die entsprechenden Instrumente nicht für Dänemark,[640] das deshalb iSd. folgenden Verordnungen nicht „Mitgliedstaat" ist. Schließlich teilen die VOen das Schicksal der Defizite, welche sekundäres Europarecht systemimmanent noch immer aufweist.

b) Brüssel I-VO (EG Nr. 44/2001).[641] **aa)** Die Verordnung (EG) Nr. 44/2001 vom 22. 12. 431
2000[642] transformiert mit einigen inhaltlichen Modifikationen das Brüssel I-Übereinkommen (EuGVÜ) in die Rechtsform der EG-Verordnung. Sie gilt für seit dem 1. 3. 2002 erhobene Klagen (Art. 66 Abs. 1, 76 Brüssel I-VO), sowie unter den Voraussetzungen ihres Art. 66 Abs. 2 für Anerkennung und Vollstreckung ggf. auch für früher eingeleitete Verfahren.

bb) Inhaltlich setzt die Verordnung das **Zuständigkeitssystem** des Übereinkommens fort und 432
belässt es auch im Bereich von **Anerkennung** und **Vollstreckung** beim tradierten Katalog der

---

632 Vom 26. 5. 1989, BGBl. 1994 II S. 519.

633 BGBl. 1995 II S. 221; s. Band 3, Schlussanhang B.2.

634 ABlEG 1998 C 221/1.

635 Amsterdamer Vertrag vom 2. 10. 1997, BGBl. 1998 II S. 387, BGBl. 1999 II S. 416.

636 Vom 23. 1. 1999, ABlEG 1999 C 19/1.

637 Die Prozesskostenhilfe-Richtline (EG) Nr. 8/2003.

638 Vgl. schon *Schack* ZEuP 1999, 805.

639 Hingegen machen das Vereinigte Königreich und Irland bisher durchwegs von der Möglichkeit der Teilnahme an den auf Art. 61 ff. EGV beruhenden Rechtssetzungsakten Gebrauch.

640 Die Übertragung auf Dänemark kann nur jeweils durch ein völkervertragliches Anwendungsübereinkommen erreicht werden.

641 S. Band 3, Schlussanhang B.1. („EuGVO").

642 ABlEG 2001 L 12; ABlEG 2001 L 307/280; geändert durch Verordnung (EG) Nr. 1496/2002, ABlEG 2002 L 225/13; geändert durch Verordnung (EG) Nr. 2245/2004, ABlEU 2004 L 381/10; dazu *Finger* MDR 2001, 1394; *Micklitz/Rott* EuZW 2001, 325, *dies.* EuZW 2002, 15; *Piltz* NJW 2002, 789.

Anerkennungsversagungsgründe (einschließlich des *ordre public*) sowie dem System des Exequatur; insoweit kommt es lediglich zu einer Beschleunigung des Exequaturverfahren, das in erster Instanz nicht mehr kontradiktorisch durchgeführt wird (Art. 41 Brüssel I-VO).

433 **cc)** Im deutschen Prozessrecht finden sich die **Ausführungsbestimmungen** zu dieser Verordnung, ebenso wie bisher für das Brüssel I-Übereinkommen und das Luganer Übereinkommen, im AVAG[643] (§ 1 Abs. 1 Nr. 2 AVAG). Die Ausdehnung des Anwendungsbereichs auf **Dänemark** wird durch ein bereits parafiertes Abkommen[644] erfolgen.

434 **c) EG-VollstrTitelVO (EG Nr. 805/2004).**[645] **aa)** Die Verordnung (EG) Nr. 805/2004[646] („EG-VollstrTitelVO") besitzt einen grundsätzlich mit der Brüssel I-VO übereinstimmenden Anwendungsbereich (Zivil- und Handelssachen), benutzt deren Zuständigkeitssystem und befasst sich ausschließlich mit der **Anerkennung** und **Vollstreckung.** Sie ist nur auf Entscheidungen bzw. Urkunden anwendbar, die nach dem 1. 1. 2005[647] ergangen sind bzw. aufgenommen wurden (Art. 26, 33 S. 1 EG-VollstrTitelVO).

435 Insoweit wird für in einem Mitgliedstaat erlassene Titel über **unbestrittene Geldforderungen,** was insbesondere Versäumnisurteile einschließt, ein System der Vollstreckbarkeit in anderen Mitgliedstaaten geschaffen, das nicht mehr von einer Exequaturentscheidung abhängt. Die Vollstreckbarkeit erlangt der **„Europäische Vollstreckungstitel"** vielmehr durch eine Bestätigung im Ursprungsmitgliedstaat, die nur noch von der Einhaltung bestimmter Mindestanforderungen, u. a. an die Art der Zustellung des verfahrenseinleitenden Schriftstücks abhängt (Art. 12, 13 ff. EG-VollstrTitelVO). Klassische Anerkennungsversagungsgründe sowie Rechtsschutz im Vollstreckungsstaat sind weitgehend beseitigt; der Vollstreckungsmitgliedstaat kann insbesondere der Vollstreckung nicht mehr seinen *ordre public* entgegenhalten.

436 **bb)** Die **Ausführung** der Verordnung in Deutschland bestimmt sich nach den durch das EG-Vollstreckungstitel-Durchführungsgesetz vom 18. 8. 2005[648] in das 11. Buch der ZPO eingefügten §§ 1079-1086.

437 **d) Brüssel IIa-VO (EG Nr. 2201/2003).**[649] **aa)** Mit Wirkung vom 1. 3. 2001 trat mit der Verordnung (EG) Nr. 1347/2000[650] (Brüssel II-VO) ein weitgehend dem nicht in Kraft gesetzten Brüssel II-Übereinkommen (Rn. 429) entsprechendes Zuständigkeits-, Anerkennungs- und Vollstreckungssystem für Ehesachen in Kraft. Auf Entscheidungen zur „elterlichen Verantwortung" (Sorge- und Umgangsrecht) war diese Verordnung nur im Zusammenhang mit einer Ehesache anwendbar. Die Anerkennungs- und Vollstreckungsregelungen folgten weitgehend dem Modell der Brüssel I-VO (Rn. 431), sehen also weiterhin eine Anerkennungsversagung wegen des *ordre public* und, soweit in Ehesachen eine Vollstreckung in Betracht kommt, eine Exequaturentscheidung vor.

438 **bb)** Mit Wirkung vom 1. 3. 2005 (Art. 72 S. 2 Brüssel IIa-VO) wurde diese Verordnung durch die Verordnung (EG) Nr. 2201/2003[651] (Brüssel IIa-VO) ersetzt. Für Ehesachen übernimmt diese Verordnung unverändert das Zuständigkeitssystem der Brüssel II-VO und belässt es auch hinsichtlich Anerkennung und Vollstreckung bei den bisherigen Modellen. Jedoch wird für Umgangstitel und Entscheidungen über die Kindesherausgabe nach Entführung (iSd. *„legal kidnapping"*) ein dem Bescheinigungsmodell der EG-VollstrTitelVO entsprechendes System der Vollstreckbarkeit ohne Exequaturentscheidung und ohne *ordre public*-Kontrolle etabliert (Art. 40 ff. Brüssel IIa-VO).[652]

---

[643] S. Band 3, Schlussanhang B.3.

[644] ABlEU 2005 L 299/62; Ratsbeschluss zur Unterzeichnung vom 20. 9. 2005, ABlEU 2005 L 299/61; Inkrafttreten am ersten Tag des sechsten Monats nach Notifizierung des Abschlusses der Ratifikationsverfahren (Art. 13 des Abkommens).

[645] S. Band 3, Anhang §§ 1079–1087.

[646] ABlEU 2004 L 143/15, ABlEU 2005 L 97/64, ABlEU 2005 L 300/6; dazu *Leible/Lehmann* NotBZ 2004, 453; *Wagner* NJW 2005, 1157; *Rauscher,* Der Europäische Vollstreckungstitel für unbestrittene Forderungen, 2004.

[647] Nicht völlig zweifelsfrei erscheint, ob Art. 26 für nach dem „Inkrafttreten" ergangene Entscheidungen auf das „Inkrafttreten" nach Art. 33 S. 1 oder erst auf die prozessuale Geltung der Verordnung nach Art. 33. S. 2 (21. 10. 2005) verweist, da Art. 33 die Überschrift „Inkrafttreten" trägt.

[648] BGBl. 2005 I S. 2477.

[649] S. Band 3, Schlussanhang B.4. („EheGVO").

[650] ABlEG 2000 L 160/19.

[651] ABlEG 2003 L 338/1; geändert durch Verordnung (EG) Nr. 2116/2004, ABlEG 2004 L 367/1; vgl. *Solomon* FamRZ 2004, 1409; *Rauscher* EuLF 2005, I-37; *Coester-Waltjen* FamRZ 2005, 241.

[652] Durch die zeitliche Abfolge des Inkrafttretens der Verordnungen ist dies sogar die erstmalige, mit erheblich weniger Aufmerksamkeit als zur EG-VollstrTitelVO erfolgte, Realisierung dieses Modells.

439 **cc)** Die **Ausführungsbestimmungen zur Brüssel IIa-VO** enthält im deutschen Recht nun nicht mehr das AVAG,[653] sondern ein insoweit zum 1. 3. 2005 in Kraft getretenes **Internationales Familienrechtsverfahrensgesetz (IntFamRVG).**[654]

440 **e) EG-ZustellVO (EG Nr. 1348/2000).**[655] **aa)** Die am 31. 5. 2001 (Art. 25 EG-ZustellVO) in Kraft getretene und für Zustellungsersuchen von diesem Tag an anwendbare Verordnung (EG) Nr. 1348/2000[656] („EG-ZustellVO") übernimmt im Verhältnis der Mitgliedstaaten die bisher durch das HZÜ[657] wahrgenommenen Funktionen zur Erleichterung der **internationalen Zustellung.** Vom HZÜ unterscheidet sich die EG-ZustellVO vor allem durch den Übergang vom System der Übermittlung durch Zentralstelle zum unmittelbaren Verkehr sowie durch eine Tendenz, die beteiligten Stellen zur Beschleunigung anzuhalten. Eine **Änderung** der VO ist von der Kommission vorgeschlagen.[658]

441 **bb)** Die **Ausführung** im deutschen Zivilprozessrecht bestimmt sich nach §§ 1067–1071 idF durch das EG-BeweisaufnahmeDG[659], die das zunächst zur Ausführung geschaffene EG-ZustDG[660] ersetzen. Die Ausdehnung des Anwendungsbereichs auf **Dänemark** wird durch ein bereits paraffiertes Abkommen[661] erfolgen.

442 **f) EG-BeweisVO (EG Nr. 1206/2001).**[662] **aa)** Die seit dem 1. 1. 2004 geltende (Art. 24 Abs. 2 EG-BeweisVO) Verordnung (EG) Nr. 1206/2001[663] („EG-BeweisVO") übernimmt im Verhältnis der Mitgliedstaaten die Funktionen des HBÜ[664] für die Zusammenarbeit zwischen den Gerichten der Mitgliedstaaten bei der **Beweisaufnahme** in Zivil- und Handelssachen. Auch für diese Verordnung sind der Übergang zum unmittelbaren Verkehr sowie die Beschleunigung wesentliche Prinzipien, die sich in diesem durchaus hoheitlich wie zivilprozessual sensiblen Bereich auf das grundsätzlich vorausgesetzte wechselseitige Vertrauen der Mitgliedstaaten stützen können.

443 **bb)** Die **Ausführung** in Deutschland regeln §§ 1072–1075 idF des EG-BeweisaufnahmeDG.[665]

444 **g) EG-PKH-RiLi (EG 2003/8).**[666] **aa)** Die der Umsetzung bedürftige Form der Richtlinie (2003/8/EG[667]) wählte der europäische Normgeber mit Rücksicht auf die erheblichen Unterschiede in der Handhabung der PKH in den Mitgliedstaaten, sowohl hinsichtlich der wirtschaftlichen Einsatzschwelle, der Prüfung der Erfolgsaussicht, der erfassten Rechtsgebiete und der Zuständigkeiten für die Gewährung. Sie betrifft die **grenzüberschreitende PKH-Gewährung,** also PKH für Parteien, die ihren gewöhnlichen Aufenthalt in einem anderen Mitgliedstaat als dem Gerichtsstaat haben.

445 **bb)** Die **Umsetzung in Deutschland** erfolgte durch §§ 1076–1078 idF des EG-Prozesskostenhilfegesetzes.[668]

446 **h) EG-MahnVO (EG Nr. 1896/2006).**[669] **aa)** Die in Kraft getretene, jedoch erst ab dem 12. 12. 2008 geltende EG-Verordnung auf dem Gebiet des EuZPR ist die am 27. 6. 2006 im Rat beschlossene und voraussichtlich im Oktober 2006 im EU-Parlament zu verabschiedende „EG-MahnVO".[670] Diese Verordnung greift erneut, wie schon die EG-VollstrTitelVO (Rn. 434 ff.), innerhalb des sachlichen Anwendungsbereichs der Brüssel I-VO (Rn. 431 ff.) ein, geht aber wesent-

---

653 Die Ausführung der Brüssel II-VO bestimmte sich hingegen mit den in § 54 AVAG aF geregelten Besonderheiten noch nach dem AVAG idF vom 30. 1. 2002, BGBl. 2002 I S. 564.

654 Vom 26. 1. 2005, BGBl. 2005 I 162; s. Band 3, Schlussanhang B.5.

655 S. Band 3, Anhang §§ 1067–1071.

656 ABlEG 2000 L 160/37; dazu *Heß* NJW 2001, 15; *Jastrow* NJW 2002, 3382; *Stadler* IPRax 2001, 524; *ders.* IPRax 2002, 471; *Heidrich* EuZW 2005, 24.

657 S. Band 3, Schlussanhang C.4.

658 KOM (2005) 305/2; dazu *Sujecki* EuZW 2006, 1.

659 Vom 4. 11. 2003, BGBl. I S. 2186.

660 Vom 9. 7. 2001, BGBl. I S. 1536.

661 ABlEU 2005 L 300/55; ABlEU 2005 L 300/53.

662 S. Band 3, Anhang §§ 1072–1075.

663 ABlEG 2001 L 174/1; dazu *Berger* IPRax 2001, 522; *Alio* NJW 2004, 2706; *Leipold,* FS Schlechtriem, 2003, S. 91.

664 S. Band 3, Schlussanhang C.3.

665 Vom 4. 11. 2003, BGBl. 2003 I S. 2186.

666 S. Band 3 §§ 1076–1078.

667 ABlEG 2003 L 26/41; dazu *Jastrow* MDR 2004, 75.

668 Vom 15. 12. 2004, BGBl. 2004 I 3392.

669 S. Band 3, voraussichtlich Anhang §§ 1088 ff. ZPO.

670 Verordnung (EG) Nr. 1896/2006 des Europäischen Parlaments und des Rates vom 12. 12. 2006 zur Einführung eines Europäischen Mahnverfahrens ABlEU 2006 L 399/1 s. Anhang I nach § 1086.

liche weitere Schritte zu einem vereinheitlichten Europäischen Prozessrecht. Während bisher die Schaffung des Titels in einem der Verfahren des nationalen Prozessrechts erfolgte und (mit Ausnahme der internationalen Zuständigkeit) lediglich die Anerkennung und Vollstreckung zur Domäne des EuZPR wurde, schafft die EG-MahnVO ein einheitlich europäisches Mahnverfahren, das in Deutschland alternativ neben das Verfahren nach §§ 688 ff. tritt. Neben einzelnen Unterschieden in der Gestaltung dieses neuen Erkenntnisverfahrens kann deshalb völlig auf jeden weiteren Verfahrensschritt als Grundlage der Vollstreckung in anderen Mitgliedstaaten verzichtet werden. Das Exequatur und mit ihm der *ordre public*-Vorbehalt werden, wie unter der EG-VollstrTitelVO durch Mindeststandards ersetzt, deren Einhaltung bereits im EG-Mahnverfahren zu beachten ist, weshalb auch eine Bestätigung des **„Europäischen Zahlungsbefehls"** im Ursprungsstaat entfällt.[671] Ebenfalls in Kraft getreten, jedoch erst ab 1. 1. 2009 in Geltung ist die **EG-BagatellVO (EG Nr. 861/2007),**[672] die ebenfalls durch ein eigenes europäisches Erkenntnisverfahren, der erleichterten Durchsetzung kleinerer Forderungen dienen wird.[672a]

447 **bb)** Die **Ausführung** beider VOen in Deutschland wird nach der bisherigen Konzeption voraussichtlich im 11. Buch an nächstoffener Stelle (§§ 1087 ff.) geregelt werden.

448 **i) Ausblick. aa)** Erst vor kurzem vorgestellt wurde der Vorschlag einer Verordnung über die Zuständigkeit und das anwendbare Recht in **Unterhaltssachen,**[673] die, wiederum für einen sachlichen Teilbereich aus der Domäne der Brüssel I-VO das Prinzip des „Europäischen Vollstreckungstitels", also die Aufgabe der Anerkennungsprüfung und des Exequatur einführen soll und überdies erstmals auch das IPR einbezieht, also die bisherige systematische Grenze zwischen prozessualen („Brüssel-")[674] Verordnungen und kollisionsrechtlichen („Rom-")[675] Verordnungen aufgibt. **Grünbücher** über das anzuwendende Recht und die gerichtliche Zuständigkeit in **Scheidungssachen**[676] sowie zum **Erb- und Testamentsrecht**[677] lassen erwarten, dass sowohl die Brüssel IIa-VO (Rn. 437 ff.) als auch der in Art. 1 Abs. 2 lit. a Brüssel I-VO (Rn. 431 ff.) ausgenommene Bereich der Erbverfahren (einschließlich ZPO-Verfahren) in näherer Zukunft Verordnungsvorschlägen ausgesetzt sein wird.

449 **bb)** Kritisch an dieser im Grunde integrativ gedachten Entwicklung ist vor allem die gänzlich **unsystematische Herangehensweise** zu sehen, die insbesondere für den Sektor der Vollstreckung von Entscheidungen aus Mitgliedstaaten zu einer Inflation konkurrierender, thematisch gesonderter Rechtsinstrumente (Brüssel I-VO, Brüssel IIa-VO mit zwei verschiedenen Verfahren, EG-VollstrTitelVO, EG-MahnVO, demnächst EG-BagatellVO, EG-UnterhaltsVO) führt. Auch nach dem Übergang zum Mitentscheidungsverfahren bleibt das Zustandekommen der Kompromisse im Rat, die häufig durch unterschiedliche Standpunkte von Kommission, Rat und Parlament erforderlich werden, auch in den Materialien schwer durchschaubar. Der hohe Erfolgsdruck, unter den sich die Kommission mit terminierten Aktionsplänen[678] setzt, führt überdies zunehmend zu nicht hinnehmbarer Flüchtigkeit,[679] die den jüngeren Rechtsinstrumenten des EuZPR anhaftet.

450 Dass der ***ordre public*** des Vollstreckungsstaates und der Schutz des Schuldners nach dessen Maßstäben keine Rolle mehr spielt, ist nicht nur – mit aller Subtilität des Begriffs – als Kollateralschaden europäischer Normsetzung anzusehen, sondern definitiv gewollt. Präsumtives Vertrauen in das Funktionieren der Justiz aller Mitgliedstaaten wird den Mitgliedstaaten als Dogma verordnet. Weil nicht sein kann, was nicht sein darf, machen sich die europäischen Rechtssetzungsorgane blind für existierende prozessuale Defizite in einigen Mitgliedstaaten.

---

[671] Vgl. im Einzelnen die Einführung im Anhang I nach § 1086.

[672] Verordnung (EG) Nr. 861/2007 des Europäischen Parlaments und des Rates vom 11. 7. 2007 zur Einführung eines europäischen Verfahrens für geringfügige Forderungen, ABlEU 2007 L 199/1 s. Anhang II nach § 1086.

[672a] Vgl. im Einzelnen die Einführung im Anhang II nach § 1086.

[673] KOM (2005) 649 vom 15. 12. 2005.

[674] In Anlehnung an das Brüsseler EWG-Übereinkommen von 1968 Rn. 426 f.

[675] In Anlehnung an das Römische EWG-Übereinkommen über das auf vertragliche Schuldverhältnisse anwendbare Recht vom 19. 6. 1980, BGBl. 1986 II 810, BGBl. 1999 II 7, umgesetzt in Art. 27 ff. EGBGB.

[676] KOM (2005) 82 vom 14. 3. 2005.

[677] KOM (2005) 65 vom 1. 3. 2005.

[678] Maßnahmenprogramm ABlEG 2001 C 12/1; Aktionsplan ABlEU 2005 C 198/1, 20 ff.

[679] Vgl. dazu *Rauscher/Rauscher* Europäisches Zivilprozessrecht, 2. Aufl. 2006, EG-UnterhaltsVO-E Rn. 42.

Buch 1. Allgemeine Vorschriften

Abschnitt 1. Gerichte

Titel 1. Sachliche Zuständigkeit der Gerichte und Wertvorschriften

§ 1 Sachliche Zuständigkeit

Die sachliche Zuständigkeit der Gerichte wird durch das Gesetz über die Gerichtsverfassung bestimmt.

I. Normzweck

Die Vorschrift, die seit Erlass der CPO unverändert gilt, betrifft die **sachliche Zuständigkeit der ordentlichen Gerichte in bürgerlichen Rechtsstreitigkeiten** (vgl. § 3 EGZPO).[1] Praktische Bedeutung hat die Verweisung auf das GVG nicht, da die Anwendbarkeit der Zuständigkeitsvorschriften des GVG von ihr nicht abhängt (s. § 2 EGGVG). Im Übrigen regelt auch das GVG die sachliche Zuständigkeit in ZPO-Verfahren nicht erschöpfend (Rn. 14 u. § 27 GVG Rn. 1) und wird u. a. von den §§ 1–9 und 11 ergänzt.[2] 1

II. Begriff und Abgrenzung der Zuständigkeit

Der **Begriff** der gerichtlichen Zuständigkeit bezeichnet die Befugnis eines Gerichts oder Rechtspflegeorgans, in einem konkreten Fall eine bestimmte Rechtspflegeaufgabe wahrzunehmen. 2

Dem in der Gerichtspraxis gängigen Sprachgebrauch liegt ein engerer Begriff zugrunde, denn dort wird die Zuständigkeit üblicherweise einerseits vom Rechtsweg, andererseits von der Geschäftsverteilung **abgegrenzt.** 3

Rechtsweg ist der Zugang zu einem der fünf Gerichtszweige iSd. Art. 95 Abs. 1 GG. Die Abgrenzung der Zuständigkeit der ordentlichen Gerichte (§ 13 GVG) von derjenigen der Arbeitsgerichte betrifft den Rechtsweg, nicht die sachliche Zuständigkeit (vgl. §§ 2, 2a, 48 ArbGG; s. a. Einl. Rn. 6, § 261 Rn. 47). 4

Die **Geschäftsverteilung,** die grundsätzlich den Gerichten selbst obliegt, ist die Regelung der Zuständigkeit unter mehreren gleichgeordneten Rechtspflegeorganen desselben Gerichts (zB Kammern eines LG) (s. § 21e GVG) bzw. unter mehreren Mitgliedern eines Spruchkörpers (s. § 21g GVG). Fälle einer Geschäftsverteilung kraft Gesetzes sind die Aufgabenzuweisungen an das Familiengericht (§ 23b GVG)[3] und an die Kammer für Handelssachen (§§ 94ff. GVG).[4] 5

III. Funktion der Zuständigkeitsregeln

Das übliche, den Rechtsweg und die Geschäftsverteilung ausgrenzende Verständnis der Zuständigkeit vorausgesetzt, besteht die Funktion der zivilprozessualen Zuständigkeitsregeln darin, den **Geschäftskreis der einzelnen ordentlichen Gerichte** untereinander sowie gegenüber ausländischen Gerichten und den **Geschäftskreis der verschiedenartigen Rechtspflegeorgane ein und desselben Gerichts** abzugrenzen. 6

IV. Arten der Zuständigkeit

1. Internationale Zuständigkeit. Die internationale Zuständigkeit (deutsche Gerichtshoheit) betrifft die Frage, ob in einer Angelegenheit mit Auslandsbezug (näher Einl. Rn. 298 und Schlussanhang A Rn. 1) ein deutsches Gericht tätig werden darf. Die ZPO regelt die internationale Zuständigkeit nur mittelbar in §§ 12ff. Soweit danach ein deutsches Gericht örtlich zuständig ist, indi- 7

---

[1] Zur Entwicklung des Rechts der sachlichen Zuständigkeit *Musielak/Heinrich* Rn. 2.
[2] *Stein/Jonas/Roth* Rn. 45.
[3] BGHZ 97, 79, 82 = NJW 1986, 1178.
[4] Nunmehr auch *Wieczorek/Schütze/Gamp* Rn. 18.

ziert dies regelmäßig die internationale Zuständigkeit.[5] Vorrangig sind internationale Abkommen wie etwa das EuGVVO (dazu § 12 Rn. 81 ff.). Wegen Einzelheiten und weiterführender Nachweise s. § 12 Rn. 55 ff.[6]

8 **2. Sachliche Zuständigkeit.** Die sachliche Zuständigkeit legt fest, ob in erster Instanz das Amtsgericht oder das Landgericht zuständig ist.[7] Sie ist teilweise streitwertabhängig (zB § 23 Nr. 1 GVG) und zum Teil streitwertunabhängig (zB §§ 23 Nr. 2, 23 a, 71 Abs. 2, 3 GVG) ausgestaltet.

9 **3. Funktionelle Zuständigkeit.** Die funktionelle Zuständigkeit wird im Gesetz nicht ausdrücklich erwähnt und betrifft die Verteilung verschiedenartiger Rechtspflegefunktionen in derselben Sache auf verschiedene Organe desselben Gerichts (Richter, Rechtspfleger, Urkundsbeamter der Geschäftsstelle).[8] Zur funktionalen Zuständigkeit gehört auch, ob das Gericht als Prozess-, Vollstreckungs-, Familien-,[9] Insolvenz-, Arrest-, Mahn-, Aufgebots-, oder Rechtshilfegericht tätig wird und ob innerhalb im einzelnen Spruchkörper das Kollegium, der Vorsitzende, der Einzelrichter oder der beauftragte Richter zuständig ist.[10]

10 **4. Instanzielle Zuständigkeit.** Die **wohl hM** bezieht die Kompetenzverteilung zwischen Gerichten verschiedener Instanzen, die instanzielle Zuständigkeit, in den Begriff der funktionellen Zuständigkeit ein.[11]

11 Das erscheint **nicht sachgerecht.** Die Zusammenfassung sowohl innergerichtlicher als auch gerichtsübergreifender Kompetenzfragen innerhalb ein und derselben Zuständigkeitsart ist im Vergleich mit der Begriffsbildung bei den übrigen Zuständigkeitsarten „systemwidrig" und beeinträchtigt die Unterscheidungsfunktion des Begriffs der funktionellen Zuständigkeit. Vor allem aber verdeckt sie den grundsätzlichen Unterschied in den Folgen des Fehlens der innergerichtlichen Organzuständigkeit und der instanziellen Zuständigkeit (formlose Abgabe bei innergerichtlicher Unzuständigkeit/Klageabweisung bei instanzieller Unzuständigkeit).[12] Die Rechtsprechung des **BGH** war nicht immer einheitlich. Zum Teil verwandte sie bei der Behandlung von Kompetenzkonflikten zwischen Gerichten unterschiedlicher Instanzen nicht mehr den Begriff der funktionellen Zuständigkeit, sondern sprach ausschließlich von instanzieller Zuständigkeit.[13] Neuerdings bezieht der BGH jedoch die instanzielle Zuständigkeit auch in die funktionelle ein.[14]

12 Die instanzielle Zuständigkeit ist auch kein Unterfall der sachlichen Zuständigkeit iSd. ZPO (Rn. 8), sondern bildet eine **eigene Zuständigkeitsart.**

13 **5. Örtliche Zuständigkeit.** Die örtliche Zuständigkeit (Gerichtsstand) entscheidet darüber, welches von mehreren gleichartigen Gerichten unterschiedlicher Gerichtsbezirke tätig zu werden hat.

V. Regelungen der sachlichen Zuständigkeit

14 **Gesetzliche** Bestimmungen zur sachlichen Zuständigkeit finden sich im GVG (insbes. §§ 23, 23 a, 71, 157), in der ZPO (insbes. §§ 486 Abs. 3, 621 Abs. 1, 689, 764, 797 Abs. 3, 828, 899, 919, 942) und in zahlreichen weiteren Gesetzen (bzgl. **AG:** etwa § 1, 3 Abs. 1 BinSchGerG; § 112 Abs. 1 S. 1 GenG; § 2 Abs. 1 InsO; § 55 SchuldRAnpG; § 46 a Abs. 1, §§ 51, 52 WEG – bzgl. **LG:** etwa; §§ 246 Abs. 3 S. 1, 249 Abs. 1 S. 1, 250 Abs. 3 S. 1, 254 Abs. 2 S. 1, 255 Abs. 3, 256 Abs. 7, 257 Abs. 2 S. 1, 275 Abs. 4 S. 1, 278 Abs. 3, 396 Abs. 1 S. 2 AktG; § 217 Abs. 1 S. 4 BauGB; §§ 19 Abs. 3, 42, 62 BNotO; §§ 58 Abs. 2 S. 1, 81 Abs. 2 S. 1 BLG; § 27Abs. 1 GebrMG; §§ 51 Abs. 3 S. 3; 96 GenG; §§ 61 Abs. 3, 75 Abs. 2 GmbHG; 52 Abs. 1 GeschmMG; §§ 87 Abs. 1, 88, 96 Abs. 1 GWB; § 3 Abs. 3 S. 2 HinterlO; § 59 Abs. 3 S. 1 LBG; § 143 Abs. 1 PatG; § 38 Abs. 1, 5 SortSchG; § 13 Abs. 1 S. 3 StrEG; (s. auch § 27 GVG Rn. 3 ff.).[15]

---

[5] St. Rspr. BGHZ 134, 116, 117 = NJW 97, 657 m. weit. Nachw; 153, 173, 180 = NJW 2003, 828.
[6] Ferner *Zöller/Geimer* IZPR Rn. 36 a ff.
[7] *Stein/Jonas/Roth* Rn. 1; *Wieczorek/Schütze/Gamp* Rn. 3; *Zöller/Vollkommer* Rn. 5.
[8] *Stein/Jonas/Roth* Rn. 60; *Zöller/Vollkommer* Rn. 5.
[9] BGH FamRZ 1992, 665.
[10] *Stein/Jonas/Roth* Rn. 58, 60.
[11] *Thomas/Putzo/Hüßtege* Vor § 1 Rn. 2; *Zöller/Vollkommer* Rn. 6; *Musielak/Heinrich* Rn. 7 („funktionelle Zuständigkeit im engeren Sinne") *Stein/Jonas/Roth* Rn. 60; HK-ZPO/*Kayser* Rn. 2; *Bub* MDR 1995, 1191, 1194.
[12] *Stein/Jonas/Schumann* § 1 Rn. 120, der allerdings den Terminus „funktionelle Zuständigkeit" nicht für die innergerichtliche Organzuständigkeit, sondern für die instanzielle Zuständigkeit reservieren will; *Lappe,* 1. Aufl., Rn. 3 aE; 2. Aufl. Rn. 11.
[13] BGH DtZ 1993, 212; HFR 1994, 427; BGH v. 1. 3. 1993, AnwZ (B) 52/92, juris; BGH v. 24. 5. 1993, II ZB 3/93, juris.
[14] BGH v. 15. 2. 2005, XI ZR 172/04, juris; BGH NJW-RR 2004, 1655; NJW 2003, 2686.
[15] *Zöller/Gummer* § 27 GVG Rn. 1.

Sofern das Gesetz das **„Prozessgericht des ersten Rechtszuges"** für zuständig erklärt (zB §§ 731, 767, 887 f., 890, 893), ist das Amts- oder Landgericht gemeint, bei dem der für die Zuständigkeit maßgebliche Rechtsstreit anhängig war.[16] 15

Eine **ungeschriebene** sachliche Zuständigkeit kraft Sachzusammenhanges lässt sich nach der bisher hM mit der geltenden vollständig gesetzlich normierten Zuständigkeitsordnung nicht vereinbaren,[17] obgleich dies etwa im Hinblick auf „gespaltene Zuständigkeiten" (Rn. 18) teilweise als unbefriedigend empfunden wurde. Für diese Ansicht spricht, dass der Gesetzgeber für den Bereich der Rechtswegzuständigkeit mit § 17 Abs. 2 S. 1 GVG eine Zuständigkeit kraft Sachzusammenhangs normiert hat. Dies könnte er auch für die sachliche und andere Zuständigkeiten tun. Die Gerichte dürften dem nicht – auch nicht im Wege der Analogie zu § 17 Abs. 2 GVG – durch die Annahme einer ungeschriebenen Zuständigkeit kraft Sachzusammenhangs vorgreifen. Der **BGH** ist von seiner früheren Auffassung jedenfalls für die örtliche Zuständigkeit nach § 32 abgerückt.[18] Wenn nach der Entscheidung des Gesetzgebers ein Gericht befugt und verpflichtet ist, über „rechtswegfremde" Anspruchsgrundlagen nach § 17 Abs. 2 GVG zu entscheiden, muss es erst recht befugt sein, über in seine Rechtswegzuständigkeit fallende Anspruchsgrundlagen zu entscheiden, die für sich gesehen seine örtliche Zuständigkeit nicht begründen würden. 16

VI. Disponibilität

Die sachliche Zuständigkeit unterliegt in den Grenzen der §§ 38 ff. der Parteidisposition durch **Vereinbarung** oder **rügelose Einlassung** (s. näher dort). Ohne Einfluss auf die Zuständigkeit sind die Parteien bei nichtvermögensrechtlichen Ansprüchen und beim Bestehen einer ausschließlichen Zuständigkeit (§ 40 Abs. 2). 17

VII. Sonderfälle

Bei **objektiver** und bei **subjektiver Klagehäufung** ist die sachliche Zuständigkeit für jeden prozessualen Anspruch und für jedes Prozessrechtsverhältnis gesondert zu beurteilen,[19] es sei denn allein der Streitwert ist zuständigkeitsbestimmend (s. § 5 Halbs. 1). Dies gilt entsprechend bei bloßer **Anspruchsgrundlagenkonkurrenz,** dh. bei Einheitlichkeit des Streitgegenstandes und Mehrheit in Betracht kommender Anspruchsgrundlagen,[20] soweit nicht eine Zuständigkeit kraft Sachzusammenhangs etwa im Zusammenhang mit § 32 anzunehmen ist. (s. Rn. 16). Die Folge kann eine **gespaltene Zuständigkeit** sein (zu deren prozessualer Behandlung § 281 Rn. 27). 18

Für **Haupt- und Hilfsantrag** ist die Frage der sachliche Zuständigkeit zunächst je für sich zu beantworten; unterfällt einer von ihnen der Zuständigkeit des Landgerichts, „zieht" er den bzw. die anderen Ansprüche nach, sofern insoweit keine ausschließliche Zuständigkeiten begründet ist.[21] 19

Auch Klage und **Widerklage** sind hinsichtlich der sachlichen Zuständigkeit getrennt zu beurteilen (s. § 5 Halbs. 2). Eine Ausnahme gilt für eine vor dem Landgericht erhobene Widerklage, die an sich in die – nicht ausschließliche – Zuständigkeit des Amtsgerichts fällt, wenn das Landgericht für die Klage sachlich zuständig ist (s. § 5 Rn. 32 ff.), und für eine vor dem Amtsgericht erhobene, in dessen sachliche Zuständigkeit fallende Klage, sobald eine zur Zuständigkeit des Landgerichts gehörende Widerklage rechtshängig wird und eine Partei Verweisungsantrag stellt (§ 506, näher dort Rn. 2 f.). 20

Wird die Gegenforderung hingegen im Wege der **Prozessaufrechnung** geltend gemacht, kommt es auf die sachliche Zuständigkeit des Gerichts insoweit nicht an,[22] wohl aber grundsätzlich auf den Rechtsweg[23] und die internationale Zuständigkeit.[24] 21

---

[16] *Stein/Jonas/Roth* Rn. 56.

[17] So BGHZ 98, 362, 367 = NJW 1987, 442, 444 und die früher hM im Schrifttum, etwa *Stein/Jonas/Schumann,* 2. Aufl., Rn. 11 m. weit. Nachw.; *Musielak/Smid,* 3. Aufl., Rn. 14; 2. Aufl., Rn. 16; *Stein/Jonas/Roth* Rn. 10 m. weit. Nachw.

[18] BGHZ 153, 173 = NJW 2003, 828, mit Anm. *Kiethe* NJW 2003, 1294; zustimmend BayObLG NJW RR 1996, 508; OLG Köln OLGR 1999, 143 f.; OLG Hamm NJW-RR 2000, 727; *Stein/Jonas/Roth* Rn. 10; *Thomas/Putzo/Hüßtege* § 32 Rn. 6; kritisch *Musielak/Heinrich* Rn. 14.

[19] *Stein/Jonas/Roth* Rn. 36; *Musielak/Heinrich* Rn. 21.

[20] *Musielak/Heinrich* Rn. 21.

[21] Ganz hM, siehe näher § 5 Rn. 13; aA *Stein/Jonas/Roth* Rn. 36; *Musielak/Heinrich* Rn. 21.

[22] BGHZ 26, 304, 306; *Zöller/Greger* § 145 Rn. 19.

[23] BFHE 198, 55; BAGE 98, 384; BVerwG NJW 1999, 160; *Stein/Jonas/Leipold* § 145 Rn. 35 ff.; *Zöller/Gummer* § 17 GVG Rn. 10; aA *Kissel/Mayer* § 17 GVG Rn. 58; *Baumbach/Lauterbach/Hartmann* § 17 GVG Rn. 6.

[24] BGH NJW 1993, 2753.

VIII. Prüfung der Zuständigkeit

22 Das angerufene Gericht prüft seine sachliche Zuständigkeit **von Amts wegen** nur dann, wenn sie nicht durch rügelose Einlassung begründet werden könnte (s. § 40 Abs. 2 S. 2) oder für den Fall der Unzuständigkeit eine Belehrung vorgeschrieben ist (§§ 39 S. 2, 504), im Übrigen **auf Rüge** des Beklagten (die nicht rechtzeitig iSd. §§ 282 Abs. 3 S. 2, 296 Abs. 3 sein muss, str., s. näher § 39 Rn. 6).

23 Sofern eine Prüfung der sachlichen Zuständigkeit veranlasst ist, kann sie für einen **hilfsweise erhobenen Anspruch** nicht bis zum Eintritt der Bedingung aufgeschoben werden, denn die sachliche Zuständigkeit für den Hilfsantrag kann die Zuständigkeit für den Rechtsstreit insgesamt beeinflussen (s. näher Rn. 19 u. § 5 Rn. 13).[25]

24 **Grundlage** der Prüfung sind der Tatsachenvortrag und die Sachanträge des Klägers (näher § 3 Rn. 5); die Wertangaben des Klägers sind für das Gericht nicht bindend, selbst wenn sie der Beklagte nicht bestreitet.[26] Für die Prüfung der Rechtswegzuständigkeit kommt es ausschließlich auf den Vortrag des Klägers an.[27] Ausnahmsweise kann auch der Beklagtenvortrag Bedeutung gewinnen,[28] wenn das Gesetz für die Zuständigkeit (meist im Rahmen von Regelungen über die Bestimmung des Zuständigkeitsstreitwertes [s § 2 Rn. 3f.]) an Umstände anknüpft, die für das Bestehen des jeweiligen Klageanspruchs nicht konstitutiv sind, vom Kläger also nicht vorgetragen zu werden brauchen und deshalb häufig nicht vorgetragen werden (s. § 8 Rn. 1, 7, 10, vgl. auch § 7 Rn. 6f.). Beispiel: Der Zuständigkeitsstreitwert bestimmt sich auch dann nach § 8 und nicht nach § 6, wenn sich der Streit über das Bestehen oder die Dauer eines Mietverhältnisses erst aus der Einlassung des Beklagten gegenüber der allein auf Eigentum gestützten, das Mietverhältnis und den darüber bestehenden Streit nicht erwähnenden Herausgabeklage ergibt.

25 Die zuständigkeitsbegründenden Tatsachen sind **vom Kläger zu beweisen,** sofern dies im Falle amtswegiger Zuständigkeitsprüfung notwendig ist oder der Beklagte sie mit Blick gerade auf die Zuständigkeit bestreitet.[29] Als zu beweisende Umstände können etwa der Wert der streitbefangenen herauszugebenden Sache (§ 6), der Wohnsitz des Beklagten (§ 13), der letzte Wohnsitz des Beklagten (§ 16), der Sitz der juristischen Person (§ 17), der Aufenthalt des Beklagten (§§ 16, 20), das Vermögen des Beklagten im Gerichtsbezirk (§ 23), der Erfüllungsort oder Vereinbarungen über denselben (§ 29), Gerichtsstandsvereinbarungen (§ 38) oder die Eigenschaft als Miet- oder Pachtraum (§ 29a Abs. 1) in Betracht kommen. Nur bei Verzichtsurteil (§ 306) und Versäumnisurteil gegen den Kläger (§§ 330, 335 Nr. 1) trifft den Beklagten die Beweislast.[30]

26 Soweit zuständigkeitsbegründende Tatsachen zugleich anspruchsbegründend sind (sog. **doppelrelevante Tatsachen**), wird im Interesse einer Vereinfachung und beschleunigten endgültigen Erledigung des Rechtsstreits ihre Richtigkeit für die Zuständigkeitsprüfung unterstellt.[31]

27 Die die sachliche Zuständigkeit begründenden Umstände müssen spätestens am **Schluss der mündlichen Verhandlung** vorliegen.[32] Waren sie nach Rechtshängigkeit gegeben, so ist ihr späterer Wegfall unbeachtlich (§ 261 Abs. 3 Nr. 2), sofern dieser nicht die Folge einer Änderung des Streitgegenstandes – mit Ausnahme der Teilrücknahme – ist und auch § 506 nicht eingreift (näher § 261 Rn. 82, 92).

28 **Trennung** (§ 145), **Verbindung** (§ 147) und der Erlass eines **Teilurteils** (§ 301) lassen eine gegebene sachliche Zuständigkeit in jedem Fall unberührt (s. § 5 Rn. 24, 27).[33] Zur Frage des Hineinwachsens in die sachliche Zuständigkeit durch Verbindung s. § 5 Rn. 27. Zur Wirkung einer nach Rechtshängigkeit erfolgenden Zuständigkeitsvereinbarung s. § 261 Rn. 93.

---

[25] *Stein/Jonas/Roth* Rn. 36; *Musielak/Heinrich* Rn. 21 aE, entgegen dort § 5 Rn. 11.

[26] *Zöller/Vollkommer* Rn. 18.

[27] BGHZ 133, 240 = NJW 1996, 3012; OLG Dresden OLGR 2005, 50; BAG MDR 1996, 1042; aA KG NJW-RR 2001, 1509.

[28] Die Rechtsprechung und weitgehend auch das Schrifttum lassen zu dieser Frage klare Konturen vermissen, vgl. aus der Rspr.: einerseits BGH BGHR ZPO § 8 Räumungsklage 8 (bzgl. § 8); BGHZ 48, 177, 179 = NJW 1967, 2263f. (bzgl. § 7 und § 8 iVm. § 12 GKG aF); andererseits BGH NJW-RR 1986, 737 (bzgl. § 7); aus dem Schrifttum: *Musielak/Heinrich* Rn. 16, 18; *Rosenberg/Schwab/Gottwald* § 39 Rn. 3ff.; HK-ZPO/*Kayser* Rn. 6.

[29] KG NJW-RR 2001, 1509; *Stein/Jonas/Roth* Rn. 22, 35.

[30] *Musielak/Heinrich* Rn. 18.

[31] BGHZ 124, 237, 242 = NJW 1994, 1413, 1414 (unter Ausnahme der internationalen (Anerkennungs-)-Zuständigkeit iSd. § 328 Abs. 1 S. 1); BGHZ 133, 240, 243 = NJW 1996, 3012; OLG Dresden OLGR 2005, 50; HK-ZPO/*Kayser* Rn. 6.

[32] RGZ 52, 136ff.; 95, 268; *Musielak/Heinrich* Rn. 22.

[33] *Stein/Jonas/Roth* § 4 Rn. 8; *Musielak/Heinrich* § 4 Rn. 4 aE.

Bei ernsthaften Zweifeln an der sachlichen Zuständigkeit empfiehlt sich **abgesonderte Verhandlung** gem. § 280 Abs. 1. 29

IX. Folgen fehlender Zuständigkeit

Fehlt die sachliche Zuständigkeit, darf **keine Sachentscheidung** ergehen; auch hilfsweise Ausführungen zur Sache haben zu unterbleiben.[34] 30

Unter den Voraussetzungen des § 281 bzw. des § 506 ist der Rechtsstreit (oder auch nur ein abtrennbarer Teil,[35] s. Rn. 18f. u. § 281 Rn. 27) an das zuständige Gericht zu **verweisen;** anderenfalls ergeht **klageabweisendes Prozessurteil,** bei dem es sich auch dann um ein Endurteil handelt, wenn gem. § 280 Abs. 1 ZPO abgesondert über die Zulässigkeit der Klage verhandelt worden war.[36] 31

Die verjährungsunterbrechende Wirkung der Klageerhebung (§ 209 BGB aF) trat auch bei Anrufung eines sachlich unzuständigen Gerichts ein (arg. e § 212 BGB aF).[37] Diese Vorschriften wurden durch das Schuldrechtsmodernisierungsgesetz aufgehoben. Nunmehr ist in diesen Fällen von einer **Hemmung der Verjährung** nach §§ 204 Abs. 1 Nr. 1, 209 BGB auszugehen.[38] Bei Abweisung der Klage als unzulässig wegen fehlender Zuständigkeit des Gerichts, endet die Hemmung nach § 204 Abs. 2 S. 1 BGB sechs Monate nach der rechtskräftigen Entscheidung des Verfahrens.[39] 32

X. Rechtsmittel

Gegen eine **Verweisung** ist grundsätzlich kein Rechtsmittel gegeben (§§ 281 Abs. 2 S. 3, 506 Abs. 2, näher § 281 Rn. 40f., § 506 Rn. 18). Ein die sachliche Zuständigkeit verneinendes **Prozessurteil** ist mit dem auch sonst statthaften Rechtsmittel anzugreifen. Gleiches gilt im Grundsatz für ein zuständigkeitsbejahendes **Zwischenurteil** iSd. § 280 oder ein **Sachurteil,** wobei ein Rechtsmittel nicht darauf gestützt werden kann, dass das Gericht des ersten Rechtszuges seine Zuständigkeit zu Unrecht angenommen habe(s. §§ , 513 Abs. 2, 545 Abs. 2).[40] Soweit das Rechtsmittelgericht die sachliche Zuständigkeit nicht zu prüfen hat, ist ein allein auf die mangelnde Zuständigkeit gestütztes Rechtsmittel bereits unzulässig.[41] 33

§ 2 Bedeutung des Wertes

Kommt es nach den Vorschriften dieses Gesetzes oder des Gerichtsverfassungsgesetzes auf den Wert des Streitgegenstandes, des Beschwerdegegenstandes, der Beschwer oder der Verurteilung an, so gelten die nachfolgenden Vorschriften.

I. Normzweck

§ 2 bestimmt den **unmittelbaren Anwendungsbereich der §§ 3 bis 9.** Sofern nach der ZPO oder dem GVG der Wert eine Rolle spielt, ist seine Höhe grundsätzlich (zu Ausnahmen Rn. 13) gemäß §§ 3 bis 9 zu bestimmen. Einen weiteren Anwendungsbereich erhalten diese Vorschriften durch die Verweisung in §§ 48, 62 GKG. 1

II. Wertarten

1. Einteilung nach Gegenstand oder Funktion. Eine von § 2 zum Teil abweichende – in der Praxis allerdings gebräuchlichere – Einteilung der Wertarten knüpft an die jeweilige Funktion des Wertes an (Zuständigkeitsstreitwert, Rechtsmittelstreitwert, Gebührenstreitwert usw.).[1] Da die in § 2 aufgeführten Wertarten teilweise gleichzeitig mehrere Funktionen erfüllen und einzelne Funktionen verschiedener Wertarten identisch sind (zB Beschränkung der Zulässigkeit von Rechtsmitteln, Ausgangspunkt für die Berechnung der Gebühren), liegt der Unterschied der in § 2 2

---

[34] Vgl. BGH LM § 563 Nr. 12; WM 1995, 406, 407.
[35] Nur scheinbar anders *Zöller/Greger* § 281 Rn. 8.
[36] *Musielak/Heinrich* Rn. 23; *Musielak/Foerste* § 280 Rn. 6.
[37] BGHZ 78, 1, 5 = NJW 1980, 2461, 2462; NJW 1978, 1058; 2. Aufl. Rn. 32.
[38] *Musielak/Heinrich* Rn. 26; *Palandt/Heinrichs* § 204 BGB Rn. 5.
[39] *Musielak/Heinrich* Rn. 26; *Palandt/Heinrichs* § 204 BGB Rn. 35.
[40] *Musielak/Ball* § 513 Rn. 10; HK-ZPO/*Wöstmann* § 513 Rn. 3; BGH NJW 2000, 2822; MDR 1998, 177.
[41] RGZ 23, 429, 431; BGH NJW 2000, 2822f.; HK-ZPO/*Wöstmann* § 513 Rn. 5; aA *Musielak/Ball* § 513 Rn. 10: unbegründet.
[1] S. nur *Stein/Jonas/Roth* Rn. 1

enthaltenen Einteilung nach dem Gegenstand der Bewertung zu der an die Funktion des jeweiligen Wertes anknüpfenden Begriffsbildung nicht bloß in der Terminologie.

3 **2. Wert des Streitgegenstandes.** Der Wert des Streitgegenstandes (Streitwert,[2] s. die Legaldefinition in § 3 Abs. 1 GKG) ist das in Form eines Geldbetrages ausgedrückte quantitative Maß des Begehrens des Angreifers (dh. des Klägers, Widerklägers).[3] Dieser Wert ist – vorbehaltlich abweichender Bestimmungen – u. a. maßgeblich für

4 – die sachliche Zuständigkeit (§§ 23 Nr. 1; 71 Abs. 1 GVG; § 84 Abs. 3 BRAO; § 77 Abs. 3 PatAnwO) – **Zuständigkeitsstreitwert** –,

5 – die Berechnung der Gerichtsgebühren (§§ 3 Abs. 1, 48 Abs. 1 S. 1, 47 Abs. 2 S. 1 (Obergrenze); 46 Abs. 1 S. 1 GKG) – **Gebührenstreitwert** – und der Rechtsanwaltsgebühren (§ 2 Abs. 1, 23 Abs. 1 S. 1 RVG) – **Gegenstandswert** –,

6 – die Möglichkeit der amtswegigen Anordnung des schriftlichen Verfahrens wegen geringer Bedeutung der Sache (§ 128 Abs. 3) oder der Gestaltung des amtsgerichtlichen Verfahrens nach Ermessen (§ 495 a Abs. 1 S. 1; § 15 Abs. 1 Nr. 1 EGZPO) – **Bagatellstreitwert** –.

7 **3. Wert des Beschwerdegegenstandes.** Der Wert des Beschwerdegegenstandes (Beschwerdewert)[4] ist der Geldbetrag, der der aus der angefochtenen Entscheidung sich ergebenden Belastung (Beschwer)[5] des Rechtsmittelführers entspricht, jedoch nur soweit deren Beseitigung beantragt wird. Er kann nach unten, aber auch nach oben[6] vom Zuständigkeitsstreitwert abweichen. Von Bedeutung ist er – wiederum vorbehaltlich abweichender Vorschriften – für

8 – die Zulässigkeit der Rechtsmittel Berufung und Beschwerde (Berufung: § 511 Abs. 2 Nr. 1; sofortige Beschwerde gegen Entscheidung über Kosten: § 567 Abs. 2, im PKH-Verfahren § 127 Abs 2 S. 2; Nichtzulassungsbeschwerde: § 26 Nr. 8 EGZPO;[7] Beschwerde im Verfahren über den Kostenansatz: § 66 Abs. 2 GKG; Streitwertbeschwerde § 68 Abs. 1 S. 1 GKG; Beschwerde gegen Auferlegung einer Verzögerungsgebühr § 69 GKG; § 20 a FGG; § 14 HausrVO; § 36 VerschG) – **Rechtsmittelstreitwert** –,

9 – die Berechnung der Gerichtsgebühren (§§ 48 Abs. 1 S. 1) – **Gebührenstreitwert** – und der Rechtsanwaltsgebühren (§§ 2 Abs. 1, 23 Abs. 1 RVG) – **Gegenstandswert** –.

10 **4. Wert der Verurteilung.** Der Wert der Verurteilung ist wichtig für die Notwendigkeit der Anordnung einer Sicherheitsleistung im Ausspruch zur vorläufigen Vollstreckbarkeit des Urteils (§ 708 Nr. 11 beide Alt.)[8] – **Verurteilungsstreitwert** –.

III. Wertvorschriften

13 §§ 3 bis 9 gelten, auch soweit § 2 sie für anwendbar erklärt, nicht ausnahmslos; **Spezialnormen** sind § 182 InsO und § 247 Abs. 1 AktG (betr. Beschwer). Über die Verweisung in § 48 GKG kommen §§ 3 bis 9 nur dann zur Anwendung, wenn weder die §§ 39–47, 49, 53 GKG noch Spezialgesetze (zB § 247 AktG; § 144 PatG; § 23 b UWG) eine Sonderregelung hinsichtlich des Gebührenstreitwertes (insbesondere die Möglichkeit einer Ermäßigung im Einzelfall) enthalten.

14 Die Wertvorschriften sind **zwingend.** Die Verfahrensbeteiligten können zwar durch Vereinbarung oder prozessuales Verhalten in gewissen Grenzen auf die Zuständigkeit als solche Einfluss nehmen (s. § 1 Rn. 17). Die Wertangaben der Parteien binden das Gericht aber nicht.[9] Die Bestimmung des Wertes des Streitgegenstandes, des Beschwerdegegenstandes, der Beschwer usw. ist ihrer Disposition aber entzogen.

15 Ein durchgängiges **Prinzip** liegt §§ 3 bis 9 nicht zugrunde. Das tatsächliche Interesse des Angreifers ist nur im Rahmen der Auffangnorm des § 3 und auch dort nur im Grundsatz maßgeblich (§ 3 Rn. 10 f.). Soweit der Streitwert normativ bestimmt ist, wie in §§ 4 und 6 bis 9, sind andere Gesichtspunkte leitend, namentlich Rechtssicherheit, Verfahrensvereinfachung und prozessuale Gleichbehandlung[10] (s. näher bei den einzelnen Vorschriften). Gerade im Interesse dieser Prinzipien sollten die normative Streitwerte festlegenden Vorschriften uneingeschränkt, ja ausdehnend, wo-

---

[2] *Hillach/Rohs* § 5 A.

[3] Vgl. BGHZ 59, 17, 18 = NJW 1972, 1235.

[4] *Stein/Jonas/Roth* Rn. 40.

[5] Zum Streit, ob die Beschwer des Beklagten materiell oder formell zu bewerten ist s. Vor § 511 Rn. 14 ff.

[6] BGHZ GSZ 128, 85, 89 = NJW 1995, 664.

[7] BGH MDR 2004, 406; NJW-RR 2006, 1097.

[8] Nach *Stein/Jonas/Roth* Rn. 43 soll § 2 die 2. Alt. des § 708 Nr. 11 nicht erfassen. Praktische Konsequenzen hat das jedoch nicht.

[9] *Zöller/Vollkommer/Herget* Rn. 1.

[10] *Hahn,* Die gesamten Materialien zu den Reichsjustizgesetzen, Zweiter Band: Materialien zur Civilprozeßordnung, S. 147 f.; vgl. auch *Schumann* NJW 1982, 1257, 1258, 1263.

möglich sogar analog angewendet und nicht durch Billigkeitserwägungen umgangen oder verwässert werden.[11]

IV. Wertfestsetzung: Zuständigkeit, Erforderlichkeit, Form, Bindungswirkung, Anfechtbarkeit

Die Wertfestsetzung wirft eine so große Zahl von Fragen auf, dass hier nur die wichtigsten angesprochen werden können.[12] 16

1. Klarstellung des Gegenstandes der Wertfestsetzung. In der Praxis auftretende Schwierigkeiten (zB Unklarheiten bezüglich des statthaften Rechtsmittels) lassen sich zT vermeiden, wenn das Gericht unmissverständlich zum Ausdruck bringt, **welche Art Wert** es festsetzt (Zuständigkeitsstreitwert, Gebührenstreitwert, Gegenstandswert usw.). Ein ohne nähere Angabe zur Art des Wertes vor der Endentscheidung ergangener Streitwertbeschluss enthält grundsätzlich keine Festsetzung des Gebührenstreitwertes nach § 63 GKG.[13] Zur Vermeidung von Missverständnissen und unnötigen Rechtsmitteln trägt ferner eine nachvollziehbare Begründung bei. Zur verfahrensrechtlichen Notwendigkeit einer Begründung s. Rn. 23. 17

2. Zuständigkeitsstreitwert. Den Zuständigkeitsstreitwert setzt das Gericht von Amts wegen fest, sofern es auf ihn ankommt und er sich nicht von selbst aus einem bezifferten Zahlungsantrag ergibt. Das geschieht durch gesonderten Beschluss (§ 62 GKG, § 329 ZPO) [14] oder in den Gründen eines **Zwischen- oder des Endurteils** und ist in letzteren Fällen dann bindend (§ 318) und nur zusammen mit dem Urteil anfechtbar.[15] 18

Erfolgt die Festsetzung **vorab durch Beschluss** gem. § 329, § 62 GKG, wird sie erst mit der Endentscheidung bindend[16] und ist nicht selbstständig anfechtbar.[17] Erfolgt die Festsetzung (evtl. auch nur konkludent) durch **Verweisungsbeschluss** nach § 281 oder § 506, ist sie sogleich bindend[18] und ebenfalls unanfechtbar (§ 281 Abs. 3 S. 2). 19

Eine exakte **Bezifferung** des Zuständigkeitsstreitwertes ist nicht notwendig[19] (ausreichend: bis/über 5000,– Euro), im Hinblick auf die Präjudizwirkung für den Gebührenstreitwert (§ 62 GKG, Rn. 22) jedoch zweckmäßig. 20

3. Rechtsmittelstreitwert. Er richtet sich nach dem Interesse des Rechtsmittelklägers an der Abänderung der angefochtenen Entscheidung. Dies bemisst sich beim Kläger nach der formellen Beschwer und beim Beklagten auch der materiellen Beschwer.[20] Die Ausführungen zum Zuständigkeitsstreitwert gelten für den Rechtsmittelstreitwert entsprechend.[21] Insbesondere ist auch hier eine Festsetzung durch gesonderten unanfechtbaren Beschluss vor der Endentscheidung zulässig[22] und als Mittel des gem. §§ 139, 278 Abs. 3 gebotenen Hinweises bei Nichterreichen der Rechtsmittelsumme sinnvoll. 21

4. Bagatellstreitwert. Der Bagatellstreitwert betrifft nicht die sachliche Zuständigkeit, sondern ist für das anzuwendende Verfahren von Bedeutung (§ 495 a; § 15 a EGZPO). Er richtet sich nach den Regeln des Zuständigkeitsstreitwertes (oben Rn. 17 ff.). Ein über die Festsetzung des Bagatellstreitwertes gefasster gesonderter Beschluss ist nicht anfechtbar.[23] 22

5. Gebührenstreitwert. Der für die Gerichtsgebühren maßgebliche Gebührenstreitwert ist für die jeweilige Instanz von dem dort mit der Hauptsache befassten Gericht festzusetzen. Erforderlich 23

---

[11] In diesem Sinne auch *Mümmler* JurBüro 1991, 767 f.; *Stein/Jonas/Roth* Rn. 8 f.

[12] Eingehende Darstellung des Rechts der Wertfestsetzung etwa bei *Hillach/Rohs* § 95 ff.; *Stein/Jonas/Roth* Rn. 48 ff.

[13] HM, s. *Hillach/Rohs* § 97 A Fn. 77; *Stein/Jonas/Roth* Rn. 55; s. auch OLG München OLGR 1998, 241, 242; aA OLG Bremen NJW-RR 1993, 191, 192.

[14] Ganz hM; siehe Nachweise unten bei Rn. 20; ebenso BVerfG NJW 1993, 3130 (zum Parallelfall des Rechtsmittelstreitwertes unter Hinweis auf § 24 Abs. 1 GKG aF; aA *Schneider* MDR 1989, 389, 395.

[15] *Zöller/Herget* § 3 Rn. 7; *Thomas/Putzo/Hüßtege* Rn. 8.

[16] *Stein/Jonas/Roth* Rn. 56; *Thomas/Putzo/Hüßtege* Rn. 8.

[17] OLG Stuttgart OLGR 2007, 145; OLG Koblenz MDR 2004, 709; OLG Karlsruhe MDR 2003, 1071; OLG München OLGR 1998, 241, 242; OLG Köln OLGR 1999, 322;*Stein/Jonas/Roth* Rn. 53; HK-ZPO/*Kayser* Rn. 8; *Papst/Rössel* MDR 2004, 730 ff.; *Lippe* NJW 2004, 495.

[18] *Zöller/Greger* § 281 Rn. 16.

[19] *Stein/Jonas/Roth* Rn. 66 aE.

[20] *Zöller/Herget* § 3 Rn. 4.

[21] Vgl. *Stein/Jonas/Roth* Rn. 56 ff.; *Zöller/Herget* § 3 Rn. 6 f.

[22] BVerfG NJW 1993, 3130; OLG Frankfurt MDR 1992, 612; *Stein/Jonas/Roth* Rn. 59.

[23] *Stein/Jonas/Roth* Rn. 41; *Hartmann,* Anh. nach § 48 GKG (Einf. I) Rn. 10; aA *Zöller/Herget* § 3 Rn. 7; LG München I NJW-RR 2002, 425.

ist die Festsetzung im Fall des § 63 Abs. 1 GKG (zwecks Berechnung im Voraus zu zahlender Gerichtsgebühren), im Übrigen nur dann, wenn nicht bereits der Zuständigkeitsstreitwert (§ 62 GKG) oder der Rechtsmittelstreitwert (§ 47 GKG) festgesetzt worden ist[24] oder eine derartige Festsetzung zwar erfolgt, aber für die Berechnung der Gebühren wegen des Eingreifens von §§ 3 bis 9 abweichender Gebührenwertvorschriften (s. §§ 39–47, 49, 53 GKG) oder aus sonstigen Gründen nicht oder doch nur hinsichtlich bestimmter Grenzwerte[25] maßgebend ist (s. § 63 Abs. 2 S. 1 GKG).

24 Die Festsetzung geschieht nach Gewährung rechtlichen Gehörs[26] (Ausnahme: § 63 Abs. 1 S. 1 GKG) durch selbstständigen[27] **Beschluss von Amts wegen** oder **auf Antrag** einer Partei, eines sonstigen Beteiligten[28] (zB Streithelfer), der Staatskasse[29] oder eines Rechtsanwalts (aus eigenem Recht.[30] Der Beschluss ist grundsätzlich[31] – spätestens in der Nichtabhilfeentscheidung – zumindest stichwortartig zu **begründen.**[32] Das Fehlen einer Begründung stellt einen wesentlichen Verfahrensmangel dar, der eine Zurückverweisung an die Vorinstanz rechtfertigen kann.[33]

25 Das festsetzende Gericht kann sowohl die vorläufige[34] als auch die endgültige (§ 63 Abs. 2 S. 1 GKG) Streitwertfestsetzung von Amts wegen **abändern,** letztere innerhalb der Frist des § 63 Abs. 3 GKG und nur solange das Rechtsmittelgericht die Festsetzung der unteren Instanz nicht bereits abgeändert oder abzuändern abgelehnt hat.[35] Das Rechtsmittelgericht ist zur Abänderung nicht nur auf ein Rechtsmittel hin berechtigt, sondern kann, wenn und solange das Verfahren wegen der Hauptsache, des Kostenpunktes oder wegen der Entscheidung über den Streitwert, den Kostenansatz, Kostenfestsetzung in der Rechtsmittelinstanz schwebt, innerhalb der Frist des § 63 Abs. 3 S. 2 GKG auch von Amts wegen abändern (§ 63 Abs. 3 S. 1 GKG).[36, 37]

26 Die **vorläufige** Festsetzung gem. § 63 Abs. 1 S. 1 GKG ist nicht mit der Streitwertbeschwerde selbstständig anfechtbar, da § 63 Abs. 1. S. 2 GKG nur den Beschwerdeweg nach § 67 GKG gegen die Anordnung einer Vorauszahlung eröffnet.[38] Gegen die **endgültige** Festsetzung gem. § 63 Abs. 2 GKG findet die einfache (gleichwohl nicht unbefristete, (s. §§ 68 Abs. 1 S. 2, 63 Abs. 3 S. 2 GKG)[39] **Beschwerde** nach Maßgabe des § 68 Abs. 1 GKG statt, und zwar auch dann, wenn die Festsetzung nicht durch selbstständigen Beschluss, sondern im Tenor oder in den Gründen eines Urteils erfolgt.[40] Die **Partei** hat nur ein Interesse an der Herabsetzung des Streitwertes, weshalb ein Antrag auf Erhöhung des Streitwertes mangels **Beschwer** unzulässig ist.[41] Das gilt auch dann, wenn die Partei gemäß § 4 RVG ein höheres Honorar als das gesetzlich geschuldete vereinbart hat.[42] Die Streitwertbeschwerde ist nicht deswegen unzulässig, weil die Prozessbevollmächtigten der Parteien

---

[24] So auch *Thomas/Putzo/Hüßtege* Rn. 10.

[25] OLG Köln OLGR 2000, 78, 79; *Stein/Jonas/Roth* Rn. 61 f. aE.

[26] *Stein/Jonas/Roth* Rn. 70; *Zöller/Herget* Rn. 9.

[27] Rechtlich möglich ist aber auch die Festsetzung im Tenor oder in den Entscheidungsgründen eines Urteils, s. BGH NJW 1995, 1033; *Stein/Jonas/Roth* Rn. 67.

[28] *Hartmann* § 63 GKG Rn. 19.

[29] *Hartmann* § 63 GKG Rn. 19.

[30] *Wieczorek/Schütze/Gamp* Rn. 41.

[31] Zu Ausnahmen s. *Stein/Jonas/Roth* Rn. 75; *Hartmann* § 63 GKG Rn. 29 f.

[32] OLG Nürnberg MDR 2001, 893; OLG Köln NJW-RR 1991, 1280; *Stein/Jonas/Roth* Rn. 72; *Thomas/Putzo/Hüßtege* Rn. 7.

[33] OLG Nürnberg MDR 2001, 893; OLG Köln NJW-RR 1991, 1280; OLG Bamberg JurBüro 1991, 1689; *Stein/Jonas/Roth* Rn. 7; aA *Schwerdtfeger,* 2. Aufl., Rn. 23; *Wieczorek/Schütze/Gamp* Rn. 56 mit Fn. 101.

[34] Dazu näher *Hartmann* § 63 GKG Rn. 15.

[35] *Hartmann* § 63 GKG Rn. 44.

[36] BGH NJW-RR 1989, 1278; OLG Brandenburg OLGR 1998, 444. Zu Ausnahmen *Hartmann* § 63 GKG Rn. 49 f.

[37] Ausführlich zur Abänderung der Festsetzung des Gebührenstreitwertes *Stein/Jonas/Roth* Rn. 79 ff. Zur Frage, ob nach rechtskräftigem Abschluß des Rechtsstreits durch Urteil noch eine Änderung des Streitwertes vorgenommen werden kann, wenn dies zur Folge hätte, daß dann die im Urteil getroffene Kostenentscheidung unrichtig würde, s. OLG Celle OLGR 2000, 13.

[38] *Thomas/Putzo/Hüßtege* Rn. 11; OLG Hamm MDR 2005, 1309; OLG Stuttgart OLGR 2007, 145.

[39] Zu möglichen Ausnahmen von der Geltung der Sechsmonatsfrist OLG Nürnberg OLGR 1999, 360.

[40] *Hartmann* § 68 GKG Rn. 3.

[41] BGH NJW-RR 1987, 737; RGZ 22, 425; RGZ 31, 419; OLG Brandenburg MDR 2005, 47; OLG Karlsruhe MDR 2003, 1071; OLG Koblenz JurBüro 2002, 310; *Stein/Jonas/Roth* Rn. 85; *Zöller/Herget* § 3 Rn. 10; aA *Pabst/Rössel* MDR 2004, 730, 732.

[42] *Stein/Jonas/Roth* Rn. 85; *Hartmann* § 68 GKG Rn. 6; *Markl/Meyer,* GKG, 5. Aufl. 2003, § 25 Rn. 46; KG AG 2001, 531; VGH Kassel NJW 1965, 1829 f.; aA Sächsisches Oberverwaltungsgericht, Beschl. v. 1. 3. 2006, 2 E 324/05, juris; SächsVBl. 2004, 84; VGH München NVwZ-RR 97, 195; Oberverwaltungsgericht des Saarlandes, Beschl. v. 19. 7. 1996, 2 Y 5/96, juris; OLG Celle JB 1992, 762; BFH NJW 1970, 1767; *Schneider/Herget* Rn. 5776.

der Festsetzung des Streitwerts im Rahmen der der angefochtenen Entscheidung vorausgegangenen Anhörung **zugestimmt** haben. Dem Einverständnis der Prozessbevollmächtigten kommt weder die Bedeutung eines Rechtsmittelverzichts zu, noch entfällt dadurch die Beschwer.[43]

Dem **Rechtsanwalt** steht ein eigenes Beschwerderecht zu (§ 32 RVG). Eine unzulässige Beschwerde ist als **Gegenvorstellung** zu behandeln; zur Überprüfung der getroffenen Entscheidung kann sie nur dann Anlas geben, wenn diese noch abgeändert werden darf.[44] Die **weitere Beschwerde** ist nach § 68 Abs. 1 S. 5 GKG statthaft. Der Rechtsanwalt hat nur ein Interesse an einer Heraufsetzung des Streitwertes, wenn er nicht zugleich Prozesspartei ist.[45] 27

Sofern sich die Rechtsanwaltsgebühren ausnahmsweise nicht nach dem für die Gerichtsgebühren maßgebenden Wert berechnen oder es an einem solchen Wert fehlt, ist auf Antrag außerdem oder – bei Entbehrlichkeit einer Festsetzung in Bezug auf die Gerichtsgebühren – statt dessen der **Wert des Gegenstands der anwaltlichen Tätigkeit** durch Beschluss selbstständig festzusetzen (§ 33 Abs. 1 RVG). Zu Zulässigkeit, Verfahren und Beschwerdemöglichkeit s. §§ 33 Abs. 3 bis 6 RVG. 28

§ 3 Wertfestsetzung nach freiem Ermessen

Der Wert wird von dem Gericht nach freiem Ermessen festgesetzt; es kann eine beantragte Beweisaufnahme sowie von Amts wegen die Einnahme des Augenscheins und die Begutachtung durch Sachverständige anordnen.

I. Normzweck

§ 3 ist die **lex generalis** für die Bestimmung jeglicher Streitwerte (zu den Streitwertarten § 2 Rn. 2ff.). Die Überantwortung der Wertfindung in den nicht speziell geregelten Fällen in das „Ermessen" des Gerichts trägt der Vielgestaltigkeit der zu bewertenden Sachverhalte Rechnung und dient der Vereinfachung, mithin der Verfahrensbeschleunigung, nicht hingegen der Vereinheitlichung der gerichtlichen Wertbemessung. 1

II. Schätzung des Wertes durch das Gericht

An der Verwendung des Begriffs „freies Ermessen" im ersten Halbsatz und an der Eröffnung von Wahlmöglichkeiten bezüglich der Durchführung einer Beweisaufnahme im zweiten Halbsatz des § 3 wird deutlich, dass die vom Gericht geforderte Wertfestsetzung nicht darin besteht, durch Anwendung inhaltlich genau bestimmter Rechtssätze auf einen mit allen zu Gebote stehenden prozessualen Mitteln umfassend aufgeklärten Sachverhalt zu einem einzig richtigen Wert zu gelangen. Den einer Bewertung von Gegenständen oder Interessen mit konkreten Geldbeträgen eigenen Schwierigkeiten und Unsicherheiten Rechnung tragend und auf die Verhältnismäßigkeit von Aufwand und Ergebnis bedacht, begnügt sich das Gesetz vielmehr mit einer **Schätzung** durch das Gericht auf mehr oder minder genau bekannter tatsächlicher Grundlage. 2

Dabei geht die **dem Gericht eingeräumte Freiheit** unterschiedlich weit, je nachdem, ob die Ermittlung der Tatsachengrundlage – also das **Verfahren der Wertfestsetzung** – oder die sich daran anschließende Bewertung der Tatsachen, deren Ergebnis die Entscheidung für einen konkreten Betrag ist, – die **Festsetzung selbst** – in Rede steht. In Bezug auf den konkret festgesetzten Wert besteht lediglich ein **Beurteilungsspielraum.**[1] Ein solcher ist wegen der genannten Schwierigkeiten und Unsicherheiten der Bewertung und wegen der bei einer Schätzung nie zu vermeidenden Ungenauigkeit erforderlich. Angesichts dessen, dass die Schätzung in Anwendung gesetzlich oder gewohnheitsrechtlich vorgegebener Bewertungsgrundsätze zu erfolgen hat, ist ein Beurteilungsspielraum aber auch ausreichend. Hinsichtlich des Verfahrens ist dem Gericht hingegen **echtes Ermessen** eingeräumt (dazu näher Rn. 15). Zu den Kosten einer Abschätzung des Wertes für eine Wertfestsetzung durch einen Sachverständigen vgl. § 64 GKG. 3

III. Allgemeine Grundsätze der Wertberechnung

1. Angreiferinteresseprinzip. Maß der Bewertung ist grundsätzlich allein das Interesse des Angreifers (Kläger, Widerkläger, Rechtsmittelführer)[2] – „Angreiferinteresseprinzip".[3] 4

---

[43] OLG Celle MDR 2005, 1137; OLG Köln OLGR 2000, 119.

[44] Im einzelnen *Hartmann* § 68 GKG Rn. 24ff.; *Stein/Jonas/Roth* Rn. 92.

[45] *Zöller/Herget* § 3 Rn. 10; *Stein/Jonas/Roth* Rn. 85.

[1] *Lappe* NJW 1986, 2550, 2558; der Sache nach wohl auch *Stein/Jonas/Roth* Rn. 17.

[2] BGH NJW 1970, 2025 (betr. neg. Feststellungswiderklage); BGHZ 124, 313, 317 = NJW 1994, 735; *Stein/Jonas/Roth* Rn. 10; s. auch § 14 Abs. 1 S. 1 GKG.

[3] Terminus von *E. Schumann* NJW 1982, 1257, 1262; 2800.

5 **a)** Die Maßgeblichkeit des Angreiferinteresses (zu Ausnahmen § 1 Rn. 24, § 8 Rn. 1, 10) folgt erstens daraus, dass die abstrakten Gegenstände der Bewertung (Streitgegenstand, Beschwerdegegenstand und Beschwer; dazu § 2 Rn. 2ff.) vom Angreifer bestimmt werden bzw. an sein Interesse anknüpfen, und zweitens aus der häufig bestehenden Notwendigkeit, den Wert bereits zu einem Zeitpunkt zu bestimmen, in dem eine über das Interesse des Gegners Aufschluss gebende Erwiderung noch nicht vorliegt[4] (s. a. § 5 Rn. 2).

6 Folglich bleiben **Einreden, Einwendungen** und **Gegenrechte** des Gegners – bezüglich des Zuständigkeitsstreitwertes sogar Widerklagen (§ 5 Rn. 2, 32) – grundsätzlich (zur Ausnahme der Aufrechnung s. § 5 Rn. 9f.) außer Betracht.[5] Kein eigentliches Durchbrechen dieses Grundsatzes bedeutet es, dass sich der Rechtsmittelstreitwert nach dem Wert der Gegenleistung, nach oben jedoch begrenzt durch den Wert der Leistung, bemisst, wenn der Beklagte das Rechtsmittel allein wegen Nichtberücksichtigung des von ihm geltend gemachten Gegenrechts (häufig §§ 273, 320 BGB) einlegt oder der Kläger die sich aus der Berücksichtigung des Gegenrechts ergebende Beschwer (zB Zug-um-Zug-Verurteilung statt uneingeschränkte Verurteilung des Beklagten) beseitigen will.[6] Denn in diesen Fällen wird das Angreiferinteresse gerade durch das „Gegenrecht" geprägt (s. a. § 6 Rn. 14).

7 Die Ausrichtung auf den vom Angreifer bestimmten Streit- bzw. Beschwerdegegenstand bedeutet ferner, dass für die Wertermittlung nur auf den **unmittelbaren Gegenstand** der Entscheidung abzustellen ist; der tatsächliche oder rechtliche Einfluss der Entscheidung auf andere Rechtsverhältnisse bleibt außer Betracht.[7]

8 Außerdem ergibt sich daraus, dass im Fall einer **Teilklage** nur der eingeklagte Teil,[8] im Fall eines **Teilurteils** nur der beschiedene Teil[9] wertrelevant ist.

9 **b)** Das über die Höhe des festzusetzenden Betrages entscheidende Gewicht des **Interesses** des Angreifers ist vom Gesetzgeber in §§ 4, 6 bis 9 für die dort behandelten Ansprüche bzw. Fallgestaltungen normativ vorgegeben worden. Leitend war dabei allerdings weniger ein für die jeweilige Fallgestaltung typisches Interesse als das Streben nach Rechtssicherheit, sowie Vereinfachung und Vereinheitlichung der Wertfestsetzung.[10]

10 Sofern §§ 4, 6 bis 9 nicht eingreifen und auch ihre Leitbildfunktion nicht zum Tragen kommt (Rn. 11ff.), ist das nach objektiven Maßstäben zu beurteilende tatsächliche Interesse wertbestimmend, in vermögensrechtlichen Streitigkeiten also das **wirtschaftliche Interesse.**[11]

11 **2. Orientierung an §§ 4, 6 bis 9.** Auch im Anwendungsbereich des § 3 sind die in § 4 Abs. 1 Halbs. 2, §§ 6 bis 9 zum Ausdruck kommenden gesetzgeberischen Grundentscheidungen und die hinter ihnen stehenden Gesichtspunkte zu berücksichtigen (s. a. § 2 Rn. 15).

12 ZB folgt aus § 6 S. 1 2. Alt., dass ein **beziffertes Zahlungsbegehren** (ebenso ein entsprechendes Freistellungsbegehren)[12] grundsätzlich (Ausnahme: darin enthaltene Nebenforderungen, s. § 4 Abs. 1 Halbs. 2) ohne Rücksicht auf die Einbringlichkeit[13] und etwaige Gegenansprüche mit dem Nennbetrag zu bewerten ist.[14]

13 § 6 S. 1 1. Alt. lässt sich dahin verallgemeinern, dass beim Streit um sonstige Vermögenswerte deren **objektiver Verkehrswert** streitwertbestimmend ist.[15]

14 Bei der Bewertung von Ansprüchen aus **Dauerschuldverhältnissen,** die nicht § 9 unterfallen, ermöglichen gleichwohl die in dieser Vorschrift enthaltenen zeitbezogenen Bewertungsvorgaben des Gesetzgebers eine Orientierung.[16]

---

[4] Vgl. BGH WM 1995, 2060.

[5] So die ganz hM, s. BGH MDR 1999, 1022; NJW-RR 1996, 828, 829; RGZ 140, 358, 359; *Stein/Jonas/Roth* Rn. 15; *Zöller/Herget* Rn. 16 Stichwort „Gegenleistung"; HK-ZPO/*Kayser* Rn. 15 Stichwort „Gegenleistung"; aA etwa AK-ZPO/*Röhl* Rn. 3.

[6] BGH NJW-RR 1995, 706, 1340; 2004, 714; NJW 1999, 723; BGHR ZPO § 3 Zurückbehaltungsrecht 2; HK-ZPO/*Kayser* Rn. 15 Stichwort „Gegenleistung".

[7] BGHZ (GSZ) 128, 85, 89 = NJW 1995, 664.

[8] *Zöller/Herget* Rn. 3, *Thomas/Putzo/Hüßtege* § 2 Rn. 18; vgl. § 36 GKG.

[9] BGH NJW 1996, 3216, MDR 1998, 179.

[10] *Hahn,* Die gesamten Materialien zu den Reichsjustizgesetzen, Zweiter Band: Materialien zur Civilprozeßordnung, S. 147f.

[11] BGHZ (GSZ) 128, 85, 88 = NJW 1995, 664.

[12] BGH NJW-RR 1990, 958.

[13] BGH NJW-RR 1988, 444; RGZ 54, 411, 412; LAG Hamm MDR 1991, 1203; *Stein/Jonas/Roth* § 2 Rn. 100.

[14] BGH KostRsp ZPO § 3 Nr. 1174; BGH BGHR ZPO § 2 Beschwer 3; OLG Köln OLGR 1999, 404; vgl. auch *Hillach/Rohs* § 5 A II a; *Stein/Jonas/Roth* § 2 Rn. 100.

[15] Zu Einzelheiten *Stein/Jonas/Roth* Rn. 14; zu Ausnahmen *Hillach/Rohs* § 9 A II b 1.

[16] BGH NJW-RR 1992, 608; 1994, 909.

IV. Ermittlung der tatsächlichen Grundlagen der Wertberechnung; Beweiserhebung

Das dem Gericht bezüglich des Verfahrens eingeräumte **Ermessen** ist außerordentlich weit.[17] So ist es in aller Regel nicht zu beanstanden, sondern entspricht vielmehr den Grundsätzen der Verfahrensbeschleunigung und der Prozesswirtschaftlichkeit, wenn das Gericht sich mit der **Indizwirkung der Parteiangaben**[18] begnügt und von einer Beweisaufnahme absieht. Das gilt in besonderem Maße für die Festsetzung des Gebührenstreitwertes.[19] UU ist jedoch eine Abschätzung durch einen Sachverständigen vornehmen zu lassen (vgl. § 64 GKG), wenn unterschiedliche Parteiangaben zum Wert vorliegen oder eine große Abweichung von den Angaben zum Prozessmaterial vorliegt.[20] Andererseits ist das Gericht selbst an übereinstimmende Parteiangaben nicht gebunden[21] und auch ohne Beweisanträge an der Einholung eines Sachverständigengutachtens – falls §§ 511 Abs. 3, 294 Abs. 2 nicht entgegenstehen[22] – oder der Einnahme eines Augenscheins nicht gehindert (Halbs. 2). Hinsichtlich des Beweismaßes und des Beweisverfahrens ist zu beachten, dass für den Nachweis des Erreichens der Berufungssumme (§ 511 Abs. 3) Glaubhaftmachung (§ 294) genügt. 15

V. Einzelfälle

Der nachstehende **Wertkatalog** behandelt die Wertbestimmung in häufiger vorkommende Einzelfällen. Wegen weiterer Beispiele und vertiefter Behandlung wird auf das oben angeführte Schrifttum sowie den Katalog bei *Stein/Jonas/Roth* Rn. 47 ff. verwiesen. Soweit nichts anderes gesagt wird, gelten die nachfolgend angegebenen Werte gleichermaßen für Zuständigkeits- (ZS), Rechtsmittel- (RS) und Gebührenstreitwert (GS). Fehlen Hinweise auf andere Vorschriften, ist § 3 (bei GS iVm. § 48 Abs. 1 GKG) Grundlage der Wertbestimmung. 16

Abänderungsklage (§ 323). ZS: § 9, wobei der „einjährige Bezug" dem Unterschiedsbetrag zwischen dem bisherigen und dem erstrebten Jahresbetrag entspricht. GS: bei gesetzlichem Unterhaltsanspruch § 42 Abs. 1, 5 GKG, bei vertraglichem § 9, es sei denn, er gestaltet einen gesetzlichen Unterhaltsanspruch aus (§ 9 Rn. 14). Eine **Abänderungswiderklage** führt nicht beim ZS (s. § 5 Halbs. 2), wohl aber beim GS zur Addition, da Erhöhungs- und Herabsetzungsbegehren nicht denselben Gegenstand betreffen (§ 45 Abs. 1 GKG). 17

Abberufung eines Geschäftsführers oder Vorstandsmitglieds. Interesse daran;[23] anders bei Streit um Beendigung des Anstellungsverhältnisses, dort gilt für ZS, RS § 9 (s. § 9 Rn. 5), für GS § 42 Abs. 3, 4 GKG.[24] 18

Abgabe einer Willenserklärung. Ausschlaggebend ist der herbeizuführende Erfolg. Bei dinglicher Einigung zwecks Eigentumsübertragung ist stets der Wert der Sache maßgeblich (§ 6 S. 1 1. Alt.);[25] dies gilt auch, wenn die Verurteilung des Beklagten zu einer Erklärung begehrt wird, die materiell- oder grundbuchrechtlich Voraussetzung für den Eigentumsübergang ist.[26] Hinsichtlich der Auflassung ist dies streitig (s. Rn. 35). Bei einer Klage auf Zustimmung zum Vollzug einer Auflassung, die wegen einer umstrittenen Restgegenforderung verweigert wird, ist der Gebührenstreitwert nicht nach § 6 ZPO zu bestimmen, sondern gemäß § 3 ZPO unter Berücksichtigung des Werts der streitigen Gegenforderung zu schätzen.[27] 19

Abgesonderte Befriedigung (§§ 49 ff. InsO). S. Rn. 88. 20

Ablehnung. S. Rn. 108. 21

Abnahme einer Sache. Interesse an Befreiung von Besitz[28] (vgl. auch § 6 Rn. 8). Bei Zusammentreffen mit Kaufpreisklage ist der höherer Wert von beiden maßgeblich, falls (wie meist) wirtschaftliche Identität besteht[29] (s. a. § 5 Rn. 4). 22

Abschluss eines Vertrages. S. Rn. 129. 23

---

[17] Vgl. *Stein/Jonas/Roth* Rn. 17.
[18] BGH FamRZ 1991, 547; *Stein/Jonas/Roth* § 2 Rn. 95 m. weit. Nachw.; *Thomas/Putzo/Hüßtege* § 2 Rn. 17.
[19] *Stein/Jonas/Roth* § 2 Rn. 110.
[20] OLG Brandenburg FamRZ 1999, 798; *Stein/Jonas/Roth* § 2 Rn. 109.
[21] BGH FamRZ 1991, 547; *Hillach/Rohs* § 94 E.
[22] S. dazu BGH NJW-RR 1998, 573; HK-ZPO/*Wöstmann* § 511 Rn. 16.
[23] BGH NJW-RR 1990, 1123, 1224 (betr. Beschwer).
[24] *Hartmann* § 42 GKG Rn. 43.
[25] OLG Jena OLGR 1998, 350 f.; *Stein/Jonas/Roth* Rn. 51 Stichwort „Eigentum".
[26] BGH NJW 2002, 684.
[27] BGH NJW 2002, 684; *Zöller/Herget* Rn. 16 „Auflassung".
[28] BGH KostRsp ZPO § 3 Nr. 499.
[29] *Stein/Jonas/Roth* § 5 Rn. 9; *Wieczorek/Gamp* § 5 Rn. 16; *Thomas/Putzo/Hüßtege* § 5 Rn. 8; aA *Schneider/Herget* Rn. 116; *Zöller/Herget* Rn. 16 „Abnahme": zusätzlicher Wert der Abnahme zB wegen Interesse an der Freischaffung des Lagerraumes.

24 **Abstammung.** S. Rn. 89.

25 **Abtretung.** a) einer **Forderung.** Bei Geldforderung: grundsätzlich Betrag; bei anderen Forderungen: Wert des Forderungsgegenstandes (Rechtsgedanke aus § 6 S. 1 1. Alt.);[30] bei wiederkehrenden Leistungen: § 9. b) von **Sicherungsrechten.** Betrag der gesicherten Forderung, wenn nicht der Wert des Sicherungsgegenstandes geringer ist (§ 6 S. 1 2. Alt., S. 2).

26 **Allgemeine Geschäftsbedingungen.** Interesse (bei Klagen gem. nach § 3 UKlaG das Allgemeininteresse)[31] an der Unterlassung der Verwendung der Klausel. GS: bei Klagen § 3 UKlaG höchstens 100 000 Euro (§ 48 Abs. 2 S. 2 GKG).[32] Klauseln ohne grundsätzliche Bedeutung werden je Klausel mit 1500 bis 2500 Euro bewertet.[33]

27 **Altenteil.** § 9 Abs. 1 S. 1. Für Streitwert der dinglichen Sicherung gilt § 6.[34]

28 **Anfechtungsklage.** S. Rn. 77.

29 **Annahmeverzug.** Der Wert des Antrages auf Feststellung des Annahmeverzuges ist als gering zu veranschlagen.[35] Gegen die auf die voraussichtliche Kostenersparnis abstellende Meinung[36] spricht die damit verbundene unverhältnismäßige Verkomplizierung der Wertberechnung. Bei gleichzeitiger Geltendmachung des Leistungsanspruchs bleibt der Feststellungsantrag wegen wirtschaftlicher Identität unberücksichtigt[37] (str., s. § 5 Rn. 4).

30 **Anspruchsmehrheit.** S. § 5.

31 **Anwartschaftsrecht.** S. Rn. 42. Beim Kaufvertrag entspricht die Wahrscheinlichkeit des Bedingungseintritts grundsätzlich der Höhe der bisherigen Ratenzahlungen.[38]

32 **Arrest.** RS und GS (§ 53 Abs. 1 GKG iVm. § 3) idR Bruchteil (oft $^1/_3$) der Hauptsacheforderung. Der Streitwert für die Vollziehung ist nicht höher als der für die Anordnung des Arrests.[39]

33 **Aufhebung einer Gemeinschaft.** S. Rn. 74.

34 **Aufhebung eines Vertrages.** S. Rn. 129.

35 **Auflassung.** Anwendbar ist § 6, selbst wenn ausschließlich um das Eigentum, nicht auch um den Besitz gestritten wird (s. § 6 Rn. 6). Es ist stets der Grundstückswert maßgeblich. Grundpfandrechte und sonstige Grundstücksbelastungen sind nicht wertmindernd zu berücksichtigen. Hiervon macht die Rechtsprechung des Bundesgerichtshofes nur dann eine Ausnahme, wenn die wirtschaftliche Benutzung des Grundstücks durch das eingetragene Recht beeinträchtigt und damit der Wert des Grundstücks selbst beeinflusst wird. Diese Voraussetzung liegt bei einem Nießbrauch nicht vor, da er nicht die Benutzbarkeit des Grundstücks schlechthin berührt, sondern die Ausübung des Eigentums zugunsten des Nießbrauchberechtigten ausschließt.[40] Der Grundstückswert ist auch dann maßgeblich, wenn die Auflassung allein wegen eines verhältnismäßig geringfügigen Gegenanspruchs verweigert wird.[41] Nur dies gewährleistet die mit § 6 bezweckte berechenbare, einheitliche und einfache Bewertungspraxis (s. § 6 Rn. 1) und trägt dem Grundsatz Rechnung, dass Einwendungen und Gegenrechte des Beklagten unberücksichtigt zu bleiben haben (s. Rn. 6; § 6 Rn. 13). Die Klage auf Zustimmung zum Vollzug der Auflassung richtet sich nach § 3.[42]

---

[30] BGH NJW-RR 1997, 1562.

[31] BGH NJW-RR 1997, 884, 2001, 352; VersR 2004, 131; OLG Celle OLGR 2006, 149.

[32] Eingehend *Schneider/Herget* Rn. 140 ff.; s. ferner OLG Oldenburg OLGR 1999, 96.

[33] BGH NZM 1998, BGH NZM 1998, 402; HK-ZPO/*Kayser* Rn. 15 „allgemeine Geschäftsbedingung", *Zöller/Herget* Rn. 16 „allgemeine Geschäftsbedingung" m. weit. Nachw.

[34] *Zöller/Herget* Rn. 16 „Altenteil".

[35] BGH NJW-RR 89, 826 („bloßer Erinnerungswert", 300,– DM bei Verzug mit Rücknahme eines Wohnmobils im Wert von ca. 40 000,– DM); OLG Frankfurt MDR 1991, 159 (100,– DM bei Verzug mit Rückname eines Pkw).

[36] OLG Naumburg OLGR 2000, 368; LG Essen JurBüro 1999, 531; *Zöller/Herget* Rn. 16 Stichwort „Annahmeverzug"; HK-ZPO/*Kayser* Rn. 15 „Annahmeverzug"; *Stein/Jonas/Roth* Rn. 47 „Annahmeverzug".

[37] LG Mönchengladbach KostRsp § 5 ZPO Nr. 57.

[38] *Stein/Jonas/Roth* Rn. 47 „Anwartschaftsrecht".

[39] KG JurBüro 1991, 229, 231; OLG Köln JurBüro 1994, 113 f.; OLG Karlsruhe OLGR 1999, 330.

[40] BGH NJW-RR 2001, 518.

[41] OLG Köln MDR 2005, 298; OLG Hamm MDR 2002, 1458; IBR 2005, 297; OLGR 2005, 16; OLG Stuttgart JurBüro 2002, 424; OLG Nürnberg MDR 1995, 966; OLG Jena OLGR 1998, 350 f.; OLG München NJW-RR 1998, 142, 143; OLG Celle OLGR 1999, 200; *Stein/Jonas/Roth* § 6 Rn. 12 f.; *Thomas/Putzo/Hüßtege* § 6 Rn. 2; *Hartmann* § 48 GKG Anh. I (§ 6 ZPO) Rn. 2 Stichwort „Auflassung"; *Müller* MDR 2003, 248; teilweise aA OLG Schleswig OLGR 2005, 180; OLG Dresden NJ 2005, 41; OLG Stuttgart RVG-Letter 2004, 83; KG NJW-RR 2003, 787; OLG Frankfurt NJW-RR 1996, 636 f.; OLG Frankfurt, Beschl. v. 20. 5. 2005, 2 W 30/05, juris; OLG Oldenburg MDR 1998, 1406, 1407; OLG Celle NJW-RR 1998, 141, 142; *Zöller/Herget* Rn. 16 Stichwort „Auflassung". Zu einem Fall des Zusammentreffens des Rückauflassungsanspruchs mit weiteren Ansprüchen s. OLG Schleswig JurBüro 1998, 421.

[42] BGH NJW 2002, 684, OLG Karlsruhe JurBüro 2006, 145.

Auflassungsvormerkung (§ 883). a) **Eintragung.** § 6 S. 1 2. Alt., S. 2.[43] Zur Berücksichtigung von Belastungen s. § 6 Rn. 19. b) **Löschung.** Interesse an freier Verfügbarkeit über das Grundstück, idR 1/5 bis 1/4 des Grundstücksverkehrswertes.[44] 36

Aufrechnung. S. § 5 Rn. 8–11. 37

Auskunft. ZS, RS für Rechtsmittel des Auskunftsberechtigten, GS: idR Bruchteil des dem Kläger vorschwebenden Zahlungsanspruchs (meist 1/10 bis 1/4, je nach Maß des Angewiesenseins auf die Auskunft).[45] RS, GS für Rechtsmittel des Auskunftspflichtigen: Aufwand an Zeit und Kosten, den die Erfüllung des Auskunftsanspruchs erfordert, sowie ein etwaiges besonderes Geheimhaltungsinteresse des Verurteilten,[46] nicht hingegen das Interesse, den von der Erteilung der Auskunft abhängigen Anspruch abzuwehren[47] oder dem Rückgriff eines Dritten zu entgehen.[48] Wird ein besonderes Geheimhaltungsinteresse geltend gemacht, muss substantiiert dargelegt und erforderlichenfalls glaubhaft gemacht werden, dass der verurteilten Partei durch die Erteilung der Auskunft ein konkreter Nachteil droht.[49] Dieselben Grundsätze gelten bei Streit um die Erteilung eines Buchauszuges iSd. § 87c Abs. 2 HGB.[50] Ist der Zeitbedarf für eine große Zahl gleichartiger Handlungen, die zur Auskunfterteilung notwendig sind, zu schätzen, muss die Schätzung regelmäßig davon ausgehen, wie viel Zeit typischerweise auf die einzelne Handlung entfällt.[51] Die Kosten der Hinzuziehung einer nachkundigen Hilfsperson sind nur zu berücksichtigen, wenn sie zwangsläufig entstehen, weil der Auskunftspflichtige selbst zu einer nach gerechten Auskunftserteilung nicht in der Lage ist.[52] GS in nichtvermögensrechtlichen Streitigkeiten: § 48 Abs. 2 GKG. 38

Aussonderung (§ 47f. InsO). S. Rn. 88. 39

Bauhandwerkersicherungshypothek (§ 648 BGB). a) Klage auf **Bewilligung.** § 6 S. 1 2. Alt., S. 2. b) **Einstweilige Verfügung** auf Eintragung einer **Vormerkung.** Bruchteil der zu sichernden Forderung, häufig 1/4 bis 1/3, Höhe je nach Interesse.[53] Bei Zusammentreffen mit dem Anspruch auf Werklohnzahlung ist allein dieser streitwertbestimmend, da wirtschaftliche Identität beider Gegenstände gegeben ist.[54] 40

Bauverpflichtung. Eine vom Käufer bei einem Grundstückskauf übernommene Bauverpflichtung ist als zusätzliche Gegenleistung gesondert zu bewerten. Klagt der Käufer, ist dessen Interesse maßgeblich.[55] 41

Bedingte Rechte (§ 158 BGB). Bei **aufschiebender** Bedingung: Bruchteil des Wertes des unbedingten Rechtes, je nach Wahrscheinlichkeit des Bedingungseintritts.[56] Bei **auflösender** Bedingung: in aller Regel voller Wert.[57] 42

---

[43] *Stein/Jonas/Roth* § 6 Rn. 26; *Zöller/Herget* Rn. 16 Stichwort „Auflassungsvormerkung"; aA (nur Bruchteil) *Hillach/Rohs* § 43 B I; *Schneider/Herget* Rn. 483ff.; *Thomas/Putzo/Hüßtege* Rn. 167; *Anders/Gehle* Stichwort „Auflassungsvormerkung" Rn. 2; HK-ZPO/*Kayser* Rn. 15 „Auflassungsvormerkung".

[44] BGH NJW 1973, 654, 655; BGHR ZPO § 3 Auflassungsvormerkung 1; OLG Bamberg JurBüro 1990, 1511; *Zöller/Herget* Rn. 16 Stichwort „Auflassungsvormerkung". Zur Bewertung bei gleichzeitigem Streit um das Eigentum s. OLG Frankfurt OLGR Frankfurt 1997, 177f.

[45] BGH FamRZ 1993, 1189; BGH NJW 1997, 1016 [Unterhaltsanspruch, § 9]; FamRZ 1999, 1497; EBE/BGH 2006, BGH-Ls 773/06; OLG Karlsruhe MDR 2005, 164.

[46] BGHZ (GSZ) 128, 85, 87, 89, 91 = NJW 1995, 664f.; FamRZ 1996, 1543, 1544; BGH NJW-RR 2007, 724; NJW-RR 2007, 1090 (Zugewinnausgleich); NJWE-FER (betr. geordnetes Nachlaßverzeichnis, s. auch Rn. 67 [erbrechtliche Ansprüche); NJW-RR (Geheimhaltungsinteresse eines Politikers in bezug auf Nebeneinkünfte); NJW 1997, 2528 (isoliertes Auskunftsverlangen); FamRZ 1998, 365 (zur Auskunftserteilung durch Betreuer); BGHR ZPO § 3 Rechtsmittelinteresse 38 (insbes. auch zur Berücksichtigungsfähigkeit von Steuerberater-, Reise-, Fotokopiekosten); MDR 1999, 1222f. (Der Zeitbedarf für eine große Zahl gleichartiger Handlungen ist anhand der Zeit, die typischerweise auf die einzelne Handlung entfällt, zu schätzen). BGHR ZPO § 3 Beschwerdegegenstand 3 [Kosten eines Steuerberaters zur Erteilung der Auskunft]; BGH MDR 2001, 1183; BGH FamRZ 2005, 104 (Auskunft über Steuerrückerstattung); NJW 2005, 3349; siehe auch *Schulte* MDR 2000, 805.

[47] BGH FamRZ 1996, 1543, 1544.

[48] BGH NJW 1997, 3246.

[49] BGH NJW-RR 1997, 1089f.; NJW 1999, 3049, NJW 2005, 3349.

[50] OLG Köln OLGR 1999, 113.

[51] BGH MDR 1999, 1222f.

[52] BGH FamRZ 2002, 666; NJW-RR 2007, 1090.

[53] OLG Frankfurt JurBüro 1977, 719f. (1/4), OLG Celle JurBüro 1985, 1680 (1/3).

[54] OLG Stuttgart BauR 2003, 131; OLG Nürnberg MDR 2003, 1382; OLG Frankfurt JurBüro 1977, 1135; KG BauR 1998, 829, 830; *Zöller/Herget* Rn. 16 Stichwort „Bauhandwerkersicherungshypothek"; aA (Zusammenrechnung beider Werte) OLG Düsseldorf OLGR 1997, 136; OLG München OLGR 1999, 347f.

[55] OLG Zweibrücken OLGR 1999, 190, 191f. (insbes. zur Bauverpflichtung gegenüber einer Gemeinde).

[56] BGH MDR 1982, 36; *Baumbach/Lauterbach/Hartmann* Anh. § 3 Rn. 27.

[57] *Stein/Jonas/Roth* Rn. 48 „Bedingte Rechte".

43 **Befreiung** von einer Verbindlichkeit. S. Rn. 72.

44 **Befristete Ansprüche** (§ 163 BGB). Wert bei Geltendmachung unter Berücksichtigung des Zeitpunktes der Entstehung bzw. des Wegfalls.

45 **Beseitigung.** Interesse des Klägers an der Beseitigung oder Feststellung der fehlenden Verpflichtung hierzu;[58] bei dem Begehren der Beseitigung von Grundstücksbeeinträchtigungen entspricht dieses Interesse idR der Wertminderung des Grundstücks.[59] RS bei Rechtsmittel des Beklagten: Interesse des Beklagten (insbes. Kosten der Ersatzvornahme), also uU höher als ZS.[60]

46 **Besitz.** § 6 S. 1 1. Alt. (beachte aber § 6 Rn. 8).

47 **Betagte Ansprüche.** S. Rn. 69.

48 **Bezugsverpflichtung.** Interesse, insbesondere Gewinn, falls Gläubiger klagt, Kostenersparnis, falls Bezugsverpflichteter klagt oder Rechtsmittel einlegt.[61]

49 **Bürgschaft.** Klage auf Bestellung, Freistellung, Feststellung des Bestehens oder Nichtbestehens: § 6 S. 1 2. Alt., S. 2 (s. § 6 Rn. 15). Klage auf Herausgabe der Bürgschaftsurkunde: idR Bruchteil der Bürgschaftsforderung,[62] es sei denn die volle Inanspruchnahme des Klägers[63] oder die des Bürgen soll verhindert werden, dann voller Wert[64] (s.a. Rn. 125). Zur Zahlungsklage zugleich gegen Bürgen und Hauptschuldner s. § 5 Rn. 4. Nebenforderungen der Hauptforderung bleiben nach ganz h.M. auch bei der Zahlungsklage gegen den Bürgen gem. § 4 Abs. 1 Halbs. 2 außer Betracht,[65] nicht dagegen beim Regress des Bürgen gegen den Hauptschuldner.[66]

50 **Darlehen.** a) Klage auf **Gewährung des Darlehens.** Auf der Grundlage der Realvertragstheorie: voller Darlehensbetrag; auf der Grundlage der Konsensualvertragstheorie: Bruchteil (s. Rn. 129).[67] b) **Auszahlung** der Darlehensvaluta. Betrag.[68] c) Feststellung der **Unwirksamkeit einer Kündigung.** Voller Betrag der von der Kündigung betroffenen Darlehenssumme.[69] d) Feststellung der **Unwirksamkeit des Darlehensvertrages.** Höhe der noch offenen Darlehensvaluta.[70]

51 **Dauerschuldverhältnis.** Feststellung des Bestehens, des Nichtbestehens, des Fortbestehens, der Beendigung nach Kündigung: jeweiliges Interesse, sofern nicht §§ 8, 9 bzw. §§ 41, 42 GKG eingreifen.[70a]

52 **Dienstbarkeit.** a) **beschränkte persönliche Dienstbarkeit.** Schätzung unter Berücksichtigung des jeweiligen Inhalts,[71] sofern nicht §§ 6, 9 eingreifen. b) **Grunddienstbarkeit.** § 7.

53 **Dienstverhältnis.** a) Streit um **Bestehen, Nichtbestehen,** Wirksamkeit der **Beendigung.** Der BGH bewertet diesbezügliche Feststellungsanträge nach § 3, wobei jedoch § 9, § 42 Abs. 3 GKG als Richtlinie herangezogen werden[72] (s.a. § 9 Rn. 10, 13). Ein Feststellungsabschlag von dem sich aus § 42 Abs. 3 GKG ergebenden Wert erscheint bedenklich, da es sich ohnehin schon um einen „Sozialwert" handelt. b) **Wiederkehrende Leistungen** insbes. Entgelt. ZS, RS: § 9. GS: § 42 Abs. 3 GKG (bei Zuständigkeit des ArbG § 12 Abs. 7 ArbGG).

54 **Drittwiderspruchsklage** (§ 771). a) **echte.** § 6 S. 1 2. Alt., S. 2, streitwertbestimmend ist die Höhe der Forderung, für die gepfändet wurde, ohne Zinsen und Kosten, sofern nicht der Wert der gepfändeten Sache geringer ist.[73] b) **unechte** (gegen Teilungsversteigerung gem. § 180 Abs. 1 ZVG). Interesse des Widersprechenden am Fortbestand der Gemeinschaft, das idR mit einem Bruchteil des Grundstückswertes zu bemessen ist.[74] Das Interesse am Fortbestand beruht häufig auf dem Bemühen, ein Verschleudern zu verhindern, und ist dann entsprechend zu bewer-

---

[58] BGH WuM 2004, 352 [Garage].
[59] BGH ZfIR 1998, 749 (Beseitigung eines Mittelspannungskabels); vorgehend OLG Koblenz OLGR 1999, 134; BGH NJW 2006, 2639 (Beseitigung einer Satellitenempfangsantenne).
[60] BGH NJW 1994, 735 f, NJW-RR 2005, 1011.
[61] BGH NJW-RR 1989, 381.
[62] BGH NJW-RR 1994, 758; OLG Stuttgart OLGR 2000, 42 (Wert der Bürgschaftsforderung, falls mit der Herausgabe die Inanspruchnahme aus der Bürgschaft verhindert werden soll).
[63] OLG Dresden BauR 2003, 931.
[64] BGH KoRsp ZPO § 3 Nr. 1236; KG KGR 2002, 28. *Zöller/Herget* Rn. 16 „ Bürgschaft".
[65] BGH MDR 1958, 765; *Schneider/Herget* Rn. 1152; *Stein/Jonas/Roth* § 4 Rn. 29 ff.
[66] *Schneider/Herget* Rn. 1161; *Anders/Gehle* (Fn. 43) Stichwort „Bürgschaft" Rn. 3; HK-ZPO/*Kayser* Rn. 15 „Bürgschaft"; aA *Hillach/Rohs* § 36 F unter Hinweis auf § 774 BGB.
[67] *Stein/Jonas/Roth* Rn. 48 Stichwort „Darlehensvertrag"; *Schneider/Herget* Rn. 1170 f.; *Hillach/Rohs* § 32 A.
[68] BGH NJW 1959, 1493; *Stein/Jonas/Roth* Rn. 48 Stichwort „Darlehensvertrag".
[69] BGH NJW 1997, 1787.
[70] OLG Karlsruhe OLGR 2005, 353.
[70a] Zum Verlagsvertrag OLG Hamburg Beschl. v. 25. 6. 07, 5 W 73/07 ua, juris.
[71] *Schneider/Herget* Rn. 1161 ff.
[72] Vgl. BGH NJW-RR 1986, 676, NJW-RR 2006, 213.
[73] BGH WM 1983, 246.
[74] BGH FamRZ 1991, 547 (dort 1/10); WM 1997, 2049; OLG Karlsruhe FamRZ 2004, 1221.

ten.[75] RS: Die Beschwer dessen, der gegen das Urteil Rechtsmittel einlegen kann, richtet sich nach dem wirtschaftlichen Interesse an der Beseitigung der angefochtenen Entscheidung; dieses kann wesentlich höher sein als dasjenige des Klägers, welches für die Wertfestsetzung im vorausgegangenen Rechtszug maßgebend war.[76]

Duldung. a) einer **Handlung.** Angreiferinteresse.[77] b) der **Wegnahme** einer Sache. § 6 S. 1 1. Alt.[78] (s. a. § 6 Rn. 10). c) der **Zwangsvollstreckung.** Gem. § 6 S. 1 2. Alt., S. 2 Höhe der zu vollstreckenden Forderung einschließlich Zinsen und Kosten oder Wert des Vollstreckungsobjekts, falls dieser geringer ist[79] (s. a. § 6 Rn. 16). 55

Ehelichkeitsanfechtung. S. Rn. 89. 56

Ehesachen. RS (soweit erforderlich):[80] nach denselben Maßstäben wie GS.[81] GS: §§ 46, 48 Abs. 3, 49 GKG.[82] Die Festsetzung des Gebührenstreitwertes auf den Mindeststreitwert von 2000 Euro (§ 48 Abs. 3 S. 2 GKG) allein deshalb, weil beiden Parteien Prozesskostenhilfe ohne Ratenzahlung bewilligt wurde, verstößt gegen die Berufsfreiheit der im Verfahren tätigen Rechtsanwälte (Art. 12 GG).[83] 57

Ehewohnung. a) als **Scheidungsfolgesache:** S. Rn. 113. b) **isoliert.** GS: § 21 Abs. 2 HausrVO. c) bei **einstweiliger Anordnung.** GS: § 53 Abs. 2 S. 2 GKG. 58

Ehrverletzung. ZS, RS: Angreiferinteresse. GS: § 48 Abs. 2 GKG, wenn die darauf gestützten Ansprüche ausschließlich nichtvermögensrechtlicher Natur sind,[84] anderenfalls wie ZS, RS. 59

Eidesstattliche Versicherung nach materiellem Recht (zB § 259 Abs. 2 BGB). Bruchteil (häufig $^1/_{20}$ bis $^1/_4$) des aus der Versicherung erwarteten Vorteils.[85] RS: wie bei Auskunft[86] (Rn. 38). 60

Eigentum. Verschaffung, Feststellung, Herausgabe. § 6 S. 1 1. Alt. (s. § 6 Rn. 6). 61

Eigentumsstörung. a) **Unterlassung.** Klägerinteresse an der Unterlassung der konkret behaupteten Störung;[87] RS bei Rechtsmittel des Beklagten: Nachteile bei Befolgung.[88] b) **Beseitigung.** S. Rn. 45. Zur Frage der einschlägigen Wertvorschrift bei Störung auf Grund (angemaßten) subjektiv-dinglichen Rechtes s. § 7 Rn. 6 f.). 62

Eigentumsvorbehalt. Auf das Vorbehaltseigentum gestützter **Herausgabeanspruch, Feststellung der Wirksamkeit:** § 6 S. 1 1. Alt. (s. § 6 Rn. 7), bereits geleistete Raten sind nicht abzuziehen.[89] 63

Einstweilige Anordnung. a) **Familienrechtliche** gem. § 620 S. 1 Nr. 4, 6, 7 und **kindschaftsrechtliche** gem. § 641 d. GS: § 20 Abs. 2 GKG (s. a. § 620 g Rn. 15 ff.). b) **Sonstige.** S. bei der jeweiligen Vorschrift.[90] 64

Einstweilige Einstellung der Zwangsvollstreckung. S. Rn. 145. 65

Einstweilige Verfügung. RS[91] und GS (für den zuletzt genannten gilt § 53 Abs. 1 Nr. 1 GKG iVm. § 3, bei nichtvermögensrechtlichen Streitigkeiten § 48 Abs. 2 GKG): idR Bruchteil (oft $^1/_3$) der Hauptsache, je nach Sicherungsinteresse und Vorläufigkeit der Regelung.[92] 66

Erbrechtliche Ansprüche. Grundsätzlich ist das wirtschaftliche Interesse maßgeblich.[93] Wenn und soweit der Anteil eines Miterben unstreitig ist, bleibt er bei Streitigkeiten unter Miterben außer 67

---

[75] BGH FamRZ 1991, 547.

[76] BGH WM 1997, 2049.

[77] BGH NJW-RR 1992, 188; BGHR ZPO § 511 a Wertberechnung 23 (beide betr. Rechtsmittel gegen Verurteilung zur Duldung der Begutachtung eines Gebäudes).

[78] BGH NJW 1991, 3221, 3222.

[79] BGH NJW-RR 1999, 1080.

[80] Vgl. BGH FamRZ 1987, 264, 265.

[81] Entwurfsbegründung zum RechtspflEntlG, BT-Drucks. 12/1217 S. 25 l. Sp.

[82] Ausführlich *Zöller/Herget* Rn. 16 „Ehesachen"; *Kindermann* RVGReport 2004, 20.

[83] BVerfG NJW 2005, 2980; NJW 2006, 1581.

[84] Vgl. dazu BGH NJW 1981, 2062 f.; 1983, 2572; 1985, 978 f.; s. ferner BAG JurBüro 1998, 647 f. (betr. Unterlassungsanspruch wg. Ehrverletzung: IdR 8000,– DM entspr. § 13 Abs. 1 S. 2 GKG, § 8 Abs. 2 S. 2 BRAGO).

[85] BGH KostRsp ZPO § 3 Nr. 113; OLG Celle MDR 2003, 55.

[86] BGH NJW-RR 1991, 1467 f.; WM 1996, 466; BGHR ZPO § 511 a Wertberechnung 23; OLG Köln FamRZ 1998, 1309. ; OLG Celle MDR 2003, 55.

[87] BGH NJW 1998, 2368.

[88] *Anders/Gehle* Stichwort „Eigentum" Rn. 6.

[89] OLG Frankfurt NJW 1970, 334; *Schneider/Herget* Rn. 1495.

[90] Ausführlich *Schneider/Herget* Rn. 1527 ff.

[91] Dazu *Anders/Gehle* Stichwort „Einstweilige Verfügung" Rn. 1; zuletzt OLG Brandenburg OLGR 2007, 601; OLG Rostock OLGR 2006, 1004.

[92] Für vollen Hauptsachewert bei einstweiliger Verfügung auf Herausgabe einer Sache an den Antragsteller, nicht bloß an einen Sequester OLG Köln OLGR 1999, 336 (LS).

[93] BGH NJW 1975, 1415, 1416; BGHR ZPO § 3 Versteigerung 1.

Ansatz, nicht dagegen bei Streitigkeiten zwischen Miterben und Dritten.[94] Im letzteren Fall ist der volle Wert des jeweiligen Nachlassgegenstandes anzusetzen, selbst wenn der Anspruch nur von einem oder einigen Miterben gem. § 2039 BGB geltend gemacht wird.[95] Für Klagen im Zusammenhang mit der **Erbauseinandersetzung,** zB Klage auf Zustimmung zum Auseinandersetzungsplan, ist prinzipiell das Interesse des Klägers an einer Auseinandersetzung in dem von ihm gewünschten Sinne wertbestimmend.[96] Der Wert des Antrags auf **Feststellung der Erbenstellung** bemisst sich grundsätzlich nach der behaupteten Erbquote[97] abzüglich des üblichen Abschlags von idR 20%.[98] Im umgekehrten Fall einer negativen Feststellungsklage ist der volle Wert des Nachlasses ohne Abschlag anzusetzen.[99] Der RS eines Rechtsmittels gegen die Verurteilung zur Erstellung eines geordneten **Nachlassverzeichnisses** richtet sich wie auch sonst bei Auskunftsklagen (Rn. 38) nach dem für die Erstellung des Verzeichnisses erforderlichen Aufwand; maßgeblich hierfür ist die Kostenersparnis bei erfolgreichem Rechtsmittel.[100]

68 **Erledigung der Hauptsache.** Sowohl bei übereinstimmender als auch bei einseitiger vollständiger Erledigungserklärung ist idR das Interesse an einer günstigen Kostenentscheidung maßgeblich,[101] nach oben begrenzt durch den Wert der vorher verfolgten Hauptsache.[102] Das gilt hinsichtlich des für erledigt erklärten Teiles auch bei einseitiger nur teilweiser Erledigungserklärung,[103] nach Ansicht des BGH jedoch nicht bei übereinstimmender Teilerledigungserklärung.[104, 105] Der BGH begründet seinen Standpunkt, dass in diesem zuletzt genannten Fall lediglich der Wert des noch streitig gebliebenen Teiles nebst der auf den erledigten Teil entfallenden Zinsen, jedoch keine Kosten wertbestimmend sei, mit § 4. Das überzeugt nicht. Selbst wenn § 4 Abs. 1 Halbs. 2 auf die Prozesskosten des laufenden Verfahrens prinzipiell anwendbar sein sollte (s. dazu § 4 Rn. 23), würde der Wegfall der Hauptsache in Bezug auf den übereinstimmend für erledigt erklärten Teil dem diesbezüglichen Kostenanspruch doch jedenfalls den Charakter einer Nebenforderung iSd. § 4 nehmen. Der auf den erledigten Teil entfallende Kostenwert entspricht dem Unterschiedsbetrag, der sich aus der Differenz der bis zur Teilerledigungserklärung entstandenen Kosten sowie der Kosten ergibt, die entstanden wären, wenn nur der weiterhin verfolgte Anspruch eingeklagt worden wäre.[106] Bei einem allein wegen der Entscheidung über die Teilerledigung eingelegten Rechtsmittel ist die Beschwer dagegen nach den tatsächlich auferlegten Kosten zu bestimmen, eine Differenzberechnung findet in diesem Fall nicht statt.[107]

69 **Fälligkeit.** a) **Leistungsklage.** ZS: Nominalbetrag der Forderung, es sei denn, bereits aus dem Klagevortrag geht hervor, dass der Streit ausschließlich die Fälligkeit betrifft, dann ist das Interesse des Klägers an sofortiger Erfüllung streitwertbestimmend (idR Zwischenzins).[108] RS: Interesse an sofortiger/späterer Erfüllung, wenn es dem Rechtsmittelführer nur um die Abänderung des Leistungszeitpunktes geht.[109] GS: jeweils wie ZS, RS. b) **Feststellungsklage** betreffend die Fälligkeit. Interesse an sofortiger/späterer Erfüllung.[110] S. a. Rn. 93.

70 **Familiensachen.** S. Rn. 57, 58, 64, 113.

---

[94] BGH NJW 1967, 443; OLG Bamberg JurBüro 1988, 517; OLG Karlsruhe JurBüro 1992, 418; OLG Köln OLGR 1995, 246.

[95] Ausführlich *Schneider* Rpfleger 1982, 268, 269 f.

[96] BGH NJW 1975, 1415, 1416; BGHR ZPO § 3 Versteigerung 1.

[97] OLG Bamberg JurBüro 1975, 1367; *Schneider/Herget* Rn. 2005 f.

[98] BGH FamRZ 1989, 958, 959, dort wurde allerdings nicht die volle Erbquote zugrunde gelegt, da es nur um Vorerbschaft ging.

[99] BGH FamRZ 2007, 464.

[100] BGH NJWE-FER 1997, 233.

[101] St. Rspr. des BGH, s. BGHR ZPO § 3 Hauptsacheerledigung 2; NJW-RR 1990, 1474; NJW 1990, 3147, 3148; NZM 1999, 21; KG KG-Rp. 1997, 283; 1999, 156; MDR 2004, 116; aA bei einseitige Erledigungserklärung etwa *Schneider/Herget* Rn. 1834 ff. mit zahlr. weiteren Nachw.

[102] BGH NJW-RR 1990, 1474; OLG Schleswig OLGR 1999, 79, 80.

[103] BGH NJW-RR 1988, 1465; 1996, 1210; 1999, 1385 f.; OLG Saarbrücken OLGR 1998, 396; aA etwa *Zöller/Herget* Rn. 16 Stichwort „Erledigung".

[104] BGH BGHR ZPO § 3 Rechtsmittelinteresse 14; OLG Karlsruhe MDR 1996, 1298; zustimmend *Zöller/Herget* Rn. 16 Stichwort „Erledigung"; HK-ZPO/*Kayser* Rn. 15 „Erledigung der Hauptsache".

[105] Zum Sonderfall der teilweisen Erledigung im Mahnverfahren vor Abgabe an das Streitgericht OLG München OLGR 1999, 13.

[106] BGH NJW-RR 1988, 1465; 1996, 1210; OLG Saarbrücken OLGR 1998, 396.

[107] BGH NJW-RR 1993, 765, 766.

[108] Str. RGZ 118, 321; *Stein/Jonas/Roth* § 2 Rn. 101; *Hartmann* § 48 GKG Anh. I (§ 3 ZPO) Rn. 52; *Zöller/Herget* § 3 Rn. 16 Stichwort „Fälligkeit"; für den ZS offengelassen von BGH WM 1995, 2060.

[109] BGH WM 1995, 2060.

[110] BGH KostRsp ZPO § 3 Nr. 13; *Hillach/Rohs* § 5 A; *Schneider/Herget* Rn. 1919 ff.

Feststellung. a) **Positive** Feststellungsklage. Ausgangspunkt ist der Wert des festzustellenden Rechtsverhältnisses oder Anspruchs. Davon ist wegen der fehlenden Vollstreckbarkeit regelmäßig ein Abschlag von 20% vorzunehmen,[111] nicht jedoch im Anwendungsbereich des § 8 (s. § 8 Rn. 11); streitig bei Feststellungsklagen im Rahmen des § 6 (s. § 6 Rn. 11). Darauf, ob der Schuldner sich einem Feststellungsanspruch voraussichtlich beugen wird, kommt es für die Höhe des Abschlags nicht an,[112] denn auch hier muss die weniger weittragende, weil in der Hauptsache nicht vollstreckungsfähige Wirkung eines Feststellungsurteils gegenüber einem Leistungsurteil Berücksichtigung in der Form eines Abschlags finden. Bei Zusammentreffen mit einer Leistungsklage sind die Einzelwerte nur dann zu addieren, wenn keine wirtschaftliche Identität besteht (s. näher § 5 Rn. 4). b) **Negative** Feststellungsklage. Ihr Wert entspricht dem Wert der umgekehrten Leistungsklage, da ein stattgebendes Urteil einer Leistungsklage des Prozessgegners entgegensteht.[113] 71

Freistellung. Grundsätzlich ist der Wert der Verbindlichkeit maßgeblich;[114] bei noch nicht abschließend bezifferbaren Ansprüchen ist dieser Wert zu schätzen.[115] Bei gesetzlicher Unterhaltspflicht ist anhand der voraussichtlichen Dauer und Höhe des Unterhalts zu schätzen.[116] Begehrt ein Gesamtschuldner die Freistellung, ist auf seinen Anteil an der Gesamtschuld abzustellen.[117] 72

Gegenleistung, Gegenrechte, Einwendungen, Einreden. S. dazu Rn. 6 und § 6 Rn. 13 f.). 73

Gemeinschaft. a) **Aufhebung.** Interesse an der Aufhebung, idR Bruchteil des Wertes des eigenen Anteils.[118] b) **Unzulässigerklärung der Teilungsversteigerung.** S. Rn. 54. 74

Gesamtgläubiger, Gesamtschuldner. Keine Addition der Einzelwerte (s. § 5 Rn. 4). 75

Gesellschaft. Wertbestimmend ist grundsätzlich das wirtschaftliche Interesse an der Erreichung des jeweiligen Klageziels. Oft gibt der Wert des Anteils des Klägers einen Anhaltspunkt.[119] Bei einer AG gilt für die Anfechtung von Beschlüssen § 247 AktG.[120] Auf die Anfechtung von GmbH-Beschlüssen ist diese Norm entsprechend anwendbar;[121] dies gilt allerdings nicht auch hinsichtlich der in § 247 Abs. 1 S. 2 AktG bestimmten Streitwertobergrenze,[122] denn für den damit bezweckten Schutz von Kleingesellschaftern vor unzumutbaren Kostenrisiken besteht bei Gesellschaften mit beschränkter Haftung kein vergleichbares praktisches Bedürfnis. 76

Gläubigeranfechtung (§§ 11, 13 AnfG 1999). § 6 S. 1 2. Alt., S. 2 analog. Maßgeblich ist der Wert der Forderung des Anfechtenden einschließlich Zinsen und Kosten, wenn nicht der Wert des zurückzugewährenden Gegenstandes nach Abzug der auf ihm ruhenden Belastungen geringer ist[123] (s. a. § 6 Rn. 16). 77

Grundbuch. a) **Eintragungsbewilligung.** Der Wert entspricht demjenigen des zugrundeliegenden materiellen Anspruchs.[124] b) **Berichtigung.** § 6, falls die materielle Rechtslage streitig ist,[125] anderenfalls ist das Klägerinteresse nach § 3 zu schätzen.[126] 78

Grunddienstbarkeit. § 7. 79

Grundschuld. § 6 S. 1 2. Alt., S. 2 (s. a. Rn. 85). 80

Herausgabe. a) **Grundsätzlich** § 6 S. 1 1. Alt.[127] Dies gilt auch für die Herausgabe eines Grundstücks.[128] b) Im Zusammenhang mit einer **Sicherheit** § 6 S. 1 2. Alt., S. 2. c) Bei Vorgehen nach **§ 283 BGB** ist der Antrag mit dem höheren Wert maßgeblich.[129] d) Herausgabe von **Ge-** 81

---

111 BGH NJW 1997, 1241.

112 BGH NJW 1997, 1241; NJW-RR 1999, 362 f.

113 BGH NJW 1997, 1787; WuM 2004, 537.

114 BGH NJW-RR 1990, 958, offen gelassen, ob ein geringerer Wert anzusetzen ist, wenn die Gefahr der Inanspruchnahme fernliegt.

115 KG JurBüro 1998, 648.

116 BGH NJW-RR 1995, 197.

117 Vgl. OLG Düsseldorf FamRZ 1994, 57.

118 BGH NJW 1973, 50; OLG Frankfurt JurBüro 1979, 1195; *Zöller/Herget* Rn. 16 „Gemeinschaft“; zu abw. Ansichten siehe *Hartmann* § 48 GKG Anh. I (§ 3 ZPO) Rn. 60.

119 S. näher *Hillach/Rohs* § 87.

120 S. näher BGH NJW-RR 1995, 225 f.; WM 1999, 853 f.; 2002, 1885.

121 BGH NJW-RR 1999, 1485.

122 So auch zB OLG Frankfurt NJW 1968, 2112; OLG Karlsruhe GmbHR 1995, 300; offengelassen von BGH NJW-RR 1999, 1485.

123 BGH WM 1982, 435; BGHR ZPO § 6 Anfechtungsanspruch 1; *Zöller/Herget* Rn. 16 Stichwort „Anfechtungsklage“.

124 OLG Zweibrücken JurBüro 1987, 265; *Schneider/Herget* Rn. 1673.

125 BGH NJW 1958, 1397; OLG Köln JurBüro 1995, 368; KG MDR 2001, 56.

126 OLG Zweibrücken JurBüro 1987, 265; *Zöller/Herget* Rn. 16 Stichwort „Berichtigung des Grundbuchs“.

127 BGH NJW-RR 1991, 1210 f. (betr. Goldbarren).

128 BGH NJW-RR 2001, 518.

129 OLG Jena OLGR 1999, 100.

schäftsunterlagen. Wie Auskunfterteilung, also Beschwer des Verurteilten nach erforderlichem Aufwand an Kosten und Zeit sowie einem etwaigen Geheimhaltungsinteresse des Verurteilten.[130] Bei einem **Versicherungsschein** ist der Wert nicht gleich dem wirtschaftlichen Wert der Versicherungsleistung.[131]– S. a. Rn. 116, 125 und § 6 Rn. 3, 8.

82 **Hilfsantrag.** S. § 5 Rn. 12 bis 15.

83 **Hilfsaufrechnung.** S. § 5 Rn. 8 bis 11.

84 **Hinterlegung.** a) Im Zusammenhang mit einer **Sicherheit.** § 6 S. 1 2. Alt., S. 2 (s. § 6 Rn. 15). b) **Zustimmung zur Herausgabe** an den Kläger. § 6 S. 1 1. Alt., Zinsen sind in diesem Fall nicht Nebenforderung[132] (s. a. § 4 Rn. 29). c) **Anspruch auf Hinterlegung** von Geld oder sonstigen Gegenständen (zB nach § 432 Abs. 1 S. 2 BGB). Interesse an der Hinterlegung.[133]

85 **Hypothek.** § 6 S. 1 2. Alt., S. 2. Zur umstrittenen Frage der Berücksichtigung der Höhe der Valutierung s. § 6 Rn. 17 f.

86 **Immissionen.** S. Rn. 62.

87 **Inkassogebühren.** Grundsätzlich nicht streitwertrelevant, § 4 Abs. 1 Halbs. 2, § 43 Abs. 1 GKG[134] (s. a. § 4 Rn. 22).

88 **Insolvenzverfahren.** GS § 58 GKG. a) Klage auf **Feststellung einer bestrittenen Forderung.** Der bei Verteilung der Masse zu erwartende Betrag (§ 182 InsO).[135] Besteht keine Aussicht, dass auf die Insolvenzforderung eine Quote entfällt, so ist grundsätzlich die niedrigste Gebührenstufe anzusetzen.[136] Der **Antrag auf Versagung der Restschuldbefreiung** wird nach dem wirtschaftlichen Wert der verbleibenden Gläubigerforderung bemessen.[137] b) **Aussonderung** (§§ 47 f. InsO). § 6; Wert des zurückzugewährenden Gegenstandes oder Höhe der Forderung.[138] c) **Abgesonderte Befriedigung** (§§ 49 ff. InsO). § 6 S. 1 2. Alt., S. 2. Kein Abzug vorgehender Pfandrechte.[139] d) Auskunft nach § 305 Abs. 2 S. 2 und Einwand zur Ermittlung der Forderung.[140]

89 **Kindschaftssachen.** RS (soweit erforderlich): nach denselben Maßstäben wie GS.[141] GS: § 48 Abs. 3 S. 3 GKG.

90 **Klagehäufung.** § 5.

91 **Konkurs.** S. Rn. 88.

92 **Kündigung.** S. Rn. 47, 48.

93 **Künftige Leistung** (§§ 257 ff.). Keine Besonderheiten gegenüber sonstigen Leistungsklagen.[142] Hat der Kläger sofortige Leistung begehrt und wird der Beklagte nur zur künftigen Leistung verurteilt, bemisst sich die Beschwer des Klägers nach dem wirtschaftlichen Nachteil, der ihm durch das Hinausschieben des Zuflusses entsteht[143] (s. näher Rn. 69).

94 **Leasing.** Grundsätzlich wie Miete.[144]

95 **Mehrwertsteuer.** Keine Nebenforderung iSd. § 4 Abs. 1 Halbs. 2., es sei denn, sie ist auf eine Nebenforderung zu entrichten[145] (s. a. § 4 Rn. 25; § 8 Rn. 12).

96 **Mietstreitigkeit.** ZS, RS: § 8; GS: § 41 GKG. Sofern die Voraussetzungen dieser Vorschriften nicht vorliegen: § 6 (Bsp: Räumungsklage nach unstreitiger Beendigung des Mietverhältnisses; für GS jedoch weiterhin § 41 Abs. 2 GKG) oder § 3 (Bsp: Streit nur über den Inhalt des Mietvertrages). Insbes. a) Klage auf **Zustimmung zur Mieterhöhung.** RS: § 9 (analog) (s. näher § 9 Rn. 5); GS bei Wohnraummiete: § 41 Abs. 5 GKG (s. näher § 8 Rn. 28). b) **Mängelbeseitigungsanspruch** des Mieters. Monatliche Minderungsquote, die sich aus der behaupteten mangelhaften Beschaffenheit der

---

[130] BGH NJW 1999, 3049 f.

[131] BGH NJW-RR 2002, 573.

[132] BGH NJW 1967, 930.

[133] *Stein/Jonas/Roth* Rn. 54 Stichwort „Hinterlegung".

[134] OLG Saarbrücken JurBüro 1977, 1276, 1277; *Hillach/Rohs* § 18 B IV; *Stein/Jonas/Roth* § 4 Rn. 24.

[135] BGH NJW-RR 2000, 354, MDR 2007, 681.

[136] OLG Koblenz OLGR 1999, 456 (auch zu Ausnahmen vom Grundsatz); MünchKommInsO/*Schumacher* § 182 Rn. 7; *Hess* InsO § 182 Rn. 7.

[137] BGH JurBüro 2003, 253.

[138] *Zöller/Herget* Rn. 16 Stichwort „Insolvenzverfahren"; für die Rechtslage unter Geltung der KO: RGZ 151, 319, 320; *Schneider/Herget* Rn. 2984 ff.

[139] *Zöller/Herget* Rn. 16 Stichwort „Insolvenzverfahren"; *Schneider/Herget* Rn. 2986 ff.; *Oestreich/Winter/Hellstab,* Streitwerthandbuch, 2. Aufl. 1998, Zivilrechtliches Verfahren S. 4 Stichwort „Abgesonderte Befriedigung".

[140] OLG Frankfurt OLGR 2007, 595.

[141] Entwurfsbegründung zum RechtspflEntlG, BT-Drucks. 12/1217 S. 25 l. Sp.

[142] BGHR ZPO § 2 Beschwer 3; *Stein/Jonas/Roth* § 2 Rn. 101.

[143] BGH WM 1995, 2060.

[144] *Schneider/Herget* Rn. 2774 ff.

[145] BGH NJW 1977, 583.

Mieträume ergibt, begrenzt auf den dreieinhalbfachen Jahresbetrag (Rechtsgedanke des § 9).[146] c) Klage auf Erteilung der **Erlaubnis zur Untervermietung.** Tatsächliches Interesse an der Untervermietung, wobei § 41 GKG Ausgangspunkt sein kann (s. a. § 8 Rn. 26).[147]

Nebenforderung. ZS, RS: § 4 Abs. 1 Halbs. 2; GS: § 22 Abs. 1, 2 GKG. S. näher § 4 Rn. 19 ff. 97

Nebenintervention. Interesse des Streithelfers am Obsiegen der unterstützten Partei,[148] das geringer sein kann als deren Interesse und dann zu einem niedrigeren Streitwert führt.[149] 98

Nichtvermögensrechtliche Streitigkeit. Begriff: Ansprüche, die nicht auf Geld oder geldwerte Leistungen gerichtet sind oder sonst der Wahrung wirtschaftlicher Belange dienen und nicht aus vermögensrechtlichen Verhältnissen entspringen.[150] ZS, RS: Interesse, Schätzung nach § 3 wie bei § 48 Abs. 2 S. 1 GKG;[151] GS: § 48 Abs. 2 S. 1 GKG. Zum Zusammentreffen von nichtvermögensrechtlichen und vermögensrechtlichen Ansprüchen s. § 5 Rn. 16 ff. und § 48 Abs. 4 GKG. 99

Nießbrauch. a) **Bestellung, Löschung.** Schätzung unter Berücksichtigung des Jahresreinertrages und der Dauer, bei Bestellung auf Lebensdauer in Anlehnung an § 24 Abs. 2 KostO;[152] b) **Erfüllung.** § 6 S. 1 1. Alt., falls Besitzeinräumung verlangt wird; sonst ist das nach § 3 zu schätzende Interesse maßgeblich. Falls der Nießbrauch durch den schuldrechtlichen Bestellungsvertrag als „ähnliches Nutzungsverhältnis ausgestaltet wurde, gilt für GS § 41 GKG.[153] 100

Notweg (§§ 917 f. BGB). a) **Einräumung.** § 7 analog.[154] b) **Notwegrente.** § 9.[155] 101

Öffentliche Zustellung. Beschwerde gegen **Versagung** der Bewilligung. Bruchteil des Hauptsachewertes, wenn die Ablehnung auch nach dem Vorbringen des Klägers ihn nicht endgültig an der Erlangung eines Titels hindert.[156] 102

Pacht. ZS, RS: § 8; GS: § 41 GKG. S. näher bei § 8. 103

Pfandrecht. § 6 S. 1 2. Alt., S. 2. S. näher § 6 Rn. 15 ff. 104

Räumung. § 8,[157] § 41 Abs. 2 GKG, sofern deren Voraussetzungen vorliegen (s. § 8 Rn. 9, 27), sonst § 6 S. 1 1. Alt. 105

Rechnungslegung. Wie Auskunft (Rn. 38). S. a. Rn. 118. 106

Rechtsweg. Beschwerdeverfahren (§ 17 a GVG). Bruchteil der Hauptsache, idR $1/5$ bis $1/3$.[158] 107

Richterablehnung. RS, GS: Wert der Hauptsache.[159] 108

Rückkaufrecht. Feststellung des **Bestehens.** Interesse des Käufers an der Wiedererlangung der Sache. Maßstab ist der Verkehrswert, der Kaufpreis nur dann, wenn dieser geringer ist.[160] 109

Sachenrechtsbereinigung. Feststellung des Bestehens eines Anspruchs auf Ankauf des Grundstücks oder Bestellung eines Erbbaurechts gem. **§ 108 SachenRBerG.** Die Bemessung erfolgt nach §§ 3, 9 unter Zugrundelegung des nach §§ 19, 20 SachenRBerG ermittelten halben Bodenwertes des Grundstücks abzüglich 20%.[161] Die **Beschwer** des Beklagten aus einem Urteil, durch das die Ankaufberechtigung des Klägers nach § 108 Abs. 1 SachenRBerG festgestellt wird, entspricht hingegen dem vollen Wert der zu veräußernden Fläche einschließlich Gebäude.[162] 110

---

[146] BGH MDR 2000 975; OLG Düsseldorf MDR 2001, 354; LG Köln WuM 1999, 553.

[147] Str.; vgl. OLG Celle OLGR 1999, 263; *Schneider/Herget* Rn. 3270 ff.

[148] OLG Bamberg OLGR 1999, 100, *Zöller/Herget* Rn. 16 Stichwort „Nebenintervention".

[149] *Schneider/Herget* Rn. 4110 ff., 4116 f. m. weit. Nachw.; KG NJW-RR 2003, 133; OLGR Stuttgart 2003, 55; aA BGHZ 31, 144, 146 f. = NJW 1960, 42, 43 (falls der Nebenintervenient die gleichen Anträge stellt wie die von ihm unterstütze Partei); OLG München MDR 1997, 788 f., 1166; noch weitergehend OLG Karlsruhe NJW-RR 2003, 1007.

[150] BGH NJW 1996, 999, 1000; RGZ 88, 332, 333; 144, 158, 159.

[151] Entwurfsbegründung zum RechtspflEntlG, BT-Drucks. 12/1217 S. 25 l. Sp.; *Musielak/Heinrich* Rn. 11 ff.

[152] BGH NJW-RR 1988, 395, 396; BGHR ZPO § 3 Wohnrecht 1; OLG Celle OLGR 1999, 330 (50% des Verkehrswertes des Grundstücks); *Schneider/Herget* Rn. 4199 ff.; aA bzgl. Löschung: *Baumbach/Lauterbach/Hartmann* Anh. § 3 Rn. 86 Stichwort „Nießbrauch".

[153] OLG Köln KoRsp GKG § 16 Nr. 16; *Zöller/Herget* Rn. 16 „Nießbrauch".

[154] OLG Köln JurBüro 1991, 1386; OLG Jena JurBüro 1999, 196 f.; *Hillach/Rohs* § 41 B II a; *Zöller/Herget* § 7 Rn. 2; *Stein/Jonas/Roth* § 7 Rn. 4; *Wieczorek/Schütze/Gamp* § 7 Rn. 5; *Markl/Meyer* GKG Anh. § 12/§ 7 ZPO Rn. 3; offengelassen von BGH, Urt. v. 18. 5. 1990, V ZR 291/89, juris.

[155] *Schneider/Herget* Rn. 4207 ff.; *Hillach/Rohs* § 41 B II b.

[156] OLG Frankfurt OLGR 1999, 220.

[157] BGH MDR 2005, 1431.

[158] BGH NJW 1998, 909, 910.

[159] OLG Brandenburg OLGR 1999, 469, 471; OLG Düsseldorf MDR 2004, 1083, auch zur Ablehnung des Sachverständigen: dort $1/3$ des Hauptsachewerte, ebenso OLG Bamberg BauR 2000, 773 f., str.

[160] OLG Köln OLGR 1999, 15; *Schneider/Herget* Rn. 4760 ff.

[161] OLG Brandenburg JurBüro 1998, 473, 474; *Vossius* Sachenrechtsbereinigungsgesetz, 2. Aufl. 1996, § 103 Rn. 8 ff. iVm. § 108 Rn. 21.

[162] BGH WM 1999, 1734.

111 **Schadensersatz.** a) **bezifferter einmaliger Betrag.** Dieser ist maßgeblich (s. Rn. 12). b) **bezifferte Schadensersatzrente.** ZS, RS: § 9; GS: § 42 Abs. 2 GKG (s. a. § 9 Rn. 5, 15). c) Feststellung der Ersatzpflicht für **künftigen Schaden.** Schätzung nach der Höhe des drohenden Schadens sowie danach, wie hoch oder wie gering das Risiko eines Schadenseintritts und einer tatsächlichen Inanspruchnahme des Beklagten durch den Feststellungskläger ist.[163] d) insbes. **Schmerzensgeld.** S. Rn. 114. e) insbes. Schadensersatz wegen Vollstreckung eines vorläufig vollstreckbaren Urteils gem. **§ 717 Abs. 2 ZPO.** Einfache vollstreckte Hauptsachesumme ohne Zinsen und Kosten, sofern nicht ein weiterer Schaden geltend gemacht wird.[164] Wird der Anspruch bloß neben dem weiterverfolgten Klageabweisungsantrag geltend gemacht, tritt keine Erhöhung des Streitwertes ein.[165]

112 **Scheidung.** S. Rn. 57.

113 **Scheidungsfolgesachen** (§ 623 Abs. 1 bis 3, 5).[166] a) **Unterhalt** (§ 623 Abs. 1 S. 1 iVm. § 621 Abs. 1 Nr. 5, Abs. 2 S. 1 Nr. 4). RS: § 9, GS: § 42 Abs. 1 GKG.[167] b) **Versorgungsausgleich** (§ 623 Abs. 1 S. 1 iVm. § 621 Abs. 1 Nr. 6). GS: § 49 GKG.[168] c) **Ehewohnung** (§ 623 Abs. 1 S. 1 iVm. § 621 Abs. 1 Nr. 7). GS: idR Jahresmietwert der Wohnung;[169] bei einstweiliger Anordnung jedoch § 53 Abs. 2 GKG. d) **Hausrat** (§ 623 Abs. 1 S. 1 iVm. § 621 Abs. 1 Nr. 7). GS: Sofern es nicht bloß um die Benutzung, sondern um die Verteilung geht, ist der Verkehrswert (Zeitwert) der einzelnen Gegenstände maßgeblich.[170] Für einen Abzug in Höhe des Miteigentumsanteils des Antragstellers[171] spricht zwar die Parallele zur Erbauseinandersetzung (s. Rn. 67), entscheidend gegen ihn aber der für das isolierte Hausratsteilungsverfahren geltende § 21 Abs. 3 S. 1 HausrVO: Ein und derselbe Verteilungsantrag darf nicht unterschiedlich bewertet werden, je nachdem, ob er im Verbundverfahren oder im isolierten Hausratsteilungsverfahren gestellt wird. Im Übrigen geht der Streit der Parteien nicht um das Eigentum, sondern um die Zuweisung. Das hälftige Miteigentum führt aber nicht zur hälftigen Zuweisung. Von der Zuweisung ist vielmehr der ganze Gegenstand erfasst.[172] e) **eheliches Güterrecht** (§ 623 Abs. 1 S. 1 iVm. § 621 Abs. 1 Nr. 8). Betrag der Ausgleichsforderung. f) **Stundung der Ausgleichsforderung** (§ 623 Abs. 1 S. 1 iVm. § 621 Abs. 1 Nr. 9; § 1382 BGB). GS (sofern gesonderte Bewertung notwendig):[173] Interesse an der Stundung.[174] **Übertragung von Vermögensgegenständen** (§ 623 Abs. 1 S. 1 iVm. § 621 Abs. 1 Nr. 9; 1383 BGB). GS (sofern gesonderte Bewertung notwendig):[175] Höhe, in der der Ausgleichsanspruch erledigt würde.[176] g) **Sorgerecht, Umgangsrecht, Kindesherausgabe** (§ 623 Abs. 2 S. 1 Nr. 1 bis 3 iVm. § 621 Abs. 2 S. 1 Nr. 1–3, § 623 Abs. 3). GS: § 48 Abs. 3 h) Zur **Zusammenrechnung der Einzelwerte s.** § 46 Abs. 1 GKG.

114 **Schmerzensgeld.** a) bezifferte Schmerzensgeldrente. ZS, RS: § 9; GS: § 42 Abs. 2 GKG.[177] b) unbezifferter Zahlungsantrag. S. Rn. 121.

115 **Selbstständiges Beweisverfahren.** Stets Hauptsachewert, soweit der Gegenstand der Hauptsache vom selbstständigen Beweisverfahren betroffen ist.[178] Darauf, ob und ggf. inwieweit die Behauptungen des Beweisantragstellers in dem Verfahren bestätigt werden, kommt es nicht an.[179]

---

[163] BGH NJW-RR 1991, 509.
[164] BGHZ 38, 237, 238 ff.; *Thomas/Putzo/Hüßtege* § 717 Rn. 16.
[165] BGH NJW 1962, 806, 807.
[166] Ausführlich zum ganzen *Hillach/Rohs* § 52 B.
[167] OLG München OLGR 2000, 73 (insbes. zur Berechnung bei späterer Klageerweiterung).
[168] S. näher *Gutdeutsch/Pauling* FamRZ 1998, 214.
[169] OLG Karlsruhe MDR 1981, 681; *Hillach/Rohs* § 52 B III 7 a.
[170] OLG Nürnberg MDR 1997, 510; *Schneider/Herget* Rn. 2667; *Stein/Jonas/Roth* Rn. 54 Stichwort „Hausrat".
[171] Dafür OLG Saarbrücken AnwBl. 1981, 405 mit abl. Anm. von *H. Schmidt; Hillach/Rohs* § 52 B III 7 b; OLG Nürnberg MDR 1997, 510.
[172] *Schneider/Herget* Rn. 2669; OLG Oldenburg AGS 2004, 77.
[173] Dazu *Hillach/Rohs* § 52 B III 9 c.
[174] *Hillach/Rohs* § 52 B III 9 a.
[175] Dazu OLG Frankfurt JurBüro 1989, 1735 f.
[176] Str., s. *Hillach/Rohs* § 52 B III 9 b.
[177] OLG Zweibrücken JurBüro 1978, 1550; *Hartmann* § 42 GKG Rn. 34.
[178] BGH MDR 2005, 162; OLG Köln NJW-RR 1994, 761 f.; *Zöller/Herget* Rn. 16 Stichwort „Selbstständiges Beweisverfahren"; *Baumbach/Lauterbach/Hartmann* Anh. § 3 Rn. 102; *Thomas/Putzo/Hüßtege* Rn. 33; aA noch OLG Bamberg OLGR 1999, 295. OLG Schleswig SchlHA 2003, 257 ff.
[179] OLG Frankfurt OLGR 1998, 384; OLG Bamberg OLGR 1998, 282; BauR 2000, 444 f.; OLG Celle OLGR 1999, 199 f. vgl. auch BGH MDR 2005, 162; Zur Behandlung von Fällen, in denen die Schätzung der voraussichtlichen Mangelbeseitigungskosten durch den Sachverständigen erheblich von den Angaben des Antragstellers in seinem Antrag auf Durchführung des selbstständigen Beweisverfahrens abweicht s. OLG Frankfurt OLGR 1999, 140; OLG Hamm OLGR 1999, 162; BauR 2000, 444 f.

Wird der tatsächliche Hauptsachewert im Laufe des selbstständigen Beweisverfahrens bekannt, ist dessen Streitwert – für die Gebühren, nicht für die Zuständigkeit – festzusetzen und gegebenenfalls eine bereits erfolgte Streitwertfestsetzung gem. § 63 Abs: 3 S. 1 GKG abzuändern.[180]

Sicherungseigentum. § 6 S. 1 2. Alt, S. 2 (s. § 6 Rn. 7, 15). 116

Streitgenossen. § 5 (s. § 5 Rn. 20f.). 117

Stufenklage. a) **Auskunft/Rechnungslegung.** S. Rn. 38, 106. b) **Eidesstattliche Versicherung.** S. Rn. 60. c) **Leistungsanspruch.** Grundlage der Schätzung ist die (realistische) Erwartung des Klägers zu Beginn der Instanz.[181] Zur Frage der Zusammenrechnung der Werte der einzelnen Ansprüche s. § 5 Rn. 22 und § 44 GKG. 118

Teilungsversteigerung (§ 180 ZVG). S. Rn. 54. 119

Überbau (§ 912 BGB). a) **Beseitigung.** Sofern nicht § 7 eingreift (s. § 7 Rn. 3, 6f.), ist für ZS und für RS bei Rechtsmittel des Klägers die Wertminderung des überbauten Grundstücks[182] und für RS bei Rechtsmittel des Beklagten der Kostenaufwand der Ersatzvornahme[183] maßgeblich. GS: entsprechend ZS, RS (beachte aber § 14 Abs. 2 GKG). b) **Überbaurente** (§ 913 BGB). § 9[184] (s. a. § 9 Rn. 5). 120

Unbezifferte Geldforderung. Betrag, der unter Zugrundelegung des klägerischen Tatsachenvortrags gerechtfertigt erscheint.[185] Ein vom Kläger (nicht bloß wegen der nach § 253 Abs. 2 Nr. 2 erforderlichen Bestimmtheit seines Antrages) genannter **Mindestbetrag** und/oder eine von ihm angegebene **Obergrenze** dürfen dabei nicht unter- bzw. überschritten werden.[186] Eine vom Kläger genannte Obergrenze bindet das Gericht bei der Zuerkennung von Schmerzensgeld jedoch nicht.[187] Der Kläger ist durch die Ermessensentscheidung des Gerichts **beschwert,** wenn und soweit der ausgeurteilte Betrag hinter einem geforderten Mindestbetrag zurückbleibt bzw. wesentlich unterhalb der angegebenen Größenordnung liegt.[188] Die Beschwer ist bei Abweisung der Klage in der ersten Instanz durch den in der Berufungsinstanz angegebenen Mindestbetrag nach oben begrenzt.[189] 121

Unterhalt. ZS, RS: § 9;[190] GS: § 42 Abs. 1 GKG, falls ein gesetzlicher oder ein den gesetzlichen Unterhaltsanspruch bloß ausgestaltender vertraglicher Unterhaltsanspruch geltend gemacht wird; anderenfalls gilt auch für GS § 9 ,§ 48 Abs. 1 GKG [191] (s. a. Rn. 113 und § 9 Rn. 5, 14). 122

Unterlassung. a) **Grundsatz.** ZS, RS (für Rechtsmittel des Klägers): Interesse an Beseitigung/Verhinderung der Beeinträchtigung; RS (für Rechtsmittel des Beklagten): Interesse, nicht an das Verbot gebunden zu sein. GS: jeweils wie ZS, RS . b) **nichtvermögensrechtliche Streitigkeit** (zB Beleidigung). GS: § 48 Abs. 2 GKG.[192] c) **Wettbewerbsrecht.** Zu den Maßstäben für die Bewertung des Unterlassungsinteresses s. BGH NJW-RR 1990, 1322f.; WM 1990, 2058; NJW-RR 1997, 884; NJW-RR 1998, 1421, 1422; OLG Koblenz OLGR 1998, 434f.; OLG Schleswig OLGR 1999, 135, OLG München OLGR 1999, 246; OLGR Stuttgart 1999, 236f. (einstweilige Verfügung); 393, 396 (dort insbes. auch zu den Voraussetzungen einer Herabsetzung des Streitwertes gem. § 23a und b UWG). 123

Untervermietung. Klage auf Zustimmung, s. Rn. 96 und § 8 Rn. 26. 124

Urkunde. a) **Herausgabe.** Sofern der Besitz der Urkunde unmittelbar den Wert eines Rechtes verkörpert (zB Inhaberpapier), ist gem. § 6 der Wert des Rechtes maßgeblich. Hat die Urkunde aus anderen Gründen einen eigenen Verkehrswert (zB Baupläne, künstlerisch wertvolle oder historische Urkunden) ist ebenfalls nach § 6 auf diesen abzustellen (s. § 6 Rn. 4). Bei allen sonstigen Ur- 125

---

[180] BGH MDR 2005, 162; OLG Düsseldorf OLGR 1999, 296; OLG Köln OLGR 1999, 356f.

[181] BGH NJW 1997, 1016; KG KGR 2007, 419; OLG Bamberg FamRZ 1994, 640; OLGR Frankfurt 1999, 56; *Schneider/Herget* Rn. 5111ff.

[182] BGH NJW-RR 1986, 737; diese Entscheidung ist bzgl. der Aussagen zum RS überholt.

[183] BGH NJW 1994, 735f.

[184] *Hillach/Rohs* § 41 B III b.

[185] So die ganz hM, s. *Hillach/Rohs* § 6 B VII, X; *Schneider/Herget* Rn. 5377ff.; *Stein/Jonas/Roth* § 2 Rn. 102, 105; *Zöller/Herget* Rn. 16 Stichwort „Unbezifferter Klageanträge"; *Thomas/Putzo/Hüßtege* Rn. 63.

[186] OLG Köln VersR 1991, 1430; *Hillach/Rohs* § 6 B X; *Stein/Jonas/Roth* § 2 Rn. 100; *Schneider/Herget* Rn. 5378; vgl. auch OLG Zweibrücken JurBüro 1998, 260f., das nach der Art des Streitwertes differenziert.

[187] BGH MDR 1996, 886.

[188] BGH NJW 1992, 311, 312; 1993, 2875, 2876; NJW 1999, 1339, 1340; OLG Hamm OLGR 1999, 327, 328f. (Schmerzensgeldrente); *Schneider/Herget* Rn. 5388ff.

[189] BGH MDR 2004, 349.

[190] BGH NJW 1997, 1016.

[191] OLG Karlsruhe JurBüro 2006, 145.

[192] BAG JurBüro 1998, 647 (betr. Unterlassungsanspruch wg. Ehrverletzung: idR 8000,– DM entspr. § 13 Abs. 1 S. 2 GKG aF, § 8 Abs. 2 S. 2 BRAGO aF); OLG Frankfurt OLGR 1999, 296 (Unterlassung mehrerer ehrverletzender Behauptungen in einem Druckwerk).

kunden (zB Urteil, Vollmachtsurkunde, Bürgschaftsurkunde, Kfz-Brief) muss das Interesse an ihrem Besitz, einschließlich des Interesses daran, Missbrauch zu verhindern, gem. § 3 geschätzt werden.[193] Im Fall eines Sparbuchs entspricht dieses häufig der Höhe der Einlage.[194] b) Feststellung der **Echtheit/Unechtheit,** Vorlage zur **Einsichtnahme.** IdR Bruchteil der Hauptsache.[195]

126 **Verein.** Allein das Angreiferinteresse ist wertbestimmend; keine Analogie zu § 247 AktG.[196] Bei Streit um die Mitgliedschaft in einem Verein mit ideellen Zwecken GS: § 48 Abs. 2 GKG. Sonst gilt § 3.[197] Soweit vermögensrechtliche und nichtvermögensrechtliche Ansprüche zusammentreffen gilt § 5, sofern nicht § 48 Abs. 4 GKG eingreift.[198]

127 **Vergleich.** GS: Wert aller (rechtshängigen und nicht rechtshängigen) Ansprüche, die durch den Vergleich geregelt worden sind, also idR nicht der Betrag, auf den die Parteien sich verglichen haben.[199, 200] Mitverglichene Kosten bleiben als Nebenforderung unberücksichtigt.[201] Der für den Vergleich selbst anzusetzende Wert ist grundsätzlich auch für den Streit über die **Wirksamkeit** des Vergleichs maßgeblich.[202]

128 **Versicherung.** a) **Lebensversicherung.** aa) Feststellung des (Fort)bestehens einer Lebensversicherung auf den Todes- oder Erlebensfall. Versicherungssumme unter Abzug eines Feststellungsabschlags von 20%;[203] bb) einer (Risiko-)Lebensversicherung auf den Todesfall. 20% der Versicherungssumme, da der Eintritt des Versicherungsfalles ungewiss ist;[204] cc) Feststellung des Anspruchs auf beitragsfreie Fortführung der Lebensversicherung. In entsprechender Anwendung des § 9 dreieinhalbfacher Jahresbetrag der ersparten Beiträge abzüglich 20%.[205] b) **Krankenversicherung.** Feststellung des Bestehens. § 9 analog, dh. das Dreieinhalbfache der Jahresversicherungsprämie[206] c) **Berufsunfähigkeitszusatzversicherung.** § 9 analog, dh. das Dreieinhalbfache der Jahresversicherungsprämie abzüglich 20%; falls der Versicherungsnehmer den Eintritt der Berufsunfähigkeit unstreitig ist, das Dreieinhalbfache der Jahresversicherungsleistung und der ersparten Prämie abzüglich 20%.[207] Ist der Eintritt der Berufsunfähigkeit streitig ist ein Abschlag von 50% zu machen.[208]

129 **Vertrag.** a) Klage auf **Abschluss**. Interesse am Zustandekommen, idR Bruchteil, ausnahmsweise auch volle Höhe (zB Darlehen, s. Rn. 50) der vom Kläger bei Zustandekommen zu fordernden Leistung.[209] b) Klage auf **Aufhebung.** Interesse an der Befreiung von den Vertragspflichten und an der Rückabwicklung. Maßgebend sind die sich aus der erstrebten Aufhebung ergebenden Vor- und Nachteile, nicht der Wert der zurückzugewährenden Leistung.[210] Wird zugleich Rückgewähr verlangt, zählt der höhere Anspruch. c) Klage auf **Feststellung der Nichtigkeit.** Grundsätzlich der Wert der vertraglichen Leistungspflichten des Klägers.[211]

130 **Vollstreckungsgegenklage** (§ 767). Maßgebend ist der Umfang der erstrebten Ausschließung der Zwangsvollstreckung,[212] bezogen auf den vollstreckbaren Hauptanspruch, also ohne Zinsen und

---

[193] BGH FamRZ 1992, 169, 170; NJW-RR 1994, 758; MDR 2004, 1253 (vollstreckbares Urteil); OLG Düsseldorf OLGR 1999, 456 (betr. Kfz-Brief); OLG Köln MDR 1997, 203 (Schuldschein); *Stein/Jonas/Roth* § 6 Rn. 7.

[194] BGH NJW-RR 1995, 362 aE.

[195] BGH NJW-RR 1997, 648 (Untermietvertrag).

[196] BGH NJW-RR 1992, 1209.

[197] *Zöller/Herget* Rn. 16 „Vereine".

[198] Vgl. auch OLG Frankfurt JurBüro 2003,644.

[199] OLG Bamberg JurBüro 1980, 1862, 1863; OLG Hamburg FamRZ 187, 184.

[200] Zu dem Sonderfall, daß Ansprüche mitgeregelt werden, die nicht Gegenstand des Rechtsstreits sind und über die auch kein Streit herrscht s. OLG Köln NJW-RR 1999, 1303 OLG Saarbrücken MDR 2005, 179.

[201] OLG Düsseldorf JurBüro 1984, 1865, 1868; ausführlich zum ganzen *Schneider/Herget* Rn. 5662 ff., 5712 f.

[202] *Zöller/Herget* Rn. 16 Stichwort „Vergleich"; abw. OLG Bamberg JurBüro 1998, 541; OLG Frankfurt OLGR 2004, 122.

[203] BGH NJW-RR 1997, 1562.

[204] BGH NJW-RR 1997, 1562 f. NJW-RR 2001, 316; NJW-RR 2005, 259; OLG Hamm ZfS 2003, 146.

[205] KG KG-Rp. 1999, 112, 113 (dort ohne Abschlag, da negative Feststellungsklage).

[206] BGH MDR 2004, 1182; NVersZ 2002, 21 f.; aA OLG Köln MDR 1996, 1194; LG Magdeburg VersR 2003, 263 und die 2. Aufl.: abzgl. 20%.

[207] OLG Hamm NJW-RR 2001, 553; BGH NJW-RR 2001, 316; NJW-RR 2000, 1266; NJW-RR 2005, 259; KG KG-Rp. 1999, 96, 97, das jedoch einen Abschlag von 50% vornimmt; vgl. auch BGH NJW-RR 1992, 608 (noch unter Geltung des § 9 aF).

[208] BGH NJW-RR 2005, 259; OLG Celle OLGR 2007, 239.

[209] OLG Bremen MDR 1970, 333; *Hillach/Rohs* § 30 G.

[210] OLG Hamm NJW-RR 1999, 1403, 1404.

[211] OLG Frankfurt OLGR 1999, 206, 207 (ohne Feststellungsabschlag) mit Nachw. zum Streitstand.

[212] BGH NJW 1995, 3318; OLG Düsseldorf OLGR 1999, 436; 477, 478.

ohne Kosten des Vorprozesses[213] (s. a. § 4 Rn. 24). Eine Ausnahme gilt, wenn sich aus den Anträgen oder der Klagebegründung ergibt, dass die Zwangsvollstreckung nur wegen eines Teilbetrages oder eines Restbetrages für unzulässig erklärt werden soll; dann ist dieser Betrag zugrunde zu legen.[214]

Vorkaufsrecht. Feststellung des **Bestehens/Nichtbestehens,** Klage auf **Löschung.** Bruchteil, häufig $^{1}/_{2}$, des Wertes des Gegenstandes.[215] S. a. Rückkaufrecht Rn. 109. **131**

Vormerkung. S. Rn. 36, 40. **132**

Vornahme von Handlungen. § 3, Interesse des Klägers an der Vornahme unter Berücksichtigung des Kostenaufwandes.[216] Bei Rechtsmittel des zur Vornahme verurteilten Beklagten ist für RS und GS auf den Aufwand der Vornahme, uU auch auf die zu erwartenden Kosten einer Ersatzvornahme, abzustellen (s. a. Rn. 45). **133**

Vorzugsweise Befriedigung (§ 805). § 6 S. 1 2. Alt., S. 2 analog. Wertbestimmend ist somit der sich aus dem Vergleich von Forderung des Klägers, Forderung des Beklagten und Versteigerungserlös ergebende geringste Betrag.[217] **134**

Wahlschuld. S. § 5 Rn. 28. **135**

Widerklage. S. § 5 Rn. 36 ff. **136**

Widerruf einer Tatsachenbehauptung. IdR höher zu bewerten als ein entsprechender Unterlassungsanspruch.[218] S. a. Rn. 99. **137**

Willenserklärung. S. Rn. 19. **138**

Wohnrecht. a) **Mietähnliches** (dh. entgeltliches) Wohnrecht. ZS, RS: je nachdem, ob es um das Bestehen – dann Orientierung an § 8, § 24 KostO – oder bloß um den Umfang – dann individuelles Interesse – geht; GS: § 41 GKG.[219] b) **Sonstiges** Wohnrecht. Orientierung je nach Angreifer und Charakter des Rechts an § 7, § 9, § 24 Abs. 2 KostO.[220] Bei Streit wegen Umfang ist stets auf das individuelle Interesse abzustellen.[221] **139**

Zinsen. a) als **Nebenforderung.** § 4 Abs. 1 Halbs. 2, Abs. 2; § 43 GKG (s. näher § 4 Rn. 18 ff., 32). b) als **Hauptforderung.** Schätzung nach voraussichtlicher Dauer bis zur Erfüllung.[222] § 9 findet keine Anwendung. **140**

Zug-um-Zug-Leistung. S. Rn. 6 und § 6 Rn. 13 f. **141**

Zurückbehaltungsrecht. S. Rn. 6 und § 6 Rn. 13 f. **142**

Zustellung. S. öffentliche Zustellung (Rn. 102). **143**

Zwangsvollstreckung. a) **Duldung.** S. Rn. 55) und § 6 Rn. 16. b) **Einstweilige Einstellung.** Bruchteil, idR $^{1}/_{5}$, der Hauptsache.[223] **144**

§ 4 Wertberechnung; Nebenforderungen

(1) Für die Wertberechnung ist der Zeitpunkt der Einreichung der Klage, in der Rechtsmittelinstanz der Zeitpunkt der Einlegung des Rechtsmittels, bei der Verurteilung der Zeitpunkt des Schlusses der mündlichen Verhandlung, auf die das Urteil ergeht, entscheidend; Früchte, Nutzungen, Zinsen und Kosten bleiben unberücksichtigt, wenn sie als Nebenforderungen geltend gemacht werden.

(2) Bei Ansprüchen aus Wechseln im Sinne des Wechselgesetzes sind Zinsen, Kosten und Provision, die außer der Wechselsumme gefordert werden, als Nebenforderungen anzusehen.

---

213 BGH NJW-RR 2006, 1146; OLG Karlsruhe RVReport 2007, 160; OLG Hamm JurBüro 1990, 649; *Stein/Jonas/Roth* Rn. 68 Stichwort „Vollstreckungsgegenklage"; vgl. auch BGH NJW 1968, 1275; OLG Karlsruhe MDR 1991, 353, beide betr. Klage aus § 826 BGB.

214 BGH NJW 2006, 1146; OLG Düsseldorf OLGR 1999, 436.

215 BGH JurBüro 1957, 224, 225; OLG Naumburg OLGR 1999, 336 ($^{1}/_{10}$ des Grundstücksverkehrswertes für Klage auf Löschungsbewilligung).

216 BGH NJW-RR 1996, 460; *Schneider/Herget* Rn. 6154 f.

217 *Stein/Jonas/Roth* Rn. 68 Stichwort „Vorzugsweise Befriedigung"; *Zöller/Herget* Rn. 16 Stichwort „Vorzugsweise Befriedigung".

218 LG Oldenburg JurBüro 1995, 369, 370 f.; *Thomas/Putzo/Hüßtege* Rn. 177.

219 OLG München ZMR 1999, 173 (dingliches Wohnungsrecht); OLG Braunschweig OLGR 1999, 231 f. (Dauernutzungs- und Dauerwohnrecht).

220 Ähnlich *Schneider/Herget* Rn. 6345; vgl. OLG Frankfurt, Beschl. v. 12. 5. 2006, 19 W 16/06, juris.

221 BGH NJW-RR 1994, 909.

222 BGH NJW 1981, 2360, BGHZ 36, 144, 147; OLG Naumburg, Beschl. v. 7. 5. 2007, 4 WF 61/07, juris.

223 BGH NJW 1991, 2280, 2282.

I. Normzweck

1 Die Festsetzung eines bestimmten für die Wertberechnung maßgeblichen Zeitpunktes durch Abs. 1 Halbs. 1 bezweckt **Verfahrenssicherheit** und **-vereinfachung.** Der Verfahrensvereinfachung dient auch die auf Abs. 1 Halbs. 2 und Abs. 2 beruhende Unbeachtlichkeit üblicher Nebenforderungen bei der Wertberechnung.[1]

II. Regelungsgegenstand des § 4 Abs. 1 Halbs. 1

2 **1. Fixierung des Wertes wertveränderlicher Gegenstände.** § 4 legt den Zeitpunkt fest, der der Bestimmung des Wertes wertveränderlicher Gegenstände (zB Aktien, Anlagegüter, Gebrauchsgegenstände) zugrunde zu legen ist, wenn von ihm der Zuständigkeits-, Rechtsmittel- oder Verurteilungsstreitwert (§ 2 Rn. 2ff.) abhängt. Spätere Veränderungen des Wertes (zB auf Grund von Preiserhöhungen oder infolge der Beschädigung des Gegenstandes) bleiben außer Betracht (Grundsatz der Wertkonstanz).[2] § 4 fixiert somit den **Wert, mit dem ein involvierter Gegenstand in die Berechnung des Zuständigkeits-, des Rechtsmittel- oder des Verurteilungsstreitwertes einzustellen ist.** Für den Gebührenstreitwert sind die §§ 40, 43, 47 GKG und § 23 RVG zu beachten. Der Wortlaut des § 4 erfasst alle **Klagen** und damit auch die Vollstreckungsabwehrklage.[3]

3 **2. Keine Zuständigkeits- oder Zulässigkeitsbestimmung.** Die Vorschrift besagt nicht, dass es für die sachliche Zuständigkeit auf den im Zeitpunkt des Eingangs der Klage gegebenen Zuständigkeitsstreitwert und für die Zulässigkeit des Rechtsmittels auf den bei Einlegung des Rechtsmittels gegebenen Rechtsmittelstreitwert ankommt (s. a. Rn. 7, 10; § 1 Rn. 27). Vielmehr können zB die Zulässigkeitsvoraussetzungen eines Rechtsmittels auch einen Wert zu einem anderen Zeitpunkt als maßgeblich bestimmen. Anderenfalls wäre mit § 4 nicht zu vereinbaren, dass es für die Zulässigkeit der Berufung nicht genügt, wenn die Berufungssumme bei Einlegung des Rechtsmittels erreicht ist, sondern darüber hinaus verlangt wird, dass sie auch später nicht durch willkürliche Beschränkung der Berufung in der mündlichen Verhandlung unterschritten wird (s. § 5 Rn. 23).[4]

III. Maßgeblicher Zeitpunkt

4 **1. Gleichbleibender Streitgegenstand.** § 4 Abs. 1 Halbs. 1 geht bei der Angabe der für die Wertberechnung maßgeblichen Zeitpunkte vom Regelfall aus, dass der zu bewertende Gegenstand **von Beginn der Instanz an** Streitgegenstand ist.

5 Sofern ein wertveränderlicher Gegenstand **erst im Laufe des Verfahrens** zum Streitgegenstand wird (durch Klageerweiterung, Klageänderung oder Erweiterung des Rechtsmittels), tritt an die Stelle des Zeitpunkts der Klageeinreichung bzw. der Rechtsmitteleinlegung der Zeitpunkt des Eingangs des die Veränderung bewirkenden Schriftsatzes (§ 261 Abs. 2) bzw. der Geltendmachung in der mündlichen Verhandlung (§ 297 Abs. 1 S. 2 u. 3). Es wäre willkürlich, für die Bewertung auch solcher erst später in den Prozess einbezogener Gegenstände auf einen vor ihrer Einbeziehung liegenden Zeitpunkt abzustellen. Für bereits im Prozess befindliche Gegenstände bleibt es allerdings auch beim Hinzukommen neuer Streitgegenstände bei dem früheren Bewertungszeitpunkt. Beispiel: Der Kläger erhebt Klage auf Übereignung von 10 A-Aktien, deren Wert bei Klageeinreichung 200,– Euro je Stück beträgt. Später erweitert er den Klageantrag dahin, dass ferner zur Übereignung von 10 B-Aktien verurteilt werden soll, wobei der Kurs sowohl der A-Aktie als auch der B-Aktie im Zeitpunkt der Einreichung des Erweiterungsschriftsatzes bei 300,– Euro steht. Bei der Ermittlung des für die Anwendung des § 506 maßgeblichen Zuständigkeitsstreitwertes ist für die B-Aktie von einem Wert von 300,– Euro und für die A-Aktie weiterhin von einem Wert von 200,– Euro auszugehen, so dass § 506 mangels Überschreitung der Zuständigkeitsgrenze von 5000,– Euro nicht eingreift (vgl. § 506 Rn. 4).

6 **2. Wertberechnung zur Feststellung des Zuständigkeitsstreitwertes.** Ist ein wertveränderlicher Gegenstand zwecks Feststellung des Zuständigkeitsstreitwertes zu bewerten, kommt es auf seinen Wert im Zeitpunkt des **Eingangs der Klage- bzw. Antragsschrift bei Gericht** an (Abs. 1 Halbs. 1 1. Fall). Im Mahnverfahren entspricht dem der Eingang der Akten bei dem Ge-

---

[1] *Hahn/Stegemann* Die gesamten Materialien zu den Reichsjustizgesetzen, Zweiter Band: Materialien zur Civilprozessordnung, 1881/1983, S. 147.

[2] *Stein/Jonas/Roth* § 4 Rn. 4.

[3] Vgl. BGHR ZPO § 4 Hauptforderung 2; *Stein/Jonas/Roth* Rn. 3; *Musielak/Heinrich* Rn. 2.

[4] BGH NJW 1983, 1063.

richt, an das der Rechtsstreit nach Widerspruch oder Einspruch abzugeben ist (§ 694 Abs. 1 S. 4; § 700 Abs. 3 S. 2).[5]

Ob und ggf. inwieweit eine infolge Änderung des Streitgegenstandes eintretende **Veränderung des Zuständigkeitsstreitwertes,** die zu einer Über- oder Unterschreitung des zuständigkeitsrelevanten Grenzwertes (§ 23 Nr. 1 GVG) führt, die sachliche Zuständigkeit ändert, ist keine Frage des § 4 (s.a. Rn. 3), sondern muss unter Berücksichtigung des § 261 Abs. 3 Nr. 2, des § 506 und anerkannter ungeschriebener Grundsätze beurteilt werden (s. § 1 Rn. 27; § 5 Rn. 23, 27; § 261 Rn. 92). 7

3. Wertberechnung zur Feststellung des Rechtsmittelstreitwertes. a) Erfolgt die Wertermittlung zur Bestimmung des Rechtsmittelstreitwertes, kommt es – sofern keine dem § 4 vorgehenden Spezialregelungen eingreifen (Rn. 10) – auf die **Einlegung des Rechtsmittels** an (Abs. 1 Halbs. 1 2. Fall).[6] Auch hier duldet das Prinzip der Wertkonstanz keine Ausnahme. Selbst eine noch innerhalb der Rechtsmittelfrist, aber nach Einlegung des Rechtsmittels eintretende Wertsteigerung eines für die Berechnung der Rechtsmittelsumme (§§ 511 Abs. 2 Nr. 1, 567 Abs. 2) zu bewertenden Gegenstandes (etwa auf Grund Ansteigens des Aktienkurses) ist nicht zu berücksichtigen.[7] Anderenfalls müsste das Gericht die Wertentwicklung während des gesamten Laufs der Rechtsmittelfrist beobachten, was sowohl der Verfahrensvereinfachung als auch der Rechtssicherheit abträglich wäre. Erreicht ein zunächst zu geringer Rechtsmittelstreitwert noch während des Laufs der Rechtsmittelfrist die Rechtsmittelsumme, hat der Rechtsmittelführer die Möglichkeit, das Rechtsmittel nochmals (inhaltsgleich) einzulegen und damit den ursprünglichen Zulässigkeitsmangel zu „heilen". 8

b) Nach verbreiteter Ansicht soll als Zeitpunkt der Einlegung des Rechtsmittels iSd. Abs. 1 Halbs. 1 der **Eingang der Berufungsbegründung** anzusehen sein, falls erst die Berufungsbegründung die Anträge enthält.[8] Dahinter steht die Überlegung, dass der Rechtsmittelstreitwert für die Berufung nach dem Beschwerdegegenstand bestimmt und dieser erst durch die Berufungsanträge festgelegt wird. Das hat mit § 4 jedoch nichts zu tun, denn er legt eben nicht den für den Rechtsmittelstreitwert maßgebenden Zeitpunkt fest, sondern bezeichnet lediglich den Stichtag für die Bewertung der Gegenstände, die bei der Berechnung des Rechtsmittelstreitwertes eine Rolle spielen (Rn. 3). Welche Gegenstände dies sind, ergibt sich letztverbindlich erst aus den in der mündlichen Verhandlung gestellten Berufungsanträgen.[9] Das hindert freilich nicht daran, diese Gegenstände mit dem bei Einlegung des Rechtsmittels gegebenen Wert statt mit ihrem aktuellen Wert zu berücksichtigen. Bei der Prüfung, ob der Wert des Beschwerdegegenstandes den für die Zulässigkeit der Berufung nach § 511 Abs. 2 Nr. 1 erforderlichen Betrag von 600 Euro übersteigt, ist das Berufungsgericht nicht an eine Streitwertfestsetzung durch das erstinstanzliche Gericht gebunden.[10] 9

c) Im Zusammenhang mit der Berechnung der **Beschwer** iSd. § 26 Nr. 8 EGZPO und damit des Wertes des Beschwerdegegenstandes für das beabsichtigte Revisionsverfahren[11] ist Stichtag für die Bewertung der einzelnen Gegenstände abweichend von Abs. 1 Halbs. 1 der Schluss der mündlichen Verhandlung vor dem Berufungsgericht.[12] Die Festsetzung des Wertes durch das Berufungsgericht bindet das Revisionsgericht nicht, da es selbst über die Höhe der Beschwer zu befinden hat.[13] Für die Beschwer ist dabei allein der rechtskraftfähige Inhalt der angefochtenen Entscheidung maßgebend.[14] Der Gebührenstreitwert für das Verfahren der Nichtzulassungsbeschwerde bemisst sich nach § 47 Abs. 1 S. 2 und Abs. 3 GKG.[15] Maßgeblich ist deshalb, in welchem Umfang die Beschwer aus dem Berufungsverfahren zum Gegenstand der Nichtzulassungsbeschwerde gemacht wird.[16] 10

4. Keine Besonderheiten bei vorausgehendem PKH-Antrag. Geht der Einreichung der Klage oder des sonstigen Antrags bzw. der Einreichung der Rechtsmittelschrift ein Prozesskosten- 11

---

[5] Ganz hM; OLG Frankfurt NJW-RR 1995, 831; HK-ZPO/*Kayser* Rn. 3; *Zöller/Herget* Rn. 3; *Thomas/Putzo/Hüßtege* Rn. 2; aA (Eingang des Mahngesuchs) AK-ZPO/*Röhl* Rn. 4.

[6] BGHR ZPO § 4 Abs. 1 Zeitpunkt 1; BAG ZTR 2006, 499.

[7] *Thomas/Putzo/Hüßtege* Rn. 4; *Musielak/Heinrich* Rn. 5; aA *Wieczorek/Schütze/Gamp* Rn. 10.

[8] OLG Düsseldorf NJW 1971, 147 f.; *Baumbach/Lauterbach/Hartmann* Rn. 4; *Zöller/Herget* Rn. 4.

[9] BGH NJW 1983, 1063.

[10] BGH NJW 2006, 2639, FamRZ 2006, 620, NJW-RR 2005, 219.

[11] BGH NJW 2002, 2720.

[12] BGH NJW 1989, 2755; 2000, 1343; NJW-RR 1999, 362; *Musielak/Ball* § 544 Rn. 7; HK-ZPO/*Kayser* Rn. 5.

[13] BGH MDR 2005, 228.

[14] BGH MDR 2004, 829.

[15] BGH NJW 2006, 378.

[16] Vgl. *Hartmann* § 47 GKG Rn. 10.

hilfegesuch voraus, ändert das an der Maßgeblichkeit der in § 4 Abs. 1 genannten Zeitpunkte nichts.[17] Für einen kostenarmen Rechtsmittelführer kann das Rn. allerdings bedeuten, dass ein im Zeitpunkt der Einreichung des PKH-Antrags zulässiges Rechtsmittel bei Einlegung nach Entscheidung über die Prozesskostenhilfe nunmehr unzulässig ist, weil der Wert des maßgeblichen wertveränderlichen Gegenstandes zwischenzeitlich gesunken ist. Dennoch erscheint die Vorverlagerung des Bewertungszeitpunktes auf die Einreichung des PKH-Antrags nicht gerechtfertigt. Das Stellen eines PKH-Antrages bewahrt nur dann vor etwaigen Rechtsnachteilen (zB bezüglich der Verjährung oder der Versäumung einer Notfrist), die infolge der durch das PKH-Verfahren bedingten Verzögerung eintreten können, wenn und soweit sich dies (sei es durch Auslegung oder im Wege der Analogie) aus gesetzlichen Bestimmungen ergibt (zB § 204 Abs. 1 Nr. 14 BGB, § 233). Hinsichtlich des durch Wertänderungen während des PKH-Verfahrens bedingten Verlustes eines zulässigen Rechtsmittels ist das jedoch nicht der Fall. Eine Analogie etwa zu den Fällen infolge Mittellosigkeit unterbliebener rechtzeitiger (verjährungsunterbrechender) Klageerhebung oder fristgerechter Rechtsmitteleinlegung scheitert am Fehlen einer vergleichbaren Schutzwürdigkeit. Es erscheint unter rechts- und sozialstaatlichen Gesichtspunkten nicht unerträglich, wenn die durch das PKH-Verfahren bedingte zeitliche Verzögerung dazu führt, dass in einer Sache, die während des PKH-Verfahrens unter die Rechtsmittelsumme gesunken ist und die deshalb nach Auffassung des Gesetzgebers nicht rechtsmittelwürdig ist, kein Rechtsmittel mehr eingelegt werden kann. Für den Gebührenstreitwert bei Unterhalt und anderen wiederkehrenden Leistungen gilt die Sonderregel des § 42 Abs. 5 S. 2 GKG.

12 **5. Wertberechnung zur Feststellung des Verurteilungsstreit.** Bezüglich des im Rahmen der vorläufigen Vollstreckbarkeit bedeutsamen Wertes der Verurteilung (§ 2 Rn. 12) ist der Bewertung der einzelnen Urteilsgegenstände der Zeitpunkt des **Schlusses der mündlichen Verhandlung** (§ 136 Abs. 4, § 296 a) und im schriftlichen Verfahren der dem Schluss der mündlichen Verhandlung entsprechende Zeitpunkt (§ 128 Abs. 2 S. 2,) zugrunde zu legen.

13 **6. Wertberechnung zur Feststellung des Bagatellstreitwertes.** Das zum Zuständigkeitsstreitwert Gesagte (Rn. 6 f.) gilt sinngemäß für den Bagatellstreitwert (s. § 2 Rn. 6).[18]

14 **7. Wertberechnung zur Feststellung des Gebührenstreitwertes.** Nach § 40 GKG ist für die Wertberechnung zur Ermittlung des Gebührenstreitwertes der Zeitpunkt der die **Instanz einleitenden Antragstellung** entscheidend. § 4 ist nach § 48 Abs. 1 GKG entsprechend anwendbar, Damit hat der Gesetzgeber dem Grundsatz der Wertkonstanz nun auch für das Gebührenrecht volle Geltung verschafft. Für erst später in das Verfahren eingeführte Gegenstände gilt freilich der Zeitpunkt ihrer **Einführung**[19] (vgl. Rn. 4 f.).

15 Auch bei § 40 GKG ist zu beachten, dass die Vorschrift nicht den Zeitpunkt meint, für den der Gebührenstreitwert zu berechnen ist. Der angegebene Zeitpunkt soll allein für die Bewertung wertveränderlicher Gegenstände, die bei der Berechnung des Gebührenstreitwertes eine Rolle spielen, gelten, **nicht für die Berechnung des Gebührenstreitwertes selbst.** Deshalb kann es für eine Instanz (zeitlich) verschiedene Streitwerte geben.[20]

16 Der in § 40 GKG bestimmte Zeitpunkt der die Instanz einleitenden Antragstellung gilt für sämtliche dem GKG unterfallenden Verfahren und **für alle Instanzen** nach der Maßgabe des § 47 GKG.

17 **8. Wertberechnung zur Feststellung des Gegenstandswertes.** Soweit sich der Gegenstandswert nach den für die Gerichtsgebühren geltenden Wertvorschriften bestimmt (§ 23 Abs. 1 S. 1 RVG), kommt auch hier § 40 GKG zur Anwendung.

IV. Nebenforderungen (Abs. 1 Halbs. 2, Abs. 2)

18 **1. Anwendungsbereich.** Abs. 1 Halbs. 2 und Abs. 2 gelten für die Wertberechnung in Bezug auf alle Streitwerte, mit Ausnahme des Gebührenstreitwertes und des Gegenstandswertes (dazu Rn. 32).

19 **2. Früchte, Nutzungen, Zinsen, Kosten (Abs. 1 Halbs. 2).**

20 **Nutzungen** sind solche iSd. § 100 BGB und umfassen somit neben den Gebrauchsvorteilen auch die Früchte (§ 99 BGB).

21 **Zinsen** sind in Abhängigkeit von der Höhe eines anderen Anspruchs und vom Zeitfaktor (daran fehlt es zB bei einer in einem Vom-Hundert-Satz der Darlehenssumme ausgedrückten Bearbei-

[17] *Stein/Jonas/Roth* Rn. 3; *Musielak/Heinrich* Rn. 6 c; aA *Lappe* 1. Aufl. Rn. 20.
[18] Näher *Stein/Jonas/Roth* Rn. 14.
[19] *Musielak/Heinrich* Rn. 6 a.
[20] *Musielak/Heinrich* Rn. 6 a.

tungsgebühr)[21] zu erbringende Geldleistungen.[22] Zinsansprüche können sich aus Rechtsgeschäft oder Gesetz ergeben.[23]

Kosten sind die zur Feststellung, Sicherung, Durchsetzung oder Abwehr des Anspruchs erbrachten Vermögensopfer (etwa Mahnkosten, Inkassogebühren (s.a. § 3 Rn. 87), Reisekosten, Verdienstausfall, Gutachterkosten, Kosten eines selbstständigen Beweisverfahrens), darüber hinaus Aufwendungen im Zusammenhang mit dem dem Anspruch zugrundeliegenden Rechtsverhältnis (Kosten iSd. §§ 381, 386, 448 BGB).[24] Dazu gehören auch die gegen den Bürgen nach § 767 Abs. 2 BGB im Prozess geltend gemachten Kosten, welche durch die Inanspruchnahme des Hauptschuldners entstanden sind.[25] 22

Ob auch die **Kosten des laufenden Prozesses** als Kosten iSd. § 4 anzusehen sind, ist ohne praktische Bedeutung. Solange die Hauptsache Gegenstand des Rechtsstreits ist, erhöhen die Kosten des laufenden Rechtsstreits den Streitwert nicht. Sofern das nicht unmittelbar aus § 4 folgt, entspricht es zumindest einem allgemeinen Grundsatz[26] und lässt sich zudem damit begründen, dass die Prozesskosten nicht eigentlich „geltend gemacht" werden, da über sie von Amts wegen entschieden wird.[27] 23

Bei einer Vollstreckungsgegenklage (§ 767) oder einer Klage auf Unterlassung der Zwangsvollstreckung aus einem rechtskräftigen Titel (§ 826 BGB) sind die in dem Verfahren, in dem der Vollstreckungstitel ergangen ist, festgesetzten Kosten als Nebenforderung iSd. § 4 Abs. 1 anzusehen und erhöhen deshalb den Streitwert nicht.[28] 24

Andere als die in Abs. 1 Halbs. 2 genannten Nebenforderungen (zB Mehrwertsteuer) sind streitwertrelevant.[29] 25

3. Geltendmachung als Nebenforderung. Unberücksichtigt bleiben die in Abs. 1 Halbs. 2. bezeichneten Ansprüche nur dann, wenn sie „als Nebenforderungen geltend gemacht" werden.[30] Das bedeutet, dass der Anspruch von einem Hauptanspruch **rechtlich abhängen** und mit diesem **gemeinsam** von derselben Partei gegen denselben Schuldner im selben Prozess geltend gemacht werden muss.[31] Rechtliche Abhängigkeit ist dann gegeben, wenn der Nebenanspruch zwar nicht ohne weiteres kraft Gesetzes in der Hauptforderung enthalten ist, sondern einen eigenen Entstehungsgrund hat, in seiner Entstehung aber doch vom Bestand der Hauptforderung abhängt.[32] Sind die Forderungen jedoch nach materiellem Recht – auch im Hinblick auf ihre Entstehung – gleichrangig, so ist keine von ihnen Nebenforderung.[32a] 26

An der notwendigen Abhängigkeit fehlt es etwa, wenn der Versicherte im **Deckungsprozess** mit dem Haftpflichtversicherer neben dem geleisteten Schadensersatz die Kosten des Rechtsstreits mit dem Geschädigten verlangt, denn die geltend gemachten Kosten sind dann eigenständiger Bestandteil des Deckungsanspruchs.[33] Im Verkehrsunfallprozess sind die neben anderen Schadenspositionen eingeklagten Kosten eines vorprozessual eingeholten Sachverständigengutachtens und die Unkostenpauschale regelmäßig keine Nebenforderung.[34] Sie sind der Sache nach als Herstellungskosten anzusehen. 27

Bei einer Klage auf Einwilligung in die Auszahlung eines hinterlegten Geldbetrages unterfallen die aufgelaufenen **Hinterlegungszinsen** (§ 8 HinterlO) nicht § 4 Abs. 1 Halbs. 2,[35] da sie Teil der 28

---

[21] BGH NJW 1980, 2074, 2076.

[22] Vgl. auch BGH NJW 1998, 2060, 2061 (betr. Vorfälligkeitszinsen, Abgrenzung zu BGH NJW 1995, 1827).

[23] BGH NJW 1998, 2060, 2061.

[24] BGH, Beschl. v. 15. 5. 2007, VI ZB 18/06, juris; MDR 2007, 919. Weiter Beispiele u. Nachw. aus der Rspr. bei *Stein/Jonas/Roth* Rn. 24ff.; *Baumbach/Lauterbach/Hartmann* Rn. 20 Stichwort: „Rechtsgeschäft"; *Musielak/Heinrich* Rn. 12.

[25] RGZ 56, 256; *Musielak/Heinrich* Rn. 12.

[26] So BGHZ (GSZ) 128, 85, 92 = NJW 1995, 664, 665; BGH, Beschl. v. 15. 5. 2007, VI ZB 18/06, juris, MDR 2007, 919.

[27] So wohl *Stein/Jonas/Roth* Rn. 26.

[28] BGH NJW 1968, 1275; OLG Hamm JurBüro 1990, 649; OLG Karlsruhe MDR 1991, 353; *Stein/Jonas/Roth* Rn. 25.

[29] OLG Frankfurt JurBüro 1989, 1735; *Stein/Jonas/Roth* Rn. 18; *Musielak/Heinrich* Rn. 9.

[30] BGH NJW-RR 1998, 1284.

[31] BGH KostRsp ZPO § 4 Nr. 72; BGH, Beschl. v. 25. 11. 2004, III ZR 325/03, juris; *Musielak/Heinrich* Rn. 8; vgl. auch BGH Rpfleger 1976, 207f.; OLG München NJW-RR 1994, 1484, 1485; OLG Oldenburg, JurBüro 2007, 314, zu Sachverständigenkosen bei Kaufgewährleistung.

[32] BGH NJW 1998, 2060, 2061.

[32a] BGH MDR 2007, 852.

[33] BGH Rpfleger 1976, 207f.; *Thomas/Putzo/Hüßtege* Rn. 8.

[34] BGH MDR 2007, 852; BGH, Beschl. v. 15. 5. 2007, VI ZB 18/06, juris.

[35] BGH NJW 1967, 930; NJW-RR 1989, 173.

einheitlichen Hinterlegungsmasse sind.[36] Entsprechendes gilt bei einer Klage auf Zustimmung zu einem Teilungsplan hinsichtlich der dem zu teilenden Konto gutgeschriebenen Zinsen[37] und einer Klage auf Herausgabe der Mietkautionssumme samt der aus ihr gezogenen Zinsen.[38]

29 Ohne Bedeutung ist, ob der Anspruch **getrennt** berechnet oder in die Hauptforderung **einbezogen** wird;[39] etwas anders soll nach Ansicht mancher bei Ratenzahlungskrediten gelten.[40]

30 Sobald und soweit die **Hauptforderung nicht mehr Prozessgegenstand** ist, etwa weil eine auf die Hauptforderung beschränkte Erledigung erklärt wurde, wird die Nebenforderung zur Hauptforderung.[41]

31 **4. Ansprüche aus Wechseln und Schecks (Abs. 2).** Abs. 2, der für Ansprüche aus Schecks entsprechend gilt, erklärt Zinsen, Kosten und Provisionen zu Nebenforderungen, obwohl sie an sich Teil einer einheitlichen Gesamtforderung sind (s. Art. 48f. WG, Art. 45f. ScheckG).[42]

32 **5. Gebührenstreitwert.** Im Rahmen des Gebührenstreitwertes und grundsätzlich auch des Gegenstandswertes (§ 23 Abs. 1 S. 1 RVG, Ausnahme § 25 Abs. 1 Nr. 1 RVG) gilt für Nebenforderungen § 43 GKG.

§ 5 Mehrere Ansprüche

Mehrere in einer Klage geltend gemachte Ansprüche werden zusammengerechnet; dies gilt nicht für den Gegenstand der Klage und der Widerklage.

I. Normzweck

1 Mit dem Gebot der Addition der Werte mehrerer gleichzeitig geltend gemachter Ansprüche trägt **Halbs. 1** der sich aus einer Anspruchshäufung typischerweise ergebenden **Steigerung des wirtschaftlichen Interesses** Rechnung.[1] Er gilt in sämtlichen Verfahrensarten der ZPO, nicht nur in Klageverfahren,[2] für Zuständigkeits-, Rechtsmittel-, Bagatell-, und Verurteilungsstreitwert. Für den Gebührenstreitwert gilt § 9 Abs. 1 GKG, vorbehaltlich gebührenrechtlicher Sonderregelungen wie zB §§ 48 Abs. 4, 42 Abs. 3, 45 Abs. 1 S. 3 GKG.

2 **Halbs. 2** behandelt die Berechnung des Zuständigkeitsstreitwertes in Rechtsstreitigkeiten mit Widerklage. In ihm kommt der **Grundsatz der Unbeachtlichkeit des Interesses des Gegners** (Angreiferinteresseprinzip, s. § 3 Rn. 4ff.) zum Ausdruck.[3] Die Vorschrift will verhindern, dass der Beklagte durch Erhebung einer in die Zuständigkeit desselben Gerichts fallenden Widerklage die Zuständigkeit eines anderen (höheren) Gerichts erzwingen kann.[4]

II. Mehrere in einer Klage geltend gemachte Ansprüche (Halbs. 1)

3 **1. Allgemeines.** Bei den mehreren Ansprüchen muss es sich um (zumindest teilweise) **verschiedene Streitgegenstände** handeln[5] (Additionsverbot bei prozessualer Identität). Dies folgt aus dem Gesetzeswortlaut („mehrere Ansprüche"), der Gesetzessystematik (vgl. § 253 Abs. 2 S. 2, § 260) und aus dem Gesetzeszweck, mit der Wertaddition einem typischerweise erhöhten wirtschaftlichen Interesse Rechnung zu tragen (Rn. 1). Bloße Anspruchsgrundlagenkonkurrenz genügt also nicht.[6] Notwendig ist ferner, dass die verschiedenen Ansprüche **nebeneinander,** nicht – wie

---

[36] RG HRR 1931 Nr. 252; *Zöller/Herget* Rn. 11; *Musielak/Heinrich* Rn. 10.
[37] BGH NJW-RR 1998, 1284.
[38] LG Hamburg NJWE-MietR 1997, 199; aA LG Berlin GE 1997, 860 F.
[39] BGH MDR 2007, 919, Beschl. v. 15. 5. 2007, VI ZB 18/06, juris BGH NJW-RR 1995, 706, 707; 2000, 1015; NJW 1998, 2060, 2061; OLG Celle RVGReport 2007, 157; OLG Schleswig OLGR 1999, 79, 80; OLG Köln OLGR 1999, 220, 1999, 404; *Thomas/Putzo/Hüßtege* Rn. 8.
[40] *Zöller/Herget* Rn. 11 und § 3 Rn. 16 Stichwort: „Ratenzahlungskredit" m. weit. Nachw.; vgl. auch *Stein/Jonas/Roth* Rn. 22.
[41] St. Rspr., s. BGH NJW 1994, 1869, 1870; BGH, Beschl. v. 25. 11. 2004, III ZR 325/03, juris; s. ferner *Stein/Jonas/Roth* Rn. 35.
[42] AK-ZPO/*Röhl* § 4 Rn. 11; zu Einzelheiten *Stein/Jonas/Roth* Rn. 39.
[1] *Stein/Jonas/Roth* Rn. 1; *Wieczorek/Schütze/Gamp* Rn. 3.
[2] *Zöller/Herget* Rn. 3; /*Thomas/Putzo/Hüßtege* Rn. 1.
[3] *Stein/Jonas/Roth* Rn. 1; *Musielak/Heinrich* Rn. 1; HK-ZPO/*Kayser* Rn. 1; vgl. auch *Schumann* NJW 1982, 1257, 1258; *Hahn,* Die gesamten Materialien zu den Reichsjustizgesetzen, Zweiter Band: Materialien zur Civilprozeßordnung, S. 148.
[4] BGH NJW 1994, 3292.
[5] BGH AnwBl. 1976, 339; NJW-RR 2004, 638; *Schumann* NJW 1982, 2800; *Zöller/Herget* Rn. 3.
[6] *Thomas/Putzo/Hüßtege* Rn. 2.

bei Klageänderung oder Parteiwechsel – bloß nacheinander geltend gemacht werden.[7] Gleichgültig sind demgegenüber die Art (**objektiv** oder **subjektiv** (näher Rn. 20f.) und der Zeitpunkt des Eintritts (**anfänglich** oder **nachträglich**[8]) der Anspruchshäufung. Zur Klagehäufung durch Verbindung s. Rn. 26f.

Die mehreren Ansprüche dürfen bei wirtschaftlicher Betrachtung **nicht auf dasselbe Ziel gerichtet** sein (Additionsverbot wegen wirtschaftlicher Identität).[9] Auch das folgt aus dem Gesetzeszweck (Rn. 1). Nicht zusammengerechnet wird deshalb u. a. in folgenden Fällen: Klage gegen Hauptschuldner und Bürge;[10] Klage auf Erbringung der Leistung und auf Duldung der Zwangsvollstreckung, auch gegen verschiedene Personen;[11] Klage auf Leistung und auf Feststellung des Annahmeverzuges mit der Gegenleistung;[12] grundsätzlich bei Leistungsklage und Zwischenfeststellungsklage;[13] Klage auf Zahlung des Kaufpreises und auf Abnahme der Kaufsache;[14] Klage auf Herausgabe mit Fristsetzung und Schadensersatzverlangen gem. § 283 BGB,[15] Klage mehrerer Gesamtgläubiger oder Inanspruchnahme mehrerer Beklagter als Gesamtschuldner wegen ein und derselben Leistung.[16] Hat eine Wertaddition zu unterbleiben und erfolgt keine Trennung (§ 145), ist auf den Anspruch mit dem **höchsten Wert** abzustellen.[17] Zum Zusammentreffen von Werklohnforderung und Anspruch auf Bewilligung der Eintragung einer Bauhandwerkersicherungshypothek s. § 3 Rn. 40. Die Klage auf Mietzinszahlung kann mit der Feststellungsklage auf Fortbestand des Mietverhältnisses sowie auf nicht bestehendes Mietminderungsrecht und einer Feststellungswiderklage auf Bestehen eines Schadensersatzanspruches eine wirtschaftliche Einheit bilden, so dass nur der höchste Einzelwert maßgeblich ist für die Streitwertbestimmung.[18] 4

2. Zuständigkeitsstreitwert. In Bezug auf den Zuständigkeitsstreitwert findet eine Wertaddition nur dann statt, wenn die Anspruchshäufung prozessual zulässig ist,[19] da sonst die Gefahr einer Manipulation der Zuständigkeit bestünde; bei unzulässiger Häufung ist gem. § 145 zu trennen. Eine nachträgliche Klagehäufung, die wegen gebotener Wertaddition zur Werterhöhung führt, wirkt sich, wenn dabei die Zuständigkeitswertgrenze des § 23 Nr. 1 GVG überschritten wird, auf die sachliche Zuständigkeit aus; § 261 Abs. 3 Nr. 2 kommt wegen § 506 Abs. 1 nicht zum Zuge (s. § 4 Rn. 7; § 506 Rn. 4). 5

3. Rechtsmittelstreitwert. § 5 Halbs. 1 gilt auch für die Berechnung des Rechtsmittelstreitwertes (Wert des Beschwerdegegenstandes, Wert der Beschwer, s. § 2 Rn. 7f., 10), allerdings findet eine Addition jeweils nur auf derselbe Seite (Klägerseite oder Beklagtenseite) statt.[20] Legen die beklagte GmbH und ein sie als streitgenössischer Nebenintervenient unterstützender Gesellschafter selbstständige Berufungen gegen ein im Beschlussanfechtungs- bzw. Nichtigkeitsfeststellungsprozess ergangenes kassatorisches Gestaltungsurteil ein, so findet hinsichtlich der Beschwer jedenfalls wegen des einheitlichen Streitgegenstandes und der einheitlichen Urteilswirkungen keine Wertaddition statt.[21] 6

4. Gebührenstreitwert. Bei der Berechnung des Gebührenstreitwertes kommt § 5 Halbs. 1 über § 48 Abs. 1 S. 1 GKG subsidiär zur Anwendung, sofern nicht die Spezialregelungen der §§ 39 7

---

[7] KG Rpfleger 1968, 289; OLG Frankfurt JurBüro 1994, 738; *Stein/Jonas/Roth* Rn. 5; *Musielak/Heinrich* Rn. 5; *Baumbach/Lauterbach/Hartmann* Rn. 7 Stichwort „Klageänderung".

[8] *Frank,* Anspruchsmehrheiten im Streitwertrecht, 1986, S. 54; *Stein/Jonas/Roth* Rn. 3; *Wieczorek/Schütze/Gamp* Rn. 9.

[9] BGH NJW-RR 1989, 381; 1991, 186; NJW-RR 2004, 638; OLG Karlsruhe OLGR 2004, 388; *Stein/Jonas/Roth* Rn. 8ff.; *Zöller/Herget* Rn. 8; *Thomas/Putzo/Hüßtege* Rn. 4, 7f.; AK-ZPO/*Röhl* Rn. 1.

[10] OLG Düsseldorf OLGR 1997, 199; *Zöller/Herget* Rn. 8; *Baumbach/Lauterbach/Hartmann* Rn. 4 Stichwort „Bürge".

[11] KG AnwBl. 1979, 229; OLG Celle OLGR 2002, 11; *Zöller/Herget* Rn. 8; *Thomas/Putzo/Hüßtege* Rn. 8; *Baumbach/Lauterbach*/Rn.

[12] *Stein/Jonas/Roth* Rn. 9; *Thomas/Putzo/Hüßtege* Rn. 8; offengelassen von BGH NJW-RR 1989, 826.

[13] BGH NJW-RR 1992, 698; *Thomas/Putzo/Hüßtege* Rn. 7; *Musielak/Heinrich* Rn. 8.

[14] *Stein/Jonas/Roth* Rn. 9; *Zöller/Herget* Rn. 8; *Wieczorek/Schütze/Gamp* Rn. 16; *Thomas/Putzo/Hüßtege* Rn. 8.

[15] OLG Jena OLGR 1999, 100.

[16] BGH NJW-RR 1991, 186; MDR 1001, 1006; NJW-RR 2004, 638; *Zöller/Herget* Rn. 8; *Wieczorek/Schütze/Gamp* Rn. 28; *Thomas/Putzo/Hüßtege* Rn. 8; AK-ZPO/*Röhl* Rn. 4.

[17] BGH AnwBl. 1976, 339; BGHR ZPO § 5 Gebührenstreitwert 1; *Schumann* NJW 1982, 2800, 2801; *Thomas/Putzo/Hüßtege* Rn. 5; AK-ZPO/*Röhl* Rn. 4 aE.

[18] BGHR ZPO § 5 Gebührenstreitwert 1; BGH NJW-RR 2006, 1004 (wirtschaftliche Identität, soweit Zahlungsantrag und Feststellungsantrag denselben Zeitraum betreffen, sonst Addition).

[19] *Stein/Jonas/Roth* Rn. 7; *Musielak/Heinrich* Rn. 6; *Rosenberg/Schwab/Gottwald* § 32 IV Rn. 34ff.; aA *Wieczorek/Schütze/Gamp* Rn. 11.

[20] BGH NJW 1981, 578, 579; vgl. BGH NJW-RR 2006, 1097.

[21] BGH MDR 2001, 1006.

Abs. 1, 48 Abs. 4, 42 Abs. 3, 45 Abs. 1 S. 3 GKG eingreifen. Das alles gilt wegen der Verweisung des § 23 Abs. 1 S. 1 RVG auf die für die Gerichtsgebühren geltenden Vorschriften auch für die Rechtsanwaltsgebühren.

8 **5. Spezielle Prozesslagen. a) Aufrechnung.** Gemäß dem Angreiferinteresseprinzip (Rn. 2) bleibt ein zur Aufrechnung gestellter Anspruch bei der Berechnung des **Zuständigkeitsstreitwertes** außer Betracht.

9 In Bezug auf den **Rechtsmittelstreitwert** wirkt die Aufrechnung dagegen streitwerterhöhend, sofern sich aus ihr eine selbstständige Beschwer des Rechtsmittelführers ergibt. Das ist bei einer Primäraufrechnung niemals[22] und bei einer Eventualaufrechnung nur dann der Fall, wenn und soweit der Klage unter Verneinung der Gegenforderung stattgegeben[23] bzw. eine hilfsweise auch mit Aufrechnung begründete Vollstreckungsgegenklage unter Verneinung der hilfsweise aufgerechneten Forderung des Klägers abgewiesen wurde.[24] Es gilt mithin der Sache nach die für den Gebührenstreitwert maßgeblich Vorschrift des § 45 Abs. 3 GKG.

10 Hinsichtlich des **Gebührenstreitwertes** gilt § 45 Abs. 3 GKG: Die Aufrechnung wirkt sich maximal in Höhe der Klageforderung auf den Gebührenstreitwert aus, sofern Haupt- und Aufrechnungsforderung noch im Zeitpunkt der letzten mündlichen Verhandlung innerhalb derselben Instanz[25] bestritten[26] sind (Fall der Eventualaufrechnung) und über die Aufrechnungsforderung eine der Rechtskraft fähige Entscheidung (s. § 322 Abs. 2) ergeht.[27] Dabei bleibt es auch in der Rechtsmittelinstanz.[28] Eine Hilfsaufrechnung, über die in der Berufungsinstanz wegen Rechtsmittelrücknahme nicht entschieden wird, erhöht den Kostenstreitwert dieser Instanz nicht, auch wenn in der ersten Instanz über den hilfsweise zur Aufrechnung gestellten Anspruch entschieden worden ist.[29] Ist die erstinstanzlich erklärte Hilfsaufrechnung für die erste Instanz nicht streitentscheidend und streitwerterhöhend, verbleibt es dabei für die erste Instanz auch dann, wenn das Berufungsgericht nur auf Grund der Hilfsaufrechnung die Klage abweist.[30]

11 Zu prüfen ist jedoch stets, ob es sich wirklich um eine Aufrechnung oder nur um einen „**Rechnungsposten** in Rahmen derselben vertraglichen Abrechnung" handelt;[31] im zuletzt genannten Fall wird nicht addiert. Hat das Gericht aber eine Aufrechnung angenommen, kommen die oben dargestellten Grundsätze zur Aufrechnung zur Anwendung, selbst wenn eine Behandlung lediglich als Rechnungsposten im Rahmen einer Abrechnung richtig gewesen wäre.[32]

12 **b) Haupt- und Hilfsantrag.** Sehr häufig haben Haupt- und Hilfsantrag denselben **Streitgegenstand** oder sind auf dasselbe **wirtschaftliche Ziel** gerichtet, so dass eine Wertaddition schon deshalb ausscheidet (Rn. 4).[33] Allein maßgeblich ist dann der Anspruch mit dem höheren Wert. Bei unterschiedlichen Streitgegenständen und wirtschaftlichen Zielen gilt folgendes:

13 Hinsichtlich der **Zuständigkeit** stellt sich die Frage des Zusammenrechnens nicht, falls bereits der Hauptantrag in die Zuständigkeit des Landgerichts fällt. Das Landgericht ist aber auch dann ohne Rücksicht auf den Gesamtwert der Ansprüche von Anfang an zuständig, wenn den Einzelwerten nach zwar nicht der Hauptantrag, wohl aber der Hilfsantrag vor das Landgericht gehört.[34] Eine Verweisung an das Landgericht erst zu dem Zeitpunkt, in dem Gewissheit über die Notwendigkeit

---

[22] BGHZ 57, 301, 303 = NJW 1972, 257, 258; BGH NJW-RR 1992, 314; 1999, 1736; *Wieczorek/Schütze/Gamp* Rn. 32; *Zöller/Vollkommer* § 322 Rn. 17.

[23] BGHZ 48, 212, 213 = NJW 1967, 2162; BGHZ 57, 301, 304 = NJW 1972, 257, 258; (GSZ) 59, 17, 20/21 = NJW 1972, 1235, 1236 (in jüngerer Zeit vom VII. Zivilsenat des BGH wiederholt offen gelassen, NJW 1992, 317, 318, 686); *Zöller/Herget* Rn. 9 aE; HK-ZPO/*Kayser* Rn. 7.

[24] BGHZ 48, 356, 360 = NJW 1968, 156, 157; NJW-RR 1995, 508.

[25] OLG Karlsruhe NJW-RR 1999, 223.

[26] Das ist nicht der Fall, wenn sich der Beklagte daneben lediglich mit Rügen von Prozeßvoraussetzungen verteidigt, OLG Karlsruhe NJW-RR 1999, 223 f.; *Stein/Jonas/Roth* Rn. 64.

[27] Vgl. OLG Hamm OLGR 1999, 178 f. (keine rechtskraftfähige Entscheidung bei Zurückweisung des Aufrechnungseinwandes als verspätet). Zur Hilfsaufrechnung durch den Kläger bei Vollstreckungsgegenklage s. OLG Düsseldorf OLGR 1999, 477, 478.

[28] *Sonnenfeld/Steder* RPfleger 1995, 60, 63; *Schneider/Herget* Rn. 595.

[29] OLG Jena MDR 2002, 480.

[30] OLG München MDR 1990, 934 str.

[31] BGH NJW 1992, 317, 318; OLG Nürnberg NJW-RR 1999, 1671 f. (Aufrechnung bei Verteidigung mit Vertragsstrafeanspruch gegen Werklohnklage); Beispiele für bloße Verrechnung bei *Zöller/Greger* § 3 Rn. 16 Stichwort „Aufrechnung".

[32] BGH NJW-RR 2000, 285.

[33] Vgl. BGH AnwBl. 1976, 339; *Schumann* NJW 1982, 2800, 2802.

[34] *Schumann* NJW 1982, 2800, 2801; *Hillach/Rohs* § 14 B III b; HK-ZPO/*Kayser* Rn. 3; *Stein/Jonas/Roth* Rn. 36; *Zöller/Herget* Rn. 4; *Thomas/Putzo/Hüßtege* Rn. 6; aA *Fleischmann* NJW 1993, 506, 507.

einer Entscheidung auch über den Hilfsantrag besteht, wäre unwirtschaftlich und würde zu einer zeitlichen Verzögerung der Erledigung des Rechtsstreits führen. Problematisch in Bezug auf den Zuständigkeitsstreitwert ist allein der Fall, in dem Haupt- und Hilfsantrag je für sich bewertet in die amtsgerichtliche Zuständigkeit fallen, zusammengerechnet aber vor das Landgericht gehören. Eher formale Argumente wie etwa: eine Addition habe zu unterbleiben, weil die Ansprüche – vergleichbar der Klageänderung – nicht nebeneinander, sondern nacheinander geltend gemacht würden,[35] oder: es sei zusammenzurechnen, weil – wie bei der regulären Klagehäufung – auch der Hilfsanspruch sofort rechtshängig werde,[36] können kaum überzeugen. Entscheidend ist vielmehr, ob das Interesse des seine Ansprüche in ein Eventualverhältnis stellenden Klägers ebenso hoch zu bewerten ist wie das Interesse eines Klägers, der seine Ansprüche unbedingt nebeneinander geltend macht. ME ist dies zu verneinen. Eine allein durch Wertaddition begründete Zuständigkeit des Landgerichts ist nur dann gerechtfertigt, wenn von vornherein feststeht, dass der Kläger über sämtliche Ansprüche eine Entscheidung begehrt. Für den Zuständigkeitsstreitwert sind Haupt- und Hilfsantrag mithin niemals zu addieren, maßgeblich ist der höchste Einzelwert.[37] Das alles gilt nicht nur dann, wenn der Hilfsantrag unter der Bedingung der Erfolglosigkeit des Hauptantrages steht, sondern auch dann, wenn er – was zulässig ist[38] – für den Fall des Erfolgs des Hauptantrags gestellt wird.[39]

Für den **Rechtsmittelstreitwert** hat eine Wertaddition zu erfolgen, wenn und soweit über den Hilfsantrag entschieden wurde und der Rechtsmittelführer durch die Entscheidungen über den Haupt- und den Hilfsantrag beschwert ist.[40] 14

Bezüglich des **Gebührenstreitwertes** ist die Sondervorschrift des § 45 Abs. 1 S. 2, 3 GKG zu beachten. Danach wird ein hilfsweise geltend gemachter Anspruch mit dem Hauptanspruch zusammengerechnet, soweit eine Entscheidung über ihn ergeht – und prozessrechtlich ergehen durfte[41] – und beide Ansprüche nicht denselben Gegenstand betreffen. 15

c) Nichtvermögensrechtliche Ansprüche. Das Zusammentreffen vermögensrechtlicher und nichtvermögensrechtlicher Ansprüche (s. § 3 Rn. 99) steht einer Wertaddition grundsätzlich nicht entgegen,[42] wobei für den **Gebührenstreitwert** § 48 Abs. 4 GKG zu beachten ist. 16

Eine Ausnahme gilt für den **Zuständigkeitsstreitwert,** sofern für den nichtvermögensrechtlichen Anspruch eine ausschließliche Zuständigkeit des Amtsgerichts besteht (Dann liegt ein Fall von Rn. 31 vor). 17

d) Streitgenossen. Unter der Voraussetzung wirtschaftlich unterschiedlicher Streitgegenstände[43] sind die auf die einzelnen Streitgenossen entfallenden Einzelwerte bei der Ermittlung sowohl des **Zuständigkeitsstreitwertes** als auch des **Rechtsmittelstreitwertes** zu addieren.[44] 18

In Bezug auf den Rechtsmittelstreitwert der **Berufung** (Beschwerdegegenstand) gilt dies allerdings nur hinsichtlich solcher Streitgenossen, die ein Rechtsmittel eingelegt haben bzw. gegen die sich das Rechtsmittel richtet. Es gilt auch bei Anwendung des § 26 Nr. 8 EGZPO für die Zulässigkeit der Nichtzulassungsbeschwerde der Grundsatz, dass bei der Klage von Streitgenossen oder deren Inanspruchnahme durch eine Klage eine Wertaddition nicht stattfindet, wenn die verfolgten Ansprüche wirtschaftlich identisch sind. Von wirtschaftlicher Identität ist bei gegen Gesamtschuldner gerichteten gleichen Ansprüchen auszugehen. Der Grund dafür liegt darin, dass der Kläger die von den mehreren Beklagten geforderte Leistung aus Gründen des materiellen Rechts insgesamt nur einmal verlangen kann.[45] 19

e) Stufenklage (§ 254). Die wirtschaftliche Identität der in einer Stufenklage zusammengefassten Ansprüche verbietet bei der Ermittlung des **Zuständigkeitsstreitwertes** und grundsätzlich[46] 20

---

[35] *Frank* (Fn. 8) S. 221; *Stein/Jonas/Roth* Rn. 36; *Musielak/Heinrich* Rn. 11.

[36] *Kion,* Eventualverhältnis im Zivilprozeß, 1971, S. 170 f.; *Merle* ZZP 83 (1970), 436, 462.

[37] Im Ergebnis auch *Frank* (Fn. 8) S. 228; *Schumann* NJW 1982, 2800, 2801; *Hillach/Rohs* § 14 B III b; *Stein/Jonas/Roth* Rn. 36 f; *Zöller/Herget* Rn. 4; *Musielak/Heinrich* Rn. 11; *Baumbach/Lauterbach/Hartmann* Rn. 6 aE Stichwort „Hilfsantrag"; *Wieczorek/Schütze/Gamp* Rn. 22; *Thomas/Putzo/Hüßtege* Rn. 6; AK-ZPO/*Röhl* Rn. 5.

[38] RGZ 144, 71, 73 f.; *Zöller/Greger* § 260 Rn. 4.

[39] *Stein/Jonas/Roth* Rn. 24.

[40] BGH NJW 1984, 371; NJW-RR 1999, 1157 f.; *Stein/Jonas/Roth* Rn. 28; *Wieczorek/Schütze/Gamp* Rn. 23; *Thomas/Putzo/Hüßtege* Rn. 6; HK-ZPO/*Kayser* Rn. 2.

[41] BGH NJW-RR 1999, 1157.

[42] *Zöller/Herget* Rn. 7; aA *Wieczorek/Schütze/Gamp* Rn. 4, 8 (Addition nur für Gebührenstreitwert).

[43] Zu dem Fall eines identischen Unterlassungsbegehrens mehrerer Kläger s. KG NJW-RR 2000, 285.

[44] BGH NJW 1981, 578 f.; 1984, 927, 928; NJW-RR 2004, 638; *Stein/Jonas/Roth* Rn. 13; HK-ZPO/*Kayser* Rn. 1.

[45] BGH NJW 2004, 638.

[46] Eine Ausnahme kann sich aus der abweichend vom Klägerinteresse zu ermittelnden Beschwer des verurteilten Beklagten ergeben.

auch des **Rechtsmittelstreitwertes** eine Addition der Einzelwerte (Auskunft/Rechnungslegung, eidesstattliche Versicherung, Zahlung)[47] (s. a. § 254 Rn. 33). Maßgeblich ist der jeweils höchste Einzelwert. Für den **Gebührenstreitwert** ist das in § 44 GKG ausdrücklich bestimmt worden, wobei § 36 Abs. 1 GKG zu beachten ist, wonach die Gebühren sich nur nach dem Wert eines Teiles des Streitgegenstandes berechnen, wenn nur dieser Teil des Streitgegenstandes betroffen ist.

21 **f) Teilrücknahme, -vergleich, -erledigungserklärung.** Fällt durch eine dieser Prozesshandlungen einer von mehreren – wirtschaftlich selbstständigen – Ansprüchen weg, sind die Auswirkungen ebenso zu beurteilen, wie wenn ein Teil eines einheitlichen Streitgegenstandes auf die gleiche Weise in Wegfall gerät. Auf die **Zuständigkeit** bleibt die Wertverminderung wegen § 261 Abs. 3 Nr. 2 ohne Einfluss (s. § 261 Rn. 92).[48] Die Zulässigkeit des **Rechtsmittels** wird im Fall der **Berufung** durch eine Wertverminderung berührt, wenn die zunächst zulässige Berufung später willkürlich auf einen unterhalb der Berufungssumme (§ 511 Abs. 2 Nr. 1) liegenden Wert beschränkt wird[49] (s. a. § 511 Rn. 52). Der **Gebührenstreitwert** vermindert sich jeweils ex nunc.

22 **g) Zwischen-, Teil-, Vorbehalts-, Schlussurteil.** Der Erlass eines solchen Urteils lässt die **Zuständigkeit** unberührt, so dass sich insoweit die Frage der Wertaddition nicht stellt.

23 Soweit ein Zwischen-, Teil- oder Vorbehaltsurteil selbstständig mit einem Rechtsmittel angefochten werden kann, ist zur Ermittlung des **Rechtsmittelstreitwertes** nur auf den mit diesem Urteil in Zusammenhang stehenden Beschwerdegegenstand bzw. auf die sich aus diesem Urteil ergebende Beschwer abzustellen.[50] Entsprechendes gilt grundsätzlich für das auf ein solches Urteil folgende Schlussurteil;[51] ausnahmsweise kann es aber auch bei nicht zureichender eigener Beschwer zusammen mit dem vorangehenden Urteil angefochten werden, falls es dieses lediglich (insbesondere um eine Kostenentscheidung) ergänzt.[52]

24 **h) Verbindung.** Die vom Gericht angeordnete Verbindung (§ 147) mehrerer Verfahren führt bei **Rechtsmittel-** und **Gebührenstreitwert** nach wohl allgemeiner Ansicht zur Zusammenrechnung[53] (s. a. § 147 Rn. 14). Das gilt freilich nicht für eine erst vom Rechtsmittelgericht vorgenommene Verbindung,[54] es sei denn, mit ihr wird eine in der Vorinstanz willkürlich vorgenommene Trennung rückgängig gemacht.[55]

25 Bezüglich des **Zuständigkeitsstreitwertes** muss dasselbe gelten.[56] Es ist nicht einzusehen, weshalb der Verbindung zweier je für sich unterhalb der landgerichtlichen Zuständigkeitsgrenze liegender beim **Landgericht** anhängiger Verfahren die zuständigkeitsbegründende Wirkung abgesprochen werden sollte, obwohl das Landgericht bei (erneuter, nunmehr jedoch) gehäufter Geltendmachung der mehreren Ansprüche ohne weiteres zuständig sein würde. Zur Vermeidung des Verlusts der Zuständigkeit des **Amtsgerichts** bei Verbindung zweier je für sich unterhalb der Streitwertgrenze liegender beim Amtsgericht anhängiger Prozesse bedarf es keines Additionsverbots, denn hier greift die perpetuatio fori (§ 261 Abs. 3 Nr. 2; s. a. § 147 Rn. 13, § 1 Rn. 28).[57]

26 **i) Wahlschuld, Ersetzungsbefugnis.** Wegen hier stets gegebener wirtschaftlicher Identität ist niemals zu addieren. Welcher Anspruch streitwertbestimmend ist, hängt bei der Wahlschuld (§ 262 BGB) grundsätzlich von der Person des Wahlberechtigten ab (höherer Anspruch, falls Wahlrecht des Gläubigers; niedrigerer Anspruch, falls Wahlrecht des Schuldners; Differenz bei Streit über die

---

[47] *Lappe* NJW 1988, 3130, 3131; *Frank* (Fn. 8) S. 192 f.; *Assmann,* Das Verfahren der Stufenklage, 1990, S. 132; *Stein/Jonas/*Roth Rn. 20; *Stein/Jonas/Schumann* § 254 Rn. 48 f.; *Musielak/Heinrich* Rn. 9; AK-ZPO/*Röhl* Rn. 3; aA OLG Düsseldorf OLGR 1992, 294; OLG Brandenburg MDR 2002, 536; *Hillach/Rohs* § 15 A VI; *Zöller/Herget* Rn. 7; *Baumbach/Lauterbach/Hartmann* Rn. 8 Stichwort „Stufenklage"; *Thomas/Putzo/Hüßtege* Rn. 4; HK-ZPO/*Kayser* § 3 Rn. 15 „Stufenklage".

[48] *Frank* (Fn. 8) S. 51, 108.

[49] BGH NJW 1983, 1063.

[50] BGH NJW 1977, 1152; 2002, 3477.

[51] BGH NJW 1989, 2757, 2758.

[52] BGH NJW 1987, 2997.

[53] BGH NJW 1957, 183; OLG Stuttgart DB 2001, 1549; (bzgl. Gebührenstreitwert); RGZ 6, 416, 417 (bzgl. Rechtsmittelstreitwert); 30, 330, 335 (bzgl. Gebührenstreitwert); *Frank* (Fn. 8) S. 122 f.; *Stein/Jonas/Roth* Rn. 2; *Zöller/Greger* § 147 Rn. 8; *Baumbach/Lauterbach/Hartmann* Rn. 3, 11; *Thomas/Putzo/Hüßtege* Rn. 2; HK-ZPO/*Wöstmann* § 147 Rn. 12.

[54] BGH NJW 2000, 217, 218.

[55] BGH NJW 2000, 217, 218.

[56] *Stein/Jonas/Roth* Rn. 4; *Musielak/Heinrich* Rn. 4; *Baumbach/Lauterbach/Hartmann* Rn. 3, 12; *Wieczorek/Schütze/Gamp* Rn. 12.

[57] *Musielak/Heinrich* Rn. 4; *Stein/Jonas/Roth* Rn. 4; *Zöller/Greger* § 147 Rn. 8; *Thomas/Putzo/Hüßtege* Rn. 2; HK-ZPO/*Kayser* Rn. 5.

Person des Wahlberechtigten).[58] Bei der Ersetzungsbefugnis gilt der höhere Wert, es sei denn das Gebrauchmachen von der Ersetzungsbefugnis ist sicher.[59]

k) Wechselseitig eingelegte Rechtsmittel. Für den **Rechtsmittelstreitwert** erfolgt keine Addition,[60] wohl aber für den **Gebührenstreitwert,** sofern die Rechtsmittel nicht denselben Gegenstand betreffen (§ 45 Abs. 2, Abs. 1 S. 3 GKG). 27

l) Wertunabhängige Zuständigkeit oder Rechtsmittelfähigkeit. Auch beim Zusammentreffen von Ansprüchen, bei denen die Zuständigkeit oder die Rechtsmittelfähigkeit nicht wertabhängig ist, mit solchen Ansprüchen, die wertabhängig sind, ist eine Addition nicht generell ausgeschlossen. 28

In Bezug auf die **Zuständigkeit** hat sie nur dann zu unterbleiben, wenn für einen der geltend gemachten Ansprüche eine ausschließliche Zuständigkeit des **Amtsgerichts** besteht. Eine ausschließliche Zuständigkeit des **Landgerichts** hindert die Wertaddition demgegenüber grundsätzlich nicht.[61] Es wäre sinnwidrig, einen wertabhängigen Anspruch nur deshalb der Zuständigkeit des Landgerichts zu entziehen, weil der Anspruch, mit dem er gemeinsam geltend gemacht wird, nicht nur nach seinem Wert, sondern auch unabhängig davon zwingend vor das Landgericht gehört. 29

III. Klage und Widerklage (Halbs. 2)

1. Zuständigkeitsstreitwert. § 5 Halbs. 2 gilt uneingeschränkt nur bei Berechnung des Zuständigkeitsstreitwertes. Die Zuständigkeit für die Klage bzw. die Widerklage soll ohne Rücksicht auf den Wert der Widerklage bzw. der Klage festgestellt werden. 30

Das **Landgericht** ist dennoch auch für eine Widerklage mit einem Zuständigkeitsstreitwert von nicht mehr als 5000 Euro zuständig, wenn sie mit einer zu Recht zum Landgericht erhobenen Klage zusammentrifft.[62] Dies folgt nicht etwa aus einer Wertaddition, sondern aus dem u. a. in § 33 zum Ausdruck kommenden Grundsatz der Prozesswirtschaftlichkeit. Nach § 506 ist auf Antrag auch eine zurecht vor dem Amtsgericht wegen mangelnder Unterschreitung der 5000-Euro-Grenze erhobene Klage mit der diese Grenze überschreitenden Widerklage an das Landgericht zu verweisen. Das Landgericht wird auch für eine zum Landgericht erhobene Klage mit einem Zuständigkeitsstreitwert von nicht mehr als 5000 Euro zuständig, wenn der Beklagte eine in die Zuständigkeit des Landgerichts fallende Widerklage erhebt.[63] Auch dies folgt aus den Gründen der Prozesswirtschaftlichkeit. Andernfalls müsste es zu einer Prozesstrennung kommen oder gar zu einer Abweisung der Klage als unzulässig, obwohl der Gesetzgeber mit § 506 zum Ausdruck gebracht hat, dass in einem solchen Fall Klage als auch Widerklage durch das Landgericht entschieden werden sollen. Soweit im Hinblick auf den örtlichen Gerichtsstand nach § 33 dem Beklagten und Widerkläger sogar Nachteile entstehen könnten, versucht die Gegenmeinung wenig überzeugend in der Weise zu helfen, als eine Rüge der Unzuständigkeit dann als treuwidrig angesehen wird.[64] 31

Eine **Wider-Widerklage**[65] ist wertmäßig wie eine Klagehäufung zu behandeln. Bei wirtschaftlich unterschiedlichem Ziel der Wider-Widerklage gegenüber der Klage sind also die Werte von Klage und Wider-Widerklage zu addieren.[66] 32

2. Rechtsmittelstreitwert. Für den Rechtsmittelstreitwert gilt Halbs. 2 nach seinem Sinn und Zweck nicht.[67] Das Angreiferinteresseprinzip (Rn. 2) bleibt trotz Wertaddition gewahrt, denn die Zusammenrechnung trägt hier lediglich dem Umstand Rechnung, dass es bei der Rechtsmittelbeschwer entscheidend auf den Gesamtumfang des Unterliegens des jeweiligen Rechtsmittelklägersankommt, der eben auch von dem Unterliegen gegenüber der gegnerischen Klage/Widerklage 33

---

[58] *Stein/Jonas/Roth* Rn. 41; *Baumbach/Lauterbach/Hartmann* Anh. § 3 Rn. 137 Stichwort „Wahlschuld"; *Thomas/Putzo/Hüßtege* § 3 Rn. 169; HK-ZPO/*Kayser* § 3 Rn. 15 Wahlschuld; aA *Wieczorek/Schütze/Gamp* Rn. 26.

[59] AK-ZPO/*Röhl* Rn. 3.

[60] *Wieczorek/Schütze/Gamp* Rn. 43; AK-ZPO/*Röhl* Rn. 10.

[61] *Stein/Jonas/Roth* Rn. 26; *Wieczorek/Schütze/Gamp* Rn. 5 f.; aA wohl *Baumbach/Lauterbach/Hartmann* Rn. 12; *Musielak/Heinrich* Rn. 10; AK-ZPO/*Röhl* Rn. 6.

[62] *Mayer* JuS 1991, 678, 679; *Frank* (Fn. 8) S. 281; *Stein/Jonas/Roth* Rn. 43; HK-ZPO/*Kayser* Rn. 2; *Musielak/Heinrich* Rn. 13; *Thomas/Putzo/Hüßtege* Rn. 5.

[63] *Frank* (Fn. 8) S. 282; *Thomas/Putzo/Hüßtege* Rn. 5; *Zöller/Herget* Rn. 2; HK-ZPO/*Kayser* Rn. 2; grundsätzlich aA *Stein/Jonas/Roth* Rn. 43 f.; *Musielak/Heinrich* Rn. 13.

[64] Vgl. *Stein/Jonas/Roth* Rn. 44.

[65] Zur Zulässigkeit BGH MDR 1959, 571; NJW-RR 1996, 65.

[66] *Musielak/Heinrich* Rn. 14.

[67] Ganz hM, s. nur BGH NJW 1994, 3292; *Stein/Jonas/Roth* Rn. 52; *Zöller/Herget* Rn. 2, *Musielak/Heinrich* Rn. 14; *Wieczorek/Schütze/Gamp* Rn. 38; aA OLG Düsseldorf NJW 1992, 3246; *Glaremin* NJW 1992, 1146.

mitbestimmt wird.[68] Freilich setzt eine Wertaddition auch hier voraus, dass die Gegenstände von Klage und Widerklage nicht wirtschaftlich identisch sind (s. Rn. 4).[69]

34 **3. Gebührenstreitwert.** Werden Klage und Widerklage nicht in getrennten Prozessen verhandelt, ist bei unterschiedlichen Gegenständen zusammenzurechnen, während bei identischem Gegenstand der höhere Wert zählt (§ 45 Abs. 1 GKG). **Identität des Gegenstandes** liegt bei wirtschaftlicher Identität vor, mag es sich prozessual auch um unterschiedliche Streitgegenstände handeln.[70] Wirtschaftliche Einheit ist in der Regel – nicht stets[71] – dann gegeben, wenn die Zuerkennung des einen Anspruchs die Aberkennung des anderen bedingt.[72]

35 Eine **Hilfswiderklage** wird gebührenwertmäßig erst ab Bedingungseintritt berücksichtigt (§ 45 Abs. 1 S. 2, Abs. 3 GKG analog).[73] Nach § 45 Abs. 1 S. 2 GKG wird ein hilfsweise geltend gemachter Anspruch mit dem Hauptanspruch nur zusammengerechnet, wenn eine Entscheidung über ihn ergeht. Dies ist nach § 45 Abs. 4 GKG bei einer Erledigung des Rechtsstreits durch **Vergleich** entsprechend anzuwenden. Streitig aber zu verneinen ist, ob auch eine Hilfswiderklage gebührenrechtlich für die Bewertung des Streitwertes des Rechtsstreites berücksichtigt wird, wenn sie im Rahmen eines Vergleiches mit erledigt wird.[74]

§ 6 Besitz; Sicherstellung; Pfandrecht

[1]Der Wert wird bestimmt: durch den Wert einer Sache, wenn es auf deren Besitz, und durch den Betrag einer Forderung, wenn es auf deren Sicherstellung oder ein Pfandrecht ankommt. [2]Hat der Gegenstand des Pfandrechts einen geringeren Wert, so ist dieser maßgebend.

I. Normzweck

1 § 6 S. 1 1. Alt. ordnet an, dass bei Streitigkeiten über eine Sache auf den vollen Verkehrswert der Sache abzustellen ist, selbst wenn es nur um den Besitz an ihr geht. Ebenso soll nach S. 1 2. Alt. bei Streitigkeiten über die bloße Sicherung einer Forderung oder über ein Pfandrecht der volle Wert der gesicherten Forderung zugrunde gelegt werden, es sei denn, der Haftungsgegenstand ist weniger wert als die gesicherte Forderung (S. 2). Mit der darin liegenden Entscheidung gegen eine am tatsächlichen wirtschaftlichen Interesse ausgerichtete Betrachtungsweise soll eine **berechenbare, einheitliche und einfache Bewertungspraxis** erreicht werden.[1]

2 Eine von manchen befürwortete **restriktive Auslegung** des § 6 mit dem Ziel, durch Verminderung des Gebührenstreitwertes Kongruenz von wirtschaftlichem Interesse und Streitwert herbeizuführen,[2] liefe dem erklärten Gesetzeszweck zuwider und ist deshalb grundsätzlich **abzulehnen**[3] (s. a. Rn. 13). Im Einzelfall kann jedoch Art. 2 Abs. 1 iVm. Art. 20 Abs. 3 GG eine Streitwertfestsetzung nach dem wirtschaftlichen Interesse gebieten. Das Rechtsstaatsprinzip beinhaltet den Justizgewährungsanspruch. Mit ihm ist es aber nicht vereinbar, wenn einer Partei Kosten entstehen, die außer Verhältnis zu dem wirtschaftlichen Wert des Verfahrensgegenstandes stehen. Davon ist nach Auffassung des Bundesverfassungsgerichts auszugehen, wenn eine unzumutbare Erschwerung des Rechtswegs regelmäßig zu bejahen ist, weil es nicht nur um geringfügige Beträge geht und schon das Gebührenrisiko für eine Instanz das wirtschaftliche Interesse eines Beteiligten an dem Verfahren erreicht oder sogar übersteigt. Diese Grundsätze gelten nicht nur für eine klagende Partei. Sie finden auch dann Anwendung, wenn eine Partei durch den Kläger in einen Prozess gezogen wird.

---

[68] BGH NJW 1994, 3292; *Musielak/Heinrich* Rn. 14.
[69] BGH NJW 1994, 3292.
[70] *Stein/Jonas/Roth* Rn. 48 f.
[71] *Stein/Jonas/Roth* Rn. 48 f.; vgl. auch KG JurBüro 1981, 251; vgl. auch OLG Stuttgart OLGR 2000, 42.
[72] BGHZ 43, 31, 33 = NJW 1965, 444; BGH NJW-RR 1992, 1404; BGH NJW 1994, 3292; BGH NJW-RR 2005, 506: vgl. auch BGH NJW 2006, 378.
[73] Ganz hM, *Zöller/Herget* § 3 Rn. 16 „Eventualwiderklage"; HK-ZPO/*Kayser* § 3 Rn. 15 Eventualwiderklage; BGH NJW 1973, 98; 2206, 2207; NJW-RR 1999, 1736; OLG Köln JurBüro 1990, 246 f.; *Stein/Jonas/Roth* Rn. 56; AK-ZPO/*Röhl* Rn. 8; aA *Lappe* 1. Aufl. Rn. 64.
[74] OLG Köln NJW-RR 1996, 1278; OLG Koblenz MDR 1997, 404; OLG Bamberg JurBüro 1994, 112; KG KG-Rp. 2002, 119; MDR 2004, 56; *Zöller/Herget* § 3 Rn. 16 Eventualwiderklage; aA OLG Düsseldorf OLGR 2005, 586; *Schneider/Herget* Anm. 2880; *Stein/Jonas/Roth* Rn. 56.
[1] *Hahn,* Die gesamten Materialien zu den Reichsjustizgesetzen, Zweiter Band: Materialien zur Civilprozeßordnung, S. 148.
[2] Etwa OLG Köln KostRsp ZPO § 6 Nr. 78; OLG Düsseldorf OLGR 1993, 348; *Lappe* 1. Aufl. Rn. 12.
[3] *Mümmler* JurBüro 1982, 1282, 1297; *Stein/Jonas/Roth* Rn. 1; *Hillach/Rohs* § 40 A; *Musielak/Heinrich* Rn. 1; OLG Hamm MDR 2002, 1458.

Die beklagte Partei hat dann zwar den Zugang zu den Gerichten nicht von sich aus gesucht. Sie steht aber regelmäßig vor der Frage, ob sie den Anspruch des Klägers erfüllen oder sich dagegen zur Wehr setzen soll. Entscheidet sie sich zur Verteidigung, muss sie mit einer gerichtlichen Auseinandersetzung rechnen. In ihrer Freiheit zu entscheiden, ob sie einen Anspruch erfüllen oder es auf einen Prozess ankommen lassen soll, wäre sie in rechtsstaatlich nicht mehr zu vertretender Weise beeinträchtigt, wenn bereits die Kosten einer Gerichtsinstanz ihr wirtschaftliches Interesse an einer Rechtsverteidigung übersteigen.[4] Gegen die Entscheidung des Bundesverfassungsgericht wird zu Recht eingewandt, dass sie die Grundlagen der Streitwertfestsetzung jedenfalls insoweit verkannt hat, als sie auf das wirtschaftliche Interesse des Beklagten abstellt. Denn maßgebend ist das Angreiferinteresse. Wenn eine Löschungsbewilligung über ein nominal hochwertiges Grundpfandrecht wegen einer kleinen Forderung vom Beklagten nicht erteilt und vom Kläger gerichtlich geltend gemacht wird, kann das wirtschaftliche Interesse des Klägers zB wegen mangelnder Verkehrsfähigkeit des Grundstücks sehr hoch sein, während es für den Beklagten sehr niedrig sein kann. Die Verfassung gebietet es wohl nicht, in einem solchen Fall allein das wirtschaftliche Interesse des Beklagten gegen die ausdrückliche Entscheidung des Gesetzgebers zur Grundlage der Streitwertfestsetzung zu machen.[5]

II. Besitz an einer Sache (Satz 1 1. Alt)

1. Anwendungsbereich und Spezialvorschriften. § 6 S. 1 1. Alt. gilt grundsätzlich für **alle Streitwertarten** (dazu § 2 Rn. 2ff.). Hinsichtlich Zuständigkeits-, Rechtsmittel-, Bagatell- und Verurteilungsstreitwert wird er von § 8 verdrängt, soweit es um den Besitz im Zusammenhang mit einem streitigen Miet-, Pacht- oder Leasingverhältnis geht.[6] Aber auch § 6 S. 1 2. Alt. geht vor, so dass die 2. Alt. und nicht die 1. Alt. anwendbar ist, wenn die Herausgabe einer Sache speziell zum Zwecke der Forderungssicherung verlangt wird.[7] Für den **Gebührenstreitwert** ist § 6 S. 1 1. Alt. nach § 48 Abs. 1 GKG maßgeblich, sofern nicht § 41 GKG eingreift. 3

2. Sachen. Das sind sowohl bewegliche als auch unbewegliche. **Urkunden** gehören nach Sinn und Zweck der Regelung nur dann dazu, wenn der Besitz der Urkunde unmittelbar den Wert eines Rechts verkörpert (wie bei Inhaber- und bestimmten weiteren Wertpapieren)[8] oder die Urkunde aus anderen Gründen einen eigenen Verkehrswert besitzt (wie zB Baupläne, künstlerisch wertvolle oder historische Urkunden)[9] (s.a. § 3 Rn. 125). **Nicht** unter § 6 fallen deshalb **KfZ-Briefe,** da es sich insoweit nur um eine Beweisurkunde handelt und sich das Recht am Kraftfahrzeug nicht unmittelbar aus der Urkunde ergibt.[10] Ebenfalls unterfallen qualifizierte Legitimationspapiere wie zB das **Sparbuch** nicht dem § 6.[11] 4

3. Besitz. Gemeint ist Besitz iSd. §§ 854ff. BGB. Bei Mitbesitz[12] oder nur teilweise streitigem Besitz wird ein entsprechender Teilwert der Sache zugrunde gelegt.[13] 5

§ 6 S. 1 1. Alt. ist – erst recht – auch dann anwendbar, wenn nicht nur um den Besitz, sondern auch um das **Eigentum** gestritten wird.[14] Streitig – jedenfalls in Bezug auf Grundstückseigentum – ist seine Anwendbarkeit bei einer ausschließlich das Eigentum betreffenden Auseinandersetzung.[15] Da der Gesetzgeber im Interesse einer berechenbaren, einheitlichen und einfachen Bewertungspra- 6

---

[4] BVerfG NJW-RR 2000, 946; vgl. auch OLG Celle NJW/RR 2001, 946; MDR 2005, 1196; KG MDR 2003, 1383; *Zöller/Herget* Rn. 1; ablehnend *Stein/Jonas/Roth* Rn. 1; *Musielak/Heinrich* Rn. 1.

[5] Eingehend *Stein/Jonas/Roth* Rn. 1; ebenso OLG Celle NJW-RR 2001, 946; vgl. auch OLG Saarbrücken OLGR 2001, 236; OLG Hamm MDR 2002, 1458.

[6] BGH NJW-RR 1994, 256.

[7] *Stein/Jonas/Roth* Rn. 4, 25f.

[8] BGH FamRZ 1992, 169, 170; BGHR ZPO § 511a Wertberechnung 11.

[9] Ausführlich *Hillach/Rohs* § 40 A II d; *Stein/Jonas/Roth* Rn. 10.

[10] OLG Düsseldorf MDR 1999, 891; *Musielak/Heinrich* Rn. 2.

[11] *Stein/Jonas/Roth* Rn. 7; *Musielak/Heinrich* Rn. 2.

[12] Zur Abgrenzung gegenüber der bloßen Mitbenutzung *Hillach/Rohs* § 40 A I c.

[13] BGH NJW 1969, 1350 (einzelne Nachlaßgrundstücke), 1972, 909f.; 1975, 1415, 1416f.; OLG Düsseldorf MDR 1998, 1406; *Stein/Jonas/Roth* Rn. 3, 19; *Musielak/Heinrich* Rn. 3; *Thomas/Putzo/Hüßtege* Rn. 3; zu Grundstücksteilen eingehend *Hillach/Rohs* § 40 A II b 2.

[14] BGH FamRZ 1991, 547; BGHR ZPO § 3 Teilungsverfahren 1; vgl. BGH NJW 2002, 684; *Stein/Jonas/Roth* Rn. 12ff.; *Thomas/Putzo/Hüßtege* Rn. 1, 4; *Zöller/Herget* Rn. 4; *Musielak/Heinrich* Rn. 2; HK-ZPO/*Kayser* Rn. 2.

[15] Für die Anwendung des § 6, wobei aber von einigen dennoch nicht stets der volle Verkehrswert zugrunde gelegt wird: etwa *Stein/Jonas/Roth* Rn. 12; *Zöller/Herget* § 3 Rn. 16 Stichwort „Auflassung“; *Musielak/Heinrich* Rn. 2; *Lappe* NJW 1984, 1212; – dagegen: OLG Frankfurt NJW-RR 1996, 636; OLG Celle NJW-RR 1998, 141, 142 jeweils m. weit. Nachw.

xis den Besitz streitwertmäßig wie das Eigentum behandelt wissen wollte und dabei den Verkehrswert der Sache zum Maßstab erklärt hat, verbietet es sich, das Eigentum nunmehr abweichend von § 6 zu bewerten.[16]

7 Das gilt auch für das **Vorbehaltseigentum,**[17] nicht jedoch das **Anwartschaftsrecht** auf Eigentumserwerb[18] (dazu § 3 Rn. 31) und wegen des pfandrechtsähnlichen Wesens auch nicht für das **Sicherungseigentum**[19] (s. Rn. 15).

8 **4. Darauf ankommen.** Auf den Besitz „kommt es an", sofern es um dessen **endgültige Erlangung oder Erhaltung** geht.[20] Bei Streit wegen Besitzstörung,[21] Abnahme,[22] Zurücknahme[23] o. ä. lässt sich das Abstellen auf den vollen Sachwert nicht rechtfertigen, ebenso wenig bei nur vorläufiger Regelung der Besitzverhältnisse, insbesondere durch einstweilige Verfügung.[24]

9 Gleichgültig ist die **Klageart,** in der der Besitz oder das Eigentum geltend gemacht wird[25] (zum Abschlag bei positiver Feststellungsklage s. Rn. 11). Auch die Grundbuchberichtigungsklage nach § 894 BGB unterfällt § 6.[26]

10 **5. Wert der Sache. a) Objektiver Verkehrswert.** Satz 1 1. Alt. meint den objektiven Verkehrswert.[27] Das ist der Betrag, der sich bei einer Veräußerung der Sache erzielen lässt. Sofern ein Kurs besteht, ist der Ankaufskurs maßgeblich.[28] Ein vereinbarter Kaufpreis ist ein Indiz für die Höhe des Verkehrswertes.[29] Wird auf Duldung der Wegnahme einer eingebauten Sache geklagt, ist der in der Regel geringere Wert nach Trennung zugrunde zu legen.[30]

11 Bei **positiven Feststellungsklagen** ist grundsätzlich ein Abschlag vorzunehmen.[31] Die Maßgeblichkeit des Wertes der Sache bedeutet nicht, dass der bei Feststellungsklagen generell für angemessen erachtete Abschlag zu unterbleiben hätte. § 6 normiert auch keinen „Sozialwert", der einer weiteren Herabsetzung des Streitwertes entgegenstünde.

12 **b) Belastungen.** Belastungen sind grundsätzlich nicht zu berücksichtigten und vermindern den Wert nicht, was insbesondere bei mit Grundpfandrechten belasteten Immobilieneigentum gilt. Das gilt nur dann nicht, wenn die Belastungen nachhaltig die Nutzungsmöglichkeit (zB Baubeschränkungen, Grunddienstbarkeiten, Erbbaurechte) des Grundstücks erschweren und daher gleichsam als verkehrswesentliche Eigenschaft der Sache erscheinen.[32] Der Nießbrauch ist als beschränkt persönliche Dienstbarkeit wie auch ein Wohnrecht nicht wertmindernd zu berücksichtigen, da sie die Benutzbarkeit des Grundstücks nicht schlechthin beeinträchtigen und damit nicht der Wert des Grundstück selbst beeinflusst wird.[33]

13 **c) Gegenleistung, Gegenrechte, Einreden.** Ohne Einfluss auf die Bewertung der Sache sind ferner die geschuldete Gegenleistung, Gegenrechte und Einreden (s. § 3 Rn. 6, 35).[34] Dass der

---

[16] *Stein/Jonas/Roth* Rn. 12; siehe auch oben Rn. 2 mit den dortigen Nachweisen.

[17] OLG Bamberg JurBüro 1964, 32; OLG Frankfurt NJW 1970, 334; *Stein/Jonas/Roth* Rn. 12, 18.

[18] *Stein/Jonas/Roth* Rn. 13.

[19] BGH NJW 1959, 939; OLG Düsseldorf OLGR 1994, 27; *Hillach/Rohs* § 41 D; *Stein/Jonas/Roth* Rn. 9, 21.

[20] RGZ 57, 400, 402; OLG Zweibrücken JurBüro 1984, 284; *Stein/Jonas/Roth* Rn. 5; vgl. auch OLG Hamm JurBüro 1990, 649 (betr. Rückforderung geliehener Geräte, deren Herausgabe der Besitzer nur bis zum Abschluß eines Gerichtsverfahrens verweigert).

[21] OLG Zweibrücken JurBüro 1984, 284; OLG Frankfurt WuM 1986, 19; *Zöller/Herget* Rn. 3; *Musielak/Heinrich* Rn. 2; HK-ZPO/*Kayser* Rn. 2.

[22] RGZ 57, 400, 402.

[23] Vgl. *Stein/Jonas/Roth* Rn. 14.

[24] *Stein/Jonas/Roth* Rn. 6, 32 f.; aA: bei einstweiliger Verfügung auf Herausgabe einer Sache an den Antragsteller, nicht bloß an einen Sequester, OLG Köln OLGR 1999, 336 (LS).

[25] *Wieczorek/Schütze/Gamp* Rn. 7; *Musielak/Heinrich* Rn. 2.

[26] BGH JurBüro 1962, 1958, 676; KG MDR 2001, 56; *Stein/Jonas/Roth* Rn. 14.

[27] BGH NJW-RR 1991, 1210; OLG Frankfurt OLGR 1998, 156; *Stein/Jonas/Roth* Rn. 16; *Zöller/Herget* Rn. 2.

[28] BGH NJW-RR 1991, 1210, 1211.

[29] OLG München MDR 1997, 599; *Stein/Jonas/Roth* Rn. 16.

[30] BGH NJW 1991, 3221, 3222.

[31] Im Ergebnis ebenso OLG München JurBüro 1983, 1393 f.; *Schneider/Herget* Rn. 2071 ff.; *Anders/Gehle,* Handbuch des Streitwertes, 2. Aufl. 1995, Stichwort „Eigentum" Rn. 5; *Zöller/Herget* § 3 Rn. 16 Stichwort „Eigentumsklage"; aA OLG Frankfurt JurBüro 1985, 278, 279; *Hillach/Rohs* § 41 A I; *Stein/Jonas/Roth* Rn. 14.

[32] Näher BGH MDR 1958, 676, 677; NJW-RR 2001, 518; *Musielak/Heinrich* Rn. 3; *Thomas/Putzo/Hüßtege* Rn. 2; *Hillach/Rohs* § 40 A II b 1; aA *Baumbach/Lauterbach/Hartmann* Rn. 5.

[33] BGH NJW 1958, 1397; NJW-RR 2001, 518; *Stein/Jonas/Roth* Rn. 17; *Hillach/Rohs* § 40 A II b 1; aA OLG Karlsruhe JurBüro 1955, 446 (Wohnrecht); OLG Zweibrücken OLGR 1997, 324 (Nießbrauch); Schwerdtfeger 2. Aufl.

[34] BGH BGHR ZPO § 3 Teilungsverfahren 1; OLG Köln MDR 2005, 298; OLG Hamm MDR 2002, 1458; IBR 2005, 297; OLGR 2005, 16; OLG Stuttgart JurBüro 2002, 424; OLG Stuttgart NJW 1975, 394 f.;

ohne Rücksicht auf solche „Gegenrechte" ermittelte Streitwert im – sicherlich nicht allzu häufig vorkommenden – Einzelfall (unstreitiger Klageanspruch, streitiger verhältnismäßig geringwertiger Gegenanspruch) das wirtschaftliche Gewicht der Streitfrage nicht zutreffend widerspiegelt, ist – wie bei normativen Streitwerten generell – hinzunehmen und lässt sich im Hinblick auf den Vereinfachungseffekt und die Wahrung des „Angreiferinteresseprinzips" (§ 3 Rn. 4 ff.) auch durchaus rechtfertigen (s. a. § 3 Rn. 35).

Dazu steht nicht in Widerspruch, dass sich der **Wert des Beschwerdegegenstandes** bei zulässiger Beschränkung des Rechtsmittels auf ein Gegenrecht o. ä. nach diesem und nur hinsichtlich der Obergrenze nach dem Wert der Sache bemisst, denn in diesem Fall „kommt es nicht mehr auf den Besitz der Sache an" (Rn. 8; s. a. § 3 Rn. 6).[35] 14

III. Sicherstellung einer Forderung, Pfandrecht (Satz 1 2. Alt., Satz 2)

1. Sicherstellung, Pfandrecht. Sicherstellung meint jede erst noch zu erlangende, Pfandrecht jede bereits vorhandene Sicherheit für die Erfüllung einer Forderung,[36] wie etwa vertragliches und gesetzliches Mobiliar- und Immobiliarpfandrecht und Pfändungspfandrecht, Bürgschaft,[37] Sicherungsabtretung,[38] Sicherungsübereignung,[39] Kaution,[40] Hinterlegung einer Sicherheit,[41] uU auch Vormerkung[42] (s. näher § 3 Rn. 36), nicht dagegen Vorbehaltseigentum (Rn. 7). 15

2. Darauf ankommen. Auf die Sicherstellung bzw. das Pfandrecht „kommt es an", wenn Gegenstand des Rechtsstreits **nur die zu bestellende oder bestehende Sicherheit** ist,[43] etwa weil es um die Bestellung oder die Rückgewähr der Sicherheit, die Duldung der Zwangsvollstreckung,[44] die vorzugsweise Befriedigung (§ 805, s. a. § 3 Rn. 134),[45] den Widerspruch gegen die Zwangsvollstreckung (§ 771)[46] außer im Rahmen des § 180 ZVG (s. § 3 Rn. 54)[47] oder die Rückgewähr eines Gegenstandes auf Grund Anfechtung nach dem AnfG[48] geht. § 6 ist **nicht** anwendbar, wenn daneben um die gesicherte Forderung gestritten[49] oder eine bloß vorläufige Regelung begehrt wird.[50] 16

3. Betrag der Forderung. Der Wert bestimmt sich nach dem Betrag der gesicherten oder zu sichernden Forderung (S. 1 2. Alt.), begrenzt durch den Wert des Sicherungsgegenstandes (S. 2). Bei **Grundschuld und Hypothek** ist das vorbehaltlich eines niedrigeren Grundstückswertes der Nennbetrag, auf die Höhe der Valutierung kommt es grundsätzlich nicht an[51] (s. aber Rn. 18). **Nebenforderungen** bleiben zur Vereinfachung der Berechnung außer Betracht (§ 4),[52] anders nur 17

OLG Bamberg JurBüro 1989, 1598; OLG München OLGR 1994, 239; OLG Nürnberg MDR 1995, 966; KG OLGR 1997, 57 f.; OLG Jena OLGR 1998, 350 f.; OLG Celle OLGR 1999, 200; *Stein/Jonas/Roth* Rn. 6, 15; *Thomas/Putzo/Hüßtege* Rn. 2; *Hillach/Rohs* § 40 A II a 2; allgemein BGH NJW-RR 1996, 828, 829; aA OLG Schleswig OLGR 2005, 180; OLG Dresden NJ 2005, 41; OLG Stuttgart RVG-Letter 2004, 83; KG NJW-RR 2003, 787; OLG Düsseldorf OLGR 1993, 348; OLG Frankfurt NJW-RR 1996, 636 f.; *Zöller/Herget* § 3 Rn. 16 Stichwort „Auflassung".

35 BGH NJW-RR 1995, 706, 1340; HK-ZPO/*Kayser* Rn. § 3 Rn. 15 Gegenleistung; *Thomas/Putzo/Hüßtege* Rn. 2; *Zöller/Herget* Rn. 2 u. § 3 Rn. 16 Stichwort „Gegenleistung".

36 *Stein/Jonas/Roth* Rn. 25.

37 RGZ 25, 366, 367; *Hillach/Rohs* § 36; *Stein/Jonas/Roth* Rn. 26.

38 *Musielak/Heinrich* Rn. 4.

39 BGH NJW 1959, 939; *Musielak/Heinrich* Rn. 4.

40 RGZ 31, 386, 387; *Stein/Jonas/Roth* Rn. 26.

41 OLG Köln JurBüro 1980, 281.

42 *Stein/Jonas/Roth* Rn. 26 aE; *Musielak/Heinrich* Rn. 4; aA *Hillach/Rohs* § 43 B.

43 *Stein/Jonas/Roth* Rn. 28.

44 BGH NJW-RR 1999, 1080.

45 *Zöller/Herget* § 3 Rn. 16 Stichwort „Vorzugsweise Befriedigung"; *Musielak/Heinrich* Rn. 6.

46 BGH WM 1983, 246; *Musielak/Smid* Rn. 6.

47 BGH FamRZ 1991, 547; eingehend *Wieczorek/Schütze/Gamp* Rn. 26.

48 BGH WM 1982, 435, 1443; BGHR ZPO § 6 Anfechtungsanspruch 1 (allerdings nur entsprechende Anwendung des § 6); *Musielak/Heinrich* Rn. 4.

49 RGZ 22, 388, 389; *Stein/Jonas/Roth* Rn. 24, 37; *Zöller/Herget* Rn. 8.

50 *Stein/Jonas/Roth* Rn. 31; aA wohl *Wieczorek/Schütze/Gamp* Rn. 16.

51 OLG Saarbrücken MDR 2001, 897; OLG Düsseldorf MDR 1999, 506; OLG Frankfurt OLGR 1992, 193; OLG Stuttgart OLGR 1998, 227, 228 (inzident); *Stein/Jonas/Roth* Rn. 36; *Musielak/Heinrich* Rn. 4; *Thomas/Putzo/Hüßtege* Rn. 8; HK-ZPO/*Kayser* § 3 Rn. 15 Löschung von Grundpfandrechten; aA OLG Celle NJW-RR 2001, 712; KG MDR 2003, 1383; *Zöller/Herget* § 3 Rn. 16 Stichwort „Hypothek".

52 BGH WM 1983, 246; *Stein/Jonas/Roth* Rn. 36; HK-ZPO/*Kayser* Rn. 4; anders im Fall analoger Anwendung des § 6 auf Ansprüche nach dem AnfG BGH BGHR ZPO § 6 Anfechtungsanspruch 1 mit der Begründung, die Zinsen seien nur Berechnungsfaktor der Hauptforderung und nicht Nebenanspruch.

dann, wenn der Wert des Sicherungsgegenstandes maßgeblich ist und dieser auch von „Nebenforderungen" (Bsp: aufgelaufene Zinsen beim verpfändeten Sparkonto) mitbestimmt wird.[53]

18 Weder auf den Betrag der Forderung, noch auf den Wert des Sicherungsgegenstandes ist abzustellen, sondern gem. § 3 auf das wirtschaftliche Interesse, falls eine zu sichernde bzw. gesicherte **Forderung unstreitig nicht oder nicht mehr besteht** und auch S. 1 1. Alt. nicht erfüllt ist (Bsp.: Streit um Löschung eines Grundpfandrechts oder einer Vormerkung bei nicht oder nicht mehr bestehender zu sichernder Forderung).[54] Denn dann besteht für eine normative Bestimmung des Streitwertes nach dem Betrag der gesicherten Forderung keine Rechtfertigung mehr.

19 Für die Berücksichtigung von **Belastungen** und **Gegenrechten** gilt das bei Rn. 12f. Gesagte entsprechend;[55] sie bleiben grundsätzlich außer Betracht.

20 **4. Gebührenstreitwert.** Der sich aus S. 1 2. Alt. oder S. 2 ergebende Wert ist zugleich der Gebührenstreitwert (§ 48 Abs. 1 GKG) und grundsätzlich der Gegenstandswert der Anwaltsgebühren (§ 23 Abs. 1 RVG).

§ 7 Grunddienstbarkeit

Der Wert einer Grunddienstbarkeit wird durch den Wert, den sie für das herrschende Grundstück hat, und wenn der Betrag, um den sich der Wert des dienenden Grundstücks durch die Dienstbarkeit mindert, größer ist, durch diesen Betrag bestimmt.

I. Normzweck

1 § 7 dient der **Vereinheitlichung und Vereinfachung der Streitwertbemessung.**[1] An die Stelle des sonst maßgeblichen wirtschaftlichen Interesses des Angreifers (s. § 3 Rn. 10) tritt eine normative Streitwertbestimmung. Entscheidend ist der Wert der Grunddienstbarkeit für das herrschende Grundstück bzw. die Werteinbuße des dienenden Grundstücks unabhängig davon, ob der Eigentümer des einen oder des anderen oder ein Dritter klagt.

II. Anwendungsbereich

2 § 7 gilt für Zuständigkeits-, Verurteilungs-, Bagatell-, Gebührenstreitwert (über § 48 Abs. 1 GKG) und Gegenstandswert (über § 48 Abs. 1 GKG, § 23 Abs. 1 S. 1 RVG), **nicht** hingegen für den **Rechtsmittelstreitwert.** Da mit dem Erlass eines Urteils klar ist, in welchem Umfang eine Partei unterlegen ist, besteht kein Anlass, von den Vorschriften über die erforderliche Beschwer des Rechtsmittelklägers bzw. den erforderlichen Wert des Gegenstandes des Rechtsmittelverfahrens eine Ausnahme zuzulassen.[2]

III. Grunddienstbarkeit

3 § 7 ist nicht auf Grunddienstbarkeiten iSd. §§ 1018ff. BGB beschränkt, sondern findet auf alle subjektiv-dinglichen Rechte Anwendung, die ähnlich einer Grunddienstbarkeit zu einer **Wertverschiebung zwischen Grundstücken** führen, wie etwa nachbarrechtliche Eigentumsbeschränkungen (zB Licht- und Fensterrecht),[3] das Notwegerecht (§§ 917f. BGB),[4] der berechtigte Überbau (§§ 912ff. BGB),[5] die subjektiv-dingliche Reallast (§ 1105 Abs. 2 BGB).[6]

---

[53] BGH NJW-RR 1995, 362.

[54] OLG Hamburg MDR 1975, 846, 847; OLG Köln MDR 1980, 1025; OLG Frankfurt OLGR 1995, 216; AK-ZPO/*Röhl* Rn. 5; *Musielak/Heinrich* Rn. 4; aA OLG Celle MDR 1977, 935.

[55] *Musielak/Heinrich* Rn. 5.

[1] *Hahn,* Die gesamten Materialien zu den Reichsjustizgesetzen, Zweiter Band: Materialien zur Civilprozeßordnung, S. 148.

[2] BGHZ 23, 205ff. = NJW 1957, 790; *Hillach/Rohs* § 44 C II; *Stein/Jonas/Roth* Rn. 8; *Zöller/Herget* Rn. 4; *Markl/Meyer* GKG Anh. § 12/§ 7 ZPO Rn. 5; HK-ZPO/*Kayser* Rn. 3; aA *Lappe* 1. Aufl. Rn. 8.

[3] BGH Rpfleger 1959, 112; *Stein/Jonas/Roth* Rn. 5; *Zöller/Herget* Rn. 2; *Wieczorek/Schütze/Gamp* Rn. 5; *Hillach/Rohs* § 41 B IV; HK-ZPO/*Kayser* Rn. 2.

[4] OLG Köln JurBüro 1991, 1386; OLG Jena JurBüro 1999, 196f.; *Hillach/Rohs* § 41 B II; *Zöller/Herget* Rn. 2; *Stein/Jonas/Roth* Rn. 5; *Wieczorek/Schütze/Gamp* Rn. 5; HK-ZPO/*Kayser* Rn. 2; offengelassen von BGH v. 18. 5. 1990, V ZR 291/89, juris.

[5] *Stein/Jonas/Roth* Rn. 5; *Zöller/Herget* Rn. 2; *Wieczorek/Schütze/Gamp* Rn. 5; *Musielak/Heinrich* Rn. 3; HK-ZPO/*Kayser* Rn. 2; aA *Markl/Meyer* GKG Anh. § 12/§ 7 ZPO Rn. 3; offengelassen von BGH NJW-RR 1986, 737.

[6] *Musielak/Heinrich* Rn. 3.

IV. Streitgegenstand

Die Grunddienstbarkeit oder das vergleichbare subjektiv-dingliche Recht muss **Gegenstand** des Streites sein. Das ist etwa der Fall, wenn um die Bestellung, das Bestehen, das Erlöschen oder den Umfang der Grunddienstbarkeit gestritten wird zB bei einer Klage auf Pfandfreigabe durch die Bewilligung der Löschung der streitbefangenen Grunddienstbarkeit.[7] Auf die Klageart kommt es nicht an, § 7 gilt insbesondere auch für Feststellungsklagen[8] (s. a. Rn. 9 aE). 4

Bei Streitigkeiten wegen **Beeinträchtigung der Grunddienstbarkeit** (§ 1027 BGB) ist die Grunddienstbarkeit nur dann Streitgegenstand, wenn zugleich Bestehen oder Umfang des Rechts streitig sind.[9] 5

Wird **Unterlassung oder Beseitigung von Eigentumsbeeinträchtigungen** verlangt, ist § 7 nach Ansicht des BGH[10] niemals anwendbar, nach anderer Meinung jedoch dann, wenn sich der Störer auf eine zu seinen Gunsten bestehende Grunddienstbarkeit (oder ein vergleichbares subjektiv-dingliches Recht) beruft.[11] Innerhalb der Vertreter der zuletzt genannten Ansicht ist allerdings streitig, ob die Einwendung bereits vom Kläger vorgetragen sein muss,[12] oder ob es genügt, dass sie der Beklagte im Laufe des Rechtsstreits erhebt.[13] 6

Der BGH hat seinen Standpunkt damit begründet, dass der Streitwert nicht davon abhängen könne, auf welche Weise sich der Beklagte gegen die Eigentumsstörungsklage verteidige.[14] Das trifft zwar nicht generell, wohl aber in Bezug auf § 7 zu. Anders als bei § 8 (s. § 8 Rn. 1, 7, 10) hat der Gesetzgeber bei § 7 den **Streitwert nicht vom Streitgegenstand abgekoppelt,** sondern hat es – insoweit – beim Angreiferinteresseprinzip belassen (zu den beiden Teilaspekten des Angreiferinteresseprinzips siehe § 3 Rn. 5, 9 f.). Die Grunddienstbarkeit bzw. das ihr ähnliche Recht muss Streitgegenstand sein. Das ist bei einer auf das Eigentum gestützten Beseitigungs- oder Unterlassungsklage nicht der Fall, mag der Beklagte einwenden was er will. 7

In Verfahren über **einstweilige Verfügung** oder **Arrest** ist die Grunddienstbarkeit niemals Streitgegenstand.[15] 8

V. Wert

Der Wert, den die Grunddienstbarkeit für das herrschende Grundstück hat, und der Betrag, um den sich der Wert des dienenden Grundstücks durch die Dienstbarkeit mindert, sind gem. § 3 zu schätzen.[16] **Orientierungshilfen** können dabei sein: die Kosten der Beseitigung einer zu entfernenden Anlage, die Höhe einer Notweg- oder Überbaurente usw. Der Wert des Beschwerdegegenstandes kann bei der Verurteilung zur Bestellung einer Dienstbarkeit nicht nach dem fiktiven Erbbauzins für die Ausübungsfläche bemessen werden. Der Wert des Beschwerdegegenstandes bemisst sich auch dann nach der vollen Wertminderung des dienenden Grundstücks, wenn die Verurteilung zur Bestellung einer Dienstbarkeit auf § 116 SachenRBerG beruht.[17] Bei **positiven Feststellungsklagen** ist der übliche Abschlag vorzunehmen. 9

§ 8 Pacht- oder Mietverhältnis

Ist das Bestehen oder die Dauer eines Pacht- oder Mietverhältnisses streitig, so ist der Betrag der auf die gesamte streitige Zeit entfallenden Pacht oder Miete und, wenn der fünfundzwanzigfache Betrag des einjährigen Entgelts geringer ist, dieser Betrag für die Wertberechnung entscheidend.

---

7 OLG Celle OLGR 2006, 534.

8 *Stein/Jonas/Roth* Rn. 7; *Zöller/Herget* Rn. 2; *Musielak/Heinrich* Rn. 5; HK-ZPO/*Kayser* Rn. 2.

9 *Hillach/Rohs* § 44 B; *Stein/Jonas/Roth* Rn. 7.

10 BGH NJW-RR 1986, 737 (vgl. aber auch BGHZ 48, 177, 179 = NJW 1967, 2263); s. ferner NJW 1998, 2368; ebenso *Anders/Gehle,* Streitwert-Lexikon, 4. Aufl., 2002, Stichwort „Eigentum" Rn. 69; *Thomas/Putzo/Hüßtege* § 3 Rn. 145.

11 RGZ 3, 394; *Schneider* KostRsp ZPO § 7 Nr. 2 (Anm. zu BGH NJW-RR 1986, 737); *Hillach/Rohs* § 41 B I; *Zöller/Herget* Rn. 3, § 3 Rn. 16 Stichwort „Überbau"; *Stein/Jonas/Roth* Rn. 7.

12 *Hillach/Rohs* § 41 B I; *Markl/Meyer* GKG Anh. § 12/§ 7 ZPO Rn. 3.

13 *Schneider* KostRsp ZPO § 7 Nr. 2 (Anm. zu BGH NJW-RR 1986, 737); *Zöller/Herget* § 3 Rn. 16 Stichwort „Überbau"; wohl auch *Stein/Jonas/Roth* Rn. 7.

14 BGH NJW-RR 1986, 737.

15 *Stein/Jonas/Roth* Rn. 8.

16 *Zöller/Herget* Rn. 4; *Thomas/Putzo/Hüßtege* Rn. 1; HK-ZPO/*Kayser* Rn. 3.

17 BGH MDR 2004, 296.

I. Normzweck

1 Die Vorschrift wurde durch Art. 3 MietRRG vom 19. 6. 2001 (BGBl. I S. 1149) neugefasst. Die Streitwertbestimmung für Rechtsstreitigkeiten über Miet- und Pachtverhältnisse in § 8 ZPO ist lediglich begrifflich angepasst worden. Dabei wurde in dem Bestreben, die Gesetzessprache zu modernisieren, der bisher verwendete Begriff „Zins“ zu Gunsten der Begriffe „Miete“, „Pacht“ und „Entgelt“ aufgegeben.[1]

Wie §§ 6, 7, 9 bezweckt auch § 8 **Vereinheitlichung** und **Vereinfachung** der Streitwertbemessung mittels normativen Streitwertes.[2] Anders als in den erstgenannten Vorschriften hat der Gesetzgeber in § 8 das Angreiferinteresseprinzip (§ 3 Rn. 4ff.) nicht nur hinsichtlich der Maßgeblichkeit des wirtschaftlichen Interesses (siehe § 3 Rn. 10) durchbrochen, sondern auch bezüglich der Ausrichtung auf den Streit- bzw. Beschwerdegegenstand (siehe näher Rn. 10). § 8 geht § 3 und § 6 als lex specialis vor.[3]

2 Die Vorschrift ist **reformbedürftig.** Zum einen mangelt es an einer Abstimmung ihres Anwendungsbereichs mit dem des für die Gebührenwertberechnung geltenden § 41 GKG (siehe näher Rn. 26f.). Zum anderen führt sie in ihren Auswirkungen im Bereich der Beschwer häufig zu kontraproduktiven Ergebnissen: Die Zuständigkeit in Rechtsstreitigkeiten betreffend Gewerbemiet- und -pachtverhältnisse ist seit der Neufassung des § 23 Nr. 2 Buchst. a GVG im Jahr 1993[4] streitwertabhängig, so dass § 8 hier uneingeschränkt zum Zuge kommt. Da derartige Rechtsverhältnisse in der Regel für eine längere Dauer abgeschlossen werden, ist die „streitige Zeit“ meist beträchtlich. Daraus ergeben sich dann selbst bei bescheidenem Mietzins leicht Streitwerte oberhalb von 20000 Euro (§ 26 Nr. 8 EGZPO). Die damit in einem Großteil der Fälle eröffnete Möglichkeit der Nichtzulassungsbeschwerde bedeutet für die Parteien, dass gelebte Rechtsverhältnisse oft über längere Zeit hinweg mit allen sich daraus ergebenden wirtschaftlichen und persönlichen Unzuträglichkeiten in der Schwebe bleiben. Ferner entspricht es sicher nicht dem Gebot sparsamen Umgangs mit der Ressource Rechtspflege, wenn sich der BGH – überspitzt formuliert – mit jedem notleidend gewordenen Gaststättenpachtverhältnis zumindest im Rahmen der Nichtzulassungsbeschwerde und ggfls. anschließend in der Revision beschäftigen muss.

3 Abhilfe zu schaffen ist Aufgabe des Gesetzgebers, nicht der Gerichte. Doch können diese schon de lege lata bei der Auslegung der einzelnen Gesetzesmerkmale des § 8 (insbesondere „gesamte streitige Zeit“ (siehe Rn. 22f.) auf eine **Dämpfung des Streitwertes** Bedacht nehmen.

II. Anwendungsbereich

4 § 8 gilt – soweit es auf den Wert ankommt, was namentlich bei Wohnraummietverhältnissen und Landpacht nur eingeschränkt bzw. gar nicht der Fall ist (s. § 23 Nr. 2 Buchst. a, § 72 GVG, §§ 2, 1, 24 Abs. 1, 2, § 48 LwVG) – für Zuständigkeits-, Rechtsmittel-, Verurteilungs- und Bagatellstreitwert, **nicht** für **Gebührenstreitwert** und **Gegenstandswert,** die gem. § 41 GKG (ggf. iVm. § 23 Abs. 1 S. 1 RVG) zu bestimmen sind.[5] Eine Anwendung des § 41 GKG im Rahmen des § 8 für die Berechnung der Rechtsmittelbeschwer kommt nicht in Betracht.[6]

III. Streit über Bestehen oder Dauer eines Miet- oder Pachtverhältnisses

5 **1. Miet-, Pachtverhältnis.** Anders als § 41 GKG ist § 8 auf Miet- und Pachtverhältnisse iSd. §§ 585ff., 581ff. BGB beschränkt, gilt also nicht (auch nicht analog)[7] für **ähnliche Nutzungsverhältnisse** wie zB Leihe,[8] Nießbrauch, altrechtliches Nutzungsverhältnis, Dauerwohnrecht.[9] § 8 gilt jedoch auch für miet- oder pachtähnliche Nutzungsverhältnisse, wenn das vereinbarte Entgelt eine

---

[1] Siehe RegE Mietrechtsreformgesetz, BT-Drucks. 14/4553, S. 77; vgl. auch *Palandt/Weidenkaff* Einf. Vor § 535 BGB Rn. 77a.

[2] *Hahn,* Die gesamten Materialien zu den Reichsjustizgesetzen, Zweiter Band: Materialien zur Civilprozeßordnung, S. 148.

[3] BGH NJW-RR 1994, 256; BGHR ZPO § 8 Räumungsklage 7; HK-ZPO/*Kayser* Rn. 1; *Stein/Jonas/Roth* Rn. 1.

[4] Art. 3 des Gesetzes zur Entlastung der Rechtspflege vom 11. 1. 1993 (BGBl. I S. 50).

[5] BGH NJW-RR 2006, 1004.

[6] BVerfG NJW-Mietr 1996, 54; BGHR ZPO § 8 Räumungsklage 10; BGH, NJW-RR 2006, 1004; *Zöller/Herget* Rn. 1.

[7] BayObLG JurBüro 1995, 27; *Stein/Jonas/Roth* Rn. 2; HK-ZPO/*Kayser* Rn. 1; *Thomas/Putzo/Hüßtege* Rn. 2; aA *Musielak/Heinrich* Rn. 2.

[8] Vgl. BGH MDR 2005, 204; Beschl. v. 22. 1. 1992, XII ZR 149/91, juris.

[9] *Stein/Jonas/Roth* Rn. 2.

adäquate Bewertung des Nutzungsinteresses darstellt.[10] Es muss sich jedoch nicht um einen reinen Miet- oder Pachtvertrag handeln. **Gemischte Verträge** fallen darunter, falls die entgeltliche Gebrauchsüberlassung den wesentlichen Vertragsinhalt bildet.[11] Auf den **Gegenstand** des Miet- oder Pachtvertrages (bewegliche, unbewegliche Sache, Sachteil, Recht) kommt es nicht an.

Ferner setzt die Anwendung des § 8 voraus, dass in dem vereinbarten Pacht- oder Mietzins eine **adäquate** Bewertung des Nutzungsinteresses zum Ausdruck kommt.[12] Ist das nicht der Fall, etwa weil der in Frage stehende Vertrag eher Ähnlichkeiten mit einem unentgeltlichen Nutzungsverhältnis aufweist, ist der Wert der Beschwer gemäß § 3 nach freiem Ermessen festzusetzen. 6

2. Streit über Bestehen oder Dauer. § 8 setzt nicht voraus, dass der Bestand oder die Dauer des Miet- oder Pachtverhältnisses Streitgegenstand ist, andererseits reicht ihre präjudizielle Bedeutung nicht immer aus. So bemisst sich der Streitwert einer **Zahlungsklage** nach dem eingeklagten Betrag (s. a. § 3 Rn. 12), selbst wenn der Erfolg der Klage allein von der umstrittenen Wirksamkeit des Mietvertrages abhängt.[13] Ebensowenig kommt § 8 zur Anwendung, wenn Prozesspartei ein **Dritter,** dh. ein nicht am angeblichen Miet- oder Pachtvertrag Beteiligter ist.[14] 7

Streit über das Bestehen herrscht sowohl bei Uneinigkeit über die wirksame **Begründung** als auch bei unterschiedlicher Auffassung über den **Fortbestand** eines fraglos rechtsgültig begründeten Miet- oder Pachtverhältnisses.[15] An einem Streit über Bestehen oder Dauer fehlt es dagegen, wenn die Auseinandersetzung lediglich den Inhalt oder den Umfang der Rechte und Pflichten aus einem unstreitig bestehenden oder nicht mehr bestehenden Miet- oder Pachtvertrag betrifft.[16] 8

Bei **Räumungsklagen** ist § 8 folglich dann anzuwenden, wenn die Parteien darüber streiten, ob ein Mietverhältnis wirksam begründet wurde und/oder ob es über den Zeitpunkt der verlangten Räumung hinaus bestanden hat oder noch besteht.[17] 9

Nach zutreffender herrschender Ansicht greift § 8 allerdings auch dann ein, wenn sich der Streit über Bestehen oder Dauer eines Miet- oder Pachtverhältnisses erst aus der **Einlassung des Beklagten** ergibt.[18] Abweichend von der Regel (s. § 1 Rn. 24, § 3 Rn. 5) hebt § 8 nicht auf den – nach Klagebegehren und -begründung zu bestimmenden – Streitgegenstand ab (s. a. Rn. 1), sondern erklärt das Bestehen von Streit über Bestand oder Fortdauer eines Miet- oder Pachtverhältnisses für allein maßgeblich. Das Vorliegen dieses objektiven Sachverhalts „Streit" ist unabhängig davon, welche Prozesspartei ihn vorträgt. 10

IV. Wertbemessung

1. Keine Differenzierung nach Klageart und -ziel. Da § 8 im Interesse der Vereinheitlichung und Vereinfachung der Streitwertbemessung ein sehr weites Anknüpfungsmerkmal wählt („Streit"), haben Differenzierungen nach der jeweiligen **Klageart** und dem konkreten **Klagebegehren** grundsätzlich (s. aber Rn. 7) zu unterbleiben. So etwa führt eine **Feststellungsklage** – geradezu die klassische Form der Austragung von Miet- und Pachtstreitigkeiten – nicht zu dem sonst üblichen Abschlag[19] und erhöht ein neben dem Herausgabeverlangen geltend gemachter **Beseitigungsanspruch** den Streitwert nicht,[20] selbst wenn es in der Rechtsmittelinstanz nur noch um einzelne Beseitigungsansprüche geht, die zuvor Gegenstand eines umfassend geltend gemachten Räumungsbegehrens waren.[21] 11

2. Betrag der Pacht oder Miete. „Betrag der Pacht oder Miete" iSd. § 8 ist der vertraglich vereinbarte in Geld zu entrichtende Miet- oder Pachtzins einschließlich etwa geschuldeter Mehr- 12

---

[10] BGH MDR 2005, 204.

[11] BGH WM 1996, 1064, 1065; *Stein/Jonas/Roth* Rn. 2 (dort insbes. auch zu Werkmiet- und -dienstwohnungen).

[12] BGH, Beschl. v. 22. 1. 1992, XII ZR 149/91, juris; MDR 2005, 204.

[13] Vgl. BGH NJW-RR 2002, 1233; *Zöller/Herget* Rn. 4; HK-ZPO/*Kayser* Rn. 3.

[14] *Hillach/Rohs* § 30 A VII f.; *Musielak/Heinrich* Rn. 4, jedoch unter Einbeziehung von Miet- und Pachtbürgen; *Stein/Jonas/Roth* Rn. 5 f., jedoch für eine Anwendung auch auf Streitigkeiten zwischen Hauptvermieter und Untermieter.

[15] BGHR ZPO § 8 Räumungsklage 8.

[16] AA wohl *Musielak/Heinrich* Rn. 3.

[17] BGH NJW-RR 1995, 781; BGHR ZPO § 8 Räumungsklage 8.

[18] BGHReport 2003, 757 f.; MDR 2005, 204; *Stein/Jonas/Roth* Rn. 5; *Zöller/Herget* Rn. 3; HK-ZPO/*Kayser* Rn. 1; aA wohl *Hillach/Rohs* § 30 A VII c („sofern die Klagebegründung ergibt ...").

[19] BGH NJW 1958, 1291; NZM 1999, 21; *Stein/Jonas/Roth* Rn. 14; *Hillach/Rohs* § 30 A VII a.

[20] BGH BGHR ZPO § 8 Räumungsklage 2; NJW-RR 1994, 256; NJW-RR 1995, 781, 782 (bzgl. § 16 GKG aF); BGHR ZPO § 8 Räumungsklage 7 (offengelassen, ob gleiches für den Fall gilt, daß Abbruch oder Beseitigung eines Bauwerks verlangt wird).

[21] BGH NJW-RR 1995, 781, 782 (für § 16 GKG aF).

wertsteuer.[22] Ferner fallen darunter vertragliche Gegenleistungen anderer Art mit Ausnahme solcher (insbesondere nebensächlicher) Leistungen, die im Verkehr nicht als Entgelt für die Gebrauchsüberlassung angesehen werden.[23]

13 Welcher Zins **vertraglich vereinbart** ist, darf nicht einseitig aus der Sicht einer Vertragspartei ermittelt werden, sondern ist nach einem objektiven Maßstab festzustellen. Jedenfalls dann, wenn ein schriftlicher Vertrag besteht, der Regelungen über die Höhe des Entgelts enthält, sind diese Regelungen für die Streitwertbemessung maßgeblich.[24]

14 Bei **gemischten Verträgen** ist der der miet- oder pachtrechtlichen Beziehung zukommende Teilwert zu ermitteln, falls insoweit eine eigene wirtschaftliche Bewertung möglich ist.[25]

15 **Veränderungen der Zinshöhe** während der streitigen Zeit sind zu berücksichtigen; es ist also nicht allein auf den höchsten Jahresbetrag abzustellen.[26]

16 Ob und ggf. in welchem Umfang vertraglich geschuldete verbrauchsabhängige und -unabhängige **Nebenkosten** (Wasser; Heizung, Strom, Grundsteuer, Versicherungsbeiträge) Zins iSd. § 8 sind, ist äußerst umstritten.[27] Die Frage ist im Interesse einer unkomplizierten Streitwertermittlung zu bejahen, soweit die Nebenkosten nicht unterscheidbarer Teil eines festen Mietzinses sind.[28] Im Übrigen ist sie – ebenfalls im Interesse einer einfachen, klaren und übersichtlichen Berechnung und außerdem zwecks höhenmäßiger Begrenzung des Streitwertes (Rn. 3) – zu verneinen.[29] Die Gründe, die den BGH in BGHZ 18, 168 zur Einbeziehung der Nebenkosten bewogen haben,[30] treffen heute nicht mehr zu.[31] Zumindest für Nebenkostenvorauszahlungen hat der BGH die Berücksichtigung bei der Streitwertberechnung nunmehr definitiv abgelehnt.[32] **Andere Kostenbelastungen** desjenigen, der zur Herausgabe verurteilt worden ist, sind daneben nicht zu berücksichtigen. Das gilt zB für die im Zusammenhang mit der Räumung anfallenden Kosten, für nutzlos gewordene Investitionskosten und für die Kosten einer Ersatzbeschaffung.[33]

17 **3. Streitige Zeit.** Den **Beginn** der streitigen Zeit markiert grundsätzlich die Klageerhebung.[34] Sofern allerdings das Bestehen oder Nichtbestehen des Vertragsverhältnisses gerade (auch) für einen Zeitraum vor Klageerhebung festgestellt werden soll, ist dieser hinzurechnen.[35]

18 Das **Ende** ist nach der voraussichtlichen regulären Vertragslaufzeit zu bestimmen. Bei Verträgen von **bestimmter** Dauer endet diese an dem vertraglich festgesetzten Datum,[36] bzw. mit dem Wirksamwerden einer bereits erklärten außerordentlichen Kündigung, sofern deren Wirksamkeit nicht im Streit ist.[37] Bei Verträgen von **unbestimmter** Dauer soll es nach verbreiteter Ansicht auf den Zeitpunkt ankommen, zu dem derjenige hätte kündigen können, der die längere Bestehenszeit behauptet.[38] Weshalb es auf die Kündigungsmöglichkeit gerade desjenigen, der sich auf den Fortbestand des Vertrages beruft, ankommen soll, wird nicht begründet und ist auch nicht ersichtlich.

---

[22] KG KG-Rp. 1999, 310 f.

[23] BGHZ 18, 168, 172 f.; BGHR ZPO § 8 Jagdpacht 1.

[24] BGH NJW 1994, 3292; WM 1996, 1064, 1065; NJW-RR 1997, 648.

[25] BGH WM 1996, 1064, 1065; *Stein/Jonas/Roth* § 8 Rn. 3 und 15; *Wieczorek/Schütze/Gamp* Rn. 15.

[26] AA *Zöller/Herget* Rn. 6; *Baumbach/Lauterbach/Hartmann* Rn. 5, beide unter Berufung auf BGHZ 7, 335; das Urteil stützt diese Ansicht jedoch nicht: differenzierend *Musielak/Heinrich* Rn. 5.

[27] Ausführliche Darstellung des Meinungsstandes bei *Anders/Gehle,* Handbuch des Streitwertes, 2. Aufl. 1995, Stichwort „Miete und Pacht" Rn. 10; *Stein/Jonas/Roth* Rn. 14 ff.; s. auch die umfänglichen Nachweise bei *Hillach/Rohs* § 30 C III a.

[28] OLG Düsseldorf JurBüro 1992, 114; *Stein/Jonas/Roth* Rn. 15; aA *Anders/Gehle* (Fn. 27) Stichwort „Miete und Pacht" Rn. 11.

[29] BGH NJW-RR 1999, 1385, 1386 (betr. Nebenkostenvorauszahlung, im übrigen offengelassen aber mit ersichtlicher Neigung, Nebenkosten generell unberücksichtigt zu lassen); OLG Köln VersR 1997, 85; OLGR 1998, 283; OLG Celle OLGR 1996, 231; aA OLG München OLGR 1999, 51 (offengelassen für Heiz- u. Warmwasserkosten); OLG Düsseldorf OLGR 1998, 355, 356 (betr. Nebenkostenvorauszahlungen).

[30] BGHZ 18, 168, 171.

[31] OLG Köln VersR 1997, 85.

[32] BGH NJW-RR 1999, 1385, 1386.

[33] BGH ZPO § 8 Räumungsklage 7, 9.

[34] BGH NJW-RR 1992, 1359; BGH NJW-RR 1999, 1385; 1999, 1531; 2000, 1149; NJW 1999, 2808 f.; BGH WUM 2007, 328; 2007, 283; *Thomas/Putzo/Hüßtege* Rn. 5; *Stein/Jonas/Roth* Rn. 16.

[35] BGH NJW 1958, 1291; *Hillach/Rohs* § 30 C II; *Stein/Jonas/Roth* Rn. 12; AK-ZPO/*Röhl* Rn. 4; aA *Thomas/Putzo/Hüßtege* Rn. 5.

[36] BGH NJW-RR 1992, 1359.

[37] BGH NZM 1999, 21; BGHReport 2003, 757.

[38] BGH NJW-RR 1992, 1359; BGHR § 8 ZPO Räumungsklage 11; NJW-RR 2005, 867; OLG Karlsruhe WuM 1994, 338, 339; BVerfG NZM 2006, 578; *Zöller/Herget* Rn. 5; *Thomas/Putzo/Hüßtege* Rn. 5.

Richtiger erscheint es, grundsätzlich auf die Kündigungsmöglichkeit desjenigen abzustellen, **der die kürzere Bestehenszeit behauptet.**[39] Das Ausmaß des Interesses der Partei, die die vorzeitige Beendigung des Vertragsverhältnisses geltend macht, hängt davon ab, wie lange sie im Falle ihres Unterliegens gegen ihren Willen von der anderen Partei am Vertrag festgehalten werden könnte. Das Ausmaß des Interesses der auf dem Fortbestand beharrenden Partei bemisst sich danach, wie lange sie im Falle ihres Obsiegens das Vertragsverhältnis auch gegen den Willen des anderen fortsetzen könnte. Für das eine wie für das andere ist das Bestehen einer Kündigungsmöglichkeit der am Fortbestand des Vertrages interessierten Partei ohne Einfluss: Der sich auf eine vorzeitige Beendigung berufende Vertragspartner hat keinen Anspruch (in der Regel nicht einmal die begründete Hoffnung) darauf, dass der Gegner von der Kündigungsmöglichkeit Gebrauch machen wird, und für die auf den Fortbestand dringende Partei bedeutet das bloße Bestehen einer eigenen Kündigungsmöglichkeit natürlich nicht, dass sie davon Gebrauch machen müsste. Ganz anders ist es mit einem Kündigungsrecht des die vorzeitige Beendigung geltend machenden Vertragspartners. Mit dem Zeitpunkt, zu dem er den Vertrag kündigen kann, verliert für ihn eine ihm nachteilige Gerichtsentscheidung ihre Bedeutung. Zugleich kann die andere Partei ab diesem Zeitpunkt nicht mehr auf die Fortsetzung des Vertragsverhältnisses vertrauen. 19

Der Satz, dass es auf die Kündigungsmöglichkeit desjenigen ankommt, der die kürzere Bestehenszeit behauptet, passt allerdings **nicht ausnahmslos;** dies zeigt sich etwa an dem Sachverhalt der von der Gegenmeinung für sich in Anspruch genommenen Entscheidung RGZ 164, 324. Er passt namentlich dann nicht, wenn die an der Fortsetzung des Gebrauchs der Mietsache interessierte Partei ihr angebliches Recht dazu ausnahmsweise nicht aus dem vom Gegner behaupteten Mietvertrag herleitet, sondern auf einen anderen Rechtsgrund stützt (zB Eigentum, Vertrag mit einem besserberechtigten Dritten) und einen Mietvertrag völlig leugnet. Häufig wird es in solchen Fällen gar keine „streitige Zeit" geben, weil es für das Klagebegehren auf Bestehen oder Fortdauer des angeblichen Mietvertrages überhaupt nicht ankommt. Sofern das aber doch der Fall ist, muss die Formel dahin abgewandelt werden, dass zur Bestimmung des Endes der streitigen Zeit das Bestehen des Mietvertrages zu unterstellen und sodann auf die früheste Kündigungsmöglichkeit desjenigen abzustellen ist, der im Falle der Wirksamkeit des Vertrages an dessen schnellstmöglicher Beendigung interessiert wäre. Darin liegt aber lediglich eine Modifikation der oben getroffenen, auf den Regelfall zugeschnittenen Aussage, keine Anerkennung des von der Gegenmeinung postulierten Prinzips. 20

Geht es um die Fortsetzung des Mietverhältnisses auf Grund einer vom Mieter geltend gemachten **Mieterschutzregelung,** ist der vom Mieter in Anspruch genommene Endzeitpunkt des Miet- oder Pachtvertrages maßgeblich.[40] 21

Ist der Endzeitpunkt des Miet- oder Pachtverhältnisses ungewiss, weil der Mieter sich zB auf Mieterschutzregelungen beruft und das Mietobjekt auf Dauer nutzen möchte, ist die streitige Zeit entsprechend § 9 zu ermitteln, so dass sie 3,5 Jahre beträgt.[41] 22

Die sich aus einer vertraglichen **Verlängerungsoption** ergebende zusätzliche Vertragsdauer ist unproblematisch Teil der „streitigen Zeit", sofern der Streit der Parteien an Ereignisse innerhalb der Verlängerungsperiode anknüpft. Anderenfalls ist die auf der Einräumung eines Optionsrechts beruhende Vertragslaufzeit nur dann zu berücksichtigen, wenn das Optionsrecht bereits geltend gemacht worden ist und die Frage, ob sich die Vertragslaufzeit dadurch wirksam verlängert hat, gerade der Gegenstand des Streits ist.[42] Wurde von dem Optionsrecht noch gar nicht Gebrauch gemacht, liegt es ähnlich wie bei dem Streit um die Verpflichtung zum Abschluss eines Mietvertrages, der ebenfalls nicht dem § 8 unterfällt.[43] Das weitere Erfordernis – Streit um die Wirksamkeit der Vertragsverlängerung auf Grund der Option – folgt daraus, dass die Notwendigkeit der Ausübung eines Optionsrechts in der Entwicklung des ursprünglichen Vertragsverhältnisses einen so wesentlichen Einschnitt markiert, dass die Zeitabschnitte vor und nach der Ausübung der Verlängerungsoption nicht mehr als einheitliche Vertragslaufzeit, wie sie von § 8 offensichtlich vorausgesetzt wird, erscheinen. Die Entscheidung BGH NJW-RR 1992, 1359 steht dem nicht entgegen. Sie betrifft eine (nicht mehr aktuelle) gesetzliche Mieterschutzregelung, die dem Mieter ein Fortsetzungsrecht gewährte. Der Mieter hatte sich der Sache nach auf dieses Recht berufen, und die Parteien 23

---

[39] So auch BGH NJW-RR 1999, 1531; *Musielak/Heinrich* Rn. 5.

[40] BGH NJW-RR 1992, 1359, 1360; BGHR ZPO Räumungsklage 11; WUM 2007, 328.

[41] BGH NJW-RR 1992, 1359, 1360; 1996, 316; NJW-RR 2005, 867; ZMR 2005, 933; BGHR ZPO Räumungsklage 11; BGH WUM 2007, 328; 2007, 283; BVerfG NZM 2006, 578.

[42] In diesem Sinne auch BGH BGHR ZPO § 8 Jagdpacht 1; BGHR ZPO § 8 Räumungsklage 5; s. auch BGH NJW-RR 1988, 395.

[43] OLG Hamburg MDR 1970, 333; *Anders/Gehle* (Fn. 27) Stichwort „Miete und Pacht" Rn. 40; *Hillach/Rohs* § 30 G; *Zöller/Herget* Rn. 4; *Musielak/Heinrich* Rn. 3; aA *Wieczorek/Schütze/Gamp* Rn. 5.

stritten gerade um den Fortbestand des Mietverhältnisses in der Zeit, auf die sich das Fortsetzungsrecht bezog.

24 Im Rahmen der Bestimmung der **Rechtsmittelbeschwer** ist die streitigen Zeit nach dem Parteivortrag in der Vorinstanz zu ermitteln, damit der Rechtsmittelführer sich den Zutritt zur Rechtsmittelinstanz nicht durch eine Erweiterung der Beschwer auf Grund neuen Vorbringens verschaffen kann.[44] Hatte der Rechtsmittelführer in der Vorinstanz das Fortbestehen des Vertragsverhältnisses geltend gemacht, so beginnt die streitige Zeit nunmehr nicht vor dem Zeitpunkt, auf den das Urteil die Beendigung des Vertragsverhältnisses datiert.[45] Unmaßgeblich ist der Zeitpunkt der Einlegung des Rechtsmittels, da § 4 insoweit von § 8 verdrängt wird.[46]

25 **4. Zusammentreffen mit anderen Ansprüchen.** Werden in einer Klage mehrere Ansprüche geltend gemacht und unterfallen diese nicht sämtlich dem § 8, so sind die Einzelwerte zu addieren, wenn und soweit keine wirtschaftliche Identität vorliegt. Bei wirtschaftlicher Identität zählt allein der höchste Einzelwert (s. a. § 5 Rn. 4).[47] Beispiel: Macht der Kläger rückständigen Mietzins und Nutzungsentschädigung geltend und beantragt er daneben im Wege der Zwischenfeststellungsklage, das Erlöschen des Mietverhältnisses festzustellen, so sind die Einzelwerte von Zahlungsanspruch und Feststellungsantrag stets zu addieren, soweit sich der Zeitraum, für den Zahlung verlangt wird, und der Zeitraum, für den das Fortbestehen des Mietverhältnisses streitig ist, nicht überschneiden. Eine Addition der auf die Zeit der Überschneidung entfallenden Einzelwerte findet nur insoweit statt, als die hinter Zahlungs- und Feststellungsanspruch stehenden wirtschaftlichen Interessen voneinander abweichen. Der sich dabei ergebende Wert ist alsdann der Summe der Werte aus den sich nicht deckenden Zeiträumen hinzuzurechnen.[48]

V. Gebührenstreitwert

26 **§ 41 GKG** begrenzt den Gebührenstreitwert aus sozialen Gründen[49] auf einen Höchstbetrag, der den **Jahresbetrag** des vertraglich vereinbarten Zinses bzw. des Nutzungswertes nicht übersteigen darf.

27 **Abs. 1** entspricht hinsichtlich der tatbestandlichen Voraussetzungen dem § 8, jedoch bezieht er anders als dieser **auch „ähnliche Nutzungsverhältnisse“** ein.[50] Ebenso wenig wie § 8 erfasst Abs. 1 Zahlungsklagen sowie Streitigkeiten über den Inhalt oder den Umfang der sich aus dem Vertrag ergebenden Rechte und Pflichten oder über die Pflicht zum Abschluss eines Vertrages. So ist der Gebührenstreitwert bei einer Klage des Mieters auf Zustimmung zur Untervermietung nicht nach § 41 GKG, sondern nach § 3 entsprechend dem tatsächlichen Interesse zu bestimmen[51] (s. § 3 Rn. 96). Der Streit um die Verlängerung des Vertragsverhältnisses infolge Ausübung eines Optionsrechts betrifft hingegen das (Fort)Bestehen und ist deshalb nach § 41 GKG zu bewerten (s. a. Rn. 22).[52] Für das Zusammentreffen mit Ansprüchen, die nicht dem Anwendungsbereich des § 41 Abs. 1 GKG unterfallen, gilt das bei Rn. 24 Gesagte entsprechend.

28 **Abs. 2** regelt den Gebührenstreitwert speziell für **Räumungsklagen.** Im Unterschied zu Abs. 1 und § 8 ist hier ein Streit über Bestehen oder Dauer des Rechtsverhältnisses nicht erforderlich.[53] Entgegen seinem zu engen Wortlaut („auch“), aber entsprechend dem sozialen Schutzgedanken greift Abs. 2 S. 2 auch dann ein, wenn der Kläger die Räumung ausschließlich aus einem anderen Rechtsgrund als Miete, Pacht oder einem ähnlichen Nutzungsverhältnis verlangt, sofern der Beklagte das Bestehen eines derartigen Rechtsverhältnisses einwendet.[54] Der „für die Dauer eines Jahres zu entrichtende Zins“ (Abs. 2 S. 1) und der „Wert der Nutzung eines Jahres“ (Abs. 2 S. 2) sind nach den Verhältnissen im Zeitpunkt der die Instanz einleitenden Antragstellung zu bestimmen (§ 40 GKG). Beseitigungsaufwand bezüglich zu entfernender Einrichtungen ist auch hier streitwertneutral.[55]

---

[44] BGH NJW-RR 1992, 1359, 1360; vgl. BGHR ZPO § 8 Räumungsklage 11.
[45] BGH NJW-RR 1992, 698.
[46] BGH NJW 1959, 2164; OLG Bamberg JurBüro 1991, 1126; *Stein/Jonas/Roth* Rn. 16.
[47] Vgl. *Wieczorek/Schütze/Gamp* Rn. 18 bei Fn. 18.
[48] Vgl. auch BGH NJW-RR 1992, 698, BGH NZM 2006, 138, 139; BGH, Beschl. v. 22. 2. 2006, XII ZR 134/03, juris.
[49] BGH NJW-RR 1988, 395.
[50] Vgl. OLG Köln NJWE-MietR 1997, 273 (Leihverhältnisse); OLG Schleswig OLGR 1998, 424 (Überlassung auf Grund gescheiterten Kaufvertrages); OLG München ZMR 1999, 173 (dingliches Wohnungsrecht); OLG Braunschweig OLGR 1999, 231 f. (Dauernutzungs- und Dauerwohnrecht).
[51] AA OLG Celle OLGR 1999, 263.
[52] BGH NJW-RR 1988, 395 (unter II 1 a).
[53] BGH NJW-RR 1995, 781, 782.
[54] BGHZ 48, 177, 180 = NJW 1967, 2263 f.; *Hartmann* § 41 GKG Rn. 28.
[55] BGH NJW-RR 1995, 781, 782.

Abs. 5 begrenzt bei **Mieterhöhungsklagen** betreffend Wohnraum den gem. § 9 zu ermittelnden Gebührenstreitwert auf den „Jahresbetrag des zusätzlich geforderten Zinses". Wegen des insoweit eindeutigen Wortlautes verbietet sich eine Erstreckung auf die Gewerberaummiete.[56] 29

§ 9 Wiederkehrende Nutzungen und Leistungen

[1]Der Wert des Rechts auf wiederkehrende Nutzungen oder Leistungen wird nach dem dreieinhalbfachen Wert des einjährigen Bezuges berechnet. [2]Bei bestimmter Dauer des Bezugsrechts ist der Gesamtbetrag der künftigen Bezüge maßgebend, wenn er der geringere ist.

I. Normzweck

Auch § 9 schreibt im Interesse der **Vereinheitlichung und Vereinfachung**[1] eine normative Streitwertbemessung vor. Eine am konkreten wirtschaftlichen Klägerinteresse ausgerichtete Bewertung wäre wegen der typischen Zukunftgerichtetheit der unter die Vorschrift fallenden Rechte mit erheblichen Unsicherheiten belastet. Die durch das Rechtspflegeentlastungsgesetz vom 11. Januar 1993[2] erfolgte Änderung hat zu einer vernünftigen Begrenzung der Streitwerthöhe geführt. 1

II. Anwendungsbereich

§ 9 gilt für alle Streitwertarten (s. § 2 Rn. 2ff.)[3] mit **Ausnahme** des Gebührenstreitwertes und des Gegenstandswertes in den in **§§ 41 Abs. 5, 42, 49, 53 Abs. 2 GKG** behandelten Fällen (Rn. 13–19). 2

III. Recht auf wiederkehrende Nutzungen oder Leistungen

Um wiederkehrende Nutzungen (§ 100 BGB) oder Leistungen (§ 241 BGB) handelt es sich, wenn sie aus einem **einheitlichen, gleich welchem Rechtsgrund** in regelmäßigen oder unregelmäßigen **Abständen** (also nicht fortwährend, wie etwa bei Nießbrauch oder Wohnrecht)[4] in annähernd **gleichem Umfang** verlangt werden können.[5] 3

Ferner muss das Recht seiner Natur nach und erfahrungsgemäß eine Dauer von **wenigstens dreieinhalb Jahren** haben oder jedenfalls mit Rücksicht auf den Grad der Unbestimmtheit des Zeitpunkts, zu dem das den Wegfall des Rechts begründende Ereignis eintritt, eine solche Dauer haben können.[6] Für Rechte von typischerweise wesentlich kürzerer Laufzeit wäre der gesetzlich vorgegebene Wert, der dreieinhalbfache Jahresbezug, unangemessen hoch.[7] **Diese Voraussetzungen erfüllen** zB folgende Rechte bzw. Rechtsverhältnisse: Unterhaltsrente,[8] Schadensersatzrente,[9] Notwegrente,[10] Überbaurente,[11] Reallast,[12] Leibrente,[13] Leibgedinge,[14] Altenteil,[15] künftige Miet- und Pachtzinsansprüche,[16] insbesondere auch Mietzinserhöhungsverlan- 4

---

[56] BGH BGHR GKG § 16 Abs 5 Gewerberaum 1; *Enders* JurBüro 1999, 305f. Anm. zu LG Köln JurBüro 1999, 304; *Hartmann* § 41 GKG Rn. 36; *Stein/Jonas/Roth* Rn. 28; aA *Zöller/Herget* Rn. 4.

[1] *Hahn,* Die gesamten Materialien zu den Reichsjustizgesetzen, Zweiter Band: Materialien zur Civilprozeßordnung, S. 148.

[2] BGBl. I S. 50.

[3] BGH FamRZ 1993, 1189 (betr. Zuständigkeits- und Rechtsmittelstreitwert); NJW 1997, 1016; MDR 2004, 931 (betr. Rechtsmittelstreitwert); *Stein/Jonas/Roth* Rn. 1; *Zöller/Herget* Rn. 1.

[4] S. Rn. 5.

[5] OLG Köln OLGR 2000, 78, 79.

[6] BGHZ 36, 144, 147 = NJW 1962, 583, 584 (unter der Geltung des alten § 9 verneint für selbständig eingeklagte Verzugszinsen); KG Grundeigentum 2007, 292; *Zöller/Herget* Rn. 1; *Musielak/Heinrich* Rn. 2.

[7] Vgl. RGZ 24, 373, 377.

[8] BGH FamRZ 1993, 1189; NJW 1997, 1016; FamRZ 1999, 1497.

[9] BGH BGHR ZPO § 9 Schadensrente 1.

[10] *Schneider/Herget* Rn. 4215ff.; *Hillach/Rohs* § 41 B II b.

[11] *Zöller/Herget* Rn. 4.

[12] OLG Frankfurt OLGR 1993, 47; *Zöller/Herget* Rn. 4.

[13] BGH BGHR ZPO § 9 Leibrente 1; BGHR ZPO § 767 Streitwert 2.

[14] *Musielak/Heinrich* Rn. 2.

[15] *Zöller/Herget* Rn. 4.

[16] BVerfG NJW 1996, 1531; BGH NJW 1966, 778, 779 (jedenfalls für Verträge von bestimmter Dauer); OLG Stuttgart NJW-RR 1997, 1303; *Musielak/Heinrich* Rn. 2; *Thomas/Putzo/Hüßtege* Rn. 2; aA *Hillach/Rohs* § 30 J I b; offengelassen von BGH BGHR ZPO § 3 Interesse, wirtschaftliches 1; streitig ist die Anwen-

gen,[17] Erbbauzins-,[18] Lohn- und Gehaltsansprüche,[19] Anspruch auf zeitabschnittsweise zu zahlende Maklercourtage,[20] das Anstellungsverhältnis eines GmbH-Geschäftsführers,[21] Beraterverträge,[22] laufende Versicherungsleistungen.[23] Der Wert der Beschwer eines zur Mängelbeseitigung verurteilten Vermieters bemisst sich nicht nach den Kosten der Mängelbeseitigung, sondern gemäß §§ 2, 3 und 9 ZPO nach dem 3,5-fachen Jahresbetrag der auf Grund des Mangels gegebenen Mietminderung.[24] Die Beschwer der unterlegenen Partei einer Klage, die auf Feststellung des Fortbestandes einer Krankenversicherung, [25] eine Berufsunfähigkeitszusatzversicherung [26] oder eine Kfz-Haftpflichtversicherung[27] gerichtet ist, bemisst sich gemäß §§ 3, 9 ZPO nach dem 3,5fachen Jahresbetrag der Jahresprämie für die Versicherung.

5 **Nicht** unter § 9 fallen die sogenannten dauernden Ansprüche oder Rechte, denn diese kehren nicht periodisch wieder, sondern bestehen fortdauernd, obwohl auch die diesbezügliche Berechtigung begrenzt ist. Dies gilt für den Nießbrauch, das Wohn-, Fischerei-, und Jagdrecht.[28] Ebenfalls nicht zum Anwendungsbereich des § 9 zählen Zinsansprüche.[28a]

IV. Stammrecht als Streitgegenstand

6 Schon nach allgemeinen Grundsätzen des Streitwertrechts ist für die Anwendung des § 9 kein Raum, falls ein **bezifferter, in seiner Gesamthöhe feststehender Geldbetrag** eingeklagt wird[29] (s. § 3 Rn. 12), etwa bereits fällig gewordene Einzelraten.

7 Des Weiteren setzt § 9 voraus, dass der Rechtsstreit das **Stammrecht selbst** zum Gegenstand hat; er darf also nicht etwa auf den Umfang künftig zu erbringender Leistungen oder auf einzelne künftige Leistungen beschränkt sein.[30] Ergibt die Auslegung des Klageantrages, dass auch für die Zukunft nur ein den freiwillig gezahlten Betrag übersteigender streitiger Spitzenbetrag geltend gemacht wird, ist nur dieser Spitzenbetrag zur Berechnung des Wertes heranzuziehen.[31]

8 Auf die **Klageart,** mit der das Recht (bzw. dessen Nichtbestehen) geltend gemacht wird, kommt es nicht an.[32] Eine Ausnahme macht die hM für die positive Feststellungsklage. Auf sie soll § 9 nur auf dem Umweg über § 3 Anwendung finden,[33] da mit ihr das Recht „nicht voll geltend gemacht" werde.[34] Das überzeugt nicht.[35] Ein Recht kann wohl kaum umfassender geltend gemacht werden als durch eine sein Bestehen betreffende Feststellungsklage, dann nämlich ist das Recht an sich Streitgegenstand. Hinter der hier kritisierten Auffassung steht das Bestreben, den bei Feststellungsklagen üblichen Abschlag vom vollen Streitwert auch in Fällen, in denen ein Recht auf wiederkehrende Nutzungen oder Leistungen betroffen ist, zu rechtfertigen. Dazu ist es aber nicht notwendig, Feststellungsklagen vom Anwendungsbereich des § 9 auszunehmen (s. näher Rn. 10).

---

dung des § 9 auf Nutzungsentschädigungsansprüche nach beendetem Mietverhältnis; ablehnend KG, Beschl. v. 28. 4. 2007, 12 W 35/07, ZMR 2006, 207, GE 2007, 292; OLG Frankfurt OLG 2004, 201; MDR 1980, 761; a. A. OLG Stuttgart NJW-RR 1997, 1303.

[17] BVerfG NJW 1996, 1531; BGH WuM 07, 32; MDR 2000, 975; OLG Brandenburg NJW-RR 1996, 844; LG Kiel ZMR 1994, 480 f.; *Thomas/Putzo/Hüßtege* Rn. 2; *Hartmann* Anh. I § 48 GKG (§ 3 ZPO) Rn. 79.

[18] OLG München JurBüro 1977, 1002 f.

[19] *Stein/Jonas/Roth* Rn. 2; *Thomas/Putzo/Hüßtege* Rn. 2.

[20] OLG Köln OLGR 2000, 78, 79.

[21] BGH GmbHR 1994, 244, 245; vgl. auch BGH NJW-RR 1990, 1123 f.

[22] OLG Frankfurt OLGR 1998, 349 f.

[23] BGH NVersZ 2002, 22.

[24] BGH MDR 2000, 975; OLG Düsseldorf MDR 2001, 354.

[25] BGH MDR 2000, 850; HK-ZPO-*Kayser* Rn. 3.

[26] OLG Celle OLGR 2007, 239 abzgl. 20% Feststellungsabschlag.

[27] BGH VersR 2001, 492.

[28] BGH MDR 1969. 916; OLG Celle OLGR 1999, 330; *Stein/Jonas/Roth* Rn. 7 m. weit. Nachw.; *Zöller/Herget* Rn. 3; *Musielak/Heinrich* Rn. 2; HK-ZPO/*Kayser* Rn. 3.

[28a] BGH NJW 1981, 2360; BGHZ 36, 144, 147; OLG Naumburg, Beschl. v. 7. 5. 2007, 4 WF 61/07, juris.

[29] OLG Köln OLGR 1999, 404.

[30] OLG Düsseldorf JurBüro 1993, 166; *Stein/Jonas/Roth* Rn. 11; *Zöller/Herget* Rn. 1; vgl. auch BGH BGHR ZPO § 3 Interesse, wirtschaftliches 1.

[31] OLG Braunschweig OLGR 1998, 332.

[32] Vgl. etwa BGHZ 2, 276, 278 (negative Feststellungsklage); BGHR ZPO § 767 Streitwert 2 (Vollstreckungsgegenklage gegen die Vollstreckung der laufenden Leibrente); BDH MDR 2000, 975.

[33] BGHZ 1, 43; NJW-RR 1992, 608; BGHR ZPO § 9 Schadensrente 1; BGH MDR 2000, 975; OLG Frankfurt OLGR 1998, 349, 350; OLG Schleswig OLGR 1998, 347, 348 (analoge Anwendung des § 9); *Stein/Jonas/Roth* Rn. 11; *Zöller/Herget* Rn. 1.

[34] *Stein/Jonas/Roth* Rn. 11; *Zöller/Herget* Rn. 1.

[35] Für eine unmittelbare Anwendung des § 9 auch auf positive Feststellungsklagen auch *Musielak/Heinrich* Rn. 3; HK-ZPO/*Kayser* Rn. 2.

V. Wertbemessung

1. Dreieinhalbfacher Wert des einjährigen Bezuges (S. 1). Grundsätzlich entspricht der Streitwert dem dreieinhalbfachen Wert des einjährigen Bezuges und zwar innerhalb der ersten 12 Monate nach Klageeinreichung.[36] Sofern die wiederkehrenden Nutzungen und Leistungen im Umfang **veränderlich** sind, ist auf die höchsten Jahresbeträge abzustellen.[37] 9

Bei der **positiven Feststellungsklage** erfolgt der übliche Abschlag von in der Regel 20%,[38] und zwar auch dann, wenn man auf diese Klage § 9 direkt und nicht, wie es die h. M. will (Rn. 8), nur über § 3 anwendet. Denn § 9 bestimmt nur, wie ein Recht auf wiederkehrende Nutzungen oder Leistungen zu bewerten ist, ohne jedoch eine Differenzierung nach der sich aus der Klageart ergebenden Intensität des Klägerinteresses zu verbieten (s. a. Rn. 8). 10

Bei Klageeinreichung **bereits fällige Beträge,** sind, sofern sie geltend gemacht werden, zum Wert des dreieinhalbjährigen Bezuges hinzuzurechnen,[39] weil § 9 auf bezifferte, in der Gesamthöhe feststehende Zahlungsansprüche nicht anwendbar ist (Rn. 6). Erfolgt während des Rechtsstreits ein Übergang von der Feststellungsklage zur Leistungsklage, sind die bis dahin fällig gewordenen Bezüge ebenfalls zu addieren. Dagegen sind erst nach den genannten Zeitpunkten fällig werdende Raten nicht, und zwar auch nicht bei der Bestimmung des Rechtsmittelstreitwertes, selbstständig zu berücksichtigen.[40] 11

2. Gesamtbetrag der künftigen Bezüge (Satz 2). Ist das Bezugsrecht von **„bestimmter Dauer“,** weil nämlich bereits bei Einreichung der Klage bzw. bei Einlegung des Rechtsmittels (s. § 4) der Zeitpunkt seines Wegfalls feststeht, dann entspricht der Streitwert dem Gesamtbetrag der künftigen Bezüge, jedoch nach oben begrenzt durch den dreieinhalbfachen Wert des einjährigen Bezuges. Ein Fall des Bezugsrechts von bestimmter Dauer ist auch dann anzunehmen, wenn der Kläger das Bezugsrecht von sich aus nur hinsichtlich eines **bestimmten Zeitraumes** zum Gegenstand macht[41] oder wenn Streit über die fristlose Kündigung eines Bezugsrechts von ursprünglich unbestimmter Dauer besteht, sich jedoch aus dem eigenen Vortrag des den Fortbestand des Vertragsverhältnisses geltend machenden Klägers die Voraussetzungen für eine Umdeutung in eine ordentliche Kündigung zum nächstmöglichen Zeitpunkt ergeben.[42] 12

VI. Gebührenstreitwert

§ 42 GKG regelt die Bemessung des Gebührenstreitwertes für Ansprüche auf bestimmte wiederkehrende Leistungen und geht insoweit dem § 9 vor. Aus sozialen Gründen ist der Wert jeweils nach oben begrenzt **(„Sozialwert“).** Gleichwohl hält der BGH den üblichen Abschlag bei **positiven Feststellungsklagen** für gerechtfertigt;[43] er wendet § 42 GKG auf diese auch nicht unmittelbar, sondern nur entsprechend im Rahmen des § 3 an[44] (s. a. § 3 Rn. 53). 13

§ 42 Abs. 1 erfasst **gesetzliche Unterhaltspflichten,**[45] vertraglich begründete nur dann, wenn und soweit sie der Ausgestaltung einer gesetzlichen Unterhaltspflicht dienen.[46] Nicht unter Abs. 1 fällt ein Schadensersatzanspruch wegen schuldhafter Verursachung einer gesetzlichen Unterhaltspflicht.[47] Wird der Unterhalt im Wege des Antrags auf einstweiligen Anordnung geltend gemacht, geht § 53 Abs. 2 S. 1 GKG vor. 14

§ 42 Abs. 2 betrifft **gesetzliche Rentenansprüche** wegen Tötung, Körper- oder Gesundheitsverletzung. Unverständlicherweise liegt der „Sozialwert“ hier über den für Zuständigkeit und Rechtsmittel maßgeblichen Höchstgrenzen des § 9; schon deshalb verbietet sich eine weite Auslegung.[48] 15

§ 42 Abs. 3 hat Ansprüche auf wiederkehrende Leistungen aus **Arbeits-** (sofern diese vor den ordentlichen Gerichten geltend gemacht werden, § 1 Abs. 3, § 12 Abs. 7 S. 2 ArbGG), **Dienst-, Amts-** und **ähnlichen Verhältnissen** zum Gegenstand (s. a. § 3 Rn. 18, 53). 16

---

[36] *Musielak/Heinrich* Rn. 4.
[37] Rn. *Stein/Jonas/Roth* Rn. 10; *Musielak/Heinrich* Rn. 4; *Thomas/Putzo/Hüßtege* Rn. 5; aA 2. Aufl.
[38] BGHZ 1, 43; NJW-RR 1992, 608; BGHR ZPO § 9 Schadensrente 1; OLG München OLGR 1998, 162, 163; *Stein/Jonas/Roth* Rn. 11; *Zöller/Herget* Rn. 1; *Thomas/Putzo/Hüßtege* Rn. 3.
[39] RGZ 77, 325; BGH MDR 2004, 1437; *Zöller/Herget* Rn. 5; *Musielak/Heinrich* Rn. 4.
[40] BGH NJW 1960, 1459 f.; BGHR ZPO § 9 Rentenrückstand 1; *Zöller/Herget* Rn. 5.
[41] BGH NJW 1997, 1016.
[42] OLG Frankfurt OLGR 1998, 349 f.
[43] BGH NJW-RR 1986, 676 (betr. § 17 Abs. 3 aF).
[44] BGH NJW-RR 1986, 676 (betr. § 17 Abs. 3 aF).
[45] OLG München OLGR 2000, 73 (insbes. zur Berechnung bei Klageerweiterung).
[46] OLG Bamberg JurBüro 1980, 1362, 1363; OLG Düsseldorf JurBüro 1984, 1865, 1866.
[47] BGH NJW 1981, 1318; WM 1994, 182.
[48] *Hartmann* § 42 GKG Rn. 21; vgl. auch BGHZ 7, 335, 337 (zu § 10 Abs. 3 GKG aF); VersR 1979, 86.

§ 42 Abs. 4 enthält eine Sondervorschrift für Rechtsstreitigkeiten von den Gerichten für Arbeitssachen. Sofern über das Bestehen, Nichtbestehen oder die Kündigung eines Arbeitsverhältnisses gestritten wird, ist höchstens der Betrag des für die Dauer eines Vierteljahres zu leistenden Arbeitsentgelts maßgeblich, wobei eine Abfindung nicht hinzugerechnet wird. Bei Eingruppierungsstreitigkeiten ist der Wert des dreijährigen Unterschiedsbetrages zur begehrten Vergütung maßgeblich, sofern nicht der Gesamtbetrag der geforderten Leistungen geringer ist.

17 **§ 42 Abs. 5 S. 2** ordnet entsprechend dem allgemeinen Prinzip der gesonderten Bewertung fälliger bezifferter Ansprüche an, dass bei Klageeinreichung bzw. Einreichung eines PKH-Antrages **fällige Beträge** hinzuzurechnen sind.

18 **§ 49 GKG** ist eine gebührenrechtliche Spezialvorschrift für Verfahren über den **Versorgungsausgleich** in den Fällen der §§ 1587b, 1587g Abs. 1 BGB.

19 Sofern keine der genannten Spezialvorschriften eingreift, bleibt es auch hinsichtlich des Gebührenstreitwertes bei **§ 9.**

§ 10 (weggefallen)

§ 11 Bindende Entscheidung über Unzuständigkeit

Ist die Unzuständigkeit eines Gerichts auf Grund der Vorschriften über die sachliche Zuständigkeit der Gerichte rechtskräftig ausgesprochen, so ist diese Entscheidung für das Gericht bindend, bei dem die Sache später anhängig wird.

I. Normzweck

1 § 11 soll **negative Kompetenzkonflikte** mit der Notwendigkeit eines Verfahrens nach § 36 und widersprechende Entscheidungen über die sachliche Zuständigkeit verhindern.[1] Praktische Bedeutung erlangt die Norm in Fällen, in denen es an den Voraussetzungen für eine Verweisung (§§ 281, 506) oder Abgabe (§§ 696, 700 Abs. 3) fehlt.

II. Anwendungsbereich

2 Die Vorschrift gilt unmittelbar nur für die **sachliche** Zuständigkeit (dazu § 1 Rn. 8).[2] Entsprechend anwendbar ist sie auf die **funktionelle** Zuständigkeit (s. § 1 Rn. 9),[3] nach hM darüber hinaus auch auf die Zuständigkeitsverteilung zwischen streitiger und **freiwilliger** Gerichtsbarkeit[4] und zwischen ordentlichen Gerichten und **besonderen Gerichten** iSd. § 14 GVG,[5] nicht hingegen auf die örtliche Zuständigkeit (s. § 1 Rn. 13).[6] Nicht erfasst wird auch das Verhältnis zwischen einem inländischen Gericht und ausländischen Gerichten oder Schiedskommissionen.[7]

III. Rechtskräftiger Ausspruch der Unzuständigkeit

3 Ein Gericht muss durch **Urteil** oder **Beschluss**[8] seine sachliche Zuständigkeit **rechtskräftig**[9] verneint haben. Was Rechtskraft iSd. § 11 in Bezug auf Beschlüsse bedeutet, ist in Rechtsprechung und Schrifttum noch nicht abschließend geklärt.[10] Mit Rücksicht auf den Zweck der Vorschrift, negative Kompetenzkonflikte mit der Notwendigkeit eines Verfahrens nach § 36 zu vermeiden, dürfte erforderlich aber auch ausreichend sein, dass der Beschluss unanfechtbar und für das ihn erlassende Gericht bindend ist.

---

[1] *Hahn,* Die gesamten Materialien zu den Reichsjustizgesetzen, Zweiter Band: Materialien zur Civilprozeßordnung, S. 148; BGH NJW 1997, 869.

[2] BGH NJW 1997, 869.

[3] BGH NJW 1997, 869; OLG Oldenburg FamRZ 1978, 344; 345; *Stein/Jonas/Roth* Rn. 9; *Zöller/Herget* Rn. 2; *Thomas/Putzo/Hüßtege* Rn. 1; *Musielak/Heinrich* Rn. 2; HK-ZPO/*Kayser* Rn. 2.

[4] BGHZ 97, 287, 291 = NJW 1986, 1994, 1995; *Stein/Jonas/Roth* Rn. 9; *Thomas/Putzo/Hüßtege* Rn. 1; *Musielak/Heinrich* Rn. 2; HK-ZPO/*Kayser* Rn. 2.

[5] *Zöller/Herget* Rn. 2.

[6] BGH NJW 1997, 869 f.; *Stein/Jonas/Roth* Rn. 2; *Zöller/Herget* Rn. 2; *Thomas/Putzo/Hüßtege* Rn. 1; HK-ZPO/*Kayser* Rn. 2; aA AK-ZPO/*Röhl* Rn. 2.

[7] *Musielak/Heinrich* Rn. 2; *Zöller/Vollkommer* Rn. 2.

[8] OLG München NJW 1956, 187; *Stein/Jonas/Roth* Rn. 6; *Musielak/Heinrich* Rn. 3; *Zöller/Herget* Rn. 3.

[9] BGHZ 97, 287, 291 = NJW 1986, 1994, 1995 f.; *Stein/Jonas/Roth* Rn. 6.

[10] Vgl. etwa *Lappe* 1. Aufl. Rn. 4 (formelle Rechtskraft); *Thomas/Putzo/Hüßtege* Rn. 2 (formelle und materielle Rechtskraft); *Zöller/Herget* Rn. 3 (keine „gewöhnlichen" Beschlüsse); *Stein/Jonas/Roth* Rn. 6 (Verneinung der Zuständigkeit muß Hauptfrage der Entscheidung sein); *Wieczorek/Schütze/Gamp* Rn. 3 („außerprozessuale" Rechtskraftwirkung).

IV. Rechtsfolgen

Weder dasselbe noch ein anderes Gericht darf das Gericht, das seine sachliche Unzuständigkeit rechtskräftig ausgesprochen hat, oder ein Gericht **derselben Stufe** später für zuständig erklären. 4

Anders als eine Verweisung gem. § 281 bindet die Unzuständigkeitserklärung iSd. § 11 das später mit der Sache befasste Gericht allerdings nicht hinsichtlich der **eigenen** sachlichen Zuständigkeit.[11] So kann nach rechtskräftiger Unzuständigkeitserklärung eines Amtsgerichts, das nunmehr angerufene Landgericht sich seinerseits für ebenfalls unzuständig erklären mit der Begründung, ein Schifffahrtsgericht sei zuständig. Nicht dagegen darf es die eigene Zuständigkeit unter Hinweis auf die angebliche sachliche Zuständigkeit der Amtsgerichte verneinen. Das gilt selbst bei einer ausschließlichen Zuständigkeit des zunächst angerufenen Gerichts.[12] 5

Missachtet das später angerufene Gericht die Bindungswirkung und verwirft den Antrag als unzulässig oder verweist ihn, ist die Entscheidung auf ein zulässiges Rechtsmittel hin aufzuheben. Wird sie mangels Anfechtung oder Anfechtbarkeit rechtskräftig, hat das im Rechtszug zunächst höhere Gericht das sachlich zuständige Gericht analog § 36 Abs. Nr. 6 zu bestimmen.[13] 6

Wird das Verfahren von dem später angerufenen Gericht unter Verstoß gegen § 11 gem. § 281 verwiesen, entfaltet dieser Verweisungsbeschluss keine Bindungswirkung für das angewiesene Gericht;[14] **§ 11 geht also dem § 281 Abs. 2 S. 4 vor.** Es ist sicher nicht Sinn des § 281 Abs. 2 S. 4, einen durch § 11 bereits (zumindest partiell, s. Rn. 4f.) gelösten negativen Kompetenzkonflikt nunmehr erneut und gegenteilig zu entscheiden. 7

Titel 2. Gerichtsstand

Schrifttum: *Basedow,* Reform des Deutschen IPR, 1980; *Baur,* Zivilprozeß, 4. Aufl. 1982 (11. Aufl. 2003); *ders.,* Zuständigkeit aus dem Sachzusammenhang – Ein Beitrag zur Rechtswegzuständigkeit bei mehrfacher Klagebegründung, FS Hippel, 1967, S. 1ff.; Bericht der Kommission für das Zivilprozeßrecht, herausgegeben vom Bundesminister der Justiz 1977; *Blomeyer,* Zivilprozeßrecht Erkenntnisverfahren, 2. Aufl. 1985; *Duffek,* Gerichtsstand bei Bauverträgen, BauR 1980, 316ff.; *Flieger,* Zuständigkeit und richterliche Hinweispflicht, NJW 1979, 2603ff.; *Folz,* Die Geltungskraft fremder Hoheitsäußerungen, eine Untersuchung über die anglo-amerikanische Act of State Doctrine, 1975; *Fricke,* Zur Prozeßführungsbefugnis des Sequesters gemäß § 106 KO, MDR 1978, 99ff.; *Geimer,* Beachtung ausländischer Rechtshängigkeit und Justizgewährungsanspruch, NJW 1984, 527ff.; *ders.,* Eine neue Internationale Zuständigkeitsordnung in Europa, NJW 1976, 441ff.; *ders.,* Das Zuständigkeitssystem des EWG-Übereinkommens vom 27. 9. 1968, WM 1976, 830ff.; *Geißler,* Die Geltendmachung und Betreibung von Ansprüchen aus Truppenschäden nach dem Nato-Truppenstatut, NJW 1980, 2615ff.; *Georgiades,* Die Anspruchskonkurrenz im Zivilrecht und Zivilprozeßrecht, 1968; *Gloy,* Handbuch des Wettbewerbsrechts, 1986; *Gramlich,* Staatliche Immunität für Zentralbanken?, RabelsZ 45 (1981), 545ff.; *Grunsky,* Buchbesprechung der FS Bosch, 1976, ZZP 91 (1978), 81ff.; *ders.,* Grundlagen des Verfahrensrechts, Eine vergleichende Darstellung von ZPO, FGG, VwGO, FGO, SGG, 2. Aufl. 1974; *Habscheid,* Der Streitgegenstand im Zivilprozeß und im Streitverfahren der freiwilligen Gerichtsbarkeit, 1956; *ders.* Die Immunität internationaler Organisationen im Zivilprozess, ZZP 110 (1997); *Heidenberger,* US-Supreme-Court wird über die Anwendung des Haager Beweisübereinkommens entscheiden, RIW 1986, 498ff.; *Heldrich,* Internationale Zuständigkeit und anwendbares Recht, 1969; *Heitmann,* Prozeßstandschaft für Forderungen gegen ausländische Streitkräfte, BB 1980, 1349ff.; *Hoeren/Sieber,* Handbuch Multimedia-Recht: Rechtsfragen des elektronischen Geschäftsverkehr, 1999; *Holtgrave,* Zur Reform des Zivilprozeßrechts, ZZP 86 (1973), 1ff.; *Hummel,* Die Vertretung der Bundesrepublik Deutschland im Bereich der Bundesvermögensverwaltung, DÖV 1970, 368; *Jellinek,* Die zweiseitigen Staatsverträge über Anerkennung ausländischer Zivilurteile, 1953; *Kropholler,* Handbuch des Internationalen Zivilverfahrensrechts, 1982; *Krause,* Verfahrensrechtliche Probleme der Entscheidung und der Verweisung von Rechtsweg zu Rechtsweg, ZZP 83 (1970), 289ff.; *Mühl,* Die Bedeutung des Sachverhalts für den Begriff des Streitgegenstandes bei Leistungsklagen in der Rechtsprechung, NJW 1954, 1965ff.; *Otte,* Umfassende Streitentscheidung durch Beachtung von Sachzusammenhängen: Gerechtigkeit durch Verfahrensabstimmung?, 1998; *Patzina,* Rechtlicher Schutz ausländischer Privatinvestoren gegen Enteignungsrisiken in Entwicklungsländern, 1981; *Rimmelspacher,* Alternative und kumulative Gerichtszuständigkeit, AcP 174 (1974), 509ff.; *Roth,* Teilurteil und Verweisung im Falle eines mehrfach begründeten Klageanspruches, MDR 1967, 15ff.; *Schack,* Der Erfüllungsort im deutschen, ausländischen und internationalen Privat- und Zivilprozessrecht, 1985; *K. Schmidt,* Der Allgemeine Gerichtsstand konkursbefangener Handelsgesellschaften, NJW 1984, 1341ff.;

---

[11] *Zöller/Herget* Rn. 5.

[12] RGZ 66, 17; *Musielak/Heinrich* Rn. 5.

[13] BGH MDR 1997, 290; *Stein/Jonas/Roth* Rn. 7; *Thomas/Putzo/Hüßtege* Rn. 3; *Wieczorek/Schütze/Gamp* Rn. 5; *Musielak/Heinrich* Rn. 5; vgl. auch BGHZ 17, 168, 170f.

[14] OLG München NJW 1956, 187; *Zöller/Vollkommerr* § 11 Rn. 5; *Musielak/Heinrich* Rn. 5; *Baumbach/Lauterbach/Hartmann* § 281 Rn. 48; *Thomas/Putzo/Hüßtege* § 281 Rn. 14; HK-ZPO/*Kayser* Rn. 3; aA *Stein/Jonas/Roth* Rn. 7; offen gelassen von BGH NJW 1997, 869.

Schneider-Stoll, Ersatz von Vermögensschäden in der Bundesrepublik Deutschland aufgrund des Unfalls in Tschernobyl, BB 1986, 1233 ff.; *Seidl-Hohenfeldern,* Immunität ausländischer Staaten im Strafverfahren und Verwaltungsstrafverfahren, Ged. Hans Peters, 1967, S. 915 ff.; *ders.,* Die Immunität ausländischer Staaten nach Völkerrecht, Heft 8 der deutschen Gesellschaft für Völkerrecht, 1968, 1, 51 ff.; *Spellenberg,* Zuständigkeit bei Anspruchskonkurrenz und kraft Sachzusammenhang, ZZP 95 (1982), 9 ff.; *Spickhoff,* Gerichtsstand des Sachzusammenhangs und Qualifikation von Anspruchsgrundlagen, ZZP 109 (1996), 493 ff.; *Stiefel/Petzinger,* Deutsche Parallelprozesse zur Abwehr amerikanischer Beweiserhebungsverfahren?, RIW 1983, 242 ff.; *Verdross/Simma,* Universelles Völkerrecht, Theorie und Praxis, 3. Aufl. 1984; *Wahl,* Die verfehlte internationale Zuständigkeit, forum non conveniens und internationales Rechtsschutzbedürfnis, 1974; *Waldner,* Zuständigkeit des Familiengerichts kraft Sachzusammenhangs – Eine Wende in der Rechtsprechung des BGH?, MDR 1984, 190 ff.; *Wengler,* Zur Adoption deutscher Kinder durch amerikanische Staatsangehörige, NJW 1959, 127 ff; *Windel,* Die Bedeutung der §§ 17 Abs. 2, 17 a GVG für den Umfang der richterlichen Kognition und die Rechtswegzuständigkeit, ZZP 111 (1998), 3 ff.

§ 12 Allgemeiner Gerichtsstand; Begriff

Das Gericht, bei dem eine Person ihren allgemeinen Gerichtsstand hat, ist für alle gegen sie zu erhebenden Klagen zuständig, sofern nicht für eine Klage ein ausschließlicher Gerichtsstand begründet ist.

Übersicht

I. Normzweck

1. Umfassender Gerichtsstand. Mit der Bestimmung des Gerichtsstandes verfolgt der Gesetzgeber den Zweck, das Gericht zu bestimmen, bei dem der Rechtsstreit durchgeführt werden soll. Soweit ein ausschließlicher Gerichtsstand nach besonderen Vorschriften nicht vorgesehen ist, stellt das Gesetz mit der Regelung des § 12 einen **Allgemeinen Gerichtsstand** zur Verfügung, der für alle zu erhebenden Klagen zuständig ist. Mit dem Begriff Allgemeiner Gerichtsstand wird die örtliche Zuständigkeit des Gerichts erfasst bei dem die Klage erhoben werden soll. 1

2. Gerechtigkeitsgehalt. Mit der Bestimmung des Gerichtsstandes wird prozessökonomischer Zweckmäßigkeit, wie der Sachnähe oder Fachkundigkeit eines Gerichtes, ebenso Rechnung getragen wie materiellen Gerechtigkeitserwägungen. Dem Vorteil des Klägers, der nicht allein das ob, sondern darüber hinaus auch den Zeitpunkt und die Art des Klageangriffes bestimmen kann, entspricht grundsätzlich durch die Bestimmung eines allgemeinen Gerichtsstandes die Vergünstigung des Beklagten, den ihm ohne und meist gegen seinen Willen aufgezwungenen Rechtsstreit nicht auch noch unter zusätzlichen Erschwerungen an einem auswärtigen Gericht führen zu müssen.[1] Die gesetzliche Zuständigkeitszuordnung sorgt dafür, dass jede Sache vor das am günstigsten gelegene Gericht kommt und gewährleistet gleichzeitig die Ausübung des als Grundrecht ausgestalteten Anspruches auf rechtliches Gehör. Aus ihr ergibt sich schließlich in Ausfüllung des Art. 101 Abs. 1 S. 2 GG der **gesetzliche Richter.**[2] Die auch Gerechtigkeit bezweckende Bestimmung eines allgemeinen Gerichtsstandes manifestiert sich insbesondere in zwingend ausgestalteten Gerichtsständen wie beispielsweise § 26 FernUSG, § 29a, § 29c, § 32, sowie insbesondere in der Einschränkung der Prorogationsfreiheit eines Gerichtsstandes in § 38.[3] Auch der BGH lässt in seiner Entscheidung, in der er die Abgrenzung eines Gerichtsstandes nach dem Gerichtsstand des „Sachzusammenhanges" vornimmt und wegen des besonderen Sachzusammenhanges die sachliche Zuständigkeit des Senates für Familiensachen als gegeben erachtet, ausdrücklich durchblicken, dass bei der Beurteilung der Frage der sachlichen Zuständigkeit sowohl Gerechtigkeitsgesichtspunkte, wie auch Zweckmäßigkeitserwägungen zu berücksichtigen sind.[4] Dabei entscheidet der BGH in dieser Entscheidung freilich nicht generell und abschließend, ob der materiell-rechtliche Regelungsgehalt oder Gesichtspunkte der Zweckmäßigkeit zu bevorzugen sind. Lediglich in der Einzelfallentscheidung hat der BGH den Grundsätzen der Zweckmäßigkeit aufgrund besonderer Umstände des Einzelfalles zutreffenderweise den Vorzug eingeräumt.[5] 2

3. Zweckmäßigkeitsgehalt. Abzulehnen sind deshalb die Auffassungen, die in der Bestimmung eines allgemeinen Gerichtsstandes allein oder auch nur überwiegend **Zweckmäßigkeitsvorschriften** sehen.[6] Zuzustimmen ist vielmehr der Auffassung, wonach die Zweckmäßigkeit der gesetzlichen Bestimmung gleichrangig neben deren Gerechtigkeitsgehalt steht.[7] 3

II. Definition des Gerichtsstandes

1. Allgemeines. Unter Gerichtsstand ist die Verpflichtung und hierzu korrespondierend die Berechtigung zu verstehen, sein Recht vor einem bestimmten Gericht zu nehmen. Diese Definition eines Gerichtsstandes würde sowohl die örtliche, sachliche sowie auch alle anderen Arten der Zuständigkeit umfassen. Die prozessualen Gesetze unterscheiden jedoch zwischen dem Gerichtsstand als der grundsätzlichen örtlichen Zuständigkeit einerseits und der sachlichen Zuständigkeit andererseits. Mithin ist unter dem Begriff des Gerichtsstandes in dem nicht immer einheitlichen Sprachgebrauch der ZPO nur die örtliche Zuständigkeit zu sehen.[8] In den Fällen der §§ 34, 40 Abs. 2 und § 802 umfasst die Definition des Gerichtsstandes auch die sachliche Zuständigkeit.[9] Der Gerichts- 4

---

[1] Es handelt sich um eine am Gerechtigkeitsgedanken orientierte prozessuale Lastenverteilung, vgl. *Zöller/Vollkommer* Rn. 2; *Musielak/Heinrich* Rn. 1; BayObLG MDR 1996, 850; AG Köln NJW-RR 1995, 185; LG Karlsruhe NJW 1996, 1417.

[2] So zutreffend auch *Zöller/Vollkommer* Rn. 2; *Musielak/Heinrich* Rn. 1; *Baumbach/Lauterbach/Hartmann* Vor § 12 Rn. 1.

[3] Vgl. hierzu *Stein/Jonas/Roth* Vor § 12 Rn. 3; OLG Frankfurt MDR 1982, 1023.

[4] BGH FamRZ 1983, 155; zur Frage eines Gerichtsstandes des „Sachzusammenhanges" sowie der „gespaltenen" Zuständigkeit vgl. Rn. 35 ff.

[5] BGH FamRZ 1983, 156; vgl. auch hierzu Rn. 41.

[6] LG München I NJW 1973, 1617; *Rosenberg/Schwab* § 29 V.

[7] So auch *Stein/Jonas/Roth* Vor § 12 Rn. 3; *Zöller/Vollkommer* Rn. 2; AK-ZPO/*Röhl* Vor § 12 Rn. 3.

[8] AllgM; *Baumbach/Lauterbach/Hartmann* Vor § 12 Rn. 4; *Zöller/Vollkommer* Rn. 1; *Stein/Jonas/Roth* Vor § 12 Rn. 1; AG Köln NJW-RR 1995, 185; LG Karlsruhe NJW 1996, 1417; *Musielak/Heinrich* Rn. 2.

[9] Vgl. § 40 Rn. 7; *Musielak/Heinrich* Rn. 2.

stand verteilt daher die Prozesse der ersten Instanz und die zivilprozessualen Angelegenheiten nach der örtlichen Beziehung der beteiligten Personen, der streitbefangenen Sachen und Handlungen oder der geltend gemachten Ansprüche.[10] Der Gerichtsstand befindet mithin darüber, welches Amtsgericht oder Landgericht im konkreten Fall aus der Vielzahl gleicher Gerichte zuständig ist. Dabei regeln die §§ 12ff. nur die örtliche Zuständigkeit der erstinstanzlichen Gerichte. Die örtliche Zuständigkeit der höheren Instanzen folgt ohne weiteres aus der örtlichen Zuständigkeit der ersten Instanz.[11]

5 Die Gerichtsstandsregeln beziehen sich ausschließlich auf die Bestimmung eines Gerichtes insgesamt. Die Zuteilung innerhalb dieses Gerichtes auf einen bestimmten Spruchkörper desselben ist eine Frage der Geschäftsverteilung, allenfalls ein Problem der funktionellen Zuständigkeit. Dies gilt selbst dann, wenn die Geschäftsverteilung innerhalb eines bestimmten Gerichtes aufgrund der Geschäftsverteilung nach örtlichen Gesichtspunkten erfolgt.[12]

6 **2. Anknüpfungskriterien der örtlichen Zuständigkeit. a) Personen- oder Sachnähe.** Das Gesetz knüpft die örtliche Zuständigkeit an bestimmte Kriterien. Gemäß § 12 knüpft der allgemeine Gerichtsstand dabei zunächst an die örtlichen Verhältnisse des Beklagten wie dessen Wohnsitz oder auch Aufenthaltsort. Nach den §§ 13 bis 16 kann auch der frühere Wohnsitz natürlicher Personen ausschlaggebend sein. Bei nicht natürlichen Personen, die in einem Zivilprozess parteifähig sind, ist deren Sitz gemäß der §§ 17 bis 19 ausschlaggebend. Weitere Anknüpfungsvoraussetzungen können die besondere Sachnähe, wie der Sitz des Insolvenzgerichtes, § 19a, die Belegenheit des Vermögens und des Streitobjektes, § 23, der Belegenheitsort der Sache, § 24, der Erfüllungsort bei Verträgen, § 29, die Belegenheit des Raumes, § 29a, der Begehungsort bei unerlaubter Handlung, § 32, der Sachzusammenhang, §§ 25, 33, 34, und die Konzentration, §§ 22, 27, 28, 29b, 32a, § 32b sein.[13] Weitere Anknüpfungspunkte der **örtlichen** wie auch der **sachlichen** sowie der **funktionalen Zuständigkeit** kann ferner die vertragliche Vereinbarung zwischen den Prozessparteien, §§ 38 bis 40, sein. Schließlich kann der Gerichtsstand auch durch **gerichtliche Anordnung** begründet werden, § 36.[14]

7 **Kein** Anknüpfungskriterium stellt in der Regel der Wohnsitz oder Sitz des Klägers oder Antragstellers dar. Ausnahmen hierzu bilden die §§ 23a, 29c, 606 Abs. 2 S. 2, 640a Abs. 1, 642 Abs. 1 S. 1, 689 Abs. 2, § 371 Abs. 4 HGB, § 26 Abs. 1 FernUSG. Auch die Staatsangehörigkeit der Prozessparteien ist grundsätzlich kein Anknüpfungskriterium.

8 **b) Partei kraft Amtes.** Auch der allgemeine Gerichtsstand einer Partei kraft Amtes richtet sich nach den hier genannten Anknüpfungskriterien. Partei kraft Amtes sind beispielsweise der Insolvenzverwalter,[15] der verfügungsberechtigte vorläufige Insolvenzverwalter, § 22 InsO,[16] der Zwangsverwalter, der Nachlassverwalter, der Testamentsvollstrecker.[17] Der Kreis der Parteien kraft Amtes ist im Gesetz geregelt und kann mithin nicht ohne gesetzliche Grundlage ausgedehnt werden.[18]

9 **3. Zusammentreffen von Gerichtsständen.** Der Kläger hat bei mehreren allgemeinen Gerichtsständen die freie Wahl, ebenso wie zwischen möglicherweise mehreren gegebenen besonderen Gerichtsständen. Keine Wahlmöglichkeit ist gegeben, wenn das Gesetz einen Gerichtsstand für ausschließlich erklärt.[19] Richtigerweise ist deshalb zunächst zu prüfen, ob ein ausschließlicher Gerichtsstand gegeben ist.[20] Dieser verdrängt einen evtl. auch gegebenen allgemeinen Gerichtsstand als die speziellere gesetzliche Regelung.

---

[10] Vgl. *Baumbach/Lauterbach/Hartmann* Vor § 12 Rn. 4; *Stein/Jonas/Roth* Vor § 12 Rn. 1; *Zöller/Vollkommer* Rn. 3.

[11] Vgl. ebenso auch *Baumbach/Lauterbach/Hartmann* Vor § 12 Rn. 4.

[12] So auch *Stein/Jonas/Schumann* Vor § 12 Rn. 2.

[13] Vgl. hierzu *Zöller/Vollkommer* Rn. 3.

[14] Vgl. *Baumbach/Lauterbach/Hartmann* Vor § 12 Rn. 13.

[15] BGHZ 32, 114, 118 = NJW 1960, 1006; BGHZ 49, 11, 16 = NJW 1968, 300; BGHZ 68, 16, 17 = NJW 1977, 900; BGHZ 88, 331, 334 = NJW 1984, 739; zum Gerichtsstand vgl. jetzt § 19a. Gem. Art. 2 Nr. 4, 103, 104 EGInsO: in allen Verfahren, die vor dem 31. 12. 1998 beantragt wurden, sind auch weiterhin der ernannte Konkursverwalter, § 78 Abs. 1 KO oder der jeweilige Sequester, § 106 KO vertretungsbefugt. Ab 1999 wird der Begriff des Konkursverwalters durch den des Insolvenzverwalters ersetzt. Klagen, die sich gegen die Insolvenzmasse richten, sind nicht mehr am Wohnsitz oder Sitz des Konkursverwalters sondern am Sitz des Insolvenzgerichtes zu erheben, vgl. ausführlich die Kommentierung zu § 19a.

[16] *Fricke* MDR 1978, 103; Streitig: zum Meinungsstand vgl. ausführlich *Uhlenbruck* § 22 InsO, 12. Aufl. 2003, Rn. 6ff.

[17] OLG Hamburg MDR 1978, 99ff.

[18] BGHZ 20, 211 = NJW 1954, 715.

[19] Vgl. *Thomas/Putzo/Hüßtege* Vor § 12 Rn. 7; *Stein/Jonas/Roth* Rn. 11.

[20] Vgl. *Zöller/Vollkommer* Rn. 10.

4. Der Gerichtsbezirk. a) Begriff. Der Gerichtsbezirk – auch **Gerichtssprengel** genannt – bezeichnet das lokale Gebiet, innerhalb deren Grenzen das Gericht zuständig ist. Ist innerhalb dieses Gerichtsbezirkes ein Gerichtsstand gegeben, so liegt die örtliche Zuständigkeit dieses Gerichtes vor.[21] 10

b) Festlegung. Die Festlegung der Gerichtsbezirke erfolgt landesrechtlich, da der Bund nur bei den Gerichten, die für den gesamten Geltungsbereich der ZPO zuständig sind – BPatG, BGH, BAG –, über die Zuständigkeit verfügt. 11

Die Errichtung und Änderung von Gerichtsbezirken steht unter Gesetzesvorbehalt.[22] 12

c) Änderung. Unter bestimmten Voraussetzungen ist eine **Vergrößerung** oder **Verkleinerung** des Gerichtsbezirkes zulässig. Die Entscheidung darüber, ob für bestimmte Angelegenheiten eine Änderung des Gerichtsbezirkes vorgenommen werden kann, überlässt das Gesetz der Landesregierung, die die sich hieraus ergebenden Befugnisse der Landesjustizverwaltung übertragen darf. Hierdurch erhalten die einzelnen Länder oder auch grenzübergreifend mehrere Bundesländer die Möglichkeit, Gerichtsbezirke entweder aus Rationalisierungsgesichtspunkten zu vergrößern, oder wegen der besonderen gebotenen Fachkunde fachlich besonders geeignete Spruchkörper einzurichten.[23] Die Zuweisung an besonders eingerichtete Abteilungen, Kammern oder Senate, die über besondere Vorbildung, Eignung, Sachkunde oder Erfahrung verfügen, findet über den Geschäftsverteilungsplan statt.[24] 13

d) Kammer für Handelssachen. Die Verkleinerung eines Gerichtsbezirkes ist nach § 93 Abs. 1 2. Alt. GVG für die **Kammern für Handelssachen** möglich, wenn diesen lediglich ein örtlich abgegrenzter Teil eines bestimmten Landgerichtsbezirkes zugewiesen wird. Das Verhältnis dieser Kammern zu Kammern in anderen Gerichtsbezirken ist eine Frage der örtlichen Zuständigkeit und nicht etwa der funktionellen Zuständigkeit.[25] 14

e) Zuweisung über Gerichtsbezirk. Zuweisungen über einen Gerichtsbezirk hinaus sind in folgenden Fällen vorgesehen: 15

aa) Aufgebotsverfahren, § 1006 Abs. 1.[26] 16

bb) Baulandsachen werden von den bei den Landgerichten um zwei hauptamtliche Richter der Verwaltungsgerichtsbarkeit erweiterten Zivilkammern als Kammern für Baulandsachen gebildet, §§ 219, 220 Abs. 1 BauGB. Bei den Oberlandesgerichten werden entsprechend besetzte Senate für Baulandsachen gebildet, § 229 Abs. 1 BauGB. Die Kammern für Baulandsachen werden darüber hinaus wegen ihrer Spezialisierung in der Regel für mehrere Landgerichtsbezirke gemeinsam gebildet.[27] 17

cc) Binnenschifffahrtssachen. Hierfür gelten Sonderregelungen gemäß § 6 BinSchVerfG.[28] 18

dd) Mahnverfahren, § 689 Abs. 2, 3. 19

ee) Im **gewerblichen Rechtsschutz** gelten für Rechtsstreitigkeiten Besonderheiten. Die einzelnen Gesetze enthalten Verordnungsermächtigungen zur Begründung von Konzentrationszuständigkeiten, §§ 140 MarkenG, 143 PatG, 27 GebrMG, 52 GeschmMG, 87, 89 GWB, 105 UrhG. Die Landesregierungen haben von den eingeräumten Möglichkeiten im weiten Umfang Gebrauch gemacht.[29] 20

ff) Bundesentschädigungssachen; hierfür sind Entschädigungsgerichte zuständig, wobei eine örtliche Zusammenfassung nach § 208 BEG zulässig ist.[30] 21

gg) Verbandsklage. Nach § 6 Abs. 2 UKlaG können ebenfalls einem Landgericht für mehrere Landgerichtsbezirke Rechtsstreitigkeiten zugewiesen werden.[31] 22

---

21 Vgl. *Rosenberg/Schwab/Gottwald* § 34 I 2; *Stein/Jonas/Roth* Vor § 12 Rn. 14.
22 BVerfGE 2, 307, 316.
23 Vgl. ebenso auch *Stein/Jonas/Roth* Vor § 12 Rn. 15.
24 Vgl. BGHZ 72, 1, 7.
25 Vgl. zutreffend auch *Stein/Jonas/Roth* Vor § 12 Rn. 19.
26 Vgl. § 1006 und § 1024 Rn. 13.
27 Vgl. *Musielak/Heinrich* Rn. 16.
28 Zu den einzelnen Sonderzuständigkeiten vgl. *Stein/Jonas/Roth* Vor § 12 Rn. 6 ff.
29 Vgl. wegen der Einzelheiten zu den Konzentrationsverordnungen: *Fezer,* Markenrecht, 3. Aufl. 2001, § 140 Rn. 9; *Benkard,* Patentgesetz und Gebrauchsmustergesetz, 10. Aufl. 2006, § 143 PatG Rn. 15 und § 27 GebrMG Rn. 3; *Eichmann/v. Falckenstein,* Geschmackmustergesetz, 3. Aufl. 2005, § 52 Rn. 7 f; *Schricker,* Urheberrecht, 3. Aufl. 2006, § 105 Rn. 3; *Immenga/Mestmäcker,* Gesetz gegen Wettbewerbeschränkungen (GWB), 3. Aufl. 2001, § 89 Rn. 2.
30 Durchgeführt in Niedersachsen, LG Hannover und Oldenburg, VO v. 10. 3. 1960, GVBl. S. 7, und VO v. 26. 3. 1976, GVBl. S. 73; Schleswig-Holstein, LG Kiel, VO v. 22. 2. 1955, GVBl. S. 79.
31 Vgl. *Hefermehl/Köhler/Bornkamm,* 25. Aufl. 2007, § 6 UKlaG Rn. 4.

23 **hh) Familiensachen** nach § 23c GVG.

24 **ii) Unterhaltssachen Minderjähriger** nach § 642 Abs. 1, bezüglich des vereinfachten Verfahrens nach §§ 660, 642.

25 jj) Eine **Änderung des Gerichtsbezirkes** berührt die Zuständigkeit des angerufenen Gerichtes für den laufenden Prozess grundsätzlich nicht, wie sich aus § 261 Abs. 3 Nr. 2 ergibt. Der Beklagte soll nicht beispielsweise durch einen ständigen Wohnsitzwechsel ein Sachurteil vereiteln können.[32] Wird ein Gericht aufgelöst, muss das hierzu ergangene Gesetz eine Regelung enthalten, an welches Gericht die anhängigen Sachen abzugeben sind.[33]

III. Die verschiedenen Gerichtsstände

26 **1. Allgemeines. a) Gesetzliche Gerichtsstände.** Die Gerichtsstände werden in der Regel vom Gesetz selbst festgelegt. Insoweit spricht man von gesetzlichen Gerichtsständen.

27 **b) Ausschließliche und nichtausschließliche Gerichtsstände.** Die gesetzlichen Gerichtsstände werden unterschieden in ausschließliche und nichtausschließliche Gerichtsstände. Ausschließliche Gerichtsstände sind nur solche, die im Gesetz ausdrücklich so bezeichnet werden. Ausschließliche Gerichtsstände gehen anderen Gerichtsständen vor und verdrängen diese. Ist mithin ein ausschließlicher Gerichtsstand gegeben, so kann die Klage nur im ausschließlichen Gerichtsstand erhoben werden. Ansonsten ist die Klage unzulässig. Ausschließliche Gerichtsstände schließen deshalb auch die Begründung eines Gerichtsstandes durch Vereinbarung oder infolge rügeloser Einlassung aus.[34]

28 **2. Allgemeine Gerichtsstände.** Im allgemeinen Gerichtsstand können grundsätzlich alle Ansprüche geltend gemacht werden. Der allgemeine Gerichtsstand greift deshalb immer dann ein, sofern nicht im Einzelfall ein ausschließlicher Gerichtsstand eingreift. Die allgemeinen Gerichtsstände sind in den §§ 12 bis 19 abschließend geregelt. Danach bestimmt sich der allgemeine Gerichtsstand nach bestimmten Anknüpfungskriterien, wobei in der Regel der Wohnsitz des Beklagten ausschlaggebend ist.[35] Ist ein solcher Wohnsitz nicht vorhanden, knüpft das Gesetz hilfsweise an den Aufenthaltsort oder den letzten Wohnsitz des Beklagten an. Der allgemeine Gerichtsstand beklagter juristischer Personen ist das Gericht ihres Sitzes, § 17. Für den beklagten Staat – Fiskus – ist der allgemeine Gerichtsstand der Sitz der vertretungsberechtigten Behörde, §§ 18, 19.

29 **3. Besondere Gerichtsstände.** Besondere Gerichtsstände oder besser **bestimmte Gerichtsstände** sind die durch das Gesetz besonders bestimmten Gerichtsstände zur Geltendmachung einzelner materiellrechtlicher Ansprüche. Die **Anknüpfungskriterien** der besonderen Gerichtsstände sind in der Regel die besondere Sachnähe.[36] Die besonderen Gerichtsstände erleichtern gegenüber dem allgemeinen Gerichtsstand in der Regel die Prozessführung des Klägers.[37] Bei den besonderen Gerichtsständen kann es sich um **ausschließliche** handeln, um die Sach- und Ortsnähe zu gewährleisten.

30 Besondere Gerichtsstände sind sowohl in der ZPO als auch in zahlreichen anderen Gesetzen enthalten. Eine erschöpfende Aufzählung besonderer Gerichtsstände kann deshalb nicht vorgenommen werden. Innerhalb der ZPO sind besondere Gerichtsstände beispielsweise geregelt in folgenden Vorschriften: §§ 20 bis 34, Hauptintervention §§ 64ff., Zwischenfeststellungs-Inzidentklagen und -widerklagen § 256 Abs. 2, Beweissicherung § 486, Nichtigkeits- und Restitutionsklagen § 584, Wechsel- und Scheckprozess § 603, Mahnverfahren § 689 Abs. 2, Familien- und Kindschaftsverfahren, zB in den §§ 606, 621 Abs. 2, 640a Abs. 1, Zwangsvollstreckung, zB in den §§ 731, 764, 767, 771, 802, Arrest- und einstweilige Verfügung, zB §§ 919, 937, 942, 943, Aufgebotsverfahren §§ 946, 978, für richterliche Handlungen im schiedsrichterlichen Verfahren §§ 1045ff.

31 Außerhalb der ZPO zB in folgenden Vorschriften: § 26 FernUSG, § 48 VVG, § 14 UWG, §§ 246 Abs. 3, 249, 275 AktG, § 6 BinSchVerfG, § 14 HaftpflG, § 27 GebrMG, §§ 87, 109 GenG, §§ 61ff. GmbHG, §§ 488, 508 HGB, §§ 179, 180 InsO, § 2 Seerechtliche Verteilungsordnung, § 20 StVG, § 140 MarkenG.

32 **4. Vereinbarte Gerichtsstände.** Neben den im Gesetz geregelten Gerichtsständen gibt es Gerichtsstände, die zur Disposition der Prozessparteien stehen. **Dispositive Gerichtsstände** können

[32] Vgl. *Grunsky* ZZP 91 (1978), 85.
[33] Vgl. *Stein/Jonas/Roth* Vor § 12 Rn. 21.
[34] Vgl. hierzu ebenso auch *Stein/Jonas/Roth* Vor § 12 Rn. 4; *Zöller/Vollkommer* Rn. 8.
[35] Vgl. Rn. 6ff.
[36] Vgl. Rn. 6.
[37] Ebenso auch *Stein/Jonas/Roth* Vor § 12 Rn. 6.

nach den §§ 38ff. unter den dortigen Voraussetzungen die örtliche, wie auch die sachliche Zuständigkeit begründen. Ein Gerichtsstand zwischen den Parteien kann auch durch **rügelose Einlassung** begründet werden.

5. Gerichtlich bestimmter Gerichtsstand. Die gerichtliche Bestimmung des Gerichtsstandes sieht § 36 zur Vermeidung negativer und positiver Kompetenzkonflikte vor. 33

6. Wahlgerichtsstand. Die Wahl unter verschiedenen Gerichtsständen hat der Kläger unter den Voraussetzungen des § 35. 34

7. Gerichtsstand des Sachzusammenhanges oder teilweise „gespaltene Zuständigkeit". 35
a) Problematik. Dem Kläger steht es frei, einen Rechtsstreit zu beginnen und seinen Klageantrag auf mehrere Klagegründe zu stützen. Mit seinem Begehren, der Unterbreitung eines konkreten Lebenssachverhaltes und den sich hieraus ergebenden materiell-rechtlichen Anspruchsgrundlagen, zB Vertrag und Delikt, beherrscht der Kläger den Streitgegenstand. Dabei steht es dem Kläger zunächst auch frei, ein Gericht anzurufen, das örtlich und auch sachlich lediglich für die Geltendmachung eines einzelnen Klagegrundes zuständig ist, mag das Begehren des Klägers insgesamt in einem **Sachzusammenhang** stehen oder nicht. Dieses prozessual mögliche Verhalten des Klägers hat in **Rechtsprechung**[38] und **Literatur**[39] die Frage aufgeworfen, ob das vom Kläger angerufene Gericht, welches für einen der geltend gemachten Klagegründe aufgrund der gesetzlichen Zuständigkeitsbestimmungen zuständig ist, aufgrund der Zuständigkeit des **Sachzusammenhanges** auch über die übrigen materiell-rechtlichen Anspruchsgrundlagen mit entscheiden darf. Für den Fall, dass ein derartiger **Gerichtsstand des Sachzusammenhanges** nicht für gegeben erachtet wird, ergibt sich hieraus die weitere Frage, ob der Rechtsstreit infolge der **teilweisen** oder **gespaltenen Zuständigkeit,** soweit das angerufene Gericht für die geltend gemachten Klagegründe nicht zuständig ist, abzuweisen ist oder aber an das hierfür zuständige Gericht zu verweisen ist.

b) Sachzusammenhang. Die Frage nach dem Gerichtsstand des Sachzusammenhanges kann sich grundsätzlich nur dann stellen, wenn der Kläger materiell-rechtliche Anspruchsgrundlagen geltend macht, die nach dem von ihm unterbreiteten Lebenssachverhalt in einem **Sachzusammenhang** stehen.[40] Ferner kann sich diese Frage der örtlichen Zuständigkeit aus dem Sachzusammenhang für ein angerufenes Gericht auch nur dann stellen, wenn das vom Kläger aufgrund Sachzusammenhanges für alle von ihm geltend gemachten Anspruchsgrundlagen angerufene Gericht mindestens für einen der geltend gemachten Klagegründe örtlich zuständig ist.[41] 36

c) Teilweise örtliche Zuständigkeit. Seit längerem wird in Literatur und Rechtsprechung das Problem erörtert, wie sich ein Gericht zu verhalten hat, wenn es nur teilweise örtlich zuständig ist. Das Problem taucht immer dann auf, wenn der Klagegrund, für den das Gericht zuständig ist, sich als unbegründet herausstellt, aber ein anderer Klagegrund, bei dem die örtliche Zuständigkeit des Gerichtes zu verneinen ist, sich als begründet herausstellt. Dies kann beispielsweise dann vorliegen, wenn der Deliktsgerichtsstand nach § 32 und der Gerichtsstand des Erfüllungsortes nach § 29 auseinanderfallen. Würde es sich um eine Klage handeln, der am Deliktsgerichtsstand der Erfolg versagt wäre, so könnte die Klage gleichwohl vor dem Gerichtsstand des Erfüllungsortes oder aber vor dem allgemeinen Gerichtsstand des Beklagten Erfolg haben. 37

Für das Gericht stellt sich die Frage, ob es die Klage hinsichtlich der für zulässig erachteten und mithin prüfbaren Klagegründe insoweit als **teilweise unbegründet** abweist und, soweit die örtliche Zuständigkeit nicht gegeben war, die Klage hinsichtlich der außerhalb der örtlichen Zuständigkeit des Gerichtes liegenden Klagegründe als **teilweise unzulässig** abweisen muss. Dieses Ergebnis wird meist im allgemeinen als unbefriedigend empfunden und soll durch verschiedene, von Literatur und Rechtsprechung angebotene Lösungsmöglichkeiten vermieden werden. 38

Zunächst bietet sich hier die Idee einer Teilverweisung an. Bei der Zulassung einer **Teilverweisung** wird der nicht erledigte Klagegrund an das örtlich – oder auch sachlich – zuständige Landgericht verwiesen. Diese Teilverweisung wird auf eine entsprechende Anwendung des § 281 Abs. 2 S. 1 gestützt. 39

Als Alternativlösung hierzu wird von einem Teil der Lehre die Ansicht vertreten, es gäbe einen Gerichtsstand des **Sachzusammenhanges.**[42] Aufgrund dieses Gerichtsstandes des Sachzusammen- 40

---

[38] Vgl. Rn. 41ff.
[39] Vgl. Rn. 45ff.
[40] BayObLG NJW-RR 1996, 508.
[41] Vgl. hierzu *Rosenberg/Schwab/Gottwald* § 36 VI 2.
[42] *Spellenberg* ZZP 95 (1982), 17; *Zöller/Vollkommer* Rn. 20; *ders.* Einl. Rn. 85; *Schwab,* FS Zeuner, 1994, S. 499; Vor §§ 253ff. Rn. 39; *Thomas/Putzo/Hüßtege* Vor § 12 Rn. 8; *Rosenberg/Schwab/Gottwald* § 36 VI 2; *Hoffmann* ZZP 107 (1994), 3–28.

hanges soll ein Gerichtsstand anerkannt werden, der für alle konkurrierenden Klagegründe zuständig ist. Dabei kann jedes angerufene Gericht, das für eine Anspruchsgrundlage zuständig ist, die übrigen Anspruchsgrundlagen, für die es normalerweise nicht zuständig ist, mit überprüfen.

41 **aa)** Das deutsche Zivilprozessrecht kennt in einigen Vorschriften eine **Zuständigkeit kraft Sachzusammenhanges,** §§ 25, 28, 33, 34, 64, 767, 768. Gleichwohl hat sich die Rechtsprechung bereits sehr früh gegen Strömungen gewandt, die versuchten, über die bestehenden Regelungen der ZPO hinaus neue Zuständigkeiten zu begründen.[43] Diese Rechtsprechung spricht aus, dass durch die Erhebung einer auf unerlaubte Handlung gestützten Klage in dem Gerichtsstand des § 32 das angerufene Gericht nicht zuständig wird, über andere Klagegründe zu entscheiden. Hierbei beruft sich das RG[44] nicht lediglich auf den klaren und bestimmten Wortlaut, sondern auch auf die Ausnahmesituation der im deutschen Zivilprozessrecht enthaltenen Vorschriften über die **Zuständigkeit kraft Zusammenhanges.** In diesen Vorschriften werden bestimmte, genau abgegrenzte Voraussetzungen angegeben, unter welchen allein die besonderen Gerichtsstände des Sachzusammenhanges angenommen werden können. Beispielsweise kann aufgrund des § 32 der Beklagte sogar am Gericht des Klägers verklagt werden. Schließlich sind die Vorschriften über die örtliche Zuständigkeit kraft Sachzusammenhanges aus ganz bestimmten Gründen eingeführt worden, beispielsweise um die leichtere und bequemere Beweisführung am Ort der Begehung auszunutzen. Auch die Einheitlichkeit des Klagebegehrens vermag nach Auffassung des RG[45] nicht die Zuständigkeit zu begründen, denn hier liegt eine Verbindung verschiedener Klagen vor, indem das gleiche Klagebegehren auf verschiedene tatsächliche oder rechtliche Gründe gestützt wird, welche jede für sich allein zu deren Rechtfertigung ausreiche. Die Entscheidung des OLG Freiburg[46] schließt sich der Meinung der Vereinigten Zivilsenate des RG an und weist darauf hin, dass es sonst möglich wäre, die Klage auf eine unbegründete, unerlaubte Handlung zu stützen, um die Zuständigkeit des angerufenen Gerichtes zu begründen und danach den Klageanspruch auf einen anderen Klagegrund umzustellen. Dieser Rechtsprechung haben sich in der Folgezeit sowohl der BGH[47] als auch verschiedene andere Gerichte angeschlossen.[48]

42 Deutlich schließt sich deshalb die Rspr. des BGH in mehreren Entscheidungen der Auffassung der Vereinigten Zivilsenate des RG an.[49] Es konnte daher bislang von einer gefestigten Rspr. des BGH ausgegangen werden, die die örtliche Zuständigkeit kraft Sachzusammenhanges verneinte.

43 **bb)** In der **Rechtsprechung** wird jedoch auch die gegenteilige Auffassung vertreten, wonach eine **örtliche Zuständigkeit kraft Sachzusammenhanges** anerkannt wird.[50] Nach dieser Auffassung soll das für Ansprüche aus Delikt gemäß § 32 zuständige Gericht kraft Sachzusammenhanges auch für die Entscheidung über vertragliche Ansprüche örtlich zuständig sein, wenn der gesamte entscheidungserhebliche auch nicht deliktische Prozessstoff dem Gericht zur Entscheidung unterbreitet wurde und wenn die Klage bezüglich der übrigen Anspruchsgrundlagen unbegründet ist, also dies zugunsten des Beklagten entschieden wird. Auch der BGH hat in einer neueren Entscheidung[51] die gemeinsame Zuständigkeit für verschiedene Anspruchsgrundlagen anerkannt, wenn hierdurch eine Entscheidung durch ein Gericht gewährleistet ist, das für einen bestimmten Zweck eingerichtet wurde und deshalb über besondere Spezialisierung verfügt. In Ergebnis und Begründung scheint diese Entscheidung des BGH mit der bisherigen langjährigen Rspr. des RG und BGH zu brechen.[52]

44 Die Rechtsprechung hat allerdings in den Fällen, in welchen sie eine Zuständigkeit kraft Sachzusammenhanges anerkannt hat, den **Ausnahmecharakter** der Entscheidung entweder ausdrücklich betont oder dieser Ausnahmecharakter ergibt sich aus dem Zusammenhang der Entscheidung selbst. Das LG Köln hat ausdrücklich in seiner Entscheidung[53] darauf hingewiesen, dass ausschließlich in dem zu entscheidenden Fall der Mindermeinung gefolgt werde, die eine Zuständigkeit kraft Sachzusammenhanges anerkennt. Es wird nachdrücklich darauf aufmerksam gemacht, dass die Zustän-

---

[43] RGZ 27, 385, 283.
[44] RGZ 27, 385, 386 ff.
[45] RGZ 27, 385, 286 ff.
[46] JZ 1953, 473 ff.
[47] BGH NJW 1974, 410 ff.; krit. dazu *Geimer* Anm. zu dieser Entscheidung NJW 1974, 1045 ff.
[48] BGH NJW 1974, 410 ff.; krit. dazu *Geimer* Anm. hierzu NJW 1974, 1045 ff.; OLG Frankfurt/M. MDR 1982, 1023 ff.; OLG Freiburg JZ 1953, 473 ff.; LG Kassel MDR 1995, 204.
[49] BGH NJW 1971, 564 ff.; 1974, 410 ff.
[50] LG Köln NJW 1978, 329 ff.; AG Garmisch-Partenkirchen NJW 1969, 666.
[51] BGH MDR 1983, 296 = FamRZ 1983, 155 ff. m. Anm. *Walter* FamRZ 1983, 363.
[52] Vgl. *Waldner* MDR 1984, 190 ff.
[53] NJW 1978, 329 ff.

digkeit kraft Sachzusammenhanges nur ausnahmsweise deshalb als gegeben erachtet wurde, weil der gesamte Prozessstoff zur Entscheidung unterbreitet war, es hinsichtlich der anderen Anspruchsgrundlagen keiner Beweiserhebung bedurfte und darüber hinaus die Klage bezüglich der anderen Anspruchsgrundlagen unbegründet war.[54] Bei dem vom BGH entschiedenen Fall[55] ist zu Recht darauf hingewiesen worden, dass bei Ablehnung einer Zuständigkeit aus dem Sachzusammenhang zwei Prozesse hätten geführt werden müssen. Da die Familiengerichtszuständigkeit gemäß § 621 Abs. 1 eine ausschließliche ist, kann der Prozess nicht im allgemeinen Gerichtsstand des Beklagten durchgeführt werden, wie dies die Rechtsprechung ansonsten immer verlangt hat.[56] Der Kläger müsste deshalb immer zwei Prozesse führen, nämlich einmal vor dem Familiengericht und – wegen der anderen Klagegründe – im allgemeinen Gerichtsstand des Beklagten.[57] Bereits aus diesen Überlegungen heraus ergibt sich, dass der grundsätzlichen zivilprozessualen Wertung gefolgt werden muss, wonach zumindest ein Gerichtsstand gegeben sein muss, an dem sämtliche Klagegründe einheitlich verfolgt werden können.[58] Ferner weist der BGH in seiner Entscheidung[59] darauf hin, dass dem Rechtsstreit ein einheitliches prozessuales Begehren zugrunde liegt, in einem derartigen Fall jedoch eine Prozesstrennung ausscheidet, so dass allein die Möglichkeit verblieb, den Rechtsstreit alternativ entweder dem Senat für Familiensachen oder dem Senat für allgemeine Zivilsachen einheitlich zuzuweisen.[60] Zu Recht hat der BGH aufgrund von Zweckmäßigkeitserwägungen dem auf Familiensachen spezialisierten Familiengericht die Zuweisung des Rechtsstreites erteilt. Eine generalisierende Auslegung der Entscheidung des BGH, wonach der BGH nunmehr insgesamt eine Zuständigkeit kraft Sachzusammenhanges anerkennt, kann deshalb nicht vorgenommen werden. Dies wird auch in der die Zuständigkeit kraft Sachzusammenhanges befürwortenden Literatur gesehen.[61] Der BGH hat inzwischen klargestellt, dass er seine Auffassung nicht geändert hat und nach wie vor allgemein eine Zuständigkeit kraft Sachzusammenhanges ablehnt.[62] Dem angerufenen Gericht ist es deshalb verwehrt, im Deliktsgerichtsstand über vertragliche oder vertragsähnliche Ansprüche sachlich zu befinden.

cc) Die Auffassungen in der **Literatur** sind geteilt. Einerseits wird von einem Teil der Lehre der bisherigen Rechtsauffassung des BGH zugestimmt, die eine Zuständigkeit kraft Sachzusammenhanges ablehnt, andererseits finden sich andere Meinungen, die mit Reformvorschlägen verknüpft sind. 45

Auf die Möglichkeit der **Zuständigkeit kraft Sachzusammenhanges** weist *ein Teil der Literatur* ausdrücklich hin.[63] Diese Auffassung hält es für vertretbar, wenn man dem Gericht die Befugnis zuerkennen würde, einen Anspruch unter allen in Betracht kommenden rechtlichen Gesichtspunkten zu prüfen und über den geltend gemachten Anspruch zu entscheiden, sofern die Zuständigkeit des angerufenen Gerichtes auch nur unter einem Gesichtspunkt gegeben sei.[64] Den gleichen Gedanken einer Zuständigkeit aus dem Sachzusammenhang äußert *Baur,*[65] der die These vertritt, dass ein Gericht nicht gehindert sei, zuständigkeitsfremde tatsächliche oder rechtliche Elemente in seine Entscheidung einzubeziehen, sofern dies notwendig ist, um den Rechtsstreit abschließend zu entscheiden. Diese These wird damit gerechtfertigt, dass die Zuständigkeitsordnung der ZPO den Zweck habe, eine sinnvolle Tätigkeit der verschiedenen Gerichte zu ermöglichen. Dabei spielen verschiedene Grundgedanken eine Rolle, nämlich der Gedanke der Entscheidungsgüte und der Entscheidungsnähe. Dabei stellt *Baur* fest, dass für keine Zuständigkeitsregelung jeweils nur ein Prinzip allein ausschlaggebend sei. Es sei vielmehr so, dass Sonderregelungen zahlreich in der ZPO vertreten seien. Als eines von vielen Beispielen führt er den Gerichtsstand der Widerklage, § 33, an. Dabei handele es sich um zwei verschiedene Ansprüche, die nach der allgemeinen Regelung der örtlichen Zuständigkeit an zwei verschiedenen Eingangsgerichten anhängig zu machen wären. Das 46

[54] Vgl. LG Köln NJW 1978, 330.

[55] BGH MDR 1983, 296 ff. = FamRZ 1983, 155 ff. m. Anm. von *Walter* FamRZ 1983, 363 ff.

[56] Vgl. OLG Frankfurt/M. MDR 1982, 1023.

[57] Vgl. BGH FamRZ 1979, 215 = NJW 1979, 426; OLG Braunschweig FamRZ 1983, 196, 197; BayObLG FamRZ 1983, 198; OLG Frankfurt/M. FamRZ 1983, 200.

[58] Vgl. hierzu *Waldner* MDR 1984, 191; ebenso Anm. von *Walter* FamRZ 1983, 363.

[59] FamRZ 1983, 156 = MDR 1983, 296 ff.

[60] Hierauf weist auch *Walter* in seiner Anm. FamRZ 1983, 364 hin.

[61] Vgl. *Waldner* MDR 1984, 191, rechte Spalte, letzter Abs.

[62] BGH MDR 1986, 667, mit Hinweis auf die bisherige Rspr.; vgl. auch BGH RIW 1988, 397 ff., der auf die gleichgelagerte Problematik des Art. 5 Nr. 3 EuGVÜ und des § 32 hinweist.

[63] Vgl. *Rimmelspacher* AcP 174 (1974), 509 ff., 541 ff.; *Rosenberg/Schwab/Gottwald* § 36 VI 2; *Zeiss* § 13 7; *Spellenberg* ZZP 95 (1982), 17 ff., 35; *Waldner* MDR 1984, 190 ff.; *Walter* FamRZ 1983, 363 ff.; *Holtgrave* ZZP 86 (1973), 1, 8; Bericht der ZPR-Kommission 1977, S. 69, 275.

[64] Vgl. so bereits *Rosenberg/Schwab* § 36 VI 2.

[65] *Baur*, FS v. Hippel, 1967, S. 15.

Gesetz ermöglicht es jedoch, aus Gründen des tatsächlichen oder rechtlichen Zusammenhanges und wegen der erwünschten einheitlichen Handlung und Entscheidung, Klage und Widerklage an einem einzigen Gericht anhängig zu machen. Deshalb sei das Gericht der Klage zuständig. Ferner weist er auch auf andere gesetzlich geregelte Fälle eines „Übergreifens" hin. Dabei werden durch Regelungen von anderen Verfahrensgesetzen, zB der §§ 4, 13 StPO, aus Zweckmäßigkeitsgründen und aus dem Gesichtspunkt des Sachzusammenhanges bestimmte Klagearten an andere Gerichte verwiesen. Hieraus wird geschlossen, dass der Gesetzgeber häufig bestimmte Materien einer dem Prinzip nach grundsätzlich unzuständigen Gerichtsbarkeit zuweist. Damit wird nach dieser Auffassung die Zuständigkeit aus dem Sachzusammenhang auch für die bereits oben erwähnten Fälle des Auseinanderfallens von dinglichem und vertraglichem Gerichtsstand gefolgert.

47 Spätestens nach der Entwicklung der Zuständigkeit kraft Sachzusammenhanges wird in der Lehre über diese Lösungsmöglichkeiten und Alternativlösungen hierzu diskutiert. Anknüpfungspunkt der Lehre ist dabei die Entscheidung des BGH,[66] die von *Ritter, Bökelmann* und *Grunsky* kritisiert wird.

48 Nach *Ritter*[67] werden durch das Urteil des BGH zwei Problemkreise angesprochen. Einmal das **Problem der übrigen Anspruchsgrundlagen,** für die das angerufene Gericht nicht zuständig ist, zum anderen, ob für diese Anspruchsgrundlagen eine **Verweisung zu dem** in Wirklichkeit **zuständigen Gericht** ausgesprochen werden kann. Beides hat der BGH in seiner Entscheidung verneint. Die erste, so meint *Ritter* mit Recht, die zweite zu Unrecht. Grundsätzlich gehen die §§ 12, 13 davon aus, dass dem Beklagten, der gegen seinem Willen mit einem Rechtsstreit überzogen werden kann, ein Prozess im Regelfall nur an seinem Wohnsitz zugemutet werden kann. Andererseits, und dies wird gerade bei § 32 deutlich, soll dasjenige Gericht entscheiden können, das mit den örtlichen Gegebenheiten besser vertraut ist oder sich wegen der räumlichen Nähe einfacher damit vertraut machen kann. Die übrigen Anspruchsgrundlagen können durchaus weitere zeitraubende Rechtserörterungen zwischen Gericht und Parteien verbunden mit weiterer Beweiserhebung erforderlich machen. Der Beklagte müsste anderenfalls an diesem Gerichtsstand einen zeitlich umfangreichen Prozess wegen der Anspruchsgrundlagen führen, für die der lokale Anknüpfungspunkt nicht einschlägig ist. Andererseits wird hier die Möglichkeit der Zuständigkeitserschleichung erörtert. Für die Zuständigkeit ist der Vortrag des Klägers maßgeblich. Dieser könnte durch einen genügend geschickt vorgebrachten Sachverhalt auf die Zuständigkeit maßgeblichen Einfluss nehmen. Das tatsächliche Nichtbestehen dieses behaupteten Anspruches würde für den Kläger in diesem Moment keine Rolle spielen, denn die Auffassung eines Gerichtsstandes kraft Sachzusammenhanges würde ihm gerade diese Möglichkeit eröffnen. Darüber hinaus werde der Prozess nur unnötig verzögert, insbesondere dann, wenn der Beklagte wegen der vermuteten Gerichtsstanderschleichung die Einrede der Arglist erhebt. Dies jedoch würde dem Ziel der Prozessökonomie gleichfalls zuwiderlaufen.

49 Die hM, insbesondere die Entscheidung des BGH vom 8. 12. 1970,[68] wird von *Bökelmann*[69] ebenfalls kritisiert. Diese Kritik setzt daran an, dass der Prozess eigenartig endet. Die Klage würde teilweise als unbegründet und teilweise als unzulässig abgewiesen, gleichzeitig aber, hinsichtlich der Sachabweisung, die Abtrennbarkeit des Rechtsstreites verneint. *Bökelmann* stimmt zwar der ganz hM zu, dass hier bei einem bloßen Zusammentreffen mehrerer Anspruchsgrundlagen nur ein einziger Streitgegenstand vorläge und dass es dabei nicht darauf ankomme, welchen Streitgegenstandsbegriff man zugrunde lege, aber gerade die tatsächliche Identität des prozessualen Anspruches ist Anknüpfungspunkt für die Kritik. Das Unbefriedigende an diesem Ergebnis ist, dass eine neue Klage bezüglich der vertraglichen Klagegründe an der Rechtskraft der Sachabweisung scheitern würde. Damit blieben die vertraglichen Klagegründe, soweit hierüber durch Sachurteil entschieden worden ist, für immer ungeprüft. *Bökelmann* spricht hier die Möglichkeit einer Zuständigkeit kraft Sachzusammenhanges an, lehnt diese aber mit der Begründung ab, dass dann die geltende Zuständigkeitsregelung der ZPO praktisch aufgehoben würde. *Grunsky*[70] äußert sich in einer Urteilsanmerkung zum selben Urteil des BGH.[71] Die Möglichkeit einer Zuständigkeit kraft Sachzusammenhanges wird als „Totaloperation" abgelehnt, da es andere Lösungsmöglichkeiten gäbe, die einerseits das bestehende Zuständigkeitensystem der ZPO nicht außer Acht lassen, andererseits gleichwohl zu einem sachgerechten Ergebnis gelangen. Der Rechtsprechung des BGH wird deshalb insoweit zugestimmt, als dieser nicht versucht habe, aus den Zuständigkeitsaufteilungen der ZPO auszubrechen.

---

[66] NJW 1971, 564f.
[67] NJW 1971, 1217ff.
[68] BGH NJW 1971, 564ff.
[69] JR 1971, 246.
[70] JZ 1971, 337ff.
[71] NJW 1971, 564f. = JZ 1971, 336ff.

d) Rechtliche Gesichtspunkte. Unter allen in Betracht kommenden rechtlichen Gesichtspunkten soll das Gericht nach § 17 Abs. 2 S. 1 GVG den Rechtsstreit entscheiden. Aus dieser Bestimmung ergibt sich zunächst, dass die Kognitionsbefugnis des angerufenen Gerichtes innerhalb des zulässigen Rechtsweges umfassend ist. § 17 Abs. 2 S. 1 GVG geht daher von der durch Art. 95 GG verfassungsrechtlich vorgegebenen Gleichwertigkeit der fünf verschiedenen Rechtswege aus.[72] Meinungen in der Rechtsprechung[73] und insbesondere der Lehre[74] interpretieren die jetzt geltende Fassung des § 17 Abs. 2 S. 1 GVG als Erweiterung der örtlichen Gerichtszuständigkeit für Sachzusammenhänge. Eine derart extensive Auslegung des § 17 Abs. 2 S. 1 GVG ist den Gesetzesmaterialien indes nicht zu entnehmen.[75] Darüber hinaus ergibt sich auch aus dem Wortlaut lediglich, dass ein Gericht des zulässigen Rechtsweges den Rechtsstreit unter allen in Betracht kommenden rechtlichen Gesichtspunkten entscheiden soll, soweit es örtlich zuständig ist.[76] Die die örtliche Zuständigkeit bestimmenden Gerichtsstände der §§ 12 ff. enthalten nicht nur Zweckmäßigkeitsgesichtspunkte sondern sind insbesondere auch von materiellen Gerechtigkeitserwägungen getragen, wonach der Kläger grundsätzlich den Beklagten an dessen Gerichtsstand aufzusuchen hat.[77] Die Berechenbarkeit des gesetzlichen Richters, die sich aus dem Beklagtengerichtsstand und den Normen besonderer und ausschließlicher Gerichtsstände ergibt, würde einer vagen örtlichen Generalzuständigkeit „kraft Sachzusammenhanges" weichen.[78] Letztlich dient die Auffassung eines Gerichtsstandes des Sachzusammenhanges auch nicht den Interessen des Klägers, weil dieser vor Klageerhebung jeweils zu entscheiden hätte, ob ein Sachzusammenhang vorliegt oder nicht. Würde das Gericht einen solchen nicht annehmen, müsste der Kläger bei einer Abweisung des unzuständigen Teils seiner Klage als unzulässig mit dem damit verbundenem Kosten- und Verjährungsrisiko rechnen. Nach der zum 1. 1. 1991 erfolgten Änderung des § 17 Abs. 2 S. 1 GVG hat sich der BGH nicht der Auffassung eines Gerichtsstandes des Sachzusammenhanges angeschlossen.[79] Der BGH weist ausdrücklich auf den in den örtlichen Zuständigkeitsvorschriften zum Ausdruck kommenden Beklagtenschutz hin, der im übrigen auch in den meisten ausländischen Verfahrensordnungen zum Ausdruck kommt.[80] Schließlich hat auch der Europäische Gerichtshof im Geltungsbereich der EuGVO[81] die Ausweitung der Entscheidungskompetenz verneint und darauf hingewiesen, dass im allgemeinen Gerichtsstand des Beklagten der Kläger seine Klage unter allen rechtlichen Gesichtspunkten geltend machen kann.[82] Es gibt kein dem Kläger gegenüber den Beklagten bevorzugendes Interesse, die Klage unter allen rechtlichen Gesichtspunkten in einem Gerichtsstand des Sachzusammenhanges nach Wahl des Klägers abschließend beurteilen und entscheiden zu lassen.[83] Ein genereller Gerichtsstand des Sachzusammenhanges ist daher nach wie vor abzulehnen.[84] 50

e) Teilverweisung. Die Teilverweisung bietet sich als sachgerechte Lösung an. Dieser Lösungsmöglichkeit ist deshalb der Vorzug zu geben, weil die de lege lata bestehenden zivilprozessualen Zuständigkeitsregelungen damit nicht außer Kraft gesetzt werden, andererseits das angerufene Gericht über das klägerische Vorbringen im besonderen Gerichtsstand entscheidet und über diejenigen Klagegründe, für die das angerufene Gericht nicht zuständig ist, nach erfolgter Teilverweisung in dem Gerichtsstand entschieden wird, das für die anderen Klagegründe zuständig ist. In 51

---

[72] *Kissel/Mayer* § 17 GVG Rn. 2 und Einl. Rn. 179.

[73] BayObLGZ 95, 304 = MDR 1995, 1261.

[74] Ausdrücklich *Hoffmann* ZZP 107 (1994), 1, 3 ff.; *Zöller/Vollkommer* Rn. 20 unter ausdrücklicher Aufgabe der bis zur 16. Aufl. vertretenen Auffassung gegen einen Gerichtsstand des Sachzusammenhanges; Einl. Rn. 102, Vor § 253 Rn. 39, § 261 Rn. 59; für den Meinungsstand vor der Neufassung des § 17 Abs. 2 S. 1, vgl. ausführlich Rn. 46.

[75] BR-Drucks. 135/90 S. 114; Entwurf der Bundesregierung, BT-Drucks. 11/7030 S. 37. Hierauf weist zu Recht auch *Otte,* Umfassende Streitentscheidung durch Beachtung von Sachzusammenhängen: Gerechtigkeit durch Verfahrensabstimmung?, 1998 S. 536 hin.

[76] *Otte* S. 536.

[77] Vgl. oben Rn. 2.

[78] Vgl. zu diesen Bedenken zutreffend auch *Musielak/Heinrich* Rn. 10.

[79] BGHZ 132, 105 ff. = NJW 1996, 1411, 1413.

[80] Vgl. BGHZ 132, 105 ff. = NJW 1996, 1413.

[81] Regelung der internationalen Entscheidungszuständigkeit in den Art. 2 ff der am 1. 3. 2002 in Kraft getretenen Verordnung (EG) Nr. 44/2001 des Rats vom 22. 12. 2000 über die gerichtliche Zuständigkeit und Anerkennung von Entscheidungen in Zivil- und Handelssachen (ABl. EG L 12 vom 16. 1. 2001, S. 1); dazu *Junker* RIW 2002, 569; *Micklitz/Roth* EuZW 2001, 325; *Finger* MDR 2001, 1394.

[82] Auf entsprechende Vorlagefrage des BGH WM 1987, 883; NJW 1991, 1632 = WM 1991, 360; EuGH NJW 1988, 3088, 3089; vgl. die ausführliche Untersuchung von *Otte* sowohl zur Rechtsprechung des EuGH wie auch zur Rechtsprechung und den Verfahrensordnungen anderer Staaten, S. 504 ff.

[83] So aber *Windel* ZZP 111 (1998), 14.

[84] Vgl. *Spickhoff* ZZP 109 (1996), 515.

Betracht kommt hier nicht allein eine Teilverweisung an den allgemeinen Gerichtsstand des Beklagten, sondern auch an einen anderen besonderen Gerichtsstand. Die Zulassung einer im klageabweisenden Endurteil auszusprechenden Teilverweisung hinsichtlich des nicht erledigten Klagegrundes, die erst mit Rechtskraft des Endurteils wirksam wird, stellt sich als sinnvolle Fortbildung des § 281 dar. Schließlich wird mit dieser Lösung nicht allein in formeller Hinsicht dem zivilprozessualen Zuständigkeitssystem Rechnung getragen, sondern auch dem materiellen Gerechtigkeitsgehalt, der sich aus den Zuständigkeitsregelungen ergibt.[85]

52 **aa)** Die **Rechtsprechung** lehnt die Möglichkeit einer Teilverweisung ab,[86] soweit sie nicht ausnahmsweise aus besonderen Gründen die Zuständigkeit kraft Sachzusammenhanges anerkennt.[87] Die Rechtsprechung begründet ihre Auffassung damit, dass derjenige, der das Risiko vermeiden will, mit seiner Klage zu unterliegen, den Schuldner im allgemeinen Gerichtsstand verklagen kann, obwohl der Anspruch aus anderen Gründen gerechtfertigt wäre.[88] Die Rechtsprechung[89] geht zu diesem Punkt der Begründung sogar noch weiter und stellt darauf ab, dass kein Anlass bestehe, eine Fehlentscheidung des Klägers durch die Wohltat der Teilverweisung zu korrigieren. Eröffne man dem Kläger die Möglichkeit einer Teilverweisung ohne volles eigenes Kostenrisiko, so wird er sich für seine Klage zunächst einmal das Gericht wählen, das ihm am bequemsten liegt. Eine Teilverweisung scheidet darüber hinaus nach der vorerwähnten Rechtsprechung auch deshalb aus, weil § 301 nur eine Teilentscheidung über eine von mehreren Klageansprüchen oder über einen Teil des Klageanspruches, nicht jedoch über einen einzelnen Klagegrund zulässt.[90] Diese Auffassung der Rechtsprechung übersieht jedoch einerseits, dass es nicht darum geht, dem Kläger, der möglicherweise ein unzuständiges Gericht angerufen hat, dies durch negative Kostenfolgen zu sanktionieren,[91] sondern dem Kläger lediglich die Mehrkosten aufzuerlegen, soweit diese entstanden sind, wie sich aus § 281 Abs. 3 S. 2 ergibt. Der BGH schließt ferner zu Unrecht von der Unzulässigkeit einer Teilentscheidung über einen einzelnen Klagegrund gemäß § 301 auf die Unzulässigkeit einer Teilverweisung.[92] Der BGH erkennt sogar selbst die Möglichkeit einer Teilverweisung auch ohne ausdrückliche gesetzliche Grundlage an, beispielsweise im Verhältnis zwischen ordentlicher streitiger und freiwilliger Gerichtsbarkeit.[93]

53 **bb)** Ein **Teil der Lehre** erkennt daher zu Recht die Möglichkeit einer **Teilverweisung** an.[94] Für eine Teilverweisung spricht sich der Teil der Lehre aus, der die Zuständigkeit kraft Sachzusammenhanges ablehnt.[95] Zu Recht weist die Lehre darauf hin, dass grundsätzlich § 281 die Möglichkeit einer Teilverweisung kennt, es mithin lediglich einer sinnvollen Fortbildung dieser gesetzlichen Vorschrift bedürfe.[96] Ferner erkennt auch die Rechtsprechung die Teilverweisung unter bestimmten Voraussetzungen an.[97] Schließlich wird von der Lehre zu Recht darauf hingewiesen, dass keineswegs der einheitliche Streitgegenstand zerrissen wird, sondern der gesamte Rechtsstreit in einem Prozess erledigt wird. Die Zuständigkeit des zuerst angerufenen Gerichtes endet erst mit der Rechtskraft des Urteils, das die Klage aus der einen Anspruchsnorm abweist und die Verweisung ausspricht. Bis zur Rechtskraft dieses Urteils ist der einheitliche Anspruch im besonderen Gerichtsstand anhängig. Eine Klage in einem anderen Gerichtsstand ist deshalb unzulässig. Mit der Rechtskraft des Urteils hört die Zuständigkeit des verweisenden Gerichtes auf und es beginnt die

---

[85] Vgl. hierzu Rn. 2.

[86] BGH NJW 1971, 564ff.; 1952, 619; BGHZ 5, 105, 107 = NJW 1952, 619; BGH NJW 1954, 1321; BGHZ 13, 145, 154 = NJW 1954, 1321; BGH NJW 1968, 351; BGHZ 49, 33, 36 = NJW 1968, 351; OLG Frankfurt/M. MDR 1982, 1023 = ZIP 1982, 1247, 1023ff.; BVerwGE 18, 181, 182ff.

[87] Vgl. Rn. 43ff.; *Otte* S. 531; *Thomas/Putzo/Hüßtege* Vor § 12 Rn. 8.

[88] BGH NJW 1971, 564.

[89] OLG Frankfurt/M. MDR 1982, 1023 = ZIP 1982, 1247.

[90] BGH NJW 1971, 564 = JZ 1971, 336.

[91] Wohl so OLG Frankfurt/M. MDR 1982, 1023.

[92] Hierauf weist zu Recht auch *Grunsky* in seiner Anm. zur Entscheidung des BGH JZ 1971, 338 hin.

[93] Vgl. BGHZ 40, 1 = NJW 1963, 2219.

[94] *Stein/Jonas/Roth* § 1 Rn 9; § 281 Rn. 13; aA *Baumbach/Lauterbach/Hartmann* § 281 Rn. 8; *Thomas/Putzo/Hüßtege* Vor § 12 Rn. 8; *Blomeyer*, Berliner-FS, 1955, S. 31, 74ff.; *ders.* ZPR (s. Schrifttum vor § 12) § 5 VIII 2; *Henckel* Parteilehre S. 279ff.; *Rosenberg/Schwab/Gottwald* § 36 VI 2; *Jauernig* Anm. II; *Grunsky* JZ 1971, 336ff.; *ders.*, Grundlagen des Verfahrensrechts (s. Schrifttum vor § 12), § 36 II 3; *Roth* MDR 1967, 13ff.; *Ritter* NJW 1971, 1217ff.; *Krause* ZZP 83 (1970) 289, 320ff.; *Schönke-Kuchinke* (s. Schrifttum vor § 12) § 12 II; *Georgiades,* Die Anspruchskonkurrenz im Zivilrecht, S. 271ff., 275; *Böckelmann* JR 1971, 246; *Habscheid,* Der Streitgegenstand, S. 161ff.

[95] Soweit die Teilverweisungsproblematik nicht durch den Gerichtsstand des Sachzusammenhanges unter Anwendung des § 17 Abs. 2 S. 1 erledigt ist, vgl. vorstehend Rn. 51.

[96] Vgl. *Musielak/Heinrich* Rn. 10a.

[97] Vgl. BGHZ 40, 1 = NJW 1963, 2219; oben Rn. 53.

des Gerichtes, an das verwiesen wird. Dieses hat den streitigen Anspruch unter den übrigen, bisher noch nicht berücksichtigten Anspruchsnormen zu prüfen.[98] Es bedarf mithin lediglich hinsichtlich der Anspruchsgrundlagen, für die eine Zuständigkeit nicht gegeben ist, einer Handlungsgrundlage. Diese soll nach Ansicht von *Ritter* nicht in § 301, sondern in § 276 aF = § 281 nF zu finden sein. Zutreffend weist *Ritter*[99] darauf hin, dass jeweils der Streitgegenstandsbegriff einerseits, sowie die Zuständigkeitsfrage andererseits von gegenseitig herrührendem Ballast freizuhalten sind.[100] Diese Ansicht schließt sich insoweit zutreffend einer Meinung an, die besagt, dass die gegenseitige Beeinflussung des Streitgegenstandsbegriffes einerseits und des aus § 32 resultierenden Zuständigkeitsproblems andererseits eine nicht gerechtfertigte Harmonisierungstendenz sei.[101] Ferner wird hier auch eine Meinung herangezogen, die besagt, dass sich die Verweisung der restlichen Anspruchsgrundlagen auch ohne Rücksicht auf einen Streitgegenstandsbegriff halten lasse.[102] Dieser Auffassung ist zuzustimmen, weil bei einer Teilverweisung die unter verschiedenen Aspekten zuständigen Gerichte den einheitlichen Anspruch nacheinander entscheiden.

cc) *Bökelmann*[103] erwähnt neben der Alternative, dem zuerst vom Kläger angerufenen Gericht insgesamt die Prüfung aller Klagegründe zuzubilligen,[104] die Möglichkeit einer **Sachabweisung und Verweisung** des (gesamten) Rechtsstreites in einem Urteil, um zu erreichen, dass die nach verschiedener Hinsicht zuständigen Gerichte den einheitlichen Anspruch nacheinander behandeln.[105] Eine dieser beiden Alternativen käme jedoch nur dann in Betracht, wenn es zu einer Gesetzesänderung käme und sich der Gesetzgeber für eine dieser beiden Alternativen entscheiden würde.[106] Ein Teilurteil nach § 301 scheidet allerdings schon deswegen aus, weil es nur dann zulässig ist, wenn der entschiedene Teil des Streits einen selbstständigen Streitgegenstand hätte bilden können.[107] Soweit hingegen nach der Auffassung des BGH mangels Zuständigkeit die Klage als unbegründet abzuweisen ist, steht der Erhebung einer neuen Klage vor dem zuständigen Gericht nichts entgegen.[108] Im Ergebnis kommt dies einer erfolgten Teilverweisung gemäß § 281, allerdings mit erheblichen prozessualen Nachteilen gleich, weshalb auch aus diesem Grunde der oben bereits befürworteten Teilverweisung der Vorzug zu geben ist.[109] 54

IV. Grundlage der Gerichtsstandsprüfung

1. Klägerischer Tatsachenvortrag. Das Gericht überprüft die örtliche Zuständigkeit auf der Grundlage der vom Kläger vorgetragenen Tatsachen. Die rechtliche Begründung und die rechtliche Bewertung dieser vom Kläger vorgetragenen Tatsachen durch den Kläger sind dabei unerheblich.[110] Grundsätzlich hat der Kläger die für die Begründung der Zuständigkeit maßgeblichen Tatsachen zu beweisen, sofern der Beklagte diese wie zB das Vorliegen des Wohnsitzes, § 13 oder den Sitz der juristischen Person, § 17 bestreitet.[111] Das Gericht prüft seine Zuständigkeit von Amts wegen, ohne dass jedoch Amtsermittlungspflicht bestehen würde.[112] Allerdings ist nicht jedes Bestreiten der Begründetheit der Klage oder gar der bloße Klageabweisungsantrag schon als ein Bestreiten der Zuständigkeit anzusehen. Vielmehr muss die Absicht des Beklagten, gerade der Zulässigkeit der Klage entgegenzutreten, erkennbar sein.[113] 55

---

[98] Vgl. *Georgiades* (s. Schrifttum vor § 12) S. 247ff.
[99] BGH NJW 1971, 1217 m. Anm. *Ritter.*
[100] So nach Auffassung *Ritter* NJW 1971, 1217ff.; BGH NJW 1971, 564f.; vgl. *Mühl* NJW 1954, 1665.
[101] Vgl. § 32 Rn. 19.
[102] *Roth* MDR 1967, 15, 18.
[103] JR 1971, 246.
[104] Vgl. so auch den Bericht der Kommission für das Zivilprozeßrecht, Bonn 1977 VIII S. 69, soweit nicht ein ausschließlicher Gerichtsstand gegeben ist.
[105] *Bökelmann* JR 1971, 246; so auch *Blomeyer,* FS der Juristischen Fakultät der freien Universität Berlin zum 41. Deutschen Juristentag, 1955, S. 51, 76ff. und Zivilprozeßrecht S. 40; *Henckel* Parteilehre S. 279ff.; *Roth* MDR 1967, 15.
[106] So auch *Bökelmann* JR 1971, 264; vgl. auch Bericht der Kommission für das Zivilprozeßrecht, Bonn 1977, VIII, S. 69.
[107] Vgl. so zutreffend auch BGH NJW 1971, 564ff. = JZ 1971, 536ff. m. Anm. von *Grunsky.*
[108] Vgl. *Grunsky* JR 1971, 338.
[109] Vgl. Rn. 51.
[110] RGZ 95, 268, 270; BGHZ 16, 275, 280f.
[111] RGZ 29, 371, 373; *Zöller/Vollkommer* Rn. 14.
[112] Vgl. ebenso BGH WM 1991, 1009, 1011, wonach die Prüfung von Amts wegen keine Amtsermittlung bedeutet.
[113] *Stein/Jonas/Roth* Rn. 54; *Baumbach/Lauterbach/Hartmann* Vor § 12 Rn. 19.

56 **2. Doppelrelevante Tatsachen.** Etwas anderes gilt aber dann, wenn die Zuständigkeit des Gerichtes aus Tatsachen folgt, die zugleich zur Begründung des erhobenen materiellrechtlichen Anspruchs geltend gemacht werden, sogenannte doppelrelevante Tatsachen. Da in diesem Fall eine materiellrechtliche Frage, etwa die des Zustandekommens eines Vertrages bei § 29, bereits im Rahmen der Zulässigkeitsprüfung zu entscheiden wäre, bedürfen diese doppelrelevante Tatsachen im Rahmen der Zulässigkeitsprüfung keines Beweises und eines Beweisantrittes sondern müssen vom Kläger lediglich schlüssig behauptet sein.[114] Die Tatsache wird im Bereich der Zulässigkeitsprüfung als zutreffend unterstellt.[115] Dies gilt allerdings nur, soweit die behauptete Tatsache sowohl für die Zulässigkeit als auch für die Begründetheit der Klage in eben dieser doppelten Weise relevant ist. Hat die Tatsache lediglich teilweise Bedeutung sowohl für die Zulässigkeit als auch für die Begründetheit, so wird sie auch nur in dieser doppel relevanten Auswirkung im Rahmen der Zulässigkeitsprüfung unterstellt. In dem nur für die Zuständigkeit maßgebenden Teil des Tatsachenvortrages bleibt es bei der Regel, dass der Kläger die von ihm behaupteten Tatsachen, deren Vorliegen von Amts wegen zu prüfen sind, nachzuweisen hat.[116] So wird etwa bei einer unerlaubten Handlung für die Beurteilung der Zuständigkeit nach § 32 unterstellt, dass der Beklagte das Delikt begangen hat; dass diese Verletzung aber im Gerichtsbezirk ausgeführt wurde, muss der Kläger im Bestreitensfall weiterhin nachweisen.[117] Für den Gerichtsstand der Umwelthaftung, § 32a, wird unterstellt, dass der Beklagte Inhaber einer in Anhang 1 des Umwelthaftungsgesetzes genannten Anlage ist; dass der Schaden durch Umwelteinwirkung entstanden ist, muss indes ebenfalls der Kläger im Bestreitensfalle nachweisen. Die Unterstellung doppelrelevanter Tatsachen als wahr bewirkt, dass die örtliche Zuständigkeit unterschiedlich sein kann, je nachdem welcher der Beteiligten die Klage erhebt, etwa bei einem Vertragsverhältnis und dem sich hieraus ergebenden Gerichtsstand aus § 29. Diese Folge nimmt der BGH zutreffend angesichts der schwerwiegenden Auswirkungen in Kauf, die eine vollständige Überprüfung materiellrechtlicher Fragen im Bereich der Zulässigkeitsprüfung nach sich ziehen würde. In diesem Falle könnte nämlich bei nicht begründetem Klageanspruch die Klage stets nur als unzulässig abgewiesen werden und die darin enthaltene materiellrechtliche Entscheidung nicht in Rechtskraft erwachsen. Der Rechtsstreit könnte so mangels Rechtskraft immer wieder neu angestrengt werden.[118]

V. Internationale Zuständigkeit

57 **1. Begriff der internationalen Zuständigkeit. a) Internationale Zuständigkeit.** Die Normen der Internationalen Zuständigkeit bestimmen, welchem Staat oder welchen Staaten die Befugnis zukommt, in einem konkreten Fall die Gerichtsbarkeit auszuüben.[119] Damit wird die Verteilung der Rechtsprechungsaufgaben zwischen den einzelnen Staaten sowohl in positiver als auch in negativer Hinsicht vorgenommen.[120] Zu weitgehend ist es allerdings, von einer „Zuweisung" der Rechtsprechungsaufgaben auf einen Staat als solchen zu sprechen.[121] Es existiert nämlich keine Regel des Völkerrechts, wonach eine Zuweisung von Rechtsprechungsaufgaben erfolgt.[122] Jedem Staat steht es vielmehr unter Berücksichtigung des völkerrechtlichen Gebotes der Beachtung der Justizhoheit anderer Staaten[123] frei,[124] seine Zuständigkeit im Rahmen des autonomen Rechts selbst zu regeln. Das völkergewohnheitsrechtliche Gebot der Achtung der Justizhoheit anderer Staaten verbietet es dem einzelnen Staat aus der Sicht des Internationalen Zivilprozessrechtes in den Kompetenzbereich anderer Staaten ohne deren Zustimmung einzugreifen.[125] Die Frage der internationalen

---

[114] BGH NJW 1964, 497, 498; RGZ 29, 371, 372; BAG MDR 1961, 1046, BGH NJW 1994, 1413.

[115] Grundlegend dazu RGZ 29, 371, 372; OLG Nürnberg NJW 1985, 1296, 1297; ausführlich *Stein/Jonas/Roth* Rn. 20.

[116] RGZ 29, 371, 373. OLG Koblenz WM 2006, 484ff. verlangt hinreichenden Tatsachenvortrag für internationale Zuständigkeit.

[117] Beispiel nach *Stein/Jonas/Roth* § 1 Rn. 24.

[118] BGH NJW 1964, 497, 498; vgl. auch *Stein/Jonas/Roth* § 1 Rn. 24–32.

[119] Vgl. *Schütze* III 1, S. 32; *Nagel* § 3 I 3 Rn. 3ff.; *Zöller/Geimer* Rn. 36; *Rosenberg/Schwab/Gottwald* § 31 I; *Gloy/Schütze* § 97 II Rn. 12.

[120] Vgl. *Nagel* (Fn. 119) § 3 I 3 Rn. 4; *Habscheid* ZZP 110 (1997), 270.

[121] So *Zöller/Geimer* Rn. 36 und im Anschluss hieran *Schütze* III 1, S. 32.

[122] Vgl. zutreffend auch *Nagel* § 3 I 3 Rn. 5; *Kropholler,* Handbuch des Internationalen Zivilverfahrensrechts (1982) Band I, Kap. III, Rn. 6.

[123] Vgl. hierzu die dem US-State-Department am 8. 4. 1986 überreichte Verbalnote der Botschaft der Bundesrepublik Deutschland, in der der Grundsatz der Wahrung der Justizhoheit betont wird, zitiert nach *Heidenberger* RIW 1986, 498ff.

[124] Vgl. *Rosenberg/Schwab/Gottwald* § 31 I.

[125] Vgl. *Geimer* IZPR, 5. Kap. I 1, Rn. 120; *Habscheid* ZZP 110 (1997), 270.

Zuständigkeit umfasst zunächst jede Art staatlichen Handelns, da Normadressat der Staat als Ganzes, nicht einzelne Staatsorgane, auch nicht die Zweige der Gerichtsbarkeit in ihrer Gesamtheit sind.[126] Keine Frage der internationalen Zuständigkeit, sondern der innerstaatlichen Organisationsabgrenzung ist die Frage beispielsweise des Rechtsweges innerhalb der Bundesrepublik Deutschland. Hierbei handelt es sich um Fragen der **Zulässigkeit des Rechtsweges.**[127] Die Zivilgerichte der Bundesrepublik Deutschland sind mithin nur dann international zuständig, wenn die internationale Zuständigkeit der Bundesrepublik Deutschland gegeben ist und zusätzlich nach den innerstaatlichen Organisationsnormen die Zivilgerichte zuständig sind.

Statt des Begriffs der internationalen Zuständigkeit wird teilweise auch der Terminus **staatliche** 58 **Zuständigkeit** als treffender vorgeschlagen.[128] Dieser Terminus ist jedoch zunächst deshalb abzulehnen, weil er missverständlich auf eine Zuständigkeitsabgrenzung zwischen staatlichen und sonstigen Rechtsprechungsorganen wie beispielsweise Schiedsgerichten hinweisen könnte und nicht wie der Begriff der internationalen Zuständigkeit, das Gegenstück zur innerstaatlichen Zuständigkeit darstellt.[129] Zum anderen endet die Zuständigkeit des einzelnen Staates gegenüber einem anderen Staat dort, wo ein Staat in den Bereich der Justizhoheit eines anderen Staates eingreifen würde.[130] Da mithin die Zuständigkeit zwischen den einzelnen Staaten abgegrenzt wird, ist der Begriff internationale Zuständigkeit als der treffende anzusehen. Der Begriff der internationalen Zuständigkeit ist auch in anderen deutschsprachigen Staaten, Österreich und der Schweiz, gebräuchlich, wenn auch in Österreich, wie im angelsächsischen Rechtskreis, die Begriffe internationale Zuständigkeit und Gerichtsbarkeit nicht auseinander gehalten werden.[131] Im Rahmen ihrer Souveränität sind die einzelnen Staaten auch berechtigt, einen Teil der ihnen nach den Grundsätzen der internationalen Zuständigkeit zustehenden Rechtsprechungskompetenz zu übertragen, beispielsweise auf supranationale Gerichte. Das Bundesverfassungsgericht hat deshalb zutreffend entschieden, dass es einen Verstoß gegen das Verbot des Entzugs des gesetzlichen Richters gemäß Art. 101 Abs. 1 S. 2 GG darstellt, wenn die Gerichte der Bundesrepublik Deutschland ihrer Vorlagepflicht an den Europäischen Gerichtshof gemäß Art. 177 Abs. 3 EWG-Vertrag nicht nachkommen.[132]

Als Terminologie ist auch der Begriff **Jurisdiktion** vorgeschlagen worden.[133] Dies würde zu einer 59 Übereinstimmung mit dem englischen jurisdiction führen. Diese Auffassung übersieht allerdings, dass unter dem angelsächsischen Rechtsbegriff „jurisdiction" sowohl die internationale Zuständigkeit als auch die Gerichtsbarkeit verstanden wird.[134] Aber auch ansonsten ist dieser Begriff zu vieldeutig.[135]

b) Gerichtsbarkeit. Die Gerichtsbarkeit ist gegen die vorstehend definierte internationale Zu- 60 ständigkeit einerseits und der deutschen innerstaatlichen Problematik der Zulässigkeit des Rechtsweges andererseits scharf abzugrenzen.[136]

Gerichtsbarkeit ist die hoheitliche Befugnis des einzelnen Staates zur Ausübung der Rechtspre- 61 chung.[137] Dabei hat jeder Staat lediglich die durch das Völkerrecht eingeschränkte Befugnis der Ausübung der Gerichtsbarkeit. Neben der völkerrechtlichen Einschränkung der Gerichtsbarkeit kann der einzelne Staat im Rahmen der ihm zustehenden Souveränität seine Gerichtsbarkeit auch durch innerstaatliche Gesetzgebung weiter einschränken.

Den völkerrechtlichen Grenzen der Gerichtsbarkeit hat der deutsche Gesetzgeber bereits in den 62 §§ 18 und 19 GVG, insbesondere jedoch in § 20 GVG Rechnung getragen. Nicht der deutschen Gerichtsbarkeit unterliegen nach den allgemeinen Regeln des Völkerrechts, die nach Art. 25 S. 1 GG Bestandteile des Bundesrechts sind, neben den persönlich Exterritorialen gemäß den §§ 18 und 19 GVG, ausländische Staaten, Staatsoberhäupter und ausländische Regierungsmitglieder.[138]

In Fällen der **Immunität internationaler Organisationen** verzichtet der Inlandsstaat auf die 63 ihm zustehende Jurisdiktion als Attribut seiner Souveränität.[139] Dieser Verzicht auf staatliche Souve-

---

[126] Hierauf weist zutreffend auch *Geimer* IZPR Rn. 117 hin.
[127] Beispielsweise Zivilgerichtsbarkeit, Verwaltungsgerichtsbarkeit, Finanzgerichtsbarkeit Sozialgerichtsbarkeit etc., sowie der ggf. vorgeschalteten Verwaltungsbehördenweg.
[128] Vgl. *Schütze* III 1 S. 32.
[129] Vgl. hierzu zutreffend auch *Kropholler* (Fn. 122) § 1 II 1 a, Rn. 7.
[130] Vgl. hierzu *Geimer* IZPR Rn. 119, 120.
[131] Vgl. hierzu *Kropholler* (Fn. 122) § 1, II, 1 a Rn. 6, 7.
[132] Vgl. BVerfG RIW 1987, 878 ff.; BVerfGE 19, 38, 43 in st. Rspr.
[133] Vgl. *Bülow* RabelsZ 29 (1965) 478 N. 15.
[134] Vgl. *Nagel* § 3 I 3 Rn. 5; *Kropholler* (Fn. 122) Kap. III Rn. 101.
[135] Hierauf weist zu Recht auch *Kropholler* (Fn. 122) Kap. III Rn. 7 hin.
[136] AllgM; vgl. *Geimer* IZPR Rn. 845, 846; *Schütze* III S. 1.
[137] *Stein/Jonas/Roth* Vor § 12 Rn. 25.
[138] Vgl. hierzu ausf. die Kommentierung zu § 20 GVG.
[139] Vgl. *Habscheid* ZZP 110 (1997), 274, 275.

ränitätsrechte kann sowohl unilateral vorgenommen werden wie auch durch völkerrechtliche Verträge.[140] Die Immunität internationaler Organisationen kann sich im Zivilprozess daher aus den verschiedensten Rechtsquellen, vorwiegend aus bilateralen oder multilateralen Verträgen ergeben.[141] Dies kann zur Konsequenz haben, dass die oft in die Tausende gehenden Bediensteten internationaler Organisationen keinen inländischen, womöglich auch keinen ausländischen Gerichtsschutz haben.[142] Die Europäische Zentralbank mit Sitz in Frankfurt am Main schließt mit ihren Bediensteten keine Arbeitsverträge nach deutschem Recht, sondern nach gesonderten Bedingungen gemäß der ESZB-Satzung. Derartige Arbeitsverträge unterliegen nicht nationalem Recht, sondern genuin europäischem Dienstrecht. Diese auf dem EG-Vertrag gegründeten Rechtsformen haben Vorrang vor jeder Art von nationalem Recht.[143] Zuständig für Streitigkeiten aus Dienst- oder Arbeitsverträgen ist der EuGH. Dies gilt für sämtliche Gemeinschaftsorgane, die in verschiedenen Mitgliedsstaaten der EU ihren Sitz haben. In den Statuten der Gemeinschaftsorgane ist häufig vorgesehen, dass der betreffende Sitzstaat die Unverletzlichkeit der Räume garantiert.[144] In den Satzungen ist häufig vorgesehen, dass Schriftstücke in verwaltungs- und gerichtlichen Verfahren in den Räumlichkeiten des entsprechenden Gemeinschaftsorganes zugestellt werden können.[145] Die mögliche Befreiung von der Gerichtsbarkeit infolge der Immunität ist in jeder Lage des Verfahrens von Amts wegen zu prüfen.[146] Bereits die Zustellung einer Klage und die Anberaumung eines Termins gegenüber einer nicht der deutschen Gerichtsbarkeit unterliegenden Organisation oder Person ist unzulässig, da bereits kein Prozessverhältnis begründet werden kann.[147] Soweit für Verträge zwischen Gemeinschaftsorganen und -einrichtungen der EU nicht Kraft lex speziales europäisches Recht eingreift gilt für den Abschluss von Verträgen das jeweilige nationale Recht, was jedoch an der Immunität nichts ändert.

64 **aa) Ausländische Staaten** unterliegen jedoch nach einem inzwischen allgemein anerkannten Völkerrechtsprinzip nur dann nicht der deutschen Gerichtsbarkeit, wenn es sich um einen Streitfall über die hoheitliche Tätigkeit dieses Staates handelt.[148] Werden ausländische Staaten wirtschaftlich tätig, so ist dies nicht von der deutschen Gerichtsbarkeit ausgenommen. Von besonderer Bedeutung ist dies insbesondere in bezug auf die sozialistischen Staatshandelsländer und die Entwicklungsländer, in welchen nach Durchführung umfassender Nationalisierungsmaßnahmen der Anteil der Staatsunternehmen besonders groß ist.[149] Gleichgültig, in welcher Rechtsform diese ausländischen Staatsunternehmen betrieben werden, wird deren Immunität verneint und diese unterliegen richtigerweise der deutschen Gerichtsbarkeit.[150] Dies gilt unabhängig davon, ob die ausländischen Staatsunternehmen hoheitlich oder nicht hoheitlich handeln. Ausschlaggebend ist das wirtschaftliche Tätigwerden in der Bundesrepublik Deutschland, was sich nach Deutschem Recht beurteilt.[151] Ob der Staat, dessen Staatsunternehmen verklagt ist, seinerseits nach seinem Recht sein Handeln als hoheitlich qualifiziert, ist unerheblich.[152] Zutreffend hat deshalb das LG Frankfurt/M. den Einwand der beklagten nigerianischen Zentralbank, sie habe nach nigerianischem Recht hoheitlich gehandelt, als unerheblich angesehen und die Tätigkeit der (zivilen) deutschen Gerichtsbarkeit unterstellt.[153] Auch im Fall der National Iranian Oil Company hat das BVerfG entschieden, dass die durch Banken veranlasste Arrestierung des Vermögens dieser Gesellschaft nicht gegen Völkerrecht

---

[140] Vgl. *Habscheid* ZZP 110 (1997), 274, 275.

[141] Vgl. hierzu *Wenckstern,* Die Immunität internationaler Organisationen, insbesondere das Rechtsquellenverzeichnis S. VX–XXVII; *Habscheid* ZZP 110 (1997), 276.

[142] Hierauf weist zutreffend auch *Habscheid* ZZP 110 (1997), 275 hin; vgl. auch ArbG Frankfurt/Main, wonach für Kündigungsschutzstreitigkeiten mit der Europäischen Zentralbank (EZB) in Frankfurt deutsche Arbeitsgerichte nicht zuständig sind und alle Handlungen der EZB nur vor dem Europäischen Gerichtshof in Luxemburg überprüft und ausgelegt werden, FAZ vom 15. 2. 1999.

[143] Vgl. *v. d. Groeben/Thiesing/Ehlermann/ Kalbe,* Kommentar zum EU-/EG-Vertrag, Art. 212 Rn. 1.

[144] Vgl. Art. 2 ESZB-Satzung.

[145] Vgl. Art. 2 Abs. 2 ESZB-Satzung.

[146] BGHZ 18, 1 f. m. weit. Nachw.

[147] Vgl. OLG München NJW 1975, 2144 f.

[148] Vgl. *Folz,* Die Geltungskraft fremder Hoheitsäußerungen, insb. S. 178 ff.; *Stein/Jonas/Roth* Einl. Rn. 660; *Schütze,* Handbuch des Wettbewerbsrechts, § 97 Rn. 3; sowie insb. die Kommentierung zu § 20 GVG.

[149] Vgl. zur Staatenpraxis ausführlich *Patzina* (s. Schrifttum vor § 12) S. 44 ff.

[150] BGHZ 18, 1 ff. = NJW 1955, 1435; LG Frankfurt/M. NJW 1976, 1044; *Schütze* S. 26 ff.; *Schütze* (Fn. 148) § 97 Rn. 3; *Stein/Jonas/Roth* Einl. Rn. 660; *Stiefel/Petzinger* RIW 1983 S. 242, 248.

[151] Vgl. *Schütze* (Fn. 149) § 97 Rn. 7 ff.; *Stiefel/Petzinger* RIW 1983, die insbes. auf mögliche Probleme der innerdeutschen Zuständigkeit des Rechtsweges hinweisen.

[152] Vgl. *Schütze* (Fn. 148) § 97 Rn. 4 m. weit. Nachw.

[153] Vgl. LG Frankfurt/M. NJW 1976, 1044 = AG 1976, 47 m. Anm. *Mertens*; *Gramlich* RabelsZ 45 (1981), 545 ff.

verstößt.[154] Das BVerfG hat diese Entscheidung anhand einer ausführlichen Untersuchung zur Feststellung des Völkerrechts aufgrund der einschlägigen Staatenpraxis begründet.

bb) Für ausländische Zentralbanken findet das Europäische Übereinkommen über Staatenimmunität vom 16. 5. 1972 (EÜK) Anwendung.[155] Für Zentralbanken mit eigener Rechtspersönlichkeit gilt Immunität im Erkenntnisverfahren für deren hoheitliches Handeln.[156] Art. 4ff. des EÜK zählt verschiedene Formen der wirtschaftlichen Betätigung abschließend auf, die der Immunität im Erkenntnisverfahren entzogen sind.[157] Hierunter fallen insbesondere Verfahren, die sich auf Rechte oder Pflichten an im Gerichtsstaat belegenem unbeweglichem Vermögen beziehen, deliktische Handlungen, private Schutzrechte sowie Arbeits- und Gesellschaftsverträge. Von der Immunität ausgenommen sind auch ganz allgemein vertragliche Verpflichtungen, die im Gerichtsstaat zu erfüllen sind mit Ausnahme solcher, die im Gebiet des Vertragsstaates in Ausübung hoheitlicher Befugnisse geschlossen wurden. Für die im EÜK geregelte Immunität wird die Auffassung vertreten, dass diese nicht nur für die Vertragsstaaten des EÜK gilt, sondern dass es sich vielmehr um allgemeine Regeln des Völkerrechts nach Art. 25 GG handelt. Insoweit liege eine allgemeine Staatenpraxis vor, aus der sich entsprechendes Völkergewohnheitsrecht ergebe.[158] Danach wird selbstständigen ausländischen Institutionen im Erkenntnisverfahren stets Immunität gewährt, wenn sie hoheitlich tätig werden.[159] 65

cc) Es sind jedoch auch Fälle denkbar, in welchen eine **ausländische Verwaltungsbehörde** eine Anordnung an eine in Deutschland ansässige Partei richtet. Stellt man auf das ausländische Rechtsverhältnis ab, so handelt es sich um ein Verwaltungsverfahren. Eine in Deutschland ansässige Partei müsste daher im Grunde genommen vor einem deutschen Verwaltungsgericht nach Rechtsschutz nachsuchen, wobei in der Tat fraglich wäre, ob sich ein deutsches Gericht zur Entscheidung über diesen Antrag für zuständig hielte, da hoheitliches Handeln fremder Staaten, mit Ausnahme der vorgeschilderten privatrechtlichen Betätigung, nicht der deutschen Gerichtsbarkeit untersteht.[160] 66

dd) Handelt es sich hierbei um **wettbewerbsrechtliche Ansprüche,** ist die deutsche Gerichtsbarkeit gegeben, da ein ausländischer Staat Immunität nicht geltend machen kann. Es ist schlechterdings undenkbar, dass ein Handeln zu Wettbewerbszwecken der Natur nach hoheitlich ist. Ansprüche zB aus dem UWG, der ZugabeVO, dem RabattG, können deshalb richtigerweise immer vor deutschen Gerichten gegen ausländische Staaten geltend gemacht werden.[161] Beispielsweise besteht zwischen den Vereinigten Staaten von Amerika und der Bundesrepublik Deutschland für Fragen des Kartellrechts eine bilaterale Vereinbarung, wie den Interessen beider Seiten in geordneter Weise entsprochen werden kann.[162] Die deutsche Rechtsprechung hat sich in derartigen Fällen damit geholfen, indem die ausländische hoheitliche Entscheidung als Faktum hingenommen wurde, ohne sie selbst zu überprüfen.[163] Von den deutschen Gerichten wird vielmehr überprüft, ob die Durchsetzung ausländischer hoheitlicher Anordnungen eine Verletzung deutschen Rechts darstellt.[164] Hier liegen auch die Probleme der völkerrechtswidrigen Verletzung der Justizhoheit anderer Staaten sowie des Verstoßes gegen den inländischen ordre public. Dies kann im Falle eines Verstoßes zu einer Nichtanerkennung ausländischer Hoheitsakte auch im Falle der nicht wirtschaftlichen Betätigung führen, womit insoweit die deutsche Gerichtsbarkeit bejaht würde.[165] 67

2. Bedeutung der internationalen Zuständigkeit im Prozess. a) Sachurteilsvoraussetzungen. Die internationale Zuständigkeit ist zunächst eigenständige Sachurteilsvoraussetzung. Als 68

---

[154] Vgl. BVerfGE 64, 1ff.

[155] Mit Gesetz vom 22. 1. 1990 in innerstaatliches deutsches Recht umgesetzt, BGBl. 1990 II S. 34. Dies gilt gegenüber den anderen Vertragsstaaten Belgien, Großbritannien, Luxembourg, den Niederlanden, Österreich, Schweiz und Zypern.

[156] Vgl. *Krauskopf/Steven* WM 2000, 269ff., 273; *Karczewski* RabelsZ 54 (1990), 533, 542.

[157] Vgl. hierzu ausführlich *Kronke* IPRax 1991, 141, 142ff.

[158] *Krauskopf/Steven* WM 2000, 269ff., 274ff.

[159] Dies folgt nach *Krauskopf/Steven* WM 2000, 278 aus einer Analyse der Rechtslage verschiedener Staaten sowie aus verschiedenen Abkommensentwürfen.

[160] Vgl. *Seidl-Hohenfeldern,* Ged. Peters, 1967, S. 915ff.; *ders.,* Die Immunität ausländischer Staaten nach Völkerrecht, Heft 8 der Deutschen Gesellschaft für Völkerrecht, 1968, S. 1, 51ff.; vgl. *Folz* (Fn. 148) S. 157ff. unter Bezugnahme auf die amerikanische Act of State Doctrin.

[161] Vgl. hierzu mit weiteren Einzelfällen *Schütze* (Fn. 148) § 97 Rn. 4ff.

[162] Vgl. BGBl. 1976 II S. 1711ff.; *Stiefel/Petzinger* RIW 1983, 242ff., 248; vgl. auch das Deutsch-Amerikanische Amtshilfe-Abkommen über die Zusammenarbeit in Umweltfragen (BGBl. II 1975 S. 171ff.) und über die gegenseitige Unterstützung der Zollverwaltung (BGBl. II 1975 S. 506ff.).

[163] Vgl. LG Kiel RIW 1983, 206.

[164] Vgl. zustimmend *Stiefel/Petzinger* RIW 1983, 242, 248.

[165] Vgl. hierzu *Heidenberger* RIW 1986, 489, 492.

solche ist die internationale Zuständigkeit abzugrenzen von den weiteren Sachurteilsvoraussetzungen der örtlichen Zuständigkeit und dem Vorliegen der Gerichtsbarkeit. Das Deutsche Recht hat lediglich die internationale Zuständigkeit in ihren Voraussetzungen mit der örtlichen Zuständigkeit verknüpft.[166]

69 **b) Prüfung von Amts wegen.** Die internationale Zuständigkeit ist in jedem Rechtszug auch ohne Rüge von Amts wegen zu prüfen.[167] Die Prüfung von Amts wegen bedeutet keine Amtsermittlung nach dem Untersuchungsgrundsatz, sondern besagt bei der internationalen Zuständigkeit, dass das Gericht in der Tatsachenfeststellung an Wahrunterstellungen wegen Nichtbestreitens, § 138 Abs. 3, Geständnis, § 288, oder Säumnis, § 331, nicht gebunden ist, diese dürfen nicht als zugestanden angesehen werden.[168] Eine Hinweispflicht des Gerichtes auf die internationale Zuständigkeit besteht gemäß § 504 nur vor dem Amtsgericht. Ansonsten wird die Bedeutung der Amtsprüfungspflicht der internationalen Zuständigkeit durch die Möglichkeit der rügelosen Einlassung des Beklagten zur Hauptsache abgeschwächt, § 39. Lässt der Beklagte sich auf das Verfahren ein, so ergibt sich als Umkehrschluss, dass das Fehlen der internationalen Zuständigkeit nur auf eine Rüge des Beklagten hin zu prüfen ist.[169] Ferner hat der Beklagte die Rüge mangelnder internationaler Zuständigkeit ebenso wie andere Zuständigkeitsrügen auch vor der Verhandlung zur Hauptsache vorzubringen, § 282 Abs. 3.[170] Rügt der Beklagte verspätet, ist dieser Vortrag zurückzuweisen.[171] Dies gilt richtigerweise auch in bezug auf den Kläger für eine vom Beklagten erhobene Widerklage. Nach ständiger Rechtsprechung des BGH kann die internationale Zuständigkeit auch im Gerichtsstand der Widerklage begründet werden.[172] Dies muss erst recht für die zur Aufrechnung gestellten Gegenforderungen gelten.[173]

70 **c) Berufungsinstanz.** In der Berufungsinstanz schließt § 513 Abs. 2, der die Nachprüfung der örtlichen und sachlichen Zuständigkeit in der Berufungsinstanz bei Streitigkeiten über vermögensrechtliche Ansprüche ausschließt, die Prüfung der internationalen Zuständigkeit nicht aus. Die Berufung kann deshalb auch darauf gestützt werden, dass das Gericht des ersten Rechtszuges seine internationale Zuständigkeit zu Unrecht bejaht hat.[174] Die Bedeutung der Prüfungsmöglichkeit der internationalen Zuständigkeit in der Berufungsinstanz wird allerdings zunächst durch § 39 eingeschränkt. Hat sich der Beklagte, ohne die fehlende internationale Zuständigkeit zu rügen, auf die Klage eingelassen, wird hierdurch auch die fehlende internationale Zuständigkeit begründet.[175] Eine Amtsprüfung findet mithin nur außerhalb des Anwendungsbereiches des § 39 statt,[176] wobei zu beachten ist, dass ein öffentliches Interesse an der Kontrolle der Grenzen internationaler Prorogation zu bejahen ist.[177] Des weiteren findet eine Überprüfung des Vorliegens der Voraussetzungen der internationalen Zuständigkeit in der Berufungsinstanz nur innerhalb der Grenzen des § 531 statt. Soweit in diesem Zusammenhang eine Berufung auf ausländisches Recht erfolgt, ist zu beachten, dass es sich hierbei um Tatsachen handelt, die diejenige Prozesspartei darzulegen hat, die sich hierauf beruft. Werden diese Tatsachen verspätet vorgetragen, kann eine Zurückweisung wegen verspäteten Vorbringens erfolgen.[178] Ergibt die Nachprüfung in der Berufungsinstanz, dass zwar die inländische Zuständigkeit zu bejahen ist, die Vorinstanz jedoch ansonsten die örtliche Zuständigkeit

---

[166] Vgl. *Kropholler* (Fn. 122) Kap. III Rn. 215; *Stein/Jonas/Roth* Einl. Rn. 773.

[167] Einhellige Auffassung in Rechtsprechung und Literatur, vgl. BGHZ 44, 46, 52 = NJW 1965, 1665; BGHZ 69, 37, 44 = NJW 1977, 1637, 1638; BGHZ 80, 199 = NJW 1981, 606; BAG MDR 1973, 529 = AP BGB § 242 Nr. 159 – Ruhegehalt m. Anm. *Grunsky/Wuppermann* = IPRspr. 1972, Nr. 142; BGH RIW 1988, 397 ff.; *Kropholler* (Fn. 122) Kap. III Rn. 216; *Stein/Jonas/Roth* Einl. Rn. 773; *Zöller/Geimer* Rn. 94.

[168] Vgl. *Kropholler* (Fn. 122) Kap. III Rn. 218; vgl. zur Ermittlungspflicht ausländischen Rechts auch BGH RIW 1987, 794.

[169] Vgl. zutreffend OLG Köln RIW 1988, 555, 556.

[170] Vgl. *Zöller/Geimer* Rn. 93; *Kropholler* (Fn. 122) Kap. III Rn. 217.

[171] OLG Düsseldorf RIW 1987, 793.

[172] BGHZ 52, 30, 33 = NJW 1969, 1536; BGHZ 59, 116, 118 = NJW 1972, 1671; BGH NJW 1981, 2644; BGH GRUR 1986, 325, 327.

[173] Vgl. hierzu im Zusammenhang mit Art. 17, 18 EuGVÜ (jetzt Art. 23, 24 EuGVO) OLG Koblenz RIW 1987, 629, 630; EuGH NJW 1985, 2893.

[174] BGHZ 44, 46 = NJW 1965, 1665 = JZ 1966, 237; BGH NJW 1983, 2772; BGH NJW 2003, 426; *Staudinger* IPrax 2001, 298; *Piekenbrock/Schulze* IPrax 2003, 1; *Schütze* S. 34; *Kropholler* (Fn. 122) Kap. III Rn. 22; *Zöller/Geimer* Rn. 94.

[175] Vgl. § 39.

[176] So zutreffend *Zöller/Geimer* Rn. 94.

[177] Vgl. *Kropholler* (Fn. 122) Kap. III Rn. 226; hierdurch ist die Auffassung von *Zöller/Geimer* (Fn. 167) zu modifizieren.

[178] Vgl. so auch OLG Düsseldorf RIW 1987, 793.

zu Unrecht angenommen hat und ein anderes international zuständiges inländisches Gericht zuständig wäre, so bleibt dies infolge der Sperrwirkung des § 513 Abs. 2 unberücksichtigt.[179]

d) Revisionsinstanz. Auch in der Revisionsinstanz schließt § 545 Abs. 2 die Überprüfung der örtlichen und sachlichen Zuständigkeit, keinesfalls jedoch der internationalen Zuständigkeit aus. In Rechtsstreitigkeiten über vermögensrechtliche Ansprüche können Berufung und Revision auch darauf gestützt werden, dass das Gericht der Vorinstanz die internationale Zuständigkeit unzutreffend angenommen oder nicht angenommen hat.[180] In seiner Begründung hat der Große Senat des BGH zutreffend herausgearbeitet, dass die Interessen der Parteien, sowie der staatlichen Rechtspflege bei einem Streit um die internationale Zuständigkeit stärker berührt sind, als bei einem Streit lediglich um die örtliche Zuständigkeit, da jede Partei ein besonderes Interesse an einer Entscheidung durch ein Gericht seines Heimatstaates hat. Das Gesetz habe daher lediglich die örtliche Zuständigkeit als Frage geringerer Bedeutung gegenüber der internationalen Zuständigkeit von der Überprüfung in der höheren Instanz ausschließen wollen.[181] In der Revisionsinstanz kann deshalb zutreffenderweise auch nachgeprüft werden, ob die Gerichtsstände der ZPO, die grundsätzlich auch die internationale Zuständigkeit eines deutschen oder ausländischen Gerichtes begründen können,[182] wirksam abbedungen worden sind, was nicht allein durch ausdrückliche Derogation, sondern auch in Form einer positiven Gerichtsstandsvereinbarung geschehen kann, wodurch alle anderen gesetzlichen möglichen Gerichtsstände grundsätzlich ausgeschlossen werden können.[183] Im übrigen gilt, wie auch für die Überprüfung der internationalen Zuständigkeit in der Berufungsinstanz, dass eine Nachprüfung in der Revisionsinstanz nur innerhalb der Grenzen des § 39 sowie § 559 Abs. 1 stattfindet.[184] 71

e) Folgen des Fehlens der Internationalen Zuständigkeit. Das Fehlen der internationalen Zuständigkeit führt zur Abweisung der Klage wegen Unzulässigkeit.[185] Die rechtsfehlerhafte Annahme des Vorliegens der internationalen Zuständigkeit durch ein Gericht führt nicht zur Unwirksamkeit der Entscheidung, sondern nur zu deren Anfechtbarkeit.[186] Eine Überprüfung kann noch sowohl in der Berufungsinstanz als auch in der Revisionsinstanz erfolgen.[187] Der Mangel der Anfechtbarkeit wird jedoch durch den Eintritt der Rechtskraft des die internationale Zuständigkeit zu Unrecht bejahenden Urteils geheilt.[188] 72

Demgegenüber führt das **Fehlen der Gerichtsbarkeit** zur Unwirksamkeit der Entscheidung, da eine derartige Entscheidung gegenüber dem der Gerichtsgewalt nicht Unterworfenen keinerlei Wirkungen entfalten kann.[189] Hingegen sind alle deutschen Gerichte und Verwaltungsbehörden an ein rechtskräftiges, die internationale Zuständigkeit bejahendes Urteil gebunden.[190] Eine Bindung ausländischer Staaten und deren Gerichte und Behörden kann nicht beansprucht werden, da auch nach deutschem Recht keine Pflicht zur Anerkennung eines ausländischen Urteils besteht, das trotz fehlender internationaler Zuständigkeit ergangen ist.[191] 73

Eine **Verweisung** oder eine formlose Abgabe des Rechtsstreites an ein Gericht des Auslandes ist unzulässig; dies galt auch für das Gebiet der früheren DDR.[192] Während ein Urteil, das allein wegen fehlender örtlicher Zuständigkeit abweist, verhindert, dass über die Zuständigkeitsfrage unter den sel- 74

---

179 Vgl. *Kropholler* (Fn. 122) Kap. III Rn. 225.

180 Das gilt auch nach dem ZPO-RG von 27. 7. 2001 (BGBl. I S. 1887) s. BGH NJW 2003, 426; BGH NJW 2003, 2916; 2004 1456; BGHReport 2004, 549 m. Anm. *Kilian;* dazu auch *Butt* WM 2003, 1542; *Piekenbrock/Schulze* IPRax 2003, 1; *Emde* ZIP 2003, 685; *Leible* NJW 2003, 407; *Staudinger* JZ 2003, 852; vgl. zum alten Recht BGHZ 44, 46 = NJW 1965, 1665 = JZ 1966, 237; BGHZ 69, 37, 44 = NJW 1977, 1637; BGHZ 132, 107; 134, 129; BGH GRUR 1986, 325, 327, *Kropholler* (Fn. 122) Kap. III Rn. 218; *Schütze* S. 35.

181 Vgl. BGHZ 44, 46 ff. = NJW 1965, 1665; BGHZ 69, 37, 44 = NJW 1977, 1637; BGH GRUR 1986, 325, 327.

182 Vgl. BGHZ 52, 30, 33 = NJW 1969, 1536; BGHZ 59, 116, 118 = NJW 1972, 1671; BGH NJW 1981, 2644.

183 Vgl. BGH GRUR 1986, 325, 327.

184 Vgl. für die Berufungsinstanz entsprechend oben Rn. 70.

185 *Rosenberg/Schwab/Gottwald* § 31 IV 1, *Stein/Jonas/Roth* Vor § 12 Rn. 56; *Zöller/Geimer* Rn. 95, *Kropholler* (Fn. 122) Kap. III Rn. 240.

186 *Stein/Jonas/Roth* Vor § 12 Rn. 57, *Kropholler* (Fn. 122) Kap. III Rn. 245.

187 Vgl. Rn. 70, 71.

188 Vgl. *Kropholler* (Fn. 122) Kap. III Rn. 245 m. weit. Nachw.

189 So zutreffend die Hauptmeinung, vgl. *Stein/Jonas/Roth* Einl. Rn. 679.

190 Vgl. *Rosenberg/Schwab/Gottwald* § 31 IV 2; *Kropholler* (Fn. 122) Kap. III Rn. 245.

191 So zutreffend auch *Rosenberg/Schwab/Gottwald* § 31 IV 2, vgl. auch BGHZ 14, 289.

192 Vgl. OLG Oldenburg NJW 1953, 425; OLG Köln FamRZ 1956, 27; *Kropholler* (Fn. 122) Kap. III Rn. 241; *Geimer* IZPR Rn. 1010, 1850; *Stein/Jonas/Roth* Vor § 12 Rn. 777.57.

ben Parteien von demselben Gericht noch einmal entschieden wird, verhindert das Urteil, das wegen internationaler Unzuständigkeit abweist, dass hierüber vor irgendeinem anderen inländischen Gericht noch einmal entschieden wird.[193] Da aus einem wegen internationaler Unzuständigkeit abweisenden Urteil nicht zwingend die internationale Zuständigkeit eines anderen Staates folgt, ein anderer Staat hieran überdies nicht gebunden wäre, kann ein derartiges Urteil zur Folge haben, dass über das geltend gemachte klägerische Begehren sachlich überhaupt nicht entschieden wird. Es liegt damit der Fall des negativen internationalen Kompetenzkonfliktes vor, mit der sich hieran notwendig anschließenden Frage der Eröffnung der deutschen internationalen Zuständigkeit allein aus diesem Grund.[194] Auch hieraus rechtfertigt sich die Notwendigkeit einer Überprüfung der internationalen Zuständigkeit in allen Rechtszügen im Gegensatz zur örtlichen Zuständigkeit.[195] Wenn bei zu beachtender ausländischer Rechtshängigkeit noch nicht abschließend feststeht, dass es zu einer Entscheidung in der Sache selbst kommt, sollte das Gericht im Zweifel den Weg der Aussetzung wählen.[196] Die Verneinung deutscher internationaler Zuständigkeit trotz örtlicher Zuständigkeit stellt regelmäßig einen Ausnahmefall dar, der eine besondere gewissenhafte Prüfung erfordert. Unzulässig ist die Verneinung der internationalen Zuständigkeit, wenn ein nicht vergleichbarer ausländischer Rechtsschutz gewährleistet ist. Das Gericht hat deshalb nicht nur zu prüfen, ob im Ausland Zuständigkeiten bestehen, sondern auch, ob deren Inanspruchnahme durch die Parteien zumutbar ist.[197]

75 **f) Ausländische Rechtshängigkeit.** Die ausländische Rechtshängigkeit einer Streitsache ist von dem angerufenen inländischen Gericht zu beachten. Diese Beachtung der ausländischen Litispendenz steht keineswegs im Ermessen des inländischen Gerichtes, sondern ist vielmehr von Amts wegen zu beachten.[198] Die ausländische Rechtshängigkeit ist in allen Instanzen, auch in der Revisionsinstanz, zu beachten.[199] Das Gericht ist bei der Berücksichtigung der ausländischen Rechtshängigkeit auch nicht auf die Rüge oder den Vortrag der Parteien angewiesen. Soweit Staatsverträge die Beachtung der ausländischen Rechtshängigkeit nur auf Antrag einer Partei vorschreiben, handelt es sich um die Festlegung eines Minimumstandards.[200] Anzuwenden sind jedoch die Präklusionsvorschriften der §§ 282 Abs. 3 S. 2, 296 Abs. 3, 531 Abs. 2. Der Beklagte muss dies zumindest substantiert darlegen.[201] Dies folgt daraus, dass Zulässigkeitsrügen, wozu auch die Rüge mangelnder internationaler Zuständigkeit gehört, vor der Verhandlung zur Hauptsache vorzubringen sind.[202] Voraussetzung anderweitiger ausländischer Rechtshängigkeit ist die Identität des Streitgegenstandes ebenso wie bei § 261 Abs. 3 Nr. 1.[203] Eine Sperrwirkung entfaltet die ausländische Rechtshängigkeit nur dann, wenn eine vom Gericht anzustellende Anerkennungsprognose ergibt, dass die ausländische Entscheidung in der Bundesrepublik Deutschland anzuerkennen wäre.[204]

76 **aa)** Eine **unzumutbare Beeinträchtigung des Rechtsschutzes** infolge der Beachtlichkeit der ausländischen Rechtshängigkeit führt allerdings dazu, dass die grundsätzliche Beachtlichkeit der Rechtshängigkeit im Ausland auch im Falle des positiven Ausgangs der Anerkennungsprognose entfällt. Eine Unzumutbarkeit kann nicht bereits in einer möglichen materiellrechtlichen Schlechterstellung infolge der Durchführung des ausländischen Rechtsstreites gesehen werden. Eine solche ist vielmehr in der Beeinträchtigung des Rechtsschutzes durch unzumutbare Dauer des im Ausland geführten Rechtsstreites zu sehen.[205] Das Zeitmoment des im Ausland durchzuführenden Rechtsstreites ist dann an der voraussichtlichen Dauer eines im Inland geführten Rechtsstreites zu messen.[206] Diese Durchbrechung der Beachtlichkeit der ausländischen Rechtshängigkeit ist auch aus dem Gesichtspunkt

---

193 So zutreffend *Kropholler* (Fn. 122) Kap. III Rn. 240.

194 Vgl. hierzu Rn. 98 ff.; sowie *Zöller/Geimer* Rn. 42 und ausführlich *Kropholler* (Fn. 122) Kap. III Rn. 182 ff.

195 Vgl. hierzu BGHZ 44, 46 = NJW 1965, 1665 = JZ 1966, 237; BGHZ 69, 37, 44 = NJW 1977, 1637; BGH GRUR 1986, 325, 327; *Kropholler* (Fn. 122) Kap. III Rn. 218, *Schütze* S. 35.

196 Vgl. hierzu Rn. 75.

197 Vgl. *Stein/Jonas/Roth* Einl. Rn. 763 und 769.

198 AllgM; vgl. BGH NJW 1986, 2195; 1983, 1269; 1964, 1626; OLG Frankfurt/M. RIW 1987, 151; OLG Düsseldorf NJW 1986, 2202; *Zöller/Geimer* Rn. 96 ff.; *Geimer* NJW 1984, 527, 528.

199 Vgl. § 261.

200 So zutreffend auch *Geimer* NJW 1984, 527, 528 m. weit. Nachw. in Fn. 16.

201 Vgl. OLG Hamm RIW 1986, 383 = IPRax 1986, 234.

202 Vgl. LG Hamburg IPRspr. 77/65; aA *Zöller/Geimer* Rn. 96; *ders.* NJW 1984, 528 m. Hinweis auf § 580 Nr. 7.

203 BGH NJW 1986, 2195; BGHZ 4, 314, 322 = NJW 1952, 705 = LM § 514 Nr. 2.

204 Vgl. BGH NJW 1986, 2195; BGH NJW 1964, 1626 = LM § 328 Nr. 13 = WM 1964, 617; BGH LM BGB § 203 Nr. 21; OLG Düsseldorf NJW 1986, 2202; OLG Frankfurt/M. RIW 1987, 151; *Geimer* NJW 1984, 527 ff. m. weit. Nachw.; *Baumbach/Lauterbach/Hartmann* § 261 Rn. 7.

205 BGH NJW 1983, 1269.

206 *Geimer* NJW 1984, 527, 529.

des möglichen Rechtsmissbrauchs erforderlich. Ansonsten könnte die grundsätzliche Beachtlichkeit ausländischer Rechtshängigkeit dazu missbraucht werden, um die grundrechtlich garantierte Gewährung effektiven Rechtsschutzes zu umgehen.[207] Auf den Gesichtspunkt des Rechtsmissbrauchs spielt die Rechtsprechung des BGH ausdrücklich an, indem eine lange Verfahrensdauer allein in der Regel nicht ausreicht, um die Sperrwirkung des ausländischen Verfahrens als eine unzumutbare Beeinträchtigung des Rechtsschutzes erscheinen zu lassen. Es müssen vielmehr noch zusätzlich besondere Umstände hinzutreten. Diese besonderen Umstände hat der BGH darin gesehen, dass die lange ausländische Verfahrensdauer nicht auf Gründen beruhte, die in der Sphäre des inländischen Klägers lagen und ferner vor allem in der Tatsache, dass der inländische Kläger das ausländische Gericht nicht selbst gewählt hat.[208] Keine unzumutbare Beeinträchtigung durch die voraussichtliche Dauer des ausländischen Verfahrens liegt dann vor, wenn das ausländische Verfahren in Ermangelung eines dem deutschen Urkundenprozess vergleichbaren Verfahrens voraussichtlich länger dauert.[209] Da die Nichtachtung ausländischer Rechtshängigkeit mit dem Risiko widersprechender Entscheidungen und hieraus resultierender völkerrechtlicher Komplikationen verbunden ist, muss dies für besondere Ausnahmefälle vorbehalten bleiben.[210]

bb) Zu einer **Klageabweisung wegen Unzulässigkeit** führt grundsätzlich die Beachtlichkeit der ausländischen Rechtshängigkeit. Die Hauptmeinung wendet insoweit zutreffend § 261 Abs. 3 Nr. 1 an.[211] Für diese Wertung spricht auch Art. 27 EuGVO, der die klare Regelung enthält, dass bei identischem Streitgegenstand das später angerufene Gericht sich von Amts wegen für unzuständig zu erklären hat. 77

cc) Eine **Aussetzung** gemäß § 148 analog muss dann in Betracht kommen, wenn Zweifel hinsichtlich der durchzuführenden Anerkennungsprognose bestehen.[212] Zweifel können allerdings nicht allein im Hinblick auf die durchzuführende Anerkennungsprognose bestehen, sondern gerade bei der Beurteilung ausländischer Rechtshängigkeit wegen der Fremdartigkeit der Rechtssysteme an der ebenfalls erforderlichen Identität des Streitgegenstandes. Unsicherheiten können auch bei der Beurteilung des Vorliegens einer unzumutbaren Beeinträchtigung sowie den damit zusammenhängenden Fragen des Rechtsmissbrauchs bestehen. Auch in diesen Fällen der Unsicherheit sollte deshalb die Aussetzung gemäß § 148 analog einer Abweisung der Klage als unzulässig vorgezogen werden. 78

dd) Zu einem **übereinstimmenden Sachurteil** gleichen Inhalts mit dem ausländischen Urteil kommt es, sofern zwischen denselben Parteien bereits ein rechtskräftiges, im Inland anzuerkennendes ausländisches Urteil vorliegt.[213] Für eine Aussetzung gemäß § 148 ist in diesem Falle kein Bedürfnis mehr gegeben. Gegen eine Abweisung einer derartigen Klage als unzulässig spricht, dass für eine solche in der Regel ein Bedürfnis vorliegt, weil die Existenz eines ausländischen Urteils im Inland nicht ohne weiteres Verbindlichkeit entfaltet. Aus der zu berücksichtigenden Rechtskraft des ausländischen Urteils folgt allerdings andererseits, dass ein inländisches Sachurteil mit dem gleichen Inhalt des ausländischen Urteils ergehen muss.[214] 79

g) Maßgeblichkeit des Zeitpunkts. Bei der Maßgeblichkeit des Zeitpunktes in dem die Tatsachen vorliegen müssen, die die internationale Zuständigkeit begründen, ist zu unterscheiden zwischen dem Eintritt und dem Wegfall der Zuständigkeitsvoraussetzungen während des Prozesses. Treten die Tatsachen, die die internationale Zuständigkeit begründen, während des Rechtsstreites ein, ist dies zu beachten. Es ist ausreichend, wenn die die internationale Zuständigkeit begründenden Umstände am Schluss der mündlichen Verhandlung in der letzten Tatsacheninstanz vorliegen.[215] Ist für die Bejahung der inländischen Zuständigkeit die deutsche Staatsangehörigkeit maßgeblich, so ist die urkundlich belegte, während des Revisionsverfahrens erfolgte Einbürgerung auch noch in der Revisionsinstanz zu beachten. Dies gebietet trotz § 557 die Prozessökonomie.[216] Ist das Vorliegen der Voraussetzungen der internationalen Zuständigkeit von der Entscheidung einer in- 80

---

207 Vgl. auch hierzu *Geimer* NJW 1984, 529, der ausdrücklich in Fn. 31 darauf hinweist, dass der Gesichtspunkt des Rechtsmissbrauchs in diesem Zusammenhang noch ausgelotet werden müsse; *ders.* IZPR Rn. 2688 ff.

208 So ausdrücklich BGH NJW 1986, 2195, 2196 unter Hinweis auf die Entscheidung BGH NJW 1983, 1269.

209 So zutreffend OLG Frankfurt/M. RIW 1987, 151, 153.

210 OLG Frankfurt/M. RIW 1987, 151.

211 Vgl. BGH NJW 1986, 2195; 1983, 1269; OLG Frankfurt/M. RIW 1987, 151.

212 Vgl. BGH NJW 1986, 2195, insb. 2196 aE; so zutreffend auch *Zöller/Geimer* Rn. 99; *Geimer* NJW 1984, 527, 528.

213 Vgl. BGH NJW 1964, 1626.

214 Vgl. BGH NJW 1964, 1626.

215 Vgl. *Kropholler* (Fn. 122) Kap. III Rn. 227, *Stein/Jonas/Roth* Einl. Rn. 775.

216 Vgl. BGHZ 53, 128 = NJW 1970, 1007; BGH NJW 1977, 498 = FamRZ 1977, 46; *Kropholler* (Fn. 122) Kap. III Rn. 227.

ländischen Behörde abhängig, ist der Rechtsstreit gemäß § 148 auszusetzen.[217] Kommt es während des Rechtsstreites zum Wegfall der die internationale Zuständigkeit begründenden Tatsachen, führt dies grundsätzlich nicht zum Verlust der internationalen Zuständigkeit.[218] Lediglich eine Mindermeinung verneint dies gänzlich oder mit Einschränkungen.[219] Die Auffassungen, die einerseits die Fortdauer der internationalen Zuständigkeit ausnahmslos bejahen oder verneinen, haben zwar den Vorzug höherer Rechtssicherheit und Vorhersehbarkeit der Entscheidung, indes verbietet sich jedoch wegen der möglichen Vielgestaltigkeit der Fälle eine Einheitslösung.[220] Der Grundsatz der perpetuatio fori verbietet aus Gründen der Prozessökonomie, ein einmal begonnenes Verfahren ohne Berücksichtigung der bisherigen Tätigkeit des Gerichtes nicht weiter fortzuführen. Andererseits wäre es jedoch sinnlos, eine inländische Zuständigkeit trotz Wegfalls jedes geeigneten Anknüpfungsmomentes noch im Ausland mangels Anerkennung Wirkungen entfalten kann. In vermögensrechtlichen Streitigkeiten ist deshalb ausnahmsweise die grundsätzliche Regel von einer Fortdauer der internationalen Zuständigkeit bei späterem Fortfall der Voraussetzungen zu durchbrechen, wenn feststeht, dass die Entscheidung im In- und Ausland wirkungslos bliebe, in Statussachen dann, falls die Entscheidung nach dem in der Sache maßgebenden Recht nicht anerkannt würde.[221]

81 **h) Prüfungsreihenfolge.** Die Prüfungsreihenfolge wird von Praktikabilitätsgesichtspunkten diktiert.[222] Teilweise ist in Rechtsprechung und Literatur die Auffassung vertreten worden, es sei zunächst die internationale Zuständigkeit vor der örtlichen zu prüfen. Andererseits ist auch die Auffassung vertreten worden, es sei zunächst die örtliche Zuständigkeit zu prüfen. Indes besteht eine logische Priorität nicht. Dies folgt daraus, dass das deutsche Zivilprozessrecht die internationale Zuständigkeit grundsätzlich mit der örtlichen Zuständigkeit verknüpft. Es kann deshalb im Grunde genommen nur ein örtlich zuständiges Gericht die internationale Zuständigkeit prüfen, während andererseits ein Gericht der Bundesrepublik Deutschland nur dann zuständig sein kann, wenn die internationale Zuständigkeit gegeben ist.[223] Findet die Bestimmung der internationalen Zuständigkeit nicht aufgrund einer Indizierung durch die Vorschriften der örtlichen Zuständigkeit der ZPO statt, sondern vielmehr aufgrund eines völkerrechtlichen Vertrages, gebietet die Praktikabilität zunächst die Prüfung der internationalen Zuständigkeit nach den Bestimmungen des völkerrechtlichen Vertrages. Beispielsweise kann sich aus den die internationale Zuständigkeit regelnden Vorschriften der EuGVO auch abschließend ergeben, welches innerstaatliche Gericht eines Vertragsstaates und mithin auch welches deutsche Gericht örtlich und sachlich zuständig ist.[224] Regelt die EuGVO abschließend, welches Gericht zuständig ist, ist für eine Bestimmung der internationalen Zuständigkeit nach den Vorschriften über die örtliche Zuständigkeit der ZPO kein Raum mehr.[225] Die internationale Zuständigkeit kann sich auch aufgrund einer Wahlfeststellung ergeben. Dies bedeutet keinesfalls, dass diese Sachurteilsvoraussetzung in unzulässiger Weise dahingestellt bliebe.[226] Eine Wahlfeststellung kommt beispielsweise dann in Betracht, wenn die internationale Zuständigkeit aufgrund verschiedener Vorschriften über die örtliche Zuständigkeit oder aufgrund der EuGVO bejaht werden kann, sich jedoch nicht abschließend klären lässt, ob beispielsweise eine Vorschrift der EuGVO eingreift, zugleich andererseits feststeht, dass der inländische Gerichtsstand des Erfüllungsortes oder des Begehungsortes gegeben ist.[227]

82 **3. Rechtsquellen der Internationalen Zuständigkeit. a) Völkergewohnheitsrecht. aa) Regelungsumfang.** Das Völkergewohnheitsrecht als die universellste Rechtsordnung zwischen den Staaten wäre am ehesten berufen, die Rechtsprechungsaufgaben zwischen den einzelnen Staaten abschließend zu verteilen. Teilweise wird die Auffassung vertreten, im allgemeinen Völkerrecht seien keine Normen über die internationale Zuständigkeit feststellbar.[228] Indes ist eine derart apodiktische Aussage zu weitgehend. Das Völkergewohnheitsrecht enthält sehr wohl, wenn auch nur

---

[217] So für den Fall der beantragten Einbürgerung ausdrücklich entschieden, vgl. OLG Hamburg NJW 1937, 963.

[218] HM; vgl. *Kropholler* (Fn. 122) Kap. III Rn. 228 ff.; *Stein/Jonas/Roth* Vor § 12 Rn. 56; *Rosenberg/Schwab/Gottwald* § 31 IV 1.

[219] Vgl. die Nachw. bei *Kropholler* (Fn. 122) Kap. III Rn. 229.

[220] So wohl auch die Auffassung der Rechtsprechung, vgl. hierzu ausführlich *Kropholler* (Fn. 122) Kap. III Rn. 231.

[221] Vgl. *Kropholler* (Fn. 122) Kap. III Rn. 234.

[222] So wohl heute hM; vgl. *Kropholler* (Fn. 122) Kap. II Rn. 235, *Stein/Jonas/Roth* Vor § 12 Rn. 55, m. weit. Nachw.

[223] Vgl. *Kropholler* (Fn. 122) Kap. III Rn. 235 m. weit. Nachw.

[224] Vgl. i. e. die Kommentierung zu den Vorschriften der EuGVO in Band 3.

[225] Vgl. so zutreffend auch *Stein/Jonas/Roth* Einl. Rn. 775 und Rn. 803.

[226] Vgl. *Stein/Jonas/Roth* Einl. Rn. 773.

[227] Vgl. auch so *Stein/Jonas//Roth* Einl. Rn. 773.

[228] Vgl. *Zöller/Geimer* Rn. 100; so wohl auch *Stein/Jonas/Roth* Einl. Rn. 754.

wenige, für die internationale Zuständigkeit geltende Regelungen. Diese sind gemäß Art. 25 S. 1 GG Bestandteil des Bundesrechts.[229] Das Völkergewohnheitsrecht grenzt die staatliche Gerichtszuständigkeit in negativer und positiver Hinsicht in gewisser Weise ab. Zunächst verbietet nach Hauptmeinung das Völkerrecht, dass ein Staat für alle Rechtsstreitigkeiten auf der Welt die internationale Zuständigkeit für sich beansprucht. Nach dieser Auffassung setzt die Bejahung der internationalen Zuständigkeit einen Minimalbezug zum Inland voraus.[230] Es fehlt allerdings an der Ausbildung eines konkreten völkergewohnheitsrechtlichen Satzes, worin konkret diese erforderlichen Minimalkontakte zu der inländischen Justiz gesehen werden können. Da sich das Völkergewohnheitsrecht allein durch Staatenpraxis herausbildet, es andererseits nur selten zu völkerrechtlichen Protesten Anlass gab,[231] fehlt es schlicht an einer konkreten Anzahl von Fällen, aufgrund derer sich eine Staatenpraxis hätte herausbilden können.[232] Die Grenzen staatlicher Justizgewährungsrechte sind deshalb erst dann überschritten, wenn ein Staat durch seine Rechtsprechung in die Souveränität eines anderen Staates eingreift. Die anderen Staaten sanktionieren dies durch eine Verweigerung der Anerkennung einer derartigen Entscheidung innerhalb ihres Souveränitätsbereiches.[233]

bb) Minimumstandard. Andererseits gewährleistet das Völkerrecht einen bestimmten **Mindeststandard.** Zu diesem völkerrechtlichen Mindeststandard gehört das Verbot einer Rechts- und Justizverweigerung.[234] Das völkerrechtliche Verbot des deni de justice (denial of justice) fordert für Fremde einen Rechtsschutz, der dem Standard der zivilisierten Staaten entsprechen muss.[235] Die Staaten dürfen deshalb ihre internationale Zuständigkeit ablehnen und die Rechtsgewährung anderen Staaten überlassen, soweit dies nicht einer Rechts- und Justizverweigerung gleich kommt.[236] Immerhin hat die Gewährung eines Minimumstandards im internationalen Enteignungsrecht und der damit verbundenen Frage einer Entschädigungspflicht eine große Rolle gespielt.[237] Die Verletzung der Justizgewährungspflicht führt zu diplomatischen Schutzmaßnahmen des Heimatstaates des Betreffenden,[238] bei Staatenlosen liegt allerdings lediglich eine Verletzung des Völkerrechts vor.[239] 83

cc) Auslegungsregel. Die Grundsätze der **gemeinschafts- und völkerrechtsfreundlichen Auslegung** sind bei der Auslegung der ZPO zu beachten. Es ist regelmäßig davon auszugehen, dass das deutsche Recht nicht im Widerspruch zum Völkerrecht stehen darf.[240] Selbst dann, wenn über eine völkerrechtsfreundliche oder gemeinschaftsrechtsfreundliche Auslegung eine Harmonie mit dem Völkerrecht nicht zu erreichen ist, geht das Völkerrecht vor.[241] 84

b) Völkervertragsrecht. aa) Multilaterale Verträge. Das Völkervertragsrecht[242] enthält in verschiedenen Staatsverträgen Bestimmungen über die Regelung der internationalen Zuständigkeit. Unter den Staatsverträgen der europäischen Staaten nimmt zunächst die **EuGVO**[243] eine herausragende Stellung ein.[244] Die Regelungen der **EuGVO** sind im Rahmen seines Geltungsbereiches an die Stelle der jeweiligen autonomen Zuständigkeitsnormen der Mitgliedsstaaten getreten, womit eine neue europäische Zuständigkeitsordnung geschaffen wurde.[245] Im Rahmen der Prüfung der internationalen Zuständigkeit ist deshalb für den Fall der möglichen Anwendung der **EuGVO** zu prüfen, ob die darin enthaltenen Bestimmungen als lex specialis die die internationale Zuständigkeit 85

---

229 Damit hat die Bundesrepublik Deutschland von der Möglichkeit Gebrauch gemacht, das Völkergewohnheitsrecht als innerstaatliche Rechtsquelle gelten lassen zu können, vgl. *Verdross/Simma* § 73.

230 Zum Meinungsstand vgl. *Geimer* IZPR Rn. 127.

231 Vgl. *Kropholler* (Fn. 122) Kap. III Rn. 44.

232 Auch der ständige Internationale Gerichtshof hat betont, dass das Völkerrecht den Staaten in der Festlegung der Zuständigkeit weitgehende Freiheit lässt, vgl. die Nachweise bei *Kropholler* (Fn. 122) Kap. III Rn. 44.

233 Vgl. hierzu auch den Fall der Barcelona Traction Light and Power Co., Ltd., ICJ Reports 1964, S. 6 ff. – 1. Phase des Verfahrens – und ICJ Reports 1970, S. 3 ff. – 2. Phase des Verfahrens –; vgl. auch *Patzina* S. 23.

234 Vgl. *Kropholler* (Fn. 122) Kap. III Rn. 43; *Geimer* IZPR Rn. 129, jeweils m. weit. Nachw.

235 Vgl. *Geimer* IZPR Rn. 129.

236 Zu weitgehend wohl die Auffassung von *Kropholler* (Fn. 122) Kap. III Rn. 43, wonach eine konkrete Zuständigkeitsregelung daraus nicht abgeleitet werden könne. Vielmehr sind die konkreten Fälle des Eingreifens dieses Mindestschutzes selten und mithin von wenig praktischer Bedeutung.

237 Vgl. *Patzina* S. 81.

238 Vgl. *Geimer* IZPR Rn. 135.

239 Vgl. *Verdross/Simma* § 73; hieran zeigt sich insbesondere die mangelhafte Möglichkeit der Durchsetzbarkeit völkerrechtlicher Rechte.

240 Vgl. ebenso auch *Stein/Jonas/Roth* Einl. Rn. 754 a.

241 Dies muss zumindest für das Völkerrecht gemäß Art. 25 GG gelten; aA *Stein/Jonas/Roth* Einl. Rn. 754 a.

242 Vgl. die Kommentierung der jeweiligen Abkommen.

243 Fn. 81.

244 Vgl. *Kropholler* (Fn. 122) Kap. III Rn. 50; *Schütze* S. 42.

245 Vgl. *Schütze* S. 42; *Kropholler* Einl. Rn. 10; *Geimer* NJW 1976 441 ff.; *ders.* WM 1976, 830 ff.

verdrängen. Ausgenommen von der Zuständigkeitsregelung des **EuGVO** sind **Arrest- und einstweilige Verfügung,** Art. 31 EuGVO. Hierfür sind die einzelnen Zuständigkeitsregelungen ungeachtet etwaiger Zuständigkeit eines anderen Staates für die Hauptsacheentscheidung maßgeblich. Diese Ausnahmeregelung gilt nicht für ein nachfolgendes Hauptsacheverfahren, worauf insbesondere bei der Anordnung nach § 926 Rücksicht zu nehmen ist.[246] Das Lugano-Übereinkommen über die gerichtliche Zuständigkeit und die Vollstreckung gerichtlicher Entscheidungen in Zivil- und Handelssachen,[247] **LugEuGVÜ** stimmt in den Artikeln 1 bis 54a grundsätzlich mit der EuGVO in der Fassung des 3. Beitrittsübereinkommens[248] überein.[249]

86 **bb) Bilaterale Verträge.** Einheitliche Bestimmungen über die internationale Zuständigkeit gibt es auch noch innerhalb anderer regionaler staatlicher Gruppierungen.[250] Die **bilateralen Anerkennungs- und Vollstreckungsverträge,** die die Bundesrepublik Deutschland mit der Schweiz, Italien, Belgien, Österreich, Großbritannien, Griechenland, den Niederlanden, Tunesien, Norwegen, Israel und Spanien abgeschlossen hat, enthalten Regelungen über die internationale Zuständigkeit im Sinne von Beurteilungsnormen.[251]

87 **cc) Transportrechtliche Konventionen.** In einigen **transportrechtlichen Konventionen** bestehen Bruchstücke einer internationalen Zuständigkeitsordnung als universales Einheitsrecht. Allerdings sind in diesen Abkommen die Gerichtsstände keineswegs so begrenzt, dass der Kläger nicht die Möglichkeit einer für ihn günstigen berechnenden Wahl unter mehreren zuständigen Gerichtsständen hätte.[252]

88 **dd)** Sonstige **multilaterale Staatsverträge** enthalten ebenfalls Regelungen über die internationale Zuständigkeit, die allerdings für den Zivilprozess von untergeordneter Bedeutung sind.[253]

89 **c) Regelungen in der ZPO.** Die **Internationale Zuständigkeit allgemein regelnde Normen** sind in der ZPO **nicht** enthalten. Auch verwendet die Deutsche Gesetzessprache in der ZPO nicht expressis verbis den Terminus „Internationale Zuständigkeit". Allerdings setzt die ZPO die internationale Zuständigkeit durch die Verknüpfung mit der örtlichen Zuständigkeit voraus.[254] Ausnahmen bilden hier insoweit nur die Zuständigkeitsvorschriften aus dem Bereich der Ehe- und Kindschaftssachen.

90 **aa)** Die **Doppelfunktionalität** der Normen über die örtliche Zuständigkeit hat zur Folge, dass grundsätzlich jeder Gerichtsstand der §§ 12ff. geeignet ist, die internationale Zuständigkeit zu begründen.[255] Diese Doppelfunktionalität der Normen über die internationale Zuständigkeit ergibt sich bereits aus der Entstehungsgeschichte der ZPO.[256] Der BGH hat zu Recht darauf hingewiesen, dass die internationale Zuständigkeit, dh die Grenzziehung zwischen der Zuständigkeit deutscher Gerichte und der Zuständigkeit ausländischer Gerichte nicht ausdrücklich und unmittelbar, sondern grundsätzlich nur mittelbar durch stillschweigende Verweisung auf die Vorschriften der §§ 12ff. über den Gerichtsstand geregelt wird. Soweit nach diesen Vorschriften ein deutsches Gericht örtlich zuständig ist, ist es nach deutschem Recht auch international, dh im Verhältnis zu ausländischen Gerichten zuständig.[257] Der BGH hat sich damit der Rspr. des RG angeschlossen.[258] Schließlich hat sich auch das BAG dieser Rspr. angeschlossen.[259] Auch das Schrifttum hat sich dieser Auffassung nahezu einhellig angeschlossen.[260]

---

[246] Vgl. *Stein/Jonas/Roth* Einl. Rn. 787.
[247] Vom 16. 9. 1988 BGBl. 1994 II S. 2658.
[248] Vom 26. 5. 1989 BGBl. 1994 II S. 519.
[249] Vgl. die Kommentierungen zur EuGVO und LugEuGVÜ in Band 3.
[250] Vgl. hierzu ausführl. *Kropholler* (Fn. 122) Kap. III Rn. 50; dies gilt insbesondere für Lateinamerika, aber auch für Skandinavien und Osteuropa.
[251] Vgl. *Schütze* S. 42.
[252] Vgl. m. weit. Hinweis *Kropholler* (Fn. 122) Kap. III Rn. 53.
[253] Vgl. hierzu *Kropholler* (Fn. 122) Kap. III Rn. 56ff.
[254] Vgl. *Zöller/Geimer* Rn. 37; *Stein/Jonas/Roth* Einl. Rn. 755; *Schütze* S. 43; *Geimer* IZPR Rn. 944ff; *Kropholler* (Fn. 122) Kap. III Rn. 30.
[255] Vgl. *Schütze* S. 43; *Stein/Jonas/Roth* Einl. Rn. 756; *Zöller/Geimer* Rn. 37; *Kropholler* (Fn. 122) Kap. III Rn. 31.
[256] Vgl. hierzu und zu den Materialien *Kropholler* (Fn. 122) Kap. III Rn. 31.
[257] Entscheidung des Großen Zivilsenates des BGH, BGHZ 44, 46 = NJW 1965, 1665; st. Rspr. des BGH NJW 1976, 1590; 1980, 1224; 1987, 2161.
[258] Vgl. RGZ 126, 196; 199; 150, 265, 268.
[259] Vgl. BAG APRVO §§ 394, 395 Nr. 3 = IPRspr. 1977 Nr. 46.
[260] Vgl. *Kropholler* (Fn. 122) Kap. III Rn. 30, m. weit. ausf. Nachw.; *Stein/Jonas/Roth* Vor § 12 Rn. 32; *Zöller/Geimer* Rn. 37; *Schütze* S. 43.

bb) Die **Indizierung** der internationalen durch die örtliche Zuständigkeit bestimmt zum einen den Umfang der Deutschen internationalen Zuständigkeit, zum anderen werden hierdurch die Rechtsprechungsaufgaben nach örtlichen Gesichtspunkten auf die einzelnen deutschen Gerichte verteilt.[261] 91

cc) Zuständigkeitsvereinbarungen begründen ebenfalls die internationale Zuständigkeit. Vereinbaren die Parteien zulässigerweise die örtliche Zuständigkeit eines Gerichtes der Bundesrepublik Deutschland, so liegt hierin inzidenter auch die Vereinbarung der internationalen Zuständigkeit.[262] Nach deutschem Recht ist auch die gesonderte Prorogation der deutschen internationalen Zuständigkeit zulässig, ebenso wie deren Derogation.[263] Auch Art. 23 EuGVO lässt neben der Vereinbarung der örtlichen Zuständigkeit die Vereinbarung der internationalen Zuständigkeit eines Staates zu.[264] Schließlich kann die internationale Zuständigkeit deutscher Gerichte trotz Fehlens der örtlichen Zuständigkeit und der damit verbundenen Indikation des internationalen Gerichtsstandes in Fällen der Notzuständigkeit aufgrund der Justizgewährungspflicht gegeben sein.[265] Die Parteien, die, ohne die örtliche Zuständigkeit eines bestimmten deutschen Gerichtes zu vereinbaren, lediglich die deutsche internationale Zuständigkeit vereinbaren, können jedoch nicht schlechter gestellt werden, als Prozessparteien, zu deren Gunsten sich lediglich eine Notzuständigkeit eröffnet. In Ermangelung einer anderen örtlichen Zuständigkeit sind die Gerichte in Berlin als örtlich zuständig gemäß den §§ 15 Abs. 1 S. 2, 27 Abs. 2 analog anzusehen.[266] 92

dd) Keine Gesetzeslücke weist die Regelung der internationalen Zuständigkeit in der ZPO aus, was sich bereits durch die Regelung der internationalen Zuständigkeit infolge der örtlichen Zuständigkeit ergibt.[267] Soweit eine abzulehnende Mindermeinung eine Gesetzeslücke behauptet, wird diese die durch die Rechtsprechung als geschlossen angesehen.[268] Innerhalb der auch die internationale Zuständigkeit regelnden Normen der ZPO[269] sind drei Gruppen zu unterscheiden. Die meisten Vorschriften nehmen in ihrem Wortlaut nicht ausdrücklich hierauf Bezug. In diesen Normen steht die auch die internationale Zuständigkeit regelnde örtliche Zuständigkeit im Vordergrund, vgl. §§ 13, 29, 32.[270] Andere Vorschriften wiederum enthalten ausdrückliche Regelungen speziell für Auslandsfälle, so insbesondere § 23, aber auch §§ 15 und 27 Abs. 2. Diese Normen regeln auch die örtliche Zuständigkeit.[271] Lediglich die Vorschriften für Ehe- und Kindschaftssachen sehen eine getrennte Normierung für die internationale und die örtliche Zuständigkeit vor. Bei Statussachen mit internationalem Bezug wird die internationale Zuständigkeit deutscher Gerichte regelmäßig durch die deutsche Staatsangehörigkeit eines der Beteiligten oder deren Aufenthalt im Inland begründet, während die örtliche Zuständigkeit gesondert normiert ist und nicht unbedingt mit der Anknüpfung für die internationale Zuständigkeit gleichläuft.[272] 93

ee) Die **Staatsangehörigkeit** der Prozessparteien begründet allein die internationale Zuständigkeit grundsätzlich noch nicht. Insoweit geht die Anknüpfung der internationalen Zuständigkeit an die örtliche Zuständigkeit von einer Gleichbehandlung von In- und Ausländern aus, was auch für den Gerichtsstand des Vermögens, § 23, gilt.[273] Lediglich in Statussachen knüpft die ZPO unter anderem an die deutsche Staatsangehörigkeit an. Darüber hinaus kennt sie jedoch keine Rechtsschutzgewährung im Inland ohne Rücksicht darauf, wo der Beklagte wohnt bzw. welche Beziehungen der Streitgegenstand zum Inland hat.[274] Auch als Beklagter kann ein Deutscher vor 94

---

261 Vgl. *Zöller/Geimer* Rn. 37.

262 Vgl. *Schütze* S. 45; *Zöller/Geimer* Rn. 37; zur Zuständigkeitsvereinbarung vgl. auch die Kommentierung zu § 38.

263 Vgl. *Schütze* S. 48; *Zöller/Geimer* Rn. 37 und 74–75.

264 Vgl. *Schütze* S. 55; *Zöller/Geimer* Rn. 74–75.

265 Vgl. *Kropholler* (Fn. 122) Kap. III Rn. 141 ff.

266 So zutreffend auch *Zöller/Geimer* Rn. 74–75.

267 Vgl. *Zöller/Geimer* Rn. 37; *Kropholler* (Fn. 122) Kap. III Rn. 33.

268 Vgl. *Staudinger/Firsching* Vor Art. 12 EGBGB Rn. 612 und Vor Art. 24 EGBGB Rn. 304; vgl. auch die Nachweise bei *Kropholler* (Fn. 122) Kap. III Rn. 33.

269 Vgl. §§ 15, 16, 23, 23 a, 27 Abs. 2, 38 Abs. 2, Abs. 3 Nr. 2, 606 a Abs. 1, 640 a, 689 Abs. 2, 703 d.

270 Vgl. *Kropholler* (Fn. 122) Kap. III Rn. 35.

271 Vgl. *Kropholler* (Fn. 122) Kap. III Rn. 36.

272 Vgl. die Vorschriften der §§ 606 a, 606, 640 a Abs. 2, 640 a Abs. 1; freilich ergeben sich hinsichtlich der beiden Zuständigkeitsarten auch weiterhin gemeinsame Anknüpfungskriterien, wie zB die Anknüpfung an den gewöhnlichen Aufenthalt. Diese Gesetzestechnik der getrennten Normierung von internationaler und örtlicher Zuständigkeit findet sich nun auch im FGG vgl. dort §§ 16, 16 a; 35 a, 36; 43; 43 b; vgl. auch BGH NJW 1990, 636.

273 Vgl. hierzu auch *Kropholler* (Fn. 122) Kap. III Rn. 31.

274 Vgl. *Geimer* IZPR Rn. 1020; BGH IPRspr. 1982, 147; anders das französische Recht, vgl. Art. 14 code civil; *Kropholler* (Fn. 122) Kap. III Rn. 72 ff.

deutschen Gerichten nur verklagt werden, wenn nach den allgemeinen Regeln der §§ 12 ff. gegen ihn im Inland ein Gerichtsstand begründet ist.[275]

95 **4. Kriterien der Internationalen Zuständigkeit außerhalb der geschriebenen Regeln der ZPO. a) Ausschließliche und nichtausschließliche Internationale Zuständigkeit.** Ausschließliche und nichtausschließliche Zuständigkeiten sind auch im Bereich der internationalen Zuständigkeit zu unterscheiden.[276]

96 Die **ausschließliche internationale Zuständigkeit** ist dann gegeben, wenn ein Staat für bestimmte Rechtsstreitigkeiten die alleinige Zuständigkeit seiner Gerichte unter Ausschluss der Zuständigkeit der Gerichte aller anderer Staaten beansprucht.[277] Ausschließliche Zuständigkeiten sind im internationalen Zivilprozessrecht selten gegeben, wobei es sich in der Regel um öffentliches Recht tangierende Materien handelt.[278] Zu erwähnen sind außer dem zwischen den Parteien vereinbarten ausschließlichen Gerichtsstand der dingliche Gerichtsstand bei Grundstücken, Art. 22 Nr. 1 EuGVO und der Gerichtsstand für Klagen auf Feststellung des Bestehens einer juristischen Person, Art. 22 Nr. 2 EuGVO. Für Immobiliarklagen, § 24, und in Mietsachen, § 29 a, gilt der ausschließliche internationale Gerichtsstand nicht nur nach deutschem Recht.[279] Auf dem Gebiet des unlauteren Wettbewerbs ergibt sich die ausschließliche Internationale Zuständigkeit aus § 14 UWG, insbesondere wird die deutsche Wohnsitz- bzw. Aufenthaltszuständigkeit nicht durch eine ausländische gewerbliche Niederlassung oder einen ausländischen Regierungsort verdrängt. Die Zuständigkeit kann sich im Ergebnis auch aufgrund einer Abwägung der berührten Interessen, insbesondere der kollidierenden Schutznormen ergeben.[280] In **Ehesachen** beansprucht die Bundesrepublik Deutschland keine ausschließliche internationale Zuständigkeit.[281] Das gleiche gilt in **Kindschaftssachen.**

97 Die **ausländische ausschließliche Zuständigkeit** berührt die inländische ausschließliche Zuständigkeit nicht.[282] Ist eine ausschließliche internationale Zuständigkeit gegeben, bewirkt dies das Verbot einer Sachentscheidung. Ist eine deutsche internationale ausschließliche Zuständigkeit gegeben, dann darf der inländische Richter weder die ausländische Litispendenz, noch eine ausländische Entscheidung berücksichtigen.[283] Eine ausschließliche ausländische internationale Zuständigkeit ist grundsätzlich in den Fällen zu respektieren, in denen im umgekehrten Fall auch die Bundesrepublik Deutschland eine ausschließliche internationale Zuständigkeit für sich reklamieren würde.[284] Der deutsche Richter ist im Ergebnis weder gezwungen noch gehindert, das Bestehen einer fremden ausschließlichen Zuständigkeit zu prüfen. Der ausländische Staat wird, reklamiert er die ausschließliche internationale Zuständigkeit für sich, einer inländischen Entscheidung die Anerkennung verweigern.

98 **b) Not- und Renvoi-Zuständigkeit.** Die Frage einer Not- und Renvoi-Zuständigkeit kann im Falle des **negativen internationalen Kompetenzkonflikts** entstehen. Diese negativen internationalen Kompetenzkonflikte können deshalb entstehen, weil die einzelnen Staaten nur die internationale Zuständigkeit ihrer eigenen Gerichte festlegen dürfen. Es sind deshalb Fälle denkbar, in denen kein Staat die eigene internationale Zuständigkeit für sich reklamiert.[285] Dies kann auf verschiedenen Gründen beruhen. Kläger- und Beklagtenstaat knüpfen in ihren Zuständigkeitsordnungen die internationale Zuständigkeit zwar jeweils an das gleiche Anknüpfungsmerkmal an, bemessen dessen Vorliegen jedoch nach verschiedenen materiell-rechtlichen Kriterien, wie zB den Wohnsitz.[286] Bestimmt der Klägerstaat die internationale Zuständigkeit nach dem Beklagtenwohnsitz, der Beklagtenstaat aber nach dem Klägerwohnsitz, dann führt diese gegenläufige Anknüpfung zur Unzuständigkeit von Kläger- und Beklagtenstaat.[287] Ferner kann der aus deutscher Sicht international zuständige Staat oder evtl. auch weitere konkurrierend international zuständige Staaten die Klage nicht zur sachlichen Entscheidung annehmen, weil die ausländische Zuständigkeitsordnung eine internationale Entscheidungszuständigkeit für eine derartige Klage generell verneint.

---

[275] Vgl. *Geimer* IZPR Rn. 1020; anders Art. 15 code civil, das romanische Zuständigkeitssystem unterwirft eigene Staatsbürger der Jurisdiktion ihres Heimatstaates; *Kropholler* (Fn. 122) Kap. III Rn. 72 ff.
[276] Vgl. *Schütze* S. 33.
[277] Vgl. *Kropholler* (Fn. 122) Kap. III Rn. 148; *Schütze* S. 33.
[278] Vgl. *Kropholler* (Fn. 122) Kap. III Rn. 149 u. 151.
[279] Vgl. *Kropholler* (Fn. 122) Kap. III Rn. 151; *Schütze* S. 33.
[280] Vgl. *Baumbach/Hefermehl* Einl. UWG Rn. 5.1.
[281] Vgl. *Zöller/Geimer* Rn. 40.
[282] Vgl. *Schütze* S. 33.
[283] Vgl. *Schütze* S. 33.
[284] Hierauf weist zu Recht auch *Kropholler* (Fn. 122) Kap. III Rn. 156, hin; vgl. auch *Stein/Jonas/Roth* Einl. Rn. 772.
[285] Vgl. *Schütze* S. 39, 40; *Kropholler* (Fn. 122) Kap. III Rn. 182; *Zöller/Geimer* Rn. 42.
[286] Vgl. *Kropholler* (Fn. 122) Kap. III Rn. 183.
[287] Vgl. *Schütze* S. 40 unter Hinweis auf einen konkreten Fall.

Ebenso wichtig wie negative Kompetenzkonflikte aus rechtlichen Gründen sind solche aus **tatsächlichen** oder aus **politischen Gründen.** Dies sind die Fälle des Stillstandes der Rechtspflege, Blockade, Krieg, Bürgerkrieg, Dismembration des Staates als Völkerrechtssubjekt. Hierzu gehört schließlich auch der Fall der rechtlichen oder tatsächlichen Unzumutbarkeit der Anrufung des ausländischen Gerichtes.[288] 99

Ein Teil der Lehre befürwortet zur Lösung des Problems des negativen Kompetenzkonfliktes die Beachtung einer **Renvoi-Zuständigkeit.** Die Renvoi-Zuständigkeit bedeutet, die Anerkennung einer ausländischen Zurückverweisung auf die inländische Justiz auch in den Fällen anzuerkennen, in welchen die inländische Justiz international nach den eigenen Regeln unzuständig wäre.[289] Obgleich die Revoi-Zuständigkeit die Anerkennung der inländischen Entscheidung im Ausland erleichtern kann,[290] vermag diese Lehre jedoch keine befriedigende Lösung im Falle eines negativen Kompetenzkonfliktes aus tatsächlichen oder aus politischen Gründen zu vermitteln. Es ist deshalb die Anerkennung einer **Notzuständigkeit** generell zu bevorzugen. Die Bejahung einer Notzuständigkeit, die auch von anderen Staaten in vergleichbaren Fällen befürwortet wird, folgt bereits aus dem verfassungsrechtlichen und völkergewohnheitsrechtlichen Gebot der Justizgewährungspflicht sowie hierzu korrespondierend dem Verbot des deni de justice. Die Anerkennung einer Notzuständigkeit wird deshalb heute auch allgemein anerkannt.[291] 100

Die **praktische Bedeutung** der Notzuständigkeit ist in der Bundesrepublik Deutschland wegen des Gerichtsstandes des Vermögens nach § 23 ZPO gering. 101

c) Positive Kompetenzkonflikte. Positive Kompetenzkonflikte treten auf, wenn mehrere Staaten international zuständig sind. In diesem Fall hat der Kläger nach deutschem Zivilprozessrecht die Wahl zwischen einem deutschen und einem oder mehreren international zuständigen ausländischen Gerichten, ebenso wie der Kläger die Wahl zwischen mehreren konkurrierenden örtlichen Zuständigkeiten innerhalb der Bundesrepublik Deutschland hat.[292] Der Kläger kann sich deshalb von mehreren international zuständigen Gerichtsständen den für ihn günstigeren aussuchen. Diese Wahl wird der Kläger aufgrund verschiedener Motive treffen. So kann es beispielsweise für einen in Beweisnot befindlichen Kläger günstiger sein, ein US-amerikanisches Gericht anzurufen und sich dort im Wege des pre trial discovery process die erforderlichen Beweismittel erst verschaffen, was nach deutschem Recht als Ausforschungsbeweis unzulässig wäre.[293] 102

d) Forum shopping. Vom forum shopping wird häufig im Anschluss an den US-amerikanischen Sprachgebrauch gesprochen, wenn der Kläger das forum berechnend zu seinen Gunsten auswählt oder die Voraussetzungen für das Vorliegen eines ihm günstigen Gerichtsstandes schafft.[294] Die Bedeutung dieses „Schlagwortes“[295] darf allerdings nicht überbewertet werden. Krasse Fälle des forum shopping sind bislang vor deutschen Gerichten relativ selten vorgekommen.[296] Handelt es sich dabei um eine treuwidrig erschlichene Zuständigkeit, so führte dies auch bereits bislang zu einer Verneinung der Zuständigkeit, was für die sachliche, örtliche und internationale Zuständigkeit gleichermaßen gilt.[297] Wird im Rahmen des forum shopping die Zuständigkeit eines ausländischen Gerichtes begründet, so besteht ferner die Möglichkeit, diesem Urteil in Deutschland die Anerkennung, beispielsweise wegen eines Verstoßes gegen den deutschen ordre public zu verweigern.[298] Eine eigene Rechtssatzqualität kommt deshalb der Lehre vom forum shopping nach deutschem internationalen Zivilprozessrecht nicht zu,[299] zumal der Anwalt die Pflicht hat, den für den Kläger günstigsten Gerichtsstand auszuwählen.[300] Auch die Lehre des Gerichtsstandes des Sachzusammenhanges[301] birgt die Gefahr des forum shopping und der Rechtswegmanipulation in sich.[302] 103

---

288 So zutreffend auch *Kropholler* (Fn. 122) Kap. III Rn. 184; *Zöller/Geimer* Rn. 42; *Schütze* S. 41.
289 Vgl. *Kropholler* (Fn. 122) Kap. III Rn. 197.
290 Vgl. *Kropholler* (Fn. 122) Kap. III Rn. 200.
291 Vgl. *Schütze* S. 41; *Zöller/Geimer* Rn. 42; *Kropholler* (Fn. 122) Kap. III Rn. 192.
292 Vgl. *Schütze* S. 35; *Kropholler* (Fn. 122) Kap. III Rn. 157.
293 Hierauf weist zu Recht auch *Schütze* S. 36 hin; vgl. auch *Stiefel/Petzinger* RIW 1983, 242 ff.
294 Vgl. hierzu *Kropholler* (Fn. 122) Kap. III Rn. 159; *Schütze* S. 36; *Zöller/Geimer* Rn. 58; *Geimer* IZPR Rn. 1095; US District Court New York ZIP 2005, 76, Anm. *Mankowski* EWiR 2007, 275, schränkt forum shopping ein.
295 Vgl. *Geimer* IZPR Rn. 1096.
296 Vgl. *Geimer* IZPR Rn. 1100.
297 Vgl. *Stein/Jonas/Roth* Vor § 12 Rn. 42 und Rn. 53.
298 Vgl. § 328.
299 Vgl. zutreffend auch *Schütze* S. 38.
300 BGH NJW 1961, 601; NJW 1994, 1472, 1474; *Rinsche* u. a. die Haftung des Rechtsanwalts 7. Aufl.
301 Vgl. oben Rn. 35 ff.
302 *Spickhoff* ZZP 109 (1996), 502.

104 **e) Forum non conveniens.** Die Lehre vom forum non conveniens befasst sich ebenfalls mit positiven Kompetenzkonflikten. Diese im angelsächsischen Rechtskreis geltende Lehre besagt, dass ein an sich international zuständiges Gericht seine Zuständigkeit ablehnen kann, wenn der Fall so enge Beziehungen zu einem anderen Land aufweist, dass er besser dort entschieden werden sollte.[303] Diese Lehre hat im deutschen Schrifttum teilweise Anhänger gefunden, die deren Übernahme in das deutsche Zivilprozessrecht fordern.[304] Für das deutsche internationale Verfahrensrecht ist diese Lehre jedoch abzulehnen. Im angelsächsischen Rechtskreis stellt sich diese zunächst als Ersatz für die fehlende Einrede der Rechtshängigkeit dar.[305] Im übrigen verfügt das deutsche internationale Zivilprozessrecht bereits über genügend konkrete Regelungen zur Lösung des ohnedies nicht häufig auftretenden Problems zur Beseitigung unerwünschter positiver Kompetenzkonflikte,[306] so dass es der Übernahme einer unpräzisen und mithin die Rechtssicherheit gefährdenden Regelung nicht bedarf.[307] Mit dem Gemeinplatz eines Plädoyers für ein Aufweichen der starren Zuständigkeitsregeln und dem obersten Postulat eines richtigen Sachurteils aufgrund eines gerechten Verfahrens[308] lässt sich keine brauchbare internationale Zuständigkeitsabgrenzung zur Vermeidung positiver Kompetenzkonflikte finden.

105 Die Anwendung der Lehre vom forum non conveniens lässt sich auch nicht mit der Begründung rechtfertigen, der deutsche Richter hätte Schwierigkeiten mit der Findung und Anwendung ausländischen Rechts.[309] Diese Begründung findet in der Zivilprozessordnung keine Stütze. Eine Verweigerung der Sachentscheidung aus dem Gesichtspunkt des forum non conveniens, etwa weil das Verfahren in einem anderen Staat schneller, leichter, besser oder mit mehr Aussicht auf Anerkennung betrieben werden könnte, ist deshalb verboten.[310] Nach zutreffender Auffassung würde dies darüber hinaus einen Verstoß gegen das verfassungsrechtliche Verbot des Entzuges des gesetzlichen Richters, Art. 101 Abs. 1 S. 2 GG, darstellen.[311]

106 **f) Fehlen der Internationalen Zuständigkeit trotz örtlicher Zuständigkeit.** Das Fehlen der Internationalen Zuständigkeit trotz örtlicher Zuständigkeit wird für verschiedene Fallgruppen diskutiert.[312] Teilweise überschneidet sich dieser Problemkreis mit den Fragen, die auch im Zusammenhang mit der Lehre des forum non conveniens erörtert werden.[313] Da örtliche Zuständigkeit und internationale Zuständigkeit getrennte Sachurteilsvoraussetzungen sind, kann es in der Tat an der internationalen Zuständigkeit deutscher Gerichte selbst dann fehlen, wenn die örtliche Zuständigkeit eines deutschen Gerichtes zu bejahen ist.[314]

107 Bei der Beurteilung der Frage, ob das Vorliegen der internationalen Zuständigkeit trotz Bejahung der örtlichen Zuständigkeit zu verneinen ist, muss insbesondere geprüft werden, ob überhaupt die deutsche Gerichtsbarkeit vorliegt. Insoweit handelt es sich, was die internationale Zuständigkeit anlangt, ebenso um ein Scheinproblem, wie bei den Fällen, in welchen das Gesetz ausdrücklich der Doppelfunktionstheorie nicht folgt und die internationale Zuständigkeit anders anknüpft als die örtliche.[315] Soweit die örtliche Zuständigkeit eines deutschen Gerichtes an sich gegeben wäre, das deutsche Gericht jedoch über einen ausländischen Hoheitsakt zu entscheiden hätte, wird es in der Regel bereits an der deutschen Gerichtsbarkeit und nicht an der internationalen Zuständigkeit des angerufenen Gerichtes fehlen.

108 **g) Schutzrechtliche Bestandsvernichtungsverfahren.** Das Vorliegen der internationalen Zuständigkeit wird **verneint** für rein schutzrechtliche Bestandsvernichtungsverfahren, dh Verfahren, die abzielen auf Zwangslizenz, auf Löschung von Gebrauchsmustern oder Warenzeichen und sachlich

---

[303] Vgl. *Kropholler* (Fn. 122) Kap. III Rn. 204; *Schütze* S. 38; *Zöller/Geimer* Rn. 55; *Geimer* IZPR Rn. 1073; US District Court New York ZIP 2005, 76, Anm. *Mankowski* EWiR 2007, 275.

[304] *Wahl,* Die verfehlte Internationale Zuständigkeit, S. 114 ff.; *Wengler* NJW 1959, 127, 130; *Basedow* in Reform des Deutschen IPR, S. 96; für weit. Literaturnachw. vgl. *Geimer* IZPR Rn. 1074 ff.; *Kropholler* (Fn. 122) Kap. III Rn. 206.

[305] Vgl. *Kropholler* (Fn. 122) Kap. III Rn. 204.

[306] So zutreffend auch *Kropholler* (Fn. 122) Kap. III Rn. 208.

[307] So zutreffend auch *Zöller/Geimer* Rn. 56; *Schütze* S. 39.

[308] So die These *Wahls* (Fn. 310).

[309] Vgl. zutreffend auch *Geimer* IZPR Rn. 1076.

[310] So zutreffend *Geimer* IZPR Rn. 1078.

[311] Hierauf weist zutreffend mit ausführlicher Begründung auch *Kropholler* (Fn. 122) Kap. III Rn. 210 ff. hin.

[312] Vgl. *Kropholler* (Fn. 122) Kap. III Rn. 137; sehr ausführl. *Geimer* IZPR Rn. 974 ff.; *Rosenberg/Schwab/Gottwald* § 31 III 1; *Zöller/Geimer* Rn. 48.

[313] So insbes. *Rosenberg/Schwab/Gottwald* § 31 III 1.

[314] So zutreffend *Kropholler* (Fn. 122) Kap. III Rn. 13; *Geimer* IZPR Rn. 974 ff.

[315] Vgl. *Geimer* IZPR Rn. 974, der als Beispiel ausdrücklich die §§ 606 Abs. 3 iVm. § 606 a Abs. 1 erwähnt.

rechtlichen Vernichtungsklagen aus Verletzung anderer absoluter Rechte.[316] In diesen Fällen wird es häufig bereits an der deutschen Gerichtsbarkeit fehlen, was einem angerufenen örtlich zuständigen Gericht die Abweisung durch Prozessurteil auch aufgrund einer Wahlfeststellung ermöglichen würde.

h) Verletzungsprozesse aus gewerblichen Schutzrechten. Für Verletzungsprozesse aus gewerblichen Schutzrechten besteht die vorstehend erwähnte Einschränkung der internationalen Zuständigkeit und Gerichtsbarkeit nicht. Wie sonst auch, kann das Fehlen der internationalen Zuständigkeit und Gerichtsbarkeit nicht mit der möglichen Komplexität der ausländischen Rechtsmaterie begründet werden.[317] 109

i) Dingliche Rechte an ausländischen Grundstücken. Bei dinglichen Rechten an ausländischen Grundstücken und grundstücksgleichen Rechten ist die internationale Zuständigkeit auch dann zu verneinen, wenn sich die inländische Zuständigkeit aus der örtlichen Zuständigkeit eines deutschen Gerichtes ergibt.[318] Dies folgt indes nicht aus der Begründung, der inländische Richter könne das ausländische Recht nicht zufriedenstellend anwenden,[319] sondern vielmehr aus der bereits oben vertretenen Auffassung, wonach der inländische Richter in den Fällen, in denen die ausschließliche internationale deutsche Zuständigkeit reklamiert wird, diesen Grundsatz auch für ausländische Staaten betrachtet.[320] Ansonsten besteht keine Verpflichtung der Beachtung der ausschließlichen internationalen Zuständigkeit durch einen anderen Staat.[321] 110

k) Fehlende Vollstreckungsmöglichkeit im Ausland. Die fehlende Vollstreckungsmöglichkeit im Ausland ist kein Grund, die internationale Zuständigkeit zu verneinen. Es macht dabei keinen Unterschied, ob die fehlende Vollstreckungsmöglichkeit aus einer voraussichtlichen Nichtanerkennung des Urteils im Ausland resultiert oder aber aus einer individuellen Vermögenslosigkeit des Beklagten.[322] Die Richtigkeit dieser Auffassung folgt bereits daraus, dass auch die fehlende Vollstreckungsmöglichkeit im Inland keinen Grund darstellt, ein Sachurteil zu verweigern.[323] 111

l) Forum legis. Ein forum legis ist für das deutsche internationale Zivilprozessrecht nicht anzuerkennen.[324] Terminologisch wird in diesem Zusammenhang von einem **Gleichlauf** des Zivilprozessrechtes mit dem materiellen Recht gesprochen. Aus der Anwendung eines bestimmten materiellen Rechts wird die internationale Zuständigkeit der Gerichte der betreffenden Rechtsordnung hergeleitet.[325] In ausländischen Rechtssystemen wird der positive Gleichlauf teilweise anerkannt.[326] Die internationale Zuständigkeit knüpft jedoch an andere Tatbestandsmerkmale als das Internationale Privatrecht an. Ebenso wie das deutsche Gericht seine internationale Zuständigkeit nicht mit der Begründung verweigern kann, es sei ausländisches Recht anwendbar,[327] folgt aus der nach dem Internationalen Privatrecht vorgeschriebenen Anwendung inländischen Rechts, dass sich hieraus die inländische internationale Zuständigkeit eröffnet. Bei der Frage des anzuwendenden Rechts geht es um die Zurverfügungstellung einer Rechtsordnung für die rechtliche Beurteilung eines Sachverhaltes, während es bei der internationalen Zuständigkeit um Fragen der Justizgewährung geht.[328] Dem Justizgewährungsanspruch kann auch unter Anwendung fremden Rechts genüge getan werden. Erklären sich auch nach deutschem Recht ausländische international zuständige Gerichte mit der Begründung für unzuständig, es sei deutsches Recht anzuwenden, so besteht in diesen Fällen immer noch die Möglichkeit einer Eröffnung eines deutschen Gerichtsstandes nach den Grundsätzen einer Notzuständigkeit aufgrund des Justizgewährungsanspruches oder der Anerkennung einer Renvoir- 112

---

316 Vgl. *Zöller/Geimer* Rn. 50; *Geimer* IZPR Rn. 1005; *Schütze* (Fn. 148) § 97 Rn. 12.

317 Vgl. OLG Düsseldorf OLGZ 67, 61 = GRUR Ausl. 1968, 100 = IPRspr. 66–87, 183; *Geimer* IZPR Rn. 1007 m. weit. ausf. Hinweisen auf die Rspr.; *Schütze* (Fn. 148) § 97 Rn. 12ff.

318 Vgl. *Rosenberg/Schwab/Gottwald* § 31 III 1; *Kropholler* (Fn. 122) Kap. III Rn. 137.

319 Vgl. so zutreffend *Zöller/Geimer* Rn. 50, der zu Recht die Auffassung vertritt, der Grad der Schwierigkeit ausländischen Rechts könne kein Kriterium für die Bejahung der internationalen Zuständigkeit sein.

320 Vgl. zutreffend *Kropholler* (Fn. 122) Kap. III Rn. 156 und vorstehend zur ausschließlichen und nicht ausschließlichen internationalen Zuständigkeit.

321 Vgl. auch hierzu vorstehend zur ausschließlichen und nicht ausschließlichen internationalen Zuständigkeit.

322 Vgl. *Zöller/Geimer* Rn. 48; *Geimer* IZPR Rn. 976ff. m. weit. Hinweisen; aA *Walchshöfer* ZZP 80 (1967), 189, 205, 207.

323 Hierauf weist zutreffend auch *Geimer* IZPR Rn. 976 hin.

324 So die Hauptmeinung, vgl. *Zöller/Geimer* Rn. 45; *Stein/Jonas/Roth* Einl. Rn. 770; *Geimer* IZPR Rn. 1041; *Kropholler* (Fn. 122) Kap. III Rn. 113ff.; aA *Neuhaus* RabelsZ 20 (1955), 201–269 und – eingeschränkt nur für die freiwillige Gerichtsbarkeit – *Heldrich*, Berichte der Deutschen Gesellschaft für Völkerrecht, 10 (1971) S. 97ff.

325 Zur Definition vgl. insbesondere auch *Kropholler* (Fn. 122) Kap. III Rn. 107.

326 Vgl. auch hierzu die Nachw. bei *Kropholler* (Fn. 122) Kap. III Rn. 108.

327 Zum sog. negativen Gleichlauf vgl. *Kropholler* (Fn. 122) Kap. III Rn. 108.

328 Hierauf weist zu Recht auch *Geimer* IZPR Rn. 1042 hin.

Zuständigkeit.[329] Es besteht deshalb für die Anerkennung eines positiven Gleichlaufs auf kein rechtspolitisches Bedürfnis.

§ 13 Allgemeiner Gerichtsstand des Wohnsitzes

Der allgemeine Gerichtsstand einer Person wird durch den Wohnsitz bestimmt.

I. Normzweck

1 Diese Vorschrift bezweckt die Bestimmung des **allgemeinen Gerichtsstandes** einer Person. Ihr liegt die Erwägung zugrunde, dass natürliche Personen regelmäßig an ihrem Wohnsitz ihre rechtlich relevanten Angelegenheiten wahrnehmen und dort üblicherweise ihr Vermögen verwalten. Aus diesem Grunde soll dem Beklagten, der gegen seinen Willen mit einer Klage überzogen werden kann, mit dem allgemeinen Gerichtsstand des Wohnortes die Prozessführung erleichtert werden. Der Beklagte soll davor geschützt werden, den Prozess vor einem auswärtigen Gericht führen zu müssen.[1]

2 Hieraus kann jedoch nicht hergeleitet werden, dass ein Beklagter nicht an seinem allgemeinen Gerichtsstand des Wohnsitzes in Anspruch genommen werden kann, wenn die maßgeblichen rechtlichen Angelegenheiten an einem anderen Ort als dem Wohnsitz wahrgenommen werden. Der Kläger kann deshalb – nach seiner Wahl gemäß § 35 – den Kaufmann, Rechtsanwalt, Arzt oder sonstigen Gewerbetreibenden iSd. Regelung an dem durch den Wohnsitz bestimmten allgemeinen Gerichtsstand stets verklagen, und zwar selbst dann, wenn die streitbefangenen rechtlichen und wirtschaftlichen Verhältnisse an einem anderen Ort als dem Wohnort begründet worden sind und dort abgewickelt werden. Die Regelungen der §§ 13 und 17 gelten generell und ohne Rücksicht darauf, ob im Einzelfall die gesetzgeberischen Erwägungen zutreffen, die für den Erlass dieser Vorschriften bestimmend waren.[2]

II. Begriff

3 **1. Natürliche Personen.** § 13 gilt für alle **natürlichen Personen.** Für juristische Personen kommt § 17 zur Anwendung. Die Staatsangehörigkeit einer Person ist für die Bestimmung des Wohnsitzes ohne Bedeutung. Liegt der Wohnsitz der Person im Ausland und greift kein besonderer Gerichtsstand und auch nicht ausnahmsweise die Sondervorschrift des § 15 ein, muss die Person an ihrem allgemeinen Gerichtsstand im Ausland verklagt werden.[3] Der allgemeine Gerichtsstand wird nur im Falle wohnsitzloser Personen durch den Aufenthaltsort im Inland und in Ermangelung eines solchen durch den letzten früheren Wohnsitz bestimmt, § 16.

4 **2. Wohnsitz.** Der Begriff des **Wohnsitzes** ist in der ZPO selbst nicht definiert. Es muss daher auf die entsprechenden Regelungen der §§ 7ff. BGB zurückgegriffen werden.[4] Trotz der Bezugnahme auf materiell-rechtliche Normen des BGB bleibt der Begriff des Wohnsitzes ein prozessrechtlicher. Daraus folgt, dass die Frage, ob ein Ausländer oder Staatenloser im Inland seinen Wohnsitz hat, allein nach deutschem Recht zu entscheiden ist. Das Personalstatut gilt nicht.[5]

5 Das BGB unterscheidet zwischen dem selbstständigen Wohnsitz (§§ 7, 8 BGB) und dem gesetzlichen Wohnsitz (§§ 9, 11 BGB).

6 **a) Selbstständiger Wohnsitz.** Der selbstständige Wohnsitz wird dadurch begründet, dass sich jemand an einem Ort ständig niederlässt, in der Absicht, ihn zum räumlichen Mittelpunkt seiner gesamten Lebensverhältnisse – dem räumlichen Schwerpunkt seines Lebens – zu machen.[6] Die Meldepflicht ist kein hinreichendes Indiz für eine Wohnsitzbestimmung.[7] Ungenau ist die Definition des RG,[8] das auf den Mittelpunkt des Lebens abstellt, da gemäß § 7 Abs. 2 BGB die Begründung von mehreren Wohnsitzen möglich ist.

---

[329] Vgl. *Zöller/Geimer* Rn. 46.

[1] Vgl. BGHZ 88, 331, 335 = NJW 1984, 739; zur Anwendbarkeit von § 119 Abs. 1 Nr. 1 lit. b GVG s. BGH NJW 2003, 3278; NJW 2004, 1049.

[2] Vgl. hierzu grundlegend BGHZ 88, 331ff., 335, 336 = NJW 1984, 739.

[3] Vgl. *Zöller/Vollkommer* Rn. 1; *Stein/Jonas/Roth* Rn. 1.

[4] Vgl. RGZ 67, 183; 126, 8; *Zöller/Vollkommer* Rn. 3; *Baumbach/Lauterbach/Hartmann* Rn. 3; *Stein/Jonas/Roth* Rn. 2.

[5] Vgl. BGH DB 1975, 2081; *Rosenberg/Schwab/Gottwald* § 35 I 2, *Serick* ZZP 68 (1955), 284ff.; *Zöller/Vollkommer* Rn. 14.

[6] BGH LM Nr. 3; FamRZ 1987, 694; *Stein/Jonas/Roth* Rn. 3; BayObLG 84, 291; BayObLG 93, 89.

[7] BGH NJW-RR 1995, 507.

[8] RGZ 67, 193.

aa) Unter dem Wohnsitz ist nicht die Wohnung einer Person zu verstehen, sondern die **politische Gemeinde,** in der die Wohnung liegt, wie sich aus der Verwendung des Wortes „Ort" in § 7 Abs. 1 BGB ergibt.[9] Der Aufenthaltsort, den sich eine natürliche Person als räumlichen Schwerpunkt der Lebensverhältnisse gewählt hat, braucht jedoch nicht auf eine politische Gemeinde fixiert zu sein. Eine wohnsitzlose, durch die Bundesrepublik Deutschland vagabundierende Person hat demnach ihren Aufenthalt in der Bundesrepublik Deutschland.[10] Ist die Gemeinde unterschiedlichen Gerichtsbezirken zugeordnet,[11] ist maßgeblich, in welchem Teil sich die Wohnung befindet.[12] 7

bb) In Prozessen, in welchen ein **Insolvenzverwalter** auf der Beklagtenseite steht, ist für die Bestimmung des allgemeinen Gerichtsstandes gemäß § 19a für Klagen, die sich gegen die Insolvenzmasse als solche richten, der allgemeine Gerichtsstand am Sitz des Insolvenzgerichts gegeben. Richtet sich die Klage gegen den Insolvenzverwalter selbst, ist dieser am Gericht seines Wohnsitzes oder Amtssitzes zu verklagen. Nicht ausschlaggebend ist der Sitz des Gemeinschuldners.[13] Der Wohnsitz bzw. der Sitz des Gemeinschuldners scheidet als Anknüpfungspunkt des allgemeinen Gerichtsstandes aus, weil mit der Eröffnung des Insolvenzverfahrens der Gemeinschuldner das Verwaltungs- und Verfügungsrecht über sein zur Insolvenzmasse gehörendes Vermögen verliert und der Insolvenzverwalter als Partei kraft Amtes an dessen Stelle mit allen Rechten und Pflichten einer Partei ausgestattet wird. Auch der Ort der verwalteten Insolvenzmasse kann als Anknüpfungspunkt nicht herangezogen werden, da die Insolvenzmasse kein selbstständiges Sondervermögen mit eigener Rechtspersönlichkeit darstellt.[14] 8

cc) Der Wohnsitz im Sinne des § 13 ist zu unterscheiden von dem **Aufenthaltsort** gemäß § 16. Eine vorübergehende Abwesenheit beseitigt den gewöhnlichen oder ständigen Aufenthalt nicht, auch nicht ein zweijähriger Klinikaufenthalt.[15] Der Aufenthaltsort wird durch ein rein tatsächliches Verhalten, nämlich das längere Verweilen an einem Ort begründet.[16] Die Wohnsitzbegründung selbst ist keine Willenserklärung, sondern eine geschäftsähnliche Handlung.[17] 9

dd) Eine **Aufhebung** des Wohnsitzes liegt vor, wenn die Niederlassung mit dem Willen aufgehoben wird, sie aufzugeben, § 7 Abs. 3 BGB. Neben der tatsächlichen Aufgabe der Niederlassung ist deshalb, ebenso wie bei der Begründung des Wohnsitzes, noch ein entsprechender Wille erforderlich. Dieser Wille bedarf keiner ausdrücklichen Erklärung, sondern kann sich aus den gesamten Umständen des Einzelfalles ergeben.[18] Eine vorübergehende, auch längere Abwesenheit führt daher noch nicht zur Aufgabe des Wohnsitzes.[19] Ebensowenig genügt die polizeiliche Abmeldung, wenn die Beziehung zum bisherigen Aufenthaltsort gleichwohl aufrechterhalten wird. Werden nämlich die tatsächlichen Beziehungen zur bisherigen Niederlassung aufrechterhalten, ist davon auszugehen, dass ein Aufhebungswille nicht vorliegt. Ausschlaggebend kann auch der Zeitpunkt der Antragstellung bei Gericht sein.[20] Es reicht nicht aus, ein Postfach als Adresse oder Anschrift anzugeben,[21] da die Anmietung eines Postfaches in Deutschland unabhängig vom Wohnsitz des Postfachbesitzers erfolgen kann. Auch begründet der Umstand, dass die Klageschrift einer ständig im Ausland wohnenden Partei anlässlich eines Besuchs im Inland zulässigerweise zugestellt werden konnte, keinen Wohnsitz dieser Partei im Inland.[22] 10

Der Aufenthalt in einem **Frauenhaus** kann unter Umständen einen neuen Wohnsitz begründen, sofern der Aufenthalt nicht nur von vorübergehender Dauer ist[23] und von einem nach außen gerichteten erkennbaren Willen getragen wird, am Ort des Frauenhauses einen Wohnsitz zu begründen bzw. diesen zum ständigen Mittelpunkt der Lebensführung zu wählen.[24] 11

---

9 Vgl. *Palandt/Heinrichs* § 7 BGB Rn. 1.
10 Vgl. hierzu MünchKommBGB/*Schmitt* § 7 Rn. 13.
11 Vgl. hierzu auch die Kommentierung zu § 19.
12 BVerfG NJW 1980, 1619.
13 Vgl. BGHZ 88, 334 = NJW 1984, 739.
14 Vgl. BGHZ 88, 331, 334, 335 = NJW 1984, 739.
15 BayObLG NJW 1993, 670; *Palandt/Heinrichs* § 7 BGB Rn. 3.
16 Vgl. BGH NJW 1983, 2771.
17 Vgl. BGHZ 7, 104ff., 109 = NJW 1952, 1251; BGH NJW 1975, 1068; MünchKommBGB/*Schmitt* § 7 Rn. 18.
18 Vgl. MünchKommBGB/*Schmitt* § 7 Rn. 14.
19 BayObLGZ 1962, 231ff.
20 BayObLG NJW-RR 1998, 85; BGH EWiR 1999, 623.
21 BVerwG NJW 1999, 2610.
22 OLG Köln NJW-RR 2003, 864.
23 Nicht bei einem Aufenthalt von weniger als 3 Wochen, OLG Karlsruhe NJW-RR 1995, 1220; OLG Nürnberg NJW-RR 1997, 514, 1025; OLG Hamm NJW-RR 1997, 1165; einschränkend BGH NJW 1995, 1224.
24 BGH NJW-RR 1996, 1217; OLG Hamm FamRZ 2000, 1294; vgl. auch § 20 Rn. 6.

12 Grundsätzlich nicht zur Aufhebung des Wohnsitzes führt auch die Unterbringung eines Strafgefangenen in einer **Vollzugsanstalt,** da ein entsprechender Aufgabewille fehlt.[25] Ein entsprechender Aufhebungswille kann sich jedoch aus der Zustimmung der Familie zum Umzug ergeben.[26] Den Aufhebungswillen können evtl. Ausweisung und Abschiebung ersetzen.[27]

13 Der Aufenthalt in einem **Erziehungsheim oder Internat**[28] oder am **Lehr- oder Studienort**[29] führt grundsätzlich nicht zu der Begründung eines neuen Wohnsitzes. Etwas anders gilt, wenn der Lehrling oder Student seinen gesamten Lebensmittelpunkt an den Ort der Ausbildung oder des Studiums verlegt.[30]

14 Eine Aufhebung des Wohnsitzes ist ohne Begründung eines neuen Wohnsitzes zulässig, so dass der Aufgebende ohne gleichzeitige Begründung eines neuen Wohnsitzes wohnsitzlos wird. Anknüpfungspunkt kann dann jedoch der Aufenthaltsort der betreffenden Person sein.[31]

Ob eine Wohnsitzbegründung im Ausland rechtsmissbräuchlich ist, kann nur im Rahmen der deutschen öffentlichen Ordnung geprüft werden. Diese ist nur dann verletzt, wenn das Ergebnis der Anwendung des ausländischen Rechts zu den Grundgedanken und den Gerechtigkeitsvorstellungen der deutschen Regelungen in so starken Widerspruch steht, dass es nach inländischen Vorstellungen untragbar scheint.[32]

15 **ee) Geschäftsunfähige** oder in der **Geschäftsfähigkeit Beschränkte** können ohne den Willen ihres gesetzlichen Vertreters einen Wohnsitz weder begründen noch aufheben, § 8 Abs. 1 BGB.[33] Ein wegen Geisteskrankheit zu Betreuender verliert seinen Wohnsitz noch nicht durch Einweisung in eine Klinik. Hierzu bedarf es vielmehr eines Aufgabewillens des Betreuers oder Vormunds als gesetzlichem Vertreter.[34] Sofern an der (vollen) Geschäftsfähigkeit Zweifel bestehen, ist die Wohnsitzaufgabe trotzdem in der Regel wirksam.[35] Dies kann zur Anwendung des § 16 führen.

16 Eine Ausnahme gilt für **Minderjährige,** die verheiratet sind oder waren. Sie können nach § 8 Abs. 2 BGB selbständig einen Wohnsitz begründen oder aufheben.[36]

17 **b) Gesetzlicher Wohnsitz. aa)** Der gesetzliche Wohnsitz eines **Berufssoldaten** oder **Soldaten auf Zeit** ist der Standort, § 9 BGB, dh. der Garnisonsort, an dem der Truppenteil seine regelmäßige Unterkunft hat.[37] Die Erfüllung der **Wehrpflicht** führt nicht zur Aufgabe des bisherigen Wohnsitzes und Begründung eines neuen Wohnsitzes.[38]

18 **bb)** Ein **minderjähriges Kind** teilt den Wohnsitz seiner Eltern, § 11 BGB. Diese Regelung ist jedoch nicht zwingend. Neben oder an Stelle des gesetzlichen Wohnsitzes können die Eltern gemäß §§ 7, 8 BGB einen gewillkürten Wohnsitz begründen.[39] Hiervon ist in der Regel dann auszugehen, wenn die Eltern ihr Kind auf Dauer in eine Pflegestelle geben.[40]

19 Haben die Eltern einen **gemeinsamen Wohnsitz,** so hat das Kind ebenfalls einen gemeinsamen Wohnsitz mit den Eltern. Sind beide Elternteile personensorgeberechtigt, haben jedoch getrennte Wohnsitze, so hat das minderjährige Kind bis zu einer Entscheidung gemäß den §§ 1671, 1672 BGB einen abgeleiteten Doppelwohnsitz.[41] Dies gilt auch, wenn dem Elternteil, bei dem das Kind lebt, das Aufenthaltsbestimmungsrecht allein übertragen ist.[42] Unerheblich ist, ob beide Eltern den gemeinschaftlichen Wohnsitz aufgegeben und getrennte Wohnsitze begründet haben,[43] oder ob nur ein Ehegatte den gemeinsamen Wohnsitz aufgibt und einen neuen begründet.[44] Auch kommt es

---

[25] BayObLGZ 1962, 231 ff.; MünchKommBGB/*Schmitt* § 7 Rn. 40; BGH NJW-RR 1996, 1217.
[26] Vgl. MünchKommBGB/*Schmitt* § 7 Rn. 40.
[27] RGZ 15, 53, 60.
[28] OLG Düsseldorf NJW-RR 1991, 1411.
[29] BVerfG NJW 1990, 2194.
[30] Bei Minderjährigkeit vgl. Rn. 16, 18.
[31] Vgl. MünchKommBGB/*Schmitt* § 7 Rn. 44.
[32] BGH RIW 2002, 475.
[33] Vgl. hierzu auch *Stein/Jonas/Roth* Rn. 6.
[34] Vgl. BGH FamRZ 1987, 694.
[35] Vgl. *Zöller/Vollkommer* Rn. 7; BGH MDR 1987, 829 = NJW-RR 1988, 387; BayObLG Rpfleger 1990, 73.
[36] Vgl. *Stein/Jonas/Roth* Rn. 6.
[37] Vgl. *Staudinger/Weick* § 9 BGB Rn. 5.
[38] OLG Düsseldorf NJW-RR 1991, 1411.
[39] Vgl. BayObLGZ 1979, 149.
[40] Vgl. OLG Zweibrücken DAVorm. 1983, 862.
[41] Vgl. BGHZ 48, 228 = NJW 1967, 2253; BGH NJW 1984, 971; BGH NJW-RR 1993, 4; BGH NJW 1995, 1224 mit ausf. Nachw.
[42] OLG Stuttgart OLGR 2002, 397.
[43] Vgl. BGHZ 48, 228 = NJW 1967, 2253; BGH NJW 1995, 1224.
[44] Vgl. OLG Karlsruhe FamRZ 1969, 657; OLG Düsseldorf OLGZ 1968, 122.

auf den Zeitpunkt der Begründung des getrennten Wohnsitzes nicht an, so dass das Kind einen abgeleiteten Doppelwohnsitz auch dann erlangt, wenn es erst nach der Trennung geboren wird.[45] Einigen sich die Eltern über den dauernden Aufenthalt des Kindes bei einem von ihnen oder einem Dritten, was auch stillschweigend geschehen kann, dann hat das Kind nur dort seinen Wohnsitz.[46] In der Regel genügt es nicht, dass die Eltern mit einem abweichenden Aufenthaltsort des Kindes einverstanden sind. Der Wille zur Neugründung eines abweichenden Wohnsitzes muss bei den Eltern vorhanden sein.[47]

Fehlt einem Elternteil das Personensorgerecht, so hat das Kind nur den Wohnsitz des personen- 20
sorgeberechtigten Elternteiles, § 11 S. 1 2. Alt. BGB. Steht keinem Elternteil die Personensorge zu, weil den Eltern diese nach § 1666 BGB entzogen worden ist, oder nach § 1671 Abs. 5 BGB ein Pfleger bestellt worden ist, so teilt das Kind den Wohnsitz des Vormundes oder Pflegers, § 11 S. 2 BGB.

Für **nichteheliche Kinder, (deren Eltern nicht miteinander verheiratet sind)** und **ange- 21
nommene (adoptierte) Kinder** bestehen keine Sonderregeln.[48] Das Kind, dessen Eltern nicht miteinander verheiratet sind, wird in der Regel den Wohnsitz der Mutter teilen, da dieser häufig das Personensorgerecht zusteht.[49]

Das Kind **erwirbt** den abgeleiteten Wohnsitz mit der Geburt, Legitimation, Ehelicherklärung 22
oder Annahme als Kind (Adoption) kraft Gesetzes. Ebenso **ändert** sich der Wohnsitz kraft Gesetzes, wenn die Person, deren Wohnsitz bestimmend ist, diesen ändert.[50] Dies gilt auch dann, wenn sich die Person des Sorgeberechtigten ändert. Das Kind behält jedoch den abgeleiteten Wohnsitz, wenn der bestimmende Wohnsitz vom Sorgeberechtigten ohne Begründung eines anderen Wohnsitzes aufgegeben wird, § 11 S. 3 BGB und ein neuer Wohnsitz nicht durch den Sorgeberechtigten auch mit Wirkung für das Kind begründet wird.[51]

III. Internationale Zuständigkeit[52]

1. Doppelfunktionalität. § 13 begründet im Rahmen der Doppelfunktionalität der örtlichen 23
Zuständigkeit auch die **Internationale Zuständigkeit.** Dies gilt unabhängig von der Staatsangehörigkeit des Beklagten.

2. Geltungsbereich der EuGVO. Im Geltungsbereich der EuGVO wird § 13 durch die Vor- 24
schriften dieses Abkommens verdrängt.[53] Nach Art. 2 Abs. 1 EuGVO besteht die internationale Zuständigkeit für ein deutsches Gericht, wenn eine Person ihren Wohnsitz in der Bundesrepublik Deutschland hat. Auf die Staatsangehörigkeit kommt es dabei ebenso wenig an, wie bereits für die Regelung des § 13. Für die materiell-rechtliche Frage, ob tatsächlich ein Wohnsitz im Inland besteht, sind von den Gerichten nach der EuGVO jeweils die innerstaatlichen Vorschriften heranzuziehen, Art. 59 EuGVO, mithin für die Bestimmung eines im Inland belegenen Wohnsitzes die Vorschriften des BGB.

§ 14 (weggefallen)

§ 15 Allgemeiner Gerichtsstand für exterritoriale Deutsche

(1) [1]Deutsche, die das Recht der Exterritorialität genießen, sowie die im Ausland beschäftigten deutschen Angehörigen des öffentlichen Dienstes behalten den Gerichtsstand ihres letzten inländischen Wohnsitzes. [2]Wenn sie einen solchen Wohnsitz nicht hatten, haben sie ihren allgemeinen Gerichtsstand beim Amtsgericht Schöneberg in Berlin.

(2) Auf Honorarkonsuln ist diese Vorschrift nicht anzuwenden.

---

[45] Vgl. KG NJW 1964, 1577.
[46] OLG Düsseldorf OLGZ 68, 122, 124; OLG Köln OLGR 1996, 50.
[47] OLG Frankfurt/M. NJW-RR 1997, 513.
[48] So zutreffend *Zöller/Vollkommer* Rn. 9.
[49] Vgl. *Stein/Jonas/Roth* Rn. 10.
[50] Vgl. *Stein/Jonas/Roth* Rn. 14; 13.
[51] Vgl. so zutreffend auch *Stein/Jonas/Roth* Rn. 14.
[52] Vgl. hierzu § 12 Rn. 57 ff.
[53] Vgl. i. e. die Kommentierung zur EuGVO in Band 3.

I. Normzweck

1 § 15 bezweckt die **Gewährleistung eines Gerichtsstandes** und damit zugleich der deutschen Gerichtsbarkeit für Personen, die regelmäßig nach den §§ 12 und 13 keinen allgemeinen Gerichtsstand im Inland haben.[1] Die in § 15 genannten Personen könnten ansonsten, soweit diese der ausländischen Gerichtsbarkeit an ihrem Wohnsitz nicht unterliegen, was zumindest für Exterritoriale gilt, gerichtlich nicht in Anspruch genommen werden. § 15 stellt damit zugleich eine Ergänzung der §§ 7 ff. BGB dar.[2] In Ermangelung einer derartigen Regelung würde auch die Möglichkeit einer Gerichtsstandsvereinbarung gemäß § 38 Abs. 2 kaum helfen,[3] da eine derartige Gerichtsstandsvereinbarung nicht erzwungen werden kann.[4]

§ 15 Abs. 1 S. 2 wurde durch das Erste Gesetz zur Modernisierung der Justiz vom 24. August 2004[5] dahin gehend geändert, dass anstelle des Sitzes der Bundesregierung als allgemeinen Gerichtsstand das Amtsgericht Schöneberg getreten ist. Durch die Neufassung bezweckt zum einen, wegen der in der Praxis entstandenen Schwierigkeiten bei der Bestimmung des örtlich zuständigen Gerichts in Berlin eine eindeutige Regelung hinsichtlich der örtlichen Zuständigkeit, zum anderen Harmonisierung mit anderen Vorschriften innerhalb der Zivilprozessordnung.[6]

II. Anwendungsbereich

2 **1. Persönlicher Anwendungsbereich. a) Deutsche Exterritoriale.** Deutsche Exterritoriale sind Personen, die im In- oder Ausland wohnen und das Recht der Exterritorialität genießen. Die Bestimmung dieses Personenkreises ergibt sich sowohl aus dem Völkerrecht, als auch aus innerstaatlichem Recht, für den Bereich der Bundesrepublik Deutschland insbesondere aus den §§ 18 bis 20 GVG. Danach ist Exterritorialität gleichbedeutend mit Immunität im Sinne völkerrechtlicher Übereinkommen und führt zur Befreiung von der deutschen Gerichtsbarkeit. Der Anwendungsbereich beschränkt sich auf exterritoriale Deutsche im Ausland, da es hinsichtlich exterritorialer Deutscher im Inland bereits an der Gerichtsbarkeit fehlt, mithin eine gegen eine solche Person gerichtete Klage als unzulässig abzuweisen wäre.[7] Ebenso verbietet sich eine Ausdehnung des Anwendungsbereichs auf alle im Deutschen mit Wohnsitz im Ausland[8]

3 **b) Angehörige des öffentlichen Dienstes.** Deutsche Angehörige des öffentlichen Dienstes sind Beamte, Angestellte und Arbeiter des Bundes, des Landes, einer Körperschaft oder einer Anstalt des öffentlichen Rechts, auch Berufskonsuln, wegen Abs. 2 jedoch nicht Honorarkonsuln.[9] Es muss sich um dauernd, nicht kurzzeitig Beschäftigte handeln.[10]

4 **c) Deutscher.** Wer Deutscher ist, bestimmt sich grundlegend nach dem Staatsangehörigkeitsgesetz.[11]

5 **d) Gerichtsstand für Kinder.** Der Gerichtsstand für Kinder wird gemäß § 11 BGB aus dem Wohnsitz der Eltern und dem sich hieraus ergebenden Gerichtsstand abgeleitet. Allerdings wird in § 15 der Gerichtsstand nicht über die Wohnsitzfiktion geregelt, sondern vielmehr über die Gerichtsstandsfiktion, im Gegensatz zu der früheren Gesetzesfassung. Jedoch wird hierin ein redaktionelles Versehen bei der Gesetzesänderung zu sehen sein, mit der Wirkung, dass diese Vorschrift auch für Kinder Anwendung findet, soweit diese einen abgeleiteten Wohnsitz gemäß § 11 BGB haben.[12]

---

[1] AllgM; vgl. *Stein/Jonas/Roth* Rn. 1; *Thomas/Putzo/Hüßtege* Rn. 2 a; *Baumbach/Lauterbach/Hartmann* Rn. 1.2.

[2] Vgl. so zutreffend auch *Baumbach/Lauterbach/Hartmann* Rn. 1.

[3] Vgl. *Zöller/Vollkommer* Rn. 2.

[4] Der ursprüngliche Normzweck, wodurch insbesondere die Gerichtsbarkeit über die exterritorialen Gesandten der deutschen Bundesstaaten untereinander geregelt werden sollte, ist unter der Geltung des Grundgesetzes im Gegensatz zur Reichsverfassung von 1871 gegenstandslos und war auch nicht auf Angehörige der Vertretung der ehem. DDR anwendbar.

[5] Siehe BGBl. 2004 II S. 2198 ff.

[6] BT-Drucks. 15/3482.

[7] Vgl. §§ 18 ff. GVG; *Stein/Jonas/Roth* Rn. 1; sowie das Wiener Übereinkommen über diplomatische Beziehungen vom 18. 4. 1961, BGBl. 1964 II S. 957 ff.

[8] OLG Köln NZI 2001, 380.

[9] Vgl. *Zöller/Vollkommer* Rn. 5, *Musielak/Heinrich* Rn. 2 a.

[10] HM; vgl. *Stein/Jonas/Roth* Rn. 4; *Zöller/Vollkommer* Rn. 5.

[11] Reichs- und Staatsangehörigkeitsgesetz vom 22. 7. 1913 (RGBl. S. 583), zuletzt geändert durch Art. 6 des Gesetzes zur Änderung des Aufenthaltsgesetzes und weiterer Gesetze v. 14. März 2005 (BGBl. I S. 721); vgl. hierzu auch *Maunz/Dürig* Art. 116 GG Rn. 4 ff.

[12] So zustimmend auch *Stein/Jonas/Roth* Rn. 6; *Musielak/Heinrich* Rn. 2; *Baumbach/Lauterbach/Hartmann* Rn. 3.

2. Staatsangehörigkeit. § 15 knüpft für die Bestimmung des Gerichtsstandes an die Staatsangehörigkeit an und stellt damit eine prozessuale Sondervorschrift dar.[13] Auch für diese Staatsangehörigen wird über den Anknüpfungspunkt ihres letzten inländischen Wohnsitzes eine Gerichtsstandsfiktion vorgenommen. In Ermangelung eines solchen Wohnsitzes wird als Gerichtsstand das für den Sitz der Bundesregierung zuständige Gericht fingiert. In Ermangelung eines letzten Inlandswohnsitzes findet über § 15 Abs. 1 S. 2 auch eine erstmalige Begründung eines allgemeinen Gerichtsstandes am Amtsgericht Schöneberg statt. 6

III. Verhältnis zu anderen Vorschriften

1. Besondere Gerichtsstände. Die besonderen Gerichtsstände bleiben durch § 15 unberührt. 7
Diese bestehen neben dem Gerichtsstand des § 15, da dieser nur den allgemeinen Gerichtsstand in Erweiterung des allgemeinen Gerichtsstandes der §§ 12, 13 regelt.[14] Behauptet eine unter § 15 fallende Person wegen dienstlicher Tätigkeit seinen Wohnsitz im Ausland zu haben, kann das Gericht seine örtliche Zuständigkeit im Wege der Wahlfeststellung bejahen. Entweder besitzt die betreffende Person noch ihren alten Wohnsitz, dann greifen §§ 12, 13 ein, oder es kommt wegen der dienstlichen Tätigkeit im Ausland die Gerichtsstandsfiktion des § 15 zum Zuge.[15]

§ 606 Abs. 2 geht der Regelung des § 15 als spezieller Sondergerichtsstand vor. 8

2. Ausländischer Gerichtsstand. Ein ausländischer Gerichtsstand, der etwa neben den besonderen Gerichtsständen oder dem Gerichtsstand nach § 15 zusätzlich besteht, bleibt ebenfalls unberührt.[16] 9

3. Internationale Zuständigkeit. Die internationale Zuständigkeit wird in § 15 in gleicher Weise vorausgesetzt wie in den anderen Gerichtsständen der ZPO. Das Vorliegen der Voraussetzungen des § 15 bedeutet damit zugleich im Rahmen der Doppelfunktionalität der Gerichtsstandsvorschriften der ZPO die Bejahung der internationalen Zuständigkeit.[17] 10

Im **Geltungsbereich der EuGVO** greift § 15 ebenfalls ein. Zwar verdrängen die Vorschriften der EuGVO das jeweilige nationale Recht, wie sich aus Art. 2 EuGVO ergibt.[18] Art. 59 EuGVO bestimmt weiter, dass sich der Wohnsitz einer Partei nach dem Recht des Staates bestimmt, dessen Gerichte anzurufen sind. Dies würde bedeuten, dass jedenfalls im Falle des Exterritorialen dieser mangels Gerichtsbarkeit in einem anderen Mitgliedstaat der EuGVO nicht verklagt werden könnte, wenn nicht andererseits § 15 eingreifen würde. Es träte damit ein unlösbarer negativer Kompetenzkonflikt auf.[19] Wie sich ferner aus Art. 3 EuGVO ergibt, sind bestimmte unerwünschte Gerichtsstände in den einzelnen Vertragsstaaten zugunsten des Wohnsitzgerichtsstandes abgeschafft worden. § 15 gehört nicht dazu. Es muss deshalb zumindest für den Fall des Exterritorialen zur Vermeidung eines negativen internationalen Kompetenzkonfliktes von der Anwendung des § 15 ausgegangen werden.[20] 11

§ 16 Allgemeiner Gerichtsstand wohnsitzloser Personen

Der allgemeine Gerichtsstand einer Person, die keinen Wohnsitz hat, wird durch den Aufenthaltsort im Inland und, wenn ein solcher nicht bekannt ist, durch den letzten Wohnsitz bestimmt.

I. Normzweck

§ 16 bezweckt in Ergänzung der §§ 12 und 13 die Einräumung eines **allgemeinen Gerichtsstandes für wohnsitzlose Personen,** die in Ermangelung eines Wohnsitzes nicht an einem allgemeinen Gerichtsstand verklagt werden können.[1] 1

---

[13] So zutreffend auch *Baumbach/Lauterbach/Hartmann* Rn. 1.
[14] Vgl. *Zöller/Vollkommer* Rn. 1; *Baumbach/Lauterbach/Hartmann* Rn. 1.
[15] Vgl. *Stein/Jonas/Roth* Rn. 8.
[16] Vgl. *Baumbach/Lauterbach/Hartmann* Rn. 1.
[17] Vgl. hierzu § 12 Rn. 56 ff. und insbes. Rn. 89 ff.
[18] Vgl. hierzu die Kommentierung zur EuGVO in Band 3; sowie *Zöller/Geimer* Art. 2 EuGVO Rn. 6.
[19] Vgl. Art. 52 EuGVÜ Rn. 7; so zutreffend auch *Zöller/Geimer* Art. 59 EuGVO Rn. 2; vgl. im Rahmen des § 12 die Kommentierung zur internationalen Zuständigkeit, negativer Kompetenzkonflikt, Rn. 98.
[20] So im Ergebnis ebenso auch *Stein/Jonas/Roth* Rn. 9, 10.
[1] LG Hamburg NJW-RR 1995, 184; *Stein/Jonas/Roth* Rn. 1; *Zöller/Vollkommer* Rn. 1.

II. Anwendungsbereich und Voraussetzungen

2 **1. Kein Wohnsitz. a) Gänzliche Wohnsitzlosigkeit.** Die Anwendung des § 16 setzt gänzliche Wohnsitzlosigkeit des Beklagten voraus.[2] Ob ein Wohnsitz im Inland besteht, richtet sich nach § 7 BGB.[3]

3 **b) Ausländer.** Bei Ausländern richtet sich das Vorhandensein eines inländischen Wohnsitzes nach deutschem Recht.[4] Für die Beurteilung der Frage eines ausländischen Wohnsitzes ist ausländisches Recht anzuwenden.[5]

4 **c) Kinder.** Kinder teilen den Wohnsitz der Eltern, § 11 BGB,[6] nicht hingegen die Wohnsitzlosigkeit. § 16 begründet mithin keinen abgeleiteten Gerichtsstand, sondern gilt nur für den Wohnsitzlosen selbst.[7] § 16 muss allerdings Anwendung finden, wenn die Eltern bereits zur Zeit der Geburt des Kindes wohnsitzlos waren und niemals einen Wohnsitz begründeten.[8]

5 **d) Nachweis der Wohnsitzlosigkeit.** Den Nachweis der Wohnsitzlosigkeit des Beklagten hat der Kläger zu erbringen.[9] Für die Erbringung des Nachweises ist es ausreichend, wenn der Kläger zweckentsprechende Ermittlungen, zB Polizeiauskunft, Auskunft bei Einwohnermeldeämtern, angestellt hat.[10] Wird über die Wirksamkeit der früheren Wohnsitzaufgabe des Beklagten gestritten, ist im Zweifel von der vollen Geschäftsfähigkeit auszugehen.[11]

6 **2. Aufenthaltsort. a) Vorübergehender Aufenthalt.** Es genügt ein vorübergehender Aufenthalt, der nicht freiwillig zu sein braucht, zB Krankenhaus oder Strafanstalt.[12] Das körperliche,[13] dauernde oder vorübergehende Sein an einem Ort reicht aus. Entscheidend ist, dass die Klage an dem Aufenthaltsort im Gerichtsbezirk zugestellt werden kann.[14] Durchfahrt oder Durchreise kann mithin ausreichend sein. Auch der Sterbeort ist (letzter) Aufenthaltsort.[15]

7 **b) Anwendung.** § 16 findet insbesondere Anwendung bei Landfahrern, herumziehenden Schaustellern und Artisten, politischen Flüchtlingen.

8 **3. Letzter Wohnsitz.** Der letzte Wohnsitz greift für die Bestimmung des allgemeinen Gerichtsstandes ein, wenn auch ein Aufenthaltsort im Inland nicht bekannt ist.[16] § 16 stellt auf den **inländischen** Aufenthaltsort ab. Durch einen ausländischen Aufenthaltsort wird der allgemeine Gerichtsstand des § 16 mithin nicht ausgeschlossen.[17] Liegt der letzte bekannte Wohnsitz im Ausland, muss auf diesen und nicht auf einen früheren inländischen Wohnsitz zurückgegriffen werden.[18]

9 Für den Gerichtsstand des letzten Wohnsitzes muss der Kläger das Fehlen von Wohnsitz und Aufenthaltsort sowie das Vorhandensein des letzten Wohnsitzes im Bezirk des angerufenen Gerichtes nachweisen.[19]

10 **4. Wahlfeststellung.** Eine Wahlfeststellung der den Gerichtsstand eröffnenden Voraussetzungen ist möglich. Der Beklagte kann am Gerichtsort entweder seinen Wohnsitz haben, dann greifen §§ 12, 13 ein, oder seinen letzten Aufenthaltsort oder in Ermangelung eines solchen seinen letzten Wohnsitz.[20]

---

[2] OLG Saarbrücken NJW-RR 1993, 191;. *Zöller/Vollkommer* Rn. 4.
[3] Vgl. hierzu § 13 Rn. 4ff.
[4] Vgl. KG FamRZ 1961, 383; MünchKommBGB/*Schmitt* § 7 Rn. 6; teilweise aA *Neuhaus* FamRZ 1961, 540; vgl. im Rahmen seines Geltungsbereiches auch Art. 59 Abs. 1 EuGVO.
[5] So zutreffend *Zöller/Vollkommer* Rn. 4, MünchKommBGB/*Schmitt* § 7 Rn. 6; vgl. in seinem Geltungsbereich Art. 59 Abs. 2 EuGVO.
[6] Vgl. hierzu auch § 13 Rn. 15, 18ff.
[7] *Zöller/Vollkommer* Rn. 3.
[8] Vgl. Stein/Jonas/Roth Rn. 6.
[9] AllgM; vgl. *Stein/Jonas/Roth* Rn. 7; *Baumbach/Lauterbach/Hartmann* Rn. 4; *Zöller/Vollkommer* Rn. 4.
[10] Vgl. OLG Düsseldorf OLGZ 1966, 303, *Zöller/Vollkommer* Rn. 4; *Stein/Jonas/Roth* Rn. 7; LG Halle Rpfleger 2002, 467 verlangt weitergehende Ermittlungen neben der Einholung einer Auskunft der Meldebehörde.
[11] Vgl. auch § 13 Rn. 15.
[12] Vgl. KG OLGZ 1973, 151.
[13] LG Hamburg NJW-RR 1995, 183: Danach reicht der dauernde Aufenthalt an Bord eines Motorbootes auf den Bahamas aus.
[14] Vgl. *Stein/Jonas/Roth* Rn. 4 unter Hinweis bereits auf die Motive zu § 18.
[15] Vgl. KG OLGZ 1973, 149, 151; AK-ZPO/*Röhl* § 16 Rn. 6.
[16] BGH NJW-RR 1992, 578; LG Hamburg Rpfleger 2002, 467; OLG Zweibrücken NJW-RR 2000, 929.
[17] Vgl. *Zöller/Vollkommer* Rn. 5.
[18] AllgM; vgl. *Stein/Jonas/Roth* Rn. 1, 5; *Baumbach/Lauterbach/Hartmann* Rn. 3.
[19] Vgl. *Zöller/Vollkommer* Rn. 5; *Stein/Jonas/Roth* Rn. 8; AK-ZPO/*Röhl* § 16 Rn. 8.
[20] Vgl. ebenso *Stein/Jonas/Roth* Rn. 10.

III. Verhältnis zu anderen Vorschriften

1. Besondere Gerichtsstände. Die besonderen Gerichtsstände greifen neben dem allgemeinen Gerichtsstand des § 16 ein. Der Kläger hat daher bei Vorliegen des allgemeinen Gerichtsstandes nach § 16 sowie eines besonderen Gerichtsstandes die Wahl, § 35. Ausschließliche Sondergerichtsstände des Aufenthaltsortes schließen § 16 aus, zB § 14 Abs. 1 Satz 2 UWG, § 6 Abs. 1 Satz 2 UKlG.[21] 11

2. Internationale Zuständigkeit. Die internationale Zuständigkeit wird durch § 16 ebenso wie durch die übrigen Vorschriften über die örtliche Zuständigkeit doppelfunktional geregelt.[22] Es ist deshalb richtig, von einer Regelung der internationalen Zuständigkeit, nicht jedoch von einer Beschränkung[23] zu sprechen. 12

3. EuGVO. Im Anwendungsbereich der EuGVO ist zunächst Art. 4 Abs. 1 EuGVO zu beachten. § 16 kann deshalb eingreifen, wenn der Beklagte keinen Wohnsitz im Hoheitsgebiet eines Vertragsstaates, dort jedoch einen Aufenthaltsort hat. Da es im Rahmen des § 16 auf den inländischen Aufenthaltsort ankommt, kann als Gerichtsstand der letzte Wohnsitz, der auch im Ausland oder in einem der Vertragsstaaten der EuGVO sein kann, eingreifen. Für die Bestimmung des Wohnsitzes ist ferner Art. 59 EuGVO zu berücksichtigen. 13

§ 17 Allgemeiner Gerichtsstand juristischer Personen

(1) [1]Der allgemeine Gerichtsstand der Gemeinden, der Korporationen sowie derjenigen Gesellschaften, Genossenschaften oder anderen Vereine und derjenigen Stiftungen, Anstalten und Vermögensmassen, die als solche verklagt werden können, wird durch ihren Sitz bestimmt. [2]Als Sitz gilt, wenn sich nichts anderes ergibt, der Ort, wo die Verwaltung geführt wird.

(2) Gewerkschaften haben den allgemeinen Gerichtsstand bei dem Gericht, in dessen Bezirk das Bergwerk liegt, Behörden, wenn sie als solche verklagt werden können, bei dem Gericht ihres Amtssitzes.

(3) Neben dem durch die Vorschriften dieses Paragraphen bestimmten Gerichtsstand ist ein durch Statut oder in anderer Weise besonders geregelter Gerichtsstand zulässig.

I. Normzweck

§ 17 stellt einen **allgemeinen Gerichtsstand** für alle diejenigen passiv parteifähigen Prozessparteien zur Verfügung, die keine natürlichen Personen sind, mit Ausnahme des Fiskus, § 18. § 17 bildet damit innerhalb seines Anwendungsbereiches die dem § 13 für natürliche Personen ent sprechende Regelung des allgemeinen umfassenden Gerichtsstandes, in welchem die passiv prozessfähige Partei aus allen Rechtsgründen verklagt werden kann. 1

II. Anwendungsbereich

1. Juristische Personen des Privatrechts. Alle juristischen Personen des Privatrechts, wie: rechtsfähiger Verein, §§ 21 bis 53 BGB und §§ 55 bis 79 BGB, Aktiengesellschaft, §§ 1 ff. AktG, Kommanditgesellschaft auf Aktien, §§ 278 bis 290 AktG, Gesellschaft mit beschränkter Haftung, §§ 1 ff. GmbHG, eingetragene Genossenschaften, §§ 1 ff. GenG, Versicherungsverein auf Gegenseitigkeit, §§ 7, 15 bis 53b VAG, die rechtsfähigen Stiftungen des Privatrechts, §§ 80 bis 88 BGB. Soweit die Außen-BGB-Gesellschaft durch die Teilnahme am Rechtsverkehr eigene Rechte und Pflichten begründet, gilt § 17 Abs. 1, Satz 2 auch für sie. In diesem Rahmen ist sie im Zivilprozess zugleich aktiv und passiv parteifähig.[1] Auch für die Wohnungseigentümergemeinschaft gilt nunmehr, dass diese teilrechtsfähig ist, soweit sie bei der Verwaltung des gemeinschaftlichen Eigentums am Rechtsverkehr teilnimmt.[2] 2

2. Juristische Personen des öffentlichen Rechts. Für alle juristischen Personen des öffentlichen Rechts, außer dem Fiskus, gilt § 17. Allgemein sind juristische Personen solche des öffentlichen Rechts, wenn sie ausdrücklich als solche anerkannt oder in den Staatsapparat oder dessen 3

---

[21] Vgl. *Zöller/Vollkommer* Rn. 2, *Baumbach/Lauterbach/Hartmann* Rn. 1; *Musielak/Heinrich* Rn. 5.
[22] Vgl. hierzu § 12 Rn. 90 ff.
[23] So jedoch *Stein/Jonas/Roth* Rn. 1.
[1] *Stein/Jonas/Roth* Rn. 3; BGHZ 146, 341 = NJW 2002, 1056; BGH ZIP 2002, 614; LG Bonn NJW-RR 2002, 1399; *Müther* MDR 2002, 987; *Wertenbruch* NJW 2002, 324.
[2] Vgl. BGH NJW 2005, 2061.

Organisationsformen eingegliedert sind.[3] Hierzu gehören insbesondere: Gemeinden, Gemeindeverbände, Gebietskörperschaften, öffentlich-rechtliche Körperschaften und Anstalten, Träger von Sozialversicherungen, Innungen, Zweckverbände, Stiftungen des öffentlichen Rechts, Universitäten, Industrie- und Handelskammern, Handwerkskammern, Landwirtschaftskammern, Rechtsanwaltskammern, die Wasser- und Bodenverbände, Zweckverbände, Jagdgenossenschaften,[4] Religionsgesellschaften,[5] zB die evangelische Kirche in Deutschland,[6] die katholische Kirche[7] und wohl auch die einzelnen katholischen und evangelischen Kirchengemeinden.[8] Hierzu können auch durch internationale Verträge geschaffene juristische Personen des öffentlichen Rechts gehören.[9]

4 **3. Nicht rechtsfähige Personenvereinigungen.** Alle nicht rechtsfähigen Personenvereinigungen, die im Zivilprozess verklagt werden können, wie die Personenhandelsgesellschaften, OHG und KG, §§ 124, 161 Abs. 2 HGB, Partnerschaften, § 7 Abs. 2 PartGG, nicht rechtsfähige Vereine, § 50 Abs. 2, Gewerkschaften,[10] politische Parteien,[11] soweit nicht diese ohnehin als eingetragene Vereine rechtsfähig sind. Unabhängig vom Streit über ihre Rechtsnatur fallen auch die sogenannten Vorgesellschaften wie die Vor-GmbH oder die Vor-AG unter diese Regelung.[12] Der an sich auch hierher gehörende nicht rechtsfähige Verein (§ 50 Abs. 2) ist seit der Grundsatzentscheidung des BGH zur Außen-BGB-Gesellschaft wegen § 54 Satz 1 BGB auch voll parteifähig.[13]

5 **4. Sondervermögen ohne eigene Rechtspersönlichkeit. Nicht** anwendbar auf Sondervermögen ohne eigene Rechtspersönlichkeit, wie beispielsweise die **Insolvenzmasse.** Einer direkten Anwendung des § 17 steht bereits entgegen, dass die Insolvenzmasse kein selbstständiges Sondervermögen mit eigener Rechtspersönlichkeit ist. Dies müsste ausdrücklich in der Insolvenzsordnung oder sonst gesetzlich bestimmt sein.[14] Ein allgemeiner Gerichtsstand der Masse am Sitz der Verwaltung ergibt sich aber auch nicht aus einer analogen Anwendung des § 17. Mit der Eröffnung des Insolvenzverfahrens verliert der Gemeinschuldner das Verwaltungs- und Verfügungsrecht über sein zur Insolvenzmasse gehörendes Vermögen. Der Insolvenzverwalter wird Partei kraft Amtes und übt die Verwaltungs- und Verfügungsbefugnis im eigenen Namen und aus eigenem Recht aus.[15] Für Klagen, die sich gegen den Insolvenzverwalter persönlich richten, ist der Sitz des Insolvenzverwalters maßgeblich. Für die Insolvenzmasse gilt im Übrigen seit 1. 1. 1999 gemäß § 19a der Sitz des Insolvenzgerichtes als Gerichtsstand. Sinn und Zweck der Regelungen der §§ 13 und 17 ist es, den Beklagten als die angegriffene Prozesspartei davor zu schützen, den Prozess vor einem auswärtigen Gericht führen zu müssen, sofern nicht ein gesetzlich ausdrücklich geregelter besonderer Gerichtsstand eingreift.[16] Auch wenn eine natürliche Person, oder eine unter § 17 fallende Prozesspartei die in Rede stehenden rechtlichen und wirtschaftlichen Verhältnisse an einem anderen Ort als dem Wohnort, bzw. dem Sitz begründet hat, rechtfertigt dies nicht, von dem allgemeinen Gerichtsstand auf einen allgemeinen Gerichtsstand des Verwaltungsmittelpunktes, der im Gesetz keine Stütze findet, zurückzugreifen.[17] Auch § 17 Abs. 1 S. 2 trifft lediglich eine Sitzfiktion, nicht jedoch eine Gerichtsstandsfiktion.

6 **5. Postnachfolgeunternehmen.** Aus der Privatisierung der Deutschen Bundespost – bis dahin Sondervermögen des Bundes – sind die Deutsche Post AG, die Deutsche Postbank AG und die Deutsche Telekom AG hervorgegangen. Die Rechtsgrundlagen zur Umwandlung der Deutschen Bundespost in privatrechtliche Unternehmen bilden das Gesetz zur Änderung des Grundgesetzes vom 30. 8. 1994,[18] Art. 143b GG, das Postumwandlungsgesetz = Art. 3 des Postneuordnungsgesetzes.[19] Der Sitz aller drei Unternehmen ist gem. Art. 15 PNeuOG Bonn, wodurch auch der allgemeine Gerichts-

---

[3] Vgl. BGHZ 16, 59, 64 = NJW 1955, 384.
[4] OLG Celle NJW 1955, 834.
[5] Vgl. Art. 137 WRV und Art. 140 GG.
[6] Vgl. hierzu ausführlich *Scheffler* NJW 1977, 740ff.
[7] RGZ 143, 110.
[8] RGZ 62, 359; 118, 27; 136, 1.
[9] *Palandt/Heinrichs* Vor § 89 BGB Rn. 2.
[10] LG Frankfurt/M. NJW 1977, 538; BGHZ 50, 325 = NJW 1968, 1830, *Zöller/Vollkommer* Rn. 5 unter Hinweis auf § 10 ArbGG; *Stein/Jonas/Roth* Rn. 4 ebenfalls unter Hinweis auf § 10 ArbGG.
[11] Vgl. § 3 PartG.
[12] *Stein/Jonas/Roth* Rn. 4.
[13] *Stein/Jonas/Roth* Rn. 4; BGH NJW 2001, 1056, 1059.
[14] Vgl. hierzu ausführlich und übereinstimmend BGHZ 88, 331ff., 335 = NJW 1984, 739.
[15] Vgl. BGHZ 88, 331, 334 m. Hinweisen auf die st. Rspr. des BGH und bereits des RG.
[16] Vgl. BGHZ 88, 335.
[17] Vgl. hierzu auch BGHZ 88, 336.
[18] BGBl I S. 2245.
[19] PtNeuOG vom 14. 9. 1994, BGBl. I S. 2325, in Kraft getreten am 1. 1. 1995.

stand Bonn für diese Unternehmen begründet wird.[20] Neben dem allgemeinen Gerichtsstand kommt als besonderer Gerichtsstand der Ort der einzelnen Niederlassung nach § 21 in Betracht.

6. Die Deutsche Bahn AG. Die Deutsche Bahn AG ist eines der Rechtsnachfolgeunterneh- 7
men der Deutschen Bundesbahn und hat ihren Sitz und damit ihren allgemeinen Gerichtsstand in Frankfurt am Main. Daneben greifen auch wiederum die besonderen Gerichtsstände der einzelnen Niederlassungen ein, § 21.

7. Beginn und Beendigung des Gerichtsstandes. Beginn des Gerichtsstandes ist der Entste- 8
hungszeitpunkt der Partei. Der Gerichtsstand endet erst mit dem Verlust der Parteifähigkeit.[21] Unerheblich ist deshalb, ob sich eine Partei in Auflösung, Abwicklung bzw. Liquidation, Auseinandersetzung, Umwandlung oder in Verschmelzung befindet.[22]

III. Sitz der Partei

1. Maßgeblichkeit materiellen Rechts. Der **Sitz der Partei** ergibt sich aus dem materiellen 9
Recht. Es kann sich dabei auch um ausländisches Recht handeln, wenn die betreffende Prozesspartei ausländischem Recht untersteht.[23]

a) Juristische Personen des Privatrechts. Bei den juristischen Personen des Privatrechts ist 10
die satzungsmäßige Festlegung des Sitzes und Registerpublizität gesetzlich vorgeschrieben. Dies ergibt sich beispielsweise aus folgenden gesetzlichen Vorschriften: Aktiengesellschaft, § 5 AktG, Kommanditgesellschaft auf Aktien, § 278 AktG, § 3 Abs. 1 GmbHG, Verein, §§ 24, 57 BGB, privatrechtliche Stiftungen, § 80 BGB, § 6 Nr. 1 GenG, Versicherungsverein auf Gegenseitigkeit, § 18 VAG, Partnerschaften, § 7 Abs. 2 PartGG. Der nicht rechtsfähige Verein hat keinen Sitz im Rechtssinn, es kommt deshalb nach § 17 Abs. 1 Satz 2 auf den tatsächlichen Verwaltungssitz an.[24] Auch bei ausländischen juristischen Personen ist zunächst nach deren Satzung und Statut sowie nach dem für sie geltenden Recht der Sitz zu ermitteln.[25] Ist die inländische Niederlassung einer ausländischen Versicherungsgesellschaft in tatsächlicher und rechtlicher Hinsicht umfassend, so ist deren Sitz als inländischer Sitz gem. § 17 ZPO als ausschlaggebend anzusehen. Dies gebieten die besonderen Bestimmungen des Versicherungsaufsichtsgesetzes (VAG) und insbesondere die darin enthaltenen Vorschriften über die Erteilung einer Erlaubnis zur Errichtung einer Niederlassung.[26]

b) Personenhandelsgesellschaften. Personenhandelsgesellschaften haben ihren **Sitz** zum 11
Handelsregister anzumelden. Für die OHG ergibt sich dies aus § 106 Abs. 2 HGB, für die Kommanditgesellschaft aus § 161 Abs. 2 iVm. 106 HGB. Ist der Sitz einer Personenhandelsgesellschaft gleichwohl nicht oder noch nicht eingetragen, beispielsweise bei Aufnahme eines Gewerbebetriebes gemäß § 1 Abs. 2 HGB durch eine BGB-Gesellschaft, entscheidet über den Sitz der Betriebsmittelpunkt gemäß § 17 Abs. 1 S. 2.[27]

c) Juristische Personen des öffentlichen Rechts. Bei juristischen Personen des öffentlichen 12
Rechts ergibt sich der Sitz in der Regel aus seiner Benennung im Errichtungsakt.[28] Existiert eine entsprechende gesetzliche Ermächtigung, die dem § 17 vorgeht, kann eine ausschließliche Gerichtsstandsbestimmung auch in der Satzung einer juristischen Person des öffentlichen Rechts getroffen werden.[29]

2. Ort der Verwaltung. a) Ort der Verwaltungsführung. Der Ort der Verwaltungsführung 13
greift ein, soweit sich aus materiellem Recht der Sitz nicht ergibt, § 17 Abs. 1 S. 2. Der Ort der Verwaltungsführung ist der Mittelpunkt der geschäftlichen Oberleitung,[30] mithin der Tätigkeitsort der Geschäftsführung und der dazu berufenen Vertretungsorgane, die die grundlegenden Entschei-

---

[20] *Gramlich* NJW 1994, 2785; *Hahn,* Die Postreform II NWB Nr. 8 vom 20. 2. 1995 F 28, 719; *Stöber* Rpfleger 1995, 277.

[21] Vgl. hierzu auch § 69 Abs. 2 GmbHG, § 264 Abs. 3 AktG und § 278 Abs. 3 AktG. Diese Vorschriften regeln ausdrücklich den Fortbestand des Gerichtsstandes bis zur vollzogenen Verteilung des Vermögens.

[22] Vgl. ebenso *Stein/Jonas/Roth* Rn. 20; *Zöller/Vollkommer* Rn. 12; *Baumbach/Lauterbach/Hartmann* Rn. 1; *Musielak/Heinrich* Rn. 5.

[23] Vgl. *Stein/Jonas/Roth* Rn. 13.

[24] *Bork* ZIP 1995, 609.

[25] Vgl. OLG Hamburg MDR 1977, 759.

[26] LG Frankfurt/M. VersR 1975, 993.

[27] *Baumbach/Hopt* § 106 HGB Rn. 8; MünchKommHGB/*Langhein* § 106 Rn. 29.

[28] Vgl. *Staudinger/Weick* Vor § 7 BGB Rn. 8.

[29] Vgl. BGH JZ 1960, 444; wobei zu dieser Entscheidung angezweifelt wird, ob die Ermächtigung auch wirklich gedeckt ist, vgl. die Anm. von *Pohle* JZ 1960, 445.

[30] Vgl. *Stein/Jonas/Roth* Rn. 15.

dungen der Unternehmensleitung treffen.[31] Auf den Ort der tatsächlichen Ausführung der unternehmerischen Entscheidung, wie den Ort von Fabrikationsstätten, Zweigniederlassungen usw. kommt es nicht an.[32]

14 **b) Ausländische Unternehmen.** Bei ausländischen Unternehmen bereitet die Sitzbestimmung gemäß § 17 Abs. 1 S. 2 namentlich dann Schwierigkeiten, wenn sich der Sitz nicht aus materiellem Recht ergibt. Problematisch kann in diesen Fällen bereits sein, welches Recht auf die betreffende juristische Person Anwendung findet. Zur Bestimmung sind verschiedene Theorien entwickelt worden, die entweder an formelle Beziehungen zwischen Staat und Gesellschaft, wie Hauptsitz oder Inkorporierungsstaat anknüpfen oder aber an die Staatsangehörigkeit der Personen, die wirtschaftlich hinter der Gesellschaft stehen und diese kontrollieren.[33] Die Sitztheorie wird vorwiegend in Deutschland, Österreich, Frankreich, Belgien und Luxemburg vertreten, wobei deren Anwendung auf transnationale Gesellschaften mit zahlreichen Tochterunternehmen und Niederlassungen besonders schwierig erscheint.[34] Zu Recht verlangt deshalb die französische Rechtsprechung, dass der vorgebliche Hauptverwaltungssitz durch ernsthafte legitime Interessen gerechtfertigt sein müsse.[35] Bei Vorliegen besonderer Voraussetzungen wird allerdings auch auf die Kontrolltheorie zurückgegriffen.[36] Der Europäische Gerichtshof hat sich in seinem Urteil vom 9. 3. 1999 (Centros-Entscheidung) entschieden, dass eine in einem Mitgliedsstaat gegründete Gesellschaft als rechtmäßig anzusehen ist.[37] Dieser ist unter Berufung auf andere Theorien[38] die Eintragung einer (Zweig-)Niederlassung nicht weiter zu verwehren.[39]

IV. Bergrechtliche Gewerkschaften und Behörden, § 17 Abs. 2

15 **1. Bergrechtliche Gewerkschaften.** Für bergrechtliche Gewerkschaften ist § 17 Abs. 2 bedeutungslos geworden, da diese nur bis zum 1. 1. 1986 existierten. Nach dem BBergG vom 13. 8. 1980,[40] welches an die Stelle der landesrechtlichen Berggesetze tritt, müssen die bergrechtlichen Gewerkschaften bis zum 1. 1. 1986 in eine Aktiengesellschaft oder GmbH umgewandelt oder mit anderen Gesellschaften verschmolzen sein, sonst gelten sie von Gesetzes wegen als aufgelöst, § 163 BBergG.[41]

16 **2. Behörden.** Für Behörden, denen ausnahmsweise die Parteifähigkeit[42] zuerkannt ist, ist der allgemeine Gerichtsstand bei den Gerichten ihres Amtssitzes gegeben.

V. Zusatzgerichtsstand, § 17 Abs. 3

17 Ein **weiterer allgemeiner Gerichtsstand** kann gemäß § 17 Abs. 3 **neben** dem Gerichtsstand der Abs. 1 und 2 begründet werden. Weder beschränkt dieser Gerichtsstand die freie Wahl des Klägers, noch handelt es sich dabei um einen ausschließlichen Gerichtsstand. In aller Regel wird der weitere Gerichtsstand durch Statut oder Satzung begründet.[43] Soweit das Gesetz davon spricht, dass der weitere Gerichtsstand auch in anderer Weise begründet werden kann, muss dies durch eine Regelung geschehen, die dem Rang einer Satzung oder eines Statuts entspricht.[44] Erklärungen der Geschäftsführung reichen für die Begründung eines weiteren Gerichtsstandes nicht aus. Bei Prozessparteien, die ihr Grundverhältnis in anderer Weise regeln können, zB durch Gesetz oder Ver-

---

[31] Vgl. BGH ZIP 1986, 644; *Zöller/Vollkommer* Rn. 10.

[32] So zutreffend auch *Stein/Jonas/Roth* Rn. 15.

[33] Vgl. zu den Theorien i. e. ausf. *Patzina* S. 16 ff.

[34] Vgl. *Borges* RIW 2000, 173; *Hoffmann* ZIP 2007, 1581 ff. mit ausf. Darstellung der Rspr. und den vorgesehenen Gesetzesänderungen.

[35] Vgl. auch hierzu *Patzina* S. 18 m. weit. ausf. Hinweisen auf die Lit.

[36] Vgl. hierzu LG Frankfurt/M. BB 1968, 482 ff. m. Anm. *Ritter;* auch *Hinrichs* DB 1989, 1733 ff. der sich für den maßgeblichen Einfluss als Definitionskriterium ausspricht.

[37] S. hierzu Vorlagebeschluss des BGH an den EuGH BGH BB 2000, 1106 ff. = ZIP 2000, 967 ff.; *Forsthoff* DB 2000, 1109 ff.

[38] Theorienstreit: Sitz- versus Gründungstheorie.

[39] EuGH (Centros-Entscheidung) ZIP 1999, 438; EuGH DB 1989, 269 (Daily Mail – Entscheidung); str. BayObLG NJW-RR 1999, 401; *Borges* RIW 2000, 167 ff.; Niedersächs. FG EFG 2000, 590 ff.; *Kösters* NZG 1998, 241; BayObLGZ 92, 113; BGHZ 53, 181, 183 = NJW 1970, 998; BGHZ 97, 269 = NJW 1986, 2194; DNotZ 1999, 593 mit Anm. *Lange*; *Neye* EWiR 1999, 259; *Roth* ZIP 1999, 861; *Werlauff* ZIP 1999, 869.

[40] BGBl. 1980 I S. 1310.

[41] Vgl. hierzu auch die Übergangsregelung des § 176 BBergG. Die Umwandlung in eine AG war bereits durch das AktG 1937 eingeführt worden. Zur Umwandlung in eine GmbH vgl. *Rowedder/Zimmermann* § 77 GmbHG Anh. Rn. 159 ff.

[42] Vgl. hierzu auch § 50 und im Übrigen auch §§ 18, 19.

[43] Vgl. BGH NJW 1998, 1322; offen im Falle des Mahnverfahrens.

[44] Vgl. *Stein/Jonas/Roth* Rn. 18.

ordnung, kann der weitere Gerichtsstand auch auf diese Weise geregelt werden. Soweit es sich hierbei um einen ausschließlichen Gerichtsstand handelt, ist dies nur aufgrund einer besonderen gesetzlichen Ermächtigung möglich.[45]

VI. Verhältnis zu anderen Vorschriften

1. Kein ausschließlicher Gerichtsstand. § 17 ist kein ausschließlicher Gerichtsstand. Neben den besonderen Gerichtsständen können insbesondere gesetzlich geregelte ausschließliche Gerichtsstände eingreifen, wie zB für die GmbH § 75 Abs. 2 GmbHG iVm. § 246 Abs. 3 AktG, für die Aktiengesellschaft § 246 Abs. 3 AktG, für die Genossenschaft § 51 Abs. 3 GenG und für die Versicherungsagentur § 48 VVG. 18

2. Internationale Zuständigkeit. Die internationale Zuständigkeit wird durch § 17 **doppelfunktional**[46] geregelt. 19

3. EuGVO.[47] **a) Ausschließliche Regelung.** Im Geltungsbereich der **EuGVO** greift als die internationale Zuständigkeit ausschließlich regelnde Vorschrift Art. 22 Nr. 2 EuGVO ein. Danach sind die Gerichte des Vertragsstaates international zuständig, in dessen Hoheitsgebiet die Prozesspartei ihren Sitz hat. Art. 22 Nr. 2 EuGVO regelt nur die internationale Zuständigkeit des einzelnen Vertragsstaates der EuGVO, nicht hingegen die örtliche Zuständigkeit der einzelnen Gerichte innerhalb der Bundesrepublik Deutschland. Hierfür behält § 17 seine Bedeutung, der ansonsten in Bezug auf die internationale Zuständigkeit durch Art. 22 Nr. 2 EuGVO verdrängt wird. Für die Bestimmung des Sitzes von Gesellschaften und juristischen Personen sind von dem jeweiligen Gericht die Vorschriften seines Internationalen Privatrechts anzuwenden, wie jetzt Art. 22 Nr. 2 EuGVO ausdrücklich regelt. Die EuGVO stellt in seinem Anwendungsbereich den Sitz von Gesellschaften und juristischen Personen dem Wohnsitz gleich, Artikel 2, 3, 60 EuGVO. 20

b) Bei **Versicherungssachen** greifen im Geltungsbereich der EuGVO zur Bestimmung der internationalen Zuständigkeit die besonderen Vorschriften der Art. 8 ff. EuGVO ein. 21

§ 18 Allgemeiner Gerichtsstand des Fiskus

Der allgemeine Gerichtsstand des Fiskus wird durch den Sitz der Behörde bestimmt, die berufen ist, den Fiskus in dem Rechtsstreit zu vertreten.

Übersicht

---

[45] Vgl. BGH NJW 1960, 98 (LS) = JZ 1960, 444 mit Gründen und Anm. von *Pohle;* vgl. hierzu auch Rn. 16.

[46] Vgl. zur internationalen Zuständigkeit § 12 Rn. 57 ff.

[47] Vgl. i. e. die Kommentierung zur EuGVO in Band 3.

I. Normzweck

1 Die Regelung des **allgemeinen Gerichtsstandes des Fiskus** wird durch § 18 bezweckt. Diese Norm erfüllt daher für die Bestimmung des Gerichtsstandes des Fiskus den Zweck, den § 13 für natürliche Personen und § 17 für juristische Personen verwirklicht.[1]

II. Anwendungsbereich

2 **1. Fiskus.** Unter Fiskus wird der Staat als Träger von Vermögens-, nicht von Hoheitsrechten verstanden. In diesem Bereich tritt die öffentliche Hand als Fiskus unter Anwendung des Privatrechtes als Privatrechtssubjekt dem Bürger auf dem Boden der Gleichberechtigung gegenüber und bedient sich zur Erfüllung fiskalischer Aufgaben der Rechtsinstitute des Privatrechtes, wie etwa Kauf-, Lieferungs-, Miet-, Dienst-, und Werkverträgen.[2] Zum Fiskus gehören deshalb die Bundesrepublik Deutschland, die Bundesländer, die Gemeinden und Gemeindeverbände, die Kirchen und öffentlich-rechtlichen Religionsgemeinschaften, die öffentlich-rechtlichen Körperschaften, Anstalten und Stiftungen.[3]

3 **2. Behördensitz. a) Vertretungsberechtigte Behörde.** Der Sitz der vertretungsberechtigten Behörde bestimmt den allgemeinen Gerichtsstand.[4] Maßgeblich ist mithin nicht der Sitz des Fiskus oder einer einzelnen Behörde, sondern ausschließlich der Behörde, die **zur Vertretung des Fiskus** berufen ist. Darunter ist diejenige Behörde zu verstehen, die befugt ist, den Fiskus zu vertreten.[5]

Welche Behörde im einzelnen vertretungsberechtigt ist, bestimmt sich nach dem **Staats- und Verwaltungsrecht** des Bundes und der Länder. Die Regelungen im Range von Gesetzen, Verordnungen und Anweisungen sind unübersehbar, oft nicht allgemein zugänglich und werden darüber hinaus immer wieder geändert.[6] Es hat deshalb wiederholt Reformvorschläge gegeben, die bislang bedauerlicherweise nicht realisiert wurden.[7] Nach der Rechtsprechung soll sogar ein Eintrittsrecht[8] sowie ein Delegationsrecht der vorgesetzten Behörde[9] bestehen, welches überdies erst nach Klageerhebung ausgeübt werden braucht.[10]

4 **b) Auskunfts- und Belehrungspflicht.** Von der Auskunfts- und Belehrungspflicht der Behörden sollte angesichts der Unübersichtlichkeit und teilweisen Unzugänglichkeit der Regelungen Gebrauch gemacht werden. Zur Bekanntgabe der Vertretungsregelung ist im Zweifel die übergeordnete Behörde verpflichtet. Bei Klagen gegen den Bundesfiskus sind dies im Zweifel die Bundesministerien, bei Klagen gegen den jeweiligen Landesfiskus sind die obersten Landesbehörden auskunftspflichtig.[11]

5 **c) Endvertretungsbehörde.** Die Angabe der Endvertretungsbehörde gehört nicht zu den gemäß § 253 Abs. 2 wesentlichen Bestandteilen der Klageschrift. Vielmehr ist § 189 S. 1 anwendbar, wenn eine gegen den Fiskus gerichtete Klageschrift einer darin unrichtig angegebenen Endvertretungsbehörde zugestellt und von dieser an das richtige Vertretungsorgan weitergeleitet worden ist.[12] Die Klagefrist ist jedoch nur dann gewahrt, wenn die Weiterleitung innerhalb der Frist an die richtige Vertretungsbehörde erfolgt ist.[13] Eine Weiterleitungspflicht wird dabei teilweise verneint.[14]

---

[1] Vgl. *Zöller/Vollkommer* Rn. 2; *Stein/Jonas/Roth* Rn. 1

[2] Vgl. *v. Münch,* Allgemeines Verwaltungsrecht, 8. Aufl. 1988, S. 29ff.; auch bereits *Bullinger,* Vertrag und Verwaltungsakt, 1962, S. 200.

[3] So zutreffend auch *Stein/Jonas/Roth* Rn. 2.

[4] Vgl. OLG Brandenburg NJW-RR 1997, 1518.

[5] Vgl. RGZ 83, 161; BGHZ 8, 197, 201 = NJW 1953, 380; *Stein/Jonas/Roth* Rn. 1.

[6] Dies wird i. a. in der Kommentarliteratur bemängelt, vgl. *Stein/Jonas/Roth* Rn. 1; *Zöller/Vollkommer* Rn. 3; *Baumbach/Lauterbach/Hartmann* Rn. 5; *Musielak/Heinrich* Rn. 4.

[7] Vgl. *Stein/Jonas/Roth* Rn. 8; *Zöller/Vollkommer* Rn. 3; vgl. auch Bericht der Kommission für das Zivilprozessrecht, Bonn 1977, S. 66ff.

[8] Vgl. OLG Celle NdsRpfl. 1955, 214.

[9] KG OLG Rspr. 1920, 294.

[10] RGZ 35, 15ff.

[11] Vgl. hierzu i.e. Rn. 7ff.; für das Ausschöpfen der Auskunfts- und Belehrungspflicht vgl. auch *Stein/Jonas/Roth* Rn. 4.

[12] Vgl. OLG Zweibrücken OLGZ 78, 108ff.

[13] OLG Zweibrücken OLGZ 78, 108.

[14] BayObLGZ 95, 77.

Etwas anderes gilt nach der zutreffenden Rechtsprechung des Bundesverfassungsgerichtes für Rechtsmittelschriften.[15]

d) Ausländischer Fiskus. Der ausländische Fiskus wird im Rechtsstreit gesetzlich nach den einschlägigen Vorschriften des betreffenden ausländischen Staates vertreten.[16] 6

3. Vertretung des Bundes. Eine einheitliche Vertretungsbehörde des Bundes existiert nicht.[17] Aus Art. 65 S. 2 GG folgt, dass im Rahmen der vom Bundeskanzler bestimmten Richtlinien der Politik der jeweils zuständige Bundesminister seinen Geschäftsbereich selbständig und eigenverantwortlich leitet. Hieraus folgt die Vertretungsbefugnis der einzelnen Bundesministerien innerhalb ihres Ressorts.[18] Kann ein Vorgang keinem Ressort eindeutig zugeordnet werden, obliegt die Vertretung dem Bundesministerium der Finanzen. Dieses hat nämlich im Falle des Unterliegens des Bundesfiskus die für die Erfüllung erforderlichen Haushaltsmittel bereit zu stellen.[19] Dies gilt sowohl für die aktive, wie auch für die passive Prozessvertretung.[20] 7

Betreffen Rechtsstreitigkeiten das **Bundesvermögen,** wozu auch das übernommene **Reichsvermögen** gehören kann, Art. 134 GG, ist im Zweifel der Oberfinanzpräsident zur Vertretung berufen.[21] 8

a) Bundesministerium der Finanzen. Das Bundesministerium der Finanzen hat für seinen Geschäftsbereich folgende Regelungen getroffen: Anordnung über die Vertretung der Bundesrepublik Deutschland im Bereich der Bundesfinanzverwaltung – VertrOBV – vom 18. 8. 1995,[22] zuletzt geändert am 15. 8. 2006[23] sowie die Bekanntmachung der für die Durchführung von Verwaltungsaufgaben auf dem Gebiet der Verteidigungslasten zuständigen Behörden vom 15. 12. 2004.[24] Demgemäß steht die Vertretungsbefugnis grundsätzlich dem Bundesministerium der Finanzen zu, soweit nicht die Bundesmonopolverwaltung für Branntwein in Offenbach, das Bundeszentralamt für Steuern in Bonn-Beuel, das Bundesamt für zentrale Dienste und offene Vermögensfragen,[25] Bonn und Berlin, die Oberfinanzdirektionen, das Zollkriminalamt, Hauptzollämter einschließlich ihrer Dienststellen und Zollfahndungsämter sowie das Bildungszentrum der Bundesfinanzverwaltung und das Zentrum für Informationsverarbeitung und Informationstechnik im Rahmen ihrer Geschäftsbereiche vertretungsbefugt sind. Als Drittschuldner wird der Bund jeweils durch die Behörde vertreten, die die Auszahlung oder Auslieferung anzuordnen oder zu bewirken hat. Im Einzelfall kann das Ministerium die Vertretung abweichend regeln oder selbst übernehmen.[26] 9

b) Bundesministerium des Innern. Das Bundesministerium des Innern hat Regelungen getroffen durch die Anordnung über die Vertretung der Bundesrepublik im Geschäftsbereich des Bundesministers des Innern sowie über das Verfahren bei der Vertretung und Bestimmungen über das Verfahren nach der Zustellung von Pfändungs- und Überweisungsbeschlüssen oder Pfändungsbenachrichtigungen (Vertretungsordnung BMI) vom 30. 12. 2005.[27] Die Vertretungsbefugnis steht danach grundsätzlich dem Bundesminister des Inneren als obersten Dienstherrn zu. Dieser hat jedoch seine Befugnisse insoweit auf die Behördenleiter der nachgeordneten Behörden übertragen, z. B. auf die Präsidentin oder den Präsidenten des Bundesverwaltungsamtes, die Präsidentin oder den Präsidenten des Statistischen Bundesamtes, die Direktorin oder den Direktor des Bundesinstituts für Sportwissenschaften usw. Einzelregelungen können getroffen werden. 10

c) Bundesministerium der Justiz. Das Bundesministerium der Justiz regelt die Vertretung in seinem Geschäftsbereich nach der Anordnung vom 25. 4. 1958[28] idF der Bekanntmachung vom 11

---

[15] BVerfGE 93, 115 = NJW 1995, 3175.
[16] Vgl. BGHZ 40, 197, 199 = NJW 1964, 203; so auch *Zöller/Vollkommer* Rn. 3; *Stein/Jonas/Roth* Rn. 16.
[17] Vgl. BGHZ 8, 197 = NJW 1953, 380.
[18] Vgl. BGH NJW 1967, 1755; *Zöller/Vollkommer* Rn. 5; *Stein/Jonas/Roth* Rn. 10; *Baumbach/Lauterbach/Hartmann* Rn. 5; *Musielak/Heinrich* Rn. 8.
[19] Vgl. BGH NJW 1967, 1755; *Stein/Jonas/Roth* Rn. 10; *Baumbach/Lauterbach/Hartmann* Rn. 6; *Zöller/Vollkommer* Rn. 5.
[20] Vgl. BGH NJW 1967, 1755.
[21] Vgl. BGHZ 8, 197 ff.; *Hummel* DÖV 1970, 368 ff.; *Stein/Jonas/Roth* Rn. 10.
[22] BAnz. Nr. 171 = GMBl. S. 935.
[23] BAnz. Nr. 238; GMBl 2006, Nr. 54, S. 1074, auch BAnz. Nr. 164.
[24] BAnz. Nr. 238.
[25] Durch Gesetz zur Neuorganisation der Bundesfinanzverwaltung und zur Schaffung eines Refinanzierungsregisters vom 22. 9. 2005 ist das Bundesamt zur Regelung offener Vermögensfragen im neu geschaffenen Bundesamt aufgegangen, BGBl. I, S. 2809.
[26] Vgl. hierzu *Hummel* DÖV 1970, 368 für den Aufgabenbereich Verteidigungslasten, vgl. im übrigen GMBl. 2006, Nr. 54, S. 1074.
[27] GMBl. 2006, Nr. 5, S. 71.
[28] BAnz. Nr. 82.

10. 10. 1958,[29] vom 8. 6. 1961,[30] vom 6. 9. 1967[31] sowie vom 4. 11. 1971[32] idF der Anordnung vom 8. 12. 1971.[33] Danach steht grundsätzlich dem Bundesminister der Justiz die Vertretungsbefugnis zu. Innerhalb verschiedener Geschäftsbereiche ist die Vertretungsbefugnis übertragen, zB an den Präsidenten des Bundespatentgerichtes und des Deutschen Patent- und Markenamtes. Für den Geschäftsbereich des Bundesgerichtshofes auf die Bundesanwaltschaft beim Bundesgerichtshof, Karlsruhe, und für den Geschäftsbereich des Bundesverwaltungsgerichtes, Leipzig,[34] des Bundesfinanzhofes, München, sowie des Bundesdisziplinargerichtes, Frankfurt/M., ist der Generalbundesanwalt vertretungsbefugt.[35] Im Geschäftsbereich des Bundesarbeitsgerichtes, Erfurt,[36] ist grundsätzlich der Bundesminister für Arbeit und Sozialordnung im Einverständnis mit dem Bundesminister der Justiz vertretungsbefugt. Dieser hat die Vertretungskompetenz auf den Präsidenten des Bundesarbeitsgerichtes übertragen. Die Vertretungsbefugnis im Geschäftsbereich des Bundessozialgerichtes, Kassel, obliegt ausschließlich dem Bundesminister für Arbeit und Sozialordnung, der die Vertretungsbefugnis ebenso dem Präsidenten des Bundessozialgerichtes übertragen hat.

12 Der Präsident des **Bundesverfassungsgerichtes** vertritt den Bund in Angelegenheiten, die den Geschäftsbereich des Bundesverfassungsgerichtes, Karlsruhe, betreffen.[37]

13 **d) Bundesministerium des Auswärtigen.** Das Bundesministerium des Auswärtigen – Auswärtiges Amt – hat eine Regelung in seinem Geschäftsbereich nicht getroffen. Der Bundesfiskus wird deshalb in diesem Geschäftsbereich vor Zivilgerichten ausschließlich von dem Bundesminister des Auswärtigen vertreten. Ein Verzeichnis der Auslandsvertretungen wird in dem Verzeichnis der Vertretungen der Bundesrepublik Deutschland im Ausland geführt, veröffentlicht als Beilage zum Bundesanzeiger.

14 **e) Bundesministerium der Verteidigung.** Vertretungsbehörden sind die Wehrbereichsverwaltungen Nord, West, Süd und Ost sowie für den jeweils besonderen Zuständigkeitsbereich das Bundesamt für Wehrverwaltung und das Bundesamt für Wehrtechnik und Beschaffung; das Bundesministerium hat sich vorbehalten, einen Prozess an sich zu ziehen, für den die Vertretung auf eine der vorgenannten Behörden übertragen worden ist. Die Rechtsgrundlagen bilden: Vertretungsanordnung über die Vertretung der Bundesrepublik Deutschland in Prozessen im Geschäftsbereich ds Bundesministeriums der Verteidigung vom 19. 12. 2002,[38] geändert am 19. 2. 2003,[39] Allgemeine Anordnung über die Übertragung von Zuständigkeiten im Widerspruchsverfahren und über die Vertretung bei Klagen aus dem Beamten- oder Wehrdienstverhältnis im Geschäftsbereich des Bundesministeriums der Verteidigung vom 16. 1. 2006,[40] geändert am 29. 3. 2007[41] Vertretungsbefugt im Rahmen der Versorgungs- und Ausgleichsverfahren nach § 53b FGG sind nur die Wehrbereichsverwaltungen West und Süd.

15 Als **Drittschuldner** wird der Bund vertreten bei Pfändung von Dienst- und Versorgungsbezügen durch die Bezüge zahlende Wehrbereichsverwaltung, bei Pfändung von Wehrsold durch den für den Soldaten zuständigen Wirtschaftstruppenteil (Bataillon, selbständige Einheiten u. a.); an die Stelle der Wirtschaftstruppenteile treten voraussichtlich ab Ende 2007 die Bundeswehrdienstleistungszentren.. Einzelheiten regelt die Verwaltungsanordnung über die Vertretung des Bundes als Drittschuldner im Bereich des Bundesministeriums der Verteidigung vom 30. 1. 2002.[42]

16 In **Zivilrechtsstreiten** aus **Baumaßnahmen** für das Verteidigungsressort vertritt die jeweils örtlich zuständige Oberfinanzdirektion den Bund.[43] Die Vertretung erfolgt auf der Grundlage von Verwaltungsvereinbarungen mit den jeweiligen Ländern.

17 Bei **Stationierungsschäden** wird die Bundesrepublik Deutschland, soweit diese zu verklagen ist, an sich durch den Bundesminister der Finanzen vertreten. Der Bundesminister der Finanzen hat die

---

[29] BAnz. Nr. 201.
[30] BAnz. Nr. 113.
[31] BGBl. I S. 970.
[32] BAnz. Nr. 29.
[33] BGBl. I S. 2014.
[34] § 2 VwGO neu gefaßt am 21. 11. 1997, BGBl. I S. 2742.
[35] Vgl. i. e. die Anordnungen.
[36] Verordnung über den Zeitpunkt der Verlegung des Sitzes des Bundesarbeitsgerichtes von Kassel nach Erfurt vom 8. 10. 1999, BGBl. I S. 1954; Sitzverlegung des BAG erfolgte am 22. 11. 1999.
[37] Vgl. § 5 Geschäftsordnung des BVerfG vom 2. 9. 1975, BGBl. I S. 2515.
[38] VMBl 2003 S. 2.
[39] VMBl 2003 S. 86.
[40] BGBl. I S. 273.
[41] BGBl. I S. 534.
[42] VMBl. S. 131.
[43] § 8 VII Finanzverwaltungsgesetz in der Fassung vom 4. 4. 2006, BGBl. I S. 846.

Vertretungsbefugnis auf die Finanzsenatoren und Finanzminister der Länder bzw. den Innenminister des Saarlandes übertragen mit Delegationsbefugnis.[44] Erfasst werden die Bereiche Rechtsstreitigkeiten wegen Stationierungsschäden, Rechtsstreitigkeiten wegen Truppenschäden, Manöverschäden, Rechtsstreitigkeiten aus Arbeits- und Sozialversicherungsverhältnissen und dem Betriebsvertretungsrecht der bei den Stationierungsstreitkräften und der bei einem Nato-Hauptquartier beschäftigten Arbeitnehmer, Rechtsstreitigkeiten im Zusammenhang mit der Geltendmachung von Schadensersatzansprüchen wegen unfallbedingter Arbeitsunfähigkeit. Die Vertretungsbefugnis umfasst auch die Zwangsvollstreckung im Sinne von Art. 35 Abs. 1 AusfG-NTS. Bei der Anspruchstellung wegen Truppenschäden sind Anmelde- und Klagefristen nach dem AusfG-NTS zu beachten.[45]

f) Bundesministerium für Verkehr, Bau- und Wohnungswesen/Stadtentwicklung[46] 18 **einschließlich Bundeseisenbahnvermögen.** Vertretungsbehörde ist grundsätzlich das Bundesministerium für Verkehr gemäß der Anordnung über die Vertretung der Bundesrepublik Deutschland im Geschäftsbereich des Bundesministeriums für Verkehr und über das Verfahren bei der Vertretung.[47] Vertretungsbefugt in ihren jeweiligen Geschäftsbereichen sind die nachgeordneten Behörden, wie das Bundesamt für Güterverkehr, Köln,, der Deutsche Wetterdienst, das Kraftfahrtbundesamt, Flensburg, das Luftfahrt-Bundesamt in Braunschweig, die das Bundesamt für Straßenwesen usw.. In Angelegenheiten der Auftragsverwaltung, z. B. Bundesautobahnen und Bundesfernstraßen, sind die Länder vertretungsbefugt; eine Delegation auf nachgeordnete Landesbehörden ist möglich.[48] Mit der Sitzverlagerung des Verfassungsorgans Bundesregierung von Bonn nach Berlin ist der Behördensitz des Bundesministeriums iS des § 18 ebenfalls Berlin.[49]

Das **Bundeseisenbahnvermögen (BEV) mit Hauptverwaltungssitz in Bonn** ist als nicht 19 rechtsfähiges Sondervermögen des Bundes aus der Zusammenführung der Deutschen Bundesbahn (DB) und der Deutschen Reichsbahn nach dem Einigungsvertrag vom 31. 8. 1990[50] entstanden und wird durch den Bund verwaltet.[51] Nach § 2 Abs. 1 Nr. 3 VertrOBVV ist das BEV zur Vertretung der Bundesrepublik berufen. Die Rechtsgrundlage bildet das Gesetz zur Neuordnung des Eisenbahnvermögens vom 27. 12. 1993.[52] Gemäß Art. 1 §§ 1, 4 I ENeuOG kann das BEV trotz fehlender Rechtsfähigkeit unter seinem (eigenen) Namen handeln, klagen und verklagt werden. Gerichtlich und außergerichtlich vertretungsbefugt ist die Präsidentin oder der Präsident des BEV, sofern nicht die Verwaltungsordnung nach Art. 1 § 6 (3) ENeuOG etwas anderes bestimmt. Die Verwaltungsordnung wird vom Präsidenten bestimmt und bedarf der Zustimmung des Bundesministers für Verkehr gemäß Art. 1 § 6 (6) ENeuOG. Der **allgemeine Gerichtsstand des BEV** richtet sich nach dem Sitz der Behörde, die nach Art. 1 § 6 (6) berufen ist, das BEV im Rechtsstreit zu vertreten.

Die **Deutsche Bahn AG** ist am 5. 1. 1994 in das Handelsregister in Frankfurt am Main einge- 20 tragen worden, so dass dort der allgemeine Gerichtsstand ist. Hierfür gilt § 17, für eine Klage, die sich auf eine Niederlassung bezieht gilt § 21.[53] Mit der Aufgliederung des BEV und der Übertragung der Verschuldung von Bundes- und Reichsbahn hierauf wurden die betriebs- und privatrechtlichen Voraussetzungen der Gründung der Deutschen Bahn AG geschaffen. Die Dienstherreneigenschaft über die bei der Deutschen Bahn AG tätigen Beamten obliegt dem BEV, dieses trägt die Personalkosten.[54]

g) Bundesministerium für das Post- und Fernmeldewesen. Das Bundesministerium für das 21 Post- und Fernmeldewesen ist aufgelöst.[55] Für die aus dem Postsondervermögen entstandenen Nachfolgeunternehmen bestimmt sich seit dem 1. 5. 1995 der allgemeine Gerichtsstand nach § 17.[56] Die verbliebenen hoheitlichen Aufgaben des Bundes werden durch die **Regulierungsbehörde** für Te-

---

[44] Vgl. i. e. Natotruppenstatut Ausführungsgesetz; vgl. i. Ü. *Heitmann* BB 1980, 1349; *Grasmann* BB 1980, 910; *Geißler* NJW 1980, 2615.

[45] Vgl. *Geißler* NJW 1980, 2617 ff.; BGH NVZ 1996, 193.

[46] Bezeichnung geändert durch Erlass der Bundeskanzlerin vom 22. 11. 2005, BGBl. Nr. 71, 3197.

[47] Vom 6. 5. 1997, VerkBl. 1997, S. 402 und 532; in der Fassung vom 4. 4. 2005, VerkBl. 2005, S. 391.

[48] Vgl. Allgemeine Verwaltungsvorschrift v. 3. 7. 1951, BAnz. Nr. 132; vgl. auch als Rechtsgrundlage Art. 90 GG.

[49] BT-Drucks. 12/1832 und 12/2850.

[50] BGBl. II S. 885.

[51] Art. 87 e GG; Art. 1 § 1 ENeuOG.

[52] ENeuOG, BGBl. I S. 2379, bereinigt 1994, BGBl. I S. 2439.

[53] Für den Rechtszustand vor Neuordnung und vor Eintragung der Deutsche Bahn AG in das Handelsregister Frankfurt am Main vgl. die 1. Auflage.

[54] Vgl. ausführlich IFSt-Schrift Nr. 371, zur Einbeziehung einiger Sondervermögen in den Bundeshaushalt, Institut „Finanzen und Steuern" e. V., April 1999, insbesondere S. 20 ff.

[55] Für die frühere Rechtslage vgl. die 2. Auflage.

[56] Vgl. dort Rn. 6.

lekommunikation und Post wahrgenommen.[57] Die Regulierungsbehörde ist eine Bundesbehörde im Geschäftsbereich des Ministeriums für Wirtschaft mit Sitz in Bonn. Der Präsident der Regulierungsbehörde vertritt diese gerichtlich und außergerichtlich.[58] Neben der Regulierungsbehörde für Telekommunikation und Post besteht die Bundesanstalt für Post- und Telekommunikation.[59] Sie ist eine rechtsfähige Anstalt des öffentlichen Rechts mit Sitz in Bonn und wird durch ihren Vorstand rechtsgeschäftlich vertreten. Der allgemeine Gerichtsstand dieser Anstalt richtet sich nach § 17, von Niederlassungen nach § 21. Aufgabe der Regulierungsbehörde ist die Wahrnehmung der Interessen des Bundes u. a. als Anteilseigner an den drei Nachfolgeunternehmen.[60] Weitere selbständige Einrichtungen sind die Unfallkasse Post und Telekommunikation und die Museumsstiftung Post und Telekommunikation.[61]

22 **h) Bundesministerium für Wirtschaft.** Der Bundesminister für Wirtschaft vertritt den Bundesfiskus innerhalb seines Geschäftsbereiches grundsätzlich selbst. Nachgeordnete Behörden sind beispielsweise: Physikalisch-Technische Bundesanstalt in Braunschweig und Berlin, Bundesamt für Gewerbliche Wirtschaft in Eschborn mit Außenstelle für Mineralöl, Kaffee und Tee in Hamburg, Bundesanstalt für Geowissenschaften und Rohstoffe in Hannover, Bundesstelle für Außenhandelsinformationen in Köln, Bundesanstalt für Mineralprüfung in Berlin-Dahlem, Bundeskartellamt in Berlin, Bundesinstitut für Chemisch-Technische Untersuchungen.[62]

23 **i) Bundesministerium für Ernährung, Landwirtschaft und Verbraucherschutz.** Das Bundesministerium für Ernährung, Landwirtschaft und Verbraucherschutz vertritt in seinem Geschäftsbereich den Bundesfiskus grundsätzlich selbst. Es bestehen nachgeordnete Bundeseinrichtungen, bei denen die Präsidenten bzw. Anstaltsleiter die Endvertretung ausüben, wie das Bundesamt für Verbraucherschutz und Lebensmittelsicherheit, das Bundessortenamt und Bundesforschungsanstalten sowie rechtlich selbständige, der Aufsicht des Bundesministeriums unterstellte Anstalten des öffentlichen Rechts, wie die Bundesanstalt für Landwirtschaft und Ernährung, Bundesinstitut für Risikobewertung, Deutscher Weinfond, Absatzförderungsfond der deutschen Land- und Ernährungswirtschaft, Absatzförderungsfond der Holz- und Forstwirtschaft.

24 **j) Übrige Bundesministerien.** Die übrigen Bundesministerien vertreten den Bundesfiskus innerhalb ihres Geschäftsbereiches grundsätzlich selbst. Sie verfügen über teilweise mit Vertretungsbefugnis ausgestattete nachgeordnete Behörden. Im Einzelfall sollte, wie auch bei den übrigen Vertretungsfragen im Bereich des § 18, Auskunft über die Vertretungsregelung eingeholt werden.[63]

25 **4. Länderfiskus. a) Baden-Württemberg.** Art. 49 Abs. 2 BWVerf. Grundsätzlich vertritt die oberste Landesbehörde in ihrem Geschäftsbereich das Land, § 1 Abs. 1 der Anordnung über die Vertretung des Landes in gerichtlichen Verfahren vom 17. 1. 1955[64] idF der Änderungsanordnung vom 25. 9. 2001.[65] Es besteht die Befugnis, die Vertretung auf nachgeordnete Behörden zu übertragen, § 1 Abs. 2 der VO.[66] Hiervon ist umfassend in der „Bekanntmachung der Ministerien über die Vertretung des Landes in gerichtlichen Verfahren und förmlichen Verfahren vor den Verwaltungsbehörden vom 12. 10. 1987, ersetzt durch die Neufassung der Verordnung vom 30. 11. 2004[67] Gebrauch gemacht worden. Die Bekanntmachung enthält eine detaillierte Regelung der Vertretung für die einzelnen Landesministerien.

26 **b) Bayern.** Die Vertretung ist geregelt in der Verordnung über die gerichtliche Vertretung des Freistaates Bayern, VertrV idF vom 4. 10. 1995,[68] zuletzt geändert am 29. 6. 1999,[69] am 21. 12. 1999,[70] am 13. 11. 2001,[71] am 30. 8. 2005,[72] 5. 9. 2006[73] und zuletzt am 9. 1. 2007.[74] Nach § 2 der

---

[57] Vgl. Art. 87f Abs. 2 GG; §§ 2, 44, 57 Abs. 3 PostG 1997; §§ 2, 66ff. TKG.
[58] Vgl. § 66 Abs. 2 TKG.
[59] Art. 1 PTNeuOG.
[60] Vgl. Art. 1 PTNeuOG.
[61] Vgl. Art. 2, 11 PTNeuOG.
[62] Vgl. *Stein/Jonas/Roth* Rn. 14.
[63] Vgl. hierzu oben Rn. 3ff.
[64] GBl. S. 8.
[65] GBl. S. 552.
[66] GBl. 1973 S. 210.
[67] GBl. S. 874.
[68] GVBl. S. 733.
[69] GVBl. S. 286.
[70] GVBl. S. 566.
[71] GVBl. S. 742.
[72] GVBl. S. 468.
[73] GVBl. S. 305 u. 786.
[74] GVBl. S. 12.

VertrV wird der Freistaat Bayern vor den ordentlichen Gerichten ebenso wie vor den Gerichten für Arbeitssachen und den Gerichten der Verwaltungsgerichtsbarkeit durch das Staatsministerium der Finanzen und die Dienststellen des Landesamtes für Finanzen mit Sitzen in Ansbach, Augsburg, München, Regensburg und Würzburg vertreten. Bei besonderen Fällen aus dem Geschäftsbereich des Staatsministeriums der Justiz ergibt sich die Vertretung aus § 4 der VertrV. Die Drittschuldnervertretung ergibt sich aus § 5 der VertrV. Als Drittschuldner wird der Freistaat Bayern bei Pfändungen im Bereich von Besoldungs-, Versorgungs- und Arbeitnehmerbezügen durch die jeweilige Dienststelle des Landesamtes für Finanzen[75] vertreten, soweit diese für die Abrechnung der Bezüge zuständig ist. Bei Pfändungen sonstiger Geldforderungen erfolgt die Vertretung durch die Leitung der Kasse, der die Auszahlung der Forderung obliegt. Bei allen anderen Ansprüchen, die weder auf Geld noch auf die Herausgabe oder Leistung körperlicher Sachen gerichtet ist, vertritt die Behörde den Freistaat Bayern, die den gepfändeten Anspruch zu erfüllen hat. Im Fall der Hinterlegung oder Verwahrung ist die betreffende Hinterlegungs- bzw. Verwahrungsstelle gemäß § 6 VertrV vertretungsbefugt. Soweit sich die Zuständigkeit nicht aus § 2 VertrV ergibt, bestimmt sich die örtliche Zuständigkeit nach dem Sitz der Ausgangsbehörde, aus deren Verhalten der erhobene Anspruch hergeleitet wird, § 3 Abs. 2 VertrV. Zum Vollzug der VertrV steht die gemeinsame Bekanntmachung über den Vollzug der Vertretungsverordnung (VB-VertrV) in der Fassung vom 10. 7. 1995,[76] geändert am 30. 3. 2004, zur Verfügung.

c) Berlin. Vertretungsbefugt ist neben dem regierenden Bürgermeister das Mitglied des Senates innerhalb seines Geschäftsbereiches.[77] Rechtsgrundlagen sind die Grundsätze für die Behandlung von Rechtsstreitigkeiten Berlins vom 23. 1. 1990[78] und gemäß § 6 Abs. 1 des Allgemeinen Zuständigkeitsgesetzes idF vom 22. 7. 1996,[79] zuletzt geändert durch Art. II des Gesetzes vom 11. 7. 2006.[80] Diese Verwaltungsvorschriften gelten über den durch § 28 S. 2 bestimmten Zeitpunkt des Außerkrafttretens (31. 12. 1999) hinaus unverändert fort.[81] Für den Bereich der Landesjustizverwaltung gilt die Anordnung über die Vertretung des Landes Berlin im Geschäftsbereich der Senatsverwaltung für Justiz vom 5. 9. 2003.[82] 27

d) Brandenburg. Gemäß Art. 91 Abs. 1, 89 S. 1 der brandenburgischen Landesverfassung vertritt der Ministerpräsident das Land Brandenburg nach außen, dh. gegenüber dem Bund, den anderen Ländern und auswärtigen Staaten.[83] Daneben wird das Land grundsätzlich durch die Fachminister jeweils für ihren Geschäftsbereich vertreten. Mit Anordnung über die Vertretung des Landes Brandenburg im Geschäftsbereich des Ministers der Justiz vom 9. 6. 1992,[84] zuletzt geändert am 11. 12. 2006,[85] wird geregelt, wer das Land im Geschäftsbereich des Ministeriums der Justiz gerichtlich vertritt. Für den Geschäftsbereich des Ministeriums der Finanzen regelt die Anordnung vom 31. 1. 2006[86] die Vertretung des Landes Brandenburgs. 28

e) Bremen. Die Vertretung findet grundsätzlich durch den Senat statt, Art. 118 Abs. 1 S. 2 BremVerf. Innerhalb ihrer jeweiligen Geschäftsbereiche sind die einzelnen Senatoren vertretungsbefugt, Art. 120 Abs. 1 S. 2 BremVerf. Der Senator für Justiz und Verfassung vertritt nach der Verfassung den Justizfiskus. 29

f) Hamburg. Vertretungsbehörden sind der Präsident der Bürgerschaft und die Mitglieder des Senats, Art. 18 Abs. 2, Art. 42 Abs. 2 der Verfassung vom 20. 6. 1996[87] idF des Nachtrages vom 16. 5. 2001 HmbGVBl. S. 106. Im übrigen ist die Vertretungsbefugnis weitgehend auf die übrigen Behörden im Rahmen ihres Geschäftsbereiches übertragen worden; Anordnung über die Befugnis zur Vertretung der Freien und Hansestadt Hamburg vom 6. 10. 1987,[88] ersetzt durch Anordnung vom 19. 4. 2001,[89] die eine Regelung im einzelnen enthält. Rechtsgrundlagen im übrigen: Gesetz über die Ver- 30

---

[75] Vgl. zu den Dienststellen www.lff.bayern.de.
[76] StAnz. Nr. 30/95 = FMBl. S. 240.
[77] Vgl. LG Berlin JR 1954, 181.
[78] ABl. für Berlin S. 202.
[79] GVBl. S. 302, 472.
[80] GVBl. S. 812.
[81] Vgl. Rundschreiben der Senatsverwaltung für Finanzen vom 4. 11. 1999, ABl. S. 4855.
[82] ABl. für Berlin S. S. 3916.
[83] Vgl. Verfassung des Landes Brandenburg v. 20. 8. 1992 GVBl. S. 298.
[84] JMBl. S. 78.
[85] JMBl. 2007, S. 3.
[86] Vgl. www.landesrecht.brandenburg.de
[87] HmbGVBl. S. 129 u. 133.
[88] Amtl. Anz. 1987, 2077.
[89] Amtl. Anz. 2001, 1433.

waltungsbehörden idF vom 30. 7. 1952, geändert am 6. 10. 1987, am 2. 7. 1991[90] und zuletzt am 11. 4. 2006,[91] nach dessen § 6 die Finanzbehörde im allgemeinen, die übrigen Behörden im Rahmen ihres Geschäftsbereiches befugt sind, die Freie und Hansestadt Hamburg vermögensrechtlich und vor den Gerichten zu vertreten. Ferner die Anordnung über die Vertretung der Freien und Hansestadt Hamburg im Geschäftsbereich der Justizbehörde vom 30. 11. 1981[92] sowie das Gesetz[93] über die Formbedürftigkeit von Verpflichtungserklärungen, das inzwischen aufgehoben wurde.[94]

31 **g) Hessen.** Hessen wird durch seinen Ministerpräsidenten vertreten, Art. 103 Hess. Verf. Dieser hat die Vertretungsbefugnis weitgehend auf die einzelnen Fachminister und diese auf die ihnen unterstellten Behörden übertragen, Anordnung über die Vertretung des Landes Hessen vom 16. 9. 1974,[95] geändert bzw. ergänzt am 11. 3. 1983,[96] am 7. 11. 1991,[97] am 6. 11. 1995,[98] am 17. 9. 1996[99] und zuletzt am 2. 7. 2002.[100] Bezogen auf die Geschäftsbereiche der jeweiligen Minister erfolgten Anordnungen des hessischen Ministers der Justiz vom 12. 11. 1988,[101] letztmalig geändert am 30. 6. 2006,[102] Anordnung des Hessischen Ministers des Inneren und für Landwirtschaft, Forsten und Naturschutz vom 8. 2. 1980,[103] geändert am 29. 12. 1988[104] und zuletzt geändert am 8. 12. 1998,[105] Anordnung des Hessischen Ministers für Finanzen vom 30. 7. 1982,[106] geändert am 9. 2. 1994[107] und am 22. 5. 1998,[108] Anordnung des Hessischen Ministers für Wirtschaft, Verkehr und Landentwicklung vom 19. 7. 1998[109] idF vom 17. 2. 1997,[110] Anordnung des Hessischen Kultusministers vom 4. 10. 1978,[111] 3. 9. 1979[112] und 1. 8. 1997,[113] Anordnung des Hessischen Sozialministers vom 23. 3. 1982,[114] geändert am 13. 7. 1993,[115] Anordnung des Hessischen Ministers für Umwelt, Energie, Jugend, Familie und Gesundheit vom 30. 12. 1985,[116] 30. 7. 1993,[117] zuletzt geändert am 24. 10. 1997.[118] Anordnung des Hessischen Ministers für Wissenschaft und Kunst mit Ausnahme des Hochschulbereichs idF vom 14. 7. 1995,[119] letztmals geändert am 10. 5. 1999[120] und die Anordnung über die Vertretung des Landes Hessens in den Zuständigkeitsbereichen der hessischen Hochschulen idF vom 19. 11. 1993.[121] Im Bereich der Finanzverwaltung ist die Oberfinanzdirektion Frankfurt/M. vertretungsbefugt,[122] im Bereich der Inneren Verwaltung einer der drei zuständigen Regierungspräsidenten,[123] im Bereich des Justizfiskus die Staatsanwaltschaft sowie die Leiter der zuständigen Gerichtskassen und die Bezirksrevisoren.[124]

---

[90] HmbGVBl. S. 247.
[91] HmbGVBl. 2006, S. 169.
[92] Amtl. Anz. v. 14. 11. 1981, Nr. 240, Hamburgisches JVBl. v. 31. 1. 1982.
[93] Vom 18. 9. 1973.
[94] HmbGVBl. S. 405.
[95] StAnz. S. 1729.
[96] StAnz. S. 810.
[97] StAnz. S. 2598.
[98] StAnz. S. 3626.
[99] StAnz. S 3230.
[100] StAnz. S. 2097.
[101] StAnz. S. 373.
[102] StAnz. S. 920.
[103] StAnz. S. 386.
[104] StAnz. S. 252.
[105] StAnz. S. 4042.
[106] StAnz. S. 145.
[107] StAnz. S. 770.
[108] StAnz. S. 1641.
[109] StAnz. S. 1557.
[110] StAnz. S. 881.
[111] StAnz. S. 2078.
[112] StAnz. S. 1913.
[113] StAnz. S. 2519.
[114] StAnz. S. 762.
[115] StAnz. S. 1914.
[116] StAnz. 1986 S. 125.
[117] StAnz. S. 207.
[118] StAnz. S. 3516.
[119] StAnz. S. 2277.
[120] StAnz. S. 1869.
[121] StAnz. S. 3041.
[122] AnO vom 28. 11. 2000, StAnz. S. 3926 idF der ÄndO vom 7. 5. 2002, StAnz. S. 1919 und vom 19. 12. 2002, StAnz. 2003, S. 140.
[123] AnO vom 15. 2. 2000, StAnz. S. 727 idF der ÄndO von 31. 12. 2000, StAnz. 2001 S. 370.
[124] AnO vom 8. 2. 2001, StAnz. S. 838 idF der ÄndAnO vom 10. 9. 2002, StAnz. S. 3864.

h) Mecklenburg-Vorpommern. Gemäß Art. 47 Abs. 1 der Verfassung von Mecklenburg-Vorpommern vom 23. 5. 1995,[125] geändert am 4. 4. 2000,[126] vertritt der Ministerpräsident das Land (nach außen). Diese Befugnis ist nicht übertragbar. Mit Erlass des Ministerpräsidenten vom 7. 11. 1990,[127] zuletzt geändert am 17. 11. 2005,[128] ist die rechtsgeschäftliche Vertretung und die Vertretung in Rechtsstreitigkeiten den einzelnen Fachministern übertragen worden. Die Fachminister können die Vertretungsbefugnis auf nachgeordnete Behörden übertragen, die erst mit ihrer Veröffentlichung im Amtsblatt für Mecklenburg-Vorpommern wirksam wird. Auch in diesem Fall bleibt der zuständige Fachminister neben der beauftragten Stelle so lange vertretungsberechtigt, bis die Beteiligten gesondert über die Vertretung benachrichtigt worden sind.[129] Vertretungsbehörden für den Bereich der Justizverwaltung sind bestimmt durch die Verwaltungsvorschrift des Justizministeriums vom 14. 1. 2003,[130] berichtigt am 12. 2. 2003[131] und zuletzt geändert am 17. 12. 2003.[132] 32

i) Niedersachsen. Vertretungsbehörde ist jedes Ministerium innerhalb seines Geschäftsbereiches sowie die im gemeinsamen Runderlass vom 16. 11. 2004,[133] geändert durch Runderlass vom 23. 4. 2006,[134] für die jeweiligen Aufgabenbereiche zuständigen Stellen. Bei Überschneidungen der Vertretungskompetenzen mehrerer ministerieller Geschäftsbereiche vertritt das federführende Ministerium das Land gem. Art. 37 Abs. 2 1 Halbs. der Niedersächsischen Verfassung. 33

j) Nordrhein-Westfalen. Gemäß Art. 55 Abs. 2 der Verfassung leiten die jeweiligen Minister ihren Geschäftsbereich selbständig, wozu auch die Vertretungsbefugnis gehört. Es bestehen Regelungen, die die Vertretungsbefugnis auf nachgeordnete Behörden übertragen, im Zweifel handelt es sich dabei um den Regierungspräsidenten. Im Geschäftsbereich des Justizministeriums gilt zunächst die Verordnung über die richter- und beamtenrechtlichen Zuständigkeiten im Geschäftsbereich des Justizministers vom 19. 11. 1982[135] idF vom 20. 5. 1987,[136] zuletzt geändert am 16. 4. 1998.[137] Außerdem gilt die Anordnung über die Vertretung des Landes Nordrhein-Westfalen im Geschäftsbereich des Justizministers vom 25. 4. 2000[138] idF vom 15. 6. 2005.[139] Weitere Vertretungsbehörden sind der zuständige Präsident des Oberlandesgerichtes, die Generalstaatsanwälte, die Leiter der Oberjustizkassen und der Gerichtskassen, Bezirksrevisoren und Präsidenten der Justizvollzugsämter. Für den Geschäftsbereich des Finanzministers richtet sich die Vertretung im übrigen nach dem Runderlass des Finanzministers vom 1. 3. 1982[140] nach der Vertretungsordnung FM NW vom 27. 3. 2003.[141] 34

k) Rheinland-Pfalz. Der Fiskus wird durch das jeweils zuständige Ministerium vertreten. Es bestehen gemäß der Vertretungsordnungen für die Geschäftsbereiche der einzelnen Ministerien Regelungen der Übertragbarkeit der Vertretungskompetenz auf nachgeordnete Behörden. In Sachen der Inneren Verwaltung sind die Regierungspräsidenten zuständig,[142] in Sachen des Justizfiskus die Generalstaatsanwälte,[143] in Sachen der Finanzverwaltung die jeweiligen Oberfinanzdirektionen.[144] 35

l) Saarland. Grundsätzlich ist der jeweils zuständige Minister im Rahmen seines Geschäftsbereiches vertretungsberechtigt, Gesetz über die Vertretung des Saarlandes vom 15. 11. 1960,[145] zuletzt geändert am 26. 1. 1994.[146] Auf dem Erlass- und Verordnungswege haben die Minister zum Teil 36

---

[125] GVBl. S. 372.
[126] GVOBl. S. 168.
[127] Gem. § 5 Abs. 2 des vorläufigen Status des Landes Mecklenburg-Vorpommern.
[128] ABl. Nr. 53, S. 1358.
[129] Vgl. Erlass des Ministerpräsidenten über die Vertretung des Landes Mecklenburg-Vorpommern vom 7. 11. 1990.
[130] ABl. S. 54.
[131] ABl. S. 143.
[132] ABl. Nr. 1/ 2006, S. 4.
[133] Nds. MBl. S. 772.
[134] Nds. MBl. S. 503.
[135] GVBl. NRW S. 757.
[136] GVBl. NRW S. 175.
[137] GVBl. NRW S. 222.
[138] JMBl. NRW – Veröffentlichung erfolgt demnächst.
[139] Vgl. www.justiz.nrw.de zur Vertretungsordnung JM NRW.
[140] SMBl. NRW 220.
[141] MBl. NRW 368, SMBl NRW 200 20.
[142] Verordnung zuletzt geändert am 16. 12. 2002, GVBl. S. 496.
[143] Vgl. GVBl. 1997 S. 331; Verordnung zuletzt geändert am 4. 12. 2002, GVBl 499.
[144] Verordnung zuletzt geändert am 16. 12. 2002, GVBl. S. 496.
[145] ABl. S. 920.
[146] ABl. S. 509 (Landesverordnung über die Zuständigkeit des Landes im Geschäftsbereich des Ministeriums der Justiz, geändert am 10. 4. 2001 und 4. 12. 2002).

ihre Vertretungsbefugnis auf nachgeordnete Behörden übertragen gemäß § 4 des Gesetzes vom 26. 1. 1994. Im Bereich der Justizverwaltung gilt die Verwaltungsvorschrift über die Vertretung des Saarlandes im Bereich der Justizverwaltung idF der Bekanntmachung vom 14. 6. 1977,[147] aufgehoben und neugefasst am 24. 7. 1992,[148] vertretungsbefugt sind die Generalstaatsanwaltschaften, Leiter der Gerichtskassen, Leiter der Justizvollzugsanstalten und andere. Die Vertretung des Saarlandes bei Pfändung oder Abtretung von Bezügen der Angehörigen des öffentlichen Dienstes vom 21. 12. 1978[149] obliegt der Oberfinanzdirektion Saarbrücken, im übrigen dem Leiter der Kasse, welche die Bezüge auszahlt.

37 **m) Sachsen.** Die Staatsregierung des Freistaates Sachsen ist gemäß des Sächsischen Vertretungsgesetzes vom 20. 2. 1997[150] ermächtigt, durch Rechtsverordnung die Vertretung des Freistaates zu regeln. Gemäß der Verordnung der Sächsischen Staatsregierung vom 8. 4. 1997,[151] neugefasst am 27. 12. 1999,[152] geändert am 17. 12. 2002[153] und zuletzt rechtsbereinigt am 10. 10. 2006, nimmt die Vertretung in gerichtlichen Verfahren die oberste Landesbehörde wahr, zu deren Geschäftsbereich die Angelegenheit gehört, § 1 VertrVO, sofern nicht gemäß der §§ 2 bis 6 VertrVO die Vertretung des Freistaates vor den Gerichten in den einzelnen Gerichtszweigen oder gemäß § 7 VertrVO die Vertretung im Geschäftsbereich des Staatsministeriums der Justiz in besonderen Verfahren gesondert geregelt wird. Gemäß § 2 VertrVO wird der Freistaat Sachsen in Verfahren vor dem Bundesverfassungsgericht und dem Verfassungsgericht durch das Staatsministerium der Justiz vertreten. In Verfahren vor den ordentlichen Gerichten und Arbeitsgerichten ist die Vertretungsbefugnis auf das Landesamt für Finanzen und seine Außenstellen, § 3, in Verfahren vor den Verwaltungsgerichten auf die Landesbehörden unmittelbar nachgeordneten Behörden, § 4, in Verfahren vor den Finanzgerichten auf die einzelnen Finanzämter im Rahmen ihres Geschäftsbereichs, § 5 und in Verfahren vor den Sozialgerichten auf das Staatsministerium für Soziales, Gesundheit und Familie, § 6, übertragen worden. Gemäß § 7 wird die Vertretung des Staatsministerium der Justiz in besonderen Verfahren wie zB Verfahren kostenrechtlicher Art vor den ordentlichen Gerichten, Arbeits-, Verwaltungs-, Sozial- und Finanzgerichten durch den zuständigen Bezirksrevisor, Verfahren der zwangsweisen Beitreibung durch die zuständige Vollstreckungsbehörden und Entschädigungsverfahren durch den Generalstaatsanwalt ausgeübt. Im Einzelfall können die obersten Landesbehörden die Vertretung des Freistaates wieder an sich ziehen, § 8.

38 **n) Sachsen-Anhalt.** Die Vertretung wird durch den gemeinsamen Runderlass über die Vertretung des Landes Sachsen-Anhalt vom 17. 5. 1994,[154] geändert am 22. 9. 1997,[155] 25. 3. 1999,[156] 11. 12. 2001,[157] 1. 4. 2003,[158] 27. 1. 2004[159] und zuletzt am 17. 3. 2004,[160] geregelt, der auf Art. 69 Abs. 1, 68 der Verfassung von Sachsen-Anhalt vom 16. 7. 1992[161] basiert. Der Ministerpräsident vertritt das Land gemäß Art. 69 Abs. 1 S. 1 der Verfassung Sachsen-Anhalt. Die Vertretung ist auf die zuständigen Fachminister übertragbar,[162] Art. 68 Abs. 2 der Verfassung Sachsen-Anhalts. Die Minister können ihrerseits die ihnen übertragenen Befugnisse auf nachgeordnete Behörden ihres Geschäftsbereiches delegieren, Runderlass über die Vertretung des Landes Sachsen-Anhalt, Abschnitt III.

39 **o) Schleswig-Holstein.** Gemäß Art. 30 Abs. 1 der Verfassung des Landes Schleswig-Holstein in der Fassung vom 13. 6. 1990,[163] zuletzt geändert durch Gesetz vom 17. 10. 2006,[164] vertritt der

---

[147] ABl. S. 605.
[148] ABl. S. 841 = AV der MdJ Nr. 14/92.
[149] ABl. 1979 S. 33.
[150] SächsGVBl. S. 108.
[151] SächsGVBl. S. 358.
[152] SächsGVBl. S. 2 ff.
[153] SächsGVBl. 2000, S. 2.
[154] MinBl. LSA S. 1289; vgl. Nr. 30 a Beck'sche Textausgabe Gesetze des Landes Sachsen-Anhalt.
[155] MinBl. LSA S. 1682.
[156] MinBl. LSA S. 494.
[157] MinBl. LSA 2002, S. 35, 36.
[158] MBl. S. 219.
[159] MBl. S. 70.
[160] MBl. S. 174 u. 232.
[161] GVBl. LSA S. 600.
[162] Runderlass über die Vertretung vom 22. 9. 1997, MinBl. LSA S. 1682.
[163] GVOBl. 1990, S. 391.
[164] GVOBl. 2006, S. 220.

Ministerpräsident das Land, soweit die Gesetze nichts anderes bestimmen. Außerdem kann er diese Befugnisse übertragen. Von dieser Übertragungsmöglichkeit hat der Ministerpräsident mit seinem Erlass über die Vertretung des Landes Schleswig-Holstein vom 30. 10. 1950,[165] geändert durch die Erlasse vom 26. 4. 1966,[166] 15. 4. 1978[167] und zuletzt geändert am 25. 3. 1993[168] Gebrauch gemacht. Danach wird das Land Schleswig-Holstein durch den zuständigen Fachminister im Rahmen seines jeweiligen Geschäftsbereichs vertreten. Er kann jeweils die Vertretungsbefugnis auf ihm nachgeordnete Behörden übertragen. Die einzelnen Fachminister haben von dieser Delegationsbefugnis Gebrauch gemacht: Im Geschäftsbereich des Justizministers durch Erlass vom 16. 1. 1967,[169] geändert am 18. 2. 1991,[170] und zuletzt am 2. 9. 2003,[171] im Geschäftsbereich des Finanzministers durch Erlass vom 31. 10. 1985, geändert am 25. 3. 1993,[172] ergänzt durch Erlass am 6. 11. 1995[173] und zuletzt am 11. 7. 2006;[174] im Geschäftsbereich des Innenministers durch Erlass vom 30. 1. 1992;[175] im Geschäftsbereich des Ministers für Wirtschaft und Verkehr durch Erlass vom 25. 8. 1986;[176] im Geschäftsbereich des Ministers für Ernährung, Landwirtschaft, Forsten und Fischerei durch Erlass vom 17. 7. 1989;[177] im Geschäftsbereich des Sozialministers durch Erlass vom 22. 8. 1958[178] und Erlass vom 23. 10. 1980[179] sowie der Bekanntmachung des Sozialministers vom 6. 2. 1988.[180]

p) Thüringen. Gemäß Art. 77 Abs. 1 S. 1 der Thüringer Verfassung vom 25. 10. 1993[181] vertritt der Ministerpräsident das Land Thüringen. Durch Beschluss der Thüringer Landesregierung v. 11. 10. 2004 über die Zuständigkeit der einzelnen Ministerien nach Art. 76 Abs. 1 S. 2 der Thüringer Verfassung[182] ist die Zuständigkeit auf die Minister für ihren Geschäftsbereich übertragen.[183] Gemäß Ziff. 2 können die Minister die Vertretungsbefugnis sowohl allgemein sowie für bestimmte Ressortangelegenheiten auf nachgeordnete Behörden oder Beamte übertragen. Nach Ziff. 4 behält sich der Ministerpräsident die Vertretung in Einzelfällen vor.[184] Nach § 1 Abs. 3 S. 1 der gemeinsamen Geschäftsordnung für die Landesregierung sowie für die Ministerien und die Staatskanzlei des Freistaates (ThürGGO) vom 31. 8. 2000,[185] zuletzt geändert durch Beschluss vom 22. 6. 2005,[186] sind die Zuständigkeiten der einzelnen Ministerien gemäß ihrer Geschäftsbereiche klar voneinander abgegrenzt. Entsprechend des Art. 57 Abs. 4 S. 1 der Thüringer Verfassung vertritt der Landtagspräsident das Land in Angelegenheiten des Landtags, weshalb der Landtagspräsident somit über eine unbegrenzte Kompetenz verfügt. 40

5. Deutsches Reich. Auch das Deutsche Reich kann klagen und verklagt werden, da es als fortbestehend angesehen wird.[187] Vertretungsbefugt ist jeweils die Behörde, die das übergegangene Vermögen des Reiches verwaltet.[188] Im Zweifel ist der Bundesminister der Finanzen und für diesen in der Regel die Oberfinanzdirektion vertretungsbefugt, sofern es sich um Vermögen handelt, dessen Verwaltung auf keine besondere Behörde übergegangen ist.[189] 41

---

[165] ABl. S. 461.
[166] ABl. S. 219.
[167] ABl. S. 176.
[168] ABl. S. 292.
[169] SchlHA S. 80.
[170] SchlHA S. 38.
[171] ABl. S. 654.
[172] ABl. S. 292.
[173] ABl. S. 813.
[174] ABl. S. 630.
[175] ABl. S. 73.
[176] ABl. S. 371.
[177] ABl. S. 91, wonach die Länder für Land- und Wasserwirtschaft grundsätzlich in diesem Geschäftsbereich vertreten.
[178] ABl. S. 499.
[179] ABl. S. 712.
[180] ABl. S. 97.
[181] GVBl. S. 625, der § 13 Abs. 2 S. 1 der vorläufigen Landessatzung entspricht.
[182] GVBl. 2004 S. 829.
[183] Zuletzt geändert durch Beschl. v. 20. 2. 2007, GVBl. S. 23.
[184] Vgl. Ziff. 4e Vertretung vor internationalen und ausländischen Gerichten.
[185] GVBl. 2000, Nr. 9, S. 237.
[186] GVBl. S. 290.
[187] ABl. S. 176.
[188] Vgl. BVerfGE 3, 288, 319; BGHZ 13, 265, 292ff. = NJW 1954, 1073.
[189] Vgl. BGHZ 8, 197 = NJW 1953, 380; *Stein/Jonas/Roth* Rn. 3.

III. Verhältnis zu anderen Vorschriften

42 **1. Gemeinden und Gemeindeverbände.** Für Gemeinden oder Gemeindeverbände ist der allgemeine Gerichtsstand gemäß § 17 zu bestimmen. Dies gilt auch für **Anstalten des öffentlichen Rechts, Stiftungen** sowie für viele **Körperschaften des öffentlichen Rechts.**

43 **2. Verhältnis zu § 17.** Die Vorschrift des § 17 bleibt deshalb **neben** § 18 anwendbar, wodurch die Unübersichtlichkeit der Vertretungsregelungen ebenso entschärft wird[190] wie dadurch, dass die Angabe der richtigen Endvertretungsbehörde nicht zu den gemäß § 253 Abs. 2 wesentlichen Bestandteilen einer Klageschrift gehört.[191]

44 **3. Verhältnis zu besonderen Gerichtsständen.** Neben dem allgemeinen Gerichtsstand können **besondere Gerichtsstände** eingreifen, zB der Gerichtsstand der Niederlassung gemäß § 21, insbesondere bei der Bundesbahn im Falle der gewerbsmäßigen Betätigung.[192] Unter mehreren Gerichtsständen hat der Kläger die Wahl, § 35.

§ 19 Mehrere Gerichtsbezirke am Behördensitz

Ist der Ort, an dem eine Behörde ihren Sitz hat, in mehrere Gerichtsbezirke geteilt, so wird der Bezirk, der im Sinne der §§ 17, 18 als Sitz der Behörde gilt, für die Bundesbehörden von dem Bundesminister der Justiz, im Übrigen von der Landesjustizverwaltung durch allgemeine Anordnung bestimmt.

I. Normzweck

1 § 19 eröffnet die Möglichkeit, Zweifel hinsichtlich des allgemeinen Gerichtsstandes zu beseitigen, wenn der Behördensitz auf mehrere Gerichtsbezirke aufgeteilt ist. Zur Erreichung dieses Normzweckes eröffnet § 19 die **Bestimmung des Behördensitzes** iSd. §§ 17, 18.[1]

II. Anwendungsbereich und Voraussetzungen

2 **1. Behörden.** § 19 gilt nur für Behörden, nicht für sonstige juristische Personen, auch nicht für die Gemeinde selbst.[2]

3 **2. Anwendungsbereich.** § 19 greift dann Platz, wenn
a) eine **Behörde** als solche verklagt werden kann, oder
b) wenn die Behörde den **Fiskus** vertritt.

4 **3. Zuständigkeit.** Die Zuständigkeit bestimmt sich grundsätzlich nach der **Lage des Dienstgebäudes** der Behörde.[3] Zufälligkeiten und Zweifel können sich deshalb bei mehreren Dienstgebäuden einer Behörde ergeben, die auf mehrere Gerichtsbezirke verteilt sind. Deshalb erlaubt § 19 den Erlass allgemeiner Anordnungen. Mangels Vorliegen derartiger Anordnungen kommt dieser Vorschrift wenig praktische Bedeutung zu.[4]

5 **4. Bestimmung des Gerichts.** Falls erforderlich, kann das **zuständige Gericht** nach § 36 Nr. 2 bestimmt werden.

6 **5. Geltung.** § 19 gilt nur für den **allgemeinen Gerichtsstand.** Die besonderen Gerichtsstände, zB bei Klagen aus Amtspflichtverletzung oder bei gewerbsmäßiger Betätigung des Fiskus, wobei insbesondere der Gerichtsstand der Niederlassung, § 21 eingreifen kann, bleiben unberührt.[5] Der Kläger hat unter mehreren möglichen Gerichtsständen die Wahl, § 35.

§ 19a Allgemeiner Gerichtsstand des Insolvenzverwalters

Der allgemeine Gerichtsstand eines Insolvenzverwalters für Klagen, die sich auf die Insolvenzmasse beziehen, wird durch den Sitz des Insolvenzgerichts bestimmt.

---

[190] Vgl. BGHZ 19, 261 = NJW 1956, 343.
[191] Vgl. *Musielak/Heinrich* Rn. 6.
[192] Vgl. OLG Zweibrücken OLGZ 1978, 108; vgl. Rn. 21 für die Post, 19 für die Bahn.
[1] Vgl. *Stein/Jonas/Roth* Rn. 2.
[2] AllgM; *Baumbach/Lauterbach/Hartmann* Rn. 2; vgl. auch § 17 Rn. 3ff.
[3] Vgl. *Stein/Jonas/Roth* Rn. 1.
[4] Vgl. *Zöller/Vollkommer* Rn. 1, wonach praktische Bedeutung lediglich noch hinsichtlich des Amtsgerichtes Schöneberg (VOBl. I 1949 S. 128) bestehen soll.
[5] Vgl. AK-ZPO/*Röhl* § 19 Rn. 3.

I. Normzweck

Die Vorschrift bezweckt die Konzentration massebezogener Passivprozesse am Sitz des Insolvenzgerichtes. Die zusammen mit der Insolvenzordnung in Kraft getretene Regelung[1] schließt einen Rückgriff auf die allgemeine Vorschriften der §§ 13, 17 und damit eine Anknüpfung an den Sitz oder Wohnsitz des Insolvenzverwalters für Klagen aus, die sich auf die Insolvenzmasse beziehen.[2] Danach ist der frühere Rechtszustand beseitigt, wonach abhängig vom Sitz oder Wohnsitz des Konkursverwalters das zuständige Gericht weitab vom Ort der Insolvenzverwaltung liegen konnte.[3] 1

II. Anwendungsbereich und Voraussetzungen

1. Sitz der Insolvenzgerichte. Der Sitz des Insolvenzgerichtes ist für die Bestimmung des Gerichtsstandes ausschlaggebend. Dieser bestimmt sich durch das Gericht, bei dem das Insolvenzverfahren schwebt. Eine selbstständige Bestimmung des Gerichtsstandes für den Zivilprozess scheidet aus, da sich das Insolvenzgericht ausschließlich nach den §§ 2, 3 InsO bestimmt.[4] Örtlich zuständig als Insolvenzgericht ist gem. § 3 Abs. 1 Satz 1 InsO das Amtsgericht, in dessen Bezirk der Schuldner seinen allgemeinen Gerichtsstand hat, §§ 13 ff.[5] Entfaltet der Gemeinschuldner eine selbstständige wirtschaftliche Tätigkeit abweichend von seinem Sitz, bestimmt der Mittelpunkt dieser selbstständigen wirtschaftlichen Tätigkeit den Sitz des Insolvenzgerichtes, § 3 Abs. 1 Satz 2 InsO.[6] Bei einer im Handelsregister eingetragenen juristischen Person bleibt der eingetragene Sitz auch bei Beendigung der Geschäftstätigkeit aus Gründen der Rechtssicherheit maßgeblich.[7] Abzulehnen ist daher die Auffassung, die tatsächliche Verbringung der Geschäftsunterlagen in einen anderen Gerichtsbezirk führe zur Zuständigkeit eines anderen Insolvenzgerichtes.[8] Bei mehreren Niederlassungen oder Betriebsstätten kommt es auf den effektiven Verwaltungssitz als Ort der Hauptniederlassung an.[9] Nach § 2 Abs. 1 InsO ist für das Insolvenzverfahren das Amtsgericht zuständig, in dessen Bezirk ein Landgericht seinen Sitz hat.[10] Nach § 2 Abs. 2 InsO können die Landesregierungen andere oder zusätzliche Amtsgerichte zu Insolvenzgerichten bestimmen und die Bezirke abweichend festlegen.[11] 2

2. Insolvenzverwalter. Der Insolvenzverwalter[12] kann in seiner Funktion als Insolvenzverwalter in diesem Gerichtsstand verklagt werden. Mit Eröffnung des Insolvenzverfahrens wird der Insolvenzverwalter vom Gericht bestellt, § 56 Abs. 1 InsO, und ist im Eröffnungsbeschluss namentlich und mit Anschrift zu benennen, § 27 InsO. Für die Dauer des Insolvenzverfahrens übernimmt der Insolvenzverwalter die Verwaltungs- und Verfügungsbefugnis über das massezugehörige Vermögen.[13] Der Verwalter ist Partei kraft Amtes aller auf die Insolvenzmasse bezogenen Klagen. Das Amt des Insolvenzverwalters beginnt mit der Annahme, die gegenüber dem Gericht zu erklären ist.[14] Mit dessen Tod, mit dem Verlust der Geschäftsfähigkeit, mit dessen Entlassung, § 59 InsO, mit der Wahl und Bestellung eines anderen Verwalters, § 57 InsO sowie mit der Verfahrensbeendigung 3

---

[1] Am 1. 1. 1999, Art. 18 Nr. 1 EGInsO.

[2] BT-Drucks. 12/7303 S. 108, zu Art. 18 EGInsO – Änderung der Zivilprozessordnung, in ausdrücklicher Abweichung zu dem zunächst vorgesehenen § 31 a.

[3] Zur früheren Rechtslage unter Berücksichtigung der Rechtsprechung des BGH vgl. die 2. Auflage, § 17 Rn. 5.

[4] *Zöller/Vollkommer* Rn. 3.

[5] *Hellwich* MDR 1997, 13; HK-InsO/*Kirchhof* § 3 Rn. 13.

[6] HK-InsO/*Kirchhof* § 3 Rn. 6; *Hellwich* MDR 1997, 13; *Balz/Landfermann,* Die neuen Insolvenzgesetze, zu § 3 InsO; BayObLG ZIP 1999, 1714; OLG Köln EWiR 2000, 535; BayObLG NJW-RR 2003, 333.

[7] BayObLG NJW-RR 2000, 349; OLG Köln EWiR 2000, 535.

[8] OLG Schleswig NJW-RR 2000, 349; OLG Köln EWiR 2000, 535.

[9] HK-InsO/*Kirchhof* § 3 Rn. 9, 10; *Balz/Landfermann* zu § 3 InsO.

[10] Damit soll die sachliche Gerichtszuständigkeit für Insolvenzverfahren auf die durch Spezialisierung leistungsfähigen Gerichte zusammengefaßt werden, HK-InsO/*Kirchhof* § 2 Rn. 3; *Hellwich* MDR 1997, 13.

[11] Von dieser Ermächtigung haben bisher Gebrauch gemacht: Berlin, VO vom 23. 6. 1998, GVBl S. 198; Baden-Württemberg, VO vom 29. 1. 1998, GBl. S. 77; Bayern, § 29 Abs. 1 GZVJu idF der Verordnung vom 6. 7. 1995, GVBl. S. 343; Bremen, VO vom 8. 10. 1998, GVBl. S. 287; Hessen, § 1 der VO über die Bestimmung von InsGer vom 9. 7. 1997, GVBl. I S. 259; Niedersachsen, VO vom 21. 9. 1998, GVBl. S. 629; Rheinland-Pfalz, VO vom 28. 4. 1998, GVBl. S. 134, Schleswig-Holstein, VO vom 26. 10. 1998, GVBl. S. 325; vgl. HK-InsO/*Kirchhof* § 2 Rn. 12; *Hellwich* MDR 1997, 13; *Hofmann* ZInsO 1998, 79 ff.

[12] Zum Insolvenzverwalter kann nur eine natürliche Person bestellt werden, § 56 Abs. 1 InsO, Personenzusammenschlüsse oder juristische Personen scheiden aus, vgl. HK-InsO/*Eickmann* § 56 Rn. 2.

[13] Vgl. HK-InsO/*Eickmann* § 80 Rn. 3.

[14] HK-InsO/*Eickmann* § 56 Rn. 29.

durch Aufhebung oder Einstellung des Insolvenzverfahrens, §§ 200, 207, 212, 213, 258ff. InsO endet das Amt des Insolvenzverwalters.[15]

4 **3. Vorläufiger Insolvenzverwalter.** Für den vorläufigen Insolvenzverwalter muss die Regelung des § 19a ebenfalls gelten, sofern dieser verfügungsbefugt ist, § 22 Abs. 1 InsO. Der vorläufige Insolvenzverwalter hat grundsätzlich die Rechtsstellung des endgültigen nach § 80 InsO; er darf dessen Befugnisse jedoch nur ausüben, soweit der Zweck der Verwaltung dies erfordert.[16] Nach § 24 Abs. 2 InsO gelten für die Aufnahme anhängiger Rechtsstreitigkeiten §§ 85 Abs. 1 Satz 1 und 86 InsO entsprechend. Aktivprozesse[17] können aufgrund alleiniger Entscheidung, Passivprozesse[18] nur ausnahmsweise aufgenommen werden. Die Rechtsstellung des verfügungsbefugten vorläufigen Insolvenzverwalters ist damit gegenüber der Rechtsstellung des Sequesters nach der Konkursordnung verstärkt worden.[19] Da der verfügungsbefugte vorläufige Insolvenzverwalter grundsätzlich die Rechtsstellung eines endgültigen nach § 80 InsO innehat,[20] muss auch der Gerichtsstand des § 19a Anwendung finden.[21]

5 **4. Sachwalter.** Auf den Sachwalter ist gemäß § 274 InsO und im Falle der Eigenverwaltung, §§ 270–285 InsO die Vorschrift nicht anwendbar. Der Schuldner bleibt im Falle der Eigenverwaltung verwaltungs- und verfügungsbefugt, § 270 Abs. 1 InsO, lediglich die wirtschaftliche Tätigkeit wird durch den Sachwalter überwacht.[22] Für sonstige Parteien kraft Amtes kommt die Vorschrift nicht zur Anwendung.[23]

6 **5. Massebezogene Klage.** Um eine massebezogene Klage muss es sich handeln. Eine Definition der Insolvenzmasse ist in § 35 InsO enthalten. Hierzu gehören alle Vermögensgegenstände, die zur Zeit der Eröffnung des Verfahrens zum Insolvenzvermögen zählen, ebenso Forderungsrechte und Immaterialgüterrechte wie Patente.[24] Ferner wird auch das Unternehmen als Summe von Vermögenswerten zur Insolvenzmasse gerechnet. Nicht zur Masse gehören grundsätzlich alle unpfändbaren Gegenstände sowie Rechte, die keine Vermögensrechte sind wie höchstpersönliche Rechtsbeziehungen, das allgemeine Persönlichkeitsrecht, das Namensrecht und die Arbeitskraft des Schuldners.[25] In dem Gerichtsstand kann daher insbesondere eine Verurteilung zu einer Leistung aus der Masse oder eine entsprechende Feststellung begehrt werden. Die begehrte Leistung kann auch in der Abgabe einer Willenserklärung wie der Zustimmung zu einer Freigabe von hinterlegtem Verwertungserlös bestehen.[26] Hierzu gehören ferner Herausgabeansprüche aus der Masse,[27] Aussonderungsklagen, §§ 47ff. InsO,[28] Absonderungsklagen, §§ 49ff., 165ff. InsO, Rechtsstreite über die Wirksamkeit einer Sicherungsübereignung oder Globalabtretung, § 51 Nr. 1 InsO, Klagen mit denen Masseverbindlichkeiten geltend gemacht werden, §§ 53ff. InsO, Ansprüche aus der Masse zu erfüllenden gegenseitigen Verträgen, § 55 Abs. 1 Nr. 2 InsO und Massebereicherungsklagen, § 55 Abs. 1 Nr. 3 InsO.

7 **6. Zeitlicher Anwendungsbereich.** Der zeitliche Anwendungsbereich beginnt mit der Eröffnung des Insolvenzverfahrens und der damit zusammenhängenden Ernennung des Insolvenzverwalters, § 27 InsO, wird ein verfügungsbefugter vorläufiger Insolvenzverwalter bestellt mit dessen Bestellung, §§ 21 Abs. 2 Nr. 1, 22 Abs. 1 InsO. Der temporäre Anwendungsbereich der Vorschrift endet mit Einstellung des Insolvenzverfahrens mangels Masse § 207 InsO, nach Anzeige der Masseunzulänglichkeit § 211 InsO, Wegfall des Eröffnungsgrundes § 212 InsO oder mit Zustimmung der Gläubiger § 213 InsO. Die einmal gegebene Zuständigkeit bleibt von dem späteren Wegfall der sie begründenden tatsächlichen Umstände unberührt, § 261 Abs. 3 Nr. 2. Nimmt der Verwalter anhängige Rechtsstreite auf, ist er an die bisherige Prozessführung des Schuldners sowohl in Aktivprozessen[29] wie auch in Passivprozessen[30] gebunden. Auch führen Änderungen der zuständigkeitsbe-

[15] Vgl. HK-InsO/*Eickmann* § 56 Rn. 30–33.
[16] HK-InsO/*Kirchhof* § 22 Rn. 21.
[17] HK-InsO/*Kirchhof* § 24 Rn. 26; HK-InsO/*Eickmann* § 85 Rn. 7.
[18] HK-InsO/*Kirchhof* § 24 Rn. 27.
[19] Vgl. *Uhlenbruck* KTS 1994, 169, 179.
[20] Vgl. HK-InsO/*Kirchhof* § 22 Rn. 37.
[21] Zustimmend *Uhlenbruck* KTS 1994, 179; aA *Musielak/Heinrich* Rn. 2.
[22] HK-InsO/*Landfermann* § 274 Rn. 2.
[23] *Musielak/Heinrich* Rn. 3.
[24] HK-InsO/*Eickmann* § 35 Rn. 4ff.
[25] HK-InsO/*Eickmann* § 35 Rn. 29ff.
[26] BGHZ 88, 331; *Zöller/Vollkommer* Rn. 5.
[27] HK-InsO/*Irschlinger* § 148 Rn. 9.
[28] BayObLG ZIP 2003, 541.
[29] HK-InsO/*Eickmann* § 85 Rn. 9.
[30] HK-InsO/*Eickmann* § 86 Rn. 8.

gründenden Umstände eines einmal gewählten Gerichtsstandes nach Rechtshängigkeit nicht zu einer Änderung des Gerichtsstandes und zum Eingreifen des Gerichtsstandes des § 19a.

III. Konkurrenzen und internationale Zuständigkeit

1. Kein ausschließlicher Gerichtsstand. § 19a ist kein ausschließlicher Gerichtsstand.[31] Der Kläger hat daher unter mehreren in Betracht kommenden Gerichtsständen die Wahl, § 35. In Betracht kommen vereinbarte, §§ 38–40 und besondere, zB §§ 29, 32, Gerichtsstände. Sofern ausschließliche Gerichtsstände wie zB §§ 24, 29a eingreifen, ist die Anwendung des § 19a als nicht ausschließlicher Gerichtsstand ausgeschlossen. Eine unmittelbare Anknüpfung an die allgemeinen Gerichtsstände, §§ 12ff., scheidet ebenfalls aus. 8

2. Insolvenzfeststellungsklage. Für Insolvenzfeststellungsklagen nach §§ 179ff. InsO begründet § 180 InsO einen ausschließlichen Gerichtsstand, in dem auch besondere Verfahrensarten wie Urkunden- Wechsel- und Scheckprozesse nicht ausgeschlossen sind.[32] Mit Insolvenzfeststellungsklagen können Gläubiger die Feststellung bestrittener Forderungen begehren. Die ausschließliche Zuständigkeit des § 180 Abs. 1 InsO entspricht inhaltlich weitgehend § 19a.[33] 9

3. Klagen des Insolvenzverwalters bzw. des vorläufigen Insolvenzverwalters. Für Klagen des Insolvenzverwalters wie auch für Klagen des vorläufigen Insolvenzverwalters, die von diesen erhoben werden, gelten die allgemeinen Zuständigkeitsregeln.[34] Klagen, die sich gegen den (vorläufigen) Insolvenzverwalter persönlich richten, sind entsprechend am Gericht zu erheben, wo der Amtssitz des Insolvenzverwalters belegen ist. Nicht dagegen zu begründen vermag § 19a die örtliche oder deutsche internationale Zuständigkeit für Klagen des Insolvenzverwalters am Sitz des Insolvenzgerichts.[35] 10

4. Insolvenzverfahren mit Auslandsbezug. Insolvenzverfahren mit Auslandsbezug sind in Art. 102 EGInsO §§ 1–11 geregelt.[36] In Betracht kommt der Gerichtsstand des § 19a dann, wenn neben dem grundsätzlich anzuerkennenden ausländischen Insolvenzverfahrens, Art. 102 Abs. 1 EGInsO zusätzlich ein inländisches Insolvenzverfahren eröffnet wird. Die Wirkungen dieses sekundären Insolvenzverfahrens beschränken sich auf deutsches Hoheitsgebiet. Zuständig für die Eröffnung ist jedes Insolvenzgericht, in dessen Bezirk sich Gegenstände des Inlandsvermögens befinden.[37] Damit begründet § 19a auch die internationale Zuständigkeit. Auf ein in Deutschland belegenes Vermögen beschränktes Insolvenzverfahren kann im Inland auch eröffnet werden, wenn am ausländischen Tätigkeitsmittelpunkt oder allgemeinen Gerichtsstand des Schuldners kein Insolvenzverfahren gegen ihn statthaft oder dieses im Inland nicht anzuerkennen wäre.[38] Die Abwicklung des deutschen Partikularinsolvenzverfahrens erfolgt nach inländischem Recht.[39] 11

5. EuGVO. Im Geltungsbereich der EuGVO begründet Art. 5 Nr. 1 lit. a EuGVO die internationale und örtliche Zuständigkeit des Gerichtes am Sitz des Gemeinschuldners, wenn der Insolvenzverwalter vertragliche Ansprüche geltend macht, die in Deutschland erfüllt worden sind oder zu erfüllen wären. Hierzu gehören auch Ansprüche auf Eigenkapitalersatz.[40] Im Übrigen ist die Anwendbarkeit der EuGVO nach Art. 1 Abs. 2 lit. b EuGVO ausgeschlossen. Streitigkeiten, die sich auf ein Insolvenzverfahren beziehen, fallen nur dann unter Artikel 1 Abs. 2 lit. b EuGVO, wenn sie unmittelbar aus diesem Verfahren hervorgehen und sich eng im Rahmen eines Insolvenzverfahrens halten.[41] Auch nach Verlegung des Mittelpunktes der hauptsächlichen Interessen des Schuldners nach Eröffnung des InsoV bleibt das Gericht des Mitgliedsstaats international zuständig, bei dem der Schuldner bei Eröffnung des InsoV den Mittelpunkt seiner hauptsächlichen Interessen hatte.[42] 12

---

[31] *Musielak/Heinrich* Rn. 1; *Zöller/Vollkommer* Rn. 6.

[32] HK-InsO/*Irschlinger* § 180 Rn. 2.

[33] *Zöller/Vollkommer* Rn. 6.

[34] *Musielak/Heinrich* Rn. 5.

[35] Zur Anwendung des § 19a auf Aktivprozesse des Insolvenzverwalters s. BGH ZIP 2003, 1419 = WM 2003, 1542; OLG Schleswig ZIP 2001, 1595; LG Karlsruhe RIW 2002, 153.

[36] Zugrunde liegt die VO (EG) Nr. 1346/2000 (EuInsVO), diese soll das reibungslose Funktionieren des Binnenmarktes auch im Falle der Insolvenz sichern; Deutschland hat in den Art. 102 §§ 1–11die Anpassung des nationale Rechts an die sich aus der EuInsVO ergebenden Fragen vorgenommen, s. HK-InsO/Stephan Art 102 EGInsO; niedergelegt sind in Erwartung eines Insolvenzrechts-Übereinkommens der Europäischen Gemeinschaften nur wesentliche Grundsätze, BT-Drucks. 12/7303 S. 117 zu Art. 106a.

[37] BGH ZIP 1998, 662; HK-InsO/*Kirchhof* Art. 102 EGInsO Rn. 31.

[38] HK-InsO/*Kirchhof* Art. 102 EGInsO Rn. 32.

[39] HK-InsO/*Kirchhof* Art. 102 EGInsO Rn. 37.

[40] Vgl. OLG Jena ZIP 1998, 1496.

[41] OLG Jena ZIP 1998, 1496; *Zöller/Geimer* Art. 1 EuGVO Rn. 36; vgl. im Übrigen die Kommentierung zur EuGVO in Band 3.

[42] EuGH Urteil v. 17. 1. 2006 – RsL – 1/04, RIW 2006, 307ff. = WM 2006, 485ff.

§ 20 Besonderer Gerichtsstand des Aufenthaltsortes

Wenn Personen an einem Ort unter Verhältnissen, die ihrer Natur nach auf einen Aufenthalt von längerer Dauer hinweisen, insbesondere als Hausgehilfen, Arbeiter, Gewerbegehilfen, Studierende, Schüler oder Lehrlinge sich aufhalten, so ist das Gericht des Aufenthaltsortes für alle Klagen zuständig, die gegen diese Personen wegen vermögensrechtlicher Ansprüche erhoben werden.

I. Normzweck

1 § 20 gehört zu den **besonderen Gerichtsständen** der §§ 20 bis 34. Die besonderen Gerichtsstände bezwecken allgemein, dem Kläger die Erhebung der Klage unter bestimmten Voraussetzungen zu erleichtern. § 20 erfüllt in diesem Zusammenhang den Zweck, jemanden auch dort verklagen zu können, wo sich der Betreffende unter Verhältnissen aufhält, die ihrer Natur nach auf einen Aufenthalt von längerer Dauer hinweisen. Gerade dort werden häufig Rechtsverhältnisse begründet, die zu rechtlichen Auseinandersetzungen führen. Würde es die Regelung des § 20 nicht geben, so könnten diese Rechtsstreite nicht vor dem Gericht ausgetragen werden, dem zumindest die nähere örtliche Beziehung und mithin die bessere Kenntnis der tatsächlichen Verhältnisse zukommt.

II. Anwendungsbereich und Voraussetzungen

2 **1. Anwendungsbereich.** Gilt nur für natürliche Personen. Eine Anwendung auf juristische Personen scheidet aus.[1]

3 **2. Anderweitiger Wohnsitz.** Die Anwendung setzt voraus, dass der Beklagte einen anderweitigen Wohnsitz hat. Hat der Beklagte keinen Wohnsitz, handelt es sich um einen Fall des § 16, nicht um einen solchen des § 20.[2] § 20 begründet lediglich neben dem Wohnsitzgerichtsstand einen weiteren Gerichtsstand.[3]

4 **3. Vermögensrechtliche Ansprüche.** Greift nur für vermögensrechtliche Ansprüche ein. Der Entstehungsgrund dieser vermögensrechtlichen Ansprüche ist gleichgültig. Es können deshalb im Gerichtsstand des § 20 auch Ansprüche geltend gemacht werden, die am Wohnsitz oder vor Begründung des Gerichtsstandes des § 20 entstanden sind.[4]

5 **4. Eltern, gesetzlicher Vertreter.** An den Aufenthaltsort der Eltern und des gesetzlichen Vertreters bei prozessunfähigen Beklagten kann der Gerichtsstand nicht geknüpft werden. § 11 BGB greift nur für den Fall des abgeleiteten Wohnsitzes, nicht für den Fall des abgeleiteten Aufenthaltsortes ein.[5]

6 **5. Längere Dauer.** Die **Verhältnisse des Aufenthalts** müssen ihrer Natur nach auf längere Dauer hinweisen. Bei den im Gesetzeswortlaut ausdrücklich aufgeführten Beispielen handelt es sich lediglich um eine **exemplarische** Aufzählung, nicht hingegen um eine enumerative. Neben den im Gesetz ausdrücklich erwähnten Fällen kommen deshalb insbesondere **Saisonarbeitsverhältnisse** jeglicher Art in Betracht, wie zB Skilehrer, Animateur, Bademeister, Bedienstete der Gastronomie, ferner Schauspieler, Tagungsteilnehmer, Patienten im Krankenhaus, Montageeinsatz auf Großbaustellen,[6] Referendare im Vorbereitungsdienst, Kuraufenthalte, Heimunterbringung,[7] Aufenthalt im Wochenend- und Ferienhaus,[8] Abwicklung größerer Geschäfte durch selbstständigen Gewerbeunternehmer,[9] längerfristiger Aufenthalt im Frauenhaus,[10] schließlich auch Insassen von Justizvollzugsanstalten, wenn sich jemand dort länger als an dem Ort seines Wohnsitzes aufhält.[11]

7 Entscheidend ist allein, dass bei **Begründung** des Aufenthaltes dieser seiner Natur, dh. seinen Umständen nach auf eine längere Dauer hinweist. Ist dies der Fall, so ist die sich daran anschlie-

---

[1] Vgl. *Stein/Jonas/Roth* Rn. 1; *Zöller/Vollkommer* Rn. 2.
[2] Vgl. *Stein/Jonas/Roth* Rn. 1.
[3] Vgl. § 16 Rn. 2ff.
[4] Vgl. *Stein/Jonas/Roth* Rn. 5; *Zöller/Vollkommer* Rn. 3, 5.
[5] Vgl. ebenso auch *Stein/Jonas/Roth* Rn. 1, *Musielak/Heinrich* Rn. 2.
[6] *Bengelsdorf* BB 1989, 2390.
[7] LG Wuppertal DAVorm. 1968, 204.
[8] OLG Koblenz NJW 1979, 1309.
[9] Vgl. auch *Zöller/Vollkommer* Rn. 5; *Musielak/Heinrich* Rn. 4; *Stein/Jonas/Roth* Rn. 3.
[10] BGH NJW 1995, 1224.
[11] Mehr als ein Jahr andauernder Haftaufenthalt, vgl. BGH NJW 1997, 1154.

ßende Verweildauer unerheblich.[12] § 20 begründet auch den Gerichtsstand des Aufenthaltsortes des Abgeordneten am Sitz des Parlaments während der Sitzungsperiode.[13]

§ 20 findet u. a. **keine Anwendung** auf den lediglich vorübergehenden Aufenthalt Reisender, Frachtführer, Artisten, Flussschiffer, Geschäftsreisender oder auf den Aufenthalt an der Arbeitsstätte während der Arbeitszeit.[14] 8

6. Freiwilligkeit. Auf die Freiwilligkeit des Aufenthaltes kommt es grundsätzlich nicht an, deshalb ist § 20 auch auf Aufenthalte anwendbar, die infolge besonderer Gewaltverhältnisse begründet werden.[15] Bei Soldaten sind die §§ 8 ff. BGB zu berücksichtigen. Der Standort begründet bei nicht wehrpflichtigen Soldaten den Wohnsitz, § 9 Abs. 2 BGB, und damit den allgemeinen Gerichtsstand. Daneben greift § 20 für Aufenthalte außerhalb des Standortes ein.[16] 9

7. Minderjährige, geschäftsunfähige Personen. Minderjährige und geschäftsunfähige Personen können einen zivilprozessual beachtlichen Aufenthalt nur mit Zustimmung des gesetzlichen Vertreters begründen. Unerheblich ist hierbei die Entscheidung der Frage, ob es sich bei der Begründung eines Aufenthaltsortes um eine rechtsgeschäftsähnliche Handlung handelt oder nicht, da hier die Wertentscheidung des Gesetzes respektiert werden muss, die den Schutz Minderjähriger und Geschäftsunfähiger nach den §§ 104 ff. BGB bezweckt. Dem gesetzlichen Vertreter darf nämlich nicht gegen seinen Willen die Prozessführung an einem anderen Ort aufgedrängt werden.[17] Auch für besondere Gewaltverhältnisse kann nichts anderes gelten, wie sich aus § 8 BGB und der erwähnten Wertentscheidung des Gesetzgebers folgern lässt.[18] 10

Im Übrigen findet § 20, wie sich bereits aus dem Beispielsfall des Gesetzeswortlautes ergibt, auf Minderjährige, Studierende, Schüler und Lehrlinge Anwendung, wenn diese den Aufenthalt mit Zustimmung des gesetzlichen Vertreters begründet haben. 11

8. In- und Ausländer. Die Vorschrift ist anwendbar auf **In- und Ausländer.**[19] Bei Angehörigen ausländischer Streitkräfte ist das Nato-Truppenstatut zu beachten. Zur **EuGVO** vgl. Rn. 14. 12

III. Verhältnis zu anderen Vorschriften

1. Weiterer Gerichtsstand. § 20 begründet neben dem allgemeinen Gerichtsstand des Wohnsitzes einen weiteren Gerichtsstand.[20] Daneben können weitere besondere Gerichtsstände eingreifen. Unter mehreren hat der Kläger die Wahl, § 35. 13

2. Geltungsbereich der EuGVO. Im Geltungsbereich der EuGVO darf § 20 nicht angewendet werden, wie sich aus Art. 2 Abs. 1 und Art. 59 EuGVO ergibt. Die EuGVO kennt keine Anknüpfung des Gerichtsstandes an den Aufenthalt.[21] Bei einem Wohnsitz in einem anderen Vertragsstaat der EuGVO fehlt es deshalb an der internationalen Zuständigkeit. § 20 kann deshalb die internationale Zuständigkeit doppelfunktional nur bei Bestehen eines Wohnsitzes außerhalb eines der Mitgliedsstaaten der EuGVO und innerhalb Deutschlands begründen.[22] 14

§ 21 Besonderer Gerichtsstand der Niederlassung

(1) Hat jemand zum Betriebe einer Fabrik, einer Handlung oder eines anderen Gewerbes eine Niederlassung, von der aus unmittelbar Geschäfte geschlossen werden, so können gegen ihn alle Klagen, die auf den Geschäftsbetrieb der Niederlassung Bezug haben, bei dem Gericht des Ortes erhoben werden, wo die Niederlassung sich befindet.

(2) Der Gerichtsstand der Niederlassung ist auch für Klagen gegen Personen begründet, die ein mit Wohn- und Wirtschaftsgebäuden versehenes Gut als Eigentümer, Nutz-

---

[12] So zutreffend auch *Baumbach/Lauterbach/Hartmann* Rn. 4; *Stein/Jonas/Roth* Rn. 3.

[13] KG OLGR 20, 286.

[14] Vgl. *Musielak/Heinrich* Rn. 5; zu Beispielen aus der älteren Rspr. vgl. RGZ 30, 326 ff.; RG JW 93, 365; LG Karlsruhe ZZP 38 (1909), 424, 426.

[15] Vgl. LG Verden MDR 1964, 766.

[16] Vgl. hierzu auch *Stein/Jonas/Roth* Rn. 8.

[17] Vgl. hierzu auch § 8 BGB; ebenso auch *Stein/Jonas/Roth* Rn. 6.

[18] AA *Stein/Jonas/Roth* Rn. 7.

[19] AllgM; vgl. *Baumbach/Lauterbach/Hartmann* Rn. 3; *Zöller/Vollkommer* Rn. 2; *Stein/Jonas/Roth* Rn. 1; *Musielak/Heinrich* Rn. 2.

[20] Vgl. *Zöller/Vollkommer* Rn. 6; *Stein/Jonas/Roth* Rn. 1.

[21] Vgl. die Kommentierung zur EuGVO in Band 3.

[22] Vgl. ebenso auch *Zöller/Vollkommer* Rn. 4; *Stein/Jonas/Roth* Rn. 2.

nießer oder Pächter bewirtschaften, soweit diese Klagen die auf die Bewirtschaftung des Gutes sich beziehenden Rechtsverhältnisse betreffen.

I. Normzweck

1 § 21 bezweckt durch Schaffung eines besonderen Gerichtsstandes der **gewerblichen Niederlassung** die Erleichterung der Rechtsverfolgung gegen Gewerbetreibende.[1] Die Regelung entspricht dem allgemeinen Gerichtsstand des Wohnsitzes, ohne dass die Niederlassung ihrerseits einen Wohnsitz oder einen Nebenwohnsitz begründen würde.[2] Die Erleichterung der Rechtsverfolgung wird dadurch erreicht, dass der Kläger ein örtlich günstiger gelegenes Gericht anrufen kann,[3] das darüber hinaus wegen dieser örtlichen Nähe mit den tatsächlichen Verhältnissen der Niederlassung besser vertraut ist. Andererseits vernachlässigt diese Regelung nicht den sich auch bereits aus § 13 ergebenden Schutzzweck der beklagten Partei, wonach grundsätzlich der Kläger den Beklagten als den Angegriffenen an dessen Ort aufzusuchen hat.[4]

II. Anwendungsbereich und Voraussetzungen

2 **1. Niederlassung. a) Begriff.** Der Begriff der Niederlassung kommt in zahlreichen gesetzlichen Vorschriften vor.[5] Eine einheitliche Definition des Begriffes gibt es deshalb nicht, vielmehr ist diese aus Sinn und Zweck der jeweiligen Einzelvorschrift zu ermitteln.[6] Für die Begründung des Gerichtsstandes ist jede auf eine gewisse Dauer errichtete Geschäftsstelle, von der aus Geschäfte geschlossen werden, ausreichend.[7] Auf die Berechtigung zum selbstständigen Geschäftsabschluss und Handeln kann es nicht ankommen, da dies eine Frage des Innenverhältnisses ist.[8] Eine gewerberechtliche oder handelsregisterliche Anmeldung oder Eintragung ist nicht erforderlich.[9] Im Gerichtsstand des § 21 kann deshalb schon wegen der Verbindlichkeiten aus Vorbereitungsgeschäften geklagt werden.[10]

3 **b) Passivlegitimation.** Passiv legitimiert ist der **Inhaber** der Niederlassung, nicht diese selbst.[11] § 21 begründet einen Gerichtsstand des Unternehmers am Ort der Niederlassung, nicht einen Gerichtsstand der Niederlassung.[12] Allerdings kann der Inhaber unter der Firma der Zweigniederlassung verklagt werden.[13] Für Aktivprozesse des Inhabers der Niederlassung findet § 21 keine Anwendung, auch nicht für Anträge auf Erlass eines Mahnbescheides.[14]

4 **2. Umfang der Niederlassung.** Die Niederlassung muss nach dem Gesetzeswortlaut zum Betriebe einer Fabrik, einer Handlung oder eines anderen Gewerbes bestehen, von der aus unmittelbar Geschäfte geschlossen werden. Vom Gesetz wird somit ein bestimmter Mindestumfang der Niederlassung verlangt. Von einer Niederlassung kann daher nur dann ausgegangen werden, sofern ein Raum oder Grundstück vorhanden ist, von dem aus ein Gewerbe ausgeübt wird.[15]

5 **a) Gewerblichkeit.** Gewerblichkeit der Niederlassung bedeutet jede auf Erwerb abzielende Unternehmung.[16] Der Anwendungsbereich des § 21 wird deshalb nicht durch den Gewerbebegriff der Gewerbeordnung[17] eingeschränkt. Vielmehr findet § 21 auch Anwendung auf Betriebe der Urproduktion sowie auf wirtschaftliche Unternehmungen, die gemäß § 6 GewO nicht zu deren Anwendungsbereich gehören. Zum Gewerbebegriff gehören deshalb auch künstlerische und erzieherische Tätigkeiten. Anwendbar auch auf den Verwaltungsbereich der Deutschen Bahn, der noch

---

[1] Vgl. auch *Zöller/Vollkommer* Rn. 1, 2; *Stein/Jonas/Roth* Rn. 1.
[2] Vgl. OLG Hamburg MDR 1977, 759; *Baumbach/Lauterbach/Hartmann* Rn. 1.
[3] So *Stein/Jonas/Roth* Rn. 1.
[4] Vgl. hierzu auch § 12 Rn. 2.
[5] Vgl. zB § 7 BGB, § 14 UWG, Art. 5 Nr. 5 EuGVO, § 3 InsO, §§ 13 (Zweigniederlassung), 29 HGB.
[6] Vgl. so zutreffend *Staub/Hüffer* Vor § 13 HGB Rn. 6; *Baumbach/Hopt* § 13 HGB Rn. 1 ff.
[7] Vgl. *Staub/Hüffer* Vor § 13 HGB Rn. 6.
[8] AA, aber wohl zu weitgehend *Zöller/Vollkommer* Rn. 6.
[9] Vgl. *Zöller/Vollkommer* Rn. 6; *Baumbach/Hopt* § 13 HGB Rn. 10.
[10] Vgl. so zutreffend *Staub/Hüffer* Vor § 13 HGB Rn. 16.
[11] Vgl. *Zöller/Vollkommer* Rn. 2.
[12] Vgl. so zutreffend *Staub/Hüffer* Vor § 13 HGB Rn. 20.
[13] Vgl. BGHZ 4, 62, 65 = NJW 1952, 182; OGHZ 2, 143, 146;*Staub/Hüffer* Vor § 13 HGB Rn. 20; *Zöller/Vollkommer* Rn. 2.
[14] Vgl. BGH NJW 1978, 321; BGH NJW 1998, 1322; *Zöller/Vollkommer* Rn. 1.
[15] *Thomas/Putzo/Hüßtege* Rn. 2.
[16] Vgl. BGH IPRax 1998, 211; *Stein/Jonas/Roth* Rn. 9.
[17] Vgl. zu dem Begriff *Landmann/Rohmer,* Band I, § 1 GewO Rn. 3.

dem Bund und nicht der Deutschen Bahn AG untersteht.[18] Bahnhöfe und Liegenschaften, die bahnnotwenig sind, stehen im Eigentum der Deutschen Bahn AG: Gemäß § 3 Abs. 1 Nr. 1, §§ 20ff. BENeuglG erfolgt die Inbetriebnahme der Eisenbahninfrastruktur durch die Deutsche Bahn AG. Gewerbliche Niederlassungen können daher auch Bahnhöfe sein.[19] Ebenso trifft dies auf Postämter zu. Nicht unter diesen Begriff der Gewerblichkeit fallen rein öffentlich-rechtliche Einrichtungen wie öffentliche Lehranstalten, Gefängnisverwaltung, Berufsgenossenschaften.[20]

b) Selbstständigkeit. Die Niederlassung muss einen gewissen Mindestgrad der Selbstständigkeit entfalten. 6

c) Hauptniederlassung. Bei einer Hauptniederlassung ist dies unproblematisch.[21] 7

d) Zweigniederlassung. Bei Zweigniederlassungen ist der Gerichtsstand des § 21 in jedem Falle durch Eintragung der Niederlassung im Handelsregister begründet.[22] Unabhängig von der Eintragung ist entscheidend, inwieweit nach außen der Eindruck der Selbständigkeit erweckt wird.[23] Selbständigkeit liegt vor, wenn die Leitung der Niederlassung das Recht hat, aus eigener Entscheidung Geschäfte abzuschließen, deren Abschluss der Niederlassung auch übertragen worden ist.[24] Sind die Voraussetzungen der Selbständigkeit einer Niederlassung arglistig vorgespiegelt worden, muss der Beklagte dies nach Treu und Glauben gegen sich gelten lassen.[25] 8

e) Fehlende Selbständigkeit. Die erforderliche Selbständigkeit liegt deshalb vor bei Zweigstellen von Kreditinstituten gemäß § 53 KWG,[26] Generalrepräsentanzen, jedenfalls wenn dort selbständig unmittelbar Geschäfte abgeschlossen werden,[27] selbstständige Agentur, wenn sich eine ausländische Fluggesellschaft, die im Inland keine eigenen Niederlassungen hat, dieser für den Abschluss von Luftfrachtverträgen regelmäßig bedient,[28] Zweigniederlassung einer Maschinenfabrik oder eines Kaufmannes, wenn sie selbstständiger Mittelpunkt wenigstens für einen bestimmten Kreis seiner geschäftlichen Beziehungen ist,[29] inländische Repräsentanz einer ausländischen Stammfirma,[30] Lokalredaktion einer überregionalen Tageszeitung,[31] örtliche Buchungsstelle eines Reiseveranstalters,[32] örtliches Büro eines Spezialunternehmers[33] oder eines Online-Anbieters, sofern dieser nicht nur eine virtuelle Niederlassung in Form eines lokalen Servers betreibt.[34] Fehlende Selbständigkeit liegt vor bei gewöhnlichen Agenturen.[35] Insoweit wird der Anwendungsbereich des § 21 auch nicht unter Berücksichtigung des Art. 5 Nr. 5 EuGVO auf gewöhnliche Filialen und Agenturen erweitert,[36] auch dann nicht, wenn die Agenten Abschlussvollmacht haben und ein Warenlager halten, oder auf bloße Anlaufstellen und Kontaktbüros, Lagerplätze, Messestände, Fabriken oder Warenlager ohne Verkaufsorganisation. Auch nicht bei Erweckung des Anscheins einer Niederlassung durch Inanspruchnahme der Dienste einer GmbH, wenn es sich lediglich um die Repräsentanz einer ausländischen Bank außerhalb des Geltungsbereiches des EuGVO handelt,[37] auch nicht für Verkaufsstellen, die Kundenanträge lediglich als Boten weiterleiten.[38] Für Versicherungsagenten greift unabhängig hiervon § 48 VVG ein, wonach ein Gerichtsstand am Ort der Niederlas- 9

---

[18] Möglich nach § 3 Abs. I Nr. 2, Abs. 2 BENeuglG betreffend die Verwaltung des Bundes; § 97 Abs. TKG vom 25. 7. 1996, BGBl. I S. 1120; § 40 Abs. 2 VwGO.

[19] Vgl. *Stein/Jonas/Roth* Rn. 15.

[20] Vgl. *Zöller/Vollkommer* Rn. 5; *Stein/Jonas/Roth* Rn. 9.

[21] Vgl. *Stein/Jonas/Roth* Rn. 14.

[22] Vgl. RGZ 50, 428; *Zöller/Vollkommer* Rn. 8.

[23] Düsseldorf Rpfleger 1997, 32; AG Köln NJW-RR 1993, 1504; BGH WM 1987, 1089, 1090; RG HRR 39, 111; OLG Köln NJW 1953, 1834; AG Freiburg NJW 1977, 2319; *Zöller/Vollkommer* Rn. 8.

[24] Vgl. BGH WM 1987, 1089, 1090, vgl. auch EuGH RIW 1988, 136 m. Anm. von *Geimer* RIW 1988, 220; siehe auch Rn. 17; BGH NJW 1998, 1322; OLG Köln VersR 1993, 1172.

[25] Vgl. BGH RIW 1987, 790 m. Anm. *Geimer* 1988, 221; *Baumbach/Lauterbach/Hartmann* Rn. 8.

[26] Vgl. BGH WM 1987 1089, 1090.

[27] Vgl. OLG München WM 1975, 872, 907.

[28] Gem. Art. 28 Abs. 1 des Warschauer Abkommens Wahlgerichtsstand; vgl. BGHZ 84, 339 = WM 1982, 1277.

[29] OLG Frankfurt/M. WM 1985, 477.

[30] BGH NJW 1987, 2031.

[31] OLG Naumburg NJW 2000, 475.

[32] AG Freiburg NJW 1977, 2319.

[33] OLG Saarbrücken RIW 1980, 798.

[34] *Hoeren/Sieber/Pichler* Teil 31 Rn. 41.

[35] Vgl. *Zöller/Vollkommer* Rn. 9.

[36] So ausdrücklich BGH WM 1987, 1089, 1090.

[37] Vgl. BGH WM 1987, 1089, 1090, 1091, aE unter ausdrücklichem Hinweis auf § 53a KWG.

[38] Vgl. BGH WM 1987, 1089, 1091.

sung bzw. des Wohnsitzes des Agenten besteht.[39] Dem gegenüber soll die Entgegennahme eines an einen Direktversicherer gerichteten Antrages auf Abschluss keinen Gerichtsstand begründen, auch nicht ein bloßes Schadensbüro.[40] Auch hier entscheidet der äußere Rechtsschein.[41]

10 **f) Dauer.** Die Niederlassung muss **ständig**[42] betrieben werden und auf gewisse Dauer eingerichtet sein.[43] Unter § 21 fällt deshalb auch der Saisonbetrieb, nicht jedoch das Herumziehen auf Messen, Märkten, Jahr- und Wochenmärkten.[44]

11 Tatsächliches **Bestehen** der Niederlassung reicht bei Klageerhebung aus. Bei tatsächlichem Nichtbestehen entscheidet die Eintragung der Niederlassung in das Handelsregister. Ferner besteht eine Bindung an den gesetzten Schein einer Niederlassung.[45]

12 **3. Bezug zur Niederlassung.** Die Klage muss **Bezug auf den Geschäftsbetrieb der Niederlassung** haben.[46] Dieser erforderliche Bezug liegt zunächst regelmäßig bei allen von der Niederlassung geschlossenen oder dort zu erfüllenden Verträgen vor.[47] Ferner bei allen Rechtsgeschäften, die mit Rücksicht auf die Geschäftstätigkeit der Niederlassung abgeschlossen wurden oder als deren Folge erscheinen,[48] und zwar unabhängig davon, wo die vertragliche Verpflichtung zu erfüllen ist. Auch unlauterer Wettbewerb, unerlaubte Handlungen, Vertragsverletzungen, culpa in contrahendo, Gefährdungshaftung können zu dem Geschäftsbetrieb der Niederlassung Bezug haben.[49] § 21 greift nicht ein, wenn sich lediglich Vermögensgegenstände für das Hauptgeschäft bei der Niederlassung befinden, da es an der erforderlichen Geschäftsinitiative der Niederlassung fehlt.[50]

13 **4. Landwirtschaftliche Niederlassung.** Für eine landwirtschaftliche Niederlassung findet die Vorschrift gemäß § 21 Abs. 2 Anwendung. Es muss sich dabei um ein mit Wohn- und Wirtschaftsgebäuden versehenes Gut handeln. Dieses muss von dem Beklagten als Eigentümer, Nutznießer oder Pächter bewirtschaftet werden. Ausreichend ist auch, wenn jemand die Bewirtschaftung auf seinen Namen und seine Rechnung durch einen anderen durchführen lässt.[51] Bei Klagen gegen den Verpächter ist § 21 unanwendbar, da durch diesen keine Bewirtschaftung vorliegt.[52] Im Übrigen muss das Rechtsverhältnis den erforderlichen Bezug zu dem bewirtschafteten Gut aufweisen. Die Ausführung unter der vorstehenden Rn. 12 gelten deshalb entsprechend. Die Frage der Bewirtschaftung des Gutes betrifft auch den Beginn und die Beendigung des entsprechenden Rechtsverhältnisses.[53]

III. Verhältnis zu anderen Vorschriften

14 **1. Kein ausschließlicher Gerichtsstand.** Der **allgemeine Gerichtsstand** sowie evtl. weiter in Betracht kommende **besondere Gerichtsstände** finden neben § 21 Anwendung. Unter mehreren Gerichtsständen hat der Kläger die Wahl, § 35.[54]

15 **2. Weitere Niederlassungsgerichtsstände.** Außerhalb der ZPO findet der Gerichtsstand der Niederlassung ebenfalls Anwendung; § 14 UWG, § 3 InsO, Art. 102 EGInsO, § 2 VerglO, § 48 Abs. 1 VVG für Ansprüche gegen den Versicherer aus Verträgen, die ein Agent abgeschlossen hat, Pflicht ausländischer, im Inland tätiger Versicherungsgesellschaften zur Unterhaltung einer Niederlassung, §§ 105, 106 Nr. 3, 109 S. 1 VAG, Zweigstelle einer ausländischen Bank gemäß § 53 KWG im Unterschied zur Repräsentanz, § 53a KWG.[55]

---

[39] AG Köln NJW-RR 1993, 1504.
[40] LG Karlsruhe VersR 1997, 384.
[41] Vgl. BGH WM 1987, 1090; RIW 1987, 790 m. Anm. *Geimer* RIW 1988, 221; OLG Düsseldorf MDR 1978, 930; OLG München RIW 1983, 128.
[42] Vgl. *Stein/Jonas/Roth* Rn. 13.
[43] Vgl. *Zöller/Vollkommer* Rn. 6; OLG Frankfurt/M. WM 1989, 57; OLG Köln VersR 1993, 1172 = Rpfleger 1997, 32.
[44] So zutreffend auch *Baumbach/Lauterbach/Hartmann* Rn. 5; *Stein/Jonas/Roth* Rn. 13.
[45] So zutreffend *Stein/Jonas/Roth* Rn. 11; BGH WM 1987, 1089, 1090; RIW 1987, 790; NJW 1987, 3081 wonach § 21 weit auszulegen ist; OLG Köln NJW 1953, 1834; OLG Düsseldorf WM 1989, 50; AG Freiburg NJW 1977, 2319; bei Auflösung der Niederlassung vor Klageeinreichung findet der Gerichtsstand keine Anwendung, auch nicht Art. 15 Abs. 2 EuGVO, BGH ZIP 2007, 1676.
[46] BGH NJW 1995, 1225; NJW 1975, 2142.
[47] Vgl. BGHZ 4, 62 = NJW 1952, 182; RGZ 23, 428; *Stein/Jonas/Roth* Rn. 20.
[48] RGZ 23, 424; 30, 326; *Zöller/Vollkommer* Rn. 11.
[49] AllgM; vgl. *Baumbach/Lauterbach/Hartmann* Rn. 10; *Zöller/Vollkommer* Rn. 11; *Stein/Jonas/Roth* Rn. 20.
[50] Vgl. BGHZ 4, 62 = NJW 1952, 182.
[51] Vgl. RGZ 44, 354.
[52] AllgM; vgl. *Zöller/Vollkommer* Rn. 12; *Stein/Jonas/Roth* Rn. 21; *Baumbach/Lauterbach/Hartmann* Rn. 11.
[53] AA *Zöller/Vollkommer* Rn. 12.
[54] Vgl. AG Köln NJW-RR 1993, 1504.
[55] Vgl. BGH WM 1987, 1089, 1091.

3. Internationale Zuständigkeit und EuGVO. Für die Internationale Zuständigkeit ist Art. 5 Nr. 5 EuGVO zu berücksichtigen. Hat ein Unternehmen seinen Hauptsitz in einem der übrigen Vertragsstaaten der EuGVO, in der Bundesrepublik Deutschland darüber hinaus eine Zweigniederlassung, Agentur, oder sonstige Niederlassung, ist das Gericht, in dessen Bezirk diese Zweigniederlassung, Agentur oder sonstige Niederlassung sich befindet, örtlich international zuständig.[56] Insoweit wird § 21 derogiert. Der Anwendungsbereich des § 21 wird außerhalb des Geltungsbereiches der EuGVO nicht auf Agenturen erweitert.[57] Art. 5 Nr. 5 EuGVO findet im Wege der Auslegung auch Anwendung, wenn eine in einem Vertragsstaat ansässige juristische Person in einem anderen Vertragsstaat zwar keine unselbstständige Zweigniederlassung, Agentur oder sonstige Niederlassung unterhält, dort aber ihre Tätigkeit mit Hilfe einer gleichnamigen selbstständigen Gesellschaft mit identischer Geschäftsführung entfaltet, die in ihrem Namen verhandelt und Geschäfte abschließt und deren sie sich wie einer Außenstelle bedient.[58] Außerhalb der EuGVO gilt § 21 ZPO.[59] Wenn ein ausländisches Unternehmen seinen Hauptsitz in keinem Vertragsstaat des EuGVO hat, ist gemäß Art. 4 EuGVO § 21 anzuwenden. Ausnahmen geltend in Versicherungs- und Verbrauchersachen gemäß Art. 9 Abs. 2 und Art. 15 Abs. 2 EuGVO, wonach Versicherer und Vertragspartner von Verbrauchern, wenn sie ihren Wohnsitz oder Sitz in einem Drittstaat haben, im Gerichtsstand der Niederlassung nach Art. 5 Nr. 5 EuGVO verklagt werden können.[60] Mitgliedstaaten der EG verstoßen gegen Art. 52 und 58 EGV, sofern sie die Eintragung der Niederlassung einer in einem Vertragsstaat rechtmäßig errichteten Gesellschaft verweigern. Dies gilt auch für Briefkastenfirmen bzw. Domizilgesellschaften.[61] 16

4. Bilaterale Abkommen. Ferner sind bilaterale Abkommen[62] zu berücksichtigen. Die Vereinbarung einer Paramount-Klausel in Konnossementsbedingungen geht § 21 vor.[63] 17

§ 22 Besonderer Gerichtsstand der Mitgliedschaft

Das Gericht, bei dem Gemeinden, Korporationen, Gesellschaften, Genossenschaften oder andere Vereine den allgemeinen Gerichtsstand haben, ist für die Klagen zuständig, die von ihnen gegen ihre Mitglieder als solche oder von den Mitgliedern in dieser Eigenschaft gegeneinander erhoben werden.

I. Normzweck

§ 22 ergänzt den allgemeinen Gerichtsstand des § 17 um Streitigkeiten, die die inneren Rechtsbeziehungen einer Gesellschaft betreffen, am Gesellschaftssitz zu konzentrieren.[1] Hierdurch wird eine einheitliche Anwendung und Interpretation von Satzung bzw. Statut ebenso gewährleistet wie eine einheitliche Regelung der Rechtsbeziehungen zwischen den Mitgliedern der Gesellschaft untereinander und der Gesellschaft zu ihren Mitgliedern.[2] Die räumliche Nähe des Gerichtes zum Sitz hat darüber hinaus den Vorteil der leichteren Einsichtnahme in Register und Akten.[3] Zur Erreichung dieses Zweckes weicht das Gesetz in § 22 von der grundsätzlichen Regelung ab, wonach der Beklagte regelmäßig an seinem Sitz zu verklagen ist; insoweit handelt es sich um einen Klägergerichtsstand. Es wird deshalb die Auffassung vertreten, § 22 möglichst restriktiv anzuwenden.[4] Zumindest für den Fall der Prospekthaftungsklagen ist dieser Auffassung nicht zu folgen.[5] 1

---

[56] Vgl. i. e. die Kommentierung zur EuGVO in Band 3.
[57] Vgl. BGH WM 1987, 1089, 1090.
[58] EuGH RIW 1988, 136 m. Anm. *Geimer* RIW 1988, 220; *Benicke* WM 1997, 949.
[59] OLG Düsseldorf RIW 1996, 776.
[60] *Kropholler* Art. 5 Rn. 81.
[61] Vgl. EuGH EWiR 1999, 259, Ausnahmen können bei Vorliegen von Arglist oder Betrug möglich sein.
[62] Vgl. *Bülow/Böckstiegel,* Internationaler Rechtsverkehr.
[63] Danach findet das Internationale Übereinkommen (IÜK) zur Vereinheitlichung von Regeln über Konnossemente vom 25. 8. 1924 Anwendung; vgl. OLG Hamburg VersR 1973, 1023.
[1] BGHZ 76, 235 = NJW 1980, 1470; *Gieseke* DB 1984, 973.
[2] Vgl. auch *Zöller/Vollkommer* Rn. 1; *Baumbach/Lauterbach/Hartmann* Rn. 1.
[3] Vgl. *Stein/Jonas/Roth* Rn. 1.
[4] So ausdrücklich */Thomas/Putzo/Hüßtege* Rn. 1.
[5] Vgl. hierzu näher unten zum Anwendungsbereich Rn. 5.

II. Anwendungsbereich und Voraussetzungen

2 **1. Personenvereinigungen. a)** Der Kreis der durch § 22 erfassten Personenvereinigungen wird durch **§ 17** begrenzt.[6]

3 **b) Keine** Anwendung findet § 22 deshalb auf die BGB-Gesellschaft, § 705 BGB, und die Stille Gesellschaft, §§ 335 ff. HGB.

4 **c) Überregionale Massenvereine.** Auf überregionale Massenvereine soll nach einer Auffassung § 22 im Wege der einschränkenden Rechtsfortbildung nicht mehr anwendbar sein.[7] Diese Auffassung ist jedenfalls de lege lata abzulehnen, da überregionale Personenvereinigungen einerseits bei Schaffung des § 22 bekannt waren, andererseits ein im Gerichtsstand des § 22 Beklagter sich aufgrund moderner Telekommunikation heute eher verteidigen kann als früher.[8]

5 **d)** Für Fälle der **Prospekthaftung** findet nach Auffassung des BGH der Gerichtsstand des § 22 auch auf einen Personenkreis Anwendung, der dem Wortlaut nach nicht unmittelbar von den §§ 17, 22 erfasst wird.[9] Die Vorschrift soll deshalb auch auf Gründer, Initiatoren oder Gestalter des der Prospekthaftung in materiell-rechtlicher Hinsicht unterliegenden Personenkreises anwendbar sein.[10] Dieser Auffassung ist zuzustimmen, da sie dem Normzweck entspricht.[11] Ausgenommen sind selbstständige Werbeagenturen und ihre Erfüllungsgehilfen, welche zwar neue Anleger(-gruppen) werben, im Übrigen von den Anlagegesellschaften aber zu unterscheiden sind.[12]

6 **2. Klagen der Personenvereinigung gegen Mitglieder als solche.** Die Klage muss sich auf das Rechtsverhältnis der Mitgliedschaft beziehen. Einerseits braucht jedoch die Mitgliedschaft, im Zeitpunkt der Klageerhebung noch nicht, andererseits braucht sie nicht mehr zu bestehen. § 22 gilt deshalb auch für Klagen wegen Begründung der Mitgliedschaft und gegen bereits ausgeschiedene Mitglieder.[13] Ferner auch für Rechtsnachfolger von Mitgliedern[14] sowie bei Rechtsstreiten zwischen der Personenvereinigung und einem Treuhänder wegen dessen Ausschluss aus der Gesellschaft oder wegen der Erteilung der Zustimmung zur Übertragung der mittelbaren Beteiligung.[15] Ebenso für Klagen des Insolvenzverwalters einer GmbH gegen einen Gesellschafter auf Zahlung rückständiger Stammeinlagen, §§ 30, 31 GmbHG, auf Erstattung von Darlehen und Leistungen aus dem Stammkapital oder Rückgewähr von sogenannten kapitalersetzenden Leistungen.[16] Ansonsten kommt keine Anwendung des Gerichtsstandes gegen Nichtmitglieder zum Zuge, mit Ausnahme des Sonderfalles der Prospekthaftung.[17] Trotz ihrer Organisation als nicht rechtsfähige Vereine sind arbeitsrechtliche Gewerkschaften sowohl aktiv als auch passiv parteifähig. Sie können deshalb gegen ihre Mitglieder im Gerichtsstand des § 22 klagen.[18] Anwendbar ist § 22 auch für Klagen des VVaG gegen Mitglieder auf rückständige Prämien[19] und zwar unabhängig von der Größe des VVaG.[20]

7 **Nicht anwendbar** ist § 22 für Klagen aus unerlaubter Handlung von Vorständen oder Aufsichtsräten, auch wenn es sich um Mitglieder handelt. Der geschäftsführende Gesellschafter einer OHG oder der Komplementär einer KG haftet aufgrund seiner Mitgliedschaft.[21] § 22 ist nicht einschlägig bei Klagen des Insolvenzverwalters einer KG gegen einen Kommanditisten auf Zahlung

---

[6] AllgM; vgl. *Baumbach/Lauterbach/Hartmann* Rn. 1; *Zöller/Vollkommer* Rn. 2; *Musielak/Heinrich* Rn. 2.

[7] Vgl. LG Frankfurt/M NJW 1977, 538 = MDR 1977, 496; *Voosen* VersR 1975, 499.

[8] Vgl. so zutreffend auch *Zöller/Vollkommer* Rn. 2.

[9] BGHZ 76, 231 = NJW 1980, 1470 = MDR 1980, 560; ebenso BGH NJW-RR 2003, 134; BayObLG ZIP 2002, 2214.

[10] Zur Prospekthaftung vgl. BGHZ 71, 284 = NJW 1978, 1625; BGHZ 72, 382 = NJW 1979, 718; BGHZ 77, 175 ff = NJW 1980, 1840; BGHZ 79, 337 = NJW 1981, 1449; 83, 224 = NJW 1982, 1514; BGHZ 84, 143 = NJW 1982, 2493; BGH DB 1988, 176; *Köndgen,* Zur Theorie der Prospekthaftung, 1983.

[11] Vgl. Rn. 1.

[12] BGH NJW 1980, 1470, 1471; AGB-Klauselwerke, 1996/*Schäfer* Prospekthaftung Rn. 133.

[13] So zutreffend auch *Zöller/Vollkommer* Rn. 5; *Baumbach/Lauterbach/Hartmann* Rn. 4; *Stein/Jonas/Roth* Rn. 10; abzulehnen ist deshalb die Auffassung des AG Ebersberg MDR 1987, 146, wonach der Gerichtsstand beim Bestreiten der Mitgliedschaft nicht gelten soll.

[14] Vgl. RGZ 54, 207.

[15] So zutreffend auch *Baumbach/Lauterbach/Hartmann* Rn. 5; *Gieseke* DB 1984, 973.

[16] OLG Karlsruhe BB 1998, 389 = ZIP 1998, 1005.

[17] Vgl. Rn. 5.

[18] BGHZ 50, 325 = NJW 1968, 1830; *Müller/Guntrum/Plugge* NJW 1977, 1809; aA *Schrader* MDR 1976, 725.

[19] Vgl. OLG Celle VersR 1975, 993; LG Karlsruhe VersR 1976, 1029.

[20] Hierauf stellt allerdings LG Hannover VersR 1979, 341 ab.

[21] So zutreffend auch *Baumbach/Lauterbach/Hartmann* Rn. 5.

der Kommanditeinlage gemäß § 171 Abs. 2 HGB, da hier der Anspruch im Namen der Gläubiger der KG durch den Insolvenzverwalter und nicht der Gesellschaft selbst geltend gemacht wird.[22]

3. Klagen von Mitgliedern gegeneinander. § 22 gilt auch für Klagen von Mitgliedern als solche gegeneinander. Es gilt deshalb, da es sich um eine Klage aus dem Mitgliedschaftsverhältnis der Personenvereinigung handelt, vgl. die vorstehende Rn. 6 entsprechend. Eine Anwendung kommt in Betracht zB zwischen den Gesellschaftern einer OHG aus dem Gesellschaftsverhältnis, zB Auflösungs- oder Ausschließungsklage gemäß §§ 133, 140 HGB[23] und für Klagen zwischen Gesellschaftern einer Kommanditgesellschaft, auch wegen mittelbarer Beteiligung eines Kapitalgebers an einer Publikums-KG.[24] Auch ist § 22 auf Streitigkeiten unter Mitgliedern einer Rechtsanwaltssozietät (GbR) anwendbar.[25] § 22 greift nicht bei Klagen aufgrund von Streitigkeiten privater Natur eines Vereinsmitgliedes gegen ein anderes Mitglied ein.[26] Der Gerichtsstand existiert ebenso lange wie der des § 17 und kann daher auch bereits während des Gründungsstadiums bestehen.[27] Auch noch während des Stadiums der Abwicklung steht der Gerichtsstand des § 22 weiter zur Verfügung. 8

III. Verhältnis zu anderen Vorschriften

1. Kein ausschließlicher Gerichtsstand. Es handelt sich um keinen ausschließlichen Gerichtsstand. § 22 findet vielmehr Anwendung neben den allgemeinen Gerichtsständen der §§ 13 und 17 sowie weiteren evtl. in Betracht kommenden besonderen Gerichtsständen.[28] Unter mehreren Gerichtsständen hat der Kläger die Wahl, § 35. 9

2. Sonderregelungen. Sonderregelungen bestehen für die Aktiengesellschaft bei Feststellung der Nichtigkeit eines Hauptversammlungsbeschlusses, § 249 Abs. 1 S. 1 AktG, Anfechtung des Beschlusses über die Verwendung des Bilanzgewinnes, § 254 Abs. 1 AktG, Anfechtung der Feststellung des Jahresabschlusses, § 257 AktG, Nichtigkeit der Gesellschaft, § 275 Abs. 3, 4 AktG, Anfechtung von Beschlüssen der Generalversammlung, § 51 Abs. 3 GenG und bei einer Nichtigkeitsklage der GmbH, § 75 GmbHG iVm. §§ 246 bis 248 AktG. 10

3. Geltungsbereich der EuGVO. Im Geltungsbereich des EuGVO ist zunächst Art. 22 Nr. 2 EuGVO zu berücksichtigen.[29] Wegen der zu engen Formulierung[30] werden zahlreiche Sachbereiche aus dem Gesellschaftsrecht nicht von Art. 22 Nr. 2 EuGVO erfasst wie Klagen der Gesellschafter gegen die Gesellschaft zB auf Auszahlung des Gewinns oder Auskunfterteilung, Klagen der Gesellschaft gegen die Gesellschafter zB auf Einzahlung der Stammeinlage, Klagen der Gesellschafter gegen die Organe zB Schadenersatzansprüche gegen den Vorstand und verschiedene Streitigkeiten unter den Gesellschaftern.[31] Erfasst werden aber zB Klagen auf Unwirksamkeit der Gründung, Auflösung der Gesellschaft oder auf Feststellung der Wirksamkeit von Organbeschlüssen.[32] Hat deshalb der Beklagte seinen Wohnsitz in einem der übrigen Mitgliedsstaaten der EuGVO und liegt keine Streitigkeit im Sinne des Art. 22 Nr. 2 EuGVO vor, so fehlt es an der internationalen Zuständigkeit des angerufenen deutschen Gerichtes, da Art. 22 Nr. 2 EuGVO § 22 vorgeht.[33] Eingreifen kann ferner der Gerichtsstand des Erfüllungsortes nach Art. 5 Nr. 1 lit. a EuGVO.[34] Erfasst werden hiervon Klagen einer GmbH gegen einen amtierenden oder ausgeschiedenen, auch im Ausland lebenden Geschäftsführer wegen Verletzung seines Dienstvertrages sowie Klagen gegen Gesellschafter aus Differenzhaftung oder wegen Verstoßes gegen § 30 GmbHG.[35] Sachgerecht erscheint darüber hinaus auch die Anwendung des Art. 5 Nr. 1 lit a EuGVO für die Erfüllung von Verpflichtungen der Gesellschafter gegenüber der Gesellschaft.[36] Weitergehend ist das Luganer GÜV nach dessen Art. 5 Nr. 1 für Klagen aus einem individuellen Arbeitsvertrag die Gerichte des Ortes zuständig sind, an dem der 11

---

22 OLG Karlsruhe BB 1998, 390; OLG Schleswig ZIP 1980, 256; OLG Naumburg NZG 2000, 1218.
23 Vgl. BayObLG BB 1978, 1685; *Zöller/Vollkommer* Rn. 7.
24 Vgl. *Gieseke* DB 1984, 973.
25 OLG Köln NJW 2004, 862; LG Bonn NJW-RR 2002, 1399.
26 Vgl. *Zöller/Vollkommer* Rn. 7.
27 BGHZ 76, 235 = NJW 1980, 1470; BayObLG BB 1978, 1685.
28 Vgl. ebenso auch *Zöller/Vollkommer* Rn. 3.
29 Vgl. hierzu die Kommentierung in der 2. Aufl. zu Art. 16 EuGVÜ Rn. 18 ff. sowie zu § 17 Rn. 20 ff.
30 Zur Kritik hieran vgl. auch *Geimer/Schütze* EuZVR 1997, Art. 16 Rn. 142.
31 Vgl. *Kropholler* Art. 16 Rn. 38.
32 Vgl. die Kommentierung zu Art. 16 Nr. 2 EuGVÜ, 2. Aufl.
33 Vgl. zutreffend auch *Stein/Jonas/Roth* Rn. 6.
34 Vgl. *Kropholler* Art. 5 Rn. 6.
35 *Brödermann* ZIP 1996, 491, 492.
36 Vgl. *Brödermann* ZIP 1996, 493; für einen europäischen GmbH-Gerichtsstand für Klagen der Gesellschaft gegen Gesellschafter auch OLG Jena EWiR 1998, 779 betr. § 32 a, b GmbHG, § 32 a KO.

Arbeitnehmer gewöhnlich seine Arbeit verrichtet.[37] Nach Art. 1 Abs. 2 lit a EuGVO und Luganer GVÜ sind insolvenzspezifische Klagen ausgenommen.[38] Im Übrigen regelt außerhalb des Geltungsbereiches der EuGVO § 22 auf doppelfunktionale Weise auch die internationale Zuständigkeit.

§ 23 Besonderer Gerichtsstand des Vermögens und des Gegenstandes

[1] Für Klagen wegen vermögensrechtlicher Ansprüche gegen eine Person, die im Inland keinen Wohnsitz hat, ist das Gericht zuständig, in dessen Bezirk sich Vermögen derselben oder der mit der Klage in Anspruch genommene Gegenstand befindet. [2] Bei Forderungen gilt als der Ort, wo das Vermögen sich befindet, der Wohnsitz des Schuldners und, wenn für die Forderungen eine Sache zur Sicherheit haftet, auch der Ort, wo die Sache sich befindet.

Übersicht

I. Normzweck

1 § 23 bezweckt die **Erleichterung** und vielfach überhaupt erst die **Ermöglichung** der Rechtsverfolgung[1] im Inland, insbes. gegenüber Personen, die ihren Wohnsitz und Aufenthalt im Ausland haben und gegen die in der Regel eine Klage vor deutschen Gerichten ansonsten nicht erhoben werden könnte.[2] Dieser Zweck wird durch die Begründung der örtlichen Zuständigkeit erreicht, die ihrerseits wiederum die internationale Zuständigkeit begründet.[3] Bei Existenz eines ausländischen Wohnsitzes scheidet ein allgemeiner Gerichtsstand im Inland aus, sofern nicht zumindest auch ein inländischer Wohnsitz vorliegt.[4] Die besonderen Gerichtsstände, darunter insbesondere § 23, sollen den Rechtsverfolgungsnachteil des Klägers kompensieren. § 23 knüpft deshalb den Gerichtsstand an ein im Inland belegenes Vermögen oder an ein im Inland befindliches Streitobjekt an. Dies ist für die Begründung eines Gerichtsstandes allerdings nur bei kumulativem Vorliegen eines hinreichenden Inlandsbezuges ausreichend.[5] Der hinreichende Inlandsbezug ist neben der Vermögensbelegenheit im Erkenntnisverfahren zu beachten. Für die Zuständigkeit im Vollstreckungsverfahren ist weder ein hinreichender Inlandsbezug noch ein qualifiziertes Vermögen,

---

[37] Vgl. *Brödermann* ZIP 1996, 493.

[38] Vgl. *Brödermann* ZIP 1996, 494; zB das Anfechtungsrecht des Insolvenzverwalters.

[1] Vgl. zutreffend *Stein/Jonas/Roth* Rn. 1; *Zöller/Vollkommer* Rn. 1; *Baumbach/Lauterbach/Hartmann* Rn. 2.

[2] BGH NJW 1993, 2684. Dies gilt auch bei Derogation des inländischen Gerichtstandes, wenn zwingende Vorschriften inländischen Rechts umgangen werden OLG München WM 2006, 1556 ff.

[3] BGHZ 94, 156, 158 = NJW 1985, 2090; BGHZ 134, 116 = NJW 1997, 657; BGHZ 44, 46, 47 = NJW 1965, 1665; BGHZ 63, 219, 220; BGH NJW 1976, 1590; 1979, 1004; 1997, 324, 326; vgl. auch ausführlich § 12 Rn. 57 ff.

[4] Vgl. *Stein/Jonas/Roth* Rn. 1.

[5] BGHZ 115, 94 = NJW 1991, 3092 = WM 1991, 1692; str. *Fricke* IPRax 1991, 159 ff.; NJW 1992, 3066; *Mark/Ziegenhain* NJW 1992, 3062 ff.; *Hartwieg* 1996, 109; BGH NJW 1996, 2096; 1997, 325 und 2886; BAG NJW 1997, 3462.

das eine Erfolg versprechende Befriedigung des Gläubigers erwarten ließe, notwendig.[6] Dies trifft auf das Anerkennungsverfahren bei der Vollstreckung ausländischer Urteile zu.

II. Anwendungsbereich

1. Begründung der örtlichen und internationalen Zuständigkeit. a) Klagen gegen Ausländer. Innerhalb seines durch die Voraussetzungen definierten Anwendungsbereiches liegt die hauptsächliche Bedeutung des § 23 bei **Klagen gegen Ausländer.** Hierin besteht zugleich die Problematik dieser Vorschrift, die deshalb auch als Ausländerforum[7] oder als exorbitanter Gerichtsstand und mithin international als unerwünscht[8] bezeichnet wird. Andererseits verkennen auch die Kritiker dieses weiten Gerichtsstandes nicht, dass eine Abschaffung dieses Gerichtsstandes durch die internationale Vertragsentwicklung das gegenteilige Extrem darstellen würde.[9] Ein Teil der zu Recht als negativ kritisierten Auswirkungen des etwas überzogenen und im internationalen Rechtsverkehr unerwünschten, exorbitanten Kampfgerichtsstandes[10] lässt sich sowohl durch die Ermittlung des Normzweckes als auch durch eine Auslegung der Vorschrift beseitigen. § 23 gilt auch für Klagen gegen ausländische juristische Personen.[11] 2

b) Gerichtsstandserschleichung. Die Erschleichung des Gerichtsstandes und damit der **internationalen Zuständigkeit** unterliegt der Arglisteinrede. Dieser Fall ist im Grunde genommen so zu behandeln wie die Erschleichung von Gerichtsständen im Übrigen; besitzt hier jedoch besondere Bedeutung, weil mit der Erschleichung des Gerichtsstandes zugleich auch die internationale Zuständigkeit erschlichen wird. Die Grundsätze von Treu und Glauben sind deshalb im Anwendungsbereich des § 23 besonders zu berücksichtigen.[12] 3

c) Kostenerstattungsansprüche. Forderungen aus Kostenerstattungsansprüchen können einen Gerichtsstand nach § 23 nicht begründen, wenn die Kostenforderung des Beklagten gegen den Kläger aus einem prozessabweisenden vorangegangenen Rechtsstreit herrührt. Dabei muss es gleichgültig sein, ob der Kläger den Vorprozess arglistig begonnen hat oder nicht. Würde nämlich die Abweisung wegen örtlicher und internationaler Zuständigkeit ausreichen, um die Forderung des Vorprozesses als Gerichtsstand begründendes Vermögen anzuerkennen, so könnte der Gerichtsstand gemäß § 23 als ungewollter und vom Gesetz so nicht bezweckter Auffanggerichtsstand immer begründet werden. Da es sich bei der Forderung um eine solche gegen den Kläger handeln würde, könnte dieser darüber hinaus durch Wohnsitzverlegung den Gerichtsstand willkürlich bestimmen.[13] Erst recht muss dies für einen erst bedingten Kostenerstattungsanspruch aus einem anhängigen Rechtsstreit gelten. 4

d) Sonstige Forderungen oder Vermögensgegenstände. Auch bei sonstigen Forderungen oder Vermögensgegenständen, die den Gerichtsstand des § 23 begründen sollen, dürfen diese Forderungen oder Vermögensgegenstände nicht arglistig begründet oder herbeigeschafft werden. Hierzu gehören insbesondere die Fälle des arglistigen Herbeischaffens von Vermögensstücken,[14] Wegnahme eines Gegenstandes, um das Bestehen des Herausgabeanspruches als Forderung zur Begründung des Gerichtsstandes vorzugeben, die Ausübung einer unerlaubten Handlung gegen den Beklagten, um die Begründung des Gerichtsstandes auf das Bestehen des Schadensersatzanspruches zu stützen, arglistiges Veranlassen einer Sicherheitsleistung. Ferner zählen hierzu alle Arten **arglistiger Vermögensmanipulationen,** die den Gerichtsstand des § 23 in örtlicher und damit ggf. auch in internationaler Hinsicht begründen sollen. 5

e) Negative Feststellungsklage. Für die negative Feststellungsklage kann nichts anderes gelten. Bei der negativen Feststellungsklage, durch die das Nichtbestehen eines Rechtsverhältnisses festgestellt werden soll, dessen sich der Beklagte berühmt, ist jedes Gericht zuständig, bei dem ein beson- 6

---

[6] BGH NJW 1997, 324; BGH RIW 1997, 238 m. Anm. *Munz* 240 ff.; LG Heilbronn RIW 1995, 55 m. Anm. *Mankowski* 56 ff.

[7] Vgl. *Schack* ZZP 97 (1984), 48 ff.

[8] Vgl. *Zöller/Vollkommer* Rn. 1.

[9] Vgl. *Stein/Jonas/Roth* Rn. 9 ff.

[10] Vgl. hierzu m. weit. Nachw. *Stein/Jonas/Roth* Rn. 9; *Jellinek,* Die zweiseitigen Staatsverträge über Anerkennung ausländischer Zivilurteile, S. 222; *Schröder,* Internationale Zuständigkeit, 1971, S. 374 ff.; *Heldrich,* Internationale Zuständigkeit und anwendbares Recht, 1969, 117. Vgl. BGH WM 1991, 1692 ff., der als Korrektiv neben der Vermögensbelegenheit im Inland einen hinreichenden Inlandsbezug des Rechtsstreits verlangt.

[11] OLG Stuttgart GRUR-RR 2001, 55.

[12] Vgl. *Stein/Jonas/Roth* Rn. 33; *Zeiss,* Die arglistige Prozeßpartei, 1967, S. 53 ff., 70 ff.; m. weit. Nachw. *Baumgärtel* ZZP 86 (1973), 362 ff.

[13] So zutreffend auch *Stein/Jonas/Roth* Rn. 33.

[14] Vgl. ebenso *Baumbach/Lauterbach/Hartmann* Rn. 2, 7; *Stein/Jonas/Roth* Rn. 34.

derer Gerichtsstand für die Leistungsklage des Feststellungsbeklagten gegeben ist.[15] Der negative Feststellungskläger könnte mithin Vermögen an einen Ort seiner Wahl verbringen, wo infolgedessen für ihn der besondere Gerichtsstand des § 23 eröffnet würde, was zugleich auch den Gerichtsstand für ihn als negativen Feststellungskläger eröffnen würde. Auch diese Möglichkeit muss ausgeschlossen sein, wenn Vermögensgegenstände, zB bei Eröffnung eines Bankkontos, an einen bestimmten Ort gebracht werden, um dort erst den Gerichtsstand einer negativen Feststellungsklage zu eröffnen. Ein solcher muss allerdings dann gegeben sein, wenn der Vermögensgegenstand bereits zuvor und nicht erst im Hinblick auf die Durchführung einer negativen Feststellungsklage dort belegen war.

7 **f) Einschränkung der internationalen Zuständigkeit.** In der Literatur wird teilweise eine weitere Einschränkung der internationalen Zuständigkeit diskutiert.

8 **aa)** Die internationale Zuständigkeit wird auch durch **geringwertige Vermögensgegenstände** begründet, die im Inland belegen sind. Die allein an die Belegenheit von Vermögen anknüpfende internationale Zuständigkeit soll nach Auffassung der Kritiker dieser Vorschrift jedenfalls dann zu verneinen sein, wenn die inländische Zwangsvollstreckung nicht zu einem Überschuss führe.[16] Dieser Auffassung ist jedoch nicht zu folgen, weil die Gewährung eines Gerichtsstandes und die Voraussetzungen der internationalen Zuständigkeit nicht an die Erfolgsaussichten der Zwangsvollstreckung geknüpft werden können. Ferner ergäbe sich hieraus eine unübersehbare Rechtsunsicherheit durch Verknüpfung des Gerichtsstandes mit Fragen der Bewertung des Vermögens, insbesondere bei Forderungen. Schließlich ist eine Zwangsvollstreckung auch noch möglich, wenn später wieder Vermögensgegenstände des Beklagten in das Inland verbracht werden.[17]

9 **bb) Völker- und Verfassungsrecht.** Die Anknüpfung der internationalen Zuständigkeit an Vermögensgegenstände, die im Inland belegen sind, verstößt weder gegen Völkerrecht noch gegen Verfassungsrecht.[18] In seiner ausführlichen Entscheidung hat das Bundesverfassungsgericht[19] zu Recht darauf hingewiesen, dass der Zugriff auf ausländisches, im Inland belegenes Vermögen der autonomen Regelungskompetenz des jeweiligen Staates entspricht.[20] Führt dies zu rechts- oder wirtschaftspolitisch unerwünschten Folgen, so ist es Aufgabe des Gesetzgebers, die internationale Zuständigkeit zu ändern. Diese unerwünschten Folgen werden jedoch bereits hinreichend durch die Arglisteinrede und die Grundsätze von Treu und Glauben[21] begrenzt.

10 **cc)** Abzulehnen ist auch der Vorschlag, die internationale Zuständigkeit zu verneinen, wenn es sich bei dem **Kläger um einen Ausländer** handelt.[22] Wenn damit auch nicht an die Staatsangehörigkeit, so doch an einen ausländischen Wohnsitz in negativer Hinsicht angeknüpft würde, führte dies zu einer Benachteiligung und damit grundsätzlich völkerrechtlich unerwünschten Diskriminierung. Da Inländer Ausländer in diesem Gerichtsstand in Anspruch nehmen können, würde es sich bei Befolgung dieses Vorschlages erst recht um ein gegen Ausländer gerichtetes Forum handeln.[23] Von diesen Beschränkungen soll wiederum über die Eröffnung einer internationalen Notzuständigkeit eine Ausnahme gemacht werden, wenn sonst internationale Rechtsverweigerung droht.[24] Die Eröffnung einer internationalen Notzuständigkeit bei Rechtsverweigerung ist jedoch keine Frage von im Inland belegenen, auch nur geringwertiger, Vermögensgegenstände sondern folgt ganz allgemein aus rechtsstaatlichen Grundsätzen und aus dem Verbot der Rechtsverweigerung.[25] Im Ergebnis ist es deshalb ausreichend, den die internationale Zuständigkeit begründenden Anwendungsbereich des § 23 durch das Arglistverbot und die Anwendung der Grundsätze von Treu und Glauben zu begrenzen, die jedoch in diesem Zusammenhang besonders sorgfältig zu prüfen sind.

---

[15] Vgl. *Stein/Jonas/Roth* § 256 Rn. 101; *Baumbach/Lauterbach/Hartmann* § 256 Rn. 41; *Thomas/Putzo/Reichhold* § 256 Rn. 2, 27; *Zöller/Greger* § 256 Rn. 20.

[16] So *Stein/Jonas/Roth* Rn. 15; im Anschluss an *Nussbaum,* Deutsches Internationales Privatrecht, 1932, S. 400; *Zöller/Vollkommer* Rn. 7; LG Hamburg MDR 1972, 55; *Geimer* JZ 1984, 981; *Roth* ZZP 93 (1980), 432; OLG Hamburg NJW-RR 1996, 203.

[17] Im Ergebnis ebenso BGH NJW 1997, 326; *Munz* RIW 1997, 238, 240; § 722 Rn. 21; *Schlosser* JZ 1997, 364; *Baumbach/Lauterbach/Hartmann* Rn. 20.

[18] Vgl. BVerfGE 64, 1 ff., 19 ff.; BGH NJW 1984, 2037; vgl. auch BGH WM 1991, 1692, wonach zusätzlich ein hinreichender Inlandsbezug des Rechtsstreits neben der inländischen Vermögensbelegenheit gegeben sein muss.

[19] Vgl. BVerfGE 64, 1 ff., 20.

[20] *Mark/Ziegenhain* NJW 1992, 3063.

[21] Vgl. Rn. 3.

[22] Zu dieser Einschränkung vgl. *Stein/Jonas/Schumann* Rn. 31 e, 21. Aufl.

[23] Vgl. zum Begriff „Ausländerforum" *Schack* ZZP 97 (1984), 48 ff, abw. *Roth* ZZP 93 (1980), 432.

[24] Vgl. *Stein/Jonas/Schumann* Rn. 31 g, 21. Aufl.

[25] Vgl. hierzu § 12 Rn. 98.

dd) EuGVO. Der Anwendungsbereich des § 23 ist im Geltungsbereich der EuGVO begrenzt, Art. 3 Abs. 2 EuGVO.[26] 11

2. Arrest und einstweilige Verfügung. Für Verfahren auf den Erlass eines Arrestes oder einer einstweiligen Verfügung begründet § 23 sowohl die örtliche als auch die internationale Zuständigkeit.[27] 12

III. Voraussetzungen

1. Parteien. a) Kläger. Kläger können In- und Ausländer, natürliche und juristische Personen und zwar unabhängig von ihrer Staatsangehörigkeit sein.[28] 13

b) Beklagter. Beklagte kann ebenfalls jede natürliche und juristische Person und passiv prozessfähige Partei unabhängig von ihrer Staatsangehörigkeit sein, sofern sie keinen Wohnsitz oder im Falle juristischer Personen oder passiv parteifähiger Personenmehrheiten keinen Sitz im Inland haben, §§ 13, 17 und ferner nicht die allgemeinen Gerichtsstände für Wohnsitzlose, §§ 15, 16, eingreifen. § 23 findet auch auf den **ausländischen Fiskus** Anwendung.[29] 14

2. Gerichtsstand des Vermögens. a) Inlandsbezug. Der Gerichtsstand greift unabhängig von dem Erfordernis des inländischen Vermögens nur bei einem hinreichenden Inlandsbezug ein.[30] Hat der Kläger seinen Wohnsitz oder seinen gewöhnlichen Aufenthalt in Deutschland, so ist ein hinreichender Inlandsbezug gegeben. Eine Einmischung in fremde ausländische Angelegenheiten stellt die Klageerhebung im Inland nicht dar, wenn Deutschland Inländern Rechtsschutz gewährt.[31] Eine rechtsmissbräuchliche Herstellung des hinreichenden Inlandsbezuges kann vorliegen, sofern Vermögen des Schuldners zufällig in Deutschland belegen ist oder die Zuständigkeit erschlichen wurde.[32] Kein hinreichender Inlandsbezug soll bei geringem Inlandsvermögen vorliegen, jedenfalls dann, wenn die Wertigkeit zwischen dem im Inland belegenen Vermögensgegenstand und dem Streitgegenstand nicht annähernd gleich ist.[33] Die inländische Bewertung des Vermögens als „hinreichend" ist grundsätzlich wegen der damit verbundenen Rechtsunsicherheit abzulehnen.[34] Ein hinreichender Inlandsbezug ist jedenfalls dann gegeben, wenn der Beklagte neben Vermögen in Deutschland auch aktiv am Geschäftsleben teilnimmt.[35] Der Inlandsbezug ist in diesem Fall selbst dann gegeben, ohne dass der Kläger einen Wohnsitz in Deutschland hat.[36] Ebenso reicht eine rege Investitionstätigkeit im Inland für die Klage aus. Sie ist Beleg für die Teilnahme am Geschäftsverkehr. Ausreichend ist auch die (frühere) deutsche Staatsangehörigkeit des Beklagten[37] oder des Klägers.[38] Weist der Sachverhalt aus rechtlicher oder tatsächlicher Sicht einen Bezug zum Inland auf, weshalb durch deutsche Gerichte sachgerechter entschieden werden kann, so liegt wegen des besonderen Interesses an einer deutschen Entscheidung ein hinreichender Inlandsbezug vor.[39] Dies gilt auch bei einer Geschäftsabwicklung vom Inland aus.[40] Nicht ausreichend ist ein bloßer Zahlungsort im Inland[41] oder eine vorübergehende und bereits beendete Entsendung eines Arbeitnehmers ins Inland.[42] Bei Arbeitsverhältnissen liegt ein hinreichender Inlandsbezug vor, wenn das Ar- 15

---

[26] Vgl. Rn. 24.

[27] OLG München MDR 1960, 146; LG Frankfurt/M. NJW 1976, 1046; OLG Frankfurt/M. WM 1987, 276; *Schütze* BB 1979, 349; WM 1980, 1438; DB 1981, 779; *Edelmann* DB 1998, 2453; *Baumbach/Lauterbach/Hartmann* Rn. 3; *Zöller/Vollkommer* Rn. 2; *Musielak/Heinrich* Rn. 17.

[28] *Nagel* IZPR Kapitel III, Rn. 111.

[29] Vgl. BVerfGE 64, 1 ff., 5, 20; *Schack* ZZP 97 (1984), 64; aA *Roth* ZZP 93 (1980), 433 ff.; *Zöller/Vollkommer* Rn. 3.

[30] Inzwischen hM, vgl. BGHZ 115, 90; BGH NJW 1996, 2096; 1997, 324 und 2886; 1999, 1396; BAG NJW 1997, 3462; BAG IPrax 2003, 258; *Geimer* IZPR Rn. 128; *Zöller/Geimer* Rn. 36; *Baumbach/Lauterbach/Hartmann* Rn. 16; aA *Roth* JZ 2003, 201; *Schack* IZVR Rn. 325; zum Ganzen *Wollenschläger* IPrax 2002, 96.

[31] Vgl. *Mark/Ziegenhain* NJW 1992, 3063; BVerfGE 64, 1 ff., 19 ff.; BGH NJW 1984, 2037; BGH NJW 1991, 3092 = WM 1991, 1692.

[32] Vgl. oben Fn. 3.

[33] *Roth* ZPP 93 (1980), 432; OLG Hamburg NJW-RR 1996, 203; *Zöller/Geimer* JZ 1984, 981.OLG Celle IPrax 2001, 338 stellt darauf ab, ob ein Überschuss über die Kosten der Zwangsvollstreckung zu erwarten ist.

[34] Vgl. oben Rn. 8; BGH NJW 1997, 325; BGH MDR 1997, 496; OLG Frankfurt/M. NJW-RR 1993, 257.

[35] BGH WM 1991, 384.

[36] BGH NJW-RR 1991, 423.

[37] BGH NJW-RR 1993, 5; OLG Hamburg NJW-RR 1996, 203.

[38] OLG Frankfurt/M. NJW-RR 1993, 257.

[39] BGH NJW 1996, 2096.

[40] BGH NJW 1997, 324 und 2886.

[41] OLG Frankfurt/M. OLGR 1997, 2281.

[42] BAG NZA 1997, 1184; BB 1998, 2619.

beitsverhältnis ausschließlich für eine Beschäftigung in Deutschland geschlossen wurde und auch ausschließlich in Deutschland vollzogen wurde.[43] Für die Frage der Vermögenszuordnung ist auf die rechtlichen Verhältnisse abzustellen. Vermögen in Sinne von § 23 ist somit dann anzunehmen, wenn ein rechtlicher Vollstreckungszugriff eröffnet ist. Nur auf eine wirtschaftliche Herrschaftsmacht abzustellen, widerspricht der gebotenen einschränkenden Auslegung des § 23.[44]

16 **b) Vermögen.** Vermögen ist jeder geldwerte Gegenstand, dem ein eigener Verkehrswert zukommt. Jedes Vermögensstück, das diese Voraussetzung erfüllt, mag es auch noch so geringwertig sein, begründet den Gerichtsstand des Vermögens,[45] was für die Begründung der internationalen Zuständigkeit als problematisch angesehen wird.[46] Dabei ist es gleichgültig, ob es sich um eine Sache oder um ein Recht handelt.[47] Ausreichend sind: dingliche Verwertungsrechte wie Grundschuld;[48] Forderungen[49] wie zB ein Bankguthaben;[50] zur Aufhebung des Arrestes hinterlegte Sicherheiten;[51] eigene Forderungen des Beklagten gegen den Kläger,[52] sofern nicht eine arglistige oder gegen Treu und Glauben verstoßende Erschleichung des Gerichtsstandes vorliegt;[53] auch betagte, befristete, bedingte Ansprüche;[54] Anwartschaftsrechte;[55] Pfandrechte;[56] bei Kontokorrent, wenn sich für den Beklagten bei Saldoziehung ein Aktivsaldo ergibt[57] auch bei bestehender Aufrechnungslage, wenn bei Klageerhebung der Anspruch des Beklagten noch nicht durch Aufrechnung erloschen ist, § 261 Abs. 3 Nr. 2 trotz § 389 BGB, da es auf den Zeitpunkt der Aufrechnungserklärung als rechtsgestaltende Willenserklärung ankommt,[58] sowohl Handlungs- wie auch Unterlassungsansprüche.[59] Zur Befriedigung des Klageanspruches braucht das inländische Vermögen nicht auszureichen;[60] es fehlt jedoch an zuständigkeitsbegründendem Vermögen, wenn das vorhandene Vermögen nicht zum Überschuss über die Vollstreckungskosten führt.[61]

17 **c) Kein Vermögen.** Kein Vermögen bilden zB der Anspruch auf Erteilung einer Rechnung, einer Quittung, Auskunftserteilung, Zeugniserteilung, Herausgabe von Handakten, eines Briefes, es sei denn, diesem käme ein selbstständiger Vermögenswert zu, mitgeführte Gegenstände, auch solche am Leib, aber nur soweit diese unpfändbar sind.[62] Kein Vermögen bilden auch bloße Erwartungen bzw. künftige Ansprüche.[63] Die Beurteilung von Forderungen bei bestehender Aufrechnungslage ist streitig.[64] Es ist daher zu differenzieren. Eine nach der Klageerhebung erklärte Aufrechnung berührt die Zuständigkeit des § 23 S. 1 trotz der Fiktion des § 389 BGB aufgrund § 261 Abs. 2 nicht.[65] Die Beteiligung einer ausländischen Muttergesellschaft an einer inländischen Tochtergesellschaft soll ebenfalls nicht ausreichen.[66] Dies ist jedoch abzulehnen, da die Beteiligung einen Vermögensgegenstand darstellt.

---

[43] LAG Köln NZA-RR 2002, 41.
[44] BGH NJW-RR 1996, 701.
[45] AllgM; vgl. *Baumbach/Lauterbach/Hartmann* Rn. 8, 20; *Stein/Jonas/Roth* Rn. 16; aA *Zöller/Vollkommer* Rn. 7.
[46] Vgl. Rn. 2f., 8ff.
[47] Vgl. BGH DB 1977, 720.
[48] OLG Frankfurt/M MDR 1981, 323.
[49] BGH NJW 1981, 2642, NJW-RR 1988, 173; OLG Düsseldorf NJW 1991, 3103; LG Hamburg VersR 1984, 687.
[50] BGH WM 1987, 1353; OLG Frankfurt/M. WM 1987, 276.
[51] RG 34, 356; OLG Frankfurt/M. OLGZ 1983, 99, 100.
[52] Vgl. zutreffend *Zöller/Vollkommer* Rn. 8; jedoch greift § 23 nicht, wenn der Kläger die Forderung des Beklagten bestreitet oder sich der Anspruch des Klägers und die Forderung des Beklagten gegenseitig ausschließen, OLG Saarbrücken NJW 2000, 670.
[53] BGH DB 1977, 720.
[54] RGZ 75, 414, 418.
[55] So auch *Zöller/Vollkommer* Rn. 8.
[56] OLG Frankfurt/M. IPRsp. 66/67 Nr. 35.
[57] RGZ 44, 386ff.
[58] Vgl. ebenso auch *Baumbach/Lauterbach/Hartmann* Rn. 9; wohl auch *Stein/Jonas/Roth* Rn. 19; aA *Zöller/Vollkommer* Rn. 8.
[59] *Schmidt* KTS 2004, 246.
[60] Vgl. BGH WM 1980, 410; str. bei Begründung der internationalen Zuständigkeit, vgl. Rn. 8; aA *Gerhardt*, FS Schumann, 2001, S. 136.
[61] Vgl. BGHReport 2005, 1611; ergänzend dazu BGHReport 2001, 894.
[62] Vgl. wohl ebenso auch *Baumbach/Lauterbach/Hartmann* Rn. 17; aA *Zöller/Vollkommer* Rn. 7; *Schack* ZZP 97 (1984), 58, 62.
[63] Vgl. *Zöller/Vollkommer* Rn. 8; *Schütze* DWiR 1991, 241.
[64] *Stein/Jonas/Roth* Rn. 19; *Zöller/Vollkommer* Rn. 8; *Baumbach/Lauterbach/Hartmann* Rn. 9.
[65] Vgl. Rn. 16.
[66] BGH NJW 1993, 2684.

d) Belegenheit des Vermögens. aa) Bei **körperlichen Gegenständen** ist entscheidend, wo sich die Sache tatsächlich befindet. Unmaßgeblich ist, wer sie dort hinbrachte und wer den Besitz an dieser Sache hat. Entscheidend ist allein, dass die Sache im Bezirk des angerufenen Gerichtes belegen ist. 18

bb) Bei **Forderungen** enthält § 23 S. 2 1. Alt. die Bestimmung, dass der Wohnsitz des Schuldners der Forderung, mithin des Drittschuldners, als der ausschlaggebende Ort angesehen wird. Drittschuldner idS kann auch der Kläger sein. Wer Schuldner der Forderung ist, entscheidet sich ausschließlich nach materiellem Recht. Bei **natürlichen Personen** bestimmt sich der Wohnsitz nach § 7 BGB. Bei juristischen Personen oder Personengesamtheiten entscheidet der Sitz iSd. § 17.[67] Auf den Erfüllungsort kommt es nicht an sondern ausschließlich auf den Sitz des Drittschuldners.[68] Bei Forderungen aus Inhaberpapieren, Wechseln und anderen indossablen Papieren ist der Ort ausschlaggebend, wo sich das Papier befindet, da sich deren Übereignung nach Sachenrecht richtet und diese Vermögensgegenstände körperlichen Sachen gleichgestellt sind.[69] Bei Patenten gilt der Geschäftssitz, in Ermangelung dieses der Wohnsitz des bestellten Inlandsvertreters, hilfsweise sind diese am Sitz des Patentamtes belegen.[70] Bei dem Geschäftsanteil an einer GmbH ist Vermögen sowohl am Sitz der Gesellschaft als auch am Wohnsitz des Gesellschafters belegen.[71] Bei einem Anspruch auf Herausgabe eines Grundschuldbriefes ist die Zuständigkeit jedenfalls auch im Bezirk des Gerichtes gegeben, wo das Grundstück belegen ist.[72] Bei einem Bankguthaben ist der Sitz der Bank ausschlaggebend.[73] Allerdings ist eine Kontoverbindung nicht ausreichend, vielmehr muss auch das Bestehen eines Guthabens behauptet und unter Beweis gestellt bzw. im Arrestverfahren glaubhaft gemacht werden.[74] Bei **gesicherten Forderungen** ist **zusätzlich** derjenige Ort maßgeblich, an dem sich die Sache, die der Sicherung der Forderung dient, befindet. Fallen der Sitz des Schuldners der Forderung und der Ort der Belegenheit des Sicherungsgegenstandes auseinander, so sind beide Gerichte unabhängig voneinander zuständig.[75] Der Kläger hat unter beiden die Wahl, § 35. 19

3. Gerichtsstand des Streitobjektes. Der Gerichtsstand des Streitobjektes greift gerade in den Fällen ein, in welchen das Klageobjekt (der Klagegegenstand) nicht zum Vermögen des Beklagten gehört.[76] Streitgegenstand ist jeder Vermögensgegenstand. Der Vermögensgegenstand braucht sich nicht im Besitz des Beklagten zu befinden.[77] Bei einer Inanspruchnahme eines Vermögensgegenstandes kann es sich um die Herausgabe kraft dinglichen Rechts oder persönlichen Rechts ebenso handeln, wie auf Auszahlung hinterlegter Beträge oder auf Abgaben von Willenserklärungen, die zur Auszahlung hinterlegter Beträge erforderlich sind.[78] Eine Inanspruchnahme kann neben einer Leistungsklage auch durch positive oder negative Feststellungsklage erfolgen.[79] Wohnt der sich der Forderung berühmende Prozessgegner im Ausland außerhalb des Geltungsbereiches der EuGVO, wird ein Gerichtsstand am Wohnsitz des Klägers begründet.[80] Bei einem Prätendentenstreit ist Klagegegenstand die Forderung gegen einen Dritten, so dass dessen Sitz ausschlaggebend ist.[81] 20

4. Maßgebender Zeitpunkt. Der maßgebende Zeitpunkt ist der Zeitpunkt der Klageerhebung;[82] dies ist der Zeitpunkt der Zustellung der Klageschrift, § 253 Abs. 1. Sind die Voraussetzungen des Anwendungsbereiches des § 23 in diesem Zeitpunkt gegeben, bleibt die örtliche und internationale Zuständigkeit erhalten, § 261 Abs. 3 Nr. 2.[83] Die spätere Entfernung des Vermögensgegenstands ist für die Anwendung des § 23 unerheblich.[84] Liegen die Voraussetzungen bei Zustellung der Klage nicht vor, genügt, dass diese am Schluss der mündlichen Verhandlung gegeben sind. 21

---

[67] Vgl. § 17 Rn. 9 ff.
[68] Vgl. BGH DB 1977, 719; OLG Düsseldorf WM 1989, 50.
[69] Vgl. OLG Frankfurt/M. NJW-RR 1996, 187; *Zöller/Vollkommer* Rn. 10; *Stein/Jonas/Roth* Rn. 29.
[70] LG München I GRUR 1962, 165; *Zöller/Vollkommer* Rn. 10; *Stein/Jonas/Roth* Rn. 29.
[71] OLG Frankfurt/M. MDR 1958, 108; OLG Frankfurt/M. NJW-RR 1996, 187.
[72] BGH DB 1977, 719.
[73] BGH WM 1987, 1353; OLG Frankfurt/M. WM 1987, 276; OLG Hamburg VersR 1994, 748; OLG Düsseldorf NJW 1991, 3103 = WM 1991, 1697.
[74] OLG Frankfurt/M. WM 1987, 276; 1989, 57 sowie MDR 1987, 412.
[75] Vgl. *Zöller/Vollkommer* Rn. 11.
[76] Vgl. *Stein/Jonas/Roth* Rn. 39; *Zöller/Vollkommer* Rn. 14.
[77] Vgl. RGZ 51, 255.
[78] Vgl. RGZ 51, 256.
[79] Vgl. BGHZ 69, 37, 45 = NJW 1977, 1637 = JZ 1977, 762.
[80] Vgl. *Baumbach/Lauterbach/Hartmann* Rn. 5; *Zöller/Vollkommer* Rn. 16; *Stein/Jonas/Roth* Rn. 39.
[81] *Stein/Jonas/Roth* Rn. 39.
[82] BGH NJW 1997, 2886.
[83] *Stein/Jonas/Roth* Rn. 31; *Zöller/Vollkommer* Rn. 12.
[84] BGH NJW 1996, 2096; *Stein/Jonas/Roth* Rn. 31; *Zöller/Vollkommer* Rn. 12.

22 **5. Beweislast.** Im Rahmen der ihm obliegenden Beweislast muss der Kläger das Vorliegen der Voraussetzungen darlegen und beweisen. Hierzu gehört die Darlegung und Unterbeweisstellung bzw. Glaubhaftmachung von Vermögensgegenständen im Bezirk des angerufenen Gerichtes.[85] Das Gericht muss dabei im Falle des Bestreitens durch den Beklagten, Beweis über die Existenz des Vermögens bereits im Rahmen der Zulässigkeitsprüfung erheben. Die örtliche Zuständigkeit ist als Sachurteilsvoraussetzung von Amts wegen zu prüfen.[86]

IV. Verhältnis zu anderen Vorschriften

23 **1. Konkurrenzen.** Durch **einen ausschließlichen Gerichtsstand** wird § 23 verdrängt, so zB durch § 14 UWG, ebenso aufgrund § 24 oder durch einen prorogierten Gerichtsstand. Kommen andere nicht ausschließliche Gerichtsstände in Betracht, hat der Kläger die Wahl, § 35. Die Gerichtsstände nach §§ 16, 17 Abs. 3 und 20 greifen deshalb als mögliche Wahlgerichtsstände ein.[87] Ein **ausländisches Insolvenzverfahren** verhindert nicht die Zwangsvollstreckung in das inländische Vermögen, Art. 102 EGInsO, so dass dies keinen Einfluss auf die Begründung des Gerichtsstandes hat.

24 **2. EuGVO.**[88] Im Geltungsbereich der EuGVO[89] findet § 23 keine Anwendung bei einer Klage gegen eine Person, die ihren Wohnsitz[90] im Hoheitsgebiet eines Vertragsstaates hat, Art. 3 Abs. 2 EuGVO. Hat der Beklagte keinen Wohnsitz im Geltungsbereich der EuGVO, so findet § 23 Anwendung.[91] Ist nach der EuGVO die deutsche internationale Zuständigkeit gegeben, jedoch ein örtlich zuständiges Gericht im Übrigen nicht bestimmt, so kann zur Bestimmung der örtlichen Zuständigkeit § 23 gleichwohl eingreifen. Durch Art. 3 EuGVO wurden lediglich die im internationalen Rechtsverkehr als störend empfunden sog. exorbitanten Gerichtsstände ausgeschlossen, nicht jedoch die die örtliche Zuständigkeit bestimmenden Gerichtsstände.[92] Für die internationale Prozessaufrechnung steht stets der Gerichtsstand des § 23 zur Verfügung, die internationale Zuständigkeit deutscher Gerichte für die Gegenforderung ist damit gegeben.[93]

25 **3. Bilaterale Verträge.** In bilateralen Verträgen wird einem im Gerichtsstand des § 23 ergangenen Urteil teilweise die Anerkennung verweigert.[94]

26 **4. Der Immunität unterliegende Ausländervermögen.** Das der Immunität unterliegende Ausländervermögen eines anderen Staates, das in der Bundesrepublik Deutschland belegen ist, begründet keinen Gerichtsstand nach § 23.[95] Dieses Vermögen unterliegt nicht der deutschen Gerichtsbarkeit und kann deshalb auch keinen Gerichtsstand nach den Vorschriften der deutschen ZPO begründen.[96] Dient das im Inland belegene Vermögen hingegen der wirtschaftlichen Betätigung ausländischer Staaten, so begründet dieses den Gerichtsstand nach § 23.[97]

§ 23 a Besonderer Gerichtsstand für Unterhaltssachen

Für Klagen in Unterhaltssachen gegen eine Person, die im Inland keinen Gerichtsstand hat, ist das Gericht zuständig, bei dem der Kläger im Inland seinen allgemeinen Gerichtsstand hat.

---

[85] Zum Arrestverfahren vgl. OLG Frankfurt/M. WM 1987, 276.

[86] Vgl. auch *Stein/Jonas/Roth* Rn. 35 und Vor § 12 Rn. 13. Gehen beide Parteien vom Vorliegen der Voraussetzungen des § 23 aus, so ist die örtliche und damit die internationale Zuständigkeit gegeben, vgl. BGH NJW 1987, 3193, 3194.

[87] *Baumbach/Lauterbach/Hartmann* Rn. 4; *Stein/Jonas/Roth* Rn. 37.

[88] Zum Lugano-Übereinkommen s. OLG Karlsruhe MDR 2002, 231.

[89] Vgl. die Kommentierung zur EuGVO in Band 3.

[90] Im Sinne der Art. 59, 60 EuGVO.

[91] Dies hat der BGH ausdrücklich bestätigt, vgl. BGH NJW 1984, 2037; NJW-RR 1988, 172; OLG Celle RIW 1990, 320.

[92] So zustimmend *Stein/Jonas/Roth* Rn. 11; vgl. i. Ü. die Kommentierung zur EuGVO in Band 3.

[93] *Piekenbrock* RIW 2000, 751.

[94] Vgl. zu den bilateralen Abkommen – zumeist Vollstreckungsabkommen – *Bülow/Böckstiegel,* Internationaler Rechtsverkehr.

[95] Vgl. zutreffend AG Bonn NJW 1988, 1393 = VersR 1988, 741 (LS).

[96] Vgl. ausführlich § 12 Rn. 58 ff., insbes. 61.

[97] Vgl. auch hierzu § 12 Rn. 61.

I. Normzweck

1 § 23a **erleichtert die Rechtsverfolgung von Unterhaltsansprüchen.** Zur Erreichung dieses Zweckes weicht das Gesetz von der grundsätzlichen Maßgeblichkeit des Beklagtengerichtsstandes ab und schafft für den Fall des Nichtbestehens eines inländischen Gerichtsstandes einer unterhaltsverpflichteten Person einen Klägergerichtsstand. Die Einfügung der Norm erfolgte im Zusammenhang mit dem Inkrafttreten des Haager Übereinkommens über die Anerkennung und Vollstreckung von Entscheidungen aus dem Gebiet der Unterhaltspflicht gegenüber Kindern.[1] Weitergehend als das Haager Übereinkommen bezweckt § 23a nicht nur die Erleichterung der Rechtsverfolgung unterhaltsberechtigter Kinder, sondern unterhaltsberechtigter Personen überhaupt.

II. Anwendungsbereich

2 **1. Klagen.** Unter **Klagen** in Unterhaltssachen sind Leistungs-, Feststellungs- und Gestaltungsklagen gemäß § 323 zu verstehen. Entscheidend ist, dass es sich um eine Unterhaltssache handelt. Erfasst werden deshalb bei Unterhaltssachen neben Klagen auch Anträge aller Art. § 23a gilt deshalb auch für Anträge auf Erlass eines Arrestes oder einer einstweiligen Verfügung gemäß §§ 919, 937,[2] jedoch nicht für das Statusverfahren gemäß §§ 640ff.

3 **2. Unterhaltssachen.** Vom Anwendungsbereich werden nur Unterhaltssachen erfasst. Güterrechtliche Auseinandersetzungen (Versorgungsausgleich) sind keine Unterhaltssachen.[3]

4 **a)** Bei **Familiensachen** (§ 23b Abs. 1 Nr. 5 und 6 GVG, § 621 Abs. 1 Nr. 4, 5) und **Scheidungsfolgesachen** (§ 623 Abs. 1 S. 1) kann, auch wenn es sich um Unterhaltssachen handelt, der ausschließliche Gerichtsstand des § 606 Abs. 2 S. 2 eingreifen.[4] Eine Unterhaltssache liegt auch dann vor, wenn der Kläger eine Abänderung nach § 323 erstrebt.[5] Auch hier kann jedoch der ausschließliche Gerichtsstand gemäß § 606 Abs. 2 S. 2 eingreifen,[6] ebenso § 642.

5 **b)** Auf den **Rechtsgrund des Unterhaltsanspruches** kommt es nicht an. Dieser kann nach inländischem oder ausländischem Recht bestehen und auf Gesetz, Delikt oder Vertrag beruhen. Eine Unterhaltsvereinbarung kann auch eine vertragliche Festlegung des gesetzlichen Unterhaltsanspruchs sein.[7] Durch das KindUG[8] ist das Verfahren über Unterhaltsansprüche umfassend reformiert worden. Gemäß Art. 3 Nr. 9 KindUG sind die §§ 642–660 völlig neu gefasst.[9] Zweck der Neuregelung ist die Rechtsvereinheitlichung des ehelichen und des nicht ehelichen Status eines Kindes bei Unterhaltsansprüchen. Verfahren, die vor dem 1. 7. 1998 anhängig wurden, sind nach altem Recht abzuurteilen. Sie können auf Antrag auch nach neuem Recht behandelt werden. Die örtliche Zuständigkeit des Familiengerichts für Verfahren, die die Unterhaltsansprüche des minderjährigen Kindes gegen die Eltern, § 621 I Nr. 4, der Eheleute gegeneinander, § 621 I Nr. 5 oder der ledigen Mutter gegen den Vater, § 621 I Nr. 11, wird durch die §§ 642–644 geregelt.[10] Die §§ 642–644 gelten also nicht gegen das Kind oder gegen die Großeltern.[11] Bei Anwendung ausländischen Rechts ist nach diesem zu beurteilen, ob der geltend gemachte Anspruch als unterhaltsrechtlicher einzustufen ist.[12] In Betracht kommen: Unterhaltsansprüche zwischen Verwandten gerader Linie, § 1601 BGB, mithin Eltern, Kinder und Großeltern jeweils untereinander; Ehegatten, §§ 1360ff. BGB, einschließlich getrennt lebender Ehegatten; früherer Ehegatten, §§ 1569ff. BGB, auch wegen des Anspruches auf Kapitalabfindung, § 1585 Abs. 2 sowie auf Sicherheitsleistung, § 1585a BGB, und wegen des Unterhaltes für die Vergangenheit, § 1585b BGB; nichteheliche

---

[1] § 12 des AusfG vom 18. 7. 1961 (BGBl. I S. 1033) zum Haager Übereinkommen über die Anerkennung und Vollstreckung von Entscheidungen auf dem Gebiet der Unterhaltspflicht gegenüber Kindern vom 15. 4. 1958 (BGBl. 1961 II S. 1006), in Kraft seit 1. 1. 1962; neu gefasst durch Haager Übereinkommen über die Anerkennung und Vollstreckung von Unterhaltsentscheidungen vom 2. 10. 1973 (BGBl. 1986 II S. 826) vgl. auch die Begründung zu § 12 AusfG, BT-Drucks. 3/2584.

[2] Vgl. ebenso auch *Zöller/Vollkommer* Rn. 3; *Stein/Jonas/Roth* Rn. 12.

[3] Vgl. *Stein/Jonas/Roth* Rn. 13.

[4] Vgl. *Zöller/Philippi* § 621 Rn. 1.

[5] Vgl. BayObLGZ 1985, 19; m. weit. Nachw.; *Gottwald* FamRZ 1996, 1086; *Roth* FamRZ 1977, 178.

[6] Vgl. auch *Zöller/Vollkommer* Rn. 2, 3.

[7] BGH FamRZ 1990, 867; BGH FamRZ 1979, 550; *Lohmann,* Neue Rechtsprechung des BGH zum Familienrecht: Unterhalt und Versorgungsausgleich, Rn. 274.

[8] KindUG BGBl. 1998 I S. 666, in Kraft seit 1. 7. 1998.

[9] Danach sind die §§ 641 l–644 aF weggefallen.

[10] Vgl. *Baumbach/Lauterbach/Albers* § 642 Rn. 1; *Thomas/Putzo/Hüßtege* Vor § 642 Rn. 3.

[11] *Thomas/Putzo/Hüßtege* Vor § 642 Rn. 3.

[12] Vgl. *Stein/Jonas/Roth* Rn. 13.

Kinder, §§ 1615a ff. BGB; nicht verheiratete Mütter, § 1615l BGB, auch wegen der Entbindungskosten, § 1615l Abs. 1 S. 2 BGB. Hierzu gehören auch gesetzlich begründete und als Schadensersatzleistung geschuldete Unterhaltspflichten, zB nach Delikt, §§ 843, 844 BGB, oder nach sonstigen Sondervorschriften zB § 11 StVG, § 38 LuftVG, §§ 6, 8, HaftpflG.

6 **3. Übergang des Anspruches.** Der Übergang des Anspruches an eine andere Person als den Verpflichteten oder Berechtigten ändert nichts an der Qualifizierung als Unterhaltsanspruch. Da das Gesetz nicht an die Person des Verpflichteten oder Berechtigten anknüpft, sondern allein an das Vorliegen einer Unterhaltssache, bleibt der Gerichtsstand bestehen.[13] Ob ein Wechsel in der Person des Unterhaltsberechtigten oder Unterhaltsverpflichteten oder einer Übertragung der Ansprüche möglich ist, richtet sich nach materiellem Recht und ist mithin eine Frage der Begründetheit, nicht der Zulässigkeit der Klage.[14] Auch durch den Übergang des Anspruches kraft Gesetzes, §§ 1607 Abs. 2 S. 2, 1608, 1584 S. 3 BGB oder die Überleitung durch eine Behörde, § 91 BSHG,[15] § 37 BAFöG, § 67 VVG ändern nichts an der Qualifizierung als Unterhaltssache.

7 **4. Kein Gerichtsstand im Inland.** Weder ein allgemeiner noch ein besonderer Gerichtsstand des Beklagten darf im Inland gegeben sein. Als Gerichtsstände kommen auch solche nach §§ 16 oder 23 in Betracht, ferner wenn für die Unterhaltssache ein besonderer Gerichtsstand besteht, zB gemäß § 606 Abs. 2 S. 2 oder ein Gerichtsstand aufgrund einer Zuständigkeitsvereinbarung.

8 **5. Allgemeiner Gerichtsstand im Inland.** Der Kläger muss im Inland seinen allgemeinen Gerichtsstand haben. Die allgemeinen Gerichtsstände richten sich nach den §§ 13 bis 16, wobei für Kinder häufig ein abgeleiteter Gerichtsstand vorliegen wird. Bestehen nur besondere Gerichtsstände des Klägers, ist § 23a nicht anwendbar.

III. Verhältnis zu anderen Vorschriften

9 **1. Sachliche Zuständigkeit des Amtsgerichtes.** Nach § 23a Nr. 3 GVG ist das Amtsgericht sachlich zuständig, wenn der Rechtsstreit eine durch Ehe oder Verwandtschaft begründete gesetzliche Unterhaltspflicht betrifft oder wenn Unterhaltsansprüche aus den §§ 1615l–1615m BGB geltend gemacht werden, § 23a Nr. 3 GVG.[16] Ferner ist gemäß § 23b GVG die Zuständigkeit der Familiengerichte zu berücksichtigen. Seit 1. 7. 1998 unterliegen Streitigkeiten über Unterhaltsansprüche gemäß §§ 1601 BGB ff. der Zuständigkeit des Familiengerichtes. Unterhaltsklagen ehelicher wie nicht ehelicher Kinder gegen die Eltern, auch wenn diese nicht verheiratet sind, gegen Verwandte in absteigender Linie (Eltern gegen Kinder) und von Kindern gegen Verwandte in aufsteigender Linie (Großeltern).

10 **2. Ausschließliche Gerichtsstände.** Ausschließliche Gerichtsstände für die Geltendmachung des jeweils erhobenen Unterhaltsanspruches verhindern die Anwendung des § 23a. Als solche können eingreifen § 642 für den gesetzlichen Unterhalt minderjähriger Kinder und schließlich § 640a im Falle der Annex-Verurteilung zum Regelunterhalt.

11 **3. EuGVO.** Im Geltungsbereich der EuGVO wird § 23a durch Art. 5 Nr. 2 EuGVO verdrängt.[17] Zuständig ist danach nicht das Gericht, bei dem der Kläger seinen allgemeinen Gerichtsstand hat, sondern bei dem der Unterhaltsberechtigte seinen Wohnsitz oder gewöhnlichen Aufenthalt hat.[18] Da Art. 5 Nr. 2 EuGVO nicht nur die internationale sondern auch die örtliche Zuständigkeit regelt, ist § 23a im Geltungsbereich der EuGVO auch für die Bestimmung der örtlichen Zuständigkeit nicht einschlägig. Das gilt auch für Abänderungsklagen. Die Zuständigkeit lässt sich somit auch nicht dadurch begründen, dass das abzuändernde Urteil von einem deutschen Gericht erlassen worden ist.[19] Wohnt der Beklagte außerhalb des Geltungsbereiches der EuGVO, greift § 23a ein.

---

[13] AA *Musielak/Heinrich* Rn. 8.

[14] Vgl. zutreffend auch *Stein/Jonas/Roth* Rn. 16.

[15] §§ 90ff. BSHG geändert am 23. 7. 1996, BGBl. I S. 1088.

[16] Vgl. i. e. die Kommentierung zum GVG.

[17] Güterrechtliche Auseinandersetzungen sind keine Unterhaltsansprüche nach Art. 5 Nr. 2 EuGVO, vgl. *Kropholler* Art. 5 Nr. 2 EuGVÜ Rn. 39. zum Verhältnis zur EheVO vgl. *Hau* FamRZ 2000, 1333; vgl. i. e. die Kommentierung zur EuGVO in Band 3.

[18] Vgl. OLG Hamm FamRZ 2002, 54.

[19] OLG Jena FamRZ 2000, 681; OLG Nürnberg NJW 2005, 1055.

§ 24 Ausschließlicher dinglicher Gerichtsstand

(1) Für Klagen, durch die das Eigentum, eine dingliche Belastung oder die Freiheit von einer solchen geltend gemacht wird, für Grenzscheidungs-, Teilungs- und Besitzklagen ist, sofern es sich um unbewegliche Sachen handelt, das Gericht ausschließlich zuständig, in dessen Bezirk die Sache belegen ist.

(2) Bei den eine Grunddienstbarkeit, eine Reallast oder ein Vorkaufsrecht betreffenden Klagen ist die Lage des dienenden oder belasteten Grundstücks entscheidend.

Übersicht

I. Normzweck

1 § 24 bezweckt für **unbewegliche Sachen eine Konzentration der Rechtsstreite** an dem Gericht, in dessen Bezirk die unbewegliche Sache belegen ist. Damit wird ein dinglicher Gerichtsstand (forum rei sitae) geschaffen. Dies beruht auf der Erwägung, dass das Gericht wegen der örtlichen Nähe und der damit verbundenen erleichterten Einsichtsmöglichkeit bei Grundbuch- und Katasterämtern eher zu einer sicheren Feststellung und Würdigung der Rechtsverhältnisse in der Lage ist.[1] Zur Erreichung dieses Zwecks schafft § 24 einen ausschließlichen Gerichtsstand, der selbst die Exterritorialität durchbricht.[2]

II. Anwendungsbereich

2 **1. Unbewegliche Sache.** Der Begriff der unbeweglichen Sache richtet sich ausschließlich nach materiellem Recht. In der ZPO ist der Begriff nicht definiert, § 864 nicht einschlägig.[3]

3 **a) Grundstücke und ihre Bestandteile.** Grundstücke und ihre Bestandteile, §§ 93 bis 96 BGB, und zwar sowohl die wesentlichen als auch die nicht wesentlichen Bestandteile erfüllen den Begriff der unbeweglichen Sachen. Hierzu gehören neben Sachbestandteilen wie zB Gebäuden und Pflanzen auch Rechte gemäß § 96 BGB. Zu den Rechten gehören zB die Grunddienstbarkeit, § 1018 BGB, die Reallast im Falle des § 1105 Abs. 2 BGB, das dingliche Vorkaufsrecht, §§ 1094–1104 BGB, und das Anwartschaftsrecht auf Eintragung einer derartigen Belastung.[4] Auch Bruchteile von Grundstücken oder grundstücksgleiche Rechte wie Miteigentumsanteile, § 1008 BGB, und Wohnungseigentum, §§ 1, 2 WEG zählen hierzu.[5] Für Gebäude und Einrichtungen auf Grundstücken in den neuen Bundesländern können Sonderregelungen gelten.[6]

4 **b) Grundstücksgleiche Rechte.** Gründstücksgleiche Rechte gehören ebenfalls zu den unbeweglichen Sachen wie zB das Erbbaurecht nach der ErbbauVO,[7] das Jagdrecht nach dem Bundesjagdgesetz, das Recht auf Duldung des Überbaus, § 912 BGB oder nach landesrechtlichen Vorschriften geschaffene grundstücksgleiche Rechte wie Berg- und Fischereirechte.

---

[1] Vgl. *Stein/Jonas/Roth* Rn. 1 unter Hinweis auf die Gesetzesmotive zu § 25.
[2] Vgl. so zutreffend auch *Stein/Jonas/Roth* Rn. 1; ebenso *Baumbach/Lauterbach/Hartmann* Vor §§ 24–26 Rn. 3.
[3] Vgl. *Zöller/Vollkommer* Rn. 2; *Stein/Jonas/Roth* Rn. 9.
[4] Vgl. OLG Köln OLGZ 1968, 455.
[5] Zu den besonderen Gerichtsständen des WEG vgl. Rn. 18.
[6] Vgl. unten Rn. 19.
[7] Vgl. BGH ZIP 1980, 654; OLG Düsseldorf DNotZ 1974, 178.

5 **2. Unanwendbarkeit.** Unanwendbar ist die Vorschrift für andere Rechte an Grundstücken wie zB Hypothek, Grundschuld, Rentenschuld, subjektiv-persönliche Vorkaufsrechte und persönliche Reallasten. Diese anderen Rechte an Grundstücken werden nicht als unbewegliche angesehen. Ein Rechtsstreit hierüber ist kein Streit um eine unbewegliche Sache. Nicht dem Anwendungsbereich unterliegt auch das Zubehör, §§ 97, 98 BGB.

III. Voraussetzungen

6 **1. Klage. a) Klageart.** Als Klageart kommt eine Klage auf Leistung ebenso in Betracht wie eine positive oder negative Feststellungsklage.[8] Anwendbar ist die Vorschrift ferner nicht nur für Klagen sondern auch für andere das Objekt der Klage betreffende Anträge, zB für Arrest und einstweilige Verfügung, §§ 919, 936. Die Behauptung der die Zuständigkeit begründenden Tatsachen ist ausreichend, auf die Schlüssigkeit kommt es für die Zuständigkeit nicht an, sondern nur für die Begründetheit.

7 **b) Klagen auf Geltendmachung des Eigentums.** Unter Klagen, durch die das Eigentum geltend gemacht wird, fallen Klagen, die darauf gerichtet sind, mit Rechtskraftwirkung über bestehendes Eigentum oder Miteigentum zu entscheiden. Hierzu zählt die Klage auf Feststellung des Eigentums oder auf Berichtigung des Grundbuches durch Eintragung des Klägers als Eigentümer, § 894 BGB oder durch Löschung der auf eine andere Person lautenden Eintragung. Ferner Klagen aus dem Eigentum als Anspruchsgrundlage, ohne dass über die Existenz des Eigentums selbst mit Rechtskraft entschieden wird, wie zB die Klage auf Herausgabe der Sache, § 985 BGB, oder die Klage wegen Eigentumsstörung, § 1004 BGB. Nach zutreffender Auffassung fallen hierunter auch Klagen auf Feststellung des Nichtbestehens einer Berechtigung, die nicht dingliche Belastungen sind, die Klage zur Abwehr unzulässiger Einwirkungen, §§ 905, 1004 BGB, und Klagen aus dem Nachbarrecht gemäß §§ 906 ff., 1004 BGB, insbesondere bei Überbau und Notweg, die Klage wegen Missbrauchs durch den Nießbraucher, § 1053 BGB, und die Klage wegen Verletzung einer im Baulastenverzeichnis eingetragenen Baulast, da hierdurch das Eigentum im wesentlichen inhaltlich definiert wird.[9]

8 **Nicht als Eigentumsklagen** anzusehen sind die Erbschaftsklagen, §§ 2018 ff. BGB und zwar auch dann nicht, wenn der Nachlass allein aus dem Grundstück besteht,[10] da Klagegegenstand der Nachlass oder ein Teil hiervon ist.[11] Auch nicht die Klage aus der Anwartschaft des Nacherben, § 2113 BGB, die persönliche Klage mit dem Ziel einer Übertragung des Eigentums (Auflassung),[12] eine Anfechtungsklage, die ein Grundstück betrifft,[13] Wandlungsklage oder die Klage aus Nichtigkeit des obligatorischen Vertrages sowie die ein Grundstück betreffenden Gläubigeranfechtungsklagen.[14] Nicht mehr unter die Vorschrift fallen auch gesellschaftsrechtliche Streitigkeiten, lediglich weil die Gesellschaft Grundbesitz hat.[15]

9 **c) Klagen wegen einer dinglichen Belastung.** Klagen, durch die eine dingliche Belastung geltend gemacht wird, sind Klagen aus einer dinglichen Belastung an unbeweglichen Sachen. Dabei ist es gleichgültig, ob sich die Klage gegen den Eigentümer, den jeweils Berechtigten oder einen Dritten, wie zB den Prätendenten oder Störer richtet. Unerheblich ist auch, ob die Belastung zugunsten einer bestimmten Person besteht, zB Erbbaurecht, Nießbrauch, beschränkte persönliche Dienstbarkeit, Grundpfandrechte oder mit dem Eigentum an einer Sache selbst verbunden ist wie die subjektiv-dingliche Reallast, das subjektiv-dingliches Vorkaufsrecht oder die Grunddienstbarkeit. Hierunter fallen: das Erbbaurecht,[16] der Nießbrauch, §§ 1030 ff. BGB, die Grunddienstbarkeit, §§ 1018 ff. BGB, die beschränkten persönlichen Dienstbarkeiten, §§ 1090 ff. BGB, das Vorkaufsrecht – auch ein gesetzliches[17] – sofern es an einzelnen Sachen besteht, §§ 1094 ff. BGB, die Reallasten, §§ 1105 ff. BGB, Hypothek, Grundschuld und Rentenschuld als besondere Ausgestaltungsformen des Pfandrechts an unbeweglichen Sachen, ferner auch Altrechte vor Inkrafttreten des BGB, Art. 184 EGBGB, und die dem Wasser-, Deich-, Siel- und Bergrecht angehörigen dinglichen Be-

---

[8] Vgl. *Zöller/Vollkommer* Rn. 7; *Stein/Jonas/Roth* Rn. 11.

[9] Vgl. *Zöller/Vollkommer* Rn. 8; *Baumbach/Lauterbach/Hartmann* Rn. 3; für Klagen gem. § 104 SachenRBerG vgl. unten Rn. 19.

[10] Vgl. BGHZ 24, 352 = NJW 1957, 1316; RG JW 1988, 217 ff.; OLG Celle MDR 1962, 992.

[11] Vgl. so auch *Zöller/Vollkommer* Rn. 9; *Stein/Jonas/Roth* Rn. 16.

[12] Vgl. *Baumbach/Lauterbach/Hartmann* Rn. 4; *Zöller/Vollkommer* Rn. 9.

[13] Vgl. OLG Hamburg BB 1957, 274; aA LG Itzehoe MDR 1983, 674.

[14] Vgl. so zutreffend mit ausführlicher Begründung auch *Stein/Jonas/Roth* Rn. 14; OLG Celle MDR 1986, 1031; BayObLG KTS 2003, 673; aA OLGR Hamm 2002, 262.

[15] BGHZ 24, 352, 368 = NJW 1957, 1316.

[16] Vgl. VO vom 15. 1. 1919, RGBl. S. 72.

[17] BGHZ 58, 78, 82 = NJW 1972, 488; BGHZ 60, 275, 293 = NJW 1973, 1278, soweit es sich nicht um ein solches am Anteil des Miterben handelt, § 2034 BGB.

lastungen, Art. 65ff., 196 EGBGB. Auch öffentlich-rechtliche Belastungen, zB Grundsteuer und Anliegerbeträge fallen hierunter, sofern der Zivilrechtsweg gegeben ist.[18] Bei einer Vormerkung findet die Vorschrift nur Anwendung, wenn die Rechtsfolgen aus §§ 883 Abs. 2, 888 BGB gegen den Dritterwerber geltend gemacht werden, nicht jedoch bei Geltendmachung des gesicherten Anspruches gegen den Schuldner. Bei Klagen, ob ein Pfandrecht an einer Hypothek zu Recht besteht oder nicht, nur dann, falls der Eigentümer klagt,[19] ansonsten nicht. Nicht unter § 24 fallen deshalb auch die Klage auf Begründung oder Übertragung einer dinglichen Last.[20]

Unter den Begriff der **Geltendmachung** fallen die Leistungsklagen aus dem Recht auf Erfüllung, §§ 1094, 1105 BGB, wie zB auf Duldung der Zwangsvollstreckung bei Grundpfandrechten, § 1147 BGB, die Klage auf Grundbuchberichtigung durch Wiedereintragung einer irrtümlich gelöschten dinglichen Belastung, § 894 BGB,[21] Klagen auf Zahlung von Kapital, Zinsen und Renten bei Hypothek, Grundschuld oder Rentenschuld. Hierzu gehören auch die **Feststellungsklage** sowie die Klage des Eigentümers auf Umschreibung der kraft Gesetzes zur Eigentümergrundschuld gewordenen Hypothek, ebenso eine Klage gegen den Ehegatten auf Duldung der Zwangsvollstreckung in entsprechende Vermögenswerte, § 743,[22] und andere Formen von Duldungsklagen gem. §§ 737, 745, 748; auch der Streit des Grundstückseigentümers mit dem Pfändungsgläubiger einer Hypothek über Bestand und Wirksamkeit des Pfändungspfandrechtes.[23] Beim Streit zwischen angeblich Berechtigten – Prätendenten – kommt es darauf an, ob die dingliche Belastung selbst Gegenstand der Klage ist, dann fällt dies unter § 24, geht es hingegen lediglich um die subjektive Berechtigung einer der Prätendenten an der dinglichen Belastung, fällt dies nicht unter § 24.[24] 10

d) Klage auf Freiheit von einer dinglichen Belastung. Bei der Klage auf Freiheit von einer dinglichen Belastung handelt es sich um eine negatorische Klage, deren Gegenstand die Beseitigung einer dinglichen Belastung ist. Den negatorischen Anspruch können erfüllen die negatorische, auf Unterlassung gerichtete Leistungsklage, die negative Feststellungsklage sowie eine Löschungsklage, die Klage auf Befreiung von einer Belastung, auch von einer Vormerkung, Klage des Eigentümers auf Grundbuchberichtigung, § 894 BGB, Klage auf Vorlegung und Aushändigung des Briefes sowie sonstiger Urkunden, bei gänzlicher Befriedigung, § 1144 BGB, Klage des Eigentümers auf Löschung oder Bewilligung der Umschreibung auf Löschung einer Hypothekenvormerkung oder eines Teils der Vormerkung, Klage auf Herabsetzung des Zinsfußes oder Änderung der Kündigungsbestimmung, ferner auch Klagen, die auf die Befreiung eines Grundstücks von einer Belastung gerichtet sind, § 1169 BGB, auch wenn der Anspruch auf Befreiung lediglich ein schuldrechtlicher ist, wie zB bei der Anfechtung einer Hypothek nach § 143 InsO oder § 11 AnfG.[25] 11

Nicht hierunter fällt die Befreiung der Belastung einer Hypothek, da diese als solche keine unbewegliche Sache darstellt, auch nicht eine Klage auf Übertragung einer Grundschuld wegen Wegfalls des Sicherungsgrundes,[26] die Klage auf Löschung einer Hypothekenpfändung,[27] die Klage gegen Dritte auf Erfüllung einer persönlichen Verpflichtung, die Löschung zu bewirken.[28] Mithin ist diese Vorschrift generell nicht anwendbar für Klagen, die nicht gegen den Inhaber der dinglichen Belastung gerichtet sind, durch die lediglich **persönliche Verpflichtungen** zur Beseitigung der Belastung geltend gemacht werden.[29] 12

e) Grenzscheidungsklage. Unter Grenzscheidungsklagen sind sowohl die eigentliche Grenzscheidung, § 920 BGB wie auch die Abmarkungsklage nach § 919 BGB auf Errichtung fester Grenzzeichen oder Mitwirkung bei der Wiederherstellung verrückter oder unkenntlich gemachter Grenzzeichen zu verstehen. 13

f) Teilungsklage. Zur Teilungsklage gehören nur Klagen, die auf Teilung eines einzelnen Grundstücks und grundstücksgleicher Rechte gerichtet sind, zB nach §§ 749, 1008ff. BGB. **Nicht** hierunter fallen Auseinandersetzungsklagen unter Gesellschaftern oder Miterben sowie Klagen auf Teilung von Vermögensmassen oder von Erträgen, auch dann nicht, wenn das Eigentum der Ge- 14

---

[18] Vgl. zutreffend auch *Stein/Jonas/Roth* Rn. 18.
[19] Vgl. RG 149, 192.
[20] Vgl. BGHZ 54, 201 = NJW 1970, 1789.
[21] Vgl. OLG Celle NJW 1954, 961.
[22] Vgl. *Zöller/Vollkommer* Rn. 11.
[23] RGZ 149, 191, 192.
[24] Vgl. OLG Hamburg OLGRspr. 13, 75.
[25] Vgl. LG Itzehoe MDR 1983, 674; *Stein/Jonas/Roth* Rn. 24, *Zöller/Vollkommer* Rn. 13.
[26] BGHZ 54, 201 = NJW 1970, 1789.
[27] RGZ 51, 231.
[28] RGZ 25, 288.
[29] Vgl. *Stein/Jonas/Roth* Rn. 25.

samthand oder der Erbengemeinschaft nur aus einem Grundstück besteht. Gleichgültig ist hierbei, ob die Klage von dem Miteigentümer allein oder von ihm in Gemeinschaft mit einem Nießbraucher oder beispielsweise von dem Insolvenzverwalter erhoben wird.

15 **g) Besitzklage.** Unter Besitzklagen fallen Klagen wegen Entziehung oder Störung des Besitzes und zwar sowohl seitens des unmittelbaren als auch seitens des mittelbaren Besitzers, Klagen auf Wiedereinräumung, § 861 BGB, auf Störungsbeseitigung, § 862 BGB, bei verbotener Eigenmacht auch für den mittelbaren Besitzer, § 869 BGB, Störung der Ausübung einer Grunddienstbarkeit, § 1029 BGB. Nicht hierunter fallen Klagen, die erst auf Einräumung des Besitzes aufgrund eines obligatorischen Vertrages, zB Kauf, Miete, Pacht gerichtet sind sowie Klagen gegen den Erbschaftsbesitzer.

16 **2. Gerichtsbezirk.** Örtlich zuständig ist das Gericht, in dessen Bezirk die Sache belegen ist.[30] Der Ort der Störung selbst ist unerheblich.[31] Ist die unbewegliche Sache in mehreren Gerichtsbezirken belegen, kommt § 36 Nr. 4 zur Anwendung.

IV. Verhältnis zu anderen Vorschriften

17 **1. Wohnungseigentum.** Bei Wohnungseigentum entscheidet das Amtsgericht, in dessen Bezirk das Grundstück liegt, im Verfahren der freiwilligen Gerichtsbarkeit gemäß § 43 WEG. Für Klagen auf Entziehung des Wohnungseigentums und für Rechtsstreitigkeiten über das Dauerwohnrecht sind die §§ 51, 52 WEG zu berücksichtigen.

18 **2. Wohnraum.** Bei Wohnraum kann § 29a eingreifen. Bei **Wohnungseigentum** und **Grundstücken** kann § 29b gelten.

19 **3. Gebäude und Einrichtungen.** Gebäude und Einrichtungen auf Grundstücken in den neuen Bundesländern stellen gemäß Art. 231 § 5 Abs. 1 EGBGB nicht immer Bestandteile des Grundstücks dar. Entsprechend der in der ehemaligen DDR geltenden Rechtsordnung wurde Privateigentum an Grund und Boden immer weiter zurückgedrängt. Ebenso hatten die Begriffe Eigentum und Besitz wegen der Bedeutung des Volkseigentums keine solche Relevanz wie in der Bundesrepublik Deutschland. Unterschiedliche Formen von Nutzungsrechten und unterschiedliche Bodennutzungsverhältnisse waren somit Bestandteil der ostdeutschen Rechtsordnung. Als dingliche Nutzungsrechte werden heute diejenigen definiert, die ein selbstständiges Gebäudeeigentum ermöglichten. Unter schuldrechtlichen Nutzungsverhältnissen versteht man auch solche, die das Recht zur Bebauung fremden Bodens einschlossen, teils mit der Folge der Entstehung von Gebäudeeigentum.[32] Mit Einführung des SachenRÄndG vom 1. 10. 1994 ist die Zusammenführung von Grund- und Gebäudenutzung auf der Grundlage des BGB erfolgt. Die Hauptbestandteile bilden das SachenRBerG und das SchuldRÄndG. Im gerichtlichen Verfahren der Sachenrechtsbereinigung richtet sich die Zuständigkeit nach § 103 Abs. 1 S. 2 SachenRBerG. Betroffen sind Ansprüche nach dem SachenRBerG, die Gegenstand eines notariellen Vermittlungsverfahrens waren: Erbbaurechtsbestellungen nach §§ 32ff. SachenRBerG, Grundstücks- oder Gebäudekauf gemäß §§ 61ff., 81ff. SachenRBerG. Die örtliche Zuständigkeit des Gerichts folgt aufgrund der Ortsnähe und der damit verbundenen Sachkunde der Belegenheit des Grundstücks. Dieses Gericht ist ausschließlich zuständig. Die Wahl eines anderen Gerichtsstandes ist nicht möglich.[33]

20 **4. EuGVO.** Im Geltungsbereich der EuGVO[34] greift Art. 22 Nr. 1 EuGVO ein, wodurch die ausschließliche internationale Zuständigkeit der Gerichte des Belegenheitsstaates begründet wird. Art. 22 Nr. 1 EuGVO regelt jedoch nur die internationale Zuständigkeit,[35] so dass § 24 für die Bestimmung der örtlichen Zuständigkeit innerhalb der Bundesrepublik Deutschland auch im Geltungsbereich der EuGVO anwendbar bleibt.[36]

21 **5. Ausschließlichkeit.** Der **ausschließliche Gerichtsstand** des § 24 schließt den allgemeinen, die besonderen und vereinbarten Gerichtsstände aus und durchbricht selbst die Exterritorialität.[37] Auch der Gerichtsstand der Widerklage ist ausgeschlossen, §§ 33 Abs. 2, 40 Abs. 2. Zulässig sind jedoch Schiedsklauseln und damit schiedsrichterliche Verfahren der in § 24 aufgeführten Streitigkeiten.[38]

---

[30] Vgl. OLG Celle VersR 1978, 570.
[31] Vgl. RGZ 86, 278.
[32] Vgl. MünchKommBGB/*Kühnholz* Einführung zum SachRBerG und zum SchuldRÄndG Rn. 2ff.
[33] Vgl. MünchKommBGB/*Cremer* § 103 SachenRBerG Rn. 7.
[34] Vgl. i. e. die Kommentierung zur EuGVO in Band 3.
[35] Vgl. *Kropholler* Art. 16 Nr. 1 Rn 1; MünchKommZPO/*Gottwald* Art. 16 EuGVO Nr. 1 Rn. 2; *Geimer/Schütze* Art. 16 EuGVO Rn. 20.
[36] Zum Problemkreis Grundstückseigentum im Ausland *Wenner,* FS Jagenburg, 2001, S. 1013ff.
[37] Vgl. *Stein/Jonas/Roth* Rn. 1.
[38] Vgl. ebenso *Stein/Jonas/Roth* Rn. 30.

§ 25 Dinglicher Gerichtsstand des Sachzusammenhanges

In dem dinglichen Gerichtsstand kann mit der Klage aus einer Hypothek, Grundschuld oder Rentenschuld die Schuldklage, mit der Klage auf Umschreibung oder Löschung einer Hypothek, Grundschuld oder Rentenschuld die Klage auf Befreiung von der persönlichen Verbindlichkeit, mit der Klage auf Anerkennung einer Reallast die Klage auf rückständige Leistungen erhoben werden, wenn die verbundenen Klagen gegen denselben Beklagten gerichtet sind.

I. Normzweck

§ 25 bezweckt die **Erleichterung der Rechtsverfolgung bei Klageverbindung** von Ansprüchen, die mit unbeweglichen Sachen iSd. § 24 in einem sachlichen Zusammenhang stehen. Dies wird dadurch ermöglicht, dass im Zusammenhang mit der dinglichen Hauptklage in deren Gerichtsstand auch die einzelnen aufgeführten Zusammenhangsklagen erhoben werden können. Liegt Anspruchshäufung zwischen Klagen vor, die im Gerichtsstand des § 24 geltend gemacht werden müssen, mit solchen, die nach § 25 ebenfalls im Gerichtsstand des § 24 geltend gemacht werden können, entfällt die Prüfung der örtlichen Zuständigkeit des Prozessgerichtes für jeden einzelnen Anspruch gemäß § 260. Im Übrigen müssen die Voraussetzungen für eine Klageverbindung vorliegen, insbesondere die sachliche Zuständigkeit des angerufenen Gerichtes. Der Gerichtsstand ist dann von Bedeutung, wenn der Beklagte seinen allgemeinen Gerichtsstand nicht im Gerichtsbezirk des belegenen Grundstücks hat und dort auch kein sonstiger Gerichtsstand besteht. 1

II. Anwendungsbereich

1. Örtliche Zuständigkeit gemäß § 24. Die örtliche Zuständigkeit muss durch § 24 begründet sein. Liegen diese Voraussetzungen vor, so ist dieser Gerichtsstand auch für die persönlichen in § 25 genannten Klagen örtlich zuständig, wenn diese gegen den gleichen Beklagten gerichtet sind und mit der dinglichen Klage verbunden werden. Bei Klagen gegen verschiedene Beklagte kann gemäß §§ 59, 60, 36 Abs. 1 Nr. 3 verfahren werden.[1] 2

2. Schuldklage. Die Schuldklage, dh. die Klage gegen den persönlichen Schuldner auf Leistung oder Feststellung, kann mit der dinglichen Klage aus Hypothek, § 1113 BGB, Grundschuld § 1191 BGB, oder Rentenschuld, § 1199 Abs. 1 BGB sowie auf Duldung der Zwangsvollstreckung in das Grundstück bzw. Zahlung aus dem Grundstück, § 1147 BGB verbunden werden. Die Hypothek sichert eine persönliche Forderung gegen den Grundstückseigentümer oder einen Dritten, § 1113 BGB. Bei der Grundschuld und der Rentenschuld als Unterart der Grundschuld besteht Unabhängigkeit von der persönlichen Forderung, in der Praxis besteht jedoch häufig auch eine persönliche Schuld. 3

3. Persönliche Verbindlichkeit. Die Klage auf Befreiung von der persönlichen Verbindlichkeit kann mit der Klage auf Umschreibung oder Löschung einer Hypothek, Grundschuld oder Rentenschuld verbunden werden. Bei der Befreiungsklage kommen auch eine negative Feststellungsklage und eine auf Anfechtung oder Aufhebung gerichtete Klage wie auch die Wandelungsklage in Betracht. Bei der verbundenen dinglichen Klage handelt es sich um die Klage des Eigentümers gegen den Hypothekengläubiger, auf Umschreibung der kraft Gesetzes zur Eigentümergrundschuld gewordenen Hypothek sowie auf Löschung einer Hypothek, Grundschuld oder Rentenschuld, §§ 1143, 1164, 1168, 1170ff. BGB. 4

4. Rückständige Leistungen. Die Klage auf rückständige Leistungen aus der Reallast kann mit der Klage auf Anerkennung der Reallast, § 1105 BGB, verbunden werden. Bei den Leistungen aus einer Reallast handelt es sich, wenn nichts anderes vereinbart ist, gemäß § 1108 BGB zugleich um persönliche Verpflichtungen. 5

III. Verhältnis zu anderen Vorschriften

1. Konkurrenzen. § 25 begründet keinen ausschließlichen Gerichtsstand. Die Ansprüche können deshalb auch in anderen Gerichtsständen verfolgt werden. Die Unbegründetheit der dinglichen Klage gemäß § 24 macht das angerufene Gericht für eine mit dieser verbundenen persönlichen Klage nicht unzuständig.[2] 6

---

[1] So zustimmend auch *Zöller/Vollkommer* Rn. 1; aA AK-ZPO/*Röhl* §§ 24–26 Rn. 7.
[2] Vgl. auch *Zöller/Vollkommer* Rn. 2.

7 **2. EuGVO.** Im Geltungsbereich der EuGVO[3] wird § 25 verdrängt. Die EuGVO eröffnet keinen Gerichtsstand des Sachzusammenhanges für Klagen gemäß Art. 22 Nr. 1 EuGVO. Eine persönliche Klage muss deshalb im Geltungsbereich der EuGVO an einem in der EuGVO vorgesehenen Gerichtsstand erhoben werden. Hier greift Art. 6 Nr. 4 EuGVO ein. Danach kann die Klage auch in dem Gericht des Vertragsstaates im dinglichen Gerichtsstand des Art. 22 Nr. 1 EuGVO erhoben werden, auch dann, wenn der Beklagte seinen allgemeinen Gerichtsstand nicht in dem Staat hat, in dem die unbewegliche Sache belegen ist.[4] Außerhalb des Geltungsbereiches der EuGVO begründet § 25 im Rahmen der Doppelfunktionalität der Gerichtsstandsnormen auch die deutsche internationale Zuständigkeit.

§ 26 Dinglicher Gerichtsstand für persönliche Klagen

In dem dinglichen Gerichtsstand können persönliche Klagen, die gegen den Eigentümer oder Besitzer einer unbeweglichen Sache als solche gerichtet werden, sowie Klagen wegen Beschädigung eines Grundstücks oder hinsichtlich der Entschädigung wegen Enteignung eines Grundstücks erhoben werden.

I. Normzweck

1 § 26 bezweckt die **Erleichterung der Rechtsverfolgung durch Ausweitung des dinglichen Gerichtsstandes** des § 24 auch auf bestimmte persönliche Klagen, an welchen als Kläger oder Beklagte Grundstückseigentümer oder Besitzer beteiligt sind. Auch diese Streitigkeiten sollen, wie die unter den ausschließlichen Gerichtsstand des § 24 fallenden, von dem ortsnahen Richter entschieden werden können. § 26 enthält anders als § 25 keinen Gerichtsstand des Sachzusammenhanges sondern einen eigenen nicht ausschließlichen Gerichtsstand, den der Kläger in Anspruch nehmen kann, aber nicht muss.

II. Anwendungsbereich

2 **1. Klage gegen Eigentümer oder Besitzer.** Der Gerichtsstand findet zunächst Anwendung auf persönliche Klagen gegen den Eigentümer, Miteigentümer[1] oder Besitzer eines Grundstücks als solchen. Im Zeitpunkt der Klageerhebung muss der Beklagte deshalb im Gerichtsstand des § 26 gerade wegen seines Eigentums oder seines Besitzes an der unbeweglichen Sache[2] in Anspruch genommen werden. Unter den Begriff „Besitzer" fallen sowohl der unmittelbare wie auch der mittelbare Eigen- und Fremdbesitzer. § 26 erwähnt in seinem Wortlaut im Gegensatz zur dinglichen Klage die persönliche Klage, dh. die Geltendmachung schuldrechtlicher Ansprüche. Der Kläger kann jedoch auch dingliche Ansprüche im Zusammenhang mit beweglichen Sachen geltend machen, wenn sich die Klage nur gegen den Eigentümer und Besitzer einer unbeweglichen Sache als den passiv Legitimierten richtet.[3] Unter § 26 fallen deshalb beispielsweise: die Klage mit dem Ziel der Gestattung einer Wegschaffung nach §§ 867, 1005 BGB, Klage auf Gestattung der Besichtigung, § 809 BGB, Klage gegen jeden Besitzer zur Abwendung eines drohenden Einsturzes, § 908 BGB,[4] Klage auf Entschädigung wegen Überbaus, § 913 BGB, Klage auf gemeinschaftliche Benutzung gemäß § 921 BGB, Klage auf Art der Benutzung und Unterhaltung, § 922 BGB, Klage auf Ersatz von Verwendungen des Besitzers oder Nießbrauchers gegen den Eigentümer nach §§ 994, 999 Abs. 2, 1000 ff., 1049 BGB, Klagen auf Erfüllung des durch die Vormerkung gesicherten Anspruches sowie Klage auf Verschaffung des Eigentums an einem Grundstück und auf Eintragung bzw. Bewilligung dinglicher Rechte durch den Eigentümer,[5] schließlich auch die Klage auf Einräumung einer Bauhandwerkerhypothek nach § 648 BGB.[6] Dies soll nicht gelten für eine Klage auf Erstattung von Aufwendungsersatzansprüchen gemäß § 3 Abs. 3 S. 4 VermG.[7]

---

[3] Vgl. i. e. die Kommentierung zur EuGVO in Band 3.
[4] Vgl. *Kropholler* Art. 6 Rn. 43 ff. auch zum Lugano-EuGVÜ; i. Ü. vgl. die Kommentierungen zur EuGVO und zum Lugano-EuGVÜ in Band 3.
[1] OLG Stuttgart NZM 1999, 174 = NJW-RR 1999, 744.
[2] Zum Begriff „unbewegliche Sache" vgl. § 24 Rn. 2 ff.
[3] Vgl. so zutreffend auch *Stein/Jonas/Roth* Rn. 4.
[4] OLG Stuttgart NZM 1999, 174 = NJW-RR 1999, 744.
[5] Vgl. so zutreffend auch *Stein/Jonas/Roth* Rn. 6.
[6] HM; vgl. OLG Braunschweig OLGZ 1974, 211; *Zöller/Vollkommer* Rn. 2; *Thomas/Putzo/Hüßtege* Rn. 1; *Stein/Jonas/Roth* Rn. 6; aA *Baumbach/Lauterbach/Hartmann* Rn. 5.
[7] OLG Rostock OLGR 1998, 170.

Nicht hierunter fällt die Klage auf Schadensersatz wegen Einsturz eines Gebäudes, weil diese unabhängig von dem Besitz geltend gemacht werden kann, § 836 BGB, außer wenn es sich um die Beschädigung des Nachbargrundstücks handelt, ferner nicht die persönlichen Ansprüche gegen den Eigentümer aus einer Reallast, § 1108 BGB, Ansprüche aus Vermietung und Verpachtung, da diese nicht notwendig mit dem Eigentum oder Besitz in Zusammenhang stehen müssen. 3

2. Klagen wegen Beschädigung. Klagen wegen Beschädigung eines Grundstückes können von dem Eigentümer oder Besitzer des Grundstückes im Gerichtsstand des § 26 erhoben werden. Unerheblich ist, auf welchem Rechtsgrund die Klage beruht, ob auf einer erlaubten, zB § 904 BGB, oder unerlaubten Handlung, §§ 823, 826ff. BGB, oder auf einem anderen Umstand. In Betracht kommen beispielsweise Klagen aus §§ 836, 837ff. BGB, die Klage auf Schadensersatz wegen Einsturz des benachbarten Gebäudes, wenn es sich um die Beschädigung des Nachbargrundstückes handelt, Klagen auf Ersatz eines Wild- oder Jagdschadens nach den §§ 29ff. BJagdG. 4

3. Klage auf Enteignungsentschädigung. Zu einer Klage auf Enteignungsentschädigung zählt auch eine Klage auf Entschädigung wegen enteignungsgleicher Eingriffe in ein Grundstück.[8] Für diese Streitigkeiten ist der Zivilrechtsweg offen, Art. 14 Abs. 3 GG. Für die sachliche Zuständigkeit sind die Kammern für Baulandsachen zu berücksichtigen, § 71 GVG.[9] Ferner sind die jeweils einschlägigen Landesgesetze aufgrund § 15 Nr. 2 EGZPO zu beachten, die meist den Gerichtsstand der belegenen Sache für ausschließlich zuständig erklären[10] und darüber hinaus weitere Zulässigkeitsvoraussetzungen, zB in Bezug auf die Unanfechtbarkeit eines Enteignungsbeschlusses fordern.[11] 5

III. Verhältnis zu anderen Vorschriften

1. Konkurrenzen. Bei Konkurrenz der Gerichtsstände der §§ 26 und 24 geht § 24 wegen Ausschließlichkeit vor. Kommen weitere nicht ausschließliche Gerichtsstände in Betracht, hat der Kläger gemäß § 35 die Wahl. 6

2. EuGVO. Im Geltungsbereich der EuGVO[12] ist Art. 22 Nr. 1 EuGVO zu berücksichtigen. Demgemäß ist zu prüfen, ob es sich bei einem im Gerichtsstand des § 26 geltend gemachten Anspruch zugleich auch um eine Klage gemäß Art. 22 Nr. 1 EuGVO handelt. Die deutsche internationale Zuständigkeit im Geltungsbereich der EuGVO folgt dann aus Art. 22 Nr. 1 EuGVO. Die örtliche Zuständigkeit innerhalb der Bundesrepublik Deutschland bestimmt sich gemäß § 26. Folgt innerhalb des Geltungsbereiches der EuGVO die internationale Zuständigkeit nicht aus Art. 22 Nr. 1 EuGVO, ist die deutsche internationale Zuständigkeit nicht gegeben. 7

Außerhalb des Geltungsbereiches der EuGVO regelt § 26 über die örtliche Zuständigkeit auch die deutsche internationale Zuständigkeit. 8

§ 27 Besonderer Gerichtsstand der Erbschaft

(1) Klagen, welche die Feststellung des Erbrechts, Ansprüche des Erben gegen einen Erbschaftsbesitzer, Ansprüche aus Vermächtnissen oder sonstigen Verfügungen von Todes wegen, Pflichtteilsansprüche oder die Teilung der Erbschaft zum Gegenstand haben, können vor dem Gericht erhoben werden, bei dem der Erblasser zur Zeit seines Todes den allgemeinen Gerichtsstand gehabt hat.

(2) Ist der Erblasser ein Deutscher und hatte er zur Zeit seines Todes im Inland keinen allgemeinen Gerichtsstand, so können die im Absatz 1 bezeichneten Klagen vor dem Gericht erhoben werden, in dessen Bezirk der Erblasser seinen letzten inländischen Wohnsitz hatte; wenn er einen solchen Wohnsitz nicht hatte, so gilt die Vorschrift des § 15 Abs. 1 Satz 2 entsprechend.

I. Normzweck

§ 27 bezweckt die **Erleichterung der Rechtsverfolgung durch einen zusätzlichen Gerichtsstand der Erbschaft.** In diesem Gerichtsstand der Erbschaft können alle einen bestimmten 1

---

[8] Vgl. zutreffend auch *Stein/Jonas/Roth* Rn. 9; *Zöller/Vollkommer* Rn. 4.

[9] Es handelt sich um eine Kammer des LG, obgleich durch hauptamtliche Richter des Verwaltungsgerichtes verstärkt, § 220 BauGB; vgl. BGHZ 40, 152 = NJW 1964, 200.

[10] ZB § 50 Abs. 1 S. 2 Hess. EnteignungsG vom 4. 4. 1973 (GVBl. I S. 107); Art. 45 Abs. 1 S. 2 Bayerisches Gesetz über die entschädigungspflichtige Enteignung vom 11. 11. 1974 (GVBl. S. 610, 814).

[11] Vgl. hierzu zB § 50 Abs. 2 Hess. EnteignungsG.

[12] Vgl. die Kommentierung zur EuGVO.

Erbfall betreffenden Rechtsstreite einheitlich vor einem Gericht ausgetragen werden, das sich darüber hinaus in örtlicher Nähe zu dem Lebensmittelpunkt des Erblassers befindet. Schließlich ist dieser Gerichtsstand in aller Regel leicht feststellbar.[1] § 27 Abs. 2 bezweckt zudem innerhalb seines Anwendungsbereiches die Eröffnung eines inländischen Gerichtsstandes so dass die Anwendung deutschen Rechts durch deutsche Gerichte gewährleistet ist.[2]

II. Anwendungsbereich

2 **1. Gerichtsort.** Der Gerichtsort knüpft an den allgemeinen Gerichtsstand der §§ 12 bis 16 des Erblassers zur Zeit seines Todes an. Hatte der Erblasser zum Zeitpunkt seines Todes mehrere allgemeine Gerichtsstände, beispielsweise aufgrund mehrerer Wohnsitze, folgen hieraus auch mehrere Erbschaftsgerichtsstände, unter denen der Kläger gemäß § 35 die Wahl hat.[3] Hatte der Erblasser keinen Wohnsitz, ist § 16 einschlägig. Ist eine unter § 15 fallende Person Erblasser, wird der allgemeine Gerichtsstand nach dieser Vorschrift bestimmt. Ein Deutscher wird nach Art. 25 EGBGB, auch wenn er seinen Wohnsitz im Ausland hatte, nach deutschen Gesetzen beerbt. § 27 Abs. 2 schafft deshalb einen Hilfsgerichtsstand für den Fall, dass der Erblasser seinen Wohnsitz zum Zeitpunkt seines Todes im Ausland hatte. Als Gerichtsstand kommt dann der letzte inländische Wohnsitz des Erblassers zum Zuge, in Ermangelung dessen der Gerichtsstand am Amtsgericht Schöneberg in Berlin, § 15 Abs. 1 S. 2. Hatte der Erblasser zum Zeitpunkt des Todes keinen Wohnsitz, ist zunächst § 16 einschlägig. Lag der letzte Wohnsitz im Ausland, greift § 27 Abs. 2 ein. Das Erbstatut des Art. 25 Abs. 1 EGBGB ist auch maßgebend für das Pflichtteilsrecht,[4] die mit dem Erwerb der Erbschaft zusammenhängenden Fragen[5] sowie die Voraussetzungen und Wirkungen der Verfügung von Todes wegen[6] schließlich auch für die Testamentsauslegung.[7]

3 Unerheblich ist, ob sich im Bezirk des Gerichtes Nachlassgegenstände befinden oder jemals befunden haben.[8]

4 **2. Klagegründe.** Im **Gerichtsstand der Erbschaft** kann dann geklagt werden, wenn die Klage auf einen der in § 27 genannten **Klagegründe** gestützt wird. Auf die Parteirollen der an dem Rechtsstreit Beteiligten kommt es nicht an. Die Klage kann deshalb zB erhoben werden gegen den Erben, den Nachlassverwalter,[9] den Testamentsvollstrecker oder auch gegen einen Dritten, zB der Erbe des mit einem Vermächtnis beschwerten.[10] Besteht der Gerichtsstand, ist er ohne zeitliche Grenze gegeben. In ihm können grundsätzlich Leistungs-, Feststellungs- und Gestaltungsklagen geltend gemacht werden, soweit das Gesetz nicht selbst die Klage auf Feststellung des Erbrechts erwähnt.

5 **3. Klage auf Feststellung des Erbrechts.** Die Klage auf Feststellung des Erbrechts kann im Gerichtsstand des § 27 erst nach dem Eintritt des Erbfalls erhoben werden. Das Erbrecht kann sich aus Gesetz, §§ 1922, 2032 BGB, Testament, § 2087 BGB, oder Erbvertrag, § 2278 BGB, ergeben. Unter Erbrecht ist auch das Recht des Nacherben, §§ 2100 iVm. §§ 2108, 2142 BGB und das Erbrecht des Fiskus nach § 1936 BGB zu verstehen. **Nicht** hierunter fallen das Fortsetzungsrecht bei fortgesetzter Gütergemeinschaft gemäß §§ 1483 ff. BGB[11] und der nur schuldrechtliche Anspruch des Erbschaftskäufers, § 2374 BGB; deshalb auch nicht eine Klage wegen des Rechts auf Widerruf einer in einem Erbvertrag vorgenommenen Erbeinsetzung[12] und auch nicht wegen eines Rechts an einem einzelnen Nachlassgegenstand. In der Regel erfolgt die Durchsetzung des Anspruches durch Feststellungsklage, § 256, der Anspruch kann jedoch auch durch Anfechtung der Erbeinsetzung gemäß §§ 2078 ff. BGB oder durch Anfechtung des Erbschaftserwerbs wegen Erbunwürdigkeit, § 2342 BGB oder durch Geltendmachen oder Anfechtung eines Erbverzichts, §§ 2346 ff. BGB, durchgesetzt werden.[13]

---

[1] Vgl. sinngemäß auch *Stein/Jonas/Roth* Rn. 1; AK-ZPO/*Röhl* Rn. 1.
[2] Zur internationalen Zuständigkeit *Bajons*, FS Heldrich, 2005, S. 494 ff.
[3] Vgl. RGZ 35, 418; *Zöller/Vollkommer* Rn. 2; *Stein/Jonas/Roth* Rn. 3.
[4] BGHZ 9, 154 = NJW 1953, 860; Art. 25 und 26 EGBGB ersetzen die bisherigen Vorschriften der Art. 24 bis 26 EGBGB.
[5] LG Hamburg RIW 85, 172; *Staudinger/Dörner* Art. 25 EGBGB Rn. 101 ff.
[6] Vgl. BayOblGZ 1974, 460; *Palandt/Heldrich* Art. 25 EGBGB Rn. 10 ff.
[7] BGH WM 1976, 811.
[8] BayObLG NJW 1950, 310.
[9] RGZ 26, 380.
[10] Vgl. RGZ 3, 380; *Stein/Jonas/Roth* Rn. 9.
[11] HM; vgl. *Stein/Jonas/Roth* Rn. 11; *Zöller/Vollkommer* Rn. 4; *Thomas/Putzo/Hüßtege* Rn. 1; aA *Baumbach/Lauterbach/Hartmann* Rn. 4, der eine sinngemäße Anwendung befürwortet.
[12] Vgl. OLG Celle MDR 1962, 992.
[13] Vgl. ebenso auch *Zöller/Vollkommer* Rn. 4; *Stein/Jonas/Roth* Rn. 10.

Für **nichteheliche Kinder** (Kinder, deren Eltern nicht miteinander verheiratet sind) galten in der Zeit vom 1. 7. 1970 bis zum 31. 3. 1998 für die Geltendmachung eines Erbersatzanspruches die §§ 1934a–1934e BGB. Zum 1. 4. 1998 wurden diese Vorschriften durch das ErbGleichG zum Zwecke der Herstellung der erbrechtlichen Gleichstellung ersatzlos gestrichen.[14] Für die Geltendmachung des vorzeitigen Erbausgleiches nach § 1934d BGB galt § 27, für erbrechtliche Streitigkeiten vor dem Erbfall hingegen nicht.[15] Nunmehr findet § 27 nur noch für Altfälle des vorzeitigen Erbausgleiches Anwendung.[16] 6

4. Klage gegen den Erbschaftsbesitzer. Bei dem Anspruch des Erben gegen den Erbschaftsbesitzer handelt es sich nach den §§ 2018 bis 2027, 2029, 2030, 2037 BGB um einen Anspruch des Erben auf die Herausgabe des aus der Erbschaft Erlangten. Hierunter fällt auch die Auskunftsklage nach § 2027 BGB[17] und nach § 2028 BGB.[18] Häufig wird der Anspruch gegen den Erbschaftsbesitzer mit dem Antrag auf Feststellung des Erbrechts gemäß § 260 verbunden sein. Vom Anwendungsbereich wird nur eine das Gesamterbe betreffende Klage, zB auf Auskunftserteilung, auf Herausgabe des Erlangten[19] sowie auf Abgabe der eidesstattlichen Versicherung erfasst.[20] Erbschaftsbesitzer ist derjenige, der etwas aus der Erbschaft aufgrund eines ihm in Wirklichkeit nicht zustehenden Erbrechtes erlangt hat. Diesem steht derjenige gleich, der von ihm die Erbschaft durch Vertrag erwirkt, § 2030 BGB.[21] 7

Nicht hierunter fallen Einzelklagen gegen einen vermeintlichen Vermächtnisnehmer oder Beauftragten des Erblassers,[22] §§ 985, 989 ff., 2029 BGB oder Klagen auf Herausgabe eines zu Unrecht ausgestellten Erbscheines oder eines Testamentsvollstreckerzeugnisses, da sich eine solche Klage nicht gegen den Erbschaftsbesitzer als solchen richtet.[23] Einem Erbschaftsbesitzer steht dessen Erbe gleich.[24] 8

5. Vermächtnis. Zu Ansprüchen aus Vermächtnissen gehören Ansprüche aufgrund Anordnungen des Erblassers, durch die er einer Person durch Verfügung von Todes wegen einen Vermögensvorteil zuwendet, ohne diese Person zum Erben einzusetzen, §§ 1932, 1939, 1941, 1969, 2150, 2174, 2279, 2299 BGB. Soweit der Erbe beschwert ist, ist der Vermächtnisnehmer Nachlassgläubiger, §§ 2174, 1967 Abs. 2 BGB. Die Klage kann auch auf Feststellung des Nichtbestehens oder auf Anfechtung des Vermächtnisses gerichtet werden. Ferner fallen hierunter gesetzliche Vermächtnisse wie der Voraus des Ehegatten, § 1932 BGB und der Unterhaltsanspruch gemäß § 1969 BGB. 9

6. Sonstige Verfügung von Todes wegen. Als Ansprüche aus sonstiger Verfügung von Todes wegen kommen in Betracht die Auflage, § 2192 BGB, und die Schenkung auf den Todesfall, § 2301. 10

7. Pflichtteilsansprüche. Die Pflichtteilsansprüche erfassen den Zahlungsanspruch gemäß §§ 2303 ff. BGB,[25] den Anspruch auf Pflichtteilsergänzung, §§ 2325, 2329 BGB, die Klage gegen den erbunwürdigen Pflichtteilsberechtigten, § 2345 Abs. 2 BGB sowie den Auskunftsanspruch, § 2314 BGB. 11

8. Teilung der Erbschaft. Die Klage auf Teilung der Erbschaft erfasst die Auseinandersetzung unter Miterben nach den §§ 2042 ff. BGB, soweit diese im Wege der Auseinandersetzungsklage betrieben wird und nicht auf andere Weise erfolgt.[26] Anwendbar ist die Vorschrift sowohl im Falle des § 1482 BGB als auch in dem des § 1483 Abs. 2 BGB.[27] Auch eine Auseinandersetzung nach § 1483 Abs. 2 BGB, die zunächst mit den einseitigen Abkömmlingen unter Berücksichtigung des § 1471 BGB zu erfolgen hat, fällt unter den Normzweck des § 27. Der Kläger muss auf Zustimmung zu einem bestimmten Auseinandersetzungsplan klagen.[28] Unter die Vorschrift fällt auch die 12

---

[14] ErbGleichG vom 16. 12. 1997, BGBl. I S. 2968.
[15] LG Hamburg NJW-RR 1994, 1098; OLG Hamburg NJW-RR 1996, 203.
[16] BGH NJW 1996, 2096 = WM 1996, 1979 = FamRZ 1996, 855.
[17] OLG Nürnberg OLGZ 1981, 116; *Baumbach/Lauterbach/Hartmann* Rn. 5.
[18] Streitig, so auch *Stein/Jonas/Roth* Rn. 12; *Zöller/Vollkommer* Rn. 5; aA *Baumbach/Lauterbach/Hartmann* Rn. 5.
[19] BayObLG OLGRspr. 15, 57.
[20] Vgl. hierzu OLG Nürnberg OLGZ 1981, 116 ff.
[21] Vgl. Palandt/Edenhofer § 2018 Rn. 4.
[22] Vgl. OLG Köln OLGZ 1986, 212 = Rpfleger 1986, 96.
[23] AllgM; vgl. *Zöller/Vollkommer* Rn. 5; *Stein/Jonas/Roth* Rn. 14; *Baumbach/Lauterbach/Hartmann* Rn. 5.
[24] OLG Nürnberg OLGZ 1981, 116 ff.
[25] Anspruch auf reine Geldforderung: BGHZ 28, 178 = NJW 1958, 1964.
[26] Vgl. hierzu *Palandt/Edenhofer* § 2042 BGB Rn. 2.
[27] AA *Stein/Jonas/Roth* Rn. 18, der § 27 nur im Falle des § 1482 BGB angewendet wissen möchte; AK-ZPO/*Röhl* § 28 Rn. 3 lässt die Frage offen.
[28] *Palandt/Edenhofer* § 2042 BGB Rn. 16.

Klage auf Ausgleich unter Miterben §§ 2050 ff., 2057 a BGB.[29] Es kann auch die erfolgte Teilung angefochten werden, sei es von Miterben, sei es von Dritten.[30] Nicht hierunter fällt eine Klage auf die Vornahme einer Auseinandersetzung einer fortgesetzten Gütergemeinschaft.

III. Verhältnis zu anderen Vorschriften

13 **1. Konkurrenzen.** Es handelt sich um einen **Wahlgerichtsstand.** Soweit der Beklagte in anderen Gerichtsständen ebenfalls in Anspruch genommen werden könnte, steht dem Kläger ein Wahlrecht nach § 35 zu.

14 **2. EuGVO.** Die EuGVO findet keine Anwendung, da das Gebiet des Erbrechts einschließlich des Testamentrechts vom Anwendungsbereich der EuGVO ausgenommen ist, Art. 1 Abs. 2 lit. a EuGVO. § 27 begründet über die örtliche Zuständigkeit auch die deutsche internationale Zuständigkeit. Wenn aufgrund einer ausländischen Rückverweisung deutsches Erbrecht zur Anwendung kommt, ist die deutsche internationale Zuständigkeit entweder aufgrund positiven Gleichlaufs oder aufgrund einer deutschen internationalen Notzuständigkeit gegeben.[31]

§ 28 Erweiterter Gerichtsstand der Erbschaft

In dem Gerichtsstand der Erbschaft können auch Klagen wegen anderer Nachlassverbindlichkeiten erhoben werden, solange sich der Nachlass noch ganz oder teilweise im Bezirk des Gerichts befindet oder die vorhandenen mehreren Erben noch als Gesamtschuldner haften.

I. Normzweck

1 § 28 bezweckt die **Erleichterung der Rechtsverfolgung im Gerichtsstand der Erbschaft** für weitere in § 28 genannte Nachlassverbindlichkeiten.[1]

II. Anwendungsbereich

2 **1. Andere Nachlassverbindlichkeiten.** Klagen wegen anderer Nachlassverbindlichkeiten als solche, die bereits durch § 27 erfasst werden, können in diesem Gerichtsstand erhoben werden. Klagegegenstand muss eine vom Erblasser herrührende Nachlassverbindlichkeit sein, § 1967 BGB. Hierzu gehören auch die dinglichen und diesen gleichgestellte Ansprüche gemäß § 1971 BGB.[2] Ferner gehören hierzu die Nachlasserbenschulden, die für den Erben anlässlich des Erbfalles entstehen wie zB die Beerdigungskosten des Erblassers, § 1968 BGB,[3] der Unterhaltsanspruch der Schwangeren, § 1963 BGB, der Zahlungsanspruch des Lebensgefährten des Erblassers gegen die Erben, § 1967 BGB,[4] der Unterhaltsanspruch des Angehörigen des Erblassers, § 1969 BGB, Verbindlichkeiten aus der Verwaltung des Nachlasses wie Nachlasspflegschaft oder Testamentsvollstreckung, §§ 2205 bis 2207, 1985 BGB, sowie Verbindlichkeiten aus der Durchführung der Nachlassinsolvenz, § 1978 BGB. Auch Ansprüche aus Geschäftsführung mit, § 672 BGB, und ohne Auftrag, §§ 683, 684 BGB, im Interesse der Erbschaft. **Nicht** hierunter fallen die Ansprüche des Erbschaftskäufers gegen den Erben gemäß §§ 2371 ff. BGB, da diese aus dem Kaufvertrag resultieren und mithin keine Nachlassverbindlichkeiten sind.

3 **2. Nachlassgegenstand im Gerichtsbezirk.** Bei Existenz nur eines Erben muss sich jedenfalls noch mindestens ein zum Nachlass gehörender Gegenstand im Bezirk des angerufenen Gerichts befinden.[5] Auf den Wert des Nachlassgegenstandes kommt es nicht an. Bei Forderungen findet § 23 S. 2 entsprechende Anwendung.[6] Die Erben brauchen von dem Nachlassgegenstand nicht Besitz ergriffen haben. Wird der Nachlassgegenstand veräußert oder aus dem Gerichtsbezirk entfernt, entfällt dieser Gerichtsstand. Etwas anderes muss nach den Grundsätzen prozessualer Arglisteinrede und

---

[29] BGH NJW 1992, 364 = MDR 1992, 587.
[30] Vgl. *Stein/Jonas/Roth* Rn. 18; für die Zuständigkeit des Nachlassgerichtes zur Vermittlung der Erbauseinandersetzung vgl. §§ 86 ff. FGG.
[31] Vgl. hierzu § 12 Rn. 98 ff.
[1] Vgl. zum Normzweck entsprechend auch § 27 Rn. 1.
[2] Vgl. *Stein/Jonas/Roth* Rn. 2.
[3] OLG Karlsruhe OLGR 2003, 347.
[4] Vgl. OLG Saarbrücken FamRZ 1969, 796.
[5] Vgl. ebenso auch AK-ZPO/*Röhl* Rn. 7.
[6] Vgl. zustimmend auch *Stein/Jonas/Roth* Rn. 4; *Zöller/Vollkommer* Rn. 3.

Treu und Glauben gelten, wenn Nachlassgegenstände in den Gerichtsbezirk gebracht oder aus diesem entfernt werden, um den Gerichtsstand arglistig zu begründen oder zu beseitigen.[7]

3. Mehrheit von Erben. Bei mehreren Erben kommt es nicht darauf an, ob sich ein Nachlassgegenstand im Gerichtsbezirk befindet oder je befunden hat. Der Gerichtsstand besteht vielmehr, solange die Erben als Gesamtschuldner für die streitbefangene Nachlassverbindlichkeit haften, §§ 2058 ff., 421 ff. BGB. Die Gesamtschuldnerschaft muss sich allerdings gerade auf die eingeklagte Nachlassverbindlichkeit beziehen.[8] Mit Beendigung der Gesamthaftung, §§ 2060 ff. BGB, in Bezug auf die streitbefangene Nachlassverbindlichkeit endet infolge dessen der besondere Gerichtsstand. 4

4. Beweislast. Die Beweislast für die Voraussetzungen dieses Gerichtsstandes obliegt dem Kläger. Der Beklagte muss, da bei mehreren Erben Gesamthaftung kraft Gesetzes eintritt, das Nichtvorliegen der Gesamthaftung beweisen.[9] 5

III. Verhältnis zu anderen Vorschriften

1. Konkurrenzen. Es handelt sich um einen **Wahlgerichtsstand,** der wie § 24 mit dem allgemeinen Gerichtsstand einer oder mehreren Erben und mit anderen besonderen Gerichtsständen konkurrieren kann. Unter mehreren Gerichtsständen hat der Kläger die Wahl, § 35. 6

2. EuGVO. Die EuGVO findet keine Anwendung auf das Gebiet des Erbrechts einschließlich des Testamentrechts, Art. 1 Abs. 2 lit. a EuGVO.[10] § 28 begründet über die örtliche Zuständigkeit auch die deutsche internationale Zuständigkeit. 7

§ 29 Besonderer Gerichtsstand des Erfüllungsorts

(1) Für Streitigkeiten aus einem Vertragsverhältnis und über dessen Bestehen ist das Gericht des Ortes zuständig, an dem die streitige Verpflichtung zu erfüllen ist.

(2) Eine Vereinbarung über den Erfüllungsort begründet die Zuständigkeit nur, wenn die Vertragsparteien Kaufleute, juristische Personen des öffentlichen Rechts oder öffentlich-rechtliche Sondervermögen sind.[1]

Übersicht

---

[7] Vgl. *Baumbach/Lauterbach/Hartmann* Rn. 3; sowie die entsprechenden Ausführungen zu § 23 Rn. 3, 5, 8 ff. sinngemäß.

[8] BayObLG NJW-RR 2004, 944; so ausdrücklich *Stein/Jonas/Roth* Rn. 6; *Baumbach/Lauterbach/Hartmann* Rn. 5.

[9] *Zöller/Vollkommer* Rn. 4; *Stein/Jonas/Roth* Rn. 8.

[10] Vgl. hierzu auch § 27 Rn. 14.

[1] Abs. 2 idF des HRefG, Art. 18 vom 22. 6. 1998 BGBl. I S. 1474, in Kraft seit 1. 7. 1998.

I. Normzweck

1 § 29 bezweckt die **Erleichterung der Rechtsverfolgung** durch eine Verknüpfung des Gerichtsortes mit dem Ort, an dem die streitige Verpflichtung zu erfüllen ist. Damit können alle Rechtsstreitigkeiten, die im Zusammenhang mit der streitigen Verpflichtung stehen, an dem Gerichtsstand des Erfüllungsortes konzentriert werden. Die Verknüpfung zwischen Gerichtsort und Erfüllungsort bewirkt zudem, dass ein örtlich näheres Gericht über die streitige Verpflichtung entscheiden kann und mithin über bessere Möglichkeiten der Sachaufklärung und bei Begründung der internationalen Zuständigkeit durch die örtliche Zuständigkeit über die erforderlichen lokalen Rechtskenntnisse[2] verfügt. § 29 ist deshalb der im Geschäftsverkehr wichtigste besondere Gerichtsstand.[3] Im Gerichtsstand des Erfüllungsortes besteht für beide Parteien grundsätzlich der Vorteil, dass sie auf einen durch Sachnähe legitimierten Gerichtsstand zurückgreifen können.[4] Wie alle prozessualen Vorschriften über die örtliche Zuständigkeit stellt § 29 nicht nur eine Zweckmäßigkeitsvorschrift dar, sondern soll auch zu einer gerechten Verteilung der prozessualen Lasten führen. Bei einem gegenseitigen Vertrag hat die jeweilige Leistungspflicht ihren eigenen Leistungsort.[5] Fehlt es an einem gemeinsamen gesetzlichen oder vereinbarten Erfüllungsort, so gilt der Sitz des Schuldners nach § 269 Abs. 1 BGB als Erfüllungsort. Es greifen dann die Gerichtsstände der §§ 12, 13 ein.[6] Findet nach dem Inhalt des gegenseitigen Vertrages eine Fixierung der zu erbringenden Leistungen an einem Ort statt, so ist auch die vom Schuldner zu erbringende Gegenleistung an diesem einheitlichen Leistungsort zu erbringen. Dies wird häufig bei Dienst-, Geschäftsbesorgungs-, Werk- sowie Gesellschaftsverträgen der Fall sein, die über ein komplexeres gegenseitiges Austauschverhältnis als der einfache Kaufvertrag verfügen.[7] Auch unter dem Gesichtspunkt einer gerechten prozessualen Lastenverteilung kann deshalb nicht der Auffassung gefolgt werden, den Leistungsort des Schuldners generell an dessen Wohnsitz anzunehmen.[8] Insbesondere übersieht diese Auffassung, dass über § 29 nicht nur die örtliche, sondern auch die internationale Zuständigkeit eröffnet wird. Eine dem deutschen Recht unterliegende Klage aus Dienst-, Werk- oder Gesellschaftsvertrag müsste im Ausland geführt werden, käme nicht § 29 als alleiniger inländischer Gerichtsstand in Betracht. Dort müsste dann auch Beweis über die Mangelhaftigkeit der Dienstleistung oder des Werkes[9] erhoben werden. Auch das Argument, es stelle eine Zugangshürde[10] dar, nicht am eigenen Wohnsitz verklagt zu werden, vermag in diesen Ausnahmefällen nicht zu überzeugen, da der in Anspruch genommene Schuldner zunächst einen Rechtsanwalt an seinen Sitz einschalten kann. Abs. 2 der Vorschrift erweitert den Schutzzweck zu Gunsten des Beklagten, wonach eine Vereinbarung über den Erfüllungsort die gerichtliche Zuständigkeit nur dann begründen kann, wenn diese zwischen Kaufleuten, juristischen Personen des öffentlichen Rechts oder öffentlichrechtlichen Sondervermögen abgeschlossen wurde.[11] Aber auch diese genießen den Schutz der §§ 307 ff. BGB, wenn durch überraschende Erfüllungsorts- und Gerichtsstandsklauseln der Gerichtsstand zum Nachteil des Beklagten abgeändert werden soll.[12]

II. Anwendungsbereich

2 **1. Streitigkeiten.** Unter den Begriff Streitigkeiten fallen alle Arten von Klagen und Rechtsschutzanträgen, die einen Anspruch aus dem Vertrag in jeder Rechtsschutzform zum Gegenstand haben.[13] § 29 scheidet jedoch aus, sofern ausschließliche Gerichtsstände bestehen wie zB bei einer wirksamen Vereinbarung eines ausschließlichen Gerichtsstandes, § 38, beim Eingreifen des familiengerichtlichen Gerichtsstandes, § 621, bei Wohnraumstreitigkeiten, § 29 a oder bei Vertragsansprüchen im Mahnverfahren, § 689 Abs. 2. Im Gerichtsstand des Erfüllungsortes kann auch ein Ar-

---

[2] Zur internationalen Zuständigkeit vgl. unten Rn. 104, 105.

[3] Vgl. so zutreffend auch *Baumbach/Lauterbach/Hartmann* Rn. 1.

[4] Vgl. zutreffend auch *Brehm/John-Preusche* NJW 1975, 26, 27; *Müller* BB 2002, 1096.

[5] *Schack* Rn. 265.

[6] AG Köln NJW-RR 1995, 185.

[7] Für einzelne Vertragsverhältnisse vgl. unten Rn. 23 ff.

[8] Vgl. *Schmid* MDR 1993, 410 ff.

[9] Zutreffend hat der BGH dies für den Bauwerkvertrag entschieden, BauR 1986, 241 = NJW 1986, 935; zustimmend auch LG Heilbronn BauR 1997, 1073.

[10] So *Schmid* MDR 1993, 410 ff.

[11] § 29 Abs. 2 wurde durch das Gesetz zur Änderung der ZPO vom 21. 3. 1994, BGBl. I S. 753, eingefügt; vgl. hierzu auch BR-Drucks. 179/70, BT-Drucks. 6/1167 und 7/268.

[12] Vgl. BGH ZIP 1997, 1540 und 1994, 697; LG Karlsruhe NJW 1996, 1417 = ZIP 1995, 1824: Dies soll nicht bei Verträgen mit verschieden staatlichen Vertragspartnern gelten; LG Konstanz BB 1983, 1372.

[13] Vgl. *Stein/Jonas/Roth* Rn. 4; *Zöller/Vollkommer* Rn. 16.

restantrag, § 919, und ein Antrag auf Erlass einer einstweiligen Verfügung, § 937, gestellt werden. In Betracht kommen u. a. folgende Klagen:

a) Erfüllungsklage. Die Klage auf Erfüllung des Vertrages kann auf Tun, Dulden oder Unterlassen sowohl des Haupt- als auch des Nebenanspruches gerichtet sein. Neben einer Klage auf Vertragserfüllung kommen deshalb auch die Sicherheitsleistung, die Vertragsstrafe, alle sonstigen selbstständigen Nebenpflichten, die Klage auf Abnahme der Ware, § 433 Abs. 2 BGB, die Haftung des Gesellschafters für die Vertragsschulden der OHG, § 128 HGB,[14] des Kommanditisten für die Kommanditgesellschaft, §§ 161, 171 HGB,[15] die Klage gegen den falsus procurator, § 179 BGB,[16] die Klage wegen Haftung des Handelnden, § 41 Abs. 1 S. 2 AktG,[17] § 11 GmbHG, § 54 BGB und die fehlerhafte Erfüllung von Geschäftsführerpflichten[18] in Betracht. Ansprüche aus culpa in contrahendo (gem. §§ 280, 311 Abs. 2 und 3 BGB)[19] und positiver Vertragsverletzung[20] werden den vertraglichen Ansprüchen zugerechnet. 3

b) Feststellungsklage. Mit einer Feststellungsklage, § 256, kann das Bestehen oder Nichtbestehen eines durch Vertrag begründeten Rechtsverhältnisses oder bestimmter Vertragspflichten geklärt werden. Es genügt, dass jedenfalls ein Teil der Vertragspflichten im Bezirk des angerufenen Gerichts zu erfüllen wäre.[21] In Betracht kommen sowohl eine positive wie auch eine negative Feststellungsklage.[22] Die negative Feststellungsklage ist dort zu erheben, wo der vom Kläger behauptete Anspruch, dies kann auch eine Unterlassung sein, zu erfüllen wäre. Nach § 269 BGB ist dies regelmäßig der Gerichtsstand des Wohnsitzes oder des Sitzes des Klägers als möglicher Beklagter. 4

c) Rückabwicklungsverhältnisse. Mit Klagen aus vertraglichen Rückabwicklungsverhältnissen kann beispielsweise eine Klage auf Gewähr oder Rückgewähr von Leistungen geltend gemacht werden, sofern dies auf der Ausübung eines vertragsmäßigen Rücktrittsrechts, § 346 BGB, beruht[23] oder der Vertrag unter einer auflösenden Bedingung geschlossen oder die Leistung als Vorschuss- oder Sicherheitsleistung erbracht worden ist. Vergleichbar liegt es bei einem verbraucherschützenden Rücktrittsrecht.[24] Bei Ausübung eines gesetzlichen Rücktrittsrechts wandelt sich das bestehende Vertragsverhältnis kraft Gesetzes in ein Rückabwicklungsverhältnis um. Deshalb können auch Klagen nach Rücktritt wegen Leistungsstörungen, §§ 325, 281, geltend gemacht werden.[25] Das gleiche gilt auch für die gewährleistungsrechtliche Rückgewährklage und Minderung und die damit zusammenhängenden Streitfälle.[26] 5

Für die **Bereicherungsklage** gilt § 29 nicht, wenn es sich um einen eigenständigen bereicherungsrechtlichen Anspruch handelt, bei dem es sich nicht um ein Rückabwicklungsverhältnis aus einem Vertrag handelt.[27] Grundsätzlich entsteht deshalb auch kein vertragliches Rückabwicklungsverhältnis nach Anfechtung eines Vertrages beispielsweise nach §§ 119, 123 BGB oder wegen Rückforderung des Erlangten aus Bereicherungsrecht. Etwas anderes muss allerdings dann gelten, wenn die Auflösung des Vertrages wegen Anfechtung und Irrtum auf eine Vertragspflicht gestützt wird,[28] insbesondere wenn sich das Gegenseitigkeitsverhältnis des unwirksamen Vertrages nach der Saldotheorie auch auf die Rückabwicklung auswirkt.[29] 6

d) Gestaltungsklagen. Mit einer Gestaltungsklage kann die Anpassung eines Vertrages zB wegen Änderung oder Wegfalls der Geschäftsgrundlage begehrt werden. Ebenso hierzu gehört die Geltendmachung auf Bestimmung eines Leistungsinhaltes, §§ 315 ff. BGB, auf Herabsetzung der Vertragsstrafe, § 343 BGB, des Mäklerlohnes, § 655 BGB, der Festsetzung des Anwaltshonorars, § 4 7

---

14 RGZ 32, 44.
15 RGZ 46, 352.
16 OLG Hamburg MDR 1975, 227.
17 OLG München OLGZ 1966, 424.
18 BGH WM 1992, 691 = NJW-RR 1992, 801 = MDR 1992, 565.
19 Jetzt gesetzlich geregelt § 311 BGB, vgl. *Palandt/Heinrichs* § 311 BGB Rn. 11; BayObLG NJW-RR 2002, 1502.
20 Jetzt gesetzlich geregelt, § 280 I BGB; vgl. *Palandt/Heinrichs* § 280 BGB Rn. 5.
21 LG Trier NJW-RR 2003, 287.
22 Vgl. LG Saarbrücken WM 1985, 939.
23 RGZ 32, 430; *Stein/Jonas/Roth* Rn. 16; *Zöller/Vollkommer* Rn. 18.
24 BayObLG NZM 2002, 796 („Time-Sharing-Vertrag").
25 So auch *Stein/Jonas/Roth* Rn. 16.
26 AllgM; vgl. *Baumbach/Lauterbach/Hartmann* Rn. 9; *Zöller/Vollkommer* Rn. 19; *Stein/Jonas/Roth* Rn. 16.
27 So jetzt ausdrücklich auch BGH NJW 1996, 1411, 1412 = Z 132, 109; *Thomas/Putzo/Hüßtege* Rn. 3; *Zöller/Vollkommer* Rn. 14; *Rosenberg/Schwab/Gottwald* § 36 II, 1; *Stein/Jonas/Roth* Rn. 6.
28 So auch *Zöller/Vollkommer* Rn. 14.
29 *Schack* Rn. 263; *Mues* ZIP 1996, 742; *Zöller/Vollkommer* Rn. 14.

Abs. 4 RVG, Berge- und Hilfslohn, § 741 HGB. Ferner auch Rücktrittsklagen, wobei statt des Rücktritts auch Minderung des Kaufpreises begehrt werden kann.

8 **e) Schadensersatzklagen.** Zu den Klagen auf Schadensersatz wegen Nicht- oder Schlechterfüllung vertraglicher Haupt- und Nebenpflichten gehören insbesondere die Schadensersatzklagen bei zu vertretenden Leistungsstörungen, §§ 280 ff BGB[30] und Klagen auf Herausgabe des Surrogats,[31] ferner bei positiver Vertragsverletzung,[32] bei culpa in contrahendo[33] sowie bei Klagen auf das negative Vertragsinteresse bei Nichtzustandekommen des Vertrages, §§ 122, 179 Abs. 2 BGB.

9 **2. Vertragsverhältnisse.** Alle **Streitigkeiten aus Vertragsverhältnissen** können mit einer Klage im Gerichtsstand des § 29 geltend gemacht werden.

10 **a) Begriff.** Unter den **Begriff des Vertragsverhältnisses** fallen unabhängig von der Art der Verpflichtung alle schuldrechtlichen Verträge.[34] Hierzu zählen sowohl alle bürgerlich-rechtlichen Verträge wie auch öffentlich-rechtliche Vertragsverhältnisse, sofern die letzteren überhaupt im Zivilrechtsweg geltend gemacht werden können.[35] Das Schuldverhältnis kann sowohl nach deutschem als auch nach ausländischem Recht bestehen, es kann sich hierbei um eine vermögensrechtliche Verpflichtung ebenso wie um eine nicht vermögensrechtliche Verpflichtung handeln. Die vertragliche Verpflichtung kann auf ein Tun, Dulden oder Unterlassen gerichtet sein. Maßgebend ist der Schwerpunkt bzw. Hauptanspruch und der dazu tatsächliche Vortrag des Klägers.[36]

11 **b) Ursächlichkeit des Vertragsverhältnisses.** Aus einem Vertragsverhältnis muss die Streitigkeit herrühren. Aus einem solchen Vertragsverhältnis resultierend werden auch Streitigkeiten aus bestimmten vertragsähnlichen gesetzlichen Sonderbeziehungen angesehen. Hierunter fällt deshalb auch das sich aus Verschulden bei Vertragsabschluss ergebende gesetzliche Schuldverhältnis. Es handelt sich dabei um einen vorvertraglichen vertragsähnlichen Haftungstatbestand, der materiellrechtlich als vertragliches Schuldverhältnis eingestuft wird.[37] Aus den gleichen Gründen ist die Norm auch anwendbar für die Klage gegen den vollmachtslosen Vertreter,[38] da als Erfüllungsort derjenige Ort des nicht zustande gekommenen Vertrages gilt. Um eine Streitigkeit aus einem Vertragsverhältnis handelt es sich auch dann, wenn in das Vertragsverhältnis Rechtsnachfolger eingetreten sind. § 29 kommt auch zur Anwendung bei Verträgen zugunsten Dritter, § 328 BGB, bei abgeleitet Haftenden wie zB bei den persönlich haftenden Gesellschaftern einer kontrahierenden Gesellschaft, §§ 128, 161, 171 HGB, ferner fallen hierunter auch persönlich Haftende und zur Vertragserfüllung eingeschaltete Dritte bei culpa in contrahendo und Forderungsverletzung.[39]

12 **c) Verfügende Verträge.** Von dem Begriff der vertraglichen Verpflichtung abzugrenzen sind verfügende Verträge, die auf Übertragung, Inhaltsänderung, Belastung oder Aufhebung eines Rechtes gerichtet sind. Deshalb fallen **nicht** unter § 29 die schuldrechtlichen Verfügungsverträge, zB Zession, § 398 BGB, sämtliche dinglichen Verträge wie zB §§ 873, 925, 929 BGB oder über das Erbrecht in einem Erbvertrag.[40] Auch nicht die familienrechtlichen Verträge, zB Verlöbnis, § 1298 BGB,[41] oder der Versorgungsausgleich, zB nach § 1587 o BGB, fallen unter § 29, da die Begründung, Verpflichtungen können nicht nur in schuldrechtlichen Verträgen enthalten sein, nicht überzeugend ist. Dies müsste ansonsten auch für Erbverträge gelten.[42] Etwas anderes muss dann gelten, wenn über die Höhe eines Unterhaltsanspruches selbst, die vertraglich festgelegt wurde, gestritten wird, da es sich dann um eine Streitigkeit aus einem Vertragsverhältnis handelt.[43] Gleiches gilt bei familienrechtlichen Verträgen, die lediglich eine Konkretisierung der gesetzlichen

---

[30] OLG Saarbrücken NJW 2000, 670.
[31] *Stein/Jonas/Roth* Rn. 18.
[32] Vgl. BGH NJW 1974, 410; BayObLG BB 2001, 1932.
[33] AllgM; vgl. zB *Stein/Jonas/Roth* Rn. 18; *Zöller/Vollkommer* Rn. 20.
[34] BGH NJW 1996, 1411, 1412 unter ausdrücklicher Abgrenzung zu nichtvertraglichen Ansprüchen.
[35] Vgl. zur Zulässigkeit des Rechtsweges bei öffentlich-rechtlichen Vertragsverhältnissen § 40 VwGO und §§ 54 ff. VwVfG.
[36] BayObLG BB 2001, 1923.
[37] BayObLG VersR 85, 741; OLG München NJW 1980, 1531; allgM, vgl. *Zöller/Vollkommer* Rn. 6; *Stein/Jonas/Roth* Rn. 5, 18; aA LG Essen NJW 1973, 1703; LG Arnsberg NJW 1985, 1172.
[38] OLG Hamburg MDR 1975, 227.
[39] Vgl. zutreffend auch *Zöller/Vollkommer* Rn. 7; BayObLG MDR 2002, 1360; OLG Schleswig BB 2004, 1456 mwN.
[40] OLG Celle MDR 1962, 992.
[41] So jetzt ausdrücklich auch BGH NJW 1996, 1411 = Z 132, 105.
[42] Wohl inkonsequent deshalb *Stein/Jonas/Roth* Rn. 8.
[43] AG Siegburg MDR 1998, 61 = FamRZ 1998, 375 m. Anm. *Schneider,* der darauf hinweist, dass unter Berücksichtigung der Rechtsprechung des zuständigen OLG zu prüfen ist, in welchem Gerichtsstand, § 13 oder § 29, eine für den Kläger günstigere Entscheidung zu erwarten ist.

Unterhaltspflicht darstellen.[44] Auch nicht in den Anwendungsbereich der Vorschrift fallen Schuldverhältnisse aus einseitigen Willenserklärungen, zB § 657 BGB, ferner nicht sämtliche prozessrechtlichen Verträge wie der Schiedsvertrag gemäß §§ 1025 ff.[45]

d) Ungerechtfertigte Bereicherung. Die Ansprüche aus ungerechtfertigter Bereicherung, 13 §§ 812 ff. BGB, fallen ebenfalls nicht unter § 29.[46] Etwas anderes gilt jedoch, wenn ein nichtiger oder angefochtener Vertrag über die Leistungskondiktion nach § 812 BGB rückabgewickelt wird. Das ist unter dem Aspekt gerechtfertigt, dass sich das Gegenseitigkeitsverhältnis aus dem unwirksamen Vertrag nach der herrschenden Saldotheorie noch auf die Rückabwicklung auswirkt.[47]

e) Unanwendbarkeit. Ferner zählen nicht zum Anwendungsbereich des § 29 die Ansprüche 14 aus Inhaberpapieren, § 794 BGB, die Anfechtungsklage gemäß § 29 KO,[48] jetzt § 129 InsO, die Aussonderungsklage und die Ruhegeldansprüche gegen den Träger der Insolvenzversicherung gemäß §§ 7, 9 BetrAVG.[49]

f) Verbraucherdarlehensverträge. § 491 BGB findet ab dem 1. 1. 2002 Anwendung, bis dahin 15 ist das VerbrKrG anzuwenden. § 29 Abs. 1 kann einschlägig sein, d. h. es kommt darauf an, wo die jeweilige Verpflichtung der Vertragsparteien zu erfüllen ist. Bei einer Geldschuld greift § 269 BGB ein.

g) Haustürgeschäfte. Für Haustürgeschäfte und ähnliche Geschäfte ist bei Streitigkeiten das 16 Gericht zuständig, in dessen Bezirk der Verbraucher seinen Wohnsitz oder gewöhnlichen Aufenthalt hat. Für seinen Geltungsbereich begründet § 29 c einen ausschließlichen Gerichtsstand für Klagen gegen den Verbraucher auch gegenüber § 29.[50] Der Verbraucher soll nur an einem ihn günstigen Ort klagen oder verklagt werden können. Es kommt auf den Zeitpunkt der Klageerhebung, mithin der Zustellung der Klage an, §§ 253 Abs. 1, 261 Abs. 1. Die auf den Vertrags-Abschluss gerichtete Willenserklärung muss aufgrund mündlicher Verhandlung im Bereich der Privatwohnung oder am Arbeitsplatz des Kunden, § 312 BGB, bei Verlegung des Vertragsabschlusses selbst in ein nahes Cafe[51] oder anlässlich einer vom Verkäufer oder von einem Dritten in dessen Interesse durchgeführten Freizeitveranstaltung, zB bei einer Kaffeefahrt, § 312 Abs. 1 Nr. 2 BGB oder aufgrund eines überraschenden Ansprechens in einem Verkehrsmittel oder im Bereich eines öffentlichen Verkehrsweges, § 312 Abs. 1 Nr. 3 BGB, abgegeben worden sein. Der Abschluss auf einer Verkaufsmesse soll nicht ausreichend sein.[52]

h) Fernunterrichtsverträge. Für Fernunterrichtsverträge enthält § 26 FernUSG einen aus- 17 schließlichen Gerichtsstand, der für Streitigkeiten aus einem Fernunterrichtsvertrag sowie über das Bestehen eines solchen Vertrages gilt. Ausschließlich zuständig ist das Gericht, in dessen Bezirk der Teilnehmer seinen allgemeinen Gerichtsstand hat.

i) Luftrechtlicher Beförderungsvertrag. Bei einem luftrechtlichen Beförderungsvertrag er- 18 klärt § 56 Abs. 2 S. 1 LuftVG für die Haftung durch das Gericht des Bestimmungsortes für zuständig.

III. Gesetzlicher Erfüllungsort als Gerichtsstand

1. Begriff des gesetzlichen Erfüllungsortes. Der gesetzliche Erfüllungsort bestimmt nach 19 Abs. 1 den Gerichtsstand. Gesetzlicher Erfüllungsort ist der Ort, an dem nach den gesetzlich bestehenden und von den Vertragsparteien nicht abbedungenen Vorschriften die streitige Verpflichtung zu erfüllen ist. Bei Verträgen braucht es keineswegs immer nur einen einzigen Erfüllungsort zu geben, vielmehr kommt es darauf an, wo die **jeweils streitige Verpflichtung** zu erfüllen ist. Der Erfüllungsort kann daher für die Vertragsparteien, darüber hinaus auch in Bezug[53] auf die einzelnen Verpflichtungen unterschiedlich sein. Wo die jeweils streitige Verpflichtung im einzelnen zu erfüllen ist, ist aus dem Vertragsinhalt zu ermitteln. Beispielsweise ist für die Klage eines Käufers gegen den Verkäufer auf Vertragserfüllung Erfüllungsort der Sitz des Verkäufers, § 269 BGB. Für die Zah-

44 OLG Dresden FamRZ 2000, 543.
45 Vgl. BGHZ 7, 185 = NJW 1952, 1336.
46 BGH NJW 1996 1412 = Z 132, 109; zustimmend *Spickhoff* ZZP 109 (1996) 514; kritisch *Gottwald* JZ 1997, 92.
47 *Zöller/Vollkommer* Rn. 14; OLG Stuttgart OLGR 2004, 362.
48 Vgl. OLG Karlsruhe MDR 1979, 681.
49 Vgl. LG Stuttgart BB 1977, 752.
50 Vgl. i. e. die Kommentierung zu § 29 c.
51 AG Freising NJW-RR 1988, 1326.
52 BGH NJW 1992, 1890; LG Bremen NJW-RR 1988, 1325. Vgl. § 29 c.
53 BGHZ 157, 20 = NJW 2004, 54.

lungsklage des Verkäufers gegen den Käufer wiederum ist der Sitz des Käufers gesetzlicher Erfüllungsort, §§ 269, 270 BGB.[54]

20 **2. Gesetzliche Regelungen.** Gesetzliche Regelungen über den Erfüllungsort finden sich insbesondere in den §§ 261, 269, 270, 374, 604, 697, 700, 811, 1194, 1200 BGB. Gemäß § 269 BGB ist primär auf die zwischen den Parteien getroffenen Vereinbarungen oder auf die Umstände sowie auf die Natur des Schuldverhältnisses abzustellen. Nur wenn dies nicht möglich ist, bestimmt § 269 BGB als Erfüllungsort den Wohnsitz oder gemäß § 269 Abs. 2 BGB den Ort der Niederlassung als Leistungsort. Bei synallagmatischen Schuldverhältnissen ist der Erfüllungsort für beide Vertragsparteien jeweils nach ihren Verpflichtungen zu bestimmen.[55] Ein späterer Wohnungswechsel oder ein Umzug mit der gewerblichen Niederlassung ist insofern irrelevant für die Bestimmung des Erfüllungsortes, da der Wohnsitz des Schuldners zur Zeit des Vertragsabschlusses oder der Entstehung des Schuldverhältnisses maßgebend bleibt.[56]

21 **3. Parteivereinbarungen** können bestimmen, wo der Erfüllungsort sein soll bzw. wo zu leisten ist. Eine derartige Vereinbarung kann stillschweigend oder ausdrücklich getroffen werden. Gemäß Abs. 2 sind Vereinbarungen über den jeweiligen Erfüllungsort, die (auch) der Festlegung eines bestimmten örtlichen Gerichtsstandes dienen, nur zwischen Kaufleuten,[57] juristischen Personen des öffentlichen Rechts oder öffentlich-rechtlichen Sondervermögen gestattet. Fehlt es an diesen Voraussetzungen sind Erfüllungsortvereinbarungen insoweit wirkungslos, sofern diese auf die Bestimmung eines Gerichtsstandes abzielen. Dies entspricht im übrigen auch dem Normzweck des § 38, Verbot von Gerichtsstandsvereinbarungen.

22 **4. Mehrheit von Ansprüchen.** Bei **Geltendmachung mehrerer Ansprüche** ist nach § 260 für jeden Anspruch gesondert zu prüfen, ob im Bezirk des angerufenen Gerichtes die streitige Verpflichtung zu erfüllen ist. Ist dies nicht der Fall, ist das Gericht örtlich unzuständig, es sei denn, der Gerichtsstand ergäbe sich aus anderen Gerichtsstandvorschriften. Nach den Grundsätzen gespaltener Zuständigkeit kann das Gericht nur über den Teil der Ansprüche entscheiden, für den es zuständig ist. Ein Gerichtsstand des Sachzusammenhanges ist – jedenfalls de lege lata – abzulehnen.[58]

23 Etwas anderes muss allerdings dann gelten, wenn mit der Hauptforderung **Nebenforderungen** geltend gemacht werden. Soweit diese nicht ohnehin unter § 4 fallen, entscheidet bei mit der Hauptforderung im Zusammenhang stehenden Nebenforderungen allein die Hauptverpflichtung. So kann zB mit der Klage auf Zahlung die Abnahme der Ware begehrt werden, ebenso bei einer Rückzahlungsklage die Rücknahme der Ware. Insgesamt kommt es auf das einheitliche Begehren an.[59] In diesem Zusammenhang ist allerdings ein möglicher Missbrauch des Gerichtsstandes aufgrund Gerichtsstandserschleichung zu prüfen.

24 **5. Natur des Schuldverhältnisses.** Ist der Erfüllungsort weder aufgrund gesetzlicher Spezialvorschriften noch aufgrund von Parteivereinbarungen bestimmt, ist auf die Umstände, insbesondere auf die Natur des Schuldverhältnisses abzustellen. Dabei spielt die Auslegung des Vertrages unter Berücksichtigung sämtlicher Umstände wie Verkehrssitte und Handelsbrauch die wesentliche Rolle. Bei **ortsbezogenen Verpflichtungen** bestimmt sich der Erfüllungsort in der Regel aus dem Zusammenhang zwischen der zu erbringenden Leistung und dem Ort. Trotz der synallagmatischen Verknüpfung der beiderseitigen Leistungspflichten und der Zug um Zug-Abwicklung brauchen bei gegenseitigen Verträgen grundsätzlich die Leistungsorte nicht einheitlich zu sein. Im Zweifel ist gemäß §§ 270, 269 Abs. 1 BGB der Wohnsitz der Schuldners Erfüllungsort. Nach herrschender Rechtsprechung wird der Ort, an dem die vertragscharakteristische Leistung zu erbringen ist, als gemeinsamer Erfüllungsort der beiderseitigen Verpflichtungen angesehen.[60] Im übrigen ist entsprechend der zu beurteilenden Umstände auf den jeweiligen Einzelfall abzustellen.[61] Bei Verpflichtungen, die im Zusammenhang mit Grundstücken zu erbringen sind, ist dies in der Regel der Ort, wo das Grundstück belegen ist,[62] bei Bauverträgen der Ort, an welchem der Bau errichtet

[54] Vgl. MünchKommBGB/*Krüger* § 269 Rn. 9 ff.

[55] Vgl. BGHZ 157, 20 = NJW 2004, 54; BayObLG BB 1983, 1696.

[56] Vgl. BayObLG NJW-RR 1996, 956; OLG Zweibrücken EWiR 1998, 912.

[57] Im Sinne des HRefG vom 22. 6. 1998 BGBl. I S. 1474, in Kraft seit 1. 7. 1998, vgl. dessen Art. 18 Nr. 1.

[58] Zu den Problemkreisen gespaltener Zuständigkeit und Gerichtsstand des Sachzusammenhanges vgl. ausführlich § 12 Rn. 35 ff.; einen Gerichtsstand des Sachzusammenhanges hat der BGH nach der zum 1. 1. 1991 erfolgten Änderung des § 17 Abs. 2 S. 1 GVG, wonach ein Gericht den Rechtsstreit unter allen in Betracht kommenden rechtlichen Gesichtspunkten zu entscheiden hat, abgelehnt, BGH NJW 1996, 1411, 1413 = Z 132, 105, 112.

[59] So zutreffend auch *Stein/Jonas/Roth* Rn. 23.

[60] Vgl. BGH NJW 1996, 1411, 1412 = Z 132, 105, 109; krit. *Einsiedler* NJW 2001, 1549.

[61] BGH WM 1999, 1182 unter Berücksichtigung des materiellen Rechts nach Art. 28 Abs. 2 EGBGB.

[62] OLG Hamm OLGZ 91, 79 ff.

wird,[63] bei einem Werkvertrag der Ort der Werkstatt, bei Dienstverträgen der Ort, an dem die Dienste zu leisten sind, zB bei Ärzten der Ort der Praxis, bei Arbeitsverträgen der wirtschaftliche Mittelpunkt des Arbeitsverhältnisses, nämlich der Beschäftigungsort,[64] bei Banken, die ebenso wie Ärzte dem Dienstleistungsbereich angehören, kommt es grundsätzlich nicht auf die Geschäftsräume der Bank an[65] sondern auf die jeweils streitige Verpflichtung.[66] Bei Zug-um-Zug-Leistungen ist häufig ein gemeinsamer Erfüllungsort am Ort des Leistungsschwerpunktes gegeben.[67]

6. Einzelfälle (alphabetisch). 25

Anwalt: Nach der geänderten Rechtsprechung des BGH besteht am Ort des Kanzleisitzes kein gemeinsamer Erfüllungsort für die beiderseitigen Verpflichtungen. Erfüllungsort für die Vergütungsansprüche des Rechtsanwalts ist demnach nach §§ 269 Abs. 1, 270 Abs. 4 BGB in der Regel der Wohnsitz des Mandanten. Die streitige Leistungspflicht sei nicht von einer Beschaffenheit, die es als sachgerecht und im mutmaßlichen Willen der Parteien erscheinen lassen könnte, sie nicht an dem in § 269 Abs. 1 BGB genannten Wohnsitz des jeweiligen Beklagten zu erfüllen.[68] Im übrigen kann auch § 34 zur Anwendung kommen.[69] Im Rahmen des Geltungsbereichs der EuGVO hat die neue Rechtssprechung des BGH keine Konsequenz auf die Bestimmung des Gerichtsstandes.[70] 26

Arbeitsvertrag: Erfüllungsort ist der wirtschaftliche und technische Mittelpunkt des Arbeitsverhältnisses, nämlich der Beschäftigungsort, nicht der Sitz der Unternehmensleitung.[71] Häufig werden allerdings der wirtschaftliche Mittelpunkt des Arbeitsverhältnisses mit dem Betriebssitz zusammenfallen.[72] Bei ständig wechselnden Einsatzorten ist der Ort Erfüllungsort, von dem aus der Arbeitnehmer Weisungen erhält[73] (weisungsgebundene Entsendung), für Kündigungsschutz- und Lohnklagen von Arbeitnehmern neben dem Sitz des Unternehmens oder der Niederlassung auch der tatsächliche Erfüllungsort.[74] Erhält der Arbeitnehmer einen festen räumlichen Arbeitsbezirk zugewiesen, den er von seinem Wohnsitz aus als Reisender/reisender Vertreter zu betreuen hat, so wird in diesem Falle der Wohnsitz des Arbeitnehmers maßgeblich.[75] Für fliegendes Personal ist der Ort zuständig, an dem sich die zuständige Personalleitung und -betreuung befindet und wo sich der Ausgangspunkt der Einsätze befindet, nicht zwangsläufig der Ort des Heimatflughafens.[76] Nachträglich geforderte Arbeitspapiere sind in der Regel nach Beendigung eines Arbeitsverhältnisses am Sitz des Arbeitgebers abzuholen.[77] Für den obligatorischen Teil von Tarifverträgen ist der räumliche Geltungsbereich ausschlaggebend,[78] Während der Freistellungsphase einer Teilzeitarbeit ist der Firmensitz der Beklagten maßgeblich.[79] Bei einer Versorgungsleistung kann ein anderer als der Arbeitsort maßgeblich sein.[80] s. im übrigen auch „Dienstvertrag". 27

Architektenvertrag: Nach überwiegender Meinung soll der gemeinsame Erfüllungsort für die gegenseitigen Leistungen am Ort des Bauwerks belegen sein, sofern das Bauvorhaben durch den 28

---

63 Vgl. ausführlich *Duffek* BauR 80, 316, 318; BGH BauR 1986, 241 = NJW 1986, 935 LG Heilbronn BauR 1997, 1073; BGH WM 1999, 1182.

64 LG Braunschweig GRUR 1976, 585.

65 So allerdings AG Hamburg BB 1974, 1316 ff. m. Anm. *Vollkommer.*

66 Vgl. *Vollkommer* BB 1974, 1316; *Liesecke* WM 1975, 214, 224.

67 OLG Stuttgart NJW 1982, 529.

68 BGHZ 157, 20 = NJW 2004, 54; BGH BB 2003, 2709; OLG Karlsruhe NJW 2003, 2174; bestätigend BGH NJW-RR 2004, 932 = MDR 2004, 765; OLG Hamburg MDR 2002, 1210; OLG Dresden NJW-RR 2002, 929; LG München NJW-RR 2002, 206; *Prechtel* MDR 2003, 667; LG Hanau MDR 2003, 1032; wohl überholt BayObLG NJW 2003, 1196; LG Berlin MDR 2002, 1096; zustimmend: *Balthasar* JuS 2004, 571; *Siemon* MDR 2002, 366; krit. *Patzina* LMK 2004, 119, *Scherf* NJW 2004, 722; *Henssler/Steinkraus* AnwBl. 1999, 186; *Baumbach/Lauterbach/Hartmann* Rn. 18, der die BGH-Linie als kapitalistisch anmutend bezeichnet; s. auch *Krügermeyer-Kalthoff/Reutershan* MDR 2001, 1216. Dies soll auch bei Barzahlungsvereinbarungen gelten vgl. *Stöber* AGS 2006, 413 ff.

69 Vgl. BayOblG NJW 1982, 587; i. Ü. § 34 Rn. 2 ff.

70 *Neumann/Spangenberg* BB 2004, 901.

71 BAG NZA 2005, 297; NZA 2003, 339; LAG Nürnberg BB 1969, 1271; LG Braunschweig GRUR 1976, 585; LAG Stuttgart MDR 2005, 640; *Rewolle* BB 1979, 170.

72 Vgl. BGH ZIP 1985, 157; *Tappermann* NJW 1973, 2096.

73 LAG Rheinland-Pfalz NZA 1985, 540; ArbG Pforzheim NZA 1994, 384; *Grunsky* § 2 ArbGG Rn. 39 a.

74 Vgl. *Brehm-John-Preusche* NJW 1975, 26, 27.

75 BAG NJW-RR 1988, 482; LAG Bremen NZA-RR 2004, 323; ArbG Regensburg BB 1989, 634, ArbG Bayreuth NZA 1993, 1055; *Müller* BB 2002, 1094; *Schulz* NZA 1995, 15; aA ArbG Regensburg, Bamberg NZA 1995, 96, 864; *Ehlar* BB 1995, 1849.

76 ArbG Frankfurt/M. NZA 1999, 771.

77 Einzefallbezogene Prüfung, vgl. BAG NJW 1995, 2373.

78 ArbG Düsseldorf BB 1968, 794.

79 ArbG Dortmund DB 2002, 2332.

80 BAG NZA 2005, 297.

Architekten realisiert worden ist.[81] Nach einer Mindermeinung kommt als Erfüllungsort für alle gegenseitigen Verbindlichkeiten der Sitz des Architekturbüros in Betracht, soweit es sich um Teilleistungen gem. § 15 HOAI handelt, die größtenteils im Architekturbüro erbracht worden sind.[82] Ansonsten ist der Wohnsitz des Auftraggebers entsprechend der einzelnen Leistungsphasen 1–9 des § 15 HOAI Erfüllungsort für das Architektenhonorar.[83] Siehe im übrigen „Werkvertrag" und „Bauvertrag".

29 **Auftrag:** Ausschlaggebend ist der Ausführungsort.[84]

30 **Ausbildungsvertrag:** Erfüllungsort ist der Ort, an dem die Unterrichtskurse durchgeführt werden,[85] vgl. auch § 26 FernUSG vom 24. 8. 1976, Rn. 17.[86]

31 **Auseinandersetzungsguthaben:** Erfüllungsort ist der Sitz der BGB-Gesellschaft, auch wenn der beklagte Gesellschafter seinen Wohnsitz ändert.[87]

32 **Auskunftei** hat als Schuldnerin die Leistung zu erbringen. Die Geldzahlungspflicht des Vertragspartners ist an dessen Sitz, §§ 269, 270 BGB. Handelt es sich um eine Nebenpflicht richtet sich diese nach den Hauptpflichten des Vertrages.

33 **Bankdarlehensvertrag:** S. „Darlehensvertrag".

Bankgeschäfte: Erfüllungsort ist für die Benachrichtigungspflicht des Kunden und sonstige Nebenpflichten der Geschäftssitz.[88] Bei Beratung außerhalb der Geschäftsräume kann § 29c iVm § 312 Abs. 1 Nr. 1 BGB eingreifen.[89]

34 **Bauvertrag:** Erfüllungsort für die gegenseitigen Leistungen aus dem Bauvertrag ist der Ort des Bauvorhabens.[90] Dies gilt auch für internationale Bauverträge, für die nach Art. 28 Abs. 2 EGBGB das deutsche materielle Recht anzuwenden ist, sofern die Werkleistung für eine Baustelle in der Bundesrepublik Deutschland zu erbringen ist.[91] Siehe im übrigen auch „Architektenvertrag" und „Werkvertrag".

35 **Beförderungsvertrag:** S. grundsätzlich „Frachtvertrag", für den luftrechtlichen Beförderungsvertrag vgl. § 56 Abs. 2 S. 1 LuftVG.[92]

36 **Beherbergungsvertrag:** Immer der Beherbergungsort, auch dann, wenn der Gast den Beherbergungsort erst gar nicht aufsucht, da ansonsten der vertragswidrige Gast prozessual besser gestellt würde als der vertragstreue.[93]

37 **Bürgschaft:** Der Erfüllungsort richtet sich nicht nach dem der Hauptschuld, sondern ist selbstständig zu bestimmen.[94] Grundsätzlich der Wohnsitz des Bürgen, für den Wechselbürgen auch das Gericht des Zahlungsortes des Wechsels.[95] Sind Grundschulden, die zur Besicherung der Hauptforderung bestellt wurden, vom Gläubiger Zug zum Zug gegen Zahlung der Bürgschaftssumme an den Bürgen abzutreten, so ist der Erfüllungsort dieser Verpflichtung am Sitz des Gläubigers,[96] vgl. auch „Schuldmitübernahme".

38 **Culpa in contrahendo:** Der Erfüllungsort richtet sich nach dem Erfüllungsort des Vertrages, der abgeschlossen werden sollte oder abgeschlossen worden ist.[97]

---

[81] BGH NJW 2001, 1936; OLG Frankfurt/M. MDR 1993, 684; LG Heilbronn BauR 1997, 1073 unter ausdrücklichem Hinweis auf die Rechtsprechung des BGH für den Bau-Prozess, BGH BauR 1986, 241 = NJW 1986, 935; BayObLG NJW-RR 1998, 815; *Werner/Pastor,* Der Bauprozess, 11. Aufl. 2005, Rn. 420.

[82] Vgl. *Koeble* BauR 1997, 191 ff., LG München I NJW-RR 1993, 212, jedenfalls für die Leistungsphasen 1 und 2 des § 15 HOAI; LG München I BauR 1996, 421, Leistungsphasen 1–4 § 15 HOAI; ebenso OLG Köln NJW-RR 1994, 986; aA LG Tübingen MDR 1995, 1208; LG Karlsruhe BauR 1997, 519; LG Mainz NJW-RR 1999, 670; KG BauR 1999, 941.

[83] LG Mainz NJW-RR 1999, 670.

[84] RGZ 12, 35.

[85] OLG Karlsruhe NJW-RR 1986, 351; Sitz des Internats für Internatsgebührenklage OLG Hamm NJW-RR 1989, 1530.

[86] BGBl. 1976 I S. 2525; Rn. 17.

[87] OLG Zweibrücken EWiR 1998, 911 m. Anm. *E. Schneider.*

[88] BGH NJW 2002, 2703.

[89] BGH NJW 2003, 1190 = MDR 2003, 648.

[90] BGH BauR 1986, 241 = NJW 1986, 935 = BB 1986, 35; NJW 2001, 1936 = MDR 2001, 686; BayObLG MDR 2002, 942; 2004, 273; OLG Stuttgart OLGR 2004, 362.

[91] BGH WM 1999, 1184.

[92] Vgl. auch Rn. 18.

[93] AG St. Blasien MDR 1982, 1017; *Nettesheim* BB 1986, 547, 548; aA, wenn Feriengast nicht erst erscheint *Zöller/Vollkommer* Rn. 25 „Beherbergungsvertrag".

[94] BayObLG MDR 2003, 1103.

[95] BGH NJW 1997, 398; OLG Düsseldorf NJW 1969, 380; BayObLG MDR 2003, 1103.

[96] BGH NJW 1995, 1546.

[97] BayObLG VersR 1985, 741, 743.

Darlehensvertrag: Es kommt auf den geltend gemachten Anspruch an. Bei Klage auf Rückzahlung des Darlehens ist der Wohnsitz des Darlehensnehmers ausschlaggebend,[98] nicht das Geschäftslokal der kreditgewährenden Bank. 39

Dauerschuldverhältnisse: Für die Bestimmung des Erfüllungsortes ist vom Grundsatz des § 269 Abs. 1 BGB auszugehen.[99] Die jeweiligen Verbindlichkeiten sind gesondert zu beurteilen. Es kommt auf den Sitz bei Entstehung des Schuldverhältnisses an, da sich der Gläubiger hierauf einstellen kann und ihm ein Wechsel des Leistungsortes bei Sitzverlegungen nicht zuzumuten ist.[100] Auch bei Dauerschuldverhältnissen kann es einen einheitlichen Erfüllungsort für alle zu erbringenden Leistungen geben, s. „Energiebelieferungsverträge"; „Versorgungsverträge". 40

Dienstvertrag: Ausschlaggebend ist der Ort, an dem die vertragliche Dienstleistung zu erbringen ist. Für den GmbH-Geschäftsführer gilt der Betriebssitz,[101] beim Notar der Amtssitz,[102] beim Arzt und beim Heilpraktiker der Ort der Praxis.[103] Für Dipl.-Psychologen soll dies aus nicht nachvollziehbaren Gründen nicht gelten.[104] 41

Energiebelieferungsverträge: Nach der klarstellenden Entscheidung des BGH ist der Ort der Energieabnahme ist als solcher entscheidend.[105] Die früher vertretene Auffassung, wonach der Wohnsitz des Abnehmers bei Vertragsschluss maßgeblich ist, ist nun überholt.[106] Vgl. „Kaufvertrag". 42

Ferienhaus: Vgl. „Mietvertrag" 43

Fernunterricht: Es kommt darauf an, wo die jeweilige Verpflichtung der einzelnen Vertragspartei zu erfüllen ist. Für die Geldschuld des Teilnehmers ist dessen Sitz Erfüllungsort, für den Fernunterrichtenden dessen Sitz, von dem aus er die Unterrichtsleistung zu übermitteln hat, vgl. auch Rn. 17.[107] 44

Feststellungsklage: Vgl. Rn. 4 45

Fliegendes Personal: Für eine(n) Stewardess, Steward ist Erfüllungsort für gegenseitige Ansprüche aus den mit der Fluggesellschaft abgeschlossenen Arbeitsverträgen der Ort, an dem sich die zuständige Personalleitung befindet. Dies muss nicht immer auch der Ort des Heimatflughafens sein.[108] Dies muss auch für Piloten gelten. 46

Frachtvertrag: S. grundsätzlich „Werkvertrag". Erfüllungsort ist der Ablieferungsort.[109] Beim Seefrachtvertrag ist Erfüllungsort der Bestimmungshafen.[110] Bei Fehlen einer Gerichtsstandsvereinbarung ist auch international das Gericht zuständig, an dem die Ablieferung zu erfolgen hat.[111] 47

Franchising: Zu unterscheiden sind Verträge zwischen den Franchisepartnern und Verträgen mit Dritten, wie beispielsweise Konsumenten etc. Die Pflicht des Franchise-Gebers besteht in der Überlassung von Handelsware oder -marken, Geschäftsformen, Vertriebsmethoden und Erfahrungswissen sowie des Rechtes, bestimmte Waren oder Dienstleistungen zu vertreiben. Diese Pflicht ist in der Regel am Ort des Unternehmers (Franchisegebers) zu erfüllen. Die Geldzahlungspflicht ist von dem anderen Unternehmer (Franchisenehmer) an dessen Ort zu erfüllen, § 269 BGB. Die zusätzliche Überlassung von Geschäftsräumen ist nicht notwendig.[112] Werden Erfüllungsortvereinbarungen zwischen Franchisegeber und -nehmer in einem Franchisevertrag getroffen, so kann auch bei Verwendung gegenüber Kaufleuten eine Inhaltskontrolle gemäß § 307 BGB stattfinden.[113] 48

---

98 *Liesecke* WM 1975, 214, 224; *Vollkommer* BB 1974, 1316; *Palandt/Heinrichs* § 269 BGB Rn. 12; BayObLG NJW-RR 1996, 956; ArbG Limburg NZA-RR 1999, 666; Düsseldorf RIW 2001, 63.

99 MünchKommBGB/*Krüger* § 269 Rn. 29; BGH NJW 1988, 1914.

100 MünchKommBGB/*Krüger* § 269 Rn. 29.

101 BGH ZIP 1985, 157.

102 KG JW 1927, 1324.

103 OLG Düsseldorf NJW 1974, 2187; vgl. BGH NJW 1990, 777, Sitz des Krankenhauses als Schwerpunkt des Leistungsverhältnisses; AG Rottweil NJW-RR 1999, 866.; aA *Schmid* MDR 1993, 410; AG Köln NJW-RR 1995, 185; AG Frankfurt/M. NJW 2000, 1802 ff.

104 So aber AG Köln NJW-RR 1995, 185.

105 BGH NJW 2003, 3418 = MDR 2003, 1405; OLG Jena MDR 1998, 828.

106 Siehe 2. Auflage.

107 *Baumbach/Lauterbach/Hartmann* Rn. 21; s. auch Rn. 17.

108 ArbG Frankfurt/M. NZA 1999, 771.

109 Wohl unstreitig; vgl. OLG Düsseldorf RIW 1980, 665; *Baumbach/Lauterbach/Hartmann* Rn. 22 „Frachtvertrag"; *Zöller/Vollkommer* Rn. 25, „Frachtvertrag"; *Baumbach/Hopt* § 440 HGB Rn. 1, 2.

110 OLG Bremen VersR 1985, 987.

111 OLG Hamburg VersR 1982, 894.

112 Vgl. *Emmerich* JuS 1995, 760; *Martinek,* Moderne Vertragstypen, 1992.

113 BGH ZIP 1997, 1540 = WM 1997, 1661; für überraschende Gerichtsstandsklauseln vgl. LG Konstanz BB 1983, 1372; vgl. auch *Wolf/Horn/Lindacher* § 24 AGBG Rn. 5.

49 **Freiberufe:** Vgl. das jeweilige Stichwort.

Freistellung: Maßgeblich ist der Ort, an dem die Pflicht zu erfüllen ist.[114]

50 **Geldschuld:** Diese ist vom Schuldner auf seine Kosten und Gefahr an den Gläubiger zu übermitteln, § 270 Abs. 1 BGB. Die Vorschriften über den Leistungsort bleiben jedoch unberührt, § 270 Abs. 4 BGB, der Leistungsort bestimmt sich deshalb nach § 269 BGB.

51 **Gesamthandschuld:** In der Regel ist hier ein gemeinsamer Erfüllungsort gegeben.[115]

52 **Gesamtschuld:** Ist die Leistung von allen Gesamtschuldner an einem einheitlichen Erfüllungsort zu erbringen, zB bei einem Bauwerk, so ist dort Erfüllungsort.[116] Ansonsten erfolgt die Bestimmung des Erfüllungsortes für jeden einzelnen Gesamtschuldner selbständig.[117] § 36 Abs. 1 Nr. 3 sollte berücksichtigt werden.

53 **Geschäftsführer:** Klagen gegen den Geschäftsführer aufgrund fehlerhafter Erfüllung der Geschäftsführungspflichten gemäß § 43 Abs. 2 GmbHG sind am Sitz der Gesellschaft zu erheben.[118] Der Sitz der Gesellschaft als Erfüllungsort gilt auch für Überzahlungen von Vergütungen des Geschäftsführers einer GmbH.[119] Dies gilt auch für Regressansprüche. Bei einer(m) Insolvenz (Konkurs) ist Leistungsort der Sitz der ehemaligen Gesellschaft.[120]

54 **Gesellschaftsvertrag:** Verpflichtungen der einzelnen Gesellschafter gegenüber der Gesellschaft sind einheitlich am Gesellschaftssitz zu erfüllen.[121] Klagen eines BGB-Gesellschafters gegen einen anderen wegen Schlechterfüllung sind am Wohnsitz des Beklagten zu erheben.[122] Bei Klagen aus Organhaftung ist der Sitz der Gesellschaft maßgeblich.[123] Vgl. im übrigen § 22, ist auch bei der GbR zu beachten.[124]

GbR: Bei Klagen gegen die GbR und die haftenden Gesellschafter ist der Erfüllungsort der Gesellschaftsschuld maßgebend, also der Sitz der Gesellschaft.[125] Das gleiche gilt bei Klagen nur gegen die Gesellschafter einer GbR wegen einer Gesellschafterschuld.[126]

55 **Girovertrag:** Maßgeblich ist der Wohnsitz des Kontoinhabers,[127] zur Zeit der Eröffnung des Girovertrags, nicht zur Zeit des einzelnen Vorgangs.[128]

56 **Handelsvertretervertrag:** Erfüllungsort kann der Ort der Tätigkeit des Handelsvertreters sein.[129] Für die Verpflichtung des Unternehmers zur Erteilung eines Buchauszuges, § 87c Abs. 2 HGB, der Sitz des Unternehmers,[130] für den Provisionsanspruch des Handelsvertreters der Wohnsitz bzw. die Geschäftsniederlassung des Unternehmers.[131] Sofern im Einzelfall allerdings nichts konkretes bestimmt ist, kann grundsätzlich nicht davon ausgegangen werden, dass ein einheitlicher Erfüllungsort für die beiderseitigen Leistungen besteht. Es kommt deshalb auf die jeweiligen Leistungen an.[132]

57 **Heilpraktiker:** Gemeinsamer Erfüllungsort ist für die beiderseitigen Leistungen und Ansprüche der Ort der Dienstleistung.[133]

58 **Heuer:** Vgl. Bundesarbeitsgericht.[134]

59 **Hotelvertrag:** S. „Beherbergungsvertrag", „Mietvertrag", „Krankenhausvertrag".

60 **Internatsvertrag:** Erfüllungsort ist der Internatssitz.[135]

61 **Internet:** Der Gerichtsstand kann eingreifen, wenn es durch die Nutzung des Internet zu einem Vertragsabschluss kommt. Der Erfüllungsort bestimmt sich nach dem Inhalt des Vertragsverhält-

---

114 OLG Oldenburg FamRZ 1988, 632.
115 Vgl. *Schack* Rn. 38.
116 BGH NJW 1986, 935 = BauR 1986, 241 = BB 1986, 35 = ZfBR 1986, 80.
117 BayObLG MDR 1998, 180.
118 BGH WM 1992, 691; OLG München RIW 1999, 872.
119 BGH NJW 1985, 1286.
120 BayObLG ZIP 1992, 1652.
121 OLG Jena ZIP 1998, 1497.
122 BayObLG BB 1996, 2115.
123 BGH NJW-RR 1992, 801.
124 LG Bonn NJW-RR 2002, 1400.
125 OLG Schleswig BB 2004, 462; OLG Karlsruhe OLGR 2003, 432.
126 BayObLG MDR 2002, 1360 = BB 2002, 2295.
127 BayObLG WM 1989, 871.
128 OLG Frankfurt/M. NJW 2001, 3792.
129 BGHZ 53, 332, 337 = IPRspr. 1970, Nr. 121; LG Heidelberg IPRspr. 1973, Nr. 129a.
130 BGH NJW 1988; 1993, 967; 2754; OLG Düsseldorf NJW 1974, 2185.
131 OLG Frankfurt/M. RIW 1980, 585.
132 So ausdrücklich BGH DB 1988, 549; NJW 1988, 966.
133 AG Rottweil NJW-RR 1909, 866.
134 BAG BB 1963, 977 = DB 1963, 836.
135 Hamm FamRZ 1989, 1199 = NJW-RR 1989, 1530.

nisses für die jeweilige vertragliche Leistungspflicht gesondert.[136] Das Internet ist das erste Kommunikationsmittel, durch das der Benutzer und Anbieter weltweit präsent ist. Ob es sich um einen vertraglichen Anspruch handelt und welcher Art der vertragliche Anspruch ist, bestimmt sich nach der lex fori, mithin nach deutschem materiellen Recht.[137] Sofern ein über das Internet angesprochener Benutzer Vertragspartner eines Internetanbieters wird, ist das anzuwendende materielle Recht grundsätzlich gemäß Art. 27 ff. EGBGB zu ermitteln.[138] Dem Vorrang des UN-Kaufrechtes nach Art. 3 Abs. 2 EGBGB ist auch im Rahmen von Informationtransfers Beachtung zu schenken.[139] Bei Vertragsabschluss zwischen Parteien in verschiedenen Staaten der Europäischen Union ist gemäß Art. 5 Nr. 1 lit a EuGVO der internationale Gerichtsstand dort gegeben, wo die mit der Klage begehrte Leistung nach dem Inhalt des Vertrages zu erfüllen wäre. Ist die EuGVO nicht anwendbar, richtet sich die internationale Zuständigkeit deutscher Gerichte nach den Vorschriften der ZPO. Bei Kaufverträgen liegt der Erfüllungsort gemäß § 269 Abs. 1 BGB im Zweifel am Wohnsitz des über das Internet anbietenden Schuldners, wenn sich nicht aus den Umständen etwas anderes ergibt.[140] Erfüllungsansprüche gegen den Verkäufer sind daher ebenso wie Schadenersatzansprüche gegen diesen an dessen Sitz geltend zu machen.[141] Im Falle von Verbrauchergeschäften sind Art. 15 ff. EuGVO zu beachten.[142] Klagen des Verbrauchers gegen seinen Vertragspartner können sowohl am Gericht des Wohnsitzstaates wie am Gericht der im Inland belegenen Niederlassung des Vertragspartners als auch am eigenen Wohnsitzgerichtsstand des Verbrauchers erhoben werden, Art. 5 Nr. 5 iVm. Art. 15 EuGVO, Art. 16 Abs. 1 EuGVO. Für Klagen der anderen Vertragspartei gegen den Verbraucher ist ausschließlich die Zuständigkeit des Gerichtes des Wohnsitzstaates des Verbrauchers gegeben. Vgl. im übrigen „Kaufvertrag", „online-Vertrag".

Kaufvertrag: Bei Kaufpreisklagen des Verkäufers auf Zahlung des Kaufpreises ist der Wohnort des Käufers maßgeblich.[143] Dies gilt auch für die Geltendmachung von Schadenersatzansprüchen wegen Nichterfüllung des Kaufpreisanspruches gemäß § 281 BGB,[144] bei Annahmeverzug, auch wenn für die Lieferung der Ware und deren Bezahlung der Sitz des Verkäufers als Erfüllungsort vereinbart wurde.[145] Der Wohnsitz des Käufers ist auch ausschlaggebend bei einer Klage auf Abnahme oder wegen Abnahmeverzugs sowie auf Empfangnahme der übersandten, aber nicht abgenommenen Ware. Der Wohnort des Verkäufers ist als Erfüllungsort maßgeblich für die Klage des Käufers auf Rückgewähr des Kaufpreises. Der Sitz der Verkäufers ist auch Erfüllungsort für die Kaufpreisansprüche bei Ladenkäufen[146] und bei Kunstauktionskäufen.[147] Ist eine Vereinbarung über den Lieferort getroffen worden, so ist dieser auch der Erfüllungsort für die Schadenersatzklage wegen Schlechterfüllung.[148] Bei Fernkauf (Bringschuld) gilt der Sitz des Käufers für den Kaufpreisanspruch.[149] Bei Klagen nach erfolgter Rückgängigmachung des Kaufs auf Zurücknahme der Kaufsache oder Ersatz der gemachten Aufwendungen Zug um Zug gegen Rückgewähr der Kaufsache, ist Erfüllungsort der Ort, wo sich der Kaufgegenstand zur Zeit des Rücktritts nach dem Vertrag befindet, da dort die Kaufsache zurückzugewähren ist.[150] Gleiches gilt auch für die Nacherfüllung nach § 439 BGB.[151] Der Austauschort ist auch maßgeblich für die schadensersatzrechtliche Rückabwicklung des Kaufvertrages,[152] ferner bei Klagen auf Rückzahlung des Kaufpreises, wenn die Sache untergegangen ist oder versteigert wurde, ferner auch dann, wenn die Kaufsache dem Verkäufer schon 62

---

136 BGHZ 120, 334, 337; *Schack* IZVR Rn. 265; *Hoeren/Sieber/Pichler* Teil 31 Rn. 47.

137 BGHZ 120, 334, 337; OLG Nürnberg RIW 1985, 890, 892, *Hoeren/Sieber* Teil 31 Rn. 48.

138 *Waltenberger* BB 1997, 2365, 2370; *Mankowski* CR 1999, 512 ff., 517 und 581 ff.; *Junker* RIW 1999, 809 ff.; *Hoeren/Sieber/Pichler* Teil 31 Rn. 48.

139 *Schmitz* MMR 2000, 256.

140 Vgl. *Hoeren/Sieber/Pichler* Teil 31 Rn. 49; *Scherer-Butt* DB 2000, 1016.

141 *Hoeren/Sieber/Pichler* Teil 31 Rn. 49.

142 MünchKommBGB/*Martiny* Art. 29 EGBGB Rn. 2 ff., 56, 57; *Kropholler* Art. 13 EuGVÜ Rn. 22 ff., Art. 14 EuGVÜ; *Spindler* MMR 2000, 18 ff.; *Junker* RIW 1999, 810 ff.; *Scherer-Butt* DB 2000, 1016.

143 LG Braunschweig BB 1974, 571 ff.

144 BayObLGR 1995, 23.

145 *Zöller/Vollkommer* Rn. 25.

146 BGHZ 157, 20 = NJW 2004, 54; OLG Stuttgart OLG 41, 244.

147 BGH NJW-RR 2003, 193; OLG Düsseldorf NJW 1991, 1493; für Gemüseversteigerungen BGH MDR 2003, 402.

148 BGHZ 98, 272.

149 OLG Celle RIW 1985, 571.

150 BGH NJW 1962, 739; BGHZ 87, 104, 109 = NJW 1983, 1479; BayObLG MDR 2004, 646; aA LG Krefeld MDR 1977, 1018.

151 AG Menden NJW 2004, 2171.

152 Für die Geltendmachung des Schadensersatzanspruches gem. § 463 BGB, vgl. OLG Hamm MDR 1989, 63; BayObLG MDR 1998, 737; *Zöller/Vollkommer* Rn. 25 „Kaufvertrag", str.

zurückgegeben wurde und der Käufer nur auf Rückzahlung des Kaufpreises klagt.[153] Das gleiche gilt auch für die Rückgewähransprüche des Teilzahlungskäufers nach Widerruf gem. §§ 503 Abs. 1, 495 Abs. 1, 355, 357, 346 BGB.[154] Die Belegenheit des Grundstücks ist maßgeblicher Erfüllungsort bei der Klage auf Wandlung eines bereits vollzogenen Grundstücksaustauschvertrages und Rückauflassung des Grundstückes.[155] UN-Kaufrecht (CISG) s. dort.

63 **Kfz.-Werkstattvertrag:** S. „Werkvertrag".

64 **Kommissionsvertrag:** Es kommt auf die jeweilige Pflicht an, daher kein gemeinsamer Erfüllungsort.[156]

65 **Krankenhausaufnahmevertrag:** Klagen auf Zahlung der Krankenhausleistung bei stationärer Aufnahme sind am Gerichtsstand des gemeinsamen Erfüllungsortes geltend zu machen. Erfüllungsort ist aus der Natur des Schuldverhältnisses dort gegeben, wo der Schwerpunkt des Vertrages liegt, an dem vertragscharakteristische Leistung wie die Heilbehandlung, Operation, Übernachtung etc. zu erbringen ist. Daher ist gemeinsamer Erfüllungsort bei stationärer Einweisung der Ort des Krankenhauses oder der Klinik.[157]

66 **Lager- (Aufbewahrungs)Vertrag:** Die Leistungspflichten des Lagerhalters sind am Lagerort zu erfüllen, demnach ist Erfüllungsort für die Leistung des Einlagerers der Lagerort bzw. Sitz des Lagerhalters, § 420 HGB. Ansprüche des Lagerhalters auf Zahlung gegen den Auftraggeber sind an dessen Sitz geltend zu machen.

67 **Leasingvertrag:** Der Leasingvertrag ist grundsätzlich ein Mietvertrag.[158] Da der Abschluss formfrei ist und dispositivem Schuldrecht unterliegt, ist für die Bestimmung beiderseitiger Rechte und Pflichten der Vertragsinhalt maßgeblich. Der Leasingvertrag unterscheidet sich in erster Linie wegen der Finanzierungsfunktion des Leasingvertrages vom Mietvertrag.[159] Erfüllungsort für die Verpflichtung zur Zahlung des Mietzinses bzw. der Leasingraten ist dort, wo der Schuldner zum Zeitpunkt des Abschlusses des Vertrages seinen Sitz oder Wohnsitz hatte.[160] Entsprechendes gilt für den Rückgabeort der Leasingsache.[161] Auch die Rechtsnatur als Dauerschuldverhältnis ändert nichts daran, dass die beiderseitigen Verpflichtungen gemäß § 269 Abs. 1 BGB dort zu erbringen sind, wo diese bei Begründung des Schuldverhältnisses zu erbringen waren. Der Wohnsitz bzw. der Sitz des Schuldners bleibt bei Begründung des Vertragsverhältnisses für den Zahlungsanspruch auch dann als Erfüllungsort gemäß § 29 maßgeblich, wenn der Schuldner seinen Wohnsitz bzw. Sitz nachträglich ändert.[162] Vgl. im übrigen auch „Mietvertrag" und § 29a.

68 **Maklervertrag:** Für die Leistungspflichten des Maklers wie Aufklärungs-, Hinweis-, Kontrollpflichten ist gemäß § 269 Abs. 1 und 2 BGB dessen Sitz Erfüllungsort, nicht der Belegenheitsort des angebotenen Objektes.[163] Für die Klage auf Provision s. „Provisionsanspruch".

69 **Mietvertrag:** Erfüllungsort ist grundsätzlich der Ort, an dem der Mieter die Mietsache vertragsgemäß gebrauchen darf. Wohnt der Mieter zugleich an diesem Ort, ist der Wohnsitz maßgeblich. Der Wohnsitz des Vermieters ist auch dann unerheblich, wenn der Mieter die Miete auf ein im Vertrag angegebenes Konto des Vermieters überweisen soll, da nach § 270 BGB Geldschulden ohnedies Schickschulden sind. Dies hat aber keinen Einfluss auf den Erfüllungsort, § 270 Abs. 4 BGB.[164] Für die Zahlung des Mietzinses ist Erfüllungsort der Sitz oder Wohnsitz des Schuldners bei Begründung des Schuldverhältnisses, auch wenn der Schuldner seinen Sitz oder Wohnsitz nachträglich ändert.[165] Daneben kann der Schuldner auch im allgemeinen Gerichtsstand in Anspruch genommen werden.[166] Vgl. im übrigen auch „Beherbergungsvertrag" und „Leasingvertrag".

70 **Nebenpflicht:** Folgt hinsichtlich des Erfüllungsortes grundsätzlich der Hauptpflicht.

---

[153] Vgl. zutreffend *Stein/Jonas/Roth* Rn. 46; *Zöller/Vollkommer* Rn. 25 „Kaufvertrag".
[154] *Mues* ZIP 1996, 742. Gegen einen einheitlichen Leistungsort *Stöber* NJW 2006, 2661 ff.
[155] Vgl. RGZ 70, 198.
[156] OLG Frankfurt/M. OLGR 1995, 154; *Zöller/Vollkommer* Rn. 25.
[157] OLG Celle NJW 1990, 777; BayObLG OLGR 2005, 344; LG Bremen VersR 2005, 1260; LG München I NJW-RR 2003, 488; a. A. LG Osnabrück NJW-RR 2003, 789; LG Mainz NJW 2003, 1612.
[158] Vgl. BGHZ 71, 189 = NJW 1978, 1383; BGH WM 1988, 1072; BGH NJW 1990, 247; BGHZ 128, 259 = ZIP 1995, 383, 386.
[159] Vgl. ausführlich *Braxmaier* WM 1988, Sonderbeilage Nr. 1.
[160] Vgl. MünchKommBGB/*Krüger* § 269 Rn. 40.
[161] LG Lüneburg NJW-RR 2002, 1584; str.
[162] Vgl. BGH WM 1988, 1072.
[163] BayObLG MDR 1998, 737.
[164] Vgl. auch LG Trier NJW 1982, 287.
[165] Vgl. BGH WM 1988, 1072.
[166] Vgl. BGH WM 1988, 1072.

Negative Feststellungsklage: Erfüllungsort ist dort, wo der Kläger seine Pflicht zu erfüllen hätte. Dies wird in der Regel der Ort sein, an dem der Kläger der negativen Feststellungsklage von dem Beklagten im Wege einer Klage auf Erfüllung in Anspruch genommen werden könnte, s. im übrigen oben Rn. 4. 71

Negatives Vertragsinteresse: Für Klagen auf das negative Vertragsinteresse bei Betrug ist der Ort maßgeblich, an dem der Beklagte seine Verpflichtung aus dem aufgehobenen Vertrag zu erfüllen hatte. 72

Online-Verträge:[167] Ein Online-Vertragsabschluss mit anschließender Übermittlung der Ware auf dem herkömmlichen Postweg stellt ein Distanzgeschäft dar. Der Kaufvertrag ähnelt dem Versandhandelsvertrag. Erfüllungsort für den Lieferanspruch des Bestellers ist am Sitz des Verkäufers. Der Vergütungsanspruch ist am Wohnsitz des Schuldners zu erfüllen. Da der Schwerpunkt eines solchen Vertrags in einem virtuellen Raum liegt, sind die Geschäfte nicht ortsgebunden. Ein gemeinsamer Erfüllungsort wird daher nicht begründet.[168] Bei einem Online-Vertragsabschluss über die Übermittlung von Daten ist zu unterscheiden. Bei Online-Standardsoftwarebezug handelt es sich um einen Kaufvertrag, bei individuell entwickelter Spezialsoftware um einen Werkvertrag.[169] Sowohl beim Werkvertrag als auch beim Kaufvertrag ist Erfüllungsort für die Zahlung der Sitz des Abnehmers. Erfüllungsort für die Bereitstellung ist der Sitz des Lieferanten. Der Übertragungsweg steht hier nicht im Vordergrund, sondern die Übermittlung der Daten. Es handelt sich primär um Sachkäufe. Hinsichtlich des Lieferanspruchs des Käufers ist Erfüllungsort der Sitz des Verkäufers, obwohl der Käufer die Daten beim auswärtigen Server des Verkäufers herunterlädt. Es liegt somit eher eine Hol- als Schickschuld vor. Aber auch bei der Versendung durch den Verkäufer handelt es sich um eine Schick- und nicht um eine Bringschuld. Außer bei der Wandlung steht inländischen Erwerbern gemäß § 29 kein inländischer Gerichtsstand offen, wenn sie Verträge mit ausländischen Anbietern abschließen. Reine Online-Verträge, bei denen primär die Online-Nutzung, dh. der Zugang zu Internetseiten oder anderen Informationen geschaffen werden soll, stellen keinen einheitlichen Vertragstyp dar.[170] Es handelt sich hierbei nämlich nicht mehr nur um die Bereitstellung der Datenbanknutzung, sondern um die Nutzung des umfangreichen Informationsangebots. Ist die Bereitstellung eines Datensystems und die Sicherstellung der Zugriffsmöglichkeit Vertragsinhalt, so handelt es sich um Dauerschuldverhältnisse. Im Rahmen dieser Dauerschuldverhältnisse kann es zu Einzelzugriffen kommen, die in der Regel werk- oder kaufvertraglicher Natur sind. Der Anbieter ist Informationsschuldner mit der Pflicht zur Bereitstellung und zum Zugriff auf das Datensystem. Erfüllungsort hierfür ist der Sitz des Anbieters. Dabei ist es gleichgültig, ob es sich um eine Holschuld handelt, wenn der Nutzer selbst zugreift oder um eine Schickschuld, wenn der Anbieter die Daten zu übermitteln hat.[171] Anders als beim teleshopping findet § 312 BGB auf über das Internet abgeschlossene Kaufverträge keine Anwendung. Denn der Kauf mittels Internet ist ein interaktiver Vorgang, der maßgeblich von dem Käufer selbst gesteuert wird.[172] Der Schutz der Verbraucher bei Vertragsabschlüssen wird somit durch die entsprechenden Anfechtungstatbestände des BGB erfüllt. S. auch „Kaufvertrag". 73

Provisionsanspruch: Erfüllungsort ist grundsätzlich, wenn sich nichts anderes aus Vereinbarung oder aus den Umständen ergibt, der Sitz oder die Niederlassung des Unternehmers.[173] Bei einem ausländischen Unternehmen kann der Gerichtsstand des Vermögens, § 23, eingreifen.[174] 74

Rechtsanwalt: S. „Anwalt". 75

Reisender: S. „Arbeitsvertrag". 76

Reisevertrag: Der Reiseveranstalter ist grundsätzlich an seinem Sitz zu verklagen.[175] Für die Klage des Reiseveranstalters auf den Reisepreis ist Erfüllungsort der Wohnsitz des Reisenden.[176] Vgl. im Übrigen „Beherbergungsvertrag". 77

---

167 *Hoeren/Sieber/Pichler* Teil 31 Rn. 95 ff.; *Kappes,* Rechtsschutz computergestützer Informationssammlungen, 1996, 246 ff.; *Schneider,* Handbuch des EDV-Rechts, 3. Aufl. 2001, Rn. 114 ff.; *Loewenheim/Koch,* Praxis des Online-Rechts, 1998, 155 ff.; *Schmitz,* Vertragliche Pflichten und Haftung der Informationsanbieter im Internet, Diss. Stuttgart 2000, S. 36 ff.

168 AG München CR 2001, 132.

169 BGHZ 102, 135, 141 ff. = NJW 1988, 407; BGH NJW 1996, 1746; NJW 1995, 187; NJW 1993, 2436. Zum Softwareüberlassungsvertrag vgl. BGH NJW 1990, 320.

170 Zur vertraglichen Einordnung der verschiedenen Online-Verträge, vgl. *Loewenheim/Koch* (Fn. 167) S. 65 ff.; *Schmitz* S. 36 ff.

171 Nach BGH ist der Ort der Einspeisung in das Netz des abnehmenden Versorgungsunternehmens Erfüllungsort, NJW-RR 1994, 175.

172 Vgl. *Waldenberger* BB 1996, 2367; *Schmitz* S. 16.

173 BGH DB 1988, 549.

174 Vgl. BGH DB 1988, 549; 1977, 718.

175 LG Frankfurt/M. NJW 1983, 2264; *Bartl,* Reise- und Freizeitrecht, 1985, S. 20.

176 MünchKommBGB/*Tonner* § 651 g Rn. 30.

78 **Schadensersatz:** S. „Kaufrecht".

79 **Schickschuld:** Für die Hauptanwendungsfälle Geldschuld, § 270 BGB und Versendungskauf, § 447 BGB, ist der Wohnsitz des Schuldners Erfüllungsort, lediglich der Leistungserfolg tritt dagegen am Wohnsitz des Gläubigers ein.[177] Erfüllungsort ist mit Leistungsort gleich.[178]

80 **Schuldmitübernahme:** Sie begründet einen selbstständigen Leistungsort unabhängig von der Hauptschuld, der Erfüllungsort ist deshalb in der Regel der Wohnsitz des Mitübernehmenden.[179] Vgl. auch „Bürgschaft".

81 **Steuerberater:** Vgl. „Anwalt" sowie „Wirtschaftsprüfer".

82 **Transportvertrag:** Vgl. „Frachtvertrag".

83 **Übergabe:** Erfüllungsort für die Übergabe einer beweglichen Sache ist grundsätzlich der Ort, an dem sich die Sache gegenwärtig befindet.

84 **UN-Kaufrecht:** Nach Art. 57 CISG, der im wesentlichen Art. 59 des Haager Einheitskaufrechtes (EKG) entspricht, ist der Sitz des Verkäufers Erfüllungsort, da im internationalen Geschäftsverkehr der Versendungskauf vorherrschend ist.[180] Dies führt zu einem Verkäufer- bzw. Klägergerichtsstand. Diese Möglichkeit des Klägergerichtsstandes nach CISG sowie EGK eröffnet sich auch nach Art. 5 Nr. 1 EuGVÜ und Lugano EuGVÜ.[181] Der Gerichtsstand am Sitz des Gläubigers als Erfüllungsort des jeweiligen Zahlungsanspruches gilt auch im Falle der Geltendmachung von Schadenersatzansprüchen des Abnehmers der Ware.[182] Danach bestimmt sich nach dem CISG der Gerichtsstand des § 29. Nach Art. 3 Abs. 2 EGBGB genießt Art. 1 Abs. 1 CISG als einseitige Kollisionsnorm Vorrang. Infolge dessen werden die Art. 27, 28 EGBGB im Prinzip verdrängt. Da gemäß Art. 2 lit. a CISG das Un-Kaufrecht auf Verbrauchergeschäfte, die als solche erkennbar sind, keine Anwendung findet,[183] besteht eine Konkurrenz zu Art. 29 EGBGB grundsätzlich nicht.[184]

85 **Unterhaltsanspruch:** Der Gerichtsstand ist gegeben, wenn es sich um einen vertraglichen Anspruch handelt.[185]

86 **Unterlassungspflicht:** Der Ort, an dem die ordnungsgemäße Erfüllung zu erbringen ist.[186] Erstreckt sich die Unterlassungspflicht auf ein größeres Gebiet, führt dies nicht zur Allzuständigkeit sämtlicher im Unterlassungsgebiet gelegener Gericht[187]. Ansonsten der Ort, an dem der Schuldner bei Entstehung des Schuldverhältnisses seinen Wohnsitz hatte.[188]

87 **Unterrichtsvertrag:** S. „Fernunterricht" Rn. 17, 44. „Internatsvertrag" Rn. 60

88 **Versandhandel:** Für Klagen gegen den Versandhändler auf Erfüllung ist grundsätzlich dessen Wohn- oder Geschäftsitz maßgeblich, mit der Übernahme der Pflicht zur Versendung tritt eine Änderung des Erfüllungsortes gemäß § 269 Abs. 3 BGB nicht ein.[189] Vgl. „Schickschuld" Rn. 78

89 **Versicherung:** Bei Klagen auf Zahlung der Prämie ist der Sitz des Versicherungsnehmers Erfüllungsort.[190]

90 **Versorgungsvertrag:** Erfüllungsort ist der Ort der Abnahmestelle, da sich dort die vertragstypischen Leistungen bündeln.[191] Nach anderer Auffassung soll bei Wasserlieferungen für den Zahlungsanspruch des Versorgungsunternehmens der Wohnsitz des Schuldners Erfüllungsort sein.[192] S. im übrigen „Energiebelieferungsverträge".

91 **Vertragsstrafe:** Hierbei handelt es sich in der Regel um eine Nebenpflicht, die am Ort der Hauptleistung zu erfüllen ist.[193]

---

[177] Vgl. *Palandt/Heinrichs* § 269 BGB Rn. 1; AG Rastatt NJW-RR 2002, 199.
[178] BGH NJW 2002, 2703.
[179] OLG Frankfurt/M. MDR 1980, 318; OLG Schleswig SchlHA 1981, 189.
[180] Vgl. BGHZ 74, 136, 141; *Piltz* NJW 2000, 557.
[181] EuGH RIW 1994, 676; *Koch* RIW 1996, 379, 381.
[182] Vgl. *Schlechtriem/Schwenzer/Hagerr,* Kommentar zum Einheitlichen UN-Kaufrecht, 4. Aufl. 2004, Art. 57 Rn. 10; OLG Düsseldorf RIW 1993, 845.
[183] Vgl. *Schlechtriem/Schwenzer/Ferrari* Art. 2 Rn. 7 ff.
[184] Vgl. *Mankowski* CR 1999, 581 ff., 586.
[185] AG Siegburg MDR 1998, 61 = FamRZ 1998, 375 m. Anm. *N. Schneider.*
[186] Vgl. BGH NJW 1985, 561, 562 f. zur zweckwidrigen Inanspruchnahme von Bankgarantien; vgl. auch BGH NJW 1974, 410.
[187] EuGH NJW 2002, 1407.
[188] BGH NJW 1974, 41; RGZ 51, 311.
[189] BGH NJW 2003, 3341; MünchKommBGB/*Krüger* § 269 Rn. 53; *Palandt/Heinrich* § 269 BGB Rn. 12, 1; *Wolf/Horn/Lindacher,* § 9 Rn. AGBG E 213.
[190] *Fricke* VersR 1997, 404.
[191] So zutreffend für Energielieferungen OLG Jena MDR 1998, 828 = RDE 1998, 118 ff.; OLG Rostock RDE 1997, 96.
[192] LG Leipzig MDR 1999, 1086.
[193] RGZ 69, 12; *Palandt/Heinrichs* § 269 BGB Rn. 7.

Verwahrungsvertrag: Der Erfüllungsort ist dort, wo sich die Sache befindet, §§ 697, 700 BGB. 92

Werkvertrag: Bei **einer Kfz-Reparatur** ist der Sitz der Werkstatt Erfüllungsort und zwar sowohl für die Reparaturleistung als auch für die Zahlungspflicht.[194] Beim **Bauvertrag** ist der Ort des Bauwerks maßgeblich.[195] Beim **Architektenvertrag** gilt für die Erfüllung der Architektenpflichten der Ort als Erfüllungsort, an dem die Dienste zu erbringen sind. Für den Honoraranspruch des Architekten ist hingegen der Wohnsitz des Auftraggebers maßgeblich.[196] 93

Wirtschaftsprüfer: Ein gemeinsamer Erfüllungsort besteht nicht. S. die neue Rechtsprechung zu „Anwalt" und „Steuerberater". 94

Zahlungsanspruch: Ist am Sitz des Beklagten/Schuldners geltend zu machen.[197] Die Vereinbarung eines Akkreditivs begründet keinen Erfüllungsort für die Zahlungspflicht.[198] S. „Geldschuld". 95

Zug-um-Zug-Leistung: Als gemeinsamer Erfüllungsort ist der Ort anzusehen, wo diejenige Verpflichtung zu erfüllen ist, welcher nach dem Inhalt des Vertrages die größere Bedeutung zukommt und welche dem Vertrag das wesentliche Gepräge gibt.[199] Handelt es sich nicht um einen Vertrag mit einem spezifischen Leistungsort, wie dies überwiegend bei Werk- oder Dienstverträgen der Fall ist, ist der Erfüllungsort für jede Verpflichtung gesondert zu bestimmen.[200] 96

IV. Vertraglich vereinbarter Erfüllungsort als Gerichtsstand

1. Prorogationsverbot. § 29 Abs. 2 enthält ein Prorogationsverbot. Nach diesem Prorogationsverbot sind Erfüllungsortvereinbarungen mit Gerichtsstandsfolge nur ausnahmsweise unter den Voraussetzungen des Abs. 2 zulässig. Der Inhalt des Prorogationsverbotes geht allerdings nicht dahin, Erfüllungsortvereinbarungen mit Gerichtsstandsfolge auszuschließen, die sich aus dem Inhalt eines zwischen Parteien abgeschlossenen Vertrages und insbesondere unter Berücksichtigung des gesetzlichen Erfüllungsortleitbildes ergeben. Vom Prorogationsverbot werden deshalb nur **abstrakte Erfüllungsortvereinbarungen** erfasst, die nicht im Hinblick auf den Inhalt des zwischen den Parteien abgeschlossenen Vertrages geschlossen wurden sondern allein deshalb, um die prozessuale Wirkung einer Gerichtsstandsvereinbarung herbeizuführen.[201] Die Regelung des Abs. 2 entspricht deshalb dem grundsätzlichen Prorogationsverbot des § 38. 97

2. Erfüllungsortvereinbarung. Für die Vereinbarung über den Erfüllungsort findet materielles Recht Anwendung. Die Vereinbarung über den Erfüllungsort muss deshalb vertraglich zustande gekommen sein. Der Vertrag bedarf keiner besonderen Form. Wegen des in § 29 Abs. 2 genannten Personenkreises finden die Regeln über das kaufmännische Bestätigungsschreiben Anwendung. Hierdurch kommt eine Erfüllungsortvereinbarung nach den Grundsätzen eines kaufmännischen Bestätigungsschreibens zustande.[202] Ferner genügt auch die Aufnahme einer Erfüllungsortvereinbarung in Bestellscheinen, Katalogen oder Offerten. Nicht ausreichend ist für das Zustandekommen einer Erfüllungsortvereinbarung der Hinweis hierauf nach Abschluss des eigentlichen Vertrages, beispielsweise erst in einer Rechnung. Bloße Kosten- und Gefahrtragungsklauseln sind nicht ausreichend.[203] 98

Ein Erfüllungsort kann auch in **allgemeinen Geschäftsbedingungen** bestimmt werden. Es darf allerdings auch im kaufmännischen Verkehr kein Verstoß gegen § 307 BGB vorliegen.[204] 99

3. Personenkreis. Nur der in Abs. 2 **bestimmte Personenkreis** kann eine Vereinbarung des Erfüllungsortes mit Gerichtsstandsfolge treffen. Die Zugehörigkeit zu dieser Personengruppe muss bereits beim Abschluss der Vereinbarung vorliegen. Es ist nicht ausreichend, dass diese Zugehörigkeit erst später erlangt wird. Demgegenüber schadet es nicht, wenn diese Eigenschaft später wegfällt, weil ein Betrieb zum Kleinbetrieb wird, sofern der nun Kleingewerbetreibende gemäß § 2 HGB Kannkaufmann bleibt. Die Handelsregistereintragung muss fortbestehen. Im übrigen gleicht der Personenkreis dem in § 38 Abs. 1 genannten. 100

---

194 OLG Düsseldorf MDR 1976, 496; OLG Frankfurt/M DB 1978, 2217; BayObLG MDR 1983, 583.

195 BGH NJW 2001, 1936;1986, 935; BayObLG MDR 2004, 273; BayObLG MDR 2002, 942; BayObLGZ 1983, 64, 66; OLG Naumburg 2001, 770; *Duffek* BauR 1980, 316, 318; s. Bauvertrag.

196 OLG Nürnberg BauR 1977, 70; *Völker* BauR 1981, 522; s. Architektenvertrag.

197 BGHZ 120, 348 = NJW 93, 1076; NJW 1995, 1546; BayObLG MDR 1998, 180; *Schmid* MDR 1993, 410.

198 BGHZ 120, 348 = NJW 1993, 1076.

199 OLG Stuttgart NJW 1982, 529; RGZ 70, 199; MünchKommBGB/*Krüger* § 269 Rn. 19.

200 BGH NJW 1995, 1545 ausdrücklich für Abtretung einer Grundschuld Zug um Zug gegen Zahlung der Bürgschaftssumme; vgl. auch OLG Hamm NJW-RR 1995, 188.

201 Vgl. in diesem Sinne auch *Stein/Jonas/Roth* Rn. 35.

202 Zum kaufmännischen Bestätigungsschreiben vgl. *Baumbach/Hopt* § 346 HGB Rn. 16f.

203 Saarbrücken NJW 2000, 671 („frei Haus"); OLG Koblenz 2003, 33 („frei Baustelle").

204 Vgl. i. e. die Kommentierungen zum AGBG, zB *Ulmer/Brandner/Hensen* § 9 Rn. 23, § 24 AGBG Rn. 14, 19ff.

101 **4. Prozessrechtliche Folgen.** Die **Folge der prozessrechtlichen Unbeachtlichkeit der Erfüllungsortvereinbarung** ist lediglich, dass das angerufene Gericht örtlich unzuständig ist. Dies allein ist auch der Schutzzweck des § 29 Abs. 2.[205] Weitere Bedeutung kann dem nicht beigemessen werden. Insbesondere hat dies keine Auswirkungen auf den materiell-rechtlich vereinbarten Erfüllungsort. Dies kann dazu führen, dass eine Erfüllungsortvereinbarung prozessual unbeachtlich, im Rahmen der Begründetheit der Klage jedoch materiell-rechtlich beachtlich ist. Es kann nicht unterstellt werden, dass die gesetzliche Regelung des § 29 in materielles Recht eingreifen wollte. Eine materiell-rechtliche Erfüllungsortbestimmung ist vielmehr an den Maßstäben des materiellen Rechts zu messen, zB an den Vorschriften der §§ 307 ff. BGB oder an den auf das dispositive Schuldrecht begrenzenden Rechtsinstituten wie zB Treu und Glauben. Deshalb kann aus Abs. 2 auch nicht der Grundsatz entnommen werden, dass der Prozess an dem Ort geführt werden muss, wo der sozial Schwächere wohnt.[206]

102 **5. Darlegungs- und Prüfungsumfang.** Mit der Erhebung der Klage hat eine **schlüssige Darlegung des vertraglich vereinbarten Erfüllungsortes** zu erfolgen, was von **Amts wegen** zu prüfen ist. Es ist nicht erforderlich, dass der Kläger die Kaufmannseigenschaft des Beklagten beweist. Ansonsten könnte ein Versäumnisurteil im Gerichtsstand des § 29 Abs. 2 immer nur dann ergehen, wenn zB die Kaufmannseigenschaft des Beklagten mit der Klageschrift urkundlich nachgewiesen wird oder aber dies bereits gerichtsbekannt ist.[207] An die schlüssige Darlegung dieser Voraussetzungen sind jedoch strenge Anforderungen zu stellen.

V. Verhältnis zu anderen Vorschriften

103 **1. Konkurrenzen.** Eine **Verdrängung des Gerichtsstandes kann durch ausschließliche Gerichtsstände** erfolgen. Derartige ausschließliche Gerichtsstände bestehen zumeist aufgrund sozialer Erwägungen zum Schutz möglicher Beklagter. In Betracht kommen zB: Bei **Wohnraumstreitigkeiten** (§ 29 a), bei **Haustürgeschäften** und ähnlichen Geschäften § 29 c, bei einem **Fernunterrichtsvertrag** (§ 26 FernUSG). Bei **Wechsel-** und **Scheckklagen** kann ein zusätzlicher Gerichtsstand der Scheck- und Wechselklage nach §§ 603, 605 a bestehen. Für Versicherungsverträge sind auch die §§ 48 VVG anzuwenden.

104 **2. Internationale Zuständigkeit.** § 29 regelt zugleich auch die **deutsche internationale Zuständigkeit.** Danach bestimmt sich die deutsche internationale Zuständigkeit nach den materiellrechtlichen Normen, die den Erfüllungsort regeln. Es kann sich dabei um deutsches materielles Recht ebenso handeln wie um ausländisches materielles Recht.[208] Welches materielle Recht, aus dem sich der Erfüllungsort bestimmt, anzuwenden ist, richtet sich nach deutschem Kollisionsrecht,[209] insbesondere nach den Art. 27 ff. EGBGB. Unerheblich ist die Staatsangehörigkeit der Parteien, ihr Wohnsitz und die Frage der Anerkennung des Urteils und dessen Vollstreckungsmöglichkeiten im Ausland. Im Rahmen der internationalen Zuständigkeit ist auch das UN-Kaufrecht, CISG, zu berücksichtigen.

105 Unter den Voraussetzungen des Abs. 2 kann es über eine zulässige Vereinbarung des Erfüllungsortes zu einer **internationalen Prorogation** des Gerichtsstandes kommen. Soweit hierdurch die deutsche internationale Zuständigkeit begründet werden soll, ist zu beachten, dass es sich bei Abs. 2 um eine nicht zur Disposition der Parteien stehende prozessrechtliche Schutznorm handelt.

106 **3. EuGVO.** Art. 5 Nr. 1 EuGVO führt in Abweichung zu der Vorgängerregelung in dem EuGVÜ für bestimmte Vertragstypen einen autonomen Gerichtsstand des Vertrages ein. Art 5 Nr. 1 lit b EuGVO enthält eine autonome Bestimmung des Erfüllungsorts für den Verkauf von beweglichen Sachen und für die Erbringung von Dienstleistungen und bestimmt diesen als einheitlichen Erfüllungsort für alle sich aus diesen Verträgen ergebenden Ansprüche. Nur soweit ein Gerichtsstand nicht nach § 5 Nr. 1 lit. b EuGVO besteht, greift subsidiär der Gerichtsstand des Art. 5 Nr. 1 lit a EuGVO ein, der der bisherigen Regelung des Art. 5 Nr. 1 EuGVÜ entspricht.[210]

Die EuGVO[211] regelt für ihren Geltungsbereich in Art. 5 Nr. 1 lit a EuGVO sowohl die internationale als auch die örtliche Zuständigkeit.[212] § 29 wird deshalb von Art. 5 Nr. 1 lit a EuGVO innerhalb seines Anwendungsbereiches verdrängt. Bei Art. 5 Nr. 1 lit a EuGVO handelt es sich nicht um einen

---

205 Vgl. zutreffend *Thomas/Putzo/Hüßtege* Rn. 10.
206 Vgl. zutreffend *Thomas/Putzo/Hüßtege* Rn. 10; aA *Brehm/John/Preusche* NJW 1975, 26.
207 AA *Zöller/Vollkommer* Rn. 29.
208 Vgl. hierzu auch BGH NJW 1981, 2642, 2643.
209 AllgM; vgl. *Stein/Jonas/Roth* Rn. 52; *Zöller/Vollkommer* Rn. 3.
210 *Zöller/Vollkommer* Rn. 3.
211 Vgl. i. e. die Kommentierung zur EuGVO.
212 BGH WM 1999, 1182.

ausschließlichen Gerichtsstand im System der EuGVO. Es können deshalb weitere Gerichtsstände der EuGVO eingreifen.[213] Nach welchem materiellen Recht eines der Mitgliedsstaaten der EuGVO der Erfüllungsort zu bestimmen ist, richtet sich nach dem internationalen Privatrecht des Staates, dessen Gericht angerufen worden ist.[214] Dieser Gerichtsstand steht auch dann zur Verfügung, wenn das Zustandekommen des Vertrages, aus dem der Anspruch hergeleitet wird, streitig ist.[215] Unanwendbar ist Art. 5 Nr. 1 EuGVO, wenn der Erfüllungsort der streitigen Verpflichtung nicht bestimmt werden kann, weil es sich um eine geographisch unbegrenzt geltende Unterlassungspflicht handelt. In diesem Fall greift die allgemeine Zuständigkeitsregel des Art. 2 Abs. 1 EuGVO.[216]

Eine **Erfüllungsortvereinbarung mit Gerichtsstandsfolge** ist im kaufmännischen Geschäftsverkehr auch nach der EuGVO möglich und bedarf nicht der für das Treffen einer Gerichtsstandsvereinbarung erforderlichen Form des Art. 23 Abs. 1 EuGVO.[217] Im kaufmännischen Geschäftsverkehr kann auch durch stillschweigende Einbeziehung allgemeiner Geschäftsbeziehungen eine Erfüllungsortvereinbarung mit Gerichtsstandsfolge vorgenommen werden, wenn dies nach der maßgebenden Rechtsordnung als wirksam anzusehen ist.[218] Bedenken können sich jedoch dann ergeben, wenn eine Erfüllungsortvereinbarung nur wegen der Bestimmung des Gerichtsstandes getroffen worden ist und dies eine Umgehung des Art. 23 Abs. 1 EuGVO darstellen würde.[219] **107**

Für **Versicherungssachen** sind die Art. 8 bis 14 EuGVO zu berücksichtigen, für **Abzahlungssachen** die Art. 15 bis 17 EuGVO. Für Streitigkeiten aus **Trust-Beziehungen** ist ferner Art. 23 Abs. 4 EuGVO zu berücksichtigen. **108**

4. Arbeitsrecht. Bei arbeitsgerichtlichen Streitigkeiten findet § 29 aufgrund der Verweisung des § 46 Abs. 2 ArbGG Anwendung. Dies gilt auch für das Mahnverfahren, § 46a ArbGG. Auch im Bereich der Arbeitsgerichtsbarkeit sind die Art. 18 bis 21 EuGVO zu berücksichtigen. Der Erfüllungsort für die gegenseitigen Leistungen ist der gewöhnliche Arbeitsort.[220] Dies wird regelmäßig der Ort des Betriebes, bei Niederlassungen, Außenstellen und Zweigbetrieben deren Sitz sein. **109**

§ 29a Ausschließlicher Gerichtsstand bei Miet- oder Pachträumen

(1) Für Streitigkeiten über Ansprüche aus Miet- oder Pachtverhältnissen über Räume oder über das Bestehen solcher Verhältnisse ist das Gericht ausschließlich zuständig, in dessen Bezirk sich die Räume befinden.

(2) Absatz 1 ist nicht anzuwenden, wenn es sich um Wohnraum der in § 549 Abs. 2 Nr. 1 bis 3 des Bürgerlichen Gesetzbuchs genannten Art handelt.

Übersicht

---

213 Vgl. hierzu i. e. die Kommentierung zur EuGVO in Band 3; ebenso „Internet" Rn. 61.

214 Vgl. EuGH RS 12/76; NJW 1977, 490 = RIW 1977, 40; RIW 1999, 952; BGHZ 74, 139 = NJW 1979, 1783; 1982, 2733; 1981, 1905; 1985, 562; WM 1991, 1009, wonach der Sitz einer Anwaltskanzlei international und örtlich zuständig ist; OLG Düsseldorf RIW 1999, 540; LG Köln RIW 1988, 644; *Piltz* NJW 1981, 1876.

215 EuGH RIW 1982, 280; BGH NJW 1982, 2733; vgl. auch *Hüßtege* NJW 1990, 622; bei mehreren Lieferanten ist das Gericht der Hauptlieferung zuständig. Ist das nicht feststellbar, kann der Kläger am Lieferort seiner Wahl klagen, EuGH v. 3. 5. 2007 Rs. C-386/05 RIW 2007, 529.

216 EuGH NJW 2002, 1407.

217 Vgl. EuGH NJW 1980, 1218 = RIW 1980, 728; BGH RIW 1980, 725; BGH NJW 1985, 560.

218 EuGH RIW 1999, 945; BGH NJW 1985, 560 = MDR 1985, 467.

219 Auf diese Bedenken weist auch der BGH NJW 1985, 560 = MDR 1985, 467 hin.

220 Zu LugÜ s. BAG NJW 2002, 3196.

I. Normzweck[1]

1 **1. Ausschließlicher örtlicher Gerichtsstand.** § 29a Abs. 1 stellt einen ausschließlichen örtlichen Gerichtsstand für Streitigkeiten aus Miet- oder Pachtverhältnissen über Räume zur Verfügung. Die gesetzliche Regelung bezweckt damit die umfassende Ausdehnung der ausschließlichen örtlichen Zuständigkeit auf alle Miet- oder Pachtverhältnisse über alle Arten von Räumen.[2] Es findet damit eine Anwendung auch auf gewerbliche Räume und auch auf Pachtverhältnisse über Räume statt. Streitigkeiten über Räume sollen einheitlich bei dem Gerichtsstand durchgeführt werden, in dem die Räume belegen sind,[3] unabhängig davon, ob ein Miet- oder Pachtverhältnis vorliegt.

2 **2. Nähe des Gerichtes.** Die Nähe des Gerichtes zu den streitbefangenen Räumen soll nach der gesetzlichen Regelung nicht nur für Wohnräume sondern auch für gewerblich genutzte Räume und auch für Pachtverhältnisse ausschlaggebend sein. Stellte die alte Fassung des § 29a die zivilprozessuale Komponente des sozialen Mietrechts dar, wird dies nunmehr gepaart mit Grundsätzen der Praktikabilität der Prozessführung, der Prozessökonomie und damit der Erleichterung der Rechtsverfolgung. Das den streitbefangenen Räumen nächste Gericht verfügt über die genaueren Kenntnisse der örtlichen Verhältnisse, was eine bessere Beurteilung etwaiger Einwendungen, wie Mängeleinreden, Minderungsansprüche etc. zulässt.[4] Dies erleichtert auch die Durchführung einer etwaigen Beweisaufnahme[5] wie auch die Feststellung ortsüblicher Vergleichsmieten.[6] Nach wie vor wird ein Rechtsstreit über Wohnraummietsachen zugunsten des als sozial schwächer eingestuften Mieters möglichst nahe an der Wohnung als dem Lebensmittelpunkt des Mieters geführt.[7] Die für Wohnraummietsachen gegebene sowohl örtliche wie auch sachliche Zuständigkeit der Amtsgerichte garantiert einen zweistufigen Prozess bei Wohnraumangelegenheiten und gewährleistet deshalb auch eine kürzere Verfahrensdauer.[8] Die ausschließliche sachliche Zuständigkeit des Amtsgerichts wird jetzt allerdings nicht mehr durch § 29a geregelt, sondern vielmehr durch § 23 Nr. 2a GVG. Die Verknüpfung der ausschließlichen örtlichen mit der ausschließlichen sachlichen Zuständigkeit des Amtsgerichtes findet damit in der jetzt geltenden Fassung des § 29a Abs. 1 nicht mehr statt. Vielmehr wird durch die Neuregelung die bisher in § 29a Abs. 1 systemwidrig neben der örtlichen Zuständigkeit geregelte ausschließliche sachliche Zuständigkeit des Amtsgerichtes für alle Rechtsstreitigkeiten über Wohnraummietverhältnisse in das GVG integriert.[9] Der soziale Schutzzweck der Vorschrift für Wohnräume einerseits, die Praktikabilitätsgesichtspunkte für Gewerberäume und Pachtverhältnisse andererseits werden dadurch ergänzt, dass eine Abbedingung des Gerichtsstandes des § 29a Abs. 1 als ausschließlicher Gerichtsstand nicht möglich ist, § 40 Abs 2. Die Klage kann nur im ausschließlichen Gerichtsstand erhoben werden, anderenfalls ist sie unzulässig.[10] Ausgeschlossen ist daher auch die Begründung eines anderen Gerichtsstandes durch Vereinbarung oder infolge rügeloser Einlassung.[11] Daher sind auch die in älteren Mietverträgen getroffenen Ge-

---

[1] § 29a Abs. 2 wurde geändert durch Art. 3 MietRRG vom 19. 6. 2001 (BGBl. I S. 1149; dabei handelt es sich um eine rein redaktionelle Änderung, die im Hinblick auf die Neuordnung des Mietrechts erforderlich war, die Neufassung gestaltet den § 29a zu einem allgemeinen Belegenheitsgerichtsstand in Miet- und Pachtsachen über Räume um, BGH NJW 2004, 1239; s. *Zöller/Vollkommer* Rn. 2.

[2] Abs. 1 wurde durch Artikel 1 Nr. 2 RpflEntlG vom 11. 1. 1993, BGBl. I S. 50 neugefaßt, in Kraft seit dem 1. 3. 1993.

[3] Begründung des Gesetzentwurfes BR-Drucks. 314/91 vom 5. 7. 1991 S. 67.

[4] LG Frankenthal NJW-RR 1997, 334.

[5] Begründung des Gesetzgebers BR-Drucks. 314/91 vom 5. 7. 1991 S. 67.

[6] § 2 MHG.

[7] BGHZ 94, 16 = NJW 1985, 1772.

[8] Vgl. *Stein/Jonas/Roth* Rn. 1.

[9] Gesetzesbegründung BR-Drucks. 314/91 vom 5. 7. 1991 S. 138.

[10] Vgl. *Thomas/Putzo/Hüßtege* Rn. 8.

[11] Vgl. § 12 Rn. 27; ebenso *Stein/Jonas/Roth* Vor § 12 Rn. 10; *Zöller/Vollkommer* § 12 Rn. 8; vgl. auch § 23 GVG Rn. 3.

richtsstandsvereinbarungen unwirksam. Mit der Neufassung des § 29a wurde darüber hinaus die Anpassung an den Wortlaut des § 511a Abs. 2 und Artikel 22 Nr. 1 EuGVO erreicht, wobei Artikel 22 EuGVO im Gegensatz zu § 511a sowohl Miet- als auch Pachtverhältnisse umfasst.

3. Abgrenzung. Die Abgrenzung zwischen Wohnraummietverhältnissen, Gewerberaummietverhältnissen, Mischmietverhältnissen und Pachtverhältnissen wird für die Frage der örtlichen Zuständigkeit des angerufenen Gerichtes nach der Neufassung des § 29a entbehrlich. Besondere Abgrenzungsschwierigkeiten bereiteten Mietverhältnisse, die sowohl Gewerberaumkomponenten wie auch Wohnraumkomponenten enthielten.[12] Auf die von der Rechtsprechung in diesem Zusammenhang bei einem einheitlichen Vertrag mit Gewerberaum- und Wohnraumkomponenten angewandte Übergewichtstheorie[13] kommt es daher nicht mehr an. 3

II. Anwendungsbereich

1. Räume. Der Gesetzestext verwendet den Begriff Räume als Oberbegriff für Wohnräume, Gewerberäume und sonstige Räume. Die örtliche Zuständigkeit des Gerichtes, in dessen Bezirk die Räume belegen sind, wird über Wohnräume hinaus jetzt auch ausdrücklich auf sonstige Räume insbesondere auf Gewerberäume, ausgedehnt.[14] Unter Räumen sind die mit einem Grundstück verbundenen Räumlichkeiten zu verstehen, auch wenn es unwesentliche Grundstücksbestandteile sind. Es ist hierbei gleichgültig, ob die Räume zum Aufenthalt von Menschen bestimmt sind oder nicht. Entscheidend für die Bewertung als Raum ist, dass eine feste Verbindung mit einem Grundstück vorliegt. Hier sind gem. § 535 BGB Geschäftsräume, Läden, Werkstätten, Kinos, Fabrikgebäude, Gaststätten, Lagerräume, Garagen, Sporthallen, Vortragssäle wie auch jeglicher Wohnraum zu nennen.[15] Es reichen Gebäude aus, die nicht im Boden selbst, sondern mit diesem nur durch ihr Gewicht verankert sind.[16] Selbst bei auf nur lose verlegten Kanthölzern aufgestellten Containern kann es sich um Gebäude handeln, wenn diese ihrer individuellen Zweckbestimmung nach für eine dauernde Nutzung aufgestellt wurden und sich hieraus die den Containern zugedachte Ortsfestigkeit und Beständigkeit auch im äußeren Erscheinungsbild manifestiert.[17] Etwas anderes gilt dann, wenn Büro- oder Verkaufscontainer nur provisorisch bis zur Fertigstellung anderer massiver Gebäude aufgestellt werden.[18] Lediglich eingefriedete oder umschlossene Grundstücksflächen wie Hofraum, Garten stellen **keine Räume** dar. Dies soll auch für Gebäudeflächen wie einen Parkplatz im Parkhaus gelten.[19] 4

a) Wohnraum. Wohnraum fällt zunächst in den Anwendungsbereich der Vorschrift. Wohnraum ist ein zum dauernden Aufenthalt von Menschen, insbesondere zum Wohnen, Schlafen, Essen bestimmter Raum, der Innenteil eines Gebäudes, aber nicht wesentlicher Bestandteil des Grundstücks zu sein braucht.[20] Ob unter den Begriff des Wohnraums auch nicht fest mit Grund und Boden verbundene Sachen, wie transportable Behelfsheime, Baracken, Lauben, Wohnschiffe oder Wohnwagen fallen, ist streitig.[21] Da der soziale Schutzzweck der Wohnraumgesetzgebung nicht davon abhängig sein kann, ob und in welcher Intensität eine feste Verbindung zum Grund und Boden vorliegt, kommt es primär darauf an, ob die Räume tatsächlich zu Wohnzwecken benutzt werden.[22] 5

b) Nichtanwendbarkeit. Die Nichtanwendbarkeit des § 29a auf bestimmte Wohnräume regelt der inhaltlich unverändert gebliebene Abs. 2 der Vorschrift.[23] Nach § 549 Abs. 2 Nr. 1 BGB werden daher Wohnräume ausgenommen, die nur zum vorübergehenden Gebrauch angemietet sind. Nicht dem Anwendungsbereich unterfallen mithin die Ferien- oder Sommerwohnung und das ge- 6

[12] Vgl. die Gesetzesmaterialien, BR-Drucks. 314/91 vom 5. 7. 1991 S. 67.
[13] BGH NJW 1979, 309 = WM 1979, 148; BGH NJW 1977, 1394 = WM 1977, 643; OLG Hamm ZMR 1986, 11; OLG Celle MDR 1986, 324; OLG Karlsruhe MDR 1988, 414.
[14] Vgl. die Gesetzesbegründung BR-Drucks. 314/91 vom 5. 7. 1991 S. 67.
[15] Vgl. *Palandt/Weidenkaff* Vor § 535 BGB Rn. 92.
[16] BFH NJW 1979, 392; *Palandt/Heinrichs* § 94 BGB Rn. 2.
[17] BFH BStBl. 1989, 113ff.
[18] BFH BStBl. 1980, 113, 115; OLG Düsseldorf WM 1992, 111.
[19] OLG Frankfurt/M. OLGR 1998, 214.
[20] Vgl. MünchKommBGB/*Voelskow* §§ 564b Rn. 12, 580 Rn. 3; *Palandt/Weidenkaff* Vor § 535 BGB Rn. 89.
[21] Vgl. *Palandt/Weidenkaff* Vor § 535 BGB Rn. 89, 95.
[22] Vgl. *Musielak/Heinrich* Rn. 4; *Stein/Jonas/Roth* Rn. 8; vgl. auch § 565 Abs. 3 BGB, der an die Überlassung zum dauernden Gebrauch für eine Familie anknüpft, auch § 23 GVG Rn. 5; MünchKommBGB/*Voelskow* § 580 Rn. 3.
[23] Zu den Reformüberlegungen *Sprau* NZM 2001, 220.

mietete Ferienhaus.[24] Es sei denn, es handelt sich um langfristige Verträge über die dauerhafte Anmietung von Ferienhäusern bzw. Wohnungen, die als (weiterer) Lebensmittelpunkt und mithin als (weiterer) Wohnsitz dienen.[25] Nicht in den Anwendungsbereich fallen angemietete Räume in Beherbergungsbetrieben wie Hotels, Gasthöfen, Pensionen, Raststätten oder sonstige lediglich vorübergehend gemietete Räumlichkeiten. Hierzu gehört auch die vorübergehende Mietüberlassung von Wohnraum durch den eine längere Reise antretenden Wohnungsinhaber.[26] Ausgenommen ist auch möblierter Wohnraum in der vom Vermieter selbst bewohnten Wohnung nach § 549 Abs. 2 Nr. 2 BGB.[27] Es sei denn, der Wohnraum ist einer Familie zum dauernden Gebrauch überlassen. Ferner nicht auf Wohnraum anwendbar, der in Erfüllung öffentlicher Aufgaben von einer juristischen Person des öffentlichen Rechts angemietet ist, § 549 Abs. 2 Nr. 3 BGB. In Altersheimen, Studenten-[28] und sonstigen Wohnheimen gemietete Räumen fallen nicht unter § 29 a, wenn es sich um eine vorübergehende Anmietung dieser Räume handelt. Bei Wohnräumen, auf die der ausschließliche Gerichtsstand des § 29 a Abs. 1 wegen § 29 a Abs. 2 keine Anwendung findet, kann sich jedoch die örtliche Zuständigkeit aus dem besonderen, jedoch nicht ausschließlichen Gerichtsstand des § 29 ergeben. Der Gerichtsstand am Ort der Belegenheit der nicht unter § 29 a fallenden Räume kann sich dann aus § 29 ergeben, wenn dort der vertragliche oder gesetzliche Erfüllungsort ist. Dies ergibt sich aus der materiellrechtlichen Bestimmung des Erfüllungsortes. Gemäß § 269 BGB ist primär auf die zwischen den Parteien getroffenen Vereinbarungen oder auf die Umstände sowie auf die Natur des Schuldverhältnisses abzustellen. Ist dies nicht möglich, bestimmt § 269 BGB als Erfüllungsort den Wohnsitz oder nach Abs. 2 dieser Vorschrift den Ort der Niederlassung als Leistungsort.[29] Bei gegenseitigen Schuldverhältnissen bestimmt sich der Erfüllungsort jeweils nach der sich aus dem Schuldverhältnis ergebenden konkreten Verpflichtung.[30]

7 **c) Gewerberaum.** Für Gewerberäume gilt die gesetzliche Einschränkung des § 29 a Abs. 2, der zu vorübergehendem Gebrauch angemietete Wohnräume ausnimmt, nicht. Bei Geschäftsräumen handelt es sich um solche Räume, die nach dem Zwecke des Vertrages zu geschäftlichen, insbesondere gewerblichen oder freiberuflichen, Zwecken angemietet werden.[31] Die ausschließliche örtliche Zuständigkeit des Gerichtes, in dessen Bezirk der angemietete Gewerberaum (Geschäftsraum) belegen ist, gilt deshalb auch für kurzfristige Gewerberaummietverhältnisse. Der Mieter oder Pächter von Gewerberaum genießt nicht den gleichen sozialen Schutz wie der Anmieter von Wohnräumen. Auch dem kurzfristigen Pächter oder Mieter von Gewerberäumen ist es deshalb zuzumuten, einen Rechtsstreit bei dem Gericht zu führen, in dessen Bezirk der Gewerberaum belegen ist, auch dann, wenn das Mietverhältnis beendet ist und sich der Mieter oder Pächter des Gewerberaumes nicht mehr in dem Gerichtsbezirk aufhält.

8 **d) Kurzfristige Mischmietverhältnisse.** Bei kurzfristigen Mischmietverhältnissen zur Anmietung von Räumen, die sowohl für Wohn- wie auch für gewerbliche Zwecke genutzt werden, kann es daher nach wie vor bei der Bestimmung der ausschließlichen örtlichen Zuständigkeit zu Abgrenzungsproblemen kommen. Lässt sich ein derartiges Rechtsverhältnis nicht klar in ein Wohnraummietverhältnis oder in ein Gewerberaummietverhältnis trennen, so muss hier wiederum die **Übergewichtstheorie** zur Anwendung kommen. Es muss in einem einheitlichen Gerichtsstand entschieden werden, wobei sich die Zuständigkeit des Gerichtes im Falle der nicht klaren Abgrenzbarkeit der Rechtsverhältnisse danach bestimmt, welche der Vertragskomponenten dem einheitlichen Vertrag das Übergewicht verleiht.

9 **2. Miet- und Pachtverhältnisse.** Aus einem Miet- oder Pachtverhältnis muss die Streitigkeit resultieren. Hierunter fallen alle Miet- oder Pachtverhältnisse über Räume, §§ 535 ff., 580 ff. BGB, gleichgültig, ob es sich um Haupt-, Zwischen- oder Untermiet(-pacht)verträge handelt. Die Vorschrift ist daher anwendbar auf typische Pacht- und Mietverträge im Sinne des BGB wie auch auf atypische Pacht- und Mietverträge nach dispositivem Schuldrecht. Eine Klärung der vertraglichen Raumnutzung, ob zu Wohnzwecken, zur gewerblichen Nutzung oder zur Weitervermietung ist entsprechend der Fassung des § 29 a Abs. 1 nicht (mehr) erforderlich.[32] Die Vorschrift gilt für den Endmieter gem. § 565 BGB ebenso wie für die in Miet- und Pachtverträge einbezogene Dritte

---

[24] OLG Hamburg NJW-RR 1993, 84 = MDR 1993, 43; AG Neuss NJW-RR 1986, 1210.
[25] OLG Hamburg ZMR 1992, 538; OLG Hamburg NJW-RR 1993, 84 = MDR 1993, 43.
[26] Vgl. *Thomas/Putzo/Hüßtege* Rn. 1; *Zöller/Vollkommer* Rn. 5.
[27] Siehe dazu *Sonnenschein* NZM 2000, 1 ff.; *Kinne* ZMR 2001, 599.
[28] Für Wohnräume in Studenten- oder Jugendwohnheimen vgl. § 549 b Abs. 2 Nr. 3 BGB.
[29] Vgl. § 29 Rn. 20 ff.
[30] Vgl. § 29 Rn. 1, 20 ff.; BayObLG BB 1983, 1696.
[31] Vgl. *Palandt/Weidenkaff* Vor § 535 BGB Rn. Rn. 92.
[32] BayObLG MDR 1996, 40.

gem. § 328 BGB und für miet- oder pachtvertraglich Mithaftende gem. § 414 ff. BGB.[33] Für **sonstige Dritte** gilt die Vorschrift nicht. Bürgen,[34] Garanten oder Geschäftsführer der Vermieter-GmbH[35] können daher nicht in diesem Gerichtsstand verklagt werden. Eine vertragliche Beziehung zwischen den streitenden Parteien muss nicht notwendigerweise bestehen. Gleichgültig ist auch, ob ein Miet- oder Pachtvertrag überhaupt wirksam zustande gekommen ist.[36] Die Vorschrift greift deshalb auch bei Streitigkeiten zwischen dem Hauptmieter oder -verpächter gegen den Untermieter oder -pächter ein, auch wenn zwischen diesen vertragliche Beziehungen nicht bestehen.[37] Ebenso ist die Vorschrift anzuwenden im Falle des Garantiegebers eines Mietgarantievertrages, sofern dieser die Wohnung an den Endmieter zu vermieten und dessen Rechte aus dem Mietverhältnis wahrzunehmen verpflichtet ist. Seine rechtliche Stellung ist mit der eines gewerblichen Zwischenvermieters vergleichbar.[38] Der Anspruch nach § 546 Abs. 2 BGB ist daher in dem Gerichtsstand neben § 985 BGB[39] sowie gegen den mittelbaren Besitzer, § 868 BGB[40] auch gegen solche Dritte gerichtet, die nicht Mieter geworden sind, zB Ehegatte,[41] Lebensgefährten oder Angehörige.

a) Leasingverträge. Der Begriff des **Leasingvertrages** als atypischer Mietvertrag ist für zahlreiche Wirtschaftsgüter, darunter auch **Raumleasing** oder **Immobilienleasing** gebräuchlich geworden.[42] Unter der Sammelbezeichnung Leasing-Vertrag werden in der Praxis sehr unterschiedliche Vertragsformen zusammengefasst. Bei den meisten Vertragsformen, insbesondere auch bei den Raumleasingformen und Immobilienleasingformen, dürften mietvertragliche Elemente überwiegen.[43] Wird dem Leasingnehmer eine Kaufoption eingeräumt, enthält der Leasingvertrag starke kaufvertragliche Elemente.[44] Dies entspricht auch der steuerrechtlichen Beurteilung eines Leasingvertrages, wonach auf das „wirtschaftliche Eigentum“ als Unterscheidung zur Miete abgestellt wird.[45] Überwiegen bei einem Leasingvertrag die mietvertraglichen Elemente oder aber werden mit einer Klage typische mietvertragliche Ansprüche geltend gemacht, findet schon nach der Übergewichtstheorie der Gerichtsstand des § 29a Abs. 1 Anwendung. Lediglich dann, wenn es um die typische Erfüllung kaufvertraglicher Ansprüche geht, scheidet die Anwendbarkeit des ausschließlichen Gerichtsstandes des § 29a aus. 10

b) Mischverträge. Bei Mischverträgen,[46] die aus Miete und anderen Vertragstypen zusammengesetzt sind, muss es ebenfalls auf die Übergewichtstheorie[47] ankommen. Bei der Überlassung eines bewachten Parkplatzes enthält ein Vertrag sowohl mietvertragliche wie auch dienstvertragliche Elemente. Der Gerichtsstand des § 29a Abs. 1 ist deshalb nur dann eröffnet, wenn die mietvertraglichen Elemente überwiegen. Neben dienstvertraglichen Elementen kann ein Mietvertrag auch andere Nebenleistungen, insbesondere werkvertragliche Elemente beinhalten.[48] 11

c) Mietkauf. Der Mietkauf gehört ebenfalls zu den Mischverträgen.[49] Da es keinen einheitlichen Typus des Mietkaufs gibt, kann die Einordnung schwierig sein und ist letztlich ganz von den Umständen des Einzelfalles abhängig.[50] Bei solchen Mischverträgen des Mietkaufs kann es sich um reine Mietverträge, Kaufverträge oder auch Leasingverträge handeln.[51] Abzugrenzen ist nach dem Gesamtcharakter des Vertrages, ob nämlich der Vertragszweck der Parteien letztlich vorwiegend auf 12

---

[33] *Zöller/Vollkommer* Rn. 6a; *Musielak/Heinrich* Rn. 6.

[34] BGH NJW 2004, 1239 = MDR 2004, 769; BayObLG NZM 1999, 1141; *Müller,* Das Grundeigentum 1984, 813 ff.; *Zöller/Vollkommer* Rn. 6a.

[35] OLG Hamburg ZMR 1991, 26.

[36] Vgl. *Zöller/Vollkommer* Rn. 6a.

[37] Vgl. BGHZ 114, 100 = NJW 1991, 1815; *Zöller/Vollkommer* Rn. 6a.

[38] LG Köln NJW-RR 1999, 1171.

[39] BGHZ 79, 232, 235.

[40] OLG Hamm NJW-RR 1992, 784.

[41] OLG Schleswig ZMR 1993, 69.

[42] Vgl. *Palandt/Weidenkaff* Vor § 535 BGB Rn. 37; MünchKommBGB/*Habersack* „Leasing“ nach § 515 Rn. 4, für Immobilienleasing insbes. Rn. 10, 11 und *Staudinger/Stoffels* „Leasing“ nach § 487 BGB Rn. 21 ff; 57 ff.

[43] Vgl. MünchKommBGB/*Habersack* „Leasing“ nach § 515 Rn. 4.

[44] Vgl. *Staudinger/Stoffels* „Leasing“ nach § 487 Rn. 41.

[45] Vgl. *Musielak/Heinrich* Rn. 7.

[46] Vgl. MünchKommBGB/*Voelskow* Vor § 535 Rn. 19 ff.; *Palandt/Weidenkaff* Vor § 535 BGB Rn. 29 ff.; *Staudinger/Emmerich* Vor §§ 535, 536 BGB Rn. 27.

[47] Vgl. *Musielak/Heinrich* Rn. 7.

[48] Vgl. MünchKommBGB/*Voelskow* Vor § 535 Rn. 19 ff., 22.

[49] Vgl. *Palandt/Weidenkaff* Vor § 535 BGB Rn. 30.

[50] So zutreffend *Staudinger/Stoffels* „Leasing“ nach § 487 BGB Rn. 39 ff.

[51] Vgl. *Staudinger/ Stoffels* „Leasing“ nach § 487 BGB Rn. 30.

die Eigentumsübertragung oder aber auf die vorübergehende Gebrauchsüberlassung gerichtet war. Im letzteren Fall ist die örtliche Zuständigkeit des § 29 a gegeben.

13 **d) Pachtverhältnisse.** Auf Pachtverhältnisse findet die Vorschrift in ihrer geänderten Fassung ebenfalls Anwendung. Da die Pacht der Miete nahe verwandt ist,[52] erübrigt sich nunmehr die häufig schwierige Abgrenzung zwischen einem Miet- oder Pachtverhältnis, die für die frühere Anwendung der Vorschrift erforderlich war. In den Anwendungsbereich der Vorschrift fallen nur Pachtverträge über Räume. Anders als die Miete, die sich nur auf Sachen beziehen kann, kann sich die Pacht auch auf Gegenstände, nämlich Sachen und Rechte erstrecken.[53] Raumpachtverträge können sich deshalb auch als **Mischverträge** darstellen. Bezieht sich ein Pachtvertrag nicht nur auf Räume sondern darüber hinaus auf andere Sachen oder Rechte, so kommt es nach der **Übergewichtstheorie**[54] darauf an, ob der Schwerpunkt des Pachtvertrages in einer Raumüberlassung oder aber in der Gewährung sonstiger Sachen und Rechte zu sehen ist. Liegt der Schwerpunkt eines Pachtvertrages, der auch Elemente der Raumpacht beinhaltet, eindeutig in der Nutzung und Früchteziehung sonstiger Sachen und Rechte wie beispielsweise in der Überlassung von Warenzeichen, Lizenzen, Patenten oder know-how, findet § 29 a Abs. 1 keine Anwendung.

14 **e) Franchise-Vertrag.** Der Franchise-Vertrag ist eine gebräuchliche Vertragsform, die Elemente verschiedener Vertragstypen enthält.[55] Die Raumpachtkomponente wird in einem Franchise-Vertrag häufig entweder gar nicht zum Ausdruck kommen oder aber von untergeordneter Bedeutung sein, da die Überlassung von Marken, Warenzeichen, Patenten, Lizenzen, kauf-, dienst- und werkvertraglichen Elementen im Vordergrund stehen. Lediglich wenn ausnahmsweise die Raumpachtkomponente dem Franchise-Vertrag das Übergewicht verleihen sollte, findet der Gerichtsstand des § 29 a Abs. 1 Anwendung. Es kommt deshalb auf die Vertragsgestaltung im Einzelfall an.

15 **f) Betriebspachtvertrag.** Der Betriebspachtvertrag oder **Unternehmenspachtvertrag** stellt ebenfalls einen Mischvertrag dar, in dem auch die Pacht über Räume[56] geregelt sein kann. Der Betriebspachtvertrag spielt eine große Rolle im Zusammenhang mit der **Betriebsaufspaltung.** Enthält ein in diesem Zusammenhang abgeschlossener Betriebsverpachtungsvertrag als wesentlichen Verpachtungsgegenstand Räume und sind die übrigen vertraglichen Komponenten demgegenüber von untergeordneter Bedeutung, greift wiederum nach der Übergewichtstheorie der Gerichtsstand des § 29 a Abs. 1 ein. Ist die Raumpachtkomponente eines Betriebspachtvertrages von lediglich untergeordneter Bedeutung, kann der Gerichtsstand des § 29 a Abs. 1 nicht als ausschließlicher Gerichtsstand eingreifen. Dies würde ansonsten gegen den Zweck der gesetzlichen Bestimmung verstoßen, wonach der Rechtsstreit aus Gründen der Prozessökonomie und Beweiserleichterung von dem Gericht entschieden werden soll, in dessen Bezirk die Räume belegen sind.[57] Von der Übergewichtstheorie zu unterscheiden ist die Frage des Gerichtsstandes des Sachzusammenhanges oder die Problematik der teilweise gespaltenen Zuständigkeit.[58] Für den Gaststättenpachtvertrag und den Apothekenpachtvertrag muss das gleiche gelten wie für den Betriebspachtvertrag.[59]

16 **g) Leihe.** Die Leihe unterscheidet sich von der Miete und Pacht durch die Unentgeltlichkeit, § 598 BGB. Auf die Leihe ist die Vorschrift deshalb nicht, auch nicht analog mit der Begründung anzuwenden, dass die Vorschrift weit auszulegen sei.[60] Einerseits handelt es sich bei § 29 a Abs. 1 um eine spezielle Ausnahmevorschrift zur Schaffung eines ausschließlichen Gerichtsstandes. Andererseits bedarf derjenige, der unentgeltlich im Rahmen der Leihe einen Raum überlassen erhält, nicht gegenüber dem Verleiher den gleichen sozialen Schutz wie der Mieter von Wohnraum oder gar der Pächter von Gewerberaum genießen. Allerdings schließt bereits ein ganz geringes Entgelt die Leihe aus und begründet Miete oder Pacht.[61]

---

[52] MünchKommBGB/*Voelskow* Vor § 581 Rn. 2; *Palandt/Weidenkaff* Vor § 535 BGB Rn. 16; *Voelskow* NJW 1983, 911.

[53] Vgl. *Palandt/Weidenkaff* Vor § 535 BGB Rn. 16; MünchKommBGB/*Voelskow* Vor § 581 Rn. 3.

[54] So wohl auch *Musielak/Heinrich* Rn. 7.

[55] Vgl. MünchKommBGB/*Voelskow* Vor § 581 Rn. 13; *Skaupy,* Franchising, Handbuch für die Betriebs- und Rechtspraxis, S. 5 ff. und S. 24 ff.

[56] ZB *Brandmüller,* Betriebsaufspaltung, Gruppe 10, S. 204 ff.; *Streck/Schwedhelm,* Steuerliches Vertrags- und Formularbuch, A. 1.02.

[57] Vgl. gesetzliche Begründung BR-Drucks. 314/91 vom 5. 7. 1991 S. 67.

[58] Vgl. § 12 Rn. 35 ff.

[59] Vgl. hierzu *Palandt/Weidenkaff* Vor § 581 BGB Rn. 19, 20; MünchKommBGB/*Voelskow* Vor § 581 Rn. 22 ff.

[60] Vgl. *Baumbach/Lauterbach/Hartmann* Rn. 2; abweichend dazu LG Flensburg MDR 1981, 57.

[61] Vgl. MünchKommBGB/*Kollhosser* § 598 Rn. 13; *Palandt/Weidenkaff* § 598 BGB Rn. 4.

h) Werkmietwohnung. Bei einer Werkmietwohnung, § 576 BGB,[62] besteht neben dem Dienst- oder Arbeitsverhältnis ein selbstständiger Mietvertrag. § 29 a findet deshalb hierauf Anwendung. Insbesondere fällt dies nicht in die Zuständigkeit der Arbeitsgerichte.[63] 17

i) Werkdienstwohnung. Bei der Werkdienstwohnung, § 576 lit b BGB, ist die Überlassung des Wohnraums Bestandteil des Dienst- oder Arbeitsvertrages und Teil der Vergütung. Es liegt ein gemischter Vertrag vor. Nach der Übergewichtstheorie sind die Arbeitsgerichte zuständig.[64] 18

III. Klagemöglichkeiten

1. Streitigkeiten. Von Streitigkeiten spricht der Gesetzeswortlaut jetzt und nicht mehr nur von Klagen. Die Gesetzesfassung ist damit der früheren Auslegung des Begriffes Klagen angepasst worden, da entgegen dem früheren Wortlaut die Vorschrift auch auf Arrest und einstweilige Verfügung, §§ 919, 937 Anwendung fand. Sachlich hat sich durch diese Formulierung nichts geändert. Für die Zwangsvollstreckung und das Mahnverfahren gilt die Gerichtsstandsbestimmung nicht.[65] 19

2. Feststellungsbegehren. Das Feststellungsbegehren des gesamten Miet- oder Pachtverhältnisses[66] kann ebenso verfolgt werden wie die Feststellung des Bestehens oder Nichtbestehens einzelner miet-[67] oder pachtvertraglicher Pflichten. Einheitlich in diesem Gerichtsstand können positive oder negative Feststellungsklagen geltend gemacht werden, § 256.[68] Nebenstreitigkeiten über das Bestehen des Miet- oder des Pachtverhältnisses sind von der Vorschrift ebenso erfasst wie Streitigkeiten über die Vertragsanbahnung oder das Zustandekommen eines Vertrages. Auch Klagen aus mietrechtlichen Gewährleistungsrechten wie beispielsweise die Klagen des Mieters auf Feststellung einer Mietzinsminderung, § 536 BGB fallen hierunter.[69] 20

3. Klage auf Erfüllung. Eine Klage auf Erfüllung eines Miet- oder Pachtvertrages kann nicht nur auf die Hauptpflichten wie Gebrauchsüberlassung, Früchteziehung oder rückständigen Miet- oder Pachtzins[70] sondern insbesondere auch auf die Erfüllung von Neben- und Abwicklungspflichten gerichtet sein. Derartige Ansprüche sind eng mit den Hauptpflichten eines Miet- oder Pachtvertrages verbunden, so dass nur eine einheitliche Beurteilung in Betracht kommt.[71] Die Vorschrift greift deshalb auch bei der Geltendmachung auf vertragsmäßige Rückerstattung der Mietkaution, auf Rückzahlung eines Vorschusses für Wohnungsausstattung,[72] auf Rückgewähr zuviel bezahlten Mietzinses[73] und bei einem Streit über einbehaltenen Mietzins. Weiter werden auch Streitigkeiten über die Vertragsabwicklung des Mietvertrags umfasst.[74] Ob unter § 29 a Klagen auf Zahlung einer (zB im Grundstückkaufvertrag vereinbarten) Mietgarantie fallen, ist umstritten.[75] Unberührt bleibt die ausschließliche Zuständigkeit des § 29 a bei Ansprüchen, die kraft Gesetz oder im Wege der Abtretung auf Dritte übergehen oder im Wege der Überweisung nach § 835 einem Gläubiger des Vermieters zur Einziehung stehen.[76] Ebenso nicht Ansprüche, die dem Vermieter auf Grund eines selbstständigen Gewähr-, Garantie- oder Bürgschaftsvertrags gegen einen Dritten, der nicht Partei eines Miet- oder Pachtvertrags über Räume, dessen Abwicklung oder Anbahnung ist, erfasst.[77] 21

4. Höhe des Miet- oder Pachtzinses. Für die Höhe des Miet- oder Pachtzinses ist die Zuständigkeit ebenfalls eröffnet. Bei einer Klage auf Zustimmung zu einem Mieterhöhungsverlangen nach § 2 MHG handelt es sich um eine Klage auf Erfüllung.[78] 22

---

[62] Vgl. *Palandt/Weidenkaff* Vor § 576 BGB Rn. 1 ff.

[63] BAG 64, 75 ff. = MDR 1990, 656; *Zöller/Vollkommer* Rn. 6; *Musielak/Heinrich* Rn. 7 a.

[64] Vgl. *Stein/Jonas* Rn. 25; *Zöller/Vollkommer* Rn. 6; vgl. auch BAG 64, 75 ff. = MDR 1990, 656; BAG NZA 2000, 277; aA ArbG Wetzlar NZA 1989, 233; ArbG Hannover DB 1991, 1838; LG Augsburg ZMR 1994, 333.

[65] Vgl. *Stein/Jonas/Roth* Rn. 14.

[66] Vgl. Gesetzesmaterialien BR-Drucks. 314/91 vom 5. 7. 1991 S. 67.

[67] OLG Karlsruhe ZMR 1984, 18, 19; LG Essen ZMR 1970, 31; *Musielak/Heinrich* Rn. 9.

[68] Vgl. *Zöller/Vollkommer* Rn. 8; *Musielak/Heinrich* Rn. 9.

[69] Vgl. *Musielak/Heinrich* Rn. 9; BGH WM 1985, 1213.

[70] OLG Karlsruhe NJW-RR 2002, 1167.

[71] So ausdrücklich OLG Düsseldorf ZMR 1985, 383; i. Ü. Hauptmeinung: vgl. *Stein/Jonas/Roth* Rn. 19; *Zöller/Vollkommer* Rn. 9.

[72] OLG München NJW 1970, 955.

[73] BAG NZA 1990, 539.

[74] BGH NJW 2004, 1239 = MDR 2004, 769.

[75] So BayObLG 2002, 276; a. A. LG Hamburg WoM 2003, 38, zustimmend *Baumbach/Lauterbach/Hartmann* Rn. 6.

[76] OLG Karlsruhe NJW-RR 2002, 1167.

[77] BGHZ 157, 220 = NJW 2004, 1239.

[78] AllgM; vgl. *Zöller/Vollkommer* Rn. 11; *Musielak/Heinrich* Rn. 10.

23 **5. Erstattungsanspruch.** Die Erstattung nicht geschuldeter Leistungen fällt ebenfalls unter § 29a Abs. 1, da dieser Anspruch entweder aus dem Mietvertrag oder aus dem Pachtvertrag resultiert, gleichgültig, ob es sich hierbei um einen Vertrag über Gewerbe- oder Wohnraum handelt.[79]

24 **6. Räumungsanspruch.** Der Räumungsanspruch kann nicht nur für den miet- und pachtvertraglich geschuldeten Räumungsanspruch im Gerichtsstand des § 29a Abs. 1 geltend gemacht werden, da dies bereits ein vertraglicher Erfüllungsanspruch ist, sondern auch dann, wenn der Räumungsanspruch auf den Eigentumsherausgabeanspruch, § 985 BGB, gestützt wird.[80] Dies muss ferner auch dann gelten, wenn der Räumungsanspruch mit der Nichtigkeit des Miet- oder Pachtvertrages begründet wird, da der Wortlaut der Vorschrift ausdrücklich auch Streitigkeiten erfasst, in welchen es über das Bestehen von Miet- und Pachtverhältnissen geht. Dies folgt ferner daraus, dass nach der gesetzlichen Begründung der Gerichtsstand der Belegenheit der Räume auch bei Anbahnung und Abwicklung eines Miet- oder Pachtverhältnisses eingreifen soll.[81] Besteht ein auf § 985 BGB gestützter Eigentumsherausgabeanspruch oder ein bereicherungsrechtlicher Herausgabeanspruch, §§ 812ff. BGB, weder im Zusammenhang mit einem Miet- oder Pachtverhältnis oder dem Zustandekommen oder der Abwicklung eines solchen Verhältnisses, ist die Vorschrift nicht anwendbar. Bei bereicherungsrechtlichen Ansprüchen ist allerdings zu berücksichtigen, dass eine Nichtanwendbarkeit nur dann angenommen werden kann, wenn kein fehlgeschlagener Abschluss eines Miet- oder Pachtvertrages Gegenstand der Klage ist. Auch die früher vertretene Auffassung, wonach für die Anwendbarkeit des § 29a darauf abzustellen ist, ob die Räumung von Wohnraum begehrt wird, gleichgültig, ob ein Mietvertrag besteht, bestanden hat oder es zumindest um Streitigkeiten aus der Anbahnung oder Abwicklung eines derartigen Mietverhältnisses geht, kann angesichts der eindeutigen Gesetzesfassung in § 29a Abs. 1 sowie der Gesetzesmateriealien nicht mehr aufrecht erhalten werden.[82] Da diese Frage bislang streitig war,[83] hätte der Gesetzgeber dies in Kenntnis des sich aus der Kommentarliteratur und der Rechtsprechung ergebenden Meinungsstreites sprachlich so eindeutig regeln können, dass das Gericht der Belegenheit der Räume zuständig wäre, unabhängig davon, ob ein Miet- oder Pachtverhältnis oder zumindest aber dessen Anbahnung oder Abwicklung in Frage stehen. Zwar hat der Gesetzgeber die örtliche Zuständigkeit auch auf Pachtverhältnisse sowie auf gewerbliche Räume ausgedehnt, diese Ausdehnung bezieht sich jedoch ausdrücklich auf Streitigkeiten im Zusammenhang mit Miet- oder Pachtverhältnissen, was sich sowohl aus der Neufassung des Wortlautes des § 29a Abs. 1 als auch aus den Gesetzesmaterialien ergibt.[84] Für eine Ausdehnung des Anwendungsbereiches des § 29a Abs. 1 auf freie Eigentumsherausgabe- und bereicherungsrechtliche Ansprüche besteht angesichts der weiten Formulierung der Vorschrift, die auf Streitigkeiten über die Anbahnung und Abwicklung von Miet- oder Pachtverhältnissen oder Streitigkeiten über das Bestehen solcher Verhältnisse erfasst, kein Bedarf. Der Gesetzgeber hat mit der Vorschrift des § 29a Abs. 1 keine Generalzuständigkeit am Ort der Belegenheit eines Raumes geschaffen. Anderenfalls könnte derjenige, der Räume rechtswidrig und ohne zumindest ein Miet- oder Pachtverhältnis zu behaupten, in Anspruch nimmt, einen ausschließlichen Gerichtsstand begründen und dem Kläger diesen Gerichtsstand aufzwingen. Weiter gehören dazu auch Klagen zur Abwehr der Zwangsvollstreckung aus Räumungstiteln.[85]

25 **7. Untermiet- und Unterpachtverhältnisse.** Auch auf Untermiet- und Unterpachtverhältnisse findet die Vorschrift Anwendung. Der bisherige Anwendungsbereich[86] ist insoweit auch auf Pachtverhältnisse erweitert worden.[87]

26 **8. Zwischenmietverträge.** Bei Zwischenmietverträgen greift die Vorschrift zunächst für Wohnraum im Falle der gewerblichen Zwischenvermietung nach § 565 BGB ein.[88] Indes ist für den Anwendungsbereich des § 29a nicht zwischen gewerblicher und nicht gewerblicher Zwi-

---

[79] BGHZ 89, 282; Zöller/Vollkommer Rn. 12.

[80] Vgl. zB *Musielak/Heinrich* Rn. 12; *Stein/Jonas/Roth* Rn. 23; *Zöller/Vollkommer* Rn. 13; aA *Röwe* MDR 1991, 183.

[81] Vgl. Gesetzesmaterialien, BR-Drucks. 314/91 vom 5. 7. 1991 S. 67.

[82] BR-Drucks. 314/91 vom 5. 7. 1991 S. 67; BT-Drucks. 12/1217 vom 27. 9. 1991 S. 22.

[83] Zum Meinungsstreit aufgrund der alten Fassung des § 29a vgl. die 2. Aufl., Ergänzungsband, Rn. 23.

[84] Vgl. BR-Drucks. 314/91 vom 5. 7. 1991 S. 67; BT-Drucks. 12/1217 vom 27. 9. 1991 S. 22.

[85] LG Hamburg WuM 2003, 38.

[86] Vgl. die 2. Aufl., Ergänzungsband Rn. 5.

[87] Gesetzesmaterialien BR-Drucks. 314/91 vom 5. 7. 1991 S. 67; BT-Drucks. 12/1217 vom 27. 9. 1991 S. 22.

[88] Diese Vorschrift soll auch für die nicht gewerbliche Zwischenmiete eingreifen, vgl. AG Frankfurt/M. WuM 1994, 276 mit Anm. *Eisenhardt.*

schenvermietung zu unterscheiden. Es kommt allein darauf an, ob es sich um das Bestehen eines Miet- oder Pachtverhältnisses handelt.[89]

9. Schadensersatzansprüche. Schadenersatzansprüche, die das Mietverhältnis betreffen, sind im Gerichtsstand des § 29a geltend zu machen. In Betracht kommen insbesondere Schadenersatzklagen gemäß §§ 546a, 536a BGB, aus positiver Vertragsverletzung wie zB der Verletzung einer Nebenpflicht[90] sowie aus culpa in contrahendo.[91] Die Vorschrift muss deshalb auch bei Vorverträgen sowie bei Optionen, die im Zusammenhang mit einem Miet- oder Pachtvertrag stehen, eingreifen. 27

IV. Verhältnis zu anderen Vorschriften

1. Örtliche Zuständigkeit. Nur die örtliche Zuständigkeit und nicht mehr auch die sachliche Zuständigkeit wird durch die Neufassung des § 29a Abs. 1 geregelt. Der Gesetzeswortlaut spricht jetzt von der Zuständigkeit des Gerichtes, in dem die Miet- und Pachträume belegen sind. Da die örtliche Zuständigkeit ausschließlich ist, ist eine Gerichtsstandsvereinbarung und Prorogation eines anderen Gerichtsstandes nicht möglich, § 40 Abs. 2.[92] Die Zuständigkeit eines anderen Gerichtes wird auch nicht durch rügeloses Verhandeln zur Hauptsache begründet, § 40 Abs. 2 S. 2. Wird ein Rechtsstreit entgegen § 29a Abs. 1 an ein anderes, nämlich unzuständiges Gericht verwiesen, beeinträchtigt dies die Bindungswirkung des Verweisungsbeschlusses gemäß § 281 nicht.[93] Selbst bei Verweisung nach § 40 Abs. 2 wird die Bindungswirkung des Verweisungsbeschlusses nicht beeinträchtigt.[94] 28

2. Sachliche Zuständigkeit. Die sachliche Zuständigkeit des Amtsgerichtes für Streitigkeiten aus einem Mietverhältnis über Wohnräume ergibt sich aus der Neufassung des § 23 Nr. 2a GVG. Dieser bestimmt die ausschließliche sachliche Zuständigkeit des Amtsgerichtes. Soweit es sich um Streitigkeiten über Miet- oder Pachtverhältnisse über Gewerberaum handelt, richtet sich die sachliche Zuständigkeit gemäß § 23 Nr. 1 GVG allein nach dem Streitwert. Das Amtsgericht ist bei Gewerberaumstreitigkeiten nur dann zuständig, wenn ein Gegenstandswert von EUR 5000,00 nicht überstiegen wird. Wird dieser Gegenstandswert überstiegen, ist das Landgericht zuständig, in dessen Bezirk die Gewerberäume belegen sind. Für die Frage der ausschließlichen sachlichen Zuständigkeit kann es deshalb zu den gleichen Abgrenzungsproblemen wie nach der alten Fassung des § 29a Abs. 1 zwischen Gewerberaumstreitigkeiten und Streitigkeiten über Wohnraummietverhältnisse kommen, wenn der Gegenstandswert von EUR 5000,00 überschritten wird. In diesem Zusammenhang ist die bisher im Rahmen des § 29a Abs. 1 vorgenommene Abgrenzung nunmehr im Rahmen des § 23 Nr. 2a GVG zu treffen.[95] 29

3. Internationale Zuständigkeit. Die internationale Zuständigkeit wird doppelfunktional von der Vorschrift geregelt. Die internationale Zuständigkeit des angerufenen Gerichtes wird dann begründet, wenn der Raum im Bezirk eines deutschen Gerichtes belegen ist.[96] Einem ausländischen Gericht fehlt mithin die internationale Zuständigkeit. Ein gleichwohl ergangenes ausländisches Urteil ist in der Bundesrepublik Deutschland nicht anzuerkennen.[97] Für ausländischen Wohnraum gilt § 29a nicht.[98] Es gibt keinen Amtsgerichtsbezirk in der Bundesrepublik Deutschland, in dem sich ausländischer Wohnraum befindet.[99] Eine deutsche internationale Zuständigkeit für im Ausland belegene Räume kann sich jedoch aus anderen Gerichtsstandsvorschriften, zB §§ 12, 13, ergeben, beispielsweise wenn der Beklagte seinen allgemeinen Gerichtsstand in der Bundesrepublik Deutschland hat.[100] Reziprok ist eine Frage des Rechtes des Belegenheitsstaates des ausländischen Raumes danach zu entscheiden, ob dort ein deutscher Titel vollstreckbar ist. 30

4. EuGVO. Im Geltungsbereich der EuGVO[101] sind die Gerichte des Vertragsstaates örtlich und international zuständig, in dem die unbewegliche Sache belegen ist. Es handelt sich dabei um eine 31

---

89 So auch *Zöller/Vollkommer* Rn. 6.
90 BayObLG NJW-RR 1992, 1040.
91 Vgl. *Musielak/Heinrich* Rn. 14; *Zöller/Vollkommer* Rn. 9; aA LG Frankenthal NJW-RR 1997, 335.
92 OLG Düsseldorf WuM 1992, 548.
93 OLG Düsseldorf Rpfleger 1972, 186; OLG Frankfurt/M OLGZ 1979, 451; LG München I ZMR 87, 271; Karlsruhe ZMR 1984, 19, nicht festgelegt.
94 OLG Düsseldorf WuM 1992, 548.
95 Vgl. i. e. die Kommentierung zu dieser Vorschrift.
96 Vgl. *Musielak/Heinrich* Rn. 14.
97 Vgl. *Stein/Jonas/Roth* Rn. 6; *Musielak/Heinrich* Rn. 14.
98 BGH MDR 1997, 93, 94.
99 Vgl. zutreffend LG Bonn NJW 1974, 427, 429.
100 Vgl. *Zöller/Vollkommer* Rn. 4; OLG Düsseldorf ZMR 1990, 144; *Geimer* RIW 1986, 136.
101 In der Fassung des dritten Beitrittsübereinkommens 1989, in Kraft seit 1. 12. 1994, vgl. i. e. die Kommentierung zur EuGVO und Lugano EuGVÜ in Band 3.

ausschließliche internationale Zuständigkeit. Wird die internationale Zuständigkeit nach Art. 22 Nr. 1 Satz 1 EuGVO bejaht, führt dies zur Regelung auch der örtlichen Zuständigkeit gemäß § 29a Abs. 1 innerhalb der Bundesrepublik Deutschland. Hinsichtlich der sachlichen Zuständigkeit greift § 23 Nr. 2a GVG ein. Dies gilt für Wohnräume ebenso wie für Gewerberäume, für Miet- wie auch für Pachtverhältnisse, § 29a Abs. 1. Der Regelungsbereich des Art. 22 Nr. 1 Satz 1 EuGVO ist weiter als der des § 29a Abs. 1. Art. 22 Nr. 1 Satz 1 EuGVO regelt die internationale Zuständigkeit auch bei der kurzfristigen Vermietung von Ferienhäusern und -wohnungen.[102] Soweit jedoch neben der Überlassung des Gebrauchs der Ferienwohnung noch andere Leistungen vorgesehen sind, zB die Reservierung für den gewünschten Zeitraum, kommt Art. 16 EuVO zur Anwendung.[103] Art 16 Abs. 1 EuGVO greift auch für den Erlass einstweiliger Verfügungen.[104]

32 Eine Ausnahme für Streitigkeiten aus kurzfristigen Miet- oder Pachtverhältnissen sieht Art. 22 Nr. 1 Satz 2 EuGVO zum privaten Gebrauch vor. Danach kann sich ein Gerichtsstand auch im Wohnsitzstaat des Beklagten ergeben,[105] in dem die unbewegliche Sache nicht belegen ist.

33 Die Rechtsnatur des geltend gemachten Anspruches ist im Anwendungsbereich des Art. 22 Nr. 1 Satz 1 EuGVO anders als im Rahmen des § 29a Abs. 1 unerheblich.[106] Deshalb erstreckt sich die Belegenheitszuständigkeit auch auf konkurrierende deliktische Anspruchsgrundlagen.[107] Nicht erfasst sind allerdings Vermittlungs- und Reiseveranstalterverträge.[108]

34 **5. Neue Bundesländer.** In den neuen Bundesländern greift die ausschließliche Zuständigkeit des Amtsgerichtes des belegenen Grundstücks bei Streitigkeiten aufgrund der vermögensrechtlichen Zuordnung des Grundstücks gemäß § 104 SachenRBerG und § 55 SchuldRAnpG ein.

35 **6. Ausschließlicher Gerichtsstand.** Die Vorschrift stellt einen ausschließlichen Gerichtsstand, § 40 Abs. 2 S. 1 u. 2 dar.[109] Gleichwohl beeinträchtigt eine Nichtbeachtung des § 29a bei Verweisungen gemäß § 281, die Bindungswirkung des Verweisungsbeschlusses grundsätzlich nicht.[110] Hat sich das verweisende Gericht offensichtlich über die Zuordnung des von ihm für maßgeblich gehaltenen Ortes zu dem Bezirk des Gerichtes geirrt, an das verwiesen worden ist, tritt ausnahmsweise keine Bindungswirkung ein.[111]

§ 29b Besonderer Gerichtsstand bei Wohnungseigentum

Für Klagen Dritter, die sich gegen Mitglieder oder frühere Mitglieder einer Wohnungseigentümergemeinschaft richten und sich auf das gemeinschaftliche Eigentum, seine Verwaltung oder auf das Sondereigentum beziehen, ist das Gericht zuständig, in dessen Bezirk das Grundstück liegt.[1]

I. Historie

1 § 29b wurde durch Art. 3 Abs. 6 iVm. Art. 4 S. 2 WEG-ÄndG v. 26. 3. 2007 (BGBl. I S. 370) mit Wirkung vom 1. 7. 2007 **aufgehoben.** Neu eingefügt wurden die §§ 43–50 WEG, die ab dem 1. 7. 2007 die Zuständigkeit regeln. Da § 29b für bis zum 30. 6. 2007 anhängig gemachte Klagen weitergibt, wurde auf den Abdruck der Kommentierung nicht verzichtet.

II. Normzweck

2 Die Vorschrift bezweckt die Schaffung eines besonderen Gerichtsstandes für Klagen gegen die **Mitglieder einer Wohnungseigentümergemeinschaft.** Die durch die Schaffung dieses besonderen Gerichtsstandes bezweckte Erleichterung der Rechtsverfolgung wurde dadurch erreicht, dass der Kläger nach seiner Wahl ein örtlich günstiger gelegenes Gericht anrufen konnte, das wegen

---

[102] EuGH NJW 1985, 905 = RIW 1985, 238; BGH WM 1985, 1246; LG Bochum RIW 1986, 135; *Geimer* RIW 1986, 136; *Hüßtege* NJW 1990, 622; *Kropholler* Art. 16 Rn. 11.
[103] AG Köln, 119 C 504/03; LG Bonn NJW-RR 2001, 1574.
[104] OLG Düsseldorf RIW 2001, 380.
[105] Für die Voraussetzungen i. e. vgl. *Kropholler* Art. 16 Rn. 12.
[106] Vgl. *Kropholler* Art. 16 Rn. 11.
[107] OLG Hamm OLGR 1995, 69.
[108] EuGH NJW 1992, 1029 mit Anm. *Hoffer* EuZW 1992, 221; BGHZ 119, 156 = NJW 1992, 3159; vgl. hierzu auch *Kartzke* NJW 1994, 823.
[109] Vgl. die Kommentierung zu § 40.
[110] OLG Düsseldorf Rpfleger 1976, 186; OLG Frankfurt/M. OLGZ 79, 451.
[111] BAG NJW 1997, 1091; BayObLG NZM 1999, 1141.
[1] Eingefügt durch Art. 1 Nr. 1 des RpflegeVeinfG vom 17. 12. 1990, in Kraft seit 1. 4. 1991, aufgehoben durch Art. 3 Abs. 6 WEG-ÄndG v. 26. 3. 2007 (BGBl. I S. 370).

seiner örtlichen Nähe mit den tatsächlichen Verhältnissen der Wohnungseigentumsanlage besser vertraut ist. Die Rechtsverfolgung wird aber daneben auch durch eine Konzentration auf einen einheitlichen Gerichtsstand gegen die jetzigen und früheren Mitglieder einer Wohnungseigentümergemeinschaft erreicht, die ansonsten an den verschiedenen sonstigen Gerichtsständen verklagt werden müssten, wenn die Beklagten nicht zugleich am Ort der Belegenheit des Wohnungseigentums einen sonstigen Gerichtsstand haben. Dieser Gerichtsstand setzt rechtlich keine voll eingerichtete und in Vollzug gesetzte Wohnungseigentumsgemeinschaft voraus. Auch Klagen gegen die Mitglieder einer werdenden oder faktischen Wohnungseigentumsgemeinschaft können im Gerichtsstand des § 29b erhoben werden.[2] Zu diesem Zweck der Erleichterung der Rechtsverfolgung durchbricht das Gesetz den sich grundsätzlich aus § 13 ergebenden Schutzzweck der beklagten Partei, wonach der Kläger den Beklagten als den Angegriffenen an dessen Ort aufzusuchen hat. Selbst wenn ohne die Vorschrift des § 29b häufig der Gerichtsstand am Ort des Wohnungseigentums auch bereits nach § 29 gegeben sein wird, sind Fälle denkbar, in welchen ein Kläger an verschiedenen Gerichtsständen klagen müsste, würde § 29b nicht einen besonderen Wahlgerichtsstand eröffnen.[3] Dies gilt namentlich für die Ansprüche von Architekten, Handwerkern oder Zulieferern, die am Bau, an der Reparatur oder an der Modernisierung des Wohnungseigentums beteiligt werden, sowie für Forderungen aus Versicherungen, Lieferungen von Heizmaterial und Streugut, Bepflanzungen von Außenanlagen, technische Überwachung und Reinigung. Während der Erfüllungsort dieser Leistenden sich am Ort der Wohnungseigentumsanlage befindet, ist der Erfüllungsort der Geldleistung oder sonstigen Leistung, die von den Wohnungseigentümern zu erbringen ist, häufig an ihrem Wohnsitz als dem Erfüllungsort zu lokalisieren, § 269 Abs. 1 BGB. Kann ein einheitlich zuständiges Gericht nicht nach § 36 Nr. 3 bestimmt werden, bliebe dem Kläger ohne die Vorschrift des § 29b nichts anderes übrig, als an den verschiedenen Gerichtsständen der Mitglieder einer Wohnungseigentümergemeinschaft zu klagen.[4]

III. Anwendungsbereich

1. Kläger. Kläger im Gerichtsstand des Wohnungseigentums kann jeder **Dritte** sein. Dritter ist jede natürliche oder jur. Person, die weder ein früheres noch gegenwärtiges Mitglied der Wohnungseigentümergemeinschaft ist. Hierzu gehören beispielsweise Mieter, Zwischenmieter, Untermieter, Versorgungsunternehmen, Handwerker, Architekten, Dienstleistende, überhaupt Lieferanten jeder Art von Leistungen und Gütern.[5] Nicht als Kläger kommen demnach die Wohnungseigentümer oder der Wohnungseigentumsverwalter in Betracht.[6] Da der Wohnungseigentumsverwalter nur ermächtigt ist, gemeinschaftsbezogene Ansprüche im fremden Namen geltend zu machen, ist der Verwalter nicht als Dritter im Sinne des § 29b zu behandeln. Auch eine Trennung von Verwaltung und Eigentümergemeinschaft rechtfertigt selbst bei der weiten Auslegung der Vorschrift nicht, dass der Verwalter so zu behandeln wäre, als stünde er wie jeder Dritte den Mitgliedern der Wohnungseigentümergemeinschaft gegenüber.[7] Die Wohnungseigentümergemeinschaft selbst ist nach neuerer Rechtsprechung zumindest teilrechtsfähig;[8] bisher war die vorherrschende Auffassung in Rechtsprechung und Lehre davon ausgegangen, dass diese nicht parteifähig (§ 10 WEG iVm §§ 741 ff BGB) sei.[9] Etwas anderes gilt, wenn der Verwalter in eigenem Namen aufgrund eigener Ansprüche gegen die Wohnungseigentümergemeinschaft klagt.[10] Auch eine negative Feststellungsklage eines früheren Wohnungseigentümers gegen die Wohnungseigentümergemeinschaft fällt nicht in den Zuständigkeitsbereich des § 29b.[11] 3

2. Vertragsverhältnisse. Aus Vertragsverhältnissen muss die Streitigkeit herrühren, obgleich dies dem Wortlaut des § 29b nicht ausdrücklich zu entnehmen ist. Dies ergibt sich aus der Einglie- 4

---

[2] BayObLGZ 1990, 102 = NJW 1990, 3216.

[3] Vgl. BGH NJW 1986, 935.

[4] Vgl. hierzu ausführlich auch die Begr. der Vorschrift, BT-Drucks. 11/3621 S. 32.

[5] Vgl. ebenso *Baumbach/Lauterbach/Hartmann* Rn. 6; *Thomas/Putzo/Hüßtege* Rn. 2; *Steike* NJW 1992, 2401; aA *Baumgärtel* DNotZ 1992, 270.

[6] Anm.: Zur Teilrechtsfähigkeit der Wohnungseigentümergemeinschaft vgl. nunmehr BGH NJW 2005, 2061. Das WEG-ÄndG v. 26. 3. 2007 (BGBl. I S. 370) sah vor, die Vorschrift aufzuheben.

[7] *Steike* NJW 1992, 2401 ff.

[8] Vgl. BGH NJW 2005, 2061.

[9] So die bisher hM, s. *Stein/Jonas/Roth* Rn. 1 mwN; BayObLG NJW-RR 2002, 445; BayObLG NJW 2002, 1506.

[10] So *Steike* NJW 1992, 2401; *Zöller/Vollkommer* Rn. 4; a A OLG Karlsruhe NJW 1996, 1481.

[11] *Thomas/Putzo/Hüßtege* Rn. 2; *Baumbach/Lauterbach/Hartmann* Rn. 6; a A *Baumgärtel* DNotZ 1992, 270; *Zöller/Vollkommer* Rn. 4.

derung der Vorschrift in die Systematik der §§ 29 bis 29b, der strengen Grenzziehung möglicher Kläger und aus dem Klagegrund zB Ansprüche auf Erfüllung, Schadensersatz, Feststellung aus Werk-, Lieferungs-, Versicherungs-, dinglichen oder Dienstleistungsverträgen etc.

5 **3. Klagen auf gemeinschaftliches Eigentum.** Zunächst können sich die von den vorerwähnten Dritten erhobenen Klagen auf das gemeinschaftliche Eigentum, § 1 Abs. 5 WEG beziehen. Dies sind das Grundstück sowie die Teile, Anlagen und Einrichtungen des Gebäudes, die nicht im Sondereigentum oder im Eigentum eines Dritten stehen. Die geltend gemachten Ansprüche können sich hierauf beziehen einschließlich derjenigen Leistungen, die mit der Verwaltung dieses Eigentums zusammenhängen.[12] Hierunter fallen jegliche Klagen Dritter wie Forderungen aus Aufbau-, Reparatur- und Sanierungsverträgen, die zwischen dem Kläger als Baubeteiligten und dem Wohnungseigentümer als Bauherren geschlossen wurden, Vergütungsansprüche aus Dienstleistungsverträgen oder Forderungen von Lieferanten und Versicherungen.[13]

6 Zu diesem gemeinschaftlichen Eigentum gehört auch das **Gemeinschaftsvermögen,** nämlich die durch den Verwalter betreuten gemeinschaftlichen Gelder, Fonds, Rücklagen usw.[14] Auch wenn man der Auffassung folgt, dass hinsichtlich des Verwaltervermögens lediglich eine schlichte Rechtsgemeinschaft vorliegt,[15] wird man der Auffassung sein müssen, dass hierauf zielende Ansprüche Dritter vom Gerichtsstand des Wohnungseigentums erfasst werden, da die Vorschrift aus prozessökonomischen Gründen weit auszulegen ist.[16]

7 **4. Sondereigentum, Mitsondereigentum.** Die Vorschrift umfasst daneben auch das Sondereigentum sowie das Mitsondereigentum. Damit soll dem Kläger erspart bleiben, die häufig rechtlich nicht einfache Frage zu entscheiden, ob sich sein Klageanspruch nun auf Gemeinschaftseigentum, Sondereigentum oder Mitsondereigentum bezieht.[17] Andererseits kann hierin keine unangemessene Ausweitung des Gerichtsstandes zu Lasten eines Beklagten gesehen werden, da Gegenstand des Sondereigentums nur wesentliche Gebäudeteile sein können.[18] Infolge dessen können alle Vergütungsansprüche geltend gemacht werden, die das Sondereigentum betreffen. Hierzu soll auch die Auflassungsklage des Käufers gegen die Wohnungseigentümergemeinschaft nach §§ 433, 311b Abs. 1 BGB fallen.[19]

8 Keine Besonderheiten ergeben sich beim Vorliegen von **Benutzungsregelungen,** da diese den Gebrauch entweder des Sondereigentums oder des gemeinschaftlichen Eigentums regeln, § 15 WEG, gleichgültig, ob diese Regelung mit dinglicher Wirkung, § 10 Abs. 2 WEG, erfolgte oder nicht.

9 **5. Anteilige Haftung.** Auch bei anteiliger Haftung[20] und entgegen § 427 BGB nicht gesamtschuldnerischer Haftung der Mitglieder oder früherer Mitglieder einer Wohnungseigentümergemeinschaft findet die Vorschrift Anwendung. Dies wird durch die Formulierung „die sich auf das gemeinschaftliche Eigentum ... oder auf das Sondereigentum beziehen" klargestellt.[21]

10 **6. Belegenheit des Grundstücks.** Die Zuständigkeit des Gerichts ergibt sich aus der Belegenheit des Grundstücks. An welchem Ort das Grundbuch geführt wird, ist unerheblich. Ist das Grundstück in mehreren Gerichtsbezirken belegen, so hat der Kläger die Wahl, § 35 oder es findet § 36 Nr. 4 Anwendung.

IV. Verhältnis zu anderen Vorschriften

11 **1. Ausschließliche und besondere Gerichtsstände.** Soweit sich ausschließliche Gerichtsstände mit der Vorschrift überschneiden, gehen diese vor. Dies gilt insbesondere für den dinglichen Gerichtsstand des § 24 und den ausschließlichen Gerichtsstand bei Wohnraumprozessen gem. § 29a.

---

[12] Zum Begriff vgl. *Weitnauer,* Wohnungseigentumsgesetz, § 1 WEG Rn. 6ff.

[13] *Zöller/Vollkommer* Rn. 5.

[14] Vgl. *Bärmann/Pick/Merle* § 1 WEG Rn. 39ff.

[15] So *Weitnauer* § 1 WEG Rn. 9.

[16] Vgl. ebenso *Baumbach/Lauterbach/Hartmann* Rn. 2; für eine weite Auslegung auch die Begr. des Gesetzgebers, BT-Drucks. 11/3621 S. 33, in der ausdrücklich darauf hingewiesen wird, dass sich die Möglichkeit der gerichtlichen Geltendmachung insbesondere auch auf Forderungen für Leistungen beziehen soll, die die Bewirtschaftung einer Wohnungseigentumsanlage von der laufenden Verwaltung bis zu größeren Sanierungsmaßnahmen ermöglichen; es wird ausdrücklich auf den in § 21 Abs. 5 WEG definierten Begriff der „Verwaltung" Bezug genommen.

[17] Zur Abgrenzung von Sonder- und Gemeinschaftseigentum vgl. *Bärmann/Pick/Merle* § 5 WEG Rn. 1ff., 14ff., 40ff.

[18] *Bärmann/Pick/Merle* § 3 WEG Rn. 18ff.; *Weitnauer* § 3 WEG Rn. 16ff.

[19] *Zöller/Vollkommer* Rn. 5; *Stein/Jonas/Roth* Rn. 14.

[20] Vgl. BGHZ 75, 26ff.

[21] Vgl. die Begr. des Gesetzgebers, BT-Drucks. 11/3621 S. 33.

Überschneidungen sind auch mit **besonderen Gerichtsständen** möglich, §§ 25 und 26, in denen im dinglichen Gerichtsstand mit dinglichen Rechten verbundene schuldrechtliche Ansprüche geltend gemacht werden können. 12

Die Anwendung der vorstehenden Zuständigkeitsvorschriften führt zur gleichen örtlichen Zuständigkeit, so dass sich **praktische Abgrenzungsschwierigkeiten** nicht ergeben können.[22] 13

2. Gerichtsstände des WEG. Die Gerichtsstände des Wohnungseigentumsgesetzes tangieren die Regelung nicht, weil es sich hierbei nicht um die Durchsetzung schuldrechtlicher Ansprüche außenstehender Dritter handelt.[23] Darüber hinaus würde die Anwendung dieser Vorschriften, §§ 43, 51 und 52 WEG zur gleichen örtlichen Zuständigkeit führen. Lediglich sachlich zuständig ist bei den Zuständigkeiten nach dem WEG, §§ 43, 51 und 52 das Amtsgericht, unabhängig von der Höhe des Gegenstandswertes. Eine ausschließliche Zuständigkeit des Amtsgerichtes gemäß § 43 Abs. 1 WEG besteht unter anderem in den Nrn. 1 bis 4 dieser Vorschrift aufgeführten Streitigkeiten, insbesondere bei Verwaltungsstreitigkeiten.[24] Diese Streitigkeiten sind im Verfahren der freiwilligen Gerichtsbarkeit zu entscheiden und damit einer bürgerlichen Rechtsstreitigkeit nach dem Zivilprozess entzogen.[25] Im Zweifel findet das Verfahren nach den §§ 43ff. WEG statt,[26] das auch eingreift, wenn geltend zu machende Ansprüche an Außenstehende abgetreten werden[27] oder von Außenstehenden in Prozessstandschaft geltend gemacht wird.[28] 14

3. Internationale Zuständigkeit und EuGVO. Die **internationale Zuständigkeit** wird durch die Vorschrift außerhalb des Geltungsbereiches der EuGVO doppelfunktional geregelt. Im Geltungsbereich der **EuGVO** greift Art. 5 Nr. 1 lit a EUGVO ein, soweit der Erfüllungsort im Inland belegen ist und so die internationale und örtliche Zuständigkeit begründet. Im Falle einer Miet- oder Pachtstreitigkeit findet Art. 22 Nr. 1 Satz 1 EuGVO Anwendung, wodurch die ausschließliche internationale Zuständigkeit der Gerichte des Belegenheitsstaates begründet wird. Art. 22 Nr. 1 Satz 1 EuGVO regelt jedoch ohnedies nur die internationale Zuständigkeit, so dass für die örtliche Zuständigkeit innerhalb der Bundesrepublik Deutschland die Vorschrift wiederum eingreift.[29] 15

§ 29 c Besonderer Gerichtsstand für Haustürgeschäfte[1]

(1) ¹Für Klagen aus Haustürgeschäften (§ 312 des Bürgerlichen Gesetzbuchs) ist das Gericht zuständig, in dessen Bezirk der Verbraucher zur Zeit der Klageerhebung seinen Wohnsitz, in Ermangelung eines solchen seinen gewöhnlichen Aufenthalt hat. ²Für Klagen gegen den Verbraucher ist dieses Gericht ausschließlich zuständig.

(2) § 33 Abs. 2 findet auf Widerklagen der anderen Vertragspartei keine Anwendung.

(3) Eine von Absatz 1 abweichende Vereinbarung ist zulässig für den Fall, dass der Verbraucher nach Vertragsschluss seinen Wohnsitz oder gewöhnlichen Aufenthalt aus dem Geltungsbereich dieses Gesetzes verlegt oder sein Wohnsitz oder gewöhnlicher Aufenthalt im Zeitpunkt der Klageerhebung nicht bekannt ist.

Übersicht

---

[22] Vgl. BGH LM KO § 37 Nr. 1; OLG Karlsruhe MDR 1979; 681, OLG Hamm MDR 1966, 764.
[23] Vgl. hierzu auch die Begr. des Gesetzgebers, BT-Drucks. 11/3621 S. 33.
[24] *Palandt/Bassenge* § 43 WEG Rn. 1; *Zöller/Vollkommer* Rn. 2.
[25] *Bärmann/Pick/Merle* § 43 WEG Rn. 3; *Palandt/Bassenge* § 43 WEG Rn. 1.
[26] BGH NJW-RR 1991, 907.
[27] KG WuM 1984, 308.
[28] *Palandt/Bassenge* § 43 WEG Rn. 1.
[29] Vgl. hierzu auch § 24 Rn. 20.
[1] § 29c eingef. durch Art. 5 Abs. 3 Ziff. 1 SchuldRModG v. 26. 11. 2001 (BGBl. I S. 3138).

I. Normzweck

1 **1. Zweck.** Die Regelung entspricht im Wesentlichen der Vorschrift des bisherigen § 7 HausTWG. Sie wurde durch Art. 52 SchuldRModG v. 26. 11. 2001 neu in die ZPO eingefügt.[2] Die Verbraucherschutzgesetze, die in verschiedenen Einzelgesetzen[3] geregelt waren, mussten materiellrechtlich der Verbrauchsgüterkaufrichtlinie angepasst und bis zum Ablauf des 31. 12. 2001 in Deutsches Recht umgesetzt werden.[4] Durch die rechtssystematischen Erfordernissen entsprechende Integration dieser Vorschriften in das BGB soll die praktische Arbeit des Rechtsanwenders erleichtert werden und eine weitere Zersplitterung materiellrechtlicher Regeln durch einen Systematisierungsprozess vermieden werden. Dies wird insbesondere durch die Zusammenführung der Vorschriften über Haustürgeschäfte und Fernabsatzverträge sowie der Regelung über den Vertragsschluss im elektronischen Geschäftsverkehr verwirklicht. Hierbei handelt es sich um Vertragsabschlüsse außerhalb von Geschäftsräumen, bei welchen innerhalb des BGB die materiellrechtlichen Regelungen einheitlich zusammengefasst werden sollen.[5] Als **ausschließlich verfahrensrechtliche Norm** konnte die bisherige Regelung des § 7 HausTWG nicht in das BGB integriert werden. Dem Regelungsgehalt entsprechend war die Vorschrift deshalb in die Vorschriften über die Gerichtsstände einzufügen.[6] Die bisherige Regelung des § 7 HausTWG wurde gleichzeitig erweitert, um dem Verbraucher zusätzlich weitere Gerichtsstände am allgemeinen Gerichtsstand seiner Vertragspartei[7] sowie den Gerichtsstand des Erfüllungsortes, § 29 ZPO,[8] zu eröffnen.

2 **2. Regelungszweck.** Die Vorschrift bezweckt die Ausweitung und Komplettierung der für Haustürgeschäfte geltenden und jetzt in den §§ 312ff. BGB geregelten Haustürgeschäfte zu Gunsten des Verbrauchers auf das Prozessrecht, soweit es sich um Haustürgeschäfte im Sinne der §§ 312ff. des BGB handelt. Der Verbraucher soll dabei vor wohnsitzferner Inanspruchnahme geschützt werden.[9] Gleichzeitig wird dem Verbraucher eine Klagemöglichkeit an seinem Wohnsitz eröffnet. Diese Vorschrift und der sich hieraus ergebende Gerichtsstand ist zu Gunsten des Verbrauchers ein ausschließlicher, unabhängig davon, ob der Verbraucher oder die andere Vertragspartei klagt.[10] Die Neufassung des Abs. 1 gegenüber der bisherigen Fassung des § 7 HausTWG soll dem Verbraucher zusätzlich die Möglichkeit eröffnen, die andere Vertragspartei an deren allgemeinem Gerichtsstand, §§ 12, 17, 21, oder aber am Gerichtsstand des Erfüllungsortes, § 29, zu verklagen.[11] Im Falle des Vorliegens eines ausschließlichen Gerichtsstandes könnte ein von dem Verbraucher verklagter Gewerbetreibender Widerklage nur im ausschließlichen Gerichtsstand des Wohnsitzes oder gewöhnlichen Aufenthaltes des Verbrauchers erheben. Da aber dem Verbraucher seinerseits nunmehr die Möglichkeit eröffnet worden ist, auch am allgemeinen Gerichtsstand des Gewerbetreibenden oder am Erfüllungsort zu klagen, entspricht es der Billigkeit, dass der Gewerbetreibende auch in diesem Fall seiner Inanspruchnahme Widerklage in diesen anderen Gerichtsständen erheben kann. Dies bezweckt die Vorschrift des § 29c Abs. 2.[12]

---

[2] BGBl. S. 3180.
[3] BT-Drucks. 14/6040, S. 166.
[4] Verbrauchsgüterkaufrichtlinie 1999/44/EG v. 25. 5. 1999, Art. 11 Abs. 1.
[5] BT-Drucks. 14/6040, S. 166, 167.
[6] BT-Drucks. 14/6040, S. 278.
[7] Vgl. §§ 12–17, 21 § 13 Rn. 1 ff., § 17 Rn. 1; *Musielak/Heinrich* Rn. 3a.
[8] Vgl. § 29 Rn. 1, 2.
[9] Vgl. BGH NJW 2003, 1190.
[10] BT-Drucks. 14/6040, S. 278.
[11] BT-Drucks. 14/6040, S. 278.
[12] BT-Drucks. 14/6040, S. 278.

II. Anwendungsbereich

3 **1. Örtliche Zuständigkeit.** Die Vorschrift regelt ausschließlich die örtliche[13] Zuständigkeit.[14] Zuständig kann daher sowohl das Amtsgericht oder das Landgericht sein.[15] Die sachliche Zuständigkeit kann im Rahmen des § 38 ZPO vereinbart werden.[16]

4 **2. Klagen aus Haustürgeschäften.** Alle Streitigkeiten aus Haustürgeschäften können in diesem Gerichtsstand geltend gemacht werden.

5 **a) Haustürgeschäfte.** Für die Definition der Haustürgeschäfte verweist Abs. 1 ausdrücklich auf die in § 312 BGB enthaltene Legaldefinition.[17] Dabei wird der ursprünglich im HausTWG enthaltene Begriff der „anderen Vertragspartei" durch „Unternehmer" ersetzt. Dies entspricht der einheitlichen Terminologie für die Regelungen von Verbraucherverträgen, die einheitlich nunmehr von „Verbraucher"[18] und „Unternehmer" sprechen.[19] Bei dem Vertrag muss es sich um einen solchen zwischen einem Unternehmer und einem Verbraucher handeln, der eine entgeltliche Leistung zum Gegenstand hat. Entsprechend der Aufzählung in § 312 Abs. 1 Nr. 1–3 BGB handelt es sich um Verträge, die von dem Unternehmer[20] im Fall eines Besuches des Unternehmers[21] beim Verbraucher geschlossen werden. Diese Verträge sind daher dadurch gekennzeichnet, dass sie außerhalb der Geschäftsräume des Unternehmers abgeschlossen werden, die Initiative zu den Vertragsverhandlungen in der Regel vom Unternehmer ausgeht und der Verbraucher auf die Vertragsverhandlungen nicht vorbereitet ist. Der Verbraucher hat dabei häufig keine Möglichkeit, Qualität und Preis des Angebots mit anderen Angeboten zu vergleichen. Dieses Überraschungsmoment gibt es allerdings nicht nur bei reinen Haustürgeschäften, sondern auch bei anderen Verträgen, die auf Initiative des Gewerbetreibenden außerhalb seiner Geschäftsräume abgeschlossen werden.[22] Das gilt auch gegen zB als Vertreter, Verhandlungsgehilfen oder Vermittler beteiligte Dritte.[23] Der Verbraucher wird daher durch diese Vorschrift auch gegen die Abgabe von Willenserklärungen geschützt, die zwar nicht „an der Haustüre", jedoch in einer typischen „Haustürsituation" abgegeben werden.[24] Nach der Rechtsprechung des EuGH[25] kann eine Haustürsituation selbst dann vorliegen, wenn zwar die Vertragsanbahnung in einer Haustürsituation stattfindet, der eigentliche Vertragsabschluss sodann jedoch in den Geschäftsräumen des Unternehmers.[26] Dies wird aber nur dann zu gelten haben, wenn der in einer Haustürsituation abgeschlossene Kaufvertrag mit den Willenserklärungen, die nicht in einer reinen Haustürsituation abgegeben werden, ein einheitliches Geschäft darstellt.[27] Nicht unter den Begriff des Haustürgeschäfts fällt die vom Verbraucher in einer Haustürsituation erteilte Vollmacht.[28]

6 **b) Unternehmer.** Das Gesetz verwendet nunmehr zwar nicht in § 29 c, jedoch in dem in Bezug genommenen § 312 BGB den Begriff des **Unternehmers** anstatt des früheren Begriffs der „anderen Vertragspartei".[29] Abs. 2 verwendet allerdings noch den der Vertragspartei. Der Begriff des Unternehmers wird auch synonym mit dem des Gewerbetreibenden benutzt, den der EuGH verwendet.[30] Der BGH hat den Begriff des **Gewerbebetriebs** als planmäßige und auf Dauer an-

---

[13] Zur intern. Zuständigkeit vgl. Rn. 27.

[14] MünchKommBGB/*Ulmer* § 7 HausTWG Rn. 14; *Palandt/Putzo* § 7 HausTWG Rn. 3; *Thomas/Putzo/Hüßtege* Rn. 2; *Zöller/Vollkommer* Rn. 2; *Stein/Jonas/Roth* Rn. 1.

[15] MünchKommBGB/*Ulmer,* 3. Aufl., § 7 HausTWG Rn. 14; *Palandt/Putzo* § 7 HausTWG Rn. 3; *Stein/Jonas/Roth* Rn. 1

[16] *Palandt/Putzo* § 7 HausTWG Rn. 3; § 38 Rn. 3; *Stein/Jonas/Roth* Rn. 1.

[17] BT-Drucks. 14/6040, S. 167 zu § 312.

[18] Der kritisierte Begriff des „Kunden", vgl. *Palandt/Putzo* Vor HausTWG Rn. 3, ist durch „Verbraucher" ersetzt worden.

[19] BT-Drucks. 14/6040, S. 167 zu § 312 BGB.

[20] Vgl. Urteil des EuGH v. 13. 12. 2001 Rs. C-481/99, Tz. 27, WM 2001, 2434 = DB 2001, 2710.

[21] Vgl. Urteil des EuGH (Fn. 20).

[22] EuGH-Urteil (Fn. 20.

[23] BGH NJW 2003, 1190 = MDR, 2003, 648.

[24] Hierauf weisen zu recht unter Bezugnahme auf das Urteil des EuGH v. 13. 12. 2001 Rs. C-481/99, WM 2001, 2434 *Habersack/Mayer* WM 2002, 253, 357 hin.

[25] Rs. C-481/99, WM 2001, 2434 = DB 2001, 2710; BGH Urteil v. 9. 4. 2002, XI ZR 91/99, NJW 2002, 1881 = WM 2002, 1181 = DB 2002, 1262 m. Anm. *Fischer* = ZIP 2002, 1075 m. Anm. *Ulmer.*

[26] Vgl. hierzu *Habersack/Mayer* WM 2002, 253.

[27] OLG Bamberg Urteil v. 4. 12. 2001, 5 U 22/99.

[28] LG Landshut NJW 2003, 1197.

[29] BT-Drucks. 14/6040, S. 167 zu § 312.

[30] EuGH-Urteil v. 13. 12. 2001 Rs. C-481/99, WM 2001, 2434, Tz. 3 ff. durchgängig.

gelegte wirtschaftlich selbstständige Tätigkeit unter Teilnahme am Wettbewerb definiert.[31] Zur Abgrenzung des Begriffs des Unternehmers, der seinerseits nicht in den Schutzbereich der Norm fällt, von dem des Verbrauchers kommt es daher in Zweifelsfragen entscheidend auf den Umfang der Tätigkeit an. Erfordert der Umfang der Tätigkeit einen planmäßigen Geschäftsbetrieb, zB die Unterhaltung eines Büros oder einer Organisation, liegt gewerbliche Betätigung vor.[32] Eine BGB-Gesellschaft, die aus dem Zusammenschluss natürlicher Personen besteht, kann daher je nach dem Umfang ihrer Tätigkeit Gewerbetreibender und damit Unternehmer oder aber im Fall der Wahrnehmung lediglich privater Vermögensverwaltung einen Verbraucher darstellen.[33] Dies, obgleich nach der Rechtsprechung des BGH der BGB-Gesellschaft die Rechtsfähigkeit zukommen kann.[34]

7 Eine **gesetzliche Definition des Unternehmerbegriffes** beinhaltet § 14 BGB.[35] Die gesetzgeberische Definition versucht dem europäischen Unternehmerbegriff der EG-Richtlinien und der Rechtsprechung des EuGH gerecht zu werden.[36] Da sich der europäische Unternehmerbegriff nicht mit dem im deutschen Recht geltenden Begriff des Gewerbetreibenden deckt, da freie Berufe[37] vom Gewerbebegriff ausgeklammert sind,[38] wird dem weiten europarechtlichen Begriff des gewerbetreibenden Unternehmers Rechnung getragen, indem nunmehr auch selbstständige berufliche Tätigkeiten als die eines Unternehmers gesetzlich ausdrücklich definiert werden.[39] Wer nicht selbstständig tätig ist, zB Arbeitnehmer, Angestellte oder Beamte, kann daher nicht unter den Unternehmerbegriff fallen.[40] Hiervon zu unterscheiden ist die Tätigkeit eines Angestellten, die einem Unternehmer nach § 278 BGB zuzurechnen ist, der seinerseits unter § 14 BGB fällt.

8 Ob eine gewerbliche Tätigkeit eine **Gewinnerzielungsabsicht** voraussetzt, wird kontrovers diskutiert.[41] Im Ergebnis ist das Erfordernis einer Gewinnerzielungsabsicht abzulehnen, weil einerseits Motivationen schwer festgestellt werden können und dies daher im Geschäftsverkehr zu einer erheblichen Unsicherheit führen würde.[42] Außerdem würden dann öffentliche oder gemeinnützige Unternehmen, die ihre Leistungen entgeltlich anbieten, mangels Gewinnerzielungsabsicht nicht unter den Unternehmerbegriff fallen. Die **Entgeltlichkeit** der Tätigkeit bildet daher zutreffend den Anknüpfungspunkt für den Unternehmerbegriff.[43]

9 **c) Verbraucher.** Der Begriff des Verbrauchers wird gesetzlich in § 13 BGB[44] definiert. Der Verbraucherbegriff des BGB berücksichtigt die Vorgabe des europäischen Gemeinschaftsrechtes.[45] § 13 BGB knüpft ausschließlich an natürliche Personen an, wobei sich die Bedeutung dieses Begriffes erst aus einem Vergleich mit den juristischen Personen ergibt. Juristische Personen können daher nicht Verbraucher sein, selbst dann nicht, wenn sie (noch) nicht beruflich oder gewerblich tätig sind oder das von ihnen betriebene Geschäft vom Umfang her die Unterhaltung eines Büros oder einer büromäßigen Organisation nicht erfordert.[46] In der Literatur wird diskutiert, ob bestimmte juristische Personen als **quasi natürliche Personen** unter den Schutzbereich des § 13 BGB und damit unter den des § 29c fallen, wie beispielsweise Idealvereine, Stiftungen oder sonstige rechtsfähige Zusammenschlüsse, die nicht gewerblich oder wirtschaftlich tätig werden. Diejenige Auffassung jedoch, die insoweit eine analoge Anwendung auf derartige juristische Personen befürwortet[47] übersieht, dass das europarechtliche Konzept sich auf natürliche Personen beschränkt und andererseits die Differenzierung zwischen natürlichen Personen und juristischen Personen eine klare Ab-

---

[31] BGH-Urteil v. 23. 10. 2001, Az. XI ZR 63/01, ZIP 2001, 2224 = ZflR 2002, 23 m. Anm. *Dörrie; Saenger/Bertram* EWiR 2002, 93, 94; *Bülow,* VerbrKrG, § 1 Rn. 26; *von Westphalen/Emmerich/von Rottenburg,* § 1 Rn. 11.
[32] BGH ZIP 2001, 2224 = ZflR 2002, 23 m. Anm. *Dörrie*; BGHZ 104, 205, 208 = ZIP 1988, 694, 695; BGHZ 119, 252, 256 = ZIP 1992, 1642, 1644.
[33] BGH ZIP 2001, 2224 = ZflR 2002, 23 = BKR 2002, 26.
[34] BGHZ 146, 341 = ZIP 2001, 330; BGH ZIP 2002, 614.
[35] Eingef. durch Gesetz über Fernabsatzverträge und andere Fragen des Verbraucherrechts etc., BGBl. I S. 897.
[36] Vgl. MünchKommBGB/*Micklitz* Vor §§ 13, 14 Rn. 90 ff.
[37] ZB Rechtsanwälte, Notare, Wirtschaftsprüfer, Steuerberater, Ärzte, Zahnärzte, Ingenieure.
[38] Vgl. MünchKommBGB/*Micklitz* § 14 Rn. 14.
[39] Insoweit folgt die gesetzliche Definition dem Unternehmerbegriff, wie er auch im Umsatzsteuergesetz enthalten ist, § 2 UStG.
[40] Vgl. MünchKommBGB/*Micklitz* § 14 Rn. 15, 24 ff., der auf die Schwierigkeiten einer Abgrenzung i. e. eingeht.
[41] Vgl. MünchKommBGB/*Micklitz* § 14 Rn. 16.
[42] MünchKommBGB/*Micklitz* § 14 Rn. 16.
[43] So zutreffend MünchKommBGB/*Micklitz* § 14 Rn. 17.
[44] Eingef. durch Gesetz über Fernabsatzverträge und anderen Fragen des Verbraucherrechts etc., BGBl. I S. 897.
[45] Vgl. i. e. MünchKommBGB/*Micklitz* vor §§ 13, 14 Rn. 79 ff.
[46] Hierauf stellt insbesondere der BGH ab, ZIP 2001, 2224 = ZflR 2002, 23 mit Anm. *Dörrie; Saenger/Bertram* EWiR 2002, 93.
[47] Vgl. MünchKommBGB/*Micklitz* § 13 Rn. 13.

grenzung ermöglicht. Wollte man im Wege der Analogie allein auf die Schutzbedürftigkeit abstellen, so wäre nicht einzusehen, weshalb vom Schutzbereich des § 29c juristische Personen ausgenommen werden, die am geschäftlichen Verkehr nicht teilnehmen, und darüber hinaus auch noch gemeinnützig sind. Eine derartige Analogie verbietet jedoch einerseits der eindeutige Wortlaut des § 13 BGB, andererseits auch das eindeutige europarechtliche Konzept einer Beschränkung auf natürliche Personen.[48]

d) Personengemeinschaften. Personengemeinschaften die nicht juristische Personen sind, wie Wohnungseigentümergemeinschaften,[49] Bruchteilsgemeinschaften, Gesamtheitsgemeinschaften, Gesellschaften bürgerlichen Rechts, eheliche Gütergemeinschaften oder Erbengemeinschaften können vom Schutzbereich des § 29c erfasst sein, wenn diese Personengemeinschaften außerhalb einer gewerblichen oder selbstständigen beruflichen Tätigkeit handeln. Selbst bei der inzwischen anerkannten Rechtsfähigkeit der BGB-Gesellschaft[50] ist der ausschließlich privat tätigen BGB-Gesellschaft der gleiche Schutz zuzubilligen, wie anderen privat tätigen natürlichen Personen. Liegt allerdings eine planmäßige und auf Dauer angelegte wirtschaftlich selbstständige Tätigkeit unter Teilnahme am Wettbewerb vor,[51] so fehlt es an der erforderlichen Verbrauchereigenschaft und dem sich hieraus ergebenden Schutzzweck. In diesen Fällen liegt situationsbedingte Schutzbedürftigkeit nicht vor.[52] 10

e) Verbundene Geschäfte. Verbundene Geschäfte sind zunächst solche, bei denen der Abschluss eines Rechtsgeschäftes mit dem eines weiteren gekoppelt ist, wie Kauf- und Kreditvertrag, Darlehen und Sicherungsgeschäft, Finanzierungsleasing. Werden sämtliche verbundenen Geschäfte in einer typischen Haustürsituation geschlossen, so kann kein Zweifel daran bestehen, dass es sich um Haustürgeschäfte handelt. Es sind aber auch Situationen denkbar, in welchen ein Teil des Geschäftes, zB der Kaufvertrag in einer Haustürsituation abgeschlossen wird, der hierfür erforderliche Darlehensvertrag für die Kreditaufnahme aber nicht mehr in einer Haustürsituation zustande kommt, sondern an einem anderen Ort, zB im Geschäftslokal des Unternehmers. Wird die Diskussion aus dem Blickwinkel des Verbraucherrechts geführt, so muss die Vorschrift dann zur Anwendung kommen, wenn der Abschluss des einen Geschäftes ohne das andere nicht denkbar wäre.[53] Bei **Verbraucherkreditverträgen** geht die Haustürgeschäfterichtlinie aufgrund einer richtlinienkonformen Auslegung dem Verbraucherkreditgesetz vor, was das Widerrufsrecht anlangt.[54] § 312a BGB hat daher eine richtlinienkonforme Reduktion zu erfahren.[55] Nach Auffassung des BGH soll der Gerichtsstand für die Rückabwicklung von Realkreditverträgen im Sinne des Verbraucherkreditgesetzes gleichwohl nicht anwendbar sein.[56] Dies begründet der BGH damit, dass die Verbraucherschutzvorschriften des Europäischen Gemeinschaftsrechtes keine solche Auslegung in Bezug auf eine Gerichtsstandsregelung gebietet und darüber hinaus die Gerichtsstandsregelung und die Regelung des Widerrufsrechtes nicht so eng miteinander verknüpft seien, dass diese stets gleichlaufend zur Anwendung kommen müssen.[57] Im Hinblick auf die vom EuGH ständig betonte Bedeutung der Verbraucherschutzvorschriften[58] bleibt jedoch abzuwarten, ob diese Rechtsprechung Bestand haben wird. Nach der eindeutigen Beschlussempfehlung und dem Rat des Rechtsausschusses ist die 11

---

48 Hierauf weist auch *Micklitz* hin, obgleich dieser für eine analoge Anwendung eintritt, vgl. MünchKommBGB/*Micklitz* § 13 Rn. 14. Zur Dauerproblematik der Definition vgl. *N. Fischer* DB 2002, 727 sowie *Flume* ZIP 2000, 1427 ff.; *Krebs* DB 2002, 517.

49 Vgl. zur Teilrechtsfähigkeit BGH NJW 2005, 2061.

50 BGHZ 146, 341 = ZIP 2001, 330; BGH ZIP 2002, 614 ff.

51 BGH ZIP 2001, 2224 = ZfIR 2002, 23.

52 Vgl. so zutreffend MünchKommBGB/*Micklitz* § 13 Rn. 16; *Saenger/Bertram* EWiR 2002, 95, 96. Abzulehnen ist die Auffassung von *Fehrenbacher/Herr* BB 2002, 1006, die die Außen-GbR grundsätzlich nicht unter den Begriff der natürlichen Person fallen lassen wollen.

53 Vgl. MünchKommBGB/*Micklitz* § 13 Rn. 21; i. Ü. sind Ausnahmen von gemeinschaftsrechtlichen Verbraucherschutzvorschriften nach st. Rspr. des EuGH eng auszulegen, vgl. Rs. C-309/99, 2001, I-3569, Rn. 15; EuGH-Urteil v. 13. 12. 2001, WM 2001, 2434 = DB 2001, 2710; Rs. C-481/99, Tz. 3; vgl. BGH Urteil v. 9. 4. 2002, XI ZR 91/99.

54 EuGH-Urteil v. 13. 12. 2001, WM 2001, 2434 Rs. C-481/99; BGH-Urteil v. 9. 4. 2002, IX ZR 91/99 NJW 2002, 1881 = WM 2002, 1181 = DB 2002, 1262 m. Anm. *Fischer* = ZIP 2002, 1075 m. Anm. *Ulmer*; krit. *Hoffmann* ZIP 2002, 1066; zum Ganzen: ZIP-Dokumentation 2002, 1100.

55 *N. Fischer* DB 2002, 727, 730; auf das gegenwärtige Gesetzgebungsverfahren wird verwiesen, vgl. hierzu *Schmidt-Räntsch* ZIP 2002, 1100.

56 BGH-Urteil v. 9. 4. 2002 XI ZR 32/99 = DB 2002, 1268 = WM 2002, 1218.

57 BGH-Urteil (Fn. 56); vgl. hierzu auch *Hoffmann* ZIP 2002, 1066. Zur weitgehenden gesetzlichen Neuregelung der materiell-rechtlichen Vorschriften die über das Gemeinschaftsrecht hinausgehen und ab 1. 7. 2002 gelten vgl. *Schmidt-Räntsch* ZIP 2002, 1100; BT-Drucks. 14/9266, S. 22.

58 EuGH-Urteil v. 13. 12. 2001 Rs. C-481/99 WM 2001, 2434 = DB 2001, 2710.

Auffassung des BGH jedoch überholt.[59] Somit ist § 29c auch dann anzuwenden, wenn einer der Ausschlussgründe der Subsidiaritätsregel des § 312a BGB vorliegt. Der dort genannte Anwendungsvorrang bezieht sich nur auf die materiellen Vorschriften, so dass alle Haustürgeschäfte in der Frage des Gerichtsstandes gleich behandelt werden.[60]

12 **f) Sicherungsgeschäfte.** Sicherungsgeschäfte die zu Gunsten eines anderen Rechtsgeschäftes abgeschlossen werden, fallen nur dann in den Anwendungsbereich der Vorschrift, wenn es sich bei dem Sicherungsgeschäft, beispielsweise eine **Bürgschaft,** selbst um ein Haustürgeschäft handelt, mithin der Bürgschaftsvertrag in einer Haustürsituation zustande gekommen ist und die Haustürsituation auch beim Hauptschuldner vorlegen hat.[61] Ist lediglich das zu Grunde liegende Kreditgeschäft, nicht jedoch das Sicherungsgeschäft ein Haustürgeschäft, so fällt dies nicht in den Anwendungsbereich der Vorschrift. Dasselbe muss auch für sonstige den Verbraucher einseitig verpflichtende Verträge gelten.[62]

13 **g) Unbeteiligte Dritte.** Am Vertragsabschluss nicht beteiligte Dritte fallen nicht unter den Anwendungsbereich der Vorschrift.[63] Es existieren jedoch Sonderregelungen des Verbraucherrechtes, die Dritte begünstigen.[64] Die entsprechenden Vorgaben zum Schutz Dritter sind in den §§ 651a ff. BGB umgesetzt. Einbezogen in den entsprechenden Schutzbereich ist der Reisende, wozu insbesondere die mitreisenden Familienangehörigen zählen.[65]

14 **h) Wechsel und Schecks.** Der Gerichtsstand ist auch gegeben bei Klagen aus Wechseln und Schecks, die im Zusammenhang mit einem Haustürgeschäft, § 312 BGB, stehen.[66] An sich wäre die Vorschrift nur dann anwendbar, wenn der Begebungsvertrag, der zur Hingabe des Wechsels oder Schecks führt, in einer Haustürsituation abgeschlossen worden wäre. Indes liegt ein Haustürgeschäft auch vor, wenn die Anbahnung des Haustürgeschäftes in einer Haustürsituation erfolgte und Teile der Erfüllungshandlungen isoliert gesehen kein Haustürgeschäft darstellen würden. Nur dies wird dem Schutzzweck der Verbraucherschutzvorschriften gerecht. Dies entspricht auch der Rspr. des EuGH, wonach ein Haustürgeschäft selbst dann vorliegen kann, wenn zwar die Anbahnung eines Geschäftes in einer Haustürsituation erfolgt, der eigentliche Vertragsschluss jedoch sodann später in Geschäftsräumen stattfindet.[67] Im Falle einer Wechsel- oder Scheckklage muss ein Gericht den Gerichtsstand des § 29c nur dann berücksichtigen, wenn von den Parteien entsprechender Tatsachenvortrag unterbreitet wird. Die Gerichtsstandsprüfung hat dann unter Berücksichtigung doppelrelevanter Tatsachen zu erfolgen.[68] Werden Wechsel oder Scheck gutgläubig von Dritten erworben, so kann wegen des Erfordernisses der Verkehrsfähigkeit dieser Wertpapiere, die ebenfalls der Intention des Gesetzgebers entspricht, der Gerichtsstand nicht eingreifen.[69]

15 **i) Unerlaubte Handlung.** Beim Vorliegen unerlaubter Handlungen findet der Gerichtsstand jedenfalls dann Anwendung, wenn die rechtsgeschäftlichen Handlungen des Haustürgeschäftes mit einer unerlaubten Handlung zusammenfallen. Dies ist jedenfalls dann der Fall, wenn der Verbraucher durch eine unerlaubte Handlung, Täuschung, Drohung etc. zur Abgabe der auf den Abschluss eines Haustürgeschäftes gerichteten Willenserklärungen veranlasst wird oder aber das Haustürgeschäft als solches eine unerlaubte oder sittenwidrige Handlung darstellt. Dies muss auch dann gelten, wenn derartige unerlaubte Handlungen zu einer Nichtigkeit oder Unwirksamkeit des Rechtsgeschäftes führen.[70] Ansonsten wäre der nach der Wertung des Gesetzes schutzbedürftige Verbraucher gerade in diesen Fällen seiner besonderen Schutzwürdigkeit und Schutzbedürftigkeit nicht durch

[59] BT-Drucks. 14/7052 S. 191 zu § 312a.
[60] *Stein/Jonas/Roth* Rn. 6; *Zöller/Vollkommer* Rn. 4
[61] EuGH-Urteil v. 7. 3. 1998, Rs. C-45/96 *Dietzinger* Slg. 1998, I-1119; BGH NJW 1998, 2356; BAG BKR 2003, 754; kritisch dazu *Stein/Jonas/Roth*, für den es für das prozessuale Schutzbedürfnis des Bürgen gleichgültig ist, ob auf seiten des Hauptschuldners ein Haustürwiderrufsgeschäft vorliegt, ebenso MünchKomm/*Ulmer* § 312 Rn. 22; *Palandt/Grüneberg* § 312 BGB Rn. 8.
[62] Vgl. *Stein/Jonas/Roth* Rn. 3.
[63] MünchKommBGB/*Micklitz* § 13 Rn. 26.
[64] Vgl. die Pauschalreiserichtlinie 90/314; MünchKommBGB/*Micklitz* § 13 Rn. 26.
[65] MünchKommBGB/*Micklitz* § 13 Rn. 25.
[66] S. auch *Stein/Jonas/Roth* Rn. 8.
[67] Vgl. EuGH Rs. C-481/99, WM 2001, 2434; hierauf weisen unter Bezugnahme auf das Urteil des EuGH auch *Habersack/Mayer* WM 2002, 253 ff. hin; vgl. auch *Erman/I. Saenger* § 7 HausTWG Rn. 3; MünchKommBGB/*Ulmer* § 7 HausTWG Rn. 6.
[68] Zur Berücksichtigung doppelrelevanter Tatsachen für die Prüfung der gerichtlichen Zuständigkeit vgl. § 12 Rn. 56.
[69] So zutreffend MünchKommBGB/*Ulmer* § 7 HausTWG Rn. 6.
[70] BGH NJW 2003, 1190; Celle NJW 2004, 2602.

die Gerichtsstandsvorschrift geschützt, die gerade seinem Schutz dienen soll.[71] Der § 29c findet zudem nicht nur Anwendung, wenn Ansprüche aus unerlaubter Handlung gegenüber der anderen Vertragspartei verfolgt werden, sondern auch gegenüber ihrem Vertreter.[72] Zu berücksichtigen ist ferner, dass es sich bei dem Deliktsgerichtsstand des § 32 um einen Wahlgerichtsstand handelt, bei dem der Kläger die Wahl hat, ob er den Beklagten im Gerichtsstand des § 32 oder aber in einem sonstigen Gerichtsstand verklagen will.[73] Der Bemühung der Konstruktion eines Gerichtsstandes des Sachzusammenhanges bedarf es daher in diesen Fällen nicht, da Klagegrund das Haustürgeschäft ist, mag dies nun allein auf Grund vertraglicher oder aber zusätzlich auf Grund deliktischer Handlungskomponenten zustande gekommen sein.[74] Die Auffassung, die den Gerichtstand nicht für Klagen „im Zusammenhang mit Haustürgeschäften" und damit auch nicht für Klagen aus unerlaubter Handlung im Zusammenhang mit Haustürgeschäften unmittelbar anwenden möchte, hält jedoch durchaus die Zuständigkeit kraft Sachzusammenhangs für möglich.[75] Die Vorschrift ist daher im Ergebnis nach der Hauptmeinung auch anwendbar, wenn der Gerichtsstand des Haustürgeschäftes und derjenige aus unerlaubter Handlung, § 32, auseinanderfallen.[76] Man kann die Vorschrift daher auch als gesetzliche Begründung eines Gerichtsstandes des Sachzusammenhanges der in Haustürsituationen zustande gekommenen Geschäfte bezeichnen.[77]

j) Klagen. Mit einer Klage im Gerichtsstand der Vorschrift können alle im Zusammenhang mit 16
einem Haustürgeschäft stehenden Ansprüche geltend gemacht werden,[78] da Verbraucherschutzvorschriften weit auszulegen sind.[79] Gleichgültig ist, ob die Klage vom Verbraucher oder aber vom Unternehmer erhoben wird.[80] Geltend gemacht werden können deshalb Erfüllungsansprüche, Ansprüche auf Lieferung oder Leistung, Gewährleistungsansprüche, vertragliche Schadenersatzansprüche, Herausgabeansprüche aus Eigentum, Ansprüche aus ungerechtfertigter Bereicherung, Ansprüche aus culpa in contrahendo[81] sowie positiver Vertragsverletzung.[82] Der Gerichtsstand ist daher auch gegeben, wenn es um die Feststellung geht, ob es sich um ein Haustürgeschäft, § 312 BGB, handelt. Die Zuständigkeit ist auch dann gegeben, wenn Nichtigkeit des Geschäftes zB wegen Geistesschwäche oder Geisteskrankheit des Verbrauchers geltend gemacht wird,[83] weil der geschäftsunfähige Verbraucher mindestens des gleichen Schutzes bedarf wie der geschäftsfähige.[84]

3. Mahnverfahren. Es gelten die allgemeinen Vorschriften der §§ 688 ff., deshalb auch die Re- 17
gelungen der §§ 689 Abs. 2 S. 1, 690 Abs. 1 Nr. 5 ZPO. Der Gerichtsstand des § 29c greift daher erst beim Übergang in das streitige Verfahren ein.[85] Im Mahnverfahren kommt es auf den Zeitpunkt der Zustellung des Mahnbescheides an. Die Zuständigkeit des Gerichts, in dessen Bezirk der Verbraucher bei Zustellung des Mahnbescheides seinen Wohnsitz oder seinen gewöhnlichen Aufenthalt hatte, wird durch eine spätere Änderung des Wohnsitzes oder Sitzes nicht berührt, sofern die Streitsache „alsbald" nach Erhebung des Widerspruchs abgegeben wird, § 261 Abs. 2 Nr. 2 ZPO iVm. § 696 Abs. 3 ZPO.[86] Die Auffassung, die die im Gesetz, §§ 696 Abs. 3, 700 Abs. 2 ZPO, angeordnete Rückwirkung der Rechtshängigkeit bei einem zwischenzeitlichen Wohnsitzwechsel des Verbrauchers im Hinblick auf den Schutzzweck nicht anwenden möchte,[87] ist abzulehnen. Da § 29c über die örtliche Zuständigkeit auch die internationale Zuständigkeit begründet, hätte dies beim Wohnsitzwechsel des Verbrauchers selbst in einen anderen Mitgliedsstaat der EG

---

71 So im Ergebnis auch MünchKommBGB/*Ulmer* § 7 HausTWG Rn. 5.
72 BGH WM 2003, 605.
73 S. § 32 Rn. 39.
74 Zum Gerichtsstand des Sachzusammenhangs § 12 Rn. 35 ff.
75 *Erman/I. Saenger* § 7 HausTWG Rn. 4.
76 Vgl. MünchKommBGB/*Ulmer* § 7 HausTWG Rn. 5; *Wassermann* JuS 1990, 728; *Musielak/Heinrich* Rn. 6.
77 Das Gesetz kennt durchaus die Begründung von Gerichtsständen des Sachzusammenhanges, vgl. zB § 34 Rn. 1.
78 So auch *Zöller/Vollkommer* Rn. 4; *Thomas/Putzo/Hüßtege* Rn. 1 a; *Stein/Jonas/Roth* Rn. 7.
79 MünchKommBGB/*Ulmer* § 7 HausTWG Rn. 4; der EuGH hat noch einmal ausdrücklich bestätigt, dass Ausnahmen von gemeinschaftsrechtlichen Verbraucherschutzvorschriften eng auszulegen sind, Rs. C-481/99 WM 2001, 2434 Rn. 31 unter Hinw. auf frühere Rspr., Rs. C-203/99 Rn. 15; *Musielak/Musielak/Heinrich* Rn. 6.
80 *Erman/I. Saenger* § 7 HausTWG Rn. 3.
81 Auch gegenüber dem Vertreter der anderen Vertragspartei, BGH WM 2003, 605.
82 Allg. M; MünchKommBGB/*Ulmer* § 7 HausTWG Rn. 4, 5; *Erman/I. Saenger* § 7 HausTWG Rn. 4.
83 OLG Karlsruhe Die Justiz 78, 72; *Erman/I. Saenger* § 7 HausTWG Rn. 4 a.
84 Vgl. auch vorstehend Rn. 15.
85 MünchKommBGB/*Ulmer* § 7 HausTWG Rn. 7; *Erman/I. Saenger* § 7 HausTWG Rn. 8, 12, 13. *Stein/Jonas/Roth* Rn. 9.
86 *Erman/I. Saenger* § 7 HausTWG Rn. 8.
87 MünchKommBGB/*Ulmer* § 7 HausTWG Rn. 7; *Schäfer* NJW 1985 S. 296 ff.

zur Folge, dass die Klage abgewiesen werden müsste, weil örtlich unzuständig, andererseits aber eine Verweisung oder Abgabe an ein Gericht eines anderen Staates selbst innerhalb der EG de lege lata nicht möglich ist. Es kann aber nicht Sinn der Verbraucherschutzvorschriften sein, dem Unternehmer die Kosten einer derartigen Klage im Falle der Unzulässigkeit wegen Wechsel des Wohnsitzes oder Aufenthaltsortes nach Zustellung des Mahnbescheides aufzuerlegen. Dies würde im Übrigen auch der Wertung des Absatzes 3 des § 29c widersprechen.

18 **4. Mehrere Verbraucher.** Werden mehrere Verbraucher mit verschiedenen Wohnsitzen als Streitgenossen verklagt, so greift § 36 Abs. 1 Nr. 3 ein. Die Bestimmung des Gerichtsstandes erfolgt durch das nächst höhere Gericht, unter der Voraussetzung des § 36 Abs. 2 das Oberlandesgericht.[88] Nach der Neufassung des § 37 Abs. 1 ZPO ergeht die Entscheidung durch Beschluss.[89] Die Ausschließlichkeit des Gerichtsstandes steht dem nicht entgegen, da § 36 auf alle Formen der passiven Streitgenossenschaft anzuwenden ist.[90] Wollen Verbraucher als Aktivkläger Ansprüche in dem Gerichtsstand geltend machen, so steht diesen ein Wahlrecht nach § 35 ZPO zu.[91] Für eine Gerichtsstandsbestimmung besteht in diesem Fall kein Bedürfnis.[92]

III. Prüfung der Zuständigkeit des Gerichts

19 **1. Wohnsitz oder Aufenthalt.** Der Verbraucher kann nur an dem Gerichtsstand verklagt werden, an dem er zurzeit der Klageerhebung seinen Wohnsitz oder in Ermangelung dessen seinen gewöhnlichen Aufenthalt hat.

20 **a) Wohnsitz.** Der Gerichtsstand knüpft zunächst an den Wohnsitz des Verbrauchers zurzeit der Klageerhebung an. Die Definition des Wohnsitzes selbst ist in der ZPO nicht enthalten, weshalb immer dann, wenn die Zuständigkeitsbestimmungen der ZPO auf den Wohnsitz abstellen, auf die entsprechenden Regelungen der §§ 7ff. BGB zurückgegriffen werden muss. Trotz dieser Bezugnahme auf die materiell rechtlichen Normen des BGB bleibt der Begriff des Wohnsitzes ein prozessrechtlicher. Diese prozessrechtliche Definition des Wohnsitzes entspricht derjenigen in § 13 ZPO.[93] Nach § 7 Abs. 2 BGB ist die Begründung mehrerer Wohnsitze möglich, was zur Folge hat, dass mehrere an den Wohnsitz anknüpfende Gerichtsstände in Betracht kommen. Ist der Unternehmer Kläger, so ist im Hinblick auf den Normzweck eine Einschränkung der Wahlmöglichkeit dahingehend geboten, dass sich der Gerichtsstand nach dem Ort der Vertragsanbahnung richtet.[94]

21 **b) Gewöhnlicher Aufenthalt.** Fehlt es an einem Wohnsitz des Verbrauchers an den der Gerichtsstand anknüpfen könnte, so ist dieser an den gewöhnlichen Aufenthalt des Verbrauchers anzuknüpfen. Der gewöhnliche Aufenthalt ist dort anzunehmen, wo sich eine Person für einen längeren Zeitraum, wenn auch nicht ununterbrochen, aber doch hauptsächlich aufzuhalten pflegt, mithin an dem Ort, an dem sich der tatsächliche Mittelpunkt des Daseins befindet.[95] Der gewöhnliche Aufenthalt kann auch an einem Ort begründet werden, der nur zum vorübergehenden Aufenthalt geeignet ist[96] und der nicht freiwillig zu sein braucht, zB Krankenhaus oder Strafanstalt.[97] Die Anknüpfung des gewöhnlichen Aufenthaltsortes an dem Lebensmittelpunkt kann dazu führen, dass mehrere gewöhnliche Aufenthaltsorte gegeben sind. Dies kann zu mehreren Gerichtsständen führen. Ist der Unternehmer Kläger, so führt dies ebenso wie bei mehreren Wohnsitzen des Verbrauchers dazu, dass an den Aufenthaltsort als Gerichtsstand anzuknüpfen ist, an dem die Vertragsanbahnung stattfand.[98]

22 **2. Widerklagen.** Besteht für einen Gegenanspruch eine ausschließliche Zuständigkeit, so ist nach § 33 Abs. 2 iVm. § 40 Abs. 2 die Erhebung einer Widerklage in einem anderen Gerichtsstand als dem des ausschließlichen unzulässig.[99] Da der Verbraucher nunmehr zusätzlich zu dem besonderen Gerichtsstand des § 29c die Möglichkeit hat, den Unternehmer am allgemeinen Gerichtsstand und am Erfüllungsort zu verklagen, entspricht die Einschränkung des Absatzes 2 der Vorschrift der

---

[88] Vgl. § 36 Rn. 6ff.
[89] Redaktionelle Änderung durch ZPO-RG v. 27. 7. 2001 (BGBl. I S. 1887, 1888), vgl. zu § 37.
[90] S. § 36 Rn. 22.
[91] Vgl. § 36 Rn. 22.
[92] Vgl. MünchKommBGB/*Ulmer* § 7 HausTWG Rn. 12.
[93] Vgl. zum Wohnsitz § 13 Rn. 4ff. Zum materiell rechtlichen Wohnsitzbegriff des § 7 BGB vgl. zB MünchKommBGB/*Schmitt* § 7 Rn. 1ff.
[94] So auch MünchKommBGB/*Ulmer* § 7 HausTWG Rn. 10.
[95] Vgl. unten § 606 Rn. 15.
[96] Unten § 606 Rn. 16.
[97] Vgl. § 16 Rn. 6.
[98] Vgl. vorstehende Rn. 20.
[99] S. § 33 Rn. 3; *Stein/Jonas/Roth* Rn. 11.

Billigkeit.[100] Der Unternehmer wäre nämlich ansonsten trotz der Erhebung der Klage gegen ihn im allgemeinen Gerichtsstand oder im Gerichtsstand des Erfüllungsortes gezwungen, den Verbraucher im Gerichtsstand des § 29c in Anspruch zu nehmen. Dies wäre nicht nur unbillig, sondern würde darüber hinaus auch noch der vom Gesetz grundsätzlich bezweckten Konzentration von Rechtsstreitigkeiten entgegen stehen.[101]

3. Gerichtsstandsvereinbarungen. a) Vertragliche Vereinbarung. Eine vertragliche Vereinbarung des Gerichtsstandes ist nach Absatz 3 der Vorschrift möglich. Dies soll den Unternehmer gegen die Erschwerung der Rechtsverfolgung im Ausland schützen, wenn der Verbraucher seinen Wohnsitz oder gewöhnlichen Aufenthalt ins Ausland verlegt.[102] Deshalb ist eine Gerichtsstandsvereinbarung über die örtliche und damit insbesondere auch über die internationale Zuständigkeit zulässig, wenn der Verbraucher **nach Vertragsschluss** seinen Wohnsitz oder gewöhnlichen Aufenthaltsort ins Ausland verlegt oder der Wohnsitz oder gewöhnliche Aufenthalt des Verbrauchers im Zeitpunkt der Klageerhebung unbekannt ist. Die Gerichtsstandsvereinbarung muss den Voraussetzungen der §§ 38 Abs. 2, 3, 40 Abs. 1 entsprechen. Hieraus ergibt sich, dass die Vereinbarung schriftlich und ausdrücklich zu fassen ist und sich auf ein bestimmtes Rechtsverhältnis und die sich aus diesem resultierenden Streitigkeiten beziehen muss.[103] Die Vereinbarung eines Gerichtsstandes „soweit das gesetzlich zulässig ist" genügt nicht den Anforderungen der ZPO und auch nicht den der §§ 307ff. BGB.[104] Erforderlich ist vielmehr, dass die gesetzlich zulässigen Fälle im Einzelnen benannt werden.[105] Das Schriftformerfordernis steht der Verwendung von AGB nicht entgegen.[106] Die Vereinbarung über den Gerichtsstand muss nicht in derselben Urkunde enthalten sein.[107] Ohne Gerichtsstandsvereinbarung richtet sich die örtliche und damit auch internationale Zuständigkeit des Verbrauchers nach den allgemeinen Vorschriften. Beim Vorliegen der Voraussetzungen kann § 16 eingreifen. Durch einen ausländischen Aufenthaltsort wird dabei der allgemeine Gerichtsstand des § 16 im Inland nicht ausgeschlossen.[108] 23

b) Rügeloses Verhandeln. Der Verbraucher hat neben dem besonderen Gerichtsstand des Haustürgeschäftes nach seiner Wahl auch die Möglichkeit, den Unternehmer an dessen allgemeinem Gerichtsstand oder aber im Gerichtsstand des Erfüllungsortes nach § 29 zu verklagen. Infolge dessen handelt es sich nicht um einen ausschließlichen Gerichtsstand.[109] Der Verbraucher kann deshalb diejenigen Gerichtsstände, die er zusätzlich zu dem Gerichtsstand seines Wohnsitzes oder gewöhnlichen Aufenthaltsortes im Falle eines Aktivprozesses begründen könnte, auch durch rügeloses Verhandeln zur Hauptsache begründen.[110] Hierdurch wird der Verbraucher auch keineswegs in seinen Rechten beeinträchtigt, da es dem Verbraucher zuzumuten ist, sich gegen die Klage zu verteidigen und in diesem Zusammenhang auch die Rüge der örtlichen Unzuständigkeit zu erheben. Würde diese Möglichkeit andererseits nicht zugelassen, so hätte der Verbraucher nicht einmal die Möglichkeit, durch Erhebung einer Widerklage und anschließender mündlicher Verhandlung die Zuständigkeit auch für die Klage in dem selben Gerichtsstand zu begründen.[111] 24

4. Prüfung von Amts wegen. Die örtliche Zuständigkeit des angerufenen Gerichtes ist von Amts wegen zu prüfen, da dies zu den Prozessvoraussetzungen gehört.[112] Häufig wird sich die Zuständigkeit des Gerichtes aus Tatsachen ergeben, die zugleich zur Begründung der erhobenen materiell rechtlichen Ansprüche geltend gemacht werden. Der Gerichtsstand des § 29c knüpft nämlich an das materiell rechtliche Vorliegen eines Haustürgeschäftes an.[113] Bei diesen den Gerichtsstand begründenden materiell rechtlichen Behauptungen handelt es sich um doppelrelevante Tatsachen. Diese doppelrelevanten Tatsachen bedürfen im Rahmen der Zulässigkeitsprüfung keines Beweises, sondern müssen vom Kläger lediglich schlüssig behauptet werden. Die Tatsache wird im Bereich 25

---

100 So ausdrückl. die Gesetzbegründung BT-Drucks. 14/6040, S. 278.
101 Vgl. § 33 Rn. 1; *Musielak/Heinrich* Rn. 11.
102 MünchKommBGB/*Ulmer* § 7 HausTWG Rn. 16; *Erman/I. Saenger* § 7 HausTWG Rn. 11; *Thomas/Putzo/Hüßtege* Rn. 3; *Stein/Jonas/Roth* Rn. 13.
103 MünchKommBGB/*Ulmer* § 7 HausTWG Rn. 16; *Musielak/Heinrich* Rn. 12.
104 MünchKommBGB/*Ulmer* § 7 HausTWG Rn. 16; *Erman/I. Saenger* § 7 HausTWG Rn. 9.
105 Zum Erfordernis der Bestimmbarkeit des Gerichtes vgl. § 38 Rn. 40; *Erman/I. Saenger* § 7 HausTWG Rn. 9.
106 S. § 38 Rn. 32; *Palandt/Putzo* § 7 HausTWG Rn. 6ff.; MünchKommBGB/*Ulmer* § 7 HausTWG Rn. 16.
107 Vgl. § 38 Rn. 32; vgl. i. Ü. § 38 Abs. 3 Nr. 2 und die Kommentierung hierzu zu § 38 Rn. 37.
108 S. § 16 Rn. 8.
109 Anders früher § 7 HausTWG, vgl. hierzu *Erman/I. Saenger* § 7 HausTWG Rn. 6; MünchKommBGB/*Ulmer* § 7 HausTWG Rn. 14; BT-Drucks. 14/6040 S. 278; vorstehend Rn. 1, 2.
110 Zu rügelosen Verhandeln vgl. § 39 Rn. 4ff.; *Musielak/Heinrich* Rn. 10.
111 In der Erhebung der Widerklage allein ist noch kein rügeloses Verhandeln zu sehen, vgl. § 39 Rn. 7.
112 Vgl. § 12 Rn. 55.
113 MünchKommBGB/*Ulmer* § 7 HausTWG Rn. 13.

der Zulässigkeitsprüfung als zutreffend unterstellt.[114] Hat das Gericht sich für zuständig erklärt, so greift in der Berufung und Revision § 513 Abs. 2 ZPO ein. Die internationale Zuständigkeit[115] kann auch in der Berufungs-[116] und Revisionsinstanz[117] geprüft werden.

IV. Verhältnis zu anderen Vorschriften

26 **1. Konkurrenzen.** Neben dem besonderen Gerichtsstand des § 29c hat der Verbraucher die Möglichkeit, den Unternehmer auch an dessen allgemeinen Gerichtsstand, dem Gerichtsstand der Niederlassung oder aber im Gerichtsstand des Erfüllungsortes, § 29 zu verklagen. Im Falle eines Aktivprozesses des Unternehmers ist der Gerichtsstand ein ausschließlicher.[118]

27 **2. Internationale Zuständigkeit.** Die Vorschrift regelt doppelfunktional auch die internationale Zuständigkeit.[119] Die deutsche internationale Zuständigkeit bestimmt sich nach den materiell rechtlichen Normen, die den Begriff und das Zustandekommen eines Haustürgeschäftes regeln, insbesondere nach § 312 BGB.[120] Es kann aber auch ausländisches materielles Recht[121] zur Anwendung kommen. Welches materielle Recht bestimmt, ob es sich um ein Haustürgeschäft handelt oder nicht, richtet sich nach deutschem Kollisionsrecht, insbesondere nach den Artikeln 27 ff. EGBGB.[122]

28 **3. EuGVO.** Im Geltungsbereich der EuGVO[123] können die Artikel 15, 16 und 17 EuGVO eingreifen, die nationalem Recht und damit auch § 29c vorgehen.[124] Nach Art. 16 EuGVO kann der Verbraucher den Unternehmer[125] vor den Gerichten des anderen Vertragsstaates verklagen[126] oder nach Art. 15 Abs. 1, 5 Nr. 5 EuGVO am Ort der Zweigniederlassung des Anbieters. Darüber hinaus kann der Verbraucher auch vor den Gerichten des Vertragsstaates klagen, in dem er seinen Wohnsitz hat. Die örtliche Zuständigkeit ergibt sich hieraus nicht. Auch im Bereich der EuGVO greift daher § 29c zur Bestimmung der örtlichen Zuständigkeit ein. Verlegt der Verbraucher seinen Wohnsitz in einen anderen Vertragsstaat der EuGVO, so kann er in seinem neuen Wohnsitzstaat Klage erheben und zwar auch dann, wenn die zum Abschluss des Vertrages erforderlichen Rechtshandlungen in dem früheren Wohnsitzstaat vorgenommen wurden. Hiergegen kann sich der Unternehmer nur durch eine Gerichtsstandsvereinbarung schützen.[127] Gerichtsstandsvereinbarungen sind nach Art. 17 EuGVO, der den Verbraucher vor ungünstigen Zuständigkeitsvereinbarungen schützen soll, zulässig, andererseits bezweckt Art. 17 Nr. 3 EuGVO den Schutz des Unternehmers gegen eine Wohnsitzverlegung des Verbrauchers.[128] Gerichtsstandsvereinbarungen müssen im Geltungsbereich der EuGVO der Formschrift des Art. 23 Abs. 1 genügen.[129] Entsprechendes gilt für das LugÜ und Verordnung EG Nr. 44/2001 – EuGVO (abgedruckt s. u. Schlussanhang Internationales Zivilprozessrecht Nr. 1).

V. Inkrafttreten

29 Die geänderte Vorschrift ist in Kraft seit dem 1. 1. 2002 (Art. 9 Abs. 1 SchuldRModG), zeitgleich mit der Aufhebung des HaustürWG.

VI. Übergangsregelungen

30 Eine Übergangsvorschrift ist nicht vorhanden. Nach dem BVerfG[130] sind neue Prozessgesetze mit Inkrafttreten auch für anhängige Verfahren wirksam, sofern nichts anderes bestimmt ist. Mit dem BGH[131] ist nach der Wertung des § 261 Abs. 3 Nr. 2 ZPO dabei davon auszugehen, dass die Zulässigkeit des beschrittenen Rechtsweges und die Zuständigkeit des Gerichts durch eine gesetzliche Änderung der Zuständigkeit nach Eintritt der Rechtshängigkeit nicht tangiert wird.

---

[114] Vgl. ausführl. § 12 Rn. 56.
[115] Vgl. unten Rn. 27.
[116] S. § 12 Rn. 70.
[117] S. § 12 Rn. 71.
[118] Vgl. auch vorstehende Rn. 25.
[119] Zur internationalen Zuständigkeit vgl. ausführl. § 12 Rn. 57 ff.
[120] Zur Bestimmung des Begriffs des Erfüllungsortes vgl. § 29 Rn. 104.
[121] Vgl. BGH NJW 1981, 2642, 2643.
[122] Vgl. § 29 Rn. 104; *Zöller/Vollkommer* Rn. 3.
[123] Vgl. u. EuGVO vor Art. 1 Rn. 6 ff.
[124] S. u. EuGVO vor Art. 1 Rn. 23.
[125] Art. 1 e EuGVO spricht von dem anderen Vertragspartner.
[126] Vgl. u. EuGVO Art. 14 Rn. 1.
[127] S. u. EuGVO Art. 14 Rn. 5.
[128] S. u. EuGVO Art. 15 Rn. 1, 2.
[129] Vgl. die Kommentierung zu Art. 23 EuGVO in Band 3.
[130] BVerfGE 39 S. 166 ff.
[131] BGH NJW 1978 S. 887.

§ 30 Gerichtsstand bei Bergungsansprüchen

Für Klagen wegen Ansprüchen aus Bergung nach dem Achten Abschnitt des Fünften Buches des Handelsgesetzbuchs gegen eine Person, die im Inland keinen Gerichtsstand hat, ist das Gericht zuständig, bei dem der Kläger im Inland seinen allgemeinen Gerichtsstand hat.

I. Änderung

Die Vorschrift wurde durch Artikel 4 Drittes Seerechtsänderungsgesetz vom 16. Mai 2001 (BGBl. I S. 898) neu in die ZPO eingefügt. 1

II. Normzweck

Die Vorschrift, **die am 8. 10. 2002 in Kraft getreten ist,**[1] soll der wirksamen Durchsetzung der Ansprüche aus Bergung dienen.[2] Ohne die Vorschrift würde der Berger dem Risiko ausgesetzt vor einem ausländischen Gericht klagen zu müssen, wenn der Schiffseigentümer keine Niederlassung im Inland hat. Darüber hinaus würde der Berger der Gefahr ausgesetzt, dass das ausländische Gericht die von ihm geltend gemachten Ansprüche nicht nach dem Bergungsübereinkommen beurteilt, insbesondere dann, wenn der entsprechende ausländische Staat dem internationalen Übereinkommen von 1989 über Bergung nicht beigetreten ist.[3] Insbesondere bei Bergungsmaßnahmen ohne Abschluss eines Vertrages liefe der Berger Gefahr, dass einem nach dem Bergungsübereinkommen bestehenden Anspruch auf Sondervergütung, § 733 HGB, nicht stattgegeben würde.[4] Zur Durchsetzung dieser Ansprüche bezweckt die Vorschrift mithin die Einführung eines Klägergerichtsstandes für Ansprüche auf Bergelohn, §§ 742, 743 HGB sowie Sondervergütung, § 744 HGB. 2

III. Anwendungsbereich

1. Ansprüche aus Bergung. Die Ansprüche aus Bergung umfassen den Bergelohnanspruch sowie den Anspruch auf Sondervergütung ebenso wie den Ausgleichsanspruch der Schiffsbesatzung. Dabei ist gleichgültig, ob es sich um vertragliche Ansprüche aus einem Bergungsvertrag, § 750 HGB oder um gesetzliche Ansprüche handelt, §§ 742 ff. BGB. Für Aufwendungsersatzansprüche aus Geschäftsführung ohne Auftrag ist wegen der weitergehenden Regelungen in den §§ 740 ff. HGB kein Raum mehr.[5] Zu den Ansprüchen aus Bergung gehören auch diejenigen gegen den Berger,[6] insbesondere aus §§ 740, 741 HGB. 3

a) Bergelohnanspruch. Der Bergelohnanspruch ist der Anspruch des Bergers auf Bergelohn, § 742 Abs. 2 HGB. Der Bergelohn umfasst zugleich den Aufwendungsersatzanspruch, § 742 HGB. Der Begriff des **Berger** ist in § 740 Abs. 1 HGB definiert. Es handelt sich dabei um eine Person, natürliche oder juristische, die einem in Seegewässern in Gefahr befindlichen See- oder Binnenschiff oder sonstigem Vermögensgegenstand sowie einem in Binnengewässern in Gefahr befindlichen Seeschiff oder von einem Seeschiff aus einem in Binnengewässern in Gefahr befindlichen Binnenschiff oder sonstigen Vermögensgegenstand Hilfe leistet. Die Vorschrift findet daher auch auf die Bergung von Binnenschiffen Anwendung.[7] 4

b) Sondervergütung. Ein Anspruch auf Sondervergütung steht dem Berger gem. § 744 HGB zu. Hat der Berger durch seine Bergungsmaßnahmen einen Umweltschaden verhütet oder begrenzt, so kann die festzusetzende Sondervergütung um bis zu 30% erhöht werden, § 744 Abs. 3 HGB.[8] 5

---

[1] Zum Inkrafttreten siehe Rn. 12.

[2] Vgl. die Gesetzesbegründung BT-Drucks. 14/4672, S. 27 Art. 4 v. 17. 11. 2000.

[3] Wegen der Bedeutung des Bergungsübereinkommens insbesondere auch für den Umweltschutz vgl. die Gesetzesbegründung BT-Drucks. v. 17. 11. 2000, 14/4672, S. 11. Die entsprechenden Vorschriften des Bergungsübereinkommens sind im Achten Abschnitt des Fünften Buches des HGB, §§ 740 ff., enthalten, eingefügt durch Gesetz zur Neuregelung des Bergungsrechts in der See- und Binnenschifffahrt (Drittes Seerechtsänderungsgesetz) v. 16. 5. 2001 (BGBl. S. 898 ff.).

[4] BT-Drucks. 14/4672, S. 27, Art. 4.

[5] *Zöller/Vollkommer* Rn. 2.

[6] So auch *Musielak/Heinrich* Rn. 3.

[7] Vgl. Gesetzesbegründung BT-Drucks. 14/4672, S. 11 Ziff. 4; *Zöller/Vollkommer* Rn. 1.

[8] Damit soll ein finanzieller Anreiz für den Berger geschaffen werden, sich für die Eindämmung von Umweltschäden verstärkt einzusetzen, Gesetzesbegründung BT-Drucks. 14/4672, S. 11, Ziff. 3.

6 **c) Unerlaubte Handlung.** Der Gerichtsstand gilt auch für Ansprüche aus unerlaubter Handlung, die im Zusammenhang mit einer Bergung geltend gemacht werden. Dies ergibt sich bereits aus § 746 Abs. 1 HGB, der Ansprüche aus unredlichem Verhalten regelt, aber auch aus § 746 Abs. 2 HGB, der den Fall nachlässigen Verhaltens regelt. Handelt es sich allerdings lediglich um deliktische Ansprüche, die mit der Bergung nicht in Zusammenhang stehen, so kann der Gerichtsstand nicht gelten.[9]

7 **d) Einstweilige Verfügung.** Der Gerichtsstand gilt auch für die Beantragung einer einstweiligen Verfügung. Da die Vorschrift auf den Achten Abschnitt des Fünften Buches des HGB hinweist, findet auch § 753 a HGB Anwendung. Nach dieser Vorschrift kann der Berger im Wege der einstweiligen Verfügung eine Abschlagszahlung auch dann verlangen, wenn die Voraussetzungen der §§ 935, 940 ZPO nicht vorliegen.

8 **2. Schiffe.** Die Vorschrift gilt für Seeschiffe ebenso wie für Binnenschiffe, für Seegewässer, ebenso wie für Binnengewässer. Die bergungsrechtlichen Vorschriften gelten auch für **Staatsschiffe,** Artikel 7 Abs. 1 EGHGB.[10]

9 **3. Fehlender Inlandsgerichtsstand.** Der Gerichtsstand kann nur dann zur Anwendung kommen, wenn der Beklagte im Inland keinen Gerichtsstand hat. In Betracht kommen sämtliche Gerichtsstände, die ein möglicher Beklagter im Inland haben kann. Insbesondere kommen daher auch Gerichtsstände in Betracht, die nicht an den Wohnsitz, Sitz[11] oder den Aufenthaltsort anknüpfen.[12] In Betracht kommen daher auch der Gerichtsstand des Vermögens, § 23 oder Gerichtsstandsvereinbarungen, § 38 sowie der Gerichtsstand des Erfüllungsortes, § 29.[13] Der Kläger hat die Voraussetzung des fehlenden Gerichtsstandes des Beklagten im Inland schlüssig darzulegen.[14]

IV. Verhältnis zu anderen Vorschriften

10 **1. Besonderer Gerichtsstand.** Es handelt sich um einen besonderen,[15] nicht jedoch um einen ausschließlichen Gerichtsstand.[16]

11 **2. Internationale Zuständigkeit.** Die Vorschrift regelt doppelfunktional über die örtliche Zuständigkeit auch die internationale Zuständigkeit. Insbesondere durch die Regelung auch der internationalen Zuständigkeit soll dem Kläger die Möglichkeit gegeben werden, seine Ansprüche an seinem Gerichtsstand im Inland durchsetzen zu können.[17] Im Geltungsbereich der EG-Verordnung Nr. 44/2001, v. 22. 12. 2000 – EuGVO (abgedruckt s. u. 6. Teil. Internationales Zivilprozessrecht, Nr. 1) greift Art. 5 Nr. 1 ein.

V. Inkrafttreten

12 Die Vorschrift ist gleichzeitig mit dem Inkrafttreten des Gesetzes zur Neuregelung des Bergungsrechts in der See- und Binnenschifffahrt (Drittes Seerechtsänderungsgesetz) vom 16. 5. 2001 in Kraft getreten.[18] Das Dritte Seerechtsänderungsgesetz wiederum tritt nach Artikel 29 Abs. 1 Gesetz zu dem Internationalen Übereinkommen von 1989 über Bergung in Kraft, sobald 15 Staaten ihre Zustimmung ausgedrückt haben, durch das Übereinkommen gebunden zu sein.[19] Nach Artikel 2 Abs. 2 Bergungsübereinkommen ist der Tag, an dem das Übereinkommen nach Artikel 29 Abs. 2 für die Bundesrepublik Deutschland in Kraft tritt, im Bundesgesetzblatt bekannt zu geben.[20] Demnach ist das Gesetz und damit die Vorschrift am 8. 10. 2002 gemeinsam mit dem Internationalen Übereinkommen von 1989 über Bergung in Kraft getreten.[21]

---

[9] Vgl. *Zöller/Vollkommer* Rn. 2, der den Gerichtsstand für weitergehende Schadenersatzansprüche für anwendbar hält.
[10] Vgl. Gesetzesmaterialien BT-Drucks. v. 17. 11. 2000, 14/4672, S. 1, D., 1.
[11] *Baumbach/Lauterbach/Hartmann* Rn. 4.
[12] Zu den Gerichtsständen i. e. vgl. § 12 Rn. 26 ff.
[13] Vgl. *Zöller/Vollkommer* Rn. 2.
[14] Siehe § 12 Rn. 55.
[15] Siehe § 12 Rn. 29.
[16] Siehe § 12 Rn. 27.
[17] Vgl. die Gesetzesbegründung BT-Drucks. 14/4672, S. 27, Art. 4.
[18] BGBl. I S. 898.
[19] BGBl. 2001 II S. 520.
[20] BGBl. 2001 II S. 510.
[21] BGBl. 2002 I S. 1944.

§ 31 Besonderer Gerichtsstand der Vermögensverwaltung

Für Klagen, die aus einer Vermögensverwaltung von dem Geschäftsherrn gegen den Verwalter oder von dem Verwalter gegen den Geschäftsherrn erhoben werden, ist das Gericht des Ortes zuständig, wo die Verwaltung geführt ist.

I. Normzweck

Normzweck ist die Erleichterung der Rechtsverfolgung durch die Möglichkeit, den Rechtsstreit an dem Sitz der Verwaltung, mithin bei dem örtlich nächsten Gericht führen zu können. 1

II. Anwendungsbereich und Voraussetzungen

1. Begriff der Vermögensverwaltung. Unter **Vermögensverwaltung** ist nicht die Besorgung einer einzelnen Angelegenheit zu verstehen. Es handelt sich vielmehr um die Gesamtheit von Rechtsgeschäften und Handlungen, die zur Verwaltung eines bestimmten Vermögens vorgenommen werden.[1] Aus diesem Grunde liegt bei einem Generalagenten eine Vermögensverwaltung vor, bei einem gewöhnlichen Agenten hingegen nicht.[2] An der erforderlichen Befugnis zum selbständigen Abschluss von Geschäften und zur Einziehung der Gegenleistung sowie zur Pflicht der Rechnungslegung[3] fehlt es dann, wenn jemand lediglich die Befugnis zum Abschluss einzelner Geschäfte hat. Frachtführer, Lagerhalter und Spediteure sind deshalb grundsätzlich keine Vermögensverwalter. Die Verwaltung kann beruhen auf Gesetz, zB Elternrecht, Vormundschaft, Nachlassverwaltung und Wohnungseigentum,[4] ferner auf Vertrag, zB Dienstvertrag, Geschäftsbesorgungsvertrag, Auftrag, Gesellschaft, Gütergemeinschaft, oder aber auf vertragsähnlichen Verhältnissen wie Geschäftsführung ohne Auftrag.[5] 2

2. Beschränkung der Klagemöglichkeit. Der Anwendungsbereich ist beschränkt auf die Klage des Geschäftsherrn gegen den Verwalter oder des Verwalters gegen den Geschäftsherrn und muss sich sachlich auf die Vermögensverwaltung beziehen. Die Geltendmachung von Ansprüchen Dritter fällt deshalb nicht in den Anwendungsbereich des § 31. Typische Ansprüche aus Vermögensverwaltung sind zB Auskunftserteilung, Rechnungslegung, Herausgabe des Erlangten, Entlastung sowie der Anspruch des Verwalters auf Vergütung und Aufwendungsersatz. 3

3. Ort der Vermögensverwaltung. Der Ort der Vermögensverwaltung ist der Ort, wo sich der geschäftliche Mittelpunkt befand oder befindet, insbesondere die Geschäftsräume sowie Kasse und Buchführung. Auf die Belegenheit des verwalteten Vermögens selbst kommt es nicht an. Dies wird sogar häufig über mehrere Gerichtsbezirke verstreut sein. Der Gerichtsstand dauert an, solange Ansprüche aus der Verwaltung bestehen, mithin auch nach beendeter Verwaltung.[6] 4

III. Verhältnis zu anderen Vorschriften

1. § 31 ist **kein ausschließlicher Gerichtsstand.** Der Kläger hat unter mehreren Gerichtsständen die Wahl, § 35. 5

2. Die **EuGVO**[7] kennt keinen dem § 31 entsprechenden Gerichtsstand. Im Geltungsbereich der EuGVO ist deshalb der Beklagte grundsätzlich an seinem Wohnsitz zu verklagen, Art. 2 Abs. 1, 59 Abs. 1 EuGVO. Es können jedoch die Regelungen der Art. 5 Nr. 1, sowie Art. 22 Nr. 1 EuGVO eingreifen. Für Versicherungssachen, zB Versicherungsagenten, können die Art. 8ff. EuGVO zum Zuge kommen. 6

Außerhalb des Geltungsbereiches der **EuGVO** regelt § 31 auch die deutsche internationale Zuständigkeit. Befindet sich der Verwaltungssitz innerhalb der Bundesrepublik Deutschland, ist das für die Verwaltung örtlich zuständige Gericht auch international zuständig.[8] 7

§ 32 Besonderer Gerichtsstand der unerlaubten Handlung

Für Klagen aus unerlaubten Handlungen ist das Gericht zuständig, in dessen Bezirk die Handlung begangen ist.

---

[1] Vgl. *Baumbach/Lauterbach/Hartmann* Rn. 3; *Stein/Jonas/Roth* Rn. 4.
[2] Vgl. *Baumbach/Lauterbach/Hartmann* Rn. 3; *Stein/Jonas/Roth* Rn. 4.
[3] Vgl. *Zöller/Vollkommer* Rn. 1.
[4] BAG NJW 1974, 1016.
[5] AllgM; vgl. *Baumbach/Lauterbach/Hartmann* Rn. 3; *Zöller/Vollkommer* Rn. 1; *Stein/Jonas/Roth* Rn. 5.
[6] *Zöller/Vollkommer* Rn. 2; *Baumbach/Lauterbach/Hartmann* Rn. 4.
[7] Vgl. die Kommentierung zur EuGVO in Band 3.
[8] Vgl. *Stein/Jonas/Roth* Rn. 2.

Übersicht

I. Normzweck

1 Durch § 32 wird ein **besonderer Gerichtsstand der unerlaubten Handlung** geschaffen, der keine ausschließliche Zuständigkeit begründet. Die Vorschrift sieht eine besondere örtliche und damit mittelbar auch internationale Zuständigkeit vor.[1] Der Schaffung des Gerichtsstandes der unerlaubten Handlung liegt die gesetzgeberische Erwägung zugrunde, dass im Gerichtsbezirk des Begehungsortes die Aufklärung sachnäher und kostengünstiger durchgeführt werden kann.[2]

II. Anwendungsbereich und Voraussetzungen

2 **1. Klagen aus unerlaubter Handlung. a) Der Begriff der unerlaubten Handlung.** Der Begriff ist nach materiellem Recht zu qualifizieren. Von § 32 werden unerlaubte Handlungen im weiteren Sinne erfasst, nicht nur gem. §§ 823 ff. BGB.[3] Die Vorschrift findet grundsätzlich Anwendung auf Handlungen, die gesetzlich verboten sind und die wie §§ 823 ff. BGB eine Schadensersatzpflicht auslösen.[4]

3 Auf ein Verschulden des Beklagten kommt es nur insoweit an, als die materiell-rechtlichen Vorschriften dies erfordern, so dass § 32 auch auf Fälle der gesetzlichen Gefährdungshaftung Anwendung findet, wenn keine speziellen Vorschriften dafür gegeben sind.

4 Zu den Gefährdungshaftungstatbeständen bestehen neben § 32 inhaltlich entsprechende Vorschriften, die größtenteils außerhalb des BGBs geregelt sind.

5 **b) Anwendungsbereich im Einzelnen.** Bürgerliches Gesetzbuch: §§ 823 bis 826, 829, 831, 833 bis 839, 858 ff. BGB. Verletzungen des allgemeinen Persönlichkeitsrechtes gem. § 823 Abs. 1 BGB fallen ebenso unter § 32 wie Verletzungen von Schutzgesetzen im Sinne des § 823 Abs. 2 BGB wie Ansprüche aus Amtshaftung, Art. 34 GG iVm. § 839 BGB. Ansprüche wegen verbotener Eigenmacht auf Schadenersatz gegen den bösgläubigen, deliktischen oder bereits verklagten Besitzer gem. §§ 989, 990, 992 BGB können im Gerichtsstand des § 32 geltend gemacht werden.[5]

6 Bei der **Zwangsvollstreckung,** die sich als unberechtigt erweist: §§ 302 Abs. 4, 600 Abs. 2, 717 Abs. 2, 745, wenn die Ansprüche in selbstständiger Klage erhoben werden.[6]

---

[1] BGH NJW 1977, 1590 = LM Nr. 9; BGH NJW 1980, 1224, 1225.

[2] BGH NJW 1977, 1590 = LM Nr. 9; OLG Hamm NJW 1987, 138; OLG München NJW-RR 1993, 703; *Kiethe* NJW 1994, 224.

[3] BGH NJW 1973, 410, 411; KG NJW 1997, 3321.

[4] BGH NJW 1956, 911.

[5] Ebenso *Zöller/Vollkommer* Rn. 6.

[6] Auch für Vollstreckungsgegenklagen aus § 826 BGB, vgl. OLG Koblenz NJW-RR 1989, 1013; OLG Hamm MDR 1987, 1029.

Aus **gesetzlicher Gefährdungshaftung:** §§ 25 ff. AtomG §§ 1, 2, 3, 14 HPflG, §§ 7 ff; 20 ff. StVG, § 56 LuftVG, § 22 Abs. 2 WHG,[7] § 1 ProdHaftG, §§ 32 ff. GenTG, § 84 AMG, § 6 Abs. 2 ÖlschadensG.[8] 7

Aus der Verletzung **gewerblicher Schutzrechte:** Marken-, Firmen-, Urheber-, Patent-,[9] Geschmacksmuster-, Gebrauchsmuster-, Sortenschutzrechte sowie Rechte aus dem Halbleiterschutzgesetz. Richtigerweise müssen in diesem Gerichtsstand auch Ansprüche aufgrund der Nutzung oder Verletzung gewerblicher Schutzrechte nach den Grundsätzen der Eingriffskondiktion geschuldeten Herausgabe der erlangten Vorteile geltend gemacht werden können. Die Nähe der Eingriffskondiktion zum Deliktsrecht rechtfertigt deren Qualifizierung als „unerlaubte Handlung" iSd. § 32.[10] Auch gehören hierzu Fälle der unerlaubten Eigengeschäftsführung gem. § 687 Abs. 2 BGB[11] 8

Aus **unlauterem Wettbewerb:** Hier schließt die Sonderregelung des § 14 UWG,[12] die einen ausschließlichen Gerichtsstand enthält, in dem außer dem allgemeinen Gerichtsstand des Beklagten (§ 14 Abs. 1 UWG) nur der Gerichtsstand des Handlungsortes (§ 14 UWG) gegeben ist, die Anwendung von § 32 nur dann aus, wenn der Kläger Ansprüche geltend macht, die sich nur aus dem UWG ergeben.[13] Klagen von mittelbar betroffenen Mitbewerbern, Verbänden und Kammern gem. § 14 Abs. 2 S. 2 iVm. § 8 Abs. 3 Nr. 2–4 UWG aus Unterlassungsansprüchen gegen inländische Beklagte sind nicht mehr im Gerichtsstand des § 32 zu erheben. Für unmittelbar von Wettbewerbsverstößen Betroffene steht der Gerichtsstand aber weiterhin zur Verfügung, § 14 Abs. 2 S. 2 UWG.[14] Auch eine gewillkürte Prozessstandschaft kann die Grenzziehung der Verbandsklagebefugnis zwischen unmittelbar und mittelbar Betroffenen auf der Klägerseite gem. § 14 Abs. 2 UWG nicht aushebeln.[15] Auch der Verbandsklagebefugnis bei Verstößen gegen die ZugabeVO sind enge Grenzen gesetzt.[16] 9

Der **Insolvenzverwalter** kann für Ansprüche, die sich aus § 60 InsO gegen ihn wegen Verletzung der ihm obliegenden Pflichten ergeben, im Gerichtstand des § 32 verklagt werden. Dies ergibt sich aus dem deliktsrechtsähnlichen Charakter der Haftung des Insolvenzverwalters nach § 60 InsO.[17] Dies gilt auch für die Haftung des Insolvenzverwalters für die von ihm eingesetzten Mitarbeiter nach § 278 oder § 831 BGB.[18] 10

Bei **Kartellverstößen** kommt der Gerichtsstand für Schadensersatzklagen wegen Preisabsprachen, Verhängung von Liefersperren, Diskriminierung in Betracht.[19] 11

Aus **Konzernhaftung** des beherrschenden Unternehmens gem. §§ 302, 303 AktG wegen Schädigung abhängiger Gesellschaften unter missbräuchlicher Ausübung der Konzernleitungsmacht.[20] 12

c) Klageart. § 32 findet unabhängig davon Anwendung, ob der Kläger im Wege der Leistungsklage oder der Feststellungsklage[21] vorgeht. Ferner ist die Vorschrift auch einschlägig für eine Klage auf Gegendarstellung und Widerruf, wie dies insbesondere für die Geltendmachung presserechtlicher Ansprüche in Betracht kommt. Der Kläger kann aber im Gerichtsstand des Deliktsortes nicht erst dann klagen, wenn er Ansprüche aus einer vollendeten unerlaubten Handlung geltend macht, sondern kann diesen Gerichtsstand auch bereits in Anspruch nehmen, sobald eine unerlaubte Handlung droht. Dies folgt aus dem Zweck der Vorschrift, wonach das örtlich nächste Gericht sich mit der Sache befassen soll. Gerade im Falle des vorbeugenden Rechtsschutzes ist jedoch der Kläger häufig darauf angewiesen, die Rechtsinstitute des Arrestes und der einstweiligen Verfügung in Anspruch zu nehmen. Wegen der damit verbundenen besonderen Eilbedürftigkeit bietet sich die Anwendung des § 32 erst recht an. Im Gerichtsstand des § 32 kann deshalb auch auf Unterlassung schon begonnener unerlaubter Handlungen geklagt oder die vorbeugende Unterlas- 13

---

[7] BGHZ 80, 1, 3 = NJW 1981, 1516.
[8] Vgl. *Zöller/Vollkommer* Rn. 7.
[9] § 32 ist nicht anwendbar bei Ansprüchen aus §§ 32 Abs. 5, 33 PatG.
[10] *Spickhoff* ZZP 109 (1996), 493, 513.
[11] OLG Hamm OLGR 2003, 82.
[12] Art. 2 UWGÄndG vom 25. 7. 1994 BGBl. I S. 1738.
[13] OLG Köln NJW 1970, 476; OLG München BB 1986, 425.
[14] OLG Zweibrücken GRUR 1997, 77 m. weit. Nachw.; OLG Düsseldorf NJW 1995, 60; OLG Hamburg NJW-RR 1995, 1449; *Dieselhorst* WRP 1995, 1; *Vogt* NJW 1995, 2825; *Tillmann* BB 1994, 1793; a A LG Frankenthal NJW-RR 1996, 234.
[15] BGH NJW 1998, 1149.
[16] Vgl. *Zöller/Vollkommer* Rn. 10.
[17] HK-InsO/Eickmann § 60 InsO Rn. 4.
[18] HK-InsO/Eickmann § 60 InsO Rn. 15.
[19] OLG München NJW 1996, 2382; *Ehricke* ZZP 111 (1998), 174.
[20] BGHZ 122, 123 = NJW 1993, 1200 = WM 1993, 687; OLG Köln OLGR 1998, 40.
[21] Für die negative Feststellungsklage auf Feststellung der Unwirksamkeit eines wegen Betrugs (§ 123 BGB) angefochtenen Vertrag s. BayObLG MDR 2003, 1311.

sungsklage[22] bei einer drohenden unerlaubten Handlung anhängig gemacht werden. Für Arrest und einstweilige Verfügung findet § 32 aufgrund von §§ 919, 937 Anwendung.

14 **2. Parteien.** Es spielt ebenfalls keine Rolle, **gegen wen und von wem** die Klage erhoben wird. Soweit das Gesetz die Haftung von Mittätern,[23] Anstiftern und Gehilfen (§ 830 BGB) vorsieht, kann sich die Klage gegen diese richten, außerdem gegen deren Rechtsnachfolger und gegen Personen, die aus Vertrag oder Gesetz für andere haften, etwa der Geschäftsherr gemäß § 831 BGB,[24] der Komplementär einer Kommanditgesellschaft gem. §§ 161 Abs. 2, 128 HGB oder der Verein gem. § 31 BGB. Der Gerichtsstand des § 32 ist auch gegeben, wenn der Geschädigte den Versicherer gemäß § 3 Nr. 1 PflVG in Anspruch nimmt.[25] Erhoben werden kann die Klage vom Geschädigten oder von demjenigen, auf den der Anspruch durch Vertrag oder Gesetz übergegangen ist. Auch der Versicherer, der gemäß §§ 158ff. VVG Rückgriff gegen den Versicherten nimmt, kann dies im Gerichtsstand des § 32 tun.[26] Haften mehrere gemeinsam für eine Verletzung, so ist der Gerichtsstand für jeden selbständig zu bestimmen.[27] Für einen Mittäter gilt, dass er sich auch die Teilbeiträge der anderen anrechnen lassen muss.[28]

15 **3. Grenzen der Anwendbarkeit.** Die Grenzen der Anwendbarkeit liegen dort, wo andere zum Schadensersatz verpflichtende Tatbestände mit deliktischen Handlungen zusammenfallen können.

16 **a) Einzelfälle. Keine Anwendung** findet § 32, wenn es um einen Anspruch auf Gegendarstellung nach den Landespressegesetzen geht.[29] Insoweit soll es sich nicht um einen Schadensersatzanspruch handeln. Auch soweit es um die Anfechtung von Rechtshandlungen gemäß §§ 129ff. InsO und §§ 3ff. AnfG geht, begründet § 32 keine Zuständigkeit.[30] Anfechtungstatbestände haben keinen Deliktscharakter, da weder die Rechtshandlung, die den Rückgewähranspruch auslöst, sich als unerlaubte Handlung gegen diejenigen darstellt, deren Interesse die Anfechtung dient, noch der Anfechtungsanspruch auf Schadensersatz, sondern lediglich auf Rückgewähr gerichtet ist.[31]

17 **Nicht anwendbar ferner** bei Klagen aus ungerechtfertigter Bereicherung gemäß §§ 812ff. BGB, sofern Leistungskondiktion vorliegt, anders bei Eingriffskondiktion.[32] Ansprüche aus gesetzlichen Ausgleichsverhältnissen wie zwischen mehreren deliktisch Haftenden untereinander gem. §§ 840, 421 BGB oder § 33 PatG, ebenso Ansprüche auf Rückerstattung oder Wertersatz von gemachten Geschenken u. ä aus einem vorzeitig endenden Verlöbnis.[33] Bei außerehelichem Beischlaf muss § 32 dann anwendbar sein, soweit dies gleichzeitig eine unerlaubte Handlung – Körperverletzung – darstellt, nicht jedoch für den Unterhalt nichtehelicher Kinder, da hier der Schadensbegriff nach §§ 823ff. BGB nicht erfüllt sein dürfte.[34] Nicht in den Bereich der Vorschrift fallen schließlich die Verletzung von Pflichten des Vormundes, des Betreuers, des Testamentsvollstreckers sowie die Geltendmachung von Aufopferungsansprüchen.[35]

18 **b) Vertragsverletzungen.** Bei Vertragsverletzungen greift der Deliktsgerichtsstand nur dann ein, wenn sich die Vertragsverletzung zugleich auch als deliktischer Tatbestand darstellt. Dies ist nicht bereits dann der Fall, wenn ein Anspruch aus einem Vertragsstrafeversprechen geltend gemacht wird, da es sich insoweit allein um einen vertraglichen Anspruch handelt. Der Deliktsgerichtsstand kommt jedoch dann zum Zuge, wenn sich die Verletzung vertraglicher Pflichten, was auch für vor- und nachvertragliche Pflichten gilt, zugleich als unerlaubte Handlung darstellt wie zB bei arglistiger Täuschung bei Vertragsschluss, Eingehungsbetrug sowie bei täuschenden und betrügerischen Handlungen bei Vertragserfüllung.

19 Beim **Zusammentreffen deliktischer und vertraglicher Ansprüche** kann der Kläger im Deliktsgerichtsstand nur die deliktischen oder deliktsähnlichen Ansprüche wie Ansprüche aus

---

22 KG NJW 1997, 3321; BGH MDR 1995, 282.

23 BGH NJW 1995, 1226 = MDR 1995, 519.

24 BGH ZIP 1989, 830.

25 BGH NJW 1983, 1799; BayObLG NJW 1985, 570; auch der Versicherer aus übergegangenen Recht gegen den Arzneimittelhersteller, vgl. BGH NJW 1990, 1533; NJW 1990, 2316.

26 OLG München NJW 1967, 55.

27 BayObLGZ 95, 303.

28 BGH NJW 1995, 1226; NJW-RR 1990, 604.

29 OLG Frankfurt/M. NJW 1960, 2058; *Palandt/Sprau* Vor § 823 BGB Rn. 36ff.

30 OLG Köln OLGR 1998, 40; BGH NJW 1990, 991; *Zöller/Vollkommer* Rn. 12; *Stein/Jonas/Roth* Rn. 21; a A *Baumbach/Lauterbach/Hartmann* Rn. 7.

31 Ebenso *Baumbach/Lauterbach/Hartmann* Anh. § 286 Rn. 195 „Umwelthaftung".

32 *Spickhoff* ZZP 109 (1996), 493, 513.

33 BGHZ 132, 115 = NJW 1996, 1411.

34 Vgl. hierzu undifferenziert *Zöller/Vollkommer* Rn. 12.

35 Vgl. LG Flensburg SchlHA 58, 204.

Eingriffskondiktion,[36] jedoch keine vertraglichen Ansprüche geltend machen, selbst dann nicht, wenn die Ansprüche in einem Sachzusammenhang zueinander stehen. Die Zulässigkeit des Gerichtsstandes aus dem Sachzusammenhang ist abzulehnen. Ansonsten könnte der Kläger sowohl die örtliche wie auch die internationale Zuständigkeit erlangen, sofern er für die Zuständigkeit die Geltendmachung deliktischer Ansprüche schlüssig vorträgt. Damit würde der Schutz des Beklagten, diesen grundsätzlich auch international an seinem Wohnsitzgerichtsstand zu verklagen, unterlaufen werden. Ein Gerichtsstand des Sachzusammenhanges wird auch nicht aufgrund der zum 1. 1. 1991 erfolgten Änderung des § 17 Abs. 2 S. 1 GVG begründet.[37] Den Auffassungen, die aus Gründen der Prozesswirtschaftlichkeit die Anerkennung eines allgemeinen Gerichtsstandes des Sachzusammenhanges für sämtliche konkurrierende Anspruchsgrundlagen befürworten,[38] kann daher nicht gefolgt werden. Ausnahmsweise sollen mindestens diejenigen Ansprüche, die auf Verschulden bei Vertragsabschluss gestützt werden, mit geltend gemacht werden können.[39] Richtigerweise ist vielmehr von einer gespaltenen Zuständigkeit auszugehen. Das Gericht hat den Rechtsstreit, soweit er auf vertragliche Ansprüche gestützt wird, auf Antrag des Klägers zu verweisen, § 281.[40] Neue Rechtsprechung des BGH: Nach Inkrafttreten von § 17 Abs, 2 GVG hat das nach § 32 örtlich zuständige Gericht den Rechtsstreit unter allen in Betracht kommenden rechtlichen Gesichtspunkten zu entscheiden, wenn im Gerichtsstand der unerlaubten Handlung im Rahmen der Darlegung eines Anspruches aus unerlaubter Handlung ein einheitlicher prozessualer Anspruch geltend gemacht wird.[41]

4. Begehungsort. Der Tatort liegt überall dort, wo ein Teilakt der unerlaubten Handlung begangen wurde.[42] Dies ist zunächst der Handlungsort als Ort, an dem das schadensbegründende Ereignis veranlasst wurde. Darüber hinaus auch der Erfolgsort[43] als der Ort, an dem das Schadensereignis eingetreten ist. Der Ort, wo der schädigende Erfolg eingetreten ist, ist nur insoweit maßgeblich, als die unerlaubte Handlung durch den Erfolg nicht vollendet wäre.[44] Grundsätzlich kommt es nicht darauf an, wo der Verletzungserfolg und weitere Schadensfolgen eingetreten sind. Der Schadensort findet als Ort, wo der Vermögensschaden eintritt, zB Vermögensaufwendungen für Heilkosten, nach hM als Gerichtsstand keine Berücksichtigung.[45] Nur wenn der Schadenseintritt selbst zum Tatbestand der Rechtsverletzung gehört, ist der Ort des Schadenseintritts Verletzungs- und zugleich Begehungsort.[46] Dies ist beispielsweise der Fall, sofern eine Körperverletzung am Wohnort des Verletzten[47] oder ein Betrug am Belegenheitsort des Klägervermögens vorliegt.[48] Ausreichend ist, dass irgendein Tatbestandsmerkmal verwirklicht wurde.[49] Das ernsthafte Drohen der Begehung einer unerlaubten Handlung kann den Gerichtsstand schon begründen.[50] Die bloße Vorbereitung einer Verletzungshandlung reicht hingegen für die Anrufung des Gerichtsstandes nicht aus. Bei Unterlassungen wird der Ort als Begehungsort angesehen, an dem die pflichtwidrig unterlassene Handlung vorzunehmen war.[51] Unterlassungsklagen richten sich im übrigen nach dem Ort, an dem sich das bedrohte Rechtsgut befindet. Wenn der Begehungsort in verschiedenen Gerichtsbezirken liegt, hat der Kläger die Wahl, § 35, welches der in Frage kommenden Gerichte er anruft. 20

---

36 Vgl. OLG Hamm NJW-RR 2000, 727.

37 So jetzt ausdrücklich gegen den Gerichtsstand des Sachzusammenhanges BGH NJW 1996, 1411, 1413.

38 Vor § 253 Rn. 39 und § 261 Rn. 59; *Zöller/Vollkommer* Einl. Rn. 85; § 12 Rn. 21; § 32 Rn. 20; *Rosenberg/Schwab/Gottwald* § 36 II 7; *Bauer/Grunsky* ZPR, 7. Aufl., Rn. 59a; *Schielken* ZPR, 2. Aufl., Rn. 319; *Zeiss* ZPR, 8. Aufl. Rn. 91; *Schwab,* FS Zeuner, 1994, S. 499, 509; *Hoffmann* ZZP 107 (1994), 3, 11; BayObLG NJW-RR 1996, 508 = MDR 1995, 1261; OLG Hamburg MDR 1997, 884.

39 So ausdrücklich BayObLG MDR 1995, 1261 mit Hinweis auf § 17 Abs. 2 GVG.

40 Zum Problemkreis des Gerichtsstandes des Sachzusammenhanges der gespaltenen örtlichen Zuständigkeit vgl. ausführlich § 12 Rn. 35ff.; vgl. auch BGH WM 1988, 840; OLG Hamm VersR 1988, 391. Bei zulässiger Prorogation des Gerichtsstandes gilt das auch für deliktische Ansprüche, die zusammen mit einer Vertragsverletzung geltend gemacht werden, vgl. OLG München ZZP 103 (1990), 84, 89.

41 BGHZ 153, 173 = VersR 2003, 663 = NJW 2003, 828; anders noch OLG Hamm NJW-RR 2002, 1291; s. dazu *Kiethe* NJW 2003, 1294.

42 RGZ 72, 41, 44; BGHZ 40, 391, 395 = NJW 1964, 969.

43 BGHZ 124, 245 = NJW 1994, 1414; BGHZ 132, 111 = NJW 1996, 1413; BayObLGZ 95, 303; AG Limburg RR 2002, 751.

44 BGHZ 52, 108, 111 = NJW 1969, 1532; BGH NJW 1977, 1590 = LM Nr. 9; BGH NJW 1980, 1224, 1225.

45 Vgl. *Kiethe* NJW 1994, 225 mit Beispielen zur Unterscheidung von Handlungsort, Erfolgsort und Schadensort.

46 BGHZ 40, 395 = NJW 1964, 969.

47 BGH NJW 1990, 1533; OLG Karlsruhe OLGR 2003, 438.

48 BGHZ 132, 111 = NJW 1996, 1413; BayObLG MDR 2003, 893.

49 BGHZ 124, 245 = NJW 1994, 1414.

50 BGH MDR 1995, 282; OLG Düsseldorf WM 1997, 1446.

51 OLG Karlsruhe MDR 1960, 56.

21 **5. Einzelfälle. a) Bildnisrecht:** Für Klagen wegen Verletzung des Bildnisrechtes in Film und Fernsehen ist § 32 maßgeblich. Bei der heutigen allgemeinen Verbreitung des Fernsehens kann der Verletzte mithin theoretisch bei jedem inländischen Gericht Klage erheben.[52] In tatsächlicher Hinsicht ist es jedoch zu einer Konzentration der Rechtsstreite bei den Landgerichten einzelner Großstädte gekommen, zB Düsseldorf, Frankfurt, Hamburg, Köln, München.[53] Nach § 105 UrhG können die Landesregierungen durch Rechtsverordnung, Urheberstreitsachen mehrerer Landgerichtsbezirke einem Landgericht, § 105 Abs. 1 UrhG, bzw mehrerer Amtsgerichtsbezirke einem Amtsgericht, § 105 Abs. 2 UrhG, zuweisen.

22 **b) Boykottaufruf:** Begehungsort bei einem Boykottaufruf ist der Ort, wo der Aufruf zum Boykott erfolgt und auch dort, wo er seine Adressaten erreicht. Auf den Sitz des Boykottierten als Ort, an dem der Schaden eintritt, kommt es nicht an.[54]

23 **c) Briefe:** Bei unerlaubten Handlungen, die durch die Zusendung von Briefen, Telegrammen o. ä. begangen werden, ist der Begehungsort am Handlungsort des Täters als auch am Erfolgsort des Empfängers gegeben, dh. insbesondere dort, wo er das Schriftstück aufgegeben hat, und dort, wo es den Empfänger erreicht hat.[55]

24 **d) Firmenbezeichnungen:** Verletzungen durch Verwendung bereits geschützter Firmenbezeichnungen sind überall dort gegeben, wo sie bestimmungsgemäß von der Öffentlichkeit (Konsumenten, Wettbewerber etc.) zur Kenntnis genommen werden.[56]

25 **e) Immissionsschäden:** Als Gerichtsort kommt zum einen der Ort in Betracht, an dem die Anlage betrieben wird, zum anderen jeder Ort, wo die Umweltschädigungen auftreten.[57]

26 **f) Internet:** Gemäß § 823 BGB können unterschiedliche Varianten von Verletzungen im online-Bereich auftreten. Durch gefährliche oder falsche Informationen können unmittelbar geschützte Rechtsgüter verletzt werden, soweit sich der Nutzer auf die Richtigkeit der Information verlässt. Bei der Haftung für fehlerhafte Produkte wie virenverseuchte Software oder Äußerungsdelikte in Datenform oder Verletzungen von Firmen- und Namensrechten unter Verwendung von Domain-Namen liegt der Erfolgsort eindeutig am Ort des Eintrittes der Rechtsgutverletzung.[58] Der Ort der Handlung ist problematisch. Dies kann einerseits der Ort der Herstellung sein, andererseits der Ort, an dem die Information in das Netz geladen wird. In diesen Fällen ist der Tatort am Erfolgsort gegeben, dh. dort, wo die Rechtsgutverletzung aufgrund der Mängel auftritt, also am Aufenthaltsort bzw. Abnahmeort des Nutzers oder am Belegenheitsort des Computers (Wohnsitz oder Sitz des geschädigten Klägers). Der Handlungsort, an dem die jeweilige Software in den Vertrieb gelangt, ist stets für den Nutzer am Ort des befindliche Servers. Der Vertriebsort (Leistungsort) ist daher nicht weltweit zu verstehen, sondern ist zunächst auf den Belegenheitsort des Servers beschränkt, der vom Nutzer kontaktiert wird, um an die dort gespeicherten Informationen zu gelangen. Der Anbieter von Informationen muss unter Umständen damit rechnen, dass der Abruf der geladenen Informationen weltweit zugänglich ist, trotzdem erfolgt die Verletzung an einem bestimmten Ort. Handlungsort ist demnach der Ort des Erstellers der Informationen oder der Wohnsitz des Erstellers.[59] Allein der Belegenheitsort des Servers ist als Anknüpfungspunkt ungeeignet, da es sich lediglich um eine technische Einrichtung handelt, die grundsätzlich auch Manipulationen ausgesetzt sein kann. Daher ist der Sitz des Informationsanbieters maßgeblich, da von dort das Inverkehrbringen der Daten willentlich gesteuert wird.[60] Der Server ist nur eines der technischen Instrumente der Umsetzung. Verletzungen können im Gerichtsstand des § 32 überall dort gegeben sein, wo die über Internet geladenen Daten Dritten nicht nur bloß zufällig zur Kenntnis kommen können.[61] Besonders bedeutsam ist der Kampf um die **Domain-Namen,** weil diese unter der Top-Level-Domain (zB „de"; „com"; „org") nur einmal vergeben werden. Werden durch Domain-Namen fremde Kennzeichenrechte verletzt, ist die gerichtliche Zuständigkeit überall dort gegeben, wo die über das Internet geladenen Daten bestimmungsgemäß abgerufen werden können.[62] Dieser Grundsatz gilt auch

---

[52] Vgl. OLG München RIW 1988, 647.
[53] Vgl. *Schricker/Gerstenberg,* UrhG, 3. Aufl. 2006, § 60 Rn. 24.
[54] OLG Frankfurt/M. WRP 1986, 559.
[55] BGHZ 40, 39, 394 = NJW 1964, 969, für Distanzdelikte vgl. „Telekommunikation".
[56] KG NJW 1997, 3321.
[57] OLG Köln BB 1983, 1388.
[58] Vgl. *Koch* CR 1999, 121 ff.; KG NJW 1997, 332; *Wagner* CR 1998, 678; *Spindler* ZUM 1996, 533, 544 ff.
[59] *Loewenheim/Koch,* Praxis des Online-Rechts, 1998, S. 394 ff.; *Hoeren/Sieber/Pichler* Teil 31, Rn. 121; *Ernst* BB 1997, 1059.
[60] *Hoeren/Sieber/Pichler* Teil 31, Rn. 121.
[61] KG NJW 1997, 3321; OLG Düsseldorf NJW-RR 1998, 979; LG Berlin MMR 1999, 43.
[62] KG NJW 1997, 3321; OLG Düsseldorf NJW-RR 1998, 979; LG München RIW 2000, 466; a. A. OLGR Celle 2003, 47.

für die internationale Zuständigkeit.[63] Ggf. sind Konzentrationszuständigkeiten gem. §§ 125e, 140 MarkenG zu beachten. Bei Internetwerbung genügt der Abrufort als solcher noch nicht.[64]

g) Kartellrechtliche Belieferungsklage: Gemäß § 26 Abs. 2 GWB a.F. kann das nicht belieferte Unternehmen an dem für seinen Sitz zuständigen Gericht Klage erheben, wenn dort der Mittelpunkt seiner geschäftlichen Betätigung liegt und sich die Behinderung oder Diskriminierung dort auswirkt.[65] 27

h) Preisbindungsverstöße: Der Gerichtsstand der unerlaubten Handlung ist nur dort gegeben, wo der Händler seine Verkaufstätigkeit entfaltet.[66] 28

i) Presseerzeugnisse: Der Begehungsort der unerlaubten Handlung ist zum einen am Erscheinungsort des Druckwerks und zum anderen in dessen Verbreitungsgebiet gegeben, dh. dort, wo dessen Inhalt dritten Personen bestimmungsgemäß zur Kenntnis gebracht wird, indem der Herausgeber die Verbreitung in dem Gebiet beabsichtigt oder zumindestens damit rechnen muss.[67] Nicht als Begehungsort anzusehen ist der Wohnsitz des – etwa in seinem allgemeinen Persönlichkeitsrecht – Verletzten, da es unerheblich ist, wo nach Vollendung der unerlaubten Handlung die Schadensfolgen eingetreten sind.[68] 29

k) Produzentenhaftung: Für die Zuständigkeit des Gerichts ist der Ort maßgeblich, an dem das Produkt hergestellt wurde oder der Ort, an dem der Schaden am Produkt aufgetreten ist. Unerheblich sind der Vertriebsort oder die Orte, an welchen für das Produkt geworben wurde.[69] Dies trifft auch für die Haftung aus Instruktionsmängeln zu. 30

l) Schutzrechtsverletzungen i.R. des Patent-, Marken-, Firmenrechtes: Liegt die Verletzung im Verkauf schutzrechtswidrig hergestellter Waren, so ist der Gerichtsstand des § 32 sowohl dort eröffnet, wo die Verletzungshandlung vorgenommen wurde (Herstellung, Markierung) als auch dort, wo die Ware in den Verkehr gebracht wird.[70] Erfolgt die Verletzung im Einzelhandel gegenüber dem Endverbraucher kann der Hersteller oder Importeur am Verkaufsort belangt werden, wenn die Ware mit seinem Wissen und Wollen vertrieben wird.[71] 31

m) Spesenreiterei (Churning): Wird dies durch einen Broker oder Vermittler begangen, der mit der Kontoführung zum Zwecke der Abwicklung von Börsentermingeschäften betraut ist, ist der Ort des Vermögensschadens maßgeblich.[72] 32

n) Streik: Das Gericht, in dessen Bezirk sich der Betrieb/die Unternehmung befindet. 33

o) Telekommunikation: Für fernmündlich oder -schriftlich begangene Äußerungsdelikte ist der Ort der Übermittlung und des Empfangs bzw. des Sende- und Empfanggerätes maßgeblich.[73] S. Briefdelikte. 34

p) Urheberrechte: Verletzungen sind regelmäßig dort begründet, wo ein Nichtberechtigter die Handlung vornimmt, zB. nicht lizenzierte Musikaufführungen. Nicht entscheidend ist der Sitz der jeweiligen Verwertungsgesellschaft, obwohl der Verletzer dort die Lizenz oder Einwilligung hätte einholen müssen. Im Fall der Unterlassungsklage kommt es darauf an, wo der Beklagte hätte handeln müssen.[74] Bei lizenzierten Werken ist der Gerichtsstand auch an dem Ort begründet, an dem der Verletzer die Lizenz hätte beantragen müssen.[75] Ansprüche einer Verwertungsgesellschaft wegen Verletzung eines von ihr wahrgenommenen Nutzungs- oder Einwilligungsrechtes sind im ausschließlichen Gerichtsstand des § 17 WahrnehmungsG zu erheben.[76] 35

q) Vollstreckungstitel: Bei der sittenwidrigen Ausnutzung, § 826 BGB, liegt der Begehungsort dort, wo der Vollstreckungstitel in Schädigungsabsicht erwirkt wird und auch dort, wo die Pfän- 36

---

63 *Bettinger* GRUR Int. 1997, 417.

64 Siehe *Zöller/Vollkommer* Rn 17; OLG Bremen EWiR 2000, 651; Hamburg ZUM-RD 2003, 124 (str.).

65 OLG Stuttgart BB 1979, 390; vgl. dazu *Winkler* BB 1979, 402.

66 OLG Düsseldorf BB 1983, 1320.

67 BGH NJW 1977, 1590; BGHZ 131, 355 = NJW 1996, 1128; München OLGZ 87, 217; NJW-RR 94, 190; § 7 StPO ist nicht entsprechend anwendbar; vgl. *Zöller/Vollkommer* Rn. 17.

68 BGH NJW 1977, 1590.

69 OLG Frankfurt/M. OLGR 95, 119; *Stein/Jonas/Roth* Rn. 35; OLG Stuttgart NJW-RR 2006, 1362.

70 *Benkard/Rogge,* PatG, 10. Aufl. 2006, § 139 Rn. 98; LG Mainz BB 1971, 143; *Kühnen* GRUR 1997, 20.

71 *Althammer/Ströbele/Hacker* MarkenG, 7. Aufl., § 141 Rn. 8.

72 BGH NJW 1995, 1226.

73 OLG München NJW-RR 1994, 190 mit bedenklichen Einschränkungen.

74 Vgl. *Baumbach/Lauterbach/Hartmann* Rn. 21; *Zöller/Vollkommer* Rn. 17.

75 *Schulze/Bötticher,* Recht und Unrecht, 225 GEMA; aA BGHZ 52, 108.

76 Vom 9. 9. 1965 BGBl. I S. 1294.

dungen stattgefunden haben.[77] Die Zuständigkeit gemäß § 32 ist somit auch dort gegeben, wo die Pfändung durch Zustellung des Pfändungs- und Überweisungsbeschlusses an den Drittschuldner bewirkt wurde.[78] Bei einer Lohnpfändung ist der Sitz des Arbeitgebers ausschlaggebend.

37 **r) Vorbeugende Unterlassungsklage:** Der Gerichtsstand findet zumindest aufgrund einer Analogie zu § 32 Anwendung, wenn eine Klage nach § 1004 BGB erhoben wird.[79]

38 **s) Werbung durch unlautere Gewinnzusagen (§ 661 a BGB):** Begehungsort muss auch am Empfangsort sein.[80]

39 **6. Begründung der Zuständigkeit.** Der Gerichtsstand des § 32 ist gegeben, wenn der Kläger Tatsachen, aus denen sich bei zutreffender rechtlicher Würdigung eine unerlaubte Handlung ergibt, schlüssig vorgetragen hat.[81] Bei Klagen gegen Streitgenossen muss die unerlaubte Handlung für jeden dargelegt werden.[82] Werden diese Tatsachen nicht erwiesen, so ist die Klage als unbegründet und nicht als unzulässig abzuweisen.[83]

III. Konkurrenzen und Internationale Zuständigkeit

40 **1. Konkurrenzen.** Bei § 32 handelt es sich um einen Wahlgerichtsstand. Der Kläger hat demnach die Wahl gem. § 35, ob er den Beklagten im Gerichtsstand des § 32 oder aber in einem sonstigen, zB im allgemeinen Gerichtsstand, verklagen will. § 35 greift insbesondere dann ein, wenn die unerlaubte Handlung in mehreren Gerichtsbezirken begangen wurde. Der Kläger kann dann Klage vor dem Gericht seiner Wahl erheben. Streitig ist, ob der Gerichtsstand des § 32 unter den Voraussetzungen der §§ 38 ff. derogiert werden kann. Dies muss für bereits begangene unerlaubte Handlungen möglich sein. Bei erst in der Zukunft liegenden unerlaubten Handlungen kann dies nur dann bejaht werden, wenn eine Vereinbarung im Hinblick auf ein bestimmtes Rechtsverhältnis vorgenommen wurde, § 40 Abs. 1. Dies ist in der Regel nur bei gleichzeitigen vertraglichen Vereinbarungen zwischen den Parteien denkbar. Möglich ist dies zB bei dem Zusammentreffen einer vertraglichen Gerichtsstandsvereinbarung mit Gefährdungshaftungstatbeständen.[84]

41 **2. Internationale Zuständigkeit.** § 32 begründet bei Vorliegen seiner Voraussetzungen und damit der deutschen örtlichen Zuständigkeit auch die internationale Zuständigkeit. Die internationale Zuständigkeit kann insbesondere dann aus § 32 folgen, wenn der deliktische Erfolg sich innerhalb der Bundesrepublik Deutschland auswirkt oder dort das schädigende Ereignis eingetreten ist.[85]

42 **3. EuGVO.** Im Geltungsbereich der **EuGVO**[86] greift die Sondervorschrift des Art. 5 Nr. 3 EuGVO ein, die insoweit den § 32 verdrängt. Dessen Anwendungsbereich stellt jetzt durch die Neufassung „Schaden, der einzutreten droht" klar, dass auch die vorbeugende Unterlassungsklage davon erfasst wird. Dies galt aber auch schon für Art. 5 EuGVÜ.[87] Dabei regelt Art. 5 Nr. 3 EuGVO nicht nur die internationale Zuständigkeit, sondern auch die örtliche Zuständigkeit des Gerichtes der unerlaubten Handlung. Die sachliche Zuständigkeit regelt Art. 5 Nr. 3 EuGVO nicht. Nach deutschem Zivilprozessrecht ist deshalb zu entscheiden, ob das Amts- oder Landgericht anzurufen ist. Ob es sich im konkreten Fall um einen deliktischen, quasideliktischen, bereicherungsrechtlichen oder vertraglichen Anspruch handelt, entscheidet die maßgebliche lex causae, die von dem angerufenen Gericht nach dessen Internationalem Privatrecht festzulegen ist.[88] Die Vorschrift des Art. 5 Nr. 3 EuGVO erstreckt sich nach ihrem weit gefassten Wortlaut auf vielfältige Arten von Schadensersatzansprüchen.[89]

---

[77] OLG München NJW-RR 1993, 703.
[78] OLG Frankfurt/M. WM 1986, 287; OLG Koblenz NJW-RR 1989, 1013; OLG Hamm MDR 1987, 1029.
[79] OLG München BB 1986, 425; *Zöller/Vollkommer* Rn. 14; KG NJW 1997, 3321.
[80] BGHZ 153, 82 = NJW 2003, 426; *Leible* NJW 2003, 407; a. A. OLG Dresden MDR 2005, 591.
[81] RGZ 95, 268, 270; *Deutsch* MDR 1967, 88, 91; BGHZ 121, 241 = NJW 1994, 1413; BGHZ 132, 110 = NJW 1996, 1413; BGH NJW 2002, 1425.
[82] *Zöller/Vollkommer* Rn. 19; BGH NJW 2002, 1425.
[83] AA *Zöller/Vollkommer* Rn. 19; *Stein/Jonas/Roth* Rn. 14.
[84] Vgl. hierzu zweifelnd auch OLG Stuttgart BB 1974, 1270; *Zöller/Vollkommer* Rn. 18.
[85] Vgl. EuGH NJW 1977, 493 = RIW 1977, 356; OLG Karlsruhe RIW 1977, 719.
[86] Vgl. i. E. die Kommentierung zur EuGVO in Band 3.
[87] *Zöller/Geimer* Art. 5 EuGVO Rn. 25.
[88] BGH NJW 1996, 1411, 1413; zur Problematik des positiven und negativen Gleichlaufs vgl. auch § 12 Rn. 112.
[89] EuGH NJW 1977; BGH WM 1984, 1563 = NJW 1985, 561; BGH WM 1988, 840, 842; SEA aus cic s. EuGH NJW 2002, 3159; für „isolierte" Gewinnzusagen s. EuGH NJW 2002, 2697; BGHZ 153, 83 = NJW 2003, 426; für Verbraucherschutzklagen s. EuGH NJW 2002, 3617.

§ 32 a Ausschließlicher Gerichtsstand der Umwelteinwirkung

[1] Für Klagen gegen den Inhaber einer im Anhang 1 des Umwelthaftungsgesetzes genannten Anlage, mit denen der Ersatz eines durch eine Umwelteinwirkung verursachten Schadens geltend gemacht wird, ist das Gericht ausschließlich zuständig, in dessen Bezirk die Umwelteinwirkung von der Anlage ausgegangen ist. [2] Dies gilt nicht, wenn die Anlage im Ausland belegen ist.

I. Normzweck

Die Vorschrift bezweckt nicht nur die Bildung eines besonderen **Gerichtsstandes für Umweltsachen,** sondern darüberhinaus die eines ausschließlichen Gerichtsstandes bei dem Gericht in dessen Bezirk die Umwelteinwirkung von der Anlage ausgegangen ist. Zugleich wird durch die Regelung der örtlichen Zuständigkeit auch die internationale Zuständigkeit doppelfunktional geregelt. Der Einrichtung dieses besonderen ausschließlichen Gerichtsstandes liegt die Erwägung zugrunde, dass im Gerichtsbezirk der Umwelteinwirkung einerseits die Aufklärung am sachnächsten und kostengünstigsten durchgeführt werden kann, andererseits der durch die Umwelteinwirkung geschädigte Kläger am Ort des Ausgangs der Umwelteinwirkung klagen kann. Damit wird schließlich auch einer Zersplitterung der örtlichen Zuständigkeiten aufgrund verschiedener Gerichtsstände entgegengewirkt, die sich aus den ansonsten in Betracht kommenden Gerichtsständen des Wohnsitzes, der Belegenheit der Sache, der unerlaubten Handlung oder des Vermögens nach internationalem Zivilprozessrecht ergeben konnten.[1] 1

Mit der Ausschließlichkeit des Gerichtsstandes bei Umwelthaftung geht das Gesetz deshalb über den deliktischen Gerichtsstand des § 32 hinaus, der lediglich einen besonderen Gerichtsstand mit nicht ausschließlicher Zuständigkeit begründet.

II. Anwendungsbereich und Voraussetzungen

1. Zeitlicher Anwendungsbereich. Der zeitliche Anwendungsbereich beginnt mit dem Inkrafttreten der Vorschrift am 1. 1. 1991.[2] Soweit der Schaden vor dem Inkrafttreten des Umwelthaftungsgesetzes verursacht worden ist, bleibt es bei den davor geltenden Zuständigkeitsvorschriften der ZPO.[3] Neben den allgemeinen Gerichtsständen des Wohnsitzes (§ 13) und des Sitzes (§ 17) wird für die Zeit vor dem Inkrafttreten der Vorschrift insbesondere der Deliktsgerichtsstand des § 32 in Betracht kommen. 2

2. Anlage. Unter einer Anlage im Sinne der Vorschrift sind nur diejenigen Anlagen zu verstehen, die im Anhang 1 des Umwelthaftungsgesetzes[4] aufgezählt sind.[5] In Betracht kommen insbesondere verschiedene Anlagetypen aus den Bereichen der Industrie und des Gewerbes, zB Bergbau und Energie, Wärmeerzeugung, Stahl und Eisen, Mineralöl, Chemie, Arzneimittel, Holz, Reststoffe, Abfälle sowie Lagerung gefährlicher Stoffe.[6] Hierbei handelt es sich sowohl um ortsfeste wie um ortsveränderliche technische Einrichtung sowie diejenigen Nebeneinrichtungen, die mit der Anlage oder Teilen der Anlage in einem räumlichen oder betriebstechnischen Zusammenhang stehen und für das Entstehen von Umwelteinwirkungen von Bedeutung sein können.[7] Der Gerichtsstand kommt auch bei noch nicht fertig gestellten und nicht mehr betriebenen Anlagen in Betracht, § 2 UmweltHG. 3

3. Kläger. Gemäß § 32a ergeben sich keine Beschränkungen hinsichtlich des erfassten Klägerkreises. Jeder ist zur Klage berechtigt, der einen durch eine Umwelteinwirkung verursachten Schaden behauptet. Kläger im Sinne der Vorschrift können deshalb auch Arbeiter, Angestellte, Besucher und andere Personengruppen sein, die sich innerhalb der Anlage aufhalten. Eine Beschränkung des Kreises der Kläger würde zu unbilligen Ergebnissen führen, sofern die Geltendmachung des Anspruches davon abhinge, ob den Betroffenen die Einwirkung zufällig vor oder hinter dem Werkstor erfasst.[8] 4

---

[1] Hierauf weist zu Recht auch *Rest* NJW 1989, 2153, 2169 hin. Im Zweifel dürfte an diesem Gerichtsstand auch ein Tatort iSd. § 32 gegeben sein, vgl. *Mayer* MDR 1991, 813ff., 817.

[2] Vgl. Art. 5 UmweltHG.

[3] Vgl. Art. 3 UmweltHG.

[4] Anhang 1 zu § 1 UmweltHG.

[5] Zustimmend auch *Baumbach/Lauterbach/Hartmann* Rn. 5.

[6] Vgl. i. E. den Anhang 1 zu § 1 UmweltHG, BGBl. 1990 I S. 2639, dort ist eine Aufzählung von 96 verschiedenen Anlagetypen enthalten.

[7] Vgl. die Begriffsbestimmung in § 3 Abs. 2 und 3 UmweltHG.

[8] Vgl. die Gesetzesmaterialien, BT-Drucks. 11/7104 S. 16, Einzelbegründung zu § 1.

5 **4. Inhaber.** Gegen den Inhaber muss sich die Klage richten. Der Begriff des Inhabers ist im Umwelthaftungsgesetz nicht definiert.[9] Unter Inhaber im Sinne der Vorschrift ist zunächst jedenfalls der Betreiber der Anlage zu verstehen. Der Begriff des Betreibers findet sich in Anhang 1 zu § 1 UmweltHG. In den Gesetzesmaterialien werden die Begriffe des Inhabers und des Betreibers synonym verwendet.[10] Inhaber einer Anlage kann darüberhinaus aber auch derjenige sein, der nicht lediglich deren Betreiber ist, sondern der entweder rechtlicher Inhaber ist oder die Anlage wirtschaftlich beherrscht.[11] Nach § 2 UmweltHG kommt eine Haftung des Inhabers nämlich auch dann in Betracht, wenn Anlagen entweder noch nicht oder nicht mehr betrieben werden. Der Inhaber kann demnach im Gerichtsstand des § 32a in Anspruch genommen werden, unabhängig davon, ob er die Anlage überhaupt betreibt, selbst betreibt oder betreiben lässt. Andererseits brauchen Inhaber und Betreiber nicht identisch zu sein, da aus wirtschaftlichen oder steuerlichen Gründen oft natürliche oder juristische Personen mit der Errichtung der Anlage betraut werden, die nicht als spätere Betreiber vorgesehen sind.[12] Abzulehnen ist daher die Auffassung, die den Betreiber einer Anlage nicht zugleich auch als deren Inhaber im Sinne der Vorschrift ansieht und den Begriff des Inhabers darüberhinaus auf die rechtliche Inhaberschaft begrenzt.[13]

6 **5. Umwelteinwirkung.** Auf der Behauptung einer Umwelteinwirkung muss der vom Kläger behauptete Schaden beruhen. Wenn der Begriff der Umwelteinwirkung im UmweltHG auch nicht ausdrücklich definiert ist, so lässt er sich doch aus den §§ 1 und 3 UmweltHG erläutern. Danach liegt eine Umwelteinwirkung zunächst dann vor, wenn von einer der in Anhang 1 des UmweltHG genannten Anlagen eine Einwirkung ausgeht, durch die jemand getötet, sein Körper oder seine Gesundheit verletzt oder eine Sache beschädigt wird. Ferner definiert § 3 Abs. 1 UmweltHG den Begriff dadurch weiter, dass es sich um eine Einwirkung durch Stoffe, Erschütterungen, Geräusche, Druck, Strahlen, Gase, Dämpfe, Wärme oder sonstige Erscheinungen handeln muss, die sich in Boden, Luft oder Wasser ausgebreitet haben. Negativ wird dies noch weiter dadurch abgegrenzt, dass eine Ersatzpflicht nach UmweltHG nicht besteht, soweit der Schaden durch höhere Gewalt verursacht wurde, § 4 UmweltHG.

7 **6. Verursachung.** Aus einer Verursachung durch Umwelteinwirkung muss der vom Kläger geltend gemachte Schaden herrühren. Dabei ist es unerheblich, ob es sich um Schadenersatzansprüche aus dem UmweltHG handelt, um Ansprüche aus Delikt, §§ 823, 847 BGB, Ansprüche aus sonstiger Gefährdungshaftung wie WHG, Bundesimmissionsschutzgesetz, ArzneiMG, aus Eigentum, § 906 Abs. 2 S. 2 BGB oder aus Vertrag handelt.[14] § 18 Abs. 2 UmweltHG stellt den Vorrang der Atomhaftung nach den dort genannten Vorschriften sicher.[15] Die Ursachenvermutung des § 6 Abs. 1 UmweltHG greift ein, wenn eine Anlage nach den Gegebenheiten des Einzelfalles geeignet ist, den entstandenen Schaden zu verursachen. Die Eignung im Einzelfall beurteilt sich nach den Voraussetzungen des § 6 Abs. 1 S. 2 UmweltHG.[16] Die Ursachenvermutung findet keine Anwendung gem. § 6 Abs. 2 bis 4 UmweltHG, wenn die Anlage bestimmungsgemäß betrieben wurde. § 7 UmweltHG beinhaltet einen Vermutungsausschluss, wenn nach den Umständen des Einzelfalles eine andere Gegebenheit geeignet war, den Schaden zu verursachen. Die Beweislast hat jedoch derjenige zu tragen, der die Vermutung entkräften muss, mithin der Beklagte.[17]

8 **7. Gerichtsbezirk.** Der Ausgang der Umwelteinwirkung bestimmt den Gerichtsstand. Es ist das Gericht zuständig, in dessen Bezirk die Umwelteinwirkung von der Anlage ausgegangen ist. Die sachliche Zuständigkeit des Amts- oder Landgerichtes bestimmt sich nach den hierfür auch ansonsten geltenden Vorschriften.

9 **8. Prüfungsumfang des Gerichts.** Der Prüfungsumfang des Gerichtes im Rahmen der Zulässigkeitsprüfung für die örtliche Zuständigkeit beschränkt sich darauf, ob der Kläger die Zulässigkeitsvoraussetzungen schlüssig behauptet hat. Diese werden sich als doppelrelevante Tatsachen häu-

---

[9] Ebenso *Baumbach/Lauterbach/Hartmann* Rn. 4; *Zöller/Vollkommer* Rn. 5; *Stein/Jonas/Roth* Rn. 4; *Lülling* DB 1990, 2205, 2206.

[10] Vgl. BT-Drucks. 11/7104 zu § 8 UmweltHG und S. 24 die Stellungnahme des Bundesrates zu § 6 Abs. 4; auch *Hager* NJW 1991, 134, 138ff. verwendet die Begriffe Inhaber und Betreiber synonym; VGH Kassel NVwZ 1987, 816; *Stein/Jonas/Roth* Rn. 4; *Zöller/Volkommer* Rn. 5; aA *Baumbach/Lauterbach/Hartmann* Rn. 4.

[11] BGHZ 80, 1ff. = NJW 1981, 1516; *Schmidt-Salzer* VersR 1991, 9ff.; *Mayer* MDR 1991, 813; *Zöller/Vollkommer* Rn. 5.

[12] Vgl. *Landmann/Rohmer/Kutscheidt* GewO § 2 9. BimSchV Rn. 1.

[13] So *Baumbach/Lauterbach/Hartmann* Rn. 4. Nach *Mayer* MDR 1991, 813ff., 817 soll wegen der Ausweitung des Begriffs der Anlage dieser nicht identisch sein mit dem der Betriebsstätte.

[14] *Pfeiffer* ZZP 106 (1993), 176.

[15] Vgl. BR-Drucks. 11/7104 vom 10. 5. 1990 S. 21 zu § 18 – weitergehende Haftung.

[16] Vgl. *Lülling* DB 1990, 2205ff.; *Hager* NJW 1991, 134, 137.

[17] Vgl. *Bork* JA 1981, 385, 389.

fig aus dem materiell-rechtlichen Vortrag des Klägers ergeben, weshalb hierüber im Rahmen der Zulässigkeitsprüfung Beweis nicht zu erheben ist.[18]

III. Konkurrenzen und Internationale Zuständigkeit

1. Konkurrenzen. Als ausschließlicher Gerichtsstand geht die Vorschrift allen anderen Gerichtsständen gemäß §§ 12ff. vor. Dies hat zur Folge, dass Gerichtsstandsvereinbarungen gemäß § 40 Abs. 2 S. 1 2. Halbs. immer unwirksam sind. Auch durch rügeloses Einlassen kann kein anderer Gerichtsstand begründet werden, § 40 Abs. 2 S. 2. Ein anderer Gerichtsstand kann sich jedoch aus den Bestimmungen der EuGVO ergeben, vgl. Rn. 11. Ist die Anlage, von der die Umwelteinwirkung ausgegangen ist, über mehrere Gerichtsbezirke verteilt, findet § 35 Anwendung, wonach der Kläger unter mehreren Gerichtsständen die Wahl hat. Ferner kommt auch eine Gerichtsstandsbestimmung nach §§ 36, 37 in Betracht. Soweit das öffentlich-rechtliche Genehmigungsverfahren tangiert ist, ist der Rechtsweg nach der VwGO zu beachten, vgl. § 40 VwGO. 10

2. EuGVO. Die Gerichtsstände der EuGVO gehen innerstaatlichen Bestimmungen vor.[19] 11
Demgemäß greift die Regelung des Art. 5 Nr. 3 EuGVO ein, wenn der Wohnsitz oder Sitz des Beklagten in einem anderen Vertragsstaat als dem Gerichtsstaat liegt. Ein Gerichtsstand nach Art. 5 Nr. 3 EuGVO besteht nach Wahl des Klägers entweder am Ort des Schadenseintritts bzw. wo der Schaden einzutreten droht oder an dem davon verschiedenen Ort der Schadensverursachung.[20] Der deutsche Kläger kann deshalb gegen einen Beklagten in einem anderen EuGVO-Vertragsstaat auch im Gerichtsstand des Art. 5 Nr. 3 EuGVO klagen, ebenso wie ein Kläger aus einem anderen EuGVÜ-Vertragsstaat in der Bundesrepublik Deutschland im Gerichtsstand des Art. 5 Nr. 3 EuGVO klagen kann, ohne auf den Gerichtsstand des § 32a angewiesen zu sein. Die sachliche Zuständigkeit regelt Art. 5 Nr. 3 EuGVO nicht. Ob das Amts- oder Landgericht anzurufen ist, entscheidet sich deshalb nach deutschem Zivilprozessrecht.

3. Internationale Zuständigkeit. Bei Vorliegen der Voraussetzungen begründet § 32a mit der 12
deutschen örtlichen Zuständigkeit auch die deutsche internationale Zuständigkeit. Ein Kläger kann deshalb im Gerichtsstand der Umwelteinwirkung auch gegen einen ausländischen Beklagten klagen. Ob dem Gerichtsstand allerdings für grenzüberschreitende Umwelteinwirkungen Bedeutung zukommt, muss erst noch die Praxis zeigen. Die Probleme des Prozess- und Kostenrisikos insbesondere bei Klagen gegen ausländische Staaten und Behörden werden hierdurch jedenfalls nicht beseitigt.[21] Ist die Anlage im Ausland belegen, so greift der Gerichtsstand nach Satz 2 der Vorschrift ohnedies nicht ein.[22]

§ 32b Ausschließlicher Gerichtsstand bei falschen, irreführenden oder unterlassenen öffentlichen Kapitalmarktinformationen

(1) [1]Für Klagen, mit denen

1. der Ersatz eines auf Grund falscher, irreführender oder unterlassener öffentlicher Kapitalmarktinformationen verursachten Schadens oder

2. ein Erfüllungsanspruch aus Vertrag, der auf einem Angebot nach dem Wertpapiererwerbs- und Übernahmegesetz beruht,

geltend gemacht wird, ist das Gericht ausschließlich am Sitz des betroffenen Emittenten, des betroffenen Anbieters von sonstigen Vermögensanlagen oder der Zielgesellschaft zuständig. [2]Dies gilt nicht, wenn sich dieser Sitz im Ausland befindet.

(2) [1]Die Landesregierungen werden ermächtigt, durch Rechtsverordnungen die in Absatz 1 genannten Klagen einem Landgericht für die Bezirke mehrerer Landgerichte zuzuweisen, sofern dies der sachlichen Förderung oder schnelleren Erledigung der Verfahren dienlich ist. [2]Die Landesregierungen können diese Ermächtigung auf die Landesjustizverwaltungen übertragen.

---

[18] Zu der Grundlage der Gerichtsstandsprüfung und zu den doppelrelevanten Tatsachen vgl. § 12 Rn. 55, 56.
[19] Vgl. BGH NJW 1982, 1226; BAG RIW 1987, 465.
[20] EuGH NJW 1977, 493; *Reinmüller* IPRax 85, 233; *Linke* AWD 1977, 356.
[21] Vgl. hierzu ausführlich *Rest* NJW 1989, 2153, 2185ff.
[22] Hier kommt § 32 zur Anwendung, vgl. *Mayer* MDR 1991, 813ff., 817; vgl. auch Art. 5 Ziff. 3 EuGVO; EuGH NJW 1977, 493; BGH NJW 1988, 1466.

I. Normzweck

1 Die Vorschrift bezweckt die Verbesserung des Kapitalanlegerschutzes im Bereich kollektiver Rechtsschutzformen.[1] Da es sich um einen ausschließlichen Gerichtstand handelt bezweckt die Vorschrift gleichzeitig auch die Eingrenzung des forum shopping.[2] Die Regelung des Absatz 1 der Vorschrift ist am 1. 11. 2005 in Kraft getreten, die des Absatz 2 am 20. 8. 2005, Artikel 2 Nr. 2, Artikel 9, Abs. 1 KapMuG. Die zeitliche Begrenzung der Vorschrift, die am 30. 10. 2010[3] endet bezweckt die Erprobung der Bestimmung in der Praxis.[4]

2 Absatz 2 bezweckt eine weitere Konzentration des Gerichtsstandes, in dem den Landesregierungen durch Rechtsverordnung ermöglicht wird, einen einheitlichen Gerichtsstand zu bestimmen.[5] Klagen gegen Emittenten, Anbieter oder Zielgesellschaften im Sinne des Abs. 1 Satz 1 mit Sitz im Ausland sind nach Abs. 1 Satz 2 der Norm von der Zuständigkeitskonzentration ausdrücklich ausgenommen.

II. Anwendungsbereich

3 **1. Kläger.** Der **persönliche Anwendungsbereich** erfasst auf **Klägerseite** Kapitalanleger, welche einen Schadenersatzanspruch gem. Abs. 1 Nr. 1 oder einen vertraglichen Erfüllungsanspruch nach Abs. 1 Nr. 2 geltend machen wollen. In Betracht kommen als Schadenersatzansprüche solche nach §§ 37b, 37c WpHG, 823 Abs. 2 BGB i.V.m. § 264a StGB, § 400 AktG, § 331 HGB.[6] Mit den Erfüllungsansprüchen, die auf einem Angebot nach dem WpÜG beruhen, sind nicht nur die Ansprüche auf Leistung dessen, was in dem Angebot versprochen wird gemeint, sondern auch Ansprüche auf Erhöhung dieses Angebotes und Leistung des Erhöhungsbetrages.[7] Das Gesetz bezeichnet diese als Erfüllungsansprüche und unterstellt damit, dass der Vertrag ggf. zu dem über dem angebotenen Preis liegenden vorgeschriebenen Preis zustande gekommen wäre.[8]

4 **2. Beklagter.** Als **Beklagte** nennt § 32b Abs. 1 Satz 1 den Emittenten, den Anbieter von sonstigen Vermögensanlagen oder bei Übernahme rechtlichen Sachverhalten die Zielgesellschaft.[9] Außerdem kommen als mögliche Beklagte auch andere Verantwortliche, wie emissionsbegleitende Banken, die für den Prospekt die Verantwortung übernommen haben in Betracht sowie für die Einführung verantwortliche Experten.[10] Schließlich können in diesem Gerichtsstand auch Organmitglieder, soweit diese persönlich haften, in Anspruch genommen werden.[11]

5 **3. Sitz des Beklagten.** Der **Sitz des Beklagten** bestimmt den örtlichen Gerichtsstand. Der Sitz wiederum bestimmt sich nach der Satzung oder aber nach § 17 Abs. 1 Satz 2 nach dem Ort, wo die Verwaltung geführt wird.

6 **4. Sachlicher Anwendungsbereich.** Der **sachliche Anwendungsbereich** gilt für Schadenersatzansprüche wegen falscher, irreführender oder unterlassener Kapitalmarktinformationen. Kapitalmarktinformationen sind für eine Vielzahl von Kapitalanlegern bestimmte Informationen über Tatsachen, Umstände, Kennzahlen und sonstige Unternehmensdaten, die einen Emittenten von Wertpapieren oder Anbieter von sonstigen Vermögensanlagen betreffen, § 1 Abs. 1 Satz 3 KapMuG.[12] Beispielhaft führt das KapMuG verschiedene Fälle solcher Informationen auf, darunter Angaben in Prospekten, Insiderinformationen, Jahresabschlüssen, Übersichten gem. § 400 Abs. 1 Nr. 1 AktG und in Angebotsunterlagen nach dem WpÜG. Die Aufzählung der genannten Beispiele ist nicht abschließend.[13]

---

[1] Vgl. Gesetz zur Einführung von Kapitalanleger-Musterverfahren vom 16. 8. 2005, BGBl. I S. 2437; BT-Drucks. 15/5695 S. 1; BT-Drucks. 15/5091 S. 1.

[2] *Haß/Zerr,* RIW 2005, 721, 726.

[3] Art. 9 Abs. 2 KapMuG.

[4] BT-Drucks. 15/5091 S. 47; *Maier-Reimer/Wilsing* ZGR 2006, 79ff., 81; *Schneider* BB 2005, 2249.

[5] Hiervon hat Nordrhein-Westfalen mit der Konzentrations-VO vom 23. 11. 2005, GVBl. NRW 2005 S. 920 Gebrauch gemacht. Zuständig ist für Streitigkeiten im OLG-Bezirk Düsseldorf das LG Düsseldorf, im OLG-Bezirk Hamm das LG Dortmund und im OLG-Bezirk Köln das LG Köln.

[6] Vgl. BT-Drucks. 15/5091 S. 34; *Maier-Reimer/Wilsing* ZGR 2006, 85; *Plaßmeier* NZG 2005, S. 609, 610. Erstreckt sich auch auf den grauen Kapitalmarkt OLG Koblenz NJW 2006, 3723ff.

[7] *Maier-Reimer/Wilsing* ZGR 2006 S. 86.

[8] *Maier-Reimer/Wilsing* ZGR 2006, S. 86; *Mülbert/Schneider* WM 2003 S. 2301, 2302; *Hecker* ZBB 2004, S. 503, 506; *Baums/Thoma/Marsch-Barner,* Kommentar zum WpÜG, Mai 2004, § 31 Rn. 124.

[9] *Schneider* BB 2005 S. 2249, 2250.

[10] *Maier-Reimer/Wilsing* ZGR 2006, S. 86.

[11] *Maier-Reimer/Wilsing* ZGR 2006, S. 86; *Plaßmeier* NZG 2005, S. 609, 610.

[12] Vgl. *Maier-Reimer/Wilsing* ZGR 2006 ZGR 2006, S. 85.

[13] *Plaßmeier* NZG 2005 S. 609, 610; *Schneider* BB 2005 S. 2249; *Maier-Reimer/Wilsing* ZGR 2006 S. 85; anwendbar bei Inanspruchnahme wegen Verletzung des Anlageberatungsvertrages BGH v. 30. 1. 2007, XARZ 381/06.

III. Verhältnis zu anderen Vorschriften

1. Ausschließlicher Gerichtsstand. Es handelt sich um einen **ausschließlichen Gerichtsstand.** Eine Prorogation sowie eine Zuständigkeitsbegründung durch rügeloses Einlassen scheidet aus. Für bereits erhobene Klagen gilt der Grundsatz der Zuständigkeitserhaltung nach Klageerhebung gem. § 261 Abs. 3 Nr. 2.[14] Eingangsgerichte für Schadensersatzansprüche auf Grund falscher, irreführender oder unterlassener öffentlicher Kapitalmarktinformationen sind ausschließlich die **Landgerichte,** § 71 Abs. 2 Nr. 3 GVG. 7

2. Internationale Zuständigkeit. Die **internationale Zuständigkeit** wird durch die Vorschrift doppelfunktional geregelt. Das nach § 32b zuständige Gericht ist deshalb nicht nur örtlich, sondern auch international zuständig. Gleichwohl sind die Berufungs- und das Revisionsgerichte trotz der §§ 513 Abs. 2, 545 Abs. 2 und trotz Annahme der örtlichen Zuständigkeit der Vorinstanz berechtigt, die internationale Zuständigkeit zu überprüfen. Nach dem Spiegelbildprinzip ist zu prüfen, ob das ausländische Gericht bei hypothetischer Geltung der autonomen deutschen Zuständigkeitsvorschriften im Urteilsstaat seine Kompetenz zu Recht bejaht hat.[15] 8

Die Vorschrift des Abs. 1 Satz 1 gilt nach Abs. 1 Satz 2 nicht für Emittenten, Anbieter und Zielgesellschaften mit Sitz im Ausland. 9

3. EuGVO. Im Geltungsbereich des **EuGVO** greift die Regelung nur dann ein, wenn die örtliche Zuständigkeit nicht bereits durch Regelungen des EuGVO, EuGVÜ oder LugÜ geregelt wird. § 32b dann regelt nicht nur die internationale, sondern auch die örtliche Zuständigkeit abschließend.[16] Bei Klagen gegenüber Emittenten aus dem EU-Ausland bleibt es deshalb dabei, dass diese nach der Rechtsprechung des EuGH sowohl am Handlungs- als auch am Erfolgsort verklagt werden können.[17] Als Handlungsort wird insbesondere der Staat anzusehen sein, auf dessen Kapitalmarkt die fehlerhafte Information verbreitet wurde. Insoweit handelt es sich um den Marktort. Wo genau der Erfolgsort bei Kapitalmarktdelikten zu legalisieren ist, ist bislang nicht abschließend geklärt. Der EuGH hat sich insoweit dagegen ausgesprochen, den Erfolgsort am Wohnsitz des geschädigten Kapitalanlegers anzunehmen.[18] Für die Haftung auf Grund falscher oder unrichtiger Kapitalmarktinformationen bietet sich in erster Linie als Erfolgsort derjenige Ort an, an dem der Geschädigte die ihn schädigende Vermögensverfügung getroffen hat, oder der Belegenheitsort der abgrenzbaren Vermögensteile, bei Wertpapieren der Ort der Depotführung.[19] Beide Orte werden auch bei einem Sitz des Emittenten im Ausland häufig im Inland zu lokalisieren sein. 10

In Bezug auf Emittenten mit Sitz in Deutschland geht der allgemeine Gerichtsstand des Artikel 2 Abs. 1 EuGVO der Regelung de § 32b Satz 1 hinsichtlich der internationalen Zuständigkeit vor. Ob der Vorrang des Artikel 2 Abs. 1 EuGVÜ gegenüber den Vorschriften der ZPO allein für Fälle in Bezug zu anderen EU-Mitgliedstaaten eingreift oder auch dann gilt, wenn der Wohnsitz des Beklagten auch Beziehungen zu Nicht-EU-Mitgliedstaaten aufweist, ist ungeklärt. Die Hauptmeinung geht dahin, eine Anwendung des Artikel 2 Abs. 1 EuGVO auch in Fällen mit ausschließlichem Drittstaatenbezug zu bejahen.[20] Ferner wird die Meinung vertreten, dass § 32b nur die örtliche ausschließliche Zuständigkeit regelt, nicht die internationale Zuständigkeit, da dies bei einem Urteil im Ausland eine Schlechterstellung durch Nichtanerkennung des Urteils nach § 328 Abs. 1 Nr. 1 erfolgen könne.[21] Dies würde allerdings gegen die Systematik der örtlichen Zuständigkeitsregelungen im deutschen Zivilprozessrecht verstoßen, wodurch auch die internationale Zuständigkeit geregelt wird. Diese negative Folge lässt sich vielmehr durch Anerkennung auch des ausländischen Urteils vermeiden. 11

§ 33 Besonderer Gerichtsstand der Widerklage

(1) Bei dem Gericht der Klage kann eine Widerklage erhoben werden, wenn der Gegenanspruch mit dem in der Klage geltend gemachten Anspruch oder mit den gegen ihn vorgebrachten Verteidigungsmitteln in Zusammenhang steht.

---

[14] BT-Drucks. 15/5091 S. 33.

[15] *Von Hein* RIW 2004 S. 602, 604; ausführlich zu forum shopping vgl. *Haß/Zerr* IW 721, 726.

[16] Vgl. *Musielak/Heinrich* Rn. 7; *Kropholler,* Europäisches Zivilprozessrecht, vor Art. 5 EuGVO Rn. 5; *Rauscher/Leible,* Europäisches Zivilprozessrecht, Art. 5 Brüssel I-VVO Rn. 5; *Schlosser,* Eu-Zivilprozessrecht, 2. Aufl. 2003, vor Art. 5 EuGVO Rn. 1; *von Hein* RIW S. 604.

[17] Vgl. *von Hein* RIW 2004 S. 604.

[18] EuGH v. 6. 10. 2004, RS. C 168/02, RIW 2004, 625.

[19] Vgl. *Reuschle* WM 2004 S. 966, 975; *von Hein* 2004 S. 604.

[20] *Kropholler,* Europäisches Zivilprozessrecht, vor Art. 5 EUGVVO Rn. 8; *Rauscher/Mankowski,* Europäisches Zivilprozessrecht, Art. 5 Brüssel I-VVO Rn. 11 ff.; *Schlosser,* Eu-Zivilprozessrecht, vor Art. 2 EuGVVO Rn. 5; zum Streitstand BGHZ 134, 127, 133 zu Art. 18 EuGVÜ; *Stein/Jonas/Roth* vor § 12 Rn. 32.

[21] Vgl. *Musielak/Heinrich* § 32b Rn. 7.

(2) Dies gilt nicht, wenn für eine Klage wegen des Gegenanspruchs die Vereinbarung der Zuständigkeit des Gerichts nach § 40 Abs. 2 unzulässig ist.

Übersicht

I. Normzweck

1 Die Vorschrift bezweckt die **Konzentration von Rechtsstreitigkeiten** über zusammenhängende Fragen in einem einheitlichen Gerichtsstand der Widerklage. Hierdurch wird eine Zersplitterung von Streitigkeiten und die Gefahr sich inhaltlich widersprechender Entscheidungen über zusammenhängende Ansprüche vermieden. Auch dem Grundsatz der Prozessökonomie wird schließlich Rechnung getragen, da sich mit den zusammenhängenden Fragen nur ein Gericht zu befassen braucht. Es handelt sich um einen im Gesetz geregelten Gerichtsstand des Sachzusammenhanges.[1] Dem Recht des Klägers, der den Zeitpunkt der Klageerhebung bestimmen kann, korrespondiert im Gerichtsstand des § 33 das Recht des Beklagten, seine Rechte dort, wo der Kläger ihn verklagt hat, im Wege des Gegenangriffes geltend zu machen.[2]

II. Anwendungsbereich

2 **1. Gerichtsstandsregelung.** Der Anwendungsbereich des § 33 ist darin zu sehen, dass für eine den übrigen Voraussetzungen dieser Norm entsprechende Widerklage eine **zusätzliche örtliche Zuständigkeit** geschaffen wird. Über diesen Anwendungsbereich hinaus regelt § 33 **nicht die Zulässigkeit** der Widerklage. Liegt die für § 33 erforderliche Konnexität zwischen Klage und Widerklage nicht vor, so bedeutet dies keineswegs, dass der Beklagte keine Widerklage erheben könne. Es fehlt dann nur an der örtlichen Zuständigkeit für die Widerklage im Gerichtsstand des § 33. Ist das angerufene Gericht aus einem anderen Grund örtlich zuständig, zB weil wegen des gleichen Wohnortes sowohl Kläger als auch Beklagter den gleichen allgemeinen Gerichtsstand haben, §§ 12, 13, kann der Beklagte gegen den Kläger auch Widerklage erheben, wenn es an den Voraussetzungen des § 33, insbesondere an der erforderlichen Konnexität der Forderungen fehlt. Dieser Anwendungsbereich des § 33 als Gerichtsstandsregelung, nicht als Zulässigkeitsvoraussetzung, entspricht heute der hM.[3] Die andere Auffassung, wonach § 33 als besondere Prozessvoraussetzung einer Widerklage die Konnexität verlangt, ist abzulehnen.[4] Bereits die systematische Interpretation des § 33 als Bestandteil der Vorschriften über den Gerichtsstand zeigt, dass mit dieser Norm nur die örtliche Zuständigkeit geregelt werden sollte, nicht jedoch allgemein die Zulässigkeitsvoraussetzungen einer Widerklage. Ferner regelt § 33 Abs. 2 unstreitig ebenfalls nur die Zuständigkeit, nicht die Zulässigkeit. Der Anwendung des § 33 Abs. 1 als besondere Prozessvoraussetzung wird schließlich

---

[1] Wohl allgM; vgl. BGH NJW 1981, 2642, 2643; BGHZ 147, 222 = NJW 2001 2094; *Stein/Jonas/Roth* Rn. 1; *Thomas/Putzo/Hüßtege* Rn. 2; *Baumbach/Lauterbach/Hartmann* Rn. 2; *Zöller/Vollkommer* Rn. 2.

[2] *Thomas/Putzo/Hüßtege* Rn. 2; *Zöller/Vollkommer* Rn. 2; *Rosenberg/Schwab/Gottwald* § 95 II 1.

[3] *Stein/Jonas/Roth* Rn. 3; *Zöller/Vollkommer* Rn. 1; *Thomas/Putzo/Hüßtege* Rn. 1; *Baumbach/Lauterbach/Hartmann* Rn. 1.

[4] BGHZ 40, 187 = NJW 1964, 44; BGH NJW 1975, 1228; *Rosenberg/Schwab/Gottwald* § 95 II 2 d.

entgegen gehalten, dass dies nur dann vertretbar wäre, wenn in den Wortlaut des Abs. 1 bei dem Wort „Widerklage" ein „nur" hinein interpretiert würde, was unzulässig ist.[5] Auch der Wortlaut des § 530 spricht gegen eine Prozessvoraussetzung. Der Unterschied beider Meinungen in der Praxis ist allerdings nicht sehr bedeutsam. Einerseits wird der Zulässigkeitsmangel, der sich auf der Grundlage der Gegenmeinung bei Erhebung einer nicht konnexen Widerklage ergibt, als heilbar angesehen, § 295,[6] andererseits wird § 39 angewandt.[7] § 33 entfaltet deshalb seine Bedeutung nur dann, wenn für den mit der Widerklage geltend gemachten Anspruch eine eigene örtliche Zuständigkeit fehlt. In diesem Falle kann die Zuständigkeit nur aus § 33 folgen.

2. Begrenzung des Anwendungsbereichs. Abs. 2 enthält eine Einschränkung des Anwendungsbereichs des Abs. 1. Danach ist § 33 unanwendbar, wenn eine Vereinbarung der örtlichen oder sachlichen Zuständigkeit nach § 40 Abs. 2 unzulässig ist. Demgemäß gilt § 33 Abs. 1 nur für vermögensrechtliche Widerklagen. Generell ist eine solche ausgeschlossen, wenn für den Gegenanspruch eine ausschließliche Zuständigkeit besteht, zB gemäß §§ 24, 29a. In diesem Fall muss die Widerklage nach § 145 Abs. 2 abgetrennt und der abgetrennte Teil des Rechtsstreits an das zuständige Gericht verwiesen werden. 3

3. Örtliche Zuständigkeit. § 33 regelt nur die örtliche, nicht hingegen die sachliche Zuständigkeit. Das Gericht, bei dem die Klage erhoben wurde, muss deshalb sachlich für die Widerklage zuständig sein. Wird bei einem Amtsgericht eine Widerklage erhoben, für die sachlich das Landgericht zuständig ist, können die Parteien die Zuständigkeit des Amtsgerichtes entweder vereinbaren oder diese wird durch rügelose Einlassung, § 39, begründet. Ansonsten ist der Rechtsstreit insgesamt auf Verweisungsantrag hin an das Landgericht zu verweisen. Wird weder ein Verweisungsantrag gestellt, noch die mangelnde Zuständigkeit geheilt, muss die Widerklage mangels Zuständigkeit abgewiesen werden. Umgekehrt ist die Zuständigkeit des Landgerichtes im Verhältnis zum Amtsgericht gegeben, arg § 10 aF[8] Für das Verhältnis zwischen Zivilkammer und Kammer für Handelssachen gilt, dass die Zivilkammer auch für eine Widerklage zuständig ist, für die die Zuständigkeit der Kammer für Handelssachen gegeben wäre. Wird hingegen vor einer Kammer für Handelssachen eine nicht handelsrechtliche Widerklage erhoben, sind beide Klagen auf Antrag zu verweisen. Die Verweisung kann auch von Amts wegen erfolgen, §§ 99 Abs. 2, 97 Abs. 2 GVG. Das Amtsgericht hat Klage und Widerklage, falls der Streitwert der Widerklage die Zuständigkeitsgrenze überschreitet, nach § 506 an das Landgericht zu verweisen. Die beiden Streitwerte dürfen dabei jedoch nicht zusammengerechnet werden, § 5 2. Halbs. Bei anderweitiger ausschließlicher sachlicher Zuständigkeit, zB der des Arbeitsgerichtes, § 2 Abs. 1 Nr. 2 und 3 ArbGG, ist der Gegenanspruch abzutrennen und gemäß § 17a Abs. 2, 4 GVG an das sachlich zuständige Gericht zu verweisen.[9] Gegen eine persönliche Klage ist die dingliche Widerklage im Rahmen des ausschließlichen Gerichtsstandes des § 24 gegeben, sofern für beide Klagen derselbe Gerichtsstand besteht. 4

4. Weiterer Anwendungsausschluss. Im **Urkunden- und Wechselprozess** sind Widerklagen, auch in der gleichen Klageart, ausgeschlossen, §§ 595 Abs. 1. Allerdings kann gegen eine im ordentlichen Prozess erhobene Hauptklage eine Widerklage im Urkunden- oder Wechselprozess erhoben werden.[10] Auch nach Abstandnahme vom Urkunden-, Scheck- oder Wechselprozess, was bis zum Ende der mündlichen Verhandlung möglich ist, kann Widerklage erhoben werden. Im **Mahnverfahren** ist die Erhebung einer Widerklage erst zulässig, wenn der Übergang in das streitige Verfahren stattgefunden hat. Beschränkt zulässig ist eine Widerklage im Ehe- und Statusverfahren gem. §§ 610 Abs. 2, 632 Abs. 2. Unzulässig ist eine Widerklage in einer Familienangelegenheit, sofern ein nicht familienrechtlicher Anspruch erhoben wird.[11] 5

Der Antrag auf Arrest oder einstweilige Verfügung kann widerklageweise nicht gegen eine Klage im ordentlichen Prozess geltend gemacht werden. Hingegen wird im Verfahren der einstweiligen Verfügung eine einer Widerklage entsprechende Gegenverfügung des Antragsgegners als zulässig erachtet.[12] Dies muss dann entsprechend auch für Arrestanträge gelten. 6

[5] Vgl. *Baumbach/Lauterbach/Hartmann* Rn. 2; *Stein/Jonas/Roth* Rn. 4.
[6] *Rosenberg/Schwab/Gottwald* § 95 II 2d.
[7] Vgl. auch BGH NJW 1981, 2642, 2643; *Prütting* ZZP 98 (1985), 154.
[8] *Thomas/Putzo/Hüßtege* Rn. 18; *Zöller/Vollkommer* Rn. 12.
[9] BGH NJW 1996, 1532.
[10] Vgl. BGH NJW 2002, 751; ebenso auch *Stein/Jonas/Roth* Rn. 20.
[11] BGHZ 97, 81 = NJW 1986, 1178 = FamRZ 1986, 374 m. Anm. *Bosch*; BGH NJW 2002, 751; unten § 621 Rn. 10.
[12] Vgl. LG Köln MDR 1959, 40.

7 **5. Gegenangriffsmittel.** Die Widerklage ist primär kein Verteidigungs-, §§ 282, 296, 530,[13] sondern ein (Gegen-)Angriffsmittel. Allerdings werden Widerklagen aus prozesstaktischen Gründen häufig aus Verteidigungsgründen erhoben. Dies gilt insbesondere für die Eventualwiderklage.

III. Begriff der Widerklage

8 **1. Widerklage. a) Selbstständiger Streitgegenstand.** Die Widerklage ist ein während der Rechtshängigkeit des Prozesses klageweise geltend gemachtes Gegenbegehren. Sie ist als echte Klage anzusehen, die nur deshalb erhoben wird, damit im gleichen Prozess der Klage auch über sie entschieden wird. Als echte Klage muss die Widerklage über einen selbstständigen Streitgegenstand verfügen.[14] Die Ansprüche der Klage und Widerklage können dem gleichen Rechtsverhältnis entspringen. Auf die Bezeichnung als Widerklage als solche kommt es nicht an.[15] Begrifflich liegt eine Widerklage nicht vor, wenn das geltend gemachte Begehren nicht als selbstständige Rechtsschutzhandlung angesehen werden kann. Dies ist insbesondere dann der Fall, wenn das Begehren des Beklagten lediglich auf eine Negierung des klägerischen Antrages gerichtet ist.[16] Als Widerklage unzulässig ist deshalb der Antrag des Beklagten auf Feststellung, dass er den klageweise geltend gemachten Betrag nicht schulde. Es handelt sich dabei selbst dann nicht um eine Widerklage, wenn der Antrag als solcher bezeichnet wird. Beharrt der Beklagte trotz richterlichen Hinweises gemäß § 139 Abs. 1 gleichwohl auf einer Widerklage, anstatt klarzustellen, dass Klageabweisung begehrt wird, so ist die Widerklage als unzulässig abzuweisen, da der Streitgegenstand bereits durch die Hauptklage rechtshängig ist. Bei vorausgegangenem selbstständigen Beweisverfahren ist die Widerklage Hauptsacheklage iSd § 494 a ZPO.[17]

9 **b) Aufteilung des Streitgegenstandes.** Bezieht sich der Streitgegenstand der Widerklage auf den der Klage, so liegt ein selbstständiges Klagebegehren vor, wenn zumindest ein Teil des Streitgegenstandes der Widerklage über den der Klage hinausgeht. Diese Aufteilbarkeit des Streitgegenstandes der Widerklage in einem über den Streitgegenstand der Klage hinausgehenden selbstständigen Teil führt zur Zulässigkeit der Widerklage. Deshalb ist eine Widerklage auf negative Feststellung hinsichtlich der Gesamtforderung dann zulässig, wenn lediglich ein Teil des Anspruches im Rahmen einer Teilklage begehrt wurde.[18] Insoweit liegt ein selbstständiger Streitgegenstand vor. Ein selbstständiger Streitgegenstand liegt auch dann vor, wenn der Kläger auf Feststellung des Bestehens eines Rechtsverhältnisses zu seinen Gunsten, zB Eigentum, klagt. Ist der Beklagte seinerseits der Ansicht, ihm stünde dieses Recht zu, kann er eine Widerklage mit parallelem Begehren erheben. Mit Abweisung der Klage allein stünde nämlich noch nicht die Berechtigung des Beklagten fest. Allerdings empfiehlt sich in einem solchen Fall schon aus Kostengründen lediglich die Erhebung einer Eventualwiderklage,[19] da bei Obsiegen des Klägers die Klage abzuweisen wäre.

10 **2. Aufrechnung und Widerklage.** Aufrechnung und Widerklage unterscheiden sich zwar grundlegend, ergänzen sich jedoch andererseits als Verteidigungs- und Angriffsmittel. Die **Prozessaufrechnung** ist zunächst von dem im Prozess erhobenen rechtsvernichtenden Einwand zu unterscheiden, gegen die Klageforderung sei bereits früher aufgerechnet worden.[20] Demgegenüber ist die Prozessaufrechnung eine erst im Verlaufe des Prozesses erklärte Aufrechnung, die damit nicht allein materiell-rechtliche, sondern auch prozessuale Bedeutung hat.[21] Fehlt es bereits an den materiellrechtlichen Voraussetzungen, bleibt die Prozessaufrechnung wirkungslos. Andererseits besteht die Gefahr, dass bei verspätet erklärter Prozessaufrechnung dieser Vortrag als verspätet, § 296, zurückgewiesen wird. Der die Prozessaufrechnung erklärende Schuldner würde damit nicht nur zahlen müssen, sondern infolge des Zurückweisens wegen Verspätung auch noch die Gegenforderung verlieren. Dies hätte eine materiell-rechtliche Härte zur Folge, die mit den Prozessbeschleunigungsvorschriften nichts mehr zu tun hat. Um dieses Ergebnis zu vermeiden, werden die unterschiedlichsten Begründungen herangezogen.[22] Der sich mit einer Aufrechnung Verteidigende darf jedoch nicht schlechter gestellt werden als der mit der Widerklage Angreifende. Eine Aufrechnung mit einer

---

[13] BGH NJW 1981, 1217; WM 1986, 864, 866; BGH NJW 1995, 1224 = MDR 1995, 408.
[14] Vgl. BGHZ 97, 79, 84 = NJW 1986, 1178; BGH WM 1991, 1154.
[15] Vgl. RGZ 51, 321; *Stein/Jonas/Roth* Rn. 7.
[16] BAG NZA 1990, 987.
[17] OLG Frankfurt/M. OLGR 2002, 295.
[18] Vgl. BGHZ 53, 92 ff. = NJW 1970, 425; RGZ 126, 238.
[19] Vgl. hierzu Rn. 24.
[20] Vgl. *Staudinger/Kaduk* Vor § 387 BGB Rn. 44; MünchKommBGB/*Schlüter* § 387 Rn. 40.
[21] Vgl. BGHZ 23, 17, 23 = NJW 1957, 591; es wird sogar die Auffassung vertreten, die Prozessaufrechnung sei rein prozessualer Natur, vgl. *Enneccerus/Lehmann* § 69 III 1.
[22] Vgl. MünchKommBGB/*Schlüter* § 387 Rn. 41.

konnexen Gegenforderung wirft keine zuständigkeitsrechtlichen Probleme auf. Statt nämlich die Prozessaufrechnung zu erklären, könnte der Beklagte ebensogut Widerklage erheben.[23] Dies jedoch ist unstreitig bis zum Schluss der mündlichen Verhandlung möglich,[24] §§ 256 Abs. 2, 261 Abs. 2, 297. Ist mit einer Zurückweisung der Prozessaufrechnung infolge Verspätung zu rechnen, empfiehlt es sich deshalb nicht, das Verteidigungsmittel der Prozessaufrechnung, sondern vielmehr das Angriffsmittel der Widerklage zu wählen. Aus prozesstaktischen Gründen korrespondieren deshalb die Prozessaufrechnung und die Widerklage durchaus. Auch hierin zeigt sich, dass die Widerklage zwar Angriffsmittel ist, aber ebenso auch aus Verteidigungsgründen erhoben werden kann.[25] Die internationale Aufrechnungszuständigkeit folgt aus der Widerklagezuständigkeit.[26]

Die **prozessuale Eventualaufrechnung** empfiehlt sich, wenn der Beklagte der Auffassung ist, die Klageforderung bestehe nicht. Zu einer Entscheidung über die zur Aufrechnung gestellte Forderung kommt es dann nur, wenn der Klageanspruch begründet ist. Diese Hilfsaufrechnung kann zugleich mit der Erhebung einer Eventualwiderklage verknüpft werden. Wird die Klage abgewiesen, so wird im Gerichtsstand der (Hilfs-)Widerklage über die nicht verbrauchte Gegenforderung entschieden. 11

IV. Voraussetzungen

1. Rechtshängigkeit. Die Erhebung der Widerklage setzt die Rechtshängigkeit der Hauptklage voraus. Die Rechtshängigkeit der Hauptklage muss zum Zeitpunkt der Erhebung der Widerklage noch andauern[27]. Die Rechtshängigkeit der Hauptklage wird durch deren Erhebung begründet, § 261 Abs. 1. Für die Erhebung der Widerklage ist es deshalb gleichgültig, ob die Hauptklage ordnungsgemäß erhoben, für sie der Kostenvorschuss gezahlt oder bereits ein Termin anberaumt ist oder nicht. Unerheblich ist auch, ob für die Hauptklage deren Prozessvoraussetzungen, insbesondere die Zuständigkeit vorliegen. Rechtshängig kann nämlich eine Klage auch bei einem unzuständigen Gericht werden.[28] Der die Klage an einem örtlich unzuständigen Gericht erhebende Kläger muss deshalb in Kauf nehmen, dass dort gegen ihn Widerklage erhoben wird. Nach Zurücknahme der Hauptklage oder nach deren anderweitiger Erledigung, zB durch Vergleich, ist die Erhebung der Widerklage nicht mehr zulässig.[29] 12

Durch **übereinstimmende Erledigungserklärungen** der Parteien wird die Rechtshängigkeit der bisher streitigen Ansprüche unmittelbar beendet.[30] Die Erhebung der Widerklage ist von diesem Zeitpunkt an deshalb nicht mehr möglich und kann insbesondere auch nicht mehr in der mündlichen Verhandlung über die Kosten des Rechtsstreites erhoben werden. Dieser Fall ist nicht anders zu behandeln, als wenn sich die Klage zB durch Rücknahme oder durch Vergleich erledigt.[31] Bei nicht übereinstimmender Erledigungserklärung wird die Rechtshängigkeit nicht beendet. Erhebung der Widerklage ist deshalb zulässig. 13

Nach rechtswirksamer Erhebung der Widerklage verselbständigt sich diese von der Klage. Rechtshängigkeit und Gerichtsstand der Widerklage dauern auch nach Zurücknahme der Klage oder ihrer sonstigen Erledigung, auch nach deren Abweisung wegen Unzuständigkeit, fort.[32] Bei einem Parteiwechsel des Klägers bleibt das Gericht der Widerklage auch gegen den ursprünglichen Kläger weiterhin zuständig.[33] 14

2. Erhebungszeitpunkt. Die Widerklage kann bis zum Schluss der mündlichen Verhandlung erhoben werden, §§ 256 Abs. 2, 261 Abs. 2, 297.[34] Auch vor diesem Zeitpunkt kann die Widerklage, was regelmäßig der Fall sein wird, durch einen wie eine Klage zuzustellenden Widerklageschriftsatz erhoben werden, §§ 253, 261 Abs. 2, 271, 496. Bei einer handelsrechtlichen Widerklage ist der Antrag gemäß § 96 Abs. 1 GVG überflüssig, da sich aus dem Zusammenhang mit der Klage bereits ergibt, ob die Widerklage vor der Kammer für Handelssachen erhoben werden soll.[35] Etwas 15

---

[23] Vgl. *Dageförde* RIW 1990, 876.

[24] BGH NJW 1992, 2894 = MDR 1992, 899 = NJW-RR 1992, 1085.

[25] Vgl. hierzu auch schon Rn. 7.

[26] BGH NJW 1993, 2754; LG Berlin RIW 1996, 906, vgl. i. Ü. auch Rn. 33.

[27] BGH NJW-RR 2001, 60.

[28] Vgl. so im Ergebnis auch *Stein/Jonas/Roth* Rn. 16; *Zöller/Vollkommer* Rn. 17; aA *Thomas/Putzo/Hüßtege* Rn. 19.

[29] Vgl. RGZ 34, 366; OLG Celle NJW 1963, 1555.

[30] OLG Frankfurt/M. MDR 1981, 676.

[31] So auch BGH NJW-RR 2001, 60; *Zöller/Vollkommer* Rn. 17; aA *Stein/Jonas/Roth* Rn. 17.

[32] Vgl. LG München I NJW 1978, 953.

[33] OLG Koblenz FamRZ 1983, 939.

[34] BGH NJW 2000, 2513; NJW-RR 1992, 1085 = MDR 1992, 899; OLG Hamburg MDR 1995, 526; OLG Düsseldorf NJW-RR 2000, 173; Köln MDR 2004, 962.

[35] AA *Zöller/Vollkommer* Rn. 12.

anderes kann nur dann gelten, wenn insgesamt die Verweisung an die Kammer für Handelssachen beantragt wird. Die Erhebung der Widerklage ist auch noch nach vorangegangenem Zwischen-, Grund- oder Vorbehaltsurteil möglich, §§ 303, 304, 599. Im schriftlichen Verfahren ist die Erhebung der Widerklage bis zu dem Zeitpunkt möglich, der dem Schluss der mündlichen Verhandlung entspricht, mithin bis zu dem Zeitpunkt, zu dem Schriftsätze eingereicht werden können, § 128 Abs. 2. Eine Zurückweisung der Widerklage selbst oder der zu ihrer Begründung vorgetragenen Tatsachen als verspätet gem. § 296 ist nicht möglich. Ebenso darf das Vorbringen von Tatsachen nicht gem. § 296 durch ein an sich mögliches Teilurteil, § 301, zurückgewiesen werden.[36] Diese mögliche Flucht in die Widerklage wird in der Literatur kritisch gesehen.[37]

16 In der **Berufungsinstanz** bestimmt sich die Zulässigkeit der Widerklage nach § 533.[38] Für die erforderliche Zustimmung des Klägers[39] ist dessen rügelose Einlassung auf die Widerklage ausreichend. Im übrigen kann das Berufungsgericht die Widerklage bei deren Sachdienlichkeit zulassen.

17 In der **Revisionsinstanz** ist die Widerklage durch § 559 grundsätzlich ausgeschlossen.[40] Eine Ausnahme soll für Inzidentanträge auf Schadensersatz nach den §§ 302 Abs. 4, 600 Abs. 2, 717 Abs. 2 und 3, 1042 c Abs. 2 bestehen.[41]

18 **3. Allgemeine Sachurteilsvoraussetzungen.** Die Widerklage ist eine echte Klage, die lediglich auch im Gerichtsstand des § 33 erhoben werden kann. Deshalb müssen neben den besonderen, den Gerichtsstand des § 33 eröffnenden Voraussetzungen immer auch die allgemeinen Sachurteilsvoraussetzungen einer Klage vorliegen. Die Sachurteilsvoraussetzungen der internationalen Zuständigkeit wird jedoch beim Vorliegen der sonstigen Voraussetzungen durch die örtliche Zuständigkeit doppelfunktional mitgeregelt.[42]

19 **4. Besondere Voraussetzungen.** Ergibt sich die örtliche Zuständigkeit des Gerichtes im Falle der Widerklage nicht bereits aus anderen Gerichtsstandsvorschriften, zB §§ 12, 13, sofern Kläger und Beklagter den gleichen allgemeinen Gerichtsstand haben, so kommt es auf die besonderen, den Gerichtsstand der Widerklage eröffnenden Voraussetzungen an.

20 **a) Rechtlicher Zusammenhang.** Ein Zusammenhang der Widerklage mit dem Klageanspruch ist gegeben, wenn die beiderseits geltend gemachten Forderungen aus dem gleichen Rechtsverhältnis resultieren. Es ist deshalb ein **rechtlicher Zusammenhang** erforderlich, der jedoch keineswegs die Identität des unmittelbaren Rechtsgrundes erfordert. Ein rein tatsächlicher, zeitlicher oder örtlicher Zusammenhang ist nicht ausreichend. Demselben Rechtsverhältnis kann der widerklageweise geltend gemachte Anspruch auch dann entspringen, wenn beide Parteien unterschiedliche Rechtsfolgen hieraus herleiten. Als im rechtlichen Zusammenhang stehend muss es deshalb angesehen werden, wenn die Parteien aus einem Vertrag unterschiedliche Rechtsfolgen herleiten. Demselben Rechtsverhältnis entspringt deshalb zB die Klage auf Kaufpreiszahlung und der widerklageweise geltend gemachte Gewährleistungsanspruch,[43] der Vergütungsanspruch aus Werkvertrag und der Anspruch auf Nachbesserung oder Mängelbeseitigung, Ansprüche auf Vertragserfüllung und Gegenansprüche wegen nicht ordnungsgemäßer Erfüllung, der Honoraranspruch des Architekten und der Gegenanspruch des Auftraggeber auf Schadensersatz wegen Planungsfehlern,[44] Ansprüche aus der Ungültigkeit eines Rechtsgeschäftes und Ansprüche, die aus dessen Gültigkeit hergeleitet werden, wechselseitige Ansprüche aus einer ständigen Geschäftsbeziehung.[45] Ein rechtlicher Zusammenhang kann sich auch aufgrund gesetzlicher Schuldverhältnisse, zB Deliktsrecht oder unerlaubter Handlung, ergeben. Wird aufgrund eines Unfalles aus §§ 823 ff. BGB geklagt, kann der Prozessgegner seinerseits aufgrund desselben Unfalles Widerklage erheben.

21 Bei der Beurteilung des rechtlichen Zusammenhanges handelt es sich im Grunde genommen um eine materiell-rechtliche Frage. Da auch § 273 BGB das Tatbestandsmerkmal der **Konnexität** erfordert und ein natürlicher wirtschaftlicher Zusammenhang ausreichend ist, ohne dass Forderung und Gegenforderung in synallagmatischer Abhängigkeit zu stehen brauchen, sollte dies auch für

[36] So ausdrücklich BGH NJW 1995, 1224 = MDR 1995, 408.
[37] *Prütting/Werth* ZZP 98 (1985), 131, 150 ff.; *Gounalakis* MDR 1995, 216.
[38] Vgl. § 530 Rn. 9 ff.
[39] BGH NJW-RR 1990, 1265.
[40] Vgl. BGHZ 24, 279 = NJW 1957, 1279.
[41] Vgl. *Zöller/Vollkommer* Rn. 10; sowie ausführlich *Nieder* NJW 1975, 1000.
[42] Vgl. RIW 1992, 673; vgl. hierzu auch Rn. 35.
[43] Vgl. BGHZ 52, 34 = NJW 1969, 1563.
[44] BGHZ 147, 220 = NJW 2001, 2094.
[45] BGHZ 149, 120 = NJW 2002, 2182; *Busse* MDR 2001, 730.

§ 33 ausreichend sein.[46] Der erforderliche rechtliche Zusammenhang kann deshalb auch bei Ansprüchen aus mehreren Rechtsgeschäften gegeben sein, die zusammengefasst, einheitlich oder untrennbar erscheinen.[47]

b) Zusammenhang Widerklage – Verteidigungsmittel. Bei einem Zusammenhang zwischen der Widerklage und den Verteidigungsmitteln, die gegen die Klage vorgebracht werden, greift ein weiterer selbstständiger Zuständigkeitsgrund ein. Alles, was zur Abwehr einer Klage vorgebracht wird, ist Verteidigungsmittel. Bei dem Zusammenhang zwischen der Widerklage und den Verteidigungsmitteln muss es sich um einen rechtlichen handeln, so dass das in dem vorangegangenen Absatz ausgeführte entsprechend gilt. In Betracht kommen vor allen Dingen gegen die Klage geltend gemachte selbstständige Gegenrechte wie die Aufrechnung und das kaufmännische Zurückbehaltungsrecht, §§ 369 bis 372 HGB. Bei dieser Alternative braucht deshalb keine Konnexität zwischen Klage- und Widerklageforderung zu bestehen. Der Widerkläger kann deshalb eine Gegenforderung gegen den Klageanspruch zur Aufrechnung stellen und Widerklage wegen eines Anspruches erheben, der mit der Gegenforderung in einem rechtlichen Zusammenhang steht. Wird also ein Teil der zur Aufrechnung gestellten Gegenforderung durch die Aufrechnung nicht verbraucht, kann der Beklagte wegen des überschießenden Betrages Widerklage erheben. Das Verteidigungsmittel muss aber prozessual und sachlich zulässig sein.[48] 22

c) Fehlender Zusammenhang. Bei fehlendem Zusammenhang (Konnexität) ist zunächst zu prüfen, ob die Zuständigkeit nicht aus der rügelosen Einlassung des Klägers und Widerbeklagten resultiert. Dies gilt aber nur für den Fall, wenn sich nicht bereits vor Prüfung der besonderen Widerklagevoraussetzungen gezeigt hat, dass die Widerklage nicht, zB wegen des allgemeinen Gerichtsstandes des Klägers und Widerbeklagten, erhoben werden kann. Ergibt sich die Zuständigkeit der Widerklage nicht aus anderen die Zuständigkeit regelnden Normen und beantragt der Beklagte und Widerkläger auch nicht nach richterlichem Hinweis gemäß § 139 die Verweisung, § 281, ist die Widerklage als unzulässig abzuweisen. 23

5. Besondere Arten der Widerklage. a) Hilfs- oder Eventualwiderklage. Die Hilfs- oder Eventualwiderklage ist zulässig bei einem Eventualverhältnis zwischen dem Hauptantrag des Beklagten auf Klageabweisung und seinem hilfsweise gestellten Antrag auf Verurteilung des Klägers.[49] Der Beklagte kann beispielsweise mit einer Gegenforderung die Hilfsaufrechnung erklären. Wird die Klage ohne Verbrauch der zur Hilfsaufrechnung gestellten Gegenforderung abgewiesen, kann der Beklagte und Widerkläger für diesen Fall die zur Aufrechnung gestellte Gegenforderung widerklageweise geltend machen. Der Beklagte kann ferner mit der Gegenforderung aufrechnen und deshalb die Abweisung beantragen. Für den Fall der Unzulässigkeit der Aufrechnung erhebt der Beklagte hierdurch bedingt Widerklage auf Zahlung der Gegenforderung.[50] In dem zuletzt erwähnten Fall ist allerdings über die Aufrechnung zu entscheiden. Ebenso wie der Kläger mit der Erhebung der Klage weitere Anträge hierzu in ein Eventualverhältnis stellen kann, kann der Beklagte auch mehrere Anträge zur Widerklage in ein Eventualverhältnis stellen. Der Beklagte kann zB für den Fall des Obsiegens mit dem Widerklageantrag Hilfswiderklage erheben. Hilfswiderklage kann der Kläger auch erheben, wenn der Beklagte nicht sicher ist, ob ein vereinbartes Aufrechnungsverbot eingreifen wird. Der Beklagte kann auch mit seiner Widerklage hilfsweise das zurückverlangen, was der Kläger mit der Hauptklage von ihm verlangt.[51] Schließlich ist es auch unbedenklich, die Eventualwiderklage mit dem Misserfolg der Klage zu verknüpfen. Für den möglichen Fall der Stattgabe der auf die fehlende Vollstreckungsfähigkeit einer notariellen Urkunde gestützten Vollstreckungsgegenklage, §§ 797, 767, kann der Beklagte Hilfswiderklage auf Leistung des nicht gehörig titulierten Anspruches erheben.[52] Macht er lediglich einen Teil seines Anspruches im Wege einer Teilklage geltend, kann der Beklagte Widerklage oder für den Fall der Abweisung der Klage Hilfswiderklage auf die negative Feststellung des die Klage übersteigenden Anspruchs erheben.[53] 24

b) Wider-Widerklage. Um eine Wider-Widerklage handelt es sich, wenn der Kläger seinerseits der vom Beklagten erhobenen Widerklage mit einem klageweisen Angriff, nämlich der Wider- 25

---

[46] Hierfür spricht sich auch *Stein/Jonas/Roth* Rn. 28 aus; zur Konnexität iSd. § 273 vgl. MünchKommBGB/*Krüger* § 273 Rn. 13.
[47] Vgl. *Thomas/Putzo/Hüßtege* Rn. 5.
[48] *Zöller/Vollkommer* Rn. 16.
[49] Vgl. BGHZ 21, 13 = NJW 1956, 1478; BGHZ 132, 398 = NJW 1996, 2307; BGH NJW 1996, 2166.
[50] Vgl. BGH NJW 1961, 1862 = LM Nr. 5; OLG Köln NJW-RR 1995, 233.
[51] BGH MDR 1965, 292.
[52] BGH NJW 1996, 2166.
[53] BGHZ 132, 397 = NJW 1996, 2307.

Widerklage begegnet.[54] Es handelt sich dabei auch keinesfalls um eine Klageänderung gemäß § 263 sondern um eine als solche zu behandelnde Widerklage.[55] Auch die Wider-Widerklage kann hilfsweise erhoben werden (Eventualwider-Widerklage).

26 **c) Inzident- oder Zwischenfeststellungsklage.** Die Inzident- oder Zwischenfeststellungswiderklage ist eine in einem rechtshängigen Verfahren erhobene Widerklage auf Feststellung eines die Entscheidung bedingenden Rechtsverhältnisses, deren Zweck die Ausdehnung der Rechtskraftwirkung auch auf den Grund der Widerklage ist.[56] Gesetzlich geregelt ist sie in § 256 Abs. 2.[57] Für gesetzlich geregelte Zwischenanträge, die sich allein nach den gesetzlichen Vorschriften, nicht nach der Widerklage gemäß § 33 richten, vgl. §§ 302 Abs. 4, 600 Abs. 2, 717 Abs. 2 und 3.[58] Die **petitorische Widerklage** (die Widerklage aus dem Recht) ist gegenüber der Besitzschutzklage zulässig.[59] Dem steht auch nicht § 863 BGB entgegen, da regelmäßig zunächst über die entscheidungsreife Besitzschutzklage durch Teilurteil, § 301, zu entscheiden ist. Sind Klage und Widerklage gleichzeitig entscheidungsreif, ist die Besitzschutzklage abzuweisen und der petitorischen Widerklage stattzugeben, § 864 Abs. 2 BGB.[60]

27 **d) Parteierweiternde Widerklage.** Von einer parteierweiternden Widerklage wird gesprochen, wenn die Widerklage von Dritten oder gegen Dritte erhoben wird, die bislang an dem Rechtsstreit nicht beteiligt sind. Grundsätzlich muss die Widerklage von dem Beklagten oder von dem Kläger und Widerbeklagten gegen den Beklagten und Widerkläger im Falle der Wider-Widerklage erhoben werden. Widerkläger und Widerbeklagter können auch bereits am Prozess beteiligte Streitgenossen sein. Dies ist unproblematisch.[61] Streitig ist jedoch, ob und unter welchen Voraussetzungen durch Erhebung einer Widerklage bislang an dem Rechtsstreit nicht beteiligte Dritte in diesen hereingezogen werden können. Dritter im Sinne der parteierweiternden Widerklage ist jede Person, auch wenn sie als Streithelfer des Beklagten am Prozess beteiligt ist, die weder Kläger noch Beklagter des anhängigen Verfahrens ist.[62]

28 **aa)** In der Literatur wird zu Recht überwiegend die Auffassung vertreten, dass die gegen einen bislang am Rechtsstreit nicht beteiligten Dritten erhobene Widerklage stets eine Parteiänderung, nämlich eine **Parteierweiterung** darstellt.[63] Diese Parteierweiterung führt zu einer **subjektiven Klagehäufung** und begründet damit nachträglich eine **Streitgenossenschaft.** Es sind deshalb die Regeln über die Streitgenossenschaft, §§ 59, 60 und gegebenenfalls auch die der Prozessverbindung bzw. Prozesstrennung, §§ 145, 147, anzuwenden. Der Gerichtsstand kann sich für die dem Rechtsstreit infolge der Widerklage beigetretenen Streitgenossen nicht aus § 33 ergeben sondern nur aus anderen allgemeinen und besonderen Gerichtsstandsvorschriften. Die Einbeziehung eines bislang an dem Rechtsstreit nicht beteiligten Dritten infolge der Erhebung einer Widerklage muss grundsätzlich dann zulässig sein, wenn dieser Streitgenosse auf der Gegenseite bei dem Gericht beispielsweise seinen allgemeinen Gerichtsstand hat. Es kann aber zB auch der Gerichtsstand des Erfüllungsortes, § 29, gegeben sein. Stehen die geltend gemachten Ansprüche in einem rechtlichen Zusammenhang, ist § 147 schon aus Gründen der Prozessökonomie anzuwenden. Ansonsten findet eine Prozesstrennung gemäß § 145 statt. Auch der BGH hat es zuletzt ausdrücklich offen gelassen, ob es sich bei der sog. parteierweiternden Widerklage überhaupt um eine echte Widerklage oder aber vielmehr um eine selbstständige Klage, verbunden mit der Anregung der Prozessverbindung, handelt.[64]

29 **bb)** Die Rspr. des BGH hat die parteierweiternde Widerklage grundsätzlich anerkannt und an den Voraussetzungen des § 33 gemessen. Danach soll auch für die parteierweiternde Widerklage der Gerichtsstand des § 33 gegeben sein, wenn entweder der Gegner zustimmt[65] oder das Gericht die Klageänderung für **sachdienlich** erachtet.[66] Hinsichtlich der Begründung der örtlichen Zustän-

---

54 Vgl. BGH MDR 1959, 571 = BB 1959, 505 = LM BGB § 164 Nr. 15; *Zöller/Vollkommer* Rn. 28; *Stein/Jonas/Roth* Rn. 35.

55 BGH NJW-RR 1996, 65.

56 Vgl. BGH LM § 280 aF Nr. 4.

57 Vgl. die Kommentierung dort.

58 Vgl. jeweils die Kommentierung dort.

59 BGHZ 53, 166 = NJW 1970, 707; BGHZ 73, 355 = NJW 1979, 1358 = JZ 1979, 403.

60 Vgl. auch *Palandt/Bassenge* § 863 BGB Rn. 3.

61 Vgl. *Zöller/Vollkommer* Rn. 18; *Stein/Jonas/Roth* Rn. 40.

62 BGHZ 131, 78 = NJW 1996, 196; *Stein/Jonas/Roth* Rn. 40.

63 Vgl. *Stein/Jonas/Roth* Rn. 42; *Zöller/Vollkommer* Rn. 18 ff., 23; zur parteierweiternden Widerklage vgl. ferner *Schröder* AcP 164 (1964), 517 ff.; *Wieser* ZZP 86 (1973), 36 ff.; *Nieder* ZZP 85 (1972), 437 ff.; *ders.* MDR 1979, 10 ff.

64 Vgl. BGH GRUR 1986, 325, 329 = WM 1985, 1510 unter ausdrücklichem Hinweis auf frühere Entscheidungen; BGH LM Nr. 12; NJW 1975, 1228, 1229.

65 OLG Düsseldorf MDR 1990, 728.

66 BGHZ 131, 79 = NJW 1996, 196.

digkeit würde die Nichtanwendung des § 33 nach der Auffassung des BGH in einer Vielzahl von Fällen zu einer Vervielfältigung und Zersplitterung anhängiger Verfahren führen. Dies wird durch die Anwendung des § 33 vermieden.[67] In einer weiteren Entscheidung stellt der BGH ausdrücklich klar, dass die grundsätzliche Zulässigkeit einer parteierweiternden Widerklage nunmehr gefestigter Rechtsprechung entspreche.[68] In der gleichen Entscheidung verdeutlicht der BGH jedoch bereits, dass jedenfalls für den Bereich der internationalen Zuständigkeit der weiten Auslegung des § 33 durch den BGH[69] nicht gefolgt werden könne.[70] In einer weiteren Entscheidung[71] spricht sich der BGH wiederum für eine Anwendung des § 33 aus. Wo die Dinge tatsächlich und rechtlich derart eng miteinander verknüpft seien, entspräche es dem Sinn des § 33, der beklagten Partei den Gegenangriff auch dann zu ermöglichen, wenn die widerbeklagte Partei nicht selbst Klägerin ist.[72] In einer anderen Entscheidung wiederum hat der BGH es offen gelassen, ob im Falle der parteierweiternden Widerklage ein Gerichtsstand allein über § 33 begründet werden kann, oder ob es sich um eine selbstständige Klage, verbunden mit der Anregung der Prozessverbindung, handelt.[73]

cc) Die **parteierweiternde Widerklage zur Zeugenausschaltung** ist vorab durch Teilurteil, § 301, zu bescheiden.[74] 30

dd) Als **Wertung** ist im Ergebnis festzuhalten, dass die parteierweiternde Widerklage zuzulassen ist. Rechtsprechung und Literatur sind sich dahingehend einig, dass es sachdienlich ist, eng miteinander verknüpfte Ansprüche einheitlich vor einem Gericht zu verhandeln, um eine Vervielfältigung und Partikularisierung von Prozessen zu vermeiden. Dies allein reicht jedoch nicht aus, zu einer Anwendung des § 33 zu kommen.[75] Der ZPO ist nämlich der Gerichtsstand des Sachzusammenhanges unbekannt. Ein solcher kann insbesondere auch nicht mit den Erfordernissen der Sachdienlichkeit begründet werden.[76] Der BGH selbst hat den Gerichtsstand des Sachzusammenhanges abgelehnt.[77] Es entspricht darüber hinaus auch nicht dem Sinn und Zweck des § 33, einen bislang nicht an dem Rechtsstreit Beteiligten, der dort auch keinen sonstigen Gerichtsstand hat, in den Gerichtsstand des § 33 hineinzuziehen. Lediglich der Kläger selbst, der den Beklagten verklagt hat, soll in diesem Gerichtsstand mit der Erhebung der Widerklage rechnen müssen. Es sind deshalb nach richtiger Auffassung allein die Grundsätze über die Streitgenossenschaft, §§ 59, 60 und die der Prozessverbindung bzw. -trennung, §§ 145, 147, anzuwenden.[78] 31

e) Parteierweiternde Eventualwiderklage. Die parteierweiternde Eventualwiderklage ist unzulässig.[79] Bei einer parteierweiternden Widerklage handelt es sich im eigentlichen Sinne nicht um eine Widerklage sondern um eine selbstständige, die sich nach den §§ 59, 60 richtende und weitere Streitgenossen einbeziehende, Klage. Die Begründung eines Eventualprozessrechtsverhältnisses ist jedoch nicht zulässig, da ein solches nicht in der Schwebe gelassen werden darf.[80] 32

f) Widerklage auf Unterlassung der Klagebehauptung. Die auf Unterlassung der Behauptung klagebegründenden Tatsachen als Gegenangriff – Widerklage ist ebenfalls unzulässig. Dies ist kein Fall von § 261 Abs. 3 Nr. 1,[81] denn der mit der Widerklage geltend gemachte Unterlassungsanspruch ist nicht das Gegenteil des Klageanspruches. Es fehlt jedoch das Rechtsschutzbedürfnis, da im Rahmen der Klage über das Unterlassungsbegehren inzidenter mitentschieden wird.[82] 33

---

[67] Vgl. BGH NJW 1966, 1028.
[68] Vgl. BGH NJW 1981, 2642.
[69] BGH NJW 1966, 1028.
[70] BGH NJW 1981, 2642, 2643.
[71] BGH NJW 1984, 2104, 2105.
[72] Vgl. BGH NJW 1984, 2105; vgl. so auch LG Hannover NJW 1988, 1601; aA OLG Zweibrücken VersR 1995, 197; offen BGH NJW 1993, 2120.
[73] BGH GRUR 1986, 325, 329 = WM 1985, 1510 m. weit. Nachw. auf BGH LM Nr. 12; BGH NJW 1975, 1228, 1229.
[74] OLG Karlsruhe BB 1992, 97; OLG Celle OLGR 1996, 45; *Uhlmannsiek* MDR 1996, 116.
[75] So aber der BGH NJW 1966, 1028; 1984, 2105.
[76] Vgl. jedoch für eine Widerklage gegen den Zedenten der Ansprüche aus einem Verkehrsunfall LG Hannover NJW 1988, 1601.
[77] Vgl. hierzu § 12 Rn. 41 ff.
[78] So im Ergebnis auch *Zöller/Vollkommer* Rn. 23; *Stein/Jonas/Roth* Rn. 42 f.; zweifelnd deshalb auch BGH GRUR 1986, 325, 329 = WM 1985, 1510.
[79] BGHZ 147, 220 = NJW 2001, 2094.
[80] Vgl. *Zöller/Vollkommer* § 60 Rn. 10; *Stein/Jonas/Bork* Vor § 59 Rn. 4 a.
[81] Vgl. *Walter* NJW 1987, 3140.
[82] BGH NJW 1987, 3139 ff. = MDR 1987, 999.

V. Verhältnis zu anderen Vorschriften

34 **1. Weiterer besonderer Gerichtsstand.** § 33 schafft nur einen weiteren besonderen Gerichtsstand. Sollten deshalb gleichzeitig noch andere Gerichtsstände vorliegen, hat der Widerkläger die Wahl, § 35, den Kläger auch in einem anderen Gerichtsstand zu verklagen. Im Übrigen richtet sich die Widerklage in jeder Beziehung nach den für die Klage geltenden Regeln.[83] Eine Vorschusszahlung bei Erhebung der Widerklage entfällt, § 12 Abs. 2 Nr. 1 GKG. Für die Kostenschuld des Widerklägers gilt § 22 GKG. Diese ist fällig (§ 6 GKG) und darf eingefordert werden; das Tätigwerden des Gerichts darf aber nicht bis zum Zahlungseingang zurückgestellt werden.[84]

35 **2. Internationale Zuständigkeit.** Aus dem Gerichtsstand kann auch die internationale Zuständigkeit folgen.[85] Allerdings braucht sich der Kläger keinesfalls im Inland auf nicht konnexe Widerklagen einzulassen. § 33 begründet nämlich die internationale Zuständigkeit nur innerhalb seines Anwendungsbereiches. Der mit der Widerklage geltend gemachte Anspruch muss deshalb im Zusammenhang mit der Hauptklage stehen. Soweit der mit der Widerklage geltend gemachte Anspruch in einem ausschließlichem ausländischen Gerichtsstand geltend zu machen ist, greift § 33 für die internationale Zuständigkeit nicht ein. Schließlich folgt die deutsche internationale Zuständigkeit dann nicht aus § 33, wenn wirksame **Derogation** vorliegt.[86] An die Derogation der Widerklagezuständigkeit sind nach der Rechtssprechung strenge Anforderungen zu stellen.[87] Dies folgt daraus, dass es sich bei der Widerklage nicht nur um ein Gegenangriffs-, sondern auch um ein Verteidigungsmittel handeln kann, was sich bereits daraus ergibt, dass die Widerklage zulässig ist, wenn sie in Konnexität mit Verteidigungsmitteln steht. Bei Derogation der deutschen internationalen Zuständigkeit durch die Vereinbarung eines ausschließlichen ausländischen Gerichtsstandes kann die deutsche internationale und auch örtliche Zuständigkeit durch rügeloses Einlassen des Beklagten und Wiederklägers begründet werden.[88] Hieraus folgt aber keineswegs umgekehrt, dass nunmehr für eine in diesem Gerichtsstand erhobene Widerklage das durch rügeloses Einlassen zuständig gewordene Gericht ebenfalls international zuständig wäre.[89] Abzulehnen ist es allerdings, trotz ausdrücklicher Rüge der internationalen Zuständigkeit, allein in der Erhebung einer Widerklage die Begründung der deutschen internationalen Zuständigkeit zu sehen.[90] In jedem Fall muss der Beklagte und Widerkläger während des ganzen Prozesses und auch während aller Instanzen die Rüge der internationalen Unzuständigkeit ausdrücklich aufrechterhalten.[91] Dem Beklagten und Widerkläger ist es in einem solchen Fall eher anzuraten, lediglich Eventualwiderklage abhängig von der Bejahung der internationalen Zuständigkeit für den Hauptanspruch zu erheben.

36 **3. EuGVO.** Im Geltungsbereich der EuGVO[92] greift Art. 6 Nr. 3 ein und verdrängt § 33. Art. 6 Nr. 3 EuGVO lässt eine Widerklage generell zu, greift in Fällen der Prozessaufrechnung jedoch nicht.[93] Ebenso wie § 33 einem ausschließlichen Gerichtsstand weichen muss, weicht Art. 6 Nr. 3 EuGVO einem ausschließlichen Gerichtsstand der EuGVO wie zB Art. 22 EuGVO. Für Widerklagen in Versicherungssachen enthält Art. 12 Nr. 2 EuGVO eine spezielle Regelung, für Verbrauchersachen Art. 16 Nr. 3 EuGVO. Von diesen besonderen Widerklagebestimmungen der EuGVO kann nur unter eingeschränkten Voraussetzungen abgewichen werden, Art. 13, 17 EuGVO.

§ 34 Besonderer Gerichtsstand des Hauptprozesses

Für Klagen der Prozessbevollmächtigten, der Beistände, der Zustellungsbevollmächtigten und der Gerichtsvollzieher wegen Gebühren und Auslagen ist das Gericht des Hauptprozesses zuständig.

---

[83] Vgl. *Stein/Jonas/Roth* Rn. 9.
[84] OLG München MDR 2003, 1077.
[85] Vgl. BGH NJW 1981, 2642; BGH MDR 1985, 911; BGH WM 85, 1509 = GRUR 1986, 325.
[86] HM; vgl. BGHZ 52, 30 = NJW 1969, 1563; BGHZ 59, 116 = NJW 1972, 1671; BGH NJW 1981, 2644; GRUR 1986, 325 = WM 1985, 1510 = MDR 1985, 911; *Stein/Jonas/Roth* Rn. 52; *Zöller/Vollkommer* Rn. 30; aA *Eisner* NJW 1970, 2141; *v. Falkenhausen* RIW 1982, 386.
[87] Vgl. BGH WM 1983, 1017, 1018.
[88] Vgl. BGH WM 1986, 199, 202.
[89] BGH WM 1986, 202.
[90] So zustimmend auch *Geimer* WM 1986, 117 ff.; wohl offen gelassen in BGH WM 1986, 202.
[91] Vgl. *Geimer* WM 1986, 118.
[92] Vgl. die Kommentierung zur EuGVO in Band 3 sowie *Kropholler* Art. 6 Rn. 32 ff.
[93] EuGH NJW 1996, 24; das gilt aber nicht für Verteidigungsmittel, deren Geltendmachung sich nach nationalen Recht bestimmt, BGH RIW 2002, 147 lässt aber offen, wie der Hinweis auf das nationale Recht zu verstehen ist.

I. Normzweck

§ 34 schafft einen besonderen **Wahlgerichtsstand für Klagen wegen Gebühren und Auslagen** des in der Vorschrift genannten Personenkreises. Darüber hinaus wird auch die **sachliche Zuständigkeit** des Gerichtes, das in erster Instanz den Hauptprozess zu entscheiden hat, geregelt.[1] Das Gericht der Hauptsache ist aber jedoch weder sachlich noch örtlich ausschließlich zuständig.[2] Regelungsgrund des § 34 ist die Begründung eines Gerichtsstandes des Sachzusammenhanges zwischen dem Hauptprozess und der Honorarklage.[3] Die Vorschrift dient der Erleichterung von Honorarklagen. Bereits in der Begründung zum Entwurf der ZPO wurde aufgeführt, § 34 erleichtere den Anwälten die Vertretung ausländischer Prozessparteien ohne vorherige Einforderung eines Gebührenvorschusses.[4] Für Rechtsanwälte spielt die Vorschrift heute in der Praxis nur eine geringe Rolle, da das Kostenfestsetzungsverfahren gemäß § 11 RVG der Honorarklage vorgeht und dieser das Rechtsschutzbedürfnis nimmt. 1

II. Anwendungsbereich und Voraussetzungen

1. Kläger der Honorarklage. Kläger der Honorarklage können Prozessbevollmächtigte gemäß § 80, einschließlich der Unterbevollmächtigten[5] und der Verkehrsanwälte, VV 3400 Anlage 1 zu § 2 Abs. 2 RVG, sowie Beistände, § 90, sein. Ferner zählen hierzu Zustellungsbevollmächtigte, § 174, und, Rechtsnachfolger der vorgenannten Personen.[6] Für Gerichtsvollzieher hat § 34 seine Bedeutung verloren. Diese treiben ihre Kosten vielmehr im Verwaltungszwangsverfahren gemäß §§ 1 Abs. 1 Nr. 7, 8 JBeitrO, 9 Abs. 1 GVKostG ein. Honoraransprüche eines Notars sind gemäß §§ 155 ff. KostO geltend zu machen[7] und nicht im Gerichtsstand des § 34. 2

2. Honorarbeklagte. Honorarbeklagte können der Vollmachtgeber sowie dessen Rechtsnachfolger[8] sein. Hierunter fallen auch Personen, die für den Vollmachtgeber haften, insbesondere dessen Bürgen.[9] 3

§ 34 eröffnet keine Möglichkeit zur Klage gegen den **Prozessgegner** und **dritte Personen.** 4

Soweit die zu erstattenden Kosten gegen einen Prozessgegner nicht in einem besonderen Verfahren gemäß § 104 festgesetzt werden können, muss dieser an seinem allgemeinen oder an einem evtl. eingreifenden besonderen Gerichtsstand in Anspruch genommen werden. 5

3. Gebühren und Auslagen. Gebühren und Auslagen, die infolge des Hauptprozesses entstanden sind, werden von der Klagemöglichkeit der Vorschrift erfasst.[10] Dabei kann es sich sowohl um gesetzliche als auch um vereinbarte Gebühren und Auslagen handeln. Zu den Gebühren und Auslagen im Sinne des § 34 gehören auch die Umsatzsteuer sowie angefallene Verzugszinsen.[11] Dies insgesamt nur, soweit Gebühren und Auslagen nicht im Kostenfestsetzungsverfahren gemäß § 11 RVG geltend zu machen sind. 6

4. Hauptprozess. a) Begriff. Zum Begriff des Hauptprozesses zählen die Verfahren des Zivilprozessrechts. Somit gehören hierzu das Mahn-, Arrest-, Beweissicherungs- und Aufgebotsverfahren, die gerichtlichen Verfahren der Zwangsvollstreckung und des Insolvenzverfahrens.[12] Nicht hierunter fallen das Strafverfahren und Angelegenheiten der freiwilligen Gerichtsbarkeit,[13] ebenfalls nicht die Gebühren für außergerichtliche Tätigkeiten.[14] 7

b) Kammer für Handelssachen, Familiengericht, Arbeitsgericht. Handelt es sich bei dem Hauptprozess um eine Sache, die vor der Kammer für Handelssachen, dem Familiengericht oder dem Arbeitsgericht entschieden wurde, ist streitig, ob als Gericht des Hauptprozesses das für das jeweilige Spezialgebiet zuständige Gericht anzusehen ist oder die allgemeinen Prozessabteilungen der Zivilgerichte. 8

---

1 Vgl. BGHZ 97, 89, 82 = MDR 1986, 483 = FamRZ 1986, 347 = JZ 1986, 587; *Zöller/Vollkommer* Rn. 1, 5; *Thomas/Putzo/Hüßtege* Rn. 3.
2 OLG Brandenburg NJW 2004, 780.
3 Vgl. BGHZ 97, 79, 83 = NJW 1986, 1178; *Zöller/Vollkommer* Rn. 1.
4 Vgl. *Hahn* S. 158.
5 Vgl. RGZ 58, 109, 110.
6 Vgl. *Stein/Jonas/Roth* Rn. 5.
7 Vgl. hierzu auch *Korintenberg/Lappe/Bengel/Tiedtke,* Kostenordnung, 15 Aufl. 2002, § 155 Rn. 1 ff.
8 Vgl. *Zöller/Vollkommer* Rn. 3.
9 Vgl. OLG Kiel OLGZ 7, 273.
10 Vgl. *Baumbach/Lauterbach/Hartmann* Rn. 3.
11 Vgl. *Stein/Jonas/Roth* Rn. 14.
12 Vgl. *Stein/Jonas/Roth* Rn. 11.
13 Vgl. BGHZ 97, 79, 84 = NJW 1986, 1178.
14 BGH NJW 1979, 984; vgl. auch BT-Drucks. 7/2729 S. 100 ff.

9 **aa)** Der BGH hat in einer neueren Entscheidung die Frage, ob die Kammer für Handelssachen bei einer Honorarklage gemäß § 34 zuständig ist, offen gelassen.[15] In der Literatur ist jedoch zu Recht die Zuständigkeit der Kammer für Handelssachen anerkannt.[16] Die in der Literatur vertretene Auffassung wird dem Normzweck[17] – der Begründung der Zuständigkeit für das der Sache am nächsten stehende Gericht – gerecht.

10 **bb)** Das Problem der Zuständigkeit für die Honorarklage nach einem Hauptprozess vor dem **Familiengericht** hat der BGH dahingehend entschieden, dass die allgemeinen Prozessabteilungen der Amtsgerichte dafür zuständig sind, nicht das Familiengericht.[18] Diese Frage wurde von den Instanzgerichten vor der soeben erwähnten Entscheidung des BGH kontrovers behandelt.[19] Die Auffassungen im Schrifttum sind weiterhin geteilt.[20]

11 Die Entscheidung des BGH ist zu Recht auf Kritik gestoßen, da die **Zuständigkeit des Familiengerichtes** ebenso wie die der Kammer für Handelssachen gegeben sein muss. In beiden Fällen handelt es sich bei der Abgrenzung zur allgemeinen Zivilgerichtsbarkeit um eine gesetzliche Geschäftsverteilung, so dass die Rechtslage vergleichbar ist.[21] Zwar ist die Zuständigkeit des Familiengerichtes im Gegensatz zu der der Kammer für Handelssachen strenger von derjenigen der allgemeinen Zivilkammer abgegrenzt,[22] trotzdem erweitert § 34 die Zuständigkeit des Familiengerichtes gegenüber den Katalogen des § 23 b GVG bzw. § 621.[23] Die Zuständigkeit des Familiengerichtes ermöglicht die Entscheidung des mit dem Spezialgebiet vertrauten Richters, auch wenn dies nicht notwendigerweise der Richter ist, der den Hauptprozess entschieden hat.[24] Die Zuständigkeit des Familiengerichtes ist auch deshalb sachgerecht, da sie im Hinblick auf die Zuständigkeit des Rechtspflegers beim Familiengericht im besonderen Kostenverfahren gemäß § 11 RVG zur einheitlichen Zuständigkeitsregelung im Kostenverfahren führt. Schließlich regelt § 34 nur die örtliche und sachliche Zuständigkeit und nicht die Zulässigkeit des Rechtsweges. Innerhalb des zulässigen Rechtsweges jedoch entscheidet das Gericht den Rechtsstreit unter allen in Betracht kommenden rechtlichen Gesichtspunkten, § 17 Abs. 2 S. 1 GVG. Bei einem Gebührenanspruch handelt es sich aber auch dann um eine zivilrechtliche Forderung, wenn eine rechtswegübergreifende Sachkompetenz erforderlich ist, sofern ein Gebührenanspruch aufgrund einer Tätigkeit auf dem Gebiet des Verwaltungsrechtes, des Sozialrechtes, des Arbeitsrechtes oder anderer Rechtswege begehrt wird.[25]

12 **c) Arbeitsgericht.** Die Zuständigkeit des Arbeitsgerichtes folgt nicht aus § 34, da das Verhältnis der Gerichte für Arbeitssachen zur ordentlichen Gerichtsbarkeit keine Frage der sachlichen Zuständigkeit sondern des Rechtsweges ist.[26]

13 **d) Verwaltungsgerichtsbarkeit, Sozialgericht, Finanzgericht.** Die Verwaltungsgerichtsbarkeit wird aufgrund des § 34 nicht zuständig, da die Vorschrift nur die örtliche und sachliche Zuständigkeit und nicht die Zulässigkeit des Rechtsweg betrifft.[27] Sozialgerichte[28] und Finanzgerichte[29] sind besondere Verwaltungsgerichte, weshalb deren Zuständigkeit ebenfalls wegen der Unzuständigkeit des Rechtsweges nicht durch § 34 begründet wird.[30]

---

[15] Vgl. BGHZ 97, 79, 84 = NJW 1986, 1178.

[16] Vgl. *Baumbach/Lauterbach/Hartmann* Rn. 4; *Walter* JZ 1986, 589; aA *Stein/Jonas/Roth* Rn. 13.

[17] Vgl. Rn. 1.

[18] Vgl. BGHZ 97, 79 = NJW 1986, 1178.

[19] Für die Zuständigkeit der allgemeinen Prozessabteilung des Amtsgerichtes: OLG Hamm FamRZ 1981, 1089; OLG Zweibrücken FamRZ 1982, 82; OLG Koblenz FamRZ 1983, 1253; OLG Frankfurt/M. FamRZ 1984, 1119; OLG Saarbrücken FamRZ 1986, 73; OLG Karlsruhe OLGZ 1986, 127. Für die Zuständigkeit der Familiengerichte: OLG Hamburg FamRZ 1979, 1036; OLG Hamburg FamRZ 1985, 409; KG FamRZ 1981, 1089.

[20] Dem BGH zustimmend: *Sojka* ZZP 99 (1986), 471 f.; *Bosch* FamRZ 1986, 347 ff.; *Zöller/Vollkommer* Rn. 5; *Zöller/Phillippi* § 621 Rn. 12; ablehnend: *Walter* JZ 1986, 588 f.; *Thomas/Putzo/Hüßtege* Rn. 3.

[21] OLG Hamburg FamRZ 1985, 409; vgl. *Walter* JZ 1986, 589.

[22] Vgl. BGHZ 97, 89, 85 = NJW 1986, 1498.

[23] Vgl. *Walter* JZ 1986, 589.

[24] So zutreffend OLG Hamburg FamRZ 1985, 409.

[25] Zur umfassenden Prüfungskompetenz nach § 17 Abs. 2 S. 1 GVG vgl. *Zöller/Gummer* § 17 GVG Rn. 5, 6; *Baumbach/Lauterbach/Albers* § 17 GVG Rn. 5; *Musielak/Wittschier* § 17 GVG Rn. 6–8.

[26] BAG NJW 1998, 1093; NZA 1992, 954 = AP Nr. 7 zu § 48 ArbGG 1979; AnwBl. 1995, 197; a A LAG Hamburg MDR 1995, 213.

[27] BAG NJW 1998, 1093.

[28] *Eyermann/Rennert* § 40 VwGO Rn. 140.

[29] *Eyermann/Rennert* § 40 VwGO Rn. 146.

[30] § 40 Abs. 1 S. 1 VwGO eröffnet den Rechtsweg zu den Verwaltungsgerichten für alle öffentlich-rechtlichen Streitigkeiten nicht verfassungsrechtlicher Art, vgl. *Eyermann/Rennert* § 40 VwGO Rn. 1.

III. Verhältnis zu anderen Vorschriften

1. Wahlgerichtsstand. Bei der Vorschrift handelt es sich um einen besonderen Wahlgerichtsstand, der nicht ausschließlich ist. Es kommen deshalb daneben noch der allgemeine Gerichtsstand sowie evtl. weiter eingreifende besondere Gerichtsstände, insbesondere der Gerichtsstand des Erfüllungsortes, § 29, in Betracht.[31] Unter mehreren Gerichtsständen hat der Kläger die Wahl, § 35. 14

2. Internationale Zuständigkeit. § 34 begründet auch die internationale Zuständigkeit, wenn es sich bei dem Rechtsstreit vor einem deutschen Gericht um einen Streitfall mit Auslandsberührung handelt.[32] Es ist deshalb gleichgültig, wo der Rechtsanwalt seine Kanzlei hat, auch ob diese im In- oder Ausland belegen ist. Demgegenüber schließt ein ausländischer Kanzleisitz § 34 aus.[33] Andererseits kann § 34 die Zuständigkeit eines ausländischen Gerichtes niemals begründen. Hier bleibt nur die Möglichkeit, den Gerichtsstand gemäß § 29 im Inland zu begründen. 15

3. Geltungsbereich des EuGVO. Im Geltungsbereich der EuGVO[34] ist zu berücksichtigen, dass die EuGVO einen dem § 34 entsprechenden Gerichtsstand nicht kennt. Hat der Auftraggeber seinen Wohnsitz in einem der übrigen Mitgliedstaaten der EuGVO, so kommt der Gerichtsstand des § 34 nicht in Betracht.[35] Es kann dann allerdings der Gerichtsstand des Art. 5 Nr. 1 EuGVO (Gerichtsstand des Erfüllungsortes) neben dem allgemeinen Gerichtsstand des Auftraggebers im EuGVO-Ausland eingreifen.[36] Der Erfüllungsort im Sinne des Art. 5 Nr. 1 EuGVO bestimmt sich nach dem Recht, das nach den Kollisionsnormen des mit dem Rechtsstreit befassten Gerichtes für die streitige Verpflichtung maßgebend ist.[37] 16

§ 35 Wahl unter mehreren Gerichtsständen

Unter mehreren zuständigen Gerichten hat der Kläger die Wahl.

I. Normzweck

Nach dem in den Gerichtsstandsregelungen zum Ausdruck gekommenen Gerechtigkeitsgehalt hat grundsätzlich der Kläger den Beklagten als Angreifer an dessen Ort aufzusuchen.[1] § 35 bezweckt eine Kompensierung dieser grundsätzlichen Regelung zugunsten des Klägers, der unter mehreren zuständigen Gerichten den Rechtsstreit nach seiner Wahl vor dem für ihn günstigeren Gericht austragen kann. Dieser Normzweck wird dann nicht erfüllt sondern vielmehr missbraucht, wenn es einem Kläger bei der Wahl nicht beispielsweise um die bessere Aufklärungsmöglichkeit und Sachnähe eines Tatortgerichtes geht, sondern darum, die nach seiner Auffassung günstigere Rechtsprechung des von ihm gewählten Gerichtes auszunutzen.[2] 1

II. Anwendungsbereich und Voraussetzungen

1. Wahlmöglichkeit. Die Wahlmöglichkeit des Klägers besteht zwischen mehreren allgemeinen und besonderen Gerichtsständen, soweit es sich nicht um einen ausschließlichen Gerichtsstand handelt. Falls mehrere ausschließliche Gerichtsstände gegeben sind, hat der Kläger die Wahl zwischen diesen.[3] 2

2. Freiheit der Wahl. Die Freiheit der Wahl besteht grundsätzlich unabhängig von den Umständen des Einzelfalles. So ist der Kläger nicht gehalten, den Gerichtsstand zu wählen, an dem die geringsten Kosten entstehen.[4] Eine Beschränkung der Wahlmöglichkeit kann sich jedoch aus dem Grundsatz von Treu und Glauben ergeben, der auch im Prozessrecht Anwendung findet.[5] Der Kläger missbraucht seine Position, wenn er den Zwecken der jeweiligen Gerichtsstandsbestim- 3

---

[31] Vgl. *Stein/Jonas/Roth* Rn. 2.
[32] Vgl. hierzu auch Rn. 1; sowie *Stein/Jonas/Roth* Rn. 4.
[33] Vgl. so zutreffend auch *Stein/Jonas/Roth* Rn. 4.
[34] Vgl. die Kommentierung zur EuGVO, in Band 3.
[35] *Roth* ZZP 104 (1991), 459; BGH NJW 1991, 3095, 3096.
[36] Vgl. *Kropholler* Art. 5 Rn. 4, 5.
[37] BGH NJW 1991, 3096 m. weit. ausf. Hinweisen; EuGH 1987, 239 = NJW 1987, 1131, 1132, vgl. i. Ü. auch die Kommentierung zu § 29 Rn. 26, „Rechtsanwalt".
[1] Vgl. hierzu ausführlich § 12 Rn. 2.
[2] Vgl. OLG Hamm NJW 1987, 138.
[3] BGH NJW 1993, 2810; Thomas/Putzo/Hüßtege Rn. 1.
[4] OLG Köln MDR 1976, 496; *Stein/Jonas/Roth* Rn. 5; OLG Köln Rpfleger 1992, 222; OLG München JurBüro 1994, 477; *Thomas/Putzo/Hüßtege* Rn. 2.
[5] Vgl. hierzu auch Rn. 1.

mungen erkennbar zuwider handelt, wie es nach einer Entscheidung des OLG Hamm dann der Fall ist, wenn der Kläger den Gerichtsstand des Tatorts gemäß § 14 Abs. 2 UWG nicht wegen der besseren Aufklärungsmöglichkeiten an diesem Ort wählt sondern wegen der ihm vermeintlich günstiger erscheinenden Rechtsprechung des angerufenen Gerichtes.[6] Das Wahlrecht ist anzuerkennen, wenn die Zuständigkeit an den Klägerwohnsitz anknüpft. Dies gilt etwa für die Vollstreckungsabwehrklage[7] sowie in den Fällen der §§ 29c; 26 Abs. 1 FernUSG und 94a Abs. 1 AMG.

4 **3. Ausübung des Wahlrechts.** Die Ausübung des Wahlrechts erfolgt durch die Erhebung der Klage, § 253 Abs. 1, oder auch durch Stellung eines Verweisungsantrages gemäß § 281 aus.[8] Die Ausübung des Wahlrechtes ist nur bis zur Rechtshängigkeit möglich.[9] Mit (der) Rechtshängigkeit erlischt die Wahlmöglichkeit,[10] da mit der Entscheidung des Klägers sich der Beklagte auf den vom Kläger gewählten Gerichtsstand einstellen muss. Die getroffene Wahl ist für den Prozess endgültig und unwiderruflich.[11] Nach Klagerücknahme lebt das Wahlrecht des Klägers allerdings wieder auf.[12] Hat der Kläger die Klage beim unzuständigen Gericht erhoben, so kann er noch durch Verweisungsantrag[13] oder einen hilfsweisen Verweisungsantrag wählen, um die Abweisung der Klage als unzulässig zu vermeiden. Ist eine Klage als unzulässig abgewiesen worden, kann der Kläger mit Erhebung einer neuen Klage erneut sein Wahlrecht ausüben. Bei aktiver Streitgenossenschaft können die Kläger wählen, sofern die Zuständigkeit an den Klägerwohnsitz anknüpft.[14] Der Beklagte ist jedoch an die Bindung nicht gebunden, er ist bei der Zuständigkeitswahl für eine Klage umgekehrten Rubrums frei.[15]

5 **4. Arrestantrag oder Antrag auf Erlass einer einstweiligen Verfügung.** Arrestantrag oder Antrag auf Erlass einer einstweiligen Verfügung stellen keine Ausübung des Wahlrechtes dar. Dies folgt daraus, dass damit eine Rechtshängigkeit der Hauptsache nicht eintritt.[16] Der Kläger kann deshalb die Klage in der Hauptsache nachträglich bei einem anderen zuständigen Gericht erheben und übt erst damit abschließend sein Wahlrecht aus.[17]

6 **5. Selbstständiges Beweisverfahren.** Im selbstständigen Beweisverfahren bindet die Antragstellung wie eine Zuständigkeitswahl des Klägers im Hauptverfahren.[18]

7 **6. Mahnverfahren.** Im Mahnverfahren übt der Antragsteller (Kläger) durch die gemäß § 690 Abs. 1 Nr. 5 gesetzlich vorgeschriebene Angabe des Gerichtsstandes das Wahlrecht aus.[19] Der früher vertretenen Auffassung, dass der Antragssteller als zuständiges Gericht zwingend das Wohnsitzgericht des Schuldners (Antragsgegner, Beklagter) anzugeben hatte, ist seit der Neufassung[20] des § 690 Abs. 1 Nr. 5 nicht mehr zu folgen.[21] Der Gläubiger ist nicht mehr auf die Angabe des Wohnsitzgerichtsstandes des Schuldners beschränkt. Unter mehreren in Betracht kommenden ausschließlichen Gerichtsständen im Sinne von § 689 Abs. 2 kann der Gläubiger gemäß § 35 denjenigen auswählen, in dem er den Erlass des Mahnbescheides beantragen will. Entsprechend der amtlichen Begründung[22] ist es Ziel der Neuregelung, eine mehrfache Weiterverweisung oder Abgabe durch eine frühzeitige Festlegung des endgültigen Streitgerichtes zu vermeiden.[23] Hat der Kläger im Mahnverfahren sein Wahlrecht ausgeübt, so kann der Kläger eine Verweisung an ein anderes zuständiges Gericht nach Abgabe des Rechtsstreites nicht mehr erreichen, weil die getroffene Wahl für ihn mit der Zustellung des Mahnbescheides verbindlich und unwiderruflich geworden ist.[24] Diese Wahl bindet den Schuldner bei der Erhebung der Vollstreckungsgegenklage gegen den

---

[6] OLG Hamm NJW 1987, 138 f.
[7] BGH NJW 1991, 2910 = MDR 1992, 301; BayObLG NJW-RR 1993, 511.
[8] *Zöller/Vollkommer* Rn. 3; *Thomas/Putzo/Hüßtege* Rn. 2.
[9] BGH NJW 1993, 1273; LG Wiesbaden NJW 1992, 1634.
[10] OLG Köln MDR 1980, 763 ff.; *Baumbach/Lauterbach/Hartmann* Rn. 4.
[11] AllgM; BayObLG NJW-RR 1991, 187; einschränkend KG NJW-RR 2001, 62.
[12] LAG Kiel AP Nr. 1 zu § 276 ZPO aF mit Anm. *Pohle*; *Thomas/Putzo/Hüßtege* Rn. 3; *Baumbach/Lauterbach/Hartmann* Rn. 5.
[13] BayOblG NJW-RR 1991, 188.
[14] BGH NJW 1991, 2910 = MDR 1992, 301.
[15] OLG Karlsruhe OLGR 2003, 246.
[16] Vgl. OLG Karlsruhe NJW 1973, 1509 f.
[17] OLG Karlsruhe NJW 1973, 1509.
[18] OLG Zweibrücken BauR 1997, 885.
[19] BayObLGZ 2003, 187; BayOblG MDR 2002, 661.
[20] Vgl. Rechtspflegevereinfachungsgesetz vom 17. 12. 1990, BGBl. I S. 2847, in Kraft seit 1. 1. 1992.
[21] Zur früheren Rechtslage vgl. BGH NJW 1979, 984 = LM § 35 Nr. 2 ZPO sowie die Vorauflage.
[22] BT-Drucks. 11/3621 S. 27, 46, 47.
[23] BGH NJW 1993, 1273.
[24] BGHReport 2003, 42; BGH NJW 1993, 1273; LG Wiesbaden NJW 1992, 1634.

Vollstreckungsbescheid aber nicht.[25] Bei subjektiver Antragshäufung (aktiver Streitgenossenschaft) können mehrere Antragsteller zwischen den gemäß § 689 Abs. 2 zuständigen Gerichten wählen.

III. Verhältnis zu anderen Vorschriften

8 **1. Internationale Zuständigkeit.** Für die internationale Zuständigkeit gilt § 35 ebenfalls. Der Kläger hat deshalb grundsätzlich die Wahl zwischen einem zuständigen deutschen und einem ebenfalls zuständigen ausländischen Gericht. Diese Wahlmöglichkeit ist dann eingeschränkt, wenn das deutsche Recht eine ausschließliche internationale Zuständigkeit ausländischer Gerichte anerkennt.[26]

9 **2. Anwendungsbereich des EuGVO.** Im Anwendungsbereich der EuGVO[27] hat der Kläger ebenfalls die Wahl zwischen nicht ausschließlichen Gerichtsständen. Ausschließliche Zuständigkeiten bestimmt die EuGVO in Art. 22 in einer enummerativen Aufzählung.[28]

§ 35 a Besonderer Gerichtsstand bei Unterhaltsklagen

Das Kind kann die Klage, durch die beide Eltern auf Erfüllung der Unterhaltspflicht in Anspruch genommen werden, vor dem Gericht erheben, bei dem der Vater oder die Mutter einen Gerichtsstand hat.

I. Normzweck

1 § 35 a schafft für Unterhaltsklagen der Kinder gegen ihre Eltern einen **besonderen Gerichtsstand der Streitgenossenschaft.** Dadurch wird die Rechtsverfolgung des Unterhaltsanspruches des Kindes erheblich erleichtert, indem gegen den jeweils anderen Elternteil, der ansonsten am Ort der Klageerhebung keinen Gerichtsstand hätte, ein zusätzlicher Wahlgerichtsstand begründet wird. § 35 a erfüllt den Zweck einer sozialstaatlichen Prozessnorm,[1] da es seit Inkrafttreten des Gleichberechtigungsgesetzes den abgeleiteten Wohnsitz und damit den Gerichtsstand der Ehefrau nicht mehr gibt. Trotz möglichen unterschiedlichen Wohnsitzes der Eltern sowohl während des Bestehens der Ehe als auch nach einer Scheidung kann ein Unterhaltsstreit vor einem Gericht geführt werden, das sachgerecht die Aufteilung der beiden von den Eltern teilschuldnerisch – nicht gesamtschuldnerisch – geschuldeten Unterhaltsbeträge festsetzen kann.[2]

II. Anwendungsbereich und Voraussetzungen

2 **1. Eheliche und uneheliche Kinder.** Die Vorschrift gilt sowohl für eheliche (auch für legitimierte, für ehelich erklärte und adoptierte Kinder) und für nichteheliche Kinder.[3] Nichteheliche Kinder sind ehelichen Kindern rechtlich gleichgestellt worden.[4]

3 **2. Klage gegen beide Eltern.** Die Klage muss sich gegen beide Eltern gemeinschaftlich richten,[5] wobei die nachträgliche Einbeziehung des anderen Elternteiles genügt.[6] Scheidet der die Zuständigkeit begründende Elternteil aus dem Prozess aus, berührt dies gemäß § 261 Abs. 3 Nr. 2 die Zuständigkeit des angerufenen Gerichtes nicht.

4 **3. Unterhaltsklagen jeder Art.** § 35 a gilt für Unterhaltsklagen jeder Art und somit auch für Feststellungsklagen. Unerheblich ist, ob der Unterhaltsanspruch auf Vertrag oder Gesetz gestützt ist und ob der Anspruch sich aus deutschem oder ausländischem Recht ergibt.

5 **4. Enkel und sonstige Abkömmlinge.** Auf Enkel und sonstige Abkömmlinge ist § 35 a nicht anwendbar.[7]

6 **5. Arrest und einstweilige Verfügung.** Der Arrest und die einstweiligen Verfügungen fallen unter den Anwendungsbereich des § 35 a. Dies gilt sowohl für die Beantragung vorläufiger Maß-

---

25 OLG Karlsruhe OLGR 2003, 246.
26 *Stein/Jonas/Roth* Rn. 8.
27 Vgl. die Kommentierung zur EuGVO in Band 3.
28 Vgl. *Kropholler* Art. 16 Rn. 1, 3 ff.
1 Vgl. *Gottwald* JA 1982, 65.
2 Vgl. *Zöller/Vollkommer* Rn. 1; *Baumbach/Lauterbach/Hartmann* Rn. 2; ausführlicher *Stein/Jonas/Roth* Rn. 1.
3 AllgM; vgl. *Stein/Jonas/Roth* Rn. 4.
4 Vgl. KindUG BGBl. 1998 I S. 666, in Kraft seit 1. 7. 1998, ebenso § 23 a Rn. 5.
5 OLG Nürnberg FamRZ 1996, 172.
6 Vgl. *Stein/Jonas/Roth* Rn. 5.
7 So auch *Stein/Jonas/Roth* Rn. 4.

nahmen während eines bereits anhängigen Unterhaltsrechtsstreites, wie auch für die Sicherung des Unterhaltsanspruches gegen beide Eltern gemäß § 935.[8]

III. Verhältnis zu anderen Vorschriften

7 **1. Ausschließliche Zuständigkeit.** Die ausschließliche Zuständigkeit des § 621 Abs. 2 geht gegebenenfalls der Regelung des § 35 a vor. Bei dem Unterhaltsanspruch des ehelichen Kindes handelt es sich gemäß § 23 b Abs. 1 Nr. 5 GVG, § 621 Abs. 1 Nr. 5 um eine Familiensache und damit gegebenenfalls gemäß § 623 Abs. 1 um eine Scheidungsfolgesache.[9]

8 **2. EuGVO.** Im Geltungsbereich der EuGVO[10] besteht gemäß Art. 6 Nr. 1 EuGVO der Gerichtsstand der Streitgenossenschaft,[11] so dass ein Elternteil, der in einem anderen Vertragsstaat der EuGVO seinen Wohnsitz hat, in der Bundesrepublik Deutschland am Wohnsitz des anderen Elternteiles mitverklagt werden kann.[12]

9 Am **Wohnsitz des Unterhaltsberechtigten** kann ferner gemäß Art. 5 Nr. 2 EuGVO unabhängig von § 35 a ein Gerichtsstand begründet sein. In diesem Klägergerichtsstand ist es allerdings nicht möglich, ein Elternteil mit Wohnsitz im Inland mit zu verklagen.[13] Dies ist auch nicht über Art. 6 Nr. 1 EuGVO möglich, da diese Vorschrift ausdrücklich an den Wohnsitz eines der Beklagten anknüpft.[14]

10 **3. Internationale Zuständigkeit.** Die internationale Zuständigkeit wird durch § 35 a ebenfalls geregelt, sofern nicht die EuGVO mit ihren Sonderregelungen eingreift. Neben der internationalen Zuständigkeit nach § 35 a kann die internationale Zuständigkeit auch im Gerichtsstand des § 23 a begründet sein.[15] Beide Vorschriften regeln jeweils getrennt in ihrem Anwendungsbereich auf doppelfunktionale Weise auch die internationale Zuständigkeit. Danach begründet § 35 a die internationale Zuständigkeit am Beklagtengerichtsstand, § 23 a am Klägergerichtsstand.

11 **4. Sachliche Zuständigkeit.** Sachlich ist gemäß § 23 a Nr. 2 GVG das Amtsgericht zuständig.

§ 36 Gerichtliche Bestimmung der Zuständigkeit

(1) Das zuständige Gericht wird durch das im Rechtszug zunächst höhere Gericht bestimmt:

1. wenn das an sich zuständige Gericht in einem einzelnen Fall an der Ausübung des Richteramtes rechtlich oder tatsächlich verhindert ist;

2. wenn es mit Rücksicht auf die Grenzen verschiedener Gerichtsbezirke ungewiß ist, welches Gericht für den Rechtsstreit zuständig sei;

3. wenn mehrere Personen, die bei verschiedenen Gerichten ihren allgemeinen Gerichtsstand haben, als Streitgenossen im allgemeinen Gerichtsstand verklagt werden sollen und für den Rechtsstreit ein gemeinschaftlicher besonderer Gerichtsstand nicht begründet ist;

4. wenn die Klage in dem dinglichen Gerichtsstand erhoben werden soll und die Sache in den Bezirken verschiedener Gerichte belegen ist;

5. wenn in einem Rechtsstreit verschiedene Gerichte sich rechtskräftig für zuständig erklärt haben;

6. wenn verschiedene Gerichte, von denen eines für den Rechtsstreit zuständig ist, sich rechtskräftig für unzuständig erklärt haben.

(2) Ist das zunächst höhere gemeinschaftliche Gericht der Bundesgerichtshof, so wird das zuständige Gericht durch das Oberlandesgericht bestimmt, zu dessen Bezirk das zuerst mit der Sache befaßte Gericht gehört.

(3) [1]Will das Oberlandesgericht bei der Bestimmung des zuständigen Gerichts in einer Rechtsfrage von der Entscheidung eines anderen Oberlandesgerichts oder des Bundesgerichtshofs abweichen, so hat es die Sache unter Begründung seiner Rechtsauffassung dem Bundesgerichtshof vorzulegen. [2]In diesem Fall entscheidet der Bundesgerichtshof.

---

[8] Vgl. so zutreffend *Stein/Jonas/Roth* Rn. 9.
[9] Vgl. auch *Zöller/Vollkommer* Rn. 2.
[10] Vgl. die Kommentierung zur EuGVO in Band 3.
[11] Vgl. *Kropholler* Art. 6 Rn. 4.
[12] Vgl. auch *Stein/Jonas/Roth* Rn. 3.
[13] Vgl. *Kropholler* Art. 5 Rn. 37.
[14] BGHZ 19, 106.
[15] Vgl. die Kommentierung zu § 23 a.

Übersicht

I. Normzweck

Der Zweck der Norm besteht in einer **Ergänzung des Zuständigkeitssystems,** um dieses auch in den Fällen lückenlos zu gestalten, in denen die Zuständigkeit nicht oder nicht eindeutig aus den übrigen Gerichtsstandsvorschriften bestimmt werden kann. Zuständigkeitsschwierigkeiten sollen schnell und einfach beendet werden können.[1] Die Unbestimmbarkeit oder Ungewissheit des Gerichtsstandes kann sich sowohl aus rechtlichen als auch aus tatsächlichen Gründen ergeben. Durch § 36 soll ermöglicht werden, jedem Rechtssuchenden das für die Entscheidung seiner Rechtssache zuständige Gericht zuzuweisen und jedem langwierigen Streit der Gerichte untereinander über die Grenzen ihrer Zuständigkeit ein Ende zu bereiten.[2] Die Vorschrift ist verfassungsrechtlich unbedenklich, ein Verstoß gegen Art. 101 Abs. 1 S. 2 GG liegt nicht vor. Bei dem aufgrund des § 36 zu bestimmenden Gericht handelt es sich um den gesetzlichen Richter.[3] Diese Bestimmung des gesetzlichen Richters erfolgt konstitutiv. 1

Mit dem Gesetz zur Neuregelung des Schiedsverfahrensrechts[4] sind die Abs. 2 und 3 an den bisherigen Wortlaut der Vorschrift angefügt worden. Der bisherige Wortlaut der Vorschrift wurde zu Abs. 1. Die neu angefügten Abs. 2 und 3 bezwecken, den BGH von den Routineaufgaben der Bestimmung des zuständigen Gerichtes freizustellen. Eine Zuständigkeit des BGH ist – abgesehen vom Fall der Zuständigkeitsstreitigkeiten zwischen Gerichten verschiedener Gerichtszweige[5] – nur noch in den durch Abs. 3 der Vorschrift geregelten Fall begründet.[6]

---

[1] BGHZ 71, 18 = NJW 2002, 1425; BGH NJW 2003, 3278.
[2] BGHZ 17, 168, 170 = NJW 1955, 948; BGH NJW 1983, 1062; vgl. auch *Bornkamm* NJW 1989, 2713.
[3] Vgl. für den ähnlich gelagerten Fall einer Zurückverweisung an einen anderen Spruchkörper nach Aufhebung in der Revisionsinstanz BVerfGE 20, 344; zustimmend auch *Stein/Jonas/Roth* Rn. 2; aA *Battermann,* Grundrechte III 2 (1959), der § 36 Nr. 1 für verfassungswidrig hält.
[4] SchiedsVfG vom 22. 12. 1997, BGBl. 1997 I S. 3224.
[5] Vgl. amtl. Begr. BT-Drucks. 13/9124 S. 46.
[6] BGH NJW 1999, 221; *Kemper* NJW 1998, 3551.

II. Anwendungsbereich

2 **1. Unmittelbare Anwendung.** § 36 findet in allen der ZPO unterliegenden Verfahren[7] gleich welcher Prozessart Anwendung. Die Vorschrift ist deshalb auf Verfahren der Arbeitsgerichtsbarkeit, § 46 Abs. 2 ArbGG,[8] in FGG-Familiensachen, § 621 a Abs. 1 S. 2,[9] im Mahnverfahren,[10] im selbstständigen Beweisverfahren,[11] im Vollstreckungsverfahren,[12] im Prozesskostenhilfeverfahren,[13] im Insolvenzverfahren nach § 4 InsO,[14] im Kostenfestsetzungsverfahren,[15] für das Verhältnis zwischen freiwilliger und streitiger Gerichtsbarkeit sowie im Verfahren der freiwilligen Gerichtsbarkeit,[16] im Verfahren auf Erlass eines Arrestes oder einer einstweiligen Verfügung,[17] bei einer Augenscheinseinnahme durch einen Sachverständigen wegen eines Baumangels[18] und im Offenbarungsverfahren[19] sowie im Fall der Widerklage anwendbar.[20] Werden Ansprüche verschiedener Rechtswege geltend gemacht, greift § 17 a GVG ein.[21] § 17 a GVG verbietet eine rechtswegübergreifende Zuständigkeit.[22] Nach der jetzt geltenden Fassung des § 17 a GVG kommen Kompetenzkonflikte zwischen Gerichten verschiedener Rechtswege praktisch nicht mehr vor.[23] Im Falle des negativen Kompetenzkonfliktes, § 36 Abs. 1 Nr. 6, muss eine entsprechende Anwendung dieser Vorschrift in Betracht kommen.

3 **2. Fälle mit Auslandsbezug.** Bei Fällen mit Auslandsbezug ist § 36 dann einschlägig,[24] wenn die deutsche internationale Zuständigkeit gegeben ist und deshalb deutsches Zivilprozessrecht Anwendung findet.[25] Ist in diesem Fall für den Rechtsstreit ein örtlich zuständiges Gericht nicht feststellbar, ist dieses gemäß § 36 zu bestimmen.[26] Dieser Fall kann insbesondere dann vorkommen, wenn die Parteien die deutsche internationale Zuständigkeit prorogiert haben, ohne zu bestimmen, welches Gericht örtlich zuständig ist.[27] Ebenso muss die Vorschrift eingreifen, wenn eine deutsche internationale Notzuständigkeit wegen des Verbotes des Deni de Justice zur Anwendung kommt.[28] Auch in einem solchen Fall wird regelmäßig kein örtlich zuständiges Gericht von vornherein zuständig sein. Unanwendbar ist die Vorschrift allerdings dann, wenn die deutsche internationale Zuständigkeit nicht gegeben ist, zB durch internationale Derogation, die dadurch herbeigeführt werden kann, indem die Parteien die ausschließliche Zuständigkeit eines ausländischen Gerichtes vereinbaren. In diesem Fall kommt § 36 nicht zum Zuge, weil deutsches Prozessrecht keine Anwendung finden kann. Darüber hinaus fehlt es auch an einem im Rechtszuge höheren Gericht.[29]

4 **3. Entsprechende Anwendung.** Eine entsprechende Anwendung auf andere als die im Gesetz geregelte Kasuistik sowie auf die zur vorstehenden Rn. geschilderten Fälle ist verfassungsrechtlich bedenklich, insbesondere, wenn die Anwendung nur aus Zweckmäßigkeitsgesichtspunkten zum Zuge kommt. Dies gilt besonders dann, wenn in einer Klage mehrere prozessuale Ansprüche gel-

---

[7] Vgl. *Zöller/Vollkommer* Rn. 2; *Thomas/Putzo/Hüßtege* Rn. 1; BAG DB 2003, 728; LAG Bremen NZA-RR 2004, 323.

[8] BAG NZA 1998, 1189; DB 1998, 2332.

[9] BGH NJW 1988, 1256; NJW-RR 1995, 514.

[10] BGH NJW 1995, 3317; 1993, 2752; 1976, 676; BayObLG Rpfleger 2002, 528.

[11] BayObLG MDR 1992, 183; NJW-RR 1998, 209; 1999, 1010; OLG Frankfurt/M. MDR 1993, 683; BayObLG MDR 2004, 1262.

[12] BayObLG Rpfleger 1999, 31.

[13] BGH FER 1997, 40, 80; OLG Dresden NJW 1999, 798; OLG Karlsruhe NJW 1998, 3360; OLG Karlsruhe FamRZ 2001, 835; *Gsell/Mehring* NJW 2002, 1991.

[14] BGHZ 132, 196 = NJW 1996, 2235; BayObLG ZIP 1999, 1714; BayObLGZ 2003, 230; Celle ZIP 2004, 581.

[15] BayObLG AnwBl. 1989, 161; BayObLG ZMR 2004, 130; Celle FamRZ 2003, 1657.

[16] OLG Frankfurt/M. FamRZ 1974, 197; OLG Koblenz NJW 1977, 1736; OLG Köln FamRZ 1978, 708; BGHZ 104, 365; BayObLG Rpfleger 2004, 365.

[17] *Baumbach/Lauterbach/Hartmann* Rn. 4.

[18] OLG München NJW-RR 1986, 1189 = Rpfleger 1986, 263.

[19] OLG Frankfurt/M. Rpfleger 1978, 260.

[20] So auch *Musielak/Heinrich* Rn. 4; *Zöller/Vollkommer* Rn. 2; BGH NJW 1992, 982; BayObLGZ 1996, 89.

[21] BGH NJW 1994, 2032.

[22] OLG Frankfurt/M. NJW-RR 1995, 319.

[23] Vgl. hierzu auch die Kommentierung zu § 17 a GVG.

[24] *Musielak/Heinrich* Rn. 16. Vgl. BayObLG NJW-RR 2006, 210 ff.

[25] BGHZ 19, 106 = NJW 1956, 183; BGH NJW 1980, 2646; BayObLG BB 1997, 971; *Albicker,* Der Gerichtsstand der Streitgenossenschaft, 1996, S. 109.

[26] Vgl. *Kropholler* Art. 6 Rn. 2.

[27] Hierauf weist insbesondere auch *Stein/Jonas/Roth* Rn. 29 hin.

[28] *Schack* Rn. 398; *Pfeiffer* ZZP 110 (1997), 365; *Zöller/Vollkommer* Rn. 2 a.

[29] Hierauf weist zu Recht der BGH hin, vgl. WM 1986, 199 ff.; vgl. auch BayObLG VersR 1988, 642, wonach der ausländische Tatort bei der Bestimmung unberücksichtigt bleibt.

tend gemacht werden, für die verschiedene Gerichte zuständig sind.[30] Insbesondere kann durch die Vorschrift ein vom Gesetz nicht vorgesehener Gerichtsstand des Sachzusammenhanges nicht aufgrund richterlicher Bestimmung geschaffen werden. In der Rechtsprechung wird ein solcher Gerichtsstand des Sachzusammenhanges auch unter Berücksichtigung der jetzt geltenden Fassung des § 17 Abs. 2 S. 1 GVG abgelehnt.[31] Eine entsprechende Anwendung muss aber dann bejaht werden, wenn dies für die Gewährung effektiven Rechtsschutzes erforderlich ist, da Art. 101 GG auch die Durchführung eines ordnungsgemäßen, zügigen und nicht an Rechtsverweigerung grenzenden Verfahrens gewährleistet.[32] Bei der Anwendung auf Fälle mit Auslandsbezug handelt es sich nicht um eine Frage der Abgrenzung der einzelnen Zweige der Gerichtsbarkeit voneinander, vielmehr steht, wenn § 36 zum Zuge kommt, fest, dass es sich um einen Zivilrechtsstreit handelt, für den aufgrund internationaler Prorogation die deutsche internationale Zuständigkeit gegeben ist.

Die Nr. 5 und 6 des Absatzes 1 sind jedoch bereits nach ihrem Wortlaut auf einen Kompetenz- 5
konflikt zwischen ordentlichen Gerichten im zivilprozessualen Verfahren anzuwenden. Sie finden deshalb Anwendung auf die sachliche, die örtliche und die funktionelle wie auch instanzielle Zuständigkeit. Hiervon abzugrenzen sind Streitigkeiten über die Geschäftsverteilung, die vom Präsidium eines Gerichtes entschieden werden. Bei der Zuständigkeit der Kammer für Handelssachen gemäß §§ 93ff. GVG handelt es sich um einen Fall der gesetzlich angeordneten Geschäftsverteilung. Hierüber hat deshalb nicht das Präsidium eines Gerichtes zu entscheiden, sondern erforderlichenfalls sind Abs. 1 Nr. 5 und 6 anzuwenden.[33] Dasselbe gilt für die Kompetenzkonflikte zwischen Zivilkammern[34] und der Kammer für Baulandsachen,[35] für den Zivilsenat und Familiensenat.[36] Insbesondere stellt ein **Binnenkonflikt** innerhalb eines Senats keinen Kompetenzkonflikt dar, sondern ist entsprechend § 348 Abs. 2 ZPO auszuräumen.[37] Ferner kommen Abs. 1 Nr. 5 und 6 auch für das Verhältnis zwischen freiwilliger und streitiger Gerichtsbarkeit zum Zuge.[38] Liegen die Voraussetzungen des Abs. 1 Nr. 1 bis 6 vor, muss auch eine Anwendung für Kompetenzkonflikte zwischen der Arbeitsgerichtsbarkeit und der ordentlichen Gerichtsbarkeit bejaht werden. Zur Anwendung des § 36 darf es allerdings nicht allein aus Zweckmäßigkeitsgründen kommen, sondern nur unter Berücksichtigung der Voraussetzungen des § 36. Der zu § 36 Abs. 1 Nr. 6 ergangenen Rechtsprechung, die § 36 Abs. 1 Nr. 6 zur Auflösung des Kompetenzkonfliktes zwischen Arbeitsgerichts- und ordentlicher Gerichtsbarkeit anwendet, ist deshalb zuzustimmen.[39]

III. Voraussetzungen

1. Zuständigkeit. a) Rechtsmittelgericht. Das Rechtsmittelgericht ist grundsätzlich das für 6
die Bestimmung zuständige nächsthöhere Gericht. In den Fällen des Abs. 1 Nr. 1–6, bei denen die Beteiligung von Gerichten verschiedener Gerichtsbezirke und Instanzenzüge in Betracht kommt, ist das nächsthöhere gemeinschaftliche Obergericht als bestimmendes Gericht zuständig.[40] Bestimmungsgericht ist demnach für das mit dem Rechtsstreit zuerst betraute AG das LG, in dessen Bezirk das AG liegt, bei Zuständigkeit des LG das OLG, in dessen Bezirk das LG und die AGe verschiedener LG-Bezirke liegen. Gehören die Gerichte verschiedenen OLG-Bezirken an, gilt nun die Neuregelung des Abs. 2, vgl. nachstehende Rn. Das OLG ist zur Bestimmung des zuständigen Gerichtes berufen, wenn es das für Familiensachen zuständige Rechtsmittelgericht ist, § 119 Abs. 1 GVG. Gleiches gilt bei der Beteiligung der allgemeinen Prozessabteilung des Amtsgerichtes in Kindschaftssachen, da auch hier das OLG gem. § 119 Abs. 1 GVG als Rechtsmittelgericht zuständig ist. Sind ausschließlich bayerische Gerichte beteiligt, bestimmt das BayObLG die Zuständigkeit auch im

---

30 So zustimmend *Thomas/Putzo/Hüßtege* Rn. 1; *Stein/Jonas/Roth* Rn. 4; zur verfassungsrechtlichen Problematik vgl. *Maunz/Dürig* Art. 101 GG Rn. 53.

31 Vgl. hierzu oben § 12 Rn. 50; aA *Zöller/Vollkommer* Rn. 2a und § 12 Rn. 21; s. BGH NJW 2001, 3631.

32 *Albicker* fordert aus diesem Grund die Einführung eines allgemeinen Gerichtsstandes der Streitgenossenschaft, vgl. S. 144.

33 Vgl. OLG München NJW 1967, 2165; OLG Düsseldorf OLGZ 1973, 243; OLG Nürnberg NJW 1975, 2345 = MDR 1976, 228; OLG Braunschweig NJW 1979, 223; ausreichend ist hierbei, wenn beide Gerichte ihre Kompetenz tatsächlich leugnen, OLG Brandenburg NJW-RR 2001, 429.

34 BGH NJW 2000, 80 = MDR 2000, 536.

35 OLG Oldenburg MDR 1977, 497.

36 BGHZ 71, 264; BGH NJW 1978, 1633 = FamRZ 1978, 585 = MDR 1978, 737 = NJW 1978, 1531.

37 Vgl. dazu BGHZ 156, 147 = NJW 2003, 3636.

38 OLG Frankfurt/M FamRZ 1974, 197; OLG Koblenz NJW 1977, 1736; OLG Köln FamRZ 1978, 708.

39 Vgl. BGHZ 17, 168 = NJW 1955, 948 = JZ 1955, 453; BGH NJW 1964, 45; 1964, 1416.

40 Für den Fall, dass kein gemeinschaftl. übergeordnetes Gericht besteht, vgl. unten die Kommentierung zu Nr. 5 und 6, Rn. 33ff.

Falle von Familiensachen dann, wenn das nächsthöhere Gericht als Revisionsinstanz der BGH wäre.[41]

7 **b) Oberlandesgerichte.** Die Oberlandesgerichte sind nach Abs. 2 der Vorschrift auch dann zuständig, wenn das zunächst höhere gemeinschaftliche Gericht der Bundesgerichtshof ist. Die Bestimmungskompetenz obliegt dann demjenigen Oberlandesgericht, zu dessen Bezirk das zuerst mit der Sache befasste Gericht gehört.[42] Insoweit wird die Zuständigkeit auf der Ebene der obersten Landesgerichte konzentriert und dort belassen.[43] Das Einfügen der Absätze 2, 3 an die sonst unverändert gebliebene Regelung des bisherigen § 36 Nr. 1–6, nunmehr § 36 Abs. 1 Nr. 1–6, soll bewirken, dass der BGH gerade von dem Verfahren der Gerichtsstandbestimmung entlastet wird. Die Gesetzesänderung des § 36 ist am 1. 4. 1998 in Kraft getreten. Für bis dahin anhängige Verfahren gilt eine Übergangsregelung.[44] Es gilt weiterhin die Regelung des Abs. 1 Nr. 1–6, dass das bestimmende Gericht den für die Bestimmung möglichen Gerichten übergeordnet ist.[45]

8 Das **zuerst mit der Sache befasste Gericht** eröffnet dem OLG seines Bezirkes die Bestimmungskompetenz (Prioritätsprinzip). **Befasst** ist ein Gericht mit der Sache, sobald bei diesem ein Antrag auf Entscheidung eingegangen ist, wobei weder Rechtshängigkeit noch Entfaltung richterlicher Tätigkeit erforderlich ist.[46] Das Prioritätsprinzip wird durch die Zuständigkeit des BGH auch dann nicht durchbrochen, wenn Schwierigkeiten bei der Feststellung auftreten, welches Gericht zuerst mit der Sache befasst war. Es obliegt den Instanzgerichten, Unklarheiten unter sich zu klären.[47] Anträge gemäß § 37 Abs. 1 sind daher im Anwendungsbereich des § 36 Abs. 2 unzulässig.[48]

9 Bei einer **Streitgenossenschaft,** Abs. 1 Nr. 3, ist es in der Regel sinnvoll, den Gerichtsstand bestimmen zu lassen, bevor das Verfahren anhängig oder auch nur ein Gericht im Bezirk eines Oberlandesgerichtes mit der Sache befasst ist. Hiervon geht § 36 Abs. 1 Nr. 3 sogar ausdrücklich aus. Das bestimmende Gericht wird seine Auswahl weitgehend nach Zweckmäßigkeitserwägungen[49] treffen. Dabei ist das bestimmende Gericht nicht an den Antrag des Klägers gebunden.[50] Sollen mehrere Personen als Streitgenossen in ihrem allgemeinen Gerichtsstand verklagt werden, und ist eine Klage gem. § 36 Abs. 1 Nr. 3, Abs. 2 noch nicht bei einem der in Betracht kommenden Eingangsgerichte anhängig, so fehlt es an einem zuerst mit dieser Sache befassten Gericht i. S. des § 36 Abs. 2. Das Gesetz enthält daher eine Regelungslücke.[51] Als zur Bestimmung berufenes Gericht kommt bei diesem Verfahrensstand grundsätzlich jedes OLG in Betracht, das einem der möglichen Eingangsgerichte übergeordnet ist, bei dem einer der in Aussicht genommenen Beklagten seinen allgemeinen Gerichtsstand hat.[52] Dies folgt aus den §§ 36, 37 ZPO zugrunde liegenden Grundsätzen der Prozesswirtschaftlichkeit und Zweckmäßigkeit. Es ist deshalb das Obergericht zuständig, das von dem Antragsteller nach dessen Wahl als erstes mit dem Bestimmungsverfahren befasst wird. Eine solche Wahlmöglichkeit ergibt sich für den Kläger auch im Falle des Wahlgerichtsstandes, § 35 ZPO.[53] Dies gilt für alle Arten der Streitgenossenschaft, für die einfache, § 61 ebenso wie für die notwendige, § 62.[54] Der die Zuständigkeit bestimmende Beschluss eines OLG ist nicht anfechtbar, § 37 Abs. 2.

10 **c) Bundesgerichtshof.** Dem Bundesgerichtshof weist § 36 Abs. 3 die Restkompetenz zu. Mit dieser Vorlagepflicht soll die weggefallene BGH-Zuständigkeit kompensiert und die Einheitlichkeit der Rechtsprechung gewährleistet bleiben.[55] Zu einer Erweiterung der Vorlage auf Fälle, in denen das OLG auch bisher abschließend die Zuständigkeitsbestimmung vornehmen konnte, besteht keine Veranlassung.[56] Es muss sich um eine für die Zuständigkeitsbestimmung erhebliche Rechts-

---

[41] BGH NJW 1979, 2249.

[42] SchiedsVfG vom 22. 12. 1997, BGBl. I S. 3224; BGH NJW 1999, 221; *Kappus* NJW 1998, 582; vgl. auch die amtl. Begr. BT-Drucks. 13/9124 S. 45 ff.

[43] § 9 EGZPO idF des Art. 2 § 29 SchiedsVfG.

[44] Vgl. Art. 4 § 2 SchiedsVfG danach gilt für Verfahren, die bis zum 1. 4. 1998 anhängig wurden, dass die Vorschriften in der bisherigen Fassung weiter anzuwenden sind.

[45] BayObLG NJW-RR 1999, 1295.

[46] *Zöller/Vollkommer* Rn. 4; *Musielak/Heinrich* Rn. 10.

[47] BGH NJW 1999, 221 mit ausdr. Hinw. auf die amtl. Begr. der Vorschrift des Abs. 2.

[48] BGH NJW 1999, 221.

[49] BGH NJW 1983, 1914 = MDR 83, 297; BAG 44, 224; BayObLGZ 91, 347; OLG Koblenz OLGR 1998, 70.

[50] OLG Hamm FamRZ 1980, 66.

[51] BayObLG NJW-RR 1999, 1296.

[52] Für Bayern ist dies das BayObLG, BayObLG NJW-RR 1999, 1296.

[53] Einhellige Auffassung: BayObLG NJW-RR 1998, 1296; OLG Karlsruhe OLGR 1998, 302; OLG Koblenz MDR 1998, 1305 = OLGR 1998, 351.

[54] *Zöller/Vollkommer* Rn. 14; *Musielak/Heinrich* Rn. 15; *Stein/Jonas/Roth* Rn. 22; BGH NJW 1992, 981; 1998, 686.

[55] BT-Drucks. 13/9124 S. 46.

[56] Nach der amtlichen Begründung BT-Drucks. 13/9124 S. 45 ff. ist Ziel der Neuregelung, den BGH freizustellen und nicht erneut mit anderen Fragen zu belasten.

frage handeln[57]. Die beabsichtigte Abweichung muss sich dabei auf tragende Gründe der Entscheidung beziehen und darf nicht nur beiläufig geäußert worden sein.[58] Maßgeblich ist hierbei die nachvollziehbar begründete Rechtsauffassung des vorlegenden Gerichts.[59] Bei der Rechtsfrage kann es sich um eine solche des materiellen Rechts[60] wie auch um eine solche des Prozessrechts[61] handeln. Neben den im Gesetzeswortlaut ausdrücklich als Divergenzgerichte erwähnten Oberlandesgerichten und dem Bundesgerichtshof ist auch das BayObLG Divergenzgericht.[62] Bei einem Kompetenzkonflikt zwischen Gerichten verschiedener Gerichtszweige ist der BGH nicht das gemeinsame höhere Gericht.[63] Zuständig ist das oberste Bundesgericht, das zuerst mit der Sache befasst wird.[64] Unabhängig von der gesetzlichen Neuregelung ist das BayObLG zuständig, wenn es nach dem allgemeinen Gerichtsaufbau das gemeinsame nächsthöhere Gericht ist.[65] Dies gilt insbesondere in Familiensachen.[66]

2. Zeitlicher Anwendungsbereich. a) Rechtshängigkeit. Die Anwendung von § 36 setzt generell **weder Rechtshängigkeit noch Anhängigkeit** voraus.[67] So gehen § 36 Abs. 1 Nr. 3 und 4 ihrem Wortlaut nach sogar ausdrücklich davon aus, dass eine Klage erst erhoben werden soll, wobei diese Vorschriften jedoch auch dann Anwendung finden, wenn Rechtshängigkeit bereits besteht.[68] Im Mahnverfahren soll die Bestimmung vor Erlass des Mahnbescheids erfolgen.[69] Lediglich aus Kostengründen und Gründen der Prozessökonomie ist es empfehlenswert, im Zweifelsfalle eine Bestimmung des zuständigen Gerichtes bereits vor Anrufung eines nur vielleicht zuständigen Gerichtes durchzuführen. § 36 Abs. 1 Nr. 1 und 2 ermöglichen – ohne Anhängigkeit oder Rechtshängigkeit des Verfahrens – eine Zuständigkeitsbestimmung, sobald die Voraussetzungen für diese Vorschrift gegeben sind.[70] Die Bestimmung eines gemeinschaftlichen zuständigen Gerichts ist aber nach § 36 Abs. 1 Nr. 3 dann nicht mehr möglich, wenn Klagen gegen Parteien mit unterschiedlichem Gerichtsstand bereits auf Antrag des Klägers hin an unterschiedliche Gerichte bindend verwiesen worden sind.[71] § 36 Abs. 1 Nr. 5 und 6 setzen grundsätzlich wirksame Erklärungen verschiedener Gerichte hinsichtlich ihrer Zuständigkeit bzw. Unzuständigkeit voraus. Solche Erklärungen ergehen grundsätzlich erst nach Rechtshängigkeit der Klage, so dass Nr. 5 und 6 nur ausnahmsweise vor diesem Zeitpunkt überhaupt zur Anwendung kommen können.[72] Nach Abs. 1 Nr. 3 ist eine Entscheidung auch nach Erhebung der Zuständigkeitsrüge möglich, solange keine Beweisaufnahme stattgefunden hat.[73] 11

b) Rüge der Unzuständigkeit. Die Rüge der Unzuständigkeit durch den Beklagten im Hauptsacheverfahren steht der Anwendung des § 36 nicht entgegen.[74] 12

Die Bestimmung des zuständigen Gerichtes ist grundsätzlich auch dann noch möglich, wenn der Rechtsstreit bereits in einer **höheren Instanz** ist.[75] 13

Eine Bestimmung gemäß § 36 Abs. 1 Nr. 3 ist allerdings dann ausgeschlossen, sobald eine Beweisaufnahme zur Hauptsache durchgeführt wurde oder gegen einen Beklagten der Rechtsstreit bereits in erster Instanz entschieden wurde.[76] 14

Die **Unterbrechung des Rechtsstreites,** etwa wegen der Eröffnung des Insolvenzverfahrens gemäß § 240 bis zur Aufnahme des Prozesses durch den Insolvenzverwalter,[77] hindert die Bestimmung des zuständigen Gerichtes nicht. 15

---

57 S. BGHZ 156, 147 = NJW 2003, 3636.
58 BGHZ 21, 234, 236 = NJW 1956, 1516; BGH NJW 2002, 1425; MünchKommZPO/*Wenzel* § 546 Rn. 15; MünchKommZPO/*Wolf* § 132 GVG Rn. 8.
59 BGH NJW 2002, 1425; NJW 2003, 3201.
60 Erfüllungsort, Sitz, Niederlassung, Wohnsitz, Rechtsform etc.
61 Bindungswirkung von Beschlüssen, Vorliegen einer Streitgenossenschaft etc.
62 Vgl. § 9 EGZPO.
63 BT-Drucks. 13/9124 S. 46.
64 BGH NJW 1999, 221; BGHZ 44, 14ff. = NJW 1965, 1596; *Musielak/Heinrich* Rn. 9; *Baumbach/Lauterbach/Hartmann* Rn. 12.
65 BGH FamRZ 1979, 911 = NJW 1979, 2249 = LM § 36 Nr. 6 Nr. 17.
66 *Musielak/Heinrich* Rn. 8b.
67 BGH NJW 1980, 1281 = Rpfleger 1980, 219.
68 Vgl. OLG Frankfurt NJW 1992, 2900; allgM; vgl. *Stein/Jonas/Roth* Rn. 16; *Zöller/Vollkommer* Rn. 8.
69 BayObLG Rpfleger 2002, 528.
70 BGH NJW 1980, 1281.
71 Vgl. BGH NJW 2006, 699; BGHReport 2004, 328.
72 BGH NJW 1980, 1281; BGH NJW 2002, 444.
73 BGH NJW 1978, 321 = LM § 698 Nr. 2.
74 BGHZ 88, 331, 333 = NJW 1984, 739.
75 RGZ 44, 394.
76 BGH NJW 1978, 321.
77 BayObLG NJW 1986, 389.

16 **3. Prüfungsumfang.** Das bestimmende Gericht prüft grundsätzlich nicht, ob das Hauptsacheverfahren durchgeführt werden kann.[78] Wenn allerdings offensichtlich ist, dass ein Hauptsacheverfahren nicht stattfinden kann, ist eine Gerichtsstandsbestimmung mangels des erforderlichen Rechtsschutzbedürfnisses ausgeschlossen,[79] denn es muss ein schutzwürdiges rechtliches Interesse für die Gerichtsstandsbestimmung vorliegen.[80]

17 Es findet grundsätzlich keine Prüfung der Prozessvoraussetzungen statt, vielmehr ist die Prozessfähigkeit in dem Verfahren nach § 36 zu unterstellen.[81] Allerdings muss für den Bestimmungsantrag ein rechtliches Interesse bestehen.[82] So schließt die mangelnde Parteifähigkeit grundsätzlich das Verfahren gemäß § 36 nicht aus, denn mit der Prüfung der Parteifähigkeit würde das bestimmende Gericht dem in der Hauptsache entscheidenden Gericht vorgreifen.[83]

18 **4. Antrag.** Das Verfahren nach § 36 wird nicht nur durch den **Antrag einer Partei** eingeleitet, sondern auch durch die Vorlage eines der am Zuständigkeitsstreit **beteiligten Gerichte.**[84] Das bestimmende Gericht ist nicht an einen Parteiantrag gebunden.[85] Von den Parteien sind grundsätzlich nur der Kläger und sein Nebenintervenient befugt, den Antrag auf eine Gerichtsstandsbestimmung zu stellen.[86] Der Beklagte und sein Nebenintervenient haben nur im anhängigen Verfahren eine Antragsbefugnis, soweit es um Fälle des § 36 Abs. 1 Nr. 1 und 5 geht.[87] Der Beklagte hat grundsätzlich kein schützenswertes Interesse hinsichtlich der Mitwirkung an einer Gerichtsstandsbestimmung. Seine Interessen sind dadurch hinreichend geschützt, dass er die Rüge der Unzuständigkeit erheben oder Klageabweisung beantragen kann, wenn er vor dem unzuständigen Gericht verklagt wird.[88] Diese Möglichkeiten führen im Fall des § 36 Abs. 1 Nr. 1 nicht zur Fortführung des Rechtsstreites. Das mögliche Interesse des Beklagten ist durch die Antragsbefugnis für diesen Fall zu schützen. Die Antragsbefugnis ist dem Beklagten einzuräumen, um ihn vor der Rechtsverteidigung vor zwei verschiedenen Gerichten in der selben Rechtssache zu bewahren.

IV. Die einzelnen Anwendungsfälle einer Gerichtsstandsbestimmung

19 **1. Verhinderung des Gerichtes, Abs. 1 Nr. 1.** Es muss sich um ein nach allgemeinen Vorschriften zuständiges Gericht handeln. Die Zuständigkeit eines weiteren Gerichtes schließt § 36 Abs. 1 Nr. 1 nicht aus. Die **rechtliche Verhinderung** eines Richters besteht, wenn er gemäß § 41 von der Ausübung eines Richteramtes kraft Gesetzes ausgeschlossen oder nach § 42 wegen der Besorgnis der Befangenheit abgelehnt ist.[89] **Tatsächliche Verhinderung** ist bei Krankheit, Tod oder beim Stillstand der Rechtspflege nach § 245 gegeben.

20 Eine **Verhinderung des zuständigen Gerichtes** liegt vor, wenn beim Amtsgericht alle Richter und ihre Vertreter ihr Amt in diesem Fall nicht ausüben können oder beim Kollegialgericht auch unter Beiziehung von Vertretern kein beschlussfähiges ordnungsgemäß besetztes Gericht vorliegt. Die Bestellung neuer Vertreter nach § 70 GVG bleibt außer Betracht.[90] Im Falle eines Kompetenzkonfliktes um die angenommene Ablehnung nach § 45 Abs. 2 S. 2 zwischen einzelnen Richtern desselben Gerichtes oder derselben Abteilung ist nicht Abs. 1 Nr. 1 sondern Abs. 1 Nr. 6 einschlägig.[91]

21 **2. Ungewissheit der Gerichtsbezirke, Abs. 1 Nr. 2.** Nr. 2 findet Anwendung, wenn die örtliche Grenze **verschiedener Gerichtsbezirke ungewiss** ist oder wenn Zweifel darüber bestehen, in welchem Gerichtsbezirk die für den Rechtsstreit maßgebliche Örtlichkeit liegt, etwa wenn fraglich ist, in welchem Gerichtsbezirk eine unerlaubte Handlung, § 32, stattfand.[92] Hat sich die

---

[78] BGHZ 9, 270, 272, = NJW 1953, 943; BayObLG MDR 1975, 407. Auch nicht die Prozessfähigkeit, deren Prüfung dem zu bestimmenden Gericht überlassen bleibt, BGH MDR 1987, 558.

[79] BGHZ 9, 270, 272 = NJW 1953, 943; BayObLG MDR 1975, 407; BayObLG NJW 1974, 1204 zu § 2 ZVG.

[80] *Zöller/Vollkommer* Rn. 9.

[81] Vgl. *Thomas/Putzo/Hüßtege* Rn. 4; *Zöller/Vollkommer* Rn. 9.

[82] Vgl. *Zöller/Vollkommer* Rn. 9; BayObLGZ 79, 294; 80, 79.

[83] BayObLG MDR 1975, 407, aA *Albicker* S. 89, 90, wonach eine Prozesshandlung vorliegt, welche u. a. Parteifähigkeit voraussetzt, deren Prüfung unter bestimmten Voraussetzungen erforderlich ist und bei deren Fehlen der Antrag wegen fehlender Parteifähigkeit als unzulässig verworfen werden kann.

[84] St. Rspr.; BGH NJW 1985, 2537; vgl. auch § 37 Rn. 2.

[85] OLG Hamm FamRZ 1980, 66; *Thomas/Putzo/Hüßtege* Rn. 2.

[86] BGH NJW 1987, 439; der Beklagte auch nicht nach Klageerhebung, BGH MDR 1987, 209.

[87] *Zöller/Vollkommer* § 37 Rn. 1.

[88] BGH NJW 1987, 439.

[89] RGZ 44, 394, 395.

[90] Vgl. *Stein/Jonas/Roth* Rn. 20.

[91] Vgl. *Musielak/Heinrich* Rn. 12; *Zöller/Vollkommer* Rn. 29.

[92] *Thomas/Putzo/Hüßtege* Rn. 13.

maßgebliche Tatsache auf einem Gewässer ereignet, enthält § 3 Abs. 1 S. 2 BinnSchVerfG eine Spezialregelung. Grenzt das Gewässer an verschiedene Gerichtsbezirke, so dass die Gerichte beider Ufer zuständig sind, macht dies eine Gerichtsstandsbestimmung erforderlich.[93] Die Vorschrift hat in der gerichtlichen Praxis jedoch keine große Bedeutung erlangt.[94]

3. Streitgenossenschaft der Beklagten, Abs. 1 Nr. 3. a) Streitgenossen. Sollen mehrere Personen, die bei verschiedenen Gerichten ihren allgemeinen Gerichtsstand haben, als Streitgenossen gemäß §§ 59ff. im allgemeinen Gerichtsstand verklagt werden und besteht für diese weder ein gemeinsamer allgemeiner noch besonderer Gerichtsstand im Inland,[95] etwa gemäß §§ 29 oder 32, ist § 36 Abs. 1 Nr. 3 einschlägig. Die Vorschrift ist auf alle Formen der passiven Streitgenossenschaft gem. §§ 59, 60 und 62 anzuwenden.[96] Auf mögliche denkbare Fälle der aktiven Streitgenossenschaft findet die Vorschrift keine entsprechende Anwendung.[97] Ist der Sitz einer BGB-Gesellschaft nicht feststellbar, so findet die Vorschrift für die Bestimmung des zuständigen Insolvenzgerichtes für die Eröffnung des Insolvenzverfahrens über das Vermögen der BGB-Gesellschaft im Sinne des § 11 Abs. 2 Nr. 1 InsO Anwendung.[98] Die Kläger haben nach § 35 unter mehreren zuständigen Gerichten die Wahl.[99] Normzweck des § 36 Abs. 1 Nr. 3 ist es, eine einheitliche Verfahrenszuständigkeit zu schaffen, um iSd. Prozessökonomie die mehrfache Inanspruchnahme der Gerichte zu vermeiden.[100] 22

b) Prüfungsumfang des Gerichtes. Der Prüfungsumfang des Gerichtes ergibt sich daraus, ob die Klage sich gegen mehrere Personen als Streitgenossen richtet, wobei diese Frage nach den Tatsachenbehauptungen des Klägers – ohne deren sachliche Nachprüfung – zu entscheiden ist.[101] Im Rahmen der Zulässigkeit des Antrages ist das Rechtsschutzinteresse des Antragstellers und der schlüssige Vortrag des Bestehens einer Streitgenossenschaft gem. §§ 59ff. zu prüfen.[102] Die Schlüssigkeit und Zulässigkeit der Klage wird nicht geprüft.[103] Eine Amtsermittlung findet nicht statt.[104] Bei Wechsel- und Scheckklagen ist für eine Gerichtsstandsbestimmung kein Raum, §§ 603 Abs. 2, 605a.[105] Auch bei der subjektiven Antragshäufung im Mahnverfahren findet § 36 Abs. 1 Nr. 3 keine Anwendung.[106] Der Kläger hat vielmehr die Wahl unter den Gerichten, bei denen einer oder mehrere der Streitgenossen einen allgemeinen Gerichtsstand haben.[107] Kommt es zur Durchführung des streitigen Verfahrens, ist der Rechtsstreit an das gemäß § 692 Abs. 1 Nr. 1 bezeichnete Gericht abzugeben. Für die Bestimmung eines Gerichtsstandes der aktiven Streitgenossen ist daher kein Raum.[108] Gibt es für passive Streitgenossen keinen gemeinsamen Gerichtsstand, kann dessen Bestimmung auch noch nach Abgabe des Rechtsstreits an das von den Antragstellern bezeichnete Gericht erfolgen. 23

c) Sachliche Zuständigkeiten. Der Anwendungsbereich des § 36 Abs. 1 Nr. 3 umfasst nicht nur die Fälle, in denen für die Beklagten verschiedene örtliche Zuständigkeiten gegeben sind, sondern auch die Fälle verschiedener sachlicher Zuständigkeiten,[109] sofern es sich um einen Fall handelt, der innerhalb der Voraussetzungen und des Anwendungsbereiches des § 36 Abs. 1 Nr. 3 liegt und die Anwendung nicht allein aus Gründen der Zweckmäßigkeit[110] erfolgt. Dasselbe gilt auch für die Bestimmung der funktionellen Zuständigkeit, wenn für einen Streitgenossen die Kammer für Handelssachen und für den anderen die Zivilkammer zuständig ist.[111] Wie eingangs schon er- 24

---

93 *Musielak/Heinrich* Rn. 13.
94 Vgl. BVerfG 2.Senat 3. Kammer vom 27. 4. 1994.
95 BayObLG NJW-RR 1997, 699; 1998, 815; 1999, 1294; BAG BB 1996, 2414.
96 BGH NJW 1992, 981; 1998, 686; OLG Celle OLGR 2001, 97; OLG Dresden OLGR 2003, 92; vgl. *Zöller/Vollkommer* Rn. 14; *Musielak/Heinrich* Rn. 15; *Stein/Jonas/Roth* Rn. 22.
97 *Zöller/Vollkommer* Rn. 14.
98 *Musielak/Heinrich* Rn. 14.
99 BGH NJW 1991, 2910; BayObLG NJW-RR 1993, 511.
100 BGHZ 90, 155, 157 = NJW 1984, 1624; vgl. auch BGH WM 1988, 1972, wonach bei Vorliegen eines Erfüllungsgerichtsstandes am Ort der Begründung des Schuldverhältnisses der Antrag als unbegründet abzulehnen ist.
101 BayObLG VersR 1982, 371; OLG Zweibrücken MDR 1983, 495; *Zöller/Vollkommer* Rn. 18; *Baumbach/Lauterbach/Hartmann* Rn. 15. Der BGH hat in NJW 1986, 3209 ausdrücklich offen gelassen, ob § 36 das tatsächliche Bestehen einer Streitgenossenschaft voraussetzt.
102 BayObLG MDR 1998, 180.
103 BayObLG NJW-RR 2003, 134.
104 BGH NJW 1995, 534; NJW-RR 1995, 507.
105 *Zöller/Vollkommer* Rn. 14.
106 BGH NJW 1978, 321.
107 *Musielak/Heinrich* Rn. 18.
108 BGH NJW 1978, 321 = LM § 689 Nr. 1.
109 BGHZ 90, 155, 156ff. = NJW 1984, 1624; BGH NJW 1998, 685 = MDR 1998, 236.
110 Vgl. *Stein/Jonas/Roth* Rn. 5.
111 OLG Frankfurt/M. OLGZ 1992, 463 = NJW 1992, 2900; OLG Koblenz OLGR 1998, 70.

wähnt,[112] regelt § 36 nicht die internationale Zuständigkeit, sondern setzt diese vielmehr voraus.[113] In Fällen mit Auslandsberührung ist § 36 Abs. 1 Nr. 3 nicht nur anzuwenden, wenn alle Streitgenossen ihren allgemeinen Gerichtsstand in der Bundesrepublik Deutschland haben, sondern auch, falls nur ein Streitgenosse seinen allgemeinen Gerichtsstand im Inland hat, die anderen Streitgenossen jedoch hier nur einen besonderen Gerichtsstand haben.[114] In diesen Fällen ist die deutsche internationale Zuständigkeit gegeben.[115]

25 **d) Kein gemeinsamer Gerichtsstand.** § 36 Abs. 1 Nr. 3 setzt grundsätzlich voraus, dass für alle Beklagten kein gemeinschaftlicher allgemeiner oder besonderer Gerichtsstand begründet ist.[116] Wenn jedoch nur im Ausland ein gemeinschaftlicher besonderer Gerichtsstand für alle Beklagten, etwa gemäß § 29 oder § 32 gegeben ist, und im Inland verschiedene allgemeine Gerichtsstände der Beklagten vorliegen, findet § 36 Abs. 1 Nr. 3 trotzdem Anwendung, da es dem Kläger nicht zumutbar ist, auf einen Gerichtsstand im Ausland verwiesen zu werden.[117] Aus prozessökonomischen Gründen ist aber eine Bestimmung auch dann geboten, wenn das Gericht des gemeinschaftlich bestimmten Gerichtsstands erhebliche Zweifel an seiner Zuständigkeit hat.[118]

26 **e) Ausschließliche Zuständigkeit.** Es steht der Anwendbarkeit des § 36 Abs. 1 Nr. 3 nicht entgegen, wenn für einen Beklagten eine ausschließliche Zuständigkeit gegeben ist. Dabei kann auch ein anderer Gerichtsstand als der ausschließliche bestimmt werden.[119]

27 **f) Wirksame Prorogation.** Ausgeschlossen ist die Gerichtsstandsbestimmung in bezug auf einen Beklagten, mit dem eine wirksame Prorogation vereinbart wurde, die einen ausschließlichen Gerichtsstand bestimmt. Der Beklagte ist insoweit an den prorogierten Gerichtsstand gebunden,[120] wodurch zugleich alle anderen Gerichtsstände derogiert werden. Zu prüfen ist jedoch, ob es für den oder die anderen Streitgenossen zumutbar ist, den ausschließlichen Gerichtsstand gemäß § 36 Abs. 1 Nr. 3 als zuständig zu bestimmen. Dies kann jedenfalls dann zumutbar sein, wenn der oder die anderen Streitgenossen keinen allgemeinen Gerichtsstand im Inland haben.[121] Die Vorschrift findet dann keine Anwendung, wenn zwar ein gemeinschaftlicher Gerichtsstand gegeben war, der Kläger es jedoch versäumt hat, diesen in Anspruch zu nehmen, indem er gegen einen Streitgenossen an einem anderen Gerichtsstand geklagt hat und der Beklagte sich rügelos auf die Klage, § 39, eingelassen hat.[122]

28 **g) Nach Klageerhebung.** Nach Klageerhebung kann eine Gerichtsstandsbestimmung entgegen dem zu engen Wortlaut des § 36 Abs. 1 Nr. 3 getroffen werden.[123] Die Erhebung der Rüge der Unzuständigkeit durch den Beklagten steht der Anwendbarkeit von § 36 Abs. 1 Nr. 3 nicht entgegen, da die Zweckmäßigkeitserwägungen, die Nr. 3 zugrunde liegen, Vorrang vor dem Recht des Beklagten haben, die Unzuständigkeit geltend zu machen.[124] Ausgeschlossen ist die Gerichtsstandsbestimmung, wenn eine Beweisaufnahme zur Hauptsache erfolgte oder gegen einen Streitgenossen in erster Instanz entschieden wurde.[125] Die Wirkung der Bestimmung entfällt auch nicht, wenn die bereits erhobene Klage gegen denjenigen Beklagten, dessen Wohnsitzgericht für örtlich zuständig erklärt worden ist, zurückgenommen worden ist.[126]

29 **h) Vor Klageerhebung.** Vor Klageerhebung kann die Klage auch im Fall des § 36 Abs. 2 erfolgen, wenn nach dieser Vorschrift ein Oberlandesgericht statt des Bundesgerichtshofes als das zunächst höhere gemeinschaftliche Gericht zu entscheiden hat.[127] Es braucht auch noch kein Gericht mit der Sache befasst zu sein.

---

112 Vgl. Rn. 3 ff.
113 BGH NJW 1980, 2646.
114 BGH NJW 1971, 196 = LM § 36 Nr. 3 Nr. 8; BGH NJW 1988, 646 = WM 1987, 794.
115 Vgl. hierzu auch Rn. 3 ff.
116 RGZ 36, 347, 348; BGH WM 1988, 1072 für den Fall des Gerichtsstandes nach § 29.
117 BayObLG NJW 1985, 570; VersR 1966, 299 ff.
118 BayObLG NJW-RR 2004, 944; OLG Karlsruhe OLGR 2004, 257.
119 Für die örtliche Zuständigkeit: RGZ 36, 347, 348; BGHZ 90, 155, 159 ff. = NJW 1984, 1624; OLG Brandenburg OLGR 2003, 273.
120 BGH LM § 36 Nr. 3 Nr. 6; BGH WM 1987, 794, 795 = NJW 1988, 646; BGH MDR 1987, 735; BayObLGZ 2003, 215.
121 BGH WM 1987, 794, 795; BGH NJW 1987, 439; 1988, 646; BayObLG NJW-RR 2000, 660; vgl. *Zöller/Vollkommer* Rn. 15, 18.
122 OLG Düsseldorf MDR 1969, 672.
123 BGH LM § 36 Nr. 3 Nr. 4; NJW 1978, 321; KG MDR 2000, 413.
124 RGZ 158, 222, 223; BGHZ 88, 331, 333 = NJW 1984, 739. Auch noch nach Verweisung gemäß § 281, vgl. OLG Köln MDR 1987, 851; *Vollkommer* MDR 1987, 804.
125 BGH NJW 1978, 321; vgl. auch Rn. 27.
126 OLG München NJW-RR 2002, 1722.
127 Vgl. ausführlich oben Rn. 7 ff.

i) Mahnverfahren. Im Mahnverfahren kann eine Gerichtsstandsbestimmung nach Einlegung des Widerspruches, § 694, sowohl vor der Abgabe, § 696 Abs. 1, an das als allgemeinen Gerichtsstand des Antragsgegners angegebene Gericht, § 690 Nr. 5, getroffen werden, wenn mit der Durchführung des streitigen Verfahrens zu rechnen ist,[128] als auch nach der Abgabe.[129] 30

k) Zweckmäßigkeitserwägungen. Das zuständige Gericht ist nach Zweckmäßigkeitserwägungen zu bestimmen.[130] Grundsätzlich kann nur ein Gericht bestimmt werden, bei dem einer der Streitgenossen seinen allgemeinen Gerichtsstand hat.[131] Eine Abweichung von dieser Regel kommt nur aus sachlich vorrangigen Gründen in Betracht. Dabei kann auch der Gerichtsstand des Klägers bestimmt werden, wenn im Verhältnis zu einem Streitgenossen dieser Gerichtsstand prorogiert wurde.[132] Das Gericht ist bei der Bestimmung nicht an den Antrag der Parteien gebunden. Bei der Ausübung des Ermessens sind außerdem das räumliche Schwergewicht des Rechtsstreits,[133] prozessökonomische Gesichtspunkte,[134] die Bedeutung des Rechtsstreits für die Streitgenossen, die Konzentration ähnlicher Verfahren, der Gerichtsstand mehrerer Beklagter oder die Vertretung durch dieselbe Anwaltssozietät[135] zu berücksichtigen. Das Ermessen ist im Lichte der Grundsatzentscheidung des Gesetzgebers auszuüben, wonach der Kläger grundsätzlich den Beklagten an dessen Gerichtsstand aufzusuchen hat.[136] 31

4. Dinglicher Gerichtsstand, Abs. 1 Nr. 4. Die Vorschrift setzt voraus, dass im dinglichen Gerichtsstand gemäß § 24 oder § 26 geklagt werden soll. Die Klage muss eine einheitliche, unbewegliche Sache betreffen.[137] Bei Grundstücken, die aus mehreren Parzellen bestehen, wird die Einheitlichkeit gemäß § 890 BGB dadurch hergestellt, dass sie als ein Grundstück im Grundbuch eingetragen werden.[138] Wenn die Klage mehrere Grundstücke betrifft, findet § 36 Abs. 1 Nr. 4 nur unter der Voraussetzung Anwendung, dass die Grundstücke durch ein besonderes rechtliches Band verbunden sind.[139] Das ist dann der Fall, wenn die Grundstücke mit einem Gesamtrecht, insbesondere einer Gesamthypothek,[140] belastet sind. § 36 Abs. 1 Nr. 4 findet auch bei der Kraftloserklärung eines Hypotheken- oder Grundschuldbriefes im Aufgebotsverfahren Anwendung, wenn die belasteten Grundstücke zu verschiedenen Gerichtsbezirken gehören.[141] 32

5. Zuständigkeitserklärung verschiedener Gerichte, Abs. 1 Nr. 5. Nr. 5 setzt voraus, dass sich verschiedene Gerichte für denselben prozessualen Anspruch für zuständig erklärt haben. Die Vorschrift findet Anwendung, wenn der Anspruch bei beiden Gerichten rechtshängig ist und die Gerichte rechtskräftig über ihre Zuständigkeit, zB durch Zwischenurteil gemäß § 280, entschieden haben.[142] Es steht einer Entscheidung zur Zulässigkeit gleich, wenn das Gericht die Hauptsache behandelt, ohne eine ausdrückliche Entscheidung zur Zulässigkeit getroffen zu haben. Nach Erlass einer Sachentscheidung ist für § 36 Abs. 1 Nr. 5 kein Raum mehr.[143] Die Vorschrift findet auch bei Kompetenzkonflikten zwischen Gerichten verschiedener Gerichtsbarkeiten Anwendung,[144] nicht aber wegen der Zuständigkeit im Instanzenzug.[145] Eine Gerichtsstandsbestimmung gemäß § 36 Abs. 1 Nr. 6 ist möglich, wenn zwei Gerichte sich in einem Rechtsstreit örtlich, sachlich oder funktionell[146] wirksam für unzuständig erklärt haben. 33

6. Unzuständigkeitserklärung verschiedener Gerichte, Abs. 1 Nr. 6.[147] **a) Erfordernis der Rechtshängigkeit.** § 36 Abs. 1 Nr. 6 setzt grundsätzlich die Rechtshängigkeit des prozessua- 34

---

128 BayObLG VersR 1982, 371.
129 BGH LM § 36 Nr. 3 Nr. 12 = NJW 1978, 1982.
130 BGH NJW 1988, 646, 647 = WM 1987, 794; OLG Hamm NJW 2000, 1347.
131 BGH NJW 1986, 3209; 1987, 439; anderes jetzt BayObLGR 2004, 203; OLG Brandenburg OLGR 2003, 273.
132 BGH NJW 1987, 439; 1988, 646 = WM 1987, 794.
133 BayObLGZ 1987, 289, 290.
134 BGHZ 90, 155, 157 = NJW 1984, 1624.
135 BAGE 72, 61, 64.
136 Vgl. oben § 12 Rn. 2.
137 RGZ 25, 394, 395; 86, 272, 279.
138 RGZ 86, 272, 279.
139 RGZ 25, 394, 395; 91, 41, 42; BayObLG Rpfleger 2003, 139.
140 RGZ 143, 295 ff.; aA RGZ 91, 41, 42.
141 BGH JZ 1951, 151; *Zöller/Vollkommer* Rn. 19.
142 BGH NJW 1980, 1281.
143 Vgl. *Thomas/Putzo/Hüßtege* Rn. 20; *Stein/Jonas/Roth* Rn. 35.
144 § 17a Abs. 3 GVG zur Vorentscheidung.
145 *Musielak/Heinrich* Rn. 24.
146 Wegen der funktionellen Zuständigkeit vgl. BGH NJW 1985, 2537.
147 Zur Übersicht s. *Althammer* NJW 2002, 3522.

len Anspruches voraus,[148] somit die Zustellung der Klageschrift, § 253, oder, soweit es nach den verfahrensrechtlichen Vorschriften ausreichend ist, die Übermittlung der das Verfahren in Gang setzenden Antragsschrift an den Gegner.[149] Die Bestimmung gilt für sämtliche Verfahren wie das Erkenntnis- oder Vollstreckungsverfahren,[150] Aufgebots- oder sonstige Verfahren[151] der ordentlichen Gerichtsbarkeit nach der ZPO.

35 **b) Vor Rechtshängigkeit.** Ausnahmsweise ist die Gerichtsstandsbestimmung auch vor der Rechtshängigkeit möglich, wenn die beiden angerufenen Gerichte sich für unzuständig halten, die Verweisung eines Gerichtes an das andere jedoch gemäß § 281 mangels Rechtshängigkeit nicht wirksam ist[152] oder sich nicht ohne weiteres klären lässt, ob eine wirksame Zustellung erfolgte.[153] In diesen Fällen genügt die tatsächliche beiderseitige Kompetenzleugnung,[154] wobei die Entscheidung den Verfahrensbeteiligten aber bekannt gemacht werden muss.[155] Auch im Mahnverfahren ist eine Gerichtsstandsbestimmung für das Streitverfahren vor Rechtshängigkeit, § 696 Abs. 3, möglich, wenn nach Einlegung des Widerspruches mit der Durchführung des Streitverfahrens vor Abgabe des Mahnverfahrens zu rechnen ist.[156]

36 **c) Unzuständigkeitserklärung.** Die Unzuständigkeitserklärung erfolgt entweder durch Prozessurteil oder durch einen bindenden Verweisungsbeschluss gemäß § 281,[157] auch durch die unanfechtbare Ablehnung eines Prozesskostenhilfegesuches gemäß § 127.[158] Eine Gerichtsstandsbestimmung ist auch dann möglich, wenn mehrere Gerichte darüber uneinig sind, ob ein Verweisungsbeschluss bindend ist oder nicht.[159]

37 **d) Bloße Abgabe von Akten.** Bei gerichtsinternen Vorgängen wie der bloßen Weiterleitung von Akten handelt es sich nicht um eine Unzuständigkeitserklärung.[160] Es kann sich der Sache nach auch dann um eine bloße Aktenabgabe handeln, wenn die Unzuständigkeit erwähnt wurde oder die Aktenabgabe als Verweisung bezeichnet wurde.[161]

38 **e) Anhängigkeit bei mehreren Gerichten.** Besteht zwischen mehreren Gerichten Uneinigkeit darüber, ob die Anhängigkeit des Rechtsstreites gegeben ist, so findet § 36 Abs. 1 Nr. 6 keine Anwendung, da der Streit der beteiligten Gerichte gerade die Zuständigkeit betreffen muss.[162]

39 **f) Rechtskräftige Unzuständigkeitserklärung.** Eine rechtskräftige Unzuständigkeitserklärung ergeht nur dann, wenn sie durch Prozessurteil erfolgt, das in Rechtskraft erwächst. Beschlüsse stehen in diesem Zusammenhang Prozessurteilen gleich, wenn sie unanfechtbar und bindend sind.[163] Allerdings findet § 36 Abs. 1 Nr. 6 auch dann entsprechend Anwendung, wenn keine wirksamen Unzuständigkeitserklärungen vorliegen, sondern mehrere Gerichte über deren Wirksamkeit uneinig sind.[164] Eine Anwendung erfolgt auch dann, wenn die Ablehnung der Rechtsstreitübernahme durch ein Gericht nach der Verweisung an dieses durch zulässige oder unzulässige Zurück- oder Weiterverweisung erfolgt.[165] Die Frage der Bindungswirkung von Verweisungsbeschlüssen gewinnt Bedeutung für die Fragen, welches Gericht als zuständig zu bestimmen ist,[166] denn gemäß § 281 Abs. 2 S. 1 ist das Gericht, an das wirksam verwiesen wurde, an die Verweisung gebunden. Voraussetzung für die Anwendbarkeit von § 36 Abs. 1 Nr. 6 ist jedoch, dass die Unzuständigkeitserklärung

---

[148] BGH NJW 1980, 1281; BGH NJW-RR 1996, 254; BGH NJW 2002, 444; OLG Köln NZI 2000, 75.
[149] BGH NJW 1982, 1000.
[150] BGHZ 132, 196 m. weit. Nachw.; BGH NJW 1996, 3013.
[151] *Zöller/Vollkommer* Rn. 23.
[152] BGH NJW 1983, 1062; vgl. auch OLG Hamm NJW-RR 1989, 1486 für das Prozesskostenhilfeverfahren.
[153] BayObLG VersR 1985, 741.
[154] BGHZ 104, 366 = NJW 1988, 2739 = MDR 1988, 1029; BGH NJW-RR 1992, 579; BayObLGZ 91, 388; 94, 380.
[155] BGH FamRZ 1984, 37; 1988, 1256; Bay ObLGZ 91, 388; 94, 380; OLG Bamberg OLGZ 93, 473.
[156] BayObLG VersR 1982, 371.
[157] BGH NJW 1980, 1281; BGH NJW-RR 1993, 1081; BayObLG VersR 1985, 741. Erklärt sich ein Insolvenzgericht ohne Sachverhaltsaufklärung für unzuständig ist Verweisungsbeschluss nicht bindend BGH ZIP 2006, 442 ff.
[158] BGH NJW 1972, 111; NJW 1994, 1416; NJW-RR 1994, 706.
[159] BGHZ 71, 15, 17 = NJW 1978, 888.
[160] BGH NJW 1980, 1281; NJW-RR 1983, 1062; 1992, 1154; 1995, 641; 1996, 254, 1217; BayObLG NJW-RR 1994, 1428; *Thomas/Putzo/Hüßtege* Rn. 23.
[161] BGH NJW 1980, 1281; OLG Köln NZI 2000, 75.
[162] OLG Düsseldorf FamRZ 1986, 821.
[163] BayObLGZ 1986, 287; NJW-RR 1990, 1432.
[164] Vgl. BGHZ 71, 15, 17 = NJW 1978, 888.
[165] BGHZ 102, 340 = NJW 1988, 1794.
[166] S. Rn. 41.

den Parteien bekannt gegeben wurde.[167] Eine Unzuständigkeitserklärung kann ferner erfolgen gem. § 48 Abs. 1 Nr. 1 ArbGG, §§ 17a Abs. 2 S. 3, 17b Abs. 1 GVG.[168]

Nach dem Wortlaut des § 36 Abs. 1 Nr. 6 muss eines der am Zuständigkeitsstreit beteiligten Gerichte tatsächlich zuständig sein.[169] Wenn jedoch ein drittes, noch nicht beteiligtes Gericht ausschließlich zuständig ist, findet Nr. 6 Anwendung, indem die Zuständigkeit dieses Gerichtes zu bestimmen ist, wenn der Kläger einen Antrag auf Verweisung an dieses Gericht gestellt hat.[170] 40

7. Zu bestimmendes Gericht. Es ist das **tatsächlich zuständige Gericht** zu bestimmen. Bei einem Verweisungsbeschluss ist dies das Gericht, an das die erste bindende Verweisung erging, § 281 Abs. 2 S. 2.[171] Diese erste Verweisung wirkt im Bestimmungsverfahren fort.[172] Eine unzulässige Rückverweisung durch dieses Gericht ist unbeachtlich.[173] Die erste Verweisung ist grundsätzlich auch dann bindend, wenn sie sachlich unrichtig gewesen ist[174] oder auf Verfahrensmängeln beruht.[175] Die Bindungswirkung entfällt jedoch, wenn die Verweisung ohne die gesetzliche Grundlage erfolgt, sie also willkürlich ist.[176] Eine Bindung tritt auch dann nicht ein, wenn der Verweisungsbeschluss auf der Verletzung des rechtlichen Gehörs gegenüber einem Verfahrensbeteiligten beruht.[177] Es kann auch ein beschränkter[178] Verweisungsbeschluss, etwa bezogen auf die örtliche Zuständigkeit[179] ergehen, der nur innerhalb der Beschränkung wirksam ist, da ein Beschluss nur insoweit bindend ist, als er binden wollte.[180] Grundsätzlich keine Bindungswirkung entfalten Verweisungen von einem Rechtsmittelgericht an das andere. Ausnahmsweise bindend sind solche Beschlüsse nur dann, wenn unzulässigerweise ein Familiengericht eine Nichtfamiliensache oder eine andere amtsgerichtliche Abteilung im umgekehrten Falle eine Familiensache entschieden hat.[181] 41

8. Durch Gerichtsstandsbestimmungen lösbare Kompetenzkonflikte. a) Kompetenzkonflikte verschiedener Spruchkörper. Bei Kompetenzkonflikten zwischen verschiedenen Spruchkörpern eines Gerichtes findet § 36 Abs. 1 Nr. 6 Anwendung, soweit diese durch den Geschäftsverteilungsplan nicht gelöst werden können. Dies ist immer dann der Fall, wenn ein solcher Konflikt nur durch die Anwendung einer gesetzlichen Zuständigkeitsnorm verbindlich entschieden werden kann, so beispielsweise bei einem Kompetenzkonflikt zwischen der allgemeinen Prozessabteilung des Amtsgerichtes und des Familiengerichtes.[182] Dabei ist zu beachten, dass eine Verweisung von einem Familiengericht an die allgemeine Prozessabteilung des Amtsgerichtes für letzteres bindend ist, nicht jedoch umgekehrt die Verweisung des Amtsgerichtes an das Familiengericht.[183] Dieser Unterschied ergibt sich daraus, dass die Bindungswirkung nur für das Gericht besteht, an das verwiesen wird, nicht jedoch für die einzelne Abteilung innerhalb des Gerichtes wie es die Familiengerichte sind, § 23b Abs. 1 GVG.[184] 42

---

[167] BGH NJW 1982, 1000, 1001; 1986, 2058 = FamRZ 1985, 800; BGH NJW 1986, 2764; OLG Düsseldorf FamRZ 1986, 821; KG NJW-RR 2000, 500; BayObLG NZI 1999, 457.

[168] LAG Nürnberg BB 1995, 2431.

[169] BGH NJW 1995, 534 = MDR 1995, 632.

[170] BGHZ 71, 68, 74ff. = NJW 1978, 1326; BGH NJW 1996, 3013.

[171] BGHZ 17, 169, 171 = NJW 1955, 948; BayObLG NJW 2003, 366; NZM 2002, 796; NJW-RR 2002, 1152; NJW-RR 2002, 359; OLG Schleswig NJW-RR 2001, 646; OLG Köln NJW-RR 2002, 426; OLG Frankfurt/M NJW-RR 2002, 1481.

[172] BGH NJW-RR 1993, 1091; NJW-RR 1994, 126; NJW-RR 1995, 702; BAG NJW 1997, 1091; KG MDR 1998, 618.

[173] BGHZ 17, 169, 170.

[174] BGHReport 2003, 42; BGH NJW-RR 1994, 126; BAG NJW 1996, 412; BGHZ 17, 168, 171; BayObLG MDR 1986, 326.

[175] OLG Frankfurt/M. OLGZ 1980, 202, 203.

[176] BGH NJW 1996, 3014; BGHZ 71, 68, 72 = NJW 1978, 1163; NJW 1985, 2537; NJW-RR 2002, 1498; BAG NJW 1996, 413; BayObLGZ 96, 16; BayObLG MDR 1986, 326; NJW-RR 2001, 646; ZIP 2001, 1564; OLG Frankfurt/M. OLGZ 1980, 202, 203; KG NJW-RR 2000, 500; MDR 2002, 1147.

[177] BGHZ 71, 68, 72 = NJW 1978, 1163; OLG Frankfurt/M. OLGZ 80, 202, 203.; ZIP 2002, 1956; BayObLG NJW 2003, 306.

[178] BAG NJW 1993, 752, 1879.

[179] BayObLG MDR 1986, 326.

[180] BGH MDR 1975, 296; BayObLG MDR 1986, 326.

[181] BGH NJW 1986, 2058 = FamRZ 1985, 800.

[182] BGH NJW-RR 1990, 1026; NJW 1980, 1282.

[183] Vgl. BGH NJW 1980, 1282; BayObLG FamRZ 1980, 1034, 1035. Abzulehnen deshalb die Entscheidung OLG Frankfurt FamRZ 1989, 75, wonach die Unzuständigkeitserklärung des AG, Abteilung für Familiensachen, nicht ausreichend ist, es vielmehr noch eines Beschlusses der allgemeinen Prozessabteilung bedarf, vgl. die krit. Anm. hierzu von *Patzina* FamRZ 1989, 293ff.

[184] Vgl. BGHZ 71, 264, 266ff. = NJW 1978, 1531.

43 **b) Funktionelle Zuständigkeit.** Im Rahmen der Anwendbarkeit des § 36 Abs. 1 Nr. 6 auf die funktionelle Zuständigkeit ist eine Gerichtsstandsbestimmung zulässig, wenn über die **Zuständigkeit für ein Rechtsmittel** gestritten wird.[185]

44 **c) Arbeitsgericht – Ordentliches Gericht.** Ein Kompetenzkonflikt zwischen einem Arbeitsgericht und einem ordentlichem Gericht fällt ebenfalls unter § 36 Abs. 1 Nr. 6.[186] Mangels eines gemeinsamen Obergerichtes ist dabei das oberste Bundesgericht zur Entscheidung des Kompetenzkonfliktes berufen, das zuerst darum angegangen worden ist.[187] Das ist entweder das Bundesarbeitsgericht oder der Bundesgerichtshof. Zwar soll nach der Neufassung des § 17 Abs. 2 S. 1 GVG das angerufene Gericht den Rechtsstreit umfassend entscheiden, sofern der zu ihm beschrittene Rechtsweg für einen Klagegrund zulässig ist,[188] jedoch sind damit mögliche negative Kompetenzkonflikte zwischen verschiedenen Rechtswegen nicht restlos beseitigt.[189] Auch nach der Neufassung des § 36[190] sind die obersten Gerichtshöfe des Bundes zur Bestimmung des zuständigen Gerichts berufen, soweit es sich um einen negativen Kompetenzkonflikt zwischen Gerichten verschiedener Gerichtsbarkeiten handelt.[191]

45 **d) Arbeitsgericht – Sozialgericht/Verwaltungsgericht.** Anwendung findet § 36 Abs. 1 Nr. 6 ebenfalls bei einem Kompetenzkonflikt zwischen einem Arbeitsgericht und einem Sozialgericht[192] und bei einem Konflikt zwischen Arbeits- und Verwaltungsgericht,[193] wobei wiederum der oberste Gerichtshof eines dieser beiden Gerichte zur Entscheidung berufen ist, der zuerst darum angegangen wurde. Für den Kompetenzkonflikt zwischen Gerichten verschiedener Rechtswege vgl. auch die vorangegangene Rn.

46 **e) Streitige – freiwillige Gerichtsbarkeit.** Auch ein Zuständigkeitsstreit zwischen einem Gericht der streitigen Gerichtsbarkeit und der freiwilligen Gerichtsbarkeit kann ausnahmsweise durch § 36 Abs. 1 Nr. 6 gelöst werden.[194] Anwendbar auch auf Registersachen für die Abgrenzung zwischen Amtsgericht und Landgericht.[195] Konflikte zwischen einzelnen Spruchkörpern desselben Gerichtes können nach der Vorschrift gelöst werden, zB bei einer Unzuständigkeitserklärung der Zivilkammer und der Kammer für Handelssachen eines Landgerichtes.[196] Außerdem ist § 36 Abs. 1 Nr. 6 für die Kompetenzzuweisung zwischen erstinstanzlicher Zivilkammer und Berufungskammer des selben Landgerichtes,[197] schließlich im Verhältnis von Zivilkammer und Kammer für Baulandsachen einschlägig.[198]

47 **f) Instanzenzug.** Im Instanzenzug findet eine Abgrenzung der Kompetenzen ebenfalls nach den Nrn. 5 und 6 statt.[199] Allerdings dient das Bestimmungsverfahren nicht der Nachprüfung der Richtigkeit eines Zurückverweisungsbeschlusses.[200]

V. Verhältnis zu anderen Vorschriften

48 **1. Konkurrenzen.** Im Anwendungsbereich des **Zwangsversteigerungsgesetzes** ist § 2 ZVG als eine § 36 entsprechende Parallelnorm zu beachten, im Verfahren der **freiwilligen Gerichtsbarkeit** § 5 FGG. Im Verfahren vor dem **Arbeitsgericht** gilt § 36 gemäß § 46 Abs. 2 ArbGG ent-

---

[185] BGH NJW 1972, 111; 1986, 2764.
[186] BGHZ 17, 168; BAG NJW 1984, 751, 752; vgl. auch Rn. 5.
[187] BGHZ 44, 14, 15 = NJW 1965, 1596; BAG NJW 1971, 581; 1984, 751, 752 = NJW 1965, 1596; BGH WM 2002, 406.
[188] BT-Drucks. 11/7030 S. 37; BGHZ 114 1, 2 = NJW 1991, 1686; *Schilken* ZZP 105 (1992), 88 ff.
[189] AA: Kommt praktisch nicht mehr vor, *Zöller/Vollkommer* Rn. 32.
[190] Durch das SchiedsVfG vom 22. 12. 1997, BGBl. I S. 3224.
[191] So ausdrücklich BAG BB 1998, 2064.
[192] BAG NJW 1984, 751.
[193] BAG NJW 1971, 581.
[194] Der BGH hat dies jedenfalls im Verhältnis zu einem für Wohnungseigentumssachen zuständigen Gericht der freiwilligen Gerichtsbarkeit entschieden, BGH NJW 1984, 740. Ansonsten betrifft dieser Zuständigkeitsstreit die Verfahrenszuständigkeit und ist wie eine Rechtswegstreitigkeit nach § 17a GVG zu behandeln, vgl. BGHZ 130, 159, 164; BGH NJW-RR 2002, 713.
[195] BayObLG NJW-RR 1998, 474.
[196] OLG Braunschweig NJW 1979, 232; OLG Braunschweig NJW-RR 1995, 1535 m. weit. Nachw.; OLG Nürnberg NJW 1993, 3208; *Gaul* JZ 1984, 65 m. weit. Nachw.
[197] OLG Oldenburg NJW 1973, 810.
[198] OLG Oldenburg MDR 1977, 497.
[199] BGH NJW 1979, 719; 1985, 2537; NJW-RR 1996, 891; FamRZ 1985, 1242; BayObLGZ 79, 84; *Musielak/Heinrich* Rn. 25.
[200] BGH NJW 1994, 2957; FamRZ 1998, 477.

sprechend, ebenfalls im Verfahren zur Bestimmung des **Insolvenzgerichtes** gemäß § 4 InsO in Verb. mit § 36. Die BGB-Gesellschaft ist ab Inkrafttreten der InsO insolvenzfähig,[201] ebenso wie die weiteren in § 11 Abs. 2 Nr. 1 InsO genannten Gesellschaften ohne Rechtspersönlichkeit. Bestimmungsbedarf besteht auch in den Fällen des § 11 Abs. 2 Nr. 2 InsO.

2. EuGVO und internationale Zuständigkeit. Im Geltungsbereich der **EuGVO**[202] ist kein dem § 36 entsprechendes Verfahren vorgesehen. De lege ferenda wäre es wünschenswert, wenn dem EuGH eine entsprechende Kompetenz eingeräumt würde. Gemäß Art. 6 Nr. 1 EuVGO können mehrere Streitgenossen vor dem Gericht verklagt werden, in dessen Bezirk einer der Beklagten seinen Wohnsitz hat.[203] Wird gegen einen Beklagten in einem der Gerichtsstände der ZPO Klage erhoben, kann ein Streitgenosse mitverklagt werden, sofern dieser Streitgenosse zwar keinen inländischen Wohnsitz aber einen Wohnsitz im Hoheitsgebiet eines Vertragsstaates der EuGVO hat. Zwischen den verschiedenen Klagen eines Klägers gegen mehrere Beklagte muss allerdings ein Zusammenhang bestehen, der eine gemeinsame Entscheidung als geboten erscheinen lässt.[204] Im Übrigen begründet § 36 nicht die **internationale Zuständigkeit,** sondern setzt diese bereits voraus. Zu den sich hieraus ergebenden Abgrenzungsfragen vgl. Rn. 3ff. 49

§ 37 Verfahren bei gerichtlicher Bestimmung

(1) Die Entscheidung über das Gesuch um Bestimmung des zuständigen Gerichts ergeht durch Beschluss.

(2) Der Beschluss, der das zuständige Gericht bestimmt, ist nicht anfechtbar.

I. Normzweck

§ 37 regelt das Verfahren über das Gesuch um Bestimmung des zuständigen Gerichts. Zweck der Vorschrift ist die aus Gründen der Prozessökonomie möglichst schnelle Herbeiführung einer Entscheidung. Aus diesen Gründen ergeht die Bestimmung durch Beschluss[1] und ist nicht anfechtbar.[2] Gleichwohl sollte die Entscheidung begründet werden.[3] 1

II. Anwendungsbereich und Voraussetzungen

1. Antrag. a) Antrag einer Partei. Das Verfahren zur Gerichtsbestimmung wird durch den Antrag einer Partei eingeleitet.[4] Antragssteller kann neben dem Kläger auch ein Nebenintervenient und in den Fällen des § 36 Abs. 1 Nr. 1, 5 und 6 auch der Beklagte oder dessen Streitgehilfe sein.[5] Nach allgM auch von Amts wegen durch die Vorlage eines am Kompetenzkonflikt beteiligten Gerichtes beim bestimmenden Gericht.[6] Damit wird das Interesse der beteiligten Gerichte an der Klärung der Frage der Zuständigkeit berücksichtigt. Der Antrag kann auch nach Einleitung des Verfahrens gestellt werden, so lange eine Verweisung nach § 281[7] oder eine Beweisaufnahme noch nicht erfolgt ist. Vgl. § 36 Rn. 11. 2

b) Unterbrechungswirkung. Die Antragstellung unterbricht die Verjährung und Ersitzung wie es sich ausdrücklich aus §§ 204 Abs. 1 Nr. 13, 941 BGB ergibt; allerdings muss die 3-Monats-Frist des § 204 Abs. 1 Nr. 13 BGB beachtet werden. Für den Fall der Ablehnung der Gerichtsstandsbestimmung wird die Auffassung vertreten, dass eine verjährungsunterbrechende Wirkung nicht 3

---

[201] *Palandt/Sprau* § 728 BGB Rn. 1.
[202] Vgl. die Kommentierung zur EuGVO in Band 3.
[203] BGHZ 60, 85, 91; BGH NJW 1981, 2644ff.; WM 1986, 199, 202.
[204] EuGH EuZW 1999, 59; NJW 1988, 3088; OLG Düsseldorf IPRax 1997, 118; *Schlosser* RIW 1988, 987.
[1] § 37 Abs. 1 wurde geändert durch ZPO-RG vom 27. 7. 2001 (BGBl. I S. 1887); BT-Drucks. 14/4722.
[2] *Baumbach/Lauterbach/Hartmann* Rn. 1.
[3] Vgl. *Baumbach/Lauterbach/Hartmann* Rn. 1.
[4] Zur Antragsbefugnis s. § 36 Rn. 18.
[5] *Zöller/Vollkommer* Rn. 1; BGH NJW 1990, 2751 = MDR 1990, 987 zu Nr. 3; OLG Düsseldorf MDR 1989, 646.
[6] Ständige Rechtsprechung insbesondere in den Fällen des § 36 Abs. 1 Nr. 5 u. 6, BGH NJW 1979, 1048; NJW 1985, 2537; BAGE 42, 63; 93, 751, 1878; BayObLGZ 86, 286; 91, 151, 142; OLG Frankfurt/M NJW 1993, 2448; OLG Karlsruhe FamRZ 1991, 90; *Thomas/Putzo/Hüßtege* § 36 Rn. 2; *Zöller/Vollkommer* Rn. 2; *Stein/Jonas/Roth* Rn. 2.
[7] RGZ 158, 222, 223; *Musielak/Heinrich* Rn. 2.

eintreten würde.[8] Diese Auffassung muss jedoch abgelehnt werden, da auch die Klageerhebung beim unzuständigen Gericht die Verjährung unterbricht und aus Gründen der Prozessökonomie lediglich nur das bestimmende Gericht und nicht zusätzlich noch ein sonstiges Gericht angerufen werden sollte. Zur Vermeidung des Verjährungsrisikos empfiehlt sich in Zweifelsfällen gleichwohl neben dem Bestimmungsverfahren eine Klage anhängig zu machen oder einen Mahnbescheidsantrag zu stellen.

4 **2. Form.** Der Antrag kann **schriftlich** oder zu **Protokoll** der Geschäftsstelle gestellt werden. In den Fällen des § 36 Abs. 1 Nr. 3 und 4 ist es sinnvoll, jedoch nicht zwingend, einen Klageentwurf vorzulegen oder im Fall der Nr. 3 die Voraussetzungen der Streitgenossenschaft und im Fall der Nr. 4 die Belegenheit in verschiedenen Gerichtsbezirken darzulegen.[9] Es besteht kein Anwaltszwang.[10] In diesem Antrag muss das Gericht, dessen Bestimmung erreicht werden soll, nicht genannt werden. Auch bei Nennung des zu bestimmenden Gerichtes besteht keine Bindung an den Antrag.[11] Insoweit gilt § 308 Abs. 1 nicht.[12]

5 **3. Prüfungsumfang.** Den Verfahrensbeteiligten, auch dem Antragsgegner ist **rechtliches Gehör** zu gewähren.[13] In Vollstreckungs- und Eilsachen gilt entsprechend das eingeschränkte rechtliche Gehör vor Erlass der erforderlichen Entscheidungen, §§ 834, 921.[14] Das bestimmende Gericht prüft **nicht** die **Schlüssigkeit** oder die **Erfolgsaussichten** des Hauptsacheverfahrens, ebenfalls grundsätzlich nicht deren Prozessvoraussetzungen, sondern nur die Voraussetzung des § 36.[15] Hinsichtlich der internationalen Zuständigkeit prüft das bestimmende Gericht, ob diese durch den Antragssteller schlüssig vorgetragen wird.[16] Der Antrag wird zurückgewiesen, sofern keine der Voraussetzungen des § 36 Abs. 1 Nr. 1 bis 6 zutrifft. Fehlt eine der Voraussetzungen des § 36 Abs. 1, so ist die Streitsache ggf. an das zuletzt mit ihr befasste Gericht zurückzugeben.[17] Ist absehbar, dass das Hauptsacheverfahren in Deutschland nicht durchgeführt werden kann, ist eine Gerichtsstandsbestimmung unzulässig.[18] Einstweiligen Rechtsschutz gibt es im Bestimmungsverfahren nicht.[19]

6 **4. Entscheidung.** Die Gerichtsstandsbestimmung ergeht immer **durch Beschluss** bei fakultativer mündlicher Verhandlung und Freibeweis. Wenn der Beschluss vor Anhängigkeit des Hauptverfahrens ergeht, ist es nur dem Antragsteller mitzuteilen. Nach Anhängigkeit ist beiden Verfahrensbeteiligten Mitteilung davon zu machen. Eine formlose Bekanntgabe gemäß § 329 Abs. 2 ist ausreichend. Ergeht der Beschluss aufgrund einer mündlichen Verhandlung, ist dieser nach § 329 Abs. 1 zu verkünden. Die Beschlussformel enthält entweder die Zurückweisung des Antrages oder die Vorlage oder die Bestimmung des zuständigen Gerichtes.

7 **5. Wirkung der Gerichtsstandsbestimmung.** Die Zuständigkeit des bestimmten Gerichtes wird durch die **Gerichtsstandsbestimmung bindend** festgestellt. Die Verfahrensbeteiligten haben gemäß § 37 Abs. 2 kein Anfechtungsrecht gegen die Entscheidung. Auch das bestimmte Gericht ist daran gebunden.[20] Die Zuständigkeit des bestimmten Gerichtes kann demnach nicht erneut in Zweifel gezogen werden. Selbst wenn das bestimmende Gericht die tatsächliche Lage des Verfahrens nicht vollständig berücksichtigt oder eine Zuständigkeitsnorm nicht oder nicht korrekt angewandt hat, ist die Bestimmung mit konstitutiver Wirkung bindend.[21] Die Bindungswirkung greift auch für übergeordnete Rechtsmittelgerichte des bestimmten Gerichtes ein.[22] Die Bindungswirkung und die Unanfechtbarkeit entfallen jedoch ausnahmsweise dann, wenn das bestimmende Gericht gegen den ver-

---

[8] *Musielak/Heinrich* Rn. 3, eine Verjährungsunterbrechung soll nur erfolgen, wenn innerhalb von drei Monaten die Klage vor dem zuständigen Gericht erfolgt.

[9] *Bornkamm* NJW 1989, 2715; *Zöller/Vollkommer* Rn. 1.

[10] AllgM; *Zöller/Vollkommer* Rn. 1; *Thomas/Putzo/Hüßtege* Rn. 1.

[11] OLG Hamm FamRZ 1980, 66.

[12] *Thomas/Putzo/Hüßtege* Rn. 3.

[13] OLG Zweibrücken OLGR 2001, 44; *Zöller/Vollkommer* Rn. 3; *Stein/Jonas/Roth* § 36 Rn. 1.

[14] BayObLGZ 1985, 400 = NJW-RR 1986, 421 = Rpfleger 1986, 98; *Zöller/Vollkommer* Rn. 3.

[15] Zum Prüfungsumfang s. § 36 Rn. 16, 23; Die Prozessfähigkeit ist wie für den Streit um diese selbst zu unterstellen BGH NJW-RR 1987, 757; *Bornkamm* NJW 1989, 2713, 2715.

[16] BayObLG RIW 2003, 387.

[17] *Jauernig* NJW 1995, 2017.

[18] BGHZ 19, 108, 109; BayObLGZ 1979, 292, 294; *Musielak/Heinrich* Rn. 7.

[19] OLG Rostock FamRZ 2004, 650.

[20] RGZ 86, 404; OLG München NJW-RR 2002, 1722.

[21] BGH FamRZ 1980, 670, 671; *Baumbach/Lauterbach/Hartmann* Rn. 7.

[22] BGH FamRZ 1980, 670, 672; BayObLG Rpfleger 1987, 124, 125; *Musielak/Heinrich* Rn. 9; aA OLG Schleswig SchlHA 1981, 67, 68.

fassungsrechtlichen Grundsatz des rechtlichen Gehörs verstoßen hat, Art. 103 GG.[23] Die Bindung des bestimmten Gerichtes wird durch den erkennbar gewordenen Bindungswillen des bestimmenden Gerichtes festgelegt.[24] Liegt der nach der Bestimmung erhobenen Klage ein anderer Tatbestand oder ein anderes Rechtsverhältnis zugrunde als dem Gesuch tritt die Bindung nicht ein.[25] Im übrigen kommt dem Bestimmungsbeschluss keine weitergehende Bindung als einem Verweisungsbeschluss zu.[26] Bei Überschreitung der Zuweisungskompetenz tritt ebenfalls keine Bindungswirkung ein.[27]

6. Rechtsbehelf. Gegen die das Gesuch zurückweisende Entscheidung des Landgerichtes ist die 8
sofortige Beschwerde gegeben, § 567 Abs. 1 Nr. 2.[28] Gegen ablehnende Beschlüsse des OLG ist die Rechtsbeschwerde nicht gegeben.[29] Ein Rechtsmittel gegen den bestimmenden Beschluss ist nicht vorgesehen, Abs. 2. Ist eine Entscheidung unter Verstoß gegen den verfassungsrechtlichen Grundsatz des rechtlichen Gehörs ergangen, muss die Verfassungsbeschwerde eröffnet sein.[30]

7. Kosten. Es ergeht keine Kostenentscheidung im Verfahren nach §§ 36, 37, da es ein un- 9
selbstständiger Teil des Hauptsacheverfahrens ist und demnach dessen Kosten als Teil der Kosten des Hauptsacheverfahrens anzusehen sind.[31] Bei Zurückweisung oder bei Zurücknahme des Gesuchs ergeht dagegen eine Kostenentscheidung nach § 91 oder § 269 Abs. 3 entsprechend.[32] Auch wenn kein Hauptsacheverfahren stattfindet, ergeht mangels einer prozessualen Kostenregelung für dieses Verfahren keine Kostenentscheidung.[33] Wenn die Tätigkeit des Anwalts nicht bereits durch eine weitere Tätigkeit mit der Verfahrensgebühr nach Nr. 3400 VV abgegolten ist, erhält der Anwalt eine Gebühr nach Nr. 3402 VV. Gerichtskosten entstehen nicht.

Titel 3. Vereinbarung über die Zuständigkeit der Gerichte

Schrifttum: *Baumgärtel,* Die Vereinbarung der Internationalen Zuständigkeit nach dem EWG-Übereinkommen vom 27. 9. 1968 und nach § 38 Abs. 2, FS Kegel, 1977, S. 285 ff.; *Beitzke,* Gerichtsstandsklauseln in auslandsbezogenen Dienst- und Arbeitsverträgen, RIW/AWD 1986, 7 ff.; *Bülow,* Prorogationsgemäße Klage der durch das Prorogationsverbot geschützten Partei, VersR 1976, 415 ff.; *Diederichsen,* Die neuen Grenzen für Gerichtsstandsvereinbarungen, BB 1974, 377 ff.; *v. Falkenhausen,* Ausschluß von Aufrechnung und Widerklage durch internationale Gerichtsstandsvereinbarungen, RIW 1982, 386 ff.; *Gottwald,* Grenzen internationaler Gerichtsstandsvereinbarungen, FS Firsching, 1985, S. 89 ff.; *Jacobs,* Die Perpetuatio fori im Internationalen Recht des Zivilprozesses und der freiwilligen Gerichtsbarkeit, 1962; *Klunzinger,* Die Novellierung des Rechts der Gerichtsstandsvereinbarung, JR 1974, 271 ff.; *Kornblum,* Der Kaufmann und die Gerichtsstandsnovelle, ZHR 138 (1974), 478 ff.; *Löwe,* Das neue Recht der Gerichtsstandsvereinbarung, NJW 1974, 473 ff.; *Meyer-Lindemann,* Gesamtrechtsnachfolge bei Gerichtsstandsvereinbarungen gemäß § 38 Abs. 1 ZPO, JZ 1982, 592 ff.; *Roth,* Internationalrechtliche Probleme bei Prorogation und Derogation, ZZP 93 (1980), 156 ff.; *Samtleben,* Internationale Gerichtsstandsvereinbarungen nach dem EWG-Übereinkommen und nach der Gerichtsstandsnovelle, NJW 1974, 1590 ff.; *Schiller,* Gerichtsstandsklauseln in AGB zwischen Vollkaufleuten und das AGBG, NJW 1979, 636 f.; *Schütze,* Deutsches internationales Prozeßrecht; *Wirth,* Gerichtsstandsvereinbarungen im internationalen Handelsverkehr, NJW 1978, 460 ff.

§ 38 Zugelassene Gerichtsstandsvereinbarung

(1) Ein an sich unzuständiges Gericht des ersten Rechtszuges wird durch ausdrückliche oder stillschweigende Vereinbarung der Parteien zuständig, wenn die Vertragsparteien Kaufleute, juristische Personen des öffentlichen Rechts oder öffentlich-rechtliche Sondervermögen sind.

(2) [1]Die Zuständigkeit eines Gerichts des ersten Rechtszuges kann ferner vereinbart werden, wenn mindestens eine der Vertragsparteien keinen allgemeinen Gerichtsstand im Inland hat. [2]Die Vereinbarung muss schriftlich abgeschlossen oder, falls sie mündlich

---

[23] *Zöller/Vollkommer* Rn. 4; aA *Baumbach/Lauterbach/Hartmann* Rn. 7.
[24] *Zöller/Vollkommer* Rn. 5.
[25] OLG München NJW-RR 1988, 128 = MDR 1987, 851.
[26] BAG MDR 1993, 57; 94, 1815 Nr. 29.
[27] *Fiebig* NZA 1995, 17; *Zöller/Vollkommer* Rn. 5.
[28] *Musielak/Heinrich* Rn. 8.
[29] Zöller/Vollkommer Rn. 4; BayObLGZ 2002, 151 = NJW 2002, 2888: kein Fall von § 574 Abs. 1 Nr. 2; a. A. OLG Stuttgart NJW-RR 2003, 1706.
[30] Vgl. Rn. 7.
[31] OLG Düsseldorf MDR 1983, 846; *Thomas/Putzo/Hüßtege* Rn. 5.
[32] BayObLGZ 2002, 152 = NJW-RR 2002, 2888; OLG Stuttgart NJW-RR 2003, 1706.
[33] OLG Düsseldorf MDR 1983, 846.

getroffen wird, schriftlich bestätigt werden. [3]Hat eine der Parteien einen inländischen allgemeinen Gerichtsstand, so kann für das Inland nur ein Gericht gewählt werden, bei dem diese Partei ihren allgemeinen Gerichtsstand hat oder ein besonderer Gerichtsstand begründet ist.

(3) Im Übrigen ist eine Gerichtsstandsvereinbarung nur zulässig, wenn sie ausdrücklich und schriftlich

1. nach dem Entstehen der Streitigkeit oder
2. für den Fall geschlossen wird, dass die im Klageweg in Anspruch zu nehmende Partei nach Vertragsschluss ihren Wohnsitz oder gewöhnlichen Aufenthaltsort aus dem Geltungsbereich dieses Gesetzes verlegt oder ihr Wohnsitz oder gewöhnlicher Aufenthalt im Zeitpunkt der Klageerhebung nicht bekannt ist.

Übersicht

I. Normzweck

1 **1. Grundsätzliches Verbot.** Die Vorschriften der §§ 38 bis 40 wurden durch die Gerichtsstandsnovelle vom 21. 3. 1974[1] grundlegend geändert. Nach Art. 5 der Novelle trat die Gesetzesänderung am 1. 4. 1974 in Kraft. Dadurch wurde die früher bestehende grundsätzliche Erlaubnis der Gerichtsstandsvereinbarung wegen vielfachen Missbrauchs[2] in den allgemeinen Geschäftsbedingun-

[1] BGBl. I S. 753.
[2] *Thomas/Putzo/Hüßtege* Vor § 38 Rn. 9.

gen und Formularverträgen in ein **grundsätzliches Verbot**[3] umgewandelt, das den §§ 38 bis 40 ohne ausdrückliche Feststellung zugrunde liegt, wobei eine Gerichtsstandsvereinbarung nur unter besonderen Voraussetzungen für zulässig erklärt wird. Damit soll ein grundsätzlicher Schutz vor Gerichtsstandsvereinbarungen erzielt werden. Dieser Schutz wurde insbesondere wegen des Missbrauchs sowie zugunsten von Verbrauchern und geschäftsunerfahrenen Parteien erforderlich.[4] Zugleich wurde eine Aufwertung der gesetzlichen Gerichtsstände, insbesondere des allgemeinen Gerichtsstandes bezweckt.[5] Diese vom Gesetzgeber gewollte Bedeutungsaufwertung der gesetzlichen Gerichtsstände spricht auch gegen einen Gerichtsstand des Sachzusammenhangs.[6] Ergänzt wird dieser Normzweck durch § 29 Abs. 2, wonach eine unzulässige Prorogation nicht durch eine Erfüllungsortvereinbarung umgangen werden kann. Aus Gründen des Verbraucherschutzes ist dies allerdings unzureichend, sofern der Käufer Erfüllungs- oder Gewährleistungsansprüche verfolgt. Diese sind grundsätzlich am Wohnsitz des Verkäufers als Erfüllungsort dieser Leistung geltend zu machen.[7] Kann ein Gericht nur infolge rügeloser Einlassung international zuständig sein, kann der Beklagte dies noch in der ersten mündlichen Verhandlung vorbringen.[8] Für Nichtkaufleute, deren Schutzbedürftigkeit unterstellt wird, muss eine Gerichtsstandsvereinbarung mit Ausnahme des Falles des Abs. 3 Nr. 2 schriftlich nach dem Entstehen der Streitigkeit geschlossen werden. Dies gilt nicht für die Vereinbarung eines schiedsrichterlichen Verfahrens nach den §§ 1025 ff., die die weitreichende Möglichkeit der Abbedingung staatlicher Gerichte beinhaltet, § 1031 Abs. 5. Andererseits ist nicht einsichtig, weshalb Insolvenzverwalter, Anwälte, Steuerberater, Wirtschaftsprüfer, es sei denn letztere sind in einer kaufmännischem Rechtsform tätig,[9] keine Gerichtsstandsvereinbarung treffen dürfen.[10]

Abs. 1 wurde durch Art. 18 HRefG vom 22. 6. 1998, in Kraft seit 1. 7. 1998 geändert.[11] Ohne sachliche Änderung wurde die Vorschrift an die Neuregelung des Kaufmannsbegriffs unter Fortfall des Begriffs des Minderkaufmanns angepasst. 2

2. Regelungsmöglichkeiten. In den §§ 38 bis 40 sind die **Möglichkeiten der Parteien zur Bestimmung der Zuständigkeit** geregelt. Nach §§ 38 und 39 kann die **örtliche, die sachliche und auch die internationale Zuständigkeit**[12] im ersten Rechtszug bestimmt werden. Die Anwendbarkeit der §§ 38, 39 auf die internationale Zuständigkeit ergibt sich daraus, dass nach deutschem Recht die örtliche Zuständigkeit die internationale Zuständigkeit indiziert.[13] Im Rahmen der §§ 38 bis 40 können die Parteien sowohl die Zuständigkeit eines an sich unzuständigen Gerichtes (Prorogation) als auch die Unzuständigkeit eines an sich zuständigen Gerichtes (Derogation) festlegen. 3

II. Anwendungsbereich

1. Regelungsgehalt. § 38 regelt in seinen drei Absätzen für vier genau umschriebene Fälle die Voraussetzungen, unter denen eine Gerichtsstandsvereinbarung zulässig ist. Gemäß § 40 Abs. 1 muss sich die Vereinbarung dabei auf ein bestimmtes Rechtsverhältnis beziehen. Sie ist nach § 40 Abs. 2 unzulässig, wenn der Rechtsstreit andere als vermögensrechtliche Ansprüche betrifft oder ein ausschließlicher Gerichtsstand eingreift. Neben den vier in § 38 ausdrücklich genannten Fällen der Zulässigkeit einer Prorogation ist noch deren Zulässigkeit in Tarifverträgen zu erwähnen. Gemäß § 48 Abs. 2 ArbGG ist die Wahl eines an sich örtlich unzuständigen Arbeitsgerichtes für Rechtsstreitigkeiten aus tarifgebundenen Arbeitsverträgen möglich, um die Konzentration aller dieser Rechtsstreite vor einem Gericht zu erreichen (kollektive Prorogation). Auch in Fällen arbeitsrechtlicher Einzelverträge ist die Prorogation der örtlichen wie internationalen Zuständigkeit gem. § 46 ArbGG in Verbindung mit § 38 Abs. 2 und 3 gegeben (individuelle Prorogation). 4

a) Voraussetzungen der Formfreiheit. § 38 erlaubt die **formfreie Gerichtsstandsvereinbarung** unter Personen, die typischerweise hinreichend geschäftsgewandt und rechtserfahren sind, um die Bedeutung einer solchen Vereinbarung richtig einzuschätzen.[14] Die in dieser Vorschrift ge- 5

---

[3] BGH NJW 1983, 159; *Ehricke* ZZP 111 (1998), 146.

[4] Vgl. *Zöller/Vollkommer* Vor § 38 Rn. 8; *Thomas/Putzo/Hüßtege* Vor § 38 Rn. 9, 10; *Musielak/Heinrich* Rn. 1.

[5] *Zöller/Vollkommer* Vor § 38 Rn. 9.

[6] Vgl. § 12 Rn. 50.

[7] Kritisch deshalb *Mues* ZIP 1996, 739, 741; zum Erfüllungsort vgl. oben § 29 Rn. 62.

[8] BGH ZZP 110 (1997), 353 = ZIP 1996, 2184 = WM 1996, 2295 = MDR 1997, 288 mit Anm. *Grunsky* EWiR 1997, 95.

[9] Rechtsanwälte, Steuerberater, Wirtschaftsprüfer können ihren Beruf auch in der Rechtsform von Kapitalgesellschaften ausüben.

[10] *Musielak/Heinrich* Rn. 10.

[11] BGBl. 1998 I S. 1474.

[12] BGH NJW 1979, 1104.

[13] Vgl. die Kommentierung zu § 12.

[14] LG Trier NJW 1982, 286, 287.

nannten Personen werden vom Gesetz als nicht schutzbedürftig angesehen. Hierzu bedürfte es allerdings noch einer weiteren gesetzlichen Feinabstimmung zugunsten von Verbrauchern und zu Lasten jetzt geschützter, typischerweise aber gleichwohl hinreichend geschäftsgewandter Personen.[15]

6 **b) Schriftliche Gerichtsstandsvereinbarungen.** Die Möglichkeit einer schriftlich **abgeschlossenen** oder schriftlich **bestätigten** Gerichtsstandsvereinbarung gemäß Abs. 2 wurde im Interesse der Erleichterung des internationalen Rechtsverkehrs eingeräumt,[16] wenn eine der Vertragsparteien keinen allgemeinen Gerichtsstand im Inland hat.

7 **c) Nach Entstehung der Streitigkeit.** Das Gesetz geht in Abs. 3 Nr. 1 davon aus, dass dann kein Schutz vor einer ausdrücklichen und schriftlichen Gerichtsstandsvereinbarung geboten ist, wenn sie nach Entstehung der Streitigkeit vereinbart wird, da die Parteien in einem solchen Fall im Hinblick auf die schon bestehende Streitigkeit von der Tragweite der Vereinbarung Kenntnis haben. Dies steht allerdings im Widerspruch zur Abschlussmöglichkeit einer Schiedsvereinbarung, an der auch Verbraucher beteiligt sein können, § 1031 Abs. 5.

8 **d) (Wohn)Sitz im Ausland.** Abs. 3 Nr. 2 erlaubt die Prorogation der örtlichen Zuständigkeit[17] für den Fall, dass die beklagte Partei nach Vertragsschluss ihren Wohnsitz oder gewöhnlichen Aufenthaltsort aus dem Geltungsbereich dieses Gesetzes verlegt oder ihr Wohnsitz oder gewöhnlicher Aufenthalt im Zeitpunkt der Klageerhebung nicht bekannt ist.

9 **e) Unabdingbarkeit.** Die Regelungen des § 38 sind **zwingend** und unabdingbar.[18] Der Unterlassungsanspruch hinsichtlich einer unwirksamen Gerichtsstandsvereinbarung in den allgemeinen Geschäftsbedingungen kann nach allgemeiner Meinung gemäß § 1 UKlG geltend gemacht werden, da dieses Verfahren oft bei einem Verstoß gegen allgemeines zwingendes Recht beschritten werden kann.[19]

10 **2. Unanwendbarkeit.** Nicht in den Anwendungsbereich des § 38 fällt die Vereinbarung der Zuständigkeit eines besonderen Gerichtes, § 14 GVG. Die Parteien können ferner nicht den Rechtsweg, zB Verwaltungsgerichtsbarkeit, Finanzgerichtsbarkeit oder ordentliche Gerichtsbarkeit vereinbaren,[20] ebensowenig die funktionelle Zuständigkeit,[21] den Instanzenzug, die freiwillige statt der streitigen Gerichtsbarkeit und umgekehrt oder einen bestimmten einzelnen Spruchkörper eines Gerichtes. Eine Ausnahme besteht in Arbeitsstreitsachen gem. § 2 Abs. 4 ArbGG. Als Gericht für Patentstreitigkeiten kann nur ein als solches bestelltes Landgericht vereinbart werden.[22] Eine entsprechende Einschränkung muss auch hinsichtlich anderer Gerichte, die aufgrund gesetzlicher Konzentrationsermächtigung nach dem MarkenG, PatG, UrhG, GebrMG, GeschmMG, SortSchG und GWB gebildet wurden, gelten. Dies trifft ebenso für Kammern und Senate für Entschädigungssachen wie für Baulandsachen nach dem BauGB zu.

III. Allgemeine Wirksamkeitsvoraussetzungen

11 **1. Maßgeblichkeit des materiellen Rechts.** Eine Gerichtsstandsvereinbarung hat zwar prozessrechtliche Wirkungen.[23] Die Frage, ob sie wirksam abgeschlossen wurde, richtet sich jedoch nach den **materiell-rechtlichen Vorschriften** über das Zustandekommen von Verträgen.[24] Die gerichtliche Prüfung der Voraussetzungen erfolgt somit nach sachlichem Recht.[25] Demnach gelten die Vorschriften über die rechtsgeschäftliche Stellvertretung gemäß §§ 164 ff. BGB. Die Prozessvollmacht gemäß § 81 umfasst den Abschluss einer Gerichtsstandsvereinbarung.[26] Beschränkt Geschäftsfähige können gemäß §§ 108 ff. BGB mit Zustimmung ihres gesetzlichen Vertreters eine Gerichtsstandsvereinbarung

---

[15] Vgl. oben Rn. 1.

[16] OLG Nürnberg RIW 1985, 890, 891.

[17] AllgM; vgl. *Thomas/Putzo/Hüßtege* Rn. 19; *Zöller/Vollkommer* Rn. 36; *Baumbach/Lauterbach/Hartmann* Rn. 35; aA *Stein/Jonas/Bork* Rn. 43.

[18] BGH NJW 1983, 1320, 1322; *Thomas/Putzo/Hüßtege* Rn. 2; *Musielak/Heinrich* Rn. 1; *Zöller/Vollkommer* Vor § 38 Rn. 9.

[19] BGH NJW 1983, 1320, 1322 noch zu § 13 AGBG.

[20] BGH NJW 1997, 328.

[21] BGH VersR 1977, 430.

[22] BGHZ 8, 16 = NJW 1953, 262 = MDR 1953, 23.

[23] Vgl. Auffassungen, dass es sich um einen Prozessvertrag handelt: *Thomas/Putzo/Hüßtege* Vor § 38 Rn. 2; *Zöller/Vollkommer* Rn. 4; *Stein/Jonas/Bork* Rn. 47; *Rosenberg/Schwab/Gottwald* § 37 I 2.

[24] BGHZ 49, 384, 386 f. = NJW 1968, 1233; BGHZ 57, 72, 75; *Baumbach/Lauterbach/Hartmann* Rn. 5; BGH WM 1989, 355 = RIW 1989, 136.

[25] BGH NJW 1994, 51; BGHZ 57, 75; 59, 27; *Geimer* NJW 1971, 324.

[26] *Stein/Jonas/Bork* Rn. 49.

abschließen.[27] Bei Abschluss einer außergerichtlichen Gerichtsstandsvereinbarung herrscht wegen der Verweisung auf das materielle Recht kein Anwaltszwang, anders jedoch wenn die Gerichtsstandsvereinbarung vor einem Gericht geschlossen wird, für das der Anwaltszwang gilt.[28]

Wenn die Parteien über die Gültigkeit des Hauptvertrages streiten, ist im Zweifel anzunehmen, dass ein von den Parteien vorab bestimmter Gerichtsstand auch für diesen Streit gelten soll.[29] Dabei ist durch Auslegung[30] zu ermitteln, ob die Parteien die Gerichtsstandsvereinbarung auch geschlossen hätten, wenn sie sich der Möglichkeit eines Streites über den Hauptvertrag bewusst gewesen wären.[31] Wird ein Anspruch aus Verschulden bei Vertragsverhandlungen geltend gemacht, ohne dass es zum Abschluss eines Vertrages gekommen ist, ist nicht von einer Gerichtsstandsvereinbarung auszugehen.[32] Eine Ausnahme besteht dann, wenn bereits ein Rahmenvertrag zwischen den Parteien besteht. Wenn eine der Parteien an sich von der Zuständigkeit eines Gerichtes überzeugt ist, an das sie übereinstimmend eine Verweisung beantragen, liegt dennoch eine Vereinbarung nicht vor.[33] Wird ein Anspruch aus einem vertragsähnlichen Vertrauensverhältnisses geltend gemacht, ist eine Gerichtsstandsvereinbarung ebenfalls nicht gegeben.[34] Ferner trifft dies für eine einseitige bestehende Klausel zu.[35] Wird die Gerichtsstandsvereinbarung bei einem Streit über das Zustandekommen oder bei Nichtigkeit des Vertrages geltend gemacht, gilt diese fort, da sie ein Bestandteil des Vertrags ist.[36] Besteht hingegen Streit über die Vereinbarung selbst, ist dies nicht der Fall.[37] 12

2. Vereinbarung der internationalen Zuständigkeit.[38] Über Zulässigkeit und Wirkung einer Gerichtsstandsvereinbarung, um die es im Rahmen der Feststellung der internationalen Zuständigkeit durch ein bundesdeutsches Gericht geht, entscheidet das deutsche Verfahrensrecht als lex fori.[39] Im Hinblick darauf, dass die vor dem Prozess geschlossene Gerichtsstandsvereinbarung ein materiell-rechtlicher Vertrag ist, beurteilt sich ihr Zustandekommen nicht ohne weiteres nach der lex fori sondern nach dem Schuldstatut, dh. nach der Rechtsordnung, die nach dem Deutschen Internationalen Privatrecht auf die schuldrechtliche Beziehung der Parteien zueinander anzuwenden ist.[40] Dieses bestimmt sich nach der Neuregelung des IPR durch Gesetz vom 25. 7. 1986[41] nach Art. 27 ff. EGBGB. In erster Linie ist gemäß Art. 27 EGBGB das von den Parteien gewählte Recht maßgeblich. Wenn die Parteien über das Zustandekommen des Vertrages streiten, entscheidet das gewählte Recht auch über diese Frage. Das ergibt sich seit der Neuregelung des IPR aus Art. 31 EGBGB, vorher aus den ungeschriebenen Regeln des Deutschen IPR.[42] Eine spezifische Vorschrift für Arbeitsverträge enthält das geschriebene deutsche autonome internationale Zuständigkeitsrecht nicht.[43] Ausschlaggebend muss aber auch hier das Schuldstatut in entsprechender Anwendung der Art. 27 ff. EGBGB sein. Insbesondere darf die Rechtswahl der Parteien nicht dazu führen, dass dem Arbeitnehmer der Schutz zwingender Bestimmungen entzogen wird, Art. 30 EGBGB.[44] 13

3. Zeitpunkt. Die Gerichtsstandsvereinbarung ist zulässig, solange die Klage noch nicht beim zuständigen oder gemäß § 39 durch rügelose Einlassung[45] zuständig gewordenen Gericht rechts- 14

---

[27] *Stein/Jonas/Bork* Rn. 53.
[28] *Stein/Jonas/Bork* Rn. 54.
[29] RGZ 140, 149, 151; BGH LM Nr. 4.
[30] OLG Düsseldorf NJW 1991, 1492; OLG Frankfurt/M. NJW-RR 1999, 604.
[31] BGH LM Nr. 4.
[32] *Baumbach/Lauterbach/Hartmann* Rn. 5.
[33] BGH FER 1997, 88.
[34] LG Braunschweig BB 1974, 571.
[35] BGHZ 101, 273 = NJW 1987, 2867.
[36] OLG München OLGR 1995, 118 streitig: EuGH RIW 1997, 778.
[37] Vgl. *Thomas/Putzo/Hüßtege* Rn. 30; *Zöller/Vollkommer* Rn. 8.
[38] Vgl. ausführlich Rn. 27 ff.
[39] BGHZ 59, 23, 26 f. = NJW 1972, 1622; BGH NJW 1986, 1438, 1439; *Thomas/Putzo/Hüßtege* Vor § 38 Rn. 7.
[40] BGHZ 59, 72, 75 = NJW 1972, 1460; BGH NJW 1986, 1438, 1439; WM 1979, 445; *Thomas/Putzo/Hüßtege* Vor § 38 Rn. 7.
[41] BGBl. I S. 1142.
[42] BGH NJW 1987, 1145, 1146. Der BGH hat mit dieser Entscheidung seine abw. Rspr. (BGH NJW 1983, 2772, 2773 = WM 1983, 1084) auf die Kritik im Schrifttum hin aufgegeben, vgl. *Mann* NJW 1984, 2740, 2741; BGH MDR 1987, 386.
[43] *Franzen* RIW 2000, 81, 82.
[44] Vgl. *Palandt/Heldrich* Art. 30 EGBGB Rn. 2, dies trifft auf Dienstverträge und Arbeitsverträge, die eine abhängige, weisungsgebundene Tätigkeit zum Gegenstand haben, zu. Bei Verträgen über Dienstleistungen in wirtschaftlicher und sozialer Selbständigkeit gilt Art. 30 EGBGB nicht; es gilt dann die charakteristische Leistung, BGHZ 128, 48, *Palandt/Heldrich* Art. 28 EGBGB Rn. 14.
[45] Die Rüge der internationalen Unzuständigkeit kann auch noch in der mündlichen Verhandlung erhoben werden, BGH ZZP 110 (1997), 353 = ZIP 1996, 2184 = WM 1996, 2295.

hängig geworden ist. Danach wird das angerufene Gericht durch Prorogation nicht mehr unzuständig, da die einmal begründete Rechtshängigkeit durch die Vereinbarung nicht mehr beseitigt werden kann, Grundsatz der perpetuatio fori gemäß § 261 Abs. 3 Nr. 2.[46] Deshalb beseitigt eine nachträgliche Prorogation auch eine einmal ausgesprochene Verweisung gemäß § 281 nicht.[47] Die Verweisung soll nur ausnahmsweise dann nicht bindend sein, wenn das Gericht in der unrichtigen Annahme, die Zuständigkeit könne noch durch eine Gerichtsstandsvereinbarung nach Rechtshängigkeit beseitigt werden, einen Verweisungsbeschluss erlässt.[48]

IV. Abs. 1

15 **1. Kaufleute.** Wer zu den Kaufleuten gehört, bestimmt sich nach dem Handelsrecht. Zu dieser Personengruppe gehören zunächst gem. § 1 HGB die Inhaber eines Handelsgewerbes oder gem. §§ 2, 3 HGB die Inhaber eines im Handelsregister eingetragenen Unternehmens sowie die Handelsgesellschaften im Sinne des § 6 HGB, also die OHG, KG und EWIV, AG, KGaA, GmbH sowie eingetragene Genossenschaften und größere Versicherungsvereine auf Gegenseitigkeit, §§ 16, 53 VAG, der wirtschaftliche Verein, § 22 BGB und rechtsfähige Stiftungen, §§ 80 ff. BGB. Auch auf die im Handelsregister eingetragenen Kaufleute gemäß § 5 HGB findet § 38 Abs. 1 Anwendung.[49] Schließlich gehören zu dem kaufmännischen Bereich auch nicht eingetragene Scheinkaufleute.[50] Die Unterscheidung zwischen Voll- und Minderkaufleuten wurde aufgehoben.[51] Mitgesellschafter einer OHG sowie Komplementäre einer KG werden durch die Aufnahme des Geschäftsbetriebes in eigener Person Kaufleute,[52] so dass sie auch gemäß § 38 Abs. 1 prorogationsbefugt sind. Insolvenzverwalter kaufmännischer Unternehmen gehören nicht hierzu. Nicht dazu zählt die BGB-Außengesellschaft.[53]

16 **2. Juristische Personen des öffentlichen Rechts.** Juristische Personen des öffentlichen Rechts sind Körperschaften, Anstalten und Stiftungen des öffentlichen Rechts nach Bundes- oder Landesrecht.[54] Unter öffentlich-rechtlichen Sondervermögen sind die aus dem Staatshaushalt des Bundes und der Bundesländer ausgegliederten und gesondert geführten Vermögensmassen wie das ERP-Sondervermögen, die Lastenausgleichsfonds oder das BEV zu verstehen. Nicht mehr den öffentlich-rechtlichen Sondervermögen zuzurechnen sind die Deutsche Bahn AG und die in der privaten Rechtsform von Aktiengesellschaften betriebene Deutsche Telekom, Deutsche Postbank und Deutsche Post.[55]

17 **3. Keine Ausweitung der Anwendung.** Der Gesetzgeber hat aus Gründen der Rechtssicherheit eine klare Abgrenzung der prorogationsbefugten Personen gewählt, nämlich solche, die typischerweise hinreichend geschäftserfahren sind, um die Tragweite einer Gerichtsstandsvereinbarung richtig einzuschätzen. § 38 Abs. 1 findet **keine entsprechende Anwendung** auf ähnlich geschäftserfahrene Personen.[56] Die Vorschrift ist daher nicht anwendbar auf Angehörige wirtschaftsberatender Berufe wie Wirtschaftsprüfer, Steuerberater, Rechtsanwälte, Notare[57] sowie Insolvenzverwalter[58] kaufmännischer Unternehmen. Zum Insolvenzverwalter ist eine für den jeweiligen Einzelfall geeignete, insbesondere geschäftskundige Person zu bestellen, § 56 InsO,[59] gleichwohl ist sie als bestellter Insolvenzverwalter nicht Kaufmann.[60] Selbst dann, wenn die Partei, die durch das Prorogationsverbot geschützt werden soll, am vereinbarten Gerichtsstand klagt, greift die Rüge feh-

---

[46] BGH NJW 1976, 626; OLG München OLGZ 1965, 187, 190; *Zöller/Vollkommer* Rn. 12; aA LG Waldshut-Tiengen MDR 1985, 941.

[47] OLG München OLGZ 1965, 187, 190; *Zöller/Vollkommer* Rn. 12.

[48] BayObLG Rpfleger 2002, 629, der die alte Rspr, BayObLG Rpfleger 1993, 411 überholt.

[49] *Stein/Jonas/Bork* Rn. 10; *Musielak/Heinrich* Rn. 10.

[50] OLG Frankfurt/M. BB 1974, 1366; *Musielak/Heinrich* Rn. 10; aA *Zöller/Vollkommer* Rn. 18; OLG Karlsruhe MDR 2002, 1269.

[51] Art. 18 Nr. 1 HRefG.

[52] BGHZ 45, 282, 284 = NJW 1966, 1960; *Stein/Jonas/Bork* Rn. 10.

[53] Zöller/Vollkommer Rn. 18.

[54] *Stein/Jonas/Bork* Rn. 12.

[55] Vgl. hierzu ausführlich § 18 Rn. 19 ff.

[56] *Stein/Jonas/Bork* Rn. 11. Fraglich ist jedoch, ob an dieser Auffassung aufgrund der Änderung der Rechtsprechung zum privilegierten „freiberuflichen" Gerichtsstand für die Angehörigen der rechtsberatenden Berufe – Rechtsanwalt, Steuerberater, Wirtschaftsprüfer – festgehalten werden kann (s. BGHZ 157, 20 = NJW 2004, 54).

[57] *Musielak/Heinrich* Rn. 10.

[58] Zum Gerichtsstand des Insolvenzverwalters § 19 a.

[59] HK-InsO/*Eickmann* § 56 Rn. 2 ff.

[60] MünchKommHGB/*Schmidt* § 1 Rn. 50; BGH NJW 1987, 1940; *Baumbach/Hopt* § 1 HGB Rn. 47; *Staub/Brüggemann* § 1 HGB Rn. 23; *Jaeger/Henckel,* KO, 9. Aufl. 1977, § 1 KO Rn. 52.

lender Zuständigkeit der anderen Partei durch. Aus Gründen der Rechtssicherheit muss an der Wertung des Gesetzes festgehalten werden. Ansonsten könnte sich die aufgrund von Formnichtigkeitsvorschriften schutzbedürftige Partei stets nach ihrem Belieben auf die Wirksamkeit berufen. Außerdem würde entgegen dem Wortlaut des Gesetzes ein nicht vorgesehener zusätzlicher Wahlgerichtsstand geschaffen werden.[61]

4. Subjektive Erfordernisse. a) Prorogationsbefugnis beider Parteien. Beide Parteien müssen prorogationsbefugt sein, sie müssen jedoch nicht zu derselben Gruppe gehören.[62] Bei Kaufleuten muss die Prorogation nicht für beide Teile ein Handelsgeschäft sein, ebenso ist § 38 Abs. 1 auch auf private Geschäfte von Kaufleuten anzuwenden.[63] 18

b) Zeitpunkt des Abschlusses. Die Parteien müssen zum Zeitpunkt des Abschlusses der Gerichtsstandsvereinbarung zu dem prorogationsbefugten Personenkreis gehören.[64] Bei Abschluss der Vereinbarung entscheidet sich, ob die Parteien in Ausnahmefällen des grundsätzlichen Prorogationsverbotes zu einer Gerichtsstandsvereinbarung befugt sind, so dass der spätere Wegfall der Prorogationsbefugnis nicht die Unwirksamkeit der Gerichtsstandsvereinbarung nach sich zieht.[65] Umgekehrt führt die nach Abschluss der Gerichtsstandsvereinbarung erworbene Kaufmannseigenschaft nicht zur Wirksamkeit der Gerichtsstandsvereinbarung.[66] 19

5. Rechtsnachfolger. Eine Gerichtsstandsvereinbarung bindet den **Einzel- und Gesamtrechtsnachfolger** nur dann, wenn dieser zu den prorogationsbefugten Personen gehört.[67] Die Frage, ob der nicht prorogationsbefugte Rechtsnachfolger gebunden ist, ist umstritten.[68] Die Bindung ist abzulehnen, da der Schutzzweck des grundsätzlichen Prorogationsverbotes immer dann vorliegt, wenn die persönlichen Voraussetzungen des § 38 Abs. 1 nicht gegeben sind. Die Gegenauffassung wird dem Normzweck des § 38 (dem Schutz nicht prorogationsbefugter Personen) nicht gerecht. Nicht vergleichbar sind die fehlenden persönlichen Voraussetzungen der Prorogationsbefugnis mit Antritt der Rechtsnachfolge in eine Schiedsvereinbarung[69] oder mit der Rechtsnachfolge eines persönlich haftenden Gesellschafters einer OHG.[70] Eine zwischen dem Gläubiger und dem Schuldner vor Einleitung des Insolvenzverfahrens getroffene Gerichtsstandsvereinbarung ist für den Insolvenzverwalter nicht bindend.[71] 20

6. Form der Vereinbarung. Die Gerichtsstandsvereinbarung gemäß § 38 Abs. 1 kann **formfrei** – ausdrücklich oder stillschweigend – geschlossen werden. Der rechtsgeschäftliche Wille zum Abschluss der Vereinbarung muss jedoch nach außen erkennbar geworden sein.[72] 21

7. Verhältnis zu den §§ 307 ff. BGB.[73] Auch in Bezug auf die in § 38 Abs. 1 genannten Personen findet eine Überprüfung der Einbeziehung und Wirksamkeit von in den AGB enthaltenen Gerichtsstandsklauseln statt, wenn auch gemäß § 310 Abs. 1 BGB die §§ 305 Abs. 2 und 3, 308, 309 BGB keine Anwendung finden. D.h., die in § 38 Abs. 1 genannten Gruppen (Unternehmer und öffentlich-rechtlichen Kunden) genießen gemäß § 310 Abs. 1 BGB nur einen reduzierten (Kunden-)Schutz, da sie als geschäftserfahrene Kunden gelten. Gegenüber einem Kaufmann ist gemäß § 310 Abs. 1 BGB die Anwendbarkeit der Vorschriften nur ausgeschlossen, wenn der Vertrag zum Betriebe seines Handelsgewerbes gehört. Auch bei Nichtanwendung der §§ 305 Abs. 2 und 3, 308, 309 BGB werden überraschende Klauseln gemäß § 305 c BGB nicht Vertragsbestandteil. Im Geschäftsverkehr sind Gerichtsstandsvereinbarungen üblich und somit grundsätzlich nicht überraschend. Die ausdrückliche Beschränkung einer Klausel gegenüber Kaufleuten ist daher nicht erforderlich.[74] Im kaufmännischen Geschäftsverkehr sind Klauseln, zB auf Rechnungen ohne 22

---

[61] AA *Thomas/Putzo/Hüßtege* Vor § 38 Rn. 10, der die Rüge fehlender Zuständigkeit durch eine prorogationsbefugte Partei bei Klageerhebung durch die nicht prorogationsbefugte Partei im vereinbarten Gerichtsstand für rechtsmissbräuchlich hält.

[62] *Stein/Jonas/Bork* Rn. 16.

[63] *Zöller/Vollkommer* Rn. 20.

[64] *Stein/Jonas/Bork* Rn. 15; *Musielak/Heinrich* Rn. 11; BayObLG BB 1978, 1685; OLG Köln NJW-RR 1992, 571; *Diederichsen* BB 1974, 379; *Klunzinger* JR 1974, 272; *Kornblum* ZHR 139 (1974), 484.

[65] *Stein/Jonas/Bork* Rn. 15; OLG Koblenz BB 1983, 1635; OLG Köln NJW-RR 1992, 571.

[66] *Stein/Jonas/Bork* Rn. 15; *Zöller/Vollkommer* Rn. 19; *Musielak/Heinrich* Rn. 11.

[67] LG Trier NJW 1982, 286.

[68] Für die Bindung: OLG Koblenz BB 1983, 1635; OLG Köln NJW-RR 1992, 571; *Stein/Jonas/Bork* Rn. 17, 50; *Zöller/Vollkommer* Rn. 10; *Musielak/Heinrich* Rn. 11.

[69] BGH NJW 1998, 371.

[70] BGH MDR 1991, 737.

[71] LG Kleve MDR 2001, 271.

[72] BGHZ 69, 265 ff. = NJW 1978, 212; OLG Koblenz BB 1983, 1635.

[73] Für ADSp und VOB vgl. unten Rn. 33.

[74] OLG Frankfurt/M. MDR 1998, 664; *Vollkommer* MDR 1997, 231; *Heinrichs* NJW 1997, 1412.

Kennzeichnung und Hinweis auf ihre Verwendung nicht akzeptabel, allenfalls bei ständigem Geschäftsverkehr wie etwa bei Folgebestellungen im Rahmen laufender Geschäftsbeziehungen bei früher bereits getroffenen Gerichtsstandsvereinbarungen.[75] Bedenklich ist auch die Bestimmung eines entfernten Gerichtes, wenn für die Parteien ein gemeinsamer gesetzlicher Gerichtsstand besteht.[76] Erfolgt die Wahl des Gerichtsstandes in einem Leasingvertrag aufgrund der AGB oder eines Vertragsformulars ist die Bestimmung problematisch, wenn sich die Wahl des Gerichtsstandes weder auf den Ort des Herstellers, des Leasingnehmers, der Vertragsanbahnung noch auf die Lage des Leasinggutes bezieht.[77] Wenn allerdings ein Gerichtsstand vereinbart wird, der keinen Bezug zum Sitz oder zu einer Niederlassung des Verwenders hat, liegt eine überraschende Klausel vor.[78] Vereinbarungen können problematisch sein, sofern ein bestimmtes Amtsgericht ungeachtet der Höhe des Gegenstandswertes bestimmt wird.[79] Eine Inhaltskontrolle findet nach der Generalklausel gemäß § 307 BGB statt,[80] im vollkaufmännischen Verkehr ist eine Gerichtsstandsklausel jedoch in der Regel nicht zu beanstanden.[81] So kann insbesondere der vereinbarte Gerichtsstand am Sitz des AGB-Verwenders wirksam sein. Es handelt sich bei einer derartigen Klausel um eine unter Kaufleuten übliche. Eine unangemessene Belastung des Vertragspartners findet hierdurch nicht statt.[82] Insbesondere kann die Unwirksamkeit einer Gerichtsstandsklausel im kaufmännischen Verkehr nicht daraus hergeleitet werden, dass sie auch gegenüber Verbrauchern verwendet wird.[83] Bei der Bewertung der Zulässigkeit von Gerichtsstandsvereinbarungen im kaufmännischen Verkehr kann die grundsätzliche Wertung gem. Art. 23 EuGVO nicht unberücksichtigt bleiben. Die in die deutsche Rechtsordnung aufgenommene EuGVO sieht in Art. 23 ausdrücklich die Möglichkeit von Gerichtsstandsvereinbarungen in den AGB vor.[84] Ein schwer entzifferbares Klauselwerk wird jedoch wegen eines Verstoßes gegen den Grundsatz von Treu und Glauben nicht Vertragsbestandteil.[85] Bei Privatgeschäften eines Kaufmannes ist eine Gerichtsstandsklausel regelmäßig gemäß § 307 Abs. 2 Nr. 1 BGB unwirksam.[86]

23 **8. Verhältnis des Abs. 1 zu anderen Vorschriften. a) EuGVO.** Die Vorschriften der EuGVO[87] sind gegenüber § 38 vorrangig.[88] Art. 23 EuGVO geht sowohl § 38 Abs. 1 als auch Abs. 2 als lex specialis vor, so dass im Anwendungsbereich der EuGVO auch unter Kaufleuten eine Gerichtsstandsvereinbarung nur unter Einhaltung der in Art. 23 EuGVO vorgesehenen Form geschlossen werden kann.[89]

24 **b) Verhältnis zwischen Abs. 1 und Abs. 2.** Zum Verhältnis zwischen Abs. 1 und Abs. 2 wird die Auffassung vertreten, dass Abs. 2 als lex specialis Abs. 1 in der Weise vorgeht, dass die gleichzeitig die internationale Zuständigkeit beinhaltenden Gerichtsstandsvereinbarungen unter den in § 38 genannten Personen, gemäß Abs. 2 der Schriftform bedürfen, da Abs. 1 auf den inländischen Geschäftsverkehr beschränkt sei.[90] Diese Auffassung ist abzulehnen, denn Abs. 1 ist vielmehr eine spezielle Vorschrift zur Erleichterung der Gerichtsstandsvereinbarung für den darin genannten Personenkreis, so dass Abs. 1 der Vorschrift des Abs. 2 stets vorgeht.[91] Das ergibt sich aus der Ent-

---

[75] LG Dortmund NJW-RR 1987, 959.

[76] OLG Köln ZIP 1989, 1068.

[77] AG München NJW-RR 1987, 241.

[78] *Zöller/Vollkommer* Rn. 22; *Schiller* NJW 1979, 636, 637; LG Konstanz BB 1983, 1372; OLG Karlsruhe NJW 1982, 1950.

[79] *Heinrichs* NJW 1997, 1415; LG Frankenthal NJW 1997, 203.

[80] *Zöller/Vollkommer* Rn. 22; *Schiller* NJW 1979, 636; *Baumbach/Lauterbach/Hartmann* Rn. 11; *Stein/Jonas/Bork* Rn. 18. Vgl. BGH NJW 1987, 2867; LG Karlsruhe NJW 1996, 1417; LG Düsseldorf NJW-RR 1995, 441. Nach Art. 23 Abs. 1, Art. 5 Nr. 1 EuGVO sind die im HGB enthaltenen Gerichtsstandsklauseln nur wirksam, wenn sie im Vertragstext ausdrücklich in Bezug genommen werden, vgl. OLG Hamm NJW 1990, 652.

[81] *Zöller/Vollkommer* Rn. 22; *Musielak/Heinrich* Rn. 12.

[82] *Wolf/Horn/Lindacher* § 9 AGBG Rn. G 141; *Ulmer/Brandner/Hensen* Anh. §§ 9–11 AGBG Rn. 402; OLG Karlsruhe NJW 1996, 2041; OLG Frankfurt/M. MDR 1998, 664; *Stuhlfauth* WM 1994, 103; *Heinrichs* NJW 1997, 1407.

[83] *Heinrichs* NJW 1997, 1407; aA LG Karlsruhe NJW-RR 1997, 56.

[84] OLG Karlsruhe NJW 1996, 2041.

[85] BGH NJW 1983, 2772, 2773 = WM 1983, 1084.

[86] *Schiller* NJW 1979, 636, 637.

[87] Vgl. die Kommentierung zur EuGVO in Band 3.

[88] BGH NJW 1980, 2022, 2023; BGHZ 82, 114 ff.; OLG Saarbrücken NJW 1992, 987.

[89] OLG München NJW 1982, 1951; *Thomas/Putzo/Hüßtege* Rn. 5; *Baumbach/Lauterbach/Hartmann* Übers § 38 Rn. 8; *Zöller/Vollkommer* Rn. 24; *Kropholler* Art. 17 Rn. 16; vgl. die Kommentierung zum Anwendungsbereich der EuGVO in Band 3.

[90] OLG Nürnberg NJW 1985, 1296 ff.; AG Berlin-Charlottenburg NJW 1975, 502.

[91] *Stein/Jonas/Bork* Rn. 19; *Samtleben* NJW 1974, 1590, 1595.

stehungsgeschichte[92] und aus der Systematik der Vorschrift, die die vorrangige Vorschrift des § 38 Abs. 1 zuerst nennt. Somit können die in Abs. 1 genannten Personen formfrei auch Gerichtsstandsvereinbarungen über die internationale Zuständigkeit treffen.[93]

V. Abs. 2

1. Vorrangigkeit der EuGVO.[94] Im Rahmen der EuGVO ist § 38 Abs. 2 ausgeschlossen.[95] Vielmehr geht Art. 23 EuGVO als lex specialis den ZPO-Vorschriften und damit auch dem § 38 Abs. 2 vor.[96] Keine Anwendung findet Art. 23 EuGVO auf eine Gerichtsstandsvereinbarung zwischen zwei in der Bundesrepublik Deutschland wohnenden Parteien. Hier greift § 38 Abs. 2 trotz des weiten Wortlauts des Art. 23 Abs. 1 EuGVO ein. Obgleich vom Wortlaut des Art. 23 Abs. 1 EuGVO durchaus erfasst, ist die Vorschrift jedoch dann nicht anwendbar, wenn eine Gerichtsstandsvereinbarung zwischen zwei Parteien geschlossen wird, von denen die eine Partei ihren Wohnsitz in der Bundesrepublik Deutschland, die andere Partei ihren Wohnsitz im Nicht-EuGVO-Ausland hat. Es ist weder Zweck noch Aufgabe der EuGVO, rein innerstaatliche Zuständigkeitsvereinbarungen ohne Bezug zum EuGVO-Ausland zu normieren, noch Zuständigkeitsregelungen mit Auswirkungen auf Drittstaaten und Personen, die dort ihren Wohnsitz haben und somit die nicht EuGVO-Vertragspartei sind, zu treffen.[97] Wäre die gegenteilige Auffassung zutreffend, so fände § 38 Abs. 2 nur noch Anwendung, sofern zwei Parteien eine Gerichtsstandsvereinbarung in der Bundesrepublik Deutschland treffen, wobei beide Parteien ihren Wohnsitz weder in der Bundesrepublik Deutschland noch in einem EuGVO-Mitgliedsstaat haben dürfen. Es würde sich dann bei § 38 Abs. 2 um ein lex specialis für nicht EuGVO-Ausländer handeln. Es ist daher § 38 Abs. 2 und nicht Art. 23 EuGVO anzuwenden, wenn zB ein in Frankfurt ansässiger Kaufmann eine Gerichtsstandsvereinbarung mit einem Kaufmann aus einem amerikanischen Staat trifft. Zur Auslegung des § 38 Abs. 2 kann allerdings sowohl Art. 23 EuGVO als auch insbesondere die hierzu ergangene Rechtsprechung herangezogen werden.[98] 25

2. Kein inländischer Gerichtsstand. Abs. 2 setzt voraus, dass eine Partei keinen allgemeinen Gerichtsstand[99] im Inland hat; auf die Staatsangehörigkeit der Parteien kommt es nicht an. Diese Vorschrift ist nicht anwendbar, wenn eine Partei zwar einen Wohnsitz im Ausland, jedoch einen anderen im Inland hat.[100] Die unter Fremdverwaltung stehenden deutschen Ostgebiete sind ebensowenig als Inland anzusehen wie das frühere Territorium der DDR.[101] 26

3. Internationale Gerichtsstandsvereinbarung nach Abs. 2.[102] **a) Begründung der internationalen Zuständigkeit.** Bei der Begründung der internationalen Zuständigkeit der Bundesrepublik Deutschland durch Gerichtsstandsvereinbarung richten sich Zulässigkeit und Auswirkungen nach der lex fori. Das deutsche Prozessrecht bestimmt ausschließlich, wann sich deutsche Gerichte aufgrund einer internationalen Prorogation mit einer Streitsache zu befassen haben.[103] Für das angerufene deutsche Gericht ist deshalb ausländisches Prozessrecht unerheblich, was insbesondere für die Frage gilt, ob ausländisches Recht eine Derogation seiner Zuständigkeit und die Prorogation ausländischer Gerichte zulässt.[104] Das Zustandekommen der Gerichtsstandsvereinbarung 27

---

[92] Vgl. *Samtleben* NJW 1974, 1595.

[93] OLG Saarbrücken NJW-RR 1989, 829; *Schack* Rn. 438; *Stein/Jonas/Bork* Rn. 19; *Sieg* RIW 1998, 104; offen OLG Karlsruhe NJW-RR 1993, 568.

[94] Dies gilt auch für das Lugano-EuGVÜ, Lugano-Übereinkommen vom 16. 9. 1988, BGBl. 1994 II S. 2658 mit Bekanntmachung vom 1. 3. 1995, BGBl. II S. 221. Insbesondere für die Auslegung des Art. 17 Lugano-EuGVÜ kann auf die Rechtsprechung zu Art. 17 EuGVÜ zurückgegriffen werden, vgl. Präambel des Prot. Nr. 2 zum LugEuGVÜ; *Kropholler* Einl. Rn. 63 ff.; BGH RIW 1998, 964.

[95] Vgl. Rn. 22.

[96] Vgl. BGHZ 82, 110, 114 = NJW 1982, 1226; BGH NJW 1980, 2023; OLG München NJW 1982, 1951 = VersR 1982, 78; OLG Celle RIW 1985, 572; OLG Köln RIW 1984, 315; *Piltz* NJW 1978, 1094; *Kropholler* Art. 17 Rn. 16, 17; OLG Hamm NJW 1990, 652; *Franzen* RIW 2000, 81, 82.

[97] Vgl. auch *Samtleben* NJW 1974, 1593; *Grundmann* IPRax 1985, 250; aA *Zöller/Geimer* Art. 23 EuGVO Rn. 12.

[98] Vgl. *Zöller/Vollkommer* Rn. 23; BGH RIW 1998, 964; *Heinrichs* NJW 1997, 1407; OLG Karlsruhe NJW 1996, 2041.

[99] Vgl. zu diesem Begriff die Kommentierung zu §§ 12, 13.

[100] BGH WM 1986, 400, 401; *Zöller/Vollkommer* Rn. 26; *Thomas/Putzo/Hüßtege* Rn. 13; *Baumbach/Lauterbach/Hartmann* Rn. 21; *Musielak/Heinrich* Rn. 16.

[101] Vgl. *Stein/Jonas/Bork* Rn. 14, 21. Aufl.

[102] Vgl. Rn. 2; sowie § 12 Rn. 57 ff.

[103] Vgl. BGHZ 59, 23 = NJW 1972, 1622; *Schütze* S. 47 ff.

[104] Dies soll nach italienischem, spanischem und tunesischem Recht so sein, vgl. *Schütze* S. 48, wobei für Italien und Spanien inzwischen die EuGVO eingreift.

selbst richtet sich nach dem von den Parteien gewählten Vertragsstatut.[105] Die Auffassung, wonach sich auch das Zustandekommen einer Gerichtsstandsvereinbarung wegen ihrer prozessualen Bedeutung nach der lex fori zu richten hat,[106] ist abzulehnen. Trotz der prozessrechtlichen Wirkungen, die eine internationale Gerichtsstandsvereinbarung entfaltet, beurteilt sich ihr Zustandekommen allein nach materiellem Recht.[107] Nach materiellem Recht bestimmt sich auch die mögliche Unwirksamkeit und Nichtigkeit der getroffenen Gerichtsstandsvereinbarung.[108]

28 **b) Form von Gerichtsstandsvereinbarungen.** Gerichtsstandsvereinbarungen werden regelmäßig nicht isoliert, sondern im Zusammenhang und als **Inhalt eines speziellen Vertrages** getroffen, der darüber hinaus auch häufig keine Rechtswahlklausel enthält. Im Wege der Vertragsauslegung ist deshalb zunächst zu ermitteln, nach welchem materiellen Recht die Gerichtsstandsvereinbarung getroffen wurde. Die Vertragsauslegung wird regelmäßig ergeben, dass sich auch das Zustandekommen der Gerichtsstandsvereinbarung nach dem Recht richtet, das auf den Hauptvertrag anzuwenden ist.[109] Die Zulässigkeit und Wirkung der Vereinbarung hinsichtlich der internationalen Zuständigkeit ist nach deutschem Recht zu beurteilen.[110]

29 **c) Inhalt von Gerichtsstandsvereinbarungen.** In internationalen Gerichtsstandsvereinbarungen kommt entweder die **Derogation** oder die **Prorogation** eines Gerichtsstandes, häufiger jedoch die **Kombination von Prorogation und Derogation** vor. Haben die Parteien beispielsweise die ausschließliche Zuständigkeit eines ausländischen Gerichtes in einem Vertrag – zB Kaufvertrag – prorogiert, so ist diese Vereinbarung dahingehend auszulegen, dass eine Derogation der internationalen Zuständigkeit der Bundesrepublik Deutschland vorliegt.[111] Vereinbaren die Parteien die ausschließliche örtliche Zuständigkeit eines bestimmten Gerichtes in der Bundesrepublik Deutschland, so enthält diese Prorogation zugleich auch die internationale Derogation der Gerichte aller anderen Staaten, einschließlich desjenigen Staates, in dem sich der Wohnsitz derjenigen Vertragspartei befindet, deren Gerichtsstand ebenfalls derogiert wurde. Ob die mit der Prorogation verbundene Derogation der ausländischen internationalen Zuständigkeit wirksam ist oder nicht, ist für die Eröffnung des Gerichtsstandes nach Abs. 2 unerheblich.[112] Vereinbaren im Inland ansässige kaufmännische Parteien einen ausländischen Gerichtsstand nur im Interesse einer der beiden Parteien, bleibt diese Partei zu einer Inlandsklage berechtigt. Dies gilt unabhängig davon, ob Art. 23 EuGVO, Art. 17 LugEuGVÜ oder § 38 anzuwenden ist.[113]

30 **d) Prorogation eines bestimmten Gerichtes.** Die Prorogation eines bestimmten Gerichtes ist nach Abs. 2 S. 1 nicht erforderlich. Es wird jedoch die Auffassung vertreten, dass in einer derartigen Prorogationsvereinbarung dasjenige Gericht zu benennen ist, das örtlich zuständig sein soll. Dieser Auffassung ist jedoch nicht zu folgen.[114] Es muss vielmehr ausreichend sein, wenn die Parteien die deutsche internationale Zuständigkeit prorogiert haben. Hieraus ergibt sich zugleich, wie vorstehend ausgeführt,[115] dass die internationale Zuständigkeit der Gerichte irgendeines anderen Staates derogiert wurde. Bei der ausschließlichen Prorogation eines ausländischen Gerichtes bei Rechtsstreitigkeiten aus Börsentermingschäften sind die §§ 53, 61 BörsG zu beachten.[116] Die ausschließliche Zuständigkeit eines ausländischen Gerichts können die Parteien auch mit Wirkung für den deutschen Empfänger für Streitigkeiten aus Seefrachtverträgen, insbesondere aus Konnossementen, die eine Beförderung zu einem deutschen Bestimmungshafen betreffen, prorogieren.[117] Lässt sich ein örtlich zuständiges Gericht nicht bestimmen, so ist in entsprechender Anwendung der §§ 15 Abs. 1 S. 2, 27 Abs. 2 das Amtsgericht Schöneberg in Berlin örtlich zuständig.

31 **e) Beschränkung der Wahlfreiheit.** Eine Beschränkung der Wahlfreiheit besteht jedoch nach § 38 Abs. 2 S. 3, wenn eine Partei ihren allgemeinen Gerichtsstand im Inland hat. In diesem Fall

---

[105] Vgl. BGH NJW 1971, 323; BGHZ 59, 23 = NJW 1972, 1622 = BB 1972, 23; *Kropholler,* Internationale Zuständigkeit, S. 389; *Schütze* S. 46.

[106] Vgl. *v. Falkenhausen* RIW 1982, 386 ff.

[107] BGH NJW 1983, 2772 ff. = LM Nr. 12; *Musielak/Heinrich* Rn. 18.

[108] BGHZ 99, 207, 209 = NJW 1987, 1145; BGH NJW 1989, 1431, 1432; OLG Bamberg NJW-RR 1989, 371; OLG München IPRax 1991, 46, 48.

[109] Vgl. BGH RIW 1970, 323; BGHZ 59, 23; *Schütze* S. 47.

[110] BGH NJW 1994, 262; BAG NJW 1979, 1120; OLG Karlsruhe OLGR 1993, 568; aA *Baumgärtel,* FS Kegel, 1977, S. 285, 302; *Wirth* NJW 1978, 463.

[111] Vgl. *Zöller/Geimer* IZPR Rn. 63; OLG Koblenz ZMR 1997, 186; BGH NJW 1986, 1438.

[112] Vgl. Rn. 26.

[113] BGH RIW 1998, 964 = DB 1998, 2518.

[114] Vgl. *Jacobs* S. 39.

[115] Vgl. oben Rn. 28.

[116] BGH NJW 1984, 2037; OLG Frankfurt/M. WM 1986, 449 ff.

[117] BGH LM Nr. 12 = NJW 1971, 325 m. Anm. *Geimer,* 1524.

kann für das Inland nur das Gericht gewählt werden, bei dem diese Partei ihren allgemeinen Gerichtsstand hat oder ein besonderer Gerichtsstand begründet ist. Diese Vorschrift wurde zugunsten des inländischen Verbrauchers geschaffen, der gegenüber einem ausländischen Vertragspartner nicht schlechter stehen soll als gegenüber einem inländischen.[118]

f) Schriftform. Die erforderliche Schriftform ist nach allgemeiner Auffassung nicht nur dann gewahrt, wenn die Form des § 126 BGB eingehalten ist, sondern es genügt ein Briefwechsel iSv. § 127 S. 2 BGB,[119] auch noch nach Vertragsschluss.[120] Die formlose Entgegennahme einer eine Gerichtsstandsvereinbarung enthaltenden unterzeichneten Urkunde soll aber nicht genügen.[121] Das Schriftformerfordernis steht der Verwendung von Allgemeinen Geschäftsbedingungen nicht entgegen. Eine in Allgemeinen Geschäftsbedingungen enthaltene Gerichtsstandsklausel wird Vertragsbestandteil, wenn die die AGB verwendende Partei sich bei dem schriftlichen Vertragsabschluss, der nicht in einer von beiden Vertragsparteien unterschriebenen Urkunde enthalten sein muss, ausdrücklich auf ihre beigefügten Bedingungen bezieht.[122] Selbst wenn auf den Vorderseiten von Vertragsformularen im kaufmännischen Geschäftsverkehr keine Hinweise zur AGB enthalten sind, müssen die Vertragsparteien davon ausgehen, dass diese sich auf der Rückseite befinden und die verwendende Vertragspartei nur zu diesen abgedruckten AGB abschließen wollte.[123] Die einseitige Bezugnahme auf die AGB im Bestätigungsschreiben oder auf der Rechnung reicht nicht aus.[124] 32

Die schriftliche Bestätigung einer mündlich getroffenen Vereinbarung gemäß Abs. 2 S. 2 liegt vor, wenn eine Partei der anderen eine schriftliche Bestätigung zusendet und diese keine Einwendungen erhebt.[125] Zwischen schriftlicher Erklärung und Widerspruch muss ein zeitlich bemessener Zusammenhang bestehen.[126] Eine Willenseinigung der Parteien ist jedoch nur dann festzustellen, wenn die Bestätigung den Anforderungen eines kaufmännischen Bestätigungsschreibens genügt.[127] Nach Handelsbrauch ist eine Vereinbarung angenommen und getroffen, falls der Empfänger schweigt.[128] Die Partei, die eine schriftliche Erklärung über eine mündlich getroffene Vereinbarung von der anderen Partei erhält, muss die Vereinbarung schriftlich bestätigen, sofern mit der Erklärung eine AGB-Klausel erstmals eingeführt wird. Schweigen reicht in diesem Fall nicht aus.[129] Eine stillschweigende Unterwerfung reicht für die Erfüllung der Formerfordernisse des Abs. 2 nicht aus wie der BGH für die ADSp entschieden hat,[130] obgleich die stillschweigende Unterwerfung gerade der ADSp ansonsten der ständigen Rechtsprechung entspricht.[131] Gemäß § 65 b ADSp kann eine Vereinbarung kraft stillschweigender Unterwerfung gelten.[132] Bei einem kaufmännischen Auftraggeber ist eine Gerichtsstandsvereinbarung in VOB-Bauverträgen nach § 18 VOB/B dann wirksam, wenn auch der Bauunternehmer prorogationsfähiger Kaufmann gem. §§ 1 Abs. 2, 2 HGB ist.[133] Bei Abschluss einer Zuständigkeitsvereinbarung zugunsten eines Dritten soll die Einhaltung der Schriftform genügen, wenn diese durch die vertragsschließenden Parteien gewahrt ist.[134] Dies kann jedoch nur für den Fall gelten, dass der Dritte durch die Zuständigkeitsvereinbarung begünstigt wird.[135] Bei den an ein kaufmännisches Bestätigungsschreiben im internationalen Rechtsverkehr zu stellenden Anforderungen kann maßgeblich nicht das Vertragsstatut sein, sondern speziell das Recht 33

---

[118] Vgl. *Samtleben* NJW 1974, 1590, 1596; *Musielak/Heinrich* Rn. 21.

[119] *Samtleben* NJW 1974, 1590, 1595; *Zöller/Vollkommer* Rn. 27; *Thomas/Putzo/Hüßtege* Rn. 15; jetzt auch BGH NJW 2001, 1731.

[120] Celle NJW-RR 2004, 575.

[121] BGH NJW 2001, 1731; dazu Freitag EWiR 2001, 477.

[122] BGH RIW 1977, 649; EuGH NJW 1977, 494; BayObLG BB 2001, 1498; OLG Düsseldorf RIW 2001, 63; OLG Karlsruhe RIW 2001, 621. Es kann jedoch Unwirksamkeit vorliegen, vgl. BGH NJW 1987, 2867.

[123] OLG Karlsruhe NJW 1996, 2041; zu den Einbeziehungsanforderungen im vollkaufmännischen Geschäftsverkehr vgl. BGHZ 117, 190 = NJW 1992, 1232, 1233 = LM AGBG § 2 Nr. 14.

[124] BGH NJW-RR 2004 1292 = MDR 2004, 897.

[125] EuGH WM 1986, 402 zu Art. 17 EuGVÜ: für Vereinbarungen in der Schiffahrt; vgl. OLG Hamburg VersR 1988, 799.

[126] OLG Düsseldorf NJW-RR 1998, 1145.

[127] OLG Hamburg ZIP 1984, 1241; zu den Anforderungen an ein kaufmännisches Bestätigungsschreiben vgl. *Baumbach/Hopt* § 346 HGB Rn. 16 ff.

[128] EuGH NJW 1997, 1431; BGH MDR 1997, 874.

[129] BGH NJW 1994, 2700 = MDR 1995, 29.

[130] BGH NJW 1985, 560.

[131] Vgl. BGHZ 18, 99 = NJW 1955, 1513; BGH NJW 1985, 2412.

[132] OLG Hamburg RIW 1997, 70.

[133] BGHZ 94, 158 = NJW 1985, 2090; OLG Brandenburg NJW-RR 1997, 1518.

[134] Vgl. EuGH NJW 1984, 2760.

[135] Zur Zulässigkeit von Gerichtsstandsvereinbarungen zugunsten Dritter vgl. EuGH NJW 1984, 2760 noch zu Art. 17 EuGVÜ; *Geimer* NJW 1985, 533.

des Sitzes oder Aufenthaltsortes des Schweigenden.[136] Hinreichende Anhaltspunkte für die stillschweigende Rechtswahl zugunsten des deutschen Rechts in einem grenzüberschreitenden Bauvertrag liegen vor, wenn die Vertragsparteien die VOB/B, die VOL sowie die deutschen DIN-Vorschriften vereinbart haben und die besonderen Vereinbarungen des Vertrages an der VOB/B und den gesetzlichen Vorschriften des deutschen Werkvertragsrechts orientiert sind.[137] Vereinbaren im Inland ansässige Parteien einen ausländischen Gerichtsstand im Interesse einer Partei, bleibt diese zu einer Inlandsklage berechtigt, unabhängig ob Art. 23 EuGVO, LugEuGVÜ oder § 38 anzuwenden sind.[138] Das Bestätigungsschreiben muss ferner in einer von beiden Parteien übereinstimmend beschlossenen Verhandlungssprache bei Kaufabschluss abgefasst sein.[139]

34 **g) Satzungsmäßige Gerichtsstandsbestimmungen.** Satzungsmäßige Gerichtsstandsbestimmungen sind unter Umständen möglich, wenn die Prorogationsform durch die Satzung gewahrt ist und eine Beschränkung auf die insbesondere mitgliedsschaftrechtlichen Streitigkeiten erforderliche Bestimmtheit gewahrt ist.[140]

VI. Abs. 3

35 **1. Abs. 3 Nr. 1. a) Nachfolgende Gerichtsstandsvereinbarung.** Eine nachfolgende Gerichtsstandsvereinbarung nach dieser Vorschrift ist nach Abschluss des Hauptvertrages bis zur Rechtshängigkeit des Rechtsstreites zwischen den Parteien zulässig. Die Prorogation kann bis zum Eintritt der Rechtshängigkeit gemäß § 261 Abs. 3 Nr. 2[141] beim zuständigen Gericht, beim unzuständigen Gericht auch noch nach Rechtshängigkeit, im Falle des Mahnverfahrens bis zur Abgabe gem. § 696 Abs. 1 S. 1[142] erfolgen, sofern dem § 39 nicht entgegensteht.[143] Die Vereinbarung wird nach Entstehen der Streitigkeit geschlossen, wenn den Parteien bekannt ist, dass sie jeweils unterschiedliche Auffassungen über ein vertragliches oder gesetzliches Recht oder Rechtsverhältnis vertreten.[144] Es reicht nicht aus, dass eine Unsicherheit der Parteien über das zwischen ihnen bestehende Rechtsverhältnis besteht.[145] Eine Unsicherheit bedeutet noch keine Streitigkeit der Parteien, so dass diese Auffassung mit dem Wortlaut der Vorschrift nicht zu vereinbaren ist. Andererseits ist auch nicht zu fordern, dass ein gerichtliches Verfahren zwischen den Parteien unmittelbar oder in Kürze bevorsteht,[146] da der Gesetzeswortlaut keinen Anhaltspunkt für eine solche Auslegung gibt. Auch wenn kein gerichtliches Verfahren bevorsteht, entfällt der Schutzzweck der Vorschrift[147] schon bei einer Streitigkeit. Die Parteien sind sich typischerweise der Tragweite einer Gerichtsstandsvereinbarung, ohne dass ein gerichtliches Verfahren unmittelbar droht, schon im Hinblick auf bestehende Meinungsverschiedenheiten bewusst.

36 **b) Gebotene Schriftform.** Die gebotene Schriftform erfordert die Einhaltung der Voraussetzungen von § 126 BGB.[148] Abs. 3 stellt strengere Anforderungen an die Form der Gerichtsstandsvereinbarung als Abs. 2. Die Vereinbarung erfüllt das Erfordernis der Ausdrücklichkeit, wenn sie in klare Worte gefasst ist, so dass ihr Inhalt auch einem Laien verständlich ist.[149] Getrennte Schriftstücke genügen, einseitige schriftliche Bestätigungen dagegen nicht.[150] Auch vorgedruckte Verträge und allgemeine Geschäftsbedingungen können der vorgeschriebenen Form genügen. Bevollmächtigte müssen durch eine Vollmacht ausgewiesen sein, die speziell zur Abgabe der auf die Gerichtsstandsvereinbarung gerichteten rechtsgestaltenden Willenserklärung legitimiert.[151] Die Vollmachtserklärung selbst braucht nicht schriftlich zu erfolgen.

37 **2. Abs. 3 Nr. 2. a) Umzug ins Ausland.** Die Vorschrift des Abs. 3 Nr. 2 1. Alt. schützt das Interesse der Partei, deren Vertragspartner ins Ausland verzogen ist, indem eine Gerichtsstandsver-

---

[136] So zutreffend OLG Hamburg NJW 1980, 1232.
[137] BGH EWiR 1999, 353 zu Art. 27 EGBGB m. Anm. *Wenner.*
[138] BGH RIW 1998, 964 = DB 1998, 2518.
[139] Vgl. OLG Frankfurt/M. DB 1981, 1612.
[140] EuGH NJW 1992, 1671 zu Art. 17 EuGVÜ; BGHZ 123, 349 = NJW 1994, 52 = MDR 1994, 148.
[141] *Musielak/Heinrich* Rn. 22; *Baumbach/Lauterbach/Hartmann* Rn. 34; auch Rn. 13; aA *Zöller/Vollkommer* Rn. 33.
[142] BayObLG MDR 1995, 312.
[143] *Thomas/Putzo/Hüßtege* Rn. 18.
[144] *Stein/Jonas/Bork* Rn. 35.
[145] So aber *Baumbach/Lauterbach/Hartmann* Rn. 34.
[146] So aber *Zöller/Vollkommer* Rn. 33.
[147] S. Rn. 1.
[148] Ebenso *Franzen* RIW 2000, 81, 86; aA *Baumbach/Lauterbach/Hartmann* Rn. 33; *Zöller/Vollkommer* Rn. 34; *Stein/Jonas/Bork* Rn. 36; *Thomas/Putzo/Hüßtege* Rn. 27; *Rosenberg/Schwab/Gottwald* § 37 I 3.
[149] *Thomas/Putzo/Hüßtege* Rn. 27; *Stein/Jonas/Bork* Rn. 37.
[150] BayObLGZ 2003, 189.
[151] *Vollkommer* NJW 1974, 196 und Rpfleger 1974, 133; vgl. auch § 174 BGB.

einbarung geschlossen werden kann, die eine Prozessführung im Ausland vermeidet. Der Normzweck ermöglicht die Bestimmung der örtlichen Zuständigkeit und damit nach dem Grundsatz der Doppelfunktionalität der örtlichen Zuständigkeit auch die Bestimmung der internationalen Zuständigkeit.[152]

b) Gerichtsstandsvereinbarung. Als **Vertragsschluss** iSv. Abs. 3 Nr. 2 1. Alt. ist der Abschluss der Gerichtsstandsvereinbarung und nicht der des Hauptvertrages anzusehen,[153] der jedoch häufig gleichzeitig erfolgen wird. Nach Sinn und Zweck der Vorschrift ist der Vertragspartner wieder an seinem inländischen Gerichtsstand zu verklagen, wenn er seinen Wohnsitz oder Aufenthaltsort vom Ausland wieder ins Inland zurückverlegt.[154] 38

c) Unauffindbarkeit des Beklagten. Abs. 3 Nr. 2 2. Alt. ermöglicht die Gerichtsstandsvereinbarung im Falle der Unauffindbarkeit des Beklagten, sofern weder der Wohnsitz noch der gewöhnliche Aufenthaltsort im Zeitpunkt der Klageerhebung bekannt sind. Die Vorschrift ermöglicht die Bestimmung der örtlichen Zuständigkeit.[155] Der Kläger hat die Unauffindbarkeit des Beklagten auch bei dessen Säumnis gemäß der ausdrücklichen Vorschrift des § 331 Abs. 1 S. 2 nachzuweisen. Der Nachweis ist grundsätzlich geführt, wenn die Anfrage bei der für den bisherigen Wohnsitz des Beklagten zuständigen Meldebehörde keine Hinweise auf dessen Wohnsitz oder Aufenthaltsort ergibt. 39

VII. Inhalt und Wirkungen von Gerichtsstandsvereinbarungen

1. Bestimmbarkeit des Gerichtsstandes. a) Bestimmbarkeit des Gerichtes. Im Hinblick darauf, dass die Parteien durch die Gerichtsstandsvereinbarung die internationale, örtliche und sachliche Zuständigkeit eines erstinstanzlichen Gerichtes bestimmen können,[156] (Ausnahme: Abs. 3 Nr. 2, der nur die Bestimmung der örtlichen und damit auch der internationalen Zuständigkeit zulässt)[157] werden durch eine wirksame Gerichtsstandsvereinbarung diese Zuständigkeiten festgelegt. Die Gerichtsstandsvereinbarung ist nur wirksam, wenn sie sich auf ein bei **Klageerhebung bestimmtes oder zumindest bestimmbares Gericht** bezieht.[158] Bei einer Vereinbarung gemäß Abs. 2 S. 3 muss der Gerichtsstand allerdings wegen des Erfordernisses der Ausdrücklichkeit in der Gerichtsstandsvereinbarung bestimmt sein; die bloße Bestimmbarkeit reicht nicht aus.[159] Die Vereinbarung ist hinreichend bestimmt, wenn sie vorsieht, dass die Zuständigkeit am Sitz einer Partei gegeben ist.[160] Auch wenn bei Abschluss der Gerichtsstandsvereinbarung noch Unsicherheiten darüber bestehen, wer Vertragspartner geworden ist, kann die Prorogation mit der Wahl des Sitzes einer Vertragspartei wirksam sein.[161] Das Bestimmtheitserfordernis ist grundsätzlich auch dann gewahrt, wenn der noch unbestimmte Wohnsitz eines evtl. zukünftigen Zessionars als Gerichtsstand benannt ist.[162] Die Partei zugunsten derer die Gerichtsstandsvereinbarung erfolgt, muss nicht Vertragspartner des Prorogationsvertrages geworden sein; eine Gerichtsstandsvereinbarung zugunsten Dritter ist zulässig.[163] 40

b) Wahlgerichtsstand. An der hinreichenden Bestimmtheit fehlt es, wenn der Gerichtsstand nach der **freien Wahl** einer Partei festgelegt werden soll.[164] Wirksam ist jedoch die Vereinbarung, dass eine Partei die Wahl zwischen mehreren Gerichtsständen hat. Wirksam ist die Klausel auch dann, wenn der Beklagte das Recht zur Bestimmung hat.[165] 41

c) Mehrere Gerichtsstände. Durch die Gerichtsstandsvereinbarung bestimmen die Parteien, ob an dem gewählten Gerichtsstand die **ausschließliche Zuständigkeit** gegeben ist oder ob **neben dem Wahlgerichtsstand** der **gesetzliche Gerichtsstand** gilt. Der Parteiwille ergibt sich aus dem Inhalt der Vereinbarung und ist gegebenenfalls durch Auslegung anhand der näheren Umstände und der Interessenslage der Beteiligten zu ermitteln.[166] Nach der Rechtsprechung des RG 42

---

[152] Vgl. Rn. 2.
[153] *Stein/Jonas/Bork* Rn. 39; aA *Thomas/Putzo/Hüßtege* Rn. 20.
[154] LAG Düsseldorf BB 1985, 340.
[155] Vgl. Rn. 2.
[156] S. Rn. 2.
[157] S. Rn. 37.
[158] Zur Bestimmbarkeit vgl. Rn. 29.
[159] *Stein/Jonas/Bork* Rn. 65.
[160] OLG Bremen VersR 1985, 987; LG Frankfurt/M. RIW 1986, 543 ff.
[161] OLG Bremen VersR 1985, 987.
[162] OLG Frankfurt/M. MDR 1965, 582; aA LG Nürnberg-Fürth NJW 1964, 1138.
[163] *Geimer* NJW 1985, 533 ff.; EuGH NJW 1984, 2760 noch zu Art. 17 EuGVÜ.
[164] *Zöller/Vollkommer* Rn. 13.
[165] BGH NJW 1983, 996.
[166] BGHZ 59, 116, 119 = NJW 1972, 1671; OLG München RIW 1986, 381, 382; OLG Stuttgart BauR 1999, 683, 684.

und des BGH spricht grundsätzlich keine Vermutung für oder gegen die Annahme, dass die Parteien einen ausschließlichen Gerichtsstand vereinbart haben.[167] Eine Ausnahme von diesem Grundsatz besteht jedoch im Rahmen der internationalen Zuständigkeit dann, wenn die gerichtliche Zuständigkeit in einem anderen Land bestimmt wurde und die Partei verklagt wird, deren Heimatgerichte zur Entscheidung berufen sind. Für diesen Fall ist die Zuständigkeit der ausländischen Gerichte in der Regel ausschließlich, da die verklagte Partei ein Interesse an der Anwendung ihres Heimatrechtes hat.[168] Wenn die andere Partei verklagt wird, gilt die Regelauslegung nicht.[169]

43 **d) Prorogation und Urteilsanerkennung.** Die Parteien können die ausschließliche Zuständigkeit der Gerichte eines anderen Staates auch dann prorogieren, wenn das Urteil des prorogierten Gerichtes in dem Staat, dessen Zuständigkeit derogiert wurde, mangels Verbürgung der Gegenseitigkeit nicht anerkannt wird.[170] Dies gilt selbst dann, wenn der Beklagte Vermögen nur in der Bundesrepublik Deutschland hat.[171] Allerdings darf weder die Derogation noch eine Derogation infolge der Prorogation eines ausländischen Forums zu einer Rechtsverweigerung führen.[172] Die Unbeachtlichkeit der Derogation im Falle einer Rechtsverweigerung ergibt sich schon aus den Grundsätzen der Eröffnung einer deutschen internationalen Notzuständigkeit[173] sowie des rechtsstaatlichen Verbotes eines Deni de Justice.[174] Der Umfang der prorogierten bzw. derogierten Zuständigkeit bestimmt sich nach dem Inhalt der Gerichtsstandsvereinbarung, der gegebenenfalls durch Auslegung zu ermitteln ist.[175]

44 **2. Gegenforderungen. a) Gerichtsstand der Widerklage.** Durch eine Gerichtsstandsvereinbarung kann der Gerichtsstand der Widerklage gemäß § 33[176] auch im Rahmen der internationalen Zuständigkeit abbedungen werden.[177] Wenn der Widerklagegerichtsstand abbedungen ist, bleibt die Abbedingung auch dann wirksam, wenn der Kläger vor dem unzuständigen Gericht klagt und der Beklagte sich rügelos darauf einlässt, § 39, um vor dem angerufenen Gericht Widerklage erheben zu können.[178] Eine im derogierten Gerichtsstand erhobene Widerklage ist unzulässig.[179]

45 **b) Aufrechnung.** Der Beklagte kann vor jedem deutschen Gericht mit seinen Forderungen gegen die Klageforderung aufrechnen, auch wenn eine Gerichtsstandsvereinbarung für die geltend gemachten Gegenforderungen besteht, die die sachliche und/oder örtliche Zuständigkeit eines anderen Gerichtes für die Gegenforderung vorsieht, da die Prozessvoraussetzung grundsätzlich nur für die Klageforderung gegeben sein muss.[180] Wenn jedoch die ausschließliche internationale Zuständigkeit der Heimatgerichte einer Partei vereinbart ist, kann der Beklagte mit Forderungen, die von der Gerichtsstandsvereinbarung erfasst sind, nur vor den Heimatgerichten der anderen Partei aufrechnen.[181] Das ergibt sich aus dem Interesse der ausländischen Partei an der Verhandlung vor ihren Heimatgerichten.[182] Das Aufrechnungsverbot vor deutschen Gerichten gilt auch dann, wenn die ausländische Partei entgegen der Vereinbarung der ausschließlichen Zuständigkeit in der Bundesrepublik klagt und die andere Partei sich rügelos darauf einlässt.[183]

46 **3. Prüfung des Gerichtes.** Im Rahmen der von Amts wegen erfolgenden Prüfung der Prozessvoraussetzungen überprüft das Gericht die Wirksamkeit der Gerichtsstandsvereinbarung. Auch bei Säumnis des Beklagten ist die Prüfung erforderlich, denn gemäß § 331 Abs. 1 S. 2 gilt das Vorbringen zur Zuständigkeit des Gerichtes nach § 38 nicht als zugestanden. Bei einer Prorogation gemäß § 38 Abs. 1 bedarf die Kaufmannseigenschaft der Parteien keines Nachweises, soweit sich

---

[167] RGZ 159, 254, 256; BGHZ 59, 116, 119 = NJW 1972, 1671; OLG München NJW 1987, 2166; *Stein/Jonas/Bork* Rn. 67.

[168] BGH LM Nr. 18 = NJW 1973, 422.

[169] OLG München NJW 1987, 2166; BGH RIW 1998, 964 sowohl für Art. 17 EuGVÜ (jetzt Art. 23 EuGVO) wie für Art. 17 LugEuGVÜ wie auch für § 38 Abs. 1 ZPO.

[170] BGHZ 49, 124 = NJW 1968, 356.

[171] BGHZ 49, 124, 129; BGH MDR 1971, 376, 377; aA zu dieser Rspr. des BGH: *Zöller/Vollkommer* Rn. 14.

[172] BAG NJW 1979, 1119; *Gottwald,* FS Firsching, 1985, S. 99 ff.

[173] Vgl. § 12 Rn. 98 ff.

[174] Vgl. § 12 Rn. 74, 90, 98 ff.

[175] BGH EWiR 1999, 353 zu Art. 27 EGBGB m. Anm. *Wenner.*

[176] Vgl. § 33 Rn. 8 ff.

[177] BGH MDR 1985, 911; NJW 1981, 2644.

[178] BGH NJW 1981, 2644, 2645 f.; WM 1986, 199.

[179] BGH NJW 1981, 2644; NJW-RR 1987, 228.

[180] BGHZ 60, 85, 87 f. = NJW 1973, 421.

[181] BGHZ 60, 85 = NJW 73, 421 m. Anm. *Geimer* S. 951.

[182] BGHZ 60, 85, 90 f.; *Geimer* NJW 1973, 951, 952.

[183] BGH NJW 1981, 2644, 2645 f.; EuGH NJW 1985, 2893 zu Art. 17, 18 EuGVÜ.

diese aus ihrer Rechtsform ergibt.[184] Die Kaufmannseigenschaft kann im übrigen in der Regel nur durch Vorlage eines Handelsregisterauszuges geführt werden,[185] auch wenn das Gesetz nicht schlechthin einen urkundlichen Nachweis verlangt.[186] Für das Vorliegen einer formgerechten Prorogation nach Abs. 2 und 3 oder die uneingeschränkte Prorogationsfähigkeit der Parteien bei Abs. 1 trifft den Kläger die Darlegungs- und Beweislast.[187]

Bei ausländischen Parteien wird der Nachweis den deutschen Kaufmannsbegriff entsprechend zu führen, nicht immer durch Handelsregisterauszüge möglich sein. Es müssen dann entsprechende andere aussagekräftige Urkunden ausreichen. Die Darlegungs- und Beweislast für die Voraussetzungen einer wirksamen Prorogation obliegt dem Kläger.[188] Ist das angerufene deutsche Gericht nur infolge rügeloser Einlassung international zuständig, kann der Beklagte die Rüge der internationalen Zuständigkeit auch noch in der ersten mündlichen Verhandlung geltend machen.[189]

4. Arbeitsrecht. § 48 Abs. 2 ArbGG ermöglicht den Tarifvertragsparteien die tarifvertragliche Festlegung der Zuständigkeit eines an sich unzuständigen Arbeitsgerichtes. Damit soll eine einheitliche Auslegung von Tarifverträgen durch die Konzentration aller Rechtsstreitigkeiten bei einem Arbeitsgericht ermöglicht werden. Die Beschränkungen gem. Abs. 2 und 3 gelten nicht. Tarifvertragliche Zuständigkeiten können sich daher auch auf künftige Rechtsstreitigkeiten beziehen.[190] Einzelvertraglich kann auf die sachliche Zuständigkeit des Arbeitsgerichtes gemäß § 2 ArbGG nicht eingewirkt werden, da eine ausschließliche Zuständigkeit vorliegt (§ 40 Abs. 2). Die örtliche und internationale Zuständigkeit kann entsprechend §§ 38 bis 40 gemäß § 46 Abs. 2 ArbGG bestimmt werden. Eine Gerichtsstandsvereinbarung ermöglicht auch Art. 23 EuGVO.[191] Artikel 23 Abs. 5 EuGVO enthält eine eigenständige Vorschrift über die Zulässigkeit von Gerichtsstandsvereinbarungen in individuellen Arbeitsverträgen. Danach ist eine Gerichtsstandsvereinbarung nur dann zulässig, wenn sie entweder nach der Entstehung der Streitigkeit abgeschlossen wurde oder der Arbeitnehmer am prorogierten Gerichtsstand Klage erhebt. Da der EuGVO im Bereich des internationalen Geschäftsverkehrs, insbesondere im Bereich der EU grundsätzliche Bedeutung zuzumessen ist,[192] ist auch bei der Anwendung und Auslegung des § 38 die Bestimmung des Art. 23 EuGVO zu berücksichtigen.[193] In Ermangelung entsprechender autonomer Zuständigkeitsregelungen sollte die Anwendbarkeit des § 38 daher an Art. 23 EuGVO orientiert werden.[194] Das BAG stellt strenge Anforderungen an die Derogation der deutschen Zuständigkeit.[195] 47

§ 39 Zuständigkeit infolge rügeloser Verhandlung

[1]Die Zuständigkeit eines Gerichts des ersten Rechtszuges wird ferner dadurch begründet, dass der Beklagte, ohne die Unzuständigkeit geltend zu machen, zur Hauptsache mündlich verhandelt. [2]Dies gilt nicht, wenn die Belehrung nach § 504 unterblieben ist.

I. Normzweck

Durch § 39 soll verhindert werden, dass der Beklagte nach seinem Belieben im laufenden Verfahren – ab Beginn der Verhandlung zur Hauptsache – die Zuständigkeit eines anderen Gerichtes herbeiführen kann.[1] Die Norm bezweckt deshalb auch die Prozessbeschleunigung. 1

II. Anwendungsbereich und Voraussetzungen

1. Umfang der Zuständigkeitsbegründung. § 39 stimmt in seinem Anwendungsbereich insgesamt mit § 38 überein, indem durch rügeloses Verhandeln zur Hauptsache die sachliche, örtliche 2

[184] *Zöller/Vollkommer* Rn. 45.
[185] *Zöller/Vollkommer* Rn. 45.
[186] *Thomas/Putzo/Hüßtege* § 331 Rn. 3.
[187] BGH NJW-RR 2004, 935 = MDR 2004, 529.
[188] *Baumgärtel* BB 1974, 1174.
[189] BGH ZZP 110 (1997), 353 m. Anm. *Pfeiffer* = ZIP 1996, 2184 = MDR 1997, 288 m. Anm.
[190] *Grunsky* § 48 ArbGG Rn. 14ff.; *Germelmann/Matthes/Prütting,* ArbGG, 4. Aufl. 2004, § 48 Rn. 30ff.
[191] Dies gilt auch für das LugEuGVÜ.
[192] OLG Karlsruhe NJW 1996, 2041.
[193] Vgl. ausführlich *Franzen* RIW 2000, 81, 85, der von einer Vorbildfunktion des Art. 17 EuGVÜ (jetzt Art. 23 EuGVO) für § 38 Abs. 2 ZPO spricht.
[194] *Franzen* RIW 2000, 81, 86ff.
[195] BAG RIW 1984, 316.
[1] BGH NJW 1979, 1104.

und internationale Zuständigkeit[2] bestimmt werden kann. Ausgeschlossen ist die Zuständigkeitsbegründung durch rügeloses Verhandeln zur Hauptsache gemäß § 40 Abs. 2, wenn der Rechtsstreit andere als vermögensrechtliche Ansprüche betrifft oder wenn für die Klage ein ausschließlicher Gerichtsstand begründet ist. Die vorangegangene Zuständigkeitswahl im selbstständigen Beweisverfahren ist kein Fall von § 39, da für den Antragsgegner die Vorschrift nicht gilt.[3] Ebenfalls unanwendbar ist die Vorschrift im schiedsrichterlichen Verfahren,[4] und sie ist auch nicht für die Zulässigkeit des Rechtsweges einschlägig.[5]

3 **2. Unzuständiges Gericht.** Die Vorschrift geht davon aus, dass ein unzuständiges Gericht angerufen wurde.

4 **3. Rügeloses Verhandeln zur Hauptsache. a) Zeitpunkt.** Die Zuständigkeit gemäß § 39 kann begründet werden, soweit zur Zeit der rügelosen Verhandlung zur Hauptsache der Streitgegenstand rechtshängig ist.[6] Bei einer nachträglichen Klageerweiterung oder Klageänderung bedarf es demnach einer gesonderten Zuständigkeitsbegründung.[7] Die Zuständigkeit wird auch dann gemäß § 39 begründet, wenn eine Klageerweiterung oder -änderung im zweiten Rechtszug erfolgt und der Beklagte rügelos dazu verhandelt.[8] Bei objektiver Klagehäufung, § 260, oder subjektiver Klagehäufung, §§ 59ff., ist § 39 für den jeweiligen Anspruch zu überprüfen.[9]

5 § 39 findet auch im schriftlichen Verfahren gemäß § 128 Abs. 2 und 3 Anwendung.[10] Hierbei steht der mündlichen Verhandlung das Einreichen von Schriftsätzen gleich. Wenn die Parteien sich mit der Durchführung des schriftlichen Verfahrens einverstanden erklären, muss der Beklagte sich die Rüge der Unzuständigkeit vorbehalten, um die Wirkung des § 39 zu vermeiden, wobei der Vorbehalt bis zur Erklärung des Einverständnisses beider Parteien geltend gemacht werden kann.[11] Im schriftlichen Vorverfahren findet § 39 keine Anwendung.[12] Im Verfahren zur Entscheidung nach Lage der Akten gem. §§ 251 a, 331 a Abs. 1 wird die schriftliche Einlassung wirksam, wenn die letzte Erklärung zum schriftlichen Verfahren abgegeben werden konnte.[13] § 39 gilt nicht im Säumnisverfahren gegen den Beklagten, da gegen ihn ein Versäumnisurteil nur ergehen kann, wenn das angerufene Gericht zuständig ist. Die vom Kläger behauptete Zuständigkeitsvereinbarung gilt nicht als zugestanden.[14] Reine Vergleichsverhandlungen fallen ebenso wenig unter die Vorschrift wie Einlassungen des Beklagten anlässlich eines Güteversuchs nach § 279.[15] Bei freigestellter mündlicher Verhandlung hängt die Anwendung von der Möglichkeit des Beklagten ab, die Zuständigkeit rügen zu können.[16]

6 **b) Begriff. Rügeloses Verhandeln** liegt begrifflich vor, wenn der Beklagte **tatsächliche** oder **rechtliche Ausführungen in der mündlichen Verhandlung** zum Streitgegenstand macht. An den Begriff der rügelosen Einlassung werden nur geringe Anforderungen gestellt.[17] Die mündliche Verhandlung wird gemäß § 137 mit der Stellung der Sachanträge eingeleitet. Eine mündliche Verhandlung ist jedoch auch dann gegeben, wenn ohne Stellung der Anträge Erörterungen zum Streitgegenstand, etwa die Einigung über die Bestellung eines Sachverständigen, gemacht werden.[18] Wenn die Rüge der Unzuständigkeit erhoben wurde, führt das vorsorgliche Verhandeln zur Hauptsache nicht zur Zuständigkeit des angerufenen Gerichtes.[19] Die Erörterung von Zulässigkeits- und Verfahrensfragen ist keine Verhandlung zur Hauptsache. Ein rügeloses Verhandeln des Beklagten ist unabhängig von seinem Motiv zur Unterlassung der Zuständigkeitsrüge anzuneh-

---

[2] Für die Anwendung des § 39 im Rahmen der internationalen Zuständigkeit: BGH NJW 1979, 1104; WM 1987, 1089; BGHZ 120, 337 = NJW 1993, 1073 = MDR 1993, 473; OLG Düsseldorf ZIP 1988, 1383, 1384.

[3] *Zöller/Vollkommer* Rn. 2.

[4] *Wackenhuth* KTS 1985, 429; *Musielak/Heinrich* Rn. 2. Jetzt neue Rspr. des OLG, Stuttgart NJW-RR 2003, 496: § 39 Satz 1 gilt im Verfahren zur Aushebung eines Schiedsspruchs (§§ 1059, 1062) für die örtliche Zuständigkeit.

[5] *Musielak/Heinrich* Rn. 2.

[6] BGH NJW 1979, 1104; WM 1985, 1507, 1509.

[7] *Stein/Jonas/Bork* Rn. 13.

[8] BGH NJW 1979, 1104.

[9] *Thomas/Putzo/Hüßtege* Rn. 6; *Zöller/Vollkommer* Rn. 7.

[10] BGH NJW 1970, 198, 199 = LM Nr. 3.

[11] BGH NJW 1970, 198ff.

[12] OLG Frankfurt/M. OLGZ 1983, 99, 102; *Leipold* IPRax 1982, 223.

[13] BGH NJW 1970, 198, 199 = LM Nr. 3.

[14] *Zöller/Vollkommer* Rn. 1.

[15] OLG Celle VersR 1955, 75.

[16] *Künzel* BB 1991, 758; *Musielak/Heinrich* Rn. 3.

[17] Vgl. BGH NJW-RR 2002, 1358.

[18] OLG Oldenburg MDR 1982, 856.

[19] *Musielak/Heinrich* Rn. 3.

men.[20] Auch kommt es nicht darauf an, ob der Beklagte das Bewusstsein hat, zur Hauptsache zu verhandeln.[21] Die Zuständigkeitsrüge kann nach dem Wortlaut von § 39 bis zum Beginn der mündlichen Verhandlung erhoben werden. Die Rüge kann demnach nicht gemäß § 296 Abs. 3 als verspätet zurückgewiesen werden, wenn sie nicht innerhalb einer Frist zur Klageerwiderung schriftsätzlich erhoben wurde. Denn im Anwendungsbereich der gegenüber § 296 Abs. 3 spezielleren Regelung des § 39 findet die zuerst genannte Vorschrift keine Anwendung.[22] Eine Rüge kann selbst dann bis zur mündlichen Verhandlung erhoben werden, wenn eine Klageerwiderungsfrist gem. §§ 282 Abs. 3, 296 Abs. 3 gesetzt und verstrichen ist.[23] Die Rüge der Unzulässigkeit muss grundsätzlich ausdrücklich geltend gemacht werden. Die konkludente Erhebung kommt nur ausnahmsweise in Betracht.[24] Die Erhebung der Zuständigkeitsrüge in einem Parallelverfahren reicht nicht zur Annahme einer konkludenten Rüge im zu beurteilenden Verfahren aus,[25] da die Rüge für das jeweilige Verfahren zu erheben ist und von der Rüge in einem anderen Verfahren nicht auf eine solche im vorliegenden Prozess geschlossen werden kann.

c) **Widerklage.** Wenn der Beklagte Widerklage erhebt, ist dies nicht als Verhandeln zur Hauptsache anzusehen,[26] denn in der bloßen Erhebung der Widerklage liegt noch kein rügeloses Verhandeln zur Hauptsache. 7

d) Rügeverzicht vor Verhandlung. Ein vom Beklagten vor der Verhandlung zur Hauptsache erklärter Verzicht auf die Geltendmachung der Zuständigkeitsrüge ist nur dann wirksam, wenn die Voraussetzung für eine Gerichtsstandsvereinbarung gemäß § 38 gegeben sind und die jeweils vorgeschriebene Form, außer bei einer formfrei wirksamen Gerichtsstandsvereinbarung gemäß § 38 Abs. 1, gemäß § 38 Abs. 2 oder Abs. 3 eingehalten ist.[27] Wenn der Verzicht nach Entstehen der Streitigkeit erfolgt, kann die Gerichtsstandsvereinbarung gemäß § 38 Abs. 3 Nr. 1 nur ausdrücklich und schriftlich abgeschlossen werden. 8

4. Säumnis des Beklagten. Bei Säumnis des Beklagten kann ein Versäumnisurteil, § 331, nur bei Zuständigkeit des angerufenen Gerichtes ergehen, so dass § 39 keine Anwendung findet. Bei Säumnis des Klägers findet § 39 Anwendung, wenn der Beklagte rügelos zur Hauptsache verhandelt, indem er einen Antrag auf Versäumnisurteil gemäß § 330 stellt. Falls der Kläger allerdings wirksam Einspruch gemäß §§ 338 ff. einlegt, kann der Beklagte noch wegen der Wirkung des § 342 bis zum Beginn der mündlichen Verhandlung, § 341 a, die Rüge der Unzuständigkeit erheben. Es ist kein rügeloses Verhandeln zur Hauptsache mit der Folge eines Versäumnisurteils gemäß § 330 gegeben, wenn der Beklagte bei Säumnis des Klägers die Abweisung der Klage als unzulässig beantragt.[28] 9

5. Belehrungspflicht des Amtsgerichtes. a) Fehlende Belehrung. Die Wirkung des § 39 tritt gemäß S. 2 der Vorschrift nicht ein, wenn der Beklagte im Prozess vor dem Amtsgericht **nicht ordnungsgemäß über die Unzuständigkeit** des Gerichtes und die Wirkung eines rügelosen Verhandelns hingewiesen wurde.[29] Unstreitig ist, dass die Belehrung erfolgen muss, wenn das Amtsgericht gemäß § 504 sachlich oder örtlich unzuständig ist. Die Belehrungspflicht des Amtsgerichtes besteht auch dann, wenn der Beklagte durch einen Anwalt vertreten wird.[30] 10

b) Nachträgliche sachliche Unzuständigkeit. Streitig ist jedoch, ob S. 2 auch Anwendung findet, wenn die Belehrung bei nachträglicher sachlicher Unzuständigkeit des Amtsgerichts gemäß § 506 unterblieben ist.[31] Die Auffassung, dass ein rügeloses Verhandeln auch bei unterbliebener Belehrung vorliegen kann, ist abzulehnen, da die Schutzbedürftigkeit des Beklagten vor einem rügelosen Verhandeln zur Hauptsache ohne Kenntnis der Unzuständigkeit des Gerichtes und der Folge des rügelosen Verhandelns bei der Unzuständigkeit gemäß § 506 in gleicher Weise besteht wie bei der Unzuständigkeit nach § 504.[32] Die Belehrung hat vor der Einlassung des Beklagten zur Haupt- 11

---

[20] BGH NJW 1979, 1787.

[21] *Thomas/Putzo/Hüßtege* Rn. 5.

[22] OLG Frankfurt/M. OLGZ 1983, 99, 101 f.; *Zöller/Vollkommer* Rn. 5; aA *Stein/Jonas/Bork* Rn. 16; *Musielak/Heinrich* Rn. 2 a.

[23] BGHZ 134, 143 ff. = NJW 1997, 398; *Pfeiffer* ZZP 110 (1997), 367; aA *Musielak/Heinrich* Rn. 2 a.

[24] *Thomas/Putzo/Hüßtege* Rn. 8.

[25] AA *Prütting* MDR 1980, 368, 369.

[26] *Stein/Jonas/Bork* Rn. 8; aA: *Thomas/Putzo/Hüßtege* Rn. 7; *Zöller/Vollkommer* Rn. 7.

[27] Zustimmend *Musielak/Heinrich* Rn. 4.

[28] *Musielak/Heinrich* Rn. 5; *Zöller/Vollkommer* Rn. 9.

[29] AA LG Hamburg MDR 1978, 940.

[30] *Baumbach/Lauterbach/Hartmann* Rn. 11; *Zöller/Vollkommer* Rn. 10; *Vollkommer* Rpfleger 1974, 137.

[31] Gegen das Erfordernis der Belehrung: LG Hamburg MDR 1978, 940; *Baumbach/Lauterbach/Hartmann* Rn. 9; bejahend: *Müller* MDR 1981, 11, 12 f.; *Zöller/Vollkommer* Rn. 10.

[32] *Zöller/Vollkommer* Rn. 10.

sache zu erfolgen; sie kann jedoch bis zum Ende der mündlichen Verhandlung nachgeholt werden. Danach kann der Verfahrensfehler nur behoben werden, wenn das Gericht nochmals in die mündliche Verhandlung eintritt.[33]

12 **6. Wirkungen einer Rüge.** Die in erster Instanz erhobene Rüge der Unzuständigkeit braucht in zweiter Instanz nicht noch einmal erhoben zu werden, da nach dem Wortlaut des § 39 die Rüge mit Erhebung vor dem Gericht des ersten Rechtszuges wirksam ist.[34]

13 Der Beklagte kann die Rüge der Unzuständigkeit beschränken. Wenn er etwa nur die örtliche Unzuständigkeit rügt, tritt hinsichtlich der sachlichen Zuständigkeit die Wirkung des § 39 ein.[35]

III. Internationale Zuständigkeit

14 **1. Autonomes deutsches Recht.** Im Hinblick darauf, dass § 39 auch auf die internationale Zuständigkeit Anwendung findet, wird die internationale Zuständigkeit deutscher Gerichte begründet, wenn der (ausländische) Beklagte vor dem Amtsgericht nach ordnungsgemäßer Belehrung rügelos zur Hauptsache verhandelt.[36] Die Belehrung muss sich dabei auch auf das Fehlen der internationalen Zuständigkeit beziehen.[37] Im Verfahren zur Anerkennung ausländischer Urteile gemäß § 328 Abs. 1 Nr. 1 stellt sich die Frage, ob die internationale Zuständigkeit des Staates, in dem das Urteil gefällt wurde, immer dann zu bejahen ist, wenn nach deutschem Recht die Voraussetzungen des § 39 gegeben wären, der Beklagte also ohne Erhebung der Rüge der Unzuständigkeit zur Hauptsache verhandelt hat. Um die Anerkennung des Ersturteils zu vermeiden, ist die Rüge der internationalen Unzuständigkeit jedenfalls dann zu erheben, wenn nach dem im Land des Erstprozesses geltenden Rechtes die Rüge erforderlich wäre, um die Zuständigkeit auszuschließen. Streitig ist jedoch, ob die Rüge auch dann vorzubringen ist, wenn sie nach dem Recht des ausländischen Staates keine Wirkung hätte.[38] Nach zutreffender Auffassung ist der Beklagte nicht gehalten, am Ort des Erstprozesses aussichtslose Rügen auszusprechen,[39] denn im Erstprozess wird das ausländische Prozessrecht als lex fori angewendet und der Beklagte hat sich bei seiner Rechtsverteidigung im Erstprozess nur auf das fremde Prozessrecht einzustellen, nicht auf ein evtl. späteres Anerkennungsverfahren. Im Hinblick auf die Anwendung der lex fori vor dem Gericht des Erstprozesses ist die Anerkennung eines ausländischen Urteils nicht von einer nach deutschem Prozessrecht erforderlichen Belehrung gemäß §§ 504, 506 abhängig.[40] Im Zusammenhang mit § 328 Abs. 1 Nr. 1[41] setzt § 39 S. 1 voraus, dass ein ausländisches Gericht ohne rügelose Einlassung unzuständig wäre.[42]

15 **2. EuGVO.** Die EuGVO geht in ihrem Anwendungsbereich zwar der ZPO als lex specialis vor,[43] soweit Art. 24 EuGVO jedoch unvollständig ist, kann auf § 39 zurückgegriffen werden.[44] Im Hinblick auf die fehlende Definition der Einlassung gemäß Art. 24 EuGVO kann man den Begriff als rügeloses Verhandeln zur Hauptsache auffassen.[45] Auch kann die Wirkung des Art. 24 EuGVO erst eintreten, wenn der Beklagte über das Fehlen der Zuständigkeit nach der EuGVO in entsprechender Anwendung des § 504 belehrt wurde.[46] Liegt ein Belehrungsfall des § 504 nicht vor, wird das Gericht im Anwendungsbereich des Art. 24 EuGVO zuständig, wenn der Beklagte verhandelt, ohne die internationale Zuständigkeit zu rügen. Bereits das Vorbringen von Einwendungen oder Einreden, die lediglich das Verfahren betreffen, können im Gegensatz zu § 39 die Zuständigkeit des angerufenen Gerichtes begründen.[47] Verhandelt der Beklagte hilfsweise zur Hauptsache, begründet dies die internationale Zuständigkeit gemäß Art. 24 EuGVO nicht. Nach Auffassung des EuGH folgt dies aus dem französischen Wortlaut der EuGVO, der den Zielen und dem Geist des

---

[33] LG Hannover MDR 1985, 772.
[34] BGH WM 1987, 1089.
[35] *Stein/Jonas/Bork* Rn. 11.
[36] BGHZ 101, 301 = NJW 1987, 4181; BGHZ 120, 337 = NJW 1993, 1073 = MDR 1993, 463.
[37] *Schröder* NJW 1980, 473, 479; aA *Thomas/Putzo/Hüßtege* Rn. 9.
[38] Dafür, dass die Rüge auch in diesem Fall zu erheben ist: OLG Frankfurt/M. NJW 1979, 1787.
[39] OLG Hamm RIW 1987, 467, 469 f.; *Geimer* WM 1967, 66, 69.
[40] *Schröder* NJW 1980, 483, 479.
[41] BGH NJW 1993, 1272.
[42] BGHZ 120, 337 = NJW 1993, 1073 = MDR 1993, 463; BGH WM 1996, 2037.
[43] Vgl. § 38 Rn. 23.
[44] *Stein/Jonas/Bork* Rn. 15, 21. Aufl.
[45] *Stein/Jonas/Bork* Rn. 15, 21. Aufl.
[46] *Stein/Jonas/Bork* Rn. 15, 21. Aufl.
[47] *Stein/Jonas/Bork* Rn. 15, 21. Aufl.; *Kropholler* Art. 18 Rn. 7; *Schütze* ZZP 90 (1977), S. 73; *Sandrock* ZVglRWiss 1979, 178 N. 3 a; *Bülow/Böckstiegel/Möller* Art. 18 Anm. II 1.

Übereinkommens am nächsten kommt.[48] Ansonsten würde ein Beklagter, der lediglich die Frage der Zuständigkeit aufwerfen würde, mit seinem Vorbringen zur Sache ausgeschlossen, sollte das Gericht die Rüge der Unzuständigkeit zurückweisen. Dies wäre jedoch mit der Wahrung des rechtlichen Gehörs im Erkenntnisverfahren nicht in Einklang zu bringen.[49] Ferner wird die Auffassung vertreten, ein Gerichtsstand infolge verspäteter Zuständigkeitsrüge sei im Gegensatz zu § 39 nur für den Fall vorgesehen, dass der Beklagte zur Hauptsache verhandelt und erst danach die Zuständigkeitsrüge erhebt. In diesem Fall sollen wegen der Vorrangigkeit der Vorschriften der EuGVO die Verspätungsvorschriften der ZPO nicht zum Zuge kommen.[50]

IV. Verhältnis zu anderen Vorschriften

§ 2 ArbGG bestimmt die ausschließliche sachliche Zuständigkeit des Arbeitsgerichtes, so dass § 39 insoweit keine Anwendung findet (§ 40 Abs. 2). Auf die örtliche Zuständigkeit findet § 39 gemäß § 48 Abs. 2 ArbGG entsprechende Anwendung, wobei der Beklagte gemäß §§ 504, 506 zu belehren ist. Die Voraussetzungen des § 39 liegen noch nicht im Güteverfahren gemäß § 54 ArbGG vor, da die sog. Güteverhandlung noch nicht als mündliche Verhandlung zur Hauptsache anzusehen ist.[51] 16

§ 40 Unwirksame und unzulässige Gerichtsstandsvereinbarung

(1) Die Vereinbarung hat keine rechtliche Wirkung, wenn sie nicht auf ein bestimmtes Rechtsverhältnis und die aus ihm entspringenden Rechtsstreitigkeiten sich bezieht.

(2) [1]Eine Vereinbarung ist unzulässig, wenn

1. der Rechtsstreit nichtvermögensrechtliche Ansprüche betrifft, die den Amtsgerichten ohne Rücksicht auf den Wert des Streitgegenstandes zugewiesen sind, oder

2. für die Klage ein ausschließlicher Gerichtsstand begründet ist.

[2]In diesen Fällen wird die Zuständigkeit eines Gerichts auch nicht durch rügeloses Verhandeln zur Hauptsache begründet.

I. Normzweck

Durch die **zwingende** Vorschrift des § 40 werden die Möglichkeiten zum Abschluss einer Gerichtsstandsvereinbarung eingeschränkt.[1] 1

In Abs. 1 wird die Unwirksamkeit einer solchen Vereinbarung bestimmt, die sich nicht auf ein bestimmtes Rechtsverhältnis und die aus ihm entstehenden Rechtsstreitigkeiten bezieht. Der spätere Beklagte soll bei Abschluss der Vereinbarung vorhersehen können, für welche Fälle von der gesetzlichen Zuständigkeitsregelung abgewichen wird. Das grundsätzliche Verbot von Gerichtsstandsvereinbarungen[2] soll nicht zum Nachteil des Beklagten durch zu weit reichende Vereinbarungen unterlaufen werden. 2

Durch Abs. 2 wird die Parteidisposition hinsichtlich der Zuständigkeit ausgeschlossen, wenn es sich um andere als vermögensrechtliche Ansprüche handelt oder wenn für die Klage ein ausschließlicher Gerichtsstand begründet ist, in dem eine Gerichtsstandsvereinbarung insoweit für unzulässig erklärt wird und rügeloses Verhandeln zur Hauptsache gemäß § 39 keine zuständigkeitsbegründende Wirkung hat. 3

II. Anwendungsbereich

Die Einschränkungen des § 40 gelten für die sachliche, örtliche und internationale Zuständigkeit.[3] Ein ausschließlicher inländischer Gerichtsstand begründet zugleich die ausschließliche internationale Zuständigkeit deutscher Gerichte.[4] Nach Abs. 2 ist die Derogation einer deutschen ausschließlichen Zuständigkeit unzulässig.[5] In Abs. 1 Nr. 1 wurde der Halbsatz hinzugefügt, dass das 4

---

[48] EuGH Urteil v. 24. 6. 1981, Rechtssache 150/80, zuletzt bestätigt durch EuGH Urteil vom 14. 7. 1983, Rechtssache 201/82; vgl. auch *Kropholler* Art. 18 Rn. 12.

[49] *Kropholler* Art. 18 Rn. 12.

[50] So OLG Köln NJW 1988, 2182.

[51] *Stein/Jonas/Bork* Rn. 6.

[1] Abs. 2 Satz 1 neugef. durch Art. 2 ZPO-RG vom 27. 7. 2001 (BGBl. I S. 1887).

[2] S. § 38 Rn. 1.

[3] *Thomas/Putzo/Hüßtege* Rn. 11; *Zöller/Vollkommer* Rn. 1.

[4] BGH MDR 1985, 911.

[5] BGH MDR 1985, 911; *Zöller/Vollkommer* Rn. 6.

Verbot der Gerichtsstandsvereinbarung nur in nicht vermögensrechtlichen Ansprüchen gilt, die den Amtsgerichten ohne Rücksicht auf den Wert des Streitgegenstandes zugewiesen sind. Durch das Gesetz zur Entlastung der Rechtspflege vom 11. Januar 1993 ist die sachliche Zuständigkeit des Amtsgerichts über das Ehe- und Kindschaftsrecht hinaus auf andere nichtvermögensrechtliche Streitigkeiten erweitert worden. Da nach § 12 GKG der Wert des Streitgegenstands bei nichtvermögensrechtlichen Streitigkeiten unter Berücksichtigung aller Umstände des Einzelfalls nach Ermessen zu bestimmen ist, kann daher die Zuständigkeit von Amts- oder Landgericht zweifelhaft sein. Um im Einzelfall notwendige Verweisungen zu vermeiden, wird den Parteien durch die Änderung die Möglichkeit eröffnet, auch in nichtvermögensrechtlichen Streitigkeiten, bei denen die gerichtliche Zuständigkeit vom Streitwert abhängt, die Zuständigkeit eines bestimmten Gerichts zu vereinbaren.[6] § 40 Abs. 2 berührt jedoch nicht die Zulässigkeit der Ausweitung der deutschen internationalen Zuständigkeit.[7]

III. Voraussetzungen

5 **1. Bestimmtes Rechtsverhältnis.** Die Vereinbarung bezieht sich auf ein bestimmtes Rechtsverhältnis,[8] wenn die Rechtsbeziehung hinreichend konkretisiert ist. Das ist etwa dann der Fall, wenn die Gerichtsstandsvereinbarung für alle Streitigkeiten aus einem bestimmten Vertrag abgeschlossen wird.[9] Es ist eine Frage der Auslegung im Einzelfall, ob von einer solchen Vereinbarung auch konkurrierende deliktische Ansprüche erfasst werden sollen.[10] Die Einbeziehung auch deliktischer Ansprüche muss jedoch in der Regel deutlich zum Ausdruck kommen.[11] Zuständigkeitsvereinbarungen in AGB umfassen jedoch im Zweifel nur vertragliche Ansprüche.[12] Hinreichend bestimmt ist eine satzungsmäßige Gerichtsstandsklausel für alle Streitigkeiten aus dem Mitgliedschaftsverhältnis.[13] Unwirksam sind Gerichtsstandsbestimmungen, die ganze Kategorien von Klagen erfassen sollen, etwa alle künftigen Rechtsstreitigkeiten zwischen den Parteien oder alle Klagen aus dem Geschäftsverkehr.[14]

6 **2. Nichtvermögensrechtlicher Anspruch.** Zum Begriff des (nicht)vermögensrechtlichen Anspruches s. die Kommentierung zu § 1. Zu den nicht vermögensrechtlichen Ansprüchen gehören insbesondere Ehe-, Kindschafts- und Familiensachen sowie die vormundschaftsrechtlichen Bereiche der freiwilligen Gerichtsbarkeit.[15]

7 **3. Ausschließliche Zuständigkeit.** Unter einem Gerichtsstand iSv. Abs. 2 S. 1 ist nicht nur die örtliche, sondern auch die sachliche und internationale Zuständigkeit zu verstehen.[16] Die Ausschließlichkeit kann in örtlicher oder sachlicher oder in örtlicher und sachlicher Beziehung gegeben sein. Keine Anwendung findet § 40, wenn die Ausschließlichkeit des Gerichtsstandes nur auf einer Parteivereinbarung beruht.[17]

8 **a) Ausschließliche örtliche Zuständigkeit.** Dinglicher Gerichtsstand, § 24, Gerichtsstand der Umwelteinwirkung § 32a, Gerichtsstand für Haustürwiderrufsgeschäfte § 29c,[18] § 14 UWG,[19] Feststellungsklage von Insolvenzgläubigern gem. § 180 InsO, Rückgriffshaftung der Eisenbahn nach Art. 60 CIV und Art. 63 CIM des Übereinkommens über den internationalen Eisenbahnverkehr (COTIF),[20] § 26 FernUSG.

9 **b) Ausschließliche sachliche Zuständigkeit.** §§ 71, 72 GVG; § 143 PatG, § 87 Abs. 1 GWB, es können auch nichtvermögensrechtliche Interessen wahrgenommen werden;[21] § 38 Abs. 1 SortSchG, § 27 GebrMG, § 52 GeschmMG, § 141 MarkenG, § 13 Abs. 1 S. 3 StrEG.

---

[6] Siehe BT-Drucks. 14/163.
[7] OLG Köln MDR 1986, 239.
[8] Zum Begriff des Rechtsverhältnisses s. die Kommentierung zu § 256.
[9] *Zöller/Vollkommer* Rn. 3.
[10] *Baumbach/Lauterbach/Hartmann* § 32 Rn. 1; aA *Stein/Jonas/Bork* Rn. 1, der die deliktischen Ansprüche i. a. von der Gerichtsstandsvereinbarung erfasst hält.
[11] OLG Stuttgart BB 1974, 1270; *Ehricke* ZZP 111 (1998), 154ff., 163ff.
[12] OLG Stuttgart BB 1974, 1270; *Zöller/Vollkommer* Rn. 4.
[13] BGH NJW 1994, 52; *Zöller/Vollkommer* Rn. 4.
[14] *Stein/Jonas/Bork* Rn. 1; *Baumbach/Lauterbach/Hartmann* Rn. 4; OLG München WM 1989, 604; OLG Koblenz ZIP 1992, 1235.
[15] *Musielak/Heinrich* Rn. 3.
[16] Siehe Rn. 4.
[17] *Stein/Jonas/Bork* Rn. 5.
[18] BGH NJW 1994, 262 (noch zu §§ 1, 7 HaustürWRG); BGH NJW 2003, 1190.
[19] *Borck* WRP 1994, 725.
[20] Vom 9. 5. 1980, BGBl. 1985 II S. 133.
[21] BGHZ 14, 81 = NJW 1954, 1568.

c) Sachliche und örtliche ausschließliche Zuständigkeit. Wohnraummietsachen, § 29 a; Mahnverfahren, § 689 Abs. 2; Hauptintervention, § 64; selbstständiges Beweisverfahren, § 486 Abs. 3; Wiederaufnahmeverfahren, § 684; Ehe- und Familiensachen, §§ 606 a, 621; Kindschaftssachen, § 641 a; Zwangsvollstreckungssachen und Aufgebotsverfahren, §§ 722, 731, 764, 767 ff., 796, 797, 800, 802, 805, 828, 853 ff., 873, 879 und 887 bis 890; §§ 2, 3, 180, 202, 315, 332 InsO; §§ 246, 249, 275, 278 AktG; § 61 Abs. 3 GmbHG für Auslösungsurteile; § 69 Abs. 2 GmbHG für den Liquidationsgerichtsstand; § 75 Abs. 2 AktG iVm. §§ 246 bis 248 AktG für Nichtigkeitsklagen; §§ 51 Abs. 3, 109 Abs. 3, 111, 112 GenG; § 6 UKlG, § 49 BörsenG. 10

d) Im **Berufungsverfahren** und **Revisionsverfahren** gelten für die örtliche Unzuständigkeit die §§ 513 Abs. 2, 545 Abs. 2, für die sachliche Unzuständigkeit die §§ 532, 565.[22] 11

e) Auch in der **EuGVO**[23] sind ausschließliche Gerichtsstände enthalten, Art. 22 EuGVO. Gemäß Art. 17 EuGVO kann von den Gerichtsstandsvorschriften der Verbrauchersachen, Art. 15 und 16 EuGVO nur unter bestimmten Voraussetzungen abgewichen werden. 12

f) Soweit ein Gerichtsstand **nicht ausgeschlossen werden kann,** zB §§ 109, 147 Abs. 3 VAG, § 48 Abs. 2 VVG, bedeutet dies noch nicht, dass es sich um einen ausschließlichen Gerichtsstand handelt, da weitere Gerichtsstände begründet werden können. Für ausländische Versicherungsunternehmen gilt der Gerichtsstand der Zweigniederlassung, § 109 VAG. Für Versicherungssachen im Geltungsbereich der EuGVO vgl. Art. 8 ff. EuGVO. Auch danach können zusätzliche Gerichtsstände zu einem vorgeschriebenen begründet werden. 13

IV. Prüfung von Amts wegen

Die Voraussetzungen des § 40 sind von Amts wegen zu beachten. Der Beklagte kann die Rüge der Unzuständigkeit unbeschränkt in jeder Instanz vorbringen, ohne dass eine Zurückweisung der Rüge wegen Verspätung gemäß §§ 282 Abs. 3, 296 Abs. 3 in Betracht kommt, denn ein Verzicht auf die Voraussetzung des § 40 ist nicht zulässig.[24] In höherer Instanz sind die Amtsprüfung und die Zulässigkeit der Erhebung der Zuständigkeitsrüge durch §§ 513 Abs. 2, 545 Abs. 2, 532, 565 eingeschränkt bzw. ganz ausgeschlossen. 14

Titel 4. Ausschließung und Ablehnung der Gerichtspersonen

Schrifttum: *Benda,* Befangenes zur Befangenheit, NJW 2000, 3620; *Böckermann,* Ablehnung eines Sachverständigen oder Richters durch Streitverkündung oder Klageerhebung, MDR 2002, 1358; *Deguchi,* Das missbräuchliche Ablehnungsgesuch im Zivilprozeß, GedS P. Arens, 1993 S. 31; *Feiber,* Ehen im Gericht-Kernfragen des Rechts der Richterablehnung, NJW 2004, 650; *Günther,* Unzulässige Ablehnungsgesuche und ihre Bescheidung, NJW 1986, 281; *Fleischer,* Die dienstliche Äußerung des abgelehnten Richters, MDR 1998, 757; *Günther,* Der Vorbefasste Zivil- oder Verwaltungsrichter, VerwArch 1991, 179; *Günther,* Persönliche Spannungen als Ablehnungsgrund, ZZP 105 (1992), 20; *Günther,* Richterablehnung wegen „Häufung von Verfahrensfehlern", DRiZ 1994, 374; *Horn,* Der befangene Richter, Rechtstatsachen zur Richterablehnung im Zivilprozess, 1977; *Hümmerich,* Befangenheit des Arbeitsrichters, AnwBl 1994, 257; *Knoche,* Besorgnis richterlicher Befangenheit wegen der Veranlassung strafrechtlicher Schritte, MDR 2000, 371; *Krekeler,* Der befangene Richter, NJW 1981, 1633; *Lipp,* Das private Wissen des Richters, 1995; *Metzner,* Rechtliches Gehör bei der Selbstablehnung des Richters, ZZP 97 (1984), 196; *Pentz,* Zuständigkeitsfragen bei der Ablehnung von Richtern, NJW 1999, 2000; *E. Peters,* Richter entscheiden über Richter, FS G. Lüke, 1997, S. 603; *Rabe,* Der befangene Richter, AnwBl. 1981, 331; *Riedel,* Das Postulat der Unparteilichkeit des Richters im deutschen Verfassungs- und Verfahrensrecht, 1980; *Roidl,* Mitwirkung abgelehnter Verwaltungsrichter bei der Entscheidung über die Ablehnung, NVwZ 1988, 905; *Schneider,* Befangenheitsablehnung im Zivilprozess, 2. Aufl. 2001; *Schneider,* Zuständigkeitskontroversen im zivilprozessualen Ablehnungsrecht, MDR 1999, 14; *Schneider,* Glaubhaftmachung und Beweislast bei der Richterablehnung, MDR 2000, 1304; *G. Vollkommer,* Der ablehnbare Richter, 2001; *M. Vollkommer,* Gewerkschaftszugehörigkeit und gewerkschaftliches Engagement von Berufsrichtern der Arbeitsgerichtsbarkeit, FS Ernst Wolf, 1985, S. 659; *ders.,* Richterpersönlichkeit und Persönlichkeitsrecht, FS Hubmann, 1985, S. 445 ff.; *Vossler,* Verlust des Richterablehnungsrechts, MDR 2007, 992; *Weigel,* Befangenheit im Schiedsgerichtsverfahren, MDR 1999, 1360; *Zuck,* Befangenheit als Fehlerquelle für faires Verfahren, DRiZ 1988, 172.

§ 41 Ausschluss von der Ausübung des Richteramtes

Ein Richter ist von der Ausübung des Richteramtes kraft Gesetzes ausgeschlossen:

1. in Sachen, in denen er selbst Partei ist oder bei denen er zu einer Partei in dem Verhältnis eines Mitberechtigten, Mitverpflichteten oder Regresspflichtigen steht;

---

[22] Vgl. *Pfeiffer* ZZP 110 (1997), 360 ff.

[23] Vgl. i. e. die Kommentierung zur EuGVO in Band 3.

[24] *Stein/Jonas/Bork* Rn. 12; *Baumbach/Lauterbach/Hartmann* Rn. 8.

2. in Sachen seines Ehegatten, auch wenn die Ehe nicht mehr besteht;
2a. in Sachen eines Lebenspartners, auch wenn die Lebenspartnerschaft nicht mehr besteht;
3. in Sachen einer Person, mit der er in gerader Linie verwandt oder verschwägert, in der Seitenlinie bis zum dritten Grad verwandt oder bis zum zweiten Grad verschwägert ist oder war;
4. in Sachen, in denen er als Prozessbevollmächtigter oder Beistand einer Partei bestellt oder als gesetzlicher Vertreter einer Partei aufzutreten berechtigt ist oder gewesen ist;
5. in Sachen, in denen er als Zeuge oder Sachverständiger vernommen ist;
6. in Sachen, in denen er in einem früheren Rechtszuge oder im schiedsrichterlichen Verfahren bei dem Erlass der angefochtenen Entscheidung mitgewirkt hat, sofern es sich nicht um die Tätigkeit eines beauftragten oder ersuchten Richters handelt.

Übersicht

I. Normzweck, Bedeutung der Norm

1 **1. Grundsatz.** Das Prinzip der Unparteilichkeit des Richters gilt allgemein, hat aber im Zivilprozess, dem Verfahren mit (mindestens) zwei Parteien seine besondere, geradezu klassische Bedeutung. Die Unparteilichkeit eines Richters ist sowohl Voraussetzung eines fairen Verfahrens als auch der Gewährung einer funktionierenden Rechtspflege. Richtig (= gerecht) entscheiden kann nur der neutrale, distanzierte, unparteiische, unvoreingenommene, unbefangene, objektiv urteilende Dritte, den weder mit der Streitsache noch mit einer der beiden Parteien Beziehungen verbinden, die geeignet sind, sein Urteil zu beeinflussen. Die im Vierten Titel normierten Regeln dienen deshalb einerseits der gerechten Entscheidung des Einzelfalls und andererseits der Integrität der Rechtsprechung. Das Gebot, dass der Richter neutral sein muss, ist im Verfassungsrecht verwurzelt (Art. 101 Abs. 1 S. 2 GG) und steht in engem Zusammenhang mit dem Gerichtsverfassungsrecht und dem Dienstrecht der Richter. Die **Unparteilichkeit** gehört zwingend zum Bild des gesetzlichen Richters.[1] §§ 41 ff. sind Teil der allgemeinen Normen, aus denen sich der im Einzelfall zuständige **gesetzliche Richter** ergibt.[2] Verschiedentlich wird auch versucht, das Unparteilichkeitspostulat aus dem allgemeinen Gleichheitssatz (Art. 3 Abs. 1 GG) herzuleiten.[3] Dies erscheint jedoch zu weit hergeholt; das Verfahrensgrundrecht des Art. 101 Abs. 1 S. 2 GG ist die speziellere Verfassungsnorm. Auch die Menschenrechtskonvention gewährt den Anspruch auf ein unparteiisches Gericht (Art. 6 Abs. 1 S. 1 MRK). Ein Zusammenhang besteht mit der richterlichen Unabhängigkeit (Art. 97 Abs. 1 GG, § 1 GVG): Befangenheit kann Voraussetzung oder Folge von Abhängigkeit sein. Das Recht der Ausschließung und Ablehnung des Richters ist **zwingendes Recht.** Es dient dem öffentlichen Interesse, ist der Parteivereinbarung nicht zugänglich und grundsätzlich unverzichtbar, auch im Sinne von § 295 Abs. 2, kann jedoch im Rahmen von § 43 „verwirkt" werden. Ein Zusammenhang besteht weiter auch mit Art. 103 Abs. 1 GG (Recht auf Gehör), vgl. § 42 Rn. 3. Jeder Richter hat den **Richtereid** (§ 38 DRiG) mit dem Gelöbnis, **„ohne Ansehen der Person"** zu urteilen, geleistet und damit die bedeutsame Pflicht zur Unparteilichkeit in feierlicher und bindender Form bekräftigt.

2 **2. Regelungsinhalt.** Der **Vierte Titel** ist übersichtlich aufgebaut. In sachlicher Hinsicht wird unterschieden zwischen Ausschließung (§ 41) und Ablehnung (§ 42). **Ausschließung** von der Ausübung des Richteramts ist die von Amts wegen zu beachtende gesetzlich zwingende Disqualifizierung eines Richters (judex inhabilis) für die Tätigkeit in einem konkreten Verfahren. Das Vorliegen eines Ausschließungsgrundes können die Parteien auch durch Ablehnung geltend machen. Im Übrigen aber ist **Ablehnung** die Befugnis der Verfahrensbeteiligten, zu verlangen, dass ein Richter, dessen Parteilichkeit zu befürchten ist (judex suspektus), aus einem konkreten Verfahren ausschei-

[1] BVerfGE 4, 12, 416 = NJW 1956, 545; BVerfGE 21, 139, 145, 146 = NJW 1967, 1123; BVerfGE 30, 149, 153 = NJW 1971, 1029; BVerfGE 89, 28 = NJW 1993, 2229; *Kissel/Mayer* § 16 GVG Rn. 19, 44.
[2] BVerfGE 40, 268, 271; BVerfG NJW 1996, 3269 LS = NVwZ 1996, 885.
[3] Vgl. *Riedel* S. 13 ff., 212 ff.

det. Dabei schreitet der Regelungsinhalt vom strengsten absoluten Ausschließungsgrund (Richter in eigener Sache) bis zum relativen Ablehnungsgrund (objektiv berechtigtes Misstrauen gegen die Unparteilichkeit des Richters), also von einem dichten inneren Kern bis zum eher etwas diffusen äußeren Rand, folgerichtig voran. § 43 ergänzt und begrenzt die in § 42 enthaltene Umschreibung des Ablehnungsrechts durch einen besonderen Verwirkungstatbestand. §§ 44 bis 48 bestimmen das einzuhaltende Verfahren. § 49 betrifft Ausschließung und Ablehnung des Urkundsbeamten.

3. Geltungsbereich. Ihrer Stellung im Ersten Abschnitt des Ersten Buches entsprechend gelten §§ 41 bis 49 sachlich für alle Verfahren und alle Verfahrensarten der ZPO. Insoweit enthalten sie eine **unmittelbar** geltende vollständige und abschließende Regelung etwa auch für das Mahnverfahren, das Zwangsvollstreckungsverfahren, das Arrest- und Verfügungsverfahren, den Urkundenprozess, das Tatbestandsberichtigungsverfahren,[4] das „freie" Verfahren des § 495 a, das selbstständige Beweisverfahren sowie für alle Instanzen. Im Verfahren der Gegenvorstellung ist eine Richterablehnung, bei der es sich um eine Petition handelt, nicht statthaft;[5] im Umkehrschluss dürfte die Richterablehnung im förmlichen Verfahren nach § 321 a ZPO keinen bedenken begegnen. Im **schiedsrichterlichen** Verfahren (§§ 1025 ff.) sind Unparteilichkeit und Unabhängigkeit der Schiedsrichter durch besondere Regelungen[6] abgesichert (§§ 1036 bis 1039, 1062); die Vorschriften des Vierten Titels gelten weder unmittelbar noch kraft Verweisung. 3

Kraft **Verweisung** (teilweise pauschal, teilweise zur Ergänzung besonderer Regelungen für das betreffende Verfahren) sind die Vorschriften über Ausschließung und Ablehnung der Gerichtspersonen anzuwenden in der Arbeitsgerichtsbarkeit, der Sozialgerichtsbarkeit, der Verwaltungsgerichtsbarkeit, in der Finanzgerichtsbarkeit, im gerichtlichen Verfahren in Landwirtschaftssachen, im Insolvenzverfahren,[7] im Zwangsversteigerungsverfahren,[8] im Verfahren vor dem Bundespatentamt und dem Bundespatentgericht und im kartellrechtlichen Beschwerdeverfahren. Für einen **Insolvenz-** und **Sonderinsolvenzverwalter,** die keine Gerichtspersonen sind, entfalten §§ 41 ff. ZPO keine Geltung. Vielmehr richten sich Bestellung und Abberufung nach §§ 56 bis 59 InsO.[9] Auf Grund von Weiterverweisungen richten sich das Versetzungsverfahren und das Prüfungsverfahren vor den Richterdienstgerichten nach dem Ausschließungs- und Ablehnungsrecht der ZPO, ebenso das Verfahren auf gerichtliche Entscheidung in Zulassungssachen der Rechtsanwälte. 4

Keine ausdrückliche Verweisungsnorm enthält das **FGG.** Zwar sind in § 6 Abs. 1 FGG mehre § 41 entsprechende Ausschließungsgründe normiert. Darüber hinaus kann sich ein Richter nach § 6 Abs. 2 S. 1 FGG wegen Befangenheit der Ausübung seines Amtes enthalten. Davon abgesehen wurde jedoch im Blick auf den Wortlaut des § 6 Abs. 2 S. 2 FGG, wonach „die Ablehnung eines es Richters ausgeschlossen" war ‚die Richterablehnung für unzulässig gehalten. Diese Vorschrift ist wegen Unvereinbarkeit mit dem Grundgesetz durch Entscheidung des Bundesverfassungsgerichts für nichtig erklärt worden.[10] Deshalb finden nunmehr §§ 41 ff. ergänzend auch in allen Verfahren nach FGG Anwendung.[11] 5

Eigenständige Regelungen bestehen für die Verfassungsgerichtsbarkeit (§§ 18, 19 BVerfGG)[12] und das Strafverfahren (§§ 22 bis 31 StPO). Die besondere Regelung der StPO findet kraft gesetzlicher Verweisung auch Anwendung im Bußgeldverfahren sowie – teilweise mit Modifikationen – im Disziplinarverfahren und im anwaltsgerichtlichen Verfahren. 6

Außerhalb des eigentlichen Prozessrechts finden sich ähnliche Regelungen im rechtsförmlichen **Verwaltungsverfahren** (§§ 20, 21 VwVfG, §§ 82 bis 84 AO, §§ 16, 17 SGB X). Eine Verweisung auf § 41 Nr. 3 enthält § 7 RiWahlG. 7

§§ 41 bis 48 betreffen nur den Richter, also die natürliche Person als Inhaber des Richteramts im konkreten Streitfall, nicht nur den erkennenden Richter, sondern auch den beauftragten oder ersuchten Richter. Richter in diesem Sinne ist zunächst der **Berufsrichter,** auch wenn er einer anderen Gerichtsbarkeit angehört, wie der Richter am Verwaltungsgericht als Mitglied einer Baulandkammer des Landgerichts (§ 220 BauGB), und auch, wenn er an sich Beamter ist und das Richteramt nur mit einem Teil seiner Arbeitskraft ausübt, wie der Professor, dem ein Richteramt als weiteres Hauptamt übertragen ist (§§ 4 Abs. 2 Nr. 3, 7 und 8, 10 Abs. 2 Nr. 3, 41 Abs. 2 8

---

[4] BFH NVwZ 1990, 504; OVG Berlin MDR 1989, 1063.
[5] OLG Schleswig MDR 2001, 169 f. m. weit. Nachw.
[6] Vgl. BayObLG NJW-RR 2000, 360.
[7] BGH ZVI 2004, 753.
[8] *Zeller/Stöber* ZVG Einl. Rn. 26.
[9] BGH ZIP 2007, 548, 550.
[10] Beschl. v. 8. 2. 1967 (BGBl. I S. 502) BVerfGE 21, 139 = NJW 1967, 1123.
[11] *Keidel/Kuntze/Winkler/Zimmermann* FG, 15. Aufl. 2003, § 6 Rn. 39 mN; BayObLG MDR 1988, 1063 (zum WEG-Verfahren).
[12] Wegen der G über die StGH der Länder vgl. die Zusammenstellung bei *Gilles* DRiZ 1983, 41 Fn. 27.

DRiG) oder der Notar als Beisitzer im Notarsenat (§§ 101, 106 BNotO). Richter ist auch der Rechtsanwalt als Mitglied der Anwaltsgerichte (§§ 95 Abs. 1, 103 Abs. 2, 110 Abs. 1 BRAO). Richter in diesem Sinne ist aber ebenso jeder **ehrenamtliche Richter** (§§ 44, 45 a DRiG) wie der Handelsrichter als Mitglied der Kammer für Handelssachen (§§ 105, 108 bis 112 GVG), der landwirtschaftliche Beisitzer im Verfahren über Landwirtschaftssachen (§§ 2 Abs. 2, 3, 5 LwVG), der ehrenamtliche Verwaltungsrichter, Arbeitsrichter, Sozialrichter, Finanzrichter.[13]

9 Nur der **einzelne** konkret bestimmte individuelle Richter als natürliche Person[14] kann ausgeschlossen sein oder abgelehnt werden, niemals ein Spruchkörper oder ein Gericht als Ganzes. Das folgt eindeutig aus dem Wortlaut („ein Richter …") und aus der (amtlichen) Überschrift des Titels („Gerichtspersonen"). Eine pauschale Ablehnung eines Spruchkörpers oder des gesamten Gerichts ist als rechtsmissbräuchlich anzusehen.[15] Allerdings können im Einzelfall gleiche oder verschiedene Ausschließungs- oder Befangenheitsgründe für mehrere einzelne Mitglieder eines Spruchkörpers oder Gerichts vorliegen.

10 Für den **Rechtspfleger** (§ 10 RpflG), den Urkundsbeamten (§ 49), den Gerichtsvollzieher (§ 155 GVG), den Sachverständigen[16] (§ 406), den Dolmetscher[17] (§ 191 GVG) und den Notar (§ 3 BeurkG, § 16 BNotO) gelten teils besondere Vorschriften, teils sind §§ 41 ff. entsprechend anzuwenden. Der Rechtspfleger unterliegt nicht etwa in Zwangsversteigerungsverfahren einem geminderten Unparteilichkeitsmaßstab. Vielmehr hat der Rechtspfleger Neutralität und Distanz zu den Beteiligten im Sinne der §§ 41 ff. ZPO zu wahren.[18]

11 Soweit Verweisungsnormen fehlen, sind die Vorschriften über Ausschließung und Ablehnung auf **andere Personen,** die nicht Richter im Sinne von Art. 97, 98 GG, § 1 DRiG sind, in vorsichtiger Analogie anzuwenden.[19] Es erscheint sinnvoll, diese Regelungen auf sonstige Amtsträger innerhalb eines justizförmigen Verfahrens zu erstrecken. Im Insolvenzverfahren kann deshalb auch der Verwalter oder ein Mitglied des Gläubigerausschusses ausgeschlossen sein.[20] Folglich gelten die Vorschriften über Ausschließung und Ablehnung für den Konsularbeamten, der nach § 15 KonsularG im Rechtshilfeweg eine Vernehmung vornimmt, oder für den Prüfer einer Genossenschaft.

12 Ausschließung und Ablehnung als besondere prozessrechtliche Institute setzen die öffentlich-rechtliche **Richteramtsbefähigung** voraus.[21] Deren Fehlen sowie fehlende Zuständigkeit oder nicht ordnungsgemäße geschäftsplanmäßige Besetzung des Gerichts, ferner sonstige denkbare allgemeine Mängel der Fähigkeit zur Ausübung des Richteramts wie etwa unerkannte Geisteskrankheit sind stets vorab zu prüfen und im Rechtsmittelzug (§§ 538 Abs. 2 Nr. 1, 547 Nr. 1, 576 Abs. 3, 579 Abs. 1 Nr. 1) geltend zu machen.[22]

II. Ausschließungsgründe

13 **1. Allgemeines.** Im System von Ausschließung und Ablehnung enthält der Katalog des § 41 die Sachverhalte, bei denen der Mangel der Unparteilichkeit von vornherein unwiderleglich vermutet wird. Die Ausschließungsgründe bilden **zwei Gruppen.** Nr. 1 bis 3 betreffen die personenbezogene (familienbezogene) Nähe des Richters zu den Verfahrensbeteiligten, Nr. 4 bis 6 seine Beziehung zum Verfahren auf Grund bestimmter prozessualer Funktionen. Für die Rechtspraxis liegt die Bedeutung des § 41 in seiner Eigenschaft als **Basisregel gerichtlicher Sauberkeit.** Die Ausschließungsgründe insbesondere der ersten Gruppe sind normalerweise leicht zu erkennen. Deshalb sind Gerichtsentscheidungen oder Kontroversen in der Literatur zu § 41 eher selten (ganz im Gegensatz zur umfangreichen Judikatur, die sich an §§ 42 ff. knüpft).

14 Die Aufzählung der Ausschließungsgründe (Nr. 1 bis Nr. 6) ist **abschließend,** erschöpfend.[23] Über den Wortlaut hinausgehende ausdehnende Anwendung auf andere Sachverhalte oder eine Ana-

---

[13] BVerwG NVwZ 1990, 460; *Künzl* ZZP 104 (1991), 150, 173.
[14] OLG Schleswig MDR 2001, 169 f.
[15] BGH NJW-RR 2002, 789.
[16] OLG Hamm MDR 2000, 49.
[17] OLG Nürnberg NJW-RR 1999, 1515.
[18] BGH NJW-RR 2003, 1220.
[19] *Zöller/Vollkommer* Vor § 41 Rn. 3; aM 2. Aufl. Rn. 11.
[20] BGHZ 113, 262 = NJW 1991, 982; AG Hildesheim KTS 1985, 130; zur Unparteilichkeit des Vorsitzenden einer Einigungsstelle BAG NZA 1996, 156; *Bertelsmann* NZA 1996, 234; *Bauer/Diller* DB 1996, 137; aM 2. Aufl. *Feiber* § 41 Rn. 11.
[21] *Musielak/Heinrich* Rn. 4.
[22] LSG Essen NJW 1957, 1455; *Zöller/Vollkommer* Rn. 2; vgl. zur Frage der Wirksamkeit von Richterernennung wegen eines Verfahrensmangels bei der Richterwahl BGH NJW 2004, 3784.
[23] BGH NJW 1960, 1762, 1763; BGH NJW 1991, 425.

logie sind unzulässig.[24] Das folgt zwingend aus dem engen Zusammenhang mit dem Gebot des gesetzlichen Richters und mithin aus dem Bestimmtheitserfordernis des Art. 101 Abs. 1 S. 2 GG, § 16 S. 2 GVG. Da die Veränderung der Richterbank durch Ausschließung kraft Gesetzes und ohne besonderes Verfahren eintritt, dürfen die klar begrenzten Ausschließungsgründe nicht erweitert werden. Die Mitwirkung seiner Ehefrau bei der Kollegialentscheidung des LG begründet daher keinen Ausschließungsgrund zu Lasten des im Berufungsrechtszug mit der Sache befassten OLG-Richters.[25] Nahe Beziehungen des Richters zu den Parteien oder zu der Sache, die nicht unter Nr. 1 bis 6 fallen, können vielmehr als Befangenheitsgründe geltend gemacht werden (hierzu § 42 Rn. 7).

2. Parteieigenschaft (Nr. 1). Niemand darf Richter in eigener Sache sein. Partei im Sinne von Nr. 1 ist nicht nur der Kläger, der Beklagte, der Antragsteller oder Antragsgegner des jeweiligen gerichtlichen Verfahrens, jeder also, von dem und gegen den im gerichtlichen Verfahren Rechtsschutz im eigenen Namen begehrt wird, sondern auch der **Streithelfer** (§§ 66 ff.) und jeder, auf den sich die Rechtskraft erstreckt (§§ 325 ff.).[26] Der Ausschluss für den gesamten Prozess greift auch ein, wenn der Richter nur einer von zahlreichen **Streitgenossen** ist, wie etwa bei einer großen Wohnungseigentümergemeinschaft. Die Streitverkündung (§§ 72 ff.) allein, die ohne Beitritt (§ 74) bleibt, bedingt keine Ausschließung.[27] In einem Verfahren, das eine **Partei kraft Amtes** führt, wird allgemein auch der hinter ihr stehende Vermögensträger als Partei im Sinne der Nr. 1 bis 3 angesehen, also neben dem Insolvenzverwalter der Gemeinschuldner, neben dem Testamentsvollstrecker der Erbe und neben dem Zwangsverwalter der Grundstückseigentümer. Klagt eine **juristische Person** des privaten oder öffentlichen Rechts, so ist der Richter, der ihr als Aktionär, Mitglied, Gesellschafter, Genosse oder Bürger der prozessführenden Gemeinde angehört, mangels eigener Parteistellung nicht ausgeschlossen.[28] Tritt ein Sachverständiger, dem eine Partei den Streit verkündet hat, der anderen Partei als Streithelfer bei, so ist er, weil sich § 41 Nr. 1 ausschließlich auf Richter bezieht, nicht kraft Gesetzes ausgeschlossen und nicht an einer weiteren Begutachtung gehindert.[29] 15

Mitberechtigter, Mitverpflichteter und Regresspflichtiger einer Partei ist der Richter nur, wenn es sich dabei um **unmittelbare Rechtsbeziehungen** solcher Art handelt, wie das Gesamtschuldverhältnis, die Bürgschaft, die Wechselhaftung und die Haftung für eine Personengesellschaft (GbR, OHG, KG). Die Haftung für einen nichtrechtsfähigen Verein zeitigt keinen Ausschluss, wenn sie – im Falle der Gewerkschaftsmitgliedschaft eines ehrenamtlichen Richters – auf die eigene Beteiligung am Vereinsvermögen beschränkt ist. Darum ist der einer Gewerkschaft angehörende Richter im Prozess des Deutschen Gewerkschaftsbundes nicht ausgeschlossen.[30] Ebenso ist ein ehrenamtlicher Richter nicht ausgeschlossen, wenn er einem Großunternehmen angehört und über die Kündigungsschutzklage eines ihm unbekannten, dort ebenfalls beschäftigten Arbeitnehmers (mit)zubefinden hat.[31] Auch als Eigentümer einer Sache, die für die Schuld der Partei haftet, ist der Richter ausgeschlossen. Ein nur mittelbares Interesse am Rechtsstreit der Partei (etwa als Gläubiger oder Schuldner, Aktionär oder als künftiger Erbe der Partei sowie als Staatsbediensteter im Prozess seiner Anstellungskörperschaft) stellt keinen Ausschließungsgrund dar. 16

3. Ehe (Nr. 2); Eingetragene Lebenspartnerschaft (Nr. 2 a). Gemeint ist einmal jede, auch eine frühere, etwa durch Scheidung aufgelöste wirksame **Eheschließung.** Ein Verlöbnis oder eheähnliches Verhältnis werden nicht erfasst. „Sachen" des Ehegatten sind diejenigen Verfahren, in denen der Ehegatte selbst Partei ist oder zu der Partei im Verhältnis eines Mitberechtigten, Mitverpflichteten oder Regresspflichtigen steht (wie Nr. 1). Folglich scheidet eine Ausschließung des Rechtsmittelrichters aus, der über eine Entscheidung seines am Vordergericht tätigen Ehegatten zu befinden hat.[32] Nicht erfasst werden auch Fälle, in denen eine Partei von dem Ehegatten des Richters vertreten wird.[33] In solchen Prozesslagen bleibt nur ein Ablehnungsgesuch wegen Befangenheit. Der Ausschließungsgrund der Lebenspartnerschaft (Nr. 2 a) betrifft nur gleichgeschlechtliche 17

---

[24] BGH LM GG Art. 101 Nr. 19; MDR 1976, 574; NJW 1981, 1273 m. weit. Nachw.; BVerwG NJW 1975, 1241, 1242; im Ergebnis auch BVerwG NJW 1980, 2722; OLG Zweibrücken NJW 1974, 955 sowie *Baumgärtel/Mes* Anm. AP Nr. 3; *G. Vollkommer* S. 77 ff.; unzutreffend BAG NJW 1968, 814 und OLG München NJW 1969, 754.

[25] BGH NJW 2004, 163; teils ablehnend *Feiber* NJW 2004, 650; *M. Vollkommer* EWiR 2004, 206.

[26] *Musielak/Heinrich* Rn. 8.

[27] *Musielak/Heinrich* Rn. 8; *Böckermann* MDR 2002, 1348.

[28] BGH BGHReport 2001, 432; BVerwG NJW 2001, 2191; BGH NJW 1968, 157; BayObLG ZIP 2002, 1038; *Zöller/Vollkommer* Rn. 6.

[29] BGH NZBau 2006, 239.

[30] BAG NJW 1961, 2371 = AP Nr. 1; AP Nr. 6 zu § 322 ZPO.

[31] LAG Sachsen MDR 2004, 589.

[32] BGH NJW 2004, 163; teils ablehnend *Feiber* NJW 2004, 650; *M. Vollkommer* EWiR 2004, 206.

[33] OLG Jena MDR 2000, 540; *Musielak/Heinrich* Rn. 9; aA LSG Schleswig NJW 1998, 2925.

Paare und diese nur dann, wenn sie in ein entsprechendes Register **eingetragen** sind oder früher eingetragen waren. Ohne diese Eintragung kommt eine Ausschließung vom Richteramt kraft Gesetzes nicht in Betracht. Nur die urkundliche Belegbarkeit kann die Aufnahme in den Katalog des § 41 rechtfertigen. In allen anderen Fällen von „Lebenspartnerschaften" oder besser „Lebensgemeinschaften" zwischen Paaren gleichen oder verschiedenen Geschlechts gelten nur §§ 42, 48; der Richter ist also ablehnbar, nicht aber kraft Gesetzes ausgeschlossen.[34]

18 **4. Verwandtschaft, Schwägerschaft (Nr. 3).** Gemäß Art. 51 EGBGB sind die Vorschriften des BGB maßgeblich. In gerader Linie verwandt sind Personen, deren eine von der anderen abstammt (§ 1589 S. 1 BGB). Verschwägert sind die Verwandten eines Ehegatten mit dem anderen Ehegatten (§ 1590 BGB). In der Seitenlinie verwandt sind die Personen, die von derselben dritten Person abstammen (§ 1589 S. 2 BGB). Der Grad der Verwandtschaft bestimmt sich nach der Zahl der sie vermittelnden Geburten (§ 1589 S. 3 BGB). Adoption und nichteheliche Abstammung begründen Verwandtschaft (§§ 1754ff., 1764, 1770, 1600a BGB), werden also von Nr. 3 erfasst. Wie beim Ehegatten (Nr. 2) tritt Ausschließung auch dann ein, wenn die Verwandtschaft oder Schwägerschaft nicht mehr besteht. Bezüglich der „Sachen" ist im Sinne von Nr. 1 auf die Verhältnisse der Verwandten und Verschwägerten abzustellen. Beim Rechtsstreit einer Partei kraft Amtes genügt das Verwandtschafts- bzw. Schwägerschaftsverhältnis zu der Partei oder dem Vermögensträger. Entsprechend reicht eine solche Beziehung sowohl zu dem gesetzlichen Vertreter als auch der der vertretenen Partei.[35] Unanwendbar ist die Vorschrift, wenn der Richter in gerader Linie mit einem der Prozessbevollmächtigten verschwägert ist (Bruder des Ehemannes der Amtsrichterin als sachbearbeitender Anwalt).[36] Zu weit geht es auch, § 41 Nr. 3 für anwendbar zu erklären, wenn der Bruder des abgelehnten Richters zur Entscheidung über das Befangenheitsgesuchs berufen ist.[37] In vorstehenden Fällen ist allerdings das Verwandtschaftsverhältnis den Parteien mitzuteilen, um ihnen die Anbringung eines Ablehnungsgesuchs zu ermöglichen.

19 **5. Parteivertretung (Nr. 4).** Ausgeschlossen ist der Richter, der in demselben Verfahren eine Partei vertritt oder vertreten hat oder zur Vertretung befugt war oder ist. Hierunter fallen der **Prozessbevollmächtigte** (§§ 80ff.), auch dessen Unterbevollmächtigter (§ 81), Vertreter (§§ 52, 53 BRAO) oder der Abwickler der Kanzlei (§ 55 BRAO), der Beistand (§ 90) und der vollmachtlose Vertreter (§ 89) sowie der gesetzliche Vertreter (§ 51).[38] Das gilt auch, wenn der Richter nicht der alleinige Vertreter ist oder war, sondern nur einer von mehreren. Der Ausschluss wirkt auch dann, wenn der Richter in der Vertretereigenschaft nicht tätig geworden ist.[39] Dagegen kommt ein Ausschluss nicht in Betracht, sofern der Richter die ihm angetragene Vollmacht abgelehnt hat. Ausreichend ist freilich die nicht personenbezogene Vollmacht an einen anderen Sozius.[40] Keinen Ausschluss bewirkt die Tätigkeit als Zustellungsbevollmächtigter (§ 174 ZPO) oder als Urkundsperson (§§ 2231, 2276 BGB) oder als Schiedsrichter in dem dem Rechtsstreit zugrunde liegenden Geschäft.[41] Verfahrensgleichheit ist nicht erforderlich, ausreichend vielmehr die **Identität des Streitgegenstandes.** Denn die auf dem Mandat beruhenden Bindungen erstrecken sich auf das neue Verfahren.[42]

20 **6. Zeugen- und Sachverständigeneigenschaft (Nr. 5).** Im Interesse der Wahrheitsfindung und der korrekten Beweiswürdigung müssen die Funktionen von Richter und Beweismittel (Beweispersonen) strikt getrennt bleiben.

21 Auch hier muss es sich um **dasselbe Verfahren** handeln, wobei es auf den Rechtszug nicht ankommt und auch das Wiederaufnahmeverfahren als gleiche „Sache" gilt. Der Ausschluss greift auch dann, wenn der Richter in einem anderen Verfahren, aber zu demselben Sachverhalt als Zeuge gehört worden ist,[43] wie der der BGH für den Bereich des Strafverfahrens ausdrücklich entschieden hat. Die Abgabe einer dienstlichen Erklärung wird von Nr. 5 nicht erfasst.[44, 45]

---

[34] *Musielak/Heinrich* Rn. 9 aE.
[35] *Musielak/Heinrich* Rn. 10; *Zöller/Vollkommer* Rn. 9.
[36] KG NJW-RR 2002, 1164.
[37] In diesem Sinn aber OLG Celle MDR 2001, 767 m. Anm. *Gruber.*
[38] Geschäftsf. eines Verbandes als Prozeßbevollmächtigter: BSG NJW 1993, 2070 (LS).
[39] BGH BGHReport 2001, 433; *Zöller/Vollkommer* Rn. 10.
[40] *Musielak/Heinrich* Rn. 11.
[41] *Zöller/Vollkommer* Rn. 10; *Baumbach/Lauterbach/Hartmann* Rn. 12.
[42] RGZ 152, 9, 10, BSG NJW 1993, 2070; *Musielak/Heinrich* Rn. 11; *Stein/Jonas/Roth* Rn. 14; aM *Feiber,* in: 2. Aufl. § 41 Rn. 19.
[43] OLG Frankfurt FamRZ 1989, 518f.; *Zöller/Vollkommer* Rn. 12; *Musielak/Heinrich* Rn. 12; aM *Feiber,* in: 2. Aufl. § 41 Rn. 22.
[44] BGH NJW 2002, 2401 f.; *Musielak/Heinrich* Rn. 12.
[45] BGHSt 31, 358 = NJW 1983, 2711.

Die **Vernehmung** muss, wie der Wortlaut erkennen lässt, **tatsächlich** durchgeführt worden sein; erst von diesem Zeitpunkt an wirkt der Ausschluss. Die bloße **Benennung** als Zeuge oder Sachverständiger genügt nicht,[46] auch nicht der Erlass eines entsprechenden Beweisbeschlusses. Als Vernehmung gelten auch die schriftliche Zeugenaussage (§ 377 Abs. 3 und 4) und das schriftliche Sachverständigengutachten (§ 411). Die Abgabe einer dienstlichen Äußerung oder einer sonstigen Stellungnahme ist dagegen keine Zeugenvernehmung und führt nicht zur Ausschließung.[47] Der Präsident des LG ist gehindert, im Notarkostenbeschwerdeverfahren als Richter mitzuwirken, weil er als Organ der Justizverwaltung kraft Gesetzes angehört werden muss.[48] 22

7. Richterliche Vorbefassung (Nr. 6). Besonderer **Normzweck** der Nr. 6 ist die Sicherung der Funktionsfähigkeit des Rechtsmittelverfahrens zu sichern. Allerdings werden nur ganz bestimmte, eng begrenzte Formen der Vorbefassung von Nr. 6 ergriffen. Ausgeschlossen ist nur der im früheren Rechtszug bzw. schiedsrichterlichen Verfahren **erkennende** (nicht der beauftragte, ersuchte oder nur vorbereitend tätig gewordene) **Richter,** der an dem Erlass der angefochtenen Entscheidung mitgewirkt, also in der Vorinstanz entschieden hat und jetzt zur Nachprüfung eben dieser Entscheidung berufen wäre. Restriktive Auslegung ist geboten[49] Der Berufungsrichter ist nicht ausgeschlossen, wenn sein Ehegatte das angefochtene Urteil erlassen hat.[50] Wohl aber kann dies einen Ablehnungsgrund nach § 42 begründen. 23

Mitwirkung etwa nur an der **Verkündung** der angefochtenen Entscheidung ist keine Mitwirkung an ihrem Erlass.[51] Es muss sich immer um die Tätigkeit eines Richters in zwei verschiedenen Instanzen desselben Prozessrechtsverhältnisses[52] handeln und um eine Anfechtung, also ein **Rechtsmittel,** nicht nur einen Rechtsbehelf. Beteiligung an vorausgegangenen Entscheidungen derselben Instanz (Grund- oder Teilurteil, Vorbehaltsurteil, Versäumnisurteil, Beschlüsse aller Art,[53] auch Prozesskostenhilfebeschlüsse,[54] Arrestbeschlüsse, einstweilige Verfügungen[55]) hindert deshalb nicht die Bearbeitung der nachfolgenden Verfahren gleicher Instanz etwa auf Einspruch oder Widerspruch.[56] Da die Vorschrift des § 41 Nr. 6 auf die Mitwirkung am **Erlass der angefochtenen Entscheidung** abstellt, ist die Beteiligung an den genannten vorbereitenden Entscheidungen für das Rechtsmittelverfahren ebenfalls unschädlich.[57] Im Patentnichtigkeitsverfahren ist der Richter nicht ausgeschlossen, der im Patentverletzungsverfahren entschieden hat.[58] Anfechtung in diesem Sinne sind auch nicht die Abänderungsklage (§ 323), die Nichtigkeitsklage[59] (§ 579) und die Restitutionsklage (§ 580). Entsprechendes gilt für das Verfahren nach Aufhebung und Zurückverweisung durch die Rechtsmittelinstanz.[60] Ebenso stellt es keinen früheren Rechtszug dar, wenn die Sache von einem Gericht an das andere oder aus einer Gerichtsbarkeit in die andere verwiesen worden ist.[61] Kein Ausschließungsgrund ist darum gegeben, wenn nach einer Zurückverweisung vom OLG an das LG ein an der Entscheidung des OLG mitwirkender Richter nunmehr nach seiner Versetzung zum LG als Vorsitzender Richter beteiligt ist.[62] 24

Soweit **zwei verschiedene Instanzen** in Rede stehen, greift die Ausschließung nur, wenn gerade die Entscheidung angefochten ist, die der nun zur Befassung mit dem Rechtsmittel berufene Richter gefällt hat.[63] Deshalb ist der Richter, der im ersten Rechtszug das **Grundurteil** (§ 304) erlassen hat, im zweiten Rechtszug des Betragsverfahrens nicht ausgeschlossen.[64] Gleiches gilt im Verhältnis von Urkundenprozess und **Nachverfahren**[65] im höheren Rechtszug.[66] Mitwirkung nur 25

---

46 BGH NJW 2002, 2401, 2402 f.; BVerwG MDR 1980, 168; OLG Saarbrücken NJW-RR 1994, 765

47 BGH NJW 2002, 2401, 2402 f.; OLG München NJW 1964, 1377; BVerwG MDR 1980, 168; BGH NJW 1998, 1234 (zur StPO).

48 BayObLG NJW-RR 1988, 254.

49 BGH NJW 1960, 1762, 1763; zutr. OLG Düsseldorf NJW-RR 1998, 1763 m. Nachw.

50 BGH NJW 2004, 163; teils ablehnend *Feiber* NJW 2004, 650; *M. Vollkommer* EWiR 2004, 206.

51 OLG Jena OLGR 2000, 77.

52 LG Bonn NJW 1996, 2168.

53 RGZ 105, 107.

54 OLG München NJW 1968, 801 (LS).

55 BVerwG NVwZ-RR 1998, 268.

56 *Schmid* NJW 1974, 729.

57 *Musielak/Heinrich* Rn. 13.

58 BGH NJW-RR 2003, 479.

59 BGH NJW 1981, 1273.

60 RGZ 53, 4; BVerwG NJW 1975, 1241.

61 *Müller* NJW 1961, 102, 103.

62 RGZ 148, 199.

63 BVerfG NJW 2001, 3533; BVerwG NJW 1975, 1241.

64 BGH NJW 1960, 1762; *Musielak/Heinrich* Rn. 13.

65 RGZ 148, 199.

an der Beweisaufnahme oder an einem Beweisbeschluss der früheren Instanz bewirkt gleichfalls nicht die Ausschließung,[67] die Erteilung der Vollstreckungsklausel bewirkt nicht die Ausschließung für die Entscheidung über Einwendungen gegen die Zulässigkeit ihrer Erteilung[68] oder über die Vollstreckungsabwehrklage.[69] Unbedenklich ist ferner die Mitwirkung an einem Vorlagebeschluss an das BVerfG (Art. 100 GG) oder den EuGH (Art. 234 EGV).[70] Über den Wortlaut von Nr. 6 hinausgehend hält das BAG zu Unrecht den Richter im Verfahren über die Berufung gegen eine Entscheidung nach § 343 für ausgeschlossen, der im ersten Rechtszug an dem **Versäumnisurteil** gegen den nicht erschienenen Beklagten (§ 331) mitgewirkt hat.[71] Der Richter, der nur am Erlass der **einstweiligen Verfügung,** nicht aber an dem auf Widerspruch ergangenen Urteil mitgewirkt hat, ist für die Berufung gegen dieses Urteil nicht ausgeschlossen.[72] Der Richter, der am Erlass der erstinstanzlichen Entscheidung mitgewirkt hat, kann in zweiter Instanz als beauftragter oder ersuchter Richter fungieren (Nr. 6 letzter Halbs.).[73]

III. Rechtsfolgen, Verfahren

26 Die Ausschließung betrifft nur ein einzelnes **bestimmtes Verfahren** („In Sachen …"). Die Ausschließungsgründe müssen deshalb für jede einzelne Sache geprüft werden. Bei Verfahrensverbindung (§ 147) erstreckt sich der an sich nur für ein Verfahren geltende Ausschließungsgrund auf alle verbundenen Verfahren für die Dauer der Verbindung. Wegen Parteienhäufung (§§ 59 ff.) und Nebenintervention (§§ 66, 74) vgl. Rn. 15.

27 Liegt eine der Voraussetzungen der Nr. 1 bis 6 vor, so ist der Richter ohne weiteres **kraft Gesetzes** ausgeschlossen. Jede richterliche Tätigkeit (auch die des ersuchten oder beauftragten Richters) in der Sache, auch eine nur vorbereitende (zB Terminsbestimmung) oder nebensächliche, ist ihm versagt.[74] Er darf selbstverständlich auch nicht mittelbar in der Sache tätig werden, indem er durch seine Autorität als Vorsitzender auf die zuständigen Richter maßgeblich einwirkt, die Sache in bestimmter Weise zu behandeln.[75] Die Ausschließung tritt auch bei **Unkenntnis** der Beteiligten einschließlich des betroffenen Richters ein. Verzicht auf die Rechtsfolgen der Ausschließung ist unzulässig und unwirksam. Auch eine Heilung durch rügelose Verhandlung (§ 295) ist, wie der öffentliche Schutzzweck der Norm und der Gegenschluss aus § 43 verdeutlichen, nicht möglich.[76]

28 **Prozesshandlungen** der Parteien, die vor einem ausgeschlossenen Richter vorgenommen werden, bleiben wirksam. Die Prozesshandlungen des Gerichts unter Mitwirkung eines ausgeschlossenen Richters sind unwirksam; sie können, falls keine Bindung eingetreten ist (§§ 318, 577 Abs. 3), mit ordnungsgemäßer Besetzung der Richterbank, also nach Eintritt des geschäftsplanmäßigen Vertreters des ausgeschlossenen Richters, wiederholt werden. Im Übrigen sind Entscheidungen, die unter Beteiligung des ausgeschlossenen Richters erlassen wurden, keineswegs nichtig (vgl. § 7 Halbs. 2 FGG), aber als Verfahrensmangel (vgl. §§ 547 Nr. 2, 576 Abs. 3) mit Rechtsmitteln, nach Rechtskraft der Entscheidung mit der Nichtigkeitsklage (§ 579 Abs. 1 Nr. 2) anfechtbar[77].

29 Die Ausschließung ist **von Amts wegen** zu beachten.[78] An Stelle des ausgeschlossenen Richters tritt sein geschäftsplanmäßiger **Vertreter** (§§ 21 e Abs. 1 S. 1, 21 f Abs. 2, 21 g Abs. 2 GVG). Soweit das nicht geschieht, können die Parteien den Ausschließungssachverhalt durch **Richterablehnung** (§ 42 Abs. 1) geltend machen. Insoweit gelten für das Verfahren §§ 44 bis 47. Bestehen **Zweifel,** ob ein Richter ausgeschlossen ist, so muss ebenfalls das nach § 45 zuständige Gericht entscheiden (§ 48 Abs. 1 letzter Halbs.). Auch bei eindeutigen Ausschließungsgründen, die ohne besonderes Verfahren das Eintreten des Vertreters erlauben, sollte allerdings zweckmäßigerweise ein kurzer **Vermerk** über diesen Sachverhalt niedergelegt werden, um eine etwaige spätere Nachprü-

---

[66] RGZ 148, 199.
[67] RGZ 105, 17.
[68] OLG Frankfurt OLGZ 1968, 170.
[69] BGH LM GG Art. 101 Nr. 19.
[70] BFHE 129, 251.
[71] BAG NJW 1968, 814 = AP Nr. 3 m. abl. Anm. *Baumgärtel/Mes;* vgl. auch *Günther* VerwArch 1991, 179, 188 ff.
[72] BVerfG NJW 2001, 3533; OLG Hamburg MDR 2002, 537; *Musielak/Heinrich* Rn. 13; aA OLG München NJW 1969, 754; OLG Rostock NJW-RR 1999, 1444 m. ausführlicher Problemerörterung und w. Nachw.; *Stein/Jonas/Bork* Rn. 18.
[73] *Musielak/Heinrich* Rn. 13; *Zöller/Vollkommer* Rn. 14.
[74] ZB nach § 6 GKG: BVerfGE 11, 1, 4.
[75] BVerfGE 4, 412 = NJW 1956, 545.
[76] Vgl. OLG Frankfurt NJW 1976, 1545.
[77] *Stein/Jonas/Bork* Rn. 4.
[78] BVerfGE 46, 34, 37; *Musielak/Heinrich* Rn. 2.

fung zu erleichtern. Die Parteien haben Anspruch auf Information über den Grund des Richteraustauschs, wie ihnen überhaupt auf Anfrage, nicht von Amts wegen, die Namen der zur Mitwirkung in ihrer Sache berufenen Richter stets mitgeteilt werden müssen.[79]

§ 42 Ablehnung eines Richters

(1) Ein Richter kann sowohl in den Fällen, in denen er von der Ausübung des Richteramts kraft Gesetzes ausgeschlossen ist, als auch wegen Besorgnis der Befangenheit abgelehnt werden.

(2) Wegen Besorgnis der Befangenheit findet die Ablehnung statt, wenn ein Grund vorliegt, der geeignet ist, Misstrauen gegen die Unparteilichkeit eines Richters zu rechtfertigen.

(3) Das Ablehnungsrecht steht in jedem Falle beiden Parteien zu.

Übersicht

I. Allgemeines

1 **1. Normzweck, Regelungsinhalt.** Die Vorschrift ergänzt den aus § 41 zu entnehmenden Grundsatz der Unparteilichkeit des Richters, indem über die Ausschlussgründe des § 41 hinaus die Neutralität des Richters in weiteren Fällen, in denen die Besorgnis der Befangenheit besteht, gewährleistet wird. Die Partei kann zunächst die von Amts wegen zu beachtenden Ausschließungsgründe durch Ablehnung des Richters verfolgen (vgl. § 41 Rn. 30). Darüber hinaus kann sie – ebenso wie der betroffene Richter (§ 48) – in einem bestimmten geregelten Verfahren die Auswechslung des an sich geschäftsplanmäßig („blind"), ohne Ansehen der Person, bestimmten gesetzlichen Richters betreiben, wenn besorgt werden muss, dass dieser „befangen" ist. Der sachliche Anwendungsbereich des § 42 entspricht dem des § 41 (vgl. dort Rn. 3 bis 5).

2 Im Vergleich zu den Ausschlussgründen des § 41 liegt das Schwergewicht bei der **Befangenheitsablehnung.** Gemessen an der Gesamtzahl der Verfahren ist die Zahl der Richter, zumal Anwälte darauf bedacht sind, das Verhältnis zu den Gerichten nicht durch Befangenheitsgesuche zu belasten, im Zivilprozess gleichwohl eher gering. Der Untersuchung von *Horn* (Material aus 1972) dürfte nur noch begrenzter Aussagewert zukommen. Was die „Erfolgsquote" betrifft, so lässt sich wohl feststellen, dass die Ablehnungsgesuche der Partei selten, die „Selbstablehnungen" des Richters (§ 48) meistens für begründet erklärt werden.

3 **2. Ablehnung als Recht jeder Partei (Abs. 3).** Das Ablehnungsrecht steht nicht nur der Partei zu, sondern auch dem **Streithelfer** (§ 67) und jedem, der ähnlich einer Partei im eigenen Namen am Verfahren beteiligt ist:[1] Dies gilt für den **Zeugen,** der sich gegen die Festsetzung von Ordnungsgeld wehrt (§ 390)[2] wie auch den **Sachverständigen,** der im Verfahren nach § 16 ZSEG (gerichtliche Festsetzung der Sachverständigenentschädigung) persönlich Verfahrensbeteiligter ist; insoweit hat der Sachverständige eine auf dieses Nebenverfahren beschränkte Parteirolle.[3] Im Insolvenzverfahren kann der einzelne **Gläubiger** ein Ablehnungsrecht haben, wenn er von einer Maßnahme des Insolvenzgerichts unmittelbar betroffen wird.[4] Der Insolvenzverwalter kann ungeachtet

---

[79] BVerfG NJW 1998, 369; *Kissel/Mayer* § 16 GVG Rn. 44 m. weit. Nachw.

[1] OLG Zweibrücken MDR 2000, 1214f.

[2] Vgl. OLG Celle NdsRpfl. 1971, 230 Nr. 6.

[3] OLG Frankfurt; OLG Report 1997, 305.

[4] *Musielak/Heinrich* Rn. 17; offengelassen von OLG Köln NJW-RR 1988, 694.

seiner Stellung als Partei kraft Amtes ein Ablehnungsrecht nur als Bevollmächtigter des Schuldners ausüben, weil er als Verwalter der Masse im Insolvenzverfahren weder persönlich beteiligt ist noch mit eigenem Vermögen haftet.[5] Der **gesetzliche Vertreter** der Partei[6] hat ebenso wie ihr **Prozessbevollmächtigter**[7] kein eigenes Ablehnungsrecht.[8] Nicht anders verhält es sich für die Partei kraft Amtes wie den Insolvenzverwalter.[9] Das Ablehnungsrecht steht immer jeder Partei zu, kann also auch vom **Gegner** oder Streitgenossen der Partei ausgeübt werden, in deren Beziehungen zu dem Richter sich der Befangenheitsgrund gründet; der Kläger kann sich also darauf berufen, dass ein Befangenheitsgrund gegenüber dem Beklagten besteht. Richtet sich die beanstandete Maßnahme des Richters aber gem. § 176 GVG gegen die Zuhörer, so können die Parteien hieraus ein Ablehnungsrecht nicht herleiten.[10] Das Recht wird durch ein **Ablehnungsgesuch** (§ 44) ausgeübt. Die Ablehnung kann sich immer nur auf einen bestimmten Richter und einen bestimmten Prozess beziehen (wie bei § 41, vgl. dort Rn. 9, 26). Dies schließt freilich nicht aus, dass Befangenheitsgründe, die in einem anderen Prozess festgestellt worden sind und zur erfolgreichen Ablehnung führten, auch für einen neuen Rechtsstreit gelten können (man spricht hier von **übergreifenden Ablehnungsgründen**);[11] nur müssen sie jeweils neu geltend gemacht werden. Unzulässig ist es, ein Gericht als ganzes[12] abzulehnen (vgl. § 41 Rn. 9) oder einen Richter nur wegen seiner Zugehörigkeit zu einem bestimmten Gericht.[13] Ein Ablehnungsgesuch kann nicht auf **nach der Verkündung** einer Entscheidung entstandene oder bekannt gewordene Gründe gestützt werden.[14] Wegen der Einzelheiten zum Verfahren im Übrigen: §§ 44 bis 46.

II. Grundsätzliches zur Besorgnis der Befangenheit (Abs. 2)

4 **1. Begriffe.** Das Recht der Ablehnung wegen Besorgnis der Befangenheit setzt das **objektiv** zu verstehende Vorliegen eines Befangenheitsgrundes voraus. Nicht irgendein subjektives Misstrauen rechtfertigt die Ablehnung, sondern nur ein gegenständlicher, vernünftiger Grund. Ob der Richter wirklich befangen ist, spielt keine Rolle. Es genügt, dass Tatsachen vorliegen, die aus der Sicht der Partei geeignet sind, seine Unparteilichkeit zu befürchten. Noch weniger kommt es darauf an, ob er sich befangen fühlt. Andererseits muss jedoch auch jedes individuell begründete oder gesteigerte Misstrauen ausscheiden. Entscheidend ist vielmehr, ob eine „normale", sachlich und vernunftgemäß denkende **Partei** in gleicher Lage einen Grund sähe, der Unparteilichkeit des Richters zu misstrauen. Es kommt also auf eine Bewertung gleichsam von außen her mit dem Blick der (fiktiven) „Normalpartei" an oder, wie das Bundesverfassungsgericht es nennt, aus der „Sicht eines vernünftigen Prozessbeteiligten".[15] Maßstab ist also nicht, ob der Richter sich befangen fühlt oder tatsächlich befangen ist, sondern ob aus der Sicht einer objektiv und vernünftig urteilenden Partei die Besorgnis besteht, der zur Entscheidung berufene Richter stehe der Sache nicht unvoreingenommen und unparteiisch gegenüber.[16] In die **Objektivierung** bei der Beurteilung der Umstände hat auch die subjektive Komponente der Sicht einer durchschnittlichen Partei einzufließen.[17]

5 Befangenheit, gleichbedeutend mit **Parteilichkeit** oder Voreingenommenheit, ist die **unsachliche innere Einstellung** des Richters zu den Beteiligten oder zum Gegenstand des konkreten Verfahrens.[18] Sie tendiert zu der Gefahr, dass sachfremde Umstände die Bearbeitung und Entscheidung der Sache beeinflussen und dadurch ein Prozessbeteiligter bevorzugt oder benachteiligt wird. Eng verknüpft mit dem Befangenheitsrecht ist das richterliche Dienstrecht, insbesondere das **Zurückhaltungsgebot** des § 39 DRiG. Der Richter, der auf Grund seiner Zuständigkeit damit rechnen

---

[5] OLG Zweibrücken OLGReport 2000, 326 f., insoweit bei MDR 2000, 1214 nicht abgedruckt.
[6] OLG Köln NJW-RR 1988, 694; *Zöller/Vollkommer* Rn. 2.
[7] OLG Zweibrücken MDR 2000, 1214 f.
[8] OLG Düsseldorf JMBlNRW 1956, 161; OLG Celle NdsRpfl. 1971, 231; OLG Nürnberg MDR 1972, 332; BayObLG NJW 1975, 699; OLG Karlsruhe NJW-RR 1987, 126.
[9] OLG Zweibrücken Rpfleger 2000, 265; *Musielak/Heinrich* Rn. 17.
[10] AA LG Berlin MDR 1982, 154.
[11] Beispiele: OLG Brandenburg MDR 2000, 47; OLG Karlsruhe Justiz 1987, 144; OLG Celle NdsRpfl. 1976, 215; OLG Frankfurt FamRZ 1986, 291.
[12] BGH NJW-RR 2002, 789.
[13] BGH NJW 1974, 55.
[14] BGH BGHReport 2007, 219.
[15] BVerfG NJW 2000, 2808; 1993, 2231; OLG Celle AnwBl. 1997, 295; OLG Hamm FamRZ 1999, 936; OLG Saarbrücken NJW-RR 1994, 763; VGH Mannheim NJW 1986, 2068; vgl. auch *Günther* ZZP 105 (1992), 20, 21 m. weit. Nachw.
[16] BGH NJW 2004, 163 f.
[17] *Musielak/Heinrich* Rn. 5.
[18] *Riedel* S. 86.

muss, mit bestimmten Personen oder Sachverhalten dienstlich befasst zu werden, muss sich in Beziehung auf diese Personen oder Sachverhalte äußerster Zurückhaltung befleißigen.

2. Auslegung und Anwendung. Art. 101 Abs. 1 S. 2 GG mutet jeder Partei grundsätzlich zu, sich auch mit einem Richter abzufinden, der ihr nicht gefällt und von dem sie eine für sie günstige Entscheidung nicht erhofft. Nur **ausnahmsweise,** wenn tatsächliche Gründe bestehen, die ernsthaft Parteilichkeit des Richters befürchten lassen, erlaubt Abs. 2, ihn gegen einen anderen auszuwechseln. Das Gesetz knüpft den Erfolg der Ablehnung daran, dass ein Ablehnungsgrund vorhanden ist. Bestehen Zweifel, ob er gegeben ist, so muss das Ablehnungsgesuch zurückgewiesen werden.[19] Die Notwendigkeit einer eindeutigen Feststellung der Befangenheit sollte die Gerichte zur Vermeidung des „bösen Scheins" nicht daran hindern, bei der Bejahung eines Ablehnungsgrundes eher großzügig zu verfahren.[20] Sind die tatsächlichen und damit objektivierbaren Grundlagen einer Auseinandersetzung zwischen der Partei und dem Richter unaufklärbar, sollte dem Ablehnungsgesuch wegen des gegen den Richter sprechenden Anscheins nach der gesetzgeberischen Intention des § 42 Abs. 2 stattgegeben werden. Dies gilt auch, wenn sich die dienstliche Erklärung des Richters und die eidesstattliche Versicherung des Anwalts im entscheidenden Punkt widersprechen.[21] 6

3. Zur Systematik der Befangenheitsgründe. Bei dem Versuch, die **Kriterien** für die Befangenheitsgründe zu gewinnen, bietet das Gesetz mit § 41 einen gewissen, ersten Anhaltspunkt, der eine gewisse Fallgruppenbildung ermöglicht. Sachverhalte, die den Ausschließungsgründen ähnlich sind, können Befangenheitsgründe darstellen (vgl. § 41 Rn. 14). Je näher sie den Ausschließungsgründen stehen, umso eher wird die Ablehnung berechtigt sein. Umstände, die die Besorgnis nahe legen, der Richter werde parteiisch (= unsachlich) entscheiden, können sich einmal aus besonderen **Beziehungen** ergeben, in denen der Richter zu den Beteiligten des konkreten Verfahrens oder zum Gegenstand des Streits steht, zum anderen aus bestimmten **Handlungen** des Richters außerhalb oder innerhalb des Verfahrens. Überschneidungen zwischen diesen Gruppen sind zwar möglich, gleichwohl erweist sich diese systematische Einteilung (näher hierzu Rn. 8 ff.) als nützlich, wenn über die Begründetheit von Ablehnungsgesuchen (§ 44) oder Selbstablehnungen (§ 48) zu entscheiden ist. 7

III. Befangenheitsgründe im Einzelnen

1. Besondere Beziehungen des Richters zu Prozessbeteiligten. Sie können sowohl Rechtsbeziehungen (Rn. 9) als auch rein tatsächliche Verflechtungen und gefühlsmäßige Bindungen (Rn. 10 bis 12) erfassen. Unter Prozessbeteiligten sind in diesem Zusammenhang nicht nur die Parteien, sondern auch deren Vertreter, unter Umständen auch Beweispersonen (Zeugen und Sachverständige) zu verstehen. Ergibt die persönliche Beziehung für sich allein noch keinen Ablehnungsgrund, so kann dieser unter Umständen aus der Verknüpfung mit einer sachlichen Beziehung zum Streitfall (vgl. Rn. 13 ff.) hergeleitet werden, also etwa aus einem wirtschaftlichen Interesse am Prozessausgang oder aus einer Befassung mit dem Prozessstoff. Eine Richterin kann wegen Besorgnis der Befangenheit abgelehnt werden, wenn sie die Ehefrau des Bruders des gegnerischen Prozessbevollmächtigten ist und mit ihrem Schwager über den anstehenden Rechtsstreit gesprochen hat.[22] Entscheidend ist die Intensität, den der geschäftliche oder soziale Kontakt zwischen dem Richter und Verfahrensbeteiligten bzw. dem Prozessstoff aufweist. 8

Beispiele für **Rechtsbeziehungen:** Ehe, **Verwandtschaft** und Schwägerschaft, soweit sie von § 41 nicht erfasst werden, etwa die Ehefrau des Richters als Prozessbevollmächtigte[23] oder als Zeugin. Die Mitwirkung seiner Ehefrau bei der Kollegialentscheidung des LG begründet ohne Hinzutreten weiterer Umstände für sich genommen keinen Ablehnungsgrund zu Lasten des im Berufungsrechtszug mit der Sache befassten OLG-Richters.[24] Befangenheit kann durch die Ehe des Richters mit einer bei der Partei oder ihrem Bevollmächtigten beschäftigten Person (Sohn des Richters als angestellter Anwalt) gegeben sein.[25] Bei **Dienstverhältnissen** und **Mitgliedschaften** kommt es einerseits auf die Größe des Betriebes oder der Organisation an, andererseits auf Stellung und Tätigkeitsgebiet des Betroffenen innerhalb der Organisation. Die Richterin, deren Ehemann 9

---

[19] Wie hier BayObLG DRiZ 1977, 245; *Stein/Jonas/Bork* Rn. 2; *Schneider* DRiZ 1978, 44; verfehlt dagegen OLG Celle MDR 1988, 970.

[20] KG NJW-RR 2000, 1164 f.; *Arzt* ZZP 91 (1978), 88; *Teplitzky* JuS 1969, 318, 319; aA 2. Aufl. Rn. 5.

[21] OLG Stuttgart MDR 2007, 545.

[22] KGNJW-RR 2000, 1164 f.

[23] KG NJW-RR 2000, 1164; OLG Jena MDR 2000, 540; OLG Brandenburg OLGR 2000, 77; LSG Rheinland-Pfalz NJW-RR 1998, 1765.

[24] BGH NJW 2004, 163; teils ablehnend *Feiber* NJW 2004, 650; *M. Vollkommer* EWiR 2004, 206.

[25] BGH NJW 1995, 1679; OLG Schleswig Sch/HA 2000, 253.

Angestellter einer großen Aktiengesellschaft ist, wird nur in einem Prozess dieses Unternehmens befangen sein, in den ihr Ehemann involviert ist oder der die Existenz des Unternehmens betrifft. Ein Ablehnungsrecht ist begründet, wenn der Richter Gesellschafter einer am Verfahren beteiligten juristischen Person ist und nach Art und Umfang der Beteiligung ein eigenes Interesse an deren Obsiegen nicht ganz fernliegt.[26] Der Insolvenzrichter kann nur abgelehnt werden, wenn über die persönliche Beziehung zu dem Insolvenzverwalter hinaus auf das konkrete Verfahren bezogene Umstände vorliegen.[27] Bei juristischen Personen oder Vereinigungen mit zahlreichen Mitgliedern reicht folglich die bloße Zugehörigkeit nicht aus.[28] Vielmehr ist Befangenheit anzunehmen, wenn der Richter Großaktionär[29] und nicht bloß „einfacher" Aktionär[30] einer am Prozess beteiligten Partei ist. Die Mitgliedschaft in einer **politischen Partei**[31] oder einer **Gewerkschaft** bzw. einem Arbeitgeberverband[32] begründet ebenso wenig wie sonstige religiöse oder weltanschauliche Bindungen eine Befangenheit des Richters im Verhältnis zu einer Partei, die einer gegnerischen Organisation angehört oder gegenteilige weltanschauliche Ansichten vertritt. Anders kann es sich verhalten, wenn die politische Partei bzw. Organisation selbst am Verfahren beteiligt ist.[33] Die (frühere) Mitgliedschaft in einem Verein mit rechtspolitischer Zielsetzung soll auch dann nicht Befangenheit begründen, wenn die vom Verein verfolgten Ziele den Gegenstand des Rechtsstreits berühren.[34] Ebenso unbedenklich ist die bloße Mitgliedschaft des Richters in einem Sportverein oder im Rotary-Club[35] und wie auch das Lehrauftragsverhältnis eines Richters im Verfahren der betreffenden Hochschule.[36] Die Besorgnis der Befangenheit ist auch nicht ohne weiteres begründet im Rechtsstreit einer (großen) Stadtgemeinde oder eines Landkreises, wenn der Richter Stadtverordneter oder Kreistagsabgeordneter ist.[37] Der in § 54 Abs. 3 VwGO enthaltene Rechtsgedanke (vgl. auch § 51 Abs. 3 FGO, § 60 Abs. 3 SGG) ist für den Zivilprozess nicht zwingend. Normale (nicht enge oder wirtschaftlich bedeutende) **geschäftliche Beziehungen** des Richters zu einer Partei ohne Hinzutreten besonderer Umstände wie etwa einer gewissen wirtschaftlichen Abhängigkeit sollen die Befangenheit nicht rechtfertigen.[38] Während dem für den Fall, dass ein Prozessbevollmächtigter als Anwalt den Richter in eigenen Angelegenheiten vertritt,[39] zugestimmt werden kann, erscheint es für den Fall des Werkvertrages zwischen dem Ehemann der Richterin und der Partei (Bau des Hauses der Richterin)[40] bedenklich; hier sollte der Selbstablehnung der Richterin stattgegeben werden. Unschädlich ist die Mitgliedschaft in einer Massenorganisation wie dem ADAC,[41] des GRUR e. V.[42] oder der Vertreterversammlung einer Genossenschaft[43] Ein Richter ist nicht befangen, wenn er für einen Verfahrensbeteiligten vor 18 bzw. 13 Jahren als Auftragsgutachter und Verfahrensbevollmächtigter in einer Sache mit ähnlichem Gegenstand tätig gewesen ist.[44] Eine intensive geschäftliche Beziehung zu einer Prozesspartei, die noch nicht begonnen hat, sondern erst beabsichtigt ist, soll (noch) nicht die Besorgnis der Befangenheit rechtfertigen;[45] andererseits kann die Erwartung gemeinsamen künftigen wirtschaftlichen Erfolgs durchaus auf die Einstellung eines Richters zu der Partei einwirken.[46]

---

[26] BGH NJW 1991, 982, 985.
[27] BVerfG NJW 2004, 3550; BVerfG ZIP 1988, 174.
[28] KG NJW 1963, 451; OLG Stuttgart NJW-RR 1995, 300.
[29] KG NJW 1963, 451.
[30] BayObLG ZIP 2002, 1038.
[31] OLG Koblenz NJW 1969, 1177; VGH Mannheim NJW 1975, 1048; *Gilles* DRiZ 1983, 41, 48; vgl. auch *Vollkommer,* FS Hubmann, 1985, S. 445, 456.
[32] BAG NZA 1998, 332; BAG DB 1996, 2394; BAG AP § 41 Nr. 2 m. zust. Anm. *Wieczorek;* BAG DB 1978, 215; ebenso *Vollkommer,* FS Hubmann, 1985, S. 445, 466; vgl. auch *Lemppenau* DRiZ 1992, 381.
[33] *Zöller/Vollkommer* Rn. 11.
[34] BVerfG NJW 1993, 2230 (zu § 18 BVerfGG).
[35] OLG Karlsruhe NJW-RR 1988, 1534; OLG Schleswig SchlHA 1996, 49; OLG Frankfurt NJW-RR 1998, 1764.
[36] OVG Münster NJW 1975, 2119 (LS).
[37] Anders OLG Celle NdsRpfl. 1976, 91 für den Fall einer kommunalpolitisch bedeutsamen Angelegenheit.
[38] OLG Celle NdsRpfl. 1971, 231; *Schneider* DRiZ 1978, 42, 45; anders aber bei wirtschaftlicher Abhängigkeit, vgl. *Rosenberg* JZ 1951, 214.
[39] OLG Köln ZZP 70 (1957), 139.
[40] LG Regensburg FamRZ 1979, 525.
[41] *Thomas/Putzo/Hüßtege* Rn. 10.
[42] BGH NJW-RR 2003, 281; BGH BGHReport 2001, 432.
[43] BGH NJW 1998, 550.
[44] BVerfG NJW 1999, 2801; vgl. aber auch BVerfG NJW 1999, 413 und dazu *Lamprecht,* Karlsruher Befangenheitslogik, NJW 1999, 2791.
[45] OLG Zweibrücken NJW-RR 1998, 857.
[46] *Zöller/Vollkommer* Rn. 12.

Beispiele für nichtrechtliche oder nicht unmittelbar rechtliche **Beziehungen:** Freundschaft oder Feindschaft, außereheliche Lebensgemeinschaft (auch frühere) sowie alle **starken gefühlsmäßigen** Bindungen. Sie werden meistens die Besorgnis der Befangenheit begründen, etwa wenn Partei und Richter verlobt sind (waren), durch ein Liebesverhältnis oder eine **enge Freundschaft** verbunden sind (waren).[47] Ausreichend ist auch eine langjährige Duz-Freundschaft zwischen einem Richter und einer Streitverkündeten, die im Hauptberuf Staatsanwältin ist.[48] Unbedenklich ist ein aus der gemeinsamen Ausbildung herrührenden Duz-Verhältnis zwischen Richter und Anwalt.[49] Die Ehe zwischen Richter und einem nicht sachbearbeitenden Sozietätsmitglied bewirkt keine Befangenheit.[50] Eine private Bekanntschaft zwischen einem Richter und einem Prozessbevollmächtigten auf Grund der gemeinsamen Wahrnehmung einer Vorstandstätigkeit in einem Verein vermag eine Befangenheit nicht zu rechtfertigen.[51] Freilich kommt es auch hier auf die Umstände des Einzelfalles an. In einer Wohnungseigentumssache ist der Tatsache, dass der Richter mit vier von 200 antragstellenden Wohnungseigentümern befreundet war, als im Sinne von § 42 nicht erheblich bezeichnet worden.[52] Abgrenzungsschwierigkeiten ergeben sich in den weniger eindeutigen Zwischenbereichen, etwa bei den engen freundschaftlichen Verbindungen oder den Konflikten nicht mit der Partei, sondern mit deren Vertretern und Angehörigen sowie bei den Bekanntschaftsverhältnissen und Kollegialitätsbeziehungen zur Partei (vgl. hierzu auch Rn. 12). Bloße Sympathie oder Antipathie begründet für sich genommen noch keine Befangenheit.[53] Fühlt sich der Kläger durch seine (frühere) Frau hintergangen, so ist eine Richterin nicht allein deshalb befangen, weil sie eine Frau ist.[54] 10

Starke **Spannungen** zwischen Richter und **Rechtsanwalt** geben nur der Partei, niemals dem Anwalt aus eigenem Recht, ein Ablehnungsrecht, und auch dies nur dann, wenn sie in dem betreffenden Verfahren **der Partei gegenüber** zutage getreten sind.[55] Sachliche Differenzen zwischen Richter und Anwalt über die Rechtslage, Verfahrensgestaltung und Sitzungspolizei sind für einen kontradiktorischen Zivilprozess prägend.[56] Im Allgemeinen sind daher Differenzen zwischen Richter und Prozessbevollmächtigten nicht geeignet, die Unparteilichkeit des Richters gegenüber der Partei in Zweifel zu ziehen.[57] 11

Nicht besonders enge **gesellschaftliche,** dienstliche oder berufliche **Kontakte,** kollegiales Verhältnis, Nachbarschaft, Bekanntschaft, bloße gemeinsame Mitgliedschaft in Vereinen oder Organisationen, Schulkameradschaft, bloße Mitautoreneigenschaft an einem Kommentar[58] sind abzugrenzen von enger[59] freundschaftlicher Verbundenheit und geben regelmäßig bei Fehlen besonderer zusätzlicher Umstände **keinen Befangenheitsgrund.**[60] Allerdings wird entscheidend auch hier immer die Intensität oder die Nähe der Beziehung sein. Im Prozess eines Richterkollegen des gleichen Gerichts[61] muss auch beim Fehlen freundschaftlicher oder sonstiger zusätzlicher Bindungen die Besorgnis der Befangenheit wohl meistens bejaht werden müssen, wenn die Zusammenarbeit im beruflichen Bereich sehr eng ist, also in der Regel bei Zugehörigkeit zum **gleichen Spruchkörper.**[62] Dies gilt für den Vorsitzenden einer Kammer für Handelssachen, wenn ein der Kammer an- 12

---

[47] BayObLG NJW-RR 1987, 127.
[48] LG Leipzig NJW-RR 2004, 1003.
[49] BGH BGHReport 2007, 357.
[50] KG NJW-RR 2000, 1164; LG Hanau NJW-RR 2003, 1368.
[51] OLG Hamburg MDR 2003, 287.
[52] BayObLG NJW-RR 1987, 127.
[53] BVerfGE 73, 330, 339 = NJW 1987, 430f.
[54] LSG Hessen NJW 2003, 1270.
[55] OLG Zweibrücken NJW-RR 2000, 864; BayObLG NJW 1975, 699; OLG Nürnberg MDR 1972, 332; OLG Frankfurt FamRZ 1978, 799; OLG Celle AnwBl. 1952/1953, 335; OLG Köln ZIP 1988, 110 (Konkursverwalter); LG Aachen MDR 1964, 422; BFH DB 1977, 2422; *Schneider* DRiZ 1978, 42, 45; BVerfG ZIP 1988, 174 = KTS 1988, 309 und dazu *Vollkommer* EWiR § 42 ZPO 1/88, 619; OLG Köln NJW-RR 1988, 694.
[56] KG KGR 2001, 236; OLG Braunschweig NJW 1995, 2113.
[57] OLG Nürnberg OLGZ 1994, 209; OLG Karlsruhe NJW-RR 1987, 126; OLG Frankfurt FamRZ 1978, 799; unzutreffend dagegen LG Kassel AnwBl. 1986, 104; ausführlich zu diesem Problemkreis *Günther* ZZP 1992, 20.
[58] BGH BGHReport 2005, 1350; LG Göttingen NJW 1999, 2826.
[59] BayObLG NJW-RR 1987, 127.
[60] BGH LM Nr. 2; OLG Celle NdsRpfl. 1963, 37; 1963, 231; LG Göttingen NJW 1999, 2826; LG Bonn NJW 1966, 160 m. abl. Anm. *Rasehorn* NJW 1966, 666; LG Ellwangen Justiz 1976, 513; LG Kiel MDR 1951, 753; LG Göttingen Rpfleger 1976, 55; OVG Berlin JR 1969, 159; LAG Schleswig-Holstein SchlHA 1968, 213; ArbG Münster AP Nr. 4; aA OLG Hamm MDR 1978, 583 („unbewußte Solidarisionseffekte"). Zutreffend abwägend OLG Schleswig MDR 1988, 236 = JurBüro 1988, 525 (für Handelsrichter). Besonderheiten beim Handelsrichter: OLG Stuttgart ZIP 1994, 778; dazu *Pfeiffer* ZIP 1994, 769.
[61] Vgl. BGH NJW 1957, 1400.
[62] *Zöller/Vollkommer* Rn. 12a.

gehörender Handelsrichter Geschäftsführer einer Partei ist.[63] Ist die Zusammenarbeit in dem Spruchkörper seit geraumer Zeit beendet, kommt Befangenheit nur bei fortwährendem – freundschaftlichen oder feindlichen – Kontakt in Betracht.[64] Bei Amtsrichtern kann sich die engere dienstliche Zusammenarbeit aus ständiger gegenseitiger Vertretung ergeben. Ist die Partei nicht Berufsrichter, sondern **Handelsrichter** einer Kammer für Handelssachen, so sind der Vorsitzende und die anderen Handelsrichter dieser Kammer in einem Wettbewerbsprozess des Handelsrichters als befangen zu erachten.[65] Der bloße Umstand, dass die Anstellungskörperschaft oder der Dienstherr des Richters Partei des Rechtsstreits ist, genügt nicht zur Ablehnung, auch nicht, wenn speziell der Justizfiskus klagt oder der Präsident des Gerichts als Prozessführungsberechtigter der Partei auftritt.[66] Der einzelne Richter oder Beamte kann in einem eigenen Prozess nicht den Gerichtspräsidenten, der dem zuständigen Spruchkörper angehört, mit der Begründung ablehnen, jener sei Inhaber der Dienstaufsicht. Ebenso ist der Richter auf Probe nicht bereits befangen, wenn der Prozess gegen seinen Dienstherrn geführt wird.[67] Ein Ablehnungsgrund kann sich allerdings im Einzelfall aus bestimmten Handlungen ergeben, die der Richter als Dienstvorgesetzter vorgenommen hat.[68]

13 **2. Besondere Beziehungen des Richters zum Streitstoff.** Die **außergerichtliche Interessenwahrnehmung** des Richters für eine Partei begründet die Besorgnis der Befangenheit, wenn einer Partei vorprozessual eine Rechtsauskunft erteilt[69] oder ihr gar ein Privatgutachten[70] erstattet wird. Ebenso verhält es sich, wenn der Richter in einem gleichgelagerten Verfahren als Bevollmächtigter der Partei[71] aufgetreten ist oder als Referent für die Bearbeitung von Amtshaftungsansprüchen für den das Land außergerichtlich vertretenden OLG-Präsidenten in der Streitsache ein Gutachten erstattet hat.[72] Anders ist es zu beurteilen, wenn die Auskunft beiden Teilen gegeben wird.[73] Unschädlich sind selbstverständlich (neutrale) Äußerungen im Rahmen der materiellen Prozessförderungspflicht.[74]

14 Vorliegende Gruppe erfasst alle nicht schon in § 41 Nr. 4 bis 6 geregelten Formen der **Vorbefassung.** Die Vorbefassung, die zur Annahme führen kann, der Richter werde die bei früherer Behandlung der Sache geäußerte Rechtsauffassung beibehalten, gibt für sich allein grundsätzlich keinen Befangenheitsgrund. Es ist in der gerichtlichen Praxis nicht selten, dass Richter mit bestimmten Sachverhalten oder Rechtsfragen wiederholt befasst werden und dass sie Rechtsstreitigkeiten derselben Parteien mehrfach entscheiden müssen, weil das **Prinzip des gesetzlichen Richters** (Art. 101 Abs. 1 S. 2 GG, §§ 16 S. 2, 21e GVG) dies gebietet. Es handelt sich dabei um eine prozessordnungsgemäße Mehrfachbefassung, die für sich allein die Richterablehnung nicht zu rechtfertigen vermag.[75] Deshalb wird die Richterablehnung in den Fällen der Vorbefassung nur gerechtfertigt sein, wenn zusätzliche konkrete Umstände vorliegen, aus denen sich etwa ergibt, dass der Richter nicht bereit ist, seine früher geäußerte Meinung kritisch, auch selbstkritisch, zu überprüfen. Ausnahmen sind die Sachverhalte, bei denen sich der Richter durch auffälliges Verhalten (zB unsachliche Wortwahl oder durch die Erklärung, er sei nicht bereit, seine früher geäußerte Meinung zu überprüfen) dem Verdacht ausgesetzt hat, er sei parteiisch festgelegt. Diese Fälle werden jedoch ohnehin in der Kategorie Verhalten des Richters (vgl. Rn. 18ff., 26) erfasst. Werden vor demselben Richter mehrere Parallelverfahren geführt und hat in einem dieser Verfahren ein Befangenheitsgesuch Erfolg, kann der Richter auch in dem anderen Verfahren unter Berufung auf diesen Sachverhalt abgelehnt werden.[76] Die Beurteilung hängt aber von dem konkreten Befangenheitsgrund ab.[77]

15 Von vornherein ausgeschlossen ist eine Befangenheitsablehnung in allen Fällen, in denen eine richterliche **Vorbefassung prozessimmanent, typisch,** vom Gesetz vorgesehen ist.[78] Beispiele:

---

[63] OLG Nürnberg MDR 2006, 1185.
[64] BVerfG NJW 2004, 3550.
[65] OLG Nürnberg NJW 1967, 1864; OLG Hamm MDR 1978, 583; *Zöller/Vollkommer* Rn. 12a; aA OLG Schleswig MDR 1988, 236; 2. Aufl. Rn. 12.
[66] OVG Berlin JR 1969, 159; KG NJW-RR 1996, 1403.
[67] KG NJW-RR 1997, 1403; KG MDR 1995, 1164; *Musielak/Heinrich* Rn. 15; aA LG Berlin NJW 1956, 1402; *Zöller/Vollkommer* Rn. 12a.
[68] BayObLG MDR 1988, 970.
[69] *Baumbach/Lauterbach/Hartmann* Rn. 38; unklar LAG Sachsen MDR 2001, 516 mit abl. Anm. *Schneider.*
[70] BVerfGE 88, 1, 3 = NJW 1993, 2231.
[71] BVerfG NJW 1997, 1500.
[72] OLG Dresden MDR 2005, 106.
[73] BayObLG NZM 2000, 295.
[74] *Zöller/Vollkommer* Rn. 14.
[75] BGH NJW-RR 2003, 479; BAG NJW 1993, 879.
[76] OLG Brandenburg MDR 2000, 47.
[77] BerlVerfGH NJW-RR 2002, 70.
[78] BGH NJW-RR 2003, 479; BAG NJW 1993, 879; OLG Saarbrücken OLGZ 1976, 469.

Nach Einspruch gegen das Versäumnisurteil muss der Richter, der es erlassen hat, erneut über die Schlüssigkeit befinden,[79] nach Widerspruch gegen die ohne mündliche Verhandlung erlassene einstweilige Verfügung erneut über Verfügungsgrund und Verfügungsanspruch ,später möglicherweise im Hauptsacheverfahren entscheiden.[80] Derselbe Richter befindet über Prozesskostenhilfe,[81] im Urkundenprozess und im Nachverfahren[82], über den Einstellungsantrag und Hauptsache und nach Zurückverweisung durch das Revisionsgericht (§ 563 Abs. 1 ZPO). Das Gesetz setzt in diesen Fällen als selbstverständlich voraus, dass der Richter bei der jeweils erneuten Behandlung der Sache unbefangen seine frühere Meinung überprüft und sich von ihr, wenn nötig, löst.

Nichts anderes gilt für die **atypischen** Möglichkeiten der richterlichen Vorbefassung wie Versetzung des Erstrichters an den Berufungsspruchkörper, Rückkehr des Berufungsrichters an erste Instanz,[83] Wiederaufnahme (ausgenommen natürlich der Sonderfall des § 580 Nr. 5)[84] wie auch die vorangegangene richterliche Vorbefassung mit einem Strafverfahren oder Bußgeldverfahren wegen des gleichen Sachverhalts.[85] Alles dies reicht für sich allein nicht aus, um eine Besorgnis der Befangenheit im Sinne der Voreingenommenheit zu begründen,[86] ebenso wenig wie die wiederholte Äußerung einer bestimmten Rechtsauffassung in früheren ähnlichen Verfahren.[87] Fraglich erscheint deshalb, ob ein Befangenheitsgrund aus einer einseitigen, den Vortrag der Gegenseite unkritisch übernehmenden Urteilsbegründung in einem vorangegangenen Verfahren hergeleitet werden kann.[88] Die Beteiligung eines konventionellen Landbau betreibenden ehrenamtlichen Richters in einer Landwirtschaftssache rechtfertigt nicht die Ablehnung wegen Befangenheit durch einen klagenden „Öko"-Bauern.[89] 16

Abweichend ist diese Frage indes zu beurteilen, sofern der Richter mit dem Prozessstoff früher nicht als unparteiischer Richter, sondern in **anderer Eigenschaft** beschäftigt war, zB als Rechtsanwalt, Staatsanwalt, Verwaltungsbeamter, Sachbearbeiter eines Wirtschaftsunternehmens, Gewerkschaftssekretär, Sachverständiger, Schiedsgutachter oder sonst im Auftrag oder im Interesse einer Partei. Obwohl es auch hier auf die Einzelumstände ankommt, wird man bei dieser Form der Vorbefassung im Regelfall die Besorgnis der Befangenheit bejahen müssen,[90] denn hier erscheint der Richter in seiner früheren Rolle als **Gegner** einer Partei. Entsprechendes kann auch gelten, wenn die Vorbefassung nicht in der Rolle des Gegners, sondern eines neutralen Sachwalters stattgefunden hat, dem Richter aber eine **Pflichtverletzung** in dieser früheren Rolle vorgeworfen wird. So kann die Ablehnung eines Nachlassrichters begründet sein, der einen von ihm früher als Notar beurkundeten Vertrag auslegen soll.[91] 17

3. Verhalten des Richters außerhalb des Rechtsstreits. Bei **provozierten** Handlungen müssen die Fälle normaler, sachgerechter, verhältnismäßiger Reaktion von vornherein ausgeschieden werden. Manche Parteien meinen, sie brauchten nur eine Strafanzeige oder eine Dienstaufsichtsbeschwerde gegen den Richter zu erstatten oder ihn zu beleidigen, um daraus die Befangenheit des Richters ihnen gegenüber herleiten zu können. Das ist abwegig. Die Partei kann nicht den 18

---

[79] OLG Rostock NJW-RR 1999, 1445.
[80] OLG Saarbrücken OLGZ 1976, 469; OLG Saarbrücken NJW-RR 1994, 765.
[81] OLG Hamm NJW-RR 1976, 1459.
[82] *Schmid* NJW 1974, 730.
[83] OLG Karlsruhe FamRZ 1992, 1194.
[84] *Zöller/Vollkommer* Rn. 18.
[85] BGH NJW 1967, 155 f.
[86] Wie hier BGH NJW-RR 1986, 738; OLG Düsseldorf NJW-RR 1998, 1763; OLG Breslau DR 1943, 95; OLG Nürnberg AnwBl. 1964, 177; OLG Karlsruhe MDR 1970, 148; OLG Stuttgart Justiz 1970, 261; OLG Köln NJW 1971, 569; OLG Karlsruhe OLGZ 1975, 242; OLG Hamm OLGZ 1977, 105; OLG Celle Nds-Rpfl. 1971, 231; OLG Frankfurt NJW 1980, 1805 (LS) = Rpfleger 1980, 300; LG Dortmund NJW 1966, 206; BVerwG NJW 1977, 312; *Schmid* NJW 1974, 729; aA OLG Düsseldorf NJW 1967, 987 (unter Beschränkung auf einen Ausnahmefall); OLG Koblenz NJW 1967, 2213; OLG Hamm NJW 1970, 568 (Einzelfallwürdigung entscheidend); OLG Hamburg FamRZ 1988, 186; OLG Düsseldorf NJW 1971, 1221 (für Wiederaufnahmeverfahren); OLG Zweibrücken NJW 1974, 955 (im Wiederaufnahmeverfahren je nach Einzelfall); OLG Karlsruhe FamRZ 1996, 556 (Berufungsrichter); LG Bonn NJW 1996, 2168 (Verbandsschiedsrichter); LG Würzburg NJW 1973, 1932 (Berufungsrichter); *Stemmler* NJW 1974, 1545; kritisch zum Problemkreis der Vorbefassung *E. Peters,* FS G. Lüke, S. 603; vgl. auch *Günther* VerwArch 1991, 179, 196 ff.
[87] LSG Darmstadt MDR 1986, 436.
[88] OLG Schleswig MDR 2007, 423.
[89] OLG Köln NJW-RR 2006, 64.
[90] Vgl. BVerfG NJW 1999, 413; BGH NJW 1967, 155, 156; BGH NJW-RR 1988, 766; BayObLG NJW 1950, 909; OLG Nürnberg AnwBl. 1964, 22; OLG Celle NdsRpfl. 1983, 94; aA ArbG Münster AP Nr. 5 (für „routinemäßige" Vorbefassung).
[91] OLG Karlsruhe NJW-RR 1989, 1095.

Befangenheitssachverhalt **selbst schaffen,** sie kann nicht durch eigene Handlungen das Ausscheiden des Richters aus dem Prozess erzwingen.[92] Unproblematisch ist dies, wenn der Richter die Angriffe gelassen hinnimmt und untätig bleibt. Reagiert er aber auf ein solches Parteiverhalten, so darf die Ablehnung ebenfalls keinen Erfolg haben, sofern nur die Reaktion hinreichend sachlich und angemessen bleibt und sich auf gesetzlich vorgesehene Abwehrmittel beschränkt. Dies gilt regelmäßig auch dann, wenn der Richter selbst oder für ihn sein Dienstvorgesetzter **Strafanzeige** oder Strafantrag gegen die Partei erstattet.[93]

19 Jedes sachlich nicht gebotene Verhalten des Richters, das den Verdacht auf Voreingenommenheit gegenüber der Partei als nahe liegend erscheinen lässt, begründet die Ablehnung. Scharfe, einseitige, unsachliche Randbemerkungen zu Schriftsätzen gehören hierzu[94] ebenso wie (privat oder dienstlich) herabsetzende und unnötigerweise negativ wertende Äußerungen jeder Art[95] und Unsachlichkeiten bei der Vorbefassung (vgl. Rn. 14), wie etwa eine unnötig moralisierende mündliche Urteilsbegründung im Strafverfahren.

20 Umstritten ist, ob **Meinungsäußerungen** des Richters, die Beziehung zum Streitstoff oder zu den Parteien haben, die Befangenheit rechtfertigen. Hier tangiert mit dem in § 39 DRiG normierten **Zurückhaltungsgebot** (Maßhaltegebot) im Besonderen[96]. Richter müssen **schweigen** können. Der „gesprächige Richter"[97] entspricht nicht dem Leitbild des Rechts. § 39 DRiG soll nicht nur die Unabhängigkeit, sondern damit zugleich die Unparteilichkeit, die Unvoreingenommenheit sichern.[98] Zur Unabhängigkeit gehört die Neutralität. Beides dient dazu, die Funktion der Rechtsprechung zu gewährleisten. Es ist deshalb Pflicht des Richters, sich mit Meinungsäußerungen grundsätzlich zurückzuhalten und bei Meinungsäußerungen seine besondere Pflichtgebundenheit zu beachten und die Gefahr zu meiden, als parteilich zu erscheinen.

21 Soweit es **wissenschaftliche Betätigung,** insbesondere also das Äußern von **Rechtsmeinungen,** betrifft, scheidet – soweit die übliche angemessene Form gewahrt ist – eine Befangenheit grundsätzlich aus.[99] Die Partei, in deren Prozess eine bestimmte Rechtsfrage zu entscheiden ist, muss sich damit abfinden, dass zu dieser Frage gerade „ihr" gesetzlicher Richter bereits etwa in einem Buch, einem Aufsatz oder einem Vortrag eine bestimmte Rechtsauffassung geäußert hat, die unter Anwendung auf den zur Entscheidung stehenden Einzelfall für die eine Partei günstig, für die andere ungünstig ist. Von jedem Richter wird erwartet, dass er sich in jeder neu an ihn herangetragenen Sache für neue Argumente und Erwägungen offenhält,[100] auch wenn er bereits öffentlich „festgelegt" scheint. Doch kann es die Ablehnung rechtfertigen, wenn der Richter die Rechtsmeinung nicht im wissenschaftlichen Rahmen publiziert, sondern etwa in einem ähnlichen Streitfall selbst **als Partei** vertreten hat[101] oder wenn seine Äußerungen in einer wissenschaftlichen Publikation polemische Vorwürfe gegen die Institution enthalten, der ein Verfahrensbeteiligter angehört,[102] oder er in Kenntnis des konkreten Rechtsstreits eine Stellungnahme abgegeben hat.[103] Befangenheit liegt auch vor, wenn der Vorsitzende eines Spruchkörpers in einem **Pressegespräch** das Ergebnis der Vorberatung mitteilt.[104] Die Grenzziehung kann im Einzelnen oft schwierig sein,[105] da hier, wie immer, die Sicht der vernünftigen Partei entscheidend ist. Besondere Vorsicht ist geboten, wenn der Richter in seiner Eigenschaft als Richter **Rechtsauskünfte** aus seinem Arbeitsgebiet erteilt. Beauftragt die Eigentümerversammlung den Verwalter, zur Klärung einer Rechtsfrage den zuständigen Richter telefonisch zu befragen, so ist im späteren WEG-Verfahren die Besorgnis der Befangenheit auch dann gegeben, wenn der Richter seine Rechtsmeinung ausdrücklich als vorläufig

---

[92] BVerfG NJW 1996, 2022; OLG Celle NdsRpfl. 1971, 231 Nr. 12; BAG AP Nr. 2 m. zust. Anm. *Vollkommer; Rosenberg* JZ 1951, 214; zur Provokation auch *Günther* ZZP 105 (1992), 20.

[93] OLG Koblenz MDR 2003, 524 = OLGReport 2003, 21; OLG München NJW 1971, 384; LG Bonn NJW 1973, 2069; *Knoche* MDR 2000, 371; *Vollkommer* (Fn. 83); aA LG Aachen MDR 1965, 667.

[94] OLG Naumburg JW 1933, 2020.

[95] *Rosenberg* JZ 1951, 214.

[96] Allgemein hierzu: *Gilles* DRiZ 1983, 41; *Sendler* NJW 1984, 689; *Schmidt/Jortzig* NJW 1984, 2057; *Wassermann* NJW 1995, 1653.

[97] *von Münch* NJW 1998, 2571.

[98] Ähnlich *Schmidt/Räntsch* § 39 Rn. 4 ff.

[99] Das entspricht der gesetzlichen Wertung des § 18 III Nr. 2 BVerfGG und sollte als unstreitig gelten. Vgl. auch BVerfG NJW 1990, 2457; BSG NJW 1993, 2261; BGH NJW 2002, 2396; OLG Köln NJW-RR 2000, 455; OLG Köln NJW 1971, 569.

[100] BSG MDR 1969, 516.

[101] BVerfG NJW 1997, 1500; LG Aachen MDR 1963, 602 m. Anm. *Teplitzky.*

[102] BVerfG NJW 1996, 3333.

[103] BVerfGE 35, 253; 73, 337; BVerfG 2004, 209.

[104] OLG Celle MDR 2001, 767.

[105] Vgl. BVerfG NJW 1999, 413.

und unter dem Vorbehalt der Kenntnis aller genauen Umstände und Argumente mitgeteilt hat.[106] Ebenso stellt die vorprozessuale Erörterung des Rechtsverhältnisses durch den Richter mit einem Bevollmächtigten einen Ablehnungsgrund dar.[107] Schon die Bereitschaft, auf die einseitige Fragestellung eines künftigen Beteiligten eine Stellungnahme zu erteilen, lässt aus der Sicht der Gegenseite die gebotene Objektivität vermissen.

22 Zurückhaltung ist Richtern bei Meinungsäußerungen zu Streitfragen im politischen Bereich zu empfehlen. Es sollte daran festgehalten werden, dass ein Richter, der sich unter Verletzung des Mäßigungsgebots auf politische, gewerkschaftliche oder sonst gesellschaftlich relevante Weise betätigt und/oder geäußert hat, dann befangen ist, wenn der Gegenstand der Betätigung oder Äußerung für den konkreten Prozess Bedeutung hat.[108] Dies auch dann, wenn die Äußerung maßvoll in der Form und auch sonst nach allgemeinen Maßstäben rechtmäßig war. Wer den Aufruf einer Bürgerinitiative gegen eine bestimmte Baumaßnahme (zB Ausbau eines Flughafens) unterschrieben hat, ist im Prozess über diese Baumaßnahme aus der Sicht der Prozessbeteiligten nicht unparteiisch. Entsprechendes gilt beispielsweise für so emotionsgeladene Bereiche wie Kernkraft, Tierschutz, Naturschutz und für alle Varianten der **Parteipolitik.** Soll ein Einkaufszentrum errichtet werden, so ist eine Richterin, die dort – wie weitere Familienangehörige – in einem eigenen Hausgrundstück lebt nicht befangen, wenn sie und ihre Angehörigen sich der gegen das Vorhaben gegründeten Bürgerinitiative nicht angeschlossen haben.[109] Ausländerfeindlichkeit begründet in einem Fall mit Ausländerbezug Befangenheit.[110] Hat ein verfassungsgerichtliches Verfahren die Zulässigkeit eines Volksbegehrens über den „Entwurf des Gesetzes Unabhängige Richter und Richterinnen in Bayern" zum Gegenstand, so sind die Richter des BayVerfGH nicht deshalb befangen, weil sie der betroffenen Gruppe der Richter angehören, zumal andernfalls die Funktionsfähigkeit des Gerichts nicht mehr gewährleistet wäre. Allgemein kann ein Ablehnungsgesuch nicht darauf gestützt werden, dass der Richter der Gruppe angehört, deren Belange durch die Entscheidung (Besoldung, Versorgung) berührt werden.[111] Eine herausgehobene Position in einer katholischen Laienbewegung bedingt, wenn sich der Richter zu der Streitfrage nicht geäußert hat, keine Befangenheit bei der Beurteilung der Verfassungsmäßigkeit eines Gesetzes über die Anbringung von Kruzifixen in Schulräumen.[112]

23 **4. Verhalten des Richters im konkreten Rechtsstreit. a) Allgemeines.** Handlungen, zuweilen auch Unterlassungen, des Richters bei der Bearbeitung des anstehenden Rechtsstreits geben erfahrungsgemäß besonders häufig Anlass für Befangenheitsablehnung. Deshalb ist es gerade hier notwendig, **klare Maßstäbe** zu entwickeln, um berechtigte von unberechtigten Ablehnungsgesuchen abzugrenzen (Selbstablehnungen sind in diesem Bereich selten). Dem Richter obliegt die **materielle Prozessleitung.** Die daraus folgenden Befugnisse und Pflichten kommen in §§ 139, 273, 278 Abs. 1 und 2, 136 Abs. 3, 141, 142, 143, 144, in besonders zum Ausdruck. Diese **Aufklärungs- und Hinweispflichten** können durch das Gebot der Unparteilichkeit nicht eingeschränkt werden.[113] Es kann deshalb niemals einen Ablehnungsgrund darstellen, dass der Richter in der mündlichen Verhandlung seine derzeitige Rechtsauffassung bekanntgibt und zur Diskussion stellt. Wer schweigt, hat es nicht schwer, unparteilich zu erscheinen. Wer indessen, wie es seine prozessuale Pflicht ist, Stellung nimmt und etwa im umfassenden Rechtsgespräch auch die Meinung des Gerichts offenlegt, wird manches sagen (müssen), was die eine Partei ungern hört, weil es der anderen günstig ist. Das darf kein Ablehnungsgrund sein. Als **Grundsatz** gilt, dass jedes richterliche Verhalten, das gesetzlich, insbesondere durch die ZPO, geboten oder gerechtfertigt ist, die Ablehnung nicht zu begründen vermag. Besteht Streit über die prozessuale Rechtfertigung, so wird die Befangenheit regelmäßig schon dann ohne weitere Prüfung zu verneinen sein, wenn die Rechtsauffassung des Richters **vertretbar** erscheint.

24 **b) Unsachlichkeit.** Grobes Fehlgreifen in der Form kann niemals nach den vorstehenden Grundsätzen gerechtfertigt werden und wird deshalb als Äußerung der Parteilichkeit gewürdigt

---

[106] AA BayObLG Rpfleger 2000, 151; 2. Aufl. Rn. 21.

[107] AA LAG Sachsen MDR 2001, 516; zutreffend *Schneider* ebenfalls MDR 2001, 517.

[108] So im Ergebnis zutreffend: OLG Koblenz NJW 1969, 1177; OVG Lüneburg NJW 1986, 1126 (Rechtsmittelentscheidung zu dem unrichtigen in Fn. 48 genannten Urt. d. VG Schleswig); VGH Kassel NJW 1985, 1105; *Moll* ZRP 1985, 244; im Fall VGH Mannheim NJW 1986, 2068 fehlte die Beziehung zum konkreten Prozeß; vgl. auch *Vollkommer,* FS Hubmann, 1985, S. 445, 456 ff.

[109] OVG Berlin NJW 2000, 2690.

[110] OLG Karlsruhe NJW 1995, 2503.

[111] BayVerfGH MDR 2000, 659.

[112] BayVerfGH NJW 1997, 3162.

[113] BVerfGE 42, 88, 90; BGH NJW 1998, 612 = LM § 42 Nr. 7 m. Anm. *Feiber;* KG MDR 1993, 797; OLG Frankfurt NJW-RR 1997, 1084; OVG Berlin NVwZ-RR 1997, 141; *Deubner,* FS Schiedermair, 1976, S. 79, 86; *Deubner* JuS 1998, 249, 250.

werden müssen. Der Richter darf lebhaft sein, auch laut und deutlich sprechen und seiner Pflicht mit Eifer und Leidenschaft nachgehen,[114] aber **Entgleisungen,** grobe Unsachlichkeiten, bissige Ironie, rein gefühlsmäßig wertende, herabwürdigende oder beleidigende Äußerungen begründen die Besorgnis der Befangenheit.[115] Das gilt sowohl für schriftliche wie mündliche Bemerkungen und natürlich auch für die Ausdrucksmittel der Gestik und Mimik. Allerdings wird den schriftlichen Äußerungen meistens stärkeres Gewicht zukommen. In freier Rede und Gegenrede während der mündlichen Verhandlung kann dem Richter schon eher einmal unbeabsichtigt ein „Ausrutscher" unterlaufen, der durch sofortige Berichtigung und Entschuldigung aus der Welt zu schaffen ist, ohne dass das schwere Geschütz der Ablehnung eingesetzt werden muss. Auch ist nicht jede umgangssprachliche, bildhafte Wendung eine Herabsetzung. Charakterisiert der erkennende Richter in einem zufällig in die Hände der Partei gelangten Votum einen von ihr als Zeuge benannten Anwalt mit der Wendung „als wunderlich bekannt", so ist er befangen.[116]

25 Eine außereheliche Beziehung als „Bratkartoffelverhältnis" zu bezeichnen, mag noch angehen.[117] Heftige **Unmutsäußerungen** („Ihr dauerndes dummes Geschrei fördert den Prozess nicht"), „Jetzt reicht es mir! Halten Sie endlich den Mund! Jetzt rede ich!"[118] „Sie werden sowieso fressen müssen, was ich entscheide – und dann bleiben Sie auf allem sitzen"[119] oder „Ich lasse mich nicht verarschen" als Reaktion auf ein Parteivorbringen, „Kinkerlitzchen" bzw. „Mätzchen" als Bewertung anwaltlicher Prozessführung, die Bezeichnung des Sachvortrags als „Unsinn" (nicht bloß „unsinnig" = sinnwidrig)[120] rechtfertigen auch dann die Ablehnung, wenn sie wegen des Verhaltens des Anwalts oder der Partei verständlich erscheinen;[121] vom Richter wird (zu Recht) mehr Disziplin erwartet als von den anderen Prozessbeteiligten. Allerdings bedeutet dies nicht, dass der Richter stets und in jeder Situation „Engelsgeduld" aufbringen muss. Der Richter darf Parteivorbringen als „tricky"[122] und „rabulistisch"[123] bezeichnen, auch ausdrückliches Vorbringen der Partei ohne Herabwürdigung mit Anführungszeichen „..." wörtlich zitieren.[124] Auch hat die Rechtsprechung es nicht beanstandet, dass der Richter ein Telefongespräch mit einem Beteiligten, in dem dieser zum wiederholten Male dasselbe Ersuchen vorbringt, schließlich dadurch beendet, dass er den Telefonhörer auflegt.[125] Die durch die Beweisaufnahme bestätigte Würdigung eines Vorbringens als „dummdreiste Lüge" kann durch das Verhalten der Partei noch gerechtfertigt sein.[126] Gleichfalls soll nicht zu beanstanden sein, wenn der Richter in einem Vergleichsgespräch auf die Äußerung der Partei, den Prozess zu gewinnen, erwidert: „Da werden Sie sich aber wundern".[127] Negativ wertende **Randbemerkungen** wie „Unsinn" oder „Quatsch" auf Schriftsätzen geben ebenfalls einen Ablehnungsgrund, für solche mit sachlichem Kern wie „unglaubhaft" mag das zweifelhaft sein, die Rechtsprechung hat es bejaht mit der nicht recht überzeugenden Begründung, damit werde das Ergebnis einer Beweisaufnahme vorweggenommen.[128] Eine deutliche Äußerung des abwertenden Unwillens und der Uninteressiertheit kann darin gesehen werden, dass der Richter seinen Kopf auf den Verhandlungstisch legt und sich mit den Fingern gegen die Stirn tippt.[129] Ob es dagegen schon ausreicht, dass er gequält zur Decke schaut, die Augen verdreht und die Mundwinkel nach unten zieht,[130] dürfte von der Nachhaltigkeit eines solchen Mienenspiels abhängen. Jedenfalls ist bewusstes **Grimassenschneiden** eines Richters unwürdig. Einen Befangenheitsgrund stellt es auch dar, wenn eine Eingabe mit dem Vermerk zurückgeschickt wird „... was mit den betreffenden Grundstücken geschieht, ist mir völlig wurscht".[131]

---

114 *Bull* NJW 1956, 1669.
115 OLG Brandenburg MDR 2000, 47.
116 OLG Frankfurt/M. MDR 2007, 544: zweifelhafte Entscheidung.
117 So OLG Schleswig SchlHA 1979, 51; *Schneider* JurBüro 1979, 1126.
118 OLG Brandenburg MDR 2000, 47.
119 BGH BGHReport 2007, 357.
120 LSG NRW NJW 2003,2933.
121 OLG Jena OLGReport 2003, 147; OLG München AnwBl. 1993, 242; OLG Frankfurt NJW-RR 1995, 890; OLG Hamburg NJW 1992, 2036; OLG Hamburg MDR 1989, 71 LS; OLG Nürnberg MDR 1967, 310; unzutreffend dagegen OLG Köln MDR 1996, 1180 m. abl. Anm. *Schneider.*
122 OLG Düsseldorf AnwBl. 1999, 236.
123 OLG Frankfurt NJW 2004, 621.
124 OLG Stuttgart MDR 2003, 50.
125 BayObLG MDR 1990, 343.
126 BGHZ 70, 1 = NJW 1978, 824.
127 OLG Naumburg MDR 2007, 794, sehr fragwürdig, weil unangebrachte Erklärung Vergleichsbereitschaft fördern soll.
128 OVG Koblenz NJW 1959, 906.
129 OLG Frankfurt FamRZ 1983, 630.
130 So OVG Lüneburg AnwBl. 1974, 132 m. abl. Anm. *Koch* DRiZ 1974, 293.
131 LG Bayreuth NJW-RR 1986, 678.

Ebenso ungehörig ist der Vorwurf an einen von zwei Bevollmächtigten einer Partei, nur das „Schreibwerkzeug" des anderen Bevollmächtigten zu sein.[132] Die Parteien haben einen Anspruch darauf, mit ihrem Anliegen ernst genommen zu werden. Deshalb können auch unpassende Scherze bei der vernünftig denkenden Partei die Besorgnis der Befangenheit begründen. Wenn ein Richter eine Sache auf den 11. 11. um 11.11 Uhr terminiert, so mag das angehen, sofern der zu verhandelnde Streitfall selbst etwas mit Karneval zu tun hat. Handelt es sich dagegen um eine normale Familiensache, so sollte die Ablehnung Erfolg haben.[133] Zweifel an der Unvoreingenommenheit sind begründet, wenn sich aus der Fragestellung an den drogenabhängigen Kläger, ob er den durch die Klage erlangten Betrag zum Drogenkonsum verwenden wolle, ein Unvoreingenommenheit gegenüber Drogenabhängigen ergibt.[134] Entsprechendes gilt, wenn der Richter den Bevollmächtigten durch die Formulierung herabwürdigt, er habe geahnt, dass der Anwalt „in die Präklusionsfalle" tappen werde.[135]

Zur Unsachlichkeit in diesem Sinne gehört auch, dass der Richter zu erkennen gibt, er sei für Ar- 26
gumente nicht offen, urteile nicht nach dem Gesetz, sondern lasse sich nur von **Gefühlen** leiten[136] oder halte (zB auch gegenüber der in der anstehenden Sache geäußerten Rechtsauffassung des Rechtsmittelgerichts) an seiner Ansicht „stur", mit auffallender **Verbohrtheit** fest, ohne dass neue Gesichtspunkte aufgetreten sind.[137] In diesen Fällen verstößt der Richter gegen die ihn nach § 563 Abs. 2 ZPO treffende Bindungswirkung, so dass der Eindruck der Unparteilichkeit besteht, weil ein unauflösbarer Widerspruch im Instanzenzug begründet wird.[138] Kein Ablehnungsgrund ist es dagegen, wenn der Richter die aufhebende Entscheidung des Rechtsmittelgerichts zwar als unrichtig bezeichnet, aber zugleich erklärt, er werde sie selbstverständlich respektieren.[139] Bezeichnet der Richter auf Grund eines **privaten Augenscheins** die streitige Lieferung von Einrichtungsgegenständen als „Skandal",[140] so ist die Besorgnis der Befangenheit begründet. Hier ist freilich nicht die Wortwahl allein ausreichend, sondern sie in Verbindung mit dem die Regeln ordnungsgemäßer Beweisaufnahme missachtenden Verhalten, wie überhaupt alles auf die Umstände des Einzelfalls ankommt. Die Einholung von Auskünften außerhalb des Prozesses durch den Richter bedeutet ebenfalls Befangenheit.[141] Dies gilt auch für die einseitige Beiziehung und Verwertung von Akten.[142] Anderes kann in Verfahren mit Amtsermittlungsgrundsatz gelten, wenn der Richter die – der Partei unzugängliche – Strafakte zur Beurteilung eines Umgangsrechts beim Verdacht eines sexuellen Missbrauchs beizieht.[143] Befangenheitsbegründend ist auch die **Verwertung privaten Wissens,**[144] also von möglicherweise entscheidungserheblichen Tatsachen, deren Kenntnis außerhalb des Verfahrens gewonnen wurde. Gezielte Ermittlungen des Richters sind grundsätzlich unzulässig. Aber auch die Beeinflussung durch zufällig beobachtete oder ihm zugetragene Tatsachen über die Prozessbeteiligten oder den Gegenstand des Verfahrens kann die Besorgnis der Parteilichkeit begründen, sofern es sich dabei nicht um offenkundiges oder gerichtskundiges, sondern um individuelles Wissen handelt.[145] In jedem Falle muss das Gericht die außerhalb des Verfahrens gewonnenen Erkenntnisse unverzüglich in den Prozess einführen, also sie offenlegen und den Parteien Gelegenheit einräumen, Stellung dazu zu nehmen. Geschieht das, so wird regelmäßig für eine erfolgreiche Richterablehnung kein Raum mehr sein.

Aus der etwas heiklen Natur des Verfahrensgegenstandes ergibt sich, dass im **Ablehnungsver-** 27
fahren unter Umständen schon leichtere Unsachlichkeiten einen Befangenheitsgrund darstellen.[146] Die dienstliche Äußerung sollte mit besonderer Zurückhaltung abgefasst werden. So ist zu Recht eine Ablehnung für begründet erachtet worden, weil der Richter in der dienstlichen Äußerung geschrieben hatte: „Allenfalls macht mich die Beharrlichkeit, mit welcher der Beklagte auf

---

[132] BGH NJW-RR 2003, 1220.
[133] Anders OLG München NJW 2000, 748. Im Ergebnis zu Recht wird die Entscheidung von *Schneider* NJW 2000, 708 kritisiert, dem allerdings in manchen Einzelheiten seines Kommentars nicht zugestimmt werden kann.
[134] LG Essen NJW-RR 2003, 1719.
[135] LG München I NJW-RR 2002, 861.
[136] OLG Celle AnwBl. 1984, 502.
[137] OLG Frankfurt MDR 1984, 408; LG Kiel AnwBl. 1975, 207; *Swarzenski* JR 1956, 176; LG Gießen III ABl. 15/90 (unveröffentlicht).
[138] OLG München MDR 2003, 1070.
[139] OLG Karlsruhe OLGZ 1984, 102, 104.
[140] OLG Düsseldorf MDR 1956, 557.
[141] LG Göttingen NJW-RR 2001, 64.
[142] BVerfG NJW 1994, 1211; OLG Brandenburg FamRZ 2002, 621.
[143] OLG Brandenburg NJW-RR 2002, 435.
[144] Ausführlich *Lipp* S. 49 ff.
[145] Instruktives Beispiel: OVG Hamburg NJW 1994, 2779.
[146] OLG Frankfurt NJW-RR 1998, 858.

diesem vermeintlichen Ablehnungsgrund herumhackt, allmählich verdrießlich, ohne dass ich dadurch allerdings meine Objektivität beeinträchtigen ließe". Bezeichnet der Richter in seiner dienstlichen Äußerung ein gegen ihn gerichtetes Ablehnungsgesuch als „Einschüchterungsversuch" und „Drohung", so ist er befangen,[147] ebenso, wenn er die Ablehnung auf eine „feindselige" Haltung des Anwalts ihm gegenüber zurückführt oder erklärt, „das weitere Prozessvorbringen des Beklagtenvertreters kritisch zu prüfen".[148] Befangenheit liegt auch vor, wenn der Richter in seiner dienstlichen Erklärung freimütig einräumt, dass es ihm unmöglich sei, das Verfahren unbefangen weiterzuführen, weil das Maß dessen, was er unbefangen hinnehmen könne, überschritten sei.[149] Entsprechendes gilt, wenn er in Frage stellt, ob die Partei oder ihr Bevollmächtigter in der Lage sind, ihm intellektuell zu folgen.[150] Auch inhaltlich unrichtige dienstliche Äußerungen im Ablehnungsverfahren können Zweifel an der Unparteilichkeit des Richters rechtfertigen.[151] Äußert sich der abgelehnte Richter in seiner dienstlichen Erklärung nicht zu dem Ablehnungsgrund und weist der Kontrollrichter das Ablehnungsgesuch ohne eine dem Gesetz entsprechende dienstliche Äußerung des abgelehnten Richters als unbegründet zurück, kann er selbst wegen Besorgnis der Befangenheit abgelehnt werden.[152] Weist der abgelehnte Richter selbst das Gesuch wegen Rechtsmissbrauchs als unzulässig zurück (vgl. § 45 Rn. 2), kann darauf ein Befangenheitsgrund nicht gestützt werden.[153]

28 **c) Entscheidungen.** Unrichtige Entscheidungen oder vermeintlich unrichtige Entscheidungen mögen für die davon betroffene Partei schmerzlich sein. Gleichwohl sind sie **grundsätzlich ungeeignet,** die Ablehnung wegen Befangenheit zu rechtfertigen, denn sie zwingen nicht zu dem Schluss, dass der Richter, der sich im Rahmen seiner Befugnisse hält und das Recht in vertretbarer Weise anwendet, gegenüber einer Partei unsachlich, parteilich eingestellt ist. Das Ablehnungsverfahren darf nicht dazu dienen, richterliche Entscheidungen auf ihre Richtigkeit zu überprüfen.[154] Deshalb kann grundsätzlich nicht geltend gemacht werden, der Richter sei befangen, weil er zum Nachteil oder zum Vorteil einer Partei entschieden hat. Das gilt auch dann, wenn Gründe für Verfahrensverstöße oder Unrichtigkeit (= Fehlerhaftigkeit) der Entscheidung vorgebracht werden.[155] Die versehentliche (verfrühte) Verkündung eines Urteilsentwurfs begründet nicht den Vorwurf der Befangenheit.[156] Über Ausnahmen von diesem Grundsatz vgl. Rn. 30.

29 Die Entscheidung, ob überhaupt und wie **Beweis** zu erheben ist, stellt zwar die Weichen für die weitere Fortsetzung des Rechtsstreits, lässt auch die Rechtsauffassung des Gerichts erkennen, rechtfertigt aber die Ablehnung nicht.[157] Entsprechendes gilt für alle Ermessensentscheidungen wie etwa Anordnung des persönlichen Erscheinens, Maßnahmen nach § 176 GVG,[158] Akteneinsichtsentscheidung, Protokollierung,[159] Prozesskostenhilfe, Fristverlängerung,[160] **Terminsverlegung,**[161] angemessene Wartezeit vor Erlass eines Versäumnisurteils[162] und Handlungen, die zur verfahrensrechtlich vertretbaren Prozessleitung[163] gehören. Auch Maßnahmen, die zwangsläufig einen gewissen Vorwurf gegen eine Partei enthalten wie die Ankündigung, es werde möglicherweise eine Verzögerungsgebühr verhängt werden,[164] geben für sich allein keinen Ablehnungsgrund, denn die Erfüllung der Amtspflichten stellt keinen Ausdruck von Parteilichkeit dar.

---

147 OLG Stuttgart NJW-RR 1995, 300; OLG Karlsruhe Justiz 1987, 144.
148 LAG Sachsen MDR 2001, 516.
149 OLG Karlsruhe NJW-RR 2000, 591.
150 OLG Saarbrücken MDR 2005, 473 f.
151 OLG Köln OLGZ 1994, 210, 213; OLG Frankfurt MDR 1978, 409.
152 LG München ProzRB 2004, 148.
153 KG MDR 2005, 708 f.
154 OLG Schleswig MDR 2001, 169 f.; OLG Köln NJW 1971, 385; OLG Celle NdsRpfl. 1971, 230, 231; LSG Darmstadt MDR 1986, 436; *Swarzenski* JR 1956, 176, 177.
155 BayObLG FamRZ 1979, 737; Rpfleger 1980, 193; DWW 1984, 22 (LS); KG JR 1957, 64; OLG Köln JMBlNRW 1971, 175; OLG Köln ZIP 1988, 110; BayObLG MDR 1988, 1063; OLG Hamburg OLGZ 1989, 204; VG Stuttgart JZ 1976, 277; *Zeller/Stöber* ZVG § 1 Rn. 10.
156 LG Traunstein NJW-RR 2005, 1088.
157 OLG Zweibrücken MDR 1982, 940; OLG Köln JurBüro 1980, 283; OLG Koblenz JurBüro 1978, 740; OLG Karlsruhe OLGZ 1984, 102; aA (im Ergebnis) OLG Köln NJW 1972, 953.
158 OLG Köln NJW-RR 1997, 1083; OLG Braunschweig NJW 1995, 2113; LG Berlin NJW-RR 1997, 315.
159 Vgl. OLG Köln, MDR 1998, 1370 (mE unzutr.).
160 BVerfG NJW 1980, 1379.
161 KG NJW 2006, 2787; BayObLG MDR 1986, 416; NJW-RR 1988, 191; MDR 1990, 343; OLG Köln NJW-RR 1997, 828; OLG Köln NJW-RR 1998, 1683; OLG Brandenburg NJW-RR 1999, 1291.
162 OLG Hamburg NJW 1961, 128; LG Berlin AnwBl. 1978, 419; aA (für Wartezeit von einer Stunde) LG Mannheim JR 1968, 341.
163 KG OLGZ 1994, 86; OLG München NJW-RR 1988, 1534.
164 BFH DB 1977, 1124.

Gerechtfertigt ist die Ablehnung jedoch dann, wenn die richterliche Entscheidung oder Handlung ausreichender gesetzlicher Grundlage entbehrt, offensichtlich unhaltbar, so grob fehlerhaft ist, dass sie als **Willkür** erscheint. Dies kann anzunehmen sein, wenn sich der Richter nach Urteilsverkündung über das Abänderungsverbot des § 318 hinwegsetzt.[165] Gleiches gilt, wenn die fehlerhafte Rechtsanwendung erkennen lässt, dass sie auf unsachlicher Einstellung des Richters gegenüber der Partei beruht.[166] Erscheint die Rechtsanwendung des Richters **vertretbar,** so scheidet Ablehnung aus, falls nicht weitere Umstände auf parteiliche, unsachliche Einstellung schließen lassen.[167] Danach ist es noch vertretbar, wenn der abgelehnte Richter unter Verstoß gegen § 47 einen Verkündungstermin anberaumt, der aber so weit zeitlich hinausgeschoben ist, dass zwischenzeitlich über den Befangenheitsantrag entschieden werden kann.[168] Zu Recht ist es als Befangenheitsgrund gewertet worden, dass der Richter den ausführlich begründeten Wunsch, einen zur Verhandlung und Beweisaufnahme bestimmten Termin wegen Verhinderung des Prozessbevollmächtigten zu verlegen, mit der unsachlichen Begründung abgelehnt hat, die Sache sei unbedeutend („Kleckerles"-Sache) und solle vom Tisch.[169] Wird dem Verlegungsantrag der einen Seite stattgegeben, der entsprechende, ebenfalls begründete Antrag der anderen Seite unter Berufung auf die „Geschäftslage" abgelehnt, liegt Befangenheit vor.[170] Dagegen wurde die Ablehnung einer Terminsverlegung unter dem Blickwinkel unterschiedlicher Feiertagsregelungen in den einzelnen Bundesländern gebilligt, wenn das Gericht solchen Verlegungswünschen generell nicht nachkommt. Im Falle einer Verzögerung des Rechtsstreits ist es wegen der nicht mehr bestehenden Postulationsgrenzen nicht als willkürlich gewertet worden, wenn dem auf Urlaub des Bevollmächtigten gestützten Verlegungsantrag nicht gefolgt wird.[171] Wird dem Verlegungsantrag des Beklagten nicht entsprochen, kann der Kläger aus dieser Verfahrensweise einen Ablehnungsgrund nicht herleiten.[172] Grob fehlsam ist es, das persönliche Erscheinen der Partei anzuordnen, obwohl die Voraussetzungen des § 141 nicht vorliegen und diese Anordnung als Druckmittel zur Klagerücknahme einzusetzen.[173] Willkürlich ist die an den Beklagten gerichtete Anordnung des persönlichen Erscheinens, wenn eine Klageerwiderung noch nicht vorliegt, die Partei rund 300 km anreisen muss und zudem wegen Urlaubs verhindert ist.[174] Zu Recht ist auch beanstandet worden, dass der Richter die Beiordnung eines Anwalts im Wege der Prozesskostenhilfe mit der Begründung ablehnt, der Anwalt sei allgemein als Rechtsanwalt ungeeignet, die von ihm unterzeichneten Schriftsätze würden vom Bürovorsteher verfasst[175] oder dass der Richter ankündigt, Schriftsätze nicht berücksichtigen oder die Bindungswirkung von Berufungs- oder Beschwerdeentscheidungen nicht anerkennen zu wollen.[176] Dem steht die Nichtbeachtung einer Weisung des Rechtsmittelgerichts gleich, wenn die Partei daraus den Eindruck gewinnen kann, der Richter weigere sich, in der Sache zu entscheiden.[177] Wegen Besorgnis der Befangenheit kann auch ein Richter abgelehnt werden, der eine Partei bewusst daran hindert, ein Ablehnungsgesuch gegen ihn vorzubringen, vorausgesetzt, diese Absicht der Partei war hinreichend klar erkennbar. In diesem Fall muss die Partei nämlich annehmen, ihr Anliegen werde nicht ernst genommen.[178] Willkürlich ist auch die Abweisung eines Terminsverlegungsantrags eines Rechtsanwalts mit der Begründung, es handele sich nicht um einen Rechtsstreit mit Anwaltszwang.[179] Überhaupt stellt die grundlose oder sachwidrige Weigerung, Terminswünschen der Verfahrensbeteiligten zu entsprechen, einen Ablehnungsgrund dar.[180] Gewährt das Gericht nicht die rechtzeitig beantragte Akteneinsicht und bestimmt es gleichwohl einen Verkündungstermin, begründet dies 30

---

[165] KG NJW-RR 2006, 1577.

[166] BayObLG DRiZ 1977, 244; OLG Hamm FamRZ 1999, 936; OLG Hamm VersR 1978, 646; BayObLG FamRZ 1979, 737; OLG Köln NJW-RR 1986, 419 (zu weitgehend); *Gießler* NJW 1973, 981, 982.

[167] Bedenklich OLG Zweibrücken FamRZ 1994, 908 m. abl. Anm. *Gottwald;* vorbildlich abwägend dagegen OLG Frankfurt NJW-RR 1997, 1084 (beide zur Prozeßkostenhilfe); vgl. auch BAG MDR 1993, 383.

[168] LG Leipzig MDR 2000, 106.

[169] OLG Zweibrücken MDR 1999, 113 m. Anm. *Schneider.*

[170] OLG Köln MDR 2003, 170.

[171] OLG Naumburg NJW-RR 2002, 502.

[172] KG MDR 2005, 708.

[173] OLG Köln NJW-RR 1997, 1083.

[174] OLG Celle NJW-RR 2002, 72.

[175] OLG Celle AnwBl. 1952/1953, 335.

[176] OLG Frankfurt MDR 1988, 415 m. Anm. *Schneider;* LG Lübeck SchlHA 1981, 114; LG Verden AnwBl. 1980, 290.

[177] OLG Rostock NJW-RR 1999, 1507.

[178] OLG Köln NJW-RR 1998, 857.

[179] LG Verden AnwBl. 1980, 152.

[180] OLG Schleswig NJW 1994, 1227; OLG Koblenz NJW-RR 1992, 191; LG Hannover MDR 1993, 82; OLG Zweibrücken MDR 1999, 113.

ein Ablehnungsrecht.[181] Entsprechendes gilt im Falle der Untätigkeit des Richters ohne Grund, wenn er auf Anträge nicht reagiert oder zu erkennen gibt, dass ihn die ZPO nicht interessiert und auf entsprechende Anmerkungen der Partei nicht einmal reagiert.[182] Befangen ist ein Richter, der ohne konkrete Anhaltspunkte und ohne Anhörung der Partei ein Sachverständigengutachten über ihre Prozessfähigkeit einholt, weil bereits die Infragestellung seiner Prozessfähigkeit für den Betroffenen erhebliche Auswirkungen hat.[183] Ablehnungsgrund kann eine vorweggenommene Beweiswürdigung sein.[184] Dies ist etwa anzunehmen, wenn der Richter einer Partei das für sie nachteilige Sachverständigengutachten mit dem Bemerken übersendet, die Klage zurückzunehmen, bzw. den Anspruch anzuerkennen. Damit macht der Richter deutlich, etwaigen Einwänden gegen die Richtigkeit des Gutachtens nicht mehr nachgehen zu wollen. Dagegen dürfte es keine Willkür darstellen, wenn ein Gericht die Prozesskostenhilfe nur zu diesem Zweck erweitert, seine Zuständigkeit herbeizuführen, sofern die Entscheidung sachlich vertretbar ist,[185] denn eine Gerichtsentscheidung ist nicht schon deshalb willkürlich, weil sie ein bestimmtes Ziel verfolgt. Als willkürlich ist es gewertet worden, dass ein Familienrichter das Jugendamt nicht vollständig unterrichtet[186] oder wenn er „Anträge" der einen Partei protokollieren lässt, „Anträge" der anderen Partei aber nicht.[187] Willkürlich erscheint eine Terminsanberaumung durch einen Rechtspfleger in einer Zwangsversteigerungssache auf 7.00 Uhr morgens trotz eines Anfahrtswegs der Partei von Bad Homburg nach Tübingen in Verbindung mit der Verweigerung von Akteneinsicht, der Verhängung eines Ordnungsgeldes gegenüber dem Verfahrensbevollmächtigten des Schuldners und der Erklärung an den anderen Verfahrensbevollmächtigten, ob er dessen Schreibwerkzeug sei.[188]

31 Die **Häufung von Verfahrensfehlern** zum Nachteil einer Partei kann bei einer vernünftigen und besonnenen Partei den Eindruck unsachlicher Einstellung oder willkürlichen Verhaltens erwecken.[189] Dabei müssen freilich diejenigen Handlungen und Entscheidungen des Richters außer Betracht bleiben, die auf vertretbarer Rechtsauffassung beruhen. Gravierend ist, wenn der Richter es bewusst unterlässt, korrekte Anträge förmlich zu bescheiden oder sein Ermessen nicht ausübt.[190] Ein Ablehnungsgrund ist es etwa auch, wenn der Richter wiederholt gegen die Wartepflicht aus § 47 verstößt.[191] Ebenso verhält es sich, wenn der Richter verfahrensfehlerhaft Akteneinsicht verwehrt und der Partei das rechtliche Gehör versagt[192] oder er einem Terminsverlegungsgesuch nicht stattgibt und über den nachfolgend gegen ihn gestellten Befangenheitsantrag selbst entscheidet.[193] Übersieht der Richter einen Antrag und beharrt gegenüber dem nochmaligen Hinweis des Antragstellers darauf, der Antrag läge nicht vor, so ist die Besorgnis nicht von der Hand zu weisen, der Richter sei dieser Partei gegenüber voreingenommen.[194] Ähnliches kann bei auffälliger und hartnäckiger Verzögerung der Bearbeitung[195] oder gar Untätigkeit[196] gelten. Die lange Dauer des Verfahrens allein soll allerdings nicht genügen,[197] wohl aber dann, wenn sie durch eine Kette von unsachgemäßen Verzögerungen gekennzeichnet ist.[198] Besonders heikel sind Verzögerungen der Entscheidung im Eilverfahren. Wird etwa eine einstweilige Anordnung zum Umgangsrecht oder zur Mitteilung über den Aufenthaltsort eines Kindes ohne ersichtliche sachliche Gründe nicht in angemessener Zeit erlassen, so liegt die Richterablehnung nahe,[199] es sei denn, die Zurückstellung habe im Interesse des Antragstellers gelegen.[200]

---

[181] OLG Köln MDR 2000, 891.
[182] LG Mönchengladbach NJW-RR 2004, 1003; *Zöller/Vollkommer* Rn. 24; *Musielak/Heinrich* Rn. 10.
[183] OLG Frankfurt OLGReport 2004, 99.
[184] OLG Rostock OLGReport 2001, 130.
[185] Anders OLG Hamm AnwBl. 1973, 109.
[186] OLG Hamburg FamRZ 1988, 632.
[187] OLG Köln NJW-RR 1999, 288.
[188] BGH NJW-RR 2003, 1220.
[189] OLG Schleswig NJW 1994, 1227; OLG Karlsruhe MDR 1991, 1195; OVG Berlin MDR 1996, 1069 LS; vgl. auch *Günther* DRiZ 1994, 374.
[190] OLG Karlsruhe MDR 1991, 1195; LG Hannover MDR 1993, 82.
[191] BayObLG FamRZ 1988, 743; OLG Karlsruhe NJW-RR 1997, 1350.
[192] BayObLG NJW-RR 2001, 642.
[193] OLG München NJW-RR 2002, 862.
[194] OLG Hamburg FamRZ 1997, 1223.
[195] OLG Karlsruhe FamRZ 1994, 46; OLG Karlsruhe FamRZ 1999, 444.
[196] Eingehend zu den Rechtsbehelfen gegen Untätigkeit des Zivilrichters: *E. Peters,* FS Rolf H. Schütze, 1999, S. 661 ff. *Peters* weist zu Recht darauf hin, dass das Ablehnungsverfahren den Hauptprozeß verzögert, also für das vorrangige Interesse der durch die Untätigkeit benachteiligten Partei wenig hilfreich ist.
[197] OVG Münster NJW 1993, 2259; OLG Düsseldorf MDR 1998, 1052.
[198] LSG Niedersachsen DRiZ 1995, 232.
[199] OLG Hamm NJW-RR 1999, 1291 = FamRZ 1999, 936 m. zust. Anm. *van Els* FamRZ 2000, 295.
[200] OLG Bamberg FamRZ 1998, 1443 m. krit. Anm. *Heilmann* FamRZ 1999, 445.

Recht großzügig wurde eine Befangenheit abgelehnt, obwohl die Richterin das Befangenheitsgesuch nicht protokolliert und unter Verstoß gegen § 47 einen Verkündungstermin bestimmt hatte.[201]

32 **d) Materielle Prozessleitung.** Die in der Form hinreichend korrekte und distanzierte, inhaltlich sachgerechte und vertretbare Ausübung der Aufklärungs- und Hinweispflichten einschließlich der Vergleichsbemühung (§§ 139, 273, 278 Abs. 1 und 2) stellt niemals **einen Befangenheitsgrund** dar (vgl. Rn. 23).[202] Dies gilt auch außerhalb der mündlichen Verhandlung, wenn das Gericht der Partei in einem Eilverfahren vor Zustellung des Antrags an den Gegner eine Änderung des Antrags empfiehlt und sodann im Beschlussweg die modifizierte einstweilige Verfügung erlässt.[203] Entsprechendes ist anzunehmen, wenn das Gericht den Berufungskläger nach § 522 Abs. 2 ZPO über die Erfolglosigkeit seines Rechtsmittels unterrichtet.[204] Dabei ist zu berücksichtigen, dass die ZPO-Reform die richterlichen Hinweis-, Aufklärungs- und Fürsorgepflichten deutlich erweitert hat. Das nötige und erwünschte freimütige **Rechtsgespräch** darf nicht durch die Gefahr der Richterablehnung behindert werden. Das gilt für Äußerungen während der mündlichen Verhandlung ebenso wie für schriftliche Mitteilungen des Gerichts im anhängigen Verfahren. Eine unzulässige endgültige Festlegung auf eine bestimmte Rechtsauffassung kann darin, ohne dass es stets eines ausdrücklichen verbalen Vorbehalts bedarf,[205] nicht gesehen werden, weil jede Äußerung des Gerichts nur eine vorläufige ist, die unter der selbstverständlichen Einschränkung abschließender Beratung und Meinungsbildung vor der Entscheidung steht.[206] Parteilich verhält sich ein Richter, wenn er eine Partei entgegen den Geboten des Rechts begünstigt. Sie den Geboten des Rechts entsprechend zu begünstigen, ist dagegen seine Pflicht.[207] Befangenheitsgrund ist nicht die irrige, unzutreffende **Rechtsansicht** des Richters,[208] denn das Ablehnungsverfahren dient nicht dazu, die Beteiligten vor Irrtümern in der Rechtsanwendung zu schützen, das ist Aufgabe der Überprüfung der Sachentscheidung durch Rechtsmittelinstanzen. Hinweise auf Bedenken gegen Zulässigkeit oder Schlüssigkeit fallen deshalb nie unter § 42 Abs. 2.[209] Gleiches gilt für jede andere Stellungnahme zu den Prozessaussichten (nicht nur im Vergleichsgespräch) und für jede Äußerung in berechtigter Ausübung der **Prozessleitung,** mit der das Gericht seine Beurteilung der Sach- oder Rechtslage zu erkennen gibt,[210] auch wenn dies mit Kritik an den Meinungen der Partei verbunden ist. Allerdings darf die **Form** der Meinungsäußerung nicht derart sein, dass die Befürchtung begründet erscheint, der Richter werde Gegengründen nicht mehr offen gegenüberstehen.[211] Die Besorgnis der Befangenheit ist wegen einer Verletzung des Grundsatzes der Waffengleichheit begründet, wenn der Richter nur die beklagte Partei vor der mündlichen Verhandlung darauf hinweist, er beabsichtige die Klage mangels Fälligkeit abzuweisen, diesen Hinweis aber der Klägerin bewusst vorenthält, obwohl diese auf Grund der bisherigen Prozessführung des Richters davon ausgehen durfte, er halte die Klageforderung für fällig.[212]

33 Bei deutlichen **Empfehlungen,** zB zur Rücknahme der Klage oder des Rechtsmittels,[213] zur Einlegung eines Anschlussrechtsmittels, zur Erhebung einer Widerklage, zur Anerkennung des Klageanspruchs, zur Erledigungserklärung, zum Vergleich, zur Substantiierung, zur Vorlage einer Urkunde zwecks Nachweis der Sachlegitimation, zur Benennung weiterer Zeugen, zur Vorlage von Urkunden (etwa einer Abtretungserklärung) ist eine einheitliche Betrachtung geboten. Grundsätzlich sind

---

[201] LG Leipzig MDR 2000, 106.
[202] BVerfG 42, 64, 78 = NJW 1976, 1391.
[203] OLG Stuttgart NJW 2001, 1145.
[204] OLG Oldenburg NJW 2004, 3194.
[205] OLG München MDR 2004, 52.
[206] OLG Köln VersR 1992, 380; OVG Berlin MDR 1997, 96; KG FamRZ 1979, 322; OLG Karlsruhe OLGZ 1987, 248; LG Hamburg MDR 1966, 421; vgl. zum gesamten Problemkreis auch *Wieczorek/Niemann* Rn. 9 m. Nachw.
[207] So die treffende Formel von *Deubner,* FS für Schiedermair, 1976, S. 79, 86.
[208] OLG Schleswig SchlHA 1978, 211; BFH DÖD 1986, 43; *Schneider* DRiZ 1978, 42, 46.
[209] *Schneider* DRiZ 1978, 42, 45.
[210] BVerfGE 42, 64, 75, 78 = NJW 1976, 1391; BVerfG NJW 1955, 541 (LS); OLG Bamberg, FamRZ 1998, 172; KG MDR 1999, 253; OLG Karlsruhe OLGZ 1978, 224, 226; OLG Köln NJW 1975, 788; OLG Karlsruhe NJW-RR 1998, 1446; OLG Karlsruhe OLGZ 1987, 248; OLG Köln ZZP 70 (1957), 139; OLG Düsseldorf MDR 1982, 940; OLG Schleswig NJW 1986, 31, 46 = JuS 1987, 498; OLG Stuttgart Justiz 1973, 92; OLG Köln MDR 1959, 396 (LS); LG Hamburg MDR 1966, 421; BVerwG NJW 1979, 1316; BSG MDR 1986, 85; BFH DÖD 1986, 43; LSG Darmstadt MDR 1986, 436; LSG NRW NZA 1991, 30; *Schneider* JurBüro 1977, 306; unrichtig KG FamRZ 1990, 1006 m. abl. Anm. *Peters.*
[211] BFH DStR 1985, 773.
[212] OLG Celle OLGReport 2003, 172.
[213] OLG Stuttgart MDR 2000, 50; aA OLG Oldenburg NJW 1963, 451.

auch solche Empfehlungen oder Anregungen zulässig.[214] Dazu gehört auch die **Hilfestellung** bei der sachdienlichen Fassung der Anträge.[215] Ausnahmen werden jedoch nahe liegen, wenn der Rat die Grenzen sachgemäßer Prozessführung überschreitet. So ist es als Befangenheitsgrund angesehen worden, dass der Richter einer Partei die „Flucht in die Säumnis" empfiehlt;[216] zu solchen „Tricks" oder Umgehungen des prozessual Gebotenen (Präklusion nach § 296) darf ein Richter nicht raten. Der Richter darf die Partei durch seine Empfehlungen niemals bedrängen und nicht den Eindruck erwecken, er persönlich wünsche unter Verletzung seiner Neutralitätspflicht ein bestimmtes Ergebnis. Die Empfehlungen werden auch umso eher unbedenklich sein, als ihnen eine Begründung beigefügt ist, aus der sich ergibt, wie das Gericht die Sach- und Rechtslage im Einzelnen beurteilt und dass diese Beurteilung eine vorläufige ist.[217] Jeder **Anschein von Druck** auf die Beteiligten muss vermieden werden. Der Richter darf einen Vergleich anregen, in den weitere, nicht bereits anhängige Ansprüche einbezogen werden.[218] Macht der Richter darauf aufmerksam, bei Nichtannahme seines Vergleichsvorschlages werde der Kläger zunächst kein Geld erhalten, so rechtfertigt dies eine Richterablehnung nicht,[219] denn mit einer solchen zutreffenden Feststellung wird unerlaubter Druck nicht ausgeübt. Keine Befangenheit soll es begründen, wenn der Richter rät, Bedenken gegen die Aktivlegitimation des Klägers durch eine Forderungsabtretung an ihn zu beseitigen.[220]

34 Nach wie vor höchst umstritten ist die Frage, ob darauf hingewiesen werden darf, dass den Parteien rechtsgestaltend wirkende Einwendungen und **Einreden** zustehen, sie also insbesondere die Verjährungseinrede erheben, aber auch etwa Aufrechnung, Wandlung, Rücktritt, Anfechtung erklären können. Hier wird das Spannungsverhältnis zwischen der richterlichen Hinweispflicht, dem Beibringungsgrundsatz und der Pflicht zur richterlichen Unparteilichkeit besonders deutlich.[221] Zwischenzeitlich ist allerdings eine erfreuliche Klarstellung erfolgt: Der BGH hat ausdrücklich entschieden, dass der Hinweis des Richters an eine Partei über den Ablauf der Verjährungsfrist die Ablehnung wegen Befangenheit begründet.[222] Auch der Gesetzgeber hat hervorgehoben, dass es nicht Aufgabe der Gerichte sei, durch Ausübung des Fragerechts neue Anspruchsgrundlagen, Einreden oder neue Anträge einzuführen.[223] Damit dürfte die Streitfrage für die Praxis in Übereinstimmung mit der h. M. entschieden sein.[224] Das Argument, ein Hinweis könne angesichts der in Rechtsprechung und Schrifttum streitigen Frage nicht als willkürlich eingestuft werden, überzeugt nicht, weil es nicht um allgemeine materielle oder prozessuale Fragen, sondern um die Wertung der Befangenheit geht, der sich ein Richter nicht durch gegenläufige Ansichten zu entziehen vermag.

35 **e) Sonstiges Verhalten. aa)** Auch das **Auftreten** des Richters darf die Neutralität nicht beeinträchtigen, wobei Auftreten hier im weitesten Sinne verstanden wird. Es ist der gute Sinn und Zweck der Richterrobe, die erforderliche Distanz zu schaffen. Je nach dem Gegenstand des Rechtsstreits und der Person der Partei kann das Kopftuch der Richterin muslimischen Glaubens die Ablehnung rechtfertigen.[225]

36 **bb) Einseitige Kontakte** des Richters mit einer Partei, deren Anwalt oder einer Beweisperson, soweit sie sich auf den konkreten Rechtsstreit beziehen, werden zumeist einen Ablehnungsgrund darstellen, es sei denn, dass nur rein äußerliche „technische" Fragen wie Terminsabsprachen Gegenstand des Gesprächs sind und dass das Gespräch in einem Aktenvermerk dokumentiert wird. Für jede vernünftige Partei besteht Anlass, der Unparteilichkeit des Richters zu misstrauen, wenn dieser mit der Gegenpartei einseitig verhandelt. Von fernmündlichen oder schriftlichen Hinweisen, etwa Auflagen zur Vorbereitung der mündlichen Verhandlung, sollte die Gegenpartei unverzüglich in-

---

[214] OLG Stuttgart MDR 2000, 50; OLG Frankfurt NJW 1976, 2025; OLG Hamburg ZMR 1988, 225 (Hinweis an beklagten Mieter auf die Schonfrist des § 554 Abs. 2 Nr. 2 BGB); OLG Düsseldorf NJW 1993, 2542; OVG Berlin MDR 1997, 96 (Empfehlung zur Klagerücknahme).

[215] BGH NJW 2006, 695; OLG Köln OLGZ 1994, 210 = NJW-RR 1993, 1277.

[216] OLG München NJW 1994, 60; aA *Meyer* JurBüro 1994, 449.

[217] Vgl. LG Braunschweig NdsRpfl. 1980, 199; BFH BB 1971, 898; VGH Kassel NJW 1983, 901; aA OLG Frankfurt NJW 1970, 1884 m. abl. Anm. *Schneider* und zust. Anm. *Dittmar* NJW 1971, 56.

[218] KG NJW-RR 2000, 1164.

[219] LG Leipzig MDR 2000, 106 m. abl. Anm. *Schneider,* der in seiner einseitigen Kritik an der Entscheidung zu weit geht.

[220] OLG Frankfurt/M. MDR 2007, 674 (zweifelhaft).

[221] *Hermisson* NJW 1985, 2558, 2560.

[222] BGHZ 156, 269 = NJW 2004, 164.

[223] BT-Drucks. 14/4722, S. 77; so auch BGHZ 156, 269 = NJW 2004, 164.

[224] OLG Bremen NJW 1986, 999; 179, 2215; OLG Hamburg NJW 1984, 2710; *Zöller/Greger* § 139 Rn. 17; *Musielak/Heinrich* Rn. 11; aA BGH NJW 1998, 612 bei Hinweis zur Erläuterung eines Vergleichsvorschlags; 2. Aufl. Rn. 34; *Zöller/Vollkommer* Rn. 28 m. weit. Nachw.

[225] Vgl. hierzu *Röger* DRiZ 1995, 471.

formiert werden. Nicht prozessordnungsgemäß und daher ein Ablehnungsgrund sind Ermittlungen auf eigene Faust.[226] Auch wenn beide Parteien von der Anwesenheit ausgeschlossen werden, kann die Besorgnis der Befangenheit bestehen, wenn ein Gericht einen Sachverständigen im Beratungszimmer bei der Beratung eines Vergleichsvorschlags anhört, denn es besteht die Gefahr, dass bei Nichtzustandekommen des Vergleichs die außerhalb der mündlichen Verhandlung gewonnenen Erkenntnisse in das Urteil einfließen.[227] **Ortstermine,** nicht nur in Nachbarstreitigkeiten, sind oft ablehnungsträchtig, weil hier Emotionen stärker in den Vordergrund treten als in dem bewusst oder unbewusst als neutraler Ort gewerteten Gerichtssaal. Die Mitnahme des Richters im Kraftwagen einer Partei[228] oder die Bewirtung des Richters durch eine Partei[229] sollte tunlich vermieden werden und führt zur Befangenheit, wenn die Einladung über „eine Tasse Kaffee" hinausgeht.[230]

cc) Bestimmte Handlungen des Gerichts können für eine Partei Nachteile außerhalb des Rechtsstreits bewirken. Dazu gehören Mitteilungen oder Aktenvorlage an Ämter, insbesondere an Strafverfolgungsbehörden (**Strafanzeige** durch das Gericht).[231] Schon die Ankündigung solcher Maßnahmen wird bei der Partei nicht selten die Besorgnis der Befangenheit auslösen. Verschiedentlich sind solche Befangenheitsablehnungen für gerechtfertigt erklärt worden.[232] In einigen Fällen ist das Gericht nach §§ 138 StGB, 183 GVG, 116 AO verpflichtet, Sachverhalte den zuständigen Behörden mitzuteilen. Im Übrigen steht dies im Ermessen des Richters,[233] jedenfalls ist er dazu berechtigt, wie sich schon aus § 149 ergibt. Daraus folgt, dass keine besonnene Partei es als Ausdruck mangelnder Neutralität werten kann, wenn das Gericht nach korrekter Ermessensabwägung, zurückhaltend in der Form und im Ergebnis vertretbar sowie nach Anhörung der Parteien der Strafverfolgungsbehörde einen möglicherweise strafbaren Sachverhalt zur Prüfung unterbreitet.[234] Daher liegt kein Ablehnungsgrund in dem Hinweis des Vorsitzenden, der Senat beabsichtige, die Akten der Staatsanwaltschaft wegen des Verdachts der Urkundenfälschung vorzulegen, weswegen der Kläger überlegen solle, ob er das Rechtsmittel durchführen wolle.[235] 37

§ 43 Verlust des Ablehnungsrechts

Eine Partei kann einen Richter wegen Besorgnis der Befangenheit nicht mehr ablehnen, wenn sie sich bei ihm, ohne den ihr bekannten Ablehnungsgrund geltend zu machen, in eine Verhandlung eingelassen oder Anträge gestellt hat.

1. Normzweck, Bedeutung. Während das Recht, die gesetzliche Ausschließung (§ 41) durch ein Ablehnungsgesuch geltend zu machen, unverzichtbar ist (vgl. § 41 Rn. 27), steht die Ablehnung wegen Besorgnis der Befangenheit in gewissem Umfang zur Disposition der Partei. Dies stellt die Vorschrift als **Spezialregelung** im Vergleich zu § 295 ZPO[1] klar. Zugleich beschränkt sie die Disposition in zeitlicher Hinsicht: Das Ablehnungsgesuch (§ 44) ist **unzulässig,** wenn der Ablehnende es nicht rechtzeitig sofort nach Kenntnis von dem Befangenheitsgrund geltend gemacht hat. Im Interesse der Klarheit über die Besetzung der Richterbank und der Prozessökonomie wird so verhindert, dass das Ablehnungsrecht zur Prozesstaktik eingesetzt wird. § 43 ist Ausfluss der **Prozessförderungspflicht** (§ 282 Abs. 2 ZPO) der Parteien. Der Verstoß gegen diese Pflicht bewirkt die Unzulässigkeit des verspäteten Ablehnungsgesuchs (vgl. auch § 44 Abs. 4). Folgerichtig kann nach dem Verlust des Ablehnungsrechts die Revision nicht darauf gestützt werden, der dem Gegner erteilte Hinweis belege eine Befangenheit des Gerichts.[2] Die prozessuale Rechtsfolge ist, wie generell im Ablehnungsrecht (vgl. § 42 Rn. 3), beschränkt auf ein bestimmtes konkretes Verfahren. 1

---

226 LG Berlin MDR 1952, 558; *Gießler* NJW 1973, 981 m. weit. Nachw.
227 Anders allerdings OLG Stuttgart NJW-RR 1996, 1469.
228 OLG Frankfurt NJW 1960, 1622; LG Kassel NJW 1956, 1761.
229 OLG Schleswig SchlHA 1956, 287.
230 *Musielak/Heinrich* Rn. 14.
231 Hierzu grundlegend *Nierwetberg* NJW 1996, 432.
232 OLG Frankfurt MDR 1984, 499; OLG Frankfurt NJW-RR 1986, 1319; LG Würzburg MDR 1985, 850; OLG Hamburg MDR 1989, 1000.
233 *Nierwetberg* NJW 1996, 432, 434 m. weit. Nachw.
234 Ähnlich OLG Zweibrücken FamRZ 1993, 576; OLG Brandenburg MDR 1997, 779 (Druckfehler im Leitsatz); OLG Frankfurt ZIP 1996, 600 (Weitergabe eines Schriftsatzes an Konkursverwalter); *Knoche* MDR 2000, 371.
235 KG MDR 20001, 107.
1 *G. Vollkommer* S. 99 f.
2 BGH NJW 2006, 695.

Sie wirkt nicht auf andere Verfahren.[3] § 43 ist für den gesamten Bereich der Richterablehnung nach § 42 anwendbar, also auch im Verfahren der freiwilligen Gerichtsbarkeit.[4] Ferner gilt § 43 für die Ablehnung eines Sachverständigen.[5] Hindert das Gericht die Partei bewusst, einen Ablehnungsantrag rechtzeitig anzubringen, indem es die Parteien veranlasst, die Verhandlung fortzusetzen und die Anträge zu stellen, so greift zwar der Ausschluss des § 43, aber das Verhalten des Gerichts schafft einen neuen, selbstständigen Ablehnungsgrund.[6]

2 Aus dem Wortlaut der Vorschrift und aus ihrem Zusammenhang mit § 44 Abs. 4 folgt, dass sie nur eine negative Zulässigkeitsvoraussetzung für das Ablehnungsgesuch in dem konkreten Prozess darstellt. Die gleichen Umstände, die gem. § 43 ausgeschlossen sind, dürfen im selben Prozess später auch nicht ergänzend zu neuen, anderen Befangenheitsgründen geltend gemacht werden, können jedoch in einem anderen Rechtsstreit zulässigerweise vorgebracht werden. Auch ist wegen des gleichen Sachverhalts die sogenannte Selbstablehnung des Richters (§ 48) ohne zeitliche Beschränkung möglich.

3 **2. Kenntnis. Bekannt** ist der Partei nur derjenige **Befangenheitsgrund,** den sie **positiv** kennt, sofern sie den gesamten Tatsachenkomplex umfasst, der für die Geltendmachung des Ablehnungsrechts maßgebend ist[7] Kenntnis des Prozessbevollmächtigten ist der Partei zuzurechnen (§ 85 Abs. 2).[8] Kennenmüssen (§ 122 Abs. 2 BGB) genügt nicht.[9] Die Partei oder ihr Bevollmächtigter muss über alle Umstände, die das Ablehnungsrecht begründen, informiert sein. Nicht ausreichend ist es, wenn der Bevollmächtigte zwar den Namen des Richters kennt, nicht aber die Beziehung dieses Richters zur Partei, die die Besorgnis der Befangenheit ergibt, während die Partei zwar diese Beziehung kennt, aber nicht weiß, dass gerade dieser Richter zur Mitwirkung an der Entscheidung berufen ist. Der Partei sind auf Antrag die Namen der Richter, die für die Bearbeitung der Sache zuständig sind, mitzuteilen.[10]

4 **3. Verlust des Ablehnungsrechts. Verhandeln** im weitesten Sinne (Anträge stellen oder sich einlassen) führt für diesen Rechtsstreit zum Verlust der im Zeitpunkt der Verhandlung bekannten Ablehnungsgründe. Dem Sinn der Vorschrift entsprechend ist als Verhandlung jede Parteihandlung des Ablehnungsberechtigten zu verstehen, die die Sachbearbeitung durch den Richter ermöglicht.[11]

a) Anträge. Erfasst werden die **Anträge** bei mündlicher Verhandlung (§ 297), aber auch im schriftlichen Verfahren (§ 128 Abs. 2 und 3). Erforderlich sind aber nicht stets Sachanträge. Bei prozessualen Anträgen tritt der Verlust des Ablehnungsrechts dann ein, wenn sie unmittelbaren Bezug zur Sachentscheidung haben wie Beweisanträge, Anträge auf Erlass eines Versäumnis- oder Anerkenntnisurteils oder die Zustimmung zur Entscheidung im schriftlichen Verfahren (§ 128 Abs. 2)[12] Anträge bloß formeller Art, wie auf Erteilung einer Protokollabschrift, Akteneinsicht,[13] Unterbrechung der Sitzung, Terminsbestimmung, Terminsverlegung (Vertagung)[14] bleiben hingegen außer Betracht.[15] Erinnerung und Beschwerde sind als Anträge anzusehen, weil über sie im Wege der Abhilfebefugnis (§ 572) zunächst der abgelehnte Richter entscheidet.[16] Nicht erfasst wird allerdings eine Gegenvorstellung, bei der es sich um keinen förmlichen Rechtsbehelf handelt.[17]

5 **b) Einlassen** auf die Verhandlung ist kann mündlich oder schriftlich erfolgen, die Hauptsache oder einen prozessualen Streitpunkt zum Gegenstand haben. Eine Einlassung ist gegeben, wenn die

---

[3] OLG Karlsruhe NJW-RR 1992, 571.

[4] BayObLGZ 1974, 131, 134; OLG Köln OLGZ 1974, 421; BayObLG MDR 1988, 1063 (zum WEG-Verfahren).

[5] OLG Düsseldorf MDR 1994, 620.

[6] OLG Köln NJW-RR 1998, 857.

[7] OLG Frankfurt OLGReport 2001, 169.

[8] OLG Hamburg MDR 1976, 845.

[9] OLG Hamburg MDR 1976, 845; OLG Düsseldorf Rpfleger 1993, 188; *Baumbach/Lauterbach/Hartmann* Rn. 4.

[10] BayObLG MDR 1978, 232.

[11] OLG Düsseldorf AnwBl. 2002, 119; OLG Frankfurt OLGReport 2000, 84; LG München NJW-RR 2002, 862.

[12] BFH DB 1987, 1976; OLG München MDR 1980, 146; *Musielak/Heinrich* Rn. 2.

[13] BayObLG NJW-RR 2001, 642.

[14] BVerwG WM 1964, 1156; OLG Frankfurt WM 1992, 1089; RGZ 36, 378; *Stein/Jonas/Bork* Rn. 5; *Baumbach/Lauterbach/Hartmann* Rn. 6; aA OLG Hamburg MDR 1961, 152; BPatG GRUR 1982, 360.

[15] BVerwG WM 1964, 1156.

[16] *Stein/Jonas/Bork* Rn. 7.

[17] OLG Schleswig MDR 2001, 169f.; *Musielak/Heinrich* Rn. 2; *Zöller/Vollkommer* Rn. 5; aA *Baumbach/Lauterbach/Hartmann* Rn. 7.

Partei Vergleichsverhandlungen führt oder gar einen Vergleich schließt,[18] sich an einer Beweisaufnahme oder einem Anhörungs-, Erörterungs- oder Sühnetermin beteiligt,[19] während des Sachvortrags Fragen des Vorsitzenden beantwortet,[20] schriftsätzliche Äußerungen im schriftlichen Verfahren macht[21] oder – wegen der Abhilfemöglichkeit des § 572 – Erinnerung[22] bzw. sofortige Beschwerde[23] einlegt. Die mündliche Verhandlung lediglich vorbereitende Schriftsätze können nicht als Einlassung gewertet werden,[24] schon gar nicht eine bloße Verteidigungsanzeige.[25]

4. Unschädlichkeit weiterer mündlicher Verhandlung. Der Zeitpunkt, zu dem das Ablehnungsgesuch unzulässig wird, kann zweifelhaft sein, wenn der Befangenheitsgrund **während der Verhandlung** entsteht, also insbesondere nach Antragstellung oder während der Antragstellung. In diesen Fällen muss das Gesuch spätestens **vor Schluss** der Verhandlung angebracht werden.[26] Beruht die Ablehnung auf einem **Gesamttatbestand,** ist für den Zeitpunkt der Geltendmachung auf den letzten Teilakt abzustellen.[27] Vorgänge im Zusammenhang mit der Antragstellung liegen nicht vor letzterer, weil andernfalls das Ablehnungsrecht unzumutbar beschränkt würde.[28] 6

Die Partei verliert grundsätzlich ihr Ablehnungsrecht, wenn sie, nachdem sie ein Ablehnungsgesuch erhoben hat, die weitere Verhandlung nicht verweigert.[29] Wirksam bleibt hingegen der Befangenheitsantrag, sofern die Partei durch inkorrektes richterliches Verhalten zu einer weiteren Einlassung oder Antragstellung gezwungen wird, weil etwa der abgelehnte Richter mit dem Erlass eines Versäumnisurteils droht,[30] entgegen § 47 Abs. 1 weiterverhandelt[31] und Beweisaufnahme einschließlich Schlussverhandlung durchführt,[32] das Befangenheitsgesuch nicht zur Kenntnis nimmt,[33] oder im Verfahren nach § 495 a die Gefahr einer abschließenden Entscheidung besteht.[34] Zur Rücknahme des Gesuchs vgl. § 44 Rn. 3. 7

5. Wirkung auf Parallelverfahren. Da § 43 nur innerhalb des jeweiligen Verfahrens wirkt (vgl. Rn. 1, 2), ist es ausgeschlossen, dass der in einem Rechtsstreit eingetretene Verlust des Ablehnungsrechts die Unzulässigkeit des auf die gleichen Befangenheitsgründe gestützten Gesuchs in einem **anderen Rechtsstreit** zur Folge hat. Die Partei kann Ablehnungsgründe, die sie früher gem. § 43 verloren hat, in einem neuen Verfahren geltend machen.[35] Dies gilt aber nicht, wenn der frühere und der jetzige Prozess in einem **rechtlichen und tatsächlichen Zusammenhang** stehen.[36] Eine ganz andere Frage ist es, ob das frühere Verhalten der Partei zu ihren Lasten im Rahmen des § 42 bei der sachlichen Beurteilung der Besorgnis der Befangenheit berücksichtigt werden kann. Dies ist grundsätzlich zu bejahen. Mitunter wird die Richterablehnung nicht ernst genommen werden können, wenn die dafür vorgebrachten Gründe der Partei schon in einem früheren Rechtsstreit bekannt waren, aber dort nicht geltend gemacht worden sind.[37] 8

---

[18] BayObLG WoM 1994, 299; OLG Frankfurt FamRZ 1991, 839.

[19] OLG Zweibrücken MDR 1983, 414; OLG Köln NJW-RR 1996, 1339; BayObLG WuM 1994, 298; OLG Stuttgart Rpfleger 1975, 93; BFH 4, 149, 424.

[20] OVG Bremen NJW 1985, 823.

[21] BayObLG MDR 1988, 1063; OLG Karlsruhe OLGReport 1998, 75; KG KGReport 1998, 33.

[22] OLG Düsseldorf Rpfleger 1993, 188.

[23] OLG Koblenz MDR 1986, 60.

[24] OLG Koblenz OLGReport 1998, 292; *Musielak/Heinrich* Rn. 2.

[25] *Zöller/Vollkommer* Rn. 4; *Baumbach/Lauterbach/Hartmann* Rn. 6; aA LG Rostock NJW-RR 2002, 356.

[26] OLG Köln OLGZ 1971, 376; OLG Frankfurt MDR 1979, 762 (Nr. 70).

[27] OLG Frankfurt OLGReport 2001, 169; OLG Köln OLGReport 20001, 260.

[28] OLG Köln OLGZ 74, 424; *Zöller/Vollkommer* Rn. 5.

[29] BGH NJW 2006, 695; *Stein/Jonas/Bork* Rn. 3.

[30] *Zöller/Vollkommer* Rn. 8.

[31] OLG Düsseldorf AnwBl. 2002, 119; OLG Schleswig MDR 2001, 711; OLG Köln VersR 1993, 1550; KG NJW 1975, 1842.

[32] OLG Köln NJW-RR 2000, 592; OLG Karlsruhe Justiz 1993, 54.

[33] OLG Schleswig MDR 2001, 711.

[34] OLG Düsseldorf OLGReport 2001, 374.

[35] Im Ergebnis wie hier OLG Celle (8. ZS) NdsRpfl. 1951, 11; OLG Düsseldorf NJW 1955, 553; OLG Koblenz MDR 1989, 647; *Stein/Jonas/Bork* Rn. 2; *Zöller/Vollkommer* Rn. 7; aA OLG Celle (1. ZS) NJW 1960, 1670; OLG Hamm NJW 1967, 1864, m. abl. Anm. *Teplitzky* NJW 1967, 2318; OLG Karlsruhe NJW-RR 1992, 571; OLG Bamberg FamRZ 1995, 100; unklar (§ 42 und § 43 vermengend) LG Dortmund NJW 1966, 206.

[36] BGH BGHReport 2006, 1193.

[37] *Baumbach/Lauterbach/Hartmann* Rn. 5.

§ 44 Ablehnungsgesuch

(1) Das Ablehnungsgesuch ist bei dem Gericht, dem der Richter angehört, anzubringen; es kann vor der Geschäftsstelle zu Protokoll erklärt werden.

(2) [1]Der Ablehnungsgrund ist glaubhaft zu machen; zur Versicherung an Eides Statt darf die Partei nicht zugelassen werden. [2]Zur Glaubhaftmachung kann auf das Zeugnis des abgelehnten Richters Bezug genommen werden.

(3) Der abgelehnte Richter hat sich über den Ablehnungsgrund dienstlich zu äußern.

(4) Wird ein Richter, bei dem die Partei sich in eine Verhandlung eingelassen oder Anträge gestellt hat, wegen Besorgnis der Befangenheit abgelehnt, so ist glaubhaft zu machen, dass der Ablehnungsgrund erst später entstanden oder der Partei bekanntgeworden sei.

I. Regelungsinhalt

1 Die Ablehnung (§ 42 Abs. 1) wird durch das Ablehnungsgesuch geltend gemacht. Die Vorschrift regelt einige **Zulässigkeitsvoraussetzungen** und teilweise das **Verfahren** (weitere Vorschriften zum Verfahren §§ 45 bis 47). Während die Absätze 1 bis 3 sich auf die Ablehnung sowohl wegen Ausschließung (§ 41) als auch wegen Besorgnis der Befangenheit beziehen (§ 42 Abs. 2).

II. Zulässigkeitsvoraussetzungen (Abs. 1, Abs. 4)

2 **1. Empfangszuständigkeit.** Unabhängig von der Frage, welches Gericht zur Entscheidung berufen ist (§ 45), muss das Gesuch bei dem Gericht angebracht werden, bei dem der Richter tätig ist. Der Wortlaut „angehört" ist nicht richteramtsrechtlich zu verstehen. Soll ein gem. § 37 DRiG an das Oberlandesgericht abgeordneter Richter am Landgericht abgelehnt werden, so ist das Ablehnungsgesuch bei dem Oberlandesgericht anzubringen. Entscheidend ist der rechtzeitige Eingang, falsche Adressierung schadet nicht.[1]

3 **2. Form.** Eine besondere Form ist nicht vorgeschrieben. Bei mündlicher Einlegung wird das Gesuch entweder zu Protokoll der Geschäftsstelle (Abs. 1) oder in der Verhandlung zu Protokoll erklärt (§ 160 Abs. 4).[2] Außerhalb der mündlichen Verhandlung wird das Gesuch schriftsätzlich angebracht.[3] Es besteht **kein Anwaltszwang** (§ 78 Abs. 5 Halbs. 2), so dass das Gesuch in mündlicher Verhandlung von der Naturalpartei ohne Mitwirkung ihres Bevollmächtigten erhoben werden kann.[4] Die Befreiung vom Anwaltszwang gilt für alle Verfahrensarten und alle Instanzen bis hin zum BGH,[5] also etwa auch im Rechtsbeschwerdeverfahren nach dem LwVG.[6] Das Gesuch kann, ebenfalls formlos, bis zur Entscheidung (§ 46 Abs. 2) zurückgenommen werden. Die Rücknahme muss jedoch, wie jede Prozesshandlung, hinreichend bestimmt (unmissverständlich) erklärt werden. Im bloßen Verhandeln nach Anbringung eines Ablehnungsgesuchs liegt keine Rücknahme (vgl. § 43 Rn. 7).

4 **3. Frist.** Das Gesuch muss innerhalb der Zeitgrenze des § 43 angebracht werden, soweit es sich nicht um die Geltendmachung der Ausschließung (§ 41) handelt. Soweit der Ablehnungsgrund erst später entstanden oder bekanntgeworden ist, gilt Abs. 4. In diesen Fällen gehört die Darlegung der Voraussetzungen des Abs. 4 zur Zulässigkeit des Gesuchs. Von diesen Einschränkungen abgesehen, ist das Gesuch bis zum **rechtskräftigen Abschluss** des Rechtsstreits zulässig, also auch noch im Tatbestandsberichtigungsverfahren (§ 320).[7] Ist die Instanz vollständig abgeschlossen, ist ein Ablehnungsantrag, selbst wenn noch über eine Gegenvorstellung zu befinden ist,[8] unzulässig.[9]Allerdings kann je nach Sachlage schon vorher das Rechtsschutzinteresse (vgl. hierzu Rn. 6) fehlen. Wurde ein Ablehnungsgesuch übersehen oder nicht beschieden, kann der Verfahrensmangel im Rahmen von Berufung (§ 520 Abs. 3 Nr. 2) und Revision (§ 551 Abs. 3 Nr. 2b) gerügt werden.[10]

---

[1] KG FamRZ 1986, 1023, 1024.
[2] OLG Schleswig OLGReport 2002, 307.
[3] *Stein/Jonas/Bork* Rn. 1.
[4] *Stein/Jonas/Bork* Rn. 1.
[5] BGH MDR 1995, 220.
[6] BGH MDR 1995, 520.
[7] BGH NJW 1963, 46.; OLG Frankfurt MDR 1979, 940.
[8] OLG Frankfurt OLGReport 1997, 154.
[9] BGH BGHReport 2007, 219; BFHE 130, 21; BVerwG MDR 1970, 442; BayObLG MDR 1993, 471; OLG Zweibrücken OLGReport 2000, 417.
[10] BGH NJW 1995, 1677, 1679; *Zöller/Vollkommer* Rn. 5; *Musielak/Heinrich* Rn. 3; *G. Vollkommer* S. 332.

4. Inhalt. Da das Gesetz nur die Ablehnung eines Richters („Gerichtsperson"), nicht eines Gerichts erlaubt (vgl. § 41 Rn. 9; § 42 Rn. 3), muss das Ablehnungsgesuch einen **bestimmten Richter** bezeichnen. Anderenfalls ist es offensichtlich unzulässig,[11] falls sich der Ablehnungsgrund nicht ausnahmsweise auf alle Mitglieder eines Kollegialgerichts erstreckt. Die Angabe des Namens ist nur entbehrlich, wenn die Person auch ohne Namensangabe zweifelsfrei bestimmbar ist.[12] Zur Zulässigkeit des Gesuchs gehört weiter, dass der Ablehnende konkrete **Tatsachen** substantiiert bezeichnet, aus denen sich nach seiner Meinung die Befangenheit ergeben soll.[13] Es besteht aus der Natur der Sache ein **Begründungszwang.** Ohne Angabe der Tatsachen liegt eine Ablehnung im Sinne von § 42 Abs. 2 überhaupt nicht vor. Die Begründung darf auch nicht nachgereicht, sondern allenfalls ergänzt werden.[14] Unzureichend ist der bloße Hinweis auf eine richterliche Verfügung, ohne den vermeintlichen Befangenheitsgrund zu konkretisieren.[15] Ebenso verhält es sich mit der ins Blaue aufgestellten Behauptung klagender Aktionäre, die Richter stünden in geschäftlichen Beziehungen zu der verklagten AG.[16] Ferner sind in dem Gesuch die **Mittel zur Glaubhaftmachung** anzugeben, falls die zur Begründung angeführten Tatsachen nicht offenkundig sind. Sofern alle übrigen Zulässigkeitsvoraussetzungen gegeben sind, steht es der Zulassung nicht entgegen, dass das Ablehnungsgesuch ehrverletzende Äußerungen und **Beschimpfungen** enthält.[17] Ob ein Ablehnungsgesuch vorliegt, ist im Wege der Auslegung zu bestimmen, wobei Zweifel zu Lasten der Partei gehen. Ausreichend ist der erkennbare Wille, dass ein anderer Richter mit der Sache befasst werden soll.[18] 5

5. Sonstiges. Wie für jede Prozesshandlung müssen Parteifähigkeit, Prozessfähigkeit und Prozessführungsbefugnis gegeben sein.[19] Sofern allerdings der Streit der Hauptsache gerade diese Voraussetzungen betrifft, sind sie auch für das Ablehnungsverfahren zu unterstellen.[20] Falls das Ablehnungsgesuch inhaltlich eine bloße Wiederholung eines bereits früher zurückgewiesenen Gesuchs darstellt, ist es unzulässig. Die frühere negative Entscheidung steht dem neuen Gesuch entgegen, gleichgültig, ob man den Ablehnungsgrund als „rechtskräftig" erledigt ansieht oder nicht.[21] Die Unzulässigkeit des Ablehnungsgesuchs kann sich auch daraus ergeben, dass das **Rechtsschutzbedürfnis** fehlt. Hier ist zu beachten, dass die Ablehnung immer nur in die Zukunft wirkt: Es soll die künftige (weitere) Tätigkeit des Richters in der konkreten Rechtssache verhindert werden.[22] Deshalb fehlt das Rechtsschutzbedürfnis, wenn aus anderen Gründen der abzulehnende Richter aus dem Verfahren ausgeschieden ist (Ruhestand, Versetzung, Änderung der Geschäftsverteilung, länger dauernde Dienstunfähigkeit) oder die Instanz vollständig beendet ist, eine Befassung des abzulehnenden Richters mit der Sache also nicht mehr zu erwarten steht. Für ein gegen alle mitwirkenden Richter gerichtetes Ablehnungsgesuch besteht im Tatbestandsberichtigungsverfahren kein Rechtsschutzinteresse, weil im Falle der Stattgabe mangels der Möglichkeit des Einrückens eines Stellvertreters eine weitere richterliche Tätigkeit ausgeschlossen wäre.[23] **Unzulässigkeit** kann sich ferner aus einem **Missbrauch** ergeben. Das missbräuchliche Ablehnungsgesuch ist nicht zulässig. Missbräuchlich sind beispielsweise nicht ernst gemeinte Gesuche oder solche, die nur der Verfolgung verfahrensfremder Zwecke, der Verzögerung (Verschleppung) des Rechtsstreits oder der bewussten Herbeiführung untragbarer Verfahrenskomplikationen dienen sollen.[24] 6

III. Schlüssigkeitsprüfung

Zulässige Gesuche sind zuerst daraufhin zu prüfen, ob die darin angeführten Tatsachen, ihre Richtigkeit unterstellt, überhaupt geeignet sind, die Voraussetzungen der §§ 42 Abs. 2 oder 41 zu 7

---

[11] BVerfGE 46, 200; 11, 1, 3; BGH WM 2003, 847; BGH NJW-RR 2002, 789; OLG Köln OLGReport 2004, 236; RG WarnR 1929, 105; JW 1935, 2894.

[12] BAG AP ArbGG § 49 Nr. 3; BFH DStR 1972, 467 = NJW 1973, 536 (LS); *Günther* NJW 1986, 281, 282.

[13] BayObLG WuM 1994, 350; OLG Köln NJW-RR 1996, 1339; BVerwG NJW 1997, 3327; OLG Köln MDR 1964, 423 m. zust. Anm. *Teplitzky*.

[14] BVerwG NJW 1997, 3327; OLG Schleswig OLGReport 2000, 307; OLG Köln NJW-RR 1996, 1339.

[15] OLG München MDR 2006, 101.

[16] BGH BB 2006, 2543, 2547.

[17] OLG Stuttgart NJW 1977, 112; grundlegend zu diesem Problem *Walchshöfer* MDR 1975, 11.

[18] *Musielak/Heinrich* Rn. 4.

[19] LG Stuttgart ZZP 69 (1956), 48.

[20] OLG Schleswig SchlHA 1980, 212; OLG Köln NJW 1971, 569.

[21] Vgl. *Günther* NJW 1986, 281, 283.

[22] OLG Frankfurt MDR 1979, 940.

[23] BayObLG FamRZ 1994, 1269; OLG Frankfurt OLGReport 1997, 305; BFH NJW-RR 1996, 57; BayObLG NJW 1968, 802; BVerwG MDR 1970, 442 (Nr. 107); BFH DB 1980, 1152; *Günther* MDR 1989, 691; BGH, Beschl. v. 11. 7. 2007, IV ZB 38/06.

[24] BPatG GRUR 1982, 359; OLG Zweibrücken MDR 1980, 1025.

erfüllen. Ist dies nicht der Fall, so sind sie **ohne weiteres,** insbesondere ohne Prüfung der Glaubhaftmachung (Abs. 2), ohne Anforderung einer dienstlichen Äußerung des Richters (Abs. 3) und ohne Anhörung der Gegenpartei sofort **zurückzuweisen.**

IV. Glaubhaftmachung (Abs. 2)

8 Glaubhaft zu machen sind die **tatsächlichen Angaben** im Gesuch, aus denen sich die Besorgnis der Befangenheit ergeben soll. Glaubhaftmachung kann nur mit Hilfe **präsenter Beweismittel** (§ 294 abs. 2) erfolgen. Doch bestimmt Abs. 2 S. 1 2. Halbs. eine Einschränkung: Die eigene eidesstattliche Versicherung der Partei ist als Mittel der Glaubhaftmachung nicht zulässig. Diese Einschränkung gilt nicht für die Glaubhaftmachung der besonderen Zulässigkeitsvoraussetzungen des Abs. 4. Andererseits enthält Satz 2 eine Erleichterung: Es darf auf die dienstliche Äußerung des abgelehnten Richters (Abs. 3) Bezug genommen werden. Insoweit handelt es sich um eine Besserstellung gegenüber § 294 Abs. 2, die aber auf die Person des Richters beschränkt ist. Soweit sich die Partei auf andere Zeugen als den Richter beruft, erfordert die Glaubhaftmachung die Vorlage schriftlicher Erklärungen bzw. eidesstattlicher Versicherungen; die bloße Benennung von Zeugen genügt nicht.[25] Die Glaubhaftmachung kann bis zur gerichtlichen Entscheidung über das Gesuch nachgeholt werden.[26] Der abgelehnte Richter kann auch als Zeuge vernommen oder formlos mündlich angehört werden; er ist nicht Beteiligter im Ablehnungsverfahren. Die Bezugnahme auf das Zeugnis oder die Äußerung des Richters ist im Gesuch ausdrücklich zu erklären.[27] Ein Gesuch, das diese ausdrückliche Bezugnahme nicht und auch eine andere Glaubhaftmachung nicht enthält, ist ohne weitere Prüfung zurückzuweisen. Eine stillschweigende Bezugnahme darf nicht unterstellt werden. Nur in Zweifelsfällen ist durch Ausübung des Fragerechts Klarheit zu schaffen; § 139 gilt auch im Ablehnungsverfahren. Entbehrlich ist die Glaubhaftmachung für offenkundige oder als wahr unterstellte Tatsachen (§ 291).[28] Können **Zweifel,** ob der Ablehnungsgrund tatsächlich vorliegt, nicht ausgeräumt werden, soll ein Anschein für die Besorgnis der Befangenheit sprechen;[29] diese Auffassung ist unzutreffend, weil sie die Glaubhaftmachungslast des Ablehnenden in ihr Gegenteil verkehrt.[30] Eine ganz andere nicht mit der Notwendigkeit einer Glaubhaftmachung zu vermengende Frage ist es, ob einem Ablehnungsgesuch auf der Grundlage eines ordnungsgemäß festgestellten Sachverhalts stattgegeben werden kann, wenn eine Besorgnis der Befangenheit nicht mit Sicherheit ausgeschlossen werden kann.[31] Der Ablehnungsgrund ist glaubhaft gemacht, wenn hierfür eine **überwiegende Wahrscheinlichkeit** besteht; dies unterliegt der freien Würdigung durch das Gericht.[32]

V. Dienstliche Äußerung (Abs. 3)

9 Mit Abs. 3 soll dem Ablehnenden die **Glaubhaftmachung der behaupteten Tatsachen** erleichtert werden. Bei unzulässigen (missbräuchlichen) und/oder nicht schlüssig begründeten Gesuchen (vgl. Rn. 2 bis 7) kann die Äußerung unterbleiben.[33] Ergeben sich die maßgeblichen Tatsachen ohne Schwierigkeit aus den **Akten,** so ist die Äußerung regelmäßig entbehrlich und kann unterbleiben.[34] Gleiches gilt, wenn der Ablehnende nicht auf die Äußerung Bezug nimmt oder wenn der behauptete Sachverhalt unstreitig oder offenkundig ist.[35] Die dienstliche Erklärung des Richters hat schriftlich zu erfolgen und wird Aktenbestandteil.[36] Die dienstliche Äußerung hat sich auf bestimmte Tatsachen zu beschränken; eine Stellungnahme zur Zulässigkeit und Begründetheit des Antrages steht dem abgelehnten Richter nicht zu,[37] kann ihn vielmehr als befangen erscheine

---

[25] BGHSt 21, 334, 347 = NJW 1968, 710, 712; *Stein/Jonas/Bork* Rn. 6.
[26] *Zöller/Vollkommer* Rn. 3; *Schneider* MDR 2000, 1305; *Baumbach/Lauterbach/Hartmann* Rn. 5.
[27] OLG Frankfurt NJW 1977, 767.
[28] VGH Mannheim NJW 1975, 1048.
[29] OLG Braunschweig OLGReport 2000, 122; BayObLGZ 1974, 131; *Zöller/Vollkommer* Rn. 4; *E. Schneider* MDR 2000, 1304 f.
[30] Richtig: BGH WM 2003, 848 f.
[31] Vgl. § 42 Rn. 6.
[32] BGH BGHReport 2007, 357.
[33] BVerfGE 11, 1, 3; BFH NV 2002, 1050 f.; 2000, 1359 f.; 2000, 594 f.; 2000, 480; BayVerfGH MDR 2000, 659; OLG Köln OLGReport 2000, 474; BayObLG WuM 1994, 350; aA *Schneider* MDR 1998, 454 (zu weitgehend); vgl. auch *Fleischer* MDR 1998, 757.
[34] OLG Bremen NJW 1986, 999; *Musielak/Heinrich* Rn. 9.
[35] BFH NV 2001, 1289; 2001, 621 f.; 2001, 176 f.; BFH NVwZ 1998, 663, 664; *Musielak/Heinrich* Rn. 9.
[36] OLG Hamburg OLGRspr. 15, 129.
[37] BFH NV 2000, 480; OLG Frankfurt NJW-RR 1998, 858 f.

lassen. Absolut entbehrlich ist auch der immer wiederkehrende Satz „Ich fühle mich nicht befangen", der jedenfalls eine sachliche Äußerung nicht zu ersetzen vermag.[38] Die dienstliche Erklärung nach § 44 Abs. 3 ist Teil der richterlichen Tätigkeit im Sinne des § 26 DRiG und darum der Dienstaufsicht entzogen.[39] Art. 103 GG gebietet dem zur Entscheidung über das Ablehnungsgesuch berufene Gericht, die dienstliche Erklärung des Richters den Parteien zur Kenntnis zu geben.[40]

Ablehnungsgründe sind nach Einlassung oder Antragstellung gemäß § 43 ausgeschlossen. Anders verhält es sich, wenn der Ablehnungsgrund der Partei nicht bekannt war. § 44 Abs. 4 ermöglicht der Partei, sich in Abweichung von § 44 Abs. 2 zur Glaubhaftmachung der fehlenden Kenntnis auf ihre eigene eidesstattliche Versicherung zu beziehen.[41] 10

§ 45 Entscheidung über das Ablehnungsgesuch

(1) Über das Ablehnungsgesuch entscheidet das Gericht, dem der Abgelehnte angehört, ohne dessen Mitwirkung.

(2) [1] Wird ein Richter beim Amtsgericht abgelehnt, so entscheidet ein anderer Richter des Amtsgerichts über das Gesuch. [2] Einer Entscheidung bedarf es nicht, wenn der abgelehnte Richter das Ablehnungsgesuch für begründet hält.

(3) Wird das zur Entscheidung berufene Gericht durch Ausscheiden des abgelehnten Mitglieds beschlussunfähig, so entscheidet das im Rechtszug zunächst höhere Gericht.

I. Normzweck

1. Verbot der Selbstentscheidung. Die Vorschrift regelt nicht – wie die Gesetzesüberschrift nahelegt – die Entscheidung, sondern die **Entscheidungszuständigkeit** im Ablehnungsverfahren. § 45 wurde im Rahmen der ZPO-Reform neu gefasst und gilt mit seinem jetzigen Wortlaut seit dem 1. Januar 2002. Die Vorschrift bringt das **Verbot der Selbstentscheidung** des durch das Ablehnungsgesuch betroffenen Richters zum Ausdruck. Zugleich wird dem Grundsatz der Prozessökonomie verstärkt Rechnung getragen, weil im Interesse der Verfahrensbeschleunigung im Falle der Ablehnung eines Amtsrichters abweichend vom früheren Rechtszustand die Zuständigkeit des Amtsgerichts erhalten bleibt. Lediglich im Sonderfall des Abs. 3 ist eine Entscheidung der höheren Instanz unabweisbar. 1

2. Ausnahme: Mitwirkung des Abgelehnten bei missbräuchlichem Ablehnungsgesuch. 2
Das Verbot der Selbstentscheidung erleidet nach ganz herrschender Meinung eine Ausnahme, sofern das Ablehnungsgesuch unzulässig oder missbräuchlich ist.[1] In derartigen Konstellationen entscheidet der Spruchkörper in alter Besetzung unter Mitwirkung des abgelehnten Richters sowie in Fällen der §§ 348, 348a ZPO allein der abgelehnte Einzelrichter. Beispiele sind die Ablehnung des Spruchkörpers oder des Gerichts als solchen,[2] Ablehnung eines Richters wegen Zugehörigkeit zu einem bestimmten Gericht oder Spruchkörper,[3] Ablehnung trotz Präklusion nach § 43,[4] pauschale Ablehnung ohne Substantiierung der Gründe,[5] auf Verschleppung gerichtetes Gesuch,[6] Verfolgung verfahrensfremder Zwecke,[7] Verunglimpfung der abgelehnten Richter.[8] Stets bedarf es einer Begründung, warum das Gericht unter Mitwirkung des abgelehnten Richters entscheidet.[9] In der Begründung der Entscheidung sind jeweils die geltend gemachten Ablehnungsgründe vollständig abzuhandeln.[10]

---

[38] *Stein/Jonas/Bork* Rn. 7.
[39] BGHZ 77, 72 = NJW 1980, 2530; *Musielak/Heinrich* Rn. 9; aA 2. Aufl. Rn. 10.
[40] BVerfGE 89, 28 = NJW 1993, 2229; BGH v. 6. 4. 2005 – V ZB 25/04; *Baumbach/Lauterbach/Hartmann* Rn. 7.
[41] *Stein/Jonas/Bork* Rn. 10.
[1] ZB RGZ 11, 224; 44, 402; BGH NJW 1974, 55; BVerwG MDR 1970, 442 (Nr. 108); BFH DStR 1972, 469; BSG AP § 42 Nr. 1; BremStGH MDR 1958, 901; VGH Kassel NJW 1969, 1400; OLG Braunschweig NJW 1976, 2024; OLG Koblenz Rpfleger 1985, 368; LG Frankfurt NJW-RR 2000, 1088; *Günther* NJW 1986, 281, 289; BVerwG NJW 1988, 722; vgl. auch *Roidl* NVwZ 1988, 905.
[2] BGH NJW 1974, 55; BVerwG NJW 1988, 722.
[3] BGH NJW 1974, 55; OLG Köln OLGReport Köln 2004, 236.
[4] BFH NV 2000, 1359f.; 2000, 1131; *Stein/Jonas/Bork* Rn. 2.
[5] BVerwG NJW 1997, 3327.
[6] BGH NJW 1995, 1030; 1992, 983f.; SächsVerfGH NJW-RR 1999, 287f.; OLG Brandenburg FamRZ 2002, 1042; OLG Braunschweig MDR 2000, 846.
[7] OLG Braunschweig NJW 1995, 2113f.
[8] OLG Karlsruhe NJW 1973, 1658; 1974, 915; aA OLG Stuttgart OLGZ 1977, 107; *Musielak/Heinrich* Rn. 3.
[9] *Stein/Jonas/Bork* Rn. 2.
[10] LAG Düsseldorf MDR 2002, 476.

II. Kollegialgerichte (Abs. 1)

3 Über das Ablehnungsgesuch gegen einen Richter des LG, OLG, BGH entscheidet das Gericht, bei dem der Richter tätig und das Verfahren anhängig ist. Das wird gewöhnlich der Spruchkörper (Kammer, Senat) sein, dem der Abgelehnte angehört, der Geschäftsverteilungsplan kann es aber abweichend regeln.[11] Anstelle des an der Mitwirkung gesetzlich verhinderten abgelehnten Richters tritt beim „überbesetzten" Spruchkörper dessen **Vertreter** nach der spruchkörperinternen Geschäftsverteilung (§ 21 g GVG), im Übrigen der im gerichtlichen Geschäftsverteilungsplan (§ 21 e GVG) bestimmte Vertreter.[12] Die Geschäftsverteilung kann ergeben, dass ein dem Spruchkörper angehörender Richter – etwa ein Professor im 2. Hauptamt – nicht zur Mitwirkung an der Entscheidung über das Ablehnungsgesuch berufen ist.[13] Falls der Vertreter, der etwa derselben Vereinigung wie der abgelehnte Richter angehört, ebenfalls befangen ist, muss auf den zur weiteren Vertretung berufenen Richter zurückgegriffen werden.[14] Sofern der einem Kollegialgericht angehörende Einzelrichter allein zur Entscheidung befugt wäre (§§ 348, 348 a, 349, 526, 527, 568, 944), entscheidet nicht allein dessen Vertreter,[15] sondern der betroffene Spruchkörper (Kammer, Senat) in voller Besetzung.[16] Im Arbeitsgerichtsverfahren entscheiden ebenfalls die vollbesetzte Kammer beim ArbG und LAG (§ 49 Abs. 1 und 2 ArbGG) und der vollbesetzte Senat des BAG.[17] Ist die Vertretungsregelung erschöpft, kann also die Beschlussfähigkeit des Spruchkörpers auch unter Heranziehung aller Richter des Gerichts nicht hergestellt werden, so entscheidet das im Rechtszug nächst höhere Gericht. Dieses Gericht kann sich darauf beschränken, über so viele Ablehnungsgesuche zu entscheiden, bis die Beschlussfähigkeit des unteren Gerichts wiederhergestellt ist.[18] Diese Regelung ist unvollkommen, weil bei Beschlussunfähigkeit des BGH keine Ersatzzuständigkeit besteht. Dies ist aber im Blick auf die Zahl der Richter und den möglichen Rückgriff auf Strafrichter hinnehmbar.

4 Werden mehrere Mitglieder eines Spruchkörpers wegen gleichartiger Gründe abgelehnt, bedarf es anstelle einzelner, nacheinander ergehender Beschlüsse einer einheitlichen Entscheidung.[19] Hingegen können die gegen mehrere Richter gerichtete Gesuche nacheinander beschieden werden, wenn sie auf unterschiedliche Gesichtspunkte gestützt sind.[20] Wird ein erkennender und außerdem ein Richter abgelehnt, der zur Entscheidung über das Ablehnungsgesuch gegen den erkennenden Richter berufen wäre, so ist über das Ablehnungsgesuch gegen letzteren (den Vertreter) vorab zu entscheiden und, wenn es für unbegründet erachtet wird, mit ihm die Kammer zu bilden, die dann über das Ablehnungsgesuch gegen den erkennenden Richter entscheidet.[21]

III. Amtsrichter (Abs. 2)

5 **1. Allgemeines.** Abs. 2 regelt die Zuständigkeit bei der Ablehnung von Amtsrichtern. Die Vorschrift erfasst den im allgemeinen Zivildezernat tätigen Richter, den Familienrichter, den Landwirtschaftsrichter wie auch den Rechtshilferichter.[22] Im Unterschied zum früheren Recht entscheidet zur Vermeidung einer Verfahrensverzögerung nicht das übergeordnete LG, sondern ein anderer Amtsrichter über das Ablehnungsgesuch.

6 **2. Zuständigkeit. a) Vorlage an Vertreter.** Im Rahmen der zulässigen eigenen Entscheidung (vgl. Rn. 2) kann der Richter beim Amtsgericht unzulässige Gesuche auch selbst zurückweisen.[23] Entsprechendes gilt für den Rechtspfleger (vgl. § 49 Rn. 5, 6). Wie in Abs. 2 ausdrücklich niedergelegt, entscheidet ein **anderer Richter** des Amtsgerichts über das Ablehnungsgesuch. Dies entspricht dem Verbot der Selbstentscheidung, das bereits in Abs. 1 statuiert ist („ohne dessen Mitwirkung"). Für Auslegung und Anwendung der Vorschrift können die für die Zuständigkeit bei

---

[11] *Musielak/Heinrich* Rn. 2; *Zöller/Vollkommer* Rn. 2.
[12] BGH BGHReport 2001, 432 f.; OLG Rostock OLGReport 2004, 146 f.
[13] BGH FamRZ 2007, 635.
[14] BGH BGHReport 2001, 432 f.
[15] In diesem Sinne BGH NJW 2006, 2492; BGHReport 2007, 357 im Anschluss an OLG Oldenburg NJW-RR 2005, 294; OLG Karlsruhe OLGReport 2003, 523; KG NJW 2004, 2104.
[16] OLG Schleswig OLGReport 2005, 10; OLG Frankfurt OLGReport 2004, 271; *Zöller/Vollkommer* Rn. 2; *Musielak/Heinrich* Rn. 2.
[17] OLG Karlsruhe MDR 2007, 853 f.; *Zöller/Vollkommer* Rn. 2; *Musielak/Heinrich* Rn. 2.
[18] *Stein/Jonas/Bork* Rn. 2.
[19] BVerfG NJW 2004, 2514; BGH NJW 1998, 2458; *Zöller/Vollkommer* Rn. 4.
[20] BVerfG NJW 2004, 2514; BGH NStZ 1996, 144 f.
[21] BGH NJW 1968, 710.
[22] *Musielak/Heinrich* Rn. 4.
[23] *Baumbach/Lauterbach/Hartmann* Rn. 9.

Ablehnung von Richtern an Kollegialgerichten geltenden Grundsätze herangezogen werden. Erachtet der abgelehnte Richter das Gesuch nicht als begründet, so hat er es einem anderen Richter seines Gerichts vorzulegen. Welcher bestimmte andere Richter des Amtsgerichts als gesetzlicher Richter zur Entscheidung berufen ist, muss der Geschäftsverteilungsplan des Amtsgerichts (§ 21 e GVG) bestimmen. Fehlt es an einer speziellen Regelung für den Fall der Ablehnung, ist die Zuständigkeit des allgemeinen geschäftsplanmäßigen Vertreters begründet.[24] Sind der zur Entscheidung über das Befangenheitsgesuch zuständige Richter und der allgemeine Vertreter, was vorzugswürdig erscheint, personenverschieden, tritt der allgemeine Vertreter erst an die Stelle des abgelehnten Richters, nachdem das Gesuch als begründet erachtet worden ist.[25]

b) Billigung des Gesuchs (Abs. 2 S. 2). Eine förmliche Entscheidung durch einen anderen Richter unterbleibt nach Abs. 2 S. 2, wenn der abgelehnte Richter das Gesuch als begründet erachtet. Das **Verfahren,** das der Amtsrichter, der die Ablehnung für begründet hält, einzuhalten hat, ist im Gesetz nicht geregelt, hat aber im Wesentlichen den Anforderungen des § 46 zu entsprechen. Der Richter beim Amtsgericht, der den Ablehnungsantrag für zulässig und begründet hält, muss die **Gegenpartei anhören** und in Beschlussform entscheiden, wobei der **Beschluss** (kurz) zu begründen und den Parteien mitzuteilen ist.[26] Dass und warum der Richter beim Amtsgericht das Gesuch für begründet hält, muss er aus rechtsstaatlichen Gründen in **förmlicher** Weise kundtun, übrigens auch, damit der Vertreter entscheiden kann, ob er nunmehr der gesetzliche Richter ist. Der geschäftsplanmäßige Vertreter hat zu prüfen, ob die Voraussetzungen des § 45 Abs. 2 S. 2 erfüllt sind. An die Erklärung des abgelehnten Richters über die Begründetheit des Ablehnungsgesuchs ist er gebunden,[27] es sei denn, es handele sich um einen Willkürakt.[28] Im Falle einer Selbstablehnung (§ 48) ist § 45 Abs. 2 S. 2 unanwendbar (vgl. § 41 Nr. 6).[29] 7

§ 46 Entscheidung und Rechtsmittel

(1) Die Entscheidung über das Ablehnungsgesuch ergeht durch Beschluss.

(2) Gegen den Beschluss, durch den das Gesuch für begründet erklärt wird, findet kein Rechtsmittel, gegen den Beschluss, durch den das Gesuch für unbegründet erklärt wird, findet sofortige Beschwerde statt.

I. Verfahren (Abs. 1)

Das nach § 45 zuständige Gericht entscheidet nach Gehör der Beteiligten n einem selbstständigen Zwischenverfahren durch Beschluss über das Ablehnungsgesuch. Die Durchführung einer mündlichen Verhandlung ist dem Gericht nach § 128 Abs. 4 freigestellt; regelmäßig wird im Interesse der Verfahrensbeschleunigung darauf verzichtet. Nach allgemeiner Meinung gilt für das Verfahren der **Untersuchungsgrundsatz** (Amtsermittlung).[1] Der Ablehnende trägt die Glaubhaftmachungslast. Reicht die Glaubhaftmachung des Ablehnungsgrundes nicht aus, muss das Gesuch zurückgewiesen werden[2] Die **Gegenpartei** sowie jeder sonst in das konkrete Verfahren einbezogene wie etwa ein Streithelfer, ist **Beteiligter** auch im Ablehnungsverfahren,[3] weil es auch um seinen gesetzlichen Richter (Art. 101 Abs. 1 S. 2 GG) geht. Den Beteiligten ist – auch im Blick auf die andernfalls unverwertbare[4] dienstliche Äußerung des abgelehnten Richters – rechtliches Gehör (Art. 103 GG) zu gewähren.[5] Ein Gehörsverstoß kann in der Beschwerdeinstanz geheilt werden.[6] Über das Ablehnungsgesuch wird durch **Beschluss** entschieden, der in jedem Fall, auch bei stattgebender[7] oder sonst unanfechtbarer Entscheidung (knapp) begründet werden muss.[8] Das Gesuch wird entweder als 1

---

24 *Zöller/Vollkommer* Rn. 5; aA 2. Aufl. Rn. 2.

25 *Zöller/Vollkommer* Rn. 5.

26 OLG Frankfurt FamRZ 1998, 377; *Zöller/Vollkommer* Rn. 7; *Musielak/Heinrich* Rn. 5: aA *Baumbach/Lauterbach/Hartnmann* Rn. 11: Aktenvermerk genügt.

27 OLG Frankfurt FamRZ 1989, 518.

28 *Musielak/Heinrich* Rn. 5.

29 *Zöller/Vollkommer* Rn. 7.

1 Vgl. OLG Frankfurt OLGZ 1980, 109.

2 Vgl. § 42 Rn. 6 und § 44 Rn. 8.

3 *Pentz* JR 1967, 85.

4 BVerfGE 89, 28, 36 f. = NJW 1993, 2229; BVerfGE 24, 62 = NJW 1968, 1621; OLG Braunschweig NJW 1976, 2025.

5 BVerfGE 89, 28, 36 f. = NJW 1993, 2229; BGH v. 6. 4. 2005 – V ZB 25/04.

6 VGH Kassel NJW 1983, 901; OLG Koblenz OLGZ 1977, 111.

7 *Zöller/Vollkommer* Rn. 9.

8 OLG Brandenburg OLGReport 2000, 23; *Baumbach/Lauterbach/Hartmann* Rn. 6.

unzulässig verworfen, als unbegründet zurückgewiesen oder für begründet erklärt.[9] Greift nur einer der Ablehnungsgründe durch, ist für eine Teilentscheidung kein Raum. Werden mehrere Mitglieder eines Spruchkörpers wegen gleichartiger Gründe abgelehnt, bedarf es anstelle einzelner, nacheinander ergehender Beschlüsse einer einheitlichen Entscheidung.[10] Hingegen können die gegen mehrere Richter gerichtete Gesuche nacheinander beschieden werden, wenn sie auf unterschiedliche Gesichtspunkte gestützt sind.[11] Eine **Kostenentscheidung** hat zu unterbleiben, weil das Ablehnungsverfahren kein kontradiktorisches Verfahren darstellt.[12] Gerichtliche Gebühren entstehen nicht, die Tätigkeit des Anwalts gehört zum Rechtszug und wird durch die Gebühren der Nrn. 3100 ff. VV RVG abgegolten (§ 19 Abs. 1 Nr. 3 RVG). Ist der Anwalt nicht Prozessbevollmächtigter, steht ihm die Verfahrensgebühr der Nr. 3403 VV RVG (§ 15 Abs. 2 S. 2 RVG) zu. Der stattgebende Beschluss wird sofort wirksam und stellt den abgelehnten einem ausgeschlossenen Richter gleich. Der zurückweisende Beschluss entfaltet Rechtswirkungen erst mit formeller Rechtskraft der Entscheidung. Das Ablehnungsgesuch kann bis zum Erlass der Entscheidung zurückgenommen werden.[13] Der Beschluss ist gem. § 329 allen Beteiligten mitzuteilen, demjenigen, der die Entscheidung mit der sofortigen Beschwerde angreifen kann (Abs. 2), förmlich **zuzustellen.**

II. Rechtsmittel (Abs. 2)

2 Die dem Ablehnungsgesuch stattgebende Entscheidung der ersten Instanz wie auch des Beschwerdegerichts ist gemäß § 46 Abs. 2 Halbs. 1 **unanfechtbar.** Dieser Grundsatz erfährt eine Durchbrechung, wenn das Ablehnungsgesuch unter Verletzung des rechtlichen Gehörs (Art. 103 Abs. 1 GG) der Gegenpartei für begründet erklärt worden ist[14] und mit der sofortigen Beschwerde eine Verfassungsbeschwerde vermieden wird. Infolge des besonderen Rechtsbehelfs aus § 321 a ZPO wird eine Anrufung des Beschwerdegerichts kaum mehr Bedarf bestehen.[15] Der das Gesuch als unzulässig verwerfende Beschluss[16] und der das Gesuch als unbegründet zurückweisende Beschluss sind mit der **sofortigen Beschwerde** anfechtbar wenn es sich um eine „im ersten Rechtszug ergangene Entscheidung" des AG oder LG handelt (§ 567 Abs. 1). Die Entscheidung trifft das im konkreten Rechtszug berufene Rechtsmittelgericht, gegen zurückweisende Beschlüsse des AG das LG durch den Einzelrichter (§ 568), sofern nicht in Familiensachen und anderen besonderen Fällen (§ 119 GVG) das ebenfalls durch den Einzelrichter entscheidende OLG zuständig ist. Gegen Entscheidungen des LG führt die sofortige Beschwerde zum OLG. Sofern nicht ausnahmsweise der Einzelrichter beim LG selbst entschieden hat,[17] hat das OLG in voller Besetzung über die Kollegialentscheidung der Kammer zu befinden. Hat der Vorsitzende der Kammer für Handelssachen ein Ablehnungsgesuch zurückgewiesen, so hat, weil er kein Einzelrichter ist, über die sofortige Beschwerde der vollbesetzte Senat des OLG zu befinden.[18] Entscheidet das LG als Berufungs- oder Beschwerdeinstanz, scheidet dagegen, weil es sich nicht um eine erstinstanzliche Entscheidung handelt, eine sofortige Beschwerde aus; vielmehr kann nur im Falle der Zulassung Rechtsbeschwerde zum BGH erhoben werden (§ 574 Abs. 1 Nr. 2, Abs. 3).[19] Dies gilt nach dem Wortlaut des § 567 Abs. 1 auch, wenn erstmals im Berufungsrechtszug über den Befangenheitsantrag zu entscheiden war.[20] Mit der sofortigen Beschwerde nicht anfechtbar sind gemäß § 567 Abs. 1 die – stets im zweiten Rechtszug – ergehenden Beschlüsse des OLG,[21] gleich ob es über eine Ablehnung gegen einen Richter des OLG[22] oder im Rahmen des § 46 Abs. 2 als Beschwerdegericht entschieden hat.[23] Allerdings kann das OLG in diesen Fällen die Rechtsbeschwerde zum BGH zulas-

---

[9] BFH NV 2000, 732; *Zöller/Vollkommer* Rn. 7.

[10] BVerfG NJW 2004, 2514; BGH NJW 1998, 2458; *Zöller/Vollkommer* Rn. 4.

[11] BVerfG NJW 2004, 2514; BGH NStZ 1996, 144 f.

[12] OLG Brandenburg MDR 2002, 1092 m. weit. Nachw.

[13] BVerwG NJW 1992, 1186.

[14] OLG Oldenburg NJW-RR 1995, 830; OLG Frankfurt MDR 1979, 940 = OLGZ 1979, 468; offen BGH NJW 1995, 316 403; *Deubner* NJW 1980, 263, 267.

[15] *Musielak/Heinrich* Rn. 3.

[16] BayObLG NJW-RR 1993, 1277; OVG Berlin NVerwZ 1997, 141 = MDR 1997, 96; KG MDR 1992, 997; OLG Koblenz Rpfleger 1985, 368; OLG Bremen MDR 1998, 1242.

[17] Vgl. § 45 Rn. 2.

[18] OLG Frankfurt MDR 2002, 1391; vgl. BGH NJW 2004, 856.

[19] BGH NJW-RR 2004, 726; OLG Stuttgart NJW-RR 2003, 494; OLG Karlsruhe MDR 2003, 651; BayObLG NJW 2002, 3262.

[20] OLG Düsseldorf MDR 2004, 412.

[21] BGH WM 2003, 848 f.

[22] OLG Köln NJW 2004, 619.

[23] BGH BGHReport 2005, 392 = MDR 2005, 409.

sen.[24] Wurde die Rechtsbeschwerde nicht zugelassen, kann der erfolglos geltend gemachte Ablehnungsgrund im Revisionsverfahren beanstandet werden (§ 557 Abs. 2).[25]

Die sofortige Beschwerde, die dem Antragsteller, zur Vermeidung eines neuen Gesuchs aber auch dem Gegner, wenn er sich den Ablehnungsgrund zu eigen macht,[26] eröffnet ist, wird beim Ausgangs- oder Beschwerdegericht eingelegt (§ 569 Abs. 1 S. 1). Während für das Ablehnungsgesuch generell kein Anwaltszwang besteht (vgl. § 44 Rn. 3), unterliegt das Rechtsmittel der sofortigen Beschwerde einem gelockerten **Anwaltszwang** (§§ 569 Abs. 3, 78 Abs. 5 Halbs. 2, 571 Abs. 4 S. 1). Ist der konkrete Rechtsstreit im ersten Rechtszug nicht als Anwaltsprozess zu führen, so gilt auch für Ablehnungsbeschwerden kein Anwaltszwang. Rechtsstreit in diesem Sinne ist nicht das Ablehnungsverfahren, sondern das Verfahren, in dem der abgelehnte Richter amtiert.[27] Gegen die Entscheidung des Landgerichts kann also ohne Vertretung durch einen Rechtsanwalt sofortige Beschwerde eingelegt werden, wenn sich die Ablehnung gegen einen Richter der Beschwerdekammer oder der Berufungskammer des Landgerichts richtet, denn in diesen Fällen unterliegt der Rechtsstreit der Hauptsache erstinstanzlich nicht dem Anwaltszwang.[28] Bei einer Ablehnung im PKH-Verfahren ist gemäß § 569 Abs. 3 Nr. 2 ZPO eine anwaltliche Vertretung entbehrlich.[29] Ferner bedarf es bei einem erstinstanzlich beim Landgericht anhängigen Rechtsstreit wegen § 78 Abs. 5 keines Rechtsanwalts für die Beschwerde, wenn ein ersuchter Richter abgelehnt worden ist. In allen übrigen Fällen gilt Anwaltszwang. Die Rechtsbeschwerde ist durch einen dort zugelassenen Anwalt beim Rechtsbeschwerdegericht (BGH) einzulegen (§ 575 Abs. 1). 3

Mit der sofortigen Beschwerde können **neue Ablehnungsgründe** nicht geltend gemacht werden, denn Gegenstand der Beschwerdeentscheidung ist ausschließlich der im Gesuch gem. § 44 Abs. 2 angegebene Ablehnungsgrund.[30] Ein Nachschieben von weiteren Tatsachen, die einen neuen selbstständigen Ablehnungsgrund ergeben sollen, ist unzulässig. Von diesem Grundsatz gibt es jedoch eine Ausnahme: Sofern sich aus der dienstlichen Äußerung des abgelehnten Richters auf das ursprüngliche Ablehnungsgesuch ein Ablehnungsgrund ergibt Rn),[31] so ist dieser im Beschwerdeverfahren zu berücksichtigen.[32] 4

Fehlendes Rechtsschutzbedürfnis für die Ablehnungsentscheidung[33] ist im Beschwerdeverfahren zu beachten. Treten die dafür maßgeblichen Tatsachen nach Erlass des angefochtenen Beschlusses ein, so bewirken sie die Unzulässigkeit der Beschwerde. Sinn und Zweck des Ablehnungsverfahrens und damit auch der Beschwerde ist nämlich, für die Zukunft die Tätigkeit des befangenen oder ausgeschlossenen Richters zu verhindern. Kommt eine solche Tätigkeit ohnehin überhaupt nicht mehr in Betracht, weil der abgelehnte Richter durch Versetzung, Änderung des Geschäftsverteilungsplans[34] oder Ausscheiden aus dem Richteramt[35] an einer künftigen Sachentscheidung nicht mehr mitwirkt, so darf eine sachliche Entscheidung über die Beschwerde nicht ergehen.[36] Dies gilt auch, wenn die Instanz durch eine Entscheidung unter Mitwirkung des abgelehnten Richters vollständig beendet worden ist.[37] Im Unterschied zu den Stimmen, wonach in diesen Fällen das Rechtsschutzinteresse für die Beschwerdeentscheidung gleichwohl fortbestehe,[38] erscheint es vorzugswürdig, den Ablehnungsgrund im Zusammenhang mit dem **gegen die Endentscheidung zulässigen Rechtsmittel** zu verfolgen.[39] Zu beachten ist freilich, dass die vorinstanzliche Entscheidung über ein Ablehnungsgesuch nur mit dem Rechtsmittel der Berufung[40] und 5

---

24 BGH BGHReport 2005, 392 = MDR 2005, 409; OLG Köln NJW 2004, 619.

25 *Zöller/Vollkommer* Rn. 14 a; *Musielak/Heinrich* Rn. 4; *G. Vollkommer* NJW 2001, 1830.

26 *Baumbach/Lauterbach/Hartmann* Rn. 11.

27 OLG Köln MDR 1996, 1142; OLG Schleswig SchlHA 1996, 222; OLG Hamburg MDR 1963, 140.

28 OLG Brandenburg OLGReport 2000, 35; OLG Düsseldorf MDR 1961, 61; *Zöller/Vollkommer* Rn. 16.

29 OLG Brandenburg MDR 2000, 105.

30 BayObLGZ 1985, 307 = MDR 1986, 60; BayObLG WuM 1993, 768; BFH BB 1992, 1991.

31 Vgl. § 42 Rn. 27.

32 OLG Stuttgart NJW-RR 1995, 300.

33 Vgl. § 44 Rn. 6.

34 OLG Zweibrücken OLGReport 2000, 417.

35 BGH WM 2003, 848 f.; BayObLG MDR 2000, 52.

36 BGH WM 2003, 848; BayObLG OLGReport 2001, 101; OLG Karlsruhe OLGReport 2002, 286; OLG Zweibrücken OLGReport 2000, 417.

37 BGH WM 2003, 848; BGH NJW 1981, 1273 f.; *Musielak/Heinrich* Rn. 7.

38 OLG Koblenz NJW-RR 1992, 1464; OLG Braunschweig NJW 1976, 2024; OLG Düsseldorf JMBl NRW 1978, 44; OLG Karlsruhe OLGZ 1978, 224; eingeschränkt BayObLGZ 1985, 307 = FamRZ 1986, 291; KG MDR 1988, 237; vgl. auch *Vollkommer* MDR 1998, 362.

39 BGH BGHReport 2007, 225; *Zöller/Vollkommer* Rn. 18 a; *Musielak/Heinrich* Rn. 7.

40 BGH BGHReport 2007, 225.

nicht der Revision[41] überprüft werden kann. Legt die Partei Rechtsmittel ein, muss sie im Kosteninteresse eine bereits erhobene Beschwerde für erledigt erklären, sofern das Rechtsmittelgericht über die Begründetheit des Befangenheitsgesuchs entscheidet.[42] Das Beschwerdeverfahren ist dagegen fortzusetzen, wenn der Richter in der Instanz noch einmal mit der Sache befasst werden kann, sei es bei einem Tatbestandsberichtigungsantrag (§ 320), nach Rechtsbehelfen ohne Devolutiveffekt (Einspruch, § 342; Widerspruch, § 924, Erinnerung), in einer Folgesache nach § 623 oder im Nachverfahren (§ 600).[43]

6 **Kosten.** Wird die Beschwerde zurückgewiesen, so sind die Kosten dem Beschwerdeführer aufzuerlegen (§ 97 Abs. 1).[44] Hat die Beschwerde Erfolg, unterbleibt eine Kostenentscheidung, da die Kosten solche des Rechtsstreits sind.[45] Die außergerichtlichen Kosten des Beschwerdeverfahrens sind erstattungsfähig.[46] Die Beschwerdegebühr hängt nicht davon ab, ob sich der Anwalt der Gegenpartei am Beschwerdeverfahren beteiligt und etwa einen Schriftsatz einreicht.[47] Die Gerichtsgebühr bemisst sich im Beschwerdeverfahren nach KV 1811. Für das Beschwerdeverfahren, das nicht zum Rechtszug gehört, erhält der Anwalt die Gebühren der Nrn. 3500, 3513 VV RVG (§ 15 Abs. 2 S. 2 RVG). **Streitwert** (§ 3) für das Beschwerdeverfahren ist der **volle Wert der Hauptsache** desjenigen Verfahrens, in dem der Richter tätig wird,[48] denn das für die Streitwertbemessung maßgebliche Interesse des Beschwerdeführers geht dahin, eine für ihn nachteilige Sachentscheidung infolge Mitwirkung des angeblich befangenen Richters zu verhindern. Innerhalb einer vermögensrechtlichen Streitigkeit das Ablehnungsverfahren als nichtvermögensrechtlich zu werten, erscheint unzutreffend. Ebenso abzulehnen sind die zahlreichen, fast willkürlich anmutenden Versuche, den Streitwert für die Richterablehnung auf einen Bruchteil der Hauptsache festzusetzen. Hier hat im Interesse der Rechtsklarheit jedes Ermessen auszuscheiden. Richtiger Streitwert ist allein der volle Wert der Hauptsache.[49]

§ 47 Unaufschiebbare Amtshandlungen

(1) Ein abgelehnter Richter hat vor Erledigung des Ablehnungsgesuchs nur solche Handlungen vorzunehmen, die keinen Aufschub gestatten.

(2) [1]Wird ein Richter während der Verhandlung abgelehnt und würde die Entscheidung über die Ablehnung eine Vertragung der Verhandlung erfordern, so kann der Termin unter Mitwirkung des abgelehnten Richters fortgesetzt werden. [2]Wird die Ablehnung für begründet erklärt, so ist der nach Anbringung des Ablehnungsgesuchs liegende Teil der Verhandlung zu wiederholen.

I. Normzweck, Regelungsinhalt

1 Die Vorschrift (Abs. 1) belegt den Richter mit einem vorläufigen Tätigkeitsverbot, gegen den ein Ablehnungsgesuch gestellt worden ist. Es soll verhindert werden, dass ein Richter, der abgelehnt worden ist (§ 42 Abs. 1), weiter amtiert, bevor in dem dafür vorgesehenen Verfahren festgestellt ist, ob das Gesuch Erfolg hat oder bevor die Ablehnung in anderer Weise (etwa durch Rücknahme des Gesuchs) erledigt ist. Das Ablehnungsgesuch darf andererseits (Abs. 1 und 2) im Interesse der Gegenpartei besonders eilbedürftigen (unaufschiebbaren) Amtshandlungen des Richters nicht im Wege stehen. In diesem Spannungsverhältnis begründet die Vorschrift deshalb für den abgelehnten Richter grundsätzlich ein **vorläufiges Tätigkeitsverbot,**[1] das auch als Handlungsverbot, Sperrwirkung oder Wartepflicht bezeichnet wird. Im Falle rechtsmissbräuchlicher Gesuche[2] ist die

---

[41] BGH BGHReport 2007, 219; anders BGH BB 2006, 2543, 2547.
[42] BGH BGHReport 2007, 225.
[43] OLG Frankfurt NJW 1986, 1000; KG FamRZ 1986, 1022; OLG Frankfurt MDR 1979, 762.
[44] BGH NJW 2005, 2233; OLG Nürnberg NJW-RR 2002, 720; *Stein/Jonas/Bork* Rn. 10; aA *Schneider* JurBüro 1977, 1343.
[45] OLG Frankfurt MDR 1984, 408.
[46] Str. wie hier: OLG Koblenz VersR 1992, 1026; OLG Frankfurt NJW-RR 1986, 740 m. weit. Nachw.; vgl. auch OLG Düsseldorf MDR 1985, 589 = JurBüro 1985, 1553; aA OLG Düsseldorf Rpfleger 1975, 257; OLG Hamm MDR 1989, 917; offen gelassen von OLG Schleswig SchlHA 1989, 131.
[47] BGH NJW 2005, 2233 mit Anm. *Kroppenberg* aaO 3112.
[48] BGH NJW 1968, 796; OLG Karlsruhe MDR 2003, 651; OLG Koblenz NJW-RR 1998, 1222 (ausführlich m. zutr. Begr. und w. Nachw. auch zur Gegenmeinung); OLG Düsseldorf NJW-RR 1994, 1086.
[49] Vgl. auch OLG Koblenz NJW-RR 1998, 1222.
[1] *Musielak/Heinrich* Rn. 1.
[2] Vgl. § 45 Rn. 2.

Vorschrift unanwendbar.[3] Eine Durchbrechung der Wartepflicht wird in Abs. 1 für den Fall unaufschiebbarer Aufgaben statuiert. Eine weitere Einschränkung schafft der neu eingeführte Abs. 2, um bei Anbringung eines Ablehnungsgesuchs in der mündlichen Verhandlung deren Fortsetzung unter Mitwirkung des abgelehnten Richters zu ermöglichen. Damit dient die Vorschrift dem Interesse der antragenden Partei, aber auch der Prozesswirtschaftlichkeit. Über den Wortlaut („ein abgelehnter Richter") hinaus gilt § 47 auch für den Richter, der die Anzeige nach § 48 abgegeben hat, also im Falle der sogenannten Selbstablehnung.

II. Beginn und Umfang der Sperrwirkung

1. Ablehnungsgesuch. Das Handlungsverbot kommt ohne Rücksicht auf die Kenntnis des Richters[4] mit dem Eingang des Antrags zum Tragen.[5] Die **Sperrwirkung** tritt jedoch nur ein, wenn das Gesuch einschließlich Begründung (§ 44) im anhängigen konkreten Verfahren wirksam angebracht[6] und nicht offensichtlich missbräuchlich ist.[7] Wird nicht ein einzelner Richter, sondern ein ganzes Kollegium oder ein ganzes Gericht abgelehnt oder wird das Gesuch überhaupt nicht oder nur mit solchen Umständen begründet, die wie der Vorwurf, die höchstrichterliche Rechtsprechung zu befolgen, eine Befangenheit unter keinem denkbaren Gesichtspunkt rechtfertigen können, tritt wegen Rechtsmissbrauchs eine Wartepflicht nicht ein.[8] Ein in einem Parallelverfahren gestelltes Ablehnungsgesuch löst in außerdem anhängigen Verfahren keine Wartepflicht aus.[9] Die Sperrwirkung begründet eine Unterlassungspflicht, aber nicht die weitergehende Verpflichtung, frühere Verfahrenshandlungen rückgängig zu machen oder an ihrer Beseitigung aktiv mitzuwirken.[10] Ist ein Urteil bereits abgesetzt und unterschrieben, so steht ein danach eingegangener Ablehnungsantrag der Verkündung nicht entgegen, weil der erkennende Richter an der Verkündung nicht mitwirken muss.[11] 2

2. Dauer der Sperrwirkung. Die Sperrwirkung beginnt mit dem Eingang des Ablehnungsgesuchs bei Gericht[12] und dauert bis zu seiner Erledigung fort. Umstritten ist, zu welchem Zeitpunkt eine Erledigung vorliegt. Teils wird unter Hinweis auf die fehlende aufschiebende Wirkung einer Beschwerde (§ 570) befürwortet, dass bereits mit der erstmaligen abschlägigen Bescheidung des Gesuchs eine Erledigung erfolgt ist und der Richter darum bereits im Zeitraum bis zur Entscheidung über eine dagegen eingelegte sofortige Beschwerde wieder tätig werden darf.[13] Dieser Ansicht ist nicht zu folgen, weil § 47 unabhängig von einer sofortigen Beschwerde und daher bereits im Zeitraum vor deren Einlegung ein Tätigkeitsverbot anordnet. Erledigung ist darum erst gegeben, wenn eine **formell rechtskräftige Entscheidung** über das Gesuch ergangen ist.[14] Diese Wertung erscheint auch im Lichte des Art. 101 Abs. 1 S. 2 GG vorzugswürdig, weil sie es vermeidet, dass ein möglicherweise später für befangen erklärter Richter zwischenzeitlich Amtshandlungen vornimmt. Nach rechtskräftiger Zurückweisung des Ablehnungsgesuchs entfällt die Sperrwirkung, selbst wenn eine Partei dagegen Verfassungsbeschwerde einlegt, weil es sich dabei nicht um ein Rechtsmittel handelt.[15] 3

3. Befugnisse des abgelehnten Richters. a) Unaufschiebbare Handlungen. Der abgelehnte Richter darf nach Abs. 1 nur Handlungen vornehmen, die keinen Aufschub gestatten. Unaufschiebbar ist, ohne dass die Erfolgsaussichten des Gesuchs eine Rolle spielen,[16] eine Handlung, die einer Partei wesentliche Nachteile erspart oder bei deren Unterlassen **Gefahr im Verzuge** be- 4

---

[3] *Musielak/Heinrich* Rn. 1.
[4] OLG Frankfurt NJW 1998, 1238; *Stein/Jonas/Bork* Rn. 1 (Fn. 1).
[5] BGH NJW 2001, 1502f.
[6] BayObLG RPfleger 1980, 193; OVG Münster JMBl NRW 1978, 93.
[7] Vgl. BGH v. 15. 7. 2004, IX ZR 280/03; OLG Köln NJW-RR 2000, 591f.; LG Frankfurt NJW-RR 2000, 1088; vgl. § 45 Rn. 2.
[8] BVerwG NJW 1988, 722.
[9] BayObLG RPfleger 1980, 193; *Musielak/Heinrich* Rn. 2.
[10] *Zöller/Vollkommer* Rn. 2.
[11] BGH NJW 2001, 1502f.
[12] OLG Frankfurt NJW 1998, 1238 (zum gleich lautenden § 29 Abs. 1 StPO).
[13] RGZ 66, 47; OLG Frankfurt OLGZ 1992, 383 = MDR 1992, 409; OVG Münster NJW 1990, 1749; BFH 134, 525, 529; 2. Aufl. Rn. 4.
[14] BGH v. 15. 7. 2004, IX ZR 280/03; BayVerGH NJW-RR 2001, 352f.; BayObLG MDR 1993, 471; 1988, 500; OLG Köln NJW-RR 2000, 592; OLG Brandenburg NJW-RR 2000, 1091f.; OLG Hamburg NJW 1992, 1462f.; OLG Karlsruhe OLGZ 1978, 224f.; NJW-RR 1997, 1350; BSG NZS 2001, 221; *Baumbach/Lauterbach/Hartmann* Rn. 4; *Stein/Jonas/Bork* Rn. 1; *Musielak/Heinrich* Rn. 3; *Zöller/Vollkommer* Rn. 1.
[15] OLG Hamm MDR 1999, 374.
[16] *Wieczorek/Niemann* Rn. 3; *Musielak/Heinrich* Rn. 4.

steht.[17] Eilentscheidungen zum Zwecke des einstweiligen Rechtsschutzes,[18] zur Beweissicherung[19] oder zur Einstellung der Zwangsvollstreckung[20] dürfen trotz Ablehnung ergehen. Ebenso kann es nach § 47 zulässig sein, einen Versteigerungstermin im Zwangsversteigerungsverfahren ohne Zuschlagserteilung zu Ende zu führen.[21] Die Rechtsprechung erachtet auch sitzungspolizeiliche Anordnungen für zulässig.[22] Das Tätigkeitsverbot des Abs. 1 gebietet die Aufhebung von Terminen, während eine Terminsbestimmung unzulässig ist.[23] Bei der Bewertung kommt es im Übrigen auf die Umstände des einzelnen Falles an. Auch etwa die Zustellung der Klageschrift ist zur Abwendung der Verjährung eilig. Der Richter darf sie (selbstverständlich ohne Terminsbestimmung und ohne prozessleitende Verfügung) anordnen, bevor er seine „Selbstablehnung" dem dafür zuständigen Richter vorlegt. Dabei ist zu beachten, dass die auch nach § 48 nötige Gewährung rechtlichen Gehörs deutlich verfahrensverzögernd wirkt. Die Ablehnung oder Selbstablehnung darf aber nicht den Eintritt der Rechtshängigkeit verzögern. Außerdem wird mit der sofortigen Klagezustellung die Misshelligkeit vermieden, dass die beklagte Partei zu der Anzeige nach § 48 angehört wird, bevor sie von einer gegen sie gerichteten Klage überhaupt etwas weiß. Unschädlich ist die reine Aktenverwaltung durch den abgelehnten Richter.[24] Deshalb darf der abgelehnte Rechtspfleger im Teilungsverfahren weiter tätig bleiben, wenn er nur eine „Verwaltungsmaßnahme" vornimmt (zB Wiedervorlageverfügungen, ordnungsgemäßer Umlauf des beim AG geführten Aktenretents, während die Verfahrensakte sich im Beschwerdeverfahren bei dem LG befand, Weiterleitung von Schriftsätzen).[25] Dagegen ist sowohl ein Verweisungsbeschluss[26] als auch eine Entscheidung über die Zulässigkeit eines Rechtsmittels oder gar eine abschließende Entscheidung in der Sache aufschiebbar.[27] Bei Ablehnungsgesuchen, die nicht ernst gemeint sind oder nur der Prozessverschleppung dienen, kann jede, auch die abschließende Sachentscheidung als unaufschiebbar angesehen werden.[28]

b) Mündliche Verhandlung. Erfolgt die Ablehnung in mündlicher Verhandlung, musste die Sache, falls nicht umgehend über den Antrag entschieden werden konnte, vertagt werden. Zur Vermeidung dieser Verzögerung gestattet Abs. 2 die Fortsetzung des Termins unter Mitwirkung des abgelehnten Richters ohne Rücksicht darauf, ob die mündliche Verhandlung unaufschiebbar ist.[29] Der Termin beginnt mit dem Aufruf der Sache. Deshalb ist Abs. 2 auch anwendbar, wenn das Gesuch vor Antragstellung im Rahmen einer informellen Erörterung oder des Gütetermins geltend gemacht wird.[30] Da das Gericht den Termin zu Ende führen darf, ist es berechtigt, vor Abschluss der Verhandlung eine Endentscheidung zu verkünden.[31] Nach Abschluss der Verhandlung greift wieder Abs. 1 ein, der die Anberaumung eines Verkündungstermins zum Erlass der Endentscheidung verbietet.[32] Wird das Befangenheitsgesuch als begründet erachtet, so ist nach Abs. 2 S. 2 der nach Anbringung des Gesuchs liegende Teil der Verhandlung unter Einbeziehung des Vertreters zu wiederholen.

IV. Nichtbeachtung der Wartepflicht als Verfahrensfehler

5 Der **Verstoß** gegen § 47 ist unschädlich, wenn das Ablehnungsgesuch erfolglos bleibt. Rechtssystematisch muss man wohl annehmen, dass zwar ein Verfahrensfehler vorliegt, der indessen durch die Feststellung, dass das Gesuch unzulässig oder unbegründet ist, nachträglich geheilt wird.[33] Im Übrigen kann auch bei begründetem Gesuch im Ergebnis Heilung eintreten durch Wiederholung

---

[17] *Baumbach/Lauterbach/Hartmann* Rn. 5; *Zöller/Vollkommer* Rn. 3.
[18] LG Konstanz Rpfleger 1983, 491; *Musielak/Heinrich* Rn. 4.
[19] LG Konstanz Rpfleger 1983, 491; *Zöller/Vollkomer* Rn. 3.
[20] LG Detmold Rpfleger 1998, 152; *Stein/Jonas/Bork* Rn. 2.
[21] OLG Celle NJW-RR 1989, 569; LG Aachen RPfleger 1986, 59; *Stein/Jonas/Bork* Rn. 2; aA LG Konstanz RPfleger 1983, 490 m. abl. Anm. *Weber.*
[22] LSG Essen MJW 1973, 2224 (zweifelhaft).
[23] OLG Köln NJW-RR 1986, 420; OLG Hamburg NJW 1992, 1463; aA LG Leipzig MDR 2000, 106.
[24] *Stein/Jonas/Bork* Rn. 2.
[25] LG Detmold Rpfleger 1998, 152.
[26] OLG Karlsruhe NJW 2003, 2174.
[27] RG JW 1935, 2895; BGH, Beschl. v. 21. 6. 2007, V ZB 3/07.
[28] Vgl. § 45 Rn. 2.
[29] *Stein/Jonas/Bork* Rn. 2a.
[30] AA *Zöller/Vollkommer* Rn. 3, der hier zum Handlungsverbot gelangt.
[31] *Stein/Jonas/Bork* Rn. 2a; aA *Zöller/Vollkommer* Rn. 3: Mitwirkung nur an prozeßleitenden, nicht an Sachentscheidungen.
[32] *Stein/Jonas/Bork* Rn. 2a.
[33] BGH v. 15. 7. 2004, IX ZR 280/03; BAG BB 2000, 1948; BayVerfGH NJW 1982, 1746; OLG München MDR 1993, 892; vgl. auch OLG Frankfurt OLGZ 1992, 383; aA *Zöller/Vollkommer* Rn. 5.

der zunächst unter Verstoß gegen das Tätigkeitsverbot vorgenommenen Handlung nunmehr ohne Mitwirkung des abgelehnten Richters.[34] Die unter Verstoß gegen die Wartepflicht vorgenommenen Handlungen sind, wie § 579 Abs. 1 Nr. 3 zu entnehmen ist, wirksam, wenn der Richter später für befangen erklärt wird.[35] Der (doppelte) Verfahrensmangel, der im Verstoß gegen § 42 Abs. 2 und gegen § 47 zu erblicken ist, kann mit Rechtsmitteln gegen die Hauptsacheentscheidung (Berufung und Revision) in üblicher Weise gerügt werden.[36] Die Sache wird dann regelmäßig an das Ausgangsgericht zurückverwiesen. Auf einem Verfahrensfehler beruhen auch die vor Stellung des Gesuchs vorgenommenen Amtshandlungen, wenn der Richter später für befangen erklärt wird.[37] Dies gilt ausnahmsweise nicht, sofern die Befangenheit, die sich etwa im Inhalt eines dienstlichen Erklärung manifestiert, erst nach Vornahme der richterlichen Amtshandlung, auch dem Erlass eines Urteils, entstanden ist.[38] Nichtigkeitsklage scheidet aus, weil § 579 Nr. 3 voraussetzt, dass das Ablehnungsgesuch schon **vor** der Hauptsacheentscheidung für begründet erklärt worden war. Die Wirksamkeit **unaufschiebbarer Handlungen,** deren Vornahme das Gesetz ausdrücklich gestattet (Abs. 1), wird nicht durch die spätere Stattgabe eines Befangenheitsgesuchs berührt.[39] Der Verstoß gegen § 47 kann für sich genommen einen eigenen Ablehnungsgrund bilden.[40] Wird nach Anbringung einer Erklärung nach § 48 lediglich ein Aktenvermerk gefertigt, wonach keine Bedenken gegen die Mitwirkung des Richters bestehen, liegt ein Verstoß gegen § 47 nicht vor.[41]

§ 48 Selbstablehnung; Ablehnung von Amts wegen

Das für die Erledigung eines Ablehnungsgesuchs zuständige Gericht hat auch dann zu entscheiden, wenn ein solches Gesuch nicht angebracht ist, ein Richter aber von einem Verhältnis Anzeige macht, das seine Ablehnung rechtfertigen könnte, oder wenn aus anderer Veranlassung Zweifel darüber entstehen, ob ein Richter kraft Gesetzes ausgeschlossen sei.

I. Normzweck, Regelungsinhalt

Unabhängig vom Ablehnungsrecht der Parteien (§ 42) ist es auch Aufgabe und **Amtspflicht** des Richters, in Ergänzung von §§ 41, 42 für die unparteilich, neutral besetzte Richterbank zu sorgen. Soweit die Gründe für die Ausschließung kraft Gesetzes eindeutig sind, ist die Ausschließung ohne Einhaltung eines besonderen Verfahrens von Amts wegen zu beachten (vgl. § 41 Rn. 29). In Zweifelsfällen, die der Richter ebenfalls anzuzeigen hat,[1] muss das nach § 45 zuständige Gericht entscheiden. Bei der Besorgnis der Befangenheit findet eine Überprüfung und Entscheidung ebenfalls statt, wenn der Richter die Tatsachen, aus denen sich die Besorgnis ergeben könnte, anzeigt. Die Vorschrift gilt auch für den Richter beim Amtsgericht. Auch ihm ist verwehrt, ohne gerichtliche Entscheidung aus dem Prozess auszuscheiden, wenn er von sich aus Ablehnungsgründe annimmt. Eine Ausnahme gilt nur, wenn er von einer Partei abgelehnt worden ist und diese Ablehnung für begründet hält (§ 45 Abs. 2 S. 2).[2] Die Regelung findet im FGG-Verfahren[3] und im Verfahren nach § 111 BNotO[4] Anwendung. 1

II. Voraussetzungen und Inhalt der Anzeige

1. Begriff. Die sogenannte **Selbstablehnung** erfolgt durch eine Anzeige des Richters. Die„Anzeige von einem Verhältnis" ist eine schriftliche dienstliche Äußerung über bestimmte Umstände, also über Tatsachen, die mit den Prozessakten[5] dem nach § 45 zuständigen Gericht vorzulegen ist Von der dienstlichen Äußerung des § 44 Abs. 3 unterscheidet sie sich dadurch, dass der Richter sie von sich aus abgibt. Er bringt damit nicht zum Ausdruck, dass er sich für befangen an- 2

---

[34] *Musielak/Heinrich* Rn. 5.
[35] *Musielak/Heinrich* Rn. 5.
[36] BayObLG FamRZ 1998, 634 f.; *Stein/Jonas/Bork* Rn. 5; *Baumbach/Lauterbach/Hartmann* Rn. 11.
[37] *Zöller/Vollkommer* Rn. 4.
[38] BGH NJW 2001, 1502 f.
[39] *Stein/Jonas/Bork* Rn. 5.
[40] OLG Köln NJW-RR 2000, 591 f.
[41] BGH MDR 2000, 914.
[1] *Stein/Jonas/Bork* Rn. 1.
[2] Vgl. § 45 Rn. 7.
[3] BayObLG Rpfleger 1979, 423; OLG Frankfurt OLGZ 1980, 110.
[4] BGH MDR 2000, 914.
[5] *Baumbach/Lauterbach/Hartmann* Rn. 5.

sieht, sondern – weswegen der Begriff Selbstablehnung nicht ganz korrekt ist – nur, dass er eine Entscheidung für erforderlich hält. Unabhängig von der Anzeige sind die Parteien bis zur Grenze des § 43 zur Ablehnung berechtigt.

3 **2. Amtspflicht.** Der Richter muss die Anzeige abgeben, wenn er der Meinung ist, ein Ausschlussgrund oder – aus Sicht einer vernünftigen Partei[6] – ein Ablehnungsgrund Rn könne gegeben sein. Im Blick auf einen möglichen Ablehnungsgrund ist eine Verpflichtung zur Anzeige begründet, wenn ein Ablehnungsgesuch nach den Maßstäben des § 42 begründet sein könnte.[7] Eine Anzeige kann auch erfolgen, wenn dem Richter die weitere Bearbeitung unzumutbar erscheint[8] oder er in einen ernsthaften Gewissenskonflikt gerät.[9] Ein Gewissenskonflikt liegt nicht schon vor, wenn der Richter die die bindende Auffassung des Rechtsmittelgerichts (§ 563 Abs. 2) ablehnt.[10] Eine Selbstablehnung des Rechtsmittelrichters kommt in Betracht, wenn die angefochtene Entscheidung von seinem Ehegatten herrührt. Keine Rolle spielt, ob sich der Richter selbst als befangen oder unbefangen ansieht.[11] Die Anzeige hat unverzüglich zu erfolgen, sobald der Richter die maßgeblichen Umstände kennt.[12] Andererseits muss er die Mitteilung unterlassen, wenn die Voraussetzung der Befangenheit fehlt, denn als gesetzlicher Richter hat er auch dann tätig zu werden, wenn die Bearbeitung des Rechtsstreits ihm etwa wegen gewisser Bekanntschaft oder entfernter Beziehungen zu den Prozessbeteiligten, die keinen Befangenheitsgrund darstellen, unangenehm ist.[13]

4 Mit der Verpflichtung zur Anzeige wird der Richter gezwungen, den Prozessbeteiligten sowie seinen zur Entscheidung über die Selbstablehnung berufenen Kollegen unter Umständen auch sehr persönliche, ja intime Tatsachen offenzulegen, die mit seinem Richteramt und dem Prozessstoff nichts zu tun haben und normalerweise einer geschützten Sphäre angehören. Doch ist ausnahmslos daran festzuhalten, dass **Fakten** dargelegt werden müssen und die Erklärung „ich fühle mich befangen" nicht genügt.

5 Ein **Verstoß** gegen die Dienstpflicht zur Mitteilung nach § 48 kann die Anfechtbarkeit des Urteils, das unter Mitwirkung des zur „Selbstablehnung" verpflichteten Richters ergangen ist, zur Folge haben. § 48 begründet nämlich auch eine prozessuale, verfahrensrelevante Pflicht gegenüber den Verfahrenbeteiligten, so dass die Verletzung einen Verfahrensmangel und Revisionsgrund im Sinne von § 545 Abs. 1 darstellt.[14]

III. Verfahren und Entscheidung

6 Die Anzeige leitet wie eine Fremdablehnung das Ablehnungsverfahren ein. Der anzeigende Richter hat sich vom Zeitpunkt der Anzeige an bis zur Entscheidung vorläufig jeder Sachbearbeitung zu enthalten (§ 47).[15] Die schriftliche Anzeige ist zu den Prozessakten (Sachakten) zu nehmen und mit ihnen dem nach § 45 für die Entscheidung zuständigen Richter zuzuleiten. Dieser teilt als Ausfluss des rechtlichen Gehörs ihren Inhalt beiden Parteien mit und gibt ihnen Gelegenheit zur Stellungnahme. Beschlüsse, die gegen Art. 103 Abs. 1 GG verstoßen, sind unwirksam.[16]

7 Die Selbstanzeige bezieht sich nur auf das **konkrete Verfahren,** in dem sie erstattet ist, sie gilt nicht etwa für andere Verfahren zwischen denselben Parteien. Ob die Ablehnung gerechtfertigt ist, muss in jedem Prozess gesondert geprüft werden. Deshalb rechtfertigt auch die Selbstablehnung in einem früheren Verfahren nicht ohne weiteres die (Partei-)Ablehnung (§ 44) desselben Richters in einem späteren Prozess zwischen denselben Parteien.[17]

8 Entschieden wird durch förmlichen **Beschluss,** der (kurz) zu begründen und beiden Parteien von Amts wegen mitzuteilen ist (§ 46). Der Beschluss enthält keine Kostenentscheidung. Er erklärt entweder die Ablehnung für begründet, dann scheidet der Richter aus dem Verfahren aus und sein

---

[6] OLG Frankfurt OLGReport 1996, 55; vgl. § 42 Rn. 4 bis 6.
[7] BVerfG NJW 2003, 3404 f.; *Stein/Jonas/Bork* Rn. 4.
[8] OLG Karlsruhe NJW-RR 2000, 591.
[9] *Wieczorek/Niemann* Rn. 1; *Musielak/Heinrich* Rn. 2.
[10] OLG Saarbrücken NJW-RR 1994, 766 ff.; LG Frankfurt MDR 1988, 150 f.; 1062; *Musielak/Heinrich* Rn. 2.
[11] BVerfG 1997, 1500; 1996, 2022; BGH BGHReport 2001, 432.
[12] KG KGReport 1999, 276 f.; vgl. BGHZ 141, 90, 94 zum schiedsgerichtlichen Verfahren.
[13] OLG Frankfurt OLGReport 1996, 55: Kollegialitätsverhältnis zu Partei oder deren nahem Angehörigen.
[14] BGH NJW 1995, 1677; BVerwG NJW 1998, 323 f.; *Zöller/Vollkommer* Rn. 11; ähnlich auch *Wieczorek/Niemann* Rn. 2 und *Vollkommer* MDR 1998, 362, der (zu weit gehend) generell ein nachträgliches Ablehnungsverfahren befürwortet.
[15] OLG Frankfurt FamRZ 1998, 377; *Wieczorek/Niemann* Rn. 3.
[16] BVerfGE 89, 28 = NJW 1993, 2229; BGH NJW 1995, 403 f.; OLG Frankfurt FamRZ 1998, 377.
[17] OLG Frankfurt FamRZ 1986, 291.

Vertreter tritt ein. Erklärt er die Ablehnung für unbegründet, kann das Verfahren unter Mitwirkung des betroffenen Richters fortgesetzt werden.

Ein **Rechtsmittel** gegen die Entscheidung findet im Rahmen des § 46 Abs. 2 statt. Soweit die 9
Anzeige für begründet erachtet wird, folgt die Unanfechtbarkeit aus § 46 Abs. 2. Wird die Anzeige für nicht begründet erklärt, so sind die Parteien nach § 46 Abs. 2 beschwerdeberechtigt.[18]

§ 49 Urkundsbeamte

Die Vorschriften dieses Titels sind auf den Urkundsbeamten der Geschäftsstelle entsprechend anzuwenden; die Entscheidung ergeht durch das Gericht, bei dem er angestellt ist.

1. Normzweck. Die Vorschrift erweitert Richterausschließung und Richterablehnung auf eine 1
andere „Gerichtsperson". Auch der Urkundsbeamte der Geschäftsstelle ist Rechtspflegeorgan. Seine Tätigkeit hat in gewissem Umfang Einfluss auf den Rechtsstreit. Er nimmt weisungsunabhängig der Rechtsprechung vorgelagerte oder sie begleitende Aufgaben wahr.[1] Bei der Herstellung und Berichtigung der Verhandlungsniederschrift etwa wirkt er gleichberechtigt mit dem Vorsitzenden zusammen (§§ 159 ff.), ferner erteilt er Rechtskraft- und Notfristzeugnisse nach § 706 oder vollstreckbare Ausfertigungen (§ 724 Abs. 2). Auch er soll deshalb unparteilich und neutral sein.

2. Definition. Urkundsbeamter der Geschäftsstelle (früher: Gerichtsschreiber) ist unabhängig 2
von seiner Ausbildung oder sonstigen Tätigkeit jeder, der das in § 153 GVG näher beschriebene Amt im konkreten Rechtsstreit ausübt. Der **Rechtsreferendar,** der Protokoll führt, oder der als Urkundsbeamter fungierende Gerichtsvollzieher oder Rechtspfleger kann wie ein Richter ausgeschlossen sein oder wegen Besorgnis der Befangenheit abgelehnt werden. Hat der Rechtsreferendar als amtlich bestellter Vertreter eines Rechtsanwalts (§ 53 BRAO) einen Schriftsatz unterzeichnet oder einen Termin wahrgenommen, so ist er in demselben Prozess gem. § 41 Nr. 4 als Protokollführer ausgeschlossen. Nicht unter § 49 fällt der Rechtspfleger in Wahrnehmung der ihm gesetzlich anvertrauten Aufgaben. Für ihn gilt die besondere Verweisungsnorm des § 10 RpflG. Urkundsbeamter der Geschäftsstelle ist auch nicht der **Gerichtsvollzieher**[2] als Vollstreckungsbeamter (§ 155 GVG); allerdings unterliegt auch er einem Neutralitätsgebot. Der **Bezirksrevisior** als Vertreter der Staatskasse kann gleichfalls nicht abgelehnt werden.[3]

3. Entsprechende Anwendung. Die Bestimmung erklärt §§ 41 bis 48 für entsprechend an- 3
wendbar. § 41 Nr. 6 kommt etwa zum Tragen, wenn der Urkundsbeamte zuvor als Rechtspfleger im Kostenfestsetzungsverfahren (§ 21 Nr. 1 RPlG, § 104)[4] oder im Mahnbescheidsverfahren (§ 20 Nr. 1 RPlG, §§ 689 ff.) beteiligt war. Nach Wegfall der Schlüssigkeitsprüfung (§§ 690 Abs. 1 Nr. 3, 699 Abs. 1) kommt dem Rechtspfleger bei der Zulässigkeitsprüfung eine Entscheidungskompetenz zu.[5] Der Urkundsbeamte darf beispielsweise nicht die vollstreckbare Ausfertigung eines Urteils erteilen (§ 724), wenn seine Ehefrau Partei dieses Rechtsstreits war (§ 41 Nr. 2). Bei der Besorgnis der **Befangenheit** (§ 42 Abs. 2) wird zu beachten sein, dass die Tätigkeit des Urkundsbeamten die Interessen der Partei weniger berührt als die Tätigkeit des Richters, der Urkundsbeamte bestimmt nicht den Inhalt der Entscheidung. Bei Verwandtschaft oder Schwägerschaft zwischen Urkundsbeamten und Richter liegt kein Ausschlussgrund vor, möglicherweise aber ein Ablehnungsgrund. Andererseits gibt es keinen „gesetzlichen" Urkundsbeamten. Deshalb mag es gerechtfertigt sein, zur Meidung des bösen Scheins und im Interesse des Ansehens der unparteilichen Institution Gericht den Urkundsbeamten auszuwechseln, wenn Befangenheitsgründe entfernt möglich erscheinen. §§ 43, 44 sind anwendbar. Es entscheidet, sofern erforderlich, das nach § 45 zuständige Gericht, im Verfahren des Einzelrichters nur dieser,[6] in dem nach § 46 vorgesehenen Verfahren. Auch § 47 ist entsprechend anwendbar. Das gegen ihn selbst gerichtete Ablehnungsgesuch darf der abgelehnte Protokollführer protokollieren, denn die Sperrwirkung des § 47 tritt erst ein, wenn das Ablehnungsgesuch abgeschlossen dem Gericht vorliegt. Unaufschiebbarkeit dürfte selten gegeben sein, etwa bei Protokollierung außerhalb des Gerichts (Ortstermin) oder außerhalb der Dienststunden,

---

[18] BGH NJW 1995, 403 f.; OLG Karlsruhe NJW-RR 2000, 591; *Musielak/Heinrich* Rn. 4; aA VGH Kassel NJW 1994, 1083; *Stein/Jonas/Bork* Rn. 4; *Baumbach/Lauterbach/Hartmann* Rn. 12; einschränkend auch 2. Aufl. Rn. 9, der Anfechtung nur zulässt, wenn sich die Partei die Anzeige als eigenes Gesuch zu eigen gemacht hat.

[1] *Musielak/Heinrich* Rn. 2.

[2] BVerfG NJW-RR 2005, 365; BGH NJW-RR 2005, 149.

[3] OLG Koblenz Rpfleger 1985, 172.

[4] *Wieczorek/Niemann* Rn. 2; *Zöller/Vollkommer* Rn. 1; *Musielak/Heinrich* Rn. 4; aA 2. Aufl. Rn. 3.

[5] *Musielak/Heinrich* Rn. 4; *Baumbach/Lauterbach/Hartmann* Rn. 3; aA *Zöller/Vollkommer* Rn. 1.

[6] *Wieczorek/Niemann* Rn. 2; *Zöller/Vollkommer* Rn. 1; *Musielak/Heinrich* Rn. 6.

wenn ein anderer Urkundsbeamter nicht zur Verfügung steht. Die „Selbstablehnung" (§ 48) dürfte kaum anzuwenden sein. Sie hängt eng mit dem Gebot des gesetzlichen Richters zusammen, das für den Urkundsbeamten nicht gilt. Er braucht nur einen Kollegen zu bitten, für ihn tätig zu werden oder notfalls dem zuständigen Dienstvorgesetzten Mitteilung von dem Verhältnis zu machen, das seine Ablehnung begründen könnte. Dann wird er im Wege innerdienstlicher Maßnahmen durch einen Vertreter ersetzt. Nur wenn die Gerichtsverwaltung nicht tätig wird, bleibt dem Urkundsbeamten der Weg des § 48. Wird ein Urteil unter Berufung auf den Ausschluss des Urkundsbeamten angefochten, so ist das Urteil aufzuheben und die Sache zurückzuverweisen.[7]

4 **4. Rechtspfleger.** Für den nicht unter § 49 fallenden **Rechtspfleger** (vgl. Rn. 2) sind gem. § 10 RpflG die für den Richter geltenden Vorschriften über Ausschließung und Ablehnung entsprechend anwendbar.[8] Diese Verweisungsnorm ist allgemein gefasst, weil der Rechtspfleger nicht nur in Zivilsachen, sondern auch im Strafverfahren sowie in anderen Gerichtsbarkeiten (zB Arbeitsgerichtsbarkeit) tätig werden kann. §§ 41 ff. sind demnach anzuwenden, soweit der Rechtspfleger in solchen Verfahren tätig wird, für die diese Vorschriften gelten (vgl. § 41 Rn. 3 bis 5). In dem Maße, in dem der Rechtspfleger Aufgaben übernommen hat, die früher richterliche Aufgaben waren, sind auch die Ablehnungsgesuche gegen Rechtspfleger häufiger geworden, insbesondere etwa im **Zwangsversteigerungsverfahren, Insolvenzverfahren**[9] und in der **freiwilligen Gerichtsbarkeit.** Über das Ablehnungsgesuch (§ 44) oder die Selbstablehnung entscheidet der Richter (§ 10 S. 2 RpflG) und zwar der nach § 28 RpflG zuständige Richter.[10] § 45 ist also nicht anwendbar. Obwohl für den Rechtspfleger Art. 101 Abs. 1 S. 2 GG nicht gilt,[11] es also keinen „gesetzlichen Rechtspfleger" gibt, kann wegen der Selbstständigkeit seiner Stellung (§ 9 RpflG) und seiner richterähnlichen Entscheidungsbefugnis anders als beim Urkundsbeamten (Rn. 3) eine Auswechslung durch die Dienstaufsicht bei der Rechtspflegerablehnung gegen den Willen des Rechtspflegers nicht zulässig sein, es bedarf der richterlichen Entscheidung darüber, ob die Ablehnung Erfolg hat oder nicht. Falls der Rechtspfleger selbst einen Befangenheitsgrund bejaht, so bestehen allerdings keine Bedenken dagegen, wenn ohne förmliches Verfahren kurzerhand sein Vertreter tätig wird. Das ist deshalb nicht zu beanstanden, weil keine der Parteien Recht auf einen bestimmten („gesetzlichen") Rechtspfleger hat.

5 Wie der Richter kann auch der Rechtspfleger eindeutig **unzulässige** oder missbräuchliche Ablehnungsgesuche selbst verwerfen.[12] In diesen Fällen ist der nach § 46 Abs. 2 zulässigen sofortigen Beschwerde die Erinnerung vorgeschaltet (§ 11 Abs. 3 RpflG). Wegen der **Gründe** für Ausschließung und Ablehnung gilt für den Rechtspfleger grundsätzlich nichts anderes als für den Richter, so dass insoweit auf die Erläuterungen zu § 41 und § 42 verwiesen werden kann; die dort zitierten Entscheidungen betreffen teilweise den Rechtspfleger.[13] Wenn der Rechtspfleger als **Kostenbeamter** die Kostenrechnung aufgestellt hat, soll er in demselben Verfahren entsprechend § 41 Nr. 6 (Vorbefassung) ausgeschlossen sein bei der Festsetzung des Geschäftswerts oder bei der Entscheidung über die Erinnerung gegen den Kostenansatz.[14] Bei der sachlichen Verhandlungsführung, etwa im **Zwangsversteigerungsverfahren,** und der sachlichen Ausübung von Hinweispflichten[15] ist die Besorgnis der Befangenheit nicht gegeben. Die Besorgnis kann hingegen berechtigt sein, wenn der Rechtspfleger im Insolvenzverfahren auf das Abstimmungsverhalten der Gläubigerversammlung Einfluss zu nehmen sucht[16] oder durch die Verfahrensgestaltung die Gläubiger ungleich behandelt.[17] Der abgelehnte Rechtspfleger unterliegt der Wartepflicht (§ 47), darf aber als unaufschiebbare Maßnahme einen Versteigerungstermin ohne Zuschlagserteilung zu Ende führen.[18]

---

[7] OLG Dresden OLGRspr. 23, 159.
[8] BGH NJW-RR 2003, 1220.
[9] Vgl. zB LG Düsseldorf ZIP 1985, 631.
[10] OLG Celle NJW-RR 1989, 569.
[11] Vgl. BayVerfGH NJW 1982, 1746.
[12] OLG Frankfurt Rpfleger 1982, 190; AG Göttingen Rpfleger 1999, 518.
[13] Siehe auch die Beispiele zur Befangenheit des Rechtspflegers bei *Zöller/Vollkommer* Rn. 3.
[14] BayObLGZ 1974, 329.
[15] Eindrucksvoll BVerfG E 42, 64, 75, 76 = NJW 1976, 1391 (Anregung, Einstellungsbewilligung oder Antragsrücknahme zu erklären).
[16] LG Düsseldorf ZIP 1985, 631.
[17] LG Göttingen Rpfleger 1999, 382.
[18] OLG Celle NJW-RR 1989, 569; *Baumbach/Lauterbach/Hartmann* Rn. 5; *Zöller/Vollkommer* Rn. 4; *Musielak/Heinrich* Rn. 8.

Abschnitt 2. Parteien

Vorbemerkungen zu den §§ 50ff.

Schrifttum: Zur Parteilehre im Allgemeinen: *Henckel,* Parteilehre und Streitgegenstand im Zivilprozeß, 1961. – **Speziell zur Problematik der ‚Partei kraft Amtes':** *K. Schmidt,* Der Konkursverwalter als Gesellschaftsorgan und als Repräsentant des Gemeinschuldners – Versuch einer Konkursverwaltertheorie für heute und morgen, KTS 1984, 345. – **Zur Prozessführungsbefugnis** (einschließlich Einziehungsermächtigung): *Brehm,* Die Klage des Zedenten nach der Sicherungsabtretung, KTS 1985, 1; *Frank,* Die Verschiebung von Prozeßrechtsverhältnissen mit Hilfe der gewillkürten Prozeßstandschaft, ZZP 92 (1979), 321; *Grunsky,* Prozessstandschaft, BGH-FG Wiss., 2000, Bd. III S. 1; *Heintzmann,* Die Prozeßführungsbefugnis, 1970; *Henckel,* Einziehungsermächtigung und Inkassozession, FS Larenz, 1973, S. 643; *Koch,* Über die Entbehrlichkeit der ‚gewillkürten Prozeßstandschaft', JZ 1984, 809; *G. Lüke,* Die Prozeßführungsbefugnis, ZZP 76 (1963), 1; *Michaelis,* Der materielle Gehalt des rechtlichen Interesses bei der Feststellungsklage und bei gewillkürter Prozeßstandschaft, FS Larenz, 1983, S. 443; *Schumann,* Die Prozessermächtigung (die gewillkürte Prozessstandschaft) und Rechtsschutz des Beklagten, FS Musielak, 2004, S. 457; *Rüßmann,* Einziehungsermächtigung und Klagebefugnis, AcP 172 (1972), 520.

Übersicht

I. Der Parteibegriff und seine Bedeutung

1. Bedeutung der Parteistellung. Der Prozess wird durch das Rechtsschutzbegehren einer Partei eingeleitet, im Interesse der Parteien geführt und entschieden. Nicht von ungefähr nehmen deshalb viele verfahrensrechtliche Vorschriften auf die Parteien und deren Eigenschaften Bezug: für 1

Gerichtsstand, Rechtshängigkeit, Richterausschluss und -ablehnung, Streitverkündung und Streithilfe, Prozesskosten und Prozesskostenhilfe, Verfahrensunterbrechung, Beweisverfahrensfragen wie die Wissensverwertung im Wege der Zeugen- und/oder Parteivernehmung sowie die Berechtigung der Zeugnisverweigerung, endlich Fragen der Urteilswirkungen (Rechtskraft und Vollstreckbarkeit) kommt es auf die Identifikation der Parteien an.

2 **2. Parteibegriff.** Während die ältere, zur Zeit des Erlasses der ZPO dominante Parteilehre dahin tendierte, nur demjenigen die Parteirolle zuzuerkennen, der nach den Behauptungen des Klägers Subjekt des streitigen Rechtsverhältnisses (sog. materieller Parteibegriff), herrscht heute der sog. **formelle Parteibegriff:** Partei ist, wer für sich Rechtsschutz vom Gericht begehrt, sowie derjenige, gegen den Rechtsschutz begehrt wird.[1]

3 Nur der formelle Parteibegriff[2] trägt dem Umstand Rechnung, dass Prozessführung durch Rechtsfremde nicht lediglich in der Form offener Stellvertretung, sondern unter bestimmten Voraussetzungen (zur sog. Prozessstandschaft s. Rn. 42ff.) in eigenem Namen möglich ist. Der formelle Parteibegriff ist freilich von hohem Abstraktionsgrad und darf eben deshalb sowie in Hinblick auf den Umstand, dass der historische Gesetzgeber, dem Dogmatikverständnis seiner Zeit verhaftet, noch weitgehend vom materiellen Parteibegriff ausging, keineswegs unbesehen überall dort der Rechtsanwendung zugrunde gelegt werden, wo das Gesetz eine Rechtsfolge an die Parteistellung knüpft: Bei Fremdprozessführung ist aus der jeweiligen Vorschrift im Wege teleologischer Interpretation zu vindizieren, ob nicht ausnahmsweise doch auf materiell-rechtliche Beziehungen zwischen Streitgegenstand und Rechtssubjekt zurückzugreifen ist.[3]

II. Zivilprozess als Zweiparteienprozess

4 **1. Zweiparteienprinzip als Verbot sog. Insichprozesse.** Das Stichwort Zweiparteienprinzip thematisiert zunächst das Verbot eines Prozesses gegen sich selbst: Dem Zivilprozess als *Rechtsstreit* ist das Erfordernis der Personenverschiedenheit von Kläger und Beklagtem wesenseigentümlich.

5 Aus dem Gesichtspunkt des Verbots von Insichprozessen unzulässig sind daher: die Klage des Eigentümerhypothekars gegen sich selbst auf Duldung der Zwangsvollstreckung (s. auch § 1197 BGB), die Klage einer Filiale gegen eine andere Filiale desselben Unternehmens, die Klage einer Amtsstelle einer Gebietskörperschaft gegen eine andere. Entfällt die Zweiparteienkonstellation, weil Kläger und Beklagter, wie im Fall der Fusion zweier Aktiengesellschaften, eine Rechtsperson werden, oder aber eine Partei, etwa als Alleinerbe nach der anderen, Rechtsnachfolgerin der Gegenpartei wird, endet das Verfahren von selbst.[4] Auch für eine Kostenentscheidung bleibt insoweit kein Raum.[5]

6 *Kein* Fall des Insichprozesses ist der Prozess zwischen juristischer Person und zugehörigem Mitglied, aber auch der Prozess zwischen Gesamthandsgesellschaft und einzelnem Gesellschafter: Die Gesamthand als Gesamtpartei, die für das Gesamthandsvermögen streitet, und die einzelnen Gesellschafter, die für ihr ungebundenes Eigenvermögen streiten, sind verschiedene Prozesssubjekte – unabhängig davon, ob man dem Gesamtparteicharakter konstruktiv mittels Zuerkennung von Parteifähigkeit oder aber mittels Bejahung qualifizierter notwendiger Streitgenossenschaft (hierzu § 50 Rn. 24ff.) Rechnung trägt.

7 *Kein* Fall des Insichprozesses ist ferner zumindest auf der Basis der hL von der Partei kraft Amtes (s. Rn. 30ff.) der Rechtsstreit zwischen „Masse" und Insolvenzschuldner; die Vertretertheorie muss hingegen aus Sachzwanggründen insoweit eine Ausnahme konzedieren.[6]

8 Ob und inwieweit **Organ- und Organmitgliederklagebefugnisse** gegeben sind, entscheidet das – geschriebene und ungeschriebene – *Gesellschaftsrecht:* Die (noch) hM[7] erachtet eine ausdrückliche gesetzliche Kompetenzzuweisung als erforderlich; für die an Boden gewinnende Gegenansicht[8] ist die Klagebefugnis allgemein Korrelat einer funktionsgegliederten Organisation. Wer als materielle Rechte neben subjektiven Rechten klassischer Prägung auch fremdnützige, im (Vermögens-)Interesse der Gesellschaft zugewiesene Organrechte anerkennt, wird in der Klage die schlichte Geltendmachung eines einschlägigen Eigenrechts sehen.[9] Wer die Figur des materiellen Organrechts

---

[1] Statt vieler: BGHZ 4, 328, 334 = NJW 1952,545; *Rosenberg/Schwab/Gottwald* § 40 Rn. 4; *Jauernig* § 18 IV.
[2] Näher zum einschlägigen Dogmatikwandel: *Henckel* Parteilehre S. 15ff.; *G. Lüke* ZZP 76 (1963), 6ff.
[3] Zutreffende Betonung dieses Gesichtspunkts bei *Grunsky* Grundlagen § 26 II sowie AK-ZPO/*Koch* Rn. 10.
[4] BGH NJW-RR 1999, 1152; OLG Zweibrücken FamRZ 1995, 100; *Jauernig* § 18 VI 1; *Zeiss/Schreiber* Rn. 141.
[5] So zu Recht *Deubner* JuS 1999, 896f. gegen BGH NJW-RR 1999, 1152.
[6] Zutreffend: *Stein/Jonas/Bork* Rn. 17.
[7] OLG Naumburg DB 1997, 466; OLG Schleswig OLGR 1998, 92; *Rosenberg/Schwab/Gottwald* Rn. 29.
[8] Zuletzt *M. Schwab,* Das Prozeßrecht gesellschaftsinterner Streitigkeiten, 2005, S. 562ff. m. weit. Nachw.
[9] Einschlägige Deutung – mit unterschiedlicher Akzentuierung – etwa durch *M. Schwab* (Fn. 8) S. 590ff. sowie *Bork* ZGR 1989, 1, 23.

ablehnt, wird auf die Figur der Prozessstandschaft rekurrieren:[10] Das Organ/Organmitglied klagt im eigenen Namen für das Gesellschaftsvermögen, soweit die Kontrolle fremder Kompetenzausübung oder die Abwehr des Eingriffs in die eigene Kompetenz – zumindest auch – im Gesellschaftsinteresse erfolgt. Vom *Prozessrecht* her stehen weder diesem noch jenem Modell Hindernisse entgegen: *Parteifähigkeit* muss ggf. auch teilrechtsfähigen Gebilden, also auch Organen, zugesprochen werden. Auf das Erfordernis eines Sondervermögens (Stichwort: Haftungssubstrat als Parteifähigkeitsvoraussetzung, s. § 50 Rn. 5) kann verzichtet werden, weil im Organstreit unabhängig vom Prozessausgang grundsätzlich das Gesellschaftsvermögen die Kosten des Verfahrens trägt, bei mutwilliger Herbeiführung des Rechtsstreits die Auferlegung der Kosten auf die Mitglieder des Organs indiziert ist.[11]

2. Zweiparteienprinzip als Absage an ein Mehrparteienverfahren. Die Konzipierung des Zivilprozesses als Zweiparteienverfahren bedeutet indes nicht nur, dass die Parteien nicht personengleich sein dürfen (Rn. 4ff.), sondern zugleich, dass es *nur* zwei Parteien gibt.[12] Letzteres gilt auch im Fall aktiver oder passiver Streitgenossenschaft, nach geltendem Recht eine Häufung mehrerer Parallelprozesse: jeder Streitgenosse steht in einem eigenen Prozessrechtsverhältnis zum Gegner. Dritte können sich auf der Kläger- oder Beklagtenseite nach Maßgabe der §§ 67ff. als Streithelfer beteiligen. 9

III. Rechtsstellung der Parteien: Prinzip der prozessualen Waffengleichheit

Kläger und Beklagter sind im Prozess formell gleichgestellt: Unter den gleichen Voraussetzungen stehen ihnen die gleichen Rechte und Befugnisse (etwa im Bereich der Gehörgewährleistung oder der Prozesskostenhilfe) zu.[13] Bestimmte Institute – wie die Widerklage oder die Anschlussberufung – haben ihre raison d'être mit im Grundsatz prozessualer Waffengleichheit. 10

In der Sache bestehen freilich Unterschiede aus der Stellung des Klägers als Angreifer und des Beklagten als Verteidiger: Der Kläger bestimmt Zeit und Umfang des Angriffs, die Art des Verfahrens und bei Konkurrenz mehrerer Gerichtsstände das Gericht. Aus Kompensationsgründen privilegiert das Gesetz hingegen verschiedentlich den Beklagten: Mangels eines dem Kläger günstigeren besonderen Gerichtsstands oder wirksamer Prorogation sind natürliche Personen an ihrem Wohnsitz (§§ 12, 13), juristische Personen oder sonstige parteifähige Personifikationen an ihrem Sitz (§§ 12, 17) zu verklagen. Ein Versäumnisurteil gegen den säumigen Beklagten ergeht nicht bereits bei Säumnis, sondern nur, wenn das Klägervorbringen auch schlüssig ist. 11

IV. Bestimmung der Partei

1. Kriterien der Parteiidentifikation. Wer Partei ist, bestimmt sich aus der **Klage.** Als prozessuale Willenserklärung ist dieselbe dabei freilich ggf. **auszulegen:**[14] maßgebend ist, wer aus Adressatensicht objektiv als Träger der jeweiligen Parteirolle gewollt erscheint. 12

Auszugehen ist von der äußeren Bezeichnung nach Name, Beruf und Anschrift (s. §§ 253 Abs. 2 Nr. 1, 130 Nr. 1). Ergänzend sind darüber hinaus auch berücksichtigungsfähig: das in der Klageschrift enthaltene rechtliche und tatsächliche Vorbringen zur Begründung des Klageantrags, aber auch alle sonstigen für die Ermittlung des tatsächlich Gewollten relevanten Umstände, soweit sie der Gegenseite bekannt oder erkennbar.[15] Das Verhalten *im* Prozess ist ggf. unter dem Gesichtspunkt der Selbstinterpretation bedeutsam.[16] Soweit der Gegenseite bekannt oder objektiv erkennbar, wer vom Initiator des Rechtsstreits tatsächlich als Partei gewollt, ist dieser Wille auch dann entscheidend, wenn er in der Parteibenennung im „Klagerubrum" nur einen unzureichenden oder gar völlig falschen Ausdruck gefunden hat.[17] 13

---

[10] So denn auch etwa *Häsemeyer* ZHR 144 (1980), 265ff.; *Teichmann,* FS Mühl, 1981, S. 683ff.

[11] *Hess* ZZP 117 (2004), 267, 286.

[12] Kritisch und für eine Auflockerung des Prinzips für bestimmte Gestaltungsklagen (wie den Ausschluss eines Gesellschafters einer Personengesellschaft bei fehlender Mitwirkungsbereitschaft einzelner Gesellschafter) *K. Schmidt,* Mehrseitige Gestaltungsprozesse bei Personengesellschaften, 1992. Um Weiterführung bemühte Antikritik: *H. Roth,* FS Großfeld, 1999, S. 915ff. sowie *M. Schwab* (Fn. 8) S. 212ff.

[13] Grundlegend: *Bötticher,* Die Gleichheit vor dem Richter, 1954. Ferner: *Vollkommer,* Der Grundsatz der Waffengleichheit im Zivilprozeß – eine neue Prozeßmaxime?, FS Schwab, 1990, S. 503ff.

[14] AllgM; BGHZ 4, 328, 334 = NJW 1952, 545; BGH NJW-RR 2004, 501; *Stein/Jonas/Bork* Rn. 7.

[15] Dresden OLG-NL 1996, 119, 120; OLG Hamm NJW-RR 1999, 217, 218; *Rosenberg/Schwab/Gottwald* § 41 Rn. 3; *Baumgärtel,* FS Schnorr v. Carolsfeld, 1972, S. 19, 26; *Weismann/Terheggen* NJW 2003, 1298.

[16] BGH NJW 1987, 1946, 1947; NJW-RR 2006, 1569, 1570; *Thomas/Putzo/Hüßtege* Rn. 4; *Weismann/Terheggen* NJW 2003, 1298.

[17] BGH NJW 2007, 1952, 1955 m. weit. Nachw. Demjenigen, der darauf beharrt, die Falschbezeichnung stelle kein Versehen dar, ist freilich nicht im Wege der Auslegung zu helfen, BGH NJW-RR 2002, 1377, 1378.

14 Zur Parteiidentifikation genügt nach diesen Grundsätzen etwa: die Verwendung des Deck-, insbesondere des Künstlernamens statt des bürgerlichen Namens, die Verwendung einer Sachbezeichnung (wie etwa „Gutsherrschaft X“[18]) statt des Namens des Betriebsinhabers. Bei erkennbar betriebsbezogenem Handeln ist unbeschadet falscher Bezeichnung der wahre Rechtsträger Partei.[19] Die Benennung mit dem Firmenkern reicht aus; die Nichtangabe der Rechtsform, ja selbst die fehlerhafte Rechtsformangabe ist unschädlich.[20] Ein Beispiel für die Relevanz von „Plusfaktoren“ neben der Bezeichnung nach Name und Adresse bietet der Fall einer Hypothekenklage, die ob der Namens- und Adressengleichheit von Vater und Sohn äußerlich auf beide passt: Beklagter ist derjenige, der Grundstückseigentümer ist.[21] Wird auf der Beklagtenseite in unzutreffender rechtlicher Beurteilung eine Stelle, Einrichtung oder Untergliederung benannt, die lediglich rechtlich unselbstständige Organisationseinheit, ist das Rechtsschutzbegehren als Klage gegen das Rechtssubjekt zu deuten, dem sie zugehört: Beklagter ist bei Benennung einer den Fiskus vertretenden Behörde der Fiskus selbst,[22] bei Benennung einer rechtlich unselbstständigen kommunalen Einrichtung bzw. kommunalen Behörde die kommunale Gebietskörperschaft,[23] bei Benennung der Filiale der Unternehmensträger,[24] bei Benennung der unselbstständigen Gliederung einer Partei, eines Verbands oder eines Vereins die entsprechende Zentralorganisation.

15 In Geschäftsprozessen kann die Parteibezeichnung eines Einzelkaufmanns *auch* (§ 17 Abs. 2 HGB), die einer Handelsgesellschaft korrekterweise *nur* durch **Firmenbenennung** erfolgen. Ist die Klage unter Firmen-, aber ohne Inhaberbenennung erhoben, ist bei Inhaberwechsel auf der Beklagtenseite derjenige Partei, der im Zeitpunkt des Rechtshängigkeitseintritts Firmeninhaber ist,[25] bei Wechsel auf der Klägerseite derjenige, der die Klage eingereicht hat:[26] Der bisherige Inhaber darf den Erwerber nicht ohne dessen Zustimmung zum Kläger machen. Ist in der Klage neben der Firma eine Person benannt, die nicht (mehr) oder nicht (mehr) allein Inhaber ist, richtet sich die Klage im Zweifel nicht gegen die fälschlicherweise als Inhaber bezeichnete Person,[27] sondern gegen den (derzeitigen) Unternehmensträger:[28] Der Satz, dass bei unternehmensbezogenen Rechtsgeschäften der Wille der Parteien dahin geht, dass der Unternehmensträger Vertragspartei werden soll, unrichtige Vorstellungen des Vertragspartners über die Person des Unternehmensträgers also insoweit unschädlich sind,[29] findet seine verfahrensrechtliche Entsprechung in der Regel, dass Klagen aus unternehmensbezogenen Rechtsgeschäften, aber auch aus nicht rechtsgeschäftlichen Rechtshandlungen mit Unternehmensbezug im Zweifel gegen den Unternehmensträger gerichtet sind. Auf die Reihenfolge der Benennung (X, Inhaber der Fa. Y, oder aber Fa. Y, Inhaber X) kann es ob der Äquivalenz der einschlägigen Bezeichnungskombinationen füglicherweise nicht ankommen.[30] Bei einer Klage gegen eine OHG „vertreten durch G. als Inhaber“ ist Partei die OHG, nicht etwa G als deren geschäftsführender Gesellschafter.[31]

16 Weisen rechtlich selbstständige Glieder einer Unternehmensgruppe teilidentische Firmen auf, besteht – zumal bei irrtumsfördernden „Plusfaktoren“ – auf der Passivbeteiligtenseite eine besondere Diligenzobliegenheit:[32] Macht der Kläger einen Anspruch der äußeren Bezeichnung nach gegen das Unternehmen geltend, gegenüber dem die näher substantiierte streitgegenständliche Beziehung fehlt, muss sich für dieses nicht selten die Erkenntnis aufdrängen, dass es sich um eine bloße falsa demonstratio handelt, der Wille des Klägers auf Verklagung des anderen konzernangehörigen Unternehmens geht.

---

[18] BayObLGZ 1952, 347.

[19] *Rosenbeg/Schwab/Gottwald* § 41 Rn. 4.

[20] Zuletzt BGH NJW-RR 2004, 501 (Werklohn-Klage gegen die „K-Wohnbau GmbH“ statt gegen das einzelkaufmännische Unternehmen „K-Bau“, das bei Vertragsschluss als „K-Wohnbau“ firmierte).

[21] LG Lübeck JW 1938, 2148.

[22] Königsberg OLGRspr. 23, 90; *Zöller/Vollkommer* Rn. 7.

[23] RG JW 1929, 1747; Jena OLG-NL 1996, 26, 27; *Schönke/Kuchinke* § 21 III.

[24] *Zöller/Vollkommer* Rn. 7. Verkannt im der Entscheidung OLG Brandenburg NJW-RR 2002, 1217 vorgelagerten Verfahren.

[25] Heute allgM; RGZ 157, 369, 375; OLG München NJW-RR 1998, 788; *Zöller/Vollkommer* Rn. 6.

[26] *Rosenberg/Schwab/Gottwald* § 41 Rn. 13; *Zeiss/Schreiber* Rn. 138; *Thomas/Putzo/Hüßtege* Rn. 7. AA – Maßgeblichkeit des Zeitpunkts der Begründung der Rechtshängigkeit ohne Differenzierung nach der Parteirolle – freilich zB noch AK-ZPO/*Koch* § 50 Rn. 14.

[27] So freilich BGHZ 4, 328, 334f. = NJW 1952, 545; *Rosenberg/Schwab/Gottwald* § 41 Rn. 14; *Schönke/Kuchinke* § 21 III.

[28] Wie hier im Ergebnis auch *Baumgärtel,* FS Schnorr v. Carolsfeld, S. 29.

[29] Statt vieler: BGH NJW 1984, 1347 m. weit. Nachw.

[30] AA freilich BGHZ 4, 328, 335 = NJW 1952, 545: bei einem An-die-Spitze-Setzen des (bürgerlichen) Namens erscheine der nachgeschaltete Passus „Inhaber der Fa. Y“ auch sprachlich als „bedeutungsloser Zusatz“.

[31] AA OLG Brandenburg NJW-RR 1996, 1214f.

[32] Richtig: OLG Celle OLGZ 1967, 310ff.; OLG Hamm NJW-RR 1991, 188f.

2. Zustellung an eine andere Person als den Solladressaten der Klageschrift. Beklagter wird man durch einschlägige Bezeichnung in der Klage *und* Zustellung der Klageschrift.[33] Wird die Klage einer *anderen* Person zugestellt als derjenigen, die in der Klageschrift als Beklagter benannt ist, wird mithin vorbehaltlich der Heilung des Zustellungsmangels nach § 295 Abs. 1 oder § 189 (hierzu Rn. 20) *niemand* Partei – der in der Klageschrift Bestimmte nicht, weil es an der gebotenen Zustellung ihm gegenüber fehlt, der Zustellungsempfänger nicht, weil er objektiv erkennbar (insbesondere ausweislich der Klageschrift) gar nicht Partei sein soll:[34] „Die Zustellung hat nicht die Aufgabe, die Person des Beklagten zu bestimmen, sondern zu finden".[35] **17**

Obschon nur Scheinpartei, ist der Zustellungsempfänger freilich zur Geltendmachung dieses Umstands zum Verfahren zuzulassen. Räumt der Kläger ein, dass sich seine Klage nicht gegen den Zustellungsempfänger richtet, kann letzterer beantragen, dies durch Beschluss festzustellen und den Kläger bei Veranlassung der falschen Zustellung zur Tragung der Kosten zu verurteilen, die zur Geltendmachung der Nichtparteieigenschaft notwendig waren.[36] Anwaltszwang besteht für den Zustellungsempfänger in dieser Konstellation nicht;[37] soweit die Nichtidentität von Zustellungsempfänger und klägerseits intendiertem Beklagten für ersteren offenkundig, verweigert die Rechtsprechung vielmehr zu Recht sogar die Erstattungsfähigkeit aus der Inanspruchnahme eines Rechtsanwalts resultierender Kosten.[38] Macht der Kläger hingegen – fälschlicherweise – Identität des Zustellungsempfängers mit dem in der Klageschrift Benannten geltend, ist das Klagebegehren *nunmehr* als gegen den Zustellungsempfänger gerichtet zu beurteilen. Im Anwaltsprozess besteht für den zum Beklagten Gewordenen selbstredend Anwaltszwang.[39] **18**

Ein Urteil, das in Verkennung der Fehlzustellung der Klage gegen den als Beklagten Benannten (aber nicht am Verfahren Beteiligten) stattgibt, ist wirkungslos;[40] der gegenteilige Schein kann (auch) mit einem Rechtsmittel oder einer Nichtigkeitsklage (§ 579 Abs. 1 Nr. 4 analog) beseitigt werden.[41] **19**

Zu einer ab initio-**Heilung** des Zustellungsfehlers nach § 189 kommt es insbesondere bei personeller Verflechtung zwischen Zustellungsempfänger und intendiertem Beklagten: wenn der Zustellungsempfänger zugleich Organ, gesetzlicher oder gewillkürter Vertreter des Sollbeklagten; wenn dieser umgekehrt Organ, gesetzlicher oder gewillkürter Vertreter des Zustellungsempfängers; wenn eine Person Organ bzw. sonstiger Vertreter sowohl des Zustellungsempfängers als auch des Sollbeklagten. Im Übrigen heilt der Mangel nach § 295 rückwirkend, wenn die Person, der vom Kläger die Beklagtenrolle zugedacht war, rügelos auftritt.[42] Nachträglicher tatsächlicher Zugang der Klageschrift an die objektiv erkennbar als Beklagte gemeinte Person führt zur Heilung des Zustellungsmangels ex nunc[43] – im Rechtsmittelverfahren zum Schutz des bisher in keiner Form am Verfahren beteiligten Solladressaten indes freilich wohl nur bei freiwilligem Verfahrenseintritt desselben.[44] **20**

3. Parteiberichtigung. Ermöglicht die Auslegung die Parteiidentifikation (s. Rn. 12ff.), sind Ungenauigkeiten und Unrichtigkeiten in der äußeren Parteibezeichnung unschädlich: die fehlerhafte Bezeichnung kann und muss berichtigt werden. Als lediglich klarstellender Akt ist die sog. Parteiberichtigung – anders als eine Parteiänderung, bei der statt des objektiv erkennbar Verklagten nunmehr eine andere Person verklagt werden soll – ohne weitere Voraussetzungen in *jeder* Phase des Verfahrens (einschließlich der Rechtsmittelinstanz) zulässig.[45] **21**

In der Fallgestaltung, dass die Klage einer anderen Person als derjenigen zugestellt wurde, die bei Auslegung der prozessualen Willenserklärung „Klage" objektiv als Beklagte erscheint, scheitert bis zur Heilung des Zustellungsmangels eine Parteiberichtigung bereits daran, dass (noch) niemand Par- **22**

---

[33] Richtig: OLG Stuttgart NJW-RR 1999, 216, 217; *Jauernig* § 18 II; *W. Lüke* Rn. 102.

[34] BGHZ 127, 156, 163 = NJW 1994, 3232, 3233; Dresden OLG-NL 1996, 119, 120; OLG Stuttgart NJW-RR 1999, 216, 217; *Musielak/Weth* § 50 Rn. 10.

[35] *Rosenberg,* 9. Aufl., § 40 II 1.

[36] OLG München MDR 1984, 946; OLG Frankfurt a. M. MDR 1985, 676; *Zöller/Vollkommer* Rn. 8. Abgrenzung zur vom Kläger nicht veranlassten Fehlzustellung: OLG Düsseldorf MDR 1986, 504.

[37] Richtig: *Zöller/Vollkommer* Rn. 8. AA freilich wohl *Stein/Jonas/Bork* Rn. 11.

[38] S. etwa OLG München OLGZ 1981, 89, 90.

[39] Zustimmend: *Musielak/Weth* § 50 Rn. 10.

[40] AA *Stein/Jonas/Bork* Rn. 10; *Pecher* JuS 1969, 225, 226ff.

[41] Die Gegenansicht gibt die entsprechenden Behelfe zum Zwecke der Kassation des nach ihrem Verständnis fehlerhaften, aber wirksamen Urteils, s. *Stein/Jonas/Bork* Rn. 10.

[42] Zustimmend: BGHZ 127, 156, 164 = NJW 1994, 3232, 3233.

[43] Dresden OLG-NL 1996, 119, 120.

[44] Zumindest im Ergebnis ähnlich: *Baumgärtel,* FS Schnorr v. Carolsfeld, S. 29f.

[45] BGH NJW 1962, 1441, 1442 (für die Revisionsinstanz); 1981, 1453, 1454 (für die Berufungsinstanz); *Thomas/Putzo/Hüßtege* Rn. 4.

tei ist (s. Rn. 17).[46] Im Übrigen wird die bisher in keiner Form am Verfahren beteiligte (wahre) Partei dadurch geschützt, dass sie an bisherige Verfahrensergebnisse nur bei Genehmigung der Prozessführung der Nichtpartei gebunden ist, Heilung in der Rechtsmittelinstanz zudem zutreffenderweise (s. Rn. 20) sogar voraussetzt, dass der Solladressat durch seinen Verfahrenseintritt die Prozessführung der Nichtpartei genehmigt.

23 **4. Parteiidentität. a) Prüfung.** Als Partei darf nur auftreten, wer es ist. Ergeben sich konkrete Bedenken an der Nämlichkeit von Partei und der als solcher handelnden Person, hat das Gericht ihnen **von Amts wegen** nachzugehen, und zwar nicht nur im Parteiprozess ohne anwaltliche Vertretung,[47] sondern auch dann, wenn ein Rechtsanwalt zum Prozessvertreter bestellt ist:[48] § 88 Abs. 2 entlastet das Gericht nur von der Amtsprüfung der Frage, ob eine wirksame Vollmacht seitens der *Partei* vorliegt.

24 **b) Folgen fehlender Identität.** Die von einer **Nichtpartei** gesetzten Prozesshandlungen sind (schwebend) unwirksam; Wirkung für und gegen die wahre Partei entfalten sie nur dann, wenn diese die Prozessführung der Nichtpartei – in toto – genehmigt.[49] Anders als das Urteil, das auf den Namen des mangels Zustellung nicht Partei Gewordenen lautet (hierzu Rn. 19), ist ein Urteil, das auf der Basis der Prozessführung der Nichtpartei gegen die wahre Partei ergeht, wirksam, aber durch Rechtsmittel sowie Nichtigkeitsklage (§§ 551 Nr. 5, 579 Abs. 1 Nr. 4) anfechtbar.[50] Soweit die Weigerung, die Prozessführung der Nichtpartei zu genehmigen, auf Grund besonderer Umstände rechtsmissbräuchlich wäre, tritt freilich einschlägige Bindung auch ohne Genehmigung ein, besteht schließlich auch kein Rechtsmittel- bzw. Nichtigkeitsklagegrund.

25 **c) Identitätsstreit.** Kommt es zum *Konsens* der Beteiligten darüber, dass der Handelnde nicht mit der wahren Partei identisch ist, bedarf es keiner förmlichen Entscheidung: Der Rechtsstreit wird mit der wahren Partei fortgesetzt; die – mangels Genehmigung durch die wahre Partei unwirksamen (s. Rn. 24) – Prozesshandlungen der Nichtpartei bleiben einfach unbeachtet.[51] Entsteht über die Identität indes *Streit,* ist Entscheidung durch Zwischenurteil geboten, das im Fall der Identitätsverneinung auf Verweisung der Nichtpartei aus dem Verfahren lautet und in entsprechender Anwendung von § 71 der sofortigen Beschwerde unterliegt.[52] Ergibt sich, dass der Handelnde doch die wahre Partei, ergeht reguläres Zwischenurteil nach § 303.[53]

V. Nichtexistente Partei

26 Existiert die Partei nicht, in deren Namen geklagt oder die verklagt wird, ist die Klage als unzulässig abzuweisen, und zwar bei Parteiinexistenz auf der Klägerseite auf Kosten dessen, der das Verfahren in Gang gebracht hat.[54] Ein in Verkennung der Parteiinexistenz ergangenes Urteil ist wirkungslos,[55] was nicht nur im Wege einer Einwendung gegen die Erteilung der Vollstreckungsklausel (§ 732) oder Erinnerung gegen die Zwangsvollstreckung (§ 766), sondern in entsprechender Anwendung von §§ 551 Nr. 5, 579 Abs. 1 Nr. 4 auch durch Rechtsmittel sowie Nichtigkeitsklage geltend gemacht werden kann.[56]

27 Parteiinexistenz ist insbesondere gegeben, wenn die Klage *gegen* einen **Verstorbenen** erhoben wird. Im Fall der Klageerhebung *für* einen Verstorbenen liegt Parteiinexistenz hingegen nur vor, wenn der als Vertreter Auftretende ohne Prozessvollmacht handelte: Klageerhebung mit Prozessvollmacht gilt nach § 86 als Klage für die Erben; es genügt Parteiberichtigung. Wird die Klage namens eines **Phantasiegebildes** (etwa einer nichtexistenten ausländischen Gesellschaft) erhoben, ist Veranlasser iS der kostenrechtlichen Veranlasserhaftung (s. Rn. 26) die das Mandat erteilende natürliche Person, nicht der das Mandat gutgläubig wahrnehmende Anwalt.[57]

28 Nicht (mehr) existent ist grundsätzlich auch die **gelöschte Gesellschaft.** Stellt sich freilich nachträglich bei Löschung nach Liquidation weiterer, bei Löschung ohne Liquidation nach § 141 a Abs. 1

---

[46] Richtig: OLG Stuttgart NJW-RR 1999, 216, 217; *Jauernig* ZZP 86 (1973), 460 f.

[47] Insoweit allgM; vgl. etwa *Zöller/Vollkommer* Rn. 10; *Thomas/Putzo/Hüßtege* Rn. 8.

[48] *Hellwig* System I § 67 II; *Musielak/Weth* § 50 Rn. 11; *Göhler* NJW 1959, 1115, 1116; aA freilich zB *Rosenberg/Schwab/Gottwald* § 41 Rn. 19; *Stein/Jonas/Bork* Rn. 13; *Thomas/Putzo/Hüßtege* Rn. 8.

[49] Statt vieler: *Rosenberg/Schwab/Gottwald* § 41 Rn. 21; *Zöller/Vollkommer* Rn. 10.

[50] *Stein/Jonas/Bork* Rn. 13; *Zöller/Vollkommer* Rn. 10.

[51] OLG Hamm MDR 1991, 1201.

[52] Richtig: *Göhler* NJW 1959, 1115, 1116; *Zöller/Vollkommer* Rn. 10.

[53] Zutreffende Klarstellung: *Zöller/Vollkommer* Rn. 10.

[54] AllgM; statt aller: BGH NJW-RR 1995, 1237; *Rosenberg/Schwab/Gottwald* § 41 Rn. 22.

[55] BGH NJW 2002, 3110, 3111, *Jauernig,* Das fehlerhafte Zivilurteil, 1958, S. 174; *Zeiss/Schreiber* Rn. 139.

[56] Statt vieler: *Rosenberg/Schwab/Gottwald* § 41 Rn. 22; *Lindacher* JZ 1989, 377, 378.

[57] OLG Frankfurt a. M. NJW-RR 1996, 1213 f.

FGG (vormals: § 2 Abs. 1 LöschG) Doch-noch-Abwicklungsbedarf heraus, kommt es zu einer **Nachexistenz** der gelöschten Gesellschaft: diese steht für im Rahmen des Liquidationsbedarfs zu führende Prozesse als nichtrechtsfähige, gleichwohl als solche parteifähige Nachgesellschaft als Partei zur Verfügung (für die AG bzw. GmbH i. e. § 50 Rn. 14f., für die OHG/KG i. e. § 50 Rn. 29). Da die Löschung im Handelsregister nur eine Vermutung der Vollbeendigung begründet, die durch das Manifestwerden nachträglichen Abwicklungsbedarfs (insbesondere nachträgliches Auftauchen zwangsvollstreckungsfähiger Vermögenswerte) jederzeit widerlegt werden kann, sind gegen die gelöschte Gesellschaft erstrittene Urteile jedenfalls potentiell wirksam. Richtigerweise wird man deshalb jedenfalls die Zulässigkeit der Nichtigkeitsklage analog § 579 Abs. 1 Nr. 4 zu verneinen (s. § 50 Rn. 65), darüber hinaus aber auch einem ordentlichen Rechtsmittel, das *nur* auf das Faktum der Löschung abhebt, die Erfolgsaussicht abzusprechen haben: das legitime Interesse des Klägers, sich den unter Einsatz von Mühe und Geld erwirkten Titel „vorsorglich" zu erhalten, bricht sich nicht mehr am öffentlichen Interesse an Schonung knapper staatlicher Rechtsschutzressourcen (s. insoweit auch § 50 Rn. 16). Zur Nicht(mehr)existenz der gescheiterten Einpersonen-Gründungsgesellschaft s. § 50 Rn. 18.

VI. Parteistellung bei Prozessführung durch amtlich bestellte Vermögensverwalter

1. Problemstellung. In bestimmten Fällen wird die Verwaltung einer Vermögensmasse dem Rechtsträger entzogen und statt dessen einem amtlich bestellten Verwalter zugewiesen, so namentlich im Fall der Insolvenz (§ 80 Abs. 1 InsO), der Testamentsvollstreckung (§§ 2212, 2213 Abs. 1 S. 1 BGB) und der Nachlassverwaltung (§§ 1985 Abs. 1, 1984 Abs. 1 S. 3 BGB). Wer in masse- bzw. nachlassbezogenen Prozessen *Partei* ist, zählt zu den Uralt-Streitfragen der Parteilehre. 29

2. Streit- und Meinungsstand. a) Amtstheorie. St. Rspr.[58] und verbreitete Lehre[59] betrachten die Tätigkeit amtlich bestellter Verwalter als Handeln in Ausübung eines privaten Amtes und schreiben diesen im Prozess die Stellung einer **Partei kraft Amtes** zu: Der Verwalter führt masse- bzw. nachlassbezogene (Aktiv- und Passiv-)Prozesse in gesetzlicher Prozessstandschaft (s. Rn. 44); dem Insolvenzschuldner bzw. Erben mangelt insoweit die Prozessführungsbefugnis. 30

Letztlich nur eine besondere Ausprägung der Amtstheorie ist die von *Dölle*[60] entwickelte **Lehre vom neutralen Handeln:** Gleich der tradierten Amtstheorie ist nach ihr der Zwangsverwalter in seiner Eigenschaft als Amtsträger Partei.[61] Während indes nach jener der Verwalter fremdrechtsbezogen im **eigenen** Namen prozessiert,[62] soll er nach *Dölle*scher Lehre als Wahrer verschiedener Interessen weder in fremdem noch eigenem Namen, sondern „neutral" handeln, nicht wie bei der Vertretung subjekt-, sondern objektbezogen. 31

b) Vertretertheorie. Nach einer vor allem mit den Namen *Bley*[63] und *Lent*[64] verbundenen, aber auch in jüngerer Zeit noch durchaus verbreiteten Lehre[65] sind Insolvenzverwalter, Testamentsvollstrecker und Nachlassverwalter gesetzliche (Zwangs-)Vertreter des Insolvenzschuldners bzw. Erben: Partei im masse- bzw. nachlassbezogenen Rechtsstreit ist der Insolvenzschuldner bzw. Erbe, dem insoweit freilich analog § 53 die Prozessfähigkeit fehlt. 32

c) Organtheorie. Die auf *Hellwig*[66] zurückgehende und von *Böttcher*[67] rechtssystematisch aufbereitete Theorie[68] macht mit der Lehre vom objektbezogenen Handeln des Verwalters in aller Radikalität ernst. Sie spricht der verwalteten Vermögensmasse Rechtssubjektqualität zu und bringt auf diese Weise Subjekt- und Objektbezogenheit des Verwalterhandelns zur Deckung: Partei ist die „Masse", der Verwalter Organ der entsprechenden Personifikation. 33

---

[58] Erstmals: RGZ 29, 29ff. (Konkursverwalter); aus der neueren Rspr. BGHZ 88, 331, 334 = NJW 1984, 739; OLG Stuttgart Justiz 2004, 513 (Konkurs- bzw. Insolvenzverwalter), ferner: BGHZ 13, 203, 205 = NJW 1954, 1036 (Testamentsvollstrecker) und BGHZ 38, 281, 284f. = NJW 1963, 297, 299 (Nachlaßverwalter).

[59] Statt vieler: *Henckel* Parteilehre S. 118ff.; *Heintzmann* Prozeßführungsbefugnis S. 30ff.; *A. Blomeyer* § 6 I 3; *Schilken* Rn. 274; *Stein/Jonas/Bork* Rn. 33f.; *Zöller/Vollkommer* § 51 Rn. 7; *Fr. Weber* KTS 1955, 102ff.

[60] FS Schulz, 1951, Bd. 2, S. 268, 272ff.

[61] Explizit: *Dölle* (Fn. 60) S. 285.

[62] Statt vieler: BGHZ 32, 114, 118 = NJW 1960, 1006, 1007; *Stein/Jonas/Bork* Rn. 29.

[63] ZZP 62 (1941), 111, 113f.

[64] ZZP 62 (1941), 129ff.

[65] Statt mancher: *Flume,* Das Rechtsgeschäft, 3. Aufl., § 45 I 2; *Pawlowski,* Allg. Teil, 7. Aufl., Rn. 688.

[66] Anspruch und Klagerecht, 1900, S. 228ff. sowie Lehrbuch Bd. 1 S. 295ff.

[67] ZZP 71 (1958), 318f. sowie ZZP 77 (1964), 55ff.

[68] Zustimmend u. a. *Hanisch,* Rechtszuständigkeit der Konkursmasse, 1973, S. 23ff., 275ff.; *Erdmann* KTS 1967, 87ff. Für eine „Einbringung" der „systematisierenden Kraft der Organtheorie" *in* die Amtstheorie *Stürner* ZZP 94 (1981), 263, 287f.

34 **d) Modifizierte Organtheorie und Repräsentationstheorie.** Ansätze der Organ- und der Vertretertheorie entwickelt *Karsten Schmidt*[69] für den Insolvenzbereich zu einem stimmigen Modell fort. In Fruchtbarmachung der Erkenntnis, dass Verbandsorganschaft und gesetzliche Vertretung natürlicher Personen zwar funktionsverwandt, aber nicht dasselbe sind, unterscheidet er zwischen Verbandsinsolvenz (mit Deckungsgleichheit von Masse und Verbandsvermögen) und Insolvenz natürlicher Personen (mit Separierung der Masse vom insolvenzfreien Vermögen des Insolvenzschuldners): Der Verwalter bei Insolvenz einer Handelsgesellschaft oder eines Vereins ist Organ des Verbands. Die Parteirolle im Prozess steht der Gesellschaft bzw. dem sonstigen Verband zu. Der Verwalter bei Insolvenz einer natürlichen Person ist deren Repräsentant im Hinblick auf die zu verwaltende Masse; er handelt bei Rechtsgeschäften und in Prozessen als gesetzlicher Vertreter des Insolvenzschuldners. Im Rechtsstreit ist dieser, nicht der Verwalter Partei.

35 **3. Stellungnahme und Kommentierungsrichtlinie. a) Wertung.** Für den Versuch einer Würdigung des „Theorienstreits" ist die von *Stürner*[70] herausgearbeitete Erkenntnis hilfreich, dass die Amtstheorie und die mit ihr konkurrierenden Theorien letztlich auf unterschiedlichen Ebenen argumentieren: während diese um die Herausarbeitung eines Konzepts bemüht sind, das Zuordnungs- und Zurechnungsfragen in den „Verwalterfällen" in Einklang mit den zivilistischen und prozessualen Grundfiguren bringt, begnügt sich die Amtstheorie (deren Begrifflichkeit mittlerweile in § 116 Abs. 1 Nr. 1 auch der Gesetzgeber übernommen hat) im Kern mit der Beschreibung von Kompetenzen und Funktionen des amtlich bestellten Vermögensverwalters, ist letztlich als „offene und wandelbare Theorie sehr deskriptiven Charakters" nur „Plateau für pragmatische Einzellösungen".[71] Um es anders zu formulieren: Was von den Verteidigern der Amtstheorie[72] als deren „Stärke" hervorgehoben wird, nämlich die Verdeutlichung der Komplexität der Aufgaben des Verwalters und seiner autonomen Stellung bei der Wahrnehmung dieser Aufgaben, wird von den konkurrierenden Theorien als richtig vorausgesetzt. Diese setzen an, wo der Aussagegehalt der Amtstheorie aufhört.

36 Anerkennt man für die Zuordnungs- und Zurechnungsfragen im Bereich der Zwangsverwaltung bestimmter Vermögensmassen ein prinzipiell legitimes Systematisierungsinteresse, spricht deshalb an sich vieles für einen Abschied von der Amtstheorie und für deren Substituierung durch eine „materiale" Theorie – im Bereich des Insolvenzrechts wohl durch das duale Modell von Organschaft und Repräsentation, im Bereich Testamentsvollstreckung und Nachlassverwaltung durch das Repräsentationsmodell. *Karsten Schmidt*[73] hat für die Insolvenzverwaltung eindrücklich nachgewiesen, dass jenes Konzept die weithin allgemein gebilligten Einzelsachergebnisse auf einfachstem Wege erklärt.[74]

37 Gerade weil die Sachprobleme im Bereich der Vermögenszwangsverwaltung (insbesondere der Insolvenzverwaltung) von Rspr. und Lehre mittlerweile so gut wie in toto einer von breitem Konsens getragenen Klärung zugeführt sind, bleibt andererseits das zu erwartende Beharren der Praxis in „eingefahrenen Geleisen" jedenfalls so lange *ergebnisunschädlich,* als nicht kurzschlüssig Sachaussagen einfach aus der bejahten Parteirolle des Verwalters vindiziert werden: Nach allen Theorien (auch und gerade der Amtstheorie) muss man im Auge behalten, dass in den „Verwalterfällen" auf Grund der besonderen Konstellation zwei Bezugspersonen und eine Vermögensmasse zu berücksichtigen sind, gleich wie man die prozessuale Rolle begrifflich definiert. Knüpft eine Vorschrift an die „Partei"-Eigenschaft an, muss nach dem Sinn und Zweck eben dieser Norm ermittelt werden, ob der Verwalter, der Rechtsträger oder vielleicht auch beide gemeint sind.[75] Dass beispielsweise allgemeiner Gerichtsstand bei Gesellschaftsinsolvenz der durch den Gesellschaftssitz bestimmte Sitz des Insolvenzgerichts und nicht der Wohnsitz des Insolvenzverwalters (s. Rn. 39), ließ sich *auch* auf der Basis der Amtstheorie rechtfertigen; die gegenläufige Entscheidung des BGH[76] war ein Schreckbeispiel eines falschen Verständnisses der Amtstheorie. § 19a stellt klar, was richtigerweise ohnehin galt.

38 **b) Theorienstreit und Kommentierung.** Die Kommentierung weist in konstruktionsrelevanten Punkten auf die Auswirkungen des Theorienstreits hin, legt im Allgemeinen indes – unbeschadet der angedeuteten eigenen gegenteiligen Präferenz – das Dogmatikverständnis der hM zugrunde.

---

[69] KTS 1984, 345ff.
[70] ZZP 94 (1981), 263, 287f.
[71] *Stürner* (Fn. 70).
[72] Repräsentativ: *Baumbach/Lauterbach/Hartmann* Rn. 8.
[73] KTS 1984, 372ff.
[74] Ihm „eigentlich" den Vorzug einräumend denn auch beispielsweise *Thomas/Putzo/Hüßtege* § 51 Rn. 29.
[75] Statt vieler: *Grunsky* Grundlagen § 28 I 3; *Stein/Jonas/Bork* Rn. 33.
[76] BGHZ 88, 331ff. = NJW 1984, 739 = KTS 1984, 275 m. abl. Anm. *Teske* = JR 1984, 284 m. abl. Anm. *Olzen.*

4. Regelungsproblematiken mit „Partei"-Bezug. Soweit das Gesetz an den Parteistatus bestimmte Wirkungen knüpft, sind Aussagen zum situationsspezifischen Anwendungsbereich der einschlägigen Vorschrift *nicht* durch Bekenntnis zu einer bestimmten „Theorie", sondern nur im Wege einer die Sachgegebenheiten und den Normtelos berücksichtigenden Wertung gewinnbar (s. bereits Rn. 37). Auf dieser Basis sollte u.a. Konsens in folgenden Punkten erzielbar sein: **a)** Der **allgemeine Gerichtsstand für Passivprozesse** bestimmt sich nach dem Ort, der üblicherweise Schwerpunkt der Vermögensverwaltung ist.[77] Was § 19a für den Insolvenzverwalter klarstellt (s. Rn. 37), gilt auch für den Testamentsvollstrecker und den Nachlassverwalter:[78] Der Verwalter prozessiert nicht als Privatmann, sondern in seiner *Verwalter*eigenschaft. Der Weg zum Gericht des (üblichen) Verwaltungsmittelpunkts ist ihm auch unter Beklagtenschutzgesichtspunkten durchaus zuzumuten. – **b) Wissen des Verwalters** kann beweismäßig im Wege der Parteivernehmung verwertet werden:[79] nach der Amtstheorie, weil der Verwalter selbst Partei ist, nach der Organ- und Vertretertheorie in Anwendung von § 455 Abs. 1. Ob man den Insolvenzschuldner für zeugnisfähig erachtet (oder aber der Alternative Parteivernehmung analog § 455 Abs. 2 den Vorzug gibt), ist eine vom Verwaltertheorienstreit zu separierende Frage.[80] Bevorzugt man den Weg des Zeugenbeweises,[81] lässt sich das erstrebte Ergebnis sowohl von der Amtstheorie als auch von der Vertretertheorie her plausibel erklären: wer nicht als Partei zu vernehmen, kann Zeuge sein. – **c)** Hinsichtlich des **Richterausschlusses nach § 41 Nr. 1 bis 3** gilt ein „erweiterter Parteibegriff": die Konfliktsituation, der das Gesetz steuern will, besteht gleichermaßen im Verhältnis zum Vermögensverwalter, der sich im Prozess als Partei oder wie eine Partei engagiert, wie zum Rechtsträger des verwalteten Vermögens als dem vom Verfahrensausgang materiell Betroffenen.[82] – **d)** Das **Zeugnisverweigerungsrecht wegen persönlicher Beziehung nach § 383 Nr. 1 bis 3** ist ebenfalls für Beziehungen zu beiden gegeben.[83] – **e)** Die **Kostenlast** für den Unterliegensfall trifft bei *wirksamer* Verwalterbestellung der „Natur der Sache" nach das verwaltete Vermögen als das maßgebliche Interessevermögen, nicht das Verwaltervermögen und nicht das verwaltungsfreie Vermögen des Rechtsträgers. Maßt sich jemand die Stellung eines Vermögensverwalters lediglich an, ist er persönlich in die Kosten zu verurteilen:[84] nach der Vertretertheorie in Anwendung eines allgemeinen einschlägigen Grundsatzes (s. §§ 51, 52 Rn. 34), nach der Amtstheorie in Anwendung eines situationsangepassten eigenen entsprechenden Rechtssatzes. 39

5. Anwendungsfälle der Figur der Partei kraft Amtes. Für die hM stellt sich die Frage der Abgrenzung des Anwendungsbereichs der Figur der Partei kraft Amtes gegenüber Fällen bloßer Vertretung. Zur Kategorie der Partei kraft Amtes werden neben den „klassischen" Fällen Insolvenzverwalter, Testamentsvollstrecker und Nachlassverwalter u.a. auch gezählt: der Zwangsverwalter nach §§ 152f. ZVG;[85] der Nießbrauchsverwalter nach § 1052 BGB;[86] der Pfleger eines Sammelvermögens nach § 1914 BGB.[87] Personenpfleger (und damit auf jeden Fall gesetzlicher Vertreter) ist hingegen der nach § 58 zu bestellende Vertreter bei Grundstücksherrenlosigkeit (s. § 58 Rn. 2). 40

VII. Prozessführungsbefugnis

1. Begriff und Bedeutung. In Konsequenz des formellen Parteibegriffs (s. Rn. 2f.) gilt: Kläger ist, wer für sich Rechtsschutz begehrt, Beklagter derjenige, dem gegenüber um Rechtsschutz nachgesucht wird. Nicht jede Partei ist indes **richtige Partei** in dem Sinn, dass über die von ihr oder gegen sie erhobene Klage in der Sache zu entscheiden ist. Kriterium hierfür ist das Erfordernis der **Prozessführungsbefugnis:** die Parteien müssen hinsichtlich des konkreten Streitgegenstands zur Prozessführung berechtigt sein. 41

Das Erfordernis der Prozessführungsbefugnis wirft regelmäßig *keine* Probleme auf, wenn die (behaupteten) Träger des streitigen Rechtsverhältnisses miteinander prozessieren: (behauptete) Rechts- 42

---

77 Richtig: *Henckel* Parteilehre S. 129ff.; *Heintzmann* Prozeßführungsbefugnis S. 64.

78 AA – kurzschlüssig – freilich *Stein/Jonas/H. Roth* § 13 Rn. 18 sowie *Musielak/Smid* § 12 Rn. 4.

79 AllgM; vgl. etwa *Heintzmann* Prozeßführungsbefugnis S. 79.

80 Richtig: *K. Schmidt* KTS 1984, 383f.

81 So im Anschluss an die – freilich rein formal argumentierende – Entscheidung RGZ 29, 29ff. die ganz hM; vgl. statt vieler: *Thomas/Putzo/Reichold* Rn. 7 vor § 373.

82 *Henckel* Parteilehre S. 133f.; *Heintzmann* Prozeßführungsbefugnis S. 76ff.; *Pawlowski* JuS 1990, 378, 379.

83 *Rosenberg/Schwab/Gottwald* § 40 Rn. 25; *A. Blomeyer* § 6 I 3; *Fr. Weber* KTS 1955, 109.

84 Statt vieler: *A. Blomeyer* § 6 I 3.

85 BGH ZIP 1986, 583, 584f.; NJW-RR 2006, 138; *Stein/Jonas/Bork* Rn. 28; *Wrobel,* Die Prozeßführungsbefugnis des Zwangsverwalters, 1993, S. 68f.

86 *Zöller/Vollkommer* § 51 Rn. 7; *Erman/Michalski* § 1052 Rn. 3.

87 BGH LM BGB § 1914 Nr. 1; MDR 1973, 742; *Baumbach/Lauterbach/Hartmann* Rn. 12.

bzw. Pflichtenträgerschaft legitimiert zur Prozessführung. Die Frage eines besonderen Prozessführungsrechts stellt sich aber: immer im Fall der Prozessführung im eigenen Namen aus fremdem Recht sowie der Einzelprozessführung eines nur Teilberechtigten (Klagen in sog. **Prozessstandschaft**);[88] ausnahmsweise aber auch im Fall der Prozessführung des (potentiell) Sachlegitimierten selbst, weil und soweit die Prozessführungsbefugnis eines Dritten die Regelbefugnis des Trägers des streitigen Rechtsverhältnisses verdrängt.

43 **2. Arten der Prozessstandschaft.** Nach dem Geltungsgrund der Befugnis, ein fremdes Recht im eigenen Namen einzuklagen, unterscheidet man zwischen gesetzlicher Prozessstandschaft (s. Rn. 44ff.), der auch die Fälle richterrechtlich begründeter Ermächtigung zuzurechnen sind,[89] und gewillkürter Prozessstandschaft (s. Rn. 55ff.). Nach dem Verhältnis der Prozessführungsbefugnis des Rechtsfremden bzw. des nicht Alleinberechtigten zur Prozessführungsbefugnis des Rechtsträgers bzw. der berechtigten Gesamtheit kann man die verdrängende Prozessführungsbefugnis der konkurrierenden gegenüberstellen.

44 **3. Gesetzliche Prozessstandschaft. a) Prozessführung kraft Amtes.** Gesetzliche Prozessstandschafter sind nach der herrschenden Amtstheorie (näher zum einschlägigen Theorienstreit Rn. 30ff.) als **Parteien kraft Amtes** der Insolvenzverwalter, der Testamentsvollstrecker, der Nachlassverwalter sowie (s. Rn. 40f.) die sonstigen dieser Kategorie zuzuzählenden Verwalter. Typischerweise ist dabei die Prozessführungsbefugnis beim Zwangsverwalter monopolisiert: dem Rechtsträger des verwalteten Vermögens mangelt die Prozessführungsbefugnis (für den Insolvenzschuldner: § 80 Abs. 1 InsO, für den Erben im Fall der Nachlassverwaltung: § 1984 Abs. 1 BGB). Im Fall der Testamentsvollstreckung (mit umfassender Verwaltungsbefugnis des Vollstreckers) kann ein Anspruch gegen den Nachlass sowohl gegen den Erben als auch gegen den Vollstrecker (§ 2213 Abs. 1 S. 1 BGB), ein Pflichtteilsanspruch sogar nur gegen den Erben (§ 2213 Abs. 1 S. 3 BGB) geltend gemacht werden. Zur Zwangsvollstreckung in den Nachlass ist bei möglicher bzw. notwendiger (Leistungs-)Klage gegen den Erben indes stets neben dem Leistungstitel gegen den Erben ein Duldungstitel gegen den Vollstrecker erforderlich (§ 748 Abs. 1 und 3). Die Auswirkung der Aufhebung der Zwangsverwaltung nach ZVG (s. Rn. 40) auf die Prozessführungsbefugnis des Verwalters für laufende Prozesse ist streitig: BGH NJW-RR 1990, 1213, 1214 sieht dieselbe nicht berührt.[90] Soweit es zu Abwicklungszwecken erforderlich, soll nach OLG Düsseldorf MDR 1990, 833 verwalterseits sogar ein Rechtsstreit noch neu begonnen werden können.[91] Unerlässlich für die Prozessführungsbefugnis des Verwalters ist dabei selbstredend, dass sich seine Verwaltungsbefugnis auf die streitgegenständliche Position erstreckt: Lässt man die Verwaltungsbefugnis des Testamentsvollstreckers bei der Nachfolge nach dem Erblasser in eine Personengesellschaft aus Gründen, die im Gesellschaftsrecht angelegt sind, dort enden, wo es um die mitgliedschaftliche Stellung geht, steckt man damit zugleich die Grenzen der Prozessführungsbefugnis des Testamentsvollstreckers ab. Dessen Prozessführungsrecht erstreckt sich nicht auf Rechtsstreitigkeiten über den Kreis der Gesellschafter.[92] Ansprüche gegen den Testamentsvollstrecker als Nachlassschuldner kann der Erbe selbst gerichtlich geltend machen, weil der Testamentsvollstrecker insoweit von der Verwaltung des Nachlasses ausgeschlossen ist.[93]

45 **b) Prozessführungsbefugnis des Veräußerers des streitbefangenen Gegenstandes.** Veräußert eine Partei die streitbefangene Sache oder tritt sie die eingeklagte Forderung ab, verliert sie die Sachlegitimation. Sofern die Gegenpartei nicht mit dem Eintritt des Erwerbers/des Zessionars anstelle des Veräußerers/Zedenten einverstanden ist, kann und muss dieser – unter Umstellung des Klagantrags – als Prozessstandschafter für den Erwerber/Zessionar den Prozess fortführen (§ 265). Der Veräußerung bzw. Abtretung gleich steht die Fallgestaltung, dass der streitbefangene Gegenstand im Wege der Verpfändung oder Nießbrauchsbestellung belastet wird oder aber die Streitforderung von einem Dritten gepfändet und diesem überwiesen wird: auch hier führt der bisherige Vollrechtsinhaber den Prozess als Prozessstandschafter fort, muss jedoch Leistung an den nunmehr Berechtigten beantragen.[94] Erlangt der Beklagte nach Rechtshängigkeit Kenntnis davon, dass der Kläger die Klageforderung bereits *vor* dem Prozess abgetreten hat (Fall des § 407 Abs. 2 BGB), kann er entweder Klagabweisung mangels Sachlegitimation des Klägers beantragen oder den Prozess ge-

---

[88] Terminus nach *Kohler* JherJb. 24 (1886), 187, 319.
[89] AA – unhaltbar– *Höfler* JuS 1992, 388, 390.
[90] Ebenso: *Musielak/Weth* § 51 Rn. 19. AA – Verfahrensunterbrechung bzw. -aussetzbarkeit analog §§ 239ff., 242 – mit guten Gründen insbes. *Wrobel* (Fn. 85) S. 100ff., 117f.
[91] Konsequenterweise auch insoweit ablehnend *Wrobel* (Fn. 85) S. 103ff.
[92] BGH NJW 1998, 1313f.
[93] BGH MDR 2003, 284.
[94] BGH ZIP 1986, 584; *Zöller/Vollkommer* Rn. 22.

gen den Zedenten als Prozessstandschafter des Zessionars fortführen; letzterenfalls ist der Zessionar gehindert, seinerseits gegen den Schuldner zu klagen.[95]

c) Wohnungseigentum. Die Rechte wegen Mängeln an der Bausubstanz des Gemeinschaftseigentums stehen den Erwerbern aus den mit dem Veräußerer jeweils geschlossenen Verträgen zu. Die (Teil-)Rechtsfähigkeit der Wohnungseigentümer (s. § 50 Rn. 32) ändert hieran nichts; die Rechte der Erwerber werden nicht auf die Wohnungseigentümergemeinschaft übergeleitet. Der Wohnungseigentümergemeinschaft kommt indes hinsichtlich bestimmter Rechte kraft Gesetzes bzw. gesetzlich legitimierten Zugriffs eine die Rechtsverfolgungskompetenz der einzelnen Erwerber verdrängende Rechtsverfolgungszuständigkeit zu: Bei gerichtlicher Geltendmachung der Mängelrechte agiert sie – nach hM[96] auch in der zweiten Fallvariante – in gesetzlicher Prozessstandschaft. **Geborene Prozessstandschaft:** Per se in die alleinige Ausübungsbefugnis der Gemeinschaft fallen: die kraft Natur gemeinschaftsbezogenen Rechte auf Minderung und kleinen Schadensersatz.[97] Überlässt die Gemeinschaft nach Wahl des jeweiligen Rechts dessen Durchsetzung – zulässigerweise – einem einzelnen Wohnungseigentümer, klagt dieser in gewillkürter Prozessstandschaft für die Wohnungseigentümergemeinschaft als gesetzliche Prozessstandschafterin.[98] **Prozessstandschaft kraft Zugriffs:** Erfüllungs- oder Nacherfüllungsansprüche sowie Ansprüche auf Vorschuss oder Aufwendungsersatz können durch Mehrheitsbeschluss in die exklusive Ausübungskompetenz der Gemeinschaft gestellt werden.[99] 46

d) Sonstige Fälle der Prozessführung Rechtsfremder: die Revokationsklage des übergangenen Ehegatten nach §§ 1368, 1369 Abs. 3 BGB (hierzu auch Anh. § 52 Rn. 6);[100] die Unterhaltsklage eines Elternteils für Unterhaltsansprüche des (minderjährigen) Kindes gegen den anderen Elternteil während des Getrenntlebens oder der Anhängigkeit einer Ehesache;[101] die Schutzklage des Verlegers anonymer Werke für den Urheber gemäß § 10 Abs. 2 S. 2 UrhG;[102] die Schutzklage des Landes zugunsten des unterbezahlten Heimarbeiters nach § 25 HeimArbG;[103] die Ersatzklage des Landes wegen Beschädigung von Bundeseinrichtungen im Rahmen der Auftragsverwaltung.[104] 47

Str. und zweifelhaft ist der Status der Bundesrepublik Deutschland als Beklagte im Verfahren auf Geltendmachung von Stationierungsschäden nach dem Nato-Truppenstatut, wenn dieselben einem bestimmten Staat zurechenbar sind: Die hM[105] bejaht Prozessstandschaft für den Entsendestaat und misst dem im Klageerfolgsfall nach § 25 AusfG zum Nato-Truppenstatut zu treffenden Ausspruch der Leistungspflicht der Bundesrepublik Deutschland „für den Entsendestaat" konstitutive Bedeutung bei. Eine beachtliche Minderansicht[106] geht materiell-rechtlich von einer gesamtschuldnerischen Haftung der Bundesrepublik Deutschland für die (unklagbare) Verpflichtung des Stationierungsstaats aus; nach ihr prozessiert die Bundesrepublik Deutschland konsequenterweise als Sachlegitimierte zur Abwehr eigener Vermögenshaftung. Allemal aus eigener Verpflichtung, nämlich als Gesamtschuldnerin in entsprechender Anwendung von Art. VIII Abs. 5 lit. e NTS, in Anspruch genommen wird die Bundesrepublik, soweit Schädigungen durch NATO-Vertragsparteien geltend gemacht werden, bestimmte Verursacher aber nicht zu ermitteln sind.[107] 48

Nicht in Prozessstandschaft klagt richtigerweise der Pfändungsgläubiger, der Pfandgläubiger oder der Nießbraucher: Es handelt sich um eine Spaltung des materiellen Rechts, die dem partiellen Rechtsnachfolger eine materielle Verfügungsmacht gewährt, der dann eine (Eigen-)Prozessführungsbefugnis von selbst entspringt.[108] 49

---

[95] *Schwab,* GS R. Bruns, 1980, S. 181ff.; *A. Blomeyer* § 41 V.

[96] BGH NJW 2007, 1952, 1953; *Wenzel* NJW 2007, 1905, 1908f.

[97] BGH NJW 2007, 1952, 1954; *Wenzel* NJW 2007, 1907.

[98] *Wenzel* NJW 2007, 1907.

[99] BGH NJW 2007, 1952, 1954; *Wenzel* NJW 2007, 1908.

[100] Ganz hM; vgl. zB *Rosenber/Schwab/Gottwald* § 46 Rn. 10; *Schlosser* Bd. I Rn. 256; *Eickmann* Rpfleger 1981, 213, 214. AA – Geltendmachung eines eigenen Rechts – freilich *Baur* FamRZ 1962, 510 Fn. 31.

[101] Ganz hM; vgl. zB BGH NJW 1983, 2084, 2085; *Zöller/Vollkommer* Rn. 24. AA – Geltendmachung eines eigenen Rechts – *Bruns* Rn. 59d.

[102] *Rosenberg/Schwab/Gottwald* § 46 Rn. 12; *Zöller/Vollkommer* Rn. 27.

[103] BAG BB 1985, 529.

[104] BGHZ 73, 1.

[105] S. BGHZ 33, 339, 346ff. = NJW 1961, 457, 459; ferner: *Gräfe* NJW 1961, 1841, 1845; *Rosenberg/Schwab/Gottwald* § 46 Rn. 14.

[106] *A. Blomeyer* § 41 II 3d.

[107] BGHZ 122, 363, 365f. = NJW 1993, 2173.

[108] Einläßlich *Schur* KTS 2001, 73, 83ff.; ferner: *Zöller/Vollkommer* Rn. 25, 29; Hk-ZPO/*Kayser* § 51 Rn. 17; *Heintzmann* Prozeßführungsbefugnis S. 13. AA freilich zB *Rosenberg/Schwab/Gottwald* § 46 Rn. 23, 24, speziell für den Pfändungsgläubiger auch *G. Lüke* ZZP 76 (1963) 23f.; *Gerhardt* § 9 II 1a; AK-ZPO/*Koch* RdNr. 15.

50 **e) Gesellschafterklage. aa) Klageweise Geltendmachung von Ansprüchen aus dem Gesellschaftsverhältnis (sog. actio pro socio).** Sozialansprüche der Gesellschaft stehen dem Verband zu und sind deshalb grundsätzlich von diesem nach Maßgabe der jeweiligen Vertretungsordnung geltend zu machen. Dies gilt nicht nur für juristische Personen, sondern nach zutreffendem Gesamthandsverständnis (Gesamthand als gegenüber den Gesellschaftern rechtssubjektiv verselbstständigte Personifikation, s § 50 Rn. 24ff.) auch für Gesamthandsgesellschaften, also OHG, KG sowie GbR. Ob die Klage des einzelnen Gesellschafters auf Leistung an die Gesellschaft, wie sie im Grundsatz jedenfalls für die Personengesellschaft und die GmbH anerkannt ist,[109] als Prozessführung in Prozessstandschaft oder aber als Prozessführung aus eigenem Recht zu qualifizieren ist, hängt davon ab, ob man neben dem Sozialanspruch der Gesellschaft einen inhaltsgleichen Individualanspruch des einzelnen Gesellschafters aus dem Gesellschaftsvertrag bzw. Gesellschaftsverhältnis bejaht: Das Konzept der Anspruchsdoppelung[110] erübrigt den Rekurs auf die Figur der Prozessstandschaft. Wer den materiell-rechtlichen Anspruch – zu Recht – bei der Gesellschaft monopolisiert, dem nicht (allein) vertretungsberechtigten Gesellschafter indes gleichwohl eine Hilfszuständigkeit zur Anspruchsgeltendmachung einräumt,[111] bejaht damit dessen Status als (gesetzlicher)[112] Prozessstandschafter.

51 **bb) Klageweise Geltendmachung von Ansprüchen aus Drittverhältnissen.** Sog. Drittansprüche der Gesellschaft, dh. Forderungen gegen Dritte sowie Forderungen gegen die Gesellschafter, die ihre Grundlage nicht in deren Mitgliedschaft haben, können zumindest prinzipiell nur vom Verband selbst geltend gemacht werden. Ob und inwieweit Ausnahmen anzuerkennen sind, ist streitig.[113] Wer sie bejaht – sei es beschränkt auf den Fall der Kollusion zwischen den Mitgesellschaftern und dem Beklagten,[114] sei es weitergehend allgemein in der Form eines Notprozessführungsrechts analog § 744 Abs. 2 BGB[115] oder aber in der Form eines voraussetzungslosen Klagerechts, jedoch beschränkt auf Gesellschaften mit Gesamtvertretungsbefugnis aller Gesellschafter[116] –, bejaht damit eine konkurrierende gesetzliche Prozessführungsbefugnis.

52 **f) Fälle der Prozessführung lediglich Teilberechtigter.** Prozessstandschafter kraft Gesetzes sind insoweit insbesondere: im Güterstand der **Gütergemeinschaft** der das Gesamtgut verwaltende Ehegatte (§ 1422 S. 1 BGB, s. Anh. § 52 Rn. 13) sowie der nicht bzw. nicht allein verwaltungsberechtigte Ehegatte als Notprozessführer (§§ 1429, 1454 BGB, s. Anh. § 52 Rn. 19, 21, 31), als Prozessführer kraft gestatteten Gewerbebetriebs (§§ 1431, 1456 BGB, s. Anh. § 52 Rn. 22, 31) sowie als Schutzprozessführer (§§ 1428, 1455 Nr. 8 BGB, s. Anh. § 52 Rn. 23ff., 32), ferner richtigerweise der **Miteigentümer** sowie der **Miterbe** im Fall der Einzelklage nach §§ 1011, 2039 BGB[117] und der **Gemeinschafter** im Fall der Notprozessführung nach § 744 Abs. 2 BGB.[118]

53 *Kein* Fall der Prozessstandschaft ist richtigerweise entgegen verbreiteter Meinung die Klage eines Gesamtleistungsgläubigers gemäß § 432 BGB: er macht keine gemeinsame Forderung der Gläubigermehrheit, sondern einen mit den Parallelansprüchen der anderen Gläubiger konkurrierenden eigenen Anspruch auf Leistung „an alle" geltend.[119]

---

[109] Statt vieler: *Grunewald,* Die Gesellschafterklage in der Personengesellschaft und der GmbH, 1990; *Wiedemann* GesellschaftsR I § 8 IV 1c; *Hadding* GesRZ 1984, 32ff. Betont zurückhaltend freilich *Zöllner* ZGR 1988, 392ff.

[110] Vertreter: *H. Westermann* PersonengesellschaftsR Rn. 246; *Siegmund/van Venrooy* GesellschaftsR, 1983, Rn 58; *Altmeppen,* FS Musielak, 2004, S. 1, 10.

[111] Überzeugend zuletzt *M. Schwab,* Das Prozessrecht gesellschaftsinterner Streitigkeiten, 2005, S. 45ff., 177ff.; ferner, statt mancher: *Wiedemann* GesellschaftsR I § 8 IV/1c; *K. Schmidt* GesellschaftsR, 4. Aufl., § 21 IV/4; *Hüffer* GesellschaftsR, 6. Auf., § 10/17; *Soergel/Hadding* § 705 Rn. 50; *Oberhammer,* Die OHG im Zivilprozeß, 1998, S. 366; *Teichmann* AcP 179 (1979), 475, 485.

[112] AA *Stein/Jonas/Bork* Rn. 45; *Soergel/Hadding* § 705 Rn. 50: Grundlage der einschlägigen Prozeßführung sei eine im Wege ergänzender Vertragsauslegung dem Gesellschaftsvertrag zu entnehmende Ermächtigung. Wie hier: *Oberhammer* (Fn. 107) sowie *M. Schwab* (Fn. 107) S. 118f.

[113] Näher zum Streit- und Meinungsstand etwa *H. Westermann* PersonengesellschaftsR Rn. 247 sowie *K. Schmidt* GesellschaftsR § 21 IV 7 jeweils m. weit. Nachw.

[114] Anerkennung der Einzelklagebefugnis jedenfalls für diese Fallgruppe: BGHZ 102, 152, 154f. = NJW 1988, 558f.; *Musielak/Weth* § 51 Rn. 22.

[115] So etwa OLG Dresden NZG 2000, 248, 250; *Soergel/Hadding* § 705 Rn. 56.

[116] So etwa *K. Schmidt* GesellschaftsR § 21 IV 7.

[117] HM; vgl. statt vieler: *Rosenberg/Schwab/Gottwald* § 46 Rn. 21, 25; *Jauernig* § 22 III 3; *Musielak/Weth* § 51 Rn. 23; *A. Blomeyer* AcP 159 (1960/1961), 385f. AA – eigener materieller Anspruch auf Leistung an alle – freilich zB *Grunsky* Grundlagen § 28 I 3.

[118] BGHZ 94, 120f. = NJW 1985, 1826, 1827; MünchKomm/*K. Schmidt* §§ 744, 745 Rn. 36, 39; *Musielak/Weth* § 51 Rn. 23.

[119] So überzeugend *Hadding,* FS E. Wolf, 1985, S. 107, 129f., ferner etwa *Zöller/Vollkommer* Rn. 26. AA freilich etwa *Rosenberg/Schwab/Gottwald* § 46 Rn. 22; *Heintzmann* Prozeßführungsbefugnis S. 21f.

54 **g) Wirkung.** Die **Parteistellung** mit den sich aus ihr ergebenden Konsequenzen (s. Rn. 1) kommt dem Prozessstandschafter zu; der Rechtsträger ist im Prozess grundsätzlich Dritter (hinsichtlich der Auflockerung dieses Grundsatzes im Bereich auferlegter Zwangsverwaltung s. Rn. 39). Inwieweit die **Folgen der Prozessführung** durch den Prozessstandschafter (auch) den Rechtsinhaber treffen, ist nicht allgemein geregelt und richtigerweise nur problemorientiert nach Fallgruppen zu beantworten. Davon, dass Rechtskrafterstreckung auf den Rechtsinhaber der Prozessstandschaft wesenseigentümlich,[120] kann keine Rede sein. *Soweit* Rechtskrafterstreckung auf den Rechtsträger möglich ist (s. § 325 Rn. 46ff.), steht der Klage des letzteren nach vorgängiger Klage des Prozessstandschafters entsprechend § 261 Abs. 3 Nr. 1 die Rechtshängigkeitssperre entgegen.[121]

55 **4. Gewillkürte Prozessstandschaft. a) Die Grundsatzentscheidung: eingeschränkte Zulässigkeit.** Die *grundsätzliche* Zulässigkeit der Prozessführung im eigenen Namen über fremde Rechte auf Grund einschlägiger Ermächtigung des Rechtsinhabers steht heute kaum noch in Streit.[122] Kontrovers sind freilich nach wie vor die *Voraussetzungen* gewillkürter Prozessstandschaft. Während eine Mindermeinung[123] den Legitimationsgrund allein in der Zustimmung des Sachberechtigten sieht, verlangen Rspr.[124] und hL[125] – zu Recht – zusätzlich ein **besonderes Interesse an der Fremdprozessführung:** das verständliche und verständige Interesse des Beklagten, keinen anderen als den Rechtsinhaber als Gegenpartei aufgedrängt zu erhalten, zediert nur bei einem hinreichenden Gegeninteresse. Ausreichend ist insoweit nach Rspr. und hL[126] allemal ein entsprechendes Eigeninteresse des **Ermächtigten**, das auch wirtschaftlicher Natur sein kann.[127] Richtigerweise wird man darüber hinaus auch dem Interesse des **Ermächtigenden** an der Prozessführung durch den Rechtsfremden bzw. Teilberechtigten die einschlägige Bedeutung nicht generell aberkennen dürfen – eine Erkenntnis, die vor allem (aber keineswegs nur) für die Lösung des Sonderproblems der Prozessführungsbefugnis im Fall der sog. Einziehungsermächtigung (s. Rn. 63f.) fruchtbar zu machen sein wird. Die Leitentscheidung RGZ 91, 390 fragte noch durchaus richtig nach dem Interesse des Ermächtigten *und* des Ermächtigenden und sprach lediglich dem konkreten Interesse des letzteren (dem Wunsch einer Bank, mit ihrem Namen aus dem Prozess und der Zwangsversteigerung herauszubleiben) die Relevanz ab. Gezielt missbräuchlicher Verschiebung der Parteirollen ist zunächst und vor allem durch Vermeidung von Anreizen zum Rollentausch zu steuern (hierzu i. e. Rn. 70). Soweit dies nicht möglich, ist Missbrauchsversuchen durch Verneinung der *Schutzwürdigkeit* des Interesses an der Fremdprozessführung entgegenzutreten (hierzu i. e. Rn. 65ff.).

56 **b) Voraussetzungen im Einzelnen. aa) Wirksame Ermächtigung.** Grundlage des Prozessführungsrechts des Rechtsfremden bzw. Teilberechtigten ist zunächst und vor allem die Ermächtigung durch den Rechtsinhaber bzw. den kraft Gesetzes Prozessführungsbefugten. Die Ermächtigung muss sich zum Schutz des Ermächtigenden auf einen bestimmten Anspruch, jedenfalls aber einen bestimmbaren Anspruch aus einem bestimmten Rechtsverhältnis beziehen (prozessuales Spezialitätsprinzip).[128] Im Übrigen beurteilen sich Erteilung und (Fort-)Bestand der Ermächtigung, unbeschadet der Prozesshandlungsnatur derselben,[129] grundsätzlich nach den im bürgerlichen Recht positivierten Regeln für Willenserklärungen: Die Ermächtigung kann auch konkludent erfolgen,[130] kann sich aus der Umdeutung einer unwirksamen Abtretung ergeben[131] und unterliegt keinem

---

[120] So *Schellhammer* Rn. 1206.

[121] Statt vieler: *Zöller/Vollkommer* Rn. 41.

[122] Aus der Rspr. zuletzt grundsätzlich BGHZ 96, 151, 152f. = NJW 1986, 850f.; aus der Lit. statt vieler: *Henckel* Parteilehre S. 108ff.; *A. Blomeyer* § 41 III; *Stein/Jonas/Bork* Rn. 51; *Zöller/Vollkommer* Rn. 42. Kritisch freilich noch *Frank* ZZP 92 (1979), 321ff. sowie *Koch* JZ 1984, 809.

[123] *Rosenberg*, 9. Aufl., § 45 II 2c; *Heintzmann* Prozeßführungsbefugnis S. 92ff.; *Wieser* Rechtsschutzbedürfnis S. 117ff.; *G. Lüke* ZZP 76 (1963), 1, 30; *Grunsky*, BGH-FG Wiss. (2000) Bd. III S. 109, 166ff.

[124] Leitentscheidung: RGZ 91, 390; aus der jüngeren Rspr. etwa BGHZ 96, 151, 154 = NJW 1986, 850; BGHZ 119, 237, 242 = NJW 1993, 918, 919.

[125] Statt vieler: *Henckel* Parteilehre S. 111ff.; *Rosenberg/Schwab/Gottwald* § 46 Rn. 34; *Jauernig* § 22 IV; *Stein/Jonas/Bork* Rn. 51; *Zöller/Vollkommer* Rn. 44.

[126] Nachw. Fn. 121 und 122.

[127] BGHZ 119, 237, 242 = NJW 1993, 918, 919; BGH NJW 1995, 3186; *Zöller/Vollkommer* Rn. 44. AA – Entscheidung müsse die „Rechtslage" des Ermächtigten betreffen – zB noch OLG Köln NJW-RR 2001, 532 sowie *Baumbach/Lauterbach/Hartmann* Rn. 31.

[128] Enger – nur auf den Einzelanspruch bezogene Ermächtigung zulässig – OLG Köln WRP 1985, 659; LG Kassel NJW-RR 1991, 529; *Berger* JZ 1993, 1169, 1170.

[129] *Schumann*, FS Musielak S. 473 m. weit. Nachw.

[130] BGHZ 94, 122 = NJW 1985, 1826; BGH NJW-RR 2002, 1377, 1378; *Stein/Jonas/Bork* Rn. 62; aA – explizite schriftliche Ermächtigung – LG München I EWiR 1997, 383; *Schumann*, FS Musielak, S. 473.

[131] BGH NJW-RR 1988, 126, 127; 2003, 51.

Anwaltszwang. Sittenwidrigkeit und Verstoß gegen ein Schutzgesetz führen entsprechend § 138 Abs. 1 bzw. § 134 BGB zur Nichtigkeit.[132] Ein Widerruf ist *bis* zur Klageerhebung möglich.[133] Eine Ermächtigung durch den Ermächtigten (Weiterübertragung der Prozessführungsbefugnis) ist grundsätzlich nicht möglich.[134] Die Ermächtigung erlischt mit Eröffnung des Insolvenzverfahrens über das Vermögen des Ermächtigenden.[135]

57 Ermächtigt die **Satzung** eines Verbands denselben zur gerichtlichen Geltendmachung bestimmter Individualrechte seiner Mitglieder, kann die einschlägige Zustimmung im vorbehaltlosen Beitritt liegen.[136] Umschreibt die Satzung den Verbandszweck nur allgemein, ist im Wege der Auslegung zu ermitteln, ob und in welchem Umfang in solchem Beitritt eine konkludente Ermächtigung zu erblicken ist: Die Rechtsprechung ist insoweit eher großzügig, soweit es um Unterlassungsansprüche geht, deren Durchsetzung im Interesse der Mitgliedergesamtheit liegt,[137] freilich – zu Recht – eher zurückhaltend bei der Geltendmachung von Schadensersatzansprüchen.[138]

58 Eine sog. **Einziehungsermächtigung** (hierzu auch Rn. 63) ist mangels einschlägigen Vorbehalts materiell-rechtliche Ermächtigung *und* Ermächtigung zur Prozessführung.[139]

59 **bb) Schutzwürdiges Interesse an Fremdprozessführung.** Grundsätzlich hinreichendes **Eigeninteresse des Ermächtigten** ist zu bejahen: für die Klage des Veräußerers eines als lastenfrei verkauften Grundstücks, mit der dieser den Berichtigungsanspruch des Käufer-Eigentümers hinsichtlich einer „Buchbelastung" geltend macht;[140] für die Klage des für den Bestand der Forderung haftenden Forderungsverkäufers nach Abtretung der Forderung;[141] für die Klage des Mieters/Pächters, mit der dieser den Vindikationsanspruch des Vermieter/Verpächter-Eigentümers gegen den nichtberechtigten Drittbesitzer ausübt;[142] für die Klage des Bauträgers, mit der an die Erwerber abgetretene Gewährleistungsansprüche geltend gemacht werden;[143] für die Klage des Mandanten gegen seinen Anwalt, mit der eine auf den Rechtsschutzversicherer übergegangene Regressforderung geltend gemacht wird;[144] für die Klage des Unterhaltsvorschussleistungen erbringenden Sozialleistungsträgers auf Zahlung künftigen Unterhalts an den Unterhaltsberechtigten;[145] für die Klage des Geschädigten bei der Drittschadensliquidation;[146] für die Klage eines Gesellschafters aus Schadensersatzansprüchen der Gesellschaft;[147] für die Klage einzelner Wohnungseigentümer aus Ansprüchen des Verbands;[148] umgekehrt: für Klagen des Verbands aus Ansprüchen der einzelnen Wohnungseigentümer jedenfalls dann, wenn diese in einem engen rechtlichen und wirtschaftlichen Zusammenhang mit der Verwaltung des Gemeinschaftseigentums stehen;[149] für die Klage der Konzernmutter aus kennzeichnungsrechtlichem Anspruch der Konzerntochter.[150]

60 Macht ein **Verband** klageweise im eigenen Namen Rechte seiner Mitglieder geltend, ist das hinreichende Eigeninteresse des Verbands (zur Ermächtigungsfrage s. Rn. 57) zu bejahen, wenn

---

132 *Stein/Jonas/Bork* Rn. 62.

133 BGH NJW-RR 1986, 158; NJW 1995, 3186, 3187; *Zöller/Vollkommer* Rn. 45.

134 BGH NJW 1998, 3205, 3206.

135 BGH NJW 2000, 738, 739; *Marotzke* EWiR 2000, 405, 406.

136 BGHZ 48, 12, 15 = NJW 1967, 1558; *Thomas/Putzo/Hüßtege* § 51 Rn. 33; aA – Erfordernis ausdrücklicher Ermächtigung – freilich *Ullmann,* FS v. Gamm, 1991, S. 324.

137 S. etwa BGH LM § 50 Nr. 28 = MDR 1976, 652: Satzungsauftrag „Erhaltung und Verwaltung der Gemeinlandanteile der Genossen" ermächtigt zur Geltendmachung von Abwehransprüchen der Mitglieder einer Waldgenossenschaft bei fremdem Holzeinschlag.

138 S. etwa BGH NJW 1984, 2220, 2221: Satzungsauftrag „Wahrung der gemeinsamen gewerblichen Interessen der Unternehmer der deutschen Binnenschiffahrt" enthält keine Ermächtigung zur gerichtlichen Geltendmachung von Schadensersatzansprüchen der Mitglieder.

139 Gleichsinnig – im Zweifel beides gewollt – *Musielak/Weth* § 51 Rn. 32.

140 BGH NJW 1986, 1676.

141 BGH NJW 1979, 924.

142 BGH FamRZ 1964, 137; NJW-RR 1986, 158.

143 BGHZ 70, 389, 394f. = NJW 1978, 1375, 1376.

144 OLG Köln NJW-RR 1994, 27. 28.

145 BGH FamRZ 1998, 357, 358.

146 BGHZ 25, 259 = NJW 1957, 1838.

147 Für den GmbH-Gesellschafter: BGH NJW 1965, 1962; NJW-RR 1987, 57 („jedenfalls" für den Alleinbzw. Nahezu-Alleingesellschafter); OLG Saarbrücken WRP 1990, 198, 199 (auch für einen Nichtmehrheitsgesellschafter). Für die BGB-Gesellschaft: BGH NJW 1988, 1585.

148 BGH NJW 2005, 3146.

149 BGH NJW 2007, 1952; 2007, 1957, 1959.

150 BGH NJW-RR 1995, 358, 360 (Mutter Alleingesellschafterin der GmbH-Tochter, Tochtername zugleich potentielles gemeinsames Konzernschlagwort).

und soweit die einschlägige Rechtsverfolgung zu den satzungsgemäßen Aufgaben zählt.[151] Die Rechtsprechung hat daher in Hinblick auf entsprechende Satzungsausgestaltung das erforderliche Eigeninteresse bejaht: für die Klage des Dt. Anwaltsvereins oder einer Anwaltskammer, gerichtet auf Durchsetzung von Unterlassungsansprüchen der Mitglieder bei Verstößen Dritter gegen das RBerG;[152] für die Klage eines Brauereiinteressenverbands, mit der er das Eigentum seiner Mitglieder an den vom beklagten Altglashändler aufgekauften Bierflaschen geltend macht.[153] *Verneint* wurde ein rechtsschutzwürdiges Eigeninteresse eines Sportvereins zur Geltendmachung von Ersatzansprüchen seines Mitglieds gestützt auf eine vom Landessportverband für Vereine und deren Mitglieder abgeschlossene „Sportversicherung".[154]

Bei Verbänden zur Förderung gewerblicher oder selbstständiger beruflicher Interessen iS von § 8 Abs. 3 Nr. 2 UWG schlagen die Verschärfungen der Anforderungen an die Klagebefugnis freilich richtigerweise auch auf die Zulässigkeit klageweiser Geltendmachung von Mitgliederansprüchen in gewillkürter Prozessstandschaft durch: Die mit der Regelung intendierte Einschränkung der Klagebefugnis von Wettbewerbsverbänden würde weitgehend unterlaufen, wenn Unterlassungsansprüche unter Offenlassung der Klagebefugnis aus eigenem Recht in gewillkürter Prozessstandschaft für selbst und unmittelbar betroffene Mitglieder erhoben werden könnten. Dem Verbandsinteresse an Förderung einschlägiger Mitgliederbelange mangelt die Schutzwürdigkeit.[155] **61**

Anerkennt man, dass auch schutzwürdige Belange des *Ermächtigenden* die Fremdprozessführung zu rechtfertigen vermögen (s. Rn. 55), sollte auch bei **Generalverwaltung** von Vermögensgesamtheiten oder einzelner besonders vermögenswerter Gegenstände (Hauptbeispiel: Hausverwaltung) die Möglichkeit gewillkürter Prozessstandschaft nicht geleugnet werden: Generalverwaltung schließt die Geltendmachung von objektbezogenen Ansprüchen ein. Wenn der Gesetzgeber in Art. 1 § 5 Nr. 3 RBerG solches ausdrücklich für unbedenklich erklärt und damit das Entlastungsinteresse des Geschäftsherrn prinzipiell anerkennt, geht es nicht an, die gerichtliche Geltendmachung unter Berufung auf vorgebliche allgemeine Grundsätze des Prozessrechts auszuschließen.[156] **62**

Im Fall der **Einziehungsermächtigung** ist gewillkürte Prozessstandschaft aus Gründen einschlägigen Eigeninteresses des *Ermächtigten* zulässig: bei Ermächtigung des Zedenten durch den Zessionar im Fall der Sicherungsabtretung;[157] bei Ermächtigung des Sicherungsnehmers an den Sicherungsgeber für Ansprüche aus Versicherung der sicherungsübereigneten Sache;[158] wenn die Leistung an den Ermächtigenden den Ermächtigten ganz oder teilweise von sonst bestehender Unterhaltspflicht befreit.[159] Für den Bereich der geschäftsmäßigen Einziehung fremder Forderungen stellt sich zunächst die Frage, ob die Prozessführung durch den Ermächtigten nicht bereits deshalb unzulässig ist, weil sie gegen das RBerG verstößt.[160] Bestehen von dorther keine Bedenken, sollte man grundsätzlich auch ein verständliches und verständiges Interesse des *Ermächtigenden* als fremdprozessführungslegitimierend anerkennen:[161] Prinzipiell schutzwürdig erscheint das Interesse, sich unter Nutzbarmachung der Vorteile wirtschaftlicher Arbeitsteilung von der Mühe der Einziehung frei zu halten; das sachgerechte Ergebnis, Zulässigkeit der Einziehung, sollte nicht dadurch gerechtfertigt werden, dass man – fälschlicherweise[162] – das Provisionsinteresse des Ermächtigten als hinreichendes Eigeninteresse ausgibt[163] oder aber die Einziehungsermächtigung in Hinblick auf die vor- **63**

---

[151] Statt vieler: *Ullmann,* FS v. Gamm, 1991, S. 324.

[152] BGHZ 48, 12, 16 = NJW 1967, 1558, 1559 (Anwaltsverein) sowie BGH NJW 1956, 591 (Anwaltskammer).

[153] BGH LM § 50 Nr. 6 = MDR 1956, 154 m. Anm. *Pohle.*

[154] OLG Köln NJW-RR 2001, 532.

[155] BGH NJW 1998, 417, 1148, 1149 – Verbandsklage in Prozeßstandschaft; OLG Nürnberg WRP 1996, 358, 361 f.; *Musielak/Weth* § 51 Rn. 34; *Hinz,* FS Piper, 1996, S. 257 ff.; aA noch KG NJW-RR 1995, 1130; *Baumbach/Lauterbach/Hartmann* Rn. 47.

[156] Zustimmend: *Wieczorek/Schütze/Hausmann* Rn. 82; aA – den (Fehl-)Ansatz der Alleinmaßgeblichkeit des Ermächtigteninteresses konsequent durchhaltend – LG Kassel NJW-RR 1991, 529, 530; LG Berlin NJW-RR 1993, 1234, 1235.

[157] BGH NJW 1990, 1117; OLG Frankfurt a. M. WM 1984, 56, 57.

[158] OLG Nürnberg NJW 1977, 1543.

[159] BGH WM 1985, 613, 617.

[160] Nach zutreffender hM steht die Typisierung der Inkassoerlaubnis in Art. 1 § 1 Abs. 1 S. 2 Nr. 5 RBerG einer gerichtlichen Anspruchsgeltendmachung unter Einschaltung eines Rechtsanwalts nicht entgegen (BGH NJW 1996, 393; *Berger* KTS 1991, 85, 91 ff.; aA zB *Henssler/Prütting/Weth,* BRAO, Art. 1 § 1 RBerG Rn. 82).

[161] Zustimmend: *Wieczorek/Schütze/Hausmann* Rn. 87; ähnlich bereits *Henckel,* FS Larenz, 1973, S. 643, 654: ausreichend, aber auch erforderlich die Darlegung eines schutzwürdigen „Motivs" des Ermächtigenden.

[162] Zutreffend insoweit: RGZ 160, 204, 210 f.; *A. Blomeyer* § 41 III; MünchKommBGB/*G. H. Roth* § 398 Rn. 47.

[163] So freilich etwa *Thomas/Putzo/Hüßtege* § 51 Rn. 35 sowie *Zöller/Vollkommer* Rn. 52.

gebliche Entbehrlichkeit einer besonderen Interesseprüfung bei der Klage des Treuhandzessionars kurzerhand als Inkassozession deutet.[164] *Nicht* ausreichend ist hingegen das Interesse, den eigenen „Namen“ aus Prozess und Zwangsvollstreckung herauszuhalten.[165]

64 Auch in Fällen nach Art von Jena OLG-NL 1994, 135, 137 sollte man die Zulässigkeit gewillkürter Prozessstandschaft ehrlicherweise auf das berechtigte Fremdprozessführungsinteresse des *Ermächtigenden,* nicht das Eigeninteresse des Ermächtigten stützen: Dass der vom 86jährigen, gesundheitlich angeschlagenen Vater zur Geltendmachung einer höheren Schadensersatzsumme ermächtigte Sohn in Prozessstandschaft klagen kann, rechtfertigt sich schwerlich aus dem Eigeninteresse des Sohns an einem möglichst werthaltigen Nachlass, sondern aus dem Interesse des Vaters, dem das Gericht sehr zu Recht Verständnis dafür bekundet, dass er weder zu einer Anspruchsabtretung noch zur Risikoübernahme eines Prozesses bereit.

65 **cc) Beklagtenschutz.** Auch einem per se verständlichen und verständigen Interesse des Ermächtigten oder – nach der hier vertretenen Ansicht – des Ermächtigenden kann in bestimmten Konstellationen die **Erheblichkeit** mangeln, weil dem Interesse des Beklagten, nur vom Rechtsträger selbst in Anspruch genommen zu werden, *hier* Vorrang einzuräumen ist. Einschlägige Relevanz kommt dabei in erster Linie dem Umstand zu, dass die Vermögensverhältnisse des Ermächtigten in casu die Realisierung des allfälligen Kostenerstattungsanspruchs *konkret* gefährdet erscheinen lassen:[166] Dem Ermächtigten fehlt die Prozessführungsbefugnis nicht nur bei Nichtigkeit der Ermächtigungserklärung nach § 138 BGB, wenn und weil die mutmaßliche Nichtdurchsetzbarkeit des Kostenerstattungsanspruchs bereits im Ermächtigungszeitpunkt evident war. Sie mangelt ihm unabhängig von der Wirksamkeit oder Unwirksamkeit der möglicherweise länger zurückliegenden Ermächtigung auch wegen fehlender Schutzwürdigkeit des Fremdprozessführungsinteresses bei konkreter Gefährdung im Zeitpunkt der Klagerhebung.[167]

66 Ermächtigt der Insolvenzverwalter den **Insolvenzschuldner,** eine Masseforderung zugunsten der Masse im eigenen Namen einzuklagen (unter Zugrundelegung der Amtstheorie – s. Rn. 30ff., 38 – Geltendmachung eigener Rechte in gewillkürter Prozessstandschaft), ist zu unterscheiden: Bei Rückermächtigung einer vermögenslosen Kapitalgesellschaft bzw. Kapitalgesellschaft & Co KG ohne Geschäftsfortführungsperspektive mangelt es bereits am erforderlichen Eigeninteresse der ermächtigten Gesellschaft.[168] Ist der Insolvenzschuldner eine natürliche Person, lässt sich mit Blick auf das Nachforderungsrecht nach § 201 InsO zwar nicht das Eigeninteresse als solches leugnen; dem einschlägigen Interesse fehlt indes die Erheblichkeit, weil und soweit es aussichtsreicher ist, den allfälligen Kostenerstattungsanspruch gegen die „Masse“ durchzusetzen.[169] Nicht zu beanstanden ist demgegenüber konsequenterweise: ein Prozessieren in Rückermächtigung, wenn die Masse ihrerseits erschöpft ist,[170] oder der Kostenerstattungsanspruch des Prozessgegners durch eine – vom Insolvenzverwalter besorgte – Bankbürgschaft abgesichert ist.

67 Auch für die Ermächtigung des Zedenten zur Geltendmachung einer **sicherungsweise abgetretenen Forderung** gilt: keine Prozessführungsbefugnis einer vermögenslosen Kapitalgesellschaft bzw. Kapitalgesellschaft & Co KG, wenn keine Aussicht auf Betriebsfortführung nach Prozessende besteht, weil es bereits am einschlägigen Eigeninteresse derselben fehlt.[171] Im Übrigen erscheint Differenzierung angesagt. Durchgängige Bejahung eines schutzwürdigen Interesses des früheren Rechtsinhabers, wenn dieser eine natürliche Person,[172] vernachlässigt die Gegenparteiinteressen.[173] Abzug von Haftungsmasse beim Zedenten durch den Zessionar darf nicht mit der Möglichkeit gepaart werden, dass der Zessionar riskante Klagen via Ermächtigung des Zedenten praktisch kostenrisikolos wagen kann. Eine für den Beklagten nicht hinnehmbare Parteirollenverschiebung sollte deshalb im Regelfall jedenfalls dann bejaht werden, wenn die Sicherungsnahme nicht nur die streit-

[164] Einschlägige Tendenz: OLG Köln JMBlNRW 1971, 7 hinsichtlich der Einziehung von Honorarforderungen freiberuflich Tätiger durch berufsständische Verrechnungsstellen.

[165] So der zutreffende Kern von RGZ 91, 390, 397.

[166] BGHZ 96, 151, 153f. = NJW 1986, 850, 851; *Zöller/Vollkommer* Rn. 42.

[167] Zur Maßgeblichkeit dieses Zeitpunkts (und damit zur Unschädlichkeit eines Vermögensverfalls erst nach Rechtshängigkeit): BGH NJW 1990, 1117; 1995, 3186, 3187.

[168] BGHZ 35, 180, 184 = NJW 1961, 1528, 1529; *Stein/Jonas/Bork* Rn. 59.

[169] BGHZ 35, 180, 184 = NJW 1961, 1528, 1529; *Häsemeyer,* Insolvenzrecht, 2. Aufl. 1998, Rn. 44; *Schumann,* FS Musielak, S. 489f.; *Brehm* JR 1988, 14, 15f. AA – Zulässigkeit der Rückermächtigung bei Insolvenz natürlicher Personen – BGH NJW 1999, 1717, 1718; *Rosenberg/Schwab/Gottwald* § 46 Rn. 39; *Musielak/Weth* § 51 Rn. 28.

[170] BGHZ 100, 217, 221 = NJW 1987, 2018; *Brehm* JR 1988, 15.

[171] BGHZ 96, 151, 155ff. = NJW 1986, 850; *Musielak/Weth* § 51 Rn. 29; *Deubner* JuS 1997, 1110.

[172] So tendenziell BGH NJW 1999, 1717, 1718.

[173] Zutreffend *Schumann,* FS Musielak, S. 490.

gegenständliche Forderung erfasst. Andererseits hat der Beklagte kaum ein Anrecht auf das Geschenk eines solventen Kostenschuldners. Er wird durch den Parteirollentausch insbesondere dann nicht unzumutbar belastet, wenn der Zedent bereits im Zeitpunkt allfälliger Begründung der streitgegenständlichen Forderung mittellos war.[174] Allemal zulässig ist die Ermächtigung, wenn der Kostenerstattungsanspruch durch eine Bankbürgschaft abgedeckt ist.[175]

dd) Übertragbarkeit der Prozessführungsbefugnis. Gewillkürte Prozessstandschaft ist hinsichtlich abtretbarer Rechte sowie solcher unübertragbarer Rechte möglich, die – wie etwa der Grundbuchberichtigungsanspruch nach § 894 BGB oder der Eigentumsherausgabeanspruch nach § 985 BGB – jedenfalls zur Ausübung überlassen werden können.[176] Auch Unübertragbarkeit, die lediglich sicherstellen soll, dass der ursprüngliche Gläubiger und kein anderer die Leistung erhält, steht der Ermächtigung (zur Klage auf Leistung an den Rechtsinhaber) nicht entgegen.[177] Zulässig daher beispielsweise unbeschadet der Nichtabtretbarkeit von Unterhaltsforderungen nach §§ 400 BGB, 850b ZPO: die Klage in gewillkürter Prozessstandschaft auf Leistung an den Unterhaltsberechtigten bzw. dessen gesetzlichen Vertreter.[178] Bei Kennzeichnungsrechten ist der potentielle Immaterialgutcharakter zu beachten. Verneint man mit BGHZ 119, 237, 240f. eine Aufspaltbarkeit des Namensrechts mit der Möglichkeit beschränkter dinglicher Übertragung zu wirtschaftlicher Nutzung,[179] muss zumindest Überlassbarkeit zum Zwecke der Ausübung bejaht werden: Die Universität, die einem Privatunternehmen die wirtschaftliche Verwertung ihres Namens, Wappens und Siegels gestattet, kann dieses zur Geltendmachung ihres Namensrechts gegenüber Usurpatoren ermächtigen.[180] 68

ee) Rückermächtigung. Einzelanspruchsbezogene Rückermächtigung ist prinzipiell zulässig, auch durch amtlich bestellte Vermögensverwalter (nach der der Kommentierung zugrunde gelegten hM gesetzliche Prozessstandschafter, s. Rn. 29ff.).[181] Im Einzelfall bleibt freilich zu prüfen, ob die Ermächtigung nicht deshalb unwirksam ist, weil der Austausch der Partei (und der zugehörigen Haftungsmasse) für die Gegenseite zu einer nicht zumutbaren Verschlechterung der Realisierungschancen des allfälligen Kostenerstattungsanspruchs führt (s. Rn. 63). 69

c) Wirkung. aa) Gewillkürte Prozessstandschaft und Parteistellung. Die gewillkürte Prozessstandschaft führt zu einer Verschiebung der Parteirollen. In einer die Grenzen verfehlter Begriffsjurisprudenz zumindest streifenden Weise zog man daraus lange den Schluss, Bejahung der Prozessführungsbefugnis des Ermächtigten müsse notwendigerweise dazu führen, dass bei allen Regelungsproblematiken, in denen das Gesetz an den Parteistatus anknüpft, ausschließlich der Prozessstandschafter als „Partei“ zu verstehen sei. Nach und nach hat sich indes in Rspr. und Lehre die Einsicht durchgesetzt, dass eine durchgängige Gleichsetzung des Rechtsinhabers mit sonstigen Verfahrensdritten insoweit verfehlt wäre. So wird heute in der Frage, auf wessen wirtschaftliche Verhältnisse bei der Gewährung von Prozesskostenhilfe abzustellen ist, ganz überwiegend nicht mehr ausnahmslos auf die Person der Ermächtigten abgestellt, sondern im Rahmen einer differenzierenden Betrachtungsweise (Einzelheiten § 114 Rn. 73) gerade umgekehrt von der Regel ausgegangen, dass die subjektiven Voraussetzungen nach § 114 in der Person des Ermächtigten *und* des Rechtsträgers erfüllt sein müssen.[182] Bejaht man die Möglichkeit der Widerklage gegen Dritte jedenfalls dann, wenn die Entscheidung zwischen den bisherigen Parteien Rechtskraft zu deren Lasten wirkt,[183] kann Widerklage ob der Rechtskrafterstreckung zulasten des Rechtsinhabers (s. Rn. 66) auch gegen diesen erhoben werden.[184] Und: Wer nicht so weit gehen will, den Rechtsträger statt als Zeugen nur als Partei zu vernehmen,[185] sollte zumindest aus Gründen der prozessualen Waffengleichheit für den Fall der Zeugenvernehmung des Rechtsträgers die Gegenpartei zum Gegenbe- 70

---

174 Zutreffend BGH NJW 2003, 2231, 2232.

175 BGH NJW 1990, 1117; *Musielak/Weth* § 51 Rn. 29; *Thomas/Putzo/Hüßtege* § 51 Rn. 35a.

176 Statt vieler: *Michaelis,* FS Larenz, 1983, S. 443, 463ff.; *Musielak/Weth* § 51 Rn. 30; *Thomas/Putzo/Hüßtege* § 51 Rn. 36. Verkannt von LG Berlin NJW-RR 2002, 1378.

177 OLG Hamm NJW-RR 1992, 23f.; *Stein/Jonas/Bork* Rn. 61; *Musielak/Weth* § 51 Rn. 30.

178 BGH FamRZ 1998, 357, 358.

179 *Für* beschränkte dingliche Übertragbarkeit mit guten Gründen *Forkel* NJW 1993, 3181ff.

180 So denn auch BGHZ 119, 237, 241f. = NJW 1993, 918, 919; *Zöller/Vollkommer* Rn. 46.

181 Für die Ermächtigung des Erben durch den Nachlassverwalter: BGHZ 38, 281, 282f., für die Ermächtigung des Insolvenzschuldners durch den Insolvenzverwalter BGHZ 100, 217, 218ff. = JZ 1987, 990 m. krit. Anm. *Koch.*

182 BGHZ 96, 151, 153 = NJW 1986, 850, 851; BGH LM § 114 Nr. 4 = JR 1953, 385; *Rosenberg/Schwab/Gottwald* § 87 Rn. 27; *Rüßmann* AcP 172 (1972), 520, 545f. AA freilich etwa noch *Stein/Jonas/Bork* § 114 Rn. 7.

183 *Rosenberg/Schwab/Gottwald* § 95 Rn. 28.

184 So denn auch ausdrücklich *Thomas/Putzo/Hüßtege* § 51 Rn. 44; *Rüßmann* AcP 172 (1972), 550f.

185 Hierfür – entgegen ganz hM – *Rüßmann* AcP 172 (1972), 542ff.

weis mittels Parteivernehmung entgegen § 447 auch ohne Einverständnis des Prozessstandschafters zulassen. Die Aussagen beider Seiten unterliegen dann der freien richterlichen Beweiswürdigung; beide haben per se gleiche Qualität.[186]

71 **bb) Rechtskraft, Rechtshängigkeit, Vollstreckungsbefugnis.** Das Urteil gegen den Prozessstandschafter wirkt auch Rechtskraft gegen den Ermächtigenden.[187] Obschon die Ermächtigung eines Rechtsfremden die Prozessführungsbefugnis des Rechtsträgers unberührt lässt, nimmt die Klage des Prozessstandschafters einer späteren Parallelklage des Sachberechtigten unter dem Gesichtspunkt der Rechtshängigkeitssperre die Zulässigkeit.[188] Vollstreckungsbefugt ist allein der Prozessstandschafter,[189] auch im Fall der Verurteilung zur Leistung an den Rechtsinhaber.[190] Der Rechtsinhaber kann, wenn überhaupt (zur einschlägigen Streitfrage § 727 Rn. 12), erst nach Titelumschreibung gegen den Titelschuldner vorgehen.

72 **cc) Verjährungshemmung und Wahrung von Ausschlussfristen.** Die Klage des in wirksamer Prozessstandschaft Klagenden hemmt die Verjährung gleich der Klage des Rechtsträgers. Mangelt dem Rechtsfremden die Prozessführungsbefugnis, kann er hingegen nicht als Berechtigter iS von § 204 Abs. 1 Nr. 1 BGB angesehen werden, und zwar richtigerweise nicht nur beim Fehlen einer wirksamen Ermächtigung,[191] sondern auch beim Mangel eines schutzwürdigen Interesses an der Fremdprozessführung.[192] Lag die Ermächtigung im Klageerhebungszeitpunkt vor, hemmt auch die Klageerhebung in verdeckter Prozessstandschaft; die Offenlegung kann nachgeholt werden.[193] Nachträgliche Ermächtigung wirkt nicht auf den Zeitpunkt der Klagerhebung zurück; § 185 Abs. 2 BGB ist auf die Prozessführung nicht entsprechend anwendbar.[194] Die Grundsätze zur Verjährungshemmung durch Klage des Prozessstandschafters gelten entsprechend für die Wahrung von Ausschlussfristen.

73 **d) Tod des Ermächtigten.** Stirbt der Ermächtigte, fällt die Prozessführungsbefugnis an den Inhaber des (behaupteten) Rechts zurück. Ein anhängiger Prozess muss auch gegen den Widerspruch des Beklagten vom Rechtsinhaber fortgeführt werden können. BGHZ 123, 132, 136 will über die Anwendung der Regeln über den Parteiwechsel helfen; der Eintritt des Rechtsinhabers sei zulässig, wenn die Beklagtenseite zustimmt oder das Gericht den Parteiwechsel als sachdienlich erachtet.[195] Die – mE vorzugswürdige – Gegenansicht[196] sieht im Tod des Prozessstandschafters einen Unterbrechungsgrund nach § 239 Abs. 1 bzw. einen Aussetzungsgrund nach § 246 Abs. 1: Der Rechtsinhaber kann das unterbrochene bzw. ausgesetzte Verfahren aufnehmen.

74 **e) Anhang: Inkassozession.** Von der Einziehungsermächtigung zu unterscheiden ist die sog. Inkassozession, bei der der mit der Forderungseinziehung Betraute unter treuhänderischer Binnenbeschränkung Vollgläubiger des Rechts wird. Da er aus eigenem Recht klagt, soll sich nach hM[197] eine besondere Prüfung der Prozessführungsbefugnis erübrigen. In Hinblick auf die weitgehende funktionelle Austauschbarkeit der beiden Institute sowie den Umstand, dass Rspr. und Lehre Ermächtigung und Abtretung zur Einziehung im Schuldnerschutzbereich auch sonst weithin gleichbehandeln,[198] sollte man freilich auch verfahrensrechtlich auf eine einschlägige Assimilation nicht verzichten:[199] Wie die Klage des Einziehungsermächtigten (s. Rn. 62), setzt auch die Klage des Inkassozessionars richtigerweise ein schutzwürdiges Inkassointeresse voraus, das allerdings auch in der Person des Zedenten begründet sein kann; an solcher Schutzwürdigkeit mangelt es unbeschadet eines per se beachtlichen Interesses des wirtschaftlichen Gläubigers, wenn der allfällige Kostenerstattungsanspruch des Gegners in Hinblick auf die Vermögensverhältnisse konkret gefährdet erscheint.[200]

---

[186] Zustimmend: *Wieczorek/Schütze/Hausmann* Rn. 91.
[187] Heute allgM; vgl. zB BGH NJW-RR 1987, 127; *Musielak/Weth* § 51 Rn. 36.
[188] Statt vieler: BGH NJW-RR 1986, 158; *Zöller/Vollkommer* Rn. 54; *Thomas/Putzo/Hüßtege* § 51 Rn. 40.
[189] BGH NJW 1991, 840 m. weit. Nachw.
[190] *Becker-Eberhard* ZZP 104 (1991), 413, 425.
[191] Insoweit allgM; vgl. zB BGHZ 108, 58 = NJW 1989, 2751; AnwKBGB/*Mansel/Budzikiewicz* § 204 Rn. 12.
[192] *Wieczorek/Schütze/Hausmann* Rn. 94; *Tiedtke* DB 1981, 1317ff.; aA BGHZ 78, 1, 5 = NJW 1980, 2461; *Zöller/Vollkommer* Rn. 55.
[193] *Zöller/Vollkommer* Rn. 55.
[194] BGH LM BGB § 185 Nr. 8 = NJW 1958, 338, 339; *Palandt/Heinrichs* § 204 BGB Rn. 11.
[195] Wie der BGH: *Musielak/Stadler* § 239 Rn. 3; *Thomas/Putzo /Hüßtege* § 51 Rn. 38.
[196] Einlässlich *Schilken* ZZP 107 (1994), 527, 530ff., zustimmend bzw. zumindest sympathisierend *Zöller/Greger* § 239 Rn. 7.
[197] BGH NJW 1980, 911; OLG Düsseldorf NJW-RR 1998, 1317, 1318; *Zöller/Vollkommer* Rn. 48; *Thomas/Putzo/Hüßtege* § 51 Rn. 35b.
[198] S. i. e. MünchKommBGB/*G. H. Roth* § 398 Rn. 47 m. weit. Nachw.
[199] S. auch *Michaelis,* FS Larenz, 1983, S. 473.
[200] In allen Punkten zustimmend: *Wieczorek/Schütze/Hausmann* Rn. 88.

75 **5. Prüfung der Prozessführungsbefugnis sowie Folgen und Geltendmachung ihres Fehlens.** Als **Prozessvoraussetzung** (s. Rn. 41) ist die Prozessführungsbefugnis in jeder Verfahrenslage[201] **von Amts wegen** zu prüfen. Sie muss spätestens im Zeitpunkt der letzten mündlichen (Tatsachen-)Verhandlung vorliegen.[202] Ihr Fehlen führt zur Klageabweisung als unzulässig. Das in Verkennung des Mangels ergangene Urteil ist mit den gesetzlichen Rechtsmitteln anfechtbar.

76 Wer das Gebot einer teleologischen Betrachtung verratend Prozessvoraussetzungen generell als Voraussetzungen eines klageabweisenden Sachurteils versteht (s. Vor §§ 253ff. Rn. 3), muss dem Gericht die Befugnis absprechen, die Klage unter Offenlassung der Prozessführungsbefugnis als jedenfalls unbegründet abzuweisen.[203] Wer die Entscheidung, ob eine Prozessvoraussetzung nicht nur Klageerfolgsvoraussetzung, sondern auch Voraussetzung eines klageabweisenden Sachurteils, richtigerweise von der *ratio* der jeweiligen Prozessvoraussetzung abhängig macht,[204] wird gegenläufig entscheiden:[205] Dem Schutzinteresse des Beklagten (s. Rn. 55) wird durch ein klageabweisendes Sachurteil nicht minder genüge getan als durch ein Prozessurteil nach Prüfung und Verneinung einer wirksamen Ermächtigung oder eines schutzwürdigen Interesses an der Fremdprozessführung. Vor erneuter Inanspruchnahme durch den Kläger schützt die Rechtskraft in ihrer ne bis in idem-Funktion. Der Rechtsinhaber aber ist nur dann nicht an die Rechtskraft gebunden, wenn er mit Erfolg geltend machen kann, es fehle an einer wirksamen Ermächtigung.

VIII. Abgrenzung: Die Klagebefugnis von Verbänden

77 Das Lauterkeitsrecht kennt für den Bereich des vorbeugenden Rechtsschutzes traditionellerweise das Institut der **Verbandsklage:** ursprünglich mit einer Initiativbefugnis für Verbände zur Förderung gewerblicher Interessen, seit 1965 auch mit einem „Klagerecht" für Verbraucherverbände. Das AGB-Gesetz (mit Initiativbefugnissen für Verbraucher- *und* Wirtschaftsverbände) und das GWB (unter Beschränkung auf eine Initiativbefugnis von Wirtschaftsverbänden) haben dem Verbandsklagegedanken zusätzliche Geltung verschafft. Das UKlaG, das nunmehr die AGB-Verbandsklage und die Verbandsklage zur Hintanhaltung verbraucherschutzwidriger Praktiken kodifikatorisch bündelt, hat dem Institut schließlich durch die Schaffung der verbraucherschützenden „Rechtsbruchklage" unter Mandatierung der Verbraucherschutzverbände im Status „qualifizierter Einrichtungen" ein weites neues Anwendungsfeld beschert.

78 Richtigerweise macht der Verband nicht ein eigenes gesetzlich geschütztes Interesse[206] oder aber bei ihm gebündelte Individualinteressen[207] geltend, sondern übt eine im öffentlichen Interesse verliehene Aufgreifzuständigkeit aus:[208] Die Verbandsklage ist nicht nur Materialisierung der Idee, dass dem Recht zum Schutze Schwächerer **kompensatorische Funktion** zukommt, vielmehr auch und vor allem Ausprägung des Gedankens **objektiven Institutionenschutzes:**[209] Der Gesetzgeber nutzt das Eigeninteresse der benannten Verbände an Hintanhaltung unlauterer bzw. freiheitsbeschränkender Wettbewerbspraktiken sowie an Eliminierung unbilliger, auf einseitige Interessendurchsetzung angelegter AGB, um im Wege der Einräumung einer Abmahn- und Klagebefugnis an dieselben die Bekämpfung institutionellen Fehlgebrauchs der Wettbewerbs- und Vertragsfreiheit zu intensivieren und so die Funktionsvoraussetzungen einer auf Privatautonomie, Privateigentum und Wettbewerb gründenden Privatrechtsordnung zu gewährleisten. Dass der Gesetzgeber die Aufgreifkompetenz gerade den in §§ 8 Abs. 3 Nr. 1–4 UWG 3 Abs. 1 Nr. 1–3 UKlaG, 33 S. 2 GWB benannten Verbänden zuweist, erklärt sich aus dem im Interesse des Gerichts und der potentiellen Beklagten liegenden Bestreben, jene Kompetenz bei seriösen und vor allem sachkundigen Kontroll-

---

201 Auch noch in der Revisionsinstanz: BGH NJW-RR 1987, 57, 58; NJW 2000, 738, 739.

202 BGHZ 125, 196, 201 = NJW 1994, 2549, 2550; BGH NJW-RR 2006, 138, 139.

203 So denn auch BGH NJW 2000, 738f. (gegen Vorinstanz).

204 I. e. *Lindacher* ZZP 90 (1977), 131ff. m. weit. Nachw.

205 Wie hier: *Henckel* Parteilehre S. 193; *Grunsky,* BGH-FG Wiss., 2000, Bd. III S. 109, 122ff.; *Marotzke* EWiR 2000, 405/406.

206 So freilich bereits früher *Henckel* Parteilehre S. 84; *M. Wolf* ZZP 94 (1981), 107, 109 mit Blick auf die neuere legislatorische Ausflaggung der Berechtigung als „Anspruch" (§§ 8 Abs. 1 UWG, 3 Abs. 1 UKlaG) nunmehr mit Nachdruck auch *Greger* ZZP 113 (2000), 399, 403ff.

207 So freilich *Habscheid,* FS Rammos, 1979, S. 275ff.

208 S. i. e. bereits *Lindacher,* FS Dt. Richterakademie, 1983, S. 209, 213f. sowie ZZP 103 (1990), 397ff. Übereinstimmend: *Leipold,* Die Verbandsklage zum Schutz allgemeiner und breit gestreuter Interessen, in: Gilles (Hrsg.), Effektivität des Rechtsschutzes und verfassungsmäßige Ordnung, 1983, S. 57, 65f.; *Eike Schmidt* NJW 1989, 1192, 1194 sowie – aus der Zeit nach Novellierung des UWG und Erlass des UKlaG – etwa *Koch* ZZP 113 (2000), 413ff.

209 Richtig: *Arens,* Die Grundprinzipien des Zivilprozeßrechts, in: Humane Justiz, 1977, S. 1, 5; *Gaul,* FS Beitzke, 1979, S. 997, 1021f.; *Lakkis,* Der kollektive Rechtsschutz der Verbraucher in der EU, 1997, S. 114ff.

interessenten zu konzentrieren; die Verbandsklagelösung relativiert das Verbot der Popularklage, tastet es aber im Grundsatz nicht an.

79 Vor diesem Hintergrund ist vor vorschneller dogmatischer Ortung zu warnen und der Versuchung zu widerstehen, Sachaussagen unbesehen allein aus der Anbindung an eine bestimmte Dogmatikfigur zu „gewinnen“: Die den Verbänden eingeräumte Rechtsmacht, vom „Anzusprechenden“ ein bestimmtes Tun oder Unterlassen fordern zu können, ist unbeschadet ihrer legislatorischen Kennzeichnung als „Anspruch“ der Sache nach etwas anderes als der herkömmliche Abwehranspruch des selbst und unmittelbar Betroffenen. Der Rekurs auf die Figur des materiellen Anspruchs mag sinnvoll sein, weil damit nicht zu leugnende Gemeinsamkeiten verdeutlicht werden und eine unnötig komplizierte Begriffsbildung vermieden wird, wenn es darum geht, Anschluss an andere Rechtsnormen und -institute zu finden. Stets gilt es indes, sich darüber im klaren bleiben, dass die durch Dehnung des Anspruchsbegriffs unter ein Dach gebrachten Erscheinungsformen durchaus heterogener Natur sind. So lässt sich beispielsweise die sachlich gebotene Amtsprüfung der Klagebefugnis in der Zulässigkeitsstation[210] nicht mit der Erwägung ablehnen, für eine Prüfung der Prozessführungsbefugnis sei „anerkanntermaßen“ nur dann Raum, wenn die Prozessführungsbefugnis von der Aktivlegitimation abgespalten ist:[211] Die Klagebefugnis der Verbände ist ein *tertium* zur Prozessführungsbefugnis des Inhabers eines subjektiven Rechts und zur Prozessführungsbefugnis eines Dritten über fremde subjektive Rechte. Sachgerecht, weil dem Normzweck der §§ 8 Abs. 3 UWG, 3 Abs. 1 UKlaG verpflichtet, ist nur eine **doppelfunktionale** Betrachtungsweise. Die Erfüllung der dortselbst genannten Grundvoraussetzungen ist unter Prozessführungsbefugnis-Gesichtspunkten amtswegig zu prüfende Prozessvoraussetzung *und* Teil der Voraussetzungen eines einschlägigen materiellen Anspruchs.[212]

Titel 1. Parteifähigkeit, Prozessfähigkeit

§ 50 Parteifähigkeit

(1) Parteifähig ist, wer rechtsfähig ist.

(2) Ein Verein, der nicht rechtsfähig ist, kann verklagt werden; in dem Rechtsstreit hat der Verein die Stellung eines rechtsfähigen Vereins.

Schrifttum: *Hess,* Grundfragen und Entwicklung der Parteifähigkeit, ZZP 117 (2004), 267; *Schemann,* Parteifähigkeit im Zivilprozeß, 2002; *K Schmidt,* Die parteifähige BGB-Außengesellschaft: noch immer ein schwieriger Fall! – Bemerkungen zu Folgeproblemen einer vollzogenen Rechtsfortbildung, Liber amicorum Lindacher, 2007, S. 143; *Wagner,* Grundprobleme der Parteifähigkeit, ZZP 117 (2004), 305.

Übersicht

[210] Für die wettbewerbsrechtliche Verbandsklage BGH NJW-RR 2005, 1128, 1129 = LMK 2005, 154465 *(Lindacher); Fezer/Büscher,* UWG, 2005, § 8 Rn. 195; *Harte-Bavendamm/Henning-Bodewig/Bergmann,* UWG, § 8 Rn. 262; für die Verbandsklage nach dem UKlaG (einschließlich der AGB-Verbandsklage) *Lindacher,* in: *Wolf/Lindacher/Pfeiffer,* AGB-Recht, 2007, § 3 UKlaG Rn.22; *Ermann/Roloff* § 3 UKlaG Rn. 1; *Palandt/Bassenge* § 3 UKlaG Rn. 2.

[211] So freilich schon immer *Staudinger/Schlosser* § 1 UKlaG Rn. 9; *Baltzer* NJW 1992, 2721, 2727, unter dem Eindruck der Kennzeichnung der Verbandberechtigung als „Anspruch“ nunmehr auch *Rosenberg/Schwab/Gottwald* § 47 Rn. 12 sowie *Greger* ZZP 113 (2000), 399, 403 ff.

[212] Für die wettbewerbsrechtliche Verbandsklage auch nach neuem Recht explizit am Doppelnaturverständnis festhaltend denn auch BGH NJW-RR 2005, 1128, 1129.

I. Begriff und Funktion der Parteifähigkeit

1. Begriff. Auch ein nicht parteifähiges Gebilde *ist* Partei (s. Vor §§ 50ff. Rn. 2f.). Das erstrebte Sachurteil kann der Kläger freilich nur erwirken, wenn er und der Beklagte parteifähig sind. Parteifähigkeit ist demgemäß die Eigenschaft, *zulässigerweise* Aktiv- oder Passivsubjekt eines Prozesses sein zu können. 1

2. Funktion. Das Institut der Parteifähigkeit hat Entlastungsfunktion: Wo einer Partei *generell* die Eigenschaft mangelt, Träger von Rechten und Pflichten zu sein, erübrigt sich eine Sachprüfung **(Parteifähigkeit als Prozessvoraussetzung),** kann den von ihr gesetzten Prozesshandlungen die Beachtlichkeit abgesprochen werden **(Parteifähigkeit als Prozesshandlungsvoraussetzung).** 2

II. Parteifähigkeit und Rechtsfähigkeit: allgemeine Grundlegung

Da es im Prozess um die Feststellung und Durchsetzung materieller Rechte bzw. die Abwehr ungerechtfertigter Rechtsberühmung geht, liegt es in der Natur der Sache, dass die Parteifähigkeit mit der Fähigkeit zur Rechtssubjektivität verknüpft ist: Rechtsfähigkeit macht parteifähig. 3

Wer sich, römisch-rechtlichen Denkstrukturen verhaftet, als Träger von Rechten und Pflichten lediglich natürliche und juristische Personen vorstellen kann, muss diesen Satz grundsätzlich dahin verstehen, dass *nur* die Rechtsfähigkeit die Parteifähigkeit vermittelt. Die Statuierung beschränkter Parteifähigkeit für ein nichtrechtsfähiges Gebilde durch das Gesetz (Paradigma: § 50 Abs. 2) muss als Ausnahme erscheinen, die besonderer Rechtfertigung bedarf. Wer zutreffenderweise erkannt hat, dass die nur zwischen Person und Nichtperson unterscheidende traditionelle Lehre zu kurz greift, weil es unterhalb der Stufe der (voll)rechtsfähigen Person vielfältige Formen der Personifikation gibt, denen die Fähigkeit gegenständlich begrenzter Rechtssubjektivität nicht abgesprochen werden 4 kann,[1] wird demgegenüber die Eigenschaft der Parteifähigkeit von vornherein nicht als exklusiv den natürlichen und juristischen Personen beilegbar erachten: Die Personifikation, die Bezugssubjekt von Rechten und Pflichten ist, muss wertungslogischerweise auch Rechtsschutz nachsuchen bzw. verklagt werden können. *Eine* Form rechtstechnischer Gewährleistung dieses Postulats ist die Anerkennung des betreffenden Gebildes als parteifähig.

5 *Wann* der Parteifähigkeitslösung der Vorrang gegenüber konkurrierenden Konzepten (etwa der Figur der „einheitlichen Streitpartei" kraft notwendiger Streitgenossenschaft) gebührt, lässt sich nur fallgruppenweise beantworten. Allgemein gilt der Grundsatz, dass die Zuerkennung von Parteifähigkeit – kumulativ – eine Handlungsorganisation, äußere Erkennbarkeit der Personifikation als selbstständige Einheit kraft entsprechender Identitätsausstattung und – nicht nur in Hinblick auf die Prozesskostenhaftung, sondern ganz allgemein zwecks Gewährleistung der Zwangsvollstreckung – zumindest in der Regel ein Haftungssubstrat voraussetzt.[2]

III. Parteifähigkeit kraft Rechtsfähigkeit

6 Jeder Rechtsfähige ist parteifähig, Abs. 1. Auf jeden Fall parteifähig sind daher: alle natürlichen Personen sowie alle juristischen Personen des privaten und öffentlichen Rechts.

7 **1. Natürliche Personen.** *Alle* Menschen sind rechts- und damit parteifähig. Die entsprechenden Fähigkeiten beginnen mit der Vollendung der Geburt (§ 1 BGB) und enden mit dem Tod.[3]

8 In Hinblick auf und für den Fall seiner Geburt kann auch das erzeugte, aber noch nicht geborene Kind (der sog. nasciturus) gewisse Rechtspositionen erlangen (s. insbesondere §§ 844 Abs. 2 S. 2, 1923 Abs. 2, 2108 BGB). Korrelat der pränatalen Teilrechtsfähigkeit ist eine – auflösend bedingte – korrespondierende Parteifähigkeit.[4] Die Rechte der Leibesfrucht können und müssen in deren Namen vom gesetzlichen Vertreter (den künftigen Eltern, § 1912 Abs. 2 BGB, einem zu bestellenden Pfleger, § 1912 Abs. 1 BGB, bei Bejahung der Möglichkeit vorgeburtlicher Klagen auf Feststellung der Vaterschaft und vorgeburtlicher Klagen auf Zahlung des Regelbetrags: jedem Jugendamt als Beistand, § 1712 Abs. 1 BGB) geltend gemacht werden. Entsprechendes gilt für noch nicht erzeugte Kinder (sog. nondum concepti): Wenn und soweit diesen bestimmte Rechte für den Fall ihrer Geburt zugewandt werden können (s. §§ 331 Abs. 2, 2101 Abs. 1, 2106 Abs. 2, 2162, 2178 BGB), ist auch einschlägige Parteifähigkeit zu bejahen. Partei ist der nondum conceptus, die Vertretung obliegt dem nach § 1913 S. 2 zu bestellenden Pfleger.[5]

9 Der Verschollene verliert die Rechts- und damit die Parteifähigkeit nicht (arg. § 9 VerschG).

10 **2. Juristische Personen des Privatrechts. a) Erscheinungsformen.** Parteifähigkeit nach Abs. 1 eignet nach dem BGB: den Idealvereinen mit Eintragung (§§ 21, 55 BGB), den Wirtschaftsvereinen mit Verleihung der Rechtsfähigkeit (§ 22 BGB), den Stiftungen mit Genehmigung (§ 80 BGB). Auf Grund anderer Gesetze sind rechtsfähig und damit parteifähig: die AG (§ 1 AktG), die KGaA (§ 278 AktG), die GmbH (§ 13 GmbHG), die Erwerbs- und Wirtschaftsgenossenschaft (§ 17 GenG) und der Versicherungsverein auf Gegenseitigkeit (§ 15 VAG).

11 **b) Die werdende juristische Person: Vorgesellschaft.** Juristische Personen kraft Eintragung entstehen in einem *gestreckten* Verfahren. Ihr Werden nimmt seinen Anfang mit der Errichtung (bei der GmbH: mit Feststellung der Satzung bzw. des Gesellschaftsvertrags, bei der AG: mit der Feststellung der Satzung und der Übernahme aller Aktien durch die Gründer) und findet seinen Abschluss mit der Registereintragung. Von der Errichtung bis zur Registereintragung existiert eine **Vorgesellschaft** (auch Gründungsgesellschaft genannt). Bedarf an Rechtsdurchsetzung für oder gegen die werdende juristische Person ergibt sich vor allem, wenn sie bereits geschäftliche Aktivitäten entfaltet. Aber auch dort, wo der Geschäftsbetrieb erst nach Eintragung aufgenommen werden soll, kann (wie etwa bei Streit um die Zulässigkeit der gewählten Firmierung) durchaus Anlass zur Klage bzw. zur Verklagung bestehen.

12 Die **Vor-AG** sowie die **Vor-GmbH** sind Gebilde eigener Art, die durch die angestrebte Rechtsform weitgehend vorgeprägt sind:[6] Die Vorgesellschaft führt – mit dem klarstellenden Zusatz

---

[1] Grundsätzlich und grundlegend: *John,* Die organisierte Rechtsperson, 1977, passim, insbes. S. 218 ff.

[2] Übereinstimmend: *Hess* ZZP 117 (2004), 267, 277 ff.

[3] Zu den durch die Möglichkeiten der Reanimation und Intensivtherapie aufgeworfenen Fragen des relevanten Todeszeitpunktbegriffs: *Leipold,* FS Kralik, 1986, S. 467, 478 ff. m. Nachw.

[4] Heute allgM; vgl. zB OLG Schleswig NJW 2000, 1271 ff.; *Rosenberg/Schwab/Gottwald* § 43 Rn. 6; *Stein/Jonas/Bork* Rn. 5.

[5] Statt vieler: *Rosenberg/Schwab/Gottwald* § 43 Rn. 6; *Stein/Jonas/Bork* Rn. 5; *Thomas/Putzo/Hüßtege* Rn. 2.

[6] Heute ganz hM; BGHZ 21, 242, 246 = NJW 1956, 1435; *Wiedemann* GesellschaftsR I, 1980, § 3 I 1 a; *Hüffer* GesellschaftsR, 6. Aufl. 2003, § 33 1 a.

„in Gründung“ – bereits den Namen der späteren juristischen Person, teilt deren Sitz, verfügt über ein selbstständiges Vermögen als Haftungssubstrat und hat eine Handlungsorganisation gleichen Aufbaus wie die fertige Gesellschaft. Vor allem aber ist die Vorgesellschaft anerkanntermaßen bereits vollwertige Trägerin von Rechten und Pflichten. Nichts liegt daher näher, als ihr auch umfassende Parteifähigkeit (und nicht nur passive Parteifähigkeit in Analogie zu § 50 Abs. 2) zuzusprechen.[7] Für denjenigen, der in der Personenlehre nicht lediglich von der Zweiheit „Person-Nichtperson“ zur Dreiheit „Person-Gesamthand-Nichtperson“ vorstößt, sondern im Sinne einer „Morphologie der Personifikationen“ *(John)*[8] richtigerweise auch Personifikationen unterhalb der Schwelle der juristischen Person als Träger von Rechten und Pflichten anerkennt, die *nicht* Gesamthandsgemeinschaft sind (s. Rn. 4), liegt das Ergebnis geradezu in der „Natur der Sache“. Die Vorgesellschaft als Personifikation sui generis steht der Endform näher als der Gesamthand, ja sie *ist* bereits die juristische Person in Gründung.[9] Prozessführung durch die Gründer in notwendiger Streitgenossenschaft kommt als Alternative von vornherein nicht ernstlich in Betracht. Qualifiziert man die Vorgesellschaft mit einer nach wie vor verbreiteten Meinung[10] als Gesamthand, scheidet hingegen zwar die Gesamtparteilösung im Sinne notwendiger Streitgenossenschaft der Gründer nicht a priori aus. Da von diesem Ansatz aus Vorgesellschaft und fertige juristische Person zwar nicht im Verhältnis der Identität, wohl aber in einem solchen der Kontinuität stehen, und die Parteifähigkeitslösung diesen Aspekt sinnfälliger zum Ausdruck bringt, ist diese indes jedenfalls die angemessenere Lösung.

c) Juristische Personen in Liquidation und nachexistente juristische Personen.[11] 13
aa) Juristische Personen i. L. behalten ihre Rechts- und damit ihre Parteifähigkeit nach § 50 Abs. 1.[12] Parteifähig bleibt deshalb insbes. auch eine AG oder GmbH, betreffs derer der Antrag auf Eröffnung des Insolvenzverfahrens mangels Masse abgelehnt wurde:[13] Mit Rechtskraft des entsprechenden Beschlusses wandelt sich die werbende Gesellschaft nach §§ 262 Abs. 1 Nr. 4 AktG, 60 Abs. 1 Nr. 5 GmbHG (vormals: § 1 Abs. 1 LöschG) lediglich zur Liquidationsgesellschaft, sofern sie sich nicht ohnehin bereits in diesem Stadium befindet. Ja, selbst das Fehlen jeglicher bilanzierungsfähiger Vermögensgegenstände ist unter Rechts- und Parteifähigkeitsgesichtspunkten jedenfalls so lange irrelevant, als es nicht zur Löschung der Gesellschaft gemäß § 141 a Abs. 1 FGG (vormals: § 2 Abs. 1 LöschG) gekommen ist.[14]

bb) Gelöschte Gesellschaften.[15] Erst die **Löschung** nach regulärer Abwicklung oder wegen Vermögenslosigkeit nach § 141 a Abs. 1 FGG (vormals: § 2 Abs. 1 LöschG) führt zum **Verlust der Rechtsfähigkeit,**[16] regelmäßig zudem zur Vollbeendigung der juristischen Person. Nur wenn sich nachträglich bei Löschung nach vorgängiger Liquidation weiterer, bei Löschung ohne Liquidation Doch-noch-Abwicklungsbedarf herausstellt, kommt es zu einer sog. Nach(trags)liquidation (§ 273 Abs. 4 AktG direkt oder analog bzw. §§ 264 Abs. 2 AktG, 66 Abs. 5 GmbHG [vormals: § 2 Abs. 3 LöschG]) und damit zu einer **Nachexistenz der gelöschten Gesellschaft.** Diese besteht als Personifikation ohne (Voll-)Rechtsfähigkeit (mit veränderter Handlungsorganisation[17]), nämlich als 14

---

[7] So jetzt auch BGH NJW 1998, 1079, 1080 = DStR 1998, 499 m. Anm. *Goette* sowie BGH NJW-RR 2004, 253, ferner *Stein/Jonas/Bork* Rn. 8; *Musielak/Weth* Rn. 17; *Hüffer,* FS Stimpel, 1985, S. 165, 182 ff. AA – keine aktive Parteifähigkeit – freilich zB noch AK-ZPO/*Koch* Rn. 12.

[8] (Fn. 1) S. 218 ff.

[9] Hierzu insbes. *K. Schmidt* GesellschaftsR, 4. Aufl. 2002, § 11 IV 4.

[10] *Wiedemann* (Fn. 6) § 3 I 1 a; *Hüffer* (Fn. 6) § 33 1 a.

[11] Lit.: *G. Buchner,* Amtslöschung, Nachtragsliquidation und masselose Insolvenz von Kapitalgesellschaften, 1988; *Hub. Schmidt,* Zur Vollbeendigung juristischer Personen, 1989; *Heller,* Die vermögenslose GmbH, 1989, *Hönn,* Die konstitutive Wirkung der Löschung von Kapitalgesellschaften, ZHR 138 (1974), 50 ff.; *Hüffer,* Das Ende der Rechtspersönlichkeit von Kapitalgesellschaften, GedS D. Schultz, 1987, S. 99 ff.; *K. Schmidt,* Löschung und Beendigung der GmbH, GmbHR 1988, 209 ff.; *Bork,* Die als vermögenslos gelöschte GmbH im Prozeß, JZ 1991, 841 ff.; *Lindacher,* Die Nachgesellschaft – Prozessuale Fragen bei gelöschten Kapitalgesellschaften, FS Henckel, 1995, S. 549 ff.

[12] *Rosenberg/Schwab/Gottwald* § 43 Rn. 35; *Musielak/Weth* Rn. 18; *Thomas/Putzo/Hüßtege* Rn. 3.

[13] BAG NJW 1988, 2637; KG NJW-RR 1991, 808; OLG Koblenz NJW-RR 1994, 500 f.; *Rosenberg/Schwab/Gottwald* § 43 Rn. 35. Auflösung und vermögenslosigkeitsbedingte Löschung vermengend BGH NJW 2003, 2231.

[14] OLG Köln GmbHR 1992, 536. AA – nur vom Ansatz der obsoleten Lehre von der rein deklaratorischen Natur der Löschung her haltbar – noch *Zöller/Vollkommer* Rn. 4.

[15] Ausführlich *Lindacher,* FS Henckel, S. 549 ff.

[16] Ebenso – freilich teilweise mit abweichender Folgerung – *Hub. Schmidt* (Fn. 11) S. 133 f.; *Heller* (Fn. 11) S. 112; *G. Buchner* (Fn. 11) S. 105; *Hönn* ZHR 138 (1974) 69; *Hüffer,* GedS D. Schultz, S. 103 ff.; *Hachenburg/Ulmer,* GmbH, 8. Aufl. 1992, Anh. § 60 Rn. 14.

[17] Hierzu im einzelnen: *Hub. Schmidt* (Fn. 11) S. 146 ff. (AG), 164 ff. (GmbH).

Nach-AG bzw. als **Nach-GmbH,** fort (s. auch Vor § 50 Rn. 28) und ist *als solche* parteifähig, weil und soweit die Abwicklung auch und gerade die Führung eines Rechtsstreits durch und gegen die „Gesellschaft in Nach(trags)liquidation" erfordert:[18] Anlass, die Nachgesellschaft als Gesamthand der ehemaligen Aktionäre oder GmbH-Gesellschafter zu deuten,[19] hat lediglich derjenige, der sich als Zuordnungssubjekt von Rechten und Pflichten neben der natürlichen und der juristischen Person nur die Gesamthand vorstellen kann. Wer erkannt hat, dass es einen einschlägigen numerus clausus nicht gibt (s. Rn. 4), wird die Personifikation schlicht als „juristische Person in Nachexistenz" verstehen. Die gelöschte Gesellschaft ist mit der vormals eingetragenen identisch, sie verfügt nur nicht mehr über die Eigenschaft der (Voll)Rechtsfähigkeit. Auch wo die gelöschte Gesellschaft als parteifähige Nachgesellschaft bereitsteht, bedarf es zur **ordnungsgemäßen organschaftlichen Vertretung** (wie die Parteiexistenz und Parteifähigkeit Prozess- und Prozesshandlungsvoraussetzung) freilich der registergerichtlichen Liquidatorbestellung (s. auch §§ 51, 52 Rn. 29). Antragsberechtigt ist, wer aus der Tätigkeit, für die Bestellung erfolgt, ein schutzwürdiges unmittelbares oder mittelbares Abwicklungsinteresse hat.

15 **Klage nach Löschung.** Nachträglicher Abwicklungsbedarf, der zur Nachexistenz der gelöschten AG/GmbH führt, besteht allemal, soweit es um die Feststellung und Durchsetzung vermögenswerter Rechte gegenüber Dritten geht: Die Nachgesellschaft ist im *Aktivprozess* allein kraft Rechtsberühmung als Partei existent und parteifähig.[20] Im *Passivrechtsstreit* steht der auf Leistung aus dem Gesellschaftsvermögen verklagten Gesellschaft Parteiexistenz und -fähigkeit zu, wenn unbeschadet der Löschung konkrete Aussicht auf Realisierbarkeit des Titels besteht: der Kläger muss bei Meidung der Klageabweisung als unzulässig substantiiert geltend machen, dass doch noch Haftungsmasse vorhanden ist.[21] Das Interesse des Gesellschaftsgläubigers, für die lediglich abstrakt-generelle Eventualität, dass sich doch noch Zugriffsmasse findet, bereits einen Vollstreckungstitel zu haben, bricht sich am öffentlichen Interesse an schonender Inanspruchnahme der knappen Rechtsschutzressourcen. Bei Abwicklungsbedarf nicht vermögensrechtlicher Art ist Nachexistenz der gelöschten AG/GmbH schließlich auch unabhängig von der Haftungssubstratfrage möglich: Die Klage auf Feststellung der Unwirksamkeit einer fristlosen Kündigung oder auf Erteilung eines Arbeitszeugnisses darf nicht an der Vermögenslosigkeit der gelöschten Gesellschaft scheitern, wenn der Kläger bereit ist, bezüglich der Vergütung des nach § 273 Abs. 4 AktG bzw. §§ 264 Abs. 2 AktG, 66 Abs. 5 GmbHG (vormals: § 2 Abs. 3 LöschG) zu bestellenden Liquidators in Vorlage zu treten und die Kosten des Rechtsstreits gemäß § 22 GKG auch im Obsiegensfall zu tragen.[22]

16 **Löschung bei anhängigem Verfahren.** Vermögensrechtliche Aktivprozesse sowie vermögensneutrale Passivprozesse können von der gelöschten Gesellschaft in Nachexistenz bzw. gegen dieselbe fortgeführt werden. Prozessuale Klageerfolgsvoraussetzung ist hier wie dort, auch wenn es weder zur zwischenzeitlichen Unterbrechung nach § 241 noch zur Aussetzung nach § 246 Abs. 1 gekommen ist, die Schaffung ordnungsgemäßer organschaftlicher Vertretung durch registergerichtliche Bestellung eines Liquidators. Einschlägig antragsberechtigt sind im ersten Fall Aktionäre/Gesellschafter und Gesellschaftsgläubiger, im zweiten der Kläger. Wer eine Gesellschaft auf Zahlung oder Sachleistung verklagt hat, kann das Verfahren gegen die gelöschte Gesellschaft in Nachexistenz jedenfalls dann fortführen, wenn es ihm möglich ist, einschlägiges Restvermögen zu benennen, muss freilich seinerseits für die Bestellung eines Liquidators sorgen. Ob die Klage *ohne* entsprechenden Vortrag mangels Fortexistenz der Passivpartei als unzulässig abzuweisen oder auch insoweit von fortbestehender Parteiexistenz und -fähigkeit auszugehen ist, ist streitig[23] und zweifelhaft. Die Interessenlage ist bei schwebenden, möglicherweise bereits weitgehend zur Entscheidungsreife gediehenen Passivprozessen der gelöschten Gesellschaft nicht ohne weiteres mit derjenigen bei Neuklagen

---

[18] Wie hier: *Hub. Schmidt* (Fn. 11) S. 130 ff.; 170 f.; 184 f.; *G. Buchner* (Fn. 11) S. 115 ff.; *Heller* (Fn. 11) S. 128 ff.

[19] So vor allem *Hüffer,* GedS D. Schultz, S. 107 ff.

[20] Im Ergebnis ganz hM; s. zB BGH NJW-RR 1994, 542; BayObLG NJW-RR 1994, 230; OLG Koblenz NJW-RR 2004, 1222; *Musielak/Weth* Rn. 18; *Thomas/Putzo/Hüßtege* Rn. 3.

[21] Im Ergebnis ganz hM; vgl. BGHZ 48, 303, 307 = NJW 1968, 297, 298; OLG Stuttgart NJW-RR 1994, 1064; OLG Oldenburg NJW-RR 1996, 160, 161. Grundsätzlich abweichend *Hub. Schmidt* (Fn. 11) S. 125: Parteifähigkeit mit Blick auf die abstrakte Möglichkeit der Titelrealisierung durch nachträgliches Auftauchen von Haftungsmasse immer schon dann, wenn Ansprüche gegen die gelöschte juristische Person geltend gemacht werden.

[22] Ebenso im Ergebnis BAG JZ 1982, 372 m. Anm. *Theil* = NJW 1982, 1831; *Heller* (Fn. 11) S. 194 f.; *Musielak/Weth* Rn. 18. AA freilich BGHZ 74, 212, 213 = JZ 1979, 566 m. abl. Anm. *Theil.*

[23] Im ersten Sinn zB BGHZ 74, 212, 214 = NJW 1979, 1592; *Rosenberg/Schwab/Gottwald* § 43 Rn. 37; AK-ZPO/*Koch* Rn. 5, im zweiten zB *Zöller/Vollkommer* Rn. 5; *Musielak/Weth* Rn. 18; Hk-ZPO/*Kayser* Rn. 18.

(s. Rn. 15) zu vergleichen. Das Interesse des Klägers, „vorsorglich" einen Vollstreckungstitel zu erhalten, gewinnt in Hinblick auf bereits erbrachte „Streitinvestitionen" an Gewicht. Vor allem aber kann bei gebotener Gesamtschau auch unter Prozessökonomiegesichtspunkten nicht mehr ohne weiteres davon ausgegangen werden, dass die Verfahrensbeendigung ohne Entscheidung in der Sache zu einer Entlastung des staatlichen Rechtsschutzapparats führt. Wird die Annahme, die verklagte Personifikation verfüge jetzt und in der Zukunft über kein Vermögen, nachträglich widerlegt, ist der vom Rechtsschutzapparat zu leistende Gesamtaufwand in Hinblick auf die Notwendigkeit eines Neubeginns in einem zweiten Verfahren hier im Gegenteil größer als bei Fortführung des eingeleiteten Verfahrens. Der Befund legt nahe, auf eine Entweder-Oder-Lösung zu verzichten, vielmehr beide Wege offen zu halten: Bei Entscheidungsreife, aber auch dann, wenn der zur Herbeiführung der Entscheidungsreife zu erbringende Aufwand gegenüber dem schon erbrachten nach freier richterlicher Beurteilung mutmaßlich unverhältnismäßig klein ist, sollte auf Wunsch des Klägers die Sachentscheidung bzw. die Fortführung des Verfahrens mit dem Ziel der Sachentscheidung möglich sein.[24]

Unbeschadet der allfälligen Möglichkeit einer Prozessfortführung muss der Kläger bei Löschung der verklagten Gesellschaft freilich andererseits allemal von deren Vollbeendigung, dh. Parteiexistenzentfall, ausgehen und das Verfahren in toto, richtigerweise aber auch beschränkt auf die Hauptsache für erledigt erklären können: Dem Klägerinteresse, im Fall des späteren Auftauchens von Vermögenswerten jedenfalls die Kosten beitreiben zu können, sollte mit Blick auf den begrenzten richterlichen Zeit- und Arbeitsaufwand (Kostenentscheidung nach derzeitigem Sach- und Streitstand) die Berechtigung keinesfalls abgesprochen werden.[25] Die verklagte Gesellschaft ist hinsichtlich der die Verfahrensbeendigung herbeiführenden Zustimmungserklärungen, bei Beschränkung der Erledigungserklärung auf die Hauptsache darüber hinaus aber auch für das auf den Kostenpunkt begrenzte Verfahren (teil-)parteifähig und (s. §§ 51, 52 Rn. 41) durch ihre bisherige externe Handlungsorganisation handlungsfähig. Im Gesellschafter- und/oder Drittgläubigerinteresse kann die – hieraus einschlägige (Teil-)Parteiexistenz und -fähigkeit erlangende – Gesellschaft der Totalerledigung widersprechen und auf einer Kostenentscheidung gemäß bisherigem Sach- und Streitstand bestehen – freilich wohl nur nach registergerichtlicher Bestellung eines Nach(trags)liquidators. 17

cc) Vorgesellschaften in Liquidation. Die Vor-AG/Vor-GmbH ist als solche parteifähig (s. Rn. 12). Wird sie planwidrig aufgelöst, bleibt die nunmehrige Gründungsgesellschaft i. L. parteifähig, wenn und soweit der Abwicklungsbedarf auch und gerade die Führung von Aktiv- und/oder Passivprozessen erfordert.[26] Das gilt auch, wenn der Eintragungsantrag rechtskräftig abgelehnt ist.[27] Besonderheiten gelten freilich für die **Einmann-Gründungsgesellschaft:** Die endgültige Aufgabe der Eintragungsabsicht führt via Gesamtrechtsnachfolge des Gründers zum ipso iure-Erlöschen der Gründungsgesellschaft.[28] Schwebende Prozesse sind von jenem fortzuführen.[29] Neuklagen namens des erloschenen Rechtsträgers oder gegen den erloschenen Rechtsträger sind – unzulässige (s. Vor § 50 Rn. 26) – Klagen namens oder gegen eine nichtexistente Partei, sofern nicht im Einzelfall bloße Falschbezeichnung anzunehmen, mithin im Wege der Parteiberichtigung zu helfen ist.[30] 18

d) Anhang. Untergliederungen rechtsfähiger Vereine. Großvereine verfügen nicht selten über einen gegliederten „Unterbau": Ein rechtsfähiger Verein kann als Haupt- und Zentralverein seinerseits rechtsfähige Zweigvereine haben. Organisationseinheiten unterhalb der Schwelle des rechtsfähigen Vereins sind selbstständige nicht eingetragene Vereine, wenn sie über einen eigenen, nicht vom Gesamtverein eingesetzten Vorstand als Geschäftsführungsorgan und eine eigene formalisierte Mitgliederversammlung als Organ der Willensbildung für grundlegende Angelegenheiten verfügen, bestimmte satzungsmäßige Teilaufgaben im Interesse der Mitglieder wahrnehmen und über eine gewisse wirtschaftliche Selbstständigkeit verfügen.[31] Dass Zweck und Organisation der Untergliederung in einer von dieser selbst beschlossenen Satzung festgelegt sind, ist *nicht* erforder- 19

---

[24] Meine insoweit abweichende Meinung in FS Henckel, S. 562 (Notwendigkeit substantiierter Geltendmachung von Doch-noch-Vermögen auch bei anhängigem Verfahren) halte ich nicht aufrecht.

[25] Die Möglichkeit der Erwirkung eines Kostentitels nach § 91a gegen die nach derzeitigem Urteil vermögenslose gelöschte Gesellschaft bejahend denn auch BGH NJW 1982, 238f. = JR 1982, 102 m. Anm. *Grundmann.* Ablehnend: OLG Hamm GmbHR 1988, 167.

[26] BGH NJW 1998, 1079, 1080; *Musielak/Weth* Rn. 17; *Fichtelmann* GmbHR 1997, 995.

[27] AA OLG Köln GmbHR 1998, 601; *Thomas/Putzo/Hüßtege* Rn. 3.

[28] BGH NJW-RR 1999, 1554, 1555; *John,* Die Gründung der Einmann-GmbH, 1986, S. 62ff.; *K. Schmidt* ZHR 145 (1981), 540, 562ff.

[29] *Scholz/K. Schmidt,* GmbHG, 9. Aufl. 2000, § 11 Rn. 148.

[30] Speziell hierzu: *Hub. Schmidt* GmbHR 1987, 393f.

[31] Zu den Einzelheiten etwa *Soergel/Hadding* Vor § 21 Rn. 52 m. weit. Nachw.

lich; ausreichend (bei Fehlen einer eigenen Satzung der Unterorganisation freilich auch erforderlich) ist die Regelung in der Satzung des Hauptvereins.[32]

Eingetragene Zweigvereine sind als juristische Personen in dieser Eigenschaft parteifähig. Bei unselbstständigen Untergliederungen ist hingegen richtige Partei allein der rechtsfähige Verein als solcher; Klagen der Untergliederung bzw. gegen dieselbe sind mangels Parteifähigkeit des Gebildes unzulässig. Organisationseinheiten im Status des nicht eingetragenen Vereins[33] sind nach richtiger Ansicht (s. Rn. 37) trotz mangelnder (Voll-)Rechtsfähigkeit aktiv und passiv parteifähig, nach tradierter, von der Fortgeltung des § 50 Abs. 2 ausgehender Ansicht nach dieser Vorschrift jedenfalls *passiv* parteifähig.

20 **3. Juristische Personen des öffentlichen Rechts.** Parteifähigkeit nach Abs. 1 eignet:

a) Gebietskörperschaften, also der Bundesrepublik Deutschland, den Ländern sowie den kommunalen Gebietskörperschaften nach Maßgabe der Landeskommunalgesetze. Partei ist stets die juristische Person des öffentlichen Rechts als solche, *nicht* die einzelne Behörde, soweit ihr nicht ausnahmsweise das Gesetz (wie etwa für das Verfahren in Baulandsachen § 222 Abs. 1 S. 2 BauGB der den Verwaltungsakt erlassenden Stelle) Parteistellung und damit Parteifähigkeit zuweist.[34]

21 **b) Sonstige Körperschaften, Anstalten, teilrechtsfähige Verbände und teilrechtsfähige Sondervermögen des öffentlichen Rechts.** Hierher zählen u. a.: die kirchlichen Körperschaften (vgl. Art. 140 GG iVm. Art. 137 Abs. 5 WRV),[35] die staatlichen Hochschulen (nicht aber zB ein Universitätsklinikum als solches),[36] die Deutsche Bundesbank (§ 2 BBankG), die öffentlichen Sparkassen nach den Sparkassengesetzen der Länder, die Industrie- und Handelskammern (§ 3 Abs. 1 des Ges. v. 18. 12. 1956, BGBl. I S. 920), die Handwerksinnungen und -kammern (§§ 53, 90 HandwO), berufsständische Kammern wie die Rechtsanwalts- (§ 62 BRAO) und Notarkammern (§ 66 BNotO), die Ärzte-, Tierärzte- und Apothekerkammern nach Landesrecht, die Bundesanstalt für Arbeit (§ 367 S. 1 SGB III), die Sozialversicherungsträger (§ 29 SGB IV), die Wasser- und Bodenverbände (§ 1 Abs. 1 WasserverbandsG), die Jagdgenossenschaften (§ 9 BJagdG iVm. der jeweiligen landesrechtlichen Regelung). Soweit der Landesgesetzgeber vom entsprechenden Vorbehalt der Art. 65 bis 67 EGBGB Gebrauch gemacht hat und die betreffende Materie nicht inzwischen bundesrechtlich geregelt ist, sind weiter kraft Rechtsfähigkeit parteifähig: die Vereine auf dem Gebiet des Wasser-, Deich-, Siel-, Berg- und Jagdrechts, insbesondere also die Wassergenossenschaften und Deichverbände, ferner nach Art. 83 EGBGB die Waldgenossenschaften. Parteifähig als teilrechtsfähige Sondervermögen kraft ausdrücklicher gesetzlicher Bestimmung sind u. a.: das Bundeseisenbahnvermögen (Art. 1 § 4 Abs. 1 ENeuOG) und das vom Bundesamt zur Regelung offener Vermögensfragen verwaltete Sondervermögen des Bundes (§ 9 Abs. 3 EntschG).

22 **c) Stiftungen.** Parteifähig nach Abs. 1 sind ferner die auf Bundes- oder Landesrecht beruhenden rechtsfähigen Stiftungen öffentlichen Rechts (zB die Stiftung Pr. Kulturbesitz, § 1 Ges. v. 25. 7. 1957, BGBl. I S. 841).

IV. Parteifähigkeit nicht(voll)rechtsfähiger Personifikationen

23 Dem Satz „parteifähig ist, wer rechtsfähig ist“ (Abs. 1) lässt sich *kein* Umkehrschluss dahin entnehmen, dass nicht(voll)rechtsfähigen Gebilden die Parteifähigkeit mangelt. Auch für die Parteifähigkeit gilt vielmehr die Feststellung *Johns,*[37] dass sich „Rechtsperson“ und Personifikation minderer Verselbstständigung hinsichtlich der „Person“-Eigenschaften „nur“ darin unterscheiden, dass die Erstere notwendigerweise, die Letztere möglicherweise Träger derselben ist: was der „Rechtsperson“ als standardisierter Höchstform der Personifikation „ohne weiteres“ eignet, kann anderen Gebilden erst nach Prüfung „im Einzelnen“ zuerkannt werden (s. bereits Rn. 4f.). Solche besondere Prüfung erübrigt sich, wenn der (Spezial-) Gesetzgeber bestimmten Gebilden – wie etwa den politischen Parteien (s. Rn. 33f.) – die Parteifähigkeit unabhängig von ihrer Rechtsform zuspricht.

---

[32] BGHZ 90, 331, 333f. = NJW 1984, 2223.

[33] Von der Rspr. bejaht u. a. für die Ortsgruppe der DLRG (BGHZ 90, 331, 332 = NJW 1984, 2223) sowie den Bezirksverband des Bayer. Bauernverbands (BayObLGZ 1977, 6). Zur Frage der Selbständigkeit der Abteilung eines Mehrsparten-Sportvereins s. KG MDR 2003, 1197 sowie LG Regensburg NJW-RR 1988, 184.

[34] AllgM; vgl. zB BGH NJW 1972, 1714 (Klage gegen den Regierungspräsidenten).

[35] Hierzu, insbes. zur Parteifähigkeit der evangelischen Landeskirchen und ihrer Gliederungen: *Scheffler* NJW 1977, 740ff. Zur Parteifähigkeit der Bistümer als den maßgebenden Territorialgliederungen der katholischen Kirche: BGHZ 124, 173, 174f. = NJW 1994, 245, zur Parteifähigkeit nachgeordneter Einheiten wie der Hohen Domkirche zu Köln: OLG Köln NJW 1995, 245, zu Pfarrpfründenstiftungen: OLG Zweibrücken MDR 1966, 672.

[36] BGHZ 96, 360, 363 = NJW 1986, 1542, 1543.

[37] (Fn. 1) S. 221.

1. Gesamthandsgesellschaften. a) Grundsatzfrage. Der Streit um das richtige „Schuldmodell" der Personengesellschaften[38] strahlt auch auf das Verfahrensrecht aus: Wer rechtsgeschäftlich begründete „Gesellschaftsschulden" lediglich als Gesamtschulden der Gesellschafter qualifiziert, für die diese sowohl mit ihrem Privatvermögen als auch mit dem gesamthänderisch gebundenen Vermögen haften (Theorie der einen Schuld mit doppeltem Haftungsobjekt),[39] spricht der Gesamthand konsequenterweise keine Parteifähigkeit zu, hat nicht einmal Anlass, durch entsprechende Gesamtschuldklagen ein Verhältnis notwendiger Streitgenossenschaft nach § 62 Abs. 1 2. Alt. begründet zu sehen. Lediglich für Verbindlichkeiten, die von den Gesellschaftern nur im Zusammenwirken erfüllt werden können, kommt auch die individualistische Lehre um die Annahme einer notwendigen Streitgenossenschaft nicht umhin. Vom Ansatz der Lehre von der Gesamthandsgesellschaft als (teil)rechtsfähiger Wirkeinheit ist die Gesamthand demgegenüber auch verfahrensrechtlich der Status einer **Gesamtpartei** zuzusprechen: entweder dadurch, dass man der Gesamthand eigene Parteifähigkeit zuspricht, oder via Bejahung notwendiger Streitgenossenschaft. 24

b) Pro Parteifähigkeit. Rechtsprechung und Lehre sprachen und sprechen der **Personen*handels*gesellschaft (OHG/KG)** seit jeher prozessuale Selbstständigkeit in Form eigener Parteifähigkeit zu.[40] Für die an die OHG angelehnte **Partnerschaftsgesellschaft** stand die Parteifähigkeit gleichfalls von Anbeginn außer Frage.[41] 25

Die *neuere* BGH-Rechtsprechung stellt – wie seit der Erstauflage gefordert – nunmehr auch die Außen-GbR der OHG/KG gleich:[42] Dem Siegeszug der Lehre von der Gesamthand als kollektiver Wirkeinheit auf materiellrechtlichem Feld[43] war auch verfahrensrechtlich Rechnung zu tragen. Die Erkenntnis, dass dem Gesamtpartei-Charkter als Konsequenz bejahter materieller Rechts- und Pflichtensubjektivität der Gesamthandsgesellschaft nur eine Form der Streitgenossenschaft gerecht würde, die dem deutschen Verfahrensrecht ansonsten fremd,[44] sowie der Umstand, dass die verfahrenssubjektive Verselbstständigung der Gesamthand als „Gruppe" durch die Kategorie der Parteifähigkeit unmittelbarer verdeutlicht wird, sprechen in der Tat wohl eher für die Parteifähigkeitslösung und gegen das Streitgenossenschaftsmodell.[45] 26

c) Parteibezeichnung. Bejaht man die Parteifähigkeit für *alle* Gesamthandsgesellschaften, sind (Rest-)Unterschiede zwischen OHG/KG und Partnerschaftsgesellschaft einerseits und GbR andererseits nur noch hinsichtlich der richtigen Partei*benennung* konstatierbar:[46] Die **OHG/KG** und die **Partnerschaft** führen notwendigerweise einen Gesamtnamen, nämlich eine Firma bzw. einen Partnerschaftsnamen. Der Gesamtname individualisiert die Gesamthand – auch im Erkenntnis- und Vollstreckungsverfahren (arg. § 124 Abs. 1 und 2 HGB bzw. § 7 Abs. 2 PartGG). Die **GbR** kann einen Gesamtnamen führen. Soweit dies der Fall, reicht dessen Verwendung auch zur Parteibezeichnung aus.[47] Im Übrigen ist die Individualisierung jedenfalls dann gegeben, wenn die Klage bzw. der Vollstreckungstitel auf den Namen der (jeweiligen) Gesellschafter mit dem Zusatz „in 27

---

38 Einlässlich hierzu: *Lindacher* JuS 1981, 431, 433 ff.

39 So für die GbR beispielsweise noch *Larenz* II § 60 IV c sowie *Kraft/Kreutz,* GesellschaftsR, 11. Aufl. (2000), S. 102 ff., ferner – besonders engagiert – *Zöllner,* FS Gernhuber, 1993, S. 564 ff. sowie, FS Kraft, 1998, S. 701 ff., mit dem entsprechenden Ansatz zumindest sympathisierend auch *Jauernig/Stürner* §§ 714, 715 Rn. 1.

40 Statt vieler: BGHZ 62, 131, 133 f. = NJW 1974, 750; *Oberhammer,* Die OHG im Zivilprozeß, 1998, S. 4 ff.; *Rosenberg/Schwab/Gottwald* § 43 Rn. 13; *U. Huber* ZZP 82 (1969), 224 ff. AA – notwendige Streitgenossenschaft – freilich beispielsweise *Henckel* Parteilehre S. 116 ff. sowie *Holzhammer,* Parteienhäufung und einheitliche Streipartei, 1966, S. 87.

41 *Zeiss/Schreiber* Rn. 144; *Zöller/Vollkommer* Rn. 19.

42 Leitentscheidung: BGHZ 146, 341, 347 ff. = ZZP 115 (2002),93 ff. m. Anm. *Pohlmann,* bestätigt u. a. durch BGHZ 151, 203, 206; 154, 88, 94; BGH NJW-RR 2004, 275, 276.

43 Nachzeichnung der einschlägigen Stationen etwa durch *K. Schmidt* NJW 2001, 993, 994 ff.

44 *Oberhammer,* Die OHG im Zivilprozeß, 1998, S. 34 f.; *Lindacher* JuS 1986, 542.

45 Der neuen Linie unter Frontenwechsel folgend denn auch u. a. *Rosenberg/Schwab/Gottwald* § 43 Rn. 18; *Zöller/Vollkommer* Rn. 18; *Ulmer* ZIP 2001, 585; *Habersack* BB 2001, 477. Bereits früher *K. Schmidt* GesellschaftsR, 3. Aufl., § 60 IV/1 c (zumindest für die Mitunternehmer-GbR); *Schünemann,* Grundprobleme der Gesamthandsgemeinschaft, 1976, S. 212; *Wertenbruch,* Die Haftung von Gesellschaften und Gesellschaftsanteilen in der Zwangsvollstreckung, 2000, S. 5 ff., 349 ff.; *Soergel/Hadding* § 714 Rn. 52; *Lindacher* ZZP 96 (1983), 486, 493 ff.; *ders.,* JuS 1986, 540, 541 f.; *Hüffer,* FS Stimpel, 1985, S. 165, 168 ff.; *Wiedemann* WM-Sonderbeilage 1994 Nr. 4 S. 9 f.

Kritisch – an der Qualifikation als notwendige Streitgenossenschaft festhaltend – u.a. *Heller,* Der Zivilprozeß der Gesellschaft bürgerlichen Rechts, 1989, passim; *Jauernig* §§ 19 II/1, 82 III; *Schilken* Rn. 263; *Stein/Jonas/Bork* Rn. 23; *Prütting,* FS Wiedemann, 2002, S. 1177 ff.

46 S. bereits *Schünemann* (Fn. 45) S. 241.

47 AnwK-BGB/*Eckardt* Anh. § 705 Rn. 10; *Hüffer,* FS Stimpel, S. 180 f.; *Hadding* ZGR 2001, 712, 732.

GbR" lautet,[48] zumindest bei Alttiteln,[49] wohl aber durchaus allgemein auch dann, wenn die (jeweiligen) Gesellschafter mit dem Zusatz „als Gesellschafter bürgerlichen Rechts" benannt werden:[50] Die Gesellschafter in gesamthänderischer Verbundenheit *sind* die Gesellschaft.[51] Soweit die GbR als richtige Partei erkennbar, ist selbst das Fehlen eines Hinweises auf die Gesellschafterstellung der Benannten unschädlich. Nach allgemeinen Grundsätzen (Vor §§ 50ff. Rn. 13) ist Berichtigung der Parteibezeichnung indiziert.[52]

28 **d) Folgerungen.** Konsequenz der Gesamtparteientscheidung ist u.a. (alles Aussagen, die bei Bejahung von Parteifähigkeit „selbstverständlich", bei Annahme notwendiger Streitgenossenschaft Modifikationen gegenüber den allgemeinen Regeln sind): **aa) Gesellschafterwechsel während des Gesamthandsprozesses** berührt die **Identität** des Verfahrenssubjekts Gesamthandsgesellschaft nicht und hat deshalb auf den Fortgang des Verfahrens grundsätzlich keinen Einfluss.[53] Bei der GbR kommt allenfalls eine Berichtigung der Parteibezeichnung in Betracht: War die GbR als Gesamtpartei durch die Namen ihrer bisherigen Gesellschafter individualisiert (s. Rn. 28), ist bei Eintritt bzw. Austritt von Gesellschaftern eine entsprechende Benennungsanpassung geboten. Zur Unterbrechung nach § 241 oder zur Möglichkeit der Aussetzung nach §§ 246, 241 kommt es richtigerweise – sowohl bei der OHG/KG als auch bei der GbR – nur dann, wenn das Ausscheiden eines Gesellschafters dazu führt, dass vorübergehend keine organschaftliche Vertretung der Gesellschaft mehr gegeben ist. – **bb)** Gesamthands(außen)gesellschaften (nicht nur Personen*handels*gesellschaften!) haben ihren allgemeinen **Gerichtsstand** am Verwaltungssitz (§ 17 Abs. 1 S. 2).[54] Das ist für die Handelsgesellschaften sowie die BGB-Erwerbsgesellschaften der Ort, an dem die Geschäfte geführt werden, für Besitzgesellschaften bürgerlichen Rechts der Ort, an dem sich das Vermögen befindet.[55] – **cc)** Die **Prozessvertretung** ist notwendig einheitlich.[56] Erwirkungs- und Bewirkungshandlungen für und gegen die Gesellschaft können im **Anwaltsprozess** ausschließlich vom Prozessbevollmächtigten vorgenommen werden. Dessen Nichterscheinen oder Nichtverhandeln wird der Gesellschaft als Säumnis iSv. §§ 331, 333 zugerechnet. Im **Parteiprozess** (ohne anwaltliche Vertretung) kommt bzgl. der Wirksamkeit von Prozesshandlungen sowie der Säumnisfrage der jeweiligen Ausgestaltung organschaftlicher Vertretung die entscheidende Bedeutung zu: (1) Gesamtvertretung verlangt bzgl. jeder Prozesshandlung (einschl. etwaiger actus contrarii) gemeinsames Handeln. Einzelvertretung bedeutet hingegen u.a. auch die Möglichkeit, einer gemeinschaftlich oder aber durch einen anderen getroffenen Prozesshandlung durch actus contrarius die Wirkung zu nehmen. (2) Als erschienen iSv. §§ 331, 333 gilt die Gesamtpartei Gesellschaft dann, wenn mindestens ein einzelvertretungsbefugter Gesellschafter oder mehrere zusammen vertretungsbefugte Gesellschafter auftreten und verhandeln. Soweit erschienene Gesellschafter weder einzeln noch zusammen vertretungsberechtigt, ist hingegen trotz dieser (Teil-)Präsenz Säumnis der Gesellschaft gegeben.[57] (3) Widersprechen sich zwei Gesamtvertreter oder zwei je zur Einzelvertretung ermächtigte Gesellschafter in ihren prozessualen Erklärungen (Anerkenntnis, Verzicht, Anträge usw.), ist keine wirksame Erklärung abgegeben, die Gesamtpartei OHG/KG bzw. GbR ggf. säumig.[58] Einander widersprechende Wissenserklärungen sind frei zu würdigen. – **dd)** Die **Zwangsvollstreckung in das Gesellschaftsvermögen** eröffnet – bei der **OHG/KG** *und* der **GbR** – zunächst und vor allem ein Titel gegen die Gesellschaft.[59] Dass bei der GbR (anders als bei der OHG/KG) zudem auch fürderhin Paralleltitel gegen sämtliche Gesellschafter genügen sollen,[60] erscheint hin-

---

[48] *Zöller/Vollkommer* Rn. 18; *Hadding* ZGR 2001, 712, 732; *Pohlmann* WM 2002, 1421, 1422.

[49] BGH NJW 2003, 1043; OLG Rostock NZG 2006, 941.

[50] BGH NJW-RR 2006, 42; *Hadding* ZGR 2001, 721; *K. Schmidt,* Liber amicorum Lindacher, 2007, S. 147, 149.

[51] Einläßlich: *Lindacher* JuS 1981, 431, 434.

[52] BGH NJWRR 2006, 42; AnwK-BGB/*Eckardt* Anh. § 705 Rn. 11.

[53] Für die OHG/KG vgl. zB *H. Westermann* PersonengesellschaftsR, 4. Aufl. 1979, Rn. 348; *Schönke/Kuchinke* § 22 II; *Zöller/Vollkommer* Rn. 17a. Für die GbR: *Soergel/Hadding* § 714 Rn. 53; *Lindacher* JuS 1982, 596; *Wieser* MDR 2001, 421.

[54] OLG Köln NJW 2004, 862; *Hüffer,* FS Stimpel, S. 179f.; *Lindacher* JuS 1986, 542; *Wagner* ZZP 117 (2004), 305, 309.

[55] *Hüffer,* FS Stimpel, S. 180.

[56] *Soergel/Hadding* § 714 Rn. 53; *Lindacher* JuS 1982, 594.

[57] *Lindacher* JuS 1982, 595.

[58] *H. Westermann* (Fn. 53) Rn. 347 (für die OHG); *Lindacher* JuS 1982, 595.

[59] Für die OHG/KG in Hinblick auf § 124 Abs. 2 HGB unstr. und unbestreitbar, für die GbR Konsequenz der Zuerkennung von Parteifähigkeit: AnwK-BGB/*Eckardt* Anh. § 705 Rn. 41; *Hadding* GbR 2001, 712, 733; *Hüffer,* FS Stimpel, S. 184; *Lindacher* JuS 1982, 595.

[60] So BGH NJW 2007, 1813, 1814f.; *Jauernig/Berger* ZVR § 5 Rn. 3; *Thomas/Putzo/Hüßtege* § 736 Rn. 2; AnwK-BGB/*Eckhardt* Anh. § 705 Rn. 43; *Wieser* MDR 2001, 421, 422.

gegen schwerlich richtig.[61] Soweit aus der Urteilsausfertigung ersichtlich ist, dass es sich um das parallele Verpflichtetsein der Gesellschafter in Anlehnung an eine Gesellschaftsschuld handelt, sollte der Gläubiger freilich – bei Personenhandels- wie BGB-Gesellschaften – analog § 727 einen zur Vollstreckung in das Gesellschaftsvermögen berechtigenden Gesamthandstitel auch im Wege der Titelumschreibung erwirken können: in den einschlägigen Gesamtschuldtiteln wird mittelbar zugleich die Gesamthandsschuld festgestellt.[62] Bei Alttiteln, die die Haftung der Gesellschafter in eben dieser Eigenschaft aussprechen, wird man übergangsweise auf eine Titelumschreibung verzichten können und müssen, bei einschlägigen Paralleltiteln auch den unmittelbaren Vollstreckungszugriff auf das Gesamthandsvermögen zu bejahen haben.[63] Titel, die die bis BGHZ 146, 341 gängige Praxis spiegelnd BGB-Gesellschafter als notwendige Streitgenossen zur Leistung einer ihrer Natur nach nur gesamthänderisch erbringbaren Leistung verurteilen (Beispiel: Verurteilung zur Auflassung eines Gesellschaftsgrundstücks), sind nach geläuterter Rechtsauffassung ohnehin als Titel gegen die Gesellschaft zu verstehen.

e) Liquidation und Vollbeendigung. Die Auflösung der OHG/KG bedeutet zunächst nur, dass sich die Gesellschaft zur Abwicklungsgesellschaft wandelt: Die Gesellschaft besteht als **OHG/KG i. L.** fort und behält als solche auch ihre Parteifähigkeit.[64] Ändern kann sich wegen § 146 Abs. 1 HGB nur die Vertretungsmacht, was über §§ 171 Abs. 3, 241, 246 prozessual bedeutsam werden kann. Inexistent wird die OHG/KG erst mit ihrer **Vollbeendigung.** Die einschlägige Feststellung steht dabei freilich immer unter Korrekturvorbehalt. Sie ist zu revidieren, wenn sich nach Löschung (§ 157 Abs. 1 HGB bzw. §§ 161 Abs. 2, 157 Abs. 1 HGB) herausstellt, dass die Gesellschaft doch noch Vermögen hat oder aber Doch-noch-Liquidationsbedarf nichtvermögensrechtlicher Art zu Tage tritt. Die OHG/KG i. L. hat dann in Wahrheit eben gerade nicht aufgehört zu existieren und ist als solche – unabhängig von der Wiedereintragung – nach wie vor parteifähig.[65] Die Liquidatoren haben die Liquidation fortzuführen und zu beenden.[66] Für den Prozess im Namen der Gesellschaft bzw. gegen die Gesellschaft gilt das zur gelöschten juristischen Person Ausgeführte (s. Rn. 15 f.) entsprechend: Für den Aktivprozess genügt die bloße Rechtsberühmung. Für den Passivprozess vermögensrechtlicher Natur ist die substantiierte Behauptung, die gelöschte Gesellschaft habe doch noch Vermögen, ausreichend, aber auch erforderlich. 29

Bejaht man – richtigerweise (s. Rn. 26) – die Parteifähigkeit der GbR, gilt das vorab zur Personenhandelsgesellschaft Ausgeführte entsprechend: Auch die **GbR i. L.** ist parteifähig. Sie erlischt erst mit Vollbeendigung. Bei nachträglichem Manifestwerden von Abwicklungsbedarf ist die Wiederaufnahme der Liquidation geboten. In vom Liquidationszweck gedeckten Prozessen ist die Gesellschaft existent und parteifähig. 30

2. Partenreederei. Die Reederei iSv. § 489 HGB pflegt nach außen unter Verwendung des Namens des im gemeinschaftlichen Eigentum stehenden Schiffs aufzutreten. Nach zutreffender, mehr und mehr an Boden gewinnender Ansicht ist sie unbeschadet des Umstands, dass eine Reederei immer nur an *einem* Schiff bestehen kann, Gesamthandsgemeinschaft[67] und als solche Zuordnungssubjekt von Rechten und Pflichten. Der materiell-rechtlichen Verselbstständigung entspricht der prozessuale Status: Die Partenreederei ist als solche parteifähig.[68] 31

3. Wohnungseigentümergemeinschaft. Nach neuerer, vom WEG-Novellengesetzgeber übernommener Ansicht[69] ist die Wohnungseigentümergemeinschaft als Verband rechtsfähig, soweit sie das gemeinschaftliche Eigentum verwaltend am Rechtsverkehr teilnimmt. Konsequenterweise spricht ihr für Streitigkeiten aus ihrem Rechtskreis § 10 Abs. 6 S. 5 WEG aktive und passive Parteifähigkeit zu. Soweit Klagen und Anträge in Orientierung an der älteren Rechtsprechung noch die einzelnen Wohnungseigentümer als Kläger/Antragsteller benennen, ist klarstellende Parteiberichtigung möglich und geboten: Der Streitanspruch ist im Zweifel von Anfang an als für dessen Inhaber 32

---

[61] Für Gleichstellung der GbR mit der OHG/KG denn auch beispielsweise MünchKommBGB/*Ulmer* § 705 Rn. 321; *Habersack* BB 2001, 477, 481; *Gesmann-Nuisch* WM 2001, 793, 976 f.

[62] *Hadding* ZGR 2001, 712, 734; *Lindacher* JuS 1982, 595.

[63] *K. Schmidt,* Liber amicorum Lindacher, S. 150 f.

[64] AllgM; vgl. zB BGH NJW 1995, 196 (für den Fall der Auflösung durch Eröffnung des Insolvenzverfahrens); *Zöller/Vollkommer* Rn. 17 a.

[65] BGH NJW 1979, 1987; BayObLG BB 1983, 82; OLG Hamm NJW-RR 1987, 1254, 1255; *K. Schmidt* GesellschaftsR, 4. Aufl. 2002, § 52 IV 2 e.

[66] Zum Fortbestand der Vertretungsbefugnis der bisherigen Liquidatoren s. BGH NJW 1979, 1987.

[67] *K. Schmidt* GesellschaftsR § 65 I 3 b m. weit. Nachw.

[68] Im Ergebnis ganz hM; statt vieler: BGH MDR 1960, 665; *Stein/Jonas/Bork* Rn. 18; MünchKommBGB/*K. Schmidt* § 1008 Rn. 38.

[69] Wegweisend: BGH 163, 154 ff. = NJW 2005, 2061 ff. gegen BGH NJW 1977, 1686.

geltend gemacht anzusehen, nach „geläuterter" Rechtsansicht mithin für den Verband.[70] Bei gegenläufiger Selbstinterpretation machen die in der Klage-/Antragsschrift benannten Wohnungseigentümer nach der Lehre von der WEG als teilrechtsfähigem Verband einen fremden Anspruch im eigenen Namen geltend: Die Klage ist mit Blick auf das schutzwürdige Eigeninteresse der Wohnungseigentümer (Vor §§ 50ff. Rn. 59) zulässig bei entsprechender Ermächtigung, die nach BGH NJW 2005, 3146 bereits in einem unter alter Rechtsprechung gefassten Gemeinschafterbeschluss gesehen werden kann, den Anspruch gerichtlich geltend zu machen.

33 **4. Politische Parteien.** Nach § 3 S. 1 PartG kann eine Partei – unabhängig davon, ob sie als eingetragener Verein rechtsfähig ist oder als nicht eingetragener Verein der (Voll-)Rechtsfähigkeit ermangelt – unter ihrem Namen klagen oder verklagt werden. § 3 S. 2 PartG erstreckt die Parteifähigkeit darüber hinaus, vorbehaltlich einer abweichenden Satzungsbestimmung, auf die Gebietsverbände der höchsten Stufe.

34 Die Streitfrage, ob auch Untergliederungen niedrigerer Stufe aktiv und passiv parteifähig sein können,[71] lässt sich jedenfalls nicht im Wege des Umkehrschlusses aus § 3 S. 2 PartG verneinen:[72] Mit der Zuerkennung rechtsformunabhängiger allgemeiner Parteifähigkeit sollte die Stellung der politischen Parteien gestärkt, durch die Regelung in S. 2 zudem der Gesamtverband von übermäßiger Prozessführung entlastet werden. Dafür, dass der Gesetzgeber die Frage der (aktiven) Parteifähigkeit der unteren Gebietsverbände durch eigene negative Entscheidung der Klärung durch Wissenschaft und Praxis entziehen wollte, fehlt jeder Anhalt.[73] Von diesem Ausgangspunkt her gilt: Soweit die Untergliederung über hinreichende Selbstständigkeit verfügt (hierzu Rn. 19), folgt ihre umfassende Parteifähigkeit bereits aus dem im Wege der Rechtsfortbildung zu gewinnenden Satz (s. Rn. 37), dass auch nicht eingetragene Vereine zum Kreis der parteifähigen Personifikationen zählen. Wer eine Rechtsfortbildung im Sinne einer allgemeinen Bejahung potentieller Parteifähigkeit nicht eingetragener Vereine ablehnt, sollte die aktive Parteifähigkeit – wie für selbstständige gewerkschaftliche Gliedorganisationen (hierzu Rn. 46) – jedenfalls für die selbstständigen regionalen Unterorganisationen politischer Parteien bejahen: So wie jene am besonderen verfassungsrechtlichen Schutz des Art. 9 Abs. 3 GG teilhaben, partizipieren diese am Schutz des Art. 21 GG. Sofern das konkrete Klagebegehren im (Teil-)Autonomiebereich wurzelt, gilt es der Unterorganisation auch die Fähigkeit zuzusprechen, in und unter eigenem Namen zu klagen.[74] Dass selbstständige regionale Untergliederungen einer Partei unter ihrem Namen *verklagt* werden können, steht im Ergebnis ohnehin außer Streit. Wer die allgemeine Parteifähigkeit für diese Gebilde ablehnt, rekurriert hier auf § 50 Abs. 2.[75]

V. Insbesondere: Parteifähigkeit und nicht eingetragener Verein

35 **1. Grundfrage: beschränkte oder volle Parteifähigkeit? a) Ausgangslage: die Entscheidung des historischen Gesetzgebers.** Der Befund ist bekannt. § 50 Abs. 2 ist ebenso wie die materiell-rechtliche Grundnorm des § 54 S. 1 BGB Ausdruck der Absicht des historischen Gesetzgebers, die Existenzbedingungen des nichtrechtsfähigen Vereins und damit die Bildung sozialpolitischer und religiöser Vereinigungen zu erschweren bzw. dieselben zumindest unter staatliche Kontrolle zu bringen: nach § 61 Abs. 2 BGB aF war die Eintragung sozialpolitischer und religiöser Vereine von einer vorgängigen Erlaubnis abhängig, nach §§ 72, 79 BGB aF waren alle Vereine verpflichtet, eine komplette Mitgliederliste einzureichen. In Konsequenz der legislatorischen Grundhaltung wurde dem nicht eingetragenen Verein nicht nur die aktive Parteifähigkeit verweigert (ein für die tradierte Personenlehre – s. Rn. 4 – äußerlich durchaus noch systemkonformes Ergebnis), sondern zwecks Erleichterung der Rechtsverfolgung *gegen* den Verein diesem die passive Parteifähigkeit beigelegt.[76]

36 **b) Rechtsentwicklung: von der gegenständlich beschränkten Teilrevision der Entscheidung des ZPO-Gesetzgebers durch Spezialgesetzgebung und richterliche Rechts-**

---

[70] OLG München ZMR 2005, 730.

[71] *Bejahend* vor allem *Kainz* NJW 1985, 2616, 2617f. Bezüglich der *aktiven* Parteifähigkeit hingegen *verneinend* u. a. OLG Frankfurt a. M. OLGZ 1984, 468, 469 = MDR 1984, 1030; LG München I Rpfleger 2006, 483; *Stein/Jonas/Bork* Rn. 19; *Musielak/Weth* Rn. 24; *Thomas/Putzo/Hüßtege* Rn. 6.

[72] Gleiche Befundanalyse: OLG Bamberg NJW 1982, 895.

[73] AA freilich OLG Frankfurt a. M. OLGZ 1984, 469 = MDR 1984, 1030.

[74] Vgl. auch *Tsatsos/Morlok* ParteienR, 1982, S. 135.

[75] Aus der Rspr. etwa OLG Hamm NJW 2000, 523; ferner: *Stein/Jonas/Bork* Rn. 19.

[76] Näher zur Entstehungsgeschichte vor allem *Heinr. Stoll,* Gegenwärtige Lage der Vereine ohne Rechtsfähigkeit, in: Die RG-Praxis im Dt. Rechtsleben (1929) Bd. II S. 49, 50ff. sowie *Nußbaum,* Der nichtrechtsfähige Verein im Prozess und Konkurs, ZZP 34 (1905), 107ff.

fortbildung zur Obsolenz von § 50 Abs. 2. Die Rechtsprechung hat, was das *materielle* Recht anbelangt, die Entscheidung des historischen Gesetzgebers unter Berufung auf die „Natur der Sache" bereits frühzeitig relativiert. Heute lässt sich sagen, dass § 54 S. 1 BGB für den nicht eingetragenen Verein allgemein als so gut wie obsolet erachtet wird: Man wendet auf ihn Vereinsrecht an, soweit dem nicht der Mangel der (Voll-)Rechtsfähigkeit entgegensteht.[77] Im *Verfahrensrecht* war und ist der Impetus zur Korrektur der Entscheidung des Gesetzgebers erstaunlicherweise deutlich geringer: Erst BGHZ 42, 210 = NJW 1965, 29 sprach den Gewerkschaften unter Berufung auf Art. 9 Abs. 3 GG die aktive Parteifähigkeit für Klagen zur Abwehr rechtswidriger Beeinträchtigung ihrer Tätigkeit durch Privatpersonen oder rivalisierende Verbände zu. Durch Gesetz wurde wenig später den politischen Parteien die uneingeschränkte (§ 3 S. 1 PartG) und den Gewerkschaften die aktive Parteifähigkeit für Verfahren zur Feststellung der Zusammensetzung des Aufsichtsrats bei der mitbestimmten AG (§ 98 Abs. 2 Nr. 7 AktG) eingeräumt. BGHZ 50, 325 = NJW 1968, 1830 brachte schließlich für Gewerkschaften den Durchbruch zur umfassenden Parteifähigkeit: die von BGHZ 42, 210 noch betonte Begrenzung der aktiven Parteifähigkeit auf bestimmte Rechtsschutzformen wurde aufgegeben, die Fähigkeit der Gewerkschaften, in und unter eigenem Namen zu klagen, allgemein anerkannt. Der von manchen Interpreten der Entscheidung[78] erwartete weitere Schritt, die Anerkennung der aktiven Parteifähigkeit für *alle* nicht eingetragenen Vereine blieb freilich bislang aus. Im Gegenteil: Bereits BGH LM Nr. 25 = ZZP 86 (1973), 212 (Verneinung der Parteifähigkeit für einen gewerkschaftlichen Unterverband trotz ausdrücklich bejahter Selbstständigkeit der Untergliederung gegenüber dem Hauptverband) kann mit *Fenn*[79] kaum anders als ein Schritt zurück verstanden werden; BGHZ 109, 15, 17f. = NJW 1990, 186 (Verneinung der Parteifähigkeit für eine Siedlergemeinschaft mit „überschaubarem" Mitgliederbestand) und obergerichtliche Entscheidungen wie OLG Koblenz NJW-RR 1993, 697 (Verneinung der Parteifähigkeit einer Burschenschaft für die Geltendmachung eines Gegendarstellungsanspruchs) bekräftigten solche Linie.

Richtigerweise sollte die Möglichkeit, dass auch nicht eingetragene Vereine in und unter ihrem Namen klagen können, aus zweifachem Grund nicht länger geleugnet werden: Der Nachvollzug dessen für das Prozessrecht, was auf materiell-rechtlichem Gebiet nachgerade eine Selbstverständlichkeit darstellt, ist überfällig. Da die vereinspolizeilichen Vorbehalte gegen die freie Körperschaftsbildung zum größeren Teil aus verfassungsrechtlichen Gründen überholt und im verbliebenen Rest in das öffentlich-rechtliche Vereinsrecht abgewandert sind,[80] ist auch für § 50 Abs. 2 (und den in ihm enthaltenen Gegenschluss) nach dem Satz „cessante ratione legis, cessat lex ipsa" Obsolenz zu konstatieren.[81] Im Übrigen schlägt die Anerkennung der Außen-GbR als parteifähig auf den verfahrensrechtlichen Status des nicht eingetragenen Vereins zurück: Der nicht eingetragene Verein kann sinnvollerweise nicht schlechter stehen als die Personifikation, dessen Regime er vom historischen Gesetzgeber „strafweise" unterstellt wurde.[82] Entscheidend ist, wie sonst (s. Rn. 5), die Existenz und ggf. der Nachweis von Identitätsausstattung (Name und Sitz), Handlungsorganisation und Haftungssubstrat.[83] Zweifel an einem hinlänglichen Vereinsvermögen sollten dabei freilich ihre Relevanz verlieren, wenn dem Schutzbedürfnis des Prozessgegners durch Prozesskostensicherheitsleistung Genüge getan wird. 37

2. Prozessuale Stellung des nicht eingetragenen Vereins im Einzelnen. a) Eigene Ansicht. Erachtet man den nicht eingetragenen Verein kraft fortgebildeten Rechts als passiv *und* aktiv parteifähig (s. Rn. 37), hat er in Passiv- und Aktivprozessen die Stellung eines rechtsfähigen Vereins. Er ist unter seinem Namen zu verklagen und kann durch den Vorstand in und unter eigenem Namen klagen.[84] Ein Mitgliederwechsel ist auch bei Aktivprozessen deshalb irrelevant, weil der 38

---

[77] Statt vieler: *Köhler,* BGB AT, 30. Aufl. 2007, § 21 Rn. 39; MünchKommBGB/*Reuter* § 54 Rn. 4; *Palandt/Heinrichs* § 54 BGB Rn. 1.

[78] S. etwa *Habscheid* ZZP 78 (1965), 236.

[79] ZZP 86 (1973), 177, 181.

[80] Hierzu i. e. *Mummenhoff,* Gründungssysteme und Rechtsfähigkeit, 1979, S. 58f., 62ff. m. weit. Nachw.

[81] Wie hier, seit der Erstauflage gefordert: aus dem prozessrechtlichen Schrifttum etwa *Schilken* Rn 264; *Habscheid* ZZP 78 (1965), 236, aus dem vereinsrechtlichen Schrifttum zB MünchKommBGB/*Reuter* § 54 Rn. 23; AnwK-BGB/*Eckardt* § 54 Rn. 36.

[82] Unter *diesem* Gesichtspunkt nunmehr die Parteifähigkeit des nicht registrierten Vereins befürwortend denn auch beispielsweise KG MDR 2003, 1197; *Rosenberg/Schwab/Gottwald* § 43 Rn. 21; *Zöller/Vollkommer* Rn. 37; *Thomas/Putzo/Hüßtege* Rn. 8; *K. Schmidt* NJW 2001, 993, 1003.

[83] § 50 Abs. 2 als (fort)geltendes Recht erachtend freilich etwa *Schöpflin,* Der nicht rechtsfähige Verein, 2003, S. 364f.; *Stein/Jonas/Bork* Rn. 30; *Wagner* ZZP 117 (2004), 305, 358ff.

[84] Klagen im Namen der einzelnen Vereinsmitglieder oder Klagen gegen dieselben (jeweils in Kenntlichmachung dieser Eigenschaft) sind freilich richtigerweise im Zweifel als Klagen des Vereins bzw. gegen den Verein zu deuten; vgl. auch *Soergel/Hadding* § 54 Rn. 32.

Verein Partei ist und nicht die Mitglieder.[85] Tatsachenwissen der (einfachen) Mitglieder ist auch bei Aktivprozessen im Wege des Zeugenbeweises verwertbar; als Partei ist nur der Vorstand zu vernehmen.[86]

39 **b) Rechtslage auf der Basis der tradierten Ansicht.** Wer von der Fortgeltung des § 50 Abs. 2 und der hierin zum Ausdruck kommenden Entscheidung gegen die aktive Parteifähigkeit nicht registrierter Vereine ausgeht, muss zwischen Aktiv- und Passivprozessen unterscheiden.

40 **aa) Aktivprozesse.** Die tradierte Meinung fordert im Grundsatz – von ihrem Ausgangspunkt her konsequent – Klage durch *alle* Mitglieder in notwendiger Streitgenossenschaft gemäß § 62 Abs. 1 2. Alt.:[87] Der Vorstand hat zwar, soweit die Satzung nichts Gegenteiliges bestimmt, auch für den Aktivprozess Vertretungsmacht, dh. – vom Ansatz der tradierten Meinung aus – die Macht, namens der Mitglieder zu klagen bzw. zum Zwecke der Klageerhebung durch die Vereinsmitglieder einem Rechtsanwalt Prozessvollmacht zu erteilen. Bei Meidung der Klageabweisung als unzulässig muss indes, spätestens bis zur letzten mündlichen Verhandlung, eine aktualisierte Mitgliederliste vorgelegt werden. Klage unter dem Gesamtnamen genügt nicht.[88] Inwieweit die Surrogatlösung Klage des Vorstands in gewillkürter Prozessstandschaft der einzelnen Mitglieder trägt, ist in Hinblick auf das Erfordernis des Eigeninteresses des Prozessstandschafters (s. Vor §§ 50ff. Rn. 55, 59f.) bereits in Bezug auf die Geltendmachung übertragbarer Rechte str. und zweifelhaft.[89] Bei Klagen zum Schutze des Namensrechts und anderer nicht übertragbarer Rechte scheidet ein solcher Ausweg, ebenso wie derjenige der Treuhandabtretung zum Zwecke der gerichtlichen Geltendmachung, in Hinblick auf die Anspruchsnatur jedenfalls aus – ein Umstand, der nicht von ungefähr auch Anhänger der tradierten Lehre[90] zur Bejahung der aktiven Parteifähigkeit nicht eingetragener (Massen-)Vereine in *diesem* Bereich veranlasst.

41 Der Wechsel von Vereinsmitgliedern nach Klagezustellung soll auf den Fortgang des Verfahrens deshalb keinen Einfluss haben, weil der Eintritt weiterer Mitglieder oder der Austritt einzelner auf Grund Ab- und Anwachsung (§ 738 BGB) eine Rechtsnachfolge in das Vereinsvermögen begründet und damit unter § 265 Abs. 2 falle: Kläger blieben die in der Klageschrift aufgeführten Mitglieder, neue könnten (müssten aber nicht) einen Parteibeitritt vollziehen.[91]

42 **bb) Passivprozesse.** § 50 Abs. 2 hat nach der Intention des historischen Gesetzgebers und dem Verständnis der für seine Fortgeltung Streitenden zunächst und vor allem die Funktion, die **Rechtsverfolgung gegen nicht eingetragene Vereine zu erleichtern:** der Oktroi des Gesellschaftsrechts (§ 54 S. 1 BGB) soll sich nicht zum Nachteil der Vereinsgläubiger auswirken.[92] Die Klage kann jedenfalls *auch* gegen den Verein erhoben werden – ob nur gegen diesen[93] oder wahlweise auch gegen die einzelnen Mitglieder in passiver notwendiger Streitgenossenschaft,[94] ist str. Wird der Verein verklagt, ist nur er Partei. Die (einfachen) Mitglieder können Zeugen sein; der Vorstand ist als Partei zu vernehmen.

43 Das **Gebot der Chancengleichheit**[95] verlangt indes, dem beklagten Verein auch die Möglichkeit zur **Gegenwehr** einzuräumen: Er kann nicht nur alle Verteidigungsmittel zur Bekämpfung der Klage selbst geltend machen, sondern nach § 50 Abs. 2 2. Halbs. auch Widerklage (insbesondere zur Geltendmachung der Schadensersatz- oder Bereicherungsansprüche nach §§ 302 Abs. 4, 600 Abs. 2, 717 Abs. 2 und 3) erheben, das Verfahren nach einem Vorbehaltsurteil (§§ 302, 599) weiter betreiben, Rechtsmittel einlegen, Wiederaufnahmeklage erheben und alle sonstigen auf den Rechtsstreit bezogenen Rechtsbehelfe ergreifen, insbesondere Vollstreckungsgegenklage nach §§ 767, 768 erheben.[96]

44 Wer die Grenzen des Rechts zur Gegenwehr nicht nach dem Merkmal der Identität des Rechtsstreits,[97] sondern materiell bestimmt, wird darüber hinaus die Parteistellung des Vereins auch für

---

85 AnwK-BGB/*Eckardt* § 54 Rn. 39.
86 AnwK-BGB/*Eckardt* § 54 Rn. 39.
87 Statt mancher: RGZ 78, 104, 106; *Schöpflin* (Fn. 83) S. 365.
88 Konsequent: *Stein/Jonas/Bork* Rn. 27.
89 Verneinend bzw. zumindest zweifelnd BGHZ 42, 210, 213 = NJW 1965, 29, 31; OLG Celle NJW 1989, 2477; *Stein/Jonas/Bork* Rn. 38.
90 LG Aachen NJW 1977, 255 (Klage einer Bürgerinitiative auf Gegendarstellung); *Stein/Jonas/Bork* Rn. 39.
91 RGZ 78, 104, 105; *Stein/Jonas/Bork* Rn. 36.
92 *A. Blomeyer* § 7 II 4; *Jung* NJW 1986, 157, 159.
93 So OLG Naumburg SeuffArch. 57, 265.
94 So zB *Stein/Jonas/Bork* Rn. 31.
95 (Wieder-)Herausarbeitung und Fruchtbarmachung dieses Gesichtspunkts für die Auslegung von § 50 Abs. 2 vor allem durch *Jung* NJW 1986, 159ff.
96 Im Einklang mit den Gesetzesmaterialien zur Nov. 1898 (Materialien zur CPO, 1898, S. 119f., 494 bis 496) zB *Schöpflin* (Fn. 83) S. 360; *Stein/Jonas/Bork* Rn. 33.
97 So freilich explizit *Stein/Jonas/Bork* Rn. 34; ähnlich *Schöpflin* (Fn. 83) S. 361.

formell selbstständige Verfahren bejahen, sofern die geltend gemachte Rechtsfolge der Sache nach Anhangsverfahren eines Passivprozesses ist oder aber das Verfahren der Sicherung von Beweisen für den drohenden Passivprozess dient: Er bejaht die aktive Parteifähigkeit des nicht eingetragenen Vereins zur Geltendmachung des Schadensersatzanspruchs nach § 945 sowie des Schadensersatz- oder Bereicherungsanspruchs nach §§ 302 Abs. 4, 600 Abs. 2, 717 Abs. 2 und 3 in selbstständiger Klage.[98] Er bejaht die Parteifähigkeit des Vereins auch für das dem Urteilsverfahren vorgeschaltete Beweissicherungsverfahren.[99] Problematisch bleibt selbst bei materieller Begrenzung der Gegenwehrmöglichkeit, ob der Gesichtspunkt der Chancengleichheit auch die Bejahung der aktiven Parteifähigkeit für Klagen gegen Dritte (etwa auf Vorlegung einer Urkunde, § 429) rechtfertigt.[100]

Soweit der nicht eingetragene Verein parteifähig ist, kann er auch als solcher Kostenfestsetzung beantragen.[101] Aus dem Kostenfestsetzungsbeschluss sowie einem in der Sache selbst erstrittenen Titel kann er die Vollstreckung betreiben. Da die Klausel notwendige allgemeine Voraussetzung der Zwangsvollstreckung ist, steht ihm im letzteren Fall erforderlichenfalls auch Klage auf Erteilung der Vollstreckungsklausel (§ 731) offen.[102] Streitig und zweifelhaft ist, ob und inwieweit der Grundsatz, der Verein könne von einem erwirkten Vollstreckungstitel „in vollem Umfang Gebrauch machen" (*Nußbaum* ZZP 34 (1905), 109, 117), aus der Perspektive der tradierten Meinung aus Gründen der „Natur der Sache" einzuschränken ist – eine Frage, die sich insbesondere in Hinblick auf die Zulässigkeit der Forderungspfändung stellt. Die Entscheidung hängt letztlich davon ab, ob man aus dem Chancengleichheitsgedanken des § 50 Abs. 2 2. Halbs. die aktive Parteifähigkeit des Vereins für einen allfälligen Prozess gegen den Drittschuldner vindiziert.[103] 45

3. Gewerkschaften. Gewerkschaften sind ganz mehrheitlich nach wie vor in der Rechtsform des nicht eingetragenen Vereins organisiert. Dass sie (einschließlich ihrer die Qualität selbstständiger nicht eingetragener Vereine aufweisenden Untergliederungen) gleichwohl nicht nur passiv, sondern auch aktiv parteifähig, entspricht nach der hier vertretenen Ansicht (volle Parteifähigkeit des nicht eingetragenen Vereins, s. Rn. 37) der allgemeinen Regel. Aber auch derjenige, der § 50 Abs. 2 (mit seinem Gegenschluss) nach wie vor als geltendes Recht erachtet, sollte mit der Rechtsprechung die aktive Parteifähigkeit *jedenfalls* der Gewerkschaften bejahen: Das Argument der Kritiker von BGHZ 50, 325, für eine Rechtsfortbildung fehle der Anlass, weil den Gewerkschaften *heute* der Erwerb der Rechtsfähigkeit ohne weiteres zumutbar sei,[104] verkennt, dass das Festhalten an der alten Rechtsform bei Gewerkschaften (und Parteien) ein Stück legitimer Traditionspflege darstellt. Dabei sollte das Ja zur allgemeinen Parteifähigkeit der Gewerkschaften – entgegen BGH LM Nr. 25 – auch das zur allgemeinen Parteifähigkeit selbstständiger regionaler Unterorganisationen einschließen:[105] Als konstitutiver Bestandteil der jeweiligen Gesamtorganisation partizipieren sie am besonderen Schutz des Art. 9 Abs. 3 GG. Bei selbstständigen Unterorganisationen (zum Merkmal der Selbstständigkeit s. allgemein Rn. 18) kann die Frage nach der Parteifähigkeit sinnvollerweise nur dahin lauten, ob das konkrete Klagebegehren im einschlägigen Autonomiebereich wurzelt oder nicht. Die *passive* Parteifähigkeit selbstständiger Unterorganisationen steht im Ergebnis ohnehin außer Streit; „Traditionalisten" begründen sie aus § 50 Abs. 2.[106] 46

VI. Nicht parteifähige Gebilde

1. Erbengemeinschaft. Der Erbengemeinschaft Rechts- und Parteifähigkeit zuzusprechen, besteht für den Regelfall weder Anlass noch Möglichkeit: Die Erbengemeinschaft entsteht kraft Gesetzes, nicht kraft Organisationsvertrags, ist grundsätzlich auf Auseinandersetzung angelegt und kennt keine Regelungen über die Außenrepräsentation.[107] Abweichendes mag allenfalls dann gel- 47

---

[98] So denn auch *Jung* NJW 1986, 159 f.; aA freilich zB *Schöpflin* (Fn. 83); *Stein/Jonas/Bork* Rn. 34.

[99] AA – ansatzkonsequent – *Schöpflin* (Fn. 83) S. 361.

[100] Bejahend zB *Jung* NJW 1986, 160; verneinend zB *Stein/Jonas/Bork* Rn. 34.

[101] AllgM; vgl. statt vieler: *Stein/Jonas/Bork* RdNr. 33.

[102] *Wieczorek/Schütze/Hausmann* Rn. 60; *Jung* NJW 1986, 160. AA *Stein/Jonas/Bork* Rn. 34.

[103] Bejahend insbes. *Jung* NJW 1986, 162; verneinend: *Schöpflin* (Fn. 83) S. 361 f.; *Stein/Jonas/Bork* Rn. 34.

[104] So insbes. *Kübler,* Rechtsfähigkeit und Verbandsverfassung, 1971. Ferner: *Schöpflin* (Fn. 83) S. 377 ff.; *Otto* AcP 175 (1975), 275.

[105] Überzeugend: *Fenn* ZZP 86 (1973), 177 ff.; ferner: *Zeiss/Schreiber* Rn. 145; *Thomas/Putzo/Hüßtege* Rn. 5. Wie BGH LM Nr. 25 = ZZP 86 (1973), 212 freilich etwa *Stein/Jonas/Bork* Rn. 20 sowie *Baumbach/Lauterbach/Hartmann* Rn. 16.

[106] So zuletzt OLG Düsseldorf NJW-RR 1986, 1506.

[107] BGH NJW 2002, 3389, 3390; 2006, 3715; *Marotzke* ZEV 2002, 506 ff.; *Hess* ZZP 117 (2004), 267, 293 f. *Für* Rechts- und Parteifähigkeit freilich beispielsweise *Grunewald* AcP 197 (1997), 305 ff. sowie *Eberl/Borges* ZEV 2002, 125, 127 ff., neuestens auch *M. Wolf,* FS Canaris, 2007, S. 1313, 1318 ff.

ten, wenn die zwischen den Erben getroffene Organisationsabsprache eine Handlungsstruktur schafft, die derjenigen einer OHG/Außen-GbR gleichkommt.[108]

48 **2. Zweigniederlassung.** Keine gegenüber dem Unternehmensträger verselbstständigte Personifikation ist die Zweigniederlassung. Sie kann mithin auch nicht Partei eines Rechtsstreits sein.[109] Die Benennung der Filiale als Beklagte kann freilich in der Regel als – unschädliche – ungenaue Parteibezeichnung qualifiziert werden; Partei ist in Wahrheit dann der Unternehmensträger selbst (s. Vor §§ 50ff. Rn. 14).

49 Der Satz, dass nur der Unternehmensträger, nicht die Zweigniederlassung Prozesssubjektsqualität hat, gilt auch für Zweigniederlassungen ausländischer Unternehmen, wobei freilich stets anhand des Gesellschaftsstatuts zu klären ist, ob in casu tatsächlich eine bloße Zweigniederlassung oder aber ein eigener Unternehmensträger in Rede steht.[110] Gelangt man zum Befund bloßer Zweigniederlassung, folgt die Parteifähigkeit nicht schon daraus, dass der Gesetzgeber diese, wie im Fall ausländischer Banken und Versicherungen (§ 53 Abs. 2 Nr. 1 KWG, §§ 106f. VAG) in bestimmter Hinsicht wie eine selbstständige Rechtsperson behandelt.[111] Im Liquidationsfall entspricht es freilich dem Schutzzweck solcher Sonderregelungen, das ausländische Bank- bzw. Versicherungsinstitut ohne Rücksicht auf sein rechtliches Schicksal nach dem Sitzrecht für den Geschäftsbereich des inländischen Liquidators als fortexistent und damit parteifähig zu behandeln.[112]

50 **3. Insolvenzmasse und Nachlass bei Testamentsvollstreckung und Nachlassverwaltung.** **a)** Die **Insolvenzmasse** ist *kein* selbstständiges Sondervermögen mit eigener Rechtspersönlichkeit (so freilich die ältere Organtheorie):[113] Eine ernsthafte Alternative zur herrschenden Amtstheorie ist allenfalls die neuere Vertretertheorie. Nach dieser prozessiert der Verwalter im Namen des Insolvenzschuldners, und zwar bei natürlichen Personen als deren gesetzlicher Vertreter (mit Beschränkung auf die Masse), bei verselbstständigten Rechtsträgern (dh. vor allem: bei Handelsgesellschaften, Vereinen und Genossenschaften) als deren Vertretungsorgan, nämlich Fremdliquidator; Partei ist der Insolvenzschuldner. Nach der Amtstheorie obliegt dem Verwalter die Prozessführung in gesetzlicher Prozessstandschaft; er ist Partei kraft Amtes (näher zu allem Vor §§ 50ff. Rn. 30ff.).

51 **b)** Auch der **Nachlass als solcher** ist kein parteifähiges Gebilde; das zur Insolvenzmasse Ausgeführte gilt – auch im Stadium der Testamentsvollstreckung bzw. Nachlassverwaltung – insoweit entsprechend.

VII. Parteifähigkeitsprüfung und Folgen mangelnder Parteifähigkeit

52 **1. Amtsprüfung.** Die Parteifähigkeit zählt zu den Prozessvoraussetzungen, deren Mangel in jeder Verfahrenslage (einschließlich der Revisionsinstanz)[114] von Amts wegen zu prüfen ist, § 56 Abs. 1 (näher zu dieser Prüfungsform § 56 Rn. 2).

53 **2. Parteiunfähigkeit während des gesamten Rechtsstreits.** Parteiunfähigkeit des Klägers oder Beklagten hindert zwar nicht die Zustellung der Klage.[115] Die von einem parteiunfähigen oder gegen ein parteiunfähiges Gebilde erhobene Klage ist indes durch **Prozessurteil** abzuweisen. Bei Parteiunfähigkeit klägerseits ergeht die Kostenentscheidung gegen das parteiunfähige Gebilde selbst, wenn es seiner Art nach Vollstreckungsschuldner sein kann (praktisch bedeutsam für die die Parteifähigkeit des nicht eingetragenen Vereins – s. Rn. 36 – sowie der Vorgesellschaften – s. Rn. 12– leugnende Ansicht); anderenfalls sind die das Verfahren einleitenden Personen zur Tragung der Verfahrenskosten zu verurteilen.[116]

54 **3. Entfall der Parteifähigkeit nach Klageerhebung.** Die Frage nach den Folgen des Verlustes der Parteifähigkeit stellt sich nur bei juristischen Personen sowie sonstigen parteifähigen Personifikationen; mit dem Tod einer natürlichen Person (hierzu Vor §§ 50ff. Rn. 27) entfällt die Partei selbst, nicht nur eine Parteieigenschaft. Aber auch bei jenen darf der Wegfall der Parteifähigkeit nicht vorschnell bejaht werden: Parteifähig bleibt nicht nur der Verein/die Gesellschaft i.L. (s. Rn. 13, 29); selbst gelöschte juristische Person und gelöschte Personenhandelsgesellschaften sind parteifähig, soweit einschlägiger Abwicklungsbedarf besteht (s. Rn. 14ff., 29). Bei Vollbeendigung einer verklagten

---

[108] Hierfür u.a. *Ann,* Die Erbengemeinschaft, 2001, S. 398ff.
[109] AllgM; vgl. zB BGHZ 4, 62, 65; LG Aurich Die AG 1997, 336; *Musielak/Weth* Rn. 26.
[110] *Staudinger/Großfeld* IntGesR Rn. 975ff.
[111] BGHZ 53, 383 = NJW 1970, 1187.
[112] BGH aaO.
[113] Vgl. dazu *Teske* KTS 1984, 279 m. weit. Nachw.
[114] BGHZ 159, 94, 98 = NJW 2004, 2523; *Rosenberg/Schwab/Gottwald* § 43 Rn. 40.
[115] AllgM; vgl. zB *Rosenberg/Schwab/Gottwald* § 94 Rn. 8.
[116] *Stein/Jonas/Bork* Rn. 58 Fn. 139.

OHG/KG (nach der hier vertretenen Ansicht – s. Rn. 26– auch: bei Vollbeendigung einer GbR) ist Übergang von der Gesamthandsklage zur Gesamtschuldklage gegen die Gesellschafter angezeigt.[117] Der einschlägige Parteiwechsel ist richtigerweise, entgegen der Regel, selbst in der Berufungsinstanz ohne Zustimmung der Gesellschafter zulässig: Da der Anlass für den Parteiwechsel allein in der Einfluss- und Verantwortungssphäre der Gesellschafter liegt, erscheint es billiger, ihnen für allfällige persönliche Einwendungen den Verzicht auf eine Instanz, als dem Kläger den Verzicht auf die Verwertbarkeit des bisherigen Prozessergebnisses zuzumuten.[118] Im Übrigen kann der Kläger Erledigung erklären: richtigerweise (s. bereits Rn. 17) nach seiner Wahl beschränkt auf die Hauptsache *oder* hinsichtlich des Rechtsstreits in toto, dh. einschließlich des Kostenpunktes.[119]

4. Erwerb der Parteifähigkeit während des Rechtsstreits. Parteifähigkeit des Klägers und Beklagten als prozessuale Klageerfolgsvoraussetzung (s. Rn. 2) muss spätestens im Zeitpunkt der letzten mündlichen Verhandlung gegeben sein. Als Prozesshandlungsvoraussetzung (s. Rn. 2) muss sie hingegen grundsätzlich zwar im Zeitpunkt der Vornahme der jeweiligen Prozesshandlung vorliegen. Ihr Mangel wird indes rückwirkend geheilt, wenn die Partei parteifähig wird: wenn nicht gar ipso iure,[120] so jedenfalls durch Genehmigung der bisherigen Prozessführung, die bereits in der rügelosen Fortführung des Rechtsstreits zu sehen ist.[121] 55

Die *praktische* Bedeutung des Satzes von der Heilbarkeit des Mangels hängt freilich entscheidend von der Beantwortung der vorrangigen Frage ab, in welchem Umfang auch nichtrechtsfähigen Gebilden Parteifähigkeit zukommt: Spricht man – richtigerweise – bereits der werdenden juristischen Person (s. Rn. 12) sowie dem nicht eingetragenen Verein (s. Rn. 36f.) allseitige Parteifähigkeit zu, bleibt für die Fallgestaltung Erwerb der Parteifähigkeit während des Rechtsstreits, wenn überhaupt, allenfalls höchst selten Raum. 56

5. Streit über die Parteifähigkeit. Ein allfälliger Streit über die Parteifähigkeit (sog. Zulassungsstreit) ist zu entscheiden: durch Zwischenurteil (§§ 280 Abs. 2, 303) oder im Endurteil, wenn sie bejaht, durch (Prozess-)Urteil, wenn sie verneint wird. Im Streit um die eigene Parteifähigkeit ist die Partei als parteifähig zu behandeln;[122] sie kann insbesondere zum Zwecke der Geltendmachung ihrer Parteifähigkeit auch Rechtsmittel gegen ein die Klage wegen Parteiunfähigkeit abweisendes Prozessurteil einlegen.[123] Ist das Rechtsmittel im Übrigen zulässig, weist es das Rechtsmittelgericht, falls es die Parteifähigkeit gleichfalls verneint, als *unbegründet* zurück.[124] 57

Die **Beweislast** hinsichtlich der eigenen Parteifähigkeit *und* derjenigen der Gegenpartei trägt diejenige Partei, die die Sachentscheidung begehrt, im kontradiktorischen Verfahren also stets der Kläger. Geschehensferne der risikobelasteten Partei bei gleichzeitiger Geschehensnähe der Gegenseite begründet freilich eine könnensabhängige Informationslast: Tritt eine juristische Person in der Beklagtenrolle, von der außer Frage steht, dass sie rechts- und parteifähig war, mit der Behauptung hervor, diese Eigenschaft verloren zu haben, so muss sie Tatsachen darlegen, aus denen sich ausreichende Anhaltspunkte für die Richtigkeit ihrer Behauptung ergeben.[125] *Erforderlicher* **Beweis** ist richtigerweise[126] in der Form des Streng-, nicht des Freibeweises zu erheben. 58

Zur Möglichkeit der **vorläufigen Zulassung einer Partei zur Prozessführung bei zweifelhafter Parteifähigkeit** und Gefahr im Verzug für die betreffende Partei s. § 56 Rn. 4f. 59

6. Feststellung des Mangels im Rechtsmittelzug. Wird der Mangel erst in der Rechtsmittelinstanz erkannt, hat das Rechtsmittelgericht bei im Übrigen zulässigem Rechtsmittel die *Klage* als unzulässig abzuweisen (nicht etwa das vom nicht parteifähigen oder gegen das nicht parteifähige Gebilde eingelegte Rechtsmittel als unzulässig zu verwerfen).[127] 60

7. Sonderproblem: Möglichkeit der Klageabweisung als „jedenfalls unbegründet" unter Offenlassung der Parteifähigkeitsfrage? Da komplexe Erkenntnisgegenstände nur einer 61

---

[117] BGHZ 62, 131, 132 = NJW 1974, 750; BGH NJW 1982, 238; *Zöller/Vollkommer* Rn. 17a.
[118] *Henckel* ZGR 1975, 232, 235; *Lindacher* JuS 1982, 594.
[119] Vgl. zB BGH NJW 1982, 238 = JR 1982, 102 m. Anm. *Grundmann*. AA – nur Möglichkeit der Totalerledigungserklärung – OLG Hamm JR 1988, 334.
[120] So zB *Hellwig* System I § 68 IV sowie *Nikisch* § 29 III 2.
[121] BGHZ 51, 27, 29 = NJW 1969, 188; *Rosenberg/Schwab/Gottwald* § 43 Rn. 41; *Jauernig* § 19 III 2.
[122] AllgM; vgl. BGHZ 24, 91 = NJW 1957, 1119; BAG NJW 1988, 2637; *Grunsky* ZPR Rn. 81; *Musielak/Weth* Rn. 15; *Thomas/Putzo/Hüßtege* Rn. 11.
[123] BGH NJW 1993, 2943, 2944; *Zöller/Vollkommer* Rn. 8.
[124] OLG Nürnberg BayJMBl. 1955, 65; *Zöller/Vollkommer* § 56 Rn. 14.
[125] BGH NJW 2004, 2523, 2524.
[126] Übereinstimmend: *Rimmelspacher,* Zur Prüfung von Amts wegen, 1966, S. 171ff.; *Stein/Jonas/Bork* § 56 Rn. 7. AA BGH NJW 1951, 441; *Zöller/Vollkommer* § 56 Rn. 8; *Baumbach/Lauterbach/Hartmann* § 56 Rn. 6.
[127] OLG Düsseldorf MDR 1977, 759; *Stein/Jonas/Bork* § 56 Rn. 16; *Zöller/Vollkommer* § 56 Rn. 14.

konsekutiven Betrachtung zugänglich sind, eignet der Zweiteilung Prozessvoraussetzungen und Prozesshindernisse einerseits, materielle Klageerfolgsvoraussetzungen andererseits jedenfalls eine gedankliche Gliederungsfunktion. Es besteht kein Anlass, für die unerlässliche Grobprüfung von der schulmäßigen Übung abzugehen, die prozessualen Klageerfolgsvoraussetzungen vorab zu durchmustern. Entgegen „klassischer" Meinung[128] gilt es, sich indes richtigerweise[129] von der Vorstellung freizumachen, alle Prozessvoraussetzungen seien Sachurteilsvoraussetzungen schlechthin. Zwar hat jedes Sachurteil seine Zulässigkeitsvoraussetzungen. Die Zulässigkeitsvoraussetzungen des klagestattgebenden und des klageabweisenden Urteils müssen sich jedoch nicht decken. Bestimmte Prozessvoraussetzungen sind Bedingung jeder Sachentscheidung, andere nur conditiones sine quibus non der zusprechenden Entscheidung. Maßgeblich ist insoweit die *Funktion* der jeweiligen Prozessvoraussetzung.[130]

62 Von diesem Ansatz her gilt es, Widerspruch gegen die Auffassung anzumelden, auch für ein klageabweisendes Sachurteil sei durchgängig nur Raum, wenn die Parteifähigkeit beider Streitteile feststeht.[131] Die dem Teleologieprinzip verpflichtete differenzierende Betrachtung findet gerade hier Material, ihre Sachangemessenheit zu demonstrieren. Man denke etwa[132] an den Fall der Klage einer nicht im Vereinsregister eingetragenen Vereinigung, die möglicherweise als politische Partei zu qualifizieren ist und damit nach § 3 PartG uneingeschränkt parteifähig wäre. Hier muss es dem Gericht in der Situation, dass die Klärung der Frage, ob es sich wirklich um eine politische Partei iSd. PartG handelt oder nicht, noch umfängliche tatsächliche Feststellungen erfordern würde, die Unbegründetheit hingegen zu Tage liegt, auch erlaubt sein, sofort auf Sachabweisung zu erkennen. Besteht doch selbst bei hypostasierter Nach-wie-vor-Verbindlichkeit der Entscheidung des historischen Gesetzgebers zur Frage der Parteifähigkeit nicht eingetragener Vereine (zur einschlägigen Streitfrage s. Rn. 36f.) unter Teleologieaspekten keinerlei Anlass, die Sachabweisung von der Bejahung der Klägerparteifähigkeit abhängig zu machen: Mit der Vorenthaltung der aktiven Parteifähigkeit bezweckte der ZPO-Gesetzgeber nicht, den nicht eingetragenen Verein vor einer negativen Sachentscheidung zu schützen; er wollte vielmehr Druck auf diesen ausüben, sich in das Vereinsregister eintragen zu lassen. Und, diesem Zweck steht sicher nicht entgegen, in geeigneten Fällen aus Prozessökonomiegründen die Klage des Vereins unter Ausklammerung der Frage seiner Parteifähigkeit in der Sache abzuweisen. Ja, richtigerweise muss es dem Gericht auch freistehen, eine sachlich offensichtlich ungerechtfertigte Klage eines nicht eingetragenen Vereins oder einer sonstigen *zumindest* passiv parteifähigen Personifikation unter Offenlassung der – rechtsmittelträchtigen – Frage der aktiven Parteifähigkeit des Verbands selbst dann als „jedenfalls unbegründet" abzuweisen, wenn es keiner zusätzlichen tatsächlichen Aufklärung in diesem Punkt bedarf: Die Sachabweisung der Leistungsklage entspricht vollinhaltlich dem stattgebenden Urteil auf negative Feststellungsklage gegen die betreffende Personifikation, dem der allfällige Mangel aktiver Parteifähigkeit ex definitione nicht entgegensteht.

63 **8. Entscheidung in Verkennung der Parteiunfähigkeit.** Das in Verkennung der Parteiunfähigkeit einer Seite ergangene Urteil ist nach allgemeinen Grundsätzen **anfechtbar,** aber – anders als das Urteil für oder gegen eine nicht existente Partei (hierzu Vor §§ 50ff. Rn. 26) – nicht wirkungslos.[133] Die Rechtsmittelfrist wird mit Zustellung durch bzw. an den Parteiunfähigen (oder seinen Prozessbevollmächtigten) in Lauf gesetzt.[134] Ein allfälliger Rechtsmittelverzicht/eine allfällige Rechtsmittelrücknahme durch das parteiunfähige Gebilde ist wirksam.[135]

64 Ist das Urteil **rechtskräftig,** soll das *Übersehen* der Parteiunfähigkeit nach heute ganz hM analog § 579 Abs. 1 Nr. 4 die **Nichtigkeitsklage** eröffnen.[136] Die meinungsprägende Entscheidung BGH JZ 1959, 127 vermengt freilich ganz offenkundig die fehlende Parteifähigkeit mit der Parteiexistenz:

---

[128] Dezidiert zB *Sauer,* Die Reihenfolge der Prüfung von Zulässigkeit und Begründetheit einer Klage im Zivilprozeß, 1974, passim, ferner: *Rosenberg/Schwab/Gottwald* § 93 Rn. 47; *Zöller/Greger* Vor § 253 Rn. 10; *Jauernig,* FS Schiedermair, 1975, S. 289ff.

[129] S. i. e. bereits *Lindacher* ZZP 90 (1977), 131ff.

[130] Übereinstimmend: *Grunsky* Grundlagen § 34 III 1 sowie ZZP 80 (1967), 55ff.; *Schlosser* Bd. I Rn. 301ff.; *Henckel* Prozessrecht S. 227ff.; *Rimmelspacher* ZZP 88 (1975), 245, 246.

[131] So – vom Ansatz der tradierten Vorranglehre her konsequent – statt vieler: *Zeiss/Schreiber* Rn. 266 sowie *Stein/Jonas/Bork* Rn. 58.

[132] Beispiel nach *Schlosser* Bd. I Rn. 301.

[133] Im Anschluß an *Jauernig,* Das fehlerhafte Zivilurteil, 1958, S. 174f. heute ganz hM; vgl. zB *Rosenberg/Schwab/Gottwald* § 43 Rn. 48; *Zeiss/Schreiber* Rn. 147; *W. Lüke* Rn. 118; aA freilich etwa noch *Bruns* RdNr. 54c und *Wieser* ZZP 84 (1971), 304, 309.

[134] *Rosenberg/Schwab/Gottwald* § 43 Rn 44.

[135] *Rosenberg/Schwab/Gottwald* aaO.

[136] BGH JZ 1959, 127; *Rosenberg/Schwab/Gottwald* § 43 Rn. 48; *Zeiss/Schreiber* Rn. 147; *Stein/Jonas/Bork* Rn. 58; *Zöller/Vollkommer* Rn. 7; *Thomas/Putzo/Hüßtege* Rn. 12; *Musielak/Weth* Rn. 15.

Die Wirkungslosigkeit eines Urteils für oder gegen eine nicht existente Partei kann in der Tat (auch) im Wege der Nichtigkeitsklage geltend gemacht werden (s. Vor §§ 50ff. Rn. 26). Der Fall der Parteiunfähigkeit eines existenten Gebildes ist hiermit indes ebenso wenig vergleichbar wie mit dem Fall der nicht ordnungsgemäßen Vertretung eines Prozessunfähigen oder einer auf Organschaft angewiesenen Personifikation.[137]

9. Leistungstitel gegen (mutmaßlich) vollbeendigte Gesellschaft. Die Feststellung, eine juristische Person oder sonstige parteifähige Personifikation sei vollbeendigt, steht immer unter Korrekturvorbehalt: Zeigt sich nachträglich weiterer bzw. bei Löschung ohne vorgängiges Liquidationsverfahren Doch-noch-Abwicklungsbedarf, gilt es das – vorläufige – Urteil zu revidieren. Der Verband existiert als „Nachgesellschaft" bzw. Gesamthandsgesellschaft i. L. fort und steht als solcher, soweit vom Liquidationszweck her erforderlich, auch als Verfahrenssubjekt zur Verfügung (s. bereits Rn. 14ff., 29). Und, wenn auch die lediglich abstrakt-generelle Möglichkeit der Falsifizierung der Feststellung, die gelöschte Gesellschaft sei vermögenslos, richtigerweise im Interesse der Schonung staatlicher Rechtsschutzeinrichtungen noch keinen hinreichenden einschlägigen Liquidationsbedarf für die Gläubiger vermögensrechtlicher Ansprüche begründet (s. Rn. 15), sollte jenem Umstand doch nicht jede Bedeutung abgesprochen werden: Die objektive Ungewissheit, ob die Personifikation wirklich vollbeendigt und damit inexistent ist, verbietet zunächst eine unreflektierte Anwendung der für die nicht existente Partei entwickelten Grundsätze. Das Leistungsurteil, das gegen eine – nach derzeitiger Beurteilung – vollbeendigte Gesellschaft erging, ist nicht schlechthin wirkungslos, sondern potentiell wirksam, insbesondere tauglicher Vollstreckungstitel, wenn und sobald sich erweisen sollte, dass doch noch Vollstreckungsmasse vorhanden. Für eine Nichtigkeitsklage ist kein Raum.[138] Ja, will man nicht Sinn der Unzulässigkeit einer Klage bei lediglich abstrakt-genereller Möglichkeit der Titelrealisierung, die Schonung der knappen Rechtsschutzressourcen, in Widersinn verkehren, kann es auch nicht angehen, im Verkennen der (mutmaßlichen) Vollbeendigung bzw. in der nachträglichen (mutmaßlichen) Vollbeendigung einen Rechtsmittelgrund zu erblicken. Ein Rechtsmittel, mit dem allein dieser Umstand geltend gemacht wird, ist richtigerweise als unzulässig zu verwerfen.[139] 65

VIII. Parteifähigkeit von Ausländern

1. Personen fremder Staatsangehörigkeit sowie ausländische Personenzusammenschlüsse und Sondervermögen. In der Frage, wie sich die Parteifähigkeit von Ausländern sowie ausländischen Personenvereinigungen und Sondervermögen bestimmt, konkurrieren herkömmlicherweise zwei Meinungen: Die lex fori-Theorie[140] nimmt im Ansatz auf inländische Verfahrenssätze Bezug, also insbesondere auf § 50 Abs. 1 und dessen Anknüpfung an die Rechtsfähigkeit, ermittelt dann freilich die letztere nach internationalprivatrechtlichen Grundsätzen aus dem Personalstatut und *deshalb* nach dem jeweiligen Heimatrecht. Die Gegenansicht[141] geht von einer (ungeschriebenen) Kollisionsregel des deutschen IZPR des Inhalts aus, dass sich die Parteifähigkeit nach Heimatrecht beurteilt. Beide Lager arbeiten – mit Differenzierungen im Detail – mit ergänzenden „Verkehrsschutzregeln". 66

Richtig ist, dass es sich um eine internationalverfahrensrechtliche Frage handelt, der unmittelbare Rückgriff auf das interne Verfahrensrecht methodisch verfehlt ist. Richtig ist weiter, dass die Lehre, die die Parteifähigkeit unmittelbar nach dem Personalstatut (also Heimatrecht) beurteilt, zu sachgerechteren Lösungen bzw. zumindest zu größerer Plausibilität allseits befürworteter Ergebnisse dort gelangt, wo die lex patriae dem in Frage stehenden Gebilde die Parteifähigkeit trotz fehlender Rechtsfähigkeit zuspricht. Nicht einleuchtend ist freilich, weshalb der Satz „parteifähig ist, wer nach seinem Heimatrecht parteifähig" den Satz „parteifähig ist, wer nach seinem Heimatrecht rechtsfähig" ausschließen soll: Die entsprechende – in der Praxis nicht selten mit geringerem Feststellungsaufwand verbundene – Anknüpfung ist unschädlich, soweit auch im Ausland, wie in aller Regel, Gleichlauf zwischen Rechtsfähigkeit und Parteifähigkeit besteht, sie ist unerlässlich, soweit das Heimatrecht die Parteifähigkeit rechtsfähiger Gebilde verneint, über im Inland nicht ohne weiteres zur Verfügung stehende Hilfsfiguren indes gleichwohl eine hinreichende Rechtsverfolgung 67

---

[137] Gegen die Anfechtbarkeit des in Verkennung der Parteiunfähigkeit ergangenen Urteils analog § 579 Abs. 1 Nr. 4 auch *Jauernig* (Fn. 133) S. 174 sowie *Nikisch* § 29 III 3.

[138] Volle Übernahme der hier entwickelten Position: *Wieczorek/Schütze/Hausmann* Rn. 94.

[139] Zustimmend: *Wieczorek/Schütze/Hausmann* aaO.

[140] BGH NJW 1965, 1666; 2003, 1461, 1462 (jeweils ohne Problematisierung); OLG Düsseldorf NJW-RR 1993, 999; *Schütze,* DIZPR, 2. Aufl. 2005, Rn. 186; *Palandt/Heldrich* Art. 7 EGBGB Rn. 2.

[141] Grundlegend *Pagenstecher* ZZP 64 (1951), 249ff. Ferner: BGH NJW 1969, 188, 189; IPRax 2000, 21, 22; *Nagel/Gottwald* IZPR § 4 Rn. 14; *Schack* Rn. 530; *Staudinger/Großfeld* IntGesR Rn. 292; *Wagner* ZZP 117 (2004), 305, 362.

ermöglicht.[142] Da die Wertigkeit der Rechtsverfolgungs- und Abwehrinteressen für Personenzusammenschlüsse oder Vermögensmassen nicht davon abhängt, ob diese vom Ausland oder vom Inland her verwaltet werden,[143] erscheint deshalb letztlich gemäß dem Vorschlag von *Lüderitz,*[144] eine **dreigliedrige Kollisionsnorm** folgenden Inhalts angezeigt: (1) Parteifähig ist, wer nach seinem Personalstatut rechtsfähig ist. (2) Parteifähig ist im Inland ohne Rücksicht auf Rechtsfähigkeit jeder, der nach seinem Personalstatut parteifähig ist. (3) Parteifähig ist schließlich jede Personifikation, die nach ihrem Personalstatut (Sitzrecht) so organisiert ist wie eine inländische Einrichtung, der – allgemeine oder passive – Parteifähigkeit zukommt.[145] Klagt die ausländische Personifikation im Inland, ohne hier Vermögen zu besitzen, wird man freilich in der letzteren Fallgestaltung dem Beklagten aus Chancengleichheitsgründen das Recht einräumen müssen, Prozesskostensicherheitsleistung zu verlangen, wenn eine Anerkennung des Urteils im Sitzstaat nicht zu erwarten ist.[146]

68 **2. Bestimmung der „Nationalität" von Personenzusammenschlüssen und Sondervermögen: Sitztheorie versus Gründungstheorie.** *Wann* eine Gesellschaft/ein Sondervermögen inländisch oder ausländisch, ist Gegenstand eines klassischen Theorienstreits. Die – vorrangig dem Parteiinteresse verpflichtete – **Gründungstheorie** (vertreten u.a. in den USA, England, Dänemark, den Niederlanden und der Schweiz) bestimmt die „Nationalität" einer Gesellschaft nach dem Gründungsrecht oder gleichbedeutend, weil der Satzungssitz im Gründungsstaat zu nehmen, nach dem Satzungssitz. Nach der u.a. in Deutschland bis in die jüngste Zeit breitflächig ganz herrschenden – vorrangig Gläubiger- und Verkehrsinteressen dienenden – **Sitztheorie** bestimmt sich die „Nationalität" einer Gesellschaft demgegenüber prinzipiell nach dem (tatsächlichen) Verwaltungssitz: Personifikationen mit inländischem Verwaltungssitz sind auch dann inländische Personifikationen, wenn sie in einem anderen, der Gründungstheorie folgenden Staat errichtet worden sind.[147]

69 Ob die deutsche Position **gemeinschaftsrechtlich** (teil-)korrekturbedürftig, blieb lange Zeit ungewiss. Konnte man zunächst durchaus glauben, das Gemeinschaftsrecht belasse dem nationalen Kollisionsrecht die autonome Entscheidung zwischen Gründungs- und Sitztheorie (Stichwort: *Daily Mail*[148]), belehrte der EuGH mit *Centros*[149] und den Folgeentscheidungen *Überseering*[150] und *Inspire Art*[151] die nationalen Gerichte nachdrücklich eines anderen. Spätestens seit *Überseering* steht außer Frage: in der Lesart des EuGH gebietet die kommunitärrechtliche Niederlassungsfreiheit die allseitige „Achtung" einer nach dem Recht eines Mitgliedstaats wirksam errichteten Gesellschaft als Gesellschaft des jeweiligen Gründungsrechts. Die Sitztheorie wird – wie immer man das gemeinschaftsrechtliche „Anerkennungsgebot" qualifiziert[152] – im Geltungsbereich desselben im Ergebnis außer Kraft gesetzt. Die in einem der Gründungstheorie folgenden EU-Staat wirksam errichtete Gesellschaft ist und bleibt aus inländischer Sicht auch dann ausländische Gesellschaft, wenn sie ihren Verwaltungssitz im Inland nimmt.

70 Die auf der Basis der EuGH-Rechtsprechung entwickelten Grundsätze sind konsequenterweise auf Gesellschaften zu übertragen, die in Vertragsstaaten des **Europäischen Wirtschaftsraums (EWR)** gegründet wurden, die nicht zugleich Mitgliedstaaten der EU sind, also in den EFTA-Staaten Liechtenstein, Island oder Norwegen inkorporiert sind:[153] Die Verbürgung der Niederlassungsfreiheit im EWR-Abkommen ist nahezu wortlautident mit der der Art. 43, 48 EG, die Auslegung anerkanntermaßen zu synchronisieren.

71 Im Verhältnis zu Nicht-EU/EWR-Staaten gilt nach (vorerst) ganz hM die Sitztheorie demgegenüber unverändert fort.[154] „Anerkennungsgebote" können sich freilich aus bilateralen Staatsver-

---

[142] So zu Recht bereits *Soergel/Lüderitz* Anh. Art. 10 EGBGB Rn. 29.

[143] Auch insoweit bereits *Soergel/Lüderitz* aaO.

[144] *Soergel/Lüderitz* Anh. Art. 10 EGBGB Rn. 29.

[145] Übereinstimmend: *Furtak,* Die Parteifähigkeit in Zivilverfahren mit Auslandsberührung, 1995, S. 161 ff., 173; *Geimer* IZPR Rn. 2203 f.; *Stein/Jonas/Bork* Rn. 51; MünchKommBGB/*Kindler* IntGesR Rn. 448; *Thorn* IPRax 2001, 102, 107.

[146] Richtig: *Soergel/Lüderitz* Anh. Art. 10 EGBGB Rn. 29.

[147] Aus der Zeit vor *Centros:* BGHZ 97, 269, 271= NJW 1986, 2194 f.; BGH NJW 1992, 618.

[148] Slg. 1988, 5505 = NJW 1989, 2186.

[149] Slg. 1999 I – 1459 = NJW 1999, 2027.

[150] Slg. 2002 I – 9919 = NJW 2002, 3614.

[151] Slg. 2003 I – 10 155 = NJW 2003, 3331.

[152] Für kollisionsrechtliche Sonderanknüpfung BGHZ 154, 185, 190 = NJW 2003, 1461, 1462, für Berücksichtigung im Rahmen der Anwendung des berufenen Sachrechts (Binnenmarktsachverhalt als Sonderfall des Auslandssachverhalts) beispielsweise *v. Hoffmann/Thorn* IPR, 8. Aufl., § 7 Rn. 32 a.

[153] OLG Frankfurt a.M. IPRax 2004, 56 m. Bspr. *Baudenbacher/Buschle* IPRax 2004, 26; *Geimer* IZPR Rn. 2210; *Mankowski* RIW 2004, 481, 483.

[154] BayObLG RIW 2003, 387, 388; (Gesellschaft unter sambischen Recht mit Satzungssitz Lusaka und – be-

trägen ergeben. Das insoweit wichtigste Abkommen ist der Dt.-amerikanische Freundschafts-, Handels- und Schifffahrtsvertrag von 1954: Nach dem Recht eines Einzelstaats der USA gegründete Gesellschaften sind auch dann als solche „anzuerkennen", wenn sie ihren Verwaltungssitz in Deutschland haben.[155] Ob dies auch für reine „Briefkastenfirmen" gilt, oder aber ein entsprechender *genuin link* zu fordern, ist streitig.[156]

Liegt der Sitz einer in einem Nicht-EU/EWR-Staat nach dortigem Recht wirksam gegründeten Gesellschaft in einem **Drittstaat,** ist die Gesellschaft in Anwendung der Sitztheorie (s. Rn. 71) als im Sitzstaat beheimatet anzusehen, es sei denn das Sitzrecht verweist (der Gründungstheorie folgend, unsere Verweisung nicht annehmend[157]) auf das Gründungsrecht weiter. 72

3. Scheinauslandsgesellschaften. Unter der (Rest-)Herrschaft der **Sitztheorie** (hierzu Rn. 68 ff.) – und nur dann – gilt: Personifikationen mit inländischem (Verwaltungs-)Sitz sind aus unserer kollisionsrechtlichen Perspektive auch dann *inländische* Personifikationen, wenn sie in einem anderen, der Gründungstheorie folgenden Staat gegründet worden sind. Sie handeln „unter falschem Recht",[158] sind bloße *Schein*auslandsgesellschaften.[159] Über die wahre rechtliche Einordnung entscheidet das deutsche (Sach-)Recht.[160] Die als Klage einer ausländischen Einpersonen-Korporation ausgeflaggte Klage wirft zunächst ein Auslegungsproblem auf (s. Rn. 12 ff.). Vor dem Hintergrund, dass nach materiellem Recht die Rechtsfolgen „gesellschaftsbezogener" Geschäfte den „Einpersonengesellschafter" treffen,[161] ist sie dahin zu hinterfragen, ob es sich nicht um die Klage desselben als Einzelkaufmann oder sonstige natürliche Person handelt. Als Klage der Gesellschaft ist sie aus inländischer Sicht Klage einer nichtexistenten Person. Verkehrsschutzerwägungen rechtfertigen und gebieten freilich allemal ein Verklagen-Können des einschlägigen Gebildes im Wege des den Schein für das Sein Nehmens. Mehrgliedrige körperschaftlich strukturierte Verbände mit erwerbswirtschaftlicher Zwecksetzung unterfallen dem Auffangtatbestand der OHG bzw. GbR und sind damit als solche – nach hier vertretener Ansicht: auch als GbR (s. Rn. 25 f.) – nicht nur existente Rechtspersonen,[162] sondern auch parteifähig.[163] Verneint man entgegen der hier vertretenen Ansicht die (Voll-)Parteifähigkeit der GbR, ist dem Gebilde aus Verkehrsschutzgründen jedenfalls die passive Parteifähigkeit zuzusprechen. Selbst bei gegebener (Voll-)Parteifähigkeit gemäß inländischer Qualifikation sollte man als Beklagten*bezeichnung* (ggf. mit klarstellendem Hinweis auf die wahre Rechtsform) die im Rechtsverkehr verwandte Bezeichnung (unter Einschluss eines Rechtsformzusatzes ausländischen Rechts) zulassen: Der Kläger mag vielerlei legitime Interessen an einem einschlägigen Urteilsrubrum haben.[164] 73

4. Staatenlose. Staatenlose, die ihren gewöhnlichen Aufenthalt im Inland haben, werden wie Inländer behandelt (vgl. Art. 16 Übk. über die Rechtsstellung der Staatenlosen, BGBl. II 1976 S. 473). 74

§ 51 Prozessfähigkeit; gesetzliche Vertretung; Prozessführung

(1) Die Fähigkeit einer Partei, vor Gericht zu stehen, die Vertretung nicht prozessfähiger Parteien durch andere Personen (gesetzliche Vertreter) und die Notwendigkeit einer besonderen Ermächtigung zur Prozessführung bestimmt sich nach den Vorschrif-

---

hauptetem – deutschen Verwaltungssitz); *Zöller/Vollkommer* Rn. 9 a; *Geimer* IZPR Rn. 2215 e; *Hess* ZZP 117 (2004), 267, 297; *Zöllner* GmbHR 2006, 1, 2.

Für generelle Gründungsanknüpfung freilich etwa *Stein/Jonas/Bork* Rn. 53; *Leible/Hoffmann* RIW 2002, 925, 935 f.; *Eidenmüller* ZIP 2002, 2233, 2244.

[155] BGHZ 153, 353 = NJW 2003, 1607; BGH NJW 2004, 2523, 2524; *Zöller/Vollkommer* Rn. 9 a; *Schanze/Jüttner* Die AG 2003, 36.

[156] Offengelassen von BGH BB 2004, 1868, 1869. Einen *genuin link fordernd* vor allem MünchKommBGB/*Kindler* IntGesR Rn. 251 f., *gegen* ein einschlägiges Erfordernis beispielsweise *Leible,* in: Grenzüberschreitende Gesellschaften, 2005, § 10 Rn. 8 sowie *Damann* RabelsZ 68 (2004), 607, 644 ff.

[157] Zur Beachtlichkeit allfälliger Weiterverweisung OLG Hamm RIW 1997, 875; *Geimer* IZPR Rn. 2208; *v. Hoffmann/Thorn* IPR, 8. Aufl., § 7 Rn. 27.

[158] *Staudingerer/Großfeld* IntGesR Rn. 426.

[159] MünchKommBGB/*Kindler* IntGesR Rn. 344.

[160] BGHZ 151, 204, 206 = NJW 2002, 3539; MünchKommBGB/*Kindler* IntGesR Rn. 344; *Leible* (Fn. 156) § 10 Rn. 10; *H. F. Müller* ZIP 1997, 1049, 1050.

[161] *Staudinger/Großfeld* IntGesR Rn. 441; MünchKommBGB/*Kindler* IntGesR Rn. 348.

[162] Bereits dies leugnend: OLG München NJW-RR 1993, 703, 704; *Staudinger/Großfeld* IntGesR Rn. 427; *G. Fischer* IPRax 1991, 100.

[163] BGHZ 151, 204, 206 = NJW 2002, 3539; *Geimer* IZPR Rn. 2210; *Leible* (Fn. 156) § 10 Rn. 10; *Hess* ZZP 117 (2004), 267, 297.

[164] S. insoweit auch *Staudinger/Großfeld* IntGesR Rn. 446.

ten des bürgerlichen Rechts, soweit nicht die nachfolgenden Paragraphen abweichende Vorschriften enthalten.

(2) Das Verschulden eines gesetzlichen Vertreters steht dem Verschulden der Partei gleich.

(3) Hat eine nicht prozessfähige Partei, die eine volljährige natürliche Person ist, wirksam eine andere natürliche Person schriftlich mit ihrer gerichtlichen Vertretung bevollmächtigt, so steht diese Person einem gesetzlichen Vertreter gleich, wenn die Bevollmächtigung geeignet ist, gemäß § 1896 Abs. 2 Satz 2 des Bürgerlichen Gesetzbuchs die Erforderlichkeit einer Betreuung entfallen zu lassen.

§ 52 Umfang der Prozessfähigkeit

(1)* Eine Person ist insoweit prozessfähig, als sie sich durch Verträge verpflichten kann.

Schrifttum: *Bork,* Die Prozeßfähigkeit nach neuem Recht, MDR 1991, 97; *J. Hager,* Die Rechtsbehelfe des Prozeßunfähigen, ZZP 97 (1984), 174; *Kahlke,* Zur Beschaffenheit der Prozeßfähigkeit, ZZP 100 (1987), 10; *Oda,* Die Prozeßfähigkeit als Voraussetzung und Gegenstand des Verfahrens, 1997; *M. Reinicke,* Entspricht die objektive Beweislast bei Prozeßfähigkeit derjenigen bei der Geschäftsfähigkeit?, FS Lukes, 1989, S. 755.

Übersicht

* Absatzzähler amtlich.

I. Begriff und Funktion der Prozessfähigkeit

1. Begriff. Die Prozessfähigkeitsfrage spricht das Problem an, ob eine Partei in der Lage ist, ihre prozessualen Rechte selbst wahrzunehmen, oder ob diese nur von einem gesetzlichen Vertreter ausgeübt werden können: Prozessfähigkeit bedeutet die Fähigkeit, einen Prozess in eigener Person oder durch einen selbst bestellten Prozessbevollmächtigten zu führen. 1

2. Funktion. Das Erfordernis der Prozessfähigkeit dient zunächst und vor allem dem Schutz der jeweiligen Partei selbst: der Prozessunfähige soll vor ihm nachteiligen Folgen unsachgemäßer Prozessführung bewahrt werden. Ergänzend geht es um den Schutz des Prozessgegners und des Gerichts, die ein – konvergentes – Interesse an einem geordneten, zielgerichteten Rechtsgang haben: Das Erfordernis der Prozessfähigkeit steuert der Gefahr zweckwidrigen Prozesshandelns durch den nicht gesetzlich vertretenen Prozessunfähigen.[1] Dem Schutzanliegen entspricht: Die Klage des oder gegen einen nicht ordnungsgemäß vertretenen Prozessunfähigen ist unzulässig **(Prozessfähigkeit bzw. ordnungsgemäße Vertretung des Prozessunfähigen als Prozessvoraussetzung).** Die Führung von Aktiv- oder Passivprozessen des Prozessunfähigen obliegt dessen gesetzlichem Vertreter. Prozesshandlungen des Prozessunfähigen selbst sind unwirksam und werden auch mit Eintritt des gesetzlichen Vertreters (hierzu Rn. 39) nicht ohne weiteres wirksam **(Prozessfähigkeit bzw. Vertretungsmacht des für den Prozessunfähigen Handelnden als Prozesshandlungsvoraussetzung).** 2

II. Prozessfähigkeit und Geschäftsfähigkeit: allgemeine Grundlegung

1. Grundsatz: Gleichlauf von Prozessfähigkeit und Geschäftsfähigkeit. Der Ausgang eines Rechtsstreits, insonderheit eines Zivilrechtsstreits, hängt in erheblichem Maße vom Parteiverhalten ab. Jede Seite kann nicht nur durch prozessuale Dispositivakte, sondern auch durch nachlässige Prozessführung ihr „gutes Recht" verspielen: nach der Rechtskraft des Urteils wird sie mit einer entscheidungskonträren Rechtsbehauptung nicht mehr gehört. Ist aber Prozessführung im Ergebnis für einen nicht Geschäftsfähigen bzw. beschränkt Geschäftsfähigen nicht minder gefährlich als rechtsgeschäftliches Handeln, fordert der Schutz dieser Personen, sie von der Prozessführung fernzuhalten und/oder ihren Prozesshandlungen die nachteiligen prozessualen Wirkungen zu nehmen. Wertungskonsequenterweise verknüpft das Gesetz die Prozessfähigkeit in § 52 Abs. 1 mit der Geschäftsfähigkeit: prozessfähig ist, wer sich (selbstständig) durch Verträge verpflichten kann. 3

2. Keine beschränkte Prozessfähigkeit. Da sich auch der beschränkt Geschäftsfähige nicht selbstständig, sondern nur unter Mitwirkung seines gesetzlichen Vertreters rechtsgeschäftlich verpflichten kann, ist er gleich dem Geschäftsunfähigen prozessunfähig: Es gibt keine beschränkte Prozessfähigkeit. Minderjährige und ihnen gleichgestellte Personen können einen Prozess auch nicht mit Einwilligung des gesetzlichen Vertreters selbst führen.[2] Dies entspricht nicht nur der Gesetzeslage, sondern auch dem wohlverstandenen Interesse dieses Personenkreises: Die Argumentation, wer ermächtigt werden kann, sein Recht durch materiell-rechtliche Verfügung aufzugeben, müsse unbeschadet der Gefahr, hierbei sein Recht zu verspielen, auch zur selbstständigen Prozessführung 4

[1] *Rimmelspacher,* Zur Prüfung von Amts wegen im Zivilprozeß, 1966, S. 70f.; *M. Reinicke,* FS Lukes, S. 755, 765ff.; *Musielak/Weth* § 51 Rn. 2.

[2] Ganz hM; vgl. zB *Henckel* Prozeßrecht S. 70ff.; *Stein/Jonas/Bork* § 51 Rn. 3; *Musielak/Weth* § 52 Rn. 4; *Schlosser* Bd. I Rn. 253. AA – Globaleinwilligung möglich – *Grunsky* Grundlagen § 27 II 2 sowie AK-ZPO/*Koch* Rn. 8.

ermächtigt werden können,[3] vernachlässigt zunächst unzulässigerweise das Prozesskostenrisiko. Vor allem aber unterschätzt sie die genuine Gefährlichkeit der Prozessführungsermächtigung: Wer in rechtsgeschäftlichen Rechtsverzicht einwilligt, weiß um die entsprechende Rechtsfolge. Er erteilt die Zustimmung nicht leichtfertig. Wer zur Prozessführung ermächtigt, hofft auf Rechtsfeststellung und -durchsetzung und verkennt nicht selten die Risiken des Blanketts. Dass der gesetzliche Vertreter die Prozessführung des prozessunfähigen beschränkt Geschäftsfähigen in toto genehmigen kann, hat nichts mit beschränkter Prozessfähigkeit zu tun: genehmigungsfähig ist die Prozessführung eines jeden Prozessunfähigen, auch des Geschäftsunfähigen (s. Rn. 39).

5 **3. Ausnahmen: Gegenständlich begrenzte Prozessfähigkeit trotz Geschäftsunfähigkeit – gegenständlich begrenzte Prozessunfähigkeit trotz Geschäftsfähigkeit.** Dass eine Person insoweit prozessfähig ist, als sie sich (selbstständig) durch Verträge verpflichten kann (§ 52 Abs. 1), ist in zweifacher Hinsicht nur Regelaussage: Im Hinblick auf den höchstpersönlichen Charakter der betreffenden Prozesse verleiht das Gesetz beschränkt Geschäftsfähigen in Ehesachen (§ 607 Abs. 1) und Ehelichkeitssachen (§ 640 b) die – uneingeschränkte – Prozessfähigkeit (s. Rn. 12). Umgekehrt steht nach § 53 ein Geschäftsfähiger einem Prozessunfähigen in dem Rechtsstreit gleich, in dem er von einem Pfleger vertreten wird.

III. Arten der Prozessfähigkeit

6 Das Gesetz kennt zwar nur die Alternative Prozessfähigkeit – Prozessunfähigkeit, nicht die Zwischenform (allgemeiner) beschränkter Prozessfähigkeit (s. Rn. 4). Es kennt indes die Unterscheidung zwischen allgemeiner und partieller Prozessfähigkeit sowie allgemeiner und partieller Prozessunfähigkeit.

7 **Partielle Prozessfähigkeit** begegnet einmal als gegenständlich begrenzte Prozessfähigkeit kraft korrespondierender begrenzter Geschäftsfähigkeit: *soweit* ein Minderjähriger nach §§ 112, 113 BGB für die dort umschriebenen Bereiche (voll)geschäftsfähig, ist er auch verfahrensrechtlich mündig (s. Rn. 11). Die zweite Erscheinungsform partieller Prozessfähigkeit ist die bereits angesprochene gegenständlich begrenzte Prozessfähigkeit kraft besonderer gesetzlicher Bestimmung: das Gesetz verleiht in Hinblick auf die höchstpersönliche Natur bestimmter Verfahren, nämlich für Ehe- und Ehelichkeitssachen, nach Maßgabe der §§ 607 Abs. 1, 640 b auch Minderjährigen die Fähigkeit zur Eigenprozessführung (s. Rn. 12).

8 **Partielle Prozessunfähigkeit** kraft komplementärer Geschäftsunfähigkeit begegnet im Fall sektoraler, auf bestimmte Streitkomplexe beschränkter geistiger Störung (s. Rn. 15). Partielle Prozessunfähigkeit eines (Voll-)Geschäftsfähigen kraft besonderer gesetzlicher Bestimmung statuiert § 53: Wer einen Pfleger erhält, bleibt geschäfts- und damit grundsätzlich prozessfähig. Im konkreten vom Pfleger namens des Pflegebefohlenen geführten Prozess mangelt diesem indes die Prozessfähigkeit (s. § 53 Rn. 3).

9 Eine Stufung der Prozessfähigkeit nach der Schwierigkeit der Prozessführung ist hingegen aus Rechtssicherheitsgründen abzulehnen: ebenso wenig wie eine relative Geschäftsunfähigkeit gibt es eine relative Prozessunfähigkeit.[4]

IV. Prozessfähige und prozessunfähige Personen

10 **1. Prozessfähige Personen. a) Allgemeine Prozessfähigkeit.** Prozessfähig, und zwar grundsätzlich allgemein prozessfähig, sind alle (unbeschränkt) geschäftsfähigen Personen, § 52 Abs. 1.

11 **b) Partielle Prozessfähigkeit kraft voller, aber gegenständlich begrenzter Geschäftsfähigkeit.** Minderjährige, die nach §§ 112, 113 BGB bereichsmäßig begrenzt (voll)geschäftsfähig, sind für Rechtsstreitigkeiten, die sich aus der Erwerbstätigkeit bzw. aus dem Arbeits- (einschließlich Ausbildungs-)verhältnis ergeben, auch prozessfähig, § 52 Abs. 1. Soweit der Minderjährige prozessfähig ist, zediert die Vertretungsmacht des gesetzlichen Vertreters:[5] Zur Prozessführung im Autonomiebereich bedarf dieser grundsätzlich der Vollmacht des Minderjährigen. Für Rechtsstreitigkeiten aus dem Arbeitsverhältnis bleibt freilich zu beachten, dass die Ermächtigung gemäß § 113 Abs. 2 BGB vom gesetzlichen Vertreter auch ohne Mitwirkung des VormG mit ex nunc-Wirkung wieder zurückgenommen oder eingeschränkt werden kann. Wer als einschlägigen Erklärungsemp-

---

[3] So *Grunsky* (Fn. 2).

[4] AllgM; BGH NJW 1953, 1342; *Zöller/Vollkommer* § 52 Rn. 10; *Grunsky* ZPR Rn. 83.

[5] Heute wohl allgM; vgl. etwa *Rosenberg/Schwab/Gottwald* § 44 Rn. 16; *Stein/Jonas/Bork* § 52 Rn. 3; *Thomas/Putzo/Hüßtege* § 52 Rn. 12.

fänger ausschließlich oder jedenfalls auch den Arbeitgeber erachtet,[6] wird deshalb in der vom gesetzlichen Vertreter namens des Minderjährigen erhobenen Klage gegen denselben eine konkludente Rücknahme bzw. Einschränkung der Ermächtigung zu erblicken haben.[7] Vom **Umfang** her deckt die Prozessfähigkeit die Geltendmachung aller Angriffs- und Verteidigungsmittel, eine Widerklage freilich nur, wenn auch deren Streitgegenstand in den Bereich der §§ 112, 113 BGB fällt.[8] Hinsichtlich der Aufrechnung ist zwischen der materiell-rechtlichen Erklärung und der Geltendmachung der erklärten Aufrechnung im Prozess zu unterscheiden: Der Tatbestand einer wirksamen Aufrechnung liegt bei einer Erklärung durch den Minderjährigen nur vor, wenn auch die zur Aufrechnung gestellte Forderung dem Kreis der §§ 112, 113 BGB zugehört oder aber der gesetzliche Vertreter zustimmt.[9] Die rechtsvernichtende Einwendung wirksam erklärter Aufrechnung kann vom Minderjährigen als Prozesshandlung selbstständig erhoben werden.

c) Erweiterte Prozessfähigkeit in Ehe- und Ehelichkeitssachen. Im Hinblick auf die höchstpersönliche Natur bestimmter Verfahren spricht das Gesetz die Prozessfähigkeit auch zu: **Minderjährigen** in Ehesachen wegen eigener Minderjährigkeit (§ 607 Abs. 1) sowie für Verfahren bezüglich der Anfechtung der Vaterschaft (§ 640b). Die einschlägige Prozessfähigkeit begründet eine Annexgeschäftsfähigkeit: der Minderjährige kann auch die zur zweckentsprechenden Rechtsverfolgung und Rechtswahrung erforderlichen Rechtsgeschäfte selbst vornehmen, insbesondere ohne Mitwirkung seines gesetzlichen Vertreters einen Rechtsanwalt beauftragen.[10] 12

2. Prozessunfähige Personen. a) Geschäftsunfähigkeit. Prozessunfähig, weil geschäftsunfähig, sind: Kinder unter sieben Jahren (§ 104 Nr. 1 BGB), ferner – unabhängig von der Anordnung einer Betreuung – Personen, die sich nicht nur vorübergehend[11] in einem die freie Willensbestimmung ausschließenden Zustand krankhafter Störung der Geistestätigkeit befinden (§ 104 Nr. 2 BGB). Prozessunfähigkeit wegen dauerhafter Störung der Geistestätigkeit (§ 52 Abs. 1 iVm. § 104 Nr. 2 BGB) kann das Prozessgericht dabei (praktisch nur nach Sachverständigenanhörung) auch dann bejahen, wenn ein Verfahren auf Betreuungsanordnung mit gegenläufiger Entscheidung abgeschlossen wurde oder eine Betreuung auf Antrag des Betreuten aufgehoben wurde.[12] Lichten Zwischenräumen eignet nur Relevanz, wenn sie das *gesamte* Verfahren abdecken: die Prozessführung ist unteilbar. Eine lediglich vorübergehende Störung der Geistestätigkeit tangiert analog § 105 Abs. 2 BGB nur die Wirksamkeit der in dieser Phase vorgenommenen Prozesshandlungen.[13] Die Zustellung an eine vorübergehend geistesgestörte Person ist wirksam, setzt freilich eine Notfrist in Lauf.[14] 13

b) Beschränkte Geschäftsfähigkeit. Prozessunfähig, weil nur beschränkt geschäftsfähig und damit nicht selbstständig verpflichtungsfähig (s. Rn. 4), sind: Minderjährige über sieben Jahre (§ 106 BGB) sowie unter Betreuung mit Einwilligungsvorbehalt Gestellte, soweit die Betreuungsanordnung und der Einwilligungsvorbehalt reicht (§§ 1896, 1903 BGB). Eine sachliche Prüfung, ob die Betreuungsanordnung gerechtfertigt war oder ist, steht dem Prozessrichter im Hinblick auf die Gestaltungsaktnatur der einschlägigen Entscheidungen nicht zu. Bestehende Vormundschaften über entmündigte Volljährige sind nach der übergangsrechtlichen Vorschrift des Art. 9 § 1 BtG zu Betreuungen mit Einwilligungsvorbehalt für sämtliche Angelegenheiten des Betreuten geworden. 14

c) Partielle Geschäftsunfähigkeit. Die krankhafte Störung der Geistestätigkeit iSv. § 104 Nr. 2 BGB kann sich gegenständlich auf einen bestimmten Lebensbereich oder Streitkomplex beschränken. Dann ist die im Übrigen voll geschäftsfähige und prozessfähige Person infolge sog. partieller Geschäftsunfähigkeit für Rechtsstreitigkeiten aus *diesem* Bereich prozessunfähig.[15] 15

---

[6] Im ersteren Sinne zB *Feller* FamRZ 1961, 420ff., im zweiten Sinne zB *Soergel/Hefermehl* § 113 BGB Rn. 8 sowie *Jauernig* BGB § 113 Rn. 7. AA – richtiger Adressat der Rücknahme bzw. Einschränkung allein der Minderjährige – freilich etwa MünchKommBGB/*Schmitt* § 113 Rn. 24 sowie *Palandt/Heinrichs* § 113 BGB Rn. 1.

[7] Für Entfall der Prozessfähigkeit des Minderjährigen in diesem Fall denn auch etwa *Thomas/Putzo/Hüßtege* § 52 Rn. 12.

[8] *Stein/Jonas/Bork* § 52 Rn. 3; *Thomas/Putzo/Hüßtege* § 52 Rn. 2.

[9] *Stein/Jonas/Bork* § 52 Rn. 3.

[10] Heute ganz hM; vgl. etwa OLG Hamburg NJW 1971, 199; OLG Nürnberg NJW 1971, 1274 m. zustimmender Anm. *Büttner; Lappe* Rpfleger 1982, 10, 11.

[11] Nicht nur vorübergehende Störung: unfallbedingte mehrwöchige Bewußtlosigkeit, OLG München NJW-RR 1989, 255.

[12] BGH NJW-RR 1986, 157 (für Entmündigung und Entmündigungsverfahren nach altem Recht).

[13] *Rosenberg/Schwab/Gottwald* § 44 Rn. 9; *Stein/Jonas/Bork* § 51 Rn. 9.

[14] OLG Hamm NJW 1960, 1391; *Rosenberg/Schwab/Gottwald* § 44 Rn. 9.

[15] BGHZ 18, 184, 186f. = NJW 1955, 1714; *Stein/Jonas/Bork* § 51 Rn. 14; *Zöller/Vollkommer* § 52 Rn. 10; *Grunsky* ZPR Rn. 83.

V. Gesetzliche Vertretung Prozessunfähiger

16 **1. Bestimmung und Bezeichnung des gesetzlichen Vertreters.** Die gesetzliche Vertretung der prozessunfähigen Partei beurteilt sich nach materiellem Recht (§ 51 Abs. 1). Dieses bestimmt die Person des gesetzlichen Vertreters sowie Voraussetzungen und Umfang der Vertretungsmacht. Dem Verfahrensrecht kommt lediglich eine begrenzte Ergänzungsfunktion zu (s. insoweit Rn. 22). Die Bezeichnung des gesetzlichen Vertreters erfolgt in der Klageschrift (§§ 253 Abs. 4, 130 Nr. 1). Falschbezeichnung ist nach Maßgabe der Grundsätze zur Parteiberichtigung (Vor §§ 50 ff. Rn. 21 f.) unschädlich.[16]

17 **2. Gesetzliche Vertretung Minderjähriger unter elterlicher Sorge. a) Eheliche Kinder. aa) Gesamtvertretung.** Die gesetzliche Vertretung steht grundsätzlich den Eltern *gemeinsam* zu (§ 1629 Abs. 1 S. 2 1. Halbs. BGB); dies gilt ausweislich der Neufassung von § 1671 BGB durch das KindschaftsrechtsreformG v. 16. 12. 1997 auch bei Trennung und Scheidung der Eltern. – **bb) Einzelvertretung.** Ein Elternteil vertritt indes das Kind *allein,* soweit er allein sorgeberechtigt ist (§ 1629 Abs. 1 S. 3 BGB), mithin insbesondere: bei Übertragung der elterlichen Sorge nach § 1671 BGB oder punktuell gemäß § 1628 BGB bei Ruhen der elterlichen Sorge des anderen Teils (§§ 1673, 1674, 1678 Abs. 1, 1751 Abs. 1 BGB), nach Tod oder Todeserklärung des anderen Teils (§§ 1680, 1681, 1677 BGB), bei Entzug des Sorgerechts des anderen Teils gemäß § 1666 Abs. 3 BGB, ferner nach Total- oder Teilentzug des Vertretungsrechts des anderen Teils gemäß §§ 1629 Abs. 2 S. 3, 1796 BGB. – **cc) Umfang der Vertretungsmacht.** Die elterliche Vertretungsmacht ist im Grundsatz unbeschränkt. In den in § 1795 BGB benannten Fällen sind die Eltern indes nach § 1629 Abs. 2 S. 1 BGB infolge präsumtiven Interessenkonflikts von der Vertretung kraft Gesetzes ausgeschlossen, wobei es nach hM[17] für den Ausschluss beider Teile genügt, dass der normierte Hinderungsgrund in der Person eines Teils vorliegt (zum Sonderfall der Geltendmachung des Kindesunterhaltsanspruchs gegen einen Elternteil s. § 1629 Abs. 2 S. 2 und Abs. 3 S. 1 BGB). In Interessenkollisionsfällen, die nicht von § 1795 BGB erfasst sind, kann das VormG zudem nach §§ 1629 Abs. 2 S. 3, 1796 BGB den Eltern die Vertretung für die einzelne Angelegenheit oder einen bestimmten Kreis von Angelegenheiten entziehen. – **dd) Gesetzliche Vertretung bei rechtlicher oder tatsächlicher Verhinderung beider Elternteile.** Sind die Eltern weder in Personensorge- noch in Vermögenssorgeangelegenheiten zur Vertretung berechtigt, wird das Kind durch einen nach § 1773 BGB zu bestellenden Vormund vertreten (§ 1793 BGB). Bis zur Bestellung eines Vormunds und in Angelegenheiten, in denen der Vormund nach §§ 1795, 1796 BGB das Kind nicht vertreten kann, ist die Vertretung desselben Aufgabe des nach § 1909 Abs. 3 BGB bzw. § 1909 Abs. 1 BGB zu bestellenden Pflegers. Sind die Eltern an der Besorgung einzelner Angelegenheiten rechtlich oder tatsächlich verhindert, obliegt die Vertretung insoweit einem nach § 1909 Abs. 1 BGB zu bestellenden Pfleger.

18 **b) Nichteheliche Kinder.** Das KindschaftsrechtsreformG vom 16. 12. 1997 hat auch die elterliche Sorge für nichteheliche Kinder umgestaltet: In den Fällen des § 1626 a Abs. 1 BGB (Sorgeerklärung, Heirat) steht die gesetzliche Vertretung beiden Eltern zu. Andernfalls vertritt die Mutter das Kind (§ 1626 a Abs. 2 BGB), sofern die Sorge nicht gemäß § 1672 BGB dem Vater übertragen wird. Im Übrigen gilt das zur gesetzlichen Vertretung ehelicher Kinder Ausgeführte entsprechend.

19 **3. Gesetzliche Vertretung nicht unter elterlicher Sorge stehender Minderjähriger.** Gesetzlicher Vertreter ist grundsätzlich der nach § 1773 BGB zu bestellende Vormund (§ 1793 BGB). Bis zur Bestellung des Vormunds sowie im Fall der rechtlichen oder tatsächlichen Verhinderung des Vormunds betreffs der Erledigung einzelner Angelegenheiten (insbesondere bei mangelnder Vertretungsberechtigung gem. §§ 1795, 1796 BGB) ist nach § 1909 Abs. 3 bzw. § 1909 Abs. 1 BGB ein Pfleger zu bestellen.

20 **4. Volljährige.** Volljährige, die prozessunfähig sind (s. Rn. 13 bis 15), werden durch ihren Betreuer vertreten (§§ 1896 f., 1902 BGB). Soweit der nunmehr Prozessunfähige zu „guten Zeiten" für den Fürsorgefall schriftlich eine die Prozessführung einschließende Vollmacht erteilt hat und die Bevollmächtigung bei wertender Betrachtung eine Betreuung erübrigt (§ 1896 Abs. 2 S. 2 BGB), steht der *Bevollmächtigte* einem gesetzlichen Vertreter gleich, Abs. 3: die entsprechende **Vorsorgevollmacht** (nicht bereits die Prozessvollmacht iS von § 80)[18] gleicht im Vorsorgefall den Verlust der Prozessfähigkeit des Vollmachtgebers nahtlos aus.

---

[16] *Musielak/Weth* § 51 Rn. 3.

[17] BGH NJW 1972, 1708; *Gernhuber/Coester-Waltjen* FamR, 5. Aufl., § 58 Rn. 36.

[18] Wie hier *Palandt/Diederichsen* § 1902 BGB Rn. 3. AA – die gegenteilige Aussage der Materialien (BT-Drucks. 15/2494, 39 f; 15/4874, 28) kühn beiseiteschiebend, weil eine „offensichtlich falsche Gesetzesbegrün-

5. Bindung des Streitrichters an den staatlichen Bestellungsakt. Aus der Gestaltungsaktnatur der einschlägigen Entscheidung folgt: Der Streitrichter muss und darf nur prüfen, ob die Bestellung zum Vormund, Betreuer oder Pfleger an einem Nichtigkeitsmangel leidet; eine Nachprüfung der Bestellungsvoraussetzungen im Übrigen ist ihm verwehrt. Dem Nachweis der Vertretungsmacht von Vormund, Betreuer bzw. Pfleger dient die Bestallungsurkunde (§§ 1791 BGB, 69b FGG, 1915 BGB). 21

6. Voraussetzungen wirksamer gesetzlicher Vertretung in der Person des Vertreters. Inwieweit bestimmte Eigenschaften in der Person des Vertreters eine Vertretung „nach Vorschrift des Gesetzes" ausschließen, bestimmt grundsätzlich das materielle Recht (s. bereits Rn. 16), ergänzend darüber hinaus aber auch das Verfahrensrecht. Aus letzterem ergibt sich insonderheit das Erfordernis der **Prozessfähigkeit des gesetzlichen Vertreters:** es wäre wertungsinkonsequent, jemanden zur Prozessführung für einen anderen zuzulassen, der nicht einmal seinen eigenen Prozess führen kann.[19] Regelmäßig mangelt es im Fall der Prozessunfähigkeit des Vertreters bereits am Tatbestand der Vertretungsmacht: Geschäftsunfähigkeit, aber auch beschränkte Geschäftsfähigkeit eines Elternteils führt auf Grund des Ruhens der elterlichen Sorge zum Verlust der Vertretungsbefugnis (§ 1673 Abs. 1 und 2 BGB). Die Berufung eines Geschäftsunfähigen zum Vormund oder Pfleger ist nach §§ 1780, 1915 BGB nichtig. Soweit es nicht bereits an der Vertretungsmacht fehlt, scheitern die Zulässigkeit der Klage sowie die Wirksamkeit der vom (Schein-)Vertreter gesetzten Prozesshandlungen hingegen am Mangel der eigenen Prozessfähigkeit. 22

VI. Organschaftliche Vertretung juristischer Personen und sonstiger parteifähiger Personifikationen

1. Allgemeine Grundlegung: Äquivalenz von organschaftlicher Vertretung parteifähiger Personifikationen und gesetzlicher Vertretung Geschäftsunfähiger. Der Streit, ob juristische Personen und sonstige parteifähige Personifikationen prozessfähig sind oder nicht,[20] basiert auf einer verfehlten Fragestellung: Die Alternative prozessfähig – prozessunfähig macht nur bei natürlichen Personen Sinn. Wie bei einer prozessunfähigen Person stellt sich freilich auch bei juristischen Personen und den sonstigen Gebilden mit Verfahrenssubjektqualität die Frage ordnungsgemäßer Vertretung: dort als solche ordnungsgemäßer gesetzlicher Vertretung, hier als solche ordnungsgemäßer organschaftlicher Vertretung. Das jeweilige Organ *ist* zwar nicht gesetzlicher Vertreter der Personifikation, hat aber – wie es der Gesetzgeber in § 26 Abs. 2 S. 1 2. Hs. BGB für den Verein, die Grundform der juristischen Person, formuliert – die *Stellung* eines gesetzlichen Vertreters: Wo die ZPO prozessuale Befugnisse und Pflichten für „gesetzliche Vertreter" statuiert, gilt die Regelung in entsprechender Anwendung auch für Organvertreter. Der Mangel organschaftlicher Vertretung steht dem Mangel der gesetzlichen Vertretung gleich. 23

2. Juristische Personen und sonstige parteifähige Gebilde des Privatrechts. Die organschaftliche Vertretung bestimmt sich nach den – geschriebenen und ungeschriebenen – Organisationsnormen des Vereins- und Gesellschaftsrechts. Im Einzelnen unterscheidet die Darstellung zweckmäßigerweise zwischen der organschaftlichen Vertretung bei der werbenden Personifikation und derjenigen der „werdenden" und der „sterbenden" Personifikation. 24

a) Vertretungsregelung bei der werbenden Personifikation. AG. Vertretungsorgan: grundsätzlich der Vorstand (§ 78 Abs. 1 AktG); in Prozessen gegen die – derzeitigen oder früheren[21] – Mitglieder des Vorstands: der Aufsichtsrat (§ 112 AktG) bzw. im Fall der Geltendmachung von Ersatzansprüchen aus der Geschäftsführung ggf. statt dessen: die von der Hauptversammlung oder vom Gericht bestellten besonderen Vertreter (§ 147 Abs. 3 AktG). Aufsichtsratzuständigkeit nach § 112 AktG auch für Klagen gegen ehemalige Geschäftsführer einer auf eine AG verschmolzenen GmbH.[22] Bei gegen die Gesellschaft zu richtenden Klagen auf Anfechtung sowie Feststellung der 25

---

dung" die spätere Normauslegung nicht zu bestimmen vermöge – *v. Sachsen Gessaphe,* FS Bienwald, 2006, S. 273/285 ff.

[19] *Zöller/Vollkommer* § 51 Rn. 10; *Baumbach/Lauterbach/Hartmann* § 51 Rn. 9; *Thomas/Putzo/Hüßtege* § 51 Rn. 12; aA *Stein/Jonas/Bork* § 51 Rn. 25.

[20] Bejahend zB BGHZ 94, 105, 108 = NJW 1985, 1836; BGH NJW 1965, 1666, 1667 (jeweils beiläufig); *Jauernig* § 20 II 1. Verneinend zB BGHZ 38, 71, 75 = NJW 1963, 441; *Baumbach/Lauterbach/Hartmann* § 52 Rn. 4; *Thomas/Putzo/Hüßtege* § 52 Rn. 4.

[21] BGHZ 103, 213, 216 f. = NJW 1988, 1384 f.; BGH NJW-RR 1991, 926; BAG BB 2002, 692, 693; *Brandner,* FS Quack, 1991, S. 201, 202 ff. AA – gegen eine Erstreckung des § 112 AktG auf Prozesse mit ehemaligen Vorstandsmitgliedern – *Behr/Kindl* DStR 1999, 119 ff.

[22] BGHZ 157, 151, 153 f. = NJW 2004, 1528.

Nichtigkeit eines Hauptversammlungsbeschlusses sowie Klagen auf Nichtigerklärung der Gesellschaft: Vorstand und Aufsichtsrat als Gesamtvertreter (§§ 246 Abs. 2 S. 2, 249 Abs. 1, 275 Abs. 4 AktG), sofern die entsprechende Klage durch den Vorstand oder ein Vorstandsmitglied erhoben wird: nur der Aufsichtsrat, sofern die entsprechende Klage durch ein Aufsichtsratsmitglied erhoben wird: nur der Vorstand (§§ 246 Abs. 2 S. 3, 249 Abs. 1, 275 Abs. 4 AktG). – **KGaA.** Organvertreter: die persönlich haftenden Gesellschafter, sofern sie nicht durch die Satzung von der Vertretung ausgeschlossen sind, und zwar nach dispositivem Recht als Einzelvertreter (§ 278 Abs. 2 AktG iVm. §§ 125, 161 Abs. 2, 170 HGB). – **GmbH.** Regelvertretungsorgan: die Geschäftsführer (§ 35 Abs. 1 GmbHG); bei Rechtsstreitigkeiten mit – derzeitigen oder ausgeschiedenen[23] – Geschäftsführern bei obligatorischem oder fakultativem Aufsichtsrat: der Aufsichtsrat (§§ 6 Abs. 1 MitbestG, 112 AktG bzw. §§ 52 Abs. 1 GmbHG, 112 AktG), bei Fehlen eines Aufsichtsrats aber Existenz eines satzungsgemäß zur Vertretung berufenen Geschäftsführers dieser, sofern die Gesellschafterversammlung nicht nach § 46 Nr. 8 GmbHG einen besonderen Prozessvertreter bestellt hat;[24] bei gegen die Gesellschaft zu richtenden Klagen auf Nichtigerklärung der Gesellschaft gemäß § 75 Abs. 1 GmbHG: die Geschäftsführer und – wenn ein Aufsichtsrat besteht – die Aufsichtsratsmitglieder (§ 75 Abs. 2 GmbHG, § 29 Abs. 2 EGAktG, § 246 Abs. 2 S. 2 AktG), wenn die Klage durch einen Geschäftsführer erhoben wird und ein Aufsichtsrat vorhanden ist: nur der Aufsichtsrat, sofern die Klage durch ein Aufsichtsratsmitglied erhoben wird: nur die Geschäftsführer (§ 75 Abs. 2 GmbHG, § 29 Abs. 2 EGAktG, § 246 Abs. 2 S. 3 AktG); bei Klagen auf Anfechtung und Feststellung der Nichtigkeit von Gesellschafterbeschlüssen: abweichend von § 246 Abs. 2 S. 2 AktG nur die Geschäftsführer, selbst dann, wenn ein Aufsichtsrat besteht.[25] – **Erwerbs- und Wirtschaftsgenossenschaften.** Regelvertretungsorgan: der Vorstand (§ 24 GenG), auch bei Klagen von nicht dem Vorstand angehörender Genossen gegen die Gesellschaft auf Feststellung, dass bestimmte Mitglieder dem Vorstand weiter angehören;[26] bei Prozessen gegen gegenwärtige und ehemalige Vorstandsmitglieder: der Aufsichtsrat (§ 39 Abs. 1 GenG) und grundsätzlich nur der Aufsichtsrat,[27] bei Prozessen gegen Aufsichtsratsmitglieder: ein von der Generalversammlung zu bestellender besonderer Vertreter (§ 39 Abs. 3 GenG); bei Klagen auf Anfechtung von Beschlüssen der Generalversammlung sowie Klagen auf Nichtigerklärung der Genossenschaft s. §§ 51 Abs. 3 S. 2, 96 GenG. – **OHG/KG.** Organschaftliche Vertreter: alle Gesellschafter bzw. alle persönlich haftenden Gesellschafter, sofern sie nicht durch den Gesellschaftsvertrag von der Vertretung ausgeschlossen sind, und zwar nach Dispositivrecht als Einzelvertreter (§§ 125, 161 Abs. 2, 170 HGB). – **GbR.** Organschaftliche Vertreter: alle Gesellschafter, sofern sie nicht durch den Gesellschaftsvertrag von der Vertretung ausgeschlossen sind, und zwar nach Dispositivrecht als Gesamtvertreter (§§ 714, 709 BGB). – **WEG.** Zur organschaftlichen Vertretung der Wohnungseigentümergemeinschaft als teilrechtsfähiger Verband iS der neueren BGH-Rspr. (s. § 50 Rn. 32): *Wenzel* ZWE 2006, 2, 8f; *Merle* ZWE 2006, 21, 22. – **Vereine.** Vertretungsorgan: der Vorstand (§ 26 Abs. 2 S. 1 BGB). – **Stiftungen.** Vertretungsorgan: der Vorstand (§§ 86, 26 Abs. 2 S. 1 BGB), soweit sich nicht aus der Verfassung, insbesondere daraus, dass die Stiftungsverwaltung von einer Behörde geführt wird, ein anderes ergibt.

26 Mangelt es an wirksamer organschaftlicher Vertretung infolge Wegfalls aller oder einzelner Vorstandsmitglieder bzw. Geschäftsführer, kann nach § 85 AktG (für die AG), § 29 BGB direkt (für den Verein) bzw. analog (für sonstige juristische Personen des Privatrechts)[28] beim Registergericht die **Bestellung eines Notvorstands/einer Notgeschäftsführung bzw. die Bestellung einzelner Notvorstandsmitglieder/Notgeschäftsführer** beantragt werden. Soll die Personifikation verklagt werden, kommt statt dessen auch die Bestellung eines Prozesspflegers gemäß § 57 in Betracht.

27 **b) Vertretungsregelung bei der werdenden juristischen Person.** Vorgesellschaft bzw. Vorverein (s. § 50 Rn. 11ff.) sowie die intendierte juristische Person haben die nämlichen Organe. Die Vertretung der jeweiligen juristischen Person in Gründung bestimmt sich nach den für die Endform geltenden Regeln.

28 **c) Vertretungsregelung im Stadium der Liquidation und abwicklungsbedingter Nachexistenz.** Wandelt sich die werbende Gesellschaft/der werbende Verein zur Abwicklungsgesellschaft/zum Abwicklungsverein, obliegt die Vertretung nach näherer Maßgabe des jeweiligen Orga-

---

[23] BGH NJW 1989, 2055ff.; NJW-RR 2004, 330; *Brandner* (Fn. 21) S. 206ff.
[24] BGH NJW-RR 1992, 993.
[25] Ganz hM; BGH GmbHR 1962, 134; *Baumbach/Hueck/Zöllner* GmbHG, 18. Aufl., Anh. § 47 Rn. 165.
[26] BGH NJW 1997, 318f.
[27] BGHZ 130, 108, 110ff. = NJW 1995, 2559f.
[28] Für Genossenschaften: BGHZ 18, 334, 337 = NJW 1955, 1917; für die GmbH: BayObLG NJW 1981, 996.

nisationsgesetzes den **Liquidatoren** (s. für die AG: §§ 265, 269 AktG, für die KGaA: § 290 AktG, für die GmbH: § 66 GmbHG, für die Erwerbs- und Wirtschaftsgenossenschaften: § 83 GenG, für die OHG/KG: § 146 bzw. §§ 161 Abs. 2, 146 HGB, für den Verein: § 48 BGB). Einstellung des Insolvenzverfahrens mangels Masse bewirkt – jedenfalls bis zur Löschung – Vertretungsbefugnis der geborenen Liquidatoren.[29]

Stellt sich nach Abwicklung und Löschung der AG bzw. GmbH heraus, dass weitere Abwicklungsmaßnahmen nötig sind, wird die AG/GmbH in Nachexistenz („Nachgesellschaft", s. § 50 Rn. 14 ff.) durch die nach § 273 Abs. 4 AktG vom Registergericht wieder- oder neubestellten Liquidatoren vertreten. Ergibt sich nach Löschung ohne Liquidationsverfahren gemäß § 141 a FGG (vormals § 2 Abs. 1 LöschG) Doch-noch-Abwicklungsbedarf, wird die nachexistente Gesellschaft (s. § 50 Rn. 14 ff.) durch die gemäß §§ 264 Abs. 2 AktG, 66 Abs. 5 GmbHG (vormals § 2 Abs. 3 LöschG) vom Registergericht zu ernennenden Liquidatoren vertreten.[30] Für Publikumskommanditgesellschaften gilt das vorab Konstatierte entsprechend.[31] 29

3. Juristische Personen des öffentlichen Rechts. Die Vertretung von Körperschaften, Anstalten und Sondervermögen des öffentlichen Rechts bestimmt sich nach den jeweiligen Organisationsnormen (umfassend: *Wieczorek/Schütze/Buchholz/Loeser* Vor § 50 Rn. 288 ff.). Diese befinden auch darüber, ob die interne Entscheidungskompetenz eines anderen Organs die Vertretungsmacht des Vertretungsorgans einschränkt oder nur Binnenwirkung entfaltet.[32] 30

VII. Die Stellung des gesetzlichen oder organschaftlichen Vertreters im Prozess

1. Prozessuale Befugnisse und Pflichten. Der Vertreter mit Vertretungsmacht handelt mit Fremdwirkung: Partei ist allein der Vertretene. Im Verhältnis zu Gericht und Gegner hat er hingegen vielfach die **Stellung einer Partei.** Wie eine solche wird er insbesondere bei der Parteivernehmung (§ 455 Abs. 1) und bei der Anordnung des persönlichen Erscheinens nach § 141 behandelt.[33] Die prozessunfähige Partei selbst kann freilich ebenfalls zum persönlichen Erscheinen geladen und in den Grenzen von § 455 Abs. 2 als Partei vernommen werden. 31

2. Verschuldenszurechnung. Verschulden des Vertreters in der Prozessführung wird der Partei zugerechnet (§ 51 Abs. 2): Das Gebot prozessualer Waffengleichheit verlangt, dass Pflicht- und Obliegenheitsverletzungen nicht nur beim Prozessgegner prozessuale Nachteile auslösen. Das Verfahrensrisiko darf nicht einseitig zu dessen Lasten verschoben werden. 32

§ 51 Abs. 2 gilt für *alle* Verfahrensarten, nicht nur in vermögensrechtlichen Angelegenheiten, sondern auch im Rahmen von Statusprozessen.[34] Die Zurechnung greift überall Platz, wo es nach dem Gesetz auf das Verschulden einer Partei ankommt, unabhängig davon, ob das Verschulden positiv als Rechtsfolgevoraussetzung oder negativ als die Rechtsfolge hindernde Entschuldigung bedeutsam ist. Potentielles Anwendungsfeld sind insbesondere: Die Fälle des § 233 (Wiedereinsetzung in den vorigen Stand), § 296 Abs. 1 und 2 (verspätete Angriffs- und Verteidigungsmittel), § 296 Abs. 3 (verspätete Rügen der Unzulässigkeit der Klage), § 337 S. 1 (Vertagung bei unverschuldeter Verhinderung der nicht erschienenen Partei), § 367 Abs. 2 (nachträgliche Beweisaufnahme nach Ausbleiben der Partei), § 528 (neue Angriffs- und Verteidigungsmittel in der Berufungsinstanz), § 529 Abs. 1 und 2 (verspätete Rügen zur Zulässigkeit der Klage in der Berufungsinstanz). 33

3. Vertretung ohne Vertretungsmacht. Prozesshandlungen eines ersichtlich unbefugten Vertreters muss das Gericht zurückweisen: Die vom falsus procurator eingereichte Klage darf dem Beklagten gar nicht erst zugestellt werden (s. Rn. 36); der im ordnungsgemäß begonnenen Verfahren auftretende Vertreter ohne Vertretungsmacht ist (durch beschwerdefähigen Beschluss) aus dem Prozess zu weisen.[35] Den Streit um seine Vertreterstellung auf von ihm erhobene Klage führt der – insoweit als vertretungsbefugt geltende (s. Rn. 45) – Vertreter im Namen der Partei: Das die Klage 34

---

[29] OLG Zweibrücken ZIP 2003, 1954.

[30] BAG ZIP 2002, 1947, 1949. AA – organschaftliche Vertretung durch den bisherigen Geschäftsführer als geborenen Liquidator – in offensichtlicher Vermengung von bloßer Auflösung und amtswegiger Löschung AG Göttingen ZIP 1995, 145, 146.

[31] BGHZ 155, 121, 123 f. = NJW 2003, 2676.

[32] Zum Problem der Vertretungsbefugnis von Bürgermeistern nach der jeweiligen Kommunalverfassung – auf der Grundlage der DDR-Kommunalverfassung 1990, aber verallgemeinerungsfähig – BGH NJW 1998, 377, 378 sowie *Brötel* NJW 1998, 1676 ff.

[33] *Rosenberg/Schwab/Gottwald* § 54 Rn. 8; *Jauernig* § 21 II; *Stein/Jonas/Bork* § 51 Rn. 23.

[34] BGH NJW 1972, 584 = FamRZ 1972, 560 m. abl. Anm. *Bosch* (zu § 232 aF); BGH NJW-RR 1993, 130, 131 = FamRZ 1993, 308 m. abl. Anm. *Bosch; Musielak/Weth* § 51 Rn. 13.

[35] KG NJW 1968, 1635; *A. Blomeyer* § 9 V 2; *Stein/Jonas/Bork* § 56 Rn. 14.

infolge fehlender Vertretungsmacht abweisende Urteil ergeht gegen die vertretene Partei. Die Kosten sind freilich nach dem Veranlassungsprinzip dem zu Unrecht die Stellung des gesetzlichen Vertreters Reklamierenden aufzuerlegen,[36] im Bereich der organschaftlichen Vertretung jedenfalls demjenigen falsus procurator, der weder Organ noch auf Veranlassung des mit der Personalkompetenz ausgestatteten Organs tätig geworden ist.[37]

35 **4. Zustellung an Nicht-mehr-Vertreter.** Wird die Klage an einen *früheren* Organvertreter zugestellt und meldet sich dieser im Rechtsstreit als Sachwalter der verklagten Personifikation, hat der falsus procurator wegen seiner Aufwendungen keinen prozessualen Kostenerstattungsanspruch gegen den Kläger.[38]

VIII. Prüfung der Prozessfähigkeit bzw. ordnungsgemäßer Vertretung sowie Folgen und Geltendmachung ihres Fehlens

36 **1. Absehen von Terminierung und Zustellung der Klage?** Ob und inwieweit der Mangel der Prozessfähigkeit bzw. der Vertretungsmacht bereits einer Terminierung sowie Zustellung der Klage entgegensteht, ist streitig: das Meinungsspektrum reicht von der Ansicht, der einschlägige Mangel bedinge die Unwirksamkeit der Klageerhebung und mache deshalb Terminierung und Zustellung entbehrlich und unzulässig,[39] bis hin zur Ansicht, über das Vorliegen bzw. Fehlen von Prozessfähigkeit bzw. gesetzlicher oder organschaftlicher Vertretungsmacht sei vom Gericht stets in mündlicher Verhandlung im Rahmen der Prüfung der Klagezulässigkeit zu entscheiden, was eine Terminierung und Zustellung ohne Prüfung der einschlägigen Frage in dieser Phase voraussetze.[40] Den Vorzug verdient eine pragmatische, *vermittelnde* Meinung. Zweifel hinsichtlich der Prozessfähigkeit sind vom Gericht in mündlicher Verhandlung zu klären. Der manifeste Mangel ist hingegen bereits vorab zu berücksichtigen: Die Klage eines unter Betreuung mit Einwilligungsvorbehalt Gestellten oder eines gerichtskundig Minderjährigen mag für den Vorsitzenden Anlass sein, dem gesetzlichen Vertreter Gelegenheit zu geben, sich zu äußern. Sie muss indes ebenso wenig wie die eines offensichtlich Geisteskranken auf den bloßen Verdacht späteren Eintritts des gesetzlichen Vertreters zunächst erst einmal zur Verhandlung angenommen werden.[41] Für den Mangel an gesetzlicher oder organschaftlicher Vertretung gilt Entsprechendes: Die vom ersichtlich unbefugten Vertreter eingereichte Klage darf nicht zugestellt werden.[42]

37 **2. Prüfung nach Klageerhebung.** Die Prozessfähigkeit der Parteien bzw. ihre ordnungsgemäße Vertretung ist als Prozessvoraussetzung (s. Rn. 2) vom Gericht in **jeder Verfahrenslage von Amts wegen** zu prüfen (§ 56 Abs. 1). Die einschlägige Prüfung ist auch in der **Rechtsmittelinstanz** einschließlich der Revisionsinstanz geboten.[43] Das Revisionsgericht ist dabei an Tatsachenfeststellungen nicht gebunden[44] und hat auch neues Tatsachenvorbringen (ohne die Beschränkung nach § 561) zu berücksichtigen.[45] Zur Durchführung einer erforderlichen Beweisaufnahme ist das Revisionsgericht berechtigt, aber nicht verpflichtet: es kann sich darauf beschränken, das angefochtene Urteil aufzuheben und die Sache an das Berufungsgericht zurückzuverweisen, mithin diesem die Feststellung zur Prozessfähigkeitsfrage zu übertragen.[46] Ob eine Klärung im Wege der Beweisaufnahme überhaupt möglich ist, hat das Revisionsgericht selbst zu prüfen.[47]

38 **3. Prozessunfähigkeit während des gesamten Rechtsstreits.** Aus der Natur der Prozessfähigkeit als Prozessvoraussetzung (s. Rn. 2) folgt: Die von einem Prozessunfähigen oder gegen einen Prozessunfähigen erhobene Klage ist unzulässig. Da der Mangel der Prozessfähigkeit durch gesetzliche Vertretung ausgeglichen wird, ist ggf. zunächst **Vertagung** geboten: im Fall bereits bestehender gesetzlicher Vertretung, um dem Vertreter die Übernahme der Prozessführung zu ermöglichen

---

[36] OLG Karlsruhe FamRZ 1996, 1335; *Rosenberg/Schwab/Gottwald* § 54 Rn. 11; *A. Blomeyer* § 9 V 2; *Zöller/Vollkommer* § 56 Rn. 11.

[37] S. auch *Rosenberg/Schwab/Gottwald* § 54 Rn. 11.

[38] OLG Frankfurt a. M. NJW-RR 1998, 1534f.

[39] So im Grundsatz noch *Hellwig* System I § 111 III 2b sowie *Rosenberg,* 9. Aufl., § 67 II 2.

[40] So zB *Rosenberg/Schwab/Gottwald* § 94 Rn. 8; *Jauernig* § 38 II 4e; *J. Hager* ZZP 97 (1984), 174, 177.

[41] Wie hier: *Schlosser* Bd. I Rn. 254; AK-ZPO/*Koch* Rn. 10; *Thomas/Putzo/Reichold* § 253 Rn. 19.

[42] *A. Blomeyer* § 9 V 2.

[43] AllgM; BGHZ 86, 184, 188 = NJW 1983, 996, 997; *Zöller/Vollkommer* § 56 Rn. 2.

[44] BGH FamRZ 1969, 477, 478 sowie NJW 1970, 1683.

[45] BGH NJW-RR 1986, 157.

[46] BGH FamRZ 1969, 478 sowie NJW-RR 1986, 158; BAG AP § 56 Nr. 5 m. Anm. *Rimmelspacher; Gottwald,* Die Revisionsinstanz als Tatsacheninstanz, 1975, S. 336f.; *Zöller/Vollkommer* § 56 Rn. 2. Zweifelnd freilich *Leipold* AP § 244 Nr. 1.

[47] Insoweit zutreffend *Leipold* (Fn. 46).

(s. Rn. 39), bei noch fehlender gesetzlicher Vertretung, um den Parteien Gelegenheit zu geben, für eine ordnungsgemäße Vertretung des Prozessunfähigen zu sorgen.[48] Sieht der – bereits vorhandene oder aber nunmehr ernannte – gesetzliche Vertreter von einer Genehmigung der Prozessführung ab oder nimmt die initiativbelastete Partei die Gelegenheit, auf die Bestellung eines gesetzlichen Vertreters hinzuwirken, nicht wahr, hat **Prozessurteil** zu ergehen. Die Kostenregel des § 91 gilt dabei auch zu Lasten des Prozessunfähigen[49] – *ein* Grund, in Fällen manifester Prozessunfähigkeit des Klägers gar nicht erst Termin anzuberaumen und bereits von der Klagezustellung abzusehen (s. Rn. 36).

4. Verlust der Prozessfähigkeit bzw. ordnungsgemäßer organschaftlicher Vertretung nach Klageerhebung. Entfällt die bei Klageerhebung gegebene Prozessfähigkeit im Laufe des Rechtsstreits (Beispiele: unfallbedingte längere Bewusstlosigkeit, Anordnung von Betreuung mit Einwilligungsvorbehalt), ist zu unterscheiden: War die Partei nicht durch einen Prozessbevollmächtigten vertreten, wird das Verfahren unterbrochen (§ 241). Bei Vertretung durch einen Prozessbevollmächtigten nimmt das Verfahren hingegen, sofern dieser nicht Aussetzung beantragt, mit Blick auf den Fortbestand der Prozessvollmacht zunächst Fortgang (§§ 246 Abs. 1, 86). Da wirksame Prozessbevollmächtigung nicht die bei Prozessunfähigkeit erforderliche gesetzliche Vertretung ersetzt, darf freilich – zumindest beim Fehlen einer die Prozessführung einschließenden, eine Betreuerbestellung erübrigenden Vorsorgevollmacht (hierzu Rn. 20) – kein Sachurteil ergehen: Auch im „ununterbrochenen“ Verfahren bleibt ordnungsgemäße gesetzliche Vertretung eine von Amts wegen zu prüfende Prozessvoraussetzung (§ 56 Abs. 1), ist bei Fehlen derselben Frist zur Behebung des Mangels zu setzen (§ 56 Abs. 2 S. 2 entsprechend).[50] 39

Gleichstellung des Verlusts organschaftlicher Vertretung mit dem Verlust der Prozessfähigkeit (s. Rn. 23) heißt u. a.: Tritt von zwei gesamtvertretungsberechtigten Liquidatoren einer nach Erteilung der Prozessvollmacht wirksam von seinem Amt zurück, ist die AG/GmbH i. L. im anhängigen Verfahren nicht mehr ordnungsgemäß organschaftlich vertreten. Der Fortbestand der Prozessvollmacht schließt nach § 246 Abs. 1 nur die Unterbrechungsautomatik aus. Der Prozessbevollmächtigte kann das Verfahren bis zur Wiederherstellung ordnungsgemäßer organschaftlicher Vertretung vorläufig genehmigungsfähig fort- aber nicht zu Ende führen.[51] Löschung einer AG/GmbH nach § 141 a FGG (vormals: § 2 Abs. 1 LöschG) führt neben dem Verlust der (Voll-)Rechtsfähigkeit (s. § 50 Rn. 15) zum Entfall der externen Handlungsorganisation. Soweit die gelöschte Gesellschaft ob Doch-noch-Abwicklungsbedarfs als Nachgesellschaft parteiexistent und parteifähig (s. § 50 Rn. 14, 16), bedarf es zur Wiederherstellung entsprechender Handlungsorganisation der registerrechtlichen Liquidatorbestellung nach §§ 264 Abs. 2 AktG, 66 Abs. 5 GmbHG (vormals § 2 Abs. 3 LöschG). Im Parteiprozess ohne Prozessbevollmächtigten führt die Löschung gem. § 241 zur Verfahrensunterbrechung, bis der Liquidator seine Bestellung dem Prozessgericht anzeigt. War die gelöschte Gesellschaft im anhängigen Verfahren durch einen Prozessbevollmächtigten vertreten, wird das Verfahren zwar unterbrechungslos fortgesetzt und nur auf Antrag des Bevollmächtigten ausgesetzt (§ 246 Abs. 1). Eine Sachentscheidung kann aber nur ergehen, wenn spätestens zur letzten mündlichen Verhandlung die Liquidatorbestellung nachgewiesen wird.[52] 40

Vom Erfordernis der Liquidatorbestellung nach §§ 264 Abs. 2 AktG, 66 Abs. 5 GmbHG ist (im Anwalts- wie im Parteiprozess) aus Gründen einschlägiger Sachgerechtigkeit freilich eine Ausnahme angezeigt, soweit es um die Verfahrensbeendigung aus Anlass der Löschung geht: Für die unmittelbar verfahrensbeendenden Prozesshandlungen, im Rahmen eines legitimen gegnerischen Kostenentscheidungsbegehrens zudem auch für das Restverfahren im Kostenpunkt, muss es bei der organschaftlichen Vertretungsmacht der im Zeitpunkt der Löschung zur Vertretung Berufenen bleiben:[53] Erklärt die Gegenseite ob der durch die Löschung indizierten Vollbeendigung Totalerledigung bzw. Erledigung in der Hauptsache, bleibt die gelöschte Gesellschaft zweckbegrenzt parteiexistent, parteifähig und durch die bisherige externe Handlungsorganisation handlungsfähig: hinsichtlich der das Verfahren insgesamt oder in der Hauptsache beendenden Zustimmungserklärungen, bei Beschränkung der Erledigungserklärung auf die Hauptsache zudem auch im auf den Kostenpunkt beschränkten Verfah- 41

---

[48] BGH NJW 1990, 1734, 1736.

[49] AllgM; s. zB BGH NJW 1993, 1865; *Schlosser* Bd. I Rn. 255; *J. Hager* ZZP 97 (1984), 174, 176f.

[50] *Stein/Jonas/H. Roth* § 246 Rn. 10; *Zöller/Vollkommer* § 86 Rn. 12; *Zöller/Greger* § 246 Rn. 2b; *Bork* MDR 1991, 99. AA – Partei sei nach „Vorschrift des Gesetzes“ vertreten – BGH FamRZ 1964, 28, 30.

[51] Richtig: *Vollkommer* EWiR 1993, 615f. gegen BGHZ 121, 263, 264f. = NJW 1993, 1654.

[52] *Weber-Grellet* NJW 1986, 2559f.; *Ahmann* GmbHR 1987, 433, 441f.; *Lindacher,* FS Henckel, 1995, S. 549, 560; *Stein/Jonas/H. Roth* § 246 Rn. 10. AA – erteilte und fortbestehende Prozeßvollmacht erübrigt Liquidatorbestellung für das konkrete Verfahren – Köln OLGZ 1975, 349; OLG Hamburg NJW-RR 1997, 1400; OLG Koblenz ZIP 1998, 967; *Saenger* GmbHR 1994, 300, 305.

[53] *Bork* JZ 1991, 841, 846; *Lindacher,* FS Henckel, S. 559.

ren (s. bereits § 50 Rn. 17). Der Totalerledigungserklärung kann die Gesellschaft richtigerweise zwar im Kostenpunkt widersprechen, bedarf dann freilich wohl der Handlungsorganisationserneuerung durch registergerichtliche Liquidatorenbestellung (auch insoweit bereits § 50 Rn. 17).

42 **5. Übernahme der Prozessführung durch den gesetzlichen/organschaftlichen Vertreter sowie Erwerb der Prozessfähigkeit während des Verfahrens. a) Nachträglicher Verfahrensbeitritt des Vertreters.** Die *von* der prozessunfähigen Partei oder namens derselben von einem Nichtvertretungsbefugten erhobene Klage wird zulässig, wenn die Prozessführung durch deren gesetzlichen Vertreter übernommen wird, die *gegenüber* der prozessunfähigen Partei via Direktzustellung oder Zustellung an einen Nichtvertretungsbefugten erhobene Klage, wenn die Zustellung an den gesetzlichen Vertreter nachgeholt wird, oder derselbe von sich aus dem Verfahren beitritt. Hier wie dort kann die Übernahme mit oder ohne Genehmigung der bisherigen Prozessführung des Prozessunfähigen erfolgen, und zwar in jeder Phase des Verfahrens (auch noch in der Revisionsinstanz).[54] Die allfällige Genehmigung muss freilich die Prozessführung als Ganzes erfassen; eine Teilung nach Prozessabschnitten oder die Ausnahme einzelner Abschnitte ist ausgeschlossen.[55] Vorbehaltlose Übernahme der Prozessführung ist mangels atypischer Einzelfallumstände als stillschweigende (Total-)Genehmigung zu interpretieren.[56] Verweigerung der Genehmigung ist (idR) nicht missbräuchlich.[57]

43 Das zur gesetzlichen Vertretung der prozessunfähigen Partei Ausgeführte gilt sinngemäß (s. Rn. 23) für die organschaftliche Vertretung einer juristischen Person oder sonstigen parteifähigen Personifikation: Wurde eine AG im Rechtsstreit mit einem früheren Vorstandsmitglied über Ansprüche aus dem Anstellungsverhältnis entgegen § 112 AktG nicht vom Aufsichtsrat, sondern vom Vorstand vertreten, heilt der Prozesseintritt des Aufsichtsrats den einschlägigen Vertretungsmangel.[58]

44 **b) Nachträglicher Erwerb der Prozessfähigkeit** (Beispiel: die Partei wird volljährig, ihre Betreuung mit Einwilligungsvorbehalt aufgehoben) gestattet und gebietet die Fortsetzung des Prozesses durch die Partei selbst. War sie nicht nach der Vorschrift des Gesetzes vertreten, kann sie zwischen der Genehmigung ihrer bisherigen Prozessführung und der Geltendmachung der Nichtverwertbarkeit des bisherigen Prozessgeschehens wählen. Bezüglich der Genehmigung gilt das in Rn. 39 Ausgeführte entsprechend.

45 **6. Streit über die Prozessfähigkeit bzw. ordnungsgemäße Vertretung.** Der Streit über die Prozessfähigkeit einer Partei bzw. die Vertretungsmacht des als gesetzlicher Vertreter/gesetzliches Organ Auftretenden (sog. **Zulassungsstreit**) ist durch Urteil zu entscheiden, und zwar durch Zwischenurteil (§§ 280 Abs. 2, 303) oder in den Gründen des Endurteils, wenn die Prozessfähigkeit bzw. Vertretungsmacht bejaht, durch (Prozess-)Endurteil, wenn sie verneint werden soll. Für den einschlägigen Streit ist der angeblich Prozessunfähige bzw. der als gesetzlicher Vertreter/Organvertreter Auftretende als prozessfähig bzw. vertretungsbefugt anzusehen.[59] Er kann deshalb beispielsweise im Zulassungsstreit den Richter als befangen ablehnen,[60] vor allem aber mit dem Ziel, eine andere Beurteilung der Prozessfähigkeits- bzw. Vertreterstellungsfrage zu erreichen, auch **Rechtsmittel** einlegen.[61] Teilt das Rechtsmittelgericht auf Rechtsmittel gegen ein die Klage wegen Prozessunfähigkeit bzw. Vertretungsmachtmangels abweisendes Urteil die einschlägige Beurteilung des Instanzgerichts, ist bei Vorliegen der Rechtsmittelvoraussetzungen im Übrigen nicht etwa die Verwerfung des Rechtsmittels, sondern dessen Zurückweisung als unbegründet geboten. Konstatiert das Rechtsmittelgericht auf Rechtsmittel gegen ein klagestattgebendes Urteil entgegen dem Instanzgericht die Prozessunfähigkeit bzw. den Vertretungsmangel, ist *Klage*abweisung als unzulässig angezeigt. In der Konsequenz der Regel, dass jedermann nicht nur die eigene Prozessfähigkeit, sondern auch die eigene Prozess*un*fähigkeit mit den prozesslagenspezifischen Behelfen geltend machen kann,[62] liegt aber auch, dass der (potentiell) Prozessunfähige unter Berufung auf seine mangelnde Prozessfähigkeit bei **Vergleichsschluss** zulässigerweise Antrag auf Fortsetzung des Rechtsstreits wegen Unwirksamkeit des geschlossenen Vergleichs stellen kann.[63]

---

[54] BAG AP § 56 Nr. 3 m. Anm. *Schumann; Stein/Jonas/Bork* § 56 Rn. 3.
[55] RGZ 110, 228, 230 f.; *W. Lüke* Rn. 116; *Thomas/Putzo/Hüßtege* § 51 Rn. 17.
[56] *A. Blomeyer* § 8 III 1.
[57] BGH NJW-RR 2004, 330, 331; ZIP 2005, 900, 901; *Zöller/Vollkommer* § 56 Rn. 11.
[58] BGH DStR 1997, 2035.
[59] AllgM; vgl. zB BGHZ 18, 184, 190 = NJW 1955, 1714; OLG Hamburg NJW-RR 1987, 1342; *Grunsky* ZPR Rn. 84; *Zöller/Vollkommer* § 56 Rn. 13.
[60] OLG Koblenz JurBüro 1977, 113.
[61] BGHZ 86, 184, 186 = NJW 1983, 996; *Stein/Jonas/Bork* § 56 Rn. 5; *Thomas/Putzo/Hüßtege* § 52 Rn. 7.
[62] BGH NJW-RR 1986, 1119; *Stein/Jonas/Bork* § 56 Rn. 16; *Thomas/Putzo/Hüßtege* § 52 Rn. 7.
[63] Überzeugend: *J. Hager* ZZP 97 (1984), 174, 181 ff. AA freilich BGHZ 84, 184, 188 = NJW 1983, 996, 997.

46 Wie bei den sonstigen Prozessvoraussetzungen ist auch bezüglich der Prozessfähigkeit sowie der ordnungsgemäßen Vertretung streitig, ob die Feststellung grundsätzlich im Wege des **Strengbeweises** oder aber parteieinverständnisunabhängig unter den erleichterten Voraussetzungen des sog. **Freibeweises** zu erfolgen hat. Die hM (Dokumentation des Meinungsstands, s. § 284 Rn. 28) erlaubt dem Richter seit jeher die freie Beweisaufnahme, erstreckt den Zustimmungsvorbehalt des durch das JuMoG eingefügten § 284 S. 2 nicht auf amtswegig zu prüfende Tatsachen – mit Blick auf das Gewicht der benannten Prozessvoraussetzungen kaum überzeugend.[64] Die **Beweislast** für die Prozessfähigkeit der Parteien, die ordnungsgemäße gesetzliche Vertretung einer prozessunfähigen Partei sowie die ordnungsgemäße organschaftliche Vertretung einer parteifähigen Personifikation obliegt grundsätzlich demjenigen, der ein ihm günstiges Sachurteil begehrt, in der Regel also dem Kläger und nur ausnahmsweise, nämlich beim Verzichtsurteil und beim Versäumnisurteil gegen den Kläger, dem Beklagten. Da Störungen der Geistestätigkeit nach der Lebenserfahrung als Ausnahmeerscheinung anzusehen sind, trifft freilich die sich auf Prozessunfähigkeit infolge Geschäftsunfähigkeit nach § 104 Nr. 2 BGB berufende Partei ggf. eine begrenzte Darlegungslast: sie muss erforderlichenfalls Umstände dartun, die die tatsächliche Vermutung erschüttern. Lässt sich nach Ausschöpfung aller erschließbaren Erkenntnisquellen nicht klären, ob die Partei geisteskrank ist oder nicht, verbleibt es indes bei der allgemeinen Beweislastregel: das non liquet geht zu Lasten der das Sachurteil begehrenden Partei.[65] Bei einer die Führung des konkreten Verfahrens abdeckenden **Vorsorgevollmacht** darf das Prozessgericht grundsätzlich von ordnungsgemäßer gesetzlicher Vertretung nach Abs. 3 iV mit § 1896 Abs. 2 S. 2 BGB ausgehen: Der mit der Vollmachtserteilung zum Ausdruck gekommene Wille der Partei verlangt Beachtung, solange keine Umstände ersichtlich, dass die Ausübung der Vollmacht durch den Bevollmächtigten dem Parteiwohl klar zuwiderzulaufen droht. Zweifel an der Eignung der Vollmacht, eine Betreuerbestellung zu erübrigen, gebieten die Aussetzung des Verfahrens analog § 148 und die Einschaltung des Vormundschaftsgerichts zwecks Klärung der Erforderlichkeit einer Pflegerbestellung.

47 Soweit eine Behebung des Mangels möglich erscheint (namentlich bei bloßem Legitimationsmangel), kann das Gericht eine **Frist** zur Beschaffung der nötigen Nachweise setzen und ggf. dieserhalb auch **vertagen** (§ 227). Unter den Voraussetzungen der §§ 148 ff. kommt zudem auch eine **Aussetzung** in Betracht, insonderheit beim Schweben eines Verfahrens auf Anordnung einer Betreuung mit Einwilligungsvorbehalt.[66]

48 Zur Möglichkeit der **vorläufigen Zulassung** einer Partei zur Prozessführung in der *Sache* bei zweifelhafter Prozessfähigkeit bzw. Vertreterstellung bei Gefahr im Verzug s. § 56 Rn. 4 f.

49 **7. Feststellung des Mangels im Rechtsmittelzug.** Die Prozessfähigkeit bzw. ordnungsgemäße Vertretung ist als Prozessvoraussetzung vom Gericht in jeder Verfahrenslage und in jedem Rechtszug von Amts wegen zu prüfen (s. bereits Rn. 36). Wird der Mangel erst in der Rechtsmittelinstanz erkannt, muss aus Fehlerkorrekturgründen das von der prozessunfähigen oder gegen die prozessunfähige Partei/das von der nicht ordnungsgemäß vertretenen oder gegen die nicht ordnungsgemäß vertretene Partei eingelegte Rechtsmittel unbeschadet des Mangels als zulässig erachtet werden. Das gilt insbesondere dann, wenn sich der Rechtsmittelführer gerade dagegen wendet, er sei in der Vorinstanz zu Unrecht als prozessfähig behandelt worden,[67] richtigerweise aber wohl auch dann, wenn die prozessunfähige Partei mit ihrem Rechtsmittel eine Änderung der angefochtenen Entscheidung im Hinblick auf deren sachlichen Inhalt erstrebt.[68] Bei im Übrigen zulässigem Rechtsmittel ist – soweit es nicht nach Vertagung zur Übernahme der Prozessführung durch den bereits existenten oder zu bestellenden gesetzlichen Vertreter kommt (s. Rn. 38, 42) – die *Klage* als unzulässig abzuweisen.

50 **8. Sonderproblem: Klageabweisung als „jedenfalls unbegründet" unter Offenlassung der Prozessfähigkeits- bzw. Vertretungsmachtfrage?** Nach „klassischer" Meinung[69] sind Pro-

---

64 Für Strengebeweis mit der Möglichkeit freier Beweisaufnahme bei einschlägigem Parteieinverständnis (§ 284 S. 2) denn auch: *Schilken* Rn. 481; *W. Lüke* Rn. 259; *Zöller/Greger* § 284 Rn. 1; *Musielak,* FG Vollkommer, 2007, S. 248.

65 BGHZ 86, 184, 189 = NJW 1983, 996, 997; BGH NJW 1996, 1059, 1060; 2000, 289, 290; *Oda* Prozeßfähigkeit S. 56 ff.; *Rosenberg/Schwab/Gottwald* § 44 Rn. 32; *Zöller/Vollkommer* § 56 Rn. 9; *M. Reinicke,* FS Lukes, S. 755 ff. AA – volle Beweislast desjenigen, der Prozeßunfähigkeit infolge krankhafter Störung der Geistestätigkeit iSv. § 104 Nr. 2 BGB geltend macht – AK-ZPO/*Koch* § 56 Rn. 3; *Musielak* NJW 1997, 1736 ff.

66 *Stein/Jonas/Bork* § 56 Rn. 5.

67 BGHZ 110, 294, 296 = NJW 1990, 1734, 1735; *Bork* ZZP 103 (1990), 469 f.

68 So jetzt auch BGH NJW 2000, 289, 291.

69 Dezidiert zB *Sauer,* Die Reihenfolge der Prüfung von Zulässigkeit und Begründetheit einer Klage im Zivilprozeß, 1974, passim, ferner: *Rosenberg/Schwab/Gottwald* § 93 Rn. 47; *Jauernig,* FS Schiedermair, 1975, S. 289 ff.

zessvoraussetzungen durchgängig Sachurteilsvoraussetzungen: eine Klageabweisung als – jedenfalls – unbegründet unter Offenlassung der Prozessfähigkeitsfrage bzw. der Frage ordnungsgemäßer gesetzlicher/organschaftlicher Vertretung kommt nicht in Betracht.[70] Löst man sich mit einer neueren, zu Recht an Boden gewinnenden Ansicht[71] vom Dogma des a priori-Vorrangs der Prozessvoraussetzungsprüfung und beantwortet man statt dessen die einschlägige Frage für jede einzelne Prozessvoraussetzung von deren *Funktion* her, gilt es zu unterscheiden: Dass das Gericht bei Klageabweisung nicht offen lassen kann, ob der *Kläger* prozessfähig bzw. ordnungsgemäß vertreten ist, sollte auch und gerade bei funktioneller Betrachtungsweise außer Zweifel stehen. Der mit der Prozessvoraussetzung intendierte Schutz des Prozessunfähigen bzw. Schutz der organschaftlicher Vertretung bedürftigen Personifikation (s. Rn. 2) verbietet ein Sachurteil *gegen* den möglicherweise Prozessunfähigen bzw. die möglicherweise nicht ordnungsgemäß vertretene Partei.[72] Ist hingegen bei evident unbegründeter Klage die Prozessfähigkeit des *Beklagten* bzw. seine ordnungsgemäße Vertretung zweifelhaft und nur unter zusätzlichem Aufwand klärungsfähig, liegen die Dinge komplizierter:[73] Da der Rechtskraftumfang maßgeblich von den tragenden Urteilsgründen bestimmt wird, wird bei konkurrierenden Klageabweisungsgründen der Rechtskraftinhalt entscheidend durch den in concreto angezogenen Abweisungsgrund geprägt. Jedenfalls dann, wenn man mit einer vor allem von *Grunsky*[74] vertretenen Mindermeinung dem Beklagten ein Recht auf Klageabweisung aus dem für ihn günstigsten Grund bejaht, muss man aus dem Schutzaspekt auch hier die Klageabweisung als „jedenfalls unbegründet" ablehnen:[75] Es ließe sich nicht ausschließen, dass der Vertreter des Prozessunfähigen bzw. der richtige Vertreter erkannt hätte, dass noch ein anderer als der vom Gericht angezogene Abweisungsgrund in Betracht kommt, bei dessen Durchgreifen der Beklagte wegen der unterschiedlichen Rechtskraftwirkung noch besser stünde. Verneint man hingegen mit der ganz hM[76] ein Recht des Beklagten auf Abweisung aus günstigstem Grund, fehlt es bei sachlicher Klageabweisung grundsätzlich an einer rechtlich relevanten Beschwer. Der Schutzgedanke trüge das Verbot einer Klageabweisung als „jedenfalls unbegründet" nicht. Zu erwägen bliebe nur noch, ob einem derartigen Verfahren die Anfechtbarkeit nach § 579 Abs. 1 Nr. 4 entgegensteht. Kann es doch in der Tat schwerlich Aufgabe des Gerichts sein, ein Urteil zu fällen, dessen Bestand davon abhängt, ob der Wiederaufnahmeberechtigte Nichtigkeitsklage erhebt oder nicht.[77] Und, ginge man mit der überkommenen, älteren Ansicht[78] davon aus, dass auch der Gegner des Prozessunfähigen die Klage nach § 579 Abs. 1 Nr. 4 erheben kann, müsste man wohl den Entscheidungsvorrang der Prozessvoraussetzung aus eben jenem Grund bejahen. Spricht man hingegen mit der neueren Rspr. und hL[79] die Klagebefugnis – zu Recht – nur dem Prozessunfähigen bzw. der nicht ordnungsgemäß vertretenen Partei selbst zu, da § 579 Abs. 1 Nr. 4 nur seinem/ihrem Schutz dient, kann von der Gefahr eines Schwebezustands vom Standpunkt der hM (kein Anspruch auf Klageabweisung aus dem weitestreichenden Grund) keine Rede sein: Während der Gegner des Prozessunfähigen durch die Sachabweisung zwar beschwert ist, aber nicht in den personellen Schutzbereich der Norm fällt, mangelt es dem Prozessunfähigen bzw. der nicht ordnungsgemäß vertretenen Partei an einer rechtlich relevanten Beschwer.[80]

51 **9. Entscheidung in Verkennung der Prozessunfähigkeit bzw. des Mangels ordnungsgemäßer Vertretung.** Das in Verkennung der Prozessunfähigkeit bzw. des Mangels gesetzlicher/organschaftlicher Vertretung ergangene Urteil ist nach allgemeinen Grundsätzen mit dem jeweiligen **ordentlichen Rechtsmittel** (Berufung, Revision) anfechtbar. Das Fehlen der Prozessfähigkeit kann sowohl vom gesetzlichen Vertreter der beschwerten Partei als auch von der insoweit als prozessfähig zu behandelnden Partei selbst geltend gemacht werden:[81] das Gebot umfassenden Rechts-

---

[70] So – vom Ansatz der tradierten Vorranglehre her konsequent – statt vieler: *Jauernig* § 33 V 4 sowie *Zeiss/Schreiber* Rn. 266.

[71] S. zB *Grunsky* Grundlagen § 34 III 1 sowie ZZP 80 (1967), 55 ff.; *Schlosser* Bd. I Rn. 301 ff.; *Henckel* Prozeßrecht S. 227 ff.; *Rimmelspacher* ZZP 88 (1975), 245, 246; *Lindacher* ZZP 90 (1977), 131 ff.

[72] *Grunsky* ZZP 80 (1967), 73; *Olroth* JurA 1970, 708, 717; *Lindacher* ZZP 90 (1977), 141.

[73] Vgl. zum folgenden bereits *Lindacher* ZZP 90 (1977), 141 f.

[74] ZZP 76 (1963), 165 ff.

[75] Konsequent *Grunsky* ZZP 80 (1967), 73.

[76] S. etwa *E. Schneider,* Der Zivilrechtsfall in Prüfung und Praxis, 7. Aufl., Rn. 901 ff.

[77] Zutreffend *Grunsky* ZZP 80 (1967), 72 f.

[78] RGZ 126, 261, 263; OLG Schleswig NJW 1959, 200.

[79] BGHZ 63, 78, 79 = NJW 1974, 2283 f.; *Stein/Jonas/Grunsky* § 579 Rn. 7; *Zöller/Greger* § 579 Rn. 5; *Baumbach/Lauterbach/Hartmann* § 579 Rn. 6.

[80] Volle Übernahme der hier entwickelten Position: *Wieczorek/Schütze/Hausmann* § 56 Rn. 12.

[81] BGH LM § 11 Nr. 2 = JR 1972, 246 m. Anm. *Bökelmann; Stein/Jonas/Bork* § 56 Rn. 16; *Thomas/Putzo/Hüßtege* § 52 Rn. 7.

schutzes erfordert, dass der potentiell Prozessunfähige den Streit um die Fähigkeit zur Prozessführung in eigener Person auch durch das Rechtsmittelgericht klären lassen kann. Auch der Mangel ordnungsgemäßer Vertretung kann nicht nur vom wahren gesetzlichen bzw. organschaftlichen Vertreter, sondern auch vom bislang als solchem Aufgetretenen namens der beschwerten Partei geltend gemacht werden,[82] beim Mangel ordnungsgemäßer gesetzlicher Vertretung wohl auch von der Partei selbst.[83] Wird das Rechtsmittel von der prozessunfähigen Partei selbst oder vom im Übrigen nicht befugten Vertreter eingelegt, kann die Prozessführung freilich jederzeit vom richtigen Vertreter mit nämlichem Ziel übernommen werden.[84] Ob bei Verkennung der Prozessunfähigkeit bzw. unzutreffender Bejahung gesetzlicher/organschaftlicher Vertretung Zustellung an den Prozessunfähigen bzw. den falschen gesetzlichen/organschaftlichen Vertreter die Rechtsmittelfrist in Lauf setzt, ist streitig. Die hM (Dokumentation des Meinungstands s. § 170 Rn. 4) bejaht dies unter Hinweis auf das Gebot der Rechtssicherheit. Richtigerweise dürfte dem Gesichtspunkt des Prozessunfähigenschutzes Vorrang einzuräumen sein, zumal dem Rechtssicherheitsaspekt immerhin dadurch Rechnung getragen wird, dass Urteile nach §§ 516, 552 sechs Monate nach Verkündung trotz Unwirksamkeit der Zustellung in Rechtskraft erwachsen.[85] Soweit das Rechtsmittel vom Prozessunfähigen selbst eingelegt wurde, kann es von ihm auch wirksam zurückgenommen und dadurch ggf. indirekt Rechtskrafteintritt herbeigeführt werden:[86] die Prozessfähigkeit im Zulassungsstreit deckt auch den actus contrarius zur Rechtsmitteleinlegung. Entsprechendes gilt für den falsus procurator.[87] Die Rechtsmittelverzichtserklärung des Prozessunfähigen bzw. des zu Unrecht als gesetzlicher Vertreter/Organvertreter Auftretenden nimmt hingegen dem (wahren) Vertreter nicht die im Übrigen (noch) gegebene Befugnis, den Prozessfähigkeits- bzw. Vertretungsmangel via Rechtsmittel (erneut) geltend zu machen, bewirkt also per se keinen Rechtskrafteintritt.[88]

Ab Rechtskraft ist gegen das in Verkennung der Prozessunfähigkeit bzw. des Mangels ordnungsgemäßer Vertretung ergangene Urteil **Nichtigkeitsklage** gemäß § 579 Abs. 1 Nr. 4 gegeben, und zwar nach zutreffender neuerer Ansicht selbst dann, wenn das Gericht die Prozessfähigkeits- bzw. Vertretungsmachtfrage nach Prüfung ausdrücklich bejaht hat:[89] Rechtliches Gehör wird nur dadurch gewährt, dass (auch) der gesetzliche Vertreter bzw. der richtige Organvertreter zu Wort kommt. Es ist nicht auszuschließen, dass das Gericht in Hinblick auf ergänzendes rechtliches und/oder tatsächliches Vorbringen des (richtigen) Vertreters bereits im Vorprozess zu einer abweichenden Beurteilung gekommen wäre. Der Teleologie der Anfechtungserstreckung entsprechend kann freilich der nicht übersehene, vielmehr nach und trotz Prüfung verkannte Mangel grundsätzlich nur vom (richtigen) gesetzlichen Vertreter/Organvertreter, nicht von der ihre eigene Prozessunfähigkeit leugnenden Partei selbst bzw. vom falsus procurator geltend gemacht werden:[90] deren erneutes Zu-Wort-Kommen würde den Mangel der Gehörgewährung nicht heilen. Anderes gilt insoweit nur, wenn die zunächst prozessunfähige Partei zwischenzeitlich prozessfähig geworden ist, der zunächst unbefugte Vertreter nunmehr über die erforderliche Legitimation verfügt. 52

---

82 BGHZ 40, 197, 198 f.; RGZ 86, 340, 342; *Zöller/Vollkommer* § 56 Rn. 13.

83 Übereinstimmend: *Rosenberg/Schwab/Gottwald* § 54 Rn. 12; *A. Blomeyer* § 9 V 3.

84 BGHZ 40, 197, 198 f.

85 Wie hier: LG Frankfurt NJW 1976, 757; LG Hamburg ZMR 2007, 197; *Rosenberg/Schwab/Gottwald* Rn. 4 f.; *Schönke/Kuchinke* § 28 IV; *Zöller/Vollkommer* Rn. 13; *Thomas/Putzo/Hüßtege* § 170 Rn. 3; *Jacoby* ZMR 2007, 327, 330.

86 Jedenfalls im Ergebnis zutreffend BGH LM § 52 Nr. 3 = FamRZ 1958, 58; *Baumbach/Lauterbach/Hartmann* § 56 Rn. 12. AA *Zöller/Vollkommer* § 56 Rn. 15.

87 Zustimmend: *Wieczorek/Schütze/Hausmann* § 51 Rn. 59.

88 AA BGH LM § 52 Nr. 3 = FamRZ 1958, 58 (obiter dictum). Wie hier jetzt aber auch *Wieczorek/Schütze/Hausmann* § 52 Rn. 44.

89 BGHZ 84, 24 ff. = NJW 1982, 2449, 2450 f.; *Schlosser* Bd. I Rn. 399; *Thomas/Putzo/Reichold* § 579 Rn. 2; *Waldner,* Aktuelle Probleme des rechtlichen Gehörs, 1983, S. 220, 296; *J. Hager* ZZP 97 (1984), 174, 188 f. AA freilich dezidiert *Gaul,* FS Kralik, 1986, S. 157 ff., ferner: *Rosenberg/Schwab/Gottwald* § 44 Rn. 39; *Jauernig* § 20 IV 4; *W. Lüke* Rn. 118.

90 Ebenso bereits *J. Hager* ZZP 97 (1984), 97, 188 f. sowie nunmehr auch *Wieczorek/Schütze/Hausmann* § 51 Rn. 60.

Anhang nach § 52. Prozessführung und Güterstand

Übersicht

I. Allgemeines

1 Gesetzlicher Güterstand ist die **Zugewinngemeinschaft** (§§ 1363 bis 1413 BGB). An Vertragsgüterständen kennt das geltende Recht nur noch die Güterstände der **Gütertrennung** (§ 1414 BGB) und der **Gütergemeinschaft** (§§ 1415 bis 1518 BGB). Errungenschaftsgemeinschaft (§§ 1519 bis 1548 BGB aF) und Fahrnisgemeinschaft (§§ 1549 bis 1557 BGB aF) bestehen nur noch, wenn die Ehegatten am 1. 7. 1958 in diesen Güterständen gelebt und nichts anderes vereinbart haben (Art. 8 Abs. 1 Nr. 7 GleichberG).

2 Bei (reiner) Gütertrennung stellen sich *keine* besonderen Probleme hinsichtlich der Prozessführung: Der unbeschränkten Verfügungsbefugnis über das jeweils eigene Vermögen entspricht die Selbstständigkeit der Prozessführung (s. Rn. 3 f.). Gleiches gilt mit einer Einschränkung auch für den gesetzlichen Güterstand der Zugewinngemeinschaft, ein System der Gütertrennung mit einer auf die Errungenschaft der Ehegatten bezogenen Ausgleichsregelung: Der Verfügungsbeschränkung bzgl. des Vermögens im Ganzen (§ 1365 BGB) und bzgl. der Gegenstände des ehelichen Haushalts (§ 1369 BGB) korrespondiert gemäß § 1368 BGB bzw. §§ 1369 Abs. 3, 1368 BGB eine Revokationsbefugnis des übergangenen Partners (s. insoweit Rn. 5 ff.). Sonderprobleme verschiedener Art ergeben sich hingegen bei der Gütergemeinschaft (s. Rn. 10 ff.).

II. Gütertrennung

3 Der Güterstand der Gütertrennung ist durch das Fehlen jeglicher güterrechtlicher Beziehung zwischen den Ehegatten gekennzeichnet: Jeder Ehegatte verwaltet sein Vermögen allein und führt demgemäß auch allfällige hierauf bezogene Rechtsstreitigkeiten unbeschränkt kraft eigenen Rechts. Seine (Eigen-)Prozessführungsbefugnis wird auch nicht dadurch ausgeschlossen oder beschränkt, dass er sein Vermögen ganz oder teilweise der Verwaltung des anderen Ehegatten (§ 1413 BGB) überlässt.[1] Prozessführung für den Partner im eigenen Namen ist nur in gewillkürter Prozessstandschaft nach allgemeinen Grundsätzen (s. Vor §§ 50 ff. Rn. 55 ff.) zulässig: Die Ehegatteneigenschaft dispensiert weder vom Erfordernis des eigenen rechtlichen Interesses noch begründet sie per se ein solches.[2]

4 Soweit Erwerb während der Ehe im (Bruchteils-)Miteigentum der Ehepartner steht, kann jeder gemäß § 1011 BGB als Prozessstandschafter (Vor §§ 50 ff. Rn. 52) Ansprüche aus dem Eigentum gegenüber Dritten in Ansehung der ganzen Sache geltend machen.

III. Zugewinngemeinschaft

5 **1. Der Grundsatz: Jeder Ehegatte führt auf sein Vermögen bezogene Rechtsstreitigkeiten unabhängig vom anderen.** Die Zugewinngemeinschaft ist unbeschadet ihrer funktionalen Mittellage zwischen Gütertrennung und Gütergemeinschaft strukturell nach dem Prinzip der Gütertrennung organisiert: Das Vermögen des Mannes und das Vermögen der Frau werden nicht gemeinschaftliches Vermögen (§ 1363 Abs. 2 S. 1 BGB); jeder Ehegatte behält grundsätzlich das

---

[1] *Zöller/Vollkommer,* 15. Aufl., Anh. § 51 Rn. 3; *Wieczorek/Schütze/Hausmann* Vor § 50 Rn. 112.
[2] AA in letzterem *Gernhuber/Coester-Waltjen* FamR, 5. Aufl., § 34 Rn. 25.

volle Verfügungs- und Verwaltungsrecht und damit auch die unbeschränkte (Eigen-)Prozessführungsbefugnis. Das zur Gütertrennung Ausgeführte gilt insoweit entsprechend.

2. Die Ausnahme: Schutzprozessführung in gesetzlicher Prozessstandschaft nach § 1368 BGB. Besonderes ist freilich in Hinblick auf die Verfügungsbeschränkungen nach §§ 1365 ff. BGB und die Rechte zu konstatieren, die sich aus der Unwirksamkeit des Verfügungs- und Verpflichtungsgeschäfts mangels Zustimmung des anderen Ehegatten ergeben: zur Geltendmachung der Letzteren ist in **gesetzlicher Prozessstandschaft (§ 1368 bzw. §§ 1369 Abs. 3, 1368 BGB)**[3] auch der übergangene Ehegatte berufen. 6

Wie die aus der Doppelung der Prozessführungsbefugnis resultierenden Synchronisationsprobleme zu lösen sind, ist weithin kontrovers. Einigkeit herrscht heute eigentlich nur dahin, dass ein Urteil gegen den verfügenden Ehegatten in Hinblick auf die Schutzfunktion des § 1368 BGB keine Rechtskraft *gegen* den übergangenen Ehegatten äußert:[4] Jener darf nicht die Möglichkeit erhalten, durch nachlässige Prozessführung vollendete (Rechts-)Tatsachen zu schaffen. Die (Streit-)Frage, ob das vom Dritten gegen den übergangenen Ehegatten erstrittene Urteil zulasten des verfügenden wirkt, dürfte hingegen – entgegen verbreiteter Ansicht[5] – zu bejahen sein:[6] Da Unwirksamkeitsgrund allein die fehlende Zustimmung des Ersteren, erscheint es sehr wohl gerechtfertigt, in Sachen Familienschutz *ihn* als legitimus defensor zu erachten, wenn (zunächst) allein er die sich aus der Unwirksamkeit des Verfügungs- und/oder Verpflichtungsgeschäfts ergebenden Rechte geltend macht. Und, erst recht keine durchgreifenden Bedenken sprechen gegen eine Rechtskrafterstreckung zugunsten des jeweils anderen Ehegatten, falls ein Ehegatte gegen den Dritten *obsiegt* hat:[7] Dem zunächst Untätigen fehlt zwar für die eigene Leistungsklage im Regelfall das Rechtsschutzbedürfnis, weil es der Lebenserfahrung entspricht, dass derjenige, der unter den Mühen eines Rechtsstreits einen Titel erwirkt hat, aus diesem notfalls auch die Vollstreckung betreibt. Sieht der Titelinhaber aber atypischerweise im Einzelfall hiervon ab, muss es dem anderen Ehegatten freistehen, zwecks Erwirkung eines eigenen Titels seinerseits Leistungsklage zu erheben und sich in der Sache dabei auf das Ersturteil zu berufen: Dieses äußert zwar keine ne bis in idem-Wirkung, weil nach der Teleologie des Verbots nochmaliger Verhandlung und Entscheidung die Sperre nur greift, wenn bereits voll wirksamer Rechtsschutz gewährt wurde, hiervon indes in den Rechtskrafterstreckungsfällen keine Rede sein kann, wenn der begünstigte Ehegatte aus dem Urteil nicht vollstrecken kann. Da Wiederholungsverbot und Bindungsgebot im Verhältnis der Komplementarietät stehen, greift allerdings das Bindungsgebot der materiellen Rechtskraft: die Zweitentscheidung muss inhaltlich mit dem Ersturteil übereinstimmen. 7

Klagen die Ehegatten gemeinsam oder werden sie gemeinsam verklagt (Leistungsklage gegen den Vertragspartner-Ehegatten, Feststellungsklage gegen den anderen Ehegatten), sind sie in Konsequenz der hier zur Rechtskraftfrage vertretenen Ansicht **notwendige Streitgenossen aus prozessualen Gründen** (§ 62 Abs. 1 1. Alt.).[8] 8

Klageantrag. Geltendmachung der sich aus der Unwirksamkeit des Verfügungs- und/oder Verpflichtungsgeschäfts ergebenden Rechte in Prozessstandschaft bedeutet bei Leistungsklagen grundsätzlich Fassung des Klageantrags so, wie ihn auch der Vertragspartner-Ehegatte selbst formulieren müsste. Die Realisierung dieses Prinzips bereitet keine Schwierigkeiten, wenn die Herbeiführung 9

---

[3] Für Qualifikation der Revokationsbefugnis als gesetzliche Befugnis zur Geltendmachung fremder Rechte im eigenen Namen – wie hier – die ganz hM; vgl. statt vieler: OLG Brandenburg FamRZ 1996, 1015; *Stein/Jonas/Bork* Vor § 50 Rn. 44; *Schlosser* Bd. I Rn. 256.

AA – das Revokationsrecht des übergangenen Ehegatten als eigenen materiellen Anspruch qualifizierend – freilich etwa *Lüderitz* FamR, 27. Aufl., § 14 Rn. 63; *Fenge,* FS Wahl, 1973, S. 475, 490; *Mikat,* FS Felgentraeger, 1969, S. 323, 344.

[4] Statt vieler: *Erman/Heckelmann* § 1368 BGB Rn. 15; *Baur* FamRZ 1958, 253, 257; *Brox* FamRZ 1961, 281, 284. AA – allseitige Rechtskrafterstreckung – freilich noch *Reinicke* BB 1957, 564, 568 sowie *Schulz-Kersting* JR 1959, 134, 137.

[5] Statt vieler: *Rosenberg/Schwab/Gottwald* § 46 Rn. 61; *Wieser* ProzessRK-BGB 1368 Rn. 7; *Brox* FamRZ 1961, 284.

[6] Wie hier: *Zöller/Vollkommer,* 15. Aufl., Anh. § 51 Rn. 2 sowie *Bötticher* BB 1964, 48, ferner – vom Ausgangspunkt materiell-rechtlicher Berechtigung her freilich konsequenterweise Rechtskrafterstreckung in der Form der Präjudizialität bejahend – *Fenge,* FS Wahl, S. 489 ff.

[7] Übereinstimmend: *Baur* FamRZ 1962, 508, 510; *Wieczorek/Schütze/Hausmann* Vor § 50 Rn. 17; *Wieser* ProzessRK-BGB Rn. 8. Die Rechtskrafterstreckung auch hier leugnend freilich etwa MünchKommBGB/*Koch* § 1368 Rn. 22; *Staudinger/Thiele* § 1368 BGB Rn. 39; *Brox* FamRZ 1961, 284.

[8] I. e. wie hier: *Zöller/Vollkommer,* 15. Aufl., Anh. § 51 Rn. 2; *Dölle* FamR § 52 III 3; *Baur* FamRZ 1962; 510. AA – in Hinblick auf die Verneinung jeglicher Rechtskrafterstreckung folgerichtig – u. a. *Staudinger/Thiele* § 1368 BGB Rn. 42 sowie MünchKommBGB/*Koch* § 1368 Rn. 24.

der angestrebten Rechtsfolge ohne Mitwirkung des verfügenden Ehegatten möglich ist, wie das etwa bei Geltendmachung des Grundbuchberichtigungsanspruchs nach § 894 BGB der Fall ist: die Klage hat auf Abgabe der einschlägigen Berichtigungsbewilligung zu lauten.[9] Komplikationen wirft hingegen die Fallgestaltung auf, dass der Regelweg zur Wiederherstellung des status quo ante eine Mitwirkung des verfügenden Ehegatten impliziert, wie dies insbesondere bei **Herausgabeansprüchen** der Fall ist. Hier herrscht Konsens, dass dem Schutzzweck des § 1368 BGB nur eine Lösung entspricht, die der Gefahr steuert, dass mangelnde Bereitschaft zur Rücknahme der Sache seitens des verfügenden Ehegatten die Revokation praktisch leerlaufen lässt.[10] Die Meinung, der übergangene Ehegatte könne unabhängig vom Nachweis fehlender Mitwirkungsbereitschaft seines Partners sofort auf Herausgabe an sich klagen,[11] schießt freilich für die Fallgestaltung früheren Alleinbesitzes des Verfügenden über das Ziel hinaus. Es genügt unter Schutzaspekten, wenn man hier dem übergangenen Ehegatten eine gestufte Antragsfassung ermöglicht: die Klage auf Herausgabe an den verfügenden Teil, verbunden mit dem Antrag auf Herausgabe an den klagenden Ehegatten für den Fall, dass der andere die Sache nicht zurücknehmen kann oder will.[12] Bei früherem Mitbesitz, der typischen Konstellation bei der Hausratsrevokation, bestehen hingegen gegen eine Antragsfassung auf Herausgabe an den übergangenen Ehegatten selbst in der Tat keine Bedenken: ebenso wie die Rückgabe an den verfügenden Ehegatten führt auch die Herausgabe an den übergangenen zur Wiederherstellung des Ehegattenmitbesitzes.[13]

IV. Gütergemeinschaft

10 Charakteristikum des Güterstands der Gütergemeinschaft ist die Existenz gesamthänderisch gebundenen gemeinschaftlichen Vermögens der Ehegatten. Mit Begründung des Güterstands verschmelzen die bisher jedem einzeln zugeordneten Vermögensmassen zum sog. **Gesamtgut** (§ 1416 Abs. 1 S. 1 BGB); auch das während der Gütergemeinschaft Hinzuerworbene fällt in dasselbe (§ 1416 Abs. 1 S. 2 BGB). Vom Gesamtgut sind die den Ehegatten nach wie vor jeweils einzeln zuordenbaren Vermögensmassen zu unterscheiden, nämlich das **Sondergut** (§ 1417 BGB) als Inbegriff der Gegenstände, die nicht durch Rechtsgeschäft übertragen werden können, sowie der kraft ehevertraglicher Vereinbarung oder Bestimmung des zuwendenden Dritten zum **Vorbehaltsgut** (§ 1418 BGB) bestimmte Vermögensteil.

11 Haben die Ehegatten im Ehevertrag keine einschlägige Bestimmung getroffen, so verwalten sie das Gesamtgut gemeinschaftlich (§ 1421 S. 2 BGB). Sie können aber auch die gemeinschaftliche Verwaltung ausschließen und vereinbaren, dass das Gesamtgut vom Mann oder der Frau allein verwaltet wird (§ 1421 S. 1 BGB). Eine Handlungskompetenzregelung dahin, dass jedem Ehegatten konkurrierende Einzelverwaltungsbefugnis zusteht, ist dem geltenden Recht hingegen fremd.[14]

12 **1. Aktivprozesse.** Zu unterscheiden ist einmal zwischen Rechtsstreitigkeiten, die das Gesamtgut, und solchen, die das Sonder- und Vorbehaltsgut betreffen, innerhalb der Ersteren zudem zwischen der Prozessführung bei Einzel- (§§ 1422 ff. BGB) und bei gemeinschaftlicher Verwaltung des Gesamtguts (§§ 1450 ff. BGB).

13 **a) Gesamtgut. aa) Einzelverwaltung. α) Prozessführung des Verwalters.** Verwaltungsmacht schließt Prozessführungsmacht ein: Gemäß § 1422 S. 1 2. Halbs. BGB kann der zur Verwaltung des Gesamtguts Berufene Rechte, die den Ehegatten zur gesamten Hand zustehen, im **eigenen Namen** geltend machen (Fall gesetzlicher Prozessstandschaft eines Teilberechtigten, s. Vor §§ 50 ff. Rn. 52).

14 Kraft seines Rechts zur Verwaltung des Gesamtguts kann der Alleinverwalter auf **Leistung an sich** klagen.[15] Die Zugehörigkeit des Anspruchs zum Gesamtgut, von Bedeutung für das Erfordernis der Prozessführungsbefugnis, muss sich aus der Klage,[16] nicht notwendigerweise aus dem Klageantrag ergeben.[17]

---

[9] BGH NJW 1984, 609, 610; *Rimmelspacher* NJW 1969, 1997, 1998.

[10] Statt vieler: *Gernhuber/Coester-Waltjen* FamR, 5. Aufl., § 35 Rn. 95 sowie *Brox* FamRZ 1961, 286.

[11] So zB *Baumbach/Lauterbach/Hartmann* Anh. § 52 Rn. 3; *Erman/Heckelmann* § 1368 BGB Rn. 11.

[12] Richtig: *Gernhuber/Coester-Waltjen* FamR, 5. Aufl., § 35 Rn. 95; MünchKommBGB/*Koch* § 1368 Rn. 14; *Staudinger/Thiele* § 1368 BGB Rn. 33.

[13] I. e. *Rimmelspacher* NJW 1968, 1998.

[14] Ganz hM; vgl. zB BayObLG NJW 1968, 896; *Soergel/Gaul* § 1421 BGB Rn. 3; MünchKommBGB/*Kanzleiter* § 1421 Rn. 2; aA *Mikat* (Fn. 3) S. 323, 327 f.

[15] AllgM; vgl. statt vieler: *Stein/Jonas/Bork* Vor § 50 Rn. 72.

[16] Richtig: *Stein/Jonas/Bork* aaO.

[17] Zumindest mißverständlich: *Soergel/Gaul* § 1422 BGB Rn. 10 sowie MünchKommBGB/*Kanzleiter* § 1422 Rn. 27.

15 Das Urteil wirkt auch **Rechtskraft** für und gegen den anderen Ehegatten in seiner Eigenschaft als Mitgesamthänder.[18] Hat der Verwalter etwa ein Leistungsurteil erstritten, steht im späteren Schadensersatzprozess die vorgreifliche Frage der Primärleistungspflicht auch dann fest, wenn die Schadensersatzklage infolge zwischenzeitlicher Beendigung der Gütergemeinschaft von den Ehegatten gemeinsam (§ 1472 Abs. 1 BGB) oder aber entsprechend § 2039 BGB (hierzu Rn. 62) vom bislang von der Verwaltung ausgeschlossenen Ehegatten allein erhoben wird. Ist der Verwalter mit seiner Klage abgewiesen, entfaltet das Urteil auch Sperrwirkung, wenn im Liquidationsstadium die Ehegatten gemeinsam erneut in derselben Sache klagen oder aber der andere Ehegatte als Prozessstandschafter analog § 2039 BGB Identisches begehrt.

16 Der von der Verwaltung des Gesamtguts ausgeschlossene Ehegatte ist im vom Verwalter geführten Prozess vom verfahrensrechtlichen Status her **Dritter,** nicht (Haupt-)Partei. Form der Verfahrensbeteiligung ist die **Nebenintervention.**[19] Unterstützt er den verwaltenden Ehegatten als – in Hinblick auf die Rechtskrafterstreckung: streitgenössischer – Nebenintervenient, ist er *deshalb* (s. § 69 Rn. 13) als Partei, sonst aber als **Zeuge** zu vernehmen.[20]

17 Für die allfällige **Kostenschuld** des Verwalters haften das Gesamtgut und sein Sondervermögen.

18 **β) Prozessführung des nicht verwaltungsberechtigten Ehegatten.** Zuweisung des Gesamtgutsverwaltungsrechts an *einen* Ehegatten bedeutet im Grundsatz die Monopolisierung der Prozessführungsbefugnis bei diesem. Der andere Ehegatte hat – von der Sonderfallgestaltung des selbstständigen Betriebs eines Erwerbsgeschäfts (hierzu Rn. 22) abgesehen – lediglich ein Not- sowie Schutzprozessführungsrecht (hierzu Rn. 19ff.). Im Übrigen bedarf er zur Eigenprozessführung bei gesamtgutsbezogenen Streitigkeiten der Ermächtigung durch den Verwalter.

19 **αα) Notprozessführung.** Auch der nicht verwaltungsberechtigte Ehegatte hat zumindest eine subsidiäre Prozessführungsbefugnis: bei Verhinderung des Verwalters und Gefahr im Verzug ist er zur Notprozessführung, dh. zur Einleitung oder Fortsetzung von Rechtsstreitigkeiten, berechtigt (§ 1429 S. 2 BGB). Er hat dabei die Wahl (§ 1429 S. 1 2. Halbs. BGB), im Namen des Gesamtgutsverwalters kraft gesetzlicher Notvertretungsmacht oder aber im eigenen Namen, mithin als gesetzlicher Prozessstandschafter, zu handeln. Fortführung eines Rechtsstreits im eigenen Namen ist – zulässiger[21] – Parteiwechsel.

20 **Bei Prozessführung im Namen des Verwalters** gelten die zur Prozessführung desselben entwickelten Grundsätze (s. Rn. 13ff.): der verhinderte Verwalter ist und bleibt Partei. Der Klageantrag ist deshalb auf Leistung an den Verwalter zu richten. Das Urteil wirkt Rechtskraft für und gegen beide Gesamthänder. Bezüglich der etwaigen Kostenschuld kann aus dem Titel in das Gesamtgut (§ 740) und das Sondervermögen des Verwalters (nicht in das des Notvertreters!) vollstreckt werden.

21 Führt der nicht verwaltungsberechtigte Ehegatte den Rechtsstreit **im eigenen Namen,** kann er kraft seines allgemeinen Notverwaltungsrechts (§ 1429 S. 1 1. Halbs. BGB) Leistung ggf. auch an sich selbst verlangen. Das Urteil wirkt richtigerweise auch hier für und gegen beide Gesamthänder: die Prozessführungsbefugnis nach § 1429 S. 2 BGB ist subsidiär, aber gegenüber der Regelbefugnis des Verwalters nicht von minderer Qualität.[22] Für die Kostenschuld haften neben dem Sondervermögen des Notprozessführers auch das Gesamtgut (§ 1438 Abs. 2 BGB) und das Sondervermögen des Verwalters (§ 1437 Abs. 2 BGB). Einen Kostenfestsetzungsbeschluss, aus dem die Vollstreckung in die beiden letztgenannten Vermögensmassen möglich ist, erlangt der Gegner zwar nur auf Grund eines einschlägigen Titels. Dieser kann indes im Wege der erweiternden Titelumschreibung erwirkt werden:[23] Offenkundigkeit und Eindeutigkeit einschlägiger Haftungserstreckung rechtfertigen die analoge Anwendung von § 742.[24]

22 **ββ) Prozessführung bei selbstständig betriebenem Erwerbsgeschäft.** Kraft Autonomie in einem bestimmten Lebensbereich trotz gesamthänderischer Vermögensbindung ist der nicht verwaltende Ehegatte gemäß § 1431 BGB zur Führung aller im Geschäftsbetrieb anfallenden Rechts-

---

[18] Statt aller: *Zöller/Vollkommer* Vor § 50 Rn. 36; *Soergel/Gaul* § 1422 BGB Rn. 10.

[19] *Stein/Jonas/Bork* Vor § 50 Rn. 72; *Erman/Heckelmann* § 1422 BGB Rn. 4.

[20] RGZ 67, 265; *Stein/Jonas/Bork* Vor § 50 Rn. 72; MünchKommBGB/*Kanzleiter* § 1422 Rn. 28.

[21] AA insoweit *Staudinger/Thiele* § 1429 BGB Rn. 9: regelmäßig *nicht* sachdienlicher Parteiwechsel.

[22] Übereinstimmend: *Zöller/Vollkommer,* 15. Aufl., Anh. § 51 Rn. 15; *Staudinger/Thiele* § 1429 BGB Rn. 10; *Bamberger/Roth/Mayer* § 1429 BGB Rn. 3. AA – keine Rechtskrafterstreckung auf den Verwalter – freilich *Rosenberg/Schwab/Gottwald* § 46 Rn. 61; *Soergel/Gaul* § 1429 BGB Rn. 8; *Jauernig/Chr. Berger* § 1429 BGB Rn. 3.

[23] AA – für Notwendigkeit der Erwirkung eines eigenen Urteils gegen den Verwalter – *Staudinger/Thiele* § 1429 BGB Rn. 12.

[24] Hierzu *Jonas* JW 1937, 769f.; ferner *Stein/Jonas/Bork* Vor § 91 Rn. 25.

streitigkeiten berechtigt, wenn er mit Zustimmung des Partners selbstständig (auch als persönlich haftender Gesellschafter) ein Erwerbsgeschäft betreibt. Das Urteil wirkt in Ansehung des Gesamtguts auch für und gegen den Verwalter.[25] Bezüglich der etwaigen Kostenschuld eröffnet das Urteil die Kostenfestsetzung mit Vollstreckung in das Gesamtgut (§ 741) und Sondervermögen des nicht verwaltenden Ehegatten, nach erweiternder Umschreibung analog § 742 (im Hinblick auf die Liquidität einschlägiger Haftungserstreckung gemäß § 1437 Abs. 2 BGB)[26] auch mit Vollstreckung in das Verwaltersondervermögen.

23 **γγ) Schutzprozessführung.** In Relativierung des Prinzips der Alleinverwaltung bindet das Gesetz den Verwalter bei bestimmten Geschäften, nämlich Gesamtvermögensgeschäften (§ 1423 BGB), Grundstücksgeschäften (§ 1424 BGB) und Schenkungen (§ 1425 BGB), an die Zustimmung des anderen Ehegatten. Ohne die erforderliche Zustimmung vorgenommene Geschäfte sind unwirksam. Die sich aus der Unwirksamkeit ergebenden Rechte kann in konkurrierender Zuständigkeit auch der übergangene Ehegatte geltend machen (§ 1428 BGB). Der nicht zur Gesamtgutsverwaltung berufene Ehegatte klagt dabei im eigenen Namen in gesetzlicher Prozessstandschaft.[27]

24 Der Klageantrag zielt im Revokationsfall grundsätzlich auf Wiederherstellung des status quo ante, bei unwirksamer Grundstücksveräußerung bzw. Grundstücksbelastung beispielsweise auf Bewilligung der Grundbuchberichtigung. Bei beweglichen Sachen kann bei vorgängigem Alleinbesitz des Verwalters freilich richtigerweise neben der Verurteilung zur Herausgabe an diesen subsidiär eine bedingte Verurteilung zur Herausgabe an den Kläger für den Fall begehrt werden, dass der Verwalter die Sache nicht zurücknehmen will oder kann.[28] Bei vorgängigem Mitbesitz kann der zur Schutzprozessführung Berechtigte sogar primär auf Herausgabe an sich (zu Mitbesitz der beiden Ehegatten) klagen. Was die subjektiven Grenzen der Rechtskraft anbelangt, ist zu unterscheiden: Das klageabweisende Urteil gegen den Gesamtgutsverwalter wirkt keine Rechtskraft gegen den anderen Ehegatten; die Revokationsmöglichkeit des letzteren darf nicht durch nachlässige Prozessführung des Ehepartners zunichte gemacht werden können.[29] Im spiegelbildlichen Fall des Prozessverlustes des Nichtverwalters sprechen hingegen die besseren Gründe wohl *für* die Rechtskrafterstreckung: Wer es in der Hand hat, durch seine Zustimmung dem Geschäft die Unwirksamkeit zu nehmen, kann und muss bei (zunächst) alleiniger Prozessführung auch im Revokationsprozess als pars legitima angesehen werden.[30] Hat ein Ehegatte *obsiegt,* mangelt der Klage des anderen regelmäßig das Rechtsschutzbedürfnis.[31] Etwas anderes gilt freilich, wenn der obsiegende Partner es unterlässt, aus dem Titel binnen angemessener Frist die ggf. erforderliche Zwangsvollstreckung zu betreiben. Im zulässigen Zweitprozess kann sich der Kläger dann via Bindungswirkung der Rechtskraft auf das Ersturteil berufen.

25 Klagen der Verwalter und der andere Ehegatte gemeinsam, sind sie aus Rechtskrafterstreckungsgründen (Rn. 24) notwendige Streitgenossen (§ 62 Abs. 1 1. Alt.).

26 Unterliegt der nicht verwaltende Ehegatte, kann der Gegner wegen der Kosten auf der Grundlage dieses Titels nach Kostenfestsetzung die Vollstreckung nicht nur in dessen Sondervermögen, sondern nach einer die Haftungserstreckung der §§ 1438 Abs. 2, 1437 Abs. 2 BGB realisierenden Umschreibung analog § 742[32] auch in das Gesamtgut sowie das Verwaltersondervermögen betreiben.[33] Bleiben die Ehegatten mit gemeinsamer Klage erfolglos, ist der Titel im Kostenpunkt Grundlage der Vollstreckung in das Gesamtgut und die jeweiligen Sondervermögen.

27 **δδ) Prozessführung in gewillkürter Prozessstandschaft.** Liegt keiner der gesetzlichen Ausnahmetatbestände vor, kann der nicht verwaltungsberechtigte Ehegatte einen auf das Gesamtgut be-

---

[25] Statt vieler: MünchKommBGB/*Kanzleiter* § 1431 Rn. 11; *Wieser* ProzessRK-BGB § 1431 Rn. 4.

[26] Gegen die Möglichkeit der Titelumschreibung freilich MünchKommBGB/*Kanzleiter* § 1431 Rn. 11 Fn. 17.

[27] Ganz hM; vgl. statt vieler: *Rosenberg/Schwab/Gottwald* § 46 Rn. 19; *Stein/Jonas/Bork* Vor § 50 Rn. 44; *Zöller/Vollkommer* Vor § 50 Rn. 63. Für Qualifikation des Revokationsrechts als eigenen materiell-rechtlichen Anspruch freilich etwa *Mikat,* FS Felgentraeger, S. 323, 344 sowie *Soergel/Gaul* § 1428 BGB Rn. 2.

[28] Wie hier: *Staudinger/Thiele* § 1428 BGB Rn. 6. Noch weitergehend *Soergel/Gaul* § 1428 BGB Rn. 3 sowie *Erman/Heckelmann* § 1428 BGB Rn. 1: sofortige und unbedingte Klage auf Herausgabe an sich möglich.

[29] Ganz hM; vgl. statt vieler: *A. Blomeyer* § 92 I 2b; *Soergel/Gaul* § 1428 BGB Rn. 6.

[30] Wie hier: *Dölle* FamR § 71 II 3; MünchKommBGB/*Kanzleiter* § 1428 Rn. 6. AA allerdings zB *A. Blomeyer* § 92 I 2b; *Soergel/Gaul* § 1428 BGB Rn. 6; *Palandt/Brudermüller* § 1428 BGB Rn. 1.

[31] Übereinstimmend: MünchKommBGB/*Kanzleiter* § 1428 Rn. 6. AA freilich ausdrücklich *Staudinger/Thiele* § 1428 BGB Rn. 9.

[32] Hierzu *Jonas* JW 1937, 769f.; ferner *Stein/Jonas/Bork* Rn. 27 Vor § 91.

[33] AA – Erforderlichkeit eines einschlägigen Urteils gegen den Verwalter – freilich *Soergel/Gaul* § 1428 BGB Rn. 4 sowie *Staudinger/Thiele* § 1428 BGB Rn. 10.

zogenen Rechtsstreit nur bei Ermächtigung durch den Gesamtgutsverwalter führen. Er handelt dann in gewillkürter Prozessstandschaft, dh. mit vom Partner abgeleiteter Prozessführungsbefugnis.[34]

Die **Zustimmung** des Verwalters ist notwendige, aber auch ausreichende Voraussetzung; das für die gewillkürte Prozessstandschaft nach allgemeinen Grundsätzen erforderliche besondere rechtliche Interesse (s. Vor §§ 50ff. Rn. 59ff.) folgt bereits daraus, dass der Ermächtigte als Gesamthänder Mitinhaber des geltend gemachten Rechts ist. Die Zustimmungserklärung kann sich auch aus schlüssigem Handeln ergeben. So zB daraus, dass der Verwalter die Prozessvollmachtsurkunde mitunterschreibt,[35] dass er selbst als Prozessbevollmächtigter auftritt oder in anderer Form den Prozess instruiert und für den anderen Ehegatten führt,[36] dass er als Nebenintervenient beitritt[37] oder sich als Zeuge vernehmen lässt.[38] Die Zustimmung kann vor und nach Klageerhebung (selbst in höherer Instanz) erklärt werden. Die vorprozessuale Erklärung ist ab Klagerhebung,[39] die während des Prozesses abgegebene Erklärung generell unwiderruflich. 28

Der ermächtigte Ehegatte kann grundsätzlich nur auf Leistung an den Verwalter klagen. Leistung an sich kann er nur verlangen, wenn er vom Verwalter zur Leistungsannahme ermächtigt ist, was nicht ohne weiteres aus der Zustimmung zur Prozessführung folgt.[40] Das Urteil in einem vom nicht verwaltungsberechtigten Ehegatten mit Zustimmung des Verwalters geführten Prozess wirkt auf Grund allgemeiner Grundsätze zum Rechtskraftumfang bei gewillkürter Prozessstandschaft (s. Vor §§ 50ff. Rn. 66) auch für und gegen den Verwalter.[41] Für den Unterliegensfall haften bzgl. der Kosten das Sondervermögen des Prozessstandschafters, das Gesamtgut (§ 1438 Abs. 2 BGB) und das Sondervermögen des Verwalters (§ 1437 Abs. 2 BGB). Nach Umschreibung des Titels analog § 742[42] kann der Gegner einen Kostenfestsetzungsbeschluss erwirken, aus dem die Vollstreckung in *alle* genannten Vermögensmassen möglich ist. 29

bb) Gemeinschaftliche Verwaltung. α) Der Grundsatz: gemeinsame Prozessführung. Gemeinschaftliche Verwaltung bedingt gemeinsame Prozessführung: Rechte, die den Ehegatten zur gesamten Hand zustehen, sind in (notwendiger) Streitgenossenschaft (§ 62 Abs. 1 2. Alt.) geltend zu machen. Dem einzelnen Ehegatten mangelt während Bestehens der Gütergemeinschaft (zur Lage in der Liquidation Rn. 62) eine allgemeine Einzelklagebefugnis in Analogie zu § 2039 BGB.[43] Eine ohne Zustimmung des Partners allein erhobene Klage ist außerhalb der vom Gesetz statuierten Ausnahmetatbestände (s. Rn. 31ff.) mangels Prozessführungsbefugnis als unzulässig[44] abzuweisen. Der Klageantrag muss auf Leistung an beide Ehegatten lauten. 30

β) Die Ausnahme: Prozessführung eines Ehegatten. αα) Einzelprozessführung in gesetzlicher Prozessstandschaft. Die Stellung des nicht alleinverwaltungsberechtigten Ehegatten entspricht wertungsstimmigerweise zumindest derjenigen des nicht verwaltungsberechtigten Ehegatten bei Einzelverwaltung des Partners: Jeder Ehegatte hat die **Befugnis zur Notprozessführung** (§ 1454 BGB) und das **Recht zu selbstständiger Prozessführung kraft gestatteten Gewerbebetriebs** (§ 1456 BGB). Das zur Eigenprozessführung des nicht verwaltungsberechtigten Ehegatten Ausgeführte (s. Rn. 19ff. sowie 22) gilt entsprechend. Im Unterliegensfall haften für die Kosten neben dem Sondervermögen des Prozessstandschafters auch das Gesamtgut (§ 1460 Abs. 2 BGB) und das Sondervermögen des anderen Ehegatten (§ 1459 Abs. 2 BGB). Auf Grund des Titels kann der Gegner im Fall selbstständiger Prozessführung kraft gestatteten Gewerbebetriebs ohne 31

---

34 So zu Recht die heute ganz hM; vgl. etwa *Gernhuber/Coester-Waltjen* FamR, 5. Aufl., § 38 Rn. 88; *Soergel/Gaul* § 1422 BGB Rn. 12. Eine Minderansicht – vgl. etwa RGZ 60, 146, ferner wohl auch *Stein/Jonas/Bork* Vor § 50 Rn. 72 – spricht dem Partner des Gesamtgutsverwalters insoweit ein originäres, aus der Gesamthänderstellung erwachsendes Prozeßführungsrecht zu: die Zustimmung des Verwalters lasse nur eine Beschränkung des Verwaltungsrechts entfallen, das „an sich" auch dem anderen Ehegatten zustehe.

35 Vgl. OLG Breslau OLGE 1, 56.

36 Vgl. RGZ 148, 248.

37 Vgl. RGZ 60, 85.

38 Vgl. RG WarnRspr. 1914 Nr. 258.

39 Vgl. RGZ 164, 242; *Stein/Jonas/Bork* Vor § 50 Rn. 72.

40 Richtig: *Staudinger/Thiele* § 1422 BGB Rn. 48. AA – einschränkungslos eine Fassung des Klageantrags auf Leistung an den Verwalter oder an sich selbst nach Wahl des Beklagten zulassend – freilich im Anschluss an RGZ 60, 146 etwa *Dölle* FamR § 71 I 2a sowie *Erman/Heckelmann* § 1422 BGB Rn. 4.

41 AllgM; vgl. statt vieler: *Soergel/Gaul* § 1422 BGB Rn. 12 m. Nachw.

42 Hierzu *Jonas* JW 1937, 769f.; ferner *Stein/Jonas/Bork* Vor § 91 Rn. 27.

43 Ganz hM; vgl. statt vieler: *Stein/Jonas/Bork* Vor § 50 Rn. 73; *Bamberger/Roth/Mayer* § 1450 BGB Rn. 8; *Wieser* ProzessRK-BGB § 1450 Rn. 8; aA *Schwab*, FS Lent, 1957, S. 271, 294.

44 Statt vieler: BGH NJW 1994, 652, 653; *Stein/Jonas/Bork* Vor § 50 Rn. 73. AA – unrichtig, weil Prozeßführungsbefugnis und Aktivlegitimation vermengend – *Staudinger/Thiele* § 1450 BGB Rn. 29: Klageabweisung als unbegründet.

Umschreibung (§ 741), im Fall der Notprozessführung nach Umschreibung analog § 742[45] einen Kostenfestsetzungsbeschluss erwirken, der auch die Vollstreckung in das Gesamtgut ermöglicht. Zur Eröffnung der Vollstreckungsmöglichkeit in das Sondervermögen des anderen Ehegatten bedarf es hier wie dort der Umschreibung analog § 742.

32 Dem Revokationsrecht des nicht verwaltungsberechtigten Ehegatten nach § 1428 BGB funktionsverwandt und ähnlich ist das **Recht zur Schutzprozessführung** des übergangenen Ehegatten gemäß § 1455 Nr. 8 BGB, das freilich umfänglich noch über jenes hinausgreift: Hat ein Ehegatte ohne die – bei gemeinschaftlicher Verwaltung durchgängig erforderliche – Zustimmung seines Partners über einen Gesamtgutsgegenstand verfügt, können die sich aus der Unwirksamkeit des Geschäfts ergebenden Rechte nicht nur von den Ehegatten gemeinsam, sondern auch vom übergangenen Ehegatten allein geltend gemacht werden. Rechtskrafterstreckung auf den konsenslos Verfügenden wird hier auch von denjenigen anerkannt, die bei Alleinverwaltung – fälschlicherweise (s. Rn. 24) – leugnen, dass das gegen den nicht verwaltungsberechtigten Ehegatten ergangene Urteil auch gegen den Partner wirkt.[46] Bezüglich der Klageantragsfassung gilt das zur Schutzprozessführung gemäß § 1428 BGB Ausgeführte (s. Rn. 24) entsprechend. Für die Kosten des verlorenen Prozesses haften neben dem Sondervermögen des Prozessstandschafters gemäß §§ 1460 Abs. 2, 1459 Abs. 2 BGB auch das Gesamtgut und das Sondervermögen des anderen Ehegatten. Ein Kostenfestsetzungsbeschluss, der auch die Vollstreckung in die beiden letztgenannten Vermögensmassen erlaubt, kann freilich erst nach Titelumschreibung analog § 742[47] erwirkt werden.

33 Ausschließlich dem Recht der Gütergemeinschaft mit gemeinschaftlicher Verwaltung bekannt sind die Tatbestände der Einzelklagebefugnis zur **Geltendmachung von Gesamthandsrechten gegen den Partner** (§ 1455 Nr. 6 BGB) und zur **Wahrnehmung von Widerspruchsrechten gegen Akte der Zwangsvollstreckung in das Gesamtgut** (§ 1455 Nr. 9 BGB).

34 **ββ) Einzelprozessführung in gewillkürter Prozessstandschaft.** Soweit keiner der (Ausnahme-)Tatbestände gesetzlicher Einzelprozessführungsbefugnis erfüllt ist, kann ein Ehegatte allein Gesamtgutsrechte nur mit **Zustimmung** des anderen Ehegatten gerichtlich geltend machen. Das zur Prozessführung durch den nicht verwaltungsberechtigten Ehegatten Ausgeführte (s. Rn. 27 ff.) gilt für diejenige des nicht allein verwaltungsberechtigten entsprechend.

35 Unerlässlich ist vor allem, dass der klagende Ehegatte hinreichend klar zum Ausdruck bringt, dass er ein den Eheleuten in Gütergemeinschaft – und nicht ihm allein – zustehenden Recht geltend macht.[48]

36 **b) Sonder- und Vorbehaltsgut.** Dem umfassenden und unbeschränkten Verwaltungsrecht des einzelnen Ehegatten in Bezug auf sein Sonder- und Vorbehaltsgut entspricht der prozessuale Status: Jeder Ehegatte ist allein und unbeschränkt prozessführungsbefugt. Der andere Ehegatte kann nur kraft einschlägiger Ermächtigung in gewillkürter Prozessstandschaft klagen.[49]

37 **2. Passivprozesse.** Die verbreitete Unsicherheit in einer Reihe prozessualer Fragen, insbesondere in der Variante der gemeinschaftlichen Gesamtgutsverwaltung, gründet letztlich bereits im materiellen Recht: einschlägige Interdependenz von Prozessrecht und materiellem Recht verlangt zuerst und vor allem eine Stellungnahme im Streit, inwieweit das Recht der ehelichen Gütergemeinschaft echte Gesamthandsverbindlichkeiten kennt (s. Rn. 38 ff.). Im Übrigen empfiehlt sich darstellungsmäßig wiederum die Unterscheidung, ob die Ehegatten ehevertraglich Alleinverwaltung (s. Rn. 42 ff.) oder aber gemeinschaftliche Verwaltung (s. Rn. 50 ff.) vereinbart haben.

38 **a) Die Grundfrage: das Schuldmodell der Gütergemeinschaft.** Um das „richtige" Verständnis von Schuld und Haftung bei der ehelichen Gütergemeinschaft konkurrieren zwei Konzepte:

39 **aa)** Nach dem tradierten, ersichtlich auch vom historischen Gesetzgeber zugrunde gelegten Schuldmodell[50] gibt es grundsätzlich keine Gesamthandsschulden, sondern nur Schulden der Ehegatten, für die unter bestimmten tatbestandsmäßigen Voraussetzungen (auch) das Gesamtgut haftet: Selbst gemeinsames rechtsgeschäftliches Handeln der Ehegatten im Falle gemeinschaftlicher Ge-

---

[45] Wie hier für die Möglichkeit bloßer Titelerstreckung zB OLG Nürnberg JurBüro 1978, 761; *Rosenberg/Gaul/Schilken* § 20 III 2b; *Palandt/Brudermüller* § 1460 BGB Rn. 2. Eine eigene *Klage* gegen den anderen Ehegatten für erforderlich erachtend freilich zB OLG Stuttgart FamRZ 1987, 304; *Erman/Heckelmann* § 1460 BGB Rn. 3.

[46] S. etwa *Soergel/Gaul* § 1455 BGB Rn. 8 sowie *Palandt/Brudermüller* § 1455 BGB Rn. 7.

[47] Allgemein hierzu: *Jonas* JW 1937, 769 f.

[48] BGH NJW 1994, 652, 653.

[49] Statt vieler: *Stein/Jonas/Bork* Vor § 50 Rn. 71; *Wieczorek/Schütze/Hausmann* Vor § 50 Rn. 120.

[50] Statt vieler: *Soergel/Gaul* Vor §§ 1437 bis 1444 Rn. 2; RGRK/*Finke* § 1437 BGB Rn. 3; *Jauernig/Chr. Berger* §§ 1437 bis 1440 BGB Rn. 2.

samtgutsverwaltung löst nur eine *Gesamt*schuld der Ehegatten aus, bzgl. derer das Gesamtgut freilich gemäß § 1459 Abs. 1 BGB Haftungsmasse ist.[51] Die Existenz echter Gesamt*hands*schulden wird lediglich in Bezug auf Verbindlichkeiten anerkannt, die – wie etwa die Verpflichtung zur Übereignung eines zum Gesamtgut zählenden Grundstücks – ihrer Natur nach nur durch Zusammenwirken der Gesamthänder erfüllbar sind.[52] Sog. reine Gesamtgutsverbindlichkeiten, dh. Verbindlichkeiten, für die *nur* das Gesamtgut haftet, erklären sich nach strikt individualistischem Schuldmodell als Schulden eines oder beider Ehegatten bei vertraglicher Beschränkung des Haftungszugriffs: der Gläubiger verzichtet auf die Anspruchsrealisierung durch Inanspruchnahme des ungebundenen Schuldnervermögens.[53]

bb) Für die Gegenansicht[54] sind Verbindlichkeiten, für die das Gesamtgut haftet, durchgängig Gesamt*hands*verbindlichkeiten. Das einschlägige Konzept impliziert die Anerkennung eigener Rechtssubjektivität der Gesamthand, dh. der Ehegatten in gesamthänderischer Verbundenheit.[55] Gemeinsames rechtsgeschäftliches Handeln der Ehegatten löst nach diesem Modell eine primäre Gesamthandsschuld mit angelehnter persönlicher Schuld der Ehegatten aus. Für die Gesamthandsschuld haftet das Gesamtgut, für die persönliche Schuld das jeweilige Ehegatteneigenvermögen. 40

Eine Aussage über die „Richtigkeit" dieses oder jenes Modells ist im Rahmen der Kommentierung nicht leistbar. Angemerkt sei nur, dass zwar einerseits der Rechtsanwender an das Dogmatikverständnis des historischen Gesetzgebers als solches nicht gebunden ist,[56] andererseits aber auch keine zwingende Notwendigkeit besteht, das Schuldmodell der ehelichen Gütergemeinschaft (und der Erbengemeinschaft) mit dem der Gesamthandsgesellschaft zu harmonisieren: Das – gebotene[57] – Ja zur echten Gesellschaftsschuld präjudiziert noch nicht das Ja zur (durchgängigen) Gesamthandsschuld bei der Erben- und Gütergemeinschaft; die subtilen „Verselbstständigungstendenzen" bleiben hier immerhin nicht unerheblich hinter denjenigen bei Gesamthandsgesellschaften zurück. Die Kommentierung trifft ihre Aussagen – mangels erkennbarer Überlegenheit der „Gesamthandslehre" – auf der Grundlage des tradierten, dem Gesetz zugrunde liegenden Konzepts und kommt auf den Dogmatikstreit nur dort zurück, wo ihm – ausnahmsweise – unmittelbare praktische Relevanz eignet. 41

b) Einzelverwaltung. Nach dem herrschenden **tradierten Schuldmodell,** das grundsätzlich nur persönliche Schulden des Verwalters und des nicht verwaltenden Ehegatten kennt (s. Rn. 39), gilt es zu unterscheiden: 42

aa) Persönlicher Schuldner ist (nur) der **Verwalterehegatte.** Dann haftet neben dem Eigenvermögen des Verwalters gemäß § 1437 Abs. 1 BGB auch das Gesamtgut. Erforderlich, aber auch genügend ist die **Leistungsklage gegen den Verwalter:** der Titel ermöglicht den Zugriff auf das Vorbehalts- sowie Sondergut *und* auf das Gesamtgut (§ 740 Abs. 1). Für eine Klage auf Duldung der Zwangsvollstreckung ins Gesamtgut gegen den anderen Ehegatten neben der Leistungsklage gegen den Verwalter ist *kein* Raum:[58] Etwaiger Allein- oder Mitgewahrsam des anderen Ehegatten steht der Vollstreckung nicht entgegen; § 740 Abs. 1 ist Sondernorm gegenüber § 809.[59] Ja, selbst bei konkret in Aussicht stehender Beendigung der Gütergemeinschaft besteht entgegen verbreiteter Ansicht[60] kein anerkennenswertes Interesse, mit der Leistungsklage gegen den Verwalter vorsorglich bereits die Duldungsklage gegen den von der Verwaltung Ausgeschlossenen zu verbinden: Kommt es zur Güterstandsbeendigung erst nach Rechtskräftigwerden des Leistungsurteils gegen den Verwalter, kann dem Erfordernis eines Duldungstitels gegen den nicht verwaltenden Ehegatten (§ 743) im Wege der Titelumschreibung nach § 744 Genüge getan werden. Endet der Güterstand hingegen noch während der Rechtshängigkeit, mag der Kläger die Klage *dann* auf den anderen Ehegatten erweitern. Die Klageerstreckung ist im Hinblick darauf, dass der andere Ehegatte ein während bestehender Gütergemeinschaft ergangenes Urteil gegen sich gelten lassen müsste, diesem daher wertungskonsequenterweise die Bindung an die Prozessführung des Verwalters zumutbar, zustimmungsunabhängig und auch noch in der Rechtsmittelinstanz möglich. 43

---

51 *Dölle* FamR § 76 I 2; MünchKommBGB/*Kanzleiter* § 1459 Rn. 3.
52 *Gottwald* JA 1982, 64, 69.
53 *Soergel/Gaul* Vor §§ 1437 bis 1444 BGB Rn. 2.
54 Aus dem älteren Schrifttum *Kipp/Wolff* FamR § 64 I; aus der neueren Lit. etwa *Gernhuber/Coester-Waltjen* FamR, 5. Aufl., § 38 Rn. 90 ff.; *Hennecke,* Das Sondervermögen der Gesamthand, 1966, S. 111 ff.; *Schünemann* FamRZ 1976, 137 f.
55 Dies – unverständlicherweise – leugnend freilich *Gernhuber/Coester-Waltjen* FamR, 5. Aufl., § 38 Rn. 91.
56 Zutreffend *Gernhuber/Coester-Waltjen,* FamR, 5. Aufl., § 38 Rn. 91.
57 I. e. bereits *Lindacher* JuS 1981, 431, 433 f.
58 *Stein/Jonas/Bork* Vor § 50 Rn. 81.
59 MünchKommBGB/*Kanzleiter* § 1437 R/. 14; *Noack* JurBüro 1980, 647, 651.
60 Vgl. zB *Dölle* FamR S. 917 sowie *Soergel/Gaul* § 1422 BGB Rn. 11.

44 Die Prozessführungsmacht des Verwalters reicht insofern weiter als sein Verfügungsrecht, als er in der Prozessführung auch dann nicht beschränkt ist, wenn der allfällige Prozessverlust wirtschaftlich einem Verfügungsgeschäft iSd. §§ 1423 bis 1425 BGB gleichkommt (im Anschluss an Mot. IV 360 allgM). Ob der Verwalter ein Klageanerkenntnis als reine Prozesshandlung (s. § 307 Rn. 4) ohne Mitwirkung des anderen Ehegatten abgeben kann, ist streitig[61] und letztlich (s. auch § 54 Rn. 4) eine Frage der analogen Anwendbarkeit der materiell-rechtlichen Norm. Dass ein Prozessvergleich, der zugleich eine einschlägige materiell-rechtliche Verfügung enthält, der Zustimmung des anderen Ehegatten bedarf, ist allgM.[62]

45 **bb) Persönlicher Schuldner** ist primär der **nicht verwaltende Ehegatte.** Dann haftet neben dem Vorbehalts- und Sondergut des nicht verwaltenden Ehegatten gemäß § 1437 Abs. 1 BGB zunächst regelmäßig (Ausnahmen: §§ 1438 bis 1440 BGB) auch das Gesamtgut. Da Schulden des nicht verwaltenden Ehegatten, für die das Gesamtgut haftet, nach § 1437 Abs. 2 BGB eine gesamtschuldnerische Haftung des Verwalters auslösen, kann der Gläubiger insoweit aber auch auf das Vorbehalts- und Sondergut des Verwalters zugreifen. Klagt der Gläubiger nur gegen den Verwalter, kann er aus dem Titel in das Gesamtgut (§ 740 Abs. 1) und das Eigenvermögen des Verwalters vollstrecken. Klagt er nur gegen den anderen Ehegatten, eröffnet der Titel nur den Zugriff auf das Vorbehalts- und Sondergut des letzteren. Klagt er gegen beide Ehegatten, kann er aus dem erstrittenen Urteil in alle Vermögensmassen der Ehegatten vollstrecken. Da die Prozessführung, soweit die Haftung des Gesamtguts in Frage steht, beim Verwalter monopolisiert ist, die Klage gegen den anderen Ehegatten mithin nur auf Realisierung der persönlichen Haftung desselben zielt, sind die gemeinsam verklagten Ehegatten einfache Streitgenossen.[63]

46 **Besonderheiten** gelten in der Fallgestaltung des **gestatteten Gewerbebetriebs** durch den von der Gesamtgutsverwaltung ausgeschlossenen Ehegatten. Hier ist für Klagen zur Geltendmachung geschäftsbedingter Forderungen in Hinblick auf die Realisierung der Gesamtgutshaftung nach § 1437 Abs. 1 BGB gemäß § 1431 BGB neben dem Verwalter auch der andere Ehegatte richtige Partei. Der Leistungstitel gegen den letzteren eröffnet die Vollstreckung in dessen Eigenvermögen *und* das Gesamtgut (§ 741). Werden die Eheleute gemeinsam verklagt, sind sie, soweit ihre persönliche Haftung in Frage steht, einfache, soweit es um die Gesamtgutshaftung geht, notwendige Streitgenossen aus prozessualen Gründen (§ 62 Abs. 1 1. Alt.): ein Urteil auf Klage gegen einen Ehegatten wirkt insoweit für und gegen den anderen.[64]

47 **cc)** Die **Ehegatten** sind – auf Grund gemeinschaftlichen rechtsgeschäftlichen Handelns oder kraft rechtsgeschäftlichen Handelns eines Ehegatten im Rahmen der sog. Schlüsselgewalt (§ 1357 BGB) oder aber aus gemeinschaftlich begangenem Delikt – **primäre Gesamtschuldner.** Dann tritt zur persönlichen Haftung eines jeden Ehegatten mit seinem Vorbehalts- und Sondergut gemäß § 1437 Abs. 1 BGB die Haftung des Gesamtguts. Bezüglich der Klagealternativen (Klage nur gegen den Verwalter, nur gegen den anderen Ehegatten, gegen beide Ehegatten) gilt das unter Rn. 45 Ausgeführte entsprechend.

48 **dd) Echte Gesamthandsschulden.** In welchem Umfang bei vereinbarter Einzelverwaltung nach strikt individualistischem Schuld- und Haftungsverständnis Gesamthandsschulden kraft Inhalt der Verpflichtung anzunehmen, erscheint wenig geklärt. Dies gilt insbesondere hinsichtlich der Einordnung des Falls, dass der Verwalter eine Verpflichtung zur Übertragung eines Gesamtgutsgegenstands eingeht. Zweifellos eine Gesamthandsschuld kraft Natur der geschuldeten Leistung ist etwa die Verpflichtung der Ehegatten zur Bewilligung einer Grundbuchberichtigung. Richtiger Beklagter ist freilich auch hier allein der Gesamtgutsverwalter in gesetzlicher Prozessstandschaft.

49 Die **Gesamthandslehre** (s. Rn. 40), die „Gesamtgutsverbindlichkeit" mit Gesamthandsschuld gleichsetzt (und damit neben primären Gesamthandsverbindlichkeiten an die persönliche Schuld der Ehegatten angelehnte Gesamthandsschulden gemäß § 1437 Abs. 1 BGB bejaht), unterscheidet sich von der tradierten, auch der Kommentierung zugrunde gelegten strikt individualistischen Theorie zumindest bei Einzelverwaltung des Gesamtguts, wenn nicht gar ausschließlich, so jedenfalls ganz überwiegend nur im Konstruktiven: Während sich die Doppelrolle des Verwalters als „Eigenprozessführer" und Prozessstandschafter für diese daraus erklärt, dass der Verwalter mit mehreren Ver-

---

[61] Für Entbehrlichkeit der Zustimmung zB *Soergel/Gaul* § 1422 BGB Rn. 10, deren Erforderlichkeit bejahend hingegen etwa MünchKommBGB/*Kanzleiter* § 1422 Rn. 26 sowie *Erman/Heckelmann* § 1422 BGB Rn. 4.

[62] *Soergel/Gaul* § 1422 BGB Rn. 10; *Wieser* ProzessRK-BGB § 1422 BGB Rn. 5.

[63] Richtig: *Stein/Jonas/Bork* Vor § 50 Rn. 80; *Wieczorek/Schütze/Hausmann* Vor § 50 Rn. 142. AA freilich *Zöller/Vollkommer,* 15. Aufl., Anh. § 51 Rn. 12: „hinsichtlich der Haftung mit dem Gesamtgut" notwendige, iü. einfache Streitgenossenschaft.

[64] *Zöller/Vollkommer,* 15. Aufl., Anh. § 51 Rn. 16; *Dölle* FamR § 71 II 4 b.

mögensmassen, nämlich sowohl mit dem Eigenvermögen als auch mit dem Gesamtgut Partei ist, liegt für die Gesamthandslehre letztlich ein Fall von Parteienhäufung vor: Der Gläubiger klagt in Geltendmachung der Gesamthandsschuld gegen den Verwalter als solchen, in Geltendmachung der persönlichen Schuld gegen den Ehegatten als Träger eben dieser Verbindlichkeit.

c) Gemeinschaftliche Verwaltung. Die – herrschende – **strikt individualistische Theorie** (s. Rn. 39) kennt grundsätzlich nur Gesamtschulden der Ehegatten, seien es primäre, nämlich aus gemeinschaftlichem rechtsgeschäftlichem Handeln, Handeln im Rahmen der Schlüsselgewalt oder gemeinschaftlich begangenem Delikt erwachsende Gesamtschulden, seien es Gesamtschuldverhältnisse, die daraus resultieren, dass die Verbindlichkeit, die in der Person eines Ehegatten erwächst, kraft Gesetzes (§ 1459 Abs. 1 BGB) eine Mitverbindlichkeit des anderen Ehegatten auslöst. Hält man dieses der Kommentierung zugrunde gelegte (s. Rn. 41) Konzept konsequent durch, gilt für das Verfahrensrecht: 50

aa) Der Gläubiger kann sich darauf beschränken, *einen* Ehegatten zu verklagen. Aus dem Titel ist dann freilich nur die Vollstreckung in das nicht gesamthänderisch gebundene Vermögen desselben möglich. Die Vollstreckung in das Gesamtgut ist nur zulässig, wenn *beide* Ehegatten zur Leistung verurteilt sind (§ 740 Abs. 2). Dabei genügt es, wenn zwei Gesamtschuldtitel *nacheinander* in getrennten Prozessen erwirkt werden:[65] Wenn der Gläubiger die Leistung von jedem Ehegatten ganz verlangen kann, muss er sie auch von beiden zusammen verlangen können; die titulierten Gesamtschulden in ihrer Zusammenfassung begründen die Zugriffsmöglichkeit auf das den Gesamtschuldnern gemeinsame Vermögen. Ein Gesamtschuldtitel auf Einzelklage gegen einen Ehegatten wirkt für den Zweitprozess gegen den anderen Ehegatten keine Rechtskraft.[66] 51

bb) Da es nach dem Schuldmodell der hM prinzipiell nur Gesamtschulden gibt, ist aber auch die **Simultanklage** gegen beide Ehegatten zumindest in der Regel **Gesamtschuldklage** mit der Folge, dass die Ehegatten lediglich einfache Streitgenossen sind:[67] Bei Säumnis eines Ehegatten ist Versäumnisurteil gegen diesen möglich. Aus demselben ist indes per se nur die Vollstreckung in das Eigenvermögen des Säumigen möglich; der Zugriff auf das Gesamtgut ist gemäß § 740 Abs. 2 nur eröffnet, wenn der Gläubiger auch ein (kontradiktorisches) Urteil gegen den anderen Ehegatten erstreitet. Ob bei Schulden, die ihrem Inhalt nach von jedem Ehegatten einzeln erfüllbar sind, *statt* der Gesamtschuldklage auch eine sog. **Gesamthandsklage,** dh. eine Klage erhoben werden kann, die auf Erlangung eines Titels zielt, der ausschließlich die Vollstreckung in das Gesamtgut ermöglicht, ist streitig.[68] Bejaht man die Zulässigkeit einer solchen Klage, sind die auf „Leistung aus dem Gesamtgut" verklagten Ehegatten notwendige Streitgenossen iSv. § 62 Abs. 1 2. Alt.[69] 52

cc) *Nur* die **Gesamthandsklage** ist gegeben im Falle **gemeinschaftlicher Schuld kraft Leistungsinhalts** (s. Rn. 39), dh. immer dann, wenn der Leistungserfolg – wie bei der Verpflichtung zur Übereignung einer Gesamtgutssache – rechtlich ein Zusammenwirken der Ehegatten verlangt.[70] Soweit der eine Teil seinen Leistungsbeitrag freiwillig erbracht hat (Beispiel: ein Ehegatte hat die zur Grundbuchberichtigung erforderliche Bewilligung bereits erteilt), ist ausnahmsweise auch eine Einzelklage gegen den anderen zulässig.[71] 53

Die mit dem hier zugrunde gelegten Konzept konkurrierende **Gesamthandslehre,** nach der *alle* „Gesamtgutsverbindlichkeiten" als Gesamthandsschulden zu begreifen sind (s. Rn. 40), muss hingegen die Simultanklage gegen beide Ehegatten, die den umfassenden Vollstreckungszugriff auf alle Vermögensmassen ermöglicht, sachlogischerweise anders verstehen, nämlich als Gesamthands- *und* Gesamtschuldklage: Mit ersterer wird die Gesamthandsschuld, mit der zweiten die persönliche 54

---

[65] Statt vieler: BGH FamRZ 1975, 405, 406; *Stein/Jonas/Bork* Vor § 50 Rn. 65; *Baur* FamRZ 1962, 508, 511.

[66] Einschlägige Klarstellung OLG Frankfurt a. M. FamRZ 1983, 172, 173.

[67] Konsequent: *Rosenberg/Schwab/Gottwald* § 49 Rn. 23; *Staudinger/Thiele* § 1450 BGB Rn. 34; *Bamberger/Roth/Mayer* § 1450 BGB Rn. 9; *Gottwald* JA 1982, 64, 69; *Tiedtke* FamRZ 1975, 538, 540. AA trotz Leugnung der Existenz von Gesamthandsschulden RGRK/*Finke* § 1450 BGB Rn. 16: die Ehegatten seien notwendige Streitgenossen, soweit es um die Haftung des Gesamtguts, einfache Streitgenossen, soweit es um die Haftung des jeweiligen Eigenvermögens geht.

[68] Für uneingeschränkte Zulässigkeit, statt vieler: BGH FamRZ 1975, 405, 406; *Stein/Jonas/Bork* Vor § 50 Rn. 83; *Soergel/Gaul* § 1450 BGB Rn. 16; *Tiedtke* FamRZ 1975, 538 ff. Eine einschlägige Wahlmöglichkeit verneinend demgegenüber zB *Gottwald* JA 1982, 69. Vermittelnd *Henckel* Parteilehre S. 60: Beschränkung des Rechtsschutzziels auf die Haftung eines Vermögens nur zulässig, wenn und soweit hierfür ein besonderes Interesse gegeben.

[69] *Stein/Jonas/Bork* Vor § 50 Rn. 83; *Soergel/Gaul* § 1450 BGB Rn. 16.

[70] Ganz hM; vgl. zB *Stein/Jonas/Bork* Vor § 50 Rn. 83 sowie *Baur* FamRZ 1962, 508, 510 f.

[71] *Rosenberg/Schwab/Gottwald* § 49 Rn. 26; *Tiedtke* FamRZ 1975, 539.

Schuld beider Ehegatten geltend gemacht. Als Gesamthandsschuldner sind die Ehegatten notwendige Streitgenossen iSv. § 62 Abs. 1 2. Alt., als persönliche Schuldner einfache Streitgenossen.[72] Bei Säumnis eines Ehegatten ist Versäumnisurteil gegen ihn möglich, das freilich nur persönlicher Schuldtitel ist; im Gesamthandsprozess gilt der säumige Ehegatte als durch den anderen vertreten (§ 62 Abs. 2). Beschränkung des Zugriffs auf das Gesamtgut bedeutet von diesem Theorieansatz Beschränkung auf die Gesamthandsklage. Soweit ein Ehegatte seinen Leistungsbeitrag bereits freiwillig erbracht hat, ist ausnahmsweise auch eine Einzelklage gegen den anderen möglich. Die persönliche Schuld kann stets im Wege der Einzelklage geltend gemacht werden; aus dem entsprechenden Titel kann in das Eigenvermögen des verurteilten Ehegatten vollstreckt werden.

55 **3. Feststellungsklagen.** Die entwickelten Grundsätze gelten für Klagen jeder Rechtsschutzform – auch für Feststellungsklagen: Das Interesse des nicht bzw. nicht allein verwaltungsberechtigten Ehegatten an Klarstellung einer Rechtslage, das *allein* aus seiner Stellung als Mitberechtigter am Gesamtgut resultiert, rechtfertigt noch nicht die Einzelfeststellungsklage. Soweit es um den Schutz von Gesamthandspositionen geht, gilt vielmehr auch für den Feststellungsprozess: richtige Partei ist/sind grundsätzlich (nur) der Alleinverwalter bzw. die zur gemeinschaftlichen Verwaltung berufenen Ehegatten zusammen. Bei der Anwendung der allgemeinen Regeln ist freilich jeweils sorgsam darauf Bedacht zu nehmen, welche *Rolle* dem Kläger bzw. Beklagten zukommt: Bei negativen Feststellungsklagen ist der Sache nach der Beklagte der Angreifer, der Kläger nur Verteidiger. Negative Feststellungsklagen *gegen* die Ehegatten/einen Ehegatten sind wie Aktivprozesse, negative Feststellungsklagen *durch* die Ehegatten/einen Ehegatten wie Passivprozesse zu behandeln.

56 *Beispiele:* Die Feststellungsklage, mit der das Eigentum an einer Sache oder ein sonstiges absolutes Recht zugunsten der Gesamthand festgestellt werden soll, ist bei gemeinschaftlicher Verwaltung von beiden Ehegatten, bei Alleinverwaltung vom Verwalter zu erheben. Zur Begründung des erforderlichen Feststellungsinteresses genügt dabei ein Bestreiten des Rechts gegenüber einem bzw. dem nicht verwaltungsberechtigten Ehegatten. – Berühmt sich ein Dritter einer Forderung, kommt es entscheidend darauf an, welches Vermögen als Haftungsmasse angesprochen ist. Macht der Dritte beispielsweise geltend, ihm stehe eine Forderung gegen den nicht verwaltungsberechtigten Ehegatten zu, kann der Verwalter auf negative Feststellung klagen, weil sich der Dritte damit letztlich einer Zugriffsmöglichkeit auf das Gesamtgut berühmt. Klagebefugt ist aber in Hinblick auf die Haftung seines Vorbehalts- und Sonderguts auch der nicht verwaltungsberechtigte Ehegatte. – Der Spiegelbildfall bereitet keine Schwierigkeiten, wenn die – nach Meinung des Betroffenen: unzutreffende – Behauptung, der Gesamthand stehe ein absolutes Recht oder eine Forderung zu, bei gemeinschaftlicher Verwaltung von beiden Ehegatten bzw. bei Einzelverwaltung vom Verwalter erhoben wird: Für die Klage auf Feststellung besteht ein einschlägiges Interesse; richtige Partei sind im ersten Fall die Ehegatten in notwendiger Streitgenossenschaft, im zweiten Fall ist die Feststellungsklage gegen den Verwalter zu erheben. Komplexer ist hingegen die Rechtslage, wenn die Berühmung bei gemeinschaftlicher Verwaltung lediglich von einem, bei Einzelverwaltung vom nicht verwaltungsberechtigten Ehegatten ausgeht. Hier sollte nicht bezweifelt werden, dass für den Feststellungsstreit über die Existenz des behaupteten Gesamtgutsrechts bei gemeinschaftlicher Verwaltung nur beide Ehegatten zusammen, bei Alleinverwaltung nur der verwaltende Ehegatte richtige Partei.[73] Fraglich kann nur sein, ob die Berühmung durch einen Ehegatten, der das behauptete Recht ja gerade nicht bzw. nicht allein geltend machen kann, bereits per se das Feststellungsinteresse für die Klage gegen beide Ehegatten bzw. gegen den Verwalter begründet,[74] oder ob – wofür vieles spricht – letzteres erst dann der Fall ist, wenn sich der andere Ehegatte die Berühmung zu eigen macht oder sich auf Aufforderung, von ihr abzurücken, verschweigt.[75] Gegenüber dem Sich-Berühmenden bleibt allenfalls die Unterlassungsklage – unter eben den Voraussetzungen, unter denen auch gegenüber einem Dritten, der die einschlägige Behauptung aufstellt, vorgegangen werden könnte.

57 **4. Eintritt und Ende der Gütergemeinschaft. a) Konstituierung der Gütergemeinschaft und schwebende Prozesse.** Ein bei Begründung der Gütergemeinschaft anhängiger Prozess kann vom nicht bzw. nicht allein verwaltungsberechtigten Ehegatten auch dann fortgeführt werden, wenn er vom Streitgegenstand her nunmehr Gesamtgutsbezug hat, §§ 1433, 1455 Nr. 5 BGB. Den (Aktiv- oder Passiv-)Prozess führt der Ehegatte im eigenen Namen als Prozessstandschafter fort. Bei

---

[72] Konsequent, weil die Zugriffsmöglichkeit auf das Gesamtgut aus der Figur der Gesamthandsschuld ableitend, freilich den einschlägigen Dogmatikansatz nicht problematisierend *Zöller/Vollkommer* Vor § 50 Rn. 64.

[73] AA freilich *Henckel* Parteilehre S. 91 f.

[74] So *Stein/Jonas/Bork* Vor § 50 Rn. 84.

[75] In letzterem Sinn denn auch *Wieser* ProzessRK-BGB § 1422 Rn. 8.

Leistungsklagen des Ehegatten ist freilich der Klageantrag auf Leistung an den Verwalter bzw. an die Gesamthand umzustellen.[76]

Das im fortgeführten Rechtsstreit ergehende Urteil wirkt Rechtskraft für und gegen den anderen Ehegatten. Aus einem Leistungsurteil zugunsten des Prozessstandschafters kann nach Umschreibung gemäß § 742 bei Einzelverwaltung auch der Verwalter allein vollstrecken. Aus einem Leistungsurteil gegen den Prozessstandschafter kann unmittelbar nur in dessen Sondervermögen, nach Umschreibung des Titels gemäß § 742 jedoch auch in das Gesamtgut vollstreckt werden. 58

Der verwaltende bzw. mitverwaltende Ehegatte kann seinen Partner als – in Hinblick auf die Rechtskrafterstreckung (s. Rn. 58): streitgenössischer[77] – **Nebenintervenient** unterstützen. Bei Alleinverwaltung den Rechtsstreit übernehmen bzw. bei gemeinschaftlicher Verwaltung dem Rechtsstreit als Partei beitreten kann der Verwalter bzw. Mitverwalter nur mit Zustimmung des Prozessgegners und des prozessierenden Partners.[78] 59

b) Ende der Gütergemeinschaft. Die Gütergemeinschaft endet mit dem Tod eines Ehegatten, sofern nicht der Ehevertrag Fortsetzung zwischen dem überlebenden Ehegatten und den gemeinschaftlichen Abkömmlingen vorsieht (zur fortgesetzten Gütergemeinschaft s. Rn. 70), ferner durch Auflösung der Ehe zu Lebzeiten (also Ehescheidung, §§ 1564 ff. BGB sowie Eheaufhebung, §§ 1313 ff. BGB), ehevertragliche Bestimmung oder Gestaltungsurteil auf Grund einseitigen Aufhebungsbegehrens (§§ 1447 ff., 1469 f. BGB). Mit Ausnahme des Falles, dass der Güterstand durch Tod eines Ehegatten endet *und* der Nachlass allein dem überlebenden Partner zufällt,[79] wandelt sich die Gütergemeinschaft freilich zunächst lediglich zu einer – ihrer Identität ggf. bei auch einem Mitgliederwechsel wahrenden – Liquidationsgemeinschaft. Vollbeendigung tritt erst mit Vollzug der Teilung des Gesamtguts ein. 60

aa) Prozessführung bei Gütergemeinschaft in Liquidation. α) Bei **Beendigung der Gütergemeinschaft auf andere Weise als durch Tod eines Ehegatten** verwalten die Ehegatten das Gesamtgut als Liquidatoren stets **gemeinschaftlich** (§ 1472 Abs. 1 BGB). Zur aktiven und passiven Prozessführung gilt das für die gemeinschaftliche Gesamtgutsverwaltung Ausgeführte (s. Rn. 50 ff.) grundsätzlich entsprechend. Die Notprozessführung des einzelnen Ehegatten aus § 1472 Abs. 3 BGB entspricht sachlich derjenigen aus § 1455 Nr. 10 BGB. Als **Besonderheiten** sind anzumerken: 61

Für **Aktivprozesse** erweitert die Analogie zu § 2039 BGB (die Liquidationsgemeinschaft ist wie die Erbengemeinschaft auf Selbstbeendigung angelegt) das Anwendungsfeld der Einzelklage: Gesamtgutsansprüche kann jeder Ehegatte allein in der Weise geltend machen, dass er auf Leistung in das Gesamtgut klagt.[80] Ein allfälliges klageabweisendes Urteil wirkt dabei *keine* Rechtskraft gegen den anderen Ehegatten. 62

In **Passivprozessen** sind, soweit es um die Realisierung der Gesamtgutshaftung geht, *beide* Ehegatten zu verklagen, und zwar nach der tradierten Schuldtheorie (s. Rn. 39): beide Ehegatten auf *Leistung,* wenn jeder Ehegatte persönlicher Schuldner ist oder der Fall der Gesamthandsschuld kraft Schuldinhalts vorliegt; der eine Ehegatte auf *Leistung,* der andere auf *Duldung der Zwangsvollstreckung in das Gesamtgut,* wenn nur *ein* Ehegatte persönlicher Schuldner ist.[81] 63

β) Verwandelt sich die Gütergemeinschaft durch **Tod eines Ehegatten** in eine Liquidationsgemeinschaft, ist der Gesamtgutsanteil des verstorbenen Ehegatten Bestandteil des Nachlasses (§ 1482 BGB). Gesamthänder der Gütergemeinschaft i. L. sind bei Alleinerbschaft eines Dritten nach dem verstorbenen Ehegatten der überlebende Ehegatte und der Erbe. Beiden steht das Recht zur Gesamtgutsverwaltung (und damit die gesamtgutsbezogene Prozessführung) gemeinschaftlich zu. Wird der Verstorbene von mehreren beerbt, verzahnen sich zwei Gesamthandsgemeinschaften: neben dem überlebenden Ehegatten ist die Gesamthand der Miterbengemeinschaft am Gesamtgut beteiligt. Die Verwaltungs- und Prozessführungsbefugnis steht dem überlebenden Ehegatten und den Miterben in gesamthänderischer Verbundenheit gemeinsam zu. 64

---

[76] *Dölle* FamR I § 71 II 6; *Erman/Heckelmann* § 1433 BGB Rn. 1. AA – Umstellung möglich, in Hinblick auf § 1416 Abs. 1 S. 2 BGB aber nicht nötig – freilich MünchKommBGB/*Kanzleiter* § 1433 Rn. 2 sowie *Soergel/Gaul* § 1433 BGB Rn. 2.

[77] HM; vgl. zB MünchKommBGB/*Kanzleiter* § 1433 Rn. 3; *Erman/Heckelmann* § 1433 BGB Rn. 1. AA – einfache Streithilfe – *Palandt-Brudermüller* § 1433 BGB Rn. 1.

[78] MünchKommBGB/*Kanzleiter* § 1433 Rn. 3.

[79] Zum Sonderproblem der befreiten Vorerbschaft s. *Soergel/Gaul* § 1482 BGB Rn. 2 m. weit. Nachw.

[80] Ganz hM; vgl. zB BGH FamRZ 1958, 459 (fortgesetzte Gütergemeinschaft); MünchKommBGB/*Kanzleiter* § 1472 Rn. 9.

[81] Nach der Gesamtgutsverbindlichkeiten mit Gesamthandsschulden gleichsetzenden Lehre (s. Rn. 40) ist die die Gesamtgutshaftung auslösende Klage stets Leistungsklage gegen beide Ehegatten.

65 Das zur Ehegattenliquidationsgemeinschaft Ausgeführte gilt entsprechend. Eine genuine Einzelprozessführungsbefugnis statuiert § 1472 Abs. 4 BGB: das Notverwaltungsrecht des überlebenden, vormals alleinverwaltungsberechtigten Ehegatten nach dieser Vorschrift schließt die Befugnis zur Notprozessführung ein.

66 **bb) Güterstandsbeendigung und schwebende Prozesse. α) Beendigung durch Tod eines Ehegatten:** Der Tod eines Ehegatten führt zur Unterbrechung bzw. bei Vertretung durch einen Prozessbevollmächtigten zur Aussetzung des Verfahrens auf Antrag des Prozessvertreters, und zwar beim Tod des Allein- oder Mitverwalters in unmittelbarer, beim Tod des Nichtverwaltungsberechtigten in Hinblick auf die todesfallbedingte Änderung der Prozessführungsbefugnis (s. Rn. 64) in analoger Anwendung der §§ 239, 246.[82] Die Aufnahme des Rechtsstreits obliegt den Gesamthändern der Liquidationsgemeinschaft, also dem überlebenden Ehegatten zusammen mit den Erben.

67 **β) Beendigung in anderer Weise als durch Tod.** Waren beide Ehegatten verwaltungsbefugt, tritt keine Änderung der Prozessführungsbefugnis ein; für eine Unterbrechung bzw. Aussetzung eines anhängigen Rechtsstreits ist kein Raum. War Alleinverwaltung vereinbart, kommt es zur Änderung der Prozessführungsbefugnis (Gesamtprozessführungsbefugnis nach § 1472 Abs. 1 BGB); diese Änderung führt zur Unterbrechung bzw. Aussetzungsmöglichkeit analog §§ 239, 246.[83] Soweit es bei Beendigung der Gütergemeinschaft zu einem Entfall der persönlichen Haftung eines Ehegatten kommt (§§ 1437 Abs. 2 S. 2, 1459 Abs. 2 S. 2 BGB), muss in Passivprozessen ggf. die Antragstellung der veränderten Situation angepasst werden: Nach herrschender tradierter Schuldlehre (s. Rn. 39) ist bei bisheriger Leistungsklage gegen den betreffenden Ehegatten Klageänderung gemäß § 264 Nr. 2, nämlich Übergang zur Duldungsklage, geboten.[84]

γ) Erhält ein Gesamthänder im Rahmen der Auseinandersetzung den streitbefangenen Gegenstand zugewiesen, liegt Einzelrechtsnachfolge unter Lebenden iSv. § 265 vor: die Liquidatoren führen den Prozess als Prozessstandschafter gegen den Erwerber fort.

68 **cc) Güterstandsbeendigung und Vollstreckung aus einem erwirkten Titel. α) Aktivprozesse.** Bezüglich der Vollstreckung aus einem von beiden Ehegatten in Gesamtprozessführung erwirkten Titel ergeben sich keine besonderen Probleme. Liegt ein Titel zugunsten des alleinverwaltungsberechtigten Ehegatten vor, ist auf Nachweis der Beendigung *bis* zur Auseinandersetzung den Ehegatten entsprechend § 727 eine gemeinsame Klausel zu erteilen, *nach* Auseinandersetzung erhält gemäß §§ 727, 265, 325 derjenige die Klausel, dem der Anspruch bei der Teilung zugewiesen ist.[85]

69 **β) Passivprozesse.** Oblag die Gesamtgutsverwaltung den Ehegatten gemeinschaftlich, war die Vollstreckung in das Gesamtgut ohnehin nur auf Grund eines gegen beide Ehegatten gerichteten Leistungstitels zulässig (§ 740 Abs. 2); das Liquidationsrecht der Gütergemeinschaft bringt für einen Titelgläubiger keine Verschärfung. Anders bei bisheriger Einzelverwaltung: Aus einem Titel gegen den Verwalter, der bis zur Güterstandsbeendigung den Zugriff auf das Gesamtgut eröffnet hatte (§ 740 Abs. 1), kann der Gläubiger nicht mehr in das gesamthänderisch gebundene Vermögen vollstrecken. In der Liquidationsphase bedarf es hierzu – Konsequenz der nunmehr gemeinschaftlichen Gesamtgutsverwaltung, § 1472 Abs. 1 BGB – eines gegen beide Ehegatten gerichteten Titels (§ 743). Bei vorgängiger Einzelverwaltung hilft insoweit freilich § 744: Liegt bei Beendigung der Gütergemeinschaft ein rechtskräftiger Titel gegen den bisherigen Gesamtgutsverwalter vor, bedarf es außer der vollstreckbaren Ausfertigung des Titels gegen diesen nur noch der Umschreibung der Vollstreckungsklausel gegen den jetzt mitverwaltenden Ehegatten „in Ansehung des Gesamtguts" entsprechend §§ 727, 730 bis 732. Ist die Auseinandersetzung bereits beendet, erfolgt die Umschreibung uneingeschränkt: der Gläubiger kann im Wege der Vollstreckung aus dem umgeschriebenen Titel die gesamtschuldnerische persönliche Haftung aus § 1480 BGB realisieren; die Haftungsbeschränkung auf das Zugeteilte muss der Ehegatte nach §§ 786, 785, 787 geltend machen.[86]

---

[82] *Zöller/Vollkommer,* 15. Aufl., Anh. § 51 Rn. 26.

[83] *Stein/Jonas/H. Roth* § 239 Rn. 10; *Zöller/Vollkommer,* 15. Aufl., Anh. § 51 Rn. 29.

[84] Nach der Gesamthandslehre, die zwischen der Gesamthandsklage zur Geltendmachung der Gesamthandsschuld und der Gesamtschuldklage zur Geltendmachung der persönlichen Schuld des einzelnen Ehegatten unterscheidet (s. Rn. 40, 54), wäre in Reaktion auf den Entfall der persönlichen Haftung ggf. Erledigungserklärung im Gesamtschuldprozess angezeigt.

[85] *Stein/Jonas/Münzberg* § 744 Rn. 6; *Zöller/Vollkommer,* 15. Aufl., Anh. § 51 Rn. 32; *Baumbach/Lauterbach/Hartmann* § 744 Rn. 2.

[86] *Stein/Jonas-Münzberg* § 744 Rn. 3; *Zöller/Vollkommer,* 15. Aufl., Anh. § 51 Rn. 33.

5. Fortgesetzte Gütergemeinschaft. Eine Gütergemeinschaft kann in ihrem Ordnungsziel über die Dauer der Ehe hinausgreifen: Für den Fall der Ehebeendigung durch den Tod kann der Ehevertrag vorsehen, dass die Gütergemeinschaft zwischen dem überlebenden Ehegatten und den gemeinschaftlichen Abkömmlingen fortgesetzt wird (§ 1483 BGB). Da der überlebende Ehegatte grundsätzlich die Stellung des Gesamtgutsverwalters hat, die Abkömmlinge diejenige des „anderen Ehegatten" haben (§ 1487 Abs. 1 BGB), gilt für die Prozessführung bei fortgesetzter Gütergemeinschaft grundsätzlich das zur Gütergemeinschaft mit Alleinverwaltung eines Ehegatten Ausgeführte entsprechend. Wichtige Ausnahme im Sinne einer Schwächung der Position der Abkömmlinge: Anders als der nichtverwaltende Ehegatte (s. § 1429 BGB) haben die Abkömmlinge bei Verhinderung des zur Verwaltung berufenen überlebenden Ehegatten keine Notprozessführungsbefugnis. 70

§ 53 Prozessunfähigkeit bei Betreuung oder Pflegschaft

Wird in einem Rechtsstreit eine prozessfähige Person durch einen Betreuer oder Pfleger vertreten, so steht sie für den Rechtsstreit einer nicht prozessfähigen Person gleich.

I. Normzweck

Betreuung ohne Einwilligungsvorbehalt und Pflegschaft sind Fürsorge, die für den Betreuten/Pflegebefohlenen grundsätzlich keinen Verlust an Handlungsmacht zeitigt; der Betroffene bleibt geschäfts- und damit prozessfähig.[1] Die aus der Konkurrenz der Handlungsmacht resultierenden Probleme löst das Betreuungs-/Pflegschaftsrecht für den materiell-rechtlichen Bereich differenzierend: Rechtsgeschäfte, die sich in ihren Wirkungen nicht widersprechen, sind sämtlich wirksam (auch wenn sie zusammen wirtschaftlich nicht sinnvoll sein sollten). Für Verfügungen und die Ausübung von Rechten gilt das Prioritätsprinzip; bei simultaner Rechtsausübung setzt sich der Betreute gegen den Betreuer durch. Das Verfahrensrecht schränkt demgegenüber im Interesse des Gerichts und des Verfahrensgegners die Handlungsmacht des Betreuten/Pflegebefohlenen ein: Divergierendes Prozessverhalten soll von vornherein vermieden, der Prozess vielmehr vom Betreuer/Pfleger *oder* dem Betreuten/Pflegebefohlenen geführt werden. Letzterer kann zwar, weil prozessfähig, selbstständig klagen oder verklagt werden. Wird er aber im Rechtsstreit durch den Betreuer/Pfleger vertreten, monopolisiert sich die Prozessführung bei diesem; der Betreute/Pflegebefohlene steht – so § 53 – für *diesen* Rechtsstreit einer nicht prozessfähigen Person gleich. 1

II. Anwendungsbereich

Die Vorschrift erfasst in unmittelbarer Anwendung die Fälle der Betreuung ohne Einwilligungsvorbehalt (§ 1896 BGB) sowie der Pflegschaft für Abwesende und unbekannte Beteiligte (§§ 1911, 1913, 1960 BGB). Sie ist richtigerweise entsprechend anwendbar in den Fällen der §§ 494 Abs. 2, 779 Abs. 2.[2] Ob sie in ihrem unmittelbaren Anwendungsbereich auch Eheverfahren erfasst, ist streitig und zweifelhaft.[3] 2

III. Stellung des Betreuten/Pflegebefohlenen

1. Monopolisierung der Prozessführung zwecks Meidung divergierenden Prozessverhaltens, nicht genereller Ausschluss prozessualer Handlungsmacht des Betreuten/Pflegebefohlenen. § 53 schließt die *simultane* Prozessführung von Betreuer/Pfleger einerseits und Betreutem/Pflegebefohlenen andererseits aus, nimmt indes mitnichten dem Betreuten/Pflegebefohlenen überschießend die prozessuale Handlungsmacht: Entgegen gängiger Meinung[4] kann der Betreuer keinesfalls gegen den Willen des (geschäftsfähigen) Betreuten in einen von diesem oder gegen diesen begonnenen Rechtsstreit eintreten.[5] Bei Pflegschaft wegen Abwesenheit oder Unbekanntheit kann die wieder anwesende bzw. nunmehr bekannte Partei umgekehrt selbst, den Pfleger 3

---

[1] Statt vieler: OLG Hamm FamRZ 1997, 301, 302; *Zöller/Vollkommmer* Rn. 5; *Musielak/Weth* Rn. 1. AA – bereits die Betreuerbestellung bewirke, dass der Betreute nur „über seinen Betreuer" klagen und verklagt werden könne – unhaltbar *Jürgen/Kröger/Marschner/Winterstein,* Das neue BetreuungsR, 3. Aufl., Rn. 180.

[2] *Zöller/Vollkommer* RdNr. 2; *Baumbach/Lauterbach/Hartmann* Rn. 4.

[3] Bejahend BGHZ 41, 303, 306 f. = NJW 1964, 1855 f. (für § 612 aF); *Thomas/Putzo/Hüßtege* Rn. 1. Verneinend bzw. relativierend OLG Hamburg MDR 1963, 762; *Baumbach/Lauterbach/Hartmann* Rn. 3.

[4] Düsseldorf OLGZ 1983, 119, 121; *Musielak/Weth* Rn. 3; *Wieczorek/Schütze/Hausmann* Rn. 21; *Baumbach/Lauterbach/Hartmann* Rn. 3; *Bork* MDR 1991, 97, 98.

[5] Zustimmend: *Oberheim* § 2 Rn. 18.

verdrängend, die Prozessführung übernehmen; vorgängige Aufhebung der Pflegschaft ist nicht erforderlich.[6] In einem vom Betreuer ohne Wissen des Betreuten oder gar gegen dessen Willen anhängig gemachtes Verfahren sollte man Letzteren zum Zweck der Klagerücknahme oder des Klageverzichts eintreten lassen;[7] den Betreuten auf den umständlichen und kostenmäßig ungünstigeren Weg zu verweisen, der vom Betreuer erhobenen Klage durch Rechtsgeschäft die Begründetheit zu nehmen,[8] macht evidenterweise nicht Sinn.

4 **2. Umfang des Verlusts der prozessualen Handlungsmacht.** Soweit die Prozessführung beim Betreuer/Pfleger monopolisiert ist (Rn. 3), gilt das für Klage und Widerklage,[9] Nachverfahren nach Vorbehaltsurteil,[10] die Kostenfestsetzung[11] und das zugehörige Vollstreckungsverfahren,[12] wohl nicht mehr für das Wiederaufnahmeverfahren und die formell selbstständigen Anhangprozesse der §§ 323, 767, 768. Gegen ein beschwerendes Urteil kann Rechtsmittel nur durch den Betreuer eingelegt werden;[13] der Rechtsmitteleinlegung durch den Betreuten vermag jener freilich im Weg der Genehmigung Geltung zu verschaffen.[14]

IV. Stellung des Betreuers/Pflegers

5 Als gesetzlicher Vertreter wird der Betreuer/Pfleger im Prozess nach Maßgabe der allgemeinen Grundsätze in verschiedener Hinsicht (s. §§ 51, 52 Rn. 31) als Partei behandelt. Zur Leistung der eidesstattlichen Versicherung im Offenbarungsverfahren ist er freilich nur berufen, wenn und soweit ihm die Vermögensverwaltung übertragen ist.[15]

§ 53 a Vertretung eines Kindes durch Beistand

Wird in einem Rechtsstreit ein Kind durch einen Beistand vertreten, so ist die Vertretung durch den sorgeberechtigten Elternteil ausgeschlossen.

I. Entstehungsgeschichte, Normzweck

1 Das parallel zum KindRG zum 1. 7. 1998 in Kraft getretene BeistandschaftsG hat dessen Grundentscheidung, die Überwindung rechtlicher Ungleichbehandlung von ehelichen und n. e. Kindern, für den Bereich der Unterstützung elterlicher Sorgeausübung konsequent umgesetzt. Die bisherigen Vorschriften über die Beistandschaft sowie die gesetzliche (Amts-) Pflegschaft für n. e. Kinder wurden aufgehoben und durch das **einheitliche, für jedes Eltern-Kind-Verhältnis geltende Institut der Beistandschaft** (§§ 1712 ff. BGB) ersetzt: Für die Aufgabengebiete Vaterschaftsfeststellung und Geltendmachung von Unterhaltsansprüchen kann der ganz oder bezüglich dieser Gebiete allein sorgeberechtigte Elternteil beim zuständigen Jugendamt Beistandschaft beantragen (§§ 1712, 1713 Abs. 1 BGB). Beistand wird das Jugendamt (§ 1712 BGB), das nach Maßgabe einschlägiger landesgesetzlicher Regelung (s. Art. 144 EGBGB) mit Zustimmung des Antragenden die Beistandschaft auf einen rechtsfähigen Verein iS des § 54 SGB VIII übertragen kann. Die Beistandschaft beginnt mit Antragszugang beim Jugendamt (§ 1714 BGB); sie endet auf Verlangen des Antragstellers sowie beim Entfall der Voraussetzung alleiniger Sorgerechtszuständigkeit (§ 1715 BGB).

2 Auf die Beistandschaft neuen Rechts finden zwar die Vorschriften über die Pflegschaft entsprechende Anwendung (§ 1716 S. 2 BGB). Während aber Pflegschaft nach §§ 1909 ff. BGB an die Stelle einer aus tatsächlichen oder rechtlichen Gründen nicht ausübbaren Sorge tritt, lässt die Beistandschaft das Sorgerecht grundsätzlich unberührt (§ 1716 S. 1 BGB). Im rechtsgeschäftlichen Verkehr bleibt es bei der (Allein-)Vertretungsmacht des Sorgeberechtigten; der Beistand kann nur kraft Bevollmächtigung durch den Sorgeberechtigten wirksam für das Kind handeln. Im Verfahrensrecht führt die Beistandschaft als solche gleichfalls nicht zum Verlust der Vertreterstellung des Sorgeberechtigten. Der Beistand erwirbt indes eine konkurrierende, den Sorgeberechtigten potentiell verdrängende Kompetenz: Mit Klageerhebung oder Verfahrenseintritt nach Klageerhebung durch den Sorgeberechtigten erlangt er die alleinige Vertretungsmacht für diesen Prozess.

---

[6] Übereinstimmend: *A. Blomeyer* § 8 II 3. AA *Stein/Jonas/Bork* Rn. 13; *Wieczorek/Schütze/Hausmann* Rn. 21.
[7] AA Düsseldorf OLGZ 1981, 104, 106; *Wieczorek/Schütze/Hausmann* Rn. 21.
[8] So OLG Düsseldorf aaO; *Wieczorek/Schütze/Hausmann* Rn. 18.
[9] *Rosenberg/Schwab/Gottwald* § 44 Rn. 14; *Wieczorek/Schütze/Hausmann* Rn. 15.
[10] *Stein/Jonas/Bork* Rn. 17; *Musielak/Weth* Rn. 4.
[11] *Rosenberg/Schwab/Gottwald* § 44 Rn. 14; *Stein/Jonas/Bork* Rn. 17.
[12] *Wieczorek/Schütze/Hausmann* Rn. 15; *Musielak/Weth* Rn. 4.
[13] OLG Hamm FamRZ 1997, 301, 302; LG Hannover FamRZ 1998, 380, 381.
[14] OLG Hamm (Fn. 13).
[15] KG OLGZ 1968, 428 = NJW 1968, 2245.

Gesetzgeberisches Motiv solcher Regelung ist (wie bei § 53, s. dort Rn. 1) die Steuerung der Gefahr einander widerstreitender Prozesserklärungen (BT-Drucks. 13/892 S. 47). 3

II. Monopolisierung der Prozessführung beim Beistand

Die Monopolisierung der Prozessführung beim Beistand durch Ausschluss des sorgeberechtigten Elternteils von der Prozessvertretung setzt voraus: **(1)** Bestand der Beistandschaft, §§ 1712–1715 BGB; **(2)** Klage oder Verfahrenseintritt des Beistands; **(3)** allgemeine und konkrete Aufgabenbereichszuständigkeit. Sie gilt in extensiver Auslegung von § 1712 Abs. 1 Nr. 2 BGB auch für Passivprozesse, insbesondere die Abwehr einer Unterhaltsherabsetzungsklage,[1] freilich nicht für Vaterschaftsanfechtungsverfahren.[2] Allemal erfasst sind das zugehörige Kostenfestsetzungs- und das erforderliche Vollstreckungsverfahren. 4

Dass die Klageerhebung bzw. der Verfahrenseintritt gegen den Willen des sorgeberechtigten Elternteils erfolgt, ist praktisch so gut wie ausgeschlossen. Die Beistandschaft wurde von diesem ja gerade mit Blick auf das notfalls klageweise Vorgehen/das bereits anhängige Verfahren beantragt. Als ultima ratio bleibt dem Sorgeberechtigten zudem allemal die Möglichkeit, die Beistandschaft durch schlichtes schriftliches Verlangen gegenüber dem Jugendamt zu beenden (§ 1715 Abs. 1 S. 1 BGB). Mit Entfall der Beistandschaft lebt sodann die gesetzliche Vertretungsmacht des Sorgeberechtigten für den vom Beistand eingeleiteten bzw. übernommenen Prozess wieder auf. Der Sorgeberechtigte kann das jeweilige Verfahren als gesetzlicher Vertreter fortführen. 5

III. Rechtsstellung des Beistands

Der Beistand ist für den konkreten Prozess **gesetzlicher Vertreter** (nicht lediglich durch den Sorgeberechtigten Bevollmächtigter)[3] und als solcher in verschiedener Hinsicht (s. §§ 51, 52 Rn. 31) als Partei zu behandeln. Genuine Sachkenntnis des Jugendamts macht die Beiordnung eines Rechtsanwalts bei anwaltlicher Vertretung der Gegenseite (§ 121 Abs. 2) im Regelfall entbehrlich.[4] 6

§ 54 Besondere Ermächtigung zu Prozesshandlungen

Einzelne Prozesshandlungen, zu denen nach den Vorschriften des bürgerlichen Rechts eine besondere Ermächtigung erforderlich ist, sind ohne sie gültig, wenn die Ermächtigung zur Prozessführung im Allgemeinen erteilt oder die Prozessführung auch ohne eine solche Ermächtigung im Allgemeinen statthaft ist.

I. Obsolenz der Vorschrift

Die Vorschrift ist nur historisch zu verstehen. Sie betraf ausweislich der Motive[1] das Verhältnis Reichsrecht-Landesrecht: Die Verweisung auf das „bürgerliche Recht", die der (heutige) § 51 auch hinsichtlich der „Notwendigkeit einer besonderen Ermächtigung zur Prozessführung" trifft, war im Zeitpunkt des Erlasses der ZPO eine Verweisung auf das jeweilige Landesrecht. Der (heutige) § 54 beinhaltete eine Einschränkung des Satzes von der Maßgeblichkeit des Landesrechts. Landesrechtliche Ermächtigungsvorbehalte singulärer Natur in Bezug auf einzelne Prozesshandlungen sollten im Verkehrsinteresse ihre Beachtlichkeit verlieren, wenn die Ermächtigung zur Prozessführung allgemein erteilt oder die Prozessführung auch ohne eine solche Ermächtigung im Allgemeinen statthaft war. Einschlägige landesrechtliche Ermächtigungsvorbehalte bestehen indes nicht mehr. Die Vorschrift ist deshalb *obsolet*.[2] 1

II. Anhang: Prozessvergleich, Anerkenntnis, Verzicht

Nicht von § 54 thematisiert wird insbesondere die (herkömmlicherweise freilich gleichwohl im Rahmen der Kommentierung der Vorschrift behandelte) Frage nach der Bedeutsamkeit *materiellrechtlicher* Genehmigungserfordernisse für den Prozessvergleich sowie für Klageanerkenntnis und -verzicht. 2

---

[1] *Zöller/Vollkommer* Rn. 2.
[2] OLG Nürnberg MDR 2001, 219.
[3] *Musielak/Weth* Rn. 2; *Baumbach/Lauterbach/Hartmann* Rn. 4. AA offenbar *Lipp* FamRZ 1998, 65, 76.
[4] OLG Zweibrücken FamRZ 2003, 1936.

[1] S. *Hahn* Bd. 2/1 S. 170.
[2] So ausdrücklich auch *Stein/Jonas/Bork* Rn. 1.

3 **1. Prozessvergleich.** Für den Prozessvergleich ergibt sich die Relevanz materiell-rechtlicher Genehmigungserfordernisse aus seiner Doppelnatur als Prozessvertrag und materiell-rechtlichem Vertrag iSv. § 779 BGB sowie der aus der Doppelnatur zu vindizierenden Regel, dass jeder materiell-rechtliche Mangel dem Prozessvergleich auch in prozessualer Hinsicht Wirksamkeit und Wirkung nimmt: Bei Nichtbeachtung materiell-rechtlicher Genehmigungsvorbehalte kommt es nicht zur Verfahrensbeendigung – gleichgültig, ob der Vergleich materiell-rechtlich als solcher genehmigungsbedürftig ist (s. etwa § 1822 Nr. 12 BGB) oder aber ein nach materiellem Recht genehmigungsbedürftiges Rechtsgeschäft enthält.[3]

4 **2. Anerkenntnis, Verzicht.** Ob Anerkenntnis und Verzicht als reine Prozesshandlungen (s. § 306 Rn. 1 sowie § 307 Rn. 4) dann der Genehmigung bedürfen, wenn bei rechtsgeschäftlicher Herbeiführung desselben Ergebnisses eine Genehmigung nötig wäre, ist eine Frage der analogen Anwendbarkeit der Norm, die den (materiell-rechtlichen) Genehmigungsvorbehalt statuiert. Die hM[4] verneint einschlägige Relevanz des materiell-rechtlichen Genehmigungserfordernisses.

§ 55 Prozessfähigkeit von Ausländern

Ein Ausländer, dem nach dem Recht seines Landes die Prozessfähigkeit mangelt, gilt als prozessfähig, wenn ihm nach dem Recht des Prozessgerichts die Prozessfähigkeit zusteht.

Schrifttum: *Oda,* Überlegungen zur Prozessfähigkeit von Ausländern, FS Konzen, 2006, S. 603.

I. Die Prozessfähigkeit von Ausländern

1 Die Prozessfähigkeit eines Ausländers beurteilt sich gemäß **ungeschriebener** – von § 55 vorausgesetzter – **Grundnorm** des deutschen Verfahrenskollisionsrechts nach seinem **Heimatrecht,** dh. dem *Prozess*recht des Heimatstaates: er ist für den Inlandsprozess prozessfähig, wenn ihm in einem entsprechenden Verfahren vor den Heimatgerichten diese Eigenschaft zukäme – soweit die lex patriae die Prozessfähigkeit für ein Verfahren der vorliegenden Art unabhängig von der (vollen) Geschäftsfähigkeit gewährt, auch bei Fehlen der Letzteren.[1]

2 § 55 **ergänzt** die benannte Grundnorm aus Verkehrsschutzgründen und im Interesse der ausländischen Partei[2] dahin, dass ein Ausländer für den Inlandsprozess auch dann prozessfähig ist, wenn ihm nach der **lex fori** diese Eigenschaft zukommt: der nach seinem Heimatrecht Prozessunfähige bedarf für den Inlandsprozess keines gesetzlichen Vertreters, wenn ein Deutscher in eben dieser Lage prozessfähig wäre.[3] Die Regel, dass ein Ausländer prozessfähig ist, wenn er dies entweder nach seinem Heimatrecht *oder* nach der lex fori ist, erfährt freilich eine Durchbrechung für den Fall, dass ein deutsches Gericht Betreuung mit Einwilligungsvorbehalt angeordnet hat: Der Betreute ist im Inland auch dann prozessunfähig, wenn die Betreuungsanordnung im Heimatstaat nicht anerkannt werden sollte und er deshalb nach Heimatrecht prozessfähig wäre.[4]

3 Da die Partei im Anwendungsbereich des § 55 letztlich nur dann als prozessunfähig anzusehen ist, wenn sie weder nach Heimat- noch nach deutschem Recht prozessfähig ist, liegt es nahe, vorrangig die Prozessfähigkeit nach der dem deutschen Richter vertrauten lex fori zu prüfen, auf die

---

[3] Statt vieler: *Stein/Jonas/Bork* Rn. 3; *Musielak/Weth* Rn. 2.

[4] BGH LM § 306 Nr. 1 = JZ 1956, 62; *Henckel* Prozeßrecht S. 138f.; *Rosenberg/Schwab/Gottwald* § 131 Rn. 67; *Thomas/Putzo/Reichold* § 306 Rn. 2; *Pohle* JZ 1956, 53, 55. AA freilich *Häsemeyer* ZZP 85 (1972), 207, 227; *B. Thomas* ZZP 89 (1976), 80ff.

[1] Im Anschluss an *Pagenstecher* ZZP 64 (1951), 276ff. heute eindeutig hM; vgl. statt vieler: OLG Düsseldorf IPRax 1996, 423, 424; *Nagel/Gottwald* IZPR § 4 Rn. 32ff.; *Geimer* IZPR Rn. 2217; *Schack* IZVR Rn. 535; *Stein/Jonas/Bork* Rn. 1; AK-ZPO/*Koch* Rn. 1; *Staudinger/Hausmann* Art. 7 EGBGB Rn. 97.

Die Gegenansicht (s. zB BGH JZ 1956, 535 m. insoweit abl. Anm. *Neuhaus; Bruns* Rn. 53; *Baumbach/Lauterbach/Hartmann* Rn. 1; *Oda,* FS Konzen S. 603, 607ff.) wendet hingegen im Ansatz dt. Prozessrecht an, gelangt freilich im Rahmen der Anwendung von § 52 über das Tatbestandsmerkmal der Verpflichtungsfähigkeit zu einer internationalprivatrechtlichen Verweisung: prozessfähig sei, wer nach seinem Heimatrecht (Art. 7 Abs. 1 EGBGB) geschäftsfähig.

[2] Betonung des letztgenannten Gesichtspunkts bei *Staudinger/Hausmann* Art. 7 EGBGB Rn. 98.

[3] Ganz hM; vgl. etwa *Schack* IZVR Rn. 536; *Stein/Jonas/Bork* Rn. 2; AK-ZPO/*Koch* Rn. 2. AA in der erklärten Absicht, die „Harmonie zwischen Geschäfts- und Prozessfähigkeit" möglichst wenig zu stören, freilich *Kralik* ZfRV 1970, 161ff. und diesem folgend *Hepting* FamRZ 1975, 451, 458: § 55 verweise nur auf § 52, der seinerseits über das Tatbestandsmerkmal der Verpflichtungsfähigkeit auf das nach IPR-Grundsätzen zu bestimmende materielle Recht verweise.

[4] AllgM; vgl. zB *Stein/Jonas/Bork* Rn. 3; *Musielak/Weth* Rn. 1.

Frage der Prozessfähigkeit nach Heimatrecht hingegen nur zu rekurrieren, wenn die Prozessfähigkeit nach deutschem Recht zu verneinen ist.[5] Richtigerweise[6] sollte indes berücksichtigt werden, dass das Urteil nach einem Verfahren ohne den nach Heimatrecht erforderlichen gesetzlichen Vertreter im Heimatstaat möglicherweise nicht anerkannt und vollstreckt wird. Sinnvoll ist die vorrangige Prüfung der Prozessfähigkeit nach deutschem Recht deshalb wohl nur, wenn es keiner Vollstreckung im Heimatstaat bedarf.

II. Die Prozessfähigkeit von Staatenlosen

Für Staatenlose ist die Grundnorm (s. Rn. 1) nach allgemeinen Grundsätzen (Art. 12 Übk. über die Rechtsstellung Staatenloser, Art. 5 Abs. 2 EGBGB) dahin abzuwandeln, dass Anknüpfungspunkt an Stelle der Staatsangehörigkeit der gewöhnliche, mangels eines solchen der schlichte Aufenthalt.[7] Ergänzend gilt § 55 analog.[8] 4

III. Gesetzliche Vertretung bei Ausländern

Die Vertretung einer prozessunfähigen ausländischen Partei beurteilt sich: für das Eltern-Kind-Verhältnis nach Art. 21 EGBGB, für unter Vormundschaft, Betreuung oder Pflegschaft Stehende nach Art. 24 EGBGB mit Vorrang der einschlägigen multilateralen Staatsverträge, nämlich dem MSA von 1961 (BGBl. II 1971 S. 217) sowie dem Haager Abk. zur Regelung der Vormundschaft über Minderjährige von 1902 (RGBl. 1904 S. 240). 5

IV. Organschaftliche Vertretung bei ausländischen Gesellschaften

Die organschaftliche Vertretung juristischer Personen sowie sonstiger parteifähiger Personifikationen (hierzu § 50 Rn. 23ff.) bestimmt sich nach dem Gesellschaftsstatut, mithin nach ausländischem Recht als Sitzrecht, wenn die Gesellschaft ihren Verwaltungssitz im Ausland hat, mit Blick auf das einschlägige kommunitäre Anerkennungsgebot bzw. staatsvertragliche Anerkennungsgebote (hierzu § 50 Rn. 69, 70f.) unbeschadet eines inländischen Verwaltungssitzes nach ausländischem Recht als Gründungsrecht, wenn die Gesellschaft in einem EU-Mitgliedstaat bzw. Vertragsstaat nach dortigem Recht wirksam errichtet wurde. Nachweis der gesetzlichen Vertretungsregelungen für Handelsgesellschaften in den wichtigsten Rechten bei *Reithmann/Martiny/Hausmann,* Int. Vertragsrecht, 6. Aufl., Rn. 2292ff. 6

§ 56 Prüfung von Amts wegen

(1) Das Gericht hat den Mangel der Parteifähigkeit, der Prozessfähigkeit, der Legitimation eines gesetzlichen Vertreters und der erforderlichen Ermächtigung zur Prozessführung von Amts wegen zu berücksichtigen.

(2) [1]Die Partei oder deren gesetzlicher Vertreter kann zur Prozessführung mit Vorbehalt der Beseitigung des Mangels zugelassen werden, wenn mit dem Verzug Gefahr für die Partei verbunden ist. [2]Das Endurteil darf erst erlassen werden, nachdem die für die Beseitigung des Mangels zu bestimmende Frist abgelaufen ist.

I. Amtsprüfung der parteibezogenen Prozessvoraussetzungen

§ 56 Abs. 1 stellt für die die Partei betreffenden Prozessvoraussetzungen Parteifähigkeit und Prozessfähigkeit bzw. ordnungsgemäße gesetzliche Vertretung klar, was für *alle* Prozessvoraussetzungen gilt: ihr Vor- bzw. Nichtvorliegen unterliegt der Berücksichtigung von Amts wegen. 1

Amtsprüfung heißt: rügelose Prüfung in jeder Verfahrenslage (zur Parteifähigkeit s. bereits § 50 Rn. 52, zur Prozessfähigkeit bzw. zum Erfordernis ordnungsgemäßer Vertretung §§ 51, 52 Rn. 37, zur Prozessführungsbefugnis Vor §§ 50ff. Rn. 70). Die Parteiherrschaft über den Streitstoff ist insoweit eingeschränkt, als den Parteien die Macht mangelt, über die Beweisbedürftigkeit einschlägig relevanter Tatsachen zu bestimmen; ihr Geständnis oder Nichtbestreiten bindet das Gericht nicht. Einschlägiges Parteivorbringen darf nicht als verspätet zurückgewiesen werden. Andererseits bedeutet Amtsprüfung nicht Amtsermittlung. Das Gericht muss und darf sich in Zweifelsfällen vielmehr 2

[5] So denn auch die einschlägige Handlungsanleitung bei *Wieczorek/Schütze/Hausmann* Rn. 3.
[6] S. bereits *Nagel/Gottwald* IZPR § 4 Rn. 44.
[7] *Stein/Jonas/Bork* Rn. 4; *Rosenberg/Schwab/Gottwald* § 44 Rn. 5.
[8] *Stein/Jonas/Bork* Rn. 4.

mit einem Hinweis an die beweisbelastete Partei begnügen, die dann die Zulässigkeitstatsache in den Prozess einzuführen und ggf. zu beweisen hat.[1]

3 Zur Prüfung der Parteifähigkeit s. § 50 Rn. 52ff., zur Prüfung der Prozessfähigkeit bzw. der ordnungsgemäßen Vertretung s. §§ 51, 52 Rn. 36ff. zur Prüfung der Prozessführungsbefugnis Vor § 50 Rn. 70.

II. Vorläufige Zulassung zur Verhandlung in der Sache

4 **1. Begriff.** Zur Verhandlung über die parteibezogene Prozessvoraussetzung ist der potentiell Parteiunfähige, Prozessunfähige oder Vertretungsmachtlose ohne besondere Zulassung befugt; er *gilt* insoweit als parteifähig, prozessfähig bzw. vertretungsbefugt (s. § 50 Rn. 57 sowie §§ 51, 52 Rn. 45). Die Zulassung iSv. § 56 Abs. 2 reicht weiter: Sie ermöglicht auch eine Verhandlung in der Sache. Der Zugelassene kann alle Prozesshandlungen vornehmen; seine Prozessführung in der Sache bleibt indes nur relevant, wenn der Nachweis der in Frage stehenden Prozessvoraussetzung fristgerecht erbracht, der allfällige Mangel fristgerecht behoben wird.

5 **2. Voraussetzungen.** Die vorläufige Zulassung setzt voraus: **a)** Das Fehlen einer parteibezogenen Prozessvoraussetzung oder aber mindestens Zweifel des Gerichts an deren Vorliegen, **b)** Gefahr im Verzug, und zwar für die betreffende Partei und nur in Bezug auf deren materielle Rechtsposition, **c)** die Behebbarkeit des Mangels bzw. die Erbringbarkeit des Nachweises binnen angemessener, der Gegenpartei zumutbarer Zeitspanne.

6 **3. Form der Zulassung.** Da die vorläufige Zulassung *notwendigerweise* unter Setzung einer Frist zur Beseitigung des Mangels zu erfolgen hat (arg. § 56 Abs. 2 S. 2)[2] und an den fruchtlosen Fristablauf weitreichende Folgen geknüpft sind (s. Rn. 7), hat die Zulassung durch das Gericht (nicht nur den Vorsitzenden), und zwar förmlich, nämlich durch **Beschluss,** zu erfolgen.[3]

7 **4. Wirkung.** Die Zulassung ermächtigt zu allen Prozesshandlungen. Vor Ablauf der im Zulassungsbeschluss (s. Rn. 6) zu setzenden (und gemäß § 224 Abs. 2 ggf. verlängerbaren) Frist darf indes kein Endurteil ergehen (§ 56 Abs. 2 S. 2). Im Übrigen bestimmt sich der Fortgang bzw. der Abschluss des Verfahrens danach, ob dem Vorbehalt der Mangelbeseitigung entsprochen wird oder nicht: Wird der (zunächst fehlende) *Nachweis* der Prozessvoraussetzung erbracht, sind die im Stadium der vorläufigen Zulassung erfolgten Prozesshandlungen endgültig wirksam.[4] Wird der *Mangel* der Prozessvoraussetzung behoben, hängt die Wirksamkeit der bisherigen Prozesshandlungen für und gegen die zunächst parteiunfähige, prozessunfähige bzw. nicht ordnungsgemäß vertretene Partei zusätzlich von der einschlägigen Genehmigung ab.[5] Wird der Mangel nicht behoben bzw. der geforderte Nachweis nicht erbracht, ist Klageabweisung durch Prozessurteil geboten. Nach Fristablauf und vor Entscheidung muss in jedem Fall nochmals mündlich verhandelt werden.[6] Die Beseitigung des Mangels ist bis zum Schluss der mündlichen Verhandlung möglich (§ 231).

§ 57 Prozesspfleger

(1) Soll eine nicht prozessfähige Partei verklagt werden, die ohne gesetzlichen Vertreter ist, so hat ihr der Vorsitzende des Prozessgerichts, falls mit dem Verzug Gefahr verbunden ist, auf Antrag bis zu dem Eintritt des gesetzlichen Vertreters einen besonderen Vertreter zu bestellen.

(2) Der Vorsitzende kann einen solchen Vertreter auch bestellen, wenn in den Fällen des § 20 eine nicht prozessfähige Person bei dem Gericht ihres Aufenthaltsortes verklagt werden soll.

Schrifttum: *Dunz,* Der Beklagte und sein „besonderer Vertreter" (§ 57 ZPO), NJW 1961, 441.

---

[1] Grundlegend *Rimmelspacher,* Zur Prüfung von Amts wegen im Zivilprozeß, 1966, S. 149ff.; ferner: *Grunsky* Grundlagen § 22 I; *Schlosser* Bd. I Rn. 171; *W. Lüke* Rn. 20; *Zöller/Vollkommer* Rn. 4. AA – Gleichsetzung von Amtsprüfung mit Amtsermittlung bei zweifelhafter Prozessfähigkeit – freilich BGH NJW 1996, 1059, 1060 = ZZP 110 (1997), 109, 110 m. insoweit krit. Anm. *Oda.*

[2] Dies leugnend freilich AK-ZPO/*Koch* Rn. 6.

[3] *Thomas/Putzo/Hüßtege* Rn. 4; *Musielak/Weth* Rn. 13. AA – soweit kein Streit über die Zulassung entsteht, formlose Zulassung möglich – OLG Rostock FamRZ 2006, 554; *Stein/Jonas/Bork* Rn. 12; *Baumbach/Lauterbach/Hartmann* Rn. 25.

[4] Statt vieler: AK-ZPO/*Koch* Rn. 7.

[5] Statt vieler: *Stein/Jonas/Bork* Rn. 12.

[6] *Musielak/Weth* Rn. 14.

I. Regelungsgrund und -ziel

Effektive Rechtsschutzgewährung darf nicht an der **Vertretungslosigkeit des prozessunfähigen Gegners** scheitern. Zwar ist es Eigensache des Klagewilligen, auf die Beseitigung des Klagehindernisses durch Bestellung eines gesetzlichen Vertreters im einschlägigen FG-Verfahren hinzuwirken. Wo aber ein Zuwarten bis zur Bestellung des gesetzlichen Vertreters mit nicht unerheblichen Nachteilen verbunden wäre, eröffnet Abs. 1 dem Rechtsschutzsuchenden einen kürzeren Weg: Bei Gefahr im Verzug hat der Vorsitzende des Prozessgerichts auf Antrag einen **„besonderen Vertreter" (Prozesspfleger)** zu bestellen. 1

Was für die Klage gegen Prozessunfähige ohne gesetzlichen Vertreter gilt, muss infolge Parallelität der Interessenlage auch für die Klage gegen **parteifähige Personifikationen ohne die erforderlichen Organe** gelten: Juristische Personen und Gesamthandsgesellschaften handeln durch ihre Organe (s. §§ 51, 52 Rn. 23 ff.). Kann ihnen eine Klage mangels intakter äußerer Handlungsorganisation nicht zugestellt werden, ist entsprechende Anwendung von § 57 geboten.[1] 2

Hat der Prozessunfähige einen gesetzlichen Vertreter, obliegt dem Klagewilligen die Ermittlung der Person und ihrer Zustellungsanschrift. Stößt dies aus nicht vom Klagewilligen zu vertretenden Gründen auf Schwierigkeiten, befindet er sich in eben der Situation wie gegenüber einem Prozessunfähigen ohne gesetzlichen Vertreter. Für eine Fallgestaltung, in der es typischerweise hierzu kommen kann, nämlich für die Klage gegen einen nicht Prozessfähigen am Gerichtsstand des Aufenthaltsorts (§ 20), bestimmt denn auch Abs. 2, dass der Vorsitzende auf Antrag einen „besonderen Vertreter" bestellen „kann". 3

II. Rechtlicher Status des Vertreters: die Dogmatikfrage

Die Frage, ob der Prozesspfleger Partei kraft Amtes oder aber (echter) Vertreter, wird von der ganz hM zu Recht im letzteren Sinn entschieden:[2] Für die entsprechende Qualifikation spricht nicht nur der Wortsinn des § 57 („besonderer Vertreter"), sondern auch der Umstand, dass sich mit der Figur der Vertretung alle gebotenen Sachlösungen komplikationsloser erklären lassen. 4

III. Erfasste Verfahrensarten

§ 57 deckt in direkter Anwendung das Klageverfahren, ist darüber hinaus aber analog auch auf jedes andere Zweiparteienverfahren (wie das Mahn-, Arrest- und Verfügungsverfahren, aber auch das Vollstreckungsverfahren mit Ausschluss des Offenbarungsverfahrens[3]) anwendbar. 5

IV. Voraussetzungen der Vertreterbestellung

1. Sachliche Voraussetzungen. a) Bestellung nach Abs. 1. aa) Prozessunfähigkeit des zu Verklagenden und Fehlen eines gesetzlichen Vertreters. Erfasst werden *alle* Formen der Prozessunfähigkeit, neben der allgemeinen Prozessunfähigkeit also auch eine einschlägige gegenständlich begrenzte Prozessunfähigkeit (hierzu §§ 51, 52 Rn. 5, 15). Ohne gesetzlichen Vertreter ist der Prozessunfähige, wenn ein solcher entweder überhaupt fehlt oder der an sich vorhandene im Einzelfall rechtlich verhindert ist. Tatsächliche Verhinderung reicht hingegen nicht aus:[4] § 57 Abs. 1 hilft bei Abwesenheit des gesetzlichen Vertreters eines Prozessunfähigen ebenso wenig wie bei Abwesenheit der prozessfähigen Passivpartei selbst. 6

Dem Mangel gesetzlicher Vertretung bei Prozessunfähigkeit gleich steht der **Mangel organschaftlicher Vertretung bei juristischen Personen und sonstigen parteifähigen Personifikationen**[5] (s. bereits Rn. 2) – auch in der Liquidationsphase, bei der AG und GmbH ggf. auch (s. aber Rn. 9) in der Phase der Nachtragsliquidation nach § 273 Abs. 4 AktG direkt (AG) oder analog (GmbH) sowie bei der Nachliquidation gemäß §§ 264 Abs. 2 AktG, 66 Abs. 5 GmbHG (vormals: § 2 Abs. 3 LöschungsG). Die Möglichkeit der Bestellung eines Notorganvertreters nach § 29 BGB 7

---

[1] Für *unmittelbare* Anwendung: *Stein/Jonas/Bork* Rn. 2 sowie *Zöller/Vollkommer* Rn. 1.

[2] Statt vieler: OLG München MDR 1972, 155; *Schilken* Rn. 85; *Thomas/Putzo/Hüßtege* Rn. 7.

[3] *Stein/Jonas/Bork* Rn. 1 a. Restriktiver – generell keine Anwendung auf das Vollstreckungsverfahren – *Musielak/Weth* Rn. 1 sowie *Zöller/Vollkommer* Rn. 1.

[4] *Musielak/Weth* Rn. 2; *Baumbach/Lauterbach/Hartmann* Rn. 4; aA *Stein/Jonas/Bork* Rn. 3.

[5] Bei der mehrgliedrigen OHG führt Wegfall bzw. rechtliche Verhinderung des einzigen vertretungsbefugten Gesellschafters freilich *nicht* zum Mangel organschaftlicher Vertretung, sondern zu Gesamtvertretung der übrigen Gesellschafter; wird dem allein Vertretungsberechtigten die Vertretungsbefugnis entzogen, werden alle Gesellschafter Gesamtvertreter (BGHZ 33, 105, 108 = NJW 1960, 1997, 1998; *G. H. Roth,* Handels- und GesellschaftsR, 6. Aufl., Rn. 232). Entsprechendes gilt bei einer hinreichenden Zahl von Mitkomplementären für die KG.

direkt (Verein) bzw. analog (sonstige juristische Personen) steht der Prozesspflegerbestellung *nicht* entgegen. Soweit es dem Kläger lediglich um die Behebung der Vertretungslosigkeit des zu verklagenden Verbands für ein einzelnes Verfahren geht, kommt vielmehr im Gegenteil aus Verhältnismäßigkeitsgrundsätzen *nur* eine Prozesspflegerbestellung in Betracht.[6]

8 **bb) Sonderprobleme.** Wann das Fehlen der Prozessfähigkeit bzw. der gesetzlichen Vertretung zutage tritt, ist unerheblich: auch der Fall, dass sich der einschlägige Mangel erst nachträglich während des Prozesses herausstellt, ist vom Normtelos erfasst.[7] Wird der Beklagte erst im Laufe des Rechtsstreits prozessunfähig, wird das Verfahren nach § 241 unterbrochen, soweit die Partei nicht wirksam durch einen Prozessbevollmächtigten vertreten ist; in diesem Fall kann der Prozessbevollmächtigte nach § 246 die Aussetzung beantragen. § 57 ist dann vom Wortsinn her („soll … verklagt werden") nicht einschlägig; es wird hier auch seltener Gefahr im Verzug (s. Rn. 9) sein. Soweit dies aber ausnahmsweise der Fall ist, fordert die Gleichheit der Interessenlage die analoge Anwendung von § 57.[8] Auch bei Wegfall des gesetzlichen Vertreters bzw. Entfall des Organvertreters einer juristischen Person oder einer sonstigen parteifähigen Personifikation kann § 57 aus eben diesem Grund im Bedarfsfall entsprechend angewendet werden.[9]

9 **cc) Gefahr im Verzug** ist zu bejahen bei drohendem Rechtsverlust durch Fristablauf, aber auch in allen anderen Fällen, in denen Aufschub der Klage bis zur Bestellung eines gesetzlichen Vertreters/organschaftlichen Vertreters durch die zuständige Stelle nicht unerhebliche Nachteile für den Kläger mit sich bringen würde. Scheitert die Bestellung des gesetzlichen Vertreters/Organvertreters aus Gründen, die in die Verantwortungssphäre des Klägers fallen, liegt *keine* Gefahr im Verzug iS von § 57 vor: Wer niemanden findet, der das Amt des Nachtragsliquidators nach § 264 Abs. 2 AktG bzw. § 66 Abs. 5 GmbHG (vormals: § 2 Abs. 3 LöschungsG) übernimmt, weil er nicht bereit ist, gegenüber dem zu Benennenden in Vorlage zu treten, kann für die Klage gegen die gelöschte GmbH nicht mit Aussicht auf Erfolg auf die Bestellung eines Prozesspflegers nach § 57 beantragen.[10]

10 **b) Bestellung nach Abs. 2.** Die (Ausnahme-)Vorschrift ermächtigt und verpflichtet den Vorsitzenden zu einer Interessenabwägung. Zu gewichten ist das Rechtsschutzinteresse des Klagewilligen und das Schutzinteresse des Prozessunfähigen, das nach der Regelwertung des Gesetzes Prozessvertretung durch den (vorhandenen) gesetzlichen Vertreter erheischt. Eine Prävalenz des Klägerinteresses kommt dabei richtigerweise von vornherein nur für die Geltendmachung solcher vermögensrechtlicher Ansprüche in Betracht, die mit dem Aufenthalt des Prozessunfähigen zusammenhängen – unbeschadet der Irrelevanz dieses Gesichtspunkts für die Einschlägigkeit von § 20 (s. § 20 Rn. 4).[11] Im Übrigen kommt es grundsätzlich auch hier entscheidend auf das Kriterium der Eilbedürftigkeit an:[12] Verklagung des Prozessunfähigen im Wege der Klagezustellung an den gesetzlichen Vertreter ist dem Klagewilligen nur dann unzumutbar, wenn Verzögerung und hierdurch ein nicht unerheblicher Nachteil zu befürchten sind. Lediglich im Sonderfall, dass der Versuch der Ermittlung des gesetzlichen Vertreters fehlgeschlagen ist und weitere Nachforschungen unzumutbar sind, spielt die Dringlichkeit keine Rolle mehr. In Grenzfällen ist wohl auch der Umstand erheblich, ob und inwieweit die Ortsferne des gesetzlichen Vertreters ihrerseits eine ordnungsgemäße Interessenwahrnehmung erschwert.

11 **2. Person des zu Bestellenden.** Bestellung eines Rechtsanwalts ist zweckmäßig, aber selbst im Verfahren mit Anwaltszwang nicht notwendig.

V. Verfahren

12 **1. Antrag.** Der Antrag auf Bestellung eines besonderen Vertreters iSv. § 57 unterliegt *nicht* dem Anwaltszwang[13] und kann zu Protokoll der Geschäftsstelle erfolgen.

13 **2. Zuständigkeit.** Zur Entscheidung über den Antrag zuständig ist der **Vorsitzende des Prozessgerichts,** dh. der Vorsitzende des Spruchkörpers bzw. der Richter der Abteilung, der nach Geschäftsverteilungsplan zur Entscheidung einer bei diesem Gericht eingereichten Klage berufen

---

[6] OLG Dresden GmbHR 2002, 163.

[7] BGH LM § 56 Nr. 1; LAG Niedersachsen MDR 1985, 170; *Grunsky* Grundlagen § 27 II 3; *Bork* MDR 1991, 97, 99.

[8] Richtig: *Stein/Jonas/Bork* Rn. 2. AA freilich zB *Zöller/Vollkommer* Rn. 3; *Thomas/Putzo/Hüßtege* Rn. 3.

[9] Richtig: OLG Stuttgart MDR 1996, 198; LAG Niedersachsen MDR 1985, 170; *Stein/Jonas/Bork* Rn. 3.

[10] München OLGZ 1990, 345 f.

[11] Zustimmend: *Wieczorek/Schütze/Hausmann* Rn. 12.

[12] Zumindest missverständlich *Baumbach/Lauterbach/Hartmann* Rn. 10.

[13] *Zöller/Vollkommer* Rn. 5; *Thomas/Putzo/Hüßtege* Rn. 1.

wäre. Eine Vorprüfung der Zuständigkeit für die beabsichtigte Klage findet grundsätzlich nicht statt; nur wo die Zuständigkeit offensichtlich nicht gegeben ist und auch nicht durch Vereinbarung begründet werden kann, ist Zurückweisung des Antrags angezeigt.[14]

3. Darlegungs- und Beweislast. Sie trifft den Antragsteller. Da die Fassung der Vorschrift auf eine sofortige Verfügung des Vorsitzenden hinweist, ist **Glaubhaftmachung** der den Antrag stützenden Tatsachen notwendig und im Allgemeinen genügend.[15] Erforderlichenfalls kann jedoch vom Antragsteller vor oder nach Vertreterbestellung weitere Aufklärung verlangt werden.[16] Bezüglich des Merkmals der Prozessunfähigkeit genügt dabei auf der Basis der hM (s. §§ 51, 52 Rn. 46) Glaubhaftmachung bzw. Nachweis von Fakten, die zu einer nicht ausräumbaren non liquet-Situation führen. 14

4. Entscheidung. Sie ergeht ohne mündliche Verhandlung, und zwar im Stattgebensfall als Verfügung, im Zurückweisungsfall als Beschluss (jeweils formlose Mitteilung, § 329 Abs. 2 S. 1). Bei Pflegerbestellung ist der – kommunikationsfähige – Beklagte zu **hören** – und zwar in der Regel *vor* derselben.[17] Wo wegen besonderer Gefahr im Verzug nur nachgängige Gehörgewährung möglich war, zwingt relevante Stellungnahme zur Überprüfung (s. Rn. 16). 15

Die Bestellung ist mit ex nunc-Wirkung zu widerrufen, wenn sich herausstellt, dass ihre Voraussetzungen nicht vorgelegen haben oder nachträglich weggefallen sind. Gleiches gilt bei eilbedürftigkeitsbedingter Bestellung auf bloße Glaubhaftmachung, wenn der Antragsteller trotz einschlägiger Aufforderung (s. Rn. 14) vollbeweisfällig geblieben ist.[18] 16

5. Übernahme des Amts durch den Bestellten. Sie kann ausdrücklich oder schlüssig erfolgen. Eine *Verpflichtung* zur Übernahme besteht nicht[19] (deshalb auch kein Beschwerderecht gegen den Bestellungsakt!). 17

6. Rechtsbehelf. Gegen die *Zurückweisung* des Antrags und die Zurücknahme der Bestellung ist einfache Beschwerde nach § 567 gegeben. Die *Bestellung* ist weder durch den Bestellten (hierzu Rn. 17) noch durch die zu vertretende Partei anfechtbar,[20] was freilich bedingt, dass dieser unbeschadet der Vertreterbestellung die Möglichkeit offen bleiben muss, die Prozessfähigkeitsfrage durch das *Prozessgericht* klären zu lassen (hierzu Rn. 21). 18

VI. Stellung des Vertreters im Prozess

Der Bestellte nimmt die **Stellung eines gesetzlichen Vertreters** ein. Dies gilt zwar nur für den konkreten Prozess, doch bleibt insoweit zu beachten, dass Mahn- und zugehöriges Streitverfahren, richtigerweise aber auch Verfügungs- und zugehöriges Hauptsacheverfahren[21] sowie Erkenntnis- und zugehöriges Vollstreckungsverfahren,[22] eine Einheit bilden. Im Einzelnen kann der Vertreter mit Wirkung für die Partei alle zur Rechtsverteidigung erforderlichen Prozesshandlungen vornehmen, aber auch alle insoweit sachdienlichen materiell-rechtlichen Erklärungen abgeben (beispielsweise aufrechnen),[23] im Gegenangriff zudem selbst Widerklage erheben.[24] 19

Das **Amt endet:** (a) mit Eintritt (nicht schon mit Bestellung) des ordentlichen gesetzlichen Vertreters;[25] (b) kraft Gesetzes durch Prozessfähigwerden der Partei (die Stellung des „besonderen Vertreters" kann nicht stärker sein als die des gesetzlichen Vertreters!);[26] (c) mit Widerruf der Bestellung, der auch dann nur für die Zukunft wirkt, wenn die Voraussetzungen der Bestellung bereits ursprünglich nicht vorlagen.[27] 20

---

[14] *Musielak/Weth* Rn. 4; *Baumbach/Lauterbach/Hartmann* Rn. 8.
[15] RGZ 105, 401, 402; *Stein/Jonas/Bork* Rn. 7; *Zöller/Vollkommer* Rn. 5.
[16] *Stein/Jonas/Bork* Rn. 7.
[17] *Stein/Jonas/Bork* Rn. 7; *Grunsky* FamRZ 1966, 572 f.
[18] *Stein/Jonas/Bork* Rn. 7.
[19] Heute wohl allgM; vgl. zB *Zöller/Vollkommer* Rn. 7 sowie *Thomas/Putzo/Hüßtege* Rn. 6; aA noch *Hempel* DR 1940, 1046.
[20] *Musielak/Weth* Rn. 4; *Baumbach/Lauterbach/Hartmann* Rn. 9. Hinsichtlich des Vertretenen freilich aA *Zöller/Vollkommer Rn 7 sowie Zimmermann* Rn. 3.
[21] AA freilich *Wieczorek/Schütze/Hausmann* Rn. 19.
[22] Wie hier: LG Halberstadt JW 1933, 563.
[23] Übereinstimmend: *Stein/Jonas/Bork* Rn. 9 Fn. 27.
[24] *Stein/Jonas/Bork* Rn. 9; *Baumbach/Lauterbach/Hartmann* Rn. 11.
[25] AllgM; statt vieler: *Zöller/Vollkommer* Rn. 9.
[26] *Zöller/Vollkommer* Rn. 9; *Baumbach/Lauterbach/Hartmann* Rn. 12; aA *Stein/Jona/Bork* Rn. 9.
[27] *Zöller/Vollkommer* Rn. 9; *Thomas/Putzo/Hüßtege* Rn. 8.

VII. Prozessführung durch den Pflegebefohlenen

21 Der Beklagte kann unter Berufung auf seine Prozessfähigkeit – im Anwaltsprozess freilich nur mittels eines selbst bevollmächtigten Anwalts – jederzeit aktiv in den Rechtsstreit eingreifen, dh. selbst alle Verteidigungs- und Gegenangriffsmittel vorbringen: Der unter Prozesspflegschaft Gestellte hat Anspruch auf Klärung der Prozessfähigkeitsfrage durch das *Prozess*gericht, wenn und soweit sein persönliches Vorbringen die Möglichkeit einer ihm günstigeren Entscheidung eröffnet. Im Verfahren über *diese* Frage gilt er als prozessfähig.[28]

22 Die Befugnis, unter expliziter oder konkludenter Geltendmachung der eigenen Prozessfähigkeit jederzeit aktiv in den Rechtsstreit einzugreifen, umfasst auch die **Einlegung von Rechtsmitteln:** Bleibt der Vertreter untätig, eröffnet das Rechtsmittel des unter Prozesspflegschaft Gestellten den Rechtsmittelrechtszug,[29] in welchem im Rahmen der Klagezulässigkeits-, mithin Rechtsmittelbegründetheitsprüfung die Prozessfähigkeitsfrage zu klären ist.

23 Da effektive Wahrnehmung des Rechts zur Eigenintervention einschlägige Information voraussetzt, sollten Schriftsätze und Entscheidungen überall da, wo der Mangel der Prozessfähigkeit nach Lage der Dinge nicht völlig zweifelsfrei, informationshalber auch der Partei persönlich zugestellt werden. Die Partei ist zudem von den jeweiligen Terminen zu unterrichten.[30]

VIII. Vergütung

24 Der Prozesspfleger hat gegen den vertretenen Beklagten Anspruch auf Entgelt,[31] als Rechtsanwalt auf Gebühren und Auslagenersatz wie ein zum Prozessbevollmächtigten bestellter Rechtsanwalt (§ 41 S. 1 RVG), freilich keinen Anspruch auf Vorschuss (§ 41 S. 2 RVG). Unter der Voraussetzung, dass mittlerweile ein ordentlicher gesetzlicher Vertreter/Organvertreter vorhanden, ist Festsetzung der Vergütung nach § 11 RVG möglich. Gegen die Staatskasse besteht ein gesetzlicher Vergütungsanspruch zu Prozesskostenhilfesätzen (§§ 45 Abs. 1, 49 RVG), wohl mit Vorschussberechtigung.[32] Gegen den nach Kostenentscheidung unterlegenen Kläger kann der RA-Prozesspfleger Gebühren und Auslagen als notwendige Verfahrenskosten im Kostenfestsetzungsverfahren nach §§ 103 ff. im eigenen Namen beitreiben (§§ 41 S. 3 RVG, 126 ZPO).

IX. Gebühren

25 Gerichtsgebühren für die Bestellung: keine; im Beschwerdeverfahren gilt KV Nr. 1811. Anwaltstätigkeit im Bestellungsverfahren zählt zum Rechtszug (§ 19 Abs. 1 RVG), wird also durch die Gebühren KV Nr. 3100 ff. abgegolten.

§ 58 Prozesspfleger bei herrenlosem Grundstück oder Schiff

(1) Soll ein Recht an einem Grundstück, das von dem bisherigen Eigentümer nach § 928 des Bürgerlichen Gesetzbuchs aufgegeben und von dem Aneignungsberechtigten noch nicht erworben worden ist, im Wege der Klage geltend gemacht werden, so hat der Vorsitzende des Prozeßgerichts auf Antrag einen Vertreter zu bestellen, dem bis zur Eintragung eines neuen Eigentümers die Wahrnehmung der sich aus dem Eigentum ergebenden Rechte und Verpflichtungen im Rechtsstreit obliegt.

(2) Absatz 1 gilt entsprechend, wenn im Wege der Klage ein Recht an einem eingetragenen Schiff oder Schiffsbauwerk geltend gemacht werden soll, das von dem bisherigen Eigentümer nach § 7 des Gesetzes über Rechte an eingetragenen Schiffen und Schiffsbauwerken vom 15. November 1940 (Rbl. I S. 1499) aufgegeben und von dem Aneignungsberechtigten noch nicht erworben worden ist.

---

[28] Grundlegend *Dunz* NJW 1961, 441 ff., ferner: BSG NJW 1994, 215; OLG Celle ZZP 79 (1966), 151; *Zöller/Vollkommer* Rn. 10.

[29] BGH NJW 1966, 2210 = FamRZ 1966, 571 m. Anm. *Grunsky;* BGH NJW 1995, 404; *Rosenberg/Schwab/Gottwald* § 54 Rn. 6; *Thomas/Putzo/Hüßtege* Rn. 9.

[30] *Dunz* NJW 1966, 442 f; *Thomas/Putzo/Hüßtege* Rn. 7. AA freilich explizit *Stein/Jonas/Bork* Rn. 9: Grundsätzlich sei es ausschließlich Sache des Vertreters, in geeigneter Form mit dem Vertretenen Verbindung zu halten. Zustellungen und Ladungen auch an Letzteren selbst zu richten, sei weder geboten noch – von Ausnahmefällen (wie dem Bevorstehen einer Rücknahme der Bestellung) abgesehen – ratsam.

[31] Jenseits der Einschlägigkeit des RVG: §§ 683, 670, 1835 Abs. 2 BGB analog, *Zöller/Vollkommer* Rn. 8.

[32] Hk-RVG/*Ebert* § 41 Rn. 17.

I. Regelungsgrund und -ziel

Die Aufgabe des Eigentums an einem Grundstück (§ 928 Abs. 1 BGB) lässt bestehende Belastungen unberührt. Übt der (Landes-)Fiskus sein Aneignungsrecht nach § 928 Abs. 2 BGB[1] aus, können die einschlägigen Rechte auch gegen diesen geltend gemacht werden. Das Gebot effizienter Rechtsschutzgewährung verlangt indes, dass dem Inhaber beschränkt dinglicher Rechte auch während des mehr oder weniger langen Zeitraums der **Herrenlosigkeit** die Möglichkeit klageweiser Durchsetzung erhalten bleibt. Die Vorschrift gibt ihm deshalb – unabhängig von der allfälligen Möglichkeit, eine Pflegerbestellung nach § 1913 BGB zu erwirken[2] – das Recht auf Bestellung eines „besonderen Vertreters" durch den Vorsitzenden des Prozessgerichts. 1

II. Der Status des Vertreters: die Dogmatikfrage

Das Institut dient zwar dem Interesse des Klägers (s. Rn. 1). Aufgabe des „Vertreters" ist aber die Abwehr unzulässiger sowie unbegründeter Klagen und damit die Wahrnehmung der Interessen des späteren Eigentümers. Die Prozesspflegschaft nach § 58 ist deshalb Personen-, nicht Sachpflegschaft. In der dogmatischen Verortung ist Gleichlauf mit der Qualifikation der Prozesspflegschaft nach § 57 geboten. Wer sich dort (s. § 57 Rn. 4) für das Vertreterkonzept (und gegen das Konzept der Partei kraft Amtes) entscheidet, sollte es auch hier tun und den Prozesspfleger nach § 58 als **Vertreter des künftigen Eigentümers** qualifizieren.[3] 2

III. Erfasste Verfahrensarten

§ 58 gilt nur im Klageverfahren, *nicht* im Mahnverfahren (arg.: Streichung von § 688 Abs. 1 S. 2 aF durch die Nov. 1976).[4] Die Bestellung im Erkenntnisverfahren gilt auch für das zugehörige Vollstreckungsverfahren.[5] Hat der verurteilte Eigentümer während des Prozesses (s. Rn. 8) oder nachher das Eigentum aufgegeben, ist die Bestellung eines Verfahrenspflegers nach § 787 möglich. 3

IV. Voraussetzungen der Bestellung

1. Antrag. a) Antragsberechtigt sind: die Inhaber von Hypotheken, Grund- oder Rentenschulden und anderen dinglichen Rechten an dem Grundstück sowie solche Dritte, welche die Berichtigung des Grundbuchs durch Eintragung (insbesondere ihres Eigentums oder eines Widerspruchs) oder durch Löschungen begehren, vermöge dinglicher Nutzungsrechte die Herstellung oder Beseitigung von Anlagen verlangen oder kraft Nachbarrechts (zB auf Einräumung eines Notwegs) klagen wollen. *Kein* Antragsrecht kommt dagegen demjenigen zu, der lediglich die Erhebung einer sog. persönlichen Klage beabsichtigt. Unstatthaft ist daher zB eine Vertreterbestellung auf Antrag dessen, der einen schuldrechtlichen Anspruch auf Bestellung einer Handwerkersicherungshypothek nach § 648 BGB geltend macht.[6] 4

b) Der Antrag kann schriftlich oder durch Erklärung zu Protokoll der Geschäftsstelle erfolgen; es besteht auch bei intendierter Klage zum Landgericht *kein* Anwaltszwang.[7] 5

2. Begründung. Zur **Begründung des Antrags** ist die Angabe des verfolgten Rechts und der durch einen Grundbuchauszug zu führende Nachweis der Herrenlosigkeit erforderlich.[8] Gefahr im Verzug braucht nicht nachgewiesen zu werden.[9] 6

3. Zuständigkeit. Der Vorsitzende des Prozessgerichts, dh. der Vorsitzende des Spruchkörpers/der Richter der Abteilung, der nach der Geschäftsverteilung zur Entscheidung einer bei die- 7

---

[1] Von der Ermächtigung des Art. 129 EGBGB, das Aneignungsrecht anderen Personen zuzuweisen, hat kein Landesgesetzgeber Gebrauch gemacht.

[2] Die Zulässigkeit der allgemeinen Personenpflegschaft „für den, den es angeht" auch bei Herrenlosigkeit eines Grundstücks *bejahend* etwa KGJ 50, 50 = OLGRspr. 35, 13; *Wolff/Raiser* SachenR § 63 Fn. 6; MünchKommBGB/*Kanzleiter* § 928 Rn. 8; verneinend zB OLG Karlsruhe RJA 14, 304; *Soergel/Damrau* § 1913 BGB Rn. 2; *Erman/Holzhauer* § 1913 BGB Rn. 3.

[3] So denn auch die heute ganz hM; vgl. etwa *Zöller/Vollkommer* Rn. 1; *Musielak/Weth* Rn. 4; *Thomas/Putzo/Hüßtege* Rn. 2. AA – Partei kraft Amtes – zB LG Cottbus DR 1940, 48 m. abl. Anm. *Gaedeke* sowie *Soergel/Stürner* § 928 BGB Rn. 2.

[4] *Musielak/Weth* Rn. 1.

[5] AllgM; vgl. zB *Stein/Jonas/Münzberg* § 787 Rn. 3.

[6] LG Hamburg JW 1935, 1198; *Stein/Jonas/Bork* Rn. 2.

[7] *Zöller/Vollkommer* Rn. 1; *Baumbach/Lauterbach/Hartmann* Rn. 5.

[8] *Stein/Jonas/Bork* Rn. 3; *Wieczorek/Schütze/Hausmann* Rn. 5.

[9] *Zöller/Vollkommer* Rn. 1; *Baumbach/Lauterbach/Hartmann* Rn. 5.

sem Gericht eingereichten Klage berufen wäre, hat auch zu prüfen, ob das Gericht für die beabsichtigte Klage örtlich zuständig ist; fehlt die einschlägige ausschließliche Zuständigkeit nach § 24, ist der Antrag dieserhalb zurückzuweisen.[1]

V. Abgrenzung, entsprechende Anwendung

8 Tritt der Fall des § 928 BGB erst *nach* Klagerhebung ein, bleibt der bisherige Eigentümer gemäß § 265 prozessführungsbefugt; für die Anwendbarkeit von § 58 besteht weder Bedarf noch Raum.[2]

9 Analoge Anwendung der Vorschrift ist geboten: in Hinblick auf Rechte, die nach § 11 ErbbauVO oder nach Landesrecht Grundstücken gleichstehen; für den Fall der Ausschließung eines Eigentümers im Aufgebotsverfahren nach § 927 BGB.[3] Für Rechte an einem eingetragenen Schiff oder Schiffsbauwerk ist die entsprechende Anwendung ausdrücklich in Abs. 2 vorgesehen (vgl. dazu auch §§ 7, 79 SchiffsRG), für Rechte an Luftfahrzeugen in § 99 Abs. 1 LuftfzRG.

VI. Prozessuale Stellung des Vertreters

10 Als Vertreter des künftigen Eigentümers (s. Rn. 2) ist der nach § 58 Bestellte (keine Verpflichtung zur Übernahme des Amts![4]) zur Geltendmachung aller Verteidigungsmittel, darüber hinaus aber auch zu gegenangriffsweisem Vorgehen im Wege der Widerklage befugt.[5]

11 Das Amt des Vertreters endet: (a) in Hinblick auf den insoweit eindeutigen Wortlaut mit der Eintragung des neuen Eigentümers, nicht erst mit dessen Eintritt in den Prozess;[6] (b) mit dem Ende der Herrenlosigkeit auf andere Weise als nach § 928 Abs. 2 BGB; (c) mit Widerruf der Bestellung. In den Fällen (a) und (b) wird der Prozess ohne Unterbrechung vom neuen Eigentümer übernommen, der zuvor schon Partei (aber vertreten) war.

VII. Rechtsbehelf

12 Gegen die Zurückweisung des Antrags ist einfache Beschwerde (§ 567) gegeben.

VIII. Vergütung

13 Was die Vergütung des bestellten Vertreters anbelangt, gilt das zur Vergütung des Prozesspflegers nach § 57 Konstatierte (§ 57 Rn. 24) entsprechend.

IX. Gebühren

14 Gebühren für das Bestellungsverfahren: wie bei § 57 Rn. 25.

Titel 2. Streitgenossenschaft

Schrifttum: *Bettermann,* Streitgenossenschaft, Beiladung, Nebenintervention und Streitverkündung, ZZP 90 (1977), 121; *A. Blomeyer,* Einzelanspruch und gemeinschaftlicher Anspruch von Miterben und Miteigentümern, AcP 159 (1960/61), 385; *Brückner,* Das Verhalten der Streitgenossen im Prozeß, 1972; *Denk,* Das Verhältnis von Schadensersatzanspruch und Direktanspruch bei Kraftfahrt-Haftpflichtschäden, dargestellt am Problem der Bindungswirkung, VersR 1980, 704; *Fenge,* Rechtskrafterstreckung und Streitgenossenschaft zwischen Hauptschuldner und Bürgen, NJW 1971, 1920; *ders.,* Bemerkungen zur „Notwendigkeit" der notwendigen Streitgenossenschaft, FS Mitsopoulas, 1993, S. 433; *Gerhardt,* Der Haftpflichtprozeß gegen Kraftfahrzeug-Versicherung und Versicherten, FS Henckel, 1995, S. 273; *Globisch,* Das Versäumnisurteil in der notwendigen Streitgenossenschaft, 1995; *Gottwald,* Grundprobleme der Streitgenossenschaft im Zivilprozeß, JA 1982, 64; *Hassold,* Die Voraussetzungen der besonderen Streitgenossenschaft, 1970; *Hellmann,* Die Lehre von der sog. notwendigen Streitgenossenschaft ZZP 17 (1892), 1; *Henckel,* Parteilehre und Streitgegenstand im Zivilprozeß, 1961; *Hess,* Grundfragen und Entwicklungen der Parteifähigkeit, ZZP 117 (2004), 267; *Holzhammer,* Parteienhäufung und einheitliche Streitpartei, 1966; *Lent,* Die Notwendigkeit der Streitgenossenschaft, Jher Jb. 90 (1942), 27; *Lindacher,* Die Streitgenossenschaft, JuS 1986, 379 und 540; *W. Lüke,* Die Beteiligung Dritter im Zivilprozeß, 1993;

---

[1] Statt vieler: *Wieczorek/Schütze/Hausmann* Rn. 6; *Musielak/Weth* Rn. 3.
[2] *Stein/Jonas/Bork* Rn. 4; *Baumbach/Lauterbach/Hartmann* Rn. 5.
[3] *Stein/Jonas/Bork* Rn. 5; *Musielak/Weth* Rn. 2.
[4] *Musielak/Weth* Rn. 4.
[5] *Stein/Jonas/Bork* Rn. 7.
[6] *Stein/Jonas/Bork* Rn. 7; *Baumbach/Lauterbach/Hartmann* Rn. 6.

ders., Prozeßführung bei Streitigkeiten im Innenverhältnis der BGB-Gesellschaft, ZGR 1994, 266; *H. Roth*, Zweiparteiensystem und mehrseitige Gestaltungsklagen im Personengesellschaftsrecht, FS Großfeld, 1999, S. 915; *Säcker*, Die Unbeachtlichkeit der Klagerücknahme durch einen eigentlich notwendigen Streitgenossen als Anwendungsfall der „exceptio doli" im Prozeßrecht, JZ 1967, 51; *Schilken*, Miterbenklage nach rechtskräftigem Unterliegen einer einzelnen Miterbin, NJW 1991, 281; *K. Schmidt*, Mehrparteienprozess, Streitverkündung und Nebenintervention bei Gestaltungsprozessen im Gesellschaftsrecht, FS F. E. Beys (Athen 2003), S. 1485; *ders.*, Mehrseitige Gestaltungsprozesse bei Personengesellschaften, 1992; *Schumann*, Das Versäumen von Rechtsbehelfsfristen durch einzelne notwendige Streitgenossen, ZZP 76 (1963), 381; *Schwab*, Die Voraussetzungen der notwendigen Streitgenossenschaft, FS Lent, 1957, S. 271; *ders.*, Mehrparteienschiedsgerichtsbarkeit und Streitgenossenschaft, FS Habscheid, 1989, S. 285; *Selle*, Die Verfahrensbeteiligung des notwendigen Streitgenossen und des notwendig Beigeladenen, 1976; *Tsikrikas*, Probleme der notwendigen Streitgenossenschaft in rechtsvergleichender Sicht, ZZP 108 (1995), 503; *Vossler*, Die gerichtliche Zuständigkeitsbestimmung für Streitgenossen, NJW 2006, 117; *Wagner*, Grundprobleme der Parteifähigkeit, ZZP 117 (2004), 305; *Waldner*, Die Klage auf Duldung eines Notwegs gegen Grundstücksmiteigentümer, JR 1981, 184; *Wertenbruch*, Die Haftung von Gesellschaften und Gesellschaftsanteilen in der Zwangsvollstreckung, 2000; *ders.*, Die Parteifähigkeit der GbR – die Änderungen für die Gerichts- und Vollstreckungspraxis, NJW 2002, 324; *ders.*, Die Rechtsprechung zum Personengesellschaftsrecht in den Jahren 2003 bis 2005, NZG 2006, 408; *Wieser*, Notwendige Streitgenossenschaft, NJW 2000, 1163; *Winte*, Die Rechtsfolgen der notwendigen Streitgenossenschaft unter besonderer Berücksichtigung der unterschiedlichen Grundlagen ihrer beiden Alternativen, 1988. S. ferner die Angaben zu § 59.

§ 59 Streitgenossenschaft bei Rechtsgemeinschaft oder Identität des Grundes

Mehrere Personen können als Streitgenossen gemeinschaftlich klagen oder verklagt werden, wenn sie hinsichtlich des Streitgegenstandes in Rechtsgemeinschaft stehen oder wenn sie aus demselben tatsächlichen und rechtlichen Grund berechtigt oder verpflichtet sind.

I. Normzweck und Anwendungsbereich

1. Normzweck. Normzweck der Regelung der sog. einfachen Streitgenossenschaft (s. noch Rn. 4f.) nach § 59 und ebenso gem. § 60 ist die prozessökonomische Zusammenfassung mehrerer (möglicher) Prozesse bei einheitlichem Prozessstoff zur Vermeidung von Wiederholungen, zur besseren Beurteilung einzelner Streitpunkte, zur Kostenersparnis und letztlich auch zur Gewährung erhöhter Rechtssicherheit.[1] Im Vordergrund steht die tatsächliche verfahrensrechtliche Verbindung, während sich die materiell-rechtliche Behandlung jedes einzelnen Rechtsstreites nicht verändert.[2] 1

2. Anwendungsbereich. Der Anwendungsbereich des § 59 und ebenso des § 60 umfasst sämtliche Prozessarten der ZPO, also auch die besonderen Verfahrensarten des einstweiligen Rechtsschutzes, des Schiedsverfahrens, des Mahnverfahrens, ferner die Zwangsvollstreckung[3] und das selbstständige Beweisverfahren.[4] Hingegen finden die §§ 59ff. auf das anders strukturierte Verfahren nach dem FGG – auch in Streitsachen der freiwilligen Gerichtsbarkeit – keine Anwendung.[5] 2

II. Begriff der Streitgenossenschaft

Der Begriff der Streitgenossenschaft ist in §§ 59, 60 zwar nicht legaldefiniert, aber inhaltlich beschrieben. Von **Streitgenossenschaft** oder **subjektiver Klagenhäufung** spricht man, wenn bei einer Klage oder einem sonstigen ZPO-Verfahren (s. Rn. 2) mehrere Personen auf Klägerseite (aktive Streitgenossen, Klagegenossen) und/oder Beklagtenseite (passive Streitgenossen, Verteidigungsgenossen) als Parteien beteiligt sind. Gerade die Stellung als Parteien unterscheidet die Streitgenossen von (anderen) Drittbeteiligten wie dem Streitverkündeten (§§ 72ff.), dem Nebenintervenienten (§§ 66ff.) und dem Beigeladenen (§§ 640e, 856 Abs. 3).[6] Der Begriff orientiert sich wie der (formelle) Parteibegriff an der tatsächlichen Einbeziehung in das Verfahren, nicht an der materiellen 3

---

[1] S. bereits Motive S. 79; *Gottwald* JA 1982, 64f.; *Lindacher* JuS 1986, 379; AK-ZPO/*Koch* Rn. 1; *Musielak/Weth* Rn. 2; *Wieczorek/Schütze* Rn. 4; *A. Blomeyer* § 108 vor I; *Bruns* Rn. 61; *Jauernig* § 81 III; *Winte* S. 2; *Zeiss* § 85 I.

[2] So ausdrücklich schon die Motive S. 79.

[3] *Thomas/Putzo/Hüßtege* Vor § 59 Rn. 4; *Zöller/Vollkommer* Rn. 3a. Zum Schiedsverfahren *Schwab*, FS Habscheid, S. 285ff.

[4] BayObLG BauR 2004, 886; Brandenburgisches OLG BauR 2004, 698.

[5] BGH NJW 1980, 1960, 1961; KG ZMR 1984, 249, 250; *Musielak/Weth* Rn. 2; *Zöller/Vollkommer* Rn. 3a. – AA *Brehm*, Freiwillige Gerichtsbarkeit, 3. Aufl. 2002, Rn. 198 m. weit. Nachw.

[6] Vgl. *Gottwald* JA 1982, 64.

Berechtigung oder Verpflichtung.[7] – Die weitere Unterscheidung zwischen einfacher und notwendiger Streitgenossenschaft bestimmt sich nach inhaltlichen Voraussetzungen mit dann unterschiedlichen Rechtsfolgen für das Verfahren (s. Rn. 4f.).

III. Überblick über die Arten der Streitgenossenschaft

4 **1. Einfache und notwendige Streitgenossenschaft.** Die Erscheinungsformen der Streitgenossenschaft lassen sich nach unterschiedlichen Kriterien klassifizieren. Die wichtigste Unterscheidung ist im Gesetz selbst angelegt: § 62 Abs. 1 spricht von einer aus bestimmten Gründen **notwendigen Streitgenossenschaft,** während man die übrigen Fälle – namentlich diejenigen der §§ 59, 60 – als **einfache Streitgenossenschaft** bezeichnet.[8] Unbeschadet der konkreteren Kriterien in §§ 59, 60 einerseits und § 62 andererseits bezieht sich die besondere Regelung über die notwendige Streitgenossenschaft auf Fälle, in denen eine einheitliche Entscheidung besonders dringlich erscheint,[9] während die Fälle einfacher Streitgenossenschaft im Wege der Subtraktionsmethode nach der Kategorie bloßer Zweckmäßigkeit erfasst werden können[10] (zur Abgrenzung s. § 62 Rn. 3ff.).

5 **2. Aktive und passive Streitgenossenschaft.** Die Unterscheidung zwischen **aktiver Streitgenossenschaft** (auf Klägerseite) und **passiver Streitgenossenschaft** (auf Beklagtenseite) ist zwar ebenfalls gängig (s. Rn. 3).[11] Sie hat aber über die Beschreibung der Parteiseite hinaus keinen inhaltlichen, systembildenden Wert.

6 **3. Ursprüngliche und nachträgliche Streitgenossenschaft.** Nach der Art und dem Zeitpunkt der Entstehung wird ferner zwischen **ursprünglicher Streitgenossenschaft** durch einheitliches Klagen oder Verklagtwerden und **nachträglicher Streitgenossenschaft** differenziert, zu der es auf unterschiedliche Weise im Laufe eines Verfahrens kommen kann (s. näher Rn. 16ff.).[12] Dabei sind einige Besonderheiten zu beachten, die aber im Wesentlichen die unterschiedlichen Entstehungsvoraussetzungen betreffen.

7 **4. Kategorien einfacher und notwendiger Streitgenossenschaft.** Die ZPO regelt darüber hinaus verschiedene **Kategorien einfacher und notwendiger Streitgenossenschaft** innerhalb der §§ 59, 60 einerseits und in § 62 andererseits. § 59 nennt die Fälle einfacher Streitgenossenschaft wegen Rechtsgemeinschaft hinsichtlich des Streitgegenstandes (s. Rn. 8) sowie wegen **Berechtigung oder Verpflichtung** aus demselben tatsächlichen und rechtlichen **(identischem) Grund** (s. Rn. 9). § 60 lässt als dritte Fallgruppe eine einfache Streitgenossenschaft zu, wenn **gleichartige** und auf einem im wesentlichen gleichartigen tatsächlichen und rechtlichen Grund beruhende **Ansprüche oder Verpflichtungen** den Gegenstand des Rechtsstreites bilden. Angesichts der weitgefassten und allgemein weit ausgelegten Bestimmung des § 60 besteht Einigkeit darüber, dass die Fälle der einfachen Streitgenossenschaft nach §§ 59 und 60 nicht scharf voneinander zu trennen sind[13] (s. noch § 60 Rn. 1). Das ist unbedenklich, da die hier zu § 59 dargestellten Regeln – von dem der gesetzlichen Bestimmung nach abweichenden Entstehungsgrund abgesehen – in gleicher Weise für die einfache Streitgenossenschaft gem. § 60 gelten (s. Rn. 22). Nach § 62 sind **notwendige Streitgenossenschaften** aus prozessualen und aus materiellen Gründen zu unterscheiden (s. dort Rn. 4ff.).

IV. Voraussetzungen der Streitgenossenschaft nach § 59

8 **1. Rechtsgemeinschaft.** Die **Rechtsgemeinschaft mehrerer Personen hinsichtlich des Streitgegenstandes** ist der erste in § 59 geregelte Fall einer einfachen Streitgenossenschaft. **Streitgegenstand** meint damit nicht den prozessualen Anspruch iSd. prozessualen Streitgegenstandslehren (s. dazu Vor §§ 253ff. Rn. 32ff.), sondern den materiell-rechtlichen Gegenstand (Sache oder Recht), um den allerdings im Prozess gestritten werden soll.[14] Nur insoweit kommt eine **Rechtsgemeinschaft** in Betracht, bei der es sich um jede Art Gemeinschaft an einem unteilbaren Gegen-

---

[7] *Bruns* Rn. 61 a.
[8] Zur Terminologie s. kritisch ZZP 90 (1977), 121, 122f.; zuletzt *Lindacher* JuS 1986, 379.
[9] *A. Blomeyer* § 108 vor I.
[10] *Lindacher* JuS 1986, 379.
[11] Vgl. etwa *Lindacher* JuS 1986, 379; *A. Blomeyer* § 108 vor I; *Bruns* Rn. 61.
[12] S. nur *Lindacher* JuS 1986, 379.
[13] *Gottwald* JA 1982, 64, 65; *Lindacher* JuS 1986, 379, 380 m. weit. Nachw.; *Stein/Jonas/Bork* Rn. 2; *Zimmermann* Rn. 3; *Schilken* Rn. 662.
[14] OLG Zweibrücken MDR 1983, 495; *Wieczorek/Schütze* Rn. 31; *Zöller/Vollkommer* Rn. 5.

stand handeln kann.[15] Darunter fallen nicht nur Bruchteilsgemeinschaften (zB Miteigentum) und Gesamthandsgemeinschaften aller Art (s. aber zur Abgrenzung gegenüber notwendiger Streitgenossenschaft in solchen Fällen noch § 62 Rn. 29ff.), sondern auch Gesamtschuldner[16] (zu Pflichtversicherer und Versicherungsnehmer s. § 62 Rn. 16) und Gesamtgläubiger (s. noch § 62 Rn. 19), das Verhältnis zwischen Hauptschuldner und Bürgen,[17] sowie zwischen persönlichem und dinglichem Schuldner bei einer Hypothek (s. noch § 62 Rn. 15), zwischen Hauptschuldner und Schuldmitübernehmer,[18] richtiger Ansicht nach auch das Verhältnis zwischen OHG und Gesellschafter (str., s. § 62 Rn. 14).

2. Berechtigung oder Verpflichtung aus identischem Grund. § 59 2. Alt. regelt die einfache Streitgenossenschaft bei **Berechtigung oder Verpflichtung aus identischem Grund.** Als Voraussetzung wird ausdrücklich derselbe tatsächliche **und** rechtliche Grund verlangt, so dass eine Identität der tatsächlichen Grundlage bei unterschiedlichem Rechtsgrund nicht ausreicht.[19] Allerdings wird in einem solchen Fall idR § 60 eingreifen.[20] Es muss aber den in Anspruch genommenen Personen zumindest ein aus dem gleichen Grund berechtigter, gemeinschaftlicher Gegner gegenüber stehen.[21] Eine Identität des Klagegegenstandes ist hingegen nicht erforderlich, ebensowenig eine solche sämtlicher Voraussetzungen für die Entstehung des Rechts oder der Verpflichtung (zB bei Rechtsnachfolge). In Betracht kommen zB Ansprüche aus gemeinsamem Vertrag oder gemeinsamer deliktischer Handlung,[22] ferner Ansprüche von Mutter und nichtehelichem Kind gegen den Vater, die Rechte mehrerer Widersprechender im Insolvenzverfahren (vgl. § 179 InsO) oder der von einem Widerspruch gegen den Teilungsplan betroffenen Vollstreckungsgläubiger (vgl. § 878). Das Deliktsbeispiel verdeutlicht anhand des Falles der Haftung von Kraftfahrer, Halter (Versicherungsnehmer) und Pflichtversicherer, dass Überschneidungen zwischen beiden Alternativen des § 59 möglich sind (s. oben Rn. 8). 9

3. Zulässigkeit der objektiven Klagenhäufung. Weitere Voraussetzung ist die **Zulässigkeit der objektiven** Klagenhäufung, zu der die Streitgenossenschaft automatisch führt.[23] Die Vorschrift des § 260, die auf mehrere Ansprüche **eines** Klägers zugeschnitten ist, findet analoge Anwendung.[24] Somit muss das Prozessgericht für sämtliche Klagen zuständig[25] und dieselbe Prozessart zulässig sein (s. näher § 260 Rn. 34f.). 10

4. Prozessvoraussetzungen. Die **Prozessvoraussetzungen** sind für jeden Streitgenossen gesondert zu prüfen, bei der Zuständigkeit allerdings §§ 5, 36 Abs. 1 Nr. 3, 603 Abs. 2, Art. 6 Nr. 1 EuGVÜ zu beachten.[26] Fehlt eine solche Prozessvoraussetzung, so ist die Klage insoweit (ggf. durch Teilurteil) als unzulässig abzuweisen. Unzulässig ist auch eine **bedingte subjektive Klagenhäufung,** bei der die Klage von einem oder gegen einen von mehreren Streitgenossen unter der (auflösenden) Bedingung erhoben wird, dass die Klage eines Streitgenossen oder gegen einen Streitgenossen erfolglos bleibt[27] (vgl. § 260 Rn. 10ff.). Es handelt sich zwar insoweit nicht um eine unzulässige außerprozessuale Bedingung, wie teilweise geltend gemacht wird, so dass dogmatische Bedenken nicht durchgreifen. Gegen eine Zulassung sprechen aber das berechtigte Interesse des Beklagten an 11

---

[15] *Stein/Jonas/Bork* Rn. 3.

[16] AllgM Vgl. nur BAG NJW 2004, 2848; BayObLGZ 1985, 314, 317; DB 1992, 2434.

[17] So zB *Fenge* NJW 1971, 1920; *Gaul* JZ 1984, 60; allgM.

[18] *Reichel,* Die Schuldmitübernahme, 1909, S. 527; *Schilken,* Veränderungen der Passivlegitimation im Zivilprozess, 1987, S. 41.

[19] HM, ausdrücklich zB BGH NJW 1992, 981 = MDR 1992, 709; *Baumbach/Lauterbach/Hartmann* Rn. 7; *Musielak/Weth* Rn. 9; *Stein/Jonas/Bork* Rn. 4; *Zöller/Vollkommer* Rn. 6. – AA *A. Blomeyer* § 108 I 1; *Bruns* Rn. 61d.

[20] Vgl. BGH NJW 1975, 1228; AK-ZPO/*Koch* Rn. 5.

[21] BGH NJW 1992, 981; BAG ZIP 1996, 1676, 1677. Bloße sachliche Ähnlichkeit des Geschehensablaufs reicht nicht aus: KG MDR 2000, 1394.

[22] Vgl. etwa BGH MDR 1978, 130.

[23] *Gottwald* JA 1982, 64, 65; allgM.

[24] *Lindacher* JuS 1986, 379, 380; *Stein/Jonas/Bork* Vor § 59 Rn. 7; *Jauernig* § 81 I. – Für unmittelbare Anwendung *Gottwald* JA 1982, 64, 65; *Rosenberg/Schwab/Gottwald* § 48 II 3 iVm. § 96 II 1.

[25] Zur Möglichkeit, bei unterschiedlichen Zuständigkeiten die Bestimmung einer gemeinschaftlichen besonderen Zuständigkeit gem. § 36 Abs. 1 Nr. 3 herbeizuführen vgl. *Vossler* S. 117ff. und § 36 Rn. 22ff.

[26] S. nur *Stein/Jonas/Bork* Vor § 59 Rn. 8.

[27] HM, zB BGH NJW 1972, 2302; BAG NJW 1994, 1084, 1086; OLG Hamm OLGR 2005, 39 = MDR 2005, 533; OLG Celle OLGR 2004, 417; LG Berlin NJW 1958, 833 m. zust. Anm. von *Habscheid; Kion,* Eventualverhältnisse im Zivilprozess, 1971, S. 82 ff.; *Musielak/Weth* Rn. 12; *Stein/Jonas/Bork* Vor § 59 Rn. 4a mit ausführlicher Begründung und weit. Nachw.; *Thomas/Putzo/Hüßtege* Rn. 5; *Zöller/Vollkommer* Rn. 10; *A. Blomeyer* § 108 I 1; *Schellhammer* Rn. 1591; *Schilken* Rn. 666. – AA *Ebbecke* ZZP 47 (1918), 208; *Baumgärtel,* Wesen und Begriff der Prozesshandlung einer Partei im Zivilprozess, 1957, S. 130f.; AK-ZPO/*Koch* Rn. 7; *Rosenberg/Schwab/Gottwald* § 65 IV 3b mit eingehender Begründung.

einem für ihn günstigen Sachurteil (kein „Prozess auf Probe"), ferner praktische Schwierigkeiten im Rechtsmittelzug und bei der Kostenentscheidung.[28] Im Wege einer Streitverkündung kann zudem auf Beklagtenseite der Zweck einheitlicher Verwertung des Verfahrens weitgehend verwirklicht werden.[29] Auf Klägerseite kann durch Abtretung dasselbe Ziel erreicht werden.[30]

12 **5. Folgen bei Fehlen der Voraussetzungen.** Die **Folge bei Fehlen der Voraussetzungen** einer Streitgenossenschaft, für deren Vorliegen allerdings wie bei den sog. qualifizierten Sachentscheidungsvoraussetzungen nur auf das Klägervorbringen abzustellen ist, ist nicht die Unzulässigkeit der Klage, sondern lediglich der Verbindung in einem Verfahren. Diese sind auf entsprechende Rüge gem. § 145 zu trennen,[31] sofern das Gericht nicht (dennoch) die Voraussetzungen einer Verbindung (nach § 147) bejaht. Andererseits kann umgekehrt trotz Vorliegens der Voraussetzungen des § 59 eine Trennung nach § 145 erfolgen.

13 Ein **Fehlen der Prozessvoraussetzungen** oder **der Voraussetzung** gleicher Prozessart (s. Rn. 10) ist hingegen von Amts wegen zu berücksichtigen.[32] Bei der **Zuständigkeit** kann rügelose Einlassung erfolgen, soweit sie nicht ausschließlich ist.

V. Entstehung der Streitgenossenschaft

14 Eine einfache Streitgenossenschaft nach § 59 oder § 60 kann ursprüngliche oder nachträgliche Streitgenossenschaft sein (s. Rn. 6). Ursprünglich entsteht sie durch einheitliche Klage mehrerer Streitgenossen oder gegen mehrere Streitgenossen (s. Rn. 15f.). Nachträglich, dh. während eines schon laufenden Verfahrens kann es auf unterschiedliche Weise zu einer Streitgenossenschaft kommen (s. Rn. 16ff.).

15 **1. Ursprüngliche Streitgenossenschaft.** Eine **ursprüngliche Streitgenossenschaft** ist die Folge einer **gemeinschaftlichen Klage** – oder Antragstellung in sonstigen Verfahren – mehrerer Kläger und/oder gegen mehrere Beklagte. Sie entsteht also mit Erhebung der Klage seitens oder gegen den zweiten Streitgenossen.[33] Mehrfache Vertretung **einer** Partei führt hingegen nicht zu einer Streitgenossenschaft.[34]

16 **2. Nachträgliche Streitgenossenschaft.** Eine **nachträgliche Streitgenossenschaft** kann durch Parteibeitritt (s. Rn. 17) auf Kläger- oder Beklagtenseite, durch Erhebung einer Widerklage gegen einen Dritten (s. Rn. 18), ferner durch Eintritt mehrerer Gesamtrechtsnachfolger (s. Rn. 19) und schließlich durch Verbindung mehrerer Prozesse (s. Rn. 20) entstehen.

17 **a)** Der **Eintritt einer weiteren Partei** als Kläger oder Beklagter während eines laufenden Prozesses ist nach den Grundsätzen des sog. Parteibeitritts als gewillkürte Parteiänderung möglich (s. zu den Problemen einer solchen Parteierweiterung näher § 263 Rn. 67ff.). Soweit die Voraussetzungen eines solchen Parteibeitritts gegeben sind, entsteht mit seiner Wirksamkeit eine Streitgenossenschaft iSd. §§ 59, 60.[35] Ein besonderer Fall des gewillkürten Parteibeitritts ist in § 856 Abs. 2 für den Fall der Klage des Überweisungsgläubigers gegen den Drittschuldner geregelt, doch wird der beitretende weitere Pfändungsgläubiger notwendiger Streitgenosse iSd. § 62 (s. dort Rn. 7).

18 **b)** Der gesetzliche **Eintritt mehrerer Gesamtrechtsnachfolger** des Klägers und/oder des Beklagten führt ebenfalls zu einer Streitgenossenschaft,[36] die aber idR – zB im Falle der Miterbengemeinschaft – eine notwendige iSd. § 62 sein wird (s. dort Rn. 29ff.).

19 **c)** Durch Erhebung einer **Widerklage gegen** den Kläger und einen bisher unbeteiligten Dritten kann ebenfalls eine – einfache oder notwendige – Streitgenossenschaft entstehen.[37] Verneint

---

[28] S. näher *Stein/Jonas/Bork* Vor § 59 Rn. 4a; vgl. auch LG Berlin NJW 1958, 833 m. zust. Anm. von *Habscheid.*

[29] *Rosenberg/Schwab/Gottwald* § 65 IV 3b; *A. Blomeyer* § 108 I 1; vgl. *Zöller/Vollkommer* Rn. 10 zur Auslegung der bedingten Klage als zulässige Streitverkündung.

[30] *A. Blomeyer* § 108 I 1.

[31] *Baumbach/Lauterbach/Hartmann* Übers. § 59 Rn. 8; *Stein/Jonas/Bork* Vor § 59 Rn. 9; *Zöller/Vollkommer* Rn. 8. – AA (von Amts wegen) *Thomas/Putzo/Hüßtege* § 60 Rn. 7; *Wieczorek/Schütze* Rn. 40.

[32] OLG Kassel OLGR 19, 62; *Baumbach/Lauterbach/Hartmann* Übers. § 59 Rn. 8; *Stein/Jonas/Bork* Vor § 59 Rn. 9; *Wieczorek/Schütze* Rn. 42.

[33] Gleichzeitige Zustellung ist nicht erforderlich.

[34] S. nur *Stein/Jonas/Bork* Vor § 59 Rn. 1; kritisch für gesetzliche Vertreter und Verwalter allerdings *Bruns* Rn. 61.

[35] AllgM; s. etwa *Rosenberg/Schwab/Gottwald* § 48 I 2a.

[36] *Rosenberg/Schwab/Gottwald* § 48 I 2b; unstr.

[37] S. etwa *Stein/Jonas/Bork* Vor § 59 Rn. 5 und st. Rspr.; zuletzt BGH WM 1987, 114 m. zahlr. Nachw.; BayObLGZ 1996, 88.

man allerdings im Meinungsstreit (s. dazu § 33 Rn. 2) zutreffend die Zulässigkeit einer solchen „Widerklage" entsprechend § 263 und die Zuständigkeit nach § 33, so richtet sich eine derartige Parteierweiterung (s. oben Rn. 17) allein nach §§ 59, 60 (zur notwendigen Streitgenossenschaft s. noch § 62 Rn. 23, 40).

d) Schließlich kann eine **Verbindung mehrerer Prozesse** verschiedener Parteien gem. § 147 zum Zwecke gemeinsamer Verhandlung und Entscheidung eine Streitgenossenschaft begründen. 20

e) Die zu a bis d behandelten Fallgruppen nachträglicher Streitgenossenschaft zeichnen sich dadurch aus, dass spezielle **Sonderregeln** die Voraussetzungen der §§ 59, 60 konsumieren oder verdrängen. Andere Vorschriften der ZPO (§§ 64, 771 Abs. 3, 805 Abs. 3) erklären bestimmte Personen konkludent oder ausdrücklich zu (einfachen) Streitgenossen, so dass ebenfalls die Erfordernisse der §§ 59, 60 zurücktreten. Umgekehrt begründet die Streithilfe (Nebenintervention) nach §§ 66 ff. keine Streitgenossenschaft. Der streitgenössische Nebenintervenient gilt zwar gem. § 69 als Streitgenosse iSd. § 61, ohne es aber wirklich zu sein (s. dort Rn. 8). Entsprechendes gilt für die Fälle der §§ 666 Abs. 3, 679, die aber die Geltung des § 62 anordnen. 21

VI. Wirkungen der Streitgenossenschaft

Die einfache Streitgenossenschaft ändert im wesentlichen nichts an der Unabhängigkeit und Selbstständigkeit der äußerlich verbundenen Verfahren. Diese Wirkungen sind namentlich in §§ 61 und 63 näher beschrieben (zu Einzelheiten s. dort). Auch die Möglichkeit jederzeitiger Trennung der Verfahren gem. § 145 verdeutlicht, dass nach §§ 59, 60 kein einheitlicher Prozess geschaffen wird.[38] Andererseits ist die Selbstständigkeit der Streitgenossen in der Praxis bei gemeinsamer Verhandlung und Entscheidung oft dadurch tatsächlich gemindert, dass sie idR durch einen gemeinsamen Prozessbevollmächtigten vertreten werden.[39] 22

VII. Beendigung der Streitgenossenschaft

Die einfache Streitgenossenschaft **endet** durch den Wegfall von Streitgenossen bei Parteiwechsel durch Rechtsnachfolge oder gewillkürte Parteiänderung, durch Trennung der Verfahren gem. § 145, ferner durch endgültige Erledigung des Verfahrens eines Streitgenossen bei Klagerücknahme, einverständlicher Erledigung und Kostenentscheidung, Prozessvergleich oder rechtskräftiges (Teil-)-Endurteil. Solange ein Streitgenosse aber im Rechtsmittelverfahren,[40] am Betragsverfahren (§ 304),[41] am Nachverfahren (§§ 302, 600)[42] oder wegen der Kosten[43] beteiligt ist, besteht die Streitgenossenschaft fort.[44] 23

VIII. Rechtsbehelfe und Kosten

1. Rechtsbehelfe. Die Frage nach der Zulässigkeit von **Rechtsbehelfen** stellt sich allenfalls in den Fällen nachträglicher Streitgenossenschaft durch Verbindung gem. § 147 (oben Rn. 20), gegen die aber ebenso wie gegen einen Trennungsbeschluss nach § 145 kein gesondertes Rechtsmittel gegeben ist (s. § 147 Rn. 6). Mängel der Streitgenossenschaft können somit insgesamt allenfalls mit der Rechtsmittelanfechtung des Endurteils geltend gemacht werden. 24

2. Kosten. Für die Kosten in Fällen der Streitgenossenschaft ist die im Zweifel gesamtschuldnerische Haftung für die **Gerichtskosten** gem. § 32 Abs. 1 GKG zu beachten. Hinsichtlich der **Rechtsanwaltskosten** greift das RVG, Vergütungsverzeichnis Nr. 1008 ein, so dass sich die Gebühren bei einem – jedoch nicht notwendigen – gemeinsamen Prozessbevollmächtigten je weiterem Streitgenossen um $^{3}/_{10}$ bis zur doppelten Gebühr erhöhen.[45] Für die **Kostenentscheidung** 25

---

[38] *Bruns* Rn. 62 a.

[39] Vgl. BGH NJW 1958, 384; *Husmann* Rpfleger 1990, 150; *Bruns* Rn. 62 b; *Schilken* Rn. 670.

[40] Vgl. LG Berlin JurBüro 1988, 462.

[41] Vgl. RGZ 151, 210; RG JW 1911, 49; 1914, 155.

[42] Vgl. RGZ 72, 16; RG JW 1919, 310.

[43] RG JW 1914, 155; OLG Celle NJW-RR 1991, 62.

[44] *Baumbach/Lauterbach/Hartmann* Übers. § 59 Rn. 6; *Stein/Jonas/Bork* Vor § 59 Rn. 12; *Wieczorek/Schütze* Rn. 45 m. weit. Nachw.

[45] Zu differenzierenden Kostenfestsetzungen s. BGH NJW-RR 2006, 215 und VersR 2006, 808 (nur ein Streitgenosse obsiegt) sowie NJW 2006, 774 (nur ein Streitgenosse ist vorsteuerabzugsberechtigt). Vgl. auch § 100 Rn. 2, 30 ff., 41 ff.

enthält § 100 Spezialbestimmungen für die Streitgenossenschaft in allerdings stark ergänzungsbedürftiger Weise (s. näher § 100 Rn. 6ff.).

§ 60 Streitgenossenschaft bei Gleichartigkeit der Ansprüche

Mehrere Personen können auch dann als Streitgenossen gemeinschaftlich klagen oder verklagt werden, wenn gleichartige und auf einem im wesentlichen gleichartigen tatsächlichen und rechtlichen Grund beruhende Ansprüche oder Verpflichtungen den Gegenstand des Rechtsstreits bilden.

1 **1. Normzweck und Anwendungsbereich. Normzweck** und **Anwendungsbereich** des § 60 entsprechen denjenigen des § 59 (s. dort Rn. 1 und 2). Dabei wird § 60 zum Teil als Generalklausel bezeichnet[1] (s. aber Rn. 3); über die weite Auslegung dieser Vorschrift besteht jedenfalls Einigkeit[2] (s. auch oben § 59 Rn. 7).

2 **2. Voraussetzungen.** Als **Voraussetzungen** für eine Streitgenossenschaft nennt § 60, dass gleichartige **und** auf einem im wesentlichen gleichartigen tatsächlichen **und** rechtlichen Grund beruhende Ansprüche (Verpflichtungen) betroffen sind. Eine Identität wird also weder bei den Ansprüchen noch bei den Gründen verlangt, sondern es genügt eine **Gleichartigkeit;** eine bloß sachliche Ähnlichkeit des Geschehensablaufs oder Übereinstimmung des wirtschaftlichen Hintergrundes ist jedoch nicht ausreichend.[3] Für die **Ansprüche** bedeutet das eine Übereinstimmung nach dem abstrakten Inhalt des Anspruchs, zB bei mehreren Lieferungsansprüchen aus Kaufvertrag,[4] bei mehreren Schadensersatzansprüchen[5] oder mehreren Unterhaltsansprüchen,[6] weiter bei einem Maklerlohnanspruch gegen Verkäufer und Käufer eines Grundstückes[7] oder der Geltendmachung wechselrechtlicher Ansprüche gegen mehrere Wechselschuldner.[8] Hinzu kommen muss ein im wesentlichen gleichartiger **Tatsachenstoff,** zB bei Ansprüchen mehrerer Geschädigter aus einem bestimmten Verkehrsunfall,[9] aus übereinstimmenden Versicherungsverträgen oder einem gemeinsamen Bauvertrag mehrerer Bauherren,[10] ferner bei mehreren (Mit-)Haftenden aus einem Leasingvertrag.[11] Schließlich ist zusätzlich[12] ein gleichartiger **Rechtsgrund** (zB Kaufvertrag, unerlaubte Handlung, Unterhaltspflicht usw.) erforderlich.[13] Unter § 60 fallen auch die Fälle alternativer Berechtigung oder Verpflichtung eines Streitgenossen, die von § 59 nicht erfasst werden können.[14]

3 **3. Zweckmäßigkeit nicht ausreichend.** Die bloße **Zweckmäßigkeit** der Streitgenossenschaft kann aber entgegen ganz hM[15] nicht genügen. Die Bestimmungen der §§ 59, 60 enthalten gerade keine Generalklausel, sondern konkrete Zulässigkeitsvoraussetzungen, die entsprechend dem Zweck der Regelungen (s. § 59 Rn. 1) weit ausgelegt, aber nicht beiseitegeschoben werden können. In geeigneten Fällen kann das erstrebte Ziel über eine Verbindung gem. § 147 ohne weiteres erreicht werden, so dass die geforderte Besinnung auf die konkreten Voraussetzungen der §§ 59, 60 den Vorwurf des Positivismus nicht fürchten muss, allerdings an praktischer Bedeutung verliert.[16]

---

[1] S. etwa *Baur/Grunsky* Rn. 123.

[2] Vgl. zB BGH NJW 1975, 1228.

[3] BGH NJW 1992, 981 f., KG MDR 2000, 1394.

[4] OLG Kiel SchlHA 1913, 236.

[5] Vgl. etwa RGZ 103, 396.

[6] BGH Rpfleger 1986, 229.

[7] BGH NJW-RR 1991, 381; *Musielak/Weth* Rn. 10; *Zöller/Vollkommer* Rn. 7; *Rosenberg/Schwab/Gottwald* § 48 II 1 a. – AA OLG Zweibrücken MDR 1983, 495; *Baumbach/Lauterbach/Hartmann* Rn. 3.

[8] Vgl. OLG Bamberg BayZ 1907, 153.

[9] Vgl. OLG Celle OLGR 2005, 663: nicht ausreichend zusammenhängend sind Ansprüche gegen zwei Unfallgegner, wenn zwischen den Unfällen etwa ein Jahr liegt.

[10] BayObLGZ 1983, 64, 66.

[11] BGH JR 1987, 291, 292.

[12] OLG Kassel OLGR 19, 62; *Stein/Jonas/Leipold* Rn. 2; hM – aA *A. Blomeyer* § 108 I 1.

[13] Für Ansprüche aus ungerechtfertigter Bereicherung bei unterschiedlichem (vermeintlichem) Rechtsgrund zB abl. OLG Kassel OLGR 19, 62. Für Ansprüche auf Rückerstattung der verlorene Einlage gegen die Anlagegesellschaft und den Vermittler zB BayObLG NJW-RR 2003, 134: ausreichend gleichartig.

[14] RGZ 58, 252; *Stein/Jonas/Bork* Rn. 3 und § 59 Rn. 3; *Rosenberg/Schwab/Gottwald* § 48 II 1 a.

[15] BayObLGZ 1991, 343, 344; BayObLG MDR 1996, 850; OLG Hamm NJW 2000, 1347; *Gottwald* JA 1982, 64, 65; *Lindacher* JuS 1986, 379, 380; *Thomas/Putzo/Hüßtege* Rn. 1; *Baur/Grunsky* Rn. 123; *A. Blomeyer* § 108 I 1; *Bruns* Rn. 61 d; *Rosenberg/Schwab/Gottwald* § 48 II 1 a; *Schellhammer* Rn. 1591. – Andere heben hingegen auf die konkreten Voraussetzungen der §§ 59, 60 ab, ohne allerdings das Kriterium der Zweckmäßigkeit ausdrücklich zu verwerfen.

[16] In der Tendenz wie hier einschränkend wohl auch AK-ZPO/*Koch* Rn. 6; *Wieczorek/Schütze* Rn. 3.

4. Weitere Voraussetzungen. Die **weiteren Voraussetzungen,** Wirkungen und sonstigen Regeln entsprechen für § 60 denjenigen der einfachen Streitgenossenschaft nach § 59 (s. dort). 4

§ 61 Wirkung der Streitgenossenschaft

Streitgenossen stehen, soweit nicht aus den Vorschriften des bürgerlichen Rechts oder dieses Gesetzes sich ein anderes ergibt, dem Gegner dergestalt als einzelne gegenüber, dass die Handlungen des einen Streitgenossen dem anderen weder zum Vorteil noch zum Nachteil gereichen.

I. Normzweck

Normzweck des § 61 ist die Beschreibung der Wirkungen der einfachen und grundsätzlich auch der notwendigen Streitgenossenschaft für die Prozessrechtliche Stellung der Streitgenossen. Dem Zweck dieser Vorschriften entsprechend (s. § 59 Rn. 1) wird die Selbstständigkeit der Streitgenossen (vgl. § 59 Rn. 22) herausgestellt. Die Bestimmung wird ergänzt durch die Regelung des § 63 über den Prozessbetrieb und die Terminsladungen. Ihr Anwendungsbereich beschränkt sich aber (s. noch Rn. 10) im Wesentlichen (zu Rn. 5 ff.) doch auf die einfache Streitgenossenschaft, weil für die notwendige Streitgenossenschaft Sonderregeln gelten (s. § 62 Rn. 41 ff.). 1

II. Die Selbstständigkeit der Streitgenossen

Die **Selbstständigkeit** der Streitgenossen im Prozess kommt in der Anordnung zum Ausdruck, dass sie „dem Gegner … als einzelne gegenüberstehen“. Die äußerliche Verbindung der Verfahren ändert nichts daran, dass jeder Streitgenosse seinen eigenen Prozess formell und inhaltlich unabhängig von den anderen betreibt,[1] ohne dass die jeweiligen Handlungen Vorteile oder Nachteile für andere Streitgenossen bewirken. Im Einzelnen ist besonders hervorzuheben (zu den Zulässigkeitsvoraussetzungen s. § 59 Rn. 8 ff.): 2

1. Vertretung. Jeder Streitgenosse kann sich durch einen **eigenen Prozessbevollmächtigten** vertreten lassen (s. schon § 59 Rn. 22, 25), dessen Kosten als iSd. § 91 Abs. 1 und 2 notwendig (s. dort Rn. 17 ff.) zu erstatten sind (Ausnahme: § 69 Abs. 1 AktG). 3

2. Angriffs- und Verteidigungsmittel. Vor allem kann jeder Streitgenosse **Angriffs- und Verteidigungsmittel** selbstständig geltend machen oder auch nicht geltend machen und sich damit durchaus auch in Widerspruch zu anderen Streitgenossen setzen. Namentlich der Tatsachenvortrag, das (Nicht-) Bestreiten und ein Geständnis können also abweichen und wirken zunächst nur für den einzelnen Streitgenossen (vgl. §§ 138 Abs. 3, 331 Abs. 1 S. 1, 288).[2] Für die anderen Prozessrechtsverhältnisse sind solche Prozesshandlungen als Inhalt der Verhandlung frei zu würdigen.[3] Allerdings ist im Zweifel anzunehmen, dass Angriffs- und Verteidigungsmittel des einen Streitgenossen für die anderen gelten sollen,[4] was notfalls gem. § 139 zu klären ist. 4

3. Dispositionsbefugnis. Auch die **Disposition** über das ihn betreffende Verfahren steht jedem Streitgenossen unabhängig vom anderen zu, so dass Anerkenntnis, Verzicht, Vergleich, Klagerücknahme und Klageänderung getrennt erfolgen können. 5

4. Prozessualer Ablauf. Der **prozessuale Ablauf** ist zwar durch die gemeinsame Verhandlung, Beweisaufnahme und Entscheidung geprägt (s. noch Rn. 9), es gibt jedoch auch Unterschiede: So sind **Schriftsätze** einfacher Streitgenossen nur dem Gegner, nicht den weiteren Streitgenossen zuzustellen.[5] Gegenüber den einzelnen Streitgenossen laufen unterschiedliche **Fristen** und es können abweichende **Entscheidungen,** auch als Versäumnisurteil gegen einen Streitgenossen, ergehen. Es können gesondert **Rechtsmittel** eingelegt werden, die nur für den Rechtsmittelführer wirken.[6] Umgekehrt kann der Gegner ein Rechtsmittel gegen jeden einzelnen Streitgenossen isoliert richten. Ist ein Streitgenosse dem anderen als Streithelfer beigetreten (s. Rn. 7), so kann er auch in dessen Prozess Rechtsmittel einlegen, ansonsten nicht.[7] Auch die „grundsätzliche Bedeu- 6

---

[1] S. nur *Gottwald* JA 1982, 64, 65; ausführlich *Holzhammer* S. 116 ff.
[2] BGH NJW-RR 2003, 1344.
[3] *Gottwald* JA 1982, 64, 65 m. weit. Nachw.
[4] BGH LM Nr. 1; *Musielak/Weth* Rn. 6; *Stein/Jonas/Bork* Rn. 9.
[5] LAG Hamm MDR 2001, 531.
[6] BGH NJW-RR 2006, 286 (Beschwerde gegen Rechtswegverweisung).
[7] RGZ 37, 376; RG JW 1898, 6; vgl. auch BGH MDR 1989, 899; BGH NJW-RR 1997, 865; *Stein/Jonas/Bork* Rn. 5; *Thomas/Putzo/Hüßtege* Rn. 16; *Wieczorek/Schütze* Rn. 16 ff. – Zur Zusammenrechnung der Be-

tung" iSd. § 543 Abs. 2 Nr. 1 für die Revisionszulassung kann unterschiedlich zu beurteilen sein.[8] **Unterbrechung** und **Aussetzung** können getrennt erfolgen.[9] Auch die formelle **Rechtskraft** tritt für jeden Prozess gesondert ein und die materielle Rechtskraft erfasst den anderen Streitgenossen nicht aufgrund der Streitgenossenschaft, sondern allenfalls nach den sonstigen Grundsätzen (s. dazu § 325 Rn. 48 ff.).[10] Überhaupt sind die Rechtsbeziehungen der Streitgenossen untereinander für die Entscheidung unerheblich.

7 Die Möglichkeiten eines **Beitritts** des Streitgenossen gem. §§ 66 ff. sind zweifelhaft. Unstreitig kann er dem anderen Streitgenossen im Prozess beitreten, um nach § 67 nunmehr für ihn handeln zu können.[11] Möglich ist aber auch ein Beitritt auf der Seite des Gegners des Streitgenossen[12] oder eine Streitverkündung[13] – woran zB bei möglicher Regressforderung ein Interesse bestehen kann[14] –, weil es sich um selbstständige, lediglich verbundene Prozesse handelt (s. Rn. 2).

8 Umstritten ist die Frage, ob ein Streitgenosse als **Zeuge** im Prozess des anderen Streitgenossen vernommen werden kann, anderenfalls nur eine **Parteivernehmung** in Betracht kommt. Letzterer Auffassung war insbesondere die Rechtsprechung des Reichsgerichts, die eine Zeugenvernehmung in keinem Fall zuließ.[15] Heute nimmt eine vordringende Auffassung das Gegenteil an, so dass jeder Streitgenosse im Verfahren des anderen Streitgenossen uneingeschränkt als Zeuge vernommen werden könne und nur die Glaubhaftigkeit der Aussage zur Diskussion stehe.[16] Die hM lässt das beschränkt auf solche Tatsachen zu, die nur für den Prozess des anderen Streitgenossen erheblich sind.[17] Für die unbeschränkte Zulassung lässt sich auch zu dieser Frage das Argument anführen, dass es sich um eigentlich selbstständige Verfahren handelt (s. Rn. 2) und die Zeugenvernehmung durch Trennung der Verfahren (§ 45) ohnehin leicht zu erreichen wäre. Zudem verführt die Gegenmeinung dazu, aus Prozesstaktischen Gründen den Streitgenossen schon deshalb mitzuverklagen, weil er dadurch (weitgehend) als Zeuge ausgeschaltet werden kann. Das ist auch unter dem Aspekt der Waffengleichheit bedenklich, weil nur auf der Passivseite möglich, soweit nicht eine – uU dadurch provozierte – Widerklage gegen einen Dritten (s. § 59 Rn. 19) in Betracht kommt. Dennoch ist die hM vorzugswürdig, weil die sonst mögliche Zeugenvernehmung des jeweils anderen Streitgenossen praktisch einer Parteivernehmung gleichkäme und gerade die Beweisaufnahme Bestandteil des durch die Verbindung gemeinsamen Verfahrens geworden ist (s. noch Rn. 9 ff.). Zur Vermeidung von Nachteilen der erwähnten Art sollte der Richter aber stets die Angemessenheit einer Trennung gem. § 145 oder die Zulässigkeit einer Parteivernehmung von Amts wegen nach § 448 prüfen.

III. Wirkungen des gemeinsamen Verfahrens

9 Die immerhin durch die verfahrensmäßige Verbindung bestehende **Gemeinsamkeit** der mehreren Prozesse der Streitgenossen kann zunächst in der **Vertretung** durch einen gemeinsamen Prozessbevollmächtigten (s. Rn. 3) und dem – oft daraus resultierenden – einheitlichen schriftsätzlichen und mündlichen **Sachvortrag** (s. auch Rn. 4) zum Ausdruck gelangen. Aus § 63 ergibt sich sogar die Notwendigkeit einer Ladung sämtlicher Streitgenossen zu allen Terminen (s. § 63 Rn. 4 f.).

---

schwerdewerte bei gemeinsamen Rechtsmittel mehrerer Streitgenossen s. BAG NZA 1984, 167; *Zöller/Vollkommer* Rn. 9.

[8] BGH NJW 1952, 786; BAG NJW 1956, 808; *Bruns* Rn. 62 b.

[9] BGH NJW-RR 2003, 1002 (Unterbrechung gem. § 240 ZPO nur des Verfahrens des von der Insolvenzeröffnung Betroffenen).

[10] *Stein/Jonas/Bork* Rn. 5; *Rosenberg/Schwab/Gottwald* § 48 III 1 d.

[11] BGHZ 8, 72, 78 = NJW 1953, 420; BGH NJW 1977, 1013; *Stein/Jonas/Bork* § 66 Rn. 9.

[12] BGHZ 8, 72, 78 (Fn. 11); BGH VersR 1985, 80; OLG Neustadt MDR 1958, 342; *Baumbach/Lauterbach/Hartmann* § 66 Rn. 14; *Stein/Jonas/Bork* § 66 Rn. 9; *Thomas/Putzo/Hüßtege* § 61 Rn. 6; *Zöller/Vollkommer* § 66 Rn. 6; *A. Blomeyer* § 112, I 2; *Bruns* Rn. 66 m. Nachw. zur abw. älteren Rspr.; *Jauernig* § 83 II 2; *Rosenberg/Schwab/Gottwald* § 48 III 1 d.

[13] RG HRR 1940, 214; *Rosenberg/Schwab/Gottwald* § 48 III 1 d.

[14] Vgl. *Baur/Grunsky* Rn. 126.

[15] So zB RGZ 29, 370; 91, 37; RG SeuffA 86, 201; zustimmend *Wieczorek/Schütze* Rn. 29 f.

[16] So etwa *Gottwald* JA 1982, 64, 65; *Lindacher* JuS 1986, 379, 381; *Brückner* S. 33; *Holzhammer* S. 122 ff.; *Grunsky* § 29 I 2; *Jauernig* § 81 III.

[17] BGH NJW 1983, 2508; BAG JZ 1973, 58; KG OLGZ 1977, 245 und 1981, 765; OLG Düsseldorf MDR 1971, 56; OLG Hamm NJW-RR 1986, 391, 392; OLG Celle NJW-RR 1991, 62; *Mes* SAE 1973, 87; *Schneider* MDR 1982, 373; AK-ZPO/*Koch* Rn. 2; *Baumbach/Lauterbach/Hartmann* Rn. 9; *Musielak/Weth* Rn. 5; *Stein/Jonas/Bork* Rn. 11 m. weit. Nachw.; *Thomas/Putzo/Hüßtege* Rn. 7; *Zimmermann* Rn. 3; *Zöller/Vollkommer* Rn. 4; *Baur/Grunsky* Rn. 123; *A. Blomeyer* § 108 II 2; *Rosenberg/Schwab/Gottwald* § 48 III 1 d; *Schellhammer* Rn. 1595; *Schilken* Rn. 671; *Schönke/Kuchinke* § 24 III.

Beweise sind wegen der Einheitlichkeit des Verfahrens auch nur einmal zu erheben[18] und in jedem Fall im Rahmen des § 286 einheitlich frei zu würdigen (s. auch Rn. 4). Ein unterschiedliches Ergebnis gegenüber den einzelnen Streitgenossen ist dabei ausgeschlossen.[19] Für die Parteivernehmung von Streitgenossen, die sich nach § 449 richtet, gilt nichts anderes. Für die Vorlegung von Urkunden zum Beweis sind sämtliche Streitgenossen nicht Dritte iSd. § 428, sondern Gegner iSd. § 421.[20] Auch § 296 ist einheitlich anzuwenden.[21] Schließlich kann die Entscheidung grundsätzlich getrennt durch Teilurteil iSd. § 301 (s. Rn. 6),[22] aber auch in einem einheitlichen Endurteil ergehen.[23] Für die vorläufige Vollstreckbarkeit erfolgt die Bestimmung der Sicherheitsleistung für jedes Prozessrechtsverhältnis selbstständig.[24]

IV. Gesetzliche Ausnahmen von der Selbstständigkeit

Weitere **Ausnahmen von der Selbstständigkeit** der Streitgenossen ergeben sich gem. § 61 aus einschlägigen Vorschriften des bürgerlichen Rechts und der Zivilprozessordnung. Als **bürgerlich-rechtliche Sonderbestimmungen** kommen namentlich solche Vorschriften in Betracht, die nach materiellem Recht Auswirkungen bestimmter Rechtshandlungen des einen Streitgenossen bzw. gegenüber einem Streitgenossen auch für und gegen den anderen Streitgenossen anordnen.[25] Zu nennen sind vor allem die §§ 423 bis 425 BGB für Gesamtschuldner sowie § 429 BGB für Gesamtgläubiger. Hierher kann man ferner die Regeln rechnen, die zu einer **notwendigen Streitgenossenschaft aus materiell-rechtlichen Gründen** führen (s. noch § 62 Rn. 24 ff.). Entsprechendes gilt dann für die Fälle **notwendiger Streitgenossenschaft aus prozessrechtlichen Gründen** (s. § 62 Rn. 5 ff.). Als weitere **prozessrechtliche Sonderbestimmungen** sind die Vorschriften zu nennen, in denen die ZPO einen übereinstimmenden Antrag der Parteien oder ihr Einverständnis verlangt, wie für eine Entscheidung im schriftlichen Verfahren nach § 128 Abs. 2.[26] Insoweit ist ggf. Trennung möglich, während nach § 128 Abs. 3 von Amts wegen getrennt entschieden werden kann.[27] Auch in den Fällen der §§ 349 Abs. 3, 524 Abs. 4 bedarf es des Einverständnisses aller Streitgenossen, weil ein unterschiedliches Verfahren (ohne Trennung) kaum durchführbar wäre und die Erklärung eines einfachen Streitgenossen nicht für den anderen wirkt (s. Rn. 2 ff.). 10

V. Kosten

Besonderheiten können sich auch in **kostenrechtlicher Hinsicht** nach § 100 ergeben (s. einerseits Abs. 1 bis 3, andererseits Abs. 4), ferner gem. § 32 GKG und dem RVG, Vergütungsverzeichnis Nr. 1008 (s. § 59 Rn. 25). 11

§ 62 Notwendige Streitgenossenschaft

(1) Kann das streitige Rechtsverhältnis allen Streitgenossen gegenüber nur einheitlich festgestellt werden oder ist die Streitgenossenschaft aus einem sonstigen Grund eine notwendige, so werden, wenn ein Termin oder eine Frist nur von einzelnen Streitgenossen versäumt wird, die säumigen Streitgenossen als durch die nicht säumigen vertreten angesehen.

(2) Die säumigen Streitgenossen sind auch in dem späteren Verfahren zuzuziehen.

---

18 AK-ZPO/*Koch* Rn. 3: „können"; *Stein/Jonas/Bork* Rn. 10; *A. Blomeyer* § 108 II 1; *Bruns* Rn. 62b; *Zeiss* § 85 II 2.

19 RGZ 41, 419; BGH NJW-RR 1992, 253 f. = EWiR 1992, 149 *(Vollkommer); Musielak/Weth* Rn. 6; *Stein/Jonas/Bork* Rn. 10; allgM.

20 *Stein/Jonas/Bork* Rn. 11.

21 OLG Brandenburg NJW-RR 1998, 498 f.

22 BGH NJW 2007, 156; OLG Karlsruhe OLGR 2005, 165 = NJW-RR 2005, 798 und OLG Köln OLGR 2004, 245, auch zur ausnahmsweisen Unzulässigkeit bei Gefahr widersprüchlicher Entscheidungen.

23 OLG Düsseldorf VersR 1992, 493.

24 *Zöller/Herget* § 708 Rn. 13. Zu Einzelheiten s. unten § 708 Rn. 20.

25 Vgl. *Stein/Jonas/Bork* Rn. 13 m. weit. Nachw.

26 *Stein/Jonas/Bork* Rn. 14; *Thomas/Putzo/Hüßtege* Rn. 9; *Wieczorek/Schütze* Rn. 34; – aA *Baumbach/Lauterbach/Hartmann* Rn. 10 für das schriftl. Verfahren.

27 Insoweit zutreffend *Baumbach/Lauterbach/Hartmann* Rn. 10.

Übersicht

I. Normzweck und Anwendungsbereich

1 **1. Normzweck. Normzweck** der Regelung der sog. **notwendigen Streitgenossenschaft** (s. zur Abgrenzung bereits § 59 Rn. 4) in § 62 ist eine gegenüber der einfachen Streitgenossenschaft besondere Ausgestaltung der prozessualen Stellung der Streitgenossen (dort vor allem § 61) in solchen Fällen, in denen eine einheitliche, nicht inhaltlich abweichende Entscheidung der Prozesse der oder gegen die Streitgenossen geboten ist.[1] Das kann aus Prozessrechtlichen Gründen (s. Rn. 5 ff.) oder aus materiell-rechtlichen Gründen (s. Rn. 24 ff.) der Fall sein (zur Terminologie s. Rn. 2), während die bloße Identität des Streitgegenstandes zwar erforderlich ist, aber nicht ausreicht (s. Rn. 12). Bei notwendiger Streitgenossenschaft aus materiell-rechtlichen Gründen (Abs. 1 2. Alt.) ist stets eine gemeinschaftliche Klage – auf Aktiv- oder Passivseite – erforderlich. Bei notwendiger Streitgenossenschaft aus prozessualen Gründen (Abs. 1 1. Alt.) ist auch ein Nacheinander der Prozesse denkbar, aber nur bei einem Miteinander kommt es zur Streitgenossenschaft iSd. § 62. Für beide Alternativen regelt § 62 bestimmte verfahrensrechtliche Folgen (s. Rn. 41 ff.). Diese sind allerdings weder abschließend normiert noch beseitigen sie schlechthin die Selbstständigkeit der Verfahren gegenüber den einzelnen Streitgenossen. Zusätzlich ist im Übrigen auch für die notwendige Streitgenossenschaft die Bestimmung des § 63 und in engen Grenzen des § 61 bedeutsam.

2 **2. Anwendungsbereich.** Der **Anwendungsbereich** des § 62 umfasst wie derjenige der §§ 59 ff. (s. dort Rn. 2) sämtliche Verfahrensarten der ZPO, nicht aber diejenigen nach dem FGG. Eine Erweiterung der Fälle notwendiger Streitgenossenschaft über die einschlägigen gesetzlichen Bestimmungen hinaus durch Parteivereinbarung ist nicht möglich.[2] Ein Nebeneinander von einfacher und notwendiger Streitgenossenschaft ist zwischen verschiedenen Personen oder wegen verschiedener Ansprüche durchaus denkbar,[3] ebenso eine Überschneidung der beiden Arten notwendiger Streitgenossenschaft.[4]

---

[1] *A. Blomeyer* § 108 Vor I; *Fenge* S. 484; *Globisch* S. 11 ff.; *Kisch,* Beiträge zum Schiedsverfahren, 1933, S. 53.
[2] BAGE 42, 389, 400 = MDR 1983, 1052; *Baumbach/Lauterbach/Hartmann* Rn. 2; *Zöller/Vollkommer* Rn. 1.
[3] *Stein/Jonas/Bork* Rn. 3.
[4] *Stein/Jonas/Bork* Rn. 1 m. weit. Nachw.

II. Begriff und Arten der notwendigen Streitgenossenschaft

1. Begriff. Der **Begriff** der notwendigen Streitgenossenschaft zur Beschreibung der (allgemein in § 62 geregelten) Fälle, in denen eine einheitliche Sachentscheidung gegenüber mehreren Personen notwendig ist (s. Rn. 1), ist durch die Formulierung des § 62[5] angelegt und heute fast allgemein üblich (s. schon § 59 Rn. 4). Er beschreibt allerdings die Fälle des § 62 Abs. 1 1. Alt. nur unzureichend, weil dort auch Einzelklagen zulässig sind (s. Rn. 1 und noch Rn. 23). Ist man sich darüber aber im klaren, so ist die Verwendung des eingebürgerten Begriffes anderen Vorschlägen[6] vorzuziehen, die zudem das überkommene Gegensatzpaar einfache Streitgenossenschaft – notwendige Streitgenossenschaft begrifflich auflösen.[7] 3

2. Arten. Die **Arten** der notwendigen Streitgenossenschaft ergeben sich aus den beiden Alternativen des § 62 Abs. 1 als abschließender Regelung (s. Rn. 2), unter die auch anderenorts geregelte Spezialfälle einzuordnen sind. Während darüber heute weitgehend[8] Einigkeit besteht (s. noch Rn. 5ff., 24ff.), geht die Terminologie erneut durcheinander. Die notwendige Streitgenossenschaft des § 62 Abs. 1 1. Alt. wird als „zufällige" „uneigentliche", „besondere" oder „unechte" notwendige Streitgenossenschaft, diejenige der 2. Alt. als „eigentliche", „allgemeine" oder „echte" notwendige Streitgenossenschaft bezeichnet.[9] Vorwiegend aber erfolgt eine Unterteilung in notwendige Streitgenossenschaften aus Prozessrechtlichen (prozessualen) Gründen (1. Alt.) und aus materiellrechtlichen Gründen (2. Alt.).[10] Da die letzteren Bezeichnungen den Grund für die Notwendigkeit einer einheitlichen Entscheidung hervorheben,[11] erscheinen sie vorzugswürdig, wenn man im Auge behält, dass die materiellrechtlichen Gründe für eine notwendige Streitgenossenschaft allerdings zum Teil in prozessualen Vorschriften festgelegt sind (s. noch Rn. 28 u. ö). Im Übrigen ist damit natürlich nicht mehr als eine Terminologie für eine zudem sehr grobe, in Abgrenzungen und Einzelheiten umstrittene Gruppierung gewonnen. 4

III. Voraussetzungen der notwendigen Streitgenossenschaft aus prozessrechtlichen Gründen (wegen einheitlicher Feststellung, Abs. 1 1. Alt.)

1. Streitiges Rechtsverhältnis; Notwendigkeit einheitlicher Feststellung. Als für eine notwendige Streitgenossenschaft nennt § 62 Abs. 1, 1. Alt. die Umstände, dass das streitige Rechtsverhältnis allen Streitgenossen gegenüber nur einheitlich festgestellt werden kann. **Streitiges Rechtsverhältnis** ist dabei – entsprechend § 59 1. Alt. (s. dort Rn. 8) nicht der prozessuale Anspruch iS der prozessualen Streitgegenstandslehren,[12] sondern das materielle Rechtsverhältnis im singulären oder komplexen Sinne, wie es Gegenstand der Entscheidung im Prozess sein soll. Auf dem Boden der – vorzugswürdigen – neueren materiell-rechtlichen Streitgegenstandslehren (s. dazu Vor §§ 253ff. Rn. 32) kann man dennoch von einer Identität des Streitgegenstandes sprechen, wie sie allgemein als (Mindest-)Voraussetzung einer notwendigen Streitgenossenschaft postuliert wird (s. noch Rn. 12). – Weitere Voraussetzung ist aber die **Notwendigkeit einheitlicher Feststellung** gegenüber allen Streitgenossen. Sie knüpft an die Entscheidung über das Rechtsverhältnis, idR also an das Urteil an, das gegenüber den Streitgenossen nur als einheitlich (identisch) denkbar sein darf. Eine solche identische – und gleichzeitige (s. Rn. 50 aE) – Sachentscheidung ist geboten, wenn bei getrennten Prozessen die in dem einen Verfahren ergehende Entscheidung Rechtskraft- oder Gestaltungswirkungen (zum Verhältnis von Rechtskraft und Gestaltungswirkung s. § 322 Rn. 19) im anderen Verfahren hervorrufen würde.[13] Es kommt also auf das Ausmaß dieser Wirkungen an (s. näher Rn. 6ff.), die allerdings stets zugleich eine Identität des Streitgegenstandes vor- 5

---

[5] Zur Entstehungsgeschichte s. *Hassold* S. 31ff.

[6] S. namentlich *Bettermann* ZZP 90 (1977), 121, 122f.

[7] So zu Recht *Lindacher* JuS 1986, 379; s. ferner *Baur* FamRZ 1962, 508, 510; *Schwab* S. 272.

[8] Anders noch *Hassold* passim.

[9] S. zu den Begriffen etwa BayObLG BB 1973, 958, 959; *Schwab* S. 272; *Baumbach/Lauterbach/Hartmann* Rn. 2; *Zöller/Vollkommer* Rn. 2; *Stein/Jonas/Bork* Rn. 14; vgl. ferner die Nachw. in Fn. 6.

[10] S. nur *Baur* FamRZ 1962, 508, 510; *Gottwald* JA 1982, 64, 67 m. weit. Nachw.; *Lindacher* JuS 1986, 379, 381; ferner die nahezu gesamte neuere Kommentar – und Lehrbuchliteratur, ähnlich jetzt auch *Stein/Jonas/Bork* Rn. 4ff.

[11] Vgl. *Rosenberg/Schwab/Gottwald* § 49 I.

[12] S. dazu allerdings abw. *Hassold* S. 29ff. und passim, dort S. 31ff. auch zur Entstehungsgeschichte; ferner *A. Blomeyer* AcP 159 (1960/61), 385ff. m. weit. Nachw.

[13] S. etwa BGHZ 92, 351, 354 = NJW 1985, 385; *Musielak/Weth* Rn. 3; *Stein/Jonas/Bork* Rn. 5 m. weit. Nachw.; iE allgM.

aussetzen, ohne dass diese jedoch genügen würde (s. Rn. 12).[14] Dass die Notwendigkeit der identischen Entscheidung in solchen Fällen im Prozessrecht begründet ist, kommt in der Bezeichnung der notwendigen Streitgenossenschaft aus prozessrechtlichen Gründen (s. Rn. 4) zum Ausdruck. – Schließlich muss die einheitliche Feststellung **allen Streitgenossen gegenüber** notwendig sein. Damit bringt § 62 Abs. 1 1. Alt. zum Ausdruck, dass mehrere Personen auf Klägerseite und/oder Beklagtenseite als Parteien beteiligt sein müssen (s. § 59 Rn. 3). Nur ein Nebeneinander der Verfahren führt in diesen Fällen zur notwendigen Streitgenossenschaft, doch bleibt ein Nacheinander der Prozesse möglich (s. schon Rn. 1). Für die Entstehung einer solchen Streitgenossenschaft gelten im Übrigen die für §§ 59, 60 maßgeblichen Regeln (s. § 59 Rn. 14ff. und unten Rn. 19).

6 **2. Anwendungsfälle.** Die **Anwendungsfälle** der notwendigen Streitgenossenschaft aus prozessrechtlichen Gründen sind teils allgemein anerkannt, teilweise aber auch heftig umstritten. Angesichts der „unzureichenden gesetzlichen Regelung"[15] sind in Rechtsprechung und Schrifttum zahlreiche Fallgruppen entwickelt worden, die zwar kein geschlossenes System bilden,[16] aber doch zur Rechtssicherheit bei der nun einmal geforderten Abgrenzung zur einfachen Streitgenossenschaft beitragen.

7 **a)** Als Anwendungsfälle kommen zunächst diejenigen einer **allseitigen Rechtskrafterstreckung** in Betracht, die bei stattgebendem **und** abweisendem Urteil eingreift.[17] Allerdings scheidet der wichtigste Fall der Rechtskrafterstreckung auf den Rechtsnachfolger gem. § 325 aus, weil dieser im Hinblick auf § 265 nicht gemeinsam mit dem Rechtsvorgänger als Partei auftreten kann.[18] Für die Fälle der Rechtskrafterstreckung bei Vor- und Nacherbschaft nach § 326 gilt das gleiche, weil die Prozessführungsbefugnis nur alternativ besteht.[19] Soweit allerdings ausnahmsweise eine gemeinsame Prozessführung möglich ist,[20] sind Vor- und Nacherbe notwendige Streitgenossen nach § 62 Abs. 1 1. Alt.[21] Im Hinblick auf die Rechtskrafterstreckung nach § 327 Abs. 2 kommt eine (dann) notwendige Streitgenossenschaft in Betracht, wenn unter den Voraussetzungen des § 2213 Abs. 1 S. 1 BGB Testamentsvollstrecker und Erbe auf Erfüllung einer Nachlassverbindlichkeit verklagt werden.[22] Ein weiterer Fall notwendiger Streitgenossenschaft ist derjenige des § 856 Abs. 2 und 4, wenn ein Pfändungsgläubiger nach Forderungspfändung und -überweisung gegen den Drittschuldner auf Erfüllung der Verpflichtungen nach §§ 853 bis 855 klagt und ein anderer Pfändungsgläubiger sich ihm als Streitgenosse (§ 856 Abs. 2) anschließt.[23] Ferner fallen darunter die Fälle der Rechtskrafterstreckung in Kindschaftssachen gem. § 640h, in denen allerdings idR eine gleichzeitige Parteistellung ausscheidet und zudem zugleich Gestaltungswirkungen (Rn. 9) in Betracht kommen.[24]

8 **b)** Eine weitere Fallgruppe des Abs. 1 1. Alt. ist diejenige der **einseitigen Rechtskrafterstreckung,** die entweder bei Erfolg oder bei Misserfolg der Klage eintritt.[25] Namentlich bei stattgebenden Urteilen kommen einige Fälle in Betracht, in denen bestimmte Kläger als notwendige Streitgenossen zu behandeln sind. Zu nennen ist jedenfalls die Klage auf Feststellung der Nichtigkeit eines Hauptversammlungsbeschlusses nach § 249 AktG im Hinblick auf die Urteilswirkungen des § 248 AktG, die nur bei Erfolg der Klage gegenüber allen eintreten. Ferner werden unter diese Fallgruppe die einzelnen Klagen nach §§ 1495, 1496 BGB, § 2342 BGB, §§ 246, 275 AktG, § 75

---

[14] So zu Recht zB BGHZ 23, 73, 75 = NJW 1957, 537; BGHZ 54, 251, 254 = NJW 1970, 1740; BGHZ 92, 351, 353 = NJW 1985, 385; *Fenge* NJW 1971, 1920, 1923; *Gottwald* JA 1982, 64, 67; *Lent* JherJb. 90 (1942), 27, 45; *Lindacher* JuS 1986, 379, 383; *Schwab* S. 280ff.; *Waldner* JZ 1985, 633, 634; *Henckel* S. 203ff.; *Lent* S. 45; *Stein/Jonas/Bork* Rn. 9f.; wohl auch *Wieczorek/Schütze* Rn. 26; *Grunsky* § 29 II 1b; *Nikisch* § 110 II; *Jauernig* § 82 I; *Zimmermann* Rn. 2. Anders namentlich *Hassold* passim; *Wieser* NJW 2000, 1163f.; *Baumbach/Lauterbach/Hartmann* Rn. 5; *Thomas/Putzo/Hüßtege* Rn. 7; eingeschränkt auch *A. Blomeyer* § 108 III 2b m. Nachw. zur älteren Rspr.

[15] *Rosenberg/Schwab/Gottwald* § 49 I; *Baumbach/Lauterbach/Hartmann* Rn. 2: „Kreuz der Rechtsprechung"; in dieser Kritik besteht Einigkeit.

[16] Insoweit zu Recht kritisch AK-ZPO/*Koch* Rn. 16.

[17] Vgl. *Gottwald* JA 1983, 64, 67; *Lindacher* JuS 1986, 379, 383; *Musielak/Weth* Rn. 4; *Rosenberg/Schwab/Gottwald* § 49 II 1. Ausführlich *Winte* S. 15ff., insbes. S. 18ff.

[18] Vgl. nur *Gottwald* (Fn. 17); *Lent* JherJb. 90 (1942), 27, 43; *Rosenberg/Schwab/Gottwald* § 49 II 1; *Musielak/Weth* Rn. 4; zur Rechtskrafterstreckung auf der Passivseite ausführlich *Schilken,* Veränderungen der Passivlegitimation im Zivilprozeß, 1987.

[19] *Rosenberg/Schwab/Gottwald* § 49 II 1b.

[20] S. dazu nur *Palandt/Edenhofer* Einf. Vor § 2100 BGB Anm. 4.

[21] *Gottwald* JA 1983, 64, 67 m. weit. Nachw.; *Henckel* S. 200.

[22] *Gottwald* (Fn. 21); *Lindacher* JuS 1986, 379, 383; *W. Lüke* S. 21; *Rosenberg/Schwab/Gottwald* § 49 II 1c.

[23] *Rosenberg/Schwab/Gottwald* § 49 II 1d; *Musielak/Weth* §§ 59, 60 Rn. 5.

[24] *Musielak/Weth* Rn. 4; *Stein/Jonas/Bork* Rn. 6.

[25] Vgl. ausführlich *Winte* S. 21ff. m. weit. Nachw.

GmbHG, §§ 51, 94 GenG gezählt.[26] Das ist auch zutreffend, doch steht hier die Gestaltungswirkung des stattgebenden Urteils im Vordergrund (s. daher Rn. 9). Schließlich kommen als Fälle „positiv" einseitiger Rechtskrafterstreckung (dh. bei Erfolg der Klage) diejenigen in Betracht, in denen mehrere Berechtigte auch einzeln klagen können, zB bei einer Miterbengemeinschaft gem. § 2039 BGB (s. dazu Rn. 20). Selten ist hingegen eine „negativ" einseitige Rechtskrafterstreckung, bei der nur die Rechtskraft eines klageabweisenden Urteils gegenüber einem Dritten wirkt. Bei der Klage eines Insolvenzgläubigers auf Feststellung zur Insolvenzstabelle gegen mehrere bestreitende Gläubiger gem. §§ 179 ff. InsO liegt aber ein solcher Fall vor,[27] weil die rechtskräftige Abweisung allen Feststellungsgegnern gegenüber wirkt, während ein stattgebendes Urteil gegen einen von mehreren widersprechenden Gläubigern nur dessen Widerspruch ausräumt; der weitgefasste Wortlaut des § 183 Abs. 1 InsO muss nach dem Gesetzeszweck auf solche Fälle beschränkt werden, in denen keine weiteren Feststellungsgegner vorhanden sind.[28] Für die Annahme notwendiger Streitgenossenschaft ist es aber ohnehin unerheblich, ob allseitige oder einseitige Rechtskrafterstreckung anzunehmen ist.[29]

c) Notwendige Streitgenossenschaft gem. § 62 Abs. 1 1. Alt. ist auch bei zahlreichen **Gestaltungsklagen** anzunehmen, wenn das stattgebende Gestaltungsurteil gegen alle Streitgenossen wirkt, wie das in aller Regel der Fall ist. Dabei ergibt sich die Notwendigkeit der Streitgenossenschaft freilich häufig schon daraus, dass nach materiellem Recht nur eine gemeinschaftliche Klage zulässig ist[30] und damit § 62 Abs. 1 2. Alt. eingreift (s. unten Rn. 26 ff.). Zu berücksichtigen ist, dass Gestaltungsurteile nach heute hM[31] zu Recht nicht bloß Gestaltungswirkung äußern, sondern hinsichtlich des Begehrens des Klägers auf Gestaltung auch in materieller Rechtskraft erwachsen. Diese dient aber vorrangig dem Ausschluss etwaiger Ersatzanspruchsklagen des Prozessgegners, während die Gestaltungswirkung für und gegen alle entsteht.[32] Deshalb ist es gerechtfertigt, diese Fälle als eigene Gruppe zu führen, ohne dass darauf etwas ankäme. Zu nennen sind die Klagen mehrerer Abkömmlinge auf Aufhebung der fortgesetzten Gütergemeinschaft nach § 1495 BGB wegen der in § 1496 S. 2 BGB geregelten Wirkung des Aufhebungsurteils für alle Abkömmlinge[33] und die Erbunwürdigkeitsklage gem. § 2342 BGB im Hinblick auf § 2344 BGB.[34] Weiter fallen darunter die Klagen auf Aufhebung der Ehe gem. § 1313 BGB,[35] auf Anfechtung eines Haupt-/Generalversammlungsbeschlusses gem. §§ 246, 248 Abs. 1 AktG[36] bzw. § 51 GenG, ferner diejenigen auf Nichtigerklärung einer Aktiengesellschaft (§ 275 Abs. 4 AktG), einer Genossenschaft (§ 96 GenG) oder einer GmbH (§ 75 GmbHG).[37] 9

Für die (s. Rn. 9) erwähnten Fälle ist hervorzuheben, dass sie denjenigen einseitiger Rechtskrafterstreckung (Rn. 8) insofern gleichen, als nur das stattgebende Urteil Gestaltungswirkung inter omnes entfaltet, während die Rechtskraftwirkung eines abweisenden Urteils allein zwischen den Parteien wirkt. Wird aber der späteren Gestaltungsklage eines anderen Berechtigten stattgegeben, so erstreckt sich die Wirkung dieses Urteils dennoch auf die Parteien des Vorprozesses und überlagert die Rechtskraft des dort ergangenen Urteils.[38] Bei gleichzeitiger Klage jedoch kann und muss diese Kollision durch Annahme notwendiger Streitgenossenschaft vermieden werden.[39] 10

---

[26] S. etwa *A. Blomeyer* § 108 III 2 a; *Bruns* Rn. 63; *Rosenberg/Schwab/Gottwald* § 49 II 2 a.

[27] *Gottwald* JA 1982, 64, 67; *Schwab* S. 282; *Henckel* S. 204 ff.; *Rosenberg/Schwab/Gottwald* § 49 II 2 b; vgl. auch RGZ 96, 251, 254; *W. Lüke* S. 21.

[28] Ganz hM, s. die Nachw. Fn. 27. – AA *Holzhammer* S. 111 f.

[29] S. nur *Lindacher* JuS 1986, 379, 382; *Zöller/Vollkommer* Rn. 3.

[30] Zutreffend *Stein/Jonas/Bork* Rn. 7.

[31] S. nur *Rosenberg/Schwab/Gottwald* § 94 III 2 m. umf. Nachw.; vgl. auch *Schwab* S. 278 und *Winte,* S. 34 m. weit. Nachw.

[32] Vgl. *Rosenberg/Schwab/Gottwald* § 94 III 1 m. weit. Nachw.

[33] *Schwab* S. 277 ff. m. weit. Nachw.; *Stein/Jonas/Bork* Rn. 7; *Wieczorek/Schütze* Rn. 23; *Zöller/Vollkommer* Rn. 4; *Bruns* Rn. 63; *Jauernig* § 82 II; *Nikisch* § 110 II 2 a; *Rosenberg/Schwab/Gottwald* § 49 II 2 a; *Schellhammer* Rn. 1605; *Schönke/Kuchinke* § 26 V 1. – AA *Hellwig,* Anspruch und Klagerecht, 1967, S. 196 und ältere Kommentarliteratur.

[34] S. hierzu und zu den nachfolgenden Beispielen wiederum die Nachw. in Fn. 33; namentlich *Schwab* einerseits und *Hellwig* andererseits.

[35] S. OLG Dresden OLGR 2004, 366 und *Stein/Jonas/Bork* Rn. 7.

[36] BGHZ 122, 211, 240 = BGH NJW 1993, 1976, 1983 = LM AktG 1965 § 83 Nr. 1; BGH DB 2007, 1516 = BB 2007, 1524 = ZIP 2007, 1337; OLG Stuttgart OLGR 2003, 4 = NZG 2003, 1170; OLG Karlsruhe ZIP 1991, 102; *Musielak/Weth* Rn. 6.

[37] BGH NZG 1999, 496 m. Anm. von *Sosnitza;* s. allerdings *Stein/Jonas/Bork* Rn. 15 m. weit. Nachw., der § 62 Abs. 1 2. Alt. für anwendbar hält.

[38] Ausführlich *Schwab* S. 279.

[39] So ausdrücklich *Lindacher* JuS 1986, 279, 282 m. weit. Nachw.; *Schwab* S. 279 f.; vgl. auch *W. Lüke* S. 21.

11 **d) Sonstige Fälle** notwendiger Streitgenossenschaft gem. § 62 Abs. 1 1. Alt. werden unter den Aspekten der Rechtskrafterstreckung oder wenigstens der Bindungswirkung in bezug auf eine Vorfrage (Rn. 13ff.), ferner bei Gestaltungswirkungen (Rn. 21), überwiegend streitig diskutiert, zT auch der 2. Alt. des § 62 Abs. 1 zugewiesen. Des weiteren wird vertreten, dass die bloße Identität des Streitgegenstandes zur Annahme einer notwendigen Streitgenossenschaft nach § 62 Abs. 1 schlechthin ausreiche (Rn. 12). Bloße Drittwirkung der Rechtskraft – sofern man eine solche überhaupt anerkennt (s. § 325 Rn. 7f.) – genügt hingegen nicht (vgl. noch § 66 Rn. 11).

12 **aa)** Die **Identität des Streitgegenstandes** ist Voraussetzung für die Annahme einer notwendigen Streitgenossenschaft, ohne aber eine solche allein bereits zu begründen.[40] Die gegenteilige Auffassung überspielt die zwar wenig präzisen, aber doch spezielleren Voraussetzungen des § 62 Abs. 1 in Abgrenzung namentlich zu § 59. Die Identitätslehre ist zumindest in vielen Fällen unterschiedlicher Beteiligter eine Abstraktion und kaum einsehbar, wenn es sich um Gestaltungen handelt, in denen – mangels Rechtskrafterstreckung oder Gestaltungswirkung – bei getrennten Prozessen durchaus verschiedene Entscheidungen ergehen können.[41] Konkret zeigt das Beispiel[42] der Klage eines GmbH-Gesellschafters gegen die GmbH und den angeblichen Erwerber seines Geschäftsanteils auf Feststellung (des Fortbestandes) der Gesellschafterstellung, dass trotz Identität des Streitgegenstandes keine notwendige Streitgenossenschaft bestehen muss.[43] In den umstrittenen Zweifelsfällen (s. Rn. 13ff. und Rn. 25ff.) kann also nicht schon wegen Identität des Streitgegenstandes eine notwendige Streitgenossenschaft angenommen werden.

13 **bb)** Als Fälle notwendiger Streitgenossenschaft wegen **Rechtskrafterstreckung** kommen einige weitere Gestaltungen in Betracht, für die die Anwendbarkeit des § 62 Abs. 1 teils nur unter diesem Aspekt der 1. Alt. oder wegen der Bindungswirkung bezüglich einer Vorfrage (Rn. 17) diskutiert wird, teils aber auch eine notwendige Streitgenossenschaft nach Abs. 1 2. Alt. (Rn. 24ff.) angenommen wird. Die etwaige Rechtskrafterstreckung wäre dabei in einigen Fällen allseitig, in anderen hingegen nur einseitig.

14 **α)** Ob bei Klagen gegen die **OHG und ihre Gesellschafter** eine notwendige Streitgenossenschaft aus prozessrechtlichen Gründen zwischen der OHG und ihren mitverklagten Gesellschaftern anzunehmen ist, war zumindest für den Fall, dass die Gesellschafter keine persönlichen Einwendungen vorbringen, lange Zeit heftig umstritten.[44] Heute wird ganz überwiegend eine lediglich einfache Streitgenossenschaft angenommen.[45] Zwar wirkt das Urteil gegen die OHG nach § 129 HGB auch gegen den Gesellschafter, soweit er keine persönlichen Einwendungen vorbringt, doch handelt es sich nicht um eine Rechtskrafterstreckung, sondern um eine besondere Präklusionswirkung.[46] Zudem würde die Abhängigkeit der Einordnung der Streitgenossenschaft von der Art der erhobenen Einwendungen zu Rechtsunsicherheit führen. Im Hinblick auf die Möglichkeit persönlicher Einwendungen muss es auch bei einem Nacheinander der Prozesse nicht zu einheitlichen Entscheidungen kommen. Endlich kann die Unabhängigkeit der Prozessführung nicht anders gesehen werden als die aus § 128 HGB folgende Unabhängigkeit rechtsgeschäftlichen Handelns.[47] Anders wäre zu entscheiden, wenn man die Gesamtheit der Gesellschafter bei der Klage gegen die OHG als Partei ansehen wollte.[48]

15 **β)** Auch für Klagen gegen **Hauptschuldner und Bürgen** wird im Hinblick auf §§ 767, 768 BGB die Annahme einer notwendigen Streitgenossenschaft diskutiert, soweit ersichtlich aber letzt-

---

[40] Str., aber hM, s. zu Fn. 14 m. Nachw. sowie *Winte* S. 42.

[41] S. dazu namentlich *Schwab* S. 280f.

[42] BGH WM 1964, 265.

[43] *Gottwald* JA 1982, 64, 67; *Stein/Jonas/Bork* Rn. 9. Unrichtig deshalb *Wieser* NJW 2000, 1163, 1164.

[44] Dafür namentlich die ältere Rspr., zB RGZ 123, 151, 154, 155; 136, 266, 268; BGHZ 3, 385 = NJW 1952, 178; OLG Saarbrücken JBl Saar 1966, 150; *Schönke/Kuchinke* § 24 IV 1.

[45] So etwa BGHZ 54, 251 = NJW 1970, 1740 = LM Nr. 13 m. zust. Anm. von *Braxmaier;* BGHZ 63, 51, 53f. = BGH NJW 1974, 2124; BGH WM 1985, 750; OLG München NJW 1975, 505 m. zust. Anm. von *Geimer* NJW 1975, 1086f.; OLG-Rp München 1995, 253; OLG Celle NJW 1969, 515; ArbG Düsseldorf NJW-RR 1992, 366 m. Anm. von *Schmidt* JuS 1992, 699; *Gottwald* JA 1982, 64, 69; *Lindacher* JuS 1986, 379, 383; *Henckel* S. 202f.; *Schwab* S. 293; ferner mit der Ausnahme Fn. 43 die gesamte neuere Kommentar- und Lehrbuchliteratur, s. nur *Musielak/Weth* Rn. 7; *Stein/Jonas/Bork* Rn. 12; *Rosenberg/Schwab/Gottwald* § 49 II 1e; jeweils m. weit. Nachw.

[46] *Gottwald* (Fn. 45); *Schwab* (Fn. 45), aber auch ZZP 77 (1964), 124, 152. Die Einordnung der Wirkung des § 129 HGB ist allerdings heftig umstritten; s. auch *Rosenberg/Schwab/Gottwald* § 155 II 4a (Rechtskrafterstreckung) m. weit. Nachw.

[47] *Zöller/Vollkommer* Rn. 7; *A. Blomeyer* § 108 III 2a.

[48] Vgl. *Stein/Jonas/Bork* Rn. 12.

lich doch allgemein abgelehnt.[49] Allerdings hat der BGH[50] die günstige Wirkung (§ 768 Abs. 1 S. 1 BGB) eines klageabweisenden Urteils gegen den Hauptschuldner für den Bürgen als Fall der Rechtskrafterstreckung bezeichnet.[51] Indessen handelt es sich nicht um eine (einseitige) Erstreckung der Rechtskraft auf den Bürgen (oder auch umgekehrt),[52] weil nicht der hoheitliche Urteilsausspruch in seinen Wirkungen auf einen Dritten bezogen, sondern lediglich der materiell-rechtliche Einwendungsdurchgriff zugunsten des Bürgen fixiert wird. Allerdings ist die Einordnung und das Ausmaß dieser Wirkungen i. e. umstritten, ohne dass es für die Beurteilung nach § 62 darauf weiter ankäme. – Eine gleichgelagerte und gleich zu entscheidende Situation stellt sich bei Klagen gegen den **persönlichen Schuldner und den Eigentümer der dinglich haftenden** beweglichen (§ 1211 BGB) oder unbeweglichen (§ 1137 BGB) **Sache.**[53] Beide sind nicht notwendige, sondern lediglich einfache Streitgenossen.[54]

γ) Ferner sind **Versicherungsnehmer und Haftpflichtversicherer** trotz der Regelung des § 3 Nr. 8 PflVG keine notwendigen Streitgenossen, wenn der Geschädigte gegen sie gemeinsam Klage erhebt.[55] Die gegenteilige Auffassung[56] stellt die allerdings mögliche, aber schon wegen denkbaren Risikoausschlusses nicht zwingende Wirkung des § 3 Nr. 8 PflVG zu sehr in den Vordergrund. Auch angesichts der Anknüpfung an die materiell-rechtliche Abhängigkeit der jeweiligen Rechtsstellung ist davon auszugehen, dass es sich entgegen hM nicht um einen Fall der Rechtskrafterstreckung, sondern einer besonderen Bindungswirkung handelt.[57] Immerhin fehlt es nach der sog. zweigliedrigen Streitgegenstandslehre (s. Vor § 253 Rn. 32 ff.) sogar an der notwendigen (s. o. Rn. 5 und 12) Identität des Streitgegenstandes, weil der Versicherungsnehmer aus dem Haftpflichtereignis, der Versicherer aber aus dem Haftpflichtvertrag dem Geschädigten haftet.[58] 16

δ) Die zuvor (Rn. 14 bis 16) diskutierten Fälle werden teilweise – soweit nämlich eine Rechtskrafterstreckung verneint wird – unter dem Aspekt diskutiert, ob es nicht zu einer notwendigen Streitgenossenschaft auch wegen **bloßer Bindungswirkung bezüglich einer Vorfrage** kommen kann.[59] Die jeweils angeführten Gründe sprechen jedoch gegen die Annahme einer solchen notwendigen Streitgenossenschaft.[60] Ob speziell die dogmatische Einordnung als Fälle außerhalb einer Rechtskrafterstreckung das entscheidende Argument liefert,[61] mag dahinstehen. 17

ε) Seit langem umstritten ist, nicht nur unter dem Aspekt der Rechtskrafterstreckung, ob bei **gemeinsamen Klagen von Mitgläubigern** (§ 432 BGB), insbesondere von Pfandgläubiger und persönlichem Gläubiger, § 1281 S. 2 BGB sowie von Nießbraucher und persönlichem Gläubiger, § 1077 Abs. 1 BGB, **von Miteigentümern** und von Miterben, die sämtlich **für Aktivprozesse** auch **Einzelprozessführungsbefugnis** besitzen, eine notwendige Streitgenossenschaft aus prozessrechtlichen Gründen nach § 62 Abs. 1 1. Alt. anzunehmen ist.[62] 18

---

[49] S. etwa RG SeuffA 46, 462 in st. Rspr.; BGH NJW 1969, 1480, 1481; *Fenge* NJW 1971, 1920; *Gaul* JZ 1984, 57, 60 m. weit. Nachw.; *Gottwald* JA 1982, 64, 69 m. weit. Nachw.; *W. Lüke* S. 24 f.; *Musielak/Weth* Rn. 7; *Stein/Jonas/Bork* Rn. 11 m. weit. Nachw.; *Wieczorek/Schütze* Rn. 29; *Zöller/Vollkommer* Rn. 8; *Rosenberg/Schwab/Gottwald* § 49 II 1 f.

[50] BGH NJW 1970, 279.

[51] Ebenso *Fenge* NJW 1971, 1920, nach dessen Ansicht aber dennoch eine notwendige Streitgenossenschaft abgelehnt werden kann.

[52] Vgl. *A. Blomeyer* § 108 III 3; *Musielak/Weth* Rn. 7.

[53] Vgl. BGHZ 76, 222, 230 = NJW 1980, 1460; BGH WM 1971, 614; *Musielak/Weth* Rn. 7; *Zöller/Vollkommer* Rn. 8; *Rosenberg/Schwab/Gottwald* § 155 II 4 b.

[54] *Zöller/Vollkommer* Rn. 8.

[55] BGHZ 63, 51, 53 = NJW 1974, 2124 = JR 1975, 66 m. zust. Anm. von *Schubert;* BGH NJW 1978, 2154, 2155, NJW 1982, 996 und 999; OLG Düsseldorf VersR 1974, 229; KG VersR 1975, 350; OLG Köln VRS 1995, 335; *Denk* VersR 1980, 704, 707 f.; *Gottwald* JA 1982, 64, 68; *Liebscher* NZA 1994, 215; *W. Lüke* S. 85 ff.; AK-ZPO/*Koch* Rn. 6; *Musielak/Weth* Rn. 7; *Stein/Jonas/Bork* Rn. 13; *Thomas/Putzo/Hüßtege* Rn. 8; *Wieczorek/Schütze* Rn. 30; *Jauernig* § 82 II; *Rosenberg/Schwab/Gottwald* § 49 II 2 b; *Schellhammer* Rn. 1606; *Schilken* Rn. 677.

[56] OLG Oldenburg VersR 1969, 47; OLG Köln VersR 1970, 687; OLG Köln 1974, 64; OLG Frankfurt NJW 1974, 1473; LG Saarbrücken VersR 1973, 513, 515; *Baumbach/Lauterbach/Hartmann* Rn. 15; *Grunsky* § 29 II 1 b; ausführlich ferner *Gerhardt,* FS Henckel, S. 282 ff. m. umf. Nachw.

[57] S. dazu etwa *Koussoulis,* Beiträge zur modernen Rechtskraftlehre, 1986, S. 175 ff. m. weit. Nachw.; *Rosenberg/Schwab/Gottwald* § 155 II 4 a; vgl. auch *Denk* VersR 1980, 704; *Gaul,* FS Beitzke, 1979, S. 997, 1028 f.

[58] *Gottwald* JA 1982, 64, 68.

[59] S. nur *Zöller/Vollkommer* Rn. 6 ff.; abl. OLG Karlsruhe NJW-RR 1994, 905; BVerwG DÖV 1993, 1094.

[60] Ebenso *Stein/Jonas/Bork* Rn. 5; *Zöller/Vollkommer* (Fn. 59).

[61] So zB – mE zu Recht – *Schwab* passim, insbesondere S. 291 ff.; abl. hingegen *Stein/Jonas/Bork* Rn. 5.

[62] Überblick über den Streitstand bei *Gottwald* JA 1982, 64, 67; *Musielak/Weth* Rn. 7; *Zöller/Vollkommer* Rn. 14, 16; jeweils m. weit. Nachw.

19 Auszuklammern sind dabei von vornherein solche Fälle, in denen mehreren gemeinsam Berechtigten ein eigener **materiell-rechtlicher Anspruch** eingeräumt ist, wie es vor allem gem. § 428 BGB bei mehreren Gesamtgläubigern der Fall ist, die lediglich eine einfache Streitgenossenschaft bilden (s. § 59 Rn. 8).[63] Probleme ergeben sich insoweit allerdings aus der materiell-rechtlich zweifelhaften Abgrenzung der Gesamtgläubigerschaft (§ 428 BGB) von der Mitgläubigerschaft (§ 432 BGB) bzw. der Einordnung der einzelnen Fallgruppen.[64] Richtiger Ansicht nach fallen unter § 428 BGB zB auch die aus Geschäften zur Deckung des Lebensbedarfs iS des § 1357 BGB gemeinsam berechtigten Ehegatten,[65] die nach der hier vertretenen Auffassung (s. Rn. 20) freilich auch bei Mitgläubigerschaft keine notwendige Streitgenossenschaft bilden.[66]

20 Für die erwähnten (s. Rn. 18) Klagen mehrerer Mitgläubiger, Miteigentümer und Miterben ist zweifelhaft, welche Bedeutung der Einzelklagebefugnis für die Einordnung in das System der Streitgenossenschaften zukommt. Eine allseitige Rechtskrafterstreckung findet sicher nicht statt, da aufgrund der Einzelprozessführungsbefugnis weitere Klagen gegen denselben Gegner auch bei Abweisung einer solchen Klage möglich sind.[67]

Vielfach wird jedoch eine **einseitige Rechtskrafterstreckung** eines positiven Urteils zugunsten der anderen Mitberechtigten – namentlich im Fall des § 2039 BGB – und deshalb notwendige Streitgenossenschaft angenommen, wenn mehrere – nicht notwendig alle – Mitberechtigte klagen.[68] Sie scheitert nicht bereits an fehlender Identität des Streitgegenstandes,[69] da der einzelne Mitberechtigte jeweils nur in Prozessführungsbefugnis den Anspruch aller geltend macht.[70] Eine Rechtskrafterstreckung ist aber zu verneinen, weil mit dem positiven Urteil nur eines Mitberechtigten das Recht für die Gesamtheit gesichert ist. Eine Rechtskraftkollision ist dann jedenfalls unschädlich, aber auch unwahrscheinlich, weil der Gegner an der Prozessführung gegenüber den anderen Beteiligten kein Interesse mehr haben wird.[71] Die verbleibende Identität des Streitgegenstandes reicht wiederum (s. Rn. 12) nicht aus, um eine notwendige Streitgenossenschaft zu begründen.[72] Schließlich wird aber dennoch vielfach eine notwendige Streitgenossenschaft aus prozessrechtlichen Gründen,[73] gelegentlich aber auch eine solche iSd. § 62 Abs. 1 2. Alt., also aus materiell-rechtlichen Gründen,[74] angenommen, wenn **sämtliche Mitberechtigten** tatsächlich **gemeinsam klagen.** Zur Begründung wird angeführt, dass diese dann nicht kraft gebündelter Einzelklagebefugnis vorgingen, sondern den Gesamtanspruch in ihrer Eigenschaft als gemeinsame Rechtsinhaber geltend machten.[75] Allerdings ändert ein solches Vorgehen an der Einzelklagebefugnis nichts, so dass die Differenzierung eher willkürlich erscheint und zudem Probleme bereitet, wenn es erst nachträglich – zB durch Verbindung oder Parteibeitritt – zu einer gemeinsamen Klage kommt. Da letzteres angesichts der jeweils gesetzlich geregelten Einzelprozessführungsbefugnis möglich ist, kann es sich andererseits nicht um einen Fall notwendiger Streitgenossenschaft nach § 62 Abs. 1 2. Alt. handeln, die eine Notwendigkeit gemeinschaftlicher Klage voraussetzt (s. noch Rn. 24 ff.). Auch hier gilt das Argument, dass eine notwendige einheitliche Entscheidung (Abs. 1

---

[63] *Gottwald* JA 1982, 64, 65; *Stein/Jonas/Bork* § 59 Rn. 3, § 62 Rn. 11; *Wieczorek/Schütze* § 59 Rn. 32; *Jauernig* § 81 I 2; *Rosenberg/Schwab/Gottwald* § 48 II 1 a. –AA *Thomas/Putzo/Hüßtege* Rn 8.

[64] S. nur *Gottwald* JA 1982, 64, 65 und 68.

[65] So zu Recht *Gottwald* JA 1982, 64, 68 m. weit. Nachw.; *Wieczorek/Schütze* Rn. 32, aber str.; aA zB *Zöller/Vollkommer* Rn. 15, 16 und hM: § 432 BGB.

[66] *Gottwald* (Fn. 63). – AA *Zöller/Vollkommer* Rn. 16 aE für den Fall gemeinsamer Klage der Ehegatten; MünchKommBGB/*Wacke* § 1357 Rn. 49; zweifelnd *Baur,* FS Beitzke, 1979, S. 111, S. 116 ff. S. ferner die Nachw. zu § 432 BGB in Rn. 20.

[67] BGH NJW 2006, 1969, 1970: Rechtskraft erstreckt sich nicht auf nicht beteiligte Miterben wegen jeweils individuellen Streitgegenstandes; *Gottwald* JA 1982, 64, 68; *Henckel* S. 46; *Rosenberg/Schwab/Gottwald* § 49 II 2 a; *Zöller/Vollkommer* Rn. 16 m. weit. Nachw.

[68] *Waldner* JZ 1985, 633, 635; *Henckel* S. 212 ff.; *Rosenberg/Schwab/Gottwald* § 49 II 2 a; *Jauernig/Stürner* § 2039 BGB Anm. 6.

[69] So allerdings *Grunsky* § 29 II 1 b, weil die Einzelklagebefugnis der Geltendmachung eines eigenen Anspruchs des Mitberechtigten diene. Vgl. auch BGH (Fn. 67).

[70] BGH NJW 2006, 1969, 1970: Fall gesetzlicher Prozessstandschaft; *Henckel* S. 212 ff.; *Gottwald* JA 1982, 64, 68; *A. Blomeyer* § 41 II 1 und ganz hM; vgl. auch *Lindacher* JuS 1986, 379, 383.

[71] Zutreffend *Gottwald* (Fn. 70).

[72] *Gottwald* (Fn. 70); *Lindacher* JuS 1986, 379, 383; s. ferner die Nachw. Fn. 13 sowie etwa BGH NJW 1997, 2115, 2116.

[73] RGZ 60, 269, 270 und 61, 394, 397; OGHZ 3, 238, 242; OLG Düsseldorf OLGZ 1979, 457, 459; *A. Blomeyer* AcP 159 (1960/61), 385 ff. und § 108 III 2 b; AK-ZPO/*Koch* Rn. 11; *Stein/Jonas/Bork* Rn. 8 und 18 m. weit. Nachw.; *Zöller/Vollkommer* Rn. 16 m. weit. Nachw.; *Bruns* Rn. 63; *Wieczorek/Schütze* Rn. 33 f.

[74] *Lindacher* JuS 1986, 379, 383; *Grunsky* § 29 II 1 b; *Thomas/Putzo/Hüßtege* Rn. 13.

[75] Grundlegend *A. Blomeyer* (Fn. 72): wegen „Unteilbarkeit des streitigen Rechts".

1. Alt.) gegenüber allen Streitgenossen entbehrlich ist, weil schon ein günstiges Urteil das Recht der Gesamtheit genügend sichert.[76] Immerhin darf auch nicht außer acht gelassen werden, dass der Gesetzgeber jedem Mitberechtigten trotz notwendig gemeinsamer Verfügungsbefugnis in den einschlägigen Fällen nun einmal eine selbstständige, unabhängige Prozessführungsbefugnis eingeräumt und für den Fall dennoch gemeinschaftlicher Klage nichts Besonderes geregelt hat.[77] Demnach ist der Auffassung zu folgen, dass die gemeinsame Klage stets nur zu einer einfachen Streitgenossenschaft iS des § 59 führt.[78] Entsprechendes gilt übrigens auch für die gemeinsame Klage von Gläubiger und Pfändungspfandgläubiger auf Leistung an letzteren.[79]

cc) Im Hinblick auf die **Gestaltungswirkung** eines Urteils ergibt sich ein Fall evtl. notwendi- 21
ger Streitgenossenschaft nach § 62 Abs. 1 1. Alt. noch bei der **gemeinschaftlichen Vollstreckungsabwehrklage** mehrerer Vollstreckungsschuldner gem. § 767.[80] Solche Streitgenossen[81] können unter § 62 fallen, aber nicht wegen der Wirkung des der Klage stattgebenden Gestaltungsurteils – die sich durchaus auf einen der Streitgenossen beschränken kann –, sondern aus materiellem Recht gem. § 62 Abs. 1 2. Alt. (s. Rn. 24 ff.) zB bei Gesellschaftern.

3. Unanwendbarkeit des § 62 Abs. 1 1. Alt. Eine **Unanwendbarkeit des § 62 Abs. 1 22
1. Alt.** ergibt sich demnach (s. Rn. 17) vor allem in solchen Fällen, in denen gegenüber mehreren Streitgenossen lediglich über eine einheitliche Vorfrage zu entscheiden ist,[82] die bekanntlich nicht an der Rechtskraft teilnimmt. Das gilt nicht nur für die Rn. 14 bis 16 behandelten Zweifelsfälle, sondern darüber hinaus für zahlreiche weitere Konstellationen,[83] namentlich für Klagen mehrerer Gesamtgläubiger oder gegen mehrere Gesamtschuldner (s. § 59 Rn. 8, 19), freilich vorbehaltlich einer notwendigen Streitgenossenschaft aus materiell-rechtlichen Gründen (s. Rn. 24 ff.).

4. Entstehung der Streitgenossenschaft. Für die **Entstehung der notwendigen Streitge- 23
nossenschaft** aus prozessrechtlichen Gründen ist bezeichnend, dass ein Miteinander der Prozesse nicht zwingend geboten ist (s. Rn. 1, 5). Es ist also eine tatsächliche Einbeziehung der Streitgenossen auf Kläger- und/oder Beklagtenseite erforderlich, für die die Regeln über die Entstehung einer einfachen Streitgenossenschaft gelten (s. § 59 Rn. 14 ff.). Für den Fall der Widerklage gegen den Kläger und einen ihm nach § 62 verbundenen Dritten kann der Meinungsstreit um die Anwendbarkeit der §§ 33, 263 (s. schon § 59 Rn. 19) vor allem bei der Zuständigkeit Bedeutung erlangen, die notfalls nach § 36 Nr. 3 zu bestimmen ist. Im Gegensatz zur notwendigen Streitgenossenschaft gem. § 62 Abs. 1 2. Alt. ist hier aber die Klageabweisung wegen fehlender Zuständigkeit gegenüber einem Streitgenossen bei Obsiegen gegenüber dem anderen durchaus möglich (s. noch Rn. 41 ff.).

IV. Voraussetzungen der notwendigen Streitgenossenschaft aus materiell-rechtlichen Gründen (aus sonstigem Grunde, Abs. 1 2. Alt.)

1. Sonstiger Grund; Notwendigkeit gemeinsamer Klage. Die **Voraussetzungen** einer 24
notwendigen Streitgenossenschaft nach § 62 Abs. 1 2. Alt. sind dort nur vage dahin beschrieben, dass sie „aus einem sonstigen Grund eine notwendige“ sein muss. Der **sonstige Grund** ist in Abgrenzung zur 1. Alt. zu sehen, so dass hier – freilich vorbehaltlich möglicher Überschneidungen (s. Rn. 28, 30, 39) – die allerdings erforderliche Notwendigkeit einheitlicher Feststellung nicht das entscheidende Kriterium darstellt. Im übrigen enthält Abs. 1 2. Alt. zwar keine nähere Qualifikation des Merkmals der Notwendigkeit, doch besteht Einigkeit darüber, dass es sich um diejenigen Fälle handelt, in denen mehrere Personen gemeinsam klagen oder verklagt werden müssen, anderenfalls die Klage abzuweisen wäre (s. unten Rn. 47 zur Art der Klageabweisung).[84] Der Grund für die **Notwendigkeit gemeinschaftlicher Klage** liegt in aller Regel in einer gemeinschaftlichen materiell-rechtlichen Verfügungsbefugnis, uU auch einer im materiellen Recht geregelten gemeinschaftlichen Prozessführungsbefugnis (s. Rn. 30).[85] Deshalb hat sich die Bezeichnung als notwendi-

---

[76] S. zu Fn. 70; auch hier zutreffend *Gottwald* JA 1982, 64, 68.

[77] Vgl. *Holzhammer* S. 106 ff.

[78] BGHZ 23, 207, 212 = NJW 1957, 906 m. Anm. von *Bruns;* BGHZ 92, 351, 353 f. = NJW 1985, 385; OLG Köln OLGR 2004, 406; *Gottwald* JA 1982, 64, 68 m. weit. Nachw.; *Wieser* NJW 2000, 1163, 1164 f.; Rn. 7; *Schwab* S. 282 ff.; *Holzhammer* S. 90, S. 106 ff.; *Jauernig* § 82 III.

[79] Auch insoweit aA *Zöller/Vollkommer* Rn. 16 aE.

[80] S. dazu *Thümmel* NJW 1986, 556; zust. *Zöller/Vollkommer* Rn. 4.

[81] Vgl. *Rosenberg/Gaul/Schilken* § 40 X 2 c.

[82] *Zöller/Vollkommer* Rn. 10.

[83] S. etwa OVG Lüneburg SchlHA 1975, 130.

[84] S. nur *Musielak/Weth* Rn. 8; *Stein/Jonas/Bork* Rn. 14; *Zöller/Vollkommer* Rn. 11 m. weit. Nachw.

[85] Eine rein tatsächliche Notwendigkeit, etwa alle Miterben einzeln erfolgreich auf Zustimmung zur Erbauseinandersetzung zu verklagen, reicht nicht aus, vgl. OLG Köln OLGR 2004, 245.

ge Streitgenossenschaft aus materiell-rechtlichen Gründen eingebürgert (s. Rn. 4). Sie kommt grundsätzlich bei allen Klagearten in Betracht, insbesondere bei Gestaltungsklagen und bei Leistungsklagen, aber uU auch bei Feststellungsklagen. Wie zu § 62 Abs. 1 1. Alt. haben sich Fallgruppen herausgebildet, die teils als Anwendungsfälle allgemein anerkannt, teilweise aber auch umstritten sind. Kardinalfrage ist dabei stets, ob das eingeklagte Recht nur von allen Berechtigten oder nur gegen alle Verpflichteten gemeinsam ausgeübt werden kann.

25 **2. Anwendungsfälle.** Die **Anwendungsfälle** der notwendigen Streitgenossenschaft nach § 62 Abs. 1 2. Alt. betreffen vor allem die Aktiv- und Passivprozesse von Gesamthandsgemeinschaften, aber auch einige andere Mitberechtigungen mit notwendig gemeinsamer Rechtsverfolgung, vor allem bei Gestaltungsklagen. Da die Rechtslage bei den einzelnen Klagearten verschieden gestaltet sein kann und die gemeinsame Klage andererseits der Anknüpfungspunkt für die notwendige Streitgenossenschaft ist, erfolgt die Gruppierung anhand der einzelnen Klagearten. Dabei wird jeweils die Aktivseite (mehrere Kläger) und die Passivseite (mehrere Beklagte) unterschieden.

26 **a)** Bei **Gestaltungsklagen** ist notwendige Streitgenossenschaft aus materiell-rechtlichen Gründen anzunehmen, wenn das materielle Recht die Geltendmachung des gestaltenden Anspruchs nur durch mehrere Personen oder gegen mehrere Personen zulässt.[86]

27 **aa)** Auf der **Aktivseite** ist eine **gemeinschaftliche Klage mehrerer Kläger** vor allem zur **Auflösung einer OHG** nach § 133 HGB notwendig, mit Ausnahme derjenigen Gesellschafter, die auf Beklagtenseite beteiligt sind oder der Auflösung zugestimmt haben.[87] Entsprechendes ist für die KG[88] und bei Klage auf Nichtigerklärung einer faktischen Gesellschaft anerkannt.[89] Ferner gilt Gleiches für die Ausschließungsklage gegen einen Gesellschafter gem. §§ 140, 161 Abs. 2 HGB, an der sich allerdings andere auszuschließende Gesellschafter nicht beteiligen müssen.[90] Ebenso liegt es bei Klagen der Gesellschafter auf Entziehung der Geschäftsführungsbefugnis (§ 117 HGB) oder der Vertretungsbefugnis (§ 127 HGB), wo die Klage durch die „übrigen Gesellschafter" ausdrücklich vorgeschrieben ist. Bei einem Nießbrauch (§ 1066 Abs. 2 BGB) oder einem Pfandrecht (§ 1258 Abs. 2 BGB) an einem Miteigentumsanteil können nur Nießbraucher bzw. Pfandgläubiger und Miteigentümer gemeinschaftlich die Aufhebung der Gemeinschaft verlangen, so dass notwendige Streitgenossenschaft aus materiellen Gründen besteht.[91] Hingegen fällt unter diese Fallgruppe nach allerdings umstrittener Auffassung[92] nicht die Klage auf Wandelung des Kaufvertrages, weil nur die materiell-rechtliche Ausübung des Gestaltungsrechts eine gemeinsame Erklärung erfordert, ohne dass aber eine Gestaltungsklage vorläge. Sicherlich scheidet eine Leistungsklage nach Vollzug von Wandelung oder Minderung (§ 465 BGB), Rücktritt (§ 356 BGB), Wiederkaufsrecht (§ 502 BGB) oder Vorkaufsrecht (§ 513 BGB) als Fall des § 62 Abs. 1 2. Alt. aus.

28 **bb)** Auf der **Passivseite** sind notwendige Streitgenossen nach § 62 Abs. 1 2. Alt. mehrere widersprechende Gesellschafter bei der Auflösungsklage nach § 133 HGB[93] und bei der Ausschließungsklage nach § 140 HGB.[94]

---

[86] *Stein/Jonas/Bork* Rn. 15; *Zöller/Vollkommer* Rn. 14. Krit. zum gesamten personengesellschaftsrechtlichen Komplex *Schmidt* S. 13, S. 50 ff., S. 96 ff., S. 116 f., S. 171 ff. und S. 1485 ff. (FS Beys), dessen Entwurf eines Mehrparteienprozesses aber mit der klar am Zweiparteienprinzip ausgerichteten ZPO nicht vereinbar und mE auch de lege ferenda nicht geboten ist; die Probleme lassen sich durch Zuladung, Parteibeitritt (auf Klägerseite) und Nebenintervention (auf Beklagtenseite) befriedigend lösen, zutr. *H. Roth,* FS Großfeld, S. 915 ff. Vgl. dazu auch *G. Lüke* JuS 1998, 594, 595; *Wieczorek/Mansel* Vor § 64 Rn. 29 ff.

[87] BGH NJW 1958, 418; *Haarmann/Holtkamp* NJW 1977, 1396; *Schwab* S. 289 f., S. 297; *Musielak/Weth* Rn. 10; *Stein/Jonas/Bork* Rn. 15 m. weit. Nachw.; *Rosenberg/Schwab/Gottwald* § 49 III 2; für Anwendbarkeit der 1. Alt. nach Zuladung *H. Roth* (Fn. 86) S. 927.

[88] BGHZ 6, 127, 133 = NJW 1952, 875; *Stein/Jonas/Bork* Rn. 15.

[89] BGHZ 3, 285 = NJW 1952, 97; *Stein/Jonas/Bork* Rn. 15.

[90] Vgl. RGZ 146, 169, 172 ff.; BGHZ 30, 195, 197 = NJW 1959, 1683; BGHZ 64, 253 = NJW 1975, 1410 = JZ 1976, 95 m. Anm. von *Ulmer; Haarmann/Holtkamp* NJW 1977, 1396; *Kollhosser* NJW 1976, 144; *Lindacher,* FS Paulick, S. 73 ff.; *Pabst* BB 1978, 892; *Ulmer,* FS Geßler, S. 269, 279; *Henckel* S. 97 f.; *Stein/Jonas/Bork* Rn. 15; *Zöller/Vollkommer* Rn. 19; *A. Blomeyer* § 108 III 1 a; *Rosenberg/Schwab/Gottwald* § 49 III 2. Für Anwendbarkeit der 1. Alt. nach Zuladung *H. Roth* (Fn. 86) S. 923.

[91] *Rosenberg/Schwab/Gottwald* § 49 III 2.

[92] Vgl. BGHZ 85, 367, 372 = NJW 1983, 390; BGH BB 1990, 1302: NJW 1990, 2688 f.; *Räfle* ZIP 1982, 375 f. m. weit. Nachw.; *Baumbach/Lauterbach/Hartmann* Rn. 16; *Zöller/Vollkommer* Rn. 19 m. Nachw.; *Jauernig* § 82 III einerseits; andererseits – bejahend – *Henckel* S. 103; *Schwab* S. 297; *Wieczorek/Schütze* Rn. 39.

[93] OGH NJW 1949, 822; *Henckel* S. 100 f.; *Musielak/Weth* Rn. 11; *Stein/Jonas/Bork* Rn. 16; *Zöller/Vollkommer* Rn. 20.

[94] BGHZ 64, 253 (s. auch Fn. 90); *Musielak/Weth* Rn. 11; *Zöller/Vollkommer* Rn. 20; aA *Stein/Jonas/Bork* Rn. 15.

b) Bei **Leistungsklagen** muss sich die Notwendigkeit gemeinsamer Rechtsverfolgung auf der Aktiv- und/oder Passivseite auf die Geltendmachung des Leistungsanspruches beziehen. Sie besteht vor allem bei Gesamthandsgemeinschaften – und dort wiederum vornehmlich für Aktivprozesse –, aber auch bei einigen Einzelfällen sonstiger Mitberechtigung. 29

aa) Aktivprozesse erfordern insbesondere bei nicht parteifähigen **Gesamthandsgemeinschaften** grundsätzlich eine gemeinsame Leistungsklage durch alle Gesamthänder und führen damit zur notwendigen Streitgenossenschaft nach Abs. 1 2. Alt.[95] Zu nennen sind hier die Klagen der Mitglieder einer bürgerlich-rechtlichen Gesellschaft und der Wohnungseigentümergemeinschaft, wenn man deren Teilrechtsfähigkeit nicht anerkennt,[96] eines nichtrechtsfähigen Vereins mangels aktiver Parteifähigkeit (s. dazu § 50 Rn. 35 ff.)[97] und der Gütergemeinschaft bei gemeinschaftlicher Verwaltung gem. §§ 1450 Abs. 1, 1472 Abs. 1, 1497 Abs. 2 BGB,[98] nicht aber bei Einzelverwaltung nach § 1422 BGB. Ohne Vorliegen einer Gesamthand besteht ferner notwendige Streitgenossenschaft aus materiell-rechtlichen Gründen bei einer Klage mehrerer gemeinsam verwaltender Testamentsvollstrecker (§ 2224 BGB, sog. Verwaltungsgemeinschaft)[99] auf der Grundlage der Amtstheorie (s. Vor § 50 Rn. 29 ff.). Einen Sonderfall regelt noch § 1082 S. 1 BGB für die Klage des Nießbrauchers und des Eigentümers auf Herausgabe eines hinterlegten Inhaber- oder Orderpapieres als Gegenstand des Nießbrauchs (§ 1081 BGB).[100] Hingegen liegt nach der hier vertretenen Auffassung (s. Rn. 20) keine notwendige Streitgenossenschaft vor bei Klagen von Miterben (arg. § 2039 BGB), von Nacherben oder Miteigentümern (arg. § 1011 BGB)[101] und sonstigen einzelklagebefugten Mitberechtigten (arg. § 432 BGB). 30

bb) Bei Leistungsklagen gegen Mitberechtigte **(Passivprozessen)** besteht keine notwendige, sondern lediglich einfache Streitgenossenschaft (s. § 59 Rn. 8), wenn diese – wie in aller Regel – als Gesamtschuldner (§§ 421, 427 BGB) in Anspruch genommen werden.[102] Das gilt auch für Leistungsklagen gegen **Gesamthänder** im Regelfalle ihrer gesamtschuldnerischen Haftung.[103] Zur Zwangsvollstreckung in das gemeinsame Gesamthandsvermögen bedarf es zwar gem. §§ 736, 740 Abs. 2, 747 eines Titels gegen alle Gesamthänder, doch können diese Titel auch getrennt erwirkt werden.[104] 31

Während über diese Behandlung der sog. **Gesamtschuldklage** Einigkeit besteht, ist zweifelhaft, wie sog. **Gesamthandsklagen** zu beurteilen sind, bei denen eine **Gesamthandsschuld** geltend gemacht wird, deren Voraussetzungen zudem ebenfalls unterschiedlich beurteilt werden. Richtiger Ansicht nach wird man für sämtliche Gesamthandsgemeinschaften eine solche Gesamthandsschuld 32

---

[95] S. etwa *Gottwald* JA 1982, 64, 68; *Hassold* JuS 1980, 32; *Kornblum* BB 1970, 1445 und JuS 1976, 572; *Lindacher* JuS 1986, 379, 382; jeweils m. weit. Nachw. Anders ist es nur, sofern eine Prozessführungsbefugnis für den einzelnen Gesamthänder besteht, wie im Falle der Miterbengemeinschaft nach § 2039 BGB (s. dazu Rn. 20).

[96] BGH (VII ZR 209/01) BauR 2003, 1758; BGHZ 30, 195, 197; BGH NJW 2000, 291, 292; BAG NJW 1972, 1388; OLG Rostock NJW-RR 1995, 381 f.; für Sozialansprüche *W. Lüke* ZGR 1994, 275 ff. Erkennt man die Teilrechts- und Parteifähigkeit dagegen mit der hM an, so ist das alte (s. Fn. 109) Streitgenossenschaftsmodell insoweit zu verwerfen: grundlegend BGHZ 146, 341 (II ZR 331/00) = NJW 2001, 1056 = MDR 2001, 459; s. auch OLG Frankfurt OLGR 2001, 333 = NJW-RR 2002, 1277; OLG Dresden OLG-NL 2006, 186 = NZG 2006, 622; *Wertenbruch* S. 311 ff., 328; *ders.* NJW 2002, 324, 325 ff.; *ders.*, NZG 2006, 408, 414 f.; *Wagner* S. 337 ff. und § 50 Rn. 23 ff. AA: Auch unter Anerkennung der Rechtsfähigkeit könne in Streitgenossenschaft geklagt werden: OLG Dresden NJW-RR 2002, 544. Vgl. auch *Hess* S. 282 f. mit Differenzierung zwischen großen (dann Gesellschaftsklage) und kleinen Gesellschaften (dann wie bisher Streitgenossenschaft). Zur Anerkennung der Teilrechts- und Parteifähigkeit auch der Wohnungseigentümergemeinschaft vgl. BGHZ 163, 154 (V ZB 32/05) = NJW 2005, 2061 = MDR 2005, 115 mit ausführlicher Begründung sowie Fn. 109 und § 50 Rn. 32.

[97] Vgl. *Gottwald* JA 1982, 64, 68; *Stein/Jonas/Bork* Rn. 18.

[98] *Baur* FamRZ 1962, 508, 510; *Gottwald* JA 1982, 64, 68 m. weit. Nachw.; *Stein/Jonas/Bork* Rn. 18.

[99] OLG Hamburg MDR 1978, 1031; *Lindacher* JuS 1986, 379, 382 m. weit. Nachw.: Fall gemeinsamer Prozessführungsbefugnis (vgl. Rn. 24).

[100] Vgl. *Stein/Jonas/Bork* Rn. 18.

[101] BGH NJW 1993, 1582, 1583 (betr. Nacherben); BGH NJW 1997, 2115, 2116 (betr. Miteigentümer), BGH NJW 2006, 3715 (bzgl. Miterben offen, ob einfache oder notwendige Streitgenossenschaft, jedenfalls ist die Miterbengemeinschaft weder rechts- noch parteifähig).

[102] *Gottwald* JA 1982, 64, 69 und *Lindacher* JuS 1986, 379, 382, jeweils m. weit. Nachw.

[103] BGHZ 23, 73 = NJW 1957, 537; BAGE 42, 398, 402; *Schwab* S. 285 ff. S. ferner die Nachw. in Fn. 102.

[104] S. etwa *Gottwald* JA 1982, 64, 69; *Schwab* S. 285; auch *Kornblum* BB 1970, 1445, 1452; *Musielak/Weth* Rn. 11; *Stein/Jonas/Bork* Rn. 19 a; *Zöller/Vollkommer* Rn. 17; *Rosenberg/Gaul/Schilken* § 19 I 2. Zur weiteren Möglichkeit, einen Titel gegen alle Gesamthänder iSv. § 736 mit nur einer Klage und nur einem Titel gegen die Gesamthand zu erreichen vgl. BGHZ 146, 341 (Fn. 96).

nur annehmen können, wenn der geltend gemachte Anspruch rechtlich lediglich von allen Gesamthändern gemeinsam und/oder aus dem Gemeinschaftsvermögen, nicht aber vom einzelnen Gesamthänder allein erfüllt werden kann.[105] Dass tatsächlich – trotz gesamtschuldnerischer Haftung – Leistung aus dem Gesamthandsvermögen verlangt wird, reicht hingegen nicht aus,[106] weil auch hier (s. Rn. 31) getrennt erstrittene Titel gegen alle Gesamthänder eine Vollstreckung in das Gesamthandsvermögen ermöglichen. Ob eine Gesamthandsklage oder eine Gesamtschuldklage vorliegt, ist also zwar nach dem Klagebegehren,[107] aber auch nach dem Inhalt des geltend gemachten Anspruchs zu beurteilen. Sind danach die Voraussetzungen einer Gesamthandsschuld („echten Gesamthandsverbindlichkeit") gegeben, so ist weiter umstritten, ob diese auf Beklagtenseite stets eine notwendige Streitgenossenschaft[108] zur Folge hat,[109] und ob es sich dabei um eine solche aus materiell-rechtlichen Gründen[110] oder aber – ohne Notwendigkeit einheitlicher Klage – aus prozessualen Gründen[111] handelt. Einschlägig ist § 62 Abs. 1 2. Alt., weil Gesamthandsschulden von vornherein nur von allen Gesamthändern gemeinsam erfüllt werden können, während der einzelne persönlich die Leistung nicht erbringen kann. Der originäre Zuschnitt auf das notwendige Zusammenwirken bei der Leistung unterscheidet diesen Fall von der Möglichkeit, wegen einer Gesamtschuld (auch) in das Gesamthandsvermögen – mit Titeln gegen alle Gesamthänder (s. Rn. 31) – vollstrecken zu können. Soweit die eingeklagte Leistung auf eine Verfügung zielt, belegt die nur gemeinschaftliche Verfügungsbefugnis (§§ 747 S. 2, 1450 Abs. 1, 2040 Abs. 1 BGB) zusätzlich die Notwendigkeit der Streitgenossenschaft aus materiell-rechtlichen Gründen. Sie liegt danach zB vor bei der Klage gegen mehrere Gesamthänder auf Auflassung[112] oder Einwilligung in die Grundbuchberichtigung,[113] ferner bei der Klage gegen mehrere Miterben auf Duldung der Zwangsvollstreckung in ein zum Nachlass gehörendes Grundstück wegen einer Nachlassverbindlichkeit und ähnlichen Klagen im Hinblick auf § 2059 Abs. 2.[114]

33 Auch bei **sonstigen Mitberechtigten** handelt es sich auf der Passivseite regelmäßig um Gesamtschuldfälle. Es kann aber ausnahmsweise auch eine Verpflichtung vorliegen, die mehrere Mitberechtigte nur gemeinsam erfüllen können. Namentlich bei Klagen gegen **Miteigentümer** kommen Fälle einer notwendigen Streitgenossenschaft aus materiell-rechtlichen Gründen in Betracht. So ist die Auflassungsklage (s. Rn. 32) auch gegenüber mehreren Miteigentümern notwendig gemeinschaftlich zu erheben, weil sie gem. §§ 747 S. 2, 1008 BGB über ein im Miteigentum stehendes Grundstück nur gemeinsam verfügen können.[115] Miteigentümer können auch nur gemeinsam einen Notweg an ihrem Grundstück einräumen und sind deshalb notwendige Streitgenossen nach § 62 Abs. 1 2. Alt.;[116] die Einschränkung durch das Notwegrecht betrifft das Miteigentum, nicht den Miteigentumsanteil, das Gleiche gilt für die Übernahme einer Baulast[117] sowie die Einräumung

---

[105] *Gottwald* JA 1982, 64, 69 m. weit. Nachw.; *Lindacher* JuS 1986, 379, 382 m. Nachw.; *Rosenberg/Schwab/Gottwald* § 49 III 1b m. weit. Nachw.; *Schilken* Rn. 679. – AA – jede Schuld der Gesellschaft usw. sei Gesamthandsschuld – *Kornblum* BB 1970, 1445f. mit Fn. 7.

[106] Anders *Kornblum* BB 1970, 1445, 1448; *Stein/Jonas/Bork* Rn. 20, 20b.

[107] *Stein/Jonas/Bork* Rn. 20, 20b.

[108] Abl. *Zöller/Vollkommer* Rn. 17 m. weit. Nachw.; sonst hM; s. die Nachw. Fn. 110 bis 113.

[109] Folgt man der hM zur Teilrechts- und Parteifähigkeit der BGB-Außengesellschaft (vgl. Nachweise in Fn. 96), ist dies nicht der Fall, denn die Gesellschafter sind nicht notwendig (mit) zu verklagen, da ein Titel gegen die Gesellschaft ausreicht, der als einer gegen alle Gesellschafter anzusehen ist, vgl. BGHZ 146, 341 = NJW 2001, 1056 = MDR 2001, 459 sub II 3. Werden neben der Gesellschaft die Gesellschafter sicherheitshalber mitverklagt, so sind sie sowohl im Verhältnis zur Gesellschaft als auch untereinander nur einfache Streitgenossen, vgl. OLG Frankfurt NJW-RR 2002, 1277; *Stein/Jonas/Bork* Rn. 18; *Wertenbruch* NJW 2002, 324, 325 sowie Rn. 14 zur vergleichbaren Fragestellung bei der OHG. Gleiches gilt nunmehr für Klagen gegen die Wohnungseigentümergemeinschaft und die Wohnungseigentümer (Fn. 96).

[110] HM, s. etwa BGHZ 36, 187 = NJW 1962, 633; BGH NJW 1962, 1722 = ZZP 76 (1963), 96 m. Anm. von *Baur;* NJW 1963, 200 und 1984, 2210; BGH WM 1983, 1279, 1280; *Gottwald* und *Lindacher* (Fn. 102) m. weit. Nachw.; *Kornblum* BB 1970, 1445; *Schwab* S. 285ff. m. Nachw.; für Sozialverbindlichkeiten *W. Lüke* ZGR 1994, 275ff. AK-ZPO/*Koch* Rn. 12; *Stein/Jonas/Bork* Rn. 20; *Thomas/Putzo/Hüßtege* Rn. 14; *Wieczorek/Schütze* Rn. 48; *Arens* Rn. 447; *Baur/Grunsky* Rn. 124; *A. Blomeyer* § 108 III 1b; *Jauernig* § 82 III; *Rosenberg/Schwab/Gottwald* (Fn. 105); *Schellhammer* Rn. 1615.

[111] So LG Nürnberg-Fürth NJW 1980, 2477; *Waldner* JR 1981, 184, 185; *Zöller/Vollkommer* Rn. 18.

[112] Vgl. BGH NJW 1962, 1722 (s. Fn. 110) und 1963, 200; anders BGH NJW 1963, 1611 = JZ 1964, 722 m. Anm. von *Bötticher.*

[113] *Rosenberg/Schwab/Gottwald* (Fn. 105).

[114] Vgl. RGZ 93, 292; 157, 33, 35; BGH NJW 1963, 1611 (s. Fn. 112).

[115] BGH NJW 1962, 1722 (s. Fn. 110); NJW 1996, 1060f.

[116] BGHZ 36, 187 (s. Fn. 110); BGH NJW 1984, 2210 m. weit. Nachw.; anders LG Nürnberg-Fürth NJW 1980, 2477.

[117] BGH NJW-RR 1991, 333.

oder Ausübung einer Grunddienstbarkeit.[118] Auch bei einer Klage gegen mehrere gemeinsam verwaltende Testamentsvollstrecker greift Abs. 1, 2. Alt. ein.

34 Soweit danach (s. Rn. 32, 33) auf der Grundlage der hier vertretenen Auffassung § 62 Abs. 1 2. Alt. wegen der Notwendigkeit gemeinsamer Rechtsverfolgung auf der Passivseite eingreifen würde, muss allerdings eine Ausnahme gelten, sofern einer der Mitberechtigten sich der Zwangsvollstreckung unterwirft (§ 794 Abs. 1 Nr. 5)[119] oder die geschuldete Mitwirkung bereits – soweit dies möglich ist – erbracht hat. Ansonsten kann aber die bloße Bereitschaft eines Mitberechtigten, die Verpflichtung zu erfüllen, bei Weigerung der anderen die Klagen nicht ersetzen, da seine Mitwirkung nur unselbstständiger Teil der geschuldeten Gemeinschaftsleistung ist. Allein praktische Aspekte können die gegenteilige Lösung[120] nicht rechtfertigen, da die Mitwirkung durch bloße Bereitschaftserklärung nicht gesichert ist und deshalb auch nicht das Rechtsschutzinteresse fehlt.

35 **c)** Bei **Feststellungsklagen** unter Beteiligung mehrerer Personen kann ebenfalls eine notwendige Streitgenossenschaft aus materiell-rechtlichen Gründen bestehen. Erneut wird zwischen Aktiv- und Passivprozessen unterschieden, die allerdings teilweise auch gleich behandelt werden:

36 **aa)** Bei **Aktivprozessen** sind mehrere mitberechtigte Feststellungskläger lediglich einfache Streitgenossen, soweit sie es auch für eine entsprechende Leistungsklage wären (s. oben Rn. 30).[121] Gleiches gilt, wenn das Feststellungsinteresse (§ 256) sich auf die Beziehung des Klägers zum Beklagten beschränkt, ohne also das Interesse aller Mitberechtigten zu tangieren.[122] Das ist namentlich der Fall, wenn die Klage sich auf die Feststellung von solchen Ansprüchen iSd. § 194 BGB[123] bezieht, die dem Einzelnen schon materiell-rechtlich selbstständig zustehen (s. Rn. 19) oder für die ihm Einzelprozessführungsbefugnis eingeräumt ist (s. Rn. 20). Als Beispiel für ein besonderes Einzelfeststellungsinteresse dient der Fall der Klage eines von mehreren Gesellschafter-Miterben, die mit einem Dritten über ihre Mitgliedschaft in der Gesellschaft streiten.[124] Hingegen besteht notwendige Streitgenossenschaft nach § 62 Abs. 1 2. Alt., wenn sich die Feststellungsklage auf ein Recht bezieht, das nur gemeinschaftlich besteht und geltend gemacht werden kann.[125] Das trifft insbesondere zu, wenn Gesamthänder auf Feststellung eines der Gesamthandsgemeinschaft zustehenden absoluten Rechts oder des gemeinschaftlichen Rechtsverhältnisses klagen.[126] So müssen an einem Feststellungsstreit zwischen Gesellschaftern einer Personengesellschaft über die Mitgliedschaft eines Gesellschafters als Kläger sämtliche Gesellschafter – mit Ausnahme des (der) verklagten – beteiligt sein (vgl. auch zur Ausschließungsklage Rn. 27).[127] Keine entscheidende Rolle spielt also der Gesichtspunkt, dass die Feststellung keine Verfügung zur Folge habe, weil die Prozessführung an die Verfügungsbefugnis anknüpft (vgl. Rn. 32).[128]

37 **bb)** In **Passivprozessen** wird im Falle der Feststellungsklage teilweise einfache Streitgenossenschaft mitberechtigter Beklagter angenommen, weil eine solche Klage stets ein Feststellungsinteresse gegenüber einer Einzelpartei erfordere.[129] Aus dem materiellen Recht ergibt sich aber, dass bei einem gemeinsamen Rechtsverhältnis uU die Feststellung nur gegenüber allen Mitberechtigten gemeinsam erfolgen kann, so namentlich bei nur gemeinsamer Verfügungsbefugnis.[130] Deshalb ist

---

[118] BGH NJW 1992, 1101, 1102.

[119] RGZ 68, 221, 222f.; 93, 292, 294; vgl. BGH MDR 2001, 1046 = WM 2001, 1905: Titulierung, aber auch außergerichtliches Anerkenntnis kann ausreichen; *Henckel* S. 55ff.; *A. Blomeyer* § 108 III 1b. – Anders RGZ 157, 33, 35.

[120] Dafür aber BGH NJW 1962, 1722 (s. Fn. 110); 1982, 441, 442; NJW-RR 1991, 333f.; NJW 1992, 1101, 1102; *Baumbach/Lauterbach/Hartmann* Rn. 24; *Zöller/Vollkommer* Rn. 18; *Grunsky* § 29 II 1a bb; *Rosenberg/Schwab/Gottwald* (Fn. 105). Anders *Baur* ZZP 76 (1963), 96, 98; wohl auch *A. Blomeyer* § 10 III 1b; vgl. auch RGZ 157, 33, 35.

[121] S. etwa *Gottwald* JA 1982, 64, 69; *Stein/Jonas/Bork* Rn. 22; *Zöller/Vollkommer* Rn. 21 m. weit. Nachw.

[122] *Stein/Jonas/Bork* Rn. 22; *Zöller/Vollkommer* Rn. 21.

[123] Diesen Aspekt betont *Rosenberg/Schwab/Gottwald* § 49 III 1a.

[124] OLG Hamburg ZIP 1984, 1226, 1229; *Zöller/Vollkommer* Rn. 21. Vgl. *W. Lüke* ZGR 1994, 270ff.

[125] BGH FamRZ 1992, 1055, 1056; BGH NJW 2000, 291, 292; OLG Köln NJW-RR 1994, 491; OLG Celle DWW 1994, 118; *Gottwald* (Fn. 121); *Hassold* S. 41; *Henckel* S. 86, 92; AK-ZPO/*Koch* Rn. 14; *Stein/Jonas/Bork* Rn. 22f.; *Zöller/Vollkommer* Rn. 21; *Rosenberg/Schwab/Gottwald* (Fn. 123); *Schilken* JR 1990, 461, 462; offengelassen von BGH NJW 1989, 2133 = JR 1990, 458.

[126] *Rosenberg/Schwab/Gottwald* (Fn. 123).

[127] BGHZ 91, 132, 133 m. weit. Nachw. = NJW 1984, 2104; *W. Lüke* ZGR 1994, 270ff.; *Zöller/Vollkommer* Rn. 21.

[128] Vgl. *Gottwald* JA 1982, 64, 69.

[129] Vgl. etwa *Henckel* S. 90f.; *Hellwig* § 155 III.

[130] So zu Recht *Rosenberg/Schwab/Gottwald* § 49 III 1b.

auch hier wie bei der Aktivseite (Rn. 36) zunächst darauf abzustellen, ob eine isolierte Leistungsklage möglich wäre oder ein besonderes Einzelfeststellungsinteresse gegeben ist,[131] so dass nur einfache Streitgenossenschaft besteht. Besonders zu berücksichtigen ist dabei in Fällen der Gesamthandsgemeinschaft die Unterscheidung zwischen Gesamtschuld und Gesamthandsschuld (s. oben Rn. 32).[132] Handelt es sich um eine Gesamtschuld, so ist auch die Feststellungsklage gegen den einzelnen Gesamthänder – zB den für den Pflichtteilsanspruch haftenden Miterben[133] – möglich. Wird hingegen eine echte Gesamthandsverbindlichkeit geltend gemacht, so liegt notwendige Streitgenossenschaft aus materiell-rechtlichen Gründen vor. Sie kommt auch auf der Passivseite (s. schon Rn. 36) vor allem bei Klagen auf Feststellung eines absoluten Rechts oder eines gemeinschaftlichen Rechtsverhältnisses in Betracht,[134] so zB bei einer Klage auf Feststellung des Pflichtteilsrechts.[135] Einfache Streitgenossenschaft besteht hingegen bei der Klage auf Feststellung des Miterbenrechts gegen mehrere andere Miterben, weil in diesem Prozess erst geklärt werden soll, wer zu welcher Quote Erbe geworden ist.[136] Ebenso liegt es wegen der Möglichkeit isolierter Leistungsklage (s. Fn. 124) bei der Klage eines OHG-Gesellschafters gegen einen von mehreren Mitgesellschaftern auf Feststellung der Höhe seiner Beteiligung[137] oder des Ausscheidens eines Gesellschafters,[138] anders als bei der auf Gestaltung gerichteten Ausschlussklage (s. Rn. 27).

38 Entsprechend der Rechtslage bei der Leistungsklage (s. Rn. 33) liegt notwendige Streitgenossenschaft aus materiell-rechtlichen Gründen ferner bei sonstigen Mitberechtigten vor, wenn sie ausnahmsweise die festzustellende Verpflichtung nur gemeinsam erfüllen können. So liegt es bei der Klage gegen mehrere Miteigentümer auf Feststellung des Bestehens einer Grunddienstbarkeit oder eines Notwegrechts[139] (s. auch oben Rn. 33), bei einer Klage auf Zustimmung zu einer Mieterhöhung gegen mehrere Mieter (§ 2 MHG) oder bei einer Feststellungsklage gegen mehrere gemeinsam verwaltende Testamentsvollstrecker[140] (s. auch Rn. 33).

39 **3. Unanwendbarkeit des § 62 Abs. 1 2. Alt.** Eine **Unanwendbarkeit des § 62 Abs. 1 2. Alt.** ergibt sich demnach (s. Rn. 24ff.) immer dann, wenn die jeweilige Klage von oder gegen einen einzelnen Mitberechtigten erhoben werden kann oder ausnahmsweise bereits eine teilweise Titulierung besteht (s. Rn. 34). Eine notwendige Streitgenossenschaft aus prozessualen Gründen schließt eine solche aus materiell-rechtlichen Gründen hingegen ebenso wenig aus, wie umgekehrt (s. Rn. 2, 24). Die Unterscheidung bleibt ggf. dennoch von Bedeutung, weil nur Abs. 1 2. Alt. zu einer notwendig gemeinsamen Rechtsverfolgung führt (s. noch Rn. 41ff.).

40 **4. Entstehung der Streitgenossenschaft.** Die Art der **Entstehung einer notwendigen Streitgenossenschaft** nach § 62 Abs. 1, 2. Alt. ergibt sich aus dem Erfordernis gemeinsamer Klage auf der Aktiv- oder Passivseite (s. Rn. 24), unter den entsprechenden Voraussetzungen (vgl. § 59 Rn. 19) auch durch Erhebung einer Widerklage gegen die Streitgenossen. Eine nachträgliche Entstehung dieser Streitgenossenschaft ist ebenfalls möglich (vgl. § 59 Rn. 16ff.), unbeschadet der Frage, wie eine zuvor erhobene Einzelklage zu beurteilen ist (s. Rn. 47).

V. Wirkungen der notwendigen Streitgenossenschaft

41 Die Wirkungen einer notwendigen Streitgenossenschaft sind nur teilweise in § 62 normiert (s. Rn. 42, 43). Da die gesetzliche Regelung eine einheitliche Entscheidung ermöglichen will (s. Rn. 1), können sich weitere Besonderheiten ergeben, die aber nicht im Sinne einer stets übereinstimmenden Beurteilung aller Prozesshandlungen der Streitgenossen verstanden werden dürfen.[141] Die „einheitliche Streitpartei" ist dem deutschen Recht fremd und durch die eindeutige gesetzliche

---

[131] So auch die weiteren in Fn. 125 genannten Autoren.

[132] Zutreffend herausgestellt von *Rosenberg/Schwab/Gottwald* (Fn. 130); s. ferner *Stein/Jonas/Bork* Rn. 23.

[133] *Rosenberg/Schwab/Gottwald* (Fn. 130).

[134] Vgl. auch dazu *Rosenberg/Schwab/Gottwald* (Fn. 130); *W. Lüke* ZGR 1994, 270ff.; *Schilken* JR 1990, 461, 462 und NJW 1991, 281.

[135] *Rosenberg/Schwab/Gottwald* (Fn. 130); anders RG WarnR 1908 Nr. 487; aA *Baumbach/Lauterbach/Hartmann* Rn. 10.

[136] RGZ 95, 97, 98; BGHZ 23, 73 = NJW 1957, 537; *Gottwald* JA 1982, 64, 68; *Schwab* S. 289 m. weit. Nachw.

[137] *Stein/Jonas/Bork* Rn. 23.

[138] BGHZ 30, 195 = NJW 1959, 1683; *Stein/Jonas/Bork* Rn. 23.

[139] OLG Köln OLGR 18, 149, 1590; *Stein/Jonas/Bork* Rn. 23; *A. Blomeyer* § 108 III 1b; str.

[140] *Lindacher* JuS 1986, 379, 382.

[141] Ganz hM; s. nur *Stein/Jonas/Bork* Rn. 30. – AA *Holzhammer* S. 36ff.: „prozessuale Gesamthandschaft"; *Walsmann* S. 88.

Regelung ausgeschlossen,[142] ebenso die Annahme eines Mehrparteienprozesses (in Gestaltungsverfahren bei Personengesellschaften).[143] Grundsätzlich sind vielmehr die Streitgenossen auch in den Fällen des § 62 selbstständige Streitparteien in jeweils besonderem Prozessrechtsverhältnis zum gemeinsamen Gegner.[144] Es gelten also die Regelungen der §§ 61 und 63 gleichermaßen für einfache wie für notwendige Streitgenossen, soweit das Gebot einheitlicher Entscheidung in den Fällen des § 62 nichts anderes ergibt (s. Rn. 46 ff.).

1. Vertretung bei Säumnis. Eine **Vertretung bei Säumnis** ordnet **§ 62 Abs. 1 letzter Halbs.** an, wenn ein Termin oder eine Frist nur von einzelnen Streitgenossen versäumt wird. Die säumigen Streitgenossen werden dann als durch die nicht säumigen vertreten angesehen. Beide Vertretungsregelungen entsprechen der Notwendigkeit einheitlicher Entscheidung[145] und setzen eine Säumnis nur einzelner – nicht aller (s. dazu Rn. 43) – Streitgenossen voraus. 42

a) Termin. Als zu versäumender **Termin** kommt jede Sitzung des Gerichts in Betracht, vor allem ein solcher zur mündlichen Verhandlung. **Versäumung** eines solchen Termins liegt vor, wenn **einzelne Streitgenossen** trotz ordnungsgemäßer Ladung (vgl. § 63) nicht erscheinen oder nicht verhandeln (§ 333), während andere (die „nicht säumigen") dies tun müssen. Bei Säumnis aller Streitgenossen gilt § 62 Abs. 1 letzter Halbs. nicht, so dass Versäumnisurteil ergehen kann, sofern alle ordnungsgemäß geladen waren, anderenfalls keine Säumnis vorliegt.[146] – Für den Fall einer Säumnis einzelner Streitgenossen enthält § 62 Abs. 1 die unwiderlegliche Vermutung[147] einer Vertretung im Hinblick auf Wirkung der Prozesshandlungen des Nichtsäumigen auf den Säumigen. Auf Vertretungsmacht und Vertretungswillen kommt es nicht an.[148] Die Folge solcher Vertretung ist, dass mit dem nichtsäumigen Streitgenossen mit Wirkung für und gegen alle kontradiktorisch verhandelt[149] und ggf. entschieden wird. Ein Versäumnisurteil oder eine Entscheidung nach Lage der Akten gegen den säumigen Streitgenossen ist ausgeschlossen. Ergeht es dennoch, so ist es jedoch wirksam und kann wie jedes andere anfechtbare Teilurteil (s. noch Rn. 53) rechtskräftig werden.[150] Die Entscheidung ist zu erlassen auf der Grundlage des Sachvortrages[151] und der Anträge der Nichtsäumigen. Etwaige Geständnisse oder Einwilligungen in bestimmte Verfahrensweisen gelten ebenfalls zugleich als Prozesshandlungen der säumigen Streitgenossen.[152] Das gilt auch für Anerkenntnis (§ 307) oder Verzicht (§ 306) oder Klageänderung (§ 263) seitens des verhandelnden Streitgenossen, da es sich um reine Prozesshandlungen handelt; bei ihnen wird der Säumige nach § 62 vertreten, so dass die materiell-rechtliche Verfügungsbefugnis keine Rolle spielen kann.[153] Angesichts dessen muss man auch eine Klagerücknahme (s. dazu Rn. 49) seitens des nichtsäumigen Streitgenossen für gesamtwirksam halten. Anders ist es bei solchen Prozesshandlungen (Aufrechnung, Vergleich), die zugleich materiell-rechtlichen Charakter haben, so dass entsprechende Verfügungsmacht zur Prozesshandlungsbefugnis hinzukommen muss (s. unten Rn. 49).[154] – Umstritten ist, ob die durch Geständnis oder präklusionsgeeignetes Verhalten drohenden nachteiligen Wirkungen zulasten der säumigen Streitgenossen von Dauer sind[155] oder aber im weiteren Prozessverlauf – sei es in einem etwaigen Folgetermin derselben Instanz, sei es in einem Berufungsverfahren – wie- 43

---

[142] So auch klar die Motive S. 79; BGH NJW 1996, 1060; vgl. *Schwab* S. 275; *Globisch* S. 42 ff.; *Musielak/Weth* Rn. 13.

[143] Dafür *Schmidt,* passim (vgl. schon oben Fn. 86), zu den Auswirkungen im Rechtsmittelverfahren S. 171 ff.

[144] S. etwa *Baumbach/Lauterbach/Hartmann* Rn. 17; *Zöller/Vollkommer* Rn. 22; *Rosenberg/Schwab/Gottwald* § 49 IV 1.

[145] Motive S. 83; BGH ZIP 1999, 580, 581.

[146] *Gottwald* JA 1982, 64, 70; *Stein/Jonas/Bork* Rn. 32; *Thomas/Putzo/Hüßtege* Rn. 21; *Zöller/Vollkommer* Rn. 28.

[147] *Baumbach/Lauterbach/Hartmann* Rn. 22. – AA (Fiktion) RGZ 90, 42, 46; *Gottwald* JA 1982, 64, 70; *Lindacher* JuS 1986, 379; *Musielak/Weth* Rn. 14; *Stein/Jonas/Bork* Rn. 26; *Rosenberg/Schwab/Gottwald* § 49 IV 3b; hM.

[148] *Stein/Jonas/Bork* Rn. 26 m. weit. Nachw. – Sie können aber vorliegen, so dass eine Fiktion (vgl. Fn. 147) ausscheidet.

[149] RGZ 90, 42; vgl. auch *Winte* S. 192 m. weit. Nachw.

[150] RGZ 132, 346; BGH WM 1963, 728; BGHZ 131, 376 = NJW 1996, 1060, 1061 f.; BGH MDR 2001, 1046 = WM 2001, 1905; *Gottwald* JA 1982, 64, 70; ausführlich *Globisch* S. 68 ff.; *Rosenberg/Schwab/Gottwald* § 49 IV 3b; str., aA *Winte* S. 214 m. weit. Nachw.; *Baumbach/Lauterbach/Hartmann* Rn. 23; *Stein/Jonas/Bork* Rn. 27; *Wieczorek/Schütze* Rn. 62.

[151] RGZ 39, 411, 412; RG JW 1898, 259.

[152] Vgl. *Rosenberg/Schwab/Gottwald* (Fn. 150); enger *Stein/Jonas/Bork* Rn. 33.

[153] Sehr str.; insoweit wie hier zB *Lindacher* JuS 1986, 379, 384; *Zöller/Vollkommer* Rn. 26; – aA *Stein/Jonas/Bork* Rn. 27, 34; *Thomas/Putzo/Hüßtege* Rn. 20; *Rosenberg/Schwab/Gottwald* (Fn. 150).

[154] So für die Präklusion RG JW 1898, 259; *Kisch* S. 49, 53; *Stein/Jonas/Bork* Rn. 27.

[155] Wohl unstr.; s. zB *Stein/Jonas/Bork* Rn. 27 und 33 m. weit. Nachw.

der entfallen.[156] Eine nur beschränkte Wirkung ist anzunehmen, soweit die Prozesshandlungen des vertretenden Streitgenossen im Termin nicht bereits zu einer endgültigen, dh. unanfechtbaren Entscheidung führen. Diese Auslegung ist mit dem Wortlaut des § 62 („ein Termin") vereinbar, entspricht der Absicht des historischen Gesetzgebers[157] und dem Zweck der Vorschrift, eine einheitliche Entscheidung zu sichern.[158] Führen also Geständnis, Anerkenntnis, Verzicht usw. nicht aufgrund des Termins zu einem unanfechtbaren Urteil, so kann der säumige Streitgenosse – vorbehaltlich einer Verspätungszurückweisung – noch widersprechen. Das Verhalten des anderen ist dann frei zu würdigen (s. noch unten Rn. 48f.).

44 **b) Fristen. Fristen** aller Art – namentlich Rechtsmittelfristen – laufen ausweislich des § 62 Abs. 1 für jeden Streitgenossen gesondert,[159] werden aber ebenfalls durch rechtzeitige Prozesshandlung nur eines notwendigen Streitgenossen gewahrt,[160] selbst wenn sie für den anderen schon abgelaufen sind (zu den Folgen bei Rechtsmitteln s. Abs. 2 und unten Rn. 52).

45 **2. Zuziehung im späteren Verfahren (Abs. 2).** Die **Zuziehung** säumiger Streitgenossen **im späteren Verfahren (Abs. 2)** ist Konsequenz der Vertretungsregelung des Abs. 1 letzter Halbs. (s. Rn. 42ff.). Ladungen sind (auch) an sie zu richten (vgl. § 63), ebenso haben sonstige Prozesshandlungen des Gerichts ihnen gegenüber zu erfolgen und eigene können von ihnen vorgenommen werden (zur Parteistellung im Rechtsmittelverfahren s. Rn. 52).

46 **3. Sonstige Wirkungen. Sonstige Wirkungen** notwendiger Streitgenossenschaft sind unter Berücksichtigung ihres Zweckes und des Grundsatzes der Selbstständigkeit der Streitgenossen (s. Rn. 1, 41) zu beurteilen. Dabei ist im Einzelfall bedeutsam, ob die Streitgenossenschaft aus prozessualen oder aus materiell-rechtlichen Gründen notwendig ist.

47 **a)** Die **Zulässigkeit** der Klage oder des sonstigen Verfahrens ist im Verhältnis zu jedem Streitgenossen gesondert zu prüfen (vgl. § 59 Rn. 11 für einfache Streitgenossenschaft). Bei notwendiger Streitgenossenschaft aus prozessualen Gründen ist die Klage durch oder gegen einen Streitgenossen möglich, bei solcher aus materiell-rechtlichen Gründen hingegen nicht. Umstritten ist, ob eine solche Einzelklage mangels Prozessführungsbefugnis als unzulässig[161] oder aber mangels Sachlegitimation als unbegründet[162] abzuweisen ist. Richtigerweise ist zu differenzieren:[163] Macht der Kläger das gemeinschaftliche Recht geltend oder wird gegen den Beklagten das gemeinschaftliche Recht geltend gemacht, so bestehen sowohl die materielle Berechtigung/Verpflichtung (Sachlegitimation) als auch die daran anknüpfende Prozessführungsbefugnis unter der Voraussetzung des § 62 Abs. 1 2. Alt. (s. oben Rn. 24ff. und zu Fällen der Einzelprozessführungsbefugnis Rn. 20) – nur in der gemeinschaftlichen, meist gesamthänderischen Bindung, so dass die Klage bereits unzulässig ist. Das verhindert an ein etwaiges Sachurteil anknüpfende Rechtskraftkollisionen und entspricht im Übrigen auch der Prozessökonomie.[164] Gleiches gilt, wenn zu Unrecht alleinige Prozessführungsbefugnis auf der Aktiv- oder Passivseite geltend gemacht war. War hingegen vorgetragen, der Kläger (Beklagte) sei allein berechtigt (verpflichtet), so ist die Klage aus materiell-rechtlichen Gründen und damit als unbegründet abzuweisen. – Entsprechend zu behandeln ist die parallele Frage, wie zu entscheiden ist, wenn sich die Klage eines oder gegen einen Streitgenossen als unzulässig erweist. Bei Streitgenossenschaft nach § 62 Abs. 1 1. Alt. ist der Prozess im Übrigen fortzuführen, bei solcher iSd. 2. Alt. nimmt die Unzulässigkeit gegenüber einem Streitgenossen den anderen nicht die (allerdings nur gemeinschaftliche) mate-

---

[156] So insgesamt *Lindacher* JuS 1986, 379, 384; *Rosenberg/Schwab/Gottwald* § 49 IV 3b. Für Anerkenntnis *Zöller/Vollkommer* Rn. 26, jeweils im Falle eines Berufungsverfahrens; für Geständnis *A. Blomeyer* § 108 IV 1. Gegen eine Präklusion m. abw. Begründung *Winte* S. 195ff.

[157] Motive S. 83: „währt bis dahin, dass der säumige Streitgenosse sich an dem späteren Verfahren wieder beteiligt".

[158] Überzeugend *Rosenberg/Schwab/Gottwald* (Fn. 156).

[159] *Gottwald* JA 1982, 64, 70; *Lindacher* JuS 1986, 379, 384; *Schumann* ZZP 76 (1963), 381, 384; *Baumbach/Lauterbach/Hartmann* Rn. 19; *Musielak/Weth* Rn. 15; *Stein/Jonas/Bork* Rn. 31, 39; *Thomas/Putzo/Hüßtege* Rn. 19; *Rosenberg/Schwab/Gottwald* § 49 IV 3c; *Zeiss* § 85 III 3; hM. – AA *Holzhammer* S. 147f.; *Jauernig* § 82 IV 2.

[160] Vgl. RGZ 157, 33, 36; *Musielak/Weth* Rn. 15.

[161] BGHZ 36, 187 = NJW 1962, 633 mit jedoch missverständlicher Argumentation („Sachlegitimation"); BGHZ 92, 351, 353 = NJW 1985, 385; BGH NJW 1975, 310; 1984, 2210; 1985, 385; vgl. auch BGH NJW 1959, 1683 und FamRZ 1975, 405. Im Schrifttum ganz hM, s. zB *Gottwald* JA 1982, 64, 70; *Lindacher* JuS 1986, 379, 381; *Henckel* S. 40; *W. Lüke* S. 26; *Stein/Jonas/Bork* Rn. 25 und § 59 Rn. 1 (jedoch differenzierend); *Thomas/Putzo/Hüßtege* Rn. 22; *Zimmermann* Rn. 5; *Zöller/Vollkommer* Rn. 11; *Grunsky* § 29 II 1a bb; *Jauernig* § 82 I; *Rosenberg/Schwab/Gottwald* § 49 IV 1a.

[162] *Baumbach/Lauterbach/Hartmann* Rn. 6; ausführlich *Schellhammer* Rn. 1599, 1619.

[163] Vgl. auch *Stein/Jonas/Bork* Rn. 25 und § 59 Rn. 1.

[164] Vgl. *Hassold* S. 50f.; *Grunsky* § 29 II 1a bb.

rielle Rechtszuständigkeit.[165] Es fehlt aber an der Prozessführungsbefugnis, die nur gemeinsames Verfahren erlaubt: Die Klage der anderen oder gegen die anderen wird unzulässig.[166]

b) Auch die **Prozesshandlungen** der Streitgenossen sind grundsätzlich gesondert zu beurteilen; § 61 ist anwendbar (s. näher dort Rn. 2ff.). Jeder Streitgenosse kann sich durch einen eigenen **Prozessbevollmächtigten** vertreten lassen. **Zustellungen** sind gesondert zu bewirken und lösen ggf. unterschiedlichen Fristenlauf aus (s. Rn. 44). Nach **§ 63** (s. dort) steht jedem (einfachen oder notwendigen) Streitgenossen das Recht zur **Betreibung des Prozesses** zu und sind sämtliche Streitgenossen zu allen Terminen zu laden. Die **Verhandlung zur Hauptsache** durch nur einen Streitgenossen führt, unbeschadet der Vertretungsregelung bei Säumnis (s. Rn. 43), nicht zu einer Präklusion der anderen gem. §§ 39, 267, 282 Abs. 3 usw.[167] **Behauptungen** und **Bestreiten** wirken gleichfalls nur singulär, soweit die übrigen Streitgenossen sich das Vorbringen nicht – häufig konkludent – zu eigen machen. Ebenso wirkt das **Geständnis** eines Streitgenossen (s. aber Rn. 43) nur ihm gegenüber gem. § 290 bindend. Gegenüber den anderen ist es ebenso wie unterschiedlicher Tatsachenvortrag – ggf. nach Beweisaufnahme – frei zu würdigen (§ 286).[168] 48

Bei der **Disposition** über das Verfahren ist ebenfalls der Aspekt maßgeblich, dass die Entscheidung einheitlich ergehen muss, ein anderer notwendiger **Streitgenosse** aber nicht gegen seinen Willen gebunden werden kann (s. allerdings Rn. 43 für Säumnis). Das folgt für **Anerkenntnis** und **Verzicht** daraus, dass die notwendig einheitliche Sachentscheidung eine nur gemeinsame Dispositionsbefugnis erfordert, während die materiell-rechtliche Verfügungsbefugnis bei solchen reinen Prozesshandlungen keine Rolle spielt.[169] Auch die Art der notwendigen Streitgenossenschaft ist wegen der gebotenen Einheitlichkeit der Entscheidung unerheblich. Anerkenntnis und Verzicht sind also zwar einzelwirksam, können aber bei widersprechendem Verhalten anderer notwendiger Streitgenossen nur ein Indiz bei der Urteilsfindung gegenüber allen sein.[170] Auch eine **Klagerücknahme** durch den einzelnen Streitgenossen ist bei dieser Sicht nicht nur im Falle des § 62 Abs. 1 1. Alt.,[171] sondern auch bei notwendiger Streitgenossenschaft aus materiell-rechtlichen Gründen möglich.[172] Auf die Frage der Pflichtverletzung im Innenverhältnis der Streitgenossen kommt es nicht an,[173] sofern nicht Kollusion mit dem Prozessgegner vorliegt.[174] Die Klagerücknahme wirkt freilich nur für den einzelnen Streitgenossen und führt im Falle des § 62 Abs. 1 2. Alt. zur Unzulässigkeit der Gesamtklage (s. Rn. 47). Entsprechend sind die **beiderseitige Erledigungserklärung**[175] oder eine Klageänderung[176] durch nur einen notwendigen Streitgenossen zu behandeln. Beim **Prozessvergleich** und bei der **Aufrechnung** im Prozess scheitert die Wirksamkeit einer Einzelhandlung des notwendigen Streitgenossen hingegen an der idR fehlenden und hier bedeutsamen materiell-rechtlichen Verfügungsbefugnis[177] (s. auch Rn. 43). 49

c) Der **prozessuale Ablauf** entspricht grundsätzlich demjenigen im Falle einfacher Streitgenossenschaft (s. § 61 Rn. 6). Er zeichnet sich also trotz idR gemeinsamer Verhandlung und Beweisaufnahme durch Selbstständigkeit der Einzelprozesse aus. So wirken **Unterbrechung, Aussetzung** und Anordnung des **Ruhens** des Verfahrens unmittelbar nur für den Prozess des betroffenen Streit- 50

---

165 So allerdings *Schellhammer* Rn. 1619.

166 *Zöller/Vollkommer* Rn. 23, 30; *A. Blomeyer* § 108 IV 3a; *Rosenberg/Schwab/Gottwald* § 49 IV 1b; vgl. auch RGZ 119, 163, 168; im Übrigen die Nachw. in Fn. 161.

167 Vgl. *Rosenberg/Schwab/Gottwald* § 49 IV 3b.

168 RG JW 1903, 21; *Stein/Jonas/Bork* Rn. 33; heute allgM; zT anders noch *Kisch* S. 88. Ausführlich *Winte* S. 138ff., S. 166ff.

169 *Gottwald* JA 1982, 64, 70; *Lindacher* JuS 1986, 384. – Ausdrücklich auf das materielle Recht stellt hingegen die jetzt hM ab, s. *Tsikrikas* ZZP 108 (1995), 511ff. m. weit. Nachw.; *W. Lüke* S. 26; *Musielak/Weth* Rn. 18; *Stein/Jonas/Bork* Rn. 34; *Rosenberg/Schwab/Gottwald* § 49 IV 3a. Vgl. ferner RG Gruchot 46, 661; KG OLGR 13, 83 (jedoch Fall einfacher Streitgenossenschaft); OLG Köln OLGR 18, 149, 150.

170 *Gottwald* JA 1982, 64, 70 m. weit. Nachw.; allgM bis auf *Winte* S. 144ff. (differenzierend).

171 Insoweit ganz hM, s. nur *Gottwald* (Fn. 170); *Lindacher* JuS 1986, 379, 384 m. weit. Nachw. – AA *Holzhammer* S. 154f.; *Zeiss* § 85 III 3.

172 OLG Rostock NJW-RR 1995, 381, 382; *Gottwald* (Fn. 170), *Lindacher* (Fn. 171); *Konzen,* Rechtsverhältnisse zwischen Prozessparteien, 1976, S. 222ff.; *Winte* S. 173; AK-ZPO/*Koch* Rn. 4; *Stein/Jonas/Bork* Rn. 35 m. weit. Nachw.; *Thomas/Putzo/Hüßtege* Rn. 17; *A. Blomeyer* § 108 IV 3b; *Grunsky,* § 29 II 1; *Rosenberg/Schwab/Gottwald* § 49 IV 1a; *Schellhammer* Rn. 1602. – AA RGZ 78, 101, 104; *Baumbach/Lauterbach/Hartmann* Rn. 20; *Zöller/Vollkommer* Rn. 25; *Jauernig* § 82 IV 3.

173 So namentlich *Gottwald, Konzen* und *Lindacher* (Fn. 172); insoweit anders *Säcker* JZ 1967, 51, 54.

174 *Gottwald* JA 1982, 64, 70 m. weit Nachw.; *Säcker* (Fn. 173). Die häufig weiter genannten Fälle der Schikane und eindeutigen Verpflichtung berühren nur das Innenverhältnis und genügen deshalb nicht.

175 *Selle* S. 220f.; *Grunsky* § 39 II 1c; *Musielak/Weth* Rn. 18.

176 *Zöller/Vollkommer* Rn. 26.

177 *Zöller/Vollkommer* Rn. 27.

genossen.[178] Sie schließen aber wegen der gebotenen Einheitlichkeit der Entscheidung eine Sachentscheidung insgesamt und wegen der möglichen Auswirkungen auf die Entscheidung schon eine Fortführung des Verfahrens aus, das analog §§ 148, 251 auszusetzen bzw. zum Ruhen zu bringen ist.[179] Eine Vertretungswirkung analog § 62 Abs. 1 (s. Rn. 42ff.) ist insoweit abzulehnen.[180] – Die **Entscheidung** des Prozesses muss jedenfalls gegenüber sämtlichen Streitgenossen **in der Sache** einheitlich ergehen.[181] Demnach kann immerhin bei notwendiger Streitgenossenschaft aus prozessualen Gründen die Klage gegen einen der Streitgenossen als unzulässig abgewiesen, im Übrigen aber zugesprochen oder als unbegründet abgewiesen werden,[182] während im Falle des § 62 Abs. 1 2. Alt. die Unzulässigkeit einer Klage zur Gesamtunzulässigkeit führt (s. Rn. 47). Ausgeschlossen ist in beiden Fällen aber ein Teilurteil gegen nur einen Streitgenossen.[183] Für die Fälle notwendiger Streitgenossenschaft aus prozessualen Gründen ist das – ebenso wie die Behandlung von Unterbrechung, Aussetzung und Ruhen des Verfahrens (s. Fn. 173) – nicht selbstverständlich, weil nur eine **einheitliche** Sachentscheidung gefordert ist, wegen der meist drohenden Rechtskraftkollision aber doch zutreffend. Einheitlich iSd. § 62 Abs. 1 2. Alt. bedeutet also auch „gleichzeitig“, **wenn** ein Nebeneinander der Prozesse besteht.

51 **d)** Die gebotenen **Handlungen des Gegners** richten sich an der Selbstständigkeit des Prozesses gegenüber jedem Streitgenossen aus. Er muss allerdings gegenüber allen (anwesenden, § 62) Streitgenossen handeln, weil schon ein einzelnes Unterliegen zum Verlust des einheitlich zu entscheidenden Gesamtprozesses führen würde.[184] Das gilt für sämtliche einschlägigen Prozesshandlungen, namentlich aber für die Einlegung von Rechtsmitteln gegen sämtliche notwendigen Streitgenossen innerhalb der Frist(en) (dazu Rn. 44) bei entsprechender Beschwer.[185]

52 **e)** Das **Rechtsmittel** jedes Streitgenossen (zum Gegner s. Rn. 51) ist grundsätzlich gesondert für das gegen ihn ergangene Urteil zu beurteilen, doch ergeben sich Besonderheiten aus dem Gebot einheitlicher Entscheidung. Die **Fristen** laufen getrennt an und ab, werden aber durch rechtzeitiges Handeln nur eines Streitgenossen gem. § 62 Abs. 1 gewahrt (s. Rn. 44). Der nicht (rechtzeitig) handelnde Streitgenosse kann seines Rechtsmittels verlustig gehen,[186] wird aber dennoch Partei in der anderweit eröffneten Rechtsmittelinstanz (arg. § 62 Abs. 2), selbst wenn die eigene Rechtsmittelfrist schon abgelaufen war.[187] Danach wird das Urteil auch ihm gegenüber noch nicht rechtskräftig. Er muss zu Terminen geladen werden (§ 63) und kann selbst Prozesshandlungen vornehmen und sein eigenes, evtl. unzulässiges Rechtsmittel ist nicht gesondert zu verwerfen;[188] auch in der Rechtsmittelinstanz ist er als Partei zu vernehmen[189] und der Gegner kann sich ihm gegenüber dem Rechtsmittel anschließen.[190] Der untätige Streitgenosse wird aber dennoch nicht zum Rechtsmittelkläger, so dass er an den Antrag und evtl. Rechtsmittelrücknahme durch den tätigen Streitgenos-

---

[178] AA RG JW 1898, 280 und 1905, 533; RG HRR 1935, 1075; KG OLGR 23, 94; OLG Celle NJW 1969, 515; *Baumbach/Lauterbach/Hartmann* Rn. 25.

[179] BGH BauR 2003, 1758; OLG Köln OLGR 2004, 245; *Gottwald* JA 1982, 64, 70; *Lindacher* JuS 1986, 379, 384 m. weit. Nachw.; ähnlich *Stein/Jonas/Bork* Rn. 36; *Thomas/Putzo/Hüßtege* Rn. 18; *Zöller/Vollkommer* Rn. 29; *Rosenberg/Schwab/Gottwald* § 49 IV 3 d; vgl. auch BVerwG MDR 1982, 80.

[180] *Schumann* AP § 246 Nr. 1 gegen BAGE 24, 261 = NJW 1972, 1388; *Musielak/Weth* Rn. 19; s. auch die Nachw. in Fn. 178.

[181] BGHZ 63, 51, 53 = NJW 1977, 214; BGHZ 68, 81, 82, 84 = NJW 1977, 1013; NJW 1993, 1976, 1983; OLG Köln VersR 1974, 64; *Zöller/Vollkommer* Rn. 30; *Rosenberg/Schwab/Gottwald* § 49 IV 1 b.

[182] Auch ein isoliertes Teilanerkenntnisurteil ist möglich: OLG Stuttgart OLGR 2003, 4 = NZG 2003, 1170.

[183] BGHZ 36, 187 = NJW 1962, 1722 (dort auch zu evtl. Ausnahmen); *Stein/Jonas/Bork* Rn. 37; *Zöller/Vollkommer* Rn. 30.

[184] Ausführlich *Rosenberg/Schwab/Gottwald* § 49 IV 2.

[185] RGZ 13, 409; 40, 349; 49, 427; RG Gruchot 38, 398; RG JW 1910, 821; BGHZ 23, 73, 74 = NJW 1957, 537; BGH NJW 1996, 1060, 1061; BGH FamRZ 1975, 405, 406; *Stein/Jonas/Bork* Rn. 38; *Rosenberg/Schwab/Gottwald* (Fn. 184).

[186] S. nur *Rosenberg/Schwab/Gottwald* § 49 IV 3 c m. weit. Nachw.

[187] Heute hM; zB BGH FamRZ 1976, 336; BGH MDR 2001, 1046 = WM 2001, 1905; BAG AP TVG § 1 Nr. 36; OLG Karlsruhe ZIP 1991, 102; *Gottwald* JA 1982, 64, 70 m. weit. Nachw.; *Lindacher* JuS 1986, 379, 384; grundlegend *Schumann* ZZP 76 (1963), 381, 386ff.; AK-ZPO/*Koch* Rn. 3; *Musielak/Weth* Rn. 20; *Stein/Jonas/Bork* Rn. 39ff. m. weit. Nachw.; *Thomas/Putzo/Hüßtege* Rn. 24; *Wieczorek/Schütze* Rn. 83; *Zöller/Vollkommer* Rn. 32; *Rosenberg/Schwab/Gottwald* (Fn. 186). – AA RG JW 1931, 3541; *Baumbach/Lauterbach/Hartmann* Rn. 26; einschränkend RGZ 157, 33 und OGHZ 3, 238, 245; ausführlich und zT abw. *Winte* S. 273ff., S. 286ff. Zur abweichenden Rechtslage bei Erlass eines Teilversäumnisurteils vgl. BGH MDR 2001, 1046 = WM 2001, 1905 und Rn. 53.

[188] Grundlegend *Schumann* (Fn. 187); entsprechend BGHZ 24, 179, 180 = NJW 1957, 990. – Dagegen *Baumbach/Lauterbach/Hartmann* Rn. 26; s. im Übrigen die Nachw. in Fn. 187.

[189] OLG München HRR 1942, 652.

[190] RGZ 38, 426; BGH MDR 2001, 1046 = WM 2001, 1905 ; *Rosenberg/Schwab/Gottwald* (Fn. 186).

sen gebunden ist.[191] Letzterer hat die Kosten des Rechtsmittelverfahrens bei Erfolglosigkeit nach § 97 zu tragen,[192] der andere nur diejenigen seines evtl. unzulässig eingelegten, dann zu verwerfenden Rechtsmittels (s. zu Fn. 176). Die Rechtsmitteleinlegung setzt für jeden Streitgenossen eine eigene **Beschwer** voraus.[193] Da § 62 den Verlust des Rechtsmittels für einen Streitgenossen nicht verhindern kann und der Betreffende zwar Partei (in abhängiger Stellung), aber nicht Rechtsmittelkläger wird, ist er selbst durch ein ungünstiges Berufungsurteil nicht beschwert und kann deshalb auch nicht selbstständig Revision einlegen. Nur eine Revision durch den Berufungskläger lässt ihn an dem weiteren Verfahren beteiligt sein.[194] – Entsprechendes gilt für den Einspruch und für die Wiederaufnahmeklage.

f) Die **Rechtskraft** des einheitlichen Urteils gegen notwendige Streitgenossen tritt trotz Fristablauf gegenüber einem Streitgenossen erst ein, wenn keiner von ihnen es mehr anfechten kann (vgl. Rn. 52). Zweifelhaft ist die Beurteilung der Rechtskraft bei Erlass eines Teil(versäumnis)urteils gegen nur einen notwendigen Streitgenossen (vgl. oben Rn. 43). Ein zulässiges Prozessurteil (s. Rn. 47) kann sicher für sich (formell) rechtskräftig werden.[195] Bei einem unzulässigen (s. Rn. 50) Teilurteil wird die Rechtskraftfähigkeit, bzw. die Rechtskraftwirkung insbes. für den Fall einer ungünstigen Entscheidung gegen die Streitgenossen jetzt überwiegend verneint,[196] weil die anderen Streitgenossen durch die Rechtskraftwirkung benachteiligt werden; uU soll allerdings ein Teilurteil zugunsten eines notwendigen Streitgenossen mit Wirkung auch für die anderen rechtskräftig werden können.[197] Weder eine solche unterschiedliche Beurteilung noch aber die Verneinung der Rechtskraft sind gerechtfertigt.[198] Das zwar unzulässige Teilurteil ist keineswegs nichtig, sondern kann nach Ablauf der Rechtsmittel- bzw. Einspruchsfrist formell und materiell rechtkräftig werden[199] und damit auch das „Günstigkeitsprinzip" des § 62 überspielen. Allerdings muss den anderen Streitgenossen in diesem Fall fehlerhaften Verfahrens aus dem Aspekt des rechtlichen Gehörs die Befugnis zuerkannt werden, auch das nicht gegen ihn ergangene, aber Rechtskraft wirkende Urteil über eine dann trotz notwendiger Streitgenossenschaft zulässige Nebenintervention (s. § 66 Rn. 4) anzufechten;[200] nach Ablauf der Einspruchsfrist kommt noch eine Wiedereinsetzung in den vorigen Stand in Betracht.[201] Für den Gegner ist die Befugnis zur Anfechtung unproblematisch, da das Urteil eines jeden Streitgenossen ihm gegenüber erlassen und auch zugestellt wird. Ihm gegenüber tritt allerdings bei einem Urteil zugunsten aller Streitgenossen die Rechtskraft schon ein, wenn er nur gegenüber einem Streitgenossen die Rechtsmittelanfechtung unterlässt (s. Rn. 51). Wird das Urteil auf solche Weise gegenüber einem Streitgenossen rechtskräftig, so wird das gegenüber den anderen eingelegte Rechtsmittel zwar nicht unzulässig,[202] aber wegen der dann in beiden Alternativen des § 62 Abs. 1 eintretenden Rechtskrafterstreckung auf den Gegner unbegründet.[203] 53

VI. Rechtsbehelfe und Kosten

Für die **Rechtsbehelfe** gelten, abgesehen von den durch die Notwendigkeit einheitlicher Entscheidung bedingten Besonderheiten (s. Rn. 52) die für die einfache Streitgenossenschaft maßgeb- 54

---

[191] *Stein/Jonas/Bork* Rn. 42; *Rosenberg/Schwab/Gottwald* (Fn. 186).

[192] *Rosenberg/Schwab/Gottwald* (Fn. 186) m. weit. Nachw.

[193] RGZ 46, 415; RG Gruchot 39, 1125; *Stein/Jonas/Bork* Rn. 39 m. weit. Nachw.

[194] So zu Recht BSG NJW 1972, 175, 176. Vgl. auch BGH MDR 2001, 1046 = WM 2001, 1905 zu unterschiedlichsten Fallkonstellationen. – AA die hM; s. etwa *Gottwald* JA 1982, 64, 70 m. weit. Nachw.; *Stein/Jonas/Bork* Rn. 42; *Baumbach/Lauterbach/Hartmann* Rn. 26 („Ungereimtheit des § 62"); *Rosenberg/Schwab/Gottwald* § 49 IV 3c Fn. 48; vgl. auch *Schumann* (Fn. 187).

[195] *Thomas/Putzo/Hüßtege* Rn. 30. Wird die Rechtskraft eines Teilversäumnisurteils erster Instanz in der zweiten Instanz (der anderen Streitgenossen) verkannt, kann sie in der Revisionsinstanz wiederhergestellt werden: BGH MDR 2001, 1046 = WM 2001, 1905 sub II 1b.

[196] BGHZ 136, 376 = BGH NJW 1996, 1061 = WuB 1.96 *(Vollkommer):* Formelle und materielle Rechtskraft: ja – Rechtskraftwirkung gegenüber den anderen notwendigen Streitgenossen: nein; *Baumbach/Lauterbach/Hartmann* Rn. 23: trotz formeller Rechtskraft keine Wirksamkeit; *Stein/Jonas/Bork* Rn. 27: Urteil wird nicht rechtskräftig; *Thomas/Putzo/Hüßtege* Rn. 30: keine Rechtskraft gegen den andere Streitgenossen; s. auch *Zöller/Vollkommer* Rn. 31 und *Musielak/Weth* Rn. 21.

[197] *Zöller/Vollkommer* Rn. 31.

[198] Ausführlich dazu *Globisch* S. 120ff.

[199] S. namentlich RGZ 132, 349, 352, BGHZ 131, 376 = NJW 1996, 1060, 1061f. und BGH MDR 2001, 1046 = WM 2001, 1905; *Globisch* (Fn. 198); *Rosenberg/Schwab/Gottwald* § 49 IV 3e; Fn. 150.

[200] S. näher *Globisch* S. 100ff.

[201] Ausführlich und *differenzierend Globisch* S. 163ff.

[202] So aber BGHZ 23, 73 (Fn. 185); BGH FamRZ 1975, 405, 406; *Rosenberg/Schwab/Gottwald* § 49 IV 2.

[203] *Wieczorek/Schütze* Rn. 82; *Zöller/Vollkommer* Rn. 31.

lichen Regeln (s. § 59 Rn. 24). Entsprechendes gilt für die Kosten in Fällen notwendiger Streitgenossenschaft (s. § 59 Rn. 25).

VII. Rechtspolitische Überlegungen

55 Die Fülle der zu § 62 auftretenden Probleme zeigt deutlich die Unzulänglichkeit der gesetzlichen Regelung (vgl. schon Rn. 6). Eine Neuregelung müsste sowohl die Voraussetzungen der notwendigen Streitgenossenschaft präzisieren und zueinander abgrenzen als auch die prozessualen Folgen umfassender regeln.[204] Während Letzteres möglich erscheint, würde die Erarbeitung griffiger Formeln auf der Voraussetzungsseite allerdings kaum überwindliche Schwierigkeiten bereiten. Ein Versuch erscheint rechtspolitisch dennoch wünschenswert, die erforderliche gesetzgeberische Initiative aber wohl kaum realistisch.

§ 63 Prozessbetrieb; Ladungen

Das Recht zur Betreibung des Prozesses steht jedem Streitgenossen zu; zu allen Terminen sind sämtliche Streitgenossen zu laden.

1 **1. Normzweck. Normzweck** des § 63 ist es vor allem, die Selbstständigkeit der Streitgenossen bei ihren Aktivitäten zur Fortentwicklung des Prozesses herauszustellen (vgl. § 59 Rn. 22, § 61 Rn. 2ff.; § 62 Rn. 41ff.). Dem dient auch das durch die Amtsladung (§§ 214, 274, 497) bereits weitgehend gesicherte Gebot der Ladung sämtlicher Streitgenossen zu allen Terminen, das andererseits aber auch die Verbundenheit der Streitgenossen berücksichtigt. Eine solche Ladung ermöglicht im Übrigen bei einfacher Streitgenossenschaft den Erlass eines Versäumnisurteiles gegen den säumigen Streitgenossen (s. § 61 Rn. 6). § 63 ergänzt insoweit die Grundregelung des § 61.

2 **2. Anwendungsbereich.** Dem **Anwendungsbereich** der Vorschrift unterliegen sämtliche Fälle der einfachen oder notwendigen Streitgenossenschaft. Allerdings ergeben sich für das Recht zur Betreibung des Prozesses, aber auch für die Ladung Besonderheiten, sofern gegenüber einem Streitgenossen ein rechtskräftiges Urteil ergangen ist (s. Rn. 3, 4).

3 **3. Betreibung des Prozesses.** Das **Recht zur Betreibung des Prozesses** ergibt sich aus der Selbstständigkeit des einzelnen Streitgenossen (vgl. Rn. 1). Es umfasst jede auf Fortentwicklung des Verfahrens gerichtete Handlung, namentlich die Stellung von Anträgen. Das Recht entfällt **für alle Streitgenossen** – vorbehaltlich Wiedereinsetzung und Wiederaufnahme – mit dem Wegfall der Rechtshängigkeit durch rechtskräftige Gesamtentscheidung oder sonstige Erledigung (Prozessvergleich, Klagerücknahme, beiderseitige Erledigungserklärung). Auch der **einzelne Streitgenosse** wird auf diese Weise vom Prozess ausgeschlossen, soweit es sich um einfache Streitgenossenschaft handelt (s. § 61 Rn. 5ff.). Bei notwendiger Streitgenossenschaft besteht sein Betreibungsrecht hingegen bis zur Rechtskraft der gebotenen einheitlichen Entscheidung (s. § 62 Rn. 41ff.) oder bis zur sonstigen Erledigung. Einschränkungen ergeben sich aber bei Rechtskraft eines (an sich unzulässigen) Teilurteils gegen nur einen Streitgenossen (s. § 62 Rn. 53) sowie für den Fall, dass ein notwendiger Streitgenosse im Gegensatz zu anderen kein (zulässiges) Rechtsmittel gegen die einheitliche Entscheidung einlegt (s. § 62 Rn. 52).

4 **4. Ladungen und Zustellungen.** Die **Terminsladung sämtlicher Streitgenossen** hat von Amts wegen (s. Rn. 1) zu jeder Art Termin (s. § 62 Rn. 43) zu erfolgen, mag er auf Antrag eines beliebigen Streitgenossen oder von Amts wegen bestimmt worden sein. Entsprechendes gilt für die Fälle der Terminsbekanntmachung gem. §§ 341a, 520, 555. **Zustellungen** erfolgen analog § 63 an sämtliche Streitgenossen, soweit nicht – wie beim Teilurteil gegen einen einfachen Streitgenossen – lediglich der einzelne Streitgenosse betroffen ist.[1] Ein völlig ausgeschiedener einfacher Streitgenosse muss nicht geladen werden. Gleiches gilt bei Aussetzung usw. gegenüber einem solchen Streitgenossen.[2] Hingegen ist ein notwendiger Streitgenosse stets zu laden, selbst wenn er selbst kein (zulässiges) Rechtsmittel eingelegt hat (s. Rn. 3).

5 Bei einem Verstoß gegen § 63 2. Halbs. kann gegen einen nicht erschienenen Streitgenossen kein Versäumnisurteil ergehen, wohl aber gegenüber dem ordnungsgemäß geladenen gemeinsamen

---

[204] S. auch AK-ZPO/*Koch* Rn. 16 mit verschiedenen rechtspolitischen Überlegungen; zum Mehrparteienprozess vgl. oben Fn. 84 m. weit. Nachw.

[1] Vgl. *Baumbach/Lauterbach/Hartmann* Rn. 3; *Stein/Jonas/Bork* Rn. 2 für die Zustellung der Rechtsmittelschrift und -begründung.

[2] *Stein/Jonas/Bork* Rn. 3.

Gegner.[3] War ein notwendiger Streitgenosse ordnungsgemäß geladen, so wird er bei Säumnis im Termin gem. § 62 Abs. 1 durch die nicht säumigen Streitgenossen vertreten (s. näher § 62 Rn. 42ff.). Entsprechendes gilt für die Zulässigkeit einer Entscheidung nach Lage der Akten.

Titel 3. Beteiligung Dritter am Rechtsstreit

Allgemeines Schrifttum: *Bettermann,* Streitgenossenschaft, Beiladung, Nebenintervention und Streitverkündung, ZZP 90 (1977), 121; *Deckenbrock/Dötsch,* Terra incognita – Wegfall der Interventionswirkung bei Verkürzung von Rechtsmittelfristen?, JR 2004, 6: *Deubner,* Aktuelles Zivilprozessrechts, JuS 2005, 797; *Globisch,* Das Versäumnisurteil in der notwendigen Streitgenossenschaft, 1995, S. 110ff., S. 182ff.; *Häsemeyer,* Die Interventionswirkung im Zivilprozeß – prozessuale Sicherung materiell-rechtlicher Alternativverhältnisse, ZZP 84 (1971), 179; *ders.,* Drittinteressen im Zivilprozeß, ZZP 101 (1988), 385; *Jauernig,* Subjektive Grenzen der Rechtskraft und Recht auf rechtliches Gehör, ZZP 101 (1988), 361; *Kittner,* Streithilfe und Streitverkündung, JuS 1985, 703; *Lammenett,* Nebenintervention, Streitverkündung und Beiladung, 1976; *Laumen,* Streitverkündung, Interventionswirkung und Beweislastverteilung bei alternativer Vertragspartnerschaft, FS Baumgärtel, 1990, S. 281; *Luckey,* Der Dritte im Bunde (und im Zivilprozess), ProzRB 2004, 247ff., 283ff.; *W. Lüke,* Die Beteiligung Dritter im Zivilprozeß, 1993; *Marotzke,* Urteilswirkungen gegen Dritte und rechtliches Gehör, ZZP 100 (1987), 164; *Schlosser,* Gestaltungsklagen und Gestaltungsurteile, 1966; *K. Schmidt,* Mehrparteienprozess, Streitverkündung und Nebenintervention bei Gestaltungsprozessen im Gesellschaftsrecht, FS Beys, 2003, 1485; *Schreiber,* Der Ausschluß verzögerten Vorbringens im Zivilprozeß als Folge von Streitverkündung, Rechtskraft oder arglistigem Verhalten, Jura 1980, 75; *Schultes,* Beteiligung Dritter am Zivilprozeß, 1994; *ders.,* Zuladung im Zivilprozeß; Jahrbuch junger Zivilrechtswissenschaftler 1994, S. 237; *Stahl,* Beiladung und Nebenintervention, 1972; *Vollkommer,* Streitgenössische Nebenintervention und Beiladungspflicht nach Art. 103 Abs. 1 GG, 50 Jahre BGH – Festgabe der Wissenschaft (2000), Band III, S. 127; *Walder-Richli,* Prozeßbeitritt und streitgenössische Nebenintervention, Festschrift für Gaul, 1997, S. 779; *Waldner,* Anspruch auf rechtliches Gehör, 2. Aufl. 2000; *Wertenbruch,* Die Haftung von Gesellschaften und Gesellschaftsanteilen in der Zwangsvollstreckung, 2000, S. 341ff. **Schrifttum zur Hauptintervention:** *Heim,* Die Hauptintervention, 1907; *Koussoulis,* Aktuelle Probleme der Hauptintervention, ZZP 100 (1987), 211; *Pfeiffer,* Rechtsberühmung oder Schlüssigkeit als Zulässigkeitsvoraussetzung der Hauptintervention, ZZP 111 (1998), 131f. **Schrifttum zur Nebenintervention:** *von Falkenhausen/Kocher,* Zulässigkeitsbeschränkungen für die Nebenintervention bei der aktienrechtlichen Anfechtungsklage, ZIP 2004, 1179; *Fuhrmann,* Verspätetes Vorbringen des Streithelfers, NJW 1982, 978; *Gerhardt,* Zum Recht des Konkursverwalters, im Prozeß die Konkursanfechtung als Nebenintervenient geltend zu machen, KTS 1984, 177; *Martens,* Grenzprobleme der Interventionswirkung, ZZP 85 (1972), 77; *Schneider,* Über die Interventionswirkungen im Folgeprozeß, MDR 1961, 3; *Schulze,* Verspätetes Vorbringen durch den Streithelfer, NJW 1982, 2663; *Sturm,* Die Nebenintervention bei der aktienrechtlichen Anfechtungsklage, NZG 2006, 921; *Waclawik,* Hilfe zur Selbsthilfe? – Der Beitritt von Aktionären als Nebenintervenienten im aktienrechtlichen Anfechtungsprozess, WM 2004, 1361; *Walsmann,* Die streitgenössische Nebenintervention, 1905; *Wieser,* Das rechtliche Interesse des Nebenintervenienten, 1965; *ders.,* Die Interventionswirkung nach § 68 ZPO, ZZP 79 (1966), 246; *Windel,* Zur prozessualen Stellung des einfachen Streithelfers (§§ 67, 71 Abs. 3 ZPO), ZZP 104 (1991), 321; *ders.,* Der Interventionsgrund des § 66 Abs. 1 ZPO als Prozeßführungsbefugnis, 1992. **Schrifttum zur Streitverkündung:** *Bischof,* Die Streitverkündung, JurBüro 1984, 969, 1141, 1309; *ders.,* Praxisprobleme der Streitverkündung, MDR 1999, 787; *Bruns,* Die Erweiterung der Streitverkündung in den Gesetzgebungsarbeiten zur Novelle der deutschen Zivilprozeßordnung, Festschrift für Schima, 1969, S. 111; *Eibner,* Möglichkeiten und Grenzen der Streitverkündung, 1986; *ders.,* Aktuelle Probleme des Streitverkündungsrechts, JurBüro 1988, 149 und 281; *Hoeren,* Streitverkündung im selbständigen Beweisverfahren, ZZP 108 (1995), 343; *Kittner,* Streithilfe und Streitverkündung, JuS 1985, 703; 1986, 131 und 624; *Mansel,* Gerichtsstandsvereinbarung und Ausschluß der Streitverkündung durch Prozeßvertrag, ZZP 109 (1996), 61; *Werres,* Die Wirkungen der Streitverkündung und ihre Grenzen, NJW 1984, 208; *Wieser,* Streitverkündung im Verfahren zur Feststellung der nichtehelichen Vaterschaft, FamRZ 1971, 393. **Schrifttum zum Forderungsprätendentenstreit und zur Urheberbenennung:** *Heimann,* Die Problematik der dogmatischen Qualifizierung der Interventionsfiguren Hauptintervention, Forderungsprätendentenstreit und Urheberbenennung, 1996; *Peters,* Beweislast und Anspruchsgrundlagen im Streit der Forderungsprätendenten, NJW 1996, 1246; *Picker,* Hauptintervention, Forderungsprätendentenstreit und Urheberbenennung – zugleich ein Beitrag zum Thema Prozeßrecht und materielles Recht –, FS Flume, 1978, Bd. I, S. 649. **Schrifttum zum Kapitalanleger-Musterverfahrensgesetz:** *Lüke,* Der Musterentscheid nach dem neuen Kapitalanleger-Musterverfahrensgesetz, ZZP 119 (2006), S. 131ff.; *Gebauer,* Zur Bindungswirkung des Musterentscheids nach dem Kapitalanleger-Musterverfahrensgesetz, ZZP 119 (2006), S. 159ff.; *Möllers/Weichert,* Das Kapitalanleger-Musterverfahrensgesetz, NJW 2005, 2738ff.

---

[3] *Musielak/Weth* Rn. 2; *Zöller/Vollkommer* Rn. 2.

§ 64 Hauptintervention

Wer die Sache oder das Recht, worüber zwischen anderen Personen ein Rechtsstreit anhängig geworden ist, ganz oder teilweise für sich in Anspruch nimmt, ist bis zur rechtskräftigen Entscheidung dieses Rechtsstreits berechtigt, seinen Anspruch durch eine gegen beide Parteien gerichtete Klage bei dem Gericht geltend zu machen, vor dem der Rechtsstreit im ersten Rechtszug anhängig wurde.

I. Normzweck und Anwendungsbereich

1 **1. Normzweck. Normzweck** der Bestimmungen (§§ 64, 65) über die Hauptintervention (Einmischungsklage, Einwirkungsklage) ist es, einem Dritten während eines Prozesses zwischen anderen Personen die Möglichkeit der Rechtsverfolgung vor dem bereits angerufenen Gericht zu gewähren, wenn der Dritte das umstrittene Recht gegen beide Parteien für sich in Anspruch nehmen will.[1] Es handelt sich trotz der Einordnung unter den entsprechenden Titel allenfalls im weitesten Sinne um eine „Beteiligung Dritter am Rechtsstreit“,[2] eigentlich aber um eine selbstständige Klage des Dritten gegen beide Parteien des Erstprozesses („Hauptprozesses“, vgl. § 65).

2 Die Bedeutung dieser Regelung erschöpft sich nicht in der prozessualen Verbindung zweier Klagen gegen die Erstparteien mit besonderer Zuständigkeitsregelung.[3] Die Hauptintervention dient der Verwirklichung des materiellen Rechts des Dritten gegenüber den Erstparteien, durch deren Prozess die Rechtsstellung des Dritten auch wegen der Rechtsanmaßung beeinträchtigt werden kann.[4] Deshalb handelt es sich allerdings noch nicht um eine ihrer **Rechtsnatur** nach negatorische Klage auf Durchsetzung eines materiell-rechtlichen Abwehranspruchs (etwa iSd. § 1004 BGB).[5] Neben der Abwehr fremder Rechtsverfolgung steht die Durchsetzung eigener Aktivleistungsansprüche als mögliche Grundlage der Intervention, insbesondere des Anspruchs auf Leistung der Sache oder Realisierung des reklamierten Rechts, der schon vom Wortlaut des § 64 in erster Linie erfasst ist.[6] Die Bestimmung gewährleistet eine prozessuale Lösung dieser materiell-rechtlichen Interessenkonflikte,[7] ohne dass es etwa der Annahme eines besonderen „Interventionsanspruchs“ bedürfte.[8] Der „Interventionsgrund“ (s. Rn. 6 ff.) erlaubt und verlangt den Durchgriff auf das materielle Recht, das sich aber nicht in der Negatoria erschöpft. Die Interventionsklage kann je nach ihrem Ziel materielle Leistungs- oder Feststellungsklage sein (s. noch Rn. 12, 14). Insoweit unterscheidet sie sich von den auf – hier unnötige – prozessuale Gestaltung (Unzulässigerklärung der Zwangsvollstreckung) gerichteten Klagen nach §§ 767, 771. Auf dieser Grundlage präzisiert sich der Zweck der Bestimmungen über die Hauptintervention auf die „Minderung der Prozesse und ... Vermeidung widersprechender Urteile“,[9] die Durchsetzung von Aktivrechten des Dritten und die Abwehr von Rechtsbeeinträchtigungen durch die Erstparteien.

3 **2. Anwendungsbereich.** Der **Anwendungsbereich** der §§ 64 f. ist abzugrenzen gegenüber Nebenintervention (§ 66), Forderungsprätendentenstreit (§ 75) und Urheberbenennung (§§ 76 f.) einerseits sowie gegenüber der Drittwiderspruchsklage (§ 771) andererseits. Bei einer **Nebenintervention** wird der Dritte lediglich Gehilfe der unterstützten Partei im bisherigen Prozess, während durch die Hauptintervention ein zusätzliches, selbstständiges Urteilsverfahren eröffnet wird. Im **Prätendentenstreit** und bei **Urheberbenennung** macht der Dritte wie bei der Hauptintervention eine eigene Berechtigung geltend, übernimmt aber im Falle seines Beitritts den Prozess auf Beklagtenseite anstelle des erfüllungsbereiten bisherigen Beklagten, der zu entlassen ist; es bleibt also bei lediglich einer Klage. Zudem wird der Hauptintervenient von sich aus tätig, während der Prätendent oder Urheber durch den Erstbeklagten zur Übernahme des Prozesses veranlasst wird[10] (s.

---

[1] OLG Frankfurt NJW-RR 1994, 957.

[2] Vgl. etwa *Stein/Jonas/Bork* § 64 Rn. 1; *Wiezorek/Mansel* Vor § 64 Rn. 4; *Bruns* Rn. 65.

[3] So aber ganz hM; s. nur *Stein/Jonas/Bork* Rn. 1; w. Nachw. bei *Picker* S. 659.

[4] Grundlegend und ausführlich *Picker* S. 649, 664 ff.; zustimmend *Koussoulis* ZZP 100 (1987), 211, 217 ff.; *A. Blomeyer* § 110 I; ähnlich *W. Lüke*, S. 357 ff.

[5] S. aber die Autoren zu Fn. 4; insoweit zu Recht abl. *Rosenberg/Schwab/Gottwald* § 52 II 2 c; ausführlich *Wieczorek/Mansel* Rn. 5 f.

[6] S. auch die Motive S. 84: „die Befugnis eingeräumt, seinen Anspruch auf den Streitgegenstand gegen beide Parteien als Streitgenossen in einer Klage geltend zu machen“; dagegen *Heimann* S. 42 f.

[7] Vgl. zur ähnlichen Situation in den Fällen der §§ 767, 771 *Rosenberg/Gaul/Schilken* § 40 II 2, § 41 II 2.

[8] Zutreffend insoweit *Stein/Jonas/Bork* Rn. 2.

[9] Motive S. 84.

[10] *Rosenberg/Schwab/Gottwald* § 52 I; s. aber auch (gegen eine scharfe Trennung) *Picker* S. 710 ff. m. Fn. 193; *Bruns* Rn. 69 b: „vereinfachte Hauptintervention“, m. weit. Nachw.

näher § 75 Rn. 6). Mit der **Drittwiderspruchsklage** hat eine Hauptintervention die klageweise Wahrung eines eigenen Rechts gemeinsam, das von einem anderen – hier allerdings im Erkenntnisverfahren, dort in der Zwangsvollstreckung – in Anspruch genommen wird. Im Falle der Herausgabevollstreckung aus einem nur vorläufig vollstreckbaren Urteil ist die Wahl beider Klagen möglich, diejenige nach § 771 aber zweckmäßig.[11]

II. Voraussetzungen

1. Anhängiger Rechtsstreit. Es muss gem. § 64 ein **Rechtsstreit** über eine Sache oder ein Recht zwischen anderen Personen **anhängig** sein, nicht aber ein Verfahren des einstweiligen Rechtsschutzes[12] oder ein Schiedsgerichtsverfahren.[13] Rechtshängigkeit ist nicht erforderlich, so dass § 64 auch im Mahnverfahren[14] und überhaupt anwendbar ist, solange ein Rechtsstreit anhängig ist, sei es auch in höherer Instanz;[15] spätere Anhängigkeit führt zur Heilung, nachträglicher Wegfall durch rechtskräftige Entscheidung, Vergleich, Erledigung oder Klagerücknahme schadet nicht.[16] 4

2. Rechtsstreit zwischen anderen Personen. Der **Rechtsstreit** muss **zwischen anderen Personen** anhängig (s. Rn. 4) sein. Der Dritte darf also im Erstprozess nicht Partei sein, wohl aber Nebenintervenient.[17] 5

3. Interventionsgrund. Gegenstand des Rechtsstreites muss eine **Sache,** idR ein Recht an einer Sache oder auf sie[18] – anders bei possessorischen Klagen[19] –, oder ein Recht aller (anderen) Art sein. Der Dritte muss die Sache oder das Recht ganz oder teilweise **für sich in Anspruch nehmen** (sog. **Interventionsgrund**). Die Bedeutung dieser Voraussetzung ist umstritten.[20] Richtiger Ansicht nach[21] genügt die Geltendmachung einer Rechtsposition, die durch die Prozessführung im Erstprozess rechtlich beeinträchtigt wird, so dass dessen Erfolg mit dem materiellen Recht unvereinbar wäre.[22] Die jeweils beanspruchten Rechtspositionen müssen sich nicht unbedingt gegenseitig völlig ausschließen, wie schon die Formulierung **„ganz oder teilweise"**[23] verdeutlicht,[24] also zB nicht gerade auf die Erlangung desselben umstrittenen Leistungsgegenstandes gerichtet sein. Entscheidend ist, dem Zweck des § 64 entsprechend (s. Rn. 1), die Gewährleistung des materiellen Rechts im Wege der Abwehr von Beeinträchtigungen oder (sogar) aktiver Durchsetzung. Insoweit ergibt sich zugleich die Interventionsprozessführungsbefugnis des Dritten aus § 64.[25] 6

Stützt sich die Hauptintervention auf die Inanspruchnahme einer bestimmten Sache, so ist eine Identität des dahinterstehenden Rechts an der Sache oder auf die Sache nicht erforderlich, sofern nur die Begehren des Erstklägers und des Dritten gegen den Erstbeklagten nicht miteinander vereinbar sind.[26] Es kann sich also einerseits um die Geltendmachung eines dinglichen, andererseits eines schuldrechtlichen Anspruchs handeln. Konkurrieren schuldrechtliche Ansprüche auf eine Sache (zB aus § 433 Abs. 1 BGB) miteinander, so fehlt es idR an einem (Abwehr-)Anspruch des Dritten, doch kann dies – etwa im Fall des § 556 Abs. 1 und 3 BGB – auch anders sein.[27] Umgekehrt ist 7

---

[11] *Rosenberg/Gaul/Schilken* § 41 XII 4 m. weit. Nachw.; vgl. *Rosenberg/Schwab/Gottwald* (Fn. 10) m. Nachw.

[12] Vgl. OLG Frankfurt NJW 1985, 811; *Musielak/Weth* Rn. 3.

[13] Zur Möglichkeit einer Hauptintervention zum Schiedsgericht s. *Heim* S. 42; *Rosenberg/Schwab/Gottwald* § 52 II 2a.

[14] *Picker* S. 705f.; *Schilken* JR 1984, 446, 447. – AA die hM; s. nur *Stein/Jonas/Bork* Rn. 4d; *Wieczorek/Schütze* Rn. 14, jew. m. weit. Nachw.; vgl. auch BGH NJW 1975, 929.

[15] Motive S. 85.

[16] *Stein/Jonas/Bork* Rn. 6 m. weit. Nachw.

[17] RGZ 46, 404; BayObLG SeuffA 54, 333, 335.

[18] *Heim* S. 44ff.; *Stein/Jonas/Bork* Rn. 9; *Rosenberg/Schwab/Gottwald* § 52 II 2c.

[19] Vgl. OLG Düsseldorf MDR 1970, 1017.

[20] S. ausführlich *Picker* S. 666ff. m. weit. Nachw.

[21] S. namentlich *Rosenberg/Schwab/Gottwald* § 52 II 2c.

[22] *Koussoulis* ZZP 100 (1987), 211, 222f.; *Rosenberg/Schwab/Gottwald* § 52 II 2c; nach *Picker* S. 668f. genügt schon die Durchsetzbarkeit dieser Rechtsposition gegenüber den Erstparteien, doch besteht allein deshalb noch keine Beeinträchtigung.

[23] Vgl. Motive S. 85.

[24] S. die Nachw. in Fn. 22; *A. Blomeyer* § 110 I. Zu eng (Ausschluss) die hM; s. nur *Stein/Jonas/Bork* Rn. 8 m. Nachw. zur Rspr.

[25] Vgl. *Koussoulis* ZZP 100 (1987), 211, 220ff., der allerdings die „Inanspruchnahme" zu Unrecht *nur* auf diese prozessuale Befugnis bezieht.

[26] BayObLG SeuffA 54, 333; 334f.; *Stein/Jonas/Bork* Rn. 9 m. weit. Nachw.; *Rosenberg/Schwab/Gottwald* (Fn. 21); s. auch *Picker* S. 663 sowie *W. Lüke*, S. 366.

[27] Ausführlich *Picker* S. 670ff.; s. ferner *Rosenberg/Schwab/Gottwald* (Fn. 21).

eine Hauptintervention ohne weiteres möglich, wenn sich der Dritte eines im Streit befindlichen dinglichen Rechts berühmt;[28] Schlüssigkeit ist nicht erforderlich.[29]

8 Geht es im Erstprozess um ein nicht „sachbezogenes" **Recht,** namentlich um eine solche Forderung,[30] so ist die Identität des Rechts, abgesehen von der Person des Berechtigten, hingegen erforderlich,[31] nicht aber eine Identität der Rechtsschutzform (Leistungsklage-Feststellungsklage möglich).[32] Es kommen vor allem Zuständigkeitsstreitigkeiten in Zessionsfällen in Betracht,[33] uU aber auch Kollisionen zwischen Vollrecht und Pfandrecht[34] oder auch nur zwischen Prozessführungsrechten.[35] Die Hauptintervention ist danach zB dem Pfändungsgläubiger nach Überweisung zur Einziehung[36] im Prozess des Schuldners gegen den Drittschuldner möglich, nicht aber dem Hypothekar bei Herausgabeklage des Eigentümers gegen den Besitzer[37] oder dem Eigentümer bei Herausgabeklage eines Dritten gegen den vorgeblichen Eigenbesitzer, solange ein fälliger Herausgabeanspruch des Eigentümers gegen den Dritten (zB wegen Mietvertrages) noch nicht besteht.[38]

9 Im Falle eines Rechtserwerbes des Dritten nach Eintritt der Rechtshängigkeit im Erstprozess – auch bei Pfändung und Überweisung einer streitbefangenen Forderung[39] – sind die Bestimmungen des § 265 Abs. 2 S. 2 und Abs. 3[40] zu beachten.[41]

10 **4. Allgemeine Prozessvoraussetzungen.** Die **allgemeinen Prozessvoraussetzungen** müssen neben den in § 64 erwähnten (s. Rn. 3ff.) besonderen Voraussetzungen der Hauptintervention ebenfalls gegeben sein, wie sich aus der Regelung ihrer Geltendmachung „durch ... Klage" ohne weiteres ergibt. **Besonderheiten** ergeben sich für die Zuständigkeit (s. Rn. 11), die Verbindung der Beklagten als Streitgenossen (s. Rn. 12), das Rechtsschutzinteresse im Falle einer Feststellungsklage (s. Rn. 13) sowie für die Prozessführungsbefugnis des Hauptintervenienten (s. Rn. 14).

11 **a)** Das Gericht des Erstprozesses erster Instanz ist für die Interventionsklage ausschließlich örtlich und sachlich zuständig,[42] auch wenn dieser Prozess in höherer Instanz anhängig ist (zu Aussetzung und Verbindung s. Rn. 15 und § 65 Rn. 1). Eine Wahlmöglichkeit besteht nur insofern, als der Dritte sich zu Einzelklagen gegen die Parteien des Erstprozesses entschließen kann, die den allgemeinen Regeln unterliegen. Bei Verweisung des Erstprozesses ist das jetzt befasste Gericht zuständig, während eine Verweisung nach Rechtshängigkeit der Interventionsklage die Zuständigkeit nicht mehr verändert (§ 261 Abs. 3 Nr. 2).[43] Die Zuständigkeitsregelung bezieht sich nicht auf die einzelne Spruchabteilung oder Spruchkammer des Erstgerichts, etwa die Kammer für Handelssachen (vgl. § 103 GVG).[44]

12 **b)** Die Parteien des Erstprozesses werden im Interventionsprozess **Streitgenossen** auf Beklagtenseite, ohne dass die Voraussetzungen der §§ 59f. vorliegen müssten. Eine notwendige Streitgenossenschaft entsteht nur unter den Bedingungen des § 62, nicht allein wegen der Zulässigkeit der Hauptintervention.[45]

13 **c)** Als Rechtsform der Hauptintervention kommt namentlich gegenüber dem Kläger des Erstprozesses häufig eine Feststellungsklage in Betracht (s. noch Rn. 15). Das erforderliche rechtliche Interesse iSd. § 256 Abs. 1 **(Feststellungsinteresse)** ist ohne weiteres anzunehmen, sofern die besonderen Zulässigkeitsvoraussetzungen der Hauptintervention nach § 64 (s. Rn. 4 bis 9) gegeben

---

[28] S. etwa RGZ 61, 241 zum Eigentumsherausgabeanspruch.
[29] Ausführlich *Pfeiffer* ZZP 111 (1998), 131ff. m. weit. Nachw.; aA zB *Rosenberg/Schwab/Gottwald* § 52 II 2c (2).
[30] S. etwa RGZ 17, 339; 100, 60; RG JW 1895, 380; OLG Braunschweig OLGR 17, 101.
[31] BAGE 43, 312, 316f.; *Stein/Jonas/Bork* Rn. 10; *Zöller/Vollkommer* Rn. 3; *Rosenberg/Schwab/Gottwald* § 52 II 2c; abl. *Picker* S. 666f.
[32] BAG (Fn. 31); OLG Frankfurt NJW-RR 1994, 957f.; *Koussoulis* ZZP 100 (1987), 211, 229; *Zöller/Vollkommer* Rn. 3.
[33] S. näher *Rosenberg/Schwab/Gottwald* § 52 II 2c.
[34] Eingehend *Picker* S. 703ff. m. weit. Nachw.
[35] *Stein/Jonas/Bork* Rn. 10; vgl. auch *Koussoulis* ZZP 100 (1987), 211, 224f.
[36] RGZ 20, 420; RG JW 1895, 380; aA (schon ab Pfändung) *Picker* S. 704.
[37] RGZ 14, 341; *Picker* S. 702 und hM; jetzt auch *Wieczorek/Mansel* Rn. 34.
[38] *W. Lüke* S. 366; *Rosenberg/Schwab/Gottwald* § 52 II 2c. – AA *Picker* S. 663.
[39] RGZ 20, 420.
[40] S. *Schilken,* Veränderungen der Passivlegitimation im Zivilprozeß, 1987, S. 53.
[41] Vgl. *Stein/Jonas/Bork* Rn. 11; *Rosenberg/Schwab/Gottwald* § 52 II 2d.
[42] *Rosenberg/Schwab/Gottwald* § 52 II 1a m. weit. Nachw.
[43] *Stein/Jonas/Bork* Rn. 14; *Wieczorek/Mansel* Rn. 40; *Rosenberg/Schwab/Gottwald* § 52 II 1a m. weit. Nachw. – AA LG München I NJW 1967, 787; *Zöller/Vollkommer* Rn. 4.
[44] *Heim* S. 60; *Stein/Jonas/Bork* Rn. 15; *Kissel/Mayer* § 103 GVG, Rn. 2; *Rosenberg/Schwab/Gottwald* § 52 II 1a; *Wieczorek/Mansel* Rn. 48.
[45] Vgl. RGZ 17, 339, 340; 64, 321, 322; 100, 60, 61f.

sind. Eines Rückgriffes auf die Abwehr etwaiger Rechtskraftwirkungen – Rechtskrafterstreckung oder Drittwirkung – des Erstprozesses zulasten des Hauptintervenienten[46] bedarf es dazu nicht.

d) Die **Prozessführungsbefugnis** für die Hauptintervention folgt ebenfalls unmittelbar aus § 64 insofern, als die erforderliche Inanspruchnahme (s. Rn. 5) voraussetzt, dass der Intervenient ein Recht geltend macht, für dessen Realisierung er prozessführungsbefugt sein muss.[47] Es kann sich um ein eigenes Recht oder einen Fall der Prozessstandschaft handeln (s. Rn. 7). 14

III. Geltendmachung der Hauptintervention

Die **Geltendmachung** der Hauptintervention erfolgt durch eine **Klage** gegen beide Parteien des Erstprozesses, nicht notwendig in derselben Klageform und mit denselben Anträgen (s. Rn. 8). Zwar sind Leistungsanträge gegenüber beiden Parteien denkbar,[48] aber auch jegliche Kombination von Leistungs- und Feststellungsklage.[49] Regelmäßig wird der Intervenient (negative) Feststellung gegenüber dem Erstkläger und Leistung vom Erstbeklagten begehren.[50] – Gem. § 82 umfasst die Vollmacht für den Hauptprozess auch diejenige für das Hauptinterventionsverfahren, so dass die Interventionsklage an die Prozessbevollmächtigten der Parteien des Erstprozesses zugestellt werden kann, aber (arg. § 178) nicht muss.[51] Die in der Hauptintervention verbundenen Verfahren können sich – vorbehaltlich des § 62 – unterschiedlich entwickeln (s. § 61 Rn. 6). Insbesondere ist der Erlass eines Teilurteils gegen einen Beklagten[52] oder teilweise Rechtsmitteleinlegung[53] möglich. 15

IV. Interventionsprozess und Erstprozess

Interventionsprozess und **Erstprozess** sind verfahrensmäßig voneinander unabhängig und können getrennt entschieden werden.[54] Das jeweilige Urteil wirkt keine Rechtskraft für die Entscheidung des anderen Prozesses allein aufgrund der Tatsache der Hauptintervention. Es lässt freilich denkbare Rechtskraftwirkungen aus anderen Gründen unberührt.[55] Angesichts dieser Selbstständigkeit sind Verbindung (§ 147) oder Aussetzung (§§ 65, 148) des Erstprozesses bis zur Entscheidung des Hauptprozesses nicht zwingend geboten, allerdings in aller Regel zweckmäßig.[56] Dabei kommt eine Aussetzung vor allem in Betracht, wenn sich die Verfahren in unterschiedlicher Instanz befinden (s. noch § 65 Rn. 1). Der Gefahr doppelter Verurteilung kann der Beklagte des Erstprozesses im Übrigen entgegenwirken, indem er dem dortigen Kläger im Interventionsprozess unter den Voraussetzungen des § 72 den Streit verkündet.[57] Hauptintervention und Nebenintervention des Dritten wegen desselben Streitgegenstandes schließen sich hingegen aus.[58] 16

V. Kosten

Hinsichtlich der **Kosten** gelten keine Besonderheiten. Es entstehen die Gebühren des normalen ordentlichen Prozesses. 17

---

[46] So *Koussoulis* ZZP 100 (1987), 211, 225 ff.; vgl. auch *ders.*, Beiträge zur modernen Rechtskraftlehre, 1986, S. 158.
[47] Vgl. *Koussoulis* ZZP 100 (1987), 211, 220 ff.
[48] S. *Heim* S. 40; *Koussoulis* ZZP 100 (1987), 211, 229.
[49] S. näher *Koussoulis* (Fn. 47); vgl. ferner *Heim* S. 39 ff.
[50] *Rosenberg/Schwab/Gottwald* § 52 III 1 m. Nachw.
[51] *Stein/Jonas/Bork* Rn. 13; *Rosenberg/Schwab/Gottwald* § 52 III 2; aA RGZ 15, 428.
[52] *Rosenberg/Schwab/Gottwald* § 52 III 4; hM. – AA RG JW 1928, 1742, 1744.
[53] RGZ 17, 339.
[54] Insoweit unstr.; vgl. auch *Picker* S. 707 ff. m. weit. Nachw.
[55] AK-ZPO/*Koch* Rn. 1; *Baumbach/Lauterbach/Hartmann* Rn. 8; *Stein/Jonas/Bork* Rn. 20 f. m. weit. Nachw.; *A. Blomeyer* § 110 III 4; *Rosenberg/Schwab/Gottwald* § 52 IV; ganz hM; *Koussoulis* ZZP 100 (1987), 211, 225 ff. geht von (drohender) Drittwirkung – in Prozessstandschaftsfällen von Rechtskrafterstreckung – des Urteils im Erstprozess aus, doch kann dies pauschal nicht angenommen werden.
[56] *A. Blomeyer* § 110 III 3; *Rosenberg/Schwab/Gottwald* § 52 III 3. – Weitergehend *Picker* S. 707 ff., 710; anscheinend auch *Zeiss* § 88.
[57] *A. Blomeyer* § 110 III 4; *Rosenberg/Schwab/Gottwald* § 52 IV.
[58] *Koussoulis* ZZP 100 (1987), 211, 213 f., 227; anders RGZ 10, 398; s. aber auch BayObLG SeuffA 48, 217.

§ 65 Aussetzung des Hauptprozesses

Der Hauptprozess kann auf Antrag einer Partei bis zur rechtskräftigen Entscheidung über die Hauptintervention ausgesetzt werden.

Schrifttum: S. die Angaben vor § 64.

1 **1. Aussetzung.** Im Falle einer Hauptintervention ist die **Aussetzung** des Hauptprozesses (Erstprozesses) nach § 148 von Amts wegen,[1] nach § 65 aber auch **auf Antrag einer Partei** möglich. Der Erstprozess darf selbstverständlich noch nicht rechtskräftig entschieden sein.[2] Er kann sich aber durchaus in höherer Instanz befinden, zumal sonst meist eine Verbindung gem. § 147 sachgerechter sein wird.[3] Antragsberechtigte **Partei** iSd. § 65 ist nach hM[4] nicht der Hauptintervenient,[5] sondern lediglich der Kläger und der Beklagte des Erstprozesses. Interessegerecht ist aber zum Schutz der Hauptintervenienten[6] eine andere Auslegung des § 65, die der Wortlaut der Bestimmung auch zulässt, da er nicht eindeutig auf die „Partei" des Hauptprozesses beschränkt ist. Allerdings steht die Entscheidung über die Aussetzung auch dann im Ermessen („kann") des Gerichts.[7] Verfahren und Wirkungen richten sich nach den gem. §§ 148, 248 ff. maßgeblichen Grundsätzen, ebenso die Rechtsmittel (s. § 148 Rn. 17). Die Aussetzung kann nach § 65 bis zur rechtskräftigen Entscheidung über die Hauptintervention erfolgen.

2 **2. Vollstreckung.** Ein vorläufig vollstreckbares Urteil im Hauptprozess kann ohne Rücksicht auf die Hauptintervention vollstreckt werden, da die beiden Prozesse rechtlich voneinander unabhängig sind (s. § 64 Rn. 15). Auch eine Einstellung der Zwangsvollstreckung mit Rücksicht auf den Interventionsprozess ist nicht zulässig.[8] Lediglich über Arrest (§ 916) oder einstweilige Verfügung (§ 935) ist eine Sicherung des Rechtes des Hauptintervenienten möglich.[9]

§ 66 Nebenintervention

(1) Wer ein rechtliches Interesse daran hat, dass in einem zwischen anderen Personen anhängigen Rechtsstreit die eine Partei obsiege, kann dieser Partei zum Zwecke ihrer Unterstützung beitreten.

(2) Die Nebenintervention kann in jeder Lage des Rechtsstreits bis zur rechtskräftigen Entscheidung, auch in Verbindung mit der Einlegung eines Rechtsmittels, erfolgen.

Übersicht

[1] *Stein/Jonas/Bork* Rn. 1; vgl. OLG Hamburg SeuffA 41, 347.

[2] Motive S. 85; OLG Hamburg OLGR 9, 52. Zur (subsidiären) Aussetzungsmöglichkeit des Interventionsprozesses gem. § 148 vgl. OLG Düsseldorf OLGR 2003, 14 = JurBüro 2002, 598.

[3] *Picker* S. 709 f.

[4] So aber *Picker* S. 707 ff., 710; *Heim* S. 67; *Wieczorek/Mansel* Rn. 1; wohl auch *A. Blomeyer* § 110 III 3. Vgl. auch OLG Frankfurt NJW-RR 1994, 957; OLG Hamburg OLGR 1996, 94.

[5] So aber *Picker* S. 707 ff., 710; *Heim* S. 67; *Wieczorek/Mansel* Rn. 1; wohl auch *A. Blomeyer* § 110 III 3. Vgl. auch OLG Frankfurt NJW-RR 1994, 957; OLG Hamburg OLGR 1996, 94.

[6] Ausführlich *Picker* (Fn. 5).

[7] OLG Hamburg OLGR 9, 52; *Baumbach/Lauterbach/Hartmann* Rn. 4; *Stein/Jonas/Bork* Rn. 1.

[8] *Baumbach/Lauterbach/Hartmann* Rn. 4; *Stein/Jonas/Bork* Rn. 2; *Zöller/Vollkommer* Rn. 1.

[9] S. Nachweise in Fn. 8.

I. Normzweck und Anwendungsbereich

1. Normzweck. Normzweck der Regelung des § 66[1] ist es entsprechend der Absicht des Gesetzgebers,[2] einem Dritten die Einflussnahme auf einen zwischen anderen Parteien anhängigen Prozess durch Unterstützung einer Partei zu ermöglichen, wenn sich die Entscheidung des Prozesses auf seine Rechtsstellung negativ (s. noch Rn. 9) auswirken kann. Dabei sind ganz verschiedene Wirkungen denkbar (s. Rn. 5 ff.), die der Dritte im Falle der Nebenintervention zu seinen Gunsten beeinflussen kann. Jedenfalls aus heutiger Sicht ist die Nebenintervention damit auch als Instrument der Gewährung rechtlichen Gehörs anzusehen.[3] Als Effekt tritt hinzu die Vermeidung widersprüchlicher Prozessergebnisse,[4] uU auch der Verringerung der Zahl der Prozesse; daher dient sie auch der Rechtssicherheit und Prozessökonomie.[5] Zugleich ermöglicht die Beteiligung des Dritten in vielen Fällen eine bessere Aufklärung des Sachverhaltes im Rahmen des Verhandlungsgrundsatzes.[6] Die Unterstützung der begünstigten Partei ist schließlich ein weiterer (Neben-)Effekt der Streithilfe.[7] 1

2. Anwendungsbereich. Der **Anwendungsbereich** des § 66 hängt mit dem jedoch unbestimmten Tatbestandsmerkmal des „anhängigen Rechtsstreits" (s. noch Rn. 3) zusammen. In erster Linie wird es sich dabei um zivilprozessuale Klageverfahren aller Art handeln, auch um Kindschafts- oder Familiensachen, zB einen Ehelichkeitsanfechtungsprozess.[8] Nach dem Normzweck (s. Rn. 1) kommen aber unter weiter Auslegung auch alle sonstigen zivilprozessualen Verfahren in Betracht, in denen die zu erwartende Entscheidung die Rechtslage des Nebenintervenienten rechtlich beeinflussen (s. noch Rn. 5 ff.) kann.[9] Darunter fallen unter dieser konkreten Voraussetzung die Verfahren des einstweiligen Rechtsschutzes,[10] kontradiktorische Verfahren der Zwangsvollstreckung, zB nach §§ 722, 731, 767, 768, 771, 805, 891,[11] auch schiedsgerichtliche Verfahren bei entsprechender Zustimmung,[12] arbeitsgerichtliche Verfahren,[13] aber auch das Mahnverfahren, das die Lage des Dritten sogar erheblich beeinträchtigen kann, so dass Bedenken aus der formalen Verfahrensgestaltung zurücktreten müssen[14] sowie, mit Besonderheiten, das Musterverfahren nach §§ 6 ff. KapMuG (vgl. § 69 Rn. 10). In echten Streitverfahren der freiwilligen Gerichtsbarkeit sind die Regeln der §§ 66 ff. entsprechend anzuwenden.[15] Hingegen sind die Vorschriften über die Nebenintervention nicht anwendbar im Aufgebotsverfahren,[16] im Insolvenzverfahren,[17] im Kostenfestsetzungsverfahren[18] und 2

---

[1] Dazu ausführlich *Lammenett* S. 5 ff. m. weit. Nachw.; *Kittner* JuS 1985, 703; *Wieser* S. 15 ff.

[2] Motive S. 86.

[3] *Bettermann* ZZP 90 (1977), 121, 124; ausführlich *Schultes* S. 12 ff.; AK-ZPO/*Koch* Rn. 1; das gilt zumindest für die Situation nach Streitverkündung und in den Fällen des § 69, wo Art. 103 Abs. 1 GG einschlägig ist, vgl. *W. Lüke* S. 212 ff., S. 384 f. mit Beschränkung auf § 69. S. ferner *Schultes* S. 17 ff., S. 33 ff. mit unterschiedl. verfassungsrechtlicher Zuordnung des Beitritts einerseits sowie der anschließenden Beteiligung andererseits.

[4] BGHZ 8, 72, 82; *Wieser* ZZP 79 (1966), 246, 259 („widersprüchlich begründeter Urteile"); *Lammenett* S. 5.

[5] *Lammenett* S. 5 f.

[6] Ausführlich *Lammenett* S. 6 ff.; vgl. auch *Bettermann* DVBl 1951, 72, 74.

[7] S. *Lammenett* S. 7 f.

[8] BGHZ 76, 299, 302 = NJW 1980, 1693; BGHZ 83, 391, 395 = NJW 1982, 1653; BGH NJW 1984, 353; OLG Köln FamRZ 2003, 536; OLG des Landes Sachsen-Anhalt FamRZ 2001, 103 m. Anm. *Gottwald;* OLG Oldenburg NJW 1975, 883; OLG Celle FamRZ 1976, 158; OLG Hamm FamRZ 1984, 810; vgl. auch BVerfGE 21, 132, 138 = BVerfG NJW 1967, 492; heute wohl unstr., s. nur *Rosenberg/Schwab/Gottwald* § 50 II 1 a. – Anders noch OLG Hamm NJW 1979, 1256.

[9] Vgl. *Musielak/Weth* Rn. 3; *Zöller/Vollkommer* Rn. 2; *Rosenberg/Schwab/Gottwald* § 50 II 1 a; im Grundsatz allgM.

[10] OLG Düsseldorf NJW 1958, 794; OLG München OLGR 2000, 341 = GRUR-RR 2001, 92; *Stein/Jonas/Bork* Rn. 6 a.

[11] OLG Schleswig SchlHA 1960, 343; *Donau* NJW 1955, 412, 413; *Musielak/Weth* Rn. 3; *Zöller/Vollkommer* Rn. 2; zum Zwangsversteigerungsverfahren s. OLG Frankfurt Rpfleger 1978, 417.

[12] Vgl. BGHZ 85, 288, 290 = NJW 1983, 867; *Becker* ZZP 97 (1984), 314, 320; *Rosenberg/Schwab/Gottwald* (Fn. 8) m. weit. Nachw.

[13] BAG 42, 349, 356 und st. Rspr.; *Zöller/Vollkommer* Rn. 2.

[14] HM: BGH NJW 2006, 773 = FamRZ 2006, 479; *Schilken* JR 1984, 446, 447; AK-ZPO/*Koch* Rn. 2; *Wieczorek/Mansel* Rn. 14; *Zöller/Vollkommer* Rn. 2; *A. Blomeyer* § 112 I 1; *Rosenberg/Schwab/Gottwald* (Fn. 8); – aA *Baumbach/Lauterbach/Hartmann* Rn. 10; *Stein/Jonas/Bork* Rn. 6 c.

[15] BGHZ 38, 110 = ZZP 77 (1964), 305 m. abl. Anm. von *Fenn* = NJW 1963, 860; BGHZ 70, 346 = NJW 1978, 2298; OLG Hamm FamRZ 1991, 844 f., FG Prax 1995, 229 f. und NJW-RR 1996, 335; OLG Schleswig DNotZ 1996, 398; OLG Frankfurt FGPrax 2006, 90; *Musielak/Weth* Rn. 3; *Zöller/Vollkommer* Rn. 2 a; *Rosenberg/Schwab/Gottwald* § 50 II 1 a.

[16] OLG Naumburg OLGR 20, 298; *Stein/Jonas/Bork* Rn. 6 a; *A. Blomeyer* § 112 I 1.

[17] OLG Frankfurt Rpfleger 1978, 417.

[18] OLG Karlsruhe Rpfleger 1996, 83.

im Erinnerungsverfahren,[19] wohl aber entsprechend nunmehr hM[20] – allerdings nur analog, da ein „Obsiegen" ausscheidet – im selbstständigen Beweisverfahren, das durchaus erhebliche Auswirkungen auf einen anschließenden Prozess und damit die Rechtsposition des Dritten haben kann.[21] – **Praktischer Anwendungsbereich** für Nebeninterventionen ergibt sich (vor allem in normalen Klageverfahren) meist nicht aufgrund eigener Initiative des Dritten, sondern infolge Aufforderung zum Beitritt durch Streitverkündung gem. § 72 oder infolge einer Beiladung nach § 8 Abs. 3 KapMuG (vgl. auch § 69 Rn. 10 und § 69 Fn. 25). Denkbar ist bei Vorliegen der Voraussetzungen der streitgenössischen Nebenintervention (§ 69) auch eine durch Art. 103 Abs. 1 GG gebotene Zuladung des Dritten von Seiten des Gerichts.[22]

II. Voraussetzungen (Abs. 1)

3 **1. Anhängiger Rechtsstreit.** Voraussetzung für eine Nebenintervention ist zunächst ein **anhängiger Rechtsstreit.** Es kommt jedes zur Beeinflussung der Rechtsposition des Nebenintervenienten geeignete zivilprozessuale Verfahren in Betracht (s. näher Rn. 2). Da ein daran anknüpfendes Interesse schon vor Rechtshängigkeit bestehen kann, genügt in der Tat bloße Anhängigkeit.[23] Andererseits darf der Rechtsstreit noch nicht beendet sein[24] (s. Abs. 2 und dazu näher Rn. 22 ff.).

4 **2. Rechtsstreit zwischen anderen Parteien.** Der Rechtsstreit muss **zwischen anderen Personen** anhängig, dh. der Nebenintervenient muss „Dritter" sein. Wer Partei oder gesetzlicher Vertreter einer Partei[25] ist, kann auf keiner Seite beitreten, wohl aber ein einfacher Streitgenosse und u. U. (vgl. § 62 Rn. 53) auch – freilich nur bei entsprechendem rechtlichen Interesse, das für einen Beitritt beim Gegner fehlt – ein notwendiger (vgl. § 69) Streitgenosse, da es sich um selbstständige Prozesse handelt und die Befugnisse des § 67 Bedeutung erlangen können.[26] Ferner können beitreten der nach erstem Beitritt wieder Ausgeschiedene,[27] ein nichtvertretungsberechtigter Handelsgesellschafter, die Partei kraft Amtes dem Rechtsinhaber und umgekehrt.[28] Entfällt nachträglich die Stellung als Dritter, so wird die Nebenintervention unzulässig.[29]

5 **3. Interventionsgrund.** Als sog. **Interventionsgrund** verlangt § 66 Abs. 1 ein rechtliches Interesse am Obsiegen einer Partei. Die nähere Bestimmung dieser Voraussetzung ist das zentrale Problem der Vorschrift. Obwohl eine systematische Betrachtung der Einzelmerkmale dieser komplexen Voraussetzung denkbar erscheint, hat sich eine Gesamtbetrachtung durchgesetzt, bei der das allgemein definierte „rechtliche Interesse am Obsiegen" (Rn. 6 bis 9) weitgehend in Fallgruppen geordnet diskutiert wird (Rn. 10 bis 16).

---

[19] OLG Oldenburg NdsRpfl. 1955, 35.

[20] BGH NJW 1997, 859 (zur Streitverkündung) m. umf. Nachw. = LM § 209 Nr. 86 m. Anm. *Schilken* und weit. Nachw.; BGH NJW-RR 2006, 1312 = BauR 2006, 1500; OLG Köln OLGR 2005, 219 m. v. N.; OLG Koblenz NJW-RR 2001, 1726; OLG Düsseldorf OLGR 2001, 303 = BauR 2001, 675 und OLGR 2004, 378 = BauR 2004, 1657; OLG Karlsruhe MDR 1998, 238; *Deubner* JuS 1997, 546, 547; *Kunze* NJW 1997, 1290 f.; *Wieczorek/Mansel* Rn. 14; aA zB noch OLG Saarbrücken NJW-RR 1989, 1216; OLG Hamm OLGR 1992, 113; *Cuypers* NJW 1994, 1985, 1991. S. auch § 72 Rn. 2.

[21] Vgl. *Schilken* ZZP 92 (1979), 238, 248 ff.; BT-Drucks. 11/8283 S. 48.

[22] Vgl. BVerfGE 60, 7 ff.; *Schultes* S. 95 ff.; s. auch *H. Roth,* FS Großfeld, 1999, S. 915 ff., S. 921 ff., S. 926 f. bei Gestaltungsklagen im Personengesellschaftsrecht.

[23] BGHZ 92, 251 = NJW 1985, 328; *Schilken* JR 1984, 446, 447; *Thomas/Putzo/Hüßtege* Rn. 4; *Wieczorek/Mansel* Rn. 12; *Zöller/Vollkommer* Rn. 4; *Rosenberg/Schwab/Gottwald* § 50 II 1 b; *Schellhammer* Rn. 1642. – Rechtshängigkeit verlangen *Baumbach/Lauterbach/Hartmann* Rn. 4; *Stein/Jonas/Bork* Rn. 6; vgl. auch BGH NJW 1984, 353.

[24] BVerfGE 60, 713 = NJW 1982, 1635; BGH NJW 1984, 353; 1991, 229, 230; BGH NJW-RR 1999, 285; BGH BB 1999, 1025.

[25] RG JW 1926, 806; OLG Hamm FamRZ 1994, 386; *Baumbach/Lauterbach/Hartmann* Rn. 4; *Thomas/Putzo/Hüßtege* Rn. 3; *Zöller/Vollkommer* Rn. 7; *Rosenberg/Schwab/Gottwald* § 50 II 1 d; – aA *Stein/Jonas/Bork* Rn. 8 m. weit. Nachw.; *Wieczorek/Mansel* Rn. 23; für Gesellschafter der OHG RGZ 102, 301, 303; BGHZ 62, 133 = BGH NJW 1974, 796. Für BGB-Gesellschafter *Wertenbruch* S. 341 ff. wegen Bejahung der Parteifähigkeit der GbR.

[26] BGHZ 8, 72 = NJW 1953, 420 (Beitritt beim Gegner); BGHZ 68, 81, 85 = NJW 1977, 1013; BGH VersR 1985, 80; OLG Neustadt MDR 1958, 342; LG Köln VersR 1993, 1095 f.; *Bruns* Rn. 66; ausführlich *Globisch* S. 182 ff.; *W. Lüke* S. 33; *Jauernig* § 83 II 2; *Wieczorek/Mansel* Rn. 28; *Rosenberg/Schwab/Gottwald* (Fn. 25). Ablehnend jedoch bei notwendiger Streitgenossenschaft BGHZ 8, 72, 78; OLG Schleswig NJW 1950, 704 m. Anm. *Lent; A. Blomeyer* § 112 I 2 sowie *Bruns* und *Jauernig* aaO.

[27] BGHZ 18, 110, 112 = NJW 1955, 1316; *Stein/Jonas/Bork* Rn. 3 m. weit. Nachw.

[28] *Stein/Jonas/Bork* Rn. 8 m. Nachw.; *Zöller/Vollkommer* Rn. 5; str.

[29] BGHZ 8, 72 = NJW 1953, 420.

a) Die **allgemeine Definition** des Interventionsgrundes hat sich am Gesetzeswortlaut und -zweck zu orientieren. Sie ist im Grundsatz anerkannt, in Einzelheiten der Abgrenzung allerdings umstritten. 6

aa) Ein **rechtliches Interesse am Obsiegen einer Partei** ist anzunehmen, wenn die Entscheidung des Rechtsstreits (s. Rn. 2 und 3) durch ihren Inhalt oder ihre Vollstreckung unmittelbar oder auch nur mittelbar[30] auf die privat- oder öffentlichrechtlichen Rechtsverhältnisse des Dritten rechtlich – nicht unbedingt vermögensrechtlich – einwirken kann.[31] Es besteht Einigkeit darüber, dass insoweit eine großzügige Auslegung unter Berücksichtigung des Normzwecks (s. Rn. 1) geboten ist.[32] Jedoch muss es sich stets um ein **eigenes** Interesse[33] aufgrund möglicher Rechtswirkungen handeln. 7

bb) Nicht ausreichend ist hingegen ein **sonstiges** – ideelles, wirtschaftliches, rein tatsächliches – **Interesse,** wie es sich aus den unterschiedlichsten Gründen (zB Verwandtschaft, Freundschaft, Geheimhaltungsinteresse eines Sozietätspartners, beruflicher Verbindung, gleichartiger Situation)[34] ergeben kann.[35] 8

cc) Umstritten ist auf dieser Grundlage (s. Rn. 7 und 8), ob das rechtliche Interesse an eine **ungünstige Wirkung** im Falle des Unterliegens der Hauptpartei anknüpfen muss[36] oder sich auch auf eine **günstige Wirkung** im Falle des Obsiegens beziehen kann.[37] Der Wortlaut der Vorschrift, die an das Obsiegen anknüpft, ohne zwischen günstiger und ungünstiger Wirkung zu unterscheiden, spricht für die weite Auffassung. Dafür lässt sich auch anführen, dass durch ein Obsiegen nicht nur der Nachteil des Unterliegens abgewendet werden kann, sondern auch der Ausfall eines mangels Obsiegens nicht erzwungenen Vorteils schon einen Nachteil darstellt.[38] Damit entspricht die Auslegung der hM auch dem Normzweck des § 66 (s. Rn. 1). – Es genügt im Übrigen, wenn der Dritte ein bestimmtes rechtliches Interesse am Obsiegen geltend machen kann, mögen damit auch zugleich andere nachteilige Wirkungen verbunden sein. Ein Überwiegen der günstigen Wirkungen ist nicht erforderlich.[39] 9

b) Es lassen sich sechs **Fallgruppen** unterscheiden, die freilich den Blick für die Individualität jedes einzelnen Falles nicht verstellen dürfen und im Übrigen auch Überschneidungen aufweisen.[40] 10

aa) Ein Interventionsinteresse ist gegeben, wenn die Entscheidung **Rechtskraft** gegenüber dem Dritten **bewirken würde.** Hier kommen sämtliche Fälle der **Rechtskrafterstreckung** auf Dritte in Betracht (s. näher § 325 Rn. 2), die zugleich auch die Voraussetzungen einer streitgenössischen Nebenintervention iSd. § 69 (s. dort Rn. 3ff.) erfüllen, namentlich diejenigen der §§ 325ff., ferner der §§ 76 Abs. 4 S. 2, 640h, 641k, der §§ 407 Abs. 2, 408, 413 BGB, der §§ 129 Abs. 1, 372 Abs. 2 HGB, § 248 Abs. 1 S. 1 AktG[41] u.a.m.[42] Mögliche notwendige Streitgenossenschaft aus 11

---

[30] ZT kritisch *Wieser* S. 38, S. 43; dagegen zu Recht *Lammenett* S. 44ff.

[31] Vgl. etwa BGH NJW 1997, 2385, 2386; OLG Köln VRS 1995, 335; *W. Lüke* S. 26; *Stein/Jonas/Bork* Rn. 12, 14; *Zöller/Vollkommer* Rn. 8; *Rosenberg/Schwab/Gottwald* § 50 II 2; jeweils m. weit. Nachw.; krit. *Windel* passim, der die Nebenintervention als Rechtsschutzform zur Durchsetzung eigener Interessen versteht.

[32] S. etwa BGH GRUR 2006, 438 und NJW 2006, 773 = FamRZ 2006, 479; LG Osnabrück VersR 1979, 92; *Lammenett* S. 48; *Baumbach/Lauterbach/Hartmann* Rn. 6. Für strenge Auslegung in Ehescheidungsfolgesachen: OLG Braunschweig OLGR 2005, 29 = NJW-RR 2005, 589.

[33] Ausführlich *Stein/Jonas/Bork* Rn. 13.

[34] Vgl. RGZ 111, 236; RG LZ 1933, 1074; OLG Braunschweig OLGR 2005, 29 = NJW-RR 2005, 589; OLG Köln MDR 1971, 849; OLG München GRUR 1976, 388.

[35] S. etwa OLG Karlsruhe OLGR 2007, 231 = RuS 2007, 216; OLG Hamm OLGR 2003, 346; OLG München OLGR 2000, 341 = GRUR-RR 2001, 92; LAG Hamm ArztR 1999, 21; *W. Lüke* S. 32; *Zöller/Vollkommer* Rn. 9f.; *Rosenberg/Schwab/Gottwald* (Fn. 31), jeweils m. weit. Nachw.; vgl. auch *Kittner* JuS 1985, 703, 707.

[36] *Rosenberg/Schwab/Gottwald* (Fn. 31); RGZ 169, 50, 51, allerdings auf fehlende Beeinflussung der Rechtslage gestützt; s. noch Fn. 37.

[37] Ausdrücklich OLG Köln MDR 1971, 849. Im übrigen sind die Ausführungen in der Rspr. meist neutral; s. etwa RGZ 23, 341, 343; 111, 236, 238; RG JW 1936, 2134. HL, zB *Lammenett* S. 43; *Wieser* S. 72ff. m. umf. Nachw.; *Stein/Jonas/Bork* Rn. 12; *Thomas/Putzo/Hüßtege* Rn. 5; *Wieczorek/Mansel* Rn. 40; *Zöller/Vollkommer* Rn. 8; *Bruns* Rn. 66; *Jauernig* § 83 II 3; *Schellhammer* Rn. 1641; *Zeiss* § 86 I 3.

[38] Vgl. *Wieser* S. 72ff.

[39] Anders *Wieser* S. 74f.

[40] Zahlreiche Beispiele bei *Wieser* S. 87ff.; aufgrund seines Ansatzes abl. *Windel* S. 117ff.

[41] Vgl. zu § 248 AktG: BGH DB 2007, 1516 = BB 2007, 1524 = ZIP 2007, 1337 („streitgenössische Nebenintervention"); für Einschränkungen des Beitrittsrechts in diesen Fällen: OLG Frankfurt OLGR 2002, 10 = AG 2002, 88, OLGR 2006, 931 = ZIP 2006, 873 (Beitritt fristgebunden und von eigener „Klage"befugnis gem.

prozessrechtlichen Gründen steht einer Nebenintervention nicht entgegen, solange der Dritte nicht tatsächlich Partei ist. Ein aus materiell-rechtlichen Gründen notwendiger Streitgenosse kann hingegen nur in Ausnahmefällen beitreten, wenn er in seiner Rechtsstellung durch ein (an sich unzulässiges) Teil(versäumnis)urteil gegen seinen Streitgenossen betroffen würde (s. schon Rn. 4; ferner § 62 Rn. 53). Soweit im einzelnen Streit über die Annahme einer Rechtskrafterstreckung besteht, kann sich die jeweilige Position auf die Entscheidung über das Vorliegen eines Interventionsgrundes auswirken. Erkennt man daneben eine Drittwirkung der Rechtskraft in bestimmten Fällen an (s. § 325 Rn. 7f.), so kann auch deren Bevorstehen das rechtliche Interesse iSd. § 66 Abs. 1 begründen.[43] Demgegenüber leugnet der Intervenient im Falle der Hauptintervention nach § 64 jegliche Rechtskraftwirkung, so dass beide Interventionsarten sich ausschließen (s. § 64 Rn. 2, 15). Der potentielle Hauptintervenient kann sich aber uU mit einer Nebenintervention begnügen. Neben der Erstreckung und evtl. der Drittwirkung der Rechtskraft kann noch eine Vorgreiflichkeit (s. Rn. 15) zur Zulässigkeit der Nebenintervention führen.

12 **bb)** Würde ein Dritter von der **Gestaltungswirkung** eines Urteils in seinen Rechten betroffen, so ist ebenfalls eine Nebenintervention gem. § 66 Abs. 1 zulässig,[44] sofern nicht eine notwendige Streitgenossenschaft aus materiellen Gründen besteht (s. § 62 Rn. 24ff.) oder aus prozessrechtlichen Gründen entstanden ist.[45] – Mit diesem Vorbehalt kommen vor allem gesellschaftsrechtliche Gestaltungsklagen und der Ehelichkeitsanfechtungsprozess, aber auch Patentnichtigkeitsverfahren[46] für eine Nebenintervention in Betracht.

13 **cc)** Eine weitere Fallgruppe bilden diejenigen Fälle, in denen aus dem Urteil im anhängigen Rechtsstreit eine **Vollstreckbarkeit** in das Vermögen des Dritten in Betracht kommt.[47] Zu nennen sind vor allem Entscheidungen, die eine Zwangsvollstreckung gem. §§ 738, 740ff.[48] oder § 729 Abs. 2 iVm. § 25 HGB nach sich ziehen können.

14 Die in Rn. 11 bis 13 genannten Fälle zeichnen sich dadurch aus, dass dort unmittelbare Urteilswirkungen für und/oder gegen den Dritten drohen. Ebenso liegt es noch, wenn die Entscheidung nur im Kostenausspruch rechtliche Auswirkungen auf den Dritten hat, etwa gem. § 1438 Abs. 2 BGB oder im Falle einer **Tatbestandswirkung** des Urteils,[49] sowie bei der besonderen Wirkung des § 21 AGBG (iVm. § 13 AGBG).[50] Mittelbare Wirkungen der Rechtskraft kommen ferner bei Vorgreiflichkeit in Frage (Rn. 15).

15 **dd)** Eine praktische Hauptfallgruppe der Nebenintervention bilden diejenigen Fälle, die – im einzelnen freilich differenziert – als solche einer **Vorgreiflichkeit** (Präjudizialität) eingeordnet werden. Allerdings ist zweifelhaft, ob man die Bedeutsamkeit eines streitigen Rechtsverhältnisses als Tatbestand für die im Verhältnis einer Partei zum **Dritten** bestehenden rechtlichen Beziehungen mit Präjudizialität erklären kann.[51] Versteht man unter Präjudizialität das Gebot der Bindung an die Beurteilung eines Rechtsverhältnisses für einen Folgeprozess mit abweichendem Streitgegenstand[52] zwischen den Parteien, so benötigt man jedenfalls für die Annahme einer solchen Bindung gegen-

---

§ 245 Nr. 1 AktG („Widerspruch") abhängig) sowie OLGR 2007, 207; *Sturm,* NZG 2006, 921ff.; explizit dagegen: BGH DB 2007, 1744 = BB 2007, 1916 = ZIP 2007, 1528. S. auch § 71 Rn. 4 Fn. 6.

[42] Vgl. *Stein/Jonas/Bork* Rn. 18; *Rosenberg/Schwab/Gottwald* § 50 II 2, jeweils m. weit. Beispielen und Nachw.; zB OLG Frankfurt JW 1929, 1674; OLG Düsseldorf JW 1936, 2169; OLG Schleswig NJW-RR 1993, 930.

[43] S. nur *Koussoulis* ZZP 100 (1987), 211, 220f., 227, der allerdings zu einseitig die Nebenintervention als Maßnahme zum Schutz vor der Drittwirkung einordnet; vgl. zuletzt *Schack* NJW 1988, 865.

[44] BGHZ 68, 81, 85; 76, 299; BGH NJW 1985, 386; BGH, Beschlüsse v. 4. 7. 2007, XII ZB 224/03 BeckRS 2007, 12377 = LSK 2007, 350389; OLG Oldenburg NJW 1975, 883; OLG Celle FamRZ 1976, 158; OLG Hamm FamRZ 2002, 30; AK-ZPO/*Koch* Rn. 4; *Stein/Jonas/Bork* Rn. 19; *Zöller/Vollkommer* Rn. 11; *Rosenberg/Schwab/Gottwald* (Fn. 42).

[45] S. auch BGHZ 68, 81, 85 (Fn. 44) und OLG Hamm FamRZ 2002, 30; *Haarmann/Holtkamp* NJW 1977, 1396; ferner *Zöller/Vollkommer* Rn. 11.

[46] S. BGHZ 83, 391, 395 = NJW 1982, 1652, 1653; BGHZ 92, 275, 276 = NJW 1985, 386 = JZ 1985, 338, 339 m. Anm. von *Braun;* vgl. auch BGHZ 76, 299 = NJW 1980, 1693 und BGH GRUR 2006, 438 (ausdrückliche Änderung der Rechtsprechung zur Patentnichtigkeitsklage).

Stein/Jonas/Bork Rn. 19 m. Nachw.; *Zöller/Vollkommer* Rn. 13b.

[47] *Stein/Jonas/Bork* Rn. 22 m. weit. Nachw.

[48] Vgl. RGZ 44, 345, 346; *Baur* FamRZ 1958, 252, 257.

[49] *Stein/Jonas/Bork* Rn. 20f. m. weit. Nachw.

[50] AK-ZPO/*Koch* Rn. 4; s. zu § 21 AGBG *Schilken,* Recht und Wirtschaft, 1985, S. 99, 119ff.

[51] *Zöller/Vollkommer* Rn. 13; *Musielak/Weth* Rn. 7; *A. Blomeyer* § 112 I 3; *Jauernig* § 83 II 3. Vgl. andererseits *Stein/Jonas/Bork* Rn. 23 („bedingendes Rechtsverhältnis"); *Rosenberg/Schwab/Gottwald* § 50 II 2, die diese Bezeichnung vermeiden; s. aber auch *W. Lüke* S. 385ff.

[52] *Gaul,* Möglichkeiten und Grenzen der Rechtskraftdurchbrechung, 1986, S. 17ff., 20, m. weit. Nachw.

über dem Dritten entweder eine Rechtskrafterstreckung oder eine Drittwirkung, die allerdings ein rechtliches Interesse iSd. § 66 Abs. 1 begründen (s. Rn. 11). Tatsächlich meint man hier aber andere Fälle, in denen Rechtskraftwirkungen nicht eintreten, wohl aber eine tatsächliche Vorentscheidung für Anspruch oder Verpflichtung des Dritten getroffen wird. Das reicht zur Begründung eines rechtlichen Interesses (s. Rn. 7 f.) aus, sofern wenigstens die Gefahr einer erschwerten Prozessführung des Dritten abgewendet werden soll.[53] Andererseits ist hier die Abgrenzung gegenüber sonstigen Interessen (s. Rn. 8) besonders bedeutsam. Gemeint sind die Fälle akzessorischer Schuld oder Haftung bzw. akzessorischen Rechts (s. Rn. 16) und die Regressfälle (s. Rn. 17).[54]

ee) Als Nebeninterventionsfälle bei akzessorischer **Schuld** oder **Haftung** sind zu nennen der Beitritt des Bürgen, Verpfänders, Hypothekenbestellers oder Schuldmitübernehmers im Prozess gegen den (persönlichen bzw. Haupt)Schuldner,[55] des Gesellschafters im Prozess gegen die OHG,[56] des Untermieters im Prozess gegen den Hauptmieter, des Haftpflichtversicherers im Prozess gegen den Versicherungsnehmer.[57] Umgekehrt kann aus **rangakzessorischem** Recht ein Pfändungsgläubiger dem von vorrangigen Gläubigern verklagten (Dritt-)Schuldner beitreten, ferner vor Überweisung dem forderungseinziehenden Schuldner.[58] Beitreten kann auch der Mitberechtigte dem einzelklagebefugten Berechtigten (s. § 62 Rn. 20).[59] 16

ff) Insbesondere sind aber die **Regressfälle** von besonderer Bedeutung, bei denen nochmals unterschieden werden kann[60] nach potentieller Regressverbindlichkeit oder Regressforderung des Dritten. Eine **Regressverbindlichkeit** befürchten und deshalb als Nebenintervenient beitreten kann zB der Verkäufer dem auf Herausgabe verklagten Käufer, der Gesamtschuldner dem anderen verklagten Gesamtschuldner,[61] der Schuldner dem Bürgen[62] usw. (s. Rn. 16, auch zum Haftpflichtversicherer), der Zedent dem Zessionar bei dessen Klage gegen den Schuldner und der Vollstreckungsschuldner bei Klagen nach § 771 oder § 805. Umgekehrt ist auch die Nebenintervention wegen eines möglichen **Regressanspruchs** gegen den Verlierer des Erstprozesses zulässig, zB des Eigentümers einer Pfandsache im Prozess zwischen Verpfänder und Pfandgläubiger,[63] des Gesamtgläubigers im Prozess seines Mitberechtigten, des Treugebers im Prozess des Treuhänders um das Treugut (s. noch Rn. 18).[64] In Betracht kommt in Gesamtschuldfällen auch ein Beitritt des vorverurteilten Gesamtschuldners auf Seiten des klagenden Gläubigers gegen den weiteren Gesamtschuldner im Hinblick auf den Ausgleichsanspruch nach § 426 BGB.[65] Da eine Verurteilung in diesem Fall zumindest die Aussicht eines erfolgreichen Regressprozesses erhöht (vgl. Rn. 15), lässt sich ein rechtliches Interesse iSd. § 66 Abs. 1 bejahen. Es fehlt hingegen am rechtlichen Interesse bei sicherer Aussichtslosigkeit eines Regressanspruchs,[66] bei bloßem Interesse eines Aktionärs an der Vermögenslage der prozessierenden AG[67] oder eines Dritten am Bestand eines Patentes,[68] für den Sozialversicherer am Prozess des Geschädigten aus eigenem Recht,[69] für den Prozessbevollmächtigten im Kostenerstattungsprozess der von ihm vertretenen Partei,[70] für den Schuldner im Rangstreit mehrerer Pfändungsgläubiger. 17

gg) In den Fällen einer **Prozessstandschaft** besteht ein rechtliches Interesse des materiell Berechtigten am Beitritt auf Seiten des Prozessführenden. Für die Veräußerung der Streitsache nach 18

---

[53] *Stein/Jonas/Bork* Rn. 15 und 23 m. zahlreichen Nachw.
[54] S. beispielhaft *Zöller/Vollkommer* Rn. 13.
[55] Vgl. LG Dresden ZZP 22 (1898), 410.
[56] S. RG JW 1911, 817.
[57] KG JW 1936, 2169; OLG Düsseldorf VersR 2004, 1020; OLG Köln VersR 1965, 950; OLG Hamm MDR 1996, 962; LG Osnabrück VersR 1960, 92; LG Köln VersR 1993, 1095, 1096; *Freyberger* NZV 1992, 391, 393; vgl. auch OLG München NJW 1967, 635 für Prozess des Versicherungsnehmers gegen den Haftpflichtversicherer.
[58] RG Gruchot 29, 1053.
[59] OLG Frankfurt JW 1929, 1674.
[60] Exemplarisch *Baur/Grunsky* Rn. 126; *Musielak/Weth* Rn. 7.
[61] S. dazu *W. Lüke* S. 383 ff.
[62] BGHZ 86, 267, 272 = NJW 1983, 1111.
[63] RG JW 1910, 190.
[64] RGZ 145, 188, 190.
[65] *W. Lüke* S. 32; *Baur/Grunsky* Rn. 126 unter Hinweis auf BGHZ 8, 72 = NJW 1953, 420; BGH LM Nr. 1.
[66] OLG Frankfurt NJW 1970, 817.
[67] RGZ 83, 182, 184.
[68] Vgl. OLG München GRUR 1976, 388.
[69] OLG Köln MDR 197, 849.
[70] RGZ 169, 50, 51.

Rechtshängigkeit ergibt sich die Zulässigkeit der (einfachen) Nebenintervention – zB auch zum Zweck der Aufnahme eines durch Tod der Partei gem. § 239 unterbrochenen Prozesses – schon aus § 265 Abs. 2 S. 3,[71] im Übrigen aber auch aus der gem. § 325 anknüpfenden Rechtskrafterstreckung (s. Rn. 11). Aber auch bei sonstiger gesetzlicher oder gewillkürter Prozessstandschaft sowie in den vergleichbaren Treuhandfällen[72] (s. auch Rn. 17) ist ein rechtliches Interesse idR gegeben, zB für den Rechtsinhaber bei der Klage eines Pfand- oder Pfändungsgläubigers oder Nießbrauchers gegen einen Dritten und ebenso in einem von einer Partei kraft Amtes geführten Prozess, ferner in Fällen mittelbarer Stellvertretung für den „Vertretenen“, zB den Kommittenden im Prozess des Kommissionärs.[73] Ähnlich liegt es in Fällen gesetzlich begründeter **Aufsichts- und Mitwirkungsrechte,**[74] zB im Hinblick auf § 23 Abs. 2 GüKG[75] oder in arbeitsrechtlichen Streitigkeiten.[76]

III. Rechtsfolgen: Recht zum Beitritt und Wahlrecht (Abs. 1 letzter Halbs.)

19 **1. Recht zum Beitritt.** Liegt die Voraussetzung des Abs. 1 vor, so hat der Dritte ein **Recht zum Beitritt** („kann“). Macht er davon keinen Gebrauch, so trifft ihn nur im Falle vorheriger Streitverkündung (§ 72) die Last der §§ 74, 68. Soweit die Voraussetzungen einer Hauptintervention nach § 64 gegeben sind, kann zwar nicht zugleich eine Nebenintervention stattfinden (s. Rn. 11), der Dritte sich aber – etwa im Hinblick auf einen Regressanspruch – mit einem Vorgehen nach § 66 begnügen. Der Beitritt erfolgt, dem Normzweck des § 66 (s. Rn. 1) entsprechend, **zum Zwecke der Unterstützung** der Partei. Daraus ergeben sich Ausmaß und Grenzen der Befugnisse des Intervenienten (s. § 67, insbesondere Rn. 13).

20 **2. Wahlrecht.** Je nach Rechtslage kann ein **Wahlrecht** des Dritten bestehen, welcher Partei[77] er beitritt, wenn nämlich auf beiden Seiten die Voraussetzungen des § 66 gegeben sind, wie es vor allem in Regressfällen (s. Rn. 17) in Betracht kommt.[78] Auch die Streitverkündung der einen Partei hindert einen Beitritt zur Gegenpartei in Ausübung eines solchen Wahlrechts nicht.[79] Werden im Hauptprozess mehrere prozessuale Ansprüche erhoben, so kann sich die Nebenintervention auch auf einen von ihnen beschränken[80] und muss es sogar, wenn für den anderen das rechtliche Interesse fehlt. Erfolgt keine Einschränkung, so bezieht sich der Beitritt auf alle Ansprüche, nicht aber auf nachträglich erhobene.[81] Die Beschränkung auf einen quantitativen Teil eines Anspruchs ist unzulässig.[82]

21 **3. Zulassungsentscheidung und Rechtsmittel.** Eine **Zulassungsentscheidung,** die durch **Rechtsmittel** angefochten werden kann, erfolgt hinsichtlich der besonderen Voraussetzungen der Nebenintervention nur im Falle des § 71, dh. bei einem Antrag auf deren Zurückweisung; das Gericht prüft die Erfordernisse des § 66 Abs. 1 nicht von Amts wegen[83] – im Gegensatz zu den allgemeinen Prozessvoraussetzungen (s. dazu Rn. 23) –, ebensowenig die ordnungsgemäße Form des Beitritts[84] gem. § 70. Wird Zurückweisung beantragt, so kommt es zu einem Zwischenstreit gem. § 71, in dem sämtliche Voraussetzungen zu prüfen sind.

IV. Der Beitritt (Abs. 2)

22 Das Verfahren im Falle eines Beitritts des Dritten richtet sich nach § 66 Abs. 2 unter Berücksichtigung allgemeiner Voraussetzungen (s. Rn. 23 bis 27) sowie hinsichtlich der Form nach § 70.

23 **1. Prozesshandlungsvoraussetzungen und Einlegung eines Rechtsmittels.** Es müssen die allgemeinen **Prozesshandlungsvoraussetzungen** vorliegen, da der Beitritt eine Prozesshandlung

---

[71] Vgl. dazu AK-ZPO/*Wassermann* § 265 Rn. 5 m. Nachw.; *Wieczorek/Mansel* § 69 Rn. 26 m. weit. Nachw., auch zur Kritik an der Unanwendbarkeit des § 69 vgl. auch *W. Lüke* S. 233.

[72] RGZ 145, 188, 190. Vgl. zur Prozessstandschaft OLG München OLGR 2000, 341 = GRUR-RR 2001, 92.

[73] Vgl. *Stein/Jonas/Bork* Rn. 24 b; *Zöller/Vollkommer* Rn. 13 a.

[74] S. *Zöller/Vollkommer* Rn. 13 a m. weit. Nachw.

[75] OLG Stuttgart NJW 1965, 823, 824; OLG Bamberg VersR 1965, 1006.

[76] Vgl. BAG DB 1987, 443, 444; ferner auch BAG NJW 1976, 1230.

[77] Zur Unzulässigkeit, dem „Rechtstreit“ beizutreten vgl. BAGE 98, 42 = BB 2002, 155.

[78] S. etwa BGHZ 18, 110 = NJW 1955, 1316; OLG Hamburg OLGR 17, 103; OLG Braunschweig OLGR 19, 134; *Stein/Jonas/Bork* Rn. 3 m. weit. Nachw.

[79] RGZ 130, 297; BGH LM Nr. 1; OLG Celle NdsRpfl. 1964, 205.

[80] *Rosenberg/Schwab/Gottwald* § 50 II 3.

[81] *Thomas/Putzo/Hüßtege* Rn. 8. – AA *Stein/Jonas/Bork* Rn. 11.

[82] OLG Düsseldorf MDR 1966, 852; *Stein/Jonas/Bork* Rn. 11. – AA *Thomas/Putzo/Hüßtege* Rn. 8; *Zöller/Vollkommer* Rn. 14.

[83] BGHZ 38, 110, 111 (Fn. 15); BGH NJW 2006, 773 = FamRZ 2006, 479; OLG Nürnberg OLGR 2005, 217 = MDR 2005, 473; *A. Blomeyer* § 112 II 2; *Rosenberg/Schwab/Gottwald* § 50 III 3.

[84] OLG Nürnberg (Fn. 83); *Rosenberg/Schwab/Gottwald* § 50 III 3.

darstellt. Das Gericht prüft also insbesondere von Amts wegen Parteifähigkeit, Prozessfähigkeit oder gesetzliche Vertretung, Postulationsfähigkeit und Vollmacht eines gewillkürten Vertreters im Rahmen des § 88.[85] Fehlt eine dieser Voraussetzungen, so wird die Nebenintervention durch nach § 567 Abs. 1 Nr. 2 mit sofortiger Beschwerde anfechtbaren Beschluss[86] zurückgewiesen, nicht analog § 71 durch Zwischenurteil.[87] Die Voraussetzungen einer Analogie sind allerdings anzunehmen, wenn sich im Verfahren nach § 71 das Fehlen einer Prozessvoraussetzung herausstellt; in diesem Fall findet sofortige Beschwerde analog § 71 Abs. 2 statt.[88]

2. Zeitpunkt. Über den **Zeitpunkt** des Beitritts bestimmt § 66 Abs. 2, dass er **in jeder Lage des Rechtsstreits** möglich ist, dh. aber ab Anhängigkeit und bis zur rechtskräftigen Entscheidung (s. Rn. 3), wie Abs. 2 ausdrücklich anordnet.[89] Nach Abs. 2 ist die Nebenintervention auch „in Verbindung mit der **Einlegung eines Rechtsmittels**" durch den Dritten (s. § 70 Rn. 2ff.) möglich.[90] Nach dem Zweck der Nebenintervention (s. Rn. 1) fallen darunter auch Rechtsbehelfe wie der Einspruch,[91] auch ein Wiedereinsetzungsantrag[92] und eine Wiederaufnahmeklage,[93] diese jedoch nur aus Gründen in der Position der Partei.[94] Ein nach Schluss der mündlichen Verhandlung erklärter Beitritt kann im Übrigen gem. §§ 296a, 156 unberücksichtigt bleiben.[95] 24

3. Rücknahme und Ende. Eine **Rücknahme** der Nebenintervention ist analog § 269 Abs. 2[96] und mit der Kostenfolge des § 269 Abs. 3 Satz 2[97] möglich, ohne dass dazu eine Zustimmung der Parteien entsprechend § 269 Abs. 1 erforderlich wäre.[98] Nach Rücknahme kann der Nebenintervenient der anderen Partei beitreten (s. Rn. 20). Seine bisherigen Prozesshandlungen bleiben wirksam, die Wirkung des § 68 wird von einer Rücknahme nicht betroffen.[99] Zum **Ende der Nebenintervention** kommt es ferner mit Beendigung des Hauptprozesses,[100] durch Erwerb der Parteistellung (s. Rn. 4) sowie durch Wegfall oder Ausscheiden der unterstützten Partei.[101] 25

4. Kosten. Kosten bei Gericht entstehen durch die Nebenintervention als solche nicht (zum Zwischenstreit s. § 71 Rn. 12), wenn man von Zustellungskosten absieht. Anwaltskosten erwachsen dem Nebenintervenienten nach dem RVG, Vergütungsverzeichnis Nr. 3100ff.[102] Für den Gegenstandswert ist das eigene Interesse des Streitgehilfen am Obsiegen der unterstützten Partei bestim- 26

---

[85] Vgl. RGZ 163, 361, 365 und insbesondere BGH NJW 2006, 773 (Fn. 83); *W. Lüke* S. 33; *Rosenberg/Schwab/Gottwald* § 50 III 1; *Schilken* ZPR Rn. 696.

[86] *Thomas/Putzo/Hüßtege* Rn. 10; *Zöller/Vollkommer* Rn. 14; *Rosenberg/Schwab/Gottwald* § 50 III 1 und 3; *Schellhammer* Rn. 1643.

[87] Dafür aber *Wieczorek/Mansel* Rn. 83.

[88] Vgl. *Rosenberg/Schwab/Gottwald* § 50 III 1 gegen OLG Kiel JW 1933, 2227: Anfechtung des Endurteils.

[89] Zur Einschränkung bei der aktienrechtlichen Anfechtungsklage beachte OLG Frankfurt NZG 2006, 314, von *Falkenhausen/Kocher*, ZIP 2004, 1179 und *Waclawik* WM 2004, 1361, 1367 (Beitritt auf Klägerseite nur innerhalb der Klagefrist des § 246 Abs. 1 AktG möglich). – AA die wohl hM, zB OLG Düsseldorf AG 2004, 677 mit Anm. *Frey* EWIR 2004, 1059.

[90] S. etwa RGZ 160, 204, 215; BGHZ 89, 121, 124 = NJW 1984, 353; BGH MDR 1982, 650; BGH NJW 1997, 2385; OLG Hamm FamRZ 1984, 810, 811; OLG Düsseldorf NJW-RR 1998, 606; *Musielak/Weth* Rn. 14; *Stein/Jonas/Bork* Rn. 7 m. weit. Nachw.

[91] RGZ 102, 189; Motive S. 86.

[92] RG HRR 1933, 1887; *Waldner* JR 1984, 158f. m. weit. Nachw.; *Thomas/Putzo/Hüßtege* § 67 Rn. 6; *Zöller/Vollkommer* Rn. 15; *Rosenberg/Schwab/Gottwald* § 50 II 1c, IV 2b; vgl. aber auch BVerfGE 60, 7, 13 = NJW 1982, 1635; aA BGH NJW 1991, 229, 230 (abl. *Deubner* JuS 1991, 500f.); *Wieczorek/Mansel* Rn. 20; *Schellhammer* Rn. 1642. Vgl. auch OLG Naumburg FamRZ 2001, 103 mit Anm. *Gottwald.*

[93] *Baumbach/Lauterbach/Hartmann* Rn. 17 und die Literaturnachw. in Fn. 91; *Stein/Jonas/Bork* Rn. 7; *Schönke/Kuchinke* § 25 II 1; einschränkend BayObLG NJW 1974, 1147. – AA RGZ 89, 424, 425; wohl auch BGHZ 89, 121, 124 = NJW 1984, 353; offen *Rosenberg/Schwab/Gottwald* § 50 II 1c. Ausführlich für die hL *Schiedermair*, FS Dölle, 1963, Bd. 1, S. 329ff., 349 m. weit. Nachw.

[94] Str.; s. OLG Hamburg WoM 1991, 316; offengelassen in BGH NJW 1991, 229, 230; *Waldner* JR 1984, 158f. m. weit. Nachw.; *Gottwald* (Fn. 92). Wie hier: *Stein/Jonas/Bork* § 67 Rn. 6 m. weit. Nachw. zur bisher hM.; kritisch *Deckenbrock/Dötsch* JR 2004, 6 (insbesondere bei Streitverkündung kurz vor Ablauf der Rechtsmittelfrist).

[95] OLG Köln MDR 1983, 409; *Zöller/Vollkommer* Rn. 16.

[96] RGZ 56, 28, 29; 61, 286, 291; RG Gruchot 50, 697.

[97] RGZ 61, 286, 291; RG JW 1937, 1996; KG MDR 1959, 401.

[98] RGZ 61, 286, 291f.; *Stein/Jonas/Bork* § 70 Rn. 7; *Zöller/Vollkommer* Rn. 17; *Rosenberg/Schwab/Gottwald* § 50 III 4a.

[99] *Stein/Jonas/Bork* § 70 Rn. 7; unstr.

[100] Vgl. BGH NJW 1965, 760; *Rosenberg/Schwab/Gottwald* § 50 III 4b.

[101] S. *Rosenberg/Schwab/Gottwald* § 50 III 4d; *Musielak/Weth* Rn. 16.

[102] Zu den Voraussetzungen des Entstehens der Erörterungsgebühr vgl. OLG Koblenz MDR 2004, 416 m. weit. Nachw.

mend.[103] Die Kostenentscheidung ist nach Maßgabe der Sonderregelung des § 101 zusätzlich[104] zu treffen. Die Kostenregelung eines Vergleichs führt zu einer entsprechenden Festsetzung der Kosten des Nebenintervenienten zulasten der Hauptparteien.[105] Fehlt im Vergleich eine Kostenregelung zugunsten des Streithelfers, bedarf es einer gesonderten Kostengrundentscheidung, die der Kostenverteilung im Vergleich zu folgen hat.[106] Bei vergleichsweiser Kostenaufhebung kann der Streithelfer, wie die Partei, keine Kostenerstattung verlangen.[107] (S. auch § 101 Rn. 11 ff. und 25 ff.)

§ 67 Rechtsstellung des Nebenintervenienten

Der Nebenintervenient muss den Rechtsstreit in der Lage annehmen, in der er sich zur Zeit seines Beitritts befindet; er ist berechtigt, Angriffs- und Verteidigungsmittel geltend zu machen und alle Prozesshandlungen wirksam vorzunehmen, insoweit nicht seine Erklärungen und Handlungen mit Erklärungen und Handlungen der Hauptpartei in Widerspruch stehen.

Schrifttum: S. die Angaben vor § 64.

I. Normzweck

1 Normzweck des § 67 ist die Beschreibung der Rechtsstellung des Nebenintervenienten und seiner einzelnen Befugnisse, auch im Verhältnis zur Hauptpartei.

II. Rechtsstellung des Nebenintervenienten

2 **1. Allgemeine Rechtsstellung.** Die **allgemeine Rechtsstellung** des Nebenintervenienten ist dadurch gekennzeichnet, dass er sich an einem fremden Prozess beteiligt (vgl. § 66 Rn. 4) und dort weder Partei noch gesetzlicher Vertreter,[1] sondern Dritter ist. Er wird nur zum Streithelfer der Partei kraft eigenen Rechts,[2] lediglich im Fall des § 69 zu ihrem Streitgenossen. Aus eigenem rechtlichen Interesse begehrt und fördert er den Rechtsschutz für die unterstützte Partei[3] (vgl. § 66 Rn. 5 ff.), deren Verhalten sein eigenes, abgeleitetes Recht zur Vornahme von Prozesshandlungen beschränkt (s. 2. Halbs.).[4] Die Bezeichnung als „Nebenpartei"[5] ist wenig hilfreich, freilich durch die Erwähnung der „Hauptpartei" in §§ 67, 68 provoziert.

3 **2. Spezielle Aspekte.** Als Dritter kann der Nebenintervenient **Zeuge** sein und ist nicht als Partei zu vernehmen, selbst wenn diese ihm die Prozessführung überlässt.[6] Gegen ihn kann kein Antrag gestellt[7] und ihm kann im Urteil nichts zu- oder aberkannt werden,[8] Widerklage kann ggf. gegen ihn als Dritten erhoben werden.[9] Der Fall des § 265 ist insoweit keine wirkliche Ausnahme.[10] Der Nebenintervenient kann auch nicht in die Kosten des Hauptprozesses, sondern nur in diejenigen der Intervention verurteilt werden (§ 101 Abs. 1). Sein Tod oder die Konkurseröffnung über sein Vermögen haben nicht die Folgen der §§ 239 ff.,[11] Beschwer und Rechtsschutzinteresse

---

[103] RG HRR 1942, Nr. 316; OLG Koblenz OLGR 2004, 200; OLG Köln OLGR 2004, 201 = MDR 2004, 1025; OLG Düsseldorf MDR 1966, 852; vgl. ferner BGHZ 31, 144 = NJW 1960, 42; OLG München AnwBl. 1985, 646. AA: KG MDR 2004, 1445 und OLG Karlsruhe OLGR 2002, 458 = NJW-RR 2003, 1007: Streitwert der Hauptsache entscheidend.

[104] Vgl. nur OLG Celle OLGR 2003, 354 = NJW-RR 2003, 1509 und OLG Koblenz OLGR 2005, 719 = MDR 2005, 719: Andernfalls ist ein Kostenfestsetzungsbeschluss zugunsten des Streithelfers unzulässig.

[105] OLG Karlsruhe OLGR 2003, 298; OLG Nürnberg OLGR 2005, 217 = MDR 2005, 473; *Rosenberg/Schwab/Gottwald* § 50 III 5.

[106] Vgl. OLG Karlsruhe OLGR 2003, 298.

[107] So BGH NJW-RR 2005, 1159 = MDR 2005, 507 = FamRZ 2005, 1080 unter Anwendung des Grundsatzes der Kostenparallelität. Str. s. auch *Rosenberg/Schwab/Gottwald* § 50 III 5.

[1] S. zu älteren abw. Auffassungen *Stein/Jonas/Bork* Rn. 1.

[2] RGZ 64, 67; BGH NJW 1997, 2385, 2386.

[3] Vgl. etwa *Rosenberg/Schwab/Gottwald* § 50 I, IV 1.

[4] *Stein/Jonas/Bork* Rn. 1.

[5] S. ausführlich *Bruns* Rn. 66 m. weit. Nachw.: *Rosenberg/Schwab/Gottwald* § 50 I; abl. zB *Stein/Jonas/Bork* Rn. 1.

[6] Vgl. BGH NJW 1981, 2062; LAG Kiel DB 1984, 1630; *Bischof* JurBüro 1984, 969, 980 m. weit. Nachw.; *Kittner* JuS 1985, 703, 704; *Stein/Jonas/Bork* Rn. 21.

[7] RG JW 1909, 54; OLG Köln JR 1955, 186.

[8] RGZ 108, 132, 134.

[9] BGH NJW 1996, 196; nicht gegen ihn als Streitgenossen, vgl. *Stein/Jonas/Bork* Rn. 22.

[10] So zu Recht *Stein/Jonas/Bork* Rn. 4 wegen der Rechtsnachfolge.

[11] OLG Düsseldorf MDR 1985, 504; s. aber auch *Baumbach/Lauterbach/Hartmann* Rn. 5.

sind nicht aus seiner Person zu beurteilen.[12] Teilweise anders ist allerdings die Stellung des streitgenössischen Nebenintervenienten, (s. § 69 Rn. 11 ff.). Das prozessuale Wahrheitsgebot gilt ohnehin für jeden Nebenintervenienten.[13] Umstritten ist, ob entsprechend den für die Partei geltenden Regeln der §§ 141, 273 Abs. 2 Nr. 3 sein persönliches Erscheinen angeordnet und er angehört werden kann, sofern er den Prozess allein führt.[14] Da es sich insoweit nicht um Beweisaufnahme, sondern um eine Maßnahme zur Erläuterung des Sachvortrages (des Streithelfers) handelt, erscheint eine solche Maßnahme zulässig, nicht aber die Festsetzung eines Ordnungsgeldes analog § 141 Abs. 3.

III. Befugnisse des Nebenintervenienten

Die **Befugnisse des Nebenintervenienten** zur **Vornahme von Prozesshandlungen** ergeben sich aus § 67 unter Berücksichtigung des Zwecks der Streithilfe (s. § 66 Rn. 1), unterliegen allerdings bestimmten Beschränkungen (s. Rn. 8 ff.). Weitergehende Befugnisse stehen dem streitgenössischen Nebenintervenienten nach § 69 zu. Der einfache Nebenintervenient darf nach § 67 2. Halbs. grundsätzlich in eigenem Namen für die Hauptpartei alle **Prozesshandlungen** wirksam vornehmen; die Geltendmachung von Angriffs- und Verteidigungsmitteln ist beispielhaft ausdrücklich erwähnt. Die Vornahme umfasst dabei auch die Entgegennahme von Prozesshandlungen des Gegners in der mündlichen Verhandlung.[15] Der Umfang der Befugnisse entspricht denjenigen der Partei, bezieht sich aber grundsätzlich nicht auf materiell-rechtliche Rechtsgeschäfte[16] (s. unten Rn. 15). 4

1. Angriffs- und Verteidigungsmittel. Der Nebenintervenient darf sämtliche **Angriffs- und Verteidigungsmittel** iSd. § 146 (s. dort Rn. 2 ff.) aus dem Recht der Hauptpartei – nicht aus eigenem Recht[17] – geltend machen. Er kann also zB Behauptungen aufstellen und bestreiten, Beweis antreten und Beweiseinreden erheben, materiell-rechtliche Einreden der Hauptpartei (zB Verjährung, Zurückbehaltung, Vorausklage) und von ihr ausgeübte Gestaltungsrechte (zB Anfechtung, Aufrechnung) geltend machen,[18] Richter und Sachverständige ablehnen,[19] Dritten den Streit verkünden u. a. m. Die Beschränkungen der Hauptpartei für das Vorbringen von Angriffs- und Verteidigungsmitteln (§§ 296, 527 ff.) gelten auch für den Nebenintervenienten. Für die **Präklusion** ist allein auf die Hauptpartei und evtl. auf ihr Verschulden abzustellen, nicht aber auf den Streithelfer, für den insbesondere nicht § 278 BGB anzuwenden ist.[20] Genau zu prüfen ist ein eigenes Verschulden der Partei insbesondere auch in den Fällen, in denen sie dem Streithelfer die Prozessführung überlässt.[21] Fristverlängernde Verfügungen sind der Partei zuzustellen und dem Streithelfer formlos gem. § 329 Abs. 2 S. 1 mitzuteilen.[22] 5

2. Sonstige Prozesshandlungen. (Sonstige) **Prozesshandlungen** aller Art kann der Nebenintervenient ebenfalls vornehmen, soweit die Hauptpartei dies könnte. Er kann insbesondere Anträge stellen,[23] durch mündliche Verhandlung ein Versäumnisurteil abwenden,[24] Festsetzung des Streitwertes beantragen oder einer Entscheidung im schriftlichen Verfahren zustimmen.[25] Insbesondere kann der Streithelfer aber namens der Partei Rechtsmittel und Rechtsbehelfe einlegen und begrün- 6

---

[12] RGZ 160, 204, 215; BGH NJW 1997, 2385, 2386.

[13] BGH NJW 1982, 281, 282.

[14] Dafür *Bischof* JurBüro 1984, 969, 980; *Zöller/Vollkommer* Rn. 1. – AA RGZ 42, 389; *Stein/Jonas/Bork* Rn. 21; *Windel* ZZP 104 (1991), 321, 340.

[15] *Rosenberg/Schwab/Gottwald* § 50 IV 2.

[16] *Rosenberg/Schwab/Gottwald* § 50 IV 2a; *Musielak/Weth* Rn. 5.

[17] Vgl. RGZ 164, 131, 137; *Rosenberg/Schwab/Gottwald* § 50 IV 2b. Für die Einrede der Insolvenzanfechtbarkeit BGHZ 106, 127; OLG Frankfurt BauR 1999, 434; *Bork* JR 1989, 494, 496 ff.; anders *Gerhardt* KTS 1984, 177 ff.

[18] S. etwa RGZ 17, 34; 18, 417; BGH VersR 1985, 80; *Kittner* JuS 1986, 131, 134; *Rosenberg/Schwab/Gottwald* § 50 IV 2b.

[19] OLG Frankfurt MDR 1982, 232; OLG Koblenz MDR 1990, 161.

[20] Ausführlich *Bischof* JurBüro 1984, 969, 980 ff.; *Fuhrmann* NJW 1982, 979; zu Unrecht differenzierend *Schulze* NJW 1981, 2663. S. ferner *Musielak/Weth* Rn. 6; *Zöller/Vollkommer* Rn. 4.

[21] Ebenso *Bischof* und *Fuhrmann* (Fn. 20); zT ein Verschulden des Streithelfers berücksichtigen will hingegen *Schulze* (Fn. 20).

[22] *Bischof* JurBüro 1984, 969, 982; *Schulze* NJW 1981, 2663, 2665; und hM; *Zöller/Vollkommer* Rn. 4; anders *Stein/Jonas/Bork* Rn. 20 (keine Mitteilung); *Wieczorek/Mansel* Rn. 74 (Zustellung); für allg. Zustellungspflicht *Windel* ZZP 104 (1991), 341.

[23] S. etwa BGH NJW 1981, 2060: Verlängerung der Rechtsmittelbegründungsfrist und OLG Köln OLGR 2005, 219: Antrag auf Anordnung der Klageerhebung nach selbstständigem Beweisverfahren, mit Blick auf eine ihm günstige Kostenentscheidung.

[24] OLG Düsseldorf JW 1936, 2169; vgl. auch RGZ 102, 303; BGH ZIP 1994, 787, 788.

[25] BayObLGZ 1963, 240; *Windel* ZZP 104 (1991), 326.

den[26] (s. auch § 66 Rn. 24) oder sich einem eingelegten Rechtsmittel anschließen,[27] solange die Rechtsmittelfrist für die Hauptpartei läuft.[28] Für die Zulässigkeit ist die Beschwer der Partei maßgeblich.[29] Haben Hauptpartei und Nebenintervenient ein Rechtsmittel eingelegt, so ist idR kein selbstständiges Rechtsmittel des Intervenienten anzunehmen.[30] Nimmt die Partei ihr Rechtsmittel zurück, so wird ein selbstständiges Rechtsmittel des Nebenintervenienten nicht ohne weiteres – sondern nur bei entgegenstehendem Willen der Partei (s. noch Rn. 12) – unzulässig.[31] Unterliegt allerdings der Nebenintervenient mit dem von ihm allein geführten Rechtsmittel, so ist er in die Kosten zu verurteilen.[32] Unterliegen Hauptpartei und Streithelfer, so gelten §§ 97, 101.

7 **3. Wirksamkeit der Handlungen.** Die **Wirksamkeit** der Vornahme entsprechender Prozesshandlungen (s. Rn. 5, 6) für die Hauptpartei ordnet § 67 ausdrücklich an. Sie ergibt sich aus der Stellung des Nebenintervenienten als Streithelfer der Partei (s. Rn. 2). Die Grenzen solcher Wirkung ergeben sich aus den Schranken zulässiger Prozesshandlungen (s. Rn. 8 ff.).

IV. Beschränkungen der Befugnisse

8 Beschränkungen der Befugnisse des Nebenintervenienten ergeben sich aus dem ersten (s. Rn. 9) und dem letzten Halbs. (s. Rn. 10 ff.) des § 67, ferner aus dem Unterstützungszweck gem. § 66 (s. Rn. 13) sowie aus etwa fehlender Dispositionsbefugnis des Streithelfers (s. Rn. 14 ff.). Handlungen, die er danach nicht vornehmen darf, sind unwirksam und das Gericht darf ihnen keinerlei Folge für den Hauptprozess beimessen.[33]

9 **1. Lage des Rechtsstreits.** Die **Lage des Rechtsstreits** zur Zeit des Beitritts des Nebenintervenienten ist gem. § 67 1. Halbs. für ihn maßgeblich; er muss ihn in dieser Lage annehmen. Das bedeutet, dass er an alle früheren Prozesshandlungen der Partei, aber auch des Gerichts, gebunden ist. Angesichts der in § 68 2. Halbs. entsprechend eingeschränkten Bindung des Streithelfers an das Prozessergebnis ist diese Regelung für ihn akzeptabel;[34] allerdings gelten Besonderheiten bei Vorliegen der Voraussetzungen der streitgenössischen Nebenintervention (§ 69), da dort der Schutz des § 68 2. Halbs. (idR schon mangels Zweitverfahrens) nicht greifen kann (s. auch unten § 69 Rn. 13).[35] Der Nebenintervenient ist demnach etwa gebunden an bereits vorliegende Geständnisse, Einwilligungs- oder Verzichtserklärungen, aber auch an die Versäumung von Prozesshandlungen[36] (s. auch Rn. 5), den Beginn oder Ablauf von Fristen[37] oder den Schluss der Tatsachenverhandlung,[38] allgemein an bisherige Zwischenergebnisse (zB Teilanerkenntnisse oder -vergleich, durchgeführte Beweisaufnahmen) des Verfahrens.[39]

10 **2. Vorrang der Hauptpartei.** Der einfache Nebenintervenient darf sich nicht in **Widerspruch** mit Erklärungen und Handlungen der Hauptpartei setzen (§ 67 letzter Halbs.). Deren Pro-

---

[26] BGH JZ 1982, 429; BGH NJW 1983, 2378; 1985, 2480; VersR 1985, 551; OLG Frankfurt JW 1929, 1674 (Widerspruch); RG HRR 1933, 1887 (Wiedereinsetzung). Ist der Streithelfer zugleich Streitgenosse, muss ausdrücklich klargestellt werden, für wen das Rechtsmittel eingelegt wird: OLG Oldenburg OLGR 2004, 377 = NJW-RR 2004, 1029.

[27] RGZ 68, 10, 14.

[28] BGH NJW 1986, 257 m. weit. Nachw.; BGH JZ 1989, 807; BGH NJW 1991, 229, 230; BGH NJW-RR 1999, 285; BGH NJW 2001, 1355; OLG Frankfurt OLGR 2005, 641; OLG Oldenburg OLGR 2004, 772 = NJW-RR 2004, 1029; *Zöller/Vollkommer* Rn. 5 m. weit. Nachw.; *Wieczorek/Mansel* Rn. 74 Fn. 215 und Rn. 75 (aber formlose Mitteilung an Nebenintervenienten erforderlich).

[29] BGH NJW 1981, 2062; OLG Köln NJW 1975, 2108; *Gorski* NJW 1976, 811; *Baumbach/Lauterbach/Hartmann* Rn. 12; *Zöller/Vollkommer* Rn. 5 m. weit. Nachw.; s. auch Rn. 3.

[30] BGH NJW 1982, 2069; 1992, 2099, 2100; 1993, 2944; VersR 1985, 551; JZ 1987, 888 = MDR 1988, 44; NJW-RR 2006, 670 = BB 2006, 577; *Baumbach/Lauterbach/Hartmann* Rn. 12; *Zöller/Vollkommer* Rn. 5; s. aber andererseits BGH NJW 1985, 2480; aA *Windel* ZZP 104 (1991), 333.

[31] RGZ 97, 215; BGHZ 76, 299; 301 = NJW 1980, 1693; NJW 1993, 2944.

[32] Vgl. BGH LM Nr. 3; OLG Hamburg NJW 1989, 1362 (Rechtsmittelverzicht); *Zöller/Vollkommer* Rn. 6.

[33] RGZ 53, 204, 208; *Stein/Jonas/Bork* Rn. 15; *Rosenberg/Schwab/Gottwald* § 50 IV 3 e.

[34] *Lammenett* S. 117.

[35] Ausführlich *Schultes* S. 38 ff.

[36] BGH VersR 1982, 975, 976; OLG Hamburg VersR 1967, 1173.

[37] BGH NJW 1986, 257; BAG DB 1985, 184; *Baumbach/Lauterbach/Hartmann* Rn. 5. Kritisch *Deckenbrock/Dötsch* JR 2004, 6.

[38] *Rosenberg/Schwab/Gottwald* § 50 IV 3 a. Einschränkend für den streitgenössischen Nebenintervenienten *Schultes* S. 40 ff. (Anspruch auf Wiedereröffnung der Tatsacheninstanz und ggf. entspr. Zurückverweisung durch das Revisionsgericht für den Dritten).

[39] *Kittner* JuS 1986, 131, 133; für eine Wiederholung der Beweisaufnahme in den Fällen der streitgenössischen Nebenintervention *Schultes* S. 43 f.

zesshandlungen haben Vorrang, der sich aus einer ausdrücklichen Erklärung oder konkludent ergeben kann.[40] Möglich ist auch ein bloßer Widerspruch der Partei gegen die Prozesshandlung des Streithelfers.[41]

a) So kann der Nebenintervenient nicht gegen den Willen der Partei einen **Sachverständigen ablehnen**[42] oder ein **Geständnis widerrufen,**[43] es sei denn, die Partei widerspräche dem Widerruf nicht.[44] In diesem Fall ist aber die Möglichkeit eines konkludenten Widerspruchs der Partei besonders naheliegend. Im Falle eines Widerspruchs ist andererseits auch ein Geständnis des Nebenintervenienten unwirksam und selbst bei der Beweiswürdigung nicht zu berücksichtigen.[45] 11

b) Beschränkungen bestehen insbesondere bei den **Rechtsmitteln** (s. auch Rn. 6). Der Nebenintervenient darf ein von der Partei eingelegtes Rechtsmittel **nicht zurücknehmen oder beschränken** (s. auch Rn. 16) – wohl aber sein eigenes – es sei denn, die Partei wäre in der Instanz untätig geblieben, zB durch Nichtbegründung. Auch für die Einlegung und Fortführung eines Rechtsmittels können sich Beschränkungen aus dem Widerspruch der Partei ergeben (s. Rn. 6), deren Willen also stets Vorrang hat.[46] 12

c) Da der Nebenintervenient gem. § 66 **nur** zum Zwecke der **Unterstützung** der Partei (s. § 66 Rn. 1 und 19) beitritt, sind ihm solche Handlungen untersagt, die diesem Zweck nicht dienen oder ihm zuwiderlaufen, mögen sie auch seiner Rechtsposition (im Folgeprozess) zugute kommen.[47] Auch aus diesem Grund entfallen widersprechende Maßnahmen (s. Rn. 10ff.) und ungünstige Dispositionen (s. Rn. 14ff.). Hierunter kann durchaus ein ungünstiger Tatsachenvortrag auch ohne Widerspruch der Partei fallen,[48] wenn das Gericht den Benachteiligungszweck feststellen kann. 13

3. Materiell-rechtliche Verfügungsbefugnis und verfahrensrechtliche Dispositionsbefugnis. Der Nebenintervenient hat endlich weder eine **materiell-rechtliche Verfügungsbefugnis** (s. Rn. 15) noch eine **verfahrensrechtliche Dispositions**befugnis (s. Rn. 16) über den Gegenstand des Prozesses, so dass gegenläufige Handlungen ebenfalls unwirksam sind. 14

a) Zur Vornahme **materiell-rechtlicher Rechtsgeschäfte** ist der Nebenintervenient nach § 67 ebensowenig befugt wie zu deren Entgegennahme für die Partei.[49] Ausgeschlossen sind zB eine Anfechtung der von der Partei angegebenen Willenserklärung oder ein Rücktritt vom Vertrag, der Abschluss eines Vergleiches mit Wirkung für und gegen die Hauptpartei oder die Aufrechnung mit einer ihr zustehenden Forderung[50] (zur bloßen Geltendmachung ausgeübter Gestaltungsrechte s. Rn. 5). Die Geltendmachung von Einwendungen und Einreden aus der Person des Nebenintervenienten, zB die Aufrechnung mit einer eigenen Forderung, ist idR nach materiellem Recht unerheblich.[51] Im Falle bestehender Gesamtschuld kann der Streithelfer aber gem. §§ 421, 422 Abs. 1 15

---

[40] RGZ 147, 125, 127; BGH NJW-RR 1991, 358, 363; OLG Celle OLGR 2002, 88 = NdsRpfl 2002, 286; Saarländisches Oberlandsgericht OLGR 2002, 109 = MDR 2002, 842; OLG Oldenburg NZV 2004, 203 = ZfSch 2004, 274; LG Arnsberg NJW-RR 2003, 1186; *Kittner* JuS 1986, 131, 133f.; *Musielak/Weth* Rn. 9; *Stein/Jonas/Bork* Rn. 11. Für den Fall, dass ein Widerspruch der Hauptpartei nicht feststellbar ist vgl. OLG Celle, aaO und *Rosenberg/Schwab/Gottwald* § 50 IV 3c: im Zweifel ist die Handlung des Intervenienten wirksam.

[41] Vgl. OLG Karlsruhe OLGR 11, 168.

[42] OLG Hamburg DR 1940, 547; OLG Frankfurt MDR 1983, 232. Auch die Ergebnisse der Sachverständigen können nicht gegen den Vortrag der Hauptpartei bestritten werden: OLG Karlsruhe OLGR 2002, 187 = BauR 2002, 98.

[43] Saarländisches OLG OLGR 2002, 109 = MDR 2002, 842; *Kupisch* NJW 1957, 427; *Wieser* ZZP 79 (1966), 246, 267; *A. Blomeyer* § 113 III 1; *Rosenberg/Schwab/Gottwald* § 50 IV 3c; wohl auch *Thomas/Putzo/Hüßtege* Rn. 13; *Wieczorek/Mansel* Rn. 19 aE; *Windel* ZZP 104 (1991), 337.

[44] BGH NJW 1976, 292; OLG Hamm NJW 1955, 873; OLG München NJW 1956, 1927; AK-ZPO/*Koch* Rn. 2; *Baumbach/Lauterbach/Hartmann* Rn. 11; *Stein/Jonas/Bork* Rn. 12; *Schellhammer* Rn. 1654; *Wieczorek/Mansel* Rn. 35. Enger zT die Autoren Fn. 43.

[45] *Baumbach/Lauterbach/Hartmann* Rn. 8; *Stein/Jonas/Bork* Rn. 12a.

[46] Vgl. RGZ 147, 125; BGH NJW 1982, 2069, 1985, 2480; 1986, 257; 1988, 712; 1989, 1357, 1358; 1993, 2944; JZ 1987, 888; BayObLG NJW 1964, 302; s. ferner etwa *Zöller/Vollkommer* Rn. 5; *Stein/Jonas/Bork* Rn. 13; *Rosenberg/Schwab/Gottwald* 50 IV 3c.

[47] OLG Düsseldorf OLGR 2004, 378 = BauR 2004, 1657; OLG Hamm VersR 1998, 1274 m. Anm. von *Bayer* VersR 1999, 224; *Kittner* JuS 1986, 131, 134; *Stein/Jonas/Bork* Rn. 2; *Rosenberg/Schwab/Gottwald* § 50 IV 3d.

[48] Vgl. *Kittner* (Fn. 47).

[49] S. nur *Kittner* (Fn. 47); *Stein/Jonas/Bork* Rn. 10; *Zöller/Vollkommer* Rn. 11; *Rosenberg/Schwab/Gottwald* § 50 IV 2a.

[50] BGH NJW 1966, 1930; OLG Düsseldorf MDR 1974, 406; *Stein/Jonas/Bork* Rn. 10 m. weit. Nachw.

[51] RGZ 164, 129, 131.

S. 2 BGB mit der eigenen Gegenforderung aufrechnen und dies auch prozessual geltend machen.[52] Dem Insolvenzverwalter wird man die Geltendmachung der Anfechtbarkeit (§§ 129 ff. InsO) des Erwerbs einer gegen den Schuldner geltend gemachten Forderung zugestehen müssen.[53]

16 **b)** Auch eine **Dispositionsbefugnis** hinsichtlich des Streitgegenstandes steht dem Nebenintervenienten nicht zu. Für zugleich materiell-rechtliche Handlungen (Prozessvergleich) folgt das schon aus der fehlenden materiellen Verfügungsbefugnis (s. Rn. 15), im Übrigen aber (auch) daraus, dass allein die Parteien über den Streitgegenstand disponieren können.[54] Der Streithelfer kann keine Klageänderung oder Maßnahmen iSd. § 264 vornehmen[55] oder in eine Klageänderung einwilligen, die Klage[56] oder ein von der Partei eingelegtes Rechtsmittel (s. Rn. 12) zurücknehmen, ein Anerkenntnis (§ 307) oder einen Verzicht (§ 306) aussprechen. Er ist auch nicht befugt, als Streithelfer (zur Widerklage eines Dritten als Partei oder gegen den Nebenintervenienten s. § 33 Rn. 27 ff.)[57] Zwischenfeststellungsklage[58] zu erheben.

§ 68 Wirkungen der Nebenintervention

Der Nebenintervenient wird im Verhältnis zu der Hauptpartei mit der Behauptung nicht gehört, dass der Rechtsstreit, wie er dem Richter vorgelegen habe, unrichtig entschieden sei; er wird mit der Behauptung, dass die Hauptpartei den Rechtsstreit mangelhaft geführt habe, nur insoweit gehört, als er durch die Lage des Rechtsstreits zur Zeit seines Beitritts oder durch Erklärungen und Handlungen der Hauptpartei verhindert worden ist, Angriffs- oder Verteidigungsmittel geltend zu machen, oder als Angriffs- oder Verteidigungsmittel, die ihm unbekannt waren, von der Hauptpartei absichtlich oder durch grobes Verschulden nicht geltend gemacht sind.

Schrifttum: S. die Angaben vor § 64.

I. Normzweck und Anwendungsbereich

1 **1. Normzweck. Normzweck** des § 68 ist es in Anknüpfung an den Zweck der Nebenintervention (s. § 66 Rn. 1), die Wirkungen einer Entscheidung im Hauptprozess für das Verhältnis zwischen dem Nebenintervenienten und der unterstützten Partei festzulegen. Soweit nicht die Voraussetzungen einer streitgenössischen Nebenintervention nach § 69 (s. dort Rn. 2 ff.) vorliegen, entstehen für dieses Verhältnis keine Rechtskraftwirkungen. § 68 ordnet aber als sog. **Interventionswirkung** eine Bindung an das gegen die Hauptpartei ergangene Urteil in bestimmten Grenzen an. Diese Wirkung entsteht mit der rechtskräftigen Entscheidung des Hauptprozesses (s. Rn. 5) und erlangt prozessuale Bedeutung, wenn es zu einem späteren Rechtsstreit zwischen Nebenintervenienten und Hauptpartei kommt.[1]

2 **2. Anwendungsbereich.** Der **Anwendungsbereich** des § 68 umfasst sämtliche Fälle einer rechtskräftigen Entscheidung (s. Rn. 5). Ferner fallen darunter die praktisch noch bedeutsameren Fälle einer Streitverkündung (ohne anschließenden Beitritt), für die § 74 die Anwendbarkeit des § 68 bestimmt.

II. Voraussetzungen der Interventionswirkung

3 **Voraussetzungen** für den Eintritt der Interventionswirkung sind eine wirksame Nebenintervention und eine rechtskräftige Entscheidung im Vorprozess. Ersteres ergibt sich aus dem Tatbestandsmerkmal „Nebenintervenient“, das zweite Erfordernis daraus, dass „der Rechtsstreit … entschieden“ sein muss und für eine Auswirkung solcher Entscheidung noch kein Anlass besteht, wenn sie mit Rechtsmitteln angegriffen werden kann.

---

[52] *Zöller/Vollkommer* Rn. 11 m. weit. Nachw.; allgemein auch BGH NJW 1966, 930; *Thomas/Putzo/Hüßtege* Rn. 15. – AA allgemein *Baumbach/Lauterbach/Hartmann* Rn. 6; *Schellhammer* Rn. 1653.
[53] *Gerhardt* KTS 1984, 177, 191; s. aber andererseits OLG Hamm ZIP 1986, 725; *Zöller/Vollkommer* Rn. 11.
[54] S. nur *Kittner* JuS 1986, 131, 134; *Stein/Jonas/Bork* Rn. 9; *Rosenberg/Schwab/Gottwald* § 50 IV 3 b.
[55] RGZ 64, 68, 71; BAG BB 1974, 372; OLG München MDR 1972, 616 (anders bei Rechtsnachfolge).
[56] BAG BB 1974, 372.
[57] BGH JR 1973, 18; ArbG Düsseldorf NJW-RR 1992, 366 m. Anm. *Schmidt* JuS 1992, 699; OLG Oldenburg NZV 2004, 203 = ZfSch 2004, 274; Hanseatisches OLG Hamburg OLGR 2003, 373 = NJW-RR 2004, 62 m. weit. Nachw.
[58] Vgl. BAG VersR 1986, 176.
[1] S. zum Zweck des § 68 durch *Wieser* ZZP 79 (1966), 246, 256 ff.

1. Wirksame Nebenintervention. Eine **wirksame Nebenintervention** liegt schon dann vor, wenn der Beitritt erklärt und die allgemeinen Prozesshandlungsvoraussetzungen gegeben waren (s. Rn. 23 m. Nachw.; str.), sofern nicht der Beitritt gem. § 71 förmlich zurückgewiesen worden ist (vgl. § 66 Rn. 21).[2] Verfahrenstechnische Fehler beim Beitritt, insbesondere im Hinblick auf die Form des § 70, schaden nicht, ebensowenig das Fehlen der rechtlichen Voraussetzungen einer Nebenintervention nach § 66,[3] eine spätere Rücknahme des Beitritts[4] oder die Untätigkeit des Nebenintervenienten im Verfahren.[5] 4

2. Rechtskräftige Sachentscheidung. Erforderlich ist ferner eine formell **rechtskräftige Sachentscheidung** des Verfahrens, an dem der Nebenintervenient beteiligt war. Insoweit kommt jede rechtskraftfähige Entscheidung in Betracht, vornehmlich ein Sachurteil jeder Art zuungunsten der Hauptpartei. Es genügen auch ein Grundurteil (§ 304)[6] oder Teilurteil (s. noch Rn. 17), ferner ein nach vergleichsweiser Rechtsmittelrücknahme[7] oder vor Abschluss eines Vergleiches rechtskräftig gewordenes Urteil.[8] Hingegen entfaltet ein bloßes Prozessurteil keine Interventionswirkung,[9] ebensowenig ein Prozessvergleich, durch den ein etwa schon ergangenes, nicht rechtskräftiges Urteil wirkungslos wird.[10] Wohl aber kommen rechtskräftige Beschlüsse als Anknüpfungspunkt für eine Interventionswirkung in Frage (vgl. § 66 Rn. 1). Bei Beschlüssen im Beweissicherungsverfahren ist ebenfalls eine Rechtskraft möglich,[11] doch wird hier die Interventionswirkung idR analog §§ 66, 68 aus dem Urteil im Hauptprozess folgen, in dem die Beweisverhandlung gem. § 493 benutzt wird.[12] 5

III. Die Interventionswirkung

1. Rechtsnatur der Interventionswirkung. Die **Interventionswirkung** ist in § 68 dahin beschrieben, dass der Nebenintervenient im Verhältnis zur Hauptpartei eine Unrichtigkeit der Entscheidung nicht und eine mangelhafte Prozessführung nur eingeschränkt geltend machen kann. Ihrer **Rechtsnatur** nach handelt es sich dabei nicht um eine Rechtskrafterstreckung auf einen Dritten (den Nebenintervenienten)[13] oder um eine Drittwirkung der Rechtskraft.[14] Es besteht vielmehr eine Entscheidungswirkung eigener Art, die einerseits die tatsächlichen und rechtlichen Feststellungen im Vorprozess mitumfasst, andererseits aber dem Einwand mangelhafter Prozessführung (in bestimmten Grenzen) unterliegt. Nur in einem weiteren Sinne kann man von einer Rechtskraftwirkung sprechen,[15] weil § 68 an die rechtskräftige Entscheidung anknüpft, oder auch von einer Drittwirkung,[16] weil mit dem Nebenintervenienten ein Dritter betroffen ist. Hier zeigt sich zugleich, dass der Bestimmung des subjektiven Umfanges der Interventionswirkung besondere Bedeutung zukommt (s. Rn. 7 bis 13). Aber auch der objektive Umfang (s. Rn. 14 bis 22) ist in manchen Einzelfragen umstritten. 6

2. Subjektiver Umfang der Interventionswirkung. Der **subjektive Umfang der Interventionswirkung** besteht zunächst nach dem Wortlaut des § 68 („Nebenintervenient … im Ver- 7

---

[2] S. nur *Zöller/Vollkommer* Rn. 3.

[3] BGH WM 1972, 346; *Stein/Jonas/Bork* Rn. 2; *Thomas/Putzo/Hüßtege* Rn. 3; *Zöller/Vollkommer* Rn. 3; *Rosenberg/Schwab/Gottwald* § 50 V 1.

[4] RGZ 61, 286, 289.

[5] *Stein/Jonas/Bork* Rn. 2; *Rosenberg/Schwab/Gottwald* (Fn. 3).

[6] RGZ 123, 95, 97; BGHZ 65, 127, 135 = NJW 1976, 39.

[7] BGH NJW 1969, 1480.

[8] Vgl. RGZ 123, 95, 97.

[9] *Wieczorek/Mansel* Rn. 61; *Zöller/Vollkommer* Rn. 4; auch *Martens* ZZP 85 (1972), 94, der lediglich weiter die Urteilselemente über Prozeßvoraussetzungen bei Sachurteilen einbeziehen will; ganz hM.

[10] BGH VersR 1958, 762; DB 1967, 814; vgl. auch RGZ 159, 86, 88.

[11] S. dazu *Schilken* ZZP 92 (1979), 238. 257 ff.

[12] Das Ergebnis der Beweisaufnahme selbst kann dem Streitverkündeten des selbstständigen Beweisverfahrens im Hauptprozess entsprechend § 68 entgegen gehalten werden: KG NJW-RR 2003, 133 = MDR 2002, 1453.

[13] S. dazu wohl im Ergebnis übereinstimmend, aber zT missverständlich RGZ 82, 170, 173; 145, 40, 42; BGHZ 5, 12, 15 = NJW 1952, 700; BGHZ 85, 252, 255 = NJW 1983, 820; NJW 1993, 122, 123, st. Rspr.; *Häsemeyer* ZZP 84 (1971), 179 ff. m. weit. Nachw.; *Kittner* JuS 1986, 627; *W. Lüke* S. 35 f.; *Martens* ZZP 85 (1972), 86 ff.; *Wieser* ZZP 79 (1966), 283 ff.; AK-ZPO/*Koch* Rn. 4 f.; *Baumbach/Lauterbach/Hartmann* Rn. 1; *Musielak/Weth* Rn. 3; *Stein/Jonas/Bork* Rn. 1 f. m. Nachw. zu älterem Schrifttum; *Thomas/Putzo/Hüßtege* Rn. 1; *Wieczorek/Mansel* Rn. 9; *Zöller/Vollkommer* Rn. 1; ferner mit Nuancen die Lehrbuchliteratur, s. etwa *Rosenberg/Schwab/Gottwald* § 50 V.

[14] ISd. Lehre von *Schwab* ZZP 77 (1964), 124; *Rosenberg/Schwab/Gottwald* § 156 III; abl. *Schack* NJW 1988, 865 ff., 869; s. allerdings auch *Koussoulis* ZZP 100 (1987), 226 f.

[15] Vgl. etwa *Häsemeyer* ZZP 84 (1971), 191 m. weit. Nachw.: „wesensgleich"; *Zöller/Vollkommer* Rn. 1: „rechtskraftähnliche Bindungswirkung".

[16] S. *Häsemeyer* ZZP 84 (1971), 179 f.

hältnis zur Hauptpartei") **zwischen dem Nebenintervenienten und der von ihm** im Vorprozess **unterstützten Hauptpartei.** Diese Geltung entspricht auch der Absicht des Gesetzgebers[17] und allgemeiner Auffassung. Sie ist ferner gegenüber den jeweiligen **Rechtsnachfolgern** zu bejahen.[18] Andererseits tritt sicherlich keine Interventionswirkung im Verhältnis zwischen Hauptpartei und Gegner des Vorprozesses ein,[19] ebensowenig im Verhältnis zum gesetzlichen Vertreter der Hauptpartei.[20] Möglich ist allerdings eine Erstreckung auf solche Personen durch Parteivereinbarung.

8 **a)** Auch **im Verhältnis des Nebenintervenienten zur Gegenpartei** tritt nach heute allgemeiner Ansicht **keine Interventionswirkung** ein.[21] Einer solchen Wirkung stehen Wortlaut und Entstehungsgeschichte sowie der Zweck der Bestimmung (s. Rn. 1) eindeutig entgegen. Auch für die Annahme einer materiell-rechtlichen Präklusionswirkung aus § 242 BGB[22] besteht im Falle des Beitritts kein Anlass. Im Falle des § 74 kann bloßes Unterlassen verfahrensmäßiger Beteiligung aber auch kein treuwidriges Verhalten darstellen, zumal die Gegenpartei idR durch Streitverkündung ihrerseits die Interventionswirkung herbeiführen könnte.[23]

9 **b)** Äußerst umstritten ist, ob die **Interventionswirkung nur zuungunsten des Nebenintervenienten**[24] oder analog § 68 auch zu seinen Gunsten und damit zulasten der Hauptpartei eingreift.[25] Diese Frage stellt sich sowohl nach erfolgter Nebenintervention als auch bei Streitverkündung mit oder ohne Beitritt über §§ 72, 74. Für diese drei Konstellationen muss man nicht zwangsläufig zu demselben Ergebnis gelangen,[26] doch ist letztlich eine Interventionswirkung zulasten der Hauptpartei auch unter Berücksichtigung des objektiven Umfanges (s. Rn. 14 ff.) insgesamt abzulehnen.

10 **aa)** Im Falle der **Streitverkündung ohne** anschließenden **Beitritt** (§ 72 Abs. 2) sprechen dagegen der eindeutige Wortlaut des § 72 Abs. 3 iVm. § 68, die Absicht des historischen Gesetzgebers[27] sowie vor allem der Zweck der Regelung über die Streitverkündung (s. § 72 Rn. 1), das Risiko eines **doppelten** Prozessverlustes für die streitverkündende Hauptpartei zu mindern.[28] Beim Streitverkündeten ist diese Interessenlage nicht gegeben.[29] Die verbleibende Gefahr des Verlustes **eines** Prozesses aufgrund abweichender Beurteilung[30] liegt im System des Zweiparteienprozesses begriffen, zumal Prozessökonomie und Verhinderung widersprüchlicher Entscheidungen nicht Zweck,[31] sondern lediglich möglicher Effekt einer Streitverkündung sind.

11 **bb) Tritt der Dritte** der streitverkündenden Hauptpartei **bei** (§ 74 Abs. 1), so entfällt zwar das Argument des Wortlautes des § 74 Abs. 3, nicht jedoch des § 68. Im übrigen erscheinen die Entscheidungskriterien, namentlich hinsichtlich der Interessenlage, identisch.

12 **cc)** Im Falle einer **Nebenintervention ohne** vorherige **Streitverkündung** kann nicht mit deren Zweck argumentiert werden. Wortlaut und Entstehungsgeschichte des § 68 sowie der Zweck

---

[17] S. Motive S. 87.

[18] RGZ 54, 350, 354; RG JW 1933, 1064; *Wieczorek/Mansel* Rn. 143.

[19] RG HRR 1931, 1255; *Rosenberg/Schwab/Gottwald* § 50 V 2.

[20] RGZ 148, 321, 322.

[21] RGZ 84, 286, 293; RG HRR 1936, 288; BGH NJW-RR 1990, 121 m. weit. Nachw. zur Streitverkündung; BGH NJW 1993, 122 f.; *Eibner* S. 71; AK-ZPO/*Koch* Rn. 2; *Baumbach/Lauterbach/Hartmann* Rn. 3; *Wieczorek/Mansel* Rn. 140; *Zimmermann* § 74 Rn. 13; *Zöller/Vollkommer* Rn. 6, § 74 Rn. 7; *Bruns* Rn. 67 a; *Jauernig* § 83 V; *Rosenberg/Schwab/Gottwald* § 50 V 2; *Schellhammer* Rn. 1633; vgl. auch *Lent* ZAkDR 1940, 1, 29.

[22] Dafür *Schreiber* Jura 1980, 75, 81 ff. im Falle des Nichtbeitritts nach Streitverkündung durch die Hauptpartei.

[23] Vgl. BGH LM § 242 BGB (B) Nr. 9; *Zöller/Vollkommer* § 72 Rn. 10, § 74 Rn. 7.

[24] RGZ 153, 271, 274 und st. Rspr.; BGH JZ 1987, 1033 (VII. Senat) und 1035 (IX. Senat) m. zustimmender Anm. von *Fenn;* abl. hingegen *Häsemeyer* JR 1988, 69; BGH NJW 1997, 2385, 2386; OLG Köln OLGZ 1994, 573; OLG Stuttgart OLGR 2003, 91 = VersR 2003, 992; *Bischof* JurBüro 1984, 1141, 1149; *Martens* ZZP 85 (1972), 77, 82 Fn. 16; *Wieser* ZZP 79 (1966), 246, 291; *Eibner* S. 73 ff., S. 86; *Baumbach/Lauterbach/Hartmann* Rn. 3, § 74 Rn. 4; *Musielak/Weth* Rn. 5; *Thomas/Putzo/Hüßtege* Rn. 1; *Zimmermann* § 74 Rn. 13; *Zöller/Vollkommer* Rn. 6; *Arens* Rn. 453; *Baur/Grunsky* Rn. 128; *Jauernig* § 83 V; *Rosenberg/Schwab/Gottwald* § 50 V 2; *Schellhammer* Rn. 1633; *Schilken* Rn. 705; *Zeiss* Rn. 759.

[25] Dafür *Häsemeyer* ZZP 84 (1971), 179, 198 f. und JR 1988, 69, mit beachtlichen Gründen; *Schneider* MDR 1961, 3, 7 f. für den Fall eines Beitritts; *W. Lüke* S. 337 ff., S. 392 ff.; *Stahl* S. 139; AK-ZPO/*Koch* Rn. 2; *Stein/Jonas/Bork* Rn. 18 ff.; *Wieczorek/Mansel* Rn. 141 f.; *A. Blomeyer* § 113 II 4.

[26] Anders *Zöller/Vollkommer* Rn. 6; vgl. auch *Stein/Jonas/Bork* § 74 Rn. 5 und *Schneider* (Fn. 24).

[27] Motive S. 87 f. (zu § 68) und S. 91 f. (zu § 74).

[28] So zu Recht u. a. BGH (Fn. 23) und *Fenn* JZ 1987, 1036, 1037.

[29] S. einerseits *Häsemeyer* ZZP 84 (1971), 198 f., andererseits *Fenn* JZ 1987, 1036, 1037.

[30] Vgl. *A. Blomeyer* § 113 II 4.

[31] So allerdings AK-ZPO/*Koch* Rn. 2.

dieser Norm (s. Rn. 1) und des Institutes der Nebenintervention (s. § 66 Rn. 1) sprechen aber dafür, auch dort lediglich eine Interventionswirkung zuungunsten des Nebenintervenienten zuzulassen.

c) Die so verstandene **Interventionswirkung** ist allerdings **nicht teilbar.** Sie kann also dem Nebenintervenienten nicht etwa lediglich hinsichtlich ihm ungünstiger Umstände unter Weglassung günstiger Teile entgegengehalten werden.[32] 13

3. Objektiver Umfang der Interventionswirkung. Der **objektive Umfang der Interventionswirkung** wird allgemein durch § 68 1. Halbs. dahin beschrieben, dass der Nebenintervenient mit der Behauptung nicht gehört wird, dass der Vorprozess, („Rechtsstreit, wie er dem Richter vorgelegen habe") unrichtig entschieden sei, ferner im 2. Halbs. dahin, dass der Einwand mangelhafter Prozessführung durch die Hauptpartei nur eingeschränkt möglich ist. 14

a) Die Interventionswirkung erfasst zunächst die **im Tenor** der Entscheidung **ausgesprochene Rechtsfolge.** Weiter erstreckt sie sich auf die „Richtigkeit" der Entscheidung und damit die Feststellung und rechtliche Beurteilung der Tatsachen („tragende Feststellungen", „Entscheidungselemente") einschließlich der präjudiziellen Rechtsverhältnisse,[33] nicht lediglich auf alternierende Voraussetzungen (s. auch Rn. 9 ff. zum damit zusammenhängenden subjektiven Umfang). Hingegen fallen darunter nicht Hilfserwägungen und Mehrfachbegründungen, obiter dicta,[34] entscheidungsunerhebliche „überschießende Feststellungen"[35] oder fehlende Feststellungen,[36] auch nicht bloß ähnliche Sachverhalte.[37] 15

aa) Im Falle einer Unaufklärbarkeit von Tatsachen, die im Erstprozess zu einer **non-liquet-Entscheidung** geführt hat, ist der Umfang der Interventionswirkung zweifelhaft. Teilweise wird er auf das Nichtvorliegen der zu beweisenden Tatsache,[38] überwiegend aber lediglich auf die Unaufklärbarkeit im Zusammenhang mit der Beweislast bezogen.[39] Letzterem ist zu folgen, da im Vorprozess nicht mehr, aber auch nicht weniger als die Nichtbeweisbarkeit der entsprechenden Tatsache verbindliches Entscheidungselement ist. Ist der Nebenintervenient im Folgeprozess beweisbelastet, so muss er sich nach § 68 entgegenhalten lassen, dass er den Nachweis schon im Vorprozess hätte führen können, selbst wenn die Beweislastregeln verkannt worden sind. Ist er nicht beweisbelastet, so kann ihm die dortige Unaufklärbarkeit nicht zum Nachteil gereichen. 16

bb) Auch **für den Fall eines Teilurteils** im Vorprozess ist der Umfang der Interventionswirkung zweifelhaft. Die hM[40] nimmt umfassende Interventionswirkung an, weil die getroffene Feststellung unteilbar sei. Das ist aber ein begriffliches Argument, mit der unzweifelhaften Beschränkung der Rechtskraft unvereinbar und bedeutet eine den Zweck des § 68 überschreitende Risikoüberwälzung auf den Dritten.[41] 17

---

[32] RGZ 153, 271; BGH NJW-RR 1989, 767; differenzierend OLG Köln OLGZ 1994, 573, 576; *W. Lüke* S. 336 f.; *Stein/Jonas/Bork* Rn. 19; *Zimmermann* § 74 Rn. 12; *Zöller/Vollkommer* Rn. 6; *Rosenberg/Schwab/Gottwald* § 50 V 2; vgl. auch *Eibner* S. 77 f.

[33] S. etwa RGZ 123, 95; BGHZ 8, 72, 82 = NJW 1953, 420; BGHZ 116, 95, 102; OLG München NJW 1986, 263 f. m. Anm. von *Vollkommer;* OLG Düsseldorf NJW 1992, 1176 f.; OLG Köln NJW-RR 1992, 119 m. Anm. *Schmidt* JuS 1992, 350 und Anm. *Deubner* JuS 1991, 1035; OLG Hamm NJW-RR 1996, 1506; OLG Frankfurt OLGR 1996, 229; KG KGR Berlin 2005, 294; *Bischof* JurBüro 1984, 1141 ff.; *Lent* ZAkDR 1940, 129; *Eibner* S. 86 ff.; *W. Lüke* S. 328 f., S. 345 ff.; *Stein/Jonas/Bork* Rn. 5 ff. m. weit. Nachw.; *Zimmermann* § 74 Rn. 10 f.; *Zöller/Vollkommer* Rn. 9 f. m. weit. Nachw.; *Rosenberg/Schwab* (Fn. 32). – Für eine Beschränkung auf alternierende Voraussetzungen hingegen *Häsemeyer* (Fn. 25); ausführlich jetzt *Wieczorek/Mansel* Rn. 117 ff.

[34] OLG Saarbrücken OLGR 2007, 376; *Zöller/Vollkommer* Rn. 9 m. weit. Nachw.

[35] BGHZ 157, 97 = MDR 2004, 464; LG Stuttgart NJW-RR 1993, 296 f.; *Wieczorek/Mansel* Rn. 96 ff. mit zahlr. Einzelheiten. *Zöller/Vollkommer* Rn. 10.

[36] BGHZ 85, 252, 256 = NJW 1983, 820.

[37] *Zöller/Vollkommer* Rn. 10 und hM. – AA *Martens* ZZP 85 (1972), 77, 93 f.

[38] *Rosenberg/Schwab/Gottwald* (Fn. 32).

[39] BGHZ 16, 217, 229 = NJW 1955, 625; BGHZ 85, 252, 258 = NJW 1983, 820 = JZ 1983, 350 m. abl. Anm. von *Baumgärtel* = JR 1983, 419 m. abl. Anm. von *Olzen;* OLG Düsseldorf NJW 1992, 1176, 1177 m. zust. Anm. *Schmidt* JuS 1992, 694; OLG Schleswig OLGR 2001, 94; OLG Saarbrücken OLGR 2002, 65 = NJW-RR 2002, 622 = MDR 2002, 689; OLG Karlsruhe OLGR 2005, 629 = BauR 2005, 1221; *Deubner* JuS 2005, 797, 798; *Laumen* S. 284 f.; *W. Lüke* S. 326 ff.; *Häsemeyer* ZZP 84 (1971), 179, 195 ff. m. weit. Nachw.; *Baumbach/Lauterbach/Hartmann* Rn. 7; *Stein/Jonas/Bork* Rn. 10; *Thomas/Putzo/Hüßtege* Rn. 6; *Wieczorek/Mansel* Rn. 115 f.; *Zöller/Vollkommer* Rn. 10; *A. Blomeyer* § 113 II 2.

[40] RG JW 1935, 3539; 1936, 1966; BGH NJW 1969, 1480; VersR 1985, 568; *Bischof* JurBüro 1984, 1145; Stahl S. 135; *Baumbach/Lauterbach/Hartmann* Rn. 2; *Stein/Jonas/Bork* Rn. 10; *Thomas/Putzo/Hüßtege* Rn. 4; *Rosenberg/Schwab/Gottwald* § 50 V 2; diff. *Wieser* ZZP 79 (1966), 279 ff.: nach Zumutbarkeit.

[41] Zu Recht auf die Grenzen des Teilurteils einschränkend deshalb *Häsemeyer* ZZP 84 (1971), 200 f.; *W. Lüke* S. 394 ff.; *Wieczorek/Mansel* § 68 Rn. 124; *Zöller/Vollkommer* Rn. 10; *A. Blomeyer* § 113 II 3; ebenso bereits KG JW 1918; 52; vgl. auch *Eibner* S. 115 ff.; *Wieser* ZZP 83 (1970), 222.

18 **cc)** Tritt der rechtskräftig verurteilte **Gesamtschuldner** dem Gläubiger im anschließenden Prozess gegen den anderen Gesamtschuldner bei (s. § 66 Rn. 17), so kann er sich nach dessen Verurteilung nicht wegen seines Ausgleichsanspruchs auf eine Interventionswirkung nach § 68 berufen. Weder war der andere Gesamtschuldner „Hauptpartei" noch wirkt § 68 zugunsten des Nebenintervenienten (s. oben Rn. 9ff.).

19 **b)** Durch den **Einwand mangelhafter Prozessführung** kann der Nebenintervenient gem. § 68 2. Halbs. der Interventionswirkung wenigstens in bestimmtem Umfang begegnen. Das entspricht Zweck und Ausgestaltung der Nebenintervention insofern, als eine Belastung des Dritten im Folgeprozess unangemessen und mit dem Grundsatz des rechtlichen Gehörs (vgl. § 66 Rn. 1) unvereinbar wäre,[42] soweit er aus zeitlichen Gründen oder wegen des Verhaltens der Hauptpartei nach § 67 den Vorprozess nicht beeinflussen konnte.[43] In diesen Fällen wird also trotz der alternativen Formulierung die Bindungswirkung des § 68 1. Halbs. eingeschränkt und nicht lediglich ein Schadensersatzanspruch begründet.[44] Allerdings muss der Schutz des § 68 2. Halbs. bei Vorliegen der Voraussetzungen einer streitgenössischen Nebenintervention versagen, so dass dort ein Ausgleich nicht nur über § 69, sondern auch über eine durch Art. 103 Abs. 1 GG gebotene einschränkende Auslegung des § 67 2. Halbs. zu suchen ist.[45] Ganz überwiegend wird angenommen, dass die Einschränkungen des § 68 2. Halbs. nur auf Einrede des Nebenintervenienten zu berücksichtigen seien,[46] wie das auch dem Wortlaut („Behauptung") und der Entstehungsgeschichte („exceptio mali gesti processus"),[47] entspricht. Die Bedeutung der Interventionswirkung (s. Rn. 1, 6) und die Parallele zur Behandlung der Rechtskraft sprechen aber dafür, nicht nur die Interventionswirkung (s. Rn. 6ff.), sondern auch deren Einschränkungen in vollem Umfang von Amts wegen zu berücksichtigen. Da dies keine Amtsermittlung bedeutet (vgl. § 139 Abs. 2), spielen Parteivorbringen und ggf. auch Beweislast dennoch durchaus eine Rolle,[48] vor allem in den Fällen des § 68 2. Halbs. 3. Alt. (s. Rn. 16). Eine Interventionswirkung entfällt, wenn Angriffs- oder Verteidigungsmittel des Nebenintervenienten, die er nicht geltend machen konnte, geeignet waren, eine andere Entscheidung des Vorprozesses herbeizuführen; gefordert ist dabei eine Plausibilität, nicht ein hypothetischer Kausalitätsnachweis.[49]

20 **aa)** Nach § 68 2. Halbs. 1. Alt. kann die **unabänderliche Lage des Rechtsstreits** zur Zeit des Beitritts zu einer Einschränkung der Interventionswirkung führen, wenn der Nebenintervenient deshalb Angriffs- oder Verteidigungsmittel nach § 67 1. Halbs. nicht mehr geltend machen konnte (s. § 67 Rn. 9). Die Unabänderlichkeit kann sich aus dem Zeitpunkt des Beitritts,[50] aber auch aus bindenden Prozesshandlungen der Hauptpartei (s. auch Rn. 21) ergeben.

21 **bb)** Gem. § 68 2. Halbs. 2. Alt. kann der **Widerspruch zu Erklärungen und Handlungen der Hauptpartei** im Hinblick auf sonst mögliche Angriffs- oder Verteidigungsmittel die Interventionswirkung beseitigen. Entscheidend für die Berücksichtigung solcher Mittel im Folgeprozess ist also die Feststellung, dass der Nebenintervenient sich mit ihnen im Vorprozess in unzulässigen Widerspruch zur Hauptpartei iSd. § 67 2. Halbs. gesetzt hätte (s. § 67 Rn. 10ff.), die er nur unterstützen durfte.[51]

22 **cc)** Endlich kann **bei** dem Nebenintervenienten **unbekannten Angriffs- oder Verteidigungsmitteln** gem. § 68 2. Halbs. 3. Alt. eine Interventionswirkung entfallen, wenn diese von der Hauptpartei absichtlich oder durch grobes Verschulden nicht geltend gemacht worden sind. Absicht erfordert ein bewusstes Handeln, nicht aber Schädigungsvorsatz. Grobes Verschulden bedeutet grobe Fahrlässigkeit,[52] die allein durch Unkenntnis der Hauptpartei noch nicht ausgeschlossen wird.[53]

---

[42] Vgl. *Wieser* ZZP 79 (1966), 262f.; *Eibner* S. 106. S. ferner allgemein neuerdings *Häsemeyer* ZZP 101 (1988), 385; *Jauernig* ZZP 101 (1988), 361; *Marotzke* ZZP 100 (1987), 164; *Schilken,* in: *Lüke/Prütting,* Lexikon des Rechts, Zivilverfahrensrecht, 2. Aufl. 1995, S. 254ff. und Gerichtsverfassungsrecht, § 11.

[43] Ausführlich *Bischof* JurBüro 1984, 1147ff.; *Wieser* ZZP 79 (1966), 260ff.

[44] *Bischof* (Fn. 43); *Stein/Jonas/Bork* Rn. 11; vgl. auch *Martens* ZZP 77 (1972), 79ff.

[45] *Schultes* S. 38ff.

[46] S. nur *Wieser* ZZP 79 (1966), 265; ferner *Bischof* JurBüro 1984, 1147f. m. weit. Nachw., der aber bei widersprüchlichem Verhalten amtsweise Berücksichtigung annimmt; ähnlich BGH NJW 1982, 281.

[47] Vgl. Motive S. 87f.

[48] Vgl. allgemein *Rosenberg/Schwab/Gottwald* § 50 V 2.

[49] AK-ZPO/*Koch* Rn. 6; vgl. aber auch BGH NJW 1976, 292, 294.

[50] Vgl. etwa OLG Köln MDR 1983, 409: nach Verhandlungsschluss.

[51] S. etwa BGH NJW 1982, 281, 282; JR 1987, 285, 286f.; OLG Saarbrücken OLGR 2007, 376; *Bischof* JurBüro 1984, 1147f.; *Häsemeyer* NJW 1978, 1165 gegen BGH NJW 1978, 643; *Zöller/Vollkommer* Rn. 12.

[52] Vgl. *Baumbach/Lauterbach/Hartmann* Rn. 10.

[53] *Wieczorek/Mansel* Rn. 153.

In der Person des Nebenintervenienten schadet lediglich Kenntnis („unbekannt“), nicht bereits grob fahrlässige Unkenntnis.[54]

4. Amtswegige Beachtung und Vereinbarungen. Die **Interventionswirkung** ist von Amts wegen zu beachten (s. auch Rn. 13).[55] Prozessual können die Parteien über sie ebensowenig verfügen wie über die Rechtskraftwirkungen.[56] Wohl aber können die Parteien untereinander und mit Dritten bürgerlichrechtlich verbindlich vereinbaren, die Wirkungen der Vorentscheidung gegenüber § 68 zu erweitern oder abzubedingen.[57] 23

5. Arbeitsgerichtliche Verfahren. In **arbeitsgerichtlichen Verfahren** gelten §§ 66 ff. in gleicher Weise. Dabei ist es für die Interventionswirkung auch unerheblich, ob in den beiden Prozessen einmal das Arbeitsgericht und einmal das ordentliche Gericht zuständig waren;[58] die Interventionswirkung tritt auch ein, wenn das Erstgericht ein ordentliches Gericht und das Zweitgericht ein Arbeitsgericht ist (oder umgekehrt).[59] 24

§ 69 Streitgenössische Nebenintervention

Insofern nach den Vorschriften des bürgerlichen Rechts die Rechtskraft der in dem Hauptprozess erlassenen Entscheidung auf das Rechtsverhältnis des Nebenintervenienten zu dem Gegner von Wirksamkeit ist, gilt der Nebenintervenient im Sinne des § 61 als Streitgenosse der Hauptpartei.

Schrifttum: S. die Angaben vor § 64.

I. Normzweck und Anwendungsbereich

1. Normzweck. Normzweck des § 69 ist die Regelung besonderer, von §§ 67 und 68 abweichenden Folgen für das Verfahren der Nebenintervention in solchen Fällen, in denen aufgrund anderer Vorschriften die Rechtskraft der Entscheidung im Hauptprozess auf das Rechtsverhältnis des Nebenintervenienten zum Gegner wirkt. Hier entspricht die Stärkung der Position des Dritten dem Gebot der Wahrung rechtlichen Gehörs.[1] Allerdings wird die gesetzliche Regelung des § 69 diesem Gebot nicht in jeder Hinsicht gerecht, so dass uU ein Rückgriff auf das unmittelbar anwendbare Grundrecht (Art. 103 Abs. 1 GG)[2] nötig erscheint, insbes. dann, wenn eine Zuladung des streitgenössischen Nebenintervenienten geboten ist (s. noch Rn. 9). 1

2. Anwendungsbereich. Der **Anwendungsbereich** der Vorschrift umfasst lediglich solche Fälle der Streithilfe, in denen nicht nur die allgemeinen Voraussetzungen des § 66 vorliegen, sondern darüber hinaus bestimmte Urteilswirkungen zwischen Nebenintervenienten und Gegner entstehen. Diese Wirkungen sind in § 69 nicht bestimmt, sondern nur unter Bezugnahme auf andere Vorschriften beschrieben. 2

II. Voraussetzungen des streitgenössischen Nebenintervenienten

Voraussetzungen der sog. **streitgenössischen Nebenintervention** iSd. § 69 sind zunächst diejenigen einer Nebenintervention nach § 66 (s. dort Rn. 3 ff.).[3] Hinzu kommen die nach § 69 geforderten besonderen Urteilswirkungen. 3

---

[54] *Stein/Jonas/Bork* Rn. 16; *Wieczorek/Mansel* Rn. 153. – AA *Wieser* ZZP 79 (1966), 264.

[55] BGHZ 16, 218, 228 = NJW 1955, 625; BGH MDR 1986, 127; *Bischof* JurBüro 1984, 1141, 1144 m. weit. Nachw.; *Schneider* MDR 1961, 1, 4; *W. Lüke* S. 341 m. Nachw., ganz hM.

[56] Zutreffend *Stein/Jonas/Bork* Rn. 26; vgl. auch *Schneider* MDR 1961, 1, 4. – Insoweit aA *Wieczorek/Mansel* Rn. 168; *Zöller/Vollkommer* Rn. 14; s. ferner *Eibner* S. 127 ff. m. weit. Nachw.

[57] RGZ 158, 130, 135 f.; RG JW 1938, 2287; OLG Düsseldorf NJW-RR 1993, 1471; *Eibner* S. 127 ff., S. 128; *Stein/Jonas/Bork* Rn. 26 (weiter differenzierend); *Wieczorek/Mansel* Rn. 168; *Zöller/Vollkommer* Rn. 13, 14; *Rosenberg/Schwab/Gottwald* § 50 V 5; nur für einschränkende Vereinbarungen auch *Schneider* MDR 1961, 1, 4. S. auch § 74 Fn. 7.

[58] S. *Stein/Jonas/Bork* Rn. 3 ; *Wieczorek/Mansel* Rn. 2.

[59] AA BGHZ 123, 44 = LM § 256 ZPO Nr. 177 m. abl. Anm. *Wax* = ZZP 107 (1994), 228 m. abl. Anm. *Häsemeyer* = JR 1994, 192 m. Anm. *Scherer*.

[1] Vgl. *Braun* JZ 1985, 339, 340; *Lammenett* S. 11; *W. Lüke* S. 219 ff.; *Pawlowski* ZZP 78 (1965), 397, 399 f. und JZ 1975, 681, 684; *Schlosser* S. 207 ff. und JZ 1967, 431, 434 f.

[2] BVerfGE 21, 132 = NJW 1967, 492; 60, 7 = NJW 1982, 1635.

[3] *Zöller/Vollkommer* Rn. 1; allgM.

4 **1. Rechtsverhältnis des Nebenintervenienten zum Gegner.** Es muss ein Rechtsverhältnis des Nebenintervenienten zum Gegner der im Hauptprozess unterstützten Partei bestehen. Das Verhältnis zu letzterer reicht nicht aus, weil hier § 68 Halbs. 2 schützt.[4] Es genügt dazu aber jede durch den konkreten Sachverhalt aufgrund einer Rechtsnorm bestehende Beziehung zwischen den erwähnten Personen.[5] Andererseits muss eine solche Beziehung nach Wortlaut und Zweck des § 69 wirklich bestehen. Es genügt nicht, dass Recht oder Verbindlichkeit des Nebenintervenienten durch Recht oder Verbindlichkeit der Parteien des Hauptprozesses bedingt sind.[6] Das ist vielmehr ein typisches Merkmal der „einfachen" Nebenintervention (s. § 66 Rn. 7ff.), mit dem nur eine Grundlage für das Recht bzw. die Verpflichtung des Dritten festgestellt wird. Da aber § 69 an eine Rechtskraftwirkung auf das Rechtsverhältnis zwischen Gegner und Nebenintervenienten anknüpft, kann aus doppeltem Grund (s. noch Rn. 5ff.) eine nur mittelbare Abhängigkeit von der Entscheidung des Hauptprozesses nicht genügen.[7]

5 **2. Rechtskraftwirkung.** Nach dem Wortlaut des § 69 muss „nach den Vorschriften des bürgerlichen Rechts" die Rechtskraft der Entscheidung des Hauptprozesses auf das beschriebene (s. Rn. 4) Rechtsverhältnis wirken. Es besteht aber Einigkeit darüber, dass diese Formulierung zu eng gefasst ist, weil die Rechtskraftlehre seinerzeit als dem bürgerlichen Recht zugehörig eingeordnet wurde.[8] Es genügen also Rechtskraftwirkungen nach den Vorschriften des Verfahrensrechts in gleicher Weise für die Anwendung des § 69.

6 **a)** Vor allem zählen die Fälle der **Rechtskrafterstreckung** (s. § 325 Rn. 13ff., aber auch § 265 Abs. 2 S. 3 und § 66 Rn. 11 und 18; ferner § 62 Rn. 7ff.; zur nicht ausreichenden evtl. Drittwirkung der Rechtskraft s. § 62 Rn. 11, § 66 Rn. 11) zu den Entscheidungswirkungen iSd. § 69. Das können Rechtskrafterstreckungen speziell auf den Nebenintervenienten, aber auch solche sein, die für und gegen alle eintreten.[9] Letztere genügen aber nicht schlechthin; es muss hinzukommen, dass die Universalwirkung speziell auf ein Rechtsverhältnis zwischen Nebenintervenienten und Prozessgegner einwirkt (s. Rn. 5), anderenfalls genügt die Stellung des einfachen Streithelfers.[10] So ist namentlich in Kindschaftssachen genau zu prüfen, ob jeweils solche Rechtskraftwirkungen oder aber lediglich mittelbare Auswirkungen entstehen, die „nur" ein rechtliches Interesse iSd. § 66 begründen,[11] weil allein die in § 640h S. 1 angeordnete Wirkung nicht ausreicht. Das gilt zB für den im Vaterschaftsanfechtungsprozess dem beklagten Kind beitretenden außerehelichen Erzeuger[12] trotz des drohenden Unterhaltsrückgriffs (§ 1607 Abs. 3 BGB); dieser setzt nämlich zunächst die rechtskräftige Feststellung der Vaterschaft voraus (§ 1600d Abs. 4 BGB). Hingegen ist der nach § 640e (s. dort Rn. 5ff. und 11) beigeladene Elternteil (s. auch Rn. 14) streitgenössischer Nebenintervenient iSd. § 69.[13] Auch die Nebenintervention eines Gesellschafters auf Seiten der Gesellschaft gegen die kassatorische Klage eines Gesellschafters ist streitgenössische Nebenintervention.[14]

7 **b)** Auch die Fälle einer **Gestaltungswirkung** der Hauptprozessentscheidung werden von § 69 erfasst. Das gilt unbeschadet der Beurteilung des Verhältnisses von Rechtskraft und Gestaltungswirkung[15] und des Wortlautes der Vorschrift jedenfalls deshalb, weil auch dort die unmittelbare Wirk-

---

[4] BGHZ 92, 275, 277f. = NJW 1985, 386; *Zöller/Vollkommer* Rn. 2. – AA *Wieczorek/Mansel* Rn. 13.

[5] BGHZ 92, 275, 278 (Fn. 4). Zum Verhältnis zweier Haftpflichtversicherer s. (abl.) BGH NJW-RR 1997, 919 = VersR 1997, 1088 m. Anm. *Lorenz*.

[6] BGH NJW 2001, 1355 = MDR 2001, 586 (Untermiete); *Stein/Jonas/Bork* Rn. 2. – Anders noch die Motive S. 88; großzügiger auch *W. Lüke* S. 214.

[7] So zu Recht u. ausführlich *Stein/Jonas/Bork* Rn. 2 m. weit. Nachw.; vgl. auch BGH NJW 2001, 1355 (Fn. 6).

[8] BGHZ 92, 275, 277 (Fn. 5); OLG Schleswig NJW-RR 1993, 930, 931; *Musielak/Weth* Rn. 4; *Zöller/Vollkommer* Rn. 1; vgl. Motive S. 88 und *Walsmann* S. 144f.

[9] So namentlich RGZ 108, 132, 133; OLG Celle FamRZ 1976, 158, 159; AK-ZPO/*Koch* Rn. 3; *Stein/Jonas/Bork* Rn. 3.

[10] BGHZ 92, 275 = NJW 1985, 386; BGH ZZP 99 (1986), 98 m. zust. Anm. von *Deneke* = JZ 1985, 338 m. zust. Anm. von *Braun; Wieser* FamRZ 1971, 393, 396; OLG Hamm FamRZ 2002, 30; *Wieczorek/Mansel* Rn. 15 m. weit. Nachw.; *Zöller/Vollkommer* Rn. 2; *Rosenberg/Schwab/Gottwald* § 50 VI 1, str.

[11] S. namentlich die Besprechungen zu BGHZ 92, 275 (Fn. 10); vgl. ferner *Beck*, FS Mühl, 1981, S. 85ff. Krit. aber zB *W. Lüke* S. 214.

[12] BGH (Fn. 10) und die weit. Nachw. dort; abl. *Baumbach/Lauterbach/Hartmann* Rn. 2.

[13] BGHZ 89, 121, 123f. = NJW 1984, 353 = JR 1984, 156 m. zust. Anm. von *Waldner; Baumbach/Lauterbach/Hartmann* Rn. 2; *Wieczorek/Mansel* Rn. 24; *Zöller/Vollkommer* Rn. 2. S. ferner zu § 636a BGHZ 30, 140 = NJW 1959, 2207; zu § 7 BetrAVG BGHZ 92, 280, 287 = NJW 1985, 376; BAG VersR 1986, 176.

[14] OLG Schleswig NJW-RR 1993, 930, 931; zur GmbH vgl. BGH NJW-RR 1993, 1253, 1254; BGH DtZ 1994, 29; OLG München OLGR 2000, 165 = MDR 2000,1152; *Austmann* ZHR 1994, 495, 504; *Emde* ZIP 1998, 1475; *Gehrlein* AG 1994, 103.

[15] Vgl. *Rosenberg/Schwab/Gottwald* § 94 III 2.

samkeit der Entscheidung für den Nebenintervenienten in Rede steht.[16] Danach ist zumindest eine analoge Anwendung gerechtfertigt, so etwa in den Fällen der §§ 133, 140 HGB bei Nebenintervention eines nicht am Klageverfahren als Partei beteiligten Gesellschafters.[17] Allerdings ist auch insoweit (vgl. Rn. 6) bei Gestaltungswirkungen gegenüber jedermann zu prüfen, ob ein Rechtsverhältnis zwischen dem Nebenintervenienten und dem Gegner unmittelbar betroffen ist (s. im Übrigen Beispiele bei § 62 Rn. 9f. und § 66 Rn. 12).

c) Entsprechendes (s. Rn. 7) gilt für **Fälle erweiterter Vollstreckbarkeit,**[18] also zB bei Vermögens- oder Firmenübernahme (§ 729) oder in den Fällen der §§ 740ff. bei **Gütergemeinschaft**, hingegen nicht in Fällen **gesetzlicher Tatbestandswirkung.**[19] Es genügt auch für die Anwendung des § 69, dass die Entscheidung nur **teilweise Auswirkungen** auf den Streitgehilfen hat, zB nur im Kostenpunkt.[20] Das ergibt sich aus dem Zweck des § 69 (s. Rn. 1), weil sonst eine Verletzung des Gebotes rechtlichen Gehörs vorläge und mag mit der Formulierung „insofern" auch vom Wortlaut her gerechtfertigt werden.[21] 8

III. Rechtsfolgen

1. Zuladung durch das Gericht. Liegen die Voraussetzungen der streitgenössischen Nebenintervention vor, hat der Dritte das Recht, am Verfahren teilzunehmen. Um dem Dritten auch die tatsächliche Möglichkeit der Beteiligung zu geben, bedarf es (im Falle seiner Unkenntnis) einer Benachrichtigung in Form der **Zuladung.**[22] Eine solche Zuladung ist im Gesetz nur für besondere Fälle vorgesehen, nämlich in § 640 e und § 856 Abs. 3, neuerdings auch in § 8 Abs. 3 KapMuG (atypische Beiladung).[23] Die ganz hM in Rechtsprechung und Literatur erkennt auch in anderen (Einzel-) Fällen eine Zuladungspflicht des Gerichts an und leitet diese, mangels allgemeiner Zuladungsvorschrift in der ZPO, zu Recht unmittelbar aus Art. 103 Abs. 1 GG ab.[24] Eine solche Zuladungspflicht ergibt sich immer dann, wenn der Dritte im Falle seines Beitritts die Stellung eines streitgenössischen Nebenintervenienten inne hätte (str.).[25] Dies ergibt sich daraus, dass der Kreis der gem. Art. 103 Abs. 1 GG zuzuladenden Dritten zwangsläufig mit dem Kreis der streitgenössischen Nebenintervenienten identisch ist, da die von der Rechtskraft betroffenen Dritten jeweils gleich zu bestimmen sind.[26] Umgekehrt besteht die Zuladungspflicht nach Art. 103 Abs. 1 GG nicht, wenn der Dritte nach seinem Beitritt einfacher Nebenintervenient wäre. Nimmt man etwa eine materielle Abhängigkeit des Dritten zum Anlass, diesen nicht als streitgenössischen, sondern als einfachen Nebenintervenienten anzusehen, so ist er auch nicht zu- 9

---

[16] S. RGZ 44, 345; BGH DB 2007, 1744 = BB 2007, 1916 = ZIP 2007, 1528 zu § 248 AktG; OLG Hamburg OLGR 5, 22; *Stein/Jonas/Bork* Rn. 3f..; *Wieczorek/Mansel* Rn. 15, 23, 28; vgl. auch *Walder/Richli,* FS Gaul, S. 784.

[17] *H. Roth,* FS Großfeld, 1999, S. 915ff., S. 924, S. 927; *Thomas/Putzo/Hüßtege* Rn. 4; *Zöller/Vollkommer* Rn. 3.

[18] LG Saarbrücken JurBüro 1977, 1146; *Baumbach/Lauterbach/Hartmann* Rn. 1; *Stein/Jonas/Bork* Rn. 3; *Wieczorek/Mansel* Rn. 29; *Zöller/Vollkommer* Rn. 4.

[19] BGHZ 92, 275, 277; BGH GRUR 1998, 382, 385. – AA BAGE 34, 146, 150 m. abl. Anm. *Leipold* AP § 67 Nr. 4, vgl. auch dort Nr. 3; *Wieczorek/Mansel* Rn. 30 m. weit. Nachw.

[20] OLG Hamburg OLGR 5, 22; *Baumbach/Lauterbach/Hartmann* Rn. 1; *Stein/Jonas/Bork* Rn. 3.

[21] So *Stein/Jonas/Bork* Rn. 3.

[22] Zum Begriff der Zuladung sowie zur Abgrenzung zur Beiladung vgl. *Schultes* S. 96ff. und 109ff.

[23] Vgl. zur gesetzlichen Regelung des KapMuG: *Lüke* ZZP 119 (2006), S. 131; *Gebauer* ZZP 119 (2006), 159; *Möllers/Weichert* NJW 2005, 2738, jew. m. weit. Nachw. sowie *Schilken* ZPR, Rn. 708.

[24] BVerfGE 21, 132 = NJW 1967, 492; 60, 7 = NJW 1982, 1635; BVerfG NJW 1988, 1963; s. auch BVerfGE 92, 158; BGHZ 83, 391; 89, 121; 97, 32; *Lüke,* Die Beteiligung Dritter am Zivilprozeß, 1993, S. 124ff.; *Schlosser* S. 172ff.; *Schultes* S. 115ff.; *Waldner* Rn. 237; *Vollkommer* S. 137ff.; *M. Wolf* JZ 1971, 405; *Musielak/Weth* Vor § 64 Rn. 4f. und *Stein/Jonas/Bork* Vor § 64 Rn 3, jeweils m. weit. Nachw.; *Rosenberg/Schwab/Gottwald* § 51 VI; *Schilken* GVR Rn. 148 m. weit. Nachw.

[25] *Schultes* S. 141ff. und genauso jetzt *Vollkommer* S. 142ff. S. auch *Stein/Jonas/Bork* Vor § 64 Rn 3 m. weit. Nachw.; *Zöller/Vollkommer* Vor § 64 Rn. 2. – Kritisch: BGH ZIP 2005, 45 = DB 2005, 277 (offengeblieben, da nicht klärungsbedürftig). Die Beiladung gem. § 8 Abs. 3 KapMuG (mit der nachfolgenden einfachen Nebenintervention) bildet nur auf den ersten Blick eine Ausnahme: Sieht man in den in § 16 KapMuG angeordneten (Dritt-)Wirkungen des Musterbescheids eine speziell angeordnete Interventionswirkung (s. Fn. 32), so erscheint die Beiladung (aus verfassungsrechtlicher Sicht) eher als besondere Form der Streitverkündung und nicht als eine durch Art. 103 Abs. 1 GG gebotene Zuladung. Erblickt man in der (Dritt-)Wirkung eine durch die Beiladung ausgelöste (modifizierte) Rechtskrafterstreckung (s. Fn. 32), so erscheint die Beiladung ebenfalls nicht durch Art 103 Abs. 1 GG geboten, da es eine Rechtskrafterstreckung beiladungsunabhängig nicht gibt.

[26] *Schultes* S. 127ff., 141ff., 153 und genauso jetzt *Vollkommer* S. 142ff.

zuladen.[27] Entsprechendes gilt für alle anderen Abgrenzungsmerkmale.[28] Die Zuladung selbst erfolgt analog § 640 e.[29] Für Fälle mit unüberschaubaren Personenkreisen werden unterschiedliche Lösungen vertreten.[30] Die Zuladungspflicht des Gerichts erlischt jedenfalls, wenn das Gericht feststellt, dass die betroffenen Dritten bereits auf anderem Wege hinreichend Kenntnis erlangt haben.[31]

10 Die **Beiladung** nach § 8 Abs. 3 KapMuG zeichnet sich demgegenüber durch folgende Besonderheiten aus: Ausgangspunkt ist die beabsichtigte (unklare und deshalb umstrittene[32]) Wirkung des Musterbescheids gegenüber Dritten (§ 16 KapMuG), die der Gesetzgeber ohne Verletzung des Grundrechts auf rechtliches Gehör nur anordnen kann, wenn jeder letztlich gebundene Dritte die tatsächliche Möglichkeit hatte, sich am Verfahren zu beteiligen.[33] Diese Möglichkeit wird durch die Beiladung gem. § 8 Abs. 3 KapMuG eröffnet. Da die Entscheidung im Musterverfahren gem. § 16 KapMuG aber gerade im Verhältnis zum Gegner des Dritten wirken soll, müsste dem Dritten, will man seinen Anspruch auf rechtliches Gehör im Verfahren nicht verkürzen, eigentlich die Rechtsstellung eines streitgenössischen Nebenintervenienten eingeräumt werden (da der Schutzmechanismus des § 68 Halbs. 2 im Verhältnis zum Gegner nicht greift, die einfache Nebenintervention also hier nicht ausreichend schützt). Gerade dies wird dem Dritten jedoch durch § 12 KapMuG verwehrt. Die damit auftretende (verfassungsrechtlich problematische) Bindungswirkung wird allerdings in § 16 Abs. 2 KapMuG dadurch wieder relativiert, dass die Bindungswirkung in genau dem Umfang reduziert wird, in dem sie problematisch erscheint, indem die (Schutz-)Regelung des § 68 Halbs. 2 auf das Verhältnis zum Gegner erstreckt wird. Insgesamt erscheinen so nicht nur die Beiladung, sondern auch die Stellung des Dritten im Verfahren und die Urteilswirkungen mit Blick auf das Drittbeteiligungssystem der ZPO atypisch.

11 **2. Rechtsstellung des streitgenössischen Nebenintervenienten.** Die Rechtsstellung des streitgenössischen Nebenintervenienten beschreibt § 69 dahin, dass er iSd. § 61 als Streitgenosse der Hauptpartei gilt. Heute[34] ist anerkannt, dass er nicht wirklich Streitgenosse und damit Partei wird, sondern lediglich im Wege der Fiktion dem Streitgenossen iSd. § 61 gleichgestellt ist.[35] Die Bezugnahme auf § 61 betrifft also den Prozessbetrieb durch den streitgenössischen Nebenintervenienten und regelt ein eigenes Recht zur Prozessführung, jedoch im fremden Prozess, also nicht iS einer selbstständigen Rechtsverfolgung.[36] Der streitgenössische Nebenintervenient ist Nebenintervenient mit bestimmten Befugnissen eines Streitgenossen. Dabei bedeutet die Verweisung auf § 61 insbesondere auch nicht, dass er lediglich einfacher Streitgenosse wäre. § 61 bezieht die Regelung der notwendigen Streitgenossenschaft nach § 62 ein und gilt teilweise auch für diese (s. § 61 Rn. 1, § 62 Rn. 48).[37] Da § 69 an die Erstreckung von Rechtskraft, Gestaltungswirkung oder Vollstreckbarkeit anknüpft, die zu notwendiger Streitgenossenschaft führt (s. § 62 Rn. 6 ff.), gilt der streitge-

---

[27] Vgl. *Schultes* S. 143; *Stein/Jonas/Bork* Vor § 64 Rn 3; *Musielak/Weth* Vor § 64 Rn. 5.

[28] S. auch § 265 Abs. 2 Satz 3, wonach die streitgenössische Nebenintervention ausgeschlossen ist und damit folgerichtigerweise auch die Zuladungspflicht: so *Schultes* S. 143 und *Stein/Jonas/Bork* Vor § 64 Rn 3 Fn. 7.

[29] *Schultes* S. 155 ff.; s. auch *Musielak/Weth* Vor § 64 Rn. 6. Zu weitergehenden Pflichten gegenüber den nicht beteiligten Dritten (Zustellung des Urteils) und den Folgen einer fehlerhaften Nichtbeteiligung s. BGH (Fn. 31); *Schultes* S. 173 ff.; *Musielak/Weth* Vor § 64 Rn. 7 m. weit. Nachw.

[30] Vgl. *Schultes* S. 159 ff.

[31] So BGHZ 97, 28, 32 (Überzeugung des Gerichts erforderlich, dass Informationspflicht erfüllt ist); *K. Schmidt,* FS Beys, 1485, 1489; *Schultes,* Jahrbuch junger Zivilrechtswissenschaftler, 1994, S. 246 f.; *Stein/Jonas/Bork* Vor § 64 Rn 3. Anders *Vollkommer* S. 144 (Zuladungspflicht nur, soweit das Gericht davon ausgehen muss, dass Information nicht gewährleistet ist). Vgl. auch BGH ZIP 2005, 45 (Fn. 25) zur Zuladungspflicht (offen) und zur Unzumutbarkeit der Zustellung des Urteils in solchen Fällen sowie zur Lösung über eine Wiedereinsetzung gem. § 233 sowie BVerfG NJW 2006, 2248 (allgemein) zur Pflicht des Gerichts, zu prüfen, ob das rechtliche Gehör den Verfahrensbeteiligten auch tatsächlich gewährt wurde.

[32] Siehe einerseits *Lüke* (Fn. 23) (besondere Rechtskrafterstreckung) und andererseits *Gebauer* ZZP 119 (2006), 159 (besondere Interventitionswirkung) sowie *Schilken,* ZPR, Rn. 1032 (teils Züge materieller Rechtskraft, teils solche der Interventionswirkung). Vgl. auch § 325 a Rn. 3 ff.

[33] Vgl. zur Rechtfertigung der (vergleichbaren) Interventionswirkung durch Beachtung des Anspruchs auf rechtliches Gehör BGH NJW-RR 2006, 1312 = BauR, 2006, 1500 und Fn. 25.

[34] S. zum früheren Meinungsstreit namentlich *Walsmann* S. 105 ff.; *Stein/Jonas/Bork* Rn. 6, jeweils m. weit. Nachw.

[35] BGH NJW 1965, 760; ausführlich *Bischof* JurBüro 1984, 969, 974 ff.; *Baumbach/Lauterbach/Hartmann* Rn. 7; *Musielak/Weth* Rn. 6; *Stein/Jonas/Bork* Rn. 6; *Wieczorek/Mansel* Rn. 37; m. weit. Nachw.

[36] RGZ 43, 361, 363; 90, 42, 43; BGH NJW-RR 1999, 285, 286; *Stahl* S. 109; *Walsmann* S. 119 ff.; *W. Lüke* S. 215 ff.; *Baumbach/Lauterbach/Hartmann* Rn. 7; *Musielak/Weth* Rn. 7; *Stein/Jonas/Bork* Rn. 6; *Wieczorek/Mansel* Rn. 37 m. weit. Nachw.

[37] Vgl. *Stein/Jonas/Bork* Rn. 8; mit anderer Begründung („falsches Zitat") zB auch RGZ 34, 360, 364; RG JW 1889, 138 f.; *Walsmann* S. 125.

nössische Nebenintervenient nach dem hier vertretenen Verständnis des § 69 (s. oben Rn. 4, 6ff.) stets als notwendiger Streitgenosse iSd. § 62 Abs. 1 1. Alt.[38] Aus der Doppelstellung ergeben sich unterschiedliche Befugnisse:

a) Als bloßer **Streitgehilfe** ist der streitgenössische Nebenintervenient nicht berechtigt, Anträge für seine Person zu stellen, Rechtsbehelfe aus eigenem Recht einzulegen, Angriffs- oder Verteidigungsmittel – auch Widerklagen oder Zwischenfeststellungsklagen – aus eigenem Recht geltend zu machen (vgl. § 67 Rn. 5), die Klage zu ändern oder zurückzunehmen.[39] Nimmt die unterstützte Partei die Klage zurück oder erklären die Hauptparteien den Rechtsstreit übereinstimmend für erledigt, muss der streitgenössische Nebenintervenient dem weder zustimmen, noch kann er widersprechen.[40] Er muss den Rechtsstreit in der Lage zur Zeit des Beitritts annehmen – allerdings nur, soweit sein Anspruch auf rechtliches Gehör dadurch nicht verkürzt wird[41] (vgl. § 67 Rn. 9) – und kann diejenigen Prozesshandlungen vornehmen und entgegennehmen, die einem gewöhnlichen Nebenintervenienten nach § 67 zustehen (s. ausführlich dort Rn. 4ff.; aber auch noch unten Rn. 11ff.).[42] 12

b) Als Streitgenosse (s. Rn. 11) hat der streitgenössische Nebenintervenient aber doch gegenüber dem einfachen Streithelfer **erweiterte Möglichkeiten,** den Prozess zu beeinflussen. Insbesondere kann er selbstständig, auch bei Widerspruch der Partei, Angriffs- und Verteidigungsmittel aus deren Recht (s. Rn. 8) vorbringen und (sonstige) Prozesshandlungen vornehmen.[43] Namentlich kann er Einspruch oder ein Rechtsmittel einlegen,[44] dessen Verwerfung oder Zurückweisung beantragen[45] oder umgekehrt Rücknahme oder Verzicht des Gegners entgegennehmen.[46] Obwohl der streitgenössische Nebenintervenient die Lage des Prozesses zur Zeit des Eintritts hinnehmen muss (s. Rn. 11), kann er früheren Handlungen der Partei – zB Anerkenntnis, Verzicht, Geständnis – widersprechen, sofern die Entwicklung des Verfahrens dies noch zulässt.[47] Die betreffenden Prozesshandlungen sind dann frei zu würdigen (s. § 62 Rn. 49). Während über die Unzulässigkeit mancher Verfahrenshandlungen (s. Rn. 12) Einigkeit besteht, ist umstritten, ob der streitgenössische Nebenintervenient seinerseits zugestehen, anerkennen oder verzichten kann.[48] Beim Geständnis ist diese Befugnis mit der Maßgabe zu bejahen, dass es bei Widerspruch der Partei frei zu würdigen ist.[49] Diese Auffassung wird teilweise auch für Anerkenntnis und Verzicht des streitgenössischen Nebenintervenienten vertreten, wobei sich namentlich bis Säumnis, aber auch bei Schweigen der Hauptpartei eine Bindung ergäbe.[50] Andere[51] gehen davon aus, es handle sich um (auch) materielle Dispositionen, so dass das materiell-rechtliche Verhältnis zwischen Nebenintervenienten und Partei über die Wirksamkeit entscheide. Schließlich wird eine Bindung schlechthin verneint mit der Begründung, Anerkenntnis und Verzicht seien geeignet, die Beendigung des Verfahrens zu Ungunsten der Hauptpartei 13

---

[38] Ebenso RGZ 34, 360, 365; 108, 132, 134; *Stein/Jonas/Bork* Rn. 8. Einschränkend *W. Lüke* S. 217ff.; *Baumbach/Lauterbach/Hartmann* Rn. 7 („meist"); *Wieczorek/Mansel* Rn. 42 („nicht stets"); *Zimmermann* Rn. 3 („nicht unbedingt"), *Zöller/Vollkommer* Rn. 5 („regelmäßig"); *Jauernig* § 83 VI („meist"); *Rosenberg/Schwab/Gottwald* § 50 VI 2.

[39] S. etwa RGZ 164, 129, 131; BGH NJW 1965, 760; OLG Karlsruhe OLGR 37, 94; *Stein/Jonas/Bork* Rn. 7; *Wieczorek/Mansel* Rn. 37, 43ff. m. weit. Nachw.; *Zöller/Vollkommer* Rn. 8; offen BAG DB 1985, 1537, 1538.

[40] So OLG München (Fn. 14): Denn der Rechtsstreit wird beendet, ohne dass eine Entscheidung in der Hauptsache ergeht, deren Rechtskraft oder Gestaltungswirkung sich auf den Nebenintervenienten erstrecken könnte. S. auch OLG Köln OLGR 2003, 313 = AG 2003, 522.

[41] *Schultes* S. 38ff.; *Musielak/Weth* Vor § 64 Rn. 6 jew. m. weit. Nachw.

[42] *Wieczorek/Mansel* Rn. 38; *Zöller/Vollkommer* Rn. 6; *Rosenberg/Schwab/Gottwald* § 50 VI 2a.

[43] RGZ 42, 389, 393; 90, 42, 43; 164, 129, 131f.; BGH NJW 1965, 760; BGHZ 89, 121, 124 = NJW 1984, 353; BGHZ 92, 275, 276 = NJW 1985, 386; BGH VersR 1997, 1088, 1089; OLG Celle FamRZ 1976, 158f.; OLG Hamm FamRZ 2002, 30; LAG Saarbrücken BB 1981, 304; ausführlich *Bischof* JurBüro 1984, 969, 976f.

[44] RGZ 44, 345; BGHZ 89, 121 u.ö. (s. Fn. 42); BAG DB 1985, 1538; *Bischof* JurBüro 1984, 969, 976; OLG Schleswig NJW-RR 1993, 930.

[45] RG DR 1944, 914; *Rosenberg/Schwab/Gottwald* § 50 VI 2b.

[46] RG JW 1910, 821.

[47] *W. Lüke* S. 216; *Stahl* S. 103ff.; *Baumbach/Lauterbach/Hartmann* Rn. 7; *Stein/Jonas/Bork* Rn. 8; *Thomas/Putzo/Hüßtege* Rn. 6; *Wieczorek/Mansel* Rn. 44, 56f. (Ausnahme: materielle Verfügungsbefugnis); *Zöller/Vollkommer* Rn. 8; *A. Blomeyer* § 113 IV; *Rosenberg/Schwab/Gottwald* § 50 VI 2b; i.e. str.

[48] Dazu ausführlich *Stahl* S. 104f. m. weit. Nachw.

[49] *Baumbach/Lauterbach/Hartmann* Rn. 8; ähnlich *Stein/Jonas/Bork* Rn. 9; *Wieczorek/Mansel* Rn. 60; *Zöller/Vollkommer* Rn. 8; s. *W. Lüke* S. 216.

[50] *Bischof* JurBüro 1984, 970, 976; *Zimmermann* Rn. 3; *Zöller/Vollkommer* Rn. 8; *Rosenberg/Schwab/Gottwald* § 50 VI 2b.

[51] *Stein/Jonas/Bork* Rn. 9; vgl. auch RGZ 44, 345f.; OLG Neustadt NJW 1953, 1266.

herbeizuführen, die somit nicht unterstützt werde.[52] Auf die materielle Disposition kann es aber bei Anerkenntnis und Verzicht als reinen Prozesshandlungen nicht ankommen (s. § 68 Rn. 43, 49). Beide beenden auch nicht unmittelbar den Prozess,[53] sondern bilden nur die Grundlage für ein nachfolgendes prozessbeendigendes Urteil. Anders als im Falle „normaler" notwendiger Streitgenossenschaft (s. § 68 Rn. 43, 49) widerspricht aber bereits diese Wirkung der bloßen Unterstützungsfunktion der Streithilfe (s. § 67, insbesondere Rn. 10 ff., 13 ff.), weil es sich im Falle des § 69 trotz Fiktion der Streitgenossenschaft nicht um selbstständige Führung eines eigenen Prozesses handelt.

14 Aus der Gleichstellung mit der Partei für den **Prozessbetrieb** ergibt sich hingegen, dass Anordnungen gem. §§ 141 ff., 273 Abs. 2 Nr. 1, 283, 421 ff., auch an den streitgenössischen Nebenintervenienten ergehen können.[54] Die Fristen für Einspruch und Rechtsmittel laufen für ihn selbstständig von der an ihn bewirkten Zustellung an,[55] unabhängig von denjenigen der Hauptpartei. Erfolgt der Beitritt während einer laufenden Frist, so bleibt dem streitgenössischen Nebenintervenienten grundsätzlich nur noch der Rest der Frist,[56] was allerdings nur bei hinreichender Kenntnis oder evtl. Eröffnung einer Wiedereinsetzung gerechtfertigt erscheint[57] (vgl. Rn. 12). Auch die Voraussetzungen einer Wiedereinsetzung in den vorigen Stand (vgl. § 66 Rn. 24) sind nur aus der Person des streitgenössischen Nebenintervenienten zu beurteilen.[58] Über eine Wiedereinsetzung,[59] innerhalb 6 Monaten ab Verkündung (vgl. §§ 516, 552) zusätzlich über eine Rechtsmitteleinlegung unter gleichzeitigem Beitritt nach §§ 69, 70,[60] notfalls noch über Verfassungsbeschwerde wegen Verletzung rechtlichen Gehörs[61] ist der Fall zu lösen, dass ein Elternteil nach unterlassener Beiladung gem. § 640 e (zum Beitritt s. Rn. 6 und § 640 e Rn. 7 ff.) ein Rechtsmittel gegen das ergangene Urteil einlegen will. Entsprechendes gilt für andere zuzuladende Dritte.[62] Versäumt die Hauptpartei eine Frist oder einen Termin, so hilft die Wahrnehmung durch den streitgenössischen Nebenintervenienten gem. § 62.[63] Allerdings ist für alle seine Handlungen Wirksamkeitsvoraussetzung, dass (noch) ein rechtshängiger Prozess existiert, den die Hauptpartei zB durch Klagerücknahme oder Prozessvergleich ohne Rücksicht auf den streitgenössischen Nebenintervenienten beseitigen kann.[64]

15 Wenngleich das Urteil nicht für oder gegen den streitgenössischen Nebenintervenienten ergehen kann (s. oben Rn. 12) – für die **Kostenentscheidung** gilt gem. § 101 Abs. 2 (s. dort Rn. 32 f.) hier nicht § 101 Abs. 1, sondern § 100[65] –, so rückt der Nebenintervenient doch als fiktiver Streitgenosse in mancher Hinsicht in die Nähe einer Parteistellung. Liegen in seiner Person **Unterbrechungsgründe** iSd. §§ 239 ff. vor, wird das Verfahren zwar unmittelbar nur dem Streitgehilfen gegenüber unterbrochen, darf aber auch gegenüber der Partei nicht fortgeführt werden (s. § 62 Rn. 50).[66] Zur Aufklärung des Sachverhaltes kann das persönliche Erscheinen des streitgenössischen Nebenintervenienten gem. § 141 (s. Rn. 13) angeordnet werden.[67] Er ist **nicht** als **Zeuge,** sondern gem. §§ 445 ff. als Partei zu vernehmen.[68]

---

52 *Stahl* S. 104 f.; zustimmend *Habscheid* ZZP 86 (1973), 101, 104; *Windel* ZZP 104 (1991), 326; AK-ZPO/*Koch* Rn. 5; *Wieczorek/Mansel* Rn. 47.

53 S. ausf. *Schilken* ZZP 90 (1977), 157, 163 ff. m. weit. Nachw.; anders namentlich *Wolf,* Das Anerkenntnis im Prozessrecht, 1969, S. 17 ff.

54 *Stein/Jonas/Bork* Rn. 10.

55 RGZ 34, 361, 363; BGHZ 89, 121, 125 = NJW 1984, 353; BGH VersR 1997, 1088, 1089; BGH NJW 2001, 1355; OLG Frankfurt OLGR 2005, 641; *W. Lüke* S. 217 m. weit. Nachw. Zur Benachrichtigung des (noch nicht) beigetretenen streitgenössischen Nebenintervenienten s. Rn. 8 a und Fn. 31.

56 BGH NJW-RR 1997, 865; *Baumbach/Lauterbach/Hartmann* Rn. 10; *Stein/Jonas/Bork* Rn. 10 Fn. 44.

57 Zur Wiedereinsetzung s. BGH ZIP 2005, 45 = DB 2005, 277.

58 *Waldner* JR 1984, 157, 159 m. weit. Nachw.; *Walsmann* S. 203 f.; *Stein/Jonas/Bork* Rn. 10; *Wieczorek/Mansel* Rn. 80; *Zöller/Vollkommer* Rn. 7; *Rosenberg/Schwab/Gottwald* § 50 VI 2 b.

59 *Waldner* JR 1984, 157; abl. *Marotzke* ZZP 100 (1987), 164, 189 m. diff. Vorschlägen; vgl. auch BVerfGE 60, 7 = NJW 1982, 1635.

60 BGH JR 1984, 156 m. Anm. *Waldner* = NJW 1984, 353; *Baumbach/Lauterbach/Albers* § 640 e Rn. 4; *Zöller/Philippi* § 640 e Rn. 7; *Schilken* GVR Rn. 150, anders die Voraufl. Ausführlich *Schultes* S. 115 ff., S. 137 ff. m. weit. Nachw.

61 Vgl. BVerfGE 60, 7 und *Schultes* S. 179 ff., S. 185 ff. m. weit. Nachw.

62 S. dazu *Schultes* passim, insbes. S. 95 ff.; ferner ausführlich *W. Lüke* passim, insbes. S. 201 ff.

63 *Zöller/Vollkommer* Rn. 7.

64 BGH NJW 1965, 760; *Walsmann* S. 217; *Wieczorek/Mansel* Rn. 53 f., str.

65 Vgl. BGH JZ 1985, 854; BGH DB 2007, 1516 = BB 2007, 1524 = ZIP 2007, 1337; OLG Köln NJW 1960, 2150.

66 *Stein/Jonas/Bork* Rn. 10; ähnlich *Wieczorek/Mansel* Rn. 76. Weitergehend für Gesamtunterbrechung *Walsmann* S. 204 ff.; *Rosenberg/Schwab/Gottwald* § 50 VI 2 b.

67 *Rosenberg/Schwab/Gottwald* (Fn. 65).

68 OLG Hamm FamRZ 1978, 204, 205; *Baumbach/Lauterbach/Hartmann* Rn. 9; *Stein/Jonas/Bork* Rn. 11 m. weit. Nachw.; allgM.

IV. Interventionswirkung

16 Die **Interventionswirkung** nach § 68 entsteht auch gegenüber dem streitgenössischen Nebenintervenienten. Sie kann neben die Rechtskraftwirkung kraft Rechtskrafterstreckung oder die sonstigen Urteilswirkungen zwischen Gegenpartei und Streithelfer (s. Rn. 6ff.) treten. Soweit allerdings das Urteil im Verhältnis zwischen Streithelfer und unterstützter Partei Rechtskraft- oder Gestaltungswirkungen entfaltet, schließt das die nach § 68 an sich zulässigen Einwendungen gegen eine entsprechende Bindung kraft Interventionswirkung (s. § 68 Rn. 14ff.) aus, nicht hingegen im Hinblick auf eine weiterreichende Bindung.[69] Im Übrigen bleibt es bei den Grundsätzen des § 68.

V. Beitritt und Zulassung

17 Für **Beitritt und Zulassung** des streitgenössischen Nebenintervenienten gelten zunächst die für die einfache Streithilfe maßgeblichen Regeln (s. § 66 Rn. 19ff.), hinsichtlich der Form also § 70. Eine ausdrückliche Zulassung ist auch hier (s. § 66 Rn. 21)[70] nur bei Antrag auf Zurückweisung nach § 71 erforderlich.[71] Es kann dann in einem Zwischenurteil oder im Endurteil entschieden werden,[72] ggf. auch über die beanspruchten, von § 67 abweichenden besonderen Befugnisse eines streitgenössischen Nebenintervenienten.[73] Fehlen die entsprechenden Voraussetzungen, so sind solche weitergehenden Prozesshandlungen aber schon von sich aus unwirksam und unbeachtlich,[74] sofern keine rechtskräftige Zulassungsentscheidung ergeht.

VI. Kosten; Rechtspolitisches

18 Für die **Kosten** (s. auch § 66 Rn. 26) gelten hier Sonderregeln gem. §§ 101 Abs. 2, 100 (s. oben Rn. 15). Die **rechtspolitische** Rechtfertigung des § 69 ist wegen der Deckung mit § 62 umstritten.[75] Es bleiben aber neben der Verfahrensbeteiligung die besonderen Nebeninterventionswirkungen bedeutsam.

§ 70 Beitritt des Nebenintervenienten

(1) [1]Der Beitritt des Nebenintervenienten erfolgt durch Einreichung eines Schriftsatzes bei dem Prozessgericht und, wenn er mit der Einlegung eines Rechtsmittels verbunden wird, durch Einreichung eines Schriftsatzes bei dem Rechtsmittelgericht. [2]Der Schriftsatz ist beiden Parteien zuzustellen und muss enthalten:

1. die Bezeichnung der Parteien und des Rechtsstreits;
2. die bestimmte Angabe des Interesses, das der Nebenintervenient hat;
3. die Erklärung des Beitritts.

(2) Außerdem gelten die allgemeinen Vorschriften über die vorbereitenden Schriftsätze.

1 **1. Normzweck. Normzweck** des § 70 ist die Regelung der Form des Beitritts einschließlich des Inhaltes des erforderlichen Beitrittsschriftsatzes im gesamten **Anwendungsbereich** der Nebenintervention (§§ 66ff.), auch der streitgenössische Nebenintervention gem. § 69 und der Streitverkündung gem. §§ 72ff. Zu beachten sind über § 70 hinaus für das Verfahren des Beitritts die allgemeinen Prozesshandlungsvoraussetzungen (s. § 66 Rn. 23), die Regelung des § 66 Abs. 2 über die zeitlichen Grenzen einer Nebenintervention (s. § 66 Rn. 23) sowie weitergehende Einschränkungen in bestimmten Fällen (s. § 66 Rn. 11 Fn. 41 und § 71 Rn. 4 Fn. 6).

2 **2. Form.** Als **Form des Beitritts** sieht § 70 die Einreichung eines Schriftsatzes beim Prozessgericht oder Rechtsmittelgericht (Abs. 1 S. 1) mit bestimmtem Inhalt sowie dessen Zustellung an beide Parteien (Abs. 1 S. 2) vor.

---

[69] *Baumbach/Lauterbach/Hartmann,* Rn. 11; *Stein/Jonas/Bork* Rn. 13; *Wieczorek/Mansel* Rn. 84; *Zöller/Vollkommer* Rn. 9.

[70] Missverständlich *Baumbach/Lauterbach/Hartmann* Rn. 6; zur verfassungsrechtl. Absicherung des Beitrittsrechts s. *Schultes* S. 33ff.

[71] Allerdings ist der mit der Berufungseinlegung verbundene Beitritt an die Fristen für die Berufungseinlegung und -begründung der Hauptpartei gebunden und bei Nichteinhaltung unzulässig: BGH NJW-RR 1997, 865. Vgl. aber Rn. 12.

[72] *Stein/Jonas/Bork* Rn. 5 m. weit. Nachw.

[73] *Walsmann* S. 193ff.; *Stein/Jonas/Bork* Rn. 5.

[74] *Baumbach/Lauterbach/Hartmann* Rn. 2.

[75] Vgl. AK-ZPO/*Koch* Rn. 6.

3 **a)** Nach Abs. 1 S. 1 ist die **Einreichung eines Schriftsatzes** erforderlich.[1] Dieser unterliegt als bestimmender Schriftsatz (iSd. § 129 Abs. 1 im Anwaltsprozess und Rechtsmittelverfahren dem Anwaltszwang; eine bloße Anzeige an das Gericht reicht nicht aus.[2] Im amtsgerichtlichen Verfahren kann der Beitritt aber gem. § 496 auch zu Protokoll der Geschäftsstelle erklärt werden.

4 **b)** Der Schriftsatz ist idR **beim Prozessgericht** einzureichen, im Falle des Beitritts in Verbindung mit der Einlegung eines Rechtsmittels und überhaupt – über den Wortlaut der Bestimmung hinaus – im Falle eines Beitritts in der Rechtsmittelinstanz **beim Rechtsmittelgericht**, d. i. das für das Rechtsmittel zuständige bzw. von einer Partei angerufene Gericht.[3]

5 **c)** Der **Inhalt des Beitrittsschriftsatzes** ist in Abs. 1 S. 2 näher beschrieben. Darüber hinaus unterliegt er nach Abs. 2 den allgemeinen Vorschriften über die **vorbereitenden Schriftsätze,** also den §§ 130 bis 133. Den wesentlichen Inhalt bilden aber die **Bezeichnung der Parteien und des Rechtsstreits** (Nr. 1), in dem der Beitritt erfolgen soll, ferner die **bestimmte Angabe des Interventionsinteresses** (Nr. 2), dh. die Angabe der dazu herangezogenen Tatsachen (s. auch § 66 Rn. 5 ff.), endlich die **Erklärung des Beitritts** (Nr. 3); ein fehlender Sachantrag ist bei § 70 unerheblich, kann aber kostenrechtlich bedeutsam sein.[4] Die Beitrittserklärung muss erkennen lassen, welcher der beiden Parteien der Dritte zum Zwecke der Unterstützung beitritt, ggf. auch den betroffenen von mehreren Streitgegenständen (vgl. § 66 Rn. 20). Eine ausdrückliche Erklärung ist aber nicht erforderlich, sondern es genügt – auch für die Angabe des Interventionsgrundes – eine dem Sinne nach eindeutige Äußerung. So reicht zB die Bezeichnung „als Nebenintervenient" oder „als Streithelfer" aus, für das Interventionsinteresse die Bezugnahme auf eine erfolgte Streitverkündung.[5] Hingegen genügt die Einlegung eines Rechtsmittels als Rechtsnachfolger einer Partei nicht.[6] Eine **Glaubhaftmachung** der Tatsachen für § 70 Abs. 1 S. 2 Nr. 2 ist erst im etwaigen Verfahren nach § 71 Abs. 1 S. 2 erforderlich. **Mängel** des Beitritts werden, soweit nicht allgemeine Prozesshandlungsvoraussetzungen betroffen sind, nicht von Amts wegen geprüft (s. § 66 Rn. 21, 23) und unterliegen dem Rügeverzicht nach § 295,[7] der durch Antrag auf Zurückweisung der Nebenintervention nach § 71 vermieden werden kann. Andererseits sind die Erfordernisse bis zu rechtskräftiger Zurückweisung nachholbar (arg. § 71 Abs. 3). Zur Rücknahme der Nebenintervention s. § 66 Rn. 25.

6 **d)** § 70 Abs. 1 S. 2 ordnet die **Zustellung** des Beitrittsschriftsatzes an beide Parteien des Vorprozesses bzw. ihre Anwälte (§ 176) an, die von Amts wegen erfolgt; eine Heilung ist möglich.[8] Ein Prozessrechtsverhältnis zum Gericht entsteht bereits mit Einreichung,[9] zu den Parteien erst mit Zustellung des Schriftsatzes.

§ 71 Zwischenstreit über Nebenintervention

(1) [1]Über den Antrag auf Zurückweisung einer Nebenintervention wird nach mündlicher Verhandlung unter den Parteien und dem Nebenintervenienten entschieden. [2]Der Nebenintervenient ist zuzulassen, wenn er sein Interesse glaubhaft macht.

(2) Gegen das Zwischenurteil findet sofortige Beschwerde statt.

(3) Solange nicht die Unzulässigkeit der Intervention rechtskräftig ausgesprochen ist, wird der Intervenient im Hauptverfahren zugezogen.

---

[1] Nicht die Zustellung an die Parteien: OLG Karlsruhe OLGR 2003, 298.

[2] BGHZ 92, 251, 254 = NJW 1985, 328; KG OLGR 37, 93.

[3] Vgl. OLG Hamm FamRZ 1984, 811; *Wieczorek/Mansel* Rn. 9 f.

[4] OLG Nürnberg AnwBl 1994, 197 f.

[5] RGZ 102, 176; 124, 142, 145; OLG Hamm FamRZ 1984, 811; BGH NJW 1994, 1537; OLG Düsseldorf NJW-RR 1997, 443; *Wieczorek/Mansel* Rn. 18.

[6] BGH NJW 1996, 2799; zust. *Schmidt* JuS 1997, 107. Unter besonderen Umständen ist allerdings eine Umdeutung des Rechtsmittels in einen Beitritt als Nebenintervenient möglich: BGH NJW 2001, 1207 = ZIP 2001, 305.

[7] RGZ 15, 396, 397; st. Rspr.; BGH NJW 1976, 292; OLG Nürnberg OLGR 2005, 217 = MDR 2005, 473; *Musielak/Weth* Rn. 4; *Stein/Jonas/Bork* Rn. 5 m. weit. Nachw.

[8] ZB bei Vertretung der Partei und des Streitgehilfen durch denselben Rechtsanwalt, vgl. OLG Düsseldorf JW 1936, 2169; *Stein/Jonas/Bork* Rn. 5; *Rosenberg/Schwab/Gottwald* § 50 III 2.

[9] Vgl. *Stein/Jonas/Bork* Rn. 1; *Wieczorek/Mansel* Rn. 21.

I. Normzweck

Normzweck des § 71 ist die Regelung des Zulassungsverfahrens im Falle der Nebenintervention (Interventionsstreit), sofern eine der Parteien des Hauptprozesses deren Zurückweisung beantragt (s. noch Rn. 3ff.). Ohne solchen Widerspruch wird die Nebenintervention – idR stillschweigend – vom Gericht zugelassen,[1] wenn die allgemeinen Prozesshandlungsvoraussetzungen gegeben sind (s. § 66 Rn. 21 und 23). Eine Prüfung der speziellen Voraussetzungen einer wirksamen Nebenintervention (§§ 66, 70) erfolgt hingegen nicht (s. § 66 Rn. 21). Über einen Zurückweisungsantrag soll aber durch Zwischenurteil (§§ 71 Abs. 2, 303) entschieden werden, um Klarheit über den Ablauf des Prozesses und den Eintritt von Folgewirkungen zu schaffen. 1

II. Anwendungsbereich

Dem Anwendungsbereich der Vorschrift unterliegen sämtliche Fälle einer Nebenintervention iSd § 66 einschließlich der streitgenössischen Nebenintervention nach § 69 (s. § 69 Rn. 17), mit deren Zulässigkeit besondere Befugnisse aus dem Recht der Streitgenossenschaft verbunden sind (s. § 69 Rn. 13ff.). 2

III. Antrag auf Zurückweisung

Der Antrag auf Zurückweisung einer Nebenintervention (Abs. 1) kann von jeder Partei, auch der unterstützten, und jedem Streitgenossen gestellt werden,[2] im Falle des Beitritts nach Streitverkündung allerdings nur von der Gegenpartei oder bei einem Beitritt auf der Gegenseite.[3] Der Streitverkünder kann dem Beitritt auf seiner Seite auch nicht mit der Begründung widersprechen, er sei nicht formgerecht erfolgt.[4] Ein Antrag nach § 71 Abs. 1 ist ferner gem. § 295 unzulässig, wenn die Partei bereits einmal mit dem Nebenintervenienten streitig verhandelt[5] oder auf ein Widerspruchsrecht verzichtet hat. 3

1. Inhalt. Als Widerspruch gegen den Beitritt kann der Antrag **inhaltlich** gestützt werden auf die sachliche Unzulässigkeit der Nebenintervention wegen Fehlens der Voraussetzungen des § 66, auf einen Mangel der Form des § 70 und schließlich auf ein Fehlen der jedoch auch von Amts wegen zu berücksichtigenden allgemeinen Prozesshandlungsvoraussetzungen (s. § 66 Rn. 23).[6] 4

2. Form. Eine besondere **Form** des Antrages auf Zurückweisung schreibt § 71 nicht vor. Sie kann sich jedoch aus § 297 ergeben, wenn man den Antrag als Sachantrag ansieht.[7] Das ist zu bejahen, weil die Beteiligung des Nebenintervenienten nicht nur den Verfahrensgang betrifft, sondern durch die damit verbundene Einräumung von Angriffs- und Verteidigungsmitteln (§ 67) auch die Sachentscheidung berührt. Im Übrigen muss im Antrag das Zurückweisungsbegehren eindeutig zum Ausdruck kommen. Deshalb genügt der ansonsten gegen die andere Partei gerichtete Antrag auf Verwerfung eines Rechtsmittels des Streitgehilfen selbst dann nicht, wenn er mit der Unwirksamkeit der Nebenintervention begründet wird.[8] 5

3. Zulässigkeit der Prozesshandlungen. Die **Zulässigkeit der Prozesshandlungen** des Nebenintervenienten darf nicht mit der nur auf Antrag zu prüfenden Zulässigkeit der Nebenintervention nach §§ 66, 70 (s. Rn. 1, 4) verwechselt werden. Vielmehr wird auch ohne solchen Antrag vom Gericht geprüft, ob eine Prozesshandlung des Streitgehilfen, zB eine Rechtsmitteleinlegung, 6

---

[1] So auch die Motive S. 88.

[2] RGZ 42, 401.

[3] OLG Dresden OLGR 13, 85; KG OLGR 41, 250; *Wieser* S. 86; *Stein/Jonas/Bork* Rn. 4; *Wieczorek/Mansel* Rn. 11.

[4] Zutreffend *Wieser* S. 86 gegen *Stein/Jonas/Bork* Rn. 4.

[5] Vgl. RGZ 163, 361; BGH JR 1964, 63; OLG Celle NdsRpfl 1964, 205; OLG Nürnberg OLGR 2005, 217 = MDR 2005, 473; *Baumbach/Lauterbach/Hartmann* Rn. 5; *Stein/Jonas/Bork* Rn. 3.

[6] S. zum Prüfungsumfang: BGH NJW 2006, 773 = FamRZ 2006, 479; *Stein/Jonas/Bork* Rn. 1; *Wieczorek/Mansel* Rn. 10. Nach OLG Frankfurt OLGR 2006, 931 = ZIP 2006, 873 und OLGR 2007, 207 kann bei der aktienrechtlichen Anfechtungsklage zudem eingewandt werden, der Nebenintervenient habe, dem Kläger beitretend, die Klagefrist des § 246 Abs. 1 AktG versäumt und sei mit Blick auf § 245 Nr. 1 AktG (mangels Widerspruchs) nicht „klage"-befugt; so auch *von Falkenhausen/Kocher* ZIP 2004, 1179 und *Sturm* NZG 2006, 921 ff. – AA die wohl hM, zB OLG Düsseldorf AG 2004, 677 mit Anm. *Frey* EWIR 2004, 1059 und nunmehr explizit BGH DB 2007, 1744 = BB 2007, 1916 = ZIP 2007, 1528.

[7] Dafür *Musielak/Weth* Rn. 2; *Stein/Jonas/Bork* Rn. 3; *Thomas/Putzo/Hüßtege* Rn. 2; *Zöller/Vollkommer* Rn. 1. – AA *Baumbach/Lauterbach/Hartmann* Rn. 5: „rein leugnender Antrag"; *Wieczorek/Mansel* Rn. 13.

[8] RG JW 1901, 799; 1904, 178; BGH LM § 66 Nr. 1; *Stein/Jonas/Bork* Rn. 4; *Wieczorek/Mansel* Rn. 13.

zulässig ist.[9] Das gilt namentlich im Fall der streitgenössischen Nebenintervention nach § 69, wenn der Streithelfer dort Befugnisse eines Streitgenossen reklamiert (s. § 69 Rn. 13, 17). Die Prozessvoraussetzungen sind ohnehin von Amts wegen zu prüfen (s. Rn. 1, 4; § 66 Rn. 23).

IV. Verfahren

7 Das Verfahren der Entscheidung über den Zurückweisungsantrag **(Zwischenstreit)** regelt § 71 Abs. 1 S. 1, hinsichtlich der Anforderungen an den Nachweis der Interventionsvoraussetzungen S. 2. Entschieden wird „unter den Parteien und dem Nebenintervenienten", die also sämtlich **Beteiligte** sein können. Der Nebenintervenient und die widersprechende Partei sind es notwendig, ebenso (nur) auf Seiten des Streithelfers die Partei, die dem Beitritt ausdrücklich zugestimmt hat.[10] Eine Partei, die weder zugestimmt noch widersprochen hat, bleibt hingegen in einschränkender Auslegung des Wortlautes der Vorschrift unbeteiligt.[11] Im Zwischenstreit erfolgt grundsätzlich **mündliche Verhandlung,** sofern nicht die Ausnahmen des § 128 Abs. 2 oder 3 vorliegen. Soweit nichts anderes angeordnet ist, ist der Termin zur mündlichen Verhandlung der Hauptsache zugleich solcher über den Zwischenstreit; möglich ist aber auch eine abgesonderte Verhandlung.[12] Der **Anwaltszwang** im Hauptprozess erstreckt sich auch auf den Zwischenstreit.[13] In der Verhandlung erfolgt Antragsverlesung nach Maßgabe des § 297 (s. Rn. 5). Ein **Versäumnisverfahren** ist ausgeschlossen; erscheinen die widersprechende Partei oder der Nebenintervenient nicht, so ist aufgrund der Beitrittsschrift und ggf. des einseitigen mündlichen Vortrages zu entscheiden,[14] bei Ausbleiben beider nach Aktenlage gem. § 251 a, sofern nicht vertagt wird.

8 Im Zwischenstreit geht es vornehmlich darum, ob die Voraussetzungen einer Nebenintervention nach § 66, also des **rechtlichen Interesses** gegeben sind (s. im Übrigen Rn. 4). Nach § 71 Abs. 1 S. 2 ist der Nebenintervenient zuzulassen, wenn er dieses Interesse **glaubhaft macht.** Dessen tatsächliche Grundlagen müssen also, soweit sie nicht unstreitig sind, vom insoweit beweisbelasteten Streithelfer iS einer Wahrscheinlichkeit (s. § 294 Rn. 24 f.) dargetan werden.[15] Für die Mittel der Glaubhaftmachung gilt § 294.

V. Entscheidung im Zwischenverfahren

9 Die Entscheidung im Zwischenverfahren ergeht als Zwischenurteil (§ 71 Abs. 2) iSd. § 303 aufgrund der Lage bei Schluss der mündlichen Verhandlung. Sie kann getrennt, aber auch äußerlich mit dem Endurteil verbunden[16] ergehen und lautet auf Zulassung oder Zurückweisung des Beitritts. Die Zulassung kann auf einzelne prozessuale Ansprüche des Hauptprozesses beschränkt sein (s. § 66 Rn. 20), nicht aber auf einzelne Streitpunkte[17] oder einen quantitativen Anspruchsteil (s. § 66 Rn. 20). Seiner Rechtsnatur nach ist das Zwischenurteil nach § 71 ein Feststellungsurteil,[18] in dem nach Maßgabe des § 91 auch über die **Kosten des Zwischenstreites** zu entscheiden ist.[19] Das gilt auch bei Zulassung des Beitritts, da es nicht gerechtfertigt wäre, diese Kosten als solche der Nebenintervention iSd. § 101 nach dem Ausgang des Hauptprozesses zu verteilen.[20] In einer Entscheidung über die Kosten des Zwischenstreits im Endurteil kann eine konkludente Entscheidung über die Zulassung der Nebenintervention liegen.[21] Eine unterlassene Bescheidung des Antrags nach § 71 ist – nicht als Ergänzungsurteil – nachzuholen.[22] Unzulässig ist eine isolierte Zurückweisung

---

[9] Vgl. BGHZ 76, 299, 301, 302 und BGH NJW 2006, 773 (Fn. 6) zur Prüfung der persönlichen Prozesshandlungsvoraussetzungen von Amts wegen, der Voraussetzungen der Nebenintervention auf Antrag (§ 71) und der allgemeinen Prozessvoraussetzungen, bezogen auf den für den Nebenintervenienten fremden Prozessgegenstand.

[10] Also nicht die Gegenpartei bei Zurückweisungsantrag der Hauptpartei, klarstellend *Wieczorek/Mansel* Rn. 15.

[11] *Kittner* JuS 1986, 131; *Baumbach/Lauterbach/Hartmann* Rn. 6; anders *Thomas/Putzo/Hüßtege* Rn. 3; *Wieczorek/Mansel* Rn. 15.

[12] RGZ 10, 339.

[13] *Stein/Jonas/Bork* Rn. 5.

[14] BAGE 19, 366 = NJW 1986, 73.

[15] Vgl. etwa KG JW 1928, 1152; OLG Frankfurt NJW 1970, 817.

[16] RGZ 38, 400, 402; BGH NJW 1982, 2070; BGH NJW 2002, 1872; *Musielak/Weth* Rn. 6.

[17] *Zöller/Vollkommer* Rn. 2.

[18] *Kittner* JuS 1986, 131, 132.

[19] Vgl. BAGE 19, 366 = NJW 1986, 73; *Kittner* (Fn. 18).

[20] *Kittner* JuS 1986, 131, 132 Fn. 4 m. weit. Nachw.; *Stein/Jonas/Bork* Rn. 7; *Wieczorek/Mansel* Rn. 32 m. weit. Nachw.; *Zöller/Vollkommer* Rn. 7. – AA zB *Thomas/Putzo/Hüßtege* Rn. 6; *Zimmermann* Rn. 2.

[21] BGH NJW 1963, 2027.

[22] *Stein/Jonas/Bork* Rn. 7. – AA (§ 321) RG JW 1886, 39.

der Nebenintervention analog § 71 wegen Fehlens von Prozesshandlungsvoraussetzungen (s. § 66 Rn. 23, str.).

VI. Sofortige Beschwerde

Gegen das nach § 317 von Amts wegen zuzustellende Zwischenurteil findet grundsätzlich **sofortige Beschwerde** gem. §§ 567 ff. statt (Abs. 2), auch wenn die Entscheidung mit dem Endurteil verbunden ist.[23] Es gilt die zweiwöchige **Beschwerdefrist** des § 569 Abs. 1. **Beschwerdeberechtigte** sind im Falle der Zurückweisung der Nebenintervention der Streithelfer und die unterstützte Partei,[24] die wegen des Fortfalls der Unterstützung beschwert ist. Bei Nebenintervention nach Streitverkündung besteht ein zusätzliches Interesse im Hinblick auf die sonst eintretende Beschränkung der Interventionswirkung nach § 68 2. Halbs. iVm. § 74 Abs. 1 und 3[25] (s. auch § 74 Rn. 4 ff.). Bei Zulassung der Nebenintervention sind beide Hauptparteien beschwerdeberechtigt, auch diejenige, die sich im Zwischenstreit (bisher) nicht beteiligt hatte, aber antragsberechtigt war (s. Rn. 3).[26] Nach rechtskräftiger Entscheidung der Hauptsache ist bzw. wird die sofortige Beschwerde unzulässig, ebenso bei sonstiger Erledigung des Prozesses. Ist eine Nebenintervention rechtskräftig zurückgewiesen, so kann ein **erneuter Beitritt** noch wegen eines anderen rechtlichen Interesses erfolgen,[27] nicht aber mit bloß verbesserter Glaubhaftmachung in bezug auf dasselbe Interesse. Möglich bleibt ein erneuter Beitritt bei Zurückweisung wegen Mangels der Form[28] oder der Prozessvoraussetzungen. Gegen den Beschluss des Beschwerdegerichts über die sofortige Beschwerde ist die **Rechtsbeschwerde** zulässig, wenn diese gem. § 574 Abs. 1 Nr. 2, Abs. 3 zugelassen wurde.[29] 10

VII. Zuziehung des Nebenintervenienten im Hauptverfahren

Die Zuziehung des Nebenintervenienten im Hauptverfahren sieht § 71 Abs. 3 bis zur Rechtskraft einer Entscheidung über die Unzulässigkeit der Intervention vor. Diese Regelung beruht auf dem Gedanken, dass durch die Nebenintervention der Fortgang des Hauptprozesses nicht aufgehalten werden soll.[30] Der Intervenient ist danach vom Zeitpunkt der Einreichung der Beitrittserklärung an (§ 70) am Hauptverfahren zu beteiligen. Ihm sind sämtliche Schriftsätze, Terminbekanntmachungen und Ladungen in der jeweils vorgesehenen Form bekannt zu machen.[31] Er kann sämtliche nach § 67 dem Streithelfer zustehenden Befugnisse (s. § 67 Rn. 4 ff.) nutzen. Die von ihm insoweit vorgenommenen Prozesshandlungen sind und bleiben wirksam, ohne dass die unterstützte Partei sich diese aneignen müsste.[32] Etwas anderes gilt nur bei Fehlen einer Prozesshandlungsvoraussetzung nach dem Beitritt,[33] über die ohnehin allenfalls analog § 71 mitentschieden werden kann (s. Rn. 4 und § 66 Rn. 23). Ist der Nebenintervenient nicht ordnungsgemäß geladen oder tritt er allein im Termin auf, so kann gegen die nicht erschienene unterstützte Partei kein Versäumnisurteil ergehen (s. § 67 Rn. 6), auch nicht etwa gleichzeitig mit der Zurückweisung der Nebenintervention durch Zwischenurteil.[34] Ist der Streithelfer entgegen Abs. 3 nicht zugezogen worden, so ist allenfalls eine für die unterstützte Partei günstige Entscheidung zulässig, anderenfalls aber 11

---

[23] BGH VersR 1985, 551; OLG Nürnberg MDR 1994, 834; OLG München OLGR 2000, 341 = GRUR-RR 2001, 92; OLG Frankfurt OLGR 2002, 10 = BB 2001, 2392. Zur Anfechtbarkeit einer (Erst-)Entscheidung des Land- oder Oberlandesgerichts als Berufungsgericht oder des OLG nicht mit der sofortigen Beschwerde (s. § 567 Abs. 1), sondern mit der Rechtsbeschwerde s. *Stein/Jonas/Bork* Rn. 8 und *Zöller/Vollkommer* Rn. 6.

[24] OLG Frankfurt NJW 1970, 817; *Kittner* JuS 1986, 131, 132; AK-ZPO/*Koch* Rn. 4; *Baumbach/Lauterbach/Hartmann* Rn. 7; *Thomas/Putzo/Hüßtege* Rn. 7; *Wieczorek/Mansel* Rn. 37; *Zöller/Vollkommer* Rn. 6; *Rosenberg/Schwab* § 50 III 3 a; *Schellhammer* Rn. 1645; *Stein/Jonas/Bork* Rn. 8 a.

[25] Vgl. *Zöller/Vollkommer* Rn. 6.

[26] AK-ZPO/*Koch* Rn. 4; *Baumbach/Lauterbach/Hartmann* Rn. 8; *Stein/Jonas/Bork* Rn. 8; *Wieczorek/Mansel* Rn. 37. – AA OLG Nürnberg MDR 1994, 834; *Kittner* (Fn. 24).

[27] RGZ 23, 341, 342; *Stein/Jonas/Bork* Rn. 8 a; *Zöller/Vollkommer* Rn. 6.

[28] *Stein/Jonas/Bork* Rn. 8 a.

[29] Vgl. *Stein/Jonas/Bork* Rn. 8.

[30] Motive S. 88.

[31] *Kittner* JuS 1986, 131, 132.

[32] BGH VersR 1985, 551; *Kittner* JuS 1986, 131, 132 m. weit. Nachw.; *Wieczorek/Mansel* Rn. 46.

[33] *Stein/Jonas/Bork* Rn. 10; *Wieczorek/Mansel* Rn. 45; wohl weitergehend (auch für die Zeit des Beitritts); *Rosenberg/Schwab/Gottwald* § 50 III 3 vor a.

[34] Vgl. OLG Hamburg OLGR 15, 73; *Kittner* JuS 1986, 131, 132 Fn. 9; *Stein/Jonas/Bork* Rn. 9: außer vor dem OLG oder LAG, doch ist auch dann der Streithelfer noch wirksam für die Partei aufgetreten; wie hier *Wieczorek/Mansel* Rn. 47.

zu vertagen.[35] Sämtliche Befugnisse des Nebenintervenienten dauern bis zur rechtskräftigen Zurückweisung der Nebenintervention fort,[36] so dass er zB bei Übergehung der Kostenentscheidung nach § 101 Abs. 1 in dem an sich nur den Parteien zuzustellenden Hauptsachenurteil (s. § 66 Rn. 6) Antrag auf Urteilsergänzung nach § 321 stellen kann. Die Frist des § 321 Abs. 2 läuft freilich erst ab der demnach doch sinnvollen Zustellung an ihn.[37]

VIII. Kosten des Zwischenstreites

12 Die Kosten des Zwischenstreites (zur Kostenentscheidung s. oben Rn. 9) richten sich nach dem Interesse des Intervenienten am Obsiegen der unterstützten Partei als Gegenstandswert (s. § 66 Rn. 26). Besondere **Gerichtsgebühren** fallen für das Zwischenurteil neben den Gebühren in der Hauptsache und im etwaigen Beschwerdeverfahren nicht an.[38] Hinsichtlich der **Rechtsanwaltsgebühren** zählt der Zwischenstreit zum Rechtszug, so dass besondere Gebühren allenfalls entstehen, wenn diese im Hauptprozess nicht anfallen oder der Anwalt des Nebenintervenienten nur im Zwischenstreit nach formellem Beitritt tätig wird.[39]

§ 72 Zulässigkeit der Streitverkündung

(1) Eine Partei, die für den Fall des ihr ungünstigen Ausganges des Rechtsstreits einen Anspruch auf Gewährleistung oder Schadloshaltung gegen einen Dritten erheben zu können glaubt, oder den Anspruch eines Dritten besorgt, kann bis zur rechtskräftigen Entscheidung des Rechtsstreits dem Dritten gerichtlich den Streit verkünden.

(2) [1]Das Gericht und ein vom Gericht ernannter Sachverständiger sind nicht Dritter im Sinne dieser Vorschrift. [2]§ 73 Abs. 2 ist nicht anzuwenden.

(3) Der Dritte ist zu einer weiteren Streitverkündung berechtigt.

Schrifttum: S. die Angaben vor § 64.

I. Normzweck und Anwendungsbereich

1 **1. Normzweck.** Der **Normzweck** der Regelung des § 72 über die Streitverkündung („litis denuntiatio") deckt sich teilweise mit demjenigen der Nebenintervention (s. § 66 Rn. 1). Das gilt besonders für die mit der Streitverkündung intendierte Beeinflussung eines Folgeprozesses mit dem Dritten durch Herbeiführung der Streitverkündungs(Interventions-)Wirkung.[1] An diesen Hauptzweck, dessen Realisierung bei der Streitverkündung im Gegensatz zur Nebenintervention[2] durch Initiative der betreffenden Prozesspartei erzwungen wird, knüpfen die weiteren schon zu § 66 (dort Rn. 1) genannten Aspekte der Förderung der Prozessökonomie und Rechtssicherheit an. Außerdem soll die Streitverkündung dem Dritten Kenntnis von dem anhängigen Rechtsstreit und Gelegenheit zur Nebenintervention – oder zur Übernahme des Rechtsstreits in den Fällen der §§ 75 bis 77 – verschaffen.[3] Damit wird er gehört, zudem eine bessere Aufklärung des Sachverhaltes und schließlich eine Unterstützung der streitverkündenden Partei ermöglicht (s. § 66 Rn. 1).

2 **2. Anwendungsbereich.** Der **Anwendungsbereich** des § 72 entspricht demjenigen – in Einzelheiten umstrittenen – der Nebenintervention gem. § 66 (s. dort Rn. 2).[4] Eine Streitverkündung kann demnach nicht nur im „normalen" zivilprozessualen Erkenntnisverfahren erfolgen, sondern zB auch im Mahnverfahren – da Anhängigkeit ausreicht (vgl. § 66 Rn. 3 und noch Rn. 4)[5] –, im

---

[35] OGHZ 1, 253; *Baumbach/Lauterbach/Hartmann* Rn. 9; *Stein/Jonas/Bork* Rn. 11; *Zöller/Vollkommer* Rn. 8.

[36] Vgl. BGH NJW 1983, 2378 und NJW 2006, 773 = FamRZ 2006, 479.

[37] BGH LM § 321 Nr. 6; *Baumbach/Lauterbach/Hartmann* Rn. 10.

[38] S. *Zöller/Vollkommer* Rn. 10.

[39] *Zöller/Vollkommer* Rn. 10. Vgl. etwa KG NJW 1971, 104; OLG Hamm MDR 1975, 943; OLG Hamburg JurBüro 1979, 209; OLG Koblenz AGS 2005, 130 mit Anm. *Schneider.*

[1] So ausdrücklich schon die Motive S. 89; RG JW 1934, 2545; OLG Karlsruhe OLGZ 1984, 230, 232 f.; *Kittner* JuS 1985, 703, 704; *Lammenett* S. 8 f. S. aber auch *Häsemeyer* ZZP 84 (1971), 179, 184 f.; *W. Lüke* S. 312 ff.; ferner *Bruns,* FS Schima, S. 111 ff.

[2] Motive S. 89 betonen diesen Unterschied.

[3] *Lammenett* S. 8; *Rosenberg/Schwab/Gottwald* § 51 I; ausführlich *Schultes* S. 50 ff.

[4] *Zöller/Vollkommer* Rn. 3; *Rosenberg/Schwab/Gottwald* § 51 II 1. Zur Möglichkeit eines vertraglichen Streitverkündungsausschlusses s. *Mansel* ZZP 109 (1996), 61, 63 ff., 68 ff.

[5] BGHZ 92, 251 = NJW 1985, 320, 321; s. ferner § 66 Fn. 23. – AA auch hier *Baumbach/Lauterbach/Hartmann* Rn. 1; *Stein/Jonas/Bork* Rn. 10.

selbstständigen Beweisverfahren (vgl. § 66 Rn. 2)[6] oder im schiedsrichterlichen Verfahren,[7] nicht aber im Grundbuchverfahren.[8]

II. Voraussetzungen der Streitverkündung

1. Dritter, Prozesshandlungsvoraussetzungen und Form. Nach § 72 Abs. 1 kann die betroffene Partei **„dem Dritten** gerichtlich den Streit verkünden". Danach kann jedem Dritten der Streit verkündet werden, grundsätzlich auch dem vom Gericht bestellten **Sachverständigen.** Die Zulässigkeit gerade diese Streitverkündung erschien aber oft zweifelhaft, insbesondere, wenn als Motiv das Ausschalten eines unliebsamen Sachverständigen oder eine Verfahrensverzögerung zu vermutet war.[9] Um hier Rechtsklarheit zu schaffen und Verfahrensverzögerungen zu verhindern, nimmt Abs. 2 nunmehr[10] den vom Gericht bestellten Sachverständigen aus dem Kreis der möglichen Streitverkündungsempfänger ausdrücklich heraus, aber auch das Gericht selbst, zwecks Vermeidung eines Umkehrschlusses.[11] Des weiteren folgt aus dem Wortlaut, dass die Streitverkündung eine Prozesshandlung darstellt, für die die allgemeinen **Prozesshandlungsvoraussetzungen** erfüllt sein müssen.[12] Darüber hinaus regelt § 73 die **Form der Streitverkündung,** insbesondere den notwendigen Inhalt und die weitere Behandlung des Streitverkündungsschriftsatzes. 3

2. Anhängiger Rechtsstreit. Eine Streitverkündung kann nur in einem **anhängigen Rechtsstreit** erfolgen.[13] Obwohl § 72 im Gegensatz zu § 66 nur den Endzeitpunkt („bis zur rechtskräftigen Entscheidung") erwähnt, ist wie bei der Nebenintervention davon auszugehen, dass Rechtshängigkeit nicht erforderlich ist, sondern Anhängigkeit genügt (s. § 66 Rn. 3 und oben Rn. 2, dort auch zum „Rechtsstreit"). Andererseits ist die Streitverkündung bis zur rechtskräftigen Entscheidung – oder sonstigen Erledigung[14] – möglich, also auch in den Rechtsmittelinstanzen einschließlich der Revisionsinstanz, in der sie aber idR mangels Anknüpfungspunkt für eine Bindungswirkung nach §§ 74, 68 keine praktische Bedeutung erlangt.[15] Auch im Wiederaufnahmeverfahren ist eine Streitverkündung (wieder) möglich (zur Nebenintervention s. § 66 Rn. 24).[16] 4

3. Möglicher oder drohender Anspruch der Partei im Verhältnis zu einem Dritten. Weitere Voraussetzung ist ein **möglicher oder drohender Anspruch der Partei im Verhältnis zu einem Dritten** (s. Rn. 8 ff.) aus der Sicht des Streitverkünders (s. Rn. 7) bei ungünstigem Ausgang des Prozesses (s. Rn. 6). Es kommen bestimmte Ansprüche der Partei gegen den Dritten – § 72 nennt solche „auf Gewährleistung oder Schadloshaltung", doch fallen auch andere Ansprüche darunter – und solche des Dritten gegen die streitverkündende Partei in Betracht. 5

a) Die Erwartung der streitverkündenden Partei muss sich an den **Fall des ihr ungünstigen Ausgangs des Rechtsstreits** knüpfen. Damit ist gemeint das Unterliegen in der Sache, dh. eine rechtskräftige ungünstige Sachentscheidung des Vorprozesses. Eine erfolglose Zwangsvollstreckung genügt nicht, weil § 72 nicht die obsiegende Partei vor dem Vollstreckungsrisiko, sondern die unterlegene Partei vor dem Feststellungsrisiko hinsichtlich der Entscheidung des Erstprozesses schützt.[17] Überhaupt ist die Streitverkündung unzulässig, wenn die Erwartung der Partei an den günstigen Ausgang des Rechtsstreits anknüpft,[18] aber auch dann, wenn der geltend gemachte An- 6

---

[6] S. § 66 Fn. 20 m. weit. Nachw., auch zur Gegenansicht; grundlegend BGH LM § 209 Nr. 86 m. Anm. *Schilken; Hoeren* ZZP 108 (1995), 343.

[7] *Rosenberg/Schwab/Gottwald* § 51 II 1 m. weit. Nachw.

[8] BayObLG Rpfleger 1980, 153; *Baumbach/Lauterbach/Hartmann* Einf. §§ 72–74 Rn. 3; *Zöller/Vollkommer* Rn. 3.

[9] BGH NJW 2006, 3214 und BGH NJW 2007, 919 = ZMR 2007, 264 („unzulässig und rechtswidrig"); OLG Celle OLGR 2006, 103 = BauR 2006, 722 (rechtsmissbräuchlichen Einflussnahme), aber auch OLG Stuttgart BauR 2006, 1030 und OLG Bamberg OLGR 2006, 448 (Sachverständiger ist nicht „Dritter") sowie OLG Celle OLGR 2006, 300 = BauR 2006, 140 und OLG Koblenz BauR 2006, 144. S. auch *Rickert/König* NJW 2005, 1829.

[10] Mit Inkrafttreten des 2. Justizmodernisierungsgesetz zum 1. 1. 2007, BGBl. I S. 3416.

[11] So die Begründung des Entwurfs, s. BT-Drucks. 16/3038.

[12] *Wieczorek/Mansel* Rn. 78; *Zöller/Vollkommer* Rn. 1; vgl. etwa BGH WM 1989, 700 (bedingungsfeindlich).

[13] Einschränkend Landesarbeitsgericht Nürnberg ArbuR 2005, 79: Im Verfahren auf Erlass einer einstweiligen Verfügung ist eine Streitverkündung mangels hinreichend rechtskräftiger Entscheidung nicht zulässig.

[14] *Stein/Jonas/Bork* Rn. 10.

[15] S. etwa *Stein/Jonas/Bork* Rn. 10 a; *Rosenberg/Schwab/Gottwald* § 51 II 1.

[16] *Wieczorek/Mansel* Rn. 24.

[17] RG LZ 1930, 248; BGHZ 36, 212 = NJW 1962, 387; *Eibner* S. 58 f.; *Wieczorek/Mansel* Rn. 44; *Zöller/Vollkommer* Rn. 4. – AA *Jauernig* JZ 1962, 416.

[18] OLG Karlsruhe OLGZ 1984, 230, 232; *Stein/Jonas/Bork* Rn. 11 m. weit. Nachw.; *Wieczorek/Mansel* Rn. 44; *Zöller/Vollkommer* Rn. 4.

spruch von vornherein auch gegenüber dem Dritten geltend gemacht werden könnte, wie im Falle gesamtschuldnerischer oder gemeinsamer Haftung.[19]

7 **b)** Für die Zulässigkeit der Streitverkündung kommt es auf die aus objektiver Warte verständliche **subjektive Sicht des Streitverkünders** im Hinblick auf den erwarteten oder besorgten Anspruch an.[20] § 73 bringt das durch die Formulierungen „zu können glaubt" und „besorgt" eindeutig zum Ausdruck. Es genügt also die nicht ganz fernliegende Annahme des Streitverkünders, bei ungünstigem Ausgang des Rechtsstreites Ansprüche erheben zu können oder befürchten zu müssen.[21] Eine „berechtigte" Annahme[22] ist nicht erforderlich. Unerheblich ist auch, welchen Ausgang der erste Rechtsstreit tatsächlich nimmt[23] und ob der bei Streitverkündung angenommene Anspruch später tatsächlich geltend gemacht wird.[24]

8 **c)** Als Grund der Streitverkündung kommt eine vom Streitverkünder erwartete Gläubiger- oder Schuldnerstellung in Betracht. Dabei besteht Einigkeit darüber, dass die weite Formulierung der Passivseite **(„den Anspruch")** in extensiver Auslegung auch für die Aktivseite zu gelten hat.[25]

9 **aa)** Als Ansprüche der streitverkündenden Partei **gegen den Dritten** kommen also nicht nur die in § 72 ausdrücklich erwähnten Ansprüche auf Gewährleistung oder Schadloshaltung in Betracht. Es reicht vielmehr aus und ist maßgeblich, dass der Drittanspruch des Streitverkünders zu dessen Rechtsposition im Erstprozess in einem **Alternativverhältnis** im Sinne wechselseitiger Ausschließung steht, also nur bei ungünstigem Ausgang des Erstprozesses geltend gemacht werden kann.[26] Die gesetzliche Bezeichnung ist auf dieser Grundlage noch als beispielhafte Konkretisierung hilfreich.

10 **α)** Ein **Anspruch auf Gewährleistung** setzt voraus, dass die streitverkündende Partei den Dritten kraft Gesetzes oder Vertrages wegen Rechts- oder Sachmängel in Pflicht nehmen kann. Darunter fallen vor allem die einschlägigen Ansprüche beim Kauf- (§§ 434 ff., 459 ff., 480 ff. BGB; §§ 377 ff. HGB) und beim Werkvertrag (§§ 633 ff. BGB) sowie beim Mietvertrag nach §§ 537 ff. BGB, aber auch in anderen Bereichen.[27] Es spielt keine Rolle, ob der Anspruch im potentiellen Folgeprozess angriffs- oder verteidigungsweise geltend gemacht werden soll.[28]

11 **β)** Als **Anspruch auf Schadloshaltung** kommt zunächst jeder gesetzliche oder vertragliche Anspruch in Betracht, der der Partei gegen den Dritten auf Ersatz des Schadens zusteht, den der Verlust des Hauptprozesses für sie zur Folge hat. Er kann beruhen auf der Verpflichtung zur Erfüllung des dort gegen sie geltend gemachten Anspruchs (als Schuldner) oder auf der Verneinung eines solchen Erfüllungsanspruchs (als Gläubiger). Das sind also die sog. **Regressansprüche** im engeren Sinne eines Schadensausgleiches, zB des Versenders gegen Spediteur oder Lagerhalter wegen Verlustes, Beschädigung oder verspäteter Lieferung des Gutes iSd. §§ 424, 439 HGB[29] oder des Staates gegen den Beamten in Fällen der Staatshaftung.[30] Ferner fallen darunter Rückgriffsansprüche des Versicherers gegen den dritten Schädiger oder auch gegen den Versicherungsnehmer,[31] aber auch – als Regressansprüche in einem weiteren Sinne – Wertersatzansprüche und Ausgleichsansprüche, zB der Rückgriff im Wechsel- und Scheckrecht oder des Bürgen gegen den Hauptschuldner oder unter Gesamtschuldnern. Meist werden

---

[19] OLG Saarbrücken OLGR 2005, 371 m. weit. Nachw. aus der Rspr.

[20] BGHZ 65, 127, 131 = NJW 1976, 39; 70, 187 = NJW 1978, 643; BGH VersR 1962, 952; OLG Köln NJW-RR 1991, 1535 m. Anm. *Deubner* JuS 1992, 230 f.; OLG Köln OLGR 2005, 219; *Eibner* S. 62 f.; *Musielak/Weth* Rn. 5; *Zöller/Vollkommer* Rn. 4. Ähnlich *Wieczorek/Mansel* Rn. 39, obwohl dort ein obg. Prognosemaßstab verlangt wird.

[21] Vgl. OLG Frankfurt NJW 1970, 817; OLG Hamm NJW 1994, 203.

[22] *Zöller/Vollkommer* Rn. 4; enger auch *Wieczorek/Mansel* Rn. 35 ff. m. weit. Nachw.

[23] BGHZ 65, 127, 131 = NJW 1976, 39; BGH VersR 1962, 952; *Zöller/Vollkommer* Rn. 4.

[24] BGHZ 65, 127, 131, 132 (Fn. 23); *Zöller/Vollkommer* Rn. 4. Zur Unerheblichkeit von Zuständigkeitsvereinbarungen s. *Mansel* ZZP 109 (1996), 61, 62 f.

[25] S. etwa *Häsemeyer* ZZP 84 (1971), 179, 182 ff.; *Sedemund/Treiber* ZRP 1970, 121, 126 zur deshalb nicht weiterbetriebenen Korrektur des § 72; *Eibner* S. 45 ff.; *Zöller/Vollkommer* Rn. 5.

[26] Ausführlich namentlich *Häsemeyer* ZZP 84 (1971), 179, 182 ff.; *Eibner* S. 45 ff. S. ferner AK-ZPO/*Koch* Rn. 4; *Stein/Jonas/Bork* Rn. 14; *Thomas/Putzo/Hüßtege* Rn. 7; *Wieczorek/Mansel* Rn. 48; *Zimmermann* Rn. 3; *Zöller/Vollkommer* Rn. 5, 8; *A. Blomeyer* § 113 I 1; *Rosenberg/Schwab/Gottwald* § 51 II 3 b; *Schellhammer* Rn. 1628 sowie *Schmidt,* FS Gernhuber, S. 435, S. 454 f.

[27] Ausführliche Auflistung bei *Stein/Jonas/Bork* Rn. 12; *Wieczorek/Mansel* Rn. 51.

[28] *Stein/Jonas/Bork* Rn. 12.

[29] *Zöller/Vollkommer* Rn. 7.

[30] *Bischof* JurBüro 1984, 969, 971.

[31] S. *Bischof* (Fn. 30) m. weit. Nachw.; *Freyberger* NZV 1992, 391, 393 f.; weiteres Beispiel BayObLG NJW 1987, 1950, 1952: Ersatzanspruch des Vermieters gegen den Grundstücksnachbarn (§ 906 BGB) bei Mietzinsminderung wegen Baulärms.

auch rein alternative Ansprüche hier eingeordnet,[32] teilweise aber auch – methodisch wohl vorzugswürdig, ohne dass dem praktische Relevanz zukäme – als eigene Gruppe behandelt (s. Rn. 12).

12 **γ)** In Erweiterung des Wortlautes des § 72 kommen auch **rein alternative Ansprüche** als Streitverkündungsgrund in Betracht. Das sind solche Ansprüche, die entweder gegen die im Hauptprozess vom Streitverkünder verklagte Partei oder gegen den Dritten bestehen. Solche Ansprüche erfüllen ebenfalls das Grunderfordernis (s. oben Rn. 9) wechselseitigen Ausschlusses, wenn sie nicht etwa kumulativ bestehen.[33] Es kann sich dabei um Schadensersatzansprüche, aber auch um Gewährleistungsansprüche oder sogar um vertragliche Erfüllungsansprüche handeln.[34] Sie müssen weder auf derselben Rechtsgrundlage beruhen noch inhaltlich oder umfangsmäßig identisch sein,[35] so dass auch eine alternative Verpflichtung für einen Teil des geltend gemachten Anspruchs genügt. Nicht ausreichend ist hingegen eine subsidiäre Haftung des Dritten bei Prozessführung gegen den Primärschuldner.[36] Ebensowenig genügt für § 72 eine rein tatsächliche, nicht rechtlich begründete Alternativität[37] – zB bei Unsicherheit über den Täter einer unerlaubten Handlung –, da die gesetzliche Regelung keine Verschiebung der Beweislast bezweckt (s. auch Rn. 1).[38]

13 Als **Beispiele** für ein zulässiges Vorgehen nach § 72 bei alternativen Ansprüchen in diesem (Rn. 12) Sinne kommen etwa – jeweils auch mit umgekehrten Rollen – in Betracht eine Streitverkündung gegenüber der Gemeinde bei Klage gegen den Hauseigentümer wegen Verletzung der Streupflicht,[39] gegenüber dem Baubetreuer bei Klage des Bauherrn gegen den Bauunternehmer wegen Baumängel,[40] gegenüber einer von zwei alternativ haftenden Vertragsparteien,[41] gegenüber dem evtl. vollmachtlosen Vertreter bei Klage gegen den angeblich Vertretenen,[42] einem (weiteren) Versicherer bei mehreren evtl. eintrittspflichtigen Versicherern[43] oder gegenüber dem Vertragspartner bei Klage gegen den Anwalt wegen Zulassung der Verjährung des Anspruchs gegen den Dritten.[44]

14 **bb)** Die **Besorgnis eines Anspruches** des streitverkündeten **Dritten** nennt § 72 pauschal als Zulässigkeitsgrund für eine Streitverkündung. Hierunter fallen alle diejenigen Situationen, in denen die streitverkündende Partei einem Dritten für den Ausgang des Hauptprozesses verantwortlich ist und deshalb bei Prozessverlust einen Anspruch des Dritten befürchten muss.[45] Dazu zählen vor allem diejenigen Fälle, in denen der Streitverkünder den **Hauptprozess über ein fremdes Recht** führt, sei es in eigenem oder in fremden Interesse.[46] Zu nennen sind die Verwaltung fremden Vermögens oder die handelsrechtlichen Tätigkeiten des Kommissionärs, Frachtführers, Spediteurs und Lagerhalters, aber auch die Prozessführung des Pfandgläubigers. Für die Klage des Pfändungspfandgläubigers gegen den Drittschuldner sieht § 841 sogar ausdrücklich eine Verpflichtung zur Streitverkündung gegenüber dem Vollstreckungsschuldner vor. Außerdem fallen unter diese 2. Alt. des § 72 die Streitverkündung seitens des verklagten Schuldners im **Prätendentenstreit** nach § 75, wenn ein Dritter die geltend gemachte Forderung in Anspruch nimmt, sowie die Fälle der **Urheberbenennung** gem. §§ 76, 77, bei Klagen gegen den unmittelbaren Besitzer einer Sache bzw. bei Eigentumsstörungsklagen. In diesen Fällen der §§ 75 bis 77 ist die Streitverkündung nach § 72 im Übrigen auch dann zulässig, wenn die besonderen Voraussetzungen der betreffenden Vorschriften nicht vorliegen.[47]

---

[32] So etwa *Stein/Jonas/Bork* Rn. 14; *Zöller/Vollkommer* Rn. 8.

[33] BGH 8, 72 = NJW 1953, 420; OLG Köln NJW-RR 1991, 1535; 1992, 119, 120; *Bischof* JurBüro 1984, 969, 971; *Bruns,* FS Schima, S. 111, 120 ff.; *Häsemeyer* ZZP 84 (1971), 179, 184 ff.; ausführlich *W. Lüke* S. 306 ff.; *Laumen* S. 282 f.; *Stein/Jonas/Bork* Rn. 14; *Wieczorek/Mansel* Rn. 53 ff.; *Zimmermann* Rn. 8; *Zöller/Vollkommer* Rn. 8 m. weit. Nachw.; *Rosenberg/Schwab/Gottwald* § 51 II 3 b; *Schellhammer* Rn. 1629.

[34] S. die Nachw. in Fn. 33; zu eng aber („wahlweise Haftung") *Baumbach/Lauterbach/Hartmann* Rn. 5; *Stein/Jonas/Bork* Rn. 14 („Ansprüche auf Schadensersatz").

[35] BGHZ 65, 127, 132 = NJW 1976, 39; BGH MDR 1992, 516, 517; *Zöller/Vollkommer* Rn. 8. m. weit. Nachw.

[36] Vgl. OLG Hamm MDR 1985, 588; *Zöller/Vollkommer* Rn. 8.

[37] Vgl. zur Ausnahme nach § 641 b aF (mehrere potentielle Väter eines nichtehelichen Kindes) *Wieser* FamRZ 1971, 393.

[38] Zutreffend *Häsemeyer* ZZP 84 (1971), 179, 195 ff. mit ausf. Begründung; *Zöller/Vollkommer* Rn. 8.

[39] RGZ 77, 365; RGZ 79, 81, 83; 79, 83 f.; BGH MDR 1986, 127.

[40] BGHZ 70, 187 = NJW 1978, 643 m. Anm. von *Häsemeyer* NJW 1978, 1165 = JR 1978, 330 m. Anm. von *Schubert,* bei Beschränkung der Haftung eines Schuldners durch Mitverschulden.

[41] BGHZ 65, 127 (Fn. 30); BGHZ 85, 252, 254 f. = NJW 1983, 820; OLG Bamberg OLGZ 1979, 209.

[42] BGH NJW 1982, 281, 282; OLG Köln NJW-RR 1992, 119, 120 m. zust. Anm. *Schmidt* JuS 1992, 350.

[43] RGZ 130, 297, 299; vgl. auch OLG München VersR 1976, 72; OLG Hamburg VersR 1984, 1049.

[44] OLG Köln NJW-RR 1991, 1535 m. zust. Anm. *Deubner* JuS 1992, 230; *Stein/Jonas/Bork* Rn. 14 Fn. 39; aA OLG München VersR 1976, 72.

[45] S. nur *Stein/Jonas/Bork* Rn. 15; *Wieczorek/Mansel* Rn. 50 ff.; *Rosenberg/Schwab/Gottwald* § 51 II 3 a.

[46] *Stein/Jonas/Bork* Rn. 15; *Wieczorek/Mansel* Rn. 66 ff., jeweils m. weit. Nachw.

[47] RGZ 46, 404; *Stein/Jonas/Bork* Rn. 15; *Wieczorek/Mansel* Rn. 71.

III. Verfahren der Streitverkündung

15 **1. Prozesshandlungen einer Partei gegenüber einem Dritten.** Die **Streitverkündung** erfolgt als Prozesshandlung (s. Rn. 1) **einer** am anhängigen (s. Rn. 4) Rechtsstreit beteiligten **Partei gegenüber dem** in Betracht kommenden **Dritten** (s. Rn. 8 ff.) in der Form des § 73. Möglich ist auch eine Streitverkündung gegenüber einem Streitgenossen des Verkünders[48] oder des Prozessgegners,[49] hingegen nicht gegenüber dem Gegner selbst.[50]

16 **2. Interesse des Streitverkünders.** Die Streitverkündung enthält die **Benachrichtigung** des Dritten von der Anhängigkeit des Prozesses mit Aufforderung zum Beitritt und dient vorrangig dem **Interesse des Streitverkünders** durch Herbeiführung der Interventionswirkung nach §§ 74, 68 (s. Rn. 1). Gelegentlich besteht eine Verpflichtung zur Streitverkündung wie im Falle des § 841.

17 **3. Prüfung der Voraussetzungen.** Eine **Prüfung der Voraussetzungen** zulässiger Streitverkündung (Rn. 3 ff.) wird grundsätzlich[51] **nicht im Erstprozess,** sondern erst im Folgeverfahren zwischen Streitverkünder und Drittem[52] vorgenommen. Tritt der streitverkündete Dritte gem. §§ 66 ff. bei, so erfolgt dennoch nach richtiger Ansicht[53] keine Prüfung der Voraussetzungen der Streitverkündung, sondern lediglich auf Antrag nach § 71 eine solche der Streithilfe,[54] die sich nicht decken müssen. Auf dieser Grundlage können auch Mängel der Streitverkündung nicht im Erstprozess nach § 295 geheilt werden.[55] Sie werden freilich meist durch den (wirksamen) Beitritt wegen der Wirkung des § 68 (dann unmittelbar, dh. ohne § 74) überholt sein.[56] Im **Folgeprozess** ist das Vorliegen der Voraussetzungen der Streitverkündung ggf. wegen der Wirkungen der §§ 74, 68 bedeutsam und zu prüfen (s. noch § 73 Rn. 3 zur Form sowie § 74 Rn. 8).

IV. Folgen zulässiger Streitverkündung

18 Eine zulässige (§ 72) und formgerechte (§ 73) Streitverkündung hat erhebliche **prozessuale Folgen,** die sich je nach Verhalten des Dritten unterschiedlich gestalten (s. näher § 74 Rn. 2 ff.). Hinzu treten bestimmte **materiellrechtliche Wirkungen** der Streitverkündung, die nicht Regelungsgegenstand der ZPO sind (s. dazu § 74 Rn. 11 f.).

V. Doppelte Streitverkündung

19 Liegen die Voraussetzungen des § 73 im Verhältnis jeder Partei des Hauptprozesses zum Dritten vor, so kann ihm auch jede Partei den Streit verkünden, der Dritte allerdings nur einer Partei beitreten[57] (zu den Wirkungen, insbesondere zur angeblichen doppelten Interventionswirkung s. § 74 Rn. 9).

VI. Weitere Streitverkündung

20 Nach § 72 Abs. 3 ist der Dritte zu einer weiteren Streitverkündung berechtigt. Dieses Recht des streitverkündeten Dritten – also nicht der Gegenpartei,[58] für die § 72 gilt – ist nicht davon abhängig, dass er dem Hauptprozess beitritt und soll ihn in bezug auf Vierte der Prozesspartei gleichstellen.[59] Hingegen ist ein (auch streitgenössischer) Nebenintervenient, dem nicht der Streit verkündet

---

[48] Vgl. RG JW 1896, 176 Nr. 37.

[49] OLG Neustadt MDR 1958, 342.

[50] RG JW 1912, 640.

[51] Zur denkbaren Ausnahme bei Auslandsbezug vgl. OLG Köln OLGR 2002, 413 = InVo 2003, 40 (zu Recht eine Ausnahme ablehnend bei Streitverkündetem mit Sitz in Belgien). Vgl. auch einerseits OLG Stuttgart (Fn. 9)(Prüfung im laufenden Verfahren) und andererseits OLG Celle OLGR 2006, 103 = BauR 2006, 379 (Prüfung nur im Folgeprozess) bei Streitverkündung gegenüber gerichtlich bestelltem Sachverständigen.

[52] BGH NJW 1962, 387, 388; 1976, 39, 40; 1982, 281, 282; 1987, 1894, jeweils m. weit. Nachw.; OLG Bamberg OLGZ 1979, 209, 210; OLG Hamburg VersR 1984, 1049 und OLGR 1998, 130; OLG München NJW 1993, 2756 f.; *Bischof* JurBüro 1984, 970 und 1309 ff.; *Mansel* ZZP 109 (1996), 61, 71; AK-ZPO/*Koch* Rn. 2; *Baumbach/Lauterbach/Hartmann* Rn. 8; *Stein/Jonas/Bork* Rn. 17; *Thomas/Putzo/Hüßtege* Rn. 4; *Wieczorek/Mansel* Rn. 85; *Zöller/Vollkommer* Rn. 1; *Rosenberg/Schwab/Gottwald* § 51 IV 2 b m. weit. Nachw.

[53] S. die Nachw. in Fn. 46; weitergehend im Hinblick auf § 295 allerdings *Bischof* JurBüro 1984, 970, 1309 ff.

[54] HM; zutreffend zB *Stein/Jonas/Bork* Rn. 17; OLG Hamburg VersR 1984, 1049; schlechthin für Prüfung der Voraussetzungen der Streithilfe *Baumbach/Lauterbach/Hartmann* Rn. 8.

[55] So zu Recht *Zöller/Vollkommer* § 73 Rn. 2 gegen *Bischof* JurBüro 1984, 970, 972, 1313 f. und die hM; zB *Baumbach/Lauterbach/Hartmann* § 73 Rn. 7.

[56] *Stein/Jonas/Bork* § 73 Rn. 4.

[57] *Musielak/Weth* Rn. 8; *Zöller/Vollkommer* Rn. 11; s. dazu ausführl. *Werres* NJW 1984, 208 ff.; *Eibner* S. 107 ff.

[58] *Baumbach/Lauterbach/Hartmann* Rn. 9; *Wieczorek/Mansel* Rn. 91; missverständlich *Zöller/Vollkommer* Rn. 10.

[59] Motive S. 90; BGH VersR 1997, 1363, 1365; *Musielak/Weth* Rn. 9.

war, zur weiteren Streitverkündung im eigenen Interesse nicht befugt. Er kann allenfalls ein der unterstützten Partei zustehendes Verkündungsrecht nach §§ 67, 72 ausüben.[60] Die weitere Streitverkündung nach § 72 Abs. 3 kann vor allem in Fällen mehrstufigen Warenabsatzes wegen des Regresses Bedeutung erlangen.[61]

VII. Kosten und Rechtsbehelfe

Als **Kosten** kann die Streitverkündung gerichtliche Schreib- und Zustellungskosten (s. § 74 S. 2) sowie besondere Gebühren bei isolierter Einschaltung eines Rechtsanwaltes verursachen, dessen Tätigkeit ansonsten durch die Prozessgebühr abgegolten wird.[62] Die Kosten sind vom Streitverkünder zu tragen, gehören nicht zu den Kosten des Rechtsstreites iSd. §§ 91 ff. und können allenfalls selbstständig eingeklagt werden.[63] – Ein **Rechtsbehelf** steht insbesondere dem Dritten gegenüber der Streitverkündung nicht zu. Er kann seine Rechte durch Beitritt oder ggf. im Folgeprozess wahren. 21

§ 73 Form der Streitverkündung

[1] Zum Zwecke der Streitverkündung hat die Partei einen Schriftsatz einzureichen, in dem der Grund der Streitverkündung und die Lage des Rechtsstreits anzugeben ist. [2] Der Schriftsatz ist dem Dritten zuzustellen und dem Gegner des Streitverkünders in Abschrift mitzuteilen. [3] Die Streitverkündung wird erst mit der Zustellung an den Dritten wirksam.

1. Normzweck. Normzweck des § 73 ist die Bestimmung der Form der Streitverkündung (§ 72) in solcher Weise, dass dem Dritten dadurch eine Erklärung über die Streitverkündung ermöglicht werden kann.[1] Dem **Anwendungsbereich** des § 73 unterliegen sämtliche, auch die spezialgesetzlichen Fälle einer Streitverkündung, einschließlich derjenigen der §§ 75 ff. 1

2. Form und Inhalt. Die Streitverkündung erfolgt in **Form** der Einreichung eines bestimmenden[2] Schriftsatzes (S. 1) beim Prozessgericht; im Amtsgerichtsprozess ist gem. § 496 auch Erklärung zu Protokoll der Geschäftsstelle möglich. Es besteht kein Anwaltszwang, weil der Dritte – anders als bei der Nebenintervention (s. § 70 Rn. 3) – noch nicht Verfahrensbeteiligter ist.[3] Als **Inhalt** des Schriftsatzes nennt § 73 S. 1 die Angabe des Grundes der Streitverkündung und der Lage des Rechtsstreits; hinzu kommt die Erklärung, dass der Streit verkündet werde. Zur Erfüllung dieser Wirksamkeitsvoraussetzungen genügen dem Sinne nach eindeutige Angaben, namentlich zu dem erwarteten oder besorgten Anspruch iSd. § 72, aber auch zur derzeitigen Lage des Hauptprozesses in seinen wesentlichen Punkten.[4] Abschriften des bisherigen Akteninhaltes erfordert der Zweck des § 73 (s. Rn. 1) nicht.[5] 2

3. Zustellung. Der Streitverkündungsschriftsatz ist **dem Dritten zuzustellen** und der Gegenpartei in Abschrift mitzuteilen (S. 2). Die Zustellung an den Dritten erfolgt von Amts wegen (§ 270 Abs. 1, idR formlos nach Abs. 2)[6] und ist gem. § 73 S. 3 Wirksamkeitsvoraussetzung der Streitverkündung. Die formlose Mitteilung (Abschrift des Streitverkündungsschriftsatzes) an den Prozessgegner soll diesen lediglich auf den möglichen späteren Beitritt des Dritten vorbereiten und ist deshalb nicht wesentlich.[7] Eine Prüfung der Wirksamkeitsvoraussetzungen einer Streitverkündung 3

---

[60] *Stein/Jonas/Bork* Rn. 16; *Wieczorek/Mansel* Rn. 92. – AA noch *Stahl* S. 91; *Walsmann* S. 215 f.

[61] *Zöller/Vollkommer* Rn. 10.

[62] OLG Koblenz AGS 2005, 130 mit Anm. *Schneider; Stein/Jonas/Bork* § 73 Rn. 6; *Wieczorek/Mansel* Rn. 107 m. weit. Nachw. – AA *Walsmann,* S. 215 f.

[63] *Stein/Jonas/Bork* § 73 Rn. 6 m. weit. Nachw.; früher str.; *Zöller/Vollkommer* § 73 Rn. 1.

[1] Motive S. 90.

[2] BGHZ 92, 251, 253 = NJW 1985, 328; *Baumbach/Lauterbach/Hartmann* Rn. 4; *Wieczorek/Mansel* Rn. 3. – Krit. *Zöller/Vollkommer* Rn. 1 wegen der damit verbundenen Formstrenge bei anwaltlicher Streitverkündung.

[3] BGH (Fn. 2); allgM.

[4] S. BGHZ 155, 69 = NJW 2003, 2376 = MDR 2003, 1179 und BGH NJW 2002, 1414 = MDR 2002, 879 mit detaillierten Ausführungen zu den Anforderungen an die Streitverkündungsschrift hinsichtlich der Bezeichnung des Grundes und der Höhe des Rückgriffsanspruchs. OLG Oldenburg OLGR 1999, 35; *Baumbach/Lauterbach/Hartmann* Rn. 5 f.

[5] Motive S. 90; OLG Düsseldorf VersR 1979, 870: Akteneinsicht nach § 299 möglich; s. auch AK-ZPO/*Koch* Rn. 6.

[6] OLG Köln NJW 1981, 2263, 2264; bereits auch OLG Hamm NJW 1955, 873.

[7] OLG Rostock OLGR 7, 281; *Stein/Jonas/Bork* Rn. 5.

durch das Prozessgericht erfolgt nicht (s. § 72 Rn. 17), auch nicht hinsichtlich der Wahrung der Form des § 73.[8]

4 **4. Heilung von Mängeln.** Für eine **Heilung** von Mängeln der Streitverkündung gelten die allgemeinen Regeln, namentlich § 295.[9] Der bloße Beitritt heilt aber Mängel der Streitverkündung nicht (s. § 72 Rn. 17, str.). Heilung kann auch noch im Folgeprozess gem. § 295 eintreten.[10]

5 **5. Kosten.** Die **Kosten** der Streitverkündung zählen nicht zu den Kosten des Rechtsstreites iSd. § 91 (s. § 72 Rn. 21). Nach erfolgtem Beitritt gelten für die dann entstehenden Kosten die Regeln der §§ 101 Abs. 1, 100.

§ 74 Wirkung der Streitverkündung

(1) Wenn der Dritte dem Streitverkünder beitritt, so bestimmt sich sein Verhältnis zu den Parteien nach den Grundsätzen über die Nebenintervention.

(2) Lehnt der Dritte den Beitritt ab oder erklärt er sich nicht, so wird der Rechtsstreit ohne Rücksicht auf ihn fortgesetzt.

(3) In allen Fällen dieses Paragraphen sind gegen den Dritten die Vorschriften des § 68 mit der Abweichung anzuwenden, dass statt der Zeit des Beitritts die Zeit entscheidet, zu welcher der Beitritt infolge der Streitverkündung möglich war.

I. Normzweck

1 Normzweck des § 74 ist die Regelung der prozessualen Wirkungen der Streitverkündung, je nachdem, ob der Dritte dem Streitverkünder beitritt oder nicht.[1] Demgegenüber sind die materiellen Wirkungen einer Streitverkündung hier nicht erfasst, sondern richten sich nach einschlägigen Vorschriften des Zivilrechts. – Der **Anwendungsbereich** der Bestimmung umfasst sämtliche Fälle einer Streitverkündung nach spezialgesetzlichen Regelungen einschließlich der §§ 75 ff.

II. Wirkungen auf den anhängigen Prozess

2 Die Wirkungen auf den anhängigen Prozess sind in Abs. 1 für den Fall des Beitritts des Streitverkündeten und in Abs. 2 für den Fall des Nichtbeitritts geregelt.

3 **1. Im Fall des Beitritts. Im Fall des Beitritts** bestimmt sich das Verhältnis des Dritten zu den Parteien nach den Grundsätzen über die Nebenintervention. Erforderlich ist dazu ein Beitritt unter den Voraussetzungen des § 66 und in der Form des § 70 **auf Seiten des Streitverkünders.** Diese Voraussetzungen eines wirksamen Beitritts werden auch hier (s. näher § 66 Rn. 21, § 70 Rn. 5, § 71) nur auf Zurückweisungsantrag nach § 71 geprüft.[2] Dabei ist in aller Regel schon die Streitverkündung ein ausreichender Beitrittsgrund iSd. § 66.[3] Der Dritte kann unter den dann anders zu begründenden Voraussetzungen des § 66 aber auch **dem Gegner des Streitverkünders** beitreten[4] (zur Berechtigung hinsichtlich des Zurückweisungsantrages s. § 71 Rn. 3). Da er auch dann als Nebenintervenient am Prozess beteiligt ist, passt die Rechtsfolge des Abs. 2 nicht,[5] sondern es gelten auch dann die Grundsätze über die Nebenintervention (über den Wortlaut des Abs. 1 hinaus), freilich mit anderer Zuordnung gegenüber den Parteien.

4 **Rechtsfolge** eines solchen Beitritts ist demnach die Stellung des Dritten als Nebenintervenienten mit allen damit gewöhnlich verbundenen Folgen gem. §§ 66, 67, 68, 71 und ggf. auch § 69.

5 **2. Im Fall des Nichtbeitritts.** Der **Fall des Nichtbeitritts** liegt sowohl bei Ablehnung des Beitritts durch den Dritten als auch dann vor, wenn er sich zu der Streitverkündung nicht erklärt. Nach § 74 Abs. 2 wird der Rechtsstreit ohne Rücksicht auf ihn fortgesetzt, dh. der Dritte erlangt **keinerlei Befugnisse und Funktion** innerhalb des laufenden Prozesses. Dem ist der Fall gleich-

---

[8] RGZ 77, 360, 364; *Wieczorek/Mansel* Rn. 14; *Schilken* ZPR Rn. 721.

[9] BGH (Fn. 2); *Stein/Jonas/Bork* Rn. 4; *Zöller/Vollkommer* Rn. 2.

[10] BGH NJW 1976, 292; BGHZ 96, 50, 53 = NJW 1986, 848; *Bischof* JurBüro 1984, 1314 f.; *Stein/Jonas/Bork* Rn. 4 m. weit. Nachw.; früher str. S. dazu *Schwarz* MDR 1993, 1052.

[1] Motive S. 90.

[2] *Stein/Jonas/Bork* Rn. 2; *Wieczorek/Mansel* Rn. 15 m. weit. Nachw.

[3] RG JW 1900, 468; OLG Karlsruhe Justiz 1963, 177; OLG Frankfurt NJW 1970, 817; *Stein/Jonas/Bork* Rn. 3 m. weit. Nachw. – AA *Wieczorek/Mansel* Rn. 23 ff. m. Nachw.

[4] BGHZ 85, 252, 255 m. weit. Nachw. = NJW 1983, 821; *Bischof* JurBüro 1984, 972 m. weit. Nachw.; *Wieczorek/Mansel* Rn. 41 ff.

[5] Missverständlich *Bischof* (Fn. 4); *Baumbach/Lauterbach/Hartmann* Rn. 3; *Zöller/Vollkommer* Rn. 5.

zustellen, dass der Beitritt des Dritten zurückgewiesen wird,[6] allerdings (arg. § 71 Abs. 3) erst ab Rechtskraft der Nichtzulassungsentscheidung.

III. Wirkungen im Folgeprozess

Die prozessualen Wirkungen im Folgeprozess ergeben sich vor allem aus § 74 Abs. 3, der „in allen Fällen" des § 74 (Abs. 1 und Abs. 2) Anwendung findet, also sowohl im Falle eines Beitritts des Streitverkündeten als auch bei Nichtbeitritt.[7] Dennoch ergeben sich insoweit aber in den prozessualen Folgen gewisse Unterschiede. 6

1. Im Fall des Beitritts. sind die Folgen eindeutig von dem Umstand geprägt, dass der Streitverkündete zum Nebenintervenienten geworden ist, für den die Interventionswirkungen des § 68 unmittelbar gelten. Insbesondere ist die Zulässigkeit der Streitverkündung nach wirksamer Nebenintervention nicht mehr zu prüfen (s. § 72 Rn. 17). Die Geltung der Interventionswirkung (s. dazu näher § 66 Rn. 14 ff.) differenziert § 74 Abs. 3 lediglich hinsichtlich des **maßgeblichen Zeitpunktes.** Statt der Zeit des wirklichen Beitritts entscheidet – insbesondere für die Einwendungen des § 68 2. Halbs. – die Zeit, zu der infolge der Streitverkündung der Beitritt möglich war. Eine Vorverlagerung kann also auch im Falle verzögerten Beitritts Bedeutung erlangen, wobei dem Dritten aber eine angemessene Überlegungsfrist zuzubilligen ist.[8] Wiederum gilt § 68 nicht, wenn die Nebenintervention nach § 71 rechtskräftig zurückgewiesen wird,[9] ebensowenig nach Klagerücknahme im Hauptprozess (s. § 68 Rn. 4 f.) oder bei Abweisung der Klage als unzulässig. Auch gibt es keine Interventions- oder Präklusionswirkung gegenüber dem Gegner der streitverkündenden Hauptpartei (s. § 68 Rn. 8, str.; zu Vereinbarung dort Rn. 23). 7

2. Im Fall des Nichtbeitritts. Im **Fall des Nichtbeitritts** ordnet § 74 Abs. 3 zwar ebenfalls den Eintritt der Interventionswirkung nach § 68 an. **Voraussetzung** ist aber eine **wirksame Streitverkündung,**[10] deren Erfordernisse deshalb im Folgeprozess **zu prüfen** sind (s. § 72 Rn. 17), namentlich die sachlichen Voraussetzungen des § 72 und die Wahrung der Form nach § 73. Sind sie erfüllt, so greifen aufgrund der Verweisung die Regeln des § 68 ein (s. dort Rn. 5, 6 ff.). Die danach vorgesehene Interventionswirkung setzt also auch hier eine rechtskräftige Sachentscheidung im Erstprozess voraus,[11] die umstrittener, aber richtiger Ansicht nach für den Streitverkünder ungünstig ergangen sein muss (s. zur Nebenintervention § 68 Rn. 5; gegen eine Interventionswirkung zu Lasten der Hauptpartei dort Rn. 9).[12] Es gelten dann die **in § 68 vorgesehenen Wirkungen,** aber auch die dort geregelten Einschränkungen des 2. Halbs. bei fehlendem Einfluss auf die Prozessführung (s. § 68 Rn. 19 ff.),[13] auf die § 74 Abs. 3 mitverweist. Dabei ist die dort geregelte Vorverlagerung von der Zeit des Beitritts auf den Zeitpunkt der Möglichkeit des Beitritts infolge der Streitverkündung (s. Rn. 7) zu beachten. Davon abgesehen aber darf der nichtbeigetretene Streitverkündete nicht schlechter gestellt werden als der (mit oder ohne Streitverkündung) Beigetretene.[14] Die Verweisung in § 74 Abs. 3 (auch) auf § 68 2. Halbs. führt daher zu der hypothetischen Prüfung, was der Dritte an Angriffs- oder Verteidigungsmitteln noch vorbringen könnte, wenn er zu dem Zeitpunkt beigetreten wäre, in dem ihm dies aufgrund der Streitverkündung möglich war. 8

IV. Doppelstreitverkündung

Im Fall der Doppelstreitverkündung (s. § 72 Rn. 19) kann es nicht zu einer doppelten Interventionswirkung kommen, die sich aufhöbe,[15] sondern lediglich zur normalen Interventionswirkung 9

---

[6] AK-ZPO/*Koch* Rn. 2. S. ausführlich zum Ganzen *Wieczorek/Mansel* Rn. 38 ff.

[7] Ausführlich *W. Lüke* S. 323 ff. Die Wirkungen im Folgeprozess können aber durch Vereinbarung zwischen den Parteien (Prozessvertrag) ausgeschlossen werden, vgl. *Mansel* S. 61.

[8] *Stein/Jonas/Bork* Rn. 4.

[9] *Stein/Jonas/Bork* Rn. 6; *Rosenberg/Schwab/Gottwald* § 51 IV 2 a.

[10] S. OLG Stuttgart OLGR 2003, 91 = VersR 2003, 992.

[11] S. nur *Zöller/Vollkommer* Rn. 6.

[12] RG JW 1913, 32; *Wieser* FamRZ 1971, 393 Fn. 7; *Zöller/Vollkommer* Rn. 6; *Arens* Rn. 467; grds. auch *Rosenberg/Schwab/Gottwald* § 51 IV, anders für nachteilige Feststellungen eines günstigen Urteils, doch können diese nicht tragend (s. § 68 Rn. 15) sein. – AA BGHZ 36, 212 = NJW 1962, 387 = JZ 1962, 415 m. Anm. von *Jauernig;* BGHZ 65, 127, 131; BGHZ 70, 187, 189 = NJW 1978, 643; BGH NJW 1976, 39, 40; *Stein/Jonas/Bork* Rn. 5; *Thomas/Putzo/Hüßtege* Rn. 2; *Schellhammer* Rn. 1633 m. weit. Nachw.

[13] S. nur BGH NJW 1982, 281, 282; *Zöller/Vollkommer* Rn. 7.

[14] Zutreffend *Häsemeyer* NJW 1978, 1165 zu BGH NJW 1978, 643 (Fn. 12); auch gegen OLG München VersR 1976, 72.

[15] So aber *Werres* NJW 1984, 208, 210. – Dagegen *Eibner* S. 107 ff.; *Zöller/Vollkommer* § 72 Rn. 11.

im Verhältnis zur unterlegenen Partei (s. auch schon Rn. 8), mag der Streitverkündete ihr beigetreten sein oder nicht. War der doppelt Streitverkündete der obsiegenden Partei beigetreten, so ist lediglich die Beschränkung der Interventionswirkung nach §§ 68 2. Halbs., 67 zu beachten, da der Nebenintervenient sich nicht mit dem Vorbringen der unterstützten Partei in Widerspruch setzen durfte (s. § 67 Rn. 10).

V. Streitverkündung im ausländischen Vorprozess

10 Eine Streitverkündung im ausländischen Vorprozess kann im inländischen Folgeprozess Interventionswirkung nach §§ 74, 68 entfalten,[16] wenn die Voraussetzungen entsprechend § 328 gegeben sind.

VI. Materiell-rechtliche Folgen

11 Materiellrechtliche Folgen der Zustellung des Streitverkündungsschriftsatzes sind vor allem die Hemmung der Verjährung (§§ 204 Abs. 1 Nr. 6, 209 BGB)[17] und der Ersitzung (§§ 939 Abs. 1, 204 Abs. 1 Nr. 6 BGB). Die Hemmung tritt bereits mit Einreichung des Schriftsatzes ein, wenn die Zustellung „demnächst" iSv. § 167 erfolgt.[18] Im Falle einer rechtskräftigen Entscheidung oder anderweitigen Beendigung des Verfahrens, etwa durch Klagerücknahme, endet die Hemmung sechs Monaten danach (§ 204 Abs. 2 BGB).[19] Die Verjährung wird durch die Streitverkündung auch dann gehemmt, wenn der Verkünder im Erstprozess obsiegt.[20] – Eine weitere Folge materiellen Rechts kann sich im Fall des § 841 ergeben, wenn der Pfändungsgläubiger die gebotene Streitverkündung gegenüber dem Schuldner unterlässt und sich dadurch uU schadensersatzpflichtig macht.[21] Ferner kann eine Streitverkündung die Benachrichtigung des Anfechtungsgegners nach § 4 AnfG enthalten und damit die Fristen des § 3 Nr. 2 bis 4 AnfG wahren.[22]

12 Zweifelhaft sind die **materiell-rechtlichen Folgen einer unzulässigen Streitverkündung.** Nach hM[23] sollen solche Wirkungen nicht eintreten, nach anderer Ansicht[24] jedenfalls dann nicht, wenn die Streitverkündung als unzulässig zurückgewiesen wird (§ 212 BGB aF analog). Eine Zurückweisung der Streitverkündung findet jedoch nicht statt (s. § 72 Rn. 17), § 212 BGB aF ist ersatzlos entfallen und § 204 Abs. 1 Nr. 6 BGB nF stellt allein auf die Zustellung der Streitverkündung ab, so dass es auf deren Zulässigkeit, ebenso wie bei den übrigen Hemmungstatbeständen,[25] nicht (mehr) ankommt.[26] Allerdings muss auch die unzulässige Streitverkündung zumindest deutlich machen, dass der Verkünder gewillt ist, seinen Anspruch, bei entsprechendem Ausgang des Verfahrens, gerichtlich geltend zu machen.[27]

§ 75 Gläubigerstreit

[1]Wird von dem verklagten Schuldner einem Dritten, der die geltend gemachte Forderung für sich in Anspruch nimmt, der Streit verkündet und tritt der Dritte in den Streit ein, so ist der Beklagte, wenn er den Betrag der Forderung zugunsten der streitenden Gläubiger unter Verzicht auf das Recht zur Rücknahme hinterlegt, auf seinen Antrag aus dem Rechtsstreit unter Verurteilung in die durch seinen unbegründeten Wi-

---

[16] *Baumbach/Lauterbach/Hartmann* Rn. 7; *Rosenberg/Schwab/Gottwald* § 51 II 1; ausführlich *Milleker* ZZP 80 (1967), 288 ff. und ZZP 84 (1971), 91 zum französischen Zivilprozeß. Zur Frage einer Rechtshängigkeitssperre durch ausl. Streitverkündung s. *Mansel* IPRax 1990, 214. – AA noch RGZ 55, 236, 240. Vgl. zum umgekehrten Fall einer (zulässigen) Streitverkündung gegenüber einem Dritten mit Sitz im Geltungsbereich des EuGVÜ bzw. der EuGVVO: OLG Köln OLGR 2002, 413 = InVo 2003, 40.

[17] BGH (§ 73 Fn. 4); *Musielak/Weth* Rn. 5.

[18] *Luckey*, ProzRB 2004, 247, 251.

[19] *Zöller/Vollkommer* Rn. 8 m. weit. Nachw. – AA *Rosenberg/Schwab/Gottwald* § 51 IV 3 (zur Klagerücknahme).

[20] BGHZ 36, 212 (Fn. 12); 65, 127 (Fn. 12); OLG Hamburg VersR 1984, 1049; *Luckey* (Fn. 18); *Zöller/Vollkommer* Rn. 8.

[21] Vgl. RGZ 83, 116, 121; *Zöller/Stöber* § 841 Rn. 2.

[22] *Stein/Jonas/Bork* § 72 Rn. 9.

[23] BGHZ 65, 127, 130 (Fn. 12); 70, 187, 189 (Fn. 12); Saarländisches OLG OLGR 2005, 371; *Stein/Jonas/Bork* § 72 Rn. 8 m. weit Nachw.; *Thomas/Putzo/Hüßtege* Rn. 3; offen *Wieczorek/Mansel* § 68 Rn. 173.

[24] *Zöller/Vollkommer* Rn. 9.

[25] Vgl. BGHZ 160, 259 = NJW 2004, 3772 (zu § 204 Abs. 1 Nr. 13 BGB) mit Anm. *Grothe* WuB IV A § 204 BGB.

[26] BGH (Fn. 25); *Rosenberg/Schwab/Gottwald* § 51 IV 1; s. auch *Zöller/Vollkommer* Rn. 8 f. m. weit. Nachw. – AA *Musielak/Weth* Rn. 5 und *Grothe* (Fn. 25). Zur zeitlichen Begrenzung der Hemmung der Verjährung s. Rn. 11; zur bisherigen Rechtslage vgl. die Vorauflage.

[27] Vgl. BGHZ 155, 69 = NJW 2003, 2376; BGHZ 160, 259 (Fn. 25).

derspruch veranlassten Kosten zu entlassen und der Rechtsstreit über die Berechtigung an der Forderung zwischen den streitenden Gläubigern allein fortzusetzen. ²Dem Obsiegenden ist der hinterlegte Betrag zuzusprechen und der Unterliegende auch zur Erstattung der dem Beklagten entstandenen, nicht durch dessen unbegründeten Widerspruch veranlassten Kosten, einschließlich der Kosten der Hinterlegung, zu verurteilen.

I. Normzweck

1 Normzweck der Regelung, die von geringer praktischer Bedeutung geblieben ist, ist eine Erweiterung der Befugnisse des am Ausgang des Rechtsstreites um eine ihn treffende Verpflichtung nicht interessierten beklagten Schuldners.[1] Ist dieser sich lediglich über die Person des Gläubigers, nicht aber über das Bestehen seiner Schuld im unklaren, so kann er sich von vornherein dem Prozessrisiko durch rechtzeitige Hinterlegung unter Rücknahmeverzicht gem. §§ 372 S. 2, 376 Abs. 2 Nr. 1 BGB entziehen. Nach Klageerhebung eröffnet ihm § 75 eine entsprechende prozessuale Möglichkeit: Er kann durch Streitverkündung den Beitritt des weiteren Forderungsprätendenten zu erwirken versuchen und im Beitrittsfalle nach Hinterlegung mit Rücknahmeverzicht aus dem Prozess entlassen werden, der zwischen den Prätendenten „fortgesetzt" wird. Das Recht, statt dessen noch jetzt gem. § 372 BGB zu hinterlegen, bleibt davon freilich unberührt.[2]

II. Anwendungsbereich

2 Der Anwendungsbereich des § 75 umfasst über den zu engen Wortlaut („Betrag der Forderung") hinaus nicht nur Geldforderungen, sondern sämtliche Forderungen, die auf hinterlegungsfähige – auch unvertretbare – Sachen gerichtet sind.[3] Unberührt bleibt die Möglichkeit des Dritten, von sich aus im Wege der Hauptintervention nach § 64 in den Prozess einzugreifen.[4] Ebenso kann ohne Hinzuziehen des Schuldners der Streit zwischen den Gläubigern mit der Feststellungsklage entschieden werden.[5]

III. Voraussetzungen

3 Die Voraussetzungen für das Zustandekommen eines Forderungsprätendentenstreits bei Ausscheiden des beklagten Schuldners sind in § 75 S. 1 wenig übersichtlich geregelt. Es müssen vorliegen eine Klage gegen den Schuldner einer auf hinterlegungsfähige Leistung gerichteten Forderung (Rn. 4), die Beanspruchung dieser Forderung durch einen Dritten (Rn. 5), eine Streitverkündung des Schuldners gegenüber dem Dritten (Rn. 6), der Eintritt des Dritten in den Prozess (Rn. 7) und schließlich die Hinterlegung durch den Schuldner (Rn. 8).

4 **1. Leistungsklage.** Als **Klage gegen den Schuldner einer auf hinterlegungsfähige Leistung gerichteten Forderung** (s. dazu Rn. 2) kommt nur eine **Leistungsklage** (als Klage oder Widerklage), nicht aber eine Feststellungsklage in Betracht, da die befreiende Hinterlegung der Leistung gleichgestellt ist.[6] Eine Aufrechnung genügt schon wegen der fehlenden Rechtshängigkeit (s. § 261 Rn. 26ff.) nicht.[7]

5 **2. Beanspruchung durch einen Dritten.** Die **Beanspruchung** der geltend gemachten Forderung **durch einen Dritten** setzt voraus, dass ein anderer als die Prozessparteien die Berechtigung geltend macht, statt des Klägers aufgrund der streitbefangenen Forderung Leistung an sich verlangen zu können. Es gelten die für die Hauptintervention nach § 64 maßgeblichen Regeln (s. § 64 Rn. 5ff., insbesondere Rn. 7)[8] mit der Besonderheit, dass die Person des Schuldners feststeht. Demnach ist eine Identität der streitbefangenen und der geltend gemachten Forderung nötig,[9] nicht unbedingt aber eine Inanspruchnahme in vollem Umfang.[10] Hierunter fällt nicht nur die Berechtigung als „normaler" Gläubiger, sondern zB auch als Pfand- oder Sicherungsgläubiger.

---

[1] S. ausführlich Motive S. 92; ferner *Picker* S. 710ff.
[2] *Stein/Jonas/Bork* Rn. 2.
[3] *Stein/Jonas/Bork* Rn. 3 m. weit. Nachw.
[4] S. nur *Stein/Jonas/Bork* Rn. 1; *Zöller/Vollkommer* Rn. 1; vgl. auch *A. Blomeyer* § 111 I 1; *Bruns/Peters* Rn. 69b m. weit. Nachw.
[5] BGHZ 123, 44, 47 m. zust. Anm. *Scherer* JR 1994, 194; BGH NJW-RR 1987, 1439; 1992, 1151.
[6] BGH KTS 1981, 217, 218; *Stein/Jonas/Bork* Rn. 4; heute unstr.
[7] *Stein/Jonas/Leipold* Rn. 4 m. weit. Nachw.
[8] RGZ 34, 400, 403; *Baumbach/Lauterbach/Hartmann* Rn. 5; *Stein/Jonas/Bork* Rn. 5.
[9] BGH NJW 1996, 1673; OLG Naumburg JW 1931, 357 m. Anm. von *Huckemann; Stein/Jonas/Bork* Rn. 5.
[10] *Stein/Jonas/Bork* Rn. 5 m. weit. Nachw.; *Wieczorek/Mansel* Rn. 23.

6 **3. Streitverkündung.** Liegen diese ersten Voraussetzungen vor, so ist eine **Streitverkündung seitens des Schuldners gegenüber dem Dritten** nötig, um ggf. die Folgen des § 75 herbeizuführen. Zu einer solchen Streitverkündung ist der Schuldner nach § 75 ohne weiteres, dh. ungeachtet der Voraussetzungen des § 72 (s. dort Rn. 14) berechtigt, aber nicht verpflichtet (s. auch Rn. 1 aE).[11] Für die Form der Streitverkündung, die auch hier in jeder Lage des Rechtsstreits bis zur rechtskräftigen Entscheidung möglich ist (§ 72 letzter Halbs.), gilt § 73. Eine besondere Aufforderung zum Eintritt und eine Ankündigung der Hinterlegung sind nicht erforderlich. Ohne Streitverkündung kann der Dritte mit Zustimmung der Parteien eintreten,[12] anderenfalls nur nach § 64 intervenieren.

7 **4. Eintritt des Dritten in den Rechtsstreit.** Weiteres Erfordernis ist der **Eintritt des Dritten in den Rechtsstreit.** Eintritt meint dabei die Geltendmachung der Forderung gegenüber dem Beklagten als Schuldner und dem Kläger als angeblichem Gläubiger, entsprechend der Hauptintervention nach § 64, jedoch nicht durch Klage, sondern durch bloße Eintrittserklärung, regelmäßig in einer mündlichen Verhandlung.[13] Der Eintritt ist an sich wie die Streitverkündung in jeder Lage des Prozesses möglich, wegen des angestrebten Parteiwechsels aber (s. Rn. 9ff.) nicht mehr in der Revisionsinstanz.[14] Weitere Erfordernisse sind nicht zu stellen, insbesondere bedarf es keiner Glaubhaftmachung der prätendierten Forderung.[15] Ein bloßer **Beitritt** als Nebenintervenient gem. §§ 66ff., 70, mit dem sich der Dritte begnügen kann,[16] genügt nicht, eine förmliche Hauptintervention (s. Rn. 2) hat die Folgen des § 64 (s. dort Rn. 9ff.). Der Eintritt des Dritten hat zudem nur dann die besonderen Konsequenzen des § 75 (s. Rn. 10ff.), wenn der Beklagte hinterlegt (Rn. 8) und entlassen wird (Rn. 9). Kommt es nicht zu einer solchen Entlassung, so ist der Eintritt im Zweifel als bloßer Beitritt auf Beklagtenseite zu behandeln,[17] anderenfalls durch Zwischenurteil zurückzuweisen.[18]

8 **5. Hinterlegung.** Die **Hinterlegung** des Betrages – oder sonstigen Gegenstandes (s. Rn. 4) – der Forderung **zugunsten der** streitenden **Gläubiger unter Rücknahmeverzicht ist** letzte Voraussetzung für die (antragsweise) Entlassung des Beklagten (Rn. 9) und Einleitung des eigentlichen Forderungsprätendentenstreites (Rn. 10). Die Befugnis – nicht eine Verpflichtung – des Beklagten zur Hinterlegung folgt unmittelbar aus § 75, so dass die materiell-rechtlichen Voraussetzungen des § 372 BGB insoweit nicht gegeben sein müssen.[19] Der Betrag oder sonstige Gegenstand der Forderung muss aber in vollem Umfang, insbesondere einschließlich Nebenleistungen wie zB Zinsen,[20] nicht aber Kosten (s. noch Rn. 9, 16), unter Verzicht auf das Recht der Rücknahme iSd. § 376 Abs. 2 Nr. 1 BGB hinterlegt werden, weil nur die eintretende Schuldbefreiung eine Entlassung des Beklagten aus dem Rechtsstreit rechtfertigt.[21]

IV. Entlassung

9 Auf Antrag des Beklagten erfolgt dessen Entlassung **aus dem Rechtsstreit,** wenn die Voraussetzungen des § 75 (s. Rn. 3 bis 8) vorliegen. Der Antrag ist gem. § 297 idR (§ 128) in mündlicher Verhandlung unter den drei Beteiligten zu stellen. Wird ihm stattgegeben, so ist die Entlassung durch Endurteil auszusprechen.[22] Darin sind dem Beklagten nach ausdrücklicher Anordnung des § 75 S. 1 (nur) die durch seinen unbegründeten Widerspruch gegen die Existenz der Schuld – nicht gegen die Gläubigerstellung – entstandenen Kosten aufzuerlegen.[23] Über die sonstigen Kosten des Beklagten ist gem. § 75 S. 2 erst im Endurteil zwischen Kläger und Drittem zu entscheiden.[24] Wird der Entlassungsantrag zurückgewiesen, weil die Voraussetzungen (Rn. 3 bis 8) nicht gegeben sind,

---

[11] *Stein/Jonas/Bork* Rn. 2. – AA *Wieczorek/Mansel* Rn. 24 m. weit. Nachw.
[12] *Baumbach/Lauterbach/Hartmann* Rn. 6; *Stein/Jonas/Bork* Rn. 6.
[13] *Stein/Jonas/Bork* Rn. 7.
[14] *Zöller/Vollkommer* Rn. 7. – AA *Stein/Jonas/Bork* Rn. 7, 9.
[15] Vgl. RGZ 34, 400, 403; *Stein/Jonas/Bork* Rn. 7.
[16] BGH KTS 1981, 217, 218.
[17] *Baumbach/Lauterbach/Hartmann* Rn. 8. Anders *Wieczorek/Mansel* Rn. 38: Keine Auswirkung auf den Prozess.
[18] Vgl. *Stein/Jonas/Bork* Rn. 9. – AA *Wieczorek/Mansel* Rn. 38.
[19] *Stein/Jonas/Bork* Rn. 8 m. weit. Nachw. – AA *Wieczorek/Mansel* Rn. 32; *Baumbach/Lauterbach/Hartmann* Rn. 7.
[20] RG JW 1889, 420; OLG Hamburg OLGR 37, 94.
[21] S. nur *Stein/Jonas/Bork* Rn. 8.
[22] *Stein/Jonas/Bork* Rn. 9; *Zöller/Vollkommer* Rn. 4, jeweils m. weit. Nachw.; *Thomas/Putzo/Hüßtege* Rn. 6.
[23] OLG Hamburg OLGR 13, 88; OLG Celle NdsRpfl. 1952, 151.
[24] OLG Celle (Fn. 22); OLG Köln NJW 1954, 238 zu § 76; *Stein/Jonas/Bork* Rn. 10; hM – aA *Baumbach/Lauterbach/Hartmann* Rn. 9, 11, doch lässt der eindeutige Wortlaut keine frühere Entscheidung zu.

so ergeht diese Entscheidung nicht durch Beschluss,[25] sondern durch Zwischenurteil. Dieses kann analog §§ 71 Abs. 2, 135 Abs. 3, 387 Abs. 3 vom Beklagtem und Drittem mit sofortiger Beschwerde angefochten werden.[26]

V. Streit der Prätendenten

Nach Entlassung des Beklagten kommt es zum eigentlichen **Forderungsprätendentenstreit** der streitenden Gläubiger, zwischen denen der Rechtsstreit über die Berechtigung an der Forderung gem. § 75 S. 1 letzter Halbs. allein fortzusetzen ist, mit dem Ziel, dem Obsiegenden den hinterlegten Betrag (Gegenstand) zuzusprechen (§ 75 S. 2). Die dogmatische Einordnung dieses Gläubigerstreites und zahlreiche Einzelheiten zum Ablauf des Streites sind seit jeher umstritten.[27] 10

1. Rechtsnatur. Es handelt sich beim Gläubigerstreit der **Rechtsnatur** nach nicht um eine „prozessuale Rechtsnachfolge" seitens des Dritten, sondern um eine besondere prozessuale Befugnis (s. noch Rn. 15) zur Durchsetzung eines Aktivleistungsanspruchs bei gleichzeitiger Abwehr des Zugriffs eines konkurrierenden Prätendenten.[28] Im Gegensatz zur Hauptintervention steht im Falle des § 75 allerdings die Abwehr fremder Rechtsverfolgung im Vordergrund, weil der Schuldner seine Verpflichtung an sich gerade nicht bestreitet. Der Annahme eines besonderen materiellrechtlichen „Prätentionsabwehranspruchs" bedarf es dazu allerdings nicht (vgl. auch § 64 Rn. 1). § 75 gewährleistet vielmehr unmittelbar eine prozessuale Durchsetzung des materiell-rechtlichen Anspruchs.[29] 11

2. Parteiwechsel. Die Fortsetzung des Rechtsstreits zwischen den streitenden Gläubigern gem. § 75 bedeutet wohl einen **Parteiwechsel** insofern, als der Prozess nunmehr von anderen Personen geführt wird, nämlich zwar (wie bisher) vom Erstprätendenten, aber anstelle des Beklagten nunmehr vom Zweitprätendenten.[30] Es handelt sich jedoch nicht um einen Parteiwechsel in dem üblichen Sinne, dass statt des bisherigen Klägers oder Beklagten eine neue Partei an seiner Stelle den bisherigen Prozess fortsetzt; so formuliert allerdings § 75, ohne damit aber mehr als den tatsächlichen Verfahrensfortgang beschreiben zu wollen. Vielmehr beginnt mangels Rechtsnachfolge (s. Rn. 11) ein **neuer Rechtsstreit** anderen Gegenstandes (s. noch Rn. 14) zwischen den Prätendenten ohne Übernahme des bisherigen Prozessstandes;[31] nur das Bestehen der Forderung gegen den Schuldner ist festgelegt.[32] 12

3. Verteilung der Parteirollen. Die **Verteilung der Parteirollen** im Prätendentenstreit erfolgt nach hM[33] in der Weise, dass der Dritte an die Stelle des Beklagten tritt. Indessen handelt es sich nicht um eine Rechtsnachfolge auf Beklagtenseite; der Dritte beansprucht mehr als lediglich Klageabweisung (s. noch Rn. 14), und endlich lässt sich nicht ausschließen, dass weder der eine noch der andere Gläubiger der Forderung ist.[34] Deshalb ist der eintretende Prätendent zugleich Beklagter und Widerkläger, ebenso umgekehrt der bisherige Kläger zugleich Widerbeklagter,[35] so dass der Eintritt einer (Wider-)Klageerhebung gleichsteht und die Rechtshängigkeit neu festgelegt.[36] 13

4. Klageart. Als **Klageart** (Rechtsschutzform) kommt auf beiden Seiten eine Leistungsklage in Betracht, gerichtet auf Einwilligung in die Auszahlung des Erlöses an den jeweiligen (Wider-) Kläger.[37] Angesichts der durch § 75 insoweit positiv geregelten prozessualen Lösung (s. Rn. 12) des Prätendentenkonfliktes (S. 2: „Dem Obsiegenden ist der hinterlegte Betrag zuzusprechen") bedarf es nicht des Rückgriffs auf einen materiell-rechtlichen Anspruch unter den Prätenden- 14

---

[25] So *Baumbach/Lauterbach/Hartmann* Rn. 9.

[26] OLG Hamburg OLGR 37, 94; *Stein/Jonas/Bork* Rn. 9; *Wieczorek/Mansel* Rn. 40; *Zöller/Vollkommer* Rn. 7; *Bruns* Rn. 69b Fn. 53.

[27] S. dazu ausführlich und im Wesentlichen überzeugend *Picker* S. 710ff.

[28] Eingehend *Picker* (Fn. 27).

[29] Insoweit anders *Picker* (Fn. 27); *Heimann* S. 84ff.

[30] Vgl. *Rosenberg/Schwab/Gottwald* § 42 II 2b.

[31] *Picker* S. 714f. m. weit. Nachw.; AK-ZPO/*Koch* Rn. 2; *Stein/Jonas/Bork* Rn. 11; heute unstr.

[32] *Stein/Jonas/Bork* Rn. 11a m. weit. Nachw.; früher str.

[33] S. etwa *Baumbach/Lauterbach/Hartmann* Rn. 10; *Wieczorek/Mansel* Rn. 58f.; *Bruns* Rn. 69b.; weit. Nachw. bei *Picker* S. 715f. – AA: *Stein/Jonas/Bork* Rn. 11a (besondere Form des Prätendentenstreit).

[34] S. dazu in jeder Hinsicht überzeugend *Picker* S. 715ff. gegen die hM.

[35] *Heimann* S. 97ff.; *Picker* S. 720; zustimmend AK-ZPO/*Koch* Rn. 3; *Thomas/Putzo/Hüßtege* Rn. 6; wohl auch *Zöller/Vollkommer* Rn. 6, 8; vgl. ferner RGZ 63, 319, 322.

[36] Vgl. *Picker* S. 715, 720.

[37] So BGH NJW 1961, 1457f.; ähnlich schon RGZ 63, 319, 322; *Thomas/Putzo/Hüßtege* Rn. 6; *Wieczorek/Mansel* Rn. 57, 61ff.; *Zöller/Vollkommer* Rn. 6; *Bruns* Rn. 69b; *Schönke/Kuchinke* § 27 IV.

ten.[38] Andererseits genügt aber durchaus eine Feststellungsklage dem zitierten Wortlaut und dem Rechtsschutzziel der Prätendenten. Mit Feststellung der Rechtszuständigkeit des einen oder des anderen Gläubigers ist die Berechtigung gegenüber der Hinterlegungsstelle ausreichend dokumentiert.[39] Werden Klage und Widerklage abgewiesen (s. Rn. 13 zu Fn. 34), so ist der hinterlegte Betrag dem ausgeschiedenen Beklagten ohne neue Klage seinerseits wieder auszuhändigen.[40]

15 **5. Kosten.** Im Urteil ist gem. § 75 S. 2 über sämtliche **Kosten** des bisherigen Verfahrens einschließlich derjenigen der Hinterlegung und auch der dem ausgeschiedenen Beklagten entstandenen Kosten zu entscheiden, soweit ihm letztere nicht schon nach § 75 S. 1 auferlegt worden sind (s. Rn. 9). Die Kosten sind dem oder den (s. Rn. 14) Unterliegenden nach Maßgabe des §§ 91 ff. aufzuerlegen.[41] Besonderheiten bei den Gebühren bestehen nicht, ebensowenig bei den **Rechtskraftwirkungen** des Urteils,[42] die sich allerdings bei Obsiegen eines Prätendenten auf den ausgeschiedenen Beklagten erstrecken.

§ 76 Urheberbenennung bei Besitz

(1) [1]Wer als Besitzer einer Sache verklagt ist, die er auf Grund eines Rechtsverhältnisses der im § 868 des Bürgerlichen Gesetzbuchs bezeichneten Art zu besitzen behauptet, kann vor der Verhandlung zur Hauptsache unter Einreichung eines Schriftsatzes, in dem er den mittelbaren Besitzer benennt, und einer Streitverkündungsschrift die Ladung des mittelbaren Besitzers zur Erklärung beantragen. [2]Bis zu dieser Erklärung oder bis zum Schluss des Termins, in dem sich der Benannte zu erklären hat, kann der Beklagte die Verhandlung zur Hauptsache verweigern.

(2) Bestreitet der Benannte die Behauptung des Beklagten oder erklärt er sich nicht, so ist der Beklagte berechtigt, dem Klageantrage zu genügen.

(3) [1]Wird die Behauptung des Beklagten von dem Benannten als richtig anerkannt, so ist dieser berechtigt, mit Zustimmung des Beklagten an dessen Stelle den Prozess zu übernehmen. [2]Die Zustimmung des Klägers ist nur insoweit erforderlich, als er Ansprüche geltend macht, die unabhängig davon sind, dass der Beklagte auf Grund eines Rechtsverhältnisses der im Absatz 1 bezeichneten Art besitzt.

(4) [1]Hat der Benannte den Prozess übernommen, so ist der Beklagte auf seinen Antrag von der Klage zu entbinden. [2]Die Entscheidung ist in Ansehung der Sache selbst auch gegen den Beklagten wirksam und vollstreckbar.

I. Normzweck

1 Der Normzweck der Regelung über die sog. Urheberbenennung (laudatio oder nominatio auctoris) ist demjenigen des § 75 vergleichbar, aber auf den Besitz als Klagegrund ausgerichtet. Wer als unmittelbarer Besitzer eine Sache für einen anderen besitzt und ihretwegen verklagt ist, soll den mittelbaren Besitzer zum Eintritt in den Prozess an seiner Stelle veranlassen oder aber gefahrlos dem Klageantrag genügen können, wenn er persönlich am Ausgang des Rechtsstreits nicht interessiert ist.[1] In der zivilprozessualen Praxis hat die Urheberbenennung nur geringe Bedeutung erlangt.

II. Anwendungsbereich

2 Dem Anwendungsbereich des § 76 unterfallen sämtliche Klagen, die sich gegen den Besitzer als solchen richten, dh. den Beklagten durch den Besitz passiv legitimieren.[2] Es kommen **Leistungsklagen** auf Herausgabe einer beweglichen oder unbeweglichen Sache gem. §§ 985, 1007 Abs. 2,

---

[38] Anders wieder *Picker* S. 720 ff.: negatorisches Abwehrrecht; BGH (Fn. 37): Bereicherungsanspruch nach § 812 BGB. Zur Frage der Anspruchsgrundlage für den Freistellungsanspruch vgl. *Peters* NJW 1996, 1246.

[39] So – nur Feststellungsklage – namentlich *Picker* S. 720 ff. m. weit. Nachw.; AK-ZPO/*Koch* Rn. 4; *Stein/Jonas/Bork* Rn. 12 m. weit. Nachw. Abweichend hingegen *Zöller/Vollkommer* Rn. 6: kombinierte Leistungs- und Feststellungsklage. Wie hier (alternativ) *Bruns* Rn. 69 b.

[40] *Picker* S. 717 ff. mit ausführlicher Begründung, auch zum Wortlaut anhand der Entstehungsgeschichte; AK-ZPO/*Koch* Rn. 4; *Stein/Jonas/Bork* Rn. 12; *Wieczorek/Mansel* Rn. 69. – Abl. die hM, die einen solchen Prozessausgang für ausgeschlossen hält, zB *Baumbach/Lauterbach/Hartmann* Rn. 10.

[41] Zu besonderen Kostenfragen s. *Stein/Jonas/Bork* Rn. 13.

[42] Vgl. OLG Zweibrücken OLGZ 1980, 237 ff.; *Picker* S. 718 f.; *Zöller/Vollkommer* Rn. 8. – AA: *Stein/Jonas/Bork* Rn. 15.

[1] S. Motive S. 92.

[2] *Stein/Jonas/Bork* Rn. 3; *Zöller/Vollkommer* Rn. 1.

1227 BGB – nicht aber nach §§ 861, 1007 Abs. 1 BGB oder aufgrund schuldrechtlichen Anspruchs[3] – in Betracht, aber auch solche auf Vorlegung (§§ 890, 810 BGB) oder Hinterlegung, nicht aber Feststellungsklagen.[4] Einen besonderen Fall regelt § 55 Abs. 4 MarkenG, früher § 11 Abs. 3 WZG.

III. Voraussetzungen

Voraussetzung einer Urheberbenennung ist nach § 76 Abs. 1, dass jemand als Besitzer einer Sache **verklagt** ist (s. Rn. 2), die er aufgrund Besitzmittlungsverhältnisses (§ 868 BGB) zu besitzen behauptet, so dass Besitzdienerschaft (§ 855 BGB) nicht genügt. Die Klage muss wie im Falle des § 75 (s. dort Rn. 4) rechtshängig sein, während die **Verhandlung zur Hauptsache noch nicht begonnen** sein darf. Es kommt jedes anerkannte Besitzmittlungsverhältnis iSd. § 868 BGB in Betracht, dessen Behauptung zum Ausscheiden des Beklagten bereits ausreichen kann (vgl. Abs. 3).[5] Die Urheberbenennung ist dabei auch möglich, wenn Benennender und Benannter als Streitgenossen verklagt sind.[6] 3

IV. Verfahren der Urheberbenennung

Das Verfahren der Urheberbenennung besteht darin, dass der Beklagte unter **Einreichung eines Schriftsatzes** – oder gem. § 496 zu Protokoll der amtsgerichtlichen Geschäftsstelle – die Person des **mittelbaren Besitzers benennt,** ihm ferner gem. § 73 den **Streit verkündet** – die Voraussetzungen des § 72 müssen nicht gegeben sein – und die **Ladung des mittelbaren Besitzers zur Erklärung** beantragt; Anwaltszwang besteht nicht.[7] Gemeint ist eine Erklärung zur Behauptung des Beklagten (vgl. Abs. 2) hinsichtlich des Besitzmittlungsverhältnisses (s. Rn. 3). Es erfolgen dann von Amts wegen Zustellung, Terminsbestimmung und Ladung zum Termin. Etwaige Verfahrensmängel heilen nach § 295. 4

Nach § 76 Abs. 1 S. 2 kann der Beklagte nach Urheberbenennung die **Verhandlung zur Hauptsache verweigern,** bis der Benannte sich im Termin (Rn. 4) erklärt, anderenfalls bis zum Schluss dieses (rechtlich selbstständigen) Erklärungstermins. 5

V. Wirkungen der Urheberbenennung

Die weiteren Wirkungen der Urheberbenennung gestalten sich je nach dem Verhalten des Benannten, aber auch des Beklagten unterschiedlich. Für den Beklagten bleibt dabei bedeutsam, dass er mit der Urheberbenennung nicht seine Passivlegitimation an sich bestreiten, sondern lediglich geltend machen will, der Kläger solle sich an den mittelbaren Besitzer als eigentlichen Kontrahenten halten.[8] 6

1. Im Falle des Bestreitens durch den Benannten. Bestreitet der Benannte die Behauptung des Beklagten hinsichtlich des mittelbaren Besitzes (s. Rn. 3) oder **erklärt** er **sich nicht,** so ist der Beklagte gem. § 76 Abs. 2 **berechtigt** – nicht verpflichtet –, dem Klageantrag zu genügen, dh. den Kläger hinsichtlich seines Anspruchs (s. Rn. 2) zu befriedigen. Damit ist die Berechtigung gegenüber dem Benannten gemeint und wird eine Haftung insoweit ausgeschlossen, nicht aber ein Anspruch des Benannten gegen den Kläger.[9] Es kommt ggf. zur Hauptsachenerledigung und Beschränkung auf die Kostenentscheidung. Befriedigt der Beklagte hingegen den Kläger nicht, so wird der Prozess fortgesetzt und ist für sämtliche denkbaren Einreden des Beklagten offen. Das Urteil hat Streitverkündungswirkung (§§ 68, 74), nicht aber Rechtskraftwirkung gegenüber dem Benannten.[10] 7

2. Im Falle des Anerkennens durch den Benannten. Anerkennt der Benannte seinen mittelbaren Besitz gem. Behauptung des Beklagten, so ist er **berechtigt,** mit Zustimmung des Beklag- 8

---

[3] OLG Colmar OLGR 20, 300; OLG Hamburg OLGR 42, 3; *Musielak/Weth* Rn. 2; *Stein/Jonas/Bork* Rn. 3 m. weit. Nachw.

[4] *Stein/Jonas/Bork* Rn. 3. – AA *Wieczorek/Mansel* Rn. 15.

[5] OLG Hamburg SeuffA 56, 154; LG Bonn MDR 1948, 415; *Musielak/Weth* Rn. 3; *Stein/Jonas/Bork* Rn. 4; *Wieczorek/Mansel* Rn. 23; *Zöller/Vollkommer* Rn. 2. – AA *Baumbach/Lauterbach/Hartmann* Rn. 4: zum Ausscheiden sei Beweis erforderlich.

[6] RG HRR 1940 Nr. 214.

[7] *Zöller/Vollkommer* Rn. 3 m. weit. Nachw.

[8] *Picker* S. 730 ff.; *Stein/Jonas/Bork* Rn. 11; vgl. auch Motive S. 93.

[9] *Musielak/Weth* Rn. 4; *Stein/Jonas/Bork* Rn. 14.

[10] *Stein/Jonas/Bork* Rn. 15.

ten an dessen Stelle den Prozess zu übernehmen. Das „Anerkenntnis“ des Benannten kann auch durch konkludentes Verhalten erfolgen.[11] § 76 Abs. 3 S. 1 begründet seine Berechtigung, statt möglicher Nebenintervention (§ 66) oder Hauptintervention (§ 64) einen **Parteiwechsel** herbeizuführen. Dieser erfolgt durch Übernahmeerklärung in mündlicher Verhandlung ohne besondere gerichtliche Entscheidung,[12] erfordert aber die **Zustimmung des Beklagten.** Diese liegt im Zweifel schon in der Aufforderung zur Erklärung nach Abs. 1 (s. Rn. 4),[13] spätestens aber im Entbindungsantrag nach Abs. 4 (s. Rn. 10). Eine solche Zustimmung des Beklagten ist zugleich als Anerkenntnis für den Fall des Nichtbestehens des Benanntenrechts zu werten (s. noch Rn. 9).[14] Eine **Zustimmung des Klägers** ist nach § 76 Abs. 3 S. 2 nur erforderlich, wenn und soweit er Ansprüche gegen den Beklagten – zB aufgrund obligatorischen Rechtsverhältnisses – geltend macht, die von dem Besitzmittlungsverhältnis zum Benannten unabhängig sind.[15]

9 Übernimmt der Benannte den Prozess trotz „Anerkenntnisses“ (s. Rn. 8) nicht, so bleibt es bei der bisherigen Parteienkonstellation. Der Beklagte muss – ohne Anwendbarkeit des § 76 Abs. 2 – überprüfen, ob er den Kläger befriedigen oder weiterprozessieren will. Gleiches gilt, wenn der Beklagte seine Zustimmung zur Übernahme (Rn. 8) verweigert (s. im Übrigen zu den Wirkungen Rn. 7 aE).

VI. Prozessübernahme

10 Im Fall der Übernahme des Prozesses durch den Benannten ist der Beklagte auf seinen Antrag nach mündlicher Verhandlung von der Klage zu entbinden, dh. als Partei aus dem Prozess zu entlassen. Diese Entscheidung ergeht wie beim Gläubigerstreit (s. § 75 Rn. 9, im Einzelnen str.) durch Endurteil, bei Abweisung durch analog § 71 Abs. 2 anfechtbares Zwischenurteil.[16] Stellt der Beklagte den Entbindungsantrag nicht oder erfolglos, so bleibt er Partei in Streitgenossenschaft mit dem eingetretenen Benannten.[17]

11 Die **Übernahme** bewirkt wie im Fall des § 75 (s. dort Rn. 11 f.) keine prozessuale Rechtsnachfolge,[18] in deren Rahmen der Benannte etwa als Prozessstandschafter des ausgeschiedenen Beklagten fungieren würde. Auch hier entsteht also ein neuer Rechtsstreit mit allen damit zusammenhängenden Konsequenzen (s. § 75 Rn. 12, str.).

VII. Besondere Rechtskraftwirkungen

12 Besondere Rechtskraftwirkungen der Entscheidung des Prozesses zwischen Urheber und Benanntem ergeben sich nach § 76 Abs. 4 S. 2 im Verhältnis zum ausgeschiedenen Beklagten. Sie ist in Ansehung der Sache selbst auch gegen ihn wirksam und vollstreckbar; er ist in der Klausel namentlich zu bezeichnen. Die Erstreckung der Rechtskraft und Vollstreckbarkeit **zu seinen Ungunsten** ist anerkannt, soweit die Verpflichtung lediglich vom Nichtbestehen des Benanntenrechts abhängig war (vgl. Rn. 8). Entgegen der hM und dem Wortlaut der Vorschrift wirkt **die Rechtskrafterstreckung** aber **auch zugunsten des Beklagten,** wenn der Kläger gegenüber dem eingetretenen Urheber unterliegt,[19] so dass dieser nicht nochmals mit Erfolg gegen den früheren Beklagten vorgehen kann. Ebenfalls entgegen hM bleiben dem Beklagten seine persönlichen Einwendungen gegen den Klageanspruch erhalten, sofern nicht der Kläger ohnehin nach § 76 Abs. 3 S. 2 der Übernahme widerspricht.[20] Beides entspricht dem schützenswerten Interesse aller Beteiligten, während die hM zu Unrecht den Schutz des Klägers bevorzugt; auch die Formulierung „in Ansehung der Sache selbst“ spricht übrigens gegen eine Anwendung auf persönliche Ansprüche und Gegenrechte.

---

[11] OLG Zweibrücken JurBüro 1983, 185.

[12] Vgl. OLG Zweibrücken (Fn. 11); *Baumbach/Lauterbach/Hartmann* Rn. 8; *Zöller/Vollkommer* Rn. 5.

[13] *Wieczorek/Mansel* Rn. 51.

[14] Zutreffend *Picker* S. 725 f.

[15] Vgl. in diesem Zusammenhang ausführlich *Picker* S. 726 ff., 733.

[16] Für Zwischenurteil nach § 303 OLG Düsseldorf OLGZ 1992, 254 f.; *Zöller/Vollkommer* Rn. 6; *Stein/Jonas/Bork* Rn. 18; *Wieczorek/Mansel* Rn. 83; jetzt auch *Baumbach/Lauterbach/Hartmann* Rn. 9.

[17] *Baumbach/Lauterbach/Hartmann* Rn. 9; *Stein/Jonas/Bork* Rn. 18 a; *A. Blomeyer* § 114 II 4 Fn. 8; *Bruns* Rn. 69 e Fn. 62.

[18] Ausführlich auch dazu *Picker* S. 710 ff. m. weit. Nachw., zB gegen *Stein/Jonas/Bork* Rn. 19.

[19] Ausführlich mit überzeugender Begründung *Picker* S. 722 ff., 726 ff., m. weit. Nachw. zum Meinungsstand. – AA zB *Stein/Jonas/Bork* Rn. 20.

[20] S. ebenfalls eingehend *Picker* S. 722 ff., 726 ff., m. weit. Nachw. zum Meinungsstand. – AA zB *Stein/Jonas/Bork* Rn. 20 m. weit. Nachw.

VIII. Kostenentscheidung

Bei der Kostenentscheidung bestehen keine Besonderheiten, wenn der Beklagte nach § 76 Abs. 2 dem Klageantrag genügt (also §§ 91 ff. mit § 91 a, vgl. Rn. 7), ebenso bei Weiterführung des Prozesses. Erfolgt Entbindung des Beklagten nach Abs. 4, so ist nicht schon in dieser Entscheidung (s. Rn. 10),[21] sondern erst im Schlussurteil über die Gesamtkosten des Rechtsstreits einschließlich derjenigen des ausgeschiedenen Beklagten zu entscheiden[22] (vgl. auch § 75 Rn. 9). 13

§ 77 Urheberbenennung bei Eigentumsbeeinträchtigung

Ist von dem Eigentümer einer Sache oder von demjenigen, dem ein Recht an einer Sache zusteht, wegen einer Beeinträchtigung des Eigentums oder seines Rechtes Klage auf Beseitigung der Beeinträchtigung oder auf Unterlassung weiterer Beeinträchtigungen erhoben, so sind die Vorschriften des § 76 entsprechend anzuwenden, sofern der Beklagte die Beeinträchtigung in Ausübung des Rechtes eines Dritten vorgenommen zu haben behauptet.

1. Normzweck. Normzweck des § 77 ist die Erweiterung der Urheberbenennung (s. § 76 Rn. 1) auf solche Fälle, in denen die Beeinträchtigung eines dinglichen Rechts auf andere Weise als durch Besitzentziehung oder -vorenthaltung erfolgt und Klage auf Beseitigung oder Unterlassung erhoben wird (vgl. § 1004 BGB), der Beklagte aber behauptet, in Ausübung des Rechtes eines Dritten gehandelt zu haben.[1] 1

2. Anwendungsbereich. Dem **Anwendungsbereich** des § 77 unterfallen neben dem Eigentum alle sonstigen dinglichen Rechte, entsprechend dem Verständnis des § 1004 BGB zumindest analog aber auch alle anderen absoluten Rechte, hingegen nicht die bloße Besitzstörung (§ 862 BGB).[2] 2

3. Voraussetzungen. Voraussetzung ist zunächst die Erhebung einer Beseitigungs- oder Unterlassungsklage bei Beeinträchtigung eines absoluten Rechts (s. Rn. 2) durch den Berechtigten. Der Beklagte muss ferner behaupten (vgl. § 76 Rn. 3), die Beeinträchtigung in Ausübung des Rechtes eines Dritten vorgenommen zu haben. Anknüpfungspunkt ist der Aspekt, dass nach zutreffender Auffassung[3] der unmittelbar Handelnde und der diese Handlung veranlassende Dritte nebeneinander dem Anspruch aus § 1004 BGB unterliegen können. Auch im Falle des § 77 macht der Beklagte also nicht seine fehlende Passivlegitimation geltend. Er beruft sich lediglich darauf, die Störung in Ausübung eines fremden Rechtes und insofern rechtmäßig begangen zu haben (vgl. § 76 Rn. 6), so dass der Kläger den Streit mit dem Dritten austragen solle. Um welche Art der Rechtsausübung es sich handelt,[4] ist unerheblich, wenn nur für beide Personen die Voraussetzungen des § 1004 BGB behauptet werden. Es kommt etwa ein Handeln aufgrund Auftrages, Dienst- oder Werkvertrages,[5] Miet- oder Pachtvertrages usw. in Betracht,[6] aber auch zB in Ausübung einer Grunddienstbarkeit durch einen Nießbraucher.[7] Ein Besitzdiener (§ 855 BGB) kann ebenfalls Störer sein und damit ggf. die Urheberbenennung nach § 77 vornehmen,[8] also anders als im Falle des § 76, der Besitz voraussetzt (s. dort Rn. 3). 3

4. Rechtsfolgen. Rechtsfolge ist die entsprechende Anwendung der Vorschriften des § 76 (s. dort Rn. 4 ff.). Es gilt das dort geregelte Verfahren der Urheberbenennung mit den unterschiedlichen Wirkungen je nach Entwicklung des Rechtsstreites. Auch im Fall des § 77 kommt es bei Übernahme des Prozesses durch den Urheber richtiger Ansicht nach[9] nicht zu einer prozessualen Rechtsnachfolge, in deren Rahmen der Urheber etwa als Prozessstandschafter des bisherigen Beklagten handeln würde; vielmehr beginnt ein neuer Prozess gegen den auf eigene Haftung in Anspruch genommenen Urheber. Auch für die Rechtskraftwirkungen gelten die Regeln des § 76 (dort Rn. 12) entsprechend. 4

---

[21] So aber *Baumbach/Lauterbach/Hartmann* Rn. 9; vgl. auch OLG Hamburg SeuffA 51, 91.

[22] OLG Köln NJW 1954, 238; *Stein/Jonas/Bork* Rn. 21; *Zöller/Vollkommer* Rn. 6; jetzt auch *Wieczorek/Mansel* Rn. 93 f. – AA *Baumbach/Lauterbach/Hartmann* Rn. 9.

[1] Vgl. OLG Hamburg SeuffA 56, 154, 155; *Stein/Jonas/Bork* Rn. 1.

[2] *Stein/Jonas/Bork* Rn. 2; heute allgM.

[3] S. *Staudinger/Gursky* § 1004 BGB Rn. 84 ff. m. weit. Nachw.

[4] Ausführlich *Wieczorek/Mansel* Rn. 10 m. weit Nachw.

[5] RG HRR 1940 Nr. 214.

[6] *Stein/Jonas/Bork* Rn. 3.

[7] *Baumbach/Lauterbach/Hartmann* Rn. 3.

[8] *Stein/Jonas/Bork* Rn. 3; *Wieczorek/Mansel* Rn. 11; vgl. OLG Hamburg SeuffA 56, 154, 155.

[9] S. *Picker* S. 710 ff.; vgl. auch § 76 Rn. 11.

Titel 4. Prozessbevollmächtigte und Beistände

Schrifttum: Zum neuen Recht: *Feuerich/Weyland,* BRAO, 6. Aufl. 2003: *Jessnitzer/Blumberg,* BRAO, 9. Aufl. 2000; *Kleine-Cosack,* BRAO, 4. Aufl. 2003; *Vollkommer/Heinemann,* Anwaltshaftungsrecht, 2. Aufl. 2003. **Zum alten Recht:** *Bergerfurth,* Der Anwaltszwang und seine Ausnahmen, 2. Aufl. 1988 (Nachtrag 1991); *Borgmann/Haug,* Anwaltshaftung, 3. Aufl. 1995; *Bücker,* Anwaltszwang und Prozessvergleich, Diss. Bochum 1982; *Graef,* Die Notwendigkeit des Anwaltszwangs in § 78 Abs. 1 ZPO (rechtsvergleichend), ZZP 1995, 450; *Hertel,* Der Anwaltszwang, Diss. Göttingen 1978; *Jost,* Anwaltszwang und einverständliche Scheidung, NJW 1980, 327; *Kleine-Cosack,* Lokalisationsprinzip vor dem Aus, NJW 1996, 1872; *Ostler,* Stellung und Haftungsrisiko des Rechtsanwalts in Zivilsachen, JA 1983, 109; *Rabe,* internationales Anwaltsrecht – Dienstleistungen und Niederlassung. NJW 1987, 2185; *Rinsche,* Die Haftung des Rechtsanwalts und des Notars, 5. Aufl. 1995; *R. Schneider,* Verfassungsrechtliche Grundlagen des Anwaltsberufs, NJW 1977, 873; *Urbanczyk,* Probleme der Postulationsfähigkeit und Stellvertretung, ZZP 95 (1982), 339; *Vollkommer,* Die Stellung des Anwalts im Zivilprozess, 1984 *Zuck,* Internationales Anwaltsrecht, NJW 1987, 3033; Postulationsfähigkeit und Anwaltszwang, JZ 1993, 500.

§ 78 Anwaltsprozess

(1) [1]Vor den Landgerichten und Oberlandesgerichten müssen sich die Parteien durch einen Rechtsanwalt vertreten lassen. [2]Ist in einem Land auf Grund des § 8 des Einführungsgesetzes zum Gerichtsverfassungsgesetz ein oberstes Landesgericht errichtet, so müssen sich die Parteien vor diesem Gericht ebenfalls durch einen Rechtsanwalt vertreten lassen. [3]Vor dem Bundesgerichtshof müssen sich die Parteien durch einen beim Bundesgerichtshof zugelassenen Rechtsanwalt vertreten lassen. [4]Die Sätze 2 bis 4 gelten entsprechend für die Beteiligten und beteiligte Dritte in Familiensachen.

(2) Vor den Familiengerichten müssen sich die Ehegatten in Ehesachen und Folgesachen, Lebenspartner in Lebenspartnerschaftssachen nach § 661 Abs. 1 Nr. 1 bis 3 und Folgesachen und die Parteien und am Verfahren beteiligte Dritte in selbständigen Familiensachen des § 621 Abs. 1 Nr. 8 und des § 661 Abs. 1 Nr. 6 durch einen zugelassenen Rechtsanwalt vertreten lassen.

(3) Am Verfahren über Folgesachen beteiligte Dritte und die Beteiligten in selbständigen Familiensachen des § 621 Abs. 1 Nr. 1 bis 3, 6, 7, 9, 10, soweit es sich um ein Verfahren nach § 1600 e Abs. 2 des Bürgerlichen Gesetzbuchs handelt, sowie Nr. 12, 13 und des § 661 Abs. 1 Nr. 5 und 7 brauchen sich vor den Oberlandesgerichten nicht durch einen Rechtsanwalt vertreten zu lassen.

(4) Das Jugendamt, die Träger der gesetzlichen Rentenversicherungen sowie sonstige Körperschaften, Anstalten oder Stiftungen des öffentlichen Rechts und deren Verbände einschließlich der Spitzenverbände und ihrer Arbeitsgemeinschaften brauchen sich als Beteiligte für die Nichtzulassungsbeschwerde und die Rechtsbeschwerde nach § 621 e Abs. 2 nicht durch einen Rechtsanwalt vertreten zu lassen.

(5) Diese Vorschriften sind auf das Verfahren vor einem beauftragten oder ersuchten Richter sowie auf Prozesshandlungen, die vor dem Urkundsbeamten der Geschäftsstelle vorgenommen werden können, nicht anzuwenden.

(6) Ein Rechtsanwalt, der nach Maßgabe der Absätze 1 und 2 zur Vertretung berechtigt ist, kann sich selbst vertreten.

Übersicht

I. Normzweck

1 **1. Prozessvollmacht, Vertretung. a) Anwesenheit.** Im Zivilprozess ist die Partei nicht zu persönlicher Anwesenheit verpflichtet.[1] Im Amtsgerichtsprozess stehen, soweit nicht Abs. 2 eingreift,[2] **persönliche Prozessführung** und Prozessführung durch einen **bevollmächtigen Vertreter** gleichberechtigt nebeneinander. Vor Landgerichten, Oberlandesgerichten und dem BGH muss die Partei grundsätzlich einen Rechtsanwalt zum Vertreter bestellen. Die Sonderregelung für oberste Landesgerichte, Abs. 1 S. 3, trägt § 7 Abs. 1 EGZPO Rechnung, ist aber gegenstandslos, da kein oberstes Landesgericht mehr eingerichtet ist.[3] Der Prozess, in dem Vertretung durch einen Rechtsanwalt vorgeschrieben ist, wird als **‚Anwaltsprozess'** der, in dem die Partei selbst handeln kann, als **‚Parteiprozess'** bezeichnet. In allen Verfahren kann die Partei neben ihrem Rechtsanwalt anwesend sein, hat aber im Anwaltsprozess nur eingeschränkte Handlungsmöglichkeiten.[4] Grundsätzlich müssen Erklärungen in ihrem Namen von ihrem Anwalt abgegeben, Prozesshandlungen von ihm vorgenommen werden.[5] **Schriftsätze** müssen die Unterschrift des Rechtsanwalts tragen.[6]

2 **b) Prozesspartei.** Jede natürliche oder juristische Person kann Partei eines Zivilprozesses sein. Geschäftsfähige Personen nehmen am Prozess unmittelbar teil; sie sind **prozessfähig.**[7] Nicht pro-

---

[1] Zu den Ausnahmen vgl. §§ 141, 445 ff.
[2] Dazu Rn. 52 ff.
[3] BayObLGAuflG vom 25. 10. 2004, Bay GVBl. S. 400. Sie gilt nur noch für Revisionen, die bis zum 31. 12. 2004 dort anhängig geworden sind.
[4] Dazu Rn. 18 ff.
[5] Vgl. BGH JR 1954, 463 m. zust. Anm. von *Lent.*
[6] BGH NJW 2005, 2086; näher unten Rn. 33, auch wegen der Ausnahmen bei der Einlegung von Rechtsmittelschriften mittels Fernschreiben oder Telekopierer.
[7] Vgl. § 51 Rn. 10 ff.

zessfähige Personen können durch ihre gesetzlichen Vertreter am Prozess teilnehmen. Grundsätzlich kann im Zivilprozess auch jede voll geschäftsfähige Person handeln, sei es für sich selbst, sei es als gesetzlicher Vertreter für eine nicht prozessfähige Person; sie ist **verhandlungsfähig** oder **postulationsfähig.** § 78 schränkt diesen Grundsatz ein. Im Anwaltsprozess kann die Partei ihren prozessualen Handlungen ohne den Rechtsanwalt als Vertreter keine rechtlich erhebliche Erscheinungsform geben.[8]

3 **2. Rechtspolitische Einordnung. a) Anwaltszwang.** Der Anwaltszwang dient der geordneten Rechtspflege und dem Schutz der Partei.[9] Die Einschaltung von Rechtsanwälten soll Prozesse vermeiden, prozessuale Chancengleichheit herstellen und Rechtsstreitigkeiten durch Aufbereitung des Prozessstoffs versachlichen. Sie hat Beratungs- und Warnfunktion für die Parteien.[10]

4 **b) Zulassung.** Ihre **Bedeutung** hat sich seit der Vorauflage **grundlegend verändert.**[11] Nachdem das Bundesverfassungsgericht das Verbot der gleichzeitigen Zulassung bei Land- und Oberlandesgerichten, § 25 BRAO, für verfassungswidrig erklärt hat,[12] hat der Gesetzgeber das früher in Abs. 1 verankerte Prinzip der Zulassung bei einem bestimmten Gericht für alle Gerichte der unteren Instanzen aufgegeben und der Rechtsanwaltschaft selbst die Entscheidung über die Zulassung übertragen. Die fünfjährige Wartezeit für die Zulassung beim Oberlandesgericht ist ebenfalls entfallen.

5 Grundsätzlich ist **jeder Rechtsanwalt bei allen Gerichten postulationsfähig.** Einzige **Ausnahme** ist der **Bundesgerichtshof;** dort ist die Zulassung beim Prozessgericht weiterhin Voraussetzung der Postulationsfähigkeit.[13] Die Aufhebung des § 171 BRAO hat daran nichts geändert.[14] Die heutige Gesetzesfassung geht auf das Gesetz zur Stärkung der Selbstverwaltung der Rechtsanwaltschaft vom 26. 3. 2007[15] zurück und gilt auch in den neuen Bundesländern. Für **familienrechtliche Verfahren** gelten **Sonderregeln,** Abs. 1 S. 5, Abs. 2, 3. Näher unten Rn. 52 ff.

6 **c) Auslegung.** Anwaltszwang, Zulassung, streitwertorientierte Vergütung und anwaltliches Standesrecht regeln die anwaltliche Seite der Zivilrechtspflege. Die an **Zweckmäßigkeitserwägungen** orientierte Regelung zielt auf eine nur statistisch feststellbare Verbesserung und Rationalisierung der Gesamtheit der Verfahren und Entscheidungen, was bei der **Auslegung** zu beachten ist.[16] Sie kann grundsätzlich nicht ausdehnend oder analog angewendet werden.[17]

7 **3. Praktische Bedeutung.** Anwaltliche Vertretung überwiegt in streitigen Verfahren auch dort, wo kein Anwaltszwang herrscht. In den alten Bundesländern sind (Stand 2003)[18] in 42,1% der **Amtsgerichtsprozesse** auf beiden Seiten Anwälte beteiligt; in weiteren 44,4% ist der Kläger anwaltlich vertreten, also in der Mehrzahl der einseitigen Verfahren. Der Anteil der Amtsgerichtsprozesse, die ohne Anwalt geführt werden, sinkt kontinuierlich und betrug 2003 noch 10,9%.[19] In den neuen Bundesländern (ohne Berlin) lag er bei 12,7%.

8 **4. Verfassungsmäßigkeit.** Sie ist aus den oben, Rn. 1 bis 6, genannten Gründen zu bejahen.[20] Der Anwaltszwang verletzt nicht Art. 103 Abs. 1 GG, da das **rechtliche Gehör** auch bei anwaltlicher Vertretung gewährleistet ist, und stellt wegen der Möglichkeit der **Prozesskostenhilfe** keine unzulässige Erschwernis des Zugangs zu den Gerichten dar.[21] Da das Gericht der Partei erforderlichenfalls einen Anwalt beiordnen muss, §§ 78 b, 78 c, 625, ist die Verteidigungsmöglichkeit immer gewährleistet. Auch das Erfordernis der Zulassung beim Bundesgerichtshof ist sachlich gerechtfertigt[22] und verstößt nicht gegen europäisches Gemeinschaftsrecht.[23]

---

[8] BGH NJW 2005, 3773; *Rosenberg/Schwab* § 45 I 2.
[9] *Matschke* AnwBl. 1985, 503.
[10] BGH NJW-RR 2005, 1048; *Zöller/Vollkommer* Rn. 2.
[11] Zur Entwicklung der Gesetzgebung vgl. *Baumbach/Lauterbach/Hartmann* Vorbem.
[12] BVerfGE 103, 1 = NJW 2001, 353.
[13] Näher unten Rn. 10; zu ausländischen Rechtsanwälten Rn. 79 ff.
[14] Vgl. BGH WuM 2004, 416; BGH NJW-RR 2004, 936.
[15] BGBl. I S. 358.
[16] Vgl. BGHZ 86,160, 163; NJW 2000, 3356; auch *v. Mettenheim,* Der Grundsatz der Prozessökonomie im Zivilprozess, 1970, S. 28 ff.
[17] BGH NJW 2003, 3765; vgl. aber auch BGH NJW-RR 2005, 1237.
[18] Veröffentlichungen des Statistischen Bundesamtes, Fachserie 10, R 2.1, 2003. – Dieser Anteil lag 1988 bei 12,3%, 1996 bei 11,4%.
[19] 1988 lag er noch bei 12,3%.
[20] BVerfG AnwBl. 1993, 535 m. Anm. von *Zuck.*
[21] BVerfG NJW 1990, 1033.
[22] BGH NJW 2007, 1136.
[23] BVerfG BRAK-Mitt. 1988, 214; BGH NJW 1990, 3085, 3086; *Stein/Jonas/Bork* Rn. 8 b.

II. Die Zulassung des Rechtsanwalts

1. Zulassung. a) Grundsatz. Die Zulassung zur Rechtsanwaltschaft ist im Anwaltsprozess **Voraussetzung der Postulationsfähigkeit.** Sie erfolgt auf Antrag des Bewerbers durch Entscheidung der Rechtsanwaltskammer, § 6 BRAO. Die frühere Zuständigkeit der Landesjustizverwaltung ist entfallen.[24] Voraussetzung ist die **Befähigung zum Richteramt,** § 4 BRAO, §§ 5ff. DRiG.[25] Die Zulassung darf nur versagt werden, wenn einer der in § 7 BRAO aufgeführten Gründe vorliegt; wegen der Rechtsmittel vgl. §§ 11, 42 BRAO. Die **Zulassung beginnt** mit der Aushändigung der Zulassungsurkunde; die Eintragung in die Liste der Rechtsanwälte ist nicht konstitutiv.[26] Sie **endet** durch Verzicht des Rechtsanwalts oder mit Rechtskraft einer Verfügung der Rechtsanwaltskammer auf Rücknahme oder Widerruf der Zulassung oder eines Urteils auf Ausschließung aus der Rechtsanwaltschaft. Auch nach Anordnung der sofortigen Vollziehung einer solchen Verfügung kann der Rechtsanwalt bis zu deren Rechtskraft auch in eigener Sache solange wirksam handeln, bis er vom Gericht zurückgewiesen wird, §§ 16 Abs. 7, 156 Abs. 2 BRAO.[27] Mit Beendigung der Zulassung endet seine Postulationsfähigkeit. 9

b) Bundesgerichtshof. Die Zulassung setzt Benennung durch den Wahlausschuss für Rechtsanwälte bei dem Bundesgerichtshof voraus und ist an weitere **persönliche Voraussetzungen** geknüpft, §§ 164ff. BRAO. Die Ernennung erfolgt durch den Bundesminister der Justiz und unterliegt einer von Fall zu Fall zu bestimmenden **zahlenmäßigen Beschränkung** (numerus clausus).[28] § 171 BRAO, der ein ausdrückliches Verbot der Simultanzulassung enthielt, ist weggefallen, weil die Zulassung bei den Gerichten der unteren Instanzen insgesamt abgeschafft wurde. Der Rechtsanwalt beim Bundesgerichtshof darf weiterhin nur vor den in § 172 BRAO genannten Gerichten auftreten und kann sich gem. § 172a BRAO auch nur mit einem beim Bundesgerichtshof zugelassenen Rechtsanwalt assoziieren. Außer dem Übergang der Zuständigkeit von der Justizverwaltung auf die Rechtsanwaltskammer hat sich also nichts geändert. Die Regelung ist **nicht verfassungswidrig.**[29] Soweit das als überraschend angesehen und die Abschaffung empfohlen wird,[30] liegen dem Verkennung von Art. 12 Abs. 1 GG und Fehleinschätzung der entlastenden Wirkung zugrunde.[31] 10

c) Spezielle Vertretungsverbote. Sie können sich für bestimmte Rechtsgebiete aus **ehrengerichtlichen Maßnahmen** gem. §§ 114 Abs. 1 Nr. 4, 114a BRAO ergeben. Ein Verstoß führt zur Zurückweisung des Rechtsanwalts, § 156 Abs. 2 BRAO, nicht zur Unwirksamkeit der von ihm vorgenommenen Prozesshandlungen, § 155 Abs. 5 BRAO. **Persönliche Vertretungsverbote** ergeben sich aus §§ 45 bis 47 BRAO. Der **Notar,** darf nicht später in derselben Sache anwaltlich tätig werden. Der **Syndikusanwalt** darf für den Auftraggeber, dem er aufgrund eines ständigen Dienst- oder ähnlichen Beschäftigungsverhältnisses seine Arbeitszeit und -kraft überwiegend zur Verfügung stellen muss, vor Gerichten oder Schiedsgerichten nicht als Rechtsanwalt tätig werden. Rechtsanwälte, die im **öffentlichen Dienst** stehen, dürfen ihren Beruf nicht ausüben. Verstöße sind standeswidrig, stellen ggfs. auch ein Berufsvergehen dar, führen aber nicht zur Unwirksamkeit oder Unzulässigkeit der Prozesshandlung.[32] 11

2. Ausnahmen vom Erfordernis der Zulassung. Der Grundsatz des Abs. 1 S. 1 wird verschiedentlich durchbrochen. 12

a) Der **amtlich bestellte Vertreter** eines Rechtsanwalts braucht ebenso wie der **Abwickler** der Kanzlei eines verstorbenen oder nicht mehr zugelassenen Rechtsanwalts nicht selbst Rechtsanwalt zu sein. Auch andere Personen, die die **Befähigung zum Richteramt** erlangt haben, ohne Rechtsanwalt zu sein, können bestellt werden, §§ 53 Abs. 4, 55 Abs. 1 BRAO. Zum amtlich bestellten Vertreter, jedoch nicht zum Abwickler kann auch ein **Referendar** bestellt werden, der seit mindestens 12 Monaten im Vorbereitungsdienst beschäftigt ist. 13

Durch die amtliche Bestellung zum Vertreter oder zum Abwickler erlangt der Bestellte gegenüber den staatlichen Gerichten alle **Befugnisse des Anwalts,** den er vertritt oder dessen Kanzlei 14

---

24 Gesetz zur Stärkung der Selbstverwaltung der Rechtsanwaltschaft vom 26. 3. 2007, BGBl. I S. 358.
25 Für ausländische Rechtsanwälte aus EG-Staaten s. unten Rn. 79ff.
26 BGH NJW 1992, 2706.
27 OLG Karlsruhe NJW-RR 1995, 626.
28 Vgl. dazu BGH NJW 2007, 1136.
29 BVerfGE 106, 216 = NJW 2002, 3765; BGH NJW 2007, 1136.
30 So *Prütting/Gerrit Krämer* JZ 2003, 239, 240; *Musielak/Weth* Rn. 8.
31 Vgl. jetzt mit eingehender Begründung BGH BRAK-Mitt. 2005, 190; ferner BGH NJW 2007, 1136.
32 OLG Hamm NJW 1992, 1174.

er abwickelt. Er kann **alle Prozesshandlungen** vornehmen, die dieser vornehmen könnte.[33] Die Bezeichnung als amtlich bestellter Vertreter ist für die Wirksamkeit nicht entscheidend; es reicht aus, wenn das Handeln als Vertreter sich aus den Umständen hinreichend erkennbar ergibt.[34] War der vertretene Anwalt selbst amtlich bestellter Vertreter eines **dritten Rechtsanwalts,** so kann der Vertreter auch für diesen Dritten wirksam Prozesshandlungen vornehmen.[35]

15 Die Befugnisse des amtlich bestellten Vertreters und des Abwicklers bestehen nur, soweit diese in dieser Eigenschaft und **nicht für die eigene Praxis** tätig werden, was aber ein Handeln im eigenen Gebühreninteresse nicht ausschließt. Anderenfalls sind ihre Prozesshandlungen so zu beurteilen, wie wenn die amtliche Bestellung nicht bestünde.[36] Die Erwähnung der amtlichen Bestellung in Schriftsätzen ist nicht entscheidend.[37]

16 **b)** Der **Verhandlungsvertreter,** den der Rechtsanwalt für die mündliche Verhandlung bestellt, muss ebenso wie der gem. § 53 Abs. 1, 5 BRAO bestellte **allgemeine Vertreter** entweder selbst Rechtsanwalt oder bestellter Vertreter eines Rechtsanwalts sein.[38] Der beim Bundesgerichtshof zugelassene Rechtsanwalt kann die **Ausführung der Parteirechte** in seinem Beistand auch einem dort nicht zugelassenen Anwalt überlassen, § 52 Abs. 2 BRAO. Der nicht zugelassene Anwalt hat dann wie der zugelassene das Recht, zu plädieren, Anträge zu stellen und Erklärungen abzugeben. Die Zulassung als Rechtsanwalt ist aber Voraussetzung. Einem **Rechtsbeistand** kann, auch wenn er der Rechtsanwaltskammer angehört, § 209 BRAO, die Ausführung der Parteirechte in der Verhandlung nicht mit gleicher Wirkung überlassen werden.[39]

17 **c) Weitere Ausnahmen.** Nach Wegfall der Lokalisation stimmen die Ausnahmen vom Erfordernis der Zulassung mit denen vom Anwaltszwang weitgehend überein.[40] **Verzicht** und **Anerkenntnis,** §§ 306, 307, unterliegen dem Anwaltszwang. Ob sie aber nur von einem beim Prozessgericht zugelassenen Rechtsanwalt erklärt werden können, ist **fraglich.**[41]

III. Die Stellung der Partei im Anwaltsprozess

18 **1. Verhältnis zum Anwalt.** Die Partei handelt im Anwaltsprozess durch ihren Rechtsanwalt. Er ist nach außen Vertreter, im Innenverhältnis durch einen **Geschäftsbesorgungsvertrag** zur anwaltlichen Vertretung verpflichtet. Findet die Partei keinen Anwalt, der zur Übernahme der Vertretung bereit ist, muss das Gericht ihr einen solchen beiordnen, §§ 78b, 78c, 625. Ihre Weisungsbefugnisse gegenüber dem Anwalt sind gegenüber gewöhnlichen Geschäftsbesorgungsverträgen dadurch modifiziert, dass der Rechtsanwalt gleichzeitig seiner Stellung als unabhängiges Organ der Rechtspflege, § 1 BRAO, und dem anwaltlichen Standesrecht verpflichtet ist.

19 **2. Eigene Befugnisse. a) Anwesenheitsrecht.** Neben ihrem Anwalt hat die Partei oder ihr **gesetzlicher Vertreter** das Recht, an Terminen zur Verhandlung oder Beweisaufnahme teilzunehmen. Sie kann das Wort verlangen, § 137 Abs. 4, **Erklärungen** über Tatsachen oder **Geständnisse,** § 288, abgeben, die das Gericht auch ohne Bestätigung des Anwalts berücksichtigen muss.[42] Sie kann tatsächliche Erklärungen ihres Rechtsanwalts berichtigen oder widerrufen. Geschieht das sofort, tritt die Geständniswirkung der §§ 288ff. nicht ein, § 85 Abs. 1 S. 2. Ist aber die Partei ohne Anwalt erschienen, darf das Gericht ihre Erklärungen nicht berücksichtigen. Es kann einer Partei weiteren Vortrag untersagen, wenn ihr die Fähigkeit zu geordnetem Vortrag mangelt, § 157 Abs. 2. Die Partei kann den Richter wegen **Besorgnis der Befangenheit** ablehnen, §§ 44 Abs. 1, 78 Abs. 5, jedoch nicht sofortige Beschwerde gegen die Zurückweisung des Ablehnungsgesuchs einlegen.[43] Das Gericht kann das persönliche Erscheinen anordnen, §§ 141, 273 Abs. 2 Nr. 3, 278 Abs. 3 S. 1, 613, 640; dann ist die Partei verpflichtet zu erscheinen.

---

[33] BGH NJW 1975, 542, 543; 1981, 1740, 1741.

[34] BGH VersR 1994, 193; NJW 2005, 3415.

[35] BGH NJW 1981, 1740, 1471 m. weit. Hinw; vgl. auch BGH NJW 2003, 3765.

[36] BGH VersR 1973, 470; NJW 1980, 1050; 1981, 1740, 1741.

[37] BGHZ 31,32 = NJW 1959, 2307; BGH NJW 1991, 1175.

[38] BGH AnwBl. 1982, 246.

[39] *Baumbach/Lauterbach/Hartmann* Rn. 29; wegen des ausländischen Rechtsanwalts vgl. Rn. 86ff.

[40] BGH NJW-RR 2005, 1048; näher Rn. 77.

[41] Zur Erledigung der Hauptsache vgl. BGH Beschl. v. 19. 9. 2006 X ZR 49/05, Grundeigent. 2006, 1608.

[42] BGHZ 8, 235 = NJW 1953, 621 m: Anm. von *Lent;* BGH VersR 1966, 269; 1969, 58; *Stein/Jonas/Bork* Rn. 40f.; *Baumbach/Lauterbach/Hartmann* Rn. 17; *Rosenberg/Schwab* § 52 III 4c; *Wieczorek* Anm. B IV b 1.

[43] OLG Köln MDR 1996, 1182.

b) Prozesshandlungen. Die Partei kann selbst **Akteneinsicht** oder die Erteilung von Auszügen und Abschriften verlangen, § 299; sie kann nicht Aushändigung der Akten verlangen, keine **Prozesshandlungen** vornehmen, die dem Anwaltszwang unterliegen, und nicht gegenüber dem Gericht auf Rechtsmittel verzichten.[44] Jedoch sind Rechtshandlungen, die eine Partei außerhalb eines Prozesses wirksam vornehmen könnte, auch wenn sie auf prozessuale Folgen gerichtet sind, wie zB eine Gerichtsstandsvereinbarung oder ein **gegenüber dem Prozessgegner** erklärter Rechtsmittelverzicht,[45] nicht deshalb unwirksam, weil sie während eines Verfahrens vorgenommen werden, für das Anwaltszwang besteht. Für Erklärungen **gegenüber dem Gericht** besteht aber bei solchen Handlungen Anwaltszwang.[46] Ohnehin wird es kaum vorkommen, dass Anwalt und Partei einander bei solchen Handlungen widersprechen. Wäre das der Fall, müsste die Partei klarstellen, dass ihre Erklärung sich nicht an das Gericht, sondern an den Prozessgegner richtet. 20

IV. Geltungsbereich des Anwaltszwangs

1. Allgemeiner Zivilprozess. Die Zivilprozessordnung findet auf alle bürgerlichen Rechtsstreitigkeiten Anwendung, die vor die ordentliche Gerichte gehören, § 3 EGZPO.[47] 21

a) Gerichte. Abs. 1 formuliert die **allgemeinen Grundsätze** des Anwaltszwangs, die auch außerhalb familienrechtlicher Verfahren gelten. Abs. 2 bis 4 regeln **Ausnahmen** für familienrechtliche Verfahren, und zwar Abs. 2 die Ausnahmen zu Abs. 1 S. 1, Abs. 3 die zu Abs. 1 S. 2 und Abs. 4 die zu Abs. 1 S. 4. Abs. 1 S. 5 hat nur klarstellende Bedeutung, da der Anwaltszwang seit jeher auf Dritte ausgedehnt wurde, die sich am Verfahren beteiligen.[48] Somit besteht Anwaltszwang grundsätzlich vor folgenden Gerichten: Amtsgerichten, soweit sie als **Familiengerichte** tätig werden, allen **höheren Gerichten,** also Landgerichten, gleich ob sie in erster Instanz oder als Berufungsgericht entscheiden, Oberlandesgerichten und dem BGH.[49] 22

b) Personen. Der Anwaltszwang gilt für die **Parteien.** Wer Partei ist, bestimmt sich nach den Erklärungen des Klägers, evtl. Widerklägers in der Klageschrift, § 253 Abs. 2 Nr. 1, oder in vorbereitenden Schriftsätzen (formeller Parteibegriff).[50] Auch rechtskundige Parteien müssen sich vertreten lassen, soweit nicht Abs. 5 eingreift. Das folgt aus dem Zweck der Norm.[51] 23

Der **Fiskus** oder sonstige juristische Personen des öffentlichen Rechts unterliegen dem Anwaltszwang ebenso wie Privatpersonen.[52] Die Zivilprozessordnung kennt **kein allgemeines Behördenprivileg.**[53] In Familiensachen gelten aber Besonderheiten, dazu unten Rn. 52 ff. 24

Dem Anwaltszwang unterliegen auch **Streitgenossen** und **Nebenintervenienten**[54] Vertretung durch den Rechtsanwalt der Hauptpartei ist möglich, wird aber wegen der Gefahr einer Interessenkollision meist nicht in Betracht kommen. Die **Streitverkündung** an einen Dritten unterliegt **nicht** dem Anwaltszwang, weil sie keine selbstständige Prozesshandlung darstellt und im anhängigen Verfahren keine Wirkung entfaltet.[55] 25

Ein **Dritter,** der sich im Anwaltsprozess an einem **Prozessvergleich** zwischen den Parteien beteiligen will, § 794 Abs. 1 Nr. 1, muss anwaltlich vertreten sein, **sehr str.**[56] 26

c) Verfahren. Besteht vor einem Gericht Anwaltszwang, dann gilt dieser für **alle Verfahren** vor diesem Gericht, also für alle Prozesshandlungen, Schriftsätze, Anträge und Erklärungen, soweit nicht Abs. 2, 3 oder sonstige Ausnahmen eingreifen.[57] 27

Soweit Anwaltszwang besteht, gilt er grundsätzlich für **das ganze Verfahren,**[58] unabhängig davon, wo, wie und in welcher Besetzung das Gericht verhandelt,[59] soweit nicht ein beauftragter oder 28

---

44 BGH NJW 1984, 1465.
45 BGH NJW 1974, 1248.
46 Vgl. BGH NJW 1984, 1465; *Stein/Jonas/Bork* Rn. 19.
47 Die Übergangsregelung für die neuen Bundesländer ist ausgelaufen. Vgl. dazu 2. Aufl. Rn. 96 ff.
48 ZB auf Nebenintervenienten, vgl. nachfolgend Rn. 25.
49 Zu den Ausnahmen s. unten Rn. 71 ff.
50 Vgl. BGH NJW-RR 2005, 1048.
51 Vgl. Rn. 3 ff.
52 Vgl. zB BGHZ 23, 377.
53 Vgl. BGH NJW-RR 2005, 1048.
54 BHGZ 92, 254; BGH NJW 1991, 230; vgl. § 70 Rn. 3.
55 BGHZ 92, 251, 254 = NJW 1985, 328; vgl. auch § 73 Rn. 2.
56 Näher unten Rn. 49.
57 Dazu unten Rn. 71 ff.
58 OLG Düsseldorf MDR 1983, 942.
59 *Bergerfurth* NJW 1974, 331, 335.

ersuchter Richter tätig wird, Abs. 2. Anwaltszwang besteht somit im Verfahren vor der Kammer oder vor dem Einzelrichter, §§ 348ff., 526, im schriftlichen Vorverfahren, vor auswärtigen Senaten oder Kammern.

29 **d) Einzelheiten. aa)** Im **Mahnverfahren** kann der anspruchsbegründende Schriftsatz von der Partei selbst oder einem beliebigen Prozessbevollmächtigten beim Gericht des Mahnverfahrens eingereicht werden. Der Rechtsanwalt kann darauf **Bezug nehmen,** ohne dass es einer Wiederholung bedarf.[60] Für bestimmende **Schriftsätze** und **Rechtsmittelbegründungen** gelten **andere Regeln,** weil die Funktion des Anwaltszwangs nur gewährleistet ist, wenn der Anwalt durch seine Unterschrift selbst die Verantwortung übernimmt.[61] Wird das Verfahren gem. § 696 Abs. 1 an das Schuldnergericht abgegeben, besteht für den **Antrag auf Verweisung** an einen anderen Gerichtsstand kein Anwaltszwang.[62] Die gegenteilige Auffassung[63] übersieht § 281 Abs. 2 S. 1.

30 In **selbstständigen Beweisverfahren** kann der Antrag zu Protokoll der Geschäftsstelle erklärt werden, § 486 Abs. 4 und unterliegt daher gem. Abs. 3 nicht dem Anwaltszwang.[64] Gleiches gilt für Verfahren auf **Arrest** oder **einstweilige Verfügung** §§ 920 Abs. 3, 936, und zwar für alle Schriftsätze, die auf Herbeiführung des Beschlusses gerichtet sind.[65] Die Beschwerde gegen die Zurückweisung des Antrages leitet ein selbstständiges Rechtsmittelverfahren ein und unterliegt dem Anwaltszwang, da § 920 Abs. 3 nicht eingreift.[66] Für das **Ordnungsmittelverfahren** nach § 890 gilt Anwaltszwang wie für das Hauptverfahren; ein Antrag zu Protokoll der Geschäftsstelle ist nicht vorgesehen.[67]

31 Für alle Verfahren im Rahmen der **Zwangsvollstreckung,** §§ 704ff., gilt: Ist das Amtsgericht Vollstreckungsgericht, § 764 Abs. 1, besteht kein Anwaltszwang, auch nicht für Erinnerungen oder Beschwerden, die beim Amtsgericht eingelegt werden. Ist ein Antrag oder Rechtsmittel an das Prozessgericht zu richten §§ 732, 769 Abs. 2, 791, besteht bei den **höheren Gerichten** grundsätzlich **Anwaltszwang,** soweit nicht Abs. 5 eingreift. Das gilt auch für den Antrag nach § 887 in Familiensachen, ebenso für Vollstreckungsschutzanträge während eines Nichtzulassungsbeschwerde- oder Revisionsverfahrens.[68]

32 Im **Schiedsverfahren** sind Anträge auf richterliche Handlungen nach §§ 1050, 1062 Abs. 4 an das **Amtsgericht** zu richten, unterliegen daher nicht dem Anwaltszwang. Für Anträge auf Ernennung oder Ablehnung von Schiedsrichtern, §§ 1036ff., und Vollstreckbarerklärung eines Schiedsspruchs, § 1060, ist das **Oberlandesgericht** zuständig, § 1062 Abs. 1. Solange nicht mündliche Verhandlung angeordnet wurde, können Anträge und Erklärungen zu Protokoll der Geschäftsstelle abgegeben werden, § 1063 Abs. 4.

33 **bb) Schriftsätze** und Anträge „sollen" vom Rechtsanwalt unterzeichnet sein, § 130 Nr. 6.[69] Das gilt auch in Verfahren ohne Anwaltszwang.[70] § 130 Nr. 6 soll das Formerfordernis auflockern, schafft aber keine Klarheit.[71] Eine Unterzeichnung ‚i. A.' ist jedenfalls nicht ausreichend, weil der Unterzeichner damit zu erkennen gibt, dass er für den Inhalt der Erklärung keine Verantwortung

---

[60] BGHZ 84, 136 = NJW 1982, 2002; aA *Schmidt* NJW 1982, 111. Wegen der ähnlichen Problematik bei der Heilung anderer Prozesshandlungen vgl. Rn. 51

[61] Vgl. BGHZ 111, 339; BGH VersR 2000, 337, 338; NJW 2005, 3773.

[62] LG Darmstadt NJW 1981, 2709; LG Hof Rpfleger 1979, 390; *Zöller/Vollkommer* Rn. 19; § 696 Rn. 7; *Bergerfurth* Rpfleger 1979, 364; *Zinke* NJW 1983, 1081.

[63] 2. Aufl. Rn. 77 (anders schon dort Rn. 26); ferner KG AnwBl. 1982, 79; 1984, 208; OLG Frankfurt AnwBl. 1980, 198; JurBüro 1983, 272; OLG Düsseldorf AnwBl. 1982, 250, 251; *Baumbach/Lauterbach/Hartmann* Rn. 14; *Deubner* JuS 1982, 54; *Schäfer* NJW 1985, 296, 297, 300; *Schimpf* AnwBl. 1985, 496.

[64] Man wird § 486 Abs. 4 in diesen Fällen auch auf den Kostenantrag nach § 494a Abs. 2 beziehen müssen; vgl. OLG Stuttgart BauR 1995, 135.

[65] Vgl. § 494a Rn. 2; *Zöller/Herget* Vor § 485 Rn. 4, § 487 Rn. 1, § 922 Rn. 18.

[66] Str.; so OLG Düsseldorf OLGZ 1983, 358; OLG Hamm MDR 1982 , 674; 1996, 1182; OLG Frankfurt NJW 1981, 2203; MDR 1983, 223; Rpfleger 1995, 468; *Bergerfurth* NJW 1981, 353; *Zöller/Vollkommer* Rn. 15; § 922 Rn. 12 – aA KG GRUR 1991, 944; OLG Karlsruhe GRUR 1993, 697; OLG München NJW 1984, 2414; OLG Hamburg MDR 1981, 939; OLG Koblenz NJW 1980, 2588; OLG Hamm MDR 1978, 940; *Stein/Jonas/Grunsky* § 922 Rn. 8.

[67] OLG München MDR 1984, 592; OLG Nürnberg MDR 1984, 58; OLG Hamm GRUR 1985, 235; *Pastor,* Die Unterlassungsvollstreckung nach § 890 ZPO, 3. Aufl. 1981, S. 103ff.

[68] BGH NJW 2003, 2428; WuM 2004, 416; OLG Köln FamRZ 1995, 312.

[69] Zu den Anforderungen an die Unterschrift BGH NJW 2005, 3773.

[70] BGHZ 92, 251.

[71] Vgl. BGH NJW 2005, 2709; *Musielak/Stadler* § 129 Rn. 8ff.

übernehmen will.[72] Jedoch genügt auch telegrafische[73] oder fernschriftliche[74] Einreichung, sofern der Rechtsanwalt als verantwortlicher Verfasser daraus hervorgeht. Durch die **Unterschrift** übernimmt er die materiellrechtliche und standesrechtliche[75] Verantwortung für diese Handlungen, auch wenn Schriftsätze, Rechtsmittelschriften oder Erklärungen nicht von ihm verfasst sind.[76] **Klage- oder Rechtsmittelrücknahme,**[77] Klageverzicht[78] und Rechtsmittelverzicht unterliegen dem Anwaltszwang.

cc) Rechtsmittel. Rechtsmittelschriften und -begründungen, Rechtsmittelrücknahme oder -verzicht müssen im Anwaltsprozess von einem Anwalt unterzeichnet sein, der vor dem Gericht postulationsfähig ist, bei dem die Rechtsmittelschrift eingereicht wird.[79] Für die Unterzeichnung gelten dieselben **Grundsätze** wie bei Schriftsätzen,[80] auch für Berufung und Berufungsbegründung.[81] **Telekopien** sind zulässig,[82] jedoch nur, wenn das Gericht über ein Empfangsgerät verfügt, nicht dagegen bei Überbringung durch einen Dritten.[83] Die Unterzeichnung per **Computerfax** war anerkannt,[84] ist aber wieder **umstritten.**[85] Die **Begründung** eines Rechtsmittels kann nicht in bloßer Bezugnahme auf ein Schriftstück bestehen, das von einer nicht postulationsfähigen Person unterschrieben wurde.[86] Anträge auf Verlängerung von Begründungsfristen, §§ 520 Abs. 2, 544 Abs. 2, 551 Abs. 2, 575 Abs. 2, müssen von einem Rechtsanwalt gestellt werden. Die Einwilligung in eine **Sprungrevision** unterliegt bis zum Erlass des erstinstanzlichen Urteils nicht dem Anwaltszwang;[87] danach besteht im Anwaltsprozess auch insoweit Anwaltszwang.[88] Sie kann vom erstinstanzlichen Prozessbevollmächtigten erklärt werden, § 566 Abs. 2 S. 4. 34

Im **Beschwerdeverfahren** gilt Anwaltszwang nur, wenn der Prozess in erster Instanz als Anwaltsprozess zu führen war, § 569 Abs. 3. Die frühere Rechtsprechung[89] ist überholt. Die **Rechtsbeschwerde** nach § 574 kann allerdings nur von einem beim Bundesgerichtshof zugelassenen Rechtsanwalt eingelegt werden.[90] In Verfahren auf Bewilligung von Prozesskostenhilfe besteht in allen Instanzen kein Anwaltszwang. 35

Ausnahmen vom Anwaltszwang ergeben sich aus Abs. 5, 6.[91] Weitere Ausnahmen betreffen Nebenverfahren und Handlungen außerhalb des Erkenntnis- oder Vollstreckungsverfahrens. Sie werden unten im Zusammenhang dargestellt.[92] 36

2. Besondere Verfahren. a) Kartellsachen. In kartellrechtlichen **Zivilprozessen** gelten für die Parteien die allgemeinen Regeln. Die Kartellbehörde hat als Beteiligte gem. § 90 GWB ein Informations- und Anwesenheitsrecht, wird aber nicht Prozesspartei und kann keine Prozesshandlungen vornehmen.[93] Sie unterliegt nicht dem Anwaltszwang. In **Kartellverwaltungssachen** kann die Beschwerde gegen Verfügungen der Kartellbehörde, §§ 63 ff. GWB, ohne Anwalt eingelegt wer- 37

---

[72] BGH NJW 1988, 210.

[73] RGZ 139, 46; BGHZ 24, 300 = NJW 1957, 1275; BGH NJW 66, 1077; VersR 1980, 331; BAG NJW 1971, 2190.

[74] BVerfG NJW 1987, 2067 m. weit. Hinw.; BGH VersR 1980, 331; 1987, 924, 925 m. weit. Hinw.

[75] Vgl. auch § 85 Rn. 30, 31.

[76] BGH NJW 2005, 2086; *Vollkommer* S. 26, 255 f.

[77] Wegen der Klagerücknahme nach vorausgegangenem Mahnverfahren, sowie nach Abgabe an das Rechtsmittelgericht vgl. Rn. 74.

[78] BGH NJW 1988, 210.

[79] BGH NJW 2003, 2028; 2005, 3773. Zu Rücknahme und Verzicht vgl. vorstehend Rn. 33

[80] Vgl. vorstehend Rn. 33 BGH NJW 2005, 3773.

[81] BGH NJW 2003, 2028; vgl. auch die in Fn. 69–71 zitierte Rspr.

[82] BGHZ 1987, 63 = NJW 1983, 1498; dazu *Buchenberger* NJW 1983, 1475.

[83] BGHZ 79, 314 = NJW 1981, 1618.

[84] GmS-OGB NJW 2000, 2340. Vgl. dazu *Düwell* NJW 2000, 3334; *Liwinska* MDR 2000, 1089; *Römermann/van den Moolen* BB 2000, 1640.

[85] BGH NJW 2005, 2086; *Musielak/Stadler* § 129 Rn. 11; *Hannich/Meyer-Seitz/Schwartze* § 130 Rn. 5; *Krüger/Bütter* MDR 2003, 181, 182.

[86] BGH VersR 2000, 337.

[87] BGH NJW 1986, 198.

[88] RGZ 118, 294; BGH VersR 1980, 772; NJW 1975, 30; JZ 1985, 1064; *Zöller/Vollkommer* Rn. 16; *Zöller/Schneider* § 566 a Rn. 2; *Bepler* NJW 1989, 687, 688; – im arbeitsgerichtlichen Verfahren besteht dagegen kein Anwaltszwang, vgl. BAG NJW 1983, 1079; 1987, 732; *Bepler* aaO; *Stein/Jonas/Bork* Rn. 65.

[89] Vgl. BGH NJW 2000, 3356; vgl. 2. Aufl.

[90] BGH NJW 2002, 2181; FamRZ 2003, 856.

[91] Dazu unten Rn. 71 ff.

[92] Rn. 73, 74; zum familiengerichtlichen Verfahren s. Rn. 52 ff.

[93] *Immenga/Mestmäcker* § 90 GWB Rn. 1, 3.

den. Für das weitere Verfahren vor dem **Oberlandesgericht** und dem **Bundesgerichtshof** gilt Anwaltszwang für die Beteiligten, nicht für die Kartellbehörde, §§ 68 S. 2, 76 Abs. 5 GWB. Die Zulassung beim Beschwerdegericht ist nicht erforderlich.

38 **b) Binnenschifffahrtssachen.** In Binnenschifffahrtssachen besteht Anwaltszwang vor dem Schifffahrtsobergericht. Jeder Rechtsanwalt kann die Vertretung übernehmen, § 12 BinnSchVerfG.[94] Eine Beschränkung auf die im Bezirk des Schifffahrtsobergerichts zugelassenen Rechtsanwälte ist nicht vorgesehen.[95]

39 **c) Baulandsachen.** In Baulandsachen, §§ 217 ff. BauGB,[96] gilt Anwaltszwang nur für die Beteiligten, die Anträge in der Hauptsache stellen wollen § 222 Abs. 3 S. 2 BauGB.[97] Für die schriftsätzliche Ankündigung des Antrages ist anwaltliche Vertretung nicht erforderlich, da Anträge erst in der **mündlichen Verhandlung** wirksam gestellt werden können.[98] Der Antrag auf gerichtliche Entscheidung, der bei der Behörde eingereicht wird, kann ohne Anwalt gestellt werden.[99] Die Berufung unterliegt aber dem Anwaltszwang.[100] Ein Antrag auf Entscheidung nach Lage der Akten gem. § 227 Abs. 2 BauGB ist kein Antrag in der Hauptsache und unterliegt nicht dem Anwaltszwang,[101] auch nicht die Einwilligung in die Sprungrevision,[102] wohl aber die sofortige Beschwerde gegen einen die Berufung als unzulässig verwerfenden Beschluss und der Antrag auf Zwangsmittel im Besitzeinweisungsverfahren gem. § 224 BauBG.[103] Soweit für einen Beteiligten im Verfahren kein Anwaltszwang bestand, gilt das auch für Rechtsmittel gegen Kostenentscheidungen nach § 91 a.[104]

40 **d) Entschädigungssachen.** In Entschädigungssachen nach §§ 208 ff. **BEG**[105] besteht kein Anwaltszwang vor den Landgerichten, für das beteiligte Land auch nicht vor dem Oberlandesgericht, § 224 BEG. In der Revisionsinstanz kann auch ein beim Bundesgerichtshof nicht zugelassener Anwalt vertreten.[106] Dagegen unterliegt das gerichtliche Verfahren nach dem **StrEG**[107] dem Anwaltszwang.[108]

41 **3. Anwaltszwang vor anderen Gerichten. a) Arbeitsgerichte.** Im Arbeitsgerichtsprozess besteht Vertretungszwang vor den **Landesarbeitsgerichten** und dem **Bundesarbeitsgericht.** Vertreter von Arbeitgebervereinigungen und Gewerkschaften sind Rechtsanwälten weitgehend gleichgestellt, § 11 Abs. 2 ArbGG. Andere Vertreter, die gewerbsmäßig die Besorgung fremder Rechtsangelegenheiten vor Gericht betreiben, können im arbeitsgerichtlichen Verfahren nicht vertreten, § 11 Abs. 3 ArbGG. Im Wege der Prozesskostenhilfe kann nur ein Rechtsanwalt beigeordnet werden, § 11 a ArbGG.

42 **b) Andere Bundesgerichte.** Bei den anderen Bundesgerichten, ausgenommen Bundessozialgericht, § 73 SGG, und Bundespatentgericht, § 97 Abs. 1 PatG, besteht Anwaltszwang in modifizierter Form. Auch **Rechtslehrer** an deutschen Hochschulen können auftreten, § 67 VwGO, beim Bundesfinanzhof auch **Steuerberater** oder **Wirtschaftsprüfer.**[109] Diese können sich analog § 78 Abs. 3 auch selbst vertreten,[110] ebenso Rechtsanwälte und Patentanwälte im Patentnichtigkeitsverfahren vor dem BGH als Berufungsgericht.[111] Beim **Bundesverfassungsgericht** gilt Vertretungszwang nur für die mündliche Verhandlung, § 22 BVerfGG, bei anderen Bundesgerichten für das gesamte Verfahren.

---

[94] BGBl. 1952 I S. 641.

[95] AA *Stein/Jonas/Bork* Rn. 8 a.

[96] BGBl. I 1986 S. 2253. Die nachfolgend zitierten Entscheidungen sind jeweils zu den gleichlautenden Bestimmungen des BBauG vom 23. 6. 1960 ergangen.

[97] BGHR ZPO § 519 b Abs. 2 Anwaltszwang 4; BGH NJW-RR 1994, 1021; NJW 1975, 830, 831; MDR 1985, 30.

[98] Str.; so BGHZ 41, 183 = NJW 1964, 1522; *Stein/Jonas/Bork* Rn. 27; – aA OLG München NJW 1968, 2065; MDR 1969, 61 *Zöller/Vollkommer* Rn. 50.

[99] BGH NJW 1994, 2898; BGHZ 41, 183 = NJW 1964, 1522; *Zöller/Vollkommer* Rn. 50.

[100] OLG Hamm NJW 1996, 601.

[101] KG NJW 1970, 614.

[102] BGH NJW 1975, 830, 331.

[103] BGH NJW 1994, 2898; VersR 87, 680; OLG Bremen OLGZ 1968, 252.

[104] OLG Koblenz NJW 1983, 2036.

[105] BGBl. I 1956 S. 559.

[106] Vgl. dazu BVerfGE 34, 325, 330.

[107] Gesetz über Entschädigung für Strafverfolgungsmaßnahmen v. 8. 3. 1971, BGBl. I S. 157.

[108] BGH NJW-RR 1993, 1021.

[109] Art. 1 Nr. 1 BFH EntlastG (BGBl. 1975 I S. 1861).

[110] BFH NJW 1976, 1992.

[111] BGH NJW-RR 1987, 1086.

V. Rechtsfolgen bei Verstößen

1. Grundsatz. Die **Partei** ist, soweit nicht selbst zugelassener Rechtsanwalt, im Anwaltsprozess **nicht postulationsfähig.** Ihre dem Anwaltszwang unterliegenden Prozesshandlungen sind grundsätzlich unbeachtlich. Bei den **Rechtsfolgen** ist zu unterscheiden: 43

a) Gegenüber dem Gericht führt der Mangel zur **Unzulässigkeit** von Prozesshandlungen, die das Gericht oder ein Gerichtsorgan zu einer Handlung oder Entscheidung veranlassen sollen (*Er*wirkungshandlungen), wie zB Klagen, Anträge, Rechtsmittel.[112] Das Gericht darf über sie nicht sachlich entscheiden, sondern muss sie als unzulässig zurückweisen oder verwerfen. Der Mangel der Postulationsfähigkeit führt dagegen zur **Unwirksamkeit** von Prozesshandlungen, die innerhalb des Verfahrens oder darüber hinaus eine Prozesslage ohne Mitwirkung des Gerichts unmittelbar begründen sollen (*Be*wirkungshandlungen), wie zB Klagerücknahme, Zustimmungserklärungen, Erledigungserklärung, Klageverzicht. Der Mangel der Vertretung ist von Amts wegen zu berücksichtigen.[113] Eine allgemeine Verpflichtung, auf ihn hinzuweisen, besteht aber auch bei Rechtsmitteln nicht.[114] 44

b) Gegenüber dem Prozessgegner führt der Mangel der Postulationsfähigkeit grundsätzlich zur **Unwirksamkeit,** und zwar auch, soweit die Prozesshandlung auf Herbeiführung **materiellrechtlicher Folgen** wie Verzicht, Verjährungsunterbrechung o. Ä. gerichtet war. Ausnahmsweise treten die materiellrechtlichen Folgen ein, wenn die Voraussetzungen des § 140 BGB vorliegen, also anzunehmen ist, dass das materielle Rechtsgeschäft auch in Kenntnis des Mangels vorgenommen worden wäre, und die prozessuale Wirksamkeit nicht Voraussetzung der materiellrechtlichen Wirkung ist.[115] 45

2. Einzelheiten. a) Klage. Die Klage einer nicht postulationsfähigen Partei ist unzulässig.[116] Sie ist auch dem Gegner gegenüber unwirksam, hemmt nicht die Verjährung, § 204 Abs. 1 Nr. 1 BGB,[117] löst keine **materiellrechtlichen Folgen** der Rechtshängigkeit aus §§ 818 Abs. 4, 989 BGB, und wahrt keine **Fristen,** zB der Gläubigeranfechtung, § 13 AnfG, oder der Insolvenzanfechtung, §§ 129ff. InsO.[118] 46

Wird im Anwaltsprozess von einer nicht postulationsfähigen Partei Klage erhoben, gilt gleichwohl § 271 Abs. 1; das folgt aus der Aufhebung von § 78a einschließlich dessen Abs. 2 durch das UändG v. 20. 2. 1986.[119] Die Klage ist unverzüglich zuzustellen, **str.**[120] Das gilt auch in **Familiensachen.** Das Gericht hat aber einen Ermessensspielraum, der es erlaubt, den Kläger in Fällen offensichtlicher Unzulässigkeit zunächst auf den Mangel hinzuweisen.[121] 47

b) Mündliche Verhandlung. In der mündlichen Verhandlung gilt die nicht postulationsfähige Partei als nicht erschienen, so dass die Säumnisfolgen der §§ 330, 331 eintreten. **Geständnisse** und **tatsächliche Erklärungen** sind unbeachtlich, wenn die Partei ohne ihren Anwalt erschienen ist. Gleichwohl können sie die Bedeutung von Indizien haben. Zur Geständniswirkung des § 288 näher Rn. 19. 48

c) Prozessvergleich. Ein Prozessvergleich, § 794 Abs. 1 Nr. 1, der von einer nicht postulationsfähigen Partei abgeschlossen wird, hat keine **prozessuale Wirkung.** Er beendigt nicht die 49

---

112 BGH NJW 1990, 1305; BGH NJW 1992, 2706; BGH NJW 2005, 3773.

113 BGH NJW 1992, 2706; *Zöller/Vollkommer* Rn. 3.

114 BGH NJW 2002, 3410; BGH NJW-RR 2005, 1726.

115 BGH NJW 1985, 1962, 1963.

116 AllgM; vgl. *Stein/Jonas/Bork* Rn. 9.

117 BGHZ 90, 249, 254 = NJW 1984, 1559; MünchKommBGB/*v. Feldmann* § 209 Rn. 12.

118 BGHZ 90, 249, 254 = NJW 84, 1559.

119 BGBl. I S. 301. – § 78a in der vorher gültigen Fassung enthielt Sonderregelungen für Güterrechtsprozesse. Abs. 2 lautete: „Reicht eine Partei im Anwaltsprozess die Klage ein, ohne ordnungsgem. vertreten zu sein, so lehnt das Gericht die Terminsbestimmung und die Zustellung der Klage ab." Daraus war zu schließen, dass in nicht-güterrechtlichen Verfahren § 271 Abs. 1 galt. In Art. 3 Nr. 3 UändG wurde § 78a insgesamt aufgehoben, da die Bestimmung mit der durch das UändG eingeführten Neuregelung der isolierten Güterrechtsprozesse in § 78 Abs. 2 S. 1 Nr. 2 (idF des UändG) gegenstandslos sei (Begr. Regierungsentwurf, BT-Drucks. 501/84 S. 24). Seitdem gilt § 271 Abs. 1 also im Anwaltsprozess ohne Einschränkung.

120 Wie hier *Stein/Jonas/Leipold* § 271 Rn. 29; wohl auch *Stein/Jonas/Bork* Rn. 9, dessen Hinw. auf *Stein/Jonas/Roth* § 216 Rn. 18, nicht den Mangel der anwaltlichen Vertretung betrifft. – AA BGH NJW-RR 1987, 322, 323, der sich aber noch auf § 78 Abs. 2 aF Fassung stützt; ebenso *Lüke*, 2. Aufl. § 271 Rn. 11; *Musielak/Weth* Rn. 6; *Wieczorek/Steiner* Rn. 4, die nur in eindeutigen Fällen die Zustellung verweigern wollen. Wegen des Gerichtskostenvorschusses vgl. § 65 GKG.

121 *Stein/Jonas/Leipold* § 271 Rn. 29; wohl auch *Stein/Jonas/Bork* Rn. 9.

Rechtshängigkeit, ermöglicht keine gerichtlichen Kostenfestsetzung[122] und ist nicht vollstreckbar.[123] Ob ihm **materiellrechtliche Wirkung** zukommt, § 779 BGB, bestimmt sich nach § 140 BGB, ist also zu bejahen, wenn die Beteiligten den Vergleich bei Kenntnis des Mangels als außergerichtlichen Vergleich hätten gelten lassen wollen.[124] Dies wird nicht der Fall sein, wenn das Nachgeben den Prozess beenden oder rasch einen Vollstreckungstitel schaffen sollte. Ebenso kann auch ein Prozessvergleich zwischen zwei anwaltlich vertretenen Parteien und einem **nicht anwaltlich vertretenen Dritten** materiellrechtlich wirksam sein; er ist aber nicht vollstreckbar gem. § 794 Abs. 1 Nr. 1, **sehr streitig.**[125] Die vor allem vom BGH vertretene Meinung, die Vollstreckbarkeit auch bei Einbeziehung eines nicht vertretenen Dritten annimmt, weist zwar richtig darauf hin, dass § 794 Abs. 1 Nr. 1 zwischen den Parteien und dem Dritten unterscheidet und § 78 Abs. 1 nur ‚Parteien' erwähnt, während Dritte auch durch Einbeziehung weder Partei werden noch eine parteiähnliche Stellung erwerben.[126] Daraus folgt aber nichts, weil der Anwaltszwang nicht nur für die Parteien gilt. Er gilt zB nach einhelliger Meinung auch für den Nebenintervenienten, der gem. § 66 nicht Partei ist.[127] Nicht einleuchten kann auch das Argument, die Einbeziehung begründe einen materiellrechtlich wirksamen Vergleich gem. § 779 BGB, an den der Dritte gebunden sei; daher sei es zweckmäßiger, die Vollstreckbarkeit nicht am Fehlen der anwaltlichen Vertretung scheitern zu lassen. Die materiellrechtliche Wirksamkeit ist gerade fraglich und wird vom BGH nach § 140 BGB beurteilt.[128] Alle Argumente der Zweckmäßigkeit könnten auch jeweils gegen den Anwaltszwang beim Prozessvergleich zwischen den Parteien ins Feld geführt werden. Sie greifen deshalb gegenüber der rechtspolitischen Bewertung nicht durch.[129] Daher kann das Gericht den prozessual unwirksamen Vergleich mit einem anwaltlich nicht vertretenen Dritten im Prozess nur beachten, wenn er von den anwaltlich vertretenen Parteien des Rechtsstreits als Tatsache vorgetragen wird.

50 Zum **Vergleich in Ehesachen** sowie im Verfahren auf **einstweilige Anordnung** gem. §§ 620ff. vgl. unten Rn. 69.

51 **3. Heilung von Mängeln.** Sie hat nach Wegfall der Lokalisation nur noch geringe Bedeutung. Mit dieser Maßgabe gilt: Eine mangels Postulationsfähigkeit unbeachtliche Prozesshandlung kann durch **Genehmigung** eines zugelassenen Anwalts geheilt werden, soweit der Stand des Verfahrens das zulässt, wenn sie also im Zeitpunkt der Genehmigung noch erstmals wirksam vorgenommen werden könnte.[130] Eine **Rückwirkung findet nicht statt.**[131] Auch **einzelne Prozesshandlungen** können genehmigt, andere ausgenommen werden. Rügelose Einlassung des Prozessgegners, § 295, heilt nicht, da der Anwaltszwang öffentlichen Interessen dient und nicht der Parteidisposition unterliegt.[132] Vollmachtlose Prozessführung eines postulationsfähigen Rechtsanwalts kann dagegen rückwirkend genehmigt werden, allerdings nur insgesamt, str.[133] Ist Genehmigung hiernach möglich, müssen Handlungen und Erklärungen nicht wiederholt werden; eine **Bezugnahme** genügt,[134] **str.** Der BGH hält die Bezugnahme auf eine von der Partei oder einem nicht postulationsfähigen Rechtsanwalt eingereichte Klageschrift oder Berufungsbegründung nicht für ausreichend,

---

[122] OLG München NJW 1962, 351.

[123] OLG Bremen NDR 1969, 393; OLG Celle OLGZ 75, 353; OLG Hamm NJW 1972, 1998; 1975, 1709; OLG Köln NJW 1972, 2317; *Rosenberg/Schwab* § 132 III 2g; *Stein/Jonas/Bork* Rn. 16; MünchKommBGB/*Pecher* § 779 Rn. 86; *Baumbach/Lauterbach/Hartmann* Anh. § 307 Rn. 24, 26; *Zöller/Vollkommer* Rn. 11; differenzierend *Mes* Rpfleger 1969, 273; *Blomeyer* § 65 VI; – aA OLG Celle FamRZ 1967, 484 m. abl. Anm. von *Burckhardt*; OLG Köln NJW 1973, 907; OLG Neustadt NJW 1958, 795; 64, 1329; *Kablitz* NJW 1958, 1029.

[124] BGH NJW 1985, 1962, 1963; *Stein/Jonas/Münzberg* § 794 Rn. 51.

[125] Wie hier OLG Köln NJW 1961, 786; AnwBl. 1982, 113; *Baumbach/Lauterbach/Hartmann* Anh. § 307 Rn. 26; *Wieczorek/Steiner* Rn. 13. – AA BGHZ 86, 160, 163 = NJW 1983, 1433 m. abl. Anm. von *Bergerfurth* JR 1983, 367; *Musielak/Weth* Rn. 15; AK-ZPO/*Christian* Rn. 27; *Stein/Jonas/Bork* Rn. 11; MünchKomm/*Pecher* § 779 Rn. 78; *Thomas/Putzo/Hüßtege* § 794 Rn. 12; *Zöller/Vollkommer* Rn 11; für den Fall, dass der Vergleich gegen den Dritten nicht vollstreckbar ist, OLG Frankfurt OLGZ 70, 476; *Blomeyer* § 65 VI.

[126] Ebenso *Musielak/Weth* Rn. 15.

[127] BHGZ 92, 254; BGH NJW 1991, 230; vgl. § 70 Rn. 3.

[128] BGH NJW 1985, 1962, 1963.

[129] Vgl. Rn. 3ff.

[130] BVerfGE 8, 92; BFH BB 1977, 435.

[131] BVerfGE 8, 92, 94; BGHZ 90, 249, 253 = NJW 1984, 1559; BGHZ 92, 137, 140.

[132] AA *Zöller/Vollkommer* Rn. 3.

[133] Vgl. im einzelnen BVerfGE 8, 92, 94; RGZ 110, 228; BGHZ 10, 147 = NJW 1953, 1470; BGHZ 91, 111, 114 = NJW 1984, 2149; 92, 137, 140; BGH VersR 1984, 781; ferner § 89 Rn. 19ff.

[134] OLG Karlsruhe AnwBl. 1979, 430; *Stein/Jonas/Bork* Rn. 10.

nimmt aber uU Genehmigung einer vollmachtlosen Prozessführung an.[135] Das ist abzulehnen. Wenn der Prozessbevollmächtigte die Voraussetzungen erfüllen könnte, indem er den schon eingereichten Schriftsatz selbst unterzeichnet, wäre es sinnloser Formalismus, eine Bezugnahme nicht genügen zu lassen. Die Prozesshandlung muss aber alle übrigen Wirksamkeitsvoraussetzungen erfüllen.

VI. Anwaltszwang in Familiensachen, Abs. 2 bis 4

1. Allgemeines. Familiensachen iS der Abs. 2 bis 4 sind die im **6. Buch** geregelten Verfahren. 52
Sie bedürfen besonderer Regelung, weil **unterschiedliche Verfahrensmaximen** gelten. In **Ehesachen,** §§ 606 ff., oder Lebenspartnerschaftssachen, § 661, gelten die Regeln des streitigen Zivilprozesses, § 608, jedoch mit anderen sachlichen und funktionalen Zuständigkeiten, §§ 23 a, 119 Abs. 1 a GVG, und Einschränkungen der Verhandlungs- und Dispositionsmaxime, §§ 609 ff. **Güterrechtliche Verfahren** richten sich nach den Vorschriften über das Verfahren vor den Landgerichten, § 621 b, also den Regeln des allgemeinen Zivilprozesses, jedoch mit Zuständigkeiten wie in familiengerichtlichen Verfahren. Die in § 621 aufgeführten Verfahren sind dagegen teilweise nach Regeln des FGG abzuwickeln, jedoch ebenfalls mit Modifikationen, § 621 a. Einige Verfahren können im **Verbund** mit dem **Scheidungsverfahren** oder getrennt von ihm verhandelt werden, andere sollen abgetrennt werden, § 623. In **Kindschaftssachen** gilt wiederum ein eingeschränkter Grundsatz der Amtsermittlung, § 640 d. Da außerdem Dritte (Behörden, Versicherungsträger, Verbände) am Verfahren beteiligt werden, ist die Vielfalt der Differenzierungen kaum überschaubar. Die Praxis kommt gleichwohl zurecht, weil die Regelungen der einzelnen Verfahren der jeweiligen Rechtsmaterie angepasst sind.

2. Verfahren vor den Familiengerichten, Abs. 2. Da die Familiengerichte bei den Amtsgerichten eingerichtet sind, §§ 23 a, 23 b GVG, besteht in den Fällen des Abs. 2 Anwaltszwang auch vor den **Amtsgerichten.** Diese Ausnahme von Abs. 1 kann nicht ausgedehnt werden. Deshalb gilt Anwaltszwang vor den Familiengerichten nur für die in Abs. 2 aufgeführten Personen und Verfahren. Ein Mangel hat wegen des modifizierten Untersuchungsgrundsatzes andere Folgen als im normalen Verfahren, §§ 612 Abs. 4, 616, 617. Die nicht vertretene Partei kann zwar keine wirksamen Prozesshandlungen vornehmen, ist aber vom Gericht anzuhören, § 613. Das Gericht kann einen Rechtsanwalt beiordnen, § 625. Wegen der **einverständlichen Scheidung** vgl. Rn. 70. Die Oberlandesgerichte sind, auch wenn sie in Familiensachen tätig werden, nicht Familiengerichte, § 119 Abs. 1 GVG. 53

a) Ehesachen. aa) Die **Legaldefinition** des § 606 Abs. 1 erfasst Verfahren auf Scheidung, Aufhebung, Nichtigerklärung oder Feststellung des Bestehens oder Nichtbestehens einer Ehe oder auf Herstellung des ehelichen Lebens. Darunter fallen auch die in § 620 aufgeführten Verfahren auf Erlass einer **einstweiligen Anordnung.** Da der **Antrag** auf Erlass einer einstweiligen Anordnung zu Protokoll der Geschäftsstelle erklärt werden kann, § 620 a Abs. 2 S 2, besteht gem. Abs. 5 **kein Anwaltszwang.** Diese Möglichkeit ist aber wie in den Fällen der §§ 916 ff. als Ausnahme anzusehen und nur aus der besonderen Eilbedürftigkeit der Verfahren zu erklären, die uU selbst für die Beauftragung eines Rechtsanwalts keine Zeit lässt. Für das **weitere Verfahren** gelten dieselben Grundsätze wie im Verfahren nach §§ 916 ff.[136] Auch Gegenäußerungen, Anträge nach § 620 b, der **Abschluss eines Vergleichs** und die **sofortige Beschwerde** nach § 620 c unterliegen dem Anwaltszwang, str.[137] Die Gegenmeinung, die den Anwaltszwang auf Fälle mündlicher Verhandlung beschränken oder für das Anordnungsverfahren insgesamt verneinen will,[138] verkennt den Ausnahmecharakter des § 620 a Abs. 2 S 2, der auf besonderer Eilbedürftigkeit beruht. Er ändert nichts daran, dass das übrige Verfahren dem Anwaltszwang unterliegt, wenn auch im Hauptsacheverfahren Anwaltszwang gilt. Im **Prozesskostenhilfeverfahren** kann allerdings über einstweilige Anordnungen ohne Anwälte verhandelt werden.[139] Jedoch ist der Antrag auf Prozesskostenhilfe nicht deshalb 54

---

[135] BGH JR 1954, 463; BGHZ 7, 170 = NJW 1953, 259; BGHZ 22, 254 = NJW 1957, 263; insoweit bestätigt in BGH NJW 1982, 2002; 1990, 3085.

[136] Vgl. dazu oben Rn. 30.

[137] OLG Zweibrücken FamRZ 1981, 186; OLG Karlsruhe FamRZ 1981, 379; OLG Frankfurt FamRZ 1983, 516; *Zöller/Philippi* § 620 c Rn. 17; *Baumbach/Lauterbach/Hartmann* § 620 c Rn. 2; vgl. auch oben Rn. 49 sowie *Musielak/Weth* Rn. 17, 23, 32. AA für die Beschwerde OLG Hamm FamRZ 1985, 1146.

[138] Dazu § 620 a Rn. 10 ff.; *Stein/Jonas/Schlosser* § 620 a Rn. 5; § 620 c Rn. 12; ferner: OLG Frankfurt FamRZ 1977, 799; OLG Düsseldorf FamRZ 1978, 709; *Brüggemann* FamRZ 1977, 289; *Zöller/Vollkommer* Rn. 32; AK-ZPO/*Christian* Rn. 16; zum Vergleich s. Rn. 49.

[139] HM; *Bergerfurth* Rn. 341; *Gießler* Rn. 109; *Zöller/Philippi* § 620 a Rn. 9 a.

unbegründet, weil die einstweilige Anordnung zu Protokoll der Geschäftsstelle beantragt werden kann, denn grundsätzlich gilt im Anordnungsverfahren Anwaltszwang.[140]

55 **bb) Folgesachen zu Ehesachen.** Folgesachen iSv. Abs. 2 sind nach der **Legaldefinition** des § 623 Abs. 1 S. 1 die in § 621 Abs. 1 Nr. 5 bis 9 und Abs. 2 S. 1 Nr. 4 aufgeführten Verfahren, soweit die Anträge für den Fall der Scheidung während des anhängigen Scheidungsverfahrens von einem Ehegatten gestellt werden. Damit wurde die früher in Abs. 2 enthaltene **Differenzierung** hinsichtlich des Anwaltszwangs teilweise in die §§ 621, 623 verlagert, ohne dass eine sachliche Änderung beabsichtigt war.[141] Zu den Folgesachen zählen die Verfahren über Sorgerecht, Regelung des Umgangs, Herausgabe eines Kindes, Unterhaltspflicht gegenüber dem Kinde und dem geschiedenen Ehegatten, Versorgungsausgleich, Verteilung des Hausrats, aus ehelichem Güterrecht und über den Zugewinnausgleich gem. §§ 1382, 1383 BGB, so dass das **gesamte Verbundverfahren** des § 623 einheitlich dem Anwaltszwang unterliegt, bei Stufenklagen auch der Auskunftsanspruch.[142] Unerheblich ist, ob das Verfahren nach der ZPO oder dem FGG abzuwickeln ist.[143] Folgesache iSd. Abs. 2 Nr. 1 ist es nur, wenn die gerichtliche Entscheidung **für den Fall der Scheidung** begehrt wird, § 623 Abs. 1 S. 1, also nicht bei Aufhebungs- oder Nichtigkeitsklagen,[144] mag diese Differenzierung auch wenig einleuchten.

56 **b) Lebenspartnerschaftssachen. aa) Grundsatz.**[145] Sie gehören gem. § 23a Nr. 6 GVG vor die **Familiengerichte**, erstinstanzlich also die Amtsgerichte, § 23b Abs. 1 Nr. 15 GVG. Verfahrensrechtlich sind sie Ehesachen gleichgestellt, § 661 Abs. 2, insbesondere hinsichtlich des Anwaltszwangs,[146] aber mit nachfolgenden Besonderheiten.

57 **bb) Folgesachen zu Lebenspartnerschaftssachen.** Gem. Abs. 2 besteht Anwaltszwang in Lebenspartnerschaftssachen des § 661 Abs. 1 Nr. 1 bis 3 und Folgesachen. Für Verfahren nach § 661 Abs. 1 Nr. 3a bis 3d entspricht das der Regelung in Ehesachen, §§ 621 Abs. 1 Nr. 1 bis 4 iVm. § 623 Abs. 1 S. 1. Bei den Verfahren nach § 661 Nr. 3a bis 7 greift zunächst § 661 Abs. 2 ein.[147] Das **Verbundverfahren** nach § 623 findet auch in Lebenspartnerschaftssache statt.[148] Soweit die Verfahren als Folgesachen zu einem Verfahren auf Aufhebung der Lebenspartnerschaft gem. § 661 Abs. 1 Nr. 1 eingeleitet werden und in § 621 geregelt sind, unterliegen sie gem. Abs. 2 dem Anwaltszwang. Werden sie als **selbstständige Verfahren** eingeleitet, fallen sie gem. §§ 23a Nr. 6, 23b Abs. 1 Nr. 15 GVG zwar in die Zuständigkeit der Familiengerichte, gem. Abs. 2 besteht aber kein Anwaltszwang.

58 **c) Selbstständige Familiensachen.** Selbstständige Familiensachen der §§ 621 Abs. 1 Nr. 8, 661 Abs. 1 Nr 6 sind die güterrechtlichen Auseinandersetzungen in Ehesachen und Lebenspartnerschaftssachen. Da dort wirtschaftliche Fragen im Vordergrund stehen, werden sie nach den Regeln des allgemeinen Zivilprozesses abgewickelt. Anwaltszwang gilt auch für am Verfahren beteiligte Dritte. Abs. 3 sieht keine Ausnahme vor.

59 **d) Abgetrennte Verfahren.** War eines der in § 621 Abs. 1 aufgeführten Verfahren einmal als Folgesache im Rahmen des Verbundverfahrens des § 623 anhängig, bleibt der so begründete Anwaltszwang bestehen, wenn das Verfahren **später abgetrennt** wird.[149]

60 **3. Verfahren vor den Oberlandesgerichten.** Oberlandesgerichte sind gem. § 119 GVG nicht Familiengerichte iSv. Abs. 2. Vor ihnen besteht gem. Abs. 1 S. 2 grundsätzlich **Anwaltszwang,** gem. Abs. 1 S. 5 auch für **Beteiligte und beteiligte Dritte.** Abs. 3 schränkt den Anwaltszwang ein. In den dort aufgeführten Verfahren sind Beteiligte und beteiligte Dritte auch vor Oberlandesgerichten vom Anwaltszwang befreit. Da Verfahren, in denen **Behörden,** Körperschaften, Versicherungsträger oder Verbände sich am Verfahren beteiligen, von der Auflistung in Abs. 3 im wesentlichen erfasst werden, sind die in Abs. 4 genannten Institutionen auch vor den Oberlandesgerichten vom Anwaltszwang freigestellt. Als am Verfahren beteiligte Dritte sind sie allerdings dort, anders als gem. Abs. 4, nicht berechtigt, Rechtsmittel selbstständig einzulegen.

---

[140] OLG Bamberg FamRZ 1979, 527.
[141] Vg. BT-Drucks. 14/8763; *Philippi* FamRZ 2002, 1316.
[142] OLG Schleswig SchlHA 1982, 7.
[143] BGH NJW 1979, 766.
[144] BGH NJW 1982, 2386. Die Neufassung des § 78 hat daran nichts geändert, da der Begriff der ‚Folgesachen' in § 623 auf Anträge für den Fall der Scheidung beschränkt wird.
[145] Grundlage der Regelung ist das Gesetz zur Beendigung der Diskriminierung gleichgeschlechtlicher Partnerschaften v. 16. 2. 2001 (BGBl. I S. 266).
[146] *Musielak/Borth* § 661 Rn. 8.
[147] *Musielak/Borth* § 661 Rn. 6.
[148] *Musielak/Borth* § 661 Rn. 8.
[149] BT-Drucks. 7/650 S. 211; BGH NJW 1979, 821; MDR 1981, 37 Nr. 31; 126 Nr. 26.

4. Verfahren vor dem Bundesgerichtshof. Dort besteht gem. Abs. 1 S. 4, 5 grundsätzlich umfassender Anwaltszwang. Die Beteiligten können sich nur durch einen beim BGH zugelassenen Rechtsanwalt vertreten lassen. Das gilt für die Revision, § 542, die Nichtzulassungsbeschwerde, § 544, und die Rechtsbeschwerde, § 574. 61

Eine **Ausnahme** gilt aber für die in Abs. 4 aufgeführten Institutionen (Behörden, Körperschaften, Versicherungsträger, Verbände). Sie können sich selbst vertreten (sog. **Behördenprivileg**) und auch Rechtsmittel selbstständig einlegen. Der Gesetzgeber geht bei diesen Stellen davon aus, dass sie über die erforderlichen Rechtskenntnisse verfügen, um die ihnen gesetzlich zugewiesenen Aufgaben im Verfahren wahrzunehmen. Die Regelung steht im Zusammenhang mit der besonderen Aufgabe des BGH, grundsätzliche Rechtsfragen zu entscheiden und zur Wahrung der Rechtseinheit und Rechtsfortbildung beizutragen, §§ 543 Abs. 2, 574 Abs. 2. 62

Das Behördenprivileg ist in Abs. 4 abschließend geregelt und kann grundsätzlich nicht erweitert werden.[150] Der Zweck der Regelung rechtfertigt trotzdem in eng begrenzten Fällen weitere Ausnahmen, zB für die Rechtsbeschwerde des Bezirksrevisors in PKH-Verfahren.[151] Zu den in Abs. 4 aufgeführten **Körperschaften und Verbänden** gehören insbesondere der Bund, die Länder, Gemeinden etc., auch als öffentlichrechtliche Körperschaften organisierte Religionsgemeinschaften, kommunale Verbände oder Verbände von Rentenversicherungsträgern, nicht jedoch privatrechtlich organisierte Träger der betrieblichen Altersversorgung.[152] 63

Träger der gesetzlichen **Rentenversicherung** sind vor allem Landesversicherungsanstalten nach der RVO, die Bundesbahnversicherungsanstalt, die Seekasse, die Bundesversicherungsanstalt für Angestellte, die Bundesknappschaft etc. Auch öffentlichrechtlich organisierte berufsständische **Versorgungswerke** der Ärzte, Architekten, Rechtsanwälte etc. fallen unter das Privileg. Die Befreiung vom Anwaltszwang gilt auch, wenn die Behörde sich durch einen bei dem Gericht nicht zugelassenen Rechtsanwalt vertreten lässt.[153] 64

5. Persönlicher Anwendungsbereich. a) Ehegatten. Für sie gilt der Anwaltszwang **ohne Ausnahme.** Ehegatten iSv. Abs. 2 sind in erster Linie die Parteien, die eine Ehe iSd. EheG eingegangen sind und deren Scheidung oder Aufhebung begehren. Da aber die Regelung auch für andere Ehesachen gelten soll,[154] sind als ‚Ehegatten' iSv. Abs. 2 auch Parteien anzusehen, die über das **Bestehen oder Nichtbestehen** einer Ehe streiten, auch wenn sich ergibt, dass eine solche nicht bestanden hat. Ebenso der nach § 1316 BGB antragsberechtigte **frühere Ehegatte,** der die Nichtigkeit der Ehe des Prozessgegners mit einem Dritten nach § 1306 BGB geltend macht. 65

b) Lebenspartner. Lebenspartner iSv. Abs. 2 sind diejenigen, die Rechte aus einer Lebenspartnerschaft iSv. § 1 LPartG geltend machen oder gegen die solche Rechte geltend gemacht werden. Die Ausführungen zu **Ehegatten** (vorige Rn.) gelten **sinngem.** Nach dem Wortlaut des Abs. 2 unterläge ein **früherer Lebenspartner,** der im Verfahren nach § 631 gem. § 1316 Abs. 1 BGB ein Eheverbot nach § 1306 BGB geltend macht, nicht dem Anwaltszwang, denn das Verfahren nach § 631 ist gem. § 606 Abs. 1 keine Lebenspartnerschaftssache, sondern eine Ehesache. Den Absichten des Gesetzgebers dürfte das kaum entsprechen. In Anwendung von § 661 Abs. 2 ist deshalb der Anwaltszwang ebenfalls zu bejahen. 66

c) Parteien. Parteien iSv. Abs. 2 Nr. 2 sind die Personen, die selbst Rechtsschutz begehren oder gegen die Rechtsschutz begehrt wird. Es gilt ein **formeller Parteibegriff.**[155] Nicht entscheidend ist die wirkliche Rechtslage, die im Verfahren erst ermittelt werden soll. Ggf. ist durch Auslegung des Klage- oder Antragsrubrums zu ermitteln, wer Partei sein soll.[156] 67

d) Beteiligte, am Verfahren beteiligte Dritte. Das Gesetz unterscheidet zwischen den Begriffen, ohne sie zu erklären, Abs. 2, 3. Der Begriff der „Beteiligten" schließt auch die Parteien ein. Bei den „am Verfahren beteiligten Dritten" ist von Fall zu Fall zu entscheiden. Es kann sich z.B. um frühere Ehegatten oder Lebenspartner handeln, die als Nebenintervenienten auftreten. Häufig handelt es sich um die auch in Abs. 4 genannten Institutionen (Behörden, Körperschaften, Versicherungsträger, Verbände), die somit in Familiensachen in erster Instanz nur in den in Abs. 2 genannten Verfahren dem Anwaltszwang unterliegen und vor Oberlandesgerichten nur befreit sind, soweit Abs. 3 eingreift. 68

---

150 BT-Drucks. 10/2888 S. 23.
151 BGH NJW-RR 2005, 1048.
152 BGH NJW 1989, 1858.
153 BGH NJW 1993, 1208.
154 S. Rn. 54.
155 Vgl. BGH NJW 1983, 2449; 1984, 668.
156 Zur Parteifähigkeit vgl. § 50 Rn. 1 ff.

69 **6. Einzelfragen. a) Vergleich in Ehesachen.** Für den Vergleich in Ehesachen gelten die Grundsätze des normalen Verfahrens, auch vor dem beauftragten Richter.[157] Besteht im Verfahren **Anwaltszwang,** so ist der Vergleich bei mangelnder Postulationsfähigkeit als Prozesshandlung unwirksam.[158] Er beendigt nicht die Rechtshängigkeit und schafft keinen Vollstreckungstitel, selbst wenn er nur Ansprüche betrifft, für die im isolierten Verfahren kein Anwaltszwang bestünde, wie zB Unterhaltsansprüche, denn mit der Begründung müsste sonst der Anwaltszwang für das ganze Verfahren beseitigt werden. Die von der Rechtsprechung früher zugelassenen Ausnahmen[159] sind abzulehnen. Auch im Verfahren der **einstweiligen Anordnung** gilt Anwaltszwang für den Vergleich, da nur der Antrag auf Erlass einer solchen Anordnung zu Protokoll der Geschäftsstelle erklärt werden kann, § 620 a Abs. 2 S. 2, während für das weitere Verfahren § 78 Abs. 1 gilt.[160] Ist der Vergleich als Prozesshandlung unwirksam, kann er gem. § 140 BGB als **materielles Rechtsgeschäft** wirksam sein.[161]

70 **b) Einvernehmliche Scheidung.** Zielt das Verfahren auf **einverständliche Scheidung,** § 630 Abs. 1, § 1566 Abs. 1 BGB, können die Zustimmung und ihr Widerruf gem. Abs. 5 iVm. § 630 Abs. 2 von der Partei erklärt werden. Soll aber die nach § 630 Abs. 3 erforderliche Einigung in vollstreckbarer Form über Unterhaltspflichten und Rechtsverhältnisse an Ehewohnung und Hausrat erst im Verfahren durch **Prozessvergleich** geschaffen werden, müssen beide Parteien anwaltlich vertreten sein. Ihre anwaltliche Vertretung kann nicht durch gerichtliche Genehmigung ersetzt werden.[162] In geeigneten Fällen kann aber der nach § 630 Abs. 3 erforderliche vollstreckbare Titel vor dem Verfahren oder außerhalb desselben durch notarielle Urkunden geschaffen oder durch Erklärungen über Tatsachen entbehrlich gemacht werden.[163] Auch ein Vergleich im **Prozesskostenhilfeverfahren,** § 118 Abs. 1 S. 3, oder in einem isolierten Verfahren nach § 621 Abs. 1 Nr. 1 bis 7, 9 kommt uU in Betracht. Dann genügt es, wenn nur der Antragsteller vertreten ist.

VII. Ausnahmen vom Anwaltszwang, Abs. 5

71 **1. Verfahren vor dem beauftragten oder ersuchten Richter. a) Beweisaufnahme.** Vor dem Richter, der im Auftrag oder auf Ersuchen des Prozessgerichts die Beweisaufnahme ganz oder teilweise durchführt, §§ 361 ff., 372 Abs. 2, 375, 402, 434, 479, besteht kein Anwaltszwang,[164] auch wenn er fälschlich als Einzelrichter bezeichnet wurde.[165] Das gilt angesichts des eindeutigen Gesetzeswortlauts trotz rechtspolitischer Fragwürdigkeit[166] auch für den Richter, der gem. § 278 Abs. 5 mit der Durchführung eines **Gütevergleichs** beauftragt wird. Das Prozessgericht kann den Rechtsstreit in jeder Lage an den beauftragten Richter verweisen.[167] Jedoch kann der Einzelrichter das Verfahren nicht an sich selbst als beauftragten Richter verweisen, um einen Vergleich ohne die sonst notwendige Mitwirkung von Rechtsanwälten zu Protokoll zu nehmen.[168] Für **Rechtsmittel** gegen Entscheidungen des beauftragten oder ersuchten Richters gilt § 573 Abs. 1 S. 2, gem. Abs. 5 **kein Anwaltszwang,** auch wenn im Verfahren vor dem Prozessgericht Anwaltszwang besteht.

72 **b) Einzelrichter.** Die Ausnahme des Abs. 5 gilt nicht im Verfahren vor dem Einzelrichter, §§ 348 f., 526,[169] oder dem **Vorsitzenden** der Kammer für Handelssachen; diese sind selbst Prozessgericht.

73 **2. Prozesshandlungen vor dem Urkundsbeamten der Geschäftsstelle.** Prozesshandlungen und Erklärungen außerhalb der mündlichen Verhandlung sind im Anwaltsprozess grundsätzlich in

---

[157] BGH NJW 1985, 1962, 1963 m. weit. Hinw.; FamRZ 1986, 458.

[158] BGHFamRZ 1986, 458; NJW 1991, 1743, 1744; OLG Bremen MDR 1969, 393; OLG Köln NJW 1972, 2317; OLG Celle OLGZ 75, 353; *Musielak/Weth* Rn. 23; *Stein/Jonas/Bork* Rn. 17.
1976, 372; Justiz 1972, 116; wie hier *Stein/Jonas/Bork* Rn. 17 m. weit. Hinw.

[159] OLG Frankfurt NJW 1961, 882; OLG Celle Rpfleger 1974, 319; NJW 1967, 1428; *Hornung* Rpfleger 1973, 77; *Stein/Jonas/Bork* Rn. 17.

[160] OLG Bremen MDR 1969, 393; OLG Köln NJW 1972, 2317; OLG Celle, OLGZ 1975, 353; OLG Karlsruhe Justiz 1972, 116; aA OLG Koblenz NDR 1976, 940; *Mes* Rpfleger 69, 273; – vgl. auch Rn. 30.

[161] BGH NJW 1985, 1962, 1963; vgl. Rn. 49.

[162] BGH NJW 1991, 1743.

[163] Vgl. im einzelnen *Jost* NJW 1980, 327 ff.

[164] BGH NJW 1980, 2307, 2309; OLG Karlsruhe JurBüro 1976, 372; OLG Bamberg JurBüro 1975, 517; *Schneider* DRiZ 1977, 14.

[165] BGHZ 77, 264, 272 = NJW 1980, 2307, 2309.

[166] So mit Recht *Musielak/Foerste* § 278 Rn. 16.

[167] OLG Düsseldorf NJW 1975, 2298 m. zust. Anm. von *Jauernig.*

[168] BGH FamRZ 1986, 458; OLG Frankfurt FamRZ 1987, 737; *Bergerfurth* Rn. 224.

[169] OLG Hamm NJW 1972, 1998; OLG Karlsruhe JurBüro 1976, 372.

vorbereitende Schriftsätze aufzunehmen, § 129. In **einzelnen Fällen** lässt das Gesetz Anträge und Erklärungen zu Protokoll der Geschäftsstelle zu, §§ 44 Abs. 1,[170] 103,[171] 109 Abs. 3, 117 Abs. 1,[172] 248 Abs. 1, 281 Abs. 2, 386 Abs. 1 und 3, 406 Abs. 2, 486 Abs. 4, 569 Abs. 3, 571 Abs. 4, 573 Abs. 1, 620a Abs. 2, 696 Abs. 4, 715 Abs. 2, 920 Abs. 3, 936, 947 Abs. 1. Dann besteht auch für schriftsätzliche Erklärungen kein Anwaltszwang.[173]

Die Ausnahme vom Anwaltszwang gilt grundsätzlich nur für die Prozesshandlung selbst, nicht für das **weitere Verfahren.**[174] In Fällen, in denen eine Rechtsmittelbegründung nicht dem Anwaltszwang unterliegt, kann aber auch der Gegner entsprechend § 571 Abs. 4 S. 2 ohne Anwalt erwidern.[175] Anwaltszwang besteht aber, wenn gem. § 128 Abs. 4 auf Antrag **mündliche Verhandlung** angeordnet wird.[176] Die Ausnahme vom Anwaltszwang gilt für prozessuale Nebenhandlungen wie den Antrag auf öffentliche Zustellung des Arrestbefehls.[177] Auch eine **Schutzschrift** gegen einen Antrag auf Arrest oder einstweilige Verfügung ist ohne anwaltliche Vertretung zu beachten.[178] 74

Kein Anwaltszwang besteht für **Anträge,** die sich **an den Urkundsbeamten** richten, zB § 299, sowie für **Erinnerungen** gegen Entscheidungen des Urkundsbeamten, §§ 573 Abs. 1, 724 Abs. 2, 732.[179] 75

3. Verfahren vor dem Rechtspfleger. Es besteht kein Anwaltszwang, § 13 RpflG. Das betrifft die in § 20 RpflG aufgeführten Aufgaben sowie die **Kostenfestsetzung,** § 21 RpflG. Die **Durchgriffserinnerung** gegen Entscheidungen des Rechtspflegers, § 104 Abs. 3, §§ 11, 21 RpflG, kann ohne Anwalt eingelegt werden.[180] Auch für einen Antrag auf Wiedereinsetzung gilt kein Anwaltszwang.[181] Das **weitere Verfahren** vor dem Beschwerdegericht unterliegt aber dem Anwaltszwang.[182] Eigene Erklärungen der Partei sind nur beachtlich, wenn die Beschwerde zu Protokoll der Geschäftsstelle eingelegt werden darf, § 573 Abs. 1.[183] 76

4. Weitere Ausnahmen. Der Anwaltszwang entfällt für Nebenverfahren und Handlungen außerhalb des Erkenntnis- oder Vollstreckungsverfahrens. Dazu zählt zB die **Streitverkündung.**[184] Zu **Anerkenntnis** und **Verzicht** vgl. Rn. 17. Auch der Beklagte, der das Verfahren nach **Unterbrechung** gem. § 240 aufnehmen will, unterliegt nicht dem Anwaltszwang.[185] Das entspricht dem Zweck der Norm, weil die Fortsetzung des Verfahrens vom Prozessgegner betrieben werden muss. Kein Anwaltszwang besteht für die Beschwerde im **Prozesskostenhilfeverfahren,** auch nicht für die Rechtsbeschwerde des Bezirksrevisors,[186] die von Zeugen oder Sachverständigen eingelegte Beschwerde oder die Beschwerde im **Kostenfestsetzungsverfahren** gem. § 11 Abs. 6 RVG. Anträge auf Zustellungsbescheinigung, Notfristattest, Rechtskraftzeugnis oder Vollstreckungsklausel unterliegen nicht dem Anwaltszwang, desgleichen Anträge auf **Bestimmung des zuständigen Gerichts** gem. § 36, auch wenn der Prozess als Anwaltsprozess zu führen ist.[187] 77

VIII. Selbstvertretung des Rechtsanwalts, Abs. 6

Der Rechtsanwalt kann in eigenen Angelegenheiten wie für eine von ihm vertretene Partei anwaltlich tätig werden, auch wenn er als **gesetzlicher Vertreter** oder **Partei kraft Amtes** tätig 78

---

[170] Vgl. dazu OLG Köln MDR 1996, 1182: Anwaltszwang für die sofortige Beschwerde gegen Zurückweisung des Ablehnungsgesuchs.

[171] Das folgt aus §§ 13, 21 Nr. 1 RPflG.

[172] Vgl. dazu KG MDR 1983, 60: kein Anwaltszwang auch für die sofortige Beschwerde nach § 46 Abs. 2.

[173] *Zöller/Vollkommer* Rn. 46.

[174] So OLG Köln NJW 1972, 2317; *Bergerfurth* NJW 1961, 1239; FamRZ 1962, 54; aA für das Verfahren nach § 620a: OLG Celle FamRZ 1967, 485; Rpfleger 1974, 319; OLG Köln NJW 1973, 907; vgl. auch Rn. 27.

[175] OLG Frankfurt NJW 1978, 172; *Brüggemann* FamRZ 1977, 289.

[176] *Baumbach/Lauterbach/Hartmann* § 128 Rn. 12.

[177] RGZ 91, 113.

[178] OLG Hamburg Rpfleger 1979, 28, *Stein/Jonas/Grunksy* § 922 Rn. 2.

[179] RGZ 66, 202, 204.

[180] OLG Hamm NJW 1971, 1186; OLG Frankfurt Rpfleger 1971, 214; OLG Stuttgart Rpfleger 1971, 145; OLG Zweibrücken NJW 1973, 908; OLG Koblenz JurBüro 1980, 1353; – aA OLG Bamberg JurBüro 1973, 758; 1974; 1286; OLG Bremen JuS 1972, 729.

[181] OLG Düsseldorf JurBüro 1974, 1446.

[182] OLG Frankfurt NJW 1971, 1188; OLG Bremen NJW 1972, 1241; *Stein/Jonas/Bork* Rn. 25; – aA KG Rpfleger 1971, 63; OLG Düsseldorf Rpfleger 1971, 250.

[183] OLG Bremen NJW 1972, 1241.

[184] BGHZ 92, 251, 254 = NJW 1985, 328; vgl. auch Rn. 25.

[185] Vgl. für die Aufnahme durch den Revisionsbeklagten BGHZ 146, 372 = NJW 2001, 578.

[186] BGH NJW-RR 2005, 1048.

[187] *Zöller/Vollkommer* Rn. 47.

wird.[188] Er ist vor Gericht als Rechtsanwalt zu behandeln.[189] Auch beim Rechtsanwalt bedarf es einer **Bestellung** zum Prozessbevollmächtigten,[190] die konkludent erfolgen kann. Beauftragt der zugelassene Rechtsanwalt einen anderen zugelassenen Rechtsanwalt und bestellt sich dieser zum Prozessbevollmächtigten, gilt § 172 uneingeschränkt, soweit nicht ein Fall des § 84 vorliegt.[191] Wird der Rechtsanwalt während des Verfahrens unfähig, sich selbst zu vertreten, ist das Verfahren entsprechend § 56 unterbrochen.[192] Bei Selbstvertretung sind §§ 86, 246 nicht anwendbar, da sie Personenmehrheit voraussetzen.[193] Eine Ausdehnung der Vorschrift ist nicht möglich. Sie ist aber in anderen Prozessarten entsprechend anzuwenden, zB auf Steuerberater, Wirtschaftsprüfer und Patentanwälte.[194]

IX. Der ausländische Rechtsanwalt

79 **1. Europäische Rechtsanwälte.** Nach der **Legaldefinition** des § 1 EuRAG[195] sind dies Staatsangehörige der Mitgliedstaaten der Europäischen Union oder anderer Vertragsstaaten des Abkommens über den Europäischen Wirtschaftsraum, die berechtigt sind, als Rechtsanwalt unter einer der Berufsbezeichnungen tätig zu sein, die in der Anlage zum Gesetz aufgeführt sind. Die Definition knüpft einerseits an die Staatsangehörigkeit, andererseits an die Befugnis zur Berufsausübung unter einer der aufgelisteten Bezeichnungen an. Der **Status** ist **unterschiedlich,** je nachdem ob der europäische Rechtsanwalt die Zulassung bei einem deutschen Gericht erwirbt, sich unter der Berufsbezeichnung seines Herkunftsstaates in Deutschland niederlässt oder als europäischer Rechtsanwalt vorübergehend in Deutschland tätig ist.

80 **a) Zulassung.** Für den Erwerb der Zulassung bei einem deutschen Gericht gelten **erleichterte Voraussetzungen.** Europäische Rechtsanwälte müssen entweder eine mindestens dreijährige qualifizierte Tätigkeit nachweisen, §§ 11 ff. EuRAG, oder die erleichterte Eignungsprüfung nach §§ 16 ff. EuRAG absolvieren. Erfüllt ein europäischer Rechtsanwalt diese Voraussetzungen, wird er auf Antrag gem § 4 BRAO als Rechtsanwalt bei einem deutschen Gericht zugelassen und ist dann einem deutschen Rechtsanwalt im Hinblick auf Postulationsfähigkeit, Standesrecht und Berufsrecht **in jeder Hinsicht gleichgestellt,** auch für den Anwaltszwang in gerichtlichen Verfahren. Er bedarf aber, wenn er seine Praxis im Ausland aufrechterhalten will, der Erlaubnis der Landsjustizverwaltung zum Betrieb einer **Zweigstelle** gem. § 28 Abs. 1 BRAO, ggf. auch der Befreiung von der Residenz- und Kanzleipflicht gem. § 29 BRAO.[196]

81 **b) Niederlassung.** Ein europäischer Rechtsanwalt kann, ohne bei einem deutschen Gericht zugelassen zu sein, gem. 2 ff. EuRAG in eine deutsche Rechtsanwaltskammer aufgenommen werden und sich unter der in seinem Herkunftsstaat gültigen **Berufsbezeichnung,** zB also als „Avocat" oder „Solicitor" in Deutschland niederlassen. Die Bezeichnung „europäischer Rechtsanwalt" darf er nicht als Berufsbezeichnung verwenden, § 5 Abs. 2 S. 2 EuRAG. Seine **Rechtsstellung** richtet sich gem. § 6 EuRAG nach den dort in Bezug genommenen Vorschriften der BRAO. Da § 2 Abs. 1 EuRAG auf § 3 BRAO verweist, jedoch § 6 EuRAG ausdrücklich nicht auf den Zweiten Teil der BRAO, benötigt der europäische Rechtsanwalt neben der Kammerzugehörigkeit keine Zulassung bei einem deutschen Gericht. Für ihn gilt aber Abs. 1. Daher ist er im Anwaltsprozess **nicht postulationsfähig.**[197]

82 **c) Vorübergehende Tätigkeit. aa)** Für den **dienstleistenden Rechtsanwalt** gelten §§ 25 ff. EuRAG. Bei der **Abgrenzung** zur Niederlassung sind Dauer, Häufigkeit, regelmäßige Wiederkehr und Kontinuität der Leistung zu berücksichtigen.[198] Der vorübergehende Charakter wird nicht dadurch ausgeschlossen, dass der Dienstleistende sich im Aufnahmestaat mit einer gewissen Infrastruktur ausstattet, die auch die Einrichtung eines Büros, einer Praxis oder **Kanzlei** einschließen kann,

---

[188] *Stein/Jonas/Bork* Rn. 12.
[189] KG NJW 1955, 593.
[190] AA RG Gruchot 48, 393; *Stein/Jonas/Bork* Rn. 12.
[191] *Stein/Jonas/Bork* Rn. 12.
[192] BGH NJW 2002, 2107.
[193] *Stein/Jonas/Bork* Rn. 12.
[194] Vgl. Rn. 42.
[195] Europäisches Rechtsanwaltsgesetz, Art. 1 des Gesetzes zur Umsetzung von Richtlinien der Europäischen Gemeinschaft auf dem Gebiet des Berufsrechts der Rechtsanwälte vom 9. 3. 2000 (BGBl. I S. 182).
[196] Zu den Voraussetzungen vgl. § 29 a BRAO.
[197] Anderes gilt gem. § 27 Abs. 1 S. 2 EuRAG für den europäischen Rechtsanwalt, der nur vorübergehend als Rechtsanwalt in Deutschland tätig wird. Dazu nachfolgend Rn. 82. AA *Musielak/Weth* Rn. 36.
[198] Zur Abgrenzung zwischen Niederlassung und vorübergehender Tätigkeit vgl. EuGH NJW 1988, 887, 889 Tz. 42; 1996, 579.

soweit das für die Erbringung der Leistung erforderlich ist. Wer aber die Leistung in stabiler und kontinuierlicher Weise ausführt, fällt nicht unter die Vorschriften der Dienstleistungen, sondern unter die des Niederlassungsrechts, §§ 2 ff. EuRAG.[199]

Das **Kriterium** der vorübergehenden Tätigkeit[200] ist nicht im Sinne einer absoluten zeitlichen Begrenzung zu verstehen, sondern aus dem **Sachzusammenhang** zu interpretieren. Eine Tätigkeit, die sich auf Mitarbeit an nur einem Gerichtsverfahren beschränkt, wird immer als ‚vorübergehend' anzusehen sein, mag das Verfahren auch Jahre dauern. Die Mitwirkung an mehreren sachlich zusammenhängenden Verfahren steht der Annahme einer ‚vorübergehenden' Berufungsausübung aus denselben Gründen nicht entgegen. Wenn aber sachlich unzusammenhängende Verfahren bearbeitet oder Beratungstätigkeiten entfaltet werden und neue Mandate angenommen werden, kann von nur vorübergehender Tätigkeit nicht mehr die Rede sein. Dann liegt eine **Umgehung** der deutschen Zulassungsvoraussetzungen vor, die wiederum zur Anwendbarkeit des RBerG führt.[201] 83

bb) Gerichtliche Verfahren. Der dienstleistende Rechtsanwalt, der in gerichtlichen Verfahren tätig wird, darf nur im Einvernehmen mit einem Rechtsanwalt handeln, der bei einem deutschen Gericht zugelassen ist **(Einvernehmensanwalt),** § 28 EuRAG. Dieser gilt auch als Zustellungsbevollmächtigter, § 31 Abs. 2 EuRAG. Das Einvernehmen ist bei der ersten Handlung gegenüber dem Gericht schriftlich nachzuweisen und behält seine Wirkung bis zu einem schriftlichen Widerruf gegenüber dem Gericht, § 29 EuRAG. 84

cc) Anwaltszwang. Der dienstleistende Rechtsanwalt, also der europäische Rechtsanwalt, der sich zur vorübergehenden Ausübung[202] der Rechtsanwaltstätigkeit in der Bundesrepublik aufhält, dort zum Prozessbevollmächtigten bestellt wurde und das Verfahren betreibt, hat im **Parteiprozess**[203] grundsätzlich die gleichen Rechte wie ein deutscher Rechtsanwalt. Das gilt auch für den materiellrechtlichen Umfang der Vollmacht, da auch insoweit beim Prozessgegner ein schützenswerter Vertrauenstatbestand besteht.[204] Er **bedarf also keiner Erlaubnis** nach dem RBerG und unterliegt uneingeschränkt dem deutschen Standesrecht. Von ihm kann auch nicht von Amts wegen, sondern nur auf Antrag des Prozessgegners die Vorlage einer schriftlichen Vollmachtsurkunde verlangt werden, § 88 Abs. 2. Zustellungen haben an ihn zu erfolgen, § 172. 85

Im **Anwaltsprozess**[205] gelten dieselben Grundsätze. Der dienstleistende Rechtsanwalt, der das Einvernehmen mit einem zugelassenen Rechtsanwalt nachgewiesen hat, ist dem deutschen Rechtsanwalt in jeder Hinsicht gleichgestellt. Seine **Postulationsfähigkeit** besteht vor allen deutschen Gerichten mit Ausnahme des BGH, § 27 Abs. 1 S. 2 EuRAG. Die Regelung geht auf das Urteil des EuGH vom 25. Februar 1988[206] zurück. 86

2. Rechtsanwälte aus Drittstaaten. Ein Rechtsanwalt ohne Sitz in einem Mitgliedsstaat der Europäischen Union oder des Abkommens über den Europäischen Wirtschaftsraum genießt **keine Vorrechte,** ist also im Anwaltsprozess nicht postulationsfähig. Von der Rechtsberatung ist er ausgeschlossen, Art. 1 § 1 RBerG. Hat er seinen **Sitz im Inland,** kann er nach Erteilung der Erlaubnis als Rechtsbeistand tätig werden.[207] Für Rechtsanwälte aus Mitgliedstaaten der WHO sieht § 206 Abs. 2 BRAO Erleichterungen vor. 87

§ 78 a (weggefallen)

§ 78 b Notanwalt

(1) Insoweit eine Vertretung durch Anwälte geboten ist, hat das Prozessgericht einer Partei auf ihren Antrag durch Beschluss für den Rechtszug einen Rechtsanwalt zur Wahrnehmung ihrer Rechte beizuordnen, wenn sie einen zu ihrer Vertretung bereiten

---

199 Vgl. EuGH aaO.
200 Vgl. EuGH NJW 1988, 887, 889 Tz. 42.
201 *Hettinger* BRAK-Mitt. 1988, 98, 103; aA wohl *Rabe* NJW 1987, 2185, 2191, der auf die Niederlassungsfreiheit abstellt. Diese setzt aber voraus, dass die inländischen Zulassungsvoraussetzungen erfüllt werden, soweit diese nicht Gemeinschaftsrecht verletzen. Vgl. EuGH NJW 1975, 513.
202 Vgl. EuGH NJW 1988, 889 Nr. 42; 1996, 579.
203 Zum Begriff s. o. Rn. 1, 18 ff.
204 Vgl. § 81 Rn. 7 ff.
205 Zum Begriff vgl. Rn. 1, 18 ff.
206 NJW 1988, 887. Das Urteil war nicht unproblematisch, weil es sich nicht auf die Niederlassungsfreiheit beschränkte, sondern auch einen Eingriff in deutsches Verfahrensrecht enthielt. Näher vgl. 2. Aufl. Rn. 85.
207 LSG Stuttgart NJW 1985, 582; *Meyer-Ladewig/Keller/Letiherer,* SGG, 8. Aufl. 2005, § 73 Anm. 4; *Rabe* NJW 1987, 2185, 2192.

Rechtsanwalt nicht findet und die Rechtsverfolgung oder Rechtsverteidigung nicht mutwillig oder aussichtslos erscheint.

(2) Gegen den Beschluss, durch den die Beiordnung eines Rechtsanwalts abgelehnt wird, findet die sofortige Beschwerde statt.

I. Normzweck

1 Der Anwaltszwang, § 78, schränkt den Zugang zu den Gerichten ein. § 78b gewährleistet, dass jede Partei einen Rechtsanwalt finden kann, der zu ihrer Vertretung bereit ist. Die **Beiordnung** eines Notanwalts ist **Erfordernis der Rechtsstaatlichkeit.** Sie kann nur **auf Antrag** der Partei, aber auch gegen den Willen des Rechtsanwalts erfolgen. Im Prozesskostenhilfeverfahren, § 121, hat sie dieselbe Zielsetzung, kann aber nur unter den Voraussetzungen der Prozesskostenhilfe gegen den Willen des Rechtsanwalts erfolgen. In Scheidungssachen gem. § 625 kann sie, da sie dort dem Schutz von Ehe und Familie dienen soll, auch gegen den Willen der Partei erfolgen. – Die sachlichen Anforderungen[1] sind verfassungsrechtlich unbedenklich, da sie in einem justizförmigen Verfahren geprüft werden.

II. Anwendungsbereich

2 Ein Notanwalt kann immer, aber auch nur bestellt werden, wenn eine Vertretung durch Anwälte vorgeschrieben ist, also nur im **Anwaltsprozess.**[2] weil die Partei ohne Anwalt nicht postulationsfähig wäre.[3] Eine Bestellung für einzelne Prozesshandlungen kommt in Betracht.[4] Eine **Begrenzung** auf Prozesshandlungen, die dem Anwaltszwang unterliegen, ist aber **nicht möglich,** weil der Notanwalt in ein Mandatsverhältnis zu seinen Mandanten tritt und alle aus dem Anwaltsvertrag resultierenden Pflichten hat.[5] Für den Beitritt als Nebenintervenient ist Beiordnung möglich, da er dem Anwaltszwang unterliegt, nicht aber zur Streitverkündung an einen Dritten.[6] Eine Beiordnung zur Beratung über eine Klagemöglichkeit ist nicht vorgesehen.[7] Im Verfahren vor dem BFH wird § 78b entsprechend angewendet.[8] Die entsprechende Anwendung im strafrechtlichen Klageerzwingungsverfahren ist umstritten.[9]

III. Voraussetzungen

3 Folgende Voraussetzungen müssen vorliegen, damit eine Notanwalt bestellt werden kann:

4 **1. Die Partei findet keinen zu ihrer Vertretung bereiten Rechtsanwalt.** Sie muss die ihr **zumutbaren Anstrengungen** unternommen haben.[10] Was zumutbar ist, bestimmt der Einzelfall. Nach dem Wegfall der Lokalisation wird man im Hinblick auf § 78c darauf abstellen müssen, ob eine ausreichende Anzahl der **im Bezirk des Prozessgerichts** niedergelassenen Rechtsanwälte befragt wurde.[11] Es genügt nicht, wenn Prozesskostenhilfe mangels Erfolgsaussicht versagt wurde und der Anwalt mangels Vorschuss das Mandat niederlegt,[12] oder wenn ein Anwalt zur Übernahme des Mandats bereit ist, die Erfolgsaussichten aber negativ beurteilt[13] oder nicht bereit ist, einen von der Partei selbst verfassten Schriftsatz einzureichen.[14] Die in Betracht kommenden Anwälte kann

---

[1] Vgl. dazu Rn. 3 ff.

[2] *Zöller/Vollkommer* Rn. 2.

[3] Vgl. dazu § 78 Rn. 2. Eine Bestellung ist aber auch möglich, wenn die Partei sich selbst anwaltlich vertreten könnte, vgl. Rn. 4.

[4] *Stein/Jonas/Bork* Rn. 4.

[5] A A *Stein/Jonas/Bork* Rn. 4; vgl. näher Rn. 10; sowie § 78c Rn. 12.

[6] Vgl. § 78 Rn. 25.

[7] KG OLGZ 77, 245.

[8] BFH NJW 1978, 448.

[9] Bejahend OLG Koblenz NJW 1982, 61; OLG Saarbrücken NJW 1964, 1534; *Meyer-Großner* NStZ 1985, 235; OLG Hamm NJW 1960, 164; *Baumbach/Lauterbach/Hartmann* Rn. 3; *Zöller/Vollkommer* Rn. 2; aA OLG Celle MDR 1985, 164; OLG Düsseldorf Rpfleger 1985, 454; OLG Hamm NJW 2003, 3286.

[10] BGH NJW-RR 1995, 1016.

[11] Vgl. BGH MDR 2000, 412; 864; BGH NJW-RR 2004, 864; KG Berlin OLGZ 77, 247; Nds. OVG NJW 2005, 3303.

[12] BGH MDR 2000, 412; NJW 1966, 780; BGH BRAGOreport 2003, 143; dazu OLG Karlsruhe Justiz 1971, 25.

[13] OLG Karlsruhe Justiz 1971, 25.

[14] BGH NJW 1995, 537; BGH EzFamR ZPO § 78b Nr. 4.

die Partei sich von der Rechtsanwaltskammer nennen lassen.[15] Wenn aus einer Verzögerung Nachteile drohen, ist längeres Suchen uU nicht zumutbar. Andererseits muss berücksichtigt werden, dass die Partei wegen versäumter Fristen Wiedereinsetzung erlangen kann.[16] Hat sie einen Betreuer oder Pfleger, der als Rechtsanwalt am Prozessgericht postulationsfähig ist, kommt daneben die Bestellung eines Notanwalts nicht in Betracht.[17] Das gleiche gilt, wenn sie einen Anwalt hatte, ihm jedoch das Mandat gekündigt[18] oder die Kündigung durch ihn schuldhaft veranlasst hat.[19] Ein Notanwalt kann aber auch bestellt werden, wenn die Partei sich selbst vertreten könnte, denn Selbstvertretung kann sich nachteilig auswirken und muss deshalb von ihr nicht hingenommen werden.[20] Zu den Anforderungen an den **Nachweis der Bemühungen** vgl. Rn. 7.

2. Die Rechtsverfolgung darf nicht mutwillig oder aussichtslos sein. Anders als im Fall der Prozesskostenhilfe müssen aber nicht hinreichende Erfolgsaussichten bestehen. § 114 schützt auch fiskalische Belange. In § 78b geht es dagegen darum, welche Vertretung **dem Notanwalt zugemutet** werden kann.[21] Der Zweck der Vorschrift[22] verbietet eine einengende Auslegung. Eine Beschränkung der Beiordnung auf einen Teilbetrag kommt deshalb nicht in Betracht.[23] Es ist auch möglich, dass ein Gericht für denselben Fall einen Notanwalt bestellt, ein parallel eingereichtes Prozesskostenhilfegesuch aber mangels Erfolgsaussicht zurückweist, während umgekehrt eine Ablehnung der Beiordnung auch die Bewilligung von Prozesskostenhilfe ausschließt.[24] Eine Beiordnung darf aber nicht erfolgen, wenn bereits Rechtsanwalt als Pfleger zur Prozessführung bestellt worden ist,[25] oder wenn ein Schadensersatzanspruch geltend gemacht werden soll, der Schaden aber noch ermittelt und errechnet werden muss.[26] 5

Der Begriff des Mutwillens entspricht dem in § 114 S. 1.[27] Bei der Beurteilung der Aussichtslosigkeit sind sowohl prozessuale und materielle **Rechtsfragen** als auch **Tatsachenfragen** zu berücksichtigen. Jeder Zweifel muss dazu führen, die Aussichtslosigkeit zu verneinen. 6

IV. Verfahren

1. Antrag. Der Antrag ist an **keine Form** gebunden. Er kann schriftlich oder zu Protokoll der Geschäftsstelle des Prozessgerichts oder eines beliebigen Amtsgerichts, § 129a, gestellt werden. Das Prozessgericht muss die **tatsächlichen Voraussetzungen** von Amts wegen prüfen. An den Nachweis sind unterschiedliche Anforderungen zu stellen. Soweit die Partei einen zur Vertretung bereiten Anwalt nicht gefunden hat, kann sie selbst Beweismittel beibringen. Ihr ist auch zuzumuten, schriftliche Erklärungen der befragten Anwälte zu besorgen und vorzulegen.[28] Gelingt das nicht, kann das Gericht diese Anwälte laden. Dagegen wird die Partei in der Regel keinen Einfluss auf die Beweissituation nehmen können. Die Erhebung von Beweisen würde dem Verfahren selbst vorgreifen, kommt daher nicht in Betracht. 7

Die Beiordnung des Notanwalts berührt die Interessen des Gegners nicht unmittelbar. Daher ist dessen **Anhörung nicht zwingend** vorgeschrieben, solange nicht das Gericht die fakultativ vorgesehene mündliche Verhandlung anordnet.[29] In Zweifelsfällen wird es aber zweckmäßig sein, auch eine mündliche oder schriftliche Stellungnahme des Gegners einzuholen. 8

2. Entscheidung. Über die **Bestellung** eines Notanwalts entscheidet das Prozessgericht in voller Besetzung, während die **Auswahl** gem. § 78c dem Vorsitzenden obliegt.[30] Die Entscheidung kann ohne mündliche Verhandlung ergehen, § 128 Abs. 4. Sie ergeht auch nach mündlicher Verhandlung als Beschluss, der den Parteien formlos mitzuteilen ist, § 329 Abs. 2 S. 1. 9

---

15 BSG MDR 1971, 959.
16 *Stein/Jonas/Bork* Rn. 5.
17 BVerwG NJW 1979, 2117.
18 RG JW 1904, 368.
19 BGH VersR 1991, 122; RG JW 1892, 363.
20 BGH RPfl. 2002, 463 zu § 121; *Zöller/Vollkommer* Rn. 6.
21 BGH VesR 1991, 122; NJW 1995, 537; *Zöller/Vollkommer* Rn. 3.
22 Dazu oben Rn. 1.
23 *Stein/Jonas/Bork* Rn. 7.
24 BGH FamRZ 88, 1152; OLG Saarbrücken JBlSaar 1962, 52.
25 BVerwG NJW 1979, 2117.
26 KG OLGZ 77, 247.
27 Vgl. § 114 Rn. 85 ff.
28 OLG Koblenz Rpfleger 1971, 441.
29 *Stein/Jonas/Bork* Rn. 12.
30 Vgl. § 78c Rn. 3.

10 Die Beiordnung begründet noch **kein Mandatsverhältnis** zwischen Notanwalt und Partei.[31] Der Anwalt muss von sich aus an die Partei herantreten und sich Prozessvollmacht erteilen lassen. Er kann die Übernahme des Mandats von der Zahlung eines Vorschusses bis zur Höhe des voraussichtlich entstehenden Honoraranspruchs abhängig machen.[32] Im Schweigen der Partei auf die Mitteilung der Beiordnung kann eine stillschweigende Bevollmächtigung liegen.[33]

11 **3. Rechtsmittel.** Der Beschluss, mit dem die **Beiordnung** eines Anwalts angeordnet wird, ist **unanfechtbar,** denn der Antragsteller ist nicht beschwert, der Gegner nicht in seinen Rechten betroffen.[34] Gegen die **Ablehnung** der Beiordnung findet die **sofortige Beschwerde** statt, wenn das erstinstanzliche Gericht entschieden hat,[35] jedoch nicht gegen die Entscheidung des Landgerichts als Berufungsgericht oder des Oberlandesgerichts, § 567 Abs. 1. Das Beschwerdegericht kann die Erfolgsaussichten prüfen, denn das Prozessgericht wird dadurch nicht präjudiziert.[36] Der Prozessgegner, der sich am Beschwerdeverfahren beteiligt, hat keinen Kostenerstattungsanspruch.[37]

§ 78 c Auswahl des Rechtsanwalts

(1) Der nach § 78 b beizuordnende Rechtsanwalt wird durch den Vorsitzenden des Gerichts aus der Zahl der im Bezirk des Prozessgerichts niedergelassenen Rechtsanwälte ausgewählt.

(2) Der beigeordnete Rechtsanwalt kann die Übernahme der Vertretung davon abhängig machen, dass die Partei ihm einen Vorschuss zahlt, der nach dem Rechtsanwaltsvergütungsgesetz zu bemessen ist.

(3) [1]Gegen eine Verfügung, die nach Absatz 1 getroffen wird, steht der Partei und dem Rechtsanwalt die sofortige Beschwerde zu. [2]Dem Rechtsanwalt steht die sofortige Beschwerde auch zu, wenn der Vorsitzende des Gerichts den Antrag, die Beiordnung aufzuheben (§ 48 Abs. 2 der Bundesrechtsanwaltsordnung), ablehnt.

I. Normzweck

1 § 78 b betrifft die Grundentscheidung, ob **ein Rechtsanwalt** beizuordnen ist. Nach positiver Entscheidung regelt § 78 c das **Verfahren bei der Auswahl** des Rechtsanwalts und die Voraussetzungen, unter denen er tätig werden muss.

II. Anwendungsbereich

2 Die Vorschrift gilt in allen Fällen des § 78 c. **Entsprechende Anwendung** der Abs. 1, 3 bestimmt § 625, wenn das Familiengericht dem Antragsgegner im Scheidungsprozess von Amts wegen einen Rechtsanwalt beiordnet. Gleiches gilt für die **Beiordnung im Prozesskostenhilfeverfahren** gem. § 121 Abs. 4, auch wenn § 78 c dort nicht erwähnt wird. Es wäre nicht folgerichtig, der Partei und dem Anwalt in den Fällen direkter Anwendung ein Beschwerderecht einzuräumen, nicht aber in denen des § 121. Die Nichterwähnung von § 78 c in § 121 beruht auf einem redaktionellen Versehen.[1] In den Fällen des § 625 und des § 121 darf der Anwalt die Übernahme der Vertretung nicht von der Zahlung eines Vorschusses abhängig machen.

3 **1. Zuständigkeit.** Im Auswahlverfahren hat das Gericht ohne Antrag von **Amts wegen** tätig zu werden. Bei Kollegialgerichten entscheidet **der Vorsitzende,** im amtsgerichtlichen Verfahren, auch beim Familiengericht, der für das Erkenntnisverfahren zuständige Richter.

4 **2. Entscheidungskriterien.** Der Richter hat seine Auswahl **nach pflichtgemäßem Ermessen** zu treffen. An Vorschläge der Partei ist er nicht gebunden;[2] nach Möglichkeit sollte er sie aber berücksichtigen. Da die Vorschrift voraussetzt, dass die Partei einen zur Übernahme bereiten Anwalt nicht gefunden hat, wird es an Vorschlägen meist fehlen. Wünscht die Partei, dass ein **bestimmter Anwalt** nicht beigeordnet wird, wird dessen Beiordnung kaum sachgerecht sein, weil

---

[31] LG Arnsberg AnwBl. 1983, 180.
[32] BGH VersR 1991, 122.
[33] LG Traunstein AnwBl. 1976, 345; vgl. im einzelnen § 78 c Rn. 12.
[34] OLG Karlsruhe Justiz, 1971, 25.
[35] OLG Schleswig SchlHA 1961, 143.
[36] *Wieczorek* § 78 a Anm. B IV; aA OLG Koblenz Rpfleger 1971, 441; *Zöller/Vollkommer* Rn. 7.
[37] OLG München MDR 1993, 484.
[1] Vgl. im einzelnen *Zöller/Vollkommer* Rn. 2.
[2] OLG Celle NJW 1954, 721; OLG Schleswig SchlHA 1978, 84 m. weit. Hinw.

das Vertrauensverhältnis gestört wäre. Ist absehbar, dass ein Vertrauensverhältnis nicht entstehen kann, oder bestehen gegen den Anwalt sachliche Bedenken, darf eine Beiordnung nicht erfolgen.[3] Gleiches gilt, wenn ein Anwalt die Übernahme der Vertretung bereits abgelehnt hatte.[4] War der Anwalt bereits zum Pfleger bestellt, kommt er in der Regel auch als Notanwalt in Betracht.[5] Die Beschränkung der Auswahl auf die beim Prozessgericht zugelassenen Anwälte hat beim Bundesgerichtshof noch Bedeutung, im Übrigen nur Ordnungsfunktion.[6]

Spezialkenntnisse des Anwalts können, müssen aber nicht berücksichtigt werden. Ein Anspruch auf Beiordnung eines Anwalts mit Spezialkenntnissen besteht nicht. Der Vorsitzende muss einen Anwalt persönlich benennen, kann also nicht eine Anwaltsozietät auswählen. Persönliche und sachliche Vertretungsverbote[7] sind zu beachten. 5

3. Form der Entscheidung. Die Auswahlentscheidung des Vorsitzenden ergeht gem. Abs. 3 **durch Verfügung** und muss begründet werden,[8] soweit das nach dem Gang des Auswahlverfahrens notwendig erscheint. Sie ist Partei und Anwalt formlos zuzustellen. Entscheidung durch Beschluss ist unschädlich, Unterrichtung des Gegners nicht erforderlich. 6

4. Abänderung der Entscheidung. a) Mit Zustimmung der Partei ist **jederzeit** ein Widerruf der Beiordnung bei gleichzeitiger Beiordnung eines anderen Anwalts möglich. Dessen Zustimmung ist nicht erforderlich. Da nur die Auswahlentscheidung geändert wird, obliegt die Entscheidung dem Vorsitzenden.[9] Der Honoraranspruch des entpflichteten Anwalts wird nicht berührt; er richtet sich nach Vertragsrecht. 7

b) Widerspricht der Anwalt, ist ein **Antrag der Partei** begründet, wenn diese **berechtigtes Interesse** an der Änderung hat, denn sie trägt selbst die Kosten einer eventuellen Doppelbeauftragung. Auch selbstverschuldete Störung des Vertrauensverhältnisses kann uU zu einem Aufhebungsantrag berechtigen. In den Fällen des § 121 Abs. 4 kommt dagegen ein Anwaltswechsel nur in Betracht, wenn die Gründe auch einer vermögenden Partei Veranlassung gäben, sich von ihrem Wahlanwalt zu trennen.[10] 8

c) Ein **Aufhebungsantrag des Anwalts** setzt voraus, dass ein wichtiger Grund vorliegt, § 48 Abs. 2 BRAO. Er kann sich zB aus § 45 BRAO ergeben, wobei nach Nr. 1 alle persönlichen und sachlichen Vertretungsverbote zu berücksichtigen sind.[11] Alters- oder Gesundheitsgründe berechtigen grundsätzlich nicht zu einem Antrag auf Entpflichtung. Solange der Anwalt seine Zulassung behält, muss er den Standespflichten genügen. Aus Umständen des Einzelfalls kann sich aber eine andere Beurteilung ergeben. 9

5. Rechtsbehelfe, Abs. 3. a) Partei und Anwalt können gegen die Beiordnung und gegen die Ablehnung eines Aufhebungsantrags **sofortige Beschwerde** einlegen, wenn nicht das Landgericht als Berufungsgericht entschieden hat, § 567 Abs. 1. Dagegen ist eine dem Aufhebungsantrag des Anwalts stattgebende Entscheidung nicht anfechtbar, obwohl die Interessen der Partei uU stark berührt werden, wenn sie den Anwalt verliert, der mit dem Fall vertraut war. Auch wenn der Vorsitzende einem **Aufhebungsantrag gegen den Willen des Anwalts** stattgibt, sieht das Gesetz kein Rechtsmittel vor.[12] 10

b) Die **Rechtsbeschwerde** gegen die Beschwerdeentscheidung richtet sich nach § 574, setzt also Zulassung durch das Beschwerdegericht voraus. 11

IV. Rechtsfolgen der Beiordnung

1. Pflichten des Rechtsanwalts. Der beigeordnete Rechtsanwalt tritt durch die Beiordnung noch nicht in Mandatsverhältnis zur Partei.[13] Er ist aber verpflichtet, nunmehr einen **Anwaltsvertrag** mit der Partei abzuschließen und sich sodann als Prozessbevollmächtigter zu bestellen.[14] 12

[3] BGHZ 60, 255, 258 = NJW 1973, 753; OLG Schleswig SchlHA 1978, 84.
[4] *Zöller/Vollkommer* Rn. 3.
[5] OLG Frankfurt NJW 51, 276; aA OLG Schleswig SchlHA 1976, 140; s. hierzu auch § 78b Rn. 3, 4.
[6] Vgl. Art. 3 Nr. 2 des Gesetzes zur Neuordnung des Berufsrechts der Rechtsanwälte und der Patentanwälte v. 2. 9. 1994, BGBl. I S. 2278; zur Rechtsentwicklung vgl. 2. Aufl. § 78 Rn. 1 sowie § 78 Rn. 5, 9ff.
[7] Vgl. § 45 BRAO sowie § 78 Rn. 11.
[8] *Baumbach/Lauterbach/Hartmann* Rn. 6.
[9] *Zöller/Vollkommer* Rn. 9; aA OLG Hamm MDR 1971, 139 zu § 116b Abs. 3 S. 2 aF.
[10] OLG Braunschweig NJW 1962, 256.
[11] Vgl. dazu § 78 Rn. 11.
[12] OLG Hamm NJW 1949, 517.
[13] BGHZ 2, 227.
[14] § 48 Abs. 1 Nr. 2 BRAO; vgl. BGHZ 60, 255, 58 = NJW 1973, 757; *Brangsch* AnwBl. 1982, 99.

Diese Berufspflicht ist mit der Menschenrechtskonvention vereinbar.[15] Erst der Anwaltsvertrag begründet die Prozessvollmacht und den Vergütungsanspruch des Rechtsanwalts.[16] Dieser muss sich aber von sich aus ohne schuldhaftes Zögern mit der Partei in Verbindung setzen, um die Prozessvollmacht und die für die Betreibung des Mandats erforderlichen Informationen zu erhalten. Auch ohne Vollmacht hat er, wenn die Partei nicht erreichbar oder Eile geboten ist, von der Beiordnung an die Verpflichtung zur **vorläufigen Interessenwahrnehmung.**[17] Schweigt die Partei auf die Nachricht des Anwalts von seiner Bestellung, kommt der Anwaltsvertrag auch dadurch zustande.[18] Der Anwalt ist aber nicht berechtigt, die Vertretung niederzulegen, weil die Partei ihn nicht informiert.[19]

13 **2. Vorschussanspruch, Abs. 2.** Der Vorschussanspruch des Anwalts ist der Anspruch nach § 9 RVG. Die Beiordnung als Notanwalt begründet zwar für den Anwalt einen Abschlusszwang, beeinflusst aber nicht den Inhalt des Mandats. Der Anwalt kann also einen Vorschuss in Höhe der entstandenen und voraussichtlich entstehenden Gebühren und Auslagen fordern und seine Tätigkeit von dieser Zahlung abhängig machen.[20] Der Anspruch entsteht erst, wenn der Anwaltsvertrag zustandegekommen ist. Zur **Fälligkeit des Anspruchs** ist eine vom Anwalt unterzeichnete Rechnung mit Angabe der gesetzlichen Grundlagen erforderlich, §§ 8, 10 RVG. Zahlt die Partei nicht, so ist dies ein wichtiger Grund iSd. § 48 Abs. 2 BRAO für einen Antrag auf Aufhebung der Beiordnung.

§ 79 Parteiprozess

Insoweit eine Vertretung durch Anwälte nicht geboten ist, können die Parteien den Rechtsstreit selbst oder durch jede prozessfähige Person als Bevollmächtigten führen.

I. Anwendungsbereich

1 Kein Anwaltszwang besteht **grundsätzlich** im Amtsgerichtsprozess, ausgenommen Familiensachen, § 78 Abs. 1 S. 2, und **ausnahmsweise** in einzelnen Fällen vor dem Landgericht und den höheren Gerichten. Zu den Ausnahmen vgl. § 78 Rn. 71 ff.

II. Prozessführung der Partei

2 Soweit kein Anwaltszwang besteht, **kann** die Partei den Prozess selbst führen. Einer besonderen Erklärung bedarf es nicht. Ist kein Vertreter bestellt, so hat das Gericht davon auszugehen, dass sie den Prozess selbst führt. Ebenso wie der Vertreter muss auch die Partei iSd. § 51 **prozessfähig** sein, dh. voll geschäftsfähig gem. § 2 BGB. Die früher offene Frage, inwieweit beschränkt geschäftsfähige Personen Prozesse selbst führen oder als Prozessbevollmächtigten auftreten können,[1] ist durch die Herabsetzung der Volljährigkeit auf 18 Jahre praktisch bedeutungslos geworden.[2] Mangelt es an der Prozessfähigkeit, kann der Prozess nur von dem gesetzlichen Vertreter der Partei geführt werden.[3]

III. Bestellung eines Bevollmächtigten

3 **1. Begriff.** Führt die Partei den Prozess nicht selbst, muss sie einen Bevollmächtigten bestellen. Die Bestellung ist von der Bevollmächtigung selbst zu unterscheiden.[4] Die Bevollmächtigung kann ein interner Vorgang zwischen der Partei und ihrem Bevollmächtigten sein. Die Bestellung enthält die **Verlautbarung der Prozessvollmacht** gegenüber Gericht bzw. Gegner. Sie erfolgt grundsätzlich durch Anzeige der Partei oder des Prozessbevollmächtigten selbst an das Gericht, wobei erkennbar gemacht werden muss, dass der Vertreter eine das ganze Verfahren umfassende Vertretungsmacht haben soll.[5] Auch eine Anzeige des Prozessgegners genügt, wenn die vertretene Partei oder ihr Vertreter ihm vom Bestehen der Prozessvollmacht Kenntnis gegeben hat.[6]

---

[15] EKMR AnwBl. 1975, 137.
[16] LG Arnsberg AnwBl. 1983, 180.
[17] RGZ 115, 60, 66; *Zöller/Vollkommer* Rn. 11.
[18] LG Traunstein AnwBl. 1976, 345.
[19] BGHZ 27, 163, 166 = NJW 1958, 1168.
[20] BGH VersR 1991, 122.
[1] Vgl. *Stein/Jonas/Bork,* 22. Aufl., 2004, Rn. 1.
[2] Vgl. § 52 Rn. 11.
[3] Vgl. § 52 Rn. 16 ff.
[4] Vgl. § 172 Rn. 5.
[5] BGH MDR 1981, 126 (Nr. 25); BGHZ 61, 308, 311 = NJW 1974, 240.
[6] BGH MDR 1981, 126 (Nr. 25).

2. Voraussetzungen. Da Prozessfähigkeit **volle Geschäftsfähigkeit** erfordert, ist diese Voraussetzung einer zulässigen Bevollmächtigung. Juristische Personen[7] oder Behörden[8] können nicht zu Prozessbevollmächtigten bestellt werden; jedoch gilt eine der juristischen Person erteilte Vollmacht im Zweifel für deren gesetzlichen Vertreter.[9] Im Parteiprozess muss der Bevollmächtigte nicht rechtskundig sein.[10] 4

3. Wirkungen. Durch die Bestellung eines Bevollmächtigten tritt dieser hinsichtlich der Prozessführung **an die Stelle der Partei,** soweit nicht höchstpersönliche Verpflichtungen wie zB die Pflicht zum persönlichen Erscheinen gem. §§ 141, 273, 279, 613, 640 oder eine Parteivernehmung §§ 445 ff. in Rede stehen. Die Partei kann weiterhin neben dem Prozessbevollmächtigten unmittelbar gegenüber Gericht oder Gegner handeln. Jedoch sind Zustellungen nur noch an den Bevollmächtigten zu bewirken, §§ 172 Abs. 1 S. 1, 191, wenn nicht die Partei zum Ausdruck bringt, dass sie selbst Zustellungsempfänger sein will, § 83 Abs. 2. 5

IV. Anwälte im Parteiprozess

Für den Rechtsanwalt, der zum Prozessbevollmächtigten bestellt wird, gelten auch im Parteiprozess diejenigen **Sondervorschriften,** die nur auf Rechtsanwälte anwendbar sind, § 88 Abs. 2 (Prüfung der Vollmacht), § 104 Abs. 2 (Glaubhaftmachung von Auslagen), § 135 (Mitteilung von Urkunden), §§ 169 Abs. 2 S. 2, 317 Abs. 6 S. 2 (Beglaubigung), §§ 174, 195 (vereinfachte Zustellung). Er kann sich auch im Parteiprozess nicht von einem Büroangestellten vertreten lassen.[11] 6

V. Rechtsfolgen bei Mängeln der Bevollmächtigten

Wird eine **nicht prozessfähige Person** bevollmächtigt oder wird der Bevollmächtigte im Laufe des Verfahrens geschäftsunfähig, ist die **Prozessvollmacht unwirksam.** Auch Prozesshandlungen, die ein solcher Vertreter als Prozessbevollmächtigter vornimmt, sind unwirksam.[12] Das Gleiche gilt, wenn der Bevollmächtigte beschränkt geschäftsfähig ist. § 165 BGB ist auf Prozesshandlungen nicht anwendbar.[13] Der Mangel kann geheilt werden, wenn die Partei einen anderen Bevollmächtigten beauftragt und dieser die Prozessführung genehmigt, oder wenn der Prozessbevollmächtigte prozessfähig wird und selbst genehmigt. Im Parteiprozess kann die Partei selbst genehmigen. Die **Genehmigung** hat ebenso wie bei der mangelnden Postulationsfähigkeit **keine rückwirkende Kraft.**[14] 7

Ist ein Bevollmächtigter **ungeeignet,** zB in den Fällen des § 157 oder wegen eines persönlichen Vertretungsverbots,[15] so ist er vom Gericht zurückzuweisen, wenn diesem der Mangel bekannt ist. Einer **Rüge des Prozessgegners** muss das Gericht nachgehen. Die von einem solchen Bevollmächtigten vorgenommenen Prozesshandlungen sind jedoch bis zur Wirksamkeit der Zurückweisung wirksam und bedürfen deshalb keiner Genehmigung.[16] 8

Wer die **Prozessführung geschäftsmäßig** betreibt, ohne im Besitz einer Erlaubnis gem. Art. 1 § 1 RBerG zu sein, ist ebenfalls vom Gericht zurückzuweisen,[17] vgl. § 157 Rn. 2. Seine Handlungen sind jedoch wie die des ungeeigneten Vertreters wirksam.[18] Das Gleiche gilt, wenn die Partei gegen das RBerG verstößt.[19] Wegen des ausländischen Anwalts vgl. § 78 Rn. 79 ff. 9

§ 80 Prozessvollmacht

(1) Der Bevollmächtigte hat die Bevollmächtigung durch eine schriftliche Vollmacht nachzuweisen und diese zu den Gerichtsakten abzugeben.

---

[7] BFH NJW 1977, 776; OVG Berlin NJW 1974, 2255; AG Hannover NdsRpfl. 1969, 286; OLG Rostock JW 1922, 517.
[8] BFH AnwBl. 1969, 13; *Rüggeberg* NJW 1970, 309; OLG Düsseldorf FamRZ 1985, 641.
[9] LG Lübeck ZMR 1968, 186; zum FGG-Verfahren BayObLG FamRZ 1986, 598.
[10] LSG Stuttgart NJW 1985, 582.
[11] LAG Berlin BB 1980, 994.
[12] BGHZ 30, 112 = NJW 1959, 1587.
[13] *Stein/Jonas/Bork* Rn. 1; *Lukes* ZZP 69 (1956) 141; *Rosenberg/Schwab* § 54 II 5 a.
[14] vgl. § 78 Rn. 51.
[15] Vgl. § 78 Rn. 11.
[16] OLG Köln MDR 1974, 310.
[17] OLG Stuttgart AnwBl. 1964, 144; *Chemnitz* AnwBl. 1964, 246.
[18] KG OLGZ 66, 112.
[19] OLG Köln MDR 1974, 310.

(2) [1]Das Gericht kann auf Antrag des Gegners die öffentliche Beglaubigung einer Privaturkunde anordnen. [2]Wird der Antrag zurückgewiesen, so ist dagegen kein Rechtsmittel zulässig. [3]Bei der Beglaubigung bedarf es weder der Zuziehung von Zeugen noch der Aufnahme eines Protokolls.

I. Normzweck

1 Ein Mangel der Prozessmacht betrifft alle darauf aufbauenden Prozesshandlungen, also das gesamte Verfahren. Ein trotzdem ergangenes Urteil unterliegt der Nichtigkeitsklage gem. § 579 Abs. 1 Nr. 4. Deshalb besteht ein **öffentliches Interesse** und auch ein **Interesse des Prozessgegners** an zweifelsfreier Feststellung der Bevollmächtigung. Sie dient der Sicherung eines reibungslosen Prozessverlaufs und des Prozessergebnisses. Dem entspricht die Pflicht des Gerichts, einen Mangel der Vollmacht in jeder Lage des Rechtsstreits von Amts wegen oder auf Rüge des Gegners zu berücksichtigen, § 88. Wegen der Einschränkung der Prüfung bei Vertretung durch einen Rechtsanwalt vgl. § 88 Rn. 4.

II. Bevollmächtigung, Vollmacht

2 Das Gesetz unterscheidet zwischen ‚Bevollmächtigung' und ‚Vollmacht'.

3 **1. Bevollmächtigung.** Die Erteilung der Vollmacht ist **Prozesshandlung,** weil sie auf eine prozessuale Rechtsfolge gerichtet ist.[1] In der Regel erfolgt sie durch Vertrag zwischen der Partei und ihrem Prozessbevollmächtigten, nämlich durch Auftrag oder entgeltlichen Geschäftsbesorgungsvertrag.[2] Sie kann sich auch aus dem Gesetz ergeben, zB in Fällen gesetzlicher Vertretung, oder durch **einseitige empfangsbedürftige Willenserklärung** des Vollmachtgebers erfolgen, die gegenüber dem Bevollmächtigten oder gegenüber Gericht oder Prozessgegner abgegeben werden kann.[3] Die bevollmächtigende Partei muss prozessfähig sein; sonst kann sie nur durch ihren gesetzlichen Vertreter handeln.[4] Einer Annahmeerklärung des Bevollmächtigten bedarf es nicht, denn die Wirkungen der Bevollmächtigung treffen nicht ihn, sondern den Vollmachtgeber. Auch wenn der Bevollmächtigte seine Bevollmächtigung nicht kennt, weil sie nur gegenüber Gericht oder Gegner erklärt wurde, sind an ihn bewirkte Zustellungen wirksam.[5] Gleiches gilt für seine Prozesshandlungen, sofern er trotz Unkenntnis der Bevollmächtigung für die Partei handeln wollte. Eine Bevollmächtigung durch **schlüssiges Verhalten** ist möglich.[6] Die Beiordnung gem. §§ 78 c, 121 ersetzt nicht die Bevollmächtigung durch die Partei.[7] Jedoch sind die Grundsätze des materiellen Rechts über Duldungs- oder Anscheinsvollmacht auch auf die Prozessvollmacht anwendbar.[8] Die Prozessvollmacht ist nach **deutschem Recht** zu beurteilen, auch wenn sie im Ausland erteilt wurde.[9] Die Bevollmächtigung einer Anwaltssozietät erstreckt sich im Zweifel auch auf später eintretende Sozietätsmiglieder.[10]

4 **2. Vollmacht.** Darunter versteht das Gesetz die über die Bevollmächtigung ausgestellte **Urkunde,** aber auch die **Rechtsfolge der Bevollmächtigung,** die darin besteht, dass Handlungen und Erklärungen des Bevollmächtigten, die aufgrund der Vollmacht erfolgen, dem Vollmachtgeber zuzurechnen sind. Diese Rechtsfolge ist **abstrakt,** bleibt also bestehen, wenn das Grundgeschäft mangelhaft ist, denn Gründe der Anfechtbarkeit oder Nichtigkeit liegen in der Risikosphäre des Vollmachtgebers und das Vertrauen des Prozessgegners ist schützenswert.[11] Bei der Prozessvollmacht tritt das öffentliche Interesse am Bestand der richterlichen Handlungen hinzu, die aufgrund der Pro-

---

[1] BGH MDR 1964, 410; OLG Köln MDR 1974, 310; *Stein/Jonas/Bork* Rn. 4; *Zöller/Vollkommer* Rn. 5; *Baumbach/Lauterbach/Hartmann* Rn. 5; *Urbanczyk* ZZP 95 (1982), 344.

[2] *Schmellenkamp* AnwBl. 1985, 14 m. weit. Hinw.

[3] OLG Frankfurt NJW 1970, 1886.

[4] RGZ 110, 230.

[5] BGH VersR 1974, 548.

[6] BGH FamRZ 1995, 1484; 1981, 865, 866; VersR 1984, 851; BGH NJW 2004, 844; LAG München AnwBl. 1974, 26.

[7] BGHZ 2, 227, 228; 60, 255, 258 = NJW 1973, 757; vgl. § 78 c Rn. 12.

[8] BGH WM 1969, 1301; vgl. näher § 81 Rn. 7 ff.

[9] BGH WM 1958, 557; BGHZ 40, 197, 203 = NJW 1964, 203; BSG MDR 1978, 347 = BB 1978, 502; OLG Zweibrücken RIW 1975, 347; LG Frankfurt RIW 1980, 291.

[10] BGH NJW 1994, 257.

[11] OGHZ 4, 279 = NJW 1951, 72; OLG Hamm NJW 1992, 1174; KG DRZ 1947, 376; *Walsmann* AcP 102 (1907), 106; *Rosenberg,* Stellvertretung im Prozeß, 1908, S. 745 f.; vgl. für Prozesshandlungen im Allgemeinen auch BGH NJW 1985, 2335; *Baumgärtel* ZZP 87 (1974), 127.

zessvollmacht ergehen. Diese über den privatrechtlichen Bereich hinausgehende Bedeutung macht die Erteilung der Prozessvollmacht nach hM zur Prozesshandlung.[12]

III. Der Bevollmächtigte

Die Nachweispflicht gem. Abs. 2 trifft den Bevollmächtigten, der aufgrund der Vollmacht im Prozess **tätig wird** und sich damit zum Prozessbevollmächtigten bestellt. Die **Bestellung** ist für seine Rechtsposition **konstitutiv.** Deshalb muss er auch prozessfähig sein.[13] Bis zur Bestellung können zwar Gericht und Gegner aufgrund der Vollmacht wirksame Prozesshandlungen, insbesondere Zustellungen, gegenüber ihm vornehmen. Er selbst kann aber die Rechte eines Prozessbevollmächtigten erst ausüben, wenn er gegenüber Gericht und Gegner zum Ausdruck bringt, dass er im Prozess für die Partei handeln will. Die Bestellung ist prozessual auch bedeutsam, wenn eine Bevollmächtigung noch nicht erfolgt war, denn aufgrund der Bestellung kann der Prozessbevollmächtigte gem. § 89 vom Gericht einstweilen zur Prozessführung zugelassen werden und ihn können die Rechtsfolgen des § 89 treffen. Wegen der Beauftragung einer Sozietät vgl. § 84 Rn. 4. 5

IV. Die Nachweispflicht

1. Umfang. a) Die Nachweispflicht besteht in jeder Lage des Rechtsstreits, § 88 Abs. 1, und für **jeden Bevollmächtigten.** Sie bedarf aber, wenn ein Rechtsanwalt als Bevollmächtigter auftritt, im Anwaltsprozess ebenso wie im im Parteiprozess einer Rüge des Gegners. Bei anderen Bevollmächtigten hat das Gericht den Mangel von Amts wegen zu berücksichtigen, § 88 Abs. 2. Nachzuweisen sind **Haupt- und Untervollmacht,**[14] evtl. auch eine Vertreterbestellung gem. § 52 Abs. 1 BRAO. Eine amtliche Vertreterbestellung braucht der Prozessbevollmächtigten nicht nachzuweisen, auch wenn sie nicht vom Prozessgericht vorgenommen wurde. Dieses kann eine amtliche Auskunft des bestellenden Gerichts einholen, § 273 Abs. 2 Nr. 2. 6

Auch der im Wege der **Prozesskostenhilfe** gem. § 121 beigeordnete Anwalt und der **Notanwalt,** § 78b, müssen ihre Bevollmächtigung nachweisen, da die Beiordnung nicht die Bevollmächtigung durch die Partei ersetzt.[15] Dagegen bedarf es in den Fällen der Beiordnung gem. §§ 625, keiner zusätzlichen Bevollmächtigung, dementsprechend auch keines Nachweises. Wird im Beiordnungsantrag ein bestimmter Bevollmächtigter benannt, liegt darin konkludent auch dessen Bevollmächtigung.[16] 7

Im **Mahnverfahren** bedarf es keines Nachweises; der Bevollmächtigte hat seine Vollmacht zu versichern, § 703. 8

b) Soweit die Befugnis zur Prozessführung auf einem **gesetzlichen Vertretungstatbestand** beruht, sind dessen Voraussetzungen in entsprechender Anwendung des § 80[17] nachzuweisen; einer zusätzlichen Vollmacht bedarf es nicht.[18] Das gilt für **Prokuristen,** deren Vollmacht gem. § 49 HGB alle den Betrieb des Handelsgewerbes betreffenden Streitigkeiten umfasst,[19] **Handlungsbevollmächtigte,** wenn sie allgemein zur Prozessführung ermächtigt sind, § 54 HGB, **Vereinsvorstände,** § 54 BGB,[20] und **geschäftsführende Gesellschafter** einer Gesellschaft bürgerlichen Rechts, § 714 BGB.[21] Auch die **Generalvollmacht** zählt hierher. Der **Liquidator** einer Firma ist berechtigt, diese im Prozess zu vertreten.[22] Dagegen umfasst die Bestellung zum Sachwalter gem. §§ 91ff. VerglO nicht notwendigerweise die Prozessvollmacht.[23] 9

Gesetzliche Vertretungstatbestände, die die Befugnis zur Prozessführung umfassen, ergeben sich ferner bei der Vertretung ausländischer Inhabers von gewerblichen Schutzrechten gem. § 20 10

---

[12] BGH MDR 1964, 410; OLG Köln MDR 1974, 310; *Stein/Jonas/Bork* Rn. 4; *Zöller/Vollkommer* Rn. 5; *Baumbach/Lauterbach/Hartmann* Rn. 5; *Baumgärtel* Prozeßhandlung, 2. Aufl., S. 173ff.; *Urbanczyk* ZZP 95 (1982), 344.

[13] *Stein/Jonas/Bork* Rn. 7; AK-ZPO/*Christian* Rn. 3; *Hellwig* ZZP 39 (1909), 368; *Urbanczyk* ZZP 95 (1982), 344, 350; aA *Rosenberg* (Fn. 10) S. 274f., 691f.

[14] BGH NJW-RR 2002, 933.

[15] BGHZ 60, 255, 258 = NJW 1973, 757; BSG BB 1978, 502; vgl. auch § 78c Rn. 12.

[16] *Zöller/Vollkommer* Rn. 5.

[17] *Stein/Jonas/Bork* Rn. 23.

[18] RGZ 57, 90f.; *Stein/Jonas/Bork* Rn. 27.

[19] RGZ 66, 244.

[20] RGZ 57, 90f.

[21] LAG Düsseldorf AnwBl. 1964, 294.

[22] BFH DB 1985, 28.

[23] BGH NJW 1978, 2602.

GebrMG, § 35 WZG,[24] und **Konsuln fremder Staaten,** die aufgrund internationaler Verträge für Angehörige des Entsendestaates, die an der Wahrnehmung ihrer Interessen gehindert sind, gerichtlich tätig werden können.[25]

11 **2. Form des Nachweises. a)** Trotz Formlosigkeit der Bevollmächtigung muss der Nachweis durch Vorlage der **schriftlichen Originalurkunde,** gegebenenfalls in beglaubigter Form,[26] erbracht werden. Die zwingende Vorschrift hat aber nur für die Zukunft Bedeutung, dh. von dem Zeitpunkt an, in dem das Gericht den Nachweis verlangt. Ein Bevollmächtigter, der die schriftliche Vollmacht nicht beibringen kann, kann für die Vergangenheit auch mit anderen Mitteln beweisen, dass er bevollmächtigt war.[27]

12 **b)** Die schriftliche Urkunde muss inhaltlich die **Willenserklärung der Bevollmächtigung** enthalten[28] und von der Partei mit Namen **unterzeichnet** sein. § 126 BGB ist zwar nicht anwendbar, da die Bevollmächtigung trotz § 80 formlos möglich ist.

13 Der Vorgang der Bevollmächtigung muss in der Urkunde im Rahmen der Beweiskraft des § 416 dokumentiert sein. Grundsätzlich muss der Bevollmächtigte namentlich bezeichnet sein.[29] Eine **Blankovollmacht** kann aber genügen.[30] Die Vollmacht kann auch nachträglich ausgestellt sein.[31]

14 Die **eigenhändige Unterschrift der Partei** ist erforderlich; ein **Faksimilestempel** genügt nicht, weil dem Prozessgegner Rechtssicherheit gegeben werden soll, **str.**[32] Auch **telegraphische, fernschriftliche Bevollmächtigung** oder eine **Fotokopie** genügen nicht, da es an der eigenhändigen Unterschrift fehlt, die im Interesse des Prozessgegners verlangt wird.[33] Die Gesichtspunkte, die das Formerfordernis bei der telegraphischen oder fernschriftlichen Einlegung von Rechtsmitteln einschränken,[34] greifen beim Nachweis der Vollmacht nicht durch, weil es nicht um die Ausnutzung von Fristen geht. Unter reinen Fristgesichtspunkten kann auch eine Telekopie ausreichend sein.[35] Vollmacht und Unterschrift können in **fremder Sprache,** dementsprechend auch in fremder Schrift geleistet werden.[36] Erforderlichenfalls ist gem. § 142 Abs. 3 eine Übersetzung beizubringen.

15 Die **Erklärung** der Bevollmächtigung **zu Protokoll** des Gerichts oder der Geschäftsstelle ersetzt die schriftliche Vollmacht, da sie im Rahmen der Beweiskraft des § 415 liegt und damit dem Zweck der Vorschrift entspricht. Eine besondere Feststellung der Vollmacht ist nicht erforderlich,[37] aber die ganze Erklärung der Partei muss protokolliert sein. Entsprechendes gilt für eine zu notariellem Protokoll erteilte Vollmacht,[38] wobei hier statt der Urschrift auch eine beglaubigte Abschrift eingereicht werden kann, § 435. Kaufleute können mit ihrer Firma zeichnen.[39] Soweit ein gesetzlicher oder rechtsgeschäftlicher Vertreter die Vollmacht erteilt, ist auch seine Vertretungsbefugnis nachzuweisen, zB durch einen Auszug aus dem Handelsregister oder aus der Satzung.[40]

16 **c)** Die Vollmachtsurkunde ist **zu den Gerichtsakten abzugeben.** Das soll im Interesse des Prozessgegners sicherstellen, dass sie jederzeit bewiesen werden kann. Deshalb verbleibt sie auch nach der Prozessbeendigung bei den Gerichtsakten. Eine **Bezugnahme** auf eine Vollmacht, die bei den Akten eines anderen Verfahrens liegt, ist nur ausreichend, wenn die Vollmacht gem. §§ 81, 82 beide Verfahren umfasst oder das Verfahren vor demselben Richter stattfindet.[41] Im Vollstreckungsverfahren genügt zB die Berufung auf die bei den Akten des Erkenntnisverfahrens befindliche Urkunde. Im Kostenfestsetzungsverfahren ist der Urkundsbeamte an die im Hauptsacheverfahren er-

---

[24] Vgl. BGHZ 51, 269 = NJW 1969, 984; RGZ 42, 92 f.
[25] Hinweise zu den einzelnen Abkommen bei *Stein/Jonas/Bork* Rn. 20, Fn. 48, 49.
[26] BGH NJW-RR 2002, 933.
[27] Vgl. RGZ 49, 346; 64, 217; 95, 262; LAG München AnwBl. 1974, 26; OLG Saarbrücken JbLSaar 1959, 171.
[28] BGH ZIP 1997, 1474; RG JW 1903, 382.
[29] BFH DB 1984, 2284.
[30] BVerwG MDR 1984, 256.
[31] RG Gruchot 44, 1159.
[32] BGHZ 126, 266 = NJW 1994, 2298; ZIP 1997, 1474; *Zöller/Vollkommer* Rn. 8; – aA RG JW 1903, 382; *Stein/Jonas/Bork* Rn. 27, der aber nur auf die Unanwendbarkeit von § 126 BGB abstellt; näher *Karst* NJW 1995, 3278; *Laghazoui/Wirges* MDR 1996, 232; *Zärban* BB 1996, 519.
[33] BGHZ 126, 266 = NJW 1994, 2298; BFH BB 1996, 1263; NJW 1996, 872; *Zöller/Vollkommer* Rn. 8.
[34] Vgl. BVerfG NJW 1987, 2067 m. weit. Hinw.; BGH VersR 1987, 924, 925 m. weit. Hinw.
[35] BFH BB 1989, 2179.
[36] VGH München NJW 1978, 510; *Zöller/Vollkommer* Rn. 8.
[37] RG JW 1898, 98.
[38] *Brüggemann/Würdinger* § 17 HGB Anm. 23.
[39] *Stein/Jonas/Bork* Rn. 27.
[40] *Stein/Jonas/Bork* Rn. 34.
[41] Vgl. BGH NJW-RR 1986, 1252; LG Bochum AnwBl. 1973, 361; *Schwerdtner* AnwBl. 1973, 362; *Stein/Jonas/Bork* Rn. 35.

folgte Feststellung der Vertretungsbefugnis gebunden.[42] Dagegen ist die Bezugnahme auf eine **Generalvollmacht,** die sich bei den Akten eines anderen Verfahrens befindet, nicht ausreichend, weil sie dem Prozessgegner die Beweisführung erschweren würde, was ihm nicht zuzumuten ist.[43] Eine bei den Generalakten des Gerichts hinterlegte Generalvollmacht ist aber ausreichend, denn sie bedeutet für den Prozessgegner keine Erschwernis.[44] Ebenso kann die Generalvollmacht dem Bevollmächtigten zurückgegeben werden, nachdem ihr Inhalt ausdrücklich zu Protokoll festgestellt wurde.[45]

V. Die öffentliche Beglaubigung, Abs. 2

Abs. 2 ist sprachlich missglückt. Das Gericht kann nicht die Beglaubigung anordnen, sondern nur den Nachweis der Bevollmächtigung durch eine öffentlich beglaubigte Urkunde verlangen. Voraussetzung ist ein dahingehender **Antrag des Prozessgegners,** der **begründete Zweifel** an der Ordnungsmäßigkeit der Bevollmächtigung geltend machen muss. Glaubhaftmachung ist nicht erforderlich.[46] Die Entscheidung kann ohne mündliche Verhandlung ergehen[47] und ist gem. Abs. 2 S. 2 weder bei Anordnung des Nachweises durch öffentliche Urkunde noch bei Ablehnung des Antrags mit Rechtsmitteln anfechtbar, § 567 Abs. 1 Nr. 2. Eine Anordnung von Amts wegen ist nicht statthaft. 17

Mit der Anordnung nach Abs. 2 hat das Gericht der Partei eine angemessene **Frist zur Beibringung** der Beglaubigung zu setzen. Über Anträge auf Verlängerung entscheidet es nach pflichtgemäßem Ermessen unter Berücksichtigung der Prozesssituation. Es kann den Prozessbevollmächtigten gem. § 89 einstweilen zur Prozessführung zulassen; ein Anspruch auf einstweilige Zulassung besteht aber nicht.[48] Nach fruchtlosem Ablauf der Frist entscheidet das Gericht aufgrund mündlicher Verhandlung durch Urteil oder Beschluss, vgl. § 88 Rn. 10ff. 18

§ 81 Umfang der Prozessvollmacht

Die Prozessvollmacht ermächtigt zu allen den Rechtsstreit betreffenden Prozesshandlungen, einschließlich derjenigen, die durch eine Widerklage, eine Wiederaufnahme des Verfahrens, eine Rüge nach § 321a und die Zwangsvollstreckung veranlaßt werden; zur Bestellung eines Vertreters sowie eines Bevollmächtigten für die höheren Instanzen; zur Beseitigung des Rechtsstreits durch Vergleich, Verzichtleistung auf den Streitgegenstand oder Anerkennung des von dem Gegner geltend gemachten Anspruchs; zur Empfangnahme der von dem Gegner oder aus der Staatskasse zu erstattenden Kosten.

I. Normzweck

Der Umfang der Vertretungsbefugnis würde sich ohne § 81 aus der Rechtsbeziehung des Prozessbevollmächtigten zur Partei ergeben, die Gericht und Gegner unbekannt sein und unter Unklarheiten oder Willensmängeln leiden kann. Die gesetzliche Normierung schafft **Rechtssicherheit für alle Beteiligten.** Für die Partei wird sichergestellt, dass ihr Vertreter ausreichend handlungsfähig ist, um ihre Interessen zu schützen. Dem Prozessbevollmächtigten gibt § 81 eine klare Definition seiner Befugnisse, die zwar im Innenverhältnis über das in § 83 zugelassene Maß hinaus eingeschränkt werden kann, ihn aber im Außenverhältnis vor einer Haftung nach § 179 BGB schützt.[1] Gericht und Gegner haben Sicherheit, dass Handlungen des Prozessbevollmächtigten und ihm gegenüber vorgenommenen Handlungen im gesetzlich vorgesehenen Umfang wirksam sind, ohne dass Einflüsse aus dem Innenverhältnis Bedeutung erlangen können. Das gilt auch, soweit eine Beschränkung der Prozessvollmacht nach § 83 zulässig ist, denn sie muss gegenüber Gericht und Gegner unmissverständlich zum Ausdruck gebracht werden.[2] 1

---

[42] BVerwG NJW 1987, 1657.
[43] BGH NJW-RR 1986, 1253.
[44] LG Bochum AnwBl. 1973, 361; aA OLG Düsseldorf JW 1930, 2082.
[45] LG Berlin JW 1930, 667.
[46] *Stein/Jonas/Bork* Rn. 30.
[47] RG DJZ 1924, 933; *Baumbach/Lauterbach/Hartmann* Rn. 17; *Stein/Jonas/Bork* Rn. 30.
[48] Vgl. § 89 Rn. 4.
[1] Vgl. BGH NJW 2001, 1356.
[2] Vgl. § 83 Rn. 5.

II. Der gesetzliche Umfang der Prozessvollmacht

2 Die Normierung des Umfangs der Vertretungsbefugnis durch §§ 81, 82 gilt für das **Innenverhältnis** der Partei zu ihrem Prozessbevollmächtigten und das **Außenverhältnis** zu Gericht und Gegner.[3] Im Innenverhältnis kann die Vollmacht durch entsprechende Vereinbarung beliebig **erweitert und beschränkt** werden. Soweit dies durch **Allgemeine Mandatsbedingungen** des Rechtsanwalts[4] geschieht, sind §§ 305 ff BGB beachten, die zB eine Haftungsbeschränkung oder die Abkürzung von Verjährungsfristen ausschließen.[5] Ohne besondere Vereinbarung wird man das typische Bild der Prozessvollmacht, wie es durch § 81 bestimmt wird und sich in der Praxis herausgebildet hat, auch für das Innenverhältnis als maßgeblich ansehen müssen. **Abweichende Vereinbarungen** wirken wie im Zivilrecht grundsätzlich direkt auf das Außenverhältnis, bei Beschränkung der Prozessvollmacht aber nur **in den durch § 83 bestimmten Grenzen.**[6] Die auf umfassende Befugnis des Prozessbevollmächtigten zielende Formulierung des § 81 ist gleichwohl **zu eng,** da sie die materiellrechtliche Bedeutung der Bevollmächtigung nicht erfasst.[7]

3 **1. Prozesshandlungen. a) Zweckbestimmung.** Das sind alle Handlungen, die nach ihrer Zweckbestimmung den Rechtsstreit betreiben, fördern oder beendigen oder der Durchsetzung einer ergangenen Entscheidung dienen sollen.[8] Dazu gehören Anträge oder Erklärungen in vorbereitenden Schriftsätzen oder der mündlichen Verhandlung, die den Rahmen oder den Gang des Verfahrens betreffen, wie zB Anträge zur Klage oder zur Vollstreckbarkeit, Erklärung des Einverständnisses mit einer Entscheidung durch den Vorsitzenden der Kammer für Handelssachen, § 349 Abs. 3, Rücknahme von Klage, Anträgen oder Rechtsmitteln usw., ferner alle sonstigen Handlungen, die das Verfahren betreffen, zB Zustellungsaufträge,[9] Einlegung von Rechtsmitteln,[10] Rechtsmittelverzicht, Kostenfestsetzungsanträge,[11] Streitwertbeschwerde[12] o. Ä Ist die Vertretungsbefugnis des Bevollmächtigten im Hauptsacheverfahren bejaht worden, darf der Urkundsbeamte sie bei unveränderter Sachlage im Kostenfestsetzungsverfahren nicht verneinen.[13]

4 **b) Rechtsstreit.** Die Prozesshandlungen müssen den Rechtsstreit betreffen. Darunter ist das gesamte Verfahren zu verstehen, für das die Prozessvollmacht ursprünglich erteilt wurde, unabhängig von der Entwicklung seit der Erteilung.[14] Der Abschluss eines **Schiedsvertrages** ist Prozesshandlung, da er auf prozessuale Rechtsfolgen gerichtet ist, betrifft aber nicht das Verfahren und wird von der Prozessvollmacht nicht umfasst.[15] Das gleiche gilt von einem Verfahren nach 11 RVG im Anschluss an einen früheren Prozess.[16] **Personelle Veränderungen** bei anderen Beteiligten durch Parteiwechsel,[17] Streitbeitritt oder Rechtsnachfolge haben auf die Vollmacht ebensowenig Einfluss wie **gegenständliche Veränderungen** durch Klageerweiterung, Klageänderung, Widerklage oder Übergang vom Urkunden- oder Wechselprozess in das Nachverfahren. Auch der Prozessvergleich mit einem Dritten ist durch die Prozessvollmacht gedeckt, § 794 Abs. 1 Nr. 1. Eine neue Vollmacht ist aber erforderlich, wenn die Klage gegen eine andere als die in der Vollmacht genannte Person gerichtet oder auf sie erweitert werden soll.[18] Die von einem Nebenintervenienten erteilte Vollmacht umfasst auch dessen Vertretung als Beklagter, wenn die Klage auf ihn erweitert wurde.[19] Nachverfahren gem. §§ 302 Abs. 4, 600 und die Geltendmachung des Schadenersatzes im anhängigen Verfahren gem. § 717 Abs. 2 werden von der Vollmacht umfasst.[20] Dagegen gilt die Vollmacht grundsätzlich **nicht für formell neue Verfahren,** auch wenn sie, wie in den Fällen der §§ 323,

---

[3] *Zöller/Vollkommer* Rn. 8; aA für ein mit dem Hauptprozess zusammenhängendes Arrestverfahren OLG Köln JurBüro 1975, 185; *Zöller/Vollkommer* Rn. 8.
[4] BGH WM 1977, 369; OLG Düsseldorf AnwBl. 1978, 233.
[5] LG Koblenz BB 1987, 1490.
[6] BGHZ 92, 142; BGH NJW 2001, 1356.
[7] Vgl. Rn. 7 ff.
[8] BAG DB 78, 167.
[9] BGH VersR 1974, 548.
[10] BGH VersR 1984, 790.
[11] OLG Hamm Rpfleger 1978, 422; OLG Koblenz Rpfleger 1978, 261.
[12] OLG Stuttgart JurBüro 1975, 1102.
[13] BVerwG NJW 1987, 1657.
[14] BGH MDR 1981, 126; 185, 30.
[15] *Stein/Jonas/Bork* Rn. 12; *Baumbach/Lauterbach/Hartmann* Rn. 17.
[16] KG Rpfleger 1979, 2175 m. weit. Hinw.
[17] Zur Insolvenzeröffnung vgl. § 87 Rn. 3 sowie BGH WM 1963, 1232; 1988, 1838; NJW 1998, 2364.
[18] *Stein/Jonas/Bork* Rn. 4.
[19] BGHZ 57, 150 = NJW 1972, 52.
[20] OLG Hamm JurBüro 1976, 1644; *Baumbach/Lauterbach/Hartmann* Rn. 17.

324, 429, 893, mit einem Vorprozess in sachlichem Zusammenhang stehen.[21] Für eine Erneuerung des Rechtsstreites nach Klageabweisung oder Klagerücknahme bedarf es einer neuen Prozessvollmacht.[22] Bei personellem Wechsel auf Seiten des Vollmachtgebers ist Bevollmächtigung durch die neue Partei erforderlich.[23] In Scheidungssachen erstreckt sich die Vollmacht auf die Folgesachen, § 624 Abs. 1.

c) Sachliche Erstreckung. Die Prozessvollmacht ist weder auf die **Instanz** begrenzt, für die sie erteilt wurde, noch auf das **Gericht** an dem das Verfahren anhängig ist.[24] Sie endet also nicht bei Einlegung eines Rechtsmittels, durch das der Rechtsstreit beim Berufungsgericht anhängig wird, ebensowenig bei Verweisung oder Abgabe an ein anders Gericht. 5

d) Zwangsvollstreckung. Die Prozessvollmacht für den Hauptprozess umfasst alle Maßnahmen der Zwangsvollstreckung. In diesem Rahmen gilt sie, selbst wenn sie nur für die Zwangsvollstreckung erteilt wurde, auch für die aktive oder passive Vertretung in **neuen, selbstständigen Verfahren,** die durch die Zwangsvollstreckung ausgelöst werden oder zur Durchführung der Zwangsvollstreckung erforderlich sind, wie die Klagen nach §§ 731, 767, 768, 771, 785, 786, 796 Abs. 3, 797 Abs. 5, 805, auch wenn die Klage von einem Dritten erhoben wird.[25] Sie umfasst auch die Durchsetzung des **Anspruchs gegen den Drittschuldner**[26] mittels einer neuen Klage aufgrund der Überweisung gem. § 836 sowie die damit zusammenhängenden Klagen nach §§ 856, 878. Auch ein Gläubigerinsolvenzantrag ist Maßnahme der Zwangsvollstreckung und wird von der Prozessvollmacht umfasst. Das Gleiche gilt für die Anmeldung der Forderung im **Insolvenz- oder Vergleichsverfahren** und folglich auch für die Vertretung im weiteren Verfahren, **str.** Die Gegenmeinung[27] erscheint formalistisch, da es auch in der Insolvenz des Schuldners um die Zwangsvollstreckung der Forderung geht und Drittinteressen nicht tangiert werden. – Wegen privatrechtlicher Willenserklärungen im Zusammenhang mit der Zwangsvollstreckung vgl. Rn. 9ff. 6

2. Materielle Rechtsgeschäfte. Über den Wortlaut des § 81 hinaus umfasst die Prozessvollmacht nicht nur Prozesshandlungen, sondern in beschränktem Rahmen auch materielle Rechtsgeschäfte. Das folgt allerdings nicht aus § 81, sondern daraus, dass die Bevollmächtigung nicht nur Prozesshandlung ist, sondern auch materiellrechtlich unter dem Gesichtspunkt der §§ 164ff. BGB, insbesondere nach den Grundsätzen der **Anscheins- oder Duldungsvollmacht,** gewürdigt werden muss.[28] 7

a) Grundsatz. Der Prozessbevollmächtigte, der die Interessen der Partei in bezug auf den Rechtsstreit umfassend vertritt, soll in der Regel auch befugt sein, dazu erforderliche materiellrechtliche Erklärungen wie beispielsweise die **Anfechtung** gem. §§ 119, 123 BGB[29] oder die Ausübung eines **Wahlrechts** gem. §§ 281, 439, 634 BGB[30] abzugeben. Das Gleiche gilt für die **Aufrechnung,**[31] die **Kündigung**[32] oder den **Rücktritt** vom Vertrag,[33] soweit diese mit dem Rechtsstreit in unmittelbarem Zusammenhang stehen.[34] Deshalb darf der Prozessgegner darauf vertrauen, dass die Vollmacht des Prozessbevollmächtigten auch solche materiellen Rechtsgeschäfte umfasst, und es bedarf eines ausdrücklichen Hinweises der Partei oder des Prozessbevollmächtigten, wenn insoweit eine Einschränkung gelten soll. Die Befugnis des Prozessbevollmächtigten zur Vornahme derartiger materiellrechtlicher Handlungen ergibt sich also nicht daraus, dass die Handlungen im Zusammenhang mit dem Rechtsstreit als Prozesshandlungen anzusehen wären,[35] denn eine Handlung wird dadurch zur Prozesshandlung, dass sie auf die Herbeiführung prozessualer Folgen gerichtet ist, was bei den in Rede stehenden Handlungen gerade nicht der Fall ist. Auch aus dem ‚Wesen' der Prozessvollmacht lässt sie sich nicht herleiten.[36] Vielmehr ist der Wille der Partei bei Erteilung der Pro- 8

---

[21] Teilweise str.; vgl. *Stein/Jonas/Bork* Rn. 4; *Zöller/Vollkommer* Rn. 8.
[22] *Stein/Jonas/Bork* Rn. 5.
[23] *Stein/Jonas/Bork* Rn. 5.
[24] BGH NJW 2001, 1356.
[25] RG SeuffA 63, 376; *Stein/Jonas/Bork* Rn. 7; aA *Falkmann* Zwangsvollstreckung, S. 447.
[26] *Stein/Jonas/Bork* Rn. 7.
[27] OLG Stuttgart ZZP 70 (1957), 143; *Stein/Jonas/Bork* Rn. 7.
[28] *Stein/Jonas/Bork* § 80 Rn. 6, 14.
[29] RGZ 48, 218; 49, 392; 53, 148; 63, 411.
[30] RGZ 53, 81; vgl. auch BGHZ 31, 206 = NJW 1960, 480.
[31] RGZ 50, 426; KG OLGRspr. 1, 140; 2, 294; OLG Hamburg OLGRspr. 1, 77.
[32] RGZ 53, 212; BAG BB 1978, 207; KG OLGRspr. 2, 31; LG Hamburg MDR 1971, 578.
[33] RGZ 50, 138.
[34] Vgl auch BGH NJW 2003, 963; WuM 2003, 149.
[35] So aber die hM; vgl. BAG BB 1978, 207 = AP Nr. 2 m. Anm. *Rimmelspacher; Stein/Jonas/Bork* Rn. 10; *Baumbach/Lauterbach/Hartmann* Rn. 6.
[36] So aber *Zöller/Vollkommer* Rn. 11.

zessvollmacht auch auf materiellrechtliche Rechtsfolgen gerichtet, enthält somit auch ein materielles Rechtsgeschäft. Deshalb führen die materiellrechtlichen Grundsätze der Anscheinsvollmacht zu dem Ergebnis, dass auch der Prozessgegner auf diesen normalen Umfang der Prozessvollmacht vertrauen darf, wenn nicht ein einschränkender Hinweis ausdrücklich erfolgt ist. Der Gesichtspunkt des **Vertrauensschutzes** gilt allerdings im Prozess nicht nur zugunsten des Prozessgegners, sondern **auch zugunsten der Partei.** Sie darf darauf vertrauen, dass der Prozessbevollmächtigte, den sie mit einer Vollmacht im gesetzlich vorgesehenen Umfang ausgestattet hat, auch alle notwendigen Befugnisse hat, um ihr zumindest einstweilen Rechtsschutz zu verschaffen.

9 **b) Umfang der Befugnis. aa)** Aus den Besonderheiten des Einzelfalls und dem **inneren Zusammenhang** der abgegebenen Erklärungen mit dem Gegenstand des Rechtsstreits ergibt sich, wie weit die Befugnis des Prozessbevollmächtigten zur Abgabe materiellrechtlicher Erklärungen reicht. Der Prozessbevollmächtigte wird beim Streit um ein Mietverhältnis zu dessen **Kündigung;**[37] nicht aber zur Übereignung des Hauses befugt sein, während er beim Streit um die Herausgabe unter Umständen zur **Auflassung,**[38] nicht aber zur Kündigung eines Mietverhältnisses berechtigt sein wird.[39] Die Vollmacht, Schadenersatz für die Vorenthaltung eines Nießbrauchs geltendzumachen, berechtigt nicht zum Abschluss eines Vergleichs, mit dem gegen Entgelt auf den Nießbrauch **verzichtet** wird.[40] Der Umfang der Vollmacht muss bei allen materiellrechtlichen Erklärungen des Prozessbevollmächtigten von Fall zu Fall aus dem Sachzusammenhang beurteilt werden,[41] wobei aber grundsätzlich davon auszugehen ist, dass die im Rahmen des Rechtsstreits zweckmäßigen Erklärungen von der Vollmacht umfasst werden.[42] **Rechtsgeschäfte mit Dritten** werden grundsätzlich nicht von der Vollmacht gedeckt,[43] wohl aber wenn sie im Rahmen eines Prozessvergleichs erfolgen, § 794 Abs. 1 Nr. 1.

10 **bb)** Die Befugnis zur Abgabe materiellrechtlicher Erklärungen kann beliebig **eingeschränkt** werden, denn § 83 ist auf den materiellrechtlichen Tatbestand nicht anwendbar. Jedoch ergibt sich aus den Grundsätzen der Anscheinsvollmacht ohne weiteres, dass eine solche Beschränkung gegenüber Gericht und Gegner nur wirksam ist, wenn sie unmissverständlich zum Ausdruck gebracht wurde.[44] Unter diesem Gesichtspunkt wird man davon ausgehen müssen, dass Vereinbarungen über eine **Sicherungsleistung** gem. § 108 grundsätzlich von der Vollmacht umfasst werden, so dass also eine **Prozessbürgschaft** wirksam an den Prozessbevollmächtigten zugestellt werden kann, auch wenn darin der Abschluss eines materiellrechtlichen Bürgschaftsvertrages liegt.[45] Dagegen kann es sein, dass die Vollmacht dazu berechtigt, die Eintragung einer Vormerkung im Grundbuch zu erwirken, während zur Löschung derselben Vormerkung die Grundsätze des § 29 GBO uneingeschränkt zu beachten sind, weil der Schutz der Partei keine Einschränkung erfordert.

11 **cc)** Da die Befugnis des Prozessbevollmächtigten zur Abgabe materiellrechtlicher Willenserklärungen sich nicht aus § 81, sondern aus einer Würdigung der Bevollmächtigung nach materiellem Recht, insbesondere nach den Grundsätzen der Anscheinsvollmacht ergibt, ist es grundsätzlich unerheblich, ob materiellrechtliche Erklärungen **innerhalb oder außerhalb des Prozesses** abgegeben werden.[46] Wenn der Prozessbevollmächtigte die betreffende Erklärung in einem Schriftsatz im Rahmen des Rechtsstreits wirksam abgeben könnte, ist sie nicht deshalb unwirksam, weil sie stattdessen außerhalb des Prozesses unmittelbar gegenüber der Partei oder ihrem Prozessbevollmächtigten abgegeben wird. Deshalb werden zB außergerichtliche Vergleiche oder solche, die in der Zwangsvollstreckung geschlossen werden, von der Vollmacht umfasst.

12 **3. Passive Vertretungsbefugnis.** Sie entspricht der aktiven Vertretungsbefugnis. Allerdings umfasst die Prozessvollmacht **nicht** die Befugnis zum **Empfang des Streitgegenstandes,** wohl aber kraft ausdrücklicher Erwähnung die Befugnis zum Empfang der vom Gegner zu erstattenden Kosten.[47]

---

[37] LG Hamburg ZMR 1973, 14.

[38] Wenn die Auflassung in einem gerichtlichen Vergleich erklärt wird, bedarf es keines weiteren Nachweises in der Form des § 29 GBO, OLG Saarbrücken OLGZ 69, 210.

[39] Vgl. OLG Saarbrücken OLGZ 69, 210.

[40] BGH NJW 1992, 1963.

[41] BAG 480 NJW 1963, 1469.

[42] Vgl. auch BGHZ 31, 206 = NJW 1960,480.

[43] BGH AnwBl. 1994, 480; RG SeuffA 48, 96.

[44] BGH NJW-RR 2000, 745; vgl. § 83 Rn. 5.

[45] OLG Hamm MDR 1975, 764; *Stein/Jonas/Bork* § 108 Rn. 21; offenlassend OLG Koblenz NJW-RR 1992, 108.

[46] RG JW 1894, 193; BAG NJW 1963, 1469 = AP Nr. 1 m. Anm. *Pohle;* BAG BB 1978, 207 = AP Nr. 2 m. Anm. *Rimmelspacher.*

[47] AG Speyer VersR 1978, 930; vgl. Rn. 1.

Zustellungen im Rahmen eines Rechtsstreits müssen an den Prozessbevollmächtigten bewirkt werden, § 172 Abs. 1 S. 1. Im Übrigen können alle Handlungen prozessualer oder materiellrechtlicher Art sowohl gegenüber der Partei als auch gegenüber ihrem Prozessbevollmächtigten vorgenommen werden. Rechtsanwälte sind standesrechtlich verpflichtet, den auf der Gegenseite tätigen Rechtsanwalt nicht zu übergehen.

4. Bestellung von Vertretern. § 81 erwähnt die Bestellung eines Vertreters, lässt aber offen, in welchem **Umfang** und mit welchen **Befugnissen** sie erfolgen kann. Der Prozessbevollmächtigte ist nicht befugt, seine Vollmacht mit allen Befugnissen auf einen Dritten zu übertragen.[48] Die Beschränkung muss sich also aus dem Innenverhältnis und dem mit der Bevollmächtigung verfolgten Zweck ergeben. Man wird wegen des Normzwecks davon ausgehen müssen, dass die Delegationsbefugnis, die aufgrund der Entwicklung der Praxis üblicherweise zur zweckentsprechenden Interessenwahrnehmung erforderlich ist, für das Außenverhältnis verbindlich mit der Rechtsfolge des § 83 festgelegt werden soll. **Beschränkungen** sind unter den Voraussetzungen des § 83 für das Außenverhältnis wirksam. **Erweiterungen** haben ohne weiteres unmittelbare Wirkung für das Außenverhältnis. Erteilt ein Rechtsanwalt einem anderen Rechtsanwalt Untervollmacht zur mündlichen Verhandlung, so handelt der Unterbevollmächtigte als Vertreter der Partei und nicht des Hauptbevollmächtigten.[49] 13

Das bedeutet **im Einzelnen:** Die Bestellung eines **Unterbevollmächtigten** für einzelne Termine oder Handlungen ist grundsätzlich zulässig, bei Ortsverschiedenheit der Sitze des Prozessbevollmächtigten und des Prozessgerichts auch die Bestellung für alle Verhandlungs- oder Beweistermine.[50] Sie ermächtigt aber nur im Rahmen der Bestellung, daher zB nicht zu einem Rechtsmittelverzicht.[51] Dagegen ist eine Weitergabe der **Vollmacht als Ganzes** grundsätzlich unwirksam,[52] ebenso eine generelle **„Kartellabsprache"** der an einem Gericht zugelassenen Anwälte, einander in allen Terminen wechselseitig zu vertreten.[53] Die in **Sozietät** verbundenen Anwälte sind grundsätzlich zu gegenseitiger Vertretung berechtigt.[54] Ob der **Gebührenanspruch** des Vertreters sich gegen die Partei oder den vertretenen Prozessbevollmächtigten richtet, hängt davon ab, in wessen Interesse die Vertretung erfolgte.[55] Der Direktanspruch gegen die Partei kann sich auch aus den Grundsätzen der Duldungsvollmacht ergeben.[56] Der Gebührenanspruch des Unterbevollmächtigten, der für den nicht am Gerichtsort ansässigen Hauptbevollmächtigten Termine wahrnimmt, richtet sich unmittelbar gegen die Partei.[57] Die Bestellung eines Prozessbevollmächtigten für die **höhere Instanz** ist kein Fall der Vertretung. Sie wird aber kraft ausdrücklicher Erwähnung von der Vollmacht umfasst.[58] 14

5. Geldempfangsvollmacht. Die Prozessvollmacht umfasst ausdrücklich nur die Befugnis zum Empfang **der vom Gegner zu erstattenden Kosten.** Insoweit kann sie gem. § 83 nicht eingeschränkt werden, auch wenn die Partei gegen den Prozessbevollmächtigten einen Auskehrungsanspruch hat. Auch die **Aufrechnungserklärung** mit der Hauptforderung gegenüber Kostenerstattungsansprüchen oder ihre Entgegennahme ist nach den oben[59] erörterten Prinzipien wirksam, da sie in unmittelbarem Zusammenhang mit einer sachgerechten Interessenvertretung steht, str.,[60] desgleichen der Antrag auf Auszahlung einer vom Gegner hinterlegten Kostensicherheit.[61] 15

Im Übrigen berechtigt die Prozessvollmacht **nicht zum Geldempfang** und auch sonst nicht zur Entgegennahme der streitbefangenen Sache.[62] In der Zwangsvollstreckung und für den Antrag auf Auszahlung hinterlegter Beträge, auch wenn die Hinterlegung zur Abwendung einer Zwangsvollstreckung aus Kostenfestsetzungsbeschlüssen erfolgt ist, bedarf es einer besonderen Geldempfangs- 16

---

[48] BGH NJW 1981, 1728.

[49] BGH NJW-RR 2203, 51; vgl. auch § 78 Rn. 16.

[50] BGH NJW 1980, 999 m. weit. Hinw.

[51] OLG Hamm NJW 1949, 29.

[52] BGH NJW 1981, 1727, 1728.

[53] OLG Düsseldorf NJW 1976, 1324.

[54] BGH NJW 1980, 999.

[55] BGH NJW 1981, 1728; LG Frankfurt NJW 1953, 1834; AG Herzberg AnwBl. 1968, 360; *Seltmann* VersR 74, 98.

[56] Vgl. BGH NJW 1981, 1727,1728. Der BGH spricht allerdings fälschlich von der Anscheinsvollmacht.

[57] LG Frankfurt NJW 1953, 1834; LG Stuttgart NJW 1954, 764; AG Herzberg AnwBl. 1968, 360, 361.

[58] BGH MDR 1978, 573; NJW 2001, 1356; Urt. v. 15. 3. 2006, XII ZR 138/01.

[59] Rn. 7.

[60] BGH AnwBl. 1994, 480; *Baumbach/Lauterbach/Hartmann* Rn. 7; *Stein/Jonas/Bork* Rn. 10; aA KG OLG-Rspr. 29, 26; *Stein/Jonas/Bork* Rn. 22.

[61] AA *Schneider* NJW 1957, 1670; wohl auch *Stein/Jonas/Bork* Rn. 22.

[62] RGZ 54, 276; RG JW 1889, 285; KG OLGRspr. 7, 309.

vollmacht.[63] Der Schuldner, der ohne eine solche an den Prozessbevollmächtigte leistet, handelt auf eigene Gefahr und Kosten.

17 **6. Erlöschen der Prozessvollmacht.** Die Prozessvollmacht erlischt mit dem zugrundeliegenden Rechtsverhältnis, § 168 BGB, normalerweise durch **Zweckerreichung** des zugrundeliegenden Geschäftsbesorgungsvertrages, aber auch kraft Gesetzes durch **Konkurseröffnung,** § 23 KO.[64] Zweckerreichung liegt nicht bereits bei Ende einer Instanz vor, auch nicht bei Ende des Prozesses oder bei Abschluss eines Vergleichs. Das ergibt sich schon daraus, dass auch Vollstreckungsmaßnahmen und die Wiederaufnahme des Verfahrens von der Vollmacht umfasst werden, § 81. Auch für den im selben Verfahren ausgetragenen Streit um die Wirksamkeit eines Vergleichs bedarf es keiner neuen Vollmacht.[65] Bei Bestellung eines Prozessbevollmächtigten für die höhere Instanz dauert die Vollmacht des Prozessbevollmächtigten der Vorinstanz fort, ebenso nach Verweisung des Rechtsstreits an ein anders Gericht.[66] Sie umfasst zB die Vertretung im Kostenfestsetzungsverfahren[67] und in der Zwangsvollstreckung sowie bei Anträgen auf Berichtigung des Urteils oder des Tatbestandes oder auf Erlass eines Ergänzungsurteils, §§ 319, 320, 321.

18 Die Prozessvollmacht erlischt ferner durch **Kündigung** des Mandatsvertrages seitens der Partei oder des Bevollmächtigten. Auch bei im Übrigen fortbestehendem Mandat, zB zur internen Beratung, ist ein isolierter **Widerruf** der Vollmacht durch die Partei möglich, § 168 S. 2 BGB. Mit dem Erlöschen der Vollmacht des Hauptbevollmächtigten erlischt auch die des Unterbevollmächtigten.[68] Wegen der **Fortdauer der Vollmacht** im Anwaltsprozess und nach Kündigung des Bevollmächtigten vgl. § 87 Rn. 7 ff., 10 ff.

§ 82 Geltung für Nebenverfahren

Die Vollmacht für den Hauptprozess umfasst die Vollmacht für das eine Hauptintervention, einen Arrest oder eine einstweilige Verfügung betreffende Verfahren.

1 Die Vorschrift gilt für das **Außenverhältnis** gegenüber Gericht und Prozessgegner und ist für den Anwaltsprozess zwingend. Im Parteiprozess gilt § 83 Abs. 2. Ist nichts anderes vereinbart, gilt sie auch für das **Innenverhältnis.** Der Anwalt ist auch gegenüber der Partei berechtigt, im Rahmen des § 82 für sie tätig zu werden.[1] Zur Beschränkung im Innenverhältnis zwischen Partei und Anwalt vgl. § 83 Rn. 7.

2 **Hauptprozess und Nebenverfahren** liegen vor, wenn derselbe Anspruch geltend gemacht wird, im Nebenverfahren als Arrestanspruch oder Vergütungsanspruch, vgl. § 916 Rn. 1 ff. Ein **enger sachlicher Zusammenhang** genügt, zB in den Fällen des § 940. Nicht erforderlich ist, dass die Verfahren vor demselben Gericht stattfinden. Das Nebenverfahren kann vor Beginn des Hauptprozesses eingeleitet werden.[2] Wegen der Hauptintervention vgl. § 64 Rn. 15.

3 Die Erstreckung auf Nebenverfahren hat zur Folge, dass **Zustellungen** an den Bevollmächtigten des Hauptprozesses bewirkt werden **können,** aber nicht müssen.[3] Der Bevollmächtigte des Nebenverfahrens ist nicht umgekehrt ohne weiteres auch für den Hauptprozess bevollmächtigt.[4] Die Vollmacht kann auf das Verfahren über einen Arrest oder eine einstweilige Verfügung beschränkt werden, ohne dass § 83 entgegensteht. In **Familiensachen** gilt für Folgesachen § 624 Abs. 1. Für **einstweilige Anordnungen** gem. §§ 620, 641 d gilt § 82.

§ 83 Beschränkung der Prozessvollmacht

(1) Eine Beschränkung des gesetzlichen Umfanges der Vollmacht hat dem Gegner gegenüber nur insoweit rechtliche Wirkung, als diese Beschränkung die Beseitigung des

---

[63] RGZ 33, 385; LG Hagen VersR 1975, 308; OLG Koblenz VersR 1969, 1003; OLG Frankfurt Rpfleger 1986, 391; *Uhlenbruck* MDR 1978, 9.

[64] BGH WM 1963, 1232; 1988, 1838; NJW 1998, 2364.

[65] *Stein/Jonas/Bork* Rn. 6; aA OLG Hamburg OLGRspr. 11, 106.

[66] *Rosenberg,* Stellvertretung im Prozess, 1908, S. 662, 981; *Stein/Jonas/Bork* Rn. 6.

[67] Dies gilt auch wenn die vertretene GmbH bereits wegen Vermögenslosigkeit im Handelsregister gelöscht worden ist, Hamburg MDR 86, 324.

[68] *Stein/Jonas/Bork* Rn. 17; aA OLG Hamburg OLGRspr. 11, 106.

[1] *Zöller/Vollkommer* § 81 Rn. 8; aA für das mit dem Hauptprozess zusammenhängende Arrestverfahren OLG Köln JurBüro 1975, 185.

[2] RG JW 1894, 193.

[3] RGZ 45, 364; OLG Frankfurt MDR 1984, 58 m. weit. Hinw.

[4] RG SeuffA 80, 63; OLG Hamburg OLGRspr. 21, 94.

Rechtsstreits durch Vergleich, Verzichtleistung auf den Streitgegenstand oder Anerkennung des von dem Gegner geltend gemachten Anspruch betrifft.

(2) Insoweit eine Vertretung durch Anwälte nicht geboten ist, kann eine Vollmacht für einzelne Prozesshandlungen erteilt werden.

I. Normzweck

Für den Umfang der Vertretungsbefugnis gilt § 81.[1] Die Festlegung soll das Verfahren vereinfachen und **klare Verhältnisse** schaffen.[2] Der Prozessgegner soll sich auf die Wirksamkeit der von oder gegenüber dem Prozessbevollmächtigten vorgenommenen Handlungen verlassen können. Soweit Abs. 1 einen Ausschluss für Vergleich, Verzicht oder Anerkenntnis zulässt, liegt darin keine Einschränkung des Normzwecks sondern eine Konsequenz aus § 78. Die Partei darf durch den Anwaltszwang nicht gezwungen werden, wesentliche Interessen der unbeschränkten Disposition eines Rechtsanwalts zu unterwerfen. 1

II. Beschränkung der Vollmacht im Anwaltsprozess, Abs. 1

Abs. 1 erfasst alle Prozesse. Da im **Parteiprozess** gem. Abs. 2 weitergehende **Beschränkungsmöglichkeiten** bestehen,[3] hat die Regel aber nur im Anwaltsprozess Bedeutung. 2

1. Außenverhältnis. a) Gegenüber dem Prozessgegner kann die **Prozessvollmacht** im Anwaltsprozess **grundsätzlich** nicht beschränkt werden. Andere als die in Abs. 1 aufgeführten Beschränkungen sind dem Gegner gegenüber wirkungslos, selbst wenn sie in der Vollmachtsurkunde aufgeführt[4] oder dem Gegner bekannt sind. Auch die weisungswidrige Rücknahme eines Rechtsmittels ist wirksam.[5] 3

Ausnahmsweise ergibt sich im **Kfz-Haftpflichtprozess** eine Beschränkung entgegen dem Wortlaut, wenn derselbe Versicherer auf beiden Seiten Partei ist. Wegen möglicher Interessenkollisionen erstreckt sich die zur Abwehr einer Widerklage erteilte Prozessvollmacht dann nicht auf die Vertretung der Klage.[6] 4

Eine nach Abs. 1 **zulässige Beschränkung** durch Ausschluss von Vergleich, Verzicht oder Anerkenntnis wirkt dem Gegner gegenüber nur, wenn sie **unmissverständlich** zum Ausdruck gebracht wurde.[7] Das kann durch Erklärung gegenüber dem Prozessgegner geschehen. Aber auch die Beschränkung in der nach § 81 dem Gericht zu übergebenden Urkunde ist ausreichend.[8] Das Gericht muss sie **von Amts wegen berücksichtigen** und den Prozessgegner, der die Vollmachtsurkunde in der Regel nicht kennt, auf sie hinweisen. Eine Beschränkung, die nicht unmissverständlich gegenüber Gericht oder Gegner zum Ausdruck gebracht wurde, ist im Außenverhältnis wirkungslos, behält aber Bedeutung für das Innenverhältnis, vgl. § 81 Rn. 2. 5

b) Überschreitet der Prozessbevollmächtigte eine im Außenverhältnis wirksame **Beschränkung,** so ist die Prozesshandlung wirkungslos. Prozessvergleiche, Anerkenntnis- oder Verzichtserklärungen sind nichtig. Auf ihnen beruhende Anerkenntnis- oder Verzichtsurteile, § 313b Abs. 1, unterliegen der Nichtigkeitsklage nach § 579 Abs. 1 Nr. 4 und können mit ordentlichen Rechtsmitteln angefochten werden. 6

2. Innenverhältnis. Im Verhältnis zwischen der Partei und ihrem Prozessbevollmächtigten ist jede **Beschränkung** der Prozessvollmacht **wirksam,** auch wenn sie gegenüber dem Prozessgegner keine Wirkung hat. Überschreitet der Prozessbevollmächtigte die im Innenverhältnis wirksame Beschränkung, so kann er sich gegenüber seiner Partei schadenersatzpflichtig machen. 7

III. Beschränkung der Vollmacht im Parteiprozess, Abs. 2

1. Grundsatz. Auch im Parteiprozess hat die Prozessvollmacht grundsätzlich den in § 81 bestimmten Umfang. Sie kann aber auf **einzelne Prozesshandlungen** beschränkt werden. Ebenso können einzelne Prozesshandlungen von der Vollmacht ausgenommen werden. Auch hier ist die 8

---

[1] Vgl. § 81 Rn. 2ff.
[2] *Stein/Jonas/Leipold* Rn. 1.
[3] Dazu unten Rn. 8.
[4] BGH NJW 1976, 1581.
[5] BGH VersR 1988, 526.
[6] BGHZ 112, 345.
[7] BGHZ 16, 167 = NJW 1955, 545.
[8] *Stein/Jonas/Leipold* Rn. 2; *Rosenberg,* Stellvertretung im Prozeß, 1908, S. 803ff.

Beschränkung im **Außenverhältnis** nur wirksam, wenn sie unmissverständlich gegenüber dem Gericht oder dem Gegner zum Ausdruck gebracht worden ist, vgl. oben Rn. 5.

9 Die Vollmacht kann auch für einzelne **Verhandlungs- oder Beweistermine** erteilt werden und ermächtigt dann zu allen in diesen Terminen vorzunehmenden Prozesshandlungen oder zu deren Entgegennahme. Vergleiche, Verzichts- oder Anerkenntniserklärungen des Terminbevollmächtigten sind wirksam, desgleichen für **Zustellungen,** die im Termin bewirkt werden, jedoch nicht andere Zustellungen.[9] Ist die Prozessvollmacht dergestalt beschränkt, können Zustellungen auch an die Partei bewirkt werden. § 172 Abs. 1 S. 1 gilt nur bei unbeschränkter Prozessvollmacht.

10 **2. Beschränkte Bestellung.** Auch bei unbeschränkter Prozessvollmacht kann der Prozessbevollmächtigte in seiner Bestellung gegenüber dem Gericht zum Ausdruck bringen, dass er nur im beschränkten Umfang tätig werden will, zB zur Einlegung eines Einspruchs. Diese Beschränkung hat die gleiche **Außenwirkung** wie die Beschränkung der Vollmacht selbst.[10]

§ 84 Mehrere Prozessbevollmächtigte

[1]Mehrere Bevollmächtigte sind berechtigt, sowohl gemeinschaftlich als einzeln die Partei zu vertreten. [2]Eine abweichende Bestimmung der Vollmacht hat dem Gegner gegenüber keine rechtliche Wirkung.

I. Normzweck

1 Die Vorschrift soll ebenso wie § 83 das Verfahren vereinfachen und klare Verhältnisse schaffen. Sie dient der **Vermeidung von Unsicherheiten** über die Wirksamkeit von Prozesshandlungen infolge von Sondergestaltungen.

II. Wirkung

2 **1. Zulässigkeit mehrerer Bevollmächtigter.** Im Zivilprozess kann die Partei sich von **beliebig vielen Bevollmächtigten** vertreten lassen; auch ein Bevollmächtigter kann beliebig viele Parteien vertreten. Eine Beschränkung wie im Strafprozess, §§ 137 Abs. 1, 146 StPO, findet nicht statt.

3 **2. Stellung mehrerer Bevollmächtigter.** Für das Außenverhältnis gegenüber Gericht und Gegner ist **Einzelvollmacht** zwingend vorgeschrieben. Mehrere Prozessbevollmächtigte werden so angesehen, als ob sie eine Person wären. Die Erklärungen jedes Bevollmächtigten sind der Partei zuzurechnen, auch wenn sie einander widersprechen. Ihre Wirksamkeit ist so zu beurteilen, wie wenn die Partei sie selbst abgegeben hätte. Liegen einander widersprechende **Prozesshandlungen** vor, so sind diese bei Gleichzeitigkeit unwirksam. Bei aufeinanderfolgenden dürfte die zeitlich spätere meist als Widerruf der früheren anzusehen sein, soweit ein solcher möglich ist. Die Vollmacht jedes Prozessbevollmächtigten kann im Außenverhältnis nur nach Maßgabe des § 83 beschränkt werden. Die **Zustellung** an einen Bevollmächtigten ist ausreichend.[1] Es kommt nicht darauf an, ob und wann die anderen hiervon Kenntnis erhalten.[2] Wird mehreren Bevollmächtigten zugestellt, ist für die Berechnung von **Fristen** die erste Zustellung maßgeblich.[3]

4 **3. Anwaltssozietät, Partnerschaft.** Sie ist der häufigste Fall der Vertretung durch mehrere Bevollmächtigte. Die in einer Gesellschaft bürgerlichen Rechts, §§ 705 ff. BGB, oder in einer Partnerschaft nach dem PartG[4] zusammengeschlossenen Rechtsanwälte handeln im Zweifel jeweils im Namen der Gesellschaft, so dass auch der **Anwaltsvertrag** des Mandanten mit der Gesellschaft zustandekommt.[5] Für die Partnerschaft gilt gem. § 1 Abs. 4 PartGG das gleiche. Kein Fall der Vertretung durch mehrere Bevollmächtigte ist die Rechtsanwalts-GmbH, da sie selbst postulationsfähig ist, § 59l BRAO.[6] Ein Rechtsanwalt, der einer Sozietät beitritt, tritt nicht ohne weiteres in alle be-

---

[9] So wohl auch *Stein/Jonas/Leipold* Rn. 6.

[10] OLG Hamm AnwBl. 1972, 189.

[1] BGH NJW 1969, 1486; MDR 1986, 582; BVerwG NJW 1975, 1795, 1796; 1984, 2115; OLG Frankfurt Rpfleger 1977, 418.

[2] OVG Münster DÖV 1976, 608 (LS); RAG 4, 298; LAG Frankfurt VersR 1973, 190.

[3] BGH FamRZ 2004, 865 m. weit. Hinw.

[4] BGBl. 1994 I S. 1744.

[5] BGHZ 56, 355; OLG Hamm NJW 1970, 1791; *Müller* NJW 1969, 903; 1416; *Kornblum* BB 1973, 218; *Seltmann* VersR 1974, 98. Der BGH hat damit die in NJW 1963, 1301 vertretene gegenteilige Meinung aufgegeben; vgl. ausführlich *Borgmann/Haug* S. 212 ff.; aA *Arndt* NJW 1963, 1200.

[6] *Zuck,* Anwalts-GmbH, § 59l BRAO, Rn. 2.

stehenden Mandate ein.[7] Bei der Partnerschaft könnte sich aus der Verweisung auf § 124 HGB in § 7 Abs. 2 PartG eine andere Rechtsfolge ergeben. Grundsätzlich ist jeder Sozius berechtigt, im Namen des anderen Zustellungen entgegenzunehmen.[8] Da der Anwaltsvertrag mit allen Sozien zustandekommt, haften diese dem Mandanten als Gesamtschuldner,[9] vgl. auch § 85 Rn. 19. Das gilt auch, wenn die Rechtsanwälte nur nach außen als Sozietät auftreten, sog. **Scheinsozietät,** während im Innenverhältnis Trennung der Mandate oder ein Anstellungsverhältnis vereinbart ist.[10] Auch bei einer Sozietät zwischen einem Rechtsanwalt und einem **Steuerberater** wird der Rechtsanwalt durch ein Mandat in einer Steuersache mitverpflichtet, da die Zulassung zur Rechtsanwaltschaft die Befugnis zur Steuerberatung umfasst.[11]

4. Materiellrechtliche Gesamtvertretung. Besteht nach materiellem Recht Gesamtvertre- 5
tungsbefugnis, wie zB bei einer Gesellschaft bürgerlichen Rechts, § 709 Abs. 1 BGB, oder bei Gesamtprokura, § 48 Abs. 2 HGB, so gilt diese im Parteiprozess unverändert, wenn die Gesamtvertretungsberechtigten **selbst handeln.** Es liegt kein Fall der Erteilung einer Prozessvollmacht vor, für den § 84 allein gilt. Wird **Prozessvollmacht** erteilt, so kann sie nur von den Gesamtvertretungsberechtigten gemeinsam erteilt werden.

5. Gebühren. Bei Vertretung durch mehrere Rechtsanwälte hat grundsätzlich jeder den vollen 6
Gebührenanspruch, § 5 BRAO. Die Vorschrift ist aber bei Beauftragung einer **Anwaltssozietät** nicht anwendbar. Vielmehr ist davon auszugehen, dass die in einer Sozietät verbundenen Anwälte nicht nebeneinander, sondern in wechselseitiger Vertretung tätig werden sollen. Der Gebührenanspruch entsteht nur einmal und steht den Sozien gemeinsam zu.[12] Im Verhältnis zum Prozessgegner können nur die Kosten eines Prozessbevollmächtigten erstattungsfähig sein.

§ 85 Wirkung der Prozessvollmacht

(1) [1]Die von dem Bevollmächtigten vorgenommenen Prozesshandlungen sind für die Partei in gleicher Art verpflichtend, als wenn sie von der Partei selbst vorgenommen wären. [2]Dies gilt von Geständnissen und anderen tatsächlichen Erklärungen, insoweit sie nicht von der miterschienenen Partei sofort widerrufen oder berichtigt werden.

(2) Das Verschulden des Bevollmächtigten steht dem Verschulden der Partei gleich.

Übersicht

[7] BGH NJW 1988, 1973; KG JW 1937, 2217; OLG Karlsruhe Rpfleger 57, 42; *Borgmann/Haug* S. 218; vgl. auch *Palandt/Sprau* § 705 BGB Rn. 49.
[8] BGH LM § 176 Nr. 7.
[9] St. Rspr.; vgl. BGHZ 56, 355 = NJW 1971, 1801; BGHZ 70, 247, 251 = NJW 1978, 996; BGHZ 83, 328, 329, 330 = NJW 1982, 1866; BGH NJW 1988, 200, 201.
[10] BGHZ 70, 247, 251 = NJW 1978, 996.
[11] BGHZ 83, 328, 329, 330 = NJW 1982, 1866.
[12] BGHZ 56, 355, 359 = NJW 1971, 1801; *Müller* NJW 1969, 903; 1416; anders BGH NJW 1963, 1301; *Arndt* NJW 1969, 1200.

I. Bindung der Partei an Handlungen des Prozessbevollmächtigten, Abs. 1

1 **1. Normzweck.** Entsprechend § 164 Abs. 1 BGB legt Abs. 1 den **Grundsatz der unmittelbaren Stellvertretung** für den Zivilprozess fest. Handlungen des Vertreters sind wie Handlungen der Partei anzusehen. Ihre Wirkungen treffen den Vertretenen, nicht den Vertreter. Dasselbe gilt für **Unterlassungen** und Entsprechendes, wenngleich im Gesetz nicht ausdrücklich erwähnt, für Handlungen, die **gegenüber dem Prozessbevollmächtigten** vorgenommen werden. § 85 regelt nur die **prozessualen Wirkungen der Vertretung.**[1] Die materiellrechtlichen Wirkungen bestimmen sich nach bürgerlichem Recht; näher Rn. 4 sowie § 81 Rn. 7ff.

2 **2. Betroffene Handlungen.** Der Grundsatz der unmittelbaren Stellvertretung gilt für die **Prozessvollmacht,** wie in §§ 81, 82 festgelegt. Die Wirkung ist unabhängig vom Innenverhältnis der Partei zu ihrem Anwalt. Sie tritt auch ein, wenn dessen Handlungen nicht interessengerecht sind oder sogar Weisungen der Partei zuwiderlaufen und möglicherweise Schadensersatzpflichten des Anwalts auslösen.[2] An rechtliche Ausführungen ist die Partei aber nicht gebunden; sie können jederzeit berichtigt werden.[3]

3 **a)** Für **Prozesshandlungen** folgt die Vertretungswirkung aus Abs. 1. Sie sind für die Partei bindend. Das gilt insbesondere für Handlungen in bestimmenden Schriftsätzen und Dispositionen über den Streitgegenstand durch Vergleich, Klageänderung, Anerkenntnis, Verzicht usw. Auch **Unterlassungen** und **Versäumnisse** des Prozessbevollmächtigten,[4] ebenso die **Entgegennahme** von Zustellungen oder sonstigen Prozesshandlungen wirken unmittelbar für und gegen die Partei.[5]

4 **b)** Soweit **materielle Rechtsgeschäfte** von der Prozessvollmacht umfasst werden, ergibt sich die Rechtsfolge der Vertretungswirkung nicht aus § 85, sondern aus einer selbstständigen Beurteilung der betreffenden Handlungen nach §§ 164ff. BGB,[6] auch unter dem Gesichtspunkt der Anscheinsvollmacht, vgl. § 81 Rn. 7ff. Materiellrechtlich ist § 166 Abs. 1 BGB anwendbar, so dass die **Kenntnis des Prozessbevollmächtigten** der Partei zuzurechnen ist.[7] Auch die Frage, inwieweit daneben auf eigene Kenntnis der Partei abzustellen ist, ist nach materiellem Recht zu beurteilen.

5 **c) Tatsächliche Erklärungen** des Prozessbevollmächtigten sind für die Partei ebenso verbindlich, wie wenn sie diese selbst abgegeben hätte, es sei denn, dass sie eine in ihrer Gegenwart abgegebene Erklärung sofort widerruft, Abs. 2 S. 1 (vgl. aber Rn. 7). Die Partei kann Tatsachen zugestehen, die ihr Prozessbevollmächtigter vorher bestritten hatte.[8]

6 **d) Prozessuale Ordnungswidrigkeiten** des Prozessbevollmächtigten sind der Partei zuzurechnen. Eine Verzögerungsgebühr trifft also nicht den Prozessbevollmächtigten, sondern die Partei.[9] Eine Anordnung gegen den Prozessbevollmächtigten wäre mit § 34 GKG nicht vereinbar. Die Anordnung gegen die Partei ist verfassungsrechtlich unbedenklich, da die Gebühr keinen strafrechtlichen Charakter hat.

7 **3. Widerruf.** Soweit Wirkungen von Prozesshandlungen, tatsächlichen Erklärungen oder materiellen Rechtsgeschäften die Partei aufgrund der Prozessvollmacht unmittelbar treffen, ist eine Beseitigung durch Widerruf, Rücktritt, Anfechtung o.Ä nur möglich, soweit die Partei auch **eigene Erklärungen oder Handlungen** rückgängig machen könnte. Einzige förmliche Ausnahme von diesem Grundsatz sind nach Abs. 1 S. 2 Erklärungen des Prozessbevollmächtigten über Tatsachen, die von der anwesenden Partei sofort widerrufen werden.

8 Die beabsichtigte Straffung des Prozessverlaufs wird nur unvollkommen erreicht. Nicht jede Erklärung des Prozessbevollmächtigten über Tatsachen ist als Geständnis anzusehen.[10] **Widersprüche** zwischen Erklärungen der Partei und ihres Prozessbevollmächtigten müssen ebenso aufgeklärt werden, wie widersprüchliche Erklärungen der Partei. In der Praxis kann sich der Prozessbevollmächtigte von einer Erklärung über Tatsachen auch distanzieren, wenn **Informationsmängel** aufgetreten sind, wofür er sich selbst gem. § 290 als Zeuge benennen kann. Da Erklärungen der Partei über

---

[1] RGZ 96, 177.
[2] BGH VersR 1988, 526; vgl. näher Rn. 31.
[3] RGZ 32, 407.
[4] RG JW 1898, 350.
[5] Vgl. RGZ 34, 424.
[6] BGHZ 51, 141 = NJW 1969, 925, 926; RGZ 56, 338; 146, 348; OLG Braunschweig OLGZ 65, 441; aA *Stein/Jonas/Leipold* Rn. 1; *Zöller/Vollkommer* Rn. 3 nimmt entsprechende Anwendung an.
[7] BGHZ 51, 141 = NJW 1969, 925, 926; OLG Braunschweig OLGZ 75, 441.
[8] BGHZ 8, 235, 237 = NJW 53, 621 m. Anm. *Lent.*
[9] BFH NJW 1970, 727; aA *Lappe* NJW 1985, 1875, 1878; *Göhler* OWiG, 7. Aufl. 1984, Vorb. § 1 Anm. 1.
[10] Vgl. § 288 Rn. 10, 21ff.

Tatsachen vom Gericht auch zu beachten sind, wenn die Partei anwaltlich vertreten ist,[11] wird das Gericht bei Widersprüchen im Zweifel den Erklärungen der Partei mehr Gewicht beilegen, als denen des Anwalts.[12]

II. Verschulden des Prozessbevollmächtigten, Abs. 2

1. Normzweck. Nachlässige Prozessführung kann den Rechtsstreit entscheidend beeinflussen. **Verspäteter Sachvortrag** oder die **Versäumung von Fristen** kann zum Ausschluss von Angriffs- oder Verteidigungsmitteln oder zur Unzulässigkeit von Rechtsmitteln, die **von Terminen** zu Versäumnisurteilen, uU sogar zu rechtskräftigen Entscheidungen führen. Die Verschuldenszurechnung soll bewirken, dass die Partei, die den Prozess durch einen Vertreter führen lässt, in jeder Hinsicht so behandelt wird, als ob sie ihn selbst geführt hätte,[13] damit durch die Vertreterbestellung **keine Verschiebung des Prozessrisikos** zu Lasten des Gegners eintritt.[14] 9

Die früher in § 233 Abs. 2 enthaltene Regelung ist durch die Vereinfachungsnovelle[15] hierher verlegt worden. Das stellt ohne sachliche Änderung[16] die **umfassende Bedeutung** für die gesamte Regelung der Stellvertretung im Prozess gesetzessystematisch klar. 10

2. Anwendungsbereich. a) Abs. 2 gilt für den **gesamten Zivilprozess** und in allen Verfahren, in denen die Zivilprozessordnung entsprechend angewendet wird,[17] wegen seiner Zweckbestimmung zugunsten des Gegners aber **nicht im Prozesskostenhilfeverfahren.**[18] 11

In **Familien- und Kindschaftssachen** gelten trotz einschneidender Folgen für die Betroffenen keine Einschränkungen.[19] Die Regelung ist trotz gelegentlicher Bedenken[20] verfassungsgemäß.[21] In Entmündigungssachen wird aber die Anwendung von Abs. 2 abgelehnt, weil eine Wiedergutmachung im Wege des Schadensersatzes nicht möglich wäre.[22] 12

b) Abs. 2 betrifft die prozessualen Folgen des Verschuldens. Er ist nicht anwendbar, soweit an den Ablauf von Fristen **materiellrechtliche Folgen** geknüpft sind, wie zB die Verjährung, § 214 BGB, oder die **Anfechtungsfristen** nach §§ 129ff. InsO, § 3 AnfG. Insoweit kommt es auf ein Verschulden nicht an. Unter Gesichtspunkten der Risikosphäre wird aber Verschulden des Prozessbevollmächtigten im Rahmen von § 206 BGB der Partei zugerechnet und nicht als höhere Gewalt bewertet.[23] Das gilt auch für die Frist zur **Abstammungsanfechtung** gem. § 1600h BGB.[24] Soweit der Bevollmächtigte in Ausübung seiner Vertretungsmacht einem Dritten Schaden zufügt, richtet sich die Haftung des Vertretenen nach BGB, insbesondere also nach § 831 BGB.[25] 13

c) Sehr streitig ist die Anwendung von Abs. 2 bei **Versäumung der Klagefrist gem. § 4 KSchG.** Es wird vertreten, mit der Beauftragung eines Anwalts habe die Partei iSd. § 5 KSchG die ihr nach Lage der Umstände zuzumutende Sorgfalt angewendet; da § 4 KSchG eine materiellrechtliche Frist enthalte, sei Abs. 2 nicht anwendbar, das Anwaltsverschulden also nicht zuzurechnen.[26] Demgegenüber wendet die wohl hM Abs. 2 auch im Rahmen des § 5 KSchG entsprechend an.[27] 14

---

[11] Vgl. § 78 Rn. 19.
[12] BGH § 141 Nr. 2; VersR 1969, 58.
[13] BGHZ 2, 205, 207 = NJW 1951, 963; BGHZ 66, 122, 14 = NJW 76, 1218.
[14] BGHZ 2, 205, 207 = NJW 1951, 963; OLG Düsseldorf FamRZ 1986, 208; *Vollkommer* S. 37ff.
[15] BGBl. I 1976 S. 3281; die im Folgenden zitierte ältere Rechtsprechung ist zu § 232 Abs. 2 aF ergangen.
[16] BGH VersR 1982, 950.
[17] ZB § 173 VwGO; vgl. BVerfGE 60, 253 = NJW 1982, 2425.
[18] OLG Düsseldorf FamRZ 1986, 288.
[19] BGHZ 81, 353, 356 = NJW 1982, 96; BGH NJW 1979, 1414; OLG Hamm NJW 1977, 2077, 2078 m. Anm. von *Ostler*.
[20] Abweichende Meinung des Richters *v. Schlabrendorff* BVerfGE 35, 57ff.; OLG Stuttgart FamRZ 1973, 604; AK-ZPO/*Christian* Rn. 11; rechtspolitische Bedenken äußern auch *Leipold* ZZP 93 (1980), 237, 255f.; *Vollkommer* S 41f.; 56; *Bosch* FamRZ 1973, 449; *Berkemann* FamRZ 1974, 295.
[21] BVerfGE 35, 41, 46ff.; 60, 253, 271ff.; BGH FamRZ 1973, 27; NJW 1979, 1414; VersR 1975, 571; 81, 78.
[22] LG Tübingen NJW 1977, 1963 m. zustimmender Anm. von *Grunsky*.
[23] BGHZ 17, 199, 206 = NJW 1955, 1225; BGHZ 341, 342, 347 = NJW 1960, 776; aA RGZ 158, 357.
[24] Zur Ehelichkeitsanfechtung gem. § 1600h aF vgl. BGHZ 81, 353, 356 = NJW 1982, 96.
[25] RGZ 61, 21; 63, 152; 73, 436; OLG Düsseldorf FamRZ 1957, 222.
[26] LAG Hamm BB 1972, 317; NJW 1981, 1230; AnwBl. 1984, 158; einschränkend MDR 1982, 172; LAG Hamburg NJW 1978, 446; Beschl. v. 7. 5. 2004, 8 Ta 6/04; VersR 1981, 37; BB 1986, 1020; LAG Bremen AP § 52 Nr. 230; § 53 Nr. 62; LAG Stuttgart NJW 1965, 2366; *Baumbach/Lauterbach/Hartmann* Rn. 15; *Zöller/Vollkommer* Rn. 11; *Melzer* ArbuR 1966, 107; *Wenzel* DB 1970, 730; BB 1975, 791; 1981, 678; MDR 1978, 278.
[27] BGH NJW 1999, 1391, der § 5 KSchG nichteinmal erwähnt; LAG Mainz NJW 1982, 2461; LAG Berlin BB 1979, 167; LAG München BB 1981, 915; LAG Düsseldorf DB 1972, 1975; AP § 53 Nr. 238; LAG Frankfurt BB 1971, 745; 1976, 139; NZA 84 40; LAG Hamm DB 1967, 912; LAG Kiel AP § 54, Nr. 40; LAG Köln

Dem ist im Ergebnis zuzustimmen, wobei sich die Verschuldenszurechnung richtigerweise direkt aus **§ 278 BGB** ergibt, da die Partei im Kündigungsschutzprozess mindestens in einem nachvertraglichen Schuldverhältnis zu ihrem Arbeitgeber steht.[28]

15 **3. Personenkreis. a) Geltungsbereich.** Bevollmächtigter iSd. Abs. 2 ist derjenige, dem durch Rechtsgeschäft die **Befugnis zur eigenverantwortlichen Vertretung der Partei** erteilt wurde.[29] Dies gilt zB auch für den Generalbevollmächtigten.[30] Eine wirksame Vollmacht ist Voraussetzung.[31] Sie muss nicht im vollen Umfang der §§ 81 bis 83 bestehen. Auch wer von der Partei nur mit einzelnen Handlungen beauftragt wurde, wie zB der **Entgegennahme von Zustellungen**[32] oder, auch ohne Rechtsanwalt zu sein,[33] mit der **Führung der Korrespondenz,**[34] ist insoweit Prozessbevollmächtigter iSv. Abs. 2.[35] Deshalb kann auch eine **Versicherungsgesellschaft,** die für die Partei mit dem Prozessbevollmächtigten korrespondiert, Bevollmächtigter iSv. Abs. 2 sein,[36] ebenso ein **ausländischer Korrespondenzanwalt**[37] oder ein Anwalt, der am Prozessgericht nicht zugelassen ist und es nur übernommen hat, für die Bestellung eines zugelassenen Rechtsanwalts zu sorgen.[38] Im arbeitsgerichtlichen Verfahren sind die **Verbandsvertreter** gem. § 11 Abs. 1 ArbGG Bevollmächtigte iSv. Abs. 2.[39]

16 **Beiordnung** gem. § 78b oder gem. § 121 **ersetzt nicht die Vollmacht der Partei.**[40] Das Verschulden des beigeordneten Anwalts ist der Partei nur zuzurechnen, wenn sie Prozessvollmacht erteilt oder die Prozessführung nachträglich genehmigt hat.[41] Dann sind Mängel der Beiordnung für die Verschuldenszurechnung gem. Abs. 2 bedeutungslos.[42] Wird ein **Vertreter gem. § 89** einstweilen zur Prozessführung zugelassen, so ist sein Verschulden der Partei zuzurechnen, sofern er bereits bevollmächtigt war und nur der Nachweis fehlte, oder wenn seine Prozessführung später von der Partei genehmigt wird, vgl. § 78 Rn. 51; § 89 Rn. 19ff.

17 **b) Vertreter des Bevollmächtigten.** Abs. 2 gilt für Vertreter des Bevollmächtigten, soweit dessen Vollmacht ganz oder für Teilbereiche auf sie übertragen, wurde. Da § 278 BGB im Innenverhältnis zwischen Partei und Prozessbevollmächtigten anwendbar ist, aber nicht im Außenverhältnis gegenüber Gericht und Gegner, ist das Verschulden **unselbstständiger Hilfspersonen,** die von der Partei oder den Prozessbevollmächtigten zur Verrichtung einzelner Handlungen zugezogen werden, der Partei nicht zuzurechnen.[43] Der Rechtsanwalt darf sich also grundsätzlich darauf verlassen, dass sein geschultes und als zuverlässig erkanntes Büropersonal seine Weisungen befolgen wird.[44] Das gilt auch für die Notierung von Fristen während seines Urlaubs.[45] Allerdings muss er sein Büropersonal ausreichend schulen und überwachen, und er muss sein Büro so organisieren, dass bei Beachtung seiner Weisungen Fristversäumnisse nicht vorkommen können, weil sonst ein **Organisationsverschulden** vorliegt, das wiederum der Partei zuzurechnen ist. Eine Überprüfung durch Stichproben ist nicht erforderlich, wenn der langjährigen Bürovorsteherin noch nie Versäumnisse in Bezug auf Fristen oder Termine unterlaufen sind.[46] Wegen weiterer Einzelheiten des Verschuldensmaßstabs vgl. Rn. 23ff.

18 Die **Abgrenzung** zwischen selbstständigen Vertretern und unselbstständigen Hilfspersonen kann im Einzelfall problematisch sein. Die Rechtsprechung stellt darauf ab, ob die Sache oder wesent-

---

NZA-RR 2006, 319, 325; LAG Tübingen AP § 53 Nr. 137; *Stein/Jonas/Leipold* Rn. 23; *Pöhlmann* RdA 1952, 208; *Neumann/Duesberg* ZZP 65 (1952) 397; *Grundstein/Neumann/Duesberg* ZZP 65 (1952) 397; *Grundstein* BB 1975, 523.

[28] Vgl. dazu *v. Caemmerer,* FS Weitnauer, 1980, S. 261, 278f.

[29] BGH VersR 1984, 239.

[30] BGH VersR 1985, 1186.

[31] RGZ 115, 72; RG JW 1926, 2575.

[32] RG JW 1935, 2430.

[33] RGZ 156, 208.

[34] BGH NJW 1982, 2447; VersR 1981, 79; 1985, 1185, 1186; RGZ 115, 71.

[35] BGH NJW 1982, 2447; VersR 1984, 240, 241.

[36] BGH LM § 233 Nr. 30.

[37] BGH NJW-RR 1986, 288; vgl. aber auch BGH VersR 1988, 836.

[38] BGH VersR 1973, 574 m. weit. Hinw.; BGH BB 2003, 1253; BGH LM § 232 Nr. 6.

[39] BAG AP § 232 Nr. 1.

[40] BGH VersR 1971, 646; 1973, 446; RG JW 1925, 369; 1936, 2799; vgl. §§ 78b Rn. 10, 78c Rn. 12.

[41] BGH VersR 1973, 446.

[42] RG JW 1936, 1966.

[43] BGH VersR 1974, 1000; 1983, 641.

[44] BGH VersR 1973, 38; 1983, 641, NJW 1974, 1511; VersR 2001, 214; FamRZ 2003, 1650.

[45] BGHZ 43, 148 = NJW 1965, 1021; BGH VersR 1973, 665; 1979, 157; 1987, 410.

[46] BGH VersR 1988, 1141.

liche Teilbereiche zur **selbstständigen Bearbeitung** übertragen wurden,[47] oder ob eine **untergeordnete Mitwirkung** bei einzelnen Handlungen stattgefunden hat.[48] Dabei kommt es darauf an, ob der Beauftragte den Prozessverlauf maßgeblich beeinflussen kann.[49] Das kann auch der Fall sein, wenn er beim Prozessgericht nicht zugelassen ist,[50] oder wenn er Schriftsätze vorbereitet und dem Prozessbevollmächtigten zur Unterschrift vorlegt.[51] Wenn aber dieser sich die Verantwortung für den Rechtsstreit vorbehalten hat, so dass ein juristischer Mitarbeiter, obwohl selbst zugelassener Rechtsanwalt, nur mit dem Entwerfen von Schriftsätzen befasst ist, ist letzterer nicht Bevollmächtigter iSv. Abs. 2.[52] Anhaltspunkte für die Abgrenzung können sich aus dem Mandatsverhältnis ergeben. Die Delegation der Vollmacht auf juristisch nicht vorgebildete Mitarbeiter des Rechtsanwalts wird gewöhnlich von der Prozessvollmacht nicht gedeckt sein, so dass solche Personen, insbesondere **Büropersonal** des Rechtsanwalts, nur unselbstständige Hilfspersonen sein können, deren Verschulden der Partei nicht zuzurechnen ist.[53] Dagegen wird man bei den **juristischen Mitarbeitern** eines Rechtsanwalts nur nach den Umständen des Einzelfalls beurteilen können, ob sie als selbstständige Vertreter oder als unselbstständige Hilfspersonen anzusehen sind.[54]

c) Mehrere Prozessbevollmächtigte. Sind mehrere Prozessbevollmächtigte bestellt, haftet die Partei für das Verschulden jedes einzelnen, sofern seine Handlungen im Rahmen der Vollmacht liegen.[55] Das Verschulden eines **Korrespondenzanwalts,** der für den am Prozessgericht auftretenden Anwalt die Schriftsätze vorbereitet, ist der Partei zuzurechnen; wegen der Haftungsverteilung im Innenverhältnis vgl. Rn. 31, wegen des Sozius vgl. die folgende Rn. und § 84 Rn. 4. 19

d) Einzelfälle. In der Rechtsprechung, die zT noch zu § 233 aF ergangen ist, haben sich im wesentlichen folgende Grundsätze entwickelt: Zuzurechnen ist das Verschulden des nach § 53 BRAO allgemein[56] oder amtlich[57] **bestellten Vertreters,** jedoch nicht mehr nach dem Tode des vertretenen Anwalts.[58] Zuzurechnen ist auch das Verschulden des **Abwicklers.**[59] Unerheblich ist, ob diese Personen Rechtsanwälte sind.[60] Gleiches gilt für den **Urlaubsvertreter,**[61] auch wenn eine förmliche Untervollmacht nicht erteilt wurde,[62] sowie für den **Unterbevollmächtigten,** dem die Sache zur selbstständigen Bearbeitung,[63] also nicht nur zur Terminswahrnehmung[64] übertragen wurde. Das Verschulden des **Zustellungsbevollmächtigten** ist zuzurechnen, bis dieser dem Gericht das Erlöschen seiner Vollmacht angezeigt hat.[65] Der **Sozius** eines Rechtsanwalts ist in der Regel mitbeauftragt und im Übrigen Vertreter iSv. § 53 BRAO, sein Verschulden also zuzurechnen[66] auch wenn er nicht am Prozessgericht zugelassen ist.[67] Abs. 2 gilt für den beim Prozessbevollmächtigten **angestellten Rechtsanwalt,**[68] ebenso für den als **freien Mitarbeiter** tätigen Rechtsanwalt[69] oder den, der als Entgelt für Bürobenutzung einzelne Sachen bearbei- 20

---

[47] BGH LM § 232 Nr. 15; Nr. 27; NJW 1965, 1020; 1974, 1511; VersR 1982, 71; 1983, 84; 443; 770, 771; 1984, 239, 240; BVerwG NJW 1985, 1178.

[48] BGH NJW 1967, 1279; 1974, 1512; 2001, 1575; VersR 1973, 38; 1979, 160; 232; ZZP 71, 115; BVerwG NJW 1985, 1178.

[49] BVerwG JR 1963, 76; *Johannsen* NJW 1952, 526.

[50] BGH NJW 1965, 1020; 1967, 1279; 1974, 1511; RGZ 162, 86; RG JW 1935, 1577.

[51] BGH VersR 1967, 606.

[52] BGH VersR 1983, 641; NJW 1974, 1511.

[53] BGH-RR 2003, 935.

[54] Vgl. BGH NJW 1974, 1511, 1512; 1978, 1178; 2004, 2901; NJW-RR 2004, 993.

[55] BGH § 232 (Cb) Nr. 3; BGHZ 2, 205 = NJW 1951, 963; BFH NJW 1984, 1992.

[56] BGH § 232 Nr. 15; BAG NJW 1973, 343 = AP § 233 Nr. 62 m. Anm. *Vollkommer.*

[57] BGH VersR 1975, 1029, 1150; 1982, 144, 145; 1984, 585; BAG NJW 1973, 343; einschränkend BGH VersR 1982, 365.

[58] BGH NJW 1982, 2324.

[59] Vgl. BGH VersR 1984, 989.

[60] BAG NJW 1973, 343 = AP § 233 Nr. 62 m. Anm. *Vollkommer.*

[61] BGH VersR 1986, 468; NJW 2001, 1575.

[62] BGH VersR 1975, 1150.

[63] BGH NJW 1965, 1020; VersR 1984, 239f.; 443; BAG NJW 1980, 1703.

[64] BGH VersR 1979, 255.

[65] RG JW 1935, 2341.

[66] St. Rspr.; BGHZ 56, 355; 83, 328; 124, 47; BGH NDR 1978, 746; VersR 1986, 686; NJW 1988, 200, 201; 2003, 1530; FamRZ 2003, 231; BFH NJW 1984, 1992; *Kornblum* BB 1973, 218; *Seltmann* VersR 1974, 98; vgl. auch § 84 Rn. 4.

[67] BGH NJW 1965, 1020; 1967, 1279; VersR 1970, 928; 1978, 669; 1979, 466; 577; 1982, 71; 848. Demgegenüber stellt BGH NJW 1979, 876, Nr. 72 auf die Postulationsfähigkeit ab.

[68] BGH VersR 1982, 770; 848; 1984, 87; 443; BVerwG NJW 1985, 240.

[69] BGH (Fn. 68).

tet.[70] Es kommt nicht darauf an, ob der Anwalt unterschriftsberechtigt war.[71] Auch wenn ihm die Akten nur vorgelegt werden sollten[72] oder er aufgrund allgemeiner Vereinbarung in eiligen Fällen für den Kollegen tätig wird,[73] kann sein Verschulden zuzurechnen sein. Jedoch muss jeweils geprüft werden, inwieweit eine Übertragung zur selbstständigen Bearbeitung stattgefunden hat.[74] Dann kann auch das Verschulden von **Referendaren** zuzurechnen sein.[75]

21 **4. Beginn und Ende der Verschuldenszurechnung. a) Annahme des Mandats.** Bevollmächtigung und Verschuldenszurechnung können zeitlich auseinanderfallen. Die Bevollmächtigung kann durch Erklärung gegenüber dem Gericht oder gegenüber dem Gegner erfolgen (vgl. § 80 Rn. 3). Das Verschulden des Prozessbevollmächtigten ist der Partei aber nicht ab Auftragserteilung[76] sondern ab Annahme des Mandats zuzurechnen.[77] In der Weitergabe des Auftragsschreibens an einen anderen Rechtsanwalt liegt noch kein Auftrag der Partei an diesen.[78] Die Annahme eines Auftrages kann aber schon in der telefonisch erklärten Bereitschaft zur Übernahme liegen, auch wenn das Auftragsschreiben erst später eingeht.[79] Ein Verschulden des Prozessbevollmächtigten, das vor Annahme des Mandats liegt, ist der Partei auch dann nicht zuzurechnen, wenn das Mandatsverhältnis später zustandekommt.[80] Auf die **Beiordnung** gem. § 78b oder § 121 kommt es nicht an, da außerdem die Vollmacht der Partei erforderlich ist.[81]

22 **b) Beendigung des Mandats.** Die **Verschuldenszurechnung endet** mit Beendigung des Mandats durch Zweckerreichung, Kündigung oder Widerruf[82] Hat der Anwalt der Partei oder dem Korrespondenzanwalt das Urteil übersandt und den Lauf der Rechtsmittelfrist mitgeteilt, ist sein Mandat grundsätzlich beendet; eine Fristkontrolle kann von ihm nicht mehr verlangt werden.[83] Erlangt er später Kenntnis von einem Restitutionsgrund, so ist diese Kenntnis der Partei nicht zuzurechnen.[84] Abweichend von § 87 ist für die Beendigung der Zurechnung das **Innenverhältnis maßgebend,** auch wenn die Vollmacht im Außenverhältnis gem. § 87 Abs. 1 fortbesteht oder der Bevollmächtigte gem. § 87 Abs. 2 weiter im Namen der Partei handelt.[85] Denn mit der Kündigung oder dem Widerruf im Innenverhältnis ist das Vertrauensverhältnis beendet, das die Verschuldenszurechnung rechtfertigt. Eigenes Verschulden der Partei kann aber darin liegen, dass sie die Kündigung des Mandats ausgesprochen oder veranlasst hat. Legt der Anwalt das Mandat zur Unzeit nieder und führt dies zur Versäumung eines Termins, so ist sein Verschulden der Partei zuzurechnen.[86] Ein Verschulden liegt aber nicht vor, wenn die Partei noch vier Tage Zeit hat, um eine Berufung zu begründen oder Fristverlängerung zu beantragen.[87]

23 **5. Maßstab des Verschuldens. a) Objektiv-typisierender Maßstab.** Wie im Zivilrecht sind Vorsatz und Fahrlässigkeit zu vertreten. Dabei ist auf die **Person des Bevollmächtigten** abzustellen und ein objektiv-typisierender Maßstab anzulegen.[88] Unzulänglichkeiten auf seiten der Partei oder ihres Bevollmächtigten dürfen sich nicht zu Lasten des Gegners auswirken.[89] Von einem Rechtsanwalt kann größere Sorgfalt erwartet werden, als von einer möglicherweise geschäftlich nicht erfahrenen Partei,[90] aber nach § 233[91] ist auch bei der Fristüberwachung nicht mehr auf „un-

---

[70] BGH ZZP 71, 115.
[71] BGH VersR 1978, 665, 666.
[72] BGH VersR 1977, 720; OLG München 1974, 755.
[73] BGH NJW 1962, 1248; VersR 1982, 770.
[74] Vgl. Rn. 18.
[75] BGH VersR 1976, 92; JurBüro 1976, 1048; BAG NJW 1973, 343.
[76] BGHZ 47, 320, 322 = NJW 1967, 1567; BGH VersR 1982, 950.
[77] BGH NJW 1963, 296, 297; BGHZ 47, 320, 322 = NJW 1967, 1567; BGHZ 50, 82, 83 = NJW 1968, 1330; BGH VersR 1973, 446; 1982, 950; NJW 1974, 994.
[78] BGH NJW 1963, 296.
[79] BGH NJW 1980, 2261; KG Rpfleger 1985, 40.
[80] RGZ 94, 342.
[81] Vgl. oben Rn. 16.
[82] BGH NJW 2006, 2334; dazu § 81 Rn. 17f.
[83] BGH § 233 Nr. 20; VersR 1973, 665; vgl. aber auch VersR 1978, 722: bei Mitwirkung an der Beauftragung des Revisionsanwalts endet das Mandat erst mit der Annahme des Auftrags durch diesen.
[84] BGHZ 31, 351, 354 = NJW 1960, 818.
[85] BGH NJW 1982, 2325; VersR 1983, 540; 1985, 1185, 1186; BAG AP § 241 Nr. 1 m. Anm. *Rimmelspacher.*
[86] BGH VersR 1985, 542.
[87] BGH VersR1987, 286.
[88] RGZ 95, 17; *Stein/Jonas/Leipold* Rn. 20; *Prinz* VersR 1986, 317ff.
[89] Für einen subjektiven Maßstab *Borgmann/Haug* S. 152f., 345 m. weit. Hinw.
[90] *Stein/Jonas/Leipold* Rn. 20.
[91] Das gilt seit der Vereinfachungsnovelle vom 3. 12. 1976, BGBl. I S. 3281.

abwendbaren Zufall" oder die „größtmögliche Sorgfalt" abzustellen,[92] sondern auf diejenige Sorgfalt, die **von einem ordentlichen Rechtsanwalt üblicherweise** verlangt werden kann.[93] An einen ausländischen Rechtsanwalt können als Zustellungsbevollmächtigten nicht dieselben Maßstäbe angelegt werden, wie an einen deutschen Rechtsanwalt.[94]

In der Rechtsprechung hat die Abschwächung der **Anforderungen an die Sorgfaltspflichten des Rechtsanwalts** entgegen der erklärten Absicht des Gesetzgebers keine erkennbaren Änderungen bewirkt. Trotz gegenteiliger Begründungen[95] werden die Anforderungen weiterhin überspannt, insbesondere soweit **formale Mängel,** wie Fristüberschreitungen,[96] mangelnde Unterzeichnung von Schriftsätzen oder Rechtsmittelschriften[97] in Rede stehen, deren Heilung den Gang des Rechtsstreits nicht behindern würde.[98] Der BGH betont zwar, die Beachtung der Sorgfalt müsse im Einzelfall auch zumutbar sein.[99] Trotzdem verlangt er, dass der Anwalt Fehler der Geschäftsstelle bei der Urteilsausfertigung erkennt und berücksichtigt,[100] und auch bei mangelnder Information durch die Partei die Möglichkeit in Betracht zieht, ein Versäumnisurteil könne wegen § 694 Abs. 2 ein zweites Versäumnisurteil iSv. § 345 sein.[101] Auch die Anforderungen an die anwaltliche Sorgfalt bei der Erteilung von Rechtsmittelaufträgen sind nicht herabgesetzt, sondern im Gegenteil verschärft worden.[102] Diese Rechtsprechung widerspricht der Absicht des Gesetzgebers bei Neufassung des § 85 und erscheint als Ausdruck der Hilflosigkeit bei der Abgrenzung zwischen formalen Mängeln und solchen, deren Heilung das Prozessrisiko zu Lasten des Gegners verlagern würde. 24

b) Vorsätzliches Verhalten. Bei vorsätzlichem Verhalten des Prozessbevollmächtigten gelten die gleichen Grundsätze. Die Auffassung, dass vorsätzliche sittenwidrige Schädigung oder besonders leichtfertige, an Gewissenlosigkeit grenzende Außerachtlassung anwaltlicher Berufspflichten nicht zuzurechnen seien,[103] ist abzulehnen. Sie findet im Gesetz keine Stütze. Die Auswahl des Prozessbevollmächtigten liegt in der Einflusssphäre der Partei und das aus ihr resultierende Risiko darf nicht dem Gegner aufgebürdet werden. 25

c) Einzelheiten der Rechtsprechung zum Verschuldensmaßstab. Aus den kaum überschaubaren Einzelheiten der Rechtsprechung zum Verschuldensmaßstab[104] kann Folgendes hervorgehoben werden: **Krankheit** des Rechtsanwalts ist grundsätzlich ein Entschuldigungsgrund,[105] zumal bei plötzlichem Auftreten.[106] Sie entschuldigt aber nicht, wenn der Rechtsanwalt keine Vorkehrungen dafür getroffen hat, dass im Falle seiner Erkrankung ein Vertreter die notwendigen Prozesshandlungen vornimmt.[107] Bei der **Beratung** muss der Rechtsanwalt seinen Auftraggeber umfassend über ein Prozessrisiko,[108] die wirtschaftlichen Auswirkungen[109] und die einzuhaltenden Fristen[110] belehren; er muss erforderlichenfalls den Sachverhalt aufklären, darf zwar auf die Richtigkeit von Tatsacheninformationen seiner Partei vertrauen,[111] muss aber auch Zweifel zum Ausdruck bringen[112] und Bedenken gegen Weisungen seines Auftraggebers äußern.[113] Die Beratung muss auch den Hinweis auf Maßnahmen umfassen, die von der Partei zu ergreifen sind, wie zB eine Schadensmeldung im Haftpflichtprozess,[114] sowie die Möglichkeit der Prozesskostenhilfe[115] oder 26

---

[92] Vgl. zu § 233 aF BGH VersR 1979, 960, 961.

[93] BGH NJW 1985, 495, 496; 1710, 1711; LM § 233 (Fa) Nr. 9; VersR 1983, 374, 735; aA OLG München AnwBl. 1985, 646; DB 1984, 2193; BGH VersR 99, 433.

[94] BGH VersR 1988, 836.

[95] BGH NJW 1982, 2670 (Nr. 11); VersR 1984, 240; LAG Stuttgart NJW 1986, 603.

[96] BGH VersR 1986, 468.

[97] BGH VersR 1980, 765, 942.

[98] Zur Kritik an dieser Rspr. vgl. *Förster* NJW 1980, 432; *Prinz* VersR 1986, 319 f.

[99] BGH NJW 1985, 1711.

[100] Vgl. auch BGH VersR 1987, 1237.

[101] BGH VersR 1987, 256.

[102] BGH NJW 1985, 1709 unter Aufgabe von BGH NJW 1959, 46.

[103] VG Stade NJW 1983, 1509; *Zöller/Vollkommer* Rn. 4, 13.

[104] Vgl. die zusammenfassende Darstellung bei *Prinz* VersR 1986, 317 ff.

[105] Das gilt auch für seelische Belastung, zB aus familiären Gründen, BGH VersR 1981, 839.

[106] BGH VersR 1990, 1026.

[107] BGH VersR 1980, 386; 1981, 850; 1991, 1270; 1994, 1207; BRAK-Mitt. 2005, 181.

[108] BGHZ 89, 178, 182; BGH BB 1999, 763.

[109] OLG Düsseldorf GRUR 1985, 220 BGH BB 1999, 763.

[110] BGHZ 81, 353, 356 = NJW 1982, 96; BGH NJW 1979, 1414.

[111] BGH NJW 1985, 1154; VersR 1995, 1344.

[112] BGH NJW 1985, 264; VersR 1986, 297; NJW 2001, 674.

[113] BGH JZ 1984, 682; VersR 1985, 92; NJW 2001, 674.

[114] OLG Düsseldorf VersR 1985, 84.

[115] OLG Düsseldorf NDR 1984, 937.

etwaige Schadensersatzansprüche gegen sich selbst.[116] Unter mehreren möglichen Maßnahmen muss der Rechtsanwalt das für seinen Auftraggeber sicherste und gefahrloseste Mittel wählen.[117] Jeder Posteingang muss auf die Notwendigkeit von Sofortmaßnahmen überprüft werden.[118]

27 Dies gilt auch während der **Prozessführung,** bei der der Rechtsanwalt, ebenso wie in der **Zwangsvollstreckung** darauf hinzuwirken hat, das Verfahren so schnell wie möglich und mit dem geringstmöglichen Aufwand zu Ende zu bringen und Fehlern des Gerichts entgegenzuwirken.[119] Zu weitgehend ist aber die Forderung, dass der Rechtsanwalt das Gericht auch auf die Unschlüssigkeit des gegnerischen Vortrages hinweisen müsse,[120] denn die korrekte Rechtsanwendung bleibt Sache des Gerichts.[121] Deshalb haftet der Rechtsanwalt auch nach einem vorprozessualen Beratungsfehler nicht dafür, dass das Gericht einen ihm richtig vorgetragenen Sachverhalt falsch beurteilt.[122] Ein Verschuldensvorwurf kann nicht daraus hergeleitet werden, dass der Rechtsanwalt eine **Rechtsauffassung aus Kommentaren** oder von einem **Oberlandesgericht** übernimmt.[123] Er muss sich aber mit ihr auseinandersetzen.[124]

28 Nach Erlass eines Urteils muss der Rechtsanwalt die Partei über den **Zeitpunkt der Zustellung,** das statthafte Rechtsmittel und den Lauf der Rechtsmittelfrist unterrichten.[125] Er darf sich grundsätzlich darauf verlassen, dass eine geschulte und als zuverlässig erprobte Bürokraft seine Anweisung zur Unterrichtung des Mandanten ordnungsgemäß ausführt.[126] Die Anfertigung der **Rechtsmittelschrift** darf er seinem Büropersonal nicht übertragen, ohne das Arbeitsergebnis selbst zu überprüfen.[127] Wenn er aber Anweisung gibt, eine von ihm bereits unterzeichnete Rechtsmittelschrift nochmals zu korrigieren, muss er nicht erneut überprüfen, ob diese Anweisung auch ausgeführt wird.[128]

29 Fristen für die Einlegung oder Begründung von Rechtsmitteln müssen in zeitlichem Zusammenhang mit dem den Fristbeginn auslösenden Ereignis notiert und nach Empfang der gerichtlichen Eingangsbestätigung nochmals kontrolliert werden.[129] Das Enddatum der Frist muss festgehalten werden;[130] die Notierung einer Vorfrist ist nicht ausreichend.[131] Die Berechnung von einfachen Fristen darf der Rechtsanwalt seinem geschulten und als zuverlässig bewährten Büropersonal überlassen.[132] Beauftragt er eine Angestellte, die gerade erst ihre Ausbildung beendet hat, so trifft ihn eine gesteigerte Sorgfaltspflicht.[133] Er darf sich darauf verlassen, dass **mündlich erteilte Anweisungen** befolgt werden,[134] und darauf vertrauen, dass auch während seines Urlaubs Fristen notiert werden.[135] Werden ihm aber die Akten während der Frist vorgelegt, muss er die Berechnung eigenverantwortlich prüfen und etwa notwendige fristwahrende Maßnahmen ergreifen.[136] Soll ein Rechtsmittel eingelegt werden, muss der Rechtsanwalt das für den Lauf einer Rechtsmittelfrist maßgebliche Zustellungs- oder Eingangsdatum eigenverantwortlich feststellen und gegebenenfalls dem Prozessbevollmächtigten der Rechtsmittelinstanz übermitteln.[137] Er darf sich nicht auf den bei seinen Handakten befindlichen Eingangsstempel einer Urteilsausfertigung verlassen.[138] Jedoch genügt es, wenn er seinen Bürovorsteher anweist, die zugestellte Urteilsausfertigung mit Zustellungsvermerk an den Rechtsmittelanwalt zu übersenden, so dass dieser die Rechtsmittelfrist selbstständig

---

[116] BGH VersR 1968, 1042; NJW 1975, 1655; 1985, 581, 582; 1992, 837; DB 1984, 611.
[117] BGH VersR 1986, 297 mit weit. Hinw.; BGH GRUR 2001, 271; OLG Oldenburg VersR 1981, 341; OLG Stuttgart FamRZ 1984, 405; AG München JB 1993, 671.
[118] BGH § 233 Nr. 67; VersR 1985, 96 m. weit. Hinw.
[119] BGH WM 1988, 987, 993; OLG Oldenburg VersR 1981, 341; OLG Köln VersR 1986, 300.
[120] So aber OLG Köln AnwBl. 1984, 92.
[121] BGH NJW 1988, 486, 487.
[122] BGH WM 1988, 342, 345.
[123] BGH NJW 1985, 185, 195.
[124] BGHReport 2001, 481.
[125] BGH VersR 1981, 850.
[126] BGH VersR 1981, 79; BGHReport 2005, 1277.
[127] BGH VersR 1982, 769; FamRZ 2003, 1176.
[128] BGH NJW 1982, 2670 m. zust. Anm. von *Ostler;* vgl. auch BGH NJW 1988, 2045; FamRZ 2003, 1650.
[129] BGH VersR 1985, 502.
[130] BGH VersR 1984, 666.
[131] BGH NJW 1988, 568; VersR 1989, 104.
[132] BGHZ 43, 148 = NJW 1965, 1021; BGH VersR 1979, 157; 1988, 78; NJW-RR 2004, 350.
[133] BGH VersR 1988, 157.
[134] BGH NJW 1988, 1853; VersR 2001, 214; FamRZ 2003, 266.
[135] BGH VersR 1973, 665.
[136] BGH VersR 1979, 159.
[137] BGH VersR 1987, 568; 1994, 873; NJW 1987, 1334.
[138] BGH VersR 1987, 564.

prüfen kann. Dabei muss der Rechtsanwalt nicht prüfen, ob das Urteil bzw. die Handakten seinem Schreiben wirklich beigefügt waren.[139] Er muss sich aber vergewissern, dass ein Auftrag zur Rechtsmitteleinlegung bei dem Beauftragten eingegangen und von diesem angenommen worden ist,[140] und dass er von den richtigen Fristen ausgeht.[141] Wird der Auftrag durch das **Büropersonal** erteilt, dann muss er anhand der Durchschrift der Rechtsmittelschrift prüfen, ob diese von den richtigen Daten ausgeht.[142] Hat der Prozessbevollmächtigte die Urteilsausfertigung mit Zustellungsvermerk an den **Korrespondenzanwalt** übersandt, kann er davon ausgehen, dass dieser eigenverantwortlich prüft, ob ein Rechtsmittel eingelegt werden soll, und dies unmittelbar veranlasst.[143] Im übrigen ändern sich die Pflichten eines Prozessbevollmächtigten nicht durch die Einschaltung eines Korrespondenzanwalts.[144] Wird eine Berufungsbegründungsfrist falsch notiert, weil die Berufungsschrift entgegen einer allgemein erteilten Weisung nicht per Post, sondern am selben Tag per Boten an das Oberlandesgericht überbracht worden ist, beruht eine daraus resultierende Versäumung der Frist nicht auf einem Verschulden des Rechtsanwalts.[145] Ein Verschulden des Rechtsanwalts liegt nicht vor, wenn dieser der Partei die **Niederlegung des Mandats** in einem formlosen Schreiben mitteilt und die Partei die Frist versäumt, obwohl sie noch vier Tage Zeit gehabt hätte, die Berufung zu begründen oder Fristverlängerung zu beantragen.[146]

6. Wirkung der Verschuldenszurechnung. Das Verschulden des Prozessbevollmächtigten wird beurteilt, **als ob es eigenes Verschulden der Partei wäre.**[147] Wo nach der Zivilprozessordnung das Verschulden der Partei eine Rolle spielt, zB §§ 233, 296, 337 S. 1, 367 Abs. 2, 530 Abs. 1 und 2, 615, tritt dieselbe Rechtsfolge auch bei Verschulden des Prozessbevollmächtigten ein. Ohne Bedeutung ist, welcher Grad des Verschuldens vorliegt oder gefordert wird. Es kommt auch nicht darauf an, ob die Partei die Auswahl des Prozessbevollmächtigten beeinflussen oder ihn bei seiner Tätigkeit kontrollieren konnte,[148] oder ob das Gericht die Folgen des Verschuldens abwenden konnte.[149] 30

Im **Innenverhältnis** zwischen der Partei und ihrem Prozessbevollmächtigten bedeutet schuldhaftes Verhalten des Prozessbevollmächtigten in der Regel eine **Verletzung des Mandatsvertrages,** die zum Schadensersatz verpflichtet, wenn der Rechtsstreit sonst einen der Partei günstigeren Ausgang genommen haben würde. Hat ein Vertreter des Prozessbevollmächtigten schuldhaft gehandelt, haftet grundsätzlich der Vertretene. Ausnahmsweise kommt eine eigene Haftung des Vertreters, auch des amtlich bestellten, in Betracht, wenn dieser den Fall wie ein eigenes Mandat behandelt hat.[150] Übernimmt der Rechtsanwalt vorbereitete Schriftsätze eines **Korrespondenzanwalts,** muss er diese eigenverantwortlich prüfen.[151] Die Pflicht zum ordnungsmäßigen Handeln gegenüber dem Prozessgericht liegt grundsätzlich bei ihm.[152] Soweit Fehler für ihn erkennbar sind, haftet er der Partei, wobei ihm ein Rückgriffsanspruch gegen den Korrespondenzanwalt zustehen kann. Dieser ist aber grundsätzlich nicht verpflichtet, die Tätigkeit des Prozessbevollmächtigten zu überwachen.[153] Der Korrespondenzanwalt, der den Schriftwechsel mit der Partei führt, ist normalerweise Beauftragter der Partei, nicht des Prozessbevollmächtigten.[154] 31

§ 86 Fortbestand der Prozessvollmacht

Die Vollmacht wird weder durch den Tod des Vollmachtgebers noch durch eine Veränderung in seiner Prozessfähigkeit oder seiner gesetzlichen Vertretung aufgehoben; der Bevollmächtigte hat jedoch, wenn er nach Aussetzung des Rechtsstreits für den Nachfolger im Rechtsstreit auftritt, dessen Vollmacht beizubringen.

---

139 BGH VersR 1987, 286; OLG Frankfurt NJW 1988, 1223.
140 BGH NJW 1987, 1334; 1988, 1056.
141 BGH VersR 1978, 722; 1985, 962; 1987, 589.
142 BGH VersR 1987, 560.
143 BGH VersR 1973, 665; 1987, 286.
144 BGH NJW 1988, 3013; 3020.
145 BGH VersR 1987, 410; KG VersR 1973, 665, 666.
146 BGH VersR 1987, 286.
147 BGH NJW 1984, 1358; 1985, 495; OLG Karlsruhe NJW 1984, 619.
148 BGH NJW 1957, 989; VersR 1984, 581 m. weit. Hinw.; aA RGZ 115, 411.
149 BGH VersR 1981, 63.
150 OLG Frankfurt NJW 1986, 3091.
151 BGH WM 1988, 987, 990.
152 BGH WM 1988, 382, 387.
153 Vgl. BGH WM 1988, 382.
154 LG Regensburg AnwBl. 1982, 109.

I. Normzweck

1 Wirksamkeit und Folgen von Prozesshandlungen sollen nicht von Ereignissen abhängen, die im Prozess nicht offen zutage liegen. Die Vorschrift dient dem **Schutz des Prozessgegners** und des **Prozessbevollmächtigten** selbst, zugleich auch dem **öffentlichen Interesse** an rationeller Prozessgestaltung.

II. Anwendungsbereich

2 § 86 betrifft Veränderungen in der Person des Vollmachtgebers **vom Zeitpunkt der Erteilung der Vollmacht an.** War sie wirksam, berührt der Tod des Vollmachtgebers oder der Verlust der Prozessfähigkeit nicht die Wirksamkeit der **Klageerhebung,** insbesondere der Unterbrechung der Verjährung[1] oder der Einlegung eines **Rechtsmittels.** Ist die Handlung im Namen des verstorbenen Vollmachtgebers erfolgt, gilt sie als für den Erben vorgenommen.[2] Ist Rechtsnachfolge schon vor Rechtshängigkeit eingetreten, wirkt ein Urteil gem. § 325 für und gegen den Rechtsnachfolger[3] und kann gem. § 727 umgeschrieben werden, erst recht bei Rechtsnachfolge nach Eintritt der Rechtshängigkeit.[4]

3 § 86 gilt nicht bei **Insolvenz des Vollmachtgebers.** Die Vollmacht erlischt gem. § 117 InsO mit Eröffnung des Verfahrens. Wird der Rechtsstreit vom Prozessgegner aufgenommen, § 240, muss die Zustellung an den Insolvenzverwalter persönlich bewirkt werden.[5]

III. Wirkung

4 **1. Außenverhältnis.** Gegenüber Gericht und Prozessgegner wird die Prozessvollmacht nicht berührt, wenn die Partei ihre Prozessfähigkeit verliert. Beim **Tod der Partei** wirken Prozesshandlungen des Bevollmächtigten oder solche, die ihm gegenüber vorgenommen wurden, für und gegen den Erben, auch wenn sie im Namen des Rechtsvorgängers erfolgt sind.[6] Abweichende Vereinbarungen sind unwirksam. Gegebenenfalls wird der Rechtsstreit für und gegen die unbekannten Erben fortgesetzt.[7] Da diese wirksam vertreten sind, liegt kein Fall des § 579 Abs. 1 Nr. 4 vor.[8] Auch für die Rechtsmittelinstanz kann der Prozessbevollmächtigte einen Anwalt bestellen, § 81.[9] Bei **Verlust der Prozessfähigkeit** durch Geschäftsunfähigkeit der Partei[10] oder Wegfall ihres gesetzlichen Vertreters[11] bleiben die Handlungen des Prozessbevollmächtigten wirksam, sofern die Prozessvollmacht ursprünglich wirksam erteilt wurde.[12] Gleiches gilt, wenn eine GmbH im Handelsregister gelöscht[13] oder auf eine andere Gesellschaft verschmolzen,[14] oder wenn das Insolvenzverfahren über das Vermögen der Partei eröffnet wurde und der Verwalter den Rechtsstreit aufnimmt.[15] Auf **Kenntnis** des Gerichts oder des Gegners kommt es nicht an. Die Vorschrift gilt auch für die nach §§ 78b, 121 **beigeordneten Anwälte,** denn sie benötigen neben der Bestellung außerdem eine Bevollmächtigung ihrer Partei, vgl. § 78b Rn. 10, § 121 Rn. 21. Wegen der Beendigung der Vollmacht vgl. § 87 Rn. 3ff.

5 **2. Innenverhältnis.** Für das Verhältnis zwischen Partei und Anwalt ist **§ 86 ohne Bedeutung.** Grundsätzlich endet die Vollmacht im Innenverhältnis mit der Erledigung des Auftrages,[16] bei Insolvenz der Partei mit seinem Erlöschen gem. § 117 InsO. Beim Tod des Vollmachtgebers erlischt sie im Zweifel nicht, § 672 BGB, wenn sich nicht aus den Umständen des Einzelfalls etwas anderes ergibt, wie zB, wenn die Partei vom Gegner beerbt wird o. Ä.

---

[1] BGHZ 121, 263; OLG Saarbrücken NJW 1973, 857; *Baumbach/Lauterbach/Hartmann* Rn. 8; *Stein/Jonas/Leipold* Rn. 1.
[2] RGZ 68, 390, 391; RG JW 1936, 810 (Nr. 23); BGH § 325 Nr. 10; OLG Saarbrücken NJW 1973, 857.
[3] BGH WM 1958, 1010.
[4] RGZ 124, 146, 150.
[5] BGH ZIP 1988, 1584; WM 1963, 1232; RGZ 118, 158, 160; *Stein/Jonas/Leipold* Rn. 8; aA *Baumbach/Lauterbach/Hartmann* Rn. 12.
[6] RGZ 68, 301; BGH WM 1958, 1010.
[7] BGH WM 1958, 1010; OVG Münster NJW 1986, 1707.
[8] OLG Schleswig NDR 1986, 154.
[9] OLG Schleswig MDR 1986, 154; *Zöller/Vollkommer* Rn. 12; aA *Zöller/Stephan* § 246 Rn. 2.
[10] Vgl. BGH MDR 1964, 126; RGZ 188, 125; RG JW 1902, 162.
[11] BGHZ 121, 263; OLG Hamburg FamRZ 1983, 1262.
[12] BGHZ 121, 263; zur anfänglichen Unwirksamkeit vgl. BGH NJW 1983, 996.
[13] OLG Köln OLGZ 1975, 349, 350.
[14] BGHZ 157, 151 = NJW 2004, 1528.
[15] BGH NJW 1964, 47; BFH DB 1978, 776; aA AK-ZPO/*Christian* § 87 Rn. 6.
[16] Vgl. BGH VersR 1973, 665; NJW 1977, 1198; VersR 1978, 722.

3. Aussetzung des Verfahrens. Der Tod einer Partei oder der Wegfall ihrer Prozessfähigkeit bewirken grundsätzlich die **Unterbrechung** des Verfahrens, §§ 239, 241. Bei Vertretung durch einen Prozessbevollmächtigten tritt diese Rechtsfolge aber nicht automatisch ein. Vielmehr sind der Prozessbevollmächtigte und der Prozessgegner berechtigt, die **Aussetzung des Verfahrens zu beantragen,** § 246. Voraussetzung ist, dass die Prozessvollmacht im vollen Umfang (§§ 81 bis 83) erteilt wurde und nicht nur zu einzelnen Prozesshandlungen ermächtigt.[17] Auch der gesetzliche Vertreter ist nach Entmündigung der Partei an die Prozessvollmacht gebunden, wenn die Partei bei Erteilung geschäftsfähig war.[18] Ob der Prozessbevollmächtigte verpflichtet ist, den Aussetzungsantrag zu stellen, ist Frage des Innenverhältnisses, die er nach pflichtgemäßem Ermessen zu entscheiden hat. Wird der Antrag nicht gestellt, nimmt das Verfahren unverändert Fortgang. Während der Aussetzung bleibt die Prozessvollmacht gem. § 86 bestehen. Sie berechtigt zB zu den **Nebenverfahren** gem. § 82. Auch **selbstständige Beweisanträge** gem. § 485 wegen Besorgnis der Verschlechterung eines Beweismittels kann der Prozessbevollmächtigte trotz der Aussetzung stellen. Zustellungen können an ihn bewirkt werden. 6

Da § 86 nicht auf die umfassende Prozessvollmacht beschränkt ist, gilt die Vorschrift auch für die **Spezialvollmacht** für einzelne Prozesshandlungen gem. § 83. 7

4. Entsprechende Anwendung. Die von § 86 vorausgesetzte Interessenslage besteht auch bei Beendigung einer **Parteistellung kraft Amtes.** Deshalb ist die Vorschrift bei Beendigung einer Insolvenzverwaltung oder Testamentsvollstreckung entsprechend anzuwenden.[19] Gleiches gilt bei Erlöschen einer juristischen Person. Eine Beschränkung dieser Rechtsfolge auf Fälle der Gesamtrechtsnachfolge, wie zB bei Umwandlung oder Verschmelzung, erscheint nicht sachgerecht,[20] da zB auch nach Erlöschen gem. § 60 Abs. 1 Nr. 5 GmbHG eine weitere Prozessführung sinnvoll sein kann und dem Prozessgegner die Erleichterung des § 87 nicht genommen werden darf. 8

III. Nachweis der Vollmacht

Nach Beendigung der Aussetzung oder Unterbrechung hat der Prozessbevollmächtigte die Vollmacht des Rechtsnachfolgers seiner Partei beizubringen. Im **Parteiprozess** muss das Gericht die Vorlage der neuen Vollmacht von Amts wegen fordern, wenn nicht der Bevollmächtigte Rechtsanwalt ist, § 88 Abs. 2. Im **Anwaltsprozess** bedarf es einer Rüge des Gegners, § 88 Abs. 1. 9

Trotz **Fehlen des Nachweises** gilt die Prozessvollmacht gem. 1. Halbs. als fortbestehend.[21] Deshalb ist hinsichtlich der Rechtsfolgen zu unterscheiden. Hat der **Bevollmächtigte selbst** das Verfahren aufgenommen, kann das Gericht ihn einstweilen zur Prozessführung zulassen. Ein Endurteil darf aber gem. § 89 Abs. 1 erst nach Vorlage der Vollmacht erlassen werden. Eine Verurteilung in die Kosten kommt nicht in Betracht. Hat dagegen der **Prozessgegner** das Verfahren nach den Vorschriften der §§ 239 Abs. 2 bis 4, 250 aufgenommen, darf ihm aus dem Fehlen des Nachweises der Vollmacht auf der Gegenseite kein Nachteil entstehen. Andererseits kommt im Hinblick auf 1. Halbs. auch die Anwendung der Säumnisvorschriften nicht in Betracht. Deshalb wird das Verfahren trotz des 2. Halbs. als normales kontradiktorisches Verfahren weitergeführt. 10

§ 87 Erlöschen der Vollmacht

(1) Dem Gegner gegenüber erlangt die Kündigung des Vollmachtvertrags erst durch die Anzeige des Erlöschens der Vollmacht, in Anwaltsprozessen erst durch die Anzeige der Bestellung eines anderen Anwalts rechtliche Wirksamkeit.

(2) Der Bevollmächtigte wird durch die von seiner Seite erfolgte Kündigung nicht gehindert, für den Vollmachtgeber so lange zu handeln, bis dieser für Wahrnehmung seiner Rechte in anderer Weise gesorgt hat.

I. Normzweck

Abs. 1 soll wie § 86 verhindern, dass die **Wirksamkeit von Prozesshandlungen** von Ereignissen abhängt, die gegenüber Gericht und Gegner nicht erkennbar zutage getreten sind.[1] Im **An-** 1

---

[17] Vgl. § 246 Rn. 7 ff.
[18] BGH MDR 1964, 126.
[19] *Stein/Jonas/Leipold* Rn. 4.
[20] So jedoch *Stein/Jonas/Leipold* Rn. 5.
[21] RG SeuffA 50, 217; *Stein/Jonas/Leipold* Rn. 2.
[1] Zur Bedeutung des § 87 im allgemeinen *Schmellenkamp* AnwBl. 1985, 15.

waltsprozess sollen der Partei aus einem Anwaltswechsel beim Prozessgegner keine prozessualen Nachteile entstehen.[2]

2 **Abs. 2** dient dem **Schutz des Bevollmächtigten und der Partei.** Der Bevollmächtigte kann eine Schadensersatzpflicht gem. § 671 Abs. 2 BGB auch abwenden, wenn er das Mandat niedergelegt hat. Die Partei wird davor geschützt, dass sie nach Kündigung des Prozessbevollmächtigten auch in dringenden Fällen keinen Vertreter hat.

II. Kündigung der Vollmacht, Abs. 1

3 **1. Grundverhältnis.** Der Prozessvollmacht liegt ein Auftrag oder entgeltlicher Geschäftsbesorgungsvertrag zugrunde,[3] der meist durch Zweckerreichung endet,[4] aber auch kraft Gesetzes, § 117 InsO, enden und gem. §§ 671, 675, 627 BGB jederzeit durch einseitige Erklärung gegenüber dem anderen Vertragspartner gekündigt werden kann. Auch ohne Kündigung des Grundvertrages kann die Vollmacht isoliert widerrufen werden, § 168 S. 2 BGB. **Kündigung** und **Widerruf** sowie die Beendigung durch **Insolvenzeröffnung** haben im Außenverhältnis **sofortige Wirkung.**[5] Dies gilt aber auch zivilrechtlich nur eingeschränkt, wenn die Vollmacht durch Erklärung gegenüber einem Dritten erteilt war, § 170 BGB. Aus den Grundsätzen der Anscheins- oder Duldungsvollmacht folgen weitergehende Einschränkungen.[6]

4 Die **Wirkung der Kündigung** oder des Widerrufs tritt bei der Prozessvollmacht grundsätzlich erst mit Anzeige des Erlöschens ein, im **Anwaltsprozess** erst mit Bestellung eines neuen Prozessbevollmächtigten. Bis dahin sind alle Prozesshandlungen des bisherigen Prozessbevollmächtigten oder solche, die ihm gegenüber vorgenommen werden, voll wirksam.[7] Das gilt auch für eine Rechtsmittelrücknahme nach Kündigung des Mandats durch die Partei.[8] Wegen der Verschuldenszurechnung vgl. § 85 Rn. 22. Anders als im Zivilrecht, § 173 BGB, tritt die Vertretungswirkung auch ein, wenn die Kündigung dem Gegner bekannt, aber nicht angezeigt war.[9] Umgekehrt ist die Anzeige des Erlöschens im Außenverhältnis auch beachtlich, wenn eine wirksame Kündigung nicht erfolgt war,[10] soweit nicht nach Abs. 1 die Bestellung eines anderen Anwalts erforderlich ist.[11] Deshalb ist ein vertraglicher **Ausschluss der Kündigung** im Außenverhältnis **unwirksam.** Hat dagegen der Prozessbevollmächtigte sich noch gar nicht bestellt, bleibt es bei der sofortigen Wirkung von Widerruf und Kündigung, da ein Vertrauenstatbestand beim Prozessgegner nicht besteht.

5 **2. Anzeige des Erlöschens.** Sie ist **nicht formgebunden,** kann also von dem alten oder dem neuen Prozessbevollmächtigten schriftsätzlich oder zu Protokoll erklärt werden. In der **Bestellung eines neuen Prozessbevollmächtigten** liegt nicht ohne weiteres die Anzeige des Erlöschens der alten Vollmacht. In der Regel ist vielmehr vom Fortbestehen auszugehen,[12] wenn nicht der neue Prozessbevollmächtigte zum Ausdruck bringt, dass er anstelle des früheren auftreten will.[13] Das wird man auch anzunehmen haben, wenn die Partei im Parteiprozess selbst Anträge stellt, jedoch nicht wenn sie in Nebenverfahren selbst tätig wird.[14]

6 Da die Prozessvollmacht sich an das Gericht wendet, muss die **Anzeige** des Erlöschens **gegenüber dem Gericht** erfolgen und dem **Gegner zur Kenntnis** gebracht werden, in der Regel durch einen Schriftsatz, von dem der Gegner Kopie erhält, oder durch Erklärung zu Protokoll. Solange Gericht oder Gegner von der Anzeige keine Kenntnis haben, gilt für sie § 172 Abs. 1 S. 1,[15] auch wenn der Rechtsstreit inzwischen verwiesen wurde.[16] Ein die Instanz abschließendes Urteil ist dem bisherigen Prozessbevollmächtigten zuzustellen.[17] Nimmt dieser eine Zustellung entgegen,

---

[2] Vgl. *Rosenberg* ZZP 57 (1933), 234; *Pohle* MDR 1960, 574; näher unten Rn. 8.
[3] Näher *Schmellenkamp* AnwBl. 1985, 14 ff.
[4] Zum Erlöschen der Vollmacht durch Zweckerreichung vgl. § 81 Rn. 17.
[5] Zur Konkurseröffnung vgl. BGH WM 1963, 1232; 1988, 1838; Beschl. v. 14. 5. 1998, NJW 1998, 2364.
[6] Vgl. BGHZ 40, 197, 203 = NJW 1964, 203; sowie § 81 Rn. 1.
[7] BGHZ 31, 32, 35 = NJW 1959, 2307; BGH DB 1966, 980.
[8] BAG NJW 1982, 2519, 2520; aA OLG Hamm JMBlNRW 1978, 88.
[9] BGH NJW 1980, 2310; VersR 1985, 1186 m. weit. Hinw., RG Gruchot 38, 1220.
[10] Str.; aA BVerwG MDR 1984, 170 f.; *Schmellenkamp* AnwBl. 1985, 15.
[11] So wohl auch BGH VersR 1977, 334.
[12] OLG Hamm Rpfleger 1978, 422.
[13] BGH NJW 1980, 2310.
[14] OLG Posen OLGZ 27, 34.
[15] BGH NJW 1980, 2309; VersR 1981, 1056; 1985, 1185, 1186; BAG NJW 1982, 2520; OLG Köln MDR 1976, 50; OLG Frankfurt Rpfleger 1986, 391.
[16] OLG Köln FamRZ 1985, 1278.
[17] BGH NJW 1975, 120; OLG Bremen NJW-RR 1986, 358 (für Kostenfestsetzungsbeschluss).

muss er die Partei unverzüglich benachrichtigen.[18] Das Gericht ist auch im Parteiprozess nicht gehalten, eine bereits erfolgte Zustellung, insbesondere eine Terminsladung, zu wiederholen, wenn nicht besondere Umstände dies geboten erscheinen lassen.[19]

3. Anwaltsprozess. Bei Anwaltszwang bedarf es außer der Anzeige auch der Bestellung eines neuen Prozessbevollmächtigten.[20] Bis dahin bleibt die alte Prozessvollmacht im Außenverhältnis wirksam. Gericht und Gegner sind berechtigt und im Rahmen des § 172 Abs. 1 S. 1 verpflichtet, gegenüber dem alten Prozessbevollmächtigten zu handeln. Jedoch muss die Partei sich ein **Verschulden ihres Prozessbevollmächtigten,** das dem Widerruf der Vollmacht zeitlich nachfolgt, im Falle eines Wiedereinsetzungsgesuches nicht anrechnen lassen.[21] 7

Der **Umfang der Fortwirkung** der Prozessvollmacht bestimmt sich nach §§ 81, 82. Auch wenn für bestimmte Prozesshandlungen oder Nebenverfahren kein Anwaltszwang besteht, zB für das **Kostenfestsetzungsverfahren,** können und müssen Zustellungen an den alten Prozessbevollmächtigten bewirkt werden, § 172 Abs. 1 S. 1 **str.**[22] Das entspricht Wortlaut und Zweck der Vorschrift, die verhindern soll, dass ein Vollmachtswiderruf zu prozesstaktischen Zwecken missbraucht werden kann. Die Partei könnte nach verlorenem Prozess durch Widerruf der Vollmacht die Durchsetzung des gegnerischen Kostenerstattungsanspruchs erschweren und uU vereiteln. Der bisherige Prozessbevollmächtigte ist, auch wenn er das Mandat von sich aus gekündigt hat, standesrechtlich verpflichtet, an Zustellungen, die an ihn bewirkt werden, mitzuwirken, solange sich kein neuer Prozessbevollmächtigter bestellt hat,[23] und das Empfangsbekenntnis zurückzusenden, § 14 BORA. Diese Verpflichtung besteht nicht im **Parteiprozess,** da dort die Zustellung nach erfolgter Anzeige gem. Abs. 1 unwirksam wäre. 8

Abs. 1 ist **entsprechend anwendbar** auf die Beendigung der Vollmacht eines Abwicklers durch Bestellung eines anderen Anwalts,[24] jedoch nicht auf andere Fälle des Erlöschens der Prozessvollmacht, wie zB Tod oder Insolvenz des Rechtsanwalts, Löschung in der Rechtsanwaltsliste o. Ä. Die Vorschrift gilt auch im Verfahren vor den Landesarbeitsgerichten[25] und vor dem Bundesfinanzhof.[26] 9

III. Fortwirken der Prozessvollmacht, Abs. 2

Das Fortwirken der Prozessvollmacht gem. Abs. 2 gilt im Verhältnis zur Partei und zu Gericht und Gegner. Hat der Anwalt selbst das Mandat gekündigt, ist er in den Grenzen des Abs. 2 **berechtigt, aber nicht verpflichtet,**[27] weiter für die Partei zu handeln, sogar nach ihrer Löschung im Handelsregister.[28] Er kann wirksam Zustellungen vornehmen.[29] Wegen der Verpflichtung zur Mitwirkung an Zustellungen vgl. Rn. 8. Eine Verpflichtung gegenüber der Partei kann sich aus dem Mandatsverhältnis ergeben, wenn die Kündigung zur Unzeit erfolgt ist, § 671 Abs. 2 BGB. Ein **Verschulden** des Anwalts ist der Partei nicht mehr zuzurechnen, wenn er das Mandat niedergelegt hat.[30] Jedoch kann ein eigenes Verschulden der Partei darin liegen, dass sie die Niederlegung veranlasst hat. Der **Umfang der Vertretungsbefugnis** richtet sich nach §§ 81, 82, umfasst also auch das Kostenfestsetzungsverfahren[31] und sonstige schriftliche Anträge.[32] 10

Fortwirkung der Prozessvollmacht gem. Abs. 2 setzt voraus, dass der Prozessbevollmächtigte **selbst gekündigt** hat. Für den Gegner ist das nicht ohne weiters erkennbar, denn auch der Pro- 11

---

[18] BGH NJW 1980, 999.

[19] BVerfG Rpfleger 1983, 116.

[20] Diese enthält aber nicht ohne weiteres den Widerruf der Vollmacht des früheren Bevollmächtigten; BGH BB 1981, 84.

[21] BGHZ 47, 322 = NJW 1967, 1567; BGH § 232 Nr. 14; VersR 1985, 1185, 1186.

[22] So LG Hamm Rpfleger 1977, 21; aA die hM: KG NJW 1972, 543; OLG Koblenz Rpfleger 1978, 261; VersR 1984, 545; OLG München Rpfleger 1979, 456; OLG Hamm Rpfleger 1978, 421, 422; LG Ansbach DGVZ 1983, 77; *Baumbach/Lauterbach/Hartmann* Rn. 6; *Stein/Jonas/Leipold* Rn. 3 Fn. 5, *Zöller/Vollkommer* Rn. 3.

[23] OLG Bremen Rpfleger 1986, 99; *Schmellenkamp* AnwBl. 1985, 16; da diese Verpflichtung für den ordnungsgemäßen Ablauf des Verfahrens unerlässlich ist, gilt sie auch nach den Entscheidungen des BVerfG zum anwaltlichen Standesrecht weiter; vgl. BVerfG NJW 1988, 191, 194.

[24] BGH MDR 1963, 397.

[25] LAG Frankfurt BB 1980, 891.

[26] BFH DB 1978, 428; NJW 1979, 888.

[27] BGHZ 43, 137 = NJW 1965, 1021; BGH NJW 1980, 999.

[28] OLG Hamburg NDR 1986, 324.

[29] BGHZ 31, 32 = NJW 1959, 2307.

[30] BGH § 232 Nr. 14; NJW 1975, 120; 1980, 999; vgl. auch § 85 Rn. 22.

[31] OLG Hamburg MDR 1986, 324.

[32] BGH Nr. 2 = RzW 1958, 158.

zessbevollmächtigte, dem die Prozessvollmacht entzogen wurde, kann das Erlöschen anzeigen. Daraus kann im **Parteiprozess** Ungewissheit entstehen. Deshalb kann dort nicht verlangt werden, dass Zustellungen an den bisherigen Prozessbevollmächtigten erfolgen, auch wenn dieser weiterhin für die Partei tätig wird. Wenn also im Parteiprozess das Erlöschen angezeigt wurde und der Prozessbevollmächtigte dann weiterhin tätig wird, vielleicht sogar das Mandat wieder aufnimmt, muss er gegebenenfalls eine neue Prozessvollmacht vorlegen. Im Anwaltsprozess stellt sich die Frage wegen Abs. 1 Halbs. 2 nicht.

§ 88 Mangel der Vollmacht

(1) Der Mangel der Vollmacht kann von dem Gegner in jeder Lage des Rechtsstreits gerügt werden.

(2) Das Gericht hat den Mangel der Vollmacht von Amts wegen zu berücksichtigen, wenn nicht als Bevollmächtigter ein Rechtsanwalt auftritt.

I. Normzweck

1 Die Durchführung des Verfahrens mit einem vollmachtlosen Vertreter ist ein schwerer Verfahrensmangel,[1] der die Partei gem. §§ 547 Nr. 4, 579 Abs. 1 Nr. 4 zur Revision oder zur Nichtigkeitsklage berechtigt. Die **zweifelsfreie Feststellung der Bevollmächtigung** liegt im öffentlichen Interesse und dem des Prozessgegners. Dieser kann jederzeit den in § 80 vorgesehenen schriftlichen Nachweis verlangen. Auch das Gericht hat die ordnungsgemäße Bevollmächtigung grundsätzlich von Amts wegen zu prüfen. Da Rechtsanwälte als unabhängige Organe der Rechtspflege, § 1 BRAO, besonderes Vertrauen genießen, darf es aber ihre Erklärung akzeptieren, dass ihnen Prozessvollmacht erteilt sei. Es hat ihre Bevollmächtigung nur auf Rüge des Gegners besonders zu prüfen, oder wenn Anlass zum Zweifel besteht. Den Anlass kann der Anwalt auch durch eigenes Verhalten geben.[2] Das früher nur in Verfahren mit Anwaltszwang gültige Privileg dient der **Vereinfachung des Verfahrens** und ist auf alle Fälle anwaltlicher Vertretung ausgedehnt worden.[3]

II. Der Mangel der Vollmacht

2 Unter dem „Mangel der Vollmacht" versteht das Gesetz das Fehlen der gem. § 80 Abs. 1 zu den Gerichtsakten einzureichenden **Vollmachtsurkunde.** Unter Abs. 1 fallen aber auch alle rechtlichen oder inhaltlichen **Mängel der Bevollmächtigung,** wie zB die Erteilung im Namen einer mit der Partei nicht identischen[4] oder für sie nicht vertretungsbefugten Person,[5] ferner die Erteilung durch eine nicht geschäftsfähige Partei, das Erlöschen im Laufe des Prozesses, eine Beschränkung des Umfangs im Widerspruch zu §§ 81 bis 83 oder Unklarheiten über Aussteller und Gegenstand der Vollmacht.[6]

3 **Willensmängel bei Erteilung der Vollmacht** berühren deren Wirksamkeit nicht. Die Prozessvollmacht bleibt auch bestehen, wenn das ihr zugrundeliegende Rechtsgeschäft mangelhaft ist, denn Gründe der Anfechtbarkeit oder Nichtigkeit liegen in der Regel in der Risikosphäre des Vollmachtgebers und das Vertrauen des Prozessgegners ist schutzwürdig.[7] Es besteht ein öffentliches Interesse am Bestand der richterlichen Handlungen, die auf der Prozessvollmacht aufbauen.

III. Die Vollmachtsrüge des Prozessgegners

4 Das Gericht prüft die Vollmacht **auch im Parteiprozess** nur auf Rüge des Prozessgegners, wenn ein Rechtsanwalt als Prozessbevollmächtigter auftritt.[8] Ohne Rüge hat es die Bevollmächtigung des Rechtsanwalts, der sich zum Prozessbevollmächtigten bestellt, ohne weiteres zu unterstellen. Das gilt auch im Eheprozess.[9] Eine Prüfung kann aber ausnahmsweise von Amts wegen

---

[1] Vgl. BFH DB 1978, 238; *Schneider* NDR 1983, 187.
[2] BGH NJW 2001, 2095.
[3] BGBl. I 1976 S. 3281.
[4] OLG Hamburg VersR 1982, 969.
[5] BGH WM 1969, 1301.
[6] BFH BB 1984, 2052.
[7] OGHZ 4, 279 = NJW 1951, 72; KG DRZ 47, 376; *Walsmann* AcP 102 (1907), 106; *Rosenberg,* Stellvertretung im Prozess, 1908, S. 745 f.
[8] BGH VersR 1980, 90; OLG Frankfurt Rpfleger 1974, 227; OLG Hamburg VersR 1982, 969.
[9] OLG Hamm NJW 1979, 2316 m. weit. Nachw.

erfolgen, wenn begründete Zweifel bestehen,[10] wenn zB die Partei selbst oder ein anderer Prozessbevollmächtigter auf ihrer Seite die Vollmacht bestreiten.[11] Soweit Anwaltszwang besteht, bedarf es grundsätzlich immer einer Rüge des Gegners. Ist dagegen im Parteiprozess der Prozessbevollmächtigte kein Rechtsanwalt, ist die Rüge des Gegners eine prozessuale bedeutungslose Anregung, da das Gericht die Vollmacht ohnehin von Amts wegen prüfen muss.

Die Vollmacht kann **in jeder Lage des Rechtsstreits** gerügt werden. Das bedeutet zunächst, 5 dass der Gegner die Rüge nicht durch rügelose Einlassung auf eine Verhandlung mit dem nicht oder mangelhaft legitimierten Prozessbevollmächtigten verliert. **Das Rügerecht ist unverzichtbar,** § 295 Abs. 2, weil auch der aus dem Mangel resultierende Verfahrensmangel vom Gegner nicht geheilt werden kann. Deshalb gibt es auch **keinen Ausschluss durch Verspätung der Rüge.** Abs. 1 ist insoweit Spezialvorschrift vor § 296.[12] Da der Mangel durch Vorlegung einer schriftlichen Vollmacht immer in kürzester Frist behoben werden kann, können daraus auch keine nennenswerten Verzögerungen resultieren. Nach Schluss der mündlichen Verhandlung kann das Gericht die Rüge aber im Erkenntnisverfahren grundsätzlich nicht mehr berücksichtigen, § 296a, soweit es nicht ausnahmsweise von der Möglichkeit des Wiedereintritts in die Verhandlung nach § 156 Gebrauch machen will. Jedoch wirkt die in der unteren Instanz erhobene Rüge auch in der Rechtsmittelinstanz fort; einer Wiederholung bedarf es nicht.[13]

Die Vollmachtsrüge kann noch im **Kostenfestsetzungsverfahren**[14] oder in der Zwangsvollstreckung vorgebracht werden. In der **Rechtsmittelinstanz** kann auch der Mangel der Vollmacht in 6 der Vorinstanz noch gerügt werden. Auch in der Revisionsinstanz ist die Rüge zulässig[15] und im Rahmen des § 547 Nr. 4 vom BGH zu überprüfen. Für die Vergangenheit ist sie immer nur beachtlich, wenn die Prozessführung nicht von der Partei genehmigt wurde, §§ 89 Abs. 2, 547 Nr. 4.

IV. Prüfung der Vollmacht

Soweit nicht ein Rechtsanwalt als Prozessbevollmächtigter auftritt, hat das Gericht **von Amts** 7 **wegen** die Vorlegung einer schriftlichen Vollmacht zu verlangen. Einer Rüge des Gegners bedarf es nicht; auch sein Verzicht ist unbeachtlich, da die Vorschrift zwingend ist. Dasselbe gilt im Verfahren vor dem Landgericht und dem Oberlandesgericht für alle Handlungen, die nicht dem Anwaltszwang unterliegen, vgl. § 78 Rn. 71ff. Auch der **Unterbevollmächtigte,** der nicht Rechtsanwalt ist, muss seine Untervollmacht nachweisen.[16] Ist aber der Prozessbevollmächtigte als Rechtsanwalt zugelassen, erfolgt auch dann keine Prüfung der Vollmacht von Amts wegen, wenn er nicht in einem Klageverfahren handelt, wie zB bei Anträgen auf Prozesskostenhilfe oder Arrest oder einstweilige Verfügung.[17]

Der **Nachweis** muss in der in § 80 vorgesehenen Form erfolgen, also **durch eine schriftliche** 8 **Vollmacht,** die zu den Gerichtsakten eingereicht wird.[18] Die Ansicht, das Gericht habe nicht in allen Fällen eine schriftliche Vollmacht zu verlangen, sondern nur begründeten Zweifeln nachzugehen,[19] widerspricht § 80 und übersieht, dass die Beweisbarkeit der Bevollmächtigung auch im Interesse des Gegners gefordert wird und auch nach Prozessbeendigung noch gegeben sein muss. Einen Nachweis durch beglaubigte Vollmacht gem. § 80 Abs. 2 kann das Gericht nicht von Amts wegen fordern.

V. Verfahren

1. Mündliche Verhandlung. Nach Rüge des Gegners ist über die Frage der Bevollmächtigung 9 mündlich zu verhandeln. Zu dieser Verhandlung ist der angebliche Prozessbevollmächtigte zuzulassen.[20] Das Gericht kann die Verhandlung gem. § 146 auf den Nachweis der Bevollmächtigung beschränken. Es kann auch gleichzeitig zur Hauptsache verhandeln und den Prozessbevollmächtigten gem. § 89 Abs. 1 einstweilen zulassen, vgl. § 89 Rn. 2ff. Es steht im **Ermessen des Gerichts,** ob es dem Prozessbevollmächtigten, dessen Vollmacht vom Gegner gerügt wird, in der Verhandlung

---

[10] BVerwG NJW 1985, 2963, 2964.
[11] OLG Saarbrücken NJW 1970, 1464; OLG Frankfurt NJW 1970, 1885.
[12] AA LG Münster MDR 1980, 854; *Baumbach/Lauterbach/Hartmann* Rn. 12
[13] BGH NJW-RR 1986, 1252, 1253.
[14] OLG Bamberg JurBüro 1977, 1440; *Stein/Jonas/Leipold* Rn. 2; *Baumbach/Lauterbach/Hartmann* Rn. 3; *Uhlenbruck* MDR 1978, 1; aA LG Bonn AnwBl. 1983, 518, 519; *Zöller/Vollkommer* Rn. 2.
[15] Vgl. BFH BB 1984, 2294.
[16] OLG Köln Rpfleger 1976, 103; *Uhlenbruck* NDR 1978, 9.
[17] AA *Zöller/Vollkommer* Rn. 2.
[18] Vgl. § 80 Rn. 11ff.
[19] *Stein/Jonas/Leipold* Rn. 6.
[20] *Baumbach/Lauterbach/Hartmann* Rn. 10; *Stein/Jonas/Leipold* Rn. 3, 6; *Zöller/Vollkommer* Rn. 7.

weitere Gelegenheit gibt, den Nachweis zu erbringen, indem es für die Beibringung der schriftlichen Vollmacht eine Frist setzt.[21] Zur Form der Fristsetzung vgl. § 89 Rn. 8. Einem Rechtsanwalt, der im Verhandlungstermin erstmals mit der Vollmachtsrüge konfrontiert wird, muss das Gericht Gelegenheit geben, die Vollmacht auch nach dem Termin beizubringen, indem es die Sache entweder vertagt oder das schriftliche Verfahren anordnet, in welchem der Rechtsanwalt dann die Vollmacht binnen einer zu bestimmenden Frist gem. § 128 Abs. 2 S. 2 einreichen kann.

10 **2. Entscheidung.** Wird der Mangel der Vollmacht, ggf. nach Vertagung und Fristsetzung, bis zum Schluss der mündlichen Verhandlung nicht behoben, so bestehen je nach Prozesslage unterschiedliche Entscheidungsmöglichkeiten.

11 **a)** Das Gericht kann den nicht legitimierten Vertreter durch **Beschluss** zurückweisen. Diese Entscheidungsform wird zweckmäßig sein, wenn die Voraussetzungen für ein Endurteil nicht vorliegen, weil mehrere Bevollmächtigte aufgetreten sind und der Mangel nur einen von ihnen betrifft, oder weil eine notwendige Streitgenossenschaft besteht, § 62. Der Beschluss unterliegt der Beschwerde § 567 Abs. 1, die nur im Namen der Partei, nicht aber von dem Vertreter im eigenen Namen eingelegt werden kann, da er kein eigenes Recht an dem Rechtsstreit hat und sein Gebührenanspruch gegen die Partei von der Zurückweisung nicht berührt wird.

12 **b)** Das Gericht kann auch durch **Urteil** in der Hauptsache entscheiden und in den Gründen zur Zurückweisung des Vertreters Stellung nehmen, wenn die Voraussetzungen für ein Endurteil gegeben sind.[22] Das Urteil ergeht in jedem Fall gegen die Partei, nicht etwa gegen den nicht legitimierten Vertreter.[23] Alle statthaften Rechtsmittel gegen das Urteil und auch die Nichtigkeitsklage gem. § 579 Abs. 1 Nr. 4 stehen der Partei zu. Wenn allerdings der Vertreter gem. § 89 Abs. 1 S. 3 in die Kosten verurteilt wird, ergeht gegen ihn ein besonderer Beschluss, damit ein geeigneter Vollstreckungstitel gegen ihn geschaffen wird. Der Beschluss kann auch mit dem Urteil gegen die Partei verbunden werden. Die Kostenentscheidung kann unabhängig von der Form, in der sie ergeht, von dem Vertreter im eigenen Namen mit der sofortigen Beschwerde angefochten werden,[24] vgl. im Einzelnen § 89 Rn. 13ff. Im Übrigen können die statthaften Rechtsmittel nur im Namen der Partei eingelegt werden.[25]

13 **c)** Bestand der **Mangel der Vollmacht bei Klageerhebung,** so ist die Klage nicht ordnungsgemäß erhoben und deshalb als unzulässig abzuweisen.[26] Obwohl der Kläger mangels Vollmacht des Vertreters im Termin als nicht erschienen gilt, ergeht kein Versäumnisurteil, sondern ein streitiges Urteil, selbst wenn der Beklagte nicht erschienen ist und dementsprechend keinen Antrag stellt.[27] Durch das Prozessurteil ist die Partei, auch wenn es in Rechtskraft erwächst, an einer neuen Klageerhebung nicht gehindert.

14 **d)** Ergibt sich der **Mangel der Vollmacht im Laufe des Rechtsstreits,** während die Klageerhebung mangelfrei war, so wird die Partei, auf deren Seite der Mangel besteht, so angesehen, als ob sie im Termin nicht erschienen sei. Auf Antrag kann gegen sie Versäumnisurteil gem. §§ 330, 331 oder unter den Voraussetzungen der §§ 251a, 331a Abs. 2 Entscheidung nach Lage der Akten ergehen. Der Verkündungstermin muss der Partei selbst bzw. einem etwaigen anderen Prozessbevollmächtigten bekanntgegeben werden.

15 **3. Mangel der Vollmacht in der Rechtsmittelinstanz.** Wird ein Rechtsmittel von einem nicht bevollmächtigten Vertreter eingelegt, so ist die **Einlegung nicht ordnungsgemäß** und das Rechtsmittel als unzulässig zu verwerfen.[28] Ein Versäumnisurteil gegen den Rechtsmittelkläger kommt wegen der Unwirksamkeit der Einlegung nicht in Betracht.[29] Die Entscheidung kann ohne mündliche Verhandlung durch Beschluss ergehen, §§ 522 Abs. 1 S. 3, 552 Abs. 2, setzt aber voraus, dass dem Vertreter ausreichend Gelegenheit gegeben wurde, die Vollmacht beizubringen. Ergibt sich ein Mangel erst während er Rechtsmittelinstanz oder besteht er auf Seiten des Rechtsmittelgegners, so ist wie in erster Instanz nach Säumnisgrundsätzen zu verfahren,[30] vgl. Rn. 14. Wird in der Rechtsmittelinstanz ein Mangel der Vollmacht in der Vorinstanz festgestellt, so hebt das

---

[21] BAG NJW 1965, 1041 = AP § 89 Nr. 1 m. Anm. *Scheuerle.*
[22] BAG NJW 1965, 1041.
[23] BFH BB 1974, 449; Köln Rpfleger 1970, 355; OLG Frankfurt OLGZ 80, 282f.; *Renner* MDR 1974, 353, 354.
[24] OLG Frankfurt OLGZ 80, 280.
[25] *Stein/Jonas/Leipold* Rn. 9; *Wieczorek* Anm. C II a 2.
[26] OLG Frankfurt VersR 1982, 969; OLG Karlsruhe BadRpr. 18, 111.
[27] *Baumbach/Lauterbach/Hartmann* Rn. 16; *Stein/Jonas/Leipold* Rn. 12.
[28] BGH LM Nr. 1; OLG Frankfurt VersR 1982, 969; OLG Köln MDR 1982, 239.
[29] *Stein/Jonas/Leipold* Rn. 16; aA RGZ 30, 401.
[30] RGZ 67, 149; *Stein/Jonas/Leipold* Rn. 16.

Rechtsmittelgericht das Urteil und das Verfahren auf.[31] Die weitere Entscheidung hängt vom Einzelfall ab.[32] Ist ein Rechtsmittel wegen fehlender Vollmacht als unzulässig verworfen worden, so ist eine **rückwirkende Heilung** dieses Mangels durch Einlegung eines weiteren Rechtsmittels unter Nachweis der Vollmacht und Genehmigung der Prozessführung **nicht möglich.**[33] Zur rückwirkenden Heilung i. Ü. § 78 Rn. 51 sowie § 89 Rn. 22.

4. Mangel der Vollmacht bei Abschluss eines Vergleichs. Wird ein Prozessvergleich von einem der Prozessbevollmächtigten ohne Vollmacht abgeschlossen, so sind auf den materiell-rechtlichen Tatbestand[34] die §§ 177 ff. BGB anzuwenden. Der **Prozessbevollmächtigte haftet** uU gem. § 179 BGB auf Schadensersatz, wenn er den Mangel nicht offengelegt hat. **Prozessual** ist der **Vergleich wirkungslos,** wenn eine der Parteien nicht ordnungsgemäß vertreten war. Er beendet also nicht die Rechtshängigkeit und schafft keinen Vollstreckungstitel. 16

Manchmal bleibt die Beibringung der **Vollmacht im Vergleich vorbehalten.** Wenn in diesen Fällen die Vollmacht noch nicht erteilt war, ist der Vergleich materiellrechtlich schwebend unwirksam und prozessual bis zur Genehmigung wirkungslos. War die Vollmacht dagegen bereits erteilt und fehlte nur der Nachweis, ist der Vergleich materiellrechtlich und prozessual wirksam. Allerdings kann das Gericht erst nach Beibringung der Vollmacht eine vollstreckbare Ausfertigung erteilen. Der Nachweis der Bevollmächtigung kann aber, wenn die Vollmacht nicht beigebracht wird, vom Prozessgegner für die Vergangenheit auch durch andere Beweismittel erbracht werden, vgl. § 80 Rn. 11. 17

5. Kosten. Führt ein Mangel der Vollmacht zur Zurückweisung eines Prozessbevollmächtigten oder zu einer Prozessentscheidung über Klage oder Rechtsmittel, sind die Kosten grundsätzlich dem aufzuerlegen, der den nutzlosen Verfahrensaufwand **veranlasst** hat,[35] ggf. also dem vollmachtlosen Vertreter.[36] Vgl. dazu im Einzelnen § 89 Rn. 13 ff. Wird der Vertreter erstmals vom Oberlandesgericht mit den Kosten belastet, kommt bei krasser Fehlerhaftigkeit der Entscheidung praktisch nur die Rüge nach § 321 a in Betracht. Die Rechtsbeschwerde gem. § 574 setzt Zulassung durch das Gericht voraus, an der es in solchen Fällen regelmäßig fehlen wird. Eine außerordentliche Beschwerde findet nicht statt, denn die Kostenbelastung des Vertreters ist dem Gesetz nicht grundsätzlich fremd, § 89 Abs. 1.[37] 18

§ 89 Vollmachtloser Vertreter

(1) [1]Handelt jemand für eine Partei als Geschäftsführer ohne Auftrag oder als Bevollmächtigter ohne Beibringung einer Vollmacht, so kann er gegen oder ohne Sicherheitsleistung für Kosten und Schäden zur Prozessführung einstweilen zugelassen werden. [2]Das Endurteil darf erst erlassen werden, nachdem die für die Beibringung der Genehmigung zu bestimmende Frist abgelaufen ist. [3]Ist zu der Zeit, zu der das Endurteil erlassen wird, die Genehmigung nicht beigebracht, so ist der einstweilen zur Prozessführung Zugelassene zum Ersatz der dem Gegner infolge der Zulassung erwachsenen Kosten zu verurteilen; auch hat er dem Gegner die infolge der Zulassung entstandenen Schäden zu ersetzen.

(2) Die Partei muss die Prozessführung gegen sich gelten lassen, wenn sie auch nur mündlich Vollmacht erteilt oder wenn sie die Prozessführung ausdrücklich oder stillschweigend genehmigt hat.

I. Normzweck

Der Vertreter, der seine Bevollmächtigung nicht nachweist, wäre ohne einstweilige Zulassung sofort zurückzuweisen. Das Gericht hätte durch Prozessurteil oder Versäumnisurteil in der Sache selbst zu entscheiden. Bei späterer Erteilung der Vollmacht wäre das Verfahren zu wiederholen. Dieser **überflüssige Formalismus** wird vermieden, indem dem Gericht ein **Ermessen bei der Gestaltung des Verfahrens** eingeräumt wird. Gleichzeitig werden die aus der Auflockerung sich 1

---

[31] OLG Saarbrücken NJW 1970, 1464; OLG Köln Rpfleger 1976, 102; MDR 1982, 239; vgl. BGHZ 40, 197 = NJW 1964, 203.

[32] Vgl. dazu OLG Köln Rpfleger 1976, 102.

[33] BGHZ 91, 111, 114 = NJW 1984, 2149; BGH MDR 1971, 483.

[34] Die sog. Lehre vom Doppeltatbestand ist streitig; vgl. im einzelnen *v. Mettenheim,* Der Grundsatz der Prozessökonomie im Zivilprozess, 1970, S. 113 ff., 139 ff.

[35] BGH NJW 1992, 1458.

[36] BGHZ 121, 397; NJW-RR 1998, 63.

[37] BGHZ 121, 397, 400.

ergebenden Risiken dem Prozessgegner in Abs. 1 S. 3 und Abs. 2 soweit möglich abgenommen und der Partei selbst bzw. dem vollmachtlosen Vertreter auferlegt.

II. Die einstweilige Zulassung zur Prozessführung

2 **1. Voraussetzungen.** Die einstweilige Zulassung zur Prozessführung setzt einen **behebbarer Mangel der Prozessvollmacht** voraus. Er liegt vor, wenn der Vertreter mündliche Bevollmächtigung behauptet und nur der schriftliche Nachweis fehlt, oder wenn er als Geschäftsführer ohne Auftrag tätig wird. Gefahr im Verzug ist nicht erforderlich. Gibt der Vertreter selbst an, eine Bevollmächtigung auch künftig nicht nachweisen zu können, darf er nicht einstweilig zugelassen werden,[1] desgleichen wenn er nicht prozessfähig ist.

3 Ein **Antrag** auf einstweilige Zulassung ist **nicht erforderlich.** Es genügt, dass der Vertreter ohne Vollmacht auftritt und zu erkennen gibt, dass er für die Partei handeln will.

4 Das Gericht entscheidet nach **pflichtgemäßem Ermessen.**[2] Es gibt **keinen Anspruch auf einstweilige Zulassung,** soweit nicht Ermessensmissbrauch vorliegt.[3] Das gilt auch für Konsuln fremder Staaten als Vertreter ihres Staates oder seiner Staatsangehörigen,[4] soweit ihnen der Nachweis der Vollmacht nicht schon deshalb erlassen ist, weil ihr Vertretungsrecht sich aus zwischenstaatlichen Verträgen ergibt.[5] Bei der Entscheidung kann das Gericht außer Kenntnissen aus dem Verfahren auch sonstige Kenntnisse über die Parteien oder deren Vertreter verwerten.

5 **2. Entscheidung.** Die einstweilige Zulassung erfolgt durch **Beschluss,**[6] kann aber auch **konkludent** erfolgen, indem das Gericht die Sache vertagt und dem Vertreter eine Frist zur Beibringung der Vollmacht setzt.[7] Wird außer über die Bevollmächtigung auch in der Sache selbst verhandelt, liegt darin eine konkludente einstweilige Zulassung. Die **Entscheidung** ergeht aufgrund mündlicher Verhandlung oder nach §§ 128 Abs. 2, 3, 251 a. Wird die einstweilige Zulassung abgelehnt, liegt ein endgültiger Mangel der Vollmacht vor, der je nach Lage des Verfahrens zur Prozess- oder zur Säumnisentscheidung führt. Vgl. dazu sowie wegen der zulässigen Rechtsmittel § 88 Rn. 10ff. Wird der Vertreter einstweilen zugelassen, ist ein Rechtsmittel nicht statthaft, denn der Gegner wird in seinen Rechten nicht endgültig, sondern nur bis zum Ablauf der gesetzten Frist beeinträchtigt.[8]

6 **3. Sicherheitsleistung.** Die Anordnung der Sicherheitsleistung steht im Ermessen des Gerichts. Das Gericht kann auch Kenntnisse über den beruflichen Werdegang des Vertreters berücksichtigen. Maßstab für die Höhe der Sicherheit sind die **Kosten und Schäden,** die dem Prozessgegner durch die einstweilige Zulassung entstehen können. Vorher angefallene Gebühren sind nicht zu berücksichtigen. Eine eventuelle subsidiäre Haftung des Klägers für weiter anfallende Gerichtskosten gem. § 49 GKG muss aber in Betracht gezogen werden. Sind weitergehende Schäden möglich, vgl. dazu Rn. 16, wird die einstweilige Zulassung kaum in Betracht kommen. Das Gericht kann die einstweilige Zulassung von der Sicherheitsleistung abhängig machen. Es kann aber auch für die **Beibringung der Sicherheit** eine kürzere besondere Frist setzen und den Vertreter bis dahin ohne Sicherheitsleistung einstweilen zulassen. Wird die Sicherheit nicht geleistet, liegt ein endgültiger Mangel der Vollmacht vor, der zur Entscheidung führt, vgl. § 88 Rn. 10.

7 Die **Sicherheit** ist dem Prozessgegner zu leisten. Der Gerichtskasse steht sie nicht zur Befriedigung zur Verfügung.[9] Sie ist **zurückzugeben,** § 109, wenn die Partei die Prozessführung des vollmachtlosen Vertreters genehmigt, auch wenn sie ihm für das weitere Verfahren keine Prozessvollmacht erteilen sollte. Da die Sicherheit nur die durch vollmachtlose Vertretung veranlassten Kosten und Schäden betrifft, steht sie dem Prozessgegner auch für die Befriedigung in der Hauptsache nicht zur Verfügung.

8 **4. Fristsetzung.** Mit der einstweiligen Zulassung hat das Gericht dem Vertreter eine Frist für die **Beibringung der Genehmigung** zu setzen. Die Frist muss angemessen sein; eine zu kurze Frist kann den Anspruch auf rechtliches Gehör verletzen.[10] Das Gesetz unterscheidet zwischen Bei-

---

[1] OLG Dresden OLGRspr. 9, 56.
[2] RG Gruchot 59, 490; BAG NJW 1965, 1041.
[3] BAG NJW 1965, 1041; LAG Hamm MDR 1976, 699.
[4] RGZ 14, 432.
[5] Vgl. § 13 des deutsch-türkischen Nachlassabkommens v. 29. 5. 1929 (RGBl. II 1930 S. 758); Art. 21 des Konsularvertrags mit Großbritannien vom 30. 7. 1956 (BGBl. II 1957 S. 285). Andere Staaten sind durch Meistbegünstigungsklausel gleichgestellt, vgl. im einzelnen *Stein/Jonas/Schumann* § 377 Rn. 28.
[6] BAG NJW 1965, 1041.
[7] RGZ 67, 150, 151.
[8] OLG Braunschweig NdsRpfl. 1973, 253.
[9] RG SeuffA 80, 254.
[10] Vgl. BGH DB 1980, 2020.

bringung der Vollmacht und der Genehmigung. Die Partei kann die Prozessführung des vollmachtlosen Vertreters genehmigen, für die Zukunft aber einen anderen Prozessbevollmächtigten beauftragen. Wird der bisherige Vertreter bevollmächtigt, liegt darin aber im Zweifel zugleich die Genehmigung seiner Prozessführung. Die Frist kann auch nach dem Verhandlungstermin durch Verfügung des Vorsitzenden gem. § 273 Abs. 2 Nr. 1 gesetzt und gem. § 224 verlängert werden. Die Verfügung muss die Unterschrift des Richters tragen; ein Handzeichen ist nicht ausreichend.[11] Nach Ablauf der Frist kann die Genehmigung noch bis zum Schluss der mündlichen Verhandlung, auf die das Urteil ergeht, oder bis zu dem in § 128 Abs. 2 S. 2 bestimmten Zeitpunkt beigebracht werden. Wegen der Wirkung der Genehmigung vgl. Rn. 21.

III. Das weitere Verfahren

1. Umfang der Verhandlung. Nach einstweiliger Zulassung kann das Verfahren mit dem vollmachtlosen Vertreter zunächst so durchgeführt werden, **als ob die Bevollmächtigung nachgewiesen wäre.** Bestand der Mangel bei Klageerhebung und betrifft deren Ordnungsmäßigkeit, kann das Gericht gem. § 280 die Verhandlung zunächst auf die Frage der Bevollmächtigung beschränken, wenn es das für zweckmäßig hält. Anderenfalls ist das Verfahren auch während der Frist für die Beibringung der Vollmacht **in der Sache selbst zu fördern.** Es können und sollen vorbereitende Anordnungen gem. § 273 ergehen. Auch ein Beweisbeschluss kann verkündet und ausgeführt werden, damit der Rechtsstreit bei Vorlage der Vollmacht möglichst auch schon entscheidungsreif ist. Der einstweilen zugelassene Vertreter hat die Stellung eines Prozessbevollmächtigten iSv. § 85. Der Gegner ist genötigt, auch in der Sache selbst alle Angriffs- und Verteidigungsmittel vorzutragen und über sie zu verhandeln. 9

Ein **Versäumnisurteil** kann nur ergehen, wenn der vollmachtlose Vertreter selbst säumig ist und die Ordnungsmäßigkeit der Klageerhebung nicht in Frage steht.[12] Es kann aber weder wegen des Mangels der Vollmacht ergehen, da das der einstweiligen Zulassung widersprechen würde, noch gegen den Gegner des vollmachtlosen Vertreters, da sonst möglicherweise ein gem. § 579 Abs. 1 Nr. 4 nichtiges Urteil erlassen würde. 10

2. Entscheidung. Vor Ablauf der gesetzten Frist darf das Gericht kein Endurteil erlassen, Abs. 1 S. 2. Über den zu engen Wortlaut hinaus sind nicht nur Urteile gemeint, die die Instanz beenden, sondern **alle Entscheidungen, die die prozessuale Rechtsstellung der Partei unmittelbar berühren,**[13] zB auch Vorbehaltsurteile gem. §§ 302, 599, selbstständig anfechtbare Zwischenurteile gem. §§ 280 Abs. 2, 304, ebenso die Verweisung an ein anders Gericht, auch wenn sie durch Beschluss erfolgt. 11

Wird die **Genehmigung** nach Ablauf der Frist bis zum Schluss der mündlichen Verhandlung **nicht beigebracht,** liegt ein endgültiger Mangel der Vollmacht vor, der wie im Falle des § 88 zur Prozessentscheidung oder zur Säumnisentscheidung führt, vgl. § 88 Rn. 10ff. Die Ladung zum Verhandlungstermin ist der Partei und dem vollmachtlosen Vertreter zuzustellen,[14] denn die Folgen seiner vollmachtlosen Prozessführung können auch den Vertreter treffen, vgl. Rn. 13, 14. 12

IV. Die Haftung des vollmachtlosen Vertreters

1. Kosten. Der vollmachtlose Vertreter haftet dem Prozessgegner persönlich für die **infolge der Zulassung** entstandenen Kosten. Ein **Verschulden** ist **nicht erforderlich.** Der Vertreter kann im Innenverhältnis gem. §§ 683, 670 BGB einen Freistellungs- bzw. Rückgriffsanspruch gegen die vertretene Partei haben. 13

Die Haftung besteht zunächst für die Kosten, die durch einstweilige Zulassung veranlasst sind, also nicht für **Kosten, die schon vorher entstanden waren.**[15] Bei letzteren ist zu differenzieren, wobei nicht das Verschuldensprinzip, sondern das **Veranlassungsprinzip** maßgeblich ist.[16] War eine Klage ohne Zutun der Partei in ihrem Namen von einem vollmachtlosen Vertreter erhoben, hat dieser die Kosten veranlasst. Auch der Prozessgegner hat kein berechtigtes Interesse, wegen der ihm entstandenen Kosten die vollmachtlos vertretene Partei in Anspruch nehmen zu können. Würde sie in die Kosten verurteilt, stünde ihr der Nichtigkeitsgrund des § 579 Abs. 1 Nr. 4 zur Seite.[17] Auch aus Art. 103 14

---

[11] Vgl. § 329 Rn. 15 sowie BFH BB 1982, 2034; 1983, 1335; *Woerner* BB 1984, 2053.
[12] *Stein/Jonas/Leipold* Rn. 4.
[13] Vgl. *Stein/Jonas/Leipold* Rn. 5.
[14] RGZ 67, 149.
[15] RGZ 107, 58; RG JW 1937, 553; OLG Frankfurt Rpfleger 1952, 432.
[16] BGH NJW 1992, 1458; VersR 1975, 343; OLG Köln Rpfleger 1970, 355; OLG Frankfurt OLGZ 80, 282.
[17] BGH NJW 1983, 883.

Abs. 1 GG ergeben sich verfassungsrechtliche Bedenken.[18] Daher ist der Vertreter in die Kosten zu verurteilen,[19] auch wenn er die Klage oder das Rechtsmittel zurückgenommen oder das Mandat niedergelegt hat.[20] Hat er dagegen aufgrund einer **tatsächlich erteilten Vollmacht** gehandelt, die wegen Geschäftsunfähigkeit der Partei unwirksam war oder nicht in der Form des § 80 nachgewiesen werden kann,[21] liegt aus der Sicht des Prozessgegners ein Angriff der Partei selbst vor, für den diese deliktsähnlich zu haften hat.[22] Deshalb ist der vollmachtlose Vertreter nicht immer wie eine Partei in die Kosten zu verurteilen.[23] Vielmehr ist von Fall zu Fall zu prüfen, ob die Kosten von ihm oder der Partei veranlasst sind. Die Frage, ob der vollmachtlose Vertreter den Mangel der Vollmacht hätte bemerken müssen, betrifft in erster Linie sein Innenverhältnis zur der Partei und etwaige Rückgriffsansprüche.

15 Über die **Kosten** ist von **Amts wegen zu entscheiden.** Werden sie dem vollmachtlosen Vertreter auferlegt, dann ergeht die Entscheidung durch **Beschluss,** denn der vollmachtlose Vertreter ist am Rechtsstreit nicht als Partei beteiligt. Der Beschluss kann auch mit dem Urteil in der Sache selbst verbunden werden[24] und ist für den vollmachtlosen Vertreter analog § 99 Abs. 2 mit der **sofortigen Beschwerde** anfechtbar.[25]

16 **2. Weitere Schäden.** Abs. 1 S. 3 begründet eine **materiellrechtliche Haftung** des vollmachtlosen Vertreters für Schäden, die dem Prozessgegner infolge der einstweiligen Zulassung entstanden sind, etwa aus einer **Verzögerung des Rechtsstreits** oder daraus, dass gegenüber dem vollmachtlosen Vertreter Handlungen vorgenommen werden, die gegenüber der Partei hätten vorgenommen werden müssen, zB Maßnahmen zur Unterbrechung der Verjährung, Anfechtungs- oder Kündigungserklärungen, soweit ihre Entgegennahme von der Prozessvollmacht umfasst würde.[26] **Verschulden** des vollmachtlosen Vertreters ist **nicht erforderlich.** Gleichwohl ist ein Mitverschulden des Prozessgegners zu berücksichtigen. Die **Entscheidung** über diesen Schadensersatzanspruch kann nur in einem besonderen Prozess erfolgen, in dem der vollmachtlose Vertreter selbst Partei ist.[27] Weitergehende Schadensersatzansprüche werden durch Abs. 1 nicht ausgeschlossen.

V. Mündliche Vollmacht, Genehmigung, Abs. 2

17 **1. Mündliche Vollmacht.** Trotz § 80 ist die Prozessvollmacht nicht formgebunden. Die mündliche Bevollmächtigung hat dieselbe Wirkung wie die schriftliche. Die Verpflichtung zum schriftlichen Nachweis besteht im Interesse des Prozessgegners. Deshalb kann der Nachweis **für die Vergangenheit** in anderer Form geführt werden, zB durch Zeugenbeweis oder Urkunden. Dennoch kann der Prozessgegner gem. § 80 für die Zukunft die Vorlegung einer schriftlichen Vollmacht verlangen, so dass der vollmachtlose Vertreter **trotz Nachweises** der Bevollmächtigung **für die weitere Prozessführung zurückgewiesen** werden kann.[28]

18 Mündliche Bevollmächtigung kann durch **Erklärung gegenüber dem Vertreter** oder gegenüber **Gericht** oder **Gegner** erfolgen. Ob eine Erklärung oder ein tatsächliches Verhalten der Partei, wie zB die Anwesenheit im Verhandlungstermin, in dem der Vertreter auftritt, eine Bevollmächtigung enthält, ist durch **Auslegung** zu ermitteln. Die Genehmigung der vergangenen Prozessführung enthält nicht notwendigerweise auch eine Bevollmächtigung für die Zukunft, wird aber so zu verstehen sein, wenn die Partei den entgegenstehenden Willen nicht deutlich zum Ausdruck bringt.

19 **2. Genehmigung. a)** Die Genehmigung kann wie die Bevollmächtigung gegenüber dem Vertreter, dem Gericht oder dem Gegner **auch stillschweigend** erklärt werden. Als solche ist ein Verhalten anzusehen, mit dem die Partei zum Ausdruck bringt, dass sie die für sie erfolgte Pro-

---

[18] Dies verkennt *Renner* NDR 1974, 353, 357, der grundsätzlich nur der vollmachtlos vertretenen Partei die Kosten auferlegen und die Haftung des Vertreters dem Rückgriff im Innenverhältnis vorbehalten will.

[19] BGH BB 1953, 1024; NJW 1983, 883; VersR 1975, 1343; OLG Köln NJW 1972, 1330.

[20] OLG Hamburg NJW 1956, 1403; OLG München MDR 1955, 176; nach RG JW 1901, 834 kommt eine Verurteilung des Prozessbevollmächtigten in die Kosten nur in Betracht, wenn der Gegner die Vollmacht gerügt hatte.

[21] Vgl. § 80 Rn. 11 sowie nachfolgend Rn. 17.

[22] RGZ 53, 56; OLG Köln Rpfleger 1970, 355; dieser Gesichtspunkt entfällt im FGG-Verfahren und im Finanzgerichtsverfahren, so dass die dort geltenden Grundsätze nicht ohne weiteres übertragen werden können, vgl. OLG Frankfurt OLGZ 80, 278, 281; BFHE 92, 173.

[23] So aber OLG Köln Rpfleger 1970, 355; OLG Hamm JMBl. 1963, 131; OLG Hamburg NJWE 1956, 1403; OLG München JW 1955, 176; vgl. im einzelnen *Renner* MDR 1974, 353, 354, insbesondere Fn. 10.

[24] RGZ 53, 65; 107, 56.

[25] Vgl. FG Stuttgart MDR 1976, 84; OLG Hamburg OLGRspr. 42, 4.

[26] Vgl. dazu § 81 Rn. 7 ff.

[27] OLG Hamburg NJW 1986, 1120.

[28] OLG Köln Rpfleger 1970, 355.

zessführung für sich gelten lassen will. Das ist insbesondere der Fall, wenn sie einen in der Prozessführung erzielten Vorteil für sich in Anspruch nimmt. Die Bevollmächtigung oder Unterbevollmächtigung des bisher vollmachtlosen Vertreters ist Genehmigung, wenn keine **Einschränkung ausdrücklich** gegenüber dem Gericht zum Ausdruck gebracht wird.[29]

Im anhängigen Rechtsstreit kann die Genehmigung auch noch in der **Rechtsmittelinstanz** erfolgen,[30] ebenso nach Abschluss eines Vergleiches,[31] **nach rechtskräftigem Abschluss des Verfahrens,** arg. § 579 Abs. 1 Nr. 4, oder in der Zwangsvollstreckung.[32] Voraussetzung ist, dass der Mangel bis dahin unentdeckt geblieben ist; anderenfalls hätte der vollmachtlose Vertreter zurückgewiesen werden müssen. Ist die vom Vertreter erhobene Klage mangels Vollmacht abgewiesen oder die von ihm eingelegte Berufung verworfen worden, kann eine Genehmigung der vollmachtlosen Prozessführung in der nächsten Instanz nicht dazu führen, dass Klage oder Berufung nunmehr durch die Rechtsmittelentscheidung für zulässig erklärt werden.[33] Dagegen wird man für die materiellrechtlichen Folgen auch in diesen Fällen uneingeschränkte Rückwirkung annehmen müssen. Insbesondere wird die Verjährung auch rückwirkend unterbrochen, wenn die vollmachtlose Prozessführung erst in der Rechtsmittelinstanz genehmigt wird, denn das schützenswerte Interesse des Prozessgegners beschränkt sich auf die Lage des Rechtsstreits, während es hinsichtlich der materiellrechtlichen Folgen in zweiter Instanz nicht anders zu beurteilen ist als in erster.[34] 20

Die Heilung durch Genehmigung erfasst die **gesamte Prozessführung** des vollmachtlosen Vertreters.[35] Es ist also nicht möglich, einzelne Prozesshandlungen zu genehmigen, andere aber von der Genehmigung auszunehmen.[36] Eine solche Handlung ist prozessual wirkungslos.[37] Dagegen kann die Partei dem Vertreter für die Zukunft Vollmacht erteilen, eine Genehmigung der vergangenen Prozessführung aber ausdrücklich verweigern. Die Genehmigung umfasst nicht den Rechtsmittelverzicht des vollmachtlosen Vertreter, von dem die Partei keine Kenntnis hatte.[38] Darüber hinaus muss aber auch eine Genehmigung, die den verfahrensbeendigenden Akt, zB einen Vergleich oder einen Rechtsmittelverzicht, trotz Kenntnis ausnimmt, zulässig sein,[39] denn die vollmachtlos vertretene Partei würde sonst gezwungen, die Genehmigung insgesamt zu verweigern. 21

b) Die Genehmigung **heilt rückwirkend** den prozessualen Mangel der vollmachtlosen Prozessführung.[40] Das gilt auch für die Hemmung der **Verjährung** durch vollmachtlose Klageerhebung,[41] sofern die Klage im Namen der aktivlegitimierten Partei erhoben wurde,[42] ebenso für den Rang einer Vorpfändung.[43] Die Genehmigung kann vom Rechtsnachfolger erklärt werden, soweit sie nicht, wie im Falle des § 847 Abs. 1 S. 2 BGB, höchstpersönlich erklärt werden muss.[44] Hat der vollmachtlose Vertreter **materielle Rechtsgeschäfte** vorgenommen, ist sein Verhalten auch nach §§ 177 ff. BGB zu würdigen, wobei für einseitige Rechtsgeschäfte auch § 180 BGB gilt.[45] Auch § 181 BGB ist auf die materiellrechtliche Seite der Handlungen anwendbar, jedoch nicht auf die prozessuale. Ein Pfleger kann nach seiner Bestellung die eigene frühere Prozessführung genehmigen.[46] 22

§ 90 Beistand

(1) Insoweit eine Vertretung durch Anwälte nicht geboten ist, kann eine Partei mit jeder prozessfähigen Person als Beistand erscheinen.

---

29 BGHZ 91, 111, 114, 115 = NJW 1984, 2149; BGH VersR 1984, 781; OLG Frankfurt MDR 1984, 499.
30 RGZ 161, 30; OLG Frankfurt MDR 1984, 499.
31 RG JR 1925 Nr. 1379; BayObLGZ 6, 532.
32 RGZ 64, 217.
33 BGHZ 91, 111, 114 ff = NJW 1984, 2149; BGH LM § 80 Nr. 3; BAG NJW 1965, 1041.
34 AA wohl *Zöller/Vollkommer* Rn. 11, der auf die Wirksamkeit der Rechtsmitteleinlegung abstellt.
35 BGHZ 92, 137, 140 ff.; aA OLG Saarbrücken NJW 1970, 1464, 1465.
36 BGH NJW 1961, 725; BGHZ 92, 137.
37 BGHZ 92, 137, 142; *Stein/Jonas/Leipold* Rn. 16.
38 BGHZ 10, 147 = NJW 1953, 1470.
39 *Stein/Jonas/Leipold* Rn. 16; aA RGZ 110, 230.
40 BGHZ 92, 137, 140; 10, 147 = NJW 1953, 1470; BGH NJW 1995, 1901, 1902 (für das Patentverfahren); BGH VersR 1980, 90; 1984, 781, 782; BSG MDR 1971, 615; BVerwG NJW 1984, 318; OLG Frankfurt MDR 1984, 499.
41 BGH NJW 1961, 725.
42 BGH NJW 1958, 338.
43 RGZ 64, 217; 86, 246.
44 BGHZ 69, 325 = NJW 1978, 214, 215.
45 Str.; aA RGZ 64, 217; *Stein/Jonas/Leipold* Rn. 13; vgl. dazu § 81 Rn. 7 ff.
46 BGHZ 41, 107 = NJW 1964, 1129.

(2) Das von dem Beistand Vorgetragene gilt als von der Partei vorgebracht, insoweit es nicht von dieser sofort widerrufen oder berichtigt wird.

I. Allgemeines

1 Die Regelung der Stellvertretung im Prozess geht davon aus, dass der Prozessbevollmächtigte anstelle der Partei tätig wird. § 90 regelt die Unterstützung in der mündlichen Verhandlung oder Beweisaufnahme in Anwesenheit der Partei. Die **Vorschrift ist überflüssig;** ihr Regelungsgehalt folgt bereits aus §§ 79, 83 Abs. 2, 85 Abs. 1 S. 2. Im Parteiprozess kann die Partei neben ihrem Prozessbevollmächtigten handeln. Sie muss ihm keine uneingeschränkte Prozessvollmacht erteilen, sondern kann seine Befugnisse auf den Beistand im Termin beschränken. Wegen der Befugnisse des Beistandes, der Anforderungen an seine Person und der Möglichkeit einer Zurückweisung ist deshalb auf die Anm. zu §§ 79, 83 Abs. 2, 85 Abs. 1 S. 2, 157 zu verweisen. Auch Vertreter von Behörden, wie zB des Jugendamtes, können in geeigneten Fällen als Beistand auftreten.[1]

II. Scheidungssachen

2 Der in Scheidungssachen beigeordnete Rechtsanwalt hat gem. § 625 Abs. 2 die Stellung eines Beistandes. Damit ist auf § 90 verwiesen, der den Beistand im Termin zur mündlichen Verhandlung oder Beweisaufnahme **in Anwesenheit** der Partei regelt. Auch der in Scheidungssachen beigeordnete Rechtsanwalt kann nur in Anwesenheit der Partei tätig werden; seine Handlungsbefugnis erlischt, sobald die Partei den Sitzungssaal verlässt, sofern nicht die Partei eine weitergehende Prozessvollmacht erteilt hat.

Titel 5. Prozesskosten

Vorbemerkung zu den §§ 91ff.

Übersicht

I. Funktion und Anwendungsbereich des ZPO-Kostenrechts

1 In jedem Zivilprozess fallen Kosten an: Gerichtsgebühren, Vergütung der Anwälte, häufig auch Entschädigung von Zeugen und Sachverständigen, Zeit- und Wegeaufwände der Parteien. Das ZPO-Kostenrecht regelt in §§ 91 bis 107 **Last, Umfang** und **Festsetzung** der von den Parteien einander geschuldeten **Prozesskosten,** denn anders als zB im amerikanischen Recht ist die Erstattungspflicht Teil der im Prozessverhältnis konstituierten Sonderbeziehung (vgl. Rn. 8). Im Kostenrecht manifestieren sich die **Rahmenbedingungen,** unter denen der Rechtsuchende am **Justizgewährungsanspruch** des Art. 19 Abs. 4 GG teilhat. Aus der Garantie wirkungsvollen

[1] OLG Düsseldorf FamRZ 1985, 642.

Rechtsschutzes folgt, dass die Festsetzung der Verfahrenskosten nicht in einer Weise erfolgen darf, die dem Betroffenen die Anrufung des Gerichts unmöglich macht; die Versagung des ihm zustehenden Kostenerstattungsanspruchs widerspricht daher grundsätzlich dem Grundrecht auf wirkungsvolle Justizgewährung.[1] Doch wie in anderen vom Grundsatz der Privatautonomie beherrschten Lebensbereichen entbindet das den Einzelnen nicht davon, eigenverantwortlich Nutzen und Aufwand einer Rechtsverfolgung oder -verteidigung abzuwägen und hiernach prozessleitende Entscheidungen zu treffen (Dispositionsmaxime). Die Kehrseite der Parteiherrschaft, nämlich das Risiko, im Fall des Misserfolgs die Kosten zu tragen, ist ein maßgeblicher Prüfstein für das Ob und Wie einer Maßnahme. Mag das **Kostenrisiko,** auf das auch der Anwalt hinzuweisen hat, in gewisser Hinsicht die Verwirklichung materieller Gerechtigkeit erschweren, so bildet es doch ein geeignetes Korrektiv, zu verhindern, dass Gerichte ins Blaue hinein angerufen und über das notwendige Maß in Anspruch genommen werden. Mittelbar wirkt das Kostenrecht damit auf eine **ökonomische Prozessführung** hin. Dem entspricht umgekehrt ein Interesse der Parteien an einem System kohärenter Regeln, das etwa durch Festschreibung gesetzlicher Pauschalgebühren (GKG, RVG, JVEG) eine zuverlässige Kostenfolgenabschätzung ermöglicht und so Planungs- und Rechtssicherheit vermittelt. Tragendes Element des Kostenrechts ist daher aus Sicht der im Unterliegensfall von der Kostenlast bedrohten Partei das rechtsstaatliche Gebot der **Kostentransparenz**[2] (vgl. § 91 Rn. 49, 88, 124), d. h. die Voraussehbarkeit der Kosten ihrer Art und Höhe nach. Die Chancengleichheit einkommensschwacher Parteien wird durch die Möglichkeit der **Prozesskostenhilfe** (§§ 114 ff.) sichergestellt.

Der **Anwendungsbereich** der §§ 91 bis 107 erstreckt sich zunächst auf alle der ZPO unterworfenen Verfahren. Nicht selten sehen jedoch an anderer Stelle der ZPO verstreute Sondervorschriften hiervon Ausnahmen vor (vgl. Rn. 27). Auf **andere Verfahrensordnungen** sind die §§ 91 ff. anwendbar, wenn und soweit in ihnen Bestimmungen des ZPO-Kostenrechts für unmittelbar oder entsprechend anwendbar erklärt werden. Hierzu zählen u. a. § 464 b S. 3 StPO, § 80 Abs. 5 PatG und § 45 Abs. 2 LwVG. Schrifttum und Rechtsprechung wenden darüber hinaus die Grundsätze der ZPO über die Kostentragung und Kostenerstattung sinngemäß auf weitere Bereiche an, so zB auf echte FGG-Streitverfahren,[3] auf arbeitsgerichtliche Verfahren (§ 46 ArbGG)[4] oder auf Verfahren vor den OLG-Vergabesenaten nach §§ 116 ff. GWB.[5] 2

II. Prozesskostenerstattung im System des Kostenrechts

1. Überblick. Die §§ 91 bis 107 regeln die aus dem Prozessrechtsverhältnis als einer zwischen den Parteien bestehenden Sonderrechtsbeziehung (vgl. Rn. 8) zu erstattenden Kosten. Ordnet man diese Regelungen in das übergreifende System kostenrechtlicher Normen ein, bedarf es neben einer Unterscheidung nach **Kostenarten** (vgl. Rn. 5 f.) der Abgrenzung gegenüber Kostenrechtsverhältnissen zu **weiteren Beteiligten** (vgl. Rn. 7 ff.) wie auch der Abgrenzung zu den sonstigen **materiellrechtlichen** Rechtsbeziehungen der Parteien (vgl. Rn. 14 ff.). 3

2. Prozesskosten. Gegenstand prozessualer Kostenerstattung sind grundsätzlich nur die innerhalb des Rechtsstreits, dh. die vor Gericht angefallenen Kosten (zur Einbeziehung außerprozessualer Kosten vgl. § 91 Rn. 33 ff., 89), die sich gliedern in: 4

a) Gerichtskosten, worunter gem. § 1 S. 1 GKG **Gebühren** und **Auslagen** für die Inanspruchnahme der gerichtlichen Organe fallen (vgl. Rn. 9 f.). Ihre Berechnung erfolgt nach dem Kostenverzeichnis (Anlage 1 zum GKG). Auslagen sind nach Maßgabe der Nr. 9000 bis 9018 KV GKG in Höhe ihres Anfalles zu tragen. Hierzu gehören vor allem Schreibauslagen, Post- und Zustellungsgebühren sowie nach dem JVEG zu zahlende Entschädigungen (Nr. 9005 KV GKG) für Zeugen und Sachverständige (vgl. Rn. 13). 5

b) Außergerichtliche Kosten, wozu nach dem RVG zu berechnende Gebühren und Auslagen der Anwälte, Rechtsbeistände, gesetzlichen Vertreter oder Beistände sowie Auslagen der Parteien zählen. Sie sind primär geldliche Aufwendungen, schließen aber im Einzelfall auch entgangene Einnahmen, wie zB Verdienstausfall, ein (näher § 91 Rn. 44, 130 f.). **Immaterielle** Nachteile hingegen, auch soweit sie nach den Regeln des Schadensersatzrechts als kommerzialisiert gelten, zB 6

---

[1] BVerfG NJW 2006, 136, 137.
[2] Vgl. EuGH NJW 2004, 833, 834 (Rn. 30); BGH NJW 2005, 1373, 1375; OLG Jena OLG-NL 2006, 207, 209; VG Köln NJW 2005, 3513; *Wiezcoreck/Schütze/Steiner* Vor § 91 Rn. 3.
[3] OLG Hamburg OLGR 2004, 292, 293; BayObLG WoM 1989, 468 (LS).
[4] *Hauck/Helml* § 12 a ArbGG Rn. 1.
[5] BGHZ 146, 202, 216 = NJW 2001, 1492, 1495.

entgangener Urlaubs- oder Freizeitgenuss, sind prozessual nicht zu erstatten,[6] sondern allenfalls nach Maßgabe einer materiellen Kostenerstattung (vgl. Rn. 14, 16) ersatzfähig.

7 **3. Abgrenzung der prozessualen Kostenerstattung von sonstigen Kostenrechtsverhältnissen.** Dem Verständnis der §§ 91 bis 107 hilfreich ist ein Blick auf die kostenrechtlichen Beziehungen, die zu den am Verfahren im weiteren Sinne Beteiligten (einschließlich Prozessbevollmächtigten, Zeugen/Sachverständigen und Staatskasse) bestehen. Diese Rechtsverhältnisse verbinden zwar zahlreiche Berührungspunkte mit dem Recht der ZPO-Kostenerstattung, doch folgen sie eigenen Verfahrensregeln und sind in ihren Voraussetzungen und Rechtsfolgen **autonom.** Elementar lassen sich die Kostenbeziehungen nach den Beteiligten wie folgt unterscheiden:

8 **a) Prozessuale Kostenerstattung.** Die §§ 91 bis 107 regeln nur einen Ausschnitt im System des Kostenrechts. Ihr Gegenstand ist allein der prozessuale Erstattungsanspruch im Verhältnis der **Parteien** (zur Einbeziehung Dritter vgl. § 91 Rn. 17). Er gründet im **Prozessrechtsverhältnis**[7] (näher § 91 Rn. 3) als einer mit Rechtshängigkeit konstituierten Sonderrechtsbeziehung[8] und legt fest, inwieweit eine Partei vom Gegner Erstattung der Prozesskosten verlangen kann. Hiervon streng zu trennen ist die Frage, ob aus Anspruchsgrundlagen des **materiellen Rechts** innerhalb oder außerhalb des Prozesses angefallene Kosten zu erstatten sind (vgl. Rn. 14, 16ff.). Die §§ 91 bis 101 regeln Last und Umfang, §§ 103 bis 107 die Festsetzung des prozessualen Erstattungsanspruchs. Während die richterliche **Kostengrundentscheidung** (hierzu § 91 Rn. 5ff.) oder eine im **Prozessvergleich** getroffene Regelung (vgl. § 98 Rn. 12) die Kostenlast dem Grunde nach bestimmen, wird über Umfang und Höhe in einem dem Rechtspfleger übertragenen **Festsetzungsverfahren** entschieden, an dem die Parteien ebenfalls kontradiktorisch beteiligt sind[9] (vgl. § 104 Rn. 106). Als zentrale Bestimmungsnorm hinsichtlich des Erstattungsumfangs fungiert § 91 (vgl. § 91 Rn. 4), wobei die Höhe der Gebühren und Auslagen im GKG, RVG und JVEG geregelt ist. Im Prozessvergleich bestimmt die Kostenvereinbarung der Parteien den Erstattungsumfang, doch orientiert sich die Auslegung im Zweifel an den gesetzlichen Erstattungsregeln (näher § 98 Rn. 15).

9 **b) Gerichtskostenschuld.** Nicht in den §§ 91ff. angesprochen ist das Rechtsverhältnis zwischen der **Staatskasse** und dem zur Zahlung der Gerichtskosten verpflichteten **Gebührenschuldner**. Der daraus abgeleitete Anspruch ist wie ein Rückerstattungsanspruch im Falle eines überzahlten Vorschusses öffentlichrechtlicher Natur und richtet sich nach dem **GKG.** Seine Feststellung erfolgt durch den **Kostenansatz** gem. § 19 GKG, dh. durch Justizverwaltungsakt,[10] in einem dem Kostenbeamten des mittleren bzw. gehobenen Justizdienstes (§ 1 KostVfG) zugewiesenen förmlichen Verwaltungsverfahren, das eigenen Rechtsbehelfen unterliegt (§ 66 GKG). Zum prozessualen Kostenerstattungsanspruch besteht eine Schnittstelle insofern, als die Staatskasse sich hinsichtlich rückständiger Gerichtskosten nach §§ 31 Abs. 2 S. 1, 29 Nr. 1, Nr. 2 GKG vorrangig an den **Entscheidungsschuldner** bzw. **Übernahmeschuldner** zu halten hat. Mittelbar bestimmt damit zwar die nach §§ 91ff. zu treffende Kostengrundentscheidung bzw. die Kostenregelung eines Vergleichs mit darüber, welche Partei hinsichtlich der Gerichtskosten in Haftung genommen wird. Zwingend ist ein solches Junktim allerdings nicht. Insbesondere beim Zahlungsausfall des Entscheidungs- oder Übernahmeschuldners hat auch der **Antragsschuldner** (§ 22 Abs. 1 GKG) als Verfahrensveranlasser ohne Rücksicht auf ein Obsiegen einzustehen, da mehrere Kostenschuldner gem. § 31 Abs. 1 GKG als Gesamtschuldner jeweils für die vollen Gerichtskosten haften.

10 Im Übrigen sind die **Gerichtskosten** zwar insoweit Teil der Kostenfestsetzung nach §§ 103ff., als zu klären ist, ob der von der Staatsklasse als Gebührenschuldner herangezogene Erstattungsberechtigte diese Gebühren vom Gegner erstattet verlangen kann. Die rechtliche Würdigung jedoch, zB der Angemessenheit einer Sachverständigen- oder Zeugenentschädigung (vgl. Rn. 13), haben die Kostenfestsetzungsinstanzen **ohne Bindung** an Entscheidungen im GKG-Kostenansatzverfahren (und umgekehrt) zu treffen. Die Gefahr divergierender Entscheidungen ist hinzunehmen; soweit vereinzelt ein Erinnerungsrecht des prozessual Erstattungspflichtigen im GKG-Verfahren des Gegners befürwortet wird,[11] ist das mit § 66 GKG nicht vereinbar (näher § 104 Rn. 29).

---

[6] OLG Köln JurBüro 1986, 445, 446; OLG München Rpfleger 1973, 190; aM OLG Celle JurBüro 1982, 107, 108.

[7] BGH NJW 2007, 2257 Rn. 13; BGHZ 121, 397, 399 = NJW 1993, 1865; NJW 1988, 3204, 3205; OLG Saarbrücken OLGR 2002, 259, 260.

[8] BGHZ 74, 9, 11 = NJW 1979, 1351.

[9] BVerfG NJW 1977, 145; OLG Jena OLGR 2000, 38, 39; OLG Karlsruhe OLGR 2000, 352, 353; OLG Frankfurt AnwBl. 1999, 414.

[10] BVerfG NJW 1970, 853, 854; OLG Saarbrücken Rpfleger 2001, 461.

[11] OLG München AnwBl. 1990, 396.

c) Anwaltsvergütung. Nur mittelbar Gegenstand der §§ 91 bis 107 ist die Frage, welche Vergütung nach Art und Höhe dem Prozessbevollmächtigten einer Partei zusteht. Die **Gebühren** und **Auslagen,** deren Rechtsgrund in dem mit der Partei geschlossenen Geschäftsbesorgungsvertrag liegt, sind im **RVG** geregelt. Im Streitfall muss der Anwalt seine Ansprüche in einem Gebührenprozess gegen seinen Auftraggeber verfolgen. Eine vereinfachte Form, zu einem Titel zu gelangen, bietet **§ 11 RVG,** wonach auf Antrag in einem beschleunigten Rechtspfleger-Verfahren, für das gem. § 11 Abs. 2 S. 3 RVG die Vorschriften der §§ 103ff. entsprechend gelten, die Vergütung festgesetzt wird, soweit der Auftraggeber keine außerhalb des Gebührenrechts liegenden Einwendungen erhebt (§ 11 Abs. 5 RVG). Anknüpfungspunkte zwischen Gebührenprozess bzw. Vergütungsfestsetzung nach § 11 RVG einerseits und Kostenfestsetzung nach §§ 103ff. andererseits sind allenfalls faktischer Natur. Zwar erstreckt sich der prozessuale Kostenerstattungsanspruch gem. § 91 Abs. 2 S. 1 auf die **gesetzlichen** Gebühren des Anwalts (näher § 91 Rn. 45ff.). Die Kostenfestsetzungsorgane haben indes in eigener Zuständigkeit die Vorschriften des RVG anzuwenden und **ohne Bindung** an einen Gebührenprozess (und umgekehrt) zu entscheiden (vgl. § 104 Rn. 28). Trotz Divergenzgefahr gibt es keine Möglichkeit, die Rechtskraft – zB mittels Nebenintervention des Anwalts im Verfahren nach §§ 103ff. – wechselseitig auf beide Verfahren zu erstrecken, da eine dem § 68 entsprechende Interventionswirkung ausscheidet[12] (vgl. § 103 Rn. 26, § 104 Rn. 127). 11

d) Prozesskostenhilfe. Ist einer Partei PKH (§§ 114ff.) bewilligt, entsteht ein **besonderes Gebührenschuldverhältnis** zwischen ihr und der Staatskasse, das die unter Rn. 9 genannten Regeln überlagert, insbesondere eine Geltendmachung der Gerichtskosten nur nach Maßgabe des § 122 Abs. 1 Nr. 2 erlaubt und nur unter den Voraussetzungen der §§ 120, 115 die Zahlung monatlicher Raten vorsieht. Ist der Partei ein **Rechtsanwalt** beigeordnet (§ 121), erwächst diesem gem. § 45 RVG gegenüber der Staatskasse ein **persönlicher** Vergütungsanspruch in einer gegenüber der Wahlanwaltsvergütung des § 13 Abs. 1 RVG reduzierten Höhe (§ 49 Abs. 1 RVG). Die für das Festsetzungsverfahren maßgebenden Regelungen enthalten §§ 55, 56 RVG. Daneben besteht eine unmittelbare Anspruchsbeziehung zur **gegnerischen Partei,** soweit der beigeordnete Anwalt gem. § 126 Abs. 1 seine vollen Wahlanwaltsgebühren im eigenen Namen von dem in die Prozesskosten verurteilten Gegner beitreibt. Mit dieser Regelung soll die Staatskasse entlastet werden, indem vorrangig die nach § 91 Abs. 1 S. 1 erstattungspflichtige Partei für die Anwaltskosten einzustehen hat. Im Übrigen lässt die Bewilligung von PKH die Geltendmachung des prozessualen Kostenerstattungsanspruchs zwischen den **Parteien** gem. § 123 grds. **unberührt.** Das gilt sogar hinsichtlich der Anwaltskosten der PKH-Partei: Obwohl der beigeordnete Anwalt gegenüber seinem Auftraggeber für die Dauer der Prozesskostenhilfe keine Gebührenansprüche geltend machen kann (§ 122 Abs. 1 Nr. 3), kann die Partei selbst Festsetzung der Kosten ihres beigeordneten Rechtsanwalts verlangen, solange nicht dieser gem. § 126 die Festsetzung im eigenen Namen betreibt (vgl. § 126 Rn. 8). 12

e) Zeugen- und Sachverständigenentschädigung. Zeugen und Sachverständige haben gem. §§ 401, 413 nach Maßgabe des JVEG Anspruch auf Entschädigung gegen die **Staatskasse.** Solche Leistungen gehören zwar zu den **Gerichtskosten** (vgl. Rn. 5), doch sind hier drei voneinander unabhängige Verfahren (einschließlich des Verfahrens nach §§ 103ff.) zu unterscheiden:[13] An der eigentlichen Festsetzung des Entschädigungsbetrags des Zeugen/Sachverständigen aus der Staatskasse (§ 4 JVEG) einschließlich zugehöriger Rechtsmittel sind die Parteien weder beteiligt noch wirken dortige Beschlüsse zu ihren Lasten (§ 4 Abs. 9 JVEG). Im Kostenansatzverfahren zwischen Kostenschuldner und Staatskasse gelten die zu Rn. 9f. erläuterten Regeln. Sowohl in diesem Verfahren als auch im Kostenfestsetzungsverfahren nach §§ 103ff. können der von der Staatskasse auf Zahlung in Anspruch genommene Gebührenschuldner bzw. die dem Gegner zur Erstattung verpflichtete Partei einwenden, die an Zeugen und Sachverständigen ausgezahlten Beträge seien nach Grund oder Höhe unberechtigt gewesen (vgl. § 104 Rn. 29). Über die Berechtigung des Einwands ist ohne Bindung an ein JVEG-Verfahren zu entscheiden.[14] 13

4. Abgrenzung des prozessualen und des materiellrechtlichen Kostenerstattungsanspruchs. Die Rechtsbeziehungen zwischen den **Parteien** sind **doppelter Natur.** Einerseits beruhen sie auf den mit der Klage anhängig gemachten materiellrechtlichen Anspruchsgrundlagen, zB Vertrag oder § 823 BGB, die u.a. auch zum Ersatz derjenigen Kosten berechtigen können, die in Vorbereitung oder Durchführung eines Zivilprozesses anfallen (näher Rn. 16). Zum anderen besteht der aus dem Prozessrechtsverhältnis (vgl. Rn. 8) abgeleitete Anspruch, der ebenfalls eine – al- 14

---

12 BGH NJW 2006, 2495, 2496; OLG Hamburg JurBüro 1981, 1402, 1403; *Mayer/Kroiß* § 11 RVG Rn. 97.
13 OLG Koblenz VersR 1988, 297 (LS).
14 OLG Koblenz JurBüro 2006, 213 (LS); *Hartmann* § 4 JVEG Rn. 19.

lerdings grds. auf die innerprozessualen Kosten beschränkte – Erstattung beinhaltet. Daher bedarf vor allem das **Konkurrenzverhältnis** beider Ansprüche einer näheren Bestimmung (hierzu Rn. 17ff.).

15 **a) Prozessualer Kostenerstattungsanspruch.** Er entsteht bereits mit Begründung des Prozessrechtsverhältnisses, dh. mit Rechtshängigkeit,[15] und zwar unter der **aufschiebenden Bedingung** einer gerichtlichen Entscheidung oder eines Prozessvergleichs (vgl. § 98 Rn. 12), wonach der Gegner die Kosten trägt. Mit seiner vorläufigen Vollstreckbarkeit wandelt sich der Anspruch in einen **auflösend bedingten;**[16] auflösende Bedingung ist die Aufhebung der Kostengrundentscheidung. Tritt Rechtskraft ein, wird aus dem bedingten ein unbedingter Erstattungsanspruch[17] (vgl. § 104 Rn. 127). **Fällig** wird er idR mit Erlass der vorläufigen Kostengrundentscheidung.[18] Deshalb ist der prozessuale Kostenerstattungsanspruch auch ab diesem Zeitpunkt im Verfahren nach §§ 103ff. festsetzbar. Ab seiner aufschiebend bedingten Entstehung ist er **abtretbar**[19] und **pfändbar** (zur Bedeutung im Sinne einer materiellen Einwendung im Kostenfestsetzungsverfahren vgl. § 104 Rn. 34f.). Für sein Erlöschen, insbesondere durch Erfüllung (§§ 362ff. BGB), gelten die allgemeinen Regeln; zur **Aufrechnung** mit und gegen einen prozessualen Kostenerstattungsanspruch vgl. § 104 Rn. 36 bis 41. Der prozessuale Kostenerstattungsanspruch unterliegt der **Verjährung** (näher § 104 Rn. 42) und ist zu **verzinsen** (hierzu § 104 Rn. 61 bis 65).

16 **b) Materiellrechtlicher Kostenerstattungsanspruch.** Der materiellrechtliche Kostenerstattungsanspruch bedarf einer sachlich-rechtlichen **Anspruchsgrundlage,**[20] die jedem beliebigen Rechtsverhältnis, wie Vertrag oder Vertragsanbahnung, pVV,[21] Anfechtung wegen Täuschung (§ 123 BGB),[22] unerlaubter Handlung oder Verzug,[23] entstammen kann. Zu beachten ist, dass die unberechtigte außergerichtliche Inanspruchnahme wegen einer Forderung für sich genommen noch keinen Rechtsgrund für eine materielle Kostenerstattung schafft,[24] da hierdurch weder eine schuldrechtliche Sonderverbindung begründet noch in ein in § 823 Abs. 1 BGB geschütztes Rechtsgut eingegriffen wird; in Betracht kommt allenfalls eine Haftung nach § 823 Abs. 2 BGB iVm. § 263 StGB bzw. nach § 826 BGB. Voraussetzung ist, dass die begehrten Kosten unter die betreffende Norm des materiellen Rechts subsumierbar sind, indem sie zB als **haftungsausfüllend zurechenbare** Folge eines Schadens oder als **Aufwendungen** iSv. § 683 BGB bzw. einer Störungsbeseitigung iSv. § 1004 BGB[25] zu gelten haben. Gründe des materiellen Rechts, Aufwendungen für einen Rechtsstreit abweichend von sonstigen liquidationsfähigen Vermögenseinbußen zu behandeln, sind nicht ersichtlich; auch sie können adäquate Folge eines Schadensereignisses oder Gegenstand rechtsgeschäftlich fundierter Dispositionen sein. Sie besitzen die in Rn. 14 erwähnte **Doppelnatur,** indem sie sowohl unter dem Blickwinkel der prozessualen als auch der materiellen Parteibeziehungen betrachtet werden können. Ob der materiellrechtliche Erstattungsanspruch **Verschulden** voraussetzt, richtet sich nach der jeweiligen Anspruchsgrundlage. Die Konstruktion eines in Anlehnung an § 91 verschuldensunabhängigen (vgl. Rn. 24) materiellen Erstattungsanspruchs **sui generis** ist abzulehnen, da sonst am Gesetz vorbei eine eigene Gefährdungshaftung konstituiert würde.[26] Wesentliches Element materiellrechtlich zu erstattender Kosten ist ihre **Erforderlichkeit.**[27] Dieses Kriterium ist meist der Anspruchsnorm selbst (sei es zB in Gestalt der §§ 812, 818 BGB, sei es nach § 249 S. 2[28] bzw. § 254 Abs. 2 S. 1 BGB[29]) eingeschrieben, im Übrigen jedoch

---

[15] RGZ 145, 13, 15; BGH JR 1976, 332, 333 m. Anm. *Kuntze;* OLG München OLGR 2004, 71.

[16] RGZ 145, 13, 15; BGH JR 1976, 332, 333; NJW 1988, 3204, 3205; OLG Brandenburg Rpfleger 2006, 440, 441.

[17] BGH JR 1976, 332, 333; OLG Brandenburg Rpfleger 2006, 440, 441.

[18] BGH JR 1976, 332, 333.

[19] BGH NJW 1988, 3204, 3205.

[20] BGH JurBüro 2007, 249, 250; NJW 1988, 2032; OLG Karlsruhe MDR 2000, 199; LG Paderborn JurBüro 1989, 653, 654; *Stöber* AGS 2006, 261, 262ff.

[21] BGH NJW 1983, 284; LG Paderborn JurBüro 1989, 653.

[22] BGH NJW 1986, 2243, 2244.

[23] BGH NJW 1994, 2895, 2896; OLG Dresden NJW 1998, 1872, 1873.

[24] BGH JurBüro 2007, 249ff. m. Anm. *Enders.*

[25] BGHZ 52, 393, 399 = NJW 1970, 243, 245; NJW 1981, 224.

[26] BGH NJW 1988, 2032, 2034; NJW 1990, 1905, 1906; JurBüro 2007, 249, 251; OLG Köln FamRZ 2006, 1050, 1052; *Stöber* AGS 2007, 9, 10.

[27] BGHZ 66, 182, 192 = NJW 1976, 1198, 1200; 127, 348, 350 = NJW 1995, 446, 447; OLG Karlsruhe MDR 2000, 199; OLG Stuttgart NJW-RR 1996, 255; OLG Zweibrücken JurBüro 1983, 1874; AG Balingen ZfS 2002, 299 m. Anm. *Madert.*

[28] BGHZ 111, 168, 179 = NJW 1990, 2060, 2062aE; OLG Stuttgart NJW-RR 1996, 255.

[29] BGHZ 66, 182, 192 = NJW 1976, 1198, 1200; NJW 1986, 2243, 2245.

aus dem verallgemeinerungsfähigen Rechtsgedanken **kostenschonender Rechtsverfolgung** iSv. § 91 Abs. 1 S. 1 abzuleiten,[30] wobei deren Prüfung im Gegensatz zu der zB §§ 670, 683 BGB bestimmenden großzügigeren Gläubigersicht („für erforderlich halten darf") einen streng objektivierten Maßstab (vgl. § 91 Rn. 39) voraussetzt.[31]

c) Konkurrenzverhältnis. Aus den autonomen Entstehungsbedingungen folgt, dass der materielle Erstattungsanspruch keine bloße Hilfsfunktion gegenüber dem prozessualen Erstattungsanspruch erfüllt, sondern je nach Sachlage neben ihn treten oder ihm sogar entgegengerichtet sein kann, sofern er zusätzliche Umstände aufnimmt, die bei der abschließenden Kostenentscheidung nicht berücksichtigt werden konnten. Dagegen geht es nicht an, den aus einem anderen Verfahren unverändert übernommenen Kostensachverhalt unter materiellen Gesichtspunkten modifiziert oder gar entgegengesetzt zu beurteilen.[32] Daher kann die **Kostenlast,** soweit sie auf der nach prozessualen Maßstäben getroffenen Entscheidung über die Zuordnung der Verfahrenskosten beruht, nicht erneut zum Gegenstand einer Klage gemacht werden[33] (näher Rn. 21). Die **Festsetzung** des hieraus resultierenden prozessualen Erstattungsanspruchs kann in keinem anderweitigen Prozess, sondern nur im Rahmen desjenigen Rechtsstreits betrieben werden, in dem er entsteht[34] (vgl. § 103 Rn. 11, 54), und zwar ausschließlich im vereinfachten Sonderverfahren nach §§ 103ff., für dessen Verhältnis gegenüber einer materiellen Kostenklage gilt: 17

aa) Grundsätzlich ist vom **Vorrang** des in §§ 103ff. vorgesehenen **Festsetzungsverfahrens** auszugehen, soweit Kosten „des Rechtsstreits" iSv. § 91 Abs. 1 S. 1 (vgl. § 91 Rn. 18ff.) betroffen sind. Werden etwa die durch eine Prozesstätigkeit ausgelösten Anwaltskosten in einem anderen Erkenntnisverfahren eingeklagt, fehlt es am **Rechtsschutzbedürfnis,** da das Verfahren nach §§ 103ff. die beschleunigte, vereinfachte Form bietet, einen Titel zu erlangen[35] (zum Stadium nach Rechtskraft vgl. Rn. 22). Umgekehrt können in einem Kostenfestsetzungsverfahren rein materiellrechtliche Erstattungsansprüche nicht verfolgt werden.[36] Sogar wenn im Urteil eine materielle Berechtigung der Erstattung der „im Prozess angefallenen Kosten" ausdrücklich festgestellt ist, reicht das nicht hin, diese im Verfahren nach §§ 103ff. durch den Rechtspfleger betragsmäßig bestimmen zu lassen.[37] 18

bb) Schwierigkeiten bereiten Kosten, die erst nach näherer (ggf. aufwändiger) Prüfung als solche des Rechtsstreits iSv. § 91 Abs. 1 S. 1 zu klassifizieren sind. Angesprochen sind damit sog. **Vorbereitungskosten** (hierzu § 91 Rn. 18, 33ff., 89), die **vorgerichtlich** oder **prozessbegleitend** anfallen. Solche Aufwendungen, zB für ein privates Sachverständigengutachten, lassen sich nur dann, wenn sie aufgrund eines sich bereits abzeichnenden Rechtsstreits veranlasst sind, diesem zurechnen. Ist das der Fall, macht ihre Doppelnatur (vgl. Rn. 14) die Frage, in welchem Verfahren sie anzubringen sind, besonders dringlich. Insoweit ist zu unterscheiden: Werden solche Kosten im Verfahren nach §§ 103ff. angemeldet, hängt ihre Festsetzung von ihrer **Prozessbezogenheit** ab (hierzu § 91 Rn. 34); fehlt es daran, ist der Antragsteller auf eine materielle Erstattungsklage zu verweisen. 19

Werden umgekehrt nach Maßgabe der in § 91 Rn. 33ff. dargestellten Regeln an sich als „prozessbezogen" zu qualifizierende Vorbereitungskosten in einem **Erkenntnisverfahren** geltend gemacht, verfährt die Rechtsprechung uneinheitlich. Während der BGH[38] ein besonderes **Rechtsschutzinteresse** verlangt (und nach eigenem Bekunden regelmäßig verneint),[39] weil auch insoweit das **Kostenfestsetzungsverfahren** den idR schnelleren und minder aufwändigeren Weg darstelle, billigt der überwiegende Teil der Oberlandesgerichte dem Gläubiger ein **Wahlrecht** zu, Vorbereitungskosten entweder im Verfahren nach §§ 103ff. oder aus materiellem Recht klageweise einzufordern.[40] Zwar nähern sich beide Standpunkte insofern, als auch der BGH das Rechtsschutzbe- 20

---

30 BGHZ 66, 112, 114 = NJW 1976, 1256, 1257; BGHZ 75, 239, 232 = NJW 1980, 119; offen gelassen in BGH NJW 1986, 2243, 2245.

31 BGH NJW 1986, 2243, 2245.

32 BGHZ 45, 251, 257 = NJW 1966, 1513, 1515; NJW 2002, 680; NJW-RR 1995, 495; OLG Dresden NJW 1998, 1872, 1873.

33 BGH NJW 1990, 2060; aM OLG Düsseldorf NJW-RR 2006, 571, 572.

34 BGH NJW 1983, 284; OLG München ZIP 2003, 2318, 2319; OLG Köln MDR 1981, 763.

35 BGH NJW 2002, 1503, 1504; WM 1987, 247, 248; OLG Köln MDR 1981, 763; LG Karlsruhe AnwBl. 1994, 94, 95.

36 LAG Frankfurt BB 1999, 2252 (LS).

37 OLG Koblenz NJW-RR 2002, 719.

38 BGH WM 1987, 247, 249; NJW 1990, 122, 123.

39 BGH NJW 1990, 2060, 2061 (obgleich im dortigen Einzelfall bejaht).

40 OLG Nürnberg NJW-RR 2005, 1664; MDR 1977, 936; OLG Stuttgart NJW-RR 1996, 255; OLG München VersR 1988, 525, 526; OLG Frankfurt JurBüro 1983, 283 m. Anm. *Mümmler;* OLG Köln MDR 1981, 763; OLG Celle MDR 1962, 826; aM OLG Bremen VersR 1974, 371; OLG München NJW 1971, 518.

dürfnis einer Klage dann bejaht, wenn der Gläubiger einer gewissen Rechtsunsicherheit im Rahmen der Prüfung der „Prozessbezogenheit" ausgesetzt wäre.[41] Unabhängig davon verdient die großzügigere Linie der Oberlandesgerichte den Vorzug. Denn mit Blick auf die außergerichtliche Abkunft dieser Kosten, die nur im Interesse der Prozesswirtschaftlichkeit[42] (vgl. § 91 Rn. 34) im Verfahren nach §§ 103ff. *wie* Kosten des Rechtsstreits behandelt werden können, braucht sich die Partei nicht auf diesen Sonderweg verweisen lassen. Sonst kann es passieren, dass zunächst eine Klage am fehlenden Rechtsschutzbedürfnis scheitert, anschließend aber die Kostenfestsetzungsinstanzen mangels „Prozessbezogenheit" der Kosten den Kostengläubiger zurück auf den Weg eines erneuten Erkenntnisverfahrens verweisen, weil erst jetzt sein Rechtsschutzbedürfnis zu Tage tritt.[43]

21 **cc)** Der **Rechtskraft** unterliegen nicht nur die Kostengrundentscheidung, sondern auch der Kostenfestsetzungsbeschluss (vgl. § 104 Rn. 127ff.) sowie ein Sachurteil über das Bestehen bzw. Nichtbestehen eines materiellen Erstattungsanspruchs. Der in Rn. 17 genannten Grundregel folgend erstreckt sich die Rechtskraft der **Kostengrundentscheidung** auf alle Umstände, die **prozessual** die Kostenlast bestimmen. Ist sie fehlerhaft oder unvollständig, etwa weil die einen einzelnen Streitgenossen betreffende Klagerücknahme (vgl. § 100 Rn. 50) übersehen, ein Ermessen nach § 100 Abs. 2 nicht erkannt oder die Mehrkosten einer Verweisung entgegen § 281 Abs. 4 S. 2 nicht dem Kläger auferlegt wurden, steht einer auf Korrektur abzielenden materiellen Kostenklage die Rechtskraft entgegen. Gleiches gilt, wenn eine Kostenentscheidung nach **§ 494a Abs. 2** ergangen oder der Antrag auf eine **einstweilige Verfügung** kostenfällig zurückgewiesen[44] bzw. zurückgenommen[45] wird, der Verfügungskläger jedoch im Hauptsacheverfahren obsiegt. Auch insoweit ist die Rechtskraft der ersten Kostenentscheidung bindend, nach der es allein auf das dortige Unterliegen ankommt, das nur dann durchbrochen wird, wenn eine spätere Klage auf **außerhalb des ersten Streitgegenstands** liegende Umstände, zB Sittenwidrigkeit iSv. § 826 BGB[46] oder Prozessbetrug gestützt wird.

22 Ein rechtskräftiger **Kostenfestsetzungsbeschluss** entscheidet endgültig über die **innerhalb** eines Prozesses angefallenen und vom Rechtspfleger festgesetzten oder abgesetzten Kosten,[47] ohne dass für materiellrechtliche Korrekturen Raum bleibt. Dagegen hindert die Rechtskraft einer Absetzung von **Vorbereitungskosten** deren erneute klageweise Geltendmachung nicht.[48] Das versteht sich von selbst, soweit im Verfahren nach §§ 103ff. deren Prozessbezogenheit verneint wird. Aber auch dann, wenn die Kostenfestsetzungsinstanzen Vorbereitungskosten zwar dem Rechtsstreits zurechnen, jedoch deren **Notwendigkeit** als nicht gegeben ansehen, beschränkt sich nach allgemeinen Regeln (vgl. § 322 Rn. 172, 177) die Rechtskraft einer abweisenden Entscheidung hierauf. Diese verhält sich gerade nicht dazu, ob der Gläubiger die, obschon nicht nach streng objektiven Maßstäben iSv. § 91 Abs. 1 S. 1 (vgl. § 91 Rn. 39) zweckentsprechender Rechtsverfolgung dienenden Kosten, so doch möglicherweise auf Grundlage einer weitgefassteren materiellen Anspruchsnorm für erforderlich halten durfte (vgl. Rn. 16 aE).

23 Die Reichweite der Rechtskraft eines **Sachurteils,** mit dem eine Klage auf Erstattung von Vorbereitungskosten abgewiesen wird, richtet sich nach den hierfür maßgebenden Entscheidungsgründen: Wird schon das Rechtsschutzinteresse (vgl. Rn. 18, 20) oder die materielle Anspruchsberechtigung dem Grunde nach verneint, ist der Kläger nicht gehindert, seine Rechte in einem Festsetzungsverfahren gem. §§ 103ff. desjenigen Rechtsstreits zu verfolgen, dessen Vorbereitung die Aufwendungen gedient hatten.[49] Beruht hingegen die Klagabweisung gerade auf der mangelnden **Erforderlichkeit** dieser Kosten, besteht kein Anlass, die Frage ihrer Notwendigkeit erneut unter dem noch strengeren (vgl. Rn. 16 aE) objektiven Maßstab prozessualer Erstattung zu prüfen.[50] Denn es macht keinen Sinn, ein mit den überlegenen Erkenntnismitteln (Strengbeweis) des Zivilprozesses gewonnenes Ergebnis durch ein summarisches Rechtspflegerverfahren (Glaubhaftma-

---

[41] BGH NJW 1990, 2060, 2061.

[42] BGH NJW-RR 2006, 501, 502; WM 1987, 247, 248; OLG Köln MDR 1981, 763.

[43] So jeweils die Fallkonstellation des OLG Nürnberg JurBüro 1995, 592, 593 aE und OLG Frankfurt AnwBl. 1985, 210.

[44] BGHZ 45, 251, 257 = NJW 1966, 1513, 1515; aM OLG Düsseldorf NJW-RR 2006, 571, 572 (für Kostenbeschluss nach § 494a).

[45] BGH NJW-RR 1995, 495; OLG Hamm MDR 1993, 909.

[46] BGH NJW-RR 1995, 495; OLG Dresden NJW 1998, 1872, 1873 aE (das dies jedoch zu Unrecht im Rahmen der Begründetheit prüft).

[47] *Schneider* MDR 1981, 353, 358.

[48] OLG Nürnberg MDR 1977, 936.

[49] OLG Nürnberg JurBüro 1995, 592, 593.

[50] OLG Frankfurt JurBüro 1983, 283; OLG Nürnberg MDR 1977, 936; aM LAG Berlin MDR 2002, 238, 239; OLG Koblenz JurBüro 1992, 475.

chung, § 104 Abs. 2) zu korrigieren. Die Frage der Notwendigkeit der Kosten ist daher im Verhältnis der Parteien als endgültig entschieden anzusehen.

III. Maßstäbe der Kostenlastverteilung

1. Unterliegenshaftung. Für die Frage, wer die Kosten dem Grunde nach zu tragen hat, sind neben einer Reihe verstreuter Sondervorschriften die §§ 91 bis 101 einschlägig. Ohne deren Kommentierung vorzugreifen, lassen sich zur Orientierung doch einige übergreifende Wertungsgesichtspunkte herausheben. Einen elementaren Gedanken enthält § 91 Abs. 1 S. 1, der die Kostenlast, ebenso wie § 97 Abs. 1 im Fall des Scheiterns eines Rechtsmittels, der in der Sache **unterlegenen** Partei aufbürdet. Dem liegt das die deutschen Verfahrensgesetze beherrschende **Veranlasserprinzip** zugrunde: Wer unterliegt, hat die Vermutung gegen sich, ohne Grund zum Streit Anlass gegeben zu haben.[51] Auf Verschuldensgesichtspunkte, wie sie häufig einen materiellen Kostenerstattungsanspruch bestimmen (vgl. Rn. 16), kommt es nicht an. Dem Ansatz einer Unterliegenshaftung entspricht strukturell auch § 92 Abs. 1, der im Falle eines teilweisen Misserfolgs beiden Seiten anteilige Kosten auferlegt. 24

2. Veranlassungshaftung. Das Veranlasserprinzip in Reinform verkörpert § 93, wonach der Kläger die Kosten trägt, soweit der Gegner keinen Klageanlass gegeben hatte und den Anspruch sofort anerkennt (vgl. § 93 Rn. 1). 25

3. Spezielle Kostenverantwortlichkeit familienrechtlicher Prägung. Die genannten Zumessungskategorien bedürfen für bestimmte Konstellationen aus Gründen der Kostengerechtigkeit und Billigkeit einer Modifizierung. So sind gem. §§ 93a, 93c, 93d für einzelne familienrechtliche Prozessverhältnisse (Ehe-, Vaterschafts- und Unterhaltssachen) Rücksichts- und Kostenausgleichspflichten stärker zu gewichten als der Misserfolg eines Antrags. 26

4. Kostentrennung und Billigkeitshaftung. Praktisch bedeutsam ist ferner die sog. Kostentrennung, der wesentlich der Gedanke zugrunde liegt, dass trotz günstigen Prozessausgangs die durch **unwirtschaftliches** oder **prozessverlängerndes** Verhalten – Anrufung des unzuständigen Gerichts (§ 281 Abs. 3 S. 2), erfolglose Angriffs- oder Verteidigungsmittel (§§ 96, 100 Abs. 3), Termins- oder Fristsäumnis (§§ 95, 344, 380 Abs. 1 S. 1, 402) – bedingten Mehrkosten der Verantwortliche trägt. Zu einer (ggf. auch gesamtheitlichen) Kostenhaftung kann das Verschweigen oder die verspätete Auskunft entscheidungserheblicher Umstände (§§ 93b Abs. 2, 94, 97 Abs. 2) führen. Eigenen Kostenlastregeln folgen schließlich bestimmte Formen der Verfahrensbeendigung. Das betrifft den Prozessvergleich ohne Kostenvereinbarung (§ 98), die Erledigung der Hauptsache (§ 91a Abs. 1), Rücknahme der Klage (§ 269 Abs. 3 S. 2) bzw. eines Rechtsmittels (§§ 516 Abs. 3 S. 1, 565). Hier lässt die Kostengrundentscheidung Raum für Aspekte **billigen Ermessens,** wenn bereits vor Rechtshängigkeit der Klaganlass weggefallen war (§ 269 Abs. 3 S. 3) oder der Rechtsstreit aus Gründen des Einzelfalls seine Erledigung fand (§ 91a Abs. 1 S. 1). Eine Billigkeitshaftung kennen auch §§ 92 Abs. 2, § 93b Abs. 1. 27

§ 91 Grundsatz und Umfang der Kostenpflicht

(1) [1]Die unterliegende Partei hat die Kosten des Rechtsstreits zu tragen, insbesondere die dem Gegner erwachsenen Kosten zu erstatten, soweit sie zur zweckentsprechenden Rechtsverfolgung oder Rechtsverteidigung notwendig waren. [2]Die Kostenerstattung umfasst auch die Entschädigung des Gegners für die durch notwendige Reisen oder durch die notwendige Wahrnehmung von Terminen entstandene Zeitversäumnis; die für die Entschädigung von Zeugen geltenden Vorschriften sind entsprechend anzuwenden.

(2) [1]Die gesetzlichen Gebühren und Auslagen des Rechtsanwalts der obsiegenden Partei sind in allen Prozessen zu erstatten, Reisekosten eines Rechtsanwalts, der nicht in dem Bezirk des Prozessgerichts niedergelassen ist und am Ort des Prozessgerichts auch nicht wohnt, jedoch nur insoweit, als die Zuziehung zur zweckentsprechenden Rechtsverfolgung oder Rechtsverteidigung notwendig war. [2]Die Kosten mehrerer Rechtsanwälte sind nur insoweit zu erstatten, als sie die Kosten eines Rechtsanwalts nicht übersteigen oder als in der Person des Rechtsanwalts ein Wechsel eintreten musste. [3]In eigener Sache sind dem Rechtsanwalt die Gebühren und Auslagen zu erstatten, die er als Gebühren und Auslagen eines bevollmächtigten Rechtsanwalts erstattet verlangen könnte.

---

[51] BGH NJW 2006, 2490, 2491.

(3) Zu den Kosten des Rechtsstreits im Sinne der Absätze 1, 2 gehören auch die Gebühren, die durch ein Güteverfahren vor einer durch die Landesjustizverwaltung eingerichteten oder anerkannten Gütestelle entstanden sind; dies gilt nicht, wenn zwischen der Beendigung des Güteverfahrens und der Klageerhebung mehr als ein Jahr verstrichen ist.

(4) Zu den Kosten des Rechtsstreits im Sinne von Absatz 1 gehören auch Kosten, die die obsiegende Partei der unterlegenen Partei im Verlaufe des Rechtsstreits gezahlt hat.

Übersicht

I. Normzweck und Anwendungsbereich

1 Als wichtigste Vorschrift des gesamten ZPO-Kostenrechts entfaltet § 91 in doppelter Hinsicht konstitutive Wirkung: Zum einen enthält sie die für die **Kostengrundentscheidung** des Erkenntnisverfahrens maßgebende Grundregel, wonach die prozessuale Kostenlast (hierzu Vor §§ 91 ff. Rn. 8) insgesamt der **Unterliegende** zu tragen und die Kosten dem Gegner zu erstatten hat. Der Misserfolg indiziert die Vermutung fehlender Klageveranlassung.[1] Mit diesem über den formalen Normgehalt hinaus verallgemeinerungsfähigen Rechtssatz wird neben dem Ziel möglichster Einfachheit, Klarheit und Transparenz zugleich Kostengerechtigkeit angestrebt. Wo diese nachhaltig in Frage gestellt würde, ist abweichend vom Grundsatz einheitlicher Kostentragung anderen Wertungsmomenten, wie etwa der sog. Kostentrennung, der Vorzug gegeben (näher Vor §§ 91 ff. Rn. 26 f.). Zum anderen begrenzt § 91 Abs. 1 S. 1, S. 2 den **Umfang** des prozessualen Kostenerstattungsanspruchs (zur Grundrechtsrelevanz der Festsetzung des Erstattungsanspruchs vgl. Vor §§ 91 ff. Rn. 1) auf eine zur Erreichung der Prozesszwecke **notwendige** Interessenwahrnehmung. Den Erstattungsberechtigten hält die Vorschrift auf diese Weise zu einer **ökonomischen Prozessführung** an (vgl. Vor §§ 91 ff. Rn. 1), will er nicht Kosten der Rechtsverfolgung bzw. Rechtsverteidigung (teilweise) selber tragen. Diese Einschränkung kann als Ausprägung des aus Treu und Glauben (§ 242 BGB) bzw. der Schadensminderungspflicht des § 254 Abs. 2 S. 1 BGB abgeleiteten

[1] BGH NJW 2006, 2490, 2491.

Gebots der **Kostenschonung** (näher Rn. 38) verstanden werden, das in § 91 Abs. 2 noch dahin konkretisiert wird, dass anwaltlicher Beistand im Regelfall auf die Tätigkeit eines einzigen Prozessbevollmächtigten und dessen Zeit- und Reiseaufwand auf das gebotene Maß zu beschränken ist.

Zum **Anwendungsbereich** der Norm wird auf den Überblick Vor §§ 91 ff. Rn. 2 verwiesen. 2
§ 91 hat durch das 1. Justizmodernisierungsgesetz vom 24. 8. 2004 (BGBl. I S. 2198) mit Wirkung zum 1. 9. 2004 eine geänderte Fassung erhalten (vgl. Rn. 36), die auf die zum Stichtag anhängigen oder rechtskräftig abgeschlossenen Verfahren anzuwenden ist, soweit nicht die Parteien anderes vereinbart haben (§ 29 Nr. 2 EGZPO).

II. Kostentragung und Kostenerstattung

Wie in Rn. 1, bezogen auf den Normzweck, entwickelt, enthält § 91 eine im Kern zweifach 3
konstitutive Regelung, die für zwei gesonderte Verfahrensabschnitte Bedeutung erlangt. Nach der Terminologie des Gesetzes ist zu unterscheiden, welche Partei die Kosten des Rechtsstreits zu **„tragen"** und welche sie dem Gegner zu **„erstatten"** hat. Ersteres meint, dass die Prozesskosten,[2] zunächst unter Ausblendung ihrer näheren Spezifikation, dem Unterliegenden zur Last fallen. Formell wird diese Festlegung mit Abschluss des Erkenntnisverfahrens in der dem **Richter** vorbehaltenen **Kostengrundentscheidung** (hierzu Rn. 5 ff.) getroffen. Sie beschränkt sich auf die Prüfung, welche Partei als unterlegen (hierzu Rn. 13 ff.) zu gelten hat, ohne Art, Umfang oder Höhe der Kosten in den Blick zu nehmen. Voraussetzung ist das Bestehen eines **Prozessrechtsverhältnisses**[3] (vgl. Vor §§ 91 ff. Rn. 8), das in aller Regel mit Rechtshängigkeit, dh. mit Zustellung der Klageschrift (§§ 253 Abs. 1, 261 Abs. 1) begründet wird. Ausnahmsweise kommt jedoch auch ohne Rechtshängigkeit, namentlich bei Wegfall des Klaganlasses und Rücknahme der Klage vor Zustellung gem. § 269 Abs. 3 S. 3 2. Halbs. sowie im Rahmen des Eilrechtsschutzes bei Arrestbefehlen und einstweiligen Verfügungen (näher § 103 Rn. 7) ein rein **prozessuales** Kostenschuldverhältnis zustande, das allein Last und Erstattung der Prozesskosten zum Gegenstand hat.[4]

Die Verteilung der Kostenlast in Gestalt der Kostengrundentscheidung voraussetzend, limitiert 4
das Gesetz auf einer zweiten Ebene die zwischen den Parteien auszugleichenden Kosten insofern, als es nur die im Sinne einer zweckentsprechenden Prozessführung **notwendigen** zur Erstattung anordnet. Deren Feststellung ist einem formell selbstständigen Verfahren, dem in §§ 103 bis 107 geregelten **Kostenfestsetzungsverfahren** in der Eingangszuständigkeit des **Rechtspflegers** vorbehalten. Im Kontext dieses Verfahrens fungiert § 91 als zentrale Bestimmungs- und Bezugsnorm, die das Prüfprogramm der Kostenfestsetzungsorgane inhaltlich ausgestaltet. Im Kern macht § 91 Abs. 1 S. 1 dabei die Erstattungsfähigkeit der beantragten Kosten außer von ihrer Notwendigkeit (hierzu Rn. 38 ff.) davon abhängig, ob sie innerhalb „des Rechtsstreits" (hierzu Rn. 18 ff.) angefallen sind.

III. Kostengrundentscheidung

1. Gegenstand. Seine auflösend bedingte Entstehung (vgl. Vor §§ 91 ff. Rn. 15) verdankt der 5
prozessuale Kostenerstattungsanspruch, soweit die Parteien keine Kostenregelung in einem **Prozessvergleich** treffen (vgl. § 98 Rn. 9 ff), der richterlichen Kostengrundentscheidung. Sie ist unverzichtbare Grundlage für die Festsetzung der Prozesskosten im Verfahren nach §§ 103 ff. und bestimmt, wer die Kostenlast trägt. Für die Kostenfestsetzungsinstanzen ist sie bindend (näher § 104 Rn. 55). Sie unterliegt dem Gebot der **Kosteneinheit** des Prozesses (Abs. 1 S. 1: „Kosten des Rechtsstreits"), dh. es sind die in sämtlichen Verfahrensabschnitten und Rechtszügen angefallenen sowie alle Streitgegenstände (einschließlich etwaiger Teilrücknahmen) und Verfahrensbeteiligte (zB ausgeschiedene Streitgenossen, Nebenintervenienten) betreffende Kosten einzustellen. Bezogen auf diese Gesamtheit von Personen und Gegenständen ist eine einheitliche Quotelung vorzunehmen (vgl. Rn. 11). Hierauf baut das für gerichtliche und außergerichtliche Kosten maßgebende gesetzliche Pauschgebührensystem auf.[5] Sind Kosten nach Art oder Entstehung vom übrigen Prozessgeschehen abtrennbar, indem sie etwa auf den Abschnitt vor einer Zuständigkeitsverweisung oder ein einzelnes prozessuales Angriffs- oder Verteidigungsmittel entfallen, und folgen sie besonderen

---

[2] Zur Abgrenzung des prozessualen und des materiellrechtlichen Kostenerstattungsanspruchs vgl. Vor §§ 91 ff. Rn. 8, 14 bis 23.
[3] BGHZ 121, 397, 399 = NJW 1993, 1865.
[4] OLG Köln FamRZ 2003, 1571, 1572; LG Düsseldorf NJW-RR 2003, 213; aM LG Bad Kreuznach NJW-RR 2003, 790.
[5] *Saenger/Gierl* Vor §§ 91 ff. Rn. 23.

Kostenlastregeln (vgl. Rn. 10), hat die Kostengrundentscheidung sich auch hierzu zu verhalten (zur Kostentrennung bei Teilzurückweisung einer Nichtzulassungsbeschwerde vgl. § 97 Rn. 14).

6 **2. Erlass, Ergänzung und Berichtigung.** Die Kostenentscheidung ist nach § 308 Abs. 2 **von Amts wegen** und ohne Bindung an Parteianträge zu treffen, soweit nicht einer Kostenvereinbarung in einem gerichtlichen oder außergerichtlichen **Vergleich** Vorrang zukommt (hierzu § 98 Rn. 2, 9ff., 23ff.). Auch ein außergerichtlicher prozessrechtlicher Vertrag kann kostenrechtliche Wirkungen zeitigen, zB die Anwendung des § 93 verbieten (vgl. § 93 Rn. 3). Eines **Kostenantrags** bedarf es nur bei Klagerücknahme (§ 269 Abs. 4), nicht hingegen bei Rücknahme der Berufung oder Revision (§§ 516 Abs. 3 S. 2, 565). Ein versehentlich unterbliebener, nicht (rechtsirrig) bewusst unterlassener Ausspruch über die Kostentragung ist im Wege der Ergänzung nach **§ 321** auf Antrag (§ 321 Abs. 2) nachzuholen.[6] Auch eine Berichtigung der Kostengrundentscheidung ist nach Maßgabe des **§ 319** zulässig,[7] wenn sie auf einem aus den Gründen ersichtlichen Versehen, etwa offenbaren Rechenfehlern[8] oder Verlautbarungsmängeln (zB Defizit im Entscheidungsumfang)[9] beruht. Im Falle nachträglicher **Streitwertänderung** ist trotz des Verbots isolierter Anfechtung nach § 99 Abs. 1 aus Billigkeitsgründen § 319 anwendbar.[10] Zur Überprüfung der Kostenentscheidung durch das **Rechtsmittelgericht** von Amts wegen vgl. auch § 99 Rn. 13.

7 **a) Urteile.** Der Ausspruch über die Kosten ist in jedes Urteil aufzunehmen, das die **Instanz beendet.** Das betrifft **Endurteile** (§ 300) und **Vorbehaltsurteile** (zB §§ 302 Abs. 1, 599 Abs. 1), nicht hingegen Grundurteile (§ 304 Abs. 1), **Zwischenurteile** (§ 303) nur dann, wenn sie die Teilnahme Dritter zum Gegenstand haben[11] (zB § 71 Abs. 2). **Teilurteile** (§ 301 Abs. 1) bedürfen einer Kostenentscheidung nur, wenn diese unabhängig vom Prozessausgang getroffen werden kann[12] oder ein besonderes Interesse hieran besteht, etwa weil der Erstattungsanspruch sonst gefährdet wäre,[13] wie es zuweilen beim vorzeitigen Ausscheiden eines Streitgenossen vorkommt (näher § 100 Rn. 49ff.). Zur Frage eines isolierten Kostenbeschlusses bei Parteiwechsel vgl. Rn. 114. Wird in einem Rechtsmittelverfahren das angefochtene **Grundurteil** (das keine Kostenentscheidung enthält) aufgehoben und wird damit ein zwischenzeitlich ergangenes (obzwar nicht angefochtenes) Schlussurteil hinsichtlich der Kostenentscheidung gegenstandslos, so ist von Amts wegen über die Kosten der ersten Instanz zu entscheiden.[14]

8 **b) Beschlüsse.** Ein Beschluss kann ebenfalls eine Kostenentscheidung beinhalten, namentlich bei Beendigung der Instanz (zB §§ 522 Abs. 2, 544 Abs. 4 S. 1, Abs. 5 S. 2) oder im Rahmen der Einzelzwangsvollstreckung (§§ 766, 793) oder im Insolvenzverfahren (§§ 4 bis 8 InsO). Hierzu zählen auch Beschlüsse über Beschwerden im Kostenfestsetzungsverfahren. Dagegen ist im Prozesskostenhilfeverfahren eine Kostenerstattung ausgeschlossen (§ 118 Abs. 1 S. 4). Eine Kostenentscheidung hat ferner in dem gegenüber dem Hauptsacheverfahren selbstständigen **Arrest- und einstweiligen Verfügungsverfahren** nach §§ 922 Abs. 1 S. 1, 935, 936 zu ergehen.[15] Für Verfahren der **einstweiligen Anordnung** scheidet eine selbstständige Kostenentscheidung aus, da die damit verbundenen Kosten als solche der Hauptsache gelten (§§ 570 Abs. 3, 707, 732 Abs. 2, 924 Abs. 3 S. 2, 620 iVm. 620g). In **Verweisungsbeschlüssen** (§§ 281, 506, § 48 ArbGG) sowie **Abgabebeschlüssen** im Mahnverfahren (§§ 696, 700) unterbleibt ebenfalls eine Kostenentscheidung wegen der in den §§ 281 Abs. 3 S. 1, 506 Abs. 2, 696 Abs. 1 S. 5, 700 Abs. 3 S. 2 vorgegebenen Sonderregeln. Ausnahmsweise erschöpft sich ein Beschluss in einer **isolierten** Kostenentscheidung, so nach §§ 269 Abs. 3 S. 2, S. 3, 516 Abs. 3, 565 und 91a.

9 **c) Prozessvergleiche.** Endet ein Verfahren durch Prozessvergleich (§ 794 Abs. 1 Nr. 1), enthält dieser zumeist auch eine Regelung über die Kostentragung. Ergänzend greift hier § 98 ein. Aber auch eine Entscheidung nach § 91a kann notwendig werden. Hinsichtlich der Einzelheiten wird auf § 98 Rn. 9ff. verwiesen.

---

[6] BGH NJW 2006, 1351, 1352; NJW-RR 1996, 1238; OLG Jena OLGR 2007, 414.
[7] BGH NJW-RR 2004, 501 aE; OLG Hamm NJW-RR 2000, 1524.
[8] OLG Köln FamRZ 1993, 456, 457.
[9] OLG Köln NJW-RR 2000, 142.
[10] OLG Düsseldorf MDR 2001, 1074; OLG Hamm MDR 2001, 1186; aM OLG Stuttgart MDR 2001, 892, 893; OLG Zweibrücken FamRZ 1997, 1164; vgl. auch BGH BRAGOReport 2001, 41, 42 (wonach eine Streitwertänderung nach Rechtskraft gerade deshalb unzulässig sein soll, weil sie zu Verwerfungen hinsichtlich der bindenden, dh. wohl nicht abänderbaren Kostengrundentscheidung führe).
[11] *Stein/Jonas/Bork* Rn. 6.
[12] OLG Düsseldorf NJW 1970, 568.
[13] BGH NJW 1960, 484; OLG München NJW 1969, 1123.
[14] OLG Köln VersR 2005, 235, 237.
[15] BGHZ 45, 251, 254, 255 = NJW 1966, 1513, 1514; OLG Hamm NJW 1976, 1459, 1460.

3. Sachprüfung. Das Gericht prüft, welche Partei als **unterlegen** iSv. § 91 Abs. 1 S. 1 (hierzu Rn. 13f.) zu gelten hat und ob ausnahmsweise ein Teilunterliegen (§ 92), eine Veranlassungshaftung (§ 93) oder eine spezielle Kostenhaftung, Kostentrennung oder Billigkeitshaftung (vgl. den Fallgruppen-Überblick Vor §§ 91ff. Rn. 24ff.) eingreift, dh. ob § 91 Abs. 1 S. 1 gar nicht zur Anwendung gelangt oder ggf. mit einer Regelung zu kombinieren ist, die zB Mehrkosten nach §§ 281 Abs. 3 S. 2, 696 Abs. 1 S. 5, 700 Abs. 3 S. 2, 344 gesondert ausweist. 10

4. Tenorierung. Zur Tenorierung der Kostenentscheidung erforderlich, aber auch ausreichend ist die Angabe, welcher **Verfahrensbeteiligte** zu welchem **Anteil** die Kosten trägt. Dabei ist darauf zu achten, dass im späteren Kostenfestsetzungsverfahren die betragsmäßige Festsetzung ohne weiteres möglich ist (vgl. § 103 Rn. 1). Der Ausspruch könnte etwa lauten: „Der Beklagte/Kläger trägt die Kosten des Rechtsstreits" oder „Von den Kosten des Rechtsstreits tragen der Kläger $^1/_4$, der Beklagte $^3/_4$" oder „Von den Kosten des Rechtsstreits tragen der Kläger 12%, der Beklagte 88%." Einer ausdrücklichen Feststellung, dass die dem Gegner entstandenen Kosten zu erstatten sind, bedarf es nicht. Dagegen kann eine Differenzierung zwischen Gerichtskosten und außergerichtlichen Kosten (vgl. Vor §§ 91ff. Rn. 5f.) angebracht sein, falls sie unterschiedlichen Beteiligten zur Last fallen, wie zuweilen im Falle der Klagerücknahme bezüglich eines einzelnen Streitgenossen. Im Falle einer Kostentrennung könnte zB tenoriert werden: „Die Kosten des Versäumnisurteils vom ... fallen dem Kläger/Beklagten zur Last." 11

5. Kostentitel. Die Kostengrundentscheidung stellt mangels eines beizutreibenden bezifferten Betrages noch keinen zur Zwangsvollstreckung geeigneten Titel dar. Erst die Umsetzung der Kostengrundentscheidung im Verfahren nach §§ 103ff., wofür sie Grundlage ist (vgl. § 103 Rn. 3ff.), schafft in Form des Kostenfestsetzungsbeschlusses einen Vollstreckungstitel (§ 794 Abs. 1 Nr. 2). Dieser wiederum ist noch nach Eintritt der formellen Rechtskraft an den Bestand der Kostengrundentscheidung gebunden. Fällt sie weg oder wird sie auch nur geändert, wird er ohne besonderen Ausspruch wirkungslos (hierzu § 104 Rn. 131ff.). Zur Abänderung einer rechtskräftigen Kostengrundentscheidung durch Prozessvergleich vgl. § 98 Rn. 8, § 103 Rn. 13. 12

IV. Unterliegende Partei

1. Unterliegen. Die unterliegende Partei hat die Prozesskosten zu tragen. Dieser Rechtssatz greift einen elementaren Wertungsgedanken auf (vgl. Rn. 1), der nur im Ausnahmefall modifizierenden Regelungen weicht (vgl. die Übersicht Vor §§ 91ff. Rn. 24ff.). Wer unterlegen ist, bestimmt sich nach dem in der **Hauptsache** gestellten **Sachantrag.** Dringt der Kläger mit ihm durch, hat er obsiegt; dies gilt auch dann, wenn Grund hierfür eine Klageänderung ist. Soweit allerdings der Erfolg nur auf einem Beklagtenwechsel oder einer maßgeblichen Beschränkung des Streitgegenstands beruht, ist der Kläger hinsichtlich des Erstbeklagten bzw. des überschießenden Anteils der ursprünglich anhängig gemachten – den Kostenstreitwert mit konstituierenden – Klage unterlegen. Gleiches gilt, wenn die Klage aufgrund einer Hilfsaufrechnung des Beklagten scheitert. Entscheidend ist mithin das **Gesamtergebnis** nach Abschluss aller Instanzen.[16] Der Kläger ist folglich auch dann unterlegen, wenn die Klage als unzulässig oder lediglich als derzeit unbegründet abgewiesen wird.[17] Dagegen bedeutet die Verurteilung des Beklagten Zug um Zug bei unbedingtem Antrag des Klägers ein Teilunterliegen (vgl. § 92 Rn. 7). Ohne Einfluss auf ein Obsiegen/Unterliegen ist eine Haftungsbeschränkung in der Hauptsache (zB § 305). 13

Da der **Grund** des Unterliegens unerheblich ist, trifft den Unterliegenden die Kostenlast auch dann, wenn der Prozessausgang etwa auf eine nachträglich in der Revisionsinstanz eintretende **Gesetzesänderung** zurückzuführen ist[18] oder die Klage erst durch eine **rückwirkende** Erbausschlagung nachträglich unbegründet wird.[19] Er kann sich jedoch dadurch schadlos halten, dass er den Rechtsstreit in der Hauptsache für erledigt erklärt und so eine für ihn günstige Kostenentscheidung nach § 91a veranlasst. Widerspricht der Gegner der Erledigterklärung und unterliegt deshalb, so sind ihm als Unterliegenden die Kosten nach § 91 aufzuerlegen. 14

2. Partei. Als Partei iSv. § 91 gilt, wer in der kontradiktorischen Klage, dem Antrag oder Gesuch als solche **bezeichnet** ist (zum Parteiwechsel vgl. Rn. 114), sei es als Kläger, Beklagter, Antragsteller oder Antragsgegner. Der Parteibegriff ist mit dem in § 50 erläuterten formellen Parteibegriff identisch. Unerheblich ist, ob es sich um die materiellrechtlich legitimierte Partei handelt, ob 15

---

[16] BGHZ 37, 233, 246 = NJW 1962, 1715, 1718.
[17] BGHZ 10, 303, 306 aE; OLG Zweibrücken NJW-RR 1999, 1666.
[18] BGHZ 37, 233, 246.
[19] AG Northeim NJW-RR 2007, 9.

sie parteifähig oder wirksam vertreten ist. Die prozessuale Kostenlast besteht unabhängig von der **Prozessfähigkeit,**[20] da sie nur das Zustandekommen eines Prozessrechtsverhältnisses voraussetzt (vgl. Vor §§ 91 ff. Rn. 8), wie es durch Erhebung der Klage – auch gegen einen Prozessunfähigen – begründet wird. Der gesetzliche oder gewillkürte **Prozess-** oder **Verfahrensstandschafter** (vgl. Vor § 50 Rn. 43 ff.), der ein fremdes Recht im eigenen Namen geltend macht, ist selbst Partei. Die Kostengrundentscheidung und der Kostenfestsetzungsbeschluss lauten daher auf ihn. Der prozessuale Erstattungsanspruch wegen ihm entstandener Kosten steht ihm persönlich zu, nicht der Person, für die er handelt.[21] Doch haftet er im Rahmen einer Vollstreckung nicht mit seinem Vermögen, sondern nur das Vermögen letzterer. Denn materiellrechtlich treffen die Wirkungen des Urteils im Obsiegens- wie im Unterliegensfall den Rechtsinhaber, dessen Rechte der Prozessstandschafter wahrnimmt. Das gilt im Falle des Unterliegens auch für die prozessuale Kostenerstattungspflicht. Gegen eine Vollstreckung in sein eigenes Vermögen muss sich der Prozessstandschafter nach § 771 zur Wehr setzen, sofern nicht ausnahmsweise ein Vorgehen nach § 766 genügt.

16 **3. Nichtexistente Partei.** Die gegen eine nichtexistierende natürliche oder juristische Person erhobene Klage ist unzulässig und daher **kostenpflichtig** abzuweisen,[22] weil es an der Sachurteilsvoraussetzung der Parteifähigkeit fehlt. Gleichwohl ist die in der Klageschrift als solche bezeichnete Partei im Rahmen des Zulässigkeitsstreits zumindest insoweit als parteifähig zu behandeln, als sie sich gerade auf ihre Nichtexistenz (auch im Rahmen eines Antrags nach § 269 Abs. 4 nach Klagerücknahme) beruft.[23] Mit dieser **Fiktion** soll erreicht werden, dass die Frage der zuweilen schwierig zu bestimmenden Parteifähigkeit im Prozess geklärt werden kann.[24] Dem Kläger sind die der beklagten (fiktiven) Partei bzw. einem hinter ihr als rechtlich nicht existentem Gebilde stehenden und im Prozess tatsächlich in Erscheinung getretenen Dritten[25] entstandenen Kosten aufzuerlegen. Zur Antragsbefugnis im Kostenfestsetzungsverfahren vgl. § 103 Rn. 30 ff. (auch zur Nichtexistenz auf Klägerseite).

17 **4. Kostenrechtliche Einbeziehung Dritter.** Prozessuale Kostenerstattungsansprüche bestehen grundsätzlich nur zwischen den am Rechtsstreit iSv. § 91 Abs. 1 S. 1 kontradiktorisch beteiligten **Parteien** (zur Kostenerstattung bei **verdeckter Prozessführung,** zB eines hinter der Partei stehenden Versicherers, nach den Regeln der Drittschadensliquidation vgl. § 104 Rn. 23). Hieran fehlt es im Verhältnis zwischen **Streitgenossen** untereinander (vgl. § 100 Rn. 1, § 103 Rn. 28) wie auch zwischen **Nebenintervenienten** und unterstützter Partei (vgl. § 101 Rn. 11) und erst recht zwischen **Streitverkünder** und nicht beitretendem Streitverkündeten.[26] Ausnahmsweise können Kostenfolgen jedoch auf Dritte erstreckt werden. Neben dem Auftreten einer natürlichen Person für eine nichtexistente Partei (vgl. Rn. 16) kann ein als Prozessbevollmächtigter **ohne Vollmacht** handelnder **Rechtsanwalt** analog §§ 91 Abs. 1 S. 1, 97 Abs. 1 zur Kostentragung verurteilt werden, wenn er das Verfahren nutzlos veranlasst hat **(Veranlasserprinzip).**[27] Das gilt auch für ein Rechtsmittel (vgl. § 97 Rn. 6). Doch setzt das seine positive Kenntnis des Vollmachtsmangels voraus; ein bloßes Kennenmüssen reicht nicht aus, weil sonst das Kostenrisiko nicht mehr mit seiner Funktion als Organ der Rechtspflege vereinbar wäre[28] (vgl. auch § 89 Abs. 1 S. 3). Hat der Vertretene das Auftreten des vollmachtlosen Vertreters veranlasst, ist er selbst in die Kosten zu verurteilen,[29] allerdings nur, wenn er Partei oder formeller Verfahrensbeteiligter des Rechtsstreits ist.[30] Ein Unbeteiligter, der als vermeintlicher **gesetzlicher Vertreter** in den Prozess hineingezogen wurde, kann eine Kostenentscheidung zu seinen Gunsten und Erstattung verlangen,[31] nicht aber, wenn er sich ohne Anlass in den Prozess hineingedrängt hat.[32] Werden Dritte in die Kostenfolgen eines Rechtsstreits einbezogen, greift die Anfechtungsbeschränkung des § 99 Abs. 1 nicht ein (vgl. § 99 Rn. 14 f.).

---

[20] RGZ 53, 65, 67; BGHZ 121, 397, 399 = NJW 1993, 1865; OLG Koblenz JurBüro 2007, 34.
[21] OLG München Rpfleger 1980, 232.
[22] BGHZ 24, 91, 94 = NJW 1957, 989, 990; NJW-RR 2004, 1505, 1506.
[23] BGHZ 24, 91, 94; NJW 1993, 2943, 2944; NJW-RR 1986, 394; OLG Stuttgart OLGR 2005, 525; OLG Hamburg MDR 1976, 845.
[24] BGH NJW-RR 2004, 1505, 1506.
[25] OLG Hamburg MDR 1976, 845.
[26] OLG Köln NJW-RR 2002, 1726.
[27] BGHZ 121, 397, 400 = NJW 1993, 1865; OLG Brandenburg NJW-RR 2002, 265, 266; OLG Zweibrücken JurBüro 1999, 650, 651.
[28] BGHZ 121, 397, 400; BAG NJW 2006, 461, 462; OLG Brandenburg NJW-RR 2002, 265, 266.
[29] BGHZ 121, 397, 400; WM 1981, 1332 und 1353, 1354; OLG Zweibrücken JurBüro 1999, 650, 651.
[30] LG Heidelberg NJW-RR 1992, 316, 317.
[31] OLG Brandenburg NJW-RR 1996, 1214, 1215.
[32] OLG Köln OLGZ 1989, 237, 239; OLG Düsseldorf MDR 1986, 504.

V. Kosten des Rechtsstreits

1. Rechtsstreit. § 91 Abs. 1 S. 1 spricht von den Kosten „des Rechtsstreits"; auch das Festsetzungsverfahren hat gem. § 103 Abs. 1 die „Prozesskosten" zum Gegenstand. Das bringt deutlich zum Ausdruck, dass grundsätzlich nur die Kosten der **gerichtlichen** Auseinandersetzung zu erstatten sind.[33] Die Beschränkung auf den prozessualen Erstattungsanspruch (näher Vor §§ 91 ff. Rn. 8) soll verhindern, dass die Partei nur lose oder gar nicht mit dem Prozess zusammenhängende Kosten auf den Gegner abwälzt.[34] Die Frage, ob und inwieweit Kosten, die **vor-** bzw. **außerprozessual** (näher Rn. 33 ff.) entstanden sind, aus Gründen der Verfahrensökonomie wie solche des Rechtsstreits zu behandeln sind, zählt zu den schwierigsten des Kostenrechts (vgl. den Fallgruppen-Überblick Rn. 89). Im Regelfall meint „Rechtsstreit" nur das **Erkenntnisverfahren** (zur Einbeziehung vorgelagerter Verfahren vgl. Rn. 21, 23 bis 32). Es **beginnt** mit Rechtshängigkeit, dh. mit Zustellung der Klage (§ 261 Abs. 1). Vor diesem Zeitpunkt kommt, abgesehen vom Sonderfall des § 269 Abs. 3 S. 3 2. Halbs., allenfalls eine materiellrechtliche Kostenerstattung (vgl. Vor §§ 91 ff. Rn. 16) in Betracht. In der Regel **endet** der Rechtsstreit mit Rechtskraft einer den Streitgegenstand erschöpfenden Entscheidung, wozu noch Ausfertigung und Zustellung kommen. Obschon deren Kosten gem. § 788 Abs. 1 S. 2 formal bereits zur Zwangsvollstreckung rechnen, fallen sie noch in den Anwendungsbereich der §§ 91, 103 ff., da sie sonst bei ausbleibender Vollstreckung nicht mehr festsetzbar wären.[35] Nicht mehr dem Rechtsstreit zurechenbar sind Kosten zur Erfüllung des Urteilsspruches auf der ersten Stufe einer **Stufenklage.**[36] 18

Grundsätzlich beziehen sich sowohl Kostengrundentscheidung als auch -festsetzung auf sämtliche **Gerichtskosten** und **außergerichtliche** Kosten (vgl. Vor §§ 91 ff. Rn. 4 ff.) aller bis zum Zeitpunkt der letzten Entscheidung angerufenen **Instanzen.** Doch darf das nicht zu der Annahme verleiten, das Gebot der Kosteneinheit (vgl. Rn. 5) stünde einer Festsetzung der Kosten vor Eintritt der Rechtskraft entgegen. Sie ist vielmehr auch auf Grundlage einer in einem nur **vorläufig vollstreckbaren** Urteil getroffenen Kostenentscheidung zulässig (vgl. § 103 Rn. 4). Wird eine Kostengrundentscheidung des vorausgegangenen Rechtszugs abgeändert oder aufgehoben, so wird ein hierauf beruhender Kostenfestsetzungsbeschluss ohne weiteres wirkungslos (vgl. § 104 Rn. 131, 134). 19

2. Verfahrensabschnitte des Rechtsstreits. Zum Rechtsstreit zählen auch positive Zuständigkeitsbestimmungen (§§ 36, 37),[37] Verweisungsverfahren (§§ 281, 506, 696, 700), alle Rechtszüge der Berufung, Revision, sofortigen Beschwerde, Rechtsbeschwerde. Wird hingegen ein Antrag auf Bestimmung des zuständigen Gerichts **abgelehnt,** so ist über die Kosten dieses Verfahrens gesondert zu entscheiden und sind diese nicht als Kosten des Rechtsstreits, sondern analog § 91 Abs. 1 S. 1 gesondert zu erstatten.[38] Soweit Beschwerdeentscheidungen eine selbstständige Kostenentscheidung enthalten, stehen die Kosten denen einer Berufung gleich. Weiter zählen zum Rechtsstreit Widerklage, Ergänzung und Berichtigung eines Urteils oder Beschlusses (§§ 319 bis 321), Richterablehnung (hierzu Rn. 134), Urteilszustellung (vgl. Rn. 18), einstweilige Anordnungen bei Klagen nach §§ 767, 771 und Anordnungen nach §§ 707, 719. 20

3. Einbeziehung vorgelagerter Verfahren. Bestimmte dem Erkenntnisverfahren vorgelagerte Verfahren sind, obschon formell verselbstständigt, doch dem Rechtsstreit aufgrund **Sachzusammenhangs** kostenrechtlich zuzuordnen. Zuordnung in diesem Sinne bedeutet, dass über die Kosten des betreffenden Verfahrens und des Erkenntnisverfahrens eine einheitliche Kostengrundentscheidung zu ergehen hat und sämtliche Kosten in das Festsetzungsverfahren nach §§ 103 ff. einfließen. Das betrifft die Kosten des selbstständigen Beweisverfahrens, des Mahnverfahrens und des Güteverfahrens, deren Einbeziehung unter Rn. 23 bis 32 im Einzelnen dargestellt ist. 21

a) Kostenrechtlich isolierte Verfahren. Nicht dem Hauptsacheverfahren zuzuordnen sind die Kosten eines **Arrest-** oder **einstweiligen Verfügungsverfahrens,** da es eigene Instanzenzüge mit gesonderter Kostengrundentscheidung (vgl. Rn. 8) und -festsetzung (hierzu § 103 Rn. 7 ff.) eröffnet[39] (zum materiellen Kostenverhältnis zur Hauptsache vgl. Vor §§ 91 ff. Rn. 21). Auch das **Zwangsvollstreckungsverfahren,** für das § 788 die einschlägigen Regelungen hinsichtlich Kostenlast, Umfang und Festsetzung enthält und dort in Abs. 2 S. 1 auf §§ 103 Abs. 2, 104, 107 ver- 22

---

33 OLG Köln FamRZ 2006, 1050, 1051.
34 BGHZ 153, 235, 236 aE = NJW 2003, 1398, 1399; NJW 2006, 2415; OLG Naumburg VersR 2005, 1704.
35 OLG Stuttgart JW 1930, 3352 m. Anm. *Friedlaender.*
36 OLG Karlsruhe OLGR 2000, 437.
37 BGH NJW-RR 1987, 757.
38 BGH NJW-RR 1987, 757; BayObLG NJW-RR 2000, 141.
39 BGHZ 45, 251, 254, 255 = NJW 1966, 1513, 1514.

weist, ist kostenrechtlich autonom. Kostenrechtlich ebenfalls nicht einbezogen werden aufgrund ihrer formellen Verselbstständigung Vorverfahren vor Verwaltungsbehörden,[40] zB devisenrechtliche oder landwirtschaftsrechtliche Genehmigungsverfahren, sowie Fristsetzungsverfahren nach der HintO.[41] Doch steht es den Parteien frei, im Rahmen eines Prozessvergleichs eine Kostenerstattung zu vereinbaren (vgl. § 98 Rn. 18). Schließlich sind die im **Prozesskostenhilfeverfahren** anfallenden Kosten gem. § 118 Abs. 1 S. 4 von einer Erstattung ausgenommen; das schließt auch Kosten eines PKH-Beschwerdeverfahrens ein, § 127 Abs. 4. Endet ein Prozess ohne Klageerhebung im Stadium des PKH-Verfahrens, kommt daher ein Aufwendungsersatz allenfalls nach Maßgabe eines materiellrechtlichen Kostenerstattungsanspruchs in Frage (vgl. Vor §§ 91 ff. Rn. 14, 16).

23 **b) Selbstständiges Beweisverfahren.** Die Kosten des selbstständigen Beweisverfahrens (§§ 485 ff.) zählen zu den Kosten des Rechtsstreits.[42] Beweis- und Erkenntnisverfahren sind sachlich, zeitlich und hinsichtlich der Beteiligten so eng verflochten, dass eine Gesamtbetrachtung geboten und über die Kosten einheitlich im Hauptsacheprozess zu entscheiden ist.[43] Raum für eine **isolierte Kostenentscheidung** im Beweisverfahren ist nur dann, wenn **kein Hauptsacheprozess** durchgeführt wird.[44] Das kommt in Betracht, wenn das Beweisverfahren wegen Nichtentrichtung des Gebührenvorschusses stockt oder sonst **nicht betrieben** wird,[45] wenn der Beweisverfahrensantrag **zurückgenommen**[46] oder als **unzulässig** abgelehnt wird,[47] ferner wenn der Antragsteller nicht binnen einer gem. § 494 a Abs. 1 bestimmten **Frist** klagt. Im letztgenannten Fall werden ihm durch Beschluss gem. § 494 a Abs. 2 S. 1, sonst analog § 269 Abs. 3 S. 2, Abs. 4[48] die dem Antragsgegner entstandenen Kosten des Beweisverfahrens auferlegt. Nimmt er den Antrag hingegen zurück, um sofort ins Hauptsacheverfahren überzuwechseln, ist dort über die Kostenfolge zu entscheiden.[49] Wird die **Hauptsacheklage zurückgenommen,** bleibt der Rechtsstreit wegen der Kosten anhängig (§ 269 Abs. 3 S. 2, Abs. 4, Abs. 5), mit der Folge, dass auch die Kosten des abgeschlossenen selbstständigen Beweisverfahrens von der nach § 269 Abs. 3 S. 2 zu treffenden Kostengrundentscheidung erfasst werden.[50] Für die von manchen befürwortete analoge Anwendung des § 494 a Abs. 2[51] besteht kein Bedürfnis. Anders verhält es sich nur, wenn im Zeitpunkt der Rücknahme der Klage das Beweisverfahren noch nicht abgeschlossen ist, sondern dessen Beweiserhebung fortgesetzt wird.[52] Probleme bereitet der Fall, dass der Antragsteller das Beweisverfahren **einseitig** für **erledigt** erklärt. Da die für eine einseitige Erledigterklärung einer Klage geltenden Regeln (vgl. § 91 a Rn. 75 ff.) hier nicht greifen und eine Kostenentscheidung zulasten des Antragsgegners analog §§ 91 ff. ausscheidet,[53] ist die Erklärung idR als Antragsrücknahme zu werten, mit der Folge, dass dem Antragsteller die Kosten analog § 269 Abs. 3 S. 2 aufzuerlegen sind.[54] Auch können die Beteiligten den Rechtsstreit im Beweisverfahren gem. § 492 Abs. 3 2. Halbs. durch **Vergleich** beilegen und sich über die Kosten verständigen. Bestätigt das Beweisverfahren das Sachvorbringen des Antragstellers und erfüllt der Antragsgegner daraufhin die zugrunde liegende Forderung (zB Vornahme einer Mängelbeseitigung) voll, so ist weder für einen weiteren Prozess noch für eine Kostenentscheidung im Beweisverfahren Raum. Dem Antragsteller bleibt nur, seine Aufwendungen in Gestalt einer auf **materielles** Recht gestützten Kostenerstattungsklage (vgl. Vor §§ 91 ff. Rn. 16) einzufordern.[55]

---

[40] BGHZ 31, 229, 233 = NJW 1960, 483.
[41] OLG Düsseldorf JurBüro 1975, 632.
[42] BGH NJW 2003, 1322, 1323; ZfBR 2006, 348, 349; BGHZ 20, 4, 15; 132, 96, 104 = NJW 1996, 1749, 1750 aE.
[43] BGH NJW 2003, 1322, 1323.
[44] BGH NJW-RR 2005, 1015, 1016.
[45] OLG München BauR 2001, 993; OLG Stuttgart OLGR 1999, 419; OLG Frankfurt OLGR 1995, 72; OLG Düsseldorf BauR 1994, 146 (LS); aM OLG Düsseldorf BauR 2002, 350, 351; OLG Köln NJW-RR 2001, 1650, 1651.
[46] BGH NZBau 2005, 42, 43; OLG Köln OLGR 2001, 355, 356; OLG Braunschweig BauR 2001, 994.
[47] KG MDR 1996, 968; OLG Frankfurt NJW-RR 1995, 1150; OLG Köln JurBüro 1994, 629; aM OLG Koblenz NJW-RR 1996, 384.
[48] BGH NZBau 2005, 42, 43; OLG Düsseldorf BauR 1994, 146 (LS).
[49] BGH NJW-RR 2005, 1015, 1016; aM OLG Zweibrücken JurBüro 2004, 99.
[50] BGH Rpfleger 2007, 226; OLG Stuttgart Rpfleger 1988, 117; aM OLG Düsseldorf NJW-RR 2006, 1028; OLG Koblenz NJW 2003, 3281, 3282.
[51] OLG Frankfurt NJW-RR 2004, 70, 71; OLG Köln BauR 2003, 290 (für unmittelbare Anwendung); *Musielak/Huber* § 494 a Rn. 4 a.
[52] BGH ZfBR 2005, 790, 791.
[53] BGH NJW-RR 2004, 1005; NZBau 2005, 42, 43; LG Mönchengladbach MDR 2006, 229.
[54] BGH NZBau 2005, 42, 43.
[55] OLG Karlsruhe MDR 2000, 199; AG Neustadt a. Rbge. NJW-RR 2003, 790.

Kommt es zum Prozess in der **Hauptsache,** ergeht eine das Beweis- und Hauptsacheverfahren umfassende **einheitliche** Kostenentscheidung.[56] Notwendig ist jedoch **Identität** der in beiden Verfahren kontradiktorisch gegenüberstehenden[57] (mithin nicht bei Wechsel zwischen Streitgenossenschaft und Gegnerschaft)[58] **Parteien** und des **Streitgegenstands,**[59] wobei der Zeitpunkt des Abschlusses der Hauptsache maßgebend ist. Als Gegner in diesem Sinne gilt auch der Nebenintervenient.[60] Erfährt der bei Klageerhebung mit dem Beweisverfahren noch identische Streitgegenstand später eine **qualitative Änderung,** wird also nicht nur erweitert oder gemindert oder lediglich im Rahmen der Streitwertfestsetzung unterschiedlich **bewertet,**[61] darf die Kostenentscheidung nicht die Kosten des Beweisverfahrens einbeziehen.[62] Identität ist auch bei **umgekehrten Parteirollen** gegeben, so wenn der Antragsteller des Beweisverfahrens in dem vom Antragsgegner angestrengten Hauptsacheprozess verklagt wird bzw. zur Widerklage übergeht[63] oder im Beweisverfahren zur Vorbereitung einer Werklohnklage künftigen Mängeleinreden den Boden zu entziehen sucht.[64] Die Identität entfällt auch nicht, wenn neben den am Beweisverfahren als Gegner beteiligten Hauptsacheparteien noch **weitere Personen** einbezogen waren[65] oder nur **Teile** des Gegenstands eines Beweisverfahrens zum Gegenstand der Klage gemacht werden,[66] etwa wenn ein mehrere Eigentumsstörungen betreffendes Beweisverfahren nur wegen einer einzigen Eigentumsstörung in der Hauptsache anhängig wird.[67] **24**

Bleibt der Streitgegenstand der Klage hinter dem des Beweisverfahrens zurück, ist eine auf den Rechtsgedanken des § 494a Abs. 2 S. 1 gestützte Teilkostenentscheidung unzulässig.[68] Vielmehr ist im Rahmen der Hauptsache einheitlich über die Kosten beider Verfahren zu entscheiden,[69] wobei entweder eine **anteilige** Verteilung (§ 92 Abs. 1 S. 1) oder gem. **§ 96 analog** eine gesonderte Erstattung hinsichtlich der auf den **überschießenden** Wert des Beweisverfahrens entfallenden Kosten des Antragsgegners in Betracht kommt[70] (vgl. § 103 Rn. 51), letzteres namentlich dann, wenn sich Teile des im Beweisverfahren behaupteten Anspruchs im Ergebnis nicht bestätigen und der Antragsteller sie im Hauptsacheprozess nicht mehr aufgreift, um einem Teilunterliegen vorzubeugen.[71] Dass die Hauptsacheentscheidung gegenüber einer Teilkostenentscheidung nach § 494a Abs. 2 S. 1 verzögert ergeht, ist hinzunehmen.[72] Sind die Kosten des Beweisverfahrens als solche der Hauptsache zu erstatten, können sie allein im dortigen Verfahren nach §§ 103ff., nicht aber – anders zB als sog. Vorbereitungskosten (vgl. Vor §§ 91ff. Rn. 20) – in Gestalt eines materiellrechtlichen Erstattungsanspruchs geltend gemacht werden (vgl. Vor §§ 91ff. Rn. 18). War der Untersuchungsstoff des Beweisverfahrens Gegenstand **mehrerer Hauptsacheprozesse,** so sind die Kosten des Beweisverfahrens – allgemeinen Regeln folgend (vgl. Rn. § 103 Rn. 50) – anteilig umzulegen.[73] **25**

---

[56] BGH NZBau 2005, 44, 45; NZBau 2003, 500; OLG Hamm MDR 2000, 790; OLG Nürnberg JurBüro 1996, 35.

[57] OLG München JurBüro 2000, 484; OLG Stuttgart JurBüro 1989, 1571; *Zöller/Herget* Rn. 13 „Selbstständiges Beweisverfahren".

[58] OLG München JurBüro 1991, 840, 841 m. Anm. *Mümmler.*

[59] BGH NJW-RR 2006, 810, 811; NZBau 2004, 44, 45.

[60] KG NJW-RR 2003, 133.

[61] OLG Düsseldorf BauR 2006, 1179, 1180; OLG Schleswig OLGR 2001, 237; OLG München MDR 1995, 1073.

[62] OLG Köln BauR 2005, 900, 901; OLG München NJW-RR 2001, 719.

[63] BGH NZBau 2003, 500; OLG Stuttgart OLGR 2005, 310, 311.

[64] OLG Koblenz NJW-RR 2004, 1006, 1007; NJW-RR 2003, 1152; OLG Hamm MDR 2000, 790; OLG Nürnberg JurBüro 1996, 35.

[65] BGH NJW-RR 2004, 1651; OLG München JurBüro 2000, 484, 485; OLG Schleswig OLGR 2006, 768, 769; AnwBl. 1995, 270.

[66] BGH NJW-RR 2006, 810, 811; NJW 2004, 3121; OLG Stuttgart OLGR 2005, 310, 311; OLG Koblenz NJW-RR 2004, 1006, 1007.

[67] BGH NJW 2005, 294.

[68] BGH NJW 2004, 3121; OLG Düsseldorf BauR 2001, 1950; aM OLG Köln NJW-RR 2001, 1650; OLG Koblenz NJW-RR 1998, 68.

[69] BGH NJW-RR 2006, 810, 811; OLG Düsseldorf NJW-RR 1998, 358, 359; aM OLG Koblenz NJW-RR 2004, 1006, 1007 (das die Parteien hinsichtlich des nicht weiter verfolgten Streitgegenstands zwingend auf eine Teilkostenentscheidung nach § 494a verweisen will).

[70] BGH NJW 2004, 3121; NJW 2005, 294; NZBau 2005, 44, 45; NJW-RR 2006, 810, 811; OLG Stuttgart OLGR 2005, 310, 311.

[71] BGH NJW 2005, 294, 295.

[72] BGH NJW 2004, 3121 aE.

[73] OLG München NJW-RR 2001, 719; JurBüro 1989, 1121, 1122; OLG Stuttgart BauR 2000, 136, 137.

26 Ob das Beweisgutachten die Entscheidungsfindung des Hauptsachegerichts beeinflusst, ist für die Erstattungsfähigkeit der Kosten nach zutreffender Ansicht ohne Belang.[74] Erweist sich das Gutachten im Ergebnis insgesamt oder in Teilen als nutzlos, besteht auch insoweit die Möglichkeit einer Kostentrennung nach § 96 zulasten der das Beweisverfahren betreibenden Partei; doch scheidet eine Korrektur der Kostengrundentscheidung im Wege der Kostenfestsetzung aus (vgl. § 103 Rn. 51). Hinsichtlich der **Höhe** der Kosten gilt: Gerichtskosten des selbstständigen Beweisverfahrens, insbesondere Auslagen für ein Sachverständigengutachten (Nr. 9005 KV GKG iVm. §§ 8ff. JVEG), sind als **Gerichtskosten** der **Hauptsache** anzusehen, da sie ihre Rechtsnatur in beiden Verfahren nicht verändern[75] (zu den Konsequenzen bei Kostenaufhebung im Prozessvergleich vgl. § 98 Rn. 20). Das Beweisverfahren löst gem. Nr. 1610 KV GKG eine 1,0 Gerichtsgebühr aus; eine Anrechnung auf die Verfahrensgebühr des Streitverfahrens (Nr. 1210 KV GKG) findet nicht statt. Dagegen ist die **anwaltliche** Verfahrensgebühr des Beweisverfahrens auf die Verfahrensgebühr des Rechtszugs anzurechnen (Teil 3 Vorbem. 3 Abs. 5 VV RVG).

27 **c) Mahnverfahren.** Nach Überleitung eines Mahnverfahrens ins streitige Verfahren ist kein Raum für eine isolierte Entscheidung über die Mahnkosten. Diese gehen voll in denen des Erkenntnisverfahrens auf, §§ 696 Abs. 1 S. 5, 700 Abs. 3 S. 2 iVm. § 281 Abs. 3 S. 1 (zur Höhe vgl. Rn. 29). Unproblematisch ist auch der Fall, dass das Mahnverfahren in einen rechtskräftigen **Vollstreckungsbescheid** mündet, da dieser alle bis zu seinem Erlass – auch im Rahmen eines eingeleiteten und durch Rücknahme beendeten Widerspruchsverfahrens[76] – entstandenen Kosten betragsmäßig ausweist und damit eine geeignete Grundlage für eine Vollstreckung schafft (zur Ausnahme eines gesondert zu betreibenden Kostenfestsetzungsverfahrens vgl. § 103 Rn. 6).

28 Schwierigkeiten bereitet hingegen die **Rücknahme** eines Mahnantrags **vor Rechtshängigkeit,** dh. vor Abgabe an das Streitgericht (§ 696 Abs. 1 S. 4). Gegen den Erlass einer gesonderten Kostenentscheidung gem. § 269 Abs. 3 S. 3 2. Halbs. analog wird zurecht eingewandt, dass sich das formalisierte und auf maschinelle Bearbeitung angelegte Mahnverfahren nicht, wie in dieser Vorschrift vorausgesetzt, für eine Ermessensprüfung des Sach- und Streitstandes durch den Mahnrechtspfleger eigne.[77] Dieser Einwand betrifft indes nur die gerichtliche **Zuständigkeit** (hierzu § 104 Rn. 4). Dagegen widerspräche es der Prozessökonomie, den Parteien bei Rücknahme des Mahnantrags eine Kostenentscheidung ganz zu versagen und sie auf die Geltendmachung einer materiellen Erstattungsklage zu verweisen. Daher ist beiden Seiten gem. § 696 Abs. 1 S. 1 die Möglichkeit eröffnet, Abgabe ins streitige Verfahren, **beschränkt** auf die **Kosten,** zu beantragen und so eine Entscheidung des in der Hauptsache zuständigen Gerichts herbeizuführen.[78] Ein solches Begehren ist regelmäßig bereits im Antrag auf Durchführung eines Streitverfahrens, jedenfalls aber in einem expliziten Kostenantrag enthalten.[79] Doch ist für eine konkludente Auslegung in diesem Sinne dann kein Raum, wenn ein Antrag auf Abgabe ins Streitverfahren zurückgenommen wird. Eine solche Rücknahme ist in § 696 Abs. 4 abweichend von der Rücknahme des Mahnbescheidsantrags geregelt und steht daher einer schematischen Folgengleichstellung entgegen.[80] Sie bringt das (Mahn-)Verfahren lediglich zum Stillstand, ohne seine Anhängigkeit zu beseitigen.[81] Besteht eine Partei dennoch auf einer Kostenentscheidung gem. § 269 Abs. 3 S. 3, mag sie einen hierauf beschränkten expliziten Abgabeantrag stellen.[82]

29 Gebührenrechtlich löst das Mahnverfahren an **Gerichtskosten** eine 0,5-Gebühr aus (Nr. 1110 KV GKG), die nach Anm. Nr. 1210 KV GKG bei Abgabe ins streitige Verfahren mit dem Wert des übergegangenen Streitgegenstands angerechnet wird. Hinsichtlich der **Anwaltsvergütung** stellen Mahnverfahren und Streitverfahren selbstständige Angelegenheiten dar (§ 17 Nr. 2 RVG), doch wird die durch das Mahnverfahren verursachte 1,0-Verfahrensgebühr nach Nr. 3305 VV RVG auf das nachfolgende Erkenntnisverfahren voll angerechnet.[83] Zu den Konsequenzen, wenn der Wert der Hauptsache hinter dem des Mahnverfahrens zurückbleibt, vgl. Rn. 108.

---

[74] BGH NJW-RR 2006, 810, 811 (Rn. 18); OLG Düsseldorf Rpfleger 2007, 228, 229; OLG Karlsruhe OLGR 2005, 526, 527; aM offensichtlich BGH NJW 2003, 1322, 1323 m. weit. Nachw. (Verwertung der Ergebnisse des Beweisverfahrens im Hauptprozess).

[75] BGH NJW 2003, 1322, 1323; OLG Koblenz NJW-RR 2003, 1152; OLG Karlsruhe Rpfleger 1996, 375.

[76] OLG Stuttgart OLGR 2004, 181, 183; OLG München MDR 1997, 299, 300.

[77] BGH NJW 2005, 512, 513; NJW 2005, 513, 514; *Wolff* NJW 2003, 553, 554; aM OLG Hamburg OLGR 2007, 157, 158 (für den Fall, dass der Gegner dem Kostenantrag nicht entgegen tritt); LG Fulda JurBüro 2004, 207.

[78] BGH NJW 2005, 512, 513; NJW 2005, 513, 514.

[79] BGH NJW 2005, 512, 513 aE.

[80] BGH NJW-RR 2006, 201, 202; KG KGR 2005, 521, 522; OLG Stuttgart MDR 2000, 791.

[81] BGH NJW-RR 2006, 201.

[82] KG KGR 2005, 521, 522.

[83] BGH NJW 2006, 446, 447.

d) Obligatorisches Güteverfahren. Zu den Kosten des Rechtsstreits gehören nach ausdrücklicher Regelung des § 91 Abs. 3 1. Halbs. die binnen eines Jahres (2. Halbs.) entstandenen Gebühren eines dem Erkenntnisverfahren vorgeschalteten Güteverfahrens vor einer durch die Landesjustizverwaltung eingerichteten Gütestelle iSv. § 15a EGZPO. Eine entsprechende Festlegung enthält § 15a Abs. 4 EGZPO. Zu beachten ist, dass damit nur die **Gebühren** der **Gütestelle** erfasst und ohne weitere Prüfung zu erstatten sind. Dagegen fällt die Vergütung einer **anwaltlichen** Vertretung nicht in den Anwendungsbereich der Norm.[84] Da Güteverfahren und Hauptsacheprozess gebührenrechtlich selbstständige Angelegenheiten sind (§ 17 Nr. 7 lit. a RVG), steht dem Anwalt für die Vertretung im Güteverfahren eine 1,5-Geschäftsgebühr (Nr. 2303 VV RVG) zu, die gem. Teil 3 Vorbem. 3 Abs. 4 S. 1 VV RVG auf die Verfahrensgebühr des gerichtlichen Verfahrens zur Hälfte angerechnet wird. 30

Die hiernach für das Güteverfahren überschießende **0,75-Geschäftsgebühr** des **Anwalts** soll nach hM zwar nicht nach § 91 Abs. 3, wohl aber nach Abs. 1 S. 1 nach Maßgabe einer Zurechnung **vorprozessualer** Kosten (hierzu Rn. 33ff.), dh. bei Prozessbezogenheit und Notwendigkeit als Teil der Kosten des Hauptverfahrens erstattungsfähig sein.[85] Dieser Auffassung kann nicht beigetreten werden. Sie widerspricht dem unter Rn. 35 erläuterten Grundsatz, wonach einem Rechtsstreit die zu seiner **Vermeidung** aufgewendeten Kosten nicht zurechenbar sind. Im Übrigen kann die Anrufung der Gütestelle, obschon Zulässigkeitsvoraussetzung einer Klage (§ 15a Abs. 1 EGZPO), nicht als rein prozessvorbereitende „Durchgangsstation" gedacht werden. Ein solches Verständnis würde dem Zweck des Güteverfahrens nicht gerecht, dessen erklärtes Ziel es gerade ist, die Streitbeilegung von den Gerichten weg zu verlagern.[86] Wie in Rn. 35 dargelegt, profitiert überdies auch der Erstattungsberechtigte insofern von den Vorteilen des Güteverfahrens, als dieses die Aussicht auf eine minder aufwändige und zügigere Klärung eröffnet. Dass diese Aussicht sich nicht erfüllt, nimmt ihm nicht nachträglich den abstrakten Nutzen. Daher erscheint es angemessener, die Anwaltskosten jeweils bei der Partei zu belassen, bei der sie anfallen. 31

Sind die Kosten durch Kostengrundentscheidung oder durch Prozessvergleich **gegeneinander aufgehoben,** sind die Gebühren der Gütestelle wie die **Gerichtskosten** (§ 92 Abs. 1 S. 2) hälftig auszugleichen.[87] Zwar sind sie keine echten Gerichtskosten im Sinne des Gesetzes, doch sprechen die Wertung des § 91 Abs. 3 und das beiderseitige Parteiinteresse, Mühen und Kosten eines Prozesses zu vermeiden, dafür, die Gebühren des Güteverfahrens diesen insoweit gleichzustellen. Sind einem Prozessvergleich keine gegenteilige Anhaltspunkte zu entnehmen, ist daher im Zweifel davon auszugehen, dass eine anteilige Erstattung gewollt ist. Nicht unter § 91 Abs. 3 fallen die Kosten eines **Schiedsverfahrens** oder **Schiedsgutachtens**[88] (vgl. Rn. 135). 32

4. Zurechnung vor- und außerprozessualer Kosten. a) Grundsatz. § 91 Abs. 1 S. 1 beschränkt die Erstattungspflicht auf die Kosten „des Rechtsstreits", um zu verhindern, dass eine Partei das Verfahren nach §§ 103ff. nutzt, nur lose mit der Streitsache verbundene oder gar prozessfremde Kosten auf den Gegner abzuwälzen (vgl. Rn. 18). Das betrifft vor allem **Vorbereitungskosten** in einem Stadium, in dem eine gerichtliche Auseinandersetzung sich noch **nicht** einigermaßen **konkret abzeichnet.**[89] Im Ausgangspunkt obliegt es aufgrund der Dispositionsmaxime der Partei selbst, zu prüfen, welche Rechte und Gegenrechte ihr zustehen und ob sie diese gerichtlich zur Geltung bringt (vgl. Vor §§ 91ff. Rn. 1). Zumindest der diesem Entscheidungsprozess geschuldete Aufwand fällt in ihre Sphäre,[90] unabhängig davon, ob sie sich im Ergebnis für oder gegen eine gerichtliche Rechtsverfolgung oder -verteidigung entscheidet. Dient daher eine Maßnahme erst dazu, nähere Erkenntnisse über die **Prozessaussichten**[91] und damit eine Entscheidungsgrundlage nicht für das **„Wie"**, sondern das **„Ob"** einer Prozessführung zu erlangen (vgl. Fallgruppen-Überblick Rn. 89), sind die damit verbundenen Kosten nicht wie solche des Rechtsstreits zu behandeln. Eine Erstattung kommt dann nicht aus dem Rechtsgrund der prozessualen Kostenerstattung (vgl. Vor §§ 91ff. Rn. 8), sondern allenfalls nach Maßgabe eines materiellrechtlichen Erstattungsanspruchs in Betracht (vgl. Vor §§ 91ff. Rn. 16, 19ff.). Dieser Wertung entspricht, dass mit Blick auf die Kos- 33

---

[84] BayObLG MDR 2004, 1263, 1264; OLG Hamburg MDR 2002, 115 m. Anm. *Schütt; Stein/Jonas/Bork* Rn. 46.
[85] BayObLG MDR 2004, 1263, 1264; LG Mönchengladbach AnwBl. 2003, 312, 313; *Zöller/Herget* Rn. 9.
[86] BT-Drucks. 14/980, S. 8.
[87] LG Bayreuth NJW-RR 2005, 512; AG Wolfratshausen NJW-RR 2002, 1728.
[88] OLG Köln JurBüro 2004, 662; OLG Hamm Rpfleger 1973, 369.
[89] BGHZ 153, 235, 236 = NJW 2003, 1398, 1399; OLG Karlsruhe VersR 2004, 931, 932 mit Anm. *Otto;* OLG Koblenz ZfS 2002, 298.
[90] BGH NJW 2006, 2415.
[91] LAG Düsseldorf JurBüro 2004, 34; OLG Köln JurBüro 2003, 313; 314; OLG Koblenz JurBüro 1995, 36, 37.

tenfestsetzung iSv. §§ 103ff. als ein auf rasche, allein anhand der Prozessakten überprüfbare Bearbeitung zugeschnittenes **Massenverfahren**[92] (vgl. § 103 Rn. 1) Zurückhaltung bei der Einbeziehung außerhalb des Prozessgeschehens angesiedelter und meist aufwändig zu ermittelnder Umstände geboten ist. Nicht zuletzt schützt das **Transparenzgebot** (vgl. Vor §§ 91ff. Rn. 1) den Erstattungspflichtigen davor, im Verfahren nach §§ 103ff. mit außergerichtlichen Kosten überrascht zu werden, deren Grund oder Höhe er nicht absehen konnte (vgl. Rn. 124).

34 **b) Prozessbezogene Kosten.** Dem Rechtsstreit ausnahmsweise aus Gründen der **Prozesswirtschaftlichkeit**[93] zuzuordnen sind vor- oder außerprozessuale Kosten, die in unmittelbarem Zusammenhang mit ihm stehen. Maßgebliches Kriterium ist die **Prozessbezogenheit** einer Maßnahme.[94] Über Inhalt und Grenzen dieses Merkmals herrscht allerdings keine vollständige Klarheit. Zweifelhaft ist, ob neben dem stets notwendigen Sachbezug eine enge zeitliche Nähe zwingend erforderlich ist[95] bzw. ob ein langer Zeitabstand das Fehlen des sachlichen Zusammenhangs nahe legt.[96] Mit Blick auf die begrifflich eher unscharfen Grenzen des „Rechtsstreits" dürfte zutreffend sein, die Lösung nicht in einer Definition starrer, quasitatbestandlicher Elemente zu suchen, sondern unter Berücksichtigung der Umstände des Einzelfalls verschiedenen Faktoren, wie Zeitnähe, Einfluss auf Prozessverlauf und -ausgang u.Ä, jeweils nur – ggf. unterschiedlich gewichtete – **Indizfunktion** beizumessen[97] (vgl. Rn. 118). Jedenfalls begründet die formale Geltendmachung im Prozess seitens der Partei noch nicht die Prozessbezogenheit.[98] Maßgebend für eine Einbeziehung ist nach der in Rn. 33 dargelegten Grundregel vielmehr, ob die vorprozessuale Maßnahme lediglich das „Wie", nicht das „Ob" der Entscheidung bestimmt, den Rechtsstreit auf Kläger- bzw. Beklagtenseite aktiv zu führen. Eine Anknüpfung für das Gericht ermöglicht häufig die aus den Akten ersichtliche vorgerichtliche Korrespondenz. Tritt danach der unbedingte Wille zur Prozessführung zutage, spricht das für die Prozessbezogenheit, namentlich dann, wenn bei Ergreifung der außergerichtlichen Maßnahme oder jedenfalls vor deren Abschluss bereits die Klage konkret **angedroht** war[99] (vgl. Rn. 118 zum Privatgutachten).

35 **c) Prozessvermeidung.** Nicht im vorgenannten Sinne prozessbezogen sind nach zutreffender Auffassung Aufwendungen, die nicht der Durchführung, sondern umgekehrt der Vermeidung des Rechtsstreits dienen,[100] indem sie zB in Form von **Mahn-** oder **Inkassoaktivitäten** den Schuldner zur freiwilligen, nicht durch das Gericht vermittelten Leistung bewegen sollen. Auch Bemühungen **außergerichtlicher Streitbeilegung,** etwa durch Vermittlung eines **Anwalts** (hierzu Rn. 93), zielen darauf ab, es nicht erst zum Prozess kommen zu lassen (vgl. Fallgruppen-Überblick Rn. 89). Obgleich eine Anwaltstätigkeit insoweit gesonderte Gebühren auslösen kann (zur Terminsgebühr vgl. Teil 3 Vorbem. 3 Abs. 3 VV RVG: „Vermeidung des Verfahrens"), rechtfertigt das nicht, diese wie Prozesskosten zu behandeln. Der Wortsinn des Gesetzes wird überdehnt, wenn den Kosten „des Rechtsstreits" solche der beabsichtigten ***Abwendung*** gleichgesetzt werden. Soweit ihr das Ziel zugrunde liegt, dem Schuldner die Möglichkeit zu nehmen, den später einzuklagenden Anspruch mit der Kostenfolge des § 93 anzuerkennen, erfüllt dieser Zweck keine den Prozess unmittelbar vorbereitende Funktion, da weder Zulässigkeit noch Begründetheit der Klage hiervon abhängen.[101] Selbst wenn man dem Begriff des Rechtsstreits die allgemeinere Konnotation „Streit über ein Rechtsverhältnis" beilegen und ihn nicht auf die eigentliche Klage reduzieren wollte,[102] dh. Prozessabwendungsversuche als Teil eines verfahrensübergreifenden Gesamtkonflikts der Parteien verstehen wollte, käme man doch kaum über die Wortlautgrenze des § 103 Abs. 1 hinweg, wonach eben nur „Prozesskosten" festzusetzen sind. Zudem sprechen Wertungsaspekte gegen eine Berücksichtigung im Kostenfestsetzungsverfahren. Auch dem Erstattungs**berechtigten** wird der Nutzen von Prozessvermeidungsanstrengungen insofern zuteil, als sie ihm die abstrakte **Aussicht** auf eine

---

[92] BGH NJW-RR 2005, 1731, 1732; OLG Frankfurt OLGR 2005, 732.
[93] BGH NJW-RR 2006, 501, 502; WM 1987, 247, 248.
[94] BGHZ 153, 235, 236; OLG Karlsruhe OLGR 2005, 637; 638; VersR 2004, 931, 932.
[95] OLG Hamm OLGR 1994, 142; OLG Hamburg JurBüro 1991, 1105, 1106.
[96] OLG Celle OLGR 2007, 455; OLG München JurBüro 1992, 172.
[97] OLG Karlsruhe OLGR 2005, 639, 640.
[98] BGHZ 153, 235, 236 = NJW 2003, 1398, 1399.
[99] BGHZ 153, 235, 236; NJW 2006, 2415, 2416; OLG Zweibrücken OLGR 2005, 123.
[100] BGH NJW-RR 2006, 501, 502; NJW-RR 2006, 212, 213; OLG Celle OLGR 2007, 455; OLG Hamburg MDR 2005, 898, 899; OLG Rostock NJW-RR 1996, 1342; OLG Frankfurt NJW 2005, 759; OLG Stuttgart JurBüro 1983, 438; *Zöller/Herget* § 104 Rn. 21 „Außergerichtliche Anwaltskosten"; aM OLG Hamburg MDR 2007, 57, 58; OLG Bremen AnwBl. 2003, 312; OLG Zweibrücken Rpfleger 1992, 408; LG Nürnberg-Fürth NJW-RR 2003, 1508; *Wolf* Rpfleger 2005, 337, 339.
[101] BGH NJW-RR 2006, 501, 502; aM *Wolf* (Fn. 100) S. 339.
[102] In diesem Sinne wohl *Wolf* (Fn. 100) S. 339; *Dittmar* NJW 1986, 2088, 2090.

zügigere, kostengünstigere und minder aufwändige Klärung eröffnen. Dieser Vorteil entfällt nicht rückwirkend, wenn eine Klärung scheitert. Daher erscheint es angemessen, beide Seiten ihre jeweiligen auf vorprozessuale Streitschlichtung abzielenden Aufwendungen tragen zu lassen, jedenfalls nicht als Teil prozessualer Kostenerstattung, sondern allenfalls nach Maßgabe eines **materiellen** Erstattungsanspruchs (vgl. Vor §§ 91 ff. Rn. 14, 16) auszugleichen.

5. Rückfestsetzung. Nach dem am 1. 9. 2004 in Kraft getretenen § 91 Abs. 4 gehören zu den Kosten auch die im **Verlaufe** des **Rechtsstreits** zwischen den Parteien ohne endgültigen Rechtsgrund **gezahlten** Erstattungsbeträge. Die Vorschrift gilt gem. § 29 Nr. 2 EGZPO rückwirkend für vor dem 1. 9. 2004 eingeleitete oder beendete Verfahren[103] (vgl. Rn. 2). Waren früher aus einem vorläufig vollstreckbaren Urteil Kosten gegen eine Partei festgesetzt worden, die nach einer späteren Rechtsmittelentscheidung Kosten nicht zu tragen hatte, war streitig, unter welchen Voraussetzungen eine Rückfestsetzung zulasten des endgültigen Erstattungspflichtigen statthaft war.[104] Allgemein für zulässig erachtet wurde zwar die innerprozessuale Geltendmachung eines Schadensersatzanspruchs gem. § 717 Abs. 2, die jedoch als wenig praktikabel galt, da sie den Prozess verteuerte und verzögerte.[105] Hier schafft § 91 Abs. 4 Abhilfe, indem er den Rechtsgedanken des § 717 Abs. 2 aufgreift[106] und die Rückfestsetzung zu Gunsten des nach Abschluss des Rechtsstreits Erstattungsberechtigten ermöglicht. Das kommt zum Tragen, wenn ein Kostenfestsetzungsbeschluss **wirkungslos** wird, sei es, dass die **Kostengrundentscheidung** aufgrund Entscheidung oder Vergleich[107] aufgehoben oder abgeändert wird (vgl. § 104 Rn. 131, 134), sei es, dass eine nachträgliche **Streitwertänderung** eine Neuberechnung der Gebühren und eine Abänderung des Kostenfestsetzungsbeschlusses im Verfahren des § 107[108] (vgl. § 107 Rn. 10) oder aufgrund eines ordentlichen Rechtsbehelfs (vgl. § 107 Rn. 3) veranlasst. Auch die früher auf § 717 Abs. 2 analog gestützte Rückfestsetzung überhöht beigetriebener Zwangsvollstreckungskosten nach **§ 788 Abs. 2**[109] ist durch § 91 Abs. 4 gedeckt. 36

Soweit im Schrifttum die Anwendung der Vorschrift in Anlehnung an die bislang herrschende Meinung[110] wie früher davon abhängig gemacht wird, dass gegen den Rückforderungsanspruch keine **materiellrechtlichen** Einwendungen erhoben werden, zB nicht mit einer bestrittenen Gegenforderung aufgerechnet wird,[111] geben Wortlaut und Sinn des § 91 Abs. 4 für eine solche Einschränkung nichts her. Da das Gesetz die Rückfestsetzung überzahlter Kosten vielmehr abweichend von der früheren Rechtslage zum Regelfall erklärt, sind materielle Einwendungen nur nach Maßgabe der allgemeinen Grundsätze (hierzu § 104 Rn. 31 ff.) beachtlich.[112] 37

VI. Notwendigkeit der Kosten

1. Kostenschonungsgebot. a) Grundgedanke. Die unterliegende Partei hat nicht alle Kosten des Rechtsstreits, sondern gem. § 91 Abs. 1 S. 1 nur die zur **zweckentsprechenden Rechtsverfolgung** oder **Rechtsverteidigung** notwendigen zu erstatten. Diese Beschränkung ist Ausdruck der Regulierungsfunktion des Kostenrechts, die Parteien zu ökonomischer Prozessführung anzuhalten (vgl. Vor §§ 91 ff. Rn. 1). Das Kostenschonungsgebot kann als Ausprägung des die gesamte Privatrechtsordnung und das Prozessrecht beherrschenden[113] Prinzips von **Treu und Glauben** (§ 242 BGB)[114] wie auch der Schadensminderungspflicht iSv. § 254 Abs. 2 S. 1 BGB[115] verstanden werden. Der prozessuale Erstattungsanspruch besteht nur in den Grenzen einer **sparsamen,** im Gegensatz zu einer **optimalen** Prozessführung,[116] dh. die Kosten sind so niedrig zu halten, wie sie sich bei die individuellen Belange der Partei voll wahrender, dennoch möglichst wirtschaftlicher Interes- 38

---

[103] BGH NJW-RR 2005, 79.
[104] Zum früheren Streitstand *Knauer/Wolf* NJW 2004, 2860.
[105] *Musielak/Wolst* Rn. 34 a.
[106] BT-Drucks. 15/1508, S. 16, 17.
[107] OLG München NJW-RR 2006, 72; zum früheren Recht OLG Hamburg JurBüro 1996, 593.
[108] OLG Düsseldorf Rpfleger 2005, 696, 697.
[109] OLG Düsseldorf JurBüro 1996, 610.
[110] OLG Oldenburg MDR 2005, 418; OLG Koblenz NJW-RR 2003, 720; OLG Karlsruhe OLGR 1999, 296; aM OLG Hamburg JurBüro 1990, 1483, 1484 (alle noch zum Recht vor 1. 9. 2004).
[111] *Knauer/Wolf* (Fn. 104) S. 2860; aM *Stein/Jonas/Bork* § 104 Rn. 66.
[112] OLG Frankfurt OLGR 2007, 515; OLG München NJW-RR 2006, 72; OLG Düsseldorf Rpfleger 2005, 696, 697.
[113] RGZ 161, 350, 359; BGHZ 31, 77, 83 aE = NJW 1960, 194, 196; NJW 1997, 3377, 3379.
[114] BGH NJW 2007, 2257 Rn. 13; OLG München MDR 2005, 57; KG JurBüro 1989, 1698; OLG Schleswig JurBüro 1983, 1089.
[115] OLG Celle OLGR 2007, 455; OLG Jena OLG-NL 2006, 207, 208; OLG Köln BauR 2004, 1671 (LS).
[116] OLG Jena OLG-NL 2006, 207, 208; OLG Stuttgart JurBüro 1983, 1090.

senwahrnehmung ergeben.[117] Darüber hinaus veranlasste Aufwendungen gehen zu eigenen Lasten. Kommen mehrere **gleichwertige** Maßnahmen in Betracht, ist grds. die **kostengünstigste** zu wählen[118] (vgl. Rn. 44, 66, 100, 129). Hier setzt zugleich die Pflicht des Anwalts an, den Mandanten auf Grenzen der Erstattungsfähigkeit und ggf. einen kostengünstigeren Weg hinzuweisen. Möchte zB eine am Sitz des Prozessgerichts wohnhafte Partei einen auswärtigen Anwalt bestellen, obliegt ihm, sie über die regelmäßig nicht erstattbaren Mehrkosten (hierzu Rn. 54f.) aufzuklären.

39 **b) Bewertungsmaßstab.** Um im Spannungsfeld zwischen dem prozessual Zulässigen und dem in einer Kosten-Nutzen-Betrachtung Angemessenen den Abwägungsaufwand und das Risiko für die Partei zu verringern, solche Kosten möglicherweise selbst im Erfolgsfall nicht erstattet zu bekommen, aber auch um das auf standardisierte Prüfungsmuster hin angelegte Kostenfestsetzungsverfahren (vgl. § 103 Rn. 1) zu entlasten, ist ein **typisierender** Maßstab geboten.[119] Ob und inwieweit Aufwendungen notwendig waren, richtet sich danach, ob eine verständige und kostenbewusste Partei die Maßnahme als **sachdienlich** ansehen durfte.[120] Zwar mögen zB plausible Gründe vorliegen, auf einen auswärtigen Anwalt statt auf einen heimischen, am Sitz des Prozessgerichts ansässigen, zurückzugreifen (vgl. Rn. 54), etwa weil eine Partei sich privat oder beruflich häufig am Kanzleiort aufhält. Doch stünde der bei übermäßiger Differenzierung nach den Umständen des Einzelfalls erzielbare Gerechtigkeitsgewinn in keinem Verhältnis zum **Aufwand** und dem Nachteil der **Ungewissheit** einer Erstattung, weil bei der Bandbreite denkbarer Fallgestaltungen meist mit gleicher Berechtigung für wie gegen den Nutzen einer Maßnahme gestritten werden könnte.[121] Auch verlangt das Transparenzgebot eine Voraussehbarkeit der Kosten (vgl. Vor §§ 91ff. Rn. 1). Letztlich bringt ein auf praktikable und überschaubare Regeln gestelltes, straffes Festsetzungsverfahren Zeit- und Kostenvorteile für alle Beteiligten mit sich. Maßgebend sind daher nicht die eine Prozesshandlung im Einzelnen bestimmenden Motive und Intentionen, sondern abstrakt-generalisierende Vergleichsumstände, wie sie die in der Rechtsprechung entwickelte Kasuistik prägen.

40 Abzustellen ist grundsätzlich auf den **Zeitpunkt** der **Vornahme** der betreffenden Handlung.[122] Deshalb ist es nicht richtig, die Notwendigkeit im Zeitpunkt der **Kostenfestsetzung** daran zu messen, ob die Maßnahme den Prozessausgang mitbestimmt hat oder sich letztlich als unnötig erweist.[123] Doch hat die **richterliche Kostengrundentscheidung** stets die Wertung des **§ 96** im Blick zu behalten, wonach die Kosten eines Angriffs- oder Verteidigungsmittels, welches das Ergebnis des Rechtsstreits in keiner Weise (günstig) beeinflusst hat (vgl. § 96 Rn. 4), demjenigen auferlegt werden können, der es eingesetzt hat. Unterbleibt insoweit eine Kostentrennung, kann sie im Kostenfestsetzungsverfahren nicht nachgeholt werden (vgl. § 104 Rn. 55). Eine Modifizierung erscheint bezüglich der Erstattungsfähigkeit **vorprozessualer Kosten** (vgl. den Fallgruppenüberblick Rn. 89) geboten. Die Regel, wonach die Sachdienlichkeitsprognose ex ante, bezogen auf den Zeitpunkt der Auslösung der Kosten, vorzunehmen ist, lässt sich auf das Stadium vor Prozessbeginn nicht uneingeschränkt anwenden. Bestätigt etwa ein vorgerichtlich beauftragtes und mit erheblichem Kostenaufwand erstelltes Privatgutachten (vgl. Rn. 118ff.) nur in geringem Umfang das von der betreffenden Partei angestrebte Ergebnis oder holt diese gar mehrere einander widersprechende Gutachten ein, von denen nur eines ihre Sicht der Dinge stützt, wäre es ersichtlich unbillig, ihr später die Gesamtaufwendungen zu erstatten, mag sie auch in den Auftragszeitpunkten jeweils zurecht von einer Sachdienlichkeit ausgegangen sein. Erstattungsfähig sind daher nur solche vorgerichtlichen Kosten, welche die Partei jedenfalls im Zeitpunkt des **Prozessbeginns** rückschauend (noch) als verfahrensfördernd ansehen durfte. Das kann etwa der Fall sein, wenn sich erst nach Klageerhebung aufgrund rechtlicher Hinweise des Gerichts herausstellt, dass es auf das Ergebnis einer vorgerichtlichen Maßnahme nicht ankommt; die fehlende Beeinflussung des Prozessverlaufs steht einer Erstattung insoweit nicht entgegen.[124] Konnte die Partei hingegen bereits vor Prozessbeginn

---

[117] BGH NJW 2007, 2257 Rn. 12; OLG Bremen NJW 1969, 142, 143, 144 m. Anm. *Schmidt.*

[118] BGH NJW 2006, 446, 447; AnwBl. 2006, 590; NJW-RR 2005, 725, 726aE; NJW-RR 2005, 1662; NJW-RR 2004, 1724; OLG Hamburg OLGR 2006, 502, 503; OLG Düsseldorf Rpfleger 2007, 112, 113; Rpfleger 2006, 512; OLG München OLGR 2005, 261, 262.

[119] BGH NJW 2003, 901, 902; NJW-RR 2004, 1724; NJW-RR 2005, 725, 727; NJW 2007, 2048, 2049; OLG Düsseldorf Rpfleger 2007, 112, 113.

[120] BGH NJW 2003, 898, 900; NJW 2006, 2260, 2262; OLG Düsseldorf Rpfleger 2006, 512; OLG Hamburg MDR 2004, 356.

[121] BGH NJW 2005, 1373, 1374; NJW-RR 2005, 725, 727; NJW-RR 2005, 1662; NJW-RR 2005, 1732, 1733; NJW 2006, 1523, 1525; OLG Hamburg OLGR 2006, 502, 503; OLG Nürnberg OLGR 2005, 523, 524.

[122] BGH NJW-RR 2004, 1724; NJW-RR 2005, 1662; BGHReport 2006, 595, 597; OLG Hamburg MDR 2004, 356; OLG Karlsruhe Die Justiz 1985, 473.

[123] OLG Düsseldorf NJW-RR 1996, 572; OLG Frankfurt Rpfleger 1990, 182.

[124] Zu einer solchen Konstellation vgl. OLG Koblenz JurBüro 2007, 149.

die Nutzlosigkeit einer von ihr zuvor veranlassten Maßnahme erkennen, ist die Notwendigkeit derartiger Aufwendungen iSv. § 91 Abs. 1 S. 1 zu verneinen (vgl. Rn. 101, 113, 122, 138).

c) Unzulässige Rechtsausübung. Da der prozessuale Erstattungsanspruch dem Gebot von Treu und Glauben (vgl. Rn. 38) unterliegt, müssen selbst kostenrechtlich geschützte Interessen, wie zB das Recht, für jedes Anliegen gesondert gerichtlichen Rechtsschutz und anwaltlichen Beistand in Anspruch zu nehmen (vgl. Rn. 46), im Einzelfall zurücktreten, wenn die Vornahme einer **formell zulässigen** Maßnahme **rechtsmissbräuchlich** erscheint und willkürlich die Kosten erhöht. Hierher zählen die Fälle, dass die Einschaltung eines Anwalts ausnahmsweise von vornherein offenkundig **keinerlei Nutzen** hat oder sogar in **schädigender** Absicht erfolgt (vgl. Rn. 46 aE, 115), ferner dass mehrere am selben Ort wohnhafte **Streitgenossen** in derselben Angelegenheit verschiedene Prozessbevollmächtigte bestellen (hierzu § 100 Rn. 20ff.) bzw. mehrere in einer Sozietät verbundenen Anwälte sich selbst vertreten (vgl. Rn. 74; § 100 Rn. 25) oder ein Kläger mehrere aus demselben Lebenssachverhalt hergeleitete Ansprüche ohne sachlichen Grund in **getrennten Prozessen** (hierzu Rn. 110f.), ggf. auch in einem künstlich gestuften Urkunden- und Hauptprozess (vgl. Rn. 140) verfolgt. Die vorzeitige Einreichung eines Zurückweisungsantrags des Gegners noch vor Rechtsmittelbegründung verstößt ebenso gegen Treu und Glauben (näher Rn. 95f.) wie ein verspäteter Beitritt des Nebenintervenienten, nachdem das Berufungsgericht bereits die Zurückweisung der Berufung nach § 522 Abs. 2 angekündigt hat (hierzu § 101 Rn. 24). Der in der mündlichen Verhandlung gestellte Antrag auf ein feststellendes Versäumnisurteil, dass die Hauptsache erledigt sei, begründet keinen Erstattungsanspruch, wenn die Hauptsache mit Zustimmung des Gegners schriftsätzlich für erledigt erklärt werden konnte (vgl. Rn. 103). Schließlich kann es rechtsmissbräuchlich sein, wenn die Partei zur mündlichen Verhandlung persönlich anreist, obwohl der Gegner bereits angekündigt hat, nicht zu erscheinen und Versäumnis- bzw. Anerkenntnisurteil gegen sich ergehen zu lassen (vgl. Rn. 130). 41

2. Notwendigkeit von Gerichtskosten. Gerichtliche Gebühren und Auslagen (vgl. Vor §§ 91ff. Rn. 5) kann die obsiegende Partei nach § 91 Abs. 1 S. 1 erstattet verlangen, soweit sie solche an die Gerichtskasse **bezahlt** hat. Der Gegner ist zur Erstattung jedoch nicht verpflichtet, soweit es sich um zu Unrecht angesetzte, mit dem Gebührenrecht nicht in Einklang zu bringende Beträge handelt[125] (näher § 104 Rn. 29). Insoweit hat sich die erstattungsberechtigte Partei selbst mit der Gerichtskasse wegen einer Rückerstattung ins Benehmen zu setzen. Umgekehrt sind mit dem Gebührenrecht übereinstimmende Gerichtskosten stets auch als notwendig anzusehen. 42

3. Notwendigkeit von Parteiauslagen. Als Teil außergerichtlicher Kosten kommen nach § 91 Abs. 1 S. 1 persönliche Aufwendungen der Partei nur in Betracht, soweit sie **materieller** Natur sind, also zB nicht als Ersatz für entgangenen Freizeit- oder Urlaubsgenuss (vgl. Vor §§ 91ff. Rn. 6). Darunter sind die aufgrund eigener Tätigkeit erwachsenen Kosten zu verstehen. Dem eigenen Handeln steht das von Organen, gesetzlichen Vertretern und leitenden Angestellten gleich[126] (zu Behörden und juristischen Personen des öffentlichen Rechts vgl. Rn. 130). 43

Den Schwerpunkt der Parteiaufwendungen bilden **Reisekosten** (zu Post- und Telekommunikationskosten vgl. Rn. 117). Die Grundregel des § 91 Abs. 1 S. 1 wird in Abs. 1 S. 2 dahin konkretisiert, dass die Erstattung die Entschädigung für die durch notwendige Reisen oder Wahrnehmung von Terminen entstandene **Zeitversäumnis** erfasst. Da die Voraussetzungen insoweit abschließend benannt sind, vermag eine auf andere Gründe zurückzuführende Zeitversäumnis eine Erstattung nicht zu begründen (vgl. Rn. 85), so zB nicht den durch schriftliche oder mündliche Information des Prozessbevollmächtigten erlittenen Zeitaufwand. Gerade für § 91 Abs. 1 S. 2 gilt, dass der Zeitversäumnis der Partei eine solche ihrer Organe, gesetzlichen Vertreter, leitenden Angestellten, nicht aber eines Beamten einer Behörde gleichsteht (näher Rn. 130). Hinsichtlich der **Höhe** der zu erstattenden Auslagen verweist § 91 Abs. 1 S. 2 auf das **JVEG** (hierzu Rn. 131). Die Notwendigkeit einer **Informationsreise** einer auswärtigen Partei zu einem am Gerichtsort residierenden Anwalt bestimmt sich grds. nach Maßgabe der unter Rn. 50, 56ff. dargelegten Regeln. Danach kann die auswärtige Partei regelmäßig den **Mehraufwand** in Gestalt der **Reisekosten** eines heimischen Prozessbevollmächtigten erstattet verlangen. Hieran ändert sich nichts im umgekehrten Fall, wenn sie selbst den Reiseaufwand auf sich nimmt und einen gerichtsansässigen Anwalt aufsucht, um so vom Nutzen eines **persönlichen Beratungsgesprächs** (vgl. Rn. 53) zu partizipieren. Sie hat lediglich darauf zu achten, von mehreren gleichwertigen Möglichkeiten die kostengünstigste wahr- 44

---

[125] LG Berlin JurBüro 1984, 116.

[126] OLG Düsseldorf AnwBl. 1998, 284, 285; OLG Hamm NJW-RR 1997, 767; OLG Hamburg JurBüro 1979, 108; OLG Stuttgart Die Justiz 1978, 405; OLG München NJW 1973, 1375; LG Münster Rpfleger 2005, 56; aM OLG Köln JurBüro 1986, 1708.

zunehmen (vgl. Rn. 38). Aus Sicht einer **ausländischen Partei** hingegen stellt die Option eines ausländischen – nur vermittelnd tätig werdenden – **Verkehrsanwalts** (hierzu Rn. 88) meist keine gleichwertige Alternative gegenüber einer persönlichen Information durch einen in Deutschland zugelassenen Hauptbevollmächtigten dar. Ihr sind daher idR die Kosten einer Informationsreise zu einem Bevollmächtigten am Gerichtssitz, bei erheblicher Verringerung der Reisedauer auch per Flugzeug,[127] zu erstatten.[128] Doch kann sie wahlweise auch Reisekosten eines in Deutschland an einem beliebigen Ort ansässigen, für sie ständig tätigen Hauptbevollmächtigten ihres Vertrauens verlangen.[129]

45 **4. Notwendigkeit von Rechtsanwaltskosten.** Nach dem Wortlaut des § 91 Abs. 2 S. 1 sind die **gesetzlichen Gebühren** und **Auslagen** des Anwalts stets zu erstatten. Zu unterscheiden ist zwischen der generellen Notwendigkeit anwaltlichen Beistands und einer vom Anwalt im Einzelnen getroffenen Prozessmaßnahme.

46 **a) Zuziehung eines Rechtsanwalts.** Das Gesetz geht davon aus, dass sich eine Partei im Prozess in aller Regel eines Anwalts bedienen darf.[130] Diese Wertung liegt ersichtlich § 78 zugrunde, wonach die anwaltliche Vertretung als **prozessfördernd** erachtet wird.[131] Das trifft auf den Antrag auf Erlass eines Mahnbescheids, Arrestbefehls, einer einstweiligen Verfügung oder sonstigen gerichtlichen Entscheidung ebenso zu wie auf die Klageerhebung, die Anbringung eines Rechtsbehelfs und die Durchführung der Zwangsvollstreckung. Die Regel gilt auch unabhängig davon, ob ein Antrag dem Anwaltszwang unterliegt. Normalerweise macht es ferner keinen Unterschied, ob die Partei rechtskundig ist oder ggf. über eine eigene **Rechtsabteilung** verfügt (zur Bestellung eines Distanzanwalts vgl. Rn. 58 ff.). So ist ein überregional agierendes Unternehmen berechtigt, einen Mahnbescheid durch einen Anwalt beantragen zu lassen, ungeachtet der Frage, ob es selbst hierzu in der Lage gewesen wäre.[132] Dass es sich um eine einfach gelagerte Sache handelt,[133] steht der sofortigen Beauftragung eines Anwalts ebensowenig entgegen wie der Umstand, dass die Klage des Gegners unzulässig[134] oder offensichtlich unbegründet ist[135] oder der Erstattungsberechtigte rechtsschutzversichert ist.[136] Nur unter engbegrenzten Voraussetzungen, insbesondere bei eindeutiger **Nutzlosigkeit,**[137] zB wenn das Gericht schon die Verwerfung des vom Gegner eingelegten Rechtsmittels angekündigt hat[138] (vgl. Rn. 94), oder bei erkennbarer **Schädigungsabsicht** kann die Inanspruchnahme anwaltlichen Beistands ausnahmsweise **rechtsmissbräuchlich** (vgl. Rn. 41) sein.

47 **b) Notwendigkeit einer anwaltlichen Maßnahme.** Die Erstattungsfähigkeit der vom Anwalt im Einzelnen entfalteten Gebührentätigkeiten setzt zunächst nur voraus, dass ihm gegen seinen Auftraggeber insoweit ein Vergütungsanspruch zusteht.[139] Die erforderliche rechtliche Würdigung haben die Kostenfestsetzungsinstanzen ohne Bindung an etwaige Entscheidungen im Gebührenprozess zu treffen (vgl. Vor §§ 91 ff. Rn. 11). Ist die Vergütung hiernach erstattungsfähig, bedarf es **keiner gesonderten** Prüfung ihrer **Notwendigkeit** iSv. § 91 Abs. 1 S. 1,[140] weil gem. § 91 Abs. 2 S. 1 die **gesetzlichen** Gebühren und Auslagen stets als zweckentsprechende Kosten der Rechtsverfolgung oder -verteidigung gelten *(„sind in allen Prozessen zu erstatten")*. Eine zusätzliche Feststellung der Notwendigkeit verlangen Abs. 2 S. 1 2. Halbs. und S. 2 nur hinsichtlich derjenigen Mehrkosten, die durch die Bestellung eines **auswärtigen** Anwalts (hierzu Rn. 50 ff.) oder **mehrerer** Anwälte (hierzu Rn. 69 ff.) ausgelöst werden. Ansonsten knüpft die Erstattungsfähigkeit allein an den Anfall der Vergütung an, wie sie sich nach dem RVG errechnet.[141] Die gegenteilige Auffassung ist mit dem Wort-

---

[127] OLG Hamm NJW-RR 1997, 768 (Verkürzung der Reisedauer von drei Tagen auf einen Tag).
[128] OLG Düsseldorf Rpfleger 2006, 510, 511.
[129] OLG München OLGR 2004, 204; OLG Stuttgart NJW-RR 2004, 1581; FamRZ 2003, 1400, 1401 aE; LG Berlin JurBüro 2007, 37.
[130] OLG Düsseldorf Rpfleger 1971, 442.
[131] OLG München JurBüro 1973, 63, 64.
[132] OLG Düsseldorf Rpfleger 1971, 442.
[133] LG Berlin VersR 1988, 303.
[134] OLG Düsseldorf AnwBl. 1986, 37.
[135] LG Berlin MDR 1989, 165.
[136] OLG Karlsruhe NJW 1962, 813.
[137] OLG Hamm NJW 1970, 2217; aM OLG Nürnberg NJW 1998, 388 m. Anm. *Schneider* NJW 1998, 356.
[138] BGH NJW 2006, 2260, 2262; LAG Düsseldorf JurBüro 1994, 424, 425.
[139] BGH NJW 2005, 2317.
[140] BGH NJW 2005, 2317; NJW 2003, 1532; BAG NJW 2005, 1301, 1302; BPatG Rpfleger 1995, 40; OLG München JurBüro 1979, 1062, 1063; aM BAG JurBüro 2004, 200; OLG Hamburg AnwBl. 2001, 127; OLG Frankfurt MDR 1982, 418; OLG München JurBüro 1973, 63; OLG Düsseldorf Rpfleger 1971, 442; *Musielak/Wolst* Rn. 11; *Stein/Jonas/Bork* § 104 Rn. 8.
[141] BGH NJW 2005, 2317 (noch zu § 27 Abs. 1 BRAGO).

laut des § 91 Abs. 1 S. 1 nicht vereinbar und macht zudem § 91 Abs. 2 S. 1 2. Halbs. und S. 2 überflüssig. Doch kann die Notwendigkeit bereits den **Entstehungstatbestand** einer Gebühr (im Verhältnis zum Auftraggeber) mitbestimmen, wie zB die strengen Voraussetzungen der Nr. 7000 Nr. 1 VV RVG für den Aufwendungsersatz von Ablichtungen zeigen (näher Rn. 78ff.). Von der **Postulationsfähigkeit** des Rechtsanwalts hängt die Anwendung des § 91 Abs. 2 S. 1 nicht ab[142] (zur Abgrenzung gegenüber § 91 Abs. 1 S. 1 bei Haupt- und Unterbevollmächtigten vgl. aber Rn. 51).

Eine Grenze findet die Erstattung nach dem Gesetz entstandener Anwaltsgebühren dort, wo sie **rechtsmissbräuchlich** (hierzu Rn. 41) veranlasst worden sind,[143] zB durch willkürliche Aufspaltung eines einheitlichen Lebenssachverhalts in mehrere Prozessmandate (vgl. Rn. 110f.), durch Bestellung mehrerer Anwälte für Streitgenossen im Rahmen eines einheitlichen Sachverhalts (hierzu § 100 Rn. 20ff.) oder durch vorzeitige Antragstellung noch vor Eingang einer Begründungschrift des vom Gegner eingelegten Rechtsmittels (vgl. Rn. 95ff.). 48

c) Höhe der Rechtsanwaltsvergütung. Erstattungsfähig sind nach § 91 Abs. 2 S. 1 nur die **gesetzlichen** Gebühren und Auslagen. Höhere Beträge auf Grundlage einer **Vereinbarung** des Erstattungsberechtigten mit seinem Prozessbevollmächtigten (§ 4 RVG) sind vorbehaltlich einer mit dem Erstattungspflichtigen selbst getroffenen Vereinbarung (vgl. Rn. 105) nicht zu erstatten,[144] und zwar selbst dann nicht, wenn die Partei vergeblich einen Anwalt gesucht haben sollte, der bereit war, ihre Vertretung zu den gesetzlichen Konditionen zu übernehmen.[145] Jeder andere Ansatz hätte zur Folge, dass entgegen dem kostenrechtlichen **Transparenzgebot** (vgl. Vor §§ 91ff. Rn. 1) das Kostenrisiko des Rechtsstreits für den Erstattungspflichtigen nicht mehr kalkulierbar wäre.[146] Haben die Parteien im Prozessvergleich ohne nähere Spezifizierung der Kosten eine Kostenlastregelung getroffen, braucht der Erstattungspflichtige mit höheren als gesetzlichen Anwaltskosten schlechterdings nicht zu rechnen[147] (vgl. § 98 Rn. 15). Abweichungen ergeben sich auch nicht für eine mit einem **ausländischen** Rechtsanwalt getroffenen Gebührenvereinbarung, da dessen „gesetzliche" Vergütung iSv. § 91 Abs. 2 S. 1 nicht nach der Gebührenordnung seines Heimatstaates, sondern nach deutschem Recht zu berechnen ist[148] (näher Rn. 88). 49

5. Kostenmehraufwand eines auswärtigen Prozessbevollmächtigten. a) Überblick. Die Frage, ob die Mehrkosten eines sog. **Distanzanwalts**, dh. eines iSv. § 91 Abs. 2 S. 1 2. Halbs. im Bezirk des Prozessgerichts **nicht niedergelassenen** und am Gerichtsort **nicht wohnhaften** Prozessbevollmächtigten (zu dem innerhalb eines Gerichtsbezirks auswärtigen Anwalt vgl. Rn. 90) zu erstatten sind, hat erhebliche praktische Bedeutung. Neben den finanziellen Parteiinteressen sind auch Belange der Anwaltschaft berührt, weil der Einzugsbereich der Mandate maßgeblich davon beeinflusst wird, ob der Auftraggeber die Kosten für einen an einem beliebigen Ort residierenden Anwalt seiner Wahl auf den Gegner abwälzen kann oder räumliche Grenzen zu beachten hat, will er nicht die Mehrkosten selber tragen. Mit Blick darauf, dass gerade das Bedürfnis, über Gerichtssprengelschranken hinweg den Beistand eines **Anwalt des Vertrauens** (zum Problemkontext vgl. Rn. 146f.) in Anspruch nehmen zu können, ein entscheidender Grund für die Änderung des Lokationsprinzips in § 78 gewesen ist,[149] verdient die ständige Rechtsprechung des seit 1. 1. 2002 für Rechtsbeschwerden in Kostensachen zuständigen BGH Zustimmung, der eine ortsübergreifende Anwaltsbestellung weit großzügiger gestattet[150] als die frühere OLG-Judikatur auf dem Boden der Singularzulassung. Mit Recht wird so die vom Gesetzgeber intendierte Öffnung und Flexibilisierung des Anwaltsmarkts gefördert. Eine „Kostenexplosion" zulasten des Erstattungspflichtigen ist schon deshalb nicht zu besorgen, weil der BGH die Erstattungsberechtigung zugleich Restriktionen unterwirft, die einen angemessenen Interessenausgleich gewährleisten. Entgegen vereinzelter Kritik im Schrifttum[151] liegen den mittlerweile in einer ganzen Reihe von Entscheidungen entwickelten 50

---

142 BGH MDR 2006, 1435 (Erstattungsfähigkeit der Kosten eines nicht beim BGH zugelassenen Anwalts des Rechtsmittelgegners).

143 BPatG Rpfleger 1995, 40.

144 OLG München JurBüro 1979, 1062, 1063; OVG Münster NJW 1969, 709.

145 BVerfG NJW 1985, 727; OLG Celle NJW 1969, 328; *Gerold/Schmidt/von Eicken/Madert/Müller-Rabe* § 4 RVG Rn. 189.

146 BGH NJW-RR 2005, 499.

147 BGH NJW-RR 2005, 499.

148 AM OLG Frankfurt JurBüro 1986, 916, 917; Rpfleger 1987, 216.

149 BT-Drucks. 12/4993 S. 43, 53; BVerfG NJW 2001, 353, 356; BGH NJW 2006, 3008, 3009; NJW-RR 2004, 858.

150 Einen komprimierten Überblick bieten zB *Enders* JurBüro 2005, 62–67, *Karczewski* MDR 2005, 481–487; *Bischof* AnwBl. 2004, 365–368 und *Brams* MDR 2003, 1342, 1343.

151 *Karczewski* (Fn. 150) S. 484, 487 und passim; *Gerold/Schmidt/von Eicken/Müller-Rabe* § 46 RVG Rn. 30b, die mit ihrer Kritik an einer vermeintlichen Umkehrung des in § 91 Abs. 2 S. 1 2. Halbs. angelegten Regel-

Grundsätzen differenzierte Wertungen zugrunde, die im Ganzen als durchaus kohärent und aus Sicht der Praxis als etabliert gelten können.

51 **b) Rechtsgrundlage.** Die Bestellung eines nicht am Gerichtsort ansässigen Distanzanwalts führt jedenfalls dann zu einem Mehraufwand, wenn die Partei der anwaltlichen Vertretung in einem mündlichen Verhandlungstermin vor dem Prozessgericht bedarf (zum umgekehrten Fall einer Informationsreise der Partei zu einer gerichtsansässigen Anwaltskanzlei vgl. Rn. 44). Zwangsläufig fallen dann entweder **Reisekosten** des Hauptbevollmächtigten (hierzu Rn. 52 ff.) oder eine gesonderte Vergütung eines am Termin teilnehmenden ortsansässigen **Unterbevollmächtigten** an (vgl. Rn. 65 ff.). Hinsichtlich der Zuziehung eines **Verkehrsanwalts** wird auf Rn. 141 ff. verwiesen. Rechtsgrundlage für die Erstattung der Reisekosten des Hauptbevollmächtigten ist **§ 91 Abs. 2 S. 1 2. Halbs.,**[152] nicht dagegen für die Gebühren eines Unterbevollmächtigten, weil die Vorschrift nach Wortlaut und Zweck von der Vertretung „des Anwalts“ ausgeht, in dessen Händen die eigentliche Prozessführung liegt. Die Kosten einer Untervollmacht folgen daher den allgemeinen Grundsätzen des **§ 91 Abs. 1 S. 1.**[153]

52 **c) Reisekosten des Hauptbevollmächtigten.** Nach § 91 Abs. 2 S. 1 1. Halbs. sind die Auslagen des Rechtsanwalts, zu denen nach §§ 1 Abs. 1 S. 1, 2 Abs. 2 S. 1 RVG iVm. Nr. 7003 bis 7006 VV RVG die Kosten einer Geschäftsreise gehören, zu erstatten. Dieser Grundsatz erfährt allerdings nach § 91 Abs. 2 S. 1 2. Halbs. eine bedeutsame Einschränkung. Danach sind **Reisekosten** eines Anwalts, der bei dem Prozessgericht **nicht zugelassen** ist (zu dem innerhalb eines Gerichtsbezirks auswärtigen Anwalt vgl. Rn. 90) und am Orte des Prozessgerichts auch nicht **wohnt,** nur insoweit zu erstatten, als die Zuziehung eines auswärtigen Rechtsanwalts notwendig war.

53 **aa)** Legt man einen **abstrakt-typisierenden Maßstab** zugrunde (hierzu Rn. 39), wird die Bestellung eines am Wohn- oder Geschäftssitz der Partei niedergelassenen Anwalts am besten ihren Interessen gerecht. Hierbei steht nach der Verkehrsanschauung das Bedürfnis an einem eingehenden **persönlichen Beratungsgespräch** im Vordergrund.[154] Die räumliche Nähe ist von Vorteil, weil sie die erforderliche Flexibilität schafft, vor Verfahrensbeginn und im Falle einer veränderten Prozesslage das weitere Vorgehen auf kurzem Wege mit dem Prozessbevollmächtigten abstimmen zu können. Dabei ist zu beachten, dass das Mandantengespräch nicht nur einem vollständigen Informationsfluss, auf das gezielte Nachfragen des Anwalts hin, dient. Vielmehr wird zumal die nicht rechtskundige Partei sich bei dieser Gelegenheit möglicher Optionen häufig überhaupt erst bewusst. Insoweit kommt der einem persönlichen Rechtsgespräch eigenen **Interaktion** eine Bedeutung zu, die über den Nutzen einer schriftlichen oder fernmündlichen Ratserteilung weit hinausreicht. Bedenken, diesen obschon mit Mehrkosten erkauften Vorteil der räumlichen Nähe für erstattungsfähig anzusehen, bestehen nicht. Ausgehend von dieser Grundregel ist danach zu unterscheiden, ob die Partei im **eigenen** (vgl. Rn. 54 f.) oder **fremden** (vgl. Rn. 56 ff.) Gerichtsstand prozessiert und sich dabei ggf. eines **dritten Orts** ansässigen Anwalts bedient (vgl. Rn. 62).

54 **bb)** Prozessiert jemand im **eigenen Gerichtsstand,** liegt die Bestellung eines heimischen Prozessbevollmächtigten im wohlverstandenen eigenen Interesse. Wer darauf verzichtet und auswärtigen Beistand in Anspruch nimmt, kann den Mehraufwand grds. nicht erstattet verlangen.[155] Insoweit unterliegt er den Beschränkungen des Kostenschonungsgebots (hierzu Rn. 38). Eine Ausnahme kommt in Betracht, wenn die Fachkunde eines **Spezialisten** auf einem entlegenen oder besonders schwierigen Rechtsgebiet gefordert ist und ein vergleichbarer ortsansässiger Anwalt nicht verfügbar ist.[156] Allein das durch **vorprozessuale** Befassung oder im **Mahnverfahren** erworbene, auf die Sachdetails des Streitfalls bezogene Spezialwissen rechtfertigt jedoch einen Distanzanwalt im späteren Prozess nicht,[157] weil eine vorausschauende Partei bereits im Zeitpunkt der Mandatserteilung auf die Ortsnähe des Anwalts geachtet hätte[158] und im Übrigen auch bei einem erst später eingeschalteten gerichtsansässigen Prozessbevollmächtigten eine gründliche Einarbeitung vorausgesetzt werden kann.

55 Zweifelhaft ist, ob eine gewachsene Geschäftsbeziehung **(„Hausanwalt“)** oder eine frühere erfolgreiche Tätigkeit den Auftraggeber berechtigt, einen Distanzanwalt erneut zu bestellen und den

---

Ausnahme-Verhältnisses dem berechtigten Interesse der Partei an einem persönlichen Vertrauensanwalt zu wenig Beachtung schenken (hierzu Rn. 146).

[152] BGH NJW 2006, 3008; BGHReport 2004, 706.

[153] BGH NJW 2003, 898, 899; NJW-RR 2004, 430; NJW-RR 2004, 857; NJW-RR 2004, 1724; NJW 2006, 3008; NJW-RR 2007, 129.

[154] BGH NJW 2003, 898, 900 (statt vieler).

[155] BGH NJW 2003, 901, 902.

[156] BGH NJW 2003, 901, 902.

[157] BGH AnwBl. 2007, 465, 466; NJW 2003, 901, 903.

[158] BGH NJW 2003, 901, 903; OLG Frankfurt OLGR 2000, 301, 302.

Mehraufwand auf den Gegner abzuwälzen.[159] Bedenkt man, dass die Wahl eines geeigneten Prozessbevollmächtigten aus Sicht der Partei in hohem Maße vom persönlichen **Vertrauen** (vgl. Rn. 146f.) in dessen bewährte Fähigkeiten und Einsatzwillen bestimmt wird,[160] mag ein Bedürfnis bestehen, ihr Wahlrecht nicht räumlich einzugrenzen. Andererseits wird eine Partei im Kostenfestsetzungsverfahren mit der idR schwer überprüfbaren Behauptung einer Vertrauensbeziehung meist schnell bei der Hand sein. Insoweit läge die Gefahr der Aufweichung der Kostenschonungsmaxime (vgl. Rn. 38) und der Umkehrung des in § 91 Abs. 2 S. 1 2. Halbs. angelegten Regel-Ausnahmeverhältnisses auf der Hand. Die auf persönlichem Vertrauen in einen auswärtigen Anwalt ausgelösten Mehrkosten sind daher bei der gebotenen typisierenden Betrachtung (vgl. Rn. 39) nicht erstattungsfähig, wenn sie die Kosten der im **eigenen** Gerichtsstand prozessierenden Partei erhöhen. Ein stärkeres Gewicht erlangt das Vertrauensmoment hingegen, wenn eine auswärtige Partei einen **heimischen** oder **dritten Orts** ansässigen Prozessbevollmächtigten bestellt (vgl. Rn. 60, 62).

cc) Es dient idR der zweckentsprechenden Rechtsverfolgung oder -verteidigung, wenn die im **fremden Gerichtsstand** klagende oder verklagte Partei einen an ihrem Wohn- oder Geschäftsort niedergelassenen Anwalt beauftragt (zur umgekehrten Konstellation einer Informationsreise der Partei zu einem gerichtsansässigen Anwalt vgl. Rn. 44). Dieser vormals umstrittene Rechtssatz hat sich im Anschluss an eine Grundsatzentscheidung vom 16. 10. 2002[161] und seither ständige Rechtsprechung des BGH[162] in der Praxis durchgesetzt.[163] Er beruht auf der in Rn. 53 skizzierten Interessenwertung, namentlich dem Bedürfnis einer **persönlichen Beratung**. 56

Folgerichtig sind Mehrkosten ausnahmsweise nicht erstattungsfähig, wenn schon bei Mandatserteilung feststeht, dass eine eingehende Besprechung nicht erforderlich ist.[164] Das ist der Fall, wenn der Streitstoff so **überschaubar** ist, dass er selbst aus Sicht der nicht rechtskundigen Partei keiner Klärung bedarf. Da der Laie den juristischen Schwierigkeitsgrad meist nicht einschätzen kann, trifft dies nur auf besonders einfach gelagerte Angelegenheiten zu,[165] so wenn der Gegner anstelle einer sachlichen Einwendung sich nur auf Leistungsunfähigkeit beruft.[166] Ohne Belang ist insoweit der **wirtschaftliche Wert** der Sache.[167] Ebenfalls nicht zu erstatten sind die Kosten des Distanzanwalts, wenn die Partei **rechtskundig** ist oder als gewerbliches Unternehmen auf eine eigene **Rechtsabteilung** zurückgreifen kann (näher Rn. 58ff.). Dem liegt zugrunde, dass juristische Kenntnisse dazu befähigen, die wesentlichen sachlichen und rechtlichen Aspekte des Streitfalls zu erfassen, so dass sie einem gerichtsansässigen Anwalt in zumutbarer Weise schriftlich oder fernmündlich zu vermitteln sind. Hierzu ist auch der als **Insolvenzverwalter** fungierende Anwalt in der Lage, statt persönlich zur mündlichen Verhandlung anzureisen[168] oder sich durch ein Mitglied seiner Sozietät vertreten zu lassen.[169] Von dieser Obliegenheit hingegen befreit ist der **in eigener Sache** von auswärts anreisende Anwalt.[170] Obschon auch er als rechtskundige Partei zur Einschaltung eines gerichtsansässigen Prozessbevollmächtigten imstande wäre, wiegt sein Interesse, eigene Angelegenheiten persönlich wahrnehmen zu dürfen, schwerer als das Gebot der Kostenschonung (vgl. Rn. 75). 57

Unterhält ein Unternehmen eine eigene **Rechtsabteilung,** sind die Mehrkosten eines auswärtigen Prozessbevollmächtigten idR nicht zu erstatten,[171] weil von den Mitarbeitern erwartet werden muss, dass sie das Anliegen schriftlich oder mittels moderner Kommunikationstechnik einem Anwalt am Gerichtsort übermitteln, und zwar unabhängig davon, ob es sich um ausgebildete Juristen oder mit der Materie vertraute Beschäftigte im Rahmen ihrer üblichen Aufgabenzuständigkeit han- 58

---

[159] Ablehnend BGH AnwBl. 2007, 465, 466; NJW 2003, 901, 902; OLG Rostock OLGR 2004, 418 (LS).

[160] BVerfG NJW 2001, 353, 356; BGH NJW 2003, 1532, 1533; NJW-RR 2005, 707, 708.

[161] BGH Beschl. 16. 10. 2002 Az. VIII ZB 30/02 = NJW 2003, 898, 900.

[162] BGH NJW-RR 2004, 855, 856; NJW-RR 2004, 856; NJW-RR 2005, 922; BB 2005, 1988; NJW 2007, 2048, 2049.

[163] OLG Nürnberg Rpfleger 2007, 56, 57; KG NJW-RR 2005, 655; OLG Hamburg MDR 2004, 356; OLG Koblenz NJW-RR 2004, 431; OLG München NJW-RR 2003, 785, 786; so schon früher OLG Bremen JurBüro 2001, 532, 533; OLG Düsseldorf NJW-RR 2001, 998.

[164] BGH NJW 2003, 898, 901; BGHReport 2004, 70, 71; Rpfleger 2006, 570; OLG Düsseldorf Rpfleger 2007, 112, 113.

[165] BGH BGHReport 2004, 70, 71.

[166] BGH NJW 2003, 898, 901; NJW-RR 2005, 707, 708; OLG Düsseldorf Rpfleger 2007, 112, 113.

[167] BGH BGHReport 2004, 70, 71; NJW-RR 2005, 707, 708.

[168] BGH NJW-RR 2005, 1591, 1592; NJW 2004, 3187; NJW-RR 2007, 129; aM OLG Nürnberg OLGR 2004, 364; LG Görlitz JurBüro 2006, 318; AG Würzburg JurBüro 2006, 318, 319.

[169] OLG München NJW-RR 2004, 715.

[170] BGH NJW 2003, 1534.

[171] BGH NJW 2003, 2027, 2028; NJW-RR 2004, 855, 856; NJW-RR 2007, 129; OLG Koblenz NJW-RR 2004, 431, 432; aM OLG Düsseldorf JurBüro 2002, 485.

delt.[172] Dass eine Partei qualifiziertes Personal in diesem Sinne denknotwendig vorzuhalten hat, kann bereits aus ihrer **Identität** abzuleiten sein, so im Falle eines gewerbsmäßigen Factoringunternehmens[173] oder eines **Wettbewerbs-** oder **Verbraucherschutzverbands**[174] dessen Verbandszweck gerade darin besteht, Rechtsverletzungen aufzudecken und als solche einzustufen. Die Obliegenheit, einen Distanzanwalt zu bestellen, gilt jedenfalls für **Routineangelegenheiten** aus dem Geschäftsbereich eines rechtskundigen Unternehmens, was seitens einer Versicherung regelmäßig für Prozesse zur Klärung der Einstandspflicht aus dem Versicherungsvertrag, nicht aber für Regressprozesse nahe liegend ist.[175] Aus der Beschleunigungsmaxime des **einstweiligen Verfügungsverfahrens** ergeben sich keine Besonderheiten.[176]

59 Ausnahmsweise kann trotz eigener Rechtskunde ein Bedürfnis an persönlicher Beratung bestehen, wenn die Angelegenheit in **tatsächlicher** Hinsicht besonders **komplexe**[177] oder **rechtlich schwierige,**[178] insbesondere höchstrichterlich noch nicht hinreichend geklärte Rechtsfragen aufwirft. Dann kann der in Rn. 53 angesprochene Aspekt zum Tragen kommen, wonach erst der mündliche – insoweit fachjuristische – Austausch zwischen Rechtsabteilung und Anwalt eine zuverlässigere Bewertung der Rechtslage bzw. einer geeigneten Prozess- und Argumentationsstrategie ermöglicht und damit als notwendig im Sinne des § 91 Abs. 2 S. 1 gelten kann.

60 Ist keine Rechtsabteilung eingerichtet oder geht ein Unternehmen trotz Bestehens einer solchen dazu über, einzelne Rechtsangelegenheiten, zB Mahnverfahren,[179] Fragen des gewerblichen Rechtsschutzes,[180] Wettbewerbssachen[181] oder Abwehr der Einstandspflicht eines Versicherers[182] ständig einem externen Anwalt zu übertragen **(„Outsourcing"),** ohne ihm einzelfallbezogene Instruktionen zu erteilen,[183] so ist umstritten, ob der Mangel bzw. Nichteinsatz eigener Ressourcen durch **Zumutbarkeitsaspekte** ersetzt und die Partei so behandelt werden muss, als ob sie rechtskundig sei.[184] Fraglich ist auch, was gilt, wenn eine Rechtsabteilung im Einzelfall untätig bleibt, zB weil sie nicht am Standort der für die Bearbeitung zuständigen Abteilung angesiedelt ist. Richtigerweise sind die Mehrkosten eines Distanzanwalts nur dann ausgeschlossen, wenn eine Rechtsabteilung iSv. Rn. 58 **vorhanden** und mit der Streitsache **befasst** war.[185] Wie der BGH in ständiger Rechtsprechung[186] zurecht hervorhebt, entscheidet über die Vorhaltung einer Rechtsabteilung ebenso wie über den Zuschnitt ihres Aufgabenkreises allein die Partei. Der gelegentliche Vorwurf, ein Unternehmen dürfe sich seiner Aufgaben und Geschäfte nicht auf Kosten des Prozessgegners entziehen,[187] verfängt nicht. Abgesehen von der Schwierigkeit abzugrenzen, ab welcher Betriebsgröße die Errichtung einer Rechtsabteilung zuzumuten wäre, stellt jedenfalls im Kontext des Kostenfestsetzungsverfahrens die Missbilligung einer Organisationsstruktur, die Aufgaben nach außen verlagert oder Mitarbeitern Einzelfunktionen statt einer Vollzuständigkeit zuweist, einen Eingriff in die Autonomie des Wirtschaftsverkehrs dar.[188] Hinzu kommt, dass auch der Vorteil eines ständigen **Haus-** oder **Vertrauensanwalts** (hierzu Rn. 146f.) von solchem Gewicht ist, dass er eine Aufgabenverlagerung rechtfertigt.[189]

61 **Praxishinweis:** Nicht selten stützt eine erstattungsberechtigte Partei in Kenntnis der o. g. BGH-Rechtsprechung die Mehrkosten eines Distanzanwalts auf die pauschale Behauptung, dass ihre

---

[172] BGH NJW-RR 2004, 856, 857; NJW-RR 2001, 36, 37; kritisch *Karczewski* MDR 2005, 481, 483, 484.
[173] OLG Nürnberg OLGR 2005, 523, 524.
[174] BGH NJW-RR 2004, 856, 857; BB 2005, 2546, 2548; aM OLG Düsseldorf NJW-RR 2005, 709.
[175] BGH NJW-RR 2004, 1212, 1213.
[176] BGH NJW-RR 2004, 856, 857; NJW 2003, 2027.
[177] OLG Zweibrücken VersR 2005, 1411, 1412 (Nachweis eines Versicherungsbetrugs aus Sicht eines Gebäudeversicherers).
[178] BGH BGHReport 2004, 780, 781; NJW-RR 2004, 857, 858; AnwBl. 2003, 311; OLG Frankfurt NJW-RR 2007, 214; OLG Köln JurBüro 2004, 435, 436; OLG Dresden AnwBl. 2003, 311, 312.
[179] BGH FamRZ 2004, 866, 867.
[180] KG KGR 2007, 418, 419.
[181] BGH Rpfleger 2005, 216, 217 aE; OLG Jena JurBüro 2005, 264 (LS).
[182] BGH NJW 2006, 3008 m. Anm. *Mayer.*
[183] BGH NJW 2006, 3008.
[184] So OLG Köln AnwBl. 2002, 116.
[185] BGH NJW-RR 2004, 1724, 1725; OLG Bremen OLGR 2006, 305, 306; aM OLG Karlsruhe NJOZ 2004, 276, 277.
[186] BGH NJW-RR 2004, 430, 431; NJW-RR 2004, 857, 858; NJW-RR 2004, 1724, 1725; Rpfleger 2005, 216, 217; so auch OLG Bremen OLGR 2006, 305, 306; OLG Koblenz JurBüro 2006, 484, 485; OLG Düsseldorf NJW-RR 2005, 709.
[187] OLG Köln VersR 2001, 257, 258; *Karczewski* MDR 2005, 481, 483.
[188] BGH BGHReport 2004, 706, 707.
[189] BGH NJW 2006, 3008, 3009 m. Anm. *Mayer.*

Rechtsabteilung zu keiner Zeit mit der Sache befasst gewesen sei. Der Gegner, dem meist (wie dem Rechtspfleger) ein Einblick in den internen Geschäftsablauf des Unternehmens verwehrt sein wird, bestreitet mit Nichtwissen. In dieser Situation mag den Kostenfestsetzungsinstanzen ein Blick in die **vorprozessuale Korrespondenz** der Parteien weiterhelfen, die häufig der Klageschrift beigegeben ist, um den Nachweis eines klageveranlassenden Verhaltens iSv. § 93 zu führen. Finden sich darin nichtanwaltliche Schreiben des Erstattungsberechtigten, zB die Ablehnung der Einstandspflicht seitens einer Versicherung, die eine hinreichende tatsächliche und rechtliche Durchdringung des Streitfalls erkennen lassen, liegt der Schluss nahe, dass die Verfasser mit der Streitsache befasst und auch offensichtlich imstande gewesen sein müssen, das Prozessmandat einem Anwalt unter Überlassung der Fallakten schriftlich zu erteilen.[190] Die Frage, ob diese Mitarbeiter ihrem Status nach einer „Rechtsabteilung" angehören, erlangt insoweit keine maßgebliche Bedeutung (vgl. Rn. 58).

dd) Wird ein an einem **dritten Ort,** dh. weder am Gerichtssitz noch in der Nähe des Auftraggebers residierender Prozessbevollmächtigter beauftragt, sind die Mehrkosten bis zur Höhe der **fiktiven** Reisekosten eines am Wohn- bzw. Geschäftssitz der Partei ansässigen Anwalts erstattungsfähig.[191] Dem kann nicht entgegen gehalten werden, die Partei habe sich durch die Wahl eines für sie auswärtigen Anwalts freiwillig des Vorteils der räumlichen Nähe (vgl. Rn. 53) begeben und damit gezeigt, dass sie einer persönlichen Beratung nicht bedürfe.[192] Denn mit dem Aspekt einer Unterredung hat es nicht sein Bewenden. Ebenfalls Gewicht hat das besondere **Vertrauensverhältnis** zwischen Mandant und Anwalt[193] (hierzu Rn. 146f.), das die Mehrkosten eines auswärtigen Anwalts jedenfalls insoweit rechtfertigt, als sie nicht zum Nachteil des Erstattungspflichtigen diejenigen Kosten übersteigen, die einer im fremden Gerichtsstand prozessierenden Partei stets zugebilligt (vgl. Rn. 56) werden.[194] 62

ee) Zuweilen kann zweifelhaft sein, an welchen **Ort** im Sinne der o.g. Unterscheidungsregeln anzuknüpfen ist, wenn hierfür mehrere räumliche Bezugspunkte in Betracht kommen. Grundsätzlich ist die Partei berechtigt, anwaltliche Hilfe an ihrem **ständigen Wohn-** oder **Geschäftssitz** in Anspruch zu nehmen. Sie ist nicht schon insofern zur Bestellung eines gerichtsansässigen Anwalts verpflichtet, als sie sich privat oder beruflich **gelegentlich** am Gerichtsort aufhält, selbst wenn der Aufenthalt im Zusammenhang mit der Streitsache steht.[195] Als Geschäftsort eines kaufmännischen Unternehmens kommt nicht nur der im Register eingetragene **Hauptsitz,** sondern auch eine unselbstständige **Niederlassung** iSv. § 21 in Betracht. Maßgebend ist insoweit die tatsächliche Organisationsstruktur. Beauftragt eine am Sitz ihrer Zweigniederlassung verklagte GmbH, deren Rechtsangelegenheiten an ihrem Hauptsitz bearbeitet werden, einen dort ansässigen Distanzanwalt, sind dessen Reisekosten idR erstattungsfähig.[196] Die Partei braucht sich aus den in Rn. 60 dargelegten Gründen nicht entgegen halten lassen, sie habe mit einer anderen Betriebsorganisation Mehrkosten vermeiden können.[197] 63

Unterhält hingegen eine überörtliche **Anwaltssozietät** Büros sowohl am auswärtigen Sitz der **Partei** als auch am **Gerichtsort,** zumindest aber an einem **näher** am Gerichtsort gelegenen Standort,[198] so sind die Reisekosten eines vom Sitz der Partei aus anreisenden Anwalts nur bis zur Höhe der fiktiven Reisekosten eines dem Gericht nächst ansässigen Sozietätsmitglieds erstattungsfähig.[199] Dem liegt zugrunde, dass nicht nur ein nach außen in Erscheinung tretender Einzelanwalt, sondern idR alle Mitglieder der Sozietät beauftragt werden und die Erfüllung des Geschäftsbesorgungsvertrags schulden.[200] Die Verteilung der Ressourcen im internen Organisationsbereich, etwa nach bestimmten Rechtsgebieten oder Standorten, ist dabei ohne Belang, weil die Unabhängigkeit von der Qualifikation, der Verfügbarkeit und dem Einsatzort eines einzelnen Sachbearbeiters gerade prägendes 64

---

[190] OLG Düsseldorf Rpfleger 2006, 512 (sachkundiger Mitarbeiter, der auch Gerichtstermin wahrgenommen hat).

[191] BGH NJW-RR 2004, 855, 856; NJW-RR 2004, 858, 859; OLG Düsseldorf Rpfleger 2007, 112, 113; OLG München OLGR 2005, 261, 262; OLG Köln JurBüro 2004, 435.

[192] In diesem Sinne OLG Hamburg MDR 2003, 1371.

[193] BVerfG NJW 2001, 353, 356; BGH NJW-RR 2004, 855, 856; NJW-RR 2004, 858; NJW 2006, 3008, 3009.

[194] BGH NJW-RR 2004, 855, 856; NJW-RR 2004, 858, 859; OLG Düsseldorf Rpfleger 2007, 112, 113.

[195] BGH NJW-RR 2004, 1216, 1217.

[196] BGH NJW-RR 2005, 922.

[197] BGH NJW-RR 2005, 922.

[198] OLG Brandenburg MDR 2007, 245; OLG Bamberg JurBüro 2004, 599, 600.

[199] OLG Nürnberg MDR 2007, 56, 57; KG NJW-RR 2005, 655; OLG Hamburg OLGR 2003, 152; OLG München NJW 2002, 1435.

[200] BGH NJW 1991, 49, 50; OLG München NJW 2002, 1435; OLG Brandenburg MDR 2007, 245; AnwBl. 1999, 413.

Element der Leistungsfähigkeit einer großen Sozietät ist, das sich der Mandant nach der Verkehrsanschauung mit der Beauftragung (auch) zunutze macht.[201] Da Gerichtsort und Sitz der Sozietät in dieser Hinsicht identisch sind, findet eine Reise im kostenrechtlichen Sinne nicht statt. Anders liegt es nur, wenn die Zweigstelle einer überörtlichen Sozietät nach Mandatserteilung geschlossen wird.[202]

65 **d) Kosten eines Unterbevollmächtigten.** Tritt in der mündlichen Verhandlung für eine auswärtige Partei ein Unterbevollmächtigter auf, so ist Rechtsgrundlage für einen Erstattungsanspruch § 91 Abs. 1 S. 1 (näher Rn. 51). Die Frage der Erstattungsfähigkeit der neben den Kosten des Hauptbevollmächtigten gesondert entstehenden Gebühren richtet sich zunächst nach den unter Rn. 54 bis 62 dargelegten Regeln. Insoweit kommt es darauf an, ob es notwendig war, statt eines einzigen gerichtsansässigen Prozessbevollmächtigten einen auswärtigen Hauptbevollmächtigten nebst Unterbevollmächtigten zu bestellen. Doch hat es hiermit nicht sein Bewenden:

66 Unter mehreren **gleichwertigen** zu Gebote stehenden Mitteln ist grds. das **kostengünstigste** zu wählen (vgl. Rn. 38). Da anstelle des Unterbevollmächtigten auch der Hauptbevollmächtigte den Termin hätte wahrnehmen können, sind die Kosten der Untervollmacht nur in Höhe **ersparter Reisekosten**[203] des Distanzanwalts – einschließlich Auslagen einer ggf. erforderlichen Übernachtung[204] (vgl. Rn. 132) – als notwendig anzusehen. Um Kostennachteile zu vermeiden, hat der Erstattungsberechtigte deshalb vorher eine Vergleichsrechnung anzustellen. Schon mit Rücksicht darauf, dass eine Kostenprognose im Einzelfall schwierig sein kann, ist ihm ein **Toleranzspielraum** eröffnet: Untervollmachtskosten sind erstattungsfähig, wenn sie einen Rahmen bis zu **10%** über den fiktiven Reisekosten des Hauptbevollmächtigten nicht überschreiten.[205] Das gilt auch für den Fall, dass letzterer an einem Drittort ansässig ist[206] (vgl. Rn. 62). Lässt sich umgekehrt die auswärtige Partei im Termin durch ihren Hauptbevollmächtigten vertreten, bedarf es keines Kostenvergleichs. Denn die persönliche Interessenwahrnehmung in der mündlichen Verhandlung durch den Anwalt des eigenen **Vertrauens** (hierzu Rn. 146 f.), die erklärtes Motiv für die Lockerung des Lokationsprinzips war (vgl. Rn. 50), ist stets als effektiveres Mittel der Rechtsverfolgung anzusehen und damit zu entschädigen.[207] Die Konstellation ist dem Verhältnis zwischen Beweisanwalt und Hauptbevollmächtigtem vergleichbar (vgl. Rn. 100). Kommt es aufgrund einer Beilegung des Rechtsstreits nicht mehr zu einer schon anberaumten mündlichen Verhandlung, so sind bereits ausgelöste Untervollmachtskosten gleichwohl erstattungsfähig, es sei denn, dass im Zeitpunkt der Bestellung mit einer Terminsaufhebung zu **rechnen** war.[208]

67 Die Vertretung durch einen einzigen Prozessbevollmächtigten löst idR **2,5 Gebühren** (1,3-Verfahrensgebühr gem. Nr. 3100 VV RVG und 1,2-Terminsgebühr gem. Nr. 3104 VV RVG) aus, während bei einem zusätzlichen Unterbevollmächtigten das Gebührenaufkommen auf **3,15** steigt (1,3-Verfahrensgebühr des Hauptbevollmächtigten sowie 0,65-Verfahrens- und 1,2-Terminsgebühr des Unterbevollmächtigten gem. Nr. 3401, 3402 VV RVG). Für die o. g. Vergleichsrechnung kommt es folglich darauf an, ob die Gebührendifferenz – also eine 0,65-Gebühr aus dem betreffenden Streitwert zuzüglich der Auslagenpauschale des Unterbevollmächtigten und unter Hinzurechnung des 10%-Toleranzfaktors – die fiktiven Reisekosten des Hauptbevollmächtigten überschreitet. Ist das der Fall, sind grundsätzlich nur die fiktiven Reisekosten **ohne 10-%-Aufschlag** zu erstatten; dieser ist nur dann zu berücksichtigen, wenn der auf Kosteneinsparung bedachte Hauptbevollmächtigte vorausschauend davon ausgehen durfte, dass die Einschaltung des Unterbevollmächtigten keine höheren Kosten verursachen werde.[209]

68 **e) Berufungsinstanz.** Die Erstattungsfähigkeit der Mehrkosten eines Distanzanwalts beurteilt sich in zweiter Instanz nach denselben Regeln wie im **ersten Rechtszug.**[210] Stand der Partei dort berechtigterweise ein nicht am Gerichtsort ansässiger Anwalt zur Seite, darf sie ihn grds. weiterhin mit der Wahrnehmung ihrer Interessen betrauen.[211] Zwar dient das Berufungsverfahren, entgegen seiner früheren Funktion als vollwertiger zweiter Tatsacheninstanz, nach den Intentionen der ZPO-

---

[201] OLG Nürnberg MDR 2007, 56, 57; KG NJW-RR 2005, 655; OLG Brandenburg AnwBl. 1999, 413.

[202] BGH AnwBl. 2006, 590.

[203] BGH NJW 2003, 898, 899, 901; NJW-RR 2004, 430; NJW-RR 2005, 857; NJW-RR 2004, 1724.

[204] OLG Bamberg Rpfleger 2007, 47.

[205] BGH NJW 2003, 898, 901; NJW-RR 2005, 707, 708; OLG Hamburg OLGR 2006, 502, 503; kritisch *Schneider* AGS 2007, 51.

[206] OLG Düsseldorf Rpfleger 2007, 112, 113.

[207] BGH NJW-RR 2005, 1662; LG Berlin JurBüro 2007, 38; aM OLG München OLGR 2005, 261, 262; LG Mönchengladbach Rpfleger 2005, 115.

[208] OLG Schleswig NJW-RR 2004, 1008.

[209] OLG Bamberg Rpfleger 2007, 47, 48.

[210] BGH NJW-RR 2004, 1500; NJW-RR 2005, 707, 708.

[211] BGH NJW-RR 2004, 1500; Rpfleger 2007, 286; OLG München NJW-RR 2003, 785, 786.

Reform nur noch der Fehlerkontrolle und -beseitigung.[212] Doch lässt dies bei der gebotenen typisierenden Betrachtung (vgl. Rn. 39) ein Bedürfnis an einem erneuten Beratungsgespräch (vgl. Rn. 53) nicht entfallen, und zwar selbst dann nicht, wenn in der Berufung nur noch um die rechtliche Würdigung eines nunmehr feststehenden Sachverhalts gestritten wird. Zum einen wird zumal die in erster Instanz erfolgreiche Partei einen ihr aufgezwungenen Wechsel des ihr vertrauten Anwalts idR als unbilligen Nachteil werten.[213] Zum anderen erfolgt die Mandatserteilung meist vor Berufungsbegründung, wenn aus Sicht eines nicht Rechtskundigen häufig weder absehbar noch unterscheidbar ist, ob Sachfragen oder Rechtsfragen im Mittelpunkt der Berufung stehen.

6. Kosten mehrerer Rechtsanwälte. Für die Erstattungsfähigkeit der Kosten mehrerer Rechtsanwälte (§ 91 Abs. 2 S. 2 1. Alt.) gilt, dass sie grds. nach oben durch die Kosten begrenzt wird, die bei Hinzuziehung nur eines Anwalts entstehen. Das betrifft zunächst den Fall, dass eine Partei (zur Streitgenossenschaft vgl. § 100 Rn. 20 ff.) mehrere Hauptbevollmächtigte nebeneinander bestellt (§ 84). Ob insoweit ausnahmsweise die Kosten eines **zweiten** Anwalts ganz oder teilweise zu erstatten sind, hängt von der **Notwendigkeit** ihrer Beanspruchung iSv. § 91 Abs. 1 S. 1 ab. Sie ist nicht schon zu bejahen, wenn der Rechtsstreit in tatsächlicher oder rechtlicher Hinsicht besonders schwierig ist. Vom Anwalt wird erwartet, dass er sich ggf. Spezialkenntnisse aneignet.[214] Besonderheiten gelten lediglich für Patent-, Gebrauchsmuster- und Warenzeichensachen (hierzu Rn. 115 f.). Der Grundsatz des § 91 Abs. 2 S. 2 1. Alt. greift auch dann nicht ein, wenn die Einschaltung eines weiteren Anwalts, der als Unterbevollmächtigter (vgl. Rn. 65 ff.) oder Verkehrsanwalt (vgl. Rn. 141 ff.) fungiert, nach Maßgabe der für diese Fallgruppen entwickelten Regeln als notwendig iSv. § 91 Abs. 1 S. 1 anzusehen ist.[215] Zur Konstellation mehrerer als Streitgenossen verklagter Rechtsanwälte vgl. Rn. 74. 69

7. Anwaltswechsel. Die Kosten eines zweiten Anwalts sind gem. § 91 Abs. 2 S. 2 2. Alt. ausnahmsweise erstattungsfähig, wenn sie zwar die Kosten eines Anwalts übersteigen, dies aber darauf zurückzuführen ist, „dass in der Person des Rechtsanwalts ein Wechsel stattfinden musste." Ein notwendiger Anwaltswechsel ist nach hM nur bei **fehlendem Verschulden** sowohl der Partei wie auch ihres Prozessbevollmächtigten gegeben.[216] Die Notwendigkeit hat derjenige zu beweisen, der Mehrkosten beansprucht. Bleibt zweifelhaft, ob der Wechsel notwendig war oder nicht, geht die Ungewissheit zu Lasten der Partei, die das Mandat dem zunächst beauftragten Anwalt entzogen und den Wechsel vorgenommen hat. Ein verschuldeter Wechsel ist immer dann anzunehmen, wenn er bei Übernahme oder Erteilung des Mandats für den Anwalt oder die Partei **vorhersehbar** war[217] (vgl. Rn. 73). 70

Überhaupt keinen Anwaltswechsel stellt das Ausscheiden des sachbearbeitenden Anwalts aus einer von der Partei mandatierten **Anwaltssozietät** dar.[218] Wird gleichwohl ein der Sozietät nicht (mehr) angehörender Anwalt beauftragt, ist dieser Wechsel idR nicht notwendig.[219] Denn im Zweifel erstreckt sich ein Auftrag auf sämtliche Mitglieder der Sozietät,[220] so dass weder der Weggang des Sachbearbeiters aus der Sozietät, noch sein Tod, eine Erkrankung oder der Verlust der Zulassung, noch eine sonstige in seiner Person liegende Verhinderung zu einem notwendigen Anwaltswechsel nötigen.[221] Wurde das Mandat indes ausdrücklich nur einem einzelnen Sozietätsmitglied erteilt, sind Ausscheiden oder Verhinderung dieses Anwalts wie beim Wegfall des allein Beauftragten zu bewerten. Doch ist ein notwendiger Wechsel ausgeschlossen, wenn der Mandant sich bereits vor dem Ausscheiden von einem anderen Mitglied der Sozietät wiederholt betreuen ließ.[222] 71

Der auf den **Tod** des allein beauftragten **Rechtsanwalts** zurückzuführende Wechsel ist notwendig,[223] und zwar auch dann, wenn ein **Kanzleiabwickler** (§ 55 BRAO) bestellt wurde.[224] 72

---

212 BGH NJW 2003, 2531, 2532.
213 BVerfG NJW 2001, 353, 356.
214 OLG Karlsruhe MDR 1990, 159; OLG Koblenz JurBüro 1984, 922; OLG Stuttgart AnwBl. 1981, 196.
215 BGH NJW 2005, 1373, 1374.
216 OLG Koblenz Rpfleger 2004, 184; OLG Frankfurt AnwBl. 1983, 565, 566; 1985, 38; OLG Düsseldorf MDR 1973, 59.
217 OLG Koblenz OLGR 2006, 939, 940; OLG Frankfurt Rpfleger 1986, 66; JurBüro 1977, 554; OLG München JurBüro 1985, 292.
218 OLG München JurBüro 1979, 108.
219 OLG Hamburg MDR 1968, 678.
220 BGHZ 56, 355, 359 = NJW 1971, 1801; NJW 1991, 49, 50; OLG München NJW 2002, 1435; OLG Brandenburg MDR 2007, 245.
221 OLG Schleswig JurBüro 1978, 921; OLG Hamburg JurBüro 1975, 773.
222 OLG Karlsruhe Die Justiz 1984, 395.
223 OLG Hamburg JurBüro 1985, 1870; OLG Frankfurt JurBüro 1983, 124; *Musielak/Wolst* Rn. 22.
224 OLG Hamburg JurBüro 1985, 1870; OLG Frankfurt MDR 1980, 1026.

Dieser kann der Partei nicht als neuer Prozessbevollmächtigter aufgezwungen werden.[225] Sie verliert daher ihren Anspruch auf Erstattung von Mehrkosten nicht deshalb, weil sie einen neuen Anwalt beauftragt.[226] Das gilt nur dann nicht, wenn sie gerade den Abwickler zum Prozessbevollmächtigten bestellt, da es dann für diesen bei der seitens der Rechtsanwaltskammer zu gewährenden Entschädigung bleibt;[227] hieran ändert selbst ein Wechsel der Abwickler nichts.[228] Führt der Abwickler nach Aufhebung seiner Bestellung das Mandat im Zuge einer käuflichen Übernahme der Praxis des Verstorbenen fort, kommt ein notwendiger Anwaltswechsel ebenfalls nicht mehr in Betracht.[229]

73 Dem Tode des Alleinanwalts stehen **achtenswerte** Gründe einer **Aufgabe** der **Zulassung** gleich,[230] zB infolge **Krankheit** oder **Alters,**[231] jedoch nur, wenn sie bei Beauftragung nicht **voraussehbar** waren.[232] Auch die **berufliche Veränderung,** zB Wechsel in den Staatsdienst, kann einen notwendigen Anwaltswechsel begründen, wenn sie sich bei Mandatsübernahme noch nicht hinreichend konkretisiert hatte und das Mandat bei ihrem Eintritt bereits eine angemessene Zeit angedauert hat.[233] Die Erstattungsfähigkeit der Mehrkosten beruht darauf, dass der Auftraggeber seinerseits die bis dahin entstandenen Gebühren schuldet.[234] Die Gegenauffassung,[235] die unter Hinweis auf § 628 Abs. 1 S. 2 BGB eine vertragswidrige Kündigung durch den Anwalt und den Verlust des Gebührenanspruchs annimmt, verwechselt dessen Tätigkeit auf der Ebene der Vertragserfüllung mit seiner übergeordneten Funktion als Organ der Rechtspflege. Letztere unterliegt ganz andersgearteten Dispositionen beruflich-persönlicher Art, die nicht auf das einzelne Mandat, dessen Geschäftsgrundlage sie gewissermaßen darstellt, heruntergebrochen werden können. Nur wer den anstehenden Wegfall der Zulassung wissentlich verschweigt, verletzt die Aufklärungsobliegenheit gegenüber dem Auftraggeber und veranlasst so einen nicht notwendigen Wechsel.[236] Wird die Zulassung wegen standeswidrigen Verhaltens **entzogen** oder gibt sie der Anwalt vorbeugend auf, ist der Wechsel nicht notwendig.[237] Niederlegung des Mandats wegen Arbeitsüberlastung[238] begründet eine Notwendigkeit ebensowenig wie ein Zerwürfnis mit dem Mandant infolge des einen oder anderen Fehlverhaltens[239] oder die Benennung als Zeuge durch die Gegenpartei.[240] Auch beim Tode der **Partei** ist ein Anwaltswechsel durch den Erben nur ausnahmsweise notwendig.[241] Ein häufiger Anwaltswechsel fand früher bei Überleitung eines **Mahnverfahrens** ins streitige Verfahren oder bei Verlegung der Kanzlei in einen Bezirk außerhalb des Stammzulassungsgerichts[242] statt, doch hat sich die Problematik mit der Erweiterung der Postulationsfähigkeit erübrigt (näher Rn. 109); das gilt auch für die Einschaltung eines **Rechtsbeistands** (näher Rn. 129).

74 **8. Anwalt in eigener Sache.** Gebühren und Auslagen in eigener Sache stehen dem Anwalt gem. § 91 Abs. 2 S. 3 im selben Umfange zu, wie er sie als **bevollmächtigter** Anwalt verlangen könnte. Dies betrifft ihn gleichermaßen als **Naturalpartei** wie als **Partei kraft Amtes** (Testamentsvollstrecker, Nachlassverwalter, Insolvenzverwalter). Auch als gesetzlicher und gewillkürter Verfahrensstandschafter handelt er wie in eigenen Angelegenheiten, so wenn er als Verwalter einer Wohnungseigentümergemeinschaft ermächtigt ist, im eigenen Namen rückständige Wohngeldansprüche gegen einen ausgeschiedenen Wohnungseigentümer im Zivilprozess geltend zu machen. Ist eine **Anwaltssozietät** verklagt, kann grds. jedes Mitglied als Streitgenosse Erstattung nach § 91

---

[225] OLG Hamburg MDR 2005, 839.
[226] OLG Hamburg JurBüro 1985, 1870; OLG Frankfurt MDR 1980, 1026.
[227] OLG Hamburg MDR 2005, 839; OLG Hamm Rpfleger 1969, 168.
[228] OLG Hamburg MDR 2005, 839.
[229] OLG München OLGR 1993, 275.
[230] OLG Hamm NJW-RR 1996, 1343; OLG Koblenz MDR 1991, 1098; OLG Frankfurt Rpfleger 1986, 66.
[231] OLG Nürnberg JurBüro 2003, 647 (LS 2); OLG Frankfurt JurBüro 1974, 1599; LG Regensburg Rpfleger 2004, 440.
[232] OLG Koblenz OLGR 2006, 939, 940; MDR 1991, 1098; OLG Hamm NJW-RR 1996, 1343; LG Landshut JurBüro 2004, 144, 145.
[233] OLG Hamburg JurBüro 1993, 351 m. Anm. *Mümmler;* OLG Frankfurt BB 1984, 177 (LS); aM OLG Naumburg AGS 2006, 45, 46 m. Anm. *Onderka;* OLG München AnwBl. 2002, 117; OLG Frankfurt JurBüro 1980, 141 m. Anm. *Mümmler.*
[234] RGZ 33, 369; BGH NJW 1957, 1152, 1153.
[235] OLG Naumburg AGS 2006, 45, 46; OLG München AnwBl. 2002, 117.
[236] OLG Frankfurt Rpfleger 1986, 66; OLG Bamberg JurBüro 1984, 1562; OLG Hamburg MDR 1981, 767.
[237] OLG Koblenz Rpfleger 2004, 184; *Stein/Jonas/Bork* Rn. 147.
[238] OLG Hamburg MDR 1973, 324.
[239] OLG Düsseldorf NJW 1972, 2311; OLG Hamburg MDR 1970, 428.
[240] OLG Hamm Rpfleger 1976, 435; OLG München NJW 1967, 886.
[241] OLG Hamburg MDR 1979, 762.
[242] OLG Hamm NJW-RR 1996, 1343.

Abs. 2 S. 3 verlangen.[243] Doch gelten auch hier regelmäßig nur die Kosten eines einzigen Anwalts (vgl. Rn. 69) als notwendig, falls nicht besondere Gründe, so zB Interessenkollision, ein getrenntes Vorgehen einzelner Anwälte rechtfertigt[244] (vgl. § 100 Rn. 25). Die Verfahrensgebühr dieses einen Anwalts erhöht sich nach Maßgabe der Nr. 1008 VV RVG,[245] denn es ist kein Grund ersichtlich, eine Sozietät anders zu stellen als sonstige Streitgenossen. Macht die Sozietät ihren Anspruch gegen den Mandanten geltend, ist der Mehrvertretungszuschlag jedoch nicht erstattungsfähig.[246]

Ist der Anwalt in eigener Sache als **Naturalpartei** betroffen, darf er zu auswärtigen Terminen **persönlich** anreisen. Er braucht sich nicht entgegenhalten lassen, ein gerichtsansässiger Anwalt habe geringere Kosten verursacht.[247] Die Regel, wonach einer auswärtigen rechtskundigen Partei zugemutet wird, einen Prozessbevollmächtigten am Gerichtsort zu beauftragen (hierzu Rn. 57), greift insoweit nicht ein, weil es im berechtigten Interesse des Anwalts liegt, sein Anliegen persönlich im Rechtsgespräch in der Verhandlung anzubringen. Ist hiernach die Prozessführung in eigener Sache vor dem auswärtigen Gericht als Maßnahme zweckentsprechender Rechtsverfolgung anzusehen, kann der sich selbst vertretende Anwalt nicht nur seine Gebühren, sondern auch seine Reiseauslagen nach **RVG** – anders als eine Privatpartei, für die gem. § 91 Abs. 1 S. 2 2. Halbs. das **JVEG** maßgebend ist – abrechnen; für die Teilnahme am Termin stehen ihm somit Auslagen nach Nr. 7003 bis 7006 VV RVG zu.[248] Die vorgenannten Grundsätze gelten nicht für einen zum **Insolvenzverwalter** bestellten oder in sonstiger Weise als **Partei kraft Amtes** tätigen Anwalt. Da hier der Grad der persönlichen Betroffenheit geringer ist als bei einem als Naturalpartei prozessierenden Anwalt bleibt es bei der in Rn. 57 dargelegten Regel, wonach eine rechtskundige Partei einen gerichtsansässigen Prozessbevollmächtigten zu bestellen hat.[249] Eine Ausnahme kommt in Betracht, wenn der Streitfall schwierige und bislang nicht hinreichend geklärte Rechtsfragen aufwirft (vgl. Rn. 59). **75**

Lässt sich der Anwalt in eigener Sache als Naturalpartei oder Partei kraft Amtes von einem **weiteren Anwalt** vertreten, stehen ihm weder eine **Verkehrsanwaltsvergütung** noch Kosten der **Information** zu.[250] Erstere fällt schon deshalb nicht an, weil es an dem nach Nr. 3400 VV RVG begriffsnotwendigen Dreiecksverhältnis (Partei, Verkehrsanwalt, Hauptanwalt) fehlt.[251] Erstattungsfähig sind daher nur die Gebühren des beauftragten Prozessbevollmächtigten. Nach zutreffender hM[252] können Verkehrsanwaltskosten auch dann nicht erstattet verlangt werden, wenn der Anwalt als gesetzlicher oder gewillkürter Verfahrensstandschafter auftritt. Da ein als **gesetzlicher Vertreter** tätig werdender Anwalt hingegen nicht selber Partei ist und daher den Verkehr mit dieser zu vermitteln hat, kann er unter den an einen Verkehrsanwalt (vgl. Rn. 141 ff.) zu stellenden Anforderungen die Gebühr der Nr. 3400 VV RVG erstattet verlangen.[253] Eine solche steht ihm jedoch nicht als Geschäftsführer einer GmbH[254] oder als Vereinsvorstand zu.[255] Die Identität von Partei und Anwalt schließt die Annahme eines Anwaltswechsels aus, wenn der vor Insolvenzeröffnung beauftragte Anwalt einen unterbrochenen Rechtsstreit (§ 240) nach dessen Aufnahme (§§ 240, 250) als Insolvenzverwalter und damit als Partei kraft Amtes fortführt.[256] **76**

Die Vorschrift des § 91 Abs. 2 S. 3 ist in **FGG-Verfahren** nicht, auch nicht entsprechend anwendbar.[257] Zur Frage der **Umsatzsteuererstattung** des in eigener Sache tätigen Anwalts wird auf § 104 Rn. 15 verwiesen. **77**

---

243 KG Rpfleger 1979, 70.

244 BGH NJW 2007, 2257, 2258; OLG Düsseldorf JurBüro 2007, 263; MDR 1997, 981; OLG Schleswig JurBüro 1988, 1030; OLG Hamburg MDR 1980, 501.

245 OLG Stuttgart Rpfleger 1980, 194; Rpfleger 1980, 308 (noch zu § 6 Abs. 1 S. 2 BRAGO).

246 OLG Köln JurBüro 1994, 94; OLG Koblenz JurBüro 1994, 729; aM OLG Stuttgart Die Justiz 1997, 58.

247 BGH NJW 2003, 1534.

248 BGH NJW 2003, 1534; aM OLG Stuttgart JurBüro 1983, 1835; OLG Hamm MDR 1975, 762; *Belz,* in: 2. Aufl., Rn. 31.

249 BGH BB 2005, 1988; NJW 2004, 3187.

250 OLG Rostock MDR 2001, 115; OLG Stuttgart JurBüro 1998, 142; OLG Koblenz MDR 1987, 852.

251 OLG Rostock MDR 2001, 115; OLG München JurBüro 1994, 546.

252 OLG Schleswig JurBüro 1986, 884; SchlHA 1977, 70; OLG Stuttgart Rpfleger 1983, 501; KG Rpfleger 1981, 411.

253 KG Rpfleger 1976, 248; OLG Hamm JurBüro 1974, 859.

254 KG MDR 1976, 761.

255 OLG Stuttgart JurBüro 1976, 191.

256 OLG Koblenz JurBüro 1984, 1085.

257 BayObLG Rpfleger 2006, 571.

VII. Anhang: Einzelfälle zu § 91

78 **Ablichtungen.** Nach § 91 Abs. 2 S. 1 1. Halbs. sind die **gesetzlichen Auslagen** des Anwalts (Teil 7 VV RVG) zu erstatten. Hierzu zählen auch die Kosten zur Herstellung und Überlassung von Ablichtungen und Ausdrucken. Voraussetzung ist, dass der Erstattungsberechtigte sie nach Maßgabe der Nr. 7000 Nr. 1 VV RVG seinem Anwalt **schuldet,** ohne dass es einer Prüfung der Notwendigkeit iSv. § 91 Abs. 1 S. 1 bedarf.[258] Denn § 91 Abs. 2 S. 1 1. Halbs. knüpft hinsichtlich der Gebühren und Auslagen allein an ihren Anfall nach dem Gesetz an[259] (näher Rn. 47). Gem. Teil 7 Vorbem. 7 Abs. 1 VV RVG werden mit den Gebühren die allgemeinen Geschäftskosten entgolten. Der Ersatz von Ablichtungen kommt hiernach nur in Betracht, soweit sie unter einen der gesetzlich **abschließend**[260] benannten, nach dem Zweck der Herstellung differenzierenden Tatbestände fallen.

79 Dienen die Ablichtungen oder Ausdrucke der notwendigen Unterrichtung des **Auftraggebers,** so sind sie gem. Nr. 7000 Nr. 1 lit. c VV RVG mit den dort bezeichneten Pauschalen zu ersetzen, soweit mehr als **100 Seiten** zu fertigen waren; unterhalb dieser Grenze sind sie Teil der allgemeinen Geschäftskosten. In ähnlich pauschalierender Betrachtung hatte § 27 Abs. 1 Nr. 2 BRAGO auf eine Zahl von mehr als zehn Auftraggebern abgestellt.

80 Werden Ablichtungen zum Zweck der Zustellung oder Mitteilung an **Gegner** oder **Beteiligte** und **Verfahrensbevollmächtigte** gefertigt, und zwar aufgrund einer Rechtsvorschrift oder auf gerichtliche Aufforderung, entscheidet auch hier die Überschreitung der Maßzahl von 100 Seiten über den Anspruch auf Auslagenersatz, Nr. 7000 Nr. 1 lit. b VV RVG. Maßgebliche Rechtsvorschrift für den Zivilprozess ist insoweit § 133 Abs.1 S. 1, wonach die Parteien ihren Schriftsätzen die für die Zustellung an den Gegner erforderliche Zahl von Abschriften der Schriftsätze und deren Anlagen (einschließlich der in Bezug genommenen Urkunden, § 131 Abs. 1) beizufügen haben. Im Rahmen des Kostenfestsetzungsverfahrens reicht es aus, wenn der Erstattungsberechtigte darlegt und glaubhaft macht (§104 Abs. 2 S. 1), dass mehr als 100 Ablichtungen angefallen sind. Mit Blick auf die Grundregel des § 133 Abs. 1 S. 1 sind diese (ab der 101. Seite) zu erstatten, jedenfalls solange der betriebene Aufwand einen gewissen Ermessensrahmen nicht übersteigt.[261] Nach allgemeinen Regeln (näher § 104 Rn. 12) obliegt es ansonsten dem Gegner, ggf. darzulegen, ob und in welchem Umfang ausnahmsweise (etwa iSv. §§ 133 Abs. 1 S. 2, 131 Abs. 2 Abs. 3) ein geringerer Aufwand ausreichend gewesen wäre.[262]

81 Fertigt der Anwalt zur **eigenen Verwendung** Ablichtungen aus den Gerichts- oder Drittakten, zB beigezogenen Straf- oder Verwaltungsakten, kommt es nach Nr. 7000 Nr. 1 lit. a VV RVG (§ 27 Abs. 1 Nr. 1 BRAGO) darauf an, ob sie zur sachgemäßen Bearbeitung **geboten** waren. Maßgebend ist der Blickwinkel eines verständigen, durchschnittlich erfahrenen Anwalts,[263] der die Ablichtungen auf die benötigte Anzahl überschlägig reduziert.[264] Zwar wird man insoweit – auch im Sinne eines vertretbaren Prüfungsaufwands der Kostenfestsetzungsinstanzen – keinen zu kleinlichen Maßstab anzulegen haben, weil sonst wiederholte Akteneinsichten drohen, die zu Verzögerungen und Mehrbelastungen für alle Beteiligten einschließlich der Gerichtsverwaltung führen.[265] Gleichwohl nicht ersatzfähig ist ein Aufwand, der für den weiteren Prozess **erkennbar überflüssig** ist, so beim gedankenlosen Kopieren kompletter Behördenakten[266] oder von Unterlagen, bei denen der Anwalt sicher davon ausgehen darf, dass sie bereits Gegenstand der Handakte (§ 50 Abs. 1 BRAO) eines früheren Prozessbevollmächtigten sind, deren Herausgabe die Partei als Auftraggeber nach §§ 667, 675 BGB verlangen kann (§ 19 Abs. 1 Nr. 17 RVG). Letzteres trifft insbesondere auf den erst in höherer Instanz hinzutretenden Anwalt zu, der auf vorhandene Handakten nur dann nicht zurückzugreifen braucht, wenn er sie nicht rechtzeitig erlangen kann.[267]

82 Dienen die Ablichtungen einem der in Rn. 79 bis 81 aufgeführten Zwecke, kommt eine Erstattung nur unter den dortigen Voraussetzungen in Betracht. Für eine Anwendung der Nr. 7000

---

[258] BGH NJW 2005, 2317; NJW 2003, 1532; aM OLG Dresden NJW-RR 1999, 147; *Belz,* in: 2. Aufl., Rn. 33; *Stein/Jonas/Bork* Rn. 58.

[259] BGH NJW 2003, 1532.

[260] OLG Hamburg MDR 2007, 244.

[261] OLG Oldenburg JurBüro 2007, 208, 209.

[262] LG Memmingen Rpfleger 2007, 288, 289.

[263] BGH NJW 2005, 2317; LSG Thüringen JurBüro 2004, 430; OVG Münster BauR 2002, 530 (alle noch zu § 27 BRAGO).

[264] BGH NJW 2005, 2317; VGH München NVwZ-RR 2001, 413; LSG Rheinland-Pfalz NStZ 1998, 2007.

[265] VGH München NVwZ-RR 2001, 413, 414.

[266] VGH München NVwZ-RR 2001, 413, 414.

[267] BGH NJW 2005, 2317, 2318; OLG Koblenz NJW-RR 2002, 421, 422; AG Siegburg JurBüro 2002, 203.

Nr. 1 lit. d VV RVG (vgl. § 27 Abs. 1 Nr. 3 BRAGO), wonach das Einverständnis mit dem Auftraggeber genügen kann, ist im Anwendungsbereich der **gesetzlich benannten Zwecke** schon dem Wortlaut nach („in sonstigen Fällen") kein Raum.[268] Der abschließende Charakter der Auslagentatbestände ist auch sachgerecht, da die Herstellung der an Verfahrensbeteiligte gerichteten Schriftsätze und Anlagen (einschließlich Urkunden iSv. § 131) ebenso wie die Mandanteninformation Teil des mit der Verfahrensgebühr abgegoltenen Geschäftsaufwands ist. Soweit er sich in dem vom RVG vorgegebenen Rahmen hält, scheidet eine gesonderte Erstattung aus.[269] Hieran ist selbst dann festzuhalten, wenn bestimmte Verfahrensarten typischerweise erhöhten Kopieraufwand auslösen, etwa im Unterhaltsprozess schriftsätzlicher Vortrag häufig durch die Bezugnahme auf umfangreiche Belege ersetzt wird.[270]

Abmahnung. Wegen der Bedeutung einer **wettbewerbsrechtlichen** Abmahnung wird auf § 93 Rn. 39ff. „Wettbewerbssachen" verwiesen. Überwiegend wird die Erstattungsfähigkeit, etwa einer anwaltlichen **Geschäftsgebühr** (Nr. 2300 VV RVG), die unter dem Gesichtspunkt der Einbeziehung **außerprozessualer** Kosten zu beurteilen ist (hierzu Rn. 33ff., 93), zurecht mit der Begründung versagt, dass es sich hierbei nicht um Kosten des Rechtsstreits handelt,[271] weil ihre Funktion darin besteht, den Schuldner zu einem wettbewerbskonformen Verhalten zu bewegen, und sie damit gerade der **Vermeidung** einer gerichtlichen Auseinandersetzung dienen (vgl. Rn. 35). Zudem eignet sich das vereinfachte Massenverfahren der Kostenfestsetzung (vgl. § 103 Rn. 1) nur schlecht zur Ermittlung und Bewertung der insoweit maßgeblichen Umstände.[272] An diesen Regeln hat sich auch mit Inkrafttreten des RVG und der Neufassung des § 12 Abs. 1 UWG nichts geändert.[273] Doch mag die Abmahnung häufig einen **materiellrechtlichen** Erstattungsanspruch auslösen (vgl. Vor §§ 91ff. Rn. 16). Eine Sonderstellung nehmen insoweit Aufwendungen für eine vorprozessuale Abmahnung seitens eines Vereins zur Bekämpfung des unlauteren Wettbewerbs ein. Der BGH[274] begründet eine materiellrechtliche Erstattungspflicht mit Aufwendungen (§ 683 BGB), die erforderlich gewesen seien, um eine Störung iSd. § 1004 BGB zu beseitigen. 83

Abschlussschreiben. Dieses ist wie die Abmahnung wettbewerbsrechtlicher Natur (vgl. § 93 Rn. 40 unter „Wettbewerbssachen") und ergeht nach Abschluss des einstweiligen Verfügungsverfahrens, jedoch vor Erhebung der Klage in der Hauptsache. Da es auf **Prozessvermeidung** abzielt (hierzu Rn. 35), ist eine Erstattungsfähigkeit nicht als Teil der Prozesskosten, sondern allenfalls in Form materiellrechtlicher Kostenerstattung möglich.[275] 84

Allgemeiner Prozessaufwand. Die mit der Prozessführung verbundene persönliche Mühewaltung der **Partei** ist grds. ihrer eigenen Pflichtensphäre zuzuordnen. Sie kann die dadurch bedingte **Zeitversäumnis** im Kostenfestsetzungsverfahren nicht als solche,[276] sondern nur in den durch § 91 Abs. 1 S. 2 vorgegebenen Grenzen (hierzu Rn. 44), dh. für notwendige **Reisen** oder Wahrnehmung von **Terminen** beanspruchen. Zu erstatten ist daher weder der Aufwand für Aktenstudium, Literatur und Rechtsprechungsrecherchen (vgl. unter „Recherchekosten" Rn. 126), Kosten einer Datenbankanfrage zur juristischen Unterrichtung, Anschaffung von Büchern und Zeitschriften, Lesen und Anfertigen von Schriftsätzen,[277] Sammeln und Auswerten von Tatsachenmaterial, noch die Kosten einer Information Dritter, zB eines nicht am Prozess beteiligten Haftpflichtversicherers[278] oder eines prozessbegleitend beigezogenen Bauingenieurbüros zur Fachbetreuung (vgl. Rn. 125). Das gilt ebenso für die Partei wie von ihr beanspruchte Organe oder Hilfskräfte.[279] Beschäftigt sie in ihrer Rechtsabteilung einen Syndikusanwalt, kann sie keine Entschädigung mit der Begründung verlangen, dieser habe einen Rat nicht als Angestellter, sondern als 85

---

[268] BGH NJW 2003, 1127, 1128 (noch zu § 27 BRAGO).

[269] BGH NJW 2003, 1127, 1128; WoM 2004, 493; OLG Frankfurt AGS 2003, 396; OLG Stuttgart AnwBl. 2001, 244; OLG Düsseldorf OLGR 2001, 283, 284; aM OLG Karlsruhe NJW-RR 2002, 1002; OLG Koblenz NJW-RR 2002, 421, 422.

[270] OLG Schleswig OLGR 2004, 340, 342.

[271] BGH NJW-RR 2006, 501, 502; KG JurBüro 2006, 84, 85; OLG Hamburg MDR 1993, 388; aM OLG Nürnberg WRP 1992, 588, 589.

[272] OLG Frankfurt NJW 2005, 759; OLG Hamburg MDR 1993, 388.

[273] BGH NJW-RR 2006, 501, 502; KG JurBüro 2006, 84, 85 (Aufgabe der früheren Rspr. WRP 1982, 25); OLG Frankfurt NJW 2005, 759; OLG Hamburg MDR 2005, 898, 899; OLG Zweibrücken OLGR 2005, 418.

[274] BGHZ 52, 393, 399 = NJW 1970, 243, 245.

[275] KG MDR 1999, 1409 (für Anwalt in eigener Sache); OLG Frankfurt JurBüro 1989, 1124; LG Lübeck WRP 1981, 62.

[276] BGHZ 66, 112, 114, 115 = NJW 1976, 1256, 1257.

[277] OLG Stuttgart Rpfleger 1974, 26; MDR 1989, 921.

[278] OLG Stuttgart Die Justiz 1982, 233.

[279] BGHZ 66, 112, 116; BGHZ 75, 230, 231 = NJW 1980, 119; OLG Hamburg 1985, 237.

selbstständiger Anwalt erteilt.[280] Ebenso verhält es sich bei der Verwendung eines zum Geschäftsführer einer GmbH bestellten Rechtsanwalts.[281] Nicht zu ersetzen sind ferner Umsatzeinbußen, die durch einen Produktionsausfall für die Dauer einer Begutachtung durch einen Gerichtssachverständigen bedingt sind.[282] Abweichend hiervon kann ein Erstattungsanspruch zu bejahen sein, wenn eine Partei Arbeiten zur Vorbereitung der Begutachtung durch einen gerichtlichen Sachverständigen ausführt oder ausführen lässt (hierzu Rn. 125).

86 Für einen **Rechtsanwalt** sind die allgemeinen **Geschäftsunkosten** mit den für seine Tätigkeit vorgesehenen Gebühren abgegolten (Teil 7 Vorbem. 7 Abs. 1 S. 1 VV RVG). Ansonsten sind Auslagen nur in Gestalt entschädigungsfähiger Ablichtungen (vgl. Rn. 78 ff.) sowie eines Entgelts für Post- und Telekommunikationsdienstleistungen (Nr. 7001, 7002 VV RVG) zu erstatten (zur Glaubhaftmachung vgl. § 104 Rn. 13). Zur vor- bzw. außergerichtlichen Beratung vgl. Rn. 91 bis 93.

Anschlussrechtsmittel. Zur Kostenlast des Anschlussrechtsmittels bei Rücknahme, Verwerfung oder Zurückweisung des Rechtsmittels wird auf § 97 Rn. 10 f. verwiesen.

Anwalt in eigener Sache. Vgl. Rn. 74 bis 77.

Anwaltswechsel. Vgl. Rn. 70 bis 73.

87 **Arbeitsgericht.** Nach § 12 a Abs. 1 S. 1 ArbGG ist im erstinstanzlichen Urteilsverfahren vor dem Arbeitsgericht eine Kostenerstattung ausgeschlossen. In den Rechtsmittelinstanzen ist sie gem. § 78 ArbGG eröffnet. Die Erstattungsfähigkeit von Kosten, die **vor** einer **Verweisung** angefallen sind, richtet sich grds. nach den für das verweisende Gericht maßgebenden Bestimmungen:[283] Bei Verweisung vom Arbeitsgericht an das ordentliche Gericht hat es bei § 12 a Abs. 1 S. 1 ArbGG sein Bewenden, weshalb eine Erstattung der durch die Zuziehung eines Anwalts beim Arbeitsgericht entstandenen Gebühren ausscheidet,[284] und zwar auch dann, wenn die durch Anrufung des unzuständigen Arbeitsgerichts entstandenen Mehrkosten dem Kläger auferlegt sind;[285] im Rahmen ersparter Aufwendungen kann eine Erstattung ausnahmsweise gestattet sein.[286] Bei Verweisung vom ordentlichen Gericht an das Arbeitsgericht hat der Kläger die vor Verweisung entstandenen Anwaltskosten des Beklagten zu erstatten (§§ 12 a Abs. 1 S. 3, 48 a Abs. 5 ArbGG, § 281 Abs. 3).[287] Dabei macht es keinen Unterschied, ob er unterliegt oder obsiegt, ob er sich vor dem Arbeitsgericht von demselben Anwalt vertreten lässt[288] und ob die Kosten vor dem Arbeitsgericht erneut anfallen, weil der Prozessvertreter den Rechtsstreit nicht fortführt.[289]

Assessor. Vgl. unter „Rechtsbeistand" Rn. 128.

Aufrechnung. Zur Aufrechnung mit und gegen einen Kostenerstattungsanspruch vgl. § 104 Rn. 36 bis 41.

Ausländische Partei. Vgl. unter Rn. 44.

88 **Ausländischer Rechtsanwalt.** Auch für die Kosten eines ausländischen Anwalts gilt, dass sie immer dann zu erstatten sind, wenn sie sich im Vergleich zu denen eines inländischen als kostengünstiger erweisen. So kann es sich bei der Wahrnehmung eines Beweistermins im Ausland durch einen ausländischen **Beweisanwalt** anstelle des inländischen Prozessbevollmächtigten (zu dessen Anreise vgl. Rn. 100) verhalten. Die Einschaltung eines ausländischen Anwalts kommt ferner zum Zweck der Erstattung eines **Rechtsgutachtens**[290] (hierzu Rn. 123) oder als **Verkehrsanwalt** für eine ausländische Partei in Betracht. Eines solchen darf sich eine im Ausland ansässige und in Deutschland prozessierende Partei unter den Voraussetzungen der Rn. 141 ff. generell bedienen,[291] wobei seine Aufgabe darin besteht, den Verkehr mit dem beim deutschen Gericht zugelassenen Anwalt zu führen (vgl. Nr. 3400 VV RVG). Umstritten ist, nach welcher **Gebührenordnung** die Vergütung des ausländischen Anwalts zu erstatten ist. Während die hM ausländisches Gebühren-

---

[280] OLG Köln JurBüro 1980, 723.
[281] OLG Koblenz NJW 1978, 1771; JurBüro 1979, 1370.
[282] OLG Stuttgart JurBüro 1981, 1076.
[283] LAG Kiel JurBüro 2004, 142, 143.
[284] OLG Karlsruhe Rpfleger 1990, 223, 224; OLG München AnwBl. 1989, 108.
[285] OLG Brandenburg JurBüro 2000, 422.
[286] OLG München AnwBl. 1964, 264.
[287] BAG NJW 2005, 1301, 1302.
[288] LAG Kiel JurBüro 2004, 142, 143.
[289] LAG Rheinland-Pfalz JurBüro 1988, 1658, 1659; LAG Hamm MDR 1987, 876; LAG Nürnberg AnwBl. 1987, 497.
[290] OLG Karlsruhe Die Justiz 1990, 361.
[291] BGH NJW 2005, 1373, 1374; OLG Stuttgart NJW-RR 2004, 1581, 1582; OLG Hamburg MDR 2000, 664; OLG Jena JurBüro 1998, 596; OLG Dresden JurBüro 1998, 144; OLG Koblenz AnwBl. 1995, 267; OLG Karlsruhe JurBüro 1993, 352.

recht anwendet,[292] hat der BGH entschieden, dass Gebühren nur nach RVG-Sätzen erstattungsfähig seien, und zwar sowohl für die Tätigkeit eines Verkehrsanwalts[293] als auch eines Beweisanwalts.[294] Das verdient Zustimmung, da andernfalls Grund und Umfang der Kostentragung nach unterschiedlichen Rechtsordnungen zu beurteilen wären. Abgesehen von dem damit verbundenen Prüfungsaufwand, der gerade dem standardisierten Massenverfahren der Kostenfestsetzung (vgl. § 103 Rn. 1) abträglich wäre, würden in den Fällen, in denen das ausländische Recht eine Kostenerstattung bereits dem Grunde nach nicht kennt, die Vorteile beider Rechtsordnungen kumuliert.[295] Im Übrigen trägt nur dieses Ergebnis dem Gebot der Kostentransparenz (hierzu Vor §§ 91 ff. Rn. 1) Rechnung, wonach die Partei das voraussichtliche Kostenrisiko seinem quantitativen Ausmaß nach anhand des ihr näheren nationalen Rechts abschätzen können soll.[296] Auch eine Gebührenvereinbarung mit dem ausländischen Anwalt rechtfertigt keine Überschreitung der RVG-Sätze (vgl. Rn. 49).

Außerprozessuale Kosten. In vielfacher Hinsicht wird die Frage virulent, ob vorprozessuale 89
oder prozessbegleitende Aufwendungen als Teil des **prozessualen Kostenerstattungsanspruchs** (vgl. Vor §§ 91 ff. Rn. 8) erstattbar und nach §§ 103, 104 festsetzungsfähig sind (vgl. § 103 Rn. 50). Obgleich sich die einzelnen Anwendungsfälle einer schematischen Lösung entziehen, liegen ihnen doch übergreifende Strukturen zugrunde, die in Rn. 18, 33 bis 35 dargestellt sind (zur zeitlichen Beurteilungsperspektive ihrer Notwendigkeit vgl. Rn. 40). Überblickt man die einzelnen Konstellationen, lassen sie sich im Wesentlichen **zwei Gruppen** zuordnen. Die eine zeichnet aus, dass außergerichtliche Maßnahmen einen hinreichend **engen Bezug** („Prozessbezogenheit“, vgl. Rn. 34) zum Rechtsstreit iSv. § 91 Abs. 1 S. 1 aufweisen müssen, um sie ausnahmsweise berücksichtigen zu können. Das betrifft namentlich die vorprozessuale Inanspruchnahme anwaltlicher Beratung (vgl. Rn. 91 ff.), die Einschaltung eines privaten Sachverständigen (vgl. Rn. 118 ff.), Steuerberaters (vgl. Rn. 137) oder Detektivs (vgl. Rn. 101) und sonstige vorbereitende Recherchen (vgl. Rn. 126), etwa in Gestalt einer Meinungsumfrage (vgl. Rn. 113) oder eines Testkaufs (vgl. Rn. 138). Auch der Anfall einer anwaltlichen Hebegebühr für außerhalb des Prozesses stattfindende Zahlungsvorgänge kann ausnahmsweise prozessbezogen sei (vgl. Rn. 104). Die Zugehörigkeit zur anderen Gruppe – Kosten der **Prozessvermeidung** – steht dagegen generell einer Einbeziehung in die Kosten des Rechtsstreits entgegen (näher Rn. 35). Hierzu gehören Aufwendungen für eine Abmahnung (Rn. 83), für eine vorgerichtliche Anwaltstätigkeit mit dem Ziel der Streitschlichtung (vgl. Rn. 93), Anwaltskosten im obligatorischen Güteverfahren (vgl. Rn. 31), Einschaltung eines Inkassobüros oder Versendung von Mahnschreiben (vgl. Rn. 106), schließlich Kosten eines Schiedsgutachtens (vgl. Rn. 135) oder eines vorgerichtlichen Vergleichs (vgl. § 98 Rn. 30). Auch eine **Ratenzahlungsabrede** ist als prozessvermeidend und damit hinsichtlich ihrer Kosten als nicht erstattungsfähig anzusehen.[297] Ersatz kommt allenfalls unter den Voraussetzungen einer materiellen Kostenerstattung in Betracht.

Auswärtiger Rechtsanwalt. Die Mehrkosten eines **Distanzanwalts,** der nicht im Bezirk des 90
Prozessgerichts niedergelassen ist und dort auch nicht wohnt, regelt § 91 Abs. 2 S. 1 2. Halbs. (näher Rn. 50 bis 68). Eine **Regelungslücke** besteht hingegen für den Fall, dass ein zwar im Gerichtsbezirk niedergelassener, jedoch **nicht am Gerichtsort wohnhafter bzw. kanzleiansässiger** Prozessbevollmächtigter bestellt wird. § 91 Abs. 2 S. 2 aF hatte ursprünglich eine Erstattung solcher Mehrkosten generell ausgeschlossen. Nachdem der BGH jedoch die Zuziehung eines postulationsfähigen Distanzanwalts deutlich großzügiger behandelt hatte (hierzu Rn. 50), war ein vom BGH selbst konstatierter, aber für nicht auflösbar erklärter Wertungswiderspruch[298] entstanden, der den Gesetzgeber zur Streichung des § 91 Abs. 2 S. 2 aF veranlasste.[299] Obgleich erklärtes Ziel der Novellierung die **Gleichbehandlung** mit der in § 91 Abs. 2 S. 1 2. Halbs. erfassten Konstellation war,[300] ist die durch die **ersatzlose Streichung** entstandene Gesetzeslage unklar, die auch durch die erneute Novellierung des § 91 Abs. 2 S. 1 in der Fassung des Gesetzes zur Stärkung der Selbstverwaltung der Rechtsanwaltschaft vom 26. 3. 2007 (BGBl. I S. 358) keine Klärung erfahren

---

292 OLG Bremen OLGR 2001, 363; OLG Hamburg JurBüro 1988, 1186; OLG Celle JurBüro 1986, 281; KG Rpfleger 1962, 158 (LS z 6).

293 BGH NJW 2005, 1373, 1374; so schon OLG München JurBüro 2004, 380, 381; OLG Stuttgart NJW-RR 2004, 1581, 1582.

294 BGH NJW-RR 2005, 1732, 1733.

295 Kritisch zu diesem Argument *Mankowski* NJW 2005, 2346, 2347.

296 EuGH NJW 2004, 833, 834 (Rn. 30); BGH NJW 2005, 1373, 1375.

297 OLG Frankfurt MDR 1973, 860; aM OLG Zweibrücken Rpfleger 1992, 408.

298 BGH NJW 2003, 898, 900.

299 Kostenrechtsmodernisierungsgesetz v. 5. 5. 2004 (BGBl. I S. 718).

300 BT-Drucks. 15/1971, S. 233.

hat. Nach dem Wortlaut des § 91 Abs. 1 S. 1 sind die gesetzlichen Gebühren und Auslagen des Rechtsanwalts stets zu erstatten, ohne dass es einer Notwendigkeitsprüfung bedarf (vgl. Rn. 47). Auf die Notwendigkeit solcher Mehrkosten kommt es nach dem Gesetz nur unter der in § 91 Abs. 2 S. 1 2. Halbs. genannten Voraussetzung („nicht in dem Bezirk des Prozessgerichts niedergelassenen") an, die aber auf die hier in Rede stehende Konstellation gerade nicht zutrifft. Obgleich damit die Mehrkosten eines innerhalb des Gerichtsbezirks auswärtigen Anwalts an sich nach § 91 Abs. 1 S. 1 trotz ggf. nicht unerheblicher Distanz zum Prozessgericht stets erstattbar sein müssten, dürften mit Blick auf den in den Materialien verlautbarten gesetzgeberischen Willen § 91 Abs. 2 S. 1 2. Halbs. auf die entstandene Regelungslücke sinngemäß anzuwenden und die Mehrkosten nur nach Maßgabe der in Rn. 50 ff. dargelegten Grundsätze zu erstatten sein.[301]

Bankbürgschaft. Vgl. unter „Zinsen" Rn. 150.

Bauteilöffnung. Vgl. unter „Privatgutachten" Rn. 125.

91 **Beratungs- und Besprechungskosten.** Nach der Vorbem. 3 Abs. 4 Teil 3 VV RVG wird eine vorgerichtliche bezüglich desselben Gegenstands – insbesondere im Rahmen anwaltlicher Beratungstätigkeit – entstandene Geschäftsgebühr (Nr. 2300 VV RVG) auf die Verfahrensgebühr des gerichtlichen Verfahrens zur Hälfte, jedoch höchstens mit einem Gebührensatz von 0,75 angerechnet. Obwohl diese Regelung in prozessökonomischer Hinsicht missglückt ist, ist nach dem eindeutigen Gesetzeswortlaut nicht die vorgerichtliche Geschäftsgebühr (diese bleibt unangetastet), sondern die (später) angefallene Verfahrensgebühr (Nr. 3100 VV RVG) zu mindern.[302] Da hiernach nicht die volle Verfahrensgebühr Gegenstand der Kostenfestsetzung nach §§ 103 ff. ist, wirft das die Frage auf, ob die insoweit überschießende vorgerichtliche Geschäftsgebühr im (Ausgangs-)Prozess erstattungsfähig ist. Unproblematisch ist zunächst, dass Kosten einer anwaltlichen Beratung auch ohne unmittelbaren Prozessbezug nach Maßgabe eines **materiellrechtlichen** Erstattungsanspruchs (vgl. Vor §§ 91 ff. Rn. 14, 16) verlangt werden können, dh. im Klageverfahren neben dem Hauptanspruch als Nebenforderung iSv. § 4 eingeklagt werden können.[303]

92 Dagegen ist umstritten, ob eine vorgerichtliche Geschäftsgebühr Gegenstand der Kostenfestsetzung nach **§§ 103 ff.** sein kann. Während manche aus prozessökonomischen Gründen eine Einbeziehung bejahen[304] oder sie zumindest für Teilgebiete zulassen wollen,[305] lehnt die hM eine Erstattung insbesondere mit Blick auf das auf vereinfachte und klare Prüfungskriterien zugeschnittene (vgl. § 103 Rn. 1) Festsetzungsverfahren ab.[306] Diese Begründung dürfte jedoch zu kurz greifen. Strukturell betrachtet unterscheidet sich die durch eine anwaltliche Ratserteilung ausgelöste vorgerichtliche Geschäftsgebühr nicht von anderen einem Prozess vorausgehenden Aufwendungen, die anerkanntermaßen, etwa für ein Privatgutachten (vgl. Rn. 118 ff.), ausnahmsweise den Kosten des Rechtsstreits zugeordnet werden können. Danach sollten die hierfür maßgebenden Kriterien (s. die Übersicht in Rn. 89, 33 ff.) auch hier anzuwenden sein. Mithin sollte es entscheidend auf die Frage der **Prozessbezogenheit** der Geschäftsgebühr ankommen. Wie unter Rn. 33, 34 erläutert, sind Vorbereitungskosten nicht zu berücksichtigen, die über das **„Ob"** einer Prozessführung entscheiden. Gerade diese Prüfung steht aber typischerweise im Mittelpunkt der Erstberatung, da die nicht rechtskundige Partei sich erst über Optionen und Erfolgsaussichten informieren wird, bevor sie sich zur Verfolgung oder Verteidigung ihrer Rechte auf einen Prozess einlässt. Eine Einbeziehung käme allenfalls in Betracht, wenn sie den Anwalt bereits mit dem unbedingten Prozessmandat in Händen aufsucht. Doch dürfte dann die Beratung ohnehin nur noch die **gerichtliche** Vertretung iSv. Nr. 3100 VV RVG beinhalten und der Annahme einer außergerichtlichen Vertretung, wie sie der Geschäftsgebühr der Nr. 2300 VV RVG zugrunde liegt, entgegenstehen. Die Ausblendung vorge-

---

[301] So auch *Zöller/Herget* Rn. 13 „Auswärtiger Anwalt".

[302] BGH NJW 2007, 2049, 2050; NJW 2007, 2050, 2052; VGH München NJW 2006, 1990, 1991; aM KG JurBüro 2006, 202; OLG Hamm JurBüro 2006, 202; OVG Münster NJW 2006, 1991, 1992; LG Mönchengladbach MDR 2006, 598; *Madert/Müller-Rabe* NJW 2006, 1927, 1931; *Tomson* NJW 2007, 267, 268.

[303] AG Stuttgart AnwBl. 2005, 75; *Eulerich* NJW 2005, 3097, 3099; *Schons* NJW 2005, 3089, 3091; *Tomson* NJW 2007, 267, 268.

[304] OLG Frankfurt AGS 2004, 276, 277; LG Saarbrücken JurBüro 2002, 37; LG Bremen WoM 1999, 598; LG Schwerin AnwBl. 1998, 541; (jeweils noch zu § 118 Abs. 1 BRAGO); LG Deggendorf JurBüro 2006, 83, 84 m. abl. Anm. *Enders* (für den Fall, dass Gegner nicht widerspricht); *Stöber* AGS 2006, 261, 265; *Zöller/Herget* § 104 Rn. 21 „Außergerichtliche Anwaltskosten".

[305] OLG Hamburg MDR 2007, 57, 58; ZfS 2005, 201, 202 (jeweils bejaht für Wettbewerbssachen).

[306] BGH NJW 2006, 2560, 2561 aE; NJW 2007, 2049, 2050; OLG Köln FamRZ 2006, 1050, 1051; OLG Frankfurt NJW 2005, 759; OLG Koblenz AnwBl. 2005, 435, 436; OLG Zweibrücken JurBüro 2005, 313; AG Stuttgart AnwBl. 2005, 75; OLG Nürnberg JurBüro 1995, 592 (zur früheren Besprechungsgebühr des § 118 Abs. 1 BRAGO); *Eulerich* NJW 2005, 3097, 3099; *Schons* NJW 2005, 3089, 3091; *Tomson* NJW 2007, 267, 268.

richtlicher Beratungsgebühren erscheint auch unter Wertungsgesichtspunkten sachgerecht, weil die Kostenverantwortung in diesem frühen Vorklärungsstadium der beiderseitigen **Parteisphäre** zuzuweisen ist (vgl. Rn. 33). Mit der hM sollte daher von einer Einbeziehung der Geschäftsgebühr abgesehen werden.

In der Praxis nimmt der Anwalt vorgerichtlich meist Kontakt mit dem **Gegner** auf, um Chancen einer außergerichtlichen **Streitbeilegung** auszuloten und ggf. später den Nachweis einer Klageveranlassung iSv. § 93 führen zu können. Häufig finden auch prozessbegleitende Gespräche zur Entwicklung einvernehmlicher Lösungen statt. Stark umstritten ist, ob eine durch solche (im Ergebnis gescheiterte) Gespräche verursachte **Terminsgebühr** (Nr. 3104 iVm. Teil 3 Vorbem. 3 Abs. 3 VV RVG) im Rahmen eines Prozesses zu erstatten und im Verfahren nach §§ 103 ff. festzusetzen ist.[307] Wenngleich das auf standardisierte Prüfungsschemata ausgerichtete Kostenfestsetzungsverfahren (vgl. § 103 Rn. 1) nicht dazu prädestiniert ist, Zielsetzung und Inhalt parteiinterner, von den Beteiligten oft konträr wiedergegeben (zumal telefonischer) Besprechungen zu klären,[308] rechtfertigt das den Ausschluss einer Terminsgebühr nicht. Derartige Schwierigkeiten vermögen nach allgemeiner Meinung auch sonst die Einbeziehung vor- und außergerichtlicher, ggf. aufwändig zu ermittelnder, Kosten nicht zu hindern (vgl. den Überblick Rn. 89).[309] Hinsichtlich der Erstattung einer Terminsgebühr Sonderregeln zu etablieren, möchte nicht einleuchten. Sachgerechter ist es, die allgemeinen Grundsätze heranzuziehen und nach Maßgabe der **Prozessbezogenheit** (näher § 33 f.) zu entscheiden. Insoweit ist nach hier vertretener Auffassung zwischen dem **vorprozessualen** und dem **prozessbegleitenden** Anfall einer Terminsgebühr zu differenzieren. Erstere dient gerade der **Prozessvermeidung** und lässt sich aus den in Rn. 35 dargelegten Gründen weder begrifflich noch systematisch den Kosten des Rechtsstreits zurechnen. Der BGH hat diesen Ansatz in anderem Kontext für das ebenfalls auf Prozessabwendung zielende Mahnschreiben (vgl. Rn. 106) bzw. die Abmahnung (vgl. Rn. 83) ausdrücklich bestätigt und zutreffend entschieden, dass die hierdurch ausgelöste Geschäftsgebühr im Verfahren nach §§ 103 ff. nicht zu erstatten sei.[310] Die Gegenauffassung,[311] die dies in „krassem Widerspruch" zu den mit dem RVG bezweckten anwaltlichen Vergütungsanreizen einer außergerichtlichen Einigung sieht, überzeugt nicht. Sie trennt nicht zwischen der Ebene des Gebührenanfalls, auf der dem Anwalt gegenüber dem Mandanten die Terminsgebühr erwächst, und der Ebene der Kostenerstattung zwischen den Parteien, hinsichtlich der die Prozessbezogenheit fehlen kann. Insoweit sprechen Wertungsgründe dafür, in diesem Stadium ein **bilaterales Interesse** anzuerkennen, es gar nicht zum Prozess kommen zu lassen, und daher solche Aufwendungen in der jeweiligen Parteisphäre zu belassen (vgl. Rn. 35). Anders verhält es sich indes bei **prozessbegleitenden** Verhandlungen. Da die prozessuale Kostenlast hier dem Grunde nach entstanden ist, dürften außergerichtliche Aufwendungen zur Verfahrensbeendigung erstattungsrechtlich nicht anders zu behandeln sein als die aus einem Prozessvergleich, einer Klagerücknahme oder einem Anerkenntnis abgeleiteten Gebühren. Nach richtiger Ansicht ist daher eine prozessbegleitende Terminsgebühr in die Kostenfestsetzung einzubeziehen, unabhängig davon, ob die gebührenbegründenden Tatsachen unstreitig[312] sind (vgl. § 104 Rn. 12, 19) oder weitere Ermittlungen des Rechtspflegers veranlassen[313] (näher § 104 Rn. 11, 19). Zur Erstattung einer Terminsgebühr im Rahmen eines vom Gericht gem. **§ 278 Abs. 6** protokollierten **Prozessvergleichs** vgl. § 98 Rn. 17; zur Erstattungsfähigkeit einer außergerichtlichen **Einigungsgebühr** vgl. § 98 Rn. 34. 93

Berufung. Auf die Berufung darf der Berufungsbeklagte aus Gründen der Waffengleichheit **ohne Zuwarten** mit der Mandatierung eines Anwalts reagieren. Daran ändert nichts, dass eine Berufung nur **fristwahrend** eingelegt ist und noch vor Ablauf der Berufungsbegründungsfrist **zurückgenommen** wird.[314] Denn die mit einem Rechtsmittel überzogene Partei vermag in einer für sie als risikobehaftet empfundenen Situation idR nicht zu beurteilen, ob ein Stillhalten ihre Rechte hinreichend wahrt, zumal eine Anwaltsberatung zur Frage der Erfolgsaussicht in einer weiteren In- 94

---

307 So BGH NJW-RR 2007, 286; OLG Hamburg OLGR 2006, 886, 887; KG BauR 2006, 872 m. Anm. *Wolff;* OLG Karlsruhe JurBüro 2006, 192, aM OLG Koblenz NJW-RR 2006, 359; OLG Stuttgart NJW-RR 2006, 932; NJW 2006, 2196.

308 Diesen Aspekt betonen alle eine Einbeziehung der Terminsgebühr ablehnende Stimmen.

309 BGH FamRZ 2007, 904, 905; AnwBl. 2007, 552; OLG Hamburg OLGR 2006, 887, 888; *Wolf* Rpfleger 2005, 337, 340; aM OLG Stuttgart NJW-RR 2006, 932; NJW 2006, 2196; OLG Frankfurt JurBüro 2003, 201.

310 BGH NJW 2006, 2560, 2561; NJW-RR 2006, 501, 502.

311 *Madert/Müller-Rabe* NJW 2006, 1927, 1930 (Punkt 1 a cc), 1932 (Punkt 3 a ee).

312 BGH NJW-RR 2007, 286.

313 BGH, AnwBl. 2007, 552.

314 BGH NJW 2003, 756; OLG Naumburg JurBüro 2004, 661; OLG Karlsruhe JurBüro 1994, 159; OLG Düsseldorf Rpfleger 1989, 169; OLG Frankfurt MDR 1984, 1030; aM OLG Dresden MDR 2000, 852; LAG Hamm MDR 1998, 1440; OLG Hamburg JurBüro 1994, 423.

stanz nicht von den Gebühren des ersten Rechtszugs abgedeckt ist (§ 19 Nr. 9 RVG). Die Zuziehung eines Anwalts gilt nur ausnahmsweise als rechtsmissbräuchlich (vgl. Rn. 46 aE), wenn das Gericht bereits die Verwerfung eines vom Gegner eingelegten Rechtsbehelfs **angekündigt** hat.[315] Erteilt der Berufungsbeklagte das Prozessmandat erst nach zwischenzeitlicher Berufungsrücknahme, sind seine Kosten zu erstatten, wenn er von der Rücknahme **unverschuldet** keine Kenntnis erlangt hat.[316] Übersehen wird in der Praxis zuweilen, dass eine Kostenerstattung in jedem Fall eine Bestellung des Anwalts für die Rechtsmittelinstanz voraussetzt.[317]

95 Von der Notwendigkeit generellen anwaltlichen Beistands zu trennen ist die Frage, welche Maßnahmen im Einzelnen **sachdienlich** sind.[318] So gilt ein obschon prozessual wirksamer **Sachantrag** als verfrüht, solange die gegnerische Berufung nur **fristwahrend** eingelegt und weder Berufungsantrag noch -begründung vorliegen, weil er das Verfahren in keiner Weise fördert. Die Erhöhung der Verfahrensgebühr auf 1,6 (Nr. 3200 RVG-VV) gegenüber der bei vorzeitiger Auftragsbeendigung reduzierten 1,1-Verfahrensgebühr (Nr. 3201 RVG-VV) ist deshalb bei Berufungsrücknahme nicht erstattungsfähig.[319] Es handelt sich um einen derjenigen Fälle, in dem eine gesetzlich entstandene und vom Auftraggeber im Innenverhältnis geschuldete Anwaltsgebühr, deren Notwendigkeit nach § 91 Abs. 2 S. 1 nicht mehr zu prüfen ist (vgl. Rn. 47), ausnahmsweise nicht zu erstatten ist, weil sie **rechtsmissbräuchlich** ist (vgl. Rn. 41). Gleiches gilt, wenn die Berufung zwar nicht nur fristwahrend eingelegt ist und auch einen **Sachantrag** enthält, jedoch **ohne Begründung** bleibt[320] oder eine Begründungsschrift dem Berufungsgegner nicht zugeleitet wird.[321] Denn ein eigener, auch nur vorsorglich gestellter Sachantrag geht ins Leere, solange unklar ist, auf welche Gründe sich das Berufungsbegehren stützt, zumal dem Rechtsmittelführer seit der ZPO-Reform vom 1. 1. 2002 die Präzisierung des Berufungsangriffs abverlangt wird (§ 520 Abs. 3). Ein ins Blaue gestellter Sachantrag entbehrt jeglicher Streitsubstanz und vermag weder die ohnehin vorteilhafte Position des erstinstanzlich obsiegenden Berufungsbeklagten zu stärken noch das Verfahren zu fördern.[322] Auch eine Verzögerung der Berufung über die Begründungfrist hinaus kann das Fehlen substantieller Gründe nicht ersetzen;[323] für die von der Gegenauffassung angestellten Zumutbarkeitserwägungen ist kein Raum. Die Erstattung einer vollen Verfahrensgebühr löst dagegen ein **zunächst verfrühter** Berufungsabweisungsantrag aus, wenn später noch eine Berufungsbegründungsschrift dem Gegner zugeht und dieser untätig bleibt.[324] Die Gegenauffassung beachtet nicht hinreichend, dass der Berufungsgegner von der prozessualen Wirksamkeit seines bereits zuvor gestellten Sachantrags ausgehen darf; nur zu erstattungsrechtlichen Zwecken eine Antragswiederholung von ihm zu verlangen, wäre unnötiger Formalismus.

96 Nach **Eingang** der Berufungsbegründung darf der Berufungsbeklagte seine Belange mit allen zu Gebote stehenden Mitteln wahrnehmen. Insbesondere verkürzt es sein Interesse an einer eigenen Antragstellung nicht, wenn das Gericht nach vorläufiger Prüfung ankündigt, die Berufung nach **§ 522 Abs. 2** zurückweisen zu wollen. Solange eine endgültige Entscheidung noch nicht gefallen ist, hat der Berufungsbeklagte ein berechtigtes Interesse daran, auf eine Zurückweisung der Berufung nach § 522 Abs. 2 S. 1 aktiv fördernd hinwirken zu können, um sich so die Vorteile der Verfahrensbeschleunigung und der durch § 522 Abs. 3 angeordneten Unanfechtbarkeit zunutze zu machen.[325] Ob sich dabei das anwaltliche Sachvorbringen in bloßen Wiederholungen von Argu-

---

[315] BGH NJW 2006, 2260, 2262; LAG Düsseldorf JurBüro 1994, 424, 425.

[316] OLG Koblenz Rpfleger 2005, 332, 333; OLG Karlsruhe FamRZ 1997, 220; OLG Düsseldorf JurBüro 1989, 363.

[317] OLG Koblenz JurBüro 2007, 89.

[318] BAG JurBüro 2004, 200; BGH MDR 2003, 414; OLG Köln OLGR 2003, 223.

[319] BGH NJW 2003, 2992, 2993; MDR 2003, 414, 415 (zur Revision); NJW 2004, 73; OLG Oldenburg MDR 2006, 418; OLG Naumburg JurBüro 2004, 661; LAG Berlin MDR 2004, 58; OLG Karlsruhe NJW-RR 2000, 512, 513; OLG Hamburg JurBüro 1995, 90; aM OLG Düsseldorf AnwBl. 1996, 589; OLG Oldenburg OLGR 1996, 72 (überwiegend noch zu §§ 31 Abs. 1, 32 Abs. 2 BRAGO).

[320] BAG JurBüro 2004, 200; OLG Düsseldorf OLGR 2004, 265; OLG Koblenz AnwBl. 2004, 730 (bei zusätzlichem Fehlen eines Sachantrags); OLG Hamm NJW-RR 1996, 576; aM OLG Jena MDR 2001, 896; OLG Stuttgart Rpfleger 1998, 261; JurBüro 1986, 1564; NJW 1972, 961; OLG Karlsruhe JurBüro 1995, 89; *Belz,* in: 2. Aufl., Rn. 39; offen gelassen in KG JurBüro 2004, 91.

[321] OLG Brandenburg NJW-RR 2006, 1004.

[322] BAG JurBüro 2004, 200; OLG München NJW-RR 2006, 503.

[323] KG JurBüro 2004, 91; OLG Karlsruhe Rpfleger 1997, 128; aM OLG Karlsruhe NJW-RR 2000, 512, 513; OLG Düsseldorf AnwBl. 1996, 589, 590; OLG Stuttgart MDR 1995, 1268.

[324] OLG Oldenburg JurBüro 2007, 208, 209; OLG Stuttgart JurBüro 2007, 36; OLG Zweibrücken Rpfleger 2007, 227; OLG Hamburg OLGR 2006, 814, 816; MDR 2003, 1318, 1319; aM OLG München NJW-RR 2006, 503; OLG Düsseldorf OLGR 2003, 478.

[325] BGH NJW 2004, 73; OLG Koblenz JurBüro 2007, 89; OLG Celle BauR 2003, 763, 764.

menten des vorausgegangenen Rechtszugs erschöpft und ob es die Entscheidungsfindung des Gerichts im Rahmen der Prüfung des § 522 Abs. 2 beeinflusst, ist für die Erstattungsfähigkeit von Belang; denn die Ausgestaltung der anwaltlichen Vergütung als einer im wesentlichen streitwertabhängigen Pauschale steht einer solchen Verknüpfung entgegen.[326] Anders liegt es, wenn das Gericht eine Ankündigung nach § 522 Abs. 2 S. 2 mit dem Hinweis auf die **Unzulässigkeit** der Berufung (zB Verspätete Berufungseinlegung) verbindet; dann hat der Berufungsgegner keinen billigenswerten Anlass, noch einen Sachantrag zu formulieren.[327]

Die Erstattung einer vollen Verfahrensgebühr scheitert nicht daran, dass der Berufungskläger den **97**
Gegner bei Berufungseinlegung bittet, von Gegenanträgen oder gar von der Beauftragung eines Anwalts zunächst abzusehen. Auch eine im Gerichtsbezirk ggf. bestehende **anwaltliche Übung,** die abweichend von den o. g. Regeln die Interessenwahrnehmung des Berufungsbeklagten weiter einschränkt, bindet diesen rechtlich nicht.[328] Einen Erstattungsanspruch ganz auszuschließen vermag allenfalls eine bilaterale **Stillhaltevereinbarung** der Parteien.[329] Da es sich jedoch hierbei um eine Einwendung materiellrechtlicher Natur handelt, sind an ihren Nachweis im Kostenfestsetzungsverfahren strenge Anforderungen zu stellen (vgl. § 104 Rn. 31 ff.). Sie ist idR nur beachtlich, wenn sie unstreitig ist; ein bloßes Schweigen auf ein Stillhalteersuchen begründet noch keine Vereinbarung.[330]

Für die Mitwirkung im Verfahren der Berufungsrücknahme nach **§ 516 Abs. 3** erhält der **98**
Rechtsanwalt **keine** gesonderten **Gebühren,** weil die Folgen der Rücknahme gem. § 516 Abs. 3 S. 2 von Amts wegen auszusprechen sind und es hierzu – anders als nach § 515 Abs. 3 aF[331] – keines Antrags bedarf.[332]

Zur Erstattung der Mehrkosten eines **Distanzanwalts** in der Berufungsinstanz vgl. Rn. 68. Zur **99**
Kostenlast eines **Anschlussrechtsmittels** im Falle des § 524 Abs. 4 näher § 97 Rn. 10 f.

Besprechungskosten. Vgl. unter „Beratungskosten" Rn. 91 bis 93.

Beweisanwalt. Vgl. nachfolgende Rn. 100 sowie unter „Reisekosten eines Rechtsanwalts" Rn. 132 (auch zur Teilnahme am Ortstermin eines Gerichtssachverständigen, vgl. Fn. 522).

Beweisaufnahme vor auswärtigem Rechtshilfegericht. Die Partei darf an einer Beweisauf- **100**
nahme vor einem in Rechtshilfe tätigen auswärtigen Gericht persönlich teilnehmen (§ 357 Abs. 1), sogar wenn diese im Ausland stattfindet (§ 364 Abs. 4),[333] weshalb sie grds. Anspruch auf Erstattung der Reisekosten hat. Im Regelfall ist sie auch berechtigt, anwaltlichen Beistand in Anspruch zu nehmen; die Reisekosten des Hauptbevollmächtigten oder die Vergütung eines zusätzlichen Beweisanwalts sind zu erstatten. Dabei steht ihr frei, sich durch den **eigenen** Prozessbevollmächtigten vertreten zu lassen.[334] Dass die durch eine größere räumliche Entfernung, selbst ins Ausland, bedingten Reisekosten die fiktiven Gebühren eines Beweisanwalts überschreiten, ist ohne Belang, weil bereits die Beweisanordnung die Entscheidungserheblichkeit der Beweisaufnahme belegt und die Partei ein schützenswertes Recht hat, ihre Interessen durch den mit den tatsächlichen und rechtlichen Einzelheiten des Streitfalls vertrauten Anwalt – insbesondere durch sein gezieltes Nachfragen – im Termin wahrnehmen zu lassen. Dieses Interesse hat im Einzelfall nur dann ausnahmsweise zurückzutreten, wenn von vornherein feststeht, dass seine Anwesenheit nicht erforderlich ist.[335] Im umgekehrten Fall ist die Partei auf die **kostengünstigere** Variante (vgl. Rn. 38) der **fiktiven** Reisekosten ihres Hauptbevollmächtigten zu verweisen, wenn die Vergütung des Beweisanwalts deutlich höher liegt,[336] eine Konstellation, die strukturell der in Rn. 66 beschriebenen entspricht. Nur wenn der Prozessbevollmächtigte aus triftigem Grund verhindert oder ihm eine Teilnahme nicht zumutbar war, sind darüber hinausgehende Gebühren und Auslagen des Beweisanwalts zu erstatten[337] (vgl. Rn. 132). Zur Einschaltung eines **ausländischen Rechtsanwalts** bei einem Beweistermin im Ausland vgl. Rn. 88.

---

326 BGH NJW 2004, 73.
327 OLG Koblenz OLGR 2006, 792, 793; OLG München OLGR 2006, 724.
328 BGH NJW 2004, 73.
329 OLG Köln OLGR 2003, 223; OLG Karlsruhe NJW-RR 2000, 512, 513.
330 OLG Köln OLGR 2003, 223, 224; OLG Düsseldorf OLGR 1997, 87, 88.
331 BGH NJW 2003, 1324, 1325.
332 OLG München JurBüro 2004, 380.
333 BGH NJW-RR 2005, 1732, 1733.
334 BGH NJW-RR 2005, 725, 727.
335 BGH NJW-RR 2005, 725, 727.
336 OLG Hamburg MDR 1986, 592; OLG Frankfurt JurBüro 1977, 969; OLG Schleswig JurBüro 1977, 1737.
337 OLG Hamm JurBüro 1984, 1565; OLG Stuttgart Die Justiz 1984, 182; OLG Bamberg JurBüro 1975, 379.

Beweisverfahren. Vgl. Rn. 23 bis 26 sowie § 98 Rn. 33.

101 **Detektiv.** Die Kosten der Inanspruchnahme einer Detektei sind erstattungsfähig, wenn sie prozessbezogen und notwendig iSv. § 91 Abs. 1 S. 1 sind. An der **Prozessbezogenheit** mangelt es namentlich dann, wenn unbekannte Vorgänge aufzuklären sind, mittels derer sich die Partei erst Aufschluss erhofft, ob für einen Prozess hinreichende **Erfolgsaussicht** besteht[338] (hierzu Rn. 33f.). **Notwendig** sind die Kosten nicht schon, wenn sie ins Blaue ermitteln lässt. Dem Auftrag, zB einer Versicherung im Deckungsrechtsstreit zur Aufdeckung eines Versicherungsbetrugs, muss vielmehr ein auf **konkreten Tatsachen** beruhender Verdacht zugrunde liegen,[339] der ohne detektivische Aufklärung nicht in einer Weise greif- und darstellbar wäre, dass er gerichtlicher Prüfung stand hielte.[340] Das Ergebnis der Nachforschungen bedarf durch Vorlage von Ermittlungsberichten der Einführung in den Rechtsstreit.[341] Da die Notwendigkeit des Detektivauftrages ex ante, bezogen auf den Zeitpunkt der Vornahme der Handlung, zu bestimmen ist (vgl. Rn. 40), muss das ermittelte Material den späteren Prozessverlauf nicht zwingend zu Gunsten der Partei beeinflussen;[342] Voraussetzung ist jedoch, dass die Partei zumindest bei Prozessbeginn noch von der Sachdienlichkeit ausgehen durfte (näher Rn. 40). Hinsichtlich der **Höhe** der Kosten ist eine Verhältnismäßigkeitsprüfung anzustellen.[343] Die Kosten haben einer sparsamen Prozessführung zu entsprechen, die festzustellen das Gericht sich der Schätzung gem. § 287 bedienen darf.[344] Dabei kommt es nicht nur auf ein angemessenes Verhältnis zum Streitwert,[345] sondern auch darauf an, ob der Partei ggf. kostengünstigere Möglichkeiten zur Verfügung gestanden hätten.[346] Zu prüfen ist insbesondere, ob minder aufwändige Ermittlungen ausgereicht hätten, wie zB die Einholung einer Einwohnermeldeamtsanfrage statt einer Aufenthaltserforschung durch eine Detektei[347] (vgl. „Recherchekosten" Rn. 126). Im Übrigen gilt auch hier das **Transparenzgebot** (näher Rn. 124).

102 **Drittschuldner.** Erfüllt dieser die ihm nach **§ 840** obliegende Auskunftspflicht nicht, verspätet oder inhaltlich fehlerhaft, so gewährt § 840 Abs. 2 S. 2 dem Gläubiger einen Schadenersatzanspruch, den er nicht im Verfahren nach §§ 103, 104ff., sondern allenfalls als materiellen Kostenerstattungsanspruch (vgl. Vor §§ 91ff. Rn. 14, 16ff.) durchsetzen kann.[348] Zum Schadensersatzanspruch im Einzelnen vgl. die Erläuterungen zu § 840.

Einigungsgebühr. Zur Frage der Festsetzungsfähigkeit einer **außergerichtlichen** Einigungsgebühr (Nr. 1000 VV RVG) im Rahmen eines Kostenfestsetzungsverfahrens vgl. § 98 Rn. 34.

Einstweilige Verfügung. Zur kostenrechtlichen Selbstständigkeit des einstweiligen Verfügungsverfahrens vgl. Rn. 22 sowie Vor §§ 91ff. Rn. 21; zur Abhängigkeit des Kostenfestsetzungsverfahrens vom Vorliegen eines Prozessrechtsverhältnisses vgl. § 103 Rn. 7ff.; zur Bestellung eines Distanzanwalts vgl. Rn. 58; vgl. auch Rn. 113, 121, 149.

103 **Erledigungserklärung.** Der in der mündlichen Verhandlung gestellte Antrag auf Erlass eines feststellenden Versäumnisurteils, dass die Hauptsache (einseitig) erledigt sei, ist im Sinne des Gebots von Treu und Glauben **rechtsmissbräuchlich** (vgl. Rn. 41) und löst daher keine erstattungsfähige Kosten aus, wenn die Hauptsache stattdessen mit Zustimmung des Gegners schriftsätzlich hätte erledigt erklärt werden können.[349]

Finanzierungskosten. Vgl. unter „Zinsen" Rn. 150.

Fotokopien. Vgl. unter „Ablichtungen" Rn. 78 bis 82.

Geschäftsgebühr. Zur Einbeziehung einer **vorprozessualen** Geschäftsgebühr (Nr. 2300 VV RVG) in die Kosten des Rechtsstreits vgl. unter „Beratungskosten" Rn. 91ff. sowie „Abmahnung" Rn. 83 und „Inkassokosten" (Rn. 106).

---

338 LAG Düsseldorf JurBüro 2004, 34; LAG Nürnberg JurBüro 1995, 90, 91.

339 OLG Düsseldorf NJW-RR 2006, 647; OLG Koblenz OLGR 2006, 1017, 1018; OLG Schleswig MDR 2006, 174, 175; KG JurBüro 2004, 32, 33; OLG Köln JurBüro 1994, 227; OLG Stuttgart FamRZ 1989, 888; OLG Hamm MDR 1975, 413.

340 OLG Koblenz JurBüro 2004, 34, 35; OLG Hamm MDR 1975, 413.

341 OLG Koblenz NJW-RR 2003, 75; OLG München MDR 1970, 429 (LS); aM KG JurBüro 2004, 32, 33.

342 OLG Koblenz JurBüro 2007, 149; OLG Schleswig MDR 2006, 174, 175; OLG Koblenz OLGR 2006, 1018; OLG Hamm MDR 1975, 413.

343 OLG Koblenz OLGR 2006, 1018; NJW-RR 1999, 1158; OLG Schleswig MDR 2006, 174, 175; aM OLG Frankfurt NJW 1971, 1183.

344 OLG Stuttgart JurBüro 1983, 1090.

345 OLG Düsseldorf NJW-RR 2006, 647; KG JurBüro 2004, 32, 34; aM OLG Koblenz NJW-RR 1999, 1158 (Wertverhältnis sei unbeachtlich).

346 OLG Koblenz JurBüro 2004, 34, 35.

347 OLG Koblenz JurBüro 2002, 318.

348 BGHZ 69, 328, 332 = NJW 1978, 44, 45; BGH WM 1983, 935; BAG NJW 2006, 717, 718.

349 OLG München MDR 2005, 57.

Haftpflichtprozess. Vgl. unter „Privatgutachten" Rn. 119f sowie § 100 Rn. 22, 37 und § 104 Rn. 17, 23.

Hebegebühr. Zutreffender Ansicht nach gehört eine Hebegebühr (Nr. 1009 VV RVG), die dem Anwalt für die Erhebung, Verwahrung und Ablieferung von Geld oder Wertpapieren gegen den Mandanten zusteht, grds. nicht zu den Kosten des „Rechtsstreits" iSv. § 91 Abs. 1 S. 1,[350] da diese Vorgänge außerhalb des Prozesses liegen. Als Gegenstand der prozessualen Erstattung ist sie daher nur zu berücksichtigen, falls sie **prozessbezogen** ist (vgl. Rn. 33f.) und als **notwendig** zu gelten hat.[351] Das ist nur ausnahmsweise der Fall, wenn aus besonderen Gründen die Einschaltung eines Prozessbevollmächtigten in den Zahlungsvorgang erforderlich ist, die sich nicht auf eine bloße Botentätigkeit beschränken darf.[352] Hierzu bedarf es konkreter in der Sache oder der Person des Schuldners liegender Umstände, zB zur Überwachung einer schleppenden langfristigen Ratenzahlung[353] oder aufgrund eines verwickelten Vollstreckungsverlaufs.[354] Die Erstattungsfähigkeit ist jedenfalls dann nicht davon abhängig, dass der Gegner auf die Entstehung der Gebühr aufmerksam gemacht wird, wenn dieser anwaltlich vertreten ist.[355] Zur Erstattungsfähigkeit der Hebegebühr aufgrund eines **Prozessvergleichs** vgl. § 98 Rn. 18. 104

Hochschullehrer. Vgl. unter „Rechtsbeistand" Rn. 128.

Honorarvereinbarung. Selbst wenn der Erstattungsberechtigte seinem Prozessbevollmächtigten auf Grund einer Vereinbarung nach § 4 RVG eine höhere Vergütung als die **gesetzliche** schuldet, ist diese idR nicht erstattungsfähig (vgl. Rn. 47). Anders verhält es sich nur, wenn der Gegner der Honorarvereinbarung vertraglich zugestimmt hat, was auch im Rahmen eines Prozessvergleichs möglich ist.[356] Die nach § 4 RVG vorgeschriebene Schriftform wird durch die stärkere Form des gerichtlichen Vergleichs ersetzt (§ 127a BGB). Einem unter Mitwirkung aller Beteiligter zustande gekommenen Prozessvergleich ist idR zu entnehmen, dass er zugleich das vom Prozessbevollmächtigten stillschweigend angenommene Versprechen des Auftraggebers auf Zahlung der erhöhten Vergütung enthält. Deshalb bedarf es im Kostenfestsetzungsverfahren nicht noch der Glaubhaftmachung, dass die höheren Gebühren zwischen Anwalt und Auftraggeber in der Form des § 4 RVG vereinbart wurden.[357] 105

Inkassokosten. Die Kosten eines vor Prozess eingeschalteten Inkassobüros sind keine Kosten des Rechtsstreits iSv. § 91 Abs. 1 S. 1 (Rn. 18, 33ff.) und daher im Festsetzungsverfahren nach §§ 103ff. nicht festsetzbar, da sie nicht der gerichtlichen Rechtsverfolgung, sondern umgekehrt deren Vermeidung dienen (näher Rn. 35). Insoweit kommt allenfalls ein Ersatz aus Verzugsschaden gem. § 286 Abs. 1 BGB oder aus pFV in Frage, der als materieller Schadensersatzanspruch ausschließlich im Wege der Klage durchzusetzen ist.[358] Im Hinblick auf die Schadensminderungspflicht nach § 254 Abs. 2 S. 1 BGB dürfte jedoch auch die Geltendmachung im Klagewege nur selten zu verwirklichen sein.[359] In Betracht kommt ein solcher Anspruch nur, wenn der Schuldner gegen die Forderung keine Einwendungen erhoben hatte und der Gläubiger annehmen durfte, seine Forderung ohne gerichtliche Inanspruchnahme beitreiben zu können.[360] Zur Höhe der Vergütung vgl. Rn. 128. Für die Kosten eines vorgerichtlichen **Mahnschreibens,** namentlich eine anwaltliche Geschäftsgebühr (Nr. 2300 VV RVG), gelten die vorgenannten Regeln entsprechend, da auch dieses gerade den **prozessabwendenden** (vgl. Rn. 35) Zweck verfolgt, den Schuldner zur freiwilligen Leistung zu bewegen.[361] 106

Klagerücknahme. Reicht der Prozessbevollmächtigte des Beklagten nach Erhalt der Klageschrift einen Schriftsatz mit Sachantrag ein, weil ihm eine bereits erfolgte Klagerücknahme unbekannt geblieben ist und er sie auch nicht kennen musste, liegen die Voraussetzungen einer Gebührenermäßigung iSv. Nr. 3101 Nr. 1 VV RVG nicht vor, so dass die volle Verfahrensgebühr zu erstatten ist.[362] Beruht die Unkenntnis auf einem in der Sphäre des Beklagten liegenden Kommuni- 107

---

350 OLG München NJW-RR 1998, 1452, 1453; *Stein/Jonas/Bork* Rn. 26.

351 OLG Hamburg OLGR 2000, 210; OLG München NJW-RR 1998, 1452, 1453.

352 BGH NJW 2007, 1535, 1536.

353 KG NJW 1960, 2345; LG Detmold Rpfleger 2003, 36.

354 AG Eisenhüttenstadt Rpfleger 2005, 384, 385 m. Anm. *Winkler.*

355 BGH NJW 2007, 1535, 1536; aM OLG München NJW-RR 1998, 1452, 1453; JurBüro 1992, 178.

356 OLG München JurBüro 1985, 133.

357 OLG München JurBüro 1985, 133, 134; aM OLG Koblenz Rpfleger 1977, 106, 107.

358 OLG München Rpfleger 1989, 301; *Musielak/Wolst* Rn. 49; *Zöller/Herget* Rn. 13 „Inkassobüro".

359 OLG Karlsruhe JurBüro 1987, 931.

360 OLG Dresden (13. ZS) JurBüro 1996, 38; OLG Nürnberg JurBüro 1994, 280; OLG Frankfurt MDR 1988, 407; OLG München MDR 1988, 407; AG Würzburg MDR 2002, 32; aM OLG Dresden (5. ZS) AnwBl. 1994, 147.

361 BGH NJW 2006, 2560, 2561; LG Essen AnwBl. 1983, 564.

362 OLG Naumburg JurBüro 2003, 419; OLG Köln JurBüro 1995, 641; OLG München AnwBl. 1984, 44 (alle zu § 32 Abs. 1 BRAGO).

kationsmangel, kommt dagegen die Gebührenreduzierung zum Tragen.[363] Nimmt der Kläger die Klage zurück, nachdem er ein **Versäumnisurteil** gegen den Beklagten erwirkt und dieser Einspruch eingelegt hatte, fallen die Kosten der Säumnis dem Beklagten **gesondert** zur Last.[364] Der Vorrang der **Kostentrennung** findet jedenfalls in der durch die ZPO-Reform eingeführten Vorschrift des § 269 Abs. 3 S. 2 eine gesicherte Grundlage, wonach von der Kostentragungspflicht Kosten ausgenommen sind, die dem Beklagten aus einem anderen Grund aufzuerlegen sind.[365] Hierfür sprechen zudem prozessökonomische Gründe, weil andernfalls die kostenmäßige Begünstigung und damit der Anreiz einer Klagerücknahme vollständig entfiele.[366]

Kopierkosten. Vgl. unter „Ablichtungen" Rn. 78 ff.

Kreditkosten. Vgl. unter „Zinsen" Rn. 150.

Mahnanwalt. Vgl. nachfolgende Rn. 108.

Mahnschreiben. Vgl. unter „Abmahnung" Rn. 83, „Inkassokosten" Rn. 106 und „Beratungskosten" Rn. 93.

108 **Mahnverfahren.** Hinsichtlich der kostenrechtlichen Einordnung des Mahnverfahrens wird zunächst auf die Erläuterungen in Rn. 27 bis 29 verwiesen. Wie in Rn. 27 ausgeführt, gehen dessen Kosten grds. in denen des Streitverfahrens auf. Bleibt allerdings der Streitgegenstand der Klage hinter dem des Mahnverfahrens zurück, etwa weil der Kläger das volle Prozessrisiko scheut oder er an der Berechtigung einer Teilforderung zweifelt oder der Beklagte auf den Mahnbescheid einen Teilbetrag gezahlt hat, ist für eine Teilkostenentscheidung im Mahnverfahren kein Raum. Die Konstellation ähnelt der des selbstständigen Beweisverfahrens, wenn der Hauptsacheprozess nur einen Teil der im Beweisverfahren anhängigen Ansprüche zum Gegenstand hat (hierzu Rn. 25). Wie dort kommt entweder eine **anteilige Verteilung** (§ 92 Abs. 1 S. 1)[367] der überschießenden Kosten des Mahnverfahrens als Teil der Kosten des Rechtsstreits oder in entsprechender Anwendung des **§ 96** eine gesonderte Erstattung an den Antragsgegner in Betracht, letzteres namentlich dann, wenn der Antragsteller Teile des Streitgegenstands im Streitverfahren nicht aufgreift, um insoweit ein Unterliegen zu vermeiden.

109 Ein häufiger **Anwaltswechsel** fand früher im Rahmen eines ins Streitverfahren übergeleiteten **Mahnverfahrens** statt, wenn der sog. „Mahnanwalt" beim Streitgericht nicht postulationsfähig war und daher ein weiterer Prozessanwalt zu bestellen war. Da jedoch seit der Erweiterung der Postulationsfähigkeit (vgl. Rn. 141) ein bei einem Amts- oder Landgericht zugelassener Anwalt vor jedem Amts- und Landgericht auftreten darf, kann der Kläger den „Mahnanwalt" nunmehr auch mit der dortigen Vertretung beauftragen. Die früher erforderliche **Widerspruchsprognose,**[368] ob der Umweg eines Mahnverfahrens geboten und damit die Gebühren eines Mahnanwalts neben denen des Prozessanwalts zu erstatten waren, ist damit **hinfällig** geworden. Auf die fehlende Postulationsfähigkeit kann ein Anwaltswechsel nicht mehr gestützt werden.[369] Die Partei hat zwar generell die Regeln zu den Mehrkosten eines Distanzanwalts (vgl. Rn. 50 ff.) zu beachten. Doch ist sie dadurch schon deshalb nicht zu einer Prognose der Wahrscheinlichkeit eines Widerspruchs gegen den Mahnbescheid genötigt, weil die Durchführung des Mahnverfahrens bei Abgabe ans Prozessgericht keine zusätzlichen Gebühren auslöst (hierzu Rn. 27) und sich für ein nicht ins Streitverfahren übergegangenes Mahnverfahren die Abwägung zwischen auswärtigem und gerichtsansässigem Anwalt gar nicht stellt, weil im ausschließlich schriftlich geführten Mahnverfahren nicht verhandelt wird und somit entfernungsbedingte Mehrkosten schlechterdings nicht anfallen können.[370] Der Partei steht daher frei, ein Mahnverfahren einzuleiten und sich durch einen Rechtsanwalt vertreten zu lassen, da Mehrkosten hiermit nicht verbunden sind. Zur Einschaltung eines Rechtsbeistands im Mahnverfahren vgl. Rn. 128.

110 **Mehrheit von Prozessen.** Nehmen mehrere Mitbewerber, vertreten durch denselben Rechtsanwalt, bei gleicher Interessenlage und Zielsetzung wegen einer **Wettbewerbsverletzung** einen Verletzer auf Unterlassung in Anspruch, so sind die Mehrkosten für mehrere Einzelklagen idR nicht erstattungsfähig.[371] Denn der häufig sehr große Kreis der betroffenen Mitbewerber indiziert die Gefahr, dass eine Flut von Anträgen gezielt dazu genutzt wird, vom Verletzer nicht nur eine

---

363 OLG Hamburg MDR 1998, 561.

364 BGH NJW 2004, 2309, 2310; OLG Bremen OLGR 2001, 34; OLG München JurBüro 1997, 95; 1570; aM OLG Brandenburg NJW-RR 1999, 871; OLG Schleswig NJW-RR 1998, 1151, 1152; OLG Rostock NJW-RR 1996, 832; *Belz,* in: 2. Aufl., Rn. 44.

365 BGH NJW 2004, 2309, 2310.

366 BGH NJW 2004, 2309, 2311; OLG Bremen OLGR 2001, 34; OLG München JurBüro 1997, 95.

367 *Zöller/Herget* Rn. 13 „Mahnverfahrenskosten".

368 Hierzu 2. Aufl., Rn. 67.

369 BGH NJW 2006, 446, 447; OLG Stuttgart MDR 2002, 176.

370 Teilweise anders OLG Koblenz JurBüro 2004, 143, 144; *Zöller/Herget* Rn. 13 „Mahnverfahren (Rechtslage ab 1. 1. 2000)".

371 OLG Hamburg MDR 2003, 1381, 1382; OLG Düsseldorf MDR 1972, 522, 523 mit Anm. *Schneider.*

Unterlassung zu erwirken, sondern ihn als Konkurrenten wirtschaftlich massiv zu schädigen.[372] Ebenso verhält es sich im Falle mehrerer Einzelklagen bei Personenmehrheit auf der Passivseite. Nachdem schon das Reichsgericht unter Hinweis auf die materiellrechtliche Schikane-Einrede des § 226 BGB[373] die Begründetheit und der BGH in einer frühen Entscheidung das Rechtsschutzbedürfnis einer Mehrfachklage bei fehlender Wiederholungsgefahr verneint hatten,[374] gilt heute nach **§ 8 Abs. 4 UWG** (§ 13 Abs. 5 UWG aF.) die Geltendmachung eines Unterlassungsanspruchs als unzulässig, wenn sie in missbräuchlicher Weise dazu dient, gegen den Zuwiderhandelnden einen Anspruch auf Kostenersatz entstehen zu lassen, wobei dies nicht das alleinige, aber doch beherrschende Motiv sein muss.[375] Das umfasst gleichermaßen die außergerichtliche wie die gerichtliche Geltendmachung, steht also bereits der **Zulässigkeit** einer Klage entgegen.[376] Unabhängig davon jedoch und nicht begrenzt auf den Anwendungsbereich des § 8 Abs. 4 UWG kann der Gegner eines Wettbewerbsanspruchs generell im Rahmen des **Kostenfestsetzungsverfahrens** (vgl. § 103 Rn. 54) wegen einer unnötigen Klagetrennung den Einwand der **unzulässigen Rechtsausübung** (vgl. Rn. 41) erheben, mit der Folge, dass lediglich die Kosten zu erstatten sind, die in einem **einzigen Verfahren** entstanden wären.[377] Anders verhält es sich nur, wenn der Rechtsverfolgung sachliche Gründe wie zB Abweichungen in den Anträgen zugrunde lagen,[378] die allerdings nicht nur theoretischer Natur sein dürfen, sondern auf konkreten Umständen beruhen müssen.[379]

Diese im Kontext des Wettbewerbsrechts entwickelten Regeln sind auf andere Bereiche über- **111**
tragbar.[380] Das betrifft zB die bei isolierter Geltendmachung einer **Folgesache** gem. § 623 Abs. 1 S. 1 anstelle des Verbundes entstandenen Mehrkosten, wenn keine **sachlichen Gründe** ein isoliertes Verfahren rechtfertigen.[381] Allgemein sind Mehrkosten nicht zu erstatten, wenn die Klagetrennung **schikanös** oder **treuwidrig** war[382] (vgl. Rn. 41). Das gilt für Fälle objektiver und subjektiver Klagehäufung auf der **Passivseite,** wenn ein Gläubiger aus einem einheitlichen Lebensvorgang Ansprüche gegen eine Mehrheit von **Schuldnern,** zB mehrere Bürgen[383] oder aus einer Gesamtgrundschuld haftende Grundstückseigentümer,[384] bzw. **mehrere Ansprüche,** zB mehrere Urkundsverfahren[385] gegen einen Schuldner in getrennten Prozessen durchzusetzen sucht, ohne dass ihm bei einheitlicher Rechtsverfolgung Nachteile entstünden.[386] Berechtigte Gründe können u. a. sein, dass den Ansprüchen ein unterschiedlicher Schwierigkeitsgrad zugrunde liegt,[387] dass mehrere selbstständige Gewerke eines Bauvorhabens betroffen sind[388] oder dass nur eine Forderung unter mehreren unstreitig ist und Aussicht auf schnelle Titulierung verspricht.[389] Der Vermieter darf den Anspruch auf Räumung im Interesse einer raschen Wiedervermietung und rückständigen Mietzins gesondert einklagen.[390] Einer Einheitsklage entgegenstehen kann auch der Umstand, dass für zwei Beklagte ein gemeinsamer Gerichtsstand fehlt und einer Bestimmung nach § 36 Abs. 1 Nr. 3 bedürfte.[391] Teilweise wird vom Kläger verlangt, eine erst nachträglich fällig gewordene Forderung in ein schon anhängiges Verfahren durch Klageerweiterung einzubeziehen.[392] Doch dürfte insoweit

---

372 OLG München MDR 2001, 652.
373 RGZ 120, 47, 50.
374 BGH GRUR 1960, 379, 381 m. Anm. *Harmsen.*
375 BGH Report 2006, 383, 384; WRP 2000, 1266, 1267.
376 BGHZ 149, 371, 379 = NJW 2002, 1494, 1496 aE; BGHReport 2006, 383, 384; WRP 2000, 1269, 1275 aE; KG OLGR 2007, 79.
377 KG OLGR 2007, 79; OLG München MDR 2001, 652; OLG Köln AnwBl. 1986, 37; OLG Düsseldorf MDR 1972, 522, 523.
378 OLG Hamburg MDR 2004, 778; MDR 2003, 1381, 1382; OLG Koblenz Rpfleger 1983, 38; OLG Schleswig JurBüro 1983, 1089.
379 OLG München MDR 2001, 652.
380 *Musielak/Wolst* Rn. 9.
381 OLG Düsseldorf JurBüro 2002, 486; FamRZ 1986, 824.
382 OLG Naumburg OLGR 2003, 284; OLG Stuttgart Rpfleger 2001, 617; 1089; OLG Frankfurt JurBüro 1974, 1600.
383 OLG Naumburg OLGR 2003, 284; OLG Koblenz JurBüro 1991, 547; Rpfleger 1991, 80 (nicht bei Klage gegen Schuldner u. Bürge).
384 OLG Stuttgart Rpfleger 2001, 617.
385 OLG München AnwBl. 1994, 527, 528; OLG Koblenz MDR 1987, 676, 677.
386 OLG Stuttgart Rpfleger 2001, 617; OLG Koblenz JurBüro 1990, 58, 59; KG JurBüro 1989, 1697.
387 OLG Hamburg JurBüro 1983, 1255, 1256.
388 AG Düsseldorf NJW-RR 2003, 862, 863.
389 OLG Köln AnwBl. 1986, 37, 38.
390 LG Saarbrücken JurBüro 1999, 366.
391 OLG Koblenz MDR 1990, 159.
392 OLG Düsseldorf JurBüro 1982, 602; OLG Hamm JurBüro 1977, 550, 551; aM wohl OLG Koblenz JurBüro 1983, 271, 272.

auf den Einzelfall abzustellen sein, insbesondere ob der anhängige Rechtsstreit keine nennenswerte Verzögerung erfährt. Im Falle subjektiver Klagehäufung auf der **Aktivseite** mehrerer an einem Lebensvorgang beteiligter Gläubiger sind die vorgenannten Regeln zu modifizieren, da der Einzelne hinsichtlich der Beteiligung an einer kostengünstigeren Gemeinschaftsklage auf das Einverständnis der übrigen Streitgenossen angewiesen ist und er nicht in Gestalt von Mehrkosten sanktioniert werden sollte, obwohl er sich selbst kostenbewusst verhalten hätte.[393] Treuwidrigkeit kommt daher nur in Betracht, wenn es nachweisbar der Erstattungsberechtigte war, der sich einer Gemeinschaftsklage verweigerte. Zur Bestellung **mehrerer Anwälte** durch Streitgenossen statt einheitlicher Prozessvertretung vgl. § 100 Rn. 19ff., zur mehrfachen Selbstvertretung von Anwälten einer verklagten Sozietät vgl. Rn. 74; § 100 Rn. 25.

112 **Mehrkosten.** Zum Kostenmehraufwand eines **Distanzanwalts** vgl. Rn. 50 bis 68 (vgl. auch „Auswärtiger Rechtsanwalt" Rn. 90). Mehrkosten, die dadurch entstehen, dass eine Partei ihr Recht ausübt, unter mehreren **Gerichtsständen** nach § 35 zu wählen, sind grds. erstattungsfähig.[394] Nur ganz ausnahmsweise kann im Kostenfestsetzungsverfahren der Einwand rechtsmissbräuchlicher Wahl (vgl. Rn. 41) Berücksichtigung finden.[395]

Mehrwertsteuer. Hierzu § 104 Rn. 14 bis 17.

113 **Meinungsumfrage.** In Eilverfahren (Arrest, einstweilige Verfügung), nur selten in dem vom Strengbeweis geprägten Hauptsacheverfahren,[396] kommt einer Meinungsumfrage der Partei (zB Marktforschungsuntersuchung, Infratestumfrage), die ihrer Rechtsnatur nach als **Privatgutachten** einzuordnen ist,[397] als Mittel der Glaubhaftmachung (§ 294) Bedeutung zu.[398] Weniger streng als ein Privatgutachten im Rahmen der Hauptsache (vgl. Rn. 118ff.) können die Kosten einer Meinungsumfrage idR als prozessbezogen (vgl. Rn. 33, 34) gelten.[399] Das betrifft die Vorbereitung einer erstinstanzlichen Verhandlung ebenso wie die eines Berufungsverfahrens.[400] Notwendig iSv. § 91 Abs. 1 S. 1 ist eine Umfrage, um der Glaubhaftmachungslast zu genügen oder die Glaubhaftmachung des Gegners zu entkräften.[401] Dabei spielen auch Aspekte der Waffengleichheit eine Rolle; begnügt sich der beweisbelastete Gegner mit der Glaubhaftmachung durch eidesstattliche Versicherung, bedarf der Erstattungsberechtigte nicht zwingend eines Meinungsforschungsgutachtens, sondern kann sich ebenfalls mit eidesstattlicher Versicherung begnügen.[402] Weitere Voraussetzung ist, dass die Partei im Zeitpunkt der Auftragserteilung ex ante eine **Förderung** des Verfahrens erwarten durfte[403] und zumindest bis Prozessbeginn (weiterhin) von einer Sachdienlichkeit ausgehen konnte (näher Rn. 40). Die Kosten müssen in einem angemessenen Verhältnis zu Streitwert und Bedeutung der Sache stehen, wobei ein höherer Aufwand ggf. wegen des für einstweilige Verfügungen typischen Zeitdrucks gerechtfertigt sein kann.[404] Dient die Meinungsumfrage gleichzeitig der Förderung der Hauptsache, sind die Kosten im Rahmen der Kostenfestsetzung anteilig zuzuordnen[405] (vgl. § 103 Rn. 50).

Partei. Die einschlägigen kostenrechtlichen Fragen sind in Rn. 15 bis 17 und § 103 Rn. 26 bis 35 erläutert.

Parteiauslagen. Vgl. Rn. 43f., Rn. 117 und „Reisekosten der Partei" Rn. 130f.

114 **Parteiwechsel.** Umstritten ist, ob der durch individuelle Klagerücknahme ausscheidende **klägerische Streitgenosse** nur die bis dahin entstandenen Mehrkosten[406] oder den seiner Beteiligung am Streitgegenstand insgesamt entsprechenden Anteil zu tragen hat.[407] Strukturell dürfte die Konstellation dem Unterliegen eines Streitgenossen entsprechen, weshalb je nach Prozessausgang die Regeln eines Unterliegens aller Streitgenossen (vgl. § 100 Rn. 6ff.) oder die eines Obsiegens ein-

---

393 OLG Hamburg JurBüro 1983, 1255, 1256.
394 OLG München JurBüro 1994, 477; OLG Frankfurt JurBüro 1985, 1884; OLG Köln MDR 1976, 496.
395 KG Rpfleger 1976, 323.
396 OLG Hamm MDR 1979, 234.
397 OLG Hamburg JurBüro 1989, 812, 813; KG MDR 1987, 677; OLG München Rpfleger 1987, 331.
398 BGH MDR 1962, 963, 964; OLG Köln JurBüro 1995, 475, 476.
399 OLG Hamburg JurBüro 1989, 812, 813; KG MDR 1987, 677; OLG München Rpfleger 1987, 331; OLG Hamm MDR 1979, 234.
400 KG MDR 1987, 677; OLG München Rpfleger 1987, 331; GRUR 1977, 562.
401 OLG Köln JurBüro 1995, 475, 476; OLG Hamburg JurBüro 1989, 812, 813; OLG München GRUR 1977, 562.
402 OLG Koblenz OLGR 2004, 641, 642.
403 OLG Köln JurBüro 1995, 475, 477; KG MDR 1987, 677, 678; OLG Hamm MDR 1979, 234, 235.
404 OLG München GRUR 1977, 562, 563; OLG Hamm MDR 1979, 234, 235; KG MDR 1987, 677.
405 OLG Köln JurBüro 1995, 475, 476.
406 So die hM: OLG Zweibrücken JurBüro 2004, 494; 1999, 650, 652; OLG Celle OLGR 1994, 270; KG OLGZ 78, 478; OLG Düsseldorf MDR 1974, 147; OLG Stuttgart NJW 1973, 1756; *Belz,* in: 2. Aufl., Rn. 51.
407 So OLG Brandenburg FamRZ 2005, 118, 119; *Zöller/Herget* Rn. 13 „Parteiwechsel".

zelner Streitgenossen (vgl. § 100 Rn. 30ff.) Anwendung finden sollten. Dabei ist aber zu beachten, dass dem Ausscheidenden, wie beim Ausscheiden eines Streitgenossen während des Rechtsstreits (hierzu § 100 Rn. 46ff.), keine erst nach Erlass einer Kostengrundentscheidung nachträglich entstandenen Kosten auferlegt werden können. Für eine Vorabentscheidung ist daher kein Raum; über die Kostenlast ist vielmehr nach dem Gebot der Einheitlichkeit (vgl. Rn. 5) im Rahmen der abschließenden Kostengrundentscheidung zu befinden.[408] Anders liegt es beim Ausscheiden eines **beklagten Streitgenossen** wegen subjektiver (diesen betreffender) Klagerücknahme oder einem sonstigen **vom Kläger herbeigeführten** Parteiwechsel (Auswechseln) des Beklagten. In beiden Fällen ist dem Ausscheidenden ein Abwarten des Prozessausgangs nicht zumutbar, weshalb er analog § 269 Abs. 3, Abs. 4 einen Beschluss hinsichtlich seiner Kosten beantragen kann.[409] Wurzelt hingegen der Parteiwechsel nicht in der Sphäre des Klägers, sondern beruht auf einer Übernahme des Rechtsstreits durch einen Rechtsnachfolger des Beklagten gem. **§ 265 Abs. 2 S. 2** oder **§ 266,** ist zum Zeitpunkt des Wechsels über die Kosten des ursprünglichen Beklagten gem. § 91a analog zu entscheiden.[410]

Patentanwalt. In **Patent-, Geschmacks-, Gebrauchsmuster-** und **Kennzeichensachen** sind Mehrkosten, die durch Mitwirkung eines (auch im EU-Ausland ansässigen)[411] Patentanwalts entstehen, in voller Höhe der nach RVG angefallenen Gebühren[412] **ohne** Prüfung der **Notwendigkeit**[413] (vgl. Rn. 47) neben den Kosten des Prozessbevollmächtigten zu erstatten (§ 143 Abs. 3 PatG; § 52 Abs. 4 GeschmMG; § 27 Abs. 3 GebrMG; § 140 Abs. 3 MarkenG), sogar wenn beide derselben Sozietät angehören.[414] Die Regelung gilt für jeden Rechtszug, auch die Revisionsinstanz,[415] doch ist die Erhöhung iSv. Nr. 3208 VV RVG als eine auf einen BGH-Anwalt zugeschnittene Vorschrift auf den Patentanwalt nicht anwendbar.[416] Für die Frage der Einordnung als Kennzeichenrechtsstreit ist nicht maßgebend, ob das Klagebegehren auf eine einschlägige Vorschrift gestützt wird, sondern ob nach dem vorgetragenen Sachverhalt ein zeichenrechtlicher Anspruch ernstlich in Betracht kam, mag auch der Klaganspruch seinem Wortlaut nach auf eine andere, etwa eine wettbewerbsrechtliche Rechtsgrundlage rekurrieren.[417] Verstößt die Einschaltung des Patentanwalts ausnahmsweise gegen **Treu und Glauben** (vgl. Rn. 41), indem sie etwa nur dazu dient, ihm einen Zusatzverdienst zu verschaffen, sind die Gebühren nicht erstattungsfähig.[418] 115

Dem Patentanwalt sind **Auslagen,** soweit sie notwendig waren, zusätzlich zu erstatten. Hierher rechnen zB die Kosten für die Anreise zum Gerichtstermin. Seine Teilnahme neben der des Prozessvertreters ist idR als notwendig anzusehen.[419] Eine Terminsgebühr verdient er bereits dann, wenn er an der mündlichen Verhandlung eingriffsbereit teilnimmt, ohne das Wort zu ergreifen.[420] Wird ein Patentanwalt zugleich als Prozessbevollmächtigter tätig, ist dem durch Erstattung der Patentanwaltsgebühr neben der des Anwalts Rechnung zu tragen.[421] Durch die dem Patentanwalt erwachsene und zu erstattende Gebühr werden nicht auch Auslagen abgegolten, die auf von ihm angestellte besondere **Recherchen** zurückzuführen sind; doch sind sie nur unter der Voraussetzung des § 91 Abs. 1 S. 1 erstattungsfähig.[422] In **Urheberrechtsstreitigkeiten**[423] und **Wettbewerbssachen** ist die Heranziehung eines Patentanwalts grds. nicht notwendig, es sei denn, dass schwierige technische oder rechtliche Probleme aus dessen **typischem** Arbeitsfeld dies erfordern,[424] wie es 116

---

408 OLG Celle MDR 2004, 410.

409 BGH NJW 2006, 1351, 1353 aE; OLG Koblenz OLGR 2006, 939; *Zöller/Herget* Rn. 13 „Parteiwechsel".

410 BGH NJW 2006, 1351, 1354.

411 OLG Zweibrücken OLGR 2004, 638, 639; OLG Koblenz GRUR 2002, 127, 128.

412 OLG Frankfurt JurBüro 2005, 202, 203.

413 OLG München Rpfleger 2005, 383; JurBüro 2004, 201; OLG Stuttgart Rpfleger 1996, 371; JurBüro 1983, 766.

414 OLG Hamburg OLGR 1998, 18; OLG Nürnberg JurBüro 1990, 491.

415 BGH Rpfleger 2005, 51; OLG München JurBüro 2004, 201; OLG Düsseldorf AnwBl. 1987, 108.

416 BGH Rpfleger 2005, 51, 52 (noch zu § 11 Abs. 1 S. 5 BRAGO); aM OLG München JurBüro 2004, 201.

417 OLG Köln OLGR 2006, 811; OLG Düsseldorf GRUR 1983, 512; 1980, 136; OLG Stuttgart JurBüro 1983, 766.

418 OLG München JurBüro 2004, 201.

419 OLG Frankfurt JurBüro 1994, 219; 1964, 198; OLG Stuttgart JurBüro 1983, 766; einschränkend KG JurBüro 1975, 376.

420 OLG München Rpfleger 2005, 383.

421 OLG Hamburg JurBüro 1989, 1699; OLG Karlsruhe AnwBl. 1989, 106; OLG München JurBüro 1983, 1816; AnwBl. 1982, 363; aM OLG Schleswig SchlHA 1988, 42 (maßgebend seien Umstände des Einzelfalls).

422 OLG Hamm AnwBl. 2003, 186; OLG München JurBüro 1989, 414.

423 OLG Jena NJW-RR 2003, 105, 106.

424 OLG Köln OLGR 2006, 810; OLG Zweibrücken OLGR 1999, 249; OLG München JurBüro 1993, 223; *Musielak/Wolst* Rn. 25.

etwa bei der Klärung formeller Eintragungsfragen, der Überprüfung eingetragener Schutzrechte auf ihre Rechtsbeständigkeit und ihren Schutzumfang,[425] bei Recherchen zum Firmenschutz[426] oder auch bei Schutzrechtsberühmungen im Kontext des § 1 UWG der Fall sein mag.

117 **Post- und Telekommunikationskosten.** Soweit solche von der **Partei** verauslagt wurden, sind sie idR als notwendig anzusehen,[427] doch kann bei teuren Ferngesprächen ein Vergleich mit den Kosten einer Informationsreise angezeigt sein. Anstelle tatsächlich entstandener Postgebühren des **Anwalts** darf dieser je Rechtszug eine Pauschale von 20%, höchstens jedoch 20 Euro fordern, Nr. 7002 VV RVG (zur Glaubhaftmachung vgl. § 104 Rn. 13). Nach dem Wortlaut der Anmerkung zu Nr. 7002 VV RVG fällt die Pauschale in jeder Angelegenheit (vgl. §§ 16 ff. RVG), zB im Urkunden- und im Nachverfahren oder im Mahn- und Streitverfahren (§ 17 Nr. 2 RVG), gesondert an. Der frühere Streit ist damit überholt. Findet ein notwendiger Anwaltswechsel (vgl. Rn. 70 ff.) statt, kann sie von jedem Anwalt bis zum Höchstbetrag geltend gemacht werden.[428]

118 **Privatgutachten.** Da die Klärung einer streitigen Sachlage mittels Sachverständigenbeweises grds. Sache des Gerichts ist, sind Aufwendungen für ein **vorprozessuales** Privatgutachten nur im Ausnahmefall zu erstatten, wobei beide Hauptmerkmale des § 91 Abs. 1 S. 1 (Kosten des Rechtsstreits, Notwendigkeit) sorgfältiger Prüfung bedürfen.[429] Häufig sind solche Kosten nicht als **prozessbezogen** anzusehen[430] (hierzu Rn. 18, 33 ff.). Insbesondere fehlt es hieran, wenn die gutachterliche Feststellung die Partei erst in die Lage setzt, ihre Anspruchsberechtigung oder -verpflichtung zu erkennen und hiernach über das **„Ob"** einer Rechtsverfolgung bzw. -verteidigung oder die Aussichten einer außergerichtlichen Einigung (vgl. Rn. 35) zu entscheiden,[431] zB im Falle einer Untersuchung, wer überhaupt für einen Baumangel verantwortlich ist.[432] Das betrifft insbesondere ein zur Beurteilung der Prozessaussichten erstelltes Gutachten.[433] Wie in Rn. 34 erläutert, bedarf die Bejahung der Prozessbezogenheit der Abwägung **indizieller Faktoren** unterschiedlichen Gewichts. Hierzu zählen u. a. der zeitliche Abstand zum Prozess, die Einführung des Gutachtens in den Prozess, die Beachtung durch das Prozessgericht, die Entscheidungserheblichkeit[434] – wie sie etwa in den Urteilsgründen ihren Niederschlag gefunden hat – und der Umstand, dass durch seine Einholung Kosten eines gerichtlichen Sachverständigen erspart wurden.[435] Gleichwohl dürfen nicht einzelne dieser Faktoren, zB ein enger zeitlicher Bezug, verabsolutiert werden. So mag selbst die fehlende Vorlage des Gutachtens, die nach hM zwingende Voraussetzung einer Erstattung ist,[436] im Einzelfall ersetzt werden durch den Nachweis, dass seine Schlussfolgerungen in Schriftsätze der Partei eingeflossen sind. Zurecht werden deshalb Ausnahmen vom Erfordernis der Vorlage des Gutachtens zugelassen.[437] Eine vor Erteilung des Gutachtenauftrags oder jedenfalls vor Erstellung des Gutachtens[438] erfolgte **Klageandrohung** schafft in jedem Fall hinreichenden Prozessbezug.[439]

119 Holt ein **Haftpflichtversicherer** auf ein Anspruchsschreiben hin ein Gutachten ein, dient das idR nicht der künftigen Verwendung vor Gericht, sondern der Klärung seiner **Einstandspflicht** und damit vorerst der Prüfung, ob er sich auf einen Prozess einlassen soll.[440] Solche Aufwendungen zählen zu den Betriebskosten, die üblicherweise von den Versicherungsprämien aller Versicherungsnehmer abgedeckt werden.[441] Zudem soll eine nähere Sachaufklärung häufig dazu beitragen, den Anspruchsteller von einer Klage abzuhalten, womit es sich gerade um eine Maßnahme zur Pro-

---

[425] OLG Frankfurt OLGR 2007, 147; JurBüro 1997, 599; OLG Jena NJW-RR 2003, 105, 106.
[426] OLG München JurBüro 1993, 223.
[427] OLG Düsseldorf Rpfleger 1974, 230.
[428] OLG Oldenburg JurBüro 1982, 718.
[429] BGHZ 153, 235, 236, 238 = NJW 2003, 1398, 1399; OLG Nürnberg NJW-RR 2005, 1664; OLG Karlsruhe OLGR 2005, 637, 638; OLG Saarbrücken BauR 2004, 1997 (LS).
[430] BGH NJW 2003, 1398, 1399; OLG Koblenz ZfS 2003, 145; Bamberg VersR 1981, 74; *Musielak/Wolst* Rn. 59.
[431] OLG Celle OLGR 2007, 455; OLG Köln JurBüro 2003, 313; 314; OLG Bamberg JurBüro 1980, 132; OLG München JurBüro 1972, 273.
[432] OLG Koblenz VersR 2002, 1531 (Az. 14 W 162/01).
[433] OLG Koblenz JurBüro 1995, 36, 37; OLG Hamburg JurBüro 1988, 1022.
[434] OLG Frankfurt AnwBl. 1987, 149; OLG Stuttgart VersR 1979, 849.
[435] OLG Stuttgart JurBüro 1985, 122.
[436] OLG Hamm NJW-RR 1996, 830; OLG München NJW-RR 1995, 1470; OLG Saarbrücken JurBüro 1990, 623.
[437] OLG Koblenz JurBüro 1989, 1702; OLG Saarbrücken JurBüro 1990, 623.
[438] BGH NJW 2006, 2415, 2416.
[439] BGH NJW 2003, 1398, 1399; OLG Zweibrücken OLGR 2005, 123.
[440] OLG Naumburg VersR 2005, 1704; OLG Koblenz NJW-RR 2004, 286; ZfS 2002, 298; OLG Frankfurt OLGR 1996, 216.
[441] OLG Naumburg VersR 2005, 1704.

zessvermeidung handelt[442] (hierzu Rn. 35). Soweit nicht schon Klage angedroht ist,[443] ist daher Prozessbezogenheit regelmäßig zu verneinen.[444] Bestehen dagegen konkrete Verdachtsmomente hinsichtlich eines **Versicherungsbetrugs,** muss der Haftpflichtversicherer idR von vornherein mit einer Klage rechnen, weil es gerade zur Charakteristik dieser Straftat gehört, dass der Täter versucht, die vorgetäuschte Schadensregulierung mit allen Mitteln einschließlich einer gerichtlichen Auseinandersetzung zu erreichen.[445]

Gilt ein Privatgutachten als prozessbezogen, ist im zweiten Schritt seine **Notwendigkeit** im Sinne einer zweckentsprechenden Prozessführung zu prüfen. Sie ist zu bejahen, wenn die Partei aufgrund fehlender Sachkenntnisse oder wegen eines besonderen Schwierigkeitsgrads[446] zu sachgerechtem Vortrag außerstande ist, dh. ihrer **Darlegungs**- und **Substantiierungslast** nicht zu entsprechen, einen gebotenen Beweis nicht anzutreten oder Angriffe des Gegners nicht abzuwehren vermag.[447] Das trifft zB zu, wenn es besonderer technischer Kenntnisse bedarf, aus Sicht eines **Haftpflichtversicherers** einen fingierten Verkehrsunfall oder Versicherungsbetrug nachzuweisen[448] (zum prozessbegleitenden Gutachten vgl. Rn. 122). Neben technisch-naturwissenschaftlichen Fragen können auch solche medizinischer oder betriebswirtschaftlicher Provenienz Expertenrat erfordern.[449] Dagegen sind die Anforderungen an einen schlüssigen Parteivortrag zu **Baumängeln** begrenzt; es reicht regelmäßig aus, die Mängel ihrem äußeren Erscheinungsbild nach zu beschreiben, wie sie sich aus Sicht eines Laien darstellen, ohne dass es einer Darlegung der Ursachen oder der Höhe der Mangelbeseitigungskosten bedarf.[450] Notwendig kann die Zuziehung eines Sachverständigen aus Gründen der **„Waffen- oder Chancengleichheit"** sein,[451] etwa wenn in der Frage eines ärztlichen Kunstfehlers eine Partei als medizinischer Laie einem Krankenhausträger gegenübersteht oder wenn es gilt, zur Glaubhaftmachung einer einstweiligen Verfügung ein Gutachten des Gegners zu erschüttern.[452] 120

Liegen die genannten Voraussetzungen vor, kann der Berechtigte grds. nicht darauf verwiesen werden, er habe stattdessen ein selbstständiges Beweisverfahren anstrengen müssen.[453] In **Eilverfahren** (Arrest, einstweilige Verfügung) sind an die Erstattungsfähigkeit von Privatgutachterkosten idR geringere Anforderungen zu stellen als in einem gewöhnlichen Rechtsstreit.[454] Eine Erstattung scheidet aus, wenn ein Gutachten dem Zweck einer gütlichen Beilegung und damit der **Vermeidung** einer gerichtlichen Auseinandersetzung dient[455] (näher Rn. 35). Gleiches gilt, wenn gar nicht der Rat eines unabhängigen Experten, sondern der einer dem Erstattungspflichtigen wirtschaftlich oder institutionell verbundenen (zB in derselben Sozietät tätigen Person) eingeholt wird.[456] Zur Erstattungsfähigkeit eines aufgrund einer **Schiedsgutachterabrede** eingeholten Privatgutachtens vgl. Rn. 135. 121

Kosten für ein **prozessbegleitendes** Privatgutachten sind unter dem Aspekt fehlender Notwendigkeit idR nicht erstattungsfähig, da es von seltenen Ausnahmen abgesehen zuvörderst Aufgabe des Gerichts ist, Beweis durch Auswahl eines geeigneten Sachverständigen zu erheben.[457] Raum für Eigeninitiativen der Partei ist nur bei **unabweisbarer Notwendigkeit,**[458] so wenn es gilt, ein geg- 122

---

442 OLG Karlsruhe OLGR 2005, 637, 638.

443 BGH NJW 2003, 1398, 1399; OLG Zweibrücken OLGR 2005, 123.

444 OLG Karlsruhe OLGR 2005, 637, 638; OLG Koblenz ZfS 2002, 298; aM OLG Frankfurt OLGR 1996, 216; AnwBl. 1981, 114.

445 OLG Rostock JurBüro 2005, 426; OLG Koblenz NJW-RR 2004, 286; OLG Hamm ZfS 2003, 145; OLG Karlsruhe VersR 2004, 931, 932 m. Anm. *Otto;* LG Göttingen ZfS 2003, 514 mit Anm. *Madert;* aM OLG Karlsruhe OLGR 2005, 637, 638.

446 OLG Karlsruhe OLGR 2005, 639, 640.

447 BGH NJW 2003, 1398, 1399; OLG Hamm NJW-RR 1996, 830, 831; OLG Frankfurt FamRZ 2000, 1513 (LS); AnwBl. 1981, 114.

448 BGH NJW 2003, 1398, 1399; OLG Koblenz NJW-RR 2004, 286; OLG Frankfurt OLGR 1996, 216; KG JurBüro 1989, 814.

449 OLG Naumburg OLGR 2007 421 (Bilanzanalyse); OLG Koblenz JurBüro 2006, 87 (steuerliche Vergleichsberechnung); OLG Frankfurt FamRZ 2000, 1513 (Bewertung des Endvermögens für Zugewinnausgleich); OLG Bamberg VersR 1981, 74.

450 BGH NJW-RR 2006, 212, 213 aE; NJW-RR 2002, 743; NJW-RR 2002, 661, 663, 664; NJW-RR 1997, 18, 19.

451 OLG Saarbrücken JurBüro 1990, 624; OLG Bamberg JurBüro 1987, 602; OLG Hamburg JurBüro 1982, 287; OLG München NJW 1972, 2273; LG Braunschweig JurBüro 2003, 311; LG Hamburg JurBüro 2003, 311.

452 BGH NJW 1990, 122, 123.

453 OLG Düsseldorf NJW-RR 1996, 572; BauR 1995, 883; OLG Stuttgart Die Justiz 1980, 328.

454 KG OLGR 2006, 1009, 1010; AnwBl. 1987, 239.

455 OLG Koblenz JurBüro 1994, 421; OLG Karlsruhe Die Justiz 1980, 20; OLG Stuttgart JurBüro 1985, 122.

456 OLG Dresden JurBüro 2003, 312.

457 OLG Naumburg OLGR 2007, 421; OLG Hamburg OLGR 2006, 611; MDR 1997, 785; OLG Dresden JurBüro 2003, 312, 313; OLG Düsseldorf NZV 2001, 432.

458 OLG Koblenz JurBüro 2003, 314; OLG Bamberg JurBüro 1987, 757; 1989, 1568.

nerisches privates oder ein gerichtliches Sachverständigengutachten zu widerlegen, zu erschüttern oder dem Gerichtssachverständigen sachdienliche Vorhalte zu machen,[459] und der Partei aufgrund einer sehr komplizierten und ihr fremden Materie[460] das erforderliche **Spezialwissen** fehlt.[461] Hiermit hat es aber nicht sein Bewenden. Zu bedenken ist, dass das Gericht bei seiner Überzeugungsbildung nach § 286 Abs. 1 Lücken und Widersprüchen in der Gedankenführung eines Gerichtsgutachtens von Amts wegen nachzugehen hat. Mehrkosten sind daher nicht notwendig, wenn die Partei ins Blaue hinein ein Gegengutachten in Auftrag gibt, um ggf. mit neuem Material ein ihr ungünstiges Ergebnis angreifen zu können. Vielmehr bedarf es **konkreter** Gründe für ihr Vorgehen; formelhafte Wendungen (auch im Rahmen der Kostenfestsetzung) genügen nicht.[462] IdR wird man verlangen müssen, dass das Privatgutachten die Feststellungen des Gerichtssachverständigen **erschüttert**[463] oder den Prozessverlauf im Ergebnis **beeinflusst** hat,[464] was auch in einem **Vergleichsabschluss** seinen Ausdruck finden kann.[465] Fehlt es daran, dh. obsiegt die Partei, ohne dass die Feststellungen des Privatgutachtens in irgendeiner Weise für den Prozessausgang kausal wurden, waren die Aufwendungen nutzlos, wofür auch der Rechtsgedanke des **§ 96** steht. Anders liegt es nur, wenn das Gericht der Partei ausdrücklich aufgibt, den Vortrag in technischer Hinsicht zu **substantiieren**[466] und ihr so besondere Sachkunde abverlangt. Auch die Wahrung der „Waffen- oder Chancengleichheit" kann ein Privatgutachten ausnahmsweise rechtfertigen,[467] zB für eine Versicherung zum Nachweis einer Verkehrsunfallmanipulation.[468]

123 Kosten für ein privates **Rechtsgutachten** über die Anwendung **inländischen** Rechts sind nur in besonders gelagerten Ausnahmefällen erstattungsfähig, wenn es um **außergewöhnlich** schwierige Rechtsfragen geht,[469] da vom Prozessbevollmächtigten in gleicher Weise wie vom Richter erwartet werden kann, unter Heranziehung der Fachliteratur auch in entlegenere oder wenig geläufige Rechtsmaterien einzudringen.[470] Eine vergleichbare Bereitschaft und Befähigung kann hingegen nicht (ebensowenig wie für den Richter, vgl. § 293) für die Anwendung **ausländischen** Rechts vorausgesetzt werden. Da es abgesehen von Sprachschwierigkeiten meist nicht mit einer oberflächlichen Befassung getan ist und diese zudem Quelle unvermeidbarer Fehler sein kann, sind die Kosten eines Rechtsgutachtens in aller Regel zu erstatten.[471] Der Erstattungsberechtigte ist auch nicht gehalten, zunächst abzuwarten, ob und in welchem Umfang das Gericht selbst in die Würdigung ausländischen Rechts einsteigt, da er sonst eine Zurückweisung seines Vorbringens mangels Schlüssigkeit bzw. Rechtserheblichkeit zu gewärtigen hätte.[472] Mit der Erstattung eines Rechtsgutachtens kann auch ein ausländischer Anwalt betraut werden.[473]

124 Die zur **Höhe** der Privatgutachterkosten vertretenen Auffassungen vermitteln kein einheitliches Bild. Während überwiegend die Erstattungsfähigkeit von der Angemessenheit der Kosten abhängig gemacht wird,[474] erklären manche einen dem **JVEG** entsprechenden Vergütungsrahmen für verbindlich[475] oder nehmen ihn zumindest als Richtlinie.[476] Teilweise wird auch die Angemessenheit

---

[459] OLG Koblenz VersR 2002, 1531 (= Az. 14 W 152/01); OLG Düsseldorf NZV 2001, 432, 433; OLG Hamm Rpfleger 2001, 616; NJW-RR 1996, 830, 831; OLG Frankfurt Rpfleger 1990, 182; OLG Saarbrücken JurBüro 1990, 623; OLG Hamburg JurBüro 1981, 440.

[460] OLG Hamburg OLGR 2006, 611; MDR 1997, 785.

[461] OLG Koblenz JurBüro 2003, 314; MDR 2003, 1142.

[462] OLG Hamm NJW-RR 1996, 830, 831.

[463] OLG Köln VersR 1993, 717.

[464] OLG Bamberg JurBüro 1990, 732; JurBüro 1984, 445, 446; aM OLG Hamm Rpfleger 2001, 616; OLG Frankfurt Rpfleger 1990, 182.

[465] OLG Nürnberg FamRZ 2002, 1718, 1719; OLG Bamberg JurBüro 1984, 446; OLG Frankfurt JurBüro 1955, 114.

[466] OLG Koblenz VersR 2002, 1531 (= Az. 14 W 852/01); JurBüro 1981, 129; OLG Stuttgart NJW-RR 1996, 255.

[467] OLG Zweibrücken NJW-RR 1997, 613; OLG Bamberg JurBüro 1987, 1403.

[468] OLG Koblenz Rpfleger 2002, 483; OLG Düsseldorf NZV 2001, 432.

[469] BVerfG NJW 1993, 2793; OLG Koblenz JurBüro 1988, 1026; OLG Hamburg JurBüro 1975, 377; *Stein/Jonas/Bork* Rn. 83.

[470] OLG München JurBüro 1991, 387, 390.

[471] OLG München OLGR 2005, 306; Rpfleger 2000, 425; aM OLG Hamburg JurBüro 1983, 770, 771; *Belz,* in: 2. Aufl., Rn. 53.

[472] OLG München Rpfleger 2000, 425.

[473] OLG Karlsruhe Die Justiz 1990, 361.

[474] OLG Zweibrücken JurBüro 1985, 1874; OLG Bamberg JurBüro 1975, 941; OLG Hamm VersR 1969, 1122, 1123.

[475] OLG Koblenz JurBüro 1996, 90, 91; 1988, 1184; 1976, 95, 96; *Baumbach/Lauterbach/Hartmann* Rn. 102; *Saenger/Gierl* Rn. 20; aM OLG Köln BauR 1989, 372; OLG Zweibrücken JurBüro 1985, 1874.

[476] KG OLGR 2006, 1009, 1010.

im Verhältnis zum Streitwert bewertet[477] oder davon abhängig gemacht, dass der Erstattungsberechtigte kein für ihn erkennbar überhöhtes Honorar vereinbart bzw. es unterlassen habe, sich gegen ein solches zur Wehr zu setzen.[478] Richtig dürfte sein, die Gerichte grundsätzlich über die Angemessenheit zwar nach freiem Ermessen iSv. § 287 analog entscheiden zu lassen,[479] bei **erheblicher** Überschreitung des JVEG-Gebührenrahmens aber eine besonders sorgfältige Prüfung der Angemessenheit des Stundensatzes zu verlangen.[480] Liegt bereits die Honorarnote eines **gerichtlichen** Sachverständigen vor und zieht darauf eine Partei einen privaten Gegengutachter bei, braucht der Gegner im Unterliegensfall mit Kosten in einer den Aufwand des ersten **deutlich übersteigenden** Größenordnung **nicht** zu rechnen; einen vollen Erstattungsanspruch hat der Berechtigte von vornherein nur, wenn er den Kostenrahmen des Privatgutachtens vorab offen legt.[481] Die vom BGH vertretene Gegenansicht,[482] mit iSv. § 91 Abs. 1 S. 1 notwendigen Kosten sei auch ohne Ankündigung stets zu rechnen, ist zirkelhaft. Sie setzt voraus, was nachzuweisen wäre, ob nämlich Kosten selbst dann notwendig sind, wenn sie in casu nicht vorauszusehen waren, etwa weil der erforderliche Aufwand erst im Zuge der Gutachtenerstellung sichtbar wird. Zudem ist zweifelhaft, ob besonders hohe (wenngleich zur Klärung einer Beweisfrage erforderliche) Aufwendungen erstattungsrechtlich als notwendig gelten können, wenn nicht auszuschließen ist, dass sich eine Beweiserhebung ggf. schon insoweit erübrigt hatte, als eine **wirtschaftlich denkende Partei** unter dem Eindruck des tatsächlichen Ausmaßes des Kostenrisikos – vergleichbar dem Warneffekt eines Gerichtsgutachtenvorschusses (vgl. § 17 GKG, § 407a Abs. 3 S. 2) – freiwillig die weitere Rechtsverfolgung bzw. -verteidigung beschränkt und zB ihre Klage (teilweise) zurückgenommen, die gegnerische Klage anerkannt oder die zu beweisende Tatsache unstreitig gestellt hätte. Sie damit erst im Stadium der Kostenfestsetzung zu überraschen, erscheint bedenklich. Jedenfalls unterläuft der Ansatz des BGH das in anderem Kontext vom EuGH und auch von ihm selbst anerkannte[483] rechtsstaatliche Gebot der **Kostentransparenz** (hierzu Vor §§ 91 ff. Rn. 1), wonach die Parteien den tatsächlichen Umfang einer späteren Kostenlast kennen müssen, um ihr Prozessverhalten, den Regeln der Dispositionsmaxime entsprechend, hierauf einrichten zu können. Die Geltendmachung des prozessualen Erstattungsanspruchs unterliegt den durch das Vertrauen auf diesen Grundsatz gezogenen Grenzen;[484] höhere Aufwendungen sind allenfalls in Gestalt eines materiellen Erstattungsanspruchs (vgl. Vor §§ 91 ff. Rn. 14, 16 ff.) auszugleichen. Bei Verwendung des Gutachtens für **mehrere** Verfahren sind die Kosten anteilig umzulegen[485] (vgl. § 103 Rn. 50).

Veranlasst die Vorbereitung eines privat oder gerichtlich eingeholten Gutachtens gesonderte Aufwendungen, um dem Sachverständigen mittels sog. **Bauteil**- oder **Konstruktionsöffnung** das Begutachtungsobjekt zugänglich zu machen, sind auch diese idR zu erstatten.[486] Gleiches gilt für die Kosten der **Wiederherstellung** des ursprünglichen Zustands.[487] Sie sind namentlich dann erstattungsfähig, wenn dadurch Kosten dritter, vom Sachverständigen beizuziehender Hilfspersonen erspart wurden. Ihrer Rechtsnatur nach handelt es sich selbst dann **nicht** um **Gerichtskosten,** sondern um außergerichtliche Parteiauslagen, wenn sie der Vorbereitung eines seitens des Gerichts eingeholten Gutachtens dienen. Das hat zur Folge, dass sie im Rahmen einer Kostenaufhebung gem. § 92 Abs. 1 S. 2 nicht zu erstatten sind[488] (vgl. § 92 Rn. 12). Zu den Gerichtskosten zählen solche Aufwendungen nur dann, wenn der gerichtlich bestellte Sachverständige selbst Hilfskräfte beizieht und ihnen Aufgaben überträgt.[489] Kosten einer prozessbegleitenden **Fachbetreuung** durch ein Ingenieurbüro o. ä. sind nur unter engen Voraussetzungen zu erstatten, etwa wenn das Sammeln und Auswerten von Tatsachen- und Beweismaterial – ein Aufwand, den die Partei normalerweise selbst zu tragen hat (vgl. Rn. 85) – das gewöhnliche Maß weit übersteigt.[490] 125

---

477 OLG Frankfurt IBR 2003, 177 (Sachverständigenentschädigung in Höhe von 46.000 Euro bei Streitwert von 4,5 Mio. Euro sei angemessen).

478 OLG München JurBüro 1987, 897, 898.

479 *Zöller/Herget* Rn. 13 „Privatgutachten".

480 BGH NJW 2007, 1532, 1533; OLG Zweibrücken NJW-RR 1997, 613, 614; *Stein/Jonas/Bork* Rn. 86.

481 OLG Jena OLG-NL 2006, 207, 209 (Kosten eines Privatgutachtens in Höhe von 47 000 Euro gegenüber einem vorausgegangenen Gerichtsgutachten von knapp 9000 Euro).

482 BGH NJW 2007, 1532, 1533.

483 EuGH NJW 2004, 833, 834; BGH NJW 2005, 1373, 1375.

484 OLG Jena OLG-NL 2006, 207, 209.

485 OLG Bamberg JurBüro 1971, 624.

486 OLG Koblenz MDR 2004, 1025; KG JurBüro 1981, 1388, 1389.

487 OLG Koblenz JurBüro 1978, 120; *Werner/Pastor* Rn. 91 aE.

488 OLG Koblenz MDR 2004, 1025.

489 OLG Koblenz NZBau 2004, 556.

490 OLG Nürnberg MDR 2001, 1439, 1440.

Prozessfinanzierungskosten. Vgl. unter „Zinsen" Rn. 150.

Prozessvergleich. Die wesentlichen hiermit zusammenhängenden kostenrechtlichen Fragen sind unter § 98 erläutert. Ergänzend sei auf die Ausführungen zur Erstreckung eines Prozessvergleichs auf einen Nebenintervenienten (hierzu § 101 Rn. 25 ff.) sowie zu dessen Eignung als Kostentitel (hierzu § 103 Rn. 10 ff.) hingewiesen.

126 **Recherchekosten.** Analog den für die Einschaltung eines Detektivs (vgl. Rn. 101) geltenden Regeln können auch die Kosten sonstiger außergerichtlicher Ermittlungsmaßnahmen erstattungsfähig sein, insbesondere wenn sie die gegenüber dem Honorar einer Detektei kostengünstigere Lösung darstellen. In Betracht kommen zB die Schaltung einer **Zeitungsanzeige** zum Auffinden von Unfallzeugen,[491] ggf. verbunden mit der Auslobung einer **Prämie**,[492] die Einholung einer kostenpflichtigen Auskunft aus dem **Einwohnermelderegister,**[493] dem elektronischen **Grundbuch**[494] oder einer **Online-Datenbank,** sofern die Recherche nicht lediglich der juristischen Unterrichtung dient,[495] (vgl. Rn. 85) und ggf. auch die Zuziehung eines mit einem bestimmten Spezialgebiet vertrauten **Dienstleisters.**[496] Voraussetzung ist wie üblich die Prozessbezogenheit (näher Rn. 33, 34) und Notwendigkeit. Auf letztere kann sich namentlich eine in Beweisnot befindliche Partei berufen. Zu Ermittlungen in Gestalt einer Meinungsumfrage vgl. Rn. 113 und eines Testkaufs vgl. Rn. 138.

127 **Rechtsanwalt.** Die dem Prozessbevollmächtigten der obsiegenden Partei zustehenden Gebühren und Auslagen erlangen im Kontext der §§ 91 ff. in vielfacher Hinsicht Bedeutung (zur Einordnung der Anwaltsvergütung in das System des Kostenrechts vgl. Vor §§ 91 ff. Rn. 11). Die einzelnen Probleme sind im jeweiligen Sachzusammenhang erläutert. Im wesentlichen handelt es sich um folgende Bereiche:

- Notwendigkeit der Rechtsanwaltskosten: Rn. 45 bis 49 und § 104 Rn. 28.
- Mehrkosten eines auswärtigen Prozessbevollmächtigten (Distanzanwalt): Rn. 50 bis 68 und Rn. 90.
- Höhe der Anwaltsvergütung: Rn. 49 und 105 („Honorarvereinbarung").
- Auslagen des Anwalts: „Ablichtungen" Rn. 78 bis 82 und „Post- und Telekommunikationskosten" Rn. 117 sowie § 104 Rn. 13 (Glaubhaftmachung).
- Geschäftsgebühr, Terminsgebühr: „Beratungs- und Besprechungskosten" Rn. 91 bis 93; § 98 Rn. 17.
- Umsatzsteuer: § 104 Rn. 14 bis 17.
- Reisekosten des Anwalts: Rn. 132.
- Verkehrsanwalt: Rn. 141 bis 145.
- Vertrauensanwalt: Rn. 146, 147.
- Bestellung/Sachantrag eines Anwalts in Rechtsmittelinstanz: „Berufung" Rn. 94 bis 99, „Revision" Rn. 133.
- Anwaltssozietät: Rn. 64 (Auswärtigkeit eines Anwalts), Rn. 71 (Anwaltswechsel), Rn. 74 (Anwalt in eigener Sache), Rn. 148 (Verweisung) und § 100 Rn. 25 (Anwaltssozietät als Streitgenossenschaft).
- Mehrere Anwälte: Rn. 69 und § 100 Rn. 19 bis 25 (Mehrere Anwälte bei Streitgenossenschaft).
- Anwaltswechsel: Rn. 70 bis 73.
- Anwalt in eigener Sache: Rn. 74 bis 77.
- Patentanwalt: Rn. 115, 116.
- Ausländischer Rechtsanwalt: Rn. 88.
- Kostentragungspflicht des vollmachtlosen Anwalts aus Veranlasserhaftung: Rn. 17.
- Standesrecht: Rn. 136.

128 **Rechtsbeistand.** Nach Art. IX Abs. 1 S. 1 des Gesetzes zur Änderung und Ergänzung kostenrechtlicher Vorschriften (KostÄndG) in der durch das Kostenmodernisierungsgesetz vom 5. 5. 2004 geänderten Fassung gilt das RVG für **zugelassene** Rechtsbeistände sinngemäß, während die Kosten sonstiger Verfahrensbevollmächtigter nur hinsichtlich notwendiger Auslagen nach JVEG, einschließlich Reisekosten, erstattungsfähig sind.[497] Nicht zu erstatten ist eine Vergütung für den Ar-

---

[491] KG MDR 1978, 762; LG Mönchengladbach NJW-RR 2004, 432.

[492] KG MDR 1978, 762; OLG Koblenz MDR 1975, 152.

[493] LG Bad Kreuznach VersR 1989, 1268 (doch fallen insoweit keine gesonderten Anwaltskosten an: BGH NJW-RR 2004, 501, 502).

[494] KG WoM 2005, 146, 147.

[495] SG München AnwBl. 1994, 146, 147; LG Köln CR 1992, 609, 610 (keine Kostenerstattung einer juris-Recherche).

[496] OLG Hamm AnwBl. 2003, 186 (Zuziehung eines Designers für Fremdrecherchen in Geschmacksmusterrechtsstreit).

[497] LAG Hamm JurBüro 1994, 422 (Prozessvertretung durch berufsständischen Verband).

beitsaufwand eines Bevollmächtigten, der nicht nach einer Gebührenordnung abrechnen darf.[498] Auf das Honorar eines **Hochschullehrers** kann dagegen das RVG analog angewendet werden,[499] da seine Vertretung der eines Anwalts gleichzustellen ist, wie seine ausdrückliche Zulassung in anderen Verfahrensordnungen (zB § 67 Abs. 1 VwGO) zeigt. Wird der von der Partei beauftragte Anwalt durch einen **Assessor** oder zur Ausbildung zugewiesenen **Referendar** vertreten, ist die Vergütung ebenfalls nach RVG zu berechnen (§ 5 RVG), die nach Maßgabe des § 91 Abs. 1 S. 1 zu erstatten ist. Das entsprach bereits der Rechtslage vor Inkrafttreten des RVG, obwohl die BRAGO eine explizite Regelung nicht kannte.[500] **Inkassobüros** sind nach dem Wortlaut des Art. IX Abs. 2 KostÄndG von der Anwendung des RVG hingegen ausgenommen.

Die Mehrkosten eines Rechtsbeistands im **Mahnverfahren** sind im Rahmen der Kostenfestset- 129 zung eines nachfolgenden Streitverfahrens, soweit dieses als Anwaltsprozess (§ 78) zu führen ist, neben den Gebühren eines Anwalts nicht erstattungsfähig.[501] Dabei kommt es seit der Neuordnung des anwaltlichen Lokalisationsrechts nicht mehr darauf an, ob bereits vor dem Mahnantrag mit Widerspruchserhebung und Durchführung eines streitigen Verfahrens zu **rechnen** war;[502] die zu diesem Problemkreis ergangene Rechtsprechung[503] ist überholt (näher Rn. 109). Der Partei entsteht kein Nachteil dadurch, dass sie sich schon im Mahnverfahren anwaltlich vertreten lässt. Mithin bedarf es weder eines Personenwechsels für das Streitverfahren (§ 91 Abs. 2 S. 2) noch erweist sich die Zuziehung des Rechtsbeistands ex-ante als notwendig iSv. § 91 Abs. 1 S. 1.[504] Vielmehr ist unter gleichwertigen Varianten der Prozessführung grds. nur die **kostengünstigere** erstattungsfähig (hierzu Rn. 38, 66), die sich hier auf die Kosten eines einzigen Prozessanwalts beschränkt, da dessen im Mahnverfahren verdiente Gebühren voll auf die nachfolgende Hauptsache angerechnet werden (vgl. Rn. 29).

Rechtsmittel. Vgl. unter „Berufung" Rn. 94 bis 99 und „Revision" Rn. 133.

Referendar. Vgl. unter „Rechtsbeistand" Rn. 128.

Reisekosten der Partei. Zur Notwendigkeit von Parteiauslagen vgl. zunächst die unter 130 Rn. 43f. erläuterten Grundsätze. Ordnet das Gericht persönliches Erscheinen an, sind die Reisekosten ausnahmslos als notwendig anzuerkennen.[505] Doch sind sie idR auch **ohne Anordnung** erstattungsfähig,[506] weil es im berechtigten Interesse des Rechtsuchenden liegt, selbst bei anwaltlicher Vertretung seine Sache (auch) mündlich zur Geltung zu bringen und sich ein eigenes Bild vom Verhandlungsgang zu machen. Das gilt auch im Revisions- bzw. Rechtsbeschwerdeverfahren.[507] Im Übrigen hat die ZPO-Reform den Stellenwert der Teilnahme der Parteien zur Stärkung gütlicher Streitbeilegung erhöht (§§ 278 Abs. 2 S. 3, 279 Abs. 1 S. 1), die deshalb grds. als sachdienlich zu gelten hat.[508] Seine Grenzen findet der Erstattungsanspruch in den – ex ante anzuwendenden – Regeln **rechtmissbräuchlichen** Verhaltens[509] (vgl. Rn. 41), so wenn die Höhe der Reisekosten in grobem Missverhältnis zum Streitwert steht[510] oder die Anwesenheit der Partei wegen besonderer Umstände als greifbar überflüssig und nutzlos anzusehen ist,[511] zB es sich um einen bloßen Verkündungstermin handelt oder der Gegner ankündigt, nicht zu erscheinen und Versäumnisurteil gegen sich ergehen zu lassen.[512] Die einer Einzelperson zustehende Entschädigung für Reisen und Zeitversäumnis gebührt auch einer **Personen-** bzw. **Kapitalgesellschaft,** wenn sie durch ein Organ (Geschäftsführer, Vorstand, leitenden Angestellten) oder sonstigen Mitarbeiter vertreten

---

498 BSG MDR 1997, 200.

499 BVerwG ZBR 1984, 351; OLG München JurBüro 2002, 201; OLG Düsseldorf NStZ 1996, 99; VGH München NJW 1992, 853; aM LG Münster ZMR 1996, 385 m. Anm. *Deumeland.*

500 BGH NJW-RR 2004, 1143.

501 BGH NJW 2006, 446, 447.

502 BGH NJW 2006, 446, 447.

503 OLG Düsseldorf Rpfleger 1996, 526; OLG Hamburg JurBüro 1995, 91; weitere Nachw. *Belz,* in: 2. Aufl., Rn. 67.

504 BGH NJW 2006, 446, 447; teilweise abweichend OLG Karlsruhe OLGR 2005, 684, 685 (Erstattungsfähigkeit bei Vorliegen wirtschaftlich sinnvoller Gründe).

505 OLG Frankfurt JurBüro 1985, 770.

506 OLG Köln JurBüro 2006, 599, 600; OLG Düsseldorf NJW-RR 1996, 1342; OLG Stuttgart Rpfleger 1992, 448.

507 OLG Stuttgart JurBüro 2002, 536.

508 OLG München Rpfleger 2004, 63; OLG Celle MDR 2004, 235; LG Münster Rpfleger 2005, 56; LG Coburg NJOZ 2004, 3290, 3291.

509 OLG Düsseldorf NJW-RR 1996, 1342; OLG Köln MDR 1993, 182; OLG Hamm MDR 1992, 196.

510 OLG Celle MDR 2004, 235, 236; OLG Brandenburg MDR 2000, 1216; OLG Stuttgart Rpfleger 1992, 448.

511 OLG Köln JurBüro 2006, 599, 600.

512 OLG München Rpfleger 2004, 63.

wird.[513] Nicht erstattungsfähig ist dagegen der Zeitaufwand für Organe oder Mitarbeiter einer **Behörde** oder juristischen Person des **öffentlichen Rechts** dafür, dass sie ihren Bediensteten wegen Abwesenheit nicht für die Erledigung anderweitiger Aufgaben einsetzen kann.[514] Hierbei handelt es sich um steuerfinanzierte Vorhaltekosten, die nicht auf den Prozessgegner umgelegt werden können. Bei der Ermittlung des der Partei im Einzelnen entstandenen Aufwands kann das Gericht auf das **Schätzungsermessen** des § 287 zurückgreifen (vgl. § 104 Rn. 19).

131 Maßgebend für **Anfall** und **Höhe** der Auslagen sind gem. § 91 Abs. 1 S. 2 2. Halbs. die Vorschriften des **JVEG.** Erstattungsfähig sind vor allem die Kosten der **An-** und **Rückreise** zum Verhandlungs- oder Beweistermin vor dem Prozessgericht oder einem auswärtigen Rechtshilfegericht. Als Reise iSv. § 91 Abs. 1 S. 2 gilt, wenn die Partei die Grenze der politischen Gemeinde überschreitet, in der sie ihren Wohn- bzw. Geschäftssitz hat.[515] Neben den **Fahrtkosten** kommt die Erstattung eines sonstigen Aufwands infolge Zeitversäumnis einschließlich für **Übernachtung** und **Verpflegung** in Betracht, wobei auf die Durchschnittskosten unter Berücksichtigung der örtlichen Verhältnisse abzustellen ist.[516] Als notwendig ist eine Übernachtung anzusehen, die eine Reise in der Nachtzeit zwischen 21.00 und 6.00 Uhr (Arg. § 758a Abs. 4 S. 2)[517] bzw. einen reinen Zeitaufwand für Hin- und Rückfahrt von mehr als 10 Stunden (Arg. § 21 S. 2 JVEG)[518] vermeidet. Abhängig von beruflicher Stellung, Alter, Gesundheitszustand usw. sind ggf. die Kosten einer Bahnfahrt erster Klasse erstattungsfähig.[519] § 91 Abs. 1 S. 2 spricht nur von der zu entschädigenden „Zeitversäumnis", die nach der neuen Systematik der §§ 20, 22 JVEG (anders als der frühere § 2 ZSEG) einen **Verdienstausfall** begrifflich nicht mehr erfasst. Hierbei handelt es sich jedoch um ein offensichtliches **Redaktionsversehen** des Gesetzgebers, das von der Rechtsprechung korrigiert werden sollte.[520] Generell nicht zu ersetzen sind **immaterielle** Nachteile (vgl. Vor §§ 91 ff. Rn. 6). Dient eine Reise **mehreren** am selben Tage vor demselben Gericht durchgeführten Terminen verschiedener Verfahren, sind die Reisekosten auf die einzelnen Verfahren anteilig umzulegen[521] (vgl. § 103 Rn. 50).

132 **Reisekosten des Rechtsanwalts.** Wegen der Erstattungsfähigkeit der Reisekosten des **Distanzanwalts** wird zunächst auf die Darstellung unter Rn. 50 bis 64 verwiesen. Ergänzend ist hervorzuheben, dass dem Prozessbevollmächtigten grds. die Kosten aller Reisen zu einem auswärtigen Termin, insbesondere einer Beweisaufnahme oder einem Augenschein, zu erstatten sind.[522] Dies gilt umso mehr, als er in aller Regel verpflichtet ist, auch auswärtige Termine selber wahrzunehmen,[523] und dies einem Beweisanwalt nur dann überlassen darf, wenn ihm nach den besonderen Umständen des Falles die Teilnahme nicht zumutbar oder er aus zwingenden Gründen verhindert ist.[524] So mag es sich zB bei Terminkollision und fruchtlosem Verlegungsantrag verhalten. Liegen derartige besondere Umstände vor, sind die Kosten des **Beweisanwalts** ausnahmsweise erstattungsfähig, andernfalls sind sie der Höhe nach auf die fiktiven Reisekosten des Prozessbevollmächtigten begrenzt[525] (vgl. Rn. 66, 100). Wird ein Termin **kurzfristig aufgehoben,** sind die Reisekosten gleichwohl festzusetzen, falls sie **unvermeidbar** waren, etwa wenn der Gegner erst am Vortag und ohne Dringlichkeitsvermerk Klagerücknahme erklärt und daher eine Abladung seitens des Gerichts nicht mehr erfolgt.[526] Doch muss der Anwalt durch geeignete organisatorische Maßnahmen grds. Sorge dafür tragen, dass ihn eine am Vortag (auch telefonisch) eingegangene gerichtliche Abladung noch erreicht.[527] Wie für die Partei gilt auch für den Anwalt, dass statt einer sonst erforderlichen

---

[513] OLG Hamm MDR 1997, 206; OLG Hamburg JurBüro 1979, 108; MDR 1974, 590; OLG Stuttgart Die Justiz 1978, 405; OLG München NJW 1973, 1375; LG Münster Rpfleger 2005, 56; aM OLG Köln JurBüro 1986, 1708.

[514] BVerwG Rpfleger 2005, 332, 333; OLG Bamberg JurBüro 1990, 210; OLG Schleswig JurBüro 1990, 622; LG Köln JurBüro 1994, 229; aM OLG Stuttgart JurBüro 2001, 484; OLG Hamm NJW-RR 1997, 767; OLG Bamberg JurBüro 1992, 242; *Belz,* in: 2. Aufl., Rn. 81.

[515] OLG Stuttgart JurBüro 1984, 762.

[516] KG AGS 2006, 47; OLG Karlsruhe NJW-RR 2003, 1654, 1655.

[517] OLG Karlsruhe NJW-RR 2003, 1654, 1655.

[518] OLG Dresden Rpfleger 1998, 444.

[519] OLG Hamm MDR 1997, 207 (bejaht für Geschäftsführer einer Handelsgesellschaft).

[520] So auch *Lappe* NJW 2006, 270, 275; *Zöller/Herget* Rn. 13 „Zeitversäumnis".

[521] LG Berlin Rpfleger 1989, 127.

[522] KG JurBüro 2007, 261 (Ortstermin eines Gerichtssachverständigen); OLG Schleswig JurBüro 1977, 1738; OLG Stuttgart Die Justiz 1974, 182.

[523] OLG Frankfurt JurBüro 1982, 238; OLG Schleswig JurBüro 1977, 1738; OLG Hamburg JurBüro 1970, 1075.

[524] OLG Bamberg JurBüro 1975, 379.

[525] OLG Schleswig JurBüro 1977, 1737.

[526] OLG Koblenz MDR 2007, 55; OLG München NJW-RR 2004, 714.

[527] OLG Stuttgart OLGR 2003, 388; allerdings nicht mehr um 16.30 Uhr (so zutreffend OLG München NJW-RR 2004, 714, 715).

Reise zur Nachtzeit die Kosten einer **Übernachtung** (vgl. Rn. 131) zu erstatten sind.[528] Die **Berechnung** der anwaltlichen Reisekosten erfolgt auf der Grundlage der Nr. 7003 bis 7006 VV RVG. Generell sind nur tatsächlich angefallene Aufwendungen zu erstatten (vgl. § 104 Rn. 23); die Kosten einer sog. **BahnCard 100,** die für eine bestimmte Geltungsdauer zur unbeschränkten kostenfreien Bahnnutzung berechtigt, sind bis zur Höhe der **fiktiven** Kosten einer regulären Fahrkarte allenfalls dann erstattungsfähig, wenn der Antragsteller durch konkrete Angaben die Berechnung der Höhe der Durchschnittskosten eines gefahrenen Kilometers ermöglicht.[529] Ansonsten ist eine (auch anteilige) Erstattung ausgeschlossen.[530] **Kfz-Fahrtkosten** (Nr. 7003 VV RVG) sind auch dann nach Maßgabe der tatsächlich zurückgelegten Kilometer zu erstatten, wenn die Wahl einer kürzeren Fahrtstrecke mit erheblich höherem Zeitaufwand (zB Landstraße statt Autobahn) verbunden gewesen wäre und deshalb nicht zumutbar war.[531] **Flugkosten** sind nur erstattungsfähig, wenn sie zu den Kosten anderer Verkehrsmittel unter Berücksichtigung der Zeitersparnis in einem angemessenen Verhältnis stehen.[532]

Revision. Die Erstattungsfähigkeit der Kosten der Zuziehung eines Rechtsanwalts und des Zeitpunkts eines Sachantrags bestimmt sich sinngemäß nach den für die Berufung geltenden Regeln[533] (hierzu Rn. 94ff). 133

Richterablehnung. Das Verfahren über die Richterablehnung (§§ 44ff.) ist zwar formal nicht kontradiktorisch angelegt. Gleichwohl ist auch das Recht der nicht ablehnenden Partei am **gesetzlichen Richter** (Art. 101 Abs. 1 S. 2 GG) unmittelbar berührt, mit der Folge, dass ihr die außergerichtlichen Kosten im **Beschwerdeverfahren** (§ 46 Abs. 2), insbesondere die Kosten einer anwaltlichen Vertretung zu **erstatten** sind.[534] Anfall und Erstattung einer Gebühr setzen nicht voraus, dass der Anwalt der Gegners nach außen in Erscheinung tritt; es reicht vielmehr aus, dass er auftragsgemäß nach Erhalt der Beschwerdeschrift prüft, ob etwas zu veranlassen ist.[535] Hiervon ist in der Regel auszugehen, wenn der Anwalt die Partei in der Hauptsache vertritt;[536] nur wenn sich aus dem Mandatsverhältnis ausnahmsweise etwas anderes ergibt, etwa die anwaltliche Tätigkeit sich auf die bloße Weiterleitung von Schriftsätzen an die Partei beschränkt, entsteht die Gebühr nicht. Das Richterablehnungsverfahren als solches gehört zum Rechtszug und löst gem. § 19 Abs. 1 Nr. 3 RVG keine gesonderte Anwaltsgebühren aus. 134

Schiedsgutachten. Die Kosten eines vereinbarungsgemäß eingeholten vorprozessualen Schiedsgutachtens zählen, anders Gebühren der Gütestelle (vgl. Rn. 30), nicht zu denen des Rechtsstreits und können deshalb im Kostenfestsetzungsverfahren nicht erstattet verlangt werden.[537] An der Prozessbezogenheit (vgl. Rn. 18, 33) mangelt es schon insoweit, als ein Schiedsgutachten seiner Bestimmung nach nicht der gerichtlichen Rechtsverfolgung, sondern umgekehrt gerade deren Vermeidung dient[538] (näher Rn. 35). 135

Schutzschrift. Zur Einbeziehung in die Kosten des einstweiligen Verfügungsverfahrens wird auf § 103 Rn. 8 verwiesen.

Standesrecht. Eine Verletzung des Standesrechts beeinträchtigt die prozessuale Wirksamkeit des anwaltlichen Handelns nicht und ist grds. ohne Einfluss auf die Erstattungsfähigkeit der Gebühren.[539] Führt der Verstoß jedoch zu vermeidbaren Mehrkosten, kann ihre Erstattungsfähigkeit entfallen.[540] Der Ausschluss aus der Anwaltschaft wegen standeswidrigen Verhaltens führt zur Nichterstattung dadurch bedingter Mehrkosten, insbesondere denen eines Anwaltswechsels (vgl. Rn. 73). Eine zwischen den Anwälten eines Kammerbezirks praktizierte Übung, sich bestimmter 136

---

[528] OLG Bamberg Rpfleger 2007, 47.

[529] OLG Frankfurt NJW 2006, 2337, 2338.

[530] OVG Münster NJW 2006, 1897; OLG Celle MDR 2004, 1445; OLG Karlsruhe JurBüro 2000, 145; VG Köln NJW 2005, 3513.

[531] KG KGR 2003, 360.

[532] OLG Düsseldorf Rpfleger 2007, 112, 113; OLG Naumburg JurBüro 2006, 87.

[533] BGH NJW 2003, 1234.

[534] BGH NJW 2005, 2233, 2234; OLG Dresden JurBüro 2005, 656; OLG Koblenz MDR 1992, 310; *Zöller/Herget* Rn. 13 „Richterablehnung"; aM OLG Brandenburg MDR 2002, 1092; OLG München MDR 1994, 627; OLG Frankfurt NJW-RR 1992, 510, 511.

[535] BGH NJW 2005, 2233, 2234; OLG Koblenz MDR 1992, 310; OLG Saarbrücken JurBüro 1992, 742; aM OLG Nürnberg NJW-RR 2002, 720; OLG Frankfurt OLGR 1996, 261; NJW-RR 1986, 740.

[536] BGH NJW 2005, 2233, 2234; aM *Schneider* MDR 2001, 130, 132.

[537] BGH NJW-RR 2006, 212, 213; OLG Koblenz JurBüro 2003, 210; OLG Düsseldorf JurBüro 1999, 367, 368.

[538] BGH NJW-RR 2006, 212, 213; OLG München JurBüro 1989, 1123, 1124.

[539] OLG Hamburg JurBüro 1980, 720.

[540] LG Bonn AnwBl. 1984, 102; *Zöller/Herget* Rn. 13 „Standesrecht".

Maßnahmen, wie zB einer Bestellungsanzeige oder Sachantragstellung nach Rechtsmitteleinlegung des Gegners, vorläufig zu enthalten, entfaltet keine erstattungsrelevante Rechtswirkung[541] (vgl. Rn. 97).

137 **Steuerberater.** Die durch Hinzuziehung eines Steuerberaters entstehenden Kosten können nach Maßgabe der für private Gutachterkosten geltenden Regeln erstattungsfähig sein (vgl. Rn. 118 ff.). **Notwendig** sind sie namentlich dann, wenn die Partei ohne Beistand des Steuerberaters ihrer prozessualen Darlegungslast nicht zu entsprechen vermag, ebenso aus Gründen der Chancengleichheit, zB im Schadensersatzprozess gegen einen Steuerberater.[542] Die vornehmlich im Vorfeld eines sich konkret abzeichnenden Rechtsstreits entstehenden Kosten müssen, um als Vorbereitungskosten anerkannt zu werden, **prozessbezogen** (vgl. Rn. 33 ff.) sein.[543]

Streitgenossen. Die einschlägigen kosten- und erstattungsrechtlichen Fragen sind im Rahmen der Kommentierung zu § 100 erläutert; vgl. auch unter Rn. 17 und § 103 Rn. 28 sowie § 104 Rn. 59.

Stufenklage. Vgl. unter Rn. 18.

Terminsgebühr. Zur Erstattung einer **vor-** bzw. **außergerichtlich** angefallenen Terminsgebühr (Teil 3 Vorbem. 3 Abs. 3 VV RVG) vgl. unter „Beratungs- und Besprechungskosten" Rn. 93 und § 98 Rn. 17.

138 **Testkaufkosten** sind nach hM als Vorbereitungskosten erstattungsfähig, falls sie **prozessbezogen** und **notwendig** sind.[544] Um als prozessbedingt zu gelten, insbesondere in **Wettbewerbssachen,** müssen solche Aufwendungen im Rahmen eines schon zuvor gefassten Entschlusses über das „Ob" der Rechtsverfolgung (näher Rn. 33 f.) getätigt werden.[545] Daran fehlt es zB bei der zufälligen Aufdeckung einer Markenrechtsverletzung durch einen nur zur allgemeinen Marktbeobachtung eingesetzten Testkäufer.[546] An die Notwendigkeit des Testkaufs ist ein strenger Maßstab anzulegen, und zwar der einer auf Wirtschaftlichkeit und Sparsamkeit bedachten Partei.[547] Die mit ihm gewonnenen Erkenntnisse müssen sich zumindest bis Prozessbeginn als in irgendeiner Weise **nützlich** aus Sicht der betreffenden Partei erweisen (hierzu Rn. 40). Die Aufwendungen müssen einem an der Bedeutung des Streitgegenstands und den wirtschaftlichen Verhältnissen der Parteien orientierten Rahmen entsprechen.[548] Zu den erstattungsfähigen Testkaufkosten zählt auch der Kaufpreis.[549] Hat jedoch der gekaufte Gegenstand auch nach Verwendung als Beweismittel noch einen wirtschaftlichen Wert, können die Testkaufkosten nur mit der Maßgabe festgesetzt werden, dass die Zahlung Zug um Zug gegen Übereignung der Kaufsache zu erfolgen hat.[550]

139 **Übersetzungskosten.** Sie sind grundsätzlich zu erstatten,[551] und zwar auch solche, die für die Übersetzung des Schriftverkehrs der Partei mit ihrem **Anwalt** anfallen, wenn dieser der ausländischen Sprache nicht mächtig ist.[552] Der Prüfung bedarf indes, ob die Bedeutung der einzelnen Schriftstücke die wörtliche Übersetzung rechtfertigt, wie es auf solche wesentlichen Inhalts, dem Gericht vorzulegende Urkunden sowie auf richterliche Entscheidungen zutrifft. Die Erstattungsfähigkeit unterschiedslos auf den gesamten Schriftwechsel auszudehnen, ist abzulehnen.[553] Ist der Rechtsanwalt **sprachkundig,** wird es ohnehin in der Regel ausreichend sein, die Partei mündlich zu unterrichten oder Schriftstücke nur ihrem wesentlichen Inhalte nach mitzuteilen, wofür Übersetzungskosten nicht anfallen. Die wörtliche Übersetzung eines wichtigen Schriftstücks durch den Anwalt hingegen, wie sie vor allem eine gerichtliche Entscheidung oder ein Vergleich erfordern können, überschreitet den Rahmen typischer Anwaltstätigkeit, weshalb er dafür besonders zu ent-

---

541 BGH NJW 2004, 73; aM OLG Stuttgart JurBüro 1984, 143 (Kosten der Ankündigung der Vollstreckung); *Belz,* in: 2. Aufl., Rn. 87.

542 OLG München MDR 1977, 848; OLG Stuttgart Die Justiz 1969, 104.

543 OLG Frankfurt JurBüro 1988, 360.

544 OLG München OLGR 2004, 204; OLGR 2004, 205; OLG Frankfurt GRUR 1988, 791; WRP 1985, 349; OLG Karlsruhe JurBüro 1988, 74; OLG Düsseldorf JurBüro 1986, 99; OLG Koblenz JurBüro 1985, 1865, aM OLG Hamm MDR 1985, 414.

545 OLG Stuttgart JurBüro 1995, 37; OLG Düsseldorf JurBüro 1986, 99; aM wohl OLG München OLGR 2004, 205.

546 OLG Zweibrücken OLGR 2004, 638; OLG Frankfurt JurBüro 2001, 259, 260.

547 OLG Frankfurt GRUR 1988, 791; WRP 1985, 349.

548 OLG Karlsruhe JurBüro 1988, 74.

549 OLG Koblenz JurBüro 1985, 1865.

550 OLG Stuttgart Die Justiz 1986, 412; KG MDR 1976, 670; aM OLG München OLGR 2004, 205; OLG Koblenz VersR 1980, 433.

551 OLG Frankfurt VersR 1980, 1123.

552 OLG Düsseldorf AnwBl. 1983, 560.

553 OLG Düsseldorf, Rpfleger 1983, 367.

schädigen ist.[554] Das gilt auch dann, wenn die ausländische Partei neben dem deutschen Rechtsanwalt durch einen ausländischen **Verkehrsanwalt** (vgl. auch Rn. 44, 88) betreut wird.[555]

Umsatzsteuer. Hierzu § 104 Rn. 14 bis 17.

Unterbevollmächtigter. Hierzu Rn. 51 und 65 ff.

Urkundenprozess. Im Einzelfall können Mehrkosten **rechtsmissbräuchlich** (hierzu Rn. 41) und damit nicht erstattungsfähig sein, wenn sie auf einem zunächst vorgeschalteten Urkundenprozess beruhen, von dem der Kläger erst Abstand genommen und das ordentliche Verfahren eingeleitet hat, nachdem sich die Klageerhebung im Urkundenprozess als zur Rechtsverfolgung nicht sachdienlich erwiesen hat.[556] 140

Vergleich. Die einschlägigen kostenrechtlichen Fragen sind in § 98 erläutert, auch soweit sie den **außergerichtlichen** Vergleich (vgl. § 98 Rn. 23 ff.) betreffen. Ergänzend sei auf die Erstreckung des Vergleichs auf einen Nebenintervenienten in § 101 Rn. 25 ff. sowie die Eignung als Kostentitel in § 103 Rn. 10 ff. hingewiesen.

Verjährung. Zur Verjährung des **prozessualen** Kostenerstattungsanspruchs vgl. § 104 Rn. 42.

Verkehrsanwalt. Sein Auftrag beschränkt sich auf die Führung des Verkehrs der Partei mit dem Prozessbevollmächtigten (Nr. 3400 VV RVG), der seinerseits vor Gericht auftritt und für Schriftsätze und Anträge verantwortlich zeichnet. Der Verkehrsanwalt hat mit Erweiterung der **Postulationsfähigkeit** erheblich an Bedeutung verloren, weil seit 1. 1. 2000 jeder bei einem Amts- oder Landgericht zugelassene Anwalt bei allen Amts- und Landgerichten auftreten durfte (§ 78 Abs. 1 S. 1 aF). Gleiches galt seit 1. 8. 2002 für einen Anwalt mit OLG-Zulassung hinsichtlich der Vertretung vor allen Oberlandesgerichten (§ 78 Abs. 1 S. 2 aF). Mittlerweile (seit 1. 6. 2007) verlangt § 78 Abs. 1 S. 1 in der Fassung des Gesetzes zur Stärkung der Selbstverwaltung der Rechtsanwaltschaft vom 26. 3. 2007 (BGBl. I S. 358) nur noch, dass sich die Parteien vor Landgerichten und Oberlandesgerichten „durch einen Rechtsanwalt" vertreten lassen, da die frühere, an ein örtlich bestimmtes Gericht gebundene Zulassung (§ 18 BRAO aF) nicht mehr existiert. Die Partei wird daher idR den Anwalt ihres Vertrauens mit der Vertretung vor Gericht statt mit einer bloßen Verkehrsfunktion betrauen. Jedenfalls sind keine Gründe ersichtlich, die eine Vergütung eines **selbst postulationsfähigen** Verkehrsanwalts neben einem (Haupt)Bevollmächtigten rechtfertigen. Ein Bedürfnis hierfür ergibt sich allenfalls insofern, als ein für die Partei aufgetretener (postulationsfähiger) Anwalt im **Revisionsrechtszug** als Verkehrsanwalt tätig wird, weil ihm eine BGH-Zulassung fehlt,[557] wobei jedoch im Revisionsverfahren nur ganz ausnahmsweise eine Notwendigkeit iSv. § 91 Abs. 1 S. 1 anzuerkennen ist, etwa wenn aufgrund einer Auflage des Revisionsgerichts weiterer Sachvortrag erforderlich wird.[558] Gleiches gilt für nach anhängige Altfälle, in denen im Zeitraum bis zum 31. 5. 2007 ein beim Landgericht postulationsfähiger Anwalt ohne OLG-Zulassung die Partei in der Berufungsinstanz als Verkehrsanwalt vertrat. 141

Ungeachtet der danach ohnehin nachhaltig geminderten Bedeutung des Verkehrsanwalts dürfte die hierzu ergangene frühere Judikatur mittlerweile **obsolet** geworden sein. Im Mittelpunkt der – nicht selten sogar innerhalb desselben OLG-Bezirks disparaten[559] – Rechtsprechung stand die Frage, ob eine **auswärtige,** nicht am Gerichtsort ansässige Partei erstattungsrechtlich zur Bestellung eines **heimischen Anwalts** berechtigt war, der den Verkehr mit einem am Gericht zugelassenen Anwalt führte, oder ob sie sich stattdessen unmittelbar an einen Anwalt am Gerichtsort zu wenden hatte. Nach überwiegender Ansicht war die Einschaltung eines Verkehrsanwalts, insbesondere im Berufungsverfahren, nur unter engen Ausnahmebedingungen des Einzelfalls (zB Krankheit, Gebrechlichkeit o. Ä) erstattungsfähig. Im Regelfall war die Partei gehalten, eine Informationsreise zum Gerichtsort anzutreten und bei einem dortigen Anwalt ihr Anliegen anzubringen. Der BGH hat diese restriktiven Grundsätze rückwirkend, bezogen auf den Zeitraum der **vor 1. 1. 2000** (LG) bzw. **1. 8. 2002** (OLG) geltenden Rechtslage, ausdrücklich bestätigt.[560] Mit Blick auf den seither verstrichenen Übergangszeitraum wird von einer erneuten Darstellung aus Raumgründen abgesehen und hinsichtlich anhängiger Altfälle auf die Vorauflage verwiesen.[561] 142

[554] OLG Stuttgart Rpfleger 1981, 834; OLG Karlsruhe Die Justiz 1978, 315; OLG Hamburg JurBüro 1971, 686.
[555] OLG Hamburg Rpfleger 1996, 370; OLG Karlsruhe JurBüro 1989, 100.
[556] OLG Düsseldorf Rpfleger 1971, 442.
[557] *Gerold/Schmidt/v. Eicken/Madert/Müller-Rabe* Nr. 3400 VV RVG Rn. 4.
[558] OLG Nürnberg AnwBl. 2005, 151; OLG Hamm AnwBl. 2003, 185.
[559] *Zöller/Herget* Rn. 13 „Verkehrsanwalt".
[560] BGH NJW 2006, 301, 302; NJW-RR 2006, 1563, 1564.
[561] *Belz,* in: 2. Aufl., Rn. 71 bis 74; vgl. auch den eingehenden und instruktiven Fallgruppenüberblick OLG Köln VersR 2001, 257 ff.

143 Für einen **nach** der **Neuordnung** des Lokalisationsrechts eingeleiteten Prozess dürfte der vorgenannten Fragestellung hingegen durch die heutige Rechtspraxis zur Erstattungsfähigkeit von Mehrkosten eines Distanzanwalts (hierzu Rn. 50ff.) der Boden entzogen sein. Der BGH erkennt deutlich großzügiger als die früher herrschende Auffassung der im **fremden Gerichtsstand** prozessierenden Partei das Recht zu, die Mehrkosten eines am ihrem **eigenen Wohn-** oder **Geschäftsort** ansässigen Anwalts erstattet zu verlangen (vgl. Rn. 53, 55, zu Ausnahmen Rn. 57ff.). Das gilt für den ersten ebenso wie den zweiten Rechtszug (vgl. Rn. 68). Diese Regeln sind auf den Verkehrsanwalt zu übertragen. Es wäre ein erheblicher **Wertungswiderspruch,** wenn man der Normalpartei, auf die keine der o.g. Ausnahmen (Alter, Krankheit usw.) zutrifft, zwar im Ansatz die Zuziehung eines Distanzanwalts konzedieren, sie dagegen gleichwohl anstelle eines Verkehrsanwalts auf eine Informationsreise zum Prozessort verweisen wollte. Nach früherem Recht wäre es der auswärtigen Partei schlechterdings nicht möglich gewesen, an ihrem Wohnort einen beim Prozessgericht postulationsfähigen Anwalt zu finden. Da aber gerade diese Form der Prozessvertretung nunmehr den (erstattungsfähigen) Regelfall bildet, bleibt nur zu prüfen, ob (in der unter Rn. 141 genannten Bedarfskonstellation) anstelle eines postulationsfähigen Distanzanwalts ein (im vorausgegangenen Rechtszug aufgetretener) nicht postulationsfähiger Verkehrsanwalt neben einem gerichtsansässigen Prozessbevollmächtigten bestellt werden darf. Bedenken gegen eine solche Kombination sind jedenfalls solange nicht zu erheben, als ihre Kosten die Reisekosten eines (einzigen) heimischen Hauptbevollmächtigten nicht überschreiten. Das käme bei großer Distanz des Parteiwohnsitzes zum Gerichtsort und entsprechend hohen anwaltlichen Reisekosten bei gleichzeitig geringem Streitwert (mit niedrigen Verkehrsanwaltsgebühren) in Betracht.

144 Ob einer Partei die Mehrkosten eines auswärtigen Verkehrsanwalts zu erstatten sind, richtet sich somit zunächst nach den in Rn. 50 bis 64 (insbesondere Rn. 53, 56) dargelegten Grundsätzen. Ist dies zu bejahen, ist ein zusätzlicher **Kostenvergleich** erforderlich. Wie in Rn. 66 ausgeführt, hat die Partei unter gleichwertigen Möglichkeiten der Prozessführung die **kostengünstigste** zu wählen. Hiernach sind die Verkehrsanwaltskosten, addiert mit den Gebühren eines am Gerichtsort ansässigen Prozessbevollmächtigten, den Reisekosten eines einzigen Distanzanwalts gegenüberzustellen. Werden letztere nicht wesentlich überschritten, wobei ein Toleranzrahmen von 10% anzuerkennen sein mag (vgl. Rn. 66), sind Verkehrsanwaltskosten erstattungsfähig.

145 Zur Erstattungsfähigkeit der Kosten eines **ausländischen** Verkehrsanwalts wird ergänzend auf die Ausführungen unter Rn. 44, 88, 139 verwiesen. Zur Frage einer Beiordnung eines Verkehrsanwalts neben dem Prozessbevollmächtigten einer **PKH-Partei**[562] wird auf die Erläuterungen zu § 121 Abs. 4 verwiesen (vgl. § 121 Rn. 34).

146 **Vertrauensanwalt.** Seit dem Wegfall der Postulationsschranken vor Amts- und Landgerichten (1. 1. 2000) und Oberlandesgerichten (1. 8. 2002) ist der Partei kostenrechtlich in weit größerem Umfang die Wahl eines Anwalts ihres **persönlichen Vertrauens** gestattet. Denn auf dieser Intention beruhte entscheidend die Aufgabe des Lokationsprinzips (vgl. Rn. 50). Da die Bestellung eines geeigneten Prozessbevollmächtigten wesentlich vom Vertrauen in seine Fähigkeiten und Einsatzbereitschaft – zB aufgrund positiver Vorerfahrungen („Hausanwalt") – geprägt ist, entspricht es der Verkehrsanschauung, dieses Interesse zu schützen und Kosten eines Vertrauensanwalts über Gerichtsbezirke hinweg als notwendig anzuerkennen.[563] Diese Wertung liegt insbesondere den für die Prozessführung eines am Sitz der Partei niedergelassenen (vgl. Rn. 56) oder an einem Drittort (vgl. Rn. 62) ansässigen **Distanzanwalt** entwickelten Regeln zugrunde (auch zugunsten einer ausländischen Partei, vgl. Rn. 44). Diese Wertung bestimmt ferner die Entscheidung, wenn die Partei zwischen den Alternativen des Reiseaufwands ihres **Hauptbevollmächtigten** und Terminskosten eines **Unterbevollmächtigten** zu wählen hat; auch insoweit ist der höhere Aufwand des aufgrund persönlichen Vertrauens verbundenen Hauptbevollmächtigten stets, die Kosten einer Untervollmacht hingegen nur in den Grenzen der Wirtschaftlichkeit erstattungsfähig (näher Rn. 66). Schließlich kommt dem Vertrauensmoment Bedeutung zu, wenn ein überregional tätiges Unternehmen dazu übergeht, anstelle der Vorhaltung eigener Personalkräfte Aufgaben ständig auf einen kooperierenden Anwalt zu verlagern (hierzu Rn. 60).

147 Eine Akzentverlagerung ergibt sich, wenn die Partei zur Wahrung ihrer Interessen bei generalisierender (nicht einzelfallbezogener, vgl. Rn. 39) Betrachtung auf den Beistand eines Vertrauensanwalts nicht zwingend angewiesen erscheint. Hierzu zählt der Fall, dass die Partei im **eigenen** Gerichtsstand prozessiert und zumindest abstrakt davon auszugehen ist, dass sie Beistand in der Anwaltschaft ihrer Umgebung findet. Der Nachteil des hohen Aufwands überwiegt insoweit den

---

[562] Hierzu BGH NJW 2004, 2749, 2750.

[563] BVerfG NJW 2001, 353, 356; BGH NJW 2006, 3008, 3009 m. Anm. *Mayer;* NJW-RR 2004, 858; NJW-RR 2005, 707, 708.

Nutzen eines auswärtigen Vertrauensanwalts, falls nicht im Einzelfall ein unabweisbarer Bedarf an einem Spezialisten besteht (näher Rn. 54). Das Interesse an individueller Vertretung durch einen Vertrauensanwalt tritt ferner dann zurück, wenn eine Partei als Mitglied einer Streitgenossenschaft ohne Nachteil durch einen gemeinsamen Prozessbevollmächtigten vertreten werden kann (hierzu § 100 Rn. 19ff.).

Verweisung. Wird ein unzuständiges Gericht angerufen und der Rechtsstreit an das zuständige 148
Gericht verwiesen, sind die entstandenen Mehrkosten dem Kläger/Antragsteller auch dann aufzuerlegen, wenn er in der Hauptsache obsiegt (§ 281 Abs. 3 S. 2). Dem liegt der Gedanke zugrunde, dass durch ein unwirtschaftliches oder prozessverlängerndes Verhalten bedingte Kosten den Veranlasser treffen (vgl. Vor §§ 91ff. Rn. 27). Um **Mehrkosten** handelt es sich, wenn die tatsächlich entstandenen über diejenigen Kosten hinausgehen, die auch bei sofortiger Anrufung des zuständigen Gerichts entstanden wären.[564] Unterbleibt die nach § 281 Abs. 3 S. 2 zwingend vorgesehene Kostengrundentscheidung versehentlich, ist sie nach § 321 nachzuholen (vgl. Rn. 6). Kommt es hierzu allerdings nicht, ist die unvollständige und insoweit fehlerhafte Kostengrundentscheidung für den Rechtspfleger im Kostenfestsetzungsverfahren **bindend.** Er darf sie weder ergänzen noch dadurch korrigieren, dass er die Mehrkosten einer Prüfung auf ihre Notwendigkeit unterzieht (näher § 104 Rn. 55). Da die Kosten vor dem abgebenden und dem übernehmenden Gericht einen Rechtszug darstellen (§ 20 S. 1 RVG), erhalten die vor und nach der Verweisung tätig gewordenen Anwälte einer überörtlichen Sozietät keine doppelten Gebühren.[565] Wegen der für die Verweisung im Mahnverfahren geltenden Besonderheiten vgl. §§ 690 Abs. 1 Nr. 5, 696 und unter Rn. 27 und 109. Zur wechselseitigen Verweisung zwischen ordentlichem Gericht und Arbeitsgericht vgl. Rn. 87.

Verwirkung. Zur Verwirkung des prozessualen Kostenerstattungsanspruchs vgl. § 104 Rn. 43f.; zur prozessualen Verwirkung, die Kostenfestsetzung zu betreiben, vgl. § 103 Rn. 35.

Vorbereitungskosten. Vgl. die Fallgruppenübersicht unter „Außerprozessuale Kosten" Rn. 89.

Wettbewerbsrecht. Vgl. unter „Abmahnung" Rn. 83, „Abschlussschreiben" Rn. 84, „Mehrheit von Prozessen" Rn. 110 und „Testkaufkosten" Rn. 138.

Zeitversäumnis. Vgl. unter „Allgemeiner Prozessaufwand" Rn. 85 und „Reisekosten der Partei" Rn. 130f.

Zeugenentschädigung. Ob die Kosten eines von der Partei im Termin **gestellten** Zeugen 149
bzw. im Vorfeld hierfür erbrachte Aufwendungen zu erstatten sind, beurteilt sich nach den Umständen des Einzelfalls. Maßgebend ist, ob eine vernünftige prozessuale Vorsorge, die Terminsnähe, ein Eilbedürfnis oder sonstige Gründe die Maßnahme rechtfertigen.[566] Erfolgt die Sistierung des Zeugen im **einstweiligen Verfügungsverfahren,** wird sie eher als sachdienlich und notwendig zu gelten haben als im Hauptsacheprozess.[567] Insbesondere abhängig von der wirtschaftlichen Bedeutung[568] kann auch die Sistierung einer Vielzahl von Zeugen notwendig sein, deren Bedürfnis nicht allein dadurch entfällt, dass es nicht zu einer Vernehmung kommt.[569] Die Erstattungsfähigkeit wird auch nicht dadurch in Frage gestellt, dass die **Partei selbst** den Zeugen entschädigt,[570] weil es erstattungsrechtlich keinen Unterschied macht, ob ein an das Gericht entrichteter Vorschuss oder ein unmittelbar dem Zeugen zugeflossener Betrag auszugleichen ist. Der Erstattungsberechtigte kann daher jedenfalls Ersatz seiner Aufwendungen bis zu der Höhe verlangen, wie sie dem Zeugen nach dem JVEG zu ersetzen wären.[571] Für die von der Gegenauffassung[572] angemeldeten Neutralitätsbedenken ist in diesem Zusammenhang kein Raum. Versäumt ein sistierter Zeuge die Frist, innerhalb der er seine Entschädigung nach § 2 Abs. 1 S. 1 JVEG aus der Staatskasse geltend machen muss oder verzichtet er gegenüber der beweispflichtigen Partei auf Entschädigung, ist diese gleichwohl nicht gehindert, etwaige Aufwendungen gegenüber dem Gegner geltend zu machen.[573] Ebenso bedeutet der Auslagenverzicht des Zeugen gegenüber der Staatskasse nicht ohne weiteres,

---

[564] OLG Hamm MDR 1990, 161; OLG Frankfurt JurBüro 1988, 1184; OLG Hamburg JurBüro 1988, 1185.
[565] OLG Hamburg JurBüro 1996, 529.
[566] OLG Koblenz NJW-RR 1998, 717; *Zöller/Herget* Rn. 13 „Zeugenauslagen".
[567] OLG Koblenz NJW-RR 1998, 717; MDR 1997, 888; OLG Hamburg MDR 1995, 210; OLG Frankfurt JurBüro 1985, 1402.
[568] OLG Hamburg JurBüro 1995, 40; OLG Koblenz MDR 1997, 888.
[569] OLG Koblenz MDR 1997, 888; JurBüro 1986, 1406, 1407; OLG Hamburg JurBüro 1995, 40; OLG Frankfurt JurBüro 1985, 1403.
[570] OLG Karlsruhe JurBüro 1991, 1514; OLG Koblenz JurBüro 1983, 1661; KG JurBüro 1982, 1247; aM OLG Koblenz NJW-RR 1998, 717; OLG Frankfurt JurBüro 1987, 908; OLG Hamburg MDR 1987, 147.
[571] OLG München JurBüro 1981, 1245; OLG Koblenz JurBüro 1983, 1662.
[572] OLG Koblenz NJW-RR 1998, 717, 718.
[573] OLG München JurBüro 1981, 1245, 1246.

dass er hierauf auch gegenüber der beweisführenden Partei verzichtet.[574] Wird ein von der Partei gestellter Zeuge vom Gericht vernommen, ist er aus der Staatskasse nach JVEG zu entschädigen und die Entschädigung als Teil der Gerichtskosten zu erstatten[575] (vgl. § 104 Rn. 29).

150 **Zinsen.** Kreditkosten für die Beschaffung von Geldmitteln zur Entrichtung von Gerichts- oder Anwaltskosten **(Prozessfinanzierungskosten)** können im Kostenfestsetzungsverfahren nicht berücksichtigt werden,[576] was auch für die Finanzierung eines Privatgutachtens oder eines Gerichtskostenvorschusses gilt.[577] Denn solche Aufwendungen sind nicht unmittelbar der Prozessführung zuzurechnen[578] (vgl. Rn. 18, 33ff.). Ebensowenig erstattungsfähig sind dem Schuldner **entgangene Anlagezinsen** im Rahmen einer Hinterlegung zur Abwendung der **Zwangsvollstreckung,** da es sich dabei der Sache nach um einen im Festsetzungsverfahren nicht zu berücksichtigenden materiellen Schadensersatzanspruch (vgl. § 717 Abs. 2) handelt.[579] Dagegen sind die der **Abwehr** einer Zwangsvollstreckung dienenden Kosten einer **Bürgschaft** (sog. Avalkosten) aufgrund der engen Zeit- und Sachnähe bei natürlicher Betrachtungsweise solche des Rechtsstreits im weiteren Sinne und daher zwar aus den in Rn. 35 genannten Gründen nicht als Kosten des Vollstreckungsverfahrens, wohl aber als solche des **Erkenntnisverfahrens** erstattungsfähig[580] (vgl. § 108 Rn. 66), sollen sie doch im Interesse der Rechtsverteidigung irreversible wirtschaftliche Verluste des laufenden Verfahrens verhindern (zur Zuständigkeit des Prozessgerichts vgl. § 104 Rn. 5). Zur Verzinsungspflicht außergerichtlicher Kosten und Gerichtskosten vgl. § 104 Rn. 61ff..

151 **Zustellung.** Übliche Zustellungskosten sind notwendig iSv. § 91 Abs. 1 S. 1. Entscheidet sich die Partei – insbesondere im einstweiligen Verfügungsverfahren – statt der einfacheren Zustellung von Anwalt zu Anwalt (§ 195) für den teureren, aber sichereren Weg der Zustellung durch den Gerichtsvollzieher (§ 192), sind die Mehrkosten idR erstattungsfähig.[581] Das gilt für die **öffentliche** Zustellung entsprechend.[582] Auch die Kosten einer **Auslandszustellung** auf Grundlage der Verordnung (EG) 1348/2000 sind zu erstatten.[583]

§ 91 a Kosten bei Erledigung der Hauptsache

(1) [1]Haben die Parteien in der mündlichen Verhandlung oder durch Einreichung eines Schriftsatzes oder zu Protokoll der Geschäftsstelle den Rechtsstreit in der Hauptsache für erledigt erklärt, so entscheidet das Gericht über die Kosten unter Berücksichtigung des bisherigen Sach- und Streitstandes nach billigem Ermessen durch Beschluss. [2]Dasselbe gilt, wenn der Beklagte der Erledigungserklärung des Klägers nicht innerhalb einer Notfrist von zwei Wochen seit der Zustellung des Schriftsatzes widerspricht, wenn der Beklagte zuvor auf diese Folge hingewiesen worden ist.

(2) [1]Gegen die Entscheidung findet die sofortige Beschwerde statt. [2]Dies gilt nicht, wenn der Streitwert der Hauptsache den in § 511 genannten Betrag nicht übersteigt. [3]Vor der Entscheidung über die Beschwerde ist der Gegner zu hören.

Schrifttum: *D. Assmann,* Die einseitige Erledigungserklärung, Erlanger FS Schwab, 1990, S. 179; *Becker-Eberhard,* Grundlagen der Kostenerstattung bei der Verfolgung zivilrechtlicher Ansprüche, 1985; *ders.,* Die Entwicklung der höchstrichterlichen Rechtsprechung zur Erledigung der Hauptsache im Zivilprozeß, BGH-FGWiss Bd. III, 2000, S. 273; *Bergerfurth,* Erledigung der Hauptsache im Zivilprozeß, NJW 1992, 1655; *A. Blomeyer,* Grundprobleme der Erledigung der Hauptsache, JuS 1962, 212; *Brox,* Die Erledigung der Hauptsache im Zivilprozeß, JA 1983, 289; *Deppert,* Rechtskraftwirkung und Bemessung der Beschwer einer Entscheidung über die einseitige Erledigungserklärung des Klägers, FS Wenzel, 2005, S. 23; *Deubner,* Grundprobleme der Erledigung der Hauptsache, JuS 1962, 205; *El-Gayar,* Die einseitige Erledigungserklärung des Klägers im Zivil-, Arbeits- und Verwaltungsgerichtsprozeß, 1998; *Gaier,* Rechtsmittelerledigung im Zivilprozeß, JZ 2001, 445; *Göppinger,* Die Erledigung des Rechtsstreits in der Hauptsache, 1958; *Grunsky,* Grenzen des Gleichlaufs von Hauptsache- und Kostenentscheidung. Zugleich ein Beitrag zur einseitigen Erledigungserklärung, FS

[574] KG JurBüro 1982, 1247.
[575] OLG Frankfurt JurBüro 1985, 1402; OLG Koblenz JurBüro 1983, 1661.
[576] OLG Koblenz NJW-RR 2006, 502, 503; NJW-RR 1998, 718; OLG Nürnberg Rpfleger 1972, 179.
[577] OLG Stuttgart JurBüro 1976, 1639.
[578] OLG München MDR 1980, 941; OLG Frankfurt Rpfleger 1978, 329.
[579] OLG München NJW-RR 2000, 1096.
[580] BGH NJW-RR 2006, 1001, 1002; OLG Koblenz JurBüro 2001, 380; OLG München NJW-RR 2000, 1096; OLG Düsseldorf NJW-RR 1998, 1455, 1456; aM OLG Hamburg MDR 1999, 188; OLG Frankfurt JurBüro 1986, 109, 110; OLG Hamm JurBüro 1987, 1083, 1084.
[581] KG Rpfleger 1981, 121; LG Hamburg MDR 1957, 623.
[582] *Zöller/Herget* Rn. 13 „Zustellung".
[583] OLG Hamburg MDR 2007, 117, 118.

Schwab, 1990, S. 165; *Habscheid,* Die Rechtsnatur der Erledigung der Hauptsache, FS Lent, 1957, S. 153; *ders.,* Der gegenwärtige Stand der Lehre von der Erledigung des Rechtsstreits in der Hauptsache, JZ 1963, 579, 624; *Heintzmann,* Die Erledigung des Rechtsmittels, ZZP 87 (1974), 199; *Jost/Sundermann,* Reduzierung des Verfahrensaufwands nach der einseitigen Erledigungserklärung, ZZP 105 (1992), 261; *Künzl,* Die einseitige Erledigungserklärung im Urteilsverfahren, DB 1990, 2370; *Lindacher,* Der Meinungsstreit zur ‚einseitigen Erledigungserklärung', JurA 1970, 687; *ders.,* Wahlmöglichkeit des Klägers bei nachträglichem Entfall der Klageerfolgsaussicht?, JR 2005, 92; *G. Lüke,* Zur Erledigung der Hauptsache, FS Weber, 1975, S. 323; *Pape-Notthoff,* Die Erledigung der Hauptsache, JuS 1995, 912 und 1016; 1996, 148, 341 und 538; *Pohle,* Zur rechtlichen Bedeutung der Erledigungserklärung nach deutschem Zivilprozeßrecht, Eranion Maridakis Bd. 2, 1963, S. 427; *Prütting/Wesser,* Die Erledigung der Hauptsache – nicht nur ein Kostenproblem, ZZP 116 (2003), 267; *Schumann,* Erledigungserklärung und Klagerücknahme nach Erledigung der Hauptsache, FG Vollkommer, 2006, S. 155; *ders.,* Die geglückte Indikatur des Bundesarbeitsgerichts zur Erledigung der Hauptsache, FS Richardi, 2007, S. 403; *Schwab,* Die einseitige Erledigungserklärung, ZZP 72 (1959), 127; *Smid,* Verfahren und Kriterien der Kostenentscheidung nach § 91 a ZPO, ZZP 97 (1984), 245; *ders.,* Zur Gewährung rechtlichen Gehörs zur Vorbereitung der Kostenentscheidung bei Erledigung des Rechtsstreits in der Hauptsache, MDR 1985, 189; *Stickelbrock,* Inhalt und Grenzen richterlichen Ermessens im Zivilprozess, 2002; *Ulrich,* Die Erledigung der Hauptsache und die Vereinfachung des Verfahrens, NJW 1994, 2793.

Übersicht

I. Allgemeines

1 **1. Normzweck.** Der Vorschrift eignet zunächst und vor allem **Klägerschutzfunktion:** Sie will dem Kläger helfen, dessen zunächst zulässiges und begründetes Begehren durch ein nicht von ihm zu vertretendes Ereignis unzulässig oder unbegründet geworden ist. Erklärt der Kläger in dieser Situation den Rechtsstreit unter Zustimmung des Beklagten in der Hauptsache für erledigt, entgeht er nicht nur der sonst zwangsläufigen Klageabweisung mit der Kostenfolge nach § 91, weil durch den gemeinsamen Dispositionsakt der Parteien die Rechtshängigkeit in der Hauptsache beendigt wird. Anders als bei (regulärer) Klagerücknahme (s. § 269 Abs. 3 S. 2) bleibt es ihm auch erspart, trotz ursprünglicher Berechtigung des Klagebegehrens gleichwohl ohne weiteres mit den vollen Verfahrenskosten belastet zu werden. Denn: Leitprinzip für die Kostenverteilung „nach billigem Ermessen" im Verfahren nach § 91 a ist das Veranlassungs- und Risikoübernahmeprinzip. Die Kosten sind – jedenfalls bei sofortiger Erledigungserklärung – grundsätzlich dem aufzuerlegen, der sie hätte tragen müssen, wenn sich die Hauptsache nicht erledigt hätte, im Regelfall also dem, der unterlegen wäre. Selbst bei ex ante-Sicht gegebenem Anlass zur Klageerhebung treffen die Prozesskosten freilich den Kläger, wenn der Eintritt des Erledigungsereignisses Realisierung eines von ihm erkennbar eingegangenen Risikos. Die Besonderheit der Kostenentscheidung nach § 91 a besteht lediglich darin, dass sie in einem summarischen Verfahren ergeht: Entscheidungsgrundlage ist grundsätzlich der „bisherige Sach- und Streitstand". Anders als bei einer „echten" Hauptsacheentscheidung ist das Gericht im Rahmen der bloßen Kostenentscheidung bei der Beurteilung der Frage, wer ohne das erledigende Ereignis in der Hauptsache obsiegt hätte, der Pflicht zu umfassender weiterer Sachaufklärung enthoben. Neues Vorbringen ist nur eingeschränkt zu berücksichtigen; zu weiteren Beweiserhebungen ist das Gericht jenseits des durch das Paritätsprinzip Gebotenen nur nach Maßgabe des Grundsatzes verfahrenswirtschaftlicher Verhältnismäßigkeit gehalten **(Verfahrensökonomiefunktion).**

2 **2. Erscheinungsformen der Erledigungserklärung: Übersicht.** § 91 a regelt unmittelbar – in unvollkommener, viele Fragen offen lassender Weise – nur die Fallgestaltung der **übereinstimmenden Erledigungserklärung** (s. Rn. 25 ff.). Zum durch gerichtliche Entscheidung aufzulösenden **Erledigungsstreit** kommt es, wenn der Kläger Erledigung erklärt, der Beklagte hingegen widerspricht **(sog. einseitige Erledigungserklärung):** Welche Voraussetzungen an das Obsiegen des Klägers im Erledigungsstreit zu stellen sind, oder anders gesagt: unter welchen Voraussetzungen der Widerspruch des Beklagten gegenüber der klägerischen Erledigungserklärung Sinn macht, ist

dabei ebenso streitig wie die Rechtsnatur und Wirkung der einseitig gebliebenen Erledigungserklärung und des korrespondierenden Urteils (s. Rn. 75 ff.). Für die Anerkennung eines eigenständigen Instituts der einseitigen Erledigungserklärung durch den **Beklagten** besteht richtigerweise kein Anlass (s. Rn. 115). Besonderheiten sind zu beachten, wenn die Hauptsache – übereinstimmend oder einseitig – **teilweise** für erledigt erklärt wird (s. Rn. 116 ff.). Von der in der Rechtsmittelinstanz erklärten Erledigung des Rechtsstreits in der Hauptsache (s. Rn. 43, 111 f.) ist die **Erledigung des Rechtsmittels** zu unterscheiden (s. Rn. 126 ff.).

3. Erledigungserklärung und Erledigungsereignis. a) Erledigungserklärung. Sie ist stets Prozesshandlung, und zwar bei übereinstimmender Abgabe Bewirkungshandlung (Rn. 26), bei einseitiger Vornahme durch den Kläger wohl Erwirkungshandlung (Rn. 79, 92). 3

b) Erledigungsereignis. Von der Erledigungserklärung ist das sie auslösende Ereignis zu unterscheiden: bei der übereinstimmenden Erledigungserklärung Anlass des Parteidispositionsaktes, bei der vom Kläger einseitig erklärten Erledigung Voraussetzung des vom Kläger begehrten Erledigungsurteils. Das einschlägige Ereignis fällt typischerweise in den Verursachungs- bzw. Verantwortungsbereich des Beklagten, kann aber seine Ursache auch jenseits der Parteisphäre haben, ja auch vom Kläger selbst gesetzt werden.[1] Andererseits kann einem Geschehnis, gleichgültig ob es vom Kläger, dem Beklagten oder einem Dritten gesetzt ist, obschon es begrifflich durchaus ein Erledigungsereignis darstellt, gleichwohl die Qualität eines *relevanten* Erledigungsereignisses fehlen, wenn es nach den konkreten Umständen an der Schutzbedürftigkeit und -würdigkeit des Klägers (s. Rn. 1) fehlt, weil das Erledigungsereignis von ihm (und sei es nur unter dem Gesichtspunkt der Risikoübernahme) zu vertreten ist.[2] 4

Beispiele für Ereignisse, die der Klage in *sachlicher* Hinsicht die Erfolgsaussicht nehmen: Erfüllung des streitgegenständlichen Anspruchs durch den beklagten Schuldner oder einen Dritten, insbesondere Zahlung der eingeklagten Schuldsumme, Herausgabe des geforderten Gegenstandes, Räumung des in Anspruch genommenen Grundstücks, Abdruck bzw. Ausstrahlung der verlangten Gegendarstellung;[3] unter bestimmten Voraussetzungen das Erlöschen der Klageforderung durch Aufrechnung (s. Rn. 134); Untergang des leistungsbezogenen Substrats (wie der herauszugebenden Sache, des zu reparierenden oder zu renovierenden Gegenstandes); Verlust des geltend gemachten Titelschutzrechts durch Beendigung der Benutzung;[4] zum Entfall der Wiederholungsgefahr führende Geschehnisse bei Verfahren zur Geltendmachung gesetzlicher Unterlassungsansprüche; Ausschlagung der Erbschaft durch den vom Vermächtnisnehmer in Anspruch genommenen Erben;[5] rechtskräftige Feststellung der Nichtehelichkeit im Unterhaltsprozess des scheinehelichen Kindes;[6] Zeitablauf bei von vornherein befristeten oder zweckgebundenen Forderungen oder Rechtsverhältnissen; Tod des Klägers bei Geltendmachung eines höchstpersönlichen Rechts;[7] Verlust des an den Gesellschafterstatus geknüpften Auskunfts- und Einsichtsrechts durch Ausscheiden aus der Gesellschaft.[8] *Beispiele* für Ereignisse, die die *prozessualen* Klageerfolgsvoraussetzungen betreffen: gesetzesänderungsbedingter Entfall der Klagebefugnis;[9] Feststellung der gegen den Insolvenzschuldner eingeklagten, vom Insolvenzverwalter im ersten Prüftermin bestrittenen Forderung im gegen den Insolvenzverwalter aufgenommenen Rechtsstreit;[10] Entfall des allgemeinen Rechtsschutzbedürfnisses oder des besonderen Feststellungsinteresses bei einer Feststellungsklage; prozessuale Überholung des Verfügungsverfahrens durch rechtskräftigen Abschluss des Hauptsacheverfahrens.[11] – *Keine* Erledigungsereignisse stellen demgegenüber insbesondere dar: Erfüllungshandlungen unter Vorbehalt zur Abwendung der Zwangsvollstreckung eines für vorläufig vollstreckbar erklärten Titels, wobei der Vorbehalt nicht notwendig ausdrücklich zu erfolgen hat.[12] Allein der Umstand, dass die klagende Partei das wirtschaftliche Interesse an der Durchsetzung des streitgegenständlichen Anspruchs verloren hat, ist keinesfalls ein Ereignis, das die Klage gegenstandslos macht.[13] 5

---

[1] BGH NJW-RR 1993, 1319, 1320.
[2] Zustimmend: *Althammer/Löhnig* NJW 2004, 3077, 3080.
[3] Vgl. OLG Karlsruhe OLGZ 1979, 351, 353; OLG Koblenz NJW-RR 2006, 484.
[4] BGH NJW-RR 1993, 1319, 1320.
[5] BGHZ 106, 366.
[6] OLG Frankfurt a. M. FamRZ 1991, 1457.
[7] BGH NJW-RR 1986, 369.
[8] OLG Karlsruhe NJW-RR 2000, 626 f.
[9] BGH NJW 1996, 2729, 2730; KG NJW-RR 1995, 1511 (Verbandsklagebefugnis nach § 13 Abs. 2 Nr. 2 UWG).
[10] OLG Düsseldorf ZIP 1994, 638.
[11] KG GRUR 1990, 642.
[12] BGH NJW 1994, 942; *Musielak/Wolst* Rn. 36.
[13] Einschlägige Klarstellung: BGH NJW-RR 2006, 544, 545.

6 Ob man von einem Erledigungsereignis bereits sprechen will, wenn das in Frage stehende Geschehen der Klage nunmehr auf jeden Fall die Erfolgsaussicht genommen hat, oder aber nur dann, wenn es die zuvor zulässige und begründete Klage unzulässig oder unbegründet gemacht hat, ist eine *Definitionsfrage.* Wer dem mit einer unzulässigen bzw. unbegründeten Klage Überzogenen ein Recht auf Abweisung der Klage aus dem „alten" Abweisungsgrund (mit akzessorischer Kostenentscheidung nach § 91) zuerkennt (hierzu Rn. 16, 18f.), mag letzteres tun, sollte sich freilich stets im klaren darüber bleiben, damit nur das Ergebnis einer anderweit getroffenen Interessenentscheidung wiederzugeben; auf keinen Fall geht es an, das – vorgebliche – Gebot einer in extenso-Prüfung der ursprünglichen Zulässigkeit und Begründetheit aus dem *Begriff* der Erledigung zu gewinnen.[14] In der Kommentierung wird der Terminus – wertungsoffen – in dem Sinne verwandt, dass Erledigungsereignis nur, aber auch jedes Ereignis, das die Klage auf jeden Fall erfolglos macht.

7 Um den Primat wertender Entscheidung gegenüber der Begriffsbildung geht es schließlich auch bei der Frage, ob Erledigungsereignis auch ein Geschehen sein kann, das der Klage nach Anhängigkeit, aber vor Zustellung die Erfolgsaussicht bzw. die Auf-jeden-Fall-Erfolgsaussicht nimmt: Wer – richtigerweise (s. Rn. 30, 104ff.) – ob vergleichbarer Interessenlage einschlägiges Geschehen im „Zwischenstadium" einem solchen bei Rechtshängigkeit wertend gleichstellt, wird sinnvollerweise von einem Erledigungsereignis sprechen; wer die Vergleichbarkeit der Interessenlage leugnet, hat keinen Anlass hierzu.

8 **4. Geltungsbereich.** § 91a und die von Rspr. und Lehre entwickelten und zu entwickelnden sonstigen Rechtsgrundsätze zur Erledigung gelten grundsätzlich für alle von der ZPO beherrschten kontradiktorischen Verfahren, die mit einer selbstständigen Entscheidung über eine „Hauptsache" einerseits und die Kosten andererseits enden, also nicht nur im Urteilsverfahren (einschließlich des Urkunden-, Wechsel- und Scheckprozesses), sondern auch im Arrest- und Verfügungsverfahren sowie im Vollstreckungsverfahren (insbesondere bei Vollstreckungsanträgen nach §§ 887, 888, 890[15] sowie beim Erinnerungsverfahren nach § 766).[16] Qualifiziert man das Richterablehnungsverfahren (§§ 42ff.) mit BGH NJW 2005, 2233, 2234 als kontradiktorisches Zwischenverfahren, ist auch insoweit für den Rekurs auf die Figur der Hauptsacheerledigung Raum.[17] Zur (Streit-)Frage nach der Anwendbarkeit der Erledigungsgrundsätze im Verfahren auf Anerkennung und Vollstreckbarerklärung ausländischer Urteile s. Rn. 136, zur (Streit-)Frage, ob und inwieweit für Kostengrundentscheidungen nach Erledigungsgrundsätzen im selbstständigen Beweisverfahren Raum, s. Rn. 144ff. (Teil-)Zahlungen des Schuldners im Mahnverfahren werfen seit Beseitigung der Kostenautomatik gem. § 269 Abs. 3 S. 2 aF keine *Erledigungs*probleme mehr auf (Einzelheiten s. § 690). **Sondernormen** für einzelne Verfahrensarten der ZPO enthalten: §§ 93a, 93d, 619, 640, 640g.

9 Die Grundsätze über die Hauptsacheerledigung gelten auch – vom Standpunkt der hM aus: mit Modifikationen (hierzu Rn. 88) – für **Zivilprozesssachen kraft Zuweisung** wie das Patentnichtigkeits-[18] und Gebrauchsmusterlöschungsverfahren,[19] das Verwaltungsstreitverfahren nach der BRAO und BNotO[20] sowie das Kartellverwaltungsstreitverfahren.[21]

10 *Entsprechende* Anwendung der Grundsätze der Hauptsacheerledigung ist im **Insolvenzverfahren** geboten (Hauptfall: der Schuldner leistet vor Entscheidung über den vom Gläubiger gestellten Eröffnungsantrag).[22] Im **FG-Verfahren** ist entsprechende Anwendung von § 91a sowie der ungeschriebenen Grundsätze zur einseitigen Erledigungserklärung bei sog. **echten Streitsachen** geboten.[23] Allfällige Sondernormen (Beispiel: § 20 HausratsVO) gehen selbstredend vor. Zur Erledigungsproblematik jenseits des echten Streitverfahrens: *Windel* ZZP 110 (1997), 189ff.

II. Interessenlage und Interessenabwägung: Grundentscheidungen

11 **1. Zur Notwendigkeit offener Interessenentscheidung unter Berücksichtigung gesetzgeberischer Basiswertung.** Die Unvollkommenheit der gesetzlichen Regelung in der Erledigungsfrage hat die Prozessrechtsdoktrin seit jeher in besonderer Weise zur Entwicklung von

---

[14] So freilich, statt mancher, BAGE 45, 325, 330 = AP § 10 BAT Nr. 1; *Musielak/Wolst* Rn. 37f.; *Schumann* JuS 1974, 780.

[15] BayObLG NJW-RR 1997, 489; OLG Koblenz AnwBl. 1984, 216, 217.

[16] LG Frankenthal Rpfleger 1984, 361; *Zöller/Vollkommer* Rn. 7.

[17] OLG Rostock NJW-RR 2007, 429.

[18] BGH LM PatG 1981 § 110 Nr. 3; BPatG GRUR 1987, 233.

[19] BGHZ 135, 58, 61f. = NJW 1997, 3241f.

[20] BGHZ 84, 149, 151 = NJW 1982, 2782.

[21] BGH MDR 1986, 560.

[22] BGHZ 149, 178, 181 = NJW 2002, 515.

[23] *Habscheid,* FG, 7. Aufl., § 22 II 5.

Theorien zur „Rechtsnatur" der übereinstimmenden, vor allem aber der einseitigen Erledigungserklärung angeregt. Gefährlich wird solche „Theorienbildung", wenn aus dogmatischen Konstrukten, denen in Hinblick auf bestimmte Fragestellungen durchaus Plausibilität zukommen mag, unversehens Lösungen zu Regelungsproblemen deduziert werden, die bei der Entwicklung dieser Figuren völlig außerhalb des Gesichtskreises lagen. Methodisch haltbar ist allein das umgekehrte Vorgehen. Es gilt, bezüglich *aller* vom Gesetzgeber nicht entschiedenen Fragen die Parteiinteressen aufzuzeigen und dieselben unter Berücksichtigung der in der fragmentarischen gesetzlichen Regelung zum Ausdruck kommenden Basiswertung zu gewichten, wobei Regelbildung sowohl zur übereinstimmenden als auch zur einseitigen Erledigungserklärung stets auf zwischeninstitutionelle Stimmigkeit Bedacht zu nehmen hat. Die Theorie- und Systembildung hat ihren legitimen Platz am *Ende* der einschlägigen Problemdiskussion: „Richtig" ist die Theorie, die die im offenen Diskurs als sachgerecht erkannten Ergebnisse dogmatisch-konstruktiv am besten *erklärt.* Unter mehreren berechtigterweise miteinander rivalisierenden Konzepten verdient letztlich dasjenige den Vorrang, das sich am ehesten mit gewachsenen Praxisstrukturen vereinbaren lässt.

2. Katalog der einschlägigen Parteiinteressen. Der **Kläger** ist daran interessiert, das von ihm initiierte, auf Grund des zwischenzeitlichen Ereignisses nunmehr aussichtslos gewordene Verfahren zu beenden und eine ihm möglichst günstige Kostenentscheidung zu erlangen. Ob und inwieweit er im Interesse einer raschen (Gesamt-)Streiterledigung bereit ist, mangels Entscheidungsreife der Frage der ursprünglichen Zulässigkeit und Begründetheit Abstriche bei der Kostenbefreiung hinzunehmen, lässt sich nicht generell beurteilen, weil einschlägige Nutzenbilanzierung individuell unterschiedlich ausfällt. Tendenziell wird ein Kläger freilich um so weniger geneigt sein, auf eine Freistellung von den Verfahrenskosten partiell zu verzichten, je mehr er auf eine positive Beurteilung der Frage der ursprünglichen Zulässigkeit und Begründetheit durch das Gericht hoffen darf: demjenigen, der das eigene Risiko bei der Abklärung dieser Frage gleich oder annähernd null einschätzt, wird im allgemeinen mehr an umfassender Kostenentlastung als an zügiger (Gesamt-) Streitbeendigung liegen. 12

Der **Beklagte** hingegen, der der Meinung ist, dass die Klage mangels Zulässigkeit oder Begründetheit ohnehin abzuweisen gewesen wäre, mag zunächst das irrationale, gleichwohl verständliche Bedürfnis empfinden, durch ein Ereignis, das – aus seiner Sicht – einen *zusätzlichen* Abweisungsgrund schafft, nicht um die Aussicht des formellen Prozessgewinns gebracht zu werden. Auf jeden Fall aber hat er ein – höchst rationales – Interesse an einem klageabweisenden Urteil ob seiner Wirkungen, zumindest aber daran, rechtlich nicht schlechter gestellt zu werden als bei hypostasiertem klageabweisendem Erkenntnis: Er möchte davor sicher sein, vom Kläger später nochmals mit einer Klage gleichen Ziels überzogen zu werden. Er kann ferner im Einzelfall aus Präjudizialgründen ein Interesse an der rechtskraftfähigen Feststellung des kontradiktorischen Gegenteils der klägerischen Rechtsbehauptung haben, und zwar unter Umständen an der Feststellung, die in der Klageabweisung gerade aus dem „alten" Abweisungsgrund liegt bzw. liegen würde. Denn nur die Entscheidung im anhängigen Verfahren ermöglicht die Verwertung der bisherigen Verfahrensergebnisse und schützt den Beklagten, der bereits bestimmte „Verfahrenspositionen" erlangt hat, vor Verlust derselben. Endlich ist jedenfalls der von der ab initio-Erfolglosigkeit der Klage überzeugte Beklagte typischerweise daran interessiert, dass dem Kläger die Kosten des von ihm veranlassten Verfahrens auferlegt werden: auf die eigene Kostenfreistellung, und zwar volle Kostenfreistellung, möchte er üblicherweise auch nicht um den Preis einer rascheren (Gesamt-)Streiterledigung verzichten. 13

3. Relevanz der festgestellten Parteiinteressen. Jedes genannte Interesse ist verständlich und – vielleicht mit Ausnahme des Interesses am Prozessgewinn um der Genugtuung des Prozesssieges wegen – auch verständig; aber nicht jedes ist auch relevant. 14

a) Klägerinteresse. Letzteres gilt zunächst – jedenfalls bei Zugrundelegung einer dem Willen des historischen Gesetzgebers entsprechenden Sinndeutung des § 91 a (zur These der Möglichkeit und Notwendigkeit abweichenden Sinnverständnisses aus verfassungsrechtlichen Gründen, s. Rn. 20 f.) – für das allfällige **Klägerinteresse** an zusätzlicher Sachaufklärung nur in Hinblick auf die Kostenentscheidung: Der durch die Novelle 1950 (BGBl. I S. 455, 533) in die ZPO eingefügte § 91 a stellt sich – von der Anfechtungsregelung des Abs. 2 S. 1 abgesehen – als wortlautidente Übernahme von § 4 der VereinfachungsVO 1942 (RGBl. I S. 333) dar und sollte auch teleologisch ersichtlich an die Vorgängervorschrift anknüpfen. Die ratio der letzteren aber wurde allgemein[24] darin gesehen, weiteren Verfahrensaufwand allein der Kostenentscheidung wegen zu verhindern bzw. zumindest zu begrenzen. 15

b) Beklagtenbelange. Was die konstatierten **Beklagtenbelange** angeht, folgt aus der Wertentscheidung des § 269 Abs. 1 zwar, dass der Kläger sich nach Einlassung des Beklagten zur Sache 16

[24] Statt aller: *Jonas* DR 1942, 997, 1002.

jedenfalls nicht mehr voraussetzungslos einseitig aus dem Verfahren zurückziehen kann: Mindesterfordernis eines erfolgversprechenden Erledigungsantrags ist, dass der Kläger schlüssig ein Ereignis behauptet und im Bestreitensfall beweist, das der Klage auf jeden Fall die Zulässigkeit bzw. Begründetheit genommen hat (allgM). Dass aus § 269 Abs. 1 darüber hinaus ein Recht des Beklagten auf Klärung der Frage der ursprünglichen Zulässigkeit und Begründetheit sowie auf Abweisung der Klage bei konstatierter Unzulässigkeit bzw. Unbegründetheit ableitbar sei,[25] bleibt hingegen ebenso schlichte Behauptung wie die mit nachgerade naturrechtlichem Pathos artikulierte These,[26] das entsprechende Recht sei Ausfluss eines „elementaren und selbstverständlichen" Verteidigungsrechts des grundlos mit einer Klage Überzogenen. Im Ergebnis steht allerdings einer Klageabweisung aus dem „alten" Abweisungsgrund jedenfalls dann nichts entgegen, wenn diesbezügliche Entscheidungsreife gegeben ist. Bejaht man für den Fall von Anfang an fehlender Klageerfolgsaussicht die Schutzwürdigkeit des Beklagteninteresses an umfassender Kostenentlastung auch um den Preis aufwendiger weiterer Sachaufklärung,[27] besteht darüber hinaus selbst bei mangelnder Entscheidungsreife kein Anlass, dem Beklagten die Chance auf Erlangung eines ihm günstigen Hauptsacheurteils (mit akzessorischer Kostenentscheidung nach § 91) zu nehmen: die für die Hauptsacheentscheidung erforderliche Prüfung muss für die Kostenentscheidung ohnehin geleistet werden.

17 *Richtigerweise* gilt es aber zu erkennen, dass sich das allgemeine Interesse des Beklagten an Erlangung eines Hauptsacheurteils und völliger Kostenfreistellung nach Erledigungserklärung des Klägers bei mangelnder Entscheidungsreife betreffs der ursprünglichen Zulässigkeit und/oder Begründetheit am öffentlichen Interesse stößt, Zeit und Arbeitskraft der Gerichte für anderweitige Aufgaben freizuhalten, Parteischutz nach der Wertung des historischen Gesetzgebers aber von der Verfahrensökonomie her zu begrenzen ist.[28] Denn:[29] Zwar ergibt sich aus § 91 a und seiner Entstehungsgeschichte (s. Rn. 15) unmittelbar nur, dass der Gesetzgeber das etwaige Interesse des *Klägers* an einer für ihn optimalen Kostenentscheidung um den Preis einer in extenso-Prüfung der ursprünglichen Erfolgsaussichten der Klage als nicht schutzwürdig betrachtet. Will man einen Wertungswiderspruch und einen Verstoß gegen das Gebot der Waffengleichheit vermeiden, muss die betreffende Entscheidung indes letztlich auch als Verdikt über das spiegelbildliche Interesse des *Beklagten* verstanden werden: Das Interesse des mit einer von Anfang an unzulässigen oder unbegründeten Klage überzogenen Beklagten daran, nun nicht auch noch evtl. einen Teil der Kosten tragen zu müssen, kann nicht stärker sein als das einschlägige Interesse des Klägers, der bis zum Eintritt des Erledigungsereignisses allen Anlass zur Klageerhebung hatte. *Beide,* nicht etwa nur der Beklagte,[30] prozessieren letztlich nicht freiwillig; bliebe doch sonst dem Kläger, dessen Recht vom Beklagten negiert wird, nur die Alternative, auf sein Recht zu verzichten.

18 Soweit der Beklagte ein *besonderes* Interesse an Feststellung des kontradiktorischen Gegenteils der klägerischen Rechtsbehauptung hat, muss ihm freilich allemal die Fortsetzung des anhängigen Verfahrens offen stehen: ihn auf eine separate Feststellungsklage (und damit ein neues Verfahren) zu verweisen,[31] widerspräche seinerseits gröblich dem Prinzip der Prozessökonomie.

19 Und: Uneingeschränkt schutzwürdig ist schließlich, welche Position auch immer man zur Relevanz des Beklagteninteresses im Übrigen bezieht, das Interesse des Beklagten an Sicherung vor erneuter gerichtlicher Inanspruchnahme in gleicher Sache. Ein schutzwürdiges Interesse an Klageabweisung aus dem „alten" Abweisungsgrund unter dem Gesichtspunkt der Optimierung der ne bis in idem-Sperre kommt dabei freilich von vornherein nur für denjenigen in Betracht, der entgegen ganz hM (näher zum einschlägigen Streit- und Meinungsstand § 300 Rn. 4) auch sonst ein Recht des Beklagten auf Abweisung aus dem weitestreichenden Abweisungsgrund bejaht.

20 **c) Keine Obsolenz der Wertung des historischen Gesetzgebers.** Die vorstehend getroffenen Aussagen basieren teilweise – wie jeweils eigens betont – auf der § 91 a zugrunde liegenden Wertung des historischen Gesetzgebers, Klägerschutz aus Verfahrensökonomiegründen zu begrenzen. Wer mit *Smid*[32] diesen Ansatz vom Verfassungsrecht her als überholt erachtet und aus dem Gehörgewährleistungsgebot (Art. 103 Abs. 1 GG) ein Recht ableitet, jede streitige Prozesslage über eine Beweisaufnahme klären zu lassen, kommt selbstredend in essentiellen Punkten zu abweichen-

---

[25] So – statt mancher – *Zeiss/Schreiber* Rn. 503; *Schumann* AP Nr. 11.
[26] BGH NJW 1992, 2235, 2236.
[27] So dezidiert – statt vieler – *A. Blomeyer* JuS 1962, 215; *Deubner* JuS 1962, 210; *Habscheid* JZ 1963, 630; *Schlosser* Bd. I Rn. 145.
[28] Übereinstimmend: *El-Gayar* S. 117 ff., 138 ff.; *Walchshöfer* ZZP 90 (1977) 188 f.; *Brox* JA 1983, 294; *D. Assmann,* Erlanger FS Schwab, S. 190 ff.; *Ulrich* NJW 1994, 2793, 2798.
[29] Zum folgenden bereits *Lindacher* JurA 1970, 702.
[30] So aber offenbar *A. Blomeyer* JuS 1962, 215.
[31] So *D. Assmann,* Erlanger FS Schwab, S. 193, 205.
[32] ZZP 97 (1984), 274 ff.; MDR 1985, 190.

den Aussagen: er hat nicht nur dem Klägerinteresse an voller Kostenentlastung bei bis zum Erledigungsereignis zulässiger und begründeter Klage auch dann Geltung zu verschaffen, wenn die Beantwortung der Frage nach der ursprünglichen Erfolgsaussicht nur nach aufwendiger weiterer Sachaufklärung möglich ist, sondern kann und muss auch dem spiegelbildlichen Beklagteninteresse bei Ohnehin-Unzulässigkeit/Unbegründetheit durchgängig Vorrang gegenüber Verfahrensökonomieerwägungen einräumen.

Zutreffenderweise legitimiert das Verfassungsrecht indes wohl *nicht* zu einem neuen Sinnverständnis der Kostenregel des § 91 a unter Korrektur der Wertung des ZPO-Gesetzgebers: Wer versucht, aus dem Gehörgewährleistungsgebot den Satz zu gewinnen, keiner Partei dürfe gegen ihren Willen ein summarisches Verfahren im Kostenpunkt aufgenötigt werden, *überdehnt* das Verfassungsrecht. 21

Keinesfalls aber geht es an, im Streit um die Frage, ob beim Erledigungsstreit die ursprüngliche Zulässigkeit und Begründetheit des Klagebegehrens unabhängig von einem besonderen Feststellungsinteresse des Beklagten zu prüfen bleibt, einfach die dies bejahende hM als Fixpunkt zu nehmen, und sodann die gesetzgeberische Wertung zur Kostenentscheidung nach übereinstimmender Erledigungserklärung aus Symmetriegründen zu negieren.[33] Methodisch richtig ist allein der umgekehrte Weg. Wer mit dem Gebot der Gleichbehandlung von Kläger und Beklagtem – zu Recht (s. bereits Rn. 17) – Ernst macht, muss die explizit für die Klägerseite getroffene Wertung zur Frage „Kosteninteresse versus öffentliches Interesse an ökonomischem Einsatz staatlicher Rechtsschutzressourcen“ auf die Beklagtenseite übertragen. 22

III. Konkurrenzen

1. Erledigungserklärung und privilegierte Klagerücknahme. Konkurrenzprobleme im Verhältnis Erledigungserklärung – Klagerücknahme hat das ZPO-ReformG 2001 mit der Anerkennung der kostenprivilegierten Klagerücknahme nach § 269 Abs. 3 S. 3 geschaffen. Interventionsgrund für den Gesetzgeber war erklärtermaßen[34] die seinerzeitige höchstrichterliche Rechtsprechung, die in der (Fehl-)Vorstellung befangen, nur ein ins Stadium der Rechtshängigkeit gediehenes Verfahren könne sich erledigen (hierzu Rn. 104 ff.), dem *vor* Klagezustellung klaglos gestellten Kläger die Möglichkeit der Verfahrensbeendigung unter Kostenverwahrung verweigerte.[35] Dass der Gesetzgeber die Neuregelung bei der Klagerücknahme, nicht bei der Erledigungserklärung verorterte, macht dabei entgegen verschiedentlich geäußerter Kritik[36] sehr wohl Sinn: Bis zur Einlassung zur Hauptsache steht es dem Kläger frei, das Rechtsschutzgesuch *einseitig* zurückzunehmen – grundsätzlich um den Preis der Kostentragung, bei Klaglosstellung nach Klageeinreichung oder vor Klageeinreichung, aber ohne Klägerkenntnis mit der Chance der Kostenentlastung. Vor diesem Hintergrund bietet sich als Abgrenzung an:[37] Bis zur Hauptsacheeinlassung des Beklagten steht dem Kläger bei Entfall des Klageanlasses die Klagerücknahme unter Kostenverwahrung offen. Über die Kostentragungspflicht entscheidet das Gericht in summarischem Verfahren, in direkter Anwendung von § 269 Abs. 3 S. 3 bei Klageanlassentfall vor Rechtshängigkeit, in entsprechender Anwendung von § 269 Abs. 3 S. 3 bei Klageanlassentfall nach Klagezustellung. Nach Hauptsacheeinlassung des Beklagten kann und muss der Kläger Erledigung der Hauptsache erklären. 23

2. Alternativen zur Erledigungserklärung? Nach vereinzelt, freilich zunehmend vertretener Meinung steht dem Kläger bei nachträglichem Entfall der Klageerfolgsaussicht die Erledigungserklärung als *eine* Reaktionsweise neben anderen offen. Dem Kläger soll es auch möglich sein, unabhängig von der Reaktion des Beklagten, die Klage sogleich in eine **Feststellungsklage** zu ändern, bei deren Prüfung die Erfolgsaussicht der ursprünglichen Klage ohne Erledigungsereignis mit Kostenzuweisungsrelevanz in extenso zu klären sei: Teils will man dem Kläger erlauben, die gegenstandslos gewordene Klage in eine Klage auf Feststellung, dass die ursprüngliche Klage bis zum Zeitpunkt des Erledigungsereignisses zulässig und begründet war, durch das Erledigungsereignis aber unzulässig oder unbegründet geworden ist,[38] nach anderer Lesart: auf Feststellung, dass dem Kläger die behauptete Rechtsposition bis zum Zeitpunkt des Erledigungsereignisses zugestanden hat,[39] zu ändern. Dem Interesse des Klägers an voller Kostenentlastung wird bei Obsiegen mit der geänderten Klage über die akzessorische Kostenentscheidung nach § 91 Genüge getan. Andere wollen dem 24

---

33 So aber wohl der zweite Argumentationsstrang bei *Smid* ZZP 97 (1984), 301.
34 BT-Drucks. 14/4722 S. 81.
35 BGHZ 83, 12, 14 = NJW 1982, 1598 f.
36 *Bonifacio* MDR 2002, 499, 500.
37 *Lindacher* JR 2005, 92, 93.
38 So LG Hanau NJW-RR 2000, 1233 f.; *Deubner* JuS 2000, 271, 273.
39 So *Prütting/Wesser* ZZP 116 (2003), 267, 299.

Kläger über eine materiellrechtliche Kostenerstattung im kostenrechtlichen Gewand helfen. Soweit der Kläger (etwa aus dem Gesichtspunkt des Schuldnerverzugs, §§ 280 Abs. 2, 286 BGB) einen materiellrechtlichen Kostenerstattungsanspruch habe, könne er seine Klage in eine Klage auf Feststellung der Kostentragungspflicht umstellen und die Kostenfestsetzung auf der Grundlage des Feststellungsurteils im Kostenfestsetzungsverfahren nach §§ 113 ff. durch den Rechtspfleger betreiben.[40] All dem ist mit Nachdruck zu widersprechen.[41] Wer dem Kläger ein entsprechendes Wahlrecht einräumt, weil ihm das aus der Summarietät der Kostenentscheidung nach § 91 a resultierende Risiko teilweiser Kostenbelastung (s. Rn. 50 ff.) nicht zuzumuten sei, verkennt die Verfahrensökonomiefunktion des § 91 a: Nicht entscheidungsreife Verfahren sollen im nicht zur Parteidisposition stehenden Allgemeininteresse an Schonung staatlicher Rechtsschutzressourcen nicht allein ob der Kosten fortgeführt werden.[42] Für eine Klageänderung auf Feststellung des Bestands der geltend gemachten Rechtsposition bei Eintritt des Erledigungsereignisses ist deshalb nur bei Vorliegen eines *besonderen* einschlägigen Interesses Raum. Im Übrigen kann der „summarischen" Kostenentscheidung auch nicht via Geltendmachung eines materiellen Kostenerstattungsanspruchs ausgewichen werden: Wie immer man das Verhältnis zwischen prozessualem und materiellrechtlichem Kostenerstattungsanspruch im Einzelnen bestimmt, darf die legislatorische Entscheidung, für die Kostenerstattungsfrage im Erledigungsfall nur ein summarisches Verfahren vorzuhalten, nicht ausgehebelt werden.[43]

IV. Übereinstimmende Erledigungserklärung

25 **1. Dogmatik.** Das Institut der übereinstimmenden Erledigungserklärung ist Ausprägung der **Dispositionsmaxime:** Die Parteien entziehen dem Gericht die Entscheidungsbefugnis über den Streitgegenstand; zur Entscheidung gestellt bleibt nur der Kostenpunkt.

26 Die Erledigungserklärungen sind, da der Prozess durch die korrespondierenden Erklärungen selbst, nicht erst durch Richterspruch, gestaltet wird, **Bewirkungshandlungen.** Der Streit, ob die übereinstimmende Erledigungserklärung wechselseitige Erklärung dem Gegner gegenüber und damit **prozessuale Vereinbarung**[44] oder aber gleichgerichtete prozessuale Einverständniserklärung an das Gericht und damit **prozessualer Gesamtakt** ist, wird von der hM[45] im letzteren Sinn entschieden. Wohl zu Recht, weil natürlicher Adressat der auf die Beendigung der Rechtshängigkeit zielenden Erklärungen im dreiseitigen Prozessrechtsverhältnis nun einmal das *Gericht* ist.

27 Versuche, die übereinstimmende Erledigungserklärung einem anerkannten Institut des Prozessrechts unterzuordnen, sind wenig hilfreich. Dies gilt – unbeschadet einzelner nicht leugbarer Parallelen – auch und vor allem für den Vorschlag, die übereinstimmende Erledigungserklärung als besondere (privilegierte) Klagerücknahme zu qualifizieren:[46] einschlägiges Denken verführt allemal – wie etwa in der Frage der Zulässigkeit einer Neuklage mit gleichem Streitgegenstand (s. Rn. 42) – zu nicht hinreichend reflektierter Ergebnisleihe beim „Grundinstitut", obschon die Regelungsproblematik gerade nicht identisch ist. Die übereinstimmende Erledigungserklärung ist vielmehr richtigerweise ein **Institut sui generis,** das allenfalls in die *Nähe* anderer Institute gebracht werden kann.

28 **2. Voraussetzungen. a) Prozesshandlungsvoraussetzungen.** Als Prozesshandlungen (s. Rn. 3) setzen die Erledigungserklärungen zu ihrer Wirksamkeit **Partei-, Prozess-** und **Postulationsfähigkeit** (§§ 50, 51, 78) voraus.

29 **b) Erledigungsereignis keine Wirksamkeitsvoraussetzung.** Die übereinstimmende Erledigungserklärung äußert die ihr eigenen Wirkungen (s. Rn. 39 ff.) unabhängig davon, ob ein Erledigungsereignis vorliegt; dieses ist typischer Anlass, nicht Wirksamkeitsvoraussetzung der korrespondierenden Erklärungen.[47] Konsequenterweise spielt der Streit, ob erledigendes Ereignis auch ein

---

[40] So zB *Fischer* MDR 2002, 1098 f.; zumindest im Grundsatz – mit zweifelhafter Einzelfallbeschränkung – auch *Elzer* NJW 2002, 2006 ff.

[41] Einlässlich: *Lindacher* JR 2005, 92 ff.

[42] Allgemein: *El Gayar* S. 117 ff., 138 ff.; *Schwab* ZZP 72 (1959), 127, 129; *Walchshöfer* ZZP 90 (1977), 188 f.; *Brox* JA 1983, 283, 294; *D. Assmann,* Erlanger FS Schwab, 1990, S. 190 ff.; *Ulrich* NJW 1994, 2798.

[43] Für verdrängenden Vorrang der Erledigungserklärung auch *Zöller/Vollkommer* Rn. 42; *Rosenberg/Schwab/Gottwald* § 130 Rn. 26; *Gehrlein* § 9 Rn. 49; *Lange* NJW 2001, 2150.

[44] So insbes. *Habscheid,* FS Lent, S. 157 ff.; ferner *Rosenberg/Schwab* § 133 II 1 (mit der nicht nachvollziehbaren Behauptung, die Gegenansicht vermöge die prozessbeendigende Wirkung der Erklärungen „nicht hinreichend" zu erklären) sowie *Zeiss/Schreiber* Rn. 500.

[45] Statt vieler *Wagner,* Prozeßverträge, 1998, S. 337 ff.; *Rosenberg/Schwab/Gottwald* § 130 Rn. 9; *G. Lüke,* FS Weber, S. 324 f.; *Deubner* JuS 1962, 206.

[46] So *A. Blomeyer* § 64 II 1; *Stein/Jonas/Leipold,* 20. Aufl., Rn. 36.

[47] So gut wie allgM; statt vieler: *Rosenberg/Schwab/Gottwald* § 130 Rn. 10 sowie *Schilken* Rn. 629. AA wohl nur *Baumbach/Lauterbach/Hartmann* Rn. 68.

Geschehen, das sich vor Klagezustellung ereignet (s. Rn. 104 ff.), bei der *beidseitigen* Erledigungserklärung (richtigerweise auch für die Kostenfrage, s. Rn. 56) keine Rolle: Diese ist auch dann wirksam, wenn das der Klage die Erfolgsaussicht nehmende Ereignis aus der Zeit zwischen Klageeinreichung und -zustellung, ja gar aus der Zeit vor Klageeinreichung datiert.[48]

c) Zeitliche Schranken: Erfordernis der Rechtshängigkeit oder bloßer Anhängigkeit? 30
Die (Streit-)Frage, ob die Erledigungserklärungen zu ihrer Wirksamkeit der Rechtshängigkeit, im zivilprozessualen Klageverfahren mithin (§§ 261 Abs. 1, 253 Abs. 1) der Klagezustellung, bedürfen oder bloße Anhängigkeit genügt, ist richtigerweise im letzteren Sinne zu beantworten:[49] Bei übereinstimmender Erledigungserklärung nach bloßer Klageeinreichung bedarf es weder der förmlichen Doch-noch-Klagezustellung,[50] noch der Konstruktion, in der Zustimmungserklärung des Beklagten liege der heilende Verzicht auf die förmliche Klagezustellung.[51] Mit Einfügung des § 269 Abs. 3 S. 3 durch das ZPO-ReformG hat die Kontroverse freilich viel von ihrer praktischen Bedeutung verloren: Erklärungen des Klägers in der Anhängigkeitsphase, er nehme in Hinblick auf den zwischenzeitlichen Entfall der Klageerfolgsaussicht vom Verfahren unter Kostenverwahrung Abstand, sind im Zweifel als Klagerücknahme mit dem Begehren einer Kostenentscheidung nach § 269 Abs. 3 S. 3 zu deuten.

d) Urheber der Erklärungen. Die Erklärungen müssen von den **Parteien** ausgehen. Erklärungen eines Streitgehilfen genügen nicht, so wie andererseits dessen Zustimmung auch nicht erforderlich ist.[52] Letzteres gilt auch für den streitgenössischen Nebenintervenienten:[53] erklären die Parteien den Rechtsstreit in der Hauptsache für erledigt, droht jenem keine Rechtskrafterstreckung zu seinen Lasten mehr. 31

Bei **Streitgenossenschaft** wirkt die Erklärung nur für den, der sie abgibt. Dies gilt – vorbehaltlich der Vertretungsfiktionslage nach § 62 Abs. 1 – auch im Fall notwendiger Streitgenossenschaft. Umgekehrt steht es (s. auch § 62 Rn. 49) jedem Streitgenossen – auch bei notwendiger Streitgenossenschaft in der Variante notwendiger gemeinsamer Klageerhebung – frei, den Streit für seine Person durch Erledigungserklärung abzubrechen:[54] Die mit den anderen Streitgenossen nicht abgestimmte Abstandnahme vom Hauptsachestreit führt zwar überall dort, wo diesen nicht ausnahmsweise, wie Miterben (§ 2039 BGB) oder Miteigentümern (§ 1011 BGB), Einzelklagebefugnis zusteht, zur Unzulässigkeit der Restklagen, aber nicht zu widersprüchlicher Sachentscheidung. Dass der vom Streit Abstand Nehmende durch seinen Alleingang sich möglicherweise einer Pflichtverletzung gegenüber den anderen Streitgenossen schuldig macht, berührt nur das Binnenverhältnis der Streitgenossen, nicht die Handlungsbefugnis des einzelnen Streitgenossen im Verhältnis zum Beklagten: der Einwand treuwidrigen Prozessverhaltens kann in einem am Zweiparteienprinzip orientierten Verfahren immer nur vom Prozessgegner, nicht von den (bisherigen) Mitstreitern erhoben werden. 32

e) Inhalt und Form. Erledigungserklärungen können ausdrücklich oder konkludent erfolgen.[55] Ausreichend und erforderlich ist, dass von der konkreten Äußerung bzw. dem konkreten Verhalten mit hinreichender Sicherheit auf den einschlägigen Rechtsfolgewillen geschlossen werden kann. So genügt etwa, jedenfalls bei Antrag auf umfassende Kostenentlastung (wohl aber auch sonst), klägerseits die Reduzierung des Klageantrags unter Hinweis auf Zahlung des Beklagten während des Rechtsstreits.[56] Nichtwiderspruch innerhalb der (Not-)Frist von zwei Wochen seit Zustellung eines die Erledigungserklärung beinhaltenden Schriftsatzes gilt nach Abs. 1 S. 2 (eingefügt durch das JuMoG) als Zustimmung, wenn der Beklagte vom Gericht pflichtgemäß auf die entsprechende Folge hingewiesen worden ist. 33

Aus der Rechtsnatur der übereinstimmenden Erledigungserklärung als eines Dispositionsakts über den Streit (s. Rn. 25) folgt: Die Rechtshängigkeit der Hauptsache wird durch die „nackten" Erklärungen beendigt. Die Parteien brauchen in Hinblick auf die Wirksamkeit ihrer Erklärungen weder substantiiert noch allgemein ein Erledigungsereignis zu behaupten.[57] Einschlägige Angaben (ein- 34

---

[48] *Rosenberg/Schwab/Gottwald* § 130 Rn. 10; *Zeiss/Schreiber* Rn. 498.

[49] *Deubner* JuS 1962, 206; *Habscheid* JZ 1963, 580 f.; *Bergerfurth* NJW 1992, 1657.

[50] So freilich *Musielak/Wolst* Rn. 15; *Thomas/Putzo/Hüßtege* Rn. 14.

[51] So freilich *Grunsky* Grundlagen § 12 II 3; *Stein/Jonas/Bork* Rn. 14; *Zöller/Vollkommer* Rn. 17.

[52] *Stein/Jonas/Bork* Rn. 16; *Wieczorek/Schütze/Mansel* §§ 67 Rn. 22, 69 Rn. 58.

[53] OLGR München 2000, 165; aA insoweit *Musielak/Wolst* Rn. 58.

[54] Wie hier: *Stein/Jonas/Bork* Rn. 16; *Zimmermann* § 62 Rn. 10; aA freilich für jede Form notwendiger Streitgenossenschaft *Zöller/Vollkommer* Rn. 58 (Streitgenossenschaft), sowie *Pape/Notthoff* JuS 1995, 914.

[55] AllgM; s. etwa BGH NJW-RR 1991, 1211; *Musielak/Wolst* Rn. 13.

[56] OLG Frankfurt a. M. MDR 1977, 56 f.

[57] BGHZ 21, 298, 299 = NJW 1956, 1517; *Stein/Jonas/Bork* Rn. 21; *Habscheid,* FS Lent, S. 160 f.; *G. Lüke,* FS Weber, S. 325; aA freilich noch OLG Frankfurt a. M. NJW 1953, 949 m. krit. Anm. *Schönke.*

schließlich solcher zum Erledigungszeitpunkt) sind nur in Hinblick auf die Kostenentscheidung (hierzu Rn. 45 ff.) ratsam.

35 Die Parteien können den Rechtsstreit in der mündlichen Verhandlung oder – ggf. auch nach Schluss der mündlichen Verhandlung[58] – durch Einreichung eines bestimmenden Schriftsatzes, ja selbst zu Protokoll der Geschäftsstelle für erledigt erklären (Abs. 1 S. 1), wobei sich der Gesamtakt (Rn. 26) selbstredend auch aus Erklärungen unterschiedlicher Form zusammensetzen kann.[59] Die Erklärung unterliegt nach § 78 Abs. 3 in keinem Fall dem Anwaltszwang: es kommt nicht darauf an, ob sich die Partei tatsächlich an die Geschäftsstelle gewandt hat, es genügt bereits die Möglichkeit, die Erklärung dort abzugeben.[60]

36 **f) Hilfsweise Erledigungserklärung.** Die übereinstimmende Erledigung kann hilfsweise erklärt werden, wenn die innerprozessuale Bedingung, von der sie abhängig gemacht wird, nicht in der Entscheidung über einen Hauptantrag besteht. So etwa für den Fall, dass ein widerruflich geschlossener Prozessvergleich widerrufen wird.[61] Für eine hilfsweise Erledigungserklärung unter primärer Aufrechterhaltung der Anträge zur Hauptsache ist hingegen kein Raum.[62] Macht beispielsweise der Beklagte auf Unterlassungsklage Entfall der Wiederholungsgefahr geltend, muss der Kläger wählen, ob er Erledigung des Rechtsstreits in der Hauptsache erklärt oder den Rechtsstreit zwecks Klärung der Wiederholungsgefahrfrage fortsetzt. Entschließt er sich zu Letzterem, ist die Klage bei Bejahung des Wiederholungsgefahrentfalls als unbegründet abzuweisen.[63]

37 **g) Widerruf und Anfechtbarkeit.** Die einzelne Erledigungserklärung ist bis zur Komplettierung zum Gesamtakt durch die korrespondierende Erklärung der Gegenpartei (s. Rn. 26) frei widerruflich.[64] Nach diesem Zeitpunkt ist sowohl ein Widerruf[65] als auch eine Anfechtung[66] grundsätzlich ausgeschlossen. Etwas anderes gilt nur, wenn ein Restitutionsgrund vorliegt.[67]

38 Vom Widerruf der einzelnen Erklärung ist die Beseitigung des Gesamtakts durch actus contrarius mit rückwirkender Wiederherstellung der Rechtshängigkeit zu unterscheiden. Ob und bejahendenfalls bis zu welcher Verfahrenslage letzterer zulässig ist, ist streitig. Das Meinungsspektrum reicht von zeitlich uneingeschränkter Zulässigkeit[68] bis zum absoluten non licet.[69] Richtig erscheint eine vermittelnde Ansicht: den Parteien steht es bis zum Kostenentscheidungserlass frei, die beiderseitige Erledigungserklärung in ihren Wirkungen durch übereinstimmende Erklärung zu neutralisieren.[70]

39 **3. Wirkungen. a) Verfahrensbeendigung in der Hauptsache.** Die übereinstimmende Erledigungserklärung nach Klagezustellung beendet den Prozess in der Hauptsache; rechtshängig bleibt allein der Kostenpunkt (s. bereits Rn. 25). Die – wirksame (s. Rn. 29) – übereinstimmende Erledigungserklärung nach Klageeinreichung erübrigt die förmliche Klagezustellung; Gehörgewährleistungsgründe verlangen freilich gegebenenfalls das Zur-Kenntnis-Geben der Klageschrift. Zu entscheiden bleibt auch hier die Kostenfrage (hierzu Rn. 56).

40 **b) Bereits ergangene, noch nicht rechtskräftige Entscheidungen.** Entsprechende Entscheidungen werden analog § 269 Abs. 3 S. 1 wirkungslos.[71] Erklären die Parteien bei zeitlich ge-

---

[58] OLGR München 1993, 73.

[59] Zutreffende einschlägige Klarstellung: *Zöller/Vollkommer* Rn. 10.

[60] SchlHOLG MDR 1999, 252; *Rosenberg/Schwab/Gottwald* § 130 Rn. 14; *W. Lüke* Rn. 245; *Baumbach/Lauterbach/Hartmann* Rn. 146; *Oberheim* § 29 Rn. 6; *Pape/Notthoff* JuS 1995, 913. AA – in mündlicher Verhandlung im Anwaltsprozess Anwaltszwang – freilich *Musielak* Rn. 263; *Bergerfurth* NJW 1992, 1655, 1657.

[61] OLG Frankfurt a. M. MDR 1978, 499; *Thomas/Putzo/Hüßtege* Rn. 12.

[62] BGHZ 106, 368 ff. = NJW 1989, 2885, 2887 im Anschluss an BGH NJW 1967, 564, 565; *Rosenberg/Schwab/Gottwald* § 130 Rn. 13; *Zöller/Vollkommer* Rn. 13; *Teubner/Prange* MDR 1989, 587 f.; aA OLG Koblenz ZIP 1987, 1413, 1417; *Thomas/Putzo/Hüßtege* Rn. 12; *Bergerfurth* NJW 1992, 1655, 1660; *Piekenbrock* ZZP 112 (1999) 353, 361.

[63] AA OLG Koblenz ZIP 1987, 1417.

[64] BGH NJW 2002, 442 f.; *Musielak* Rn. 263; *Grunsky* Grundlagen § 12 II 5; aA – von seinem Ansatz Qualifikation der beiderseitigen Erledigungserklärung als prozessuale Vereinbarung konsequent – *Habscheid,* FS Lent, S. 157 Fn. 20: Bindung analog § 145 BGB.

[65] Ganz hM; vgl. statt vieler OLG Köln VersR 1974, 605; *Grunsky* Grundlagen § 12 II 5; aA *Göppinger* S. 99 sowie *v. Mettenheim* Prozeßökonomie S. 153 ff.

[66] Ebenfalls ganz hM; vgl. statt vieler: *Zöller/Vollkommer* Rn. 11; AK-ZPO/*Röhl* Rn 19; aA – Anfechtbarkeit prinzipiell bejahend – *Grunsky* Grundlagen § 12 II 5.

[67] OLG Düsseldorf NJW 1964, 822, 824 m. Anm. *Habscheid; Stein/Jonas/Bork* Rn. 22; *Zöller/Vollkommer* Rn. 11.

[68] So etwa *Göppinger* S. 99, der selbst freilich gar für ein unbeschränktes einseitiges Widerrufsrecht plädiert.

[69] So insbes. *Pohle,* Eranion Maridakis, S. 444 ff., ferner: *Stein/Jonas/Bork* Rn. 22; *Thomas/Putzo/Hüßtege* Rn. 15.

[70] Übereinstimmend: *Rosenberg/Schwab/Gottwald* § 130 Rn. 16; *Grunsky* Grundlagen § 12 II 5.

[71] *Stein/Jonas/Bork* Rn. 21; *Schilken* Rn. 630.

streckten Leistungsbegehren (insbesondere Unterlassungsbegehren) nicht Totalerledigung, sondern lediglich Erledigung ab Eintritt des Erledigungsereignisses, entfällt der Titel erklärungsbedingt freilich nur für diesen Zeitraum.[72] Was gewollt, ist in Ausübung des richterlichen Fragerechts zu klären, im Unterlassensfall im Wege der Auslegung zu ermitteln.[73] Erklärt ein Unterlassungstitelgläubiger mit Blick auf die Unterwerfung der Gegenseite das Verfahren nach Titelzuwiderhandlung für erledigt, ist im Zweifel bloße Teilerledigung erklärt: Der Titelschuldner kann vernünftigerweise nicht damit rechnen, dass sich der Titelgläubiger mit der nicht näher spezifizierten Erklärung des Rechts begibt, hinsichtlich der zwischenzeitlichen Titelverstöße Festsetzung des angedrohten Ordnungsmittels zu verlangen.[74]

Das jeweilige Wirkungslos-Werden ist unmittelbare Folge der Erledigungserklärung. Auf Antrag ist die konkrete Folge analog § 269 Abs. 3 S. 3 durch Beschluss zu verlautbaren. Wurde die wirkungslos gewordene Entscheidung bereits vollstreckt, hat der Betroffene *keinen* Schadensersatzanspruch analog § 717 Abs. 2.[75] 41

c) Ne bis in idem-Sperre. Ob und inwieweit die übereinstimmende Erledigungserklärung eine Sperre für eine neue Klage mit identischem Streitgegenstand bildet, ist streitig. Die hM[76] bejaht die Zulässigkeit der Zweitklage; nur bei ausdrücklichem oder aber aus besonderen Umständen zu vindizierendem Klagbarkeitsverzicht sei der Beklagte vor erneuter Inanspruchnahme sicher.[77] Dem ist mit Nachdruck zu widersprechen:[78] Der Beklagte hat ein *legitimes* Interesse daran, sich nicht zweimal in derselben Sache verteidigen zu müssen. Soweit die Zweitklage nicht auf Neutatsachen gestützt wird, muss er ihr den **Einwand der erledigten Sache** entgegenhalten können. Sofern dem Beklagten nicht im Einzelfall mittels Konstatierung einer auf Ausschluss der Klagbarkeit zielenden Vereinbarung zu helfen ist, greift das venire contra factum proprium-Verbot: die neue Klage steht im Widerspruch zum auf Streitbeendigung ohne Urteil angelegten Klägerverhalten im Erstprozess.[79] 42

4. Erledigungserklärung in der Rechtsmittelinstanz und zwischen den Instanzen. 43
a) Erklärung in der höheren Instanz. Die Erledigung des Rechtsstreits in der Hauptsache kann auch in der Rechtsmittelinstanz, selbst im Revisionsverfahren[80] sowie im Verfahren über eine Nichtzulassungsbeschwerde,[81] erklärt werden. Gemäß § 91 a ist dann über alle bisher entstandenen Kosten mit Blick auf den mutmaßlichen Ausgang des Rechtsmittelverfahrens und seine Auswirkungen auf die Kostenentscheidungen der Vorinstanzen, bei Erledigungserklärung im Verfahren auf Nichtzulassungsbeschwerde: auf den mutmaßlichen Ausgang des Beschwerde- und gegebenenfalls des Revisionsverfahrens und allfälligen Auswirkungen auf die Kostenentscheidungen der Vorinstanzen zu entscheiden.[82]

b) Erklärung zwischen den Instanzen. Parteien, die in Reaktion auf ein nach Erlass des Instanzurteils eingetretenes Erledigungsereignis übereinstimmend die Erledigung des Rechtsstreits in der Hauptsache erklären wollen, können dies zwar im Wege der Rechtsmitteleinlegung vor dem Rechtsmittelgericht (Rn. 43), müssen es jedoch nicht. Nach mittlerweile herrschender, billigenswerter Ansicht können sie bis zum Ablauf der Rechtsmittelfrist die einschlägigen Erklärungen auch gegenüber dem Instanzgericht abgeben:[83] § 318 steht schon deshalb nicht entgegen,[84] weil die Instanzentscheidung analog § 269 Abs. 3 S. 1 mit der beiderseitigen Erledigungserklärung wirkungslos wird (s. Rn. 40f.). Wie sonst genügt nach Abs. 1 S. 1 schriftsätzliche Erledigungsanzeige. 44

---

[72] BGHZ 156, 335, 344 = NJW 2004, 506, 508; *Zöller/Vollkommer* Rn. 12; *Münzberg* WRP 1990, 425f.

[73] BGHZ 156, 346; *Teplitzky* LMK 2004, 53, 54.

[74] BGHZ 156, 346; aA OLG Hamm WRP 1980, 423, 424f.; *Münzberg* WRP 1990, 426.

[75] BGH NJW 1988, 1268f.; *Musielak/Wolst* Rn. 18.

[76] BGH NJW 1991, 2280, 2281; *A. Blomeyer* § 64 II 1; *Stein/Jonas/Bork* Rn. 25; *Zöller/Vollkommer* Rn. 28; AK-ZPO/*Röhl* Rn. 25; *Musielak/Wolst* Rn. 19; *G. Lüke,* FS Weber, S. 325f.; *Becker-Eberhard* BGH-FGWiss Bd. III S. 284ff.

[77] So *Stein/Jonas/Bork* Rn. 26; AK-ZPO/*Röhl* Rn. 25.

[78] Gegen die prinzipielle Zulässigkeit einer Neuklage auch *Rosenberg/Schwab/Gottwald* § 130 Rn. 20; *Schönke/Kuchinke* § 71 II; *Musielak* Rn. 269; *Schilken* Rn. 630; *Oberheim* § 29 Rn. 12; *Habscheid* JZ 1963, 581f.; *Brox* JA 1983, 295.

[79] Übereinstimmend: *Musielak* Rn. 269; *Brox* JA 1983, 295; *Wieser* ZZP 100 (1981), 376.

[80] Statt aller: BGHZ 106, 359, 368 = NJW 1989, 2885, 2887; *Gottwald,* Die Revisionsinstanz als Tatsacheninstanz, 1975, S. 388f.; *Musielak/Wolst* Rn. 15.

[81] BGH WRP 2005, 126.

[82] BGH NJW-RR 2004, 377; WRP 2005, 126.

[83] BGH NJW 1995, 1096; LAG Hamm NJW 1972, 2063f. m. zust. Anm. *Walchshöfer* NJW 1973, 294; *Rosenberg/Schwab/Gottwald* § 130 Rn. 18; *Zöller/Vollkommer* Rn. 21.

[84] AA *Göppinger* S. 290 Fn. 9.

45 **5. Kostenentscheidung. a) Verfahren.** Der Streit, ob die Kostenentscheidung nach § 91 a **von Amts wegen** (so die hM[85]) oder aber nur auf **Antrag**[86] ergeht, ist weithin akademischer Natur, weil jedenfalls dann, wenn die Parteien explizit „Erledigung der Hauptsache" erklären, diese Erklärung den allfällig erforderlichen Kostenantrag einschließt: Erledigung des Streits in der *Haupt*sache bedeutet Beschränkung auf den Streit und damit Fortdauer desselben im Kostenpunkt. Umgekehrt sollte außer Zweifel stehen, dass eine Kostenentscheidung zu unterbleiben hat, wenn beide Parteien dies wollen.[87] Im Zweifel ist Ausübung des richterlichen Fragerechts nach § 139 geboten.

46 Mündliche Verhandlung über den Kostenpunkt ist fakultativ, § 128 Abs. 3. Da Grundlage der Kostenentscheidung in der Regel der bisherige Prozessstoff ist (s. Rn. 50 ff.), fehlt es im Allgemeinen am Bedürfnis für eine mündliche Verhandlung.

47 **b) Entscheidungsmaßstab und Entscheidungsgrundlagen.** Das Besondere an der Kostenentscheidung nach § 91 a ist nicht der Entscheidungs*maßstab,* sondern der Umstand, dass Entscheidungs*grundlage* potentiell ein unvollständig aufgeklärter Sachverhalt, nach verbreiteter Meinung der Richter im Rahmen der Prüfung der ursprünglichen Erfolgsaussicht zudem von der Entscheidung „schwieriger" Rechtsfragen freigestellt sein soll.

48 **aa) Maßgeblichkeit der allgemeinen Grundgedanken des Kostenrechts.** Auch für die Kostenentscheidung nach § 91 a gelten – angepasst an die Regelungssituation – grundsätzlich die allgemeinen Kostentragungsregeln: es ist darauf abzustellen, wer die Kosten hätte tragen müssen, wenn das Erledigungsereignis nicht eingetreten wäre.[88] Entscheidend ist mithin gemäß §§ 91, 92 prinzipiell, ob und in welchem Umfang die Klage im Erledigungszeitpunkt Erfolg versprach. Trotz ursprünglicher Zulässigkeit und Begründetheit der Klage treffen den Kläger nach dem Grundgedanken des § 93 gleichwohl die Kosten, wenn und soweit er keinen Anlass zur gerichtlichen Geltendmachung des Klageanspruchs hatte und der Beklagte denselben sofort bzw. sofort nach Fälligkeit erfüllt[89] oder aber den Kläger sonst (im Unterlassungsklageverfahren etwa durch Abgabe einer Unterwerfungserklärung[90]) streitlos gestellt hat. Umgekehrt sind im Bereich der reziproken Anwendung des § 93 dem Beklagten die Kosten selbst dann aufzuerlegen, wenn die durch das Verhalten des Beklagten objektiv veranlasste Klage von Anfang an unzulässig oder unbegründet war.[91]

49 Hat der Kläger das Ereignis, das die Klage auf jeden Fall unzulässig bzw. unbegründet gemacht hat, **willkürlich** herbeigeführt, mangelt es häufig bereits an einem relevanten Erledigungsereignis (s. Rn. 4). Bei gleichwohl wirksamer übereinstimmender Erledigungserklärung (s. Rn. 29) schlägt sich die Klägerwillkür jedenfalls in der Kostenentscheidung nieder.[92] In der Bejahung dieses Ausnahmetatbestands ist freilich *Zurückhaltung* angezeigt: Nimmt der Kläger etwa der Vertragsklage durch Anfechtung seiner vertragskonstitutiven Erklärung oder durch Rücktritt ihre Begründetheit, kann von mangelnder Schutzwürdigkeit jedenfalls dann keine Rede sein, wenn der Vertragslösungsgrund, wie bei arglistiger Täuschung oder beim Rücktrittsrecht wegen Leistungsstörung, von der Gegenpartei gesetzt wurde.[93] Keinesfalls kostenentscheidungsrelevant sind, jedenfalls im Regelverfahren (zu Scheidungs- und Scheidungsfolgesachen s. Rn. 143), die wirtschaftlichen Verhältnisse der Parteien.[94]

50 **bb) Entscheidungsgrundlagen.** Die Kostenentscheidung nach § 91 a verlangt bei fehlender Entscheidungsreife in der Frage des hypothetischen Prozessausgangs nicht notwendig weitere Sachaufklärung.

51 **(1) Potentielle Relevanz des Beklagtenverhaltens.** Entscheidung nach billigem Ermessen unter Berücksichtigung des bisherigen Sach- und Streitstands heißt in der Konstellation, dass das Erledigungsereignis vom Beklagten gesetzt wurde, zunächst Berücksichtigung des einschlägigen *Beklagtenverhaltens.* In vielen Fällen erlaubt bereits dieses einen Schluss auf den mutmaßlichen Prozess-

---

[85] Vgl. zB BGH NJW-RR 1997, 510; *Stein/Jonas/Bork* Rn. 29; *Thomas/Putzo/Hüßtege* Rn. 26; *Smid* ZZP 97 (1984), 273.

[86] So zB *Brox* JA 1983, 290.

[87] *Stein/Jonas/Bork* Rn. 29; *Zöller/Vollkommer* Rn. 22.

[88] Ganz hM; vgl. statt vieler: OLG Stuttgart NJW-RR 1999, 997; *Zeiss/Schreiber* Rn. 501; *Zöller/Vollkommer* Rn. 24.

[89] OLG München VersR 1979, 480; *Stein/Jonas/Bork* Rn 33; *Thomas/Putzo/Hüßtege* Rn. 48.

[90] OLG Hamburg WRP 1995, 1043.

[91] OLG Brandenburg NJW 1995, 1843, 1844; OLG Köln FamRZ 2007, 66, 67; *Zöller/Volkommer* Rn. 25; *Musielak/Wolst* Rn. 23.

[92] Zustimmend: *Stein/Jonas/Bork* Rn. 36 Fn. 123; *Thomas/Putzo/Hüßtege* Rn. 48.

[93] AA im letzteren Punkt freilich RGZ 148, 400, 404.

[94] *Musielak/Wolst* Rn. 24; *Zöller/Vollkommer* Rn. 25; aA LG Traunstein MDR 1962, 827 m. abl. Anm. *E. Schneider.*

ausgang ohne Erledigungsereignis: Vorbehaltlose und freiwillige, dh nicht zur Abwendung der Zwangsvollstreckung erfolgte Begleichung der Klageforderung spricht im allgemeinen für deren Bestand und Durchsetzbarkeit; der Beklagte muss plausible Gründe vortragen, die den Schluss erschüttern.[95] Einschlägig relevant ist beispielsweise ein geltend gemachtes Interesse an Streitbeendigung bei evidentem Missverhältnis zwischen Streitinteresse und Streitaufwand,[96] bei zweifelhafter Passivlegitimation des Beklagten der Umstand, dass der Kläger bei Klageabweisung wegen fehlender Passivlegitimation mutmaßlich den Sohn und die Schwiegertochter des Beklagten verklagen würde.[97] Klägerbefriedigung durch Dritte darf freilich der Klaglosstellung durch den Beklagten nicht ohne weiteres gleichgestellt werden: Schadensregulierung durch den Versicherer ohne Zustimmung des Beklagten erlaubt nicht die Folgerung, der Beklagte habe sich freiwillig in die „Rolle des Unterlegenen" begeben.[98]

(2) Beschränkung des Novenrechts nach Maßgabe verfahrenswirtschaftlicher Verhältnismäßigkeit. Im Übrigen heißt Entscheidung nach billigem Ermessen unter Berücksichtigung des bisherigen Sach- und Streitstands (jenseits des durch den Gehörgrundsatz Gebotenen): zwar kein völliger Ausschluss,[99] wohl aber *Beschränkung* neuen Sachvorbringens und weiterer Beweiserhebung nach Maßgabe des Grundsatzes verfahrenswirtschaftlicher Verhältnismäßigkeit. Die Schwelle der Unverhältnismäßigkeit ist dabei richtigerweise *nicht* erst dann erreicht, wenn die zu erwartenden Kosten der Beweiserhebung die bisher entstandenen Kosten nahezu erreichen.[100] Im Einzelnen bedeutet dies u. a.: **Unstreitiger Sachvortrag** ist allemal zu berücksichtigen.[101] Innerhalb der allgemeinen zeitlichen Grenzen des Tatsachenvortrags ist richtigerweise aber auch **bestrittener neuer Vortrag** grundsätzlich beachtlich: ob Plausibilität und Konsistenz mit dem bisherigen Vortrag und den bisherigen Prozessergebnissen eine Wahrscheinlichkeitsprognose zugunsten einer Seite rechtfertigen oder die Divergenz des tatsächlichen Vorbringens eine non liquet-Situation schafft, ist Frage des Einzelfalls.[102] *Nicht* berücksichtigt werden sollte freilich nachträgliches einfaches oder qualifiziertes Bestreiten zunächst unwidersprochen gelassenen Vorbringens: es gilt der Gefahr entgegenzuwirken, dass eine Partei unter Ausnutzung des prinzipiellen institutionellen Beweiserhebungsverzichts via bloßer Leugnung des gegnerischen Vorbringens eine „salomonische" Kostenentscheidung (s. Rn. 54) erschleicht. **Präsente Beweismittel** wie Urkunden, zwischenzeitlich eingegangene Akten oder amtliche Auskünfte sind prinzipiell zu berücksichtigen, weil und wenn sie einschlägige tatsächliche Feststellungen ohne ins Gewicht fallende zusätzliche Prüfung erlauben.[103] Gleiches gilt richtigerweise für geladene und erschienene sowie gestellte Zeugen,[104] soweit nicht das Waffengleichheitsprinzip die Zulassung nicht präsenten Gegenbeweises gebieten würde. Eine **gesonderte Beweisaufnahme** kann im Einzelfall aus **Paritätsgründen** geboten sein.[105] Im Übrigen ist in Realisierung des Verhältnismäßigkeitsprinzips Zurückhaltung mit der Anordnung einer solchen zu üben. 52

All dies gilt zutreffender herrschender Praxis nach gleichermaßen für Beweisanträge des Klägers *und* des Beklagten.[106] Die von *Smid*[107] postulierte Differenzierung dahin, dass Beweisanträgen des Klägers regelmäßig zu entsprechen, unerledigtem oder aber neuem Beweiserbieten des Beklagten hingegen grundsätzlich die Relevanz abzusprechen sei,[108] ist bereits vom herrschenden Verständnis des Erledigungsstreits her abzulehnen: Sie überdehnt im ersten Punkt das Verfassungsrecht, soweit sie aus Art. 103 Abs. 1 GG den Satz vindiziert, keiner Partei dürfe gegen ihren Willen ein summarisches Verfahren im Kostenpunkt aufgenötigt werden (s. bereits Rn. 23), und fordert im zweiten 53

---

95 OLG Frankfurt a. M. MDR 1996, 426; *Wieczorek/Schütze/Steiner* Rn. 11; *Thomas/Putzo/Hüßtege* Rn. 47.

96 *Zöller/Vollkommer* Rn. 25.

97 OLG Koblenz NJW-RR 1999, 943 f.

98 LG Berlin MDR 1995, 638.

99 Ganz hM; statt mancher: OLG Düsseldorf JR 1995, 205; *Stickelbrock* S. 436 ff.; *Musielak/Wolst* Rn. 22. AA freilich OLG München JurBüro 1979, 1196 f.; *Baumgärtel* MDR 1969, 803, 804; *G. Lüke*, FS Weber, S. 326.

Die Argumentation, eine ergänzende Sachaufklärung verbiete sich bereits deshalb, weil mit der beiderseitigen Erledigungserklärung die Rechtshängigkeit ihr Ende gefunden habe (so *G. Lüke* aaO), verkennt, dass nur die *Hauptsache* der Entscheidungskompetenz des Gerichts entzogen wird.

100 So freilich *Rinsche* NJW 1971, 1349, 1350.

101 So unter gleichzeitiger Ablehnung der Berücksichtigung neuen Vorbringens im Übrigen beispielsweise denn auch *Musielak* Rn. 267; *W. Lüke* Rn. 245; *Merz* ZMR 1983, 365, 366.

102 Zustimmend: *Stickelbrock* S. 437 f.

103 *Stickelbrock* S. 443; *Musielak/Wolst* Rn. 22; *E. Schneider* MDR 1976, 885, 888.

104 Zustimmend: *Musielak/Wolst* Rn. 22; aA OLG Hamm AnwBl. 1990, 48.

105 Zustimmend: *Stickelbrock* S. 443.

106 Explizit zB *Zöller/Vollkommer* Rn. 25.

107 ZZP 97 (1984), 299 ff.; MDR 1985, 189 ff.

108 Zustimmend: AK-ZPO/*Röhl* Rn. 28.

Punkt Widerspruch heraus, weil sie den Beklagten geradezu in den – rechtspolitisch unerwünschten – Erledigungsstreit treibt.[109] Auf keinen Fall aber geht es an, die Zustimmung des Beklagten zur Erledigungserklärung des Klägers in Kontrastierung zum Widerspruch gegen dieselbe mit *Smid*[110] als Abstandnahme von an sich möglicher weiterer Verteidigung zu interpretieren, wenn man – richtigerweise (s. Rn. 19) – einen im Erledigungsstreit zu realisierenden allgemeinen Anspruch des Beklagten auf Klärung der ursprünglichen Zulässigkeit und Begründetheit *verneint.*

54 Soweit die Entscheidung auf der Basis eines beschränkt aufgeklärten Sachverhalts ergeht, hat das Gericht ggf. analog § 92 auf Kostenteilung nach Maßgabe jeweiliger Wahrscheinlichkeit zu erkennen (allgM). Ist der Prozessausgang ohne das Erledigungsereignis nach konkreter Sachlage gänzlich ungewiss, sind die Kosten gegeneinander aufzuheben oder aber – ausnahmsweise – hälftig zu teilen.[111]

55 **cc) Sonderproblem: strikte oder potentiell summarische Rechtsprüfung?** Nach hM soll es dem Richter aus Verfahrensökonomiegründen freistehen, auch von der Entscheidung „schwieriger" **Rechtsfragen** abzusehen.[112] Der Dispens von der richterlichen Verpflichtung, *Recht* zu sprechen, hat aber richtigerweise eine andere Qualität als der Dispens von der Verpflichtung zu voller Sachverhaltsaufklärung. Im Übrigen erscheint die Grenzziehung zwischen schwierigen und weniger schwierigen Rechtsfragen bei der Relativität und Subjektivität derartiger Einschätzung auch kaum praktikabel.[113]

56 **dd) Sonderproblem: Kostenentscheidung bei Erfolgsvoraussetzungsentfall vor Rechtshängigkeit.** Im Restanwendungsbereich der Erledigungserklärung (s. Rn. 23) bleibt es bei den allgemeinen Grundsätzen. Auf allemal wirksame (s. Rn. 29) beiderseitige Erledigungserklärung erfolgt die Zuweisung der Kostentragungslast auch hier nach den Kriterien der Obsiegenswahrscheinlichkeit und Klageveranlassung im Zeitpunkt der Klaglosstellung.[114]

57 **ee) Sonderproblem: Erledigungserklärung vor unzuständigem Gericht bzw. nach Verweisung.** Erklären die Parteien die Hauptsache übereinstimmend vor einem unzuständigen Gericht für erledigt, hat *dieses* über die Kosten zu entscheiden: Für eine Verweisung nach § 281 Abs. 1 fehlt es, da kein Rechtsstreit in der Hauptsache mehr anhängig ist (s. Rn. 39), bereits an einem der Verweisung fähigen Gegenstand.[115] Bei der Beurteilung der Erfolgsaussicht der Klage ohne Erledigungsereignis ist der Zuständigkeitsmangel freilich grundsätzlich außer Betracht zu lassen:[116] Es entspricht der Lebenserfahrung, dass der Kläger auf entsprechenden Hinweis des Gerichts Verweisungsantrag nach § 281 Abs. 1 gestellt hätte. War das Klagebegehren bis zum Erledigungsereignis im Übrigen zulässig und begründet, sind dem Kläger nur die durch Anrufung des unzuständigen Gerichts erwachsenen Mehrkosten aufzuerlegen, § 281 Abs. 3 S. 2.[117] Bei übereinstimmender Erledigungserklärung *nach* Verweisung an das zuständige Gericht verlangt die „Billigkeit", dass dem Kläger in Orientierung an § 281 Abs. 3 S. 2 jedenfalls die durch Anrufung des unzuständigen Gerichts verursachten Kosten auferlegt werden.[118]

58 **ff) Anerkennung der Kostenpflicht.** Anerkennt eine Partei ihre von der anderen geltend gemachte Kostenpflicht, sind ihr die Kosten ohne weitere Sachprüfung aufzuerlegen.[119]

59 **gg) Außergerichtlicher Vergleich.** Potentielles Erledigungsereignis ist auch ein außergerichtlicher Vergleich. Zeigen die Parteien denselben übereinstimmend an, ist mangels ausdrücklicher gegenteiliger Parteibestimmung stets Kostenentscheidung durch Beschluss nach § 91 a veranlasst.[120]

---

[109] Richtig: *Zöller/Vollkommer* Rn. 25.
[110] ZZP 97 (1984), 301 sowie MDR 1985, 189.
[111] BGH WM 1984, 64, 65; *Thomas/Putzo/Hüßtege* Rn. 48; *Deubner* JuS 1962, 208.
[112] BGH NJW 1954, 1038; NJW-RR 2003, 1075; 2004, 1219, 1220; *Musielak/Wolst* Rn. 23; *Brox* JA 1983, 291.
[113] Zu Recht kritisch: *Göppinger* S. 212 f.; *Stickelbrock* S. 432 f.; *Schilken* Rn. 632; AK-ZPO/*Röhl* Rn. 30; *Oberheim* § 29 Rn. 9; *Wieczorek/Schütze/Steiner* Rn. 12; *Habscheid* Rpfleger 1955, 33, 34.
[114] OLG Koblenz NJW-RR 2000, 1092; *Thomas/Putzo/Hüßtege* Rn. 48. AA OLG Celle NJW-RR 1994, 1276.
[115] OLG Frankfurt a. M. MDR 1981, 676; ZVI 2005, 368; OLG Brandenburg NJW-RR 1996, 955; *Zöller/Vollkommer* Rn. 58 (Verweisung).
[116] Wie hier: OLG Stuttgart MDR 1989, 1000; *Grunsky* ZPR Rn. 145; *Thomas/Putzo/Hüßtege* Rn. 47; aA freilich OLG Frankfurt a. M. MDR 1981, 676; OLG Brandenburg NJW 2002, 1659; *Becht* MDR 1990, 122.
[117] OLG Stuttgart MDR 1989, 1000.
[118] OLG Stuttgart ZZP 74 (1961), 135; *Zöller/Vollkommer* Rn. 58 (Verweisung).
[119] BAG NJW 2004, 533; BGH NJW-RR 2006, 929, 930; *Thomas/Putzo/Hüßtege* Rn. 46.
[120] Übereinstimmend: BGH NJW-RR 1997, 510; NJW 2007, 835, 836; *Zöller/Vollkommer* Rn. 58 (Vergleich); AK-ZPO/*Röhl* Rn. 7.

Wer mit der verbreiteten Gegenansicht[121] den Kostenbeschluss nur für zulässig erachtet, falls die Parteien im Vergleich die Kostenfrage ausdrücklich offen gelassen und zur Entscheidung des Gerichts gestellt haben, trennt nicht hinreichend zwischen dem Bedürfnis nach einer Beschlussentscheidung als Kostentitel und dem Bedürfnis nach Rekurs auf die herkömmlichen inhaltlichen Kostenzuweisungskriterien: Den Parteien den zur Kostenfestsetzung geeigneten *Titel* vorzuenthalten und sie wegen der Kostenerstattung in ein neues Verfahren zu drängen, wäre unbillig und würde auch der Prozessökonomie widersprechen. Was den *Inhalt* der Kostenentscheidung betrifft, erlangt die Frage, wer ohne das erledigende Ereignis die Kosten hätte tragen müssen, sonst Schlüsselfrage für die Entscheidung nach § 91 a, hingegen in der Tat nur Relevanz, wenn die Parteien keine positive Kostenregelung getroffen *und* Kostenaufhebung ausdrücklich ausgeschlossen haben: hier (und nur hier) stellt sich – ggf. auf der Basis unvollkommener Sachaufklärung (s. Rn. 50 ff.) – die Frage nach dem mutmaßlichen Prozessausgang bzw. sonstiger Klageveranlassung.[122] Soweit die Parteien die Kostenfrage im Vergleich positiv geregelt haben, ist hingegen die vertragliche Regelung in die Kostenentscheidung zu übernehmen.[123] Anregungen der Parteien, wie die Kosten zuzuweisen, wird das Gericht im Rahmen seiner Ermessensentscheidung berücksichtigen.[124] Fehlt eine – positive oder negative – Kostenregelung im Vergleich, sind die Kosten analog § 98 gegeneinander aufzuheben.[125]

hh) Verspätete Erledigungserklärung. Verzögerung der Erledigungserklärung durch den Kläger führt in Realisierung des Prinzips der Kostentragung nach Veranlassung dazu, dass der Kläger mit etwaigen hierdurch erwachsenen weiteren Kosten belastet wird.[126] 60

ii) Berücksichtigungsfähigkeit materiell-rechtlicher Kostenerstattungspflicht? Nach hM eröffnet der Zauberschlüssel „Billigkeit" bei Verneinung eines *prozessualen* Kostenerstattungsanspruchs die Möglichkeit, auf den *materiell-rechtlichen* Anspruch abzustellen, wenn dieser sich ohne besondere Schwierigkeit (insbesondere ohne weitere Beweisaufnahme) feststellen lässt.[127] Ein solcher Sinngehalt des Merkmals „Billigkeit" war vom historischen Gesetzgeber indes schwerlich mitintendiert.[128] Der Sache nach handelt es sich um den Versuch einer – zweifelhaften – Rechtsfortbildung, für die um so weniger ein Bedürfnis besteht, als man das Gebot reziproker Anwendung von § 93 (s. Rn. 48) ernst nimmt und Verletzungen vorprozessualer Informationsgebote auf diese Weise unmittelbar kostenrechtlich sanktioniert.[129] Bei Klaglosstellung vor Klagezustellung, bislang Hauptfall des Rekurses auf die Figur des materiellrechtlichen Kostenerstattungsanspruchs,[130] steht idR der Weg der privilegierten Klagerücknahme (und richtigerweise nur dieser Weg der Verfahrensbeendigung ohne Urteil) offen. 61

c) Form, Inhalt, Bekanntmachung. Für die Kostenentscheidung ist **Beschlussform** vorgeschrieben (Abs. 1 S. 1). Abweichendes gilt lediglich bei einer **Teilerledigungserklärung** (näher hierzu Rn. 118) in Hinblick auf den Grundsatz der Einheitlichkeit der Kostenentscheidung. Hier ist auch über die Kostenquote des für erledigt erklärten Teils in der Schlussentscheidung zu erkennen, die in der Form eines **Urteils** zu ergehen hat.[131] Bei **rechtskräftiger Teilentscheidung** und **Erledigungserklärung bezüglich des (vollen) Hauptsacherests** bleibt es hingegen bei der Regel des Abs. 1 S. 1: über die (Gesamt-)Kosten ist durch Beschluss, nicht durch Schlussurteil zu entscheiden.[132] 62

Der Beschluss ist zu **begründen.**[133] Bei Rechtsmittelfestigkeit ist freilich Begründungsverzicht analog § 313 a Abs. 1 S. 2 möglich. Bei An-sich-Anfechtbarkeit entbindet Rechtsmittelverzicht analog § 313 a Abs. 2 von der Begründungspflicht.[134] 63

---

121 OLG Saarbrücken NJW-RR 1996, 320.

122 OLG Zweibrücken JurBüro 1974, 759, 760; aA – vorrangige Berücksichtigung des Umfangs des gegenseitigen Nachgebens im Vergleich – AK-ZPO/*Röhl* Rn. 7.

123 Statt vieler: OLG Brandenburg NJW-RR 1999, 654 f.; *Stein/Jonas/Bork* Rn. 35; *Zöller/Vollkommer* Rn. 58 (Vergleich).

124 BGH NJW 2007, 835, 836.

125 BGH NJW-RR 1997, 510; OLG Frankfurt a. M. MDR 1984, 674; OLG Schleswig MDR 2005, 1437; *Zöller/Vollkommer* Rn. 58 (Vergleich).

126 OLGR Frankfurt a. M. 1998, 71; *Stein/Jonas/Bork* Rn. 33 Fn. 112; *Deubner* JuS 1962, 207. AA – verspätete Erledigungserklärung bewirke, dass dem Kläger die gesamten Verfahrenskosten aufzuerlegen seien – freilich etwa *A. Blomeyer* § 64 I 3 b.

127 BGH MDR 1981, 126; *Schilken* Rn. 632; *Stein/Jonas/Bork* Rn. 34; AK-ZPO/*Röhl* Rn. 30.

128 Kritisch gegenüber der hM auch *Zeiss/Schreiber* Rn. 501 sowie *Smid* ZZP 97 (1984), 308 ff.

129 Allgemein zu letzterem *Stürner,* Die Aufklärungspflicht der Parteien des Zivilprozesses, 1976, S. 269 ff.

130 Zuletzt BGH NJW 2002, 680 = LM Nr. 74 m. Anm. *Becker-Eberhard.*

131 Ganz hM; vgl. zB BGH LM Nr. 5; *Zöller/Vollkommer* Rn. 54; *Thomas/Putzo/Hüßtege* Rn. 44.

132 Einschlägige Klarstellung: LG München MDR 1989, 647.

133 AllgM; statt aller: OLG Schleswig NJW-RR 1998, 1371.

134 OLG München NJW-RR 2003, 1656.

64 Neben dem Ausspruch zum Kostenpunkt als notwendigem Inhalt enthält die **Formel,** wenn ein Urteil (zB Versäumnisurteil) vorausgegangen ist, tunlicherweise den klarstellenden (s. Rn. 26) Zusatz: „Der Rechtsstreit ist in der Hauptsache für erledigt erklärt worden." Auf Antrag kann analog § 269 Abs. 3 S. 1 und 4 ausgesprochen werden, dass das betreffende Urteil wirkungslos ist (s. Rn. 41).

65 Die **Bekanntmachung** des Beschlusses geschieht nach § 329. Er ist, auch wenn er verkündet wurde, von Amts wegen zuzustellen, § 329 Abs. 3.

66 **d) Anfechtung.** Gegen Beschlüsse der Amtsgerichte und der Landgerichte erster Instanz findet nach Abs. 2 S. 1 die **sofortige Beschwerde** statt. Entscheidungen der Landgerichte als Berufungs- oder Beschwerdegerichte und der Oberlandesgerichte sind unanfechtbar (§ 567 Abs. 1 e contr.).

67 Zulässigkeitsvoraussetzung ist eine **doppelte quantitative Mindestbeschwer:** Die mit der Beschwerde geltend gemachte **Kostenbeschwer** muss 200 Euro übersteigen, § 567 Abs. 2 S. 1. Da die Anfechtbarkeit der selbstständigen Kostenentscheidung sinnvollerweise nicht weiter reichen kann als die Anfechtbarkeit der (gedachten) Hauptsacheentscheidung, ist die Anfechtung der Kostenentscheidung nach § 91 a freilich auch bei Erreichen der Kostenmindestbeschwer nur zulässig, wenn zugleich dem Erfordernis der hypothetischen Hauptsachemindestbeschwer (mehr als 600 Euro) Genüge getan ist, Abs. 2 S. 2: Abzustellen ist auf das voraussichtliche Unterliegen der anfechtenden Partei, von dem das Gericht bei seiner Kostenentscheidung ausgegangen ist.[135] In einen Begründungsverzicht kann nicht ohne weiteres allein deshalb ein **Rechtsmittelverzicht** hineingelesen werden, weil ersterer nur unter dieser Voraussetzung Wirksamkeit zu erlangen vermag: Der Begründungsverzicht wird in Erwartung einer akzeptablen Kostenentscheidung erklärt.[136]

68 **Neue Tatsachen und Beweise** können auch in der Beschwerdeinstanz, freilich nur nach Maßgabe der für das Beschlussverfahren nach § 91 a allgemein geltenden Schranken (s. Rn. 50 ff.), vorgebracht bzw. angetreten werden: § 571 Abs. 2 S. 1 wird durch § 91 a eingeschränkt, aber nicht völlig verdrängt.[137] Sofern die Partei erfolgserhebliches neues Vorbringen bereits in erster Instanz hätte vorbringen können, sind ihr jedoch trotz Beschwerdeobsiegens die Kosten des Beschwerdeverfahrens aufzuerlegen, § 97 Abs. 2. Allfällige Zuständigkeitsmängel (mit Ausnahme des Mangels der internationalen Zuständigkeit) geben keinen Beschwerdegrund, § 571 Abs. 2 S. 2.

69 Dem Gebot der Gehörgewährung (Abs. 2 S. 3), dem über Art. 103 Abs. 1 GG Verfassungsrang eignet, ist nur bei Einräumung hinreichender Äußerungsfristen Genüge getan (1 1/2 Arbeitstage sind zu kurz, s. BVerfGE 60, 313, 317 f.). Teleologische Reduktion der Vorschrift ergibt, dass der Beschwerdegegner *nicht* gehört werden muss, wenn das Rechtsmittel ohnehin erfolglos bleibt.[138]

70 **Anschlussbeschwerde** ist nach § 567 Abs. 3 – auch ohne Erreichen der Beschwersumme – statthaft.

71 Unter den Voraussetzungen des § 574 kann die Beschwerdeentscheidung mit der **Rechtsbeschwerde** angefochten werden:[139] Bedenken mit Blick auf § 99 Abs. 1[140] sind allemal unbegründet; Abs. 2 S. 1 statuiert die einschlägige Ausnahme unter Einschluss des Instanzenzugs. Wer – entgegen hier vertretender Meinung (s. Rn. 55) – das Gericht hinsichtlich der Kostenentscheidung nach § 91 a von der Beantwortung „schwieriger" Rechtsfragen freistellt, hat indes Anlass, die Zulassung wegen grundsätzlicher Bedeutung auf Fälle zu beschränken, in denen es um die Auslegung von § 91 a selbst geht.[141] Ausgeschlossen ist die Rechtsbeschwerde nach dem Satz, dass kein Raum für ein Kostenrechtsmittel, wenn auch gegen eine Entscheidung in der Hauptsache gegeben wäre, freilich wegen § 542 Abs. 2 S. 1 gegen Beschwerdeentscheidungen im Arrest- und Verfügungsverfahren.[142]

72 Wird über die Kosten nach übereinstimmender Erledigungserklärung fehlerhaft durch Urteil statt durch Beschluss entschieden, ist nach dem Meistbegünstigungsprinzip (allgemein vor § 511 Rn. 47) neben der sofortigen Beschwerde auch die Berufung gegeben.[143] Über eine etwaige Berufung darf das Rechtsmittelgericht durch – unanfechtbaren – Beschluss entscheiden.[144] Zur Anfechtbarkeit der Kostenmischentscheidung nach Teilerledigungserklärung s. Rn. 119 f.

---

[135] BGH NJW-RR 2003, 1504 f.

[136] OLG Hamm MDR 2003, 116; *E. Schneider* MDR 2001, 1010; aA freilich etwa OLG Köln MDR 2002, 109.

[137] OLG Düsseldorf JR 1995, 205; *Zöller/Vollkommer* Rn. 25; aA – gegen jedes Novenrecht (jedenfalls außerhalb der Geltendmachung von Restitutionsgründen) – Stein/Jonas/Bork Rn. 38.

[138] AllgM; vgl. zB *Baumbach/Lauterbach/Hartmann* Rn. 161; *Thomas/Putzo/Hüßtege* Rn. 52.

[139] BGH WM 2004, 833 f.; *Stein/Jonas/Bork* Rn. 38; *Musielak/Wolst* Rn. 26.

[140] Geäußert von BGH NJW-RR 2003, 1075 und *Thomas/Putzo/Hüßtege* Rn. 52.

[141] Ansatzkonsequent: BGH NJW-RR 2004, 1219; NJW 2007, 1591, 1593.

[142] BGH NJW 2003, 3565.

[143] BGH LM § 511 Nr. 13; *Stein/Jonas/Bork* Rn. 39; *Zöller/Vollkommer* Rn. 27.

[144] BGH LM Nr. 23; *Zöller/Vollkommer* Rn. 27.

e) Streitwert. Für den Gebührenstreitwert (ab Erledigterklärung) und für den Beschwerdewert (s. Rn. 67) zählt der Wert der entstandenen Kosten.[145] 73

f) Vollstreckbarkeit und Kostenfestsetzung. Der Beschluss ist nach § 794 Abs. 1 Nr. 3, ohne dass seine formelle Rechtskraft abzuwarten oder eine besondere Vollstreckbarerklärung nötig wäre, **Vollstreckungstitel** und damit geeignete Grundlage für eine Kostenfestsetzung nach §§ 103 ff. 74

V. Einseitige Erledigungserklärung des Klägers

Wer eine Klage erhoben hat, die bis zum Erledigungsereignis zulässig und begründet war, verdient in der Kostenfrage Schutz, unabhängig davon, ob der Beklagte sich der Erledigungserklärung des Klägers anschließt oder nicht. Dem Beklagten seinerseits muss es hingegen zumindest freistehen, den Kläger dann am Prozess festzuhalten und weiterhin auf Klageabweisung anzutragen, wenn es entgegen der Behauptung des letzteren an einem Ereignis fehlt, das der Klage nunmehr auf jeden Fall die Erfolgsaussicht genommen hat. Über beides herrscht Konsens. Streitig und zweifelhaft ist, ob der Beklagte darüber hinaus *stets* eine in extenso-Klärung der ursprünglichen Zulässigkeit und Begründetheit durch Urteilsspruch (mit akzessorischer Kostenentscheidung) herbeiführen kann, oder ob dem Wunsch des Beklagten nach solcher Klärung und Abweisung der unabhängig vom Erledigungsereignis unzulässigen/unbegründeten Klage nur ausnahmsweise, nämlich bei besonderem einschlägigem Interesse, zu entsprechen ist (näher hierzu bereits Rn. 15, 18 ff.). 75

Wer mit der hM[146] ersteres bejaht, schafft dem Institut des Erledigungsstreits ein weites potentielles Anwendungsfeld: der von der ab initio-Erfolglosigkeit der Klage überzeugte Beklagte kann sich bei Eintritt eines Ereignisses, das aus seiner Sicht einen zusätzlichen Abweisungsgrund schafft, unter Inkaufnahme einer Kostenentscheidung im summarischen Verfahren der Erledigungserklärung des Klägers anschließen, muss es aber nicht; er kann vielmehr statt dessen den Streit über die ursprüngliche Zulässigkeit/Begründetheit im normalen Verfahren (mit der Chance voller Kostenentlastung) fortsetzen. Wer – richtigerweise (Rn. 19) – aus § 91 a die Wertung vindiziert, bei Auf-jeden-Fall-Unzulässigkeit/Unbegründetheit dürfe nicht allein der Kostenentscheidung wegen der Prozess, unbeschadet der Erledigungserklärung des Klägers, noch zur Entscheidungsreife in der Frage der ursprünglichen Zulässigkeit und/oder Begründetheit gebracht werden,[147] wertet hingegen das Institut der beiderseitigen Erledigungserklärung auf: Widerspruch macht für den Beklagten bei Fehlen eines besonderen, die Feststellung der ursprünglichen Unzulässigkeit/Unbegründetheit rechtfertigenden Interesses nur Sinn, wenn es an einem erledigenden Ereignis fehlt. 76

Die Kommentierung verfährt im Folgenden zunächst zweigleisig: Sie entfaltet zunächst das Institut der einseitigen Erledigungserklärung auf der Grundlage der Prämisse der hM, der Beklagte habe unbeschadet der gegnerischen Anzeige eines Ereignisses, das die Klage nunmehr auf jeden Fall unzulässig bzw. unbegründet gemacht hat, ein uneingeschränktes Recht auf Klärung der Frage, ob die Klage nicht ohnehin unzulässig oder unbegründet war. Anschließend wird versucht, Antworten zu Dogmatik- und Regelungsproblemen auf der Basis der hier vertretenen Grundposition zu entwickeln. Dabei wird dem Umstand Rechnung getragen, dass sich in der Praxis, unbeschadet aller Kontroversen im Übrigen, die Übung durchgesetzt hat, bei Entscheidung des Erledigungsstreits zugunsten des Klägers ein **Erledigungsurteil** zu fällen. Lösungsmodelle, die hiermit unverträglich sind (wie etwa die Qualifikation der klägerischen Erledigungserklärung als ein in der Kostenfrage privilegierter Klageverzicht),[148] bleiben unbeschadet ihrer An-sich-Problemlösungseignung von vornherein ausgeklammert. 77

Gesondert behandelt werden die vom Streit um die Relevanz ursprünglicher Zulässigkeit und Begründetheit nicht bzw. allenfalls peripher berührten Fragen nach der Bedeutung des Zeitmoments für den Erledigungsbegriff und die Erledigungserklärung. 78

---

[145] AllgM; s. etwa *Thomas/Putzo/Hüßtege* Rn. 57.

[146] So der BGH in st. Rspr.: Bestätigung der einschlägigen Leitentscheidung BGH NJW 1969, 237 in jüngerer Zeit etwa – freilich jeweils ohne Auseinandersetzung mit den Argumenten der Gegenansicht – durch BGH NJW 1992, 2235, 2236; NJW-RR 2002, 283, 284; 2006, 544, 545. Aus der – uneinheitlichen – Rspr. des BAG zum Urteilsverfahren BAG NJW 1996, 1364 f. sowie 1996, 1980, 1981. Aus dem Schrifttum: *Stein/Jonas/Bork* Rn. 51; *Zöller/Vollkommer* Rn. 44; *Schlosser* Bd. I Rn. 145; *W. Lüke* Rn. 247; *Habscheid* JZ 1963, 625; *G. Lüke*, FS Weber, S. 332 f.

[147] So aus der Rspr. etwa BAGE 11, 251, 256 ff. = NJW 1962, 125 f.; BAG AP Nr. 11 (sämtlich zum Urteilsverfahren); OLG Stuttgart NJW 1962, 1871, 1872; KG NJW 1965, 698 f.; OLG Hamburg NJW 1970, 762, 763. Aus dem Schrifttum insbes. *El-Gayar* S. 115 ff.; *Göppinger* S. 116 ff.; *Schwab* ZZP 72 (1959), 127, 129; *Walchshöfer* ZZP 79 (1966), 296 sowie 90 (1977), 186; *Brox* JA 1983, 292 ff.; *D. Assmann*, Erlanger FS Schwab, S. 179, 193; *Künzl* DB 1990, 2370 ff.; *Jost/Sundermann* ZZP 105 (1992), 261, 276 ff. sowie unter Frontenwechsel nunmehr auch *Grunsky* LM Nr. 59 und *Ulrich* NJW 1994, 2793, 2798.

[148] S. hierzu *Lindacher* JurA 1970, 705 ff.

79 **1. Der Erledigungsstreit auf der Grundlage des Ansatzes der herrschenden Meinung. a) Inhalt und Rechtsnatur der Erledigungserklärung.** *Wenn* der Widerspruch des Beklagten auf die Erledigungserklärung des Klägers – so der Ansatz der hM (s. Rn. 76) – bedeutet, dass das Gericht stets zu prüfen hat, ob die zunächst zulässige und begründete Klage nachträglich gegenstandslos geworden ist, liegt es nahe, genau diese Frage als Gegenstand des Erledigungsstreits anzusehen, in der einseitigen Erledigungserklärung mithin eine **Klageänderung** zu erblicken: Der Kläger beantragt, nunmehr festzustellen, dass sein Klagebegehren im Zeitpunkt des erledigenden Ereignisses zulässig und begründet gewesen und erst durch dasselbe unzulässig/unbegründet geworden ist.[149]

80 **b) Eventualantragstellung.** Der Kläger kann Erledigung der Hauptsache erklären und den ursprünglichen Antrag – für den Fall der Verneinung des erledigenden Ereignisses – hilfsweise aufrechterhalten.[150] Für eine hilfsweise *Erledigungserklärung* – für den Fall der Bejahung der Bejahung der Auf-jeden-Fall-Klaglosstellung – ist hingegen kein Raum:[151] Wer bei Zweifelhaftigkeit des Erledigungseintritts (Wegfall der Wiederholungsgefahr; Aufrechnung mit einer nach Rechtshängigkeit entstandenen streitigen Gegenforderung) am Hauptsachebegehren festhält, muss auch das volle Streit- und Kostenrisiko tragen. Bei Bejahung des Erledigungsereignisses ist Klageabweisung mit Zuweisung voller Kostentragungslast an den Kläger geboten. Ein Hilfsantrag auf Feststellung, dass dem Kläger die geltend gemachte Rechtsposition bis Eintritt des Erledigungsereignisses zustand, ist nur bei Vorliegen eines besonderen, über das Kostenentlastungsinteresse hinausgehenden Interesses statthaft.[152]

81 **c) Voraussetzungen der Erledigungsfeststellung.** Damit das Gericht der geänderten Klage entsprechen kann, müssen zunächst die die Partei betreffenden Prozessvoraussetzungen einschränkungslos, die übrigen jedenfalls dann, wenn nicht ihr Wegfall gerade das erledigende Ereignis darstellt, gegeben sein; maßgebender Zeitpunkt ist insoweit der Schluss der mündlichen Verhandlung. Auf der Begründetheitsstufe ist festzustellen, dass die ursprüngliche Klage bis zum Zeitpunkt des Erledigungsereignisses[153] zulässig und begründet war, durch das Erledigungsereignis aber unzulässig oder unbegründet geworden ist. Alle erforderlichen Feststellungen sind im ordentlichen Streitverfahren nach allgemeinen Grundsätzen zu treffen.

82 Der Darlegung eines besonderen Interesses an der Feststellung, dass die Klage zunächst zulässig und begründet war, bedarf es *nicht,* weil die entsprechenden Feststellungen – vom Ansatz der hM her – im Rahmen der Kostenentscheidung inzidenter ohnehin getroffen werden müssten:[154] der Antrag, festzustellen, die Klage sei durch das Erledigungsereignis unzulässig/unbegründet geworden, dh. zunächst zulässig und begründet gewesen, ist unabhängig davon zulässig, ob im Einzelfall ein Interesse an einschlägiger präjudizwirkender rechtskräftiger Feststellung besteht, oder aber die Erledigungserklärung nur – wie in aller Regel – der Meidung negativer Kostenfolgen dient.

83 **d) Form, Inhalt und Wirkungen der Entscheidung. aa)** Die Entscheidung über den Erledigungsantrag trifft das Gericht durch **Endurteil** gemäß § 300, keinesfalls durch Beschluss nach § 91 a (allgM).

84 **bb)** Das der geänderten Klage stattgebende Urteil (Tenor: „Der Rechtsstreit ist in der Hauptsache erledigt") ist Sachurteil und stellt mit Rechtskraftwirkung fest, dass die Klage bis zum Erledigungsereignis zulässig und begründet war, nunmehr aber unzulässig oder unbegründet ist.[155] Es entfaltet deshalb nicht nur Sperrwirkung für etwaige Neuklagen mit nämlichem Streitgegenstand,[156] sondern auch Präjudizwirkung, soweit die Frage der Zunächst-Berechtigung in einem Folgeprozess mit anderem Streitgegenstand vorgreiflich wird. Mit Rechtskraft des Erledigungsurteils werden vor-

---

[149] In diesem Sinn denn auch statt vieler: BGH NJW 1994, 2363, 2364; 2002, 442; OLG Saarbrücken NJW 1967, 2212 f.; *Schlosser* Bd. I Rn. 144; *Zöller/Vollkommer* Rn. 34; *Habscheid* JZ 1963, 625 ff.; *G. Lüke,* FS Weber, S. 327 ff.; aA – die einseitige Erledigungserklärung als kostenmäßig privilegierte Klagerücknahme und den Erledigungsstreit als Streit über die Wirksamkeit der Bewirkungshandlung qualifizierend – insbes. *A. Blomeyer* § 64 I pr.; *Pohle,* Eranion Maridakis, S. 448 ff.

[150] Ganz hM, statt vieler: BGH NJW 1965, 1597 f.; WM 1982, 1260; *Schilken* Rn. 639; aA *G. Lüke,* FS Weber, S. 334.

[151] BGHZ 106, 359, 368 ff. = NJW 1989, 2885, 2887 (im Anschluss an BGH NJW 1967, 564 und gegen BGH NJW 1975, 539); *Musielak/Wolst* Rn. 31; *Teubner/Prange* MDR 1989, 586. AA BGH NJW-RR 1998, 1571, 1572; *Becker-Eberhard* BGH-FGWiss Bd. III S. 300 ff.; *Habscheid* JZ 1963, 631.

[152] *Schilken* Rn. 639.

[153] S. BGH NJW 1986, 588 f.

[154] Zutreffend: *Habscheid* JZ 1963, 631.

[155] Statt vieler: OLG Saarbrücken NJW 1967, 2212, 2213; AK-ZPO/*Röhl* Rn. 47; *Habscheid* JZ 1963, 625; *G. Lüke,* FS Weber, S. 334. AA *Deppert,* FS Wenzel S. 23, 32 ff.

[156] So ausdrücklich OLG Schleswig SchlHA 1984, 74.

angegangene noch nicht rechtskräftige Urteile in der Hauptsache wirkungslos;[157] einschlägige Feststellung ist zwar nur deklaratorischer Natur,[158] aber zweckmäßig.

cc) Mangelt der geänderten Klage eine prozessuale Klageerfolgsvoraussetzung, wird sie durch Prozessurteil abgewiesen. Die zulässige Klage ist durch Sachurteil abzuweisen, wenn sie unabhängig vom Erledigungsereignis keinen Erfolg gehabt hätte. Ergibt die Prüfung, dass die ursprüngliche Klage von Anfang an zulässig und begründet war, entgegen der Behauptung des Klägers aber mangels eines Erledigungsereignisses auch nicht unzulässig/unbegründet geworden ist, ist zu unterscheiden: Soweit der ursprüngliche Antrag hilfsweise aufrechterhalten wurde (zur Zulässigkeit entsprechender Eventualantragstellung s. Rn. 80) oder aber der Kläger denselben – ggf. auf Hinweis gemäß § 139 – noch rechtzeitig wieder aufnimmt, ergeht klagezusprechendes Urteil nach dem Hilfsantrag bzw. wiederaufgenommenen Antrag. Andernfalls erfolgt Abweisung der – geänderten – Klage.[159] 85

dd) Die **Kostenentscheidung** erfolgt – erklärtes Ziel des Konzepts der in extenso-Klärung der ursprünglichen Zulässigkeit und Begründetheit – in Akzessorietät zur Entscheidung über die Hauptsache der geänderten Klage (§ 91): Spricht das Urteil die Erledigung aus, treffen die Kosten den Beklagten, bei Abweisung der – geänderten – Klage trägt sie der Kläger.[160] Für eine Teilbelastung des obsiegenden Klägers wegen verspäteter Geltendmachung der Erledigung besteht keine Veranlassung.[161] 86

e) Anfechtbarkeit. Die Entscheidung über die geänderte Klage ist nach allgemeinen Grundsätzen anfechtbar: Das Erledigungsurteil beschwert den Beklagten, weil und soweit es mit Rechtskraftwirkung die Zulässigkeit und Begründetheit der Klage bis zum Erledigungsereignis feststellt. Das klageabweisende Urteil beschwert den Kläger ob seiner negativen Feststellung zur Zulässigkeit bzw. Begründetheit unabhängig vom Erledigungsereignis. Die Quantität der Beschwer – wichtig in Hinblick auf die Beschwersummenerfordernisse nach §§ 511 Abs. 2 Nr. 1 – beurteilt sich nach dem Streitwert des Feststellungsantrags (hierzu Rn. 89f.). Der Anfechtbarkeit steht nicht entgegen, dass es dem Rechtsmittelkläger letztlich vornehmlich oder gar ausschließlich um die Abänderung der Kostenentscheidung geht.[162] 87

f) Sonderproblem: Einseitige Erledigungserklärung bei Zivilprozesssachen kraft Zuweisung. Die Rspr. des BGH, ein Erledigungsurteil könne nur ergehen, wenn die Klage bis zum Erledigungsereignis zulässig und begründet war (s. Rn. 76), steht im Widerspruch zur stRspr. des BVerwG, das es für den Erledigungsausspruch im Verwaltungsprozess genügen lässt, dass die nach dem derzeitigen Verfahrensstand bislang möglicherweise zulässige und begründete Klage nunmehr auf jeden Fall die Erfolgsaussicht verloren hat.[163] Der BGH behauptet, die Abweichung beruhe auf „Sondergegebenheiten" des Verwaltungsprozesses und schließt sich – folgerichtig – für materielle Verwaltungsstreitsachen, die nur kraft besonderer Zuweisung der Entscheidung durch die Zivilgerichte unterliegen, idR der Linie des BVerwG an.[164] 88

g) Streitwert. Die Frage, welche Auswirkung die einseitige Erledigungserklärung auf den Rechtsmittel- und Gebührenstreitwert hat, wird in Rechtsprechung und Lehre unterschiedlich beantwortet. Das Meinungsspektrum reicht von der Ansicht, maßgeblich sei und bleibe der bisherige Streitwert,[165] über die Ansicht, mit der Erledigungserklärung des Klägers komme es zur Halbierung desselben,[166] bis hin zur Ansicht, maßgeblich sei grundsätzlich die Summe der bis dahin erwachsenen Kosten.[167] 89

---

157 OLG Düsseldorf WRP 1971, 328, 329f.; *Zöller/Vollkommer* Rn. 45; *Musielak/Wolst* Rn. 41.

158 AA offenbar *Thomas/Putzo/Hüßtege* Rn. 38.

159 OLG Nürnberg NJW-RR 1989, 444f.; *Zöller/Vollkommer* Rn. 46; *Thomas/Putzo/Hüßtege* Rn. 34a.

160 Statt vieler: BGH NJW 1969, 237; 1994, 2895f.; G. *Lüke*, FS Weber , S. 334f.

161 OLG Düsseldorf NJW-RR 1997, 1566f.; *Musielak/Wolst* Rn. 45; aA OLG München NJW-RR 1993, 571.

162 Einschlägige Klarstellung: BGHZ 57, 224ff. = NJW 1972, 112f.

163 S. etwa BVerwGE 20, 146ff. = NJW 1965, 1035f.; BVerwGE 31, 318, 320 = NJW 1969, 1789f.

164 Für das Patentnichtigkeitsverfahren: BGH LM PatG 1981 § 110 Nr. 3 = MDR 1984, 665; für das Kartellverwaltungsverfahren: BGH NJW-RR 1987, 1278. Inkonsequent (ohne Problematisierung die für materielle Zivilprozesssachen entwickelten Grundsätze anwendend) für das patentgerichtliche Gebrauchsmusterlöschungsverfahren: BGH NJW 1997, 3241, 3242.

165 Aus neuerer Zeit noch: OLG Köln MDR 1995, 163; OLG München NJW-RR 1996, 956; OLG Brandenburg NJW-RR 1996, 1472; *Wieczorek/Schütze/Steiner* Rn. 29.

166 Aus neuerer Zeit noch: OLG Frankfurt a.M. MDR 1995, 207; *Stein/Jonas/Bork* Rn. 56; AK-ZPO/*Röhl* Rn. 49.

167 BGH NJW 1961, 1210f.; NJW-RR 1993, 765f.; 2005, 1728; KG MDR 2004, 116; *Musielak/Wolst* Rn. 47.

90 Die Problematik hat nur bei vordergründiger Betrachtung etwas mit der dogmatischen Ortung der einseitigen Erledigungserklärung zu tun. Es besteht insbesondere kein Zwang, bei Qualifikation derselben als Klageänderung den Streitwert in Orientierung an der neuen Hauptsache zu bestimmen, wenn es zur rechtskraftfähigen Feststellung, der Klageanspruch habe bis zum Erledigungsereignis bestanden, gerade unabhängig von der Darlegung eines einschlägigen Klägerinteresses kommt (s. Rn. 82). Dem Gebot, den Streitwert mit Blick auf das vom Kläger mit dem Erledigungsantrag verfolgte Interesse zu bestimmen, entspricht vielmehr in der Tat wohl nur die vom BGH vertretene Linie, grundsätzlich komme es für den Erledigungsstreit auf die bislang aufgelaufenen Kosten an: Dem Erledigung anzeigenden Kläger geht es – abstrahiert man vom insoweit irrelevanten Interesse am Prozessgewinn als solchem – in aller Regel nur darum, nicht mit den Kosten des vom Beklagten veranlassten Rechtsstreits belastet zu werden; nur ausnahmsweise erstrebt er aus Rechtskraftpräjudizgründen die rechtskraftfähige Feststellung der ursprünglichen Berechtigung des Klagebegehrens. Mit BGH NJW-RR 1990, 1474 wird man freilich auch für den Grundfall das Hauptsacheinteresse als *Obergrenze* zu betrachten haben: Der Satz von der Maßgeblichkeit des Kosteninteresses gründet in der Erwägung, dass der Streitwert in Fällen einseitiger Erledigungserklärung zu hoch bemessen würde, wenn er sich weiterhin nach dem nun nicht mehr verfolgten Hauptsacheinteresse bestimmte, geht also davon aus, dass der statt dessen maßgebliche Kosteninteressewert hinter dem Hauptsacheinteresse zurückbleibt. Übersteigen die angefallenen Kosten im Einzelfall atypischerweise den Wert der Hauptsache, bleibt *dieser* maßgeblich.

91 **2. Eigene Meinung. a) Erledigungsentscheidung und Entscheidung über die Zulässigkeit/Begründetheit der Klage unabhängig vom Erledigungsereignis.** Vom hier entwickelten Ansatz her (kein allgemeiner Anspruch des Beklagten auf Klageabweisung bei Ohnehin-Unzulässigkeit/-Unbegründetheit, s. Rn. 19 ff.) ergeht Erledigungsentscheidung auf Antrag des Klägers, wenn und weil die Klage in Hinblick auf das angezeigte Erledigungsereignis auf jeden Fall unzulässig/unbegründet geworden ist. Beklagtenbelange rechtfertigen eine Entscheidung über die Zulässigkeit und Begründetheit der Klage bis zum Erledigungsereignis grundsätzlich nur dann, wenn der Beklagte ein **besonderes Feststellungsinteresse** hat.[168] Für eine Klageabweisung aus „altem" Abweisungsgrund unabhängig von einem besonderen Feststellungsinteresse des Beklagten ist nur Raum, wenn und soweit ohnehin Entscheidungsreife in der Hauptsache besteht[169] oder aber im Rahmen der auf einseitige Erledigungserklärung unerlässlichen Prüfung (hierzu Rn. 94, 99) entsteht (s. bereits Rn. 18). Ist sowohl die Frage der ursprünglichen Zulässigkeit/Begründetheit als auch die Frage der Erledigung streitig, entscheidet das Gericht im Rahmen seines Verfahrensermessens, ob es vorrangig dieser oder jener nachgeht.

92 **b) Inhalt und Rechtsnatur der Erklärung.** Die einseitige Erledigungserklärung zielt auf die Beendigung der Anhängigkeit des Rechtsstreits durch Urteil, ist also **Erwirkungshandlung.**[170] Wie das Urteil ein solches eigener Art, lässt sich auch der hierauf bezogene Antrag nicht einer herkömmlichen Figur der Prozessrechtsdogmatik zuordnen: Die einseitige Erledigungserklärung des Klägers ist ein **Institut sui generis.** Sie löst einen **Zwischenstreit über den Fortgang des Verfahrens** aus.[171] Konsequenterweise ist für eine **hilfsweise Erledigungserklärung** – für den Fall der Bejahung eines Erledigungsereignisses – kein Raum: Konstatiert das Gericht, dass die Klage jedenfalls unzulässig/unbegründet geworden ist, hat es die – entscheidungsreife – Klage abzuweisen. Gegenteiliges ist bei funktionaler Betrachtung (s. Rn. 1) weder aus Verfahrensökonomie- noch aus Klägerschutzgründen geboten: Wer den Streit um die (Noch-)Berechtigung seines Hauptsachebegehrens austragen will, muss auch das Risiko des Unterliegens in der Hauptsache (unter Einschluss des vollen Kostenrisikos) tragen.

93 **c) Voraussetzungen der Erledigungsentscheidung.** Da das Erledigungsurteil zulasten des Klägers materielle Rechtskraft wirkt und deshalb insbesondere eine ne bis in idem-Sperre entfaltet (s. Rn. 96), darf es nur ergehen, wenn die einschlägigen **Prozessvoraussetzungen** vorliegen. Im Übrigen ist **schlüssiger Vortrag** und im Bestreitensfall Nachweis **bezüglich eines Erledigungsereignisses** erforderlich aber auch ausreichend; Erledigungsereignisse nach Klageeinreichung aber vor Klagezustellung stehen dabei richtigerweise (s. Rn. 105) solchen ab Rechtshängigkeit gleich. Gebotene Feststellungen erfolgen nach allgemeinen Grundsätzen.

---

[168] KG NJW 1965, 698, 699; *Walchshöfer* ZZP 90 (1977), 186, 189.

[169] Übereinstimmend: *El-Gayar* S. 207, ferner – ausdrücklich freilich nur für den Fall ursprünglicher Unzulässigkeit – *Walchshöfer* ZZP 90 (1977), 189.

[170] *El-Gayar* S. 199 f.; *Jost/Sundermann* ZZP 105 (1992), 280 f.; aA *D. Assmann,* Erlanger FS Schwab, S. 199 ff.: nach ihr soll die Klägererklärung bei Vorliegen eines Erledigungsgrunds das Ende der Rechtshängigkeit unmittelbar herbeiführen, dem die Erledigung aussprechenden Urteil mithin nur deklaratorische Bedeutung zukommen.

[171] *El-Gayar* S. 206 ff.; *Schwab* ZZP 72 (1959), 135.

Die Feststellung des Fehlens einer Prozessvoraussetzung impliziert zugleich Entscheidungsreife in der Hauptsache. Das gebotene Prozessurteil ist deshalb Prozessurteil in der Hauptsache (s. Rn. 91). 94

d) Form, Inhalt und Wirkungen sowie Rechtsnatur der Erledigungsentscheidung. aa) Die Erledigungsentscheidung ergeht durch **Urteil** (allgM; Tenor: „Der Rechtsstreit ist in der Hauptsache erledigt"). 95

bb) Primäre, vom Kläger bezweckte Wirkung ist die **Verfahrensbeendigung in der Hauptsache:** mit Rechtskraft der Erledigungsentscheidung endet die Rechtshängigkeit. Darüber hinaus stellt das Erledigungsurteil unter Offenlassung der Frage der ursprünglichen Zulässigkeit/Begründetheit mit **Rechtskraftwirkung** fest, dass die Klage jedenfalls durch das in Frage stehende Erledigungsereignis unzulässig/unbegründet geworden ist.[172] 96

cc) Eine verbreitete Ansicht qualifiziert das Erledigungsurteil – wohl nicht zuletzt in Hinblick darauf, dass man meint, nur so die Feststellung, dass das Klagebegehren gegenstandslos geworden ist, in Rechtskraft erwachsen lassen zu können – als Feststellungsurteil.[173] Anerkennt man, dass ausnahmsweise auch Vorfrageentscheidungen rechtskraftfähiger Feststellung fähig sind, wenn und weil sie den eigentlichen Kern des Streites bilden und ihrem In-Rechtskraft-Erwachsen keine schutzwürdigen Parteibelange entgegenstehen, liegt es wohl näher, das Erledigungsurteil in Hinblick auf seine Hauptfunktion als **prozessuales Gestaltungsurteil** zu qualifizieren und die Rechtskraftwirkung damit zu erklären, dass hier ausnahmsweise „Elemente" der Entscheidung in Rechtskraft erwachsen.[174] 97

e) Erledigungsausspruch und Kostenentscheidung. Vom hier entwickelten Ansatz her – Erledigungsstreit kein Streit über die im Wege der Klageänderung der neuen Verfahrenslage angepasste Hauptsache, sondern Zwischenstreit über den Fortgang des Verfahrens – liegt es nahe, im Wege der Kostenteilung allfällige durch den Zwischenstreit bedingte Mehrkosten dem insoweit unterlegenen Beklagten aufzuerlegen und im übrigen analog § 91 a über die Kosten des Rechtsstreits unter Berücksichtigung des bisherigen Sach- und Streitstandes nach billigem Ermessen zu entscheiden (zum einschlägigen Entscheidungsmaßstab und den einschlägigen Entscheidungsgrundlagen s. Rn. 47 ff.).[175] 98

Die Kostenentscheidung erfolgt regelmäßig im Urteil, das die Erledigung ausspricht.[176] Selbst wenn im Einzelfall – ausnahmsweise (s. Rn. 50 ff.) – weitere Sachaufklärung zur Frage der ursprünglichen Erfolgsaussicht zulässig und geboten ist, sollte von der Möglichkeit, die Erledigung des Rechtsstreits durch Urteil auszusprechen und die Entscheidung über die nicht durch den Erledigungsstreit veranlassten Kosten in einem gesonderten Beschluss zu treffen, nur zurückhaltend Gebrauch gemacht werden, weil die Vorabentscheidung des Zwischenstreits über den Fortgang des Verfahrens unter Umständen eine anderweitige, sachgerechtere Streiterledigung verhindert. Ergibt die weitere Sachaufklärung, dass die Klage bereits unabhängig vom Erledigungsereignis erfolglos war, lautet nämlich die adäquate Entscheidung (s. Rn. 91) nicht auf Erledigung des Rechtsstreits in der Hauptsache und Kostentragungspflicht des Klägers analog § 91 a, sondern auf Klageabweisung in der Hauptsache mit akzessorischer Kostentragungspflicht nach § 91. 99

f) Fortgang des Verfahrens bei negativer Erledigungsentscheidung. Scheitert das Erledigungsbegehren am Erfordernis des Erledigungsereignisses, nimmt das Verfahren seinen Fortgang, ohne dass es eines besonderen Antrags des Klägers bedarf.[177] Das Gericht trifft die Feststellung, dass sich der Rechtsstreit nicht erledigt hat, entweder durch – nicht selbstständig anfechtbares – Zwischenurteil oder in den Gründen des Endurteils.[178] 100

g) Anfechtbarkeit. Das Erledigungsurteil ist als Endurteil nach allgemeinen Grundsätzen mit Berufung oder Revision anfechtbar (zur allfällig bedeutsamen Frage des Rechtsmittelstreitwerts s. 101

---

172 *Rosenberg/Schwab* § 133 III 4 c; *Walchshöfer* ZZP 90 (1977), 186, 187; *Brox* JA 1983, 294.

173 So etwa *El-Gayar* S. 200 ff.; *Schwab* ZZP 72 (1959), 136; *Brox* JA 1983, 294.

174 Für Einordnung als Gestaltungsurteil auch *Pfeffer,* Die einseitige Erledigungserklärung im Zivilprozeß, Diss. Gießen, 1985, S. 117 ff. sowie *Jost/Sundermann* ZZP 105 (1992), 284, ferner – freilich zu Unrecht die beschriebene Rechtskraftwirkung leugnend – *Göppinger* S. 40 f.

175 Übereinstimmend: KG NJW 1965, 698 f.; OLG Stuttgart NJW 1962, 1871, 1872; *El-Gayar* S. 219 f.; *Schwab* ZZP 72 (1959), 139 f.; *Walchshöfer* ZZP 90 (1977), 186, 188 f.; *Müller-Tochtermann* NJW 1958, 1761, 1764; *D. Assmann,* Erlanger FS Schwab, S. 203; *Künzl* DB 1990, 2370, 2372; *Jost/Sundermann* ZZP 105 (1992), 285; aA – Belastung des der Erledigung zu Unrecht widersprechenden Beklagten mit den gesamten Verfahrenskosten – trotz gleichsinnigen Ansatzes freilich *Brox* JA 1983, 294.

176 *El-Gayar* S. 216; aA – über die außerhalb des Zwischenstreits erwachsenen Kosten dürfe nur nach Rechtskraft der Erledigungsentscheidung durch isolierten Beschluss entschieden werden – *Müller-Tochtermann* NJW 1958, 1761, 1764.

177 *El-Gayar* S. 214; *Schwab* ZZP 72 (1959), 136.

178 *El-Gayar* S. 214 f.; *Schwab* ZZP 72 (1959), 135.

Rn. 103). Soweit das Erledigungsurteil die Kostenentscheidung enthält, kann mit dem jeweiligen Rechtsmittel neben dem Erledigungsausspruch auch die Kostenentscheidung angegriffen werden. Kläger und Beklagter können indes, da die Entscheidung über die Erledigung der Hauptsache für die Kostenentscheidung nicht ursächlich ist (s. Rn. 98), das Verbot der separaten Kostenentscheidungsanfechtung nach § 99 seiner Teleologie nach mithin nicht greift, die Kostenentscheidung im Wege der sofortigen Beschwerde analog § 91a auch isoliert anfechten.[179] Ergeht die Kostenentscheidung im Wege gesonderten Beschlusses, ist insoweit selbstredend nur die sofortige Beschwerde analog § 91a gegeben.

102 Hat das Gericht die Erledigung zu Unrecht *nicht* ausgesprochen und die Klage nach Prüfung der ursprünglichen Zulässigkeit/Begründetheit abgewiesen, liegt in ersterem keine relevante Beschwer: der Prozessökonomiegedanke trägt nicht mehr, wenn es um die Verwertung erfolgter weiterer Sachaufklärung geht – gleichgültig, ob letztere für das Gericht geboten war oder nicht.[180]

103 **h) Streitwert.** Der Erledigungsstreit wird zwar mit Bezug auf die Hauptsache geführt, hat aber gleichwohl einen eigenen Gegenstand und damit einen eigenen Streitwert.[181] Das Interesse des Klägers, maßgebliches Kriterium der Streitwertbestimmung, beschränkt sich regelmäßig auf den Kostenpunkt; abzustellen ist auf die bislang aufgelaufenen Kosten (s. auch Rn. 90).[182]

104 **3. Erledigungsereignis und Zeitmoment. a) Erfolgsvoraussetzungsentfall zwischen Klageeinreichung und Klagezustellung.** Der Streit, ob als Erledigungsereignis nur Vorgänge nach Rechtshängigkeitsbegründung in Betracht kommen oder aber auch einschlägige Geschehnisse in der Zwischenphase zwischen Klageeinreichung und -zustellung genügen, hat mit der Anerkennung der privilegierten Klagerücknahme nach § 269 Abs. 3 S. 3 weithin seine praktische Relevanz verloren: Der durch ein Ereignis vor Klagezustellung klaglos Gestellte kann die Klage – bei zwischenzeitlich erfolgter Klagezustellung: bis zur Einlassung des Beklagten zur Hauptsache – unter Kostenverwahrung einseitig zurücknehmen. Bei Zutage-Treten des Ereignisses erst nach Klagezustellung und Hauptsacheeinlassung bleibt die Kontroverse freilich unverändert aktuell.

105 Vorzugswürdig, weil das sachgerechte Ergebnis konstruktiv auf dem nächstliegenden Weg leistend, erscheint entgegen höchstrichterlicher Rechtsprechung[183] und verbreiteter Literaturmeinung[184] der von der Zeitdimension her **weite Erledigungsbegriff:** Dass begrifflich-systematisch von einer „Erledigung des Rechtsstreits" nicht erst ab Klagezustellung, sondern bereits ab Klageeinreichung gesprochen werden kann, sollte insbesondere in Hinblick darauf, dass andere Verfahrensordnungen (VwGO, FGO) die Rechtshängigkeit bereits mit Klageeinreichung eintreten lassen, nicht ernstlich bezweifelt werden. Die Sachangemessenheit der Gleichstellung einschlägiger Geschehnisse nach und vor Klagezustellung aber resultiert aus der Gleichheit der Interessenlage. Der Kläger ist in der Konstellation, dass der objektiv veranlassten Klage die Erfolgsaussicht zwischen Einreichung und Zustellung genommen wurde, nicht weniger schutzbedürftig und -würdig als in der Konstellation Erledigungsereignis nach Rechtshängigkeit.[185]

106 Wer sich – sich den vorstehenden Argumenten verschließend – eine Erledigung nur ab Rechtshängigkeit vorzustellen vermag, dem Kläger bei Entfall der Klageerfolgsaussicht im „Zwischenstadium" indes gleichwohl helfen will, hat Anlass nach – ferner liegenden – Ersatzlösungen Ausschau zu halten, die den Kläger freilich entweder schlechter stellen oder nur als fragwürdiger dogmatischer Parforceakt bezeichnet werden können: Mit Blick auf die Schwierigkeiten der Bezifferung des materiellen Kostenerstattungsanspruchs[186] zumindest Brot *und* Steine gibt, wer den Kläger ausschließlich[187] auf die klageänderungsweise Geltendmachung des bezifferten materiellen Kostenerstattungsanspruchs verweist. Wer dem Kläger über die reziproke Anwendung des § 93 helfen will,[188] mutet ihm immerhin ein Hauptsacheunterliegen zu. Wer aber für die Möglichkeit des Übergangs zur Kosten-„Feststellungsklage" mit „Konkretisierung" im Kostenfestsetzungsverfahren nach §§ 103ff.

---

[179] *El-Gayar* S. 230; *Rosenberg/Schwab* § 133 III 5b.
[180] Zustimmend: *El-Gayar* S. 232.
[181] AA trotz weitgehend gleichsinnigen Ansatzes freilich *Rosenberg/Schwab* § 88 VI 2g.
[182] Ebenso: *El-Gayar* S. 225ff.
[183] Leitentscheidung BGHZ 83, 12, 13 = NJW 1982, 1598f.; ferner: BGHZ 127, 156, 163 = NJW 1994, 3232; BGH NJW 2003, 3134.
[184] Statt mancher: *Stein/Jonas/Bork* Rn. 46; *Musielak/Wolst* Rn. 37.
[185] Wider den Stachel der hM lockend beispielsweise denn auch aus jüngerer Zeit etwa OLG Naumburg FamRZ 2002, 1042f.; *El Gayar* S. 182ff.; *Deubner* JuS 2000, 1198ff.
[186] Einlässlich hierzu: *Ulrich* NJW 1994, 2795f. sowie *Sannwald* NJW 1985, 898f.
[187] So noch BGHZ 83, 12, 16 = NJW 1982, 1598, 1599.
[188] So zB OLG Frankfurt a. M. NJW-RR 1989, 571; OLG Koblenz MDR 1994, 1045, 1046; *Becker-Eberhard* S. 285ff., 308; *J. Blomeyer* NJW 1982, 2750, 2753; *Haubelt* ZZP 89 (1976), 192, 194ff.

plädiert,[189] sollte sich ernstlich fragen, ob der allenfalls noch minimale praktische Unterschied zur Erledigungslösung das unbekümmerte Sich-Hinwegsetzen über die gravierenden dogmatischen Einwände gegen den eigenen Lösungsweg[190] wirklich lohnt.

b) Erfolgsvoraussetzungsentfall vor Anhängigkeit. Geschehnisse vor Anhängigkeit stellen zwar kein Erledigungsereignis dar.[191] Dem Kläger, der aus seiner Sicht Anlass zur Nachsuchung von Rechtsschutz hatte, bleibt bei Manifestwerden der Von-Anfang-an-Unzulässigkeit/Unbegründetheit vor Klagezustellung allemal, nach Klagezustellung jedenfalls bis zur Hauptsacheeinlassung des Beklagten die Möglichkeit der privilegierten Klagerücknahme (§ 269 Abs. 3 S. 3). Nach Einlassung des Beklagten zur Hauptsache ist ihm auf Klageverzicht durch eine Kostenentscheidung reziprok § 93 zu helfen. 107

4. Erledigungserklärung und Zeitmoment. Unabhängig vom Streit um Inhalt und Rechtsnatur der einseitigen Erledigungserklärung lassen sich, was die *zeitliche* Dimension anbelangt, folgende Aussagen treffen: 108

a) Allgemeiner Ausgangspunkt: keine zeitliche Grenze. Eine zeitliche Grenze für die Abgabe der Erklärung besteht *nicht.*[192] Die Erklärung ist in der höheren Instanz unbeschadet des Umstands zulässig, dass sie schon in der Vorinstanz hätte erfolgen können.[193] Die Verzögerung führt allenfalls zu Kostennachteilen: Wenn sich der Beklagte der Erklärung des Klägers anschließt, treffen diesen (zumindest) die verspätungsbedingten Kosten (s. Rn. 60). 109

b) Erledigungserklärung in der Erstinstanz. Die einseitige Erledigungserklärung ist in mündlicher Verhandlung, mithin bis zum Schluss derselben möglich. Bei Erledigungsereigniseintritt nach Verhandlungsschluss, aber *vor* Urteilsverkündung kann der Kläger richtigerweise schriftsätzlich mit der Folge Erledigung erklären, dass das Gericht die mündliche Verhandlung nach § 156 wieder zu eröffnen hat, wenn sich der Beklagte der Klägererklärung nicht anschließt.[194] 110

c) Erledigungserklärung in der Rechtsmittelinstanz. Der Antrag, gerichtlicherseits die Erledigung der Hauptsache auszusprechen, kann auf zulässiges Rechtsmittel auch noch in der **Berufungsinstanz** gestellt werden (allgM). 111

Ob und bejahendenfalls unter welchen Voraussetzungen die Erledigung vom Kläger einseitig auch noch in der **Revisionsinstanz** erklärt werden kann, ist streitig. Richtigerweise ist die Antwort nicht durch die Entscheidung für irgendeine „Theorie" vorgegeben.[195] Soweit das Revisionsgericht bei der Prüfung des Erledigungsantrags keine tatsächlichen Feststellungen zu treffen hat, sollte vielmehr die Zulässigkeit desselben außer Frage stehen; dem Revisionsgericht wird keine funktionsfremde Tätigkeit angesonnen. Soweit ergänzende tatsächliche Feststellungen erforderlich sind, ist hingegen eine offene Interessenabwägung geboten. Von diesem Ansatz aus gilt: Der Erledigungsantrag kann jedenfalls dann noch in der Revisionsinstanz gestellt werden, wenn das Erledigungsgeschehen als solches zwischen den Parteien unstreitig ist[196] oder die einschlägig relevanten Fakten bereits durch das Instanzgericht festgestellt sind.[197] Zweifelhaft kann allein sein, ob die Erledigung einseitig auch dann in der Revisionsinstanz erklärt werden kann, wenn das Erledigungsgeschehen als solches streitig ist.[198] Der die Zulässigkeit des Erledigungsantrags leugnenden Ansicht ist einzuräumen, dass der Kläger in dieser Situation nicht Gefahr läuft, dass sein erfolgversprechendes Begehren in Hinblick auf das Erledigungsereignis kostenpflichtig abgewiesen wird; das Erledigungsereignis bleibt als materiellrechtliche Neutatsache im Revisionsverfahren nach § 561 unberücksichtigt.[199] Es bleibt indes die Frage, ob es dem Kläger wirklich zumutbar ist, den für ihn ob des Erledigungsereignisses letztlich sinnlos gewordenen Rechtsstreit gleichwohl so fortführen zu müssen, als sei nichts 112

---

[189] BGH NJW 1994, 2895 f.; *Sannwald* NJW 1982, 899 f.; *Wax* LM § 254 Nr. 18.

[190] Einlässlich: *Becker-Eberhard* S. 327 ff.; *M. Wolf,* FS Henckel, 1995, S. 911, 914 ff.; *Deubner* JuS 1991, 235 f.

[191] Einlässlich: *Bücking* ZZP 88 (1975), 307 ff.; aA soweit ersichtlich nur *Reinelt* NJW 1974, 344, 345 f.

[192] OLG Düsseldorf NJW-RR 2001, 1029; *Zöller/Vollkommer* Rn. 36.

[193] BGHZ 106, 359, 368 = NJW 1989, 2885, 2887; OLG Schleswig MDR 1997, 1159, 1160; *Thomas/Putzo/Hüßtege* Rn. 41.

[194] LG Hamburg MDR 1995, 204; *Musielak/Wolst* Rn. 33.

[195] AA freilich noch *Putzo* NJW 1965, 1018, 1019: einseitige Erledigungserklärung sei als Klageänderung in der Revisionsinstanz grundsätzlich unzulässig.

[196] BGHZ 106, 359, 368 = NJW 1989, 2285, 2287; BGH NJW 2002, 442; *Zöller/Vollkommer* Rn. 51; *Smid* ZZP 97 (1984), 298 f.

[197] BGH NJW 1965, 537 f.; *Zöller/Vollkommer* Rn. 51.

[198] Die Frage im Ergebnis bejahend zB *A. Blomeyer* § 64 I 4; *D. Assmann,* Erlanger Festschr. für Schwab, S. 179, 203; verneinend zB *Gottwald,* Die Revisionsinstanz als Tatsacheninstanz, S. 394 f.; *Zöller/Vollkommer* Rn. 51; *Smid* ZZP 97 (1984), 299.

[199] Besondere Betonung dieses Gesichtspunkts bei *Zöller/Vollkommer* Rn. 51 sowie *Smid* ZZP 97 (1984), 298 f.

geschehen. Bejaht man die Zulässigkeit des Erledigungsantrags interessenabwägend auch dann, wenn das Erledigungsereignis selbst streitig ist, lässt sich das Ergebnis, vom hier (s. Rn. 91 f.) geteilten Verständnis des Erledigungsstreits her zwanglos erklären: als den Fortgang des Verfahrens betreffende Neutatsache kann das Erledigungsereignis auch im Revisionsverfahren berücksichtigt werden.[200]

113 **d) Rechtsmitteleinlegung zum Zweck der Erledigungserklärung in der höheren Instanz.** Bei Erledigungsereigniseintritt *nach* Urteilserlass bleibt dem Kläger bei Rechtsmittelzulässigkeit im Übrigen nur der Weg der Rechtsmitteleinlegung zum Zweck der Erledigungserklärung in der höheren Instanz; eine einseitige Erledigungserklärung zwischen den Instanzen ist – arg. § 318 – nicht möglich.[201] Das Erledigungsereignis selbst hat auf die Zulässigkeit des Rechtsmittels richtigerweise ebenso wenig Einfluss wie der Umstand, dass es dem Kläger bei alledem primär um die Kosten geht:[202] Nach dem System der ZPO kann eine Kostenentscheidung entweder mit der Hauptsache oder isoliert angefochten werden. Bei Erledigung zwischen den Instanzen dem Kläger jegliche Anfechtungsmöglichkeit zu nehmen, wäre system- und interessewidrig.

114 Unbeschadet des Umstands, dass hier die Erledigungserklärung (erforderlichenfalls via Herbeiführung der Wiedereröffnung der mündlichen Verhandlung, s. Rn. 110) durchaus auch vor dem Instanzgericht hätte abgegeben werden können, steht der Weg der Rechtsmitteleinlegung zum Zweck der Erledigungserklärung in der Rechtsmittelinstanz auch dem Kläger offen, dessen Klage bereits *vor* Urteilserlass – auf jeden Fall – unzulässig/unbegründet wurde.[203] Solange man eine zeitliche Grenze für die Abgabe der Erklärung verneint, insbesondere deren Zulässigkeit im Laufe des Rechtsmittelverfahrens nicht schon deshalb in Frage stellt, weil sie in der Vorinstanz möglich gewesen wäre, sollte man auch keine mittelbare Sperre über die Verneinung des Rechtsschutzbedürfnisses für das Rechtsmittel schaffen, wenn der Kläger das Rechtsmittel von vornherein erklärtermaßen zu dem Zweck einlegt, die Hauptsache für erledigt zu erklären. Berechtigten Interessen des Beklagten wird dadurch Rechnung getragen, dass er durch Zustimmung zur Erledigungserklärung die verspätungsbedingten Kosten auf den Kläger überwälzen kann.

VI. Einseitige Erledigungserklärung des Beklagten

115 Die Erledigungsanzeige des Beklagten kann als Teilakt der beiderseitigen Erledigungserklärung der einschlägigen Erklärung des Klägers vorausgehen. Anders als die einseitig gebliebene Erledigungserklärung des Klägers ist die des Beklagten nicht als Antrag auf Erlass eines die Erledigung des Rechtsstreits in der Hauptsache aussprechenden Urteils zu qualifizieren. Eine entsprechende Antragsbefugnis des Beklagten ist dem geltenden Prozessrecht in Hinblick auf die Asymmetrie der Interessenlage fremd:[204] Der *Kläger* bedarf des Mittels der einseitigen Erledigungserklärung, um eine Klageabweisung mit der Kostenfolge des § 91 zu vermeiden. Den Belangen des Beklagten wird durch das klageabweisende Urteil Genüge getan. Schließt sich der Kläger der Erledigungsanzeige des Beklagten nicht an, ist letztere nichts anderes als schlichte Geltendmachung eines zusätzlichen Abweisungsgrundes.

VII. Teilweise Erledigung

116 **1. Anwendungsbereich.** Anlass, den Rechtsstreit in der Hauptsache *teilweise* für erledigt zu erklären, besteht dann, wenn das Erledigungsereignis den Streitgegenstand nur partiell oder aber bei objektiver Klagehäufung nur einen von mehreren Streitgegenständen betrifft.

117 Um einen Unterfall partieller Streitgegenstandserledigung handelt es sich, wenn das Erledigungsereignis einem zeitlich gestreckten Leistungsbegehren hinsichtlich einzelner Zeitabschnitte die Erfolgsaussicht nimmt. Der Unterlassungstitelgläubiger kann bei Entfall der Wiederholungsgefahr nach Titelzuwiderhandlung die Erledigungserklärung auf die Zeit ab Erledigungsereigniseintritt beschränken. Der Titel verliert dann nur im Umfang der Erledigungserklärung (mithin: soweit es um künftiges Verhalten geht) seine Wirkung (s. bereits Rn. 40). Über den Fortbestand des Unterlassungstitels für die Zeit bis Eintritt des Erledigungsereignisses, unverzichtbare Voraussetzung für die Festsetzung des angedrohten Ordnungsmittels nach § 890 Abs. 1, ist im insoweit anhängig gebliebenen Verfahren zu befinden.

---

[200] *Rosenberg/Schwab* § 133 III 4 a; *Walchshöfer* ZZP 90 (1977), 186.

[201] AllgM; statt vieler: *Schwab,* FS Schnorr v. Carolsfeld, 1973, S. 445, 453; *Zöller/Vollkommer* Rn. 38.

[202] Ganz hM; statt vieler: OLG Frankfurt a. M. OLGZ 1994, 91, 93; *Wieczorek/Schütze/Steiner* Rn. 47; *Gottwald* NJW 1976, 2250, 2251 f.; aA freilich LAG Köln MDR 1993, 578.

[203] AA LG Hamburg MDR 1995, 204; *Musielak/Wolst* Rn. 33.

[204] Ganz hM; statt vieler: BGH NJW 1994, 2363, 2364; *Rosenberg/Schwab/Gottwald* § 130 Rn. 38; *Habscheid* JZ 1963, 624; *G. Lüke,* FS Weber, S. 330; aA freilich insbes. *Göppinger* S. 77 sowie *Schwab* ZZP 72 (1959), 134 f.

2. Übereinstimmende Teilerledigungserklärung. a) Kostenentscheidung. Die Kostenentscheidung ergeht **äußerlich einheitlich im (End-)Urteil** über den nicht erledigten Teil,[205] ist **materiell** jedoch eine **Kostenmischentscheidung:** während darüber, wer die dem nicht erledigten Teil zuzuordnenden Kosten trägt, nach allgemeinen Regeln (§§ 91 ff.) zu entscheiden ist, ist über die Verteilung der auf den erledigten Teil entfallenden Kosten nach den Grundsätzen des § 91 a zu befinden.[206] Beurteilungsmöglichkeiten aus dem fortgeführten Verfahren für die Frage des hypothetischen Prozessausgangs bezüglich des erledigten Teils können und müssen dabei freilich selbstredend genutzt werden: Wird bei einheitlichem Streitgegenstand die Klage bezüglich des nicht erledigten Teils nach Beweisaufnahme abgewiesen, weil der geltend gemachte Anspruch nicht entstanden ist, sind dem Kläger auch bezüglich des erledigten Teils die Kosten aufzuerlegen. Wird das Verfahren nach Erledigungserklärung hinsichtlich der Hauptforderung wegen der Zinsforderung fortgeführt und nach Beweisaufnahme inzidenter das Bestehen der Hauptforderung verneint, ist Kostenbelastung des Klägers auch bezüglich des erledigten Teils geboten. 118

b) Anfechtung. Die Kostenmischentscheidung kann mit dem Ziel ihrer Korrektur betreffs des *erledigten Teils* – nach Maßgabe der für dieses Institut statuierten Voraussetzungen – jedenfalls mit der **sofortigen Beschwerde** angefochten werden.[207] Die Entscheidung darf dann zwar sachlich nur abgeändert werden, soweit sie auf § 91 a beruht.[208] In Hinblick auf den auch für die Rechtsmittelinstanz geltenden Grundsatz einheitlicher Kostenentscheidung hat das Rechtsmittelgericht jedoch – unter Übernahme der vom Instanzgericht bezüglich des streitig gebliebenen Teils getroffenen Kostenregelung – einen Ausspruch über die Gesamtkosten zu treffen. 119

Nach zutreffender hM kann das eine Kostenmischentscheidung enthaltende (End-)Urteil aber auch insgesamt, dh. einschließlich der Kostenentscheidung zum erledigten Teil, mit dem gegen die Hauptsacheentscheidung gegebenen Rechtsmittel der **Berufung** angegriffen werden;[209] es bedarf *nicht* zweier gesonderter Rechtsmittel, die auf Grund des Gebots einheitlicher Kostenentscheidung ohnehin zu verbinden und nach den Grundsätzen des Hauptsacherechtsmittels zu behandeln wären. Die Berufung eröffnet dabei die Prüfungskompetenz bezüglich des auf § 91 a gestützten Kostenentscheidungsteils selbst dann, wenn die zweiwöchige Beschwerdefrist nach § 569 Abs. 1 S. 1 bei Einlegung der Berufung bereits verstrichen ist;[210] in Konsequenz des Gebots einheitlicher Kostenentscheidung erwächst die Kostenentscheidung insgesamt nicht in Rechtskraft, solange auch nur ein Rechtsmittel gegeben ist. Lediglich dann, wenn der Rechtsmittelführer die Berufung gegen das Urteil zum Hauptsacherest zurücknimmt, wird der Umstand relevant, ob das Rechtsmittel bereits innerhalb der für die sofortige Beschwerde geltenden Notfrist eingelegt wurde: bejahendenfalls kann der Rechtsmittelkläger, weil seiner Berufung der Sache nach die sofortige Beschwerde gegen die den erledigten Teil betreffende Kostenentscheidung immanent war, nach wie vor auf Abänderung der letzteren antragen.[211] Da das Institut der „einheitlichen Berufung" letztlich auf Zweckmäßigkeitserwägungen gründet, findet eine Sachprüfung des Kostenentscheidungsteils, der auf § 91 a basiert, freilich nur dann statt, wenn auch die Voraussetzungen einer gedachten sofortigen Beschwerde erfüllt sind.[212] Die Möglichkeit, das die Kostenmischentscheidung enthaltende Urteil insgesamt mit der Berufung anzufechten, führt freilich nicht zu einer Erweiterung des Instanzenzugs hinsichtlich des erledigten Teils.[213] 120

Dispensiert man – entgegen hier vertretener Ansicht (s. Rn. 55) – bei der Kostenentscheidung nach § 91 a von der Klärung „schwieriger" Rechtsfragen, begrenzt man damit zugleich den Umfang der **revisionsrichterlichen Prüfung** der gemischten Kostenentscheidung: Für revisionsrichterliche Kontrolle des auf § 91 a gestützten Teils der Kostenentscheidung ist – auch bei unbeschränkter Revisionszulassung – nur insoweit Raum, als auf isolierte Anfechtung die Rechtsbeschwerde gegeben wäre. Bei Erstreckung der Summarietät der Prüfung auf Rechtsfragen heißt dies (s. Rn. 71): Mit der Würdigung durch das Berufungsgericht hat es sein Bewenden, sofern nicht die Vorschrift des § 91 a selbst zum Gegenstand revisionsrichterlicher Prüfung gemacht werden soll.[214] 121

---

205 BGH LM Nr. 5; *Rosenberg/Schwab/Gottwald* § 84 Rn. 39; *Stein/Jonas/Bork* Rn. 37.

206 Statt aller: OLG Zweibrücken NJW 1973, 1935; *Zöller/Vollkommer* Rn. 54.

207 Heute allgM; statt vieler BGHZ 40, 265, 270 f. = NJW 1964, 660 f.; *Rosenberg/Schwab/Gottwald* § 84 Rn. 39.

208 BGHZ 40, 271 = NJW 1964, 661; *Thomas/Putzo/Hüßtege* Rn. 55.

209 KG MDR 1986, 241; OLGR Rostock 2003, 388; *Rosenberg/Schwab/Gottwald* § 84 Rn. 39; aA freilich zB OLG Zweibrücken NJW 1973, 1934, 1936 sowie *Schiffer* ZZP 101 (1988), 25 ff.

210 Explizit: OLG München NJW 1970, 2114.

211 Im Ergebnis übereinstimmend: LG Essen MDR 1966, 154.

212 *Musielak/Wolst* Rn. 53; *Zöller/Vollkommer* Rn. 56.

213 *Wieczorek/Schütze/Steiner* Rn. 40; *Zöller/Vollkommer* Rn. 56.

214 Ansatzkonsequent: BGH NJW 2007, 1591, 1593.

122 **c) Sonderproblem: Erledigung des durch Teilrechtsmittel in die höhere Instanz gebrachten Hauptsacheteils.** Wird die instanzgerichtliche Hauptsacheentscheidung nur teilweise angefochten und erklären die Parteien sodann den Rechtsstreit hinsichtlich des in die Rechtsmittelinstanz gebrachten Streitrestes für erledigt, ist über die *gesamten* Kosten des Rechtsstreits durch **Beschluss** zu entscheiden.[215] Dabei ist bezüglich der auf den nicht angefochtenen Hauptsacheteil entfallenden Kostenquote die Entscheidung des Instanzrichters sachlich unverändert zu übernehmen; bezüglich der Quote, die auf den angefochtenen und alsdann für erledigt erklärten Teil entfällt, ist Kostenentscheidung nach § 91 a geboten.

123 **d) Streitwert.** Mit der übereinstimmenden Teilerledigungserklärung reduziert sich der Streitwert auf den Wert des anhängig gebliebenen Hauptsacheteils *zuzüglich* der auf den erledigten Teil entfallenen Kosten.[216] Wer unter Berufung auf § 4 Abs. 1 Halbs. 2 allein auf den Wert der Resthauptsache abstellt,[217] verkennt, dass die anteiligen Prozesskosten des erledigten Teils mit der Teilerledigungserklärung der Hauptsache gerade ihren Charakter als Nebenkosten verlieren.

124 **3. Einseitige Teilerledigungserklärung. a) Kostenentscheidung und Anfechtung.** Welche Kostenentscheidung geboten ist, wenn das Gericht auf Antrag des Klägers den Rechtsstreit teilweise für erledigt erklärt, und welche Anfechtungsmöglichkeiten alsdann gegeben sind, beurteilt sich je nach Grundverständnis des Erledigungsstreits unterschiedlich: Vom Ansatz der hM (Erledigungsurteil nur, wenn die Klage bis zum Erledigungsereignis zulässig und begründet war, s. Rn. 76) ergeht auch bezüglich des für erledigt erklärten Teils eine reguläre akzessorische Kostenentscheidung nach § 91 (s. Rn. 86). Die Kostenentscheidung kann demgemäß nicht selbstständig (§ 99 Abs. 1), sondern nur im Rahmen eines Rechtsmittels gegen die Hauptsacheentscheidung angefochten werden.[218] Geht man – richtigerweise (s. Rn. 19) – davon aus, dass der Erledigungsausspruch nur voraussetzt, dass die Klage durch das Erledigungsereignis nunmehr auf jeden Fall unzulässig/unbegründet geworden ist, und bejaht man von diesem Ansatz her für den erledigten Teil konsequenterweise eine Kostenentscheidung im summarischen Verfahren analog § 91 a (s. Rn. 98), ist die formell einheitliche Kostenentscheidung zum erledigten und nicht erledigten Teil auch hier materiell **Kostenmischentscheidung;** bezüglich der Anfechtbarkeit der Kostenentscheidung gelten die zur übereinstimmenden Teilerledigungserklärung entwickelten Grundsätze (Rn. 119 ff.) entsprechend.[219]

125 **b) Streitwert.** Akzeptiert man, dass Streitwert bei der einseitig gebliebenen Totalerledigungserklärung das einschlägige Kosteninteresse (s. Rn. 90 bzw. 103), muss für die einseitige Teilerledigungserklärung gelten: Der **Gebührenstreitwert** der Instanz, in der die Erledigung erklärt wurde, entspricht der Summe aus den für den erledigten Teil angefallenen Kosten und dem Wert der Resthauptsache.[220] Hinsichtlich des **Rechtsmittelstreitwerts** ist zu unterscheiden: **(1)** Das Instanzgericht hat antragsgemäß auf teilweise Erledigung erkannt und auch der Resthauptsacheklage stattgegeben: Die Beschwer des Beklagten ergibt sich aus der Summe des Resthauptsachewerts und den ihm auferlegten Kosten, soweit diese auch entstanden wären, wenn von Anfang an nur der Rest eingeklagt worden wäre.[221] – **(2)** Das Instanzgericht hat antragsgemäß auf Teilerledigung erkannt, die Restklage aber abgewiesen: Die Beschwer des Beklagten bemisst sich nach dem vollen Betrag der ihm auferlegten Kosten; eine Differenzrechnung ist nicht anzustellen.[222] Die Beschwer des Klägers errechnet sich ohne Besonderheit aus dem Unterliegen in der Resthauptsache; ihm auferlegte Kosten werden nicht berücksichtigt. – **(3)** Das Instanzgericht verneint die Teilerledigung und weist auch die Restklage ab: Die Beschwer des Klägers entspricht der Summe aus dem Wert der Resthauptsache und den Kosten, die entstanden wären, wenn er lediglich den erfolglos für erledigt erklärten Teil eingeklagt hätte.[223] – **(4)** Das Instanzgericht verneint die Teilerledigung, spricht dem Kläger indes den Hauptsacherest zu: Die Beschwer des Klägers entspricht den auferlegten Kosten; eine Differenzrechnung findet nicht statt. Der Beklagte ist in Höhe der Resthauptsacheverurteilung beschwert; die ihm auferlegten Kosten bleiben außer Ansatz.[224]

---

[215] OLG Celle MDR 1978, 234 f.; *Zöller/Vollkommer* Rn. 55.
[216] Wie hier: OLG Koblenz MDR 1992, 717; OLG Brandenburg OLG-NL 1997, 30, 36.
[217] BGH NJW-RR 1991, 509, 510; 1995, 1089, 1090; OLG Karlsruhe MDR 1996, 1298; *Musielak/Wolst* Rn. 51; *Thomas/Putzo/Hüßtege* Rn. 58.
[218] Ausdrückliche einschlägige Klarstellung: *Zöller/Vollkommer* Rn. 57.
[219] Richtig: *Rosenberg/Schwab* § 87 VI 3 f.
[220] BGH NJW-RR 1996, 1210; *Musielak/Wolst* Rn. 55.
[221] BGH NJW-RR1993, 765 f.; *Musielak/Wolst* Rn. 55.
[222] BGH NJW-RR 1993, 765 ff.; *Musielak/Wolst* Rn. 55.
[223] *Musielak/Wolst* Rn. 55.
[224] *Musielak/Wolst* Rn. 55.

VIII. Erledigung des Rechtsmittels

1. Grundsätzliche Anerkennung. Von der Erklärung der Erledigung des Rechtsstreits in der Hauptsache in der Rechtsmittelinstanz (s. Rn. 43, 111 f.) ist die Erklärung zu unterscheiden, das **Rechtsmittel** habe sich erledigt. Für letztere fehlt zwar der Anlass, wenn die Klage nach Rechtsmittel gegen ein dieselbe zu Unrecht abweisendes Urteil nunmehr in der Tat unzulässig bzw. unbegründet wird; dem Kläger und Rechtsmittelkläger hilft die Erklärung, der *Rechtsstreit* habe sich in der Hauptsache erledigt. Und: Auch in der spiegelbildlichen Fallgestaltung, dass eine Klage, der zu Unrecht stattgegeben wurde, nach Rechtsmitteleinlegung durch den Beklagten begründet wird, bedarf es zum Schutz desselben in aller Regel keiner Rechtsmittelerledigungserklärung; der Beklagte mag und muss durch sofortiges Anerkenntnis die Voraussetzungen dafür schaffen, dass dem Kläger nach § 93 die Kosten des ohne Anlass angestrengten Verfahrens auferlegt werden. Ein *Bedürfnis* für eine Rechtsmittelerledigungserklärung besteht hingegen für den *Beklagten* immer dann, wenn die angefochtene Entscheidung im Verlaufe des Rechtsmittelverfahrens richtig wird und der Beklagte der geänderten Sachlage *nicht* durch Anerkenntnis Rechnung tragen kann (so für den Beklagten im Urkundenprozess, *wenn* man mit einer verbreiteten Meinung – s. hierzu § 307 Rn. 7 – ein Anerkenntnis unter Vorbehalt der weiteren Verteidigung im Nachverfahren ausschließt, s. OLG Frankfurt a. M. JW 1926, 1036). Es besteht weiter – für den *Kläger* und den *Beklagten* – in Fällen sog. prozessualer Überholung: wenn eine Entscheidung (und damit letztlich das gegen dieselbe eingelegte Rechtsmittel) durch die Gesamtverfahrensentwicklung gegenstandslos wird. *Beispiele:* Der Beklagte ficht nach Zurückweisung des Antrags, dass das ihn beschwerende Urteil durch Klagerücknahme „zwischen den Instanzen" wirkungslos geworden sei, berufungsweise das Urteil, mit der sofortigen Beschwerde den negativen Beschluss nach § 269 Abs. 3 an; auf die sofortige Beschwerde wird die Wirksamkeit der Klagerücknahme und die Wirkungslosigkeit des angefochtenen Urteils festgestellt.[225] Der Antragsteller greift mit der Berufung gegen ein Scheidungsurteil die Abtrennung einer vom Antragsgegner anhängig gemachten Folgesache an; dieser nimmt die Folgesache zurück.[226] Der ausweislich der Gründe irrtümlich im Tenor statt eines anderen Verurteilte legt dieserhalb Berufung ein; auf Antrag des Klägers wird der Urteilstenor nach § 319 berichtigt.[227] 126

Zu Recht wird deshalb heute ganz überwiegend das Institut der Rechtsmittelerledigungserklärung jedenfalls im Grundsatz anerkannt.[228] 127

2. Übereinstimmende Rechtsmittelerledigungserklärung. Erklären die Parteien das Rechtsmittel **übereinstimmend** für erledigt, endet hierdurch das Rechtsmittelverfahren; die angefochtene Entscheidung wird rechtskräftig. Das Gericht muss und darf weder prüfen, ob ein Rechtsmittelerledigungsgrund gegeben ist, noch der Frage nachgehen, ob in casu ein Bedürfnis für eine Rechtsmittelerledigungserklärung besteht. Die Befugnis der Parteien, den Rechtsmittelgegenstand der Entscheidung des Gerichts zu entziehen, ist Teil der allgemeinen Parteidispositionsmacht.[229] 128

Die Streitfrage, ob die in – direkter oder analoger – Anwendung von § 91 a gebotene **Kostenentscheidung** nur die Kosten des Rechtsmittelverfahrens[230] oder aber die Kosten des gesamten Rechtsstreits[231] erfasst, dürfte aus Gründen der Ergebnisbilligkeit im letzteren Sinn zu entscheiden sein. Hat der Beklagte ein – mögliches – sofortiges Anerkenntnis versäumt, treffen ihn nach der in § 93 zum Ausdruck kommenden gesetzlichen Wertung die Kosten unabhängig davon, ob die Klage bis zum erledigenden Ereignis zulässig und begründet war oder nicht.[232] 129

3. Einseitige Rechtsmittelerledigungserklärung. Einseitig ist die Erklärung, das Rechtsmittel habe sich erledigt, nur in den unter Rn. 126 benannten „Bedarfsfällen" zulässig: für Kläger und Beklagten in den Fällen „prozessualer Überholung", für den Beklagten darüber hinaus, wenn ein 130

---

[225] BGH NJW 1998, 2453, 2454 = LM Nr. 70 m. Anm. *Lindacher.*

[226] KG FamRZ 1982, 950 f.

[227] LG Bochum ZZP 97 (1984), 215 m. Anm. *Waldner.*

[228] BGH NJW 1998, 2453 ff. = LM Nr. 70 m. Anm. *Lindacher;* NJW-RR 2001, 1007 f.; OLG Frankfurt a. M. NJW-RR 1998, 1447, 1448; OLG Rostock NJW 2007, 429; *Rosenberg/Schwab/Gottwald* § 130 Rn. 45; *Heintzmann* ZZP 87 (1974), 209 ff.; *Waldner* ZZP 97 (1989), 216 ff.; *Gaier* JZ 2001, 445 f.; aA – die Möglichkeit, das Rechtsmittel für erledigt zu erklären, schlechthin leugnend – freilich etwa *Göppinger* S. 299 ff.; *Habscheid* NJW 1960, 2132 ff.

[229] KG NJW-RR 1987, 766, 767; AK-ZPO/*Röhl* Rn. 11; *Heintzmann* ZZP 87 (1974), 212 f.; aA – für Notwendigkeit der „Bedarfsprüfung" – wohl *Gaier* JZ 2001, 446.

[230] So KG MDR 1986, 592 f.; OLG Hamburg NJW 1960, 2151, 2152; *Zöller/Vollkommer* Rn. 19; *Gaier* JZ 2001, 446 f.

[231] So insbes. *Heintzmann* ZZP 87 (1974), 223 ff.

[232] AA – nur verspätungsbedingte Kosten seien dem Beklagten erfolgsaussichtsunabhängig aufzuerlegen – AK-ZPO/*Röhl* Rn. 12 sowie *Heintzmann* ZZP 87 (1974), 213.

sofortiges Anerkenntnis nach § 93 schlechthin ausgeschlossen ist und nicht nur seine Voraussetzungen im Einzelfall fehlen.[233]

131 Die Antwort auf die Frage, ob der Erledigungsausspruch durch das Gericht außer der Bejahung des Erledigungsereignisses voraussetzt, dass das Rechtsmittel ursprünglich zulässig und begründet war,[234] oder aber ein Erledigungsurteil auch unter Offenlassung der ursprünglichen Erfolgsaussicht ergehen kann, wird durch die Stellungnahme zur Kontroverse um den Gegenstand des „Erledigungsstreits" nach einseitiger Hauptsacheerledigungserklärung (hierzu Rn. 18ff.) präjudiziert. Je nach bezogener Grundposition ist die Kostenentscheidung nach § 91[235] oder aber analog § 91a[236] zu treffen.

IX. Kostenentscheidung nach § 91a ohne Erledigungserklärung

132 Zur Beendigung der Rechtshängigkeit beschränkt auf die Hauptsache kann es auch auf andere Weise als durch beidseitige Erledigungserklärung oder Erledigungsurteil auf einseitige Erledigungserklärung kommen: Weisen die Parteien in einem die Hauptsache regelnden **Prozessvergleich** die Kostenentscheidung dem Gericht zu, ist im anhängig bleibenden Kostenpunkt eine Entscheidung nach § 91a möglich und geboten. Zulässige anderweitige Vereinbarung iSv. § 98 ist nicht nur die von der Vorschlagsregelung abweichende Eigenregelung der Parteien, sondern auch eine Vergleichsbestimmung, die dem Gericht (dasselbe teilentlastend) die Kostenentscheidung im summarischen Verfahren belässt.[237] Maßstab der Kostenverteilung sind die Erfolgsaussichten nach dem bisherigen Sach- und Streitstand;[238] Art und Maß des gegenseitigen Nachgebens, das in der Vergleichsregelung seinen Niederschlag gefunden hat, kommt nur Bedeutung zu, soweit es Indiz für den mutmaßlichen Prozessausgang.[239]

X. Erledigung des Rechtsstreits einschließlich des Kostenpunkts

133 Parteiautonomie heißt auch: Den Parteien steht es selbstredend frei, den Rechtsstreit übereinstimmend **in toto,** dh. einschließlich des Kostenpunkts, für erledigt zu erklären.[240] Die Wirksamkeitsvoraussetzungen des einschlägigen Parteiakts decken sich mit denen der Erledigungserklärung beschränkt auf die Hauptsache (s. Rn. 28ff.), in ihrer Wirkung (s. Rn. 39ff.) divergieren beide Erklärungen nur insoweit, als die Totalerledigungserklärung bestimmungsgemäß zur Verfahrensbeendigung ohne Kostenentscheidung führt.

XI. Einzelfälle

134 **Anfechtung.** Erledigungsereignis, freilich nicht durchgängig *relevantes* (s. Rn. 4) Erledigungsereignis ist – unbeschadet der materiellrechtlichen Rückwirkung nach § 142 Abs. 1 BGB – die zum Entfall des Klaganspruchs führende Erklärung der Anfechtung durch den Beklagten. Beim Anfechtungsgrund Irrtum (§ 119 Abs. 1 und 2 BGB) muss der Kläger unter Kostenentlastung vom Verfahren Abstand nehmen können: Der Beklagte hat das Vertrauen des Klägers in die Gültigkeit seiner Willenserklärung in Anspruch genommen. Der Kläger durfte in diesem Vertrauen Rechtsschutz nachsuchen. Kostenrechtlicher Veranlasser ist der Beklagte.[241] Hat der Kläger oder eine seinem Lager zugehörende Person den Beklagten arglistig getäuscht oder bedroht (§ 123 Abs. 1 BGB) oder musste der Kläger die von einem Dritten vorgenommene Täuschung kennen (§ 123 Abs. 2 BGB), verdient er keinen Schutz. Die Aufrechnung ist kein iS von § 91a erhebliches Ereignis.[242]

135 **Aufrechnung.** Lit.: *Lindacher,* Beklagtenaufrechnung bei Vorliegen der Aufrechnungslage vor Klageerhebung, LMK 2004, 13. Die (wirksame) Aufrechnung rechtfertigt als Erfüllungssurrogat allemal die Erledigungserklärung, wenn die Aufrechnungslage nach Rechtshängigkeit entstanden ist.[243] Die Erledigung kann insoweit auch vom selbst aufrechnenden Kläger erklärt wer-

---

[233] AK-ZPO/*Röhl* Rn. 51; *Waldner* ZZP 97 (1984), 217f.; aA freilich – ohne die hier postulierte Restriktion – OLG Hamburg NJW 1960, 2151, 2152 sowie *Heintzmann* ZZP 87 (1974), 212f.

[234] So ausdrücklich etwa AK-ZPO/*Röhl* Rn. 51 sowie *Gaier* JZ 2001, 446.

[235] So konsequenterweise AK-ZPO/*Röhl* Rn. 51.

[236] So *Rosenberg/Schwab* § 133 IV.

[237] BGH NJW 1965, 103; OLG Brandenburg NJW-RR1995, 1212; *Bork,* Der Vergleich, 1988, S. 292 Fn. 11; *Rosenberg/Schwab/Gottwald* § 84 Rn. 5; *Thomas/Putzo/Hüßtege* § 98 Rn. 4. AA – Fortsetzung des Kostenstreits unberechtigte Inanspruchnahme der Gerichte – OLG Bamberg MDR 1980, 60; *Göppinger* JZ 1965, 258f.

[238] OLG Frankfurt a. M. MDR 1999, 189, 190.

[239] OLG Oldenburg NJW-RR 1992, 1466.

[240] Statt aller: *Zöller/Vollkommer* Rn. 22.

[241] *Althammer/Löhnig* NJW 2004, 3077, 3080.

[242] *Althammer/Löhnig* aaO.

[243] AllgM; s. zB RGZ 57, 381, 384; *Zöller/Vollkommer* Rn. 58 (Aufrechnung).

den.[244] Hinsichtlich der Aufrechnung bei Aufrechnungslage bereits vor Klageerhebung liegen die Dinge komplexer. Richtigerweise ist unter Vermeidung von Einheitsaussagen zwar vom „Ereignis"-Charakter der Aufrechnungserklärung auszugehen,[245] dem Ereignis aber in teleologischer Betrachtung die Erledigungsrelevanz (s. Rn. 4) abzusprechen, wenn der Kläger ob der Aufrechnungslage keinen Anlass zur Klageerhebung hatte oder die Aufrechnung sich als Realisierung eines einschlägigen Klägerrisikos darstellt:[246] Dem Kläger, der um die Existenz der Aufrechnungslage weder wusste noch wissen konnte (so, wenn der Beklagte die Gegenforderung durch Abtretung oder im Weg der Erbfolge erlangt hat), muss es möglich sein, nach Beklagtenaufrechnung die Kostenbelastung via Erledigungserklärung abzuwenden. Aus vernünftiger, objektivierter Klägersicht bestand Grund zur Klage. Weiß eine Seite um die Aufrechnungsbefugnis der Gegenseite oder musste sie zumindest darum wissen, fehlt im Deckungsumfang der einander gegenüberstehenden Forderungen hingegen der Anlass zur gerichtlichen Geltendmachung der eigenen Forderung: Wirtschaftlich ist dem Dennoch-Klagenden nichts geschuldet. Die Beklagtenaufrechnung stellt kein relevantes (Rn. 4) Erledigungsereignis dar. Klagt eine Seite ihre Forderung ein, weil sie zunächst der Auffassung ist, dass die von der Gegenseite geltend gemachte Forderung nicht besteht oder nicht durchsetzbar ist, handelt sie auf eigenes Risiko. Selbst wenn ihr nicht angelastet werden kann, die Aufrechnungsbefugnis der Gegenseite fahrlässig verkannt zu haben, geht die einschlägige Fehleinschätzung zu ihren Lasten. Die Beklagtenaufrechnung stellt wiederum kein relevantes Erledigungsereignis dar. Dem Kläger bleibt als Reaktion auf die Beklagtenaufrechnung nur die kostenpflichtige Klagerücknahme.

Ausländische Urteile: Exequaturverfahren. Lit.: *Hau,* Die einseitige Erledigungserklärung im Exequaturverfahren, IPRax 1998, 255 ff. – Entgegen verbreiteter Meinung[247] besteht kein Anlass, die Heranziehung der Grundsätze zur Hauptsacheerledigung im Exequaturverfahren nach EuGVVO/LugÜ oder nach autonomem deutschen Recht abzulehnen.[248] Erledigungsereignis ist insbesondere die Aufhebung des Auslandstitels auf Rechtsmittel im Urteilsstaat. Der Umstand, dass der Titelgläubiger das Risiko einer Aufhebung der noch nicht bestandskräftigen Entscheidung zu tragen hat, wirkt sich freilich auf den Inhalt der Kostenentscheidung aus; diese ergeht zulasten des Titelgläubigers.[249] 136

Feststellungs- und Leistungs(wider)klage. Nach (noch) hM entfaltet die negative Feststellungsklage nach **autonomem deutschen Recht** keine Sperrwirkung für die gegenläufige Leistungsklage, nimmt vielmehr letztere, sobald sie nicht mehr einseitig rücknehmbar, ersterer via Feststellungsinteresseentfall grundsätzlich die Zulässigkeit.[250] Der Feststellungskläger kann und muss Erledigung der Hauptsache erklären.[251] Richtigerweise (s. auch § 256 Rn. 61 f.) ist die Position des Erstklägers zu stärken:[252] Will man der negativen Feststellungsklage gegenüber der selbstständigen Leistungsklage nicht gar Sperrwirkung beimessen,[253] gilt es der negativen Feststellungsklage gegenüber der späteren selbstständigen Leistungsklage zumindest Vorrang in dem Sinne einzuräumen, dass das Zweitverfahren bis zur rechtskräftigen Entscheidung des Erstprozesses analog § 148 auszusetzen ist,[254] eine Lösung, die selbstredend den Fortbestand des Feststellungsinteresses bedingt. Bei Leistungswiderklage geht die auf das kontradiktorische Gegenteil gerichtete negative Feststellungsklage im ob der Rechtsschutzform weiteren Streitgegenstand der Leistungsklage auf; das Feststellungsinteresse und das Interesse an Abweisung der gegenläufigen Leistungsklage sind eins. Für eine Erledigungserklärung sollte gleichfalls keine Notwendigkeit bestehen. 137

Unter dem Geltungsregime der **Brüssel I-VO** nimmt die negative Feststellungsklage nach der „Kernpunkttheorie" des EuGH[255] zu Art. 27 EuGVVO einer späteren selbstständigen Leistungsklage allemal die Zulässigkeit: Der Beklagte ist grundsätzlich gehalten, seinen Leistungsanspruch wi- 138

---

[244] BGH NJW 1986, 588, 589; *Musielak/Wolst* Rn. 57.

[245] So auch BGHZ 155, 392, 396 ff. = JZ 2004, 415 m. Anm. *Chr. Wolf/Lange.* AA unter fehlsamer Berufung auf die materiellrechtliche Rückwirkung der Anfechtung etwa noch OLGR Jena 1997, 135 f.

[246] Gleichsinnig oder zumindest ähnlich: *Zöller/Vollkommer* Rn. 58 (Aufrechnung); *Chr. Wolf/Lange* JZ 2004, 416 ff.; *Billing* JuS 2004, 186, 188.

BGHZ 155, 392, 400 spricht schwammig von der „Zumutbarkeit" der Aufrechnung für die Parteien.

[247] OLG Hamburg NJW 1987, 2165 f.; *Wieczorek/Schütze/Steiner* Rn. 3; *Zöller/Vollkommer* Rn. 7 und 58.

[248] Übereinstimmend: *Schlosser* EuZPR Art. 38 EuGVVO Rn. 15; *Rauscher/Mankowski* EuZPR Art. 40 Brüssel I-VO Rn. 5; *Hau* IPRax 1998, 255 f.

[249] *Schack* IZVR Rn. 954; *Hau* IPRax 1998, 256.

[250] BGHZ 99, 340/341 f. = NJW 1987, 2680, 2861; BGH NJW 1999, 2516; *Musielak/Foerste* § 256 Rn. 16; *Keller* WRP 2000, 908, 910 f.

[251] BGH NJW 1973, 1500; *Zöller/Vollkommer* Rn. 58 (Feststellungsklage); *Zeiss/Schreiber* Rn. 283.

[252] I. e. bereits *Lindacher,* FS v. Gamm, 1990, S. 83, 90 ff.

[253] So *Rosenberg/Schwab/Gottwald* § 90 Rn. 29; *A. Blomeyer* § 49 III 2; *G. Lüke* JuS 1969, 301 f.; *Zeuner,* FS Lüke, 1997, S. 1003, 1016; *Walker* ZZP 111 (1997), 429, 454.

[254] So OLG Stuttgart WRP 192, 513, 516; *Stein/Jonas/Schumann* § 256 Rn. 126.

[255] Slg. 1987, 4861 Rn. 11 – Gubisch; 1995 I, 5439 Rn. 30 – Tatry.

derklageweise im ersten Prozess zu verfolgen; eine Erledigung des Erstverfahrens wegen Entfalls des Feststellungsinteresses kommt nicht in Betracht.[256]

139 **Kindschaftssachen.** Erklären die Parteien das Verfahren auf **Feststellung der Vaterschaft** nach Beweiserhebung und anschließender urkundlicher Anerkennung übereinstimmend für erledigt, sind die Kosten dem Beklagten auch dann aufzuerlegen, wenn er bereits vorprozessual zur Anerkennung bereit war: Das Kind ist nicht gehalten, einen anerkennungswilligen Mann als Vater zu akzeptieren, ohne sich durch Ausnutzung der medizinischen Möglichkeiten der gerichtlichen Vaterschaftsfeststellung davon überzeugt zu haben, dass es auch tatsächlich von diesem Mann abstammt.[257]

140 **Parteiexistenz, Parteifähigkeit.** Für **natürliche Personen** gilt: **Tod** ist nur in Ehesachen – ex lege wirkender – Erledigungsgrund, § 619 (s. Rn. 143). Im Übrigen schafft er nur einen Unterbrechungs- bzw. Aussetzungsgrund im vom bzw. gegen den Erben fortzusetzenden Rechtsstreit.

141 **Juristische Personen** und **Gesamthandsgesellschaften** verlieren ihre Parteiexistenz mit Vollbeendigung, die durch Löschung im Handelsregister freilich nur indiziert wird: Bei Doch-noch-Abwicklungsbedarf besteht die Personifikation als nichtrechtsfähige, gleichwohl als solche parteifähige Nachgesellschaft fort (Vor §§ 50 ff. Rn. 28). Vermögensrechtliche Aktivprozesse sowie vermögensneutrale Passivprozesse können von der gelöschten Gesellschaft in Nachexistenz bzw. gegen dieselbe fortgeführt werden. Wer eine Gesellschaft verklagt hat, kann das Verfahren gegen die zwischenzeitlich gelöschte Gesellschaft jedenfalls dann fortführen, wenn es ihm möglich ist, einschlägiges Restvermögen zu benennen. Bei Entscheidungsreife, aber auch dann, wenn der zur Herbeiführung der Entscheidungsreife zu erbringende Aufwand gegenüber dem schon erbrachten nach freier richterlicher Beurteilung unverhältnismäßig klein erscheint, sollte die Sachentscheidung bzw. die Fortführung des Verfahrens mit dem Ziel der Sachentscheidung aber selbst ohne Restvermögensbenennung möglich sein (näher zu allem für die AG bzw. die GmbH § 50 Rn. 16). Unbeschadet der allfälligen Möglichkeit einer Prozessfortführung muss der Kläger bei Löschung der verklagten Gesellschaft freilich richtigerweise allemal von deren Vollbeendigung ausgehen und das Verfahren in toto oder beschränkt auf die Hauptsache für erledigt erklären können (i. e. § 50 Rn. 17).

142 **Rechtsentscheid.** Eine beschlossene Vorlage ist nicht mehr auszuführen, wenn die Parteien die Hauptsache übereinstimmend für erledigt erklärt haben.[258] Erklärung der Hauptsacheerledigung *nach* Vorlage erledigt auch das Vorlageverfahren.[259] Hier wie dort zählt, dass das Obergericht von der Entscheidung von Rechtsfragen freizuhalten ist, die nur noch kostenentscheidungsrelevant sind.

143 **Scheidungssachen.** Der **Tod eines Ehegatten** beendet das Verfahren in der Hauptsache *ex lege* (§ 619). Ein bereits verkündetes, aber noch nicht rechtskräftiges Urteil wird (s. allgemein bereits Rn. 40 f.), was die Hauptsache anbelangt, wirkungslos. Hinsichtlich des Kostenpunkts treten die Erben in das Prozessrechtsverhältnis ein. Die getroffene Kostenentscheidung ist mit der sofortigen Beschwerde anfechtbar.[260] Liegt noch keine Hauptsacheentscheidung vor, ergeht Kostenentscheidung durch der sofortigen Beschwerde unterliegenden Beschluss.[261] Auf welcher Grundlage die jeweilige Entscheidung zu treffen, ist streitig (s. auch § 619 Rn. 19): Nach hM[262] sind die Kosten analog § 93 a Abs. 1 grundsätzlich gegeneinander aufzuheben. Die Gegenansicht[263] plädiert für eine entsprechende Anwendung von § 91 a mit der Maßgabe, dass im Rahmen der Kostenentscheidung analog § 91 a die Wertungen des § 93 a Abs. 1 *und* 2 zu berücksichtigen seien, was bei aussichtsreichem Scheidungsbegehren und nach bisherigem Sach- und Streitstand ungewissem Verfahrensausgang im Ergebnis gleichfalls auf eine Kostenaufhebung hinausläuft, bei mutmaßlicher Erfolglosigkeit indes zur Kostenbelastung der Antragstellererben führt.

144 **Selbstständiges Beweisverfahren.** Lit.: *Lindacher,* Kostengrundentscheidung nach Erledigungsgrundsätzen im selbstständigen Beweisverfahren, JR 1999, 278 ff. – Ob und inwieweit im selbstständigen Beweisverfahren Raum für Kostengrundentscheidungen nach Erledigungsgrundsätzen, ist streitig.[264] Richtigerweise ist strikt zwischen Fallgestaltungen der Erledigung des selbststän-

---

[256] BGHZ 134, 201, 210 = NJW 1997, 870.

[257] KG FamRZ 1994, 909 f.; *Musielak/Wolst* Rn. 23.

[258] BGH NJW 1989, 29; BayObLGZ 1987, 254 = NJW-RR 1987, 1301.

[259] BayObLGZ 1991, 308 = NJW-RR 1992, 341 f.

[260] OLG Bremen NJW 1975, 2074 (§ 91 a Abs. 2 analog); *Rosenberg/Schwab/Gottwald* § 164 Rn. 76 (§ 99 Abs. 2 analog).

[261] *Stein/Jonas/Schlosser* § 619 Rn. 15; *Wieczorek/Schütze/Becker-Eberhard* § 619 Rn. 12.

[262] BGH FamRZ 1983, 683; NJW-RR 1986, 369; *Stein/Jonas/Schlosser* § 619 Rn. 15; *Thomas/Putzo/Hüßtege* § 619 Rn. 4.

[263] OLG Bamberg NJW-RR 1995, 1289; OLG Nürnberg FamRZ 1997, 763; *Wieczorek/Schütze/Becker-Eberhard* § 619 Rn. 11; *Zöller/Philippi* § 619 Rn. 7.

[264] Vorbehaltlose Bejahung: OLG München NJW-RR 2000, 1455; *Stein/Jonas/Bork* Rn. 3; *Thomas/Putzo/Reichold* § 494 a Rn. 6; vorbehaltlose Verneinung: KG MDR 2002, 422; *Wieczorek/Schütze/Steiner* Rn. 3. BGH

digen Beweisverfahrens und solchen des Sich-Erübrigens des Hauptverfahrens zu unterscheiden.

Dem Antragsteller bei Eintritt eines Ereignisses, das dem Antrag auf Anordnung einer Beweisaufnahme nach § 485 die Erfolgsaussicht nimmt bzw. die Aufhebung des Anordnungsbeschlusses rechtfertigt, via Kostengrundentscheidung im selbstständigen Beweisverfahren einen vom Ausgang des Hauptverfahrens unabhängigen Kostenerstattungsanspruch einzuräumen,[265] besteht sachlich kein Anlass. Überall dort, wo das Erledigungsereignis nicht zugleich, seiner Art nach, das spätere Hauptverfahren erübrigt (hierzu sogleich Rn. 146), mag und muss der Antragsteller sehen, die Erstattung der Kosten des selbstständigen Beweisverfahrens über die Kostenentscheidung des anhängig zu machenden bzw. bereits anhängigen Hauptverfahrens zu erreichen. Stirbt etwa der Zeuge, dessen Alter und Gesundheitszustand die Einleitung eines Beweissicherungsverfahrens veranlasst hat (s. § 485 Abs. 1), vor seiner Vernehmung, kann der Antragsteller dann und nur dann Erstattung der Kosten des Beweisverfahrens verlangen, wenn er im anhängig zu machenden oder bereits anhängigen Hauptverfahren obsiegt, weil er die Tatsachenbehauptung, die Gegenstand des Beweisantrags nach § 485 war, anderweit (etwa durch die Aussage eines weiteren Zeugen) verifizieren kann. 145

Erübrigt ein Ereignis (sei es nach Antragstellung, aber vor Beweisaufnahme, sei es nach erfolgter Beweisaufnahme) seiner Art nach – auch oder nur – die Klageerhebung, fallen die Würfel mit der Entscheidung in der Konkurrenzfrage: Wer dem Kläger die Tür für Verfahren offen hält, die im Kostenentlastungsinteresse eine in extenso-Klärung der Klageerfolgsaussicht ohne Erledigungsereignis ermöglichen, mag keinen Bedarf für den Rekurs auf eine Kostenentscheidung nach Erledigungsgrundsätzen im selbstständigen Beweisverfahren sehen. Er mag den Kläger stattdessen – unter Inkaufnahme der Verfahrensdopplung – auf die Geltendmachung des „regelmäßig" gegebenen materiellen Kostenerstattungsanspruchs in einem gesonderten Verfahren[266] oder aber – zwecks Herbeiführung einer Kostengrundentscheidung, die die Kosten des selbstständigen Beweisverfahrens umfasst – auf die Klage auf Feststellung dahin verweisen, dass die Gegenseite zur Erbringung der streitgegenständlichen Leistung verpflichtet *war*.[267] Wer § 91a – richtigerweise (s. Rn. 24) – als Ausdruck der gesetzgeberischen Grundsatzentscheidung versteht, das Gericht von weiterer Sachverhaltsaufklärung allein aus Kostenzuweisungsgründen zu dispensieren, hat hingegen allen Anlass, eine Kostengrundentscheidung nach Erledigungsgrundsätzen im selbstständigen Beweisverfahren selbst vorzuhalten.[268] Die Erwirkung einer solchen Entscheidung (in Orientierung an der Erfolgsaussicht des hypostasierten Hauptsacheverfahrens, aber gegebenenfalls ohne in extenso-Klärung des einschlägigen Streitstoffs) sollte dem Antragsteller von diesem Ansatz her deshalb beispielsweise möglich sein: wenn der Werkmangel, bezüglich dessen das selbstständige Beweisverfahren beantragt war, vor oder nach Erstattung des Sachverständigengutachtens, behoben, dem Nachbesserungsbegehren mithin Rechnung getragen wurde; wenn der Antragsgegner den geltend gemachten und unter Beweis gestellten Fehler vor Durchführung der Beweisaufnahme zugesteht und das einschlägige Zugestehen mangels Vorbehalts erwarten lässt, dass der Antragsgegner den Antragsteller hinsichtlich seines auf den Fehler gestützten Verlangens klaglos stellt; wenn die Parteien sich, vor oder nach durchgeführter Beweisaufnahme, außergerichtlich vergleichen.[269] 146

Stufenklage. Die Frage, ob ein Rekurs auf das Institut der Hauptsacheerledigung möglich und angezeigt ist, stellt sich für den Stufenkläger in zwei Fallkonstellationen: wenn er vor Entscheidung über das Informationsbegehren dieserhalb klaglos gestellt wird und wenn er nach freiwillig oder aufgrund einschlägiger Verurteilung erteilter Auskunft seine Hoffnung begraben muss, er habe einen Leistungsanspruch gegen den Beklagten. 147

Ob für Erledigungserklärungen auf der **Informationsstufe** Raum bleibt, hängt von der Beantwortung der vorgelagerten Frage ab, ob für die Stufenklage als sukzessive Klagenhäufung eine eigenständige Figur des Übergehens von der Auskunfts- zur Leistungsstufe anzuerkennen ist. Bejaht man dies,[270] 148

NJW-RR 2004, 1005 lässt die Frage nach der Zulässigkeit einer Kostenentscheidung nach § 91a bei beidseitiger Erledigungserklärung offen, leugnet in der generalisierend die Möglichkeit einer Kostenentscheidung gegen den Antragsgegner auf einseitige Erledigungserklärung des Antragstellers.

[265] So mit dem neben der Sache liegenden Hinweis, das selbstständige Beweisverfahren habe gegenüber dem Hauptverfahren einen eigenen Verfahrensgegenstand, insbes. OLG Frankfurt a. M. OLGZ 1993, 441, 442f.; aus dem Schrifttum u. a. *Stein/Jonas/Leipold* Vor § 485 Rn. 8.

[266] So explizit beispielsweise OLG Hamburg MDR 1998, 242, 243; OLG Dresden NJW-RR 1999, 1516; *Stein/Jonas/Leipold* Vor § 485 Rn. 8.

[267] So BGH NJW-RR 2004, 1005.

[268] Zustimmend: LG Stuttgart NJW-RR 2001, 720.

[269] LG Stuttgart NJW-RR 2001, 720; aA freilich OLG Dresden NJW-RR 1999, 1516.

[270] Übereinstimmend: BGH MDR 2001, 408; OLG Düsseldorf NJW-RR 1996, 839; OLG Köln MDR 1996, 637; *Musielak/Wolst* Rn. 43.

mangelt es zumindest in der Erst- und Berufungsinstanz an der das Institut der Erledigungserklärung rechtfertigenden klägerischen Dilemmasituation: Der Kläger kann auf die Prozesslagenänderung reagieren, indem er sein Leistungsbegehren beziffert. Mit dem Übergang zur nächsten Stufe endet das Verfahren hinsichtlich des Auskunftsbegehrens, ohne dass es der Zustimmung des Beklagten oder einer die Beklagtenzustimmung ersetzenden Entscheidung des Gerichts bedarf. Über die Kosten des Rechtsstreits (insgesamt) ist im Urteil auf der Leistungsstufe zu befinden. Wer, den Unterschied zwischen sukzessiver und paralleler Klagenhäufung negierend, die Möglichkeit eines Fallenlassens des Informationsbegehrens durch schlichten Übergang zur Leistungsstufe leugnet (s. auch § 254 Rn. 2), muss dem Kläger hingegen über das Institut der Hauptsacheerledigung helfen.[271] In der Revisionsinstanz (zur Zulässigkeit der Erledigungserklärung dortselbst Rn. 112) muss dem Kläger allemal die Möglichkeit der (einseitigen) Erledigungserklärung belassen werden, damit das Rechtsmittelverfahren mit der Feststellung der Erledigung des Auskunftsanspruchs zum Abschluss gebracht werden kann.[272]

149 **Leistungsstufe:** Erlangt der Stufenkläger durch die ihm zunächst vorenthaltene Information Klarheit, dass ihm kein Leistungsanspruch zusteht, handelt es sich begrifflich um *keinen* Erledigungsfall: Die Information schafft keinen Abweisungsgrund, lässt vielmehr nur die Von-Anfang-an-Unbegründetheit des Leistungsbegehrens zutage treten.[273] Der Kläger kann freilich richtigerweise in entsprechender Anwendung von § 269 Abs. 3 S. 3 die Klage unter Kostenverwahrung zurücknehmen.[274]

150 **Unterhaltssachen.** Bei mutmaßlichem Teilobsiegen kann es angemessen sein, bei der Kostenentscheidung nicht auf das Streitwertverhältnis abzustellen, sondern nach Zeiträumen zu rechnen.[275] Für Stufenklagen gilt vorrangig § 93d.

151 **Urkundenprozess.** Wird der Rechtsstreit im *Urkundenprozess* für erledigt erklärt, zählt für die Kostenentscheidung nach § 91a der mutmaßliche Ausgang des Nachverfahrens.[276] Übereinstimmende Erledigungserklärung im *Nachverfahren* macht das (formell rechtskräftige) Vorbehaltsurteil wirkungslos.[277]

152 **Verjährung.** Wer einen bereits verjährten Anspruch einklagt, muss mit der Verjährungseinrede rechnen: Die Erhebung der Einrede schafft für den Kläger kein relevantes (s. Rn. 4) Erledigungsereignis.[278] Erklären die Parteien gleichwohl – wirksam (s. Rn. 29) – übereinstimmend die Hauptsache für erledigt, trägt der Kläger jedenfalls die Kosten des Verfahrens.[279]

153 **Versäumnisverfahren.** Bei Terminsäumnis des Beklagten kann Hauptsacheerledigung der Natur der Sache nach allenfalls einseitig erklärt werden: Im Nichterscheinen des Beklagten kann auch dann keine Zustimmung gesehen werden, wenn die Erledigungserklärung schriftsätzlich angekündigt war (allgM).

154 Die Möglichkeit der Erwirkung eines Versäumniserledigungsurteils auf einseitige Erledigungserklärung steht außer Streit, wenn die Erledigungserklärung unter Benennung der einschlägigen Erledigungstatsachen schriftsätzlich avisiert wurde: Erledigungsereignisbezogen schlüssiges Vorbringen gilt nach § 331 Abs. 1 S. 1 als zugestanden. Ergebnissachgerechtigkeit verlangt darüber hinaus aber auch die Möglichkeit der Erwirkung eines Erledigungsversäumnisurteils *ohne* vorgängige Mitteilung des Erledigungstatbestands.[280] Die dogmatische Absicherung des gewünschten Ergebnisses stößt freilich vom Ansatz der herrschenden Klageänderungstheorie (s. Rn. 79) auf kaum überwindbare Schwierigkeiten: Klageänderungsanträge sind (Sach-)Anträge iSv. § 335 Abs. 1 Nr. 3.[281] Vom hier vertretenen Ansatz her (einseitige Erledigungserklärung als Antrag auf eine – negative – Entscheidung über den Verfahrensfortgang, s. Rn. 92) müssen keine Dogmatikbedenken unterdrückt werden; verfahrensbezogene Anträge unterliegen anerkanntermaßen nicht dem Gebot rechtzeitiger

---

[271] Ansatzkonsequent: *D. Assmann,* Das Verfahren der Stufenklage, 1990, S. 73ff.; *W. Lüke* JuS 1995, 143, 146; *H. Roth* FamRZ 1992, 517.

[272] BGH NJW 1999, 2520, 2522.

[273] AA – die negative Auskunft führe zu einer „prozessualen Erledigung" des Leistungsanspruchs – freilich *Zöller/Vollkommer* Rn. 58 (Stufenklage) sowie *Kassebohm* NJW 1994, 2728ff.

[274] Übereinstimmend: Musielak/Wolst Rn. 43.

[275] OLG Düsseldorf FamRZ 1996, 881.

[276] OLG Hamm MDR 1963, 317; *Stein/Jonas/Bork* Rn. 38 Fn. 110.

[277] OLGR Frankfurt a. M. 1996, 69.

[278] *Wieczorek/Schütze/Steiner* Rn. 33; *Zöller/Vollkommer* Rn. 58 (Verjährung); *El-Gayar* MDR 1998, 698, 699; aA OLG Frankfurt a. M. MDR 1997, 1072.

[279] *El-Gayar* MDR 1998, 700.

[280] *Für* die Erwirkbarkeit eines Erledigungsversäumnisurteils auch in dieser Situation auch und gerade aus „praktischen Erwägungen" u. a. KG MDR 1999, 185f.; *Göppinger* S. 128f.; *Stein/Jonas/Grunsky* § 331 Rn. 37; AK-ZPO/*Pieper* § 335 Rn. 4; *Mertins* DRiZ 1989, 281, 289.

[281] *Gegen* die Möglichkeit eines Erledigungsversäumnisurteils bei fehlender vorgängiger Mitteilung mit Blick auf § 335 Abs. 1 Nr. 3 denn auch unten *Prütting* § 331 Rn. 31 sowie *Musielak/Stadler* § 331 Rn. 15.

Vorab-Mitteilung.[282] Was für das erste Versäumnisurteil gilt, gilt konsequenterweise auch für das zweite Versäumnisurteil iSv. § 345: Bei Säumnis des Beklagten im Einspruchstermin kann der Kläger – ohne Vorankündigung der Erledigungserklärung – beantragen, dass der Einspruch mit der Maßgabe verworfen wird, dass der Rechtsstreit in der Hauptsache erledigt ist.[283]

Wettbewerbsprozess. Wichtigster Erledigungsereignistatbestand ist auf der Basis einer – kri- 155
tikwürdigen – verletzerfreundlichen Praxis die **Unterwerfungserklärung** des Beklagten/Antragsgegners nach Verfahrenseinleitung: Wer dem Kläger/Antragsteller die Annahme der Unterwerfung auch dann ansinnt, wenn der Beklagte/Antragsgegner der vorprozessualen Aufforderung zur Abgabe einer vertragsstrafegesicherten Unterlassungserklärung nicht nachgekommen ist bzw. dem ohne Abmahnung angebrachten Unterlassungsbegehren entgegengetreten ist,[284] schafft dem Institut der Hauptsacheerledigung ein weites Anwendungsfeld: Bereits die einseitig gebliebene Unterwerfungserklärung des Beklagten/Antragsgegners nimmt dem Unterlassungsbegehren via Wiederholungsgefahrentfall[285] bzw. Wegfall des Rechtsschutzbedürfnisses[286] die Erfolgsaussicht.

Sonstige Erledigungsfälle (im Hauptsache- und Verfügungsverfahren): Wegfall der Klagebefugnis 156
nach § 8 Abs. 3 UWG (bei der Verbandsklage etwa durch Änderung der Verbandsstruktur oder -tätigkeit, bei der Konkurrentenklage etwa durch Geschäftsaufgabe des Klägers[287]), Entfall der Wiederholungsgefahr und damit des streitgegenständlichen Unterlassungsanspruchs aus anderen als Unterwerfungsgründen (etwa durch völlige und zweifelsfrei definitive Geschäftsaufgabe des Beklagten/Antragsgegners). Im Verfügungsverfahren kommt als zusätzliches Erledigungsereignis der zur Antragsunzulässigkeit führende Entfall der Dringlichkeit in Betracht. Soweit sich die mangelnde Eilbedürftigkeit gerade aus der Art und Weise ergibt, wie der Antragsteller das Verfahren betreibt, stellt sich freilich richtigerweise (s. Rn. 4) immer auch die Schutzzweckfrage.[288] Im Übrigen schaffen Wechselwirkungen zwischen Hauptsache- und Verfügungsverfahren einschlägige Erledigungstatbestände: Das Verfügungsverfahren erledigt sich durch rechtskräftigen Abschluss des parallel durchgeführten Hauptsacheverfahrens,[289] ein anhängiges Hauptsacheverfahren durch Bestandsfestwerden der korrespondierenden Unterlassungsverfügung im Wege der Abschlusserklärung.[290]

Bei übereinstimmender Erledigungserklärung im Anschluss an eine Unterwerfungserklärung des 157
Beklagten/Antragsgegners erübrigt letztere nicht die Prüfung der Obsiegenswahrscheinlichkeit im Rahmen der Kostenentscheidung:[291] Wer ein vertragsstrafebewehrtes Unterlassungsversprechen abgibt, begibt sich damit nicht ohne weiteres auch kostenmäßig in die Rolle des Unterlegenen (allgemein Rn. 51).

XII. Gebühren

1. Übereinstimmende Erledigungserklärung. a) Gerichtsgebühren. Mit der Neufassung 158
des GKG durch das KostenmodernisierungsG 2004 gilt seit dem 1. 7. 2004 (Übergangsrecht: § 72 GKG): **aa) Keine Entscheidungsgebühr.** Der Beschluss ist gebührenfrei, anders als nach altem Recht auch im Rechtsmittelverfahren. Eine als Verfahrensgebührerhöhung ausgeflaggte verdeckte Entscheidungsgebühr begegnet freilich im Bereich des einstweiligen Rechtsschutzes (KV 1412). – **bb) Verfahrensgebühr.** Die Verfahrensbeendigung durch übereinstimmende Erledigungserklärung als solche bewirkt *keine* Ermäßigung der Verfahrensgebühr. Endet das gesamte Verfahren, tritt freilich eine Ermäßigung ein, wenn keine Entscheidung über die Kosten ergeht oder die Kostenentscheidung einer zuvor mitgeteilten außergerichtlichen Einigung der Parteien entspricht oder der Kostenübernahmeerklärung einer Partei folgt (erster Rechtszug: KV 1211 Nr. 4; Berufung und bestimmte Beschwerdesachen: KV 1221, 1222 Nr. 4; Revision: KV 1231, 1232 Nr. 4). Teilerledigungen werden entsprechend behandelt, wenn sie im Verein mit einem weiteren benannten Ermäßigungsgrund zur Totalerledigung des Rechtsstreits führen.[292] Umgekehrt bleibt es trotz Aner-

---

[282] *Stein/Jonas/Grunsky* § 335 Rn. 13; *Thomas/Putzo/Reichold* § 335 Rn. 4.
[283] KG MDR 1999, 185, 186.
[284] Statt vieler: BGH NJW 1985, 191; *Teplitzky,* Wettbewerbsrechtliche Ansprüche, 9. Aufl., Kap. 46 Rn. 36 Fn. 81. Kritisch: *Lindacher* GRUR 1975, 413, 418; *Nieder* WRP 1976, 289 ff.; *Ahrens* GRUR 1985, 157, 158.
[285] So zB BGH NJW 1994, 2028; *Teplitzky* (Fn. 284) Kap. 8 Rn. 34 ff.
[286] So zB *Ulrich* GRUR 1982, 14, 16.
[287] AA – willentliche Akte, die zum Entfall der Klagebefugnis führen, kein (relevantes) Erledigungsereignis – *Ulrich* GRUR 1982, 17 f.
[288] Weitergehend – Entfall der Dringlichkeit immer ein (relevantes) Erledigungsereignis – freilich *Teplitzky* (Fn. 284) Kap. 55 Rn. 26.
[289] KG GRUR 1990, 642.
[290] BGH GRUR 1991, 76, 77; *Teplitzky* (Fn. 284) Kap. 51 Rn. 58.
[291] OLG Celle NJW-RR 1986, 1061; *Teplitzky* (Fn. 284) Kap. 46 Rn. 45.
[292] *Zöller/Vollkommer* Rn. 59.

kenntnis bei der ungekürzten Verfahrensgebühr, wenn dasselbe unter Kostenverwahrung erfolgt.[293] Bei Rechtsmittelverzicht (mit darin eingeschlossenem Begründungsverzicht, § 313a Abs. 2) ermäßigt sich die Gebühr in entsprechender Anwendung von KV 1211 Nr. 2 Alt. 3.[294] Festgebühren fallen im Beschwerdeverfahren an (KV 1810, 1822).

159 **b) Anwaltsgebühren.** Auch nach RVG gilt, unbeschadet der Nicht(mehr)erwähnung der Rechtsstreiterledigung in der Hauptsache im Beispielskatalog des § 19: Erledigungserklärung und Kostenantrag zählen zur durch die Verfahrensgebühr abgegoltenen Tätigkeit. Zur Verfahrensgebühr (erste Instanz: VV 3100; Berufung: VV 3201; Revision: VV 3206) kommt bei Entscheidung nach mündlicher Verhandlung die Terminsgebühr (VV 3104, 3202, 3210), soweit vor Erledigungserklärung noch nicht verhandelt war, freilich nur aus dem Wert der bis zur Erledigung angefallenen Kosten (s. Rn. 73).

160 **2. Einseitige Erledigungserklärung.** Es gelten die allgemeinen Grundsätze.

§ 92 Kosten bei teilweisem Obsiegen

(1) [1]Wenn jede Partei teils obsiegt, teils unterliegt, so sind die Kosten gegeneinander aufzuheben oder verhältnismäßig zu teilen. [2]Sind die Kosten gegeneinander aufgehoben, so fallen die Gerichtskosten jeder Partei zur Hälfte zur Last.

(2) Das Gericht kann der einen Partei die gesamten Prozesskosten auferlegen, wenn

1. die Zuvielforderung der anderen Partei verhältnismäßig geringfügig war und keine oder nur geringfügig höhere Kosten veranlasst hat oder

2. der Betrag der Forderung der anderen Partei von der Festsetzung durch richterliches Ermessen, von der Ermittlung durch Sachverständige oder von einer gegenseitigen Berechnung abhängig war.

I. Normzweck und Anwendungsbereich

1 Während § 91 vom Grundsatz beherrscht wird, dass der voll Unterliegende die gesamten Kosten des Rechtsstreits zu tragen hat, regelt § 92 die Kostentragung im Falle des Teilobsiegens und -unterliegens. Für diese Konstellation entwickelt § 92 den am **Erfolg** der Klage orientierten Rechtsgedanken des § 91 (vgl. Vor §§ 91 ff. Rn. 24) konsequent fort. Wer nur teilweise unterliegt, darf grds. auch nur mit einem Teil der Kosten belastet werden (§ 92 Abs. 1 S. 1). Hiervon weicht § 92 Abs. 2 insofern ab, als er aus Gründen der **Kostengerechtigkeit** (vgl. Vor §§ 91 ff. Rn. 27) gestattet, einer Partei trotz Teilobsiegens ausnahmsweise die gesamten Kosten des Rechtsstreits aufzuerlegen. Im Rechtsmittelverfahren kann daneben § 97 eingreifen.

2 **§ 91 Abs. 2** wurde mit der ZPO-Reform geringfügig **geändert** (vgl. Rn. 18). Gem. § 26 Nr. 2 EGZPO findet die Vorschrift für am 1. 1. 2002 anhängige Verfahren in der am 31. 12. 2001 geltenden Fassung Anwendung.

II. Kostenlast beider Parteien (Abs. 1)

3 **1. Teilobsiegen und -unterliegen.** Ob ein teilweises Obsiegen/Unterliegen gegeben ist, beurteilt sich nach dem Streitgegenstand. Unterliegen ist im Sinne der Ausführungen zu § 91 Rn. 13 zu verstehen. Zur besseren Übersicht lassen sich Fallgruppen bilden:

4 **a) Zuerkennen eines Teils.** Teilunterliegen ist gegeben, wenn bezüglich eines teilbaren Streitgegenstands, namentlich einer Geldforderung, nur ein Teil des mit Klage oder Widerklage geltend gemachten Anspruchs zuerkannt wird. Das kann sowohl auf den Haupt- wie den Nebenanspruch oder auf beides und auch auf das Verhältnis zwischen Leistungs- und Feststellungsantrag zutreffen[1] (zu einem nur im Kostenpunkt erfolgreichen Rechtsmittel vgl. Rn. 6). **Zinsen** bleiben nicht schon insoweit außer Betracht, als sie gem. § 4 Abs. 1 2. Halbs. in die Streitwertberechnung nicht einfließen.[2] Denn gem. § 92 Abs. 2 Nr. 1 stellt der Umstand, dass ein Antrag keine oder nur geringfügige Mehrkosten (bezüglich der Gebührenhöhe) veranlasst hat, nur *ein* Kriterium neben dem weiteren einer Zuvielforderung dar. Andererseits wirkt sich ein Unterliegen im Zinsausspruch, welches nur

---

[293] OLG Brandenburg FamRZ 2004, 651.

[294] OLG München NJW-RR 2003, 1656; *Zöller/Vollkommer* Rn. 59; aA *Hartmann,* Kostengesetze, 34. Aufl. (2004), KV 1211 Rn. 9.

[1] BGH NJW-RR 1996, 256; MDR 1961, 141.

[2] RGZ 42, 83, 85; BGH NJW 1988, 2173, 2175.

das Unterliegen in der Hauptsache widerspiegelt, nicht doppelt aus:[3] Wird im Urteil ein geringerer Forderungsbetrag als beantragt zuerkannt, muss zwangsläufig auch der hieraus abgeleitete Zinsanspruch niedriger ausfallen. Anders verhält es sich, wenn das Urteil aus spezifischen Gründen einen Antrag hinsichtlich der Höhe des Zinssatzes oder des Zeitpunkts der Verzinsung (zB mangels Verzugs) modifiziert.[4] Hierin ist ein Teilunterliegen zu sehen, wenngleich häufig die Geringfügigkeitsregel des § 91 Abs. 2 Nr. 1 anzuwenden sein wird (hierzu Rn. 17).

b) Widerklage, Klagehäufung, Stufenklage und Hilfsaufrechnung. Nach dem Grundsatz der Kosteneinheit (vgl. § 91 Rn. 5) dürfen die Kosten nicht nach **Klage** und **Widerklage** getrennt, sondern müssen nach dem Verhältnis der Streitwerte gequotelt werden[5] (zur Berücksichtigung einer isolierten Beweisaufnahme vgl. Rn. 11) Wird nur die Klage oder nur die Widerklage abgewiesen oder nur die eine oder andere ganz oder teilweise zuerkannt, so liegt auch hierin ein Teilobsiegen und -unterliegen. Werden Klage und Widerklage mit jeweils identischem Streitwert **zurückgenommen,** sind die Kosten analog § 92 Abs. 1 S. 1 gegeneinander aufzuheben[6] (zur Rücknahme eines Scheidungsantrags beider Ehegatten vgl. § 93a Rn. 17), sonst nach dem Verhältnis der Streitwerte zu verteilen.[7] Ein beiderseitiges Teilunterliegen stellt auch das gänzliche Abweisen oder Obsiegen von Klage und Widerklage dar,[8] desgleichen im Falle objektiver **Klagehäufung** (§§ 254, 260), wenn nicht alle Ansprüche zugesprochen werden. Erwirkt der Kläger mit einer **Stufenklage** ein Teilurteil über sein Auskunftsbegehren und nimmt er dann den Leistungsantrag zurück, sind zwar beide Ansprüche miteinander verknüpft, doch sind sie kostenrechtlich selbstständig, mit der Folge, dass die Kosten insgesamt nach § 92 zu verteilen sind.[9] Ein Obsiegen nur gegenüber einem Teil der **Streitgenossen** ist ebenfalls als teilweises Unterliegen zu werten (vgl. § 100 Rn. 30ff.). Gleiches gilt, wenn eine Klage mit Rücksicht auf eine streitwerterhöhende **Hilfsaufrechnung** mit einer **bestrittenen** Gegenforderung (§ 45 Abs. 3 GKG) Erfolg hat.[10] 5

c) Rechtsmittel. Die Kosten eines erfolglosen Rechtsmittels (Berufung, Revision, sofortige Beschwerde, Rechtsbeschwerde) richten sich grds. nach § 97. Sowohl bei **Teilerfolg** als auch bei Misserfolg der selbstständig eingelegten Rechtsmittel beider Parteien,[11] wie überhaupt für alle Instanzen, ist § 92 hingegen anwendbar. Hat der Rechtsmittelführer zwar nicht in der Hauptsache, dafür aber mit seinem Angriff gegen die ihn wesentlich belastende **Kostenentscheidung** Erfolg, so sind die Kosten des Rechtsmittels ebenfalls nach § 92 Abs. 1 zu quoteln, wenn der Wert des Kostenpunkts im Verhältnis zum Rechtsmittelwert in der Hauptsache erheblich ist.[12] Zum Verhältnis von Rechtsmittel und unselbstständigem **Anschlussrechtsmittel** wird auf § 97 Rn. 10f., zum Fall einer nur zum Teil begründeten **Nichtzulassungsbeschwerde** auf § 97 Rn. 14 verwiesen. 6

d) Leistungsbeschränkende Verurteilung. Teilweises Unterliegen bedeutet es, wenn gemessen am Klagebegehren nur auf **eingeschränkte Leistung** erkannt wird, wenn zB statt **gesamtschuldnerischer** Verurteilung nur eine nach Köpfen erfolgt, wenn statt zur sofortigen zur **künftigen** Leistung verurteilt wird,[13] wenn statt der unbedingten nur eine Leistung **Zug-um-Zug**[14] oder unter **Vorbehalt** iSv. §§ 305, 780 zugesprochen wird. Doch wird in derartigen Fällen häufig eine volle Kostenhaftung nach § 92 Abs. 2 Nr. 1 zum Zuge kommen (vgl. Rn. 17). Obsiegt der Kläger nicht mit dem Hauptantrag, dafür aber mit einem gleichwertigen **Hilfsantrag,** liegt darin kein Unterliegen. Das gilt auf Grund der Kosteneinheit instanzübergreifend, mithin auch dann, wenn der Hilfsantrag erst im Rechtsmittelzug gestellt wird.[15] Dagegen unterliegt, wer nur mit einem hilfsweise gestellten Minderantrag durchdringt. Ein Obsiegen mit einem höherwertigen Hilfsantrag erweist sich umgekehrt als Teilunterliegen des Beklagten.[16] Teilunterliegen ist zu verneinen, falls zwar antragsgemäß zur Räumung und Herausgabe verurteilt, jedoch nach § 721 eine Räumungsfrist bewilligt wird; denn diese ist nicht Gegenstand des Erkenntnisverfahrens, sondern lediglich eine vorweggenommene 7

---

[3] OLG Saarbrücken OLGR 2006, 794, 795 (mit Überblick zum Meinungsstand).
[4] *Thomas/Putzo/Hüßtege* Rn. 4.
[5] BGHZ 19, 172, 177 = NJW 1956, 182, 183; OLG Naumburg NJW-RR 2000, 1740.
[6] OLG Stuttgart OLGR 2004, 316; LG Meiningen MDR 2004, 171.
[7] OLG Stuttgart OLGR 2006, 603 aE.
[8] BGHZ 19, 172, 176 = NJW 1956, 182, 183.
[9] OLG Koblenz NJW-RR 1998, 70, 71.
[10] OLG Hamm MDR 2000, 296; OLG Köln MDR 1983, 226; aM KG MDR 1976, 846.
[11] *Stein/Jonas/Bork* Rn. 4.
[12] BGH MDR 1959, 209 (LS 3); OLG Köln VersR 1995, 358, 359.
[13] OLG Hamburg OLGZ 17, 313.
[14] BGH NJW 1951, 517; OLG Celle BauR 2003, 1762, 1763; *Hensen* NJW 1999, 395.
[15] BGH NJW 1957, 543; *Stein/Jonas/Bork* Rn. 3; aM *Zöller/Herget* Rn. 8.
[16] BGH NJW 1962, 915 (LS); *Schneider* MDR 1968, 21.

Anordnung für das Vollstreckungsverfahren, welche die Kostenverteilung nicht berührt.[17] Dasselbe trifft zu bei Klagabweisung infolge nicht streitwerterhöhender Primäraufrechnung.

8 § 92 Abs. 1 ist anwendbar, wenn ein **Streitgenosse** obsiegt, die anderen unterliegen[18] (vgl. § 100 Rn. 34, 47). Die Quote hat die Erhöhung nach Nr. 1008 VV RVG mitzuberücksichtigen.[19] Soweit die Klage gegen einen Streitgenossen zurückgenommen und dem Kläger sogleich durch Beschluss dessen außergerichtliche Kosten auferlegt werden (vgl. § 100 Rn. 55), ist über alle weiteren Kosten im Schlussurteil zu entscheiden.[20] Ergeht **Teilurteil** ohne Kostenentscheidung, fließt in die Gesamtkostenverteilung im Schlussurteil die Teilentscheidung ein, und zwar auch dann, wenn ein Restitutionsgrund geltend gemacht wird.[21] Wird eine Klage **teilweise zurückgenommen,** so ist für die Kostentragung nicht § 269 Abs. 3 und 4, sondern § 92 analog heranzuziehen.[22]

9 Hinsichtlich der in die Kostengrundentscheidung einzubeziehenden Kosten eines vorausgegangenen **selbstständigen Beweisverfahrens** wird auf die Ausführungen zu § 91 Rn. 23ff. verwiesen. Für **Unterhaltsklagen** ist das Verhältnis zwischen rückständigem und laufendem Unterhalt maßgebend.

10 **e) Grund des Obsiegens/Unterliegens.** Aus welchen **prozessualen** Gründen ein Antrag zum Erfolg oder Misserfolg führt (zB Anerkenntnis, Verzicht, Geständnis, Erfolg mit einem Teil der Angriffs- oder Verteidigungsmittel, Klageänderung ohne Parteiwechsel), ist für die Anwendung des § 92 ohne Belang.[23]

11 **2. Umfang des Obsiegens.** Dieser bestimmt sich nach dem auf den Antrag entfallenden Anteil am Gebührenstreitwert (§§ 2ff.), der wiederum vom Streitgegenstand abhängt.[24] Gleiches gilt für den Umfang des Unterliegens, der getrennt zu ermitteln ist. Die Differenz zwischen beiden entscheidet über die Anwendung des § 92 im Einzelnen. Dabei ist der auch hier einschlägige Grundsatz der Kosteneinheit zu beachten (vgl. § 91 Rn. 5). Danach verbietet sich eine Kostenaufteilung nach dem Wert von Klage und Widerklage (vgl. Rn. 4), nach einzelnen **Streitgegenständen, Verfahrensabschnitten**[25] oder **Instanzen.**[26] Eine Ausnahme gilt nur für die spezialgesetzlich begründeten Fälle einer Kostentrennung, wie zB §§ 96, 344 (vgl. Vor §§ 91ff. Rn. 27). Maßgebend für die Bildung der Kostenquote ist das Verhältnis zwischen Obsiegen und Unterliegen bezogen auf den **Gesamtgebührenstreitwert.** Doch ist bei Abweisung oder Rücknahme von Klage und Widerklage zu berücksichtigen, wenn eine Beweisaufnahme nur für die eine oder andere durchzuführen war,[27] wie es auch dem Rechtsgedanken des **§ 96** entspricht[28] (vgl. § 96 Rn. 2). Ebenso können die Kosten einer **Beweisaufnahme** selbstständig gequotelt werden, falls sie nur einen Teil des Gesamtanspruchs betraf und bezogen hierauf nur zum Teil Erfolg hatte.[29] Eine unter Verkennung dieser Regeln in der Kostengrundentscheidung vorgenommene Aufteilung der Kosten nach Streitgegenständen, Verfahrensabschnitten usw. kann im Kostenfestsetzungsverfahren entsprechend den daraus resultierenden Quoten mittels Auslegung berichtigt werden (näher § 104 Rn. 55).

12 **3. Kostenaufhebung.** Stimmen Obsiegen und Unterliegen beider Parteien in etwa überein, muss das Gericht die Kosten des Rechtsstreits **gegeneinander aufheben.** Kostenaufhebung bedeutet, dass jede Partei ihre eigenen außergerichtlichen Kosten (insbesondere Anwaltskosten) selbst zu tragen hat. Daneben fallen ihr nach § 92 Abs. 1 S. 2 die **Gerichtskosten** (Gerichtsgebühren und Auslagen, vgl. Vor §§ 91ff. Rn. 5) zur **Hälfte** zur Last. Da hiernach eine Erstattung außergerichtlicher Kosten entfällt, kommt eine Kostenfestsetzung, sieht man von einer solchen des Prozessbevollmächtigten gegen die eigene Partei ab (vgl. Vor §§ 91ff. Rn. 11), nur wegen **verauslagter** Gerichtskosten in Frage. Reisekosten der Partei zum Termin rechnen hierzu selbst dann nicht, wenn ihr persönliches Erscheinen gerichtlich angeordnet war.[30] Ebenfalls nicht den Gerichtskosten zuzuordnen sind Parteiaufwendungen, die nur der Vorbereitung einer vom Gericht in Auftrag ge-

---

[17] OLG Stuttgart MDR 1956, 555.
[18] BGHZ 8, 325, 327 = NJW 1953, 618; OLG München Rpfleger 1996, 519; zur Tenorierung *Dahmen* DRiZ 1979, 343; *Herget* DRiZ 1981, 144.
[19] OLG München AnwBl. 1983, 568 (zu § 6 Abs. 1 BRAGO).
[20] OLG Köln MDR 1976, 496.
[21] BGHZ 76, 50, 54 = NJW 1980, 838, 839 aE.
[22] BGH NJW-RR 1996, 256.
[23] RGZ 126, 18, 21.
[24] OLG München FamRZ 1997, 762.
[25] OLG Hamm JurBüro 1986, 106.
[26] BGH NJW 1957, 543.
[27] BGHZ 19, 172, 176 = NJW 1956, 182, 183; OLG Stuttgart OLGR 2006, 603, 604.
[28] OLG Stuttgart OLGR 2006, 603, 604.
[29] *Zöller/Herget* Rn. 5 (mit Berechnungsbeispiel).
[30] OLG Köln NJW-RR 2001, 1656.

gebenen Sachverständigenbegutachtung dienen (hierzu § 91 Rn. 125). Die Gerichtskosten eines selbstständigen Beweisverfahrens hingegen verändern ihre Rechtsnatur nicht dadurch, dass sie Gegenstand der Kostenfestsetzung des nachfolgenden Hauptsacheverfahrens werden (näher § 98 Rn. 20). Die Tenorierung, derzufolge „die Kosten gegeneinander aufgehoben werden", bildet bei Ehescheidungs-, Aufhebungs- und Nichtigkeitsurteilen die Regel (§ 93a Abs. 1 und 3).

13 Eine § 92 Abs. 1 S. 1 entsprechende Kostenverteilung kann auch in einem **Prozessvergleich** vereinbart werden. Die Folgen stimmen dann mit § 92 Abs. 1 überein. Übernimmt freilich auf diese Weise eine Partei, der **Prozesskostenhilfe** bewilligt wurde, zur Hälfte oder dem Umfang nach höhere Gerichtskosten, so kann sie dem Erstattungsanspruch des von der Staatskasse vorher zur Zahlung herangezogenen Gegners nicht entgegenhalten, dass sie auf Grund ihrer PKH-Bewilligung für Gerichtskosten generell nicht einzustehen habe (§ 122 Abs. 1 Nr. 1) und dieser daher etwaige von ihm verauslagte Gerichtskostenvorschüsse selbst von der Staatskasse zurückzufordern habe (vgl. § 31 Abs. 3 S. 1 2. Halbs. GKG). Denn eine Haftung der PKH-Partei scheitert schon insofern nicht an § 31 Abs. 3 S. 1 GKG (§ 58 Abs. 2 S. 2 GKG aF), als die dortige Privilegierung nach dem eindeutigen Gesetzeswortlaut nur den **Entscheidungsschuldner** betrifft, den Fall einer **freiwilligen** Kostenübernahme im Rahmen eines Prozessvergleich (§ 29 Nr. 2 GKG) jedoch gerade nicht umfasst.[31] Für eine Analogie ist mangels Regelungslücke kein Raum. Sehen Urteil, Beschluss oder Vergleich vor, dass „jede Partei ihre eigenen Kosten trägt", entfällt hingegen eine Erstattung verauslagter Gerichtskosten. Zur Erstreckung eines Prozessvergleichs auf einen Nebenintervenienten vgl. § 101 Rn. 27ff..

14 **4. Verhältnismäßige Kostenteilung.** Nicht gegeneinander aufzuheben, sondern verhältnismäßig zu teilen sind die Kosten dann, wenn das Unterliegen des einen das des anderen Teils überwiegt. Das hat zur Folge, dass jede Partei einen Teil der Gesamtkosten zu tragen hat. Für die Verteilung bestehen verschiedene Gestaltungsformen:

15 In der Regel empfiehlt sich eine quotenmäßige Aufteilung nach **Bruchteilen:** $^3/_4$: $^1/_4$, $^9/_{10}$: $^1/_{10}$. Allzu kleine Bruchteile sind zu vermeiden. Jedem Teil die Hälfte der Kosten aufzuerlegen, sollte generell unterbleiben. Stattdessen sollten die Kosten gegeneinander aufgehoben werden. Denn wenn schon Prozesserfolg und Misserfolg gleichwertig sind, sollte grundsätzlich auch jede Partei für die von ihr selbst verursachten, unter Umständen recht unterschiedlich hohen außergerichtlichen Kosten aufkommen. Die Kostenteile sind entsprechend dem Gewicht des Unterliegens bzw. Obsiegens festzulegen.[32] Maßgebend ist der am Streitgegenstand ausgerichtete Gebührenstreitwert. Statthaft ist es jedoch, kostenverursachende Besonderheiten des Prozessablaufs bei der Höhe der Quoten mitzuberücksichtigen, zB hohe Kosten einer aufwändigen Beweisaufnahme über einen zugesprochenen Teilanspruch oder mit einer nur auf die Klage oder Widerklage begrenzten Bedeutung.[33] Statt in Bruchteilen kann das Teilobsiegen/Teilunterliegen auch in **Prozentsätzen** ausgedrückt werden. In beiden Fällen einer Verteilung nach Quoten ist im Rahmen der Kostenfestsetzung § 106 zu beachten.

16 Anstatt einer Kostenquote oder mit dieser kombiniert kann eine **betragsmäßige Verteilung** vorgenommen werden. So ist es zB zulässig, einer Partei einen bestimmten Betrag aufzuerlegen und die andere den unbezifferten Rest tragen zu lassen.[34] Mit den Regeln der Kostenfestsetzung, insbesondere mit der hier geltenden Pauschalierung unvereinbar ist es jedoch, die Kosten nach Einzelstreitwerten, zB einer bestimmten Zuvielforderung aufzuteilen. Da hier eine Berichtigung nach § 319 mangels offenbarer Unrichtigkeit ausscheidet, hat der an den Kostenausspruch gebundene Rechtspfleger nur die Möglichkeit einer Auslegung des Kostentenors (näher § 104 Rn. 55). In der Regel wird sich eine Quotelung im Verhältnis der Teilstreitwerte anbieten. Der Richter muss im Rahmen der Kostenverteilung ggf. dem Erfordernis einer **Kostentrennung** (näher Vor §§ 91ff. Rn. 27), zB eines unwirtschaftlichen oder prozessverlängernden Verhaltens, Rechnung tragen.

III. Kostenlast einer Partei (Abs. 2)

Abs. 2 gibt dem Gericht die Möglichkeit, einer Partei trotz Teilobsiegens die vollen Kosten aufzuerlegen:

17 **1. Geringfügige Zuvielforderung und geringfügige Kostenverursachung.** Volle Kostenhaftung einer Partei kommt gem. Abs. 2 Nr. 1 in Betracht, wenn die **Zuvielforderung** des Gegners

---

[31] BVerfG NJW 2000, 3271; BGH NJW 2004, 366; OLG Koblenz MDR 2004, 472; aM OLG Frankfurt NJW 2000, 1120, 1121; OLG Dresden Rpfleger 2002, 213, 214; *Vester* NJW 2002, 3225, 3226.

[32] RG JW 1938, 276.

[33] BGH LM § 99 Nr. 3.

[34] *Stein/Jonas/Bork* Rn. 8; *Lappe* Rpfleger 1963, 74.

verhältnismäßig **geringfügig** war und keine oder nur **geringfügig höhere Kosten** verursacht hat. Beide Voraussetzungen müssen kumulativ erfüllt sein.[35] Auch bei nur minimaler Zuvielforderung ist Abs. 2 nicht anwendbar, wenn durch sie besondere – nicht ihrerseits geringfügige (vgl. Rn. 18) – Kosten veranlasst werden, etwa auf Grund einer zusätzlichen Beweisaufnahme. „Verhältnismäßige Geringfügigkeit" lässt sich größenmäßig nicht allgemein festlegen. Statt fester prozentualer Richtwerte (zB 5% oder 10%)[36] sollte die Bestimmung degressiv zu steigenden Streitwerten erfolgen und einer Würdigung des Einzelfalls vorbehalten bleiben. „Zuvielforderung" meint über den engeren Begriffssinn hinaus nicht nur die aktiv begehrende Position des Klägers, sondern auch den auf Anspruchsabwehr gerichteten Antrag des **Beklagten,** so wenn er zu einem geringfügigen Betrag verurteilt, im Übrigen aber die Klage abgewiesen wird.[37] Die Annahme einer geringfügigen Zuvielforderung wird häufig bei **leistungsbeschränkender** Verurteilung (vgl. Rn. 7) nahe liegen, etwa wenn der Klaganspruch nur **Zug-um-Zug** mit einer Gegenleistung zu erfüllen ist[38] oder die Klage nur hinsichtlich einer geringen **Nebenforderung,** insbesondere **Zinsen** (vgl. Rn. 4), keinen Erfolg hat. Doch ist ein solcher Schluss nicht zwingend, weil die Zuvielforderung sich keineswegs auf die Hauptforderung beschränkt, sondern auch nicht streitwerterhöhende Nebenforderungen von einigem Gewicht mitumfasst,[39] selbst wenn diese im Einzelfalle eine höhere Gebührenstufe oder Auslagen nicht auslösen.

18 Seinem Wortlaut nach unanwendbar war früher § 92 Abs. 2 selbst dann, wenn eine geringfügige Zuvielforderung zwar eine höhere Gebührenstufe auslöste, diese jedoch betragsmäßig nur zu einer ganz geringen Kostenerhöhung führte. Daraus ergaben sich zuweilen ungereimte und willkürliche Ergebnisse. Hier schuf die ZPO-Reform Abhilfe. Seit 1. 1. 2002 kann dem Gegner auch dann die gesamte Kostenlast auferlegt werden, wenn die (geringfügige) Zuvielforderung nur **geringfügig höhere Kosten** verursacht hat (zur Übergangsregelung vgl. Rn. 2). Zum Kriterium der „Geringfügigkeit" gelten die Erläuterungen zu Rn. 17 entsprechend.

19 Wird neben einem erfolgreichen Leistungsantrag zugleich ein **Feststellungsantrag** aus formellen Gründen abgewiesen, kann dies im Einzelfalle eine nur geringfügige Zuvielforderung darstellen.[40] Denn „Zuvielforderung" iSv. Abs. 2 Nr. 1 meint nicht unbedingt einen Zahlungsanspruch, sondern erfasst zB auch die Fälle, in denen mit einer ansonsten begründeten Unterhaltsabänderungsklage erfolglos **Herausgabe** eines Unterhaltstitels begehrt wird[41] oder ein Rechtsmittel nur hinsichtlich einer von der Vorinstanz unrichtig gehandhabten **Gehörsrüge** (§ 321 a) Erfolg hat, im Übrigen aber zurückgewiesen wird.[42] § 92 Abs. 2 ist generell auch in der **Rechtsmittelinstanz,** ggf. in Verbindung mit § 97 Abs. 1, anwendbar.[43] Hierzu bedarf es keines Rückgriffs auf eine Gesetzesanalogie, da § 92 eine beschränkte Geltung auf die Eingangsinstanz nicht zu entnehmen ist.

20 **2. Betragsmäßige Unbestimmtheit einer Forderung.** Eine volle Kostenauferlegung trotz teilweisen Obsiegens kann nach Abs. 2 Nr. 2 aus Billigkeitsgründen auch dann geboten sein, wenn der Betrag der Forderung der **anderen Partei** zu Beginn des Rechtsstreits noch abhängig war von Umständen, die erst im weiteren Verlaufe eingetreten sind. Hier soll der forderungsberechtigten Partei kein Kostennachteil daraus erwachsen, dass sie über die exakte Höhe der Forderung bei Antragstellung im Ungewissen war. Die Vorschrift, die in der Praxis nur ein Schattendasein führt,[44] unterscheidet drei Fallgruppen:

21 **a) Festsetzung durch richterliches Ermessen.** Hierher zählen die Schadens- bzw. Forderungsfeststellung nach § 287 Abs. 1 und 2, die Festsetzung der Höhe eines **Schmerzensgeldes** nach § 253 Abs. 2 BGB sowie die Bestimmung einer Leistung nach billigem Ermessen gem. §§ 315 Abs. 2 S. 2, 317, 319 Abs. 1 S. 2 BGB. Der Regelung des § 92 Abs. 2 Nr. 2 unterliegen ferner die Fälle der §§ 343 Abs. 1 S. 1, 655 S. 1, 660 Abs. 1 S. 2, 2048 S. 3 2. Halbs., 2156 S. 2, 2192 BGB. Fordert der Kläger einen **bestimmten Betrag,** gelten keine Besonderheiten; es bleibt dann bei den allgemeinen Regeln des § 92 in allen Varianten, wobei Abs. 2 Nr. 2 im Falle einer erheblichen Unterschreitung des klägerseits bezifferten Betrages ausscheidet.[45] Gleiches trifft auch für die Unter-

[35] RGZ 42, 83, 84; BGH NJW 1996, 256; OLG München OLGZ 31, 30.
[36] *Zöller/Herget* Rn. 10.
[37] RGZ 142, 83, 84.
[38] OLG Frankfurt OLGR 2006, 1057, 1058; *Hensen* NJW 1999, 395, 396 (nicht wenn Zurückbehaltungsrecht streitig ist).
[39] RGZ 42, 83, 84; BGH NJW 1988, 2173, 2175 (Zinsdifferenz von 265 000 US $).
[40] OLG Karlsruhe Die Justiz 1967, 143.
[41] OLG Karlsruhe OLGR 2004, 317.
[42] BGHZ 161, 343, 349 aE = NJW 2005, 680, 681.
[43] BGHZ 161, 343, 349 aE; *Zöller/Herget* Rn. 11.
[44] *Husmann* NJW 1989, 3126, 3129; *Musielak/Wolst* Rn. 7.
[45] OLG Köln NJW 1989, 720, 721 (7000 statt 10 000 DM); *Stein/Jonas/Bork* Fn. 42.

schreitung eines in der Klage angegebenen **Mindestbetrags** zu.[46] Stellt der Kläger die Bemessung eines Schmerzensgeldes in das Ermessen des Gerichts und äußert in der Klagebegründung nur **unverbindliche** Vorstellungen über die Größenordnung, so ist Abs. 2 Nr. 2 zulasten des Beklagten anwendbar, wenn das Gericht hiervon nur unerheblich, im Allgemeinen nicht mehr als 20–30% abweicht.[47] Soweit manche von § 92 Abs. 2 Nr. 2 generell nur Gebrauch machen wollen, wenn die Zuvielforderung auf einem „verständlichen Schätzfehler" beruht,[48] findet eine solche Auslegung weder in Wortlaut noch in Sinn und Zweck der Norm eine Stütze.

b) Ermittlung durch Sachverständige. Einer Partei die gesamten Prozesskosten aufzuerlegen 22
ist das Gericht auch befugt, wenn die vom Gegner geltend gemachte Forderung von der Ermittlung durch Sachverständige abhängig war. Dies wird auch nicht dadurch ausgeschlossen, dass ein bestimmter Betrag anhängig gemacht wird, solange dies in Wahrheit nicht ohne jede erkennbare Rücksicht auf das Ergebnis sachverständiger Begutachtung geschieht. Diese muss sich jedoch auf die Höhe der Forderung oder den Zustand einer Sache beziehen, darf also nicht allein dem Grunde der Forderung dienen.

c) Gegenseitige Berechnung. Hier muss über die Höhe der Gegenforderung Unsicherheit be- 23
stehen. Dies wird in erster Linie im Falle der Aufrechnung mit einer dem Kläger nicht bekannten Gegenforderung zutreffen. Doch kann auch hier eine Ermessensentscheidung entfallen, wenn der Kläger in Wahrheit eine bestimmte Forderung geltend macht, die den Rahmen des nach Lage der Verhältnisse Vertretbaren erheblich überschreitet.[49]

§ 93 Kosten bei sofortigem Anerkenntnis

Hat der Beklagte nicht durch sein Verhalten zur Erhebung der Klage Veranlassung gegeben, so fallen dem Kläger die Prozesskosten zur Last, wenn der Beklagte den Anspruch sofort anerkennt.

I. Normzweck und Anwendungsbereich

1. Normzweck. § 93 durchbricht aus **Billigkeitsgründen** die Grundregel des § 91, wonach den 1
obsiegenden Teil die Kostenlast trifft.[1] Doch stimmt die Vorschrift mit diesem das gesamte Kostenrecht beherrschenden Grundsatz zumindest insofern überein, als es für die Kostentragung nicht auf ein Verschulden, sondern auf die **Veranlassung** ankommt.[2] Ein unterlegener Beklagter, der vorprozessual keinen Klaganlass gegeben hat und den vom Kläger dennoch gerichtlich geltend gemachten Anspruch sofort anerkennt, kann nicht als Veranlasser der Kosten gelten; diese sind dem Kläger zuzurechnen. Die Vorschrift dient der Kostengerechtigkeit und zugleich der Entlastung der Gerichte, indem sie den Rechtsuchenden dazu anhält, unnötige Prozesse zu vermeiden[3] (vgl. Vor §§ 91 ff. Rn. 1). Das Hauptproblem des § 93 besteht darin, ein zwar defensiv abwartendes, gleichwohl noch verkehrsübliches, von einem klageveranlassenden, dh. kostenursächlichen Schuldnerverhalten abzugrenzen.

2. Anwendungsbereich. § 93 ist unmittelbar auf alle Verfahren der Zivilprozessordnung an- 2
wendbar, die ein Anerkenntnis iSv. § 307 zulassen, mithin überall dort, wo der Streitgegenstand zur **Disposition** der Parteien steht. Das trifft grundsätzlich auf alle Klagearten, Leistungs-, Feststellungs- und Gestaltungsklagen zu, dies auch in den Fällen der §§ 257, 259, 767, 771, 878. Im Falle der Leistungsklage sind solche auf Duldung und Unterlassung inbegriffen.[4] Auch Patentnichtigkeitsklagen sind nicht ausgenommen.[5] Zugänglich ist § 93 nach hM auch dem Beschlussverfahren[6] sowie dem Arrest- und einstweiligen Verfügungsverfahren[7] (vgl. Rn. 21).

---

[46] BGH VersR 1965, 48, 49; *Steinle* VersR 1992, 425, 426.

[47] BGH JurBüro 1965, 371 m. Anm. *Schmidt;* OLG Düsseldorf NJW-RR 1995, 955; OLG Köln ZfS 1994, 362, 363; OLG Koblenz AnwBl. 1990, 398; *Steinle* VersR 1992, 425, S. 426; *Stein/Jonas/Bork* Rn. 13; kritisch *Musielak/Wolst* Rn. 7.

[48] OLG Frankfurt NJW-RR 1989, 1007, 1009; *Gerstenberg* NJW 1988, 1352, 1357 f.; *Musielak/Wolst* Rn. 7.

[49] BGH MDR 1958, 333; OLG Frankfurt NJW 1960, 890; OLG Celle NdsRpfl 1967, 125; vgl. ferner OLG Braunschweig Rpfleger 1964, 97; OLG Nürnberg VersR 1971, 723.

[1] BGHZ 60, 337, 343 = NJW 1973, 1118, 1119.

[2] BGH NJW 2006, 2490, 2491.

[3] BGH NJW 2006, 2490, 2491; OLG Zweibrücken OLGR 2007, 262, 263; OLG München NJW-RR 2001, 42, 43; OLG Frankfurt OLGR 1996, 42, 43.

[4] KG NJW-RR 2007, 647, 648.

[5] BGH MDR 1984, 578.

[6] *Zöller/Herget* Rn. 1.

[7] OLG München NJW-RR 1992, 731; LG Hamburg NJW-RR 1987, 381.

3 **Nicht anwendbar** ist § 93 überall dort, wo die Parteien nicht befugt sind, über den **Streitgegenstand** zu **verfügen.** Das trifft vor allem zu auf Ehesachen,[8] Kindschaftssachen, Aufgebotsverfahren und im Hinblick auf § 12 FGG auf alle Verfahren der freiwilligen Gerichtsbarkeit, auch soweit sie echte Streitsachen zum Gegenstand haben. § 93 scheidet weiter aus in Mahnverfahren; doch hindert der Widerspruch für sich genommen die Anwendbarkeit des § 93 im sich anschließenden Streitverfahren nicht. Unanwendbar ist § 93 in der Zwangsvollstreckung, ausgenommen §§ 767, 771, im Kostenfestsetzungsverfahren und im PKH-Prüfungsverfahren.[9] Im Übrigen ist den Parteien unbenommen, durch außergerichtlichen **prozessrechtlichen Vertrag** die Abgabe eines Anerkenntnisses zu vereinbaren; kommt der Verpflichtete dem nach, ist ihm verwehrt, sich auf § 93 zu berufen.[10]

4 § 93 in **reziproker** Weise auf den **Kläger** nach **Klageverzicht** iSv. § 306 oder nach Beschränkung auf die Kosten ohne gleichzeitige Erledigterklärung anzuwenden, ist abzulehnen.[11] Erst recht kein Raum für ein Anerkenntnis des im ersten Rechtszug obsiegenden Klägers ist in der Rechtsmittelinstanz, selbst wenn er auf seine Rechte aus dem erstinstanzlichen Titel verzichtet und nunmehr als Rechtsmittelbeklagter den Rechtsmittelantrag des Gegners sofort anerkennt.[12] Der Gegenauffassung steht nicht nur der klare Wortlaut des Gesetzes, sondern auch das Fehlen eines Bedürfnisses für eine Analogie entgegen. Mag der Kläger alsbald nach Rechtshängigkeit von einer unzulässigen oder unbegründeten Klage Abstand nehmen, so hat er doch in zurechenbarer Weise Kosten veranlasst. Für Fälle des von ihm nicht zu vertretenden Wegfalls der Klagegründe, etwa bei Erfüllung, bietet das Gesetz sachgerechte Lösungen in Gestalt der einseitigen Erledigungserklärung mit streitiger Entscheidung (§ 91) oder der übereinstimmenden Erledigungserklärung (§ 91 a) an. Auch wenn die Klage vorzeitig noch vor Zustellung zurückgenommen wird, weil der Beklagte nach ihrer Einreichung erfüllt hat, ist § 93 nicht entsprechend anwendbar. Insoweit erlaubt § 269 Abs. 3 S. 3 den Rückgriff auf Ermessensgesichtspunkte. Im Rahmen der Entscheidung nach **§ 91 a** den Rechtsgedanken des § 93 in **entsprechender Anwendung** zugunsten des Klägers mitzuberücksichtigen, wird hingegen regelmäßig billigem Ermessen entsprechen[13] (vgl. § 91 a Rn. 48).

II. Voraussetzungen

5 **1. Überblick.** § 93 knüpft die Kostentragung durch den obsiegenden Kläger an zwei in der Person des Beklagten gründende Voraussetzungen, nämlich an die fehlende **Klageveranlassung** einerseits und ein **sofortiges Anerkenntnis** andererseits. Daran ist festzuhalten. Soweit manche Stimmen über das Anerkenntnis hinaus eine sich hieran unverzüglich anschließende **Erfüllung** fordern,[14] wie zB für den Fall einer **Auskunftsklage** die sofortige Erteilung einer Auskunft,[15] kann dem in dieser Allgemeinheit nicht zugestimmt werden. Zwar mag richtig sein, dass dem Kläger mit einer bloßen verbalen Leistungsbeteuerung nicht gedient ist. Gleichwohl dürfen die Ebenen des Erkenntnisverfahrens, das sich darin erschöpft, dem Gläubiger einen Titel zu verschaffen, und die Ebene der Zwangsvollstreckung nicht vermengt werden. Die eigentliche Realisierung des klägerischen Leistungsinteresses bleibt der Vollstreckung vorbehalten, lässt aber die Kostenverteilung des Erkenntnisverfahrens unberührt. Der Umstand der Anspruchserfüllung kann allerdings im Kontext der Prüfung der beiden vorgenannten Tatbestandsmerkmale des § 93 Bedeutung erlangen,[16] zB wenn sofort, nachdem der Beklagte die mit der Klage von ihm verlangte Auskunft erteilt hat, der Kläger den Rechtsstreit für erledigt erklärt und so im Rahmen der nach § 91 a zu treffenden Ermessensentscheidung in reziproker Anwendung des § 93 profitiert[17] (vgl. Rn. 4 aE).

---

[8] OLG Frankfurt FamRZ 1984, 1123.

[9] OLG Köln NJW-RR 2004, 64.

[10] OLG Schleswig OLGR 2007, 123, 124.

[11] BGH JZ 1994, 1009, 1010 m. Anm. *Bork;* OLG Dresden MDR 2003, 1079; OLG Schleswig OLGR 2001, 380; OLG Koblenz NJW-RR 1986, 1443; *Stein/Jonas/Bork* Rn. 1; aM OLG Frankfurt NJW-RR 1994, 62; OLGZ 1981, 99, 100.

[12] AM OLG Karlsruhe OLGR 2002, 242, 243.

[13] OLG Köln FamRZ 2007, 66; OLG Frankfurt NJW-RR 2006, 1581; OLG Karlsruhe FamRZ 2004, 960; OLG Hamm NJW-RR 1986, 1121; LG Düsseldorf VersR 2005, 1277, 1278; *Zöller/Herget* Rn. 2.

[14] OLG Düsseldorf NJW-RR 1994, 827; OLG Hamm MDR 1985, 505; *Zöller/Herget* Rn. 4 und 6 unter „Geldschulden".

[15] OLG Nürnberg NJW-RR 2003, 352; *Zöller/Herget* Rn. 6 unter „Auskunftsklage".

[16] BGH NJW 1979, 2040, 2041; KG ZMR 2005, 949; OLG München MDR 2003, 1134; OLG Karlsruhe FamRZ 1998, 846; OLG Schleswig MDR 1997, 887; OLG Hamburg MDR 1971, 591; *Thomas/Putzo/Hüßtege* Rn. 3; *Stein/Jonas/Bork* Rn. 4.

[17] OLG Frankfurt NJW-RR 2006, 1581, 1582.

2. Fehlende Klageveranlassung. Der Beklagte gibt Anlass zur Klagerhebung, wenn er sich **vor Prozessbeginn**[18] so verhält, dass der Kläger bei vernünftiger Würdigung davon ausgehen muss, er werde anders nicht zu seinem Recht kommen.[19] Bei der auf Grund aller Einzelfallumstände zu treffenden Wertungsentscheidung[20] kann auch dem **Prozessverhalten** des Beklagten Indizwirkung zukommen, namentlich ob er einem Anerkenntnis Taten folgen lässt (Erfüllung). Solche Erkenntnisse können unbedenklich auf die Zeit vor Klageerhebung rückbezogen werden, soweit sie die **fortdauernde** mangelnde Fähigkeit oder Bereitschaft zur Erfüllung belegen,[21] freilich ohne dass ein vorprozessual fehlender Klageanlass rückschauend „nachwachsen" könnte.[22] Auch darf die Kostenentscheidung nicht solange aufgeschoben werden, bis ein leistungskonformes bzw. -widriges Verhalten des Beklagten (endgültig) sichtbar wird. Maßgebend ist der Sachstand der letzten mündlichen Verhandlung vor Erlass des Anerkenntnisurteils. Wird die Kostenentscheidung angefochten (§ 99 Abs. 2), darf auch das Verhalten während des Beschwerdeverfahrens berücksichtigt werden, da dieses eine neue Tatsacheninstanz eröffnet.[23] Hält der Beklagte vorprozessual die gegnerische Forderung für teilweise oder insgesamt nicht nachvollziehbar (mangelnde **Schlüssigkeit**), darf er nicht pauschal die Leistung verweigern, sondern hat mitzuteilen, welche Angaben oder Unterlagen er benötigt;[24] nur wenn sie ihm vorenthalten werden, fehlt es an einem Klageanlass.[25] Das Stadium vorprozessualen Verhaltens umfasst noch ein **PKH-Bewilligungsverfahren,** dessen Erfolg Bedingung für die Klageerhebung ist, so dass die Anzeige der Erfüllungsbereitschaft den Klageanlass beseitigt.[26] Im Einzelfall mag auch die Angemessenheit und Verkehrsüblichkeit des vorgerichtlichen Verhaltens des **Klägers** insofern von Bedeutung sein, als es Rückschlüsse erlaubt, ob dem Beklagten eine genügende **Überlegungs-, Prüfungs-** und **Erfüllungsfrist** eingeräumt war[27] (vgl. Rn. 19, 26). Auch ist häufig, für Klaganlass und Rechtzeitigkeit des Anerkenntnisses gleichermaßen bedeutsam, vor Klageerhebung eine **Abmahnung, Mahnung** oder **Aufforderung** gegenüber dem Beklagten erforderlich (zB Rn. 16, 17, 20, 30). Eines Verschuldens bedarf es seitens des Beklagten nicht.[28] 6

Ist die Klageveranlassung streitig, trifft den Beklagten grds. die **Beweislast** dafür, dass er keine Veranlassung zur Klage gegeben hat.[29] Dies gilt selbst dort, wo es seitens des Klägers hierzu der vorherigen Abmahnung, Mahnung oder sonstigen Aufforderung zu einem Tun oder Unterlassen oder eines Abschlussschreibens bedarf. Auch hier obliegt es mit Blick auf den Ausnahmecharakter des § 93 dem Beklagten, die Nichtabgabe der Abmahnung zu beweisen[30] (zu Wettbewerbssachen vgl. Rn. 39). Dem Umstand, dass es sich aus seiner Warte um eine schwer nachweisbare negative Tatsache handelt, ist insofern Rechnung zu tragen, als der Kläger seinerseits qualifiziert zu bestreiten hat.[31] Anders verhält es sich indes bei einer auf §§ 257 bis 259 gestützten Klage. Da sie **künftige,** nicht fällige Ansprüche betrifft, braucht der Schuldner zur Meidung der Kostenfolgen des § 93 nicht von sich aus seine künftige Erfüllungsbereitschaft bekunden. Anlass zur Klageerhebung gibt er vielmehr nur dann, wenn er aktiv ein Verhalten an den Tag legt, das aus Sicht eines objektiven Beobachters Zweifel an seiner Erfüllungsbereitschaft weckt.[32] Die Beweislast hierfür liegt beim Kläger.[33] 7

3. Sofortiges Anerkenntnis. a) Anerkenntnis. § 93 verlangt ein auf den Klaganspruch bezogenes Anerkenntnis des Beklagten iSv. § 307 S. 1, unabhängig davon, ob der Antrag auf Leis- 8

---

[18] BGH NJW-RR 2005, 1005, 1006; NJW 1979, 2040, 2041; KG ZMR 2005, 949.

[19] RGZ 118, 264; BGH NJW 1979, 2040, 2041; OLG Zweibrücken OLGR 2007, 262, 264; OLG Koblenz WoM 2004, 621; OLG München NJW-RR 2001, 42, 43.

[20] OLG Hamburg OLGR 2007, 108, 109.

[21] BGH NJW 1979, 2040, 2041; OLG Zweibrücken OLGR 2006, 840; JurBüro 1982, 1083; OLG Karlsruhe FamRZ 1998, 846, 847; OLG Frankfurt MDR 1984, 149; OLG München NJW 1966, 1417.

[22] BGH NJW 1979, 2040, 2041; OLG Köln NJW-RR 1988, 187; aM OLG Hamburg MDR 1971, 591; OLG München NJW 1966, 1417.

[23] OLG Zweibrücken JurBüro 1982, 1083; OLG Karlsruhe BB 1980, 599; OLG Schleswig SchlHA 1979, 39; OLG Düsseldorf NJW 1971, 1755; aM OLG Karlsruhe FamRZ 1998, 846, 847; KG NJW 1957, 796.

[24] OLG München OLGR 2000, 229, 230.

[25] *Sonnentag* MDR 2006, 188, 190.

[26] AG Ludwigslust FamRZ 2005, 642, 643.

[27] OLG Oldenburg VersR 2005, 1703.

[28] OLG Köln NJW-RR 1994, 767; OLG Zweibrücken JurBüro 1982, 1083.

[29] OLG Hamm MDR 2004, 1078; MDR 1987, 329; OLG München OLGR 2000, 279, 280; OLG Naumburg NJW-RR 1999, 1666.

[30] OLG Hamm MDR 2004, 1078, OLG Frankfurt NJW-RR 1996, 62; aM OLG Hamm NJW-RR 1986, 1121, 1122; LG Essen MDR 1984, 149.

[31] OLG Naumburg NJW-RR 1999, 1666, 1667; OLG Frankfurt NJW-RR 1996, 62.

[32] OLG Hamm ZMR 1996, 499.

[33] *Thomas/Putzo/Hüßtege* Rn. 4.

tung, Feststellung oder Gestaltung lautet. Anerkenntnis und prozessualer Anspruch müssen korrelieren. Für eine **Zug um Zug** geltend gemachte Forderung trifft dies zu, wenn der Beklagte mit eben dieser Einschränkung anerkennt. Fordert der Kläger uneingeschränkt, obwohl er nur Leistung Zug um Zug verlangen kann, darf der Beklagte (vorerst) abwarten; ein Anerkenntnis ist noch „sofortig" (vgl. Rn. 10), wenn es abgegeben wird, nachdem der Kläger im Laufe des Prozesses entweder das gegnerische **Zurückbehaltungsrecht** im Klagantrag berücksichtigt oder das Gegenrecht zum Erlöschen gebracht hat.[34] Dass Klagebegehren und Anerkenntnis übereinstimmen müssen, schließt ein **Teilanerkenntnis** nicht generell aus (Einzelheiten hierzu in § 99 Rn. 27 ff.). Ein Teilanerkenntnis ist allerdings iSv. § 93 nur dort gestattet, wo der Gläubiger entgegen § 266 BGB (etwa wegen § 242 BGB) eine Teilleistung nicht verweigern darf[35] (zum Unterhaltsprozess vgl. Rn. 34).

9 Ein iSv. § 93 wirksames **Anerkenntnis,** mit dem der geltend gemachte Anspruch dem Grunde und der Höhe nach zugestanden wird, muss gegenüber Gericht und Prozessgegner **unmissverständlich, unbedingt** und idR **vorbehaltlos** abgegeben werden.[36] Unschädlich ist es, unter Verwahrung gegen die Kostenlast anzuerkennen,[37] solange darin nicht ausnahmsweise ein echtes Bestreiten des Anspruchs zu sehen ist. Im einstweiligen Verfügungs- (vgl. Rn. 21) und im Mahnverfahren (vgl. Rn. 29) ist ein etwaiger Widerspruch auf die Kosten zu beschränken. Das Anerkenntnis hat sich stets auf den prozessualen Anspruch zu beziehen.[38] Wird die Eintragung einer Hypothek nach § 648 BGB verfolgt, ist der in der Eintragung einer Vormerkung bestehende Verfügungsanspruch anzuerkennen.[39] Die Anwendbarkeit des § 93 setzt nicht voraus, dass ein förmliches **Anerkenntnisurteil** ergeht.[40]

10 **b) Sofortigkeit.** Der Beklagte muss den Klaganspruch sofort anerkennen, was idR voraussetzt, dass er die **erste sich bietende prozessuale Möglichkeit** gegenüber Gericht und Prozessgegner wahrnimmt.[41] Ist **früher erster Termin** (§ 272 Abs. 2 1. Alt.) anberaumt, muss das Anerkenntnis innerhalb der **Klageerwiderungsfrist** des § 275 Abs. 1 S. 1, mithin noch **vor** dem Termin abgegeben werden, da es nach § 307 S. 2 (in der seit 1. 9. 2004 geltenden Fassung) für den Erlass eines Anerkenntnisurteils generell keiner mündlichen Verhandlung mehr bedarf.[42] Ein Zuwarten bis zur Verhandlung hat bereits eine Verzögerung zur Folge, die mit dem Moment der Sofortigkeit begrifflich nicht vereinbar erscheint. Beim **schriftlichen Vorverfahren** (§ 272 Abs. 2 2. Alt.) kommt ein sofortiges Anerkenntnis noch solange in Betracht, als der Beklagte zwar ggf. binnen der Notfrist des § 276 Abs. 1 S. 1 seine Verteidigungsbereitschaft anzeigt, ohne bereits einen Sachantrag zu stellen – sonst begibt er sich der Möglichkeit, noch anzuerkennen[43] –, dann jedoch innerhalb der **Klageerwiderungsfrist** des § 276 Abs. 1 S. 2 anerkennt.[44] Anschließend ist für ein sofortiges Anerkenntnis kein Raum mehr, weil der Beklagte den ihm eröffneten prozessualen Zeitrahmen überschritten hat.[45] Im schriftlichen Verfahren (§ 128 Abs. 2, Abs. 3) ist im ersten Schriftsatz, in Handelssachen bis zum Antrag auf Verweisung an die Kammer für Handelssachen (§ 98 GVG), im Urkundsprozess vor Verlesen der Sachanträge im ersten Termin des Nachverfahrens,[46] nach Einspruch gegen ein Versäumnisurteil[47] oder nach Widerspruch gegen eine einstweilige Verfügung[48] und Beschränkung

---

[34] BGH NJW-RR 2005, 1005, 1006.

[35] OLG Celle NJW-RR 2003, 200; OLG Hamm FamRZ 1997, 1413, 1414; OLG Schleswig SchlHA 1983, 138.

[36] BGH NJW 1985, 2716.

[37] OLG Schleswig MDR 1979, 763.

[38] LG Kiel WoM 1993, 540, 541.

[39] OLG Hamm NJW 1976, 1459.

[40] OLG Nürnberg OLGR 2003, 79, 80; OLG Schleswig MDR 1979, 763, 764; *Thomas/Putzo/Hüßtege* Rn. 8; *Zöller/Herget* Rn. 1.

[41] KG NJW-RR 2007, 648, 649; OLG Bremen NJW 2005, 228, 229.

[42] *Vossler* NJW 2006, 1034, 1035; offen gelassen in BGH NJW 2006, 2490, 2492; aM die bisherige Rechtsprechung zu § 307 aF: OLG Frankfurt NJW-RR 1990, 1535; OLG München WRP 1985, 446; OLG Bremen JurBüro 1983, 625.

[43] OLG München OLGR 2004, 422; OLG Karlsruhe OLGR 2003, 198; aM KG NJW-RR 2007, 648, 649 (für Unterwerfungserklärung gegenüber Unterlassungsklage).

[44] BGH NJW 2006, 2490, 2492; OLG Köln OLGR 2007, 424; KG NJW-RR 2006, 1078; OLG Brandenburg MDR 2005, 1310; OLG Karlsruhe OLGR 2004, 513, 514; aM OLG Zweibrücken NJW-RR 2002, 138; OLG Celle NJW-RR 1998, 1370; OLG Frankfurt NJW-RR 1993, 126, 127.

[45] AM auf der Grundlage des § 307 Abs. 2 aF OLG Hamburg MDR 2002, 421; OLG Nürnberg NJW 2002, 2254, 2255.

[46] OLG Düsseldorf MDR 1983, 496.

[47] OLG Köln FamRZ 1992, 831 (LS); *Zöller/Herget* Rn. 6 „Versäumnisurteil".

[48] OLG Schleswig MDR 1979, 763.

des Rechtsbehelfs auf die Kosten[49] vor Verlesen der Sachanträge in der ersten mündlichen Verhandlung anzuerkennen. Wartet der Beklagte zunächst die Hinweise des Gerichts zur Rechtslage im Rahmen einer Güteverhandlung ab, ist ein späteres Anerkenntnis nicht mehr „sofortig".[50] Im Falle einer **Stufenklage** kommt es für die Sofortigkeit nicht auf die erste mündliche Verhandlung in der Auskunftsstufe, sondern auf diejenige der Stufe Leistung an, weil erst ab diesem Zeitpunkt die Forderung beziffert ist.[51]

Für alle Verfahrensarten korreliert „Sofortigkeit" mit dem frühesten Zeitpunkt, ab dem das Kla- 11
gevorbringen den Antrag rechtfertigt. Es reicht daher aus, wenn der Beklagte trotz anfänglicher Rechtsverteidigung eine im späteren Prozessverlauf **fällig** gewordene **Geldforderung** oder nachträglich **schlüssig** gemachte Klage, dann allerdings unverzüglich,[52] anerkennt[53] (vgl. Rn. 15). Er braucht also nicht den Klageantrag gleichsam in Erwartung erst nachzuschiebender Anspruchstatsachen anerkennen, selbst wenn er um die faktische Berechtigung des Begehrens weiß. Macht sich der Kläger die Ergebnisse einer Beweisaufnahme zu eigen, um die Fälligkeit einer Schlussrechnung erstmals zu substantiieren, kann ein Anerkenntnis noch als „sofortig" gelten.[54] Gleiches gilt für den Fall einer (aus Beklagtensicht) unvorhersehbaren **Änderung** einer etablierten **höchstrichterlichen** Rechtsprechung zum materiellen Recht[55] oder einer erst im Laufe des Verfahrens erfolgten Klärung der gerichtlichen **Zuständigkeit**[56] bzw. sonstiger **Zulässigkeitsvoraussetzungen.**[57] Obgleich diese in jeder Lage des Verfahrens von Amts wegen zu prüfen sind, obliegt doch ihr Nachweis dem Kläger (vgl. Vor §§ 253ff. Rn. 15), weshalb im Anschluss an ihre Feststellung noch Raum im Rahmen der Begründetheitsprüfung bleibt, den Anspruch zur Kostenvermeidung anzuerkennen. Die genannten Grundsätze verlangen dem Kläger nicht unerhebliche Anstrengungen ab, will er ohne Kostennachteile seiner Darlegungslast vollumfänglich entsprechen, stehen aber in Einklang mit der Dispositions- und Verhandlungsmaxime (vgl. Einl Rn. 274ff., 290ff.), die das Kostenrisiko der Klage dem Anspruchsteller überantwortet (vgl. Vor §§ 91ff. Rn. 1) und ein diffuses Vorbringen ins Blaue hinein nicht gestattet.

Ein vorausgegangenes **verwaltungsgerichtliches** Verfahren, wegen dessen Vorgreiflichkeit der 12
Zivilprozess ausgesetzt war, schließt die Annahme eines sofortigen Anerkenntnisses selbst dann nicht aus, wenn der Beklagte vor der Aussetzung Abweisung der Klage beantragt hatte.[58]

III. Entscheidung

a) Kosteneinheit. Der Grundsatz **einheitlicher Kostenentscheidung** (vgl. § 91 Rn. 5) gilt 13
auch für § 93. Ergeht erst Teilanerkenntnis- und hernach streitiges Schlussurteil, ist demzufolge in letzterem einheitlich über die Kosten zu entscheiden.[59] Für die auf den anerkannten Teil des Streitgegenstands entfallenden Kosten gilt § 93, im Übrigen sind die §§ 91, 92 anzuwenden. Die Aufteilung hat nach Quoten zu erfolgen.[60] Wird über die Kosten des Rechtsstreits insgesamt nach § 91a entschieden, ist § 93 im Falle eines vollen oder teilweisen Anerkenntnisses im Rahmen der Ermessensentscheidung zu berücksichtigen (vgl. Rn 4). Bei **Teilanerkenntnis** (hierzu Rn. 8) und im Übrigen teilweiser Erledigungserklärung ist in der einheitlichen Kostenentscheidung eines Schlussurteils sowohl § 93 wie auch § 91a, ggf. auch §§ 91, 92 zu beachten.[61]

b) Anfechtbarkeit. Die Entscheidung des Gerichts, ob es die Kostenfolge des § 93 ausspricht 14
oder dessen Anwendung ablehnt, ist für beide Parteien nach Maßgabe des § 99 Abs. 2 mit sofortiger Beschwerde **isoliert anfechtbar** (hierzu § 99 Rn. 17ff.). Gegen die Entscheidung des Beschwerdegerichts ist gem. § 574 Abs. 1 Nr. 2 die Rechtsbeschwerde eröffnet, sofern dieses sie im Beschwerdebeschluss zugelassen hat (vgl. § 99 Rn. 26).

---

49 OLG Hamm NJW 1976, 1459.
50 OLG Köln MDR 2006, 226, 227.
51 OLG Hamm FamRZ 1997, 1413, 1414; OLG Bamberg JurBüro 1989, 690.
52 OLG Nürnberg OLGR 2003, 79, 80.
53 BGH NJW-RR 2004, 999; OLG Zweibrücken OLGR 2006, 840; OLG Koblenz JurBüro 2005, 490.
54 OLG Frankfurt OLGR 2004, 314, 315.
55 OLG Celle OLGR 2002, 125.
56 OLG Bremen NJW 2005, 228, 229.
57 OLG Koblenz NJW-RR 2002, 1171, 1173.
58 OLG Nürnberg MDR 1997, 202.
59 BGHZ 40, 265, 269 = NJW 1964, 660; OLG Hamm WRP 1981, 111; OLG Schleswig SchlHA 1978, 172; *Zöller/Herget* Rn. 5.
60 OLG Hamm WRP 1981, 111.
61 BGHZ 40, 265, 270 = NJW 1964, 660, 661; OLG Hamm WRP 1981, 111.

IV. Einzelfälle

Abänderungsklage. Vgl. unter „Unterhaltsklage“ Rn. 34.

Abmahnung. Vgl. unter „Wettbewerbssachen“ Rn. 39.

Abschlussschreiben. Vgl. unter „Wettbewerbssachen“ Rn. 39.

15 **Änderung des Verfahrens.** Im Falle von Klageänderung, Parteiwechsel oder nachträglichem Eintritt der Begründetheit/Schlüssigkeit (vgl. Rn. 11), ist noch vor Verlesen der Sachanträge im darauf folgenden Termin, im schriftlichen Verfahren im nächstfolgenden Schriftsatz anzuerkennen (zu einem auf Zug-um-Zug-Verurteilung umgestellten Klageantrag vgl. Rn. 8). Bei einem nach Klageerhebung eintretenden Parteiwechsel wirkt eine durch den Rechtsvorgänger veranlasste Klageerhebung auch gegenüber einem Gesamt- oder Einzelrechtsnachfolger. Doch gilt dies nur für die bis zum Parteiwechsel bereits entstandenen Kosten, während für danach anfallende § 93 auf den Rechtsnachfolger, so vor allem in Bezug auf die Aufnahme des Rechtsstreits (§§ 239 ff.), selbstständig anwendbar ist.[62]

16 **Anfechtungsklage nach dem AnfG.** Der nach dem Anfechtungsgesetz in Anspruch genommene Anfechtungsgegner gibt idR nicht schon allein dadurch Anlass zur Klage, dass er anfechtbar gehandelt hat. Vielmehr bedarf es vor Erhebung der meist auf Duldung der Zwangsvollstreckung, sonst auf Zahlung gerichteten Klage grds. der **Aufforderung** zur freiwilligen Erfüllung.[63] Sie ist nur dann nicht erforderlich, wenn die Aufforderung zur freiwilligen Erfüllung (vgl. §§ 7, 11 AnfG) die Gefahr der **Anspruchsvereitelung** begründet.[64] Die Beweislast dafür, keine Klageveranlassung gegeben zu haben, trifft auch hier den Anfechtungsgegner (vgl. Rn. 7). An die Erbringung dieses Beweises sind umso höhere Anforderungen zu stellen, je vorwerfbarer die Vermögensverkürzung zu werten ist, so zB im Falle der auf § 3 Abs. 1 Nr. 1 und 2 AnfG gestützten Absichtsanfechtung.

Arrest. Vgl. unter „Einstweilige Verfügung“ Rn. 21.

17 **Aufforderung.** Häufig gibt der Beklagte Klageveranlassung erst dann, wenn ihn der Kläger vor Klageerhebung zur Anspruchserfüllung, die in einem Tun oder Unterlassen bestehen kann, auffordert. So verhält es sich u. a. bei Anfechtungs-, Duldungs- und Unterlassungsklagen, in Arrest-, einstweiligen Verfügungs-, Haftpflicht-, Presserechts-, Unterhalts- und Wettbewerbssachen (vgl. jeweils unter diesen Stichworten). Aber auch eine fällige Forderung ist, solange es am **Verzug** fehlt, grds. anzumahnen. Folglich bedarf es einer Mahnung in den Fällen des § 284 Abs. 2, Abs. 3 BGB nicht, etwa wenn der Schuldner die Leistung ernsthaft und endgültig verweigert (§ 284 Abs. 2 Nr. 3 BGB). An einem für die Zahlung vorgesehenen Kalendertag (§ 284 Abs. 2 Nr. 1 BGB) muss diese dem Konto des Berechtigten gutgeschrieben sein, was nicht allein für Unterhalt,[65] sondern für alle Fälle des Verzugs zu gelten hat. Klageveranlassung ist hingegen grds. zu verneinen, wenn der Verzug erst durch die Klageerhebung herbeigeführt wird (§ 284 Abs. 1 S. 2 BGB). Ausnahmsweise kann trotz fehlendem Verzug dann von einer Aufforderung abgesehen werden, wenn durch sie die Anspruchsrealisierung gefährdet wäre.

Auskunftsklage. Vgl. unter Rn. 5.

18 **Berufungsinstanz.** Ein sofortiges Anerkenntnis des Beklagten ist auch noch in der Berufungsinstanz möglich, wenn der Kläger dort einen Anspruch auf erhöhte Verzugszinsen selbstständig weiterverfolgt, der im ersten Rechtszug nur als nicht belegte Nebenforderung geltend gemacht war.[66] Zur Frage einer reziproken Anwendung auf den im ersten Rechtszug obsiegenden Kläger bei sofortigem Anerkenntnis des Berufungsantrags vgl. Rn. 4.

Beweislast. Vgl. unter Rn. 7 und unter „Anfechtungsklage“ Rn. 16.

19 **Drittwiderspruchsklage (§ 771).** Solange der Interventionskläger sein Recht, ggf. trotz Aufforderung seitens des Beklagten (Vollstreckungsgläubigers) nicht substantiiert dargelegt und durch beweiskräftige Unterlagen belegt hat, kann dieser noch nach **Beweisaufnahme,** ohne Anlass zur Klageerhebung gegeben zu haben, mit der Kostenfolge des § 93 „sofort“ anerkennen.[67] Dem Beklagten ist eine angemessene Prüfungsfrist zuzubilligen.[68]

20 **Duldungsklage.** Der persönlich und dinglich haftende Beklagte gibt dem Gläubiger einer Zwangssicherungshypothek keine Veranlassung zu einer Klage auf Duldung der Zwangsvollstre-

---

[62] OLG Zweibrücken NJW 1968, 1635; *Stein/Jonas/Bork* Rn. 6.

[63] OLG Saarbrücken NJW-RR 2000, 1667, 1668; OLG Schleswig MDR 1977, 321; *Stein/Jonas/Bork* Rn. 17.

[64] OLG Düsseldorf OLGZ 1985, 73.

[65] OLG Hamburg MDR 1979, 63.

[66] OLG Zweibrücken JurBüro 1979, 445.

[67] OLG Düsseldorf NJW-RR 1998, 790, 791; OLG Frankfurt NJW-RR 1990, 1535; OLG München WM 1979, 292.

[68] OLG Oldenburg VersR 2005, 1703; *Thomas/Putzo/Hüßtege* Rn. 4, 5.

ckung aus der **Hypothek** (§§ 1113, 1147 BGB), solange ihn dieser nicht vergeblich zur Errichtung einer vollstreckbaren Urkunde nach § 794 Abs. 1 Nr. 5 aufgefordert hat[69] (vgl. Rn. 6)

Einstweilige Verfügung. § 93 ist nach allgM im Verfahren der einstweiligen Verfügung anwendbar[70] (vgl. Rn. 2). Mit der Einlegung eines auf den Kostenpunkt beschränkten Widerspruchs erkennt der Antragsgegner die einstweilige Verfügung in der Hauptsache an. Danach darf das Gericht im Rahmen der Kostengrundentscheidung zwar nicht mehr das Vorliegen eines Verfügungsanspruchs und eines Verfügungsgrundes prüfen, ist aber nicht der Feststellung enthoben, ob der Verfügungsgegner durch sein Verhalten Anlass zur Verfahrenseinleitung gegeben hat; denn Verfügungsgrund und Antragsveranlassung iSv. § 93 dürfen nicht schematisch gleichgesetzt werden.[71] Erwirkt der Verfügungsbeklagte nach §§ 926, 936 eine Anordnung, der zufolge der Verfügungskläger binnen einer Frist Klage zu erheben hat, ergibt sich hieraus ein Klaganlass, so dass § 93 ausscheidet.[72] Vgl. auch unter „Vormerkung" Rn. 38 und „Wettbewerbssachen" Rn. 39, 41. **21**

Erbe. § 93 ist anwendbar, wenn die Erben einen inhaltlichen vorbehaltlos geltend gemachten Anspruch des Klägers unter dem berechtigten Vorbehalt der beschränkten Erbenhaftung sofort anerkennen.[73] Keinen Anlass zur Klage gibt auch, wer als Schuldner deshalb nicht an den Erben des Gläubigers leistet, weil dieser sich trotz Verlangen des Schuldners nicht durch Erbschein ausweist.[74] **22**

Erfüllung. Vgl. unter Rn. 5.

Fälligkeit. Anlass zur Klageerhebung gibt der Schuldner einer fälligen Geldforderung in der Regel dann, wenn er diese trotz Aufforderung durch den Gläubiger nicht bezahlt[75] (näher unter „Aufforderung" Rn. 17) Zu einer erst im Laufe des Prozesses eintretenden Fälligkeit vgl. Rn. 11. **23**

Feststellungsklage. Vor Erhebung einer negativen Feststellungsklage bedarf es im Hinblick auf die Berühmung des Beklagten mit einer ihm nicht zustehenden Rechtsposition keiner Abmahnung.[76] **24**

Geldforderung. Vgl. unter „Fälligkeit" Rn. 23, ferner unter Rn. 5, 11.

Gesellschaftsrechtliche Beschlussanfechtung. Vor Erhebung einer Beschlussanfechtungsklage bedarf es idR keiner gesonderten Aufforderung seitens des Klägers, den umstrittenen Beschluss aufzuheben, und zwar auch dann nicht, wenn die Gesellschafterversammlung Bereitschaft zu einer einvernehmlichen Regelung signalisiert.[77] **25**

Haftpflichtprozess. Wird einem Haftpflichtversicherer vom Geschädigten vor Klageerhebung keine angemessene **Prüfungsfrist** gewährt, ist keine Klageveranlassung gegeben (vgl. Rn. 6). Die Frist kann insbesondere bei schwierigen oder komplexen Sachverhalten und höheren Streitwerten bis zu drei bis vier Wochen betragen.[78] Deshalb trifft den Geschädigten das volle Kostenrisiko einer Klage, wenn der Versicherer umgehend zahlt.[79] **26**

Insolvenzanfechtung. Die unter „Anfechtungsklage" (vgl. Rn. 16) zur Anfechtung nach dem AnfG gemachten Ausführungen gelten nach Maßgabe der §§ 131 ff. InsO entsprechend. **27**

Insolvenzverwalter. Wird eine zur Insolvenztabelle angemeldete Forderung im Prüfungstermin vom Insolvenzverwalter nicht nur vorläufig bestritten und behält er sich auch keine weitere Prüfung vor, so hat er zu einer vom Gläubiger angestrengten Klage Anlass gegeben (vgl. §§ 144, 179 ff. InsO).[80] Für die klageweise Durchsetzung von Aus- und Absonderungsrechten (vgl. §§ 47, 49 InsO) oder nicht die Insolvenzmasse betreffender Ansprüche (zB hinterlegter Kautionsbürgschaftsbeträge)[81] ist der Insolvenzverwalter vor Klageerhebung zur freiwilligen Erfüllung binnen angemessener Frist aufzufordern.[82] Da die **Unterbrechung** eines Verfahrens (§ 240) der kostenrechtlichen Einheit mit einem vom Insolvenzverwalter später wieder aufgenommenen Verfahren nicht entge- **28**

---

69 OLG München MDR 1984, 674; OLG Saarbrücken MDR 1982, 499; OLG Karlsruhe MDR 1981, 939.

70 OLG Düsseldorf NJW 1972, 1955; OLG Köln NJW 1975, 454; OLG Hamm NJW 1976, 1459; OLG Stuttgart WRP 1983, 713.

71 OLG Zweibrücken OLGR 2007, 262, 263 mit weit. Nachw.

72 OLG Jena OLGR 2005, 1013, 1014.

73 OLG München JurBüro 1995, 659.

74 OLG Hamburg KostRspr. Nr. 437 (LS).

75 OLG Saarbrücken MDR 1981, 676.

76 OLG Frankfurt JurBüro 1981, 1095.

77 OLG Stuttgart OLGR 2003, 4, 6, OLGR 2001, 437, 438; OLG Frankfurt DB 1993, 35, 36; aM OLG Naumburg NJW-RR 1998, 1195.

78 OLG Bremen NJW 2005, 228, 229.

79 OLG Köln VersR 1983, 451; OLG München VersR 1979, 480; OLG Hamm VersR 1961, 118.

80 LG München WM 1986, 864.

81 OLG Celle InVo 2004, 142.

82 *Stein/Jonas/Bork* Rn. 16.

gen steht, ist ein nach Wiederaufnahme seitens des Insolvenzverwalters erklärtes Anerkenntnis nur dann „sofortig", wenn vor und nach dem Zeitpunkt der Unterbrechung die Voraussetzungen hierfür gegeben waren.[83]

Klageänderung. Vgl. unter „Änderung des Verfahrens" Rn. 15.

29 **Mahnverfahren.** Der gegen einen Mahnbescheid erhobene **Widerspruch** steht der Rechtzeitigkeit eines späteren Anerkenntnisses zwar nicht entgegen. Der Widerspruch muss sich jedoch auf die **Kosten** beschränken.[84] Er darf also grds. keine Verteidigung gegenüber dem Hauptanspruch beinhalten, es sei denn, dem Beklagten werden insoweit weitere zur Anspruchsprüfung erforderliche Informationen vorenthalten (vgl. Rn. 6). Auch muss das Anerkenntnis spätestens vor Stellung eines Sachantrags in der mündlichen Verhandlung abgegeben werden.[85]

Markenrechtssache. Vgl. unter „Wettbewerbssachen" Rn. 39.

Nichtigkeitsklage. Vgl. unter „Gesellschaftsrechtliche Beschlussanfechtung" Rn. 25.

Notar. Vgl. unter „Wettbewerbssachen" Rn. 39.

30 **Presserechtssachen.** In presserechtlichen Unterlassungsstreitigkeiten, insbesondere einstweiligen Verfügungsverfahren, muss der Betroffene vor Anrufung des Gerichts regelmäßig durch gesonderte **Aufforderung** versuchen, das äußernde Presseorgan zur Abgabe einer Unterlassungserklärung zu veranlassen.[86] Anders verhält es sich nur bei **grobem Verstoß** gegen die journalistische Sorgfaltspflicht.[87] Der zum Abdruck einer Gegendarstellung verpflichtete Verleger ist auf Verlangen idR gehalten, seine Bereitschaft zum Abdruck zu erklären.[88]

31 **Prozesskostenhilfe.** Das Prozesskostenhilfeprüfungsverfahren bei **bedingter** Klageerhebung ist noch dem vorprozessualen Stadium zuzurechnen, weshalb ein dort abgegebenes Anerkenntnis den Klageanlass beseitigt (vgl. Rn. 6). Erhebt der Beklagte im Prozesskostenhilfeverfahren materielle Einwendungen gegen den geltend gemachten Anspruch, begründet das lediglich ein widerlegbares **Indiz** für eine Klageveranlassung.[89] Im Prozesskostenhilfeverfahren selbst ist § 93 nicht anwendbar (vgl. Rn. 3).

Räumungsprozess. In Wohnungsmietsachen greift der speziellere § 93b ein (vgl. § 93b Rn. 16ff.).

32 **Revisionsinstanz.** Bei einer erst nach Erlass des Berufungsurteils in Kraft getretenen Gesetzesänderung kann der Beklagte auch noch in der **Revisionsinstanz** sofort anerkennen[90] (vgl. § 91 Rn. 14).

Rechtsprechung. Zur Bedeutung einer **Änderung höchstrichterlicher** Rechtsprechung vgl. Rn. 11.

Schlüssigkeit. Vgl. unter Rn. 6, 11 und unter „Änderung des Verfahrens" Rn. 15.

Sequestration. Vgl. unter „Wettbewerbssachen" Rn. 39.

Stufenklage. Vgl. Rn. 10.

Teilanerkenntnis. Vgl. unter Rn. 8, 13 und unter „Unterhaltsklage" Rn. 34.

33 **Überschuldung.** Ein überschuldeter und durch die Pfändungsfreigrenzen geschützter Beklagter gibt trotz sofortigen Anerkenntnisses auch dann Klageveranlassung, wenn er auf Duldung der Zwangsvollstreckung verklagt, zuvor aber auf die freiwillige Beibringung einer Urkunde nach § 794 Abs. 1 Nr. 5 (vgl. unter „Duldungsklage" Rn. 20) nicht hingewiesen wird.[91] Erkennt ein mittelloser und zahlungsunfähiger Beklagter den eingeklagten Schadensersatzanspruch an, ohne zu zahlen, liegt darin kein „sofortiges" Anerkenntnis.[92]

34 **Unterhaltsklage.** Bei freiwilliger Erfüllung einer wiederkehrenden Leistung, insbesondere von Unterhalt, besteht für den Gläubiger ein Rechtsschutzbedürfnis daran, die künftig fällig werdenden Leistungen gerichtlich titulieren zu lassen. Doch gibt ihm der Schuldner Klageveranlassung nur, wenn dieser eine zuvor ausgesprochene Aufforderung, einen Titel nach § 794 Abs. 1 Nr. 5 zu be-

---

[83] OLG Frankfurt NJW-RR 2006, 418; OLG München OLGR 2004, 422; aM LAG Hamm MDR 2001, 1379; OLG Düsseldorf ZIP 1994, 638; OLG Karlsruhe ZIP 1989, 791, 792.

[84] OLG Schleswig MDR 2006, 228; OLG München OLGR 2000, 229, 230; OLG Koblenz JurBüro 1995, 323; *Sonnentag* MDR 2006, 188, 189; aM KG MDR 1980, 942; *Fischer* MDR 2001, 1336, 1337; *Stein/Jonas/Bork* Rn. 9.

[85] OLG Düsseldorf NJW 1967, 162; zum Anerkenntnis nach Klageänderung im Mahnverfahren vgl. OLG Frankfurt MDR 1981, 410.

[86] OLG München NJW-RR 2001, 42, 43 (Klarstellung der früheren Rspr. in NJW-RR 1992, 731, 732).

[87] OLG München NJW-RR 2001, 42, 43.

[88] KG OLGR 2007, 29.

[89] OLG Köln FamRZ 1997, 1415, 1416.

[90] BGHZ 37, 233, 246 = NJW 1962, 1715, 1718.

[91] OLG Frankfurt MDR 1980, 855.

[92] OLG Köln MDR 1982, 584.

schaffen, binnen angemessener Frist nicht befolgt hat.[93] Auch der **Abänderungskläger** (§ 323) muss den Beklagten außergerichtlich zum Verzicht auf den vorhandenen Titel auffordern, will er nicht die Prozesskosten auf Grund sofortigen Anerkenntnisses tragen.[94] Zudem muss dem Beklagten eine angemessene Prüfungszeit eingeräumt werden.[95] Hat der Beklagte den Klaganspruch nicht in voller Höhe, sondern nur **teilweise anerkannt,** so hat er dennoch idR hinsichtlich des gesamten Anspruchs Veranlassung zur Klage gegeben.[96] Eine Beschränkung der Klage auf den streitigen Spitzenbetrag wäre dagegen für den Kläger von geringem Nutzen, da mit einem solchen Titel nicht wegen des vollen Unterhalts vollstreckt werden könnte und daher vom Schuldner jederzeit unterlaufen werden könnte.

Unterlassung. Vgl. unter „Aufforderung" Rn. 17, „Presserechtliche Unterlassungserklärung" Rn. 30 und „Wettbewerbssachen" Rn. 39.

Urkundenprozess. Widerspricht der Beklagte im Scheckprozess dem Klageanspruch, um sich 35
für das Nachverfahren eine Aufrechnungsbefugnis zu erhalten, so kann er auch im ersten Verhandlungstermin des Nachverfahrens nicht mehr „sofort" anerkennen.[97] Solange der Gläubiger einer fälligen Wechselforderung dem Schuldner den Wechsel nicht präsentiert, gibt dieser keine Veranlassung zur Klage.[98]

Versäumnisurteil. Nach Erlass und Zustellung eines Versäumnisurteils kann dem Beklagten die 36
Wohltat des § 93 nicht mehr zugute kommen, weil ein Anerkenntnis nicht mehr aus freien Stücken, sondern unter dem Druck der für den Beklagten nachteiligen Entscheidung des Gerichts erfolgt.[99] Der maßgebliche Zeitpunkt der ersten sich bietenden prozessualen Gelegenheit (vgl. Rn. 10) ist da bereits überschritten.

Verweisung. Auch nach einer von ihm beantragten Verweisung von der Zivilkammer an die 37
Kammer für Handelssachen kann der Beklagte in der von dieser anberaumten mündlichen Handlung nach „sofort" anerkennen.[100] Entsprechendes gilt für eine Verweisung vom unzuständigen an das zuständige Gericht, nachdem der Beklagte die Unzuständigkeit gerügt hat[101] (vgl. Rn. 11).

Verzicht. Auf ihn § 93 analog anzuwenden, ist abzulehnen. Einzelheiten unter Rn. 4.

Verzug. Vgl. unter „Aufforderung" Rn. 17.

Vormerkung. Der Besteller gibt trotz Zahlungsverzugs einer Werklohnforderung dem Unter- 38
nehmer noch keinen Anlass, durch einstweilige Verfügung die Eintragung einer Vormerkung zur Sicherung des Anspruchs auf Einräumung einer Bauhandwerkerhypothek (§ 648 BGB) zu beantragen. Dies ist erst dann anzunehmen, wenn er sich auf eine Aufforderung zur Bewilligung einer Sicherungshypothek oder Vormerkung passiv verhält oder sonstwie zu erkennen gibt, dass er seiner Verpflichtung nach § 648 BGB nicht freiwillig nachkommen werde.[102]

Wettbewerbssachen. Nimmt ein Antragsteller einen Wettbewerbsverletzer auf Unterlassung in 39
Anspruch und begehrt er **ohne** vorige **Abmahnung** eine strafbewehrte **Unterlassungserklärung,** so hat der Antragsgegner, der diese nach Widerspruch in der ersten mündlichen Verhandlung vor Verlesen der Sachanträge abgibt, idR mangels Klageveranlassung sofort anerkannt.[103] Das gilt auch für eine markenrechtliche Löschungsklage wegen Verfalls iSv. § 55 Abs. 2 Nr. 1 MarkenG.[104] An einem Klaganlass fehlt es auch dann, wenn die Abmahnung **fehlerhaft** bzw. **unvollständig** war[105] oder die **Frist** zur Abgabe der Unterlassungserklärung nicht ausreichte; doch ist eine solche nicht unwirksam, sondern verlängert sich automatisch zur angemessenen Frist.[106] Zur ordnungsgemäßen Abmahnung gehört idR die Androhung gerichtlicher Schritte, die indes entbehrlich ist, wenn sie

---

[93] OLG Düsseldorf AnwBl. 1982, 485; OLG Frankfurt NJW 1982, 946; OLG Stuttgart Die Justiz 1981, 210; OLG Karlsruhe NJW 1979, 1464; aM OLG Saarbrücken FamRZ 1985, 1280; OLG Schleswig FamRZ 1983, 828.

[94] OLG Brandenburg FamRZ 2005, 536, 536; OLG Oldenburg FamRZ 2000, 1514 m. Anm. *Warfsmann.*

[95] OLG Köln FamRZ 1997, 1415, 1416.

[96] OLG Brandenburg FamRZ 2005, 118; OLG Köln OLGR 2002, 384; NJW-RR 1998, 1703; OLG Zweibrücken FamRZ 2002, 1130 f.; aM OLG Nürnberg FamRZ 2000, 621; OLG Celle FamRZ 1997, 1416, 1417; OLG Hamm FamRZ 1997, 1413, 1414.

[97] OLG Düsseldorf MDR 1983, 496.

[98] OLG Saarbrücken MDR 1981, 676.

[99] OLG Köln OLGR 2007, 424; aM *Thomas/Putzo/Hüßtege* Rn. 11.

[100] OLG Saarbrücken MDR 1981, 676.

[101] RGZ 137, 71, 73; OLG Saarbrücken MDR 1981, 676.

[102] OLG Hamm NJW 1976, 1459; OLG Düsseldorf NJW 1972, 1955; aM OLG Köln NJW 1975, 454.

[103] BGH NJW 1990, 1905; OLG Dresden WRP 1997, 1201, 1202; OLG München WRP 1985, 446; OLG Frankfurt AnwBl. 1984, 513.

[104] KG OLGR 2007, 21, 22.

[105] OLG Hamburg OLGR 2007, 108; LG Essen MDR 1984, 149.

[106] OLG Köln NJWE-WettbR 1999, 92, 93; OLG München NJWE-WettbR 1998, 255.

einem Anwalt oder Notar gegenüber erfolgt.[107] Wird ein Notar von einem Kollegen abgemahnt, darf er grds. davon ausgehen, dieser werde zunächst außergerichtlich eine gütliche Einigung unter Vermittlung der Notarkammer anstreben.[108] Einer vorprozessualen Abmahnung bedarf es **ausnahmsweise** dann nicht, wenn aus Sicht eines vernünftigen Mitbewerbers der Wettbewerbsverstoß vorsätzlich erfolgt ist oder nur mit einem gerichtlichen Verbot ohne Vorwarnung das Risiko fortgesetzten wettbewerbswidrigen Verhaltens auszuschalten ist.[109] Das Abmahnerfordernis erstreckt sich idR auf eine beantragte **Sequestration** flüchtiger Waren, die leicht beiseite geschafft werden können, soweit dadurch nicht im Einzelfall die Sequestration nachhaltig erschwert oder vereitelt würde;[110] besonderer Anhaltspunkte aus Sicht des Gläubigers, die eine Gefahr des Beiseiteschaffens und/oder sonstiger Vernebelungsmaßnahmen ausschließen, bedarf es insoweit nicht.[111] Ist eine Abmahnung erforderlich und besteht Streit, ob der Antragsgegner sie erhalten hat, muss dieser darlegen und **nachweisen,** dass ihm keine oder nur eine fehlerhafte Abmahnung **zugegangen** ist.[112] Abgesehen davon, dass es unbillig erscheint, dem Wettbewerbsverletzer es zu leicht zu machen, durch einfaches Bestreiten des Zugangs die Kostenlast auf den Verletzten überzuwälzen, sprechen hierfür dogmatische Gründe. Denn die Abmahnung ist keine Anspruchsvoraussetzung des wettbewerbsrechtlichen Unterlassungsanspruchs, auf welche die Beweislastregeln des Zugangs einer Willenserklärung anzuwenden wären. Vielmehr stellt sie eine Obliegenheit im Sinne einer geschäftsähnlichen Handlung dar, die eine Warnfunktion im Interesse des Verletzers erfüllt. Insofern ist die Abmahnung ein Element des § 93 als einer diesem günstigen Ausnahmevorschrift und somit von diesem zu beweisen[113] (vgl. Rn. 7).

40 Will in einer Wettbewerbssache der Antragsteller gegen den Antragsgegner nach abgeschlossenem Eilverfahren Hauptklage erheben, muss er diesen zuvor durch ein sog. **Abschlussschreiben** abmahnen. Unterbleibt dies, kann sich der Antragsgegner darauf berufen, zur Klageerhebung keine Veranlassung gegeben zu haben.[114]

41 Bei einer auf Unterlassung lautenden **einstweiligen Verfügung** in Wettbewerbssachen gibt der Gläubiger zu einem Antrag des Schuldners auf Aufhebung nach § 927 erst dann Veranlassung, wenn er eine **Aufforderung,** durch schriftliche Erklärung auf die Rechte aus der einstweiligen Verfügung zu verzichten, unbeachtet lässt. Gibt der Antragsgegner auf die erst nach Einleitung des einstweiligen Verfügungsverfahrens (aber vor Zustellung einer Beschlussverfügung) erfolgte Abmahnung innerhalb der gesetzten Frist die verlangte strafbewehrte Unterwerfungserklärung nicht ab, so hat er Veranlassung zur Einleitung des Verfahrens gegeben.[115] Ein sofortiges Anerkenntnis setzt voraus, dass der Verletzer einen etwaigen **Widerspruch** auf die Kosten beschränkt.[116]

Widerspruch. Vgl. unter „Mahnverfahren" Rn. 29, und „Urkundenprozess" Rn. 35.

Zahlungsunfähigkeit. Vgl. unter „Überschuldung" Rn. 33.

Zuständigkeit. Vgl. unter Rn. 11.

Zug-um-Zug-Verurteilung. Vgl. unter Rn. 8.

§ 93 a Kosten in Ehesachen

(1) [1]Wird auf Scheidung einer Ehe erkannt, so sind die Kosten der Scheidungssache und der Folgesachen, über die gleichzeitig entschieden wird oder über die nach § 627 Abs. 1 vorweg entschieden worden ist, gegeneinander aufzuheben; die Kosten einer Folgesache sind auch dann gegeneinander aufzuheben, wenn über die Folgesache infolge einer Abtrennung nach § 628 Abs. 1 Satz 1 gesondert zu entscheiden ist. [2]Das Gericht kann die Kosten nach billigem Ermessen anderweitig verteilen, wenn

---

107 KG NJW 2005, 2239, 2240.

108 KG NJW 2005, 2239, 2240.

109 OLG Dresden WRP 1997, 1201, 1202; OLG Frankfurt OLGR 1996, 42, 43; OLG Karlsruhe WRP 1981, 542; vgl. ferner OLG Nürnberg WRP 1981, 342.

110 OLG Braunschweig NJW-RR 2005, 508.

111 OLG Braunschweig NJW-RR 2005, 508; aM OLG Düsseldorf NJW-RR 1997, 1064.

112 OLG Jena NJW-RR 2007, 255; OLG Braunschweig GRUR 2004, 887; OLG Karlsruhe WRP 2003, 1146, 1147; OLG Frankfurt OLGR 1996, 42, 43; OLG Stuttgart WRP 1996, 477, 478; aM OLG Dresden WRP 1997, 1201, 1203; KG WRP 1992, 716, 717.

113 OLG Braunschweig GRUR 2004, 887; OLG Jena OLG-NL 1998, 110; OLG Frankfurt OLGR 1996, 42, 44.

114 OLG Frankfurt JurBüro 1982, 1084.

115 OLG Köln NJW-RR 1988, 187, 188.

116 OLG Stuttgart NJWE-WettbR 2000, 125.

1. eine Kostenverteilung nach Satz 1 einen der Ehegatten in seiner Lebensführung unverhältnismäßig beeinträchtigen würde; die Bewilligung von Prozesskostenhilfe ist dabei nicht zu berücksichtigen;

2. eine Kostenverteilung nach Satz 1 im Hinblick darauf als unbillig erscheint, dass ein Ehegatte in Folgesachen der in § 621 Abs. 1 Nr. 4, 5, 8 bezeichneten Art ganz oder teilweise unterlegen ist.

3 Haben die Parteien eine Vereinbarung über die Kosten getroffen, so kann das Gericht sie ganz oder teilweise der Entscheidung zugrunde legen.

(2) 1 Wird ein Scheidungsantrag abgewiesen, so hat der Antragsteller auch die Kosten der Folgesachen zu tragen, die infolge der Abweisung gegenstandslos werden; dies gilt auch für die Kosten einer Folgesache, über die infolge einer Abtrennung nach § 623 Abs. 1 Satz 2 oder nach § 628 Abs. 1 Satz 1 gesondert zu entscheiden ist. 2 Das Gericht kann die Kosten anderweitig verteilen, wenn eine Kostenverteilung nach Satz 1 im Hinblick auf den bisherigen Sach- und Streitstand in Folgesachen der in § 621 Abs. 1 Nr. 4, 5, 8 bezeichneten Art als unbillig erscheint.

(3) 1 Wird eine Ehe aufgehoben, so sind die Kosten des Rechtsstreits gegeneinander aufzuheben. 2 Das Gericht kann die Kosten nach billigem Ermessen anderweitig verteilen, wenn eine Kostenverteilung nach Satz 1 einen der Ehegatten in seiner Lebensführung unverhältnismäßig beeinträchtigen würde oder wenn eine solche Kostenverteilung im Hinblick darauf als unbillig erscheint, dass bei der Eheschließung ein Ehegatte allein die Aufhebbarkeit der Ehe gekannt hat oder ein Ehegatte durch arglistige Täuschung oder widerrechtliche Drohung seitens des anderen Ehegatten oder mit dessen Wissen zur Eingehung der Ehe bestimmt worden ist.

(4) Wird eine Ehe auf Antrag der zuständigen Verwaltungsbehörde oder bei Verstoß gegen § 1306 des Bürgerlichen Gesetzbuchs auf Antrag des Dritten aufgehoben, so ist Absatz 3 nicht anzuwenden.

(5) Die Absätze 1 und 2 gelten in Lebenspartnerschaftssachen nach § 661 Abs. 1 Nr. 1 entsprechend.

I. Normzweck und Anwendungsbereich

1. Normzweck. § 93 a enthält eine Abkehr vom Ansatz der Unterliegenshaftung, wie sie §§ 91, 92 bestimmt. Der Grund hierfür ist in erster Linie darin zu sehen, dass das Rechtsverhältnis der Ehe ein besonders enges Gefüge persönlicher Rücksichtnahme- und Solidarpflichten begründet (vgl. Vor §§ 91 ff. Rn. 26), das ähnlich wie fortwirkende Unterhaltspflichten auch noch auf die Ehescheidung und ihre Vermögensfolgen ausstrahlt. Diese Wertung überlagert das in kostenrechtlicher Hinsicht sonst maßgebende reine Erfolgsmoment einer Klage, zumal hinsichtlich der (erfolgreichen) Betreibung des Verfahrens (nach Abschaffung des Schuldprinzips und Einführung des Zerrüttungsprinzips) in Ehesachen prinzipiell beide Parteien als Antragsteller in Betracht kommen,[1] keine jedoch das angestrebte Ziel ohne Anrufung des Gerichts herbeiführen kann. Deshalb ordnet § 93 a Abs. 1 S. 1 für einen erfolgreichen Antrag auf Scheidung oder Aufhebung der Ehe vorrangig an, die Kosten einschließlich denen der Folgesachen **gegeneinander aufzuheben,** eine Regelung, die dadurch ergänzt wird, dass der Richter je nach Lage des Einzelfalls nach pflichtgemäßem Ermessen auch Billigkeitsgesichtspunkte berücksichtigen darf (Abs. 1 S. 2). Dagegen hält das Gesetz für den Fall des unzulässigen oder unbegründeten Scheidungsantrags in Abs. 2 am Grundsatz der Unterliegenshaftung (vgl. Vor §§ 91 ff. Rn. 24) fest, indem es dem Veranlasser des Verfahrens die Kosten auferlegt; doch ist auch hier hinsichtlich der Folgesachen eine abweichende Kostenverteilung aus Billigkeit möglich (Abs. 2 S. 2). Ebenfalls den allgemeinen Regeln der §§ 91 ff. folgt die Kostenentscheidung, wenn die Ehe nicht auf Antrag eines Ehegatten, sondern auf Antrag einer Verwaltungsbehörde oder eines Dritten (§ 1306 BGB) aufgehoben wird (Abs. 3), weil das zwischen Ehegatten geltende Gebot gesteigerter Rücksichtnahme für das dann bestehende Prozessrechtsverhältnis nicht zutrifft. 1

2. Anwendungsbereich. Die Vorschrift erfasst nur die **Ehescheidung** (Abs. 1 und 2) und **-aufhebung** (Abs. 3) sowie solche **Scheidungsfolgesachen,** über die entweder zusammen mit der Ehescheidung – bezüglich der elterlichen Sorge nach § 627 Abs. 1 auch schon vorab – oder über die nach § 628 Abs. 1 S. 1 gesondert entschieden wird und die für sich allein angefochten werden.[2] Auch die Kosten einstweiliger Anordnungsverfahren, die im Rahmen eines Eheschei- 2

[1] BGH, FamRZ 2007, 893, 894 Rn. 12.
[2] OLG München FamRZ 1980, 473.

dungsverfahrens anhängig gemacht werden, gelten als solche der Hauptsache (§ 620g) und werden deshalb von § 93a erfasst, soweit nicht § 620g seinerseits eine den § 93a verdrängende Sonderregelung enthält. Anwendbar ist § 93a richtigerweise ferner im Falle der Rücknahme oder Erledigung eines **Rechtsmittels** in einer Folgesache (näher Rn. 5). Der Ausnahmecharakter des § 93a verbietet hingegen eine analoge Anwendung auf andere Ehe- oder Kindschaftssachen. Dass auch ein Dritter, beispielsweise ein Vermieter, am Verfahren beteiligt ist, ändert an der Anwendung der Sonderregelung nichts, doch erstreckt sie sich nicht auf den Träger der gesetzlichen Rentenversicherung (vgl. Rn. 5). Das Lebenspartnerschaftsgesetz vom 16. 2. 2001 (BGBl. 2001 Teil I S. 266) schließlich hat in § 93a Absatz 5 die Absätze 1 und 2 auch auf **Lebenspartnerschaftssachen** iSv. § 661 Abs. 1 Nr. 1 für anwendbar erklärt.

II. Ehescheidung und Regelung von Folgesachen (Abs. 1)

3 **1. Überblick.** § 93a Abs. 1 kennt **drei** verschiedene Arten, die Kosten im Falle der Ehescheidung, einschließlich in Zusammenhang mit ihr anhängig gewordener Scheidungsfolgesachen, zu verteilen: Grundsätzlich sind die Kosten gegeneinander **aufzuheben** (Abs. 1 S. 1). Unter bestimmten Voraussetzungen kann das Gericht sie stattdessen nach **billigem Ermessen** anderweitig verteilen (Abs. 1 S. 2). Abweichend von S. 1 und S. 2 ist es dem Richter gem. S. 3 auch gestattet, bei seiner Entscheidung eine **Vereinbarung** der Parteien über die Kosten ganz oder teilweise zu berücksichtigen. Ergänzend treten daneben die durch § 93a Abs. 1 nicht verdrängten **allgemeinen Regelungen** der §§ 96,[3] § 97 Abs. 1 und 3, nicht auch Abs. 2,[4] § 98 – außer iVm. § 93a Abs. 1 S. 3 – und § 620g, soweit letzterer nicht seinerseits eine § 93a vorgehende Sonderregel zum Gegenstand hat.[5] Zu beachten ist, dass eine **isolierte Anfechtung** der auf § 93a beruhenden Kostenentscheidung auch dann zulässig ist, wenn sie nach Teilklagerücknahme, Teilanerkenntnis oder Teilerledigung in Gestalt einer sog. Kostenmischentscheidung (vgl. § 99 Rn. 6) ergeht; die Sperrwirkung des § 99 Abs. 1 kommt insoweit nicht zum Tragen.[6]

4 **2. Kostenaufhebung** (Abs. 1 S. 1). **a) Voraussetzungen.** Die Bestimmung des § 93a Abs. 1 setzt voraus, dass auf **Scheidung** der Ehe erkannt wird. Unerheblich ist, auf wessen Antrag dies geschieht, ob beide Parteien die Scheidung begehren oder eine Partei dem entgegentritt und Abweisung des Antrags fordert. Dass ein Beteiligter seinen Scheidungsantrag wieder zurücknimmt, ist für die Kostenverteilung ebenfalls ohne Belang.

5 Der Scheidung einer Ehe kostenrechtlich gleichgestellt sind **Folgesachen,** die gleichzeitig im Scheidungsverbund entschieden werden oder über die in Bezug auf die elterliche Sorge nach § 627 Abs. 1 vorweg oder nach § 628 Abs. 1 S. 1 gesondert entschieden wird oder die allein angefochten werden.[7] Für die nach Abs. 1 S. 1 im Kostenverbund einheitlich anzuordnende Kostenaufhebung macht es auch keinen Unterschied, ob und wie über eine Folgesache entschieden wird oder ob eine solche Entscheidung deshalb unterbleibt, weil der Antrag **zurückgenommen**[8] oder die Hauptsache für **erledigt** erklärt wird,[9] da § 91a Abs. 1 verdrängt wird (zum Konkurrenzverhältnis des § 93a zum außergerichtlichen Vergleich vgl. § 98 Rn. 37f.); eine Abweichung vom Regelfall der Kostenaufhebung nach billigem Ermessen gem. § 93a Abs. 1 S. 2 ist jedoch auch hier gestattet.[10] Erledigt sich das Verfahren einer anhängigen Scheidungsfolgesache infolge des **Todes** eines Ehegatten (§ 619), verdrängt die Sonderregelung des § 93a Abs. 1 S. 1 die allgemeine Kostenvorschrift des § 91a.[11] Ebenfalls **analog § 93a** zu entscheiden ist nach zutreffender Auffassung, wenn das **Rechtsmittel** gegen eine im Scheidungsverbund ergangene Folgesache **zurückgenommen** wird[12] oder Erledigung der Folgesache in der **Rechtsmittelnstanz** eintritt.[13] Für eine entsprechende An-

---

[3] *Zöller/Herget* Rn. 2.
[4] BGH AnwBl. 1984, 502; KG FamRZ 1981, 381.
[5] *Baumbach/Lauterbach/Hartmann* Rn. 1.
[6] BGH FamRZ 2007, 893, 894; aM KG KGR 2007, 118, 119.
[7] OLG München FamRZ 1980, 473.
[8] KG OLGR 2007, 118; FamRZ 1988, 1075; OLG Frankfurt FamRZ 1985, 823; AG Pinneberg SchlHA 1984, 184.
[9] BGH FamRZ 1983, 683; AnwBl. 1984, 502; KG OLGR 2000, 358; OLG Karlsruhe NJW-RR 1996, 1477.
[10] BGH FamRZ 2007, 893, 894 Rn. 15.
[11] BGH FamRZ 1983, 683; 1986, 253, 254; OLG Köln FamRZ 2000, 620; aM OLG Schleswig OLGR 2000, 284; OLG Nürnberg FamRZ 1997, 763; OLG Karlsruhe FamRZ 1996, 880; OLG Bamberg FamRZ 1995, 1073, 1074.
[12] OLG Köln FamRZ 1997, 221, 222; KG FamRZ 1988, 1075; OLG Frankfurt FamRZ 1982, 1093; *Zöller/Herget* Rn. 1.
[13] BGH FamRZ 1983, 683; OLG München FamRZ 2004, 961.

wendung des § 516 Abs. 3[14] oder des § 13a Abs. 1 S. 1[15] FGG ist hingegen kein Raum. Das beruht darauf, dass § 93a schon auf Grund seines Normzwecks (vgl. Rn. 1) als **Spezialregelung** anzusehen ist, die im Sinne einer grundsätzlichen Gleichbehandlung der Ehegatten auf kostenrechtlichem Gebiet auch im Rechtsmittelverfahren Geltung beansprucht, sofern nicht § 97 Abs. 3 zwingend die Belastung des Rechtsmittelführers anordnet.[16] Auch Kosten eines **einstweiligen Anordnungsverfahrens** gelten als solche der Hauptsache und werden deshalb im Kostenverbund mit den Kosten des Scheidungsverfahrens nach § 93a Abs. 1 S. 1 gegeneinander aufgehoben, soweit § 620g nicht seinerseits eine dieser Bestimmung vorgehende Sonderregelung beinhaltet. § 93a Abs. 1 S. 1 findet schließlich Anwendung, wenn am Verfahren ein **Dritter,** zB ein Vermieter, beteiligt ist,[17] idR nicht jedoch in Bezug auf den Träger der gesetzlichen **Rentenversicherung.**[18] Doch kommt eine analoge Anwendung (gegenseitige Kostenaufhebung) hinsichtlich der außergerichtlichen Kosten einer vom Versicherungsträger eingelegten Beschwerde in Betracht, wenn die angefochtene Entscheidung auf dessen unzutreffender Auskunft beruht[19] (zu den Gerichtskosten vgl. § 97 Rn. 25). Im Übrigen sind gem. Absatz 5 die Regelungen der Absätze 1 und 2 auf **Lebenspartnerschaftssachen** der in § 661 Abs. 1 Nr. 1 bezeichneten Art anwendbar.

b) Entscheidung. Wird über die Ehescheidung und im Verbund stehende Folgesachen (§§ 623 Abs. 1, 621 Abs. 1) **gleichzeitig** entschieden, so geschieht dies nach § 629 Abs. 1 durch einheitliches Urteil. In ihm sind im Rahmen des sog. Kostenverbunds auf Grund des ehebedingten Rücksichts- und Solidargebots (vgl. Rn. 1) alle Kosten des Rechtsstreits grundsätzlich gegeneinander aufzuheben. Dies gilt, was nicht zuletzt hinsichtlich der mitentschiedenen Folgesachen bedeutsam sein kann, ohne Rücksicht auf Obsiegen oder Unterliegen. 6

Wird noch vor Ehescheidung vorab eine Entscheidung über die **elterliche Sorge** getroffen (§ 627 Abs. 1), enthält sie keine eigene Kostenentscheidung. Eine solche ergeht erst zusammen mit dem späteren Kostenverbundurteil (vgl. Rn. 6), das alle übrigen im Verbund verbliebenen Angelegenheiten zum Gegenstand hat und ebenfalls einheitlich auf Kostenaufhebung lautet. Gleiches gilt für den Erlass einer **einstweiligen Anordnung** nach §§ 620ff., in die ebenfalls kein Kostenausspruch aufgenommen wird, da die dortigen Kosten nach § 620g zu denen der Hauptsache rechnen. Insofern findet auf sie dann im Rahmen der Hauptsacheentscheidung grundsätzlich § 93a Anwendung, und zwar ohne Rücksicht auf den Ausgang des einstweiligen Anordnungsverfahrens, jedoch mit der Einschränkung, dass nach § 620g 2. Halbs. zugleich § 96 entsprechend anwendbar ist. 7

Wird hingegen nach **Abtrennung** (§ 628 Abs. 1 S. 1) einer Folgesache über diese gesondert entschieden, so ist in die Entscheidung auch eine mit eigenem Streitwert zu beziffernde **gesonderte Kostenentscheidung** aufzunehmen,[20] die nach Abs. 1 S. 1 2. Halbs. ohne Rücksicht auf den Ausgang des Verfahrens ebenfalls auf gegenseitige Kostenaufhebung zu lauten hat. Die Gegenauffassung,[21] welche die Abtrennung als Teil-Urteil qualifizieren und eine Kostenentscheidung erst der Schlussentscheidung vorbehalten möchte, ist mit dem Wortlaut des Abs. 1 S. 1 2. Halbs. nicht vereinbar. Die Folgen der Kostenaufhebung bestimmen sich unmittelbar nach § 92 Abs. 1 (vgl. § 92 Rn. 12). Die von der Kostengrundentscheidung erfassten Kosten begründen einen **prozessualen Kostenerstattungsanspruch,** wie er allgemeinen Regeln entspricht (hierzu Vor §§ 91ff. Rn. 8, 14ff., § 91 Rn. 3). 8

3. Kostenverteilung nach billigem Ermessen (Abs. 1 S. 2). **a) Grundgedanke.** Außer in den Fällen der Abs. 2 und 3 sieht § 93a auch in Abs. 1 S. 2 statt einer Kostenaufhebung eine **anderweitige Kostenverteilung** nach billigem Ermessen des Gerichts vor. Voraussetzung dafür ist, dass einer der beiden Tatbestände – Härteklausel nach S. 2 Nr. 1 oder Unbilligkeitsklausel nach S. 2 Nr. 2 – erfüllt ist. Billiges Ermessen ist im gleichen Sinne wie zu § 91a Abs. 1 dargelegt zu verstehen. Dem Gericht ist damit ein weiter Spielraum eröffnet. Die Grenzen billigen Ermessens sind erst dann überschritten, wenn die Entscheidung unter keinem denkbaren Gesichtspunkt mehr als sachlich gerechtfertigt, mithin als willkürlich erscheint.[22] In diesem weiten Rahmen ist der Richter gehalten, die Kos- 9

---

[14] So aber BGH FamRZ 1983, 154; OLG Dresden FamRZ 2002, 1348; BayObLG FamRZ 1995, 184; OLG Karlsruhe MDR 1984, 59.

[15] So OLG Hamm FamRZ 2000, 499 (LS); OLG Stuttgart FamRZ 1983, 936, 937; *Thomas/Putzo/Hüßtege* § 629a Rn. 7.

[16] BGH FamRZ 1983, 683; FamRZ 1986, 253, 254; OLG Köln FamRZ 1997, 221, 222.

[17] OLG Hamm FamRZ 1981, 695.

[18] OLG Koblenz KostRspr. Nr. 13, 14.

[19] OLG Braunschweig FamRZ 1997, 222, 223.

[20] OLG Hamm AnwBl. 1978, 423; OLG Bremen KostRspr. Nr. 12; *Zöller/Herget* Rn. 3.

[21] OLG Naumburg FamRZ 2003, 1192 (LS).

[22] *Baumbach/Lauterbach/Hartmann* Rn. 8.

tenverteilung unter Heranziehung der allgemeinen Grundgedanken des Kostenrechts und unter Berücksichtigung aller Umstände des Einzelfalles, insbesondere auch des der Regelung des § 93a immanenten Anliegens einer möglichst gerechten Kostenentscheidung vorzunehmen.

10 **b) Härteklausel** (S. 2 Nr. 1). Diese Fallgruppe zeichnet aus, dass die Kostenaufhebung nach Nr. 1 1. Halbs. einen der Ehegatten in seiner Lebensführung **unverhältnismäßig beeinträchtigen** würde, wobei als Maßstab ein Zeitraum von etwa einem Jahr zugrunde gelegt werden kann, in dem die Einschränkungen spürbar wären.[23] Außer Betracht zu bleiben hat gem. Nr. 1 2. Halbs. der Umstand, dass einer Partei **Prozesskostenhilfe** bewilligt worden ist. Die bedürftige Partei ist also hinsichtlich der Berechnung ihrer künftigen Lebensführungskosten (fiktiv) so zu behandeln, als ob sie im Falle der Kostenaufhebung (Abs. 1 S. 1) ohne die Vergünstigung der PKH die Kosten des Rechtsstreits hälftig zu tragen hätte. Die Regelung dient insofern der Entlastung der Staatskasse,[24] als dem wirtschaftlich stärkeren Ehegatten ganz oder überwiegend die Kosten des Rechtsstreits auferlegt werden sollen und die aus der Staatskasse zu zahlende Prozesskostenhilfe nur einen geringeren Kostenanteil abzudecken braucht. Ein Vermögens- oder Einkommensgefälle der Ehegatten rechtfertigt allein noch nicht die Anwendung der Härteklausel. Auch die Aussicht, gerade auf Grund eines Obsiegens im streitgegenständlichen Verfahren demnächst über liquide Mittel verfügen zu können, ist nicht zu berücksichtigen, da sonst im Widerspruch zu allgemeinen kostenrechtlichen Grundsätzen der Erfolg eines Antrags ursächlich für die Kostentragung wäre.[25] Vielmehr ist unter Abwägung der wirtschaftlichen Situation beider Teile und unter Berücksichtigung des Ausnahmecharakters der Vorschrift zu prüfen, ob dem wirtschaftlich schwächeren Teil eine Beteiligung an den Kosten noch **zumutbar** ist oder ihn unangemessen beeinträchtigt. Nach seinem billigen Ermessen kann das Gericht die Kosten auch quoteln und den wirtschaftlich besser gestellten Teil mit einem höheren Bruchteil der Kosten belasten.

11 **c) Billigkeitsklausel** (S. 2 Nr. 2). Die Billigkeitsklausel beschränkt sich ihrem Wortlaut nach auf das vollständige oder teilweise **Unterliegen** eines Ehegatten in einer der in § 621 Abs. 1 Nr. 4 (Kindesunterhalt), Nr. 5 (Ehegattenunterhalt) oder Nr. 8 (Ansprüche aus ehelichem Güterrecht) aufgeführten Folgesachen. Die Tatsache, dass hier ausnahmsweise der die §§ 91, 92 prägende Maßstab der Unterliegenshaftung (vgl. Vor §§ 91 ff. Rn. 24) Berücksichtigung findet, gebietet es, die im Ermessen des Richters stehende Entscheidung auf solche Mehrkosten zu beschränken, die ihren Grund in der vom Unterlegenen geltend gemachten Forderung haben. Ferner ist der **Grad** des Unterliegens wie auch der **Anlass** der gerichtlichen Geltendmachung mitzuberücksichtigen. Für die Kostenentscheidung kommt hiernach sowohl eine Aussonderung einzelner bestimmter Kosten (§§ 95, 96) wie auch eine Quotelung (§ 92) in Frage. § 93a S. 2 Nr. 2 ist nicht schon anwendbar, wenn die Parteien eine Folgesache übereinstimmend für erledigt erklären, nachdem der ausgleichspflichtige Ehegatte seine Auskunftspflicht iSv. § 1379 BGB erst im Prozess anerkannt und den geschuldeten Betrag geleistet hat.[26]

12 Werden in der Kostenentscheidung eines Verbundurteils die Kosten gegeneinander aufgehoben, diejenigen einer Folgesache jedoch ohne nähere Spezifizierung der unterlegenen Partei auferlegt, so sind darunter nur die durch das Verfahren über die **Folgesache** entstandenen Mehrkosten zu verstehen.[27] Ist insoweit keine ausdrückliche Quotierung, bezogen auf die Gesamtkosten des Rechtsstreits, erfolgt, kann eine solche nicht im **Kostenfestsetzungsverfahren** nachgeholt werden (vgl. § 104 Rn. 55). Der Rechtspfleger kann daher keinen Ausgleich durch Bildung einer Quote nach dem Verhältnis zum Gesamtstreitwert durchführen, sondern hat unter Anwendung der sog. **Differenzmethode** den Betrag der Mehrkosten zu errechnen.[28] Dasselbe gilt für eine vom Verbund – ausdrücklich oder konkludent – abgetrennte Folgesache.[29] Im Rahmen der Kostenfestsetzung sind daher in der Folgesache nur noch die Kosten auszugleichen, die nach Abzug der auf die Scheidungssache selbst entfallenden Kosten von dem aus dem Gesamtstreitwert errechneten Kosten verbleiben. Der Vorzug der Differenzmethode gegenüber einer Quotenberechnung entspricht am ehesten der mit § 93a Abs. 1 S. 2 Nr. 2 angestrebten Billigkeit.

13 **4. Vereinbarung der Parteien** (Abs. 1 S. 3). Das Gesetz gestattet dem Gericht auch, bei seiner in einer Scheidungssache iSv. Abs. 1 (nicht in einer anderen Ehesache iSv. Abs. 3) zu treffenden

---

[23] *Thomas/Putzo/Hüßtege* Rn. 5.
[24] *Musielak/Wolst* Rn. 6; *Zöller/Herget* Rn. 4.
[25] OLG Hamm FamRZ 2004, 1504, 1505.
[26] OLG Brandenburg FamRZ 2006, 52 (LS).
[27] OLG Köln MDR 1997, 789, 790.
[28] OLG Schleswig OLGR 2001, 171; JurBüro 1994, 748; OLG München NJW-RR 1999, 366; OLG Karlsruhe FamRZ 1997, 222; OLG Köln MDR 1997, 789, 790; OLG Koblenz JurBüro 1990, 73.
[29] OLG Schleswig JurBüro 1994, 748.

Kostenentscheidung eine Vereinbarung der Parteien über die Kosten ganz oder teilweise zu berücksichtigen. Doch ist der Vorrang der Privatautonomie insoweit **aufgehoben.** Die Parteien können daher abweichend von den sonstigen Regeln (vgl. § 98 Rn. 1) nicht durch Prozessvergleich über die Kosten des Rechtsstreits mit bindender Wirkung gegenüber dem Gericht disponieren (vgl. § 98 Rn. 36 ff.). Immerhin empfiehlt es sich aus Sicht des Gerichts, im Regelfall den Parteiwillen, sofern dieser nicht beachtenswerte, insbesondere nicht allgemeine Interessen verletzt, anzuerkennen und ihm soweit als möglich zu folgen.[30] Hat das Gericht bei seiner Kostenentscheidung eine vorausgegangene Kostenvereinbarung übersehen, ist eine Berichtigung nach **§ 319** möglich.[31]

III. Abweisung des Scheidungsantrags (Abs. 2)

1. Kostenlast des Antragstellers (Abs. 2 S. 1). Wird der **Scheidungsantrag abgewiesen,** 14
treffen die dadurch verursachten Kosten den Antragsteller bereits nach § 91 Abs. 1 S. 1.[32] Diese Kostenfolge erstreckt § 93 a Abs. 2 S. 1 auf alle Kosten der nach § 629 Abs. 3 S. 1 **gegenstandslos** gewordenen **Folgesachen,** auch soweit über sie gesondert zu entscheiden ist. Wird dagegen einer Partei auf ihren Antrag hin gestattet, eine Folgesache als selbstständige Familiensache fortzusetzen (§ 629 Abs. 3 S. 2), bleibt das Verfahren insoweit anhängig. Über seine Kosten ist gesondert zu entscheiden (§ 629 Abs. 3 S. 3 iVm. § 626 Abs. 2 S. 2). Wie auch bei **Zurücknahme** des Scheidungsantrags (§ 626) ist § 93 a Abs. 2 insoweit unanwendbar.

2. Kostenverteilung nach billigem Ermessen (Abs. 2 S. 2). Aus Billigkeitsgründen im Rah- 15
men freien Ermessens kann das Gericht von der im Übrigen zwingenden Kostenauferlegung in **Folgesachen** des § 621 Abs. 1 **Nr. 4, Nr. 5** oder **Nr. 8** ausnahmsweise absehen und die Kosten **anderweitig verteilen.** Aufgrund ihrer enumerativen Fassung ist die Regelung nicht auf andere Folgesachen und insbesondere nicht auf die Scheidungssache selbst anwendbar. Die Abweichung von der Regel des Abs. 2 S. 1 setzt voraus, dass eine Kostenlast des Antragstellers mit Blick auf den Sach- und Streitstand der Folgesachen unbillig wäre. Eine solche Annahme kommt nur in seltenen Fällen in Betracht, etwa dann, wenn der Antrag in der Folgesache vom Gegner des Scheidungsantrags leichtfertig gestellt wurde oder sich als offensichtlich unbegründet erweist. Hinsichtlich der Ermittlung und Würdigung des bisherigen Sach- und Streitstands kann auf die Ausführungen in § 91 a verwiesen werden.

3. Zurücknahme des Scheidungsantrags. Wird der durch einen **einzelnen Ehegatten** ge- 16
stellte Scheidungsantrag **vorbehaltlos** zurückgenommen, so dass es nicht zur Fortführung einer Folgesache als selbstständige Familiensache kommt, richtet sich die Kostenentscheidung auch für die Folgesachen nach § 626 Abs. 1 S. 1 iVm. § 269 Abs. 3 bis 5. Erscheint deren Anwendung unbillig, kann das Gericht stattdessen eine anderweitige Kostenverteilung vornehmen, § 626 Abs. 1 S. 2; diese Regelung entspricht inhaltlich § 93 a Abs. 2 S. 2, den sie verdrängt. Im Einklang mit den allgemeinen Regeln (vgl. § 99 Rn. 4) darf die Kostenentscheidung isoliert angefochten werden.[33]

Behält sich der Antragsteller bei Rücknahme seines Scheidungsantrags nach § 626 Abs. 2 S. 1 vor, die Folgesache als selbstständige Familiensache **fortzuführen,** wird über ihre Kosten besonders entschieden (§ 626 Abs. 2 S. 2). Die Kostenentscheidung folgt in diesem Fall allgemeinen Grundsätzen, während § 93 a unanwendbar ist. Für die Kosten der Scheidungssache verbleibt es bei der Anwendung des § 269 Abs. 3.

Nehmen **beide Antragsteller** ihren Scheidungsantrag zurück, sind die Kosten der Scheidungs- 17
sache in entsprechender Anwendung des § 92 Abs. 1 S. 1 gegeneinander aufzuheben.[34] Gleiches gilt für nicht fortgeführte Folgesachen. Im Falle der Fortsetzung als selbstständige Familiensache ist über deren Kosten nach § 626 Abs. 2 S. 2 zu entscheiden. Die Rücknahme nur eines der beiden Scheidungsanträge und Fortsetzung des Scheidungsverfahrens lässt nach Abschluss des letzteren insgesamt § 93 a zum Zuge kommen.[35]

4. Beschwerderücknahme. Auf die Rücknahme einer Beschwerde gegen eine im Scheidungs- 18
verbund ergangene Regelung der in § 97 Abs. 3 bezeichneten Folgesachen ist § 516 Abs. 3 entsprechend anzuwenden.[36] Die Gegenauffassung, wonach die Rechtsmittelrücknahme der Erledi-

---

[30] OLG Frankfurt OLGR 2002, 243, 244.

[31] OLG Frankfurt OLGR 2002, 243, 244; aM OLG Zweibrücken NJW-RR 1998, 508 (keine Korrektur einer Entscheidung nach § 93 a).

[32] OLG Karlsruhe FamRZ 1997, 1417.

[33] BGH FamRZ 2007, 893, 894 Rn. 7.

[34] OLG Hamm FamRZ 1979, 169.

[35] OLG Bamberg KostRspr. Nr. 10.

[36] BGH FamRZ 1983, 154; OLG Frankfurt FamRZ 1991, 586; aM OLG Köln MDR 1996, 1302; OLG Hamm FamRZ 1995, 377.

gung der Hauptsache gleich stehe und als Folge davon entweder § 93a oder § 13a Abs. 1 FGG heranzuziehen seien, überzeugt nicht.

IV. Eheaufhebung (Abs. 3)

19 **1. Kostenaufhebung** (Abs. 3 S. 1). Ohne Rücksicht darauf, welcher Grund ausschlaggebend dafür ist, dass eine Ehe **aufgehoben** oder für **nichtig** erklärt wird, sind die Kosten des Rechtsstreits gem. § 93a Abs. 3 S. 1 iVm. § 92 Abs. 1 im **Regelfall** gegeneinander aufzuheben. Auch auf ein Verschulden der einen oder anderen Partei kommt es hierbei nicht an.

20 **2. Billigkeitsklausel** (Abs. 3 S. 2). Unter Durchbrechung des Grundsatzes gegenseitiger Kostenaufhebung gestattet Abs. 3 S. 2 dem Gericht, die Kosten nach billigem Ermessen **anderweitig** zu verteilen. Mehrere vom Gesetz im Einzelnen umschriebene Tatbestände kommen hierfür infrage: Eine Billigkeitsentscheidung ist veranlasst, falls eine Kostenaufhebung einen der Ehegatten in seiner Lebensführung **unverhältnismäßig beeinträchtigen** würde. Die Voraussetzungen entsprechen denen des Abs. 1 S. 2 Nr. 1, weshalb auf Rn. 10 verwiesen wird. Anderweitig verteilt werden dürfen die Kosten sodann, wenn ein Ehegatte allein bei Eingehung der Ehe **bösgläubig** war und den Ehemangel kannte. Gleiches gilt, wenn ein Ehegatte durch arglistige **Täuschung** oder widerrechtliche **Drohung** den anderen zur Eingehung der Ehe bestimmte. In letzterem Fall wird die Ausübung billigen Ermessens in aller Regel eine Kostensanktion gebieten. Kannten bei Eingehung der Ehe beide Ehegatten deren Aufhebbarkeit, verbleibt es bei dem Grundsatz der Kostenaufhebung nach S. 1.

21 **3. Ablehnung des Antrags.** Wird der Antrag auf Aufhebung der Ehe als **unzulässig** oder **unbegründet** abgelehnt, ist über die Kostentragung nach allgemeinen Grundsätzen (§§ 91 ff.) zu entscheiden.

22 **4. Aufhebung auf Antrag der Behörde oder eines Dritten** (Abs. 4). Auf Antrag der zuständigen Landesbehörde oder bei Verstoß gegen § 1306 BGB seitens eines Dritten kann die Aufhebung der Ehe ausgesprochen werden (vgl. § 1306 BGB). Geschieht dies, ist Abs. 3 unanwendbar, weil dann das besondere Rücksichtsgebot zwischen Ehegatten (vgl. Rn. 1) nicht zum Tragen kommt. Die Kostenentscheidung ist stattdessen nach allgemeinen Grundsätzen des Kostenrechts (§§ 91 ff.) zu treffen. Gleiches gilt, wenn der behördliche Antrag oder der des betroffenen Dritten zurückgewiesen wird.

§ 93 b Kosten bei Räumungsklagen

(1) [1]Wird einer Klage auf Räumung von Wohnraum mit Rücksicht darauf stattgegeben, dass ein Verlangen des Beklagten auf Fortsetzung des Mietverhältnisses auf Grund der §§ 574 bis 574 b des Bürgerlichen Gesetzbuchs wegen der berechtigten Interessen des Klägers nicht gerechtfertigt ist, so kann das Gericht die Kosten ganz oder teilweise dem Kläger auferlegen, wenn der Beklagte die Fortsetzung des Mietverhältnisses unter Angabe von Gründen verlangt hatte und der Kläger aus Gründen obsiegt, die erst nachträglich entstanden sind (§ 574 Abs. 3 des Bürgerlichen Gesetzbuchs). [2]Dies gilt in einem Rechtsstreit wegen Fortsetzung des Mietverhältnisses bei Abweisung der Klage entsprechend.

(2) [1]Wird eine Klage auf Räumung von Wohnraum mit Rücksicht darauf abgewiesen, dass auf Verlangen des Beklagten die Fortsetzung des Mietverhältnisses auf Grund der §§ 574 bis 574 b des Bürgerlichen Gesetzbuchs bestimmt wird, so kann das Gericht die Kosten ganz oder teilweise dem Beklagten auferlegen, wenn er auf Verlangen des Klägers nicht unverzüglich über die Gründe des Widerspruchs Auskunft erteilt hat. [2]Dies gilt in einem Rechtsstreit wegen Fortsetzung des Mietverhältnisses entsprechend, wenn der Klage stattgegeben wird.

(3) Erkennt der Beklagte den Anspruch auf Räumung von Wohnraum sofort an, wird ihm jedoch eine Räumungsfrist bewilligt, so kann das Gericht die Kosten ganz oder teilweise dem Kläger auferlegen, wenn der Beklagte bereits vor Erhebung der Klage unter Angabe von Gründen die Fortsetzung des Mietverhältnisses oder eine den Umständen nach angemessene Räumungsfrist vom Kläger vergeblich begehrt hatte.

I. Normzweck und Anwendungsbereich

1 **1. Normzweck.** Die Vorschrift strebt für die Kosten eines Räumungsrechtsstreits über Wohnraum einen möglichst interessengerechten Ausgleich an. Sie gibt deshalb die in den §§ 91, 92 ent-

haltenen Grundprinzipien des Kostenrechts weitgehend auf. Statt am Unterliegen orientiert sie sich, zugleich unter Preisgabe des Vereinfachungsgedankens, teils an Billigkeits- und sozialen Gesichtspunkten (Abs. 1), teils an Aspekten der Verfahrensökonomie (Abs. 2). Der für den Fall nachlässigen Sachvortrags drohende Kostennachteil soll die Verfahrensdisziplin fördern und durch die intendierte rechtzeitige und umfassende Unterrichtung des Gegners zugleich die Aussichten einer gütlichen Regelung, möglichst bereits im Vorfeld eines Prozesses, stärken. Systematisch lässt sich die Norm der Vor §§ 91 ff. Rn. 27 im Überblick zusammengefassten Fallgruppe zuordnen. Zum Regelungszweck des Abs. 3 vgl. Rn. 16.

2. Anwendungsbereich. Ihrem Wortlaut zufolge ist die Bestimmung auf Klagen auf **Räumung** von **Wohnraum** (§ 721) sowie Klagen wegen **Fortsetzung** eines Mietverhältnisses über Wohnraum beschränkt. Die Reichweite ihrer Anwendung im Falle sog. Mischmietverhältnisse (kombinierte Wohn- und Gewerbemiete) sollte zweckmäßigerweise mit den Wertungen des bürgerlichen Mietrechts konform gehen (hierzu Rn. 5). Dass die Räumungsklage mit der gerichtlichen Geltendmachung anderer mietrechtlicher Ansprüche, so insbesondere von Mietzinsansprüchen verbunden wird, ist unschädlich. In der Konsequenz kann dies dazu führen, dass neben § 93b auch § 92 zum Zuge kommt. § 93b Abs. 1 und 2 wurde mit dem Gesetz zur Neugliederung, Vereinfachung und Reform des Mietrechts vom 19. 6. 2001 (BGBl. I S. 1149) neu gefasst. Im Wesentlichen handelte es sich um redaktionelle Änderungen, die im Zuge der Schuldrechtsreform erforderlich wurden. Auf einen Räumungsrechtsstreit, der vor dem 1. 9. 2001 rechtshängig geworden ist, findet § 93b Abs. 1 und 2 in der bis zu diesem Zeitpunkt geltenden Fassung Anwendung (§ 24 EGZPO). 2

II. Kostentragung durch den obsiegenden Kläger (Abs. 1)

1. Überblick. Die Ausnahmeregelung ermöglicht es dem Gericht im Rahmen pflichtgemäßen Ermessens, den im Rahmen einer Räumungsklage oder in einer vom Mieter angestrengten Mietfortsetzungsklage obsiegenden **Vermieter** ganz oder teilweise mit den Kosten des Rechtsstreits zu belasten, die andernfalls nach § 91 Abs. 1 S. 1 allein der unterliegende Mieter zu tragen hätte. Die differenziert ausgestalteten einzelnen Voraussetzungen, die eine vom Grundsatz abweichende Kostenverteilung rechtfertigen, sind im Kontext mit den speziellen Mieterschutzvorschriften der §§ 574 bis 574c BGB zu sehen. Wie diese wird die Regelung von Billigkeitserwägungen und sozialen Gesichtspunkten beherrscht. 3

2. Voraussetzungen. a) Räumungs- oder Fortsetzungsklage. Der Vermieter muss auf Räumung (Abs. 1 S. 1) oder der Mieter gem. §§ 574 bis 574c BGB auf Fortsetzung des Mietverhältnisses (Abs. 1 S. 2) klagen. Beides kommt auch in Gestalt einer Widerklage in Betracht. Gegenstand der Klage kann ein Anspruch auf sofortige, nach § 259 aber auch ein solcher auf künftige Räumung sein. Eine Anspruchshäufung, beispielsweise eine Verbindung von Räumungsbegehren und Mietzinsforderung, steht der Anwendung des § 93b nicht im Wege. Je nach Ausgang des Verfahrens kann es dadurch jedoch erforderlich werden, bei der Kostenverteilung – bei einheitlicher Kostengrundentscheidung (vgl. § 92 Rn. 11) – außer Abs. 1 auch § 92 mitzuberücksichtigen. 4

b) Wohnraummiete. Räumungs- und Fortsetzungsklage müssen **Wohnraum** betreffen. Soweit in einer Klage im Wege der Anspruchshäufung ein selbstständiger Anspruch sowohl auf Räumung von Wohnraum als auch von Gewerberäumen gerichtet ist, sind § 93b und §§ 91, 92 nebeneinander anwendbar. Bei einem **Mischmietverhältnis** hingegen kann die Kostenverteilung entweder nur nach § 93b oder nach §§ 91, 92 vorgenommen werden, je nachdem, ob Wohn- oder Geschäftsraummiete zugrunde zu legen ist.[1] Nach der sog. **Übergewichtstheorie** kommt es entscheidend darauf an, welche Nutzungsart überwiegt.[2] Eine Dienstwohnung ist nach Maßgabe des § 576b BGB der Wohnraummiete zuzurechnen. Auch ein Untermietverhältnis untersteht der Regelung des § 93b.[3] Vgl. im Übrigen auch § 29a. 5

c) Obsiegen des Vermieters. Die Räumungsklage des Vermieters muss erfolgreich, die Fortsetzungsklage des Mieters erfolglos sein. Obsiegen oder Unterliegen müssen durch Urteil ausgesprochen werden. Als Urteil kommt in erster Linie ein solches nach streitiger mündlicher Verhandlung, hinsichtlich der Räumung aber auch ein Anerkenntnisurteil nach § 307 und in Bezug auf die Fortsetzungsklage ein Verzichtsurteil nach § 306 in Frage. Eine Klagerücknahme seitens des Mieters hingegen würde zur Anwendung des § 269 Abs. 3 S. 2 und damit zu dessen einseitiger Kostenbelastung führen. Ergeht gegen den auf **Fortsetzung** klagenden Mieter ein **Versäumnisurteil,** bleibt 6

[1] LG Stuttgart NJW 1973, 1377.
[2] BGH ZMR 1986, 278; OLG Schleswig NJW 1983, 49; *Stein/Jonas/Bork* Rn. 5.
[3] LG Hamm NJW 1967, 1865; *Harsch* WoM 1995, 246.

§ 93b unanwendbar, da das Unterliegen in der Säumnis und nicht in den nach § 93b Abs. 1 maßgeblichen Umständen wurzelt. Dagegen kommt bei Erlass eines Versäumnisurteils, das den Mieter zur **Räumung** verpflichtet, § 93b grundsätzlich zur Anwendung. Ob ihm dann auch die Vergünstigung des Abs. 1 zugute kommt, entscheidet sich im Rahmen der gebotenen Billigkeitsprüfung. Ein **Prozessvergleich** steht einer Verurteilung nach § 93b nicht gleich. Für dessen Anwendung ist auch kein Bedürfnis anzuerkennen. Denn maßgeblich ist die Abrede der Parteien über die Kostentragung (vgl. § 98 Rn. 1); ergänzend greift die gesetzliche Kostenaufhebung des § 98 ein. Im Falle übereinstimmender Erledigungserklärung ist nach § 91a, im Rahmen der dortigen Ermessensausübung ggf. unter Mitberücksichtigung des Rechtsgedankens des § 93b Abs. 1 zu befinden.

7 **d) Fortsetzungsverlangen des Mieters.** Zur Verurteilung auf Räumung oder Abweisung der Fortsetzungsklage muss nach Abs. 1 hinzutreten, dass der einer Kündigung widersprechende **Mieter** formgerecht, dh. schriftlich (§ 574b Abs. 1 BGB), fristgerecht (§ 574b Abs. 2 BGB) und unter Angabe von Gründen (Abs. 1 S. 1) die Fortsetzung des Mietverhältnisses verlangt hat. Im Gegensatz zu dem als bloßer Sollvorschrift ausgestalteten § 574b Abs. 1 S. 2 BGB schreibt Abs. 1 S. 1 eine Angabe von Gründen für das Fortsetzungsverlagen ausdrücklich vor. Die Gründe müssen hinreichend substantiierte Tatsachen beinhalten[4] und ihrem sachlichen Gehalt nach den Erfordernissen der §§ 574ff. BGB entsprechen. Einer bestimmten Form bedarf die Begründung nicht.

8 **e) Grund des Obsiegens.** Das Obsiegen des Vermieters mit seiner Räumungsklage bzw. das Unterliegen des Mieters mit seiner Fortsetzungsklage müssen darauf zurückzuführen sein, dass das für sich allein betrachtet zulässige und begründete Fortsetzungsbegehren letztlich nur deshalb nicht gerechtfertigt ist, weil es durch **berechtigte Interessen** des Vermieters im Rahmen der vom Gericht nach § 574 Abs. 1 S. 1 BGB vorzunehmenden Abwägung entkräftet wird. Nicht etwa darf das Fortsetzungsverlangen bereits aus anderen Gründen scheitern, so etwa an einer Fristversäumnis oder Formmängeln (574b Abs. 1, Abs. 2 BGB), fehlender Begründung oder unzureichender Gründe,[5] was insbesondere auch dann zutrifft, wenn der Mieter das Mietverhältnis selber gekündigt hat oder der Vermieter zur fristlosen Kündigung berechtigt ist (§ 574 Abs. 1 S. 2 BGB). Für ein wiederholtes Fortsetzungsverlangen (§ 574c BGB) gelten die genannten Anforderungen entsprechend.

9 **f) Nachträgliche Kündigungsgründe.** Um die Kostenverteilung nach § 93b Abs. 1 vornehmen zu können, muss das Obsiegen des Vermieters nach Abs. 1 S. 1 noch zusätzlich auf Gründe iSv. 574 Abs. 3 BGB gestützt sein, die erst nachträglich, dh. nach erfolgter Kündigung, entstanden sind.

10 **3. Kostenentscheidung.** Nur wenn alle genannten Voraussetzungen erfüllt sind, darf das Gericht, abweichend vom Grundsatz des § 91, die Kosten ganz oder teilweise dem obsiegenden Vermieter auferlegen. Ob und in welchem Umfange dies geschieht, steht in seinem **pflichtgemäßen,** nicht freien **Ermessen.** Um es richtig auszuüben, sind unter Rücksicht auf die Normzwecke (vgl. Rn. 1) die maßgeblichen Umstände zu würdigen, etwa ein schuldhaft prozessveranlassendes oder -verlängerndes Verhalten vor bzw. während des Prozesses, aber auch die Einkommens- und Vermögensverhältnisse, so sie unschwer und eindeutig festzustellen sind. Letzteres entspricht, da der Vermieter obsiegt, der Mieter aber trotz berechtigter, den Interessen des Vermieters unterzuordnenden Belangen unterliegt, den vom Gesetz mitverfolgten sozialen Anliegen. Denn unterliegt der Mieter aus anderen als den in Abs. 1 allein zugelassenen Gründen, muss er die Kosten ohnehin nach § 91 tragen. Eine Kostenteilung ist in Bruchteilen oder Prozentsätzen auszudrücken. Zur Kostenfolge einer Anspruchshäufung vgl. Rn. 2.

11 Für die **Anfechtung** der Kostenentscheidung gelten die allgemeinen Grundsätze. Für den obsiegenden Vermieter bedeutet dies nach § 99 Abs. 1 Unanfechtbarkeit. Der Mieter kann die Kostenentscheidung zusammen mit der Hauptsache, nicht auf die Kosten beschränkt, anfechten. Das Gericht hat im Rahmen eines zulässigen Rechtsmittels die Kostenentscheidung auch von Amts wegen zu überprüfen und ggf. zu ändern oder auch nachzuholen.

III. Kostentragung durch den obsiegenden Beklagten (Abs. 2)

12 **1. Überblick.** Abs. 2 stellt darauf ab, dass der Mieter gegenüber einer Klage auf Räumung von Wohnraum des Vermieters die Fortsetzung des Mietverhältnisses verlangt (Abs. 2 S. 1) oder seinerseits Klage mit dem Ziel der Fortsetzung des Mietverhältnisses erhebt (Abs. 2 S. 2) und mit seinem Fortsetzungsverlangen Erfolg hat. Gleichsam spiegelbildlich zu Abs. 1 kann das Gericht ihm, dem Obsiegenden, gleichwohl die Kosten des Rechtsstreits ganz oder teilweise auferlegen, wenn ihm

---

[4] LG Mannheim MDR 1965, 833.

[5] LG Hagen ZMR 1965, 141.

vorzuwerfen ist, die Gründe seines Widerspruchs und seines Fortsetzungsverlangens dem Vermieter verspätet mitgeteilt zu haben.

2. Voraussetzungen. a) Abweisung der Räumungsklage und Verurteilung zur Fortsetzung. Der Vermieter muss mit seiner Räumungsklage abgewiesen und außerdem, sei es auf Antrag oder von Amts wegen, nach § 308a dazu verurteilt worden sein, das Mietverhältnis für eine bestimmte oder auch unbestimmte Zeit ggf. unter gleichzeitiger Änderung der Vertragsbedingungen fortzusetzen (Abs. 2 S. 1 iVm. §§ 574 bis 574b BGB). Dem steht gleich, dass der Mieter mit seiner Fortsetzungsklage (oder einer entsprechenden Widerklage) auf Grund eines zu seinen Gunsten ergehenden Gestaltungsurteils (§ 308a) durchdringt (Abs. 2 S. 2). 13

b) Auskunftsverlangen des Vermieters. Der Vermieter muss den Mieter aufgefordert haben, über die **Gründe** seines gegen die Kündigung eingelegten **Widerspruchs** nebst Fortsetzungsverlangens Auskunft zu erteilen, ohne dass dem der Mieter unverzüglich, dh. ohne schuldhaftes Zögern iSv. § 121 Abs. 1 S. 1 BGB, nachgekommen wäre. Der fehlenden steht eine unrichtige oder dergestalt unvollständige Auskunft gleich, dass ihr die tragenden Gründe des Widerspruchs und Fortsetzungsverlangens nicht zu entnehmen sind.[6] Im Falle einer Fortsetzungsklage nach Abs. 2 S. 2 ist auf Verlangen des Vermieters unverzüglich Auskunft über die Gründe der mit der Klage begehrten Fortsetzung des Mietverhältnisses zu erteilen. Im Übrigen wird wegen der an Widerspruch, Fortsetzungsverlangen und Auskunft zu stellenden formalen und inhaltlichen Anforderungen auf Rn. 7 verwiesen. 14

3. Kostenentscheidung. Auch zu Abs. 2 liegt die Kostenentscheidung im pflichtgemäßen Ermessen des Gerichts. Für sie und ihre Anfechtbarkeit gelten die Ausführungen unter Rn. 10, 11 entsprechend. 15

IV. Kostentragung bei Anerkenntnis des Beklagten (Abs. 3)

1. Überblick. Während Abs. 1 und 2 im Rahmen eines Räumungsprozesses die Kostenfolgen eines Verlangens nach Fortsetzung des Mietverhältnisses regeln, liegt Abs. 3 der Fall zugrunde, dass der Beklagte den Anspruch **anerkennt** und demzufolge zur Räumung verurteilt wird, jedoch mit Erfolg noch eine vorübergehende **Räumungsfrist** beansprucht. Trotz seines Obsiegens auf Grund Anerkenntnisses können dem Kläger die Kosten des Rechtsstreits ganz oder teilweise auferlegt werden. Diese Kostenfolge muss im Kontext zu **§ 93** gesehen werden. Da im Unterschied zur Ermessensnorm des § 93b Abs. 3 („kann ... auferlegen") § 93 zwingender Natur ist, gelangt dieser bei Vorliegen der beiden Voraussetzungen – sofortiges Anerkenntnis und fehlende Klageveranlassung – ohnehin zugunsten des Beklagten zur Anwendung. Für § 93b Abs. 3 ist dann kein Raum. Zweifelhaft wird aber oft sein, ob der Beklagte nicht gerade durch sein Beharren auf einer angemessenen Räumungsfrist einen hinreichender Anlass zur Klageerhebung schafft und daher § 93 nicht zum Zuge kommt. Hier eröffnet § 93b Abs. 3 unter näher bezeichneten Bedingungen die Möglichkeit, den Mieter weitergehend von der Kostentragung zu entlasten. Dem liegt die Wertung zugrunde, dass es unbeschadet der generellen Berechtigung eines Räumungsverlangens seitens des Vermieters im berechtigten Interesse des Mieters liegen kann, zumindest um eine angemessene Räumungsfrist nachzusuchen, ohne dass ihm hierdurch kostenrechtliche Nachteile erwachsen.[7] Zugleich soll die Vorschrift durch die Gefahr der Kostenlast den Kläger davon abhalten, einen Prozess anzustrengen, der nur noch die Frage der Ausgestaltung einer Räumungsfrist behandelt.[8] 16

2. Voraussetzungen. a) Sofortiges Anerkenntnis. Abs. 3 setzt einen Prozess über die Räumung von Wohnraum voraus, in dem der beklagte Mieter einen Anspruch auf Räumung sofort anerkennt. Letzteres Merkmal deckt sich mit dem in § 93, weshalb auf die dortigen Erläuterungen Bezug genommen werden kann (vgl. § 93 Rn. 8ff.). Dass der Beklagte das Anerkenntnis unter den Vorbehalt einer Räumungsfrist stellt, ist bereits nach dem Gesetzeswortlaut unschädlich. Ausgehend vom Grundsatz, dass ein Anerkenntnis nicht vor **Fälligkeit** des Anspruchs erklärt werden muss (näher § 93 Rn. 11), ist Sofortigkeit noch gegeben, wenn der Beklagte erst anerkennt, nachdem der Kläger während des Prozesses von der fristlosen auf eine **ordentliche** Kündigung übergegangen ist[9] oder in sonstiger Weise erst die Fälligkeitsgrundlagen geschaffen hat.[10] Zum Erfordernis einer Nutzung der ersten sich bietenden prozessualen Möglichkeit vgl. § 93 Rn. 10. Insoweit gilt auch hier, dass es unschädlich ist, wenn der Beklagte zwar zunächst – ohne einen Sachantrag zu stellen – Ver- 17

---

[6] AM *Baumbach/Lauterbach/Hartmann* Rn. 32 (ausreichend sei, dass der Mieter überhaupt Gründe angegeben habe).

[7] LG Osnabrück MDR 1966, 151.

[8] LG Stuttgart WoM 1993, 544; NJW 1973, 1377, 1378.

[9] LG Mannheim MDR 1972, 695; ZMR 1968, 51.

[10] LG Köln WoM 1993, 542.

teidigungsbereitschaft anzeigt, dann aber innerhalb der Klageerwiderungsfrist des § 276 Abs. 1 S. 2 anerkennt.[11] Der Bejahung der Sofortigkeit steht nicht entgegen, dass der Mieter um eine Räumungsfrist nachsucht (vgl. Rn. 19) und dabei die Frage offen hält, ob er rechtlich überhaupt zur Räumung verpflichtet ist,[12] doch kann im Rahmen des richterlichen Ermessens (vgl. Rn. 21) das Interesse des Vermieters an einer gerichtlichen Klärung berücksichtigt werden.

18 **b) Gerichtliche Bewilligung einer Räumungsfrist.** Dem Beklagten muss auf Antrag oder von Amts wegen im **Urteil** eine Räumungsfrist bewilligt worden sein (vgl. § 721). Die vom Gericht den Einzelfallumständen entsprechend angemessen zu bewilligende Frist muss mit der beantragten nicht übereinstimmen.[13] Das folgt schon daraus, dass sie von Amts wegen gewährt werden kann und der Beklagte auch die Dauer der Frist in das Ermessen des Gerichts stellen darf.[14] Der Bewilligung einer Räumungsfrist im Urteil steht es ausnahmsweise gleich, wenn der Mieter eine solche zwar vorgerichtlich vergeblich gefordert, wegen kurzfristiger Gelegenheit zur Räumung jedoch nicht weiter verfolgt. Hier ist § 93b Abs. 3 entsprechend anwendbar.[15]

19 **c) Verlangen nach Fortsetzung oder einer Räumungsfrist.** Der Mieter muss den Vermieter vor Klageerhebung, dh. vor Zustellung der Klageschrift, unter Angabe **substantiierter** Gründe[16] form- und fristgerecht (Rn. 7), aber vergeblich um die Fortsetzung des Mietverhältnisses gebeten haben. Dem steht ein vergebliches – formfreies und ggf. **stillschweigend** erklärtes[17] – Gesuch nach einer den Umständen nach angemessenen Räumungsfrist gleich. Ein nicht fristgerechter Widerspruch mit Fortsetzungsbegehren kann daher in ein zulässiges konkludentes Verlangen auf Räumungsaufschub **umgedeutet** werden. Geschützt werden soll damit insbesondere der rechtsunkundige Mieter, der häufig nicht zwischen der Verlängerung des Mietverhältnisses auf Grund der Sozialklausel und einem bloßen Räumungsaufschub unterscheiden kann und deshalb eine unzutreffende Formulierung wählt.[18] Ein trotz seinem Wortlaut nach als „Kündigungswiderspruch" bezeichnetes Schreiben kann daher als Bitte um eine Räumungsfrist ausgelegt werden, wenn zB auf laufende Bemühungen um eine kurzfristige Ersatzwohnraumbeschaffung hingewiesen oder sogar bestimmte Räumungsfristen in Aussicht gestellt werden.[19] Legt allerdings ein anwaltlich vertretener Mieter ausdrücklich Widerspruch gem. § 574 BGB ein, kann dieser nicht als Erklärung iSv. Abs. 3 gedeutet werden.[20] Da Abs. 3 im Übrigen den Zweck verfolgt, Räumungsprozesse zu vermeiden, wenn letztlich nur noch die **Dauer** des Verbleibens in der Wohnung streitig ist (vgl. Rn. 1, 16), setzt dies ein Verlangen nach einer bestimmten oder doch wenigstens **bestimmbaren** Räumungsfrist voraus.[21] Daran fehlt es, wenn der Vermieter gänzlich im Unklaren bleibt, bis wann er mit dem Auszug rechnen kann.[22] Das Erfordernis der Bestimmbarkeit entfällt auch nicht dadurch, dass sich der Mieter unverschuldet außerstande sieht, einen bestimmbaren Auszugstermin zu nennen.[23] Andererseits bedarf es nicht zwingend der Angabe eines konkreten Auszugstermins, zumal dies häufig nicht möglich sein wird.[24] Hinreichend bestimmbar ist daher eine Frist schon, wenn sie in Umrissen erkennbar wird.[25] Die erbetene Frist darf nicht unangemessen lang sein.[26]

20 **Vergeblich** muss das Gesuch um Fortsetzung des Mietverhältnisses oder Bewilligung einer Räumungsfrist sein. Das setzt voraus, dass es bereits vor Klageerhebung endgültig **abgelehnt** wurde.[27] Das kann auch durch schlüssiges Verhalten, nicht zuletzt durch Erhebung der Räumungsklage geschehen. Als Ablehnung gilt auch, wenn die Fristgewährung an Bedingungen geknüpft wird[28]

---

[11] LG Stuttgart WoM 2004, 620; LG Köln WoM 1996, 567; LG Freiburg NJW-RR 1990, 382, 383.
[12] LG Stuttgart WoM 1993, 544.
[13] LG Osnabrück MDR 1966, 151; LG Dortmund NJW 1966, 258.
[14] LG Hagen NJW 1965, 1491.
[15] LG Köln WoM 1996, 567, 568; LG Essen JurBüro 1971, 972.
[16] LG Kassel DWW 1971, 94.
[17] LG Köln WoM 1998, 499, 500; LG Hagen NJW 1965, 1491.
[18] LG Stuttgart NJW 1973, 1377; AG Lörrach WoM 1993, 543.
[19] LG Köln WoM 1998, 499, 500; LG Freiburg NJW-RR 1990, 382, 383.
[20] LG Stuttgart NJW 1973, 1377.
[21] LG Münster WoM 1979, 17; LG Mannheim DWW 1976, 89; LG Kassel ZMR 1972, 16; AG Kassel WoM 1993, 541.
[22] LG Hannover MDR 1968, 500.
[23] LG Mannheim DWW 1976, 89; AG Hannover ZMR 1973, 86; LG Hannover ZMR 1970, 366; aM LG Düsseldorf WoM 1969, 172; LG Mannheim MDR 1967, 924.
[24] LG Freiburg NJW-RR 1990, 382, 383.
[25] LG Freiburg NJW-RR 1990, 382, 383; *Stein/Jonas/Bork* Rn. 28.
[26] LG Heidelberg WoM 1982, 302.
[27] LG Hagen NJW 1965, 1491.
[28] LG Mannheim WoM 1989, 32.

oder unter Rücksicht auf die jeweilige Wohnungsmarktsituation zu kurz bemessen ist.[29] Das vorprozessual vergeblich geltend gemachte weitere Begehren einer **zusätzlichen** Räumungsfrist schließt die Anwendung des § 93b Abs. 3 nicht ohne weiteres aus,[30] doch kann die daraus resultierende Belastung des Vermieters, der sich einer erhöhten Planungsunsicherheit ausgesetzt sieht, im Rahmen der Ermessensabwägung angemessen berücksichtigt werden (vgl. Rn. 21).

3. Kostenentscheidung. Liegen die genannten Voraussetzungen vor, kann das Gericht nach **pflichtgemäßem Ermessen** dem Kläger trotz Obsiegens ganz oder teilweise die Kosten auferlegen. Einer Anwendung dieser Kostenfolge steht nicht entgegen, dass das Mietverhältnis auf Grund einer Kündigung des Mieters beendet wurde und dieser daraufhin – etwa weil sich eine Aussicht auf Ersatzwohnraum zerschlagen hat – um eine angemessene Räumungsfrist nachgesucht hat.[31] Die Ermessensausübung steht im Zeichen des sozialen Anliegens, die kostenrechtlichen Wirkungen eines Anerkenntnisses (§ 93) zugunsten des Mieters zu erweitern. Doch ist mit Blick auf den Normzweck des Abs. 3 (vgl. Rn. 1, 16) auch die Bereitschaft der einen oder anderen Partei, zur **Verhinderung** des Prozesses beizutragen, angemessen zu ihren Gunsten zu würdigen.[32] Zulasten des Mieters kann es gehen, wenn er zunächst den Eindruck erweckt, die Wohnung binnen einer kürzeren Frist räumen zu können und später weiteren Aufschub begehrt.[33] Werden dem Kläger nicht die ganzen Kosten auferlegt, sind sie nach Bruchteilen oder Prozentsätzen aufzuteilen. Eine Trennung zwischen den auf die Räumung und die Räumungsfrist anfallenden Kosten ist nicht statthaft. Wird infolge übereinstimmender **Erledigungserklärung** eine Kostenentscheidung nach § 91a erforderlich, ist im Rahmen der dortigen Ermessensabwägung der Grundgedanke des § 93b Abs. 3 mitzuberücksichtigen.[34] Wegen weiterer Einzelheiten zur Kostenentscheidung wird auf Rn. 10, 11 verwiesen. Hinsichtlich der Möglichkeit einer **Anfechtung** ist zusätzlich § 99 Abs. 2 zu berücksichtigen. 21

§ 93c Kosten bei Klage auf Anfechtung der Vaterschaft

[1] Hat eine Klage auf Anfechtung der Vaterschaft Erfolg, so sind die Kosten gegeneinander aufzuheben. [2] § 96 gilt entsprechend.

I. Normzweck und Anwendungsbereich

1. Normzweck. § 93c ordnet für Vaterschaftsanfechtungsklagen (§ 640 Abs. 2 Nr. 2) aus **Billigkeitsgründen** zwingende **Kostenaufhebung** an, da die allgemeinen Grundsätze der Veranlassungshaftung (vgl. Vor §§ 91 ff. Rn. 24) unangebracht sind. Grund ist, dass idR die Beteiligten, insbesondere weder der Vater noch das Kind den mit der Klage zu beseitigenden Rechtsschein gesetzt haben,[1] dessen Wegfall wegen § 1599 Abs. 1 iVm. § 1592 Nr. 1 und Nr. 2 BGB überhaupt nur im Klagewege möglich ist. Obgleich der Gedanke fehlender Rechtsscheinveranlassung auf die Beteiligung der (gem. § 1600 Abs. 1 Nr. 3 BGB ebenfalls anfechtungsberechtigten) Mutter nicht gleichermaßen zutrifft, ist eine im Gesetzgebungsverfahren zeitweilig erwogene Option einer Kostenregelung zulasten der Mutter nach ablehnender Stellungnahme des Bundesrates[2] nicht Gesetz geworden. Ausschlaggebend war neben einem mangelnden praktischen Bedürfnis der Wille, das Verfahren nicht durch eine einzelfallbezogene Motivforschung unnötig zu verkomplizieren und nicht den Persönlichkeitsschutz der Kindesmutter durch Offenlegung ihrer Intimsphäre anzutasten. In Betracht kommt daher, ebenso wie im Regressprozess des Scheinvaters gegen den biologischen Kindesvater,[3] allenfalls ein Prozesskostenausgleich auf der Grundlage materiellen Rechts (vgl. Vor §§ 91 ff. Rn. 16 ff.). 1

2. Anwendungsbereich. Die Anwendbarkeit des § 93c erstreckt sich auf alle Klagen einer Anfechtung der Vaterschaft nach § 640 Abs. 2 Nr. 2. Anfechtungsberechtigt sind gem. § 1600 Abs. 1 BGB der Mann, dessen Vaterschaft nach § 1592 Nr. 1 und 2, § 1593 BGB besteht, sowie die Mut- 2

---

[29] LG Freiburg NJW-RR 1990, 382, 383; LG Heidelberg WoM 1982, 302; AG Kassel WoM 1993, 541; AG Lörrach WoM 1993, 543.

[30] LG Köln WoM 1993, 543; aM LG Stuttgart WoM 1993, 544.

[31] AG Kassel WoM 1993, 541.

[32] LG Mannheim MDR 1972, 553; AG Köln WoM 1972, 200.

[33] LG Köln WoM 1993, 542, 543.

[34] LG Freiburg NJW-RR 1990, 382, 383; LG Köln ZMR 1970, 366; LG Mannheim ZMR 1967, 309; LG Mönchengladbach ZMR 1966, 271; *Musielak/Wolst* Rn. 8.

[1] OLG Brandenburg FamRZ 2001, 503.

[2] BR-Drucks. 180/96 S. 29.

[3] BGHZ 103, 160, 162, 163 = NJW 1988, 2604, 2605; LG Lüneburg NJW-RR 1991, 711; AG Uelzen FamRZ 2002, 844 m. Anm. *Heuer;* AG Essen-Steele FamRZ 1999, 1296.

ter und das Kind. Für ihre Klagen ist das **Familiengericht** zuständig (§ 1600e Abs. 1 S. 1 BGB, § 640 Abs. 1).

3 Ist die Person, gegen die die Klage zu richten wäre, **verstorben,** so entscheidet gem. § 1600e Abs. 2 BGB, § 640 Abs. 1 1. Halbs. das Familiengericht auf Antrag der Person, die nach § 1600e Abs. 1 BGB klagebefugt wäre. Das Verfahren vor dem **Familiengericht** – nicht mehr wie früher vor dem Vormundschaftsgericht – ist ein solches der **freiwilligen Gerichtsbarkeit** (§ 55b FGG). Deshalb richtet sich die Kostenentscheidung in diesem Falle weder nach § 93c noch kommen die §§ 91ff. zur Anwendung.

II. Voraussetzungen

4 Erforderlich ist eine Anfechtungsklage iSv. § 640 Abs. 2 Nr. 2 durch den in § 1600 Abs. 1 BGB aufgeführten Personenkreis, zu dem auch die Mutter gehört (vgl. Rn. 1). Stets gilt, dass eine Kostenaufhebung nach § 93c nur bei **erfolgreicher** Anfechtung in Frage kommt;[4] im Falle des Unterliegens verbleibt es bei § 91. Nicht erfasst sind Vaterschaftsfeststellungsklagen iSv. § 640 Abs. 2 Nr. 1.[5]

III. Kostenentscheidung

5 Für den Fall einer erfolgreichen Anfechtungsklage sieht § 93c S. 1 zwingend[6] **Kostenaufhebung** vor. Nach § 92 Abs. 1 S. 2 bedeutet dies, dass die Gerichtskosten jeder Partei zur Hälfte zur Last fallen, während eine Erstattung außergerichtlicher Kosten nicht stattfindet. Hierher zählen auch die vorprozessualen Kosten eines **Privatgutachtens,** das der Kläger eingeholt hat und durch das die Einholung eines Blutgruppengutachtens durch das Gericht entbehrlich geworden ist.[7] Angesichts der zwingenden Natur des § 92 ändert daran nichts, ob die Gutachterkosten als sog. Vorbereitungskosten im Falle des – hier nicht anwendbaren – § 91 zu erstatten wären. Wegen weiterer Einzelheiten zur Kostenaufhebung vgl. § 92 Rn. 12f. Haben die Parteien übereinstimmend die Hauptsache für **erledigt** erklärt, hat sich die nach § 91a Abs. 1 S. 1 zu treffende Billigkeitsentscheidung ebenfalls an der Kostenverteilung des § 93c als der gegenüber den §§ 91ff. spezielleren Vorschrift zu orientieren.[8]

6 Nach § 93c S. 2, der **§ 96** für entsprechend anwendbar erklärt, kann der Obsiegende mit von ihm zusätzlich verursachten Kosten eines erfolglosen Angriffs- oder Verteidigungsmittels allein belastet werden. Werden in einem Vaterschaftsfeststellungsverfahren sog. **Mehrverkehrszeugen** vernommen, sind allerdings die Kosten für diese Beweisaufnahme auf Grund des gleichwertigen Interesses der Parteien an der Feststellung in aller Regel zu teilen.[9] Außer der nach § 96 gestatteten Kostentrennung steht einer solchen nach **§ 95** ebenfalls nicht entgegen. **Anfechtbar** ist die Kostenentscheidung nach § 99 Abs. 1 nur zusammen mit der Hauptsache, isoliert auch dann nicht, wenn die zwingende Norm des § 93c unberücksichtigt blieb.[10] Ein Nebenintervenient trägt seine Kosten selbst, wenn er auf Seiten der unterlegenen Partei beigetreten ist.[11]

§ 93 d Kosten bei Unterhaltsklagen

Hat zu einem Verfahren, das die gesetzliche Unterhaltspflicht betrifft, die in Anspruch genommene Partei dadurch Anlass gegeben, dass sie der Verpflichtung, über ihre Einkünfte und ihr Vermögen Auskunft zu erteilen, nicht oder nicht vollständig nachgekommen ist, so können ihr die Kosten des Verfahrens abweichend von den Vorschriften der §§ 91 bis 93a und § 269 Abs. 3 Satz 3 nach billigem Ermessen ganz oder teilweise auferlegt werden.

I. Normzweck und Anwendungsbereich

1 **1. Normzweck.** Die Vorschrift knüpft an die in §§ 1361, 1580, 1605 BGB konstituierte materiellrechtliche Pflicht unterhaltsberechtigter und -verpflichteter Personen an, einander auf Verlan-

---

[4] OLG Karlsruhe OLGZ 1980, 384, 386 aE.
[5] *Stein/Jonas/Bork* Rn. 1.
[6] OLG Brandenburg FamRZ 2001, 503.
[7] OLG Hamm Rpfleger 1979, 142.
[8] OLG Brandenburg FamRZ 2001, 503.
[9] AG Stralsund FamRZ 2000, 1514 (LS).
[10] OLG Frankfurt MDR 1982, 152.
[11] OLG Koblenz DAVorm. 1976, 633.

gen über Einkünfte und Vermögen **Auskunft** zu erteilen, soweit dies zur Feststellung des Grundes und der Höhe einer **Unterhaltsverpflichtung** erforderlich ist. Auf Verlangen schließt die Auskunftspflicht auch die Vorlage von Belegen, insbesondere Bescheinigungen des Arbeitgebers ein. § 93d sanktioniert im Sinne einer **„Kostenstrafe“**[1] die Nichterfüllung der Auskunfts- und Nachweispflicht: Hat die vor Gericht in Anspruch genommene Partei zuvor ihrer Auskunftspflicht nicht freiwillig entsprochen, läuft sie Gefahr, trotz Obsiegens in der Sache die Kosten des Rechtsstreits ganz oder teilweise tragen zu müssen. Mittelbar soll damit die Bereitschaft zur außergerichtlichen Klärung und Regelung von Unterhaltsansprüchen gestärkt werden.[2] Nach der Systematik des Prozesskostenrechts zählt die Bestimmung zur Fallgruppe spezieller, durch das Gebot gesteigerter Rücksichtnahme geprägter Familienrechtsverhältnisse (vgl. Vor §§ 91 ff. Rn. 26). Das Anliegen, gerade in Unterhaltssachen eine schnelle und möglichst konfliktfreie außergerichtliche Befriedigung herbeizuführen, dient dem Interesse beider Seiten, erweist sich doch der Weg einer gerichtlichen Auskunftserzwingung nach § 643 und das Erfordernis einer Stufenklage nach § 254 als umständlich und zeitraubend, was sich nicht nur aus Sicht des Unterhaltsberechtigten nachteilig auswirkt, sondern auch die häufig ohnehin emotionsgeladenen und spannungsreichen Beziehungen zwischen den Parteien zusätzlich belastet. Diese Gegebenheiten rechtfertigen eine extensive Anwendung des § 93d.

2. Anwendungsbereich. § 93d findet grds. auf alle Verfahren Anwendung, die eine **gesetzliche Unterhaltspflicht** zum Gegenstand haben. Das trifft auch auf ein sog. Vereinfachtes Verfahren über den Unterhalt Minderjähriger gem. §§ 645 ff. zu; doch macht die Praxis von diesem Verfahren in der Zuständigkeit des Rechtspflegers (§ 20 Nr. 10 RpflG) mit Rücksicht auf die inhaltliche und formale Ausgestaltung nur höchst zurückhaltend Gebrauch. Ganz überwiegend bleibt eine § 93d berücksichtigende Kostenentscheidung, ggf. unter Beachtung des Grundsatzes einheitlicher Kostenentscheidung, dem streitigen Verfahren vorbehalten. Ihr Regelungszweck ist für Unterhaltsverfahren auch im Rahmen einer nach **§ 91a** zu treffenden Billigkeitsabwägung zu beachten.[3] 2

Der Bestimmung unterliegen Unterhaltsansprüche in gerader Linie miteinander verwandter Personen (§§ 1601, 1605 BGB) sowie getrennt lebender (§§ 1361, 1605 BGB) und geschiedener (§§ 1569, 1580, 1605 BGB) Ehegatten. Ihr Anwendungsbereich erstreckt sich jedoch nicht nur auf Klagen und Beschlussverfahren, mit denen erstmals Zahlung von Unterhalt gefordert, sondern auch auf solche, mit denen gem. § 323 eine **Abänderung** rechtskräftiger Titel angestrebt wird. 3

II. Voraussetzungen

1. Gesetzliche Unterhaltspflicht. Nur in einem Verfahren, das die gesetzliche Unterhaltspflicht zum Gegenstand hat, kommt § 93d zum Zuge. Das betrifft sowohl die Unterhaltspflicht Verwandter in gerader Linie als auch die getrennt lebender oder geschiedener Ehegatten (§§ 1361, 1580, 1605 BGB). Nicht angesprochen sind damit Fälle eines vertraglich geschuldeten Unterhalts. Auch die einem Drittschuldner gem. § 840 obliegenden Auskunftspflichten sind nicht einschlägig.[4] 4

2. Verletzung einer Auskunftspflicht. a) Bestehen einer Auskunftspflicht. Ob und in welchem Umfang jemand zur Auskunft verpflichtet ist, bestimmt sich nach bürgerlichem Recht. Für § 93d maßgebend ist zunächst, ob überhaupt eine **Unterhaltspflicht** besteht,[5] zu deren Feststellung die geforderte Auskunft beiträgt. Daran fehlt es, wenn der in Anspruch Genommene zur Zahlung des geforderten Unterhalts mangels Leistungsfähigkeit oder fehlender Bedürftigkeit des Anspruchsstellers schlechthin nicht verpflichtet ist. Aber auch dann, wenn Grund und Höhe der Unterhaltspflicht zwischen den Parteien ohnehin zu jeder Zeit feststehen, ist kein Raum für eine Auskunftspflicht, welche den Bestand des Unterhaltsanspruchs beeinflussen könnte. Zu beachten ist, dass sich die Auskunft nur auf Einkünfte und Vermögen des Auskunftspflichtigen, nicht auch dessen Ehegatten bezieht.[6] 5

b) Nichterfüllung. Weitere Voraussetzung ist, dass der Auskunftspflichtige über die unterhaltsrelevanten Umstände **nicht** oder **nicht vollständig**[7] Auskunft erteilt hat. Letzteres trifft auch dann 6

---

[1] OLG Nürnberg MDR 2001, 590, 591; OLG Schleswig FamRZ 2000, 1513, 1514.

[2] OLG Brandenburg FamRZ 2003, 239, 240; OLG Köln NJW-RR 2001, 365; OLG Schleswig FamRZ 2000, 1513, 1514.

[3] OLG Nürnberg MDR 2001, 590; OLG Schleswig FamRZ 2000, 1513, 1514.

[4] LAG Düsseldorf MDR 2002, 1094.

[5] OLG Braunschweig FamRZ 2005, 643, 644.

[6] *Palandt/Diederichsen* § 1605 BGB Rn. 14.

[7] OLG Brandenburg FamRZ 2003, 239, 240.

zu, wenn diese inhaltlich **unrichtig** ist. Die Frage eines Verschuldens ist ohne Belang. Eine ordnungsgemäße Auskunft hat sich nicht nur auf die Einkünfte und das Vermögen, sondern auch auf alle Abzüge und Belastungen zu erstrecken, also sämtliche Positionen, welche die Leistungsfähigkeit des Unterhaltsverpflichteten mindern.[8]

7 **3. Klageveranlassung.** Nach der Regelung des § 93d kommt es schließlich darauf an, ob die auskunftspflichtige Partei die Klageerhebung veranlasst hat, mithin ob durch eine Auskunftserteilung die Prozesskosten hätten vermieden werden können. Das ist zB der Fall, wenn der Kläger auf Grund einer ihm im Rahmen einer **Stufenklage** (§ 254) erteilten Auskunft zum Ergebnis gelangt, dass sich der Übergang zur Leistungsstufe nicht empfiehlt, und er deshalb den (zunächst unbezifferten) Leistungsantrag zurücknimmt.[9] Umgekehrt ist das Merkmal der Klageveranlassung zu verneinen, wenn die im Prozess nachgeholte Auskunft von der Gegenseite ihrem Inhalt nach bestritten wird, weil dann davon auszugehen ist, dass eine gerichtliche Klärung in jedem Fall unvermeidbar war.

III. Entscheidung

8 Über die Kosten einer Unterhaltsklage ist grds. nach Maßgabe der §§ 91 ff. zu entscheiden. Sind jedoch die vorgenannten Voraussetzungen erfüllt, verdrängt § 93d die allgemeinen Kostenvorschriften.[10] Vorrangig zu prüfen ist daher trotz vollen oder teilweisen Obsiegens, ob die Kosten abweichend vom Grundsatz einheitlicher Kostenentscheidung (vgl. § 91 Rn. 5, § 93 Rn. 13, § 93a Rn. 6 f.) nach **billigem Ermessen** ganz oder teilweise dem Anspruchsverpflichteten aufzuerlegen sind. Wie bei § 269 Abs. 3 S. 3 steht einer Entscheidung nach § 93d nicht entgegen, dass eine anhängige Klage noch vor Zustellung zurückgenommen wird.[11] Abweichend von allgemeinen Regeln (vgl. § 91 Rn. 3) setzt der Erlass einer Kostenentscheidung hier nicht das Zustandekommen eines Prozessrechtsverhältnisses voraus.[12] Es ist nur darauf zu achten, dass der Gegner vor einer ihn belastenden Kostenentscheidung rechtliches Gehör erhält, ohne dass hierzu eine förmliche Zustellung erforderlich wäre.[13]

9 Billiges Ermessen ist im gleichen Sinne wie zu § 91a Abs. 1, § 93a dargelegt zu verstehen. Der richterliche Spielraum ist weit zu fassen (vgl. Rn. 1). Er ist erst überschritten, wenn eine Entscheidung unter keinem denkbaren Gesichtspunkt mehr als sachlich gerechtfertigt erscheint (vgl. § 93a Rn. 9). In diesem weiten Rahmen ist das Gericht gehalten, die Kostenverteilung unter Heranziehung der Grundgedanken des Kostenrechts, aller Umstände des Einzelfalls und insbesondere auch des Normzwecks möglichst gerecht vorzunehmen. Ausgangspunkt muss stets die Kostenfolge des § 93d sein, von der abzuweichen die Billigkeit ausnahmsweise nur dann gebietet, wenn es im **vorprozessualen Verhalten** des Auskunftspflichtigen Umstände gibt, die die Nichterteilung der Auskunft plausibel erscheinen lassen.[14] Zulässig ist es, das vorprozessuale Verhalten aus dem während des Rechtsstreits gezeigten Gebaren rückschauend zu erschließen. Es kann geboten sein, in die Ermessensentscheidung das Verhalten eines ebenfalls auskunftsverpflichteten Gegners einzubeziehen. Unter Würdigung der Gesamtumstände kommt sowohl eine Kostenentscheidung voll zu Lasten des Gegners als auch eine Quotelung bzw. eine Aussonderung einzelner Kosten in Betracht. Eine anteilige Kostenbelastung ist idR dann angezeigt, wenn der Kläger auch nach Erteilung der Auskunft im Prozess nur mit einem Teil der Klageanträge durchdringt.[15]

10 Die **Anfechtung** einer nach § 93d ergangenen Kostenentscheidung ist gem. § 99 Abs. 1 unzulässig, wenn nicht gegen die Entscheidung in der Hauptsache ein Rechtsmittel eingelegt wird.[16] Trifft allerdings das Gericht eine unzulässige Kostenentscheidung, die in prozessualer Hinsicht gar nicht hätte ergehen dürfen, ist in entsprechender Anwendung des § 99 Abs. 2 eine Anfechtung statthaft[17] (vgl. § 99 Rn. 4).

---

[8] OLG Brandenburg FamRZ 2003, 239, 240; OLG Köln NJW-RR 2001, 365.
[9] OLG Nürnberg MDR 2001, 590, 591; OLG Frankfurt FamRZ 2000, 1516.
[10] OLG Naumburg FamRZ 2003, 239.
[11] OLG Düsseldorf FamRZ 2004, 1661, 1662.
[12] OLG Düsseldorf FamRZ 2004, 1661, 1662; OLG Köln FamRZ 2003, 1571; LG Düsseldorf NJW-RR 2003, 213.
[13] OLG Düsseldorf FamRZ 2004, 1661, 1662.
[14] OLG Naumburg FamRZ 2003, 239; OLG Frankfurt FamRZ 2000, 1516.
[15] OLG Schleswig FamRZ 2000, 1513, 1514.
[16] OLG Zweibrücken OLGR 2006, 1017; OLG Nürnberg FamRZ 2005, 1189.
[17] OLG Karlsruhe FamRZ 2003, 943.

§ 94 Kosten bei übergegangenem Anspruch

Macht der Kläger einen auf ihn übergegangenen Anspruch geltend, ohne dass er vor der Erhebung der Klage dem Beklagten den Übergang mitgeteilt und auf Verlangen nachgewiesen hat, so fallen ihm die Prozesskosten insoweit zur Last, als sie dadurch entstanden sind, dass der Beklagte durch die Unterlassung der Mitteilung oder des Nachweises veranlasst worden ist, den Anspruch zu bestreiten.

I. Normzweck und Anwendungsbereich

1. Normzweck. § 94 ist seinem Gehalt nach der Fallgruppe der sog. **Kostentrennung** zuzurechnen (hierzu Vor §§ 91 ff. Rn. 27), welcher der generelle Gedanke zugrunde liegt, dass – unbeschadet der Kostenlast des Rechtsstreits im Ganzen – der **nutzlose Aufwand** einzelner Prozessmaßnahmen vom **Veranlasser** zu tragen ist. Strukturell vergleichbar der Bestimmung des § 93 b, erklärt § 94 im engeren Sinne einen Prozessaufwand für vermeidbar, der bei rechtzeitiger Mitteilung klageerheblicher Umstände seitens der auskunftspflichtigen Partei hätte vermieden werden können. Mit „Anspruch" iSv. § 94 ist der in § 194 BGB definierte zivilrechtliche Anspruch gemeint, der vom Berechtigten grundsätzlich – wie u. a. § 398 BGB zeigt – ohne Mitwirkung des Verpflichteten an einen anderen abgetreten werden kann. Das bürgerliche Recht leitet daraus die Notwendigkeit eines **Schutzes** des **Schuldners** ab (§§ 404 ff. BGB), um ihn nicht der Gefahr doppelter Inanspruchnahme auszusetzen. Nach § 410 BGB braucht der Schuldner, so ihm die Abtretung nicht schriftlich **angezeigt** wurde, an den Neugläubiger nur gegen Aushändigung einer vom Altgläubiger über die Übertragung ausgestellte Urkunde zu leisten. Diesen für den rechtsgeschäftlichen Verkehr geltenden Schutzgedanken übernimmt § 94 für das Prozessrecht: Der einen übergegangenen Anspruch geltend machende Neugläubiger trägt das Prozesskostenrisiko, falls er den Anspruchsübergang dem Beklagten vor Prozessbeginn nicht mitgeteilt oder nachgewiesen hat. Insoweit ist der Grundsatz einheitlicher Kostenentscheidung (vgl. § 91 Rn. 5) zugunsten einer Kostentrennung durchbrochen, um dem Kläger trotz Obsiegens die durch die heimliche Übertragung veranlassten Kosten aufbürden zu können. 1

2. Anwendungsbereich. § 94 erfasst jede Konstellation eines Wechsels der **Anspruchszuständigkeit** im weitesten Sinn. Der Rechtsgrund des Anspruchs ist ebenso unerheblich wie der Grund des Übergangs. Selbst der bloße Wechsel der Prozessführungsbefugnis fällt darunter,[1] wozu eine gesetzliche Prozessstandschaft (Insolvenz-, Nachlassverwalter, Testamentsvollstrecker) wie auch eine gewillkürte zählt, bei der ein Dritter ermächtigt wird, ein fremdes Recht im eigenen Namen geltend zu machen.[2] Die entsprechende Anwendbarkeit auf die Legitimation des gesetzlichen oder des gewillkürten Vertreters ist ebenfalls zu bejahen.[3] In allen diesen Fällen haftet die anspruchspflichtige Partei dafür, dass sie für die Beurteilung der Zulässigkeit oder der Begründetheit einer Klage wesentliche Umstände verschwiegen und daher nutzlose Prozessaufwendungen des Gegners provoziert hat. 2

II. Voraussetzungen

1. Anspruchsübergang. Vor Prozessbeginn muss ein Anspruch auf den Kläger übergegangen sein. Der Grund hierfür ist unerheblich. Er kann rechtsgeschäftlicher (zB § 398 BGB) oder gesetzlicher (§§ 412, 268 Abs. 3, 426 Abs. 2, 774, 1416, 1922 BGB, §§ 25 Abs. 1 S. 2, 28 Abs. 1 S. 2 HGB) Natur sein und auf Einzelrechtsnachfolge oder Gesamtsukzession beruhen. Dem stehen sonstige Wechsel in der **Anspruchszuständigkeit** im weitesten Sinne (zB im Falle der §§ 239, 265, 266, 731) wie auch in der **Prozessführungsbefugnis** gleich (vgl. Rn. 2). 3

2. Unterlassene Mitteilung. Der Kläger muss es unterlassen haben, den Übergang des Anspruchs auf ihn oder einem diesem gleichgestellten Übergang des Prozessführungsrechts dem Beklagten vor Klageerhebung mitzuteilen. Die Art der Mitteilung spielt grds. keine Rolle. Doch reicht die formlose Mitteilung des Übergangs dann nicht aus, die nachteilige Kostenfolge des § 94 zu vermeiden, falls der Kläger dem Verlangen des Beklagten, den Übergang **nachzuweisen,** nicht vor Einleitung des Rechtsstreit nachgekommen ist. Einem solchen Nachweis wird bloße Glaubhaftmachung nicht gerecht. So muss etwa der Erbe die Gesamtrechtsnachfolge mittels einer Erbscheinsausfertigung führen. Dem Erbschein gleichwertig ist die beglaubigte Abschrift eines die Erb- 4

---

[1] *Thomas/Putzo/Hüßtege* Rn. 3.
[2] *Zöller/Herget* Rn. 2.
[3] *Wieczorek/Steiner* Rn. 2.

folge ausweisenden öffentlichen Testaments nebst beglaubigter Abschrift der Eröffnungsniederschrift.[4] Beruht der Übergang auf der Begründung einer Gütergemeinschaft, ist eine beglaubigte Abschrift des Ehevertrags vorzulegen. Im Falle der formlos zulässigen Forderungsabtretung nach § 398 BGB ist in jedem Falle die Bestätigung des Zedenten oder seine schriftliche Abtretungserklärung erforderlich, aber auch ausreichend. Gesetzliche Verfahrensstandschafter weisen ihre ProzessführungS-befugnis durch Vorlegen einer amtlichen Bescheinigung nach (Testamentsvollstreckerzeugnis, Abschrift des Insolvenzeröffnungsbeschlusses oder besondere Bestallungsurkunde). Der gewillkürte Verfahrensstandschafter bedarf einer schriftlichen Ermächtigung. Der zur Geltendmachung im eigenen Namen ermächtigte Verwalter einer Wohnungseigentümergemeinschaft kann sich bei Ermächtigung in der Teilungserklärung oder im Verwaltervertrag auf eine Abschrift dieser Urkunden, im Falle der Ermächtigung durch einen Beschluss der Wohnungseigentümer auf eine ordnungsgemäß unterzeichnete Abschrift des Protokolls über die Versammlung der Wohnungseigentümer (vgl. § 37 Abs. 6 WEG) berufen.

5 **3. Kausalität.** Die unterlassene Mitteilung wie auch der nicht geführte Nachweis des Übergangs müssen **ursächlich** dafür sein, dass der Beklagte den Anspruch bestreitet. Das ist für den Fall zu verneinen, dass er von dem Übergang anderweitig glaubhaft Kenntnis erlangt hat oder er den Anspruch bereits dem Grunde nach bestreitet, indem sich er zB auf dessen Nichtentstehung, ein Erlöschen oder eine Einrede beruft.

6 **4. Bestreiten.** Der Beklagte muss den Anspruch bestritten und dadurch bedingte vermeidbare Kosten verursacht haben. Für den **Zeitpunkt** des Bestreitens kommt das schriftliche Vorverfahren (§§ 272 Abs. 2, 276) wie auch die mündliche Verhandlung (§§ 275, 278) in Frage. Stets muss jedoch ein Bestreiten innerhalb des Rechtsstreits selber gegeben sein. Bestreitet der Beklagte den Anspruch **vor Klageerhebung,** so kann bei sofortigem Anerkenntnis im Prozess zu seinen Gunsten § 93 eingreifen. Bei teilweisem Bestreiten der Anspruchszuständigkeit (vgl. Rn. 2) und Anerkennen im Übrigen sind §§ 93, 94 nebeneinander anwendbar.

III. Entscheidung

7 Bei Vorliegen der o. g. Voraussetzungen ist § 94 **zwingend** anzuwenden; der Richter hat keinen Ermessensspielraum. Hat allerdings die Verteidigung des Beklagten in der Sache Erfolg, gehen die Kosten des § 94 in den Gesamtkosten des Rechtsstreits, die ohnehin dem Kläger zur Last fallen, auf. Es bleibt dann bei einer einheitlichen Kostenentscheidung nach § 91 Abs. 1 S. 1. Nur dem **obsiegenden** Kläger sind die Kosten nach § 94 aufzuerlegen, und zwar insoweit, als sie ihre Ursache in der unterlassenen Mitteilung, bei entsprechendem Verlangen des Beklagten (vgl. Rn. 4) im nicht geführten Nachweis des Übergangs des Anspruchs haben. Die Beschränkung auf diesen Teil der Kosten bewirkt unter Durchbrechung des Grundsatzes einheitlicher Kostenentscheidung eine Kostentrennung. Die im dargelegten Sinne ursächlichen Kosten (vgl. Rn. 5) sind exakt zu bezeichnen. In Betracht kommen zB Kosten einer einzelnen Beweisaufnahme oder eines zusätzlichen Termins. Nicht etwa darf der Richter eine bestimmte Quote oder einen Prozentsatz im Verhältnis zu den Restkosten festsetzen.

8 § 94 ist ausgeschlossen, wenn die Kosten nicht **ausscheidbar** sind. Das kann bei einheitlicher Beweisaufnahme der Fall sein, weshalb dann weder § 94 noch § 92 zum Zuge kommen.[5] Es verbleibt dann bei der Kostentragungspflicht nach § 91. Der Kostenausspruch könnte zB lauten: „Der Beklagte hat die Kosten des Rechtsstreits zu tragen, ausgenommen die durch die Beweisaufnahme im Termin vom ... entstandenen, die dem Kläger auferlegt werden." Erschöpft sich das Verteidigungsvorbringen des Beklagten hingegen allein im Bestreiten der Anspruchszuständigkeit, so trägt der Kläger gem. § 94 ausnahmsweise die gesamten Kosten, weil dann der Rechtsstreit als Ganzes vermeidbar war und er auf Grund der unterlassenen Mitteilung als Veranlasser zu gelten hat.

§ 95 Kosten bei Säumnis oder Verschulden

Die Partei, die einen Termin oder eine Frist versäumt oder die Verlegung eines Termins, die Vertagung einer Verhandlung, die Anberaumung eines Termins zur Fortsetzung der Verhandlung oder die Verlängerung einer Frist durch ihr Verschulden veranlaßt, hat die dadurch verursachten Kosten zu tragen.

---

[4] RGZ 54, 343.
[5] *Stein/Jonas/Bork* Rn. 8.

I. Normzweck und Anwendungsbereich

§ 95 stellt, wie auch §§ 94, 96, einen vom Grundsatz einheitlicher Kostenentscheidung abweichenden Fall der **Kostentrennung** dar (vgl. Vor §§ 91 ff. Rn. 27). **Ziel** ist es, einer Prozessverschleppung entgegenzuwirken. Die praktische Bedeutung ist gering, was nicht zuletzt darauf zurückzuführen ist, dass vor allem im Rahmen des Versäumnisverfahrens die allgemeine Kostenregelung des § 91, so nach §§ 330, 331, 341, 343, 345, die des § 95 verdrängt. Auch die in §§ 269 Abs. 3 S. 2 und 98 enthaltenen Kostenvorschriften begrenzen den Anwendungsbereich des § 95. Gleiches gilt für §§ 238 Abs. 4, 700 und für die im Verhältnis zu § 95 speziellere Vorschrift des § 344. Der Heranziehung des § 95 wirkt schließlich entgegen, dass nach ihm Kosten nur dann aufzuerlegen sind, wenn sie von der betroffenen Partei nach §§ 91, 92 nicht ohnehin zu tragen sind. Unabhängig von § 95 kann das Gericht gegen die säumige Partei, ggf. auch gegen beide Parteien, durch besonderen, grundsätzlich anfechtbaren Beschluss nach § 38 GKG eine verschuldensabhängige Verzögerungsgebühr verhängen.[1] 1

II. Voraussetzungen

1. Säumnis. Die Versäumung eines **Termins** (§§ 216, 220 Abs. 2) oder einer **Frist** (§§ 221, 230) durch eine Partei bildet die Erste der beiden Fallgruppen des § 95. Über seinen Wortlaut hinaus ist die Bestimmung nicht nur auf die seitens des Gerichts, sondern auch durch einen Sachverständigen anberaumten Ortstermin zur Aufnahme von Tatsachen entsprechend anzuwenden, zu dem dieser die Parteien geladen hat.[2] 2

Die Kostentragungspflicht wegen Termins- oder Fristversäumnis ist **verschuldensunabhängig.** Die Säumnis muss jedoch ursächlich für die Entstehung zusätzlicher Kosten sein. Das trifft nur zu, wenn die Säumnisfolgen bereinigt worden sind. Daran fehlt es, wenn das Verfahren als Folge der Säumnis seinen endgültigen Abschluss findet, so beispielsweise durch ein gegen den säumigen Beklagten nach § 331 ergehendes Versäumnisurteil mit der Kostenfolge des § 91. Als zusätzliche Kosten iSv. § 95 kommen insbesondere Auslagen in Frage, deren Erstattung ein Zeuge oder Sachverständiger, aber auch eine Partei in Form von Reisekosten (Fahrtkosten, Zeitversäumnis, Begleitperson) beansprucht.

2. Veranlassung zur Verlegung eines Termins. Gegenstand der anderen Fallgruppe ist die Verlegung eines Termins, Vertagung einer Verhandlung, Anberaumung eines Fortsetzungstermins oder Verlängerung einer Frist, deren Anlass eine Partei gesetzt hat. Unerheblich ist es, ob der Termin nach § 227 auf Antrag oder von Amts wegen verlegt, die Verhandlung vertagt, die Fortsetzung eines Termins bestimmt oder nach §§ 224, 225 eine Frist verlängert wird. Die notwendig gewordene Verlegung eines durch einen Sachverständigen bestimmten Termins löst die gleichen kostenrechtlichen Nachteile wie die eines gerichtlichen Termins aus.[3] 3

Anders als im Falle einer Säumnis muss die durch das Verhalten einer Partei veranlasste Kostenmaßnahme von ihr **verschuldet** sein. Für den Grad des Verschuldens gilt § 276 BGB. Danach ist schon leichte Fahrlässigkeit ausreichend, die dann gegeben ist, wenn die im Rechtsstreit zu beachtende Sorgfalt außer acht gelassen wird. Schuldhaftes Verhalten kann u. a. bei Nichtbeachtung der in §§ 129, 132, 141 Abs. 2, 157, 158, 215, 279 Abs. 3 geregelten Fällen in Frage kommen. Die Partei muss sich ein Verschulden ihres gesetzlichen Vertreters (§ 51 Abs. 2) oder ihres Verfahrensbevollmächtigten (§ 85 Abs. 2) zurechnen lassen. Ein schuldhaftes Verhalten festzustellen, obliegt dem Richter von Amts wegen. In der Regel wird ihm dies ohne förmliche Beweisaufnahme möglich sein. Bedarf es ihrer ausnahmsweise, gelten für sie die allgemeinen Regeln, nicht etwa gilt Freibeweis.[4] Auch die durch eine notwendig gewordene Beweisaufnahme mittelbar verursachten Mehrkosten sind denen des § 95 zuzurechnen. 4

III. Kostenentscheidung

Die Bestimmung des § 95 ist **zwingend.** Die Entscheidung über die Kostentragung ist von Amts wegen in der abschließenden Entscheidung, in der Regel mithin im Endurteil, nicht etwa in einem besonderen Beschluss zu treffen.[5] Da es sich um durch einen Einzelfall verursachte, ggf. schuldhafte herbeigeführte Kosten handelt, sind diese im Urteilstenor besonders auszuweisen, nicht etwa dürfen 5

---

[1] OLG München NJW 1975, 937; NJW 1965, 306; OLG Köln NJW 1972, 1999.
[2] OLG Schleswig SchlHA 1975, 135.
[3] OLG Schleswig SchlHA 1975, 135.
[4] *Stein/Jonas/Bork* Rn. 3.
[5] OLG Köln MDR 1974, 240; NJW 1972, 1999; OLG Stuttgart Die Justiz 1970, 52.

sie in einer Quote oder in einem Prozentsatz der Gesamtkosten ausgedrückt werden. Der Tenor kann zB lauten: „Der Beklagte trägt die infolge seiner Säumnis im Termin vom ... entstandenen Parteikosten sowie die Auslagen und Gebühren des Zeugen ... und des Sachverständigen ... Die übrigen Kosten des Rechtsstreits werden dem Kläger auferlegt."

6 Im Hinblick auf § 99 Abs. 1 ist die auf § 95 gestützte Kostenentscheidung grundsätzlich **nicht selbstständig,** sondern nur im Rahmen des Hauptsacherechtsmittels **anfechtbar**[6] (näher § 99 Rn. 11). Anders verhält es sich bei einer isolierten Kostenentscheidung, die – wie etwa im Falle eines im Anschluss an ein früheres Teilurteil ergehenden auf die Kosten beschränkten Schlussurteils – in innerem Zusammenhang mit einer Hauptsacheentscheidung steht (hierzu § 99 Rn. 4, 5), hier ist eine Anfechtung statthaft.[7] Eine Anfechtung in entsprechender Anwendung des § 99 Abs. 2 kommt darüber hinaus in Betracht, wenn eine Kostenentscheidung (zB in einem vorgezogenen Teilurteil) gar nicht hätte ergehen dürfen (näher § 99 Rn. 4). Unterbleibt eine nach § 95 gebotene Kostentrennung im Urteil, ist dieses einer Ergänzung nach **§ 321** zugänglich.[8] Erfolgt eine Urteilsergänzung, so ist eine isolierte Anfechtung der Kostenentscheidung außerhalb der in der Hauptsache eröffneten Berufung mit erneut in Gang gesetzter Berufungsfrist (§ 518 S. 1) unzulässig, § 99 Abs. 1. Eine vom Richter übersehene Anwendung des § 95 kann grundsätzlich nicht im Wege des **§ 319** berichtigt werden.[9]

7 Eine grundsätzliche **Überprüfung** der auf § 95 gestützten Kostengrundentscheidung auf die **Notwendigkeit** der Kosten im Rahmen des Kostenfestsetzungsverfahrens (§§ 103 ff.) durch den Rechtspfleger ist unstatthaft.[10] Doch ist damit nur gemeint, dass der Rechtspfleger sich nicht dergestalt über die Kostengrundentscheidung hinwegsetzen darf, dass er die verursachten Kosten insgesamt oder die für eine bestimmte Handlung, zB Erscheinen zu einem Termin, als nicht notwendig einstuft (vgl. § 104 Rn. 55). Wohl aber ist er gehalten, die insgesamt oder für die Vornahme einer einzelnen Handlung, zB einer Terminswahrung, aufgewendeten Kosten bei Ermittlung des festzusetzenden Betrags auf ihre Notwendigkeit hin zu überprüfen.

§ 96 Kosten erfolgloser Angriffs- oder Verteidigungsmittel

Die Kosten eines ohne Erfolg gebliebenen Angriffs- oder Verteidigungsmittels können der Partei auferlegt werden, die es geltend gemacht hat, auch wenn sie in der Hauptsache obsiegt.

I. Normzweck und Anwendungsbereich

1 Anders als die im Falle ihrer Erfüllung zwingend anzuwendenden §§ 94, 95 stellt § 96, der wie jene abweichend vom Grundsatz einheitlicher Kostenentscheidung (vgl. § 91 Rn. 5) zur Fallgruppe der sog. Kostentrennung (vgl. Vor §§ 91 ff. Rn. 27) zählt, eine Kostenauferlegung ins **Ermessen** des Gerichts. Primär um die Parteien zu einer **sparsamen** Prozessführung anzuhalten (vgl. Vor §§ 91 ff. Rn. 1), können ausnahmsweise dem ganz oder teilweise Obsiegenden die Kosten eines untauglichen Angriffs- oder Verteidigungsmittels auferlegt werden. Die eng auszulegende Sondervorschrift setzt ihres eindeutigen Wortlauts wegen jedoch voraus, dass sich das Angriffs- oder Verteidigungsmittel auf denjenigen Teil der Hauptsache bezieht, mit dem die Partei obsiegt hat.[1]

2 § 96 gilt für alle ZPO-Verfahren, auch für einstweilige Verfügungsverfahren. Die **entsprechende** Anwendbarkeit des § 96 auf Verfahren der **einstweiligen Anordnung** in einer Familiensache (§§ 620 ff.) folgt aus §§ 620 g 2. Halbs., 641 d Abs. 4 2. Halbs., doch lassen sich hiermit nicht immer ungereimte Ergebnisse vermeiden.[2] Unanwendbar ist § 96 in Fällen, in denen ein Verfahren sowohl in prozessualer als auch in materiellrechtlicher Hinsicht ohne Entscheidung in der Hauptsache endet.[3] Das gilt zB für die Beendigung des Rechtsstreits durch **Klagerücknahme,** weshalb hier § 269 Abs. 3 S. 2 vorrangig ist, oder bei Verfahrensende infolge Rücknahme des Rechtsmittels (§§ 516 Abs. 3 S. 1, 565). Doch steht einer Heranziehung des Rechtsgedankens des § 96 im Fall des Zusammentreffens einer Klagerücknahme und der Rücknahme einer **Widerklage** – zB hinsichtlich

---

6 RGZ 152, 248; OLG Düsseldorf MDR 1990, 832.

7 OLG Düsseldorf MDR 1990, 832; *Baumbach/Lauterbach/Hartmann* Rn. 19; *Musielak/Wolst* § 99 Rn. 4; aM *Belz,* in: 2. Aufl., Rn. 6; *Wieczorek/Steiner* Rn. 5.

8 *Stein/Jonas/Bork* Rn. 1.

9 OLG Zweibrücken NJW-RR 1998, 508; aM wohl OLG Köln MDR 1980, 761 m. abl. Anm. *Schneider.*

10 AM *Matthies* JR 1993, 183.

1 KG Rpfleger 1979, 143; OLG Celle NJW 1961, 1363.

2 OLG Düsseldorf MDR 1981, 411.

3 KG Rpfleger 1979, 143.

der Kosten einer nur auf eine von beiden entfallende Beweisaufnahme (vgl. § 92 Rn. 11) – nichts entgegen.[4]

II. Voraussetzungen

3 § 96 setzt die Geltendmachung eines ohne Erfolg gebliebenen **Angriffs-** oder **Verteidigungsmittels** voraus. Hierunter ist jedes sachliche oder prozessuale Vorbringen zu verstehen, das der Durchsetzung oder Abwehr des geltend gemachten materiellrechtlichen oder verfahrensrechtlichen Anspruchs des Gegners dient.[5] Dazu zählen insbesondere alle Tatsachenbehauptungen, jegliches (einfaches und qualifiziertes) Bestreiten,[6] die Geltendmachung von Einreden, beispielsweise der Verjährung, Einwendungen, so zB der Aufrechnung,[7] der mangelnden Prozesskostensicherheitsleistung,[8] Anträge auf ein selbstständiges Beweisverfahren[9] oder auf Beweiserhebung,[10] sei es durch Zeugenbeweis, Urkundenbeweis, Sachverständigengutachten oder Parteivernehmung sowie Beweiseinreden iSv. § 282. Keine Angriffs- oder Verteidigungsmittel sind dagegen die den **Streitgegenstand** selbst konstituierenden Prozesshandlungen, wie insbesondere Klage und Widerklage, einschließlich etwaiger Hilfsanträge und Anträge auf Erlass einstweiliger Verfügungen, Klageänderungen,[11] Klageerweiterungen, als Klageänderung einzustufende Parteiwechsel sowie die Einlegung von Rechtsmitteln. Denn insoweit handelt es sich um die Anbringung oder Abwehr des materiellen oder prozessualen Anspruchs selbst, nicht aber um ein diesen Anspruch oder dessen Abwehr unterstützendes Vorbringen.[12] Auszuklammern vom Anwendungsbereich des § 96 (vgl. auch § 146) sind ferner bloße Rechtsausführungen, weil es Sache des Gerichts ist, aus dem tatsächlichen Vorbringen die entsprechenden Rechtsfolgen zu ziehen. Im Übrigen sind Rechtsausführungen für sich allein nicht geeignet, zusätzliche Verfahrenskosten auszulösen. Wohl aber zählen zu den Angriffs- oder Verteidigungsmitteln alle **prozessualen Einreden,** die zu einem Zwischenstreit führen. Denn dadurch können Mehrkosten entstehen, über die nicht im Zwischen-, sondern erst im Endurteil entschieden werden darf.[13]

4 **Ohne Erfolg geblieben** ist ein Angriffs- oder Verteidigungsmittel dann, wenn es bei rückschauender Betrachtung den Ausgang des Rechtsstreits nicht in irgendeinem Sinne günstig beeinflusst hat. Das untaugliche Angriffs- oder Verteidigungsmittel muss außerdem zusätzliche **ausscheidbare Kosten** verursacht haben.

III. Kostenentscheidung

5 Die im **billigen Ermessen** des Gerichts stehende Entscheidung bedarf keines Parteiantrags. Eben weil dem Richter ein Ermessensspielraum zusteht, ist sie im Revisionsverfahren, soweit eine Anfechtbarkeit überhaupt gegeben ist, nur auf Ermessensfehlgebrauch hin überprüfbar. Im Rahmen des Ermessens ist zunächst von Bedeutung, dass die Erfolglosigkeit des Angriffs- oder Verteidigungsmittels **nicht verschuldet** sein muss.[14] Ist indes Verschulden gegeben, erlangt dieses im Rahmen der Ermessensausübung besonderes **Gewicht.**[15] Generell ist Verschulden dann zu bejahen, wenn die Erfolglosigkeit bei Anwendung der erforderlichen Sorgfalt voraussehbar war (vgl. § 276 BGB). Das kann etwa der Fall sein, wenn ein Beklagter im ersten Rechtszug auf Grund einer zu seinen Ungunsten ausgegangenen Beweisaufnahme unterliegt und erst in zweiter Instanz mit der Geltendmachung einer bereits zu Prozessbeginn unzweifelhaft gegebenen Verjährungseinrede obsiegt. Insoweit sind ihm nicht nur die Kosten der Berufung nach § 97 Abs. 2 aufzuerlegen (vgl. § 97 Rn. 19, 21), sondern entspricht es idR auch billigem Ermessen, ihn die Kosten der erstinstanzlichen Beweisaufnahme nach § 96 tragen zu lassen.[16]

---

[4] OLG Stuttgart OLGR 2006, 603, 604.
[5] OLG Düsseldorf JurBüro 1974, 1008, 1009.
[6] BGHZ 12, 49, 51 = NJW 1954, 600, 601.
[7] BGHZ 91, 293 = NJW 1984, 1964, 1967.
[8] BGH NJW 1980, 838, 839.
[9] BGH MDR 2004, 1372; NJW 2005, 294; NJW-RR 2006, 810; KG Rpfleger 1979, 143, 144; OLG München Rpfleger 1973, 411.
[10] OLG Düsseldorf NJW-RR 1999, 283.
[11] OLG Karlsruhe NJW 1979, 879.
[12] BGH ZZP 69 (1956), 429, 430 (zur Klageerweiterung); NJW 1981, 1217 (zur Widerklage).
[13] OLG Schleswig SchlHA 2000, 66, 67; *Stein/Jonas/Bork* Rn. 4.
[14] *Baumbach/Lauterbach/Hartmann* Rn. 9.
[15] *Baumbach/Lauterbach/Hartmann* Rn. 9; *Thomas/Putzo/Hüßtege* Rn. 4.
[16] OLG Düsseldorf NJW-RR 1999, 283.

6 Die durch das erfolglose Angriffs- oder Verteidigungsmittel zusätzlich veranlassten Kosten dürfen **nicht quotenmäßig** oder prozentual in die Gesamtkostenentscheidung eingehen. Vielmehr ist das in Betracht kommende Angriffs- oder Verteidigungsmittel getrennt zu bezeichnen, für das die trotz vollen oder teilweisen Obsiegens gegebene Kostentragungs- und Erstattungspflicht auszusprechen ist. Dem Kläger können zB die Kosten einer Beweisaufnahme auferlegt werden, wenn er anschließend den Klagegrund ändert und erst auf Grund der Klageänderung obsiegt.[17] Gleiches gilt für die Kosten eines nutzlosen selbstständigen Beweisverfahrens oder eines erfolglosen Zwischenstreits.[18] Die Entscheidung ist im **Urteil** selbst, nicht im Beschlusswege zu treffen.

7 Für die **Anfechtung** gelten die zu § 95 dargelegten Regeln (vgl. § 95 Rn. 6f.) entsprechend. Der Rechtspfleger ist an die Entscheidung des Richters im **Kostenfestsetzungsverfahren** gebunden (vgl. § 104 Rn. 55). Berechtigt und verpflichtet ist er jedoch, nur diejenigen Kosten als erstattungsfähig anzuerkennen, die im Sinne des Gebots sparsamer Prozessführung als zur zweckentsprechenden Rechtsverfolgung notwendig gelten (vgl. § 95 Rn. 7).

§ 97 Rechtsmittelkosten

(1) Die Kosten eines ohne Erfolg eingelegten Rechtsmittels fallen der Partei zur Last, die es eingelegt hat.

(2) Die Kosten des Rechtsmittelverfahrens sind der obsiegenden Partei ganz oder teilweise aufzuerlegen, wenn sie auf Grund eines neuen Vorbringens obsiegt, das sie in einem früheren Rechtszug geltend zu machen imstande war.

(3) Absatz 1 und 2 gelten entsprechend für Familiensachen der in § 621 Abs. 1 Nr. 1 bis 3, 6, 7, 9 bezeichneten Art, die Folgesachen einer Scheidungssache sind, sowie für Lebenspartnerschaftssachen der in § 661 Abs. 1 Nr. 5 und 7 bezeichneten Art, die Folgesache einer Aufhebungssache sind.

I. Normzweck und Anwendungsbereich

1 § 97 enthält drei verschiedene Tatbestände. Abweichend vom Grundsatz einheitlicher Kostenentscheidung regeln sie Fälle sog. **Kostentrennung** (vgl. Vor §§ 91ff. Rn. 27). Abs. 1 erscheint zwar auf den ersten Blick insofern überflüssig, als er ausspricht, was nach dem Grundsatz der §§ 91, 92 ohnehin Gültigkeit hat, dass nämlich der Unterliegende die Kosten des Rechtsstreits zu tragen hat. Doch lassen Wortlaut und Sinn von der Beschränkung auf Rechtsmittel abgesehen, deutlich erkennen, dass die Partei im Kostenpunkt die **Folgen** ihres erfolglosen Rechtsmittels **unabhängig** vom endgültigen **Ausgang** des auf Revision hin weitergeführten Verfahrens zu tragen hat.[1] Deshalb darf zB im Falle eines ohne Kostenentscheidung zu erlassenden Grundurteils die Entscheidung über die Kosten des Rechtsmittelverfahrens nicht dem Schlussurteil über das Betragsverfahren überlassen werden.[2] Dem ist der Fall gleich zu erachten, dass der vom Kläger geltend gemachte Anspruch in erster Instanz dem Grunde nach anerkannt, auf Berufung des Beklagten wieder aberkannt, jedoch auf Revision des Klägers unter Aufhebung des klagabweisenden oberlandesgerichtlichen Urteils und unter Zurückweisung der Berufung des Beklagten dem Kläger wieder zugesprochen wird. Entsprechend § 97 Abs. 1 hat das Revisionsgericht dem erfolglos gebliebenen Beklagten die Kosten beider Rechtsmittel aufzuerlegen.[3] Um einer **Prozessverschleppung** entgegenzuwirken, aber auch aus Gründen der Fallgerechtigkeit, sieht **§ 97 Abs. 2** unter bestimmten Voraussetzungen die gänzliche oder teilweise Auferlegung der Rechtsmittelkosten auf den obsiegenden Rechtsmittelführer vor. Während sich der **Anwendungsbereich** der beiden Tatbestände der Kostentrennung nach Abs. 1 und 2 auf alle Verfahren der ZPO einschließlich derer, auf die die Vorschrift entsprechend anwendbar ist, erstreckt, dehnt Abs. 3 den Anwendungsbereich auf näher genannte Verfahren der **freiwilligen Gerichtsbarkeit** aus. Für den Fall teilweiser Nichtannahme der Revision und im Übrigen erfolgter Klagerücknahme in der Rechtsmittelinstanz kann neben § 97 auch § 92 anwendbar sein.[4]

---

[17] RGZ 13, 413.
[18] OLG München Rpfleger 1973, 411; KG Rpfleger 1979, 143.
[1] BGHZ 20, 397 = NJW 1956, 1235; BGHZ 54, 21, 29; *Zöller/Herget* Rn. 2.
[2] BGHZ 20, 397; 54, 21, 29.
[3] BGHZ 54, 21, 29.
[4] BGH NJW-RR 1996, 256.

II. Kosten eines erfolglosen Rechtsmittels (Abs. 1)

1. Rechtsmittel. Der Begriff ist im weitesten Sinne zu verstehen. Außer Berufung, Revision, sofortige Beschwerde und Rechtsbeschwerde fallen darunter auch Erinnerung, Widerspruch und Einspruch, desgleichen unselbstständige Anschlussrechtsmittel, nicht jedoch die außerordentlichen Rechtsbehelfe der Wiederaufnahme des Verfahrens nach §§ 578 ff. Für sie gilt § 91. Wird hingegen eine im Verfahren nach §§ 578 ff. getroffene Entscheidung angefochten, kommt § 97 zum Zuge. Die Bestimmung ist entsprechend anwendbar, wenn Einwände gegen die nach § 11 RVG beantragte Vergütungsfestsetzung trotz Fristsetzung erst nach Erlass des Festsetzungsbeschlusses geltend gemacht werden.[5] Besonderheiten gelten für das **Beschwerdeverfahren:** § 97 scheidet aus, wenn das Folgeverfahren kostenfrei ist, so zB bei Änderung eines Streitwertbeschlusses auf Beschwerde hin[6] oder im PKH-Verfahren, das eine Erstattung außergerichtlicher Kosten ausdrücklich untersagt (§ 118 Abs. 1 S. 4), weshalb eine Kostenentscheidung auch im Beschwerdeverfahren nicht ergeht. Ebenso verhält es sich, wenn die Kosten des Beschwerdeverfahrens als solche des Rechtsstreits zu behandeln sind (vgl. Rn. 8) sowie in allen Beschwerdeverfahren, in denen zusätzliche Kosten nicht entstehen können (vgl. u. a. § 19 RVG). Anwendbar ist § 97 dagegen, falls nur das Verfahren, nicht jedoch das Beschwerdeverfahren kostenfrei ist. Tritt prozessuale Überholung ein, indem über den Beschwerdegegenstand im Rahmen eines später eingelegten Hauptsacherechtsmittels (Berufung, Revision) inzident mitzuentscheiden ist, zB über ein zunächst mit der sofortigen Beschwerde angefochtenes Richterablehnungsgesuch, so muss der Beschwerdeführer die Beschwerde für erledigt erklären, um der Kostenfolge des § 97 Abs. 1 zu entgehen.[7] 2

2. Erfolglosigkeit. Ob ein Rechtsmittel erfolglos oder erfolgreich ist, ergibt sich aus einem Vergleich zwischen Rechtsmittelantrag und Tenor der Rechtsmittelentscheidung. Uneingeschränkt zur Anwendung kommt § 97 Abs. 1, wenn das Rechtsmittel insgesamt als unzulässig verworfen oder als unbegründet zurückgewiesen wird. Es kommt insoweit allein auf den Antrag in der Hauptsache an. Ein ganzes oder teilweises Obsiegen in einem Nebenpunkt, wie ihn zB Zinsen, Kosten oder Sicherheitsleistung darstellen, bei Zurückweisung des Rechtmittels im Übrigen, ändert an seiner Erfolglosigkeit insgesamt nichts.[8] Wird die Hauptsache nicht für erledigt erklärt, obwohl sie sich während des Rechtsmittelverfahrens erledigt hat, bedeutet auch dies Erfolglosigkeit. Bei übereinstimmender Erledigungserklärung ist nach § 91 a zu entscheiden. Das Rechtsmittelgericht muss jedoch die in der **angefochtenen Entscheidung** getroffene Kostenregelung auch bei Erfolglosigkeit des Rechtsmittels in der Hauptsache stets **von Amts wegen** prüfen und ggf. abändern.[9] Auch darf es, wenn zugunsten des Rechtsmittelführers entschieden wird, die Kostenentscheidung der Vorinstanz zugunsten wie auch zuungunsten eines am Rechtsmittelverfahren Unbeteiligten abändern. Wegen Einzelheiten zum Merkmal des Teilunterliegens bzw. -obsiegens wird auf § 92 Rn. 3 bis 10 verwiesen. 3

§ 97 Abs. 1 ist auch auf ein gegen ein **Grundurteil** gerichtetes, aber erfolglos gebliebenes Rechtsmittel anwendbar. Obwohl das Grundurteil selbst keine Kostenentscheidung enthält, sondern über die Kosten erst in dem über den Betrag ergehenden Endurteil entschieden wird, sind bei erfolgloser Berufung gegen das Grundurteil dem unterlegenen Rechtsmittelführer nach § 97 Abs. 1 die Kosten des Berufungsverfahrens abschließend und entgültig aufzuerlegen[10] (vgl. Rn. 1). Hierbei verbleibt es selbst dann, wenn er im Betragsverfahren mit Rücksicht auf § 254 BGB oder das Quotenvorrecht einer Versicherung voll obsiegt, mithin trotz einer Anspruchsberechtigung dem Grunde nach die Klage letztlich abgewiesen wird. Dringt der Rechtsmittelführer mit seinem Antrag nur teilweise durch, was zugleich ein Teilunterliegen einschließt, so ist unter Heranziehung des § 97 Abs. 1 entsprechend den Grundsätzen des § 92 zu verfahren (vgl. Rn. 14). Zur Aufhebung und Zurückverweisung vgl. Rn. 15. 4

3. Kostenpflicht. Die Kostenpflicht trifft den unterlegenen Rechtsmittelführer, dh. in der Regel die **Hauptpartei,** den Kläger oder den Beklagten. Aber auch ein **Nebenintervenient** (§ 101) kommt dafür in Frage,[11] sofern er selber Rechtsmittel einlegt oder sich gegen ein solches verteidigt, die unterstützte Partei sich jedoch weder am einen noch am anderen beteiligt.[12] Dasselbe gilt erst recht, wenn die Partei dem Rechtsmittel des Streithelfers widerspricht oder dieses wegen Unzuläs- 5

---

[5] OLG Karlsruhe Rpfleger 1993, 83.
[6] OLG Hamburg MDR 1955, 178; aM OLG Stuttgart NJW 1959, 890 (falls der Gegner im Beschwerdeverfahren widerspricht).
[7] BGH FamRZ 2007, 274, NJW-RR 2001, 1007, 1008.
[8] BGH MDR 1959, 209.
[9] BGH WM 1981, 48; MDR 1981, 928; *Zöller/Herget* Rn. 6.
[10] BGHZ 20, 397; 54, 21, 29.
[11] BGHZ 39, 296.
[12] BGHZ 49, 195; BGH NJW 1956, 1154; MDR 1960, 383.

sigkeit der Streithilfe als unzulässig zu verwerfen ist. Haben Partei und Streithelfer Rechtsmittel eingelegt, hat jedoch nur letzterer dieses erfolglos weiterbetrieben, so treffen ab Abstandnahme der Partei den Streithelfer allein die weiteren Rechtsmittelkosten.[13] Wird hingegen ein von Hauptpartei und Streithelfer eingelegtes Rechtsmittel von beiden ohne Erfolg durchgeführt, hat allein die Erstere die Rechtsmittelkosten zu tragen. Ebenso verhält es sich, wenn die Hauptpartei in dem vom Streithelfer veranlassten Rechtsmittelverfahren selber aktiv hervortritt.[14] Wegen weiterer Einzelheiten zur Kostentragung bei Beteiligung eines Streithelfers in der Rechtsmittelinstanz vgl. § 101 Rn. 18 bis 24. Für **notwendige Streitgenossen** (§ 62) gilt, dass die Kosten nach § 97 Abs. 1 nur dem zur Last fallen, der das Rechtsmittel eingelegt hat.

6 Wer für eine Partei ein Rechtsmittel einlegt, **ohne** von dieser dazu **bevollmächtigt** gewesen zu sein, ist nach § 97 Abs. 1 selber in die Kosten zu verurteilen,[15] die sich aus der Verwerfung des Urteils ergeben (vgl. § 91 Rn. 17). Das trifft auch für den Fall zu, dass ein Gemeinschuldner einen Rechtsanwalt beauftragt, Berufung gegen ein zuungunsten des Insolvenzverwalters ergangenes Urteil einzulegen, die verworfen wird, weil letzterer dem Anwalt weder Vollmacht erteilt noch die ihm durch den Gemeinschuldner erteilte genehmigt.

7 **4. Umfang.** Für den Umfang der zu erstattenden Kosten, die grds. alle Kosten der Rechtsmittelinstanz einschließen, gelten die Grundsätze der §§ 91 ff. Da hiernach gerichtliche wie außergerichtliche Kosten erfasst werden, ist im Verfahren nach §§ 103 ff. insbesondere ihre Notwendigkeit zu prüfen. Zur Notwendigkeit des Ob und Wie anwaltlichen Beistands wird auf § 91 Rn. 94 ff. verwiesen.

8 **5. Kostenentscheidung.** Die Kostenentscheidung ist in den Tenor des Urteils (Beschlusses) aufzunehmen. Sie kann dahin gefasst werden, dass der Rechtsmittelkläger (-beklagte) die Kosten des Berufungs- oder Beschwerdeverfahrens zu tragen hat. Im Falle der Aufhebung und **Zurückverweisung** unterbleibt eine Kostenentscheidung. Sie ist der unteren Instanz vorzubehalten, die entsprechend auch dann zu verfahren hat, wenn dies die Entscheidung der Rechtsmittelinstanz ausnahmsweise nicht ausdrücklich verlautbart. Wegen der Kostenentscheidung im Falle des Unterliegens erst in der Revisionsinstanz vgl. Rn. 1. Wird ein Beschluss des Prozessgerichts über die einstweilige Einstellung der Zwangsvollstreckung (§§ 709, 717, 769) erfolglos angefochten, so enthält die Beschwerdeentscheidung keinen Ausspruch über die Kostentragung.[16]

9 **6. Beiderseitiges Rechtsmittel.** Legen beide Parteien Rechtsmittel ein und werden beide Rechtsmittel verworfen, zurückgewiesen oder zurückgenommen, so ist, wie im Falle nur einseitiger Erledigungserklärung, über die Rechtsmittelkosten abschließend und endgültig zu entscheiden. Doch ist die quotenmäßige Verteilung auf die eine oder andere Partei entsprechend den Grundsätzen des § 92 vorzunehmen. Maßgebend für die Größe der Quote ist das Verhältnis der Rechtsmittelstreitwerte. Beispiel: Jeweils erfolglos fordern der Kläger mit seiner Berufung 1000 Euro mehr, der Beklagte 500 Euro weniger als im Ersturteil zugesprochen. Das Urteil belastet den Kläger mit $^2/_3$, dem Beklagten mit $^1/_3$ der Kosten. Haben beide Rechtsmittel nur teilweise Erfolg, ist nach § 92 zu verfahren, wobei sich die Quote nach dem Verhältnis des Obsiegens/Unterliegens am gesamten Rechtsmittelstreitwert richtet. Beispiel: Der Kläger fordert 2000 Euro mehr, der Beklagte 1000 Euro weniger. Der Kläger obsiegt mit 500 Euro, der Beklagte ebenfalls mit 500 Euro. Das Urteil lautet: „Von den Kosten des Berufungsverfahrens hat der Kläger $^2/_3$, der Beklagte $^1/_3$ zu tragen" (Gesamtstreitwert 3000 Euro, bezüglich dessen der Kläger mit 2000 Euro, der Beklagte mit 1000 Euro unterliegt).

10 **7. Anschlussrechtsmittel.** Verliert ein Anschlussrechtsmittel (Anschlussberufung, -revision, -beschwerde) seine Wirkung durch **Rücknahme** des Rechtsmittels (§§ 524 Abs. 4, 554 Abs. 4, 567 Abs. 3 S. 2), sind dem Rechtsmittelkläger regelmäßig auch die **Kosten** des Anschlussrechtsmittels aufzuerlegen.[17] Grund hierfür ist, dass eine unselbstständige Anschließung kein echtes Rechtsmittel, sondern nur einen Angriff innerhalb des vom Gegner eingelegten Rechtsmittels darstellt.[18] Ihre Akzessorietät bedingt, dass nach Rücknahme keine eigene Sachentscheidung über sie ergeht und auf sie die Kostenfolge des Rechtsmittels zu erstrecken ist. Dabei bleibt es selbst dann, wenn der Rücknahme ein gerichtlicher Hinweis auf die Aussichtslosigkeit des Rechtsmittels vorausgegan-

---

[13] BGH MDR 1958, 419.
[14] *Wieczorek/Steiner* § 101 Rn. 4.
[15] BGHZ 121, 397, 400 = NJW 1993, 1865.
[16] AM LG Aachen MDR 1996, 1196.
[17] BGH NJW-RR 2005, 727, 728; BGHZ 4, 229, 233 = NJW 1952, 384; aM OLG Zweibrücken NJW-RR 2005, 507; LAG Sachsen MDR 2005, 719.
[18] BGH NJW-RR 2005, 727, 728; NJW 1998, 2224, 2225; NJW 1977, 43; NJW 1952, 384; OLG Stuttgart OLGR 2000, 58, 60.

gen ist.[19] Der Anschließende hat die Kosten seines wirkungslos gewordenen Anschlussrechtsmittels nur ausnahmsweise zu tragen, wenn über dessen Unzulässigkeit oder Unbegründetheit **gesondert** entschieden wird.[20] Gleiches gilt, wenn die Rücknahme des Hauptrechtsmittels der **Zustimmung** des Anschließenden bedarf und er mit dieser inzident daran mitwirkt, das eigene Anschlussrechtsmittel zu Fall zu bringen;[21] freilich ist diese Einschränkung nicht mehr von Belang, seit mit der ZPO-Reform zum 1. 1. 2002 dem Rechtsmittelkläger die Rücknahme ohne gegnerische Zustimmung noch bis Urteilsverkündung gestattet ist (§§ 516 Abs. 1, 565). Dagegen bleibt es bei der Kostenlast des Berufungs-/Revisionsklägers in den Fällen, in denen ein unselbstständiges Anschlussrechtsmittel die Funktion eines (zB wegen Verstreichens der Rechtsmittelfrist) **unzulässigen** Hauptrechtsmittels erfüllt[22] oder einer **Erweiterung** des vorinstanzlichen Streitgegenstands, etwa durch eine Widerklage oder eine Klageerweiterung dient.[23] Denn trotz der weitergehenden – in gewissem Sinne dem Charakter eines selbstständigen Rechtsmittels angenäherten – Zielsetzung kommt es auch hier in rechtlicher Hinsicht entscheidend auf die Abhängigkeit des Anschlussrechtsmittels an, die dem Betroffenen im Falle der Rücknahme des Rechtsmittels durch den Gegner jede Möglichkeit nimmt, sein Begehren weiterzuverfolgen.[24]

Auch bei **Verwerfung** oder **Zurückweisung** der Berufung durch Beschluss nach **§ 522 Abs. 2** 11 fallen die Kosten des Anschlussrechtsmittels dem **Berufungskläger** zur Last.[25] Der Gegenansicht,[26] die eine unangemessene Erhöhung des Rechtsmittelrisikos durch die Mehrkosten des Anschlussrechtsmittels und eine Beschneidung der Dispositionsfreiheit der erstinstanzlich unterlegenen Partei befürchtet und deshalb für eine Kostenteilung iSv. § 92 Abs. 1 S. 1 eintritt,[27] ist nicht beizustimmen. Sie beachtet nicht, dass durch die Neuregelung des § 516 Abs. 1 die Wirkung des unselbstständigen Anschlussrechtsmittels noch stärker als früher dem Einfluss des Anschlussrechtsmittelführers entzogen ist, weil es auf seine Zustimmung zur Berufungsrücknahme nicht mehr ankommt.[28] Den kostenauslösenden Verlust des Anschlussrechtsmittels hat mithin der Rechtsmittelkläger durch Einlegung und Rücknahme des erfolglosen Rechtsmittels veranlasst. Folgt man im Übrigen dem BGH in der unter Rn. 10 dargelegten Konstellation, wonach der Berufungskläger im Falle der Berufungsrücknahme die Kosten des Anschlussrechtsmittels trägt, wäre es ein Wertungswiderspruch, diesen gegenüber demjenigen Berufungskläger zu benachteiligen, der es auf eine Entscheidung nach § 522 Abs. 2 ankommen lässt und dann noch durch eine Entlastung von den Kosten des Anschlussrechtsmittels privilegiert würde.[29]

III. Kosten eines erfolgreichen Rechtsmittels

1. Kostenlast des Letztunterliegenden. Ficht der erstinstanziell voll unterlegene Rechtsmit- 12 telführer die ihm nachteilige Entscheidung insgesamt an und dringt er damit voll durch, so trägt der unterliegende Gegner, da die angefochtene Entscheidung zu seinen Ungunsten **insgesamt** abgeändert oder aufgehoben wird, die gesamten Kosten des Rechtsstreits nach **§ 91.** Ohne dass es in der Kostenentscheidung besonderer Hervorhebung bedürfte, zählen dazu auch die gesamten Rechtsmittelkosten. Das gilt auch für den Fall, dass nach Klageabweisung durch das Landgericht auf Berufung des Klägers das OLG der Klage voll stattgegeben, der BGH auf Revision des Beklagten die Entscheidung des Berufungsgerichts aufgehoben und die Sache zurückverwiesen, das OLG aber der Klage erneut voll stattgegeben hat. Da es für die Kostentragung maßgeblich allein auf das **letzte Obsiegen** bzw. **Unterliegen** ankommt, muss der Beklagte nach § 91 sämtliche Kosten des Rechtsstreits tragen, wozu auch die seiner erfolgreichen Revision zählen. Eine Milderung dieser

---

19 BGH NJW-RR 2006, 1147.

20 BGH NJW-RR 2005, 727, 728; BGHZ 100, 383, 390 = NJW 1987, 3263, 3264; OLG Köln NJW 2003, 1879.

21 BGH NJW-RR 2005, 727, 728; BGHZ 80, 146, 150 = NJW 1981, 1790, 1791.

22 BGH AGS 2007, 263, 264; OLG Oldenburg NJW 2002, 3555; OLG München NJW-RR 1996, 1280; aM OLG Frankfurt OLGR 2003, 163; NJW-RR 1987, 1087; OLG Stuttgart OLGR 2000, 58, 60; OLG Düsseldorf FamRZ 1999, 1674.

23 AM OLG Frankfurt MDR 2001, 651, 652; KG FamRZ 1988, 1301.

24 BGH AGS 2007, 263, 264.

25 OLG Frankfurt OLGR 2006, 1095; OLG Celle MDR 2004, 592; OLG Köln OLGR 2004, 397, 398; OLG Hamburg MDR 2003, 1251; offen gelassen in BGH NJW-RR 2006, 1147, 1148.

26 KG AnwBl. 2007, 386; OLG Koblenz OLGR 2005, 419; OLG München OLGR 2004, 456; OLG Brandenburg MDR 2003, 1261, 1262; OLG Dresden BauR 2003, 1431, OLG Düsseldorf NJW 2003, 1260; OLG Celle NJW 2003, 2755, 2756; *Pape* NJW 2003, 1150, 1153.

27 OLG Frankfurt NJW-RR 2005, 80.

28 BGH NJW-RR 2005, 727, 728.

29 OLG Köln OLGR 2004, 397, 398.

umfassenden Kostentragungspflicht könnte allenfalls dadurch eintreten, dass ausnahmsweise ein Fall sog. Kostentrennung eingreift.

13 **Beschränkt** der Kläger seine Berufung auf einen **Teilbetrag,** zB auf die Hälfte des ursprünglich geltend gemachten und voll abgewiesenen Betrags, und dringt er damit, sei es mit oder ohne Zurückverweisung, letztlich voll durch, sind die erstinstanziellen Kosten nach **§ 92 Abs. 1** gegeneinander aufzuheben, die gesamten Rechtsmittelkosten jedoch als Kosten des Rechtsstreits nach § 91 dem Beklagten aufzuerlegen.

14 **2. Teilunterliegen.** Dringt der Antrag des Rechtsmittelführers unter Zurückweisung im Übrigen nur teilweise durch, ist grds. nach **§ 92** zu verfahren.[30] Bei geringfügigem Teilunterliegen ist zulasten des Rechtsmittelgegners auch § 92 Abs. 2 Nr. 1 anwendbar (hierzu § 92 Rn. 17 ff.); umgekehrt treffen den teilobsiegenden Rechtsmittelführer gem. § 97 Abs. 2 die Folgen einer nachlässigen erstinstanzlichen Prozessführung (hierzu Rn. 19). Das Maß des Teilunterliegens/Teilobsiegens richtet sich jeweils nach dem Verhältnis zum instanzübergreifend bestimmten Gesamtstreitwert des Rechtsstreits. Wird eine **Nichtzulassungsbeschwerde** teilweise zurückgewiesen, teilweise für begründet erachtet und daher nur insoweit gem. § 544 Abs. 6 als Revisionsverfahren fortgesetzt, ergeht hinsichtlich des zurückgewiesenen Teils eine gesonderte Kostenentscheidung.[31] Um durch diese Aufspaltung eines bis dahin einheitlichen Rechtsmittelverfahrens mit der Entstehung zweier Kostenmassen den Parteien nicht den Vorteil der Gebührendegression bei höherem Gegenstandswert zu nehmen, bemisst sich der Wert für die Gerichtskosten nach dem erfolglosen Teil der Nichtzulassungsbeschwerde, der Wert für die außergerichtlichen Kosten nach der Beschwerde insgesamt, beschränkt auf die dem erfolglosen Teil entsprechenden Quote.[32]

15 **3. Zurückverweisung.** Wird unter teilweiser Zurückweisung oder Verwerfung des Rechtsmittels die angefochtene Entscheidung im Übrigen aufgehoben und die Sache insoweit zurückverwiesen, so ist zwar darin zugleich ein Teilerfolg des Rechtsmittelführers zu sehen. Da die Aufhebung und Zurückverweisung für sich allein aber keine Entscheidung in der Sache selber darstellt, das endgültige Teilobsiegen mithin vom Ausgang der erneuten Entscheidung in der unteren Instanz, ggf. einer erneuten Rechtsmittelinstanz abhängig ist, kommt im Falle der Zurückverweisung eine Kostenentscheidung nicht in Frage. Diese ist der unteren Instanz zu überlassen.[33]

IV. Kostentragung trotz Obsiegens (Abs. 2)

16 **1. Grundgedanke.** Abweichend von der Grundregel des § 91 (vgl. Rn. 13 f.) sind dem Rechtsmittelführer gem. § 97 Abs. 2 trotz seines Obsiegens die Kosten des Rechtsmittelverfahrens ganz oder teilweise aufzuerlegen, wenn der Erfolg in einem Vorbringen begründet ist, das schon in der **vorausgegangenen Instanz** hätte geltend gemacht werden können. Die zwingende Bestimmung, die von Amts wegen anzuwenden ist und in Gestalt der sog. Kostentrennung (vgl. Vor §§ 91 ff. Rn. 27) die Kostengerechtigkeit zum Ziele hat, will zugleich einer Prozessverschleppung entgegenwirken.[34] Der Strafcharakter des nur schuldhaft zu verwirklichenden Tatbestands ist nicht zu leugnen.[35] Daneben ist die Auferlegung einer Verzögerungsgebühr nach § 38 GKG zulässig.[36]

17 **2. Anwendungsbereich.** Anwendbar ist § 97 Abs. 2 auf alle Rechtsmittelverfahren, auch auf die Beschwerdeinstanz, einschließlich in Kostenfestsetzungssachen. In der Revisionsinstanz ist der Anwendungsbereich sehr begrenzt, da ein neuer Sachvortrag grds. ausscheidet, die Äußerung einer neuen Rechtsansicht hingegen nicht unter § 97 Abs. 2 fällt (näher Rn. 20).

18 **3. Obsiegen.** Im Rechtsmittelverfahren obsiegt die Partei, die mit ihrem Sachantrag erfolgreich ist. Das kann sowohl der Rechtsmittelführer sein, falls die angefochtene Entscheidung abgeändert oder aufgehoben wird, wie auch der Rechtsmittelgegner, der mit seinem Antrag auf Zurückweisung oder Verwerfung des Rechtsmittels durchdringt.[37] Doch ist die Anwendbarkeit auf den in beiden Rechtszügen erfolgreichen **Rechtsmittelbeklagten** insofern eingeschränkt, als ihm in der Regel kein Vorwurf allein daraus gemacht werden kann, dass er das in 2. Instanz neu (erfolgreich) Vorgetragene nicht schon in der vorausgegangenen geltend gemacht hat.[38] Denn um ihm Verschulden iSv.

---

[30] RGZ 73, 238, 244; *Stein/Jonas/Bork* Rn. 8.
[31] BGH NJW 2004, 1048.
[32] BGH NJW 2004, 1048.
[33] *Stein/Jonas/Bork* Rn. 8.
[34] OLG Hamm FamRZ 1993, 456.
[35] OLG Hamm MDR 1994, 311.
[36] *Stein/Jonas/Bork* Rn. 18.
[37] BGHZ 31, 342; OLG Hamm NJW 1973, 198; *Stein/Jonas/Bork* Rn. 12.
[38] BGH NJW 1960, 818; OLG Hamm MDR 1984, 1032.

§ 97 Abs. 2 vorwerfen zu können, reicht die bloße Möglichkeit eines früheren Vortrags nicht aus. Hinzu kommen muss die Prüfung, ob die Partei nach dem Grundsatz vernünftiger wirtschaftlicher Prozessführung nicht möglicherweise Anlass hatte, mit dem Vortrag zunächst zuzuwarten.[39]

4. Teilobsiegen. Obsiegt die Partei auf Grund verspäteten Vorbringens nur **teilweise,** ist § 97 Abs. 2 hinsichtlich dieses Teils anzuwenden und im Übrigen nach §§ 91 ff. zu verfahren (vgl. Rn. 14). Beispiel: Der Beklagte unterliegt in erster Instanz voll, weil er gegenüber der Forderung von 10 000,– Euro ohne jeglichen Beweisantritt Erfüllung einwendet. In zweiter Instanz obsiegt er hinsichtlich eines Teilbetrags von 5000,– Euro, weil er mittels eines schon früher möglichen Zeugenbeweises die Nichtentstehung der Teilforderung nachweist. Hier hat er trotz Teilobsiegens in der Rechtsmittelinstanz die gesamten Kosten des Rechtsstreits gem. § 97 Abs. 1, Abs. 2 zu tragen. 19

5. Neues Vorbringen. Ein neues Vorbringen wird in erster Linie in neuem **Tatsachenvortrag** oder **Beweismitteln** zu sehen sein. Auch Angriffs- und Verteidigungsmittel (vgl. § 96 Rn. 3), wie die Erhebung der **Verjährungseinrede**[40] (zum Verschulden vgl. Rn. 21) oder die Geltendmachung neuer Klagegründe, Klageanträge und Anspruchsgrundlagen fallen darunter. Die Äußerung bloßer **Rechtsansichten** scheidet aus,[41] ebenso von Amts wegen (zB nach § 616 Abs. 1) durchgeführte Beweisaufnahmen,[42] doch können deren Kosten dem obsiegenden Rechtsmittelkläger insoweit aufzuerlegen sein, als sie auf einem erfolglosen Angriffs- oder Verteidigungsmittel beruhen (vgl. § 96 Rn. 4). **Neu** ist das Vorbringen, wenn es in der Rechtsmittelinstanz erstmals eingeführt wird. Im Hinblick auf § 528 kommt für die Anwendung des § 97 Abs. 2 jedoch nur ein Vorbringen in Frage, das vom Rechtsmittelgericht zugelassen und in der Vorinstanz auch nicht zurecht zurückgewiesen worden ist (§§ 529 Abs. 1 Nr. 2, 531, 282, 296). Nicht unmittelbar einschlägig ist § 97 Abs. 2, wenn der Obsiegende eine neue Tatsache in der Rechtsmittelinstanz überhaupt erst schafft, zB eine erforderliche behördliche Genehmigung einholt, die er sich in der Vorinstanz auch schon hätte beschaffen können.[43] Die entsprechende Anwendung des § 97 Abs. 2 möchte hier dennoch eher befriedigen, zumal der BGH in der einer Konzentration des Verfahrens dienenden Vorschrift einen verallgemeinerungsfähigen Rechtsgedanken verkörpert sieht.[44] Da die Geltendmachung eines **Zurückbehaltungsrechts** nur eine Zug-um-Zug-Verurteilung auslöst, ist § 97 Abs. 2 nur anwendbar, wenn der Gegner sofort nach Erhebung der Einrede seinen Klageantrag entsprechend beschränkt.[45] 20

6. Vertretenmüssen der Verspätung. Eine Kostentragung trotz Obsiegens setzt weiter voraus, dass die Partei imstande war, das neue Vorbringen bereits im vorausgegangenen Rechtszug geltend zu machen. Sie muss also in der Lage gewesen und es muss für sie ein Anlass gegeben gewesen sein, das ihr bekannte oder zugängliche Angriffs- oder Verteidigungsmittel dort einzuführen.[46] Ob das der Fall war, beurteilt sich nach dem an eine ordnungsmäßige und gewissenhafte Prozessführung anzulegenden Maßstab. Dieser wiederum hat sich am Gebot des § 282 zu orientieren, wonach Angriffs- und Verteidigungsmittel so zeitig vorzubringen sind, wie dies unter Berücksichtigung der jeweiligen Prozesslage einer sorgfältigen und auf Förderung des Verfahrens bedachten Prozessführung entspricht. Die Prüfung erstreckt sich auch darauf, ob die Partei nach dem Grundsatz wirtschaftlicher Prozessführung Anlass hatte, mit ihrem Vortrag zunächst zurückzuhalten oder ihr ein Versäumnis zum Vorwurf gemacht werden kann.[47] § 97 Abs. 2 kommt nach alledem nur bei **schuldhafter Pflichtverletzung** in Frage.[48] Ausreichend ist ein leicht fahrlässiges Verhalten, weder bedarf es grober Fahrlässigkeit noch gar gezielter Prozessverschleppungsabsicht.[49] Die obsiegende Partei muss sich das Verschulden ihrer Vertreter nach §§ 51 Abs. 2, 85 Abs. 2 zurechnen lassen. Das schuldhafte Verhalten muss zur Überzeugung des Gerichts erwiesen sein. 21

Verschulden kann zB fehlen, wenn der Beklagte sich im ersten Rechtszug im Hinblick auf Zweifel, ob ein Anspruch verjährt ist, auf **Verjährung** nicht beruft, mit dieser Einrede jedoch in der Rechtsmittelinstanz obsiegt.[50] Andererseits kann ein Verschulden gerade darin liegen, dass der 22

---

[39] BGH NJW 1960, 818.
[40] OLG Düsseldorf NJW-RR 1999, 283; OLG Hamm VersR 1982, 1080.
[41] *Thomas/Putzo/Hüßtege* Rn. 11; *Musielak/Wolst* Rn. 9.
[42] OLG Karlsruhe OLGZ 1980, 384, 386.
[43] BGH NJW 1954, 1200.
[44] BGHZ 31, 342, 350.
[45] OLG Saarbrücken MDR 2004, 412.
[46] BGH NJW 1960, 818.
[47] BGH NJW 1960, 818.
[48] BGH NJW 1960, 818.
[49] BGHZ 31, 342, 350.
[50] BGHZ 61, 227 = NJW 1973, 2059.

Beklagte eine von Anfang an unzweifelhaft gegebene Verjährungseinrede erst zweitinstanzlich erhebt und dadurch das Unterliegen im ersten Rechtszug herbeiführt.[51] Einer Partei, die im Vertrauen auf eine **redliche** Prozessführung des **Gegners** im Sinne eines wahrheitsgemäßen Sachvortrags (§ 138 Abs. 1) ein vorhandenes Beweismittel zurückhält, kann kein Vorwurf gemacht werden, wenn sie es in höherer Instanz präsentiert, nachdem ihre Erwartung enttäuscht wird.[52] Entscheidend sind die Umstände des Einzelfalls. Gleiches gilt, wenn sie sich zunächst ohne nähere Überprüfung auf die Angaben des Gegners verlässt und erst in der Rechtsmittelinstanz bemerkt, dass diese nicht zutreffend sind und deshalb ihrerseits neues Vorbringen veranlasst ist.[53] Ein Verschulden wird generell nicht schon dadurch ausgeschlossen, dass der Gegner das neue Vorbringen kannte.

23 **7. Ursächlichkeit.** Das Obsiegen muss nach dem Gesetzeswortlaut in dem neuen Vorbringen seine Ursache finden („auf Grund"). Mit Blick auf den in Rn. 1, 16 genannten Normzweck der Prozessökonomie sind an die Feststellung der Ursächlichkeit indes keine zu strengen Anforderungen zu stellen. Eine Auferlegung der Kosten zulasten des obsiegenden Rechtsmittelführer setzt **nicht** die sichere **Gewissheit** voraus, dass der Erfolg gerade auf das neue Vorbringen zurückzuführen ist. Eine Anwendung des § 97 Abs. 2 scheidet vielmehr nur dann aus, wenn umgekehrt sicher feststeht, dass das Rechtsmittel auch ohne das neue Vorbringen erfolgreich gewesen wäre.[54] Als für die analoge Anwendung des § 97 Abs. 2 ausreichende, zugleich schuldhaft gesetzte Ursache ist es zB anzusehen, wenn ein Kläger, dessen Scheidungsantrag in erster Instanz als verfrüht abgewiesen wurde, mit seiner Berufung nur deshalb erfolgreich ist, weil zwischenzeitlich das **Trennungsjahr** abgelaufen ist,[55] es sei denn, beide Parteien sind erstinstanzlich mit ihren verfrühten Ehescheidungsanträgen gescheitert.[56]

24 **8. Kostenentscheidung.** Sind die vorgenannten Voraussetzungen erfüllt, sind die Kosten des Rechtsmittelverfahrens ganz oder teilweise der obsiegenden Partei aufzuerlegen. Das Gericht hat insoweit keinen Ermessensspielraum. Wohl aber steht ihm ein solcher dahin zu, wie es die Rechtsmittelkosten im Einzelnen aufteilen will, ob ganz oder nur teilweise zulasten des Obsiegenden. Zu den Kosten der Berufungsinstanz gehören bei einer Zurückverweisung der Sache an das Berufungsgericht die vorher entstandenen und die nachher noch entstehenden. Denn das Verfahren vor dem Berufungsgericht bildet eine Einheit unbeschadet der Tatsache eines zwischenzeitlichen Revisionsverfahrens, das zur Aufhebung und Zurückverweisung des ersten Berufungsurteils geführt hat.[57] Dies schließt indes weder nach der Fassung des § 97 noch nach den für die §§ 91, 92 geltenden Grundsätzen aus, je nach Verhalten der obsiegenden Partei, dieser die Kosten beider oder nur eines Berufungsverfahrens aufzuerlegen.[58] Im Übrigen ist im Falle des § 97 Abs. 2 bei einer Teilauferlegung zu quoteln, nicht etwa darf nach Kosten einzelner Angriffs- oder Verteidigungsmittel umgelegt werden.

V. Anwendung auf Familiensachen (Abs. 3)

25 Die nach § 97 Abs. 3 vorgesehene entsprechende Anwendung des § 97 Abs. 1 und 2 auf die Scheidungsfolgesachen des § 621 Abs. 1 Nr. 1, 2, 3, 6, 7, 9 sowie die Lebenspartnerschaftssachen der in § 661 Abs. 1 Nr. 5 und 7 bezeichneten Art, die durchweg dem FGG-Verfahrensbereich zuzurechnen sind, wird verständlich, wenn man bedenkt, dass die ZPO-Scheidungsfolgesachen ohnehin dem Regelungsbereich der §§ 91 ff. und damit auch § 97 Abs. 1 und 2 unmittelbar unterworfen sind. Anliegen des § 97 Abs. 3 ist es mithin, alle Scheidungsfolgesachen und Lebenspartnerschaftssachen einer einheitlichen Kostenregelung zu unterstellen. Damit ergänzt § 97 Abs. 3 zugleich die für die Scheidung und Scheidungsfolgesachen geltende Sondervorschrift des § 93 a. Ist die von einem **Sozialversicherungsträger** eingelegte Versorgungsausgleichsbeschwerde ausschließlich deswegen begründet, weil dieser erstinstanzlich eine unzutreffende Auskunft erteilt und im Beschwerdeverfahren korrigiert hat, so ist der Versicherungsträger nach § 97 Abs. 2, Abs. 3 mit den Gerichtskosten der Beschwerde zu belasten;[59] die außergerichtlichen Kosten sind analog § 93 a gegeneinander auf-

---

[51] OLG Düsseldorf NJW-RR 1999, 283; OLG Hamm VersR 1982, 1080, 1081.
[52] OLG Karlsruhe FamRZ 1999, 726, 727; OLG Köln MDR 1973, 324, 325.
[53] OLG Hamm NJW-RR 2003, 1720, 1721.
[54] BGH NJW-RR 2005, 866, 867; aM *Belz,* in: 2. Aufl., Rn. 21; *Thomas/Putzo/Hüßtege* Rn. 10.
[55] BGH NJW 1997, 1007, 1008; OLG Hamm FamRZ 1999, 726; FamRZ 1993, 456; OLG Nürnberg NJW-RR 1997, 388, 389.
[56] OLG Hamm FamRZ 1999, 726.
[57] BGH NJW 1967, 203.
[58] BGH NJW 1967, 203.
[59] OLG Braunschweig FamRZ 1997, 222, 223.

zuheben (vgl. § 93a Rn. 5). Wegen des Falles verfrüht eingereichter **Scheidungsklage** und, bedingt durch das infolge Ablaufs des Trennungsjahres in der Berufungsinstanz erreichte Obsiegen, das zur analogen Anwendung des § 97 Abs. 2 führt, vgl. Rn. 23.

§ 98 Vergleichskosten

[1]Die Kosten eines abgeschlossenen Vergleichs sind als gegeneinander aufgehoben anzusehen, wenn nicht die Parteien ein anderes vereinbart haben. [2]Das Gleiche gilt von den Kosten des durch Vergleich erledigten Rechtsstreits, soweit nicht über sie bereits rechtskräftig erkannt ist.

Übersicht

I. Normzweck und Anwendungsbereich

Der Regelung des § 98 kommt in **doppelter** Hinsicht konstitutive Wirkung zu. Zunächst entspricht es dem Grundsatz der zivilprozessualen Parteiherrschaft, nicht nur frei über den Streitgegenstand disponieren, sondern auch autonome Regelungen über die Kosten treffen zu können, anstatt die Kostenlast der Entscheidung des Gerichts zu unterstellen. § 98 S. 1 erkennt in dieser Hinsicht den **Vorrang** einer kostenbezogenen **Vereinbarung,** soweit sie Gegenstand eines Prozessvergleichs ist, ausdrücklich an (näher Rn. 11ff.). Fehlt es jedoch an einer positiv festgelegten Kostenverteilung, hält § 98 S. 1 eine Auffanglösung bereit und lässt – dem klassischen Kompromissmodell des hälftigen Nachgebens folgend – **Kostenaufhebung** eintreten. Die Regelung stärkt die Chancen einer einvernehmlichen Streitschlichtung insofern, als ein Vergleichsabschluss letztlich nicht an der Kostenfrage scheitern soll.[1] Aus Gründen der Praktikabilität legt die hM die Vorschrift des § 98 zurecht weit aus und erstreckt seine Rechtsfolgen in beiden vorgenannten Ausprägungen auch auf einen **außergerichtlichen** Vergleich, der zur Abgabe einer verfahrensbeendigenden Prozesserklärung (zB Klage- oder Rechtsmittelrücknahme, Erledigung der Hauptsache u.a.) verpflichtet und dessen Vollzug zur Beendigung des Rechtsstreits führt (näher Rn. 23ff.). Schließen die Parteien in einem Prozessvergleich die gesetzliche Folge der Kostenaufhebung des § 98 S. 1 aus, ohne sich über eine positive Kostenverteilung verständigen zu können (sog. **negative** Vereinbarung, vgl. Rn. 6), wendet die hM zutreffend die Regeln des § 91a analog an (hierzu Rn. 13). 1

II. Voraussetzungen

1. Prozessvergleich. § 98 setzt den Abschluss eines Prozessvergleichs iSv. § 794 Abs. 1 Nr. 1 voraus (zur Erstreckung auf einen außergerichtlichen Vergleich vgl. Rn. 23ff.), durch den der 2

[1] OLG Frankfurt MDR 1979, 763.

Rechtsstreit insgesamt oder teilweise (näher Rn. 3) in der Hauptsache beendet wird. Auch ein **Gesamtvergleich** zählt hierher, durch den die Rechtshängigkeit weiterer, nicht vor dem Vergleichsgericht anhängiger Rechtsstreite beendet wird, soweit deren Streitgegenstände mitverglichen werden[2] (zur Kostenfestsetzung vgl. § 103 Rn. 11). Dies gilt auf Grund des verfahrensübergreifenden Vorrangs der Parteiautonomie auch dann, wenn der Vergleich in einem nicht den Vorschriften der ZPO unterworfenen Verfahren, zB nach dem FGG oder dem LwVG,[3] geschlossen wird und einen anderweitig anhängigen Zivilprozess einbezieht oder umgekehrt. § 98 ist ferner anwendbar auf einen in der Zwangsvollstreckung protokollierten[4] oder diese begleitenden und nach Maßgabe der Rn. 23ff. außergerichtlich[5] geschlossenen Vergleich; zur Frage, ob solche gerade der Vermeidung des Vollstreckungsverfahrens dienenden außergerichtlichen Aufwendungen den nach §§ 103ff., 788 festzusetzenden Kosten des Rechtsstreits zuzurechnen sind vgl. § 91 Rn. 35. Dagegen entfaltet eine **isolierte** Vereinbarung über die Kosten (ohne gleichzeitige Disposition über den Streitgegenstand) allenfalls materiellrechtliche Wirkungen, die zwar ausnahmsweise im Kostenfestsetzungsverfahren beachtlich sind (vgl. § 104 Rn. 31ff.), vermag aber die von Amts wegen (§ 308 Abs. 2) zu treffende gerichtliche Kostenlastentscheidung nicht zu beeinflussen[6] (vgl. § 103 Rn. 14).

3 Auf einen den Rechtsstreit nicht beendenden **Zwischenvergleich** ist § 98 ebenfalls anwendbar.[7] Er gilt auch für einen **Teilvergleich,** wobei zu unterscheiden ist: ein **vorab** geschlossener Teilvergleich wird in der abschließenden, den Gesamtrechtsstreit umfassenden Kostengrundentscheidung (vgl. § 91 Rn. 5) mit der dem Vergleichswert entsprechenden Teil des Streitgegenstands prozentual berücksichtigt,[8] so dass in diesem Umfang eine positive Kostenvereinbarung gem. § 98 S. 1 einfließt[9] (vgl. Rn. 11) bzw. bei Fehlen einer solchen bezüglich des verglichenen Teilgegenstands Kostenaufhebung eintritt[10] (vgl. Rn. 10), während eine negative Kostenvereinbarung auch insoweit eine gerichtliche Kostenentscheidung veranlasst (vgl. Rn. 13). Ergeht umgekehrt im Anschluss an ein Teilurteil oder eine Teilerledigungserklärung über den Rest des Streitgegenstands ein **abschließender** Teilvergleich, erstreckt sich sowohl eine positive oder negative Kostenvereinbarung als auch eine gesetzliche Kostenaufhebung iSv. § 98 S. 1 im Zweifel auf die gesamten noch nicht rechtskräftig ausgeurteilten Kosten.[11]

4 **2. Parteiverhältnis.** Der persönliche Anwendungsbereich ist auf „die Parteien" des Rechtsstreits beschränkt. Dritte, die ihm nur zwecks Vergleichsabschluss beitreten, zählen nicht dazu.[12] Wohl aber erfasst § 98 Verfahrensstandschafter und, sofern § 100 nicht Vorrang beansprucht, auch Streitgenossen. Für Streithelfer kommt eine Anwendung des § 98 nach Maßgabe der Sondervorschrift des § 101 in Frage (vgl. § 101 Rn. 25ff.). Gegenüber der **Staatskasse** wirkt eine vergleichsweise Kostenregelung ebenfalls, es sei denn, sie ziele bewusst auf deren Schädigung.[13] Zur Wirkung des Prozessvergleichs einer PKH-Partei auf die Kostenfestsetzung vgl. § 92 Rn. 13.

5 **3. Anderweitige Parteivereinbarung (Satz 1).** Die in § 98 S. 1 angeordnete gesetzliche Kostenfolge ist insofern **zwingend,** als sie bei Erfüllung der tatbestandlichen Voraussetzungen für eine abweichende einzelfallbezogene Entscheidung keinen Raum lässt (vgl. Rn. 10). Doch hängt dies nach dem Wortlaut der Norm davon ab, dass die Parteien keine anderweitige Regelung über die Kosten getroffen haben. Diese Subsidiarität der gesetzlichen Kostenregel gegenüber einer Parteivereinbarung (zu deren Rechtsfolgen im Einzelnen vgl. Rn. 11ff.) ist Ausfluss der auf das Kostenrecht ausstrahlenden und auch den prozessualen Kostenerstattungsanspruch (vgl. Vor §§ 91ff. Rn. 8, 15) beherrschenden Dispositionsmaxime.[14]

6 Eine anderweitige Parteivereinbarung braucht nicht unbedingt eine **positive** Regelung der Kosten, etwa die Übernahme der gesamten Kosten durch eine Partei oder eine Verteilung nach Quoten beinhalten. Vielmehr liegt es in der Dispositions- und Gestaltungsfreiheit der Parteien, stattdessen eine bloß **negative** Abrede zu treffen, mit der sie zwar die gesetzliche Auffangregel der

---

[2] *Musielak/Wolst* Rn. 2.
[3] AG Hamburg MDR 1958, 46; *Zöller/Herget* Rn. 1.
[4] OLG Düsseldorf JurBüro 1995, 50, 51 m. Anm. *Mümmler;* OLG Zweibrücken Rpfleger 1992, 408 aE.
[5] KG JurBüro 1981, 1359, 1361; OLG Frankfurt NJW 1956, 1035, 1036 m. Anm. *Mölders.*
[6] KG FamRZ 1968, 652; aM *Stein/Jonas/Bork* Rn. 14.
[7] OLG Koblenz JurBüro 1991, 120 m. Anm. *Mümmler;* aM *Belz,* in: 2. Aufl. Rn. 9.
[8] OLG Bremen OLGR 1999, 239; *Zöller/Herget* Rn. 2.
[9] OLG Bremen OLGR 1999, 239.
[10] BGH FamRZ 2006, 853; *Zöller/Herget* Rn. 2.
[11] OLG Zweibrücken OLGZ 1983, 80, 81.
[12] *Thomas/Putzo/Hüßtege* Rn. 5.
[13] OLG München JurBüro 1973, 752, 753; OLG Frankfurt NJW 1969, 144, 145 aE; LG Köln AnwBl. 1984, 624.
[14] OLG München JurBüro 1973, 752, 753; ArbG Berlin AnwBl. 1994, 95.

Kostenaufhebung abdingen, die Verteilung der Kostenlast im Prozessvergleich jedoch bewusst ausklammern und die Entscheidung hierüber dem **Gericht** überantworten können,[15] weil eine Verständigung in diesem Punkt nicht zustande kommt (zu den Rechtsfolgen im Einzelnen vgl. Rn. 13). Die Vereinbarung kann auch ausdrücklich auf die Herbeiführung einer gerichtlichen Entscheidung nach **§ 91 a** abzielen.[16]

Eine negative Parteivereinbarung kann ausdrücklich in den Vergleich aufgenommen werden. 7
Der in dieser Hinsicht offene Gesetzeswortlaut („ein anderes vereinbart") lässt jedoch auch die Berücksichtigung **konkludenter** Erklärungen zu,[17] da das Parteiverhalten nach den Regeln der Rechtsgeschäftslehre auslegungsfähig ist und die den Kostenfestsetzungsinstanzen gezogenen Auslegungsgrenzen (vgl. Rn. 12) für den Richter im Rahmen der Prüfung, ob die gesetzliche Kostenfolge des § 98 S. 1 eingreift oder eine Kostengrundentscheidung zu treffen ist (vgl. Rn. 13), nicht gelten. Ein bloßes **Schweigen** zum Kostenpunkt begründet indes noch keine negative Vereinbarung, sondern stellt gerade den Regelfall des Fehlens einer Kostenabrede mit der Folge der gesetzlichen Kostenaufhebung dar[18] (vgl. Rn. 10). Erforderlich ist daher zumindest eine **Andeutung** im Vergleichswortlaut.[19] Da der Vergleich die Rechtshängigkeit der Klageforderung entfallen und bei fehlender anderweitiger Vereinbarung die gesetzliche Kostenfolge eintreten lässt, kann die Kostenvereinbarung nur im Zeitpunkt des Vergleichsschlusses getroffen werden; eine Nachholung ist nicht möglich.[20] Fehlt es an einer den § 98 verdrängenden positiven oder negativen Kostenvereinbarung, sind die Gründe hierfür, ob bewusst oder versehentlich, ob irrtümlich oder infolge versteckten Einigungsmangels, ohne Belang; auch § 139 BGB ist unanwendbar.[21] Es kommt dann in jedem Falle die Kostenregel des § 98 S. 1 zum Zuge (vgl. Rn. 10).

4. Anderweitige rechtskräftige Kostenentscheidung (Satz 2). Soweit im Zeitpunkt des ge- 8
richtlichen Vergleichsabschlusses über die Kosten des Rechtsstreits – nicht auch über die Kosten des Vergleichs selbst (Satz 1) – bereits eine rechtskräftige Kostengrundentscheidung vorliegt, geht diese einer ergänzenden Kostenregelung des § 98 vor. Auch für eine entgegenstehende **Vereinbarung** der Parteien ist insoweit kein Raum.[22] Eine solche vermag deshalb auch nicht als eigenständige neue Kostengrundentscheidung für ein Kostenfestsetzungsverfahren zu dienen (vgl. § 103 Rn. 13), sondern allenfalls materiellrechtliche Bedeutung zwischen den Parteien zu erlangen. Die Gegenauffassung ist schon aus Gründen der Rechtsklarheit abzulehnen, da Gegenstand eines Vergleichs gem. § 794 Abs. 1 Nr. 1 nur eine Regelung zur Beilegung eines Rechtsstreits sein kann und eine solche allein dann in Betracht kommt, wenn und soweit überhaupt noch ein offener Streitpunkt beizulegen ist. Gerade hieran fehlt es bei der Regelung bezüglich eines bereits rechtskräftig entschiedenen Kostenpunkts.

III. Rechtsfolgen

1. Überblick. Mit Blick auf den in Rn. 1 erläuterten doppelten Regelungsgehalt ist hinsichtlich 9
der Rechtsfolgen zwischen einer parteiautonomen und einer gesetzlichen Kostenverteilung zu unterscheiden. Kommt eine wenigstens stillschweigende (vgl. Rn. 7) Kostenvereinbarung nicht zustande und steht nicht die Rechtskraft einer gerichtlichen Entscheidung entgegen, unterliegen sowohl die Kosten des Vergleichs (Satz 1) als auch die des Rechtsstreits (Satz 2) der **gesetzlichen** Kostenaufhebung. Andernfalls gilt die positive oder negative **Kostenregelung** der Parteien, wobei im letzteren Fall eine Entscheidung des Gerichts erforderlich wird (näher Rn. 13). Darüber hinaus ist in **Zweifelsfällen,** insbesondere bei Streit der Parteien über die Auslegung einer von ihnen getroffenen Vergleichsregelung,[23] generell die Klärung durch **gerichtlichen Beschluss** geboten (vgl.

---

[15] BGH NJW 1965, 103; OLG Brandenburg FamRZ 2003, 1573, 1574; OLG Dresden OLG-NL 2001, 43, 44; OLG Naumburg FamRZ 2001, 1383; OLG München MDR 1990, 344; OLG Zweibrücken OLGZ 1983, 80, 81; aM OLG Bamberg MDR 1980, 60.

[16] BGH NJW 2007, 835, 836; OLG Köln FamRZ 2007, 66.

[17] OLG Rostock OLGR 2006, 734; OLG Frankfurt JurBüro 1983, 1878, 1879 (für außergerichtlichen Vergleich); OLG Bremen NJW 1968, 1238; *Saenger/Gierl* Rn. 10; aM OLG Zweibrücken OLGZ 1983, 80, 81; *Belz,* in: 2. Aufl., Rn. 13; *Bergerfurth* NJW 1972, 1840, 1841.

[18] OLG Brandenburg FamRZ 2003, 1573, 1574; LG Koblenz NJW-RR 2004, 1510 (LS).

[19] BGH NJW-RR 2006, 1000, 1006 (für außergerichtlichen Vergleich).

[20] OLG Brandenburg FamRZ 2003, 1573, 1574; OLG Naumburg FamRZ 2001, 1383, 1384, aM OLG Bamberg JurBüro 1988, 1084.

[21] *Musielak/Wolst* Rn. 3 aE; *Bergerfurth* NJW 1972, 1840, 1841.

[22] BGHZ 15, 190, 194 = NJW 1955, 182; OLG Hamm JurBüro 1989, 1421, 1422; 1975, 517 m. Anm. *Mümmler;* KG JurBüro 1972, 256; aM OLG Koblenz MDR 1987, 852; OLG München NJW 1969, 2149; *Belz,* in: 2. Aufl. Rn. 14.

[23] OLG Köln Rpfleger 1987, 429, 430.

Rn. 10, 12), der – ebenso wie die Ablehnung einer Entscheidung – analog § 91 a Abs. 2 beschwerdefähig ist. Nimmt das Gericht eine **Ergänzung** eines im Prozessvergleichs getroffenen positiven Kostenvereinbarung vor, so ist auch gegen diese Kostenentscheidung in entsprechender Anwendung des § 99 Abs. 2 die Beschwerde statthaft.[24]

10 **2. Gesetzliche Kostenaufhebung.** Mangels anderweitiger Parteivereinbarung oder rechtskräftiger Kostenentscheidung greift die Kostenaufhebung des § 98 ein,[25] wonach jede Partei die Hälfte der Gerichtskosten und ihre eigenen außergerichtlichen Kosten zu tragen hat (§ 92 Abs. 1 S. 2). Die Kostenaufhebung tritt unmittelbar kraft **Gesetzes** ein. Für eine gerichtliche Kostenentscheidung in entsprechender Anwendung des § 91 a ist daher kein Raum;[26] ein dahingehender Antrag ist grds. als **unzulässig** zu verwerfen. Doch hat ausnahmsweise das Prozessgericht – nicht die Kostenfestsetzungsinstanzen[27] – in **Zweifelsfällen,** insbesondere bei **Streit** der Parteien über die Auslegung einer Vergleichsklausel als einer fehlenden, positiven oder negativen Kostenvereinbarung (vgl. Rn. 12) den Eintritt der gesetzlichen Kostenaufhebung bzw. die durch Parteivereinbarung konstituierte Kostenfolge im Beschlusswege analog § 91 a festzustellen.[28] Zur Klarstellung darf das Prozessgericht dies ohnehin stets aussprechen.[29] Gegen einen solchen Beschluss, aber auch gegen die Ablehnung einer analog § 91 a beantragten Entscheidung ist **sofortige Beschwerde** eröffnet.[30] Grundlage der **Kostenfestsetzung** ist ein Gerichtsbeschluss, ansonsten der Prozessvergleich selbst, und zwar gerade auch dann, wenn er sich nicht zur Verteilung der Kosten verhält und diese daher auf dem Gesetz beruht[31] (vgl. § 103 Rn. 10). Die Gerichtskosten eines selbstständigen Beweisverfahrens sind als Gerichtskosten des Hauptverfahrens anzusehen und zu erstatten (näher Rn. 20).

11 **3. Vorrang einer Kostenvereinbarung.** Enthält der Prozessvergleich eine Kostenvereinbarung, **verdrängt** diese die gesetzliche Kostenaufhebung des § 98 S. 1.[32] Dabei ist hinsichtlich der Wirkungen zwischen einer positiven und einer negativen Regelung zu unterscheiden:

12 **a) Positive Kostenvereinbarung.** Diese schafft einen eigenen – rechtsgeschäftlich konstituierten – Rechtsgrund für einen prozessualen Kostenerstattungsanspruch sowohl dem Grunde als auch dem Umfang (hierzu Rn. 14 ff.) nach. Ein Prozessvergleich dieses Inhalts tritt an die Stelle der Kostengrundentscheidung (vgl. § 91 Rn. 5 ff.) und verkörpert einen geeigneten **Kostentitel** iSv. § 103 Abs. 1 zur Durchführung eines **Festsetzungsverfahrens**[33] (vgl. § 103 Rn. 10 ff.). Des Erlasses einer gerichtlichen Kostenentscheidung bedarf es vorbehaltlich der in Rn. 10 genannten Ausnahmen nicht. Meist wird im Rahmen einer positiven Vereinbarung die Kostenlast explizit einer Partei zugewiesen oder durch Angabe eines Bruchteils oder Prozentbetrags verteilt; auch eine Kostenaufhebung kann der Vergleich ausdrücklich vorsehen. In Betracht kommt aber auch eine anderweitige **konkludente** Vereinbarung.[34] Bestehen Zweifel am Inhalt einer positiven Kostenlastregelung, ist diese wie jede rechtsgeschäftliche Erklärung der **Auslegung** nach §§ 133, 157 BGB zugänglich.[35] Soweit mit den Mitteln der Auslegung eine Mehrdeutigkeit nicht auszuräumen ist, bietet sich in **ergänzender Vertragsauslegung** (§ 157 BGB) **Kostenaufhebung** iSv. § 98 S. 1 an,[36] wobei das **Prozessgericht** diese Folge zweckmäßigerweise durch gesonderten Beschluss deklaratorisch fest-

---

[24] OLG Nürnberg MDR 2003, 652; OLG Köln Rpfleger 1987, 429.

[25] BGH BGHReport 2003, 1046 (LS); LAG Düsseldorf MDR 2002, 725; OLG Bremen OLGZ 1989, 100, 101.

[26] BGH MDR 1972, 945; NJW 1961, 460; JR 1970, 464, 465; OLG Naumburg FamRZ 2001, 1383; NJW-RR 1996, 1216; OLG Hamm AnwBl. 1982, 72, 73.

[27] LAG Hamm MDR 1985, 611.

[28] OLG Köln NJW-RR 1995, 509; OLG Hamm JurBüro 1992, 493; *Thomas/Putzo/Hüßtege* Rn. 11; aM OLG Frankfurt NJW 1956, 146, 147; *Belz,* in: 2. Aufl., Rn. 29; zweifelnd *Baumbach/Lauterbach/Hartmann* Rn. 58.

[29] BGH Beschl. 26. 6. 2003 III ZB 57/02 = BGHReport 2003, 1046 (im dort allein abgedruckten LS nicht berücksichtigt); OLG Naumburg NJW-RR 1996, 1216 aE; *Bergerfurth* NJW 1972, 1840, 1841; *Musielak/Wolst* Rn. 8.

[30] OLG Koblenz JurBüro 1991, 263; OLG Stuttgart NJW 1971, 1571 (LS b); *Bergerfurth* NJW 1972, 1840, 1841.

[31] OLG Hamm JurBüro 1992, 493; *Stein/Jonas/Bork* Rn. 19.

[32] BGH NJW 2005, 1373; BGHReport 2003, 1046 (LS); JR 1970, 464, 465; OLG Stuttgart NJW-RR 1999, 147, 148.

[33] OLG Oldenburg JurBüro 2007, 35; *Stein/Jonas/Bork* Rn. 19.

[34] OLG Stuttgart MDR 2004, 717.

[35] OLG München Rpfleger 1994, 227; LAG Hamburg MDR 1987, 962; *Baumbach/Lauterbach/Hartmann* Rn. 24.

[36] BGHZ 39, 60, 69 = NJW 1963, 637, 639 (für außergerichtlichen Vergleich); OLG Naumburg OLGR 1996, 103; OLG Oldenburg MDR 1983, 1030; OLG München JurBüro 1983, 1880; *Thomas/Putzo/Hüßtege* Rn. 14.

stellt (vgl. Rn. 10). Namentlich im Falle eines Vollstreckungsvergleichs (vgl. Rn. 2) wird im Zweifel gewollt sein, die Kosten des Vergleichs gegeneinander aufzuheben.[37] Ist bei Vergleichsabschluss über einen Teil der Kosten des vorausgegangenen Verfahrens bereits **rechtskräftig** entschieden, so werden bei einer explizit vereinbarten Kostenaufhebung im Zweifel die rechtskräftig beschiedenen Kosten hiervon nicht erfasst[38] (zur Rückfestsetzung solcher Kosten vgl. aber § 91 Rn. 36 f.). Dagegen sind einer Auslegung, soweit sie im Rahmen des auf eine praktikable Handhabung angelegten **Kostenfestsetzungsverfahrens** (vgl. § 103 Rn. 1) erforderlich wird, Grenzen gesetzt.[39] In aller Regel kann sie nicht auf Begleitumstände, sondern nur auf eine **Andeutung** im Vergleichswortlaut gestützt werden[40] (zum Erstattungsumfang vgl. Rn. 14 ff.). Ist hiernach die Mehrdeutigkeit einer Vereinbarung nicht auflösbar, scheidet diese als Grundlage einer Kostenfestsetzung aus; die Parteien sind stattdessen auf den Prozessrechtsweg zu verweisen.[41]

b) Richterliche Entscheidung bei negativer Vereinbarung (§ 91 a analog). Eine negative Vereinbarung (vgl. Rn. 6) veranlasst eine richterliche Kostenentscheidung analog § 91 a,[42] um die Kostenlast zu bestimmen und einen Titel für ein Festsetzungsverfahren (§ 103 Abs. 1) zu schaffen. Hierfür spricht nicht nur ein praktisches Bedürfnis, sondern auch der Umstand, dass die Konstellation strukturell der des § 91 a entspricht, wonach der Rechtsstreit nur in der Hauptsache, nicht im Kostenpunkt beigelegt ist. **Streiten** die Parteien über die Auslegung einer Kostenregelung als einer negativen oder positiven, berührt das die Statthaftigkeit eines Beschlusses iSv. § 91 a und bedarf ebenfalls richterlicher Klärung (vgl. Rn. 10). Wird eine Kostenentscheidung erforderlich, ist für die Frage, nach welchen Kriterien sie zu treffen ist, der durch Auslegung zu ermittelnde **Parteiwille** maßgebend. Gerade dies besagt im Kern dessen in § 98 S. 1 statuierter Geltungsvorrang.[43] Im Zweifel ist eine Entscheidung nach den Regeln des § 91 a gewollt, so dass es auf den **Sach- und Streitstand** ankommt.[44] Es dürfte kaum dem Parteiwillen gerecht werden, stattdessen die Kosten entsprechend den sich aus dem Vergleich ergebenden **Obsiegensanteilen** zu quoteln,[45] da sonst nahe gelegen hätte, eine so einfache Lösung ausdrücklich zu vereinbaren.[46] Doch können Umstände des Einzelfalls den Rückgriff auf solche oder andere Entscheidungsmaßstäbe erfordern,[47] indem etwa bei streitigem Prozessstoff Art und Ausmaß des beiderseitigen **Nachgebens** die (Teil-)Berechtigung der Klage indizieren und die Kostenverteilung beeinflussen können.[48] Selbst eine Kostenaufhebung in Anlehnung an § 98 S. 1 kommt in Betracht, wenn die Parteien zB im Zuge einer **Gesamtbereinigung** ihrer Rechtsverhältnisse zusätzliche – von dem Rechtsstreit nicht erfasste – Gegenstände von bedeutendem Wert ausgeglichen haben.[49] 13

4. Umfang der Kostenerstattung bei positiver Vereinbarung. Das Ausmaß der zu erstattenden Kosten richtet sich primär nach der im Prozessvergleich getroffenen **Parteivereinbarung.**[50] Insoweit kann zunächst auf die Ausführungen zu Rn. 12 verwiesen werden. Zu beachten ist, dass eine ausdrückliche Abrede zulässig ist, wonach bestimmte Kosten mit bindender Wirkung für die 14

---

37 OLG Düsseldorf JurBüro 1995, 50, 51 m. Anm. *Mümmler;* KG JurBüro 1981, 1359, 1361.

38 OLG Stuttgart MDR 1989, 1108; OLG Schleswig JurBüro 1982, 445; OLG Frankfurt JurBüro 1981, 451; aM OLG Koblenz MDR 1987, 852.

39 OLG München MDR 1997, 786, 787; LAG Hamburg MDR 1987, 962; OLG Frankfurt MDR 1980, 60; JurBüro 1994, 474.

40 OLG München Rpfleger 1994, 227; OLG Hamm JurBüro 1989, 1421.

41 LAG Hamm MDR 1985, 611.

42 BGH NJW 2007, 835, 836; NJW 1965, 103; OLG Brandenburg FamRZ 2007, 67, 68; OLG Celle BauR 2003, 1762; OLG Dresden OLG-NL 2001, 43, 44; OLG Oldenburg NJW-RR 1992, 1466; OLG Koblenz AnwBl. 1990, 48; *Bergerfurth* NJW 1972, 1840, 1842; aM OLG Bamberg MDR 1980, 60; OLG Celle NJW 1961, 1824; OLG Frankfurt NJW 1956, 147 (aufgegeben in OLG Frankfurt MDR 1979, 763).

43 OLG Frankfurt MDR 1979, 763.

44 BGH NJW 2007, 835, 836; OLG Rostock OLGR 2006, 734 (für außergerichtlichen Vergleich); OLG Hamm MDR 2003, 116; OLG Celle BauR 2003, 1762; OLG Dresden OLG-NL 2001, 43, 44; OLG Stuttgart NJW-RR 1999, 147, 148; OLG Oldenburg NJW-RR 1992, 1466; OLG Koblenz AnwBl. 1990, 48, 49; OLG München MDR 1990, 344; *Zöller/Herget* Rn. 3; aM OLG Bremen OLGZ 1989, 100, 102; NJW 1968, 1238, 1239.

45 So aber OLG Brandenburg FamRZ 2007, 67, 68; OLG Köln NJW-RR 1995, 509; OLG Bremen OLGZ 1989, 100, 102.

46 OLG Stuttgart NJW-RR 1999, 147, 148; *Schumacher* NJW 1973, 716.

47 OLG Düsseldorf FamRZ 1996, 881; LAG Köln NZA 1992, 1147; OLG Bremen OLGZ 1989, 100, 104; OLG Bamberg JurBüro 1984, 1740; OLG Stuttgart NJW 1971, 1571.

48 OLG Nürnberg FamRZ 2001, 1383; OLG Oldenburg NJW-RR 1992, 1466; OLG München NJW 1973, 154.

49 BGH NJW-RR 1997, 510; OLG Jena OLGR 2000, 367 (jeweils für außergerichtlichen Vergleich).

50 OLG Düsseldorf JurBüro 1985, 137; ArbG Berlin AnwBl. 1994, 95.

Kostenfestsetzungsinstanzen erstattungsrechtlich als notwendig iSv. § 91 zu gelten haben und daher im Verfahren nach §§ 103 ff. zu berücksichtigen sind.[51] Treffen die Parteien eine Vereinbarung über „die Kosten des Rechtsstreits", sind hiervon – vorbehaltlich abweichender Umstände im Einzelfall[52] – im Zweifel die **Kosten** des **Vergleichs** umfasst.[53] Dem steht nicht entgegen, dass § 98 beide gesondert aufgeführt. Die Trennung im Wortlaut ist nur dadurch bedingt, dass die in Satz 2 angesprochenen Kosten, die bereits Gegenstand einer rechtskräftigen Entscheidung sind, nicht der Regel des Satz 1 unterfallen sollen.[54] Vereinbaren die Parteien Kostenaufhebung, kann die **PKH-Partei** nicht gegenüber dem Erstattungsanspruch des Gegners einwenden, für von diesem verauslagte Gerichtskosten nicht einstehen zu müssen (näher § 92 Rn. 13). Zur Bedeutung einer Kostenaufhebung für die Kosten einer Nebenintervention vgl. § 101 Rn. 29.

15 **a) Maßstab der gesetzlichen Kostenerstattung.** Legt man die Vereinbarung, vorbehaltlich abweichender individueller Momente, mit Blick auf die **Verkehrsanschauung** aus, sind im Zweifel nur die **notwendigen** Kosten iSv. § 91 Abs. 1 S. 1, nicht aber alle angefallenen Kosten und auch nicht höhere als gesetzliche Gebühren zu erstatten.[55] Insoweit hat sich die Auslegung an denjenigen Grundsätzen zu orientieren, wie sie den Umfang der **gesetzlichen Kostenerstattungspflicht** bestimmen. Abweichungen wird man wegen der im Festsetzungsverfahren nach §§ 103 ff. (vgl. § 103 Rn. 1) nur beschränkt möglichen Einbeziehung von Einzelfallumständen (vgl. Rn. 12) cum grano salis nur anerkennen können, wenn sie **ausdrücklich** verlautbart sind. Subjektive, vom Vergleichswortlaut nicht gedeckte Parteivorstellungen dürfen zur Auslegung nicht herangezogen werden.[56] So bedarf es zB der konkreten Festlegung, dass die Mehrkosten eines Distanzanwalts (vgl. § 91 Rn. 50 ff.) ohne Rücksicht auf ihre Notwendigkeit zu erstatten sind. Gleiches gilt für ein Privatgutachten, wenn es den Anforderungen der Prozessbezogenheit und Notwendigkeit (vgl. § 91 Rn. 118 ff.) nicht standhält. Kosten einer früheren Zwangsvollstreckung sind nur festsetzbar, wenn der Vergleich ihre Erstattbarkeit explizit vorsieht.[57] Eine vereinbarte „Kostenaufhebung" ist idR wie in § 92 Abs. 1 S. 2 zu verstehen, wonach verauslagte Gerichtskosten nur zur Hälfte, außergerichtliche Kosten gar nicht erstattet werden[58] (vgl. § 92 Rn. 12). Übernimmt eine Partei die außergerichtlichen Kosten nur eines gegnerischen Streitgenossen, während der andere seine außergerichtlichen Kosten selber trägt, ist im Zweifel davon auszugehen, dass der erstattungsberechtigte Streitgenosse – allgemeinen Erstattungsgrundsätzen folgend (vgl. § 100 Rn. 34 ff.) – nur den auf ihn entfallenden Anteil gemeinsamer Anwaltskosten verlangen kann.[59]

16 Andererseits entspricht es der Verkehrsanschauung, dass bestimmte nach der **gesetzlichen** Kostenverteilung einer einzelnen Partei gesondert zur Last fallenden Kosten im Zweifel auch **ohne ausdrückliche** Erwähnung im Prozessvergleich von eben der betreffenden Partei zu tragen sind und damit als erstattungsfähig zu gelten haben. Hierzu sind zB die dem Kläger zur Last fallenden Kosten einer **Verweisung** nach § 281 Abs. 3 S. 2 infolge Anrufung des unzuständigen Gerichts[60] sowie **Versäumniskosten** nach § 344[61] zu rechnen, ferner auch die gesamten Kosten eines Urkundenprozesses, dh. sowohl die des Vor-, wie die des Nachverfahrens.[62] Die Gegenauffassung[63] trägt dem Leitbild gesetzlicher Kostenverantwortung, wie sie etwa der sog. Kostentrennung infolge prozessverlängernden Verhaltens zugrunde liegt (vgl. Vor §§ 91 ff. Rn. 27) und in Ermangelung gegenteiliger Anhaltspunkte auch von den Parteien als stillschweigend vorausgesetzt gelten kann, nicht hinreichend Rechnung. **Ändert** ein Prozessvergleich eine früher ergangene

---

[51] OLG Bamberg Rpfleger 2007, 288; OLG Oldenburg JurBüro 2007, 35; KG Rpfleger 1990, 224.

[52] OLG Brandenburg MDR 2006, 1017; LAG Düsseldorf MDR 2001, 655, 656.

[53] OLG Brandenburg OLGR 2003, 256; OLG Köln OLGR 2007, 32; JurBüro 2006, 599; LAG Düsseldorf MDR 2001, 655.

[54] OLG Brandenburg MDR 2006, 1017.

[55] OLG Düsseldorf JurBüro 1989, 1127, 1128; OLG Hamm MDR 1982, 855; OLG Köln JurBüro 1981, 1187, 1188; OLG Bamberg JurBüro 1975, 1368; OLG Celle MDR 1963, 511; *Thomas/Putzo/Hüßtege* Rn. 13; aM OLG Hamburg MDR 1962, 743.

[56] OLG Frankfurt AnwBl. 1978, 466.

[57] OLG Karlsruhe MDR 1994, 733; OLG Frankfurt Rpfleger 1979, 429; OLG Bamberg JurBüro 1975, 630; 1972, 430; OLG Koblenz JurBüro 1975, 464; OLG Schleswig JurBüro 1969, 1078.

[58] LAG Nürnberg JurBüro 2001, 35.

[59] OLG Koblenz JurBüro 1981, 1399; OLG Bamberg JurBüro 1978, 592.

[60] OLG Zweibrücken MDR 1996, 971; OLG Bamberg JurBüro 1988, 1689; OLG Stuttgart JurBüro 1986, 103; OLG München JurBüro 1985, 292; aM LAG Bremen MDR 2002, 606; LAG Düsseldorf MDR 2002, 725; OLG Düsseldorf JurBüro 1999, 315.

[61] OLG München Rpfleger 1979, 345; OLG Düsseldorf JurBüro 1980, 135.

[62] OLG Hamm Rpfleger 1975, 322.

[63] LAG Bremen MDR 2002, 606; LAG Düsseldorf MDR 2002, 725.

Kostenentscheidung ab, sind hingegen **Zinsen** im Zweifel nicht schon ab der Erstentscheidung, sondern erst ab Eingang des auf den Vergleich gestützten Kostenfestsetzungsantrags berechtigt, da die Parteivereinbarung eine neue Grundlage für die Kostentragung schafft[64] (näher § 104 Rn. 64). Eine gesetzesorientierte Auslegungspraxis hat sich namentlich für die Erstattung folgender Kosten etabliert:

b) Anwaltliche Gebühren. Der Prozessvergleich kann eine Verpflichtung zu höheren als den 17
gesetzlich geschuldeten Gebühren (§ 4 RVG) vorsehen.[65] Ohne eindeutig manifestierten Parteiwillen ist mit der hM jedoch davon auszugehen, dass die Vereinbarung einer Kostenübernahme nur die notwendigen, nicht etwa alle angefallenen oder gar höhere als die gesetzlichen Gebühren erfasst.[66] Insbesondere sind bei Übernahme der „Kosten des Vergleichs und des Rechtsstreits" in aller Regel keine Verkehrsanwaltskosten[67] bzw. Mehrkosten eines Distanzanwalts zu erstatten, soweit sie nicht notwendig waren (vgl. § 91 Rn. 50 ff.). Im Regelfall entsteht bei Abschluss eines in der mündlichen Verhandlung geschlossenen Prozessvergleichs neben der Terminsgebühr (Nr. 3104 VV RVG) die **Einigungsgebühr** nach Nr. 1000 VV RVG (zum außergerichtlichen Vergleich vgl. Rn. 34). Nach zutreffender Ansicht fällt die **Terminsgebühr** auch bei einem auf Grundlage des **§ 278 Abs. 6** gerichtlich protokollierten Vergleich an,[68] und zwar unabhängig davon, ob ein schriftlicher Vergleichsvorschlag seitens der Parteien unterbreitet wird (§ 278 Abs. 6 S. 1 1. Alt.) oder diese einen schriftlichen Vergleichsvorschlag des Gerichts annehmen (§ 278 Abs. 6 S. 1 1. Alt.).[69] Obgleich in beiden Fällen die eigentlichen Vergleichsverhandlungen außerhalb des Gerichtssaals stattfinden, gibt den Ausschlag, dass nach dem Wortlaut der Vorbem. 3 Abs. 3 Teil 3 VV RVG eine Terminsgebühr auch durch die „Mitwirkung an auf die Vermeidung gerichteten Besprechungen ohne Beteiligung des Gerichts" ausgelöst wird. Zudem dient § 278 Abs. 6 der Entlastung der Gerichte, ohne dass den Anwälten ein Nachteil in Form des Wegfalls erstattungsfähiger Terminsgebühren erwachsen soll. Das nachfolgend beschriebene Problem der Ermittlung außerprozessualer, anhand der Akten nicht nachprüfbarer Umstände tritt hier nicht auf, weil der Vergleich als solcher **protokolliert** und damit aktenkundig wird.

c) Außerprozessuale Kosten. Vor- oder außerprozessuale Kosten (hierzu § 91 Rn. 18, 33 ff., 18
91 ff.), zB einer **anwaltlichen Beratung** (Geschäftsgebühr) oder kostenrechtlich isolierter Verfahren (vgl. § 91 Rn. 22), wie nach der HintO,[70] sind grds. nicht im Rahmen „des Rechtsstreits" zu erstatten (vgl. den Fallgruppen-Überblick § 91 Rn. 89). Die Parteien können aber im Prozessvergleich die Einbeziehung solcher Kosten **vereinbaren.**[71] Dabei ist allerdings zu bedenken, dass gerade Gebühren für außerprozessuale Anwaltstätigkeiten sich in der Regel schon deshalb nicht für eine Überprüfung im Kostenfestsetzungsverfahren eignen, weil dieses eine vereinfachte, rasche und auf die Prozessakten beschränkte Bearbeitung erfordert (vgl. § 103 Rn. 1) und dort nicht dokumentierte Aufwendungen häufig keine hinreichende Klärung erlauben, ob sie notwendig zur zweckentsprechenden Rechtsverfolgung waren.[72] Voraussetzung für eine Festsetzung ist daher, dass die Erstattungspflicht im Vergleich **ausdrücklich** geregelt ist und dass die zur Erstattung bestimmten Gebühren auch der **Höhe** nach beziffert werden,[73] um Auslegungsdivergenzen schon im Ansatz den Boden zu entziehen. Auch die Erstattungsfähigkeit einer an sich nicht zu den Prozesskosten zählenden **Hebegebühr** (vgl. § 91 Rn. 104) erfordert normalerweise eine eindeutige Vergleichsvereinbarung;[74] die bloße Verpflichtung des Schuldners, den Vergleichsbetrag an den Prozessbevollmächtigten des Gegners zu zahlen, reicht hierzu nicht aus.[75] Doch kann die Auslegung des Vergleichs ergeben, dass die Parteien ein besonderes Interesse an einer Zahlungsüberwachung durch

---

64 OLG München MDR 1996, 532.

65 OLG Koblenz Rpfleger 1977, 106; OLG Hamm JurBüro 1974, 996.

66 OLG Hamm MDR 1982, 855; OLG Bamberg JurBüro 1975, 1368; OLG Hamburg JurBüro 1974, 605.

67 OLG Hamm MDR 1982, 855; OLG Bamberg JurBüro 1975, 1368; OLG Düsseldorf JurBüro 1972, 1083; OLG Celle MDR 1963, 511.

68 BGH NJW 2006, 157, 159; NJW-RR 2006, 1507; BAG MDR 2007, 116, 117; OLG Koblenz NJW-RR 2006, 358; OLG München NJW-RR 2006, 933; aM OLG Nürnberg NJW-RR 2005, 655, 656.

69 BGH NJW 2006, 157, 159; NJW-RR 2006, 1507; aM OLG Düsseldorf NJW-RR 2006, 1582, 1583.

70 OLG Düsseldorf JurBüro 1975, 632.

71 OLG Bamberg Rpfleger 2007, 288; OLG Oldenburg JurBüro 2007, 35; OLG Karlsruhe MDR 1996, 971; OLG Düsseldorf JurBüro 1975, 632.

72 BGH NJW-RR 2005, 1731, 1732.

73 BGH NJW-RR 2005, 1731, 1732; OLG Oldenburg JurBüro 2007, 35; OLG Köln JurBüro 1981, 1187, 1188 m. Anm. *Mümmler*; OLG Düsseldorf JurBüro 1975, 632.

74 OLG München NJW-RR 1998, 1452, 1453; großzügiger OLG Schleswig JurBüro 1999, 137, 138 (Sachdienlichkeit genügt).

75 OLG München NJW-RR 1998, 1452, 1453; aM KG Rpfleger 1981, 410.

einen Prozessbevollmächtigten haben, etwa wenn die Wirksamkeit des Vergleichs ausdrücklich vom rechtzeitigen Zahlungseingang abhängig gemacht wird.[76]

19 **d) Selbstständiges Beweisverfahren.** Ob Kosten eines selbstständigen Beweisverfahrens einzubeziehen sind, richtet sich ebenfalls nach dem **konkreten Inhalt** der vergleichsweise getroffenen Vereinbarung.[77] Insoweit kommen die allgemeinen Auslegungsregeln der §§ 133, 157 BGB, obschon mit Blick auf Funktion und Grenzen des Kostenfestsetzungsverfahrens modifiziert (vgl. Rn. 12), zur Anwendung. Sind dem Prozessvergleich keine Anhaltspunkte zu entnehmen, bleibt nur der Rückgriff auf die zum gesetzlichen Erstattungsumfang iSv. § 91 entwickelten Grundsätze (vgl. Rn. 15). Hiernach werden bei Identität der Parteien in beiden Verfahren und gleichem Streitgegenstand auch die Kosten eines selbstständigen Beweisverfahrens erfasst, was dem Ansatz der durch die Rechtsprechung des BGH geprägten heute vorherrschenden Auffassung entspricht (näher § 91 Rn. 23 ff.). Soweit daher eine Partei im Prozessvergleich Kosten übernimmt, hat sie im **Zweifel** auch die Kosten des vorausgegangenen Beweisverfahrens zu erstatten,[78] und zwar einschließlich verauslagter Gerichtskosten.[79]

20 Eigene Schwierigkeiten wirft dabei eine von den Parteien vereinbarte **Kostenaufhebung** auf. Da sich in diesem Fall die Erstattung auf den hälftigen Ausgleich zuvor entrichteter Gerichtskosten beschränkt (vgl. Rn. 15), sind Kosten des Beweisverfahrens nur dann einbezogen, soweit es sich begrifflich um solche handelt.[80] Damit ist zunächst klargestellt, dass vorbehaltlich einer anderweitigen Parteivereinbarung **außergerichtliche** Kosten des selbstständigen Beweisverfahrens bei Kostenaufhebung nicht erfasst sind. Dagegen verändern die in einem Beweisverfahren angefallenen **Gerichtskosten,** die sich aus Gebühren und Auslagen des Gerichts einschließlich der für Sachverständige verauslagten Entschädigung (Nr. 9005 KV GKG) zusammensetzen, nach zutreffender Ansicht ihre Rechtsnatur nicht dadurch, dass sie in die Kostengrundentscheidung und Festsetzung des späteren Hauptprozesses einbezogen werden; es handelt sich folglich nicht um außergerichtliche, sondern weiterhin um Gerichtskosten.[81] Eine hälftige Teilung wird daher im Zweifel als gewollt anzunehmen sein.[82] Hierfür spricht auch, dass diese Kosten zwar formal einem aus Sicht des Hauptverfahrens „vorprozessualen" Verfahren entstammen, eine Überprüfung aber – anders als es sonst bei außerprozessualen Umständen der Fall ist (vgl. Rn. 18) – hier ohne weiteres anhand der Akten des Beweisverfahrens erfolgen kann.[83]

21 **e) Obligatorisches Güteverfahren.** Hinsichtlich der Frage, ob bei einer im Prozessvergleich vereinbarten **Kostenaufhebung** die Gebühren eines vorausgegangenen Güteverfahrens im Zweifel einzubeziehen sind, wird auf § 91 Rn. 32 verwiesen. Zur Reichweite einer vereinbarten Kostenaufhebung vgl. im Übrigen § 92 Rn. 12.

22 **5. Umfang der Kostenerstattung bei negativer oder fehlender Vereinbarung.** Ist Grundlage der Kostenfestsetzung nicht eine positive Vereinbarung im Prozessvergleich, sondern ein Gerichtsbeschluss (vgl. Rn. 13) oder die dem § 98 S. 1 unmittelbar zu entnehmende Kostenaufhebung, so hängt der Umfang der Kostenerstattung nicht vom Parteiwillen ab. Vielmehr gelten dann die in § 91 erläuterten allgemeinen Erstattungsregeln.

IV. Außergerichtlicher Vergleich

23 **1. Überblick.** Nach zutreffender hM findet § 98 hinsichtlich der Kosten des Rechtsstreits – nicht aber in Bezug auf die Vergleichskosten selbst (vgl. Rn. 34) – Anwendung auf einen **außergerichtlichen Vergleich.**[84] Anders als der Prozessvergleich beseitigt er zwar nicht die Rechtshängigkeit,[85]

---

[76] BGH NJW 2007, 1535, 1536.

[77] BGH NJW 2003, 1322, 1323 aE; OLG Nürnberg MDR 1998, 861, 862; OLG München Rpfleger 1994, 227.

[78] OLG Hamburg MDR 1986, 591; OLG Oldenburg MDR 1983, 1030; OLG Frankfurt VersR 1981, 265.

[79] OLG Oldenburg MDR 1983, 1030.

[80] OLG Stuttgart BauR 2000, 136; OLG Koblenz JurBüro 1990, 59; OLG München AnwBl. 1987, 237.

[81] BGH NJW 2003, 1322, 1323; OLG Koblenz NJW-RR 2003, 1152; OLG Düsseldorf OLGR 1997, 231; OLG Zweibrücken JurBüro 1997, 534; aM OLG Hamm JurBüro 2000, 257; OLGR 1995, 23; OLG Nürnberg BauR 1995, 275; LG Bielefeld JurBüro 1993, 45.

[82] OLG Hamburg MDR 1983, 1030; OLG Schleswig SchlHA 1982, 173.

[83] BGH NJW 2003, 1322, 1323.

[84] BGHZ 39, 60, 69 = NJW 1963, 637, 639; NJW-RR 2006, 1000; JR 1970, 464; NJW 1965, 103; OLG Rostock OLGR 2006, 734; OLG Saarbrücken NJW-RR 1996, 320; OLG Koblenz JurBüro 1991, 263; OLG Frankfurt JurBüro 1983, 1878, 1879; OLG München JurBüro 1983, 1880; einschränkend *Stein/Jonas/Bork* Rn. 6; aM OLG Brandenburg NJW-RR 1999, 654; OLG Köln MDR 1986, 503.

[85] RGZ 142, 1, 3; BGH NJW 2002, 1503, 1504; JZ 1964, 257; LAG Düsseldorf JurBüro 1993, 165; aM Oldenburg JZ 1958, 279.

doch vermag er in mehrerlei Hinsicht den Ausgang eines Rechtsstreits verfahrensrechtlich zu beeinflussen. Dabei kommen **zwei Fallgruppen** in Betracht: Zum einen geschieht es häufig, dass die Parteien sich im außergerichtlichen Vergleich zur Abgabe prozessbeendender Erklärungen verpflichten – insbesondere Klage, Antrag oder Rechtsmittel zurückzunehmen oder in der Hauptsache für erledigt zu erklären – und in dessen **Umsetzung** (durch Abgabe der geschuldeten Erklärung) den Rechtsstreit beilegen. Insofern ist das Konkurrenzverhältnis des § 98 zu der an die prozessuale Beendigung anknüpfende Kostennorm (zB §§ 91a, 269 Abs. 4, 515 Abs. 3) von Bedeutung (vgl. Rn. 25ff.). Die zweite Konstellation zeichnet sich dadurch aus, dass schon der außergerichtliche Vergleich als solcher auf das Verfahren durchschlägt und dessen Fortsetzung **unzulässig** macht.[86] Zwar verschafft er dem Beklagten grds. nur eine **materiellrechtliche** Einrede gegen den anhängigen Anspruch. Es ist daher entgegen manchen Stimmen in der Rechtsprechung[87] nicht so, dass der Kläger allein auf Grund des nunmehr materiell unbegründeten **Anspruchs** gehindert wäre, einen Prozess fortzuführen.[88] Doch ist allgemein anerkannt, dass jedenfalls dann, wenn eine Partei sich gerade zur **Prozessbeendigung** (Klage-, Antrags-, Rechtsmittelrücknahme, Erledigungserklärung) verpflichtet hat, diese Verpflichtung **prozessuale Wirkung** entfaltet:[89] Beruft sich der Gegner hierauf, ist in einem gleichwohl weiter betriebenen Verfahren die Klage, der Antrag oder das Rechtsmittel für unzulässig zu erklären.[90] Auch insoweit finden die Grundsätze des § 98 Anwendung (vgl. Rn. 31f.). Für beide genannten Fallgruppen ist ausschlaggebend, dass nicht nur der Streitgegenstand, sondern auch die **Kostenverteilung** des Rechtsstreits der **Dispositionsbefugnis** der Parteien (vgl. Rn. 1) unterliegt,[91] durch eine außergerichtliche Vereinbarung das Prozessrechtsverhältnis modifizieren und die gesetzlichen Kostenlastregeln abdingen zu können (vgl. Rn. 26f.).

2. Rechtsfolgen. Im Kern geht es somit um die Frage, wie ein außergerichtlicher Vergleich 24 **auszulegen** ist, da letztlich allein der **Parteiwille** maßgebend ist,[92] ob die Kosten positiv verteilt, in Anwendung der subsidiären Regel des § 98 S. 1 gegeneinander aufgehoben oder vom Gericht nach spezialgesetzlichen Kriterien bestimmt werden sollen. Die Kostenfolgen eines außergerichtlichen Vergleichs entsprechen dabei zumindest im Ansatz denen des Prozessvergleichs, weshalb zunächst auf die dortigen Erläuterungen Bezug genommen werden kann (vgl. Rn. 9ff.). Mit Blick auf die in Rn. 23 angesprochenen beiden Fallgruppen ist sodann zu unterscheiden:

a) Parteiautonome Verfahrensbeendigung. Findet der Rechtsstreit seine nach dem außerge- 25 richtlichen Vergleich programmgemäße Form der Beendigung (Rücknahme, Erledigung usw.), sind die unter Rn. 10–13 dargelegten Regeln sinngemäß anwendbar. Das bedeutet, dass der Vergleich die **gesetzlichen Kostenlastvorschriften,** wie §§ 91a, 269 Abs. 3 S. 2, S. 3, 516 Abs. 3 S. 1, 565, 281 Abs. 3 S. 1, 344, 696 Abs. 1 S. 5, jedenfalls dann **verdrängt,**[93] wenn er entweder keine Kostenvereinbarung beinhaltet und daher die **subsidiäre Kostenaufhebung** des § 98 S. 1 zum Zuge kommt (vgl. Rn. 10) oder wenn die Parteien eine **positive** Bestimmung der Kosten vornehmen und damit eine spezialgesetzliche Kostenverteilung abdingen (vgl. Rn. 11). Eine solche Wertung entspricht einer am Parteiinteresse orientierten Auslegung iSv. §§ 133, 157 BGB (vgl. Rn. 12) und prägt insbesondere das **Konkurrenzverhältnis** gegenüber **§ 91a.** Dessen Anwendung hätte nämlich zur Voraussetzung, dass die Kostenlast noch offen wäre.[94] Gerade dies trifft aber für die beiden vorgenannten Konstellationen nicht zu, da die Kostenverteilung entweder kraft positiver parteiautonomer oder aber kraft subsidiärer gesetzlicher Zuweisung bereits feststeht. Mithin ist für eine Bestimmung der Kostenlast nach den Grundsätzen des § 91a nicht einmal dann Raum, wenn der außergerichtliche Vergleich begrifflich auf **Erledigung der Hauptsache** lautet und/oder die Parteien gegenüber dem Gericht übereinstimmend den Rechtsstreit für erledigt erklären.[95] Voraus-

---

[86] BGH NJW 2002, 1503, 1504.

[87] RGZ 142, 1, 3, 4; BAG NJW 1973, 918, 919; offen gelassen in BGH NJW 2002, 1503, 1504.

[88] BVerwG NJW 1994, 2306, 2307; *Stein/Jonas/Münzberg* § 794 Rn. 94; *Rosenberg/Schwab/Gottwald* § 129 Rn. 67.

[89] BGH NJW 2002, 1503, 1504; NJW 1961, 461; BVerwG NJW 1994, 2306, 2307; *Rosenberg/Schwab/Gottwald* § 129 Rn. 67.

[90] RGZ 159, 186, 189, 190; BGHZ 28, 45, 52 = NJW 1958, 1397, 1398; BGH NJW 1989, 39; NJW-RR 1987, 307; NJW 1984, 805; OVG Hamburg NJW 1989, 604.

[91] BGH JR 1970, 464, 465; NJW 2006, 1000; OLG München JurBüro 1973, 752, 753.

[92] BGHZ 39, 60, 69 = NJW 1963, 637, 639; *Stein/Jonas/Bork* Rn. 6 (der zurecht vor Pauschalurteilen warnt).

[93] BGH NJW-RR 2006, 1000; NJW 1989, 39, 40; JR 1970, 464, 465; OLG Frankfurt JurBüro 2004, 436; JurBüro 1983, 1878, 1879; OLG Saarbrücken NJW-RR 1996, 320; OLG München JurBüro 1983, 1880; VersR 1976, 395; aM OLG Brandenburg NJW-RR 1999, 654; OLG Köln MDR 1986, 503.

[94] BGH JR 1970, 464, 465.

[95] BGH JR 1970, 464; OLG Rostock OLGR 2006, 734; OLG Saarbrücken NJW-RR 1996, 320; OLG Frankfurt JurBüro 1983, 1878.

setzung ist aber, dass der außergerichtliche Vergleich seinem Abschluss und Inhalt nach **unstreitig** ist (vgl. Rn. 29); zum Erfordernis eines gerichtlichen Beschlusses vgl. Rn. 27 f.

26 Die für das Verhältnis zu § 91 a angestellten Erwägungen gelten auch für die **Rücknahme** der **Klage**[96] oder eines **Rechtsmittels,**[97] die der Kläger oder Rechtsmittelführer in Umsetzung eines außergerichtlichen Vergleichs erklärt. Verständigen sich die Parteien außergerichtlich dahin, dass eine Seite einen Teil der Kosten übernimmt, während im Übrigen eine Erstattung ausdrücklich ausgeschlossen oder schlichtweg nicht angesprochen wird, dingen sie §§ 269 Abs. 3 S. 2, S. 3, 516 Abs. 3 S. 1, 565 ab, mit der Folge, dass die zu § 98 entwickelten Grundsätze anwendbar sind. Eine Klausel, wonach „alle gegenseitigen Ansprüche erledigt" sein sollen, kann im Sinne einer umfassenden Trennung aller Rechtsbeziehungen zu verstehen sein, so dass jegliche Kostenerstattung ausgeschlossen sein soll.[98] Im Falle der Rücknahme eines Rechtsmittels kann es dem **stillschweigenden** – auch ohne besondere Andeutung in der außergerichtlichen Vergleichsvereinbarung (vgl. Rn. 7) – Parteiwillen entsprechen, die noch nicht rechtskräftige vorinstanzliche Kostengrundentscheidung aufrechtzuerhalten.[99] Raum hierfür ist aber nur, wenn der außergerichtliche Vergleich die angefochtene Entscheidung auch in der Sache im Wesentlichen **bestätigt.**[100]

27 Von der vorgenannten Prüfung, auf welcher rechtsgeschäftlichen oder gesetzlichen Grundlage die Kostenlast beruht, streng zu trennen ist die Frage, ob ihre Feststellung eines **richterlichen Beschlusses** bedarf. Zwar kommt einem solchen Ausspruch insofern nur deklaratorische Wirkung zu, als eben die Kostenverteilung dem Grunde nach feststeht. Doch unterscheidet sich die Interessenlage der Parteien hier wesentlich von der beim Prozessvergleich. Während dieser einen tauglichen Kostentitel iSv. § 103 Abs. 1 zum Zwecke der Kostenfestsetzung verkörpert (vgl. § 103 Rn. 10), mangelt einem außergerichtlichen Vergleich diese Qualität (vgl. Rn. 33). Das wirft die Frage auf, ob der Erlass eines für eine spätere Kostenfestsetzung **konstitutiven** Beschlusses geboten ist. Die hM lehnt dies ab, ein nach § 91 a (oder § 269 Abs. 4 usw.) gestellter Antrag sei grds. als **unzulässig** zu verwerfen.[101] Der BGH[102] stützt seine Auffassung darauf, dass die Parteien das Gericht nicht zum Erlass einer bestimmten, von den gesetzlichen Prozesskostenvorschriften abweichenden Kostenentscheidung verpflichten könnten. Auch liefe ein Beschluss darauf hinaus, einen außergerichtlichen Vergleich im Kostenpunkt für vollstreckbar zu erklären, was wegen § 794 Abs. 1 Nr. 1 nicht möglich sei. Schließlich seien die Parteien hierauf nicht angewiesen, da ihnen anstelle eines Kostenfestsetzungsverfahrens ggf. der Weg eines Mahnverfahrens eröffnet sei.

28 **Stellungnahme:** Der hM ist nicht beizutreten. Für den Erlass eines Gerichtsbeschlusses besteht ein unabweisbares Bedürfnis. Richtig ist nur, dass er nicht den Kriterien der betreffenden Kostennorm (§§ 91 a, 269 Abs. 3 S. 2, S. 3 usw.) folgt, sondern – wie beim Prozessvergleich in der unter Rn. 10 erläuterten Konstellation – die nach Maßgabe des § 98 jeweils gegebene rechtsgeschäftliche oder gesetzliche Kostenfolge **deklaratorisch** verlautbart.[103] Die prozessuale Statthaftigkeit solcher Beschlüsse ist jedenfalls in anderem Zusammenhang (vgl. Rn. 10, 29) anerkannt. Hierin liegt auch keine Verletzung zwingender Kostenlastvorschriften; vielmehr stellt das Gericht dabei ja ausdrücklich klar, dass und in welcher Weise, wie es § 98 vorsieht, spezialgesetzliche Bestimmungen verdrängt werden (vgl. Rn. 25). Verzichtet man auf eine gerichtliche Feststellung, treibt man die Parteien ohne Not in einen neuen Prozess mit einem für alle, auch das Gericht, ungleich höheren Zeit- und Kostenaufwand. Die Möglichkeit eines Mahnverfahrens dürfte keine praktikable Alternative darstellen, da der Erstattungspflichtige sogar wegen bloßer Einwände gegen die **Notwendigkeit** einer **Erstattung** gezwungen wäre, den Mahnbescheid anzufechten. Abgesehen davon, dass hierdurch in systemwidriger Weise untergeordnete Fragen vom vereinfachten Rechtspfleger-Verfahren der §§ 103 ff. in das Erkenntnisverfahren verlagert würden, erscheint eine solche Konse-

---

[96] BGH NJW 1961, 460; OLG München VersR 1976, 395; KG VersR 1974, 979; *Zöller/Herget* Rn. 6; aM OLG Köln MDR 1986, 503.

[97] BGH NJW-RR 2006, 1000, 1001; NJW 1989, 39, 40; OLG Frankfurt JurBüro 2004, 436; LAG München JurBüro 1988, 384, 385.

[98] OLG Köln VersR 1999, 1122.

[99] BGH NJW-RR 2006, 1000, 1001.

[100] BGH NJW-RR 2006, 1000, 1001.

[101] BGH JR 1970, 464, 465; OLG München JurBüro 1983, 1880, 1881; OLG Frankfurt JurBüro 1983, 1878, 1879; OLG Hamm AnwBl. 1982, 72; OLG Schleswig JurBüro 1993, 745; LG München JurBüro 1998, 85; *Belz,* in: 2. Aufl., Rn. 31; aM *Stein/Jonas/Bork* Rn. 6.

[102] BGH JR 1970, 464, 465.

[103] So im Ergebnis auch, obschon mit anderer Begründung, OLG Schleswig JurBüro 1993, 745, 746; OLG Frankfurt MDR 1984, 674; und OLG Bremen MDR 1979, 500, 501 (§ 91 a Abs. 1 sei mit der Maßgabe anwendbar, dass gerade die Kostenfolge des § 98 dem dort nach billigem Ermessen zu berücksichtigenden Sach- und Streitstand entspreche).

quenz widersprüchlich. Denn während den Parteien die Rechtsmacht zugebilligt wird, durch formlose – gerade nicht nach § 794 Abs. 1 Nr. 1 dokumentierte – außergerichtliche Vereinbarung prozessuale Kostenlastregeln außer Kraft zu setzen, wird ihnen die Möglichkeit der notwendigen betragsmäßigen Bestimmung versagt. Der Prozess mündet mithin bezüglich der Kostenabwicklung in einen eigentümlichen Schwebezustand, wie es in aller Regel gerade nicht dem maßgebenden **Parteiwillen** (vgl. Rn. 24) entsprechen dürfte.

29 Erst recht eines Gerichtsbeschlusses bedarf es, wie beim Prozessvergleich (vgl. Rn. 10), anlässlich der Klärung von **Zweifelsfällen,** namentlich wenn nach Abgabe der verfahrensbeendigenden Erklärung (Rücknahme, Erledigung) Streit zwischen den Parteien über die kostenrechtliche Würdigung eines seines Bestands und Inhalts nach unstreitigen außergerichtlichen Vergleichs besteht.[104] Nur dann, wenn sogar sein Abschluss, die Gültigkeit oder sein formaler Inhalt als solcher **bestritten** ist, kann eine Überprüfung im Rahmen der vom Gericht nach § 91 a, 269 Abs. 4, Abs. 3 usw. zu treffenden Kostenentscheidung nicht erfolgen. Denn es ist gerade Sinn und Zweck dieser Kostennormen, den Rechtsstreit im Falle seiner prozessualen Beendigung auch in kostenrechtlicher Hinsicht unter Beschränkung auf den bisherigen Sach- und Streitstand mittels summarischer Bewertung und nach billigem Ermessen auf möglichst unkomplizierte Weise zeitnah abzuschließen. Dem widerspräche, wenn das Gericht erst noch durch **Beweisaufnahme** die Frage klären müsste, ob und wie die Parteien die Kostentragung außergerichtlich **geregelt** haben. Ein solcher Streit ist daher ggf.. in einem gewöhnlichen streitigen Verfahren, insbesondere im Wege der Zahlungs- oder Feststellungsklage auszutragen.

30 In Abgrenzung zu den beiden in Rn. 25 aufgeführten Konstellationen kommt, wie beim Prozessvergleich (vgl. Rn. 13), **§ 91 a** zum Zuge, wenn die Parteien die Hauptsache übereinstimmend für **erledigt** erklären oder das Verfahren seiner sonstigen außergerichtlich vereinbarten Form des Abschlusses zuführen, die Kostentragung aber kraft **negativer Vereinbarung** dem **Gericht** zuweisen.[105] Insoweit kann, insbesondere zur Frage, nach welchen Kriterien eine gerichtliche Entscheidung zu ergehen hat, auf die Ausführungen unter Rn. 13 verwiesen werden.

31 **b) Verfahrensbeendende gerichtliche Entscheidung.** Wie oben dargelegt (vgl. Rn. 23), wird eine anhängige Klage, ein Antrag oder ein Rechtsmittel **unzulässig,** wenn die antragstellende Partei sich in einem außergerichtlichen Vergleich zur Abgabe einer prozessbeendenden Erklärung (Rücknahme, Erledigung usw.) verpflichtet hat. Ein Streit über den Bestand oder Inhalt einer solchen Verpflichtung ist im laufenden Prozess zu klären.[106] Weist das Gericht hiernach eine Klage durch Prozessurteil ab oder verwirft einen Antrag oder ein Rechtsmittel als **unzulässig,** so kommen die Grundsätze des § 98 mit folgender Maßgabe zum Tragen. Zwar wird man bei Fehlen einer Vereinbarung im Kostenpunkt auch hier die Heranziehung der Auffangregel des § 98 S. 1 (vgl. Rn. 10) zu erwägen haben.[107] Zu bedenken ist aber, dass gerade die weitere Betreibung des Verfahrens mit der Folge einer notwendig werdenden Gerichtsentscheidung den außergerichtlichen Vergleich desavouiert hat. In Ermangelung sonstiger Anhaltspunkte liegt es daher nahe, in **ergänzender Vertragsauslegung** (vgl. Rn. 12, 24) einen Parteiwillen anzunehmen, wonach jedenfalls die durch die **Verfahrensfortsetzung** verursachten Kosten (zB einer Beweisaufnahme, gerichtliche Urteilsgebühren usw.) dem Verantwortlichen zur Last fallen. Diese Folge ist in einem entsprechenden gerichtlichen Kostenausspruch aufzunehmen. Gleiches dürfte selbst für den Fall gelten, dass die Parteien eine abweichende **positive** Kostenregelung im Vergleich hinsichtlich der Kosten des Rechtsstreits getroffen haben.[108] Denn die Gültigkeit der Vereinbarung wird nach dem im Vergleich manifestierten Parteiwillen regelmäßig unter dem Vorbehalt der Einhaltung auch der übrigen verabredeten Punkte stehen.

32 Hat ein außergerichtlicher Vergleich die Rücknahmeverpflichtung eines **Rechtsmittels** zum Gegenstand und verhält sich nicht zur Frage der Kostenlast des in der Vorinstanz kostenpflichtig unterlegenen Rechtsmittelführers, so liegt ein Parteiwille nahe, wonach diesen die Kosten des Rechtsmittels treffen sollen.[109] Diese Abwägung kann nicht anders ausfallen, wenn das Rechtsmittel nicht zurückgenommen, sondern als unzulässig verworfen wird. Daher ist in diesem Fall im Zweifel

---

[104] BGH NJW-RR 2006, 1000, 1001; OLG Saarbrücken NJW 1996, 320; OLG Stuttgart NJW 1971, 1571; *Thomas/Putzo/Hüßtege* Rn. 11; aM OLG Frankfurt JurBüro 1983, 1878; *Belz,* in: 2. Aufl., Rn. 31.

[105] BGH NJW-RR 2006, 1000, 1001; NJW-RR 1997, 510; NJW 1965, 103; OLG Rostock OLGR 2006, 734; OLG Jena OLGR 2000, 367; OLG Saarbrücken NJW 1996, 320; OLG München VersR 1976, 395.

[106] BGH NJW 2002, 1503, 1504 (unter 3.).

[107] BGH NJW 1989, 39, 40.

[108] Offen gelassen in BGH NJW 1989, 39, 40.

[109] BGH NJW 1989, 39, 40.

für eine Kostenaufhebung nach § 98 S. 1 kein Raum, sondern sind dem Rechtsmittelkläger die Kosten gem. § 97 Abs. 2 aufzuerlegen.[110]

33 **3. Kostenfestsetzung.** Ein außergerichtlicher Vergleich stellt **keinen** geeigneten **Vollstreckungstitel** (§ 794 Abs. 1 Nr. 1) dar und kann daher gem. § 103 Abs. 1 nicht Grundlage einer Kostenfestsetzung sein[111] (vgl. § 103 Rn. 16). Folgt man jedoch der hier vertretenen Auffassung (vgl. Rn. 27 ff.), wird die aus einem nach Bestand und Inhalt unstreitigen außergerichtlichen Vergleich abzuleitende Kostenfolge durch **Gerichtsbeschluss** verlautbart, der die formellen Voraussetzungen des § 103 Abs. 1 erfüllt. Die Gegenauffassung verweist die Parteien, selbst wenn nur Notwendigkeit einer Erstattung in Frage steht, auf ein gesondertes Mahn- bzw. Streitverfahren (vgl. Rn. 27). Hinsichtlich des **Erstattungsumfangs** kann auf die Ausführungen unter Rn. 14–22 verwiesen werden.

34 Die Kosten eines außergerichtlichen **Vergleichs selbst,** der zur Erledigung der Hauptsache usw. geführt hat, insbesondere der Anfall einer anwaltlichen **Vergleichs-** (§ 23 BRAGO) bzw. **Einigungsgebühr** (Nr. 1000 VV RVG), unterliegen der Festsetzung nach §§ 103 ff. nach Maßgabe der allgemeinen Regeln (hierzu § 104 Rn. 11 ff., 19 ff.). Danach reicht es aus, wenn die Entstehung bzw. die Notwendigkeit der Gebühren **glaubhaft** gemacht wird (§ 104 Abs. 2 S. 1), womit der Maßstab des § 294 zur Anwendung gelangt. Ein Erfordernis, einen außergerichtlich geschlossenen Vergleich in der Form des § 794 Abs. 1 Nr. 1 **protokollieren** zu lassen, besteht aus erstattungsrechtlicher Sicht nicht.[112] Trotz des seiner Anlage nach überwiegenden formalisierten Charakters kennt auch das Kostenfestsetzungsverfahren Situationen, die – wie insbesondere im Rahmen der Prüfung ausnahmsweise einzubeziehender außerprozessualer Kosten (vgl. den Fallgruppenüberblick in § 91 Rn. 89) – umfangreichere Ermittlungen und die Klärung schwieriger Rechtsfragen erforderlich machen können.[113] Erst recht festsetzungsfähig sind die Kosten eines außergerichtlichen Vergleichs, über deren tatsächlichen und rechtlichen Voraussetzungen die Parteien nicht streiten.[114] Zum konkludenten, außergerichtliche Vergleichskosten ausschließenden Verzichtsvertrag vgl. ferner § 104 Rn. 44.

35 Ergeht trotz unstreitiger außergerichtlicher Vereinbarung über eine abweichende Kostenfolge ein **Beschluss** nach den **Kriterien** der §§ 91 a, 269 Abs. 3 S. 2, S. 3, 516 Abs. 3 S. 1, 565 usw., so muss er als maßgebende Grundlage für ein Festsetzungsverfahren angesehen werden. Obgleich er in unzulässiger Weise ergangen ist, weil er aus den dargelegten Gründen die Dispositionsbefugnis der Parteien verletzt (vgl. Rn. 23), so ist der Beschluss doch für die Kostenfestsetzungsinstanzen **verbindlich.** Das beruht auf der Bindungswirkung der Kostengrundentscheidung (näher § 104 Rn. 55). Die beschwerte Partei kann daher nur gegen den entsprechenden Beschluss selbst (zB gem. §§ 91 a Abs. 2, 269 Abs. 5 usw.) vorgehen.[115]

V. Konkurrenz zu den Kostenvorschriften in Ehe- und Kindschaftssachen

36 **1. Problemstellung.** Für Ehesachen sieht § 93 a spezielle Kostenregelungen vor, welche auf Grund ehegattenbedingter Rücksichts- und Solidarpflichten die Kostenbestimmungen der §§ 91 ff. modifizieren (vgl. § 93 a Rn. 1). Vor diesem Hintergrund ist das Verhältnis zu § 98 näher in den Blick zu nehmen und die Frage zu beleuchten, inwieweit die kostenrechtliche Dispositionsbefugnis der Parteien (vgl. Rn. 1, 23) eine Einschränkung erfährt.

37 **2. Vergleich in Ehesachen.** Ein Prozessvergleich hinsichtlich der Wirkungen der Scheidung oder Aufhebung der Ehe ist nicht möglich, da deren Eintritt nur durch **Gestaltungsurteil** herbeigeführt werden kann (§§ 1313 S. 1, 1564 S. 1 BGB). Zulässig ist aber ein Vergleich des Inhalts, wonach die Ehegatten von einem Scheidungsverlangen übereinstimmend **Abstand nehmen.** § 93 a ist in diesem Fall schon seinem Wortlaut nach nicht einschlägig, da er entweder die Scheidung oder Aufhebung der Ehe oder aber die Abweisung eines entsprechenden Antrags voraussetzt. Mithin bestimmen sich die Rechtsfolgen eines derartigen gerichtlichen (vgl. Rn. 9 ff.) oder außergerichtlichen Vergleichs (vgl. Rn. 23 ff.) allein nach Maßgabe des § 98.[116]

---

[110] BGH NJW 1989, 39, 40.

[111] OLG Düsseldorf JurBüro 1982, 1672 m. Anm. *Mümmler,* OLG Karlsruhe VersR 1979, 944, 945.

[112] BGH NJW 2007, 2187, 2188 – unter Aufgabe von BGH NJW 2002, 3713; NJW 2006, 1523, 1524 –; OLG Köln Rpfleger 1999, 208, 209; *Madert/Müller-Rabe* NJW 2006, 1927, 1930; aM OLG Brandenburg MDR 2006, 235; OLG Nürnberg AnwBl. 2006, 145, 146; MDR 2002, 354; OLG Dresden Rpfleger 2002, 98; vgl. auch OLG Hamm AGS 2005, 326.

[113] BGH NJW 2007, 2187; 2188; AnwBl. 2007, 552.

[114] OLG Hamburg MDR 1997, 2002.

[115] OLG Zweibrücken JurBüro 1978, 1881.

[116] *Stein/Jonas/Bork* Rn. 8.

3. Vergleich in Folgesachen. Gleich, ob Folgesachen mit der Scheidungssache im Verbund oder vor oder nach Abtrennung entschieden bzw. gesondert angefochten werden, stets sind gem. § 93a Abs. 1 die Kosten des gesamten Verfahrens – im **Kostenverbund** – gegeneinander **aufzuheben.** Das gilt selbst dann, wenn eine Sachentscheidung über die Folgesache wegen Antragsrücknahme, Erledigung o. ä. nicht mehr ergeht (vgl. § 93a Rn. 5). Diese Anordnung ist zwingend, sieht man von der Möglichkeit ab, die Kosten nach Maßgabe der § 93a Abs. 1 S. 2 und Abs. 2 S. 2 anderweitig zu verteilen. Die Frage, welcher Bedeutung einer **Parteivereinbarung** in diesem Kontext zukommt, beantwortet **§ 93a Abs. 1 S. 3.** Hiernach **kann** das Gericht nach freiem Ermessen diese ganz oder teilweise seiner Entscheidung zugrunde legen. Auch wenn sich dies häufig empfehlen wird (vgl. § 93a Rn. 13), ist für eine Anwendung des § 98 und den Vorrang einer Parteivereinbarung jedenfalls dann kein Raum, wenn das Gericht eine **abschließende** Kostenentscheidung zu treffen hat.[117] Die Gegenauffassung,[118] die § 98 auf eine erstinstanzlich verglichene Folgesache anwenden will, wenn Berufung gegen das Scheidungsurteil eingelegt und seitens des Gerichts über die Gesamtkosten zu entscheiden ist, ist abzulehnen. Sie ist mit § 93a Abs. 1 S. 3 nicht vereinbar, der den in § 98 konstituierten Vorrang einer Kostenvereinbarung der Parteien (vgl. Rn. 1, 23) für Ehe- und Folgesachen aufhebt. Nach der Wertung des Gesetzes wiegt das Rücksichts- und Solidargebot zwischen Ehegatten (vgl. § 93a Rn. 1) schwerer als die (den Schwächeren ggf. benachteiligende) Kostendispositionsfreiheit. Grundlage der Kostenfestsetzung ist stets die gerichtliche Entscheidung (vgl. § 103 Rn. 15). 38

Schließen die Parteien hingegen in einer **nach Rechtskraft** der Scheidung noch anhängigen Folgesache einen Prozessvergleich und treffen dabei eine Kostenvereinbarung, so kommt § 93a Abs. 1 S. 3 nicht mehr zum Zuge, weil für eine gerichtliche Kostenentscheidung in diesem Fall gar kein Anlass mehr ist. Insofern können die Parteien nach Maßgabe der Grundsätze des § 98 über die Kosten disponieren.[119] 39

Wendet das Gericht § 93a Abs. 1 als Sondervorschrift an und lehnt deshalb – ob zurecht oder zu Unrecht – den Erlass einer Entscheidung nach § 91a iVm. § 98 ab, so ist diese Entscheidung in jedem Fall mit dem Rechtsmittel der sofortigen Beschwerde (§ 91a Abs. 2 analog) anfechtbar.[120] 40

4. Einstweilige Anordnung in Familien- und Kindschaftssachen. Mit Blick auf die Regelung der §§ 620g 1. Halbs., 641d Abs. 4 1. Halbs., wonach die im Verfahren der einstweiligen Anordnung entstehenden Kosten für die Kostenentscheidung als Teil der Kosten der Hauptsache gelten, ist für eine Anwendung des § 98 hinsichtlich eines dort geschlossenen Vergleichs kein Raum.[121] Denn für dieses Verfahren ist gar **keine** eigene **Kostenentscheidung** zu treffen. Eine von den Parteien insoweit vereinbarte Kostenverteilung ist daher allenfalls im Rahmen des § 93a Abs. 1 S. 3 von Belang. 41

§ 99 Anfechtung von Kostenentscheidungen

(1) Die Anfechtung der Kostenentscheidung ist unzulässig, wenn nicht gegen die Entscheidung in der Hauptsache ein Rechtsmittel eingelegt wird.

(2) [1]Ist die Hauptsache durch eine auf Grund eines Anerkenntnisses ausgesprochene Verurteilung erledigt, so findet gegen die Kostenentscheidung die sofortige Beschwerde statt. [2]Dies gilt nicht, wenn der Streitwert der Hauptsache den in § 511 genannten Betrag nicht übersteigt. [3]Vor der Entscheidung über die Beschwerde ist der Gegner zu hören.

Übersicht

[117] OLG Frankfurt Rpfleger 1983, 159; *Musielak/Wolst* Rn. 7; wohl auch *Zöller/Herget* Rn. 4.

[118] OLG Hamm FamRZ 2004, 1504, 1505; JurBüro 1982, 1726 m. Anm. *Mümmler; Stein/Jonas/Bork* Rn. 9; *Saenger/Gierl* Rn. 5.

[119] *Musielak/Wolst* Rn. 7; *Zöller/Herget* Rn. 4.

[120] KG KGR 2000, 358, OLG Karlsruhe NJW-RR 1996, 1477.

[121] OLG Stuttgart NJW-RR 1987, 253; *Musielak/Wolst* Rn. 7; aM *Stein/Jonas/Bork* Rn. 9.

I. Normzweck

1 Im Allgemeinen gestattet es die **Dispositionsmaxime,** ein Rechtsmittel auf einzelne Bestandteile der zur Überprüfung gestellten Entscheidung zu begrenzen (vgl. Vor §§ 511 Rn. 16, § 511 Rn. 48, § 515 Rn. 24). § 99 Abs. 1, der mit § 20 a Abs. 1 S. 1 FGG übereinstimmt, schränkt diese Gestaltungsmacht hinsichtlich eines in der anzufechtenden Entscheidung enthaltenen **Kostenausspruchs** ein. Die höhere Instanz soll grundsätzlich nur innerhalb eines **Hauptsacherechtsmittels** rechtszugübergreifend und von Amts wegen (§ 308 Abs. 2) einheitlich über die Kostenlast befinden (vgl. § 92 Rn. 11). Dem liegt zugrunde, dass die Kosten gegenüber dem Sachbegehren nachrangig sind. Daher besteht schon im Interesse der Verfahrensökonomie kein Anlass, eine isolierte Kostenanfechtung und eine inzidente Bewertung der Hauptsache – soweit diese die Kostenlast bestimmt – zuzulassen.[1] Auch soll verhindert werden, dass eine nachträglich geänderte Kostenentscheidung mit einer unanfechtbar gewordenen Hauptsacheentscheidung kollidiert.[2] Ist hingegen nach Wegfall der Rechtshängigkeit nur noch über die Prozesskosten zu entscheiden, so bei §§ 91 a, § 269 Abs. 3, Abs. 4, ist eine Anfechtung unbedenklich möglich, wie §§ 91 a Abs. 2 S. 1, 269 Abs. 5 S. 1, 626 Abs. 1 S. 1 zeigen (vgl. Rn. 4). Soweit schließlich die Überprüfung der Kostenentscheidung nur verfahrensrechtlichen Kriterien folgt und keine Bewertung der Erfolgsaussicht in der Sache erfordert, wie beim **Anerkenntnisurteil** iSv. § 99 Abs. 2, steht einer gesonderten Kostenanfechtung ebenfalls nichts im Wege (vgl. Rn. 17 ff.).

II. Voraussetzungen der Nichtanfechtbarkeit

2 **1. Kostenentscheidung.** Die Rechtsmittelsperre des § 99 Abs. 1 gründet auf drei Elementen, nämlich dem Vorliegen einer Kostenentscheidung, einer Entscheidung in der Hauptsache und einem auf die Kosten beschränkten Rechtsmittel. Mit „Kostenentscheidung" ist eine solche über die **Kostenlast** dem Grunde nach (hierzu § 91 Rn. 5 ff.) gemeint. Wird sie den Parteien bewusst oder versehentlich **vorenthalten,** gelangt § 99 Abs. 1 schon dem Wortlaut nach nicht zur Anwendung.[3] Wird ein entsprechender Kostenantrag abgelehnt, ist daher das Rechtsmittel der sofortigen Beschwerde statthaft, § 99 Abs. 2 analog.[4] Bei versehentlichem, nicht aber bei bewusstem Absehen[5] von einer Kostenentscheidung, ist daneben eine Urteilsergänzung nach § 321 zulässig (vgl. § 91 Rn. 6). Keine Kostenentscheidung iSv. § 99 stellt die Entscheidung über eine auf materielles Recht gestützte Kostenerstattungsklage dar (vgl. Vor §§ 91 ff. Rn. 14, 16). Nimmt das Gericht eine Ergänzung der in einem **Prozessvergleich** enthaltenen Kostenvereinbarung vor, begründet dies eine faktische Kostenbelastung, die mit der sofortigen Beschwerde (§ 99 Abs. 2 analog) angefochten werden kann.[6]

3 **2. Entscheidung in der Hauptsache.** Mit der Entscheidung über die Kosten muss eine solche in der Hauptsache zusammentreffen, um die Sperre des § 99 Abs. 1 auszulösen. Denn dann ist die kostentragende Partei zumindest abstrakt (vgl. Rn. 11) darauf zu verweisen, vom Hauptsacherechtsmittel (unbeschränkten) Gebrauch zu machen. Gemeint ist eine Entscheidung über den **Sachantrag** einschließlich von Nebenforderungen iSv. § 4.[7]

---

[1] BGHZ 131, 185, 187 = NJW 1996, 466; NJW-RR 2003, 1075; OLG Karlsruhe FamRZ 2002, 681, 682; OLG Köln Rpfleger 1987, 429.
[2] OLG Naumburg OLGR 2004, 395, 396; OLG Düsseldorf JurBüro 1991, 430, 431 aE; OLG Köln FamRZ 1989, 877, 878.
[3] BGH NJW 1959, 291, 292; OLG Celle NJW-RR 2003, 1509, 1510; OLG Zweibrücken MDR 1990, 253; OLG Hamm MDR 1981, 411.
[4] OLG Celle NJW-RR 2003, 1509, 1510; KG Rpfleger 1981, 318; *Musielak/Wolst* Rn. 2.
[5] OLG Hamm MDR 1981, 411.
[6] OLG Nürnberg MDR 2003, 652.
[7] *Baumbach/Lauterbach/Hartmann* Rn. 35.

Im Fall einer **isolierten Kostenentscheidung** hindert § 99 Abs. 1 hingegen weder nach Wortlaut noch Sinn eine Anfechtung.[8] Diese Wertung liegt beispielhaft den §§ 91a Abs. 2 S. 1, 269 Abs. 5 S. 1, 626 Abs. 1 S. 1 zugrunde, wonach gegen Kostenbeschlüsse nach übereinstimmender **Erledigungserklärung** (vgl. Rn. 6) oder **Rücknahme** der Klage bzw. des Scheidungsantrags (vgl. § 93a Rn. 16) sofortige Beschwerde stattfindet. Daraus lässt sich die Regel ableiten, dass § 99 Abs. 1 im Wege **teleologischer Reduktion** nicht eingreift,[9] wenn ein Kostenbeschluss angefochten wird, der erst nach **Beendigung** der **Rechtshängigkeit** der Hauptsache ergangen ist oder Rechtshängigkeit nicht eingetreten ist, wie bei Rücknahme der Klage vor Zustellung (§ 269 Abs. 3 S. 3) oder bei einem isolierten einstweiligen Anordnungsverfahren[10] (§ 644 S. 1 2. Alt.). Gleiches gilt, wenn in einem Aufhebungsverfahren nach § 927 lediglich die Kostenentscheidung des Anordnungs- und Widerspruchsverfahrens beanstandet und demgemäß allein über die Kosten entschieden wird.[11] Schließlich ist eine isolierte Anfechtung analog § 99 Abs. 2 dann statthaft, wenn das Gericht eine als solche **unzulässige Kostenentscheidung** getroffen hat, die ihrer Art nach gar nicht hätte ergehen dürfen,[12] zB im Rahmen eines vorgezogenen Teilurteils eine Kostentrennung ausgesprochen hat (vgl. Vor §§ 91ff. Rn. 27, § 95 Rn. 6), obwohl nach der Regel der Kosteneinheit hierüber erst mit dem Schlussurteil zu befinden gewesen wäre. Hier ist eine Anfechtung unbedenklich, soweit sie lediglich auf Aufhebung und vorläufige Zurückstellung der Kostenentscheidung abzielt, da sie weder eine sachliche Prüfung erforderlich macht, noch die Gefahr einer Kollision mit der Sachentscheidung zeitigt (vgl. Rn. 1). Statthaft ist auch eine isolierte Anfechtung mit dem Ziel einer Zurückverweisung, wenn eine Kostenentscheidung unzulässigerweise nach § 321 ergänzt wurde.[13] 4

In Abgrenzung hierzu gilt das Verbot isolierter Anfechtung nicht nur dort, wo in einem Akt über Hauptsache und Kosten entschieden wird, sondern verdient Beachtung auch dann, wenn ein **Teilurteil** (zum Teilanerkenntnisurteil vgl. Rn. 27ff.) über die **Hauptsache** und später **Schlussurteil** über die Kosten ergeht.[14] Das beruht darauf, dass die Kostenentscheidung eine untrennbare Einheit mit dem Hauptsacheurteil bildet und nur mit diesem angefochten werden kann.[15] Das Schlussurteil stellt daher, selbst wenn es sich im Kostenausspruch erschöpft, keine (anfechtbare) reine Kostenentscheidung iSv. Rn. 4 dar. Eine Anfechtung des Schlussurteils ist vielmehr nur solange zulässig, als hinsichtlich des Teilurteils noch ein eigenes Rechtsmittelverfahren – dieses erfasst nicht eo ipso die Kostenentscheidung des Schlussurteils[16] – anhängig ist und die Anfechtung somit als dessen **Ergänzung** zu gelten hat.[17] Hieran ändert nichts, wenn die Kostenentscheidung des Schlussurteils erst nach **Rechtskraft** des Teilurteils ergeht und dieses somit faktisch zu keinem Zeitpunkt anfechtbar war.[18] Denn diese Limitierung des Kostenrechtsschutzes entspricht gerade dem in Rn. 1 erläuterten Normzweck.[19] Zudem besteht kein Anlass, die kostenbelastete Partei besser zu stellen als bei vollem Obsiegen in der Hauptsache, da auch dann einer Kostenanfechtung § 99 Abs. 1 entgegenstünde[20] (vgl. Rn. 11). 5

Die Hauptsacheentscheidung kann **sachlicher Natur** sein, indem einem Begehren voll oder teilweise stattgegeben oder es als unbegründet zurückgewiesen wird, aber auch verfahrensrechtlicher Art, indem ein Antrag ohne Sachprüfung als unzulässig verworfen wird. Auch die nach **einseitiger Erledigungserklärung** ergehende Entscheidung, ob sich die Hauptsache erledigt hat oder nicht, ist eine solche in der Hauptsache[21] (zur Beschwer vgl. Rn. 11 aE). Im Gegensatz dazu sind 6

---

[8] OLG Zweibrücken FamRZ 1983, 1154; *Zöller/Herget* Rn. 1.

[9] OLG Naumburg FamRZ 2004, 1505 m. Anm. *van Els*.

[10] OLG Naumburg FamRZ 2004, 1505, 1506.

[11] OLG Hamburg WRP 1979, 141.

[12] OLG Brandenburg FamRZ 2007, 161; OLG Karlsruhe FamRZ 2003, 944; OLG Düsseldorf MDR 1990, 832 (das überflüssigerweise auf eine außerordentliche Beschwerde wegen „greifbarer Rechtswidrigkeit" zurückgreift, vgl. Rn. 16); OLG Frankfurt MDR 1975, 413.

[13] OLG Zweibrücken NJW-RR 1998, 508.

[14] BGH WM 1977, 1428.

[15] BGHZ 29, 126, 127 = NJW 1959, 578; BGH NJW 1993, 1063, 1066; KG MDR 1990, 160.

[16] BGHZ 20, 253, 254 = NJW 1956, 912; OLG Hamm MDR 2000, 1397, 1398; KG MDR 1990, 160; *Saenger/Gierl* Rn. 11.

[17] BGHZ 19, 172, 174 = NJW 1956, 182; BGHZ 29, 126, 127 = NJW 1959, 578; BGH KostRspr. Nr. 131; WM 1977, 1428; WM 1982, 1336; KG KGR 2002, 79, 80; OLG Hamm MDR 2000, 1397, 1398; OLG Frankfurt MDR 1977, 143.

[18] BGH WM 1977, 1428; OLG Frankfurt MDR 1977, 143; aM OLG Karlsruhe FamRZ 2002, 681, 682; *Stein/Jonas/Bork* Rn. 12.

[19] OLG Frankfurt MDR 1977, 143.

[20] BGH WM 1977, 1428, 1429.

[21] BGHZ 37, 137, 142; BGHZ 57, 224, 225 = NJW 1972, 112; BGH NJW-RR 1992, 314, 315; *Stein/Jonas/Bork* Rn. 2.

Kosten des Rechtsstreits ihrem Wesen nach nicht dem Sachbegehren zuzuordnen[22] und verlieren ihren Kostencharakter selbst dann nicht, wenn der Kläger sie ausdrücklich in der Klage beziffert oder der Richter sie im Tenor ausweist. Keinen Unterschied für die Anwendung des § 99 Abs. 1 macht es, in welcher Verfahrensart die Hauptsacheentscheidung ergeht, ob zB im einstweiligen Verfügungs- oder Arrestverfahren,[23] ob durch Urteil oder durch Beschluss. Die (reine) Kostenentscheidung nach übereinstimmender Erledigungserklärung ist gem. **§ 91a Abs. 2** anfechtbar (vgl. Rn. 4). Vereinigt hingegen eine Kostenentscheidung nach übereinstimmender **Teilerledigungserklärung** Elemente des § 91a und der §§ 91, 92 **(Kostenmischentscheidung),** ist eine isolierte Anfechtung der Kostenentscheidung mit Beschwerde nur zulässig, soweit sie auf § 91a beruht.[24] Gleiches gilt im Falle einer **teilweisen Klagerücknahme** für die teils auf § 269 Abs. 3 S. 2, S. 3, teils auf §§ 91ff. gestützte abschließende Kostenentscheidung, die ebenfalls nur im ersten Punkt gesondert anfechtbar ist[25] (zur Frage der isolierten Anfechtung einer auf § 93a beruhenden Kostenentscheidung vgl. § 93a Rn. 3).

7 Mit Entscheidung in der Hauptsache meint § 99 Abs. 1 nur eine solche des **Richters.**[26] Wo stattdessen der Rechtspfleger entscheidet, ist die Kostenentscheidung isolierter Anfechtung zugänglich, da insoweit wegen des Richtervorbehalts des Art. 101 Abs. 1 S. 2 GG lückenloser Rechtsschutz eröffnet ist.[27] Hinsichtlich der Anfechtung der Entscheidung über die Kosten des **Kostenfestsetzungsverfahrens** (vgl. § 104 Rn. 70) gilt § 99 Abs. 1 somit nur für die sofortige Beschwerde, nicht aber für die Rechtspflegererinnerung (vgl. § 104 Rn. 74, 112).

8 **3. Beschränkung eines Rechtsmittels.** Drittes Merkmal einer iSv. § 99 unzulässigen Anfechtung ist die Beschränkung auf den Kostenpunkt. Das betrifft nicht nur die Einlegung eines seiner Art nach kostenspezifischen Rechtsmittels, wie das einer sofortigen Beschwerde, sondern auch den Fall, dass zwar die Form des in der Hauptsache statthaften Rechtsmittels (zB Berufung) gewahrt ist, der Berufungsantrag (§ 520 Abs. 3 Nr. 1) jedoch allein die Abänderung der Kostenverteilung zum Gegenstand hat.[28] Stellt die Partei hingegen einen Sachantrag, ist Zurückhaltung geboten mit dem Verdacht, ihr sei in Wahrheit in **rechtsmissbräuchlicher** Absicht nur an einer Änderung der Kostenentscheidung gelegen. Das Motiv für die Einlegung eines Rechtsmittels ist grds. unbeachtlich.[29] Die Verwerfung eines im Übrigen zulässigen Rechtsmittels ist nur in den seltenen Fällen geboten, in denen eine **gezielte Umgehung** des § 99 Abs. 1 „mit Händen zu greifen" ist.[30] Das kommt in Betracht, wenn ein Sachantrag offensichtlich unbegründet oder nicht ernsthaft gestellt ist, indem etwa die Berufung auf einen symbolischen Betrag (zB 10 Euro) beschränkt oder jegliche Begründung verweigert wird.[31] Dagegen ist § 99 Abs. 1 nicht berührt, wenn ein Kläger mit dem Rechtsmittel erreichen will, dass die Klage als unzulässig statt als unbegründet abgewiesen wird, weil er hiermit (legitimer Weise) eine weiter reichende Rechtskraftwirkung vermeiden will.[32]

9 **a) Ordentliches Rechtsmittel.** Unter § 99 Abs. 1 fallen nur Rechtsmittel, die sich durch den sog. **Devolutiv-** (Beförderung in die höhere Instanz) und **Suspensiveffekt** (Aufschub der Rechtskraft) auszeichnen. Hierzu gehören Berufung, Revision, sofortige Beschwerde und Rechtsbeschwerde, nicht aber Rechtsbehelfe im weiteren Sinne wie Einspruch gegen Vollstreckungsbescheid (§ 700) und Versäumnisurteil (§ 338), Widerspruch gegen Mahnbescheid (§ 694), Arrest und einstweilige Verfügung (§§ 924, 936), Erinnerung (§ 573), Klausel- (§ 732) und Vollstreckungserinnerung (§ 766), Rechtspflegererinnerung (§ 11 Abs. 2 RpflG) und Gehörsrüge (§ 321a). In allen diesen Fällen ist die isolierte Anfechtung der Kostenentscheidung zulässig. So kann etwa der Einspruch gegen ein **Versäumnisurteil** oder einen **Vollstreckungsbescheid** auf die Kosten beschränkt werden.[33] Fraglich ist nur, ob das hierauf ergehende **reine** Kostenurteil seinerseits der Sperrwirkung des § 99 Abs. 1 unterliegt. Zwar handelt es sich strukturell um eine Konstellation der in Rn. 5 beschriebenen Art in dem Sinne, dass das abschließende Kostenurteil eine untrennbare

---

[22] BayObLGZ 1967, 286, 289.
[23] BGH NJW-RR 2003, 1075.
[24] BGHZ 40, 265, 270 = NJW 1964, 660, 661; FamRZ 2007, 893, 894 Rn. 8; OLG Saarbrücken JurBüro 2005, 97, 98.
[25] OLG Düsseldorf FamRZ 1982, 723, 724.
[26] OLG Brandenburg NJW-RR 2000, 1593; OLG Stuttgart Rpfleger 1984, 199, 200.
[27] OLG Stuttgart Rpfleger 1984, 199, 200.
[28] OLG Düsseldorf JurBüro 1991, 430, 431.
[29] OLG Schleswig MDR 2003, 51, 52.
[30] RGZ 102, 290, 291; BGHZ 57, 224, 228 = NJW 1972, 112, 113; BGH NJW 1976, 1267; MDR 1968, 407, 408; LM Nr. 14.
[31] BGH NJW 1976, 1267; MDR 1968, 407, 408.
[32] BGH NJW-RR 2001, 929, 930.
[33] BGH KostRspr. Nr. 75; OLG Naumburg OLGR 2004, 395; OLG Brandenburg NJW-RR 2000, 1668.

Einheit mit dem vorausgegangenen, in Teilrechtskraft erwachsenen Sachurteil bildet und daher an sich nicht gesondert angefochten werden kann.[34] Doch steht die Beschränkung des Einspruchs auf die Kosten faktisch einem **Anerkenntnis** in der Sache gleich und eröffnet daher nach zutreffender Auffassung den Weg einer entsprechenden Anwendung des § 99 Abs. 2.[35] Ebenso verhält es sich, wenn gegen eine **einstweilige Verfügung** beschränkt auf die Kostenentscheidung Widerspruch (sog. **Kostenwiderspruch**) eingelegt wird und daraufhin ein reines Kostenurteil ergeht; auch hier ist analog § 99 Abs. 2 eine Anfechtung gestattet.[36]

Legt eine Partei in der Hauptsache ein zulässiges Rechtsmittel ein, ist dem Gegner ein unselbstständiges **Anschlussrechtsmittel** (§§ 524, 554, 567 Abs. 4, 574 Abs. 4) allein wegen der ihn beschwerenden Kostenentscheidung gestattet.[37] Die für § 99 Abs. 1 maßgebenden Gründe kommen nicht zum Tragen, weil das Instanzgericht ohnehin im Rahmen des Hauptsacherechtsmittels die angefochtene Entscheidung zu überprüfen hat.[38] Scheitert die **Wiederaufnahme** eines Verfahrens (§ 578) an der erforderlichen Beschwer und ist sie deshalb in der Hauptsache unzulässig, findet § 99 Abs. 1 entsprechende Anwendung, mit der Folge, dass eine Wiederaufnahme auch nicht allein wegen der Entscheidung über die Kosten betrieben werden kann.[39] 10

b) Statthaftigkeit. Die Rechtsmittelsperre des § 99 Abs. 1 greift auch dann ein, wenn die Hauptsacheentscheidung mangels **Beschwer** oder auf Grund sonstiger **Zulässigkeitsmängel,** etwa wegen Unterschreitens der Berufungssumme (§ 511 Abs. 2 Nr. 1), nicht rechtsmittelfähig ist.[40] Zwar kann die kostenbelastete Partei hier nicht auf ein Hauptsacherechtsmittel verwiesen werden (vgl. Rn. 4), doch ist diese Rechtsschutzlimitierung gerade intendiert. Maßgebend ist die abstrakte **Statthaftigkeit** eines Rechtsmittels. Daher ist eine Anfechtung der Kostenentscheidung selbst dann ausgeschlossen, wenn eine Partei nicht in der Sache, sondern nur hinsichtlich der Kosten beschwert ist,[41] indem etwa zu ihren Lasten Kostentrennung erfolgt: Werden dem voll **obsiegenden** Kläger zB die Kosten eines erfolglosen Angriffsmittels iSv. § 96 auferlegt, ist ihm bezüglich der Hauptsache mangels Beschwer, hinsichtlich der Kostenentscheidung wegen § 99 Abs. 1 ein Rechtsmittel verwehrt (vgl. § 96 Rn. 6). Zu beachten ist aber, dass der Kostennachteil die Hauptsachebeschwer dann mitbestimmt, wenn die den Streitgegenstand selbst betreffende Entscheidung den Anfechtenden zwar lediglich formal, bei **wirtschaftlicher** Betrachtungsweise aber nicht oder nicht ausreichend belastet:[42] Wird zB nach einseitiger Erledigungserklärung des Klägers entgegen dem Klagabweisungsantrag die **Erledigung** des Rechtsstreits festgestellt, nimmt § 99 Abs. 1 dem Beklagten, obwohl an sich nur hinsichtlich der Kosten und nicht in der Sache beschwert, nicht die Anfechtungsbefugnis.[43] 11

III. Rechtsfolgen

Sind die vorgenannten Merkmale erfüllt, ist das Rechtsmittel als **unzulässig** zu verwerfen. Je nach der Form, in die das Rechtsmittel gekleidet ist, richtet sich auch die Form der Entscheidung. So ist etwa eine unzulässige sofortige Beschwerde mittels Beschluss gem. § 572 Abs. 2 S. 2, eine in rechtmissbräuchlicher Umgehung des § 99 Abs. 1 eingelegte Berufung (vgl. Rn. 8) durch Beschluss gem. § 522 Abs. 1 S. 2 zu verwerfen. Zu beachten ist, dass sich die Rechtswirkung des § 99 Abs. 1 in der Funktion eines speziellen (negativen) Zulässigkeitskriteriums erschöpft (näher nachfolgend Rn. 13). 12

1. Zulässigkeitshindernis. § 99 Abs. 1 limitiert die Parteien in der Möglichkeit, den Umfang eines Rechtsmittels frei zu bestimmen. Eine weitergehende Filterfunktion im Sinne einer Anweisung an das **Rechtsmittelgericht,** über die Kosten der Vorinstanz nur im Rahmen eines *zulässigen* 13

---

[34] BGH KostRspr. Nr. 75; OLG Naumburg OLGR 2004, 395, 396; OLG Stuttgart JurBüro 1981, 1984, 1895.

[35] OLG Naumburg OLGR 2004, 395, 397; OLG Brandenburg NJW-RR 2000, 1668, 1669; *Thomas/Putzo/Hüßtege* Rn. 10b; *Zöller/Herget* Rn. 3; aM OLG Stuttgart JurBüro 1981, 1984, 1895; *Wieczorek/Steiner* Rn. 6; offen gelassen von BGH KostRspr. Nr. 75.

[36] OLG Hamburg OLGR 2007, 108; MDR 1976, 674; OLG Stuttgart NJWE-WettbR 2000, 125; OLG Koblenz JurBüro 1997, 38, 39; OLG Brandenburg NJW-RR 1994, 1022; aM OLG München WRP 1978, 313; OLG Oldenburg MDR 1976, 674.

[37] BGH ZZP (1958) 71, 368; ZZP (1971) 84, 368; OLG Köln NJW-RR 1994, 767; OLG Hamm MDR 1969, 400.

[38] OLG Hamm MDR 1969, 400.

[39] BGHZ 43, 239, 244, 245.

[40] OLG Zweibrücken NJW 2002, 2722; OLG Karlsruhe FamRZ 2002, 1133 (LS).

[41] BGHZ 131, 185, 187 = NJW 1996, 466, 467; BGH WM 1977, 1428, 1429.

[42] BGH NJW 1992, 1513, 1514; NJW-RR 1992, 314, 315; OLG Karlsruhe FamRZ 2002, 681, 682.

[43] BGHZ 37, 137, 142; BGHZ 57, 224, 226 = NJW 1972, 112; BGH NJW-RR 1990, 1474; OLG Oldenburg NJW-RR 1993, 1339, 1340.

Rechtsmittels zu befinden, kommt der Vorschrift nicht zu. Beruht daher die Kostenentscheidung einer – wie in § 99 Abs. 1 gefordert – in der Hauptsache angefochtenen Entscheidung beispielsweise auf einer unrichtigen Streitwertfestsetzung und einer falschen Quotierung iSv. § 92 Abs. 1, hindert § 99 Abs. 1 das Rechtsmittelgericht nicht, trotz Verwerfung eines **unzulässigen Rechtsmittels** gleichwohl die vorinstanzliche Kostenentscheidung von Amts wegen (§ 308 Abs. 2) abzuändern.[44] Allerdings scheidet eine solche Möglichkeit seit der ZPO-Reform für den die Nichtzulassungsbeschwerde zurückweisenden Beschluss des Revisionsgerichts aus, weil die Einlegung der Nichtzulassungsbeschwerde (mangels Devolutiveffekt) überhaupt kein vollwertiges Rechtsmittel hinsichtlich der Hauptsache darstellt.[45]

14 **2. Parteiinterne Geltung.** Die Rechtsmittelsperre des § 99 Abs. 1 greift nur Platz gegenüber den Parteien des Rechtsstreits, zwischen denen eine Entscheidung in der Hauptsache und über die Kosten ergangen ist, wozu auch ein Nebenintervenient rechnet. Dagegen ist sie zulasten eines nur hinsichtlich der Prozesskosten beteiligten **Dritten** (hierzu § 91 Rn. 17) nicht, auch nicht entsprechend anwendbar,[46] da gegen ihn eine Hauptsacheentscheidung nicht ergehen kann. Beschwerdebefugt ist deshalb zB der Anwalt, dem die Kosten des Rechtsstreits auferlegt sind, weil er ohne Prozessvollmacht Rechtsmittel eingelegt hat,[47] wie auch der kostenbelastete Zeuge oder Sachverständige (§§ 380 Abs. 1 S. 1, 409 Abs. 1 S. 1). Die Beschränkung des § 99 Abs. 1 kommt jedoch zum Zuge, wenn ein Dritter Parteistellung erlangt, wie zB in einem Zwischenstreit nach §§ 71, 135, 372a, 387, 388.

15 Das Rechtsmittel eines **Streitgenossen,** mit dem er eine Kostenauferlegung angreift, ist nur zulässig, wenn er auch die ihn beschwerende Hauptsacheentscheidung in zulässiger Weise anficht.[48] Legt ein Streitgenosse in der Hauptsache Rechtsmittel ein, kann der **andere** nicht schon deshalb die Kostenentscheidung isoliert anfechten.[49]

16 **3. Außerordentliche Beschwerde (Abs. 2 analog).** Eine an sich den Schranken des § 99 Abs. 1 unterworfene Anfechtung einer **greifbar rechtswidrigen** Kostenentscheidung in analoger Anwendung des § 99 Abs. 2 zuzulassen, wie es früher der ganz hM[50] entsprach, ist abzulehnen. Denn nach den verfassungsrechtlich fundierten Grundsätzen der Rechtsklarheit und -sicherheit ist die Ausgestaltung des Rechtsschutzsystems dem Gesetzgeber vorbehalten.[51] Jedenfalls für die richterrechtliche Entwicklung echter – die Sache in die höhere Instanz befördernder – Rechtsmittel ist daher praeter legem kein Raum[52] (vgl. § 104 Rn. 111). Im Übrigen besteht hierfür im Anwendungsbereich des § 99 Abs. 1 kein Bedürfnis, da die einschlägigen Fallgestaltungen mit den geltenden Regeln lösbar sind. So steht etwa der Anfechtung eines in verfahrenswidriger Weise ergangenen Kostenbeschlusses § 99 Abs. 1 insofern nicht entgegen, als lediglich eine Aufhebung und Zurückstellung der Kostenentscheidung begehrt wird (hierzu Rn. 4). Auch dort, wo eine Kostenentscheidung zwischen den Parteien zu Unrecht nicht ergeht, ist eine Anfechtung eröffnet, sofern eine Ergänzung nach § 321 ausscheidet[53] (vgl. Rn. 2). Für den Fall der Kostenauferlegung bei einverständlicher Scheidung bleibt es hingegen beim Verbot des § 99 Abs. 1.[54]

IV. Anfechtung bei Anerkenntnisurteil (Abs. 2)

17 **1. Überblick.** Der Grundsatz, wonach eine mit der Hauptsache getroffene Kostenentscheidung dem Verbot isolierter Anfechtung unterliegt, erfährt in § 99 Abs. 2 neben §§ 91a Abs. 2 S. 1 und 269 Abs. 5 S. 1 (vgl. Rn. 4) eine bedeutsame Ausnahme. Der Zweck des § 99 Abs. 1, eine Divergenz zwischen der Entscheidung in der Hauptsache und der Kostenentscheidung in der Rechtsmittelinstanz zu verhindern (vgl. Rn. 1), ist nicht berührt,[55] wenn die Kostenentscheidung auf Grund

---

[44] BGH NJW-RR 1995, 1211 (für den nach früherem Recht vorgesehenen Nichtannahmebeschluss im Revisionsverfahren).

[45] BGH NJW-RR 2006, 1508; NJW 2004, 2598.

[46] BAG NJW 2006, 461; BGH NJW 1988, 50; NJW 1983, 883; OLG Brandenburg OLGR 2003, 180; OLG Düsseldorf NJW-RR 1993, 828; LG Heidelberg NJW-RR 1992, 316.

[47] BGH LM § 578 Nr. 13; MDR 1983, 292.

[48] OLG Köln VersR 1973, 641, 642.

[49] OLG Köln VersR 1973, 641, 642.

[50] OLG Zweibrücken NJW 2002, 2722; OLG Dresden FamRZ 2000, 34; OLG Karlsruhe FamRZ 1997, 1417; *Belz,* in: 2. Aufl., Rn. 13 m. weit. Nachw.

[51] BVerfG NJW 2003, 1924; NJW 2003, 3687.

[52] OLG Jena MDR 2006, 1065, 1066 (für außerordentliche Beschwerde im FGG-Verfahren).

[53] BGH NJW 1959, 291, 292.

[54] OLG Koblenz JurBüro 1982, 445.

[55] OLG Naumburg OLGR 2004, 395, 396.

des Anerkenntnisurteils nicht mit einem **Obsiegen** in der Hauptsache (§ 91 Abs. 1 S. 1) korreliert, sondern gemäß **§ 93** von den Kriterien der fehlenden Klageveranlassung und des sofortigen Anerkenntnisses abhängt. Mithin bewirkt die Anfechtung der Kostenentscheidung hier nur die (unbedenkliche) Überprüfung reiner Kostennormen[56] (näher Rn. 25). Dazu eröffnet § 99 Abs. 2 S. 1 das Rechtsmittel der **sofortigen Beschwerde.** Dabei handelt es sich um eine Erweiterung der rechtlichen Optionen. Der Partei wird also nicht das allgemeine Recht genommen, außerhalb der Beschwerdefrist des § 569 Abs. 1 S. 1 im Rahmen eines unselbstständigen **Anschlussrechtsmittels** die den anerkannten Teil – nicht hingegen den kontradiktorischen Teil[57] – betreffende Kostenentscheidung gesondert anzufechten[58] (vgl. Rn. 10). Dagegen ist eine Anfechtung der Kostenentscheidung mittels Berufung unstatthaft.[59]

2. Voraussetzungen. a) Anerkenntnisurteil. Es muss ein Anerkenntnisurteil iSv. § 307 S. 1 ergangen sein. Auch ohne technische Bezeichnung als Anerkenntnisurteil kann sich seine Rechtsnatur aus den Entscheidungsgründen ergeben.[60] Ob die **prozessualen** Anforderungen für den Erlass vorlagen, ist ohne Belang. Zwar sind die Annahme eines nicht oder nicht wirksam abgegebenen Anerkenntnisses oder andere verfahrensrechtliche Mängel auch mit dem gegen die Hauptsacheentscheidung statthaften Rechtsmittel angreifbar, hindern aber eine auf den Kostenpunkt beschränkte Anfechtung nach § 99 Abs. 2 nicht. Berücksichtigt umgekehrt das Gericht (verfahrenswidrig) ein gegebenes Anerkenntnis nicht und erlässt stattdessen **kontradiktorisches** Urteil, so ist § 99 Abs. 2 analog anwendbar.[61] Einem Anerkenntnis iSv. § 99 Abs. 2 steht schließlich der Fall gleich, dass ein nicht als ordentliches Rechtsmittel geltender **Rechtsbehelf** (Einspruch, Widerspruch, Erinnerung usw.) auf die Kosten beschränkt wird und deshalb eine Anfechtung der nachfolgenden (reinen) Kostenentscheidung gestattet (vgl. Rn. 9). 18

Das Anerkenntnisurteil muss die Hauptsache in **qualitativer** Hinsicht **voll** erledigen (zum quantitativ beschränkten Teilanerkenntnis näher Rn. 27 ff.). Ein etwa unter dem Vorbehalt eines Zurückbehaltungsrechts erklärtes Anerkenntnis erlaubt keine isolierte Kostenanfechtung, weil das Rechtsmittelgericht zur Entscheidung über den Zurückbehaltungsstreit genötigt wäre und damit der mit § 99 Abs. 2 intendierte Zweck verfehlt würde.[62] Das Anerkenntnis in einer **Folgesache** führt nicht zur Anwendung des § 99 Abs. 2.[63] Denn die Kostenentscheidung des Verbundurteils beruht insgesamt auf **§ 93 a,** einer Spezialvorschrift (vgl. § 93 a Rn. 5), die andere Kriterien als § 93 enthält. Insoweit bleibt es bei § 99 Abs. 1, womit eine isolierte Kostenanfechtung ausgeschlossen ist. 19

b) Kostenentscheidung. Weiter bedarf es einer Kostenentscheidung iSv. Rn. 2, die auch Teil eines Ergänzungs- (§ 321) oder Schlussurteils (vgl. Rn. 5) sein kann. Nur sie ist Gegenstand der Anfechtung. 20

3. Rechtsfolge. Sind die vorstehenden Voraussetzungen erfüllt, ist die Kostenentscheidung gem. § 99 Abs. 2 S. 1 mit der **sofortigen Beschwerde** gesondert anfechtbar. Die hiernach für das Beschwerdeverfahren unmittelbar geltenden §§ 567 ff. werden in § 99 Abs. 2 S. 2, S. 3 um zwei verfahrensrechtliche Implikationen ergänzt, nämlich das Erreichen eines bestimmten Streitwerts der Hauptsache sowie die Sicherstellung rechtlichen Gehörs. 21

a) Sofortige Beschwerde. Hinsichtlich der Anforderungen der §§ 567 ff. kann auf die dortige Kommentierung verwiesen werden. Zu beachten ist, dass die **Beschwerdesumme** des § 567 Abs. 2 von **200 Euro** überschritten sein muss, weil Gegenstand der Anfechtung eine Kostenentscheidung ist. Die zweiwöchige Beschwerdefrist des § 569 Abs. 1 S. 1 ist einzuhalten; der frühere Streit, ob analog § 517 diese Notfrist spätestens fünf Monate nach der Verkündung des Beschlusses beginnt,[64] ist mit der Neuordnung des Beschwerderechts durch § 569 Abs. 1 S. 2 gegenstandslos geworden. Unzulässig ist die sofortige Beschwerde gegen eine im Anerkenntnisurteil vom **Oberlandesgericht** als Berufungsgericht getroffene Kostenentscheidung, da § 567 Abs. 1 seinem Wortlaut nach nur für die im ersten Rechtszug ergangenen Entscheidungen der Amts- und Landgerichte gilt.[65] 22

---

[56] BGHZ 40, 265, 270 = NJW 1964, 660, 661; BGH NJW-RR 2004, 999.

[57] OLG Köln NJW-RR 1994, 767, 768.

[58] BGHZ 17, 392, 397 = NJW 1955, 1394, 1395; *Stein/Jonas/Bork* Rn. 15.

[59] BGH NJW-RR 1999, 1741.

[60] OLG München MDR 1992, 184; OLG Köln FamRZ 1989, 877, 878; LG Köln JurBüro 1977, 556, 557.

[61] OLG Zweibrücken FamRZ 2002, 1130, 1131; OLG Düsseldorf MDR 1990, 59; *Thomas/Putzo/Hüßtege* Rn. 10 a.

[62] OLG München MDR 1992, 184.

[63] OLG Köln FamRZ 2004, 1661.

[64] Vgl. die Nachw. bei *Belz* in der 2. Aufl., Rn. 27.

[65] BGHZ 58, 341, 342; BGH NJW 1967, 1131.

23 Abweichend von den sonstigen Beschwerderegeln schließt § 99 Abs. 2 S. 2 das Beschwerderecht aus, wenn der Streitwert der **Hauptsache** den in § 511 genannten Betrag von derzeit **600 Euro** nicht übersteigt. Das beruht darauf, dass selbst bei einem Streiturteil mangels Anfechtbarkeit in der Hauptsache (§ 511 Abs. 2 Nr. 1) eine Anfechtung der Kostenentscheidung unzulässig wäre (§ 99 Abs. 1). Es ist nicht Sinn des § 99 Abs. 2, für ein Anerkenntnisurteil eine weitergehende Überprüfung allein im Kostenpunkt zu ermöglichen. Diesen Gedanken verallgemeinernd ist die Kostenentscheidung generell unanfechtbar, wenn auch die Hauptsacheentscheidung nicht angefochten werden kann, wie etwa eine einstweilige Anordnung nach § 620 S. 2.[66]

24 Ferner kodifiziert § 99 Abs. 2 S. 3 das allgemeine Gebot des **rechtlichen Gehörs,** welches dem Beschwerdegegner vor einer Beschwerdeentscheidung zwingend einzuräumen ist.

25 Das Beschwerdegericht überprüft die Kostenentscheidung losgelöst von der inhaltlichen Richtigkeit der Hauptsacheentscheidung.[67] Dabei geht es primär um die zutreffende Anwendung des **§ 93** (vgl. § 93 Rn. 14), dh. ob der Beklagte „sofort" anerkannt und keinen Anlass zur Klageerhebung gegeben hat. Doch schließt § 99 Abs. 2 weder dem Wortlaut noch dem Sinn nach aus, die Prüfung auf weitere **Kostentatbestände** zu erstrecken, etwa ob die Regeln der Kostentrennung eingehalten (vgl. Vor §§ 91ff. Rn. 27), zB die Mehrkosten einer Verweisung (§ 281 Abs. 3 S. 2), einer Säumnis (§ 95) oder erfolgloser Angriffs- und Verteidigungsmittel (§ 96) dem Verursacher auferlegt wurden. Enthält ein Anerkenntnisurteil trotz widerstreitender Kostenanträge keine Begründung für die darin getroffene Kostenentscheidung, so ist es auf die zulässige Kostenbeschwerde hin aufzuheben und zur erneuten Entscheidung zurückzuverweisen.[68] Dagegen ist die Frage, ob der Beklagte ohne Anerkenntnis in der Sache unterlegen wäre, wie sie nach § 91 Abs. 1 S. 1 die Kostenentscheidung eines Streiturteils bestimmt, für § 99 Abs. 2 ohne Bedeutung.[69] Auch sonstige nicht dem Kostenrecht zuzuordnende Mängel der angefochtenen Entscheidung, seien sie materieller oder prozessualer Art, können mit der Beschwerde nicht gerügt werden, etwa ob statt einer Zug-um-Zug-Verurteilung ein unbeschränktes Leistungsurteil hätte ergehen müssen.[70] Beiden, dem Beklagten und dem Kläger, steht das Beschwerderecht nach § 99 Abs. 2 zu, falls § 93 oder sonstige Kostenbestimmungen zu ihrem Nachteil angewandt wurden.

26 **b) Rechtsbeschwerde.** Gegen die Entscheidung des Beschwerdegerichts ist gem. 574 Abs. 1 Nr. 2 die Rechtsbeschwerde eröffnet, sofern sie in dem angefochtenen Beschluss **zugelassen** ist.[71] Diese vom Gesetzgeber intendierte zusätzliche Kontrolle der Rechtsbeschwerdeinstanz steht nicht im Widerspruch zu § 99 Abs. 1, weil sie ohne umfassende Beurteilung der Hauptsache nur formale verfahrensrechtliche Kriterien, wie die des § 93 zum Gegenstand hat und daher schon unter Normzweckaspekten nicht der Sperrwirkung des § 99 Abs. 1 unterliegt.[72] Die Statthaftigkeit **außerordentlicher Rechtsbehelfe** ist aus den in Rn. 16 genannten Gründen abzulehnen.

27 **4. Teilweises Anerkenntnis.** Erkennt der Beklagte in **quantitativer** Hinsicht nur zum Teil an (zum qualitativ beschränkten Anerkenntnis vgl. Rn. 19) und ergeht über den streitigen Rest ein kontradiktorisches (Teil-)Urteil oder endet der Prozess insoweit durch Teilklagerücknahme oder wird für teilerledigt erklärt, wirft das die Frage auf, wie hinsichtlich der durch das Teilanerkenntnis erworbenen Kostenanfechtungsbefugnis zu verfahren ist.

28 **a) Kostenmischentscheidung.** Wird auf Grund eines Teilanerkenntnisses in einem **Einheitsentscheid** über die Kosten durch **Teilanerkenntnis-** und **streitiges Endurteil** befunden, so ist gegen diese gemischte Kostenentscheidung sofortige Beschwerde nach § 99 Abs. 2 nur insoweit eröffnet, als die Kosten auf den **anerkannten Teil** des Anspruchs entfallen.[73] Die Überprüfung ist dann unabhängig vom Schicksal des dem kontradiktorischen Spruch unterworfenen Klageteils möglich und schafft keine Gefahr einer Divergenz zur Hauptsache (vgl. Rn. 1). Gleiches gilt, wenn eine Kostenmischentscheidung in einem über den Restanspruch ergehenden **Schlussurteil** nach vorausgegangenem **Anerkenntnis-Teilurteil** erfolgt, als dessen Ergänzung sie zu gelten hat und

---

[66] OLG Köln FamRZ 2006, 437.

[67] OLG Köln OLGR 2005, 91, 92.

[68] OLG Brandenburg NJW-RR 2003, 1723.

[69] BGHZ 40, 265, 270 = NJW 1964, 660, 661.

[70] OLG Köln FamRZ 1989, 877, 878.

[71] BGH NJW-RR 2004, 999.

[72] BGH NJW-RR 2004, 999 (gegen frühere – obiter dictum – geäußerte Bedenken in BGH NJW-RR 2003, 1075).

[73] BGHZ 40, 265, 270 = NJW 1964, 660, 661; OLG Köln OLGR 2002, 384; NJW-RR 1994, 767, 768; OLG Zweibrücken FamRZ 2002, 1130, 1131; OLG Düsseldorf MDR 1990, 59; OLG Schleswig JurBüro 1986, 107, 108; LG Freiburg NJW 1977, 2217, 2218.

mit dem sie ein untrennbares Ganzes bildet[74] (vgl. Rn. 5), oder wenn ein Anerkenntnisurteil den Klageanspruch zwar vollumfänglich erfasst, dennoch aber über die Kosten – obgleich ein Anlass für eine Aufspaltung nicht gegeben ist – erst nachträglich in einem Schlussurteil entschieden wird.[75] In allen diesen Fällen steht einer isolierten Kostenanfechtung nichts entgegen. Hieran ändert auch nichts, dass die Kostenentscheidung nicht im Schlussurteil, sondern durch gesonderten Beschluss ergeht.[76] Kommt es im Anschluss an ein Anerkenntnis-Teilurteil zu einer **Klagerücknahme,** ist ebenfalls über die Kosten einheitlich in Form eines Schlussurteils, nicht durch Beschluss zu befinden.[77] Diese Kostenmischentscheidung, die neben dem Teilanerkenntnis auch die Kosten des zurückgenommenen Klageteils zu berücksichtigen hat, ist allein mit der sofortigen Beschwerde iSv. § 99 Abs. 2 anfechtbar; auch unter dem Aspekt des Meistbegünstigungsgrundsatzes ist die Berufung unstatthaft.[78]

29 Statt isolierter Anfechtung des auf § 93 beruhenden Teils der Kostenentscheidung bleibt der Partei unbenommen, diesen zusammen mit dem streitigen Rest der Hauptsache mit der **Berufung** anzugreifen.[79] Fraglich ist, ob dies auch für die **Revision** zutrifft. Während früher eine Überprüfung der im Berufungsurteil eines **Oberlandesgerichts** enthaltenen – das Teilanerkenntnis betreffenden – Kostenentscheidung sogar im Rahmen einer zulässigen Revision wegen des in § 567 Abs. 4 aF konstituierten Rechtsgedankens ausgeschlossen war,[80] hat die ZPO-Reform seit 1. 1. 2002 eine Änderung bewirkt. Anders als in § 567 Abs. 4 aF ist eine Rechtsbeschwerde heute im Falle ihrer Zulassung nach § 574 Abs. 1 Nr. 2 statthaft (vgl. Rn. 26). Hat daher das OLG als Berufungsgericht außer über die Hauptsache auch über Kosten entschieden, die auf ein Teilanerkenntnis entfallen, sollte dieser Teil des Berufungsurteils im Rahmen einer vom Berufungsgericht zugelassenen Revision ebenfalls überprüfbar sein.

30 Die Überprüfung im Beschwerdeverfahren ist nicht darauf beschränkt, ob der Beklagte den Teilanspruch sofort anerkannt und zur Erhebung der Klage keinen Anlass gegeben hat (§ 93). Vielmehr kann jeder **prozessuale Rechtsfehler** gerügt werden (vgl. Rn. 25), sofern er die dem anerkannten Teil zuzurechnenden Kosten betrifft.[81] Dies gilt auch für Mehrkosten des anerkannten Teilbetrags, die durch ein Mahnverfahren entstanden sind.[82]

31 **b) Vorabentscheidung über Teilkosten.** Ergeht gem. §§ 301 Abs. 1, 307 S. 1 über einen anerkannten Teil des Klaganspruchs vorab **Anerkenntnis-Teilurteil,** so ist die Kostenentscheidung dem **Schlussurteil** vorzubehalten, weil diese **einheitlich** für den Gesamtrechtsstreit zu treffen ist (vgl. § 91 Rn. 5) und die Kostenverteilung vom Ausmaß des endgültigen Obsiegens abhängt. Eine unter Verletzung dieser Regel **vorgezogene** Teilkostenentscheidung ist mit sofortiger Beschwerde analog § 99 Abs. 2 anfechtbar[83] (vgl. Rn. 4). Sie zielt nicht auf die Korrektur der Sachentscheidung, sondern lediglich auf Aufhebung und vorläufige Zurückstellung der Kostenentscheidung bis zum nachfolgenden Schlussurteil[84] (zu dessen Kostenanfechtung vgl. Rn. 28).

32 **c) Teilerledigung der Hauptsache und Teilvergleich.** Ergeht Anerkenntnis-Teilurteil, das die Kostenentscheidung zutreffend dem Schlussurteil vorbehält, und später, nach **übereinstimmender Teilerledigungserklärung** hinsichtlich des Restanspruchs Schlussurteil, das nur noch eine gemischte Kostenentscheidung beinhaltet (§§ 91 a, 93), ist diese Entscheidung nicht mittels Berufung, sondern mit der **sofortigen Beschwerde** anzufechten.[85] Denn dies entspricht der für beide Bestandteile der Entscheidung jeweils gegebenen Anfechtungsmöglichkeit (§§ 91 a Abs. 2 S. 1, 99 Abs. 2 S. 1). Wird im Anschluss an ein Teilanerkenntnisurteil der Restanspruch durch **Prozessvergleich** erledigt, erstreckt sich eine positive bzw. negative Kostenvereinbarung (hierzu § 98 Rn. 6, 11 ff.) wie auch eine Kostenaufhebung iSv. § 98 (vgl. § 98 Rn. 10) im Zweifel auf die Gesamtkosten des Rechtsstreits (vgl. § 98 Rn. 3) einschließlich des Teilanerkenntnisurteils.

---

[74] BGH NJW-RR 1999, 1741; OLG Jena OLGR 2005, 1013, 1014; OLG Karlsruhe FamRZ 1997, 221.
[75] OLG Celle InVo 2004, 142.
[76] OLG Jena OLGR 2005, 1013, 1014.
[77] BGH NJW-RR 1999, 1741; OLG Brandenburg OLG-NL 1998, 18, 19; aM OLG Düsseldorf NJW-RR 1994, 827, 828.
[78] BGH NJW-RR 1999, 1741; aM OLG Düsseldorf NJW-RR 1994, 827, 828.
[79] BGHZ 17, 392, 397 f. = NJW 1955, 1394, 1395; BGH NJW 2001, 230, 231.
[80] BGH NJW 2001, 230, 231.
[81] OLG Schleswig JurBüro 1986, 107, 108.
[82] OLG München AnwBl. 1984, 313.
[83] OLG Stuttgart NJW 1963, 1015, 1016.
[84] OLG Stuttgart NJW 1963, 1015, 1016.
[85] BGH NJW 1963, 583, 584; OLG Celle MDR 1964, 926.

§ 100 Kosten bei Streitgenossen

(1) Besteht der unterliegende Teil aus mehreren Personen, so haften sie für die Kostenerstattung nach Kopfteilen.

(2) Bei einer erheblichen Verschiedenheit der Beteiligung am Rechtsstreit kann nach dem Ermessen des Gerichts die Beteiligung zum Maßstab genommen werden.

(3) Hat ein Streitgenosse ein besonderes Angriffs- oder Verteidigungsmittel geltend gemacht, so haften die übrigen Streitgenossen nicht für die dadurch veranlassten Kosten.

(4) [1]Werden mehrere Beklagte als Gesamtschuldner verurteilt, so haften sie auch für die Kostenerstattung, unbeschadet der Vorschrift des Absatzes 3, als Gesamtschuldner. [2]Die Vorschriften des bürgerlichen Rechts, nach denen sich diese Haftung auf die im Absatz 3 bezeichneten Kosten erstreckt, bleiben unberührt.

Übersicht

I. Normzweck und Anwendungsbereich

1 Gegenstand der Vorschrift ist die **Kostenhaftung** im Rahmen einer **Streitgenossenschaft** (§§ 59 ff.), auch soweit sie aus einer Prozessverbindung (§ 147) hervorgegangen ist oder ihr eine streitgenössische Streithilfe (§ 101 Abs. 2 iVm. § 69) zugrunde liegt, wenn **sämtliche** Streitgenossen **unterliegen.** § 100 regelt dem Wortlaut nach nur die Haftung der Streitgenossen gegenüber dem Gegner, nicht aber die Haftung im Innenverhältnis (vgl. Rn. 11) und auch nicht das vollständige oder teilweise Obsiegen einzelner oder sämtlicher Streitgenossen (hierzu Rn. 18 ff., 30 ff., 41 ff.). Für den Fall des vollen Unterliegens erstreckt das Gesetz den tragenden Grundsatz der Veranlassungshaftung (vgl. Vor §§ 91 ff. Rn. 24) mit gleicher Wirkung auf alle Streitgenossen, mit der Folge, dass jeder grundsätzlich nach **Kopfteilen** haftet (Abs. 1). Bei erheblich unterschiedlicher Beteiligung kann das Gericht stattdessen eine Kostenverteilung entsprechend der Beteiligung vornehmen (Abs. 2). Die Kosten besonderer (erfolgloser) Angriffs- oder Verteidigungsmittel muss das Gericht nach Abs. 3 aussondern; dabei handelt es sich um einen gegenüber der Kann-Bestimmung des § 96 obligatorischen Fall der sog. Kostentrennung (vgl. Vor §§ 91 ff. Rn. 27). Bei Streitgenossen, die hinsichtlich des materiellen Klaganspruchs als **Gesamtschuldner** haften, ordnet Abs. 4 eine gesamtschuldnerische Haftung auch hinsichtlich der Prozesskosten an. Die Haftung nach Abs. 1 und 4 tritt kraft Gesetzes ohne ausdrücklichen Ausspruch im Urteil ein; dagegen bedarf eine vom Gericht nach Abs. 2 und 3 vorgenommene Kostenverteilung einer entsprechenden Anordnung im Tenor. Der **Anwendungsbereich** des § 100 ist auf die Prozesskostenhaftung im Verhältnis der **Parteien**

beschränkt. Die Haftung von Streitgenossen gegenüber der **Staatskasse** (hierzu Vor §§ 91 ff. Rn. 9 f.) für die Gerichtskosten ist in **§ 32 GKG** geregelt.

II. Kostengrundentscheidung

2 **1. Einheitliche Kostenentscheidung.** Auch wenn mehrere Personen auf Kläger- oder Beklagtenseite beteiligt sind, handelt es sich nicht um eine Mehrheit nur äußerlich verbundener Verfahren, sondern um einen einzigen Prozess. Es muss daher im Regelfall nach dem Grundsatz der Kosteneinheit (vgl. § 91 Rn. 5) eine Entscheidung über die **Gesamtkosten** des Rechtsstreits getroffen werden. Diese hat insbesondere durch entsprechende Quotenbildung zu berücksichtigen, ob und in welchem Umfang **einzelne** Streitgenossen **voll** (hierzu Rn. 30 ff.) oder **teilweise** (hierzu Rn. 41 ff.) unterlegen sind. Bei unterschiedlichem Prozesserfolg empfiehlt sich aus Gründen der Transparenz, in der (einheitlichen) Kostenentscheidung Gerichtskosten und außergerichtliche Kosten jedes Streitgenossen explizit auszuweisen. Unzulässig ist es jedoch, eine Kostenentscheidung gänzlich **getrennt nach Streitgenossen** vorzunehmen und die Kosten zB nach Zeitabschnitten aufzuteilen, die lediglich einzelne Streitgenossen betreffen (zu Ausnahmen vgl. Rn. 52 f.).

3 Die Kostenentscheidung ergeht grundsätzlich nach **Abschluss** der Instanz, doch kommt ausnahmsweise ein gesonderter Erlass beim **vorzeitigen** Ausscheiden eines Streitgenossen in Betracht (hierzu Rn. 46 ff.).

4 **2. Auslegung im Kostenfestsetzungsverfahren.** Eine unklare Kostengrundentscheidung hat der Rechtspfleger im Rahmen der Kostenfestsetzung so auszulegen, dass sie dem Willen des Gerichts, so wie er im **Tenor** bzw. den **Entscheidungsgründen** zum Ausdruck kommt, gerecht wird (näher § 104 Rn. 55). Eine Aufteilung von Kosten, „soweit sie gegenüber dem einen oder anderen Streitgenossen entstanden sind“, kann hiernach besagen, dass das Gericht eine Kostenverteilung nach § 100 Abs. 2 oder Abs. 3 vornehmen wollte (näher Rn. 8 ff.).

5 **3. Anfechtung.** Die Anfechtung der Kostenentscheidung ist nach Maßgabe des **§ 99** zulässig. Ein Streitgenosse, der in der Hauptsache obsiegt, hat gegen eine fehlerhafte Kostenentscheidung keinen Rechtsbehelf (vgl. § 99 Rn. 11). Legt nur ein einzelner Streitgenosse Rechtsmittel ein, und bleibt es ohne Erfolg, trägt er die Rechtsmittelkosten allein (§ 97 Abs. 1). Ist er erfolgreich, hat das Rechtsmittelgericht die Kosten des Rechtsstreits nach dem Verhältnis des endgültigen Obsiegens und Unterliegens zu verteilen. Es kann dabei die einen im Rechtsmittelverfahren nicht mehr beteiligten Streitgenossen betreffende Kostenentscheidung der Vorinstanz abändern.[1]

III. Unterliegen aller Streitgenossen

6 **1. Haftung nach Kopfteilen (Abs. 1).** Im Falle des **Unterliegens** (hierzu § 91 Rn. 13 f., § 92 Rn. 3 ff.) aller Streitgenossen haften sie kraft der Regel des Abs. 1 für die Kostenerstattung nach Kopfteilen, dh. zu gleichen Teilen, soweit nicht die Ausnahmen der Abs. 2 bis 4 eingreifen. Falsch wäre es daher, Streitgenossen auf Klägerseite im Rahmen einer Klageabweisung oder Streitgenossen auf Beklagtenseite im Rahmen einer begründeten Klage, sofern nicht ein Fall des Abs. 4 vorliegt, als Gesamtschuldner in die Kosten zu verurteilen. Vielmehr bleibt es hier bei dem Grundsatz der Haftung nach Kopfteilen.

7 Die Haftung nach Abs. 1 tritt **ohne** ausdrücklichen **Ausspruch** in der Kostenentscheidung kraft Gesetzes ein. Lautet die Kostenentscheidung nur „Die Kläger tragen die Kosten des Rechtsstreits“, so haftet jeder Streitgenosse unabhängig von seiner Beteiligung am Rechtsstreit nur für den auf ihn entfallenden Kopfteil, und zwar auch dann, wenn die Kläger hinsichtlich des Hauptanspruchs Gesamtgläubiger waren.

8 **2. Unterschiedliche Beteiligung (Abs. 2).** Bei erheblich unterschiedlicher Beteiligung am Rechtsstreit kann das Gericht nach pflichtgemäßem Ermessen die Kosten entsprechend der Beteiligung den unterliegenden Streitgenossen auferlegen. **Verschiedenheit** ist in erster Linie im Sinne unterschiedlicher materieller Beteiligung am Streitgegenstand,[2] aber auch des Verursachens einer streitigen Verhandlung oder Beweisaufnahme zu verstehen, während der andere Streitgenosse anerkennt[3] oder säumig ist. Die Kostenverteilung nach Abs. 2 muss ausdrücklich in die **Urteilsformel** aufgenommen werden, die beispielsweise lauten könnte: „Die durch die streitige Verhandlung entstandenen Mehrkosten werden dem … auferlegt“. Hat das Gericht eine Kostenentscheidung nach Abs. 2 nicht vorgenommen, kann der Titel im Kostenfestsetzungsverfahren nicht korrigiert und

[1] BGH NJW 1981, 2360 (LS).
[2] OLG Koblenz MDR 1991, 257.
[3] OLG Koblenz NJW-RR 1999, 728.

durch den Rechtspfleger eine entsprechende Quotenverteilung nicht vorgenommen werden[4] (vgl. § 104 Rn. 55).

9 **3. Besonderes Angriffs- oder Verteidigungsmittel (Abs. 3).** Hat ein Streitgenosse auf Kläger- oder auf Beklagtenseite ein Angriffs- oder Verteidigungsmittel eingesetzt (hierzu § 96 Rn. 3), das sich die übrigen Streitgenossen nicht zu eigen gemacht haben, ist das Gericht **verpflichtet,** dadurch bedingte Mehrkosten durch ausdrücklichen **Ausspruch** im Urteil dem Veranlasser aufzuerlegen. Es handelt sich um einen speziellen Fall obligatorischer Kostentrennung (vgl. Vor §§ 91 ff. Rn. 27). Ist sie versehentlich unterblieben, kann der Fehler trotz des zwingenden Charakters des § 100 Abs. 3 im Kostenfestsetzungsverfahren zwar grundsätzlich nicht berichtigt werden, weil dessen Funktion sich in der betragsmäßigen Ausfüllung der vorgegebenen Kostenlast erschöpft (vgl. § 103 Rn. 1) und die vom Prozessgericht bestimmten Kostenquoten mithin bindend sind[5] (vgl. Rn. 4, § 104 Rn. 55). Zu bedenken ist aber, dass diese strenge Bindung im eigentlichen Sinne nur die Kostenverteilung im Verhältnis der kontradiktorisch gegenüberstehenden Kläger- und Beklagtenseite betrifft. Daher ist es unschädlich, wenn die Kostenfestsetzungsinstanzen im Falle einer einheitlichen Kostenhaftung aller Streitgenossen die Verwendung eines Angriffs- oder Verteidigungsmittels eines einzelnen Streitgenossen, das in der Kostengrundentscheidung keine Erwähnung gefunden hat, im Wege einer **Auslegungskorrektur** zu dessen Lasten zu berücksichtigen.[6]

10 Hat etwa einer der beklagten Streitgenossen sofort **anerkannt** oder **Versäumnisurteil** gegen sich ergehen lassen, während gegen einen anderen Beklagten erst nach Verteidigungsanzeige, streitiger Verhandlung und ggf. Beweisaufnahme ein kontradiktorisches Urteil ergangen ist, so ist im Zweifel vom **stillschweigenden** Willen des Gerichts auszugehen, eine Aussonderung der durch das Streitverfahren entstandenen Mehrkosten nach Abs. 3 vorzunehmen.[7] Das gilt selbst dann, wenn in der abschließenden einheitlichen Kostenentscheidung ohne näherer Zusatz den Beklagten **gesamtschuldnerisch** die Kosten auferlegt sind,[8] da § 100 Abs. 4 ausdrücklich den Vorrang des Abs. 3 konstituiert. Anders mag es sich verhalten, wenn nach den Vorschriften des bürgerlichen Rechts eine Mithaftung des mitverurteilten Streitgenossen für die Kosten eines besonderen Angriffs- oder Verteidigungsmittels gegeben ist (vgl. zB §§ 566 Abs. 2 S. 1 BGB, 767 Abs. 2).

11 **4. Gesamtschuldnerische Kostenhaftung** (Abs. 4). **a) Grundsatz.** Abweichend von der Regel des Abs. 1, wonach Streitgenossen für die Kosten nur nach Kopfteilen einzustehen haben, tritt eine gesamtschuldnerische Haftung dann ein, wenn mehrere **beklagte** Streitgenossen hinsichtlich des materiellrechtlichen Klaganspruchs als Gesamtschuldner verurteilt werden. Ob sie gesamtschuldnerisch zu verurteilen sind, richtet sich nach materiellem Recht (§§ 421 ff. BGB). Auf die umgekehrte Konstellation, wonach mehrere streitgenössische **Kläger** unterliegen, ist Abs. 4 hingegen nicht anwendbar.[9] Ebenfalls keine gesamtschuldnerische Kostenhaftung iSv. Abs. 4 tritt ein, wenn eine gegen mehrere **Anspruchsgläubiger** gerichtete Vollstreckungsgegenklage Erfolg hat.[10] § 100 Abs. 4 verhält sich im Übrigen nicht zur Frage eines internen Gesamtschuldnerausgleichs (vgl. § 426 BGB). Denn generell bestehen im Innenverhältnis zwischen Streitgenossen keine prozessualen Kostenerstattungsansprüche, soweit solche nicht ausnahmsweise in einem Prozessvergleich vereinbart werden (vgl. Rn. 45).

12 Die gesamtschuldnerische Haftung für die **Kosten** braucht in der Kostenentscheidung **nicht ausdrücklich** ausgesprochen werden. Sie tritt vielmehr kraft Gesetzes immer dann ein, wenn die gesamtschuldnerische Haftung für den **Hauptanspruch** entweder der Urteilsformel, den Urteilsgründen oder dem Sachzusammenhang klar zu entnehmen ist.[11] Für die Auslegung eines abgekürzten Urteils (zB eines Versäumnisurteils), das keine Entscheidungsgründe enthält, bleibt nur der Rückgriff auf das Parteivorbringen, um Zweifel über den Entscheidungsinhalt zu beheben.[12] Mehrere in erster Instanz als Gesamtschuldner verurteilte Beklagte haften auch für die Kosten ihrer er-

---

[4] OLG Koblenz NJW-RR 1999, 728.
[5] OLG München MDR 1989, 166; OLG Schleswig JurBüro 1983, 1884.
[6] KG MDR 2002, 722; OLG Schleswig JurBüro 1993, 742; OLG Köln MDR 1988, 325; *Musielak/Wolst* Rn. 4.
[7] KG MDR 2002, 722, 723; JurBüro 1977, 256, 258; OLG Frankfurt JurBüro 1981, 1400; OLG Düsseldorf JurBüro 1974, 1008, 1009.
[8] OLG Schleswig JurBüro 1993, 742, 743; OLG Köln MDR 1988, 325; offen gelassen in OLG Düsseldorf JurBüro 1974, 1008, 1009.
[9] OLG Koblenz MDR 1991, 257; *Thomas/Putzo/Hüßtege* Rn. 11.
[10] OLG Frankfurt OLGR 1999, 42, 43.
[11] OLG Frankfurt VersR 1984, 490; KG Rpfleger 1975, 143, 144; OLG Hamm Rpfleger 1974, 271.
[12] KG Rpfleger 1975, 143, 144.

folglosen Berufung als Gesamtschuldner. Eines besonderen Ausspruchs im **Berufungsurteil** bedarf es nicht.[13]

Besteht die gesamtschuldnerische Verurteilung nur hinsichtlich eines Teils des Hauptanspruchs, so tritt Gesamthaftung für die Kosten ebenfalls nur in Bezug auf die auf diesen Teil des Hauptanspruchs entfallenden Kosten ein, es sei denn, die Kostenentscheidung sieht etwas anderes vor. 13

b) Einzelfälle. Werden Gesellschaft und Gesellschafter einer **Personenhandelsgesellschaft** als Streitgenossen verurteilt, tritt gesamtschuldnerische Kostenhaftung ein,[14] obwohl zwischen Gesellschaft und Gesellschafter, anders als zwischen den Gesellschaftern untereinander, kein Gesamtschuldverhältnis besteht. Entscheidend dafür ist, dass die Haftung gegenüber dem Kläger einer gesamtschuldnerischen Haftung gleichkommt. Eines Ausspruchs der gesamtschuldnerischen Haftung im Urteil bedarf es nicht,[15] doch ist er zur Klarstellung zu empfehlen. 14

Bei Verurteilung von **Hauptschuldner und Bürge** als Gesamtschuldner haften diese für die Kosten gleichwohl nicht gesamtschuldnerisch.[16] 15

Wird ein Streitgenosse zur **Duldung** und der andere zur **Leistung** verurteilt, werden zB Erbe und Testamentsvollstrecker oder dinglich Haftender und persönlicher Schuldner in Anspruch genommen, kommt keine gesamtschuldnerische Verurteilung zur Kostentragung in Frage. 16

Werden bei Verletzung eines gewerblichen Schutzrechtes durch eine juristische Person oder durch eine Personenhandelsgesellschaft die Gesellschaft und die gesetzlichen Vertreter bzw. vertretungsberechtigten Gesellschafter auf Unterlassung in Anspruch genommen, so sind **mehrere Unterlassungsschuldner,** deren Verpflichtung sich auf denselben Gegenstand richtet, kostenrechtlich nicht als Gesamtschuldner anzusehen.[17] Denn anders als nach dem Modell der Gesamtschuld iSv. §§ 421, 422 BGB kann der Unterlassungsgläubiger von jedem Schuldner ein unterlassungskonformes Verhalten verlangen, ohne dass die Beachtung des Unterlassungsgebots durch den einzelnen Schuldner die übrigen von deren Verpflichtung befreit. Eine gesamtschuldnerische Haftung kommt allenfalls unter der Voraussetzung einer sog. Mitverantwortungsgemeinschaft in Betracht, wonach jeder auch für das Verhalten der anderen einzustehen hat.[18] 17

IV. Obsiegen aller Streitgenossen

1. Erstattungspflicht des Gegners. Das Obsiegen der Streitgenossen ist in § 100 nicht geregelt. Keine Schwierigkeiten ergeben sich hinsichtlich der Kostengrundentscheidung, wonach die Kosten des Rechtsstreits dem Gegner auferlegt werden. Probleme bereiten kann die Bestimmung des erstattungsfähigen **Kostenumfangs.** 18

2. Individuelle Anwaltskosten eines Streitgenossen. Grundsätzlich richtet sich die Erstattungsfähigkeit von Kosten, die nur einem Streitgenossen erwachsen, nach ihrer Prozessbezogenheit und Notwendigkeit iSv. **§ 91;** auf dessen Erläuterungen (§ 91 Rn. 18ff., 36ff.) wird verwiesen. Abweichend von den dortigen Regeln ist im Rahmen einer Streitgenossenschaft die Zuziehung **mehrerer Anwälte** von besonderer Bedeutung. 19

Ob jeder Streitgenosse einen eigenen Prozessbevollmächtigten einschalten und Kostenerstattung verlangen kann oder der Gegner nur die Kosten eines gemeinsamen Anwalts zu erstatten braucht, richtet sich nach der Notwendigkeit einer **Individualvertretung.** Zwar trägt das geltende Recht mit dem weitgehenden Abbau von Postulationsschranken dem Bedürfnis der Partei, einen Anwalt des **eigenen Vertrauens** bestellen zu dürfen (statt auf von dritter Seite vermittelten anwaltlichen Beistand zurückzugreifen), deutlich stärker Rechnung, als dies früher der Fall war (zum Problemkontext vgl. § 91 Rn. 146f.). Doch sind diesem Interesse nach wie vor kostenrechtliche Grenzen gesetzt. Eine solche markiert u. a. **§ 91 Abs. 2 S. 3,** wonach die Kosten mehrerer Anwälte nur insoweit zu erstatten sind, als sie die Kosten eines Anwalts nicht übersteigen oder in der Person des Anwalts ein Wechsel erforderlich war. Der Regelung wird man den auch hier einschlägigen Rechtsgedanken[19] zu entnehmen haben, dass ein Streitgenosse, dessen Interessenwahrnehmung bereits auf Grund der Vertretung eines gemeinsamen Prozessbevollmächtigten gesichert erscheint, nur 20

---

[13] OLG Frankfurt VersR 1984, 490; LG Köln MDR 1981, 502.

[14] *Tilmann* GRUR 1986, 691, 696.

[15] OLG Karlsruhe NJW 1973, 1202.

[16] BGH NJW 1955, 1398; *Baumbach/Lauterbach/Hartmann* Rn. 7; *Zöller/Herget* Rn. 12; aM OLG München NJW-RR 1998, 935.

[17] KG KGR 2002, 282, 283; OLG Koblenz WRP 1985, 45; aM *Belz,* in: 2. Aufl. Rn. 14; *Tilmann* GRUR 1986, 691, 694.

[18] KG KGR 2002, 282, 283.

[19] BGH NJW-RR 2004, 536; aM *Henssler/Deckenbrock* MDR 2005, 1321, 1326.

dann weitergehenden persönlichen Beistand benötigt, wenn hierfür konkrete **sachliche Gründe** bestehen.[20] Solche können namentlich in **Interessengegensätzen** zwischen den Streitgenossen, aber auch in sonstigen Umständen des Einzelfalls zu suchen sein. Mangelt es hieran, sind nur die Kosten eines gemeinsamen Anwalts erstattungsfähig.[21] Die Gegenauffassung,[22] die jedem Streitgenossen generell das Recht auf einen eigenen Prozessbevollmächtigten bis zur Grenze rechtsmissbräuchlicher Ausübung zubilligt, erscheint mit § 91 Abs. 2 S. 3 nicht vereinbar. Freilich sind beide Standpunkte zumindest dann nicht weit entfernt, wenn Rechtsmissbrauch schon und gerade für den Fall fehlender sachlicher Gründe bejaht wird.[23]

21 Schaltet ein Streitgenosse erst im Laufe des Verfahrens einen eigenen Anwalt ein, nachdem seine Vertretung zunächst durch einen gemeinsamen Prozessbevollmächtigten erfolgt war, sind die entstandenen Mehrkosten nur erstattungsfähig, wenn sachliche Gründe für die **nachträgliche Aufspaltung** der Mandate vorliegen.[24] Dies gilt auch dann, wenn ein eigener Anwalt für einen Streitgenossen in einem **neuen Rechtszug** tätig wird.[25]

22 Bei gleichzeitiger Inanspruchnahme von Fahrer, Halter und Versicherer eines Kfz im **Haftpflichtprozess** ist der Versicherer gem. § 7 Abs. 2 Nr. 5 AKB berechtigt und verpflichtet, die Interessen seines **Versicherungsnehmers** mit wahrzunehmen und einen gemeinsamen Prozessbevollmächtigten zu bestellen. Den Versicherungsnehmer trifft die Obliegenheit, dem Versicherer die Führung des Rechtsstreits zu überlassen. Die Einschaltung eines eigenen Anwalts ist daher seitens des Versicherten regelmäßig nicht erforderlich, wenn jener einen gemeinsamen Anwalt beauftragt.[26] Das gilt ebenso für einen mitversicherten **Fahrer,** der selbst nicht Versicherungsnehmer der Haftpflichtversicherung ist[27] (vgl. § 10 Nr. 2 lit. c iVm. Nr. 5 AKB). Anders verhält es sich nur, wenn plausible Gründe für eine unterschiedliche Einlassung oder **Interessengegensätze** bestehen,[28] zB ein mitverklagter Fahrer um den **Rückgriff** seiner Versicherung besorgt sein muss[29] oder die beklagten Halter/Fahrer nicht nur gemeinsam mit dem Versicherer Ansprüche des Unfallgeschädigten abzuwehren suchen, sondern aktiv im Wege der **Widerklage** eigene Schadensersatzansprüche geltend machen.[30] Sind Kläger und Beklagter beim **selben Unternehmen** haftpflichtversichert, kann im Einzelfall ebenfalls Interessenkollision gegeben und die Mandatierung getrennter Anwälte durch den Geschädigten und die Versicherung notwendig sein.

23 Will einer der Streitgenossen eigene Schadensersatzansprüche im Wege der **Widerklage** geltend machen, kann hierfür ein eigener Verfahrensbevollmächtigter eingeschaltet und Kostenerstattung verlangt werden.

24 Regelmäßig nur die Kosten eines gemeinsamen Prozessbevollmächtigten zu erstatten sind hingegen im Falle der Beteiligung einer **GmbH & Co. KG** und deren Komplementär-GmbH,[31] ferner aus Sicht von **Miterben,** die nach § 2039 S. 1 BGB Leistung an alle Erben fordern,[32] sowie in **Unterhaltssachen** im Falle der Beteiligung eines minderjährigen Kindes und des sorgeberechtigten Elternteils.

25 Ohne das Vorhandensein vernünftiger Gründe ist die Notwendigkeit für eine Aufspaltung der Mandate auch dann abzulehnen, wenn sich Streitgenossen durch mehrere Rechtsanwälte derselben **Sozietät** vertreten lassen.[33] Entsprechendes gilt, wenn mehrere in einer Sozietät zusammenge-

---

[20] BGH NJW-RR 2004, 536.

[21] BGH NJW-RR 2004, 536; OLG Köln MDR 2006, 896; JurBüro 1993, 352, 353; OLG Bamberg VersR 1986, 395; OLG Stuttgart Die Justiz 1980, 20; OLG Hamm JurBüro 1978, 1400.

[22] BVerfGE 81, 386, 390; OLG Nürnberg AnwBl. 1982, 74; OLG Düsseldorf AnwBl. 1981, 70; *Henssler/Deckenbrock* MDR 2005, 1321, 1326.

[23] So OLG Naumburg Rpfleger 2005, 482; OLG Karlsruhe OLGR 1999, 418; AnwBl. 1994, 41.

[24] OLG München AnwBl. 1990, 630; OLG Frankfurt AnwBl. 1988, 73; OLG Hamburg JurBüro 1988, 762; OLG Hamm Rpfleger 1981, 29; OLG Koblenz MDR 1979, 407; OLG Saarbrücken JurBüro 1989, 393, 394 (LS 3); *Zöller/Herget* Rn. 13 „Streitgenossen"; aM OLG Düsseldorf MDR 1988, 324; AnwBl. 1981, 70; OLG Frankfurt MDR 1981, 149.

[25] AM KG JurBüro 1978, 1394.

[26] BGH NJW-RR 2004, 536; OLG München MDR 1995, 263; OLG Saarbrücken JurBüro 1989, 1417; OLG Karlsruhe VersR 1979, 944, 945; aM OLG Frankfurt NJW-RR 1995, 1116; OLG Nürnberg AnwBl. 1982, 74; *Stein/Jonas/Bork* § 91 Rn. 142.

[27] OLG München AnwBl. 1998, 284.

[28] OLG Koblenz MDR 1995, 263; OLG Saarbrücken JurBüro 1989, 1417; OLG Stuttgart Die Justiz 1980, 20; aM OLG Düsseldorf MDR 1985, 148; LG Bonn JurBüro 1990, 69.

[29] OLG Koblenz MDR 1995, 263, 264.

[30] OLG Bamberg VersR 1986, 395, 396; OLG Nürnberg AnwBl. 1982, 74.

[31] OLG Hamm JurBüro 1978, 1400; aM OLG Düsseldorf JurBüro 1981, 762.

[32] AM OLG Frankfurt MDR 1981, 149.

[33] OLG Celle JurBüro 1987, 607.

schlossene **Rechtsanwälte** gesamtschuldnerisch **als Streitgenossen** verklagt werden. Sie sind hinsichtlich der Kostenerstattung so zu behandeln, als ob sie einen gemeinsamen Prozessbevollmächtigten bestellt hätten.[34] Vertreten sich die Anwälte selber, kann jeder Einzelne von ihnen nur dann die Erstattung der Kosten eines bevollmächtigten Anwalts verlangen (vgl. § 91 Abs. 2 S. 3) wenn er den Prozess auch tatsächlich selbstständig geführt, die Termine selber wahrgenommen hat und sachliche Gründe für die selbstständige Prozessführung gegeben sind[35] (vgl. § 91 Rn. 74). Im Falle der Honorarklage gegen den Mandanten ist die Sozietät im Hinblick auf das Gebot möglichst sparsamer Prozessführung (vgl. § 91 Rn. 38ff.) gehalten, die gerichtliche Geltendmachung einem ihrer Mitglieder zu überlassen, mit der Folge, dass der Mehrvertretungszuschlag iSv. Nr. 1008 VV RVG nicht erstattungspflichtig ist.[36] Dieses Ergebnis kann nicht auf Grund Auslegung des erteilten Auftrags[37] oder unter Berufung auf § 242 BGB[38] in Frage gestellt werden.[39]

3. Gemeinsame Anwaltskosten der Streitgenossen. Die Haftung der Streitgenossen gegenüber dem gemeinsamen Anwalt richtet sich nach § 7 Abs. 2 RVG. Danach kann der Anwalt von jedem Auftraggeber die Vergütung verlangen, die entstanden wäre, wenn er nur in seinem Auftrag tätig gewesen wäre, insgesamt jedoch nicht mehr als die Gesamtvergütung. Soweit sich die Vergütungsansprüche gegen die Auftraggeber überschneiden, besteht mithin gesamtschuldnerische Haftung. 26

Die Streitgenossen sind hinsichtlich ihrer gemeinsamen Prozesskosten gem. § 420 BGB nicht Gesamtgläubiger, sondern **Anteilsgläubiger.** Grundsätzlich kann jeder Streitgenosse den Betrag vom Gegner erstattet verlangen, den er tatsächlich zur Prozessführung aufwenden muss. Nach der Regel des § 426 BGB ist davon auszugehen, dass jeder Streitgenosse von den gemeinsamen Prozesskosten bei gleicher Beteiligung am Rechtsstreit den auf ihn entfallenden **Kopfteil** aufzuwenden hat. Jeder Streitgenosse kann daher vom erstattungspflichtigen Gegner regelmäßig nur den im Innenverhältnis der Streitgenossen auf ihn entfallenden Betrag der gemeinsamen Kosten vom Gegner erstattet verlangen (vgl. Rn. 35f.). Einen höheren Betrag als seinem Bruchteil gemäß kann der Streitgenosse nur dann fordern, wenn er glaubhaft macht, dass er ihn aufgewendet hat bzw. aufwenden muss (zur Umsatzsteuererstattung, wenn nur einzelne Streitgenossen vorsteuerabzugsberechtigt sind, vgl. § 104 Rn. 17). 27

4. Kostenfestsetzung. Da die obsiegenden Streitgenossen hinsichtlich der ihnen zu erstattenden Prozesskosten nicht Gesamt-, sondern Anteilsgläubiger sind, hat der Kostenfestsetzungsbeschluss die jedem Streitgenossen zustehenden Erstattungsansprüche **gesondert** auszuweisen (näher § 104 Rn. 59). Unterbleibt dies, ist die Aufteilung auf Beschwerde/Erinnerung der Kostengläubiger nachzuholen. Eine **einheitliche Festsetzung** ohne Angabe eines Beteiligungsverhältnisses kann nur dann zugelassen werden, wenn der gemeinsame Prozessbevollmächtigte beantragt, die gemeinsamen Kosten aller Streitgenossen in einem Beschluss für alle festzusetzen und der Gegner dem nicht widerspricht. Eine gegen den Willen des Gegners vorgenommene einheitliche Festsetzung des Gesamtbetrags kann dieser mit der sofortigen Beschwerde anfechten, ohne hierfür ein besonderes Interesse darlegen zu müssen[40] (vgl. § 104 Rn. 74). 28

Erwirken obsiegende Streitgenossen, die im Rechtsstreit vom selben Anwalt vertreten wurden, gemeinsam und ohne Angabe des Beteiligungsverhältnisses einen Kostenfestsetzungsbeschluss über einen einheitlichen Betrag, führt die **Auslegung** zur Annahme von **Gesamtgläubigerschaft.**[41] Mit der einheitlichen Festsetzung ohne Angabe eines Beteiligungsverhältnisses ist sonach das Risiko verbunden, dass ein Gläubiger eines Streitgenossen den ausgewiesenen Kostenerstattungsanspruch in voller Höhe pfändet wie auch, dass der Prozessgegner gegenüber einem der Streitgenossen in voller Höhe aufrechnet. 29

V. Unterliegen einzelner und Obsiegen anderer Streitgenossen

1. Kostenentscheidung Die Kostenentscheidung im Falle eines aus Sicht der Streitgenossen unterschiedlich erfolgreichen Prozessausgangs hat davon auszugehen, dass gleichwohl ein **einheitlicher Prozess** (vgl. § 91 Rn. 5) vorliegt, bei dem der Gegner der Streitgenossen sein Ziel nur 30

---

[34] OLG Stuttgart Rpfleger 1980, 194.

[35] BGH NJW 2007, 2257, 2258; OLG Düsseldorf JurBüro 2007, 263; OLG Hamburg JurBüro 1980, 760; OLG Stuttgart JurBüro 1980, 701; LG Köln JurBüro 1978, 1396; aM OLG Nürnberg JurBüro 1981, 764.

[36] OLG Koblenz JurBüro 1994, 729; OLG Köln JurBüro 1994, 94; aM OLG Stuttgart Die Justiz 1997, 58.

[37] OLG München MDR 1979, 64.

[38] OLG Hamburg JurBüro 1979, 1312; LG Münster JurBüro 1989, 223.

[39] Vgl. auch *Zöller/Herget* Rn. 13 „Rechtsanwalt" und „Sozietät"; aM OLG Stuttgart Rpfleger 1980, 308; Rpfleger 1980, 194; OLG Frankfurt Rpfleger 1980, 309.

[40] OLG Koblenz Rpfleger 1977, 216.

[41] BGH Rpfleger 1985, 321; aM OLG Hamburg JurBüro 1996, 259.

zum Teil erreicht hat. Die Kosten sind daher in entsprechender Anwendung des § 92 nach **Quoten** zu verteilen.[42] Gerichtskosten und außergerichtliche Kosten jedes Beteiligten sind hierbei zu trennen. Im Einzelnen sind folgende Grundsätze zu beachten:

- Die **außergerichtlichen Kosten** jedes **obsiegenden** Streitgenossen werden dem Gegner auferlegt. Maßgebend ist allein das Verhältnis des obsiegenden Streitgenossen zum Gegner.
- Die **Gerichtskosten** und die **außergerichtlichen Kosten** des **Gegners** werden teilweise dem unterlegenen Streitgenossen, teilweise dem Gegner auferlegt, wobei sich die Quoten nach dem Obsiegen des Gegners gegenüber den einen und dem Unterliegen gegenüber den anderen Streitgenossen errechnen. Es ist also zunächst davon auszugehen, dass der Gegner gegenüber jedem einzelnen Streitgenossen eine Verurteilung angestrebt und nur zum Teil erreicht hat. Die Streitwerte der angestrebten Verurteilungen sind – gedanklich – zu addieren und ausgehend von der gegebenen Summe ist die dem Unterliegen entsprechende Quote zu bestimmen.

31 Diesen Ansatz mag folgendes Beispiel verdeutlichen: Wird eine Klage gegen zwei Beklagte, die am Rechtsstreit wertmäßig gleich beteiligt sind, gegen den einen (A) abgewiesen, während sie gegen den anderen (B) zur Verurteilung führt, so lautet die Kostenentscheidung: „Der Kläger trägt die außergerichtlichen Kosten des (obsiegenden) A. Von den Gerichtskosten und außergerichtlichen Kosten des Klägers tragen der Kläger und der (unterliegende) B je $1/2$. Im Übrigen tragen B und der Kläger ihre eigenen außergerichtlichen Kosten selbst." Diese Aufteilung nach der sog. **„Baumbachschen Kostenformel"** beherrscht trotz gelegentlicher Kritik und mehr oder minder erheblichen Abwandlungen[43] seit Jahrzehnten die Rechtsprechung, da sie im Allgemeinen zu homogenen Ergebnissen führt und vergleichsweise einfach zu handhaben ist.

32 Nach Maßgabe der vorgenannten Regeln ist auch im Falle der **Rücknahme** der Klage hinsichtlich nur eines von mehreren streitgenössischen Beklagten zu entscheiden[44] (zur Frage einer Teilkostenentscheidung vgl. Rn. 49 ff.). Übersieht dies der Richter später im Zeitpunkt der umfassenden Schlussentscheidung, weil ihm die frühere Klagerücknahme nicht mehr präsent ist, so ist die Kostenentscheidung zwar unzutreffend, dennoch aber bindend[45] (vgl. § 104 Rn. 55). Wird in der **Rechtsmittelinstanz** auch der in der Vorinstanz obsiegende Streitgenosse verurteilt, sind die Kosten des Rechtsstreits nach dem **endgültigen** Obsiegen und Unterliegen zu verteilen, wobei auch die einen am Rechtsmittelverfahren nicht mehr beteiligten Streitgenossen betreffende Kostenentscheidung der Vorinstanz abgeändert werden kann.[46]

33 **2. Kostenerstattung. a) Individualkosten des Obsiegenden.** Kosten, die nur dem obsiegenden Streitgenossen erwachsen, sind diesem, soweit sie notwendig iSd. § 91 waren, von der Gegenpartei in voller Höhe zu erstatten. Zur Erstattung der Kosten mehrerer Rechtsanwälte vgl. Rn. 25.

34 **b) Gemeinsame Anwaltskosten.** Für die in der Person eines gemeinsamen Anwalts entstandenen Kosten gilt, dass dieser von jedem Streitgenossen die Vergütung verlangen kann, die entstanden wäre, wenn er nur in seinem Auftrag tätig geworden wäre (§ 7 Abs. 2 RVG). Soweit sich die Vergütungsansprüche gegen die Streitgenossen überschneiden, besteht **gesamtschuldnerische** Haftung, dh. der Anwalt kann nach Belieben jeden Streitgenossen voll in Anspruch nehmen und in deren Innenverhältnis findet ein Gesamtschuldnerausgleich statt (§ 426 BGB).

35 Das wirft zwangsläufig die Frage auf, ob der obsiegende Streitgenosse vom Prozessgegner die Erstattung des vollen Betrages verlangen kann, für den er nach § 7 Abs. 2 RVG dem gemeinsamen Anwalt (abstrakt unbeschränkt) haftet oder ob er nur dann die Erstattung eines höheren Betrags als den im Innenverhältnis der Streitgenossen auf ihn entfallenden verlangen kann, wenn er glaubhaft macht, dass er mehr bezahlt hat oder zahlen muss oder dass der unterlegene Streitgenosse zahlungsunfähig ist.

36 Zutreffend ist es, der obsiegenden Partei gegenüber dem Gegner die Erstattung nur derjenigen Kosten zuzugestehen, die sie zur Prozessführung **tatsächlich aufwenden** musste oder muss. Und das ist – vorbehaltlich der Zahlungsunfähigkeit eines unterlegenen Streitgenossen (vgl. Rn. 37) – regelmäßig nur der ihrer Beteiligung am Rechtsstreit entsprechende **Bruchteil** der Anwaltskosten.[47] Die Ge-

---

[42] BGHZ 8, 325, 327 = NJW 1953, 618.

[43] So etwa (jedoch nicht überzeugend) OLG Koblenz OLGR 2004, 201, 202; OLG Frankfurt OLGR 1999, 85, 86.

[44] OLG Koblenz NJW-RR 2004, 1008.

[45] OLG Koblenz NJW-RR 2004, 1008.

[46] BGH NJW 1981, 2360.

[47] BGH NJW-RR 2003, 1217; NJW-RR 2006, 1508; KG NJW-RR 2001, 1435; OLG Karlsruhe JurBüro 1992, 546; OLG Koblenz JurBüro 1988, 1691; OLG Köln JurBüro 1987, 899; OLG Zweibrücken Rpfleger 1988, 38; OLG Stuttgart NJW 1977, 2171.

genmeinung,[48] wonach der obsiegende Streitgenosse die Erstattung der vollen Kosten des gemeinsamen Anwalts vom unterlegenen Gegner verlangen könne, weil er für diesen Betrag dem Anwalt (abstrakt) voll einzustehen habe, ist abzulehnen. Im Kostenfestsetzungsverfahren ist der tatsächliche Kostenaufwand maßgebend, mithin nur der auf den obsiegenden Streitgenossen unter Einbeziehung der Kostenausgleichung im Innenverhältnis entfallende Anteil, weil allein dieser ihn **dauerhaft** in seinem Vermögen belastet. Mit jeder anderen Lösung würde die gesetzliche Auslegungsregel des § 426 Abs. 1 S. 1 BGB zumindest partiell umgangen und dem obsiegenden Streitgenossen die Möglichkeit eröffnet, nicht notwendige Kosten vom Prozessgegner zu liquidieren.[49] Hieran ändert auch die Erwägung nichts, dass es möglicherweise jedem Streitgenossen frei gestanden hätte, einen eigenen Anwalt zu bestellen und auf diese Weise sogar noch höhere Kosten auszulösen. Denn für die Berücksichtigung fiktiver Einsparungen ist nach allgemeinen Regeln kein Raum (vgl. § 104 Rn. 23). Aus Sicht der Praxis ist der frühere Streit durch eine Grundsatzentscheidung des BGH und dessen seitheriger ständiger Rechtsprechung[50] als geklärt anzusehen. Der vorgenannte Rechtsgedanke bestimmt – allgemeinen Regeln folgend (hierzu § 98 Rn. 15) – auch die Auslegung eines **Prozessvergleichs,** wenn der Gegner die außergerichtlichen Kosten nur eines einzelnen Streitgenossen übernimmt.[51]

Jedem Streitgenossen ist **mindestens** der auf ihn im Innenverhältnis entfallende Anteil, dh. bei gleicher Beteiligung am Rechtsstreit der **Kopfteil,** zu erstatten. Das gilt selbst dann, wenn er faktisch **überhaupt keine** Anwaltskosten zu tragen hat, wie zB der obsiegende Halter als Streitgenosse der unterliegenden Haftpflichtversicherung (§ 150 Abs. 1 S. 1 VVG). Denn der Gegner, dem hier nach der Baumbachschen Formel die außergerichtlichen Kosten des Halters zur Last fallen, soll nicht von dessen interner Freistellung profitieren.[52] Der obsiegende Streitgenosse kann andererseits Erstattung eines **höheren** Betrages als des Kopfteils selbst dann nicht verlangen, wenn er sie auf Grund einer **Vereinbarung** der Streitgenossen **allein** zu tragen hat.[53] Denn sonst läge die Gefahr einer internen Kostenzuweisung im Innenverhältnis an den voll obsiegenden Streitgenossen mit dem Ziel nahe, auf bequeme Weise – trotz Unterliegen anderer Streitgenossen – die vollen Anwaltskosten vom Prozessgegner liquidieren zu können. Eine Vereinbarung ist daher generell unbeachtlich, und zwar ungeachtet dessen, ob sie im Einzelfall eine dem Gegner günstige oder ungünstige Kostenregelung enthält und ob sie vor oder nach Bestellung des gemeinsamen Anwalts getroffen wurde.[54] Anders verhält es sich nur, wenn der erstattungsberechtigte Streitgenosse im Innenverhältnis aus tatsächlichen oder gesetzlichen Gründen **voll haftet.** Das kommt namentlich bei Zahlungsunfähigkeit der übrigen Streitgenossen,[55] soweit nicht bereits zuvor anrechenbare Zahlungen erfolgt sind, sowie dann in Betracht, wenn er auf Grund **gesetzlicher** Zuweisung allein die Kosten trägt, wie zB der Versicherer gem. § 150 Abs. 1 S. 1 VVG.[56] Der Umstand, dass es sich insoweit um eine gesetzliche Haftung handelt, steht der Annahme einer rechtsmissbräuchlichen bzw. gewillkürten Benachteiligung des Erstattungspflichtigen entgegen. 37

Bei **unterschiedlicher Beteiligung** am Rechtsstreit sind zunächst die Beträge zu ermitteln, für die jeder Streitgenosse dem gemeinsamen Anwalt nach § 7 Abs. 2 RVG haftet. Die Gesamtvergütung des Anwalts ist im Verhältnis der von jedem Streitgenossen danach geschuldeten Beträge auf die einzelnen Streitgenossen aufzuteilen.[57] 38

Wird in der **Kostengrundentscheidung nicht** die **Baumbachsche Formel** verwendet, sondern ohne das Verhältnis des jeweils anderen Streitgenossen zum Gegner zu berücksichtigen, tenoriert: „Der unterlegene Beklagte trägt die außergerichtlichen Kosten des Klägers und die Gerichtskosten, die außergerichtlichen Kosten des obsiegenden Beklagten trägt der Kläger“,[58] muss 39

---

48 BGH JurBüro 1969, 942; LAG Köln MDR 2001, 357; OLG Hamm JurBüro 1994, 420; OLG Frankfurt AnwBl. 1985, 262; VersR 1981, 194; OLG Düsseldorf JurBüro 1984, 1735; MDR 1982, 327; NJW 1976, 1698; OLG Bamberg JurBüro 1984, 114; 1988, 1989.

49 BGH NJW-RR 2006, 1508, 1509.

50 BGH NJW-RR 2003, 1217 (Aufgabe der Rspr. JurBüro 1969, 942); NJW-RR 2003, 1507, 1508; NJW-RR 2006, 215; NJW-RR 2006, 1508; so nun auch OLG Düsseldorf NJW-RR 2005, 509 (Aufgabe der Rspr. JurBüro 1984, 1735).

51 OLG Koblenz JurBüro 1981, 1399, 1400; OLG Bamberg JurBüro 1978, 592.

52 OLG Karlsruhe NZV 1994, 363; *Musielak/Wolst* Rn. 69; aM OLG Koblenz FamRZ 2005, 737 (LS).

53 OLG München Rpfleger 1995, 519.

54 OLG Stuttgart Rpfleger 1990, 183.

55 BGH NJW-RR 2003, 1217; OLG Schleswig AnwBl. 1999, 180; OLG Bremen OLGR 1998, 175, 176.

56 OLG Koblenz NJW-RR 2004, 71, 72; OLG Schleswig AnwBl. 1999, 180; aM (jeweils ohne nähere Begründung) OLG München Rpfleger 1995, 519; OLG Köln NJW 1991, 3156, 3157.

57 OLG Stuttgart Die Justiz 1979, 297; ähnlich OLG Celle NdsRpfl. 1976, 35; KG NJW 1972, 2045.

58 BGH JurBüro 1969, 942.

konsequenter Weise auch die Kostenerstattung ohne Berücksichtigung des unterlegenen Streitgenossen vorgenommen werden, dh. vom Kläger sind die Kosten des obsiegenden Beklagten zu erstatten, für die er dem gemeinsamen Prozessbevollmächtigten nach § 7 Abs. 2 RVG haftet.[59]

40 Vertritt ein Rechtsanwalt mehrere Beklagte und wird gegen einen von ihnen die **Klage zurückgenommen,** so kann dieser vom Kläger nach § 269 Abs. 3 nur denjenigen Teil am Gesamthonorar des gemeinsamen Anwalts verlangen, der für die Zeit der gemeinsamen Vertretung nach dem Verhältnis der Einzelaufträge entstehenden Kosten auf ihn entfällt.[60]

VI. Teilunterliegen einzelner Streitgenossen

41 **1. Kostenentscheidung.** Wird der Prozess gegen die Streitgenossen **gleich entschieden,** wird ihnen eine Quote der Kosten des Rechtsstreits auferlegt.

42 Wird der Prozess gegen die Streitgenossen **teilweise gleich, teilweise unterschiedlich** entschieden, so stellt dieser Fall eine Kombination aus Rn. 30ff. und 41 dar. Die Kosten sind auch insoweit nach der Baumbachschen Kostenformel zu verteilen. Werden jedoch mehrere Beklagte teilweise als Gesamtschuldner verurteilt, sind die den Beklagten insoweit auferlegten Quoten der Gerichtskosten und außergerichtlichen Kosten zusammenzufassen. Insoweit ist ausdrücklich **gesamtschuldnerische** Kostenhaftung auszusprechen. Ohne einen solchen Ausspruch im Tenor lässt sich die gesamtschuldnerische Kostenhaftung im Kostenfestsetzungsverfahren nicht zweifelsfrei feststellen.[61]

43 **Beispiel:** Klage gegen die Beklagten A, B und C auf Zahlung von 3000,– Euro. A wird zur Zahlung von 3000,– Euro verurteilt, B als Gesamtschuldner mit A zur Zahlung von 1500,– Euro. Die Klage gegen C wird abgewiesen. Die Kostenentscheidung hat zu lauten: „Der Kläger trägt die außergerichtlichen Kosten des C voll und die des B zur Hälfte. Von den Gerichtskosten und außergerichtlichen Kosten des Klägers tragen A und B als Gesamtschuldner $^1/_3$, A allein $^1/_6$ und der Kläger die Hälfte. Im Übrigen tragen die Beklagten A und B und der Kläger ihre eigenen außergerichtlichen Kosten selbst."

44 **2. Kostenerstattung.** Diese richtet sich nach den in Rn. 33ff. dargestellten Grundsätzen. Dabei ist insbesondere zwischen der Haftung des einzelnen Streitgenossen gegenüber einem gemeinsamen Rechtsanwalt (Außenverhältnis) und demjenigen der Streitgenossen untereinander (Innenverhältnis) zu unterscheiden. Der Urteilstenor selbst verhält sich hierzu nicht. Deshalb scheidet unter Streitgenossen bei einer durch **Urteil** getroffenen Kostenentscheidung auch eine Kostenausgleichung nach § 106 aus, während eine solche vorgenommen werden kann, wenn ein vollstreckbarer Prozessvergleich die gegenseitigen Kostenerstattungsansprüche regelt.

VII. Prozessvergleich

45 Den Parteien steht es im Rahmen eines Prozessvergleichs frei, eine individuelle, von der Grundsätzen des § 100 abweichende Kostenregelung zu vereinbaren, zB auch im Innenverhältnis der Streitgenossen Kostenerstattungsansprüche zu konstituieren. Haben Streitgenossen in einem Prozessvergleich eine **unterschiedliche Kostenregelung** getroffen, zB Übernahme der Kosten des einen Streitgenossen durch den Gegner, während der andere Streitgenosse seine eigenen Kosten selbst trägt, gilt für gemeinsame Kosten der Streitgenossen einschließlich derjenigen für einen gemeinsamen Anwalt, das unter Rn. 33ff. Ausgeführte entsprechend.

VIII. Beendigung der Streitgenossenschaft während des Verfahrens

46 **1. Grundsatz.** Endet die Streitgenossenschaft während des Rechtsstreits durch Prozesstrennung oder durch Ausscheiden eines Streitgenossen (Teilurteil, Klagerücknahme gegenüber einem Streitgenossen, Teilerledigung, Teilvergleich), so gilt § 100 nur bis zu diesem Zeitpunkt.

47 **2. Prozesstrennung.** Nach einer Prozesstrennung (§ 145) sind die Verfahren bei der Entscheidung über die Prozesskosten so zu behandeln, als ob von Anfang an mehrere Prozesse vorgelegen hätten. Im Kostenfestsetzungsverfahren werden dann die bis zur Prozesstrennung entstandenen Kosten des Gegners den jeweiligen – früheren – Streitgenossen nach den Regeln des § 100 zugeordnet.

48 **3. Ausscheiden eines Streitgenossen.** Ist ein Streitgenosse während des Verfahrens ausgeschieden, dürfen in der erst bei Abschluss des Verfahrens ergehenden einheitlichen (vgl. Rn. 2, § 91

[59] *Lappe* Rpfleger 1980, 263.
[60] OLG Stuttgart JurBüro 1987, 1080.
[61] *Herget* DRiZ 1981, 144; *Dahmen* DRiZ 1979, 343.

Rn. 5) Kostengrundentscheidung dem Streitgenossen Kosten, die nach seinem Ausscheiden entstanden sind, nicht auferlegt werden. Für die Auslegung des Kostentitels im Rahmen des Festsetzungsverfahrens (vgl. § 104 Rn. 55) gilt, dass der Streitgenosse für die nach seinem Ausscheiden entstandenen Kosten auch dann nicht haftet, wenn dies in der Kostenentscheidung nicht deutlich zum Ausdruck kommt.

4. Teilkostenentscheidung bei Teilurteil und teilweiser Klagerücknahme. Ein Teilurteil darf im Regelfall (zu Ausnahmen vgl. Rn. 52) keine Entscheidung über **Teilkosten** enthalten, wenn der Rechtsstreit teilweise, nämlich nur bezogen auf die Person eines einzelnen Streitgenossen (vorab) entschieden wird.[62] Hier gilt nichts anderes als bei Erlass eines Teilurteils in einem Rechtsstreit mit nur zwei Beteiligten, wo ebenfalls eine Kostenentscheidung untersagt ist. Dagegen kann ein Teilurteil, das hinsichtlich eines von mehreren Streitgenossen den Prozess **abschließend** entscheidet, eine Teilkostenentscheidung beinhalten.[63] Voraussetzung ist aber, dass die im Schlussurteil zu treffende Kostenentscheidung hiervon nicht mehr berührt wird (vgl. § 91 Rn. 7). 49

Wird eine Klage oder das Rechtsmittel gegenüber einem von mehreren Streitgenossen **abgewiesen** oder **zurückgenommen,** so steht – außer im Fall des § 269 Abs. 3 S. 3 – endgültig fest, dass der Kläger/Rechtsmittelführer die **außergerichtlichen Kosten** des obsiegenden Streitgenossen tragen muss, unabhängig davon, mit welchem Ergebnis der Rechtsstreit gegenüber den anderen Streitgenossen endet. Durch Teilurteil bzw. Beschluss nach §§ 269 Abs. 4, 516 Abs. 3 S. 2, 565 sind daher die außergerichtlichen Kosten des obsiegenden Beklagten dem Kläger/Rechtsmittelführer aufzuerlegen.[64] 50

Eine **Teilkostenentscheidung** in entsprechender Anwendung des § 91 a über die bis zum Erlass des Teilurteils bzw. bis zur Rücknahme der Klage/Rechtsmittels entstandenen **Gerichtskosten** hat zu ergehen, wenn der ausscheidende erstattungsberechtigte Streitgenosse einen **Gerichtskostenvorschuss** geleistet und ein **begründetes Interesse** hat, seinen Erstattungsanspruch sofort zu verwirklichen.[65] Das trifft insbesondere bei drohender **Verarmung** des Zahlungspflichtigen oder dann zu, wenn der Rechtsstreit auf unabsehbare Zeit unterbrochen ist.[66] In der Regel ist jedoch ein Bedürfnis für den Erlass einer Teilentscheidung über die Gerichtskosten zu verneinen. 51

Obsiegt umgekehrt der **Kläger** oder **Rechtsmittelführer** gegen einen von mehreren Streitgenossen, der aus dem Verfahren ausscheidet, während der Rechtsstreit gegen die übrigen Streitgenossen fortdauert, kann dem vorab durch Teilurteil verurteilten **Beklagten/Rechtsmittelgegner** grundsätzlich keine Quote der Gesamtkosten auferlegt werden, da der Umfang des Obsiegens des Klägers/Rechtsmittelführers – nach Maßgabe der Baumbachschen Formel (vgl. Rn. 30 f.) – erst feststeht, wenn der Rechtsstreit auch gegen die übrigen Streitgenossen entschieden ist. Dem Ausscheidenden könnte hier nur die Quote der bis zum Teilurteil entstandenen gerichtlichen und außergerichtlichen Kosten des Klägers/Rechtsmittelführers auferlegt werden. Dies entspräche jedoch einer Unterteilung nach Zeitabschnitten, was dem Grundsatz der Einheitlichkeit der Kostenentscheidung (vgl. Rn. 2, § 91 Rn. 5) zuwiderliefe. Doch handelt es sich hierbei um kein starres Dogma, dem eine solche Bedeutung zukäme, dass bei **dringendem Interesse** hiervon nicht im Einzelfall abgewichen werden dürfte. Es ist daher anerkannt, dass eine **Teilkostenentscheidung** gegen einen ausscheidenden Streitgenossen ausnahmsweise dann ergehen darf, wenn ein Zuwarten bis zum Schlussurteil aus Sicht des erstattungsberechtigten Gegners unzumutbar wäre. Das kann namentlich dann der Fall sein, wenn die Realisierung des Kostenerstattungsanspruchs auf Grund konkreter Umstände, zB wegen des glaubhaft dargestellten **Umfangs** der in Rede stehenden Kostenmasse[67] oder wegen drohender **Verarmung** des Zahlungspflichtigen, gefährdet erscheint.[68] 52

Ist hiernach die Vorziehung einer Teilkostenentscheidung ausnahmsweise geboten, so ist darauf zu achten, dass die Ungewissheit des Prozessausgangs hinsichtlich der übrigen Streitgenossen dem Ausscheidenden nicht zum Nachteil gereicht. Zu seinen Gunsten ist deshalb davon auszugehen, dass die Klage bzw. das Rechtsmittel hinsichtlich jener ohne Erfolg bleiben wird,[69] mit der Folge, dass er die gerichtlichen und außergerichtlichen Kosten des Klägers/Rechtsmittelführers nach Maßgabe der Baumbachschen Formel nur anteilig zu tragen hat. So müsste beispielsweise bei zwei Beklagten, von denen einer vorab verurteilt wird, eine statthafte Teilkostenentscheidung im Falle glei- 53

---

[62] BGH AnwBl. 1991, 53.
[63] BGH NJW-RR 2001, 642; NJW 1960, 484.
[64] OLG Köln JurBüro 1995, 491.
[65] OLG Köln JurBüro 1995, 491; OLG Zweibrücken JurBüro 1983, 1881.
[66] OLG Zweibrücken JurBüro 1983, 1881; OLG Düsseldorf NJW 1970, 568.
[67] BGH NJW-RR 2001, 642.
[68] KG KGR 2003, 359, 360; OLG München NJW 1969, 1123.
[69] KG KGR 2003, 359, 360; OLG München NJW 1969, 1123, 1124.

cher Beteiligung am Rechtsstreit lauten: „Von den bis zum Teilurteil entstandenen gerichtlichen und außergerichtlichen Kosten des Klägers trägt der (ausgeschiedene) Beklagte die Hälfte."

54 Wird die Klage oder das Rechtsmittel eines von mehreren **streitgenössischen Klägern/Rechtsmittelführern abgewiesen** oder **zurückgenommen,** während der Rechtsstreit seitens der übrigen Streitgenossen fortgeführt wird, gelten die Ausführungen unter Rn. 52, 53 für den oder die erstattungsberechtigten Gegner entsprechend. Auch hier kommt eine Teilkostenentscheidung nur ausnahmsweise in Betracht, wenn ein schutzwürdiges Interesse des Erstattungsberechtigten hieran besteht, insbesondere weil die Besorgnis begründet ist, bei Verzögerung des Kostenausspruchs bis zur Schlussentscheidung werde er seinen Anspruch nicht mehr realisieren können.[70]

55 Eine **Schlusskostenentscheidung** muss etwaige ergangene Teilkostenentscheidungen berücksichtigen. Sind die verbliebenen Streitgenossen unterlegen, sind die nach dem Teilurteil entstandenen Kosten nur ihnen aufzuerlegen. Auch wenn das Schlussurteil dies nicht ausdrücklich ausspricht, ist bei der Kostenfestsetzung zu beachten, dass die durch Teilurteil ausgeschiedenen Streitgenossen für danach entstandene Kosten nicht haften.[71] Voraussetzung einer Kostenfestsetzung zugunsten oder zulasten eines zuvor ausgeschiedenen Streitgenossen ist im Übrigen, dass ihm das **Schlussurteil** mit der darin enthaltenen Kostenentscheidung förmlich **zugestellt** oder dieses in prozessual vorgesehener Weise **verlautbart** worden ist.[72]

§ 101 Kosten einer Nebenintervention

(1) Die durch eine Nebenintervention verursachten Kosten sind dem Gegner der Hauptpartei aufzuerlegen, soweit er nach den Vorschriften der §§ 91 bis 98 die Kosten des Rechtsstreits zu tragen hat; soweit dies nicht der Fall ist, sind sie dem Nebenintervenienten aufzuerlegen.

(2) Gilt der Nebenintervenient als Streitgenosse der Hauptpartei (§ 69), so sind die Vorschriften des § 100 maßgebend.

Übersicht

I. Normzweck und Anwendungsbereich

1 § 101 Abs. 1 regelt die Erstattungspflicht der durch eine **einfache** (unselbstständige) Nebenintervention (§ 67) verursachten Kosten zwischen dem **Nebenintervenienten** und dem **Gegner** der von ihm unterstützten Hauptpartei. Der Streithelfer soll hinsichtlich seiner Kosten grundsätzlich so gestellt werden wie die von ihm unterstützte Partei. Dieser sog. Grundsatz der **Kostenparallelität** steht als gesetzlicher Anspruch des Nebenintervenienten nicht zur Disposition der Prozessparteien[1]

---

[70] BGH AnwBl. 1991, 53.
[71] Zur Tenorierung der Kostenentscheidung *Bull* Rpfleger 1959, 308; *Schneider* JR 1962, 132.
[72] OLG Düsseldorf OLGR 2006, 292, 293.
[1] BGH NJW 2003, 3354; OLG Frankfurt OLGR 2007, 382, 383; OLG Saarbrücken MDR 1996, 967, 968.

(näher Rn. 27). Ein prozessualer Kostenerstattungsanspruch zwischen dem Nebenintervenienten und der unterstützten **Hauptpartei** wird dagegen nicht begründet, da es in ihrem Verhältnis an einem kontradiktorischen Rechtsstreit fehlt (vgl. Rn. 11). Anders verhält es sich nur dann, wenn ein unter Mitwirkung aller Verfahrensbeteiligter geschlossener Prozessvergleich (vgl. Rn. 25) auch im Verhältnis zwischen Streithelfer und unterstützter Hauptpartei eine Kostenerstattung vorsieht. Eventuell insoweit bestehende materiellrechtliche Ansprüche auf Kostenerstattung sind gesondert im Klageweg geltend zu machen.

Auf die **streitgenössische Nebenintervention** iSv. § 69 findet gem. § 101 Abs. 2 ausschließlich **§ 100** Anwendung, so dass der streitgenössische Nebenintervenient hinsichtlich der Kostenerstattungspflicht genauso behandelt wird wie ein **Streitgenosse** der unterstützten Hauptpartei. 2

II. Kosten der Nebenintervention

1. Trennung zwischen Kosten des Rechtsstreits und der Nebenintervention. Die durch eine unselbstständige Nebenintervention verursachten Kosten entstehen zwar im Rechtsstreit und werden im Kostenfestsetzungsverfahren nach §§ 103, 104 festgesetzt. Dennoch sind sie von den Kosten des Rechtsstreits der Hauptparteien zu trennen und in der **Kostengrundentscheidung gesondert** zu behandeln. Welche Kosten im Einzelnen zu denen des Rechtsstreits und welche zu den durch die Nebenintervention zusätzlich verursachten zählen, wird im Kostenfestsetzungsverfahren entschieden. Zu den letzteren gehören insbesondere die Kosten der Vertretung des Nebenintervenienten. Eine Prüfung, ob der Beitritt des Streithelfers notwendig iSv. § 91 Abs. 1 S. 1 war, findet grds. nicht statt, da die gesetzlichen Kosten des Anwalts gem. § 91 Abs. 2 S. 1 in allen Prozessen zu erstatten sind, es sei denn, sie erweisen sich als rechtmissbräuchlich (hierzu Rn. 24). 3

Keine Kosten der Nebenintervention sind solche eines **Zwischenstreits** über die Zulassung der Nebenintervention (§ 71), die im Falle ihrer Zulassung ohne Rücksicht auf den Prozessausgang der widersprechenden Partei, bei Zurückweisung des Beitritts dem Nebenintervenienten zur Last fallen.[2] Nicht den Kosten der Nebenintervention zuzuordnen sind ferner Kosten der **Streitverkündung,** etwa der Zustellung der Streitverkündungsschrift. 4

2. Prozesshandlungen des Nebenintervenienten. Unter den durch die Nebenintervention verursachten Kosten sind nur die eigenen Vertretungskosten des Nebenintervenienten zu verstehen. Aufwendungen der Hauptparteien, die im Kontext mit den vom Streithelfer zur Unterstützung der Hauptpartei vorgenommenen **Prozesshandlungen** stehen, zählen hingegen zu den Kosten des Rechtsstreits; sie fallen den Hauptparteien zur Last und sind von demjenigen zu tragen, dem die Kosten des Rechtsstreits auferlegt sind.[3] Die Hauptpartei kann einer Haftung entgehen, indem sie den betreffenden Prozesshandlungen widerspricht (§ 67). Denn der Streithelfer trägt die durch eigene Angriffs- oder Verteidigungsmittel entstandenen Kosten, denen die Hauptpartei widersprochen hat, analog § 96 in voller Höhe selbst. 5

3. Rechtsmittel des Nebenintervenienten. Kosten, die den Hauptparteien durch ein Rechtsmittel des Nebenintervenienten entstehen, an denen sich die unterstützte Hauptpartei **beteiligt** hat, fallen als Kosten des Rechtsstreits ausschließlich den Hauptparteien zur Last. Ansonsten sind die Kosten eines **erfolglosen** Rechtsmittels nach § 97 dem Streithelfer und nicht der unterstützten Partei aufzuerlegen (näher Rn. 18 ff.). 6

III. Entscheidung über die Kosten der Nebenintervention

1. Kostenausspruch. Über die Kosten der Nebenintervention ist schon zum Zwecke der Klarstellung stets **ausdrücklich** zu entscheiden. Eine Kostengrundentscheidung, die zwar eine Regelung über die Kosten des Rechtsstreits enthält, der aber eine solche hinsichtlich der Nebenintervention nicht, auch nicht durch **Auslegung** zu entnehmen ist, stellt keine geeignete Grundlage für die Festsetzung der durch letztere verursachten Kosten dar.[4] Denn von den „Kosten des Rechtsstreits" werden nach dem eindeutigen Wortlaut des § 101 Abs. 1 nur diejenigen im Verhältnis der Hauptparteien, nicht aber die durch die Nebenintervention bedingten erfasst.[5] 7

2. Übergehen der Entscheidung. Wurde die Entscheidung über die Kosten der Nebenintervention **versehentlich,** also nicht in bewusster Verkennung (vgl. § 91 Rn. 6) des Gebots eines ge- 8

---

[2] BAG NJW 1968, 73.
[3] KG Rpfleger 1962, 159 (LS).
[4] OLG Koblenz MDR 2005, 719; MDR 2002, 1338, 1339; OLG Hamm JurBüro 2002, 39.
[5] OLG Frankfurt AnwBl. 1978, 466; LG Itzehoe AnwBl. 1985, 215; AG Wiesbaden AnwBl. 1982, 24; LG Saarbrücken JurBüro 1977, 1146.

sonderten Ausspruchs, **übergangen,** ist das Urteil gem. **§ 321** zu ergänzen.[6] Auch auf eine unterbliebene Kostenentscheidung in einem Beschluss nach § 522 Abs. 2 ist § 321 entsprechend anwendbar.[7] Die zweiwöchige **Frist** des § 321 Abs. 2 für den Ergänzungsantrag läuft ab Zustellung des Urteils an den Nebenintervenienten;[8] nach ihrem Ablauf lässt sich das Versäumte nicht mehr beheben.[9] Die Geltendmachung der durch die Nebenintervention verursachten Kosten in einem anderen Prozess ist nicht möglich, da Prozesskosten nur innerhalb des Rechtsstreits geltend gemacht werden können, in dem sie entstanden sind[10] (vgl. Vor §§ 91 ff. Rn. 18).

9 **3. Form der Kostenentscheidung.** Die Entscheidung über die Kosten der Nebenintervention erfolgt von Amts wegen im Urteil oder im Beschluss nach § 91 a, soweit der Nebenintervenient im Zeitpunkt der Entscheidung noch zugelassen ist. Nimmt der Nebenintervenient den Beitritt zurück, sind ihm analog § 269 Abs. 3 S. 2, Abs. 4 durch gesonderten Beschluss die durch die Nebenintervention verursachten Kosten aufzuerlegen. Haben die Parteien einen **Prozessvergleich** abgeschlossen, ohne eine Regelung über die durch die Nebenintervention verursachten Kosten zu treffen, ergeht die Entscheidung hierüber ebenfalls durch Beschluss (Einzelheiten unter Rn. 25 bis 30).

10 **4. Anfechtung der Kostenentscheidung.** § 99 gilt auch für die Entscheidung über die Kosten der Nebenintervention. In den Fällen der §§ 91 a, 99 Abs. 2 und 269 Abs. 4 kann der Nebenintervenient die ihn betreffende Kostenentscheidung mit der sofortigen Beschwerde anfechten, und zwar im eigenen Namen, ohne dass die unterstützte Partei ein Recht zum Widerspruch nach § 67 hat.

IV. Inhalt der Kostenentscheidung

11 **1. Kostenverhältnis zwischen Nebenintervenient und gegnerischer Hauptpartei.** Die durch die Nebenintervention verursachten Kosten können nach dem Wortlaut des Gesetzes nur dem **Gegner** der unterstützten Hauptpartei oder dem Nebenintervenienten selbst, nicht aber der **unterstützten** Hauptpartei auferlegt werden. Denn im Verhältnis zu dieser fehlt es aus Sicht des Streithelfers an einem kontradiktorischen Rechtsstreit[11] (vgl. § 91 Rn. 17). Andererseits fallen etwaige bei der unterstützten Hauptpartei durch die Nebenintervention veranlasste Kosten, wie sie etwa durch den Widerspruch gegen eine Prozesshandlung entstanden sind, nicht unter die Erstattungspflicht. Kostenerstattungsansprüche zwischen den Nebenintervenienten und der von ihm unterstützten Partei, die beiderseits bestehen können, sind ihrer materiellen Natur wegen stets in einem **gesonderten Rechtsstreit** geltend zu machen. Ein prozessualer Erstattungsanspruch ist insoweit nicht gegeben.

12 **2. Kostenverteilung.** Die durch die Nebenintervention verursachten Kosten werden dem **Gegner** der unterstützten Hauptpartei gem. § 101 Abs. 1 1. Halbs. auferlegt, soweit ihm nach den §§ 91 bis 98 die Kosten des Rechtsstreits zur Last fallen. Soweit das nicht der Fall ist, trägt die Kosten der Nebenintervention der Streithelfer (§ 101 Abs. 1 2. Halbs.). Über den Wortlaut des Gesetzes hinaus, das nur die §§ 91 bis 98 nennt, erstreckt sich diese **Kostenparallelität** (vgl. Rn. 1) auf weitere Kostenlasttatbestände, wie zB §§ 269 Abs. 4, 516 Abs. 3, 565. Diese Parallelität durchbrochen ist hingegen in den Fällen sog. **Kostentrennung** (vgl. Vor §§ 91 ff. Rn. 27), weil mit dieser ein individuelles Fehlverhalten einer (Haupt-)Partei sanktioniert werden soll, das keinen Einfluss auf das Verhältnis des Streithelfers zum Gegner hat.[12] Tritt daher ein Streithelfer dem später obsiegenden Kläger erst in dem Berufungsrechtszug bei, so hat die gegnerische Hauptpartei die Kosten der Nebenintervention auch dann zu tragen, wenn der Kläger wegen schuldhaften Verhaltens im Rahmen der erstinstanzlichen Prozessführung nach **§ 97 Abs. 2** die Kosten der Berufung zu tragen hat.[13]

13 War die Nebenintervention auf einen **Teil des Rechtsstreits** beschränkt, richtet sich wegen des Grundsatzes der Kostenparallelität die Kostenerstattung für den Streithelfer nach der für die Hauptparteien geltenden **Quote,** und zwar selbst dann, wenn die gegnerische Hauptpartei in dem vollen Umfang, wie er der Beteiligung des Streithelfers entspricht, unterlegen war.[14] § 100 Abs. 2, wonach eine erhebliche **Verschiedenheit** der Beteiligung am Rechtsstreit Maßstab für die Kostenvertei-

---

[6] BGH NJW 1975, 218; LG Itzehoe AnwBl. 1985, 215.
[7] OLG Jena OLGR 2007, 414, 415.
[8] BGH NJW 1975, 218.
[9] OLG Koblenz MDR 2002, 1338 (LS 2).
[10] RGZ 22, 421.
[11] OLG Köln NJW-RR 2002, 1726.
[12] OLG Hamm MDR 1994, 311.
[13] OLG Hamm MDR 1994, 311.
[14] OLG Celle MDR 2005, 778; OLG Saarbrücken MDR 1996, 967, 968; aM *Belz,* in: 2. Aufl. Rn. 13.

lung sein kann (vgl. § 100 Rn. 8), ist nur auf das Verhältnis von Streitgenossen zum Gegner, nicht aber auf das Innenverhältnis der Streitgenossen anzuwenden.[15]

Für die Kostenentscheidung ist ohne Belang, ob der Beitritt des Nebenintervenienten im Ganzen oder zum Teil **prozessual zulässig** war. Die Zulässigkeit des Beitritts kann nur Gegenstand einer gerichtlichen Entscheidung in einem Zwischenstreit gem. § 71 sein, nicht aber hinsichtlich der Kosten Beachtung finden.[16] 14

Hat allerdings der Nebenintervenient seinen **Beitritt** erst **nach Schluss** der mündlichen Verhandlung und vor dem Verkündungstermin erklärt, kommt eine Auferlegung von Kosten der Nebenintervention auf den Gegner nicht in Betracht, da eine Unterstützung der Hauptpartei nicht mehr möglich und der Beitritt daher als rechtsmissbräuchlich anzusehen ist. Zur Kostenerstattung vgl. Rn. 3, 24. 15

Bei **Rücknahme** des Beitritts sind dem Nebenintervenienten entsprechend § 269 Abs. 3 S. 2, Abs. 4 die durch die Nebenintervention verursachten Kosten aufzuerlegen. Tritt er später auf Seiten der anderen Partei dem Rechtsstreit erneut bei, ist eine Kostenentscheidung nach § 100 nur hinsichtlich der durch den **weiteren Beitritt** entstandenen Kosten veranlasst, womit die Kosten des Erstbeitritts nicht erfasst werden. Bei der Kostenfestsetzung ist zu berücksichtigen, dass die Tätigkeit des Rechtsanwalts vor und nach Beitrittswechsel innerhalb eines Rechtszugs **dieselbe Angelegenheit** iSv. § 15 Abs. 1, Abs. 2 und Abs. 5 RVG darstellt; die Gebühren nach Nr. 3100 ff. VV RVG entstehen mithin nur einmal. Dem Nebenintervenienten sind auf der Grundlage der nach dem erneuten Beitritt ergehenden Kostenentscheidung nur die Mehrkosten des Wiederbeitritts zu erstatten.[17] 16

Die Kosten, die durch erfolglose **Angriffs- oder Verteidigungsmittel** des Nebenintervenienten entstanden sind, denen die Hauptpartei nicht widersprochen hat, zählen zu den Kosten des Rechtsstreits und können daher nur den Hauptparteien, nicht aber dem Nebenintervenienten auferlegt werden.[18] Dem Nebenintervenienten sind jedoch in entsprechender Anwendung des **§ 96** die Kosten solcher Angriffs- oder Verteidigungsmittel aufzuerlegen, denen die unterstützte Hauptpartei gem. § 67 **widersprochen** hat und die daher unzulässig sind. Der Nebenintervenient trägt insoweit sowohl seine eigenen Kosten als auch solche des Gegners und etwaige Gerichtskosten. Eine Erstattungspflicht gegenüber der unterstützten Partei besteht nicht (vgl. Rn. 11). 17

3. Kostenentscheidung in der Rechtsmittelinstanz. Der Nebenintervenient kann ein Rechtmittel **selbstständig** einlegen und das Verfahren betreiben, ohne dass sich die unterstützte Hauptpartei daran in irgendeiner Weise daran beteiligt: **Widerspricht** die Hauptpartei der Durchführung des Rechtsmittels, ist dieses auf Kosten des Nebenintervenienten als unzulässig zu verwerfen.[19] Der unterstützten Hauptpartei sind keine Kosten des Rechtsmittels aufzuerlegen. Sie hat allerdings gegenüber dem Nebenintervenienten auch keinen Anspruch auf Erstattung von Kosten, die ihr durch den Widerspruch erwachsen sind.[20] 18

Doch auch wenn die Hauptpartei der Durchführung des Rechtsmittels nicht widerspricht, sind die Kosten im Falle der Erfolglosigkeit gem. § 97 Abs. 1 dem Nebenintervenienten aufzuerlegen.[21] Die zwar unterstützte, aber nicht aktiv beteiligte Hauptpartei trägt keine Kosten des Rechtsmittels. Der Streithelfer haftet gegenüber der Staatskasse für die Gerichtskosten der Rechtsmittelinstanz nach § 22 Abs. 1 GKG als Antragsschuldner und im Falle der Auferlegung von Kosten auch gem. § 29 Nr. 1 GKG als Entscheidungsschuldner. War die Berufung des Nebenintervenienten zunächst erfolgreich, führt jedoch die Revision zur Wiederherstellung des erstinstanzlichen Urteils, trägt der Nebenintervenient die Kosten beider Rechtsmittel.[22] 19

Beteiligt sich die **Hauptpartei** am Rechtsmittel, das der Nebenintervenient selbstständig eingelegt hat, in irgendeiner Weise, sind die Kosten der Rechtsmittelinstanz nach den unter Rn. 12 bis 17 dargelegten Regeln zu verteilen. Danach sind die Kosten eines erfolglosen Rechtsmittels der Hauptpartei als der prozessführenden Partei aufzuerlegen.[23] Dem Nebenintervenienten fallen – wie im ersten Rechtszug – die durch seine Nebenintervention verursachten Kosten zur Last, dh. er trägt nur seine eigenen, nicht auch Rechtsmittelkosten des Gegners. 20

Von **Beteiligung** im vorgenannten Sinne ist schon dann auszugehen, wenn die Hauptpartei durch einen postulationsfähigen Rechtsanwalt einen Schriftsatz einreicht und sich im Termin an- 21

---

[15] OLG Celle MDR 2005, 778.
[16] LG Itzehoe AnwBl. 1985, 215.
[17] OLG Hamm Rpfleger 1989, 127; aM OLG München Rpfleger 1989, 127.
[18] KG Rpfleger 1962, 159.
[19] BGHZ 92, 275, 279 aE = NJW 1985, 386, 387.
[20] OLG Hamburg JurBüro 1980, 931.
[21] RG JW 1933, 1065; BGH NJW 1956, 1154.
[22] BGH MDR 1959, 571.
[23] OLG Hamburg VersR 1987, 376.

waltlich vertreten lässt.[24] Nicht der Nebenintervenient, sondern die Hauptpartei haftet gegenüber der Staatskasse gem. § 22 Abs. 1 GKG als Antragsschuldner und gem. § 29 Nr. 1 GKG als Entscheidungsschuldner für die Gerichtskosten der Rechtsmittelinstanz.[25]

22 Legt die an der Berufung des Nebenintervenienten nicht beteiligte Hauptpartei **Revision** ein oder **beteiligt** sich an der Revision des Nebenintervenienten, trägt sie im Falle des Misserfolgs neben den Kosten des Revisionsverfahrens auch die Kosten der **vorangegangenen** Berufung. Dementsprechend fallen der Hauptpartei, die sich erst nachträglich am Berufungsverfahren beteiligt, wenn es nach einer Zurückverweisung fortgesetzt wird, die Kosten der vorangegangenen Rechtsmittelverfahren zur Last, an denen sie sich nicht beteiligt hatte.

23 **Nimmt** die mitbeteiligte Hauptpartei ein vom Streithelfer eingelegtes Rechtsmittel **zurück,** werden ihr die Kosten des Rechtsmittels auferlegt (§§ 516 Abs. 3 S. 2, 565). Sie haftet auch für die Gerichtskosten der Rechtsmittelinstanz (§§ 22 Abs. 1, 29 Nr. 1 GKG). Diese nachteilige Kostenfolge lässt sich aus Sicht der Hauptpartei auf einfache Weise dadurch vermeiden, dass sie dem Rechtsmittel des Nebenintervenienten von Anfang an widerspricht. Das Rechtsmittel ist dann allein auf dessen Kosten als unzulässig zu verwerfen. Der Streithelfer trägt nach dem Grundsatz der Kostenparallelität (vgl. Rn. 1) in jedem Fall die durch die Nebenintervention verursachten Kosten, dh. seine **eigenen** Kosten, jedoch keine Rechtsmittelkosten des Gegners.[26]

24 Legen **beide,** Hauptpartei und Nebenintervenient, unabhängig voneinander Rechtsmittel ein, ist das Rechtsmittel des letzteren gleichwohl nur als **unterstützendes,** nicht als selbstständiges Rechtsmittel anzusehen. Die Kostenverteilung erfolgt nach den unter Rn. 12 bis 17 angeführten Grundsätzen.[27] Nimmt die Hauptpartei ihr Rechtsmittel zurück, ist der Nebenintervenient an der Durchführung seines selbstständig eingelegten Rechtsmittels nicht gehindert, es sei denn, die Hauptpartei widerspricht ausdrücklich.[28] Bis zur Rücknahme des Rechtsmittels trägt die Hauptpartei, danach der Nebenintervenient das Kostenrisiko.[29] Gleiches gilt, wenn die Hauptpartei erklärt, dass sie die Durchführung des Rechtsmittels dem Nebenintervenienten überlasse.[30] Eine Kostenentscheidung ergeht in diesen Fällen erst mit der Entscheidung über das Rechtsmittel des Nebenintervenienten. Tritt der Nebenintervenient dem **Berufungsbeklagten** als Hauptpartei erst zu einem Zeitpunkt bei, nachdem das Berufungsgericht bereits eine Zurückweisung nach § 522 Abs. 2 angekündigt hat, ist der Beitritt zwar prozessual wirksam und führt dazu, dass dem Berufungskläger in der Kostengrundentscheidung die Kosten der Nebenintervention auferlegt werden. Im Rahmen des **Kostenfestsetzungsverfahrens** sind diese Kosten allerdings nur dann erstattungsfähig, wenn es aus Sicht des Nebenintervenienten einen über das bloße Kosteninteresse hinausreichenden Sachgrund gab, den Berufungsbeklagten so spät noch zu unterstützen.[31] Es handelt sich um eine Konstellation der in § 91 Rn. 41 angesprochenen Art, in der eine gesetzlich entstandene und im Innenverhältnis von Auftraggeber geschuldete Anwaltsgebühr, deren Notwendigkeit an sich nicht mehr zu prüfen ist (hierzu § 91 Rn. 47), ausnahmsweise nicht erstattet werden kann, weil sie als rechtsmissbräuchlich gelten muss. Zum Fall eines rechtsmissbräuchlichen Beitritts nach Schluss der mündlichen Verhandlung vgl. Rn. 15.

V. Prozessvergleich und außergerichtlicher Vergleich

25 **1. Vergleich unter Mitwirkung des Nebenintervenienten.** Maßgebend ist die im Vergleich festgelegte Kostenerstattungspflicht. **Stimmt** der Nebenintervenient einem Vergleich **zu,** der keine Regelung über die durch die Nebenintervention verursachten Kosten enthält oder eine Erstattung dieser Kosten ausdrücklich ausschließt, bestehen zu seinen Gunsten keine Erstattungsansprüche. Nimmt der Streithelfer mit eigener Erklärung an einer positiven Kostenverteilung teil, ersetzt die vereinbarte Quote die in § 101 Abs. 1 vorgesehene Regelung.[32]

26 **2. Vergleich ohne Mitwirkung des Nebenintervenienten. a) Kostenerstattungsanspruch des Nebenintervenienten.** Ob der Nebenintervenient Anspruch auf Erstattung der ihm entstandenen Kosten seitens der **gegnerischen** Hauptpartei hat, bestimmt sich zwar grundsätzlich selbst dann nach der Kostenregelung im Prozessvergleich, wenn der Nebenintervenient am Vergleich gar **nicht**

---

[24] BGHZ 49, 183 = NJW 1968, 743.
[25] BGHZ 39, 296 = NJW 1963, 1778; aM OLG Hamburg NJW 1953, 1873.
[26] OLG München JurBüro 1977, 92.
[27] RGZ 69, 283.
[28] BGHZ 76, 301 = NJW 1980, 1693.
[29] BGH MDR 1958, 419.
[30] BGH MDR 1958, 419.
[31] OLG Koblenz AnwBl. 2007, 387.
[32] OLG Hamm JurBüro 2001, 592.

teilnimmt.[33] Doch besteht wegen der qualifizierten Verweisung in § 101 Abs. 1 auf § 98 („soweit der Gegner ... die Kosten des Rechtsstreits zu tragen hat") eine Verknüpfung nur insofern, als der Vergleich auch der vom Nebenintervenienten unterstützten **Hauptpartei** einen Erstattungsanspruch gegen den Prozessgegner zuspricht.[34] Der Streithelfer partizipiert also von einer günstigen Kostenfolge im gleichen Maße wie die unterstützte Partei. Entsprechend verhält es sich, wenn der Nebenintervenient zwar zunächst am Vergleich beteiligt war (vgl. Rn. 25), dann aber von seinem Widerrufsrecht Gebrauch macht, während der Vergleich zwischen den Parteien rechtswirksam wird.[35]

Diese in § 101 Abs. 1 1. Halbs. angelegte **Kostenparallelität** (vgl. Rn. 1) ist **zwingendes Recht.** Hiervon in der Kostenregelung des Prozessvergleichs abzuweichen, steht den Hauptparteien mangels Dispositionsbefugnis nicht zu.[36] Eine Vereinbarung, welcher der Streithelfer nicht zugestimmt hat (vgl. Rn. 25), vermag daher im Falle einer **Erstattungsberechtigung** der unterstützten Hauptpartei den daraus abgeleiteten Erstattungsanspruch des Streithelfers nicht anzutasten. Das gilt selbst dann, wenn die Parteien die Erstattung der Nebeninterventionskosten ausdrücklich ausschließen, da es sich insoweit um einen unwirksamen Vertrag zulasten Dritter handelt[37] (zur Frage einer gezielten Benachteiligung des Streithelfers vgl. Rn. 29). 27

b) Kostenverteilung. Die Verteilung der durch die Nebenintervention verursachten Kosten ist auf der Grundlage der im Vergleich getroffenen Kostenregelung nach den unter Rn. 12 bis 17 aufgeführten Grundsätzen zwischen dem Gegner der unterstützten Hauptpartei und dem Nebenintervenienten vorzunehmen. Maßgebend für den Erstattungsumfang ist die Quote, welche die Parteien für die außergerichtlichen Kosten der unterstützten **Hauptpartei** (vgl. Rn. 26) festgelegt haben. 28

Haben die Parteien **Kostenaufhebung** vereinbart, stehen dem Streithelfer – anders als bei hälftiger Kostenteilung – **keine Kostenerstattungsansprüche** gegen den Gegner zu,[38] weil auch die unterstützte Partei ihre außergerichtlichen Kosten selbst trägt (§ 92 Abs. 1 S. 2). Weder diejenige Gegenauffassung, nach der die Kostenaufhebung lediglich eine spezielle „abrechnungstechnische" Abwicklung darstelle, die auf den Streithelfer nicht übertragbar und daher zu seinen Gunsten hälftige Kostenerstattung geboten sei,[39] noch eine vermittelnde Ansicht,[40] die in analoger Anwendung des § 91 a eine einzelfallbestimmte Kostenverteilung nach billigem Ermessen vornehmen möchte, verdienen Zustimmung. Vielmehr verstößt jede Lösung, die den Nebenintervenienten besser stellt als die von ihm unterstützte, nicht erstattungsberechtigte Partei, gegen den Wortlaut des § 101 Abs. 1, der keine Möglichkeit für eine einzelfallorientierte Interessenabwägung eröffnet, und führt zu Verwerfungen hinsichtlich des Gleichlaufs der Nebenintervention (§ 67). Für eine Erstattung aus Billigkeitsgründen ist contra legem nicht einmal dann Raum, wenn mit der Kostenaufhebung die Kosten der Nebenintervention bewusst ausgeklammert werden[41] oder erklärtermaßen der **Ausschluss** einer Kostenerstattung der Nebenintervention bezweckt wird. Denn eine solche Regelung bedeutet nicht zwangsläufig eine sittenwidrige Schädigung, sondern mag im Einzelfall auf nachvollziehbare, in der Person oder im Verhalten des Streithelfers begründete Umstände zurückzuführen sein.[42] Im Übrigen ist das Kostenfestsetzungsverfahren auf die dazu erforderlichen Ermittlungen und Bewertungen nicht eingerichtet (vgl. § 103 Rn. 1). Beruht eine dem Streithelfer nachteilige Vereinbarung tatsächlich auf **kollusivem** Zusammenwirken oder **sittenwidriger** Schädigung, können ihm allenfalls **materiellrechtliche Kostenerstattungsansprüche** (vgl. Vor §§ 91 ff. Rn. 14, 16) erwachsen, die anderweitig geltend zu machen sind.[43] 29

---

[33] BGH NJW 2003, 1948; NJW 1967, 983; OLG Celle NJW-RR 2002, 140; OLG München NJW-RR 1995, 1403.

[34] BGH NJW 2003, 1948.

[35] OLG Karlsruhe Die Justiz 1979, 17.

[36] BGH NJW 2003, 1948; OLG Köln OLGR 2006, 586; OLG München (28. ZS) NJW-RR 1998, 1453, 1454; aM OLG München (3. ZS) NJW-RR 1995, 1403, 1404.

[37] OLG München (28. ZS) NJW-RR 1998, 1453, 1454; OLG Hamm AnwBl. 1985, 215; aM OLG München (3. ZS) NJW-RR 1995, 1403, 1404; OLG Celle NJW 1976, 2170, 2171.

[38] BGHZ 154, 351, 354 = NJW 2003, 1948 (Aufgabe von BGH NJW 1961, 460) m. Anm. *Schubert* JR 2004, 64; BGH NJW 2003, 3354; NJW-RR 2004, 1506, 1507; OLG Stuttgart NJW-RR 2002, 215; OLG Frankfurt JurBüro 2000, 422.

[39] So RG JW 1938, 820; BGH NJW 1961, 460; OLG Celle NJW-RR 2002, 140; NJW 1976, 2170, 2171; OLG Hamburg OLGR 2001, 35; OLG Nürnberg MDR 2003, 597, 598; OLG Düsseldorf NJW-RR 1998, 1691, 1692.

[40] OLG Hamm MDR 1988, 325; OLG Saarbrücken KostRspr. Nr. 1 m. Anm. *Tschischgale; Schwarz* MDR 1993, 1052, 1054.

[41] So aber OLG Dresden NJW-RR 1998, 285, 286.

[42] BGH NJW-RR 2005, 1159.

[43] BGH NJW-RR 2005, 1159; aM OLG Zweibrücken NJW-RR 2003, 142, 143; OLG Celle NJW 1976, 2171; *Schubert* JR 2004, 64.

30 c) **Kostenentscheidung.** Die nach § 101 Abs. 1 zu erlassende Kostenentscheidung ergeht auf **Antrag** des Nebenintervenienten[44] in Anlehnung an die Regelung der §§ 91 a Abs. 1 S. 1, 269 Abs. 4 durch gesonderten **Beschluss,** der nach allgemeiner Meinung mit sofortiger Beschwerde (§ 91 a Abs. 2 analog) anfechtbar ist. Der Antrag auf Erlass der Kostenentscheidung ist nicht fristgebunden.[45] **Zuständig** ist das Gericht, bei dem der Rechtsstreit zum Zeitpunkt des Prozessvergleichs anhängig war,[46] im Berufungsrechtszug das Berufungsgericht auch dann, wenn sich der Nebenintervenient am Berufungsverfahren nicht mehr beteiligt hat.[47] Ein bereits früher ergangener, dem Inhalt des Vergleichs widersprechender **rechtskräftiger** Kostenfestsetzungsbeschluss steht einer abweichenden vergleichsweisen Kostenaufteilung nicht im Wege.[48] Denn die mit dem Vergleich geschaffene neue Kostenlastregelung macht den rechtskräftigen Kostenfestsetzungsbeschluss gegenstandslos.[49]

31 **3. Außergerichtlicher Vergleich.** Die vorgenannten Regeln sind auch auf einen außergerichtlichen Vergleich anwendbar,[50] in dessen Umsetzung der Prozess seine Beendigung findet (vgl. § 98 Rn. 23 ff.). Haben die Parteien auf Grund eines außergerichtlichen Vergleichs die Gerichtskosten je zur Hälfte zu tragen und sind **außergerichtliche** Kosten unter ihnen **nicht zu erstatten,** gilt dies nach dem Grundsatz der Kostenparallelität ebenso für die Kosten der Nebenintervention. **Nimmt** daher die Partei entsprechend einer im Vergleich übernommenen Verpflichtung die Klage oder ein Rechtsmittel **zurück,** muss der Nebenintervenient seine außergerichtlichen Kosten selbst tragen. Ein Erstattungsanspruch gegen die gegnerische Hauptpartei ist ausgeschlossen; die Kostenfolge der §§ 269 Abs. 3 S. 2, 516 Abs. 3 S. 2, 565 tritt demgegenüber zurück.[51] Die Gegenauffassung,[52] die den vorgenannten Bestimmungen zwingenden Charakter beimessen will, ist mit den anerkannten Regeln, wie sie die den Rechtswirkungen eines außergerichtlichen Vergleichs bestimmen (hierzu § 98 Rn. 23 ff.), nicht vereinbar.

VI. Streitgenössische Nebenintervention

32 Grundsätzlich findet gem. § 101 Abs. 2 auf die streitgenössische Nebenintervention (§ 69) nicht § 101 Abs. 1, sondern ausschließlich **§ 100** Anwendung. Im Falle des Unterliegens trägt der Nebenintervenient gleich einem Streitgenossen gemeinsam mit der von ihm unterstützten Hauptpartei die Kosten nach Kopfteilen (§ 100 Abs. 1) bzw. nach § 100 Abs. 2 und 3 entsprechend der gerichtlichen Kostenverteilung. § 100 Abs. 4 ist unanwendbar, da der Nebenintervenient nicht in der Hauptsache verurteilt werden kann. Falls allerdings ein Urteil, dessen Rechtskraftwirkung die streitgenossenschaftliche Funktion der Nebenintervention überhaupt erst ausmacht, gar nicht ergeht, sondern der Rechtsstreit durch **Prozessvergleich** beigelegt wird, ist es gerechtfertigt, die Erstattung der Kosten der Nebenintervention nicht den Regeln des § 100, sondern denen des § 101, wie sie in Rn. 25 ff. erläutert sind, zu unterziehen.[53] Denn in dieser Konstellation unterscheidet sich die Kostenrechtliche Stellung des streitgenössischen Streithelfers nicht von der des „einfachen" Streithelfers.

33 Hat eine Partei, nachdem der Rechtsstreit in der Hauptsache für **erledigt** erklärt worden ist, die vom Gegner geltend gemachte **Kostentragungspflicht anerkannt,** so sind ihr insoweit ohne weitere Sachprüfung die Kosten des Rechtsstreits aufzuerlegen. Eine anteilige Mitbelastung des streitgenössischen Nebenintervenienten auf Seiten der anerkennenden Partei entfällt. Über die Kosten der Nebenintervention ist, da der streitgenössische Nebenintervenient dem Gegner selbstständig gegenübertritt, unabhängig vom Anerkenntnis der unterstützten Partei nach den Regeln des § 91 a zu entscheiden.[54]

§ 102 (weggefallen)

---

[44] BGH NJW 2003, 1948; NJW 1961, 460; OLG München NJW-RR 1995, 1403; aM OLG Köln JurBüro 1983, 1882.
[45] OLG Köln OLGR 2006, 586, 587.
[46] BGH NJW 2003, 1948.
[47] OLG Köln JurBüro 1983, 1882.
[48] OLG Hamm MDR 1990, 252.
[49] OLG Frankfurt Rpfleger 1983, 456; KG NJW 1976, 1272; *Thomas/Putzo/Hüßtege* § 103 Rn. 3.
[50] BGH NJW-RR 2004, 1506, 1507; NJW 1967, 983.
[51] BGH NJW-RR 2004, 1506, 1507.
[52] KG NJW-RR 2004, 719, 720.
[53] OLG Frankfurt OLGR 2007, 382, 383; OLG Köln OLGR 2006, 586.
[54] BGH JZ 1985, 853.

§ 103 Kostenfestsetzungsgrundlage; Kostenfestsetzungsantrag

(1) Der Anspruch auf Erstattung der Prozesskosten kann nur auf Grund eines zur Zwangsvollstreckung geeigneten Titels geltend gemacht werden.

(2) [1]Der Antrag auf Festsetzung des zu erstattenden Betrages ist bei dem Gericht des ersten Rechtszuges anzubringen. [2]Die Kostenberechnung, ihre zur Mitteilung an den Gegner bestimmte Abschrift und die zur Rechtfertigung der einzelnen Ansätze dienenden Belege sind beizufügen.

Übersicht

I. Normzweck und Anwendungsbereich

1 Welche Partei zu welchem Anteil die Prozesskosten zu tragen hat, legt die richterliche Kostengrundentscheidung verbindlich fest. Doch stellt sie hinsichtlich Art, Höhe und Umfang der Kosten nur eine Rahmenentscheidung dar. Der im Verfahren nach §§ 103 bis 107 zu erlassende Kostenfestsetzungsbeschluss ist als deren Fortsetzung anzusehen[1] mit der Funktion, den **Umfang** der zu erstattenden Kosten dem **Betrage** nach zu bestimmen[2] (zur Abgrenzung zwischen „Kostentragung" und „Kostenerstattung" vgl. § 91 Rn. 3, 4). Ziel ist die Schaffung eines die Erstattungskosten beziffernden Vollstreckungstitels iSv. § 794 Abs. 1 Nr. 2 (vgl. § 104 Rn. 138). Gegenstand des Kostenfestsetzungsverfahrens ist dabei allein der im Rechtsstreit entstandene **prozessuale Kostenerstattungsanspruch** (vgl. Vor §§ 91 ff. Rn. 8, 15), der streng vom Anspruch auf Kostenerstattung aus materiellem Recht zu unterscheiden ist (zum Konkurrenzverhältnis näher Vor §§ 91 ff. Rn. 14, 17 ff.). Ihrer stark formalisierten Ausgestaltung als Massenverfahren entsprechend verlangt die Kostenfestsetzung – schon im Interesse des kostenrechtlichen Transparenzgebots (vgl. Vor §§ 91 ff. Rn. 1) – klare und praktikable Berechnungsgrundlagen[3] und ist daher auf eine **vereinfachte,** zügige und möglichst auf die Prozessakten beschränkte Prüfung durch den Rechtspfleger zugeschnit-

[1] BGH AGS 2006, 268, 270.
[2] BGHZ 28, 302, 309 = NJW 1959, 434, 435; NJW 1988, 3204, 3205.
[3] BGH NJW 2002, 3713; OLG Brandenburg MDR 2006, 235.

ten.[4] Es ist grds. weder geeignet, außerhalb des gerichtlichen Prozessgeschehens liegende oder ihm zeitlich vorgelagerte Umstände aufzunehmen (zum Abgrenzungskriterium der **„Prozessbezogenheit“** vgl. § 91 Rn. 18, 33ff.), noch zu beurteilen, ob dem Anspruch auf Kostenerstattung ggf. **materiellrechtliche** Einwendungen entgegenstehen[5] (zu Ausnahmen vgl. § 104 Rn. 31ff.). Ihre Klärung muss grds. einer eigenen materiellrechtlichen Kostenerstattungsklage bzw. (im Falle einer Einwendung) einer Vollstreckungsgegenklage mit den überlegenen Beweismitteln des Erkenntnisverfahrens vorbehalten bleiben.[6] Doch schließt dies nicht aus, dass der Rechtspfleger im Rahmen der Prüfung, ob ausnahmsweise außerprozessuale Kosten aus Gründen der Verfahrensökonomie einzubeziehen sind (vgl. den Fallgruppenüberblick § 91 Rn. 89), im Einzelfall auch umfangreichere Ermittlungen bzw. schwierigere rechtliche Bewertungen vorzunehmen hat. Dem Bedürfnis nach einem zügigen Ausgleich der Prozesskosten tragen insoweit die Erleichterungen hinreichend Rechnung, die damit verbunden sind, dass bereits die bloße **Glaubhaftmachung** des Kostenansatzes genügt[7] (vgl. §104 Rn. 11, 19).

2 Der **Anwendungsbereich** des Kostenfestsetzungsverfahrens iSv. § 103 bis 107 deckt sich zunächst mit dem des Prozesskostenrechts der §§ 91 bis 101 (vgl. Vor §§ 91ff. Rn. 2). Soweit diese Bestimmungen auf andere Verfahrensordnungen für unmittelbar oder entsprechend anwendbar erklärt werden, schließt dies grundsätzlich auch den Bereich der Kostenfestsetzung ein. Doch reicht der Anwendungsbereich der §§ 103ff. weiter. Eine ausdrückliche Verweisung auf §§ 103 bis 107 findet sich etwa in § 13a Abs. 3 FGG für die Verfahren der Freiwilligen Gerichtsbarkeit, obwohl die Kostengrundentscheidung dort anderen Maßstäben folgt. Auch das außerhalb des Geltungsbereichs des ZPO-Kostenrechts angesiedelte Verfahren nach § 11 RVG, in welchem der Rechtsanwalt auf vereinfachtem Wege die ihm gegen den eigenen Mandanten zustehende Vergütung festsetzen lassen kann (vgl. Vor §§ 91ff. Rn. 11), richtet sich gem. § 11 Abs. 2 S. 3 RVG nach den für das Kostenfestsetzungsverfahren geltenden Vorschriften. Für die der ZPO unmittelbar unterworfenen Verfahren der Zwangsvollstreckung verweist § 788 Abs. 2 S. 1 gesondert auf §§ 103 Abs. 3, 104 und 107.

II. Kostenfestsetzungsgrundlage

3 **1. Vollstreckungstitel.** Die Kostenfestsetzung erfolgt gem. § 103 Abs. 1 auf Grund eines zur Zwangsvollstreckung geeigneten Titels. Zwingende Voraussetzung ist mithin das Vorliegen einer **Kostengrundentscheidung,** die ihrem Inhalt nach einen Anspruch auf Kostenerstattung verlautbart.[8] Aus ihr muss die Zwangsvollstreckung nach der ZPO stattfinden können (§§ 704ff., 794, 801), ohne dass es hierzu der fortdauernden Vollstreckbarkeit des Hauptanspruchs bedarf (vgl. Rn. 21). Zur Kostenfestsetzung geeignet sind daher nicht nur Leistungsurteile, sondern auch klagabweisende, rechtsgestaltende und feststellende (§ 256) Entscheidungen, soweit sie aussprechen, wer die Kosten zu tragen hat.[9] Im Einzelnen kommen für die Festsetzung als Titel in Frage:

4 **a) Urteile.** Urteile müssen rechtskräftig oder für vorläufig vollstreckbar erklärt (§ 704 Abs. 1) und die Kostenentscheidung darf von der vorläufigen Vollstreckbarkeit nicht ausgenommen sein.

5 **b) Beschlüsse.** Beschlüsse, die eine gesonderte **Kostenlastentscheidung** beinhalten, zB nach § 91a, 269 Abs. 4, 516 Abs. 3 S. 2, § 522 Abs. 2, des Weiteren, soweit sie einem Zeugen oder Sachverständigen Verfahrenskosten nach §§ 380 Abs. 1, Abs. 3, 400 (auch durch den beauftragten/ersuchten Richter), 409 Abs. 1 S. 1, Abs. 2 auferlegen (vgl. Rn. 27, § 104 Rn. 2), sind Kostentitel iSv. § 103 Abs. 1. Die Festsetzung der Kosten eines selbstständigen **Beweisverfahrens** kann auf der Grundlage des § 494a Abs. 2 oder einer Kostengrundentscheidung im Hauptsacheverfahren erfolgen (vgl. § 91 Rn. 23), wozu auch ein Beschluss gem. § 269 Abs. 4 nach Klagerücknahme zählt (vgl. Rn. 52).

6 **c) Vollstreckungsbescheide.** In einen Vollstreckungsbescheid sind gem. § 699 Abs. 3 S. 1 die „bisher entstandenen“ Kosten des Verfahrens aufzunehmen, weshalb für ein isoliertes Festsetzungsverfahren grds. kein Raum ist.[10] Ausnahmsweise ein berechtigtes Bedürfnis hierfür besteht jedoch, soweit an sich erstattungsfähige Kosten im Vollstreckungsbescheid lediglich deshalb nicht festsetzbar

---

[4] BGH NJW-RR 2005, 1731, 1732; NJW 2006, 1523, 1524; NJW 2007, 2048, 2049: OLG Frankfurt JurBüro 2003, 201; OLG Düsseldorf JurBüro 2002, 590; kritisch *Wolf* Rpfleger 2005, 337, 340.

[5] BAG NJW 2006, 717, 718.

[6] BGH JurBüro 2006, 370; BayVGH Rpfleger 2004, 65.

[7] BGH NJW 2007, 2187, 2188; AnwBl. 2007, 552.

[8] OLG Nürnberg JurBüro 2006, 141; OLG Schleswig JurBüro 1985, 781.

[9] OLG Düsseldorf OLGR 2006, 292.

[10] BGH NJW 1991, 2084; OLG Nürnberg JurBüro 2006, 141; *Musielak/Wolst* Rn. 2.

sind, weil sie erst **nachträglich** entstehen,[11] wie insbesondere **Zinsen** nach Maßgabe des § 104 Abs. 1 S. 2 (vgl. § 104 Rn. 61). Die Gegenauffassung,[12] die das vermeintliche Fehlen eines die Kostenlast dem Grunde nach verlautbarenden Titels iSv. § 103 Abs. 1 moniert und den Gläubiger auf eine materielle Zahlungsklage verweisen will, überzeugt nicht. Der Vollstreckungsbescheid erfüllt auf Grund der Spezialvorschrift des § 699 Abs. 3 S. 1 (auch) die Funktion einer Kostengrundentscheidung und taugt daher als Titel für weitere im Verfahren angefallene Kosten.[13] Ein auf seiner Grundlage gesondert durchzuführendes Festsetzungsverfahren fällt in die Zuständigkeit nicht des Mahngerichts, sondern des **Streitgerichts** (näher § 104 Rn. 4). Gleiches gilt für Zwangsvollstreckungskosten.[14] Sind dagegen bereits vor Erlass entstandene Kosten nicht zur Aufnahme in den Vollstreckungsbescheid beantragt oder vom Rechtspfleger, obwohl beantragt, versehentlich darin **nicht berücksichtigt** worden, findet eine Berichtigung (§ 319) bzw. Ergänzung (§ 321) des Vollstreckungsbescheids in der Zuständigkeit des **Mahngerichts** statt.[15] Eine vom Mahn-Rechtspfleger ausdrücklich **abgelehnte** Festsetzung solcher Kosten ist mit den Rechtsmitteln der §§ 11 Abs. 2 RpflG, 104 Abs. 3 anfechtbar.[16] Auch Kosten, die im Rahmen einer Titelumschreibung (§§ 724 Abs. 2, 727) oder eines entsprechenden Rechtsmittelverfahrens anfallen, sind vom Mahngericht festzusetzen.[17]

d) Arrestbefehle und einstweilige Verfügungen. Arrestbefehle und einstweilige Verfügungen (§§ 928, 936), die eine Kostenentscheidung enthalten, eignen sich zur Festsetzung. Die Kostengrundentscheidung dient, anders als der übrige Inhalt der Anordnung, nicht der vorläufigen Sicherung, sondern der endgültigen Befriedigung wegen der Verfahrenskosten. Sie ist mit der Anordnung zu erlassen und setzt abweichend von den sonstigen Regeln (vgl. Vor §§ 91 ff. Rn. 8, § 91 Rn. 3) nicht das Zustandekommen eines **Prozessrechtsverhältnisses** unter Beteiligung des Antragsgegners voraus, da andernfalls bei Dringlichkeit (§ 937 Abs. 2) der beabsichtigte Überraschungseffekt konterkariert würde.[18] Doch gebieten es die Grundsätze des fairen Verfahrens und das Recht auf Gehör, spätestens im Rahmen der Kostenfestsetzung zu prüfen, ob der Antragsgegner irgendwann eine formale **Parteistellung** in der prozessual vorgesehenen Weise, durch Zustellung des Verfügungstitels im Parteibetrieb (§ 922 Abs. 2), erlangt hat.[19] Denn dem aus Gründen des effektiven Eilrechtsschutzes vorderhand zurücktretenden Gehörsanspruch ist nachträglich Rechnung zu tragen.[20] Mangelt es hieran, ist eine Kostenfestsetzung ausgeschlossen.[21] Dabei ist zu beachten, dass auch **nach Beendigung** der Rechtshängigkeit des Sachantrags ein auf die Kosten beschränktes Prozessrechtsverhältnis hergestellt werden kann, indem dem Gegner Klageschrift, Klagerücknahme und Kostenantrag zugestellt werden[22] (zur Vollziehungsfrist des § 929 Abs. 2, Abs. 3 vgl. Rn. 23; zur Blankettabrede in einem Prozessvergleich hinsichtlich der Kosten einer einstweiligen Verfügung vgl. Rn. 12). 7

Die im Verfahren über die Rechtmäßigkeit einer einstweiligen Verfügung (§ 942 Abs. 1) ergangene Kostenentscheidung umfasst auch die durch das Verfügungsverfahren selbst beim Amtsgericht entstandenen Kosten[23] (zum materiellen Kostenverhältnis zur Hauptsache vgl. Vor §§ 91 ff. Rn. 21). Die Kosten einer **Schutzschrift,** die zur Verteidigung vorsorglich vor oder nach Eingang einer einstweiligen Verfügung eingereicht wird, sind grundsätzlich als Kosten des Verfügungsverfahrens erstattungsfähig, wenn ein entsprechender Verfügungsantrag bei dem angerufenen Gericht eingeht.[24] Denn durch die zumindest kurzzeitig gemeinsame Anhängigkeit von Schutzschrift und Verfügungsantrag kommt ein – wenngleich nicht vom Gericht vermitteltes – kontradiktorisches **Prozessrechtsverhältnis** zustande.[25] Hieran ändert nichts, dass der Verfügungsantrag abgelehnt oder zu- 8

---

[11] BayObLG NJW-RR 2005, 1012; KG KGR 2001, 69, 70; OLG Koblenz JurBüro 1985, 780; LG Detmold JurBüro 1979, 1715.
[12] KG MDR 1995, 530; OLG Schleswig JurBüro 1985, 782; LG Fulda NJW-RR 1999, 220, 222; *Zöller/Herget* Rn. 21 „Vollstreckungsbescheid".
[13] OLG München MDR 1997, 299; LG Lüneburg Rpfleger 1973, 409.
[14] BGH NJW-RR 1988, 186.
[15] OLG Nürnberg JurBüro 2006, 141, 142; OLG Schleswig JurBüro 1985, 782.
[16] KG Rpfleger 2005, 697; KGR 2001, 69, 70.
[17] BGH NJW 1993, 3141, 3142; BayObLG Rpfleger 2006, 418, 419.
[18] OLG Jena OLGR 2005, 964, 965.
[19] OLG Jena OLGR 2005, 964, 965.
[20] BVerfG NJW 2004, 2443.
[21] OLG Jena OLGR 2005, 964, 965.
[22] OLG Köln NJW-RR 2003, 1509 (zum Kostenantrag nach § 269 Abs. 4, Abs. 3).
[23] OLG Zweibrücken JurBüro 1985, 1715.
[24] BGH NJW 2003, 1257; OLG Düsseldorf WRP 1995, 499, 500; OLG München NJW 1993, 1604; *Musielak/Wolst* § 91 Rn. 64.
[25] KG NJWE-WettbR 2000, 24; OLG Frankfurt GRUR 1996, 229; OLG Düsseldorf WRP 1995, 499, 500; *Stöber* AGS 2007, 9, 10.

rückgenommen wird, bevor eine mündliche Verhandlung stattfindet[26] oder dem Gegner zugestellt wird.[27] Auch hängt ein prozessualer Kostenerstattungsanspruch nicht davon ab, dass die Schutzschrift vom Gericht seiner Entscheidungsfindung zugrunde gelegt oder erkennbar in das Verfahren einbezogen worden ist.[28] Wird die Schutzschrift allerdings gar nicht Gegenstand der Akten des Prozessgerichts, sondern wird sie erst **nach Rücknahme** oder endgültiger Zurückweisung eines Verfügungsantrags[29] oder bei einem anderen Gericht eingereicht oder betrifft einen anderen Streitgegenstand,[30] fehlt es an einem Prozessrechtsverhältnis. Eine Einbeziehung in die Kostenfestsetzung des Verfügungsverfahrens kommt dann nicht in Betracht,[31] sondern allenfalls eine Erstattung nach Maßgabe eines materiellen Kostenerstattungsanspruchs[32] (vgl. Vor §§ 91 ff. Rn. 14, 16 ff.).

9 Der Kostenausspruch im Verfahren über die spätere **Aufhebung** eines Arrestes oder einer einstweiligen Verfügung wegen veränderter Umstände (§ 927) bezieht sich grds. nur auf die in diesem Verfahren entstandenen Kosten, nicht aber auf die des Erlasses oder der früheren Bestätigung der einstweiligen Verfügung selbst. Die Aufhebung wegen veränderter Umstände steht auch nicht der Kostenfestsetzung auf Grund der in der einstweiligen Verfügung getroffenen Kostenentscheidung entgegen.[33] Etwas anderes gilt nur, wenn im Aufhebungsverfahren einheitlich über die Gesamtkosten des Anordnungs- und Aufhebungsverfahrens entschieden wird.

10 **e) Prozessvergleiche.** Ein Prozessvergleich iSv. § 794 Abs. 1 Nr. 1, der eine **positive** Regelung (vgl. § 98 Rn. 6, 11) zu den Prozesskosten enthält, ist ein zur Kostenfestsetzung geeigneter Titel. Aber auch wenn er keine Vereinbarung hinsichtlich der Kostenlast beinhaltet, jedoch um die **gesetzliche** Kostenregelung des § 98 stillschweigend – ohne dass hierzu ein richterlicher Beschlusses ergeht (vgl. § 98 Rn. 10) – zu ergänzen ist, vermag er Grundlage der Festsetzung zu sein. Dagegen fehlt diese Eigenschaft einer bloßen **negativen** Vereinbarung, die dem Richter die positive Bestimmung der Kostenlast zuweist (vgl. § 98 Rn. 6, 13). Auch ein richterlicher **Protokollvermerk,** wonach sich die Parteien auf eine bestimmte unprotokolliert gebliebene Kostenregelung geeinigt hätten, stellt keinen Vollstreckungstitel dar.[34] Fehlt der gerichtlichen Vereinbarung eine der nach § 794 Abs. 1 Nr. 1 erforderlichen Voraussetzungen, worunter auch ein gegenseitiges Nachgeben iSv. § 779 Abs. 1 BGB zu rechnen ist, mangelt es ihr insgesamt an der Eigenschaft eines zur Kostenfestsetzung geeigneten Titels.[35] Im Kostenfestsetzungsverfahren ist grds. von der Wirksamkeit eines formell ordnungsgemäß zustande gekommenen Prozessvergleichs auszugehen;[36] eine Anfechtung wegen angeblicher Willensmängel o. ä. materiellrechtliche Einwendungen können nur im Ausnahmefall (vgl. § 104 Rn. 31 ff.) berücksichtigt werden.

11 Der Prozessvergleich braucht nicht unbedingt in dem Rechtsstreit geschlossen worden sein, wegen dessen Kosten die Festsetzung betrieben wird. Einen Titel iSv. § 103 Abs. 1 verkörpert vielmehr auch ein **Gesamtvergleich,** durch den die Rechtshängigkeit weiterer, nicht vor dem Vergleichsgericht anhängiger Streitgegenstände beendet wird. Die Festsetzung erfolgt jedoch jeweils in dem Verfahren, in dem die Kosten **entstanden** sind[37] (vgl. Vor §§ 91 ff. Rn. 17). Die Kosten des Gesamtvergleichs sind daher nur in dem Verfahren festsetzbar, in dem er abgeschlossen wurde,[38] während die übrigen Kosten (zB Verfahrensgebühr) eines mitverglichenen Streitgegenstands – ebenfalls auf der Grundlage des Gesamtvergleichs als maßgebendem Titel[39] – bei dem Gericht festzusetzen sind, bei dem er anhängig war. Ausnahmsweise ist eine verfahrensübergreifende Festsetzung zulässig, wenn Kosten eines Arrest- oder einstweiligen Verfügungsverfahrens mit solchen der Hauptsache zusammentreffen.[40] Wird ein anderweitig anhängiger Streitgegenstand bei gleichzeitiger

---

[26] BGH NJW 2003, 1257; OLG Düsseldorf JurBüro 2007, 36, 37; OLG Bamberg OLGR 2000, 228; aM *Leipold* RdA 1983, 164, 166.

[27] OLG München NJW 1993, 1604; *Zöller/Herget* § 91 Rn. 13 „Schutzschrift"; aM OLG Düsseldorf WRP 1980, 561.

[28] OLG Bamberg OLGR 2000, 228; OLG Karlsruhe OLGR 2000, 436.

[29] OLG Karlsruhe WRP 1981, 39; *Deutsch* GRUR 1990, 327, 331 aE; aM OLG Frankfurt OLGR 2006, 793, 794.

[30] OLG Karlsruhe OLGR 2000, 436; aM OLG Köln Rpfleger 1995, 518; *Musielak/Wolst* § 91 Rn. 64.

[31] OLG Düsseldorf JurBüro 2000, 423; *Baumbach/Lauterbach/Hartmann* § 91 Rn. 192.

[32] Eingehend hierzu *Stöber* AGS 2007, 9, 11 ff.

[33] OLG Karlsruhe WRP 1981, 285.

[34] OLG München JurBüro 1996, 261.

[35] KG JurBüro 1982, 1729; OLG München MDR 1985, 327.

[36] KG Rpfleger 1962, 159 (LS f).

[37] OLG Köln JurBüro 1973, 638; *Stein/Jonas/Bork* Rn. 3.

[38] OLG Brandenburg OLGR 2003, 256; OLG München JurBüro 1978, 1024.

[39] OLG Köln JurBüro 1973, 638.

[40] KG JurBüro 1985, 137.

Regelung der **Kostentragung** für **beide Verfahren** mitverglichen, so gehören die Kosten des Prozessvergleichs selbst ebenfalls ausschließlich zu den Kosten des Rechtsstreits, in dem er geschlossen wurde.[41] Zum **Umfang** der Kostenerstattung wird auf die Erläuterungen zu § 98 Rn. 14 ff., zur Erstreckung des Vergleichs auf einen Nebenintervenienten auf § 101 Rn. 25 ff. verwiesen.

Ein Prozessvergleich erfüllt die Voraussetzungen eines zur Kostenfestsetzung geeigneten Titels **12** auch dann, wenn die Parteien hinsichtlich der Prozesskosten nur eine **Blankettabrede** treffen, sofern sich der maßgebliche Inhalt des Vergleichs, der keiner auflösenden Bedingung mehr unterliegen darf, vollständig aus **öffentlichen Urkunden** ermitteln lässt. Möglich ist es daher, wegen der Prozesskosten auf eine in einem anderen Verfahren noch ausstehende Kostenentscheidung Bezug zu nehmen. In der Regel ist eine solche Abrede dahin auszulegen, dass nicht schon eine vorläufig vollstreckbare, sondern erst die rechtskräftige Entscheidung maßgeblich sein soll,[42] so dass der Vergleich erst ab deren Rechtskraft Titelqualität iSv. § 103 Abs. 1 erlangt.[43] Nicht ausreichend ist es, wenn zur Ermittlung des Vergleichsinhalts mündliche oder privatschriftliche, nicht in einer öffentlichen Urkunde dokumentierte Abreden der Parteien oder Dritter herangezogen werden müssen. So verhält es sich zB, wenn ein Vergleich die Tragung der Prozesskosten einer **einstweiligen Verfügung** davon abhängig macht, dass es nicht zu einem Hauptsacheverfahren mit anderer Kostenregelung kommt, der Verzicht auf Durchführung eines Hauptsacheverfahrens aber nur in einer außergerichtlichen Vereinbarung niedergelegt ist.[44] An einem zur Kostenfestsetzung geeigneten Titel fehlt es ferner, wenn eine Vergleichsregelung vorsieht, dass die Kostenverteilung einer noch ausstehenden Entscheidung über einen anderweitig rechtshängigen Streitgegenstand vorbehalten sein soll, es in der Folge aber zu keiner eindeutigen Kostenentscheidung kommt, etwa weil nach späterer Widerklage im Kostenausspruch des Urteils nicht zwischen Kosten der Klage und Widerklage unterschieden wird.[45]

Ein Prozessvergleich kann nach zutreffender Ansicht nicht mehr nachträglich die **Kostenlast** ei- **13** nes bereits **rechtskräftig** abgeschlossenen Verfahrens regeln (vgl. § 98 Rn. 8) und scheidet daher insoweit als selbstständige Grundlage der Kostenfestsetzung aus.[46] Die Gegenauffassung ist mit den Grundsätzen der Rechtskraftwirkung nicht vereinbar. Denkbar erscheint allenfalls, einer Parteivereinbarung rechtliche Wirkungen bezüglich eines – auf Basis des rechtskräftig gewordenen Kostentitels – noch offenen Kostenfestsetzungsverfahrens zuzuerkennen. Insoweit mag der Vergleich ggf. dahin auszulegen sein, für das rechtskräftig abgeschlossene Verfahren eine Kostenerstattung ganz oder teilweise auszuschließen. Unter bestimmten Voraussetzungen (näher § 104 Rn. 32) kann ein solcher materiellrechtlicher Einwand der Kostenerstattung entgegengehalten werden (vgl. § 104 Rn. 44).

Da die Kostenentscheidung nach § 308 Abs. 2 von Amts wegen zu treffen ist, gibt es keine ver- **14** gleichsweise Einigung im Kostenpunkt, solange die **Hauptsache** noch im **Streit** steht. Ein isolierter Kostenvergleich entfaltet daher keine prozessualen Wirkungen (vgl. § 98 Rn. 2). Einer solchen Vereinbarung kommt allenfalls **materiellrechtliche** Bedeutung zu. Sie kann nicht Grundlage für eine Kostenfestsetzung sein, eignet sich jedoch ggf. dazu, dem auf Grund gerichtlicher Entscheidung geltend gemachten Erstattungsanspruch entgegengehalten zu werden, wenn Wirksamkeit und Inhalt unstreitig feststehen[47] (vgl. § 104 Rn. 32).

Die vorgenannten Grundsätze gelten insbesondere für Scheidungsvereinbarungen in **Ehesachen.** **15** Ein **vor Erlass** des Scheidungsurteils geschlossener Vergleich ist kein für die Festsetzung der Kosten des Scheidungsverfahrens und der Folgesachen geeigneter Titel. Abgesehen von der Unzulässigkeit eines reinen Kostenvergleichs (vgl. Rn. 14) muss das Gericht trotz einer gegebenen Kostenvereinbarung stets über die Kosten des Scheidungsverfahrens und der Folgesachen einheitlich entscheiden, § 93 a Abs. 1 S. 3 (vgl. § 93 a Rn. 13). Alleinige Grundlage für die Festsetzung ist diese Kostenentscheidung, die einer vergleichsweisen Regelung vorgeht (vgl. § 98 Rn. 38). Ein vor Erlass des Scheidungsurteils geschlossener Vergleich taugt allenfalls als Titel für die Festsetzung der Kosten des **Vergleichs** selbst.[48] **Nach Erlass** des Scheidungsurteils können die Parteien noch anhängige Folgesachen, ausgenommen elterliche Sorge und öffentlich-rechtlichen Versorgungsausgleich, durch

---

[41] OLG München Rpfleger 1990, 136.

[42] OLG Köln JurBüro 1986, 928.

[43] KG MDR 1979, 1029.

[44] KG Rpfleger 1980, 232.

[45] OLG Hamm NJW 1969, 2149.

[46] BGHZ 15, 190, 194 = NJW 1955, 182; OLG Hamm Rpfleger 1989, 521; JurBüro 1975, 517; KG JurBüro 1972, 256; *Zöller/Herget* Rn. 21 „Prozessvergleich"; aM OLG Koblenz MDR 1987, 852; OLG München NJW 1969, 2149; *Belz,* in: 2. Aufl. Rn. 17.

[47] OLG München MDR 1977, 322; OLG Hamm Rpfleger 1976, 143.

[48] OLG München JurBüro 1985, 133; OLG Zweibrücken JurBüro 1978, 1884.

Prozessvergleich erledigen und eine Kostenregelung unter Einbeziehung der Kosten bereits entschiedener Verbundsachen treffen (vgl. § 98 Rn. 38). Nach Erlass des Urteils, auch eines Scheidungsurteils, bis zum Eintritt der Rechtskraft ist auch ein zur Kostenfestsetzung geeigneter Prozessvergleich mit dem Inhalt eines Rechtsmittelverzichts gestattet.[49]

16 **f) Außergerichtliche Vergleiche.** Ein außergerichtlicher Vergleich, dessen Umsetzung den Rechtstreit prozessual (Klagerücknahme, Erledigterklärung usw.) beendet hat, eignet sich nach allgemeiner Meinung zur Kostenfestsetzung nicht.[50] Enthält er eine **positive** Kostenlastverteilung oder kommt die Regel des § 98 **(Kostenaufhebung)** zur Anwendung, verdrängt er zwar eine auf spezialgesetzlicher Grundlage vorzunehmende richterliche Kostenlastverteilung (näher § 98 Rn. 23 ff.). Doch fehlt dem außergerichtlichen Vergleich als bloßer materiellrechtlicher Vereinbarung die Vollstreckungseignung iSv. § 103 Abs. 1. Hier vermag ein deklaratorischer **Gerichtsbeschluss** Abhilfe zu schaffen (näher § 98 Rn. 27 f., 33), auf dessen Grundlage die Kosten des Rechtsstreits in einem Verfahren nach § 103 ff. festgesetzt werden können, das allerdings die Kosten des außergerichtlichen Vergleichs selbst idR nicht zum Gegenstand hat (vgl. § 98 Rn. 34). Ein für vollstreckbar erklärter **Anwaltsvergleich** (§§ 796 a, 796 b) ist zwar Vollstreckungstitel (§ 794 Abs. 1 Nr. 4 a, Nr. 4 b), gleichwohl aber hinsichtlich der Kosten des Vergleichs kein zur Kostenfestsetzung geeigneter Titel, sofern nicht die Parteien diese Kosten ausdrücklich beziffern und mit den vereinbarten Zahlungsansprüchen für vollstreckbar erklären lassen.[51]

17 **g) Schiedsverfahren.** Die Kosten eines schiedsgerichtlichen Verfahrens können in einem selbstständigen Kostenfestsetzungsverfahren nicht geltend gemacht werden (zur Frage der Einbeziehung in ein nachfolgendes Hauptsacheverfahren vgl. § 91 Rn. 32, 135). Zwar sind die für vollstreckbar erklärten Schiedssprüche und schiedsgerichtlichen Vergleiche gem. § 794 Abs. 1 Nr. 4 a Vollstreckungstitel, doch ist das Verfahren nach §§ 103 ff. auf die Geltendmachung von Kosten eines Schiedsverfahrens nicht zugeschnitten. Diese Kosten müssen, wenn eine Festsetzung durch das zuständige Schiedsgericht nicht zu erreichen ist, klageweise geltend gemacht werden.[52]

18 **h) WEG-Kostentitel.** Zur Kostenfestsetzung geeignet sind WEG-Kostentitel in Gestalt rechtskräftiger Beschlüsse, gerichtlicher Vergleiche und einstweiliger Anordnungen eines der freiwilligen Gerichtsbarkeit zuzurechnenden Verfahrens nach dem Wohnungseigentumsgesetz, aus denen die Zwangsvollstreckung nach den Vorschriften der ZPO stattfindet (§ 45 Abs. 3 WEG). Gem. §§ 13 a Abs. 3 FGG, 43 Abs. 1 WEG erfolgt die Kostenfestsetzung aus diesen Titeln nach Maßgabe der §§ 103 ff.[53] Entscheidungen nach § 43 WEG ergehen in Beschlussform. Nach § 45 Abs. 2 S. 1 WEG können sie nicht für vorläufig vollstreckbar erklärt werden, weshalb sie nach § 45 Abs. 3 WEG zur Kostenfestsetzung erst nach Eintritt der Rechtskraft in Betracht kommen.[54]

19 **2. Vollstreckbarkeit. a) Vollstreckungsbeschränkung.** Ist das Urteil nur gegen **Sicherheitsleistung** vorläufig vollstreckbar, muss diese nicht schon für die Kostenfestsetzung, sondern erst bei Beginn der Zwangsvollstreckung aus dem Kostenfestsetzungsbeschluss erbracht sein. Ist die Zwangsvollstreckung aus dem Urteil nach §§ 707, 719 eingestellt oder darf sie durch Sicherheitsleistung gem. §§ 711, 712 abgewendet werden, hindert dies die Kostenfestsetzung ebenfalls nicht, sondern nur die Vollstreckung aus dem Kostenfestsetzungsbeschluss. Wegen der Aufnahme von Vollstreckungsbeschränkungen in den Festsetzungsbeschluss vgl. § 104 Rn. 66 bis 68.

20 **b) Bedingung, Befristung** und **Zug-um-Zug-Verurteilung.** Sieht das Urteil bezüglich der Hauptsache eine Bedingung oder Befristung vor oder ist nur Zug-um-Zug zu erfüllen, bleibt die Kostenfestsetzung hiervon unberührt, da diese von Beschränkungen materiellrechtlicher Art unabhängig ist;[55] auch im Festsetzungsbeschluss sind sie nicht zu berücksichtigen (vgl. § 104 Rn. 69).

21 **c) Wegfall der Vollstreckbarkeit des Hauptanspruchs.** Der Wegfall der Vollstreckbarkeit des Hauptanspruchs beseitigt nicht den davon betroffenen Titel als Grundlage für die Kostenfestsetzung (vgl. Rn. 3).

22 Auch die **Erledigung der Hauptsache** steht der Kostenfestsetzung aus einem bereits vorhandenen Titel nicht entgegen. Für die Festsetzung ungeeignet wird er erst dadurch, dass er durch eine Entscheidung des Gerichts (§ 91 a) aufgehoben, abgeändert oder ersetzt oder durch Klagerücknah-

---

[49] OLG München MDR 1976, 406.
[50] OLG Karlsruhe VersR 1979, 944, 945; KG Rpfleger 1962, 159 (LS d); *Musielak/Wolst* Rn. 4.
[51] OLG München MDR 1997, 787; OLG Hamburg NJW-RR 1994, 1408 (jeweils zu § 1044 b aF).
[52] OLG Köln JurBüro 1975, 233; OLG Koblenz NJW 1969, 1540.
[53] BGH MDR 2005, 56, 57; BayObLG JurBüro 1984, 285, 286.
[54] LG Düsseldorf Rpfleger 1981, 204.
[55] OLG Frankfurt MDR 1981, 59; OLG Düsseldorf NJW 1971, 1756, 795.

me oder Prozessvergleich gegenstandslos wird.[56] Wird die Vollstreckung aus einem Urteil hinsichtlich der Hauptsache im Wege der Vollstreckungsgegenklage nach § 767 für unzulässig erklärt, entfällt damit nur die Vollstreckung wegen des Hauptanspruchs, nimmt dem Titel aber nicht die Eignung als Grundlage der Kostenfestsetzung.[57]

Entsprechendes gilt für **Arrestbefehle** und **einstweilige Verfügungen** (vgl. Rn. 7). Die Kostenfestsetzung stellt keine Vollziehung der im Verfügungsbeschluss verlautbarten Anordnung dar und ist daher unabhängig von der in **§ 929 Abs. 2, Abs. 3** bestimmten Frist zulässig,[58] solange der Verfügungstitel wegen der versäumten Vollziehungsfrist nicht förmlich aufgehoben worden ist.[59] Aufgrund der einstweiligen Verfügung können die Kosten noch nach Titelaufhebung infolge veränderter Umstände (§ 927) festgesetzt werden, es sei denn, im Aufhebungsverfahren wird eine einheitliche Entscheidung unter Einschluss der Kosten des Anordnungsverfahrens getroffen. 23

d) Vollstreckbare Ausfertigung. Zur Kostenfestsetzung bedarf es keiner vollstreckbaren Ausfertigung des Titels.[60] Anders verhält es sich nur, wenn die Festsetzung vom **Rechtsnachfolger** (bzw. Berechtigten im Rahmen einer Vermögenssukzession iSv. §§ 727 bis 729) des im Titel genannten Erstattungsberechtigten oder gegen den Rechtsnachfolger des Erstattungspflichtigen betrieben wird. Hier ist die Erteilung einer Vollstreckungsklausel für oder gegen den Rechtsnachfolger erforderlich.[61] Eine **Umschreibung** ist zulässig, wenn der bisherige Gläubiger den Forderungsübergang bestätigt und der Schuldner die schlüssig vorgetragene Rechtsnachfolge nicht bestreitet (§ 138 Abs. 3).[62] Gleiches gilt für einen Personenwechsel in den Fällen der §§ 738, 742, 744, 745 Abs. 2, 749. 24

e) Wegfall des Titels. Wird die nicht rechtskräftige Kostengrundentscheidung durch einen Prozessvergleich gegenstandslos oder in der Rechtsmittelinstanz aufgehoben, abgeändert oder durch eine neue ersetzt, ist eine Kostenfestsetzung auf Grund des ersten Titels **unzulässig,** und zwar auch dann, wenn beide Kostengrundentscheidungen inhaltlich übereinstimmen.[63] Zu den Wirkungen des Fehlens und des Wegfalls des Titels auf die Kostenfestsetzung näher § 104 Rn. 131 bis 136. 25

III. Formelle Voraussetzungen des Kostenfestsetzungsverfahrens

1. Parteibezogene Voraussetzungen. **a) Antragsbefugnis.** Antragsbefugt ist jede **Partei,** auch ein einzelner Streitgenosse, soweit der Kostentitel sie als erstattungsberechtigt ausweist. Eine infolge Parteiwechsels ausgeschiedene, im Rubrum nicht aufgeführte Partei kann die Kostenfestsetzung betreiben, falls sich aus dem Gesamtinhalt des Titels ihr Kostenanspruch zweifelsfrei ergibt.[64] Ferner können das Festsetzungsverfahren betreiben: der **Nebenintervenient,** wenn dem Gegner die Kosten der Nebenintervention explizit auferlegt sind (§ 101), ein **Zeuge,** wenn der Gegner in einem Zwischenstreit über das Zeugnisverweigerungsrecht (§ 387) die Kosten dieses Verfahrens trägt,[65] ein **Dritter,** der dem Rechtsstreit zum Vergleichsabschluss beigetreten ist, wenn sich eine Partei im Vergleich zur Erstattung seiner Kosten verpflichtet. Ein **Rechtsnachfolger** des im Titel ausgewiesenen Kostengläubigers ist erst nach Umschreibung des Titels auf ihn (§§ 727 ff.) antragsbefugt[66] (vgl. Rn. 24). Der im Wege der Prozesskostenhilfe beigeordnete **Anwalt** ist gem. § 126 befugt, seine Wahlanwaltsgebühren von der gegnerischen Partei im eigenen Namen beizutreiben (vgl. Rn. 36). Sonst stehen ihm keine Kostenansprüche gegen den Prozessgegner zu.[67] Auch eine **Nebenintervention** des Anwalts im Verfahren nach §§ 103 ff. zur Sicherung seines Vergütungsanspruchs ist ausgeschlossen, da der Kostenfestsetzungsbeschluss keine § 68 entsprechende Interventionswirkung im Verhältnis zum Auftraggeber entfaltet[68] (vgl. Vor §§ 91 ff. Rn. 11). 26

---

[56] OLG Koblenz MDR 1980, 320.
[57] LG Berlin Rpfleger 1982, 482.
[58] OLG Koblenz OLGR 2007, 564; OLG Hamburg NJW 1952, 550; LG Berlin Rpfleger 1961, 23.
[59] OLG Koblenz OLGR 2007, 564; OLG Hamm JurBüro 1997, 151.
[60] BGH WM 1969, 1324.
[61] OLG Stuttgart Die Justiz 1978, 472; KG JurBüro 1966, 707.
[62] OLG Koblenz NJW-RR 2003, 1007; OLG Braunschweig JurBüro 1998, 88, 89; OLG Köln NJW-RR 1997, 1491; OLG Celle JurBüro 1994, 741; aM OLG Saarbrücken VersR 2002, 971, 972; OLG Karlsruhe NJW-RR 1996, 1373; OLG Nürnberg NJW-RR 1993, 1340.
[63] OLG Frankfurt MDR 1983, 941; OLG München Rpfleger 1982, 159; OLG Hamm JurBüro 1979, 770.
[64] OLG Hamm JurBüro 1975, 1503.
[65] OLG München Rpfleger 1969, 358.
[66] LAG Düsseldorf JurBüro 1994, 613; OLG Stuttgart Die Justiz 1978, 472; KG JurBüro 1966, 707.
[67] BGH AGS 2006, 268, 270.
[68] BGH NJW 2006, 2495, 2496; OLG Karlsruhe Rpfleger 1996, 53; OLG Hamburg JurBüro 1981, 1402.

27 **b) Antragsgegner.** Als Antragsgegner kommt die gegnerische **Partei,** ein einzelner Streitgenosse, Nebenintervenient wie auch ein **Dritter** (vgl. § 91 Rn. 17) oder Rechtsnachfolger infrage, der nach dem Titel zur Kostentragung verpflichtet ist. Soweit einem **Zeugen** oder **Sachverständigen** nach §§ 380 Abs. 1, 409 Abs. 1 die Kosten einer Terminssäumnis auferlegt sind, ist er hinsichtlich dieser in einem gesonderten Verfahren nach §§ 103 ff. festzusetzenden Kosten Antragsgegner gegenüber der erstattungsberechtigten Partei[69] (zur Zuständigkeit im Fall eines gem. §§ 375, 400 beauftragten bzw. ersuchten Richters vgl. § 104 Rn. 2). Zu beachten ist, dass Zeugen und Sachverständige genau wie die unterlegene Partei nur diejenigen Kosten erstatten brauchen, die zur zweckentsprechenden Rechtsverfolgung oder -verteidigung **notwendig** sind, womit sie den Maßstäben des § 91 zu entsprechen haben.[70] Vermag der Erstattungsberechtigte die Kosten nicht unmittelbar vom Zeugen bzw. Sachverständigen beizutreiben, sind sie als solche des Rechtsstreits gegen die erstattungspflichtige Partei festsetzbar.

28 Zwischen **Streitgenossen** findet grds. keine Kostenfestsetzung statt (vgl. § 91 Rn. 17, § 100 Rn. 1). Ausnahmsweise können sie Ausgleichsansprüche im Kostenfestsetzungsverfahren dann geltend machen, wenn diese im Urteil oder Prozessvergleich ausdrücklich zugesprochen sind.[71] Hat nach der Kostengrundentscheidung nur einer von mehreren Streitgenossen einen Teil der Gerichtskosten zu tragen, ein weiterer aber hierauf Vorschüsse erbracht, kann er vom anderen Erstattung des entsprechenden Teils der verauslagten Kosten festsetzen lassen.[72]

29 **c) Partei- und Prozessfähigkeit.** Die Beteiligung an einem Kostenfestsetzungsverfahren setzt sowohl auf der Aktiv- als auch der Passivseite grds. Partei- und Prozessfähigkeit voraus (§§ 50, 51). Ein im Erkenntnisverfahren als partei- und prozessfähig erachteter Beteiligter gilt im Kostenfestsetzungsverfahren ebenfalls als partei- und prozessfähig.[73] Zu beachten ist, dass die Tragung der prozessualen Kostenlast keine Prozessfähigkeit voraussetzt (hierzu § 91 Rn. 15). Zur Frage der Postulationsfähigkeit im Festsetzungsverfahren vgl. Rn. 37.

30 **d) Nichtexistente Partei.** Sie ist im **Passivprozess** im Streit um ihre Nichtexistenz als **partiell parteifähig** anzusehen (näher § 91 Rn. 16) und kann in beschränktem Umfang Prozesshandlungen vollziehen, zB Rechtsmittel einlegen,[74] für erledigt erklären[75] und eben **Kostenfestsetzung** beantragen.[76] Die auf Grund einer prozesswirksamen Rechtsverteidigung angefallenen und im Festsetzungsverfahren angemeldeten Kosten, insbesondere als fiktiver gebührenrechtlicher Auftraggeber eines Anwalts, sind zu **erstatten,**[77] wobei formal nicht „die" Partei, sondern die an ihrer Stelle aufgetretene natürliche oder juristische Person, etwa der ehemalige Geschäftsführer einer erloschenen GmbH,[78] als antragsberechtigt im Verfahren nach §§ 103 ff. gelten mag.[79] Die Gegenauffassung, die eine Erstattung ablehnt, trägt den Interessen des im Rechtsstreit um seine Existenz nach allgemeinen Regeln als parteifähig behandelten Subjekts nicht hinreichend Rechnung. Lässt sich hingegen die nichtexistente Partei in der **Sache** ein, liegt ein wirksames Prozesshandeln eines als Partei geltenden Rechtssubjekts nicht vor; erstattungsfähige Kosten aus prozessleitenden Maßnahmen, etwa der Bestellung eines Anwalts, können dann nicht entstehen.[80] Auch berechtigte Interessen gebieten insoweit nicht die Fiktion der Existenz. In Erscheinung getreten ist dann vielmehr eine Drittperson, die sich – obzwar nicht als Partei – auf den Rechtsstreit eingelassen hat. Ob ihr Prozesskosten, namentlich Aufwendungen als Auftraggeber eines Anwalts, zu erstatten sind, bestimmt sich ausschließlich nach materiellem Recht und kann im Kostenfestsetzungsverfahren nicht geklärt werden.[81]

31 Das vorgenannte Problem tritt nicht auf, wenn bereits die **Auslegung** der Klageschrift ergibt, dass statt des in der darin bezeichneten Form nicht existenten Beklagten in Wahrheit eine andere,

---

[69] BGH NJW-RR 2005, 725, 726.
[70] BGH NJW-RR 2005, 725, 726.
[71] OLG Koblenz Rpfleger 1988, 444; OLG München NJW 1975, 1366.
[72] OLG Koblenz MDR 1986, 764.
[73] BGH NJW-RR 2004, 1505, 1506; OLG Saarbrücken OLGR 2002, 259, 260; OLG Hamburg MDR 1989, 826; KG MDR 1970, 429.
[74] BGH NJW 1993, 2943, 2944; OLG München NJW-RR 1999, 1264.
[75] BGH NJW 1982, 238.
[76] BGH NJW-RR 2004, 1505, 1506.
[77] OLG Saarbrücken OLGR 2002, 259, 260; OLG München NJW-RR 1999, 1264, 1265; OLG Hamburg MDR 1976, 845, 846; aM OLG Zweibrücken JurBüro 2005, 89; OLG Brandenburg NJW-RR 2002, 1217; OLG Koblenz NJW-RR 2001, 285, 286.
[78] OLG München NJW-RR 1999, 1264, 1265.
[79] OLG Bamberg OLGR 2001, 223; OLG Hamburg MDR 1976, 845, 846.
[80] BGH NJW-RR 2004, 1505, 1506.
[81] BGH NJW-RR 2004, 1505, 1506.

tatsächlich **existierende** Partei – wenn auch unter unrichtigem Namen – verklagt werden soll. Dann ist die tatsächlich verklagte Partei im Verfahren nach § 103ff. ohne weiteres antragsberechtigt.[82] Ein fehlerhaftes Rubrum der Kostengrundentscheidung hindert die Kostenfestsetzungsinstanzen nicht, Kosten zugunsten des tatsächlich Berechtigten festzusetzen, weil eine Rubrumsberichtigung der Kostengrundentscheidung, ebenso wie einer solchen des Kostenfestsetzungsbeschlusses jederzeit nach § 319 möglich ist.[83]

Im umgekehrten Fall des **Aktivprozesses** gilt eine juristische Person trotz Löschung und Liquidation (zB § 60 Abs. 1 Nr. 7 GmbHG) im Stadium des Kostenfestsetzungsverfahrens noch solange als **parteifähig,** als ihr mit dem behaupteten Kostenerstattungsanspruch noch ein verwertbarer Vermögensgegenstand zusteht.[84] Denn trotz Auflösung wird das Gesellschaftsverhältnis insofern nicht beendet, soweit noch laufende Geschäfte abzuwickeln sind und die juristische Person bis dahin – ggf. unerkannt – als Liquidationsgesellschaft fortbesteht.[85] 32

e) Rechtsschutzinteresse. Das Kostenfestsetzungsverfahren setzt, wie die Klage, das Rechtsschutzinteresse des Antragstellers voraus.[86] Zwar wird in dieser Hinsicht eine Prüfung meist nicht veranlasst sein, doch ist von Amts wegen Zweifeln nachzugehen, falls ausnahmsweise **materiellrechtliche** Einwendungen oder Einreden durchgreifen (hierzu § 104 Rn. 31ff.), etwa die angemeldeten Kosten **unstreitig** vollständig **bezahlt** sind[87] oder der Kostengläubiger sich im **Annahmeverzug** befindet[88] oder wenn die Anzeige der **Masseunzulänglichkeit** einer späteren Kostenvollstreckung entgegensteht (näher Rn. 46f.). In solchen Fällen ist der Gläubiger auf den Erlass eines Kostenfestsetzungsbeschlusses nicht einmal unter dem Aspekt einer drohenden Rückforderung aus ungerechtfertigter Bereicherung angewiesen; denn bereits die Kostengrundentscheidung schafft in Verbindung mit dem Festsetzungsgesuch den Rechtsgrund für den dauerhaften Bestand einer geleisteten Zahlung.[89] Dem Antragsteller fehlt ferner das Rechtsschutzinteresse, wenn eine **Rechtsschutzversicherung** ihm bereits die Kosten erstattet hat und der Erstattungsanspruch gem. § 61 Abs. 1 S. 1 VVG auf diese übergegangen ist.[90] 33

Ein trotz mangelndem Rechtsschutzinteresse gestelltes Kostenfestsetzungsgesuch ist idR als **unzulässig** zu verwerfen. Ausnahmsweise kann es jedoch angezeigt sein, den prozessualen Kostenerstattungsanspruch durch **Feststellungsbeschluss** betragsmäßig auszuweisen (hierzu § 104 Rn. 60). 34

f) Prozessuale Verwirkung. Umstritten ist, ob einem Kostenfestsetzungsantrag unter dem Aspekt des Missbrauchs verfahrensrechtlicher Befugnisse, wozu allerdings bloße Untätigkeit über einen längeren Zeitraum hinweg allein nicht ausreichen soll, prozessuale Verwirkung entgegengehalten werden kann.[91] Die herrschende Auffassung lehnt einen solchen Ansatz zurecht ab.[92] Berücksichtigt man, dass nach allgemeiner Meinung ein **materiellrechtlicher,** den Kostenerstattungsanspruch hemmender Verwirkungseinwand nur unter engen Voraussetzungen, insbesondere Unstreitigkeit, in Betracht kommt (hierzu § 104 Rn. 43), führt die Annahme einer prozessualen Verwirkung zu Friktionen. Denn ob sich eine Verwirkung als unzulässige materiellrechtliche Rechtsausübung (bezogen auf den Kostenerstattungsanspruch) oder als reiner Verfahrenseinwand darstellt, lässt sich allenfalls in der Theorie, kaum aber praktisch unterscheiden.[93] In beiden Fällen wären die gleichen tatsächlichen Umstände zu prüfen, zu deren Ermittlung das Verfahren nach §§ 103, 104 ungeeignet erscheint[94] (vgl. Rn. 1). 35

2. Antragsbezogene Voraussetzungen. a) Form. Der Kostenfestsetzungsantrag muss in **schriftlicher Form** eingereicht oder zu **Protokoll** der Geschäftsstelle des zuständigen Gerichts erklärt werden. Im Falle des § 105 Abs. 3 entfällt das Antragserfordernis (vgl. § 105 Rn. 10). Der Antrag ist nicht fristgebunden. Das Festsetzungsgesuch eines beigeordneten **PKH-Rechtsanwalts** muss erkennen lassen, ob es gem. **§ 126** im eigenen Namen (vgl. Vor §§ 91ff. Rn. 12) oder dem 36

---

[82] BGH NJW-RR 2004, 501.
[83] BGH NJW-RR 2004, 501 aE.
[84] OLG Koblenz NJW-RR 2004, 1222, 1223; NJW-RR 1991, 808.
[85] BGH NJW-RR 1986, 394 (für aufgelöste Genossenschaft).
[86] BGH Rpfleger 2005, 382.
[87] OLG Düsseldorf JurBüro 2004, 321.
[88] LG Berlin JurBüro 1989, 1703.
[89] OLG Düsseldorf JurBüro 2004, 321.
[90] OLG Frankfurt OLGR 1994, 24.
[91] Bejahend KG JW 1939, 170; OLG Frankfurt Rpfleger 1977, 261; OLG Bamberg JurBüro 1987, 1412, 1413.
[92] OLG Frankfurt OLGR 2004, 315, 316; KG Rpfleger 1994, 385; OLG Karlsruhe FamRZ 1993, 1228.
[93] KG Rpfleger 1994, 385.
[94] OLG Frankfurt OLGR 2004, 315, 316.

der Partei angebracht wird. Unklarheiten sind grds. aufzuklären;[95] im Zweifel gilt der Antrag als namens der Partei gestellt[96] (vgl. aber § 104 Rn. 73). Auch auf die Abgrenzung gegenüber einem Antrag nach § 11 RVG auf Vergütungsfestsetzung gegen den Auftraggeber (vgl. Vor §§ 91 ff. Rn. 11) ist beim Anwaltsgesuch zu achten. Ohne Belang ist, ob der Anwalt die Festsetzung in der Ich-Form beantragt; liegen keine sonstigen Anhaltspunkte vor, ist von einer im Namen der Partei beantragten Verfahren nach §§ 103 ff. auszugehen.[97]

37 **b) Anwaltliche Vertretung.** Weder für die Anbringung des Festsetzungsantrags noch für eine gegen diesen gerichtete Rechtsverteidigung besteht Anwaltszwang (§ 13 RpflG). Auch im Erinnerungs- und Beschwerdeverfahren ist anwaltliche Vertretung nicht erforderlich (vgl. § 104 Rn. 88, 117). Die dem erstinstanzlichen Prozessbevollmächtigten erteilte Vollmacht erstreckt sich, so nichts anderes festgelegt ist, ohne weiteres auch auf die Vertretung im Festsetzungsverfahren.[98] Der Anwalt der höheren Instanz benötigt hingegen für das Festsetzungsverfahren eine besondere Vollmacht.[99] Das Erlöschen der Vollmacht wird allein durch Anzeige nach § 87 Abs. 1 wirksam.[100]

38 **c) Vorlage des Titels.** Grundsätzlich ist weder Vorlage des Titels noch die einer **vollstreckbaren Ausfertigung** erforderlich. Nur in den Fällen einer **Titelumschreibung** muss entweder mit dem Kostenfestsetzungsgesuch ein Antrag auf Erteilung der Vollstreckungsklausel nach §§ 727 ff. verbunden oder eine hiernach erteilte vollstreckbare Ausfertigung (vgl. Rn. 24) vorgelegt werden. Umschreibungsantrag und Ausfertigung können sich auf den Kostenerstattungsanspruch beschränken.

39 **d) Kostenberechnung.** Dem Festsetzungsantrag ist gem. § 103 Abs. 2 S. 2 eine Kostenberechnung nebst Abschrift für den Gegner beizufügen. Sie besteht aus einer geordneten und nachvollziehbaren Zusammenstellung der einzelnen Posten, unter Angabe von Grund, Datum und Betrag der Aufwendungen.[101] Weder ist vorausgesetzt, dass der Prozessbevollmächtigte persönlich die Berechnung (auch der Anwaltskosten) vornimmt, noch dass er sie unterzeichnet.[102] Soweit erforderlich, sind nach § 103 Abs. 2 S. 2 entsprechende **Belege** einzureichen; zur **Glaubhaftmachung** des Anfalls der einzelnen Ansätze vgl. § 104 Rn. 11 ff., zur Umsatzsteuer § 104 Rn. 14 ff..

40 Gemeinsame außergerichtliche Kosten (Nr. 1008 VV RVG) mehrerer von einem Prozessbevollmächtigten vertretenen **Streitgenossen** können ohne Angabe eines Beteiligungsverhältnisses geltend gemacht werden. Werden dagegen die Erstattungsberechtigten von mehreren Anwälten vertreten, sind die Kosten getrennt nach Parteien geltend zu machen, da diesen der Erstattungsanspruch nicht als Gesamt-, sondern als Anteilsgläubiger zusteht.[103]

41 **e) Nachfestsetzung.** Die Nachfestsetzung (hierzu § 104 Rn. 129) **nicht beanspruchter** Gebühren und Auslagen ist, soweit nicht die Rechtskraft einer früheren Entscheidung entgegensteht (vgl. § 104 Rn. 127), grds. uneingeschränkt zulässig. Das gilt, wenn einzelne Kosten bislang überhaupt nicht festgesetzt sind, aber auch dann, wenn es sich um den Mehrbetrag eines schon zugesprochenen Ansatzes handelt, zB infolge Erhöhung eines zu niedrigen Streitwerts[104] (vgl. § 107). Auch Kosten, über die der Rechtspfleger in einem Festsetzungsverfahren irrtümlich nicht entschieden hat, können außerhalb der Frist des § 321 Abs. 2 erneut angemeldet werden.[105]

42 **3. Gerichtsbezogene Voraussetzungen.** Der Kostenfestsetzungsantrag ist gem. § 103 Abs. 2 S. 1 bei dem Gericht des ersten Rechtszugs anzubringen, das gem. § 104 Abs. 1 insoweit auch zur Entscheidung berufen ist. Hinsichtlich der Einzelheiten der **Zuständigkeit** wird auf die Erläuterungen zu § 104 unter Rn. 2 bis 6 verwiesen.

43 **4. Verfahrensstillstand. a) Unterbrechung und Aussetzung des Hauptverfahrens.** Die Vorschriften über Unterbrechung und Aussetzung (§§ 239 ff.) finden auf das **Kostenfestsetzungsverfahren** auf Grund seiner Nachrangigkeit gegenüber dem Erkenntnisverfahren zumindest entsprechende Anwendung.[106] Ist das Hauptverfahren ausgesetzt oder unterbrochen, hindert das daher ohne

---

[95] OLG Hamburg JurBüro 1982, 1179, 1180 m. Anm. *Mümmler.*

[96] OLG Rostock MDR 2006, 418; OLG Brandenburg FamRZ 1999, 1218; OLG Koblenz JurBüro 1982, 775, 776 m. Anm. *Mümmler.*

[97] OLG Koblenz JurBüro 2002, 199, 200.

[98] OLG Hamm Rpfleger 1978, 422.

[99] OLG München Rpfleger 1979, 465; OLG Köln KostRspr. Nr. 34.

[100] OLG München Rpfleger 1979, 465; OLG Koblenz Rpfleger 1978, 261.

[101] OLG Brandenburg AnwBl. 2001, 306.

[102] OLG Brandenburg AnwBl. 2001, 306.

[103] OLG München JurBüro 1981, 1512.

[104] OLG Hamm JurBüro 1982, 450; KG Rpfleger 1975, 324; OLG Hamburg JurBüro 1978, 1882.

[105] KG JurBüro 1980, 764; OLG München Rpfleger 1987, 262.

[106] KG NJW-RR 2000, 731; MDR 1970, 429; OLG München Rpfleger 1974, 368; OLG Köln JurBüro 1974, 373.

weiteres die Festsetzung der Prozesskosten im **Verfahren nach §§ 103 ff.**[107] Dies gilt bei einer das Verfahren in seiner Gesamtheit erfassenden Aussetzungsentscheidung selbst dann, wenn der Aussetzungsgrund weder den Antragsteller noch den Antragsgegner des Festsetzungsverfahrens betrifft.[108] Auch die Festsetzung der Kosten einer **abgeschlossenen Instanz** ist nicht mehr zulässig, wenn die Aussetzungs- bzw. Unterbrechungswirkung erst in einem **späteren Rechtszug** eintritt und die vorinstanzliche Kostengrundentscheidung damit nicht rechtskräftig wird.[109] Trotz des nicht eindeutigen Wortlauts von § 240 S. 1 bzw. § 246 1. Halbs. spricht hierfür entscheidend die Gesetzessystematik, weil § 104 Abs. 3 S. 2 eine Aussetzung des Beschwerdeverfahrens bis zur Rechtskraft der Kostengrundentscheidung ermöglicht und damit zumindest mittelbar deren Vorrang unterstreicht.[110] Wird hingegen ein Prozess nach Unterbrechung gegen den Insolvenzverwalter erneut **aufgenommen,** ist der Weg für eine sich anschließende Kostenfestsetzung frei, und zwar ohne dass insoweit zwischen den vor und nach Insolvenzeröffnung entstandenen Kosten zu differenzieren wäre.[111]

In entsprechender Weise bringt die Anordnung des **Ruhens** (§ 251) des Hauptverfahrens das Festsetzungsverfahren ebenfalls zum Ruhen.[112] Die Gegenauffassung trägt der bloßen Annexfunktion des Festsetzungsverfahrens, das lediglich der betragsmäßigen Ausfüllung der Kostenlast dient (vgl. Rn. 1), nicht hinreichend Rechnung. 44

b) Selbstständige Unterbrechung und Aussetzung des Kostenfestsetzungsverfahrens. 45
Ist das Hauptverfahren bereits **rechtskräftig abgeschlossen,** darf einem Festsetzungsantrag nicht mehr entsprochen werden, wenn ein Grund gegeben ist, der zur Unterbrechung eines noch laufenden Hauptverfahrens führen würde, wie dies zB im Falle der Eröffnung des Insolvenzverfahrens über das Vermögen der erstattungspflichtigen Partei zutrifft (§§ 87 InsO, 240). Ist nur noch das Festsetzungsverfahren anhängig, wird dieses daher **selbstständig unterbrochen.**[113] Zu beachten ist aber, dass eine Insolvenzeröffnung **nach Existentwerden** des Kostenfestsetzungsbeschlusses (Hinausgabe in das Postausgangsfach der Geschäftsstelle) keine Unterbrechungswirkung mehr entfaltet.[114] Die Rechtslage ist vergleichbar dem Fall einer Insolvenzeröffnung nach Schluss der mündlichen Verhandlung (§ 249 Abs. 3). Auch seine gesonderte **Aussetzung,** zB auf Antrag nach § 246, ist möglich. Für letzteres ist allerdings kein Raum mehr, wenn der Grund für die Aussetzung bereits **vor Erlass** der Kostengrundentscheidung gegeben, die Aussetzung des Hauptverfahrens jedoch nicht beantragt war;[115] denn auch insoweit kommt der Vorrang des Hauptverfahrens zum Tragen. Wegen der zusätzlichen Möglichkeit der Aussetzung nach § 104 Abs. 3 S. 2 sowie der Aussetzung der Vollziehung des Kostenfestsetzungsbeschlusses wird auf § 104 Rn. 97 verwiesen.

c) Masseunzulänglichkeit. Wird während oder nach Abschluss des Erkenntnisverfahrens Masseunzulänglichkeit gem. § 208 InsO angezeigt, ist der Erlass eines Kostenfestsetzungsbeschlusses **unzulässig,** soweit er vor dieser Anzeige entstandene Kosten (sog. **Altmasseverbindlichkeiten**) zum Gegenstand hat.[116] Da der prozessuale Kostenerstattungsanspruch bereits mit Rechtshängigkeit der Klage aufschiebend bedingt zur Entstehung gelangt (vgl. Vor §§ 91 ff. Rn. 15), stellen ab diesem Zeitpunkt angefallene prozessuale Kosten Altmasseverbindlichkeiten iSv. § 209 Abs. 1 Nr. 3 InsO dar. Nach § 210 InsO besteht hinsichtlich solcher Verbindlichkeiten ein Vollstreckungsverbot, das dem Erstattungsberechtigten als Altmassegläubiger das Rechtsschutzinteresse (vgl. Rn. 33) nimmt, zu seinen Gunsten später ohnehin nicht vollstreckbare Kosten festsetzen zu lassen. 46

Ebenso verhält es sich mit erst nach einer Anzeige iSv. § 208 InsO entstandenen Prozesskosten, falls der Insolvenzverwalter darlegen und mit den im Festsetzungsverfahren statthaften Beweismitteln glaubhaft machen kann, dass auch diese als sog. **Neumasseverbindlichkeiten** nicht aus der 47

---

[107] BGH Rpfleger 2005, 695, 696; OLG Hamm Rpfleger 1988, 379; einschränkend OLG München MDR 1990, 252.

[108] OLG Koblenz NJW-RR 2005, 512 (LS); OLG Hamm MDR 1988, 870.

[109] BGH Rpfleger 2005, 695, 696; OLG Brandenburg NJW-RR 2000, 265, 266; KG NJW-RR 2000, 731; aM OLG Koblenz Rpfleger 1991, 335; OLG Hamburg MDR 1990, 349; *Zöller/Herget* Rn. 21 „Unterbrechung".

[110] BGH Rpfleger 2005, 695, 696.

[111] OLG Düsseldorf Rpfleger 2005, 485.

[112] *Stein/Jonas/Bork* Rn. 2; *Zöller/Herget* Rn. 21 „Ruhen des Verfahrens"; aM OLG Naumburg JurBüro 1994, 686; *Musielak/Wolst* § 104 Rn. 11.

[113] OLG Brandenburg OLGR 2007, 424, 425; OLG München ZIP 2003, 2318; OLG Düsseldorf Rpfleger 1997, 84.

[114] OLG Hamm OLGR 2004, 12 (LS).

[115] KG Rpfleger 1970, 177.

[116] BGH Rpfleger 2005, 382; OLG Brandenburg Rpfleger 2006, 440, 441; OLG Schleswig OLGR 2005, 486; LAG Thüringen Rpfleger 2005, 219, 220; OLG München ZIP 2004, 2248; OLGR 2004, 71; LAG Düsseldorf NZI 2003, 622; aM OLG Naumburg Rpfleger 2002, 332; OLG Hamm ZIP 2002, 993; OLG Koblenz AGS 2002, 262; OLG München ZIP 2000, 555.

vorhandenen Masse getilgt werden können und insoweit gegenüber den Neumassegläubigern (erneut) Masseunzulänglichkeit eingetreten ist;[117] der vorausgegangenen Masseunzulänglichkeitsanzeige kommt dabei allerdings keine Indizwirkung zu.[118] Misslingt der Nachweis, ist der Kostenfestsetzungsbeschluss zu erlassen und der Verwalter ggf. auf eine Vollstreckungsabwehrklage zu verweisen.[119] Diese Grundsätze verletzen nicht die Regel, wonach materiellrechtliche Einwendungen im Verfahren nach §§ 103 ff. idR unbeachtlich sind. Denn das Vollstreckungsverbot schafft eine für die Beurteilung des Rechtsschutzinteresses maßgebliche Verfahrenstatsache, die der Rechtspfleger ohne weiteres anhand der Akten ermitteln kann (vgl. § 104 Rn. 32). Da Beschwerde- bzw. Erinnerungsgericht volle Tatsacheninstanzen sind (§§ 11 Abs. 2 S. 4 RpflG, 571 Abs. 2 S. 1), ist auch eine erst **nach Anfechtung** eines Kostenfestsetzungsbeschlusses im Laufe des Rechtsmittelverfahrens eingetretene Masseunzulänglichkeit zu berücksichtigen.[120] Zur Möglichkeit eines feststellenden Kostenfestsetzungsbeschluss vgl. § 104 Rn. 60.

48 **d) Fehlerfolgen.** Ergeht ein nach Maßgabe vorgenannter Grundsätze an sich unzulässiger Kostenfestsetzungsbeschluss, so ist dieser gleichwohl nicht **nichtig,** sondern muss auf Grund seines verfahrensrechtlichen Mangels mit dem jeweils statthaftem Rechtsmittel (vgl. § 104 Rn. 72 ff., 112 ff.) angefochten werden.[121]

IV. Gegenstand der Kostenfestsetzung

49 **1. Geltendmachung des prozessualen Kostenerstattungsanspruchs.** Auf Grundlage eines Kostentitels iSv. Rn. 3 ff. kann unter den dargelegten Voraussetzungen gem. § 103 Abs. 1 der „Anspruch auf Erstattung der Prozesskosten“ geltend gemacht werden. Gegenstand des Verfahrens ist danach allein der prozessuale Kostenerstattungsanspruch (zur Abgrenzung zum materiellen Kostenerstattungsanspruch vgl. Vor §§ 91 ff. Rn. 8, 14 ff.).

50 **2. Prozesskosten.** Grundsätzlich decken sich die in § 103 Abs. 1 zur Festsetzung bestimmten Prozesskosten mit den nach **§ 91 Abs. 1 S. 1** erstattungsfähigen „Kosten des Rechtsstreits“. Hinsichtlich des Erstattungsumfangs kann deshalb zunächst auf die Ausführungen zu § 91 Rn. 18 bis 35 verwiesen werden. Hiernach sind **vor-** oder **außergerichtlich** angefallene Kosten nur dann zu berücksichtigen, wenn ihre Entstehung auf einem hinreichend konkreten Zusammenhang zum Prozess (Merkmal der Prozessbezogenheit) beruht (hierzu § 91 Rn. 33 bis 35, 89). Umgekehrt können Prozesskosten nicht in einem anderweitig anhängigen Rechtsstreit geltend gemacht werden (vgl. Rn. 11, Vor §§ 91 ff. Rn. 17). Dient eine kostenauslösende Maßnahme (zB die Einholung eines Privatgutachtens) **mehreren Verfahren,** sind ihre Kosten diesen **anteilig** zuzuordnen (vgl. § 91 Rn. 25, 113, 124, 131). Bezogen auf das Feststellungsverfahren sei noch ergänzend auf Folgendes hingewiesen:

51 **a) Selbstständiges Beweisverfahren.** Soweit dem Rechtsstreit über denselben Streitgegenstand und bei Parteiidentität ein selbstständiges Beweisverfahren vorausging, zählen dessen Gerichtskosten zu den **Gerichtskosten** des Hauptsacheprozesses und können dort auch dann festgesetzt werden, wenn sie in der Kostengrundentscheidung unerwähnt bleiben. Hinsichtlich der Einzelheiten wird auf § 91 Rn. 23 ff. verwiesen. Entsprechendes gilt bei Kostenübernahme durch Prozessvergleich (vgl. § 98 Rn. 19 f.). Sind die Parteien des Beweisverfahrens mit denen des Hauptprozesses nur teilweise identisch, können die dem Beweisverfahren zuzurechnenden Kosten nur zwischen den an beiden Verfahren beteiligten Parteien festgesetzt werden.[122] Bleibt die Hauptsacheklage hinter dem Gegenstand des Beweisverfahrens zurück, können dem Antragsteller analog **§ 96** die durch den überschießenden Teil des letzteren entstandenen Kosten auferlegt werden (näher § 91 Rn. 25). Notwendig ist aber insoweit ein dahingehender Ausspruch der **Kostengrundentscheidung** (zu deren Bindungswirkung vgl. § 104 Rn. 55); eine auf § 96 gestützte Korrektur allein im Rahmen der Kostenfestsetzung kommt nicht in Betracht.[123]

52 Eine Entscheidung in der Hauptsache und damit ein geeigneter Titel zur Festsetzung der Kosten eines vorausgegangenen selbstständigen Beweisverfahrens stellt auch der nach Klagerücknahme gem. § 269 Abs. 4 ergehende Beschluss dar[124] (vgl. Rn. 5). Die Berücksichtigung bei der Fest-

---

[117] BGH ZIP 2005, 1983, 1984; OLG Karlsruhe OLGR 2005, 597, 598.
[118] BGH ZinsO 2004, 674, 676.
[119] BGH ZIP 2005, 1983, 1984; BAG ZinsO 2005, 50, 52.
[120] OLG Düsseldorf NJW-RR 2006, 1557 (LS).
[121] OLG Stuttgart Die Justiz 1977, 61; OLG Düsseldorf Rpfleger 1997, 84.
[122] OLG Hamburg JurBüro 1994, 105; OLG Frankfurt MDR 1984, 320.
[123] BGH NJW-RR 2006, 810, 811; NZBau 2005, 44, 45; OLG Stuttgart OLGR 2005, 310, 311.
[124] OLG Stuttgart Die Justiz 1988, 26; OLG Celle JurBüro 1984, 1581; aM OLG Schleswig JurBüro 1995, 36; OLG München Rpfleger 1987, 215; OLG Koblenz JurBüro 1984, 924; OLG Frankfurt JurBüro 1982, 1567.

setzung ist nicht zuletzt im Hinblick darauf, dass es häufig zu einem erneuten Verfahren nicht kommen wird, aus Gründen der Praktikabilität geboten.

b) Vor- und außergerichtliche Kosten. Im Verfahren nach §§ 103, 104 grds. nicht festsetzbar sind **vor** oder **außerhalb** des Prozesses entstandene Kosten (eingehend § 91 Rn. 31 ff., 89), zB Gebühren einer vorgerichtlichen Anwaltsberatung (hierzu § 91 Rn. 92) oder einer Abmahnung (vgl. § 91 Rn. 83), eine im Rahmen außergerichtlicher Einigungsgespräche entstandene anwaltliche Terminsgebühr nach Teil 3 Vorbem. 3 Abs. 3 VV RVG (hierzu § 91 Rn. 93), Kosten des Leasingnehmers aus einem Vorprozess gegen den Lieferanten im Prozess gegen den Leasinggeber,[125] Kreditkosten zur Finanzierung des Rechtsstreits (näher § 91 Rn. 150) oder Aufwendungen im Verfahren einer Verfassungsbeschwerde nach §§ 90 ff. BVerfGG.[126] Die Ausblendung solcher Kosten folgt insbesondere aus dem **Normzweck,** wie er das stark formalisierte Festsetzungsverfahren in seiner auf eine vereinfachte, rasche und praktikable Überprüfung zugeschnittenen Ausgestaltung prägt (vgl. Rn. 1). 53

c) Verfahrensmehrheit. Der prozessuale Kostenerstattungsanspruch kann in keinem anderweitigen Prozess, sondern nur im Rahmen des Rechtsstreits geltendgemacht werden, in dem er entsteht.[127] Ergehen Kostengrundentscheidungen in mehreren **sachlich zusammengehörenden,** aber **formal getrennt** – verfahrenstechnisch mit eigenen Aktenzeichen – geführten Prozessen, kann der Rechtspfleger die im Erkenntnisverfahren versäumte **Verbindung** (§ 147) im Stadium der Kostenfestsetzung nicht mehr nachholen.[128] Er hat also die Kostenfestsetzung jeweils gesondert durchzuführen. Doch ist im Festsetzungsverfahren zu prüfen, ob die Geltendmachung von Ansprüchen in mehreren beim Prozessgericht oder an anderen Gerichten anhängig gemachten Prozessen zu nicht vertretbaren Mehrkosten (hierzu § 91 Rn. 110 f.) geführt hat.[129] Die Gegenauffassung[130] verdient keine Zustimmung, weil sie die schon aus Gründen der Billigkeit gebotene Korrektur **rechtsmissbräuchlicher** Kostenkumulierung (vgl. § 91 Rn. 41) verhindert oder zumindest erschwert. Der Einwand missbräuchlicher Verfahrenstrennung kann für das zuletzt anhängige Klageverfahren auch noch nach rechtskräftigem Abschluss der Kostenfestsetzung im vorausgegangenen Klageverfahren erhoben werden.[131] Zur Kostenfestsetzung bei einem mehrere rechtshängige Verfahren einbeziehenden **Gesamtvergleich** vgl. Rn. 11. 54

d) Prozessvergleich und außergerichtlicher Vergleich. Zum Umfang der Kostenerstattung bei einem Prozessvergleich wird auf die Erläuterungen zu § 98 Rn. 14–22, zu dessen Erstreckung auf einen Nebenintervenienten auf § 101 Rn. 25 ff. verwiesen. Der außergerichtliche Vergleich vermag mangels Titelqualität nicht Grundlage eines Kostenfestsetzungsverfahrens zu sein (vgl. Rn. 16), doch kommt stattdessen als Kostentitel ein deklaratorischer Gerichtsbeschluss in Betracht (hierzu § 98 Rn. 27 ff., 33). Nicht erstattungsfähig sind die Kosten des außergerichtlichen Vergleichs selbst (vgl. § 98 Rn. 34). 55

§ 104 Kostenfestsetzungsverfahren

(1) ¹Über den Festsetzungsantrag entscheidet das Gericht des ersten Rechtszuges. ²Auf Antrag ist auszusprechen, dass die festgesetzten Kosten vom Eingang des Festsetzungsantrags, im Falle des § 105 Abs. 3 von der Verkündung des Urteils ab mit fünf Prozentpunkten über dem Basiszinssatz nach § 247 des Bürgerlichen Gesetzbuchs zu verzinsen sind. ³Die Entscheidung ist, sofern dem Antrag ganz oder teilweise entsprochen wird, dem Gegner des Antragstellers unter Beifügung einer Abschrift der Kostenrechnung von Amts wegen zuzustellen. ⁴Dem Antragsteller ist die Entscheidung nur dann von Amts wegen zuzustellen, wenn der Antrag ganz oder teilweise zurückgewiesen wird; im Übrigen ergeht die Mitteilung formlos.

(2) ¹Zur Berücksichtigung eines Ansatzes genügt, dass er glaubhaft gemacht ist. ²Hinsichtlich der einem Rechtsanwalt erwachsenen Auslagen für Post- und Telekom-

[125] OLG Koblenz JurBüro 1985, 620.
[126] OLG München JurBüro 1979, 603.
[127] BGH NJW 1983, 284; OLG München ZIP 2003, 2318, 2319; OLG Köln MDR 1981, 763.
[128] OLG Stuttgart Rpfleger 2001, 617; OLG Hamm JurBüro 1981, 448.
[129] BGH NJW 2007, 2257 Rn. 14; KG OLGR 2007, 79; OLG Hamburg MDR 2003, 1381, 1382; OLG Naumburg OLGR 2003, 284; OLG Stuttgart Rpfleger 2001, 617; OLG Zweibrücken Rpfleger 1993, 41; OLG Koblenz JurBüro 1990, 58; KG JurBüro 1989, 1698; OLG München MDR 1987, 677.
[130] OLG Bamberg JurBüro 1983, 130; OLG Hamm JurBüro 1981, 448, 449; *Belz,* in: 2. Aufl. Rn. 51.
[131] KG OLGR 2007, 79, 80.

munikationsdienstleistungen genügt die Versicherung des Rechtsanwalts, dass diese Auslagen entstanden sind. [3] Zur Berücksichtigung von Umsatzsteuerbeträgen genügt die Erklärung des Antragstellers, dass er die Beträge nicht als Vorsteuer abziehen kann.

(3) [1] Gegen die Entscheidung findet sofortige Beschwerde statt. [2] Das Beschwerdegericht kann das Verfahren aussetzen, bis die Entscheidung, auf die der Festsetzungsantrag gestützt wird, rechtskräftig ist.

Übersicht

I. Normzweck

Die Bestimmung regelt im Anschluss an die in § 103 normierten Formalien des Kostenfestsetzungsantrags dessen weitere Behandlung und Entscheidung bei Gericht. Sie greift dabei einzelne für die Praxis bedeutsame formale und materielle **Verfahrensaspekte,** wie Darlegungs- und Nachweisanforderungen oder die Höhe einer Verzinsung, heraus und legt ergänzend den **Rechtsschutz** gegen Kostenfestsetzungsbeschlüsse fest, der zugleich im Kontext der für Rechtspflegerentscheidungen maßgebenden Rechtsbehelfssystematik zu betrachten ist. 1

II. Zuständigkeit und allgemeine Verfahrensgrundsätze

1. Zuständigkeit. a) Gericht des ersten Rechtszugs. Für die Kostenfestsetzung ist gem. § 104 Abs. 1 S. 1 das Gericht des ersten Rechtszugs **örtlich** und **instanziell** ausschließlich zuständig. Das betrifft rechtszugübergreifend die Kosten **aller Instanzen** und gilt selbst dann, wenn ein Arrest- oder einstweiliges Verfügungsverfahren nach § 943 Abs. 1 oder eine Restitutionsklage nach § 584 Abs. 1 unmittelbar beim Berufungsgericht anhängig gemacht wurden.[1] Kosten, die auf Grund einer Entscheidung des nach §§ 375, 400, 380, 409 beauftragten oder ersuchten Richters (vgl. § 103 Rn. 5) entstehen, unterliegen der Festsetzung durch das Rechtshilfegericht, welches zuvor die Kostengrundentscheidung, dh. in diesem Falle den Ordnungsgeldbeschluss, erlassen hat.[2] 2

Bei **Verweisung** eines Rechtsstreits an ein anderes erstinstanzliches Gericht geht die Zuständigkeit für die Kostenfestsetzung insgesamt, einschließlich solcher nach § 281 Abs. 3 S. 1, auf dieses Gericht über. Gleiches gilt für die Verweisung von der Berufungskammer des Landgerichts an das Landgericht als Eingangsinstanz oder vom Berufungsgericht an das Arbeitsgericht.[3] 3

Ergeht im Falle der Rücknahme eines **Mahnbescheids** vor Überleitung ins streitige Verfahren eine Kostenentscheidung (hierzu § 91 Rn. 28), so ist für das nachfolgende Festsetzungsverfahren in jedem Falle das **Streitgericht** zuständig. Das gilt selbst dann, wenn die Kostenentscheidung vom Mahngericht getroffen wurde und das Streitgericht erstmals im Rahmen der Kostenfestsetzung mit der Sache befasst wird.[4] Sind aus einem **Vollstreckungsbescheid** ausnahmsweise in einem gesonderten Verfahren nach §§ 103, 104 Zinsen oder sonstige Kosten, auch solche der Zwangsvollstreckung,[5] festzusetzen, ist unter Heranziehung des in § 796 Abs. 3 verankerten Rechtsgedankens anstelle des Mahngerichts ebenfalls das Gericht zuständig, das für eine Entscheidung im Streitverfahren zuständig gewesen wäre, und zwar auch dann, wenn es damit zu keiner Zeit befasst gewesen war.[6] 4

Zwangsvollstreckungskosten sind nach Maßgabe des **§ 788** vom Schuldner zu erstatten. Zuständig für die Festsetzung ist nach § 788 Abs. 2 S. 1 das **Vollstreckungsgericht,** mit Ausnahme einer Vollstreckung nach den Vorschriften der §§ 887, 888 und 890, über deren Festsetzung das Prozessgericht des ersten Rechtszuges entscheidet. Hinsichtlich der Einzelheiten wird auf die Kommentierung des § 788 verwiesen. Das Vollstreckungsgericht ist ebenfalls zuständig für Zwangsvollstreckungskosten aus einer vollstreckbaren Urkunde, da es hier an einem Prozessgericht des ersten Rechtszuges mangelt.[7] Während allgemeine Prozessfinanzierungskosten, auch in der Form entgangener Anlagezinsen, generell nicht erstattungsfähig sind (vgl. § 91 Rn. 150), gelten **Avalkosten,** 5

---

[1] OLG München Rpfleger 1973, 318.

[2] BGH NJW-RR 2005, 725, 726 (zugleich zur Frage der internationalen Zuständigkeit); aM *Belz,* in: 2. Aufl. § 103 Rn. 57.

[3] LAG Frankfurt KostRspr. Nr. 28; aM OLG Oldenburg AnwBl. 1973, 111.

[4] OLG Köln NJW-RR 1999, 1737.

[5] BGH NJW-RR 1988, 168, 187; OLG Stuttgart JurBüro 1988, 1033.

[6] BayObLG NJW-RR 2005, 1012, 1013; Rpfleger 2003, 35, 36.

[7] KG Rpfleger 1986, 404; LG Berlin JurBüro 1986, 929.

dh. Kosten einer Bürgschaft zur Abwendung einer Zwangsvollstreckung als Kosten des Rechtsstreits im weiteren Sinne (näher § 108 Rn. 66) und sind daher zu erstatten. Zuständiges Gericht ist insoweit das **Prozessgericht.**[8] § 788 Abs. 2 ist nicht einschlägig, weil diese Kosten gerade der **Vermeidung** des Vollstreckungsverfahrens dienen und damit diesem nicht zugeordnet werden können (näher § 91 Rn. 35). Anders verhält es sich bei Avalkosten zur **Durchführung** der Zwangsvollstreckung, die das **Vollstreckungsgericht** festzusetzen hat.[9]

6 **b) Funktionelle Zuständigkeit.** Funktionell zuständig für die Entscheidung über das Kostenfestsetzungsgesuch ist gem. § 21 Nr. 1 RpflG der **Rechtspfleger,** der bei seiner Entscheidung grundsätzlich nur Recht und Gesetz unterworfen ist und weisungsunabhängig entscheidet (§ 9 RpflG). Lediglich in den in § 5 Abs. 1 RpflG aufgeführten, praktisch seltenen, Fällen besteht für ihn die Pflicht zur Vorlage an den Richter.

7 **2. Rechtliches Gehör.** Für die Kostenfestsetzung gilt, wie in jedem gerichtlichen Verfahren (Art. 103 Abs. 1 GG), das Gebot rechtlichen Gehörs,[10] das nicht nur der prozessualen **Fairness** entspricht, indem beide Seiten ihre Interessen zur Sprache bringen dürfen (audiatur et altera pars), sondern auch insofern der **Verfahrensökonomie** dient, als bereits der Rechtspfleger (nicht erst weitere Kosteninstanzen) sich mit allen entscheidungserheblichen Fragen auseinanderzusetzen hat.[11] Dem Antragsgegner ist rechtliches Gehör idR in der Form zu gewähren, dass ihm vor Erlass der Entscheidung das Kostenfestsetzungsgesuch mit einer Frist zur Stellungnahme zugeleitet wird. Beabsichtigt der Rechtspfleger, das Gesuch ganz oder teilweise zurückzuweisen, ist auch dem Antragsteller, von eindeutigen Fällen abgesehen, vor einer Entscheidung Gelegenheit einzuräumen, sich hierzu zu äußern.[12]

8 Nur **ausnahmsweise,** nämlich in ganz einfach gelagerten Fällen, in denen die geltend gemachten Kosten nach den gesetzlichen Bestimmungen unzweifelhaft entstanden und zu erstatten sind, kann, wie auch die vereinfachte Verfahrensgestaltung nach § 105 zeigt, von der Gewährung rechtlichen Gehörs gegenüber dem Antragsgegner abgesehen werden.[13]

9 Das Fehlen rechtlichen Gehörs wird ohne weiteres insofern **geheilt,** als Gelegenheit zur Äußerung im **Erinnerungs-** bzw. **Beschwerdeverfahren** besteht,[14] da beide Rechtsmittel das uneingeschränkte Vorbringen neuer Angriffs- und Verteidigungsmittel erlauben (§ 11 Abs. 2 S. 4 RpflG, § 571 Abs. 2 S. 1) und ein Versäumnis mithin spätestens im Stadium des Abhilfeverfahrens kompensiert wird (vgl. Rn. 103).

10 Die Anhörung des Gegners wie auch auf dessen Äußerung hin eine solche des Antragstellers,[15] erfolgt grds. **schriftlich.** Eine mündliche Verhandlung ist nicht schlechthin ausgeschlossen,[16] in der Praxis jedoch unüblich.

11 **3. Glaubhaftmachung. a) Grundsatz.** Die Behandlung eines Kostenfestsetzungsantrags unterliegt nicht den Anforderungen des Strengbeweises. Stattdessen ist gem. § 104 Abs. 2 S. 1 grds. Glaubhaftmachung, dh. **jedes Beweismittel**[17] zulässig (§ 294 Abs. 1). Die antragstellende Partei muss sowohl die Entstehung als auch die Notwendigkeit der Kosten iSv. § 91 im Einzelnen darlegen und glaubhaft machen. Die Darlegungslast ist graduell schwächer ausgeprägt, wenn Entstehung und Notwendigkeit der Kosten, zB gesetzlicher Gebühren des Prozessbevollmächtigten,[18] anhand der Verfahrensakten eindeutig festgestellt werden können. Im Allgemeinen reicht dann die Einreichung von Abschriften aus. Ansonsten bedarf es jedoch der Vorlage urschriftlicher Belege.

12 **b) Zugestehen des Gegners.** Eine Glaubhaftmachung erübrigt sich, soweit der Gegner die tatsächlichen Behauptungen des Antragstellers zugesteht (§ 288).[19] Eine Amtsermittlung findet nicht statt. Auch im Verfahren nach §§ 103ff. gilt vielmehr der **Verhandlungs-** bzw. **Beibringungs-**

---

[8] BGH NJW-RR 2006, 1001, 1002; OLG Koblenz JurBüro 2001, 380; OLG Düsseldorf NJW-RR 1998, 1455, 1456.

[9] OLG Karlsruhe OLGR 2001, 229.

[10] BVerfGE 19, 148, 149; 81, 123, 127 = NJW 1990, 1104; OLG München JurBüro 1993, 300.

[11] OLG Dresden NJW-RR 2001, 861, 862.

[12] OLG Frankfurt NJW 1999, 1265, 1266.

[13] OLG München JurBüro 1993, 300, 301; OLG Stuttgart Rpfleger 1974, 26; Rpfleger 1971, 308; OLG Karlsruhe JurBüro 1973, 559.

[14] BVerfGE 5, 22, 24 = NJW 1956, 1026; OLG Koblenz NJW-RR 2004, 286; OLG Bamberg JurBüro 1973, 446.

[15] OLG Stuttgart Rpfleger 1974, 26.

[16] *Schneider* MDR 1991, 124.

[17] BGH FamRZ 2007, 904, 905; AnwBl. 2007, 552.

[18] LG Weiden MDR 1975, 669.

[19] BGH NJW-RR 2007, 286.

grundsatz insofern, als die Parteien über den vom Gericht zu berücksichtigenden Tatsachenstoff disponieren können.[20] Tritt der Antragsgegner nur einzelnen Kostenpositionen entgegen, gelten im Umkehrschluss die unwidersprochen gebliebenen Punkte in aller Regel als zugestanden (§ 138 Abs. 3). Gleiches gilt, wenn der Erstattungsverpflichtete seiner Darlegungslast hinsichtlich derjenigen gesetzlichen Merkmale nicht entspricht, denen innerhalb eines Gebühren- oder Auslagentatbestandes – im Sinne einer Regel-Ausnahme-Beziehung – anspruchshindernde Wirkung zukommt[21] (vgl. das Anwendungsbeispiel in § 91 Rn. 80). Ein wirksames Geständnis ist auf **tatsächliche** Behauptungen beschränkt. Unbeachtlich ist, ob sich der Gegner einer **rechtlichen** Würdigung des Antragstellers anschließt (vgl. Rn. 56). Hinsichtlich streitiger Punkte hat der Rechtspfleger Beweis zu erheben bzw. die vorhandenen Beweismittel zu würdigen (näher Rn. 19f.).

c) Anwaltliche Versicherung. Zur Anmeldung der Auslagen eines Anwalts für **Post- und Telekommunikationsdienstleistungen** genügt statt qualifizierter Glaubhaftmachung iSv. § 294 Abs. 1 (insbesondere eidesstattliche Versicherung) die bloße anwaltliche Versicherung, dass die Auslagen **entstanden** sind (§ 104 Abs. 2 S. 2). Die Versicherung ersetzt gleichwohl nicht die Darlegung und Glaubhaftmachung der **Notwendigkeit.** Für die Festsetzung der Auslagen ihrer Höhe hat das zur Konsequenz, dass obschon vom Anfall auszugehen ist, der Erstattungsberechtigte doch in der Pflicht bleibt, die Höhe im Einzelnen darlegen und erforderlichenfalls dann glaubhaft machen,[22] falls sie, bezogen auf den Umfang und die Schwierigkeit des Rechtsstreits, das übliche Maß erheblich übersteigen. Für Postgebühren eines anderen Rechtsanwalts als die des Prozessbevollmächtigten gilt die Beweiserleichterung des § 104 Abs. 2 S. 2 ohnehin nicht, weshalb sie nur von diesem zu versichern sind. Wird lediglich die **Gebührenpauschale** (Nr. 7002 VV RVG) geltend gemacht, muss weder die Entstehung noch die Notwendigkeit entsprechender Auslagen versichert oder glaubhaft gemacht werden, es sei denn, sie wird für eine Tätigkeit beansprucht, bei der regelmäßig keine Postgebühren anfallen, so zB bei mündlicher Ratserteilung. 13

d) Umsatzsteuer. Nach § 104 Abs. 2 S. 3 genügt zur Berücksichtigung von Umsatzsteuerbeträgen die auch **nachträglich**[23] zulässige einfache **Erklärung** des Erstattungsberechtigten, dass er die Beträge nicht nach § 15 UStG als Vorsteuer abziehen kann. Erklärtes Ziel der Regelung ist, das Verfahren nach §§ 103ff. von der Klärung strittiger steuerrechtlicher Fragen frei zu halten, weshalb die Richtigkeit der Erklärung im Regelfall **nicht überprüft** wird.[24] Die Ansicht, wonach eine summarische Schlüssigkeitsprüfung durchzuführen sei,[25] ist abzulehnen, weil die Kostenfestsetzung als ein Massenverfahren, das der zügigen und unkomplizierten Abwicklung bedarf (vgl. § 103 Rn. 1), nicht mit fachfremden Fragen zu belasten ist.[26] Die angemeldeten Umsatzsteuerbeträge können nur dann ausnahmsweise nicht berücksichtigt werden, wenn die Richtigkeit der Erklärung durch eindeutigen, vom Erstattungsverpflichteten zu erbringenden **Nachweis** entkräftet werden kann[27] oder sich eine **offensichtliche Unrichtigkeit** aus anderen dem Gericht bekannten Umständen nach Aktenlage zweifelsfrei ergibt.[28] So verhält es sich zB, wenn eine Partei erklärt, „als Kommune" nicht umsatzsteuerpflichtig zu sein, zugleich aber ausweislich der Akten auf die streitgegenständliche Verpachtung eines gemeindeeigenen Hotels Umsatzsteuer erhoben hat.[29] Erklärt der Erstattungsberechtigte, teilweise in seinem **privaten,** teilweise in seinem **beruflichen** Lebensbereich zum Vorsteuerabzug berechtigt zu sein, hat er beziffert anzugeben, auf welchen Bereich sich die Kosten hiernach beziehen, da sonst keine substantiierte Erklärung iSv. § 104 Abs. 2 S. 3 vorliegt.[30] Die Unrichtigkeit einer Erklärung folgt nicht schon daraus, dass der Antragsteller die Rechtsform einer **GmbH** innehat, denn obschon eine entsprechende widerlegbare Vermutung des materiellen Umsatzsteuerrechts besteht, ist es gerade nicht Aufgabe des Rechtspflegers zu prüfen, ob die Vermutung im Einzelfall widerlegt ist.[31] 14

---

[20] KG Rpfleger 1990, 224; LG Memmingen Rpfleger 2007, 288, 289.
[21] LG Memmingen Rpfleger 2007, 288, 289.
[22] OLG Frankfurt MDR 1982, 418; *Zöller/Herget* Rn. 8.
[23] OLG Düsseldorf JurBüro 2000, 478; OLG München JurBüro 1996, 427.
[24] OLG Düsseldorf JurBüro 2002, 590; JurBüro 1996, 426; OLG Karlsruhe OLGR 2002, 288; OLG Koblenz NJW-RR 1996, 767.
[25] OLG Brandenburg AnwBl. 1996, 514.
[26] OLG Schleswig NJW-RR 2004, 356, 357.
[27] BVerfG NJW 1996, 382, 383.
[28] BGH NJW 2003, 1534; OLG Nürnberg NJW-RR 2002, 1728; aM OLG Koblenz NJW-RR 1996, 767; KG JurBüro 1995, 206.
[29] OLG Nürnberg NJW-RR 2002, 1728.
[30] OLG Karlsruhe OLGR 2002, 288.
[31] OLG Düsseldorf Rpfleger 2004, 184.

15 In vorgenannten Sinne eindeutig **nicht umsatzsteuerbar** sind Leistungen, die ein Anwalt in **eigener Sache** erbringt, wenn die Angelegenheit zu seinem **beruflichen** Tätigkeitsfeld gehört.[32] Das ist etwa dann der Fall, wenn er einen anderen Anwalt auf **Unterlassung** berufswidriger Werbung verklagt,[33] und zwar auch dann, wenn die Klage von Anwälten einer Sozietät erhoben wird.[34] Eine solche Anwaltstätigkeit unterfällt als sog. Innengeschäft nicht der Umsatzsteuerpflicht, da es an einer entgeltlichen Leistung für außerhalb des Geschäfts liegende Zwecke mangelt (§ 3 Abs. 9a Nr. 2 UStG). Anders verhält es sich bei **privaten** Angelegenheiten des Anwalts, wie zB einem Zugewinnausgleichsverfahren, die nicht seinem Geschäftsbereich zuzuordnen sind.[35] Ein deutscher Rechtsanwalt darf seinem ausländischen Auftraggeber keine deutsche Umsatzsteuer in Rechnung stellen, weshalb die ausländische Prozesspartei insoweit keine Erstattung verlangen kann.[36] Überhaupt nicht zum Vorsteuerabzug berechtigen auch die Kosten eines **gerichtlichen Sachverständigen,** weil es sich um Gerichtskosten handelt.[37]

16 **Ändert** der Antragsteller im Verlaufe des Kostenfestsetzungsverfahrens seine Angaben zur Vorsteuerabzugsberechtigung, was zulässig ist, ist die letzte Erklärung maßgebend.[38] **Fehlt** eine solche, sollte er zur Abgabe aufgefordert werden; bleibt die Aufforderung erfolglos, ist die Umsatzsteuer abzusetzen. Ihre Anmeldung als solche ist keinesfalls als stillschweigende Erklärung iSv. § 104 Abs. 2 S. 3 zu werten.[39] Eine auf dem Versäumnis der Erklärung beruhende Nichtfestsetzung kann nur im Rahmen einer sofortigen Beschwerde, nicht jedoch mittels **Nachfestsetzung** (vgl. Rn. 129) korrigiert werden, weil dem die **Rechtskraft** des Kostenfestsetzungsbeschlusses entgegensteht;[40] auch eine entgegen ausdrücklichen früheren Angaben beantragte Nachliquidation ist ausgeschlossen.[41] Gegen die auf Grund einer unrichtigen, aber im Festsetzungsverfahren nicht geprüften Erklärung vorgenommene Festsetzung der Umsatzsteuer kann sich der Gegner im Wege der Vollstreckungsgegenklage – ohne die Beschränkungen des § 767 Abs. 2[42] – oder der auf § 812 BGB gestützten Klage wehren.[43] Für die Beitreibung von Vollstreckungskosten gem. § 788 Abs. 1 S. 1 ist die Bestimmung des § 104 Abs. 2 S. 3 entsprechend anwendbar.

17 Sind von mehreren **Streitgenossen** nur **einzelne** zum Vorsteuerabzug berechtigt, ist die dem gemeinsamen Anwalt geschuldete Umsatzsteuer grds. nur nach dem Anteil im Innenverhältnis zu erstatten.[44] Hat jedoch gerade der nicht vorsteuerabzugsberechtigte Streitgenosse – wie meist der **Haftpflichtversicherer** – im Innenverhältnis die gesamten Kosten des gemeinsamen Prozessbevollmächtigten zu tragen, so ist die Umsatzsteuer in vollem Umfang zu erstatten,[45] nicht hingegen im Falle einer verdeckten Prozessführung, bei der der Versicherer nicht in Erscheinung tritt (hierzu Rn. 23). Weitere Einzelheiten zum Innenverhältnis vgl. § 100 Rn. 26f. und 34ff.

III. Prüfung durch den Rechtspfleger

18 **1. Zulässigkeit des Kostenfestsetzungsantrags.** Im Rahmen der Zulässigkeitsprüfung sind das Vorliegen eines Kostentitels iSv. § 103 Abs. 1 (hierzu § 103 Rn. 3ff.) sowie die formellen Anforderungen (vgl. § 103 Rn. 26 bis 48) einschließlich der Zuständigkeit (vgl. Rn. 2ff.) von Bedeutung. Auch Verfahrenshindernisse, wie zB die Rechtskraft eines früheren Kostenfestsetzungsbeschlusses (vgl. Rn. 127ff.), sind zu berücksichtigen.

19 **2. Beweiserhebung und -würdigung.** Im Kostenfestsetzungsverfahren gilt nicht der Amtsermittlungs-, sondern der Verhandlungs- bzw. Beibringungsgrundsatz.[46] Der Rechtspfleger hat daher nur Beweis zu erheben, wenn und soweit Anfall und/oder Notwendigkeit einer angemeldeten Kostenposition in tatsächlicher Hinsicht streitig sind. Anlass hierzu besteht hingegen weder hin-

---

[32] BGH NJW-RR 2004, 363, 364.
[33] BGH NJW-RR 2005, 363, 364; OLG München MDR 2003, 177; OLG Hamm AnwBl. 2002, 249; OLG Hamburg MDR 1999, 764.
[34] KG KGR 2004, 498, 499.
[35] KG KGR 2004, 345, 346.
[36] OLG München JurBüro 1988, 1167; OLG Stuttgart Die Justiz 1982, 403.
[37] LG Karlsruhe NJW-RR 2003, 788.
[38] OLG München Rpfleger 1996, 372.
[39] *Hansen* JurBüro 1995, 173.
[40] OLG München NJW-RR 2004, 69.
[41] LAG Düsseldorf MDR 2001, 416.
[42] OLG Schleswig NJW-RR 2004, 356, 357.
[43] OLG Koblenz NJW-RR 1996, 767.
[44] OLG Köln NJW-RR 1991, 3156, 3157.
[45] BGH Rpfleger 2006, 100; KG NJW-RR 1998, 860; LG Hamburg NJW-RR 1991, 3156.
[46] OLG Braunschweig JurBüro 1999, 300, 301.

sichtlich solcher Punkte, die der Erstattungspflichtige **zugesteht**[47] (hierzu Rn. 12), noch hinsichtlich solcher, zu denen er **schweigt** (zur Berücksichtigung nicht bestrittener materiellrechtlicher Einwendungen vgl. auch Rn. 32). Andererseits ist es nicht so, dass nur Kosten festsetzungsfähig wären, deren Anfall sich ohne weitere Erhebung aus der Gerichtsakte ergibt oder unstreitig ist; dem Bedürfnis nach einem zügigen Ausgleich der Prozesskosten (vgl. § 103 Rn. 1) tragen vielmehr bereits die Erleichterungen hinreichend Rechnung, die aus der in § 104 Abs. 2 S. 1 für zulässig erklärten Glaubhaftmachung resultieren:[48] Der Rechtspfleger darf ohne Beschränkung auf den Strengbeweis (vgl. Rn. 11) **jeden** angebotenen **Beweis** erheben,[49] insbesondere schriftliche Erklärungen von Parteien, Verfahrensbevollmächtigten und Zeugen anfordern und nach den Grundsätzen des § 286 in **freier Beweiswürdigung** werten. Auch die Einholung eines Sachverständigengutachtens (§ 144 Abs. 1 S. 1) ist ihm bei Bedarf, etwa zur Beurteilung der Angemessenheit eines privaten Sachverständigenhonorars (vgl. § 91 Rn. 124), gestattet. Er kann Akten beiziehen und die Vorlage von Akten und Urkunden anordnen oder aufgeben.[50] Zur Feststellung der Höhe von Parteiauslagen, zB fiktive Übernachtungskosten und KfZ-Parkgebühren, steht dem Rechtspfleger in den Grenzen des § 287 ein **Schätzungsermessen** zu, vor allem, wenn die Aufklärung aller entscheidungserheblichen Umstände schwierig und im Verhältnis zum Umfang der betroffenen Kostenposition aufwändig ist.[51] Bei der im Einzelfall zu treffenden Abwägung sind stets Funktion und Grenzen des auf vereinfachte und standardisierte Prüfmuster hin angelegten Kostenfestsetzungsverfahrens (vgl. § 103 Rn. 1) im Auge zu behalten. Im Falle **überwiegender Wahrscheinlichkeit** der tatbestandlichen Voraussetzungen einer Gebühr ist diese zugunsten des Antragstellers festzusetzen.[52]

Da das Verhandlungsprotokoll nur solche Vorgänge zu verzeichnen hat, die unmittelbar für die Entscheidung oder Erledigung des Rechtsstreits bedeutsam sind, reicht sein Inhalt oftmals nicht aus, um die für die Kostenfestsetzung relevanten Punkte abschließend bewerten zu können. Das mag namentlich dann der Fall sein, wenn ein Prozess (zB durch Klagerücknahme) ohne Sachurteil endet, das über eine zwischen den Parteien strittige Erstattungsberechtigung näheren Aufschluss geben könnte, etwa ob ein außergerichtliches Privatgutachten als prozessbezogen gelten kann oder nicht (hierzu § 91 Rn. 118ff.). Der Rechtspfleger hat deshalb auch im Sitzungsprotokoll nicht aufgeführte Erkenntnisquellen zu berücksichtigen,[53] sich insbesondere einer **dienstlichen Äußerung** des Richters zu bedienen.[54] Im Rahmen der ihm obliegenden freien Beweiswürdigung ist der Rechtspfleger an eine dienstliche Auskunft, die zugleich eine kostenrechtliche Wertung des Richters enthält, gleichwohl nicht gebunden.[55] 20

3. Erstattungsfähigkeit der einzelnen Antragspositionen. Für jeden angemeldeten Posten ist gesondert zu prüfen, ob er zu den Kosten des Rechtsstreits gehört, ferner ob die Aufwendungen tatsächlich entstanden sind und nach Maßgabe des § 91 zur zweckentsprechenden Rechtsverfolgung oder -verteidigung notwendig waren. 21

a) Kosten des Rechtsstreits. Nur die in § 91 Abs. 1 S. 1 als „Kosten des Rechtsstreits" bezeichneten Kosten bilden gem. § 103 Abs. 1 als „Prozesskosten" den Gegenstand des Festsetzungsverfahrens. Der Rechtspfleger prüft daher, ob die angemeldeten Kosten hierunter fallen (näher § 103 Rn. 50ff.). 22

b) Entstehung der Kosten. Die geforderten Kosten müssen normalerweise in der Person des Erstattungsberechtigten tatsächlich angefallen sein. Ersparte Kosten sind, soweit sie nicht ausnahmsweise als **fiktive** Kosten anzusetzen sind (vgl. § 91 Rn. 66, 100, 132) idR nicht erstattungsfähig.[56] So kann etwa eine im fremden Gerichtsstand prozessführende Partei, die keinen Gebrauch von ihrem Recht macht, einen heimischen Prozessbevollmächtigten zu bestellen (hierzu § 91 Rn. 56), sondern aus freien Stücken einen Anwalt am Gerichtssitz beauftragt, nicht ersparte Anwaltsreisekosten von ihrem Wohnsitz aus geltend machen. Kosten, die nicht erwachsen sind, dürfen nicht einmal dann festgesetzt werden, wenn der Gegner die Rechtsauffassung über ihre Erstattbarkeit teilt[57] (vgl. Rn. 56). Im Regelfall sind ferner nur solche Aufwendungen Gegenstand des Verfahrens nach 23

---

[47] BGH NJW-RR 2007, 286.
[48] BGHAnwBl. 2007, 552; NJW 2007, 2187, 2188.
[49] BGH FamRZ 2007, 940, 905.
[50] OLG Koblenz MDR 1981, 502; Rpfleger 1980, 393, 1149.
[51] OLG Koblenz MDR 1981, 502.
[52] BGH NJW 2007, 2187, 2188.
[53] OLG Koblenz JurBüro 1980, 1846.
[54] OLG Koblenz JurBüro 1981, 453.
[55] OLG Braunschweig MDR 1990, 935, 936; OLG Koblenz JurBüro 1981, 453; AnwBl. 1995, 108.
[56] OLG Celle MDR 2004, 1445 aE.
[57] OLG Frankfurt Rpfleger 1980, 158.

§§ 103, 104, welche die Partei **persönlich** getätigt hat (vgl. § 91 Abs. 1 S. 1: „dem Gegner erwachsene Kosten“). Doch soll der Erstattungspflichtige andererseits nicht davon profitieren, dass Kosten statt beim Gegner durch **„zufällige Verlagerung“** bei einem Dritten, insbesondere im **Haftpflichtprozess** bei einem hinter der Partei stehenden – im Prozess nicht in Erscheinung tretenden – Versicherer anfallen, dem die Partei nach den Versicherungsbedingungen (zB § 5 Nr. 4 AHB) die **verdeckte Prozessführung** zu überlassen hat. Hier darf die Partei die von ihr selbst **ersparten** Kosten (zB Anwaltskosten, Aufwendungen für ein Privatgutachten usw.) vom Erstattungspflichtigen verlangen,[58] wie es den im Schuldrecht anerkannten Regeln der sog. **Drittschadensliquidation** entspricht.[59] Ihre Grenze findet die Erstattungsfähigkeit indes dort, wo durch das Hinzutreten des Dritten Mehrkosten (zB Umsatzsteuerbeträge auf Grund dessen fehlender Vorsteuerabzugsberechtigung, während die Partei zum Vorsteuerabzug berechtigt ist)[60] auflaufen, die der unversicherten Partei selbst nicht entstanden wären.[61]

24 Für die Berücksichtigung eines Ansatzes genügt, dass die Zahlungspflicht feststeht. Der Nachweis, dass die geforderten Kosten vom Erstattungsberechtigten bereits **gezahlt** worden sind, ist nach allgemeiner Praxis grds. nicht zu führen.[62] Dies gilt insbesondere für die gesetzliche Vergütung der Rechtsanwälte und Gerichtsvollzieher.

25 Mandatskosten, die der Prozessbevollmächtigte nicht mehr verlangen kann, weil sein Auftraggeber mit Erfolg die **Verjährungseinrede** erhoben hat, können nicht mehr berücksichtigt werden[63] (vgl. Rn. 42). Doch muss entsprechend der für materiellrechtliche Einwendungen geltenden engen Ausnahmeregeln (vgl. Rn. 32) der die Verjährungseinrede rechtfertigende Sachverhalt unstreitig feststehen. Ebenso verhält es sich, wenn der Prozessbevollmächtigte auf die Erstattung bestimmter Gebühren ausdrücklich **verzichtet** hat und dies unstreitig feststeht.[64]

26 Sind mehreren **Streitgenossen** gemeinsame Prozesskosten erwachsen, kann jeder von ihnen grundsätzlich nur den Betrag fordern, den er tatsächlich zur Prozessführung aufwenden musste (näher § 100 Rn. 35 ff.).

27 Verlangt die erstattungsberechtigte Partei die Festsetzung von ihr als **Vorschuss** erbrachter Gerichtskosten, hinsichtlich der die erstattungspflichtige Partei auf Grund gerichtlicher Entscheidung oder Kostenübernahme unmittelbar gegenüber der Staatskasse haftet (§§ 29 Nr. 1, Nr. 2, 31 GKG), hat der Erstattungsberechtigte stets den Nachweis der geleisteten **Zahlung** zu erbringen, da sonst der Erstattungspflichtige doppelt in Anspruch genommen werden könnte.[65] Soweit die erstattungspflichtige Partei **Kostenfreiheit** gem. § 2 GKG gegenüber der Staatskasse genießt, dürfen auch gezahlte Gerichtskosten nicht gefordert werden. Die erstattungsberechtigte Partei muss sich vielmehr insoweit selbst wegen der Rückerstattung mit der Staatskasse ins Benehmen setzen.

28 **c) Notwendige außergerichtliche Kosten.** Die **gesetzlichen** Gebühren und Auslagen (zur Höhe vgl. § 91 Rn. 49) eines **Rechtsanwalts** der obsiegenden Partei sind gem. § 91 Abs. 2 S. 1 in allen Prozessen zu erstatten. Für deren Erstattungsfähigkeit danach allein maßgebend ist der Anfall nach dem Gesetz; eine weitergehende Prüfung der **Notwendigkeit** ist **nicht** veranlasst[66] (hierzu § 91 Rn. 47). Der Rechtspfleger und die ihm übergeordneten Instanzen haben insoweit die Vorschriften des RVG in eigener Zuständigkeit und ohne Bindung an Entscheidungen zu treffen, die in einem etwaigen Gebührenprozess oder einem Verfahren nach § 11 RVG zwischen dem Prozessbevollmächtigten und der erstattungsberechtigten Partei ergangen sind (vgl. Vor §§ 91 ff. Rn. 11).

29 **d) Notwendige Gerichtskosten.** Die erstattungspflichtige Partei kann im Kostenfestsetzungsverfahren einwenden, die zur Erstattung angemeldeten **Gerichtskosten,** insbesondere Entschädigungen und Vergütungen der **Zeugen** und **Sachverständigen,** seien vom Gegner ganz oder teilweise zu Unrecht verauslagt worden, und ihn darauf verweisen, die Rückerstattung gegenüber der Gerichtskasse zu betreiben.[67] Sie kann nicht ihrerseits darauf verwiesen werden, sich selbst mit der Staatskasse ins Benehmen zu setzen.[68] Denn über die Angemessenheit einer Zeugen- und Sachver-

---

[58] OLG Karlsruhe OLGR 2002, 230; OLG München MDR 1987, 148; OLG Frankfurt JurBüro 1979, 440, 441.
[59] OLG Karlsruhe OLGR 2002, 230, 231.
[60] OLG Stuttgart NJW-RR 1991, 3158, 3159.
[61] *Prölss/Martin/Voit/Knappmann* § 5 AHB Rn. 17; *Littbarski* § 5 AHB Rn. 93.
[62] OLG Köln Rpfleger 1965, 242.
[63] OLG Koblenz Rpfleger 1986, 319.
[64] OLG Bamberg JurBüro 1981, 768.
[65] OLG München JurBüro 1995, 427; OLG Köln Rpfleger 1965, 242.
[66] BGH NJW 2005, 2317 unter Hinweis auf NJW 2003, 1532; aM OLG Frankfurt MDR 1982, 418; OLG München JurBüro 1973, 63; *Belz,* in: 2. Aufl. Rn. 22; *Stein/Jonas/Bork* Rn. 8.
[67] OLG Dresden NJW-RR 2001, 861, 862; OLG Düsseldorf Rpfleger 1985, 255; OLG Koblenz Rpfleger 1985, 333; JurBüro 1985, 135; OLG München JurBüro 1979, 122; aM OLG München AnwBl. 1990, 396.
[68] So aber OLG München AnwBl. 1990, 396.

ständigenentschädigung befinden die Kostenfestsetzungsorgane ohne Bindung an eine nach **§ 4 JVEG** ergangene Entscheidung[69] (vgl. Vor §§ 91 ff. Rn. 10, 13). Dies folgt trotz der Gefahr divergierender Entscheidungen[70] daraus, dass die Parteien an dem gegenüber der Justizkasse zu führenden Verfahren der Entschädigungsfestsetzung weder zu beteiligen noch anfechtungsberechtigt (§ 4 Abs. 3 JVEG) sind, weshalb die dortigen Entscheidungen nicht zu ihren Lasten wirken.[71] Nur die Partei, die selbst als **Kostenschuldner** von der Staatskasse auf Zahlung von Zeugen- und Sachverständigenauslagen in Anspruch genommen wird, kann sich gegen den Kostenansatz mit der Erinnerung nach § 66 GKG wenden.[72] Der im Verhältnis zum Prozessgegner erstattungspflichtigen Partei in dessen Kostenansatzverfahren gegenüber der Staatskasse ein eigenes Erinnerungsrecht zuzubilligen,[73] erscheint systemwidrig und mit § 66 Abs. 1 S. 1 GKG nicht vereinbar, da diese Bestimmung gerade auf den in der Kostenrechnung ausgewiesenen Kostenschuldner (und nicht einen potenziellen Drittschuldner) abstellt.[74] Im Übrigen würden die Rechte des Prozessgegners unzumutbar verkürzt.[75] Zur Frage, ob eine **PKH-Partei,** die nach einem Prozessvergleich Kosten zu tragen hat, sich gegenüber dem Erstattungsanspruch des Gegners auf ihre Gerichtskostenfreiheit (§ 122 Abs. 1 Nr. 1) berufen darf, vgl. § 92 Rn. 13.

e) Streitwert. Der Rechtspfleger stellt die Höhe des Streitwerts fest und hat ggf. seine Wertberechnung im Kostenfestsetzungsbeschluss zu begründen. Zu einer selbstständigen Wertfestsetzung ist er jedoch nicht befugt. Die **verbindliche richterliche** Festsetzung des Streitwerts erfolgt vielmehr im Streitwertfestsetzungsverfahren nach §§ 63 GKG, 33 RVG. Die gerichtliche Wertfestsetzung kann von den Parteien, ihren Rechtsanwälten (§ 32 Abs. 2 RVG) und von der Staatskasse beantragt und jeweils unabhängig voneinander angefochten (§ 68 GKG), in Zweifelsfällen auch vom Rechtspfleger angeregt werden. Wird **nachträglich** ein höherer oder niederer Wert als der vom Rechtspfleger bei der Kostenfestsetzung angenommene festgesetzt, ist auf Antrag ein Verfahren nach § 107 durchzuführen; daneben ist innerhalb einer hinsichtlich des Kostenfestsetzungsbeschlusses noch offenen Rechtmittelfrist auch sofortige Beschwerde/Erinnerung statthaft (vgl. Rn. 79). Die nachträgliche Geltendmachung der Differenzkosten in einem neuen Kostenfestsetzungsverfahren ist ohne Einschränkung zulässig.[76] 30

4. Materiellrechtliche Einwendungen. a) Grundsatz. Im Kostenfestsetzungsverfahren, angelegt auf Praktikabilität und Effektivität (vgl. § 103 Rn. 1), sind materiellrechtliche Einwendungen und Einreden gegen den Kostenerstattungsanspruch grundsätzlich **nicht** zu berücksichtigen, da über die **Höhe** der zu erstattenden Kosten, nicht aber über die dem Grunde nach feststehende Kostentragungspflicht entschieden wird und das Verfahren sich nicht für Ermittlungen außerprozessualer Umstände eignet (vgl. § 91 Rn. 33 ff.). Die Rechtskontrolle derartiger Vorgänge ist dem Erkenntnisverfahren mit den ihm eigenen überlegenen Erkenntnis- und Beweismitteln vorbehalten. Ausgeschlossen sind daher in aller Regel rechtsvernichtende und rechtshemmende Einwendungen wie etwa Erfüllung, Stundung, Abtretung, Aufrechnung, Erlass, Verwirkung oder Verzicht, auch auf Grund außergerichtlicher vertraglicher Vereinbarungen.[77] Solche Einwendungen sind im Fall einer späteren Zwangsvollstreckung aus dem Kostenfestsetzungsbeschluss gem. **§ 775 Nr. 4, Nr. 5** oder im Wege der Vollstreckungsabwehrklage nach **§ 767 Abs. 1** geltendzumachen,[78] wobei einer mündlichen Verhandlung im vorausgegangenen Streitverfahren, das zum Erlass der Kostengrundentscheidung geführt hat, keine Präklusionswirkung im Sinne des § 767 Abs. 2 zukommt, da dort über die Höhe des Kostenanspruchs überhaupt nicht entschieden wurde.[79] 31

Der vorgenannte Grundsatz findet dann eine **Ausnahme,** wenn die materiellrechtlichen Einwendungen und Einreden keine Sachverhaltsprüfung erfordern, weil sie auf Grund feststehender Tatsachen offensichtlich begründet sind.[80] So verhält es sich, wenn sie **rechtskräftig** festgestellt 32

---

[69] OLG Koblenz VersR 1988, 297 (LS).

[70] OLG München AnwBl. 1990, 396.

[71] OLG Koblenz Rpfleger 1985, 333; JurBüro 1985, 135.

[72] OLG Düsseldorf Rpfleger 1985, 255; OLG Schleswig JurBüro 1981, 403; *Meyer* § 66 GKG Rn. 11.

[73] So OLG München AnwBl. 1990, 396.

[74] OLG Düsseldorf Rpfleger 1985, 255.

[75] Hierzu OLG Dresden NJW-RR 2001, 861, 862.

[76] OLG Hamm JurBüro 1982, 450; OLG Düsseldorf Rpfleger 1981, 409; KG JurBüro 1975, 822.

[77] OLG Hamm AnwBl. 2000, 320; JurBüro 1984, 607; OLG München NJW-RR 1999,655; OLG Köln JurBüro 1995, 641; OLG Frankfurt JurBüro 1991, 559.

[78] BGH JurBüro 2006, 370.

[79] BGHZ 3, 381, 383 = NJW 1952, 144.

[80] BGH JurBüro 2006, 370; OLG Koblenz JurBüro 2006, 480; OLG Düsseldorf JurBüro 2004, 321; OLG Hamburg MDR 2003, 294; OLG Bamberg JurBüro 1985, 621; OLG Hamm JurBüro 1984, 607; OLG Stuttgart JurBüro 1984, 608.

sind[81] oder ihr Nachweis durch **Prozessvergleich** geführt wird[82] oder zwischen den Parteien über ihre Begründetheit **kein Streit** besteht, sei es, dass die Tatsachen **zugestanden**[83] (vgl. Rn. 12), sei es, dass sie in entsprechender Anwendung des § 138 Abs. 3 **nicht bestritten** sind.[84] Bedenkt man, dass ein explizites Bestreiten auch noch in der Beschwerdeinstanz nachgeholt werden kann (§ 11 Abs. 2 S. 4 RpflG, 571 Abs. 2 S. 1), besteht kein Grund, die erstattungspflichtige Partei zu schützen und ihr Schweigen prozessual folgenlos zu lassen. Zu beachten ist aber, dass nicht nur das Vorliegen der Tatsachen als solcher, sondern auch deren **rechtliche Bewertung** – soweit nicht gerade originäre Fragen des Kostenrechts klären sind – außer Streit stehen muss und namentlich keine Auslegungszweifel aufwerfen darf.[85] So ist es nicht Aufgabe des Kostenrechtspflegers, über die Auslegung eines nur dem Wortlaut nach unstreitigen außergerichtlichen Vergleichs zu entscheiden.[86] Diese Grundsätze beruhen darauf, dass der Rechtspfleger bei eindeutiger Sach- und Rechtslage die ihm sonst verwehrte Prüfung materiellrechtlicher Einwendungen selbst zuverlässig vornehmen kann. Die Verweisung auf den Prozessweg wäre ein unnötiger Umweg und eine unvertretbare Förmelei.

33 **b) Zahlungen auf den Kostenerstattungsanspruch.** Teilzahlungen, die von der erstattungspflichtigen Partei **unstreitig** geleistet wurden, sind von den zu erstattenden Kosten abzusetzen. Substantiiert behauptete Zahlungen auf den Kostenerstattungsanspruch sind als unstreitig zu werten, wenn der Erstattungsberechtigte die Erfüllung ausdrücklich zugesteht[87] oder sich trotz gerichtlicher Auflage zu dem Erfüllungseinwand nicht äußert[88] (vgl. Rn. 32) Ist der Kostenerstattungsanspruch sogar **vollständig** erfüllt, fehlt einem gleichwohl gestellten Festsetzungsantrag das Rechtsschutzinteresse[89] (hierzu § 103 Rn. 33f.). Zur Frage, ob hinsichtlich tatsächlich geleisteter Kosten ein feststellender Beschluss zu ergehen hat vgl. Rn. 60.

34 **c) Abtretung und Pfändung des Kostenerstattungsanspruchs.** Bereits der mit Begründung des Prozessrechtsverhältnisses aufschiebend bedingt entstandene[90] prozessuale Kostenerstattungsanspruch (vgl. Vor §§ 91ff. Rn. 15) kann wirksam abgetreten werden.[91] Zur Betreibung des Kostenfestsetzungsverfahrens ist jedoch nur befugt, wer durch einen **Titel** als Gläubiger des Kostenerstattungsanspruchs ausgewiesen ist. Das ist frühestens auf Grund eines vorläufig vollstreckbaren Urteils der Fall, demzufolge sich der aufschiebend bedingte in einen auflösend bedingten Erstattungsanspruch umwandelt[92] (vgl. Vor §§ 91ff. Rn. 15). Aber auch wenn der wirksam abgetretene Kostenerstattungsanspruch mit Eintritt der Rechtskraft zum unbedingten Anspruch wird,[93] ist der **Zessionar** als Rechtsnachfolger des früheren Kostengläubigers zum eigenen Betreiben der Kostenfestsetzung erst befugt, wenn der zur Zwangsvollstreckung geeignete Titel, der nach § 103 Abs. 1 die Grundlage für die Kostenfestsetzung bildet, nach §§ 727ff. auf ihn als neuen Kostengläubiger **umgeschrieben** worden ist (vgl. § 103 Rn. 24), was unter Umständen unter Beschränkung auf den Kostenerstattungsanspruch geschehen kann.[94] Vor Umschreibung kann sich der Schuldner des Kostenerstattungsanspruchs gegen die Festsetzung zugunsten des **Zedenten** nur nach § 767 wehren, während er dem Zedenten den Einwand der Abtretung nicht entgegenhalten kann.[95] Die fehlende Aktivlegitimation des Zedenten ist nur dann beachtlich, wenn die Abtretung unter den Parteien unstreitig und für das Gericht offenkundig oder durch öffentliche Urkunde nachgewiesen ist. Diese Regeln stehen im Einklang mit der Rechtsprechung des BGH,[96] wonach die Zwangsvollstreckung in den Kostenerstattungsanspruch zugunsten des Zessionars nach § 771 für unzulässig zu er-

---

[81] OLG Hamburg MDR 2003, 295; OLG Zweibrücken JurBüro 1989, 1287, 1288.
[82] OLG München Rpfleger 1977, 65.
[83] OLG München NJW-RR 1999, 655; OLG Hamburg JurBüro 1993, 491 mit Anm. *Mümmler;* LG Leipzig NJW-RR 1999, 222.
[84] OLG Hamburg MDR 2003, 294; aM OLG Zweibrücken JurBüro 1989, 1287; OLG Hamm JurBüro 1973, 1099, 1100.
[85] OLG München ZIP 2000, 555; NJW-RR 1999, 655; OLG Hamm JurBüro 1993, 490 mit Anm. *Mümmler;* Rpfleger 1976, 143.
[86] OLG München NJW-RR 1999, 655.
[87] OLG Düsseldorf Rpfleger 1977, 260; OLG Hamm MDR 1977, 408; JurBüro 1973, 1099; LG Leipzig NJW-RR 1999, 222.
[88] KG MDR 1976, 406; OLG Hamburg MDR 1976, 585.
[89] OLG Düsseldorf JurBüro 2004, 321.
[90] BGH NJW 1983, 284.
[91] BGH NJW 1988, 3204, 3205.
[92] BGH NJW 1988, 3204, 3205; OLG Köln OLGR 2002, 36.
[93] BGH NJW 1988, 3204, 3205.
[94] RG JW 1935, 1041; BFH DB 1971, 1848; OLG Stuttgart Die Justiz 1978, 472; KG JurBüro 1966, 708.
[95] RG JW 1935, 1041.
[96] BGH NJW 1988, 3204, 3205.

klären ist, weil ein zugunsten des Zedenten erlassener rechtskräftiger Kostenfestsetzungsbeschluss die Wirksamkeit einer früheren Abtretung des Anspruchs unberührt lässt.

Die **Pfändung** des Kostenerstattungsanspruchs ist ebenso wie die Abtretung im Kostenfestsetzungsverfahren erst nach Umschreibung des Titels zu beachten.[97] Erfolgt die Pfändung zur Überweisung an Zahlungs statt, ist der Einwand fehlender Gläubigerschaft dem Erstattungsschuldner gegenüber dem Zedenten unter den gleichen Voraussetzungen wie im Falle der Abtretung zuzulassen. 35

d) Aufrechnung. Im Kostenfestsetzungsverfahren ist die Aufrechnung **gegen** den Kostenerstattungsanspruch mit einer Gegenforderung des Erstattungspflichtigen, da materiellrechtlicher Natur, grundsätzlich **unzulässig.**[98] Denn dem Rechtspfleger fehlt die Zuständigkeit, mit der sich aus § 322 Abs. 2 ergebenden Rechtskraftwirkung über Bestand und Höhe der Gegenforderung zu entscheiden. Eine Aussetzung des Festsetzungsverfahrens nach § 148 oder eine Festsetzung unter Vorbehalt einer Aufrechnung nach § 302 Abs. 1 scheidet ebenfalls aus. 36

Ausnahmsweise ist die Erfüllung des Kostenerstattungsanspruchs durch Aufrechnung dann zu berücksichtigen, wenn Bestand und Höhe der Gegenforderung sowie die Aufrechnungslage iSv. § 387 BGB zwischen den Parteien unstreitig sind[99] oder diese rechtskräftig beschieden worden ist, was auch auf eine in demselben Prozess titulierte Forderung zutrifft.[100] Beruft sich der Gegner in diesem Falle darauf, im Festsetzungsverfahren sei eine Aufrechnung unzulässig, steht der Einwand als solcher der Berücksichtigung der Aufrechnung nicht entgegen.[101] Im Übrigen kann die Aufrechnung nur im Wege der Vollstreckungsabwehrklage nach § 767 geltend gemacht werden, wobei dessen Einschränkung nach Abs. 2 nicht eingreift[102] (vgl. Rn. 31). An der Gegenseitigkeit iSv. § 387 BGB fehlt es, wenn der Erstattungspflichtige gegen einen nur gegen ihn persönlich gerichteten Kostenerstattungsanspruch mit einer gesamthänderisch gebundenen Forderung aufrechnen will.[103] Hat zwischen den Parteien auf Grund einer **Kostenquotelung** ein Kostenausgleich (§ 106) stattzufinden, ist die Aufrechnung in einem laufenden Kostenfestsetzungsverfahren dann zulässig, wenn beide Parteien ihre Kostenfestsetzungsanträge eingereicht haben, weil dann der Rechtspfleger in der Lage ist zu bestimmen, welcher Partei welcher Ausgleich zusteht.[104] Zu den Auswirkungen einer Aufhebung oder Modifizierung in der Rechtsmittelinstanz vgl. Rn. 40. 37

Die Aufrechnung **außerhalb** eines Kostenfestsetzungsverfahrens **mit** einem **Kostenerstattungsanspruch** ist unter den Voraussetzungen der §§ 387 ff. BGB grds. **zulässig.** Der Kostenerstattungsanspruch muss u. a. fällig und bestimmbar sein. Er darf auch nicht aufschiebend bedingt sein, während eine auflösende Bedingung unschädlich ist. Danach kann frühestens ab Erlass einer vollstreckbaren Kostengrundentscheidung aufgerechnet werden, wenn sich der aufschiebend bedingte in einen auflösend bedingten Erstattungsanspruch umwandelt (vgl. Rn. 34). Ab diesem Zeitpunkt ist der Erstattungsanspruch zudem **fällig** und bestimmbar, ohne dass es hierfür einer Kostenfestsetzung bedürfte.[105] Unter den vorgenannten Voraussetzungen steht der Aufrechnung mit ihm auch nicht entgegen, dass eine Zwangsvollstreckung wegen fehlender Sicherheitsleistung des Gläubigers oder wegen einer vom Schuldner erbrachten unzulässig wäre. Denn die Aufrechnung einer Forderung, ausgenommen der Fall des § 394 BGB, wird durch Vollstreckungsschutzvorschriften nicht berührt.[106] 38

In einem laufenden Zivilprozess kann die Aufrechnung mit einem prozessualen Kostenerstattungsanspruch aus einem **anderen gerichtlichen Verfahren** nur berücksichtigt werden, wenn er seiner Höhe nach **unbestritten** oder im Kostenfestsetzungsverfahren **rechtskräftig** beschieden worden ist.[107] Die Aufrechnung mit einem bestrittenen anderweitig anhängigen Kostenerstattungsanspruch ist dagegen unzulässig, da dem Prozessgericht die Zuständigkeit fehlt, über die Höhe eines 39

---

97 RG JW 1935, 1041; OLG München JurBüro 1993, 222.

98 BGHZ 3, 381, 383 = NJW 1952, 144; OLG Düsseldorf JurBüro Rpfleger 1996, 373; 1975, 819.

99 OLG Düsseldorf Rpfleger 2005, 696, 697; Rpfleger 1996, 373; KG JurBüro 1984, 605; OLG Hamm JurBüro 1973, 675; JurBüro 1984, 607.

100 OLG München NJW-RR 2000, 1524.

101 KG JurBüro 1984, 605.

102 BGHZ 3, 381, 383 = NJW 1952, 144.

103 BGH NJW-RR 2005, 375, 376.

104 OLG Köln OLGR 2002, 36; OLG München NJW-RR 2000, 1524; aM OLG Düsseldorf Rpfleger 1996, 373, 374; OLG Saarbrücken JurBüro 1978, 1089.

105 BGH Rpfleger 1976, 176; OLG Frankfurt Rpfleger 1996, 373; MDR 1984, 148; aM OLG Stuttgart MDR 1961, 1013.

106 OLG Frankfurt MDR 1984, 148; OLG Hamm FamRZ 1987, 1288; OLG Düsseldorf NJW-RR 1989, 503.

107 BGH MDR 1963, 388; OLG Frankfurt MDR 1984, 148; OLG Hamm FamRZ 1987, 1288; *Stein/Jonas/Bork* Rn. 18.

drittprozessualen Kostenerstattungsanspruchs zu entscheiden, die allein den dortigen Kostenfestsetzungsinstanzen obliegt.[108]

40 Wurde der Kostenerstattungsanspruch auf Grund eines **vorläufig vollstreckbaren** Urteils im Kostenfestsetzungsverfahren rechtskräftig festgesetzt, das Urteil in der Rechtsmittelinstanz jedoch **aufgehoben,** fällt die Wirkung einer zuvor erklärten Aufrechnung mit dem Erstattungsanspruch rückwirkend wieder weg.[109] Wird dagegen die erstinstanzliche Kostenentscheidung nicht gänzlich aufgehoben, sondern durch das Rechtsmittelgericht oder einen Prozessvergleich lediglich **modifiziert,** so bleibt die Wirkung einer zuvor erklärten Aufrechnung erhalten, soweit ein Gleichlauf mit der Vorinstanz gegeben ist.[110]

41 In einem Rechtsstreit ist die Aufrechnung **mit** einem Kostenerstattungsanspruch **desselben Verfahrens,** auch gegen eine Widerklage,[111] ausgeschlossen,[112] schon um das ungereimte Ergebnis zu vermeiden, dass eine Aufrechnung über die Kostengrundentscheidung Einfluss auf das noch schwebende Verfahren haben und damit zu einer Änderung gerade dieses Kostenerstattungsanspruchs in der Rechtsmittelinstanz führen könnte. Besteht umgekehrt diese Gefahr nicht, weil der demselben Verfahren entspringende Kostenerstattungsanspruch nach Grund, Höhe und hinsichtlich der Aufrechnungsvoraussetzungen unstreitig oder rechtskräftig im erstinstanzlichen Kostenfestsetzungsverfahren festgesetzt ist, kann er ausnahmsweise berücksichtigt werden.[113]

42 **e) Verjährung.** Die gesetzlichen Verjährungsregeln hat der Rechtspfleger ohne Bindung an die rechtliche Bewertung der Parteien in eigener Zuständigkeit anzuwenden. Der Kostenerstattungsanspruch verjährt gem. § 195 BGB grds. in 3 Jahren,[114] doch ist die Verjährung mit Erhebung der Klage zunächst gem. § 204 Abs. 1 Nr. 1, Abs. 2 BGB gehemmt.[115] Endet das Verfahren mit einer rechtskräftigen Entscheidung, kommt auf den Kostenerstattungsanspruch die längere Verjährungsfrist des § 197 Abs. 1 Nr. 3 BGB von **30 Jahren** ab **Rechtskraft** der **Kostengrundentscheidung** zur Anwendung,[116] da diese Vorschrift keinen Leistungstitel voraussetzt, sondern einen die unspezifizierte Leistungspflicht als solche feststellenden Titel ausreichen lässt.[117] Verjährungsbeginn ist nach § 199 Abs. 1 BGB der Schluss des Jahres, in dem die Kostengrundentscheidung ergangen ist, da mit deren Erlass der Kostenerstattungsanspruch fällig wird[118] (vgl. Vor §§ 91 ff. Rn. 15). Beruft sich der Erstattungspflichtige im Festsetzungsverfahren nach Ablauf der Verjährungsfrist auf Verjährung, ist die Einrede zu berücksichtigen. Dagegen kommt der Einwand, die erstattungsberechtigte Partei sei ihrerseits auf Grund Verjährung dem Vergütungsanspruch ihres Prozessbevollmächtigten nicht ausgesetzt, nur in Betracht, wenn diese ihrem Anwalt gegenüber die Verjährungseinrede erhoben hat.[119] Nur dann fehlt es an einem Erstattungsaufwand; eine Obliegenheit im Verhältnis der Prozessparteien zur Ausübung der Einrede gegenüber dem eigenen Anwalt besteht nicht.

43 **f) Verwirkung.** Für den prozessualen Kostenerstattungsanspruch ist der Einwand der Verwirkung, da materiellrechtlicher Natur, grds. unbeachtlich.[120] Doch gilt die unter Rn. 32 erörterte Ausnahme für den Fall, dass der Einwand auf Grund feststehender Tatsachen offensichtlich begründet ist, auch für die Verwirkungseinrede.[121] Sie setzt allerdings neben dem reinen Zeitmoment das Vorliegen von Umständen voraus, welche die Geltendmachung des Erstattungsanspruchs als treuwidrig (§ 242 BGB) erscheinen lassen.[122] Das kommt nur in den seltenen Fällen Betracht, in denen zwischen den Parteien **unstreitig** ist, dass der Erstattungspflichtige darauf vertrauen durfte, der

---

[108] BGH MDR 1963, 388.
[109] OLG Saarbrücken JurBüro 1978, 1089.
[110] OLG Köln OLGR 2002, 36; OLG München NJW 1976, 429; aM OLG Saarbrücken JurBüro 1978, 1089.
[111] OLG Düsseldorf NJW 1962, 1400, 1401.
[112] OLG Frankfurt MDR 1984, 148; *Stein/Jonas/Bork* Rn. 17.
[113] OLG Celle JurBüro 1983, 1698; aM OLG Düsseldorf Rpfleger 1996, 373, 374.
[114] BGH JurBüro 2006, 370; BayVGH Rpfleger 2004, 65; OLG Koblenz JurBüro 2006, 318.
[115] BGH JurBüro 2006, 370; aM *Dilger* JurBüro 2006, 291, 295.
[116] BGH JurBüro 2006, 370; OLG Koblenz JurBüro 2006, 318; OLG Köln OLGR 2006, 743; OLG Stuttgart JurBüro 2006, 203; OLG Naumburg OLG-NL 2002, 69; LG Zweibrücken Rpfleger 2006, 289; aM OLG Frankfurt MDR 1977, 665; OLG München NJW 1971, 1755.
[117] BGH JurBüro 2006, 370, 371; NJW-RR 1989, 215.
[118] BGH Rpfleger 1976, 176.
[119] BayVGH Rpfleger 2004, 65; OLG Naumburg OLG-NL 2002, 69, 70; OLG Karlsruhe MDR 1996, 750.
[120] OLG Hamm JurBüro 1984, 607; OLG Stuttgart Rpfleger 1984, 113.
[121] KG Rpfleger 1994, 385; OLG Stuttgart Rpfleger 1984, 113.
[122] OLG Bamberg JurBüro 1987, 1412, 1413.

Gegner werde keine Kostenerstattungsansprüche mehr geltend machen.[123] Zur Frage, ob anstelle eines Verwirkungseinwands im Sinne einer Hemmung des prozessualen Kostenerstattungsanspruchs auch einem Festsetzungsgesuch **verfahrensrechtliche** Verwirkung entgegengehalten werden kann, vgl. § 103 Rn. 35.

g) Verzicht. Erklärt der Kostengläubiger nach Maßgabe der unter Rn. 32 dargelegten Anforderungen, dass er aus dem Kostentitel keinerlei Rechte herleiten werde, so begründet ein solcher Verzicht einen auch für das Kostenfestsetzungsverfahren zu beachtenden Einwand.[124] Wählen anwaltlich vertretene Parteien anstelle eines gerichtlichen Vergleichs bewusst eine **kostengünstigere** prozessuale **Erledigungsform** (zB ein Anerkenntnis, das gem. Nr. 1000 Abs. 1 S. 1 VV RVG keine Einigungsgebühr auslöst), so lässt dies auf einen Verzichtsvertrag schließen, der einer Erstattung etwaiger angefallener Vergleichskosten entgegen steht.[125] 44

h) Prozesskostenvorschuss in Unterhalts- Ehe- und Folgesachen. Die Rückerstattung von Vorschüssen, welche die Parteien auf Grund einstweiliger Anordnung (§§ 127a Abs. 1 iVm. 620 Nr. 4 bis 6, 620 Nr. 10) oder auf der Grundlage des § 1360a Abs. 4 BGB einander leisten, kann im Kostenfestsetzungsverfahren nach allgemeiner Meinung nicht angeordnet werden. Sie muss idR im **Klageweg** durchgesetzt werden, da die Frage, ob und inwieweit ein Prozesskostenvorschuss zurückzuerstatten ist, nicht von der Kostenlast abhängt, sondern nach materiellrechtlichen Kriterien zu entscheiden ist.[126] Der Prozesskostenvorschuss ist jedoch ausnahmsweise auf den Erstattungsanspruch des Vorschussempfängers **anzurechnen,** wenn Höhe und Zweckbestimmung des Vorschusses **unstreitig** sind[127] oder der Erstattungsberechtigte die Verrechnung selber beantragt,[128] mit ihr einverstanden ist[129] oder sie mit offensichtlich verfehlten Erwägungen in Zweifel zieht.[130] Die substantiiert behauptete Zahlung eines Prozesskostenvorschusses ist dann als unstreitig anzusehen, wenn die erstattungsberechtigte Partei sie ausdrücklich **zugesteht**[131] oder sich trotz gerichtlicher Auflage **nicht äußert**[132] (vgl. Rn. 32). 45

Während im Ansatz grds. Einigkeit besteht, dass in den vorgenannten Fällen keine vernünftigen Gründe die einwendungsweise Geltendmachung des Prozesskostenvorschusses hindern, bereitet die Frage der weiteren Voraussetzungen des „Ob" und „Wie" der Anrechenbarkeit Schwierigkeiten. Hat der Vorschussgeber die Kosten des Rechtsstreits **voll** zu tragen, ist seine unstreitige Zahlung voll auf den Erstattungsbetrag des Vorschussempfängers anzurechnen, weil er sonst den Betrag zweimal zahlen müsste.[133] In Fällen einer **Kostenquotelung** (§§ 92, 106) ist für eine Anrechnung kein Raum, wenn der vom Vorschussempfänger zu tragende Kostenanteil **höher** als der gezahlte Vorschuss des Erstattungspflichtigen ist.[134] Insoweit hat der Vorschussgeber mit der Zahlung seine familienrechtliche Pflicht erfüllt, und eine etwaige Rückzahlung richtet sich nach materiellem Recht. Umstritten ist die umgekehrte Konstellation, in welcher die Vorschusszahlung den Gesamtkostenanteil des Vorschussempfängers übersteigt. Nach zutreffender Auffassung ist der Vorschuss in **voller Höhe** auf den sich nach der Ausgleichung ergebenden Kostenerstattungsanspruch anzurechnen.[135] Die Gegenmeinung, die die Anrechnung davon abhängig macht, dass die **Summe** des Prozesskostenvorschusses und des dem Vorschussempfängers zustehenden Kostenerstattungsanspruchs die diesem auferlegten Gesamtkosten übersteigt,[136] ist abzulehnen. Sie befreit den Erstattungsberechtigten von einem Teil seiner Kostenlast, indem sie ihm den empfangenen Kostenvorschuss betragsmäßig voll erhält, obwohl dieser nur der Sicherstellung einer sachdienlichen Prozessführung, 46

---

123 OLG Frankfurt OLGR 2005, 75; KG Rpfleger 1994, 385.

124 OLG Koblenz JurBüro 2006, 480.

125 OLG Stuttgart Rpfleger 2005, 486.

126 BGHZ 56, 92, 93, 95 = NJW 1971, 1262, 1263; OLG Oldenburg NJW-RR 1994, 1411; OLG Düsseldorf JurBüro 1996, 422; NJW 1972, 830; OLG Stuttgart FamRZ 1992, 1462; NJW 1971, 1221.

127 OLG Düsseldorf Rpfleger 2005, 483; OLG Köln FamRZ 2002, 1134; JurBüro 1998, 309; OLG Stuttgart FamRZ 1987, 968; OLG Bamberg JurBüro 1982, 449; OLG Karlsruhe Rpfleger 1981, 408.

128 OLG Zweibrücken Rpfleger 1981, 455.

129 OLG Düsseldorf JurBüro 1996, 422.

130 OLG Braunschweig NdsRpfl. 1976, 114.

131 OLG Düsseldorf Rpfleger 1977, 260; OLG Hamm JurBüro 1973, 1099.

132 KG Rpfleger 1976, 23; aM OLG München FamRZ 1994, 1605, 1607.

133 OLG Köln OLGR 2006, 553, 554.

134 OLG Köln OLGR 2006, 553, 554.

135 OLG Braunschweig FamRZ 2005, 1190; OLG Düsseldorf Rpfleger 2005, 483, 484; OLG Köln FamRZ 2002, 1134; OLG Schleswig OLGR 2002, 269, 270; OLG Zweibrücken MDR 1998, 862; OLG München FamRZ 1994, 1605, 1606, 1607; *Musielak/Wolst* Rn. 10.

136 KG NJW-RR 2002, 140 (mit Berechnungsbeispiel); OLG Bamberg FamRZ 1999, 724, 725; FamRZ 1997, 1417 (LS); OLG Hamm FamRZ 1999, 728; OLG Nürnberg NJW-RR 1999, 1088; *Stein/Jonas/Bork* Rn. 22.

weder aber der Prozessfinanzierung noch einer teilweisen Entlastung vom Prozessrisiko dient[137] (vgl. § 91 Rn. 150).

IV. Formale Kriterien der Entscheidung

47 **1. Form.** Ist der Festsetzungsantrag zulässig und begründet, ergeht ein **Kostenfestsetzungsbeschluss,** den der Rechtspfleger mit vollem Namenszug zu unterschreiben hat. Eine Paraphe, dh. ein Handzeichen im Sinne einer bewussten Abkürzung, erfüllt die Anforderungen nicht; der Beschluss ist unwirksam[138] (zum Verschlechterungsverbot in diesem Fall vgl. Rn. 104). Als selbstständiger Vollstreckungstitel nach § 794 Abs. 1 Nr. 2 enthält er ein vollständiges Rubrum, sofern nicht Festsetzung im vereinfachten Verfahren nach § 105 erfolgt. Der Vollstreckungstitel als Grundlage der Festsetzung ist im Beschluss genau zu bezeichnen: Art des Titels, Benennung des Gerichts, Datum, Aktenzeichen. Kann dem Festsetzungsantrag nicht oder nicht uneingeschränkt entsprochen werden, weil er ganz oder teilweise unzulässig oder unbegründet ist, erfolgt die ganze oder teilweise Zurückweisung in Beschlussform, um einen formell rechtsmittelfähigen Angriffsgegenstand zu schaffen.

48 **2. Begründungspflicht.** Der Kostenfestsetzungsbeschluss muss aus sich heraus verständlich und für Parteien und Rechtsmittelgericht nachprüfbar sein. Darin manifestiert sich darin das Gebot rechtlichen Gehörs,[139] das die Gerichte zwingt, sich mit dem Parteivorbringen inhaltlich auseinanderzusetzen. Dazu ist eine **Begründung** des Kostenfestsetzungsbeschlusses, spätestens aber des Nichtabhilfebeschlusses (vgl. Rn. 90) erforderlich,[140] soweit beantragte Kosten abgelehnt oder festgesetzt werden, deren Erstattungsfähigkeit zweifelhaft oder zwischen den Parteien streitig ist.[141] Eine floskelhafte Begründung, insbesondere die schlichte Wiedergabe des Gesetzeswortlauts, steht einer fehlenden Begründung gleich.[142] Enthält die Beschwerdeschrift neuen Sach- oder Rechtsvortrag, ist eine pauschale Verweisung auf die im angefochtenen Beschluss dargelegten Gründe unzureichend; der Nichtabhilfebeschluss hat sich zu den Erwägungen der Beschwerde zu verhalten.[143] Eine Begründung ist nur dann entbehrlich, wenn einem Antrag in vollem Umfange entsprochen wird und die geltend gemachten Kosten nach den gesetzlichen Bestimmungen unzweifelhaft entstanden und zu erstatten sind.[144]

49 Enthält der Kostenfestsetzungs- bzw. der Nichtabhilfebeschluss keine ausreichende Begründung und ist die Festsetzungsentscheidung deshalb aus sich heraus nicht verständlich, begründet dies einen wesentlichen **Verfahrensmangel,** der regelmäßig zur Aufhebung des angefochtenen Beschlusses und zur Zurückverweisung an den Rechtspfleger führt[145] (vgl. Rn. 90, 103).

50 **3. Bekanntmachung.** Eine Ausfertigung des Kostenfestsetzungsbeschlusses ist dem **Gegner** gem. §§ 104 Abs. 1 S. 3 zusammen mit einer Abschrift der Kostenberechnung von Amts wegen **zuzustellen** (zur Bedeutung der Mitteilung der Kostenberechnung für die Beschwerde-/Erinnerungsfrist vgl. Rn. 83 und 115). Im Falle der Zurückweisung des Festsetzungsgesuchs ist eine Mitteilung an den Gegner nicht vorgesehen.

51 Dem **Antragsteller** wird die Entscheidung gem. § 104 Abs. 1 S. 4 2. Halbs. **formlos** übersandt. Sie wird ihm förmlich zugestellt, wenn der Festsetzungsantrag ganz oder teilweise zurückgewiesen wird, § 104 Abs. 1 S. 4 1. Halbs., da insoweit die sofortige Beschwerde/Erinnerung eröffnet ist und die Zustellung die Notfrist des § 569 Abs. 1 S. 2 bzw. § 11 Abs. 2 S. 1 RpflG in Gang setzt. Mit Blick auf § 798 (vgl. Rn. 138) zweckmäßig ist es, den teilweise zusprechenden Beschluss zuerst dem Gegner zuzustellen und nach Rückkunft der Zustellungsurkunde dem Antragsteller eine vollstreckbare Beschlussausfertigung mit Zustellungsvermerk zuzuleiten.

52 Da das Kostenfestsetzungsverfahren als Nachverfahren dem ersten Rechtszug zugeordnet ist, sind Zustellungen und formlose Mitteilungen gem. § 172 an den **Prozessbevollmächtigten** dieser Instanz zu richten, solange die diesem erteilte Vollmacht wirksam ist (allgM). Dies gilt auch dann,

---

[137] OLG Düsseldorf Rpfleger 2005, 483, 484; so auch OLG Köln FamRZ 2002, 1134 (für den Fall eines Prozessvergleichs).

[138] OLG Rostock MDR 2006, 538; OLG Karlsruhe NJW-RR 2004, 1507.

[139] OLG Koblenz JurBüro 2002, 200.

[140] OLG Hamm MDR 2004, 412; OLG Hamburg MDR 2002, 1274.

[141] OLG Koblenz AGS 2003, 414; OLG Düsseldorf Rpfleger 1981, 406; OLG Stuttgart JurBüro 1978, 1252.

[142] OLG Hamburg MDR 2002, 1274.

[143] OLG Hamm MDR 2004, 412; OLG Karlsruhe OLGR 2004, 313; OLG Nürnberg MDR 2004, 169; OLG Koblenz JurBüro 2002, 200.

[144] OLG Karlsruhe NJW 1971, 764.

[145] OLG Hamm MDR 2004, 412, 413; OLG Karlsruhe OLGR 2004, 313; OLG Nürnberg MDR 2004, 169.

wenn ausschließlich Kosten der höheren Instanz festgesetzt wurden.[146] Das Kostenfestsetzungsverfahren unterliegt nicht dem Anwaltszwang (vgl. § 103 Rn. 37); deshalb wird das Erlöschen der **Vollmacht** allein durch ihre Anzeige nach § 87 Abs. 1 1. Halbs. wirksam.[147] § 87 Abs. 1 2. Halbs. gilt nur für das eigentliche Erkenntnisverfahren.[148] Ist eine Anzeige des Widerrufs nicht erfolgt, bleibt die Vollmacht des erstinstanzlichen Prozessbevollmächtigten bestehen, auch wenn im Kostenfestsetzungsverfahren ein anderer Rechtsanwalt, beispielsweise ein Verkehrsanwalt, tätig geworden ist.[149] Dies bedeutet aber nicht, dass die Zustellung nur an den erstinstanzlichen Rechtsanwalt erfolgen kann. Sie ist vielmehr wirksam, wenn sie an einen mehrerer Prozessbevollmächtigter bewirkt ist.[150]

4. Ergänzung und Berichtigung des Beschlusses. Hat der Rechtspfleger **versehentlich** 53
nicht über alle **angemeldeten** Kosten entschieden, kann der Erstattungsberechtigte beantragen, den Kostenfestsetzungsbeschluss entsprechend **§ 321** zu ergänzen.[151] Weder die Selbstbindung des Gerichts (§ 318) noch die Rechtskraft stehen dem entgegen, soweit die zu liquidierenden Kosten nicht Gegenstand einer dezidierten Absetzungsentscheidung waren.[152] Allerdings ist eine Einbeziehung in das ursprüngliche Festsetzungsverfahren nur innerhalb der Frist des § 321 Abs. 2 möglich.[153] Nach deren Ablauf können die übersehenen Ansprüche nur im Rahmen einer **Nachfestsetzung,** dh. im Rahmen eines neu einzuleitenden Festsetzungsverfahrens berücksichtigt werden (vgl. Rn. 129). Die Rechtsmittel der sofortigen Beschwerde bzw. der Erinnerung sind daneben nicht eröffnet (vgl. Rn. 77, 114).

Schreibfehler, Rechenfehler, Verwechslungen der Kostenquoten oder der Parteirollen und ande- 54
re offensichtliche – aus dem Kostenfestsetzungsbeschluss aus sich heraus erkennbaren[154] – Unrichtigkeiten sind **analog § 319** von Amts wegen oder auf Antrag zu berichtigen.[155] Voraussetzung ist, dass der zu berichtigende Fehler bei der **Verlautbarung** des Willens, nicht bereits bei der **Willensbildung** unterlaufen ist.[156] Daran fehlt es, wenn der Rechtspfleger irrtümlich nicht die zutreffende Kostengrundentscheidung seiner Berechnung zugrunde legt (dann ist nur das fristgebundene Rechtsmittel statthaft)[157] oder eine zur Festsetzung angemeldete Kostenposition übergeht, doch kommt im letzteren Fall eine Ergänzung nach § 321 bzw. eine Nachfestsetzung in Betracht (hierzu Rn. 53). Eine Änderung des Kostenfestsetzungsbeschlusses von Amts wegen auf Grund neuer Erkenntnisse oder mit Rücksicht darauf, dass er unter Verstoß gegen das Verfahrensrecht zustande gekommen ist, scheidet aus;[158] hier verbleibt es bei den in Rn. 72, 109 dargestellten Rechtsmitteln der sofortigen Beschwerde/Erinnerung. Dem von einer Berichtigung betroffenen Gegner steht die sofortige Beschwerde zu, **§ 319 Abs. 3.** Da umgekehrt gegen die Ablehnung der Berichtigung gem. § 319 Abs. 3 kein Rechtsmittel stattfindet, ist insoweit die Rechtspflegererinnerung nach § 11 Abs. 2 S. 1 RpflG eröffnet.[159] Im Verfahren nach § 319 fallen keine gesonderten Kosten an, weshalb eine Kostenentscheidung nicht ergeht; daran ändert nichts, wenn ein im Wege des § 319 zu berichtigender Kostenfestsetzungsbeschluss der Bezeichnung nach mit einer sofortigen Beschwerde angefochten wird und deshalb von Amts wegen umzudeuten ist[160] (hierzu Rn. 76).

V. Inhaltliche Kriterien der Entscheidung

1. Bindungswirkung und Auslegung der Kostengrundentscheidung. Im Festsetzungsver- 55
fahren wird der Kostentitel nur der **Höhe** nach ergänzt, dh. betragsmäßig beziffert (vgl. § 103

---

146 OLG Celle NdsRpfl. 1977, 21; LG München Rpfleger 1971, 408.
147 OLG München MDR 1980, 146; OLG Koblenz Rpfleger 1978, 261; OLG Stuttgart Die Justiz 1969, 166.
148 AM OLG Celle NdsRpfl. 1977, 21.
149 OLG Hamm Rpfleger 1978, 421; OLG Stuttgart Die Justiz 1969, 166.
150 OLG Hamm Rpfleger 1978, 421, aM OLG Stuttgart Die Justiz 1969, 166, das hier nur Zustellung an den Anwalt erster Instanz zulässt.
151 OLG Hamm OLGR 2002, 148, 149; Rpfleger 1973, 409, 410.
152 OLG Nürnberg OLGR 2002, 178, 179.
153 OLG Nürnberg OLGR 2002, 178, 179; OLG München Rpfleger 1987, 262, 263; KG JurBüro 1980, 764, 765.
154 OLG Bremen OLGR 1998, 155.
155 BGH NJW-RR 2004, 501 aE; OLG Karlsruhe OLGR 2001, 230; OLG Stuttgart Die Justiz 1980, 439; OLG Hamm MDR 1977, 760.
156 OLG Nürnberg OLGR 2002, 178; OLG Bremen OLGR 1998, 155.
157 OLG Zweibrücken Rpfleger 2003, 101; OLG Bremen OLGR 1998, 155.
158 OLG Saarbrücken AnwBl. 1980, 299; OLG Düsseldorf MDR 1978, 677; OLG Frankfurt Rpfleger 1978, 269.
159 LG Berlin JurBüro 1999, 539.
160 OLG Naumburg OLGR 2004, 388.

Rn. 1). Daher sind Rechtspfleger und Richter an die Kostengrundentscheidung selbst dann **gebunden,** wenn sie unrichtig oder unzulässig ist.[161] Eine **fehlerhafte** oder **unvollständige** Grundentscheidung, etwa weil eine Klagerücknahme gegen einen Streitgenossen übersehen,[162] ein Ermessen nach § 100 Abs. 2 nicht erwogen (vgl. § 100 Rn. 8) oder ein außergerichtlicher Kostenvergleich nicht beachtet worden ist (vgl. § 98 Rn. 23ff., 35), darf im Festsetzungsverfahren weder korrigiert noch ergänzt werden.[163] Diese Befugnis steht nach Maßgabe der §§ 319, 321 nur dem für das Erkenntnisverfahren zuständigen Richter zu. Doch schließt das die **Auslegung** einer unklaren, mehrdeutigen oder widersprüchlichen Kostengrundentscheidung, zB durch Rückgriff auf die Baumbach'sche Formel, nicht aus, solange der **sachliche Titelgehalt** nicht verändert wird.[164] Dazu ist eine möglichst praxisgerechte Lösung anzustreben,[165] die sich in engen Grenzen einer **wortlautorientierten** Auslegung hält. Sie ist insofern objektiviert, als eigene Vorstellungen des Festsetzungsorgans unberücksichtigt bleiben müssen, soweit diese in Tenor oder Entscheidungsgründen keine Entsprechung finden;[166] eine minder strenge Bewertung ist allenfalls dann angezeigt, wenn eine ergänzende Auslegung nicht das Verhältnis der kontradiktorisch gegenüberstehenden Parteien, sondern das Innenverhältnis von Streitgenossen betrifft (näher § 100 Rn. 4, 9f.). Eine Festsetzung mit der Begründung abzulehnen, die Kostengrundentscheidung sei unzulässig, oder diese zu umgehen, indem etwa die entgegen § 281 Abs. 3 S. 2 nicht dem Kläger auferlegten Mehrkosten einer **Verweisung** (vgl. § 91 Rn. 148) für nicht notwendig iSv. § 91 Abs. 1 erklärt werden,[167] überschreitet den Auslegungsspielraum; das gilt selbst dann, wenn der mit einer Rechtspflegererinnerung befasste Richter mit dem Richter des Erkenntnisverfahrens identisch ist.[168] Dagegen ist die Korrektur eines den Grundsatz der Einheitlichkeit der Kostenentscheidung (vgl. § 91 Rn. 5) verletzenden Titels dergestalt zulässig, dass zB statt fälschlich nach Verfahrensabschnitten, Streitgegenständen oder Klage/Widerklage (vgl. § 92 Rn. 5, 11) verteilten Kosten den daraus abgeleiteten Streitwertanteilen entsprechende Quoten gebildet werden.[169] Bleiben nicht behebbare Zweifel, gehen sie stets zulasten des Erstattungsberechtigten. Die Bindung der Kostenfestsetzungsinstanzen beschränkt sich auf den **Ausspruch** der Kostenlast. Soweit hierfür bestimmte rechtliche Erwägungen maßgebend waren, erwachsen sie nicht in Rechtskraft.[170] Zur Auslegung eines **Prozessvergleichs** vgl. § 98 Rn. 12, 14ff. und § 101 Rn. 25ff. (Erstreckung auf Nebenintervenienten).

56 **2. Bindung an Parteianträge.** Der Rechtspfleger ist nach dem Grundsatz „iura novit curia" nicht an übereinstimmende Rechtsauffassungen der Parteien gebunden[171] (zur Vereinbarung der Kostenerstattung im Prozessvergleich § 98 Rn. 14ff.). Hingegen ist er in sinngemäßer Anwendung des § 308 Abs. 1 S. 1 („ne ultra petita") grds. nicht befugt, Kosten festzusetzen, die nicht beantragt sind,[172] was sich nicht nur auf außergerichtliche Kosten der Parteien, sondern auch verauslagte Gerichtskosten bezieht.[173] Doch gilt diese Regel nicht uneingeschränkt:

57 **a) Austausch von Kosten.** Der von einer Partei angemeldete **Gesamtbetrag** eröffnet einen gewissen Spielraum, innerhalb dessen von Amts wegen anstelle eines geforderten, aber unberechtigten Einzelpostens ein berechtigter, aber nicht beanspruchter Posten berücksichtigt werden kann.[174] Doch müssen beide Positionen ihrer Art nach in einem Zusammenhang stehen; auch darf die

---

[161] OLG Düsseldorf Rpfleger 2005, 485; OLG Naumburg Rpfleger 2001, 372; OLG Koblenz NJW-RR 1999, 728; OLG Karlsruhe JurBüro 1996, 645; OLG Bamberg JurBüro 1986, 108; OLG Zweibrücken JurBüro 1986, 1573; OLG Schleswig JurBüro 1982, 1404.

[162] OLG Koblenz NJW-RR 2004, 1008.

[163] OLG München Rpfleger 1979, 388; OLG Bremen NJW 1972, 1206; aM OLG Frankfurt MDR 1997, 102; OLG Bamberg JurBüro 1985, 123.

[164] OLG Düsseldorf OLGR 2006, 292; Rpfleger 2005, 485; OLG Zweibrücken OLGR 2003, 198; OLG Schleswig JurBüro 1993, 742, 743; OLG Hamm JurBüro 1989, 1421; OLG Hamburg JurBüro 1980, 1727, 1728.

[165] OLG München JurBüro 1991, 121 m. Anm. *Mümmler;* OLG Schleswig JurBüro 1982, 1404.

[166] OLG Hamm JurBüro 1989, 1421; OLG Braunschweig JurBüro 1977, 1775, 1776.

[167] OLG Naumburg Rpfleger 2001, 372; OLG Düsseldorf MDR 1999, 568; OLG Hamburg MDR 1998, 1502; OLG Koblenz JurBüro 1992, 631 m. Anm. *Mümmler;* aM OLG Rostock JurBüro 2001, 591; OLG München NJW-RR 2000, 1740; OLG Frankfurt MDR 1997, 103; OLG Hamm Rpfleger 1991, 267.

[168] OLG Koblenz JurBüro 1992, 831.

[169] OLG Naumburg NJW-RR 2000, 1740; OLG München JurBüro 1991, 121; OLG Hamm JurBüro 1986, 106.

[170] BAG NJW 2006, 717, 718.

[171] OLG Frankfurt Rpfleger 1980, 158.

[172] RGZ 35, 427, 428; OLG Karlsruhe FamRZ 2004, 966, 967; OLG Hamm JurBüro 1969, 769, 771 m. Anm. *Schneider.*

[173] OLG München JurBüro 1995, 427, 428; *Musielak/Wolst* Rn. 14.

[174] OLG Karlsruhe FamRZ 2004, 966, 967.

Rechtskraft eines früheren Kostenfestsetzungsbeschlusses nicht durchbrochen werden. Ein **Austausch** kann zB innerhalb der zur Erstattung angemeldeten Anwaltskosten, Gerichtskosten oder persönlichen Auslagen der Partei vorgenommen werden.[175] Nicht zu rechtfertigen wäre jedoch ein Austausch zwischen nicht berechtigten Verkehrsanwaltskosten und erstattungsfähigen, aber nicht angemeldeten Parteikosten für Reisen zum Termin, da beide Posten nach unterschiedlichen Gesichtspunkten und gänzlich unabhängig von einander zu beurteilen sind.[176] Die Ersetzung tatsächlich entstandener, an sich nicht erstattungsfähiger Kosten, durch **fiktive Kosten,** welche die Partei hätte aufwenden dürfen (vgl. § 91 Rn. 66, 100, 132), stellt keinen Austausch von Positionen dar. Vielmehr dienen solche ersparten Aufwendungen dazu, die Erstattungsfähigkeit der geforderten und auch verursachten Kosten ganz oder teilweise zu rechtfertigen.

b) Beiderseitige Gebühr. Eine weitere Abweichung vom Parteiantrag gebietet die dem § 106 zugrunde liegende Konstellation, wenn auf Grund einer nach Quoten verteilten Kostenlast ein Kostenausgleich vorzunehmen ist und eine Gebühr, etwa eine Terminsgebühr iSv. Nr. 3104 VV RVG, auf beiden Seiten angefallen ist (zur Rechtsmittelbeschwer vgl. Rn. 75). Hier gibt der Antrag der einen Partei Anlass, diese Gebühr von Amts wegen auch im Rahmen der Kostenzusammenstellung des Gegners zu berücksichtigen[177] (vgl. § 106 Rn. 7). 58

3. Streitgenossen als Gesamtschuldner oder Gesamtgläubiger. Sind **Streitgenossen** nach § 100 Abs. 4 **gesamtschuldnerisch** zur Kostenerstattung verpflichtet, ist dies im Kostenfestsetzungsbeschluss ausdrücklich zu verlautbaren. Soweit sie nach § 100 Abs. 1 bis 3 anteilig haften, ist der von jedem Streitgenossen zu erstattende Betrag gesondert auszuweisen.[178] **Beantragen mehrere** Streitgenossen Festsetzung, muss dem Festsetzungsbeschluss grds. zu entnehmen sein, welche Beträge jedem einzelnen Streitgenossen zu erstatten sind, ohne dass es hierzu der Darlegung eines besonderen Interesses bedarf. Dies gilt für die nur einem Streitgenossen erwachsenen und die allen gemeinsam entstandenen Kosten gleichermaßen.[179] Eine einheitliche Festsetzung ohne Angabe eines Beteiligungsverhältnisses ist nur zulässig, wenn der gemeinsame Verfahrensbevollmächtigte beantragt, die gemeinsamen Kosten aller Streitgenossen in einem Beschluss festzusetzen, und der Gegner dem nicht widerspricht. Zur Frage der Erstattungsfähigkeit der Kosten eines eigenen Anwalts bzw. der eines gemeinsamen Anwalts, auch beim Zusammentreffen des Obsiegens einzelner und des Unterliegens anderer Streitgenossen, wird im Übrigen auf die Ausführungen in § 100 Rn. 19ff, 34ff. verwiesen. Obwohl Streitgenossen hinsichtlich ihrer Kostenerstattungsansprüche Anteilsgläubiger sind, führt die Auslegung eines Kostenfestsetzungsbeschlusses, der ohne Angabe eines Beteiligungsverhältnisses zugunsten mehrerer Streitgenossen über einen einheitlichen Betrag ergangen ist, regelmäßig zur Annahme von Gesamtgläubigerschaft.[180] Die fehlende Angabe des Beteiligungsverhältnisses begründet eine Beschwer und kann stets mit der sofortigen Beschwerde/Erinnerung gerügt werden (vgl. Rn. 74). 59

4. Feststellungsbeschluss. Umstritten ist, ob im Falle einer ausnahmsweise beachtlichen **materiellrechtlichen** rechtsvernichtenden Einwendung oder rechtshemmenden Einrede (hierzu Rn. 31ff.) sowie im Falle eines fehlenden **Rechtsschutzinteresses** wegen angezeigter Masseunzulänglichkeit (hierzu § 103 Rn. 46f.) ein **feststellender Beschluss** zu ergehen hat, der die Kostenschuld betragsmäßig ausweist, ohne sie zur Erstattung festzusetzen.[181] Das hiergegen eingewandte Argument, ein Feststellungsbeschluss sei dem Verfahren nach §§ 103, 104 unbekannt,[182] greift zu kurz, soweit Interessen des Erstattungsberechtigten oder auch des Erstattungspflichtigen berührt sind, die eine analoge Anwendung des § 256 Abs. 1 gebieten oder wenigstens rechtfertigen. Zutreffend ist nur, dass sich ein Feststellungsbeschluss nicht bloß in der Wiederholung der in der Kostengrundentscheidung titulierten Kostenlast erschöpfen darf.[183] Ein besonderes rechtliches Interesse iSv. § 256 60

---

[175] OLG Koblenz JurBüro 1992, 610, 611 m. Anm. *Mümmler;* OLG Hamm MDR 1974, 411.

[176] OLG Hamm MDR 1974, 411; *Zöller/Herget* Rn. 21 „Gebührenauswechslung".

[177] BGH NJW 2006, 157, 159 aE; OLG Saarbrücken OLGR 2006, 895, 896; OLG Hamm JurBüro 2002, 318; OLG Karlsruhe Rpfleger 1996, 374; OLG Köln JurBüro 1994, 601, 602 m. Anm. *Mümmler;* aM OLG Stuttgart JurBüro 1987, 1093.

[178] OLG Koblenz Rpfleger 1995, 381; LG Berlin Rpfleger 1978, 322; *Stein/Jonas/Bork* Rn. 23; *Zöller/Herget* Rn. 5.

[179] KG NJW-RR 2001, 1435, 1436; OLG Köln JurBüro 1982, 1087; OLG Koblenz MDR 1977, 585.

[180] BGH Rpfleger 1985, 321; aM OLG Hamburg JurBüro 1995, 259.

[181] So OLG Brandenburg OLGR 2007, 424, 425; OLG Karlsruhe OLGR 2005, 597, 598; OLG München ZIP 2004, 2248, 2249; ZIP 2003, 2318, 2319; OLGR 2004, 71, 72 aE (Aufgabe von OLG München ZIP 2000, 555); OLG Düsseldorf JurBüro 1991, 558, 559.

[182] LAG Düsseldorf NZI 2003, 622, 623; OLG München ZIP 2000, 555.

[183] OLG München ZIP 2000, 555.

Abs. 1 mag dem Erstattungsberechtigten aber ggf. dann nicht abzusprechen sein, wenn der Erstattungspflichtige die **Höhe** der angemeldeten Kosten als sachlich oder rechnerisch unrichtig angreift[184] oder der Insolvenzverwalter den zur Tabelle angemeldeten Kostenerstattungsanspruch im Prüfungstermin bestritten hat.[185] Umgekehrt kann auch der Erstattungspflichtige, der zur Erstattung angemeldete Kosten unstreitig gezahlt hat, ein berechtigtes Interesse an einer dahingehenden Feststellung haben, sei es, um einer wiederholten Inanspruchnahme vorzubeugen, sei es, weil er zB als Streitgenosse in Vorleistung getreten ist und für den bevorstehenden Ausgleich im Innenverhältnis die Bestätigung des Gerichts benötigt, dass die gezahlten Kosten der (bestrittenen) Höhe nach berechtigt waren. Das rechtliche Interesse an einem Feststellungsbeschluss ist deshalb in entsprechender Anwendung der zu § 256 Abs. 1 entwickelten Regeln von den Umständen des Einzelfalls abhängig zu machen.

61 **5. Verzinsung.** Auf **Antrag** ist auszusprechen, dass die festgesetzten Prozesskosten mit **fünf Prozentpunkten** über dem **Basiszinssatz** nach § 247 BGB jährlich zu verzinsen sind (§ 104 Abs. 1 S. 2). Hierbei handelt es sich um die Verzinsung des prozessualen Kostenerstattungsanspruchs (vgl. Vor §§ 91 ff. Rn. 8, 15), die sich dann, wenn beide Parteien anteilige Kosten zu tragen haben, auf den Saldobetrag beschränkt (hierzu § 106 Rn. 7). Weitergehende materiellrechtliche Zinsansprüche (vgl. § 288 BGB) können im Verfahren nach §§ 103 ff. nicht berücksichtigt werden. Dem Gegner zu erstattende **Gerichtskosten** sind auch dann zu verzinsen, wenn der Erstattungspflichtige gem. § 2 GKG Kostenfreiheit genießt; aus § 2 Abs. 5 GKG ergibt sich nichts Gegenteiliges.[186] Festgesetzte Kosten der Zwangsvollstreckung hingegen sind nach § 788 nicht zu verzinsen.[187] § 104 Abs. 1 S. 2 entsprechend anzuwenden, verstieße gegen Sinn und Zweck des § 788 Abs. 1 S. 1 2. Halbs., wonach Vollstreckungskosten grds. zugleich mit dem titulierten Hauptanspruch beizutreiben sind.

62 Maßgebender **Zeitpunkt** für den Beginn der Verzinsung ist gem. § 104 Abs. 1 S. 2 der **Eingang** des **Festsetzungsantrags** beim zuständigen Gericht, sofern die Voraussetzungen für die Kostenfestsetzung vorliegen (vgl. § 103 Rn. 26 ff.) und der Kostenerstattungsanspruch fällig ist[188] (zur Fälligkeit vgl. Vor §§ 91 ff. Rn. 15). Haben die Parteien über die Fälligkeit eine besondere **Vereinbarung** getroffen, entsteht der Anspruch auf Zinsen nicht vor Fälligkeitseintritt.[189] Wird die Berechnung der Kosten gem. § 105 Abs. 3 bereits vor Verkündung des Urteils eingereicht, ist die Verzinsung ab dem Tag der Urteilsverkündung auszusprechen (§ 104 Abs. 1 S. 2). Im Mahnverfahren ist die Verzinsung ab Erlass des Vollstreckungsbescheids anzuordnen. Wird die Kostenfestsetzung auf Grund eines rechtskräftigen Urteils vorgenommen, das nicht für vorläufig vollstreckbar erklärt worden war, etwa in Scheidungs- und nicht abgetrennten Folgesachen, beginnt die Verzinsungspflicht frühestens mit Eintritt der formellen Rechtskraft,[190] bei späterer Anbringung des Festsetzungsantrags in diesem Zeitpunkt.

63 Wird die Festsetzung auf Grund eines **vorläufig vollstreckbaren** Urteils betrieben und erkennt das Rechtsmittelgericht auf eine hiervon abweichende Kostenquote, richtet sich der Verzinsungsbeginn nach zutreffender Auffassung nach der Anbringung des **ersten Festsetzungsantrags,** soweit ein Erstattungsanspruch **bestehen** bleibt.[191] Diese Lösung ist vorzugswürdig, weil die erstinstanzliche Kostengrundentscheidung regelmäßig nicht aufgehoben, sondern lediglich abgeändert wird und daher hinsichtlich des bestehend bleibenden Teils die auflösende Bedingung des Kostenerstattungsanspruchs (vgl. Rn. 34) nicht eintritt. Zudem bedeutet es einen Wertungswiderspruch, wenn eine noch so geringfügige Verschiebung der Kostenquote den gänzlichen Wegfall der laufenden Verzinsung herbeiführt,[192] zumal es gerade dem wirtschaftlichen Sinn der Verzinsungspflicht entspricht, dem Kostengläubiger eine Mindestentschädigung für seinen Kapitaleinsatz für die gesamte Dauer der Vorenthaltung zu verschaffen.[193] Entsprechend verhält es sich, wenn die erstins-

---

[184] Offengelassen in BGH NZI 2005, 328, 329 und ZIP 2005, 1983, 1984.
[185] OLG Brandenburg OLGR 2007, 424, 425.
[186] LG Stuttgart NJW-RR 1998, 1691; vgl. auch BayObLG Rpfleger 1999, 236; OLG München NJW-RR 1996, 703.
[187] OLG Saarbrücken JurBüro 1991, 9701; LG Bielefeld Rpfleger 1986, 152; 1989, 522; *Baumbach/Lauterbach/Hartmann* Rn. 22; aM *Zöller/Herget* Rn. 6; *Lappe* Rpfleger 1982, 38; *Thomas/Putzo/Hüßtege* Rn. 16; *Stein/Jonas/Bork* Rn. 25.
[188] OLG Koblenz Rpfleger 1999, 351; OLG München Rpfleger 1972, 148.
[189] OLG München JurBüro 1972, 260.
[190] OLG München Rpfleger 1981, 71; KG NJW 1967, 1569.
[191] BGH NJW 2006, 1140; OLG Düsseldorf NJW-RR 2006, 718 (Aufgabe der Rspr. OLGR 1997, 12); OLG Koblenz JurBüro 2002, 200; OLG Naumburg OLG-NL 2002, 288; OLG Karlsruhe JurBüro 1986, 763; aM KG Rpfleger 1993, 462; OLG Köln JurBüro 1986, 931.
[192] BGH NJW 2006, 1140.
[193] OLG Bamberg JurBüro 1997, 32.

tanzliche Kostengrundentscheidung, auf die hin die Festsetzung beantragt wurde, vom Berufungsgericht abgeändert, in der Revisionsinstanz aber wieder hergestellt wird,[194] und schließlich auch in dem Fall, dass in der höheren Instanz der Streitwert abweichend vom früheren Urteil festgesetzt wird.[195] Im Falle einer zeitweiligen **Unterbrechung** und späteren Fortsetzung des Kostenfestsetzungsverfahrens, etwa bei Eröffnung des Insolvenzverfahrens über das Vermögen des Kostenschuldners (vgl. § 103 Rn. 43, 45), ist der Festsetzungsantrag gleichwohl ab Eingang zu verzinsen.[196]

Wird hingegen die Kostengrundentscheidung eines Urteils durch **Prozessvergleich** ersetzt, ist für den Verzinsungsbeginn nicht ein früherer Festsetzungsantrag, sondern der Eingang des auf den Vergleich gestützten Antrags maßgebend,[197] weil der Prozessvergleich dem angefochtenen Urteil die Eigenschaft als Kostengrundentscheidung nimmt, soweit die Parteien keine andere Regelung getroffen haben[198] (vgl. Rn. 134; § 98 Rn. 16). Im Laufe des Rechtsstreit zu viel gezahlte Kosten, die im Wege der **Rückfestsetzung** gem. § 91 Abs. 4 (vgl. § 91 Rn. 36f.) festgesetzt werden, sind erst ab **Einreichung** des Rückfestsetzungsantrags zu verzinsen. Für den davor liegenden Zeitraum kommt ein Ersatz von Zinsen nur in Betracht, wenn solche ohne Rechtsgrund gezahlt worden sind.[199] 64

Erhöht sich nach Rechtskraft des Kostenfestsetzungsbeschlusses der gesetzliche **Zinssatz** iSv. § 104 Abs. 1 S. 2, steht einem erneuten Antrag auf „Ergänzung" oder Nachfestsetzung (vgl. Rn. 129) der Verzinsung grds. die **Rechtskraft** der ersten Festsetzung entgegen.[200] Für eine nachträgliche Zinserhöhung ist nur dann Raum, wenn der frühere Beschluss über einen vollen Zinsanspruch – also in der Höhe, wie er zum Zeitpunkt der Entscheidung dem Erstattungsberechtigten nach dem damaligen gesetzlichen Zinssatz zustand – nicht entschieden hat,[201] insbesondere weil offen oder verdeckt nur ein Teil der Zinsen beantragt war.[202] Ist das der Fall, ist die höhere Verzinsung bereits festgesetzter Kosten gleichwohl schon ab Eingang des bereits beschiedenen Festsetzungsantrags anzuordnen,[203] da der Zinsanspruch mit dessen Einreichung, nicht mit Einreichung des Zinsantrags entsteht. 65

6. Aufnahme von Zwangsvollstreckungsbeschränkungen. Der Kostenfestsetzungsbeschluss ist gem. § 794 Abs. 1 Nr. 2 formell selbstständige Grundlage der Zwangsvollstreckung, weshalb er möglichst exakt die sachlichen Voraussetzungen und Beschränkungen der Zwangsvollstreckung aus sich heraus ersehen lassen soll.[204] Dass diese infolge der Abhängigkeit des Kostenfestsetzungsbeschlusses (vgl. Rn. 131, 134) vom zugrundliegenden Titel, den jener bezüglich der Kosten nur der Höhe nach ausfüllt, auch ohne Ausspruch im Festsetzungsbeschluss wirken (vgl. Rn. 139), vermag am berechtigten Interesse des Schuldners, die Beschränkungen der **Klarstellung** und **Rechtssicherheit** halber aufzunehmen, nichts zu ändern.[205] Zurecht wird deshalb auch die Nichtaufnahme der Vollstreckungsbeschränkungen als gesondert rechtsmittelfähig angesehen[206] (hierzu Rn. 74). 66

Hiernach sind aufzunehmen: Vergleichsweise getroffene **vollstreckungsbeschränkende** Vereinbarungen, zB eine Ratenzahlung, die sich auch auf die Kosten erstreckt,[207] die **Einstellung** der **Zwangsvollstreckung** aus dem die Kostengrundentscheidung enthaltenden Titel,[208] ebenso eine **Sicherheitsleistung** durch den Gläubiger als Voraussetzung der Vollstreckbarkeit oder durch den Schuldner zur Abwendung derselben.[209] Die im Urteil festgesetzte Sicherheitsleistung ist in den 67

---

[194] KG AnwBl. 1985, 221.

[195] OLG München Rpfleger 1986, 237.

[196] OLG Hamm Rpfleger 1981, 243.

[197] OLG München NJW-RR 1996, 703, 704; OLG Hamm JurBüro 1993, 299 m. Anm. *Mümmler;* OLG Karlsruhe MDR 1992, 1007.

[198] OLG München NJW-RR 2001, 718, 719.

[199] OLG Zweibrücken OLGR 2005, 94; KG KGR 2004, 69, 70.

[200] BGH NJW 2003, 1462; OLG München NJW-RR 2002, 1725, 1726; OLG Hamm AnwBl. 2003, 186 (mit der Begründung eines Verbrauchs des prozessualen Antragsrechts); aM OLG Koblenz JurBüro 2002, 585, 586; AG Mayen JurBüro 2002, 586, 587; AG Siegburg NJW-RR 2002, 1218; *Toussaint* JR 2004, 110.

[201] BGH NJW 2003, 1462; KG MDR 1978, 1027; OLG Hamm Rpfleger 1970, 143; Rpfleger 1979, 71.

[202] OLG München NJW-RR 2002, 1725, 1726.

[203] OLG Hamm Rpfleger 1979, 71; Rpfleger 1970, 143; KG MDR 1978, 1027; OLG München NJW 1961, 465.

[204] OLG Karlsruhe Rpfleger 2000, 555.

[205] OLG Karlsruhe Rpfleger 2000, 555; OLG Stuttgart Rpfleger 1988, 39; OLG München Rpfleger 1979, 466.

[206] OLG Stuttgart Rpfleger 1988, 39; KG Rpfleger 1984, 246.

[207] OLG München MDR 1980, 147; JurBüro 1971, 796.

[208] OLG Stuttgart Rpfleger 1988, 39.

[209] KG KGR 1996, 72; Rpfleger 1984, 246; OLG Hamm NJW 1966, 1760; *Thomas/Putzo/Hüßtege* Rn. 19; *Zöller/Herget* Rn. 21 „Sicherheitsleistung".

Kostenfestsetzungsbeschluss in voller Höhe aufzunehmen, sofern nicht im Urteil eine Teilvollstreckung wegen der Kosten ausdrücklich vorgesehen ist. Das gilt auch dann, wenn der beigeordnete PKH-Anwalt gem. § 126 die Kostenfestsetzung im eigenen Namen betreibt. Eine **Teilsicherheitsleistung** zur Vollstreckung der Kosten oder Abwendung der Vollstreckung kann nur vom Prozessgericht angeordnet, nicht aber von den Instanzen der Kostenfestsetzung oder den Vollstreckungsgerichten zugelassen werden.[210]

68 Enthält das Urteil den Vorbehalt einer **beschränkten Erbenhaftung** nach § 780 Abs. 1 oder eines der in § 786 angeführten Fälle, ist er in den Festsetzungsbeschluss nur aufzunehmen, falls er sich auch auf die Kostenentscheidung erstreckt.[211] Das kommt nur in Betracht, wenn der Rechtsstreit bereits vom Erblasser begonnen und vom Erben fortgeführt wird. Denn für die Kosten eines nach dem Erbfall angestrengten Prozesses über eine Nachlassforderung haftet der Erbe unbeschränkt.[212] Der Vorbehalt ist auf die Nachlassforderung beschränkt. Wird aus einem noch gegen den Erblasser ergangenen Urteil die Kostenfestsetzung gegen den Erben betrieben, ist die Aufnahme einer Haftungsbeschränkung nicht veranlasst, weil insoweit der Weg der Vollstreckungsgegenklage nach § 767 eröffnet ist, ohne dass es dafür eines Vorbehalts im Festsetzungsbeschluss bedarf.[213]

69 Die Kostenerstattungspflicht besteht unabhängig von Vollstreckungsbeschränkungen, die den Klageanspruch betreffen. Deshalb darf die Beschränkung einer **Zug um Zug-Verurteilung**[214] oder einer solchen unter **Bedingung** bzw. **Befristung** (§§ 257 ff., 726) nicht in den Kostenfestsetzungsbeschluss aufgenommen werden.

70 **7. Kosten des Festsetzungsverfahrens.** Das Kostenfestsetzungsverfahren ist **gerichtsgebühren-,** nicht aber auslagenfrei (Nr. 9000 ff. KV GKG), was zB für Zustellungskosten bedeutsam ist. Entstehen gesonderte Kosten, trifft der Rechtspfleger im Kostenfestsetzungsbeschluss hierüber eine selbstständige Kostenentscheidung nach §§ 91 ff.[215] und setzt gleichzeitig die entstandenen Kosten betragsmäßig fest. Maßgeblich ist allein das Unterliegen im Festsetzungsverfahren. § 93 gilt analog, wenn der Antragsgegner zur Erstattung ohne Festsetzung bereit war.[216] Zur Frage der isolierten Anfechtung der Kostenentscheidung vgl. Rn. 74, 112.

71 Die Tätigkeit des **Rechtsanwalts** im Kostenfestsetzungsverfahren zählt gem. § 19 Abs. 1 Nr. 13 RVG zum Rechtszug und wird mit der Verfahrensgebühr (Nr. 3100 VV RVG) abgegolten.[217]

VI. Sofortige Beschwerde

72 **1. Statthaftigkeit.** Die Frage des Rechtsschutzes gegen einen Kostenfestsetzungsbeschluss ist komplexer,[218] als § 104 Abs. 3 S. 1 seinem Wortlaut nach auf den ersten Blick vermuten lässt, da sie durch die Systematik der gegen Rechtspflegerentscheidungen statthaften Rechtsbehelfe überlagert wird. Diese Schnittstelle ist Gegenstand des § 11 RpflG. Gegen die Entscheidung des Rechtspflegers als des im Kostenfestsetzungsverfahren funktionell zuständigen Organs (vgl. Rn. 6) ist gem. § 11 Abs. 1 RpflG vorrangig das Rechtsmittel gegeben, das nach allgemeinen verfahrensrechtlichen Vorschriften zulässig ist. Aufgrund der Spezialregelung des § 104 Abs. 3 S. 1 ist das für den Bereich des Kostenfestsetzungsverfahrens die **sofortige Beschwerde** iSv. § 567 Abs. 1 Nr. 1. Nur ihr eignet der ein Rechtsmittel im engeren Sinne kennzeichnende Devolutiveffekt (vgl. Vor §§ 511 ff. Rn. 1), der die Streitsache bei Nichtabhilfe in die nächsthöhere Instanz befördert. Ist sie unzulässig, findet nach der Auffangbestimmung des § 11 Abs. 2 S. 1, S. 3 RpflG die **Erinnerung** zum Richter derselben Instanz statt. Rechtsschutz gegen einen Kostenfestsetzungsbeschluss wird danach alternativ auf zwei verschiedenen Ebenen gewährt, für deren Verhältnis der **Gegenstandswert** maßgebend ist (vgl. Rn. 112). Beträgt er mehr als **200 Euro** (§ 567 Abs. 2), ist das Rechtsmittel als sofortige Beschwerde, andernfalls als Erinnerung zu behandeln.

73 **2. Zulässigkeit. a) Beschwerdeberechtigung.** Sofortige Beschwerde einlegen kann nur die durch den Kostenfestsetzungsbeschluss beschwerte **Partei,** nicht auch ihr Prozessbevollmächtigter. Dieser ist nur dann beschwerdeberechtigt, wenn er auf Grund des Beitreibungsrechts nach § 126

---

[210] AM OLG Bamberg Rpfleger 1981, 455; OLG Hamm NJW 1966, 1760, das die Leistung einer Teilsicherheit in Höhe des beizutreibenden Betrags ausreichen lässt.

[211] KG JurBüro 1981, 1403, 1404; OLG Stuttgart JurBüro 1976, 675.

[212] OLG Schleswig JurBüro 1978, 1568; OLG Frankfurt Rpfleger 1977, 372; aM KG JurBüro 1981, 1403.

[213] OLG Celle NJW 1988, 133; OLG Hamm Rpfleger 1982, 354.

[214] OLG Frankfurt Rpfleger 1980, 481; OLG Düsseldorf NJW 1971, 1756.

[215] BVerfG NJW 1977, 145.

[216] OLG Koblenz JurBüro 1984, 446.

[217] *Zöller/Herget* Rn. 22.

[218] Dennoch kann dem Verdikt *Hartmanns* in *Baumbach/Lauterbach* Rn. 48 („gesetzliches Durcheinander") nicht zugestimmt werden.

Abs. 1 Kostenfestsetzung im eigenen Namen beantragt hat (vgl. Vor §§ 91 ff. Rn. 12). Macht ein PKH-Anwalt mit der Beschwerde gegen einen auf die Partei lautenden Kostenfestsetzungsbeschluss erstmals sein Beitreibungsrecht geltend, kann dies uU als selbstständiger Antrag auf Festsetzung im eigenen Namen umgedeutet werden; andernfalls ist die im Namen des Anwalts eingelegte Beschwerde unzulässig.[219] Ihm bleibt die Befugnis, selbstständig die Streitwertfestsetzung anzufechten, doch betrifft das nicht den Rechtszug nach § 104 Abs. 3, sondern den nach § 68 GKG (vgl. Rn. 30). Die Beschwerde des Anwalts ist daher im Zweifel als für die vertretene Partei eingelegt anzusehen (vgl. § 103 Rn. 36).

b) Beschwer. Allgemein setzt die Beschwerde eine Beschwer voraus, die entweder in der **Aberkennung** beantragter Kosten zulasten des Beschwerdeführers oder in der **Zuerkennung** zugunsten des Gegners besteht. Auch ein abschlägiger Bescheid über gar nicht beantragte Kosten beschwert die Partei, da er ihr die Möglichkeit einer etwaigen Nachfestsetzung (vgl. Rn. 129) nimmt.[220] Die fehlende Angabe einer Beteiligungsquote bei Streitgenossen (vgl. Rn. 59) ist ebenso selbstständig anfechtbar[221] wie die Entscheidung über die Aufnahme einer vollstreckungsrechtlichen Haftungsbeschränkung[222] (vgl. Rn. 66, 80). Darauf, dass ein Beschluss nicht in der Form des § 105 ergangen ist, kann die Beschwerde hingegen nicht gestützt werden. Einer auf den Kostenausspruch des Kostenfestsetzungsverfahrens (vgl. Rn. 70) beschränkten Beschwerde steht § 99 Abs. 1 entgegen[223] (vgl. aber Rn. 112). 74

Erstrebt der Beschwerdeführer im Falle einer **Kostenlastverteilung nach Quoten** (§§ 92 Abs. 1, 106) die Berücksichtigung einer Gebühr, die entweder auf **beiden Seiten** oder gar nicht erwachsen ist, so fehlt es für eine Anfechtung an der Beschwer, wenn die Berücksichtigung bei der Kostenausgleichung nicht eine Änderung zugunsten des Beschwerdeführers bewirkt.[224] Ob auch der Gegner die streitige Gebühr zur Ausgleichung angemeldet hat, ist hierbei unbeachtlich (vgl. Rn. 58); zur Berechnung des Beschwerdewerts vgl. § 106 Rn. 13. 75

Keinen Raum für ein Beschwerdeverfahren eröffnet die Rüge **offenbarer Unrichtigkeiten** wie Schreib- und Rechenfehler, der Verwechslung der Parteirollen oder der Kostenquoten im Kostenfestsetzungsbeschluss. Selbst wenn solche Beanstandungen ins Gewand einer sofortigen Beschwerde gekleidet werden, hat der Rechtspfleger sie in einen Berichtigungsantrag **umzudeuten** und analog § 319 zu entscheiden, statt sie als Beschwerde zu behandeln[225] (vgl. Rn. 54). Denn nach den Regeln der Auslegung prozessualer Erklärungen (vgl. Einl Rn. 391) ist nicht die Bezeichnung, sondern das erkennbar gewollte Rechtsschutzbegehren maßgebend (vgl. Rn. 84). 76

Auch bei der Kostenentscheidung **übersehene Ansprüche** rechtfertigen eine Anfechtung mittels Beschwerde nicht.[226] Der Erstattungsberechtigte hat hier allein die Möglichkeit, in entsprechender Anwendung des § 321 die Ergänzung des Kostenfestsetzungsbeschlusses zu beantragen (hierzu Rn. 53). 77

Im Wege einer **allein hierauf** gestützten Beschwerde können bislang **unangemeldet** gebliebene Kosten mangels Beschwer nicht nachgeschoben werden,[227] sei es, dass die bisherigen Anträge erweitert werden, sei es, dass der Gegner nachträglich Kosten zur Ausgleichung stellt[228] (vgl. § 106 Rn. 11). Stattdessen ist insoweit eine Nachliquidation innerhalb eines neu einzuleitenden Festsetzungsverfahrens eröffnet (vgl. Rn. 129). Dagegen ist im Rahmen eines auf Grund eines **anderen** Beschwerdegegenstands zulässigen Beschwerdeverfahrens eine Erweiterung bislang nicht geltend gemachter Kosten in entsprechender Anwendung der §§ 263, 264 Nr. 2 möglich. Das Beschwerdegericht darf aus prozesswirtschaftlichen Gründen die erstmals begehrten Kosten in seine Entscheidung einbeziehen, ohne dass der Rechtspfleger über eine Zulassung befinden müsste.[229] Auch im Rahmen einer **unselbstständigen Anschlussbeschwerde** (hierzu Rn. 87) können bislang nicht geltend gemachte Posten nachgeschoben werden.[230] Zur nachträglichen Erweiterung einer Be- 78

---

[219] OLG Koblenz JurBüro 1995, 92; OLG Düsseldorf MDR 1969, 229; OLG Nürnberg JurBüro 1963, 233.
[220] OLG Hamm AnwBl. 2002, 437.
[221] KG NJW-RR 2001, 1435.
[222] OLG Stuttgart JurBüro 1976, 675.
[223] RGZ 6, 339; OLG Celle JurBüro 1966, 1062; *Stein/Jonas/Bork* Rn. 31.
[224] OLG Saarbrücken OLGR 2006, 895, 896; OLG Karlsruhe Rpfleger 1996, 375.
[225] OLG Hamm OLGR 2002, 280; LG Berlin JurBüro 1999, 538, 539; aM OLG Bamberg JurBüro 1995, 648.
[226] OLG Hamm OLGR 2002, 148, 149; Rpfleger 1973, 409, 410.
[227] OLG Bamberg JurBüro 1983, 129; OLG Frankfurt JurBüro 1978, 449; OLG Celle MDR 1975.
[228] OLG Koblenz NJW-RR 2000, 519 (allerdings auf fehlendes Rechtsschutzbedürfnis gestützt); OLG Hamm Rpfleger 1976, 326.
[229] KG JurBüro 1991, 560; OLG Koblenz JurBüro 1977, 1778; OLG München Rpfleger 1969, 394.
[230] OLG Bamberg JurBüro 1981, 1679; OLG Köln NJW 1970, 336.

schwerde auf erstinstanzlich zwar angemeldete und auch beschiedene, aber zunächst nicht zum Gegenstand der Beschwerde gemachte Kosten vgl. Rn. 86.

79 Ein Kostenfestsetzungsbeschluss kann nicht ausschließlich mit der Begründung angefochten werden, der Rechtspfleger habe seiner Entscheidung einen unrichtigen **Streitwert** zugrunde gelegt.[231] Denn die verbindliche Festsetzung des Streitwerts erfolgt nicht im Kostenfestsetzungsverfahren, sondern kraft richterlicher Streitwertfestsetzung nach §§ 63 GKG, 33 RVG (vgl. Rn. 30), die eigenen Rechtsbehelfen unterliegt (§§ 68 GKG, 33 Abs. 3 bis Abs. 6 RVG). Eine Beschwerde, die Einwendungen gegen die **Höhe** des Streitwerts enthält, ist daher als Antrag auf Streitwertfestsetzung oder, falls ein Streitwertbeschluss bereits erlassen ist, als **Streitwertbeschwerde** zu behandeln.[232] Auch kann eine Beschwerde mit einem streitwertbezogenen Antrag im vorgenannten Sinne kombiniert werden.[233] Der Vorwurf hingegen, der Rechtspfleger sei vom richterlich **festgesetzten** Streitwert abgewichen, begründet ohne weiteres eine Beschwer. Im Falle einer nachträglichen Streitwertänderung besteht wahlweise die Möglichkeit, Beschwerde einzulegen oder das Verfahren nach § 107 zu betreiben (vgl. § 107 Rn. 3).

80 **c) Beschwerdewert.** Die Beschwerde gegen Entscheidungen über Kosten ist gem. § 567 Abs. 2 nur zulässig, wenn der Gegenstandswert **mehr** als **200 Euro** beträgt. Dabei sind nicht nur die Beträge zuerkannter oder abgesetzter Kosten, sondern auch andere Gegenstände, wie die Antragsberechtigung oder die Aufnahme einer Vollstreckungsbeschränkung, einzubeziehen. Der Beschwerdewert entspricht der Differenz zwischen dem im angefochtenen Beschluss festgesetzten und dem mit dem Beschwerdeantrag angestrebten Gesamtbetrag, wobei Zinsen und Umsatzsteuer mit zu berücksichtigen sind.[234] Zur Berechnung des Beschwerdewerts im Falle eines Kostenausgleichs bei einer Kostenlastverteilung nach **Quoten** näher § 106 Rn. 13.

81 Werden **mehrere** in einer Sache ergangenen Kostenfestsetzungsbeschlüsse angefochten, ist für jede Beschwerde die Einhaltung des Beschwerdewertes gesondert zu prüfen; eine Zusammenrechnung findet nicht statt.[235] Haben **beide Parteien** Beschwerde eingelegt, genügt im Ergebnis, dass eine davon selbstständig eingelegt ist und den Beschwerdewert erreicht: Ist auch der Gegenstandswert des anderen Rechtsmittels höher als 200 Euro, handelt es sich ebenfalls um eine eigene Beschwerde. Ist dagegen dessen Wert niedriger, so ist über die dann gegebene Erinnerung auf Grund des Zusammentreffens mit der Beschwerde des Gegners gleichwohl einheitlich zu entscheiden (vgl. Rn. 120). In Ermangelung der Zulässigkeitsvoraussetzungen kann eine **Anschlussbeschwerde** (vgl. Rn. 87) nicht Grundlage eines eigenen Beschwerdeverfahrens sein. Sie fließt daher nicht in die Wertansetzung der Beschwerde des Gegners ein.[236]

82 Hilft der Rechtspfleger einem Rechtsmittel **teilweise** ab, so bemisst sich der Gegenstandswert nach dem Wert des nicht abgeholfenen Teils des Rechtsmittels. Überschreitet er 200 Euro nicht, hat der Rechtspfleger daher die Sache hinsichtlich des Restes dem Richter als Erinnerung vorzulegen.[237]

83 **d) Beschwerdefrist und Wiedereinsetzung in den vorigen Stand.** Nach § 569 Abs. 1 S. 1 ist die Beschwerde binnen einer **zweiwöchigen Notfrist** einzulegen, die nach § 222 iVm. §§ 187 bis 193 BGB zu berechnen ist. Diese wird gem. § 569 Abs. 1 S. 2 mit der Zustellung des Kostenfestsetzungsbeschlusses in Lauf gesetzt, und zwar auch dann, wenn diesem entgegen § 104 Abs. 1 S. 3 eine Abschrift der Kostenberechnung nicht beigefügt war, es sei denn, die (in der Anlage fehlende) Kostenberechnung ist durch ausdrückliche Bezugnahme zum Bestandteil des Beschlusses geworden.[238] In letzterem Fall fehlt es an der Verlautbarung der vollständigen Entscheidung; dieser Mangel ist nur dann unbeachtlich, wenn zuvor die (zB im Festsetzungsgesuch selbst enthaltene) Kostenberechnung zur Stellungnahme förmlich zugestellt worden war.[239] Gegen die Versäumung der Notfrist findet Wiedereinsetzung in den vorigen Stand nach §§ 233 ff. statt (hierzu Rn. 93).

84 **e) Einlegung und Form der Beschwerde.** Die Beschwerde ist gem. § 569 Abs. 1 S. 1 wahlweise beim Eingangsgericht (iudex a quo) oder beim Beschwerdegericht (iudex ad quem) einzule-

---

[231] OLG Frankfurt JurBüro 1979, 1873, 1874.
[232] OLG Frankfurt JurBüro 1979, 1873, 1874; OLG Bamberg JurBüro 1976, 185.
[233] OLG Hamm OLGR 2002, 12.
[234] OLG Koblenz MDR 1992, 196.
[235] OLG Stuttgart JurBüro 1979, 609; aM OLG Nürnberg JurBüro 1975, 191; *Zöller/Herget* Rn. 21 „Beschwer"; *Baumbach/Lauterbach/Hartmann* Rn. 54.
[236] OLG Hamm Rpfleger 1978, 455.
[237] KG MDR 2007, 235; OLG Karlsruhe OLGR 2003, 152; OLG Düsseldorf Rpfleger 1998, 103.
[238] OLG Hamm JurBüro 2001, 592; LG Stade, NdsRpfl. 1981, 280; *Stein/Jonas/Bork* Rn. 28; *Zöller/Herget* Rn. 7; aM OLG Hamburg NJW 1970, 936; *Thomas/Putzo/Hüßtege* Rn. 30.
[239] OLG Köln JurBüro 1986, 1572.

gen, und zwar in Form eines Beschwerdeschriftsatzes (§ 569 Abs. 2 S. 1) oder zu Protokoll der Geschäftsstelle (§ 569 Abs. 3 Nr. 1). Wird die Beschwerde unmittelbar beim Beschwerdegericht anhängig gemacht, legt dieses die Sache dem Rechtspfleger der Eingangsinstanz zur Prüfung einer Abhilfe vor. Falsche Bezeichnungen des Rechtsmittels sind selbst bei anwaltlicher Vertretung unschädlich,[240] da nach den Regeln der Auslegung prozessualer Erklärungen (vgl. Einl. Rn. 391) nicht die Wahl des Ausdrucks, sondern das im Sinne der §§ 133, 157 BGB erkennbar Gewollte den Gegenstand des Verfahrens bestimmt. Inhaltlich muss der Schriftsatz erkennen lassen, welche Entscheidung eines Rechtspflegers überprüft werden soll. Soweit die Beschwerde nicht auf einzelne Punkte beschränkt wird, ist von einer umfassenden Anfechtung auszugehen. Rügt ein Anwaltsschriftsatz nach Erlass des Kostenfestsetzungsbeschlusses, jedoch ohne diesen zu erwähnen, die Erstattungsfähigkeit einer Gebühr oder bestimmter Auslagen, liegt darin keine Beschwerde.[241]

Die Beschwerde kann wirksam erst nach **Erlass** des Kostenfestsetzungsbeschlusses, mithin nicht vorsorglich gegen eine erst noch zu erwartende Entscheidung eingelegt werden.[242] Diese muss existent sein, was nicht schon mit Unterzeichnung, sondern erst mit **Hinausgabe** (Aufgabe zur Post, Einlegen in Anwaltsfach) zutrifft,[243] ohne dass es hierzu jedoch einer Zustellung bedarf. Ein im Festsetzungsbeschluss unberücksichtigt gebliebener oder in Unkenntnis des ergangenen Beschlusses eingereichter Schriftsatz kann nicht in eine Beschwerde umgedeutet werden, selbst dann nicht, wenn die Partei dies nach Ablauf der Beschwerdefrist fordert.[244] Dagegen kann eine iSv. § 569 Abs. 1 S. 1 fristgerechte Erklärung, ein früherer Schriftsatz gelte als Beschwerde, in eine selbstständige Beschwerde umgedeutet werden, die zulässigerweise auf die frühere Begründung Bezug nimmt.[245] 85

f) Erweiterung der Beschwerde. Durch eine nur teilweise Anfechtung eines Kostenfestsetzungsbeschlusses wird der Eintritt der Rechtskraft auch hinsichtlich des nicht angefochtenen Teils gehemmt. Eine zulässig eingelegte Beschwerde eröffnet daher noch **nach Fristablauf** den Weg, das Rechtsmittel auf erstinstanzlich angemeldete (zu nicht angemeldeten Kosten vgl. Rn. 78), zunächst aber nicht angefochtene Posten **auszudehnen,** sofern auf eine weitergehende Anfechtung nicht wirksam verzichtet wurde.[246] Die Beschwer und die Beschwerdesumme von über 200 Euro müssen jedoch als Zulässigkeitsvoraussetzungen bereits bei Einlegung des Rechtsmittels gegeben gewesen sein, dürfen also nicht erst durch die Erweiterung erreicht werden.[247] Die Erweiterung der Beschwerde bleibt bis zum rechtskräftigen Abschluss des Verfahrens zulässig und ist daher dem Rechtsmittelführer noch nach Zurückverweisung an den Rechtspfleger eröffnet.[248] 86

g) Anschlussbeschwerde. Nach § 567 Abs. 3 S. 1 ist eine **unselbstständige** Anschlussbeschwerde zulässig, welche die allgemeinen Zulässigkeitsvoraussetzungen, wie Beschwer, Beschwerdewert und Beschwerdefrist entbehrlich macht,[249] allerdings mit Rücknahme oder Verwerfung der Beschwerde des Gegners ohne weiteres ihre Wirkung verliert. Die früher nach § 577a S. 3 aF eröffnete Möglichkeit einer **selbstständigen** Anschlussbeschwerde, die in ihrem Bestand unabhängig von der Beschwerde war, ist mit der ZPO-Reform zum 1. 1. 2002 entfallen. Soll eine Abhängigkeit vermieden werden, muss gesondert sofortige Beschwerde eingelegt werden.[250] Zur Erweiterung einer Anschlussbeschwerde auf bislang unangemeldet gebliebene Kosten vgl. Rn. 78. 87

h) Anwaltszwang. Unabhängig davon, ob den Kostenfestsetzungsbeschluss der Rechtspfleger beim Amtsgericht oder beim Landgericht erlassen hat, muss die sofortige Beschwerde nicht durch einen Anwalt eingelegt werden.[251] Das beruht darauf, dass nach § 13 RpflG iVm. § 78 Abs. 1 das Kostenfestsetzungsverfahren vor dem Rechtspfleger nicht dem Anwaltszwang unterliegt und dies nach § 569 Abs. 3 Nr. 1 in gleicher Weise für das Beschwerdeverfahren gilt. Der frühere Streit, der im Zusammenhang mit der Frage der Abhilfeberechtigung des Rechtspflegers stand (vgl. Rn. 90), hat sich mit der ZPO-Reform zum 1. 1. 2002 erledigt. 88

---

240 OLG Hamm OLGR 2002, 280.
241 OLG Stuttgart Die Justiz 1986, 459.
242 *Zöller/Gummer* § 567 Rn. 14.
243 OLG Koblenz JurBüro 1982, 1405.
244 OLG Stuttgart Rpfleger 1982, 309; OLG Koblenz Rpfleger 1982, 295; OLG Karlsruhe Die Justiz 1967, 314; OLG Hamm JurBüro 1966, 886.
245 OLG Frankfurt Rpfleger 1983, 117; OLG Stuttgart Rpfleger 1982, 309.
246 OLG Köln JurBüro 1986, 927; OLG Stuttgart JurBüro 1978, 1250; KG Rpfleger 1973, 220.
247 OLG Düsseldorf Rpfleger 1976, 188.
248 OLG Stuttgart JurBüro 1978, 1251.
249 OLG Hamm JurBüro 1986, 297; OLG Koblenz VersR 1980, 338; OLG Bamberg JurBüro 1978, 592.
250 *Zöller/Gummer* § 567 Rn. 60.
251 BGH NJW 2006, 2260, 2261; OLG Zweibrücken NJW-RR 2001, 286; OLG München NJW-RR 2000, 213.

89 **i) Beschwerderücknahme.** Die Rücknahme der Beschwerde ist jederzeit zulässig; sie ist bindend und unwiderruflich.[252] Erfolgt die Rücknahme nach Eingang der Akte beim Beschwerdegericht, ist dieses, sonst das Ausgangsgericht (Rechtspfleger) für die Kostenentscheidung (hierzu Rn 106) zuständig.[253]

90 **3. Verfahren vor dem Rechtspfleger. a) Abhilfeberechtigung.** Dem früheren Streit über die Abhilfeberechtigung des Rechtspflegers[254] hat die ZPO-Reform zum 1. 1. 2002 mit der Abschaffung der einfachen Beschwerde (der gem. § 571 1. Halbs. aF die Abhilfe vorbehalten war) und der Einführung der generellen Abhilfeberechtigung für die sofortige Beschwerde in § 572 Abs. 1 S. 1 den Boden entzogen. Die Novellierung dient der Verfahrensökonomie. Der Rechtspfleger hat bei Eingang der Beschwerde zu prüfen, ob sie zulässig und begründet ist. Dabei hat er die in Rn. 47 ff. und 55 ff. dargelegten Grundsätze zu beachten. Insbesondere hat er neues Sach- und Rechtsvorbringen, das nach § 571 Abs. 2 S. 1 uneingeschränkt erlaubt ist, unter dem Aspekt rechtlichen Gehörs zu würdigen und im Rahmen der Abhilfeentscheidung zu **begründen** (vgl. Rn. 48); andernfalls schafft er einen Zurückverweisungsgrund (vgl. Rn. 103). IdR bedarf die **Nichtabhilfe** eines dahingehenden Ausspruchs, doch kann sie in einfach gelagerten Fällen inzident der Vorlage an das Beschwerdegericht zu entnehmen sein.[255] Befugt, die Beschwerde als unzulässig (zB als verspätet) zu verwerfen oder als unbegründet zurückzuweisen, ist der Rechtspfleger nicht; diese Entscheidung ist allein dem Beschwerdegericht vorbehalten (vgl. Rn. 98 ff.).

91 **b) Abhilfe.** Der Rechtspfleger ist zur Abhilfe **verpflichtet,** soweit die Beschwerde zulässig und ganz oder teilweise begründet ist. Dem Beschwerdeführer darf als **Gesamtbetrag** nicht mehr als von ihm beantragt zugesprochen werden, wobei ein Austausch einzelner Kosten möglich ist (vgl. Rn. 57). Zugleich darf er aber durch die Abhilfeentscheidung nicht schlechter gestellt werden (vgl. Rn. 104). Bei **teilweiser** Abhilfe ist der Abhilfebeschluss so abzufassen, dass die angefochtene Entscheidung abgeändert oder ergänzt wird, der titulierte Kostenerstattungsanspruch im Umfange der Nichtabhilfe aber erhalten bleibt;[256] dieser bildet die Grundlage des weiteren Beschwerdeverfahrens. Der Rechtspfleger darf nicht die Sache dem Beschwerdegericht vorlegen und die Abhilfeentscheidung hinsichtlich eines von ihm für berechtigt gehaltenen Teils der Beschwerde zurückstellen bis das Beschwerdegericht hinsichtlich des Restes entschieden hat.[257] Eine vollständige Aufhebung des angefochtenen Kostenfestsetzungsbeschlusses, verbunden mit dem Erlass eines neuen, der die Teilabhilfe berücksichtigt, ist zwar formell zu beanstanden, stellt aber keine Beseitigung des ersten Beschlusses, sondern nur eine Neufassung dar. Soweit nicht abgeholfen wird, bleibt die gegen den ersten Beschluss eingelegte Beschwerde erhalten.[258]

92 Die **Abhilfeentscheidung** ergeht in Form eines Beschlusses, der zu begründen und bekanntzumachen ist.[259] Denn im Umfange der Abhilfe ist ein neuer Kostenfestsetzungsbeschluss geschaffen, der seinerseits vom Anfechtungsgegner, je nach dem hierauf entfallenden Wert, mittels Beschwerde oder Erinnerung (vgl. Rn. 72, 82) fristgerecht **angefochten** werden kann. Andernfalls beendet die **volle** Abhilfe das Kostenfestsetzungsverfahren. Stellt der Rechtspfleger auf ein gegen seine Abhilfeentscheidung eingelegtes Rechtsmittel den ursprünglichen Kostenfestsetzungsbeschluss wieder her, lebt die frühere Beschwerde/Erinnerung nicht wieder auf; vielmehr ist der Abhilfebeschluss seitens der hiervon (von neuem) beschwerten Partei erneut anfechtbar.[260]

93 Wird mit der verspätet eingelegten sofortigen Beschwerde zugleich **Wiedereinsetzung** in den vorigen Stand beantragt, so hat der Rechtspfleger dem Antrag nach § 233 zu entsprechen, wenn er Wiedereinsetzung **und** Beschwerde für berechtigt hält und dieser abhelfen will.[261] Umgekehrt ist er gehindert, das Wiedereinsetzungsgesuch gesondert als unbegründet zurückzuweisen (vgl. Rn. 90 aE); fehlt es an einem Wiedereinsetzungsgrund, hat er die Sache dem Beschwerdegericht zur Entscheidung (auch) über den Wiedereinsetzungsantrag vorzulegen.[262]

94 **c) Vorlage und Kosten.** Hilft der Rechtspfleger der Beschwerde nicht oder nur teilweise ab, so hat er die Sache hinsichtlich des nicht abgeholfenen Teils unverzüglich iSv. § 121 Abs. 1 S. 1

[252] OLG Koblenz JurBüro 1976, 116.
[253] OLG Neustadt NJW 1965, 591; OLG Celle MDR 1960, 507.
[254] Zum vormaligen Diskussionsstand vgl. *Belz,* in: 2. Aufl. Rn. 68.
[255] OLG Karlsruhe OLGR 2004, 313.
[256] OLG München Rpfleger 1984, 285.
[257] OLG Düsseldorf MDR 1986, 503 (zum Erinnerungsverfahren).
[258] AM OLG München Rpfleger 1984, 285.
[259] OLG Hamm MDR 1996, 317.
[260] OLG München Rpfleger 1988, 55.
[261] OLG Koblenz AnwBl. 2003, 315.
[262] *Zöller/Herget* Rn. 21 „Wiedereinsetzung".

BGB iVm. § 572 Abs. 1 S. 1 2. Halbs. dem Beschwerdegericht vorzulegen, falls der Rest noch den Beschwerdewert erreicht (vgl. Rn. 82), sonst im Erinnerungswege dem Instanzrichter. Rechtstechnisch erfolgt die Vorlage entweder durch Beschluss oder einfache Verfügung,[263] die jeweils den Parteien bekannt zu geben ist. Hilft der Rechtspfleger **voll** ab, hat er über die **Kosten** des Beschwerdeverfahrens abschließend zu entscheiden.[264] Versäumtes ist auf Antrag gem. § 321 nachzuholen; eine diesbezügliche Befassung des Beschwerdegerichts wäre ineffizient und verfahrensverzögernd. Ein Teilabhilfebeschluss darf keine Kostenentscheidung enthalten, da das Beschwerdegericht wegen des Grundsatzes der Kosteneinheit (vgl. § 91 Rn. 5) über die Gesamtkosten entscheiden muss[265] (vgl. Rn. 105). Mit der Abhilfeentscheidung ist das Beschwerdeverfahren im Umfange der Abhilfe beendet und lebt auch nicht wieder auf, wenn der Abhilfebeschluss auf Rechtsmittel des Gegners hin wieder aufgehoben wird (vgl. Rn. 92).

4. Verfahren vor dem Beschwerdegericht. a) Zuständigkeit. Zuständiges Beschwerdegericht ist das für die Entscheidung in der **Hauptsache** berufene Rechtsmittelgericht, für Beschwerden gegen Beschlüsse des Rechtspflegers beim Amtsgericht somit das Landgericht, gegen die des Rechtspflegers beim Landgericht das Oberlandesgericht. Beschwerden in Kostenfestsetzungsverfahren in Familiensachen oder Landwirtschaftssachen fallen in die Zuständigkeit des Familiensenats bzw. des Landwirtschaftssenats beim OLG.[266] Das Beschwerdegericht entscheidet in der Regel gem. § 568 S. 1 durch den obligatorischen **Einzelrichter,** da die angefochtene Entscheidung vom Rechtspfleger erlassen wurde. Nur wenn die Sache besondere Schwierigkeiten tatsächlicher oder rechtlicher Art aufweist oder grundsätzliche Bedeutung hat, ist sie nach § 568 S. 2 auf die Beschwerdekammer oder den Beschwerdesenat in voller Besetzung zu übertragen. Auf eine erfolgte oder nicht erfolgte Übertragung kann ein Rechtsmittel nicht gestützt werden, § 568 S. 3. Das OLG entscheidet ferner dann in voller Besetzung, wenn der Rechtspfleger am Landgericht eine eigene Abhilfe nicht erwogen, sondern die Sache – verfahrensfehlerhaft – einer Zivilkammer vorgelegt und diese in voller Besetzung eine Nichtabhilfeentscheidung getroffen hat.[267] 95

b) Verfahren, Aussetzung des Verfahrens und Einstellung der Zwangsvollstreckung. 96
Für das **Verfahren** gelten die §§ 568 bis 572 unmittelbar, auf deren Kommentierung verwiesen wird. Danach ist u. a. das Vorbringen **neuer Tatsachen** und Mittel der Glaubhaftmachung gestattet, § 571 Abs. 2 S. 1. Auch eine Teilanfechtung macht im Hinblick auf einen etwaigen Austausch einzelner Positionen (vgl. Rn. 57) grds. die Überprüfung des ganzen Beschlusses erforderlich. Dem Anfechtungsgegner ist entsprechend den in Rn. 7 bis 10 dargelegten Regeln rechtliches Gehör zu gewähren.

Das Beschwerdegericht kann das Festsetzungsverfahren gem. § 104 Abs. 3 Satz 2 **aussetzen.** Die Vorschrift dient nicht dem Vollstreckungsschutz des Schuldners,[268] sondern soll unnötigen **Arbeitsaufwand** für den Fall vermeiden,[269] dass der angefochtene Kostenfestsetzungsbeschluss auf einem nur vorläufig vollstreckbaren Kostentitel beruht. Denn auch ein rechtskräftiger Kostenfestsetzungsbeschluss wird wirkungslos, wenn die Kostengrundentscheidung aufgehoben oder abgeändert wird (vgl. Rn. 131, 134). Die Entscheidung des Beschwerdegerichts kann deshalb nach pflichtgemäßem Ermessen[270] bis zur Rechtskraft der Kostengrundentscheidung zurückgestellt werden, wobei insbesondere der mutmaßliche Prüfaufwand in Rechnung zu ziehen ist. Eine Aussetzung ist also nicht veranlasst, wenn Einwände gegen die Höhe der festgesetzten Kosten nicht erhoben, sondern die Aussetzung nur zum Zwecke des Vollstreckungsschutzes des Erstattungspflichtigen beantragt wird. Das Beschwerdegericht kann außerdem nach **§ 570 Abs. 3 2. Halbs.** die **Vollziehung** des angefochtenen Kostenfestsetzungsbeschlusses, ggf. gegen Sicherheitsleistung,[271] aussetzen. Die Aussetzungsentscheidung erstreckt sich allerdings nur auf den Zeitraum, während dessen das Beschwerdeverfahren noch in der Schwebe ist.[272] Einen Aufschub der Beschwerdeentscheidung oder eine zeitlich über diese hinausreichende Vollstreckungshemmung vermag eine Anordnung nach § 570 Abs. 3 hingegen nicht zu bewirken. Weder Aussetzung noch Ablehnung der Aussetzung sind an- 97

---

[263] *Baumbach/Lauterbach/Hartmann* Rn. 58.
[264] OLG Zweibrücken Rpfleger 2003, 101.
[265] OLG Frankfurt JurBüro 1985, 1718, 1719; OLG München Rpfleger 1977, 70, 71.
[266] BGH FamRZ 1978, 585.
[267] OLG Schleswig OLGR 2004, 435.
[268] OLG Koblenz OLGR 2007, 564.
[269] *Musielak/Wolst* Rn. 31.
[270] *Baumbach/Lauterbach/Hartmann* Rn. 67.
[271] *Stein/Jonas/Bork* Rn. 70.
[272] OLG Koblenz OLGR 2007, 564.

fechtbar.[273] Eine Restitutionsklage veranlasst keine Aussetzung des Festsetzungsverfahrens nach § 104 Abs. 3 S. 2.[274]

98 **c) Entscheidung.** Die Entscheidung durch Beschluss (§ 572 Abs. 4) des Beschwerdegerichts kann in einer formlosen **Rückgabe** (nicht Zurückverweisung) zur Vorlage an den Vorinstanzrichter bestehen. Dazu kommt es, wenn das Rechtsmittel nur als **Erinnerung** statthaft ist, insbesondere wenn die Beschwerdesumme von über 200 Euro nicht erreicht ist oder eine Kostenentscheidung des Rechtspflegers isoliert angefochten wird (vgl. Rn. 112).

99 Ist die Beschwerde zwar hinsichtlich des Beschwerdewerts eröffnet, jedoch unzulässig, zB wegen Versäumung der Rechtsmittelfrist, Formmängel oder Fehlens einer Beschwer, ist sie kostenpflichtig zu **verwerfen** (§ 572 Abs. 2 S. 2). Raum für eine Erinnerung ist in diesen Fällen nach richtiger Ansicht nicht (hierzu Rn. 113).

100 Bei zulässiger Beschwerde, aber mit Rücksicht auf die zumindest im Ergebnis richtige Entscheidung der unteren Instanz, lautet die Entscheidung auf kostenpflichtige **Zurückweisung** der unbegründeten Beschwerde.

101 Einer zulässigen und **begründeten** Beschwerde ist dadurch stattzugeben, dass das Beschwerdegericht unter **Abänderung** oder **Aufhebung** der angefochtenen Entscheidung in der Sache selber entscheidet. Stattdessen kann es aber auch gem. § 572 Abs. 3 die erforderliche Anordnung, etwa im Falle weiterer erforderlicher Beweiserhebungen, dem Rechtspfleger der Eingangsinstanz **übertragen.**

102 Bei **teilweiser** Begründetheit der Beschwerde, ist die angefochtene Entscheidung im Umfange des begründeten Teils abzuändern, wobei in der Regel der geänderte Betrag in die Beschwerdeentscheidung aufgenommen und die Beschwerde in übrigen zurückgewiesen wird.

103 Eine Aufhebung nebst **Zurückverweisung** kommt analog § 538 Abs. 2 in Frage bei schwerwiegenden Verfahrensfehlern, insbesondere bei fehlender Begründung[275] (vgl. Rn. 48f.), wobei es eines Zurückverweisungsantrags einer Partei nicht bedarf. Dagegen wird eine erstinstanzliche Verletzung rechtlichen Gehörs bereits auf Grund der Eröffnung des Beschwerderechtszugs **geheilt,** da mit diesem die Möglichkeit gewährleistet ist, die bislang nicht artikulierten Interessen uneingeschränkt zur Geltung zu bringen (hierzu Rn. 9).

104 Auch für das Beschwerdeverfahren gilt das **Verbot der Schlechterstellung** (Verbot der reformatio in peius), wonach die angefochtene Entscheidung nicht zum Nachteil des Beschwerdeführers geändert werden darf.[276] Das gilt jedoch nur für den festgesetzten **Gesamtbetrag,** in dessen Grenzen der Austausch einzelner Positionen zulässig ist[277] (vgl. Rn. 57). Auch hindert das Verschlechterungsverbot nicht, den durch Fehlen oder Wegfall der Kostengrundentscheidung oder wegen **Formmangels** (vgl. Rn. 47) **unwirksamen** Festsetzungsbeschluss zur Klarstellung, ggf. zum **Nachteil** des Beschwerdeführers, aufzuheben[278] (vgl. Rn. 134). Soll bei einer Kostenverteilung nach Quoten dem Beschwerdeführer im Beschwerdeverfahren erstmals eine Gebühr zuerkannt werden, die auch auf Seiten des Gegners erwachsen ist, so ist die Gebühr in die beiderseitige Kostenausgleichung einzubeziehen, auch wenn der Gegner sie nicht beantragt hat[279] (vgl. Rn. 58, § 106 Rn. 7), ohne dass daraus ein Verstoß gegen das Verschlechterungsverbot abzuleiten wäre.

105 **5. Kosten des Beschwerdeverfahrens.** Das Beschwerdegericht trifft über die Kosten der Beschwerde von Amts wegen (§ 308 Abs. 2) eine Entscheidung,[280] die im Falle einer Teilabhilfe durch den Rechtspfleger den abgeholfenen Teil einschließt[281] (vgl. Rn. 94). Bei gesonderter Anfechtung der Teilabhilfeentscheidung sind zwei Rechtsmittel gegeben, die auch zwei selbstständige Kostenentscheidungen erforderlich machen.

106 Die Kosten der **erfolglosen** Beschwerde sind gem. § 97 Abs. 1 dem Beschwerdeführer aufzuerlegen. Im Falle der **Rücknahme** trägt dieser gem. § 516 Abs. 3 S. 1 analog die Kosten, was gem. § 516 Abs. 3 S. 2 von Amts wegen durch Beschluss auszusprechen ist. Hat die Beschwerde **Erfolg,**

---

[273] OLG Bremen JurBüro 1986, 764; OLG München JurBüro 1972, 1114.

[274] OLG Jena OLGR 1998, 11, 12.

[275] OLG Rostock MDR 2006, 538; OLG Karlsruhe OLGR 2004, 313; OLG Nürnberg MDR 2004, 169.

[276] OLG Hamburg AnwBl. 1987, 290; OLG München JurBüro 1982, 1563; OLG Hamm AnwBl. 1972, 236; aM OLG Karlsruhe MDR 1986, 694.

[277] BGH NJW-RR 2006, 810, 811.

[278] OLG Karlsruhe NJW-RR 2004, 1507; OLG Hamm NJW 1982, 2047; OLG München JurBüro 1982, 1563; aM KG NJW 1973, 2115.

[279] OLG Köln JurBüro 1994, 601.

[280] KG KGR 2004, 69.

[281] OLG Frankfurt JurBüro 1985, 1718.

trifft den Gegner nach § 91 Abs. 1 S. 1 die Kostenlast, unabhängig davon, ob er dem Erstattungsbegehren **entgegengetreten** ist oder nicht.[282] Denn die Kostenfestsetzung ist als **kontradiktorisches** Verfahren (vgl. Vor §§ 91 ff. Rn. 8) zwischen den Parteien ausgestaltet; der Erstattungsberechtigte kann durch Anmeldung berechtigter Kostenpositionen, der Erstattungspflichtige durch frühzeitige Zahlung ein Rechtsmittel des Gegners vermeiden[283] (vgl. auch Rn. 70). Anders verhält es sich nur, wenn Gegenstand der Beschwerde nicht die Berechtigung einer Erstattungsposition, sondern ein Rechenfehler des Gerichts ist. Dann ist ein Kostenausspruch nicht veranlasst.[284] Wird eine Beschwerde durch Änderung oder Wegfall der Kostengrundentscheidung **gegenstandslos** (vgl. Rn. 134), hat nach dem Rechtsgedanken des § 717 Abs. 2 die Kosten derjenige zu tragen, der die Festsetzung betrieben hat.[285] Haben sämtliche Parteien ihre Kosten zur Ausgleichung angemeldet, ist auf den Kostenfestsetzungsantrag derjenigen Partei abzustellen, zu deren Gunsten nach Kostenausgleichung ein Erstattungsbetrag festgesetzt wurde.[286]

Bei Zurückweisung oder Verwerfung der Beschwerde fällt an **Gerichtskosten** gem. Nr. 1812 S. 1 KV GKG eine streitwertunabhängige Festgebühr in Höhe von 50 Euro an. Bei teilweiser Zurückweisung oder Verwerfung kann das Gericht die Gebühr nach billigem Ermessen auf die Hälfte ermäßigen oder von einer Erhebung absehen (Nr. 1812 S. 2 KV GKG). Die erfolgreiche Beschwerde ist hingegen gerichtsgebührenfrei.[287] Die Vertretung durch einen **Rechtsanwalt** löst eine 0,5-Verfahrensgebühr nach Nr. 3500 VV RVG aus. 107

6. Rechtsbeschwerde. Seit der ZPO-Reform zum 1. 1. 2002 unterliegen gem. § 574 Abs. 1 S. 1 Nr. 2 Entscheidungen der Beschwerdegerichte (Landgerichte und Oberlandesgerichte) der Rechtsbeschwerde, wenn das Beschwerdegericht sie in dem angefochtenen Beschluss **zugelassen** hat. Zulassungsgründe sind nach § 574 Abs. 2 die grundsätzliche Bedeutung der Sache sowie das Erfordernis einer Entscheidung zur Fortbildung des Rechts oder Sicherung einer einheitlichen Rechtsprechung. **Ausschließlich** zuständig ist nach § 133 GVG der **BGH.** Die Zuweisung von Rechtsfragen übergeordneter Tragweite an eine Zentralinstanz, mit der das Ziel der Rechtseinheit gewahrt werden soll,[288] hat gerade für den Bereich des Kostenfestsetzungsrechts erhebliche Bedeutung erlangt, weil die vielfach von gegenläufigen Wertungen geprägte Rechtsprechung der Oberlandesgerichte auf homogene und kohärente Leitlinien im Sinne einer **Rechtsvereinheitlichung** zurückgeführt wird, wie etwa die Problematik der Mehrkosten eines auswärtigen Anwalts beispielhaft zeigt (hierzu § 91 Rn. 50 ff.). 108

Voraussetzung ist, dass das Beschwerdegericht die Rechtsbeschwerde **ausdrücklich,** sei es im Tenor, sei es in den Gründen des angefochtenen Beschlusses zugelassen hat. Weder ist eine Nachholung der Zulassung durch eine Ergänzungsentscheidung entsprechend § 321 möglich,[289] noch ist eine Nichtzulassungsbeschwerde eröffnet.[290] Allenfalls kommt eine Berichtigung entsprechend § 319 in Betracht, wenn dem Kontext der Entscheidungsgründe oder zumindest den Vorgängen bei der Beschlussfassung eindeutig zu entnehmen ist, dass der Ausspruch nur versehentlich unterblieben ist.[291] Zu beachten ist, dass die Zulassung nicht vom **Einzelrichter** ausgesprochen werden kann, weil die in § 574 Abs. 2 vorausgesetzte besondere Tragweite der Sache eine Übertragung auf den Kollegialspruchkörper nach § 568 Abs. 2 gebietet.[292] Die Einlegung der Rechtsbeschwerde kann gem. § 575 Abs. 1 S. 1 nur beim Rechtsbeschwerdegericht (iudex ad quem), und zwar wegen § 78 Abs. 1 S. 4 nur durch einen beim BGH zugelassenen Rechtsanwalt,[293] erfolgen. 109

Eine Rechtsbeschwerde ist auch in einem Festsetzungsverfahren statthaft, dem ein **einstweiliges Verfügungsverfahren** zugrunde liegt; die Beschränkung des § 574 Abs. 1 S. 2 iVm. § 542 Abs. 2 110

282 KG KGR 2004, 69; OLG Jena OLGR 2000, 38, 39; OLG Karlsruhe OLGR 2000, 352, 353; OLG Frankfurt AnwBl. 1999, 414; OLG Düsseldorf JurBüro 1989, 1578 mit Anm. *Mümmler* (für Erinnerungsverfahren); aM OLG Koblenz JurBüro 1984, 446; differenzierend OLG Nürnberg NJW-RR 2000, 141, 142 (unterschiedliche Behandlung des Erstattungsberechtigten und -verpflichteten).

283 OLG Karlsruhe OLGR 2000, 352, 353; OLG Frankfurt AnwBl. 1999, 414.

284 OLG Frankfurt NJW-RR 2000, 362.

285 BGH VersR 2007, 519 aE; OLG Köln OLGR 2006, 588; KG Rpfleger 1978, 384; OLG Hamm Rpfleger 1977, 215; OLG Düsseldorf NJW 1974, 1714.

286 OLG Karlsruhe OLGR 2000, 185, 186; OLG Hamm JurBüro 1989, 1419, 1420 m. Anm. *Mümmler.*

287 *Hartmann* Nr. 1811 KV GKG Rn. 3.

288 BT-Drucks. 14/4722 S. 116.

289 BGH NJW 2004, 779.

290 BGH NJW-RR 2004, 356.

291 BGH Rpfleger 2005, 51.

292 BGHZ 154, 200, 202 = NJW 2003, 1254, 1255; NJW 2003, 3712; NJW-RR 2003, 936; NJW-RR 2004, 1717; WoM 2005, 137, 138.

293 BGH NJW-RR 2002, 1721.

kommt insoweit nicht zum Tragen.[294] Wird die im Zeitpunkt der Anfechtung des Kostenfestsetzungsbeschlusses noch nicht rechtskräftige Kostengrundentscheidung später aufgehoben oder abgeändert, darf über eine anhängige Rechtsbeschwerde nicht mehr in der Sache entschieden werden (vgl. Rn. 134).

111 **7. Außerordentliche Rechtsbehelfe.** Soweit nach früherer obergerichtlicher Rechtsprechung in Fällen einer **„greifbaren Gesetzeswidrigkeit"** praeter legem eine außerordentliche Beschwerde zur Anrufung der nächsthöheren Instanz für statthaft erachtet wurde, ist hierfür nach der ZPO-Reform kein Raum mehr, da andernfalls die engen Zulassungsvoraussetzungen des § 574 Abs. 1 Nr. 2, Abs. 2 unterlaufen würden.[295] Im Übrigen hat das Bundesverfassungsgericht solchen richterrechtlich entwickelten Rechtsbehelfen zurecht eine Absage erteilt,[296] da die Ausgestaltung des Rechtsschutzsystems aus Gründen der Rechtsklarheit und Rechtssicherheit der schriftlichen Kodifizierung bedarf und daher dem Gesetzgeber vorbehalten ist. Das gilt auch für eine außerordentliche Beschwerde gegen einen Kostenfestsetzungsbeschluss.[297] Hinsichtlich des Rechtsbehelfs einer **Gehörsrüge** gem. § 321a wird auf die dortige Kommentierung, hinsichtlich einer formlosen **Gegenvorstellung** auf die Erläuterungen Vor §§ 511ff. Rn. 93f. verwiesen.

VII. Befristete Erinnerung

112 **1. Statthaftigkeit.** Der Rechtsbehelf der Rechtspflegererinnerung nach § 11 Abs. 2 S. 1 RpflG ist Ausfluss des verfassungsrechtlichen Richtervorbehalts (Art. 92 1. Halbs., 101 Abs. 1 S. 2 GG), wonach die Rechtsprechung den Richtern anvertraut ist. Dieser Grundsatz garantiert lückenlosen Rechtsschutz gegen jegliche nichtrichterliche Entscheidung. Ist daher die sofortige Beschwerde nach den allgemeinen Vorschriften nicht gegeben, ist die Entscheidung des Rechtspflegers mit der **befristeten Erinnerung** anfechtbar (vgl. Rn. 72). Dies trifft insbesondere auf Rechtsmittel zu, deren Beschwerdewert 200 Euro nicht übersteigt (§ 567 Abs. 2), wie auch auf die isolierte Anfechtung einer vom Rechtspfleger in den Festsetzungsbeschluss aufgenommenen Kostenentscheidung (vgl. Rn. 70, 74). Da nämlich die Rechtsmittelsperre des § 99 Abs. 1 nur für richterliche Entscheidungen und zudem nur für ordentliche Rechtsmittel gilt (vgl. § 99 Rn. 7, 9), ist eine auf die Kostenentscheidung des Rechtspflegers beschränkte Erinnerung gem. § 11 Abs. 2 S. 1 RpflG zulässig.[298]

113 Umstritten ist, ob in Fällen, in denen ein Kostenfestsetzungsbeschluss dem Beschwerdewert nach zwar mit **sofortiger Beschwerde** anfechtbar ist, jedoch wegen verspäteter Einlegung oder sonstiger Gründe **unanfechtbar** geworden ist, noch Raum für eine Erinnerung bleibt.[299] Die Frage hat nur begrenzte Bedeutung, weil auch die Erinnerung binnen der für die sofortige Beschwerde maßgebenden Frist einzulegen gewesen wäre und daher im Ergebnis ebenfalls unzulässig ist. Denn die Verfristung des an sich statthaften Rechtsmittels eröffnet nicht erneut den Weg in das Erinnerungsverfahren.[300] Der Streit entscheidet lediglich darüber, ob der Richter der Eingangsinstanz oder das Beschwerdegericht das Rechtsmittel als unzulässig zu verwerfen haben und ob insoweit die für Beschwerdeverfahren einschlägige Gerichtsgebühr der Nr. 1812 KV GKG von 50 Euro anfällt (vgl. Rn. 107) oder von einem gebührenfreien Erinnerungsverfahren auszugehen ist (Anwaltsgebühren sind dagegen gem. Nr. 3500 VV RVG für Erinnerung und Beschwerde identisch). Richtig dürfte sein, das Rechtsmittel ausschließlich als statthafte, aber unzulässige sofortige Beschwerde zu behandeln, weil der subsidiäre § 11 Abs. 2 RpflG lediglich abstrakt die richterliche Überprüfung einer Rechtspflegerentscheidung, nicht aber die zusätzliche Korrektur eines regulären, im Einzelfall aus anderen Gründen unzulässigen Rechtsmittels gewährleisten will.[301]

114 **2. Zulässigkeit. a) Erinnerungsberechtigung und Beschwer.** Auf die Erinnerung sind kraft der ausdrücklichen Verweisung des § 11 Abs. 2 S. RpflG die Vorschriften über die **Beschwerde** sinngemäß anzuwenden. Auch die Erinnerung setzt daher, um zulässig zu sein, eine Erinnerungsberechtigung und Beschwer voraus, ohne dass diese allerdings betragsmäßig begrenzt wäre. Hinsicht-

---

[294] BGH NJW 2005, 2233.
[295] BGHZ 150, 133 = NJW 2002, 1577; NJW-RR 2004, 356.
[296] BVerfG NJW 2003, 1924, 1928; NJW 2003, 3687, 3688.
[297] LAG Berlin EzA-SD 2004 Nr. 6, 18 (LS).
[298] OLG Brandenburg NJW-RR 2000, 1593; OLG Koblenz Rpfleger 1992, 242, 243; OLG Stuttgart Rpfleger 1984, 199.
[299] Bejahend OLG Bamberg JurBüro 1975, 1093; *Hartmann* § 11 RVG Rn. 85; *Baumbach/Lauterbach/Hartmann* Rn. 44; aM OLG Nürnberg JurBüro 2005, 366; OLG Koblenz Rpfleger 1976, 11; *Arnold/Meyer-Stolte/Hansens* § 11 RpflG Rn. 47.
[300] *Hansens* Rpfleger 1999, 105 Nr. 2; *Zöller/Herget* Rn. 15.
[301] OLG Nürnberg JurBüro 2005, 366.

lich dieser Voraussetzungen wird auf die unter Rn. 73 bis 79 zur Beschwerde gemachten Ausführungen verwiesen, die entsprechend für die Erinnerung gelten.

b) Frist, Wiedereinsetzung in den vorigen Stand. Nach § 11 Abs. 2 S. 1 RpflG iVm. § 569 Abs. 1 S. 1 ist die Erinnerung binnen einer **zweiwöchigen Notfrist** einzulegen, hinsichtlich deren Einhaltung auf die Erläuterungen unter Rn. 83 verwiesen wird. 115

c) Einlegung und Form der Erinnerung. Die Erinnerung ist nur bei dem Gericht einzulegen, dem der Rechtspfleger angehört (iudex a quo). § 569 Abs. 1 S. 1, wonach die Beschwerde auch beim Beschwerdegericht eingelegt werden kann, ist auf die Erinnerung nicht anwendbar,[302] weil die höhere Instanz nicht eröffnet ist. Der dortige Eingang wahrt somit nicht die Frist. Das kann sich als problematisch erweisen, wenn zB auf Grund einer zuweilen schwierigen Bestimmung der Beschwer (vgl. Rn. 74 ff.) das Erreichen der Beschwerdesumme des § 567 Abs. 2 zu Unrecht angenommen und Beschwerde beim Beschwerdegericht eingelegt wird. Doch fällt die fristgerechte Anrufung des zuständigen Rechtsmittelgerichts nach allgemeinen Regeln (vgl. § 519 Rn. 29) in die Risikosphäre des Rechtsmittelführers. Die Korrektur eines falsch adressierten Rechtsmittels kommt allenfalls nach Maßgabe einer Wiedereinsetzung in den vorigen Stand in Betracht. Um unnötige Formfehler zu vermeiden, empfiehlt es sich daher, das Rechtsmittel stets beim Eingangsgericht anhängig zu machen. Eine Zeitverzögerung ist hiermit schon deshalb nicht verbunden, weil im Rahmen einer sofortigen Beschwerde das Beschwerdegericht ohnehin erst den Rechtspfleger der Vorinstanz zu beteiligen hat (vgl. Rn. 84). 116

Die Erinnerung wird durch Einreichung einer **Erinnerungsschrift** oder durch Erklärung zu Protokoll der Geschäftsstelle (§ 569 Abs. 3 Nr. 1, § 11 Abs. 2 S. 4 RpflG) eingelegt. Falsche Bezeichnungen des Rechtsmittels schaden nicht (vgl. Rn. 84). Aufgrund des § 13 RpflG unterliegt die Erinnerung nicht dem **Anwaltszwang.** 117

d) Anschlusserinnerung. Nach §§ 11 Abs. 2 S. 4 RpflG, 567 Abs. 3 ist eine **unselbstständige** Anschlusserinnerung mit den gleichen Wirkungen wie die einer Anschlussbeschwerde zulässig (vgl. Rn. 87, vgl. auch Rn. 120). 118

e) Erinnerungsrücknahme. Die Rücknahme der Erinnerung ist jederzeit zulässig. Die wirksam erklärte Rücknahme ist bindend und unwiderruflich.[303] Zur Kostenentscheidung vgl. Rn. 126. 119

f) Zusammentreffen Erinnerung und Beschwerde. Legt der Gegner gesondert **zulässige** sofortige Beschwerde ein, findet ein Erinnerungsverfahren nicht statt. Die Erinnerung ist dann vielmehr auf Grund des Vorrangs der sofortigen Beschwerde (vgl. Rn. 72) bzw. aus prozesswirtschaftlichen Erwägungen heraus und wegen der Gefahr divergierender Entscheidungen (etwa im Rahmen eines Kostenausgleichs bei Quotelung) **einheitlich** mit dieser zu behandeln. Der Rechtspfleger entscheidet mithin hinsichtlich der mit beiden Rechtsmitteln geltend gemachten Kostenpositionen über eine Abhilfe und legt bei Nichtabhilfe – bzw. Teilabhilfe, wenn der nicht abgeholfene Teil der Beschwerde den Beschwerdewert noch erreicht (vgl. Rn. 82) – die Sache dem Beschwerdegericht vor, das eine einheitliche Entscheidung trifft. Über eine zulässige Erinnerung und eine vom Gegner eingelegte unselbstständige **Anschlusserinnerung** (vgl. Rn. 118) ist umgekehrt auch dann im Erinnerungsverfahren zu entscheiden, wenn die Anschlusserinnerung einen Gegenstandswert von **über 200 Euro** aufweist,[304] da ein lediglich akzessorisches Rechtsmittel nicht eine vom Hauptrechtsmittel abweichende höhere Instanz zu eröffnen vermag.[305] Zum Zusammentreffen zweier Erinnerungen vgl. Rn. 122. 120

3. Verfahren vor dem Rechtspfleger. a) Erinnerungsverfahren. Auf das Verfahren und die Abhilfe- bzw. Nichtabhilfeentscheidung des Rechtspflegers sind wegen der Verweisung in § 11 Abs. 2 S. 4 RpflG die Vorschriften über die Beschwerde (§§ 567 ff.) anwendbar. Besonderheiten gegenüber den Erläuterungen in Rn. 90 bis 94 ergeben sich insoweit nicht. Mit der Vorlage an den Richter ist das Verfahren vor dem Rechtspfleger abgeschlossen. Er darf seine Entscheidung deshalb danach auch nicht mehr abändern, auch nicht auf Anregung des Richters. Erneut befasst werden kann er mit der Sache nur auf Grund einer förmlichen Zurückverweisung an ihn.[306] 121

b) Zusammentreffen zweier Erinnerungen. Haben gegen den Kostenfestsetzungsbeschluss **beide Parteien** mit widerstreitenden Anträgen Erinnerung eingelegt, so richtet sich bei Abhilfe der 122

---

[302] OLG Köln MDR 1975, 671; OLG Hamm NJW-RR 1995, 704; OLG München Rpfleger 1992, 425; LG Stuttgart Rpfleger 1995, 150; *Thomas/Putzo/Hüßtege* Rn. 29; *Stein/Jonas/Bork* Rn. 45; aM OLG Bamberg JurBüro 1975, 1498.

[303] OLG Koblenz Rpfleger 1977, 324.

[304] OLG Hamm Rpfleger 1978, 455.

[305] BGH NJW 1961, 2309.

[306] KG Pfleger 1985, 455; OLG München Rpfleger 1982, 196.

Erinnerung nur einer Partei die der anderen nicht ohne weiteres gegen die Neufestsetzung im Abhilfebeschluss. Dieser muss vielmehr von der beschwerten Partei selbst dann besonders angefochten werden, wenn sich der neuerliche Anfechtungsgegenstand mit dem bereits durch die erste Erinnerung geltend gemachten deckt.[307]

123 **4. Verfahren vor dem Richter. a) Zuständigkeit.** Zuständig ist das Gericht, dessen Rechtspfleger entschieden hat, bei der Zivilkammer der Einzelrichter, wenn und solange ihm die Sache übertragen ist (§ 348), aber auch noch dann, wenn er entschieden hat, sonst die Kammer, bei der Kammer für Handelssachen der Vorsitzende.[308] Der Richter muss den Kostenfestsetzungsbeschluss im ganzen Umfang überprüfen. Rechtliches Gehör hat er zu gewähren, falls dies der Rechtspfleger versäumt hat.

124 **b) Verfahren.** Das Verfahren unterliegt kraft der Verweisung in § 11 Abs. 2 S. 4 RpflG den Vorschriften über die Beschwerde (§§ 567 ff.). Die Erläuterungen der Rn. 95 bis 97 gelten insoweit sinngemäß auch hier.

125 **c) Entscheidung.** Über die Erinnerung, die einen Gegenstandswert von 200 Euro nicht übersteigen darf, entscheidet der Richter durch zu begründenden Beschluss iSv. § 329, der **nicht rechtsmittelfähig** ist. Das Gericht verfügt über die dem Beschwerdegericht eingeräumten Entscheidungskompetenzen, unterliegt aber auch dessen Bindungen (zB dem Verschlechterungsverbot); auf die Ausführungen in Rn. 98 bis 104 wird Bezug genommen.

126 **5. Kosten des Erinnerungsverfahrens.** Eine Kostenentscheidung ist wegen der kontradiktorischen Ausgestaltung des Kostenfestsetzungsverfahrens (vgl. Rn. 106) unabhängig davon zu treffen, ob der Gegner der Erinnerung entgegengetreten ist oder nicht.[309] Ist sie unterblieben, kann sie auf Antrag im Wege der Beschlussergänzung analog § 321 nachgeholt werden.[310] Wird die Erinnerung **zurückgenommen,** ist § 516 Abs. 3 entsprechend anzuwenden und der Erinnerungsführer durch Beschluss des Rechtspflegers bzw. (nach Vorlage) des Richters von Amts wegen mit den Kosten zu belasten. Wird das Erinnerungsverfahren gegenstandslos, so vor allem bei Änderung oder Wegfall der Kostengrundentscheidung, sind die Kosten dem Antragsteller aufzuerlegen.[311] Das Erinnerungsverfahren ist gerichtsgebührenfrei,[312] kann aber Auslagen auslösen (vgl. Rn. 70). Der Anwalt erhält für seine Tätigkeit eine 0,5 Verfahrensgebühr (Nr. 3500 VV RVG).

VIII. Rechtskraft

127 **1. Eintritt und Wirkung der Rechtskraft.** Ein Kostenfestsetzungsbeschluss erwächst hinsichtlich der in ihm zugesprochenen oder aberkannten Kosten in **formelle** und **materielle Rechtskraft** iSv. § 322,[313] ist also unbeschadet der fortbestehenden Abhängigkeit von der Kostengrundentscheidung (vgl. Rn. 131 ff.) nicht mehr anfechtbar. Zugleich erstarkt der prozessuale Kostenerstattungsanspruch, der mit Rechtshängigkeit aufschiebend bedingt entstanden war und sich mit Erlass der Kostengrundentscheidung in einen auflösend bedingten umwandelte, mit Rechtskraft zum unbedingten Erstattungsanspruch, dh. die auflösende Bedingung kommt zum Wegfall[314] (vgl. Vor §§ 91 ff. Rn. 15). Das Gericht ist ab diesem Zeitpunkt an seine Entscheidung gebunden (§ 318) und muss einen Festsetzungsantrag, mit dem rechtskräftig abgewiesene Erstattungsansprüche erneut geltend gemacht werden, ohne sachliche Prüfung zurückweisen[315] (vgl. Rn. 18). Dies gilt gerade auch für den Fall, dass sich die rechtskräftige Entscheidung im Nachhinein als sachlich unrichtig erweist. Die Rechtskraft bleibt jedoch auf die Parteien beschränkt, wirkt daher nicht in einer später nach § 11 RVG betriebenen Vergütungsfestsetzung oder einem Gebührenprozess des Prozessbevollmächtigten gegenüber dem Auftraggeber[316] (vgl. Vor §§ 91 ff. Rn. 11; § 103 Rn. 26).

128 Von der materiellen Rechtskraft erfasst werden nur die **einzelnen** zuerkannten oder abgesetzten Posten, **nicht** der **Gesamtbetrag,**[317] wie überhaupt in Rechtskraft nicht ein bestimmter Betrag,

---

[307] OLG Hamm JurBüro 1977, 96.
[308] OLG Schleswig SchlHA 1980, 57; OLG Hamm Rpfleger 1978, 329.
[309] OLG Düsseldorf JurBüro 1989, 1578; AG Köln AGS 2003, 467.
[310] AG Köln AGS 2003, 467.
[311] KG Rpfleger 1978, 384; OLG Hamm JurBüro 1977, 1141.
[312] *Baumbach/Lauterbach/Hartmann* Rn. 94.
[313] BGH NJW 2003, 1462; OLG München NJW-RR 2006, 1006; OLG Frankfurt JurBüro 1986, 599; OLG Hamburg MDR 1986, 244.
[314] OLG Köln OLGR 2002, 36.
[315] BGH NJW 2003, 1462; OLG Hamburg MDR 1986, 244; OLG Bamberg JurBüro 1978, 1523.
[316] OLG Hamburg JurBüro 1981, 1402; *Zöller/Herget* Rn. 21 „Rechtskraft".
[317] OLG Düsseldorf JurBüro 1996, 592; OLG Hamm Rpfleger 1970, 143; offen gelassen von OLG München JurBüro 1970, 527, 528.

sondern ein aus einem bestimmten Sachverhalt abgeleiteter Anspruch erwächst. Daher können folgerichtig nicht anstelle rechtskräftig aberkannter Kosten eines Unterbevollmächtigten später fiktive Reisekosten des Hauptbevollmächtigten zuerkannt werden[318] (vgl. § 91 Rn. 66). Zur Rechtskraftwirkung der Aberkennung eines kostenrechtlichen Anspruchs im Zivilprozess in einem späteren Kostenfestsetzungsverfahren und umgekehrt vgl. Vor §§ 91 ff. Rn. 17 ff.

2. Nachfestsetzung. Weder die formelle noch die materielle Rechtskraft stehen einer Nachliquidation im Rahmen eines neuen Verfahrens nach §§ 103 ff. (vgl. § 103 Rn. 41) zwingend entgegen. Voraussetzung ist aber, dass die nachträglich angemeldeten Kosten nicht bereits in einem Festsetzungsverfahren rechtskräftig aberkannt oder in geringerer Höhe zugesprochen wurden.[319] Denn auch für das Verfahren nach §§ 103 ff. gilt, dass sich eine erneute Entscheidung über denselben Streitgegenstand verbietet.[320] Der Nachfestsetzung zugänglich sind hiernach nur Gesuche, die auf **neue Tatsachen** gestützt werden, die nach Rechtskraft eingetreten sind,[321] oder bislang **nicht beantragte** Positionen beinhalten (zur Nachfestsetzung einer Verzinsung bei Änderung des gesetzlichen Zinssatzes iSv. § 104 Abs. 1 S. 2 vgl. Rn. 65). Gleiches gilt für angemeldete, aber vom Rechtspfleger **übersehene** Kosten[322] nach Ablauf der Frist des § 321 Abs. 2 (hierzu Rn. 53). In einem laufenden Kostenfestsetzungsverfahren kann eine Nachliquidation auch in der **Rechtsmittelsinstanz** erfolgen (hierzu Rn. 78). Darüber hinaus kann, solange ein Festsetzungsbeschluss nur hinsichtlich einzelner Posten angefochten ist, die Rechtskraft auch hinsichtlich des nicht angefochtenen Teils nicht eintreten, weshalb die Anfechtung noch nach Einlegung eines Rechtsmittels auf diese erweitert werden kann[323] (vgl. Rn. 86). 129

3. Wiederaufnahme des Verfahrens. Auf ein rechtskräftig abgeschlossenes Kostenfestsetzungsverfahren finden die Regeln der Wiederaufnahme des Verfahrens (§§ 578 ff.) entsprechende Anwendung.[324] Doch ist deren Anwendungsbereich insofern wesentlich eingeschränkt, als an ihrer Stelle nach § 569 Abs. 1 S. 3 gegen den vom Richter erlassenen Kostenfestsetzungsbeschluss noch nach Ablauf der zweiwöchigen Notfrist **Beschwerde** innerhalb der Frist des § 586 Abs. 1 eingelegt werden kann. Gleiches gilt für die Möglichkeit einer Erinnerung nach Verstreichen der Erinnerungsfrist, da § 11 Abs. 2 S. 4 RpflG die Beschwerdevorschriften und somit auch § 569 Abs. 1 S. 3 für entsprechend anwendbar erklärt. Die Wiederaufnahme hat danach grundsätzlich nur Bedeutung für unanfechtbare Entscheidungen der höheren Instanz, während bei noch statthafter Anfechtung mittels Erinnerung oder Beschwerde für eine Wiederaufnahme das Rechtsschutzbedürfnis fehlt. Eine Wiederaufnahme nur im Kostenpunkt (§ 99 Abs. 1) oder hinsichtlich eines Prozessvergleichs ist ausgeschlossen. 130

4. Fehlen, Aufhebung und Änderung der Kostengrundentscheidung. a) Akzessorietät des Kostenfestsetzungsbeschlusses. Der Festsetzungsbeschluss ist auch nach Eintritt seiner Rechtskraft weiterhin in seinem Bestand von der Kostengrundentscheidung abhängig,[325] da er diese nur betragsmäßig ausfüllt (vgl. § 103 Rn. 1). Zu beachten ist allerdings, dass ausnahmsweise ein Kostenfestsetzungsbeschluss insoweit Geltungsvorrang genießt, als nach seiner Rechtskraft ein Rechtsmittel gegen einen isolierten Kostenbeschluss nach **Klagerücknahme** (§ 269 Abs. 3, Abs. 4) nicht mehr zulässig ist, § 269 Abs. 5 S. 2. 131

b) Fehlen der Kostengrundentscheidung. Im Falle des (unerkannten) anfänglichen Fehlens einer Kostengrundentscheidung bewirkt die Akzessorietät des Kostenfestsetzungsbeschlusses rückwirkend dessen Nichtigkeit von Anfang an.[326] Das gilt sinngemäß auch für eine nur teilweise Nichtigkeit, weshalb die Anordnung der gesamtschuldnerischen Haftung im Festsetzungsbeschluss unwirksam ist, falls die Kostengrundentscheidung abweichend davon nur eine solche nach Kopfteilen vorsieht. 132

Auf eine anfängliche Nichtigkeit kann sich die beschwerte Partei jederzeit **berufen,** ohne dass es hierzu einer förmlichen gerichtlichen Feststellung bedarf.[327] Wird die Nichtigkeit im Laufe eines 133

---

[318] OLG Koblenz JurBüro 1995, 92; OLG Karlsruhe JurBüro 1994, 687; OLG Frankfurt JurBüro 1986, 599; OLG Bamberg JurBüro 1978, 1523 (jeweils zu fiktiven Reisekosten anstelle einer Verkehrsanwaltsgebühr).

[319] OLG München NJW-RR 2006, 1006; OLG Karlsruhe JurBüro 1994, 687 m. Anm. *Mümmler;* OLG Frankfurt JurBüro 1986, 599.

[320] BGH NJW 2003, 1462; OLG Karlsruhe JurBüro 1994, 687.

[321] OLG Koblenz JurBüro 1995, 92; VersR 1990, 1161.

[322] OLG Nürnberg OLGR 2002, 178, 179; OLG München Rpfleger 1987, 262, 263; KG JurBüro 1980, 764, 765.

[323] OLG Köln JurBüro 1981, 1404.

[324] *Thomas/Putzo/Hüßtege* Rn. 52; *Stein/Jonas/Bork* Rn. 65.

[325] OLG Frankfurt OLGR 2005, 328; OLG Karlsruhe Rpfleger 2000, 555.

[326] BAG NJW 1963, 1027; OLG München JurBüro 1982, 1563; OLG Hamm NJW 1972, 2047; aM KG NJW 1973, 2115.

[327] *Thomas/Putzo/Hüßtege* § 103 Rn. 4, 7; aM OLG Köln NJW 1967, 114.

Festsetzungsverfahrens, auch noch in der Rechtsmittelinstanz, erkannt, ist die förmliche Aufhebung eines ergangenen Kostenfestsetzungsbeschlusses und die Feststellung, dass ein Festsetzungs- oder Rechtsmittelantrag gegenstandslos geworden ist, zur Klarstellung statthaft. Ist das Festsetzungsverfahren bereits abgeschlossen und wird aus dem nichtigen Kostenfestsetzungsbeschluss die Zwangsvollstreckung betrieben, ist der betroffene Schuldner mangels anderweitigem Nachweis der Nichtigkeit darauf verwiesen, nach § 767 vorzugehen. Obgleich nicht auf nachträglichen Umständen beruhend, erscheint es vertretbar, dem Beschwerten analog § 107 zu gestatten, über die Nichtigkeit eine klarstellende Entscheidung des Rechtspflegers herbeizuführen, und ihm so zugleich den Weg des § 775 zu eröffnen.

134 **c) Aufhebung und Abänderung der Kostengrundentscheidung.** Wird die Kostenentscheidung aufgehoben, abgeändert, gem. §§ 319, 321 ergänzt bzw. berichtigt[328] oder durch **Prozessvergleich** ersetzt,[329] verliert der auf ihrer Grundlage erlassene Kostenfestsetzungsbeschluss in diesem Umfang seine Wirkung.[330] Ein gegen seinen Bestand gerichtetes Erinnerungs- bzw. Beschwerdeverfahren wird gegenstandslos.[331] Das gilt selbst dann, wenn die neue Kostengrundentscheidung mit der Ersten inhaltlich **übereinstimmt,**[332] soweit die Parteien nicht ausnahmsweise mit Prozessvergleich gerade den Fortbestand der ursprünglichen Kostenentscheidung vereinbaren.[333] Obgleich nicht zwingend erforderlich, empfiehlt es sich, einen in Rechtskraft erwachsenen Kostenfestsetzungsbeschluss im Interesse der Rechtssicherheit von Amts wegen, jedenfalls auf Antrag deklaratorisch aufzuheben[334] bzw. ein Erinnerungs-/Beschwerdeverfahren für gegenstandslos zu erklären.[335] Zur Kostenlast im Rechtsmittelverfahren bei Wegfall der Kostengrundentscheidung vgl. Rn. 106, zur Auswirkung auf die Verzinsung des Kostenerstattungsanspruchs vgl. Rn. 63 f.

135 Gegen eine **Zwangsvollstreckung** aus dem gegenstandslos gewordenen Kostenfestsetzungsbeschluss kann sich der darin formal ausgewiesene Schuldner regelmäßig durch Vorlage der neuen Kostengrundentscheidung nach § 775 wehren, sonst auch im Wege des § 767. Im Übrigen kommt eine entsprechende Anwendung des § 107 in Betracht (vgl. Rn. 133).

136 **d) Erneutes Antragserfordernis.** Grundsätzlich wird nicht nur ein bereits ergangener Kostenfestsetzungsbeschluss, sondern auch der gem. § 103 Abs. 2 S. 1 erforderliche (vormals gestellte) **Kostenfestsetzungsantrag** mit Aufhebung bzw. Änderung der Kostengrundentscheidung hinfällig und muss daher erneut gestellt werden.[336] Das gilt dann nicht, wenn eine erstinstanzliche Kostenentscheidung im Rechtsmittelverfahren zwar neu getroffen, jedoch nur durch eine inhaltsgleiche **ersetzt** wird.[337] Dass die neue Kostengrundentscheidung formal die Grundlage für die Festsetzung darstellt, ist unschädlich. Lediglich die durch die spätere Entscheidung dem Grunde nach erstmals zuerkannten weitergehenden Kosten können nur auf Grund eines neuen Antrags festgesetzt werden.

137 **5. Rückfestsetzung.** Die schon früherer gängiger Praxis entsprechende Rückfestsetzung von im Verlaufe des Rechtsstreits gezahlter Prozesskosten, die ihre Grundlage in einer vorläufig vollstreckbaren, in der Rechtsmittelinstanz abgeänderten Kostengrundentscheidung haben, ist seit 1. 9. 2004 in § 91 Abs. 4 gesetzlich geregelt; auf die dortigen Erläuterungen unter Rn. 36 f. wird verwiesen (zur Verzinsung vgl. Rn. 64).

IX. Zwangsvollstreckung

138 Der Kostenfestsetzungsbeschluss ist nach § 794 Abs. 1 Nr. 2 ein **vollwertiger Vollstreckungstitel,**[338] obschon seine Wirkungen nicht in jeder Hinsicht denen eines sonstigen Titels gleichzustellen sind. Die allgemeinen Vollstreckungsvoraussetzungen, wie zB Vollstreckungsklausel und Zustellung, müssen daher lediglich für den Kostenfestsetzungsbeschluss vorliegen. Die Vollstre-

---

[328] OLG Hamm JurBüro 2001, 593.

[329] BGH VersR 2007, 519; OLG München NJW-RR 2001, 718; OLG Karlsruhe OLGR 2000, 185; LG Hannover NJW-RR 2001, 1437, 1438.

[330] OLG Köln OLGR 2006, 588; OLG Frankfurt OLGR 2005, 328; OLG Karlsruhe Rpfleger 2000, 555.

[331] BGH VersR 2007, 519; OLG Köln OLGR 2006, 588; OLG Karlsruhe OLGR 2000, 185; OLG Düsseldorf Rpfleger 1984, 284; OLG Hamm MDR 1977, 1141.

[332] OLG Frankfurt JurBüro 1983, 1564; OLG München JurBüro 1982, 447; OLG Hamm Rpfleger 1979, 142; *Thomas/Putzo/Hüßtege* § 103 Rn. 3; aM *Zöller/Herget* Rn. 21 „Aufhebung der Kostengrundentscheidung"; vgl. auch LG Hannover NJW-RR 2001, 1437, 1438.

[333] OLG München NJW-RR 2001, 718, 719.

[334] BGH VersR 2007, 519; OLG Frankfurt OLGR 2005, 328; OLG Köln JurBüro 1986, 1249.

[335] OLG Hamm JurBüro 1977, 141; OLG Düsseldorf NJW 1974, 1714.

[336] OLG Hamburg MDR 2005, 1138.

[337] OLG Hamm AnwBl. 1982, 384.

[338] OLG München JurBüro 1970, 527, 528.

ckungsklausel kann ab seinem Erlass, mithin bereits vor Zustellung und Rechtskraft, erteilt werden.[339] Die Vollstreckung darf jedoch gem. § 798 erst beginnen, wenn der Kostenfestsetzungsbeschluss mindestens zwei Wochen vorher zugestellt worden ist (vgl. Rn. 51). Für Beschlüsse, die in der vereinfachten Form des § 105 ergangen sind, bedarf es gem. § 105 Abs. 2 S. 1 keiner besonderen Vollstreckungsklausel (vgl. § 105 Rn. 5). Die Wartefrist des § 798 entfällt.

Trotz seiner formellen Selbstständigkeit bleibt der vollstreckbare Kostenerstattungsanspruch in seinem Fortbestand vom zugrundeliegenden Titel abhängig (**Akzessorietät** vgl. Rn. 131 ff.). **Vollstreckungsbeschränkungen,** die sich aus dem zugrundeliegenden Titel ergeben – zB Sicherheitsleistung als Voraussetzung für die Vollstreckbarkeit oder zur Abwendung der Vollstreckung, ebenso Einstellung der Vollstreckung nach § 719 – gelten ohne weiteres auch für die Vollstreckung aus dem Kostenfestsetzungstitel, selbst wenn sie diesem selbst nicht zu entnehmen sind[340] (vgl. Rn. 66). Wird die Kostengrundentscheidung rechtskräftig, verlieren umgekehrt die in einem Kostenfestsetzungsbeschluss enthaltenen Vollstreckungsbeschränkungen ohne weiteres ihre Wirkung.[341] **139**

§ 105 Vereinfachter Kostenfestsetzungsbeschluss

(1) [1]Der Festsetzungsbeschluss kann auf das Urteil und die Ausfertigungen gesetzt werden, sofern bei Eingang des Antrags eine Ausfertigung des Urteils noch nicht erteilt ist und eine Verzögerung der Ausfertigung nicht eintritt. [2]Erfolgt der Festsetzungsbeschluss in der Form des § 130 b, ist er in einem gesonderten elektronischen Dokument festzuhalten. [3]Das Dokument ist mit dem Urteil untrennbar zu verbinden.

(2) [1]Eine besondere Ausfertigung und Zustellung des Festsetzungsbeschlusses findet in den Fällen des Absatzes 1 nicht statt. [2]Den Parteien ist der festgesetzte Betrag mitzuteilen, dem Gegner des Antragstellers unter Beifügung der Abschrift der Kostenberechnung. [3]Die Verbindung des Festsetzungsbeschlusses mit dem Urteil soll unterbleiben, sofern dem Festsetzungsantrag auch nur teilweise nicht entsprochen wird.

(3) Eines Festsetzungsantrags bedarf es nicht, wenn die Partei vor der Verkündung des Urteils die Berechnung ihrer Kosten eingereicht hat; in diesem Fall ist die dem Gegner mitzuteilende Abschrift der Kostenberechnung von Amts wegen anzufertigen.

I. Normzweck und Anwendungsbereich

Die Bestimmung strebt eine gegenüber dem ohnehin bereits formalisierten Verfahren (vgl. § 103 Rn. 1) eine nochmals **vereinfachte** und **beschleunigte** Kostenfestsetzung an. Lässt sich dieses Ziel nicht verwirklichen, sollte ihre Anwendung, die in das pflichtgemäße Ermessen des Rechtspflegers gestellt ist, trotz Vorliegens ihrer Voraussetzungen unterbleiben. Die Vereinfachung besteht im Wesentlichen darin, dass die Kostenfestsetzung nicht in Form eines selbstständigen Beschlusses (vgl. § 104 Rn. 47 ff.) zu ergehen braucht, sondern auf dem Urteil oder sonstigen Titel angebracht werden kann, und keiner besonderen Ausfertigung und Zustellung bedarf (§ 105 Abs. 1, Abs. 2). Zudem ist unter den Voraussetzungen des Abs. 3 sogar ein Kostenfestsetzungsantrag entbehrlich. **1**

Anwendbar ist § 105 nicht nur auf Urteile, einschließlich der nach § 331 Abs. 3 im schriftlichen Verfahren ergehenden Versäumnisurteile,[1] sondern auch auf vollstreckbare Beschlüsse und Prozessvergleiche.[2] Beschränkt ist § 105 auf erstinstanzliche Verfahren vor dem Amts- und Landgericht, da nur bei ihnen eine Kostenfestsetzung ausgeführt wird. Auch wird ein Urteil der übergeordneten Instanz nicht von der Geschäftsstelle der unteren Instanz ausgefertigt. Generell nicht anzuwenden ist § 105 in den Fällen einer Kostenfestsetzung auf Grund einer Kostenlastverteilung nach Quoten (§ 106 Abs. 1 S. 2). **2**

II. Voraussetzungen

1. Kostenfestsetzungsvoraussetzungen. Die vereinfachte Festsetzung nach § 105 Abs. 1 erfordert zunächst das Vorliegen der für die Festsetzung nach §§ 103, 104 gegebenen Voraussetzungen (hierzu § 103 Rn. 26 bis 48, § 104 Rn. 2 bis 17). Das gilt auch für den Antrag, der jedoch nicht auf eine vereinfachte Festsetzung gerichtet sein muss. Der Rechtspfleger ist vielmehr im **3**

---

[339] LG Frankfurt Rpfleger 1981, 204; *Thomas/Putzo/Hüßtege* Rn. 23.
[340] OLG Karlsruhe Rpfleger 2000, 555.
[341] OLG Naumburg Rpfleger 2002, 38.
[1] LG Stuttgart AnwBl. 1981, 197; *Thomas/Putzo/Hüßtege* Rn. 1.
[2] LG Berlin NJW 1960, 204.

Rahmen des ihm zustehenden Ermessens befugt, § 105 Abs. 1 von Amts wegen anzuwenden. Er darf deshalb ein Gesuch, das ausdrücklich eine vereinfachte Festsetzung begehrt, trotz Vorliegens der Voraussetzungen auch ablehnen. Für die Festsetzung auch nach § 105 Abs. 1 bedarf es weiter eines zur Zwangsvollstreckung geeigneten Titels. Wie nach §§ 103, 104 ist auch für die vereinfachte Festsetzung ein bloßes feststellendes oder klagabweisendes Urteil, das eine Kostenentscheidung enthält, ausreichend.[3] Obwohl wegen Fehlens eines vollstreckbaren Hauptanspruchs grds. nicht vollstreckbar auszufertigen (§ 724), ist zwecks Verbindung des Kostenfestsetzungsbeschlusses mit dem Urteil eine vollstreckbare Ausfertigung ausnahmsweise zu erteilen (§§ 105 Abs. 1, 795 a). Ein nach § 331 Abs. 3 im schriftlichen Verfahren ergehendes Versäumnisurteil scheidet für die vereinfachte Festsetzung nicht deshalb aus, weil es erst mit der Zustellung existent wird.[4] Dass Beschlüsse und Prozessvergleiche geeignet sind, entspricht der hM.[5]

4 **2. Besondere Verfahrensvoraussetzungen.** Eine vereinfachte Festsetzung nach § 105 Abs. 1 scheidet aus, wenn bei Anbringung des Festsetzungsgesuchs bereits eine einfache[6] oder vollstreckbare Ausfertigung des Titels erteilt (§ 105 Abs. 1 S. 1) oder eine quotenmäßige Verteilung der Kosten gegeben ist (§ 106 Abs. 1 S. 2). Nach § 105 Abs. 1 soll nicht verfahren werden, sofern dem Gesuch auch nur teilweise nicht entsprochen wird (§ 105 Abs. 2 S. 3). Dasselbe gilt, wenn der Festsetzungsantrag insgesamt, weil unzulässig oder unbegründet, abzulehnen ist, denn die Ablehnung ist durch selbstständigen Beschluss auszusprechen. Führt die Verbindung des Kostenfestsetzungsbeschlusses mit dem Urteil zu einer zögerlichen Ausfertigung, soll von ihr ebenfalls Abstand genommen werden. Das ist der Fall, wenn die Vollstreckung des Urteils vom Eintritt einer Tatsache iSv. § 726 Abs. 1 abhängig ist. Eine Festsetzung nach § 105 Abs. 1 eignet sich auch nicht bei Arrestbefehlen oder einstweiligen Verfügungen, da sie zu ihrer Vollstreckung keiner vollstreckbaren Ausfertigung bedürfen. Liegt vor Verkündung des Urteils zwar kein Gesuch, wohl aber die Berechnung der Kosten vor, ist diese, sofern die übrigen Voraussetzungen des § 105 Abs. 1 gegeben sind, in einen Kostenfestsetzungsantrag umzudeuten.

III. Verfahren

5 **1. Schriftliche Urteilsverbindung.** Statt wie üblich einen gesonderten Kostenfestsetzungsbeschluss (hierzu § 104 Rn. 47 ff.) zu erlassen, bringt der Rechtspfleger im Falle des § 105 Abs. 1 S. 1 ohne Angabe des Rubrums und ohne Bezeichnung des zugrunde liegenden Titels auf dem Urteil oder sonstigen Titel, im Falle des § 317 Abs. 6 auf der Klageschrift, den Kostenfestsetzungsbeschluss an, dem er seine Unterschrift hinzufügt. Zusammen mit dem Urteil fertigt er diesen aus. Die auf dem Urteil angebrachte Vollstreckungsklausel deckt auch die des Kostenfestsetzungsbeschlusses, weshalb dieser nach § 795 a keiner eigenen Klausel bedarf und eine besondere Ausfertigung und Zustellung unterbleibt (§ 105 Abs. 2 S. 1). Beiden Parteien wird der festgesetzte Betrag formlos mitgeteilt, dem Antragsgegner unter Beifügung einer Abschrift der Kostenberechnung (§ 105 Abs. 2 S. 2). Die zweiwöchige Frist für die Anfechtung des Festsetzungsbeschlusses mittels sofortiger Beschwerde beginnt nicht schon mit der Bekanntgabe des festgesetzten Betrags, sondern erst mit der förmlichen Zustellung des Urteils und dem darauf angebrachten Festsetzungsbeschluss.

6 **2. Elektronisches Dokument.** Mit Inkrafttreten des Justizkommunikationsgesetzes vom 22. 3. 2005 (BGBl. I S. 837) ist ausdrücklich die Möglichkeit eines Kostenfestsetzungsbeschlusses in elektronischer Form geschaffen worden (zur Anwendung vgl. die Übergangsvorschrift des § 30 EGZPO). Erfolgt die Kostenfestsetzung in der elektronischen Form des § 130 b, ist sie aus Sicherheitsgründen in einem gesonderten elektronischen Dokument festzuhalten, das mit dem Urteil untrennbar zu verbinden ist (§ 105 Abs. 1 S. 2, S. 3).

7 **3. Nachträgliche Abstandnahme vom vereinfachten Verfahren.** Verzögert sich nach Anbringung des Kostenfestsetzungsbeschlusses die Urteilsausfertigung oder wird sie im vereinfachten Verfahren unzulässig, kann der Rechtspfleger die **Verbindung wieder lösen** und einen besonderen Kostenfestsetzungsbeschluss erlassen. So verfährt er auch dann, wenn er den auf den Titel gesetzten Beschluss nach § 319 wegen eines Rechenfehlers berichtigt oder auf eine Beschwerde bzw. Erinnerung hin teilweise abändert. Der Richter kann die Verbindung ebenfalls lösen und den Rechtspfleger anweisen, einen gesonderten Kostenfestsetzungsbeschluss zu erlassen.

---

[3] *Baumbach/Lauterbach/Hartmann* Rn. 1, 3; *Zöller/Stöber* § 724 Rn. 7; aM *Stein/Jonas/Bork* Rn. 6.
[4] LG Stuttgart AnwBl. 1981, 197.
[5] LG Berlin NJW 1960, 204; *Thomas/Putzo/Hüßtege* Rn. 1; *Zöller/Herget* Rn. 1.
[6] OLG Celle NdsRpfl. 1962, 33.

IV. Wirkung der Verbindung

8 Die **Vollstreckung** aus dem Kostenfestsetzungsbeschluss erfolgt auf Grund der vollstreckbaren Ausfertigung des Urteils, mit dem der Beschluss verbunden ist. Einer besonderen Vollstreckungsklausel bedarf es für den Kostenfestsetzungsbeschluss gem. § 795 a nicht (vgl. Rn. 5). Die für die Vollstreckung aus einem Kostenfestsetzungsbeschluss nach § 798 grundsätzlich einzuhaltende zweiwöchige Wartefrist entfällt. Trotz Verbindung nach § 105 Abs. 1 sind zwei selbstständige Vollstreckungstitel gegeben, weshalb die Einstellung der Vollstreckung für das Urteil nach §§ 707, 719, für den Kostenfestsetzungsbeschluss nach §§ 104 Abs. 3 S. 1, 570 Abs. 3 2. Halbs. (vgl. § 104 Rn. 97) zu beurteilen ist.

9 Auch für die **Anfechtung** der beiden Entscheidungen sind unterschiedliche Rechtsbehelfe gegeben, Einspruch oder Berufung gegen das Urteil, sofortige Beschwerde nach § 104 Abs. 3 S. 1 bzw. Rechtspflegererinnerung gem. § 11 Abs. 2 S. 1 RpflG. Soll der Eintritt der Rechtskraft beider Entscheidungen verhindert werden, bedarf es auch der Anfechtung beider mit dem jeweils vorgesehenen Rechtsbehelf, wobei allerdings selbst der bereits in Rechtskraft erwachsene Kostenfestsetzungsbeschluss ohnehin in seinem Bestand vom zugrunde liegenden Titel abhängig ist (vgl. § 104 Rn. 131, 134). Die Zustellung des Urteils nebst Beschluss setzt für beide die Rechtsmittelfrist in Lauf. Bei Aufhebung des Beschlusses muss der Schuldner nach § 775 Nr. 1 und 2 vorgehen, während die Abänderung des Urteils den Festsetzungsbeschluss wirkungslos macht.

V. Kostenfestsetzung ohne besonderen Antrag

10 Ein besonderer **Kostenfestsetzungsantrag** ist nach § 105 Abs. 3 **entbehrlich,** wenn die Partei vor Urteilsverkündung eine Kostenberechnung nebst den nach § 103 erforderlichen Belegen einreicht. Die Berechnung übernimmt hier zugleich die Funktion des Antrags. Für den Antragsteller liegt die Vereinfachung, abgesehen von der Entbehrlichkeit eines förmlichen Antrags, darin, dass die für den Gegner bestimmte Abschrift der Kostenberechnung von Amts wegen kostenlos gefertigt wird. § 105 Abs. 3 gilt unabhängig von § 105 Abs. 1, eignet sich jedoch nur für erstinstanzliche Verfahren, da nur sie eine Kostenfestsetzung kennen.

§ 106 Verteilung nach Quoten

(1) [1]Sind die Prozesskosten ganz oder teilweise nach Quoten verteilt, so hat nach Eingang des Festsetzungsantrags das Gericht den Gegner aufzufordern, die Berechnung seiner Kosten binnen einer Woche bei Gericht einzureichen. [2]Die Vorschriften des § 105 sind nicht anzuwenden.

(2) [1]Nach fruchtlosem Ablauf der einwöchigen Frist ergeht die Entscheidung ohne Rücksicht auf die Kosten des Gegners, unbeschadet des Rechts des letzteren, den Anspruch auf Erstattung nachträglich geltend zu machen. [2]Der Gegner haftet für die Mehrkosten, die durch das nachträgliche Verfahren entstehen.

I. Normzweck und Anwendungsbereich

1 § 106 strebt bei quotenmäßiger Kostenlastverteilung im Wege der **Verrechnung** (vgl. § 104 Rn. 45 f.), nicht etwa einer Aufrechnung (vgl. § 104 Rn. 36 ff.), der gegenseitigen Erstattungsansprüche die **einheitliche Festsetzung** in nur einem Kostenfestsetzungsbeschluss an, um so eine unökonomische doppelte Festsetzung zu vermeiden. Damit soll zugleich verhindert werden, dass aus zwei selbstständigen Titeln jede Partei die Zwangsvollstreckung gegen die andere betreiben kann, obwohl dies allein der im Ergebnis des Gesamtausgleichs erstattungsberechtigten ermöglicht werden soll.[1] Der **Anwendungsbereich** der Norm deckt sich mit ihrer wesentlichsten Voraussetzung, dem Vorliegen einer Entscheidung mit Kostenverteilung nach Quoten.

II. Voraussetzungen

2 **1. Kostengrundentscheidung.** Die einheitliche Festsetzung der Kosten in nur einem Kostenfestsetzungsbeschluss setzt eine für **beide** Parteien geeignete Kostengrundentscheidung voraus (hierzu § 103 Rn. 3 ff.). Die Regel, dass ein außergerichtlicher Vergleich nicht zur Kostenfestsetzung taugt (vgl. § 103 Rn. 16), gilt auch für ein Verfahren nach § 106.[2]

---

[1] OLG Hamm JurBüro 1977, 1621.
[2] OLG Karlsruhe VersR 1979, 944.

3 **2. Kostenfestsetzungsantrag.** Eine der erstattungsberechtigten Parteien muss einen Kostenfestsetzungsantrag anbringen, wobei das Antragsrecht nicht auf den im Ergebnis der Kostenausgleichung Erstattungsberechtigten beschränkt ist.[3] Das Festsetzungsgesuch hat der Form des § 103 Abs. 2 S. 1 zu entsprechen (hierzu § 103 Rn. 36ff.). Für die Formerleichterung des § 105 Abs. 3 ist kein Raum,[4] weil § 106 Abs. 1 S. 2 ausdrücklich diese Vorschrift für nicht anwendbar erklärt. Mit dem Antrag braucht kein Kostenausgleich iSv. § 106 begehrt werden. Sie ist vielmehr ohne Ermessen für den Rechtspfleger von Amts veranlasst.[5]

4 **3. Verteilung nach Quoten.** Die Kostenentscheidung muss eine quotenmäßige Verteilung der Prozesskosten beinhalten; gemeint ist eine Aufteilung nach Bruchteilen, der eine in einem Prozentsatz ausgedrückte gleichsteht. Hierher zählt auch die Kostenaufhebung iSv. § 92, da trotz Nichterstattung außergerichtlicher Kosten so doch die Gerichtskosten zur Hälfte auszugleichen sind.[6] Dem steht eine andere bruchteilsmäßige Aufteilung der Gerichts- oder außergerichtlichen Kosten oder auch beider gleich. Eine separate Verteilung der Kosten nach Rechtszügen erfüllt die Voraussetzung nach § 106 Abs. 1 S. 1 grundsätzlich nicht,[7] wohl aber dann, wenn zB die erstinstanzlichen Kosten quotenmäßig aufgeteilt, die Kosten des zweiten Rechtszugs ganz einer Partei auferlegt werden.[8] Auch im Falle der gesamtschuldnerischen Haftung von **Streitgenossen** (§ 100 Abs. 4) kommt § 106 Abs. 1 S. 1 zum Zuge.[9] Bei nicht streitgenossenschaftlicher Nebenintervention kann hingegen eine Partei, die einen Teil der Kosten der Nebenintervention zu tragen hat, gegenüber dem Erstattungsanspruch des Nebenintervenienten die ihr erwachsenen allgemeinen Kosten des Rechtsstreits trotz quotenmäßiger Aufteilung nicht zum Ausgleich bringen.[10]

5 **Kein Fall** einer Verteilung nach Quoten iSv. § 106 Abs. 1 S. 1 sind Entscheidungen über eine sog. **Kostentrennung** (hierzu Vor §§ 91ff. Rn. 27), in denen eine Partei einzelne – meist durch unwirtschaftliche Prozessführung veranlasste – Mehrkosten zu tragen hat, welche in die im Übrigen einheitliche Kostengrundentscheidung (vgl. § 91 Rn. 5) nicht einfließen. Hat eine Partei danach Kosten des Rechtsstreits mit Ausnahme etwa der Mehrkosten einer Verweisung nach § 281 Abs. 3[11] oder von Säumniskosten (§ 344)[12] zu tragen, so kommt ein Ausgleich nach § 106 nicht in Betracht. Eine Verteilung nach Quoten ist auch nicht gegeben, wenn abweichend vom Grundsatz der Kosteneinheit die Kosten nach Verfahrens- oder Zeitabschnitten[13] oder nach Festbeträgen aufgeteilt werden oder der Titel in anderer Weise die Aussonderung bestimmter Beträge vorsieht. Zur Frage, in welchem Umfang der Rechtspfleger durch Auslegung der Kostengrundentscheidung eine dort unzulässigerweise vorgenommene Kostenverteilung nach Verfahrensgegenständen oder -abschnitten korrigieren dar, vgl. § 104 Rn. 55.

III. Verfahren

6 Liegen die vorgenannten Voraussetzungen vor, hat das Gericht gem. § 106 Abs. 1 S. 1 die Gegenpartei von Amts wegen aufzufordern, ihrerseits binnen einer Woche die Berechnung ihrer Kosten einzureichen. Da mit der Aufforderung eine gesetzliche Frist in Lauf gesetzt wird, bedarf sie der förmlichen Zustellung (§ 329 Abs. 2 S. 2). Eine Verlängerung der Frist ist unstatthaft, doch ist auch bei verspätetem Eingang der Berechnung eine einheitliche Festsetzung vorzunehmen, solange auf das erste Gesuch hin der Kostenfestsetzungsbeschluss noch nicht hinausgegeben worden ist (vgl. Rn. 10). Der Aufforderung ist eine Abschrift des Festsetzungsantrags anzuschließen, wodurch zugleich rechtliches Gehör gewährt wird.[14]

IV. Entscheidung

7 **1.** Geht die Berechnung des Gegners, die den an einen Kostenfestsetzungsantrag (§ 103) zu stellenden Anforderungen gerecht werden muss, innerhalb der Wochenfrist ein, erlässt der Rechtspfle-

---

[3] LAG Düsseldorf JurBüro 1987, 1233.
[4] AM *Stein/Jonas/Bork* Rn. 3; *Belz,* in: 2. Aufl. Rn. 3.
[5] OLG Hamm JurBüro 1977, 1621; LG Bonn Rpfleger 1984, 33.
[6] OLG Braunschweig Rpfleger 1977, 177; aM *Zöller/Herget* Rn. 1.
[7] OLG Hamburg MDR 1979, 942.
[8] LG Berlin NJW-RR 1998, 216.
[9] *Musielak/Wolst* Rn. 3; *Schmitz* Rpfleger 1992, 270; aM OLG Köln NJW-RR 1991, 3156.
[10] LAG Düsseldorf MDR 1996, 644.
[11] KG Rpfleger 1977, 107; aM OLG Hamm AnwBl. 1982, 384.
[12] OLG Köln Rpfleger 1992, 448; OLG Bamberg JurBüro 1982, 1258; aM OLG Bremen JurBüro 1981, 1734 m. Anm. *Mümmler.*
[13] RGZ 19, 430.
[14] OLG Braunschweig Rpfleger 1977, 176.

ger einen **einheitlichen Kostenfestsetzungsbeschluss.** Dieser erfasst alle geltend gemachten gerichtlichen und außergerichtlichen Kosten und setzt den Betrag ziffernmäßig fest, den die im Ergebnis erstattungspflichtige Partei als Quote der gesamten gerichtlichen und außergerichtlichen Kosten nach Abzug ihrer eigenen Kosten der anderen Partei zu erstatten hat.[15] Es sind die Kosten aller Instanzen einzubeziehen und einheitlich festzusetzen, sowohl dann, wenn eine Quotelung in allen, wie auch dann, wenn sie nur hinsichtlich einer von mehreren Instanzen vorgenommen wurde[16] (vgl. Rn. 4). Ist eine von nur einer Partei angemeldete Gebühr, zB eine Terminsgebühr iSv. Nr. 3104 VV RVG, nach Aktenlage auf der **Gegenseite** gleichermaßen angefallen, ist sie zugunsten letzterer abweichend vom Antragsgrundsatz **von Amts wegen** zu berücksichtigen (hierzu § 104 Rn. 58, 75). Ein Ermessensspielraum ist dem Rechtspfleger in dieser Hinsicht wie auch dahin, ob er überhaupt einheitlich oder getrennt festsetzen will, nicht eröffnet.[17] **Zinsen** gem. § 104 Abs. 1 S. 2 (vgl. § 104 Rn. 61 ff.) sind nicht für die einzelnen in die Verrechnung eingestellten Aufwendungsposten, sondern nur für den **per saldo** errechneten Erstattungsbetrag festzusetzen.[18]

Beträge, die die Staatskasse einem im Rahmen der **Prozesskostenhilfe** beigeordneten Anwalt erstattet hat oder demnächst erstattet (§§ 45, 47 RVG), dürfen beim Kostenausgleich zunächst nicht abgezogen werden.[19] Die Kosten jeder Partei sind mithin so zusammenzustellen, als ob keine PKH bewilligt worden wäre.[20] Der sich danach ergebende Erstattungsanspruch einer Partei ist jedoch der Höhe nach begrenzt auf die Differenz zwischen dem Gesamtbetrag ihrer Kosten einerseits und der Vergütung, die ihr Anwalt aus der Staatskasse erhalten bzw. zu beanspruchen hat, andererseits.[21] Stets ist innerhalb eines einzigen Beschlusses eine Kostenausgleichung vorzunehmen, auch dann, wenn der beigeordnete Anwalt seine Gebühren vom Gegner nach § 126 beitreibt.[22] Die Berechnung des durch die Befriedigung des beigeordneten Anwalts nach § 59 RVG auf die Staatskasse übergegangenen Anspruchs erfolgt ausgehend von dem Erstattungsanspruch, der beim Ausgleich sämtlicher Kosten zugunsten der PKH-Partei ermittelt wurde.[23] Zur Berücksichtigung von einander geleisteten **Prozesskostenvorschüssen** der Parteien (§ 1360 a Abs. 4 BGB) wird auf die Erläuterungen zu § 104 Rn. 45 f. verwiesen. 8

Die Entscheidung wird beiden Parteien von Amts wegen **förmlich zugestellt.** Eine Verbindung mit dem Titel (§ 105 Abs. 1) ist nach § 106 Abs. 1 S. 2 unzulässig. 9

2. Geht die Berechnung der Gegenpartei **nicht** oder erst nachträglich **nach Absendung** des auf den ersten Antrag ergangenen Kostenfestsetzungsbeschlusses ein oder entspricht die eingereichte Berechnung nicht den Anforderungen des § 103, werden bei der Entscheidung über den ersten Antrag nur die Kosten des Antragstellers berücksichtigt und der Überschuss entsprechend der Quote festgesetzt. Auch in diesem Falle ist nach § 106 Abs. 1 S. 2 eine Verbindung iSv. § 105 Abs. 1 ausgeschlossen. Abzulehnen ist jedoch die Auffassung, eine ordnungsgemäße Abrechnung des Gegners müsse selbst dann unberücksichtigt bleiben, wenn sie zwar nach Ablauf der Wochenfrist und auch nach **Absetzen** der auf den Antrag des Antragsstellers ergehenden Entscheidung, jedoch **vor** deren **Hinausgabe** eingeht.[24] Eine solche Verfahrensweise widerspräche dem Normzweck des § 106 (vgl. Rn. 1); schon zur Beschleunigung und Vereinfachung erscheint deshalb in dieser Konstellation eine Neubestimmung der insgesamt auszugleichenden Kosten geboten.[25] 10

Die bei der Festsetzung unberücksichtigt gebliebenen Kosten der Gegenpartei kann diese in einem gesonderten Kostenfestsetzungsverfahren geltend machen, wie sich aus dem Wortlaut des § 106 Abs. 2 S. 1 ergibt *(„... unbeschadet des Rechts des letzteren, den Anspruch auf Erstattung nachträglich geltend zu machen“).* Dagegen vermag sie dieses Begehren mangels Beschwer nicht im Erinnerungs- oder Beschwerdeverfahren zu verfolgen (hierzu Rn. 13). Positionen, die bereits Gegenstand eines rechtskräftigen Kostenfestsetzungsbeschlusses waren, bleiben in der Nachliquidation unberücksichtigt[26] (vgl. § 104 Rn. 129). Zu ergehen hat ein weiterer **selbstständiger Kostenfestsetzungsbeschluss,** nicht etwa ein die nachgeschobene Berechnung aufgreifender Abänderungsbe- 11

---

[15] LG Essen Rpfleger 1973, 183.

[16] OLG Hamm Rpfleger 1977, 373; LG Bonn Rpfleger 1984, 33.

[17] OLG Hamm Rpfleger 1977, 373; OLG Koblenz JurBüro 1975, 942.

[18] OLG Düsseldorf NJW-RR 2006, 359.

[19] OLG Bamberg JurBüro 1979, 844.

[20] OLG Brandenburg JurBüro 2007, 259; OLG Düsseldorf Rpfleger 2001, 87; OLG Koblenz AnwBl. 2001, 372, 373.

[21] OLG Bamberg FamRZ 1988, 967; *Baumbach/Lauterbach/Hartmann* Rn. 8; *Musielak/Wolst* Rn. 5.

[22] OLG Brandenburg JurBüro 2007, 259.

[23] OLG München Rpfleger 1982, 119; LG Bonn Rpfleger 1984, 33.

[24] So aber OLG Hamm Rpfleger 1996, 261; OLG Köln JurBüro 1975, 387.

[25] LG Berlin Rpfleger 1986, 194; *Zöller/Herget* Rn. 4; *Musielak/Wolst* Rn. 5.

[26] OLG Karlsruhe Die Justiz 1994, 369.

schluss.[27] Auch wird durch die nachträglich eingereichte Abrechnung die Vollstreckung des ergangenen Kostenfestsetzungsbeschlusses nicht gehemmt. Im zweiten Festsetzungsverfahren ist jedoch eine Aufrechnung mit dem im bereits ergangenen Festsetzungsbeschluss titulierten Anspruch gestattet.[28] Gegenüber einer Vollstreckung aus dem ersten Beschluss kann sich § 767 als notwendig erweisen. Entgegen der Regel des § 91 Abs. 1 S. 1 sind durch die neuerliche Festsetzung entstehenden Mehrkosten nach § 106 Abs. 2 S. 2 dem Gegner aufzuerlegen.

V. Anfechtung

12 Der über beide Anträge einheitlich ergangene Kostenfestsetzungsbeschluss beinhaltet genau genommen zwei Entscheidungen über die jeweils geltend gemachten Erstattungsansprüche. Deshalb kann **jede Partei** die einheitliche Entscheidung, soweit sie durch diese beschwert wird, selbstständig mit der sofortigen Beschwerde/Erinnerung (vgl. § 104 Rn. 72) anfechten.

13 Für die **Beschwer** wie auch für das Erreichen der Beschwerdesumme nach **§ 567 Abs. 2** ist weder der sich nach Durchführung des Gesamtkostenausgleichs ergebende Differenzbetrag noch der absolute Wert der streitigen Kostenposition (zB Terminsgebühr) als solches maßgebend, sondern nur der dem Rechtsmittelführer nach der Kostengrundentscheidung zustehende quotale **Anteil** der Kostenposition.[29] Wird zB mit dem Rechtsmittel die Festsetzung vom Rechtspfleger abgelehnter anwaltlicher Reisekosten in Höhe von 400 Euro begehrt und sind dem Rechtsmittelführer 45% der Prozesskosten zu erstatten, beträgt der Gegenstandswert 180 Euro, so dass der Beschwerdewert des § 567 Abs. 2 nicht erreicht und die Sache als Erinnerung zu behandeln ist. An einer Beschwer mangelt es ferner, wenn eine auf **beiden** Seiten nicht oder spiegelbildlich angefallene Gebühr beansprucht wird[30] (vgl. Rn. 7) und eine Berücksichtigung nicht zu einer Erhöhung des Erstattungsanspruchs des Beschwerdeführers führen würde (vgl. § 104 Rn. 75). Eine Beschwer kann auch nicht daraus abgeleitet werden, dass mit der sofortigen Beschwerde/Erinnerung Kosten erstmals geltend gemacht werden[31] (hierzu. § 104 Rn. 78). Das gilt selbst dann, wenn der Rechtspfleger entgegen § 106 Abs. 1 versäumt hat, zur Einreichung der Abrechnung aufzufordern,[32] da mit Blick auf eine mögliche Nachliquidation (vgl. § 104 Rn. 129) eine Beschwer zu verneinen ist.

14 Für die **Kosten** des Rechtsmittelverfahrens kommt es auf die Höhe des Unterliegens mit dem durch die Anfechtung beanspruchten Differenzbetrag an. Bleibt der einheitliche Festsetzungsbeschluss unangefochten, erlangt er Rechtskraft auch dann, wenn die Voraussetzungen des § 106 für seinen Erlass nicht vorlagen.

§ 107 Änderung nach Streitwertfestsetzung

(1) [1]Ergeht nach der Kostenfestsetzung eine Entscheidung, durch die der Wert des Streitgegenstandes festgesetzt wird, so ist, falls diese Entscheidung von der Wertberechnung abweicht, die der Kostenfestsetzung zugrunde liegt, auf Antrag die Kostenfestsetzung entsprechend abzuändern. [2]Über den Antrag entscheidet das Gericht des ersten Rechtszuges.

(2) [1]Der Antrag ist binnen der Frist von einem Monat bei der Geschäftsstelle anzubringen. [2]Die Frist beginnt mit der Zustellung und, wenn es einer solchen nicht bedarf, mit der Verkündung des den Wert des Streitgegenstandes festsetzenden Beschlusses.

(3) Die Vorschriften des § 104 Abs. 3 sind anzuwenden.

I. Normzweck und Anwendungsbereich

1 **1. Normzweck.** Kostenfestsetzungsbeschlüsse sind im Umfang der in ihnen zugesprochenen oder aberkannten einzelnen Positionen formeller und materieller Rechtskraft fähig[1] (näher § 104 Rn. 127 ff.). Soweit Gerichts- oder Anwaltsgebühren betroffen sind, hängt ihre Höhe meist vom Streitwert ab. Wird dieser nachträglich auf Antrag oder von Amts wegen nach oben oder unten ab-

---

[27] OLG Saarbrücken AnwBl. 1980, 299.

[28] OLG Köln Rpfleger 1975, 66; *Zöller/Herget* Rn. 4.

[29] OLG Düsseldorf JurBüro 1992, 42; OLG Köln JurBüro 1973, 1100, 1101; OLG Hamburg JurBüro 1970 m. Anm. *Schalhorn*.

[30] OLG Saarbrücken OLGR 2006, 895, 896; KG JurBüro 1966, 1063; Rpfleger 1978, 225.

[31] OLG Hamburg MDR 2005, 1138; JurBüro 1978, 283; OLG Koblenz NJW-RR 2000, 519 (allerdings jeweils auf das Fehlen eines Rechtsschutzbedürfnisses gestützt); OLG Celle NdsRpfl. 1976, 92.

[32] OLG Bamberg JurBüro 1974, 1597.

[1] OLG München JurBüro 1970, 527.

geändert, lässt das zwar den Bestand eines schon ergangenen Kostenfestsetzungsbeschlusses (anders als eine Abänderung der Kostengrundentscheidung, hierzu § 104 Rn. 131, 134) unberührt.[2] Doch eröffnet § 107 aus Gründen der Billigkeit bzw. Kostengerechtigkeit einen prozessualen Gestaltungsanspruch, unter **Durchbrechung** der **Rechtskraft** eines fortbestehenden Kostenfestsetzungsbeschlusses[3] die streitwertabhängigen Positionen dem neuen Streitwert anzupassen.

2. Anwendungsbereich. Die Bedeutung des § 107 liegt primär im Eingriff in die materielle Rechtskraft. Aber auch ein bei Änderung des Streitwerts schon erlassener, noch nicht rechtskräftiger Kostenfestsetzungsbeschluss kann mit dem Ziel der Anpassung an den korrigierten Streitwert wahlweise mittels sofortiger Beschwerde/Erinnerung (vgl. § 104 Rn. 72) angefochten oder im Verfahren des § 107 abgeändert werden.[4] Beide Wege schließen einander nicht aus (vgl. Rn. 3). Wird die Änderung nicht rechtzeitig beantragt (§ 107 Abs. 2 S. 1), scheidet ein Vorgehen nach § 107 aus. In diesem Falle ist bei nachträglicher Herabsetzung des Streitwerts der Erstattungspflichtige auf die Vollstreckungsgegenklage nach §§ 767, 794 Abs. 1 Nr. 2, 795[5] und nach Beendigung der Vollstreckung auf die klageweise Geltendmachung bereicherungsrechtlicher Ansprüche[6] angewiesen. 2

II. Voraussetzungen

1. Kostenfestsetzungsbeschluss. § 107 Abs. 1 S. 1 setzt das Vorliegen eines Kostenfestsetzungsbeschlusses voraus, der in der Regel bereits rechtskräftig sein wird, doch ist auch bereits **vor** Eintritt der **Rechtskraft** das Verfahren des § 107 zulässig. Alternativ hierzu kann die Änderung des Streitwerts, solange die Kostenfestsetzung noch nicht rechtskräftig abgeschlossen ist, auch im Wege der **sofortigen Beschwerde/Erinnerung** unter Beachtung der dafür geltenden Regeln (vgl. § 104 Rn. 72, 112) geltend gemacht werden.[7] Das Rechtsschutzbedürfnis hierfür entfällt nicht dadurch, dass mit dem Verfahren nach § 107 ein kostengünstigeres Rechtsschutzinstrument zur Verfügung steht, das weder Gerichts- noch Anwaltskosten auslöst (vgl. Rn. 12). Denn das Beschwerde- oder Erinnerungsverfahren ist diesem an Effektivität überlegen, etwa durch die weitergehenden Möglichkeiten, die Aussetzung oder Einstellung der Zwangsvollstreckung (vgl. § 104 Rn. 97) erwirken zu können.[8] 3

2. Streitwertänderung. § 107 Abs. 1 S. 1 erfordert ferner die nachträgliche Änderung des dem Kostenfestsetzungsbeschluss seitens des Rechtspflegers zugrundegelegten Streitwerts (vgl. § 104 Rn. 30) durch **richterliche** Wertfestsetzung, die von Amts wegen oder auf Antrag einer Partei erfolgt sein kann. Von dem im Kostenfestsetzungsbeschluss ausgewiesenen Wert kann die Neufestsetzung nach oben oder nach unten abweichen. Der durch § 107 eröffnete Eingriff in die bereits erfolgte Kostenfestsetzung erfordert nicht, dass die neuerliche Wertfestsetzung bereits unanfechtbar geworden ist. Auch ihre Anfechtung hemmt die Anwendung des § 107 nicht. 4

3. Antragserfordernis. Der veränderte Streitwert wird nicht von Amts wegen, sondern nur auf Antrag berücksichtigt, mit dem eine Abänderung des Kostenfestsetzungsbeschlusses, nicht eine Neufestsetzung der Kosten begehrt wird (vgl. Rn. 8). Der **fristgebundene** Antrag ist gem. Abs. 2 S. 1 binnen eines Monats bei der Geschäftsstelle des erstinstanzlichen Gerichts anzubringen. Die gem. § 224 Abs. 2 2. Halbs. unverlängerbare gesetzliche Frist, gegen deren Versäumung es keine Wiedereinsetzung gibt, beginnt mit **Zustellung** oder **Verkündung** des **Streitwertbeschlusses** (§§ 107 Abs. 2 S. 2) und berechnet sich nach Maßgabe des § 222 und der §§ 187 bis 193 BGB. Wird der Streitwertbeschluss weder zugestellt noch verkündet, sondern nur formlos mitgeteilt, beginnt die Monatsfrist nicht zu laufen.[9] Setzt das Berufungsgericht den Streitwert für die erste Instanz zu einem Zeitpunkt neu fest, in dem über die Berufung in der Hauptsache noch gar nicht entschieden ist, beginnt die Frist des § 107 Abs. 2 S. 1 ausnahmsweise erst mit Verkündung der Hauptsacheentscheidung zu laufen.[10] Denn andernfalls wären die Parteien zur Vermeidung von Rechtsnachteilen gezwungen, bereits berichtigte Kostenfestsetzungsanträge zu stellen, ohne zu wissen, ob sie in der Sache ganz oder teilweise obsiegen und eine Kostenfestsetzung zu ihren Gunsten überhaupt 5

---

[2] LG Berlin Rpfleger 1997, 454.
[3] OLG Hamm Rpfleger 1983, 456; OLG München JurBüro 1970, 527, 529; 1973, 774, 775.
[4] *Thomas/Putzo/Hüßtege* Rn. 1; *Stein/Jonas/Bork* Rn. 1.
[5] OLG München MDR 1983, 137; *Stein/Jonas/Bork* Rn. 1.
[6] OLG München MDR 1983, 137; OLG Köln JW 1928, 126; *Baumbach/Lauterbach/Hartmann* Rn. 6.
[7] OLG Hamm OLGR 2003, 12; *Thomas/Putzo/Hüßtege* Rn. 1; *Baumbach/Lauterbach/Hartmann* Rn. 3; *Zöller/Herget* Rn. 1.
[8] OLG Hamm OLGR 2003, 12.
[9] OLG München Rpfleger 1991, 340; LG Berlin Rpfleger 1997, 454.
[10] OLG Hamburg JurBüro 1990, 492, 493.

noch in Betracht kommt. Da der Streitwertbeschluss bei Antragstellung nicht rechtskräftig sein muss (vgl. Rn. 4), beeinflusst die Erhebung einer Streitwertbeschwerde den Ablauf der Monatsfrist nicht.

6 Mit dem Antrag nach § 107 kann nur eine Abänderung **streitwertabhängiger** Positionen, nicht auch eine solche hiervon nicht betroffener rechtskräftig zugesprochener oder aberkannter Positionen angestrebt werden. Der Angriff richtet sich gegen den festgesetzten Betrag, nicht gegen den Grund der einzelnen Positionen. Soweit die Rechtskraftwirkung nicht eingreift, bleibt auch eine Nachfestsetzung (§ 104 Rn. 129) unbenommen.

III. Verfahren und Entscheidung

7 **1. Verfahren.** Das Verfahren richtet sich nach §§ 103ff. Auch § 106 ist anwendbar, doch braucht der Gegner nicht erneut aufgefordert werden, eine Berechnung seiner Kosten vorzulegen, da ohne Eingriff in den Grund einzelner Positionen lediglich eine Anpassung an den veränderten Streitwert erfolgen darf.[11] Der Antrag ist frei vom Anwaltszwang (vgl. § 103 Rn. 37). Er ist als Änderungsantrag stets neu zu stellen und kann selbst dann nicht konkludent aus dem früheren Kostenfestsetzungsgesuch hergeleitet werden, wenn diesem bereits der nachträglich als zutreffend erkannte Streitwert zugrunde gelegen hatte.[12] Zuständig ist der erstinstanzliche Rechtspfleger, und zwar auch dann, wenn die übergeordnete Instanz den Streitwert festgesetzt hat. Wird nach Abschluss des Verfahrens die Wertfestsetzung, was zulässig ist, nochmals geändert, ist § 107 erneut anwendbar.

8 **2. Entscheidung.** Die Entscheidung beschränkt sich auf eine **Abänderung** des früheren Kostenfestsetzungsbeschlusses.[13] Der Erlass eines neuen Beschlusses ist schon deshalb zu vermeiden, um nicht den Erstattungspflichtigen der Gefahr doppelter Vollstreckung auszusetzen.[14] Der vormalige Gesamtbetrag wird durch einen höheren oder niedrigeren ersetzt. Die Beschränkung auf die streitwertabhängigen Positionen dem Betrage nach bedeutet zugleich, dass diese dem **Grunde** nach nicht überprüft werden dürfen[15] (vgl. Rn. 1). Eine Besonderheit gilt nur dann, wenn die Höhe einer Gebühr zugleich über ihren Anfall dem Grunde nach entscheidet, wie das bei Vergleichsberechnungen zwischen tatsächlichen und fiktiven Kosten (vgl. § 91 Rn. 66, 100, 132) der Fall sein kann. Dann ist auch im Rahmen des § 107 ein solcher Vergleich anzustellen und neu zu entscheiden.[16]

9 Der Auffassung, dass im Verfahren des § 107 sogar unstreitige Zahlungen auf den früheren Kostenfestsetzungsbeschluss keine Berücksichtigung finden könnten,[17] ist nicht zu folgen. Vielmehr bleibt es schon aus Gründen der Verfahrensökonomie bei den allgemeinen Regeln, wonach **materiellrechtliche Einwendungen** im Kostenfestsetzungsverfahren ausnahmsweise, namentlich bei unstreitiger Erfüllung (vgl. § 104 Rn. 31ff.), beachtlich sind.[18] Zur Frage, ob hinsichtlich erfolgter Zahlungen ggf. ein feststellender Beschluss zu ergehen hat, vgl. § 104 Rn. 60.

10 Im Verlaufe des Rechtsstreits von einer Partei an die andere ohne endgültigen Rechtsgrund gezahlte Kosten sind im Wege der **Rückfestsetzung** (§ 91 Abs. 4) rückzuerstatten (hierzu § 91 Rn. 36f.). Hiernach ist auch zu verfahren, wenn eine Überzahlung aus einer späteren **Streitwertreduzierung** resultiert.[19] Ein Antrag nach § 107 auf Abänderung des Kostenfestsetzungsbeschlusses wegen nachträglicher Herabsetzung des Streitwerts ist im Wege der **Auslegung** zugleich als ein solcher auf Rückfestsetzung zu deuten,[20] wie umgekehrt ein auf Rückfestsetzung lautender Antrag zugleich ein Verfahren nach § 107 in Gang setzt und auch die dortige Monatsfrist wahrt.[21]

11 **3. Anfechtung.** Gem. § 107 Abs. 3 ist der Abänderungsbeschluss mit den in § 104 Abs. 3 vorgesehenen Rechtsbehelfen anfechtbar (vgl. § 104 Rn. 72ff., 112ff.).

12 **4. Kosten.** Für das Verfahren nach § 107 fallen weder Gerichtsgebühren noch Gebühren für die Vertretung durch einen Anwalt an, da seine Tätigkeit zum Rechtszug zählt (§§ 19 Abs. 1 S. 1, S. 2 Nr. 3, Nr. 13, 18 RVG).

---

[11] *Zöller/Herget* Rn. 1.
[12] OLG München Rpfleger 1991, 340.
[13] *Musielak/Wolst* Rn. 3.
[14] LG Berlin Rpfleger 1997, 454.
[15] OLG München JurBüro 1973, 774; OLG Hamm Rpfleger 1983, 456; LG Berlin Rpfleger 1997, 454; *Thomas/Putzo/Hüßtege* Rn. 4.
[16] LG Berlin Rpfleger 1997, 454.
[17] So LG Berlin Rpfleger 1997, 454.
[18] OLG Düsseldorf Rpfleger 2005, 696.
[19] OLG Düsseldorf Rpfleger 2005, 696.
[20] OLG Düsseldorf Rpfleger 1981, 409.
[21] OLG Koblenz Rpfleger 1989, 40.

Titel 6. Sicherheitsleistung

§ 108 Art und Höhe der Sicherheit

(1) [1]In den Fällen der Bestellung einer prozessualen Sicherheit kann das Gericht nach freiem Ermessen bestimmen, in welcher Art und Höhe die Sicherheit zu leisten ist. [2]Soweit das Gericht eine Bestimmung nicht getroffen hat und die Parteien ein anderes nicht vereinbart haben, ist die Sicherheitsleistung durch die schriftliche, unwiderrufliche, unbedingte und unbefristete Bürgschaft eines im Inland zum Geschäftsbetrieb befugten Kreditinstituts oder durch Hinterlegung von Geld oder solchen Wertpapieren zu bewirken, die nach § 234 Abs. 1 und 3 des Bürgerlichen Gesetzbuchs zur Sicherheitsleistung geeignet sind.

(2) Die Vorschriften des § 234 Abs. 2 und des § 235 des Bürgerlichen Gesetzbuchs sind entsprechend anzuwenden.

Übersicht

I. Normzweck und Anwendungsbereich

Gegenstand der Regelung ist allein die gerichtlich angeordnete Sicherheitsleistung, die sich rechtlich als prozessuale Last darstellt. Ausschließliches Ziel ist es, **Ansprüche** der Gegenpartei **abzusichern,** die ihr daraus entstehen können, dass gegen sie ein gerichtliches Verfahren betrieben, aus einer nicht rechtskräftigen Entscheidung vollstreckt oder die Vollstreckung aus eben einer solchen abgewehrt wird. Der abzusichernde Schaden kann insbesondere durch die Inanspruchnahme für Verfahrenskosten wie auch dadurch entstehen, dass aus einer nicht rechtskräftigen Entscheidung gegen sie vollstreckt, anschließend aber das für vorläufig vollstreckbar erklärte Urteil aufgehoben oder abgeändert wird.[1] Dieser reine Sicherungscharakter verbietet eine Inanspruchnahme der Sicherheit zur Deckung von Gerichtskosten seitens der Staatskasse.[2] Die Sicherheitsleistung entfaltet 1

[1] LG Düsseldorf InVo 2004, 159.
[2] OLG Stuttgart MDR 1985, 1032.

Rechtswirkungen nur im Verhältnis der Parteien untereinander, nicht auch im Verhältnis zum Staat oder Verfahrensbevollmächtigten.

2 Der bloße Sicherungscharakter bestimmt auch die grundsätzlich nur **vorläufige Natur** der Sicherheitsleistung, die sich vornehmlich in einem dem Berechtigten zustehenden Pfand (zur Bürgschaft vgl. Rn. 23 bis 37) ausdrückt und erst mit Eintritt des Sicherungsfalls zur Inanspruchnahme und Verwertung führt.

3 Die §§ 108, 109 enthalten allgemeine Regeln über die **Erbringung und Rückgabe** einer **prozessualen,** nicht auch einer materiellrechtlichen **Sicherheit.** Sie sind überall dort anwendbar, wo in der ZPO oder in Gesetzen, die deren Normen für anwendbar erklären, die Erbringung einer prozessualen Sicherheit vorgesehen ist. Dies ist insbesondere der Fall nach Maßgabe der § 89 Abs. 1 S. 1 (vollmachtloser Vertreter), §§ 110 bis 113 (Prozesskostensicherheit bei Auslandsbezug, mit ergänzenden Bestimmungen), §§ 707, 709, 711, 712, 714, 715, 719, 720, 720a, 732, 769, 771ff., 838, 890 (Zwangsvollstreckung), §§ 921, 923, 925 Abs. 2, 927, 936, 939 (Arrest- und einstweiliges Verfügungsverfahren), §§ 67, 68, 69 ZVG (Bietersicherheit, mit ergänzenden Bestimmungen) und § 153 Abs. 2 ZVG (Zwangsverwalter). Die prozessuale Sicherheitsleistung hat ausnahmslos Sicherungscharakter, dient mithin nicht der **Erfüllung.** Gesichert werden soll nicht der materielle Anspruch, sondern die aufgeschobene Vollstreckungsmöglichkeit.[3] Der bloße Sicherungscharakter schafft eine Verbindung zu den ebenfalls sicherungsbezogenen Vorschriften der ZPO zur Hinterlegung: §§ 711, 712, 720, 805 Abs. 4, 815 Abs. 2, 827 Abs. 2, 839, 853 Abs. 2 und 3, 885 Abs. 4, 930 Abs. 3. Im Gegensatz zu den nur der Sicherheit dienenden Regelungen ist die in § 75 (Prätendentenstreit) vorgesehene Hinterlegung auf Erfüllung gerichtet.

4 Wird in den vorerwähnten Fällen die Sicherheitsleistung oder Hinterlegung durch das Gericht angeordnet, so bedarf es zur **Geltendmachung** und **Durchsetzung** der in § 838 sowie in zahlreichen Bestimmungen des BGB geregelten Fällen (vgl. u.a. §§ 232 bis 240 BGB) der Klage und **Vollstreckung.** Soweit die ZPO-Regelung Lücken aufweist, sind sie durch eine entsprechende Heranziehung der über die Sicherheitsleistung und Hinterlegung bestehenden Bestimmungen des BGB (§§ 232 bis 240 BGB) zu schließen.

II. Gerichtliche Bestimmung

5 **1. Voraussetzungen.** Die Bestimmung durch das Gericht setzt die **Pflicht,** so beispielsweise in den Fällen der §§ 89 Abs. 1 S. 1, 110, 709, oder auch das **Recht** der Partei voraus, so u.a. in den Fällen des § 712, eine prozessuale Sicherheit zu erbringen. Eine solche aufzuerlegen, steht häufig im Ermessen des Gerichts (§§ 89, 707), vielfach ist dieses hierzu aber auch verpflichtet (§§ 110, 709, 712). Meist geschieht die Auferlegung von Amts wegen (zB § 709), verschiedentlich aber auch nur auf Antrag (zB §§ 110, 707, 712, 925, 927, 939).

6 **2. Form.** In formeller Hinsicht erforderlich ist, dass in den Fällen der §§ 709, 711, 712, 925, 927, 939 die Sicherheitsleistung in den **Tenor** aufgenommen wird. Durch Zwischenurteil angeordnet wird sie in den Fällen der §§ 280 Abs. 2, 303 und 110. In Betracht kommt weiter die Anordnung in einem Arrestbefehl oder einer einstweiligen Verfügung (§§ 921, 923, 936). Soweit eine Sicherheitsleistung gesetzlich vorgesehen ist, wird über ihre Erbringung bei freigestellter mündlicher Verhandlung durch **Beschluss** entschieden.

7 **3. Zuständigkeit.** Die Bestimmung der Art und Höhe einer Sicherheit fällt in die Zuständigkeit des Gerichts, das auch über die Erbringung einer Sicherheit als solcher zu befinden hat. Das ist in der Regel das **Prozessgericht,** das die Sicherheitsleistung auferlegt hat,[4] ausnahmsweise auch das Gericht höherer Instanz.[5] Aber auch das Vollstreckungsgericht kann zur Bestimmung berufen sein (§§ 707, 719, 732 Abs. 2, 769 Abs. 2).

8 **4. Höhe der Sicherheitsleistung.** Zusammen mit der Anordnung der Sicherheitsleistung als solcher und daher auch in derselben Form muss das Gericht in jedem Falle auch über deren **Höhe** entscheiden. Ausgehend von dem mit der Sicherheitsleistung verfolgten Zweck (vgl. Rn. 1) ergibt sich für die Höhe, dass sie nach den dem Gegner möglicherweise entstehenden Nachteilen und Schadensersatzansprüchen (vgl. § 717) zu bemessen ist. Für **vermögensrechtliche** Streitigkeiten wird sie sich daher in der Regel nach der zu vollstreckenden Hauptforderung (titulierter Anspruch) nebst Zinsen, sonstigen Nebenleistungen sowie Verfahrenskosten richten. Ein etwaiger weitergehender Schadensersatzanspruch ist mitzuberücksichtigen, falls sich dahingehende konkrete Anhalts-

---

[3] OLG München WM 2004, 2071; OLG Koblenz NJW-RR 1992, 107.
[4] BGH MDR 1966, 501.
[5] BGH MDR 1966, 501; LG Aachen MDR 1966, 244.

punkte ohne weiteres feststellen lassen.[6] Dies dürfte für den Fall der Eintragung einer Vormerkung oder eines Widerspruchs nach § 895 iVm. §§ 708, 709, 711 gegeben sein, wobei der für den Schaden maßgebliche Betrag durch Schätzung zu bestimmen ist.[7]

Bei **nichtvermögensrechtlichen** Streitigkeiten bleibt der Hauptanspruch außer Betracht, so dass sich die Höhe nur nach den Kosten und einem etwaigen Schaden richtet.[8] 9

Streitig ist, ob die Sicherheit dort, wo eine **Teilvollstreckung** in Frage kommt, nach der Höhe des beizutreibenden Betrags zuzüglich eines vom Hundertsatzes, der einem Schadensersatzanspruch nach § 717 Abs. 2 Rechnung tragen soll, bemessen werden darf. Der befürwortenden Meinung ist, nicht zuletzt aus praktischen Gründen, zuzustimmen.[9] Sie bietet sich vornehmlich bei Verurteilung zu wiederkehrenden Leistungen an.[10] Unzulässig ist es jedoch, bei bloßer teilweiser Sicherheitsleistung eine entsprechende Teilvollstreckung zuzulassen,[11] jedenfalls dann, wenn das Urteil dies nicht ausdrücklich gestattet. Ebenfalls nicht statthaft ist es, die im Urteil angeordnete Sicherheit nachträglich auf die einzelnen Ansprüche aufzuteilen.[12] 10

Für **Auskunftsansprüche** ist eine durch verzögerte Auskunftserteilung drohende Schädigung einzubeziehen.[13] Denn nicht die Erfüllung des eigentlichen Auskunftsanspruchs kann durch eine Sicherheitsleistung gewährleistet werden. Vielmehr besteht ihre Aufgabe hier darin, etwaige Schadensersatzansprüche abzudecken, die sich insbesondere aus einer Verzögerung der Auskunft ergeben. 11

Erfolgt eine Verurteilung **Zug um Zug,** bleibt die Gegenleistung außer Betracht. Denn diese mindert den durch die Sicherheitsleistung abzudeckenden Schadensersatzanspruch grundsätzlich nicht. 12

Das Gericht hat über die Höhe der Sicherheit nach freiem, jedoch **pflichtgemäßem Ermessen** zu befinden. Sie ist **betragsmäßig** zu beziffern und sollte nicht zu niedrig bemessen werden. Denn nicht nur, dass bei langer Prozessdauer die für eine Sicherheit aufzubringenden Unkosten ansteigen können, zu bedenken ist vielmehr auch, dass das Gericht an seine einmal getroffene Entscheidung gem. § 318 gebunden ist,[14] so dass in der Instanz gegebenenfalls nur eine Berichtigung iSv. § 319 in Frage kommt.[15] Doch unterliegt die Bestimmung der Sicherheitsleistung, und zwar auch was die Höhe für sich allein betrifft, der selbstständigen Anfechtung. Es ist das auch für die Anfechtung in der Hauptsache vorgesehene Rechtsmittel gegeben, wie zB Berufung. Im Rahmen des Berufungsverfahrens ist das ausgeübte Ermessen überprüfbar.[16] 13

5. Art der Sicherheitsleistung. Auch die Art der Sicherheit kann das Gericht nach **freiem Ermessen** festlegen. Dies gilt auch im Falle des § 709, der sich lediglich zu der im Urteil anzugebenden Höhe verhält. Während jedoch eine Bestimmung über die Höhe, die zudem dem pflichtgemäßen Ermessen gerecht werden muss, unerlässlich ist, ist eine solche hinsichtlich der Art grundsätzlich freigestellt. Unterbleibt eine Bestimmung, ist die Sicherheitsleistung nach § 108 Abs. 1 S. 2 durch Hinterlegung von **Geld** oder sog. mündelsicheren **Wertpapieren** iSd. § 234 Abs. 1 und 3 BGB zu bewirken. Dabei wird es das Gericht in der Regel belassen und eine davon abweichende Art der Sicherheitsleistung, wozu es von Amts wegen befugt ist, nur in besonderen Fällen, im Übrigen aber nur auf Antrag einer Partei anordnen. 14

Bei der Bestimmung der Art der Sicherheitsleistung ist das Gericht weder an die in den §§ 232 bis 240 BGB aufgezählten Sicherungsmittel noch an die dortigen inhaltlichen Schranken gebunden. Ausgenommen von dieser freien Auswahl sind lediglich die nach § 108 Abs. 2 zu beachtenden Bestimmungen der §§ 234 Abs. 2, 235 BGB sowie diejenigen des § 69 ZVG. Als Sicherheit kann das Gericht daher insbesondere die Erbringung einer **Bürgschaft** (näher Rn. 23 bis 37), die **Hinterlegung** von Schmuck, Kostbarkeiten und ausländischem Geld oder nicht mündelsicheren Wertpapieren anordnen, dies jedoch unter gleichzeitiger Festlegung ihres Wertes, da andernfalls § 108 Abs. 1 S. 2 zur Anwendung kommen müsste. Stets muss die Sicherheit so beschaffen sein, dass sie der begünstigten Partei erforderlichenfalls auch **Befriedigung** ermöglicht. Aus eben diesem Grunde verbietet sich die bloße Hinterlegung eines auf den Namen der zur Sicherheitsleistung verpflichteten 15

---

[6] KG NJW 1977, 2270; *König* JuS 2004, 119 ff.

[7] *Zawar* JZ 1975, 168; aM *Furtner* JZ 1964, 19 (Beschränkung auf Höhe der Verfahrenskosten).

[8] *Zöller/Herget* § 709 Rn. 5; *Stein/Jonas/Münzberg* § 709 Rn. 3.

[9] KG NJW 1977, 2270; *Mager* ZZP 68 (1955), 166; *Zöller/Herget* § 108 Rn. 4; aM OLG Frankfurt JurBüro 1996, 550; OLG Karlsruhe OLGZ 1975, 484.

[10] *Zöller/Herget* § 709 Rn. 6; *Stein/Jonas/Münzberg* § 709 Rn. 4.

[11] OLG Karlsruhe MDR 1955, 617.

[12] OLG Frankfurt OLGZ 1970, 172.

[13] OLG Schleswig SchlHA 1974, 169.

[14] OLG Frankfurt OLGZ 1970, 172.

[15] OLG Frankfurt OLGZ 1970, 172.

[16] KG JW 1926, 2464.

Gläubigerin lautendes **Sparbuches.**[17] Denn die Hinterlegung des Sparbuches hindert den Inhaber des Sparguthabens nicht, seine gegen die Bank gerichtete Forderung beliebig abzutreten oder zu verpfänden. Ebenso kann sie von einem Dritten gepfändet werden. Zurecht wird daher auch die Hinterlegung eines Grundpfandbriefs nicht als ausreichende Sicherheit nach § 108 Abs. 1 S. 2 anerkannt.[18] In beiden Fällen kann die im Sparbuch ausgewiesene oder grundpfandrechtlich gesicherte Forderung zur Sicherheit abgetreten oder verpfändet werden, letzteres durch Abtretung des Anspruchs auf Herausgabe des Hypothekenbriefes. Schließlich steht auch die Überweisung eines Geldbetrages an die **Gerichtszahlstelle** einer Hinterlegung **nicht** gleich, sofern nicht die ausdrückliche Zustimmung des Justizfiskus hierzu vorliegt und auf diese Weise dessen Treuhänderstellung begründet wird.[19]

16 Die Bestimmung des Gerichts ist nachrangig gegenüber einer durch die Parteien getroffenen Vereinbarung[20] (hierzu Rn. 18ff.). Trifft das Gericht eine der Parteivereinbarung zuwiderlaufende Anordnung, ist dagegen ein Abänderungsantrag, ggf. auch das Recht der Beschwerde gegeben. In der Wahl, Art und Höhe der Sicherheit zu bestimmen, sind die Parteien frei. Ihre Gewährung ist erforderlichenfalls durch besondere Klage zu erzwingen.

17 **6. Verfahren.** Die Entscheidung über die Art der Sicherheit bedarf keiner mündlichen Verhandlung, doch ist diese dem Gericht freigestellt. Die Anordnung erfolgt durch Beschluss, im Gegensatz zur Entscheidung bei Streit über das „Ob" der Sicherheitsleistung oder über deren Höhe, die im Urteil und grds. nur nach mündlicher Verhandlung zu treffen ist. Das Gericht ist daher auch frei, seine Anordnung über die Art – nicht hinsichtlich der Höhe – nachträglich zu ändern oder zu ergänzen. Es darf dies ohne Rücksicht auf ein in der Hauptsache anhängiges Rechtsmittelverfahren, wobei wiederum der Grundsatz fakultativer mündlicher Verhandlung gilt.

III. Parteivereinbarung

18 Die jederzeit zulässige Parteivereinbarung kann **Höhe** und **Art** der Sicherheitsleistung beinhalten. Sie kann gerichtlicher oder außergerichtlicher Natur sein. Sie geht einer gerichtlichen Anordnung vor und kann diese auch ergänzen oder abändern. Die Beachtlichkeit ihrer Vereinbarung können die Parteien durch entsprechende Anträge, ggf. auch durch Rechtsbehelfe gegenüber dem Gericht geltend machen. Soweit eine Partei die vereinbarte Sicherheit nicht leistet, muss sie ihr Gegner im Klageweg geltend machen.

19 Da die Parteien in der Bestimmung über Höhe und Art einer Sicherheit frei sind, können sie mit bindender Wirkung für das Gericht vereinbarungsgemäß von einer Sicherheit auch dort **absehen,** wo das Gesetz eine solche vorsieht. Umgekehrt vermögen sie eine Sicherheit dort festzulegen, wo die Zivilprozessordnung eine solche nicht kennt. Entscheiden sich die Parteien für die Erbringung einer Bürgschaft, so sind sie auch darin – anders als der Richter (vgl. Rn. 23 bis 37) – in Bezug auf Form und Inhalt frei.

IV. Hinterlegung von Geld oder Wertpapieren

20 **1. Regelsicherheit.** Liegt weder eine Parteivereinbarung noch eine gerichtliche Bestimmung über die Art der Sicherheit vor, so hat der zur Erbringung einer prozessualen Sicherheit Verpflichtete dies durch **Hinterlegung** von Geld oder solchen Wertpapieren zu bewirken, die nach § 234 Abs. 1 und 3 BGB zur Sicherheitsleistung geeignet sind (§ 108 Abs. 1 S. 2). Gleiches gilt für den, der berechtigt ist, eine Sicherheit zu leisten.

21 **2. Geld.** Unter Geld sind die gesetzlichen und gesetzlich zugelassenen Zahlungsmittel zu verstehen. Hierher zählt grundsätzlich nur die **inländische Währung,** die dann allerdings in Höhe ihres jeweiligen Nennwerts als Sicherheit geeignet ist. Soll ausländisches Geld hinterlegt werden, so ist es zwar ebenfalls eine geeignete Sicherheit iS §§ 108 Abs. 1 S. 2 iVm. § 232 BGB, dies jedoch mit der Einschränkung, dass analog § 234 Abs. 3 BGB nur drei Viertel seines Kurswertes zugrunde zu legen sind.[21]

22 **3. Wertpapiere.** Zur Sicherheitsleistung geeignet sind Wertpapiere nur, wenn sie auf den **Inhaber** lauten, einen **Kurswert** haben und einer Gattung angehören, in der **Mündelgeld** angelegt werden darf. Diesen Wertpapieren stehen **Orderpapiere** gleich, die mit Blankoindossament versehen sind

[17] AM OLG Köln JR 1956, 22; *Zöller/Herget* Rn. 6.
[18] *Zöller/Herget* Rn. 5.
[19] BGH NJW 2002, 3259, 3260.
[20] *Thomas/Putzo/Hüßtege* Rn. 3.
[21] *Baumbach/Lauterbach/Hartmann* Rn. 17.

(§§ 108 Abs. 1 S. 2 iVm. 234 Abs. 1 BGB). In Frage kommen danach insbesondere Inhaberschuldverschreibungen iSd. §§ 793 ff. BGB, Inhaberaktien gem. Art. 10 AktG sowie Orderpapiere mit Blankoindossament. Als Kurswert ist es ausreichend, dass sich ein solcher auf Grund Angebot und Nachfrage gebildet und dieser im Verkehr Anerkennung gefunden hat. Einer amtlichen Kursnotierung bedarf es nicht. Die zusätzlich geforderte Eigenschaft der Mündelsicherheit beurteilt sich nach § 1807 Abs. 1 Nr. 4 BGB. Erfüllen Wertpapiere die aufgezeigte Eigenschaft, bilden sie eine geeignete Sicherheit gleichwohl nur iHv. drei Viertel ihres Kurswerts (§ 108 Abs. 2 iVm. § 234 Abs. 3 BGB).

V. Sicherheit durch Bürgschaft

1. Überblick. Unter den meist auf Antrag, nur selten von Amts wegen gerichtlich angeordneten Sicherheitsleistungen nimmt die Bürgschaft in der Praxis eine herausragende Stellung ein. Da das Gericht grds. frei ist, Art und Inhalt einer Sicherheit zu bestimmen, ist es nicht nur befugt, sich für eine Bürgschaft als Sicherheit zu entscheiden. Das Gericht ist vielmehr auch darin frei, Art, Inhalt, Form und Wirksamwerden der prozessual angeordneten Bürgschaft zu bestimmen. Gleiches gilt für die Geeignetheit eines Bürgen. Soweit es sich zur Beschaffenheit in seiner Anordnung nicht verhält, ist auf die für die Erbringung einer materiellrechtlichen Sicherheit geltenden Vorschriften zurückzugreifen. Generell gilt, dass die durch Bürgschaft gesicherte Partei nicht schlechter gestellt werden darf als bei der Hinterlegung von Geld oder Wertpapieren.[22] Keine ausreichende Sicherheitsleistung stellt es hiernach dar, wenn eine Mehrheit von Sicherungsgläubigern lediglich in der Form einer **Gesamtgläubigerschaft** (§ 428 BGB) an der Bürgschaft partizipieren, dh. der Sicherungsschuldner die Leistung an einen Gläubiger seiner Wahl mit befreiender Wirkung gegenüber den übrigen erbringen kann.[23] Im Einzelnen sind folgende Grundsätze maßgebend: 23

Nach § 232 Abs. 2 BGB ist als Sicherheit auch die „Stellung eines **tauglichen** Bürgen" zulässig (vgl. Rn. 36). § 239 Abs. 1 BGB erachtet einen Bürgen für tauglich, „wenn er ein die Höhe der zu leistenden Sicherheit angemessenes Vermögen besitzt und seinen allgemeinen Gerichtsstand im Inland hat." Nach § 239 Abs. 2 BGB kommt nur eine selbstschuldnerische Bürgschaft in Frage (§§ 771, 773 Abs. 1 Nr. 1 BGB, § 349 HGB). 24

2. Inhalt. Die Anordnung hat eine **selbstschuldnerische** Bürgschaft zum Gegenstand, bei welcher der Bürge auf die Einrede der Vorausklage (§ 239 Abs. 2 iVm. §§ 771, 773 Abs. 1 Nr. 1 BGB) verzichtet und deshalb von Anfang an neben der die Sicherung stellenden Partei gesamtschuldnerisch haftet. Unter den Voraussetzungen des § 349 HGB entfällt die Einrede der Vorausklage kraft Gesetzes. 25

Als Sicherheit ist eine Bürgschaft gem. § 108 Abs. 1 S. 2 nur geeignet, wenn sie **unbedingt, unwiderruflich und unbefristet** eingegangen wird. Während das für eine aufschiebende Bedingung ausnahmslos gilt, weshalb auch eine bloße Ausfallbürgschaft ausscheidet, ist eine auflösende Bedingung für den Fall zulässig, dass über deren Eintritt ausschließlich der Sicherungsberechtigte zu befinden hat. Dies trifft zu, wenn das Erlöschen der Bürgschaft an die Rückgabe der dem Berechtigten im Original überlassenen Bürgschaftsurkunde geknüpft ist,[24] nicht jedoch beim Überlassen einer nur beglaubigten Abschrift der Bürgschaftsurkunde.[25] Ungeeignet ist als Sicherheit auch eine Bürgschaft, die erlöschen soll, wenn und soweit die Veranlassung zur Sicherheitsleistung entfällt[26] oder eine solche, die unter dem Vorbehalt des Bürgen, befreiend hinterlegen zu dürfen, eingegangen wird.[27] Der Zweck der Bürgschaft lässt es ferner nicht zu, Sicherheit nur für den Fall der Zwangsvollstreckung zu bieten. Die Bürgschaft muss vielmehr auch den Schaden abdecken, der dem Schuldner daraus entsteht, dass er durch freiwillige Leistungen die Vollstreckung abwendet. Die Bedingungs- und Befristungsfeindlichkeit ergibt sich letztlich daraus, dass der Bürge den Ausgang des Rechtsstreits als für sich verbindlich anerkennt.[28] 26

Die Gegenmeinung,[29] wonach eine Prozessbürgschaft eine ausreichende Sicherheit auch dann darstellt, wenn sie dem Text der Urkunde zufolge „erlischt, sobald die Veranlassung für sie wegfällt", ist abzulehnen. Das gilt für den der Entscheidung zugrundeliegenden besonderen Fall des gerichtlich gestatteten Bürgschaftsaustausches, aber ebenso auch für alle sonstigen Fälle, in denen der Anlass für die Sicherheitsleistung wegfällt. Hierher ist zu rechnen, dass der zu sichernde Anspruch 27

---

[22] LG Düsseldorf InVo 2004, 159.
[23] LG Düsseldorf InVo 2004, 159, 160.
[24] BGH MDR 1971, 388; OLG Nürnberg MDR 1986, 241, 242.
[25] OLG München MDR 1979, 1029.
[26] AG Köln DGVZ 1983, 60.
[27] LG Bielefeld MDR 1985, 238.
[28] BGH NJW 1975, 1119.
[29] OLG Nürnberg MDR 1986, 241.

nebst sämtlichen Nebenansprüchen endgültig erloschen ist oder nicht mehr zur Entstehung kommen kann. Auch wenn hier die Bürgschaft ihrer strengen Akzessorietät wegen materiell erlischt, gilt für die als Sicherheit gegebene Prozessbürgschaft, dass ihr Bestehen und Wegfall für Parteien, betroffene Dritte und vor allem für Vollstreckungsorgane an unzweifelhafte, eindeutige und ohne weiteres überprüfbare Merkmale geknüpft sein muss. Das rechtfertigt und verdeutlicht auch das in den §§ 109, 715 für die Rückgabe der Sicherheit und in § 751 für den Beginn der Zwangsvollstreckung zur Verfügung gestellte Verfahren. Der Gerichtsvollzieher wäre generell und nicht etwa nur ausnahmsweise überfordert, müsste er beispielsweise eigenverantwortlich feststellen, ob die im Wege des Austauschs neu eingegangene Bürgschaft der früheren gleichwertig, die Forderung nicht entstanden oder wieder erloschen ist.

28 Ist in eine Bürgschaft eine unzulässige Bedingung oder Befristung aufgenommen, führt dies im Zweifel zur **Unwirksamkeit** der Sicherheitsleistung. Dies entspricht dem hier in besonderem Maße zu beachtenden Gebot der Rechtssicherheit. Es kann nicht dem Vollstreckungsorgan aufgebürdet werden, in Zweifelsfällen (§ 139 BGB) über das Vorliegen einer wirksamen Sicherheit zu befinden.

29 Ausnahmsweise kann mit der hM[30] eine Prozessbürgschaft dann auflösend bedingt eingegangen werden, wenn ihr Erlöschen ausschließlich in die Macht des **Sicherungsberechtigten** gelegt wird, so beispielsweise für den Fall der Rückgabe der Originalurkunde durch den Berechtigten an den Bürgen. Nicht zulässig hingegen ist der Vorbehalt des Bürgen, sich jederzeit von der Bürgschaft dadurch zu befreien, dass er die Bürgschaftssumme in bar bei der zuständigen Hinterlegungsstelle als Sicherheit anstelle der Bürgschaft hinterlegt.[31] Auch kann der Bürge seine Haftung nicht an die Vorlage einer rechtskräftigen Entscheidung knüpfen.[32]

30 **3. Form.** Die Bürgschaft ist ein – grundsätzlich einseitig verpflichtender – Vertrag zwischen Bürge und Gläubiger eines Dritten (§ 765 BGB). Zu seiner Gültigkeit erfordert der Bürgschaftsvertrag **schriftliche** (§ 126 BGB) Erteilung der **Bürgschaftserklärung** (§ 766 S. 1 BGB), während der aus der Bürgschaft Berechtigte das in der Bürgschaftserklärung enthaltene Vertragsangebot seinerseits nach materiellem Recht formlos annehmen kann. Auf eine Bürgschaft, die auf Seiten eines kaufmännischen Bürgen für diesen ein **Handelsgeschäft** ist, findet die Formvorschrift des § 766 S. 1 BGB keine Anwendung (§ 350 HGB). Das Bürgschaftsversprechen und sonach der gesamte Bürgschaftsvertrag ist mithin formlos gültig. Für die nach prozessualem Recht durch Bürgschaft zu stellende Sicherheit eignet sich die nur mündlich abgegebene Bürgschaftserklärung nicht. Der Nachweis für das Bestehen und den Umfang einer Prozessbürgschaft, von dem die Zulässigkeit der Zwangsvollstreckung oder das Recht, diese abzuwenden, abhängig ist, muss rasch und zuverlässig nachweisbar sein. Auch könnte im Einzelfalle, sieht man von einer Bankbürgschaft ab, nicht ohne weiteres feststellbar sein, ob die Bürgschaft von einem Kaufmann eingegangen wird, für den diese außerdem ein Handelsgeschäft darstellen muss. Sofern das Gericht daher, wozu es ohne weiteres befugt ist,[33] für das Bürgschaftsversprechen nicht die Form öffentlicher Beglaubigung oder öffentlicher Beurkundung ausdrücklich vorsieht, ist diese schriftlich zu erklären.[34] Es bedarf weder der öffentlichen Beglaubigung noch des Vertretungsnachweises.[35]

31 Ist die Schriftform ausnahmsweise nicht gewahrt, berührt dies die materielle Gültigkeit nicht, sofern die für die wirksame Begründung einer Bürgschaft nach materiellem Recht vorgesehenen Vorschriften beachtet sind. Unter den Voraussetzungen des **§ 350 HGB** kann ein Kaufmann sich auch mündlich wirksam verbürgen. Nach § 349 HGB muss er auch ohne ausdrücklichen Verzicht auf die Einrede der Vorausklage selbstschuldnerisch einstehen.

32 Aus **§ 751 Abs. 2** kann irgend ein Formzwang für die durch Eingehung einer Bürgschaft zu erbringende Sicherheit ebenfalls nicht abgeleitet werden, da diese Bestimmung allein den Nachweis für das Zustandekommen der Prozessbürgschaft regelt, so zB die Übergabe der Originalbürgschaftsurkunde, deren Hinterlegung oder die Zustellung einer beglaubigten Abschrift der Bürgschaftserklärung an den Sicherungsberechtigten.[36] Wegen weiterer Einzelheiten wird auf die Ausführungen zu § 751 verwiesen.

---

[30] BGH MDR 1971, 388, OLG Nürnberg MDR 1986, LG Bielefeld MDR 1985, 238, AG Köln DGVZ 1983, 60.

[31] LG Bielefeld MDR 1985, 238.

[32] OLG Bamberg NJW 1975, 11664.

[33] OLG Hamm Rpfleger 1975, 261.

[34] OLG Hamm Rpfleger 1975, 261; OLG Hamburg MDR 1982, 588; *Baumbach/Lauterbach/Hartmann* Rn. 11.

[35] LG Berlin DGVZ 1973, 90.

[36] OLG Hamm Rpfleger 1975, 261; OLG Hamburg MDR 1982, 588; *Zöller/Stöber* § 751 Rn. 6; *Stein/Jonas/Bork* § 751 Rn. 11, 12, 13.

4. Zustandekommen. Die Bürgschaft (§§ 765ff. BGB), in der Regel ein einseitig verpflichtender, nur in seltenen Fällen ein gegenseitiger Vertrag, kommt durch **Annahme der Bürgschaftserklärung** seitens des Sicherungsberechtigten zustande. Doch braucht im Falle der Prozessbürgschaft die Annahme dem Bürgen gegenüber nicht ausdrücklich erklärt zu werden (§ 151 BGB). Aber auch dann, wenn der Sicherungsberechtigte eine Annahmeerklärung weder ausdrücklich noch stillschweigend abgibt oder eine solche sogar verweigert, hindert dies das wirksame Zustandekommen des Bürgschaftsvertrags nicht. Denn nicht nur, dass der aus der gerichtlich zugelassenen Bürgschaft Berechtigte zur Annahme des Bürgschaftsversprechens verpflichtet ist,[37] die für das Zustandekommen des Bürgschaftsvertrags erforderliche Annahmeerklärung wird vielmehr durch die gerichtliche Entscheidung über die Zulassung der Bürgschaft als Sicherheitsleistung ersetzt.[38] Unerlässliche Voraussetzung hierfür ist jedoch, dass dem Sicherungsberechtigten die Anordnung der Bürgschaft und deren genauer Inhalt mitgeteilt wird.[39] Dies geschieht durch Übermittlung des Originals der Bürgschaftsurkunde oder im Wege der durch den Gerichtsvollzieher vermittelten Zustellung (§ 132 Abs. 1 BGB, §§ 192ff.) einer beglaubigten Abschrift der Bürgschaftsurkunde.[40] Ist dem Rechnung getragen, kommt die Bürgschaft bereits mit dem Zugang der Bürgschaftserklärung zustande,[41] dies auch dann, wenn der Berechtigte die Annahme ablehnt. Aus eben diesem Grunde erübrigt sich auch die Annahme eines Kontrahierungszwangs.[42] 33

Die einem Anwalt erteilte Prozessvollmacht deckt auch den Abschluss einer Prozessbürgschaft, so dass Zustellung des Bürgschaftsversprechens auch von Anwalt zu Anwalt nach § 195[43] ausreichend ist. Der **Zustellung** der Originalurkunde bedarf es indes nur, wenn das Erlöschen der Bürgschaft – zulässigerweise (vgl. Rn. 26) – an die Rückgabe der Originalbürgschaftserklärung geknüpft ist.[44] Zutreffend ist die Ansicht,[45] die Hinterlegung der Bürgschaftsurkunde bei einer anderen Person als dem Sicherungsberechtigten bringe den Bürgschaftsvertrag nicht zustande, weil sie kein Angebot an den Sicherungsberechtigten, den Vertrag abzuschließen, enthalte. Gleichwohl wird man die gerichtlich angeordnete Hinterlegung der Bürgschaftsurkunde für zulässig und ausreichend ansehen dürfen, wenn der Berechtigte durch Zugang einer Abschrift der Bürgschaftsurkunde von deren Errichtung und Inhalt verlässlich Kenntnis erlangt.[46] Davon unberührt bleibt, dass die Zwangsvollstreckung nur begonnen oder fortgesetzt werden darf, wenn die Sicherheitsleistung durch eine öffentliche oder öffentlich beglaubigte Urkunde nachgewiesen und eine Abschrift dieser Urkunde bereits zugestellt ist oder gleichzeitig zugestellt wird (§ 751 Abs. 2).[47] 34

Mit Zustellung der Bürgschaftserklärung an den Sicherungsberechtigten und dem formgerechten **Nachweis** derselben (§ 751 Abs. 2), ggf. nach Erfüllung zusätzlicher in der Bürgschaftsanordnung festgelegter Erfordernisse, ist die nach § 108 zugelassene Bürgschaft erbracht. Das gilt für die Zulässigkeit der Zwangsvollstreckung (§ 709) und ihre Abwendung (§ 712) ebenso wie für die Einstellung der Zwangsvollstreckung nach § 775 Nr. 3. Dass rein vollstreckungsrechtlich nach § 751 Abs. 2 der Nachweis der Annahme durch den Berechtigten nicht geführt werden muss,[48] ist wenig bedeutsam, da mit Ersetzung der Annahme auf Grund gerichtlicher Anordnung der Bürgschaft zugleich auch das Zustandekommen des Bürgschaftsvertrags und, die Entstehung der zumindest künftigen Forderung vorausgesetzt, die Anforderungen für die Inanspruchnahme des Bürgen erfüllt und nachgewiesen sind. Zum Eintritt des **Sicherungsfalles** bei der Prozessbürgschaft vgl. Rn. 48. 35

5. Tauglichkeit des Bürgen. Das Gericht hat darüber, wen es als Bürgen bestimmen will, nach pflichtgemäßem Ermessen zu befinden. Im Rahmen seines Ermessens darf es jedoch nur einen tauglichen Bürgen auswählen. Das ist er nur, wenn er – unter Verzicht auf die Einrede der Vorausklage (§ 239 Abs. 2 BGB) – ein der Höhe der Bürgschaft entsprechendes frei verfügbares Vermögen besitzt und seinen allgemeinen Gerichtsstand im Inland hat (§ 239 Abs. 1 BGB). Diese Voraussetzungen 36

---

[37] OLG Hamburg MDR 1982, 588.

[38] BayObLGZ Rpfleger 1976, 66, 68; OLG Koblenz NJW-RR 1992, 107; OLG Nürnberg WM 1986, 214; OLG Hamm Rpfleger 1975, 261; *Zöller/Herget* Rn. 10; *Stein/Jonas/Bork* Rn. 33.

[39] OLG Hamburg MDR 1982, 588.

[40] OLG Hamburg MDR 1982, 588; OLG Frankfurt NJW 1978, 1441; OLG Hamm Rpfleger 1975, 261; *Zöller/ Herget* Rn. 11.

[41] BGH NJW 1979, 418.

[42] *Stein/Jonas/Bork* Rn. 33.

[43] BGH NJW 1979, 417, 418; 1967, 823; OLG Frankfurt NJW 1978, 1441; OLG Hamm Rpfleger 1975, 261; OLG München OLGZ 1965, 292; LG Aachen Rpfleger 1983, 31; *Zöller/ Herget* Rn. 11.

[44] OLG München MDR 1979, 1029.

[45] OLG Hamm Rpfleger 1975, 261.

[46] OLG Hamburg MDR 1982, 588.

[47] OLG Hamburg MDR 1982, 588.

[48] *Pecher* WM 1986, 1513; *Stein/Jonas/Bork* Rn. 32.

zungen erfordern nicht, als Bürgen eine „Deutsche Großbank“ zu bestimmen. Vielmehr lässt das Gesetz nunmehr nach § 108 Abs. 1 S. 2 ausdrücklich die Bürgschaft eines im Inland zum Geschäftsbetrieb befugten Kreditinstituts genügen. Hierzu zählt jedes Kreditinstitut iSv. § 1 KWG, wobei dem die Annahme des Gesetzgebers zugrunde liegt, dass die Liquidität aufgrund der Pflicht des Kreditinstituts zur adäquaten Eigenkapitalvorsorge gesichert erscheint.[49] Unabhängig davon ordnen die Gerichte in der Praxis häufig eine Sicherheitsleistung in Form der Bürgschaft einer „Deutschen Großbank“ an. In diesem Falle sollten ungeachtet der Begrifflichkeiten[50] auch öffentliche Kreditinstitute und Volks- und Raiffeisenbanken[51] taugliche Bürgen sein. Im Einzelfalle, so vor allem bei niedrigeren Bürgschaftsforderungen, kann auch die Bürgschaft einer Privatbank als ausreichende Sicherheit in Frage kommen,[52] ebenso die einer namhaften Versicherungsgesellschaft.[53] Die Entscheidung des BGH,[54] wonach als geeignet nur die „selbstschuldnerische Bürgschaft einer Großbank oder eines öffentlichen Kreditinstituts“ erscheint, steht dem nicht entgegen, stellt sie doch ersichtlich auf die „Wahrung der Sicherheitsinteressen der Kläger“ und damit auf die im Einzelfalle gebotenen Sicherheitsinteressen ab.

37 Wird einer Partei gestattet, Sicherheit durch die Bürgschaft einer **„Großbank“** zu erbringen, ohne dass dann diese auch namentlich genannt wird, so ist die gerichtliche Anordnung nicht etwa wegen mangelnder Bestimmtheit unwirksam. Die gegenteilige Auffassung[55] vermag weder dogmatisch noch aus Gründen der praktischen Handhabung zu überzeugen. Denn in aller Regel wird die tatsächlich angebotene Bürgschaft an der Tauglichkeit des Bürgen, eben weil er eindeutig dem Kreis der Großbanken zuzurechnen ist, keine Zweifel lassen. Trifft dies ausnahmsweise einmal nicht zu, hat das Vollstreckungsorgan die Ausführung des Vollstreckungsauftrags abzulehnen, da bei bestehenden Zweifeln an der Tauglichkeit des Bürgen der nach § 751 Abs. 2 geforderte Nachweis der Sicherheitsleistung nicht erbracht ist. Ein etwaiger Streit ist auf Erinnerung des zur Sicherheit Verpflichteten im Erinnerungsverfahren (§ 766) auszutragen.

VI. Wirkung der Sicherheitsleistung

38 Die Wirkung der Sicherheitsleistung ist unterschiedlich, je nachdem, ob der Sicherungsfall noch nicht oder schon eingetragen ist. Unterschiede ergeben sich ferner aus der Art der Sicherheit.

39 **1. Vor Eintritt des Sicherungsfalls.** Hier erlangt der Sicherungsnehmer an dem ihm übergebenen oder hinterlegten Gegenstand (Geld, Wertpapiere, Kostbarkeiten), an ihm verpfändeten Grundpfandrechten, Sparguthaben oder Wertpapieren ein **Pfandrecht,** das die in der Regel künftigen Forderungen sichert. Entsprechendes gilt für ein auf dem Grundstück des Verpflichteten eingetragenes Grundpfandrecht. Soweit Geld oder Wertpapiere als Folge der Hinterlegung in das Eigentum des Fiskus oder einer Anstalt übergehen, erwächst dem Sicherungsnehmer ein Pfandrecht an der dem Sicherungsverpflichteten zustehenden Rückerstattungsforderung. Zu einem vollwirksamen Verwertungsrecht erstarkt das Pfandrecht jedoch erst mit der endgültigen Entstehung der gesicherten Forderung.

40 In keinem Fall kann die Sicherheit von der **Staatskasse** für die Begleichung von Gerichtskosten beansprucht werden.[56] Dies gilt auch für die auf Sicherheit der Prozesskosten beschränkte Ausländersicherheit (§ 110).

41 Besteht die Sicherheit in einer selbstschuldnerischen Bürgschaft, erwächst dem Berechtigten nach § 765 Abs. 1 BGB ein unmittelbarer Anspruch auf Befriedigung durch den Bürgen.[57] Dieser erkennt mit der Übernahme der Bürgschaft außerdem an, dass das Ergebnis des Rechtsstreits für ihn verbindlich ist, weshalb auch das Rechtsschutzbedürfnis dafür fehlt, ihm den Streit zu verkünden.

42 **2. Mit Eintritt des Sicherungsfalls.** Mit Begründung des Pfandrechts oder Zustandekommen des Bürgschaftsvertrags sowie endgültiger Entstehung und Fälligkeit der zu sichernden Forderung (vgl. auch § 751), tritt der Sicherungsfall ein. Ab diesem Zeitpunkt darf sich der Sicherungsberechtigte aus der Sicherheit **befriedigen.** Im Einzelnen bedeutet dies:

---

[49] BT-Drucks. 14/4722 S. 75.
[50] OLG Düsseldorf WM 1982, 703, *Baumbach/Lauterbach/Hartmann* Rn. 7.
[51] OLG Koblenz JurBüro 2001, 213.
[52] OLG Celle MDR 1962, 485; *Stein/Jonas/Bork* Rn. 21.
[53] *Stein/Jonas/Bork* Rn. 26.
[54] BGH WM 1966, 378, 379.
[55] OLG Frankfurt OLGZ 1966, 304; LG Berlin Rpfleger 1978, 331.
[56] OLG Stuttgart MDR 1985, 1033.
[57] BGHZ 69, 270 = NJW 1978, 43.

Wurde zur Sicherheit **Geld hinterlegt,** kann der Berechtigte in Höhe seiner Forderung Auszahlung der Hinterlegungssumme verlangen (§ 13 Nr. 1 HintO). Doch ist ein Streit über Grund und Höhe der gesicherten Forderung nicht im Rahmen des der Freiwilligen Gerichtsbarkeit zuzuordnenden Hinterlegungsverfahrens, sondern im streitigen Verfahren (Zivilprozess) auszutragen (§ 13 Nr. 2 HintO, § 894). 43

Bewegliche Sachen, beispielsweise **Kostbarkeiten,** dürfen im Wege des Pfandverkaufs nach § 1233 Abs. 1 oder 2 BGB verwertet, im Falle des § 1221 BGB freihändig veräußert werden. 44

Die Verwertung eines Pfandrechts an einem **Recht** richtet sich nach §§ 1273 ff. BGB, diejenige an einer **Forderung,** zB an einem Sparguthaben, nach §§ 1281 ff. BGB. Ist das Sparbuch hinterlegt, wie sich das regelmäßig empfiehlt, hat der Sicherungsberechtigte Anspruch auf Herausgabe des Legitimationspapiers gegenüber der Hinterlegungsstelle. 45

Für verpfändete **Wertpapiere** gelten die §§ 1292 ff. BGB und für Grundpfandrechte § 1291 BGB iVm. §§ 1279 ff. BGB. 46

Ist dem Sicherungsberechtigten am Grundstück des Verpflichteten ein **Grundpfandrecht** eingeräumt, sind für dessen Verwertung die Bestimmungen über die Zwangsvollstreckung in das unbewegliche Vermögen maßgebend (§§ 864 ff. iVm. §§ 1 ff. ZVG, §§ 1120 ff., 1147 BGB). Danach kann der Grundpfandgläubiger die Zwangsversteigerung oder die Zwangsverwaltung (§ 866), auch beides gleichzeitig, betreiben. Er kann sich aber auch darauf beschränken, die von der Grundpfandhaftung mitumfassten Miet- oder Pachtzinsforderungen auf Grund seines dinglichen Rechts pfänden zu lassen.[58] 47

Die unbedingte, unwiderrufliche und unbefristet eingegangene selbstschuldnerische **Bürgschaft** eröffnet dem Sicherungsberechtigten mit Eintritt der äußeren **Rechtskraft** des Urteils, dessen Vollstreckung zunächst mit Hilfe der Bürgschaft abgewendet worden ist, den unmittelbaren Zugriff auf den Bürgen.[59] Das gilt bei einer selbstschuldnerischen Prozessbürgschaft, die zur Abwendung der vorläufigen Vollstreckung aus einem Wechselvorbehaltsurteil geleistet wurde, für den Gläubiger ab Eintritt der Rechtskraft des Vorbehaltsurteils auch dann, wenn dieses infolge einer etwaigen Aufhebung im Nachverfahren auflösend bedingt ist.[60] 48

VII. Haftungsumfang

Das Gericht bestimmt Art und Höhe der Sicherheit nach freiem Ermessen (§ 108 Abs. 1 S. 1). Art und Höhe sind letztlich entscheidend dafür, dass ein eintretender Ersatzanspruch durch die angeordnete Sicherheit abgedeckt ist. Deshalb hat der Richter neben der Art der Sicherheit insbesondere deren ziffernmäßig in Euro festzusetzende Höhe an dem möglicherweise gegenüber dem Verpflichteten gegebenen Schadensersatzanspruch auszurichten. Der damit angesprochene **Haftungsumfang,** in dessen Rahmen die Sicherheit (Pfand, Bürge) bis zu dem in der Sicherungsanordnung bestimmten Betrag, der zugleich als Höchstbetrag gilt, einstehen muss, ist je nach Anlass und Art der Sicherheitsleistung verschieden. Zu **unterscheiden** sind: 49

1. Vollstreckungssicherheit. In ihrem primären Anwendungsfall, dem der **vorläufigen Vollstreckbarkeit** gegen Sicherheitsleistung (§ 709; wegen weiterer Fälle vgl. §§ 707, 711, 732 Abs. 2, 769, 771 Abs. 3, 921, 925, 936), hat die Vollstreckungssicherheit den im Falle einer Aufhebung oder Abänderung des der Vollstreckung zugrundeliegenden Urteils den durch die Vollstreckung verursachten und nach § 717 Abs. 2 zu ersetzenden **Schaden** abzudecken. Hierher zählt der durch die Vollstreckung erzwungene Hauptanspruch nebst etwaigen Zinsen und Verfahrenskosten, aber auch ein weitergehender tatsächlicher und unmittelbarer vermögenswerter Nachteil, zB infolge Existenzverlustes, Betriebseinstellung, notwendiger Kreditaufnahme, Einkommensminderung. In die Anordnung, insbesondere durch Aufnahme in eine Bürgschaft, den Fall einzubeziehen, dass der Schuldner zur Abwendung der Vollstreckung zahlt,[61] besteht nur dort Anlass, wo dem Schuldner eine Abwendungsbefugnis im Wege der Sicherheitsleistung nicht zusteht. Doch erhöht sich dadurch der Haftungsumfang seinem Betrage nach nicht. 50

Wird in einem vorläufig vollstreckbaren Urteil die Verpflichtung zur **Abgabe einer Willenserklärung** ausgesprochen (§§ 895, 708, 709) und soll darauf gestützt im Grundbuch ein Widerspruch oder eine Vormerkung eingetragen werden, so ist der Schaden nicht allein in den aufgewendeten Kosten zu sehen. Er umfasst vielmehr auch den Schaden, der dem Grundstückseigentümer dadurch entsteht, dass er als Folge des eingetragenen Widerspruchs oder der gebuchten 51

---

[58] RGZ 103, 137.
[59] BGHZ 69, 270 = NJW 1978, 43; OLG München WM 2004, 2071, 2072.
[60] BGHZ 69, 270; BGH NJW 1967, 566.
[61] LG München DGVZ 1974, 78.

Vormerkung ein ihm vorteilhaftes Rechtsgeschäft (Verkauf, Kreditaufnahme) nicht zur Ausführung bringen kann.[62]

52 Da ein etwaiger über **Hauptanspruch, Zinsen und Kosten** hinausgehender Schadensersatzanspruch bei Anordnung der Sicherheitsleistung im Einzelfalle oft nur schwer, unzureichend oder überhaupt nicht abschließend beurteilt werden kann, ist die Höhe der Sicherheit mangels hinreichender Anhaltspunkte in der Regel nach der Höhe des Hauptanspruchs, zuzüglich Zinsen und Kosten zu bemessen.

53 Die dadurch zwangsläufig bedingten **Unsicherheiten** können dazu führen, dass sich die nach pflichtgemäßem Ermessen bestimmte Höhe der Sicherheit bei Eintritt des Sicherungsfalls als **nicht ausreichend,** ggf. aber auch als **überhöht** erweist. Im letzteren Falle gereicht dies rechtlich und wirtschaftlich zum Nachteil des Sicherungsverpflichteten, bei unzulänglicher Sicherheit zum Nachteil des Sicherungsberechtigten, der seinen Schadensersatzanspruch nicht voll realisieren kann. Denn der Wert einer Sicherheit beurteilt sich nicht allein nach ihrer Bonität, sondern auch dem sicherungshalber festgesetzten Betrag. Die Akzessorietät des Pfandrechts impliziert zum einen eine tatsächlich entstandene Schadensersatzforderung. Zum anderen bestehen ein Pfandrecht oder eine Bürgschaft nur in der Höhe, in der diese Sicherheiten durch Hinterlegung, Verpfändung oder Verbürgung begründet wurden. Nach oben ist dies nur in Höhe des in der Sicherungsanordnung bestimmten Höchstbetrags der Fall, während ein diesen übersteigender Schadensersatzanspruch nicht gesichert ist. Andererseits macht es, was das Einstehen im Rahmen des festgesetzten Höchstbetrags angeht, keinen Unterschied, worin die Sicherheit besteht. Auch der Bürge muss insoweit für den Hauptanspruch nebst Zinsen und Kosten wie auch für einen durch die vorzeitige Vollstreckung darüber hinaus verursachten Schaden nach § 717 einstehen, dies also auch dann, wenn der Gläubiger weder rechtswidrig noch schuldhaft gehandelt hat.

54 **Im Zweifel** sollte die Sicherheit **nicht zu niedrig** bemessen werden. Insbesondere für das erstinstanzliche Urteil sollte bedacht werden, dass mit längerer Prozessdauer auch eine Erweiterung und Vertiefung des Schadens nahe liegt, ohne dass dem die untere Instanz oder Rechtsmittelinstanz ohne weiteres abhelfen kann.[63]

55 **2. Abwendungssicherheit.** In zahlreichen Fällen, so vor allem gem. §§ 711, 712, ferner nach §§ 923, 925, 927, 936, 939, darf der Schuldner die **Vollstreckung** durch Sicherheitsleistung oder Hinterlegung **abwenden.** Der Haftungsumfang beurteilt sich hier nach dem Schaden, den der Gläubiger infolge des Vollstreckungsaufschubs erleiden kann.[64] Er kann unterschiedlich sein, je nachdem, ob die Erfüllung des Hauptanspruchs neben Zinsen und Kosten gefährdet erscheint, so insbesondere bei Verurteilung zur Zahlung oder Lieferung beweglicher Sachen mit späterem Vermögensverfall, oder ob nur mit einem Verzögerungsschaden zu rechnen ist, beispielsweise bei Verurteilung zur Räumung und damit einhergehendem Miet- oder Nutzungsausfall. Ist die Erfüllung in Gefahr, muss dem möglichen Verzögerungsschaden der Hauptanspruch betragsmäßig hinzugerechnet werden. Ein bloßer Verzögerungsschaden kommt, außer in dem bereits genannten Räumungsaufschub dort in Frage, wo die Erfüllung des Hauptanspruchs im Grundbuch durch Vormerkung (bei angestrebter konstitutiver Eintragung) oder Widerspruch (bei verfolgter Grundbuchberichtigung) gesichert ist. Der Schaden kann hier in einer erschwerten Verfügung (Veräußerung, Belastung) oder auch Verwaltung (Vermietung, Verpachtung) bestehen.

56 **3. Einstellungssicherheit.** Nach §§ 707, 719, 732 Abs. 2, 769, 771 Abs. 3, 775 Nr. 3, 927, 936 kann die Zwangsvollstreckung gegen Sicherheitsleistung des Schuldners eingestellt werden. Haftungsumfang und Höhe der Sicherheit beurteilen sich nach den zur Abwendungssicherheit unter Rn. 55 dargelegten Kriterien.

57 **4. Ausländersicherheit.** Ausländer und Staatenlose müssen unter den zu §§ 110, 111 näher dargelegten Voraussetzungen **Sicherheit** wegen der **Prozesskosten** leisten. Die Höhe der Sicherheit und mithin der Haftungsumfang wird durch die bereits erbrachten und voraussichtlich noch aufzuwendenden Prozesskosten bestimmt. Diese umfassen alle Kosten, die der Beklagte im Verlauf des Rechtsstreits aufzuwenden hat. Das sind an sich die Kosten aller möglichen Instanzen.[65] Denn Zweck der dem Beklagten nach §§ 110, 112 gegebenen Einrede ist es, diesen vor Nachteilen zu schützen, die ihm drohen, wenn er im Falle seines Obsiegens die Prozesskosten gegen den Kläger im Ausland beitreiben müsste.[66] Dieser Zweck erfordert es jedoch nicht, sogleich mit Prozessbeginn Sicherheit in Höhe aller denkbaren, möglicherweise in drei Instanzen, entstehenden Prozesskosten

---

[62] *Zawar* JZ 1975, 168, 169.
[63] KG JR 1966, 388.
[64] RGZ 141, 195.
[65] OLG Frankfurt JZ 1954, 43.
[66] BGH WM 1980, 504, 505.

aufzuerlegen.[67] Um dem Sicherheitsgedanken der §§ 110ff. Rechnung zu tragen, ist es mit der hM[68] erforderlich, aber auch ausreichend, der Berechnung zunächst die Kosten der **ersten Instanz** sowie diejenigen Kosten zugrunde zu legen, die durch Einlegung der **Berufung** seitens einer der Parteien dem Beklagten entstehen können, ehe er im Berufungsverfahren wegen weiterer Kosten erneut die Einrede mangelnder Sicherheitsleistung erheben kann. Entsprechendes gilt für die durch Einlegung der Revision und die Durchführung des Revisionsverfahrens neu entstehenden Kosten.[69] Besteht die Klägerseite aus mehreren Streitgenossen, gilt § 100 entsprechend.[70] Wegen weiterer Einzelheiten vgl. § 112 Rn. 3 bis 7.

VIII. Änderung oder Ergänzung der richterlichen Anordnung

1. Modifizierung der Höhe. Die Sicherheitsanordnung als solche, wie auch ihre Höhe kann grundsätzlich weder abgeändert noch ergänzt werden. Insoweit handelt es sich um notwendige Bestandteile der in der Hauptsache zu treffenden Entscheidung, die nach § 318 der Selbstbindung des Gerichts unterliegen. Doch gilt diese nur für **End-** und **Zwischenurteile,** weshalb eine in einer nur vorläufigen Entscheidung (§§ 707, 719, 732 Abs. 2, 769) angeordnete Sicherheitsleistung insgesamt, mithin sowohl der Höhe als auch der Art nach abänderbar ist. Im Übrigen ist dies in Bezug auf die Höhe, wie auch aus § 112 Abs. 3 geschlossen werden kann, nur noch im Wege der **Berichtigung** nach § 319 gestattet.[71] 58

2. Modifizierung der Art. Die Art der Sicherheit zu bestimmen ist das Gericht, sei es auf Antrag oder von Amts wegen,[72] nicht nur gelegentlich der ersten Bestimmung, die im Urteil selbst oder danach durch Beschluss erfolgen kann, frei. Anders als über die Höhe, die nach pflichtgemäßem und daher beschränkt überprüfbarem Ermessen zu erfolgen hat,[73] befindet das Gericht über die Art nach gänzlich freiem, einer Nachprüfung nicht zugänglichen Ermessen.[74] Es kann daher die in §§ 234 Abs. 3, 236 bis 238 BGB aufgestellten Anforderungen sowohl mildern als auch erhöhen. Es kann deshalb, ebenfalls auf Antrag oder von Amts wegen,[75] die festgelegte Art durch Beschluss ergänzen oder eine andere Art bestimmen,[76] so zB anstelle der Hinterlegung von Wertpapieren die Erbringung der Sicherheitsleistung durch selbstschuldnerische Bankbürgschaft zulassen. Auch darf es den Austausch der seitherigen gegen eine andere, gleichwertige Sicherheit zulassen.[77] 59

3. Modifizierung infolge Parteivereinbarung. Da die Parteien Art und Höhe der Sicherheitsleistung jederzeit gerichtlich oder außergerichtlich und zwar mit **Vorrang** gegenüber einer richterlichen Anordnung frei vereinbaren können (Rn. 18, 19), sind sie hierzu auch gegenüber einer vorangegangenen richterlichen Anordnung in der Lage.[78] Das bedeutet, dass eine im Anschluss an eine gerichtliche Bestimmung getroffene Parteivereinbarung beachtlich und erforderlichenfalls im Wege der Klage durchsetzbar ist.[79] 60

IX. Verfahrensrecht

1. Zuständigkeit. Die Anordnung der Sicherheitsleistung fällt in die Zuständigkeit des **Prozessgerichts** des ersten, ggf. auch eines weiteren Rechtszugs. Dabei ist für die Bestimmung von Höhe und Art, einschließlich eines Bürgschaftsaustauschs,[80] diejenige Instanz zuständig, welche die Sicherheitsleistung angeordnet hat. Das gilt grds. auch für die zulässige Ergänzung oder Änderung der Art, und zwar auch noch nach Revisionseinlegung.[81] In Ausnahmefällen, etwa dann, wenn sich 61

---

[67] BGH WM 1980, 504; OLG Frankfurt JZ 1954, 43.

[68] BGHZ 37, 264 = NJW 1962, 345; BGH NJW-RR 2005, 148; WM 1978, 736; OLG Frankfurt JZ 1954, 43; *Thomas/Putzo/Hüßtege* § 112 Rn. 1.

[69] BGH WM 1980, 503, 505; 1978, 736.

[70] *Baumbach/Lauterbach/Hartmann* § 112 Rn. 6.

[71] BGH NJW-RR 1999, 213; OLG Frankfurt OLGZ 1970, 172; *Wieczorek/Steiner* Rn. 23; *Baumbach/Lauterbach/Hartmann* Rn. 19; nach *Zöller/Herget* Rn. 3 nur über §§ 716, 717 korrigierbar.

[72] *Stein/Jonas/Bork* Rn. 3.

[73] *Zöller/Herget* Rn. 3.

[74] *Zöller/Herget* Rn. 3.

[75] *Stein/Jonas/Bork* Rn. 3.

[76] *Wieczorek/Steiner* Rn. 23; *Stein/Jonas/Bork* Rn. 7.

[77] BGH Rpfleger 1994, 365.

[78] *Thomas/Putzo/Hüßtege* Rn. 3.

[79] *Stein/Jonas/Bork* Rn. 11.

[80] BGH Rpfleger 1994, 365.

[81] BGH NJW-RR 1999, 213; NJW 1966, 1028; OLG Köln MDR 1997, 392; *Thomas/Putzo/Hüßtege* Rn. 2.

die untere Instanz in unanfechtbarer Weise zu Unrecht für unzuständig erklärt hat,[82] ferner in Eilsachen, kann die Ergänzung oder Änderung auch von der übergeordneten Instanz ausgesprochen werden. Bei der Zuständigkeit der unteren Instanz verbleibt es auch dann, wenn Rechtsmittel allein seitens der durch die Anordnung der Sicherheitsleistung nicht beschwerten Partei eingelegt wird.[83]

62 **2. Ort der Anordnung.** Die Bestimmung als solche wie auch die der Höhe, muss als notwendiger Teil der Entscheidung in dieser selbst erfolgen. Dies kann ein Urteil sein (§§ 708, 711, 712, 925, 927, 939), ggf. auch ein Zwischenurteil (§§ 280 Abs. 2, 303 iVm. § 110), aber auch ein Arrest (§§ 921, 923) oder eine einstweilige Verfügung (§ 936), in allen übrigen Fällen jedoch ein Beschluss. Die Art der Sicherheit kann, soweit das Gericht eine Bestimmung überhaupt trifft, in jedem Falle auch durch Beschluss festgelegt und geändert werden.

63 **3. Mündliche Verhandlung.** Besteht in den Fällen der §§ 110, 710, 712, 925, 939, 927 Streit, setzt die Anordnung als solche nebst der Bestimmung über die Höhe mündliche Verhandlung voraus, soweit nicht die Ausnahmen der §§ 251 a, 331 a, 128 Abs. 2 und 3 eingreifen. In allen übrigen Fällen gilt der Grundsatz fakultativer mündlicher Verhandlung.[84] Hinsichtlich der Art der Sicherheitsleistung ist mündliche Verhandlung immer freigestellt, so dass die Entscheidung, soweit sie nicht im Urteil mitenthalten ist, stets in Beschlussform ergeht.[85] Auch dann, wenn über die Art der Sicherheitsleistung im Urteil mitentschieden wird, ist eine Ergänzung oder Änderung ohne mündliche Verhandlung durch Beschluss möglich.[86]

64 **4. Amtsgrundsatz.** In der Regel bedarf es für die Anordnung der Sicherheitsleistung keines Antrags. Ein solcher ist ausnahmsweise in Fällen notwendig, in denen die Entscheidung grundsätzlich nur nach mündlicher Verhandlung ergehen darf (§§ 110, 710, 712, 925, 939, 927).

X. Wegfall der Sicherheitsleistung

65 Beim Wegfall der Sicherheitsleistung ist zu unterscheiden zwischen den **verfahrensrechtlichen** Kriterien einerseits, wenn der Anlass der Sicherheitsleistung weggefallen und sie zurückzugeben ist (§ 109), und ihrem **materiellrechtlichen** Erlöschen andererseits. Letzteres beurteilt sich, sieht man von der rechtsgeschäftlich jederzeit möglichen Aufhebung der Sicherheit und auch von den in Bezug auf eine Grundschuld gegebenen Besonderheiten ab, wegen der **akzessorischen** Natur der Sicherheiten allein nach dem Schicksal der gesicherten bzw. zu sichernden Forderung. Ist eine solche nicht entstanden, ggf. bereits wieder weggefallen und ihre künftige Entstehung endgültig ausgeschlossen, so ist die jeweilige Sicherheit erloschen. Das gilt gleichermaßen für eine Bürgschaft (§ 765 BGB), ein Pfandrecht (§§ 1204, 1273 BGB), die Bestellung oder auch Verpfändung einer Hypothek (§§ 1113, 1273, 1204 BGB, hier unter Umständen mit der Besonderheit eines Eigentümergrundpfandrechts) oder das Erlöschen eines im Wege der Hinterlegung entstandenen Pfandrechts (§ 233 BGB). Dass materielles Erlöschen einer Sicherheit und Wegfall des Anlasses für eine Sicherheitsleistung (Einzelheiten unter § 109) häufig zusammenfallen, ändert nichts an ihrer grundlegenden Verschiedenheit.

XI. Kosten der Sicherheitsleistung

66 **1. Grundsatz der Erstattungsfähigkeit.** Die durch Sicherheitsleistung **unmittelbar**[87] verursachten Kosten sind grundsätzlich zu erstatten und auf Antrag festzusetzen. Im Gegensatz zur früheren Gerichtspraxis entspricht dies mit Recht heute der herrschenden Auffassung.[88] Hierher zählen namentlich **Bürgschaftskosten** (sog. Avalkosten).[89] Hiervon ausgenommen sind jedoch Avalkosten für die Zeit, während der die Bürgschaft nicht mehr benötigt wird, falls sich der Sicherungsnehmer mit der Rückgabe nicht in Verzug befindet, weil der Sicherungsgeber diese nicht zurückgefordert hat.[90] Nicht erstattungsfähig sind ferner Kreditkosten (vgl. § 91 Rn. 150) zur **Beschaffung** der Bürgschaft,[91] auch soweit sie dadurch entstehen, dass die Bürgschaft von einem Anwalt

---

[82] BGH NJW 1974, 321; vgl. ferner *Zöller/Herget* Rn. 2.
[83] LG Aachen MDR 1966, 244.
[84] *Stein/Jonas/Bork* Rn. 6.
[85] HM; vgl. *Zöller/Herget* Rn. 14; *Baumbach/Lauterbach/Hartmann* Rn. 5; *Stein/Jonas/Bork* Rn. 7.
[86] *Stein/Jonas/Bork* Rn. 7.
[87] OLG Köln Rpfleger 1995, 520.
[88] Vgl. BGH JurBüro 1996, 37; NJW 1974, 693; OLG Koblenz Rpfleger 1980, 70; OLG Stuttgart JurBüro 1976, 807; *Baumbach/Lauterbach/Hartmann* § 91 Rn. 204; *Thomas/Putzo/Hüßtege* § 91 Rn. 53.
[89] OLG Stuttgart JurBüro 1996, 37; Die Justiz 1989, 393; KG WM 1985, 878.
[90] OLG Stuttgart JurBüro 1996, 37.
[91] OLG Düsseldorf JurBüro 1996, 496; Rpfleger 1981, 121.

besorgt wird.[92] Zu erstatten sind hingegen Kosten der **Hinterlegung** oder **Verpfändung,** auch solche eines zur Sicherheit bestellten Grundpfandrechts, allerdings nicht die Kosten einer Grundschuldbestellung, die ihrerseits die bürgende Bank sichern soll[93] und daher nur mittelbar der Sicherheitsleistung dient.

2. Zuständigkeit. Hinsichtlich der Frage, ob das **Prozessgericht** oder aber das **Vollstreckungsgericht** zur Festsetzung der nach Maßgabe der vorgenannten Grundsätze zuständig sind, wird auf die Erläuterungen in § 104 Rn. 5 verwiesen. 67

XII. Anfechtbarkeit

Bei der Frage, ob die über die Anordnung einer Sicherheitsleistung ergehende Entscheidung überhaupt anfechtbar und welcher **Rechtsbehelf** im Einzelfalle gegeben ist, muss zwischen Anordnungen unterschieden werden, die zusammen mit der Entscheidung in der Hauptsache (Urteil, Arrest, einstweilige Verfügung, Beschluss) getroffen werden und solchen, die in einem davon getrennten Beschluss enthalten sind. Zu unterscheiden ist ferner zwischen Anordnungen, die nur die Art der Sicherheit betreffen, und solchen, in denen die Anordnung als solche nebst Höhe, ggf. einschließlich der Art festgelegt ist. Im Einzelnen gilt: 68

1. Hauptsacheentscheidung. Die Anordnung der Sicherheitsleistung als solche, einschließlich der Höhe, ist in die Hauptsacheentscheidung aufzunehmen und unterliegt daher, soweit nicht § 319 eingreift, der Selbstbindung des Gerichts nach § 318.[94] Gegen die Anordnung ist folglich nur der für die Anfechtung der Hauptsacheentscheidung vorgesehene Rechtsbehelf (beispielsweise Berufung, Revision) gegeben.[95] Soweit die Art der Sicherheitsleistung betroffen ist, über die das Gericht von Amts wegen oder auf Antrag, und zwar auch abweichend von § 108 Abs. 1 S. 2 befinden kann, ist eine Anfechtung grundsätzlich ausgeschlossen. Denn die Art der Sicherheitsleistung zu bestimmen, ist das Gericht gänzlich frei, insbesondere auch nicht durch pflichtgemäß auszuübendes und daher nachprüfbares Ermessen beschränkt. Ausgeschlossen ist auch die sofortige Beschwerde nach § 793, da die Anordnung der Sicherheitsleistung noch keinen Zwangsvollstreckungsakt, sondern lediglich eine die Zwangsvollstreckung vorbereitende Maßnahme darstellt. 69

2. Antragsablehnender Beschluss. Lediglich in dem Fall, dass das Gericht den **Antrag,** eine bestimmte **Art** der Sicherheitsleistung zuzulassen, durch Beschluss **ablehnt,** ist nach § 567 Abs. 1 Nr. 2 die sofortige Beschwerde eröffnet.[96] Dies gilt auch dann, wenn gegen die Entscheidung in der Hauptsache das Rechtsmittel der Berufung statthaft ist oder bereits Berufung eingelegt wurde.[97] Dem **Antragsgegner** steht kein Beschwerderecht zu, er kann jedoch mit Rücksicht auf die zugelassene Art der Sicherheit seinerseits einen Gegenantrag stellen und bei Ablehnung mit der sofortigen Beschwerde nach § 567 Abs. 1 Nr. 2 weiterverfolgen. Zu berücksichtigen ist freilich, dass das Gericht, das die Anordnung über Sicherheitsleistung getroffen hat, von Amts wegen oder auf Antrag die **Art** nachträglich jederzeit ändern oder ergänzen kann (vgl. Rn. 59). 70

Ein über die Art der Sicherheit ergehender **abändernder oder ergänzender Beschluss** ist unanfechtbar.[98] Wird ein auf Abänderung oder Ergänzung der Art gerichteter Antrag zurückgewiesen, so hat dies durch Beschluss zu geschehen, gegen den nach § 567 Abs. 1 Nr. 2 die einfache Beschwerde gegeben ist.[99] 71

3. Zwischenurteil. Wird durch Zwischenurteil der Einrede der mangelnden Prozesskostensicherheit stattgegeben und dem Kläger Sicherheitsleistung auferlegt, ist dieses nicht selbstständig anfechtbar.[100] 72

§ 109 Rückgabe der Sicherheit

(1) Ist die Veranlassung für eine Sicherheitsleistung weggefallen, so hat auf Antrag das Gericht, das die Bestellung der Sicherheit angeordnet oder zugelassen hat, eine Frist

---

[92] OLG Frankfurt MDR 1982, 412; OLG Stuttgart JurBüro 1982, 560.
[93] OLG München NJW 1974, 957.
[94] OLG Frankfurt OLGZ 1970, 172.
[95] *Thomas/Putzo/Hüßtege* Rn. 15.
[96] *Stein/Jonas/Bork* Rn. 10; *Zöller/Herget* Rn. 16.
[97] OLG Düsseldorf MDR 1984, 852; *Baumbach/Lauterbach/Hartmann* Rn. 20.
[98] OLG Frankfurt MDR 1981, 677; OLG München MDR 1969, 581; *Thomas/Putzo/Hüßtege* Rn. 16; *Wieczorek/Steiner* Rn. 27; offengelassen in BGH Rpfleger 1994, 366.
[99] *Thomas/Putzo/Hüßtege* Rn. 17; *Schneider* MDR 1983, 907.
[100] BGHZ 102, 234.

zu bestimmen, binnen der ihm die Partei, zu deren Gunsten die Sicherheit geleistet ist, die Einwilligung in die Rückgabe der Sicherheit zu erklären oder die Erhebung der Klage wegen ihrer Ansprüche nachzuweisen hat.

(2) [1]Nach Ablauf der Frist hat das Gericht auf Antrag die Rückgabe der Sicherheit anzuordnen, wenn nicht inzwischen die Erhebung der Klage nachgewiesen ist; ist die Sicherheit durch eine Bürgschaft bewirkt worden, so ordnet das Gericht das Erlöschen der Bürgschaft an. [2]Die Anordnung wird erst mit der Rechtskraft wirksam.

(3) [1]Die Anträge und die Einwilligung in die Rückgabe der Sicherheit können vor der Geschäftsstelle zu Protokoll erklärt werden. [2]Die Entscheidungen ergehen durch Beschluss.

(4) Gegen den Beschluss, durch den der im Absatz 1 vorgesehene Antrag abgelehnt wird, steht dem Antragsteller, gegen die im Absatz 2 bezeichnete Entscheidung steht beiden Teilen die sofortige Beschwerde zu.

Übersicht

I. Normzweck

1 Aus dem bloßen Sicherungscharakter der Prozesskostensicherheit (vgl. § 108 Rn. 1 f.), insbesondere ihrer nur vorläufigen und häufig zeitlich begrenzten Natur leitet sich der Zweck des § 109 ab. Er besteht darin, die **Rückgabe der Sicherheit** durchzusetzen, wenn und soweit die Veranlassung für ihre Erbringung weggefallen ist. Das ist dann der Fall, wenn der durch die Sicherheitsleistung gesicherte Anspruch nicht entstanden ist und auch nicht mehr entstehen kann,[1] trifft analog aber auch dann zu, wenn eine Sicherheit gegen eine gleichwertige ausgetauscht wird[2] (vgl. § 108 Rn. 59) oder ein lediglich vorläufig vollstreckbarer Titel, mit dem die Sicherheitsleistung angeordnet worden ist, durch eine spätere – nicht notwendig rechtskräftige (vgl. Rn. 10) – Entscheidung abgeändert wird. Um das Rückgabeverlangen rasch und kostengünstig realisieren zu können, sieht § 109 ein im Vergleich mit der klageweisen Verwirklichung des Rückgabeanspruchs deutlich weniger aufwändiges und damit der Beschleunigung dienendes **Verfahren** vor.[3] Anwaltszwang und Erfordernis einer mündlichen Verhandlung entfallen. Zugleich dient § 109 der raschen Beendigung des Sicherungsverhältnisses.[4] Hat der Gläubiger nach Maßgabe der §§ 709, 711 S. 1, 712 Abs. 2 S. 2 Sicherheit geleistet, eröffnet ihm § 715 für die Rückgabe der Sicherheit oder die Anordnung über das Erlöschen der Bürgschaft ein noch einfacheres Verfahren, das ihm neben dem nach § 109 wahlweise zur Verfügung steht. Für den Schuldner hat es allein bei dem Verfahren nach § 109 sein Bewenden. Um die Rückgabe nach § 715 zu erreichen, ist die Vorlage eines Zeugnisses über die Rechtskraft eines für vorläufig vollstreckbar erklärten Urteils (§ 706) ausreichend. Diese vereinfachte Voraussetzung ist jedoch nicht gegeben, wenn das auf unbeschränkte Leistung erkennende Urteil in der Berufungsinstanz in eine rechtskräftig werdende Zug-um-Zug-Verurteilung abgeändert wird. Die Beendigung des Sicherungsverhältnisses richtet sich deshalb nach § 109.[5]

II. Anwendungsbereich

2 Der Anwendungsbereich des vereinfachten Verfahrens nach § 109 umfasst **alle** in Frage kommenden **Sicherheiten,** so neben einer durch Hinterlegung erbrachten Sicherheitsleistung insbesondere Bürgschaften und Formen einer nach § 110 geleisteten Prozesskostensicherheit (hierzu

[1] BGHZ 11, 303.
[2] BGH Rpfleger 1994, 365.
[3] BGH Rpfleger 1994, 365, 366.
[4] *Pecher* WM 1986, 1515.
[5] OLG Karlsruhe Rpfleger 1996, 73, 74.

§ 112 Rn. 8). An die Stelle der gerichtlichen Anordnung einer Rückgabe tritt im Falle einer **Bürgschaft** der Ausspruch über ihr Erlöschen (vgl. Rn. 17, 37 f.). Entsprechend anwendbar ist § 109 auf den Austausch von Bürgschaften. Denn das vereinfachte, regelmäßig raschere und kostengünstigere Verfahren bietet sich für die Erlangung eines Herausgabetitels wegen der unzulässig gewordenen ersetzten Bürgschaft an. Selbst wenn man annehmen wollte, dass mit formgerechter Zustellung des den Austausch befürwortenden Beschlusses die ersetzte Bürgschaft ohne weiteres erlischt, ist nach Zustellung der neuen Bürgschaftsurkunde der Antrag nach § 109 aus Gründen der Rechtsklarheit zuzulassen.[6]

Die **klageweise** Durchsetzung der Rückgabe ist grds. **unzulässig,** wenn dem Herausgabeberechtigten das Verfahren nach § 109 oder § 715 zur Verfügung steht (vgl. Rn. 20). Denn neben der Möglichkeit des vereinfachten und billigen Verfahrens fehlt es für eine auf Einwilligung in die Rückgabe der Sicherheit gerichtete Klage am **Rechtsschutzbedürfnis.** Nur dort, wo das Verfahren nach §§ 109, 715 ausscheidet, ist die klageweise Geltendmachung der Rückgabe eröffnet. Dies trifft u. a. dann zu, wenn sich der Gesicherte auf einen durch die Sicherheit gedeckten Anspruch beruft oder feststeht, dass das Risiko, für das die Sicherheit erbracht ist, nicht eintreten wird, das Verfahren nach § 109 jedoch zu einer baldigen Rückgabeanordnung nicht führen wird[7] oder allgemein dann, wenn dem Verhalten des Sicherungsnehmers zu entnehmen ist, dass er es auf ein Klageverfahren ankommen lassen will. Solange und soweit ein Anspruch auf Schadensersatz begründet werden kann, steht dem Sicherungsgeber ein Rückgaberecht nicht zu.[8] Ausnahmsweise kann dann, wenn im Rückgabeverfahren Fragen des materiellen Rechts nicht zu klären sind und nur über die formale Zulässigkeit des Sicherheitsaustausches gestritten wird, im Einzelfalle aus Zweckmäßigkeitsgründen und im Hinblick auf nicht abschließend geklärte Rechtsfragen das Rechtsschutzbedürfnis für eine sofortige Herausgabeklage zu bejahen sein.[9] Der Sicherungsnehmer kann die **Befriedigung aus der Sicherheit** klageweise durchsetzen, wenn und soweit ihm ein Schadensersatzanspruch erwachsen ist, etwa dann, wenn ihm durch die Vollstreckung aus dem später wieder aufgehobenen vorläufig vollstreckbaren Urteil ein Schaden zugefügt wurde. Die Klage hat dann entweder auf Einwilligung in die Auszahlung des hinterlegten Geldes oder Verwertung des Pfandes zu lauten. Im Falle einer Bürgschaft ist der Bürge im Klagewege in Anspruch zu nehmen. Bei rechtzeitigem Nachweis der klageweisen Geltendmachung scheitert eine Rückgabe nach § 109. 3

Bei **freiwilliger Einwilligung** in die Rückgabe scheidet ein Verfahren nach § 109 ebenso aus wie eine klageweise Geltendmachung der Rückgabe. Doch setzt dies voraus, dass die Einwilligung nach Form und Inhalt den Anforderungen des § 13 Abs. 2 Nr. 1 HintO iVm. § 109 Abs. 3 entspricht. Trifft dies zu, ist das Verfahren nach § 109 unzulässig.[10] 4

Als Besonderheit für die **Prozessbürgschaft** ist zu berücksichtigen, dass an die Stelle einer Rückgabeanordnung die Bestimmung über das **Erlöschen** der Bürgschaft tritt (näher Rn. 17, 37 f.). 5

III. Voraussetzung des Rückgabeverfahrens

Das gerichtliche Verfahren über die Rückgabe einer Sicherheit gliedert sich in **zwei selbstständige Abschnitte,** das der Fristsetzung und das sich daran anschließende der Rückgabeanordnung. 6

1. Verfahren über die Fristsetzung. a) Wegfall der Veranlassung. Aufgabe der Sicherheitsleistung ist es, Ansprüche der Gegenpartei abzusichern, die ihr dadurch entstehen können, dass gegen sie ein gerichtliches Verfahren betrieben, aus einer nicht rechtskräftigen Entscheidung vollstreckt oder die Vollstreckung aus einer solchen abgewehrt wird. Auch ein aus der Vollziehung eines Arrests verursachter Schaden zählt hierher. Nach dem Fortbestehen oder Wegfall dieses Zwecks beurteilt sich letztlich, ob die Veranlassung für die Sicherungsmaßnahme noch gegeben ist oder nicht.[11] Deshalb kommt die Veranlassung zur Sicherheitsleistung grundsätzlich in Wegfall, wenn und soweit der gesicherte Anspruch nicht entstanden ist und auch nicht mehr zur Entstehung gelangen kann.[12] Zwar wird dies vielfach mit dem **Erlöschen** des von der Forderung abhängigen **Pfandrechts** oder der Bürgschaft einhergehen, doch trifft dies nicht immer zu. Weggefallen ist die Veranlassung vornehmlich dann, wenn eine **vorläufige Maßnahme endgültig** wird, aber auch dann, wenn der Geltendmachung bereits entstandener Ansprüche kein Hindernis mehr 7

---

[6] BGH Rpfleger 1994, 366.
[7] BGH NJW 1971, 701.
[8] BGHZ 11, 303; BGH JZ 1982, 72; NJW 1979, 417; OLG Frankfurt OLGZ 1976, 382; OLG München NJW 1975, 1665; aM OLG Hamm MDR 1982, 942; KG Rpfleger 1979, 430; OLG Stuttgart Rpfleger 1978, 63.
[9] BGH Rpfleger 1994, 365, 366.
[10] *Wieczorek/Steiner* Rn. 2.
[11] OLG Düsseldorf Rpfleger 1996, 165.
[12] BGHZ 11, 303; OLG Düsseldorf Rpfleger 1996, 165; OLG Frankfurt MDR 1987, 239.

entgegensteht.[13] In diesem Falle kann jedoch der Sicherungsnehmer auf Verwertung des Pfandes oder Herausgabe des Hinterlegten klagen. Auch kann der Sicherungsgeber auf die Herausgabe des hinterlegten Geldes verzichten und schuldbefreiend auf die dem Kläger zustehende Forderung anrechnen.

8 Die Veranlassung kann auch nur **teilweise wegfallen.**[14] Auf diesen Teil ist dann das Verfahren nach § 109 zu beschränken. Eine Teilreduzierung ist zum einen dann gegeben, wenn der Ausfall eines Anspruchs zu einem Teilbetrag feststeht, zum anderen auch bei unzumutbarer Übersetzung der Sicherheit,[15] ebenso bei Abschluss eines Vergleichs in höherer Instanz, der eine Reduzierung des im Urteil zugesprochenen Betrags vorsieht.[16]

9 Dass die Veranlassung zur Sicherheitsleistung entfallen ist, muss der Antragsteller **beweisen,** doch gehört hierzu nicht auch der Nachweis eines fehlenden Schadensersatzanspruchs;[17] es genügt vielmehr der Nachweis, dass die Maßnahme, die Anlass zur Sicherheitsleistung war, endgültig geworden ist.[18]

10 Vom Wegfall der Veranlassung für die Sicherheitsleistung ist nicht nur auszugehen, wenn ein für **vorläufig vollstreckbar** erklärtes Urteil rechtskräftig wird,[19] sondern auch dann, wenn eine Entscheidung ergangen ist, die einen vorläufig vollstreckbaren Titel in der Hauptsache abändert, **ohne** ihrerseits bereits in **Rechtskraft** zu erwachsen.[20] Das gilt etwa, wenn auf Berufung ein der Klage stattgebendes Urteil aufgehoben und die Klage abgewiesen wird, und zwar selbst dann, wenn gegen das zweitinstanzliche Urteil Revision eingelegt wird.[21] Wird jedoch ein der Klage stattgebendes Urteil durch das Berufungsgericht bestätigt und ist dagegen die Revision gegeben, so ist die Veranlassung zur Sicherheitsleistung, falls die **Zwangsvollstreckung** bereits **durchgeführt** ist, bis zum Eintritt der Rechtskraft weiterhin gegeben;[22] bei bloßer Sicherungsvollstreckung nach § 720a hingegen ist dem obsiegenden Kläger die Sicherheit zurückzugewähren.[23] Denn für den Fall, dass er bislang von einer Vollstreckung abgesehen hat, darf er ab Verkündung des bestätigten Urteils gem. § 708 Nr. 10, ohne Sicherheit leisten zu müssen, vollstrecken.[24]

11 Der Kläger kann auf die **vorläufige Vollstreckbarkeit** endgültig – ganz oder teilweise – **verzichten,** mit der Folge, dass der Anlass zur Sicherheitsleistung ganz oder teilweise wegfällt.[25] Entsprechendes gilt für den Verzicht des Schuldners auf die Einstellung der Vollstreckung. Die Veranlassung fällt ferner weg, wenn der Gläubiger gegenüber der Abwendungssicherheit des Schuldners seinerseits Sicherheit leistet.[26] Erbringt der Kläger, um aus einem vorläufig vollstreckbaren Urteil vollstrecken zu können, Sicherheit durch Hinterlegung, so ist die Veranlassung hierfür entfallen, wenn sich beim Versuch der Vollstreckung die Unpfändbarkeit des Schuldners ergibt.

12 Für eine erbrachte **Prozesskostensicherheit** (§ 110) fällt der Anlass mit einer Veränderung der in § 110 vorausgesetzten tatsächlichen Verhältnisse[27] (vgl. § 111 Rn. 12) mit rechtskräftiger Verurteilung des Beklagten, der die Prozesskosten zu tragen hat, weg,[28] im Falle des § 89 mit Beibringung der Genehmigung. In den Fällen der §§ 707, 719, 732, 771 ist keine Veranlassung mehr gegeben, sobald zugunsten des Sicherungsgebers eine, sei es auch nur vorläufig vollstreckbare Entscheidung ergangen ist.

13 Für eine Sicherheit im **Arrest- oder einstweiligen Verfügungsverfahren** gilt, dass die Veranlassung mit Aufhebung des Arrests oder der einstweiligen Verfügung, aber auch dann entfällt, wenn es innerhalb der Frist des § 929 Abs. 2 und 3 nicht zum Vollzug gekommen ist. Hat der Vollzug stattgefunden, so ist die Veranlassung erst weggefallen, wenn feststeht, dass aus ihm keine Ersatzfor-

---

[13] RGZ 61, 300; 97, 130.
[14] OLG Düsseldorf Rpfleger 1996, 165; MDR 1982, 413; OLG Karlsruhe Rpfleger 1996, 75; OLG München DB 1978, 2021.
[15] OLG Düsseldorf MDR 1982, 412.
[16] OLG Frankfurt MDR 1987, 239.
[17] *Stein/Jonas/Bork* Rn. 12.
[18] AM *Baumbach/Lauterbach/Hartmann* Rn. 6.
[19] OLG Frankfurt NJW 1976, 1326.
[20] OLG Düsseldorf NJW-RR 2002, 1292; OLG Karlsruhe OLGZ 1985, 81; OLG Stuttgart Rpfleger 1978, 63; KG Rpfleger 1979, 430.
[21] OLG Hamm MDR 1982, 942.
[22] BGHZ 11, 303; OLG München OLGZ 1985, 458.
[23] OLG München OLGZ 1985, 457.
[24] OLG Hamm NJW 1971, 1186.
[25] OLG München WM 1979, 29.
[26] OLG Oldenburg Rpfleger 1985, 504.
[27] BGH NJW-RR 2006, 710.
[28] OLG Stuttgart MDR 1985, 1032.

derung entstanden ist. Auch reicht für den Wegfall nicht schon die Rechtskraft des Arrests aus, sondern es bedarf hierzu des Verfahrensabschlusses in der Hauptsache.

Die bloße **Leistung unter Vorbehalt** lässt die Veranlassung nicht entfallen.[29] Sie entfällt auch nicht, wenn auf Revision hin ein Berufungsurteil, das die Zwangsvollstreckung aus einer vollstreckbaren Urkunde für unzulässig erklärt, aufgehoben, die Zwangsvollstreckung aus der Urkunde gegen Sicherheitsleistung einstweilen eingestellt und der Rechtsstreit an das Berufungsgericht zurückverwiesen wird.[30] Kein Wegfall tritt auch ein, wenn ein Arrest rechtskräftig bestätigt und die Hauptsache anhängig ist, wenn im Verfahren nach § 767 eine Zurückverweisung erfolgt,[31] wenn das Berufungsgericht die Zwangsvollstreckung abzuwenden gestattet[32] oder wenn die einstweilige Verfügung nach §§ 707, 719 wegfällt.[33] 14

b) Antrag. Die als Voraussetzung der späteren Rückgabeanordnung erforderliche Fristsetzung bestimmt das Gericht nur auf Antrag. **Antragsberechtigt** ist nur die zur Sicherheitsleistung verpflichtete Partei, einschließlich ihres Rechtsnachfolgers und eines Überweisungsgläubigers nach § 835. Einem Dritten, der die Sicherheit anstatt der zu ihrer Stellung verpflichteten Partei erbracht hat, steht ein Antragsrecht nicht zu. Auch ein Bürge ist mithin nicht antragsberechtigt.[34] Sind Gesamtgläubiger antragsberechtigt, genügt der Antrag eines von ihnen, während von mehreren Teil- oder Einzelberechtigten nur jeder für sich allein die Rückgabe beantragen kann. **Antragsgegner** ist der Prozessgegner oder sein Rechtsnachfolger. Sind mehrere Personen gemeinsam zur Rückgabe verpflichtet, ist der Antrag gegen alle zu richten, da nur eine gegen alle ergehende gerichtliche Anordnung zum Ziele führen kann. 15

Einer besonderen **Form** bedarf der Antrag nicht. Es besteht kein Anwaltszwang (§§ 20 Nr. 3, § 13 RpflG, 78 Abs. 1), weshalb die Partei den Antrag selber, schriftlich oder zu Protokoll der Geschäftsstelle des Gerichts (§ 109 Abs. 3 S. 1) stellen kann. Als Prozesshandlung erfordert er Prozessfähigkeit. Die Prozessvollmacht deckt auch den Antrag nach § 109 Abs. 1, nicht jedoch auch die Empfangsberechtigung gegenüber der Hinterlegungsstelle.[35] Der Antrag ist an das Gericht zu richten, das die Bestellung der Sicherheit angeordnet oder zugelassen, nicht aber als übergeordnete Instanz lediglich bestätigt hat. Andererseits kommt als anordnendes Gericht auch die höhere Instanz in Frage (vgl. § 108 Rn. 7). Für Arrest und einstweilige Verfügung sieht **§ 943 Abs. 2** eine Sonderregelung vor. 16

Inhaltlich ist der Antrag auf **Bestimmung einer Frist** durch das angerufene Gericht gerichtet, binnen welcher der Sicherungsnehmer in die Rückgabe der Sicherheit einzuwilligen oder nachzuweisen hat, dass sie wegen der gesicherten Ansprüche (vgl. § 717 Abs. 2 und 3) Klage oder Widerklage auf Verurteilung, unter Umständen auch auf Feststellung erhoben oder den Erlass eines Mahnbescheids, ggf. auch eines Kostenfestsetzungsbeschlusses nach §§ 103, 104[36] beantragt hat. Ist die Sicherheit von einem Dritten im eigenen Namen erbracht, muss der Antrag auf Einwilligung in die Rückgabe an diesen lauten. Im Falle der Sicherheitsleistung durch **Bürgschaft** richtet sich der Antrag auf die Erteilung einer Auflage, mit der dem Gläubiger aufgegeben wird, in das Erlöschen der Bürgschaft oder in die Entlassung des Bürgen aus der Haftung **einzuwilligen.**[37] 17

Dass die Veranlassung zur Sicherheitsleistung weggefallen ist, hat der Antragsteller in seinem Antrag darzutun und, soweit erforderlich, **nachzuweisen.** Er ist jedoch nicht auch dafür beweispflichtig, dass dem Sicherungsnehmer keine Ansprüche zustehen. 18

c) Fristbestimmung. Die Entscheidung über die Fristbestimmung fällt in die **Zuständigkeit** des Gerichts, das die Sicherheit angeordnet hat. Für Arrest und einstweilige Verfügung sieht § 943 Abs. 2 eine Sonderregelung vor. Nach § 20 Nr. 3 RpflG ist für die nach §§ 109, 715 bei der Rückgabe einer Sicherheit zu treffende Entscheidung der Rechtspfleger funktionell zuständig. 19

Für das **Verfahren** gilt nach § 128 Abs. 4 der Grundsatz freigestellter mündlicher Verhandlung. Kommt es ausnahmsweise zur Durchführung eines Termins, sind die Parteien selbst postulationsfähig (vgl. Rn. 16). Das Verfahren bleibt auch dann zulässig, wenn bereits **Klage auf Rückgabe** der Sicherheit angestrengt worden ist. Denn das Verfahren nach § 109, das die Rückgabe der Sicherheit erleichtern und beschleunigen soll, ist, solange es Erfolg versprechend durchgeführt werden kann, 20

---

[29] KG NJW 1976, 1752.
[30] BGH Rpfleger 1982, 37.
[31] BGH NJW 1982, 1397.
[32] OLG München OLGZ 1985, 458.
[33] BGH NJW 1979, 417.
[34] *Thomas/Putzo/Hüßtege* Rn. 2; *Baumbach/Lauterbach/Hartmann* Rn. 26; aM *Zöller/Herget* Rn. 6.
[35] *Stein/Jonas/Bork* Rn. 30.
[36] OLG Karlsruhe JW 1934, 708.
[37] RGZ 156, 166; OLG Jena BauR 2003, 422, 424.

gegenüber der Klage mit der Maßgabe vorrangig, dass für diese das Rechtsschutzbedürfnis entfällt.[38] Im Falle eines sofortigen Anerkenntnisses der Rückgabeverpflichtung müsste die unzulässige Klage zur Kostentragung des Klägers nach § 93 führen. Zulässig hingegen ist die Klage dann, wenn das Verfahren nach § 109 nicht zu einer alsbaldigen Anordnung der Rückgabe führt.[39]

21 Die Entscheidung ist durch **Beschluss** zu treffen (§ 109 Abs. 3 S. 2). Ist der Nachweis, wobei keine bloße Glaubhaftmachung genügt, für den Wegfall der Veranlassung – nicht auch des Nichtbestehens eines Anspruchs – geführt, trifft der Rechtspfleger seine Entscheidung im Rahmen pflichtgemäßen Ermessens.[40] Gibt er dem Antrag statt, **bestimmt** er eine **Frist,** binnen der die Partei, zu deren Gunsten die Sicherheit geleistet ist, in die Rückgabe der Sicherheit, ggf. in das Erlöschen der Bürgschaft, einzuwilligen oder nachzuweisen hat, dass sie wegen der gesicherten Ansprüche Klage (Widerklage) auf Verurteilung, ggf. Feststellung, erhoben, den Erlass eines Mahnbescheids, unter Umständen eines Kostenfestsetzungsbeschlusses beantragt oder einen Antrag nach § 717 Abs. 2 S. 2 gestellt hat. Begehrt der Antragsteller nur eine Teilrückgabe (Teilerlöschen), hat sich auch die Auflage des Beschlusses (Einwilligung; Klageerhebung) auf diesen Teil zu beschränken.

22 Für die **Dauer der Frist,** die im pflichtgemäßen Ermessen des Rechtspflegers steht, gelten die Bestimmungen der §§ 221 bis 225, was u.a. bedeutet, dass der Lauf der Frist förmliche Zustellung an den Gegner erfordert (§ 329 Abs. 2 S. 2), sowie, dass sie verlängert werden kann. Einer Androhung der Folgen (Erlass der Rückgabeanordnung) bedarf es nicht, doch ist ihre Anbringung sinnvoll.

23 Für eine Entscheidung, die dem Antrag nur **teilweise stattgibt,** ihn im Übrigen aber ablehnt, gelten die vorstehenden Ausführungen entsprechend.

24 Die **Rechtswirkung** ordnungsgemäßer Fristsetzung ergibt sich daraus, dass sie unerlässliche Voraussetzung für die, beim Vorliegen der weiteren Anforderungen, nach § 109 Abs. 2 zu treffenden Anordnung über die Rückgabe der Sicherheit oder das Erlöschen der Bürgschaft ist.[41]

25 Erbringt der Antragsteller den Nachweis, dass die Veranlassung zur Sicherheitsleistung weggefallen ist, im Streitfalle nicht, ist der Antrag **abzulehnen.**

26 Der Beschluss, durch den der beantragten Fristsetzung **entsprochen** wird, ist grundsätzlich **unanfechtbar.**[42] Das gilt auch für den Fall, dass der Antrag in erster Instanz abgelehnt und eine Frist erst in der Rechtsmittelinstanz bestimmt wird.[43] Das hat seinen Grund darin, dass der Beschluss über die Bestimmung der Frist seinem Wesen und Gehalt nach lediglich einen für den Erlass der Rückgabeentscheidung notwendigen Vorbescheid darstellt. Eine selbstständige Anfechtung scheidet daher auch unter dem Gesichtspunkt aus, die Entscheidung sei ermessensfehlerhaft. Gleichwohl findet – da ein Rechtsmittel nach den allgemeinen verfahrensrechtlichen Vorschriften nicht zulässig ist (§ 11 Abs. 1 RpflG) – auf Grund des verfassungsrechtlichen Richtervorbehalts, wie stets bei Rechtspflegerentscheidungen, die befristete Rechtspflegererinnerung gem. § 11 Abs. 2 S. 1 RpflG statt.[44]

27 **Lehnt** der Rechtspfleger die Fristbestimmung **ab,** ist gegen diesen Beschluss **sofortige Beschwerde** gegeben (§ 109 Abs. 4). Für das Verfahren gelten die §§ 567ff. unmittelbar (§ 567 Abs. 1 Nr. 1), auf deren Kommentierung verwiesen wird.

28 Entspricht der Rechtspfleger dem Antrag nur **teilweise** und lehnt er die Fristsetzung im Übrigen ab, gelten die voranstehenden Ausführungen hinsichtlich des jeweiligen Teils entsprechend.

29 **2. Verfahren über die Rückgabeanordnung. a) Antrag.** Der Erlass der Rückgabeanordnung (§ 109 Abs. 2) setzt einen weiteren Antrag voraus, der mit dem auf Bestimmung der Frist gerichteten (§ 109 Abs. 1) nicht identisch ist. Doch kann dieser zweite Antrag bereits mit dem Antrag nach § 109 Abs. 1, eine Frist zu bestimmen, verbunden werden. Dass er erst nach Fristablauf beschieden werden kann, hindert seine Anbringung schon mit dem Gesuch um Fristsetzung nicht. Darin ist eine unschädliche Rechtsbedingung, nicht aber eine echte und für diesen Fall unzulässige rechtsgeschäftliche Bedingung zu sehen.

30 Wegen des **Antragsrechts** und der **Form** des Antrags gelten uneingeschränkt die unter Rn. 15f. gemachten Ausführungen.

31 **Inhaltlich** entspricht der Antrag dem zur Erwirkung der Fristbestimmung gestellten. Das bedeutet, dass die zurückzugebende Sicherheit und der Rückgabeempfänger (Antragsteller oder Dritter), ebenso die Bürgschaft, deren Erlöschen angeordnet werden soll, genau zu bezeichnen

---

[38] RGZ 156, 164; BGH NJW-RR 2006, 710, 711; NJW 1994, 1351, 1352.
[39] RGZ 156, 167.
[40] *Zöller/Herget* Rn. 7.
[41] RGZ 52, 105.
[42] RGZ 156, 167.
[43] RGZ 51, 144.
[44] OLG Frankfurt NJW 1976, 1326; RGZ 156, 167; *Stein/Jonas/Bork* Rn. 20.

sind. Dies kann auch durch Verweisung auf den Inhalt des Antrags auf Fristsetzung geschehen. Doch ist etwaigen zwischenzeitlichen Änderungen, so etwa einer nachträglichen teilweisen Einwilligung oder Teilrückgabe seitens des Sicherungsnehmers, durch Anpassung des Antrags Rechnung zu tragen.

b) Fristablauf. Die Rückgabeanordnung, die das Fristsetzungsverfahren zur Voraussetzung hat, 32
darf erst nach Ablauf der nach § 109 Abs. 1 gesetzten **Frist** erlassen werden. Für den Beginn der Frist ist § 221 (Zustellung), für ihr Ende § 222 maßgeblich, wobei eine etwaige Verlängerung nach § 224 zu berücksichtigen ist. Dass die Frist abgelaufen sein muss, macht jedoch eine danach erklärte Einwilligung oder Rückgabe ebenso wenig unbeachtlich wie eine erst danach angestrengte Klage auf Schadensersatz. Auch aus diesem Grunde scheidet im Falle eines Fristablaufs eine Wiedereinsetzung in den vorigen Stand nach § 233 aus.

c) Nichterfüllung der Auflage. Die Nichterfüllung der mit der Fristsetzung nach § 109 Abs. 1 33
verbundenen Auflage ist eine weitere Voraussetzung für die Rückgabeanordnung. Dem Antrag auf Rückgabe der Sicherheit ist grundsätzlich zu entsprechen, wenn nach Fristablauf weder **Klageerhebung** noch **Einwilligung** nachgewiesen sind: Soll der Antrag nach § 109 Abs. 2 Erfolg haben, darf also der Sicherungsnehmer nicht in einer für die Hinterlegungsstelle geeigneten Form in die Rückgabe eingewilligt oder dem Erlöschen der Bürgschaft zugestimmt haben. Er darf auch nicht wegen einer von ihm beanspruchten Forderung Klage erhoben haben. Erfolgte das eine oder andere nur **teilweise,** so hat sich die Rückgabeanordnung auf die restliche Sicherheit zu beschränken[45] und den Antrag, soweit er nicht zurückgenommen oder in der Hauptsache für erledigt erklärt wird, zurückzuweisen.

Den **Nachweis der Klageerhebung,** dem ein Antrag nach § 717 Abs. 2, auf Erlass eines 34
Mahnbescheids, eines Kostenfestsetzungsbeschlusses wie auch die Erhebung der Widerklage gleichstehen, hat der Antragsgegner gegenüber dem Gericht zu führen. Dieses ist jedoch nicht befugt, die **prozessuale Ordnungsmäßigkeit** der Klage und ihre Erfolgsaussicht zu prüfen.[46] Denn abgesehen davon, dass prozessuale Mängel unter Umständen geheilt werden, obliegt die Prüfung ordnungsgemäßer Klageerhebung und Begründetheit der Klage ausschließlich dem Prozessgericht. Entsprechend verhält es sich für die Frage, ob die Sicherheit wirklich für die eingeklagte Forderung besteht. Dies zu entscheiden ist nicht der Sinn des dem Rechtspfleger übertragenen Verfahrens, für die Rückgabe der Sicherheit – grundsätzlich ohne mündliche Verhandlung – einen einfachen Weg zu schaffen oder, so sich der Sicherungsnehmer eines gesicherten Anspruchs rühmt, ihn fristgebunden und ohne Klärung seines Anspruchs zur Klage zu zwingen. Hat er Klage – oder dieser gleichstehend Widerklage – bereits erhoben und nimmt er die Sicherheit für die geltend gemachte Forderung in Anspruch, scheitert daran eine Fristsetzung nebst Anordnung nach § 109 Abs. 1, 2.[47] Erneut zu prüfen hat das Gericht vor Erlass einer Rückgabeanordnung jedoch, ob die Voraussetzungen der Fristsetzung nach § 109 Abs. 1 gegeben waren und noch gegeben sind.[48] Eine Bindung an den vorausgegangenen Beschluss besteht nicht. Erst recht ist das Wirksamwerden der Fristsetzung (Zustellung, Fristablauf) von Amts wegen zu prüfen. In Bezug auf eine vom Antragsgegner geltend gemachte Einwilligung obliegt es dem Gericht, die für die Rückgabe oder Auszahlung durch die Hinterlegungsstelle vorgesehene Form (§ 13 HintO, § 109 Abs. 3) zu beachten. Soweit für eine wirksame Einwilligung andere, ggf. strengere Erfordernisse gelten, so zB im Falle der Freigabe einer hypothekarischen Sicherheit (vgl. §§ 875, 876, 1183 BGB, §§ 19, 20 GBO), hat das Gericht auch deren Einhaltung zu prüfen.

Die **Erfüllung** der Auflage kann auch noch **nach Ablauf** der Frist eintreten und nachgewiesen 35
werden. Das Gericht hat den Erfüllungsnachweis bei Entscheidung nach mündlicher Verhandlung bis zu deren Ende,[49] bei Entscheidung ohne eine solche bis zur Hinausgabe der Rückgabeanordnung[50] zu berücksichtigen. Da als Rückgabeanordnung auch die Entscheidung im Beschwerdeverfahren anzusehen und in diesem neuer Tatsachenvortrag unbeschränkt zulässig ist (§ 571 Abs. 2 S. 1), kann Erfüllung selbst während des Beschwerdeverfahrens (Schluss der mündlichen Verhandlung oder Hinausgabe des Beschlusses) noch eintreten und nachgewiesen werden. Als Folge des Erfüllungsnachweises ist der Antrag, die Rückgabe anzuordnen, abzulehnen, sofern er nicht zurückgenommen oder die Hauptsache für erledigt erklärt wird. Das gilt für die Erhebung der Klage, die formgerechte Einwilligung oder die freiwillige Rückgabe gleichermaßen.

---

[45] *Wieczorek/Steiner* Rn. 17.
[46] *Stein/Jonas/Bork* Rn. 25.
[47] OLG Stuttgart NJW-RR 1995, 1148.
[48] *Baumbach/Lauterbach/Hartmann* Rn. 22.
[49] OLG München OLGZ 1966, 549; *Stein/Jonas/Bork* Rn. 23.
[50] *Baumbach/Lauterbach/Hartmann* Rn. 24.

36 **d) Rückgabeanordnung.** Für die **Zuständigkeit** und das anzuwendende **Verfahren** gelten die Erläuterungen zur Fristsetzung unter Rn. 19, 20 sinngemäß. Demzufolge entscheidet der Rechtspfleger bei freigestellter mündlicher Verhandlung.

37 Die Entscheidung ergeht durch **Beschluss** (§ 109 Abs. 3 S. 2). Schon ihrer Anfechtbarkeit wegen ist er zu begründen (§ 109 Abs. 4). Für seine Verkündung und Zustellung gilt § 329 Abs. 2 S. 2. Seinem Inhalt nach kann der Beschluss auf Rückgabe der genau zu bezeichnenden Sicherheit an den ebenfalls zweifelsfrei zu benennenden Sicherungsgeber (Gegenpartei oder Dritter) oder auf Erlöschen der Bürgschaft (§ 109 Abs. 2 S. 1 2. Halbs.) lauten. Auch die Anordnung einer Teilrückgabe oder eines teilweise Erlöschens kommt in Frage. Einer Kostenentscheidung bedarf es nicht.

38 Besteht die Sicherheit in einer **Bürgschaft,** bedarf es neben der Anordnung des Erlöschens nicht auch noch eines Ausspruchs über die Rückgabe der Bürgschaftsurkunde. Der Beschluss erbringt den vollen Beweis dafür, dass die Bürgschaft erloschen ist, dies sowohl gegenüber dem Gläubiger wie auch gegenüber der Hinterlegungsstelle, die eine von ihr verwahrte Bürgschaftsurkunde an den Schuldner zurückgibt.

39 **e) Wirkung der Anordnung.** Die von der Rückgabeanordnung ausgehende Wirkung tritt mit **Rechtskraft** ein (§§ 109 Abs. 2 S. 2, 705). Ist die Rückgabe einer Sicherheit angeordnet, so hat die **Hinterlegungsstelle** auf Grund der rechtskräftigen Anordnung, die sie nach § 13 Abs. 2 Nr. 2 HintO bindet, den bei ihr hinterlegten Gegenstand dem im Beschluss bezeichneten Empfangsberechtigten **herauszugeben.** Im Falle der Hinterlegung von Geld, ist ihm der entsprechende Betrag auszubezahlen. Dies gilt indes nur, sofern der Herausgabe oder Auszahlung nicht Rechte Dritter, so insbesondere am Verfahren nicht beteiligter Pfändungspfandgläubiger, entgegenstehen. Ist eine Bürgschaftsurkunde hinterlegt, ist diese dem Schuldner auszuhändigen. Hierfür ist der im Beschluss getroffene Ausspruch des Erlöschens der Bürgschaft ausreichend. Einer zusätzlichen Herausgabeanweisung bedarf es nicht. Rückgabeanordnung und ihre Ausführung durch die Hinterlegungsstelle berühren eine etwa vorhandene Schadensersatzforderung des Sicherungsnehmers nicht. Die bloße Prozessvollmacht ist für die Empfangnahme des Hinterlegten nicht ausreichend.[51]

40 **f) Antragsablehnung.** Sind die Voraussetzungen für die Anordnung der Rückgabe nicht gegeben, ist der Antrag des Sicherungsgebers durch einen mit Gründen versehenen, der Anfechtung zugänglichen Beschluss **abzulehnen.**

41 **g) Anfechtbarkeit.** Gegen die nach § 109 Abs. 2 ergehende Entscheidung steht beiden Teilen die **sofortige Beschwerde** zu (§ 109 Abs. 4), für die das Verfahren nach §§ 567 ff. gilt.

42 Dass die sofortige Beschwerde **„beiden Teilen"** zusteht, darf nicht dahin missverstanden werden, als sei jeder Teil sowohl bei Ablehnung wie auch bei Anordnung der Rückgabe beschwerdeberechtigt. Vielmehr ist das Rechtsmittel nur für den durch die Entscheidung jeweils **beschwerten** Beteiligten gegeben. Das ist bei Anordnung der Rückgabe der Antragsgegner (Sicherungsnehmer), im Falle der Antragsablehnung der Antragsteller und bei Teilanordnung und -ablehnung sind es beide Beteiligten wegen des sie beschwerenden Teils des Beschlusses.

43 Für das Beschwerdeverfahren besteht gem. § 569 Abs. 3 Nr. 1 kein Anwaltszwang, da bereits das Verfahren vor dem Rechtspfleger nicht der anwaltlichen Vertretung bedurfte (vgl. Rn. 16).

44 **h) Kosten. Gerichtskosten** kommen für das Verfahren nach § 109 nicht zum Ansatz, für das Beschwerdeverfahren fällt bei Verwerfung oder Zurückweisung der Beschwerde eine Festgebühr von 50 Euro an (Nr. 1812 KV GKG). Das Erinnerungsverfahren ist stets gebührenfrei (§ 11 Abs. 4 RpflG). Für den **Rechtsanwalt** gehört die Tätigkeit im Verfahren über die Rückgabe der Sicherheit und das Erlöschen der Bürgschaft (§ 109) gebührenrechtlich zum Rechtszug (§ 19 Abs. 1 S. 2 Nr. 7 RVG); sie ist daher mit der Verfahrensgebühr abgegolten. Wird er auf Grund besonderer Vollmacht tätig, erwächst ihm eine 0,8-Verfahrensgebühr nach Nr. 3403 VV RVG. Im Beschwerde- bzw. Erinnerungsverfahren beträgt die Verfahrensgebühr 0,5 (Nr. 3500 VV RVG), eine etwaige Terminsgebühr ebenfalls 0,5 (Nr. 3513 VV RVG). Für den **Streitwert** ist der Wert der Sicherheit und nicht der des Streitgegenstandes der Hauptsache maßgebend.[52]

§ 110 Prozesskostensicherheit

(1) Kläger, die ihren gewöhnlichen Aufenthalt nicht in einem Mitgliedstaat der Europäischen Union oder in einem Vertragsstaat des Abkommens über den Europäischen Wirtschaftsraum haben, leisten auf Verlangen des Beklagten wegen der Prozesskosten Sicherheit.

---

[51] *Stein/Jonas/Bork* Rn. 30.

[52] Wegen des Streitwerts der Klage auf Herausgabe einer Bürgschaftsurkunde vgl. BGH BauR 1994, 541; *Stein/Jonas/Bork* Rn. 29.

(2) Diese Verpflichtung tritt nicht ein:

1. wenn aufgrund völkerrechtlicher Verträge keine Sicherheit verlangt werden kann;
2. wenn die Entscheidung über die Erstattung der Prozesskosten an den Beklagten aufgrund völkerrechtlicher Verträge vollstreckt würde;
3. wenn der Kläger im Inland ein zur Deckung der Prozesskosten hinreichendes Grundvermögen oder dinglich gesicherte Forderungen besitzt;
4. bei Widerklagen;
5. bei Klagen, die aufgrund einer öffentlichen Aufforderung erhoben werden.

Übersicht

I. Normzweck und Anwendungsbereich

Die Bestimmungen über die Prozesskostensicherheit (§§ 110 bis 113), die **im Ausland ansässige Verfahrensbeteiligte** zu leisten haben, gehen in ihrer heutigen Fassung (in Kraft seit 1. 10. 1998) auf die Rechtsprechung des Europäischen Gerichtshofs[1] zurück, der mehrfach moniert hatte, 110 aF verstoße gegen das **Diskriminierungsverbot** des Art. 6 EG-Vertrags (früher Art. 7 EWG) sowie Art. 4 des Abkommens über den Europäischen Wirtschaftsraum. Indem nunmehr nach geltendem Recht deutsche Staatsangehörige und Angehörige von EU-Mitgliedstaaten sowie anderer EWR-Vertragsstaaten iSv. Art. 4 des Abkommens über den Europäischen Wirtschaftsraum formal gleichgestellt und von einer Sicherheitsleistung für Prozesskosten generell befreit sind, ist die vormalige Ungleichbehandlung beseitigt.[2] So knüpft die Pflicht zur Prozesskostensicherheit heute nicht mehr an die ausländische Staatsangehörigkeit an, und von ihr ausgenommen sind auch nicht mehr alle deutschen Staatsangehörigen. Vielmehr kommt es entscheidend auf den fehlenden **gewöhnlichen Aufenthalt** in einem Mitgliedstaat der **Europäischen Union** oder einem Vertragsstaat des Abkommens über den **Europäischen Wirtschaftsraum** an. 1

Sinn und Zweck der Prozesskostensicherheit ist es an sich, den im vorerwähnten Europäischen Raum ansässigen Beklagten vor **Vollstreckungsschwierigkeiten** außerhalb desselben zu **bewahren**[3] und ihm dort bei der Durchsetzung seines **Kostenerstattungsanspruchs** Schutz zu gewähren,[4] doch greift die Vorschrift auch dann ein, wenn der Beklagte seinen gewöhnlichen Aufenthalt ebenfalls außerhalb des Europäischen Raums hat (hierzu Rn. 14). Interessen der **Staatskasse** wahrzunehmen, ist mit ihr nicht bezweckt. Daher ist eine Vereinnahmung der eingezahlten Sicherheit durch die Gerichtskasse ausgeschlossen, namentlich nicht im Wege der Verrechnung mit Gerichtskosten.[5] Die nur auf Verlangen des Beklagten zu erbringende Sicherheit verschafft diesem in verfahrensrechtlicher Hinsicht eine eigens geltend zu machende – nicht von Amts wegen zu beachtende – **prozesshindernde Einrede.**[6] 2

---

[1] EUGH NJW 1993, 2431; 1996, 3407; 1997, 3299; 1998, 2127 m. Anm. *Rützel* NJW 1998, 2986.
[2] BT-Drucks. 13/10 871/98 S. 17.
[3] BGH NJW 1984, 2762.
[4] BT-Drucks. 13/10 871/98 S. 17.
[5] OLG Stuttgart Pfleger 1985, 375.
[6] BGH NJW-RR 1993, 1021.

3 Der **sachliche Anwendungsbereich** umfasst alle mit einer möglichen Kostenerstattung belasteten Verfahrensarten, mithin Leistungs-, Gestaltungs- und Feststellungsklagen.[7] Er ist grundsätzlich auf Verfahren nach der ZPO beschränkt.[8] Wegen der in § 110 Abs. 2 ausdrücklich ausgenommenen oder ihrer Natur nach nicht erfassten Verfahren wird auf Rn. 30, 31, 35, wegen einer analogen Anwendung auf der ZPO nicht unterfallende Rechtsstreitigkeiten auf Rn. 36 verwiesen.

4 Von der Pflicht, für die Prozesskosten Sicherheit leisten zu müssen, sind zahlreiche **Ausnahmen** auch im persönlichen Anwendungsbereich gegeben (vgl. Rn. 23–29, 32–34). Von ihnen verdient der Fall, dass der Kläger im Inland Grundvermögen oder dinglich gesicherte Forderungen besitzt, vorweg besonderer Hervorhebung. Im Übrigen muss die Prozesskostensicherheit als Sonderfall einer prozessualen Sicherheitsleistung gesehen werden, auf welche die allgemeinen Bestimmungen der §§ 108, 109 über Art, Höhe und Rückgabe der Sicherheit grundsätzlich anwendbar sind.

II. Voraussetzungen der Prozesskostensicherheit

5 **1. Personenkreis.** Die Pflicht zur Sicherheitsleistung, die bis zur Entscheidungsreife entstehen, sich inhaltlich verändern oder wieder entfallen kann, trifft diejenigen **Kläger,** die ihren gewöhnlichen Aufenthalt weder in einem Mitgliedstaat der Europäischen Union noch in einem Vertragsstaat des Abkommens über den Europäischen Wirtschaftsraum vom 2. 5. 1992 (BGBl. 1993 II S. 267, in der Fassung des Anpassungs-Prot. v. 17. 3. 1993, BGBl. II S. 1294) haben. Ohne Belang ist die klägerische **Staatsangehörigkeit,** weshalb auch ein deutscher Kläger, der ohne gewöhnlichen Aufenthalt im Gebiet der EU oder des Europäischen Wirtschaftsraums ist, grundsätzlich Prozesskostensicherheit zu leisten hat. Auch der Staatenlosigkeit kommt nur noch ausnahmsweise selbstständige rechtliche Bedeutung zu (vgl. Rn. 32).

6 Die derzeitigen 27 **Mitgliedstaaten** der Europäischen Union sind: Belgien, Bulgarien, Dänemark, Deutschland, Estland, Finnland, Frankreich, Griechenland, Vereinigtes Königreich Großbritannien (mit Nordirland), Irland, Italien, Lettland, Litauen, Luxemburg, Malta, Niederlande, Österreich, Polen, Portugal, Rumänien, Schweden, Slowakei, Slowenien, Spanien, Tschechische Republik, Ungarn und Zypern.

7 Zu den **Vertragsstaaten** des Abkommens über den Europäischen Wirtschaftsraum gehören zahlreiche der vorgenannten Mitgliedsstaaten und darüber hinaus noch Island, Liechtenstein und Norwegen.

8 **2. Kläger.** Die Fähigkeit, Kläger zu sein, kommt als Ausfluss der **Parteifähigkeit** allen natürlichen und juristischen Personen sowie Personengesellschaften zu. Die Verpflichtung zur Ausländersicherheit trifft sie nur, wenn sie als Kläger auftreten, ohne im Gebiete der EU oder des Europäischen Wirtschaftsraums ihren **„gewöhnlichen Aufenthalt"** zu haben. Die **als Kläger auftretende** und danach sicherungsverpflichtete Partei behält diese Eigenschaft, auch wenn sie zur Rechtsmittelbeklagten wird.[9] Für die Parteirolle als Kläger ist also allein die **1. Instanz** maßgebend. Dass auch der **Beklagte** auf dem Gebiete der EU oder des ERW ohne gewöhnlichen Aufenthalt ist, befreit den Kläger von der Pflicht zur Sicherheitsleistung nicht.[10] Befindet sich sein gewöhnlicher Aufenthalt oder Sitz (vgl. Rn. 10) im Gebiete der EU oder des EWR, so ist er, sofern nicht eine Umgehung nachgewiesen ist (vgl. Rn. 12), nicht allein deshalb als sicherheitspflichtig einzustufen, weil er eine ihm von einer außerhalb des gen. Gebiets ansässigen Person abgetretene Forderung geltend macht.[11] Dies gilt auch für eine vermögenslose juristische Person oder Gesellschaft, da vor einer davon ausgehenden Gefährdung § 110 den Beklagten nicht schützen will.

9 **a) Gewöhnlicher Aufenthalt.** Eine **natürliche Person** hat ihren gewöhnlichen Aufenthalt – ein rein tatsächliches Verhältnis[12] – an dem Ort (Politische Einheit), an dem sie längere Zeit oder regelmäßig verweilt.[13] Anders als für die Begründung eines Wohnsitzes, dem räumlichen Schwerpunkt der gesamten Lebensverhältnisse einer Person,[14] die eines dahingehenden rechtsgeschäftlichen Willens bedarf, ist ein solcher für die Schaffung eines gewöhnlichen Aufenthalts nicht erforderlich.[15]

---

[7] *Wieczorek/Schütze* Rn. 3.
[8] *Wieczorek/Schütze* Rn. 3.
[9] RGZ 154, 225; BGHZ 37, 266; BGH WM 1980, 505; OLG Stuttgart MDR 1957, 552; *Thomas/Putzo/Hüßtege* Rn. 5.
[10] OLG Düsseldorf NJW 1973, 2165.
[11] BGH NJW 1984, 2762.
[12] *Palandt/Heinrichs* § 7 BGB Rn. 2.
[13] BGH NJW 1983, 2771; *Palandt/Heinrichs* § 7 BGB Rn. 3.
[14] BGH LM § 7 BGB Nr. 3; BayObLG 1993, 89.
[15] BGH NJW 1993, 2048; *Palandt/Heinrichs* § 7 BGB Rn. 3.

Der gewöhnliche Aufenthalt bedeutet gegenüber dem Wohnsitz ein Weniger, weshalb dieser dem gewöhnlichen Aufenthalt iSv. § 110 Abs. 1 stets gleichwertig ist. Ein Aufenthalt von nur kurzer Dauer oder ein mit häufigem Ortswechsel verbundener ist dem gewöhnlichen Aufenthalt nicht gleichwertig. Er vermöchte dem Anliegen des § 110 nicht gerecht zu werden. Wohnsitz und gewöhnlicher Aufenthalt können gem. § 7 Abs. 2 BGB gleichzeitig an mehreren Orten begründet werden. Um nicht sicherungspflichtig zu werden, ist es ausreichend, dass in dem unter Rn. 6, 7 beschriebenen Gebiet einer mehrerer Wohnsitze oder gewöhnlicher Aufenthalte gegeben ist.

b) Juristische Personen und Personengesellschaften. Bei juristischen Personen tritt an die Stelle des gewöhnlichen Aufenthalts ihr **Sitz** iSv. § 17,[16] in der Regel der Ort, an dem die Verwaltung geführt wird (§ 24 BGB).[17] Dieser ist auch für parteifähige **Personengesellschaften** maßgebend.[18] Dagegen ist der gewöhnliche Aufenthaltsort persönlich haftender Gesellschafter ohne Bedeutung.[19] Selbst wenn diese alle Deutsche sind und in Deutschland leben, sind daher Personengesellschaften – einschließlich der Gesellschaft bürgerlichen Rechts – sicherheitspflichtig, wenn sie ihren Sitz im Ausland haben[20] und keine Ausnahme des Absatzes 2 (etwa im Inland belegenes Gesellschaftsvermögen) eingreift. Einer **Zweigniederlassung** fehlt es an der verselbstständigten Personifikation gegenüber dem Unternehmensträger, der allein Partei des Rechtsstreits ist. Folglich ist Prozesssicherheit nur dann zu erbringen, wenn der parteifähige Unternehmensträger seinen Sitz nicht innerhalb des in § 110 Abs. 1 festgelegten Gebiets hat. 10

c) Partei kraft Amtes. Klagt eine Partei kraft Amtes, ein Testamentsvollstrecker, Nachlassverwalter oder Insolvenzverwalter, als gesetzlicher Verfahrensstandschafter, ist nicht auf seine Person abzustellen, sondern darauf, ob das verwaltete Vermögen auf dem Gebiete der EU oder des EWR liegt, denn auf dieses Vermögen müsste ggf. wegen eines Kostenerstattungsanspruchs zwangsweise zugegriffen werden. Darauf, ob das verwaltete Vermögen eine ausreichende Sicherheit bietet, kommt es im Rahmen der Prüfung nach § 110 Abs. 1 mit Rücksicht auf die Gleichbehandlung des darin angesprochenen Personenkreises nicht an. Anders verhielte es sich bei einer nach § 110 Abs. 2 Nr. 3 beanspruchten Befreiung von der Pflicht zur Sicherheitsleistung. 11

Bei **gewillkürter Verfahrensstandschaft** ist auf den gewöhnlichen Aufenthalt des klagenden Verfahrensstandschafters abzustellen, auf den der ermächtigenden Person nur dann, wenn die Parteistellung dem in der EU oder dem EWR ansässigen Kläger zwecks **Umgehung** eingeräumt wurde.[21] Die vom gesetzlichen Verfahrensstandschafter abweichende Behandlung ist gerechtfertigt, da dieser am Rechtsstreit kein Eigeninteresse besitzt, während die gewillkürte Verfahrensstandschaft eigenes berechtigtes Interesse voraussetzt. 12

d) Klägermehrheit und Nebenintervention. Bei Klägermehrheit ist nach den beschriebenen Kriterien für jeden der mehreren Kläger selbstständig zu prüfen, ob der dem Kreis der Sicherungspflichten zuzurechnen ist oder nicht.[22] Bejahendenfalls berechnet sich die einzelne Quote gem. § 100 Abs. 1 nach Kopfteilen.[23] Der **Nebenintervenient** des **Klägers** steht diesem gleich und ist daher bei fehlendem gewöhnlichen Aufenthalt im Gebiete der EU oder des EWR zur Sicherheit verpflichtet. Für den streitgenössischen Nebenintervenienten (§ 69) umfasst die Sicherheitsleistung die gesamten Prozesskosten, für den gewöhnlichen Nebenintervenienten (§ 66) nur die ihn nach § 101 unter Umständen treffenden Kosten der Nebenintervention.[24] 13

3. Beklagter. Den Beklagten seinerseits trifft in keinem Fall eine Pflicht zur Sicherheitsleistung, mag er ausländischer Staatsangehöriger, staatenlos, im Gebiete der EU oder des EWR, ohne gewöhnlichen Aufenthalt sein. Das gilt für einen Beklagten auch dann, wenn er zum Rechtsmittelkläger wird (vgl. Rn. 8) oder wenn er **dieselbe Staatsangehörigkeit** wie der Kläger besitzt.[25] Denn nach dem Gesetzeswortlaut ist es – unabhängig von seiner Staatsangehörigkeit – allein er, der durch die dem Kläger abverlangte Sicherheitsleistung geschützt werden soll; eine Ausnahme sieht auch der Katalog der Befreiungstatbestände des Abs. 2 für solche Fälle nicht vor.[26] 14

---

[16] BGH NJW-RR 2005, 148, 149.
[17] *Palandt/Heinrichs* § 24 BGB Rn. 1.
[18] *Thomas/Putzo/Hüßtege* § 17 Rn. 1; *Schütze* RIW 1999, 10.
[19] BGH WM 1982, 136, 137.
[20] *Stein/Jonas/Bork* Rn. 9.
[21] *Stein/Jonas/Bork* Rn. 11.
[22] *Stein/Jonas/Bork* Rn. 11.
[23] *Stein/Jonas/Bork* § 112 Rn. 8.
[24] *Stein/Jonas/Bork* Rn. 11.
[25] LG München I GRUR-RR 2005, 335, 336.
[26] LG München I GRUR-RR 2005, 335, 336.

III. Ausnahmen von der Pflicht zur Prozesskostensicherheit (Abs. 2)

15 **1. Völkerrechtliche Verträge über Prozesskostensicherheit (Abs. 2 Nr. 1).** Die Verpflichtung entfällt, wenn auf Grund völkerrechtlicher Verträge keine Sicherheit verlangt werden kann. Hierzu rechnet die Gesamtheit der durch Vertrag begründeten Rechtssätze, die Beziehungen zwischen Staaten und anderen Völkerrechtssubjekten regeln, in Gestalt universaler und bilateraler Verträge, seien sie kollektiver oder zweiseitiger Natur. Besonderes Gewicht kommt hier dem **Haager Abkommen** über den Zivilprozess vom 17. 7. 1905 – RGBl. 1909 S. 409 (HZPrAbk.) und dem **Haager Übereinkommen** über den Zivilprozess vom 1. 3. 1954 – BGBl. II 1958 S. 576 (HZPÜ) zu, und zwar jeweils Art. 17. Danach darf den Angehörigen eines der Vertragsstaaten, die in einem dieser Staaten ihren Wohnsitz haben und vor den Gerichten eines anderen dieser Staaten als Kläger oder Intervenienten auftraten wegen ihrer Eigenschaft als Ausländer oder wegen Mangels eines inländischen Wohnsitzes oder Aufenthalts keine Sicherheitsleistung oder Hinterlegung auferlegt und auch kein Vorschuss zur Deckung der Gerichtskosten abverlangt werden. Das HZPrAbk. gilt im Verhältnis zu Estland (RGBl. 1930 II S. 1) und Island (RGBl. 1909 S. 409; 1926 II S. 553), das HZPÜ[27] im Verhältnis zu Ägypten, Argentinien, Armenien, Belarus, Belgien, Bosnien-Herzegowina, Dänemark, Finnland, Frankreich, Georgien, Israel, Italien, Japan, ehemaliges Jugoslawien, Kasachstan, Kirgistan, Kroatien, Lettland, Libanon, Luxemburg, Marokko, Mazedonien, Moldau, Niederlande, Norwegen, Österreich, Polen, Portugal, Rumänien, Russische Föderation, Schweden, Schweiz, Serbien-Montenegro, Slowakei, Slowenien, ehemalige Sowjetunion, Spanien, Surinam, Tschechische Republik, ehemalige Tschechoslowakei, Türkei, Ukraine, Ungarn, Usbekistan und Vatikanstadt.

16 § 110 Abs. 2 Nr. 1 zuzurechnen sind weitere Abkommen,[28] nämlich Art. 9 Abs. 2 Haager Unterhaltsvollstreckungsübereinkommen vom 15. 4. 1958 (BGBl. 1961 II S. 1005); Art. 16 Haager Unterhaltsvollstreckungsübereinkommen vom 2. 10. 1973 (BGBl. 1986 II S. 825); Art. 9 Abs. 2 UN-Übereinkommen über die Geltendmachung von Unterhaltsansprüchen im Ausland vom 20. 6. 1956 (BGBl. 1959 II S. 149); Art. 9 Abs. 1 Europäisches Niederlassungsübereinkommen (BGBl. 1959 II S. 997); Art. 15 Deutsch-griechisches Rechtshilfeabkommen vom 11. 5. 1938 (RGBl. 1939 II S. 848); Art. 14 Deutsch-marokkanischer Rechtshilfe- und Rechtsauskunftsvertrag vom 29. 10. 1985 (BGBl. 1988 II S. 1054); Art. 2 Deutsch-türkisches Abkommen über den Rechtsverkehr vom 28. 5. 1929 (RGBl. 1930 II S. 6); Art. 14 Deutsch-britisches Abkommen über den Rechtsverkehr vom 20. 3. 1928 (RGBl. 1928 II S. 623); Art. VI, Prot. Nr. 6 Deutsch-amerikanischer Freundschafts-, Handels- und Schifffahrtsvertrag vom 29. 10. 1954 (RGBl. 1956 II S. 487). Zu nennen ist schließlich noch das Genfer Abkommen über die Rechtsstellung der Flüchtlinge vom 28. 7. 1951 (BGBl. 1953 II S. 559).

17 Nur solche Staatsverträge, die – wie das auf die vorstehend angeführten zutrifft – **ausdrücklich** von der Pflicht zur Sicherheitsleistung befreien, sind der Ausnahme von § 110 Abs. 2 zuzurechnen. Nicht ausreichend sind hingegen Klauseln, die lediglich den freien und ungehinderten Zutritt zu den Gerichten gewähren oder Ausländer und Inländer bei gerichtlicher Geltendmachung ihrer Rechte gleichstellen. Zweck solcher Klauseln ist es lediglich, den Rechtsweg zu garantieren. Die Befreiung auf Grund staatsvertraglicher Regelung als Ausnahme von der in § 110 Abs. 1 auferlegten Verpflichtung ist – wie auch in den übrigen Fällen einer Begünstigung nach § 110 Abs. 2 Nr. 3 bis 5 – für den seit 1. 10. 1998 gem. Abs. 1 erweiterten Kreis der einer Sicherheitsleistung generell nicht mehr unterworfenen Kläger grundsätzlich bedeutungslos geworden. Für den Fall freilich, dass der Nachweis des gewöhnlichen Aufenthalts (Wohnsitzes, Sitzes) Schwierigkeiten begegnet, könnte hilfsweise auf einen der Ausnahmetatbestände des § 110 Abs. 2 zurückgegriffen werden.

18 **2. Völkerrechtliche Verträge über Vollstreckung (Abs. 2 Nr. 2).** Der Kläger ist von der Sicherheitsleistung entbunden, wenn die Entscheidung über die Erstattung der Prozesskosten an den Beklagten auf Grund völkerrechtlicher Verträge **vollstreckt** würde. Auch diese Ausnahme ist nur gegeben, wenn der Staatsvertrag die Vollstreckung einer zugunsten des Beklagten ergangenen Kostenentscheidung **ausdrücklich** zusichert. Dem steht gleich, dass sich ein Staat außerhalb der EU oder des EWR in einer völkerrechtlichen Vereinbarung zur Vollstreckung ausländischer gerichtlicher Entscheidungen verpflichtet. Denn diese vertragliche Zusage schließt die Verpflichtung zur Durchsetzung eines Kostenerstattungsanspruchs des Beklagten ein.[29] Hier sind zu nennen[30] Art. 25 LugÜ vom 16. 9. 1988 – BGBl. 1994 II S. 2568; Art. 27 Abs. 3 Deutsch-tunesischer Aner-

---

[27] Nachweis bei *Schütze* RIW 1999, 11 f.

[28] Nachweise und Quellen bei *Schütze* RIW 1999, 12 f.

[29] BT-Drucksache 13/10 871/98 S. 17.

[30] Nachweise und Quellen bei *Schütze* RIW 1999, 13 f.

kennungs-, Vollstreckungs- und Rechtshilfevertrag vom 19. 7. 1966 – BGBl. 1969 II S. 890; Art. 18 Haager Zivilprozessübereinkommen vom 1. 3. 1954 – BGBl. 1958 II S. 576 und Art. 18 Haager Zivilprozessabkommen vom 17. 7. 1905 – RGBl. 1909 S. 409.

Wegen weiterer Nachweise über die Befreiung von einer Prozesskostensicherheit, Hinterlegung oder Vorauszahlung zur Deckung der Gerichtskosten wird auf die von *Gottwald* bearbeitete Kommentierung des internationalen Zivilprozessrechts im **Schlussanhang des 3. Bandes** verwiesen. Hervorzuheben sind insbesondere: 19

- Brüsseler Übereinkommen über die gerichtliche Zuständigkeit und die Vollstreckung gerichtlicher Entscheidungen in Zivil- und Handelssachen (EuGVÜ) vom 27. 9. 1968 (BGBl. 1972 II S. 773) – B. 1.a) Art. 31;
- Vollstreckbarerklärung von Kostenentscheidungen nach dem Haager Übereinkommen über den Zivilprozess (HZPÜ) vom 1. 3. 1994 (BGBl. 1958 II S. 577) – B 4 – Art. 18, 19; nebst Ausführungsgesetz vom 18. 12. 1958 (BGBl. 1961 II S. 1006);
- Haager Übereinkommen über die Anerkennung und Vollstreckung von Entscheidungen auf dem Gebiet der Unterhaltspflicht gegenüber Kindern (HÜVÜ 1958) vom 15. 4. 1958 (BGBl. 1961 II S. 1006) – B. 3b);
- Haager Übereinkommen über die Anerkennung und Vollstreckung von Unterhaltsentscheidungen (HUVÜ 1973) vom 2. 10. 1973 (BGBl. 1986 II S. 1973) – B. 3a).

Ein **Überblick** über die von einer Sicherheitsleistung befreiten **Länder** nebst Quellennachweis findet sich bei *Baumbach/Lauterbach/Hartmann* im Anhang zu § 110. 20

3. Inlandsvermögen (Abs. 2 Nr. 3). Die Bestimmung sieht die Befreiung des Klägers von der Sicherheitsleistung vor, wenn er im Inland ein zur Deckung der Prozesskosten hinreichendes **Grundvermögen** oder **dinglich gesicherte Forderungen** besitzt. Die mit Rücksicht auf die Rspr. des EUGH in den Ausnahmekatalog aufgenommene Bestimmung befreit Kläger von der Sicherheitsleistung, die in der EU oder im EWR keinen dauernden Aufenthalt haben, vorausgesetzt, sie haben im Inland entsprechendes Vermögen. Auch wenn man dieser Gruppe den Kreis derer gegenüberstellt, die in der EU oder im EWR ansässig sind und deshalb vor deutschen Gerichten von vorneherein von jeglicher Sicherheitsleistung ausgenommen sind, ist unter Inland allein das Gebiet der BRD zu verstehen, nicht etwa auch das der EU oder des EWR. Diese Auslegung entspricht dem Gesetzeswortlaut und führt allein zu einer praktikablen Handhabung der Ausnahmevorschrift. Denn die Erfassung, Bewertung und zwangsweise Verwertung außerhalb Deutschlands gelegenen Vermögens stieße auf unüberwindliche Schwierigkeiten. 21

Dem **Grundvermögen** zuzurechnen sind Grundstücke und diesen gleichgestellte dingliche Rechte wie Erbbaurecht, Wohnungs- und Teileigentum, einschließlich ihrer wesentlichen Bestandteile iSv. §§ 93, 94 BGB. Bewegliche Gegenstände iSv. § 21 Abs. 2 ZVG iVm. §§ 1118–1123 BGB, §§ 864, 865 dürften bei Bewertung des Vermögens und damit bei der Frage nach der Notwendigkeit einer Sicherheit in aller Regel unberücksichtigt bleiben, obwohl sie nach § 90 Abs. 2 ZVG vom Zuschlag erfasst werden. Das Schicksal dieser Gegenstände ist zu wenig kalkulierbar. Dem Alleineigentum steht ein Miteigentums- oder Gesamthandsanteil grundsätzlich gleich, desgleichen ein Erbteil, wenn zum Nachlass Grundvermögen zählt. Besitz an Grundvermögen ist dahin zu verstehen, dass der Kläger Eigentümer ist oder an diesem ein dingliches Anwartschaftsrecht (vgl. §§ 873, 878, 925 BGB) besitzt. 22

Zu den **dinglich gesicherten Forderungen** sind Grundpfandrechte zu rechnen (§§ 1113ff., 1191ff., 1199 BGB, §§ 867, 868). Pfand- und Pfändungspfandrechte können auch an beweglichen Sachen, Forderungen und Rechten begründet werden und einem Kläger zustehen. Ob sie einem Beklagten hinreichend Sicherheit zu geben vermögen, erscheint zweifelhaft. Auch die Nennung im Anschluss an das Grundvermögen lässt Zweifel aufkommen. Zu bedenken ist, dass dem Beklagten an den von § 110 Abs. 2 Nr. 3 erfassten Gegenständen keine Sicherheit eingeräumt wird, sondern der Kläger bei ihrem Vorhandensein von der Pflicht zur Sicherheitsleistung befreit ist. Vor allem aber kann nicht angenommen werden, dass Pfandrechte an beweglichen Gegenständen als Sicherheit infrage kommen, diese Gegenstände selbst aber ausgeschlossen bleiben sollten. 23

Grundvermögen und dinglich gesicherte Forderungen müssen einen zur Deckung der Prozesskosten **hinreichenden Wert** besitzen. Zur betragsmäßigen Höhe der in Euro auszudrückenden Prozesskosten wird auf die Ausführungen in § 112 Rn. 3–6 hingewiesen. Ergänzend ist auf die Kosten zu verweisen, die auf Grund der Begründung einer notwendig werdenden Sicherheit und ihrer Verwertung (Zwangshypothek/Zwangsversteigerung/Zwangsverwaltung; Pfändung und Veräußerung von Grundpfandrechten) verursacht werden. Sie sind bei der Bewertung mitzuberücksichtigen. Dass eine Prozesskostensicherheit nur der Durchführung des Klageverfahrens dient und nicht dazu bestimmt ist, die Zwangsvollstreckung zu ermöglichen oder abzuwenden (vgl. § 113 24

Rn. 1), steht dem nicht entgegen. Der gem. § 110 Abs. 2 Nr. 3 begünstigte Kläger wird von der Pflicht zur Sicherheitsleistung mit Rücksicht darauf befreit, dass sich der Beklagte wegen seines Kostenerstattungsanspruchs aus dem klägerischen Vermögen befriedigen kann. Dafür verbleibt ihm nur der um die Vollstreckungskosten geminderte Erlös. Wegen des bei der Bewertung freien richterlichen Ermessens vgl. § 112 Rn. 3. Soweit die Gegenstände **vorrangig oder gleichrangig belastet** sind, gilt, dass ihr Wert durch solche Belastungen entscheidend mitbestimmt wird und auch ganz entfallen kann. Während des Rechtsstreits ist eine Belastung zum Nachteil des Beklagten ebenfalls nicht ausgeschlossen, solange dieser für seinen Kostenerstattungsanspruch an den klägerischen Gegenständen keine Sicherheiten begründet hat.

30 **4. Widerklagen (Abs. 2 Nr. 4).** Widerklagen sind von der Pflicht zur Sicherheitsleistung ausgenommen. Ein Beklagter ohne gewöhnlichen Aufenthalt innerhalb der EU oder des EWR wird daher auch nicht dadurch sicherheitsverpflichtet, dass er zum Widerkläger wird. Diese Befreiung auch nach Trennung von Klage und Widerklage (§ 145 Abs. 2) aufrechtzuerhalten,[31] ist abzulehnen.[32] Denn bei selbstständiger Fortführung des auf die Widerklage zurückzuführenden Verfahrens tritt die außerhalb der EU oder des EWR ansässige Partei in rechtlich selbstständiger Weise als Kläger iSd. § 110 Abs. 1 auf. Gegen die dadurch dem Kläger/Widerbeklagten erwachsenen Kosten muss sich dieser einredeweise wehren können. Befreit ist ein im Gebiete der EU oder des EWR nicht ansässiger Beklagter auch dann nicht, wenn er gegen den Kläger eine selbstständige Klage erhebt, obwohl er gegen ihn auch im Wege der Widerklage vorgehen könnte.[33]

31 **5. Öffentliche Klageaufforderung (Abs. 2 Nr. 5).** Befreit ist ein Kläger, dem es an einem gewöhnlichen Aufenthalt in der EU oder im EWR mangelt, für den Fall, dass er eine Klage infolge öffentlicher Aufforderung (vgl. §§ 946 ff.) erheben muss.

32 **6. Weitere Ausnahmen.** Der Grundsatz, dass jeder Kläger zur Sicherheitsleistung verpflichtet ist, der in der EU oder im EWR ohne gewöhnlichen Aufenthalt ist, erfährt außer in den nach § 110 Abs. 2 ausdrücklich geregelten Fällen, weitere Ausnahmen: **Staatenlose** Kläger, Personen also, die weder die deutsche noch eine fremde Staatsangehörigkeit besitzen, jedoch in der EU oder im EWR einen gewöhnlichen Aufenthalt haben, sind deutschen und ausländischen Klägern gleichgestellt, mithin zur Sicherheitsleistung nicht verpflichtet. Besitzen sie einen Wohnsitz oder gewöhnlichen Aufenthalt nur außerhalb des beschriebenen Gebiets, werden sie wie Bürger des Staates behandelt, in dem sie einen Wohnsitz oder gewöhnlichen Aufenthalt haben. Für sie kommt daher eine ausnahmsweise Befreiung nach Maßgabe bestehender völkerrechtlicher Verträge infrage.[34]

33 Ein **Vertriebener** oder **Flüchtling** iSd. AHKGes. Nr. 23 muss keine Prozesskosten leisten. Nach dem Gesetz vom 25. 4. 1951 (BGBl. I S. 269) sind **heimatlose Ausländer** ohne Rücksicht auf Staatsangehörigkeit und Wohnsitz von der Pflicht zur Sicherheitsleistung nach § 110 entbunden.

34 Ist einem Kläger, der in der EU oder im EWR keinen gewöhnlichen Aufenthalt hat, **Prozesskostenhilfe** bewilligt, ist er nach § 122 Abs. 1 Nr. 2 von der Verpflichtung zur Sicherheitsleistung für Prozesskosten befreit.

35 Ihrer Natur nach ungeeignet und schon deshalb nicht anwendbar ist § 110 auf Verfahren, die ohne Gegner eingeleitet werden, die eine Einrede der mangelnden Prozesskostensicherheit überhaupt erst erheben können. Hierher zählt das **Mahn-, Arrest-** und **einstweilige Verfügungs-** sowie das **selbstständige Beweisverfahren.** Geht das Mahnverfahren in ein Klageverfahren über, kommt § 110 zur Anwendung.[35] Dies trifft für Arrest- und einstweilige Verfügungsverfahren dann zu, wenn es zur mündlichen Verhandlung kommt,[36] also nicht erst im Falle der Durchführung eines Hauptsacheprozesses.[37] Für Anträge auf **Vollstreckbarkeitserklärung** von Schiedssprüchen und schiedsrichterlichen Vergleichen sowie von ausländischen Urteilen greift § 110 nur für den Fall ein, dass die Erhebung einer Klage erforderlich wird.

36 **7. Analoge Anwendung.** Dem Wortlaut nach ist § 110 Abs. 1 auf Klageverfahren beschränkt. Indes gibt es reine Antragsverfahren, die ihrer Gleichwertigkeit mit Klageverfahren wegen die Anwendung des § 110 gebieten. Hierher zählt das **Ehescheidungsverfahren,** das trotz seiner Einlei-

---

[31] *Stein/Jonas/Bork* Rn. 15.
[32] *Zöller/Herget* Rn. 3.
[33] *Geimer* IZPR Rn. 2005; *Schütze* S. 115.
[34] Art. 16 Abs. 2, 3 Übereinkommen über die Rechtsstellung der Staatenlosen, BGBl. II 1976, 473; 1977, 235; *Stein/Jonas/Bork* Rn. 7.
[35] *Wieczorek/Schütze* Rn. 13.
[36] OLG Köln NJW 1987, 76; *Thomas/Putzo/Hüßtege* Rn. 3; *Schütze* WM 1980, 1439.
[37] *Stein/Jonas/Bork* Rn. 14.

tung auf Grund eines Antrags ein echtes Parteiverfahren ist.[38] Gleiches hat für echte **Streitverfahren** der **freiwilligen Gerichtsbarkeit** zu gelten.

IV. Verlangen des Beklagten

37 **1. Überblick.** Die Anordnung einer Sicherheitsleistung sieht die ZPO teils von Amts wegen (zB § 709), teils nur auf Antrag (zB § 712) vor. Antrag in diesem Sinne ist als ein an das Gericht adressiertes Begehren zu verstehen, ohne das dieses nicht tätig werden, insbesondere eine Sicherheit nicht anordnen darf. Verlangen iSv. § 110 Abs. 1 hingegen bedeutet seiner rechtlichen Natur nach zugleich die Geltendmachung einer **prozesshindernden Einrede,** mit der sich der Beklagte auf eine verzichtbare Rüge der Zulässigkeit iSv. § 282 Abs. 3 beruft. Ein Verzicht hierauf kann ausdrücklich, durch schlüssiges Verhalten oder auch stillschweigend erfolgen.[39] Das Verlangen erfordert nicht, die verlangte Sicherheit betragsmäßig zu beziffern (näher § 113 Rn. 3).

38 **2. Geltendmachung.** Die Einrede der mangelnden Sicherheitsleistung ist vom **Beklagten** geltend zu machen. Auf sie kann sich jedoch auch dessen **Streithelfer** berufen, der streitgenössische (§ 69) auf Grund eigenen Rechts. Sie bei Gericht anzubringen, stellt eine Prozesshandlung dar, die nach § 282 Abs. 3 S. 1 grundsätzlich **vor** der **mündlichen Verhandlung** zur Hauptsache 1. Instanz vorgenommen werden muss.[40] Wird dem Beklagten zur Klageerwiderung eine Frist gesetzt, ist die Einrede innerhalb dieser Frist zu erheben (§§ 282 Abs. 3 S. 2, 275 Abs. 1 S. 1, 276 Abs. 1 S. 2). Ausnahmsweise können sich Beklagter oder Streithelfer auch noch in der Berufungsinstanz[41] oder in der Revisionsinstanz[42] auf die Einrede berufen, dies auch schon vor Entscheidung der 3. Instanz über die Zulässigkeit der Revision.[43] Die Sicherheit beschränkt sich in diesem Falle allerdings auf die bis zu dieser Entscheidung anfallenden Kosten,[44] weshalb der Beklagte im Revisionsverfahren selbst für darüber hinaus entstehenden Kosten gem. § 112 Abs. 3 erneut die Einrede der mangelnden Sicherheit geltend machen kann[45] (näher § 112 Rn. 8 ff.).

39 Wird die Einrede nach dem in § 282 Abs. 3 vorgesehenen Zeitpunkt erhoben, ist sie nur unter der Voraussetzung genügender **Entschuldigung** nach §§ 296 Abs. 3, 532, 565 zuzulassen,[46] so zB, wenn der Beklagte darlegt, dass er die Unkenntnis von dem fehlenden Aufenthalt des Klägers in der EU und dem EWR nicht zu vertreten hat, diesen erst in 2. Instanz erworben wurde oder ein bis dahin gegebener Befreiungstatbestand entfallen ist. Umgekehrt kann die Verpflichtung zur Sicherheitsleistung hinterher wegfallen, etwa durch Begründung eines gewöhnlichen Aufenthalts durch den Kläger in der EU oder im EWR. Entsprechend § 111 ist dann die angeordnete Sicherheit auf Verlangen des Klägers aufzuheben.[47]

40 **3. Wirkung der Einrede mangelnder Sicherheitsleistung.** Machen Beklagter oder Nebenintervenient zu Recht die Einrede mangelnder Sicherheitsleistung und damit der Unzulässigkeit der Klage geltend, hat das Gericht dem Kläger zunächst aufzugeben, binnen einer in der Anordnung zu bestimmenden **Frist** eine näher zu bezeichnende Sicherheit zu leisten. Nach Ablauf der Frist ist gem. § 113 auf Antrag des Beklagten, sofern der Kläger die Sicherheit bis zur Entscheidung nicht erbracht hat, die Klage für zurückgenommen zu erklären oder, wenn über ein Rechtsmittel des Klägers zu verhandeln ist, dieses zu verwerfen. Erweist sich das Verlangen, Sicherheit zu leisten, als unbegründet und wird es deshalb zurückgewiesen, können hieraus nach §§ 96, 97 nachteilige Kostenfolgen erwachsen.

41 Wegen der **Höhe und Art** der aufzugebenden Sicherheit sowie weiterer Einzelheiten des gerichtlichen Verfahrens wird auf § 112 Rn. 2 bis 6 und § 113 Rn. 3 ff. verwiesen.

42 **4. Beweislast.** Erhebt der Beklagte die Einrede mangelnder Prozesskostensicherheit, hat das Gericht ihre Berechtigung **von Amts wegen** zu prüfen, dies jedoch nur im Rahmen des Beibringungsgrundsatzes.[48] Das bedeutet, dass das Gericht nach § 139 auf gewisse Bedenken hinweisen und

---

[38] *Stein/Jonas/Bork* Rn. 14.
[39] *Wieczorek/Schütze* § 111 Rn. 3.
[40] BGH NJW-RR 2005, 148; NJW 2001, 3630, 3631; NJW 1990, 378.
[41] RGZ 154, 225.
[42] BGHZ 37, 265.
[43] BGH WM 1980, 504.
[44] BGH WM 1978, 736.
[45] BGH WM 1980, 505.
[46] *Thomas/Putzo/Hüßtege* Rn. 5.
[47] *Stein/Jonas/Bork* Rn. 8, § 111 Rn. 11.
[48] BGH NJW 1982, 1223; *Thomas/Putzo/Hüßtege* Rn. 2; *Baumbach/Lauterbach/Hartmann* Rn. 11.

die Parteien auffordern muss, sie durch Nachweise auszuräumen.[49] Gelingt dies nicht, geht das zu Lasten der beweispflichtigen Partei. So gilt:

43 Dem **Beklagten** obliegt der Beweis dafür, dass der Kläger/Nebenintervenient in der EU und im EWR ohne gewöhnlichen Aufenthalt ist.[50] Er trägt die Beweislast ferner für die sonstigen die Zulässigkeit der Einrede begründenden Umstände, wie beispielsweise das nicht zu vertretende verspätete Erheben der Einrede. Bestreitet der Kläger, ohne entsprechenden Aufenthalt zu sein, unternimmt seinerseits aber nichts, dies nachzuweisen, wird das Gericht die mangelnde Bereitschaft des Klägers, seinen gewöhnlichen Aufenthalt offenzulegen, ihm im Rahmen der Beweiswürdigung zum Nachteil anrechnen.

44 Der **Kläger** trägt die Beweislast dafür, dass eine von der Pflicht zur Sicherheitsleistung befreiende Ausnahme gegeben ist, insbesondere nach § 110 Abs. 2 Nr. 1, 2 und 3.[51]

45 Ist nachgewiesen, dass ein **völkerrechtlicher Vertrag** von der Pflicht zur Sicherheitsleistung ausdrücklich befreit oder auf Grund solchen Vertrags die Vollstreckung eines Kostenerstattungsanspruchs zugesichert ist, so ist davon auszugehen, dass die auswärtigen Gerichte entsprechend der geltenden Rechtsordnung verfahren.[52] Den Gegenbeweis dafür, dass dies nicht zutrifft, muss der Beklagte führen.[53] Handelt es sich beim Kläger um einen Angehörigen eines der Haager Vertragsstaaten, muss er für die Befreiung von der Pflicht zur Sicherheitsleistung keinen weiteren Nachweis erbringen.[54] Der **Beklagte** darf jedoch seinerseits Beweis antreten, dass der ausländische Staat seine rechtlich übernommene Pflicht zur Befreiung der Ausländer von der Ausländersicherheit tatsächlich nicht erfüllt, so etwa deshalb nicht, weil er außer Stande ist, dies in seinem ganzen Staatsgebiet zu garantieren.[55] Dem Beklagten obliegt es in einem solchen Falle, substantiiert vorzutragen, dass der ausländische Staat tatsächlich außer Stande oder nicht willens ist. Erbringt der daraufhin vom Gericht zu erhebende Beweis die Richtigkeit der Behauptung des Beklagten, ist der Kläger zur Sicherheitsleistung verpflichtet.[56] Der dem **Kläger** obliegende Beweis, er sei von der Pflicht zur Sicherheitsleistung gem. § 110 Abs. 2 Nr. 3 entbunden, weil ihm ein in Deutschland gelegenes **Grundstück** gehöre oder an einem solchen ein Grundpfandrecht zustehe, dürfte insbesondere hinsichtlich der Bewertung nicht selten einen Streit darüber auslösen, ob der Beklagte Sicherheitsleistung fordern kann oder sich mit dem Ausspruch begnügen muss, dass der Kläger in Deutschland ein zur Deckung der Prozesskosten hinreichendes Grundvermögen oder dinglich gesicherte Forderungen besitze. Wegen des zu führenden **Zwischenstreits** vgl. § 113 Rn. 3 ff.

46 **5. Verfahren.** Wegen der Verfahrensweise des Gerichts, die unterschiedlich sein kann, je nachdem, ob sich die Parteien über die Pflicht zur Sicherheitsleistung sowie über deren Art und Höhe einig oder uneins sind, wird auf die Ausführungen § 113 Rn. 3 ff. verwiesen.

§ 111 Nachträgliche Prozesskostensicherheit

Der Beklagte kann auch dann Sicherheit verlangen, wenn die Voraussetzungen für die Verpflichtung zur Sicherheitsleistung erst im Laufe des Rechtsstreits eintreten und nicht ein zur Deckung ausreichender Teil des erhobenen Anspruchs unbestritten ist.

I. Normzweck und Anwendungsbereich

1 § 111 **erweitert** den **Schutz des Beklagten** vor dem Ausfall seiner kostenrechtlichen Ersatzansprüche in Fällen, in denen ihm die Einrede mangelnder Prozesskostensicherheit erst nach dem Zeitpunkt erwächst, zu dem er sie grundsätzlich erheben muss (§§ 282 Abs. 3, 296 Abs. 3, 532, 565, vgl. § 110 Rn. 38).

2 § 111 erfasst nur diejenigen Fälle, in denen die Pflicht zur Sicherheitsleistung **nachträglich** im Laufe des Verfahrens entsteht, zB bei Wegfall des gewöhnlichen Aufenthalts in der EU oder im EWR (vgl. § 110 Rn. 1, 5 ff.) oder bei Veräußerung des einzigen Grundstücks (§ 110 Rn. 21 ff.) während des Rechtsstreits, nicht auch diejenigen, die den Beklagten berechtigten, die von Anfang

---

[49] *Baumbach/Lauterbach/Hartmann* Vor § 128 Rn. 38–40.

[50] BGH NJW 1982, 1223; *Thomas/Putzo/Hüßtege* Rn. 2; *Baumbach/Lauterbach/Hartmann* Rn. 13; *Zöller/Herget* Rn. 7.

[51] *Thomas/Putzo/Hüßtege* Rn. 2; *Baumbach/Lauterbach/Hartmann* Rn. 13.

[52] BGHZ 42, 194 = NJW 1964, 2350; BGHZ 49, 50 = NJW 1968, 357; BGH NJW 1982, 1223.

[53] BGH NJW 1982, 1223.

[54] BGHZ 12, 152; *Baumbach/Lauterbach/Hartmann* Rn. 13.

[55] OLG Frankfurt RIW 1989, 906, 907 m. Anm. *Patzina;* aM OLG Köln RIW 1985, 495.

[56] OLG Frankfurt RIW 1989, 906, 907.

an gegebene, aber unverschuldet nicht erhobene oder wieder fallengelassene[1] Einrede noch später geltend zu machen (vgl. § 110 Rn. 38f.). Auch die Fälle einer nachträglichen Erhebung gem. § 112, zB bei Prozessverteuerung oder Geltendmachung für die Revisionsinstanz, fallen nicht unter § 111[2] (vgl. § 112 Rn. 9).

II. Voraussetzungen

3 **1. Grundsatz.** Die Einrede mangelnder Prozesskostensicherheit ist grundsätzlich **vor der mündlichen** Verhandlung zur Hauptsache (§ 282 Abs. 3 S. 1), bei Fristsetzung zur Klageerhebung innerhalb dieser Frist (§§ 282 Abs. 3 S. 2, 275 Abs. 1 S. 1, 276 Abs. 1 S. 2) zu erheben (vgl. § 110 Rn. 38). Ausnahmsweise kann der Beklagte Sicherheit auch noch danach verlangen, nämlich dann, wenn die Voraussetzungen hierfür erst im Laufe des Rechtsstreits eintreten. Der Kläger darf also bis zu dem Zeitpunkt, in dem die Einrede normalerweise zu erheben ist, zur Sicherheitsleistung nicht verpflichtet gewesen sein. Die Befreiung von ihr kann auch noch in der Revisionsinstanz entfallen und als Zulässigkeitsvoraussetzung geltend gemacht werden.

4 **2. Nachträgliche Entstehungsgründe.** Die nachträgliche Pflicht einer Sicherheitsleistung kann darin begründet liegen, dass der Kläger seinen bei Prozessbeginn in der EU bzw. im EWR vorhandenen gewöhnlichen Aufenthalt an einen Ort außerhalb dieses Gebiets verlegt. Gleiches trifft auf die Sitzverlegung einer juristischen Person oder einer Personengesellschaft zu.

5 Denkbar ist auch, dass eine bei Prozessbeginn gegebene **zwischenstaatliche Vereinbarung** aufgehoben wird oder ausläuft. Dem steht gleich, dass eine bislang auf Grund völkerrechtlichen Vertrags bestehende Zusicherung, einen Kostenerstattungsanspruch des Beklagten außerhalb der EU bzw. des EWR zu vollstrecken, infolge Vertragsänderung entfällt.[3]

6 Schließlich kann dem Gegner die Einrede der Prozesskostensicherheit zuwachsen, wenn das Mahnverfahren in das Klageverfahren übergeht,[4] im Anschluss an ein Arrest- oder ein einstweiliges Verfügungsverfahren der Hauptsacheprozess durchgeführt wird, Klage und Widerklage getrennt (§ 145 Abs. 2) und als selbstständige Klageverfahren aufrechterhalten werden,[5] ferner, wenn die dem Kläger gewährte Prozesskostenhilfe zu einem Zeitpunkt entzogen wird, in dem in der laufenden Instanz noch mit weiteren Kosten zu rechnen ist oder sie für die Berufungs- bzw. Revisionsinstanz nicht bewilligt wird. Im Übrigen zählt hierher auch ein etwaiger Parteiwechsel oder der Eintritt einer Rechtsnachfolge.

7 **3. Verzicht auf die Einrede.** Der Beklagte kann die Einrede mangelnder Sicherheitsleistung dann nicht mehr erheben, wenn er, was zulässig ist,[6] auf ihre Geltendmachung allgemein verzichtet hat. Dies gilt für die von Anfang an gegebene (§ 110) und die erst später entstandene (§ 111) Verpflichtung zur Sicherheitsleistung gleichermaßen. Ein Verzicht setzt Kenntnis der gegebenen Einrede voraus. Er ist von der in schuldhafter Weise verspätet erhobenen Einrede (§§ 282 Abs. 3, 296 Abs. 3) zu unterscheiden, die zB auch darin zu sehen ist, dass die Einrede zunächst erhoben, hinterher aber wieder fallen gelassen wird.[7] Auch im Falle des § 111 muss die Sicherheitsleistung rechtzeitig verlangt werden (vgl. Rn. 3). Ein nur beschränkter Verzicht ist unzulässig.[8] Er verbietet sich schon deshalb, weil Rügen, welche die Zulässigkeit der Klage nach § 282 Abs. 3 betreffen, gleichzeitig und für alle Instanzen[9] rechtzeitig vorgebracht werden müssen. Dies schließt freilich nicht aus, dass die Einrede trotz Verzichts gegenüber einem erheblich ins Gewicht fallenden erweiterten Klageantrag gleichwohl wieder erhoben werden kann,[10] wenngleich nur in Bezug auf voraussichtliche Mehrkosten.[11]

8 **4. Ungedeckter Anspruch auf Sicherheitsleistung.** Die erfolgreiche Geltendmachung der erst im Laufe des Verfahrens entstandenen Einrede setzt weiter voraus, dass zur Deckung der Sicherheitsleistung **kein ausreichender unbestrittener Teil** des erhobenen Anspruchs vorhanden ist. Wäre ein solcher gegeben, könnte sich der Beklagte an ihm durch Einbehaltung schadlos halten. Unbestritten bedeutet, dass der Anspruch anerkannt und einredefrei ist, ihm insbesondere keine

---

[1] RGZ 155, 239, 240.
[2] RGZ 155, 239, 240, 241.
[3] OLG Frankfurt RIW 1989, 906 m. Anm. *Patzina.*
[4] *Stein/Jonas/Bork* § 110 Rn. 14; *Wieczorek/Schütze* § 110 Rn. 13.
[5] OLG Hamburg NJW 1983, 526.
[6] *Baumbach/Lauterbach/Hartmann* Rn. 4; *Stein/Jonas/Bork* Rn. 5.
[7] RGZ 155, 239, 241; *Stein/Jonas/Bork* Rn. 5.
[8] *Stein/Jonas/Bork* Rn. 5.
[9] RGZ 155, 239, 241; BGH NJW 1981, 2646.
[10] LG Schweinfurt NJW 1971, 330; *Stein/Jonas/Bork* Rn. 5; *Baumbach/Lauterbach/Hartmann* Rn. 4.
[11] *Wieczorek/Schütze* Rn. 3.

aufrechenbare Forderung des Beklagten gegenübersteht. Ob er ausreichend ist, richtet sich nach der Höhe der dem Beklagten bereits erwachsenen und voraussichtlich noch entstehenden Kosten. Sie zu bestimmen, liegt im freien Ermessen des Gerichts (vgl. § 112 Abs. 2).

9 **5. Verlangen des Beklagten.** Auch die erst im Laufe des Rechtsstreits eintretende Verpflichtung zur Sicherheitsleistung wird nur auf Verlangen des Beklagten berücksichtigt. Dieses ist auch hier wie zu § 110 Rn. 37 dargelegt zu verstehen.

10 Das Verlangen muss insbesondere **rechtzeitig** erfolgen, da auch für eine neu eingetretene Verpflichtung zur Sicherheitsleistung §§ 282 Abs. 3, 532, 565 gelten. Den Eintritt erst im Laufe des Verfahrens muss der Beklagte dartun und erforderlichenfalls glaubhaft machen. Erhebt er die Rüge nicht rechtzeitig, muss er die Verspätung genügend entschuldigen (vgl. § 110 Rn. 39) und dies erforderlichenfalls glaubhaft machen. Nicht ausreichende Entschuldigung der verspätet erhobenen Einrede und ebenso ihr allgemeiner Verzicht bewirken auch im Rahmen des § 111 ihren Verlust.[12] Eine betragsmäßige Bezifferung erfordert das Verlangen auch zu § 111 nicht. Ist das Verlangen des Beklagten unbegründet, können ihm nach **§§ 96, 97** zusätzliche Kosten erwachsen.[13]

11 Wegen der **Verfahrensweise** des Gerichts, die unterschiedlich sein kann, je nachdem, ob sich die Parteien über die Pflicht zur nachträglich entstandenen Sicherheitsleistung sowie über deren Art und Höhe einig oder uneins sind, wird auf die Ausführungen § 113 Rn. 3ff. verwiesen.

III. Wegfall der Pflicht zur Sicherheitsleistung

12 In gleicher Weise, wie die unter Rn. 4 bis 6 angeführten Fälle nach § 111 zur nachträglichen Verpflichtung zur **Sicherheitsleistung** führen können, kann diese umgekehrt im Laufe des Verfahrens auch wieder **entfallen,** so beispielsweise bei Neubegründung eines gewöhnlichen Aufenthalts in der EU bzw. im EWR, Eigentumserwerb an einem wertvollen, lastenfreien Grundstück in Deutschland während des Rechtsstreits oder erst nach durchgeführter Beweisaufnahme bewilligter Prozesskostenhilfe. Im Ergebnis führt dies dazu, dass zugunsten des Klägers das **Verfahren nach § 109** eröffnet ist und er seinerseits Aufhebung und **Rückgabe** der erbrachten Sicherheit verlangen kann.[14] Dem steht insbesondere nicht entgegen, dass der Kläger ein Zwischenurteil, das ihm die Stellung einer Prozesskostensicherheit auferlegt, nicht selbstständig anfechten kann (vgl. § 113 Rn. 12) und ihm daher der Weg über § 109 versperrt wäre.[15] Vielmehr entspricht es gerade dessen Normzweck, bei Wegfall der Veranlassung einer Sicherheitsleistung dem Sicherungsgeber eine einfache Möglichkeit aufzuweisen, die nicht mehr benötigte Sicherheit zurückzuerlangen.[16] Auch die Gefahr einer Divergenz zwischen dem richterlichen Zwischenurteil und der vom Rechtspfleger zu treffenden Entscheidung im Verfahren des § 109 besteht nicht, da das letztere gerade nicht die Überprüfung der Richtigkeit des Zwischenurteils zum Gegenstand hat, sondern den vom Kläger zu beweisende Umstände für den nachträglichen Wegfall der Veranlassung einer Sicherheitsleistung.[17] Für ein selbstständiges Klageverfahren auf Rückgabe der Sicherheit ist hingegen ein Rechtsschutzbedürfnis nur bei Vorliegen besonderer Gründe zu bejahen; ansonsten ist der Kläger gehalten, den einfacheren Weg des § 109 zu wählen.[18]

§ 112 Höhe der Prozesskostensicherheit

(1) Die Höhe der zu leistenden Sicherheit wird von dem Gericht nach freiem Ermessen festgesetzt.

(2) [1]Bei der Festsetzung ist derjenige Betrag der Prozesskosten zugrunde zu legen, den der Beklagte wahrscheinlich aufzuwenden haben wird. [2]Die dem Beklagten durch eine Widerklage erwachsenden Kosten sind hierbei nicht zu berücksichtigen.

(3) Ergibt sich im Laufe des Rechtsstreits, dass die geleistete Sicherheit nicht hinreicht, so kann der Beklagte die Leistung einer weiteren Sicherheit verlangen, sofern nicht ein zur Deckung ausreichender Teil des erhobenen Anspruchs unbestritten ist.

---

[12] BGH NJW 1981, 2646; *Zöller/Herget* Rn. 1; *Baumbach/Lauterbach/Hartmann* Rn. 4; *Stein/Jonas/Bork* Rn. 1, 2 und 3.
[13] BGH NJW 1980, 839.
[14] BGH NJW-RR 2006, 710, 711.
[15] So aber OLG Karlsruhe NJOZ 2005, 2236.
[16] BGH NJW-RR 2006, 710, 711, 712.
[17] BGH NJW-RR 2006, 710, 712.
[18] BGH NJW-RR 2006, 710, 711; NJW 1994, 1351, 1352.

I. Normzweck

§ 112 regelt in Anlehnung an § 108 und in Ergänzung hierzu die Festsetzung der Ausländersicherheit der **Höhe** nach, während für ihre **Art** die allgemeine Bestimmung des § 108 eingreift. Abs. 3 trägt dem Umstand Rechnung, dass sich die festgesetzte Sicherheit im Laufe des Rechtsstreits als unzureichend erweisen kann; er lässt daher ihre Erhöhung zu. 1

II. Bestimmung der Höhe

1. Zuständigkeit. Für die Anordnung einer zu leistenden Prozesskostensicherheit und damit auch für die Ermittlung und Bestimmung ihrer **Höhe** ist der für die Entscheidung in der Hauptsache berufene Richter zuständig, und zwar derjenige, vor dem der Prozess gerade **anhängig** ist[1] (vgl. auch § 108 Rn. 7). 2

2. Ermittlung der Höhe. Bei der Festsetzung der Höhe gesteht Abs. 1 dem Richter **freies** und daher nicht nachprüfbares **Ermessen** (vgl. § 108 Rn. 8 bis 13) zu. Auch eine Schätzung ist gestattet. 3

Bei Ermittlung des betragsmäßigen Umfangs hat der Richter von den Prozesskosten auszugehen, die dem Beklagten **wahrscheinlich erwachsen** werden. Hierher zählen die von ihm bereits erbrachten und voraussichtlich noch aufzuwendenden **gerichtlichen** und **außergerichtlichen** Prozesskosten. Als Gerichtskosten kommt vor allem ein Gerichtskostenvorschuss in Frage, den der Beklagte als Berufungskläger zu erbringen hat. Soweit dafür der Kläger Sicherheit leistet, darf diese von der Gerichtskasse nicht mit einer ihr zustehenden Gebührenforderung verrechnet werden[2] (vgl. § 108 Rn. 1). Ebenso wie der Beklagte gehalten ist, die Einrede der mangelnden Prozesskostensicherheit grundsätzlich in Bezug auf alle ihm entstandenen und voraussichtlich noch entstehenden Prozesskosten geltend zu machen, um sich hinterher nicht dem Vorwurf unentschuldigter verspäteter Rüge (§§ 282 Abs. 3, 296 Abs. 3) auszusetzen, ist auch bei Ermittlung der Höhe durch das Gericht grundsätzlich von dem für **alle Instanzen** aufzuwendenden Betrag auszugehen.[3] 4

Da gleichwohl eine unverhältnismäßig hohe Sicherheitsleistung dem Kläger die Rechtsverfolgung nicht unnötig erschweren soll und der Beklagte dadurch, dass die Höhe zunächst nicht alle später tatsächlich durchlaufenen Instanzen erfasst, der erneuten Geltendmachung der Einrede mangelnder Sicherheitsleistung nicht beraubt wird[4] (vgl. Rn. 8 ff.), ist der in Rechtsprechung überwiegend geübten und Literatur gutgeheißenen **Praxis** zuzustimmen, die Höhe zunächst nur nach den Kosten der Eingangs- und ersten Rechtsmittelinstanz zu bemessen,[5] ohne dass sich hieraus nachteilige Folgen für die Einredebefugnis des Beklagten ergeben (näher Rn. 11). Für klägerische Streitgenossen gilt § 100 entsprechend.[6] 5

Für ein etwaiges **Revisionsverfahren** sind nach erneut erhobener Einrede zunächst nur die bis zur Entscheidung über die Zulässigkeit der Revision (§ 544 Abs. 6) entstandenen Kosten zu berücksichtigen[7] und im Falle der Durchführung des Revisionsverfahrens auf neuerliche Rüge eine nachträgliche Erhöhung (§ 112 Abs. 3) zuzulassen. 6

Von der Pflicht zur Sicherheitsleistung ausgenommen sind nach § 112 Abs. 2 S. 2 die dem Beklagten durch eine **Widerklage** erwachsenen Kosten. 7

III. Nachträgliche Erhöhung und Herabsetzung

Die dem Beklagten nach § 110 zustehende Einrede ist grundsätzlich umfassend, mithin hinsichtlich aller ihm entstandenen und voraussichtlich noch entstehenden Prozesskosten geltend zu machen. Entsprechendes gilt auch für eine erst im Laufe des Verfahrens nach § 111 erwachsene Einrede. In beiden Fällen kann sich die geleistete Sicherheit als unzureichend erweisen. Unter den Voraussetzungen des § 112 Abs. 3 kann dann zwecks ihrer Erhöhung die mangelnde Sicherheitsleistung **erneut gerügt** werden. 8

Die geleistete **Sicherheit** kann aus mehreren Gründen **unzureichend** sein, etwa weil eine Klageerweiterung zu erhöhten Kosten führt oder weil infolge Rechtsmitteleinlegung bislang noch 9

---

[1] RG SeuffA 51, 346; *Stein/Jonas/Bork* Rn. 9; *Zöller/Herget* Rn. 3.

[2] OLG Stuttgart Rpfleger 1985, 375.

[3] RGZ 155, 241; BGHZ 37, 267 = NJW 1962, 345; BGH 2001, 3630, 3631; NJW 1990, 378; *Zöller/Herget* Rn. 2.

[4] BGHZ 37, 267; BGH NJW 1974, 238; WM 1980, 505; 1982, 137; OLG Frankfurt 1954, 43; *Zöller/Herget* Rn. 3.

[5] *Thomas/Putzo/Hüßtege* Rn. 1 *Stein/Jonas/Bork* Rn. 6; *Zöller/Herget* Rn. 2.

[6] *Stein/Jonas/Bork* Rn. 8.

[7] BGH WM 1980, 504, 505.

nicht berücksichtigte Kosten erwachsen. Entsprechendes gilt bei Zurückverweisung des Rechtsstreits.

10 Eine zusätzlich erforderlich werdende Sicherheit darf nicht dadurch gedeckt sein, dass ein **ausreichender Teil** des erhobenen Anspruchs **unbestritten** ist. Diesbezüglich gelten die unter § 111 Rn. 9 gemachten Ausführungen.

11 Auch die erhöhte Sicherheit wird nur auf **Verlangen** des Beklagten angeordnet, wobei es einer betragsmäßigen Bezifferung ebenso wenig wie im Rahmen eines vorausgegangenen Verlangens bedarf. Hierzu wird auf § 111 Rn. 10f. verwiesen. Insbesondere ist, wie dort dargestellt, auch die erhöhte Sicherheit durch **rechtzeitig** erhobene Einrede geltend zu machen. Dabei ist aber zu beachten, dass der Beklagte seiner Einrede nicht dadurch verlustig geht, dass das Gericht seinem rechtzeitig vor der ersten Verhandlung geäußerten Verlangen (§ 282 Abs. 3 S. 1) nach **umfassender Sicherheitsleistung** für alle Rechtszüge (vgl. Rn. 4) nur eingeschränkt gefolgt ist und zunächst nur Prozesskostensicherheit in einer Höhe anordnet, welche die ersten beiden Instanzen abdeckt[8] (vgl. Rn. 5). Denn der Beklagte darf jedenfalls solange abwarten, bis eine geleistete Sicherheit nicht (mehr) ausreicht, um dann erneut das Verlangen einer angemessenen Aufstockung der Sicherheit erneut geltend zu machen.[9] Versäumt hingegen die Partei trotz einer sich bereits abzeichnenden Unterdeckung einer vorhandenen Prozesskostensicherheit, den Antrag nach § 112 Abs. 3 auf Erhöhung zu stellen, ist die spätere Einrede nur dann zuzulassen, wenn sie iSv. § 296 Abs. 3 genügend **entschuldigt** wird oder der Kläger die Verspätung seinerseits **nicht rügt.**[10] Gleiches gilt, wenn der Beklagte zwar zunächst unbeschränkt Sicherheitsleistung für die Kosten aller Rechtszüge begehrt, dann aber hierauf **verzichtet,** etwa indem er der Auffassung des Gerichts zustimmt, dass im Falle einer Klagabweisung die Anordnung einer weiteren Sicherheitsleistung entbehrlich sei.[11]

12 Unbegründetes Verlangen nach erhöhter Sicherheitsleistung kann zur Kostentragung nach **§§ 96, 97** führen.[12] Wegen des Verfahrens der Anordnung wird im Übrigen auf § 113 Rn. 3ff. verwiesen.

13 Im Laufe des Verfahrens kann es dazu kommen, dass sich die zunächst angeordnete und erbrachte Sicherheit als **zu hoch** erweist, so etwa dann, wenn die mitberücksichtigte 2. Instanz nicht durchlaufen oder die Klage teilweise zurückgenommen wird. Dies führt auf Verlangen des Klägers entsprechend § 112 Abs. 3 zur teilweisen Aufhebung und Rückgabe der Sicherheit[13] (vgl. auch § 111 Rn. 14).

§ 113 Fristbestimmung für Prozesskostensicherheit

[1] Das Gericht hat dem Kläger bei Anordnung der Sicherheitsleistung eine Frist zu bestimmen, binnen der die Sicherheit zu leisten ist. [2] Nach Ablauf der Frist ist auf Antrag des Beklagten, wenn die Sicherheit bis zur Entscheidung nicht geleistet ist, die Klage für zurückgenommen zu erklären oder, wenn über ein Rechtsmittel des Klägers zu verhandeln ist, dieses zu verwerfen.

I. Normzweck

1 **1. Normzweck.** Auf die Erbringung einer Prozesskostensicherheit sind grundsätzlich die Bestimmungen der §§ 108, 109 anwendbar. Sie unterscheidet sich jedoch von diesen Fällen einer prozessualen Sicherheit in mehrfacher Hinsicht grundlegend. Anders als jene verschafft sie dem Beklagten, solange die Sicherheit nicht geleistet ist, eine **prozessuale Einrede,** die ein zu ihrer Verwirklichung notwendiges Regelverfahren in Gestalt eines Zwischenurteils auslöst (§§ 280, 303). Auch die Folgen einer nicht erbrachten Ausländersicherheit sind besonderer Art. Sie sind allein in Zusammenhang mit der Durchführung eines Klageverfahrens zu sehen, sind also nicht dazu bestimmt, die Zwangsvollstreckung zu ermöglichen oder abzuwenden. Eine § 108 ergänzende Regelung ist indes noch aus einem anderen Grunde geboten. Mit der Einrede der mangelnden Sicherheitsleistung rügt der Beklagte die Zulässigkeit der Klage. Gleichwohl konnte es das Gesetz auch nicht bei der bloßen Anwendung der §§ 280, 282 Abs. 3, 296 Abs. 3 belassen. Denn anders als bei

[8] BGH NJW-RR 2005, 148, 149; NJW 1990, 378.
[9] BGHZ 37, 267 = NJW 1962, 345; BGH NJW-RR 2005, 148, 149.
[10] BGH NJW 2001, 3630, 3631; NJW 1990, 378, 379.
[11] BGH NJW 2001, 3630, 3631.
[12] BGH NJW 1980, 839.
[13] *Baumbach/Lauterbach/Hartmann* Rn. 7; *Zöller/Herget* Rn. 3; *Stein/Jonas/Bork* Rn. 10.

einem sonstigen Prozesshindernis kommt eine sofortige Abweisung der Klage durch Prozessurteil nicht in Betracht. Statt dessen ist dem Kläger zunächst die Möglichkeit zu eröffnen, den Zulässigkeitsmangel binnen einer Frist durch Einbringung der Sicherheit zu beheben. Diesen Besonderheiten wie auch den besonderen Folgen, die bei ausbleibender Sicherheitsleistung anzuordnen sind, tragen §§ 112, 113 Rechnung.

II. Anordnung der Prozesskostensicherheit

1. Antrag. Die Sicherheit wird nur auf Antrag („Verlangen“ iSv. §§ 110 Abs. 1, 111, 112 Abs. 3) angeordnet. Darin liegt zugleich die Erhebung der Zulässigkeitsrüge (§§ 282 Abs. 3, 296 Abs. 3). Der Antrag erfordert nicht, die verlangte Sicherheit betragsmäßig zu beziffern, weil das Gericht die Höhe gem. § 112 von sich aus nach freiem Ermessen festzusetzen hat, sobald es die Einrede für begründet erachtet.[1] Gibt das Gericht einem bezifferten Antrag, der insoweit nur als Anregung zu verstehen ist, nicht voll statt, liegt darin keine teilweise Zurückweisung seines Begehrens, weshalb auch eine Anfechtung ausscheidet.[2] 2

2. Zuständigkeit. Für die Anordnung ist das für die Entscheidung in der **Hauptsache** berufene Gericht zuständig. Das ist im Falle des § 110 Abs. 1 die Eingangsinstanz, bei Verlangen einer nachträglichen Sicherheit iSv. § 111 und für die Bestimmung einer weiteren Sicherheit nach § 112 Abs. 3 dasjenige Gericht, vor dem das Verfahren gerade anhängig ist.[3] 3

3. Entscheidung durch Beschluss. Besteht unter den Parteien weder über die Pflicht zur Sicherheitsleistung noch über ihre Höhe Streit, kann die Entscheidung ausnahmsweise anstatt durch Zwischenurteil durch **Beschluss** ergehen.[4] Zwar wird in aller Regel auch hier eine **mündliche Verhandlung** vorausgehen, doch ist diese freigestellt.[5] Einer mündlichen Verhandlung bedarf es schon deshalb nicht, weil mangels Streit über die Sicherheitsleistung es weder zu einer abgesonderten Verhandlung (§ 280 Abs. 1) noch zu einem Zwischenstreit iSd. § 303 kommt.[6] Verbleibt bei Einigung der Parteien für das Gericht auch nur noch die Bestimmung der Frist, binnen der die Sicherheit zu leisten ist,[7] so hat es in seinem Beschluss gleichwohl die Verpflichtung zur Sicherheitsleistung und ihre Höhe, ggf. auch eine von § 108 abweichende Art der Sicherheit aufzunehmen, weil ohne diese Angaben der Ausspruch über die Frist ins Leere ginge. 4

4. Entscheidung durch Zwischenurteil. Bei **Streit** über die Pflicht zur Sicherheitsleistung oder über ihre Höhe ordnet das Gericht nach § 280 Abs. 1 durch unanfechtbaren Beschluss[8] abgesonderte **Verhandlung** über die Einrede mangelnder Sicherheitsleistung an. Die Entscheidung ergeht dann gem. § 128 Abs. 1 nach mündlicher Verhandlung[9] oder im Wege des schriftlichen Verfahrens (§ 128 Abs. 2) durch **Zwischenurteil.**[10] Die Gegenauffassung, die meint, es könne stattdessen auch durch Beschluss entschieden werden, übersieht den sachlichen Grund für den Vorrang eines Zwischenurteils, das anders als ein Beschluss innerprozessuale Bindungswirkung erzeugt (§ 318).[11] 5

Ist die Einrede **unbegründet,** wird der Antrag auf Sicherheitsleistung durch Zwischenurteil nach § 280 Abs. 2, 303 zurückgewiesen, die Einrede mithin verworfen. Dem Gericht ist es jedoch gestattet, die Zurückweisung in den Gründen des Endurteils auszusprechen.[12] Gibt das Gericht einem als bloße Anregung aufzufassenden bezifferten Antrag des Beklagten nur teilweise statt, so liegt darin keine Zurückweisung der erhobenen Rüge selbst,[13] sondern eine dieser stattgebenden Entscheidung. Unter den Voraussetzungen des § 112 Abs. 3 kann der Beklagte jedoch die Einrede erneut geltend machen und so Erhöhung der Sicherheit durchsetzen.[14] 6

Erachtet das Gericht die Einrede für **begründet,** gibt es dem Antrag auf Sicherheitsleistung durch Zwischenurteil statt (§§ 280 Abs. 2, 303). In ihm legt es neben der Pflicht zur Sicherheitsleis- 7

---

[1] BGH NJW 1974, 238.
[2] BGH NJW 1974, 238.
[3] SeuffA 51, 346; *Stein/Jonas/Bork* § 112 Rn. 9; *Zöller/Herget* § 112 Rn. 3.
[4] RGZ 104, 189; *Thomas/Putzo/Hüßtege* Rn. 2; *Stein/Jonas/Bork* § 112 Rn. 2; *Zöller/Herget* § 112 Rn. 1.
[5] *Stein/Jonas/Bork* § 112 Rn. 3.
[6] RGZ 104, 189.
[7] RGZ 104, 189.
[8] *Zöller/Greger* § 280 Rn. 3.
[9] RGZ 104, 189.
[10] BGH NJW 1990, 378; OLG Oldenburg OLGR 2004, 594, 595; aM *Stein/Jonas/Bork* § 112 Rn. 2.
[11] OLG Oldenburg OLGR 2004, 594, 595.
[12] *Zöller/Herget* § 112 Rn. 1.
[13] BGH NJW 1974, 238.
[14] BGH NJW 1974, 238.

tung zugleich deren Höhe und die Frist fest, binnen der die Sicherheit zu leisten ist (§§ 112 Abs. 1, 113 S. 1).

8 **5. Fristsetzung.** Entscheidet das Gericht durch Zwischenurteil über die Anordnung der Sicherheitsleistung, nimmt es darin neben der Pflicht zur Sicherheitsleistung, ihrer Höhe und gegebenenfalls ihrer besonderen Art insbesondere die **Frist** auf, binnen derer die Sicherheit zu leisten ist. Von einer Fristsetzung darf es ausnahmsweise dann absehen, wenn der Kläger der vorausgegangenen mündlichen Verhandlung ausdrücklich erklärt hat, er werde auch für den Fall, dass ihn das Gericht als zur Sicherheitsleistung verpflichtet ansieht, diese auf keinen Fall erbringen.[15] Für den Kläger bringt dies den Vorteil, dass er das so ohne Zeitverlust ergehende ihn beschwerende Endurteil anfechten und durch das Rechtsmittelgericht auf die ihm auferlegte Pflicht zur Sicherheitsleistung überprüfen lassen kann. Wegen der Unanfechtbarkeit eines der Einrede stattgebenden Zwischenurteils vgl. Rn. 13.

9 Die in der Regel zu bestimmende Frist ist eine **richterliche,** auf die §§ 221 ff. anwendbar sind. Für ihren Beginn ist § 221 (Zustellung), für ihr Ende § 222 maßgeblich, wobei eine etwaige Verlängerung nach § 224 zu berücksichtigen ist. Die zulässige Verlängerung, die im nicht nachprüfbaren Ermessen des Gerichts steht, ergeht in Beschlussform. Eine bereits abgelaufene Frist kann jedoch nicht mehr verlängert werden. Eine Wiedereinsetzung in den vorigen Stand (§ 233) findet nicht statt. Ihrer bedarf es auch nicht, da die Sicherheit noch nach Fristablauf (vgl. § 113 S. 2) und zwar bis zum Ende der mündlichen Verhandlung geleistet werden kann.[16] Der Kläger ist dafür beweispflichtig, dass er die Sicherheit erbracht hat.

10 **6. Anfechtbarkeit.** Durfte das Gericht infolge Einigung der Parteien über die Verpflichtung zur Sicherheitsleistung und Höhe der Frist ausnahmsweise durch **Beschluss** bestimmen, ist ein Rechtsmittel nicht gegeben.[17] Das folgt hinsichtlich Verpflichtung und Höhe bereits aus der fehlenden Beschwer. Die im freien richterlichen Ermessen stehende Bestimmung der Frist ist einer Überprüfung ohnehin entzogen. Im Übrigen kann für die Anfechtung einer Entscheidung durch Beschluss nichts anderes als für die einer solchen durch stattgebendes Zwischenurteil gelten (vgl. Rn. 13).

11 Ein Zwischenurteil, das den Antrag auf Sicherheitsleistung **zurückweist,** mithin die Einrede verwirft, ist nach § 280 Abs. 2 S. 1 „in Betreff der Rechtsmittel als Endurteil anzusehen", somit wie ein solches durch den Beklagten selbstständig mit Berufung, ggf. auch Revision anfechtbar.[18]

12 Ein dem Antrag auf Sicherheitsleistung **stattgebendes Zwischenurteil** ist durch den Kläger nicht selbstständig anfechtbar, sondern nur zusammen mit dem nach § 113 S. 2 ergehenden Endurteil.[19] Erachtet der Beklagte die Sicherheit für zu niedrig, kann er das Zwischenurteil ebenfalls nicht anfechten.[20] Ihm verbleibt hierfür nur der Weg des § 112 Abs. 3. Von der Unanfechtbarkeit ist trotz des insoweit irreführenden Wortlauts des § 280 Abs. 2 S. 1, der zwischen verwerfendem und stattgebendem Zwischenurteil nicht unterscheidet, aus den vom BGH[21] überzeugend dargelegten Gründen auszugehen.

III. Entscheidung nach Fristablauf

13 **1. Entscheidung nach Sicherheitsleistung.** Wird die dem Kläger auferlegte Sicherheit von ihm erbracht, bestimmt das Gericht, bei frühzeitiger Leistung auch schon vor Fristablauf, von Amts wegen Termin zur mündlichen Verhandlung (§§ 216, 495) und lädt hierzu die Parteien. Eine Rückgabe der Sicherheit (§ 109) kommt erst nach rechtskräftiger Verurteilung des Beklagten in die Kosten oder dann in Frage, wenn die Anordnung aufgehoben bzw. die Höhe herabgesetzt wird. Gleiches gilt bei Erstattung der Kosten durch den Kläger.

14 **2. Entscheidung nach unterbliebener Sicherheitsleistung.** Termin zur mündlichen Verhandlung (§§ 216, 495) beraumt das Gericht von Amts wegen auch dann an, wenn die Sicherheitsleistung innerhalb der Frist unterblieben ist. Nicht etwa darf sie dann zwangsweise beigetrieben werden.[22]

---

[15] *Wieczorek/Schütze* Rn. 2.

[16] BGH WM 1982, 880; *Baumbach/Lauterbach/Hartmann* Rn. 3, 4; *Zöller/Herget* Rn. 1; *Stein/Jonas/Bork* Rn. 1.

[17] *Thomas/Putzo/Hüßtege* Rn. 5; *Zöller/Herget* § 112 Rn. 1.

[18] *Thomas/Putzo/Hüßtege* Rn. 4; *Stein/Jonas/Bork* § 112 Rn. 1, 5.

[19] BGHZ 102, 232, 234 = NJW 1988, 1733; BGH NJW-RR 2006, 710, 711; *Thomas/Putzo/Hüßtege* Rn 3; *Demharter* MDR 1986, 186; aM OLG Bremen NJW 1982, 2737; OLG Karlsruhe MDR 1986, 593.

[20] Vgl. BGH NJW-RR 1990, 378; *Stein/Jonas/Bork* § 112 Rn. 5; *Thomas/Putzo/Hüßtege* Rn. 3.

[21] BGHZ 102, 232, 234 = NJW 1988, 1733.

[22] *Stein/Jonas/Bork* Rn. 3.

Das Verfahren ist jedoch dann nicht fortzusetzen, wenn der Beklagte nach § 113 S. 2 den Antrag stellt, die Klage für zurückgenommen zu erklären oder ein allein vom Kläger eingelegtes Rechtsmittel zu verwerfen. Der Antrag muss rechtzeitig, dh. unverzüglich in der anberaumten mündlichen Verhandlung, angebracht werden (vgl. §§ 282 Abs. 3, 296 Abs. 3). Nicht zuletzt könnte eine nicht unverzügliche Antragstellung als Fallenlassen oder sogar als Verzicht der Unzulässigkeitsrüge gewertet werden. 15

Ist die Sicherheitsleistung ordnungsgemäß angeordnet und sind ihre Voraussetzungen bei rechtzeitiger Antragstellung (§ 113 S. 2) noch gegeben, sind folgende Fälle zu unterscheiden: Das Verfahren ist in **1. Instanz** abhängig. Durch Endurteil ist die Klage für zurückgenommen zu erklären. Nach § 269 Abs. 3 S. 2 ist der Kläger verpflichtet, die Kosten des Rechtsstreits zu tragen. Dies ist auf Antrag des Beklagten nach § 269 Abs. 3 S. 3 besonders auszusprechen. 16

Das Verfahren ist in der **Rechtsmittelinstanz** anhängig. Rechtsmittel hat allein der zur Sicherheitsleistung berechtigte **Beklagte** eingelegt, der den Antrag nach § 113 S. 2 erst in der höheren Instanz – rechtzeitig – gestellt hat. Auch hier ist die Klage mit den Folgen des § 269 Abs. 3 für zurückgenommen zu erklären. Ein etwaiges unselbstständiges Anschlussrechtsmittel des Klägers kommt in Wegfall. Ist das Verfahren auf alleiniges Rechtsmittel des **Klägers** in die höhere Instanz gelangt, wird dieses verworfen (§ 113 S. 2). Die Kostentragungspflicht des Klägers, die auf Antrag des Beklagten besonders auszusprechen ist, folgt aus §§ 516 Abs. 3 S. 1, 565. Ein etwaiges unselbstständiges Anschlussrechtsmittel des Beklagten wird wirkungslos. Haben Kläger und Beklagter Rechtsmittel eingelegt, ist die Klage für zurückgenommen zu erklären, nicht auch das eine oder andere Rechtsmittel zu verwerfen.[23] 17

Ist im Termin der Kläger **säumig,** kann der Beklagte Erlass eines Versäumnisurteils nach § 330 oder eines Endurteils nach § 113, das kein Versäumnisurteil darstellt,[24] beantragen. Bei Säumnis des Beklagten ergeht gegen ihn auf Antrag nach § 331 ebenfalls Versäumnisurteil. Kommt es daraufhin auf Einspruch des Beklagten zu erneuter mündlicher Verhandlung, ist der Kläger bis zu deren Ende berechtigt, die Sicherheitsleistung nachzuholen.[25] 18

Titel 7. Prozesskostenhilfe und Prozesskostenvorschuss

Schrifttum: *App,* Prozeßkostenhilfe im arbeitsgerichtlichen Verfahren, AuA 1993, 304; *Appel,* Prozeßkostenhilfe, AuA 1997, 87; *Beyer,* Rechtsfragen bei der Gewährung von Prozeßkostenhilfe, JurBüro 1989, 440; *Biebrach,* Einsatz der Arbeitskraft und Hilfsbedürftigkeit in der PKH, NJW 1988, 1769; *Bork,* Prozeßkostenhilfe für den Schuldner des Insolvenzverfahrens?, ZIP 1998, 1209; *Büte,* Beschwerdefrist in PKH-Verfahren der freiwilligen Gerichtsbarkeit, FuR 2006, 264; *Burgard,* Berücksichtigung des Vermögens beim Antrag auf Prozeßkostenhilfe, NJW 1990, 3240; *Büttner,* Viererlei Maß, FamRZ 1990, 459; *ders.,* Änderungen der Prozeßkostenhilfeentscheidung, Rpfleger 1997, 347; *Caspary,* Der Anspruch auf Prozesskostenvorschuss, NJW 2005, 2577; *Enders,* Wann kann der Rechtsanwalt trotz Beiordnung im Rahmen der Prozeßkostenhilfe Wahlanwaltsgebühren geltend machen?, JurBüro 1995, 169; *Fischer,* Ratenzahlung und Prozeßkostenhilfe, Rpfleger 1997, 463; *ders.,* Der Tod der PKH-Partei, Rpfleger 2003, 637; *Friedrich,* Wie erhalte ich Prozeßkostenhilfe, NJW 1995, 617; *Giers,* Prozesskostenhilfe – ein Segen für den Mandanten, ein Problem für den Rechtsanwalt, FamRZ 2005, 1220; *Hausleiter,* Prozesskostenvorschussansprüche, NJW-Spezial 2005, 55; *Hoffmann,* Insolvenzkostenhilfe für Verbraucherinsolvenzverfahren, NZI 1999, 53; *Huhnstock,* Abänderung und Aufhebung der Prozeßkostenhilfebewilligung, 1995; *Jastrow,* EG-Richtlinie 8/2003 – Grenzüberschreitende Prozesskostenhilfe in Zivilsachen, MDR 2004, 75; *Kalthoener/Büttner/Wrobel-Sachs,* Prozesskostenhilfe und Beratungshilfe, 4. Aufl. 2005; *Kaster,* Prozeßkostenhilfe für Verletzte und andere Berechtigte im Strafverfahren, MDR 1994, 1073; *Klüsener,* Die Anwaltsbeiordnung im Unterbringungsverfahren, FamRZ 1994, 487; *Künzl/Koller,* Prozesskostenhilfe, 2. Aufl. 2003; *Kummer,* Rückwirkung der Bewilligung von Prozeßkostenhilfe, JurBüro 1985, 161; *Löhnig,* Fristen im Berufungsverfahren und Prozesskostenhilfe – Eine Bestandsaufnahme nach In-Kraft-Treten des Justizmodernisierungsgesetzes, FamRZ 2005, 578; *Maier,* Insolvenzordnung und Prozeßkostenhilfe, Rpfl. 1999, 1; *Meister,* Einsparmöglichkeiten bei der Prozeßkostenhilfe, ZRP 1998, 166; *Meyer,* Zur Beschwerdebefugnis der Staatskasse bei Prozeßkostenhilfebewilligung im Adhäsionsverfahren, JurBüro 1990, 1105; *ders.,* Versäumung der Berufungsfrist wegen der Beantragung von Prozeßkostenhilfe – wiederholte Antragstellung und Gegenvorstellungen, NJW 1995, 2139; *ders.,* Reisekostenerstattung des beigeordneten auswärtigen Rechtsanwalts, JurBüro 2005, 134; *Nickel,* Änderungen im Bereich der Prozesskostenhilfe 2005, MDR 2005, 729; *ders.,* Aktuelle Entwicklungen in der Rechtsprechung zur Prozesskostenhilfe MDR 2006, 495; *Notthoff,* Die Gewährung von Prozeßkostenhilfe bei Streitgenossenschaft, AnwBl. 1996, 611; *Pape,* Keine Prozeßkostenhilfe für den Gesamtvollstreckungsschuldner zwecks Restschuldbefreiung?, ZIP 1997, 190; *Rönnebeck,* Streitgenossen – Prozeßkostenhilfe zum Billigtarif?, NJW 1994, 2273; *Ruppert,* Prozeßkostenhilfe bei Nebenklage im Revisionsverfahren,

[23] *Baumbach/Lauterbach/Hartmann* Rn. 4, 6; *Stein/Jonas/Bork* Rn. 8.
[24] *Zöller/Herget* Rn. 3; *Stein/Jonas/Bork* Rn. 9.
[25] *Baumbach/Lauterbach/Hartmann* Rn. 6; *Stein/Jonas/Bork* Rn. 9.

MDR 1995, 556; *Saenger,* Sachliche Zuständigkeit für den Antrag auf Prozeßkostenhilfe, MDR 1999, 850; *Schlößer-Mucke,* Die Verweisung auf eine Teilklage im Prozeßkostenhilfe-Verfahren, MDR 1998, 753; *Schneider,* Verzögerte Prozesskostenhilfe, MDR 2004, 1097; *Schoreit/Dehn,* Beratungshilfe/Prozesskostenhilfe, 8. Aufl. 2004; *Schürmann,* Das nach § 115 Abs. 1 ZPO einzusetzende Einkommen, FuR 2006, 14; *Schwab,* Prozeßkostenhilfe ab dem 1. 1. 1995, NZA 1995, 115; *Seetzen,* Berufungssumme und Prozeßkostenhilfe, FamRZ 1994, 1509; *Sieg,* Zum Rechtsschutz auf Staatskosten, NJW 1992, 2992; *Silberkuhl,* Vertretungszwang bei der verwaltungsgerichtlichen Prozeßkostenhilfebeschwerde?, NJW 1998, 438; *Smid,* Prozeßkostenhilfe für den Eigenantrag des Gemeinschuldners im Insolvenzverfahren nach geltendem Recht?, NJW 1994, 2678; *Steenbuck,* Die Gewährung von Prozesskostenhilfe an den Insolvenzverwalter, MDR 2004, 1155; *Thalmann,* Prozeßkostenhilfe in Familiensachen, 1992; *Wax,* Einzelfragen der Prozesskostenhilfe für familiengerichtliche Verfahren, FPR 2002, 471; *Wielgoß,* Prozesskostenhilfe für das Mahnverfahren, NJW 1991, 2070; *Wyrwa/Cavada,* Das neue PKH-Recht, FamRZ 1995, 1040; *Zimmermann,* Prozesskostenhilfe 3. Aufl. 2007.

§ 114 Voraussetzungen

[1]Eine Partei, die nach ihren persönlichen und wirtschaftlichen Verhältnissen die Kosten der Prozessführung nicht, nur zum Teil oder nur in Raten aufbringen kann, erhält auf Antrag Prozesskostenhilfe, wenn die beabsichtigte Rechtsverfolgung oder Rechtsverteidigung hinreichend Aussicht auf Erfolg bietet und nicht mutwillig erscheint. [2]Für die grenzüberschreitende Prozesskostenhilfe innerhalb der Europäischen Union gelten ergänzend die §§ 1076 bis 1078.

Übersicht

I. Normzweck

1 **1. Chancengleichheit bei der Verwirklichung des Rechtsschutzes.** Nach der Rechtsprechung des **Bundesverfassungsgerichts**[1] gebietet **Art. 3 Abs. 1 GG** in Verbindung mit dem Rechtsstaatsprinzip des **Art. 20 Abs. 3** GG eine weitgehende Angleichung der Situation von Bemittelten und Unbemittelten bei der Verwirklichung des Rechtsschutzes. Im Einzelfall können noch andere Grundrechte aus dem Katalog der Art. 1 ff. GG, wie etwa der Schutz von Ehe und Familie nach Art. 6 GG oder die Eigentumsgarantie des Art. 14 GG, berührt sein.[2] Auslegung und Anwendung der §§ 114 ff. obliegt zwar in erster Linie den zuständigen Fachgerichten. Verfassungsrecht werde jedoch verletzt, wenn die angegriffene Entscheidung Fehler erkennen lässt, die auf einer grundsätzlich unrichtigen Anschauung von der Bedeutung der in Art. 3 Abs. 1 in Verbindung mit der verbürgten Rechtsschutzgleichheit beruhen. Die Fachgerichte überschreiten den Entscheidungsspielraum, der ihnen bei der Auslegung des gesetzlichen Tatbestandsmerkmals der hinreichenden Erfolgsaussicht zukommt, wenn einer unbemittelten Partei im Vergleich zur bemittelten die Rechtsverfolgung oder Rechtsverteidigung unverhältnismäßig erschwert wird. Da das PKH-Verfahren den grundgesetzlich gebotenen Rechtsschutz nicht selbst bietet, sondern ihn erst zugänglich macht, dürfen die Anforderungen, insbesondere an den Vortrag der Beteiligten, nicht überspannt werden.[3]

2 **2. Sozialstaatlicher Teilhabegedanke.** Die Bezeichnung der PKH als eine Art der **Sozialhilfe in besonderen Lebenslagen**[4] verweist auf die Tatsache, dass der Sozialstaatsgedanke des Art. 20 Abs. 3 GG noch strengeren Anforderungen an den Einsatz der eigenen Mittel des Antragstellers entgegensteht. § 115 verweist daher hinsichtlich des einzusetzenden Einkommens und Vermögens auf Vorschriften des SGB XII. Der Einkommens- und Vermögensbegriff in den PKH-Vorschriften ist damit **sozialrechtlich** zu verstehen. Daraus folgt, dass in geringerem Maße als beispielsweise im Unterhaltsrecht mit **fiktiven Einkünften** gerechnet werden darf, wenn es um die Frage geht, ob und in welcher Höhe der Antragsteller auf die Prozesskosten Raten an die Staatskasse zu bezahlen hat (§ 115 Abs. 2). Auch Vermögen, das der Antragsteller durch leichtfertiges Verhalten verloren hat, kann nicht in analoger Anwendung güterrechtlicher Vorschriften (etwa § 1375

---

[1] BVerfG NJW 1991, 413; NJW 1997, 2745 m. weit. Nachw.; NJW-RR 2003, 1216; ebenso BGH FamRZ 2005, 786.
[2] BVerfG NJW 1974, 229.
[3] BVerfG NJW 2003, 576.
[4] BGHZ 109, 163, 168; OLG Düsseldorf JurBüro 1984, 930 und FamRZ 1987, 398; OVG Hamburg FamRZ 1997, 178.

Abs. 2 BGB) als noch vorhanden fingiert werden (zur Behandlung zielgerichteter Vermögensverschiebungen § 115 Rn. 58). Umgekehrt schließt die Tatsache, dass bestimmte Leistungen des Staates (zB Kindergeld) auf Seiten des Unterhaltspflichtigen nicht als Einkommen angesehen werden, ihre Berücksichtigung im Rahmen von § 115 nicht aus. Bezieht der Antragsteller jedoch eine **Sozial- oder Sozialversicherungsleistung,** welche den Anspruch auf andere Sozialleistungen nicht schmälern soll (etwa Pflegegeld gem. § 13 Abs. 5 SBG XI oder Erziehungsgeld gem. § 8 Abs. 1 BErzGG), so ist sie auch bei der Bewilligung von PKH nicht als Einkommen zu behandeln (hierzu § 115 Rn. 16). Ob ein **Kostenerstattungsanspruch** gegen einen Sozialleistungsträger – etwa bei der Geltendmachung übergegangener Unterhaltsansprüche – der Bewilligung von PKH entgegensteht, ist strittig (hierzu § 115 Rn. 78). Auch bei Berücksichtigung von Belastungen des Antragstellers sind Gesichtspunkte des Sozialhilferechts von Bedeutung. So können im Rahmen von § 115 Abs. 1 die Kosten von Energie und Wasser nicht gesondert berücksichtigt werden, weil diese durch die Regelsatzleistungen abgegolten sind (hierzu § 115 Rn. 37).[5] Im Übrigen ist die Sozialhilfe gem. § 2 Abs. 1 SGB XII nachrangig gegenüber den Leistungen anderer Träger, zu denen im Rahmen zu bewilligender PKH auch der Justizfiskus gehört. Das hat zur Folge, dass für notwendige Aufwendungen zur Vorbereitung und Durchführung eines Rechtsstreits Sozialhilfe nicht gewährt werden kann.[6]

3 **3. Mitnahmeeffekte bei der PKH.** Wie bei anderen Sozialleistungen, Subventionen und Vergünstigungen des Staates sind auch bei der PKH sog. Mitnahmeeffekte festzustellen, die das Bild der tatsächlichen Bedürftigkeit der rechtsuchenden Bevölkerung verzerren. Diese beruhen darauf, dass auch Personen, für welche die entsprechende Vergünstigung vom Gesetzgeber nicht vorgesehen wurde und die auf diese auch nicht angewiesen sind, sich ihrer Vorteile bedienen, weil sie bei formaler Betrachtung zum Kreis der Berechtigten gehören. Wie ein Blick auf die Tabelle in § 115 Abs. 2 zeigt, können auch Bezieher guter Einkommen PKH – wenn auch mit hohen Monatsraten – erhalten, sofern die Mindestanzahl von fünf Raten nach Abs. 4 der Vorschrift erreicht wird. Damit erlangen auch solche Parteien den Vorteil, von der Einzahlung von Gebühren- und Auslagenvorschüssen sowie Sicherheitsleistungen für Gerichtskosten befreit zu sein (§ 122 Abs. 1). Die Staatskasse finanziert die Gerichts- und Anwaltskosten vor und trägt das Risiko einer späteren Verschlechterung der Einkommenssituation des Begünstigten. Außerdem vermindert sich dessen Prozessrisiko erheblich, weil das Gericht – ohne dass hierfür Gebühren erhoben werden – den voraussichtlichen Erfolg der Rechtsverfolgung bzw. Rechtsverteidigung vorprüft. Wird die Erfolgsaussicht iSv. § 114 ganz oder teilweise verneint, so ergeben sich aus einem sorgfältig begründeten Ablehnungsbeschluss häufig wertvolle Fingerzeige für die Partei, an welchen Stellen der Sachvortrag oder Beweisantritt nachgebessert werden muss. Im Beschwerdeverfahren nach § 127 Abs. 2 S. 2 äußert sich das – auch für eine spätere Berufung zuständige – Gericht der zweiten Instanz zu den Rechtsfragen des Falles. Die bei Zurückweisung der PKH-Beschwerde erhobene Gebühr ist mit 50,00 Euro äußerst gering, verglichen mit dem Aufwand, der auf Parteiseite bei einer sorgfältigen rechtlichen Aufarbeitung des Falles entstehen würde. Somit stellt sich unabhängig von der durch den Sozialstaatgedanken nicht gedeckten Ausweitung des Kreises der Berechtigten die Frage, ob die PKH in ihrer jetzigen Form nicht die Partei, welche sich ihrer bedienen kann, in bedenklicher Weise gegenüber einem Prozessgegner bevorteilt, der den Rechtsstreit auf eigene Kosten und eigenes Risiko zu führen hat.

4 **4. Auswirkungen für die Parteien.** Die Bewilligung von PKH für den **Antragsteller** hat zur Folge, dass sich dessen Zahlungspflicht auf Zahlungsanordnungen nach § 115 beschränkt und dass der ihm zur Vertretung beigeordnete Rechtsanwalt seine Vergütungsansprüche (nur) gegenüber der Staatskasse geltend machen kann (§ 122). Die Kostenerstattungsansprüche des Gegners nach einem für den Antragsteller erfolglosen Ausgang des Rechtsstreits bleiben jedoch gem. § 123 unberührt. Wird dem Kläger oder Rechtsmittelkläger PKH ohne Zahlungsanordnungen bewilligt, dann ist der **Gegner** nach § 122 Abs. 2 seinerseits von der Verpflichtung zur Vorauszahlung von Gerichtskosten befreit. Dieser nur partiellen Annehmlichkeit stehen jedoch erhebliche Risiken zu Lasten jener Partei gegenüber, deren Gegner, sei es auf der Kläger- oder Beklagtenseite, PKH mit oder ohne Zahlungsanordnung bewilligt worden ist. Denn der Gegner läuft Gefahr, auch bei einem Obsiegen in der Hauptsache mit seinem Kostenerstattungsanspruch nach §§ 91, 97 nicht durchzudringen, wenn die unterlegene unbemittelte Partei auf Dauer nicht zahlungsfähig ist. Hieraus ergibt sich eine besondere prozessuale **Fürsorgepflicht** des über das PKH-Gesuch entscheidenden Gerichts gegenüber beiden Parteien, bei der Prüfung von Erfolgsaussicht und etwaiger Mutwilligkeit der Rechts-

---

[5] OLG Bamberg FamRZ 2005, 1183.
[6] OVG Hamburg NJW 1995, 2309; *Musielak/Fischer* Rn. 1.

verfolgung oder Rechtsverteidigung keinen zu großzügigen Maßstab anzulegen. Andernfalls droht sich der mit den Mitteln des Staates (vor-)finanzierte Rechtsstreit zu einem weiteren Armutsrisiko des bereits zuvor sozial schlecht gestellten Antragstellers, möglicherweise auch seines Prozessgegners zu entwickeln.

5. Auswirkungen für die Staatskasse. Vor allem im Gefolge des ständig ansteigenden Geschäftsanfalls bei den Familiengerichten, auf die fast 75% der Bewilligungen entfallen, haben die Ausgaben für die PKH aus Sicht der Länderhaushalte eine besorgniserregende Höhe erreicht. So gehen Schätzungen dahin, dass bundesweit pro Jahr über 400 Millionen Euro für diesen Zweck aufgewendet werden müssen, von denen nur 15% später über Ratenzahlungen oder andere Rückforderungen wieder eingebracht werden können.[7] Das Abfließen von Mitteln in dieser Größenordnung geht auf Kosten der personellen und materiellen Ausstattung der Gerichte und droht die Qualität der der Rechtsgewährung für alle Bürger – bemittelte und unbemittelte – zu schmälern. **Reformbestrebungen** insbesondere im Bereich der PKH,[8] aber wohl auch des Familienprozessrechts haben ihren Kern in fiskalischen Überlegungen. Hier steht die erwünschte Verminderung der Ausgaben des Justizfiskus für die PKH mit an erste Stelle. 5

6. Andere Kostenerleichterungsvorschriften. Neben der Gewährung von PKH ist für bedürftige Parteien vor allem § 14 Nr. 3 GKG von Bedeutung. Danach ist die **Klage vor Leistung des nach § 12 Abs. 1 GKG erforderlichen Gebühren- und Auslagenvorschusses** zuzustellen, wenn der Kläger glaubhaft macht, dass die alsbaldige Leistung des Vorschusses Schwierigkeiten bereiten würde oder dass eine Verzögerung der Zustellung ihm einen nicht oder nur schwer zu ersetzenden Schaden zufügen würde. Voraussetzung hierfür ist allerdings, dass die beabsichtigte Rechtsverfolgung nicht aussichtslos oder mutwillig erscheint. 6

Nach **§ 10 KostVfg**[9] kann vom Ansatz der Gerichtskosten abgesehen werden, wenn der Kostenschuldner zur Zahlung offenkundig nicht in der Lage ist; ferner können in Härtefällen angefallene Gerichtskosten ganz oder teilweise erlassen oder gestundet werden. Zuständig für die Entscheidung ist der **Kostenbeamte.** Dieser kann Angaben im Verfahren über die PKH oder Mitteilungen der Gerichtskasse berücksichtigen. Er wird dadurch aber nicht von der Verpflichtung entbunden, selbstständig zu prüfen und zu entscheiden, ob tatsächlich Unvermögen zur Zahlung anzunehmen ist, und erforderlichenfalls eigene Ermittlungen durchzuführen. 7

In **Verfahren des gewerblichen Rechtsschutzes,** die im Allgemeinen mit hohen Streitwerten geführt werden und die Mittel einer Partei vielfach überfordern, kann erforderlichenfalls mit einer **Herabsetzung des Streitwerts** nach § 12 Abs. 4 UWG geholfen werden, wenn die Partei glaubhaft macht, dass die Belastung mit den Prozesskosten nach dem vollen Streitwert ihre wirtschaftliche Lage erheblich gefährden würde; ähnliche Bestimmungen enthalten §§ 247 AktG, 144 PatG, § 142 MarkenG . Auch in diesen Fällen ist die gleichzeitige Gewährung von PKH denkbar, so etwa, wenn die Partei zwar die Gerichts- und Anwaltskosten aus dem herabgesetzten Streitwert zu tragen in der Lage ist, nicht aber die Auslagen, die für ein aufwändiges Gutachten entstehen. Die Vergütung des beigeordneten Anwalts richtet sich im Grundsatz nach dem vollen, nicht nach dem herabgesetzten Streitwert.[10] 8

Im Verfahren der **Verbraucherinsolvenz** ersetzt für den Schuldner die **Stundung der Verfahrenskosten** gem. §§ 4a–4d InsO die Möglichkeit der PKH-Bewilligung. Damit verfolgte der Gesetzgeber das Anliegen, mittellosen Personen den raschen und unkomplizierten Zugang zu dem Insolvenzverfahren unter zumutbaren Bedingungen zu ermöglichen. In diesem Rahmen kann dem Schuldner auch ein zur Vertretung bereiter Anwalt beigeordnet werden. – Zur PKH im Insolvenzverfahren Rn. 28 ff, 84, 105 f. und § 116 Rn. 12 ff. 9

Nach § 21 GKG kann die **Nichterhebung von Gerichtskosten wegen unrichtiger Sachbehandlung** angeordnet werden; dasselbe gilt nach § 16 KostO für die freiwillige Gerichtsbarkeit. Die Entscheidung hierüber trifft das zuständige Gericht. Nach § 44 KostVfg können die Gerichtspräsidenten für die ihrer Dienstaufsicht unterstellten Behörden auch im Verwaltungsweg anordnen, dass Kosten wegen unrichtiger Sachbehandlung nicht zu erheben sind. 10

7. Beratungshilfe. Hilfe für die rechtliche Beratung und Vertretung **außerhalb** eines gerichtlichen Verfahrens erhalten bedürftige Personen nach dem Gesetz über Rechtsberatung und Vertre- 11

---

[7] Hierzu BT-Drucks. 16/1994, S. 12 ff. und BR-Drucks. 250/06, S. 18 ff.; OLG Stuttgart FamRZ 2006, 1850, 1851; *Musielak/Fischer* Rn. 2; *Kalthoener/Büttner/Wrobel-Sachs* Rn. 31 ff.; *Zimmermann* Rn. 2

[8] Siehe den Gesetzentwurf des Bundesrats zur *Begrenzung der Aufwendungen für die Prozesskostenhilfe* (BT-Drucks. 16/1994) auf Initiative der Länder Baden-Württemberg und Niedersachsen (BR-Drucks. 250/06).

[9] Die Fassung des Bundes ist abgedruckt bei *Hartmann,* Kostengesetze, Durchführungsvorschriften zu den Kostengesetzen.

[10] *Musielak/Heinrich* § 3 Rn. 21.

tung für Bürger mit geringem Einkommen (BerHG). Die **subjektiven Voraussetzungen** entsprechen denjenigen der ratenfreien Prozesskostenhilfe nach § 115 Abs. 2 ZPO. Die persönlichen und wirtschaftlichen Verhältnisse des Antragstellers sind von diesem glaubhaft zu machen. Eine Prüfung der **Erfolgsaussicht** der Rechtswahrnehmung findet nicht statt. Die Beratungshilfe soll den Rechtsuchenden gerade in die Lage versetzen, sich über die Erfolgsaussicht durch anwaltlichen Rat zu informieren und damit eine unnötige Inanspruchnahme der Gerichte vermeiden.[11] Die **Mutwilligkeit** der Rechtswahrnehmung steht der Gewährung von Beratungshilfe allerdings entgegen (§ 1 Abs. 1 Nr. 3 BerHG). Beratungshilfe kann auch dann nicht gewährt werden, wenn dem Rechtsuchenden andere zumutbare Möglichkeiten der Hilfe zur Verfügung stehen. Hierzu zählen **Berufsverbände** in dienst- und arbeitsrechtlichen Fragen, **Interessenverbände** beispielsweise bei Fragen des Miet- und Sozialrechts, sowie das **Jugendamt** im Rahmen seiner Beratungs- und Unterstützungsaufgabe auf den Gebieten von Sorge- und Umgangsrecht, sowie beim Kindesunterhalt nach § 17, 18 SGB VIII.[12] Wird Beratungshilfe für einen vorgerichtlichen Einigungsversuch in der **Verbraucherinsolvenz** beantragt, so kann diese nicht mit der Verweisung auf die kostengünstigere Möglichkeit der Inanspruchnahme einer **Schuldnerberatungsstelle** abgelehnt werden, wenn diese überlastet ist, und die hierdurch entstehenden Wartefristen für den Ratsuchenden unzumutbar lang sind.[13]

12 Der **Antrag auf Beratungshilfe** wird bei dem Amtsgericht gestellt, in dessen Bezirk der Rechtsuchende seinen allgemeinen Gerichtsstand (Wohnsitz) hat. Fehlt ein solcher im Inland, so ist das Amtsgericht zuständig, in dessen Bezirk ein Bedürfnis für Beratungshilfe auftritt. Der Rechtsuchende kann sich auch **unmittelbar an einen Rechtsanwalt** wenden (§ 4 Abs. 2 BerHG). Der erforderliche Antrag an das Amtsgericht muss dann nachträglich gestellt werden. Beratungshilfe erhält der Rechtsuchende durch einen Rechtsanwalt seiner Wahl. Dessen **Vergütung** aus der Landeskasse richtet sich nach § 44 RVG iVm. Nr. 2500 ff. des Vergütungsverzeichnisses. Rechtsanwälte sind verpflichtet, Beratungshilfe zu gewähren. Über den Antrag auf Beratungshilfe entscheidet der Rechtspfleger. Sind die Voraussetzungen für ihre Gewährung gegeben und wird die Angelegenheit nicht durch das Amtsgericht erledigt, stellt der Rechtspfleger unter genauer Bezeichnung der Angelegenheit einen **Berechtigungsschein** für Beratungshilfe durch einen Rechtsanwalt eigener Wahl aus. Die Gewährung von Beratungshilfe kann zurückgenommen werden, wenn sie auf falschen Angaben des Rechtsuchenden beruht. Gegen ablehnende Beschlüsse ist die (nicht fristgebundene) **Erinnerung** statthaft, über welche der Amtsrichter entscheidet (§ 6 Abs. 2 BerHG). Diese kann nur vom Rechtssuchenden selbst eingelegt werden, nicht jedoch vom Anwalt aus eigenem Recht.[14] Eine Anrufung der nächsten Instanz durch den Rechtsuchenden sieht das Gesetz nicht vor. – Zur Vergütung des Anwalts bei Abschluss eines **außergerichtlichen Vergleichs,** iR der Beratungshilfe § 119 Rn. 24.

II. Entstehungsgeschichte

13 Bereits die am 1. 10. 1879 in Kraft getretene Fassung der ZPO enthielt in den §§ 114 ff. unter dem Titel „Armenrecht" Vorschriften über die Kostenbefreiung Unbemittelter. Durch die Novelle 1933 (RGBl. I S. 780) wurde die Möglichkeit der Gewährung von Armenrecht an juristische Personen und Parteien kraft Amtes gesetzlich geregelt. Durch das Erste Gesetz zur Reform des Ehe- und Familienrechts vom 16. 6. 1976 (BGBl. I S. 1421) wurde mit Wirkung vom 1. 7. 1977 u. a. § 127 a eingefügt, der den PKV in Unterhaltssachen regelt. Eine grundlegende Reform brachte das am 1. 1. 1981 in Kraft getretene Gesetz über die PKH vom 13. 6. 1980 (BGBl. I S. 677) mit einer durchgehenden Neufassung[15] der §§ 114 ff. Erneut geändert wurden erhebliche Teile der §§ 114 ff. durch das Gesetz zur Änderung von Kostenvorschriften vom 9. 12. 1986 (BGBl. I S. 2326).[16] Durch das **Prozesskostenhilfeänderungsgesetz** (PKHÄndG) vom 10. 10. 1994 (BGBl. I S. 2954), in Kraft getreten am 1. 1. 1995 wurde insbesondere die bis zu diesem Zeitpunkt geltende Tabelle zur Berechnung der aus dem Einkommen zu zahlenden monatlichen Raten durch eine neue Tabelle ersetzt, zugleich wurden die Beträge, die vom Einkommen vor Anwendung der Tabelle abzusetzen

---

[11] *Kalthoener/Büttner/Wrobel-Sachs* Rn. 940.

[12] *Kalthoener/Büttner/Wrobel-Sachs* Rn. 949; AG Torgau FamRZ 2004, 1883; AG Lahnstein FamRZ 2004, 1299 (LS); AG Hannover FamRZ 2006, 351.

[13] AG Schwerte NZI 2004, 680; zur Beratungshilfe im Vorfeld eines Insolvenzverfahrens auch BGH FamRZ 2007, 1014.

[14] AG Koblenz FamRZ 2006, 1617.

[15] Vgl. hierzu *Grunsky* NJW 1980, 2041; *Holch* Rpfleger 1980, 361; *Schneider* Rpfleger 1980, 365 und MDR 1981, 1; *Mümmler* JurBüro 1980, 1441; *Schuster* ZZP 1980, 361.

[16] Übersicht über die Änderungen bei *Schneider* MDR 1987, 89; *Pohlmeyer* AnwBl. 1987, 420.

sind, teilweise dynamisiert (§ 115 Rn. 31). Damit wurde dem Postulat des BVerfG[17] entsprochen, wonach der Gesetzgeber bei weiteren Erhöhungen des Sozialhilferegelsatzes darauf zu achten hat, dass die Kostenbeteiligung der unbemittelten Partei in Form von Ratenzahlungen deren Existenzminimum nicht gefährdet. Mit der **2. Zwangsvollstreckungsnovelle** v. 17. 12. 1997 (BGBl. I S. 3039), in Kraft getreten am 1. 1. 1999 wurde die PKH für das Vollstreckungsverfahren neu geregelt. Das **Insolvenzrechtsänderungsgesetz** vom 26. 10. 2001 (BGBl. I S. 2710), in Kraft getreten am 1. 12. 2001 regelte die PKH für den Insolvenzschuldner neu (hierzu Rn. 28 ff.). Das **Zivilprozessreformgesetz** vom 27. 7. 2001 (BGBl. I S. 1887), in Kraft seit 1. 1. 2002 vollzog die Währungsumstellung auf den Euro und brachte außerdem bedeutungsvolle Änderungen beim Beschwerderecht nach § 127. Das **Kostenrechtsmodernisierungsgesetz** vom 5. 5. 2004 (BGBl. I S. 718), in Kraft getreten am 1. 7. 2004 lies zwar die Bestimmungen in §§ 114 ff. unverändert. Das neu gefasste GKG und das neue RVG, welches an die Stelle der BRAGO trat, hatten jedoch weit reichende Auswirkungen auf die Abrechnungspraxis der Gerichte und Anwälte bei bewilligter Prozesskostenhilfe. Das **EG-Prozesskostenhilfegesetz** v. 15. 12. 2004 (BGBl. I S. 3392), in Kraft getreten am 21. 12. 2004 setzte die EG-Richtlinie 8/2003 über die grenzüberschreitende PKH in Zivilsachen durch Einfügung von §§ 1076 und 1077 um. Außerdem wurde durch Änderung von § 116 Nr. 2 die Benachteiligung ausländischer gegenüber inländischer juristischer Personen bei der PKH für den Bereich der Europäischen Union beseitigt. Durch das **Justizkommunikationsgesetz** vom 22. 3. 2005 (BGBl. I S. 837), in Kraft getreten am 1. 4. 2005 wurden die Voraussetzungen für die Nutzung elektronischer Kommunikationsformen und nicht papiergebundener Aktenführung in Bezug auf die Beantragung, Bewilligung und Überwachung der Zahlungspflicht auch für den Bereich der PKH geschaffen. Außerdem wurden gesetzgeberische Fehlleistungen bei den bis dahin geltenden Verweisungen in § 115 Abs. 1 auf Vorschriften des SGB XII beseitigt (hierzu § 115 Rn. 30).

III. Sachlicher Geltungsbereich

1. Grundsatz. Im **Zivilprozess** einschließlich der Zwangsvollstreckung gelten die §§ 114 ff. 14
ungeachtet ihrer Stellung bei den allgemeinen Vorschriften nicht uneingeschränkt für alle Verfahrensarten, sondern nur für das streitige Erkenntnisverfahren nach dem Zweiten und Dritten Buch (§§ 253 bis 577). In allen anderen zivilprozessualen Verfahrensarten sind bei der Gewährung von PKH die Besonderheiten zu berücksichtigen, die sich aus der jeweiligen Verfahrensart ergeben. Zu beachten ist ferner, dass nach § 119 die Bewilligung von PKH für **jeden Rechtszug gesondert** zu erfolgen hat, wobei unter Rechtszug iSv. § 119 nicht die Instanz iSd. der Rechtsmittelvorschriften zu verstehen ist, sondern mit Ausnahme der Beweisaufnahme jeder besondere Verfahrensabschnitt auch innerhalb derselben Instanz, soweit er besondere Kosten verursacht (§ 119 Rn. 2). Für die außergerichtliche Beratung „zwischen den Instanzen", etwa Prüfung der Erfolgsaussicht eines Rechtsmittels kann PKH nicht bewilligt werden.[18]

In **anderen Verfahrensarten** variiert die Bewilligung von PKH nach der Interessenlage der 15
Parteien und dem jeweiligen Verfahrensgegenstand. Weil die PKH als Sonderform staatlicher Sozialhilfe auf die Gleichstellung unbemittelter mit bemittelten Parteien beim Zugang zu staatlichen Gerichten abzielt (Rn. 1), kann diese für Verfahren außerhalb der staatlichen Gerichtsbarkeit nicht bewilligt werden. **Notare** haben allerdings gem. § 17 Abs. 2 BNotO solchen Beteiligten, denen in einem gerichtlichen Verfahren PKH zu bewilligen wäre, ihre Urkundstätigkeit in sinngemäßer Anwendung der §§ 114 ff. vorläufig gebührenfrei oder gegen Zahlung der Gebühren in Monatsraten zu gewähren. Allein die Tatsache, dass es sich um ein **Verfahren mit Amtsermittlung** handelt, rechtfertigt es nicht, die Notwendigkeit einer Anwaltsbeiordnung zu verneinen und PKH zu verweigern.[19] Vor den **Arbeitsgerichten** gelten die Vorschriften über die PKH entsprechend (§ 11 a Abs. 3 ArbGG). Dabei geht die Möglichkeit, gewerkschaftlichen Rechtsschutz zu erhalten, der Bewilligung von PKH vor (§ 115 Rn. 77). Nach Abs. 1 der Vorschrift ist einer bedürftigen Partei, die nicht durch einen Verbandsvertreter vertreten werden kann, stets ein Rechtsanwalt beizuordnen, wenn die Gegenpartei durch einen Rechtsanwalt vertreten ist.[20] Für die Anfechtung von **Justizverwaltungsakten** (§§ 23 ff. EGGVG) kann nach § 29 Abs. 3 EGGVG PKH entsprechend §§ 114 ff. bewilligt werden.

---

[17] BVerfG NJW 1988, 2231.
[18] BGH FamRZ 2007, 1088.
[19] BVerfG NJW 1997, 2103; § 121 Rn. 7 ff.
[20] Zur PKH im arbeitsgerichtlichen Verfahren vgl. *App* AuA 1993, 304; *Schwab* NZA 1995, 115; zur PKH für den Betriebsrat vgl. § 116 Rn. 20.

16 Für das **verwaltungsgerichtliche Verfahren** verweist § 166 VwGO auf eine entsprechende Anwendung der Vorschriften der ZPO über die PKH. Dasselbe gilt nach § 73 a Abs. 1 SGG für das Verfahren vor den **Sozialgerichten,** allerdings mit einigen sich aus § 73 a Abs. 2 und 3 SGG ergebenden Besonderheiten.[21] Nach § 142 FGO gelten die Vorschriften der ZPO im Verfahren vor den **Finanzgerichten** sinngemäß,[22] wobei der Partei auch ein Steuerberater beigeordnet werden kann. Umfangreiche Regelungen über die Verfahrenskostenhilfe in **Patentsachen** enthalten die §§ 129 ff. PatG unter mehrfacher Verweisung auf einzelne Vorschriften der ZPO. Auch für Verfahren vor dem BVerfG kann PKH bewilligt werden (Rn. 38).

17 Im **Strafverfahren** kann der Beschuldigte oder Angeklagte keine PKH erhalten, weil die Vorschriften über die Pflichtverteidigung (§§ 140 ff. StPO) abschließende Sonderregelungen darstellen. Der **Nebenkläger** kann nach § 397 a Abs. 2 StPO für die Hinzuziehung eines Rechtsanwalts auf Antrag PKH erhalten, wenn die Sach- oder Rechtslage schwierig ist, der Verletzte seine Interessen selbst nicht ausreichend wahrnehmen kann oder ihm dies nicht zuzumuten ist. Dies gilt nicht, wenn ihm nach Abs. 1 der Vorschrift ein Rechtsanwalt als Beistand zu bestellen ist.

18 **2. Auslandsberührung. a) Grundsatz.** Für einen Rechtsstreit, der vor einem ausländischen Gericht zu führen ist, oder für die Zwangsvollstreckung im Ausland kann PKH nach §§ 114 ff. nicht bewilligt werden.[23] Vielmehr ist die Frage, ob und gegebenenfalls auf welche Weise Kostenhilfen zu gewähren sind, von den hierfür nach dem jeweiligen nationalen Recht zuständigen ausländischen Stellen zu entscheiden.[24] Im Verhältnis der Vertragsstaaten untereinander enthält das **Haager Übereinkommens über den Zivilprozess v. 1. 3. 1954** in seinen Art. 20 ff. und das hierzu erlassene Ausführungsgesetz[25] in § 9 f. Regelungen zur dort noch „Armenrecht" genannten PKH. Neben dem innerstaatlichen Recht sind hierbei auch Rechtsakte der Europäischen Union und von Bedeutung.[26]

19 **b) EG-Richtlinie 8/2003.**[27] Die Charta der Grundrechte der Europäischen Union sieht in Art. 47 Abs. 3 vor, dass Personen, die nicht über ausreichende Mittel verfügen, PKH bewilligt wird, soweit diese Hilfe erforderlich ist, um den Zugang zu den Gerichten wirksam zu gewährleisten. In Umsetzung dieses Grundsatzes hat der Rat am 27. 1. 2003 eine Richtlinie zur Verbesserung des Zugangs zum Recht bei Streitsachen mit grenzüberschreitendem Bezug durch Festlegung gemeinsamer Mindestvorschriften für die PKH in derartigen Streitsachen angenommen.[28] Diese Richtlinie findet ausschließlich auf **grenzüberschreitende Zivilsachen innerhalb der EU** Anwendung, bei denen der Antragsteller seinen Wohnsitz nicht in dem Mitgliedstaat hat, in dem das Verfahren stattfinden oder die gerichtliche Entscheidung vollstreckt wird. Das noch wesentlich weitergehende Vorhaben, innerhalb der EU einheitliche Standards für die Gewährung von PKH auch in reinen Inlandsfällen zu schaffen, wurde zunächst nicht weiter verfolgt. In grenzüberschreitenden Fällen haben Personen, die nicht über ausreichende Mittel verfügen, um ihre Rechte vor Gericht geltend zu machen, Anspruch auf eine angemessene Prozesskostenhilfe in den anderen Mitgliedsstaaten. Diese umfasst neben der Vertretung vor Gerichten durch einen Rechtsanwalt auch die vorprozessuale Rechtsberatung und die Befreiung von den Gerichtskosten und den mit dem grenzüberschreitenden Charakter der Rechtssache verbundenen besonderen Kosten. Es ist dabei vorgesehen, dass der Antrag auf PKH bei der zuständigen Behörde des Mitgliedstaats gestellt werden kann, in dem der Antragsteller seinen Wohnsitz hat. Diese Behörde übermittelt den Antrag danach kostenfrei an die zuständige Behörde bzw. das Gericht des Staates, in dem die PKH gewährt wird. Die Richtlinie begründet keine unmittelbaren Ansprüche der Rechtssuchenden oder deren Prozessvertreter, sondern bedarf der Umsetzung durch den nationalen Gesetzgeber.

20 **c) EG-Prozesskostenhilfegesetz.** Die Umsetzung der EG-Richtlinie 8/2003 seitens des inländischen Gesetzgebers ist durch das EG-Prozesskostenhilfegesetz v. 15. 12. 2004 (BGBl. I S. 3392) für Deutschland erfolgt. Im Zuge dessen wurde § 114 ein zweiter Satz hinzugefügt, der auf die ebenfalls neuen §§ 1076 bis 1078 verweist. Bei der Auslegung der §§ 114 ff. in grenzüberschreitenden Zivil- und Familiensachen innerhalb der EU ist die Richtlinie durch die inländischen Gerichte

---

[21] BayLSG AnwBl. 1988, 420.

[22] BFH DB 1988, 536.

[23] *Kalthoener/Büttner/Wrobel-Sachs* Rn. 30.

[24] OLG Braunschweig IPRax 1987, 236 m. Anm. *Nagel* IPRax 1987, 219. – Einzelheiten hierzu enthält der „Leitfaden der Beratungs- und Prozesskostenhilfe im Europäischen Wirtschaftsraum", herausgegeben von der Europäischen Kommission, Luxemburg 1997.

[25] Gesetz v. 18. 12. 1958, BGBl. S. 939.

[26] Hierzu *Nagel* IPRax 1987, 218 und *Nagel/Gottwald* Rn. 78 ff.

[27] Amtsblatt Nr. L 026 vom 31/01/2003 S. 41.

[28] Hierzu *Jastrow* MDR 2004, 75.

zu berücksichtigen. Dies gilt insbesondere für die **Prüfung der Erfolgsaussicht** der Rechtsverfolgung oder Rechtsverteidigung. Die Regelung in Art. 6 Abs. 1 der Richtlinie, wonach PKH-Anträge (nur) für offensichtlich unbegründete Verfahren von den zuständigen Behörden (bzw. Gerichten) abgelehnt werden können, steht einer allzu restriktiven Handhabung in grenzüberschreitenden Verfahren innerhalb der EU entgegen. – Zum Formularzwang in derartigen Auslandsfällen siehe § 117 Rn. 17.

d) Beweisaufnahme im Ausland. Die von einem inländischen Gericht gewährte PKH für ei- 21
nen hier anhängigen Rechtsstreit umfasst auch die notwendigen Kosten für eine im Ausland durchzuführende Beweisaufnahme. Als Verkehrsanwalt kann jedoch nur ein im Gebiet der Bundesrepublik zugelassener Rechtsanwalt beigeordnet werden.[29]

e) Unterhaltssachen mit Auslandsberührung. Für die **Geltendmachung von Unterhalts-** 22
ansprüchen durch Ausländer im Inland gelten die §§ 114ff. ohne Einschränkungen. Dabei ist gleichgültig, ob sich der Unterhaltsanspruch materiell nach inländischem oder ausländischem Recht richtet. Macht ein Unterhaltsberechtigter mit Wohnsitz im Ausland seine Ansprüche gegen einen in der Bundesrepublik wohnhaften Unterhaltsverpflichteten nach dem **Auslandsunterhaltsgesetz** – AUG – vom 19. 12. 1986 (BGBl. I S. 2563) geltend, so ist ihm nach § 9 AUG, sofern die Rechtsverfolgung hinreichende Aussicht auf Erfolg bietet und nicht mutwillig ist, PKH auch ohne ausdrücklichen Antrag und stets ohne Anordnung von Ratenzahlungen zu gewähren.[30] Für die Bearbeitung ins Ausland gehender Gesuche nach §§ 3ff. AUG kann PKH nicht bewilligt werden, weil das AG hier nicht als Prozess- oder Vollstreckungsgericht, sondern als Justizverwaltungsbehörde tätig ist.[31]

Für die **Geltendmachung von Unterhaltsansprüchen bei einem ausländischen Gericht** 23
oder die Zwangsvollstreckung dort aus einem bereits vorhandenen Unterhaltstitel kann im Inland keine PKH gewährt werden.[32] Das gilt auch für ein Gesuch nach dem AusführungsG zum UN-Übereinkommen über die Geltendmachung von Unterhaltsansprüchen im Ausland (BGBl. 1959 II S. 149 und 1971 II S. 105), da es sich dabei nicht um ein inländisches gerichtliches Verfahren handelt.[33] Soll ein inländischer Titel in einem anderen Mitgliedsstaat der EU (außer Dänemark) vollstreckt werden und war ihm im Herkunftsstaat PKH bewilligt worden, so hat er nach Art. 50 EuGVVO im Vollstreckungsstaat Anspruch auf Kosten- und Gebührenbefreiung nach den selben Grundsätzen. Eines besonderen PKH-Antrags im Vollstreckungsverfahren bedarf hier es nicht. Der Berechtigte muss lediglich mittels einer Bescheinigung nach Art. 54 EuGVVO nachweisen, dass ihm im Herkunftsstaat PKH bewilligt wurde.

4. Beweissicherung. Für das **selbstständige Beweisverfahren** kann[34] und muss erforderli- 24
chenfalls PKH gesondert bewilligt werden, da es nicht zum Rechtszug des Hauptsacheprozesses iSv. § 119 gehört (zur Erfolgsaussicht Rn. 71). Auch nach dem Beweisbeschluss des Gerichts kann für die Wahrnehmung eines Termin nach § 491 PKH bewilligt und ein Anwalt beigeordnet werden.[35]

5. Ehesachen. Die Frage, ob für eine Ehesache PKH zu bewilligen ist, steht im Zusammenhang 25
damit, ob die Partei zur sachgerechten Wahrnehmung ihrer Rechte im Verfahren einen Anwalt benötigt; vgl. hierzu § 121 Rn. 8. Soweit danach PKH in Betracht kommt, ist das Gericht verpflichtet, die Partei hierauf hinzuweisen.[36] Zum Scheidungs- und Verbundverfahren vgl. § 119 Rn. 26 und § 624 Rn. 4ff.; zur PKH für die Scheidung oder Aufhebung von Scheinehen vgl. Rn. 98; zur Verfahrenskostenhilfe Rn. 27.

6. Einstweiliger Rechtsschutz in Familiensachen. Das Verfahren der einstweiligen Anord- 26
nung nach §§ 620ff. und das Hauptsacheverfahren Ehesache bilden keinen einheitlichen Rechtszug iSv. § 119. PKH muss deshalb jeweils gesondert bewilligt werden.[37] Das selbe gilt für Einstweilige Anordnungen nach § 621g und § 641d.[38] Von einer PKH-Bewilligung für das Verfahren der Einstweiligen Anordnung werden auch Anträge auf Abänderung (§ 620b), Aussetzung der Vollziehung (§ 620e) und Feststellung des Außerkrafttretens (§ 620f) erfasst.

---

[29] OLG Bamberg NJW 1977, 113.
[30] Einzelheiten zum Auslandsunterhaltsgesetz bei *Bach* FamRZ 1996, 1250.
[31] KG FamRZ 1992, 1318; 2006, 1210.
[32] KG FamRZ 2006, 1210.
[33] OLG Frankfurt a. M. FamRZ 1987, 302.
[34] OLG Köln VersR 1995, 436; LG Köln ZIP 1985, 1335; NJW-RR 1987, 319; LG Aurich JurBüro 1986, 766; LG Düsseldorf JurBüro 1986, 1574; LG Bayreuth JurBüro 1991, 398. AA LG Bonn MDR 1985, 415; LG Flensburg SchlHA 1987, 154.
[35] Einschränkend LG Karlsruhe MDR 1993, 914; 2. Aufl. Rn. 28.
[36] OLG Karlsruhe FamRZ 1995, 1163.
[37] *Kalthoener/Büttner/Wrobel-Sachs* Rn. 487; vgl. auch § 119 Rn. 11.
[38] *Zöller/Philippi* § 621g Rn. 13; *Kalthoener/Büttner/Wrobel-Sachs* Rn. 488.

27 **7. Freiwillige Gerichtsbarkeit.** Im Verfahren der freiwilligen Gerichtsbarkeit sind die zivilprozessualen Vorschriften über die PKH nach § 14 FGG entsprechend anwendbar. Dies gilt über § 194 Abs. 1 FGG auch für Angelegenheiten der freiwilligen Gerichtsbarkeit, die landesrechtlich anderen als gerichtlichen Behörden zugewiesen sind, wie in einzelnen Bundesländern bestimmte Vormundschafts- und Nachlasssachen (Art. 147 EGBGB) einschließlich der Vermittlung der Nachlassauseinandersetzung.[39] Mit der beabsichtigten **Reform** des Rechts der Freiwilligen Gerichtsbarkeit und der Integration weiter Teile dieser Materie in das FamFG ist auch eine eigenständigere Regelung der PKH für solche Verfahren beabsichtigt. Die dort **Verfahrenskostenhilfe,** genannte Vergünstigung für die bedürftige Partei wird unter denselben Voraussetzungen gewährt wie die PKH nach § 114. In Verfahren, die von Amts wegen eingeleitet werden, erhält ein Beteiligter die Verfahrenskostenhilfe, wenn seine Rechte durch den Ausgang des Verfahrens beeinträchtigt werden können und die beabsichtigte Rechtsverteidigung nicht offensichtlich ohne Aussicht auf Erfolg ist.[40]

28 **8. Insolvenzverfahren. a) PKH für den Insolvenzschuldner.** Nach § 4 InsO gelten für das Insolvenzverfahren die Vorschriften der ZPO entsprechend, soweit die InsO nichts anderes bestimmt. Damit verweist § 4 InsO auch auf die §§ 114 ff. Für den Schuldner tritt im Verfahren der **Verbraucherinsolvenz** an die Stelle der PKH die **Stundung** der Verfahrenskosten (§§ 4 a–4 d InsO). Erfolgt die Stundung, so wird dem Schuldner auf Antrag ein zur Vertretung bereiter Rechtsanwalt seiner Wahl beigeordnet, wenn dies auch bei Beachtung der Verfahrensbesonderheiten erforderlich erscheint. Dabei ist über die Stundung der Verfahrenskosten für jeden **Verfahrensabschnitt** besonders zu entscheiden, § 4 a Abs. 3 S. 2 InsO. Dementsprechend ist auch jeweils neu zu befinden, ob dem Schuldner gemäß § 4 a Abs. 2 Satz 1 InsO ein Rechtsanwalt beizuordnen ist oder nicht. Die Stundung ist allerdings **ausgeschlossen,** wenn einer der **Versagungsgründe für die Restschuldbefreiung** nach § 290 Abs. 1 InsO vorliegt. Der BGH hat die Beschränkung der Ausschlussgründe auf die Nr. 1 und 3 der genannten Vorschrift in § 4 a Abs. 1 S. 4 InsO nicht anerkannt, wenn andere Versagungsgründe zweifelsfrei vorliegen.[41] Aus § 20 Abs. 1 Satz 1 InsO folgt, dass der Schuldner dem Insolvenzgericht bereits im Eröffnungsverfahren umfassende Auskünfte über seine Vermögensverhältnisse zu erteilen, insbesondere ein Verzeichnis seiner Gläubiger und Schuldner vorzulegen und eine geordnete Übersicht seiner Vermögensgegenstände einzureichen hat. Die Anforderungen an die **Begründung eines Stundungsantrags** sind an diesem Maßstab auszurichten. Werden die gestundeten Beträge vom Schuldner während der sechsjährigen Treuhandphase nicht bezahlt, so werden sie nach der Restschuldbefreiung fällig. Allerdings kommt auch eine weitere Stundung mit Ratenzahlung entsprechend den Voraussetzungen nach §§ 115 Abs. 1 u. 2, 120 Abs. 2 in Betracht. – Zur Versagung der Stundung wegen Vermögensverschwendung auch Rn. 61.

29 **b) PKH für den Insolvenzgläubiger.** Aus dem Umstand, dass der Schuldner für das Insolvenzverfahren lediglich Stundung der Kosten des Insolvenzverfahrens nach §§ 4 a InsO beantragen kann, lässt sich nicht folgern, dass dem Gläubiger die Gewährung von Prozesskostenhilfe grundsätzlich zu versagen ist.[42] Allein der Umstand, dass der Schuldner im Insolvenzverfahren durch einen Rechtsanwalt vertreten ist, gibt allerdings keine Veranlassung, einem Gläubiger einen Rechtsanwalt beizuordnen. Das Verfahren nach der InsO ist grundlegend anders ausgestaltet als das kontradiktorische Verfahren nach der ZPO. Es gilt der Amtsermittlungsgrundsatz (§ 5 Abs. 1 InsO), außerdem bestehen gerichtliche Kontroll- und Fürsorgepflichten. Deshalb gebietet auch Art. 3 Abs. 1 GG unter dem Gesichtspunkt der prozessualen Waffengleichheit nicht die entsprechende Anwendung des § 121 Abs. 2 Alternative 2 ZPO. In der Regel kann dem Gläubiger daher PKH nur gewährt werden, wenn er anwaltlichen Beistand benötigt, weil er selbst zu einer Wahrnehmung seiner Rechte nicht hinreichend in der Lage ist.[43] Die **globale Bewilligung von PKH** ist weder für das Insolvenzverfahren noch für das Eröffnungsverfahren angezeigt. Ist sie dennoch erfolgt, so ist sie gleichwohl wirksam.[44] Dagegen kann, soweit die InsO dem Gläubiger in einzelnen Verfahrensabschnitten die Möglichkeit zur Beteiligung am Verfahren gibt, hierfür PKH bewilligt werden, soweit die allgemeinen Voraussetzungen der §§ 114 ff. vorliegen. Die Erfolgsaussicht ist danach zu beurteilen, ob die Beteiligung im Einzelfall rechtlich und wirtschaftlich sinnvoll erscheint. Die Bedürftigkeit ist nach allgemeinen Grundsätzen zu beurteilen. Zur Mutwilligkeit vgl. Rn. 106 f.

30 **c) Geltendmachung von Masseforderungen.** Wird ein Anspruch vom Insolvenzverwalter zur **Geltendmachung durch den Schuldner freigegeben,** so kann das dazu dienen, den An-

---

[39] *Keidel/Kuntze/Winkler* § 193 Rn. 2 ff.
[40] Siehe § 76 FamFG – Entwurf der Bundesregierung.
[41] BGH NJW-RR 2005, 775.
[42] BGH NJW 2004, 3260; anders MünchKommInsO/*Ganter* § 4 Rn. 23.
[43] BGH NJW 2004, 3260.
[44] BGH NJW 2004, 3260.

spruch unter Inanspruchnahme von PKH durch den Schuldner durchzusetzen und den Erlös wieder an die Masse abzuführen. Von einer entsprechenden Abrede wird bei werthaltigen Forderungen regelmäßig auszugehen sein, da sich der Insolvenzverwalter mit einer unbedingten Freigabe zur freien Verfügung des Schuldners pflichtwidrig verhalten und schadenersatzpflichtig machen würde. Damit kommt die Bewilligung von PKH für den Schuldner zur Geltendmachung eines vom Insolvenzverwalter freigegebenen Anspruchs grundsätzlich nicht in Betracht, da nur zwei Möglichkeiten denkbar sind: Entweder dient die Freigabe der unzulässigen Umgehung von § 116 S. 1 Nr. 1 oder die Forderung ist wertlos und die Rechtsverfolgung damit ohne Aussicht auf Erfolg. Für **Rechtsstreitigkeiten des Insolvenzverwalters** enthält § 116 S. 1 Nr. 1 eine besondere Regelung (hierzu § 116 Rn. 12ff.).

9. Mahnverfahren. Da im Mahnverfahren keine Schlüssigkeitsprüfung stattfindet, entfällt bei der Gewährung von PKH die Prüfung der Erfolgsaussicht.[45] Dagegen kommt die Ablehnung eines Antrags auf PKH wegen Mutwilligkeit nach allgemeinen Grundsätzen (Rn. 85ff.) in Betracht. Das Mahnverfahren bildet mit dem nach Widerspruch oder Einspruch nachfolgenden streitigen Verfahren keinen einheitlichen Rechtszug iSv. § 119. PKH muss deshalb jeweils gesondert bewilligt werden.[46] 31

10. PKH-Prüfverfahren. Für das PKH-Prüfverfahren selbst kann nach überwiegender Rechtsprechung PKH weder dem Antragsteller noch dem Gegner, der nach § 118 Abs. 1 S. 1 angehört wird, bewilligt werden.[47] Dies gilt auch für das Beschwerdeverfahren nach § 127 Abs. 2 und 3, nicht jedoch für das Verfahren der Rechtsbeschwerde zum BGH[48] Soweit für das Bewilligungsverfahren rechtskundige Beratung erforderlich ist, kommt Beratungshilfe nach dem BerHG in Betracht.[49] Dehnt das Gericht die gem. § 118 Abs. 2 in bestimmtem Umfang zulässigen Erhebungen (§ 118 Rn. 17ff.) zu einer vorweggenommenen Beweisaufnahme aus, um auf diese Weise Zeit und möglicherweise auch Kosten zu sparen, so kann dies im Ausnahmefall die Bewilligung von PKH für das Prüfverfahren rechtfertigen.[50] Zwar bedeutet ein solches von § 118 Abs. 2 nicht gedecktes Vorgehen faktisch die Nichtbewilligung von PKH für das Hauptsacheverfahren und ist daher für den Antragsteller beschwerdefähig.[51] Die Möglichkeiten der anderen Partei, sich gegen diese Verfahrensweise des Gerichts zur Wehr zu setzen, sind jedoch gering. Wirkt diese an der vorverlagerten Tatsachenfeststellung nicht mit, so muss sie zumindest innerhalb dieser Instanz Nachteile befürchten. Auch wird ihr an der Klärung der Sachlage als Voraussetzung einer Beilegung des Streits im Vorfeld des kontradiktorischen Verfahrens unter Umständen gelegen sein. 32

Für einen im **Prüfverfahren abgeschlossenen Vergleich** kann PKH bewilligt und ein Rechtsanwalt beigeordnet werden (§ 118 Rn. 13).[52] Die Bewilligung umfasst aber in der Regel nur den Vergleichsabschluss selbst und nicht das gesamte PKH-Verfahren.[53] Die einmal erfolgte Bewilligung von PKH für das Prüfverfahren ist bindend, auch wenn sie nicht hätte erfolgen dürfen.[54] Da das PKH-Prüfverfahren ein eigenständiges Verfahren ist, kann auch während des **bereits anhängigen Hauptsacheverfahren** nach § 118 verhandelt und ein **Vergleich im Prüfverfahren** über den Gegenstand des Hauptsacheverfahrens geschlossen werden (§ 118 Rn. 12ff.). Das ist vor allem in den Fällen von praktischer Bedeutung, in denen für das Hauptsacheverfahren Anwaltszwang nach § 78 besteht, da dieser für das PKH-Verfahren einschließlich des Vergleichsabschlusses nicht gilt. Mit der Bewilligung von PKH ist das Bewilligungsverfahren jedoch beendet, so dass eine sich sofort anschließende Erörterung nebst Vergleichsabschluss auch dann zum Hauptsacheverfahren gehören, wenn die Klage noch nicht förmlich zugestellt worden ist.[55] 33

---

[45] OLG München MDR 1997, 891.

[46] *Zöller/Philippi* § 119 Rn. 16; *Wielgoß* NJW 1991, 2070, 2071 m. weit. Nachw.

[47] BGH NJW 1984, 2106; NJW 2004, 2595; OLG Zweibrücken FamRZ 1985, 301; OLG Karlsruhe FamRZ 1988, 1182; OLG Bremen, FamRZ 1989, 198; aA OLG Nürnberg FamRZ 1999, 998 für ein „Anerkenntnis" im PKH-Bewilligungsverfahren; KG FamRZ 2006, 1284 bei Aufforderung zur Stellungnahme durch Rechtsanwalt.

[48] BGH NJW 2003, 1192; siehe § 127 Rn. 37.

[49] BGH NJW 1984, 2106; *Kalthoener/Büttner/Wrobel-Sachs* Rn. 158.

[50] OLG Köln MDR 1983, 323; OLG Düsseldorf NJW-RR 1996, 838; OLG Bamberg NJW-RR 2005, 652; *Zöller/Philippi* Rn. 3; aA OLG Nürnberg FamRZ 2002, 758; *Kalthoener/Büttner/Wrobel-Sachs* Rn. 159; 2. Aufl. Rn. 54.

[51] OLG Celle MDR 1985, 591, 592; OLG Karlruhe OLGR 2006, 281 (Bewilligung von PKH für das Hauptsacheverfahren trotz zwischenzeitlichem Vergleichsabschluss im PKH-Prüfverfahren).

[52] *Kalthoener/Büttner/Wrobel-Sachs* Rn. 160 m. weit. Nachw.

[53] BGH NJW 2004, 2595; aA OLG Nürnberg MDR 1999, 1286; OLG Düsseldorf FamRZ 2001, 1155; *Wax* LMK 2004, 235.

[54] OLG Stuttgart MDR 1989, 651.

[55] OLG Köln FamRZ 1997, 950.

34 **11. Schiedsrichterliches Verfahren.** Für das schiedsrichterliche Verfahren nach §§ 1025 ff. kommt PKH, da diese nur für Verfahren vor staatlichen Gerichten bewilligt werden kann, nicht in Betracht.[56] Dagegen kann für das Verfahren der Vollstreckbarerklärung nach §§ 1060 ff., für die Aufhebungsklage nach § 1059 sowie für die in § 1062 genannten gerichtlichen Verfahren PKH nach allgemeinen Grundsätzen bewilligt werden.

35 **12. Schutzschrift.** Für eine Schutzschrift gegen den drohenden Erlass einer einstweiligen Verfügung oder Anordnung kann PKH nur dann bewilligt werden, wenn die Schutzschrift genau so dringend geboten erscheint wie eine entsprechende einstweilige Anordnung oder Verfügung selbst. Dies kann je nach Lage des Einzelfalles insbesondere im **gewerblichen Rechtsschutz** in Betracht kommen. Auch kommt bei zu erwartenden einstweiligen Anordnungen in **Verfahren nach dem GewSchG** einschließlich der Wohnungszuweisung ein dringendes Bedürfnis des (voraussichtlichen) Antragsgegners nach einer Schutzschrift in Betracht. Dies ergibt sich aus der Möglichkeit der alsbaldigen Zwangsvollstreckung aus einer solchen Anordnung ohne vorherige Zustellung an den Gegner (§ 64 b Abs. 3 S. 6 FGG). Dagegen besteht für Schutzschriften in **unterhaltsrechtlichen Anordnungsverfahren** (§§ 620 Nr. 4 bis 6, 644) regelmäßig kein dringendes Bedürfnis des Betroffenen, weil dem Verpflichteten der Abänderungsantrag nach § 620 b offen steht. Daher scheidet insoweit die Bewilligung von PKH regelmäßig aus.[57]

36 **13. Stufenklage.** PKH kann und muss, sofern die weiteren Voraussetzungen vorliegen, sofort **für sämtliche Stufen** bewilligt werden.[58] Die gegenteilige Ansicht, wonach die Bewilligung nur vorbehaltlich einer erneuten Prüfung der Erfolgsaussicht für die Zahlungsklage[59] oder nur für jede Stufe gesondert[60] erfolgen könne, berücksichtigt nicht hinreichend die gebührenrechtlichen Folgen, die mit der Erhebung einer Stufenklage verbunden und deshalb auch für die Bewilligung von PKH maßgebend sind. Denn der Zahlungsantrag wird nicht nur sofort rechtshängig, sondern bestimmt nach § 44 GKG den einheitlichen Streitwert für die gesamte Stufenklage. Die Gefahr, dass im Rahmen der sofort für alle Stufen bewilligten PKH ein überhöhter Zahlungsantrag gestellt wird, besteht nicht, denn die Bewilligung von PKH ist entsprechend dem ursprünglichen Klagantrag von vornherein auf den Zahlungsantrag „in Höhe des sich aus der Auskunft ergebenden Anspruchs" beschränkt.[61] Damit besteht auch bei sofortiger Bewilligung von PKH für den erst später bezifferten Zahlungsantrag nur noch ein enger Spielraum.[62] Auch wegen des Gebührenvorschusses für den beigeordneten Rechtsanwalt ist ein **vorläufiger Streitwert** festzusetzen.[63] Dabei muss der mögliche, wenngleich noch ungewisse Erfolg summarisch abgeschätzt werden. Ein spätere Abänderung dieser vorläufigen Streitwertfestsetzung und der damit zusammenhängenden PKH-Bewilligung ist ohne weiteres möglich, bei einer Erhöhung rückwirkend, bei einer Reduzierung mit Wirkung ex nunc.[64] Soweit erforderlich, kann der Umfang der PKH für den Zahlungsantrag nach Erteilung der Auskunft durch einen entsprechenden feststellenden Beschluss klargestellt werden, gegen den nach § 127 Abs. 2 S. 2 die sofortige Beschwerde zulässig ist. Aus den genannten Gründen ist es nicht möglich, die Entscheidung über die **PKH zur Verteidigung gegen eine Stufenklage** hinsichtlich des Zahlungsantrags bis zu Bezifferung zurückzustellen.[65] Auch eine Versagung von PKH für die Auskunftsstufe bei bestehender Erfolgsaussicht der Rechtsverteidigung gegen den Zahlungsanspruch ist nicht zulässig.[66]

37 **14. Vaterschaftsanfechtung, Vaterschaftsfeststellung.** In Kindschaftssachen kann dem Kind für die Vaterschaftsfeststellung – nicht jedoch für das Verfahren der Vaterschaftsanfechtung – nach

---

[56] OLG Stuttgart BauR 1983, 486; LAG Düsseldorf JurBüro 1987, 1238; *Kalthoener/Büttner/Wrobel-Sachs* Rn. 11.

[57] OLG Düsseldorf FamRZ 1985, 502.

[58] OLG Köln NJW-RR 1995, 707; OLG München FamRZ 1993, 594; FamRZ 1994, 1184; OLG Celle FamRZ 1994, 1043; OLG Hamm FamRZ 1997, 97; OLG Nürnberg FamRZ 1997, 100; OLG Düsseldorf FamRZ 2000, 101; OLG Zweibrücken OLGR 2004, 491; *Kalthoener/Büttner/Wrobel-Sachs* Rn. 436. Differenzierend OLG Celle 1997, 99.

[59] OLG Karlsruhe FamRZ 1984, 501; OLG Frankfurt/M. FamRZ 1985, 415; KG FamRZ 2005, 461; OLG Zweibrücken FamRZ 2007, 1109.

[60] OLG Koblenz FamRZ 1985, 416; OLG Bamberg FamRZ 1986, 371; OLG Naumburg FamRZ 1994, 1042; OLG Hamm FamRZ 2000, 429.

[61] OLG Zweibrücken OLGR 2004, 491; OLG Karlsruhe FamRZ 2004, 547; *Zimmermann* Rn. 290.

[62] OLG Düsseldorf FamRZ 2000, 101.

[63] OLG München FamRZ 1994, 1184; OLG Celle FamRZ 1997, 99.

[64] OLG Frankfurt a. M. NJW-RR 1991, 1411; OLG Hamm FamRZ 1994, 312; OLG Karlsruhe FamRZ 1997, 98; aA insoweit OLG München FamRZ 1994, 1184.

[65] OLG Düsseldorf FamRZ 1997, 1017; aA OLG Köln FamRZ 1985, 623.

[66] *Zimmermann* Rn. 292.

§ 1712 Abs. 1 Nr. 1 BGB das Jugendamt als Beistand bestellt werden. Das schließt die Bewilligung von PKH jedoch nicht aus. Besonderheiten sind hinsichtlich der Beurteilung der Erfolgsaussicht zu beachten (Rn. 72ff.). Ferner können sich Probleme im Zusammenhang mit der Frage ergeben, ob dem Kind ein gegenüber der PKH vorrangiger Anspruch auf PKV zusteht (§ 115 Rn. 79ff.).

15. Verfassungsgerichtliches Verfahren. Im konkreten Normenkontrollverfahren ist Voraussetzung, dass aus besonderen Gründen eine Vertretung geboten erscheint oder dass zumindest von der Anhörung der Beteiligten des Ausgangsverfahrens in der mündlichen Verhandlung eine Förderung der Sachentscheidung zu erwarten ist.[67] Entsprechendes gilt bei der Verfassungsbeschwerde für den nach § 94 Abs. 3 BVerfGG Äußerungsberechtigten.[68] 38

16. Vergleich. Die Bewilligung von PKH und die Beiordnung eines Rechtsanwalts erstrecken sich innerhalb des Rechtszugs iSv. von § 119 ohne weiteres auf die Kosten eines Prozessvergleichs, sofern er sich auf den Streitgegenstand des Rechtsstreits beschränkt. Werden im konkreten Verfahren nicht rechtshängige Gegenstände im Vergleich mit geregelt, so ist für den sich hieraus ergebenden **Vergleichsmehrwert** auf entsprechenden Antrag gesondert PKH zu bewilligen (§ 119 Rn. 25). Einer Prüfung der Erfolgsaussicht bedarf es hierzu nicht. Meist wird die Miterledigung eines weiteren Streitpunkts der Parteien auch nicht mutwillig sein. Sind sich die Parteien über den Bestand einer **Forderung** und deren sofortige Fälligkeit bereits einig, so ist die schlichte Erfüllung derselben durch den Schuldner der einfachere und billigere Weg als dessen vorherige Titulierung durch Vergleich. Im Rahmen eines **Ehescheidungsverfahrens** ist die bewilligte PKH auf den Abschluss eines gerichtlichen Vergleichs nach § 630 zu erstrecken.[69] Der Vergleich nach § 278 Abs. 6 dient der Beendigung eines bereits anhängigen Rechtsstreits, gleich ob er auf Vorschlag des Gerichts oder der Parteien zustande kommt. Die Bewilligung von PKH für diesen Rechtsstreit erstreckt sich daher auch auf den Vergleichsabschluss. Auf einen **außergerichtlichen Vergleich** erstreckt sich die Bewilligung von PKH hingegen nur dann, wenn dadurch der anhängige Rechtsstreit erledigt wird (§ 119 Rn. 24). Für den Abschluss eines **vollstreckbaren Anwaltsvergleichs** nach § 796a kann keine PKH bewilligt werden, da es sich nicht um ein gerichtliches Verfahren handelt. Jedoch kommt insoweit die Gewährung von Beratungshilfe in Betracht. Dagegen kann für das Verfahren der Vollstreckbarerklärung nach § 796b bei Vorliegen der allgemeinen Voraussetzungen der §§ 114ff. PKH bewilligt werden. Zum Vergleich im **PKH–Verfahren** vgl. Rn. 33 und § 118 Rn. 13. 39

17. Zwangsversteigerung, Zwangsverwaltung. Die pauschale Bewilligung von PKH für den Schuldner ist nicht möglich, da das ZVG eine Vielzahl von Möglichkeiten für eine Beteiligung des Schuldners am Verfahren vorsieht, deren Erfolgsaussicht jeweils im Einzelfall geprüft werden muss. Deshalb kann dem Schuldner – wenn die weiteren Voraussetzungen der §§ 114, 115 vorliegen – PKH nur für die jeweils konkret beabsichtigte Beteiligung bewilligt werden, zB für den Antrag auf einstweilige Einstellung nach § 30a ZVG, die Wertbeschwerde nach § 74a Abs. 5 ZVG oder die Zuschlagsbeschwerde gem. § 96 ZVG, aber auch für das Vollstreckungsschutzverfahren nach § 765a.[70] 40

18. Zwangsvollstreckung. PKH für die Zwangsvollstreckung muss gesondert bewilligt werden (§ 119 Rn. 49). Außerdem gelten Besonderheiten sowohl hinsichtlich des Umfangs der Bewilligung (§ 119 Rn. 50) als auch hinsichtlich der Zuständigkeit (§ 127 Rn. 3). 41

IV. Persönlicher Geltungsbereich

1. Parteibegriff. a) Grundlagen. Partei iSv. §§ 114ff. ist über den engen, auf Kläger und Beklagten beschränkten Parteibegriff hinaus jeder, der prozessual die Möglichkeit und rechtlich ein Interesse daran hat, den Rechtsstreit zu führen oder sich an ihm zu beteiligen. Partei ist insbesondere jeder, dem gegenüber die gerichtliche Entscheidung unmittelbare materiellrechtliche Wirkungen hat. PKH als soziale Leistung staatlicher Daseinsfürsorge kommt nur in Betracht, wenn nicht nur derjenige, der den Rechtsstreit führt, sondern auch derjenige, dem die angestrebte Entscheidung wirtschaftlich unmittelbar zugute kommt, zur Aufbringung der Prozesskosten außerstande ist; dies ist insbesondere bei der gewillkürten Prozessstandschaft (Rn. 47) von Bedeutung. Partei ist auch, wer versehentlich, etwa wegen einer Namensverwechslung, in einen Rechtsstreit verwickelt wird; für die prozessualen Maßnahmen, die zur Abwehr dieser ungerechtfertigten Inanspruchnahme erforderlich sind, kann PKH bewilligt werden. 42

---

[67] BVerfG NJW 1989, 1723.
[68] BVerfG NJW 1995, 1415.
[69] OLG Zweibrücken FamRZ 1997, 946.
[70] LG Münster MDR 1994, 1254.

43 **b) Streithelfer.** Partei iSv. §§ 114 ff. ist auch der Streithelfer (Nebenintervenient), wenn er dem Rechtsstreit – gleichgültig auf welcher Seite – beitritt.[71] Eine andere Frage ist, ob der Beitritt mutwillig erscheint und dem Streithelfer deshalb PKH zu versagen ist (Rn. 85). Ebenso ist hier wie auch sonst mit der Gewährung von PKH noch nicht notwendig die Beiordnung eines Rechtsanwalts verbunden (§ 121 Rn. 6). Partei ist schließlich auch der in einem **Abstammungsprozess** nach § 640 e **beigeladene Elternteil.**

44 **c) Streitgenossen.** Die **persönlichen und sachlichen Voraussetzungen** für die Gewährung von PKH sind für jeden Streitgenossen gesondert zu prüfen, gleichgültig, ob es sich um einfache oder notwendige Streitgenossen handelt.[72] Insbesondere können die Einkünfte von Ehegatten, die als Streitgenossen einen Rechtsstreit führen, nicht zusammengerechnet werden (§ 115 Rn. 5 f.). Machen mehrere Streitgenossen jeweils eigene Ansprüche geltend, kann einem von ihnen Prozesskostenhilfe nicht mit der Begründung verweigert werden, die anderen Streitgenossen könnten seinen Kostenanteil mit aufbringen.[73] Bei **notwendiger Streitgenossenschaft** oder gleichgerichteten Interessen, kommt nur die Beiordnung eines Anwalts zur gemeinsamen Vertretung in Betracht. Anders ist es bei Vorliegen von Gründen, die auch eine bemittelte Partei dazu veranlasst hätte, einen anderen Prozessbevollmächtigten als den des Streitgenossen zu beauftragen, also insbesondere bei Interessenkollision.

45 **Wird nur einem Streitgenossen PKH bewilligt,** so kann die Bewilligung auf die Mehrkosten nach § 7 RVG iVm. VV Nr. 1008 beschränkt werden.[74] Die Prüfung seiner Leistungsfähigkeit ist dann auf diesen Erhöhungsbetrag bezogen. Dies setzt jedoch voraus, dass sich die Einschränkung bereits aus dem **Bewilligungsbeschluss** ergibt. § 7 Abs. 2 RVG eröffnet dem Anwalt das Wahlrecht, auf welchen seiner Mandanten er mit welchen Ansprüchen zugreifen will. Es ist für ihn bei uneingeschränkter Bewilligung von Prozesskostenhilfe nicht vorhersehbar, dass er im Festsetzungsverfahren in seinen Ansprüchen gegen die Staatskasse eingeschränkt wird. Auch die mittellose Partei, die sich im Vertrauen auf die uneingeschränkte Gewährung von Prozesskostenhilfe auf die Prozessführung eingelassen hat, sähe sich möglicherweise Ausgleichsansprüchen des Streitgenossen nach § 426 BGB ausgesetzt, der seinerseits vom Anwalt auf die vollen Gebühren in Anspruch genommen wurde.[75] Von einem Teil der Rechtsprechung und Literatur wird auch angenommen, dass sich der Vergütungsanspruch des beigeordneten Rechtsanwalts nicht auf den Zuschlag nach § 7 Abs. 1 RVG beschränken lässt ist, sondern die vollen Gebühren nach der Tabelle zu § 123 BRAGO aF bzw. 49 RVG oder zumindest einen Anteil nach Kopfteilen umfasst.[76] Diese weitgehende Auffassung hat zur Konsequenz, dass auch der nicht bedürftige Streitgenosse von der PKH des bedürftigen profitiert, weil er nur einen Teil der Anwaltskosten zu tragen hat, die ihm bei alleiniger Prozessführung entstünden. Dafür findet sich in §§ 114 ff. keine Rechtfertigung.

46 **d) Gesetzlicher Vertreter.** Bei der gesetzlichen Vertretung kommt es darauf an, ob die Voraussetzungen für die Gewährung von PKH **beim Vertretenen** vorliegen. Die Verhältnisse des Vertreters sind von Bedeutung, wenn es sich beim Vertretenen um eine juristische Person oder eine parteifähige Vereinigung handelt und der Vertreter zugleich wirtschaftlich Beteiligter ist (§ 116 Rn. 23). Besteht ein Anspruch des Vertretenen gegen den gesetzlichen Vertreter auf PKV, so erlangt auf diesem Umweg dessen Leistungsfähigkeit Bedeutung für die PKH-Bewilligung für den Vertretenen (§ 115 Rn. 79 ff. und § 127 a Rn. 7).

47 **2. Prozessstandschaft; Inkassozession. a) Grundsatz.** Macht ein Prozessbeteiligter im Wege der Prozessstandschaft oder der Inkassozession ein fremdes Recht oder das wirtschaftliche Interesse eines Dritten im eigenen Namen geltend, so kommt es für die Gewährung von PKH grundsätzlich sowohl auf die Person des unmittelbar Prozessbeteiligten als auch auf die des Dritten an, in dessen Interesse der Rechtsstreit geführt wird.[77] Dies gilt insbesondere für die gewillkürte Prozessstandschaft, zu deren Zulässigkeitsvoraussetzungen das eigene rechtliche oder wirtschaftliche Interesse des

---

[71] OLG Frankfurt/M. FamRZ 1984, 1041; OLG Koblenz FamRZ 1986, 1233; OLG Hamm FamRZ 1991, 347; JurBüro 2004, 38.

[72] OLG Stuttgart MDR 2000, 545.

[73] OLG Stuttgart MDR 2000, 545.

[74] Zu § 6 Abs. 2 BRAGO BGH NJW 1993, 1715; OLG Koblenz MDR 2001, 1261; *Zöller/Philippi* Rn. 7; *Zimmermann* Rn. 293; aA *Kalthoener/Büttner/Wrobel-Sachs* Rn. 48; *Musielak/Fischer* Rn. 3.

[75] OLG Stuttgart JurBüro 1997, 200; aA die 2. Aufl. Rn 70.

[76] OLG Düsseldorf NJW-RR 1997, 1493; OLG München NJW-RR 1997, 191; OLG Stuttgart MDR 2000, 545 (einfache Streitgenossen); *Rönnebeck* NJW 1994, 2273; *Notthoff* AnwBl. 1996, 612.

[77] Ganz hM; BGH VersR 1992, 594; OLG Hamburg FamRZ 1990, 1119; OLG Hamm NJW 1990, 1053; OLG Koblenz 1999, 831 (Treuhand); KG MDR 2004, 710; *Kalthoener/Büttner/Wrobel-Sachs* Rn. 36; aA *Stein/Jonas/Bork* Rn. 7.

Prozessstandschafters gehört, aber auch für die Inkassozession.[78] Lediglich im Ausnahmefall, wenn der materiell Berechtigte offenkundig keinerlei wirtschaftliches Interesse am Ausgang des Rechtsstreits hat, können seine persönlichen und wirtschaftlichen Verhältnisse unberücksichtigt bleiben.[79] Für einen **Musterprozess,** der im Interesse eines abgrenzbaren Personenkreises geführt wird, kann PKH nur bewilligt werden, wenn keiner der Betroffenen in der Lage ist, die Kosten aufzubringen.[80] – Zur **Erbengemeinschaft** vgl. § 116 Rn. 9, zur **jurstischen Person** § 116 Rn. 2.

b) Prozessstandschaft beim Kindesunterhalt (§ 1629 Abs. 3 BGB). Macht ein Elternteil den Unterhaltsanspruch eines Kindes in **Prozessstandschaft** nach § 1629 Abs. 3 BGB geltend, ist für die Bewilligung von Prozesskostenhilfe auf die Einkommens- und Vermögensverhältnisses des klagenden **Elternteils** und nicht auf diejenigen des Kindes abzustellen.[81] Diese Frage war lange streitig.[82] Der Vertreter der Gegenansicht verweisen darauf, dass im Rahmen der PKH keine Schlechterstellung des betreuenden Elternteils eintreten soll, dem die Prozessstandschaft vom Gesetzgeber durch § 1629 Abs. 3 BGB bei Getrenntleben oder Anhängigkeit einer Ehesache zwingend auferlegt wird. Der BGH hält dem jedoch zutreffend entgegen, dass § 1629 Abs. 3 BGB eine Konfliktsituation für das Kind während der Trennungszeit und des Scheidungsverfahrens verhindern will. Um dies zu erreichen, soll die Einbeziehung des Kindes in den Rechtsstreit seiner noch nicht geschiedener Eltern verhindert werden. Würde im Rahmen der PKH auf die persönlichen und wirtschaftlichen Verhältnisse des Kindes abgestellt, wäre dieses über das PKH-Prüfverfahren indirekt doch in den Prozess einbezogen. Außerdem entspricht eine auf die persönlichen und wirtschaftlichen Verhältnisse des klagenden Elternteils abstellende Betrachtung dessen regelmäßig vorhandenem **Eigeninteresse** am Prozessausgang und der **Kosten- und Vorschusspflicht** nach § 12 Abs. 1 GKG. Im Übrigen wären auch bei Abstellen auf die persönlichen und wirtschaftlichen Verhältnisse des Kindes dessen Ansprüche auf **PKV** gegen den barunterhaltspflichtigen wie auch den betreuenden Elternteil zu berücksichtigen. Auch der Prozessstandschafter nach § 1629 Abs. 3 muss die Klage auf Kindesunterhalt nicht mit eigenen Mitteln finanzieren, falls ihm selbst ein Anspruch auf PKV nach §§ 1361 Abs. 4 S. 4 iVm. 1360a Abs. 4 BGB gegen den Unterhaltspflichtigen zusteht. In diesem Fall kann ihm allerdings auch keine PKH bewilligt werden. Ist das Kind selbst begütert, so kommt ein Anspruch des Prozessstandschafters auf **Aufwendungsersatz** in Bezug auf die voraussichtlich entstehenden Verfahrenskosten in Betracht. Auch dieser steht der Gewährung von PKH entgegen. 48

c) Beendigung der Prozessstandschaft. Erlangt das Kind die **Volljährigkeit** nachdem PKH für den betreuenden Elternteil bewilligt wurde und nach Rechtshängigkeit des Unterhaltsanspruchs, so führt dies zu einem **Parteiwechsel.** An Stelle des Elternteils tritt das Kind in den Rechtsstreit ein, falls sich dieses entschließt, den Rechtsstreit fortzusetzen. Damit ist ein neuer PKH-Antrag des Kindes erforderlich,[83] weil sich die dem Elternteil bewilligte PKH nicht auf die weitere Prozessführung durch das Kind erstreckt. Auch über die **Anwaltsbeiordnung** nach § 121 ist neu zu entscheiden. Dem volljährigen Kind ist auf seinen Antrag ein anderer Rechtsanwalt beizuordnen, falls der bisherige den ihn beauftragenden Elternteil auch bei der Geltendmachung eigener Unterhaltsansprüche vertritt und (etwa im Hinblick auf das gesetzliche Rangverhältnis der Berechtigten) eine **Interessenkollision** besteht. Auch kommt nach Ende der Anwendbarkeit von § 1606 Abs. 3 S. 2 BGB eine eigene anteilige Barunterhaltspflicht des früheren Prozesstandschafters in Betracht. Wurde einem Elternteil als Prozessstandschafter des Kindes PKH bewilligt, obwohl ein Fall der Prozessstandschaft von Anfang an nicht vorlag, dann wirkt die PKH-Bewilligung für das Kind (§ 124 Rn. 1), und zwar sowohl vor als auch nach Erlangung der Volljährigkeit. 49

3. Abtretung. Wird der streitbefangene Anspruch **nach Rechtshängigkeit** abgetreten und führt der Zedent oder Veräußerer entsprechend dem Regelfall des § 265 Abs. 2 den Rechtsstreit als Prozessstandschafter des neuen Rechtsinhabers fort, so sind und bleiben für die Gewährung von PKH allein die persönlichen Voraussetzungen des Veräußerers, der den Rechtsstreit bislang geführt hat und weiterführt, maßgebend. War ihm bereits PKH bewilligt, so besteht weder nach § 120 50

---

[78] *Zöller/Philippi* Rn. 11.
[79] OLG Celle NJW 1987, 783.
[80] OVG Lüneburg AnwBl. 1988, 78; *Kalthoener/Büttner/Wrobel-Sachs* Rn. 43.
[81] BGH FamRZ 2005, 1164.
[82] Wie hier: OLG Köln FamRZ 1984, 304; 1993, 1472; OLG Karlsruhe FamRZ 2001, 1080; OLG Koblenz FamRZ 1988, 637; OLG Nürnberg JurBüro 1990, 754; OLG Hamm FamRZ 1991, 1208; 2001, 924; OLG Bamberg NJW-RR 1994, 388; *Zöller/Philippi* Rn. 8a; aA KG FamRZ 1989, 82; OLG Nürnberg JurBüro 1990, 754; OLG Frankfurt a. M. FamRZ 1994, 1041; OLG Köln FamRZ 2001, 1535; OLG Dresden FamRZ 2002, 1412; 2. Aufl. Rn. 74; *Kalthoener/Büttner/Wrobel-Sachs* Rn. 42; *Zimmermann* Rn. 34.
[83] OLG München FamRZ 1996, 422; aA 2. Aufl. Rn. 76.

noch nach § 124 die Möglichkeit einer nachträglichen Änderung oder Entziehung der PKH ex nunc oder ex tunc, es sei denn, die wirtschaftlichen Verhältnisse der Partei hätten sich durch den ihr zugeflossenen Veräußerungserlös wesentlich geändert (§ 120 Abs. 4). Abgesehen hiervon enthält jedoch der abschließende Katalog der Entziehungstatbestände (§ 124 Rn. 8 ff.) keine Möglichkeit der Abänderung für den Fall der Veräußerung des streitbefangenen Rechts. **Übernimmt der Zessionar den Rechtsstreit,** dann kommt es zu einem Parteiwechsel mit der Folge, dass es ab dem Zeitpunkt des Eintritts des Zessionars in den Rechtsstreit und dem gleichzeitigen Ausscheiden des Zedenten allein auf die persönlichen und wirtschaftlichen Verhältnisse des Zessionars ankommt. Erforderlichenfalls muss dieser einen eigenen Antrag auf Bewilligung von PKH stellen. An der Bewilligung von PKH für den aus dem Rechtsstreit ausgeschiedenen Zedenten ändert sich durch den Parteiwechsel nichts, die Bewilligung wirkt jedoch nur bis zum Zeitpunkt des Ausscheidens des Zedenten. – Vgl. auch Rn. 53 (Parteiwechsel).

51 **4. Pfändung, Veräußerung.** Ähnlich ist die Interessenlage bei einer Pfändung oder Veräußerung eines streitbefangenen Gegenstandes.[84] Bei Pfändung oder Veräußerung vor Rechtshängigkeit kommt es nur auf die persönlichen und wirtschaftlichen Verhältnisse des (neuen) Gläubigers bzw. Erwerbers an. Wird der streitbefangene Gegenstand nach Rechtshängigkeit gepfändet oder veräußert, bleiben weiterhin die persönlichen und wirtschaftlichen Verhältnisses des Pfändungsschuldners bzw. früheren Eigentümers maßgebend, da sich an dessen Parteistellung im Rechtsstreit nichts ändert (§ 265 Abs. 2) und kein Anspruch gegen den (neuen) Gläubiger bzw. Erwerber auf Beteiligung an den Kosten des Rechtsstreits besteht. Anderes kann bei diesbezüglichen vertraglichen Vereinbarungen zwischen Veräußerer und Erwerber gelten.

52 **5. Gesetzlicher Forderungsübergang; Rückabtretung.** Beim **Übergang von Ansprüchen** nach § 94 Abs. 5 SGB XII, § 37 BAföG oder § 7 UnterhaltsvorschussG **vor Rechtshängigkeit** ist Partei der Leistungsträger. Daher kommt die Gewährung von PKH auch dann nicht in Betracht, wenn die Voraussetzungen hierfür in der Person des Hilfsbedürftigen, dessen Ansprüche übergegangen bzw. übergeleitet sind, gegeben wären. Dasselbe gilt für den gesetzlichen Übergang von Ansprüchen auf Dritte nach anderen Vorschriften Beim **Übergang nach Rechtshängigkeit** wird der Rechtsstreit vom ehemaligen Rechtsinhaber in Prozessstandschaft nach § 265 Abs. 2 weitergeführt, insoweit gilt das zu Rn. 51 Ausgeführte. Zur **Rückübertragung auf den Bedürftigen** zur gerichtlichen Geltendmachung unter Inanspruchnahme von PKH vgl. Rn. 50.

53 **6. Parteiwechsel, Tod der Partei.** Die Bewilligung von PKH ist an die Partei gebunden und erlischt deshalb ohne weiters bei einem Parteiwechsel, ein besonderer Entziehungsbeschluss ist nicht erforderlich. Dies gilt insbesondere bei der Eröffnung des Insolvenzverfahrens und der Aufnahme eines Rechtsstreits, für den dem Schuldner PKH bewilligt worden war, durch den Insolvenzverwalter als Partei kraft Amtes; im letzteren Fall ist sodann § 116 S. 1 Nr. 1 zu beachten (§ 116 Rn. 12). Beim **Tod der Partei** entfällt die Bewilligung rückwirkend.[85] Erforderlichenfalls kann der neuen Partei auf ihren Antrag erneut PKH bewilligt werden, und zwar ausnahmsweise nicht erst für die Zeit ab Antragstellung, sondern rückwirkend für den gesamten Rechtsstreit.[86] Bereits geleistete Ratenzahlungen sind der neuen Partei in jedem Fall anzurechnen, Vorschüsse können nur angefordert werden, wenn die entsprechende Handlung noch nicht ausgeführt ist (§ 122 Rn. 5). Ist **im Zeitpunkt des Todes** der Partei über ihr Gesuch um PKH noch nicht entschieden, ist die Bewilligung von PKH für den oder die Rechtsnachfolger nur dann möglich, wenn bei ihnen die persönlichen und wirtschaftlichen Voraussetzungen für die Gewährung von PKH vorliegen und weiterhin Erfolgsaussicht besteht.[87] – Zum Tod der Partei vgl. auch § 119 Rn. 55 und § 122 Rn. 5.

54 **7. Auslandsfälle.** Durch das am 1. 1. 1981 in Kraft getretene Gesetz über die PKH (Rn. 13) wurde § 114 Abs. 2 aF, wonach Ausländer nur bei Verbürgung der Gegenseitigkeit Anspruch auf PKH hatten, gestrichen und damit klargestellt, dass zwischen Deutschen, Ausländern und Staatenlosen im Bereich der PKH grundsätzlich keine Unterschiede mehr bestehen.[88]

55 Das gilt uneingeschränkt für **natürliche Personen,** insoweit kommt es auch nicht darauf an, ob die Partei einen inländischen Wohnsitz hat.[89] Zu beachten ist jedoch, dass PKH nur für einen Rechtsstreit im Inland bewilligt werden kann. Allein die Sprachunkundigkeit eines Ausländers

---

[84] BGH NJW 1962, 739.

[85] OLG Frankfurt a. M. NJW-RR 1996, 776; vgl. auch § 122 Rn. 5.

[86] Nach *Kalthoener/Büttner/Wrobel-Sachs* Rn. 520 PKH für den Erben ab Antragstellung durch den Erblasser.

[87] Vgl. hierzu BSG MDR 1988, 610 und OLG Zweibrücken FamRZ 1997, 683; differenzierend LSG Hessen Rpfleger 1997, 391. Die Bewilligung von PKH für die verstorbene Partei kommt obenhin nicht mehr in Betracht, vgl. hierzu OLG Karlsruhe FamRZ 1999, 240.

[88] Stellungnahme des Rechtsausschusses, BT-Drucks. 8/3694, S. 17.

[89] BFH Rpfleger 1997, 171.

rechtfertigt noch nicht die Gewährung von PKH ohne Prüfung der Erfolgsaussicht[90] und der weiteren Voraussetzungen der §§ 114ff.

Nach Art. 44 EuGVÜ bewirkt die in einem anderen Vertragsstaat des Übereinkommens gewährte PKH (oder eine andere, entsprechende Kostenbefreiung) für das inländische Vollstreckungsverfahren einschließlich des Verfahrens der Vollstreckbarerklärung einen Anspruch auf Bewilligung von PKH.[91] Das selbe gilt nach Art. 50 EuGVVO für Vollstreckungstitel aus einem anderen Mitgliedsstaat der EU ausgenommen Dänemark. Wer im Inland PKH erhalten hat, kann im gesamten Bereich der EU die Vollstreckbarkeitserklärung des erstrittenen Titels betreiben ohne sich hierfür nochmals gesondert um Kosten- oder Gebührenfreiheit bemühen zu müssen. 56

V. Persönliche und wirtschaftliche Verhältnisse

1. Abgrenzung. Neben den wirtschaftlichen Verhältnissen, die durch das Einkommen und das Vermögen geprägt werden (§ 115 Rn. 2ff., 52ff.), sind nach § 114 bei der Frage, ob eine Partei die Kosten der Prozessführung selbst aufbringen kann, auch ihre **persönlichen Verhältnisse** zu berücksichtigen. Was darunter zu verstehen ist, ergibt sich in erster Linie aus § 117 Abs. 2. Die dortige Aufzählung ist jedoch nicht abschließend. Neben den Familienverhältnissen, dem Beruf und den – auch nicht vermögensrechtlichen – Lasten, beispielsweise durch die Pflege eines behinderten Kindes oder kranken Angehörigen, können auch Gesundheitszustand oder Schicksalsschläge in die Betrachtung einbezogen werden.[92] Für die Frage der Bewilligung von PKH als Voraussetzung für die Beiordnung eines Rechtsanwalts ist die **Vorbildung** und der Grad der **Geschäftsgewandtheit** des Antragstellers von besonderer Bedeutung; diese sind ebenfalls zu berücksichtigen, obwohl sie in § 117 Abs. 2 nicht erwähnt werden. 57

2. Einzelfälle. a) Unterlassener Einsatz der Arbeitskraft. Einkommen iSv. §§ 114, 115 ist nur tatsächlich erzieltes Einkommen, da nur dieses zur Bestreitung der Kosten des Rechtsstreits zur Verfügung steht. Richtigerweise zählt der unterlassene Einsatz der eigenen Arbeitskraft nicht zum Einkommen oder Vermögen,[93] sondern ist bei den persönlichen Verhältnissen iSv. § 114 zu berücksichtigen. Dabei ist entscheidend auf die Verhältnisse auf dem Arbeitsmarkt für die Berufsgruppe des Antragstellers, sowie auf die Zumutbarkeit der Arbeitsaufnahme im konkreten Fall abzustellen. Im Rahmen dieser Prüfung sind insbesondere die Familienverhältnisse, das Alter, der Gesundheitszustand sowie der berufliche Werdegang des Antragstellers von Bedeutung.[94] Das vom Antragsteller erzielbare Einkommen ist in solchen Fällen konkret festzustellen,[95] da dieser möglicherweise Anspruch auf PKH mit Ratenzahlungspflicht haben kann. Im Rahmen seiner **Mitwirkungspflicht** im PKH-Prüfverfahren (§ 118 Rn. 15f.) hat der Antragsteller auf Nachfrage des Gerichts auch darzulegen, welche Bemühungen er unternimmt, um eine seinen Lebensunterhalt sicherstellende Erwerbstätigkeit zu finden. Geschieht dies nicht, so kann PKH versagt werden,[96] falls das Gericht nicht aus anderen Quellen, insbesondere dem Vorbringen der Partei in der Hauptsache, diesbezügliche Erkenntnisse schöpfen kann. Im Übrigen gelten bei der Beurteilung der persönlichen Verhältnisse und der Zumutbarkeit der Arbeitsaufnahme die **Grundsätze des Sozialrechts,** insbesondere der § 31 SGB II, §§ 117ff. SGB III und 1, 2 SGB XII.[97] Daraus folgt, dass bei stattgefundener Prüfung der Anspruchsberechtigung durch die Sozialbehörde eine eigene Prüfung durch das Gericht – von offensichtlichen Missbrauchsfällen abgesehen – nicht angezeigt ist.[98] – Zu fiktiven Einkünften des Antragstellers auch Rn. 2. 58

b) Lebensumstände des Antragstellers. Einkünfte anderer Art, die ein Antragsteller erzielen könnte, wie etwa ein möglicherweise **erzielbares Einkommen** durch (Unter-)Vermietung, gehören ebenfalls nicht zum Einkommen oder Vermögen iSv. § 115. Vielmehr zählt der Umstand, dass ein Antragsteller eine solche Möglichkeit nicht nutzt, zu den persönlichen Verhältnissen iSv. § 114 und kann zur Zurückweisung des Antrags auf PKH führen.[99] Zu den persönlichen Verhältnissen, die bei 59

---

[90] BVerfG NVwZ 1994, 62.

[91] Schlussanhang, EuGVÜ Art. 44 Rn. 1ff.

[92] Noch weitergehend *Johannsen/Henrich/Thalmann* Rn. 5: Charaktereigenschaften des Antragstellers wie beispielsweise anerzogene Sparsamkeit, Verschwendungssucht oder besonderer Arbeitsfleiß.

[93] OLG Karlsruhe NJW 1985, 1787; OLG Düsseldorf FamRZ 1987, 398; OLG Hamm FamRZ 1994, 1396 m. weit. Nachw.; OLG Brandenburg FamRZ 2005, 1912; OLG Köln FamRZ 2007, 1338.

[94] OLG Bamberg JurBüro 1987, 130.

[95] BVerfG NJW-RR 2005, 1725.

[96] OLG Brandenburg FamRZ 2005, 1912.

[97] *Kalthoener/Büttner/Wrobel-Sachs* Rn. 246.

[98] OLG Karlsruhe FamRZ 2004, 1120.

[99] OLG Karlsruhe FamRZ 1987, 613 will derartige fiktive Einkünfte dem Einkommen nach § 115 zurechnen.

der Bewilligung von PKH zu berücksichtigen sind, gehört auch der tatsächliche **Lebensstandard** des Antragstellers. Deshalb ist es gerechtfertigt, einem Antragsteller, der (pro forma) als Angestellter seiner Lebensgefährtin eine Gaststätte betreibt,[100] einem begüterten Lebensgefährten den Haushalt führt und an dessen hohem Lebensstandart teilhat[101] oder der einen PKW der Luxusklasse fährt,[102] PKH zu verweigern. In derartigen Fällen kann zugleich aus den persönlichen Verhältnissen der Rückschluss gezogen werden, dass der Antragsteller nach seinen wirtschaftlichen Verhältnissen in der Lage ist, die Kosten aus eigenen oder ihm zu diesem Zweck überlassenen Mitteln zu bestreiten.[103]

60 **c) Bewusste Herbeiführung der Bedürftigkeit.** Allgemeinen sozialhilferechtlichen Grundsätzen entsprechend ist es gerechtfertigt, PKH zu verweigern, wenn der Antragsteller seine Einkünfte oder sein Vermögen vermindert hat, obwohl er wusste oder zumindest ernsthaft damit rechnen musste, einen Rechtsstreit mit entsprechender Kostenbelastung führen zu müssen.[104] Dies setzt voraus, dass dies – wenn auch zusammen aus anderen Gründen – zumindest auch **in der Absicht** geschehen ist, die Voraussetzungen für die Gewährung von PKH herbeizuführen.[105] Von letzterem kann ohne weiteres ausgegangen werden, wenn die Aufwendungen, die zur Mittellosigkeit geführt haben, nach **Rechtshängigkeit oder in Erwartung des Rechtsstreits** ohne dringendes Bedürfnis gemacht worden sind.[106] Von diesen Fällen abgesehen ist es für die Gewährung von PKH grundsätzlich unerheblich, worauf das Unvermögen des Antragstellers zur Aufbringung der Prozesskosten beruht und ob ihn daran ein Verschulden trifft.[107]

61 Die **Stundung der Kosten des Insolvenzverfahrens** nach § 4a InsO (hierzu Rn. 28) kann dem Schuldner nicht unter Rückgriff auf die obigen zur PKH entwickelten Grundsätze versagt werden. Dieser ist auch nicht verpflichtet, aus seinem Vermögen Rücklagen für ein zu erwartendes Insolvenzverfahren zu machen.[108] Allerdings kann die Stundung versagt werden, wenn die Voraussetzungen für die Versagung der Restschuldbefreiung (§ 290 InsO) vorliegen,[109] also insbesondere gem. Abs. 1 Nr. 4 der Vorschrift bei **Vermögensverschwendung** vor oder während des Verfahrens. Unter diesen Voraussetzungen, sowie bei Arbeitsverweigerung des Schuldners kann nach § 4c Nr. 4 und 5 InsO eine gewährte Stundung der Verfahrenskosten aufgehoben werden.

VI. Erfolgsaussicht

62 **1. Grundlagen. a) Begriff.** Ein Rechtsschutzbegehren hat Aussicht auf Erfolg, wenn das **Gericht zuständig**[110] und der Vortrag des Antragstellers im Zeitpunkt der Entscheidung über das Gesuch **rechtlich schlüssig** und **tatsächlich glaubhaft** ist. Unter Erfolgsaussicht iSv. § 114 regelmäßig Aussicht auf **Erfolg in der Sache** zu verstehen. Erfolgsaussicht besteht deshalb auch dann nicht, wenn die beabsichtigte Verfahrenshandlung zwar für sich gesehen Erfolg versprechend erscheint, aber voraussichtlich im Endergebnis zu keinem Erfolg in der Sache führt. Dies gilt insbesondere für ein **Rechtsmittel,** das aus verfahrensrechtlichen Gründen zur Aufhebung der angefochtenen Entscheidung führen müsste, wenn bereits abzusehen ist, dass die Rechtsverfolgung auch bei einer erneuten Verhandlung durch die Vorinstanz in der Sache ohne Aussicht auf Erfolg ist.[111] Aussicht auf Erfolg hat ein prozessuales Verhalten auch dann, wenn es bei im Wesentlichen **gleichgerichteten Verfahrenszielen** der Parteien einer sinnvollen Beteiligung zur zweckentsprechenden Wahrnehmung von Parteiinteressen dient. Dies gilt insbesondere für Statusverfahren und Verfahren nach dem FGG (unten Rn. 72, 78), im Einzelfall aber auch für andere Verfahrensarten. So kann etwa einem Beklagten, der **keinen Anlass zur Klageerhebung** gegeben hat, PKH bewilligt werden, wenn er den geltend gemachten Anspruch anerkennen will.[112]

63 **b) Tatsachengrundlage.** Nach § 118 Abs. 2 S. 1 kann vom Antragsteller die **Glaubhaftmachung** seiner Angaben verlangt werden. Dabei dürfen, um den Zweck der PKH nicht zu unterlau-

---

[100] OLG Koblenz FamRZ 1987, 612.
[101] Hierzu *Kalthoener/Büttner/Wrobel-Sachs* Rn. 212.
[102] OLG Frankfurt/M. AnwBl. 1982, 201.
[103] *Musielak/Fischer* § 115 Rn. 55.
[104] OLG Bamberg NJW-RR 1986, 51; OLG Karlsruhe NJW-RR 1986, 799; OLG Düsseldorf FamRZ 1987, 729.
[105] OLG Karlsruhe FamRZ 1987, 845.
[106] OLG Bamberg NJW-RR 86, 5; OLG Karlsruhe NJW-RR 1986, 799.
[107] OLG Bamberg JurBüro 1987, 130.
[108] BGH-Report 2006, 1498.
[109] BGH MDR 2005, 711, 893.
[110] OLG Saarbrücken NJW-RR 1990, 575; vgl. auch Rn. 107 und § 127 Rn. 7.
[111] BVerfG NJW 1997, 2745 im Anschluss an BGH NJW 1994, 1160.
[112] OLG Hamburg FamRZ 1988, 1076.

fen und die Hauptsache nicht vorwegzunehmen, die Anforderungen nicht überspannt werden.[113] Abweichend vom Normalfall des § 294 ist deshalb keine überwiegende Wahrscheinlichkeit erforderlich, vielmehr genügt die ernsthafte Möglichkeit, dass das Vorbringen des Antragstellers zutrifft.[114] Bloße Behauptungen oder – auf Beklagtenseite – schlichtes Bestreiten sind regelmäßig nicht ausreichend, vielmehr muss der Antragsteller, soweit möglich und zumutbar, seine Angaben belegen und dartun, wie er sie erforderlichenfalls zu beweisen gedenkt. Bei der Beurteilung der Erfolgsaussicht ist das Gericht nicht an den Vortrag der Parteien gebunden, sondern kann und muss alle ihm bekannten Umstände würdigen, einschließlich der persönlichen Glaubwürdigkeit des Antragstellers, die dem Gericht möglicherweise bereits aus anderen Verfahren bekannt ist.[115]

c) Beweisantizipation. Eine **vorweggenommene Beweiswürdigung** ist in eng begrenztem Rahmen nicht nur zulässig,[116] sondern vielfach im eigenen Interesse des Antragstellers zur Vermeidung einer absehbaren Kostenerstattung (§ 123) und zum Schutz des Gegners vor sinnlosen Prozessen geboten.[117] So ist PKH zu versagen, wenn konkrete und nachvollziehbare Anhaltspunkte dafür vorliegen, dass die Beweisaufnahme mit großer Wahrscheinlichkeit zum Nachteil des Antragstellers ausgehen würde.[118] Dies gilt insbesondere dann, wenn in einem vorhergehenden gerichtlichen Verfahren bereits die Beweise erhoben worden sind, auf die sich der Antragsteller jetzt erneut beruft[119] aber auch dann, wenn nur eine Parteivernehmung des Gegners nach § 445 in Betracht kommt und eine eingehende Stellungnahme von diesem, für deren Unrichtigkeit keine konkreten Anhaltspunkte gegeben sind, zu Ungunsten des Antragstellers vorliegt.[120] Im Übrigen wird in derartigen Fällen die beabsichtigte Rechtsverfolgung in der Regel **auch mutwillig** sein, da eine vernünftige bemittelte Partei, sofern die Vorwegwürdigung der Beweise zu einer aussichtslosen Prognose führt, von einer kostenträchtigen Prozessführung Abstand nehmen würde (Rn. 85). Auch in der **Berufungsinstanz** ist zu prüfen, ob hinreichende Aussicht besteht, dass schlüssiges Vorbringen beweisbar ist,[121] selbst wenn im erstinstanzlichen Verfahren die dort angebotenen Beweise prozessordnungswidrig nicht erhoben worden sind.[122] 64

d) Vollstreckungsaussichten. Die Vollstreckungsaussichten spielen bei der Prüfung der Erfolgsaussicht für das Erkenntnisverfahren keine Rolle,[123] sondern sind im Rahmen des Antrags auf PKH für die Zwangsvollstreckung gesondert zu prüfen (§ 119 Rn. 49 ff.). Jedoch kann eine Rechtsverfolgung mutwillig sein, wenn keine Aussicht auf Durchsetzung des angestrebten Titels besteht (Rn. 87 f.). 65

2. Schlüssigkeitsprüfung. An die Schlüssigkeit des Vortrags dürfen im PKH-Bewilligungsverfahren **keine überzogenen Anforderungen** gestellt werden. Die Prüfung der Erfolgsaussicht soll nicht dazu dienen, die Rechtsverfolgung oder Rechtsverteidigung selbst in das summarische Verfahren der PKH zu verlagern und dieses an die Stelle des Hauptsacheverfahrens treten zu lassen. Das PKH-Verfahren will den Rechtsschutz nicht selbst bieten, sondern diesen durch Ermöglichung eines Hauptsacheverfahrens auch für die unbemittelte Partei zugänglich machen.[124] **Schwierige und ungeklärte Rechtsfragen** können und dürfen daher im PKH-Verfahren nicht abschließend entschieden werden.[125] Weil das nur einer summarischen Prüfung dienende PKH-Verfahren nicht den Zweck hat, über zweifelhafte Rechtsfragen vorweg zu befinden,[126] genügt es, wenn der Rechtsstandpunkt des Antragstellers vertretbar erscheint. Umgekehrt reicht allein der Umstand, dass über eine umstrittene Rechtsfrage zu entscheiden wäre, für die Gewährung von PKH noch nicht aus,[127] 66

---

[113] BVerfG NJW 1992, 889; FamRZ 1993, 664; NJW 1997, 2102.

[114] *Stein/Jonas/Bork* Rn. 22.

[115] *Zöller/Philippi* Rn. 26.

[116] BVerfG NJW 1997, 2745; NJW-RR 2005, 140; BGH NJW 1960, 98, 99; BGH NJW 1988, 266, 267; OLG Köln MDR 1987, 62; OLG Koblenz AnwBl. 1990, 327; NJW-RR 1992, 706; OLG Köln FamRZ 1991, 344; NJW-RR 1995, 1405; *Musielak/Fischer* Rn. 21; *Kalthoener/Büttner/Wrobel-Sachs* Rn. 413 f.

[117] Einschränkend (obiter) BGH NJW 1988, 266.

[118] BVerfG NJW-RR 2002, 1069; NJW-RR 2004, 61; *Zimmermann* Rn. 179.

[119] OLG München Rpfleger 1986, 194; OLG Nürnberg JurBüro 1986, 286; aA LG Duisburg AnwBl. 1984, 458.

[120] *Zöller/Philippi* Rn. 26; *Musielak/Fischer* Rn. 23.

[121] OLG Köln FamRZ 1993, 215.

[122] OLG Köln MDR 1987, 62.

[123] AA *Zöller/Philippi* Rn. 29.

[124] BVerfG NJW 2003, 1857; NJW-RR 2005, 500.

[125] BVerfG NJW 1991, 413; NJW 1997, 2102; NJW-RR 2004, 1153; NJW-RR 2005, 500; BGH NJW 1998, 82 = LM H. 1/98 § 114 ZPO m. Anm. *Wax.*

[126] BVerfG FamRZ 2002, 665; BGH NJW 2004, 2022.

[127] OLG Stuttgart NJW-RR 1987, 913.

vielmehr sind auch insoweit die weiteren Voraussetzungen der Erfolgsaussicht zu prüfen. PKH ist deshalb zu verweigern, wenn der Vortrag der Partei zwar schlüssig erscheint, sofern man der von ihr vertretenen Ansicht in einer umstrittenen Rechtsfrage folgt, aber bereits abzusehen ist, dass sie ihren vom Gegner bestrittenen Vortrag nicht wird beweisen können (Rn. 64). Auch **Wertungsfragen,** beispielsweise bei der Bemessung eines Schmerzensgeldes wegen eines Körperschadens[128] oder dem Grad der Persönlichkeitsverletzung bei Presseveröffentlichungen,[129] sind grundsätzlich im Streitverfahren zu beantworten. Für die Bewilligung von PKH reicht aus, dass der Standpunkt des Antragstellers vertretbar erscheint.

67 **3. Formulierung des Antrags.** Nach § 117 Abs. 1 S. 2 ist im PKH-Antrag das Streitverhältnis unter Angabe der Beweismittel darzustellen. Die Formulierung eines genauen **Sachantrags** für die beabsichtigten Rechtsverfolgung ist in diesem Verfahrensstadium noch nicht erforderlich. Es genügt, dass das Rechtsschutzbegehren des Antragstellers aus seinem Vorbringen erkennbar wird.[130] Ist das nicht der Fall, liegt kein ordnungsgemäßes PKH-Gesuch vor. Vor allem bei anwaltlich nicht vertretenen Parteien muss dieser Punkt gem. § 139 geklärt werden bevor das Gesuch zurückgewiesen wird. Bei Zahlungsansprüchen, deren Betrag von einer **richterlichen Schätzung** abhängt, kann PKH für einen unbezifferten Klagantrag bewilligt werden, soweit nach § 253 ein solcher zulässig ist. Dabei ist allerdings die Bewilligung auf die Größenordnung des im Erfolgsfall möglichen Betrages zu beschränken.

68 Auch im **Rechtsmittelverfahren** muss aus dem PKH-Gesuch erkennbar werden, ob die erstinstanzliche Entscheidung ganz oder teilweise angefochten werden soll. Dies gilt vor allem bei Klaghäufung und bei Streitgenossenschaft auf der Gegenseite. Nur der als Partei des zweiten Rechtszugs in Betracht kommende Streitgenosse ist am dortigen PKH-Prüfverfahren zu beteiligen (§ 118 Abs. 1 S. 1). Ein Berufungsantrag, der den Erfordernissen des § 520 Abs. 3 Nr. 1 genügt, braucht in diesem Verfahrensstadium noch nicht formuliert zu werden.

69 **4. Einwendungen und Einreden des Gegners.** Einwendungen, die der Gegner nach dem Vortrag des Antragstellers bereits vorprozessual erhoben hat, sind in jedem Fall zu prüfen und, soweit sie Erfolg versprechend erscheinen, zu berücksichtigen. Grundsätzlich zu berücksichtigen sind aber auch Erfolg versprechende Einwendungen des Gegners, die zwar noch nicht erhoben sind, mit deren Erhebung aber zu rechnen ist. Ein **Mitverschulden** des Antragstellers, der Schadensersatz einklagen will, ist bei der Prüfung, ob und in welchem Umfang Erfolgsaussicht besteht, auch dann zu berücksichtigen, wenn sich der Gegner noch nicht darauf berufen hat.[131] Ebenso ist die **Einrede der Verjährung** auch dann in die Prüfung der Erfolgsaussicht einzubeziehen, wenn sie noch nicht erhoben ist, es sei denn, dass konkrete Anhaltspunkte dafür vorliegen, dass sich der Gegner bewusst nicht auf die Einrede berufen will. Zum selben Ergebnis kommt man, wenn man zwar die Erhebung der Einrede für ihre Berücksichtigung zu Ungunsten des Antragstellers im PKH-Verfahren für erforderlich hält, aber gleichzeitig vom Gericht einen Hinweis auf die Möglichkeit der Einrede verlangt.[132]

70 **5. Teilweise Erfolgsaussicht.** Hat das Rechtsschutzbegehren nur teilweise Aussicht auf Erfolg, so ist die Bewilligung von PKH auf den Erfolg versprechenden Teil zu beschränken. Der Beschluss über die nachgesuchte PKH muss eine Berechnung des **Streitwerts,** hinsichtlich dessen die Rechtsfolgen des § 122 eintreten, ermöglichen. Außerdem muss auch für den rechtsunkundigen Antragsteller deutlich werden, ob und inwieweit ihm ein **Beschwerderecht** (§ 127 Abs. 2 S. 2) gegen die Teilversagung von PKH zusteht. Wird PKH für eine Klage beim Landgericht mit einem entsprechenden Streitwert beantragt und besteht Erfolgsaussicht nur zu einem Teil, der zur Begründung der **sachlichen Zuständigkeit des Landgerichts** nicht ausreicht, kann PKH nicht bewilligt werden.[133] Vor einer ablehnenden Entscheidung über das PKH-Gesuch ist zu prüfen, ob die Verweisung des PKH-Verfahrens an das zuständige Amtsgericht in Betracht kommt. Dies ist nicht möglich, wenn dieses das Verfahren analog § 281 ZPO mit bindender Wirkung an das LG verwiesen hat.[134] – Vgl. auch § 127 Rn. 6.

71 **6. Selbstständiges Beweisverfahren.** Die Prüfung der Erfolgsaussicht für ein selbstständiges Beweisverfahren (Rn. 24), das außerhalb eines Rechtsstreits durchgeführt werden soll, beschränkt

---

[128] Hierzu *Jaeger/Luckey* ProzRB 2004, 14.
[129] OLG Frankfurt NJW 2005, 3726.
[130] OLG Bamberg FamRZ 1983, 72, 73.
[131] KG MDR 1979, 672; OLG Düsseldorf JurBüro 1988, 1057.
[132] *Zöller/Philippi* Rn. 24.
[133] BGH NJW-RR 2004, 1437; OLG Saarbrücken NJW-RR 1990, 575; OLG Frankfurt a. M. NJW-RR 1995, 899; OLG Hamm MDR 1995, 1065; aA OLG Dresden NJW-RR 1995, 382 = MDR 1995, 202; differenzierend *Saenger* MDR 1999, 850.
[134] BGH NJW-RR 2004, 1437.

sich darauf, ob dem Beweissicherungsantrag stattgegeben werden kann, ohne dass es auf die Erfolgsaussicht der weiteren Rechtsverfolgung im Hauptsacheverfahren ankommt, dessen Vorbereitung das selbstständige Beweisverfahren dienen soll.[135] Die Rechtsverteidigung im selbstständigen Beweisverfahren ist zumindest dann hinreichend Erfolg versprechend, wenn der Antragsgegner ein berechtigtes Interesse daran hat, bei den Feststellungen durch einen Sachverständigen einen Rechtsanwalt hinzu zu ziehen.[136] Nicht ausgeschlossen ist die Prüfung der Mutwilligkeit nach allgemeinen Grundsätzen (Rn. 85). Deshalb ist der Antrag auf PKH regelmäßig zurückzuweisen, wenn bereits abzusehen ist, dass im nachfolgenden Erkenntnis- und Vollstreckungsverfahren angesichts der Mittellosigkeit des Gegners von diesem nichts zu holen sein wird.

7. Familiensachen. a) Kindschaftssachen. aa) Besonderheit bei Statusverfahren. In Verfahren, die den Status einer Person betreffen, kommt es nicht auf den kontradiktorischen Erfolgsbegriff des streitigen Zivilprozesses an. Beabsichtigt eine Partei, sich am Verfahren sinnvoll zu beteiligen, so reicht dies für die Erfolgsaussicht aus, selbst wenn ihr Verfahrensziel mit dem des Gegners übereinstimmt. Dies ergibt sich aus der einschneidenden persönlichen Bedeutung derartiger Verfahren und der Notwendigkeit, das rechtliche Gehör (Rn. 1 ff.) der Beteiligten auf eine Weise zu sichern, die der besonderen Bedeutung des Verfahrens angemessen ist. Aus dem selben Grund wird in Verfahren, welche die Abstammung eines Kindes betreffen, in aller Regel eine rechtskundige Beratung im Verfahren geboten sein, dh. die Bewilligung von PKH unter Beiordnung eines Rechtsanwalts. Nur dann, wenn sich der Betroffene noch unklar darüber ist, ob und gegebenenfalls mit welchem Ziel er sich überhaupt am Verfahren beteiligen will, kann er zunächst auf die Inanspruchnahme von Beratungshilfe verwiesen werden. 72

bb) Anfechtung der Vaterschaft. Im Verfahren der Vaterschaftsanfechtung reicht für die Erfolgsaussicht auf **Klägerseite** die bloße Behauptung, der nach § 1592 BGB als Vater geltende Mann sei nicht der wirkliche Vater des Kindes zur Bejahung der Erfolgsaussicht nicht aus. Vielmehr müssen konkrete Umstände vorgetragen werden, aus denen sich Zweifel an der Vaterschaft ergeben.[137] Ein ohne die Zustimmung der sorgeberechtigten Mutter eingeholtes **privates Abstammungsgutachten,** welches zum Ergebnis der Nichtvaterschaft gelangt, reicht für die Begründung der hinreichenden Erfolgsaussicht nur dann aus, wenn dieses auch den Anfangsverdacht als Zulässigkeitsvoraussetzung für die Anfechtungsklage begründen kann. Ist das Gutachten prozessual unverwertbar,[138] so betrifft dies auch das PKH-Prüfverfahren.[139] Hat der Kläger seine Vaterschaft selbst anerkannt, so hat die hiergegen gerichtete Anfechtungsklage nur dann hinreichende Erfolgsaussicht, wenn er vorträgt, warum die Anerkennung unrichtig war. Die Behauptung, mit der Mutter im Empfängniszeitraum keinen Verkehr gehabt zu haben, reicht hierfür nicht aus.[140] Anderes gilt für die (nachträglich festgestellte) eingeschränkte Fertilität des Mannes in Verbindung mit der Weigerung der Mutter, an einem außergerichtlichen Abstammungstest mitzuwirken.[141] Angesichts der weit reichenden Folgen der Statusentscheidung des Gerichts muss dem **Kind** bei der Vaterschaftsanfechtung, selbst wenn es der Klage nicht entgegentreten will, PKH gewährt werden. 73

cc) Feststellung der Vaterschaft. In Verfahren der Vaterschaftsfeststellung hat die beabsichtigte Klage nur dass hinreichende Erfolgsaussicht, wenn konkrete Umstände dargelegt werden, die auf die behauptete Vaterschaft schließen lassen. Dabei reicht wegen der Vermutung des § 1600 d Abs. 2 BGB der glaubhafte Vortrag aus, der betreffende Mann habe der Mutter innerhalb der Empfängniszeit beigewohnt. Dies gilt auch bei Mehrverkehr der Mutter während der Empfängniszeit.[142] Dagegen genügt auf der **Beklagtenseite** in erster Instanz die Absicht einer sinnvollen Verfahrensbeteiligung für die Bewilligung von PKH.[143] Der Gegenansicht, wonach die Rechtsverteidigung des als Vater in Anspruch genommenen Mannes nur dann hinreichende Aussicht auf Erfolg hat, wenn er ernsthafte Zweifel an der Abstammung des Kindes von ihm darlegt,[144] ist im Hinblick die selten 74

---

[135] LG Köln NJW-RR 1987, 319.

[136] OLG Saarbrücken MDR 2003, 1436.

[137] BGH LM H. 10/1998 § 1591 BGB Nr. 18 m. Anm. *Wax* = NJW 1998, 2976.

[138] Hierzu BVerfG FamRZ 2007, 441; BGH FamRZ 2005, 340; FamRZ 2006, 686; OLG Celle; FamRZ 2004, 481 (Vorinstanz).

[139] AA OLG Schleswig FamRZ 2005, 1097; *Zimmermann* Rn. 184.

[140] OLG Köln FamRZ 2005, 43.

[141] OLG Dresden FamRZ 2006, 1129.

[142] OLG Schleswig DAVorm. 1986, 888.

[143] OLG Karlsruhe DAVorm. 1989, 92; OLG Karlsruhe NJW-RR 1999, 1456; noch großzügiger OLG Hamburg FamRZ 1990, 181, 182.

[144] OLG Nürnberg FamRZ 2004, 547; OLG Naumburg FamRZ 2006, 960; ähnlich OLG Hamburg FamRZ 2000, 1587.

ganz auszuschließende Möglichkeit eines durch die Mutter verschwiegenen Mehrverkehrs nicht zu folgen, wenn – wie regelmäßig – zur Sachaufklärung die Einholung eines Abstammungsgutachtens erforderlich ist.[145] Die Anforderungen an die Erfolgsaussicht eines **Rechtsmittels** gegen das erstinstanzliche Urteil liegen allerdings höher,[146] sofern das Gericht des ersten Rechtszuges nicht gegen seine Verpflichtung zur sorgfältigen Sachverhaltsaufklärung verstoßen hat.

75 **b) Ehesachen. aa) Scheidungsantrag und Gegenantrag.** Ein Scheidungsantrag hat nur dann hinreichende Erfolgsaussicht, wenn entweder das **Trennungsjahr** abgelaufen ist oder Härtegründe iSv. § 1565 Abs. 2 BGB in substantiierter Form vorgetragen werden. Die teilweise geübte Praxis, bereits ca. drei Monate vor Ablauf der Trennungsfrist PKH zu bewilligen, um den Parteien Gelegenheit zur Klärung der Rentenanwartschaften als Voraussetzung für den Versorgungsausgleich zu geben,[147] findet im Gesetz keine Grundlage. Allerdings hat das Gericht den Wunsch des Antragstellers, über die PKH erst nach Ablauf des Trennungsjahres zu entscheiden, zu beachten.[148] Im Scheidungsverfahren hat die **Beteiligung des Antragsgegners** nach ganz überwiegender und zutreffender Ansicht auch dann Aussicht auf Erfolg, wenn er dem Scheidungsantrag nicht entgegentreten will.[149] Ebenso ist dem Ehegatten, der die Ehe aufrechterhalten will, im ersten Rechtszug PKH ohne weitere Prüfung der Erfolgsaussicht zu gewähren.[150] Jedoch benötigt keine PKH, wer sich ohne erkennbares Verfahrensziel völlig passiv verhält.[151] Bei einem PKH-Gesuch für eine **einverständliche Scheidung** müssen die Voraussetzungen von § 630 noch nicht erfüllt sein.[152] Häufig werden die entsprechenden Erklärungen und Vergleiche im Scheidungstermin zu Protokoll genommen, wofür beide Ehegatten anwaltlich vertreten sein müssen. Dies hat auf Seiten der bedürftigen Partei jedoch die vorherige Bewilligung von PKH und Beiordnung eines Anwalts zur Voraussetzung. – Zur Scheinehe vgl. Rn. 98.

76 **bb) Ehesachen mit Auslandsbezug.** Ist zweifelhaft, ob auf den Scheidungsantrag deutsches oder ausländisches materielles Recht anzuwenden ist, so darf aus diesem Grund PKH nicht mangels Erfolgsaussicht versagt werden.[153] Die Anwendung von **ausländischem materiellem Recht** im Scheidungsverfahren (Art. 17 Abs. 1 iVm. Art. 14 EGBGB) hat Auswirkungen auf die Beurteilung der Erfolgsaussicht. Muss der Auflösung des Ehebandes zwingend die Trennung der Eheleute durch Richterspruch vorausgehen,[154] so kann PKH für das **Trennungsverfahren** nicht mit dem Argument verweigert werden, der Antragsteller erreiche damit nicht sein Ziel einer Auflösung der Ehe. Bei Anwendung von **türkischem Scheidungsrecht** ist PKH für einen (wegen Einspruchs des Antragsgegners) nicht Erfolg versprechenden Scheidungsantrag zu bewilligen. Erst ein abweisendes Urteil eröffnet dem Antragsteller die Möglichkeit, sich nach Ablauf von drei Jahren in einem Zweitverfahren auf den absoluten Scheidungsgrund des Art. 166 Abs. 4 türk. ZGB zu berufen. Hieraus ergibt sich ein bereits für das Erstverfahren ein Rechtsschutzbedürfnis, welchem auch nach § 114 Rechnung zu tragen ist.[155] In Deutschland sind **Privatscheidungen** unabhängig vom maßgeblichen Scheidungsstatut schlechthin unzulässig, sie führen auch nicht zur Auflösung der Ehe (Art. 17 Abs. 2 EGBGB, § 1564 BGB). Für die gerichtliche Bestätigung einer solchen, etwa nach § 256, kann daher keine PKH bewilligt werden.

77 **cc) Scheidungsfolgen.** Bei Folgesachen erstreckt sich nach § 624 Abs. 2 die Bewilligung von PKH für die Scheidungssache ohne weiteres auf die Regelung des **Versorgungsausgleichs,** sofern dieser nicht ausdrücklich im Bewilligungsbeschluss ausgenommen ist. Wurde gegen die Regelung des Versorgungsausgleichs durch den anderen Ehegatten oder einen Versorgungsträger Beschwerde eingelegt, so kann dem Antragsteller für das **Rechtsmittelverfahren** PKH zumindest für die Prü-

---

145 OLG Nürnberg FamRZ 1985, 1275; OLG Köln FamRZ 1987, 400; OLG Karlsruhe DAVorm. 1989, 708; *Kalthoener/Büttner/Wrobel-Sachs* Rn. 430; aA OLG Koblenz FamRZ 1987, 503; KG FamRZ 1987, 502; OLG Bremen JurBüro 1987, 766.

146 *Musielak/Fischer* Rn. 28.

147 Befürwortend *Johannsen/Henrich/Thalmann* Rn. 20 für Bewilligung mit Wirkung für die Zukunft; ablehnend OLG Düsseldorf FamRZ 2002, 890; *Kalthoener/Büttner/Wrobel-Sachs* Rn. 432.

148 OLG Stuttgart FamRZ 2004, 1298.

149 OLG Köln FamRZ 1982, 1224; OLG Bamberg JurBüro 1983, 1108; KG FamRZ 1985, 621; OLG Saarbrücken FamRZ 1985, 723; OLG Stuttgart NJW 1985, 207; OLG Bamberg FamRZ 1987, 500; FamRZ 1995, 370; OLG Düsseldorf FamRZ 1990, 80; einschränkend OLG Karlsruhe FamRZ 1985, 724.

150 OLG Düsseldorf FamRZ 1986, 697 m. Anm. *Nolting.*

151 OLG Saarbrücken FamRZ 1985, 723, 724.

152 AA *Zimmermann* Rn. 188.

153 OLG Saarbrücken FamRZ 2006, 541.

154 So etwa nach italienischem Recht, siehe Art. 3 des dortigen Eheauflösungsgesetzes.

155 OLG Hamm FamRZ 1999, 1352; OLG Braunschweig FamRZ 1997, 1409; OLG Karlsruhe FamRZ 2002, 890; *Kalthoener/Büttner/Wrobel-Sachs* Rn. 434; *Musielak/Fischer* Rn. 27; aA 2. Aufl. Rn. 112.

fung der Erfolgsaussicht einer eventuellen Rechtsverteidigung bewilligt werden.[156] Für die **anderen Folgesachen** ist eine gesonderte PKH-Bewilligung erforderlich. Jedoch erstreckt sich die Bewilligung von PKH im Verbundverfahren auf alle im Zeitpunkt der Bewilligung anhängigen Folgesachen, sofern eine Beschränkung nicht ausdrücklich angeordnet ist.[157] Anhängig ist eine Folgesache bereits dann, wenn nur ein PKH-Gesuch für eine entsprechende Klage bzw. einen entsprechenden Antrag im Verbundverfahren eingereicht ist.[158] Für die Prüfung der Erfolgsaussicht ergeben sich keine Besonderheiten gegenüber isolierten Familiensachen. Dies gilt auch für Verfahren aus dem Bereich der freiwilligen Gerichtsbarkeit.[159] Im Verfahren zur Regelung der Rechtsverhältnisse an der **Ehewohnung** kann dem Antragsteller PKH nicht verweigert werden, wenn er nur seine Entlassung aus dem gemeinsam mit dem Ehepartner, der in der Wohnung bleiben will, abgeschlossenen Mietvertrag anstrebt.[160] – Zur Erstreckung der Beiordnung eines Rechtsanwalts für die Scheidungssache auf einen Scheidungsfolgenvergleich vgl. § 119 Rn. 26.

c) Elterliche Sorge. In Verfahren betreffend die elterliche Sorge nach § 1671 BGB ist eine besonders sorgfältige Prüfung der Erfolgsaussicht auf Seiten des **Antragstellers** auch deshalb angezeigt, weil diese für die betroffenen Kinder häufig eine erhebliche Belastung mit sich bringen und sie im Fall der Notwendigkeit eines Verfahrenspflegers (§ 50 FGG) und eines Sachverständigen erhebliche Kosten verursachen. Weil seit der Reform des Kindschaftsrechts zum 1. 7. 1998 der Fortbestand der gemeinsamen Sorge auch nach der Scheidung der Eltern der **normative und faktische Regelfall** ist,[161] kann PKH für einen Antrag nach § 1671 BGB nur bewilligt werden, wenn der Antragsteller Gründe vorbringt, die geeignet sind, den Übergang zur Alleinsorge zu rechtfertigen. Formelhafte Wendungen, wonach den Eltern die Kontakt- und Kooperationsfähigkeit fehlt,[162] reichen hierfür nicht aus. Dem **Antragsgegner** ist PKH ohne Prüfung der Erfolgsaussicht zu bewilligen.[163] Ist er mit der beantragten Sorgerechtsübertragung einverstanden, so ist eine Anwaltsbeiordnung in der Regel nicht erforderlich. In einem **Amtsverfahren nach § 1666 BGB** kann einem Elternteil auch dann Prozesskostenhilfe bewilligt werden, wenn er der von dem Jugendamt angeregten Maßnahme zustimmt.[164] Auch in streitigen Fällen ist dem Elternteil, in dessen Sorgerecht eingegriffen werden soll, im Hinblick auf dessen grund- und menschenrechtliche Verbürgung (Art. 6 Abs. 2 GG, Art. 8 EMRK) bei gegebener Bedürftigkeit regelmäßig PKH zu bewilligen; zur Verfahrenskostenhilfe in solchen Angelegenheiten Rn. 27. Dies gilt ebenfalls für die periodische Überprüfung solcher Entscheidungen nach § 1696 Abs. 3 BGB, es sei denn, eine Veränderung der Verhältnisse liegt unzweifelhaft nicht vor. 78

d) Umgangsrecht. Bei Verfahren betreffend das **Umgangsrecht** ist zu berücksichtigen, dass das Familiengericht, ohne an die Anträge der Parteien gebunden zu sein, entsprechend dem Kindeswohl eine Regelung treffen muss und sich nicht auf die Zurückweisung des Antrags beschränken darf.[165] Zwar sind die Eltern verpflichtet, eine Einigung zu versuchen und in diesem Rahmen auch die Beratung und Hilfe des **Jugendamts** in Anspruch zu nehmen. Das Gericht kann dieser Rechtspflicht der Eltern jedoch in der Regel nur nach § 52 FGG Geltung verschaffen – zur Mutwilligkeit der Rechtsverfolgung bei fehlender Kontaktsaufnahme mit dem Jugendamt Rn. 103. Dass ein von einem Elternteil in Gang gesetztes Verfahren auf Regelung des Sorge- oder Umgangsrechts in eine **Aussetzung** nach § 52 Abs. 2 FGG münden kann, berührt die Erfolgsaussicht der Rechtsverfolgung nicht nachteilig.[166] Dasselbe gilt bei absehbaren Vollstreckungsproblemen der beantragten Umgangsregelung angesichts der ablehnenden Haltung des anderen Elternteils.[167] Für **Vollstreckungsmaßnahmen** nach § 33 FGG, die von Amts wegen einzuleiten und durchzuführen sind, kann PKH nicht bewilligt werden.[168] 79

e) Unterhaltssachen. In Unterhaltssachen ist angesichts der Kompliziertheit der Materie in besonderer Weise der Grundsatz zu beachten, dass die Klärung strittiger Rechtfragen dem Hauptsa- 80

[156] OLG Karlsruhe FamRZ 2006, 1134.
[157] OLG München FamRZ 1995, 822.
[158] OLG Karlsruhe FamRZ 1994, 971 mwN.
[159] AA die 2. Aufl. Rn. 114.
[160] OLG Karlsruhe FamRZ 1993, 822.
[161] *Schwab/Motzer* III Rn. 130 f. mwN.
[162] Siehe BGH FamRZ 2005, 1167.
[163] OLG Rostock FamRZ 2005, 1913.
[164] OLG Karlsruhe FamRZ 2004, 706; *Zimmermann* Rn.189.
[165] OLG Nürnberg FamRZ 2002, 108 unter Hinweis auf BGH FamRZ 1994, 158.
[166] OLG Karlsruhe FamRZ 2002, 1712; FamRZ 2004, 1115.
[167] OLG Stuttgart FamRZ 2006, 1060.
[168] OLG München FamRZ 1995, 373; OLG Brandenburg FamRZ 1996, 421.

cheverfahren vorbehalten bleiben muss und nicht ins PKH-Prüfverfahren verlagert werden darf (Rn. 66). Außerdem ist der **unterhaltsbedürftige Teil** häufig nicht in der Lage, aus eigenen Mitteln den Rechtsstreit zu finanzieren, sodass nach Versagung von PKH ihm ein endgültiger Rechtsverlust droht. Andererseits wird er nach einer vollständigen oder teilweisen Abweisung seiner Unterhaltsklage in der Hauptsache häufig nicht in der Lage sein, dem Beklagten die Verfahrenskosten zu erstatten (§§ 91, 123). Dies spricht gegen eine zu großzügige Beurteilung der Erfolgsaussicht vor Bewilligung von PKH für den Anspruchsteller.

81 **Dem Unterhaltskläger** darf PKH nicht wegen fehlender Erfolgsaussicht verweigert werden, wenn nur die Frage der tatsächlichen oder fiktiven Leistungsfähigkeit des Beklagten zu prüfen ist; diesbezüglich liegt die Darlegungs- und Beweislast bei letztgenanntem. Die Vorschaltung einer Auskunftsstufe ist nicht Voraussetzung für eine PKH-Bewilligung für den Leistungsantrag. Der Auskunftsantrag und ein Zahlungsantrag bezüglich eines Sockelbetrags können nebeneinander verfolgt werden.[169] Bei nicht vorgetragenem Einkommen des Beklagten kann PKH für die Geltendmachung von Kindesunterhalts allerdings nur in Höhe des Mindestunterhals bewilligt werden.[170] Hat der Unterhaltspflichtige bisher den verlangten Betrag **regelmäßig und pünktlich bezahlt,** so fehlt es einer Leistungsklage zum Zwecke der Titulierung des Anspruchs nicht am **Rechtschutzinteresse** (zur Mutwilligkeit in solchen Fällen Rn. 95).[171]

82 **Auf Seiten des potentiell Unterhaltsverpflichteten** ist bei der Prüfung der Erfolgsaussicht seiner Rechtverteidigung in gewissem Umfang eine Beweisantizipation (Rn. 64) angezeigt. Im Hinblick auf die Darlegungs- und Beweispflicht des Unterhaltsschuldners für fehlende oder eingeschränkte Leistungsfähigkeit (§§ 1581, 1603 BGB) kann ihm schon im PKH-Prüfverfahren zur Auflage gemacht werden, seine Bemühungen um eine Arbeitsstelle oder die Höhe seiner Einkünfte glaubhaft zu machen. **Wertungsfragen** im Rahmen von § 1581 BGB[172] oder §§ 1579, 1611 BGB[173] müssen aber dem Hauptsacheverfahren vorbehalten bleiben, ebenso die Beurteilung, ob Eigeneinkünfte des Unterhaltsberechtigten nach § 1577 Abs. 2 BGB ganz oder teilweise außer Betracht gelassen werden. Bei der Beurteilung der Erwerbsobliegenheit und der Verpflichtung, einen Wohnortwechsel in Kauf zu nehmen, dürfen nach einer Entscheidung des BVerfG im PKH-Prüfverfahren keine überzogenen Anforderungen gestellt werden.[174]

83 **Vorgelegte Einkommensnachweise** der Parteien können sowohl bei der Prüfung ihrer PKH-Bedürftigkeit iSv. § 115 Abs. 1 als auch der unterhaltsrechtlichen Bedürftigkeit (§§ 1577 f., 1602 BGB) und Leistungsfähigkeit (§§ 1581, 1603 BGB) berücksichtigt werden. Letzteres setzt allerdings voraus, dass sie auch dem Gegner zur Kenntnis gebracht werden, weil er andernfalls nicht in der Lage ist, sich in sachgerechter Weise am PKH-Prüfverfahren zu beteiligen (§ 118 Abs. 1 S. 1). Beantragt nur der Unterhaltsberechtigte PKH, so darf dem Verpflichteten vor Rechtshängigkeit der Klage nicht zur Auflage gemacht werden, Nachweise über die Höhe seines Einkommens vorzulegen. § 643 ist in diesem Verfahrensstadium bereits nach seinem Wortlaut nicht anzuwenden, weil es im PKH-Prüfverfahren noch an einer Parteistellung des Gegners fehlt.

84 **8. Insolvenzverfahren.** Die Stundung der Kosten des Insolvenzverfahrens nach **§§ 4 a ff. InsO** zugunsten des **Schuldners** ist von keiner Prüfung der Erfolgsaussicht abhängig; eine solche wäre dem Charakter dieses nicht kontradiktorischen Verfahrens auch wesensfremd (Rn. 28). Beim **Gläubiger,** welchem PKH für das Insolvenzverfahren nur gesondert nach Verfahrensabschnitt bewilligt werden kann (Rn. 29), ist jeweils eine separate Prüfung der Erfolgsaussicht anzustellen. An dieser fehlt es, wenn nahezu sicher ist, dass er mit einem die Verfahrenskosten übersteigenden Betrag nicht rechnen kann. Dann wird die Rechtsverfolgung des Gläubigers auch mutwillig sein. Bei **Klagen des Insolvenzverwalters** ist vor Bewilligung von PKH eine Prüfung der Erfolgsaussicht nach allgemeinen Grundsätze vorzunehmen. Dabei sind allerdings die Besonderheiten der Insolvenzsituation zu berücksichtigen. Für die Geltendmachung einer rückständiger Stammeinlage oder wegen Verletzung anderer gesellschaftsrechtlicher Kapitalaufbringungs- oder Erhaltungsvorschriften kann einem Insolvenzverwalter auch dann PKH gewährt werden, wenn die Vollstreckungsaussicht eines entsprechenden Titels zweifelhaft ist.[175] Bei auf Insolvenzanfechtung (§§ 129 ff. InsO) gestützte Klagen darf die Versagung von PKH für den Verwalter nicht mit den Beweisschwierigkeiten begründet werden, die sich aus einer fehlender Kooperation des Schuldners regelmäßig ergeben. – Zur

---

[169] OLG Stuttgart FamRZ 2007, 1109.
[170] OLG München FamRZ 2005, 1859.
[171] BGH FamRZ 1998, 1165; *Kalthoener/Büttner/Wrobel-Sachs* Rn. 440.
[172] OLG Karlsruhe FamRZ 1991, 1458.
[173] OLG Hamm FamRZ 1985, 827.
[174] BVerfG FamRZ 2007, 273.
[175] OLG Hamburg MDR 2005, 776; OLG Schleswig OLGR 2006, 302.

Mutwilligkeit der Rechtsverfolgung des Insolvenzverwalters Rn. 106f., zur PKH für den Insolvenzverwalter auch § 116 Rn. 12ff.

VII. Mutwilligkeit

1. Grundlagen. Zweck der PKH ist es, die bedürftige Partei beim Zugang zum gerichtlichen Rechtsschutz und im Rechtsstreit einer vermögenden Partei gleichzustellen (Rn. 1). Hieraus ergibt sich, dass einer mittellosen Partei PKH nicht bewilligt werden kann, wenn eine vermögende Partei, die für die Kosten selbst aufkommen müsste, auf die entsprechende Rechtsverfolgung oder -verteidigung vernünftigerweise auch dann verzichten würde, wenn diese Rechtsverfolgung oder -verteidigung für sich gesehen Erfolg versprechend wäre.[176] Das **hypothetische prozessuale Verhalten einer vermögenden Partei** in derselben Situation, ist der Maßstab dafür, ob die von der mittellosen Partei beabsichtigte Rechtsverfolgung oder -verteidigung mutwillig erscheint. Dies gilt nicht nur dann, wenn der bedürftigen Partei nach ihren Einkommens- und Vermögensverhältnissen PKH ohne Zahlungsverpflichtungen zu bewilligen wäre. Vielmehr ist die vergleichende Frage dem hypothetischen Verhalten einer vermögenden Partei auch dann zulässig und erforderlich, wenn der bedürftigen Partei PKH unter Auferlegung von Zahlungen aus dem Einkommen oder Vermögen zu bewilligen wäre. 85

2. Einzelfälle. a) Unverhältnismäßige Kosten. Auch wenn die hinreichende Erfolgsaussicht (Rn. 62ff.) nicht verneint werden kann, ist eine Rechtsverfolgung mutwillig, bei der die aufzuwendenden Kosten in keinem vernünftigen Verhältnis zum erstrebten Erfolg stehen. Maßgebend ist dabei das Verhältnis von Aufwand und wirtschaftlichem Nutzen im Erfolgsfall. Deshalb ist eine Rechtsverfolgung mutwillig, wenn die voraussichtlichen Kosten des Rechtsstreits den einzuklagenden Betrag um ein mehrfaches übersteigen würden. 86

b) Fragliche Vollstreckungsaussichten. PKH ist in der Regel zu versagen, wenn eine erfolgreiche Vollstreckung aus dem erstrebten Titel aussichtslos erscheint.[177] Das ist auch dann der Fall, wenn die Verurteilung des Beklagten nur Zug um Zug gegen eine Gegenleistung des Klägers zu erwarten und dieser nicht in der Lage ist, die Gegenleistung zu erbringen.[178] Im **Ausnahmefall** können aber, auch wenn der Anspruch auf absehbare Zeit in der Vollstreckung nicht durchsetzbar erscheint, andere vernünftige Gründe für die Klagerhebung sprechen. So kann sie etwa zur **Verjährungsunterbrechung** angebracht sein, wenn es um einen Anspruch von großer Bedeutung für den Gläubiger geht und nicht auszuschließen ist, dass der Schuldner irgendwann doch noch zur Erfüllung in der Lage sein wird.[179] Einem Insolvenzverwalter kann PKH nicht unter Hinweis auf absehbare Schwierigkeiten bei der Vollstreckung aus dem erstrebten Titel verweigert werden.[180] PKH für eine **Unterhaltsklage,** die materiellrechtlich Aussicht auf Erfolg hat, kann nicht deshalb verweigert werden, weil derzeit aus dem Titel gegen den Unterhaltsschuldner nicht vollstreckt werden könnte. Dies kann etwa dann der Fall sein, wenn der Unterhaltsschuldner seiner Erwerbsobliegenheit nicht nachkommt und die Möglichkeit einer erfolgreichen Zwangsvollstreckung daher zweifelhaft ist.[181] Dies gilt grundsätzlich auch dann, wenn sich der Verpflichtete als Ausländer im Ausland aufhält und Schwierigkeiten bei einer Vollstreckung im betreffenden Land abzusehen sind.[182] 87

c) Keine Vollstreckungsabsicht des Gegners. Eine Vollstreckungsgegenklage ist mutwillig, wenn der Gläubiger zwar eine vollstreckbare Ausfertigung eines Titels in Händen hat, von ihr jedoch keinen Gebrauch zu machen beabsichtigt. Deshalb muss als Voraussetzung für die Bewilligung von PKH der Klage die Aufforderung an den Gläubiger vorausgehen, die vollstreckbare Ausfertigung herauszugeben. Entsprechend würde auch eine vermögende Partei vorgehen, da sonst die Gefahr eines sofortigen Anerkenntnisses mit der Kostenfolge des § 93 zum Nachteil des Klägers bestünde. Kommt der Gläubiger dieser Aufforderung nicht nach, so besteht nach § 93 Anlass zur Klagerhebung, die dann auch nicht mutwillig ist; die bloße Versicherung des Gläubigers, nicht vollstrecken zu wollen, reicht nicht aus. 88

---

176 OLG Brandenburg FamRZ 2003, 1760; KG MDR 2004, 710; *Zöller/Philippi* Rn. 30; *Musielak/Fischer* Rn. 30.

177 OLG Hamm JurBüro 1987, 1557; OLG Koblenz JurBüro 1988, 94; OLG Köln MDR 1990, 1020; OLG Celle NJW 1997, 532.

178 OLG Düsseldorf VersR 1982, 776.

179 OLG Hamm JurBüro 1987, 1557; OLG Koblenz FamRZ 2001, 234; *Kalthoener/Büttner/Wrobel-Sachs* Rn. 477.

180 OLG Hamm ZIP 1997, 248.

181 OLG Hamburg FamRZ 2003, 1102; OLG Karlsruhe FamRZ 2005, 1099.

182 *Stein/Jonas/Bork* Rn. 31.

89 **d) Kostengünstigere Möglichkeit.** PKH kann nicht gewährt werden, wenn eine kostengünstigere Möglichkeit besteht, den Anspruch durchzusetzen. Daher ist die Erhebung einer **isolierten Klage** mutwillig, wenn der Anspruch im Wege der **Widerklage** in einem bereits rechtshängigen Prozess geltend gemacht werden kann.[183] Zwar kann PKH nicht mit der Begründung verweigert werden, der Antragsteller müsse zunächst einmal versuchen, seine Ansprüche mit Hilfe einer **privaten Gutachter- oder Schlichtungsstelle** durchzusetzen.[184] Dies hat insbesondere Bedeutung für **Arzthaftungssachen,** wo der Geschädigte nicht darauf verwiesen werden darf, vor der Klage die Gutachterkommission für ärztliche Haftungsfragen anzurufen.[185] Anders ist es jedoch dann, wenn die Parteien die Anrufung der staatlichen Gerichte ausdrücklich und wirksam ausgeschlossen haben. Hier muss der Partei zugemutet werden, ein vertraglich vereinbartes Schiedsverfahren zu betreiben.[186]

90 Besteht die Möglichkeit, den Anspruch im **Mahnverfahren** geltend zu machen, kann eine Klagerhebung ausnahmsweise dann mutwillig sein, wenn der Anspruch unbestritten ist und höchstwahrscheinlich bleiben wird.[187] Für letzteres müssen jedoch deutliche Hinweise vorliegen. Allein die Tatsache, dass der Schuldner auf vorgerichtliche Mahnungen nicht reagiert hat, reicht hierfür nicht aus. Keine Mutwilligkeit ist jedoch gegeben, wenn von mehreren zulässigerweise zusammen eingeklagten Ansprüchen (zB: Zahlungs- und Freistellungsanspruch) einer nicht im Mahnverfahren geltend gemacht werden kann.[188]

91 Die Beantragung einer **einstweiligen Verfügung oder Anordnung** zusätzlich zu einer Klage in der Hauptsache ist nicht mutwillig.[189] Wenn schon eine einstweilige Anordnung aus dem **Scheidungsverfahren** betreffend den Kindes- oder Ehegattentrennungsunterhalt nach § 620 Nr. 4), Nr. 6) vorliegt oder noch die Möglichkeit besteht, sie zu erwirken, kann PKH für die Erhebung einer Unterhaltsklage ebenfalls nicht wegen Mutwilligkeit verweigert werden.[190] Eine einstweilige Anordnung hat keine Rechts- oder Bestandskraft und ist, ebenso, wie eine einstweilige Verfügung, keine geeignete Grundlage für ein späteres Abänderungsverfahren gem. § 323.[191]

92 Die Verweisung auf die **Durchführung des Rechtsstreits im Ausland** ist, sofern die Zuständigkeit eines deutschen Gerichts gegeben ist, auch dann nicht möglich, wenn die Rechtsverfolgung im Ausland nach Ansicht des deutschen Gerichts einfacher, schneller und billiger wäre.[192] Ist allerdings eine umfangreiche **Beweisaufnahme** im Ausland erforderlich, die nicht im Wege der internationalen Rechtshilfe erledigt werden kann, sondern Reisen des Gerichts und der Parteivertreter dorthin erfordern würde, so ist bei gegebener Rechtschutzmöglichkeit auch durch ein Gericht des betreffenden Staates die Klage im Inland mutwillig.[193] Das selbe gilt, wenn das hiesige Urteil im Ausland vollstreckt werden müsste, dort jedoch voraussichtlich nicht anerkannt werden würde.[194]

93 **e) Rechtsmissbrauch.** Eine Rechtsverfolgung auf Kosten der Allgemeinheit ist rechtsmissbräuchlich und PKH deshalb wegen Mutwilligkeit zu versagen, wenn lediglich um des Prinzips willen gestritten werden oder die Rechtsverfolgung zu sachfremden Zwecken dienen soll. Mutwillig handelt ein Beklagter, der **Einwendungen zurückhält** und sich auf den PKH-Antrag des Klägers zunächst nicht äußert, so dass diesem PKH für die Klage bewilligt wird. Beantragt in einem solchen Fall der Beklagte nach Klagerhebung ebenfalls PKH, so ist ihm diese zu versagen.[195] Wer Klage erhebt, ohne die Entscheidung über das PKH-Gesuch abzuwarten, handelt nicht mutwillig, so dass ihm PKH nicht schon aus diesem Grund verweigert werden kann.[196] Mutwillig handelt ein **Rechtsmittelkläger,** der einen Sachverhalt, den er bereits in der ersten Instanz hätte vortragen können, erstmals in der Beru-

---

[183] OLG Koblenz NJW-RR 2005, 672.

[184] OLG Oldenburg MDR 1988, 274; LG Dortmund JZ 1988, 255; *Stegers* AnwBl. 1989, 137; *Zöller/Philippi* Rn. 33.

[185] OLG Düsseldorf NJW 1989, 2955; *Kalthoener/Büttner/Wrobel-Sachs* Rn. 451; *Musielak/Fischer* Rn. 31; aA LG Aurich NJW 1986, 792 m. abl. Anm. *Matthies.*

[186] *Stein/Jonas/Bork* Rn. 32.

[187] *Musielak/Fischer* Rn. 44; *Stein/Jonas/Bork* Rn. 32.

[188] OLG Düsseldorf NJW-RR 1998, 503.

[189] OLG Frankfurt a. M. FamRZ 2002, 40.

[190] OLG Hamburg FamRZ 1990, 181; OLG Stuttgart FamRZ 1992, 1195; *Kalthoener/Büttner/Wrobel-Sachs* Rn. 453; aA *Zimmermann* Rn. 205 mwN.

[191] BGH NJW 1983, 1330; KG FamRZ 1987, 840; OLG Karlsruhe FamRZ 1988, 93; OLG Koblenz FamRZ 1988, 1182; OLG Hamburg FamRZ 1989, 198; 1990, 181.

[192] OLG Frankfurt a. M. IPRax 1983, 46; OLG Zweibrücken DAVorm 1999, 307; *Kalthoener/Büttner/Wrobel-Sachs* Rn. 459 aA OLG Frankfurt a. M. FamRZ 1991, 95; OLG Hamm FamRZ 2001, 1533; *Stein/Jonas/Bork* Rn. 32.

[193] Vgl. OLG Celle IPRax 1999, 171 (Autounfall in Polen).

[194] OLG Celle NJW 1997, 532.

[195] OLG Brandenburg FamRZ 2006, 349.

[196] OLG Karlsruhe FamRZ 1994, 1123.

fungsbegründung vorträgt; ihm kann PKH für die Berufungsinstanz auch dann nicht bewilligt werden, wenn das Rechtsmittel auf Grund des neuen Vortrags Aussicht auf Erfolg hat.[197]

3. Besonderheiten in einzelnen Verfahrensarten. a) Unterhaltssachen. aa) Vereinfachtes Verfahren. Die Möglichkeit, im Vereinfachten Verfahren über den Unterhalt Minderjähriger nach §§ 645 ff. vorzugehen, steht der Bewilligung von PKH für eine statt dessen erhobene Unterhaltsklage nicht entgegen.[198] Dies gilt vor allem in Fällen, in denen nach der vorprozessualen Korrespondenz mit einem Antrag auf Durchführung eines streitigen Verfahrens (§ 651) zu rechnen ist, weil der Unterhaltschuldner schon vorab seine mangelnde Leistungsfähigkeit geltend gemacht hat. Auch im Übrigen kann dem Unterhaltsberechtigten nicht verwehrt werden, Klage auf Unterhalt zu erheben, weil nur im Rahmen einer solchen, nicht aber im Vereinfachten Verfahren die Möglichkeit besteht, erforderlichenfalls eine einstweilige Anordnung nach § 644 zu erlassen. Eine Unterhaltsklage ist auch dann nicht mutwillig, wenn die Möglichkeit bestünde, über eine **Abzweigung von Sozialleistungen nach § 48 SGB I** einfacher zu Mitteln für den Lebensunterhalt zu kommen.[199] – Zum Verhältnis von einstweiliger Anordnung und Hauptsacheklage Rn. 91. 94

bb) Freiwillige Unterhaltszahlung. Der Unterhaltsgläubiger hat zwar grundsätzlich ein Rechtsschutzinteresse an – voller – Titulierung seines Anspruchs, auch wenn der Verpflichtete den Unterhalt bisher regelmäßig und rechtzeitig gezahlt hat.[200] Eine Unterhaltsklage kann gleichwohl mutwillig sein, wenn und soweit der Beklagte seiner Unterhaltspflicht regelmäßig, pünktlich und vorbehaltlos nachkommt und so zur Klagerhebung keinen Anlass gegeben hat.[201] In einem solchen Fall muss der Klagerhebung zunächst die Aufforderung an den Verpflichteten vorausgehen, über die Unterhaltspflicht eine vollstreckbare Urkunde errichten zu lassen und diese dem Unterhaltsberechtigten auszuhändigen. Ist die Errichtung einer solchen Urkunde mit Kosten verbunden, so muss der Unterhaltsberechtigte nach bestrittener, aber zutreffender Ansicht die Kostenübernahme anbieten.[202] Dies gilt auch, sofern der Unterhaltsverpflichtete nur einen Teil des vom Unterhaltsberechtigten verlangten Gesamtbetrags regelmäßig, pünktlich und vorbehaltlos bezahlt, hinsichtlich dieses Teilbetrags.[203] Erst wenn der Verpflichtete der Aufforderung zur Errichtung der vollstreckbaren Urkunde nicht nachkommt, kann PKH für eine entsprechende Klage nicht mehr wegen Mutwilligkeit verweigert werden.[204] 95

cc) Bezug von Sozialleistungen. Eine Unterhaltsklage ist nicht mutwillig, wenn und soweit der Bedarf des Unterhaltsberechtigten durch den Bezug von **Sozialhilfe** gedeckt ist.[205] Dies gilt auch für den Bezug von Grundsicherung für Arbeitssuchende nach SGB II („Hartz IV"). Die Beantragung einer einstweiligen Anordnung ist in dieser Situation ebenfalls nicht mutwillig,[206] weil der Berechtigte ein schutzwürdiges Interesse daran hat, zu einem nahen Zeitpunkt nicht mehr auf Leistungen der Sozialbehörden angewiesen zu sein. Wer künftigen Unterhalt einklagt, obwohl er Sozialhilfe bezieht, handelt auch nicht deshalb mutwillig, weil das Sozialamt den Unterhalt für die Zukunft nach § 94 Abs. 4 S. 2 SGB XII gerichtlich geltend machen könnte.[207] Nach der **Rückabtretung** von Unterhaltsansprüchen, die auf den Sozialhilfeträger übergegangen sind, an den Unterhaltsberechtigten ist die Geltendmachung dieser Ansprüche durch den Unterhaltsberechtigten zwar nicht mutwillig.[208] Jedoch stellt sich die Frage der PKH-Bedürftigkeit, falls der Unterhaltsberechtig- 96

---

[197] OLG Karlsruhe FamRZ 1999, 726; OLG Jena MDR 1999, 257; OLG Frankfurt MDR 2002, 843; *Zöller/Philippi* § 119 Rn. 54; *Kalthoener/Büttner/Wrobel-Sachs* Rn. 460.

[198] OLG Stuttgart FamRZ aA OLG Hamm FamRZ 1999, 995; OLG Zweibrücken NJWE–FER 2000, 95.

[199] OLG Oldenburg FamRZ 1982, 418.

[200] BGH FamRZ 1998, 1165; aA *Zimmermann* Rn. 208.

[201] OLG Düsseldorf FamRZ 1981, 70; OLG Hamm FamRZ 1985, 506, OLG München FamRZ 1994, 1126; 1996, 1021; OLG Jena FamRZ 1997, 1016; OLG Köln FamRZ 2004, 1114.

[202] OLG Köln FamRZ 2004, 1114; *Kalthoener/Büttner/Wrobel-Sachs* Rn. 469; *Zöller/Philippi* Rn. 40b; aA *Musielak/Fischer* Rn. 38.

[203] OLG Celle DAVorm. 1986, 364; KG FamRZ 1988, 518; OLG Stuttgart FamRZ 1990, 1368; OLG Karlsruhe FamRZ 1991, 344; OLG München FamRZ 1994, 313; OLG Köln FamRZ 1997, 618; OLG Nürnberg FuR 1999, 343.

[204] OLG Stuttgart OLGR 1999, 25; OLG Koblenz OLGR 1999, 378; zur Stufenklage, wenn der Unterhaltsverpflichtete laufend Unterhalt bezahlt, vgl. OLG Köln FamRZ 1995, 1503.

[205] OLG Schleswig FamRZ 1994, 1183; OLG München FamRZ 1995, 625; OLG Nürnberg NJW-RR 1995, 1220; OLG Saarbrücken FamRZ 1997, 617; OLG Stuttgart FamRZ 2004, 1297.

[206] AA OLG Bamberg FamRZ 1995, 623 sowie 2. Aufl. Rn. 137.

[207] Vgl. OLG Köln FamRZ 1995, 179; OLG Karlsruhe FamRZ 1995, 1504; aA OLG Köln NJW-RR 1995, 455.

[208] OLG Düsseldorf FamRZ 1994, 970; OLG Köln FamRZ 1995, 179; FamRZ 1997, 297; OLG Hamm NJW-RR 1995.

te insoweit einen Auslagenvorschuss für die Prozesskosten vom Sozialhilfeträger gem. § 94 Abs. 5 S. 2 SGB XII verlangen kann.[209]

97 **dd) Besonderheiten beim Kindesunterhalt.** Die **wechselseitige Geltendmachung** von Kindesunterhalt durch getrennt lebende Elternteile, die jeweils ein gemeinschaftliches Kind betreuen, ist nicht mutwillig; dies gilt auch dann, wenn jeder der Elternteile das bei ihm lebende Kind auch mit Barmitteln unterhalten muss.[210] Die Erhebung einer Unterhaltsklage eines Elternteils in gesetzlicher Prozessstandschaft gemäß § 1629 Abs. 3 S. 1 BGB für ein bei ihm lebendes Kind gegen den anderen Elternteil kann mutwillig sein, wenn zwischen den Parteien eine **Freistellungsvereinbarung** besteht.[211] Dies gilt zumindest dann, wenn der zur Freistellung verpflichtete Elternteil wirtschaftlich in der Lage ist, ohne Gefährdung seines Eigenbedarfs den Barunterhaltsbedarf des Kindes zu decken.[212]

98 **b) Ehescheidung und -aufhebung. aa) Scheinehe.** Eine Ehe, die ausschließlich aus ehefremden Zwecken geschlossen wurde, um zB dem ausländischen Partner eine Arbeits- oder Aufenthaltserlaubnis zu verschaffen, kann nach § 1314 Abs. 2 Nr. 5 BGB aufgehoben werden, wenn die Eheschließung nach dem 30. 6. 1998 erfolgt ist. Wurde die Ehe vor dem 1. Juli 1998 geschlossen, kommt eine Aufhebung wegen Art. 226 Abs. 1 EGBGB nicht in Betracht, jedoch kann die Ehe geschieden werden. PKH für die Aufhebung oder Scheidung einer Scheinehe kann nicht wegen Mutwilligkeit verweigert werden.[213] Jedoch ist in jedem Einzelfall zu prüfen, ob der Antrag auf Grund der persönlichen und wirtschaftlichen Verhältnisse des Antragstellers zurückzuweisen ist. Dies kommt insbesondere dann in Betracht, wenn der Antragsteller für die Eingehung der Ehe ein **Entgelt** erhalten hat. Es hätte dann von ihm erwartet werden müssen, von diesem so viel zurückzulegen, wie für das absehbare Eheaufhebungsverfahren erforderlich ist.[214] Auch im Übrigen sind in solchen Fällen an die Darlegung der PKH-Bedürftigkeit strenge Maßstäbe anzulegen; der Nachweis des Sozialhilfebezugs durch den Antragsteller reicht nicht aus, wenn Ansprüche auf **PKV** in Betracht kommen.[215]

99 **bb) Scheidungsgegenantrag; wiederholter Scheidungsantrag.** PKH für einen eigenen Scheidungsantrag kann einer Partei auch dann nicht wegen Mutwilligkeit versagt werden, wenn die Gegenpartei bereits einen Scheidungsantrag gestellt hat.[216] Ein mehrfach wiederholter Scheidungsantrag nach Rücknahme der vorhergehenden Anträge ist mutwillig, wenn es der Partei zumutbar war, zum Zweck des Versuchs einer Aussöhnung das Ruhen des Verfahrens zu beantragen, anstatt den Antrag zurückzunehmen.[217] Hier kommt die Bewilligung von PKH nur unter Ausschluss der bereits im früheren Verfahren entstandenen, aus der Staatskasse verauslagten Gebühren in Betracht.[218] Auf die Frage, welcher Ehegatte die Zerrüttung der Beziehung verursacht hat, kommt es bei der Prüfung der Mutwilligkeit nicht an.[219]

100 **cc) Scheidung ausländischer Eheleute.** Die PKH für ausländische Eheleute für ein in Deutschland durchzuführendes Scheidungsverfahren kann nicht mit dem Hinweis versagt werden, sie könnten genauso gut ein Gericht ihres Heimatstaates anrufen. Anderes kann gelten, wenn die Parteien beabsichtigen, zeitnah in ihre Heimat zurückzukehren und dort das deutsche Scheidungsurteil voraussichtlich nicht anerkannt werden wird.[220] Beabsichtigt der scheidungswillige Ehegatte, auf Dauer in Deutschland zu bleiben, so hat er ein schutzwürdiges Interesse an der Scheidung durch

---

[209] OLG Frankfurt a. M. FamRZ 1999, 1283; OLG Celle FamRZ 1999, 1284; aA OLG Köln FamRZ 1997, 297. – Nach OLG Karlsruhe NJW 1999, 1226 und 1508 sowie OLG Nürnberg NJW 1999, 2376 ist jedoch PKH zu bewilligen, wenn die Partei gleichzeitig überschießenden eigenen Unterhalt geltend macht. – Zu § 7 UVG vgl. OLG Koblenz NJW-RR 2000, 78.

[210] OLG Zweibrücken FamRZ 1997, 178.

[211] AG Ludwigslust FamRZ 2005, 1915.

[212] Hierauf gestützte Versagung von PKH wurde vom BVerfG, FamRZ 1984, 1205, nicht beanstandet.

[213] KG NJW-RR 1987, 1096 unter Hinweis auf BVerfG NJW 1985, 425; OLG Karlsruhe FamRZ 1988, 91; OLG Düsseldorf FamRZ 1994, 1183; OLG Nürnberg FamRZ 1996, 615; OLG Frankfurt a. M. FamRZ 1996, 615; OLG Stuttgart FamRZ 2002, 890; aA OLG Stuttgart FamRZ 1992, 195; *Zimmermann* Rn. 202.

[214] BGH FamRZ 2005, 1477; anders OLG Frankfurt a. M. FamRZ 2006, 1128 für den Fall, dass die Scheinehe ohne Gegenleistung eingegangen wurde; siehe auch OLG Rostock FamRZ 2007, 1335 (Obliegenheit zur Bildung von Rücklagen für zu erwartendes Scheidungsverfahren).

[215] OLG Stuttgart FamRZ 1997, 1410.

[216] OLG Jena FamRZ 1996, 416.

[217] OLG Köln FamRZ 1988, 92; OLG Hamm FamRZ 1990, 1375; vgl. auch OLG Karlsruhe NJWE-FER 1999, 280.

[218] OLG Köln FamRZ 1988, 92.

[219] OLG Frankfurt a. M. FamRZ 1997, 618.

[220] OLG Stuttgart FamRZ 2004, 1382.

ein deutsches Gericht, auch wenn bei Nichtanerkennung im Heimatstaat eine hinkende Ehe entsteht.[221] PKH kann ihm daher nicht wegen Mutwilligkeit versagt werden. Die Einleitung eines inländischen Scheidungsverfahrens ist hingegen mutwillig, wenn die fehlende Anerkennungsfähigkeit eines Scheidungsurteils des gemeinsamen Heimatstaates in Deutschland nach § 328 nur darauf beruht, dass der Antragsteller eine verzichtbare Verfahrensrüge erhebt.[222]

c) Folgesachen. Die **nachträgliche isolierte Geltendmachung** einer Folgesache nach Abschluss des Scheidungsverfahrens ist nach einer in der Rechtsprechung häufig vertretenen Ansicht mutwillig, wenn die kostengünstigere Geltendmachung der Folgesache im Verbund ohne weiteres möglich gewesen wäre.[223] Teilweise wird auch die Ansicht vertreten, zwar dürfe in einem solchen Fall PKH nicht wegen Mutwilligkeit verweigert werden, jedoch sei der Umstand, dass die isolierte Geltendmachung Mehrkosten verursacht habe, bei der Festsetzung der Vergütung des Anwalts aus der Staatskasse zu berücksichtigen.[224] Nach der Gegenmeinung ist die nachträgliche isolierte Geltendmachung von Folgesachen nicht mutwillig, wenn dafür vernünftige Gründe vorliegen.[225] Insbesondere sei dabei von Bedeutung, ob die Einreichung eines Folgesachenantrags im Scheidungsverfahren den Abschluss des Scheidungsverfahrens nennenswert verzögert hätte. Der **BGH** ist der Ansicht, die nachträgliche isolierte Geltendmachung einer Folgesache sei mutwillig, **nicht gefolgt.**[226] Zwar sei zutreffend, dass auf Grund der Streitwertaddition (§§ 46 Abs. 1 S. 1 GKG, 16 Nr. 4 RVG) und des degressiven Anstiegs der Gebühren im Verbundverfahren insgesamt geringere Kosten entstehen als bei isolierter Geltendmachung einer Folgesache. Für die Beurteilung der Mutwilligkeit komme es aber nicht auf die insgesamt anfallenden Kosten, sondern darauf an, ob eine nicht bedürftige **Partei** aus Kostengesichtspunkten von einer isolierten Geltendmachung der Folgesache absehen würde. Hier erweise sich das isolierte ZPO-Verfahren unter Umständen sogar als vorteilhafter. Während nämlich die obsiegende Partei der isoliert geltend gemachten Folgesache einen **Kostenerstattungsanspruch gegen den Gegner** nach § 91 Abs. 1 erlangt, werden die Kosten der Folgesachen im Regelfall **gegeneinander aufgehoben** (§ 93a Abs. 1 S. 1). Erstattet aber der unterlegene Gegner die Kosten, so wird der klagende Ehegatte mit geringeren Kosten als in dem Fall belastet, dass er eine Entscheidung im Verbundverfahren begehrt hätte. Dieser Ansicht des BGH ist zu folgen. Zudem ließe sich die Gegenansicht, die von einer Mutwilligkeit der isolierten Geltendmachung zivilprozessualer Scheidungsfolgen ausgeht, nur rechtfertigen, wenn diese von vermögenden Parteien ausnahmslos oder doch regelmäßig im Verbund geltend gemacht würden, was in der Praxis nicht der Fall ist. 101

d) Sorgerecht. PKH für die Regelung der elterlichen Sorge darf auch dann nicht wegen Mutwilligkeit des Antrags verweigert werden, wenn kein konkreter aktueller Anlass für eine Regelung besteht, denn das Rechtsschutzbedürfnis kann auch in diesem Fall nicht verneint werden.[227] Allerdings ist in solchen Fällen häufig die hinreichende Erfolgsaussicht eines Antrags nach § 1671 BGB zweifelhaft (Rn. 78). Die Einreichung eines isolierten Sorgerechtsantrags ist mutwillig, wenn das angestrebte Verfahrensziel ohne Zeitverzögerung auch im Scheidungsverbundverfahren hätte erreicht werden können. Dem Antragsteller kann in solchen Fällen PKH nur für den im Verbundverfahren anfallenden Gegenstandswert von 900 Euro bewilligt werden.[228] 102

e) Umgangsrecht. Ob die Einleitung eines gerichtlichen Verfahrens zur **Umgangsregelung** als mutwillig anzusehen ist, solange die zur Verfügung stehenden außergerichtlichen Mittel noch nicht ausgeschöpft sind, kann nur anhand des konkreten Einzelfalls entschieden werden. Die Beratungs- und Unterstützungsaufgabe des **Jugendamtes** in Bezug auf das Umgangsrecht ergibt sich aus § 18 Abs. 3 SGB VIII. Allerdings ist Mutwilligkeit zu verneinen, wenn der Umgangsberechtigte die Durchführung einer (möglicherweise kostenfreien) Mediation ablehnt, solange auch die Ob- 103

---

[221] BGH FamRZ 2005, 23 (Iran).

[222] OLG Stuttgart FamRZ 2003, 1019 (Mangel der Zustellung des ausländischen Scheidungsantrags); *Zimmermann* Rn. 201.

[223] OLG Brandenburg FamRZ 1998, 245; 2001, 1083; 2003, 458, 459 anders nun FamRZ 2007, 911; OLG Düsseldorf FamRZ 1990, 421 m. abl. Anm. *Kleinwegener* FamRZ 1990, 1065; OLG Hamm NJW-RR 1992, 583; OLG Düsseldorf FamRZ 1993, 1217; 1994, 635; OLG Köln MDR 1994, 1123; NJW-RR 1997, 67; OLG Frankfurt a. M. NJW-RR 1997, 1167; OLG Thüringen FamRZ 2000, 100; OLG Schleswig FamRZ 2000, 430; OLG Zweibrücken FamRZ 2003, 1759.

[224] OLG Köln NJWE–FER 2000, 189.

[225] OLG Koblenz FamRZ 1988, 308; FamRZ 2004, 1880; 2005, 460; OLG Frankfurt a. M. NJW-RR 1990, 5; OLG Hamburg FamRZ 1990, 642; OLG Stuttgart FamRZ 1991, 723; OLG Düsseldorf FamRZ 1992, 457; OLG Zweibrücken NJW-RR 1998, 80; OLG Dresden FamRZ 1999, 601; OLG Köln FamRZ 1999, 1353; 2003, 102; OLG Hamm FamRZ 2001, 231.

[226] BGH FamRZ 2005, 786; FamRZ 2005, 788; siehe auch *Wax* FPR 2002, 471, 472.

[227] OLG Düsseldorf FamRZ 1991, 1083; OLG Nürnberg FamRZ 1995, 371.

[228] OLG Karlsruhe OLGR 2006, 191.

hutsperson des Kindes sich einer konstruktiven Mitwirkung an einer derartigen Mediation verweigert.[229] Umgekehrt kann dem betreuenden Elternteil Prozesskostenhilfe in einem durch den Umgangsberechtigten eingeleiteten Verfahren nicht mit dem Argument versagt werden, er habe sich geweigert, an angebotenen Gesprächen mit dem Jugendamt zur Erzielung einer Einigung teilzunehmen, wodurch die Kosten des Umgangsrechtsverfahrens vermieden worden wären.[230] Allerdings kann verlangt werden, dass der Umgangsberechtigte – ebenso wie der Elternteil, welcher Zweifel an der Kindeswohldienlichkeit des Umgangs in konkreten Fall hat – sich Rat und Hilfe von Fachleuten verschafft, bevor er ein gerichtliches Verfahren einleitet bzw. verursacht.[231] – Zur Beiordnung eines Rechtsanwalts § 121 Rn. 10.

104 **f) Abstammungsverfahren.** Ist der auf **Feststellung der Vaterschaft** verklagte Mann ebenfalls der Überzeugung, dass das Kind von ihm abstammt, so ist seine Rechtsverteidigung mutwillig. Er kann die rechtliche Fundierung seiner Vaterschaft durch Anerkennung erreichen (§ 1592 Nr. 2 BGB). PKH für den **Beitritt** eines nach § 640e in einer Kindschaftssache beigeladenen Elternteils kann nicht wegen Mutwilligkeit verweigert werden;[232] dies auch dann nicht, wenn es sich um den gesetzlichen Vertreter des Kindes handelt, der in dieser Eigenschaft bereits einen Rechtsanwalt als Prozessbevollmächtigten für das Kind beauftragt hat.[233] Das folgt aus den unmittelbaren und gravierenden Auswirkungen der Entscheidung auf den Beigeladenen und der sich hieraus ergebenden Notwendigkeit, ihm umfassend rechtliches Gehör einschließlich der Möglichkeit eines Beitritts zum Verfahren zu gewähren.[234]

105 Im **Vaterschaftsanfechtungsverfahren** ist dem Beklagten auch dann Prozesskostenhilfe zu bewilligen, wenn er der Klage nicht entgegentritt. Seine Prozessführung ist nicht als mutwillig zu qualifizieren, denn er kann den Rechtsstreit nicht vermeiden und verfolgt bei unstreitigem, aber beweisbedürftigem Sachverhalt das gleiche Ziel wie der Kläger.[235] Selbst wenn die rechtliche Vaterschaft auf einem **bewusst unrichtigen Anerkenntnis** des Mannes und Zustimmung der Mutter beruht, kann dieser PKH für das Anfechtungsverfahren nicht wegen Mutwilligkeit versagt werden.[236] – Zur Beiordnung eines Rechtsanwalts in Kindschaftssachen vgl. § 121 Rn. 9.

106 **g) Insolvenzverfahren.** Der **Insolvenzantrag eines Gläubigers** ist, wenn und soweit der Ausfall seiner Forderung im Insolvenzverfahren abzusehen ist, in aller Regel mutwillig iSv. § 114. Insbesondere kann PKH nicht bewilligt werden, wenn dies zur Ausschaltung der Vorschusspflicht des Gläubigers bei einer die Kosten des Verfahrens nicht deckenden Masse führen würde. Einem **Arbeitnehmer** kann für den Antrag auf Eröffnung des Insolvenzverfahrens gegen seinen Arbeitgeber nicht alleine deswegen PKH gewährt werden, weil er die Abweisung des Antrags mangels Masse (§ 26 InsO) anstrebt, um damit die Voraussetzungen des Anspruchs auf **Insolvenzgeld** nach § 183 Abs. 1 Nr. 2 SGB III herbeizuführen.[237]

107 Dem **Insolvenzverwalter** darf PKH für eine beabsichtigte Klage nicht unter Hinweis auf absehbare Schwierigkeiten bei der Durchsetzung des erstrebten Titels verweigert werden, Rn. 84. Die Klage des Verwalters gegen einen Gesellschafter auf Einzahlung des Kapitals nach einem Kapitalerhöhungsbeschluss ist nur unter besonderen Umständen mutwillig.[238] Allerdings ist es für die Zwecke des Insolvenzverfahrens nicht erforderlich, Ansprüche in vielfacher Höhe der festgestellten Insolvenzforderungen einzuklagen. Damit verstößt der Insolvenzverwalter gegen das Gebot der sparsamen Prozessführung, weshalb ihm PKH zu versagen ist.[239] – Vgl. im Übrigen zur PKH für den Insolvenzverwalter Rn. 84 und § 116 Rn. 12ff.

VIII. Maßgeblicher Zeitpunkt für die PKH-Voraussetzungen

108 **1. Erste Instanz.** Die Bewilligung von PKH ist (bei Vorliegen der weiteren Voraussetzungen) unproblematisch, wenn die beabsichtigte Rechtsverfolgung im **Zeitpunkt der Entscheidung**

---

[229] OLG Hamm FamRZ 2003, 1758; 2007, 1337.

[230] So jedoch OLG Brandenburg FamRZ 2005, 1914; aA OLG Karlsruhe FamRZ 2002, 1712; 2004, 1115.

[231] *Kalthoener/Büttner/Wrobel-Sachs* Rn. 465; OLG Koblenz OLG Report 2005, 113; einschränkend OLG Stuttgart FamRZ 2006, 1060; zum Problem auch *Miesen* KindPrax 2005, 206.

[232] OLG Bremen AnwBl. 1981, 71; OLG Saarbrücken AnwBl. 1984, 624; OLG Frankfurt a. M. FamRZ 1984, 1041; aA OLG Düsseldorf FamRZ 1995, 1506.

[233] AA OLG Düsseldorf FamRZ 1980, 1147; OLG Hamm DAVorm. 1987, 682.

[234] BGH NJW 1984, 353.

[235] OLG Karlsruhe OLGR 1999, 208; OLG Koblenz OLGR 2001, 425; *Musielak/Fischer* Rn 28.

[236] OLG Köln FamRZ 2006, 1280.

[237] LG Freiburg ZInsO 2003, 954.

[238] OLG Hamburg MDR 2005, 776; OLG Schleswig OLGR 2006, 302.

[239] OLG Hamm MDR 2006, 173.

über das Gesuch hinreichende Aussicht auf Erfolg hat und nicht mutwillig ist.[240] Das gilt auch für die Fälle, in denen diese Voraussetzungen im Zeitpunkt der Antragstellung zu verneinen gewesen wären, aber im Zeitpunkt der Entscheidung über das PKH-Gesuch vorliegen. Dies kann etwa der Fall sein, wenn die eingeklagte Darlehensforderung erst zwischen Antragstellung und der Entscheidung über das Gesuch zur Rückzahlung **fällig** wird; ebenso, wenn das **Trennungsjahr** des § 1565 Abs. 2 BGB nach der Antragstellung, aber vor der Entscheidung über das PKH-Gesuch abläuft. In diesen Fällen muss PKH mit Wirkung ab dem Eintritt der Voraussetzungen bewilligt werden.[241]

2. Rechtsmittelinstanz. Ist beim zweitinstanzlichen Gericht sowohl eine PKH-Beschwerde gem. § 127 Abs. 2 als auch ein Rechtsmittel gegen die Hauptsacheentscheidung anhängig, so darf dieses bei der Beurteilung der Erfolgsaussicht sich nicht auf seine eigene Beweisaufnahme und mündliche Verhandlung im Hauptsacheverfahren stützen, deren Ergebnisse zu Beginn des Beschwerdeverfahrens noch nicht festgestanden haben.[242] Trotz gegebener bzw. nach § 119 Abs. 1 S. 2 zu unterstellender Erfolgsaussicht ist im Rechtsmittelverfahren für den Gegner PKH erst zu bewilligen, wenn der Rechtsmittelführer sein **Rechtmittel begründet** hat.[243] Dies beruht darauf, dass einer Partei, die auf Kosten der Allgemeinheit PKH in Anspruch nimmt, zuzumuten ist, sich eines Anwalts in höherer Instanz erst dann zu bedienen, wenn dies im Einzelfall wirklich notwendig ist. Solange der Rechtsmittelführer die vom Gesetz vorgeschriebene Begründung noch nicht vorgelegt hat, kann eine dem Gegner nachteilige Entscheidung in der Sache nicht ergehen, somit besteht in diesem Verfahrensstadium auch noch nicht die Notwendigkeit zur Verteidigung gegen das Rechtsmittel.[244] 109

3. Erfolgsaussicht entfällt zwischen PKH-Antragstellung und PKH-Entscheidung. 110
a) Grundsatz. Grundsätzlich kommt es bei der Beurteilung der Erfolgsaussicht der Rechtsverfolgung oder Rechtsverteidigung auf den Erkenntnisstand des Gerichts zum **Zeitpunkt der Entscheidungsreife** an. Diese ist gegeben, wenn ein ordnungsgemäßer PKH-Antrag gestellt und die dem Gegner zur Stellungnahme nach § 118 Abs. 1 S. 1 eingeräumte Frist abgelaufen ist.[245] Der Zeitpunkt der Entscheidungsreife tritt damit in der Regel erst zwei bis drei Wochen nach Einreichung des ordnungsgemäßen PKH-Antrag ein. Wird zB die Klage zusammen mit den PKH-Antrag eingereicht, danach sofort zugestellt und **erfüllt der Gegner** den eingeklagten Anspruch vor Ablauf der Äußerungsfrist, dann entfällt die im Zeitpunkt der Antragstellung gegebene Erfolgsaussicht bis zum Zeitpunkt der Entscheidungsreife, so dass PKH für die ursprünglich beabsichtigte Rechtsverfolgung nicht bewilligt werden kann.[246] Dies verstößt nicht gegen den Grundgedanken, die bedürftige Partei einer vermögenden gleichzustellen,[247] weil der Kläger in diesem Fall die **Hauptsache für erledigt erklären** (§ 91 a) und auf diese Weise zu einem Kostenerstattungsanspruch gegen den Beklagten kommen kann. Verlangt man in **Anwaltsprozessen** (§ 78) zur Abgabe der Erledigungserklärung anwaltlichen Vertretung,[248] so kommt insoweit die Bewilligung von PKH in Betracht, allerdings beschränkt auf einen Streitwert entsprechend seinem **Kosteninteresse.** Ist zum Zeitpunkt der Erfüllung der Forderung die Klage noch nicht zugestellt, sind aber durch Fertigung der Klagschrift und des PKH-Gesuchs auf Seiten des Antragstellers schon Kosten entstanden, so steht diesem zumindest ein Ersatzanspruch nach **Verzugsgrundsätzen** (§§ 280, 286 BGB) zu. Für eine hierauf gerichtete Klage kann PKH bewilligt werden, wenn der Schuldner die Zahlung ablehnt und der Antrag entsprechend geändert wird. Wird die **Klage** vor Entscheidung über das PKH-Gesuch des Beklagten ganz oder zum Teil **zurückgenommen,** dann ist diesem insoweit keine PKH mehr zu bewilligen.[249] Stattdessen steht ihm ein Anspruch gegen den Kläger gem. § 269 Abs. 3 S. 2 zu. Der Nachteil für den Antragsteller und seinen Prozessvertreter bei diesen Konstellationen besteht nur darin, sich wegen der entstandenen Kosten an den Prozessgegner halten zu müssen anstatt diese nach § 122 Abs. 1 gegenüber der Staatskasse abzurechnen. Damit befindet er sich jedoch in der selben Situation wie die vermögende Partei, welche das Risiko der Uneinbringlichkeit von Kostenerstattungsansprüchen ebenfalls selbst zu tragen hat. Zum Sonderfall einer verzögerlichen Bescheidung des PKH-Gesuchs Rn. 113.

---

[240] Zum Problemkreis eingehend auch *Kalthoener/Büttner/Wrobel-Sachs* Rn. 420 ff.
[241] OLG Karlsruhe FamRZ 1988, 737.
[242] BVerfG NJW 2005, 3489.
[243] BGH FamRZ 1982, 58; 1988, 942; NJW-RR 2001, 1009.
[244] Zweifelnd OLG Karlsruhe FamRZ 2006, 498 unter Hinweis auf BGH FamRZ 2003, 522 (Erstattung von Anwaltskosten nach § 91).
[245] OLG Karlsruhe FamRZ 1994, 1123; *Zöller/Philippi* § 119 Rn. 46.
[246] OLG Brandenburg FamRZ 2007, 909.
[247] AA 2. Aufl.
[248] Zum Streitstand § 91 a Rn. 35.
[249] OLG Hamm FamRZ 2003, 1761.

111 **b) Verzögerliche Entscheidung über das PKH-Gesuch.** Streitig ist, wie die Erfolgsaussicht zu beurteilen ist, wenn das Gericht das PKH-Gesuch verzögerlich behandelt hat und zwischenzeitlich feststeht, dass die beabsichtigte oder bereits in Gang gesetzte Rechtsverfolgung oder -verteidigung, die zunächst Erfolg versprechend schien, in Wirklichkeit von Anfang an ohne hinreichende Aussicht auf Erfolg war. Keine Probleme ergeben sich insoweit, wenn im Zeitpunkt der Entscheidung über das PKH-Gesuch die **Hauptsache noch nicht anhängig** ist, da in diesem Fall die Erfolgsaussicht im Zeitpunkt der Entscheidung gegeben sein muss. Problematisch sind aber die Fälle, in denen sich die Sach- und Rechtslage zwischen Antragstellung und verzögerter Entscheidung nicht geändert hat, sondern lediglich zuverlässiger beurteilt werden kann. Hier stehen sich in Rechtsprechung und Literatur zwei unterschiedliche Auffassungen gegenüber: Nach teilweise vertretener Ansicht soll es bei der Beurteilung der Erfolgsaussicht auf den **Erkenntnisstand im Zeitpunkt der Entscheidungsreife,** ankommen.[250] Das wird damit begründet, dass die Partei durch das zögerliche Verhalten des Gerichts keine Nachteile erleiden dürfe, vielmehr müsse sie so gestellt werden, wie sie stünde, wenn rechtzeitig, also bei Entscheidungsreife, über das Gesuch entschieden worden wäre. Nach anderer Ansicht ist die Frage, ob die beabsichtigte Rechtsverfolgung oder -verteidigung im Zeitpunkt der Antragstellung hinreichende Aussicht auf Erfolg hatte und nicht mutwillig war, auch dann nach dem **Erkenntnisstand im Zeitpunkt der Entscheidung** zu beurteilen, wenn diese durch das Gericht verzögerlich behandelt wurde.[251] Dabei soll in die Beurteilung auch das Ergebnis einer Beweisaufnahme in der Hauptsache einzubeziehen sein.

112 Der letztgenannten Auffassung ist für **die große Mehrheit der Sachverhalte zu folgen.** Die Gegenmeinung nötigt das Gericht, die Entscheidung über das PKH-Gesuch wider besseres Wissen auf der Grundlage eines Sachverhalts zu treffen, der sich als unzutreffend herausgestellt hat. Das Argument, der Partei dürften aus der Verzögerung der Entscheidung keine Nachteile entstehen, taugt zur Begründung hierfür nicht, denn der Partei wird mit der Verweigerung der PKH nur etwas versagt, auf das sie nach richtiger Erkenntnis ohnehin keinen Anspruch hatte. Deshalb ist in diesem Zusammenhang auch der Hinweis verfehlt, das Gericht habe Naturalrestitution für die von ihm durch verspätete Bescheidung des Gesuchs begangene **Amtspflichtverletzung** zu leisten und PKH zu bewilligen.[252] Denn selbst wenn eine Amtspflichtverletzung vorläge, würde es an einem Schaden fehlen, eben weil die Partei nach richtiger Erkenntnis keine PKH zu beanspruchen hatte. Ferner übersieht die Gegenansicht, dass die Partei einer verzögerlichen Behandlung ihres PKH-Gesuchs durchaus nicht schutzlos ausgesetzt ist.[253] Wird über das ordnungsgemäß angebrachte Gesuch nicht in angemessener Zeit entschieden, kommt dies der Verweigerung von PKH gleich und berechtigt die Partei zur Erhebung der Beschwerde nach § 127 Abs. 2 S. 2 (vgl. dort Rn. 14 ff.). Es ist Sache der Partei, die PKH begehrt, auf eine rechtzeitige Bescheidung ihres Antrags hinzuwirken.[254] Ist das **Verfahren** im betreffenden Rechtszug zum Zeitpunkt der Beschlussfassung **noch nicht abgeschlossen,** dann kommt hinzu, dass die Gegenansicht die Interessen der anderen Partei vernachlässigt, indem sie dem Antragsteller eine Fortsetzung des – absehbar erfolglosen – Rechtsstreits ermöglicht. Dem Gegner entstehen auf diese Weise Kosten, die er häufig nicht erstattet erhält (Rn. 4). Aber auch die wohlverstandenen Interessen der Partei selbst, die dem Gegner erstattungspflichtig zu werden droht (§ 123), stehen der Fortsetzung des aussichtslosen Rechtsstreits entgegen.

113 **c) Ausnahmen.** Die Frage nach dem Beuteilungszeitpunkt für die Erfolgsaussicht ist von nachrangiger Bedeutung, wenn dem Antragsteller PKH nicht um eines von ihm gewünschten Ausgangs des Verfahrens willen, sondern zur **sinnvollen Beteiligung** an diesem zu gewähren ist (für Sorgerechtsverfahren Rn. 78, für Scheidungsverfahren Rn. 75). Dies gilt auch für **Abstammungsverfahren,** in denen erst das Ergebnis einer gerichtlich veranlassten Begutachtung den Prozessbeteiligten und der Allgemeinheit (§ 640h Abs. 1) Gewissheit über die wirklichen Verhältnisse verschafft[255] (zur Erfolgsaussicht Rn. 72f., zur Frage der Mutwilligkeit Rn. 104). Im Übrigen kann PKH im

---

[250] OLG Karlsruhe FamRZ 1992, 195; 1994, 1123; 1998, 484; OVG Greifswald MDR 1996, 98; VGH München NVwZ-RR 1997, 501; OVG Hamburg FamRZ 2005, 464; OLG Naumburg OLGR 2005, 37; KG FamRZ 2007, 1469, 1471; *Thomas/Putzo/Reichold* § 119 Rn. 4; *Zöller/Philippi* § 119 Rn. 46; *Stein/Jonas/Bork* Rn. 38 ff. Nach OLG Karlsruhe FamRZ 1999, 994 ist sogar für einen unschlüssigen Verfügungsantrag PKH zu bewilligen, wenn über das PKH-Gesuch verzögerlich entschieden wird.

[251] BGH FamRZ 1982, 367; OLG Hamm FamRZ 1985, 825; LAG Düsseldorf JurBüro 1987, 449; insoweit zutreffend auch OVG Koblenz JurBüro 1990, 751; OLG Saarbrücken OLGR 2002, 211; OLG Köln FamRZ 2000, 1588 *Kalthoener/Büttner/Wrobel-Sachs* Rn. 423 ff.; *Wax* FPR 2002, 471, 478.

[252] *Zöller/Philippi* § 119 Rn. 46; *Stein/Jonas/Bork* Rn. 40.

[253] OLG Hamm FamRZ 1985, 825. Das übersieht OLG Nürnberg FamRZ 1999, 998.

[254] OLG Köln 2000, 1588 hierzu ausführlich *Schneider* MDR 2004, 1097.

[255] OLG Stuttgart FamRZ 2005, 1266 unter Hinweis auf die Besonderheiten des Statusverfahrens FamRZ 2006, 797; OLG Naumburg FamRZ 2007, 910; aA OLG Köln 2000, 1588.

Einzelfall auch dann noch bewilligt werden, wenn eine **Beweisaufnahme** zu einem neuen Erkenntnisstand über die Erfolgsaussicht der Rechtsverfolgung oder Rechtsverteidigung geführt hat[256] und sich dabei Umstande ergeben haben, welche der Antragsteller weder kannte noch bei sorgfältiger Vorbereitung auf den Prozess hätte erkennen können. Auch nach **Rücknahme der Klage** und damit nach Abschluss des Verfahrens kann dem Beklagten – nicht jedoch dem Kläger – im Falle einer verzögerlichen Behandlung seines Gesuchs noch PKH bewilligt werden,[257] obgleich die Rechtsverteidigung zu diesem Zeitpunkt nicht mehr erforderlich ist (siehe aber Rn. 110). Entsprechendes gilt für beide Parteien bei zwischenzeitlicher Prozessbeendigung durch **Vergleichsabschluss**[258] oder sonstige gütliche Einigung.[259] Voraussetzung ist jedoch, dass vor Beendigung des Rechtsstreits sämtliche Bewilligungsvoraussetzungen vorlagen. Ist das Verfahren zum Zeitpunkt der Entscheidung über das Gesuch durch eine gerichtliche Endentscheidung abgeschlossen, so steht die **Rechtskraft der Hauptsacheentscheidung** der nachträglichen PKH-Bewilligung für die unterlegene Partei nicht entgegen. Die Erfolgsaussicht iSv. § 114 ist ein aliud gegenüber dem Obsiegen in der Hauptsache, daher besteht insoweit auch keine Bindungswirkung im PKH-Prüfverfahren.

4. Persönliche und wirtschaftliche Verhältnisse. Die persönlichen und wirtschaftlichen Voraussetzungen für die Bewilligung von PKH, also insbesondere die Bedürftigkeit, müssen im **Zeitpunkt der Entscheidung über das PKH-Gesuch** vorliegen. Ob sie im Zeitpunkt der Antragstellung vorlagen, ist unerheblich (arg. §§ 120 Abs. 4 und § 124 Nr. 3).[260] Gleichgültig ist, ob und aus welchen Gründen die sich Entscheidung über das Gesuch verzögert hat. Dies versteht sich bei schon ursprünglich nicht gegebener Bedürftigkeit schon deshalb von selbst, weil nach § 124 Nr. 3 die bereits gewährte PKH wieder entzogen werden kann, wenn sich nachträglich herausstellt, dass die persönlichen oder wirtschaftlichen Voraussetzungen für die Bewilligung nicht vorgelegen haben. Ebenso stellt § 120 Abs. 4 für Leistungen aus dem Einkommen und Vermögen auf das jeweils gegenwärtige Leistungsvermögen ab und lässt, wenn sich die wirtschaftlichen Verhältnisse nachträglich ändern, eine entsprechende Abänderung des Bewilligungsbeschlusses zu. Deshalb kann PKH selbst bei verzögerlicher Behandlung des Gesuchs nicht gewährt werden, wenn im Zeitpunkt der Entscheidung die persönlichen und wirtschaftlichen Voraussetzungen für die Bewilligung von PKH nicht vorliegen.[261] Umgekehrt sind zugunsten des Antragstellers Unterlagen zur PKH-Bedürftigkeit, die bei der Beschlussfassung vorliegen, auch dann zu berücksichtigen, wenn sie verspätet eingereicht worden sind.[262] 114

5. Mutwilligkeit. Der maßgebliche Zeitpunkt für die Prüfung, ob die Rechtsverfolgung bzw, Rechtsverteidigung als mutwillig angesehen werden muss, ist derjenige der gerichtlichen Entscheidung.[263] Auch wenn die Umstände, welche zur Mutwilligkeit führen erst im Verlauf des PKH-Prüfverfahren eintreten oder offenbar werden, ist die Bewilligung von PKH zu versagen.[264] Anders als bei der Beurteilung der Erfolgsaussicht (Rn. 113) ist nicht ersichtlich, dass von diesem Grundsatz Ausnahmen gemacht werden müssen. 115

§ 115 Einsatz von Einkommen und Vermögen

(1) ¹Die Partei hat ihr Einkommen einzusetzen. ²Zum Einkommen gehören alle Einkünfte in Geld oder Geldeswert. ³Von ihm sind abzusetzen:

1. a) die in § 82 Abs. 2 des Zwölften Buches Sozialgesetzbuch bezeichneten Beträge;

b) bei Parteien, die ein Einkommen aus Erwerbstätigkeit erzielen, ein Betrag in Höhe von 50 vom Hundert des höchsten durch Rechtsverordnung nach § 28 Abs. 2 Satz 1 des Zwölften Buches Sozialgesetzbuch festgesetzten Regelsatzes für den Haushaltsvorstand;

2. a) für die Partei und ihren Ehegatten oder ihren Lebenspartner jeweils ein Betrag in Höhe des um 10 vom Hundert erhöhten höchsten durch Rechtsverordnung nach § 28 Abs. 2 Satz 1 des Zwölften Buches Sozialgesetzbuch festgesetzten Regelsatzes für den Haushaltsvorstand;

---

256 Zur Unzulässigkeit einer ex-post-Betrachtung in solchen Fällen BVerfG NJW 2005, 3489.

257 OLG Hamm FamRZ 2005, 463; *Kalthoener/Büttner/Wrobel-Sachs* Rn. 508.

258 OLG Karlsruhe FamRZ 2006, 798.

259 OLG Braunschweig FamRZ 2006, 961 (Abgabe der verlangten Willenserklärung auf Hinweis des Gerichts während des PKH-Prüfverfahrens).

260 OVG Münster FamRZ 1993, 715; OVG Hamburg FamRZ 2005, 44; *Stein/Jonas/Bork* Rn. 39.

261 OLG Frankfurt a. M. JurBüro 1982, 1260; LAG Kiel NZA 1984, 173.

262 LAG Düsseldorf JurBüro 1988, 509.

263 *Kalthoener/Büttner/Wrobel-Sachs* Rn. 480.

264 OLG Köln NJW-RR 2004, 64.

b) bei weiteren Unterhaltsleistungen auf Grund gesetzlicher Unterhaltspflicht für jede unterhaltsberechtigte Person 70 vom Hundert des unter Buchstabe a genannten Betrages;

3. die Kosten der Unterkunft und Heizung, soweit sie nicht in einem auffälligen Missverhältnis zu den Lebensverhältnissen der Partei stehen;
4. weitere Beträge, soweit dies mit Rücksicht auf besondere Belastungen angemessen ist; § 1610 a des Bürgerlichen Gesetzbuchs gilt entsprechend.

4 Maßgeblich sind die Beträge, die zum Zeitpunkt der Bewilligung der Prozesskostenhilfe gelten. 5 Das Bundesministerium der Justiz gibt jährlich die vom 1. Juli bis zum 30. Juni des Folgejahres maßgebenden Beträge nach Satz 3 Nr. 1 Buchstabe b und Nr. 2 im Bundesgesetzblatt bekannt. 6 Diese Beträge sind, soweit sie nicht volle Euro ergeben, bis zu 0,49 Euro abzurunden und von 0,50 Euro an aufzurunden. 7 Die Unterhaltsfreibeträge nach Satz 3 Nr. 2 vermindern sich um eigenes Einkommen der unterhaltsberechtigten Person. 8 Wird eine Geldrente gezahlt, so ist sie anstelle des Freibetrages abzusetzen, soweit dies angemessen ist.

(2) Von dem nach den Abzügen verbleibenden, auf volle Euro abzurundenden Teil des monatlichen Einkommens (einzusetzendes Einkommen) sind unabhängig von der Zahl der Rechtszüge höchstens 48 Monatsraten aufzubringen, und zwar bei einem

einzusetzenden Einkommen (Euro)		eine Monatsrate von (Euro)
bis	15	0
	50	15
	100	30
	150	45
	200	60
	250	75
	300	95
	350	115
	400	135
	450	155
	500	175
	550	200
	600	225
	650	250
	700	275
	750	300
über	750	300 zuzüglich des 750 übersteigenden Teils des einzusetzenden Einkommens.

(3) 1 Die Partei hat ihr Vermögen einzusetzen, soweit dies zumutbar ist. 2 § 90 des Zwölften Buches Sozialgesetzbuch gilt entsprechend.

(4) Prozesskostenhilfe wird nicht bewilligt, wenn die Kosten der Prozessführung der Partei vier Monatsraten und die aus dem Vermögen aufzubringenden Teilbeträge voraussichtlich nicht übersteigen.

Übersicht

I. Normzweck

§ 115 regelt die **wirtschaftlichen Voraussetzungen für die Bewilligung von PKH.** Die Vorschrift wurde zuletzt durch das Justizkommunikationsgesetz vom 22. 3. 2005 (BGBl. I S. 837), in Kraft getreten am 1. 4. 2005 und davor mit Wirkung von 1. 1. 2005 durch das Gesetz zur Einordnung des Sozialhilferechts in das SGB (BGBl. 2003 I S. 3971) neu gefasst. Zuvor hatte das ZPO – Reformgesetz mit Wirkung zum 1. 1. 2002 bereits eine Änderung von § 115 mit sich gebracht. Neben den Vorschriften des SGB XII, die ausdrücklich für entsprechend anwendbar erklärt sind, kann bei der Auslegung von § 115 auf allgemeine Grundsätze des Sozialhilferechts zurückgegriffen werden, soweit dem die Besonderheiten der PKH nicht entgegenstehen. 1

II. Einkommen

1. Grundlagen. a) Einkommensbegriff. Einkommen iSv. § 115, das bei der Gewährung von PKH anzurechnen ist, sind alle laufenden und einmaligen verfügbaren Einkünfte in Geld oder Geldeswert, die dem allgemeinen Lebensunterhalt zu dienen bestimmt sind und zur Bestreitung der Prozesskosten eingesetzt werden können. Einmalige Einkünfte, wie etwa Gratifikationen, Jubiläumsgaben, Urlaubsgelder und ähnliche Sonderzuwendungen, sind Einkommen, sofern sie nicht unmittelbar dem Vermögen zugeführt, dh. dauerhaft als Vermögensbestandteil angelegt werden. Dienen einmalige Einkünfte dem laufenden Lebensunterhalt des Antragstellers, so sind sie bei der Anrechnung als Einkommen auf einen längeren Zeitraum aufzuteilen.[1] Dasselbe gilt für Bankguthaben, die zur Deckung des laufenden Bedarfs bestimmt sind.[2] 2

Einkommensbegriffe aus anderen Rechtsgebieten sind nicht anwendbar. Insbesondere ist es unerheblich, ob und in welcher Weise die Einkünfte einer Steuerpflicht unterliegen.[3] Auch das 3

[1] OLG Frankfurt a. M. FamRZ 1982, 418.
[2] OLG Bamberg FamRZ 1997, 299.
[3] *Musielak/Fischer* Rn. 2.

unterhaltsrechtlich relevante Einkommen ist mit dem zur Prozessfinanzierung einzusetzenden Einkommen nicht identisch, da es § 115 in weiterem Umfang erlaubt, besondere Belastungen einkommensmindernd zu berücksichtigen, als dies nach unterhaltsrechtlichen Grundsätzen möglich wäre.[4] Auf die Pfändbarkeit der Einkünfte kommt es ebenfalls nicht an; zu gepfändeten Einkünften vgl. Rn. 7.

4 Auch für **Parteien mit Wohnsitz oder Arbeitsplatz im Ausland** gilt § 115 ohne Einschränkungen. Einkommen, das nicht in Euro erzielt wird, ist nach dem im Zeitpunkt der Entscheidung über das PKH-Gesuch geltenden amtlichen Umrechnungskurs umzurechnen.[5] Geringere Lebenshaltungskosten im Aufenthaltsstaat bleiben unberücksichtigt. Eine Änderung der für die Bewilligung von PKH maßgebenden Beträge bei im Ausland lebenden Parteien sieht § 115 nicht vor.[6] Höhere Lebenshaltungskosten können als besondere Belastungen berücksichtigt werden.[7]

5 **b) Keine Zusammenrechnung von Einkünften mehrerer Personen.** Da es allein auf die Bedürftigkeit des Antragstellers ankommt, können ihm Einkünfte des Ehegatten oder anderer Personen nicht als einzusetzendes Einkommen zugerechnet werden.[8] Dies gilt auch dann, wenn Ehegatten einen Rechtsstreit als **Streitgenossen** zu führen beabsichtigen.[9] Die gegenteilige Ansicht, wonach in diesem Fall auf das gemeinsame Einkommen abzustellen und jeder Ehegatte hälftig oder anteilig an einer „Gesamtrate" zu beteiligen sei,[10] ist wegen § 115 Abs. 1 S. 3 Nr. 2 unhaltbar.[11] Diese Ansicht führt außerdem zu einer aus der ehelichen Lebensgemeinschaft hergeleiteten[12] Schlechterstellung von Ehegatten gegenüber anderen Streitgenossen, bei denen eine Zusammenrechnung unzweifelhaft nicht erfolgen kann, und verstößt damit gegen Art. 6 Abs. 1 GG. Davon unberührt bleibt die Zurechnung von Unterhaltsleistungen als Einkommen beim Empfänger (Rn. 19). Unzulässig ist es jedoch, einem Antragsteller zu seinen Lasten Unterhaltszahlungen, die ein bei ihm lebendes Kind erhält, als eigenes Einkommen anzurechnen.[13] Wenn der Ehegatte oder Lebensgefährte der Partei **Sozialhilfe** bezieht, hat dies ebenfalls keinen Einfluss auf die Berechnung des Einkommens der Partei.

6 **c) Zumutbarkeit des Einsatzes von Einkünften.** Die Ausgestaltung der PKH als eine Art der Sozialhilfe in besonderen Lebenslagen (§ 114 Rn. 2) erlaubt über die ausdrücklich in Bezug genommenen Vorschriften des SGB XII hinaus die sinngemäße Anwendung der zum Einkommensbegriff im Sozialhilferecht entwickelten allgemeinen Grundsätze. Von entscheidender Bedeutung ist hierbei vor allem, ob und gegebenenfalls in welchem Umfang es einer Partei zumutbar ist, ihre Einkünfte zur Bestreitung von Verfahrenskosten einzusetzen. Die absolute Untergrenze ergibt sich aus den Beträgen der jeweils aktuellen Bekanntmachung nach Abs. 1 S. 3 Nr. 2. Aber auch dann, wenn sich aus der Berechnung nach Abs. 2 S. 3 ein Einkommensbetrag ergibt, aus dem nach der Tabelle monatliche Raten zu zahlen wären, ist stets zu prüfen, ob die Zahlungen der Partei überhaupt oder jedenfalls in der sich aus der Tabelle ergebenden Höhe zugemutet werden können. Dabei sind über die in Abs. 1 S. 3 genannten Umstände hinaus die **gesamten persönlichen Verhältnisse** der Partei zu berücksichtigen; von Bedeutung ist aber auch, auf welche Weise die Einkünfte erzielt werden.

7 **d) Verfügbarkeit der Einkünfte.** Bei der Prüfung der Bedürftigkeit ist grundsätzlich auf **vorhandenes, verfügbares Einkommen** des Antragstellers abzustellen. **Gepfändete Einkünfte** der Partei, die vom Drittschuldner an den Gläubiger der Partei abgeführt werden, sind kein Einkommen iSv. § 115, da sie nicht zur Bestreitung der Verfahrenskosten zur Verfügung stehen. Das **erzielbare statt des tatsächlichen Einkommens** kann allenfalls dann angesetzt werden, wenn es sonst zu einer rechtsmissbräuchlichen Inanspruchnahme von Prozesskostenhilfe durch arbeitsunwillige oder durch eigenes Verschulden bedürftig gewordene Personen käme.[14] Teilweise wird auch die weiter gehende Auffassung vertreten, dass ein fiktives Einkommen im Rahmen von § 115 Abs. 1 schon dann anzusetzen sei, wenn der Antragsteller ohne weiteres auf eine nach Arbeits-

---

[4] OLG Bamberg FamRZ 1987, 1282.
[5] Nach BFH Rpfleger 1997, 171 mit einem Durchschnittskurs.
[6] *Zöller/Philippi* Rn. 42; aA OLG Düsseldorf MDR 1994, 301 zu § 115 aF (Anpassung der Tabellenwerte).
[7] OLG Stuttgart FamRZ 2007, 486.
[8] OLG Hamburg DA Vorm. 1988, 188; OLG Köln FamRZ 1993, 1333; OLG Bamberg JurBüro 1994, 751; aA LAG Düsseldorf JurBüro 1986, 1874; LAG Köln NZA 1989, 823; *Musielak/Fischer* Rn. 2.
[9] *Zöller/Philippi* Rn. 7; *Zimmermann* Rn. 44.
[10] OLG Hamburg FamRZ 1986, 187.
[11] BVerfG NJW 1988, 2231.
[12] OLG Hamburg FamRZ 1986, 187, 188.
[13] BVerfG NJW 1988, 2231; OLG Hamm FamRZ 1987, 80; aA OLG Nürnberg FamRZ 1984, 408.
[14] OLG Jena FamRZ 2001, 924; OLG Karlsruhe FamRZ 2004, 1120; KG MDR 2004, 710.

marktlage mögliche Arbeitsaufnahme verwiesen werden kann.[15] Dem ist jedoch nur dann zu folgen, wenn im konkreten Fall auch die Hilfe zum Lebensunterhalt wegen unterlassener Arbeitsaufnahme versagt werden könnte. Es gilt bei der Zumutbarkeitsprüfung § 11 Abs. 3 und 4 SGB XII entsprechend. Stets ist Höhe des bei pflichtgemäßer Ausnutzung seiner Arbeitskraft durch den Antragsteller erzielbaren Einkommens zu bestimmten. Dies ist erforderlich, um beurteilen zu können, ob dem Antragsteller PKH – möglicherweise mit Ratenzahlung – dennoch zu bewilligen ist oder ob er insgesamt nicht als bedürftig angesehen werden kann.[16] Die **freiwillige Aufgabe des Arbeitsplatzes** steht der Bewilligung von PKH nur dann entgegen, wenn für die Beendigung des Arbeitsverhältnisses keine nachvollziehbaren und verständlichen Gründe bestanden.[17] – Zur Zurechnung fiktiver Einkünfte auch § 114 Rn. 2, 58.

e) Mietfreies Wohnen. Wohnt der Antragsteller in einer eignen Immobilie oder wird ihm durch den Ehegatten oder eine andere Person die Möglichkeit kostenfreien Wohnens zur Verfügung gestellt, so liegt darin ist zwar ein geldwerter Vorteil. Dieser kann der Partei aber nicht als Einkommen iSv. § 115 zugerechnet werden. Nach Abs. 1 S. 3 Nr. 3 sind die Kosten der Unterkunft und Heizung vom Einkommen der Partei abzusetzen. Der Wert mietfreien Wohnens wirkt sich deshalb in der Weise aus, dass die Abzugsmöglichkeit für Wohnkosten entfällt. Damit ist der entsprechende geldwerte Vorteil gegenüber einer Partei, die nicht mietfrei wohnt, ausgeglichen und kann nicht erneut in Form der Zurechnung zum Einkommen berücksichtigt werden. 8

2. Einzelne Einkommensarten. a) Arbeitseinkommen. aa) Lohn und Gehalt. Einzusetzen ist das gesamte Arbeitseinkommen einschließlich der Sonderzuwendungen wie Urlaubs- oder Weihnachtsgeld, die auf zwölf Monate umzulegen sind.[18] Maßgebend ist somit das monatliche Durchschnittseinkommen.[19] Auszugehen ist stets vom Bruttoeinkommen, von dem sodann die Steuern, Sozialabgaben und sonstigen Aufwendungen nach § 82 Abs. 2 SBG XII abzusetzen sind. **Steuerrückerstattungen** aus dem Vorjahr sind als Einkommen zu behandelt und dabei auf zwölf Monate umzurechnen.[20] Gleichgültig ist, auf welche Weise das Einkommen erzielt wird, so lange dies auf legale Weise geschieht. Deshalb sind auch Einkünfte anzurechnen, die der Antragsteller durch Mehrarbeit, Nebenerwerb oder durch einen überdurchschnittlichen Arbeitseinsatz erzielt, zu dem er etwa nach unterhaltsrechtlichen Gesichtspunkten nicht verpflichtet wäre. Gibt der Antragsteller eine in der Vergangenheit ausgeübte **Schwarzarbeit** auf, so kann ihm deshalb nicht die Bedürftigkeit abgesprochen werden. Auch ist er nicht zur Fortführung einer gesetzwidrigen oder sittlich anstößigen Beschäftigung verpflichtet. Steht aus einer solchen Tätigkeit auch in Zukunft ein die Prozesskosten deckendes Einkommen zu erwarten so ist dies bei der Prüfung der **persönlichen Verhältnisse** zu berücksichtigen (hierzu § 114 Rn. 59). 9

bb) Geldwerte Vorteile. Anrechenbare Einkünfte in Geldeswert sind auch **Sachbezüge,**[21] die im Rahmen des Arbeitsverhältnisses gewährt werden, wie etwa Kost und Logis oder die ständige Überlassung eines **Firmenfahrzeugs** auch für private Zwecke. Nicht zum Einkommen zählen Beträge, die dem Antragsteller für entsprechende Aufwendungen im Rahmen seiner Berufstätigkeit lediglich in angefallener Höhe erstattet werden, wie etwa Fahrtkosten für Dienstreisen. Ebenso zählt die Überlassung eines Firmenfahrzeugs, sofern es nachweisbar (§ 118 Abs. 2 S. 1) lediglich beruflich benützt wird, nicht zu den geldwerten Einkünften. Der Wert der anrechenbaren Sachbezüge ist frei zu schätzen, wobei kleinliche Berechnungen zu vermeiden sind. 10

cc) Abfindungen. Die Abfindung nach §§ 9 und 10 KSchG wird teilweise dem Vermögen zugerechnet, das zur Bestreitung der Verfahrenskosten einzusetzen ist (Rn. 64).[22] Richtigerweise ist eine solche Abfindung wie sonstige einmalige Zuwendungen, die zur Bestreitung des Lebensunterhalts zu dienen bestimmt sind, auf einen entsprechenden Zeitraum umgelegt als Einkommen zu behandeln. Verwendet der Antragsteller die Abfindung für andere Zwecke als zu Finanzierung seines Lebensbedarfs und zur Abdeckung etwaiger Unterhaltlasten, so gelten die selben Grundsätze wie beim Einsatz des Vermögens (hierzu Rn. 52 ff.). Eine Schuldentilgung aus einem gezahlten Abfin- 11

---

[15] OLG Koblenz FamRZ 1997, 376; OLG Köln MDR 1998, 1434.

[16] BVerfG NJW-RR 2005, 1725.

[17] OLG Oldenburg FamRZ 1996, 41.

[18] OLG Frankfurt a. M. FamRZ 1982, 418; einschränkend OLG Düsseldorf FamRZ 1989, 893.

[19] OLG Köln FamRZ 1993, 1333.

[20] OLG Nürnberg FamRZ 2006, 1132.

[21] *Zimmermann* Rn. 69.

[22] OLG Karlsruhe FamRZ 2002, 1196; LAG Köln MDR 1995, 1044; AnwBl. 1997, 238; aA LAG Berlin NJW 1981, 2775; LAG Bremen NJW 1983, 248 (Einsatz für Verfahrenskosten nicht zumutbar); wie hier *Kalthoener/Büttner/Wrobel-Sachs* Rn. 216; *Zimmermann* Rn. 50.

dungsbetrag ist rechtsmissbräuchlich, wenn bei Tilgung der Prozesskostenbedarf bekannt und die getilgte Schuld noch nicht fällig ist.[23]

12 **dd) Vermögenswirksame Leistungen.** Vermögenswirksame Leistungen des Arbeitgebers gehören nicht zum einzusehenden Einkommen, weil sie zur Prozessfinanzierung nicht zur Verfügung stehen. Andererseits ist der vom Arbeitnehmer aus eignen Mitteln aufgebrachte Teil der vermögenswirksamen Anlage nicht als besondere Belastung iSv. § 115 Abs. 1 S. 3 Nr. 4 zu berücksichtigen.[24] Bei diesen Sparleistungen handelt es sich um eine Vermögensbildung aus frei verfügbarem Eigeneinkommen. Da zahlreiche Sparverträge über vermögenswirksame Leistungen innerhalb der Vierjahresfrist des § 120 Abs. 4 fällig werden, kann dies zu einer Änderung der zu leistenden Ratenzahlungen führen[25] oder, sofern die Fälligkeit in absehbarer Zeit eintritt, bereits bei der Bewilligung der PKH berücksichtigt werden (§ 120 Rn. 5).

13 **ee) Einkünfte aus selbstständiger Tätigkeit.** Erzielt der Antragsteller seine Einkünfte aus selbstständiger Tätigkeit, so ist ebenfalls vom **Bruttoeinkommen** auszugehen, das durch entsprechende Belege nachzuweisen (§ 117 Rn. 22) und auf Anordnung glaubhaft zu machen ist (§ 118 Rn. 15 ff.). Abzuziehen sind sodann die Aufwendungen sowie die besonderen Belastungen nach § 82 Abs. 2 SGB XII. Weitere steuerrechtlich zulässige und wirksame Abzüge vom Einkommen wie etwa Sonderabschreibungen oder Verlustvorträge sind nicht zu berücksichtigen; an ihre Stelle tritt der im Einzelnen darzulegende und auf Verlangen glaubhaft zu machende Aufwand der selbstständigen Tätigkeit.

14 **b) Pensionen und Renten.** Renten und Pensionsbezüge aller Art, die der Sicherstellung des Lebensunterhalts dienen, wie zB Renten auf Grund einer privaten Lebensversicherung oder Einkünfte mit Lohnersatzfunktion wie etwa das Krankengeld oder das Kurzarbeitergeld sind Einkommen iSv. § 115 Abs. 1. Dasselbe gilt für die Hinterbliebenenrente aus der Unfall- oder Rentenversicherung und der Grundrente nach dem Bundesversorgungsgesetz,[26] da § 115 nicht auf § 83 SGB XII verweist. Mit der Verweisung auf § 1610 a BGB in § 115 Abs. 1 S. 3 Nr. 4 ist bei Renten auf Grund von Körper- und Gesundheitsschäden ein Abzug in gleicher Höhe impliziert (vgl. Rn. 45). Daher wird in diesen Fällen der Einsatz solchen Einkommens zur Bestreitung der Verfahrenskosten nicht zumutbar sein, wenn daneben kein anderes Einkommen erzielt wird.

15 **c) Sozialleistungen. aa) Grundlagen.** Einkünfte, die aus **zweckgerichteten öffentlich-rechtlichen Zuwendungen** stammen, sind grundsätzlich Einkommen iSv. § 115. Der in § 83 SGB XII enthaltene Grundsatz, wonach zweckgerichtete Leistungen sowie Zuwendungen der freien Wohlfahrtspflege bei der Bewilligung von Sozialhilfe grundsätzlich außer Betracht bleiben, ist nicht entsprechend anwendbar. Besonders deutlich ist dies beim **Wohngeld:** Da nach Abs. 1 S. 3 Nr. 3 die Kosten der Unterkunft absetzbar sind, kann das Wohngeld nicht unberücksichtigt bleiben, sondern ist dem einzusetzenden Einkommen des Antragstellers hinzuzurechnen.[27] **Andere Sozialleistungen** wie die Hilfe zum Lebensunterhalt nach dem SGB XII sind zwar grundsätzlich ebenfalls als Einkommen zu berücksichtigen.[28] Allerdings ist der Einsatz dieses Einkommens zur Bestreitung der Verfahrenskosten regelmäßig auch dann nicht zumutbar, wenn es über den Freibeträgen des Abs. 1 S. 3 Nr. 2 liegt.[29] Die Konsequenz ist, dass bei **Bezug von Sozialhilfe PKH ohne Raten** zu bewilligen ist.[30] Dies gilt insbesondere und ausnahmslos für Zuwendungen, die der Linderung einer besonderen Notlage dienen, wie etwa Renten und Kapitalentschädigungen nach dem Contergan-Stiftungsgesetz[31] oder das Blindengeld sowie andere Sozialleistungen, die für Aufwendungen infolge eines Körper- oder Gesundheitsschadens erbracht werden. – Zur Behandlung von Sozialleistungen, für die § 1610 a BGB anzuwenden ist Rn. 45.

16 **bb) Pflegeversicherung.** Leistungen der Pflegeversicherung bleiben bei anderen Sozialleistungen und bei Leistungen nach dem Asylbewerberleistungsgesetz, deren Gewährung von sonstigem

[23] OLG Karlsruhe FamRZ 2002, 1196.
[24] OLG Dresden OLGR 2002, 551; OLG Stuttgart FamRZ 2005, 1183; aA *Zimmermann* Rn. 77.
[25] *Pohlmeyer* AnwBl. 1987, 420, 422.
[26] LAG Baden-Württemberg JurBüro 1989, 667; *Kalthoener/Büttner/Wrobel-Sachs* Rn. 230; *Zimmermann* Rn. 61.
[27] LAG Freiburg NJW 1982, 847; OLG Bamberg FamRZ 1984, 606; LSG Bremen MDR 1984, 613; OLG Dresden FamRZ 2002, 1413; *Zimmermann* Rn. 79; *Kalthoener/Büttner/Wrobel-Sachs* Rn. 245.
[28] BVerfG NJW 1988, 2231; OLG Hamm JurBüro 1986, 767; OLG Saarbrücken FamRZ 1988, 1183; aA OLG Köln FamRZ 1990, 462; *Gottwald* FamRZ 1989, 1104.
[29] OLG Jena FamRZ 1999, 1673.
[30] OLG Köln FamRZ 1993, 1472; OLG Celle FamRZ 1983, 1156; OLG Hamm NJW-RR 1987, 393; OLG Karlsruhe FamRZ 1994, 714; 2007, 155.
[31] OLG Celle FamRZ 1983, 1156; OLG Hamm NJW-RR 1987, 393.

Einkommen abhängig ist, unberücksichtigt (§ 13 Abs. 5 SGB XI). Weil der Einkommensbegriff in § 115 Abs. 1 ZPO sozialrechtlich geprägt ist (hierzu § 114 Rn. 2), müssen Leistungen der Pflegeversicherung auch in diesem Rahmen außer Betracht bleiben.[32] Von einem durch den Bezieher glaubhaft zu machenden tatsächlichen Aufwand für die Inanspruchnahme von Pflegeleistungen Dritter ist die Nichtberücksichtigung des Pflegegeldes nicht abhängig.

cc) Erziehungsgeld, Pflegegeld. Erziehungsgeld, Familiengeld und vergleichbare Leistungen nach bundes- oder landesrechtlichen Vorschriften sind kein Einkommen iSv. § 115.[33] Das **Pflegegeld,** welches für ein in die Familie aufgenommenes Pflegekind gezahlt wird, ist mit seinem Anteil für **Kosten der Erziehung** einzusetzendes Einkommen des Beziehers. Soweit das Pflegegeld zur Deckung des Unterhaltsbedarfs des Pflegekindes dient, ist es nicht zu berücksichtigen.[34] 17

dd) Kindergeld. Kindergeldzahlungen des Staates nach § 1 BKGG sind **kein Einkommen des Kindes,** sondern der Eltern und grundsätzlich **in voller Höhe** dem Elternteil, der es bezieht, zuzurechnen.[35] Die gegenteilige Ansicht, wonach das Kindergeld nicht[36] oder nur zur Hälfte[37] beim Einkommen der Eltern zu berücksichtigen ist, trifft lediglich insoweit zu, als das Kindergeld zum Unterhalt des betreffenden Kindes benötigt wird, für das anderenfalls ein durch Sozialhilfe zu befriedigender Bedarf bestünde.[38] Das Kindergeld ist auch dann als Einkommen des bezugsberechtigten Elternteils zu behandeln, wenn Kindesunterhalt gezahlt wird, welcher – aus Gründen eingeschränkter Leistungsfähigkeit des Pflichtigen – weniger als 135% des Regelbetrags (siehe § 1612b Abs. 5 BGB) ausmacht, jedoch über dem Sozialhilfesatz liegt. Dies beruht darauf, dass in den Regelbeträgen auch ein Wohnkostenanteil inbegriffen ist. Die Kosten der Unterkunft und der Heizung sind nach § 115 Abs. 1 S. 3 Nr. 3 jedoch als abzugsfähig anzuerkennen,[39] auch soweit sie nicht auf den Antragsteller persönlich, sondern auf die im gemeinsamen Haushalt lebenden, wirtschaftlich noch unselbstständigen Kinder entfallen (hierzu Rn. 37). 18

d) Unterhaltszahlungen. Unterhalt, den die Partei erhält oder der von ihr ohne weiteres beigetrieben werden könnte,[40] ist anrechenbares Einkommen der unterhaltsberechtigten Partei.[41] Das gilt auch für tatsächlich bezogenes oder zu beanspruchendes Taschengeld.[42] **Altersvorsorgeunterhalt** ist hingegen zweckgebunden und steht daher weder für die allgemeine Lebenshaltung noch für die Prozessfinanzierung zur Verfügung.[43] Geldwerte Naturalleistungen,[44] wie etwa Gewährung von Verpflegung die Befreiung von Wohnnebenkosten (ausgenommen Heizung) sind insofern zu berücksichtigen, als der durch den persönlichen Freibetrag abgedeckte Grundbedarf des Antragstellers damit gedeckt wird. – Zum mietfreien Wohnen vgl. Rn 8. Ansonsten hat der normale **Familienunterhalt** in der Regel außer Betracht zu bleiben, weil die Versorgung in der Familiengemeinschaft nicht auf Heller und Pfennig in eine geldwerte Leistung umgerechnet werden kann. Hier ist gegebenenfalls ein Anspruch auf PKV zB nach § 1360a Abs. 4 BGB zu prüfen (hierzu Rn. 79). – Zur Unzulässigkeit der Zusammenrechnung der Einkünfte von Familienangehörigen und in der nichtehelichen Lebensgemeinschaft vgl. Rn. 5. 19

e) Zuwendungen ohne rechtliche Verpflichtung. Freiwillige zweckgerichtete Zuwendungen Dritter, auf die kein Anspruch des Empfängers besteht, sind diesem jedenfalls dann grundsätz- 20

[32] *Zöller/Philippi* Rn 15; *Musielak* Rn 6; *Johannsen/Henrich/Thalmann* Rn 18a unter Verweisung auf § 1610a BGB.

[33] VGH Hessen JurBüro 1988, 1216; OLG Bamberg FamRZ 1990; OLG Köln FamRZ 1990; KG FamRZ 1990, 1120; FamRZ 2007, 915; LSG Berlin FamRZ 1993, 343.

[34] OLG Karlsruhe FamRZ 2004, 645; *Zimmermann* Rn. 67.

[35] BGH FamRZ 2005, 605; 2005, 790; ihm folgend OLG Karlsruhe FamRZ 2006, 799; ebenso bereits KG FamRZ 1982, 625; OLG Bamberg FamRZ 1984, 606; LAG München VersR 1987, 394; OLG Bremen JurBüro 1987, 767; LAG Baden-Württemberg JurBüro 1988, 365; OLG Hamm NJW 1991, 2713; OLG Nürnberg FamRZ 2000, 102; OLG München FamRZ 2004, 382; OLG Koblenz FamRZ 2004, 646; OLG Brandenburg FamRZ 2004, 1498; *Zöller/Philippi* Rn. 19; *Kalthoener/Büttner/Wrobel-Sachs* Rn. 231; *Zimmermann* Rn. 55.

[36] OLG Düsseldorf FamRZ 1982, 513; OLG Bremen FamRZ 1984, 411; LAG Bremen Rpfleger 1986, 320; OLG Celle AnwBl. 1987, 55; OLG Rostock OLG-NL 1995, 88; LAG Rheinland-Pfalz NZA 1995, 911; OLG Hamm NJW-RR 2000, 77; OLG Braunschweig FamRZ 2001, 1085; OLG Koblenz FamRZ 2004, 120.

[37] OLG Stuttgart FamRZ 2000, 1586; FamRZ 2005, 1183; OLG Frankfurt a. M. FamRZ 2002, 402; OLG Köln FamRZ 2003, 103.

[38] BGH FamRZ 2005, 605.

[39] OLG Karlsruhe FamRZ 2006, 799.

[40] KG FamRZ 1983, 1267; *Zimmermann* Rn. 76.

[41] OLG Köln FamRZ 1988, 191; OLG Düsseldorf JurBüro 1988, 1059; OLG Koblenz Rpfleger 1992, 439.

[42] OLG Koblenz MDR 1996, 287; *Kalthoener/Büttner/Wrobel-Sachs* Rn. 240.

[43] OLG Stuttgart FamRZ 2006, 1282.

[44] Hierzu OLG Celle FamRZ 1993, 1334; *Zöller/Philippi* Rn. 10.

lich als Einkommen iSv. § 115 anzurechnen, wenn sie regelmäßig und in nennenswertem Umfang gewährt werden.[45] Hierunter fallen insbesondere auch Geldzuwendungen oder geldwerte Betreuungsleistungen von Lebensgefährten in einer **nichtehelichen Lebensgemeinschaft.**[46] Anzurechnen sind alle Zuwendungen, deren Rückzahlung nach den Umständen des Einzelfalles in absehbarer Zeit nicht erfolgen soll, ohne dass es darauf ankommt, ob sie als Darlehen deklariert werden.[47]

21 **f) Sonstige Einkünfte.** Bei freiwillig gewährten **Jubiläumsgaben, Geburtstagsgeschenken und ähnlichen Zuwendungen** ist im Einzelfall die Zumutbarkeit des Einsatzes der betreffenden Mittel zur Bestreitung der Prozesskosten zu prüfen, wie dies bei allen zweckgerichteten Zuwendungen der Fall ist.[48] Weil derartige Geldzuflüsse naturgemäß nicht regelmäßig zu erwarten sind, kann für die Zukunft aus diesen nur dann eine Ratenzahlungspflicht auf die Prozesskosten resultieren, wenn sie auf mehrere Monate umgelegt und dem laufenden Einkommen hinzugerechnet werden (zur Behandlung von Abfindungen Rn. 11). **Sparprämien, Sparzulagen und vermögenswirksame Leistungen** (Rn. 12) **des Arbeitgebers** sind im Allgemeinen nicht sofort verfügbar und deshalb grundsätzlich nicht zu berücksichtigen.[49]

22 **Einkünfte aus Kapitalerträgen oder aus Vermietung oder Verpachtung** sind mit dem Bruttobetrag anzusetzen, die zulässigen Abzüge ergeben sich allein aus § 115 Abs. 1 S. 3 und der entsprechenden Anwendung von § 82 Abs. 2 SGB XII, weitergehende steuerrechtliche Absetzungs- und Abschreibungsmöglichkeiten bleiben außer Betracht.[50] Das **Taschengeld** eines Ehegatten ist als Einkommen zu behandeln.[51]

23 **BAföG-Leistungen** sind dem Bezieher nicht als Einkommen zuzurechnen.[52] Die staatliche Ausbildungsförderung ist im Regelfall ohnehin so niedrig, dass sich bei Berücksichtigung von Wohnkosten und Semesterbeiträgen keine Ratenzahlungspflicht ergibt, wenn nicht Einkünfte aus Ferienarbeit oder dergleichen hinzukommen. In der Regel werden solche Beschäftigungen jedoch zur Deckung von ausbildungsbedingtem Bedarf aufgenommen. Dann bleibt der Antragsteller trotz Überschreitens der Einkommensgrenze gleichwohl von der Zahlungspflicht befreit.

III. Absetzbare Aufwendungen

24 **1. Aufwendungen nach § 82 Abs. 2 SGB XII.** Nach § 115 Abs. 1 S. 3 Nr. 1 ist § 82 Abs. 2 SGB XII bei der Ermittlung der Abzüge vom Einkommen des Antragstellers anzuwenden. Die Vorschrift hat folgenden Wortlaut:

§ 82 Abs. 2 SGB XII

(2) Von dem Einkommen sind abzusetzen

1. *auf das Einkommen entrichtete Steuern,*
2. *Pflichtbeiträge zur Sozialversicherung einschließlich der Beiträge zur Arbeitsförderung,*
3. *Beiträge zu öffentlichen oder privaten Versicherungen oder ähnlichen Einrichtungen, soweit diese Beiträge gesetzlich vorgeschrieben oder nach Grund und Höhe angemessen sind, sowie geförderte Altersvorsorgebeiträge nach § 82 des Einkommensteuergesetzes, soweit sie den Mindesteigenbeitrag nach § 86 des Einkommensteuergesetzes nicht überschreiten,*
4. *die mit der Erzielung des Einkommens verbundenen notwendigen Ausgaben,*
5. *das Arbeitsförderungsgeld und Erhöhungsbeträge des Arbeitsentgelts im Sinne von § 43 Satz 4 des Neunten Buches.*

25 **a) Steuern.** Steuern können nur abgesetzt werden, soweit sie, wie Lohn-, Kirchen-, Gewerbe- und Umsatzsteuer, unmittelbar auf das (wirtschaftliche) Einkommen entrichtet werden, nicht andere Steuerzahlungen, die allenfalls als besondere Belastungen (Rn. 39 ff.) abzugsfähig sind. Berücksichtigt werden können grundsätzlich nur die tatsächlich abgeführten Steuern, nicht die voraussichtlich anfallenden. Steht jedoch, wie bei der Lohnsteuer, die künftige Abführung der Steuern bereits zwangsläufig fest, so steht einer vorweggenommenen Anrechnung nichts entgegen.

---

[45] *Zimmermann* Rn. 60; OLG Koblenz FamRZ 1992, 1197; OLG Köln FamRZ 1996, 873.
[46] OLG Köln FamRZ 1984, 304; OLG Hamm FamRZ 1984, 409; LAG Nürnberg Rpfleger 1990, 370; OLG Zweibrücken und OLG Koblenz Rpfleger 1991, 424.
[47] OLG Köln FamRZ 1984, 304.
[48] Ebenso iE OLG Bamberg FamRZ 1986, 699, 700; OLG Köln FamRZ 1990, 462.
[49] OLG Bamberg JurBüro 1987, 1414; 1987, 1706; OLG Köln 1993, 1333; *Kalthoener/Büttner/Wrobel-Sachs* Rn. 244; aA OLG Frankfurt/M. FamRZ 1982, 418.
[50] KG AnwBl. 1989, 173.
[51] OLG Karlsruhe FamRZ 2005, 1182; *Zimmermann* Rn. 74.
[52] AA *Zöller/Philippi* Rn. 15; *Kalthoener/Büttner/Wrobel-Sachs* Rn. 221.

b) Sozialversicherungsbeiträge. Pflichtbeiträge zur Sozialversicherung sind nur insoweit abzugsfähig, als sie vom Antragsteller selbst zu tragen sind, also nur die Arbeitnehmer-, nicht die Arbeitgeberanteile.[53] Die Vorschrift gilt auch für versicherungspflichtige Selbstständige hinsichtlich der entsprechenden Versicherungsbeiträge etwa zu Handwerker- oder Unfallversicherung. 26

c) Private Versicherungen. Andere Versicherungsbeiträge sind absetzbar, soweit sie gesetzlich vorgeschrieben oder angemessen sind.[54] Darunter fallen etwa der **Kfz.-Versicherung** für ein beruflich benötigtes Fahrzeug[55] oder die Elementarschaden- oder Gebäudeversicherung für ein nach § 90 Abs. 2 Nr. 8 SGB XII geschützten Hausgrundstück (Rn. 66), nicht aber etwa jede Kfz.-Versicherung für ein beliebiges Fahrzeug, das der Antragsteller zum Lebenserwerb nicht benötigt.[56] Da die PKH der Gleichstellung von bemittelten und unbemittelten Parteien dient, sind alle Versicherungen, die üblicherweise zu einer sinnvollen Risikovorsorge gehören, dem Grunde nach berücksichtigungsfähig,[57] wie etwa Beiträge zu privaten Kranken- und Unfallversicherungen, soweit kein oder nur ein unzureichender gesetzlicher Versicherungsschutz besteht, Lebensversicherungen,[58] Hausratsversicherungen, Ausbildungs- und Aussteuerversicherungen.[59] Bei der Beurteilung der Angemessenheit ist auch zu berücksichtigten, dass Personen mit geringerem Einkommen selten in der Lage sind, Risikovorsorge gegen die Wechselfälle des Lebens durch Bildung finanzieller Rücklagen zu betreiben. Sie sind daher in besonderer Weise auf den Versicherungsschutz angewiesen. Die für sog. **Riester-Rentenversicherungen** (hierzu Rn. 65) aufgebrachten monatlichen Beiträge sind in angemessener Höhe vom Einkommen des Antragstellers abzuziehen.[60] Versicherungsbeiträge, die über eine solche angemessene Vorsorge hinaus offenkundig der Kapitalbildung dienen, können freilich nicht berücksichtigt werden,[61] ebenso wenig andere Versicherungsbeiträge, die über das Notwendige und Übliche hinausgehen. 27

d) Berufsnotwendige Ausgaben. Notwendig mit der **Einkommenserzielung** verbundene Ausgaben (§ 82 Abs. 2 Nr. 4 SGB XII) sind nur solche, die über die allgemeinen Kosten der Lebensführung hinaus zur Berufsausübung erforderlich sind, wie etwa Fahrtkosten zur Arbeitsstätte, Arbeitskleidung und dergleichen, ferner Aufwendungen für eine berufliche Aus- und Fortbildung, soweit diese nach den persönlichen Verhältnissen der Partei angemessen ist. **Fahrtkosten zur Arbeit** sind im Allgemeinen nur in Höhe der für öffentliche Verkehrsmittel anfallenden Beträge berücksichtigungsfähig. PKW-Kosten können nur anerkannt werden, wenn es keine zumutbare Möglichkeit für den Antragsteller gibt, mit Bus oder Bahn seinen Arbeitsplatz zu erreichen.[62] In diesem Fall sind monatlich 5,20 Euro pro Entfernungskilometer, maximal jedoch 208 Euro (40 km mal 5,20 Euro) abzugsfähig.[63] Der Gegenansicht, wonach die notwendigen Fahrtkosten nach den im Unterhaltsrecht üblichen Kilometersätzen abzuziehen sind,[64] ist nicht zu folgen. **Anschaffungskosten** eines PKW sind in die Pauschalisierung der Fahrtkosten – im Unterschied der unterhaltsrechtlich anerkannten Pauschale – nicht einzubeziehen[65] (zur Behandlung von Finanzierungsraten eines PKW Rn. 40, einer Garagenmiete Rn. 37). Ein Pauschalabzug wegen berufsbedingter Aufwendungen in Höhe von 5% wie bei der Bestimmung des unterhaltsrelevanten Einkommens ist nicht vorzunehmen,[66] weil dem erwerbstätigen Antragsteller ohnehin ein besonderer Freibetrag zugute kommt (hierzu Rn. 30). Bei einer trotz beschränktem Leistungsvermögen erwerbstätigen Person ist ein erhöhter Erwerbstätigkeitsbonus vom Einkommen abzuziehen; hierzu gehören auch berufstätige Alleinerzieher von Kindern bis ins Grundschulalter.[67] Nachgewiesene Mehraufwendungen sind als besondere Belastungen zusätzlich berücksichtigungsfähig. 28

---

53 *Musielak/Fischer* Rn. 13.

54 OLG Bamberg JurBüro 1987, 1712; OLG Stuttgart FamRZ 2006, 1282; *Kalthoener/Büttner/Wrobel-Sachs* Rn. 254 f.; *Zimmermann* Rn. 83 f.

55 BVerwGE 62, 261 = DVBl. 1982, 266; *Musielak/Fischer* Rn. 14.

56 OLG Dresden OLGR 2002, 55; *Zöller/Philippi* Rn. 23.

57 LAG Stuttgart Rpfleger 1989, 29.

58 OLG Bamberg JurBüro 1981, 611; ArbG Regensburg Rpfleger 1990, 467.

59 *Zöller/Philippi* Rn. 23; aA OLG Karlsruhe FamRZ 2007, 1109.

60 OLG Brandenburg FamRZ 2006, 1396, 1397 unter Berufung auf BGH FamRZ 2005, 1817 (4% des Jahresbruttoeinkommens).

61 *Kalthoener/Büttner/Wrobel-Sachs* Rn. 256.

62 *Zimmermann* Rn. 88.

63 *Schürmann* FuR 2006, 14, 15; ihm folgend OLG Zweibrücken FamRZ 2006, 799; OLG Bamberg FamRZ 2007, 1339.

64 OLG Karlsruhe FamRZ 2005, 465.

65 OLG Hamm FamRZ 2006, 1553.

66 AA *Musielak/Fischer* Rn. 15.

67 OLG Köln FamRZ 2003, 773; OLG Karlsruhe FamRZ 2005, 465.

29 **e) Behinderte.** § 82 Abs. 2 Nr. 5 SGB XII, welcher auf § 43 S. 4 SGB IX verweist, betrifft ausschließlich behinderte Menschen, die in **beschützenden Werkstätten** einer Arbeit nachgehen. Die Werkstätten erhalten von dem zuständigen Rehabilitationsträger zur Auszahlung an die im Arbeitsbereich beschäftigten behinderten Menschen zusätzlich zu den Vergütungen nach **§ 41** Abs. 3 SGB IX ein Arbeitsförderungsgeld. In bestimmtem, durch § 43 S. 4 SGB IX näher geregeltem Umfang bleib dieses Geld bei der Bestimmung des einzusetzenden Einkommens (§ 115 Abs. 1) des Behinderten unberücksichtigt. Weil die frühere Verweisung auf § 82 Abs. 3 SGB XII in der Neufassung von § 115 Abs. 1 S. 3 gestrichen wurde, sind die dort in S. 2 vorgesehenen Pauschalabzüge vom Einkommen Behinderter nicht vorzunehmen.

30 **2. Pauschalsatz für Erwerbstätige.** Ein **weiterer Abzug für Erwerbstätige** über die konkreten berufsbedingten Aufwendungen nach § 82 Abs. 2 Nr. 4 SGB XII (Rn. 28) hinaus erfolgt durch den sog. **Erwerbstätigenfreibetrag** (§ 115 Abs. 1 Nr. 1 lit. b). Danach wird die Hälfte des höchsten Regelsatzes für den Haushaltsvorstand vom Bruttoeinkommen abgesetzt. Dieser Satz wird durch Rechtsverordnung auf der Grundlage von § 28 Abs. 2 SGB XII bestimmt. Der jeweils aktuelle Erwerbstätigenfreibetrag wird jährlich zum 1. Juli im Rahmen der PKH-Bekanntmachung veröffentlicht. Seit 1. 7. 2007 beträgt er monatlich **174,00 Euro.** Die früher erforderliche komplizierte Ausrechung des im konkreten Fall zur Anwendung kommenden Erwerbstätigenfreibetrags[68] ist damit überflüssig geworden. Dieser Pauschalbetrag wird auf Seiten des Ehegatten des Antragstellers ein weiteres Mal abgezogen, wenn es um dessen Einkommen geht (Rn. 32).

31 **3. Pauschalsätze für die Partei und für Unterhaltsberechtigte, Abs. 1 S. 3 Nr. 2. a) Freibeträge.** Die Höhe der Freibeträge, die nach Abs. 1 S. 3 Nr. 2 vom Einkommen abzusetzen sind,[69] ergeben sich unmittelbar aus der entsprechenden jährlichen Bekanntmachung und bilden zusammengerechnet die Untergrenze dessen, was der Partei und seiner Familie zu verbleiben hat. Die Freibeträge für Unterhaltsberechtigte kommen nur zur Anwendung, sofern sie im Haushalt der Partei leben und die Aufwendungen für den Haushalt aus Mitteln der Partei bestritten wird. Seit 1. 7. 2007 beträgt der monatliche Freibetrag für den **Antragsteller** selbst und dessen **Ehegatten** oder Lebenspartner **382,00 Euro.** Bei letzterem ist eine **registrierte Lebenspartnerschaft** iSv. § 1 LPartG Voraussetzung. Für die weiteren Unterhaltsberechtigten, also insbesondere die **Kinder des Antragstellers,** beträgt der Freibetrag seit 1. 7. 2007 monatlich **267,00 Euro.** In den Folgejahren ist jeweils mit Veränderungen zu rechnen.

32 **b) Eigeneinkünfte des Unterhaltsberechtigten.** Hat ein Unterhaltsberechtigter eigenes Einkommen, ist dieses auf den Freibetrag anzurechnen. Hierbei gilt der selbe Einkommensbegriff wie beim Antragsteller selbst. Daher sind auch beim Unterhaltsberechtigten die in § 82 Abs. 2 SGB XII aufgeführten Belastungen abzuziehen und nur der verbleibende Rest auf den Freibetrag anzurechnen.[70] Ein **Erwerbstätigenfreibetrag** entsprechend demjenigen des Antragstellers (Rn. 30) ist vom Einkommen des Unterhaltsberechtigten ebenfalls abzuziehen.[71] Wenn das verbleibende Nettoeinkommen des Unterhaltsberechtigten den Freibetrag nach Abs. 1 S. 3 Nr. 2 (Rn. 31) übersteigt, bleibt er bei der Berechnung des Einkommens des Antragstellers unberücksichtigt. **Erziehungsgeld,** welches an den Ehegatten des Antragstellers gezahlt wird und dessen Anrechnungsfreiheit gesetzlich angeordnet wird (siehe § 8 BErzGG), schmälert den Freibetrag nach § 115 Abs. 1 S. 3 Nr. 2 allerdings nicht.[72]

33 **c) Keine Herabsetzung der Freibeträge.** Auch bei **verminderten Lebenshaltungskosten** gelten die Freibeträge in unveränderter Höhe.[73] Das ergibt sich aus dem Wesen der Pauschalierung, die gerade nicht auf den Einzelfall abhebt. Bedeutsam wird diese Frage vor allem bei **Straf- und Untersuchungsgefangenen** mit eigenem Einkommen. Diese haben zwar in aller Regel keine Abzugsmöglichkeiten nach Abs. 1 S. 3 Nr. 1, 3 und 4, es verbleibt ihnen jedoch der eigene Freibetrag der Nr. 2. Dieser ist aus den genannten Gründen nicht um den Wert kostenloser Verpflegung zu kürzen; eine Anrechnung kostenloser Unterkunft kommt nach allgemeinen Grundsätzen ohnehin nicht in Betracht, da dem Gefangenen kein entsprechender Geldbetrag zur Bestreitung von Prozesskosten zur Verfügung steht.

34 **4. Art der Unterhaltsgewährung. a) Leistung von Natural- und Betreuungsunterhalt.** Abzuziehen ist der volle Freibetrag für ein Kind auch dann, wenn beide Elternteile über Arbeitsein-

---

[68] Hierzu 2. Aufl. Rn. 33.
[69] Hierzu *Gier* FamRZ 2005, 1220; *Nickel* MDR 2005, 729.
[70] *Kalthoener/Büttner/Wrobel-Sachs* Rn. 269.
[71] *Musielak/Fischer* Rn. 19; *Zöller/Philippi* Rn. 29; *Nickel* MDR 2005, 729, 734; aA wohl *Zimmermann* Rn. 94.
[72] OLG Nürnberg FamRZ 2002, 104.
[73] *Büttner* NJW 1995, 1472 (ganz hM); aA *Friedrich* NJW 1995, 617, 619.

kommen verfügen und **ein Elternteil PKH beantragt;** eine Aufteilung der Freibeträge ist nach Abs. 1 S. 3 Nr. 2 nicht vorgesehen.[74] Beantragen **beide Elternteile** PKH und lebt das Kind im gemeinsamen Haushalt, so ist bei Vorhandensein von Einkünften beider Antragsteller **der volle Kinderfreibetrag** bei jedem von ihnen abzuziehen.[75] Übersteigen die geldwerten Betreuungsleistungen den üblichen Rahmen aus zwingenden Gründen erheblich, so kann im Einzelfall eine besondere Belastung des Antragstellers vorliegen, die über den Pauschbetrag hinausgeht und deren Berücksichtigung nach Abs. 1 S. 3 Nr. 4 angemessen ist.[76] Zu denken ist insbesondere an eine erhöhte Bedürftigkeit des Unterhaltsberechtigten, etwa wegen **Krankheit, Pflegebedürftigkeit** und ähnlichem. Lebt der Antragsteller mit der **Mutter seines nichtehelichen Kindes** in einem gemeinsamen Haushalt zusammen, dessen Kosten er im Wesentlichen allein bestreitet, so sind diese Aufwendungen als **besondere Belastungen** anzuerkennen, weil er sich ihnen aus moralischen und sittlichen Gründen nicht entziehen kann. Hier kommt ein Abzug vom Einkommen in Höhe des Freibetrags für einen Ehegatten (Rn. 31) in Betracht.[77] Eine unmittelbare Anwendung von Abs. 1 S. 3 Nr. 2a kommt nicht in Betracht, weil der dort neben dem Ehegatten erwähnte Lebenspartner ein solcher nach dem LPartG ist. – Zur Berücksichtigung von Unterhaltsleistungen ohne Rechtspflicht auch Rn. 35.

b) Leistung von Barunterhalt. Bezahlt der Antragsteller dem Unterhaltsberechtigten eine 35 **Unterhaltsrente,** so ist der Freibetrag nach Abs. 1 S. 3 Nr. 2 bei der Anwendung der Tabelle nach Abs. 3 nicht zu berücksichtigen. Statt dessen ist der Betrag der Unterhaltsrente vom Einkommen des Antragstellers abzuziehen. Dies gilt auch in Fällen, in denen der Unterhalt an einen im Ausland lebenden Berechtigten überwiesen wird;[78] hier ist – wie in Inlandsfällen – der Zahlbetrag maßgeblich. Voraussetzung ist jedoch stets, dass der Antragsteller seiner Unterhaltspflicht auch nachkommt, wofür nach § 117 Abs. 2 entsprechende Belege beizubringen sind. Wird **Barunterhalt neben Naturalunterhalt** gewährt, ist der Wert des Naturalunterhalts zu schätzen und dem Betrag des Barunterhalts hinzuzurechnen, der Gesamtbetrag ist vom Einkommen abzusetzen (Rn. 36). Unterhaltsleistungen, die **ohne gesetzliche Verpflichtung erbracht werden,** können im Einzelfall als besondere Belastungen (Rn. 39) abzugsfähig sein, wenn dies nach dem Grund der Leistungen und deren Höhe angemessen erscheint. Dies gilt insbesondere für Leistungen an die mit dem Antragsteller nicht verheiratete Mutter eines gemeinsamen Kindes, auch wenn die Voraussetzungen für die Unterhaltspflicht nach § 1615l BGB nicht mehr bestehen. Ansonsten können Geldzuwendungen an den Lebensgefährten oder die Lebensgefährtin nur im Ausnahmefall anerkannt werden.

c) Mischfälle. Bezahlt die Partei an einen ständig oder zeitweise in ihrem Haushalt lebenden 36 Unterhaltsberechtigten zusätzlich eine Unterhaltsrente, die deutlich über der Taschengeldgrenze liegt, dann ist der Betrag der bezahlten Unterhaltsrente, sofern und soweit sie neben dem Naturalunterhalt angemessen ist, zum geschätzten Wert des Naturalunterhalts hinzuzurechnen und der Gesamtbetrag vom Einkommen der Partei abzusetzen.[79]

5. Unterkunft und Heizung. a) Mietwohnung. Die Kosten von Unterkunft und Heizung 37 sind vom Einkommen des Antragstellers abzuziehen, soweit sie nicht in einem auffälligen Missverhältnis zu den sonstigen Lebensverhältnissen der Partei stehen. Diese Formulierung der Nr. 3 macht deutlich, dass bei der Beurteilung der Angemessenheit der Wohnkosten, bei der neben den Verhältnissen auf dem örtlichen **Wohnungsmarkt** auch die **persönlichen Verhältnisse der Partei** zu berücksichtigen sind,[80] kein strenger Maßstab angelegt werden darf. Zu den abzugsfähigen Kosten gehören neben den **Heizkosten und der Miete** auch die **Mietnebenkosten,**[81] soweit sie auf den Mieter umgelegt werden. Dies sind: Aufzug (Betrieb und Wartung), Gebäudeversicherungen, Gemeinschaftsantenne, Grundsteuer, Haus- und Straßenreinigung, Hausstrom und Müllabfuhr. Auszugehen ist von der mietvertraglich vereinbarten monatlichen Vorauszahlung. Jährliche Nachzahlungen sind den Monat umzurechnen und vom Einkommen abzuziehen, Rückzahlungen auf Mietnebenkosten sind in entsprechender Weise dem Einkommen hinzuzurechnen. In der Wohnung des Antragstellers anfallende **Verbrauchskosten** für **Strom Gas und Wasser,** sowie die

---

[74] LAG Baden-Württemberg NZA 1985, 788 (zu § 115 aF); *Stein/Jonas/Bork* Rn. 68; aA LAG Bremen Rpfleger 1982, 439; OVG Münster Rpfleger 1986, 406.

[75] *Zöller/Philippi* Rn. 35; aA *Zimmermann* Rn. 97 (Aufteilung des Kinderfreibetrags entsprechend dem beiderseitigen Einkommen).

[76] OLG Hamm FamRZ 1988, 308.

[77] OLG Stuttgart FamRZ 2005, 1183; vgl. auch OLG Bremen FamRZ 1997, 298; *Zimmermann* Rn. 129; *Kalthoener/Büttner/Wrobel-Sachs* Rn. 270.

[78] AA *Kalthoener/Büttner/Wrobel-Sachs* Rn. 272.

[79] *Kalthoener/Büttner/Wrobel-Sachs* Rn. 271; *Zimmermann* Rn. 100.

[80] OLG München FamRZ 1997, 299.

[81] OLG Koblenz NJW-RR 1996, 1150.

Kosten für den Telefon- und Kabelfernsehanschluss zählen zu den allgemeinen Lebenshaltungskosten, die nicht abzugsfähig sind.[82] Sofern Strom oder Gas auch zu Heizzwecken verwendet wird, sind die hierauf entfallenden Kosten abzugsfähig. Der Heizkostenanteil ist vom Gericht zu schätzen, wobei Wohnfläche und Wärmeisolierung des Gebäudes zu berücksichtigen sind. Wird die Wohnung von **mehreren Bewohnern** mit jeweils eigenem Einkommen bewohnt, dann sind die Wohn- und Heizkosten nach Kopfteilen aufzuteilen. Davon ist dann eine Ausnahme möglich, wenn das Einkommen eines Mitbewohners erheblich hinter dem des anderen Mitbewohners zurückbleibt.[83] Bei **Heimbewohnern** sind die Wohn- und Heizkosten je nach Nutzung mit 15 bis 20% des Gesamtentgelts anzusetzen. Ob der Antragsteller **Wohngeld** bezieht, ist unerheblich, da das Wohngeld zum einzusetzenden Einkommen gehört (Rn. 15). Die Miete für eine **Garage** oder einen **Stellplatz** gehört nicht zu den Kosten des Wohnens. Ist der Antragsteller beruflich dringend auf einen PKW angewiesen, so sind die entsprechenden Kisten im Rahmen von Nr. 1 lit. a, § 82 Abs. 2 Nr. 4 SGB XII (Rn. 28) zu berücksichtigen.

38 **b) Eigenheim.** Neben den Heizkosten und den Wohnnebenkosten, welche auch ein Mieter von seinem Einkommen abziehen kann, sind Zinsen, die aus der Errichtung eines vom Antragsteller bewohnten Eigenheims herrühren, als Wohnkosten zu berücksichtigen. Tilgungsleistungen sind nach den selben Grundsätzen abzuziehen wie bei anderen Verbindlichkeiten (Rn. 40f.). Auch Belastungen aus dem Wohnen im Eigenheim können berücksichtig werden, soweit sie nicht in einem **auffälligen Missverhältnis** zu den sonstigen Lebensverhältnissen der Partei stehen (Abs. 1 S. 3 Nr. 3).Teilweise wird auch vertreten, dass diese Belastungen seien um einen fiktiven Mietzins zu kürzen, da durch die Gewährung von PKH nicht der Eigenheimbau gefördert werden solle.[84] Dem ist jedoch nicht zu folgen, weil das Wohnen in der eigenen Immobilie gerade die Konsequenz hat, dass der Antragsteller Mietkosten nicht von seinem Einkommen abziehen kann.

39 **6. Besondere Belastungen. a) Grundlagen.** Nach Abs. 1 S. 3 Nr. 4 können besondere Belastungen als einkommensmindernd berücksichtigt werden, soweit dies angemessen erscheint. Dabei ist neben den Einkommens- und Vermögensverhältnissen des Antragstellers auch Anlass und Zeitpunkt der Eingehung der Verbindlichkeit zu berücksichtigen. Unangemessen sind insbesondere solche Belastungen, die auf Luxusausgaben oder Spekulationsgeschäften beruhen oder ganz allgemein zu den Einkommens- und Vermögensverhältnissen in einem deutlichen Missverhältnis stehen;[85] Unangemessen sind aber auch Belastungen aus Verbindlichkeiten, die der Antragsteller, ohne dass hierfür ein unabweisbares Bedürfnis bestand, in Kenntnis des bevorstehenden oder bereits anhängigen Rechtsstreits und der damit verbundenen finanziellen Belastung eingegangen ist.[86]

40 **b) Kreditbelastungen.** Kreditzinsen und Ratenzahlungsverpflichtungen können als besondere Belastungen berücksichtigt werden, wenn sie aus Anschaffungen in einem den Einkommens- und Vermögensverhältnissen des Antragstellers angemessenen Rahmen herrühren.[87] Voraussetzung ist jedoch, dass die entsprechende Verpflichtung eingegangen wurde, bevor der Rechtsstreit, für den PKH beantragt ist, absehbar war.[88] Nicht absetzbar sind die **Finanzierungskosten für einen Pkw,** auf dessen Benutzung die Partei nicht angewiesen ist, selbst wenn er angeschafft worden ist, bevor der Rechtsstreit abzusehen war.[89] Anderes gilt, wenn der Antragsteller auf die Nutzung eines PKW beruflich angewiesen ist und die Raten in einem angemessenem Verhältnis zum Einkommen stehen.[90] Zu Zinsen und Tilgungsleistungen, die aus der Errichtung eines vom Antragsteller bewohnten Eigenheims herrühren, vgl. oben Rn. 38.

41 **Haftet der Antragsteller als Gesamtschuldner** für die Verbindlichkeiten, so sind Zins- und Tilgungsleistungen zu seinen Gunsten nur insoweit berücksichtigungsfähig, als er damit letztlich belastet bleibt, also regelmäßig nur mit seiner Quote im Innenverhältnis, es sei denn, dass ein interner Ausgleich aus rechtlichen oder zwingenden tatsächlichen Gründen, etwa wegen dauernder Zahlungsunfähigkeit des Mitschuldners, nicht stattfindet.[91]

---

[82] OLG Nürnberg FamRZ 1997, 1542; OLG Bamberg FamRZ 2005, 1183; OLG Karlsruhe FamRZ 2005, 465; aA OLG Koblenz NJW-RR 1996, OLG Karlsruhe FamRZ 1999, 599.
[83] OLG Koblenz MDR 2000, 728.
[84] OLG Bamberg FamRZ 1984, 721; LG Dortmund MDR 1982, 413; 2. Aufl. Rn. 46; aA *Kalthoener/Büttner/Wrobel-Sachs* Rn. 276.
[85] OLG Köln FamRZ 1985, 414; OLG Bamberg FamRZ 1986, 699.
[86] OLG Zweibrücken Rpfleger 1981, 366; OLG Bamberg FamRZ 1986, 699, 700; *Zimmermann* Rn. 125.
[87] BGH NJW-RR 1990, 450; KG FamRZ 1984, 412; OLG Bamberg JurBüro 1987, 1712.
[88] OLG Hamm JurBüro 1987, 1416; ArbG Regensburg JurBüro 1990, 1303; OLG Köln MDR 1995, 314.
[89] OLG Hamburg, FamRZ 1996, 42; *Zimmermann* Rn. 116.
[90] OLG Hamm FamRZ 2007, 155.
[91] *Zöller/Philippi* Rn. 40.

c) Zahlungen an die Staatskasse. Zahlungen an die Staatskasse wegen **Prozesskosten in anderen Verfahren** sind abzugsfähige besondere Belastungen. Dies gilt auch für **PKH-Raten** für solche Verfahren (allgM). Besondere Belastungen durch PKH-Raten in derselben Sache sind dagegen nicht denkbar, da Ratenzahlungsanordnungen durch eine nachfolgende anderweitige Ratenzahlungsanordnung in derselben Sache gegenstandslos werden (§ 119 Rn. 41).[92] **Geldbußen** sind besondere Belastungen, wenn sich der Antragsteller deren Bezahlung nicht entziehen kann. **Geldstrafen**[93] können in gemeinnützige Arbeit umgewandelt werden, insoweit scheidet eine Berücksichtigung nach Nr. 4 aus. 42

d) Besondere familienbedingte Belastungen. Kindergartenbeiträge, die nicht durch bezogenen Unterhalt oder Sozialleistungen abgedeckt werden, sind als besondere Belastungen anzuerkennen.[94] Gleiches gilt für Kosten von schulisch gebotenem **Nachhilfeunterricht** und **Schulgeld** für private Bildungseinrichtungen, soweit sie sich in einem vertretbaren Verhältnis zum Familieneinkommen halten. Aufwendungen auf Grund besonderer Anlässe persönlicher oder familiärer Art wie beispielsweise **Kommunion oder Konfirmation** eines Kindes können ebenfalls besondere Belastungen darstellen, wobei die Frage der **Angemessenheit** nur jeweils im Einzelfall beantwortet werden kann. Diese familienbedingten Belastungen sind in der Regel bei demjenigen Elternteil abzuziehen, der sie abdeckt, also nicht beim Kind. 43

e) Krankheit und Behinderung. Dass der Abzug nachgewiesener besonderer Belastungen wegen **Krankheit, Gebrechlichkeit, geistiger Behinderung** und dergleichen in aller Regel angemessen ist, bedarf keiner besonderen Erläuterung. Um beurteilen zu können, ob und in welchem Umfang derartige Kosten durch die Kranken- oder Unfallversicherung des Antragstellers übernommen werden, muss sich das Gericht über deren Leistungsumfang informieren. **Praxisgebühren** und **Zuzahlungen zu Medikamenten** sind besondere Belastungen. Zur Abzugsfähigkeit von Versicherungsprämien oben Rn. 27. 44

Sozialleistungen der in § 1610 a BGB genannten Art, die die Partei bezieht, sind ihr bei der Einkommensberechnung im Rahmen der PKH nach der Verweisung in Abs. 1 S. 3 Nr. 4 nicht zuzurechnen. Diese Verweisung ist missverständlich, denn Abs. 1 S. 3 Nr. 4 regelt die Abzugsfähigkeit von besonderen Belastungen. Wollte man die Verweisung wörtlich nehmen, müssten die entsprechenden Sozialleistungen zunächst dem Einkommen zugerechnet und dann sofort wieder abgezogen werden. Richtigerweise zählen die in § 1610 a BGB genannten Sozialleistungen jedoch nicht zum Einkommen iSv. § 115,[95] so dass sich die Frage der Abzugsfähigkeit nicht stellt. Die Nichtanrechnung der Leistungen ergibt sich aus ihrem Zweck, die sich aus dem Körper- oder Gesundheitsschaden ergebenden Mehraufwendungen und sonstigen Belastungen auszugleichen. 45

Mehrbedarfsbeträge, die § 30 SGB XII bestimmten Personengruppen zubilligt, brauchen nicht als besondere Belastungen vom Einkommen abgesetzt werden. Die hierauf beruhende Erhöhung der Hilfe zum Lebensunterhalt wird beim ratenpflichtigen Einkommen des Antragstellers von vorne herein nicht berücksichtigt. Zusätzliche Freibeträge in Abzug von sonstigen Einkünften des Artragstellers lassen sich aus der Vorschrift indes nicht herleiten,[96] weil § 115 Abs. 1 nicht auf § 30 SGB XII verweist. 46

IV. Anwendung der Tabelle

1. Mindestens fünf Monatsraten. Hätte der Antragsteller nicht mehr als vier Monatsraten aus seinem Einkommen zu bezahlen, um die voraussichtlich zur Rechtsverfolgung oder -verteidigung erforderlichen Kosten abzudecken, so kann ihm nach Abs. 4 PKH nicht gewährt werden. Auf diese Weise gelangt man zu einer Mindestanzahl von fünf Monatsraten als Voraussetzung für die Bewilligung von PKH[97] bei **kleinen Streitwerten oder hohem einzusetzenden Einkommen** zuzüglich Vermögenseinsatzes des Antragstellers. Wird diese Mindestanzahl nicht erreicht, so ist diesem zuzumuten, die Kosten seiner Rechtsverfolgung oder Rechtsverteidigung auf andere Weise, etwa durch Kreditaufnahme oder Einsatz seines Schonvermögens (Rn. 59), zu finanzieren. Zu berücksichtigen sind nur die Kosten, die der Antragsteller selbst ab dem Zeitpunkt der ordnungsgemäßen 47

---

[92] BGH NJW 1983, 944.

[93] Für die Berücksichtigung als besondere Belastungen OLG Hamburg FamRZ 2001, 235; *Kalthoener/Büttner/Wrobel-Sachs* Rn. 288; aA KG FamRZ 2006, 871; OLG München FamRZ 2007, 1340; AG Ludwigslust FamRZ 2003, 1934; *Zimmermann* Rn. 117.

[94] Einschränkend OLG Stuttgart FamRZ 2006, 1282 mit ablehnender Anm. *Gottwald.*

[95] Ebenso iE *Zöller/Philippi* Rn. 16.

[96] AA OLG Karlsruhe NJW-RR 1999, 1227 zu § 23 BSHG; *Zöller/Philippi* Rn. 26; *Hoppenz/Zimmermann* Rn. 8.

[97] *Kalthoener/Büttner/Wrobel-Sachs* Rn. 304.

Antragstellung voraussichtlich noch aufwenden müsste, also nicht die gesamten Kosten für den Fall des Unterliegens, da die außergerichtlichen Kosten des Gegners von der PKH nicht umfasst[98] und auch sonst nicht berührt werden. PKH darf nicht bewilligt werden, wenn die voraussichtlichen Kosten so gering sind, dass mit einer vorläufigen Einstellung der Ratenzahlungen (§ 120 Abs. 3 Nr. 1) spätestens nach der vierten Rate zu rechnen wäre. Stellt sich nachträglich heraus, dass die Kosten doch höher sind, so kann auf erneuten Antrag PKH bewilligt werden.[99] Dabei ist auszusprechen, dass die PKH mit Wirkung ab der ersten Antragstellung erfolgt, weil die bedürftigen Partei nicht die Folgen einer Faschprognose des Gerichts über die voraussichtlichen Verfahrenskosten zu tragen hat.

48 **2. Höchstens 48 Monatsraten.** Nach Abs. 2 sind höchstens 48 Monatsraten auf die Kosten des Rechtsstreits in sämtlichen Rechtszügen zu zahlen,[100] auch wenn die vom Antragsteller aufzubringenden Gesamtkosten höher als der Gesamtbetrag der 48 Monatsraten wäre. Ob sich die Höhe der Raten im Verlauf des Rechtsstreits geändert hat, ist unerheblich. Ein **Zeitraum, in dem keine Raten zu zahlen waren,** weil das Einkommen der Partei unter der Tabellenuntergrenze lag, sind nicht zugunsten der Partei anzurechnen, zählt also bei den 48 Monatsraten nicht mit.[101] Das gilt auch, wenn die Zahlungen zwischenzeitlich nach § 120 Abs. 3 Nr. 1 vorläufig eingestellt waren. Was zu den Rechtszügen desselben Verfahrens zählt, ergibt sich aus dem **Zweck der Regelung,** das finanzielle Risiko der beabsichtigten Rechtsverfolgung für einen Antragsteller von vornherein überschaubar zu halten.[102] Deshalb kann die Begrenzung auf 48 Monatsraten nur gelten, soweit es um denselben Streitgegenstand geht. Andererseits müssen nach dem genannten Zweck zu den Rechtszügen desselben Rechtsstreits auch das vorausgehende **Mahnverfahren** und die anschließende **Zwangsvollstreckung** gerechnet werden,[103] und zwar ungeachtet dessen, dass für das Mahnverfahren, das Vollstreckungsverfahren und die einzelnen Instanzen innerhalb des Erkenntnisverfahrens PKH jeweils gesondert bewilligt werden muss (§ 119). Zum Rechtszug desselben Rechtsstreit gehört ferner das gesamte **Scheidungs-Verbundverfahren** einschließlich der Anordnungsverfahren nach § 620. Für die **Stufenklage** ist PKH nach richtiger Ansicht ohnehin nicht für die einzelnen Stufen getrennt, sondern insgesamt zu bewilligen. Selbst wenn jedoch PKH nur für jede einzelnen Stufe getrennt bewilligt wird, handelt es sich nur um ein Verfahren iSv. Abs. 2, so dass insgesamt nur 48 Raten zu zahlen sind. **Reformbestrebungen** gehen dahin, die Obergrenze für die von der bedürftigen Partei zu leistenden Monatsraten in Abs. 2 zu streichen. Damit soll der Charakter der PKH als „zinsloser Justizkredit" betont werden.[104]

49 **3. Keine Interpolation der Tabellenwerte.** Dem Vorschlag, das PKH-Verfahren durch eine Interpolation der Tabellenwerte[105] ohne Not zu komplizieren, ist nach ganz herrschender und zutreffender Ansicht nicht zu folgen.[106] Eine Interpolation würde auch für sich gesehen nur dann einen Sinn machen, wenn schon bei geringfügigen Schwankungen des Einkommens innerhalb derselben Tabellenstufe der genaue Ratenbetrag jeweils neu festgesetzt werden würde. Dass das zu einem völlig unverhältnismäßigen Aufwand führen würde, bedarf keiner weiteren Erläuterung.

50 **4. Geringfügige Überschreitung der Einkommensstufe.** Wird eine Einkommensstufe nur geringfügig überschritten, dann kann es der Billigkeit entsprechen, vom nächst niedrigen Tabellenwert auszugehen.[107] Das ist in den meisten Fällen schon deshalb gerechtfertigt, weil das für die Anwendung der Tabelle maßgebende Einkommen eines Antragstellers ohnehin nicht stets ganz genau gleich bleibt und seiner Kaufkraft während der bis vierjährigen Dauer der Ratenzahlungspflicht auch absinkt.

51 **5. Keine Zu- oder Abschläge wegen Auslandsaufenthalts.** Die Tabelle ist auf schematisierte Vereinfachung angelegt und deshalb auch dann unverändert maßgebend, wenn die Lebenshaltungskosten der Partei höher oder niedriger sind, weil sie im Ausland lebt.[108] Soweit dies wegen

---

[98] Vgl. dazu § 123 Rn. 1.
[99] *Zöller/Philippi* Rn. 77.
[100] BGH NJW 1983, 944.
[101] OLG Nürnberg FamRZ 1993, 818; OLG Saarbrücken FamRZ 1993, 1335; OLG Karlsruhe FamRZ 1995, 1505; AnwBl. 1997, 238; OLG Stuttgart Rpfleger 1999, 82; *Büttner* Rpfleger 1997, 347, 349.
[102] OLG Düsseldorf Rpfleger 1991, 425.
[103] *Zöller/Philippi* Rn. 44.
[104] BT-Drucks. 16/1994, S. 24.
[105] *Schneider* MDR 1988, 34; ebenso de lege ferenda der 5. Deutsche Familiengerichtstag FamRZ 1983, 1203, jeweils zu der bis 31. 12. 1994 geltenden Tabelle.
[106] OLG Düsseldorf NJW 1981, 1791; OLG Hamm Rpfleger 1981, 455; OLG München MDR 1982, 761; OLG Karlsruhe FamRZ 1986, 1126, 1127; *Stein/Jonas/Bork* Rn. 85.
[107] OLG Köln MDR 1981, 764; LAG Bremen MDR 1988, 81; aA *Stein/Jonas/Bork* Rn. 85.
[108] *Kalthoener/Büttner/Wrobel-Sachs* Rn. 303; aA *Musielak/Fischer* Rn. 32; *Zimmermann* Rn. 278.

erheblich höherer Lebenshaltungskosten zu unbilligen Ergebnissen führen würde, kann dem durch die Anrechnung von **besonderen Belastungen** nach Abs. 1 S. 3 Nr. 4 abgeholfen werden.[109] – Zur grenzüberschreitenden PKH innerhalb der EU siehe § 114 Rn. 19 und § 1078 Abs. 3.

V. Vermögen

Neben dem Einkommen ist auch vorhandenes Vermögen vorrangig vor der PKH zur Bestreitung der Verfahrenskosten einzusetzen. Nach Abs. 3, S. 2 ist § 90 SGB XII entsprechend anzuwenden. Die Vorschrift hat folgenden Wortlaut: 52

§ 90 SGB XII Einzusetzendes Vermögen

(1) Einzusetzen ist das gesamte verwertbare Vermögen.

(2) Die Sozialhilfe darf nicht abhängig gemacht werden vom Einsatz oder von der Verwertung

1. *eines Vermögens, das aus öffentlichen Mitteln zum Aufbau oder zur Sicherung einer Lebensgrundlage oder zur Gründung eines Hausstandes erbracht wird,*
2. *eines Kapitals einschließlich seiner Erträge, das der zusätzlichen Altersvorsorge im Sinne des § 10a oder des Abschnitts XI des Einkommensteuergesetzes dient und dessen Ansammlung staatlich gefördert wurde,*
3. *eines sonstigen Vermögens, solange es nachweislich zur baldigen Beschaffung oder Erhaltung eines Hausgrundstücks im Sinne der Nummer 8 bestimmt ist, soweit dieses Wohnzwecken behinderter (§ 53 Abs. 1 Satz 1 und § 72) oder pflegebedürftiger Menschen (§ 61) dient oder dienen soll und dieser Zweck durch den Einsatz oder die Verwertung des Vermögens gefährdet würde,*
4. *eines angemessenen Hausrats; dabei sind die bisherigen Lebensverhältnisse der nachfragenden Person zu berücksichtigen,*
5. *von Gegenständen, die zur Aufnahme oder Fortsetzung der Berufsausbildung oder der Erwerbstätigkeit unentbehrlich sind,*
6. *von Familien- und Erbstücken, deren Veräußerung für die nachfragende Person oder ihre Familie eine besondere Härte bedeuten würde,*
7. *von Gegenständen, die zur Befriedigung geistiger, insbesondere wissenschaftlicher oder künstlerischer Bedürfnisse dienen und deren Besitz nicht Luxus ist,*
8. *eines angemessenen Hausgrundstücks, das von der nachfragenden Person oder einer anderen in den § 19 Abs. 1 bis 3 genannten Person allein oder zusammen mit Angehörigen ganz oder teilweise bewohnt wird und nach ihrem Tod von ihren Angehörigen bewohnt werden soll. Die Angemessenheit bestimmt sich nach der Zahl der Bewohner, dem Wohnbedarf (zum Beispiel behinderter, blinder oder pflegebedürftiger Menschen), der Grundstücksgröße, der Hausgröße, dem Zuschnitt und der Ausstattung des Wohngebäudes sowie dem Wert des Grundstücks einschließlich des Wohngebäudes,*
9. *kleinerer Barbeträge oder sonstiger Geldwerte; dabei ist eine besondere Notlage der nachfragenden Person zu berücksichtigen.*

(3) [1] Die Sozialhilfe darf ferner nicht vom Einsatz oder von der Verwertung eines Vermögens abhängig gemacht werden, soweit dies für den, der das Vermögen einzusetzen hat, und für seine unterhaltsberechtigten Angehörigen eine Härte bedeuten würde. [2] Dies ist bei der Leistung nach dem Fünften bis Neunten Kapitel insbesondere der Fall, soweit eine angemessene Lebensführung oder die Aufrechterhaltung einer angemessenen Alterssicherung wesentlich erschwert würde.

1. Grundsatz. Zu berücksichtigen ist das gesamte Vermögen, soweit es vom Antragsteller zumutbarerweise zur Bestreitung der Prozesskosten im Wege der Veräußerung oder Beleihung oder auf sonstige Weise in flüssige Mittel umgesetzt werden kann. Von entscheidender Bedeutung sind hiernach die Verfügbarkeit des Vermögens und die Zumutbarkeit seines Einsatzes für die Prozesskosten. 53

Die **Grenzen der Zumutbarkeit** ergeben sich aus der entsprechenden Anwendung des Katalogs von § 90 Abs. 2 SGB XII und der Härteklausel von § 90 Abs. 3 SGB XII, freilich stets im Blick auf die besondere Funktion der PKH, die über die Sozialhilfe in besonderen Lebenslagen hinausreicht (§ 114 Rn. 1ff.). Unzumutbar kann der Einsatz von Vermögenswerten, die der Antragsteller für eine angemessene Lebensführung benötigt, auch dann sein, wenn sie nicht unter § 90 SGB XII fallen. So kann der Antragsteller nicht auf Vermögen verwiesen werden, das nach §§ 811, 812 **unpfändbar** ist,[110] auch wenn es nicht zu den nach § 90 Abs. 2 SGB XII geschützten Vermögenswerten gehört. 54

2. Verfügbarkeit des Vermögens. Die Beantwortung der Frage, ob Vermögenswerte des Antragstellers zu Bestreitung der Prozesskosten verfügbar sind, hängt davon ab, für welche **Art der** 55

[109] *Zöller/Philippi* Rn. 42.
[110] *Kalthoener/Büttner/Wrobel-Sachs* Rn. 315; *Musielak/Fischer* Rn. 35.

Rechtsverfolgung oder -verteidigung PKH begehrt wird. Vermögenswerte, deren Umsetzung in verfügbare Mittel mit einem nicht unerheblichen Zeitaufwand verbunden ist, wie etwa die Möglichkeit der Belastung von Grundbesitz, müssen grundsätzlich zwar ebenso eingesetzt werden wie andere, schneller in Geld umsetzbare Gegenstände des Vermögens, jedoch ergeben sich insoweit für die Zahlungsanordnung einige Besonderheiten.

56 Droht wegen **Zeitablauf bis zu einer Verwertung des Vermögens** eine Gefährdung des erforderlichen Rechtsschutzes, so kann dem Antragsteller PKH nicht unter Hinweis auf diese Vermögenswerte verweigert werden. Wird etwa PKH für eine **einstweilige Verfügung oder Anordnung** beantragt, so wäre es verfehlt, den Antragsteller vorab auf den Einsatz von Vermögensgegenständen zu verweisen, für deren Umsetzung in flüssige Mittel einige Zeit benötigt wird. In diesem und in anderen Fällen, in denen die Verwertung vorhandener Vermögenswerte ohne Gefährdung des Rechtsschutzes nicht abgewartet werden kann, ist PKH, sofern und soweit Ratenzahlungen aus dem Einkommen nicht in Betracht kommen, unter der gleichzeitigen Anordnung zu bewilligen, dass die aus der Staatskasse aufgewendeten Kosten bis zu einem bestimmten Zeitpunkt durch den Antragsteller zu erstatten sind.[111]

57 **Vorhandenes, aber nicht sofort verfügbares Vermögen,** ist zu berücksichtigen wenn abzusehen ist, wann der Partei der Erlös zur Verfügung stehen wird, sofern sie sich um eine alsbaldige Verwertung bemüht. In diesem Fall ist PKH unter gleichzeitiger Erstattungsanordnung auf den entsprechenden Zeitpunkt zu bewilligen (§ 120 Rn. 3f.).[112] Konnte sich der Antragsteller jedoch rechtzeitig auf den Rechtstreit und auf die Verwertung des betreffenden Vermögensgegenstandes einstellen, so kommt die Gewährung von PKH grundsätzlich nicht in Betracht.[113] Ist eine Verwertung nicht oder nur langfristig möglich oder ist sie nicht zumutbar, dann ist zu prüfen, ob – insbesondere bei Grundstücken – eine Kreditaufnahme (Rn. 73) möglich und zumutbar ist, auch wenn es sich um ein Hausgrundstück iSv. § 90 Abs. 2 Nr. 8 SGB XII handelt.[114]

58 **3. Selbstverschuldete Vermögenslosigkeit.** Selbstverschuldete Vermögenslosigkeit steht der Gewährung von PKH nicht grundsätzlich entgegen (§ 114 Rn. 60). Allerdings kann insoweit der sozialhilferechtliche Grundsatz herangezogen werden, dass zum Ersatz der Sozialhilfeleistungen verpflichtet ist, wer die Voraussetzungen für deren Gewährung durch vorsätzliches oder grobfahrlässiges Verhalten herbeigeführt hat. Deshalb kann PKH bei grob fahrlässiger oder vorsätzlicher Vermögensminderung ausnahmsweise verweigert[115] oder eine Zahlungspflicht auferlegt werden, wenn der Antragsteller die Vermögenslosigkeit in Kenntnis dessen herbeigeführt hat, alsbald einen kostenträchtigen Rechtsstreit führen zu müssen. Insbesondere Selbstständige und Gewerbetreibende sind gehalten, in ihrem Betrieb finanzielle **Rücklagen** zur Finanzierung absehbarer Rechtstreitigkeiten zu schaffen. Ist dies nicht geschehen, so kann PKH versagt werden.[116]

59 **4. Vermögensbestandteile im Einzelnen, Schonvermögen. a) Geldvermögen. Bargeld, Sparguthaben und andere Geldanlagen** sind grundsätzlich Vermögenswerte, die zur Bestreitung der Verfahrenskosten einzusetzen sind., So weit dies zumutbar ist, kann PKH nicht bewilligt werden. Das gilt auch für künftig fällig werdende Sparbriefe mit dem Betrag, der den Schonbetrag (Rn. 60) übersteigt.[117] Ist ein im Rahmen eines **Sparvertrags** angelegtes Guthaben in Kürze zur Auszahlung fällig und wäre die vorzeitige Rückzahlung mit unverhältnismäßigen Zins- und Prämienverlusten verbunden, so kann PKH unter gleichzeitiger Erstattungsanordnung auf den Zeitpunkt der Fälligkeit des Sparguthabens[118] bewilligt werden (§ 120 Rn. 3). Eine vom Antragsteller kurz vor Beantragung von PKH langfristig angelegter Geldbetrag ist einzusetzendes Vermögen,[119] soweit er den Schonbetrag übersteigt. Geschützt sind nach § 90 Abs. 2 Nr. 3 SGB XII Vermögensbestandteile mit dem Zweck der baldigen Anschaffung oder Erhaltung eines Hausgrundstücks der dort genannten Art.

60 **b) Schonbetrag.** Kleinere **Barbeträge,** die nicht mehr zum laufenden Einkommen zählen, sondern als Vermögensbestandteile angelegt worden sind, oder sonstige kleinere, dem Vermögen zuzurechnende Geldwerte gehören zum Schonvermögen und müssen nach § 90 Abs. 2 Nr. 9 SGB

[111] OLG Düsseldorf MDR 1990, 955.
[112] OLG Köln FamRZ 1988, 95 und 740; OLG Celle NJW-RR 1988, 768; OLG Nürnberg AnwBl. 1997, 236.
[113] OLG Bremen FamRZ 1982, 832.
[114] Vgl. dazu Rn. 68 aE.
[115] OLG Karlsruhe NJW-RR 1986, 799; OLG Koblenz Rpfleger 1989, 417.
[116] OLG Celle FamRZ 2007, 154 (9. ZS); aA OLG Celle FamRZ 2007, 485 (6. ZS).
[117] OLG Koblenz FamRZ 1996, 43.
[118] OLG Düsseldorf NJW-RR 1987, 759.
[119] OLG Naumburg FamRZ 2006, 1283.

XII nicht zur Bestreitung der Prozesskosten eingesetzt werden. Die Summe, bis zu welcher solche Beträge noch als „kleiner" anzusehen sind, ergibt sich aus § 1 der DurchführungsVO zu § 90 Abs. 2 Nr. 9 SGB XII. Er liegt bei **2600,– Euro,** (Stand 2007)[120] **zuzüglich 256,– Euro** für jede mit im Haushalt lebende Person, die vom Antragsteller unterhalten wird. Auch bei höheren Ersparnissen kann deren Einsatz für die Verfahrenskosten bei einer besonderen Notlage unzumutbar sein.

c) Zweckgebundenes Vermögen. Auch zweckgebundene oder zweckbestimmte Vermögenswerte, die nicht unter die Privilegierung von § 90 Abs. 2 Nr. 2 oder 3 SGB XII fallen, sind zur Bestreitung der Prozesskosten einzusetzen, soweit sie die genannte Größenordnung übersteigen und dem Antragsteller der Einsatz zugemutet werden kann. Allein die Zweckbestimmung einer Geldanlage besagt noch nichts über die Zumutbarkeit ihres Einsatzes, auf die es allein ankommt. Außerdem werden größere Vermögenswerte häufig zweckbestimmt angelegt, so dass sie schon dadurch einer Anrechnung entzogen wären, wenn es ganz allgemein auf die Zweckbestimmung ankäme. Richtigerweise ist darauf abzustellen, ob dem Antragsteller die Verwertung von Geldanlagen nach der besonderen Art ihrer anderweitigen Zweckbestimmung im Einzelfall zugemutet werden kann.[121] Vom Einsatz eines zweckgebunden Guthabens kann und sollte jedoch abgesehen werden, wenn die Kosten durch Raten aus dem Einkommen abgedeckt werden können.[122] 61

d) Schmerzensgeld. Schmerzensgeldbeträge müssen nicht zur Bestreitung der Prozesskosten verwendet werden[123] Die Nichtberücksichtigung der Schmerzensgeldrente als Einkommen ergibt sich dies aus § 83 Abs. 2 SGB XII, der darin zum Ausdruck kommende Rechtsgedanke lässt sich auch auf § 115 Abs. 3 übertragen. Anderes kann gelten, wenn die Aufwendungen für die Prozesskosten verhältnismäßig gering sind oder das zugeflossene Schmerzensgeld besonders hoch ist, so dass der Antragsteller die Prozesskosten aus den Zinsen finanzieren kann und ihm das Kapital verbleibt.[124] 62

e) Abfindungen. Abfindungen für den **Zugewinnausgleich** und Geldanlagen aus vollzogenem Zugewinnausgleich[125] gehören zum einzusetzenden Vermögen. Dies gilt auch für **Unterhalts-Kapitalabfindungen,**[126] soweit sie nicht zur Bestreitung des notwendigen Unterhalts[127] oder zur Tilgung von Überbrückungsdarlehen aus der Zeit ohne Unterhaltszahlungen[128] benötigt werden und die in Rn. 60 genannte Größenordnung übersteigen. Einzusetzen sind auch Witwenrenten-Abfindungen,[129] und Geldanlagen aus einer ausbezahlten Aussteuerversicherung.[130] 63

Die **Abfindung nach §§ 9 und 10 KSchG** gehört nach der arbeitsgerichtlichen Rechtsprechung zum Vermögen, das im zumutbaren Rahmen zur Bestreitung der Verfahrenskosten einzusetzen ist.[131] Systematisch zutreffender ist jedoch die Behandlung solcher Abfindungen als Einkommen, verteilt auf einen bestimmten Zeitraum (Rn. 11).[132] Das führt nicht zur Anordnung einer Einmalzahlung aus dem Vermögen oder sogar zur Verweigerung von PKH, sondern zur Bewilligung unter Anordnung von Ratenzahlungen aus dem Einkommen. Entsprechendes gilt für **Steuerrückerstattungen** für das vorangegangene Steuerjahr.[133] 64

f) Altersvorsorge. Lebensversicherungen und sonstige zur zusätzlichen Alternssicherung dienenden Geldanlagen sind nicht zur Prozessfinanzierung einzusetzen, wenn sie die Voraussetzungen des § 90 Abs. 2 Nr. 2 SGB XII erfüllen. Auf diese Weise wird das angesammelte Kapital einschließlich Zinsen und Überschussbeteiligungen bei sog. **Riester-Verträgen** in das Schonvermögen des Antragstellers einbezogen. Dies gilt allerdings nur für Verträge, die nach § 5 des Altersvorsorgever- 65

---

[120] OLG Karlsruhe FamRZ 2005, 1917; OLG Nürnberg FamRZ 2006, 1398; *Zimmermann* Rn. 138; aA LSG Sachsen FamRZ 2007, 156 (1600 Euro) mit abl. Anm. *Wrobel-Sachs.*

[121] OLG Zweibrücken JurBüro 1987, 1714; OLG Stuttgart FamRZ 1999, 598.

[122] OLG Karlsruhe FamRZ 1988, 858.

[123] OLG Stuttgart Rpfleger 1991, 463; OLG Nürnberg JurBüro 1992, 756; OLG Oldenburg NdsRpfl. 1995, 160; OLG Koblenz NJW-RR 1999, 1228; OLG Köln FamRZ 2004, 1498; OLG Rostock FamRZ 2005, 744; *Kalthoener/Büttner/Wrobel-Sachs* Rn. 333; aA *Zimmermann* Rn. 153 mwN.

[124] OLG Hamm FamRZ 1987, 1283.

[125] OLG Bamberg FamRZ 1986, 484; OLG Köln FamRZ 2005, 2003; OLG Koblenz FamRZ 2006, 1612.

[126] OLG Koblenz FamRZ 1987, 1284.

[127] OLG Nürnberg FamRZ 1995, 942.

[128] OLG Celle FamRZ 2005, 1917.

[129] KG FamRZ 1982, 623.

[130] OLG Köln FamRZ 1988, 1297.

[131] LAG Rheinland-Pfalz NZA 1995, 863; LAG Köln MDR 1995, 1044; NZA-RR 1996, 347; aA LAG Berlin NJW 1981, 2775; LAG Bremen NJW 1983, 248; MDR 1988, 995.

[132] OLG Karlsruhe FamRZ 2002, 1196; *Zöller/Philippi* Rn. 5; *Kalthoener/Büttner/Wrobel-Sachs* Rn. 316.

[133] OLG Nürnberg FamRZ 2006, 1132.

träge-Zertifizierungsgesetzes[134] zertifiziert sind, sowie die in § 82 EStG gleichgestellten Verträge, nicht jedoch für solche, die diese Voraussetzungen nicht erfüllen bzw. wegen eines Abschlusses vor dem Jahr 2002 meist gar nicht erfüllen können.[135] Bei allen anderen, der Altersvorsorge dienenden Lebensversicherungen und Anlagen ist zu prüfen, ob diese tatsächlich notwendig und der wirtschaftlichen Situation des Antragstellers und seiner Familie angemessen sind.[136] Dies wird bei Personen mit geringen oder fehlenden Anwartschaften in der gesetzlichen Rentenversicherung regelmäßig,[137] bei Arbeitnehmern mit zusätzlicher betrieblicher Altersversorgung nur in beschränktem Maße der Fall sein.[138] Dabei ist zu berücksichtigen, dass der Einsatz einer Lebensversicherung zur Prozessfinanzierung nicht nur in Form der Kündigung, sondern auch durch eine Beleihung (sog. **Policendarlehen**) möglich und in der Regel auch zumutbar ist.[139] Dass die Verwertung einer Lebensversicherung oder Rentenversicherung mit Kapitalwahlrecht zu einer Vernichtung wirtschaftlicher Werte führt, weil der Rückkaufswert hinter dem wahren Wert der Versicherung zurückbleibt, begründet keine Härte iSv. § 90 Abs. 3 SGB XII.[140] Dient die Lebensversicherung aktuell zur **Finanzierung einer Immobilie,** welche ihrerseits unter dem Schutz des **§ 90 Abs. 2 Nr. 8 SGB XII** steht (Rn. 6), so kann eine Verwertung zur Prozessfinanzierung nicht verlangt werden.[141] Eine **Direktversicherung** nach den Vorschriften des Gesetzes zur Verbesserung der betrieblichen Altersversorgung ist idR nicht für die Prozessfinanzierung einzusetzen. Die vollständige oder teilweise Auszahlung des Rückkaufswertes zöge arbeits- und steuerrechtliche Konsequenzen nach sich.[142] **Barvermögen** des Antragstellers, auch solches, welches als Tagesgeld angelegt wurde, ist kein geeignetes Mittel für die Altersvorsorge. Dies gilt zumindest dann, wenn Zweifel bestehen, wofür diese Gelder in Zukunft vom Antragsteller tatsächlich eingesetzt werden.[143]

66 **g) Immobilien. aa) Geschütztes Eigenheim.** Die Verwertung eines **angemessenen Hausgrundstücks** darf entsprechend § 90 Abs. 2 Nr. 8 SGB XII nicht verlangt werden, wenn es der Antragsteller allein oder zusammen mit seiner Familie ganz oder teilweise bewohnt Dasselbe gilt nach dem Sinn dieser Vorschrift, dem Antragsteller das Familienheim als Grundlage seines Hausstandes zu erhalten, für eine selbst genutzte **Eigentumswohnung.** Die Frage, was unter einem angemessenen Hausgrundstück zu verstehen ist, kann nur jeweils im Einzelfall beantwortet werden.[144] Zu berücksichtigen sind neben personenbezogenen Kriterien, wie etwa die Zahl der Bewohner und deren Bedürfnisse, die hiermit verbundenen sachbezogenen Faktoren, wie Größe,[145] Zuschnitt und Ausstattung des Hauses und die Größe des Grundstücks, ferner der Verkehrswert unter Berücksichtigung der besonderen örtlichen Verhältnisse, so dass eine allgemeine Obergrenze nicht gezogen werden kann.[146]

67 **bb) Angemessenheit.** Die angemessene **Wohnungsgröße** wird teilweise von der Förderungswürdigkeit durch öffentliche Mittel nach dem **Zweiten Wohnungsbaugesetz** hergeleitet.[147] Dabei soll der der Bedarf einer vierköpfigen Familie, die in einer Wohnung lebt, mit 130 qm, bei Wohnen in zwei Wohnungen innerhalb eines Familienheims mit maximal 200 qm zu veranschlagen sein. Für jede weitere Person erhöht sich der angemessene Wohnbedarf um 20 qm. Bei einer geringeren Zahl von Mitbewohnern kommt ein entsprechender Abschlag in Betracht.[148]

68 **cc) Reichweite des Eigenheimschutzes. Geschützt ist das Hausgrundstück** nicht als Vermögenswert, sondern als **Familienheim,**[149] so dass der Schutz entfällt, wenn es diesen Zweck

---

[134] Gesetz v. 20. 12. 2001, BGBl. I S. 3926.

[135] OLG Stuttgart OLGR 2002, 59; FamRZ 2004, 1651; aA OLG Celle FamRZ 2007, 913.

[136] OLG Stuttgart FamRZ 1999, 598; OLG Koblenz OLGR 2005, 887; OLG Karlsruhe FamRZ 2005, 1917; OLG Frankfurt a. M. FamRZ 2006, 135.

[137] OLG Naumburg FamRZ 2006, 496; OLG Stuttgart FamRZ 2007, 914; vgl. auch *Schürmann* FuR 2006, 14, 15.

[138] OLG Bremen FamRZ 2007, 1341.

[139] KG FamRZ 2003, 1394; LAG Hamm RVGreport 2005, 240; OLG Braunschweig FamRZ 2006, 135; OLG Nürnberg FamRZ 2006, 1284; OLG Brandenburg FamRZ 2006, 1396; einschränkend OLG Stuttgart FamRZ 2006, 1850, 1851.

[140] OLG Karlsruhe FamRZ 2005, 1917; einschränkend bei nur geringfügiger Überschreitung des Schonvermögens OLG Nürnberg FamRZ 2007/1338.

[141] *Schürmann* FuR 2006, 14, 15.

[142] Vgl. OLG Frankfurt a. M. FamRZ 2006, 962.

[143] OLG Karlsruhe FamRZ 2004, 1122.

[144] *Schulte* NJW 1991, 546.

[145] BGH FamRZ 1990, 389, 390; LG Passau JurBüro 1987, 1097; *Kalthoener/Büttner/Wrobel-Sachs* Rn. 345.

[146] OVG Berlin NJW 1985, 161; VG München NJW 1985, 163.

[147] *Kalthoener/Büttner/Wrobel-Sachs* Rn. 345.

[148] Zustimmend OLG Karlsruhe FamRZ 2001, 236 (LS).

[149] OLG Hamm Rpfleger 1984, 432.

nicht oder nicht mehr erfüllen kann. Deshalb ist ein im Miteigentum von Ehegatten stehendes, aber von ihnen nicht bewohntes Einfamilienhaus für die Kosten des Scheidungsverfahrens einzusetzen.[150] Ist bei getrennt lebenden Ehegatten noch nicht absehbar, ob die Trennung von Dauer sein wird, fällt die Immobilie noch ins Schonvermögen.[151] Ist das ehemalige **Familienheim bereits veräußert** oder zwangsversteigert, so fallen die hieraus herrührenden, an den Antragsteller ausgekehrten Mittel nicht unter einen verlängerten Schutz entsprechend § 90 Abs. 2 Nr. 8 SGB XII, sondern sind zur Bestreitung der Prozesskosten einzusetzen.[152] Anderes gilt, wenn sie alsbald wieder für den Erwerb eines Eigenheims oder einer Eigentumswohnung eingesetzt werden sollen.[153] Ansonsten ist eine für später geplante **Umschichtung** von nicht geschütztem Geldvermögen in Wohnraum regelmäßig nicht geschützt.[154] Bei einer Neuinvestition in eine Immobilie gelten die obigen Ausführungen zur Angemessenheit (Rn 54f.) entsprechend. Bei hohen Verkaufserlösen kann der Partei abverlangt werden, zur Finanzierung des Prozesses im Rahmen der Zumutbarkeit Einbußen bei der Wohnqualität hinzunehmen. Wegen des genannten Schutzzwecks ist nur eine Verwertung in Form der Veräußerung ausgeschlossen, nicht aber eine **Belastung zum Zweck der Kreditaufnahme,**[155] soweit dadurch die Funktion des Hauses oder der Eigentumswohnung als Familienheim nicht beeinträchtigt wird und angesichts der vorrangigen Rechte überhaupt noch ein Spielraum für weitere dingliche Belastungen besteht.

dd) Obliegenheit zur Verwertung der Immobilie. Fällt Immobilieneigentum nicht unter den Schutzzweck des § 90 Abs. 2 Nr. 8 SGB XII, so ist er zur Finanzierung der Prozesskosten zu verwerten.[156] Dies kann auch in der Weise geschehen, dass dem Antragsteller eine **Teilvermietung** zugemutet wird. Aus den Mieteinkünften ist er gegebenenfalls verpflichtet, Raten auf die Prozesskosten zu zahlen (zur Zurechung von Fiktiveinkünften § 114 Rn. 58). Eine vermietete Eigentumswohnung, die der Antragsteller als Kapitalanlage erworben hat und aus der er Mieteinkünfte erzielt, ist im Regelfall kein Schonvermögen.[157] Meist ist die dingliche Belastung derartiger Objekte zum Zweck der Kreditsicherung zumutbar, wenn sie angesichts der vorrangigen Belastungen noch möglich ist und die Zins- und Tilgungsleistungen auf den zur Bestreitung der Prozesskosten aufgenommenen Kredit in angemessenem Verhältnis zu den sonstigen Einkommen- und Vermögensverhältnissen des Antragstellers stehen.[158] Im Einzelfall können auch höhere Gesamtbelastungen, als sie bei einer Ratenzahlung nach der Tabelle zu § 115 festzusetzen wären, zumutbar sein.[159] Wird der Antragsteller voraussichtlich **weder Zinsen noch Tilgung** eines zur Prozessfinanzierung aufgenommenen Immobilenkredits aufbringen können, so kann er hierauf auch nicht verwiesen werden.[160] Es stellt sich dann die Frage, ob eine Verwertung in Form der Veräußerung in Betracht kommt.[161] Hier ist besonders sorgfältig zu prüfen, ob dies noch in einem angemessenen Verhältnis zur beabsichtigten Rechtsverfolgung oder -verteidigung und zu den hierfür voraussichtlich anfallenden Kosten steht. Dies ist nicht der Fall, wenn die mit dem Verkauf verbundenen Kosten für **Maklerprovision, Notarkosten und Mehrkosten bei der Hausfinanzierung** bei Ablösung der Kredite vor Fälligkeit voraussichtlich deutlich höher wären als die zu erwartenden Prozesskosten. Wenn Unsicherheiten bestehen, ob bei der Veräußerung einer Immobilie ein Erlös erzielt wird, der die Belastungen übersteigt, so ist diese nicht als verwertbares Vermögen anzusehen.[162] 69

ee) Bausparguthaben. Bausparguthaben und anderes Vermögen, das zum Erwerb einer Eigentumswohnung oder eines Eigenheims bestimmt ist, fallen – vom Sonderfall des § 90 Abs. 2 Nr. 3 SGB XII abgesehen – ebenfalls nicht unter den Schutzzweck von § 90 Abs. 2 Nr. 8 SGB XII und 70

[150] OLG Frankfurt a. M. FamRZ 1986, 925; vgl. auch OLG Celle MDR 1987, 502.

[151] OLG Celle NdsRpfl. 1996, 57.

[152] OLG Hamm JurBüro 1984, 929; OLG Köln MDR 1996, 197; aA *Büttner* Rpfleger 1997, 347, 348.

[153] OLG Bamberg FamRZ 1996, 42; 1995, 1590; strenger OLG Nürnberg MDR 2003, 271.

[154] OLG Nürnberg FamRZ 2002, 759.

[155] BFH MDR 1990, 955; OLG Bamberg JurBüro 1985, 606; OLG Celle MDR 1987, 502; OLG Köln FamRZ 1999, 997.

[156] OLG Zweibrücken JurBüro 1982, 294 (Zweifamilienhaus); OVG Bremen JurBüro 1983, 1720 (Miterbenanteil an einem Hausgrundstück); OLG Köln FamRZ 2004, 1121 (bei hälftigem Miteigentum trotz Grundschuld zur Sicherung darlehensweise gewährter Sozialhilfe); OLG Koblenz FamRZ 2005, 468 (LS); *Kalthoener/Büttner/Wrobel-Sachs* Rn. 326.

[157] OLG Koblenz MDR 2002, 904.

[158] OLG Oldenburg FamRZ 1998, 759; OLG Köln FamRZ 1999, 997; OLG Celle FamRZ 2005, 1185.

[159] OLG Karlsruhe FamRZ 2004, 1499; einschränkend OLG Brandenburg FamRZ 2007, 1340.

[160] Anders OLG Koblenz FamRZ 2004, 1298.

[161] OLG Koblenz MDR 2002, 904; einschränkend OLG Koblenz FamRZ 2006, 136.

[162] OLG Karlsruhe FamRZ 2004, 1499; OLG Brandenburg FamRZ 2007, 1340.

sind deshalb grundsätzlich zur Finanzierung der Prozesskosten zu verwenden.[163] Dies gilt auch dann, wenn damit der Verlust der Bearbeitungsgebühr, der Wohnungsbauprämie und der Arbeitnehmersparzulage verbunden ist.[164] Unzumutbar ist der Einsatz eines Bausparguthabens jedoch dann, wenn es bereits verbindlich in die Finanzierung eines Bau- oder Erwerbsvorhabens eingebunden ist, welches unter dem Schutz von § 90 Abs. 2 Nr. 8 SGB XII steht.[165] – Zu Zins- und Tilgungsleistungen vgl. Rn. 38.

71 **h) Sonstige Vermögenswerte.** Sonstige Vermögenswerte sind grundsätzlich ebenfalls zur Bestreitung der Prozesskosten einzusetzen, sofern sie nicht nach § 90 Abs. 2 SGB XII geschützt sind. Zumutbar ist zB regelmäßig die Veräußerung eines **PKW ab der gehobenen Mittelklasse**[166] oder anderer Vermögensgegenstände, die der Antragsteller ohne wesentliche Beeinträchtigung seiner Lebensführung entbehren kann. Einzusetzen sind auch geldwerte Rechte, wie etwa **Patent- oder Urhebernutzungsrechte,** sofern eine Verwertung auf zumutbare Weise möglich ist. Der **Kostenerstattungsanspruch gegen den unterlegenen Gegner** steht der (nachträglichen) Bewilligung von PKH nur entgegen, wenn er realisierbar ist,[167] da es sonst an der Verfügbarkeit fehlt.

72 **i) Forderungen.** Realisierbare Forderungen gehören ebenfalls zum einzusetzenden Vermögen.[168] Darauf, ob über die Forderung bereits ein Titel besteht, kommt es nicht an.[169] Gegebenenfalls ist PKH mit der Anordnung künftiger Leistungen aus dem zu erwartenden Vermögenszuwachs zu bewilligen.[170] Auf diese Weise kann grundsätzlich auch **die im Rechtsstreit geltend gemachte Forderung** selbst als Vermögenswert berücksichtigt werden,[171] sofern dies nicht wegen ihrer Rechtsnatur ausscheidet; letzteres gilt etwa für Unterhaltsansprüche, die zur Deckung des laufenden Lebensbedarfs des Antragstellers benötigt werden. Wenn der Prozessgegner während des Rechtsstreits unter Vorbehalt oder auch irrtümlich Zahlungen auf die streitgegenständliche Forderung über den Schonbetrag hinaus (Rn. 60) leistet, entfällt insoweit die Bedürftigkeit des Antragstellers.[172] Ferner kommt, sofern begründete Aussichten auf eine alsbaldige Durchsetzung der Forderung bestehen, die Bewilligung von PKH unter sofortiger Anordnung der künftigen Leistung aus dem Vermögen (§ 120 Rn. 6) in Betracht.[173] Gelingt es dem Antragsteller, die streitgegenständliche Forderung nach Bewilligung von PKH beizutreiben, so kann der Bewilligungsbeschluss auch gem. § 120 Abs. 4 zu Ungunsten des Antragstellers abgeändert werden.[174] **Reformbestrebungen** auf Initiative von Bundesländern gehen dahin, das durch die Prozessführung Erlangte durch nachträgliche Auferlegung oder Erweiterung einer Zahlungspflicht des Antragstellers in wesentlich größerem Maße zur Refinanzierung der PKH-Aufwendungen heranzuziehen als dies de lege lata möglich ist.[175]

73 **j) Kreditaufnahme.** Die Verweisung des Antragstellers auf eine Kreditaufnahme ist unproblematisch möglich, soweit es nicht um eine Ausnutzung seiner persönlichen Kreditwürdigkeit geht, sondern um die Aufnahme eines Kredits auf vorhandenes Vermögen. Fraglich kann in diesem Fall nicht die Zumutbarkeit der Aufnahme eines Realkredits selbst,[176] sondern allenfalls die Zumutbarkeit der Verwertung des betreffenden Vermögensgegenstandes im Wege der Beleihung, sowie die Angemessenheit der finanziellen Belastungen aus Zins und Tilgung sein, die damit für den Antragsteller verbunden sind (Rn. 54). Einem Antragsteller, der nach seine sonstigen wirtschaftlichen Verhältnissen in der Lage ist, einen **Personalkredit** zur Finanzierung der Prozesskosten aufzunehmen, ist PKH zu versagen. Dies gilt zumindest für Unternehmer, die regelmäßig mit Fremdkapital arbeiten und deren Kreditlinie noch nicht ausgeschöpft ist[177] Ob Zins- und Tilgungsleitungen den

---

[163] LAG Baden-Württemberg JurBüro 1988, 896; OLG Nürnberg FamRZ 1995, 1592; OLG Nürnberg FamRZ 2002, 759.

[164] OLG Hamburg FamRZ 1984, 71.

[165] OLG Koblenz FamRZ 1986, 82.

[166] OVG Münster NJW 1997, 540, 300; OLG Bamberg FamRZ 1999, 1508; siehe auch KG FamRZ 2007, 158.

[167] OLG Köln FamRZ 1990, 642.

[168] OLG Düsseldorf FamRZ 1986, 288.

[169] OLG Bamberg NJW-RR 1986, 62.

[170] OLG Düsseldorf MDR 1990, 728.

[171] OLG Frankfurt a. M. FamRZ 1984, 809; OLG Bamberg NJW-RR 1986, 62; OLG Nürnberg FamRZ 1989, 995 m. Anm. *Büttner.*

[172] BGH FamRZ 2002, 1704.

[173] OLG Saarbrücken Rpfleger 1987, 125; OLG Düsseldorf FamRZ 1990, 765.

[174] KG NJW-RR 1989, 511; vgl. § 120 Rn. 18 ff.

[175] Siehe BR-Drucks. 250/06, S. 5, 69; BT-Drucks. 16/1994, S. 5, 29; hierzu auch § 114 Rn. 5.

[176] OLG Koblenz FamRZ 2005, 468 (LS).

[177] BGH FamRZ 2007, 460; OLG Frankfurt/M. NJW-RR 1987, 320; OLG Brandenburg FamRZ 1997, 681; OLG Nürnberg MDR 2003, 593 (für gewerblichen Rechtsstreit); *Zöller/Philippi* Rn. 64.

Betrag der Monatsraten übersteigen, die nach § 115 zu zahlen wären, ist unerheblich.[178] Jedoch ist es nicht zulässig, eine im Wesentlichen **vermögenslose Partei** auf die Aufnahme eines Personalkredits zu verweisen.[179] – Zum Policendarlehen Rn. 65. **Reformbestrebungen** gehen allerdings dahin, ab einem bestimmten ratenpflichtigen Einkommen nach Abs. 2 die Partei auf die Aufnahme eines Darlehens zu verweisen. Nur falls ihm dies nicht zumutbar ist, soll er PKH erhalten.[180]

5. Prozessfinanzierung durch Dritte. a) Grundlagen. Versicherungsrechtliche Ansprüche des Antragstellers auf Übernahme der Prozesskosten (zB gegenüber einer Haftpflicht- und Rechtschutzversicherung) oder deren Finanzierung durch einen Berufsverband (zB Gewerkschaft) werden als einzusetzendes Vermögen iSv. Abs. 3 behandelt. Aus der **Zweckgebundenheit** dieser Mittel folgt, dass sie unabhängig vom Zeitpunkt ihrer Zahlung und ihrer Höhe niemals unter das Schonvermögen fallen können, sondern stets in voller Höhe die Bedürftigkeit des Antragstellers vermindern. Reichen sie zur Finanzierung des Rechtsstreits nicht aus, so kann **ergänzend PKH bewilligt** werden. 74

b) Rechtsschutzversicherung. PKH kann nicht gewährt werden, soweit der Antragsteller einen Anspruch auf Deckung der Prozesskosten durch eine Rechtsschutzversicherung hat.[181] Verneint der Rechtsschutzversicherer seine Einstandspflicht, weil die beabsichtigte **Rechtsverfolgung ohne Aussicht auf Erfolg** sei, so kann PKH häufig bereits deshalb nicht bewilligt werden, weil es auch an der Erfolgsaussicht nach § 114 fehlt. Im Ausnahmefall gegebener Erfolgsaussicht ist es dem Antragsteller zuzumuten, einen für die Versicherung bindenden Stichentscheid seines Prozessbevollmächtigten nach § 17 Abs. 2 ARB 75 herbeizuführen[182] bzw. das Schiedsgutachterverfahren nach § 18 Abs. 3 ARB 94 einzuleiten. Verneint der Rechtsschutzversicherer seine Einstandspflicht **aus anderen Gründen,** etwa weil der Rechtsstreit nicht vom Versicherungsschutz umfasst sei oder weil der Versicherungsnehmer eine Obliegenheit verletzt habe, so kann PKH nicht mit Hinweis auf einen zu führenden Deckungsprozess versagt werden.[183] Wegen der in den ARB enthaltenen **Risikoausschlüsse** erübrigt sich vielfach eine nähere Prüfung der Frage, ob die Kosten durch eine Rechtsschutzversicherung gedeckt sind. Dies gilt insbesondere für den Bereich des gesamten **Familienrechts,** für den nach § 4 ARB 1975 bzw. § 3 ARB 1994/2000 in der Regel kein Versicherungsschutz besteht. Auch Rechtsstreitigkeiten aus dem Erbrecht, aus Bürgschafts- und Versicherungsverträgen, aus dem Handelsrecht und aus dem Wettbewerbsrecht sowie Angelegenheiten der freiwilligen Gerichtsbarkeit sind unter anderem aus dem Versicherungsschutz der allgemeinen Rechtsschutzversicherung ausgenommen. 75

c) Haftpflichtversicherung. Hat der Beklagte eine Haftpflichtversicherung, die das Risiko des gegen ihn geltend gemachten Anspruchs abdeckt, so ist der Versicherer berechtigt[184] und verpflichtet, alles zur Abwehr der Klage erforderliche zu tun (vgl. zB § 10 Abs. 1 AKB). Diese Verpflichtung umfasst regelmäßig auch die Übernahme der erforderlichen Prozesskosten und geht insoweit der Gewährung von PKH vor. 76

d) Gewerkschaft. Die Möglichkeit, gewerkschaftlichen Rechtsschutz in Anspruch zu nehmen, steht der Gewährung von PKH regelmäßig entgegen.[185] Dies gilt nicht nur für das arbeitsgerichtliche Verfahren, sondern für alle Verfahrensarten, insbesondere auch für Verfahren vor dem Sozialgericht.[186] Die Partei kann auf die Möglichkeit gewerkschaftlichen Rechtsschutzes jedoch nicht verwiesen werden, wenn das Vertrauensverhältnis zur Gewerkschaft nachhaltig gestört ist.[187] Besteht kein Anspruch, aber die tatsächliche Möglichkeit gewerkschaftlichen Rechtsschutzes, so ist dies im Rahmen der persönlichen Verhältnisse nach § 114 zu berücksichtigen (§ 114 Rn. 57). Erscheint allerdings die Vertretung durch einen Rechtsanwalt erforderlich (§ 121 Rn. 3ff.) und werden die Kosten hierfür vom gewerkschaftlichen Rechtsschutz nicht umfasst, so ist PKH unter Beiordnung eines Rechtsanwalts zu bewilligen. Dasselbe gilt ohne Rücksicht auf die sachliche Erforderlichkeit, wenn der Gegner durch einen Rechtsanwalt vertreten ist.[188] 77

---

[178] VG Frankfurt NJW-RR 1987, 1535; *Kalthoener/Büttner/Wrobel-Sachs* Rn. 351; aA OLG Oldenburg FamRZ 1998, 759; OLG Köln FamRZ 1999, 997.

[179] *Kalthoener/Büttner/Wrobel-Sachs* Rn. 351; allgM.

[180] BT-Drucks. 16/1994, S. 5, 24.

[181] BGH VersR 1981, 1070; LAG Düsseldorf JurBüro 1982, 610; BGH NJW-RR 1987, 1343 (allgM).

[182] BGH NJW-RR 1987, 1343.

[183] *Zöller/Philippi* Rn. 61, 66; *Kalthoener/Büttner/Wrobel-Sachs* Rn. 331; aA 2. Aufl. Rn. 69.

[184] BGHZ NJW 1987, 2586.

[185] LAG Kiel NJW 1984, 830 m. Anm. *Grunsky;* LAG Hessen ZIP 1984, 141 = NZA 1984, 236; LAG Hamm NJW 1987, 1358.

[186] BSG MDR 1996, 1163.

[187] BSG JurBüro 1996, 533; LAG Bremen NJW 1985, 223; MDR 1995, 293; LAG Hamm NJW 1987, 1358.

[188] *Kalthoener/Büttner/Wrobel-Sachs* Rn. 332.

78 **e) Forderungsabtretung, Prozessstandschaft.** Klagt der Antragsteller in gewillkürter oder gesetzlicher **Prozessstandschaft** ein fremdes Recht in eigenem Namen ein, so kommt es bei der Prüfung der Bedürftigkeit grundsätzlich auf seine Vermögensverhältnisse an (§ 114 Rn. 47). Ein Anspruch auf **Aufwendungsersatz** gegen den Inhaber des Rechts ist jedoch als einzusetzendes Vermögen iSv. Abs. 3 zu behandeln und steht der PKH-Bewilligung entgegen. Gleiches gilt, wenn die Aktivlegitimation des Antragstellers auf einer **Abtretung** beruht und er zur Weiterleitung des eingeklagten und beigetriebenen Geldbetrags an den Zedenten verpflichtet ist. – Zum Aufwendungsersatzanspruch gegen das Sozialamt nach Rückabtretung übergegangener Unterhaltsansprüche § 114 Rn. 52, zur Prozessstandschaft beim Kindesunterhalt § 127a Rn. 10.

79 **6. Prozesskostenvorschuss. a) Grundsatz.** Soweit der Antragsteller einen unterhaltsrechtlichen Anspruch auf Zahlung eines PKV für die beabsichtigte Rechtsverfolgung oder -verteidigung hat, dessen Durchsetzung ihm alsbald und unzweifelhaft möglich und zumutbar ist,[189] kann ihm PKH nicht bewilligt werden, da der Anspruch auf einen PKV zum einzusetzenden Vermögen gehört.[190] In seinem PKH-Gesuch hat der Antragsteller zu erläutern und glaubhaft zu machen, weshalb ihm ein PKV-Anspruch nicht zusteht.[191] Kann der **Vorschuss nur in Raten** bezahlt werden kann, so ist PKH mit Ratenzahlungen zu bewilligen.[192] Dies gilt auch dann, wenn dem gegenüber der Partei vorschusspflichtigen Ehegatten oder Elternteil für die eigene Prozessführung ebenfalls PKH mit Ratenzahlungspflicht zu bewilligen wäre.[193] Die Gegenansicht wurde während der Geltung einer früheren Fassung der Tabelle zu § 114 entwickelt. Danach war die Bewilligung von PKH ausgeschlossen, wenn das einzusetzende Einkommen 2400 DM überschritt. Nach der heute geltenden Fassung von § 115 gibt es keine derartige Obergrenze des Einkommens mehr. Diese wird nur indirekt und fallbezogen durch die Mindestanzahl von fünf Monatraten in Abs. 4 bestimmt. Somit können bei hohen Streitwerten auch Parteien mit gehobenem Einkommen in den Genuss von PKH kommen, wenn auch mit entsprechend hohen Raten. Aus unterhaltsrechtlicher Sicht lässt sich nicht vertreten, hier einen Anspruch auf PKV an einer potentiellen PKH-Berechtigung des Pflichtigen scheitern zu lassen. Auch für eine Belastung der Staatskasse mit den Kosten der Prozessführung bei Vorhandensein eines leistungsfähigen Ehegatten (oder Elternteils) ist keine Rechtfertigung ersichtlich.

80 **b) Gesetzlicher Unterhaltsanspruch.** Der materiellrechtliche Anspruch auf PKV[194] setzt das Bestehen einer gesetzlichen Unterhaltspflicht voraus, also eines durch Gesetz begründeten unterhaltsrechtlichen Grundverhältnisses, sowie Bedürftigkeit des Berechtigten und Leistungsfähigkeit des Verpflichteten. Der Anspruch ergibt sich zwischen **Ehegatten** bei bestehender Ehe aus §§ 1360a Abs. 4, 1361 Abs. 4 BGB und im **Verwandtenunterhalt** aus einer entsprechenden Anwendung dieser Vorschriften im Rahmen von § 1610 Abs. 2 BGB. Vorschusspflichtig gegenüber **minderjährigen Kindern** ist in erster Linie der barunterhaltspflichtige Elternteil und nachrangig nach diesem bei entsprechender Leistungsfähigkeit auch der betreuende Elternteil.[195] Eltern schulden in entsprechender Anwendung des § 1360a Abs. 4 BGB auch ihren volljährigen Kindern einen Vorschuss für die Kosten eines Rechtsstreits in persönlichen Angelegenheiten, wenn diese wegen der Fortdauer ihrer Ausbildung noch keine eigene Lebensstellung erreicht haben.[196] Der Anspruch auf Bewilligung von PKH entfällt somit schon dann, wenn wenigstens **ein unterhaltspflichtiger Elternteil** des (minderjährigen oder volljährigen) Kindes zur Leistung eines PKV in der Lage ist. Kinder sind gegenüber den Eltern nicht vorschusspflichtig,[197] ebenso wenig Großeltern gegenüber

---

[189] OLG Bamberg JurBüro 1988, 771; OLG München FamRZ 1994, 1126; OVG Münster NJW-RR 1999, 1235; OLG Naumburg FamRZ 2000, 1095; OLG Nürnberg FamRZ 2001, 233.

[190] OLG München FamRZ 1996, 1021; OLG Koblenz FamRZ 1997, 679.

[191] OLG Karlsruhe FamRZ 2006, 1852, 1853.

[192] BGH FamRZ 2004, 1633; OLG Nürnberg FamRZ 1996, 875.

[193] OLG Köln FamRZ 2003, 102; OLG Brandenburg FamRZ 2003, 1933; *Kalthoener/Büttner/Wrobel-Sachs* Rn. 372; *Hoppenz/Zimmermann* Rn. 12; aA BSG MDR 1994, 512; VGH Kassel NVwZ-RR 1990, 518; OLG Karlsruhe FamRZ 1992, 77; OLG Düsseldorf FamRZ 1993, 1474; *Zöller/Philippi* Rn. 70; *Musielak/Fischer* Rn. 39; 2. Aufl. Rn. 73.

[194] Vgl. MünchKommBGB/*Born* § 1610 Rn. 156ff.; *Schwab/Borth* IV Rn. 62ff.; *Kalthoener/Büttner/Wrobel-Sachs* Rn. 354ff.; *Caspary* NJW 2005, 2577; *Hausleiter* NJW-Spezial 2005, 55.

[195] OLG Koblenz FamRZ 1995, 558; OLG Karlsruhe FamRZ 1996, 1100; aA OLG Nürnberg NJW-RR 1995, 390.

[196] BGH FamRZ 2005, 883; OLG Karlsruhe FamRZ 1989, 534; OLG Köln FamRZ 1994, 1409; OLG Nürnberg NJW-RR 1996, 1090; OLG Zweibrücken FamRZ 1996, 891; OLG Hamm NJW 1999, 798; OLG München FamRZ 2007, 911, 913 (38jährige Studentin); *Kalthoener/Büttner/Wrobel-Sachs* Rn. 361; *Caspary* NJW 2005, 257; aA OLG Hamm NJW-RR 1996, 519; FamRZ 1996, 1021.

[197] OLG München FamRZ 1993, 821; *Zöller/Philippi* Rn. 67d; *Caspary* NJW 2005, 2577; aA *Kalthoener/Büttner/Wrobel-Sachs* Rn. 363.

Enkelkindern.[198] Auch zwischen **geschiedenen Ehegatten** besteht kein Anspruch auf PKV.[199] Bei Partnern einer **nichtehelichen Lebensgemeinschaft** sind Geldzuwendungen und geldwerte Betreuungsleistungen dem Empfänger als Einkommen anzurechnen.[200] Ein Anspruch auf PKV in Analogie zu § 1360a BGB besteht hingegen nicht.[201] Für **Lebenspartner** iSv. § 1 LPartG gilt über die Verweisung in § 5 LPartG § 1360a BGB entsprechend.

c) Auslandsfälle. In Fällen mit Auslandsberührung gilt: Der Kläger bzw. Antragsteller hat in 81
den für die PKH relevanten Fällen regelmäßig seinen gewöhnlichen Aufenthalt im Inland. Deshalb ist der Anspruch auf PKV, da es sich um einen unterhaltsrechtlichen Anspruch handelt, wegen Art. 18 Abs. 1 S. 1 EGBGB meist nach deutschem Recht zu beurteilen. Befindet sich der Antragsteller im Ausland, ist das entsprechende **ausländische Recht** maßgebend.[202] Die Verweisung auf das Ehescheidungsstatut in Art. 18 Abs. 4 EGBGB ist für den Anspruch auf PKV nur dann relevant, wenn das ausländische Sachrecht – anders als das deutsche – auch geschiedenen Ehegatten einen Anspruch auf PKV zubilligt.

d) Persönliche Angelegenheit. aa) Begriffsbestimmung. Im Grundsatz beschränkt sich der 82
Anspruch auf PKV auf die Kosten eines Rechtsstreits in persönlichen Angelegenheiten (§ 1360a Abs. 4 BGB), deren allgemeine Definition allerdings nahezu unüberwindliche Schwierigkeiten bereitet.[203] Weitgehend Einigkeit besteht darüber, dass nicht zwischen vermögensrechtlichen und nichtvermögensrechtlichen Streitigkeiten unterschieden werden kann und dass es auch nicht darauf ankommt, ob sich der Anspruch aus einer familienrechtlichen Vorschrift ergibt oder ob es um die Existenzsicherung des Antragstellers geht. Bei vermögensrechtlichen Streitigkeiten soll es auf „eine genügend enge Verbindung" der betreffenden Angelegenheit zur Person des Unterhaltspflichtigen ankommen,[204] ferner im vermögensrechtlichen wie nichtvermögensrechtlichen Bereich darauf, ob es sich um eine Angelegenheit handelt, die sich auf die mit der Person untrennbar verbundenen Güter Leben, Körper, Gesundheit und Freiheit, auf die Menschenwürde oder das allgemeine Persönlichkeitsrecht oder auf den Bestand familienrechtlicher Verhältnisse als solcher bezieht. Gleichgültig ist die Parteirolle und die Person des Prozessgegners, insbesondere kann sich der Anspruch auch gegen den Gegner des beabsichtigten Rechtsstreits selbst richten.

bb) Familiensachen. Persönliche Angelegenheiten sind insbesondere Familiensachen (§ 23b 83
Abs. 1 GVG), also vor allem Ehesachen,[205] Unterhaltssachen einschließlich aller Nebenverfahren wie etwa der Klage auf Auskunft, sowie Sorge-, Umgangs- und Hausratssachen. Zu differenzieren ist bei der **Vaterschaftsanfechtung:** Klagt der nach §§ 1592ff. BGB als Vater geltende Mann gegen das Kind, so bestehen keine Bedenken, dem beklagten Kind einen Anspruch auf PKV gegen den Kläger zu geben,[206] selbst wenn es dem Antrag nicht entgegentritt.[207] Ficht jedoch das Kind die Vaterschaft an, so würde es sich mit dem Verlangen nach einem PKV vom beklagten Mann in Widerspruch zur beabsichtigten Rechtsverfolgung setzen.[208] Vorschusspflichtig ist auch die Mutter des Kindes für dessen **Klage auf Feststellung der Vaterschaft.**[209] Der beklagte Mann kann auf Unterhalt und damit auf PKV erst in Anspruch genommen werden, wenn seine Vaterschaft rechtskräftig festgestellt ist. Zu diesem Zeitpunkt kann der Vorschussanspruch jedoch nicht mehr geltend gemacht werden (Rn. 88).

cc) Zivilsachen. Aus dem Bereich der Zivilsachen gehören beispielsweise **Arzthaftungskla-** 84
gen des Patienten,[210] Klagen auf Schadenersatz wegen **Körperverletzung oder Gesundheits-**

---

[198] *Zöller/Philippi* Rn. 67d; aA OLG Koblenz FamRZ 1997, 681.

[199] BGH NJW 1984, 291.

[200] OLG Koblenz FamRZ 1987, 612; Rpfleger 1991, 375.

[201] OLG Köln FamRZ 1988, 306; *Kalthoener/Büttner/Wrobel-Sachs* Rn. 359; aA OLG Hamm FamRZ 1981, 493 m. zust. Anm. *Bosch;* OLG Koblenz NJW-RR 1992, 1348; 2. Aufl. Rn. 74.

[202] OLG Köln MDR 1995, 209; *Zöller/Philippi* Rn. § 620 Rn. 82; für die Anwendung deutschen Rechts im einstweiligen Anordnungsverfahren OLG Karlsruhe FamRZ 1986, 485 (Ls) = Justiz 1986, 48; OLG Stuttgart FamRZ 1988, 758; 2. Aufl. § 127a. Rn. 9; gegen einen Rückgriff auf Art. 18 Abs. 2 EGBGB KG FamRZ 1988, 167 mit zust. Anmerkung *v. Bar* IPRax 1988, 220.

[203] Vgl. hierzu und zum Folgenden MünchKommBGB/*Born* § 1610 Rn. 172; *Schwab/Borth* IV Rn. 69ff.; *Kalthoener/Büttner/Wrobel-Sachs* Rn. 364; *Knops/Knops* FamRZ 1997, 208.

[204] BGH FamRZ 1960, 130.

[205] Differenzierend KG FamRZ 1995, 680.

[206] OLG Koblenz AnwBl. 1997, 232.

[207] OLG Celle NJW-RR 1995, 6.

[208] OLG Frankfurt a.M. FamRZ 1983, 827; anders die hM, OLG Hamm JurBüro 1983, 454; KG FamRZ 1987, 303; OLG Karlsruhe FamRZ 1996, 872; OLG Koblenz FamRZ 1996, 44; 1997, 679.

[209] KG NJW 1982, 111; OLG Köln Rpfleger 1999, 81; nicht aber der Beklagte, der als Vater in Anspruch genommen werden soll, OLG Koblenz FamRZ 1999, 241.

[210] OLG Köln FamRZ 1994, 1409.

schädigung sowie Schmerzensgeld[211] zu den persönlichen Angelegenheiten. Das selbe gilt für alle Verfahren zum Schutz **höchstpersönlicher Rechtsgüter,** insbesondere nach dem GewSchG. Eine sonstige vermögensrechtliche Streitigkeit kann zu einer persönlichen Angelegenheiten werden, wenn sie geführt wird, um den **Lebensbedarf des Anspruchstellers** zu sichern. Ein einfolgreicher Ausgang des Rechtsstreits kommt mittelbar auch dem Unterhaltspflichtigen zugute. Unter diesem Aspekt besteht ein die Bewilligung der staatlichen PKH vorgehender Anspruch auf PKV gegen den Ehegatten auch für Rechtsstreite mit Dritten, die in Bezug auf **ehelichen Hausrat**[212] geführt werden oder deren Streitgegenstand im weitesten Sinne mit der ehelichen Lebensgemeinschaft im Zusammenhang steht.

85 **dd) Sonstige Verfahren.** Zu den persönlichen Angelegenheiten gehören auch **Kündigungsschutzklagen** zum Erhalt des Arbeitsplatzes,[213] weil damit das Familieneinkommen gesichert werden soll. **Andere arbeitsrechtliche Streitigkeiten** sind indes keine persönlichen Angelegenheiten.[214] **Verwaltungsgerichtliche Verfahren** um die über die Frage der Wehrdienstfähigkeit[215] sind persönliche Angelegenheiten, ebenso Verfahren vor den **Sozialgerichten.** Ein Anspruch auf PKV besteht nach § 1360 a Abs. 4 S. 2 BGB auch bezüglich der Kosten für die **Verteidigung in einem Strafverfahren.** Die Vorschrift ist angesichts des vergleichbaren Schutzbedürfnisses auch auf Verfahren wegen einer **Ordnungswidrigkeit** entsprechend anzuwenden.[216]

86 **e) Billigkeitsprüfung.** Billigkeit, insbesondere Zumutbarkeit für den Verpflichteten sind Voraussetzungen für die Verpflichtung zur Zahlung eines PKV, wie sich aus § 1360 a Abs. 4 BGB ergibt. Diese Voraussetzungen liegen nicht vor, wenn die beabsichtigte Rechtsverfolgung oder -verteidigung **mutwillig oder aussichtslos** erscheint. Beides ist nach denselben Gesichtspunkten wie bei § 114 zu beurteilen.[217] Es ist ebenso wenig Aufgabe des Unterhaltpflichtigen wie des Staates, Mittel für eine nicht Erfolg versprechende Rechtsverfolgung oder Rechtsverteidigung aufzuwenden. Eine verständige Partei, die ihren Prozess selbst finanzieren muss, wird dies nur dann tun, wenn für ihn eine hinreichende Erfolgsaussicht besteht. Der gleiche Maßstab muss auch für den Unterhaltsberechtigten gelten, der zur Finanzierung seiner Klage den Unterhaltspflichtigen in Anspruch nehmen will.[218] Dies bedeutet gleichzeitig, dass für Angelegenheiten, in denen PKH auch bei nicht bestehender Erfolgsaussicht zur Ermöglichung einer sinnvollen Verfahrensbeteiligung zu bewilligen wäre (§ 114 Rn. 72 ff.), es für den Anspruch auf PKV ebenfalls nicht auf die Erfolgsaussicht ankommt. Andererseits können auch **persönliche Gründe** der Verpflichtung, einen PKV zu leisten, entgegenstehen, so etwa, wenn einem stark religiös gebundenen Elternteil angesonnen wird, das Scheidungsverfahren seines volljährigen Kindes zu finanzieren. Für den zweiten Ehegatten ist es nicht unzumutbar, den **Rechtsstreit gegen dem Gatten aus erster Ehe** oder Kinder aus einer früheren Verbindung zu finanzieren. Am Ausgang eines solchen Prozesses wird er häufig sogar ein hohes Eigeninteresse haben, weil der Lebensstandart der zweiten Ehe wesentlich davon abhängt, wie viel Geld für die Bezahlung von Zugewinnausgleich und Unterhalt an die frühere Familie aufgewandt werden muss. Die Tatsache, dass die Rechtsverfolgung **gegen den Vorschusspflichtigen selbst gerichtet** ist, macht die Zahlung zumindest in familienrechtlichen Streitigkeiten nicht unzumutbar.[219] Dies ergibt sich hier unmittelbar aus §§ 127 a, 620 Nr. 10.

87 **f) Zeitpunkt der Geltendmachung.** Wann es für den Antragsteller zumutbar ist, vor der Inanspruchnahme von PKH seinen Anspruch auf PKV gegen den Pflichtigen geltend zu machen, hängt zum einen von der **Realisierbarkeit des Anspruchs**[220] und zum anderen von der Art der beabsichtigten Rechtsverfolgung oder -verteidigung ab. Duldet die Rechtsverfolgung keinen Aufschub, so kann der Antragsteller nicht auf eine vorrangige gerichtliche Durchsetzung seines Anspruchs auf PKV verwiesen werden. In **familiengerichtlichen Verfahren** kann der PKV in beschleunigter Weise durch **einstweilige Anordnung** geltend gemacht werden (§ 127 a Rn. 2). Daher gebietet die Eilbedürftigkeit der Sache die Bewilligung von PKH an vorschussberechtigte Personen regelmäßig nicht. In Verfahren, welche diese Möglichkeit nicht eröffnen, kommt die

---

211 OLG Köln FamRZ 1994, 1126.

212 Zum Hausratsbegriff siehe *Schwab/Motzer* VIII Rn. 103.

213 BAG FamRZ 2006, 1117, 1118; *Stein/Jonas/Bork* Rn. 149; *Kalthoener/Büttner/Wrobel-Sachs* Rn. 365.

214 LAG Hamm JurBüro 1982, 451; LAG Düsseldorf JurBüro 1986, 1415; LAG Stuttgart NZA 1986, 140; JurBüro 1995, 312; aA LAG Berlin MDR 1982, 436; LAG Nürnberg JurBüro 1984, 1577.

215 BVerwG JurBüro 1988, 1537.

216 *Kalthoener/Büttner/Wrobel-Sachs* Rn. 368.

217 BGH FamRZ 2001, 1363; *Kalthoener/Büttner/Wrobel-Sachs* Rn. 373; *Schwab/Borth* IV Rn. 79.

218 BGH FamRZ 2001, 1363.

219 *Schwab/Mauer/Borth* I Rn. 147.

220 OVG Hamburg FamRZ 1988, 773; OVG Münster NJW-RR 1999, 1235.

Bewilligung von PKH mit einer gleichzeitigen, auf einen späteren Zeitpunkt festgesetzten Zahlungsanordnung (§ 120 Rn. 3) in Betracht, wenn anzunehmen ist, dass der Antragsteller bis zu diesem Zeitpunkt in der Lage sein wird, seinen Anspruch auf PKV durchzusetzen.[220] Diese Anordnung kann auch in der Auferlegung von Raten, welche der Vorschusspflichtige gegebenenfalls zu übernehmen hat (Rn. 19), bestehen.

Ist der **Rechtsstreit bereits abgeschlossen,** so kann PKV nicht mehr verlangt werden. Insoweit gilt entsprechendes wie bei der nachträglichen Beantragung von PKH (hierzu § 119 Rn. 54). Ehegatten sind während eines bereits **rechtshängigen Scheidungsverfahrens** gehalten, den Vorschussanspruch alsbald geltend zu machen, weil dieser mit Rechtskraft der Scheidung erlischt (Rn. 80). Befindet sich der Verpflichtete mit der Zahlung im **Verzug,** so kann der Anspruch auf geänderter Rechtsgrundlage (§§ 280 Abs. 2, 286 BGB) auch nach der Scheidung weiterverfolgt werden.[221] Auch insoweit handelt es sich um einzusetzendes Vermögen iSv. Abs. 3. 88

g) Verfahren des einstweiligen Rechtsschutzes. PKH für den Antrag auf Erlass **eines Arrests oder einstweiligen Verfügung** im zivilgerichtlichen Verfahren kann regelmäßig nicht unter Hinweis auf die Möglichkeit zur Erlangung eines PKV verweigert werden. Vielmehr ist insoweit die PKH auf den Erlass der Anordnung oder Verfügung zu beschränken und die Frage des PKV sodann im Rahmen des Widerspruchsverfahrens zu prüfen.[222] **Einstweilige Anordnungen** im familiengerichtlichen Verfahren sind bereits möglich, wenn ein PKH-Antrag für die Hauptsache eingereicht ist (§§ 127a Abs. 2, 620a Abs. 2, 621g, 644). Die Frage, ob der PKH-Bewilligung ein Anspruch des Antragstellers auf PKV entgegensteht, braucht daher erst im bei der PKH-Prüfung für das Hauptsacheverfahren geklärt zu werden, weil zuvor ein Gerichtskostenvorschuss nicht eingezahlt werden muss. – Zur Geltendmachung von PKV durch Antrag auf einstweilige Anordnung § 127a Rn. 1ff., 11ff. 89

§ 116 Partei kraft Amtes; juristische Person; parteifähige Vereinigung

[1] Prozesskostenhilfe erhalten auf Antrag

1. **eine Partei kraft Amtes, wenn die Kosten aus der verwalteten Vermögensmasse nicht aufgebracht werden können und den am Gegenstand des Rechtsstreits wirtschaftlich Beteiligten nicht zuzumuten ist, die Kosten aufzubringen;**
2. **eine juristische Person oder parteifähige Vereinigung, die im Inland, in einem anderen Mitgliedstaat der Europäischen Union oder einem anderen Vertragsstaat des Abkommens über den Europäischen Wirtschaftsraum gegründet und dort ansässig ist, wenn die Kosten weder von ihr noch von den am Gegenstand des Rechtsstreits wirtschaftlich Beteiligten aufgebracht werden können und wenn die Unterlassung der Rechtsverfolgung oder Rechtsverteidigung allgemeinen Interessen zuwiderlaufen würde.**

[2] § 114 Satz 1 letzter Halbsatz ist anzuwenden. [3] Können die Kosten nur zum Teil oder nur in Teilbeträgen aufgebracht werden, so sind die entsprechenden Beträge zu zahlen.

Übersicht

[220] OLG Bremen FamRZ 1984, 919.
[221] *Zöller/Philippi* Rn. 67a.
[222] OLG Düsseldorf FamRZ 1982, 513.

I. Normzweck

1 Die Vorschrift regelt die Voraussetzungen, unter denen PKH für einen Rechtsstreit bewilligt werden kann, der im Interesse eines **Sondervermögens** geführt wird. Gegenüber den allgemeinen Vorschriften der §§ 114ff. gelten Besonderheiten für die Aufbringung von Kosten aus den Mitteln des Sondervermögens und der wirtschaftlich Beteiligten. Darüber hinaus ist die Gewährung von PKH an **eine juristische Person oder parteifähige Vereinigung** in S. 1 Nr. 2 auf die Fälle beschränkt, in denen ein allgemeines Interesse an der beabsichtigten Rechtsverfolgung oder Rechtsverteidigung besteht (Rn. 25). Die Ungleichbehandlung von natürlichen und juristischen Personen in § 116 ist **verfassungsrechtlich unbedenklich** weil es sich bei der PKH um eine Leistung der staatlichen Daseinsfürsorge, die auf den sozialen Status natürlicher Personen ausgerichtet ist und nicht in gleicher Weise auf juristische Personen erstreckt werden muss.[1] **Ausländischen juristischen Personen und ausländischen parteifähigen Vereinigungen** kann nach S. 1 Nr. 2 PKH nur gewährt werden, wenn deren Gründung oder der Sitz in einem anderen EU-Staat oder Vertragsstaat des Abkommens über den Europäischen Wirtschaftsraum nachgewiesen ist. Liegen diese Voraussetzungen nicht vor, kommt die Bewilligung von PKH nur nach Maßgabe von Art. 20ff. des Haager Übereinkommens über den Zivilprozess, in Betracht (§ 114 Rn. 18), durch die eine die Gleichbehandlung von Angehörigen anderer Vertragsstaaten mit Inländern garantiert ist. Doch auch in diesem Fall käme die Gewährung von PKH an eine ausländische juristische Person oder parteifähige Vereinigung nach S. 1 Nr. 2 nur in Betracht, wenn die Unterlassung der Rechtsverfolgung oder Rechtsverteidigung allgemeinen Interessen zuwiderlaufen würde. Geht man davon aus, dass darunter **inländische Interessen** zu verstehen sind, so wird diese Voraussetzung beim Antrag eines unter § 116 fallenden ausländischen Antragstellers auf PKH häufig nicht erfüllt sein. Ein Schutz auch ausländischer allgemeiner Interessen wird man der Vorschrift nicht entnehmen können. Aus EU-Rechtsvorschriften oder zwischenstaatlicher Übereinkommen kann sich jedoch anderes ergeben. Das Diskriminierungsverbot in Art. 4 der PKH-Richtlinie der EU (§ 114 Rn. 19) betrifft dem Wortlaut nach nur natürliche Personen.

II. Anwendbare Vorschriften

2 **1. Voraussetzungen der Bewilligung.** Die subjektiven Voraussetzungen, unter denen PKH gewährt werden kann, sind in § 116 für die dort genannten Parteien abschließend geregelt.[2] Die Vorschriften des § 114 über die Erfolgsaussicht und die Mutwilligkeit sind nach Satz 2 entsprechend anzuwenden. Im Fall der **Abtretung** des streitgegenständlichen Anspruchs einer juristischen an eine natürliche Person zum Zwecke der gerichtlichen Geltendmachung unter Inanspruchnahme von PKH ist diese regelmäßig wegen **Gesetzesumgehung sittenwidrig,** (§ 138 Abs. 1 BGB).[3] Übrigens wäre hier auf die wirtschaftlichen Verhältnisse der Zedentin abzustellen (§ 114 Rn. 47). Die sorgfältige Prüfung der Erfolgsaussicht ist in den Fällen des § 116 besonders wichtig, da der Gegner mit einem etwaigen Kostenerstattungsanspruch angesichts der auf das Sondervermögen beschränkten Zugriffsmöglichkeit häufiger ausfallen wird als bei einer natürlichen Person.

3 **2. Zahlungsanordnungen.** Die Vorschriften des § 115 Abs. 1 bis 4 über die Anordnung von Zahlungen aus dem Einkommen und Vermögen sind nicht entsprechend anwendbar, Satz 3 enthält insoweit eine abschließende Sonderregelung. Allerdings gilt § 115 Abs. 3 S. 1 betreffend den Einsatz des **Vermögens** entsprechend, da die in § 116 genannten Parteien gegenüber natürlichen Personen nicht bevorzugt werden sollen. Dagegen entfällt, da die Tabelle nicht anzuwenden ist, die in der Einleitung zur Tabelle angeordnete Begrenzung der Zahlungen auf 48 Monatsraten.[4] Wenn Ratenzahlungen angeordnet werden, sind die **Raten ohne zeitliche Begrenzung** bis zur völligen Deckung der Kosten einschließlich der Regelgebühren des beigeordneten Rechtsanwalts (§ 120 Rn. 10) zu zahlen. Maßgebend für die Zahlungsanordnungen nach Satz 3 ist allein, inwieweit der Partei und den wirtschaftlich Beteiligten Zahlungen möglich sind und auf welche Weise – als Einmalzahlung oder in Form von Teilzahlungen – sie erbracht werden können. Hierüber sowie über den Zeitpunkt der Zahlungen ist vom Gericht zusammen mit der Bewilligung von PKH entsprechend § 120 Abs. 1 S. 1 nach richterlichem Ermessen zu entscheiden. Ist die Partei mittellos und können die Kosten des Rechtsstreits von den wirtschaftlich Beteiligten aufgebracht werden, so richtet sich die **Zahlungsanordnung gegen die wirtschaftlich Beteiligten.** Im Übrigen sind die

[1] BVerfG NJW 1974, 229; Celle NJW-RR 1986, 741; *Musielak/Fischer* Rn. 17; *Kalthoener/Büttner/Wrobel-Sachs* Rn. 71; jeweils m. weit. Nachw.; kritisch hierzu 2. Aufl. Rn. 2.
[2] LAG Berlin AnwBl. 1988, 421.
[3] Vgl. OLG Köln VersR 1989, 277.
[4] *Zöller/Philippi* Rn. 19.

Vorschriften des § 120 Abs. 2 bis 4 über die Zahlung an die Bundes- oder Landeskasse (§ 120 Rn. 7), über die vorläufige Einstellung der Zahlungen (§ 120 Rn. 8 ff.) und über die Abänderung der Zahlungsanordnung (§ 120 Rn. 12 ff.) entsprechend anwendbar.

3. Verfahren. Die Vorschriften der §§ 117 bis 119 und 127 über das Bewilligungsverfahren gelten, soweit sie nicht ausschließlich auf natürliche Personen zugeschnitten sind, auch für die Gewährung von PKH in den Fällen des § 116. Unanwendbar sind die Vorschriften des § 117 Abs. 2 bis 4 über die Vorlage des Formulars zu den persönlichen und wirtschaftlichen Verhältnissen. Statt dessen sind vom Antragsteller die besonderen Voraussetzungen für die Bewilligung nach § 116 im Antrag darzulegen und auf Verlangen des Gerichts nach § 118 Abs. 1 S. 1 glaubhaft zu machen (§ 118 Rn. 15). Geschieht letzteres nicht, so kann entsprechend § 118 Abs. 2 S. 4 die Bewilligung von PKH abgelehnt werden (§ 118 Rn. 16). 4

4. Wirkungen der Bewilligung, Aufhebung. Wird einer Partei kraft Amtes, einer juristischen Person oder einer parteifähigen Vereinigung PKH bewilligt, so gelten hinsichtlich der kostenrechtlichen Wirkungen für die Partei, den beigeordneten Rechtsanwalt und den Gegner die §§ 122 f., 125 f. unmittelbar und ohne Einschränkungen. Dasselbe gilt für die §§ 45 ff. RVG (§ 121 Rn. 26 ff.). Für die Entziehung der PKH gilt § 124 auch im Rahmen von § 116. Ist für die Aufhebung der Bewilligung **schuldhaftes Verhalten der Partei** vorausgesetzt, so kommt es nach allgemeinen Grundsätzen auf das Verschulden des betreffenden Organs oder Vertreters der juristischen Person oder parteifähigen Vereinigung an. 5

III. Partei kraft Amtes

1. Begriff. Parteien kraft Amtes sind Personen, die zur Wahrnehmung fremder Interessen bestellt sind und diese im eigenen Namen wahrnehmen. Voraussetzung ist ein **besonderer Bestellungsakt;** deshalb gehören Prozessstandschafter, die ein fremdes Recht im eigenen Namen im Wege der gesetzlichen oder gewillkürten Prozessstandschaft geltend machen (§ 114 Rn. 47 ff.), nicht zu den Parteien kraft Amtes. Keine Partei kraft Amtes ist ferner der gesetzliche Vertreter wie etwa der Vormund, der Nachlasspfleger,[5] oder der nach § 1912 BGB bestellte Pfleger der Leibesfrucht.[6] Parteien kraft Amtes sind zB der **Testamentsvollstrecker,**[7] der Nachlassverwalter, der für unbekannte Beteiligte oder für ein Sammelvermögen bestellte Pfleger (§§ 1913 ff. BGB) und der **Insolvenzverwalter** (Rn. 12 ff.). Der im **Insolvenzeröffnungsverfahren** bestellte vorläufige Verwalter ist zur Prozessführung nur befugt, wenn der Rechtsstreit unaufschiebbar und unerlässlich ist, um das Vermögen des Schuldners zu sichern und zu erhalten, § 22 Abs. 1 S. 2 Nr. 1 InsO. Auch insoweit hat er jedoch nicht die Stellung einer Partei kraft Amtes.[8] Macht der zur Wahrnehmung fremder Interessen Bestellte in dieser Eigenschaft **eigene Ansprüche** geltend, wie zB der Testamentsvollstrecker den Vergütungsanspruch nach § 2221 BGB, so ist er nicht Partei kraft Amtes iSv. § 116, vielmehr gelten insoweit für die Gewährung von PKH die allgemeinen Vorschriften. Verwaltet eine Partei kraft Amtes das Vermögen einer juristischen Person oder einer parteifähigen Vereinigung, wie zB der für das **Insolvenzverfahren über das Vermögen einer GmbH bestellte Insolvenzverwalter,** so ist ebenfalls S. 1 Nr. 1 und nicht Nr. 2 anzuwenden.[9] 6

2. Aufbringung der Kosten. a) Aus der verwalteten Vermögensmasse. Maßgebend sind die vorhandenen Barmittel sowie das sonstige verwertbare Vermögen. Einzusetzen ist das gesamte Vermögen, die Schutzvorschriften des § 115 Abs. 3 und des § 90 SGB XII sind nicht anwendbar. Auf die Zumutbarkeit des Einsatzes der vorhandenen Vermögensmasse kommt es, anders als bei der Einstandspflicht der wirtschaftlich Beteiligten (Rn. 14 ff. und 23), grundsätzlich nicht an, jedoch kann eine wirtschaftlich unsinnige Verwertung von Vermögensgegenständen auch in den Fällen des § 116 nicht verlangt werden. Sind vorhandene Vermögenswerte nicht sofort verfügbar, so gelten die Ausführungen zu § 115 Rn. 55 ff. entsprechend. – Zur Insolvenzmasse vgl. Rn. 13. 7

b) Durch die wirtschaftlich Beteiligten. Am Rechtsstreit wirtschaftlich beteiligt iSv. § 116 Nr. 1 ist derjenige, dem ein Erfolg der beabsichtigten Rechtsverfolgung voraussichtlich unmittelbar zugute kommt.[10] Dazu gehören bei der Klageerhebung durch den Sequester auch die Gläubiger, 8

---

[5] Vgl. hierzu *Elzer* Rpfleger 1999, 162.

[6] Er ist gesetzlicher Vertreter, *Palandt/Diederichsen* § 1912 BGB Rn. 4; aA *Zöller/Philippi* Rn. 2.

[7] *Stein/Jonas/Bork* Rn. 2 und 14 gegen *Grunsky* NJW 1980, 2044.

[8] Vgl. BGH NJW 1998, 3124; aA OLG Hamburg ZIP 1987, 385, 386 zum Sequester im Konkursverfahren nach der KO.

[9] BGH NJW 1991, 40; KG NJW 1990, 459; aA OLG Frankfurt a. M. NJW 1988, 2053, vgl. hierzu die abl. Anm. *Kunkel* DB 1988, 1939 und *Pape* ZIP 1988, 1293.

[10] BGH NJW 1977, 2317; OLG München JurBüro 1986, 127.

denen ein Erfolg des Verfahrens zugute kommen würde.[11] – Zu den am Insolvenzverfahren wirtschaftlich Beteiligten vgl. Rn. 14 ff. Im Übrigen gilt Folgendes:

9 **aa) Erbengemeinschaft.** Führt der Testamentsvollstrecker einen Rechtsstreit im Interesse des Nachlasses, so sind wirtschaftlich Beteiligte die Erben.[12] Macht ein Miterbe einen zum Nachlass gehörenden Gegenstand nach § 2039 geltend, so kommt es abweichend vom Regelfall der Prozessstandschaft (§ 114 Rn. 47) nicht auf die persönlichen und wirtschaftlichen Verhältnisse der anderen Miterben, sondern allein auf die des klagenden Erben an, da anderenfalls dessen Recht, ohne oder sogar gegen den Willen der anderen Miterben für den Nachlass tätig zu werden, unzulässig beschnitten würde.[13] Dies gilt allerdings nicht, wenn Anhaltspunkte dafür vorliegen, dass der unbemittelte Miterbe zur Prozessführung von bemittelten Miterben nur vorgeschoben ist, um auf diese Weise PKH zu erlangen.[14] Sind die Erben unbekannt und ist ein Nachlasspfleger bestellt, so ist die Leistungsfähigkeit der Masse maßgebend; nach Ermittlung der Erben ist, sofern dem Nachlasspfleger PKH bewilligt worden ist, eine erneute Prüfung der Bedürftigkeit durchzuführen.[15]

10 **bb) Wohnungseigentümergemeinschaft.** Der **Verwalter** einer Wohnungseigentümergemeinschaft ist auch dann nicht Partei kraft Amtes, wenn er auf Grund einer entsprechenden Ermächtigung sämtlicher Eigentümer Ansprüche der Gemeinschaft im eigenen Namen geltend macht. Allerdings ist der Verwalter bei Erfüllung seiner Aufgaben nach § 27 WEG organschaftlicher Vertreter der laut BGH mit Teilrechtsfähigkeit ausgestatteten Eigentümergemeinschaft (Rn. 20).[16] Die persönliche Leistungsfähigkeit des Verwalters, der ausschließlich fremde Interessen wahrnimmt, bleibt unberücksichtigt.

11 **cc) Zumutbarkeit.** Führt eine Partei kraft Amtes einen Rechtsstreit und können die Kosten nicht oder nur teilweise aus der verwalteten Vermögensmasse aufgebracht werden, so dürfen die wirtschaftlich Beteiligten nach Satz 1 Nr. 1 zu Zahlungen nur herangezogen werden, soweit ihnen diese zumutbar sind.[17] Obwohl § 115 Abs. 1 und 3 im Rahmen von § 116 nicht entsprechend anwendbar ist, kann hier, soweit es die Zumutbarkeit des Einsatzes von Einkommen und Vermögen betrifft, grundsätzlich nichts anderes als dort gelten. Deshalb können die zur Zumutbarkeit der Eigenbeteiligung bei § 115 entwickelten Grundsätze auch in den Fällen des § 116 S. 1 Nr. 1 als Anhaltspunkte dienen. Dies gilt insbesondere für die **Belastungen,** die hier wie dort bei der Beurteilung der Einkommensverhältnisse von Bedeutung sein können (§ 115 Rn. 39 ff.) und für die Frage, welche **Vermögensbestandteile** unter dem Gesichtspunkt der Zumutbarkeit im Allgemeinen nicht eingesetzt werden müssen (§ 115 Rn. 59 ff.). Dabei sind jedoch die Besonderheiten zu berücksichtigen, die sich im Einzelfall aus dem jeweiligen wirtschaftlichen Interesse des Beteiligten an dem von der Partei kraft Amtes geführten Rechtsstreit ergeben. So ist es zB einem wirtschaftlich Beteiligten, der den zu erwartenden Erlös des Rechtsstreits mit anderen Beteiligten teilen müsste, im Allgemeinen nicht zumutbar, für einen geringen Erlösanteil ein mehrfaches an Kosten aufzubringen (vgl. zum Insolvenzverfahren unten Rn. 14 ff.).

12 **3. Rechtsstreitigkeiten des Insolvenzverwalters. a) Grundsatz.** Von besonderer Bedeutung ist S. 1 Nr. 1 für Rechtsstreitigkeiten des Insolvenzverwalters für die Insolvenzmasse.[18] Der Insolvenzverwalter darf einen solchen Rechtsstreit, ohne sich nach § 60 InsO für den Fall des Unterliegens gegenüber dem Gegner oder anderen Beteiligten schadensersatzpflichtig zu machen, auch dann führen, wenn feststeht, dass mögliche Erstattungsansprüche des Gegners nicht aus der Masse gedeckt werden können. Im Interesse des Gegners, aber auch der Staatskasse ist, wenn ein Insolvenzverwalter PKH für einen Rechtsstreit beantragt, die **Erfolgsaussicht besonders sorgfältig zu prüfen.** Auch ein vom Insolvenzgericht zur Prozessführung ermächtigter („starker“) **vorläufiger Insolvenzverwalter** kann Prozesskostenhilfe (nur) unter den Voraussetzungen von § 116 erhalten.[19] Wenn für eine juristische Person deren Insolvenzverwalter Prozesskostenhilfe beantragt, ist nicht S. 1 Nr. 2, sondern Nr. 1 anzuwenden. Dies gilt unabhängig davon, ob er den Betrieb der juristischen Person liquidiert oder – vorerst – fortführt.[20]

---

[11] BGH NJW 1998, 3124.
[12] *Zöller/Philippi* Rn. 5; aA *Grunsky* NJW 1980, 2041, 2044.
[13] *Schneider* DB 1978, 288.
[14] *Kalthoener/Büttner/Wrobel-Sachs* Rn. 75.
[15] BGH NJW 1964, 1418.
[16] *Wenzel* ZWE 2006, 2, 8.
[17] *Musielak/Fischer* Rn. 7.
[18] Hierzu *Steenbuck* MDR 2004, 1155.
[19] OLG Hamm OLGR 2003, 357; *Musielak/Fischer* Rn. 3.
[20] BGH NJW-RR 2005, 1640.

b) Aufbringung der Kosten aus der Masse. Wegen der Aufbringung der Kosten aus der Masse gelten die Ausführungen zu Rn. 7, wonach nicht nur die vorhandenen Barmittel, sondern auch die kurzfristig liquidierbaren Gegenstände des Anlage- und Umlaufvermögens einzusetzen sind,[21] auch für den Insolvenzverwalter. Jedoch dürfen der Masse durch die Kosten des Rechtsstreits nicht die Mittel entzogen werden, die zur ordnungsgemäßen Abwicklung des Insolvenzverfahrens anderweitig benötigt werden.[22] Auf eine Teilklage, deren Kosten aus der Masse bestritten werden könnten, darf der Insolvenzverwalter nicht verwiesen werden.[23] Ist vorhandenes Anlagevermögen nicht kurzfristig verwertbar, so kann der Insolvenzverwalter auch auf eine Darlehensaufnahme verwiesen werden, wenn die Rückzahlung gesichert ist.[24] Können die Kosten nicht aus der Masse aufgebracht werden und sind die Insolvenzgläubiger zu einer Beteiligung an den Kosten nicht verpflichtet, weil der aus dem Rechtsstreit zu erwartende Erlös im Wesentlichen nur die Massekosten abdeckt (vgl. nachfolgende Rn. 15), so besteht dennoch ein rechtsschutzwürdiges Interesse des Insolvenzverwalters an der Rechtsverfolgung zugunsten der Masse, so dass ihm PKH zu bewilligen ist.[25] 13

c) Wirtschaftlich Beteiligte. aa) Grundsatz. Der Insolvenzverwalter selbst ist nicht wirtschaftlich Beteiligter; dies auch dann nicht, wenn es im Wesentlichen nur um die Befriedigung seines Vergütungsanspruchs aus der Masse geht.[26] Er nimmt eine im öffentlichen Interesse liegende Aufgabe wahr, mit der es unvereinbar wäre, wenn ihm die Führung eines solchen Prozesses auf eigenes Kostenrisiko zugemutet werden würde. Dem Insolvenzverwalter ist PKH zu versagen, wenn den am Gegenstand des Rechtsstreits wirtschaftlich Beteiligten zuzumuten ist, die Gerichtskosten vorzuschießen. Eine Vorschusszahlung ist dann zumutbar, wenn ein Gläubiger im Falle des Obsiegens mit einer nicht nur geringfügigen Quotenverbesserung rechnen kann und eine Prozessführung damit wirtschaftlich sinnvoll ist.[27] 14

bb) Aktivprozess des Insolvenzverwalters. In einem einen Aktivprozess des Insolvenzverwalters sind Insolvenz- und Massegläubiger wirtschaftlich Beteiligte, wenn sie nach dem Rang ihrer Forderungen bei der Verteilung der Masse ohne den zu erwartenden Erlös aus dem Rechtsstreit nicht unerheblich schlechter stehen würden als bei einem erfolgreichen Abschluss des Rechtsstreits. Voraussetzung ist nicht nur, dass die aufzubringenden **Kosten** bei einem Prozesserfolg gedeckt werden können, sondern auch, dass mit einem **Zufluss an die Masse** zu rechnen ist, der dem betreffenden Gläubiger zugute kommt. Darauf, ob sämtliche der zahlungspflichtigen Gläubiger zu Zahlungen in der Lage sind, kommt es nicht an, so dass PKH auch dann nicht bewilligt werden kann, wenn es nur einem Teil der Gläubiger möglich ist, die Kosten aufzubringen.[28] Nicht vorschusspflichtig sind die Gläubiger, die wegen ihres Nachrangs unter den gegebenen Umständen aus dem Erlös des Rechtsstreits nichts zu erwarten haben.[29] Entsprechendes gilt bei einer – auch im Erfolgsfall zu erwartenden – sehr geringen Quote.[30] Laut BGH[31] ist die Entscheidung auf eine **wertende Abwägung aller Gesamtumstände** des Einzelfalls zu stützen. Dazu gehört die Berücksichtigung der die im Falle der (erfolgreichen) Rechtsverfolgung zu erwartenden Erhöhung Insolvenzquote,[32] das voraussichtliche Prozess- und Vollstreckungsrisiko, sowie die Gläubigerstruktur.[33] Von Gläubigern, zu deren vollständiger Befriedigung die Masse wegen des Vorrangs der Forderungen ohne Rücksicht auf den Rechtsstreit ohnehin ausreichen würde, können keine Zahlungen auf die Kosten des Rechtsstreits erwartet werden.[34] Entsprechend kommt es bei **Passivprozessen des Insolvenzverwalters,** in denen er auf Aussonderung, Absonderung, Zahlung oder Feststellung zur Insolvenztabelle in Anspruch genommen wird, darauf an, inwieweit die wirtschaftlichen Interessen 15

---

[21] *Kalthoener/Büttner/Wrobel-Sachs* Rn. 63.

[22] OLG Köln ZIP 1994, 724; OLG München ZIP 1996, 512.

[23] Vgl. OLG Hamm ZIP 1995, 759; OLG München ZIP 1996.

[24] *Uhlenbruck* ZIP 1982, 288, 289; *Zöller/Philippi* Rn. 4.

[25] OLG Celle ZIP 1987, 729.

[26] BGH NJW 1998, 1229; NJW-RR 2004, 136; OLG Düsseldorf ZIP 1993, 780; OLG Frankfurt a. M. ZIP 1997, 1600; OLG Rostock ZIP 1997, 1710; aA OLG Celle ZIP 1988, 792; OLG Köln AnwBl. 1997, 234; *Jaeger* VersR 1997, 1060.

[27] OLG Köln MDR 2000, 51; OLG Koblenz MDR 2000, 1396.

[28] Vgl. dazu BVerfG NJW 1997, 3318.

[29] OLG Celle ZIP 1987, 729; OLG Hamm ZIP 1990, 595.

[30] OLG Rostock MDR 2003, 1076; *Zöller/Philippi* Rn. 7. Das OLG Koblenz MDR 2000, 1396 hat ohne nähere Begründung die Zumutbarkeit bei einer Quote von 4,5% bejaht; offen gelassen von OLG Düsseldorf, OLGR 2002, 315.

[31] BGH Report 2006, 669.

[32] Vgl. *Steenbuck* MDR 2004, 1155 (mindestens das Doppelte des Vorschusses).

[33] Hierzu OLG Koblenz OLGR 2006, 316.

[34] KG ZIP 2005, 2031; *Zöller/Philippi* Rn. 6.

der einzelnen Gläubiger im Fall eines für die Masse nachteiligen Ausgangs des Rechtsstreits berührt wären. Letzteres ist zB hinsichtlich eines bevorrechtigten Gläubigers nicht der Fall, wenn wegen einer nachrangigen Forderung auf Feststellung zur Tabelle geklagt wird.

16 **cc) Fiskus als wirtschaftlich Beteiligter.** Die öffentliche Hand ist vorschusspflichtig, wenn sie am Insolvenzverfahren iSv. § 116 wirtschaftlich beteiligt ist (Rn. 15).[35] Das gilt auch für die Finanzverwaltung,[36] nicht jedoch für die Arbeits- und Sozialverwaltung.[37] Der Vorschusspflicht steht weder die Kostenfreiheit des Fiskus nach § 2 Abs. 1 GKG nicht entgegen[38] noch die Tatsache, dass für derartige Zahlungen kein Haushaltstitel vorhanden ist. Lediglich unter dem Gesichtspunkt der **Unzumutbarkeit** kann in Ausnahmefällen die Verpflichtung der öffentlichen Hand zur Leistung eines Vorschusses entfallen.

17 **dd) Zumutbarkeit.** Unzumutbar ist die Zahlung auf Prozesskosten für einen wirtschaftlich Beteiligten, wenn der erforderliche Einsatz den bei der Verteilung der Masse zu erwartenden Betrag übersteigt (Rn. 15). Der BGH verlangt für die Vorschusszahlung auf die Prozesskosten, dass der Beteiligte die erforderlichen Mittel unschwer aufbringen kann und für ihn der zu erwartende Nutzen bei vernünftiger, auch das Eigeninteresse sowie das Prozesskostenrisiko angemessen berücksichtigender Betrachtungsweise bei einem Erfolg der Rechtsverfolgung voraussichtlich deutlich höher sein wird.[39] Ein Vorschuss ist daher auch dann unzumutbar, wenn das **Kostenrisiko** in keinem wirtschaftlich vertretbaren Ergebnis zur erzielbaren Verbesserung der wirtschaftlichen Stellung des Gläubigers im Insolvenzverfahren steht.[40] Wenn zwar hinreichende Erfolgsaussicht iSv. § 114 besteht, aber dennoch ein nicht unerhebliches Prozessrisiko verbleibt, dann ist die Zahlung eines Vorschusses nur zumutbar, wenn wenigstens die Rückzahlung des Vorschusses aus der Masse gesichert ist.[41] Ein Gläubiger, dessen Anspruch vom Insolvenzverwalter bestritten ist, ist nicht zur Zahlung eines Vorschusses für einen Rechtsstreit des Insolvenzverwalters verpflichtet.[42] Den **Arbeitnehmern** des Schuldners ist es regelmäßig ebenfalls nicht zumutbar, die Kosten für einen Rechtsstreit des Insolvenzverwalters aufzubringen.[43]

18 **ee) Einziehung der Kosten.** Die Einziehung der für die Prozessführung erforderlichen Kosten ist ungeachtet im Einzelfall auftretender Schwierigkeiten Sache des Insolvenzverwalters.[44] Ebenso muss sich ein im Insolvenzeröffnungsverfahren bestellter vorläufiger Insolvenzverwalter, soweit er ausnahmsweise zur Prozessführung befugt ist (Rn. 15), zunächst darum bemühen, die möglicherweise zu einem Vorschuss verpflichteten Gläubiger ausfindig zu machen;[45] jedoch dürfen insoweit die Anforderungen nicht überspannt werden.[46] Die für Prozesse des Insolvenzverwalters eingegangenen Verpflichtungen sind **Masseverbindlichkeiten** nach §§ 53, 55 Nr. 1 InsO. Ein durchsetzbarer Anspruch des Insolvenzverwalters gegen die betreffenden Gläubiger auf Zahlung der erforderlichen Kosten besteht nicht. Jedoch kann dem Insolvenzverwalter PKH nicht bewilligt werden, wenn die wirtschaftlich Beteiligten zwar in der Lage, aber nicht bereit sind, die Kosten aufzubringen, da es auf ihre Zahlungswilligkeit nicht ankommt.[47]

19 **d) Beiordnung eines Rechtsanwalts.** Handelt es beim **Insolvenzverwalter** zugleich um einen zugelassenen Rechtsanwalt, so kann er selbst beigeordnet werden, sofern hierfür die weiteren Voraussetzungen nach § 121 Abs. 1 oder 2 vorliegen. Zwar kommt grundsätzlich die Beiordnung eines Rechtsanwalts für einen in eigener Sache zu führenden Rechtsstreit nicht in Betracht (§ 121 Rn. 1). Als Partei kraft Amtes wird er jedoch nicht im eigenen, sondern im Interesse des Sondervermögens und der hieran wirtschaftlich Beteiligten tätig. Deshalb kann er, sofern die Vertretung durch einen Rechtsanwalt nach § 121 Abs. 1 oder 2 geboten ist und die Kosten weder aus der Masse noch aus den Mitteln der wirtschaftlich Beteiligten gedeckt werden können, nicht auf eine

---

[35] BGH NJW 1998, 1868; OLG Celle NJW-RR 2000, 728; OLG Hamm OLGR 2001, 374; OLG Nürnberg MDR 2005, 589.

[36] BGH NJW 1977, 2317; BGH NJW 1998, 1868; OLG Köln NJW 1976, 1982; OLG Rostock OLG-NL 1997, 185; OLG Celle NJW-RR 2000, 728; *Kalthoener/Büttner/Wrobel-Sachs* Rn. 67.

[37] BGH NJW 1991, 40 (Arbeitsamt); NJW 1993, 135 (Arbeitsamt, AOK und Berufsgenossenschaft); aA KG NJW-RR 2000, 1001.

[38] BGH NJW 1998, 1868 (Fn. 32) gegen OLG Celle Rpfleger 1005, 178; *Zöller/Philippi* Rn. 10.

[39] BGH NJW-RR 2006, 1064.

[40] OLG Köln ZIP 1994, 724.

[41] Ähnlich OLG Dresden OLG-NL 1995, 114.

[42] *Zöller/Philippi* Rn. 7; aA *Baumbach/Lauterbach/Hartmann* Rn. 11.

[43] BGH NJW 1991, 40; OLG Schleswig ZIP 1995, 759; OLG München NJW-RR 1997, 1327.

[44] OLG Hamburg MDR 1974, 939; OLG Stuttgart NZI 2000, 179.

[45] OLG Hamburg ZIP 1985, 1012.

[46] *Johlke* ZIP 1985, 1012, 1013.

[47] OLG Hamburg MDR 1974, 939.

Selbstvertretung ohne Vergütungsanspruch gegen die Staatskasse nach § 45 RVG verwiesen werden.

IV. Juristische Personen und parteifähige Vereinigungen

1. Begriff. Durch § 116 S. 1 Nr. 2 ist klargestellt, dass die dort genannten Einschränkungen bei der Gewährung von PKH nicht nur für juristische Personen im engen materiellrechtlichen Sinn, sondern für alle parteifähigen Antragsteller mit Ausnahme der natürlichen Personen und der Parteien kraft Amtes gilt. Hierunter fallen zB die GmbH, die Aktiengesellschaft, die eingetragene Genossenschaft oder die Stiftung als auch die oHG oder die KG, ebenso die politischen Parteien und die Gewerkschaften, aber auch der **Betriebsrat** im arbeitsgerichtlichen Verfahren.[48] Die (Außen-)Gesellschaft bürgerlichen Rechts besitzt nach neuerer Rspr.[49] Rechtsfähigkeit, soweit sie durch Teilnahme am Rechtsverkehr eigene Rechte und Pflichten begründet. In diesem Rahmen ist sie im Zivilprozess aktiv und passiv parteifähig und wird daher von Nr. 2 erfasst.[50] – Zur Fortführung einer juristischen Person durch den Insolvenzverwalter Rn. 12. Nach Anerkennung der Teilrechtsfähigkeit der **Wohnungseigentümergemeinschaft** durch den BGH[51] und der entsprechenden Regelung in § 10 Abs. 6 nF WEG unterliegt diese ebenfalls dem S. 1 Nr. 2. Es bedarf daher nicht mehr der Antragstellung durch die einzelnen Eigentümer, sondern durch den Verwalter namens der Gemeinschaft. – Zu den Eigentümern als wirtschaftlich Beteiligte Rn. 10. 20

Nicht parteifähig und deshalb von Nr. 2 nicht erfasst sind die BGB-Innengesellschaft und die Gemeinschaften nach bürgerlichem Recht, wie etwa die Erbengemeinschaft. Bei diesen wie bei anderen nicht nach § 50 parteifähigen Vereinigungen sind die Voraussetzungen für die Bewilligung von PKH nach §§ 114, 115 für jedes Mitglied der Gemeinschaft gesondert zu prüfen. Handelt es sich bei dem betreffenden Mitglied der Gemeinschaft um eine juristische Person, so gilt für diese § 116 S. 1 Nr. 2. 21

2. Aufbringung der Kosten. a) Eigenmittel des Sondervermögens. Heranzuziehen sind in erster Linie die Eigenmittel des Sondervermögens der juristischen Person oder parteifähigen Vereinigung. Einzusetzen ist hier wie stets grundsätzlich das gesamte verwertbare Vermögen; insoweit sowie zur Frage, wie zu verfahren ist, wenn Vermögen zwar vorhanden, aber nicht kurzfristig verfügbar ist, kann § 115 Rn. 55 ff. verwiesen werden. Zum einzusetzenden Vermögen gehört auch die Möglichkeit einer **Kreditaufnahme,**[52] die in diesem Zusammenhang bei den auf einen wirtschaftlichen Geschäftsbetrieb gerichteten juristischen Personen und parteifähigen Vereinigungen von besonderen Bedeutung ist. So kann zB eine GmbH, die mit Bankkrediten arbeitet, auch wegen der Kosten eines Eilverfahrens auf eine Kreditaufnahme verwiesen werden.[53] 22

b) Wirtschaftlich Beteiligte. Wirtschaftlich beteiligt wie in den Fällen des Satzes 1 Nr. 1 (Rn. 8) sind diejenigen, denen ein Erfolg der beabsichtigten Rechtsverfolgung voraussichtlich zugute kommt. Dies sind bei den auf einen wirtschaftlichen Geschäftsbetrieb ausgerichteten juristischen Personen und parteifähigen Vereinigungen die **Gesellschafter, Mitglieder** oder sonstigen Inhaber eines wirtschaftlichen Anteils, gleichgültig, auf welche Weise sie am Ertrag beteiligt sind und ob sie für die Verbindlichkeiten beschränkt mit ihrer Einlage oder unbeschränkt mit ihrem gesamten Vermögen haften. Deshalb kann zB einer **Personenhandelsgesellschaft** PKH nur bewilligt werden, wenn weder die Gesellschaft – oHG oder KG – noch ihre Gesellschafter in der Lage sind, die Prozesskosten aufzubringen[54] und wenn die Unterlassung der Rechtsverfolgung allgemeinen Interessen zuwiderlaufen würde (unten Rn. 25). Von einer 100%igen Tochtergesellschaft, die durch einen Beherrschungs- und Ergebnisabführungsvertrag mit ihrer **Muttergesellschaft** verbunden war, kann bei gegebener Leistungsfähigkeit erwartet werden, die Kosten der Rechtsverfolgung ihrer mittellosen Muttergesellschaft aufzubringen.[55] Wirtschaftlich beteiligt ist auch die Muttergesellschaft am Rechtsstreit eines Tochterunternehmens.[56] Unerheblich ist, ob im Innenverhältnis eine vertragliche Verpflichtung zur Beteiligung an den Prozesskosten besteht. Die katholische **Kirche** ist an einer Kirchenstiftung katholischen Kirchenrechts nicht wirtschaftlich beteiligt.[57] Die 23

[48] LAG Rheinland-Pfalz NZA 1991, 32.
[49] BGH NJW 2001, 1056.
[50] *Zöller/Philippi* Rn. 11 a; *Musielak/Fischer* Rn. 11.
[51] BGH NJW 2005, 2061.
[52] OVG Bremen JurBüro 1987, 770.
[53] OVG Bremen JurBüro 1987, 770.
[54] BGH NJW 1954, 1933; OLG Stuttgart NJW 1975, 2022.
[55] OLG München OLGR 2003, 36.
[56] *Musielak/Fischer* Rn. 15.
[57] OLG Bamberg NJW-RR 1990, 1749.

Mitglieder eines gemeinnützigen **eingetragenen Vereins,** dessen Zweck nicht auf einen wirtschaftlichen Geschäftsbetrieb gerichtet ist, sind grundsätzlich ebenfalls wirtschaftlich Beteiligte an einem Rechtsstreit des Vereins. Entscheidend ist hierbei nicht, ob die Mitglieder bei einem erfolgreichen Abschluss des Rechtsstreits einen unmittelbaren finanziellen Vorteil zu erwarten haben, vielmehr reicht ein **mittelbares wirtschaftliches Eigeninteresse** am Ausgang des Rechtsstreits aus,[58] so etwa, wenn die Mitglieder bei Prozessverlust mit der Erhebung einer Umlage rechnen müssen.[59] Die **Wohnungseigentümer** sind bei Prozessführung durch den Verwalter (Rn. 10) wirtschaftlich Beteiligte, sodass der Gemeinschaft idR keine PKH bewilligt werden kann.

24 **c) Zumutbarkeit.** Die Frage der Zumutbarkeit für die wirtschaftlich Beteiligten spielt für die Aufbringung der Kosten hier, anders als beim Rechtsstreit einer Partei kraft Amtes (Rn. 8 ff. und 23), grundsätzlich keine Rolle. Jedoch dürfen die Anforderungen an die Bewilligung von PKH nicht auf eine Weise überspannt werden, die praktisch einer Verweigerung des rechtlichen Gehörs (§ 114 Rn. 1 ff.) gleichkommen würde. Deshalb kann zB eine **Publikums-AG,** die zur Aufbringung der Kosten aus Eigenmitteln nicht in der Lage ist, allenfalls auf die finanzielle Beteiligung der Großaktionäre verwiesen werden, nicht aber auf Kostenbeiträge der aus dem meist weit gestreuten Kreis der Kleinaktionäre.

25 **3. Allgemeine Interessen.** Die Beschränkung auf Rechtsstreitigkeiten von allgemeinem Interesse soll verhindern, dass eine mittellose juristische Person oder parteifähige Vereinigung ihre ausschließlich privaten wirtschaftlichen Interessen auf Kosten der Allgemeinheit geltend macht.[60] Die Vorschrift ist auch anzuwenden, wenn ein die juristische Person beherrschender Gesellschafter und Geschäftsführer **Gesellschaftsforderungen an sich abtritt** und für deren Geltendmachung PKH begehrt.[61] Die Unterlassung der Rechtsverfolgung läuft allgemeinen Interessen nur dann zuwider, wenn außer den an der Führung des Prozesses wirtschaftlich Beteiligten ein **erheblicher Kreis von Personen in Mitleidenschaft gezogen** würde,[62] wenn die Entscheidung größere Kreise der Bevölkerung oder des Wirtschaftslebens ansprechen und erhebliche wirtschaftliche und soziale Wirkungen haben würde.[63] Dies ist etwa dann der Fall, wenn vom Ausgang des Rechtsstreits das Schicksal einer größeren Zahl von **Arbeitnehmern** der juristischen Person abhängt oder eine Vielzahl von Kleingläubigern betroffen wäre.[64] Dagegen reicht es **nicht** aus, dass **Rechtsfragen von allgemeinem Interesse** zur Entscheidung stehen,[65] ebenso wenig ist das allgemeine Interesse an der richtigen Entscheidung eines Rechtsstreits ausreichend.[66] **Unbeachtlich** ist auch ein ausschließlich **fiskalisches Interesse;** deshalb läuft die Unterlassung der Rechtsverfolgung durch eine GmbH nicht deshalb den allgemeinen Interessen zuwider, weil bei günstigem Ausgang des Rechtsstreits rückständige Steuern und Sozialabgaben beglichen werden könnten.[67] Parteifähige Vereinigungen, wie etwa die oHG, die KG oder die BGB-Außengesellschaft sind auch insoweit den juristischen Personen gleichgestellt.[68] – Zur Behandlung ausländischer juristischer Personen und parteifähiger Vereinigungen Rn. 1.

§ 117 Antrag

(1) [1]Der Antrag auf Bewilligung der Prozesskostenhilfe ist bei dem Prozessgericht zu stellen; er kann vor der Geschäftsstelle zu Protokoll erklärt werden. [2]In dem Antrag ist das Streitverhältnis unter Angabe der Beweismittel darzustellen. [3]Der Antrag auf Bewilligung von Prozesskostenhilfe für die Zwangsvollstreckung ist bei dem für die Zwangsvollstreckung zuständigen Gericht zu stellen.

(2) [1]Dem Antrag sind eine Erklärung der Partei über ihre persönlichen und wirtschaftlichen Verhältnisse (Familienverhältnisse, Beruf, Vermögen, Einkommen und Las-

---

58 OLG Düsseldorf MDR 1968, 331; OLG Hamburg NJW-RR 1987, 894; LAG Berlin AnwBl. 1988, 421.
59 LAG Sachsen-Anhalt MDR 1997, 858.
60 OLG Hamburg MDR 1988, 783.
61 OLG Hamburg MDR 1988, 782; OLG Köln VersR 1989, 277; *Baumbach/Lauterbach/Hartmann* Rn. 19; *Zöller/Philippi* Rn. 18.
62 BGH NJW 1991, 703; BFH NJW 1974, 256; OLG Hamburg MDR 1988, 782; OLG Hamm NJW-RR 1989, 382; sehr großzügig LAG Berlin AnwBl. 1988, 421.
63 BGH NJW 1957, 1636; BGH NJW 1986, 2058; OLG Frankfurt a. M. NJW-RR 1996, 552.
64 BGH NJW 1986, 2058, 2059.
65 BGH NJW 1965, 585; NJW-RR 1990, 474.
66 BGH NJW 1986, 2058; LAG Bremen NJW-RR 1987, 894.
67 OLG Köln JurBüro 1985, 1259 und VersR 1989, 277.
68 *Grunsky* NJW 1980, 2041, 2044; *Zöller/Philippi* Rn. 11.

ten) sowie entsprechende Belege beizufügen. [2]Die Erklärung und die Belege dürfen dem Gegner nur mit Zustimmung der Partei zugänglich gemacht werden.

(3) Das Bundesministerium der Justiz wird ermächtigt, zur Vereinfachung und Vereinheitlichung des Verfahrens durch Rechtsverordnung mit Zustimmung des Bundesrates Formulare für die Erklärung einzuführen.

(4) Soweit Formulare für die Erklärung eingeführt sind, muss sich die Partei ihrer bedienen.

Übersicht

I. Normzweck

Die Vorschrift regelt die Form und den notwendigen Inhalt des Antrags auf PKH. Abs. 1 S. 3 wurde mit Wirkung vom 1. 1. 1999 durch die 2. Zwangsvollstreckungsnovelle vom 17. 12. 1997 (BGBl. I S. 3039) eingefügt. Die Änderung steht im Zusammenhang mit § 119 Abs. 2, der ebenfalls am 1. 1. 1999 in Kraft getreten ist (§ 114 Rn. 13). Die auf Grund der Ermächtigung des Abs. 3 erlassene PKHVV[1] hat folgenden Wortlaut: 1

§ 1 PKHVV Vordruck

(1) Für die Erklärung der Partei nach § 117 Abs. 2 der Zivilprozeßordnung wird der in der Anlage bestimmte Vordruck eingeführt.

(2) Absatz 1 gilt nicht für die Erklärung einer Partei kraft Amtes, einer juristischen Person oder einer parteifähigen Vereinigung.

(3) Für eine Partei, die die Erklärung nach § 2 in vereinfachter Form abgeben kann, gilt Absatz 1 nur, soweit ein Gericht die Benutzung des in der Anlage bestimmten Vordrucks anordnet.

§ 2 PKHVV Vereinfachte Erklärung

(1) [1]Ein minderjähriges unverheiratetes Kind, das in einer Kindschaftssache nach § 640 Abs. 2 der Zivilprozeßordnung oder in einem Verfahren über Unterhalt seine Rechte verfolgen oder verteidigen oder das einen Unterhaltsanspruch vollstrecken will, kann die Erklärung nach § 117 Abs. 2 der Zivilprozeßordnung formfrei abgeben, wenn es über Einkommen und Vermögen, das nach § 115 der Zivilprozeßordnung einzusetzen ist, nicht verfügt. [2]Die Erklärung des Kindes muss in diesem Fall enthalten:

1. Angaben darüber, wie es seinen Lebensunterhalt bestreitet, welche Einnahmen es im Monat durchschnittlich hat und welcher Art diese sind;

2. die Erklärung, daß es über Vermögen, das nach § 115 der Zivilprozessordnung einzusetzen ist, nicht verfügt; dabei ist, soweit das Kind oder sein gesetzlicher Vertreter davon Kenntnis hat, anzugeben,
   a) welche Einnahmen im Monat durchschnittlich brutto die Personen haben, die dem Kind auf Grund gesetzlicher Unterhaltspflicht Unterhalt gewähren;

---

[1] Verordnung zur Einführung eines Vordrucks für die Erklärung über die persönlichen und wirtschaftlichen Verhältnisse bei Prozesskostenhilfe (Prozesskostenhilfevordruckverordnung – PKHVV) vom 17. 10. 1994 (BGBl. I S. 3001).

b) ob diese Personen über Vermögensgegenstände verfügen, deren Einsatz oder Verwertung zur Bestreitung eines dem Kind zu leistenden Prozeßkostenvorschusses in Betracht kommt; die Gegenstände sind in der Erklärung unter Angabe ihres Verkehrswertes zu bezeichnen.

3 Die vereinfachte Erklärung im Antragsvordruck für das Vereinfachte Verfahren zur Abänderung von Unterhaltstiteln bleibt unberührt; sie genügt auch, soweit die Verfahren maschinell bearbeitet werden.

(2) Eine Partei, die nach dem Bundessozialhilfegesetz laufende Leistungen zum Lebensunterhalt bezieht, muß die Abschnitte E bis J des Vordrucks zunächst nicht ausfüllen, wenn sie der Erklärung den letzten Bewilligungsbescheid des Sozialamtes beifügt.

(3) Die Partei kann sich auf die Formerleichterung nach den Absätzen 1 und 2 nicht berufen, wenn das Gericht die Benutzung des in der Anlage bestimmten Vordrucks anordnet.

§ 3 PKHVV Zulässige Abweichungen

(1) Folgende Abweichungen von dem in der Anlage bestimmten Vordruck und dem Hinweisblatt zu dem Vordruck sind zulässig:

1. Berichtigungen, die auf einer Änderung von Rechtsvorschriften beruhen;
2. eine Ergänzung oder Anpassung des Hinweisblattes zu dem Vordruck, soweit eine solche mit Rücksicht auf Besonderheiten des Verfahrens in den einzelnen Gerichtszweigen erforderlich ist.

(2) Wird das Hinweisblatt nach Absatz 1 Nr. 2 in einer abweichenden Fassung verwendet, so ist die Bezeichnung „Allgemeine Fassung" unten auf der ersten Seite des Hinweisblattes und des Vordrucks durch eine Bezeichnung des Gerichtszweiges und des Bundeslandes zu ersetzen, in dem die abweichende Fassung des Hinweisblattes verwendet wird.

II. Antrag

2 **1. Form.** Der Antrag auf PKH ist **zu Protokoll der Geschäftsstelle zu erklären** oder **schriftlich einzureichen** und muss, wenn er schriftlich eingereicht wird, als bestimmender Schriftsatz unterschrieben sein.[2] Auch die Benutzung **elektronischer Kommunikationsformen** ist bei der Antragstellung und allen weiteren, die PKH betreffenden Eingaben möglich. Zulässig und in der Praxis nicht selten ist auch ein mündlicher PKH-Antrag in der mündlichen Verhandlung, der nach § 159 zu Protokoll zu nehmen ist. Zu Protokoll der Geschäftsstelle kann der Antrag bei jedem Amtsgericht gestellt werden (§ 129 a). Anwaltszwang besteht nach § 78 Abs. 5 für die Antragstellung nicht. Daher kann auch der anwaltlich nicht vertretene **Antragsgegner im Scheidungsverfahren** PKH zur Abdeckung der auf ihn entfallenden Gerichtskosten beantragen. Die Prozessvollmacht des Anwalts umfasst regelmäßig auch die Vollmacht für den Antrag auf PKH.[3] Dem Antrag sind in jedem Fall das ausgefüllte Formular (Rn. 17) und die erforderlichen Belege (Rn. 22) beizufügen. Jedoch ist die Einreichung des Formulars und der Belege ausnahmsweise entbehrlich, wenn sich alle für die Entscheidung über den Antrag benötigten Unterlagen bereits bei den Akten befinden (Rn. 17). Damit ist auch ein **stillschweigender Antrag** auf PKH denkbar,[4] so etwa, wenn das Gericht einen Vergleich unter Einbeziehung nicht rechtshängiger Gegenstände angeregt hat[5] oder wenn eine Partei, der bereits PKH für das Scheidungsverfahren und die anhängige Folgesachen bewilligt ist, einen Antrag auf Erlass einer einstweiligen Anordnung nach §§ 620 ff. einreicht. Hat sich an der Bedürftigkeit der Partei offenkundig nichts geändert, so kann ohne weiteres davon ausgegangen werden, dass auch für das Anordnungsverfahren PKH in Anspruch genommen werden soll. Andernfalls ist in diesen Fällen, sofern PKH nicht ausdrücklich beantragt wird, ein aufklärender Hinweis nach § 139 angezeigt. Dasselbe gilt, wenn sich eine Partei, der PKH für ihre Klage bewilligt ist, auf eine danach erhobene Widerklage einlässt, ohne hierfür ausdrücklich PKH zu beantragen.[6] Ohne jedes als stillschweigenden Antrag auszulegendes Verhalten einer Partei oder gar gegen deren Willen darf ihr PKH nicht bewilligt werden. Wird PKH ohne Antrag bewilligt, so ist die Bewilligung nach Eintritt der formellen Rechtskraft des Beschlusses (§ 127 Rn. 13) dennoch bindend.[7] Bei eingehenden **Ersuchen aus dem Ausland,** die einen nach dem AUG geltend zu machenden **Unterhaltsanspruch** betreffen, ist nach § 9 AUG, sofern hinreichende Erfolgsaussicht besteht und Mutwilligkeit nicht vorliegt, auch ohne ausdrücklichen Antrag stets PKH ohne Raten zu bewilligen (§ 114 Rn. 23).

---

[2] BGH NJW 1994, 2097; aA OLG Karlsruhe OLGR 2004, 188.
[3] BGH NJW 1952, 183; *Stein/Jonas/Bork* Rn. 12.
[4] *Stein/Jonas/Bork* Rn. 15; *Kalthoener/Büttner/Wrobel*-Sachs Rn. 79 .
[5] Nach OLG Frankfurt a. M. FamRZ 1988, 739 soll sich die bewilligte PKH auf den gesamten Vergleich erstrecken, was vom Gericht nur noch deklaratorisch festzustellen ist.
[6] AA OLG Karlsruhe AnwBl. 1987, 340; *Musielak/Fischer* Rn. 3.
[7] OLG Oldenburg MDR 1989, 268.

2. Rücknahme. Der PKH-Antrag kann jederzeit zurückgenommen werden. § 269 ist auf die Rücknahme des PKH-Antrags nicht entsprechend anwendbar, da der Gegner des Hauptsacheverfahrens nicht Partei des PKH-Verfahrens iSv. § 269 ist. Die Zustimmung des Gegners zur Rücknahme des Antrags ist auch dann nicht erforderlich, wenn im PKH-Verfahren nach § 118 Abs. 1 S. 3 eine mündliche Erörterung stattgefunden hat. – Zu den kostenrechtlichen Fragen vgl. § 118 Rn. 21 ff. 3

3. Erneuter Antrag. Wird der Antrag mangels Erfolgsaussicht, wegen Mutwilligkeit oder mangels Bedürftigkeit des Antragstellers durch Gerichtsbeschluss zurückgewiesen, so ist ein erneuter Antrag nicht zulässig, sofern nicht eine Veränderung der persönlichen oder wirtschaftlichen Verhältnisse oder von Umständen geltend gemacht wird, die eine andere Beurteilung der Erfolgsaussicht oder der Frage der Mutwilligkeit möglich erscheinen lassen. Dies ergibt sich aus der formellen Rechtskraft des die PKH ablehnenden Ausgangsbeschlusses nach Ablauf der Beschwerdefrist von einem Monat (§ 127 Rn. 13); zur Gegenvorstellung § 127 Rn. 23). Macht der Antragsteller auf Grund desselben Lebenssachverhalts nach Zurückweisung des Gesuchs **einen anderen Anspruch** geltend, so steht der Gewährung von PKH die Ablehnung des ersten Antrags nicht entgegen.[8] Hat der Antragsteller trotz Aufforderung kein ausgefülltes Formular und/oder keine Belege vorgelegt und wird der Antrag deshalb nach § 118 Abs. 2 S. 4 abgelehnt, so kann auch ohne Veränderung der geltend gemachten Umstände erneut PKH beantragt werden.[9] In jedem Fall kann **PKH nur mit Wirkung ab dem Zeitpunkt des Vorliegens eines ordnungsgemäßen Antrags** unter Beifügung sämtlicher für die Entscheidung erforderlicher Unterlagen bewilligt werden (§ 119 Rn. 52 f.). 4

4. Wirkung der Antragstellung. a) Keine Rechtshängigkeit. Weder die Einreichung des Antrags auf Gewährung von PKH noch dessen formlose Mitteilung oder Zustellung an den Gegner bewirken die **Rechtshängigkeit** des Anspruchs, zu dessen Durchsetzung PKH begehrt wird. Ist zur Wahrung einer Frist die Klagerhebung erforderlich, so reicht selbst die Zustellung des Gesuchs um Prozesskostenhilfe nicht aus.[10] Auch im **Arrestverfahren** steht iRv. § 926 die Einreichung des PKH-Gesuchs der Klagerhebung nicht gleich.[11] Die Erhebung einer **Widerklage** ist im Verfahren über die Prozesskostenhilfe mangels Rechtshängigkeit einer Klage nicht möglich, vielmehr ist eine solche Widerklage als selbstständige Klage zu behandeln.[12] Ebenso ist ein **Scheidungsverfahren** erst rechtshängig, wenn der Antrag auf Scheidung dem Gegner zugestellt worden ist, die Mitteilung oder Zustellung des PKH-Antrags reicht auch hier nicht aus. Um die **Stichtage** für den Zugewinnausgleich (§ 1384 BGB) und den Versorgungsausgleich (§ 1587 Abs. 2 BGB) zu fixieren, ist gegebenenfalls die **alsbaldige Zustellung des Scheidungsantrags** nach § 14 Nr. 3 GKG zu beantragen und gerichtlicherseits zu verfügen. Bei der **Abänderungsklage** darf gem. § 323 Abs. 3 ein Urteil – falls nicht die Voraussetzungen nach S. 2 der Vorschrift gegeben sind – nur für die Zeit nach Erhebung der Klage abgeändert werden. Hierfür ist nach der im Anschluss an den BGH von der Rechtsprechung vertretenen Ansicht regelmäßig die Zustellung der Klage erforderlich,[13] die Einreichung oder Übermittlung eines PKH-Gesuchs reicht nicht aus. Wird nach der Bewilligung von Prozesskostenhilfe die Zustellung der Klage versäumt und Termin zur mündlichen Verhandlung in der Hauptsache bestimmt, so tritt Rechtshängigkeit erst mit der Heilung des Zustellungsmangels durch rügelose Verhandlung nach § 295 ein.[14] 5

b) Einstellung der Zwangsvollstreckung. Die Einstellung der Zwangsvollstreckung durch das **Prozessgericht,** in unmittelbarer oder entsprechender Anwendung von § 769 Abs. 1 kommt erst nach Einreichung der Klage in Betracht, allein die Einreichung des Gesuchs um Prozesskostenhilfe genügt nicht.[15] Eilmaßnahmen des **Vollstreckungsgerichts** nach Abs. 2 dieser Vorschrift sind jedoch bereits ab Einreichung des PKH-Gesuchs für eine Abänderungs- oder Vollstreckungsabwehrklage zulässig.[16] 6

c) Hemmung der Verjährung. Für die Hemmung der Verjährung reicht nach § 204 Abs. 1 Nr. 14 BGB bereits die Einreichung des PKH-Gesuchs aus, wenn dieses vollständig ist und die Be- 7

---

8 OLG Köln MDR 1988, 501.

9 BVerfG NJW 1997, 3318; OLG Karlsruhe MDR 1989, 918.

10 BGH NJW 1972, 1373; OLG Schleswig FamRZ 1988, 961.

11 Sehr str.; wie hier OLG Düsseldorf JurBüro 1987, 1263; OLG Hamm OLGZ 1989, 322; aA *Zöller/Philippi* Rn. 3; *Schneider* MDR 1982, 721.

12 OLG Frankfurt a. M. FamRZ 1983, 203; OLG Bamberg FamRZ 1984, 4831.

13 BGH NJW 1982, 1050, 365; OLG Nürnberg NJW 1987, 265; OLG Köln FamRZ 1988, 1077.

14 BGH NJW 1972, 1373.

15 OLG Hamburg FamRZ 1982, 622; OLG Karlsruhe FamRZ 1984, 186; *Zöller/Philippi* Rn. 3.

16 OLG Naumburg FamRZ 2001, 839; *Zöller/Philippi* Rn. 3.

kanntgabe an die Gegenpartei alsbald erfolgen kann.[17] Die Verjährung bleibt gehemmt, wenn gegen die Verweigerung von PKH Beschwerde eingelegt wird, es sei denn, dass das Beschwerdeverfahren vom Antragsteller nicht weiter betrieben wird.[18] Die Verjährung wird jedoch durch den Antrag auf PKH nicht gehemmt, wenn der Antragsteller mangels Bedürftigkeit nicht mit der Bewilligung von PKH rechnen konnte.[19] Die Hemmung endet, wenn das PKH-Verfahren sechs Monate lang nicht mehr betrieben wurde (§ 204 Abs. 2 BGB).

8 **5. Prozesshandlungen unter Vorbehalt. a) Einreichung der Klage oder der Rechtsmittelschrift.** Die Erhebung der Klage oder die Einlegung eines Rechtsmittels können als **bedingungsfeindliche Prozesshandlungen** nicht unter der Bedingung der Gewährung von Prozesskostenhilfe erfolgen.[20] Möglich ist dagegen die Einreichung der Klage oder der Rechtsmittelschrift zusammen mit dem Gesuch um Prozesskostenhilfe unter dem Vorbehalt, nur im Fall der Bewilligung von Prozesskostenhilfe solle die Klage zugestellt oder werde das Rechtsmittel eingelegt.[21] Enthält das Gesuch um Prozesskostenhilfe oder die beigefügte Klage- oder Rechtsmittelschrift keine derartige Einschränkung, so ist von einer Klageeinreichung oder Rechtsmitteleinlegung ohne Verknüpfung mit dem Ausgang der PKH-Prüfung auszugehen.[22] Verbleiben Zweifel, so sind diese unter Hinweis auf die möglichen Folgen nach § 139 aufzuklären.[23] Ein mangels Vertretung durch einen Anwalt wegen § 78 unwirksames Rechtsmittel ist unter Umständen auch ohne ausdrücklichen Antrag als PKH-Gesuch auszulegen.[24] Durch den Antrag auf PKH für die Durchführung des Rechtsmittelverfahrens wird der Eintritt der Rechtskraft nicht gehemmt.[25]

9 **Betrifft das PKH-Gesuch ein Eilverfahren** (Arrest, einstweilige Anordnung oder Verfügung) und ist dem Gesuch der Sachantrag beigefügt, so ist dieser, sofern nicht ausdrücklich etwas anderes beantragt ist, sofort zuzustellen,[26] ein Gerichtskostenvorschuss ist nicht erforderlich. Über den Antrag auf einstweilige Anordnung in einer **Familiensache** kann schon vor Entscheidung über das PKH-Gesuch, welches allerdings auch die Hauptsache betreffen muss, entschieden werden (§ 114 Rn. 26).

10 **b) Mitteilung des Entwurfs der Klage oder Rechtsmittelschrift an den Gegner.** Ist ein PKH-Gesuch eingereicht und der Entwurf einer Klageschrift oder einer Rechtsmittelschrift beigefügt oder hat der Antragsteller klargestellt, dass die beigefügte Klage oder Rechtsmittelschrift zwar eingereicht, aber nur für den Fall der Bewilligung von Prozesskostenhilfe zugestellt werden soll, so muss bei der nach § 118 Abs. 1 erforderlichen Übersendung an den Gegner, um kostenträchtige Fehlreaktionen zu vermeiden, durch einen entsprechenden Vermerk des Gerichts deutlich gemacht werden, dass es sich nur um eine **Übersendung im PKH-Verfahren** handelt. Allerdings hat auch die vorbehaltslose Zustellung der lediglich als Entwurf oder unter dem genannten Vorbehalt eingereichten Klageschrift nicht die Wirkungen einer Klagezustellung.[27] Dies gilt auch dann, wenn der Schriftsatz in jeder Hinsicht den Anforderungen an eine Klage nach § 253 genügt.[28] Ist nur ein PKH-Gesuch eingereicht, aber für das Gericht erkennbar, dass eine sofortige Klagerhebung geboten erscheint, so ist hierauf und auf die Möglichkeit einer Einreichung und Zustellung der Klage ohne Gerichtskostenvorschuss nach § 14 Nr. 3 GKG hinzuweisen.

11 **c) Mahnverfahren.** Die Rechtshängigkeitswirkung der Zustellung eines Mahnbescheids nach § 696 Abs. 3 bei Widerspruch und Abgabe an das Prozessgericht wird nicht dadurch beseitigt, dass der Antragsteller sein Begehren dort zunächst auf die Bewilligung von PKH beschränkt.[29] Hierzu müsste er seinen Antrag auf Durchführung des streitigen Verfahrens zurücknehmen (§ 696 Abs. 4). Weil dies zur Beendigung des Verfahrens führt, könnte PKH nicht mehr bewilligt werden (§ 114 Rn. 110). Daher ist ratsam, das Streitverfahren und ein hier zu stellendes PKH-Gesuch zunächst parallel zu betreiben und nach Bescheidung des letzteren die Fortführung des ersteren zu überdenken.

12 **d) Kostenrechtliche Konsequenzen.** Wird nur ein PKH-Gesuch eingereicht und der Entwurf der beabsichtigten Klage beigefügt, so trägt der Antragsteller lediglich das Risiko einer 1,0 Gebühr

---

[17] *Wax* FPR 2002, 471, 478; *Kalthoener/Büttner/Wrobel-Sachs* Rn. 101; aA *Musielak/Fischer* Rn. 8.
[18] BGH NJW-RR 1991, 573.
[19] OLG Hamm FamRZ 1996, 864.
[20] BGH FamRZ 2001, 415; KG FamRZ 1981, 484.
[21] OLG Köln FamRZ 1984, 916; OLG Karlsruhe NJW-RR 1989, 512 (allgM).
[22] BGH FamRZ 1986, 1087 und NJW 1988, 2046.
[23] *Musielak/Fischer* Rn. 5.
[24] BGH VersR 1991, 1424.
[25] OLG Stuttgart Justiz 1988, 159; vgl. § 119 Rn. 44.
[26] *Stein/Jonas/Bork* Rn. 28.
[27] *Zöller/Philippi* Rn. 8; *Stein/Jonas/Bork* Rn. 27.
[28] BGH MDR 2003, 1314.
[29] *Zöller/Philippi* Rn. 9.

nach VV 3335 zum RVG. Diese Gebühr wird aus dem Wert der Hauptsache berechnet. Entsteht die Verfahrensgebühr auch im Hauptsacheverfahren, so werden die Werte nicht zusammengerechnet. Die bereits im PKH-Prüfverfahren angefallene Verfahrensgebühr wird auf diejenige im Streitverfahren angerechnet. Kommt es im Rahmen des PKH-Verfahrens zu einem Vergleichsabschluss, so entsteht zusätzlich ein Anspruch auf die Einigungsgebühr von 1,0. Die dem Gegner im Rahmen des PKH-Verfahrens entstandenen Kosten sind nicht zu erstatten, auch besteht kein Gebührenerstattungsanspruch des Antragstellers gegen diesen (§ 118 Rn. 23). Gebühren nach dem GKG entstehen im PKH-Prüfverfahren nicht, ausgenommen die Gebühr von 50,00 Euro nach KV zum GKG Nr. 1811 im Fall einer erfolglosen Beschwerde nach § 127 Abs. 2 S. 2. Für Auslagen für Zeugen und Sachverständige, die im PKH-Verfahren entstehen, ist **kein Vorschuss zu leisten,** sie werden zunächst von der Staatskasse getragen und fallen nach Abschluss des Rechtsstreits im Falle seines Unterliegens nach § 118 Abs. 1 S. 5 oder, soweit sie nicht zu den dort genannten Auslagen zählen, nach § 91 als Gerichtskosten dem Gegner zur Last.[30] Einen Erstattungsanspruch gegen den Antragsteller wegen **gegnerischer Auslagen des PKH-Prüfverfahrens** schließt § 118 Abs. 1 S. 4 hingegen aus. Insgesamt hat die isolierte Beantragung von PKH gegenüber der gleichzeitigen Einreichung einer Klage oder gar der Rechtshängigkeit der Hauptsache den Vorteil eines nur **geringen kostenrechtlichen Risikos** und ist deshalb immer dann angebracht, wenn es weder auf eine Fristwahrung noch auf die sofortige Herbeiführung der Rechtshängigkeit zur Fixierung eines Stichtags (Rn. 5) ankommt.

6. Darstellung des Streitverhältnisses, Abs. 1 S. 2. a) Vortrag zur Zulässigkeit. Soweit nicht unproblematisch, muss der Antragsteller die für die Zulässigkeit seines Rechtsschutzbegehrens erheblichen Umstände darlegen. Wird etwa eine Gerichtsstandsvereinbarung behauptet, so ist diese vorzulegen und zu erläutern, woraus sich ihre Zulässigkeit im Hinblick auf § 38 ergibt. Allein der Hinweis, der Gegner werde sich nach § 39 rügelos einlassen, ist angesichts der in diesem vorprozessualen Stadium ohne weiteres gegebenen Möglichkeit, eine bindende Vereinbarung nach § 38 Abs. 3 Nr. 1 zu treffen, nicht ausreichend. Entsprechendes gilt für die Zulässigkeit des Rechtsmittels, das nach Bewilligung der PKH eingelegt und durchgeführt werden soll. – Zur Bestimmung des zuständigen Gerichts und zur Verweisung im PKH-Verfahren vgl. § 127 Rn. 6. 13

b) Sachvortrag. Bezüglich des Sachvortrags des Antragstellers dürfen an das Gesuch keine strengen Anforderungen gestellt werden, vielmehr ist der PKH-Antrag nach Möglichkeit so auszulegen, dass er sachlich Erfolg haben kann und nicht aus formalem Gründen abzulehnen ist.[31] Wird der **Entwurf der Klage** oder der Klagerwiderung beigefügt, so muss dieser nicht unterschrieben sein, es genügt die unmissverständliche Bezugnahme im PKH-Gesuch.[32] Allein die Einreichung von Rechnungen, Quittungen, Briefen und dergleichen ohne zusammenhängende Erläuterung reicht nicht aus. Auch ist nicht Aufgabe des Gerichts, aus unsortierten Unterlagen das zusammenzusuchen, was möglicherweise dem Begehren des Antragstellers dienlich sein könnte. Dasselbe gilt für die Bezugnahme auf Akten oder Aktenteile aus anderen gerichtlichen, staatsanwaltschaftlichen oder sonstigen behördlichen Verfahren.[33] Die im PKH-Prüfverfahren anwaltlich nicht vertretene Partei kann mittels der Beratungshilfe oder durch die Rechtsantragsstelle bei den Amtsgerichten Unterstützung erlangen um einen tauglichen Sachvortrag zu liefern.[34] Die Beweismittel, mit denen der Antragsteller seinen Vortrag zu stützen gedenkt, sind möglichst so zu benennen, dass die Beweise im Erkenntnisverfahren, für das PKH begehrt wird, nach diesen Angaben erhoben werden können. 14

c) Rechtsmittelverfahren. Wird PKH zur Einlegung und Durchführung eines Rechtsmittels beantragt, so ist streitig, welchen Anforderungen der Vortrag des Antragstellers zu genügen hat. Nach Auffassung des BGH[35] ist eine **sachliche Begründung** des PKH-Gesuchs zwar zweckmäßig und erwünscht, kann jedoch aus verfassungsrechtlichen Gründen (Art. 3 Abs. 1 GG) von der mittellosen Partei nicht verlangt werden. Andernfalls würde dieser in schwierigen Fällen, in denen sie ihr Begehren ohne anwaltliche Hilfe nicht formulieren kann, die PKH zu versagen sei, obwohl die Partei in diesen Fällen gerade in besonderem Maße auf juristischen Beistand angewiesen ist. Diese Ansicht begegnet allerdings erheblichen Bedenken, weil die Prüfung der Erfolgsaussicht eines Rechtsmittels durch das Gericht ohne entsprechenden Sachvortrag der bedürftigen Partei diese gegenüber einem Rechtsmittelführer ohne Anspruch auf PKH und erst recht gegenüber dem Prozessgegner in einer mit Art. 3 GG nicht zu vereinbarenden Art bevorteilt. Auf diese Weise läuft das Rechtsmittelgericht 15

---

30 BGH NJW 1984, 2106.
31 BVerfG StrVert. 1996, 445; Rpfleger 2004, 227.
32 Ebenso BGH NJW 1986, 62 zum Formular.
33 OLG Nürnberg NJW 1985, 1563.
34 *Kalthoener/Büttner/Wrobel-Sachs* Rn. 124.
35 BGH NJW 1993, 732; NJW-RR 2001, 570 und 1146.

Gefahr, zum **Justiziar der bedürftigen Partei** zu werden, der den Akteninhalt und die vorinstanzliche Entscheidung nach Ansatzpunkten für mögliche Berufungs- oder Revisionsangriffe durchforstet und diese in den Gründen der PKH-Entscheidung auch zu Papier bringt. Letzteres ist meist erforderlich, um den Umfang der PKH-Bewilligung für den zweiten Rechtszug und damit auch den Gebührenanspruch des beigeordneten Rechtsanwalts (§ 122 Rn. 11) festzulegen. Daher hat zumindest das PKH-Gesuch einer anwaltlich vertretenen Partei für das Berufungsverfahren eine Begründung zu enthalten,[36] welche allerdings nicht den Erfordernissen einer Berufungsbegründung nach § 520 genügen muss. Er reicht die Erläuterung, weshalb und im welchem Umfang[37] die vorinstanzliche Entscheidung angegriffen werden soll, wobei ergänzend auf den Akteninhalt Bezug genommen werden kann. Beantragt der **Rechtsmittelgegner** PKH, so sind wegen § 119 Abs. 1 S. 2 die Darstellung des Streitverhältnisses und die Benennung der Beweismittel grundsätzlich entbehrlich (§ 119 Rn. 35).

16 **d) Sachantrag.** Ein ausformulierter Sachantrag iSv. § 253 Abs. 2 Nr. 2 ist nicht erforderlich.[38] Jedoch muss die Rechtsfolge, die der Antragsteller aus seinem Sachvortrag im Hinblick auf sein Rechtsschutzbegehren für sich in Anspruch nimmt, wenigstens so weit erkennbar sein, dass eine Schlüssigkeitsprüfung möglich ist. Unzulässig ist ein unbestimmter PKH-Antrag, verbunden mit der Bitte, das Gericht möge die Bewilligung von PKH im Umfang der Erfolgsaussicht aussprechen. Dies gilt auch, soweit ein Zahlungsanspruch geltend gemacht werden soll, dessen Höhe letztlich von einer Schätzung nach § 287 abhängt. Auch in diesem Fall muss im Antrag auf PKH wenigstens die Größenordnung oder den Mindestbetrag genannt werden. Wird PKH für das **Rechtsmittelverfahren** beantragt, so muss – entgegen der Ansicht des BGH[39] – zweifelsfrei erkennbar sein, inwieweit der Antragsteller die vorinstanzliche Entscheidung anfechten will. Dies ist vor allem bei einer Mehrheit von Parteien von Bedeutung, weil nur die vom beabsichtigten Rechtsmittel betroffenen nach § 118 Abs. 1 zu beteiligen sind.

III. Formular und Belege

17 **1. PKH-Formular. a) Zwang zur Benutzung des Formulars. aa) Grundlagen.** Das **Justizkommunikationsgesetz** v. 22. 3. 2005 (§ 114 Rn. 13) hat in § 117 Abs. 3 u. 4 den bisherigen Begriff „Vordruck", der nach dem herkömmlichen Verständnis die papierene Form voraussetzt, durch den umfassenderen Begriff des Formulars ersetzt, welcher auch für das **elektronisch, gespeicherte und übermittelte Dokument** zutrifft.[40] Für grenzüberschreitende PKH-Sachen innerhalb der EU (hierzu § 144 Rn. 19f.) wurde durch VO v. 21. 12. 2004 ein eigenes Formular eingeführt (BGBl. 2004 S. 3538f.). Nach Abs. 4 ist der Antragsteller verpflichtet,[41] sich des amtlichen Formulars[42] zu bedienen, also dieses zusammen mit dem Antrag auf Gewährung von PKH bei Gericht einzureichen. Davon ist die Frage zu unterscheiden, ob das Gericht unabhängig von der Vorlage eines ausgefüllten Formular die Bedürftigkeit feststellen kann, wenn diese unzweifelhaft ist, was in engen Grenzen zu bejahen sein wird.[43] Verbleiben auch nur geringfügige Zweifel, muss das Gericht auf der Vorlage des ausgefüllten Formulars bestehen. Die **Eröffnung des Insolvenzverfahren** über das Vermögen des Antragstellers macht die Vorlage eines ausgefüllten Formulars auch zu seinem Vermögen nicht entbehrlich. Die Voraussetzungen für die Eröffnung eines Insolvenzverfahrens unterscheiden sich grundlegend von denen für die Gewährung von PKH. Dies gilt auch, wenn dem Antragsteller Stundung der Verfahrenskosten nach § 4a Abs. 1 Satz 1 InsO gewährt wurde.[44] Bei der **Prozessstandschaft** nach § 1629 Abs. 3 BGB (§ 114 Rn. 48ff.) hat der klagende Elternteil das Formular auszufüllen[45] und dabei Angaben zu **seinen** persönlichen und wirtschaftlichen Verhältnissen zu machen.

18 **bb) Vollständigkeit.** Das ausgefüllte Formular muss **nicht unterschrieben** sein, es genügt, wenn der Antragsteller in der Antragsschrift unmissverständlich auf die im Vordruck enthaltenen An-

---

[36] OLG Schleswig NJW-RR 1999, 432; OLG Celle MDR 2003, 470; OLG Dresden FamRZ 2004, 121; *Kalthoener/Büttner/Wrobel-Sachs* Rn. 124; *Büte* FuR 2002, 59.

[37] Zur Bestimmung des Umfangs der Anfechtung Rn. 15.

[38] BGH NJW 1993, 732; NJW-RR 2001, 570 und 1146; OLG Bamberg FamRZ 1983, 72, 73; aA *Thomas/Putzo/Reichold;* für die Hemmung der Verjährung durch Einreichung eines PKH-Gesuchs auch Rn. 5; OLG Stuttgart FamRZ 2005, 526.

[39] BGH NJW 1993, 732; NJW-RR 2001, 570 und 1146.

[40] BT-Drucks. 15/4067, S. 31.

[41] AA OLG München FamRZ 1996, 418.

[42] Vgl. dazu die PKHVV, abgedruckt bei Rn. 1.

[43] *Zöller/Philippi* Rn. 16; insoweit zutreffend OLG München (Fn. 41).

[44] BGH NJW 2002, 2793.

[45] OLG Saarbrücken FamRZ 1991, 961.

gaben Bezug nimmt und deren Richtigkeit versichert.[46] Ferner genügt auch eine nicht original unterzeichnete Kopie.[47] Dem Sinn und Zweck des Formularzwangs entsprechend muss dieses **vollständig ausgefüllt** sein,[48] jedoch schaden einzelne Lücken nicht, wenn sie durch beigefügte Anlagen ohne weiteres geschlossen werden können.[49] Die Bezugnahme auf Bescheinigungen oder Erklärungen, die in anderen Verfahren abgegeben wurden genügt,[50] wenn das Verfahren beim selben Richter anhängig ist oder diesem zumindest die Akten vorliegen. Enthält das ausgefüllte Formular einzelne Lücken, kann die Partei gleichwohl unter Umständen darauf vertrauen, die wirtschaftlichen Voraussetzungen für die Bewilligung der Prozesskostenhilfe genügend dargetan zu haben, etwa wenn durch die beigefügten Unterlagen die Lücken geschlossen oder Zweifel beseitigt werden können.[51] Nicht ausreichend ist die Vorlage von Unterlagen an Stelle eines vollständig ausgefüllten Formulars.[52] Das Gericht ist zwar nicht verpflichtet, größere Lücken durch eigene Ermittlungen oder die Befragung der Partei zu schließen,[53] jedoch muss die Partei vor der Zurückweisung des Gesuchs zu einer Vervollständigung der Angaben im Formular aufgefordert werden (§ 118 Abs. 2 S. 4).[54]

cc) Rechtsmittelinstanz. In der Rechtsmittelinstanz muss das ausgefüllte Formular ebenfalls vorgelegt werden, wenn dort PKH beantragt wird.[55] Allerdings reicht die **Bezugnahme** auf eine Erklärung, die in der Vorinstanz abgegeben wurde, aus, wenn der Antragsteller in seinem Antrag unmissverständlich versichert, dass sich die Verhältnisse seitdem nicht verändert haben.[56] Liegt die Einreichung des ausgefüllten Formulars aus der ersten Instanz ein Jahr oder gar länger zurück, so sollte in jedem Fall auf der Vorlage einer neuen Erklärung zu den persönlichen und wirtschaftlichen Verhältnissen bestanden werden. Die Erfahrung zeigt, dass innerhalb einer solchen Zeitspanne sich fast immer Veränderungen ergeben, die auf die Bedürftigkeit des Antragstellers Einfluss haben können. 19

b) Ergänzende Angaben. Die „Ausfüllhinweise" zum Formular sind als amtliche Anlage der PKHVV (Rn. 1), beigefügt, aber nicht rechtsverbindlich. Das Gericht kann deshalb ergänzende Angaben und deren Glaubhaftmachung nach § 118 Abs. 2 verlangen. Das gilt auch für den in Abschnitt D des Formulars enthaltenen Hinweis, wonach **Sozialhilfeempfänger** bei Vorlage des letzten Bewilligungsbescheids von weiteren Angaben befreit sind. Wie in § 2 Abs. 2 und 3 PKHVV sowie im Formular ausdrücklich klargestellt, kann das Gericht auch in diesen Fällen verlangen, dass das Formular vollständig ausgefüllt wird und ergänzende Angaben gemacht werden. Dies ist insbesondere dann angezeigt, wenn zwar die wirtschaftlichen, nicht jedoch die persönlichen Verhältnisse des Antragstellers (hierzu § 114 Rn. 59) die Bewilligung von PKH nahe legen. 20

c) Ausnahmen vom Formularzwang. Nach §§ 1 Abs. 2 und 2 Abs. 1 der PKHVV (Rn. 1) sind die dort genannten Parteien von der Pflicht zur Benutzung des Formulars befreit. Das bedeutet jedoch nicht, dass über PKH-Anträge dieser Parteien ohne Prüfung ihrer Einkommens- und Vermögensverhältnisse zu entscheiden ist. Für die in § 1 Abs. 2 der PKHVV genannten **Parteien kraft Amtes, juristischen Personen und parteifähigen Vereinigungen** versteht sich das von selbst. Ihre Befreiung vom Formularzwang beruht darauf, dass dieser auf natürliche Personen zugeschnitten ist.[57] An der sich aus Abs. 2 ergebenden Verpflichtung zur Erläuterung der wirtschaftlichen Verhältnisse im Antrag unter Beifügung der entsprechenden Belege ändert dies jedoch nichts (allgM). Ebenso sind **minderjährige unverheiratete Kinder in Unterhalts- und Kindschaftssachen** nach § 640 gem. § 2 Abs. 1 PKHVV nur von der Benutzung des Formulars, nicht aber von der Darlegung ihrer Einkommens- und Vermögensverhältnisse befreit. Auch in diesen Fällen kann das Gericht das Ausfüllen des Formulars anordnen, § 2 Abs. 3 PKHVV. Im **vereinfachten Verfahren** über den Unterhalt Minderjähriger (§§ 645 ff.) genügen die entsprechenden Angaben im Formular nach § 659 Abs. 1. 21

2. Belege. Zusammen mit dem Antrag und dem ausgefüllten Formular hat der Antragsteller, ohne dass es einer besonderen Aufforderung bedarf, nach Abs. 2 entsprechende Belege, insbesonde- 22

---

46 BGH NJW 1986, 62; OLG Karlsruhe OLGR 2004, 188.
47 OLG Karlsruhe FamRZ 1996, 805.
48 LAG Hamm MDR 1982, 83; OLG Köln MDR 1982, 152; BSG MDR 1982, 878.
49 BGH NJW 1986, 62.
50 OLG München FamRZ 1996, 418; OLG Hamm FamRZ 1998, 1605; OLG Köln FamRZ 2006, 1854; aA OLG Nürnberg FamRZ 1985, 824; 2. Aufl. Rn. 18.
51 BGH FamRZ 2005, 2062.
52 OLG Frankfurt a. M. FamRZ 1997, 683.
53 BFH JurBüro 1993, 548.
54 OVG Hamburg FamRZ 1992, 78 m. Anm. *Gottwald;* VGH Baden-Württemberg FamRZ 2004, 125; *Kalthoener/Büttner/Wrobel-Sachs* Rn. 140.
55 BGH NJW-RR 1993, 451.
56 BGH NJW 1983, 2146; NJW-RR 1990, 121; FamRZ 1997, 546; FamRZ 2004, 1961.
57 *Zöller/Philippi* Rn. 18.

re zu den Einkommens- und Vermögensverhältnissen, vorzulegen. Entbehrlich ist dies nur dann, wenn die betreffenden Angaben des Antragstellers im Formular aus anderweitigen gerichtsbekannten Gründen glaubhaft sind.[58] Werden im Rahmen eines Unterhaltsprozesses aktuelle Verdienstabrechnungen eingereicht, so brauchen diese im selben Verfahren nicht nochmals für die PKH-Prüfung vorgelegt werden. Zum **Nachweis der Einkommensverhältnisse** müssen aus den Belegen auch sämtliche Sonderzuwendungen wie Weihnachtsgratifikationen, Urlaubsgeld und dergleichen ersichtlich sein. Häufig ergibt sich Jahreseinkommen aus der Dezember-Abrechung, in welcher sämtliche Bezüge und Abzüge aufsummiert sind. Hieraus ist durch Division ein Monatsschnitt zu bilden. Die Vorlage von zwölf aufeinander folgenden Monatsverdienstabrechungen ist in diesen Fällen entbehrlich. Die Jahressteuerbescheinigung auf der Lohnsteuerkarte ist hingegen nicht aussagekräftig, weil hierin die steuerfreien Bezüge nicht enthalten sind. Hierbei handelt es sich jedoch ebenfalls um einzusetzendes Einkommen nach § 115 Abs. 1.

23 **3. Verstoß gegen die Formular- und Belegpflicht.** Der Streit um die Frage, ob der PKH-Antrag als unzulässig[59] oder als unbegründet[60] zurückzuweisen ist, sofern das Formular trotz Aufforderung nicht vorgelegt oder unvollständig ausgefüllt wird, erscheint müßig, da der Antragsteller weder im einen noch im anderen Fall daran gehindert ist, einen neuen, formgerechten Antrag zu stellen.[61] Auch wenn der Antragsteller seiner Verpflichtung zur **Belegvorlage** nicht nachkommt, ist der PKH-Antrag abzulehnen.[62] Das Gericht ist nicht gehalten, die erforderlichen Belege selbst zu beschaffen.[63] Vor der Ablehnung des Antrags ist allerdings ein entsprechender Hinweis an den Antragsteller angezeigt,[64] auch wenn er rechtskundig vertreten ist. In jedem Fall kann PKH erst ab dem Zeitpunkt bewilligt werden, in dem die Belege vollständig vorliegen (§ 119 Rn. 52). Werden fehlende Unterlagen nicht innerhalb der gerichtlich gesetzten Frist, sondern erst **nach Anfall sämtlicher Gebühren** im Hauptverfahren nachgereicht, oder ist der Rechtsstreit im Zeitpunkt der ordnungsgemäßen Antragstellung in der betreffenden Instanz bereits abgeschlossen, kann PKH nicht mehr gewährt werden.[65] Legt der Antragsteller während der **Rechtsmittelfrist** keine oder unvollständigen Belege vor, so darf er nicht darauf vertrauen, dass seinem PKH-Gesuch entsprochen wird. Wiedereinsetzung kann ihm in derartigen Fällen nicht bewilligt werden.[66]

24 **4. Kein Einsichtsrecht des Gegners.** Das vom Antragsteller ausgefüllte Formular und die Belege dürfen dem Gegner nach Abs. 2 Nr. 2 nur mit Zustimmung des Antragstellers zur Kenntnis gebracht werden. Soweit im Rechtsstreit ein für die Entscheidung erheblicher Sachvortrag einer Partei von ihren Angaben im PKH-Verfahren abweicht, verstößt ein richterlicher Hinweis, eben weil es sich um den Streitstoff des Rechtsstreits handelt, nicht gegen übergeordnete Interessen des Persönlichkeitsschutzes, so dass der Unklarheit durch einen Hinweis nach § 139 abgeholfen werden kann. Nach Nr. 2. 1 der bundeseinheitlichen Durchführungsbestimmungen zum Gesetz über die PKH[67] sind die Unterlagen über die persönlichen und wirtschaftlichen Verhältnisse nicht in den laufenden Akten, sondern in einem besonderen Beiheft abzulegen. Vor der Versendung der Akten an Parteivertreter oder Behörden ist das PKH-Beiheft herauszunehmen und auf der Geschäftsstelle des Gerichts zu verwahren.

§ 118 Bewilligungsverfahren

(1) [1] Vor der Bewilligung der Prozesskostenhilfe ist dem Gegner Gelegenheit zur Stellungnahme zu geben, wenn dies nicht aus besonderen Gründen unzweckmäßig erscheint. [2] Die Stellungnahme kann vor der Geschäftsstelle zu Protokoll erklärt werden. [3] Das Gericht kann die Parteien zur mündlichen Erörterung laden, wenn eine Einigung zu erwarten ist; ein Vergleich ist zu gerichtlichem Protokoll zu nehmen. [4] Dem Gegner entstandene Kosten werden nicht erstattet. [5] Die durch die Vernehmung von Zeugen

---

[58] OLG Karlsruhe FamRZ 1986, 372; 2006, 1852; OLG Köln FamRZ 2006, 1854; sehr großzügig OLG Düsseldorf DAVorm. 1987, 279.
[59] OLG Köln MDR 1982, 152.
[60] *Zöller/Philippi* Rn. 17; *Stein/Jonas/Bork* Rn. 19; *Kalthoener/Büttner/Wrobel-Sachs* Rn. 133.
[61] OLG Oldenburg NJW 1981, 1793 (LS) (allgM).
[62] OLG Oldenburg NJW 1981, 1793 (LS) = JurBüro 1981, 1255.
[63] LAG Hamm MDR 1982, 13.
[64] OLG Schleswig SchlHA 1982, 71; OLG München FamRZ 1998, 630; *Stein/Jonas/Bork* Rn. 19; *Schneider* MDR 1986, 113.
[65] OLG Karlsruhe FamRZ 2004, 122; 2006, 1852, 1853.
[66] BGH FamRZ 2004, 99.
[67] Siehe *Zimmermann* Anhang 3.

und Sachverständigen nach Absatz 2 Satz 3 entstandenen Auslagen sind als Gerichtskosten von der Partei zu tragen, der die Kosten des Rechtsstreits auferlegt sind.

(2) [1]Das Gericht kann verlangen, dass der Antragsteller seine tatsächlichen Angaben glaubhaft macht. [2]Es kann Erhebungen anstellen, insbesondere die Vorlegung von Urkunden anordnen und Auskünfte einholen. [3]Zeugen und Sachverständige werden nicht vernommen, es sei denn, dass auf andere Weise nicht geklärt werden kann, ob die Rechtsverfolgung oder Rechtsverteidigung hinreichende Aussicht auf Erfolg bietet und nicht mutwillig erscheint; eine Beeidigung findet nicht statt. [4]Hat der Antragsteller innerhalb einer von dem Gericht gesetzten Frist Angaben über seine persönlichen und wirtschaftlichen Verhältnisse nicht glaubhaft gemacht oder bestimmte Fragen nicht oder ungenügend beantwortet, so lehnt das Gericht die Bewilligung von Prozesskostenhilfe insoweit ab.

(3) Die in Absatz 1, 2 bezeichneten Maßnahmen werden von dem Vorsitzenden oder einem von ihm beauftragten Mitglied des Gerichts durchgeführt.

I. Normzweck

Die Vorschrift regelt das Verfahren des Gerichts nach dem Eingang des PKH-Antrags bis zur Entscheidung. Gegenstand dieses Verfahrens ist ausschließlich das Begehren des Antragstellers auf Bewilligung von PKH, jedoch kann nach Abs. 1 S. 3 im PKH-Verfahren ein Vergleich nicht nur über den Gegenstand des bereits anhängigen oder in Aussicht genommenen Hauptsacheverfahrens, sondern darüber hinaus auch über andere Gegenstände geschlossen werden (Rn. 12ff.). Ferner sind einige Kostenfragen geregelt, die sich im Zusammenhang mit dem PKH-Verfahren ergeben (Rn. 28ff.). 1

II. Allgemeine Verfahrensfragen

1. Zuständigkeit für Maßnahmen nach Abs. 1 und 2. a) Örtliche und sachliche Gerichtszuständigkeit. Zuständig für die Entscheidung über das PKH-Gesuch einer Partei ist das Gericht, bei welchem die **Hauptsache anhängig** ist (§ 127 Abs. 1 S. 2). Wird zunächst ein isolierter Antrag auf Bewilligung von PKH, möglicherweise mit beigefügtem Entwurf einer Klage- oder Antragsschrift eingereicht, so hat dies bei dem Gericht zu erfolgen, welches für das Hauptsacheverfahren örtlich und sachlich zuständig sein wird. Für eine Klage bei einem **unzuständigen Gericht** kann keine PKH bewilligt werden. Besteht der Antragsteller auf einer Entscheidung durch das angerufene, für das beabsichtigte Hauptsacheverfahren jedoch unzuständige Gericht, so ist das Gesuch wegen fehlender Erfolgsaussicht (§ 114) als unbegründet[1] abzulehnen. Zuvor ist jedoch ein rechtlicher Hinweis nach § 139 zu erteilen.[2] Der Antragsteller kann hierauf mit einer Rücknahme seines PKH-Gesuchs und dessen Einreichung beim zuständigen Gericht oder mit einem Verweisungsantrag nach § 281 reagieren. – Zur Verweisung, Abgabe und Bestimmung des zuständigen Gerichts § 127 Rn. 6. 2

b) Zuständigkeit des Prozessgerichts. Ist nicht ausnahmsweise die originäre Zuständigkeit des Rechtspflegers nach § 20 Nr. 5 RPflG gegeben, dann ist für die Maßnahmen, die zur **Vorbereitung der Entscheidung über das PKH-Gesuch** erforderlich sind, nach Abs. 3 der Vorsitzende des Prozessgerichts oder ein von diesem beauftragtes Mitglied des Gerichts (§ 127 Rn. 2ff.) zuständig. Der ersuchte Richter eines anderen Gerichts wird im PKH-Verfahren nicht tätig,[3] § 362 ist weder unmittelbar noch entsprechend anwendbar. 3

c) Übertragung auf den Rechtspfleger. Der originär zuständige Richter kann nach § 20 Nr. 4a RpflG den **Rechtspfleger** mit der Durchführung einzelner oder sämtlicher der in Abs. 2 genannten Maßnahmen sowie mit der Beurkundung eines Vergleichs nach Abs. 1 S. 3 beauftragen (Rn. 14). Die allgemeine Übertragung von Teilbereichen des PKH-Verfahrens auf den Rechtspfleger im Wege der Geschäftsverteilung ist nicht zulässig, vielmehr ist jeweils im Einzelfall eine entsprechende Verfügung des Vorsitzenden notwendig, aus der sich der genaue Umfang des Auftrags ergeben muss. Die Maßnahmen, die zur Durchführung der übertragenen Maßnahme erforderlich sind, hat der Rechtspfleger nach § 9 RpflG selbstständig unter Beachtung der Vorlagepflichten nach § 5 RpflG zu treffen. Die **Entscheidung über das PKH-Gesuch** einschließlich einer Entscheidung nach Abs. 2 S. 4 ist dem Richter vorbehalten.[4] 4

---

[1] *Kalthoener/Büttner/Wrobel-Sachs* Rn. 99.
[2] OLG Karlsruhe FamRZ 2003, 621.
[3] OLG Braunschweig NdsRpfl. 1987, 251; *Kalthoener/Büttner/Wrobel-Sachs* Rn. 97, 190; aA *Stein/Jonas/Bork* Rn. 19; *Zöller/Philippi* Rn. 9; *Zimmermann* Rn. 253.
[4] LAG Düsseldorf Rpfleger 1996, 295.

5 **2. Kein Anwaltszwang.** Im gesamten Verfahren über die Gewährung von PKH besteht kein Anwaltszwang.[5] Dies gilt auch für den Abschluss eines Vergleichs, wenn er im Anhörungstermin nach Abs. 1 S. 3 vor der Bewilligung der PKH für das Hauptsacheverfahren protokolliert wird.[6]

6 **3. Weitere Verfahrensfragen.** Allein die Tätigkeit eines Richters im vorausgegangenen Verfahren über die PKH und seine abschlägige Entscheidung über das Gesuch sind keine Gründe, die seine **Ablehnung wegen Befangenheit** im nachfolgenden Hauptsacheverfahren rechtfertigen könnten.[7] Entscheidungen über Anträge auf Gewährung von PKH sind keine Urteile in einer Rechtssache iSv. § 839 Abs. 2 BGB. Das PKH-Prüfverfahren fällt deshalb **nicht unter das Richterprivileg** dieser Vorschrift.[8] Der den Antragsteller vertretende Rechtsanwalt ist allerdings nicht Dritter iSv. § 839 Abs. 1 S. 1; er kann daher, wenn seine Beiordnung zu Unrecht abgelehnt worden ist, nicht Ersatz der Gebühren verlangen, die er bei pflichtgemäßer Beiordnung verdient hätte.[9]

III. Anhörung, Erörterung, Vergleich

7 **1. Gelegenheit zur Stellungnahme. a) Rechtliches Gehör.** Der Grundsatz des rechtlichen Gehörs gebietet es, dem Gegner vor der Bewilligungsentscheidung nach Abs. 1 S. 1 Gelegenheit zur Stellungnahme zu geben. Dies kann nur dann ausnahmsweise unterbleiben, wenn es aus **besonderen Gründen unzweckmäßig** erscheint. Solche Gründe sind insbesondere dann gegeben, wenn mit dem Antrag auf PKH gleichzeitig solche auf **Eilmaßnahmen** des Gerichts gestellt werden, deren Erfolg vom Überraschungseffekt für den Gegner abhängen.[10] Unzweckmäßig ist die Gewährung einer Gelegenheit zur Stellungnahme auch dann, wenn sie mit einem ganz unverhältnismäßigen Zeitaufwand verbunden wäre, etwa weil sie dem **Gegner im Ausland** in zeitaufwändiger Weise übermittelt oder öffentlich zugestellt werden müsste. Ist das PKH-Gesuch **offensichtlich ungegründet,** so darf auf die Beteiligung des Gegners ebenfalls verzichtet werden,[11] weil ansonsten auf dessen Seite vermeidbare Kosten, die in der Regel nicht erstattungsfähig sind, entstehen können. Soll die Bewilligung nach § 124 aufgehoben werden, ist auch dem Gegner Gelegenheit zur Stellungnahme zu geben (§ 124 Rn. 21).

8 **b) Betroffener Personenkreis. Gegner im PKH-Verfahren** iSv. Abs. 1 S. 2 ist jeder, der als Prozessbeteiligter des bereits anhängigen oder angestrebten Hauptsacheverfahrens durch die vom Antragsteller beabsichtigte Rechtsverfolgung oder -verteidigung unmittelbar rechtlich betroffen ist. Ungeachtet des vom Gesetzgeber in diesem Zusammenhang verwendeten Begriffs „Gegner" stehen sich im PKH-Verfahren als unmittelbar Beteiligte nicht die Parteien des Hauptsacheverfahrens, sondern nur der Antragsteller, der PKH begehrt, und das Gericht als Bewilligungsstelle gegenüber.[12] Jedoch ist der Gegner durch die Entscheidung über den Antrag auf PKH unmittelbar betroffen, was seine Beteiligung am PKH-Verfahren im Wege der Anhörung nicht nur rechtfertigt, sondern gebietet.

9 **c) Form der Anhörung.** Eine bestimmte Form der Anhörung ist vom Gesetz nicht vorgeschrieben. In der Regel wird es ausreichen, wenn der Gegner Gelegenheit zur schriftlichen Stellungnahme erhält, wobei er auch auf die Möglichkeit, seine Stellungnahme zu Protokoll der Geschäftsstelle des Prozessgerichts oder eines beliebigen Amtsgerichts (§ 129 a) zu geben, hingewiesen werden sollte. Für eine schriftliche Stellungnahme ist eine angemessene Frist zu gewähren, die im Regelfall zwei Wochen nicht unterschreiten sollte. **Prozessuale Nachteile** im Hauptsacheverfahren hat der Gegner im Regelfall nicht zu befürchten, wenn er sich am PKH-Prüfverfahren nicht beteiligt. Erklärt er nach Zustellung der Klage ein **Anerkenntnis,** so steht dessen Wertung als „sofortiges" iSv. § 93 nicht entgegen, dass es der Beklagte unterlassen hat, bei seiner Anhörung nach § 118 Abs. 1 eine Stellungnahme abzugeben.[13] Allerdings kann in krassen Fällen die spätere Rechtsverteidigung des Gegners **mutwillig** iSv. § 114 sein, wenn er durch eine ihm unschwer mögliche Widerlegung des klägerischen Sachvortrags oder die Erhebung von Einreden und Einwendungen gegen den Anspruch die Bewilligung von PKH für diesen und damit mit einiger Wahrscheinlichkeit auch den Rechtsstreit selbst hätte abwenden können.

---

[5] BGH NJW 1966, 1126; BGH NJW 1984, 2106.
[6] OLG Köln AnwBl. 1982, 113.
[7] OLG Hamm NJW 1976, 1459.
[8] BGH MDR 1984, 383.
[9] BGH NJW 1990, 836.
[10] *Zöller/Philippi* Rn. 3.
[11] *Kalthoener/Büttner/Wrobel-Sachs* Rn. 165.
[12] BGHZ 89, 65; OLG Düsseldorf FamRZ 1984, 388, 389.
[13] OLG Hamm FamRZ 2004, 466.

10 **d) Gegenstand der Anhörung.** Gegenstand der Anhörung des Gegners sind sowohl die Erfolgsaussicht und die Frage der Mutwilligkeit[14] der beabsichtigten Rechtsverfolgung als auch die persönlichen und wirtschaftlichen Verhältnisse des Antragstellers. Zwar dürfen dem Gegner nach § 117 Abs. 2 S. 2 (vgl. dort Rn. 24) die Angaben des Antragstellers zu den persönlichen und wirtschaftlichen Verhältnissen nur mit Zustimmung des Antragstellers zur Kenntnis gebracht werden.[15] Dem Gegner ist es jedoch unbenommen, im Rahmen seiner Stellungnahme zum PKH-Gesuch des Antragstellers alles, was ihm über dessen persönliche und wirtschaftliche Verhältnisse bekannt ist und der Bewilligung von PKH entgegenstehen könnte, zur Überprüfung durch das Gericht vorzubringen.[16] Ergeben sich auf Grund der Hinweise des Gegners Zweifel an der Bedürftigkeit des Antragstellers, so ist das Gericht verpflichtet, diesen Hinweisen nachzugehen, da es die Voraussetzungen für die Bewilligung von PKH von Amts wegen zu prüfen hat.

11 **e) Keine Verhandlung zur Hauptsache.** Die nach Abs. 1 S. 3 mögliche Ladung der Parteien zur Erörterung soll die mündliche Verhandlung in der Hauptsache nicht ersetzen. Sie darf nur erfolgen, wenn konkrete Aussicht auf eine gütliche Beilegung des Streits bereits in diesem Verfahrensstadium besteht. Allerdings ist es dem Gericht nicht verwehrt, sondern nach praxisnahem Verständnis der Vorschrift geradezu unabdingbar, auch die Erfolgsaussicht der Rechtsverfolgung oder -verteidigung zu thematisieren.[17] Erst auf diese Weise wird meist der Abschluss des Vergleichs, welcher vorrangiges Ziel des Erörterungstermins im PKH-Verfahren ist, ermöglicht. Die Bestimmung eines Termins zur mündlichen Erörterung vor Bewilligung von PKH ist als eine die Entscheidung lediglich vorbereitende Maßnahme **nicht anfechtbar.**[18]

12 **2. Vergleich im PKH-Verfahren. a) Ladung der Parteien.** Das Gericht kann die Parteien nach Abs. 1 S. 3 zur Erörterung des Streitstoffes laden, wenn eine Einigung zu erwarten ist. Ob und mit welcher Wahrscheinlichkeit letzteres der Fall ist, wird sich vorab kaum einmal verlässlich absehen lassen.. Angesichts dessen können die Parteien nicht erst dann zur Erörterung geladen werden, wenn die Einigung bereits nahe liegt,[19] da sonst die gerichtlichen Bemühungen um eine gütliche Einigung im PKH-Verfahren auf ganz vereinzelte Ausnahmefälle beschränkt wären. Vielmehr liegt die Ladung der Parteien **im Ermessen des Gerichts.** Die Grenzen dieses Ermessens ergeben sich vor allem aus der Verpflichtung, das PKH-Verfahren nicht durch zeitaufwändige Vergleichsverhandlungen zu verzögern. Deshalb ist, wenn im Erörterungstermin keine Einigung zustande kommt, eine Vertagung oder eine wiederholte Ladung der Parteien nicht zulässig; ein solches verzögerliches Vorgehen kommt der Ablehnung des Antrags gleich und unterliegt der sofortigen Beschwerde (§ 114 Rn. 112). Die Parteien sind nicht verpflichtet, zum Erörterungstermin zu erscheinen, § 141 ist nicht entsprechend anwendbar, da die Ladung nicht zur Aufklärung des Sachverhalts, sondern wie bei § 279 zum Zweck der gütlichen Einigung erfolgt.[20] – Zur mündlichen Verhandlung über den PKH-Antrag vgl. § 127 Rn. 7.

13 **b) Form und Inhalt des Vergleichs.** Bei der Protokollierung des Vergleichs sind auch im PKH-Verfahren die **Formvorschriften** der §§ 160 Abs. 3 Nr. 1, 162 Abs. 1, 163 zu beachten. **Anwaltszwang besteht nicht,** es sei denn, dass der Vergleich erst nach der Bewilligung von PKH für das Hauptsacheverfahren und damit nach Beendigung des PKH-Verfahrens und nach Übergang in das Hauptsacheverfahren abgeschlossen wird.[21] Hiervon ist die vorherige Bewilligung von PKH für den Vergleichsabschluss im PKH-Verfahren zu unterscheiden, mit dem kein Übergang in das Hauptsacheverfahren, der zum Anwaltszwang führen könnte, verbunden ist.[22] Auch im PKH-Verfahren kann auf Vorschlag des Gerichts oder Initiative der Beteiligten ein Vergleich gem. § 278 Abs. 6 abgeschlossen und durch Gerichtsbeschluss bestätigt werden.[23] – Zur Bewilligung von PKH für das PKH-Prüfverfahren und den dort abgeschlossenen Vergleich § 114 Rn. 32f.

14 **c) Zuständigkeit für die Vergleichsprotokollierung.** Der Vergleich kann durch den **Vorsitzenden** oder durch das von diesem mit der Durchführung des PKH-Verfahrens bestimmte **Mitglied des Gerichts** (Rn. 3) zu Protokoll genommen werden. Ferner kann der Vorsitzende nach § 20 Nr. 4a RpflG den **Rechtspfleger** mit der Beurkundung des Vergleichs beauftragen. Letzteres

---

14 *Zöller/Philippi* Rn. 4; aA wohl OLG Düsseldorf MDR 1984, 321.
15 So schon BGH NJW 1984, 740 zur Rechtslage vor der ausdrücklichen Regelung in § 117 Abs. 2 S. 2.
16 *Stein/Jonas/Bork* Rn. 11; aA BGH NJW 1984, 740; *Kalthoener/Büttner/Wrobel-Sachs* Rn. 155.
17 Anders OLG Hamm MDR 1983, 674; OLG Karlsruhe FamRZ 1992, 1198; *Stein/Jonas/Bork* Rn. 21.
18 OLG Zweibrücken NJW-RR 2003, 1078.
19 So *Musielak/Fischer* Rn. 4; zutreffend dagegen *Zimmermann* Rn. 255.
20 *Zöller/Philippi* Rn. 9.
21 OLG Köln AnwBl. 1982, 113.
22 BGH NJW 2004, 2595.
23 LG Lüneburg NJW-RR 2003, 1506; *Musielak/Fischer* Rn. 5.

empfiehlt sich jedoch nur dann, wenn sich die Parteien bereits außergerichtlich geeinigt und um Protokollierung des Vergleichs gebeten haben. Wird der Rechtspfleger dennoch mit der Protokollierung eines Vergleichs beauftragt, bevor sich die Parteien endgültig geeinigt haben, so umfasst der Auftrag notwendig auch die erforderliche Erörterung (Rn. 11). Jedoch kann der Rechtspfleger keine PKH für den Vergleichsabschluss bewilligen, da er hierfür nicht zuständig ist.[24] – Zur PKH für den Vergleich im PKH-Verfahren § 114 Rn. 32f.

IV. Glaubhaftmachung

15 Nach Abs. 2 S. 1 kann das Gericht vom Antragsteller die Glaubhaftmachung seiner Angaben zur beabsichtigten Rechtsverfolgung oder -verteidigung und zu den persönlichen und wirtschaftlichen Verhältnissen verlangen. Auch ohne Anordnung des Gerichts ist der Antragsteller nach § 117 Abs. 2 verpflichtet, unaufgefordert entsprechende **Belege** vorzulegen. Kommt er dieser Verpflichtung hinreichend nach, so soll eine zusätzliche Glaubhaftmachung nur verlangt werden, wenn ein konkreter Anlass zur Annahme besteht, dass die Angaben des Antragstellers und die hierzu vorgelegten Unterlagen unvollständig oder unzutreffend sind.[25] Die Anordnung kann in der allgemeinen Aufforderung bestehen, bestimmte Angaben nach § 294 glaubhaft zu machen, jedoch können auch **konkrete Anordnungen** getroffen werden, auf welche Weise diese Glaubhaftmachung im Einzelnen zu erfolgen habe. So kann das Gericht etwa die Vorlegung von Urkunden (Rechnungen, Gehaltsnachweise, Quittungen, Schriftwechsel usw.), die sich im Besitz des Antragstellers befinden anordnen Geht es um die Glaubhaftmachung von Umständen, die für die **Erfolgsaussicht** von Bedeutung sind, so scheidet nach dem Rechtsgedanken von § 445 die Vorlegung einer **eidesstattlichen Versicherung des Antragstellers** regelmäßig aus.[26] In diesen Fällen kann auch die Vorlegung eidesstattlicher Versicherungen von Personen, die als Zeugen in Betracht kommen, regelmäßig nicht verlangt werden; dies ergibt sich aus Abs. 2 S. 2, wonach die Vernehmung von Zeugen nur ausnahmsweise möglich ist (Rn. 20).[27]

V. Rechtfolgen versäumter Mitwirkung

16 Kommt der Antragsteller der Anordnung zur Glaubhaftmachung nicht nach oder beantwortet er bestimmte Fragen nicht oder nicht vollständig, so ist der Antrag auf PKH gem. Abs. 2 S. 4 zwingend zurückzuweisen. Dies gilt auch, wenn eine Glaubhaftmachung nicht möglich ist, weil der **Antragsteller unbekannten Aufenthalts** ist.[28] Eine vollständige Ablehnung des PKH-Gesuchs kann jedoch nur dann erfolgen, wenn ohne die angeordnete Glaubhaftmachung oder ohne die Beantwortung der Fragen die Voraussetzungen für die Gewährung von PKH insgesamt nicht geklärt werden können. Ist eine **Teilbewilligung** möglich, so hat diese zu erfolgen, so etwa, wenn die Erfolgsaussicht mangels weitergehender Glaubhaftmachung nur teilweise bejaht werden kann oder wenn zwar das Einkommen des Antragstellers feststeht, aber die geltend gemachten besonderen Belastungen nicht glaubhaft gemacht sind; letzteres führt regelmäßig nicht zur Verweigerung der PKH überhaupt, sondern lediglich zu höheren Raten.[29] Vor der vollständigen oder teilweisen Ablehnung von PKH sollte dem Antragsteller eine letzte **Frist unter entsprechender Androhung** gesetzt werden, insbesondere dann, wenn für den Antragsteller mit der Zurückweisung weitere Nachteile verbunden sind. In jedem Fall kann PKH nur mit **Wirkung ab dem Zeitpunkt** bewilligt werden, in dem sämtliche Unterlagen, die für die Bewilligungsentscheidung erforderlich sind, vollständig vorlagen (§ 119 Rn. 53).

VI. Erhebungen des Gerichts

17 **1. Grundsatz.** Die nach § 118 Abs. 2 S. 2 und 3 zulässigen Erhebungen des Gerichts dürfen nicht zu einer unverhältnismäßigen Verzögerung der Entscheidung über den Antrag auf PKH führen. Sie sind deshalb auf das **unumgängliche Mindestmaß** zu beschränken und dürfen keinesfalls zu einer **Vorwegnahme des Hauptsacheverfahrens** ausgeweitet werden. Ein Antrag oder die Zustimmung der Parteien ist nicht erforderlich, da die Voraussetzungen für die Gewährung von PKH von Amts wegen zu prüfen sind. Grundsätzlich zulässig ist jede Art von Erhebungen, die Auf-

---

[24] *Zöller/Philippi* Rn. 9.
[25] OLG Düsseldorf AnwBl. 1986, 162; OLG München FamRZ 1989, 83; OLG Hamm FamRZ 1996, 417.
[26] *Baumbach/Lauterbach/Hartmann* Rn. 30; *Zöller/Philippi* Rn. 16; *Kalthoener/Büttner/Wrobel-Sachs* Rn. 181.
[27] *Zöller/Philippi* Rn. 16.
[28] OLG Köln NJW-RR 2000, 288.
[29] *Zöller/Philippi* Rn. 17.

zählung in S. 2 und 3 ist nur beispielhaft,[30] § 273 ist nicht anwendbar. Die Beweiserhebung durch einen **ersuchten Richter** ist nicht zulässig.[31] Die Anordnungen und Erhebungen des Gerichts nach Abs. 2 sind grundsätzlich **unanfechtbar.**[32] Anderes gilt, wenn auf diese Weise die Bewilligung von PKH so sehr verzögert wird, dass dies auf eine **faktische Verweigerung** hinausläuft. In diesem Fall ist die sofortige Beschwerde nach § 127 Abs. 2 S. 2 gegeben.[33]

2. Urkunden, Beiakten. Keine nennenswerte Verzögerung ist mit der Vorlegung von Urkunden verbunden, die sich im Besitz des Antragstellers befinden; die entsprechende Anordnung des Gerichts gegen diesen ist deshalb stets zulässig. Dasselbe gilt für die Beiziehung von Akten aus anderen Verfahren, insbesondere von Strafakten, die auch gegen den Widerspruch des Antragstellers beigezogen und im Rahmen der Entscheidung über den Antrag auf PKH verwertet werden können.[34] Der **Gegner,** darf im PKH-Prüfverfahren nicht zur Urkundenvorlage verpflichtet werden.[35] 18

3. Auskünfte. Die Einholung von Auskünften durch das Gericht darf nicht dazu führen, in teilweiser Vorwegnahme der Hauptsache die Parteimaxime außer Kraft zu setzen. Der Beweisantritt durch Einholung von Auskünften genügt jedenfalls dann nicht, wenn entsprechende Unterlagen unschwer durch die Partei selbst beigebracht werden können. Soweit erforderlich, ist dem Antragsteller zur Vorlage der entsprechenden Bescheinigungen eine Frist zu setzen und nach deren fruchtlosem Ablauf PKH insoweit zu verweigern (Rn. 16). Dasselbe gilt für die Einholung von Behördenauskünften, die vom Antragsteller unschwer beigebracht werden können. 19

4. Zeugen und Sachverständige. Zeugen und Sachverständige dürfen im PKH-Verfahren nur ganz ausnahmsweise dann vernommen werden, wenn die Erfolgsaussicht der beabsichtigten Rechtsverfolgung oder -verteidigung oder deren etwaige Mutwilligkeit nicht auf andere Weise hinreichend geklärt werden kann.[36] Es handelt sich um eine **sehr eng auszulegende Ausnahmevorschrift,** wobei die für die Gewährung von PKH erforderliche Erfolgsaussicht (§ 114 Rn. 62ff.) nicht mit dem Nachweis von Tatsachen zur Überzeugung des Gerichts, wie er für das Hauptsacheverfahren erforderlich ist, verwechselt werden darf. Deshalb ist die Vernehmung von Zeugen und Sachverständigen im PKH-Verfahren nicht zulässig, um bei beiderseits schlüssigem und unter Beweis gestelltem Vortrag die wirkliche Sachlage vorab zu klären oder um dem Gericht letzte Klarheit über einen unter Beweis gestellten plausiblen Vortrag zu verschaffen. Das Argument der Prozessökonomie kann nicht für eine Vorverlagerung der Beweisaufnahme ins PKH-Verfahren herangezogen werden. Zwar darf ein Protokoll über die Vernehmung eines Zeugen oder Sachverständigen aus dem PKH-Verfahren im Hauptsacheverfahren wie jede andere Urkunde verwertet werden. Sie ersetzt aber nicht die erneute Vernehmung in mündlicher Verhandlung des Prozessgerichts, es sei denn, beide Parteien erklären sich mit der Verwertung an Stelle einer erneuten Aussage einverstanden. 20

VII. Kosten des PKH-Verfahrens

1. Gerichtskosten. Für das PKH-Verfahren werden grundsätzlich keine **Gebühren** erhoben; zur Ausnahme bei der erfolglosen PKH-Beschwerde, vgl. § 127 Rn. 34. Werden in einem nach Abs. 1 S. 3 im PKH-Verfahren geschlossenen Vergleich Gegenstände geregelt, die über den Streitgegenstand des ursprünglich beabsichtigten Hauptsacheverfahrens hinausgehen, so fällt aus dem Mehrwert keine Gerichtsgebühr an.[37] **Auslagen** für die Vernehmung von Zeugen und Sachverständigen im PKH-Prüfverfahren werden zunächst von der Staatskasse vorgelegt und sind nach Abschluss des Rechtsstreits nach Abs. 1 S. 5 von der Partei zu tragen, der die Kosten des Rechtsstreits auferlegt sind.[38] Dabei ist es nicht zulässig, über die Kosten der PKH in der Kostenentscheidung des Hauptsacheprozesses gesondert und anderweitig zu entscheiden. Kommt es nicht zu einem Hauptsacheprozess, so haftet der Antragsteller für die Auslagen nach § 22 GKG. – Wegen der Bewilligung von PKH für das PKH-Verfahren siehe § 114 Rn. 32f. 21

2. Anwaltsgebühren. Nach VV 3335 zum RVG erhält der Anwalt, der den Antragsteller oder den Gegner im Verfahren über die PKH vertritt, eine Verfahrensgebühr von 1,0. Der für die Gebührenberechung maßgebliche **Gegenstandswert des PKH-Verfahrens** ist nach der amtlichen 22

---

30 *Musielak/Fischer* Rn. 9.
31 OLG Braunschweig NdsRpfl. 1987, 251.
32 OLG Zweibrücken FamRZ 1984, 74; OLG Köln MDR 1990, 728.
33 OLG Celle MDR 1985, 591; OLG Düsseldorf FamRZ 1986, 485; OLG Köln FamRZ 1999, 305; OLG Köln NJW-RR 1999, 580; OLG Naumburg FamRZ 2003, 1673; aA *Stein/Jonas/Bork* Rn. 31.
34 KG VersR 1972, 104.
35 *Baumbach/Lauterbach/Hartmann* Rn. 33.
36 OLG Brandenburg FamRZ 2003, 1019; *Kalthoener/Büttner/Wrobel-Sachs* Rn. 180.
37 *Baumbach/Lauterbach/Hartmann* Rn. 25; *Kalthoener/Büttner/Wrobel-Sachs* Rn. 203.
38 BGH NJW 1984, 2106.

Anmerkung zu dieser Vorschrift derselbe wie der für das betreffende Hauptsacheverfahren. Im Übrigen soll er nach dem Kosteninteresse nach billigem Ermessen zu bestimmen sein. Wirkt der Anwalt an einem im Rahmen des PKH-Verfahrens geschlossenen gerichtlichen oder außergerichtlichen **Vergleich** mit, so löst dies die reduzierte Einigungsgebühr von 1,0 nach VV 1003 aus. Werden im Rahmen des Vergleichs auch Gegenstände mit geregelt, auf welche sich das PKH-Gesuch nicht bezieht, so hat der Anwalt für den **Vergleichsmehrwert** Anspruch auf die 1,5 Gebühr nach VV 1000, weil hier die Gebührenabsenkung nach VV 1003 nicht eingreift.[39] Das selbe gilt nach der amtlichen Anmerkung zu VV 1003, wenn sich die PKH-Bewilligung und/oder die Anwaltsbeiordnung **auf den Vergleichsabschluss beschränkt.** Die im PKH-Verfahren entstandenen Anwaltsgebühren werden auf gleichartige Gebühren im anschließenden Hauptsacheverfahren **angerechnet** (§§ 15 Abs. 2, 16 Nr. 2 RVG). Für das **PKH-Beschwerdeverfahren** (§ 127 Abs. 2 und 3) erhält der Rechtsanwalt eine 0,5 Verfahrensgebühr nach VV 3500, die auf die im Hauptsacheverfahren anfallenden Gebühren **nicht anzurechnen** ist. – Vom Anfall dieser Gebühren ist die Frage zu unterscheiden, inwieweit sie dem Anwalt aus der Staatskasse zu erstatten sind (§ 121 Rn. 26ff.).

23 **3. Kostenerstattung.** Grundsätzlich findet eine **Kostenerstattung im PKH-Verfahren nicht statt,** eine Kostenentscheidung ist deshalb nicht zu treffen. Dies gilt auch für die Erinnerung oder sofortige Beschwerde (§ 127 Rn. 35). Kommt es zum Hauptsacheverfahren, so zählen die im PKH-Verfahren aufgewendeten außergerichtlichen Kosten einer Partei, soweit sie nicht gebührenrechtlich auf die dort entstehenden Gebühren anzurechnen sind (Rn. 22), zu den Kosten der Prozessvorbereitung. Bezüglich der Kostenerstattungspflicht nach § 91 ist freilich zu differenzieren:

24 **Kosten des Antragstellers aus dem PKH-Verfahren** können, soweit ihm PKH bewilligt worden ist, gegen den im **Hauptsacheverfahren** unterlegenen Gegner, dem die Kosten nach §§ 91ff. auferlegt sind, als Kosten der Prozessvorbereitung festgesetzt werden.[40] Dies gilt nicht für Kosten, die dem Antragsteller im Beschwerdeverfahren über die Bewilligung von PKH entstanden sind,[41] weil hier § 127 Abs. 4 als lex specialis eine Sperre gegen Erstattungsansprüche errichtet.

25 **Kosten des Gegners** aus dem PKH-Verfahren sind von der bedürftigen Partei nach der Ausnahmevorschrift des § 118 Abs. 1 S. 4 nicht zu erstatten. Deshalb können diese Kosten auch nicht auf Grund einer für den Gegner günstigen Kostenentscheidung im nachfolgenden Hauptsacheverfahren geltend gemacht werden.[42] Hiervon zu unterscheiden sind die Kosten des Hauptsacheverfahrens, die dem Gegner nach § 123 auch dann zu erstatten sind, wenn der unterlegenen Partei PKH bewilligt war. – Zu den Kosten des Beschwerdeverfahrens vgl. § 127 Rn. 34f.

§ 119 Bewilligung

(1) [1]Die Bewilligung der Prozesskostenhilfe erfolgt für jeden Rechtszug besonders. [2]In einem höheren Rechtszug ist nicht zu prüfen, ob die Rechtsverfolgung oder Rechtsverteidigung hinreichende Aussicht auf Erfolg bietet oder mutwillig erscheint, wenn der Gegner das Rechtsmittel eingelegt hat.

(2) Die Bewilligung von Prozesskostenhilfe für die Zwangsvollstreckung in das bewegliche Vermögen umfasst alle Vollstreckungshandlungen im Bezirk des Vollstreckungsgerichts einschließlich des Verfahrens auf Abgabe der eidesstattlichen Versicherung.

Übersicht

[39] *Zöller/Philippi* Rn. 25a; *Zimmermann* Rn. 503.

[40] OLG Karlsruhe MDR 1979, 147; OLG Frankfurt/M. Rpfleger 1979, 111; *Musielak/Fischer* Rn. 16; *Kalthoener/Büttner/Wrobel-Sachs* Rn. 200; aA *Zöller/Philippi* Rn. 27 unter Berufung auf den Gleichheitsgrundsatz.

[41] OLG Düsseldorf JurBüro 1988, 223; OLG Hamburg JurBüro 1989, 671; OLG München JurBüro 1989, 834; OLG Koblenz NJW-RR 1995, 768; KG Rpfleger 1995, 508; OLG Hamburg MDR 2002, 910 *Kalthoener/Büttner/Wrobel-Sachs* Rn. 200; aA OLG Stuttgart JurBüro 1986, 936; 2. Aufl. Rn. 34.

[42] OLG München NJW 1970, 1555; OLG Köln NJW 1975, 1286; OLG Karlsruhe MDR 1979, 147; OLG Frankfurt/M. Rpfleger 1979, 111; *Musielak/Fischer* Rn. 16; *Kalthoener/Büttner/Wrobel-Sachs* Rn. 201; *Zimmermann* Rn. 557.

I. Normzweck

1 Bereits aus §§ 117 und 127, wonach PKH durch das für die Hauptsache zuständige Gericht der jeweiligen Instanz zu bewilligen ist, ergibt sich, dass PKH **für jeden Rechtszug gesondert** beantragt und gewährt werden muss. Wird PKH für die **Rechtsmittelinstanz** beantragt, so kann, wenn der Gegner das Rechtsmittel eingelegt hat, regelmäßig davon ausgegangen werden, dass die beabsichtigte Rechtsverfolgung oder -verteidigung des Antragstellers, eben weil er in der vorigen Instanz erfolgreich war, hinreichende Aussicht auf Erfolg bietet und nicht mutwillig ist. Deshalb ist letzteres nach Abs. 1 Satz 2 grundsätzlich nicht mehr zu prüfen. Jedoch macht die Rechtsprechung hiervon zu Recht Ausnahamen, wenn die angefochtene Entscheidung wegen einer Veränderung der Rechtslage oder der tatsächlichen Umstände, auf denen sie beruht, keinen Bestand haben kann oder die angefochtene Entscheidung offensichtlich unrichtig ist (Rn. 37 ff.). Zur **Form der PKH-Entscheidung** vgl. § 127 Rn. 8 ff., zur Bindung an eine **Zusage der PKH** vgl. § 124 Rn. 7.

II. Besondere Bewilligung für jeden Rechtszug

2 **1. Grundlagen.** Nach der gebotenen kostenrechtlichen Auslegung ist jeder Verfahrensabschnitt, der besondere Kosten verursacht, grundsätzlich als besonderer Rechtszug zu behandeln. Jedoch dürfen dadurch Sinn und Zweck der PKH nicht unterlaufen werden, so dass mehrere in notwendigem innerem Zusammenhang stehende Verfahrensabschnitte auch dann einen einheitlichen Rechtszug iSv. Satz 1 bilden, wenn sie jeweils mit besonderen Kosten verbunden sind. Der Begriff des Rechtszugs ist nicht völlig mit dem des § 35 GKG identisch; so ist etwa das Verfahren vor und nach einer Klagänderung eine Instanz iSv. § 35 GKG, nicht aber ein einheitlicher Rechtszug (Rn. 16). Grundsätzlich ist jeder Verfahrensabschnitt, der einen gesonderten Gebührentatbestand nach dem RVG, dem GKG oder der KostO erfüllt, ein besonderer Rechtszug iSv. § 119. Ist für einen bestimmten Verfahrensabschnitt eine gesonderte Kostenentscheidung erforderlich, so ist dies ein Indiz, aber kein sicherer Anhaltspunkt für die Selbstständigkeit dieses Abschnitts. Mehrere ge-

bührenrechtlich selbstständige Verfahrensabschnitte gehören zu einem **einheitlichen Rechtszug** iSv. § 119, wenn für die Gewährung von PKH dasselbe Prozessgericht iSv. §§ 117, 127 zuständig ist und wenn diese Verfahrensabschnitte bei der Gewährung von PKH nach deren Sinn und Zweck nicht voneinander getrennt werden können. So bilden die Klagerhebung, die mündliche Verhandlung, die Beweisaufnahme und der Abschluss eines Prozessvergleichs nicht nur verfahrensrechtlich, sondern auch kostenrechtlich iSv. § 119 einen Rechtszug, obwohl jeweils neue Gebühren anfallen. Da PKH für den Rechtszug zu bewilligen ist, wäre es nicht zulässig, zunächst einzelne Verfahrensabschnitte von der Bewilligung auszunehmen und diese insoweit einer erneuten Prüfung vorzubehalten. Im Einzelnen ergibt sich (in alphabetischer Reihenfolge):

3 **2. Anschlussrechtsmittel.** PKH zur Einlegung eines Anschlussrechtsmittels muss gesondert bewilligt werden. Dasselbe gilt hinsichtlich der Gerichtskosten für die Verteidigung gegen ein Anschlussrechtsmittel; dagegen umfasst die Beiordnung eines Rechtsanwalts zur Durchführung eines Rechtsmittels nach § 48 Abs. 2 RVG auch die Verteidigung gegen ein Anschlussrechtsmittel, sofern der Beiordnungsbeschluss nicht ausdrücklich etwas anderes regelt.

4 **3. Arrestverfahren.** Das Arrestverfahren bildet gegenüber dem Verfahren über die Hauptsache einen besonderen Rechtszug. Ist PKH für die Anordnung des Arrests bewilligt, so erstreckt sie sich auch auf das Widerspruchsverfahren nach §§ 924, 925. Wegen der Eilbedürftigkeit kann für die Arrestvollziehung nach § 928 PKH zusammen mit der Bewilligung für die Anordnung des Arrests gewährt werden. Wird dem Antragsteller für die Anordnung des Arrests ein Rechtsanwalt beigeordnet, so erstreckt sich nach § 48 Abs. 2 RVG die Beiordnung auch auf die Arrestvollziehung, sofern im Beiordnungsbeschluss nicht ausdrücklich etwas anderes bestimmt ist.

5 **4. Aufrechnung.** Die Aufrechnung im Prozess gehört zum Rechtszug, die Bewilligung von PKH für eine Partei umfasst die von ihr erklärte Aufrechnung, auch wenn sie als Hilfsaufrechnung nach § 45 Abs. 3 GKG den Streitwert erhöht.[1]

6 **5. Beschwerde.** Das Beschwerdeverfahren (zB nach §§ 567, 574, 621 e) bildet stets und unabhängig davon, bei welchem Gericht sie eingelegt worden ist und ob es sich um eine einfache oder um eine sofortige Beschwerde handelt, einen besonderen Rechtszug. PKH muss deshalb stets besonders bewilligt werden. – Zur Bewilligung von PKH für das PKH-Beschwerdeverfahren § 127 Rn. 15, 37.

7 **6. Bestimmung der Zuständigkeit nach § 36.** Die PKH für das bereits anhängige Verfahren umfasst auch den Antrag nach § 36. Ist die Bestimmung vor Anhängigkeit der Hauptsache angezeigt und dabei die Vertretung durch einen Rechtsanwalt erforderlich, der die Partei im Rechtsstreit nicht vertritt, so entsteht eine 0,8-Gebühr nach VV 3403 zum RVG; für diesen Fall muss bei dem für die Bestimmung des Gerichtsstands zuständigen Gericht PKH beantragt werden.

8 **7. Beweisverfahren.** Für das selbstständige Beweisverfahren nach §§ 485 ff. muss PKH gesondert bewilligt werden. Das selbe gilt aber auch für die Beweissicherung im Rahmen des anhängigen Hauptsacheverfahrens.[2] – Vgl. auch § 114 Rn. 24 f.

9 **8. Einspruch.** Das Verfahren über den Einspruch gegen ein **Versäumnisurteil** bildet mit dem betreffenden Hauptsacheverfahren **einen einheitlichen Rechtszug.** Dagegen erstreckt sich die für das Mahnverfahren bewilligte PKH nicht auf das Verfahren über den Einspruch gegen den Vollstreckungsbescheid,[3] da im Bewilligungsverfahren für das Mahnverfahren keine Prüfung der Erfolgsaussichten möglich war, die vor der Bewilligung für das Verfahren über den Einspruch nachgeholt werden muss. – Vgl. auch Rn. 17.

10 **9. Einstellung der Zwangsvollstreckung.** Das Verfahren über die vorläufige Einstellung, Beschränkung oder Aufhebung der Zwangsvollstreckung gehört zum Verfahren über das Rechtsmittel, den Einspruch, die Erinnerung oder die Klage gegen den betreffenden Vollstreckungstitel oder die betreffende Vollstreckungshandlung; sie wird von der hierfür bewilligten PKH umfasst. Eine Beschränkung der PKH allein auf die Einstellung der Zwangsvollstreckung ist in diesen Fällen nicht zulässig[4] und ergibt auch keinen Sinn, da die Erfolgsaussicht des Einstellungsantrags von der Erfolgsaussicht des weiteren Rechtsschutzbegehrens abhängt.

11 **10. Einstweilige Anordnung.** Für das Verfahren der einstweiligen Anordnung in **Familiensachen** nach §§ 127 a, 620 ff., 621 g, 641 d, 644 muss PKH besonders beantragt und bewilligt werden, die Bewilligung für die jeweilige Hauptsache erstreckt sich nicht auf das Anordnungsverfahren.[5]

---

[1] *Zöller/Philippi* Rn. 6.
[2] *Zöller/Philippi* Rn. 20.
[3] *Zöller/Philippi* Rn. 16.
[4] AA *Zöller/Philippi* Rn. 11.
[5] OLG Bamberg FamRZ 1986, 701; OLG Düsseldorf FamRZ 1991, 1325.

Eine gesonderte **Ratenzahlungsanordnung** bei der PKH-Bewilligung für das Anordnungsverfahren darf dem Antragsteller allerdings nicht auferlegt werden, vielmehr erstreckt sich die Ratenzahlungsanordnung für das Hauptsacheverfahren auf das Anordnungsverfahren,[6] was im Bewilligungsbeschluss für das Anordnungsverfahren klargestellt werden sollte. Auf diese Weise kann vermieden werden, dass PKH für das Verfahren der einstweiligen Anordnung wegen Nichterreichens der Mindestanzahl von fünf Raten nach § 115 Abs. 4 zu versagen ist.[7] Wird im Anordnungsverfahren die Hauptsache erledigt, insbesondere durch eine endgültige vergleichsweise Regelung, so erstreckt sich hierauf die für das Anordnungsverfahren bewilligte PKH, wobei sich allerdings eine Klarstellung in Form eines entsprechenden Beschlusses empfiehlt.[8] Ist PKH für ein Anordnungsverfahren bewilligt, so umfasst sie auch das **Aufhebungs- oder Abänderungsverfahren** nach § 620b, das keinen besonderen Rechtszug bildet.[9] Dies gilt auch das **Feststellungsverfahren** nach § 620f Abs. 1 S. 2 bezüglich des Außerkrafttretens einer Einstweiligen Anordnung, für welches – außer bei Anwaltswechsel – keine zusätzlichen Gebühren anfallen.[10]

11. Einstweilige Verfügung. PKH muss besonders bewilligt werden; im Übrigen gelten die Ausführungen zum Arrest (Rn. 4) entsprechend. Die für das Verfügungsverfahren bewilligte PKH umfasst auch das Rechtfertigungsverfahren nach §§ 925, 936. 12

12. Erinnerung. Für die Erinnerung nach § 11 Abs. 2 RpflG muss PKH besonders bewilligt werden,[11] sofern zu erwarten ist, dass im Erinnerungsverfahren ausnahmsweise nennenswerte Kosten entstehen. Dasselbe gilt für das Erinnerungsverfahren nach § 766, und zwar auch dann, wenn PKH bereits für die Zwangsvollstreckung bewilligt ist. Zwar fallen für die Erinnerung nach § 11 Abs. 2 RPflG oder § 766 in der Regel keine Gerichtsgebühren an. Die Anwaltsgebühren ergeben sich aus VV 3500 zum RVG; außerdem können im Einzelfall auch Auslagen anfallen. 13

13. Insolvenzverfahren. Das Insolvenzverfahren besteht aus verschiedenen Abschnitten, für welche gesonderte Kosten entstehen. Soweit überhaupt die Bewilligung von PKH in Betracht kommt (§ 114 Rn. 28), muss diese jeweils neu beantragt und bewilligt werden.[12] Gleiches gilt für die Beiordnung eines Anwalts.[13] Die gilt namentlich für das Eröffnungsverfahren (§§ 13ff. InsO),[14] das Restschuldbefreiungsverfahren (§§ 286ff. InsO) und bei der Verbraucherinsolvenz das Schuldenbereinigungsverfahren (§§ 305ff. InsO).[15] 14

14. Kindschaftssachen. Das Verfahren auf **Feststellung der Abstammung** eines Kindes (§ 640ff.) und das damit nach § 653 verbundene Verfahren auf **Zahlung von Unterhalt** bilden wegen des notwendigen inneren Zusammenhangs einen einheitlichen Rechtszug. Wird jedoch getrennt auf Feststellung der Vaterschaft und sodann in einem weiteren Rechtsstreit auf Zahlung geklagt, so ist für beide Verfahren jeweils gesondert PKH zu bewilligen. – Zur einstweiligen Anordnung vgl. Rn. 11. 15

15. Klageänderung. Ändert sich das Rechtsschutzbegehren, so umfasst die vor der Änderung bewilligte PKH nicht den neuen Antrag. Dies gilt wegen der erneut erforderlichen Prüfung, ob der geänderte Klageantrag hinreichende Aussicht auf Erfolg hat oder mutwillig ist, auch für die **Erweiterung des Klagantrags.**[16] Keine neue Entscheidung ist bei Umstellung des Antrags auf das Interesse nach § 264 Nr. 2 und 3 erforderlich, sofern sich der Streitwert im bisherigen, durch die PKH-Bewilligung abgedeckten Rahmen hält.[17] 16

16. Mahnverfahren. Die für das Mahnverfahren bewilligte PKH erstreckt sich nicht auf das streitige Verfahren nach Widerspruch oder Einspruch. Hierfür ist eine gesonderte Bewilligung erforderlich, da die im Mahnverfahren nicht anzustellende Prüfung, ob der Antrag hinreichende Aussicht auf Erfolg bietet, nachgeholt werden muss. Wird dies verneint und PKH für das streitige Verfahren verweigert, so bleibt hiervon die zuvor erfolgte Bewilligung für das Mahnverfahren unberührt. Zuständig ist für die Bewilligung von PKH für das Mahnverfahren der **Rechtspfleger** (§ 127 Rn. 4). 17

---

[6] OLG Düsseldorf FamRZ 1991, 1325; *Zöller/Philippi* Rn. 12.
[7] OLG Düsseldorf FamRZ 1991, 1325; *Zöller/Philippi* Rn. 12; *Kalthoener/Büttner/Wrobel-Sachs* Rn. 487.
[8] OLG Bamberg JurBüro 1987, 1044.
[9] OLG Hamm Rpfleger 1984, 34.
[10] *Zöller/Philippi* § 620f Rn. 32.
[11] AA *Zöller/Philippi* Rn. 13.
[12] LG Konstanz NJW-RR 2000, 54; *Zöller/Philippi* Rn. 13a.
[13] BGH NJW 2004, 3260.
[14] Ablehnend LG Hamburg MDR 1999, 829.
[15] LG Hamburg MDR 1999, 829; LG Göttingen NJW 1999, 2286; LG Koblenz MDR 2000, 542.
[16] OLG Karlsruhe AnwBl. 1987, 340.
[17] AA 2. Aufl. Rn. 14.

18 **17. Nachverfahren.** Der mit einem Grund- oder Vorbehaltsurteil abgeschlossene Verfahrensabschnitt und das Nachverfahren bilden einen einheitlichen Rechtszug, die gesonderte Bewilligung von PKH ist nicht erforderlich. Dies gilt grundsätzlich auch für das Nachverfahren im **Urkundenprozess** nach § 600. Allerdings kann hier die Bewilligung der PKH zunächst auf das Verfahren bis zum Vorbehaltsurteil beschränkt werden, wenn die Erfolgsaussicht für das Nachverfahren wegen der Besonderheiten des Urkundenprozesses noch nicht abschließend beurteilt werden kann. Enthält der Bewilligungsbeschluss keine solche Einschränkung, so erstreckt sich die Bewilligung sowohl auf das Vorverfahren als auch auf das Nachverfahren.[18]

19 **18. PKH-Bewilligungsverfahren.** Es handelt sich um einen besonderen Rechtszug, jedoch kann PKH für das PKH-Verfahren grundsätzlich nicht bewilligt werden. – Vgl. hierzu und zur Ausnahme bei Abschluss eines Vergleichs im PKH-Verfahren § 114 Rn. 32, 33.

20 **19. Rechtsnachfolge.** Da die Bewilligung von PKH streng an die Person der Partei gebunden ist, muss im Fall der Rechtsnachfolge PKH in jedem Fall neu bewilligt werden. – Vgl. § 114 Rn. 50 ff.

21 **20. Streithelfer.** Der Streithelfer muss gesondert PKH beantragen, da für seine Person sowohl die sachlichen als auch die persönlichen Voraussetzungen gesondert zu prüfen sind. Dies gilt auch dann, wenn er bereits als Partei am Rechtsstreit beteiligt und ihm hierfür PKH bewilligt ist. Tritt er einem seiner Streitgenossen zusätzlich als **Streithelfer** bei, so wird dies von der PKH, die ihm für die Rechtsverfolgung oder -verteidigung als Partei gewährt ist, nicht umfasst, vielmehr muss ihm unter Prüfung der Erfolgsaussicht und einer etwaigen Mutwilligkeit der Nebenintervention hierfür gesondert PKH bewilligt werden.

22 **21. Stufenklage.** Sämtliche Stufen bilden einen einheitlichen Rechtszug, für den einheitlich und insgesamt PKH zu bewilligen ist, die Beschränkung der Bewilligung auf einzelne Stufen ist nach ganz überwiegender und zutreffender Ansicht nicht zulässig (§ 114 Rn. 36).

23 **22. Verbundverfahren.** Nach § 624 Abs. 2 erstreckt sich die für die Scheidungssache bewilligte PKH ohne weiteres auf die Folgesache Versorgungsausgleich nach § 621 Abs. 1 Nr. 6. Im Übrigen ist für Folgesachen stets eine gesonderte Bewilligung von PKH erforderlich. Eine uneingeschränkte PKH-Bewilligung im Verbundverfahren erstreckt sich auf alle im Zeitpunkt der Bewilligung anhängigen Folgesachen.[19] Die für die Scheidungssache oder eine Folgesache bewilligte PKH umfasst nicht das Verfahren der einstweiligen Anordnung nach §§ 620 ff. (Rn. 11). – Vgl. auch § 114 Rn. 26.

24 **23. Vergleich. a) Grundlagen** Die Bewilligung von PKH und die Beiordnung eines Rechtsanwalts erstrecken sich innerhalb des Rechtszugs iSv. § 119 ohne weiteres auf die **Kosten eines Prozessvergleichs,** sofern er sich auf den Streitgegenstand des Rechtsstreits beschränkt. Dies gilt auch für Vergleiche, die nicht in mündlicher Verhandlung protokolliert werden, sondern nach § 278 Abs. 6 zustande kommen. Die PKH-Bewilligung für einen Rechtsstreit erstreckt sich auch auf den Abschluss eines **außergerichtlichen Vergleichs,** sofern und soweit dieser den Gegenstand eines anhängigen Rechtsstreits betrifft und erledigt.[20] Der beteiligte Rechtsanwalt kann hierfür eine Einigungsgebühr verlangen, auch wenn er bis dahin nur im PKH-Verfahren tätig war.[21] Für Vergleiche im **Vorfeld eines drohenden Gerichtsverfahrens** kann PKH nicht bewilligt werden. Wohl aber kommt die Bewilligung von **Beratungshilfe** nach § 1 BerHG in Betracht. – Vgl. auch § 114 Rn. 11 f. Kommt es dabei zur Erledigung der Rechtssache, so kann der Anwalt nach VV 2508 zum RVG eine Gebühr von 125 Euro verlangen.[22]

25 **b) Mehrwert des Vergleichs.** Regelt der Vergleich **weitere Gegenstände,** die zu einem Vergleichs-Mehrwert führen, so ist hierfür die gesonderte Bewilligung von PKH erforderlich.[23] Ausnahmsweise kann jedoch von einer stillschweigenden Erstreckung der PKH auf einen Gegenstand, der nicht zum Streitgegenstand gehört, ausgegangen werden, wenn jener mit diesem in einem engen sachlichen Zusammenhang steht.[24] Das gilt auch, wenn zunächst nur der über den

---

[18] OLG Saarbrücken MDR 2002, 1211.

[19] OLG München FamRZ 1995, 822.

[20] BGH NJW 1988, 494; OLG Hamm NJW-RR 1988, 1151; OLG Hamburg DAVorm. 1988, 1039 und Rpfleger 1991, 208; OLG Celle MDR 1989, 647; LAG Düsseldorf JurBüro 1991, 1501; OLG Düsseldorf JurBüro 1992, 541; LAG Berlin JurBüro 1994, 481; OLG München MDR 2004, 296. Die Frage ist höchst umstritten; aA OLG Düsseldorf AnwBl. 1983, 320; OLG Hamm Rpfleger 1987, 82; OLG Frankfurt a. M. Rpfleger 1987, 433;. MDR 1989, 550; OLG Bamberg JurBüro 1991, 820; LAG Köln JurBüro 1994, 481; OLG Koblenz NJW-RR 1995, 1339; OLG Oldenburg NdsRpfleger 1995, 350.

[21] OLG Nürnberg MDR 2003, 658.

[22] *Kalthoener/Büttner/Wrobel-Sachs* Rn. 1006.

[23] LG Berlin VersR 1989, 528 m. weit. Nachw.

[24] LAG Köln NZA 1996, 1176.

freiwillig bezahlten Betrag hinausgehende Unterhaltsanspruch eingeklagt wurde und sodann der gesamte Unterhaltsanspruch durch Vergleich geregelt wird.[25]

c) Ehesache, Folgesachen. Die Beiordnung eines Rechtsanwalts in einer Ehesache umfasst nach § 48 Abs. 3 RVG auch den Vergleichsabschluss über Ehegatten- und Kindesunterhalt, elterliche Sorge, Umgangsrecht, Ehewohnung und Hausrat sowie güterrechtliche Ansprüche. Die Beiordnung erstreckt sich auf die Regelung von Ansprüchen der genannten Art auch dann, wenn sie zuvor nicht rechtshängig waren und wenn insoweit PKH nicht bewilligt und der Rechtsanwalt nicht ausdrücklich beigeordnet worden war. Jedoch ist in diesen Fällen wegen der 0,25 Gerichtsgebühr, die nach KV 1900 zum GKG aus dem **Mehrwert eines Vergleichs** zu erheben ist, die ausdrückliche Beantragung und Bewilligung von PKH zu empfehlen, da diese Kosten von der bedürftigen Partei sonst selbst zu tragen sind. 26

d) Bestandskraft des Vergleichs. Wird die **Unwirksamkeit** eines Prozessvergleichs im Wege der Fortsetzung des Verfahrens geltend gemacht, in dem er geschlossen wurde, so handelt es sich um ein- und denselben Rechtszug, die gesonderte Bewilligung von PKH ist nicht erforderlich.[26] Wird die **Abänderung** eines Vergleichs oder die Aufhebung der darin eingegangenen Verpflichtungen wegen Veränderung der Geschäftsgrundlage (§ 313 BGB) begehrt, so handelt es sich um ein neues Verfahren, für welches die erneute Bewilligung von PKH erforderlich ist. 27

24. Verweisung. Das Verfahren vor und nach der Verweisung bilden einen einheitlichen Rechtszug. Das Gericht, an das der Rechtsstreit verwiesen wird, ist an eine der Verweisung vorausgehende Bewilligung von PKH durch das verweisende Gericht gebunden.[27] Dies gilt nicht nur für eine Verweisung wegen örtlicher oder sachlicher Unzuständigkeit, sondern auch bei einer Rechtswegverweisung.[28] Die Zuständigkeit für nachträgliche Änderungen von Zahlungsanordnungen (§ 120 Abs. 4) oder die Aufhebung der PKH-Bewilligung (§ 124) geht auf das Gericht über, an welches die Hauptsache verwiesen wurde. 28

25. Widerklage. Für die Widerklage muss PKH gesondert bewilligt werden. Die dem Beklagten gewährte PKH umfasst nicht die Erhebung einer Widerklage, die dem Kläger bewilligte nicht die hiergegen gerichtete Verteidigung.[29] Jedoch erstreckt sich nach § 48 Abs. 4 S. 2 Nr. 4 RVG die dem Antragsteller in einer **Ehesache** bewilligte PKH auf die Verteidigung gegen den Gegenantrag; die auf diese Weise für die Verteidigung erlangte PKH bleibt auch erhalten, wenn der zuerst gestellte Antrag zurückgenommen wird. 29

26. Wiederaufnahme. Das Wiederaufnahmeverfahren bildet einen neuen Rechtszug, PKH für die Nichtigkeits- oder Restitutionsklage muss für den Kläger wie für den Beklagten gesondert bewilligt werden. 30

27. Wiedereinsetzung. Wird bei einer Fristversäumnis Wiedereinsetzung in den vorigen Stand (§ 233) beantragt, so fallen hierfür keine besonderen Kosten an. Das betreffende Verfahren gehört daher zum Rechtszug, eine gesonderte PKH-Bewilligung findet nicht statt. Indes kann bei der Prüfung der **Erfolgsaussicht** (§ 114) insbesondere im Rechtsmittelverfahren von Bedeutung dafür sein, ob dem Antragsteller voraussichtlich Wiedereinsetzung in eine versäumte Berufungs-, Revisions- oder Beschwerdefrist gewährt werden kann. Ist dies nicht der Fall, so hat das (beabsichtigte oder schon eingelegte) Rechtsmittel keine Erfolgsaussicht. – hierzu Rn. 43 ff. 31

28. Zurückverweisung. Wird eine Sache durch das Gericht der höheren Instanz zurückverwiesen, so ist das weitere Verfahren Teil des einheitlichen Rechtszugs. Die erneute Bewilligung von PKH ist nicht erforderlich, wenn für die Instanz, in die der Rechtstreit zurückverwiesen ist, bereits einmal PKH bewilligt worden war.[30] Hat das zurückverweisende Gericht erstmals PKH bewilligt, so erstreckt sich diese auf die Rechtsmittelinstanz und nicht auf das weitere Verfahren nach der Zurückverweisung, vielmehr muss hierfür gesondert PKH beantragt und bewilligt werden.[31] 32

29. Zwischenstreit. PKH für einen Zwischenstreit muss grundsätzlich gesondert beantragt und bewilligt werden. Dies gilt jedoch nicht für das Zwischenurteil über den Grund und den Zwischenstreit über die Zulässigkeit nach § 280, diese bilden mit dem nachfolgenden Verfahren in derselben Instanz einen einheitlichen Rechtszug. 33

---

[25] OLG Frankfurt a. M. FamRZ 1988, 739.
[26] *Zöller/Philippi* Rn. 25.
[27] OLG Düsseldorf NJW-RR 1991, 63.
[28] OLG Köln NJW 1995, 2728.
[29] OLG Karlsruhe AnwBl. 1987, 340.
[30] OLG Düsseldorf Rpfleger 1987, 263.
[31] BGH NJW 1983, 944.

III. Höherer Rechtszug

34 **1. Erfolgsaussicht, Mutwilligkeit. a) Rechtsmittelkläger.** Die Rechtsmittelinstanz ist ein neuer Rechtszug iSv. S. 1, so dass PKH besonders beantragt werden muss, hierbei sind sämtliche Voraussetzungen für die Gewährung von PKH neu zu prüfen. Dabei kommt es nicht nur darauf an, ob das **Rechtsmittel** Erfolg versprechend erscheint, sondern darüber hinaus auch darauf, ob für die **Rechtsverfolgung insgesamt Erfolgsaussicht** besteht. Deshalb kann PKH nicht bewilligt werden, wenn das Rechtsmittel zwar zur Aufhebung und Zurückverweisung führen müsste, aber abzusehen ist, dass eine erneute Sachentscheidung der Vorinstanz zu demselben Ergebnis wie die angefochtene Entscheidung kommen würde.[32] Anderes gilt, wenn in **Verfahren mit Auslandsberührung** die erstinstanzliche Entscheidung auf der Anwendung unzutreffenden Sachrechts beruht und sich daraus Anerkennungsschwierigkeiten im Heimatstaat oder sonstige Rechtsnachteile einer Partei, etwa beim Unterhalt, ergeben können (hierzu § 114 Rn. 100). Die Erfolgsaussicht des Rechtsmittels muss auch im Falle einer zugelassenen Revision gegeben sein.[33] Besteht Erfolgsaussicht nur in Höhe eines **Betrages, der unter der Berufungssumme** liegt, kann PKH nicht bewilligt werden.[34] Zur Mutwilligkeit vgl. auch § 114 Rn. 85 ff.

35 **b) Rechtsmittelbeklagter. aa) Anwendungsbereich von Abs. 1 S. 2.** Nach Satz 2 entfällt die Prüfung, ob die beabsichtigte Rechtsverfolgung oder Rechtsverteidigung Aussicht auf Erfolg bietet oder mutwillig ist, wenn und soweit der **Gegner** des Antragstellers das Rechtsmittel eingelegt hat. Die Vorschrift ist auf den Rechtsmittelführer nicht analog anzuwenden.[35] Auch für den **Streithelfer des Rechtsmittelgegners** gilt Abs. 1 S. 2 nicht,[36] vielmehr sind die Erfolgsaussicht und die etwaige Mutwilligkeit der Nebenintervention in der Rechtsmittelinstanz nach allgemeinen Grundsätzen für die Person des Streithelfers gesondert zu beurteilen. Darauf, ob dem Antragsteller bereits in der Vorinstanz PKH bewilligt worden war, kommt es für die Anwendung von Abs. 1 S. 2 nicht an. Voraussetzung ist allerdings, dass der Antragsteller in der Rechtsmittelinstanz tätig werden muss, insbesondere bereits des anwaltlichen Beistandes bedarf. Dies ist in der Regel erst der Fall, wenn die **Rechtsmittelbegründung des Gegners vorliegt,**[37] da erst von diesem Zeitpunkt die Verteidigung gegen das Rechtmittel erforderlich ist. Außerdem kann erst dann geprüft werden, ob das Rechtsmittel zulässig ist. Wird das Rechtsmittel vor der Begründung zurückgenommen, so kann PKH für einen Antrag nach §§ 516 Abs. 3, 565 nicht bewilligt werden, wenn die Rücknahme des Rechtsmittels unzweifelhaft ist.[38] Dasselbe gilt für den Antrag auf PKH für die Anschlussrevision, wenn die **Annahme der Revision abgelehnt** wird.[39]

36 **bb) Zurückweisung durch Beschluss.** Muss das Rechtsmittel **als unzulässig verworfen** werden, so besteht für die Gewährung von PKH zur Verteidigung gegen dieses grundsätzlich kein Bedürfnis.[40] In aller Regel erfolgt die Verwerfung durch Beschluss, der keine mündliche Verhandlung voraussetzt (§§ 522 Abs. 1, 552 Abs. 2). Kündigt das Berufungsgericht zusammen mit oder unmittelbar nach der Übermittlung der Berufungsbegründung an, die Berufung nach § 522 Abs. 2 **als unbegründet zurückweisen** zu wollen, so kann dem Berufungsgegner in diesem Verfahrensstadium ebenfalls keine PKH bewilligt werden.[41] Anderes gilt, wenn er vom Berufungsgericht ausdrücklich zur Stellungnahme aufgefordert wurde, welche in Anwaltsprozessen nur durch einen Rechtsanwalt abgegeben werden kann. Werden Einwendungen des Berufungsführers gegen die Zurückweisung des Rechtsmittels durch Gerichtsbeschluss nicht erhoben oder erweisen sie sich als nicht durchgreifend, so muss in der Regel beiden Parteien PKH für den zweiten Rechtszug versagt bleiben.

37 **cc) Änderung der Rechtslage.** Sind durch eine Änderung der Rechtslage die gesetzlichen Grundlagen für die angefochtene, dem Antragsteller günstige Entscheidung entfallen, so kann PKH abweichend von Abs. 1 S. 2 nicht gewährt werden, soweit die angefochtene Entscheidung wegen der geänderten Rechtslage zu Ungunsten des Antragstellers abgeändert werden muss. Dabei ist es

---

[32] BVerfG NJW 1997, 2745 im Anschluss an BGH NJW 1994, 1160.
[33] BGH FamRZ 2003, 1378.
[34] OLG Nürnberg NJW 1987, 265; OLG Hamburg FamRZ 1997, 621.
[35] BGH FamRZ 2003, 1378.
[36] BGH NJW 1966, 597.
[37] BGH NJW 1982, 446; FamRZ 1988, 942; NJW-RR 2001, 1009; BAG NJW 2005, 1213; OLG Köln JurBüro 1984, 404, OLG Düsseldorf VersR 1986, 474; OLG Karlsruhe FamRZ 1987, 844; *Zöller/Philippi* Rn. 55; *Kalthoener/Büttner/Wrobel-Sachs* Rn. 443; aA OLG Karlsruhe FamRZ 1996, 806; NJW-RR 1987, 62.
[38] BGH JurBüro 1981, 1169; aA OLG Düsseldorf AnwBl. 1999, 295.
[39] BGH MDR 1985, 303.
[40] BGH NJW-RR 2001, 1009.
[41] OLG Düsseldorf MDR 2003, 658; OLG Celle MDR 2004, 598; OLG Nürnberg MDR 2004, 961; *Zöller/Philippi* Rn. 55; *Kalthoener/Büttner/Wrobel-Sachs* Rn. 418; aA OLG Rostock OLGR 2005, 840.

gleichgültig, ob sich die Änderung aus einer anderweitigen gesetzlichen Regelung[42] oder durch die endgültige höchstrichterliche Klärung einer zunächst umstrittenen Rechtsfrage ergeben hat; insoweit ist die Situation dieselbe, wie wenn über ein zunächst aussichtsreiches PKH-Gesuch erst nach höchstrichterlicher Klärung einer Zweifelsfrage zu Ungunsten des Antragstellers entschieden wird.[43]

dd) Änderung der Tatsachengrundlage. PKH ist dem Rechtsmittelgegner ferner zu versagen, wenn neue Umstände bekannt geworden sind, die eine Bewilligung nicht mehr rechtfertigen.[44] Dasselbe gilt, wenn sich die tatsächlichen Umstände zwischenzeitlich zu Ungunsten des Antragstellers geändert haben,[45] wobei es auch hier gleichgültig ist, worauf die Änderung beruht und ob sie vom Antragsteller selbst veranlasst worden ist. Darüber hinaus ist eine erneute Erfolgsprüfung auch dann erforderlich, wenn der Gegner erst in der Berufungsinstanz wesentliche Umstände vorbringt,[46] deren Geltendmachung ihm bereits in der Vorinstanz möglich gewesen wäre; dabei ist die Frage einer möglichen Zurückweisung nach § 531 in die Erfolgsprüfung mit einzubeziehen. Hätte der neue Sachvortrag oder das entsprechende Beweismittel schon in erster Instanz eingeführt werden können, ist den berechtigten Belangen der bedürftigen Partei durch eine **Kostenentscheidung nach § 97 Abs. 2** Rechnung zu tragen.[47] 38

ee) Offensichtliche Unrichtigkeit der Ausgangsentscheidung. Die Privilegierung des Rechtsmittelgegners hinsichtlich der Erfolgsaussicht seiner Rechtsverteidigung in Abs. 1 S. 2 beruht auf der Vermutung, dass die Vorinstanz den Rechtsstreit zutreffend entschieden hat. PKH für die Verteidigung gegen ein Rechtsmittel ist daher zu versagen, wenn die Unrichtigkeit der angefochtenen Entscheidung offenkundig[48] und die Rechtsverteidigung gegen die Berufung daher schlechthin aussichtslos ist.[49] Dies gilt nicht nur dann, wenn die bedürftige Partei die unrichtige Entscheidung erschlichen[50] oder die Unrichtigkeit in vorwerfbarer Weise selbst herbeigeführt hat.[51] In jedem Fall muss eine greifbare,[52] offensichtliche Fehlentscheidung vorliegen, wenn PKH entgegen Abs. 1 S. 2 verweigert werden soll. In Betracht kommen etwa das **Übergehen eines unstreitigen Vortrags,** die offenkundig falsche Verteilung der Beweislast[53] oder das Übersehen einer **gesetzlichen Vorschrift,** deren Berücksichtigung bzw. Anwendung unzweifelhaft zu einem anderen Ergebnis führen muss. Die Abweichung von Abs. 1 S. 2 muss in jedem Fall, selbst wenn es sich um eine letztinstanzliche Entscheidung handelt, eingehend begründet werden.[54] 39

2. Bedürftigkeit. Ob und inwieweit die Partei nach ihren persönlichen und wirtschaftlichen Verhältnissen imstande ist, die Kosten selbst aufzubringen, ist für die Rechtsmittelinstanz ausnahmslos erneut zu prüfen. Maßgebend ist der Zeitpunkt der Entscheidung über das PKH-Gesuch für die Rechtsmittelinstanz.[55] Erforderlich ist nach § 117 ein erneuter Antrag unter Beifügung des ausgefüllten Formulars und der entsprechenden Belege (vgl. § 117 Rn. 19ff.), ferner kann das Rechtsmittelgericht nach § 118 die Glaubhaftmachung einzelner Angaben durch den Antragsteller verlangen (§ 118 Rn. 15), sofern sich nicht bereits entsprechende Unterlagen bei den Akten befinden. Ausnahmsweise ist die **Bezugnahme** auf einen in der Vorinstanz vorgelegten Vordruck und die dortigen Angaben ausreichend, wenn die Verhältnisse sich seitdem nicht geändert haben und dies glaubhaft versichert wird.[56] Bei der Beurteilung der Bedürftigkeit nach §§ 114, 115 ist das Rechtsmittelgericht nicht an die Rechtsauffassung der Vorinstanz gebunden. 40

3. Ratenzahlungsanordnungen aus mehreren Rechtszügen. Eine Ratenzahlungsanordnung der Vorinstanz wird durch die Bewilligung von PKH für die Rechtsmittelinstanz gegenstandslos,[57] und zwar auch dann, wenn das Rechtsmittelgericht PKH ohne Raten gewährt.[58] Zwar 41

---

[42] *Musielak/Fischer* Rn. 17.
[43] Hierzu BGH FamRZ 1982, 367.
[44] BGH NJW 1962, 739.
[45] BGH NJW-RR 1989, 702, 703; OLG Hamm FamRZ 1995, 747; OLG Hamburg FamRZ 1998, 849.
[46] KG FamRZ 1980, 1034.
[47] OLG Koblenz MDR 2003, 1435.
[48] OLG Düsseldorf FamRZ 1988, 416; *Zöller/Philippi* Rn. 56; *Kalthoener/Büttner/Wrobel-Sachs* Rn. 444.
[49] OLG Brandenburg NJW-RR 2004, 581.
[50] OLG Koblenz FamRZ 1985, 301.
[51] OLG Bamberg JurBüro 1985, 1111.
[52] Zur greifbaren Gesetzwidrigkeit eingehend *Wax,* FS Lüke 1997, S. 941ff., sowie kritisch glossierend *Büttner* FamRZ 1989, 129.
[53] OLG Köln VersR 1981, 488.
[54] BVerfG NJW 1987, 1619; *Zöller/Philippi* Rn. 56.
[55] OVG Münster FamRZ 1993, 715.
[56] BGH NJW 1983, 2145 und Rpfleger 1990, 372.
[57] BGH NJW 1983, 944.
[58] OLG Stuttgart Justiz 1985, 317; OLG Hamm FamRZ 1986, 1014; ebenso iE LAG Bremen MDR 1988, 81.

ändert sich an der Bewilligung von PKH für die Vorinstanz nichts, jedoch bestimmt sich die Höhe der Raten, auch soweit es die PKH für die Vorinstanz betrifft, ohne weiteres nach der Anordnung durch das Rechtsmittelgericht. Dies ergibt sich bereits daraus, dass nach der Einleitung zur Tabelle für ein- und denselben Rechtsstreit unabhängig von der Zahl der Rechtszüge höchstens 48 Monatsraten zu zahlen sind, was eine parallele Zahlungspflicht für mehrere Instanzen ausschließt. Hieraus folgt ferner, dass gezahlte **Raten zunächst auf die Kosten der Vorinstanz zu verrechnen** sind; erst wenn diese einschließlich der Differenz zur Regelgebühr des beigeordneten Rechtsanwalts (§ 120 Rn. 10) gedeckt sind, beginnt die Verrechnung auf die Kosten der Rechtsmittelinstanz. Hat die Vorinstanz PKH ohne Zahlungsverpflichtungen bewilligt, dann bleibt es dabei, auch wenn das Rechtsmittelgericht PKH für die Rechtsmittelinstanz PKH nur unter Zahlungsauflagen bewilligt.[59] Dies bedeutet, dass bei Bewilligung ratenfreier PKH in erster Instanz die in zweiter Instanz zu zahlenden Raten nur dazu dienen, die dort entstehenden Kosten zu decken. Von den Kosten der ersten Instanz ist die Partei weiterhin befreit.[60] Eine Änderung der bestandskräfigen PKH-Bewilligung für die Vorinstanz ist nur unter den Voraussetzungen des § 120 Abs. 4 zulässig.[61] Wird die Hauptsache nach Bewilligung von PKH durch das Rechtsmittelgericht an das Gericht der Vorinstanz zurückverwiesen und setzt dieses anderweitige Raten fest, so wird damit die Ratenzahlungsanordnung durch das Rechtsmittelgericht gegenstandslos.

42 **4. Anschlussrechtsmittel; Revision.** Bei der Bewilligung von PKH für die Durchführung eines eigenen Rechtsmittels umfasst die Beiordnung eines Rechtsanwalts regelmäßig auch die Verteidigung gegen ein Anschlussrechtsmittel (Rn. 3). Dagegen muss der Rechtsmittelgegner für sein Anschlussrechtsmittel gesondert PKH beantragen. PKH für eine unselbstständige Anschlussrevision oder -berufung kann der Berufungs- oder der Revisionsbeklagte nicht beanspruchen, wenn die Annahme der Revision abgelehnt oder die Berufung vor der Entscheidung über das PKH-Gesuch zurückgenommen wird.[62]

43 **5. Einlegung des Rechtsmittels unter Bedingung der PKH.** Die Einlegung eines Rechtsmittels für den Fall der Bewilligung der PKH ist als bedingte Prozesshandlung unzulässig (§ 117 Rn. 8).[63] Für ein unzulässiges Rechtsmittel kann PKH nicht bewilligt werden. Ob ein Schriftsatz bereits die Einlegung eines – möglicherweise bedingten – Rechtsmittels enthält oder ob er lediglich als Entwurf einer Rechtsmittelschrift zu verstehen ist, wie er üblicherweise einem PKH-Gesuch beigefügt wird, ist eine Frage der **Auslegung** (§ 519 Rn. 39). Will die Partei erkennbar das Kostenrisiko eines Berufungsverfahrens vermeiden und deshalb die Durchführung der Berufung davon abhängig machen, dass ihm PKH bewilligt wird, so spricht dies dafür, das Rechtsmittel noch nicht als eingelegt zu behandeln.[64]

44 **6. Wiedereinsetzung in den vorigen Stand. a) Ordnungsgemäßer PKH-Antrag.** Der Eintritt der formellen Rechtskraft einer Entscheidung wird durch die Einreichung eines PKH-Antrags für das beabsichtigte Rechtsmittelverfahren nicht gehindert.[65] Das Unvermögen, die Kosten eines Rechtsmittels aufzubringen, ist jedoch ein Hinderungsgrund iSv. § 233 für die Einlegung und/oder Begründung des Rechtsmittels, der die Wiedereinsetzung in den vorigen Stand rechtfertigt.[66] Ist der Rechtsmittelführer **rechtsschutzversichert,** dann entfällt das Hindernis der Bedürftigkeit erst mit der Deckungszusage des Versicherers.[67] Die **Bedürftigkeit** des Antragstellers (§ 115) muss sich aus der **innerhalb der Rechtmittelfrist** vorgelegten Erklärung zu den persönlichen und wirtschaftlichen Verhältnissen lückenlos ergeben (Rn 46). Eine **sachliche Begründung des PKH-Gesuchs** unter Darlegung der Gründe, weshalb die Entscheidung angefochten werden soll, ist innerhalb der Rechtsmittelfrist hingegen nicht erforderlich, da die bedürftige Partei anderenfalls schlechter als eine vermögende gestellt würde Diese muss innerhalb der Frist zur Einlegung des Rechtsmittels dieses ebenfalls nicht begründen, sondern erst innerhalb der Begründungsfrist nach §§ 520 Abs. 2, 551 Abs. 2. Es reicht aus, wenn der Antrag auf PKH **am letzten Tag der**

---

[59] LAG Düsseldorf MDR 1995, 750; *Musielak/Fischer* Rn. 19 m. weit. Nachw.; aA LG Osnabrück Rpfleger 1994, 363.
[60] OLG Oldenburg MDR 2003, 110; *Zöller/Philippi* Rn. 61; *Kalthoener/Büttner/Wrobel-Sachs* Rn. 311.
[61] OLG Stuttgart MDR 2002, 1396.
[62] BGH NJW 1985, 498; OLG Karlsruhe MDR 1990, 929.
[63] BGH NJW 1988, 2046, 2048.
[64] BGH FamRZ 2001, 1703.
[65] OLG Stuttgart Justiz 1988, 159.
[66] BGH MDR 1985, 1009; BGH NJW 1999, 3271; BGH FamRZ 2002, 1704; *Müller* NJW 2000, 324 m. weit. Nachw.; vgl. § 233 Rn. 43 ff.
[67] BGH NJW 1991, 109.

Rechtsmittelfrist beim zuständigen Gericht eingeht,[68] sofern er den gesetzlichen Anforderungen entspricht.[69] Geht das bei einem **unzuständigen Gericht** eingereichte PKH-Gesuch erst nach Ablauf der Rechtsmittelfrist beim zuständigen Gericht ein, so geht das zu Lasten der Partei, wenn es im normalen Geschäftsgang weitergereicht worden ist; zu außerordentlichen Maßnahmen wie die Weiterleitung einer Fernkopie des Antrags oder die Übermittlung durch Sonderboten ist das angegangene unzuständige Gericht nicht verpflichtet.[70] Ein V**erschulden des Prozessbevollmächtigten** im PKH-Verfahren ist, soweit es die Voraussetzungen für die Wiedereinsetzung betrifft, der Partei zuzurechnen (§ 85 Abs. 2).

b) Fristlauf nach PKH-Bewilligung. Mit dem Zugang des Beschlusses, in dem PKH bewilligt wird, an die Partei oder den von ihr bevollmächtigten Rechtsanwalt entfällt der Hinderungsgrund und beginnt die **zweiwöchige Frist** nach § 234 Abs. 1 S. 1 für den Wiedereinsetzungsantrag und gleichzeitig die Nachholung der versäumten Rechtsmitteleinlegung zu laufen. Die Zustellung an einen anderen, zwar im PKH-Beschluss beigeordneten, aber noch nicht bevollmächtigten Anwalt setzt die Frist nicht in Lauf.[71] Nach § 234 Abs. 1 S. 2 beträgt die Frist für den Wiedereinsetzungsantrag **einen Monat,** wenn (auch) die Frist zur **Begründung des Rechtsmittels** versäumt wurde.[72] Innerhalb dieses Monats muss neben dem Wiedereinsetzungsgesuch[73] auch die Rechtsmittelbegründung eingereicht werden. Um eine vollständige Gleichstellung der bedürftigen Partei zu gewährleisten, ist auf deren Antrag die Frist zur Rechtsmittelbegründung – nicht zur Einreichung des Wiedereinsetzungsgesuchs – zu verlängern.[74] 45

c) Wiedereinsetzung bei Ablehnung des PKH-Gesuchs. Wird PKH **mangels Erfolgsaussicht** verweigert, so kann Wiedereinsetzung gewährt werden, wenn die Partei ihre Bedürftigkeit, die sie an der Einlegung des Rechtsmittels bislang gehindert hat, darlegt und glaubhaft macht. Wurde während des Laufs der Rechtsmittelfrist die Beiordnung eines Notanwalts nach § 78 b mangels Erfolgsaussicht abgelehnt, so kommt Wiedereinsetzung nicht in Betracht, wenn der PKH-Antrag nach Ablauf der Rechtsmittelfrist ebenfalls mangels Erfolgsaussicht zurückgewiesen wird.[75] Nach Ablehnung des PKH-Antrags wegen **fehlender Bedürftigkeit** ist Wiedereinsetzung nur zu gewähren, wenn die Partei nicht mit der Ablehnung ihres PKH-Antrags rechnen musste.[76] Dies ist insbesondere dann der Fall, wenn ihr in der Vorinstanz PKH bewilligt worden war und sich seitdem die persönlichen und wirtschaftlichen Verhältnisse nicht wesentlich geändert haben.[77] Von besonderer Bedeutung ist dabei die **vollständige Ausfüllung des Formulars** und dessen Einreichung zusammen mit den **Belegen** innerhalb der Rechtsmittelfrist. Wiedereinsetzung ist bei Nachreichung der fehlenden Belege nicht zu gewähren, weil dann die Fristversäumung nicht als unverschuldet angesehen werden kann.[78] Wurde dem Antragsteller durch Zwischenverfügung des Gerichts mitgeteilt, dass er mit der Bewilligung von PKH nicht rechnen kann, so richtet sich der Lauf der Wiedereinsetzungsfrist nach dem Zugang dieser Mitteilung und nicht nach dem des Ablehnungsbeschlusses.[79] – Zur Wiedereinsetzung bei Ablehnung von PKH auch § 233 Rn. 43 ff. und § 234 Rn. 10. 46

Die Zweiwochenfrist des § 234 Abs. 1 beginnt bei Ablehnung von PKH nicht schon mit der Zustellung des ablehnenden Beschlusses oder eines entsprechenden Hinweises; vielmehr ist zugunsten der Partei noch eine kurze, in der Regel dreitägige **Überlegungsfrist** vorgeschaltet.[80] Wird gegen die ablehnende Entscheidung durch den Antragsteller **Gegenvorstellung** (§ 127 Rn. 23) erhoben, so unterbricht dies den Lauf der Wiedereinsetzungsfrist. Nach der Entscheidung 47

---

68 BGH NJW 1963, 584 (Wiedereinsetzung gegen die Versäumung der Rechtsmittelbegründungsfrist); BGH NJW 1987, 440, 441.

69 BGH NJW 1991, 109, 110; OLG Düsseldorf NJW-RR 1990, 126.

70 BGH NJW 1987, 440.

71 BGH FamRZ 2001, 1606.

72 Hierzu BGH FamRZ 2006, 1271 unter teilweiser Aufgabe von BGH NJW 2003, 3275; die Änderung der BGH-Rechtsprechung beruht auf der Neufassung von § 234 Abs. 1 S. 2 durch das 1. Justizmodernisierungsgesetz zum 1. 9. 2004; kritisch zu dieser: *Zöller/Greger* § 234, Rn. 7 a.

73 BGH FamRZ 2007, 801, 802 (Wiedereinsetzung von Amts wegen nur, wenn die Wiedereinsetzungsvoraussetzungen offenkundig vorliegen).

74 *Zöller/Philippi* Rn. 59.

75 BGH FamRZ 1988, 1152.

76 BGH NJW 1984, 2413; FamRZ 1990, 389; NJW 1991, 109; FamRZ 2002, 1704; FamRZ 2004, 99; *Zöller/Philippi* Rn. 70 b.

77 BGH VersR 1984, 192.

78 BGH FamRZ 2004, 99; FamRZ 2006, 1522.

79 BGH FamRZ 2007, 801 (Nichterreichen der 5-Raten-Grenze des § 115 Abs. 4).

80 BGH FamRZ 1990, 279; NJW 2001, 2262; *Zöller/Philippi* Rn. 60; ebenso BGH MDR 2001, 1431 bei Ablehnung eines Notanwalts.

über die Gegenvorstellung beginnt – unabhängig von deren Inhalt – die Frist von neuem zu laufen.[81] Das setzt aber voraus, dass bei Erhebung der Gegenvorstellung die Wiedereinsetzungsfrist noch nicht abgelaufen ist.[82]

48 **7. Einstellung der Zwangsvollstreckung.** Das Verfahren über einen Einstellungsantrag nach § 719 gehört zum Rechtszug, die gesonderte Bewilligung von PKH ist nicht erforderlich (Rn. 10). Eine Einstellung nach § 719 jedoch ist erst möglich, wenn das Rechtsmittel eingelegt ist. Allein die Einreichung eines Gesuchs um PKH für die beabsichtigte Rechtsmitteleinlegung reicht hierfür nicht aus.[83] Insoweit gilt grundsätzlich dasselbe wie beim Antrag auf PKH für die Erhebung der Abänderungs- Drittwiderspruchs- oder Vollstreckungsabwehrklage[84] (§ 117 Rn. 6). Allerdings kann in diesem Verfahrensstadium Vollstreckungsschutz über einen Antrag nach § 712 erreicht werden.

IV. Zwangsvollstreckung

49 **1. Besondere Bewilligung erforderlich.** PKH muss für das Vollstreckungsverfahren besonders beantragt und bewilligt werden. Kann bei Entscheidung über das PKH-Gesuch für das Erkenntnisverfahren die Erfolgsaussicht der Zwangsvollstreckung bereits abgesehen werden, so spricht der Grundsatz der **Verfahrensbeschleunigung** für eine einheitliche, auch das Vollstreckungsverfahren betreffende Bewilligung.[85] Dies gilt allerdings nur, wenn das selbe Gericht für beide Verfahrensabschnitte zuständig ist. In Verfahren der **einstweiligen Verfügung oder Anordnung** ist die Erstreckung der Bewilligung auf die Zwangsvollstreckung in der Regel angezeigt. Insoweit gelten die Ausführungen zum Arrest (Rn. 4) entsprechend. Eine zeitliche Beschränkung der Bewilligung von PKH für die Zwangsvollstreckung ist nicht zulässig.[86] Der für das Erkenntnisverfahren **beigeordnete Rechtsanwalt** erhält für das Vollstreckungsverfahren nur dann eine Vergütung aus der Staatskasse, wenn er ausdrücklich auch für dieses beigeordnet wurde (§ 48 Abs. 4 S. 2 Nr. 1 RVG).

50 **2. Reichweite der Bewilligung.** Bei der **Immobiliarvollstreckung** kann PKH nicht insgesamt, sondern nur für einzelne Verfahrensabschnitte und Verfahrensziele gewährt werden[87] Bei der Zwangsvollstreckung in das **bewegliche Vermögen** umfasst die PKH-Bewilligung nach Abs. 2 alle Vollstreckungshandlungen im Bezirk des Vollstreckungsgerichts. Durch diese am 1. 1. 1999 in Kraft getretene Ergänzung[88] hat der Gesetzgeber die Kontroverse,[89] ob und in welchem Umfang die pauschale Bewilligung von PKH für die Zwangsvollstreckung statthaft ist, beendet. Zugleich ist damit klargestellt, dass eine Pauschalbewilligung in anderen Fällen nicht in Betracht kommt. Umfasst von der **Pauschalbewilligung** nach Abs. 2 sind sowohl Sachpfändungen, soweit sie im Bezirk ein- und desselben Vollstreckungsgerichts erfolgen sollen, als auch der Antrag auf Abgabe der eidesstattlichen Versicherung als Vorbereitungsmaßnahme für die Vollstreckung in das bewegliche Vermögen. Voraussetzung ist lediglich die Zuständigkeit des Gerichts, das PKH für die Zwangsvollstreckung nach Abs. 2 bewilligt hat. Eine zeitliche Beschränkung der Wirkung der pauschalen PKH-Bewilligung für die Zwangsvollstreckung sieht Abs. 2 nicht vor, jedoch gilt § 120 Abs. 4 S. 1 und 2 auch im Rahmen von § 119 Abs. 2. Die Vorschrift ist nicht nur für den Vollstreckungsgläubiger, sondern **auch für den Schuldner** anzuwenden.[90]

51 **3. Weitere Rechtsbehelfe in der Vollstreckung. Vollstreckungsgegenklage, Drittwiderspruchsklage und Erinnerung** eröffnen einen besonderen Rechtszug iSv. § 119, so dass PKH jeweils gesondert bewilligt werden muss. Dies gilt auch, soweit die angegriffene Vollstreckungsmaßnahme von § 119 Abs. 2 erfasst wird. Die Bewilligung von PKH für die Zwangsvollstreckung deckt nicht die Kosten für einen Insolvenzantrag.[91] Im **Zwangsversteigerungsverfahren** kann dem Schuldner keine PKH für einen rein vorsorglichen Rechtsschutz im Versteigerungstermin gewährt werden.[92]

---

81 *Zöller/Philippi* Rn. 60.
82 BGH NJW 2001, 2262.
83 AA OLG Brandenburg MDR 2005, 1192.
84 OLG Frankfurt a. M. MDR 1999, 828.
85 Anders 2. Aufl. Rn. 29.
86 AG Stuttgart-Bad Cannstatt DAVorm. 1987, 1004.
87 BGH NJW-RR 2004, 787; *Musielak/Fischer* Rn. 8.
88 Durch die 2. Zwangsvollstreckungsnovelle vom 17. 12. 1997 (BGBl. I S. 3039).
89 Vgl. dazu die 1. Aufl. Rn. 30.
90 BGH NJW-RR 2004, 787.
91 LG Berlin KTS 1967, 187.
92 LG Bielefeld Rpfleger 1987, 210.

V. Wirkungsbereich der PKH-Bewilligung

1. Zeitlicher Wirkungsbereich. a) Vorbehaltslose Bewilligung. Wird PKH ohne ausdrückliche zeitliche Einschränkungen bewilligt, dann wirkt die Bewilligung für den gesamten Rechtszug iSv. § 119 (zum Begriff Rn. 2ff.) **ab ordnungsgemäßer Antragstellung** unter Beifügung des Formulars und der Belege nach § 117. Dies ist im Bewilligungsbeschluss auszusprechen und nach Möglichkeit datumsmäßig zu fixieren. Sind zuvor bereits Kosten des Antragstellers entstanden und beantragt dieser PKH ohne zeitliche Einschränkung, so ist sein **Antrag im Übrigen zurückzuweisen.** Die Teil-Zurückweisung ist, da dem Antragsteller insoweit ein Beschwerderecht nach § 127 Abs. 2 S. 2 zusteht, im Beschluss zu begründen. Eine nachträgliche Beschränkung ist grundsätzlich nicht möglich, da sie einer teilweisen Entziehung der PKH gleichstünde, die nur unter den engen Voraussetzungen des § 124 möglich ist. Der Ansicht, wonach eine vorbehaltslose Bewilligung erst ab dem Zeitpunkt der Bekanntgabe an den Antragsteller wirken soll,[93] ist nicht zu folgen. Eine Rechtfertigung dafür, die PKH-Partei die Nachteile einer zeitlichen Verzögerung bei der Übermittlung des Bewilligungsbeschlusses tragen zu lassen, ist nicht ersichtlich. 52

b) Rückwirkende Bewilligung. War der **PKH-Antrag unvollständig** (vgl. § 117 Rn. 17ff.) und werden Unterlagen nachgebracht, dann kann PKH grundsätzlich nur mit Wirkung ab dem Zeitpunkt der Vervollständigung des Gesuchs bewilligt werden. Allerdings kommt in diesen Fällen eine Bewilligung mit Wirkung ab dem Zeitpunkt der Einreichung des unvollständigen Gesuchs in Betracht, wenn das Gericht den erforderlichen Hinweis darauf, dass es die Beibringung weiterer Unterlagen für erforderlich hält, zunächst unterlassen hat und die fehlenden Unterlagen alsbald nach der späteren Anforderung durch das Gericht nachgebracht werden.[94] Ebenso ist PKH mit Wirkung ab dem Zeitpunkt der Einreichung eines unvollständigen Gesuchs zu bewilligen, wenn die Partei **ohne eigenes Verschulden**[95] nicht in der Lage war, die fehlenden Unterlagen beizubringen und zusammen mit dem Antrag vorzulegen, sofern diese Unterlagen unverzüglich nachgebracht werden. Soll PKH ausnahmsweise mit Rückwirkung auf einen Zeitpunkt vor Antragstellung gewährt werden, dann muss das ausdrücklich im **Bewilligungsbeschluss angeordnet** werden. Sie kommt in Betracht, wenn die Partei ohne eigenes Verschulden – etwa infolge Krankheit oder Auslandsaufenthalt – an einer Antragstellung gehindert war. Hieran ist der Kostenbeamte gebunden.[96] Eine Bewilligung mit Rückwirkung auf einen Zeitpunkt vor Antragstellung kann vom Vertreter der Staatskasse nicht als „greifbar gesetzwidrig" mit der Beschwerde angefochten werden. 53

c) Bewilligung nach Abschluss der Instanz. Sind im Zeitpunkt der ordnungsgemäßen Antragstellung sämtliche Gebühren bereits angefallen, so kommt die Bewilligung von PKH, da diese im Grundsatz erst ab Antragstellung gewährt werden könnte, nicht mehr in Betracht. Eine Wiedereinsetzung in den vorigen Stand hinsichtlich des versäumten PKH-Antrags ist nicht möglich.[97] Hieraus folgt, dass PKH nicht mehr gewährt werden kann, wenn **im Zeitpunkt der Antragstellung** der Rechtsstreit in der betreffenden Instanz bereits abgeschlossen ist[98] oder wenn der Antrag erst am Schluss des letzten Termins zur mündlichen Verhandlung gestellt wird.[99] Hat der Antragsteller alles getan, um eine rechtzeitige Entscheidung zu ermöglichen, so ist die Bewilligung von PKH auch noch nach Abschluss der Instanz und **rückwirkend** auf den Zeitpunkt der ordnungsgemäßen Antragstellung nicht nur zulässig, sondern geboten.[100] Unter diesen Umständen kann auch nach Rücknahme der Klage dem Beklagten noch PKH für seine Rechtsverteidigung gewährt werden.[101] Dasselbe gilt, wenn der Antragsteller die erforderlichen Unterlagen mit Zustimmung des Gerichts erst nach Beendigung des Hauptsacheverfahrens nachgebracht hat[102] oder wenn das Gericht verpflichtet gewesen wäre, rechtzeitig auf eine Aufklärung hinzuwirken.[103] Allerdings darf der Partei PKH nach Abschluss der Instanz nicht mit dem ausschließlichen Ziel eine Begünstigung sei- 54

---

[93] BGH NJW 1985, 921; OLG Stuttgart NJW-RR 1987, 508; ablehnend *Zöller/Philippi* Rn. 38.
[94] OLG Karlsruhe FamRZ 1999, 305.
[95] OLG Karlsruhe FamRZ 1987, 1166.
[96] OLG München AnwBl. 1987, 340.
[97] *Musielak/Fischer* Rn. 13 m. weit. Nachw.; ganz hM.
[98] OLG Bamberg JurBüro 1986, 1574; OLG Düsseldorf NJW-RR 1986, 550; OVG Bremen JurBüro 1987, 444; OLG Düsseldorf Rpfleger 1988, 548; OLG Köln VersR 1989, 408.
[99] OLG Karlsruhe FamRZ 1996, 1287.
[100] BGH NJW 1982, 446; BGH NJW 1985, 921; OLG Hamburg FamRZ 1987, 843 (PKH für den Antragsgegner nach Rücknahme des Scheidungsantrags); OLG Karlsruhe AnwBl. 1988, 312; OLG Frankfurt a. M. JurBüro 1995, 205 (PKH-Bewilligung nach Klagrücknahme).
[101] OLG Hamm FamRZ 2005, 463.
[102] BayObLG FamRZ 1984, 73; OLG Düsseldorf FamRZ 1988, 415.
[103] LAG Baden-Württemberg JurBüro 1988, 222.

nes Prozessbevollmächtigten bewilligt werden.[104] – Zum Beurteilungszeitpunkt für die Prüfung der PKH-Voraussetzungen § 114 Rn. 108 ff.

55 **d) Tod der Partei.** Die PKH ist ausschließlich an die Person der bedürftigen Partei gebunden (§ 122 Rn. 3 ff.). Eine Bewilligung von PKH nach dem Tod der Partei kommt nicht in Betracht; dies auch dann nicht, wenn die Voraussetzungen für die Bewilligung bereits vor dem Tod der Partei vorlagen.[105] Wird der Rechtsstreit vom Erben fortgesetzt, dann kann diesem auf eigenen Antrag PKH bewilligt werden, sofern er die Voraussetzungen hierfür in eigener Person erfüllt. In diesem Fall kommt ausnahmsweise eine Bewilligung auf einen Zeitpunkt vor der PKH-Antragstellung durch den Erben in Betracht, wenn bereits entstandene und noch zur Zahlung offene Kosten abzudecken sind. Wurde dem Verstorbenen PKH mit Ratenzahlungspflicht bewilligt, so müssen die Raten von den Erben weiterbezahlt werden, es sei denn, diese sind ein weitergehendem Maße bedürftig.[106] – Zur Auswirkung des Todes der Partei auf die Beiordnung des Rechtsanwalts vgl. § 121 Rn. 25.

56 **2. Gegenständlicher Wirkungsbereich. a) Vorbehaltslose Bewilligung.** Wenn PKH ohne ausdrückliche Beschränkung bewilligt wird, umfasst die Bewilligung die gesamten mit der Klage bzw. Hauptsacheantrag beabsichtigte Rechtsverfolgung oder -verteidigung, wie sie sich aus den im Zeitpunkt der PKH-Bewilligung gestellten oder angekündigten Anträgen ergibt. Eine nachträglich Einschränkung ist auch dann nur unter den Voraussetzungen des § 124 zulässig, wenn sie versehentlich unterblieben ist. Nicht von der Bewilligung umfasst ist eine nachträgliche Erweiterung des Gegenstandes der Hauptsache, hierfür muss PKH gesondert beantragt werden.

57 **b) Eingeschränkte Bewilligung.** Hat die beabsichtige Rechtsverfolgung oder -verteidigung nur teilweise Aussicht auf Erfolg oder erscheint sie zum Teil mutwillig, kann PKH nur für den Erfolg versprechenden und nicht mutwilligen Teil bewilligt werden. Die Beschränkung der Bewilligung muss im Beschluss ausdrücklich und zweifelsfrei angeordnet werden. Handelt es sich um eine Beschränkung auf einen Teil der beabsichtigten **Rechtsverteidigung,** dann ist von der betreffenden Partei hinsichtlich des Hauptsacheantrags, soweit es die Anpassung an die PKH-Bewilligung betrifft, prozessual nicht weiter zu veranlassen. Anderes gilt, wenn die PKH-Bewilligung auf einen Teil der beabsichtigten **Rechtsverfolgung** beschränkt wird. Handelt es sich um eine nach § 12 GKG vorschusspflichtige Angelegenheit, dann muss die Partei entweder ihren **Klagantrag an die PKH-Bewilligung anpassen** oder die sich aus der Differenz zwischen PKH-Bewilligung und überschießendem Klagantrag ergebenden **Gebühren vorschießen.** Dies gilt allerdings nur, wenn die Klage noch nicht zugestellt ist, Geschieht keines von beidem, dann kann das Gericht die Zustellung der Klage in der Weise veranlassen, dass mit der Zustellung ausdrücklich auf die Beschränkung der PKH-Bewilligung sowie darauf hingewiesen wird, dass die Zustellung nur hinsichtlich des Teilbetrages bzw. Teilgegenstandes erfolgt, für den PKH bewilligt worden ist. Rechtshängig wird so nur dieser Teil der Klage.

§ 120 Festsetzung von Zahlungen

(1) [1]Mit der Bewilligung der Prozesskostenhilfe setzt das Gericht zu zahlende Monatsraten und aus dem Vermögen zu zahlende Beträge fest. [2]Setzt das Gericht nach § 115 Abs. 1 Satz 3 Nr. 4 mit Rücksicht auf besondere Belastungen von dem Einkommen Beträge ab und ist anzunehmen, dass die Belastungen bis zum Ablauf von vier Jahren ganz oder teilweise entfallen werden, so setzt das Gericht zugleich diejenigen Zahlungen fest, die sich ergeben, wenn die Belastungen nicht oder nur in verringertem Umfang berücksichtigt werden, und bestimmt den Zeitpunkt, von dem an sie zu erbringen sind.

(2) Die Zahlungen sind an die Landeskasse zu leisten, im Verfahren vor dem Bundesgerichtshof an die Bundeskasse, wenn Prozesskostenhilfe in einem vorherigen Rechtszug nicht bewilligt worden ist.

(3) Das Gericht soll die vorläufige Einstellung der Zahlungen bestimmen,

1. wenn abzusehen ist, dass die Zahlungen der Partei die Kosten decken;
2. wenn die Partei, ein ihr beigeordneter Rechtsanwalt oder die Bundes- oder Landeskasse die Kosten gegen einen anderen am Verfahren Beteiligten geltend machen kann.

---

[104] OLG Karlsruhe MDR 2007, 546.
[105] OLG Karlsruhe FamRZ 1999, 240.
[106] *Musielak/Fischer* Rn. 15; *Fischer* Rpfleger 2003, 637, 641.

(4) [1]Das Gericht kann die Entscheidung über die zu leistenden Zahlungen ändern, wenn sich die für die Prozesskostenhilfe maßgebenden persönlichen oder wirtschaftlichen Verhältnisse wesentlich geändert haben; eine Änderung der nach § 115 Abs. 1 Satz 3 Nr. 1 Buchstabe b und Nr. 2 maßgebenden Beträge ist nur auf Antrag und nur dann zu berücksichtigen, wenn sie dazu führt, dass keine Monatsrate zu zahlen ist. [2]Auf Verlangen des Gerichts hat sich die Partei darüber zu erklären, ob eine Änderung der Verhältnisse eingetreten ist. [3]Eine Änderung zum Nachteil der Partei ist ausgeschlossen, wenn seit der rechtskräftigen Entscheidung oder sonstigen Beendigung des Verfahrens vier Jahre vergangen sind.

Übersicht

I. Normzweck

Die Vorschrift regelt die verfahrensrechtlichen Einzelheiten über die Festsetzung der Leistungen, 1
die von der Partei nach § 115 iVm. der Tabelle in § 115 Abs. 2 aus eigenen Mitteln aufzubringen sind, über die Abänderung der Zahlungsanordnung und über die Einstellung der Ratenzahlungen. Nach Abs. 4 kann die Festsetzung zum Vorteil wie zum Nachteil der Partei geändert werden, wenn sich die persönlichen und wirtschaftlichen Verhältnisse wesentlich verbessert haben.

II. Anordnung von Zahlungen aus Einkommen und Vermögen

1. Grundlagen. Gem. Abs. 1 ist vom Gericht zusammen **mit der Bewilligung von PKH** 2
darüber zu entscheiden, ob und welche Leistungen der Antragsteller nach § 115 aus seinem **Vermögen** aufzubringen oder in welcher Höhe er Raten aus seinem **Einkommen** zu zahlen hat. Beide Formen der Heranziehung des Antragstellers können auch nebeneinander oder zeitlich gestaffelt angeordnet werden. Bei der Bewilligung von PKH darf die Bestimmung der Höhe der Raten oder des Zahlungszeitpunkts nach dem eindeutigen Wortlaut des Gesetzes nicht einem späteren Beschluss vorbehalten werden.[1] Ein dennoch im PKH-Beschluss enthaltener Vorbehalt ist zwar wirksam, kann aber nur bis zum Erlass der Entscheidung in der Hauptsache ausgeübt werden.[2] Danach ist die Aufhebung der ratenfreien Bewilligung von PKH nur unter den Voraussetzungen des § 124 ZPO zulässig. Bei der Anordnung der Eigenleistungen, die der Antragsteller zu erbringen hat, ist eine bestimmte **Reihenfolge** nicht vorgeschrieben. Sofern sowohl Zahlungen aus dem Vermögen als auch Ratenzahlungen in Betracht kommen, ist keines von beiden grundsätzlich vorrangig ist. Vielmehr kommt es jeweils auf die besonderen Umstände des Einzelfalles an, wobei entscheidend ist, welche Art von Zahlungen der Partei am ehesten zumutbar ist. Frühere Ratenzahlungsanordnungen werden durch eine spätere in derselben Sache **gegenstandslos,** auch wenn sie einen höheren Rechtszug betrifft.[3] Hierauf sollte im neuen Bewilligungsbeschluss klarstellend hingewiesen

[1] *Baumbach/Lauterbach/Hartmann* Rn. 9; *Stein/Jonas/Bork* Rn. 6; aA die hM; OLG Hamm MDR 1990, 345: OLG Nürnberg FamRZ 1995, 751; *Thomas/Putzo/Reichold* Rn. 2; *Zöller/Philippi* Rn. 1.
[2] OLG Hamburg FamRZ 1996, 1424; OLG Hamm FamRZ 2003, 1021.
[3] BGH NJW 1983, 944; vgl. § 119 Rn. 41.

werden. Entsprechendes gilt, wenn die spätere Bewilligung von PKH ohne Anordnung von Ratenzahlungen erfolgt.[4] – Zur Mitteilung des Bewilligungsbeschlusses an die Parteien vgl. § 127 Rn. 11.

3 **2. Festsetzung der Raten.** Festzusetzen sind die aus dem **Einkommen** des Antragstellers aufzubringenden **Monatsraten.** Eine andere zeitliche Aufteilung der Raten ist nach dem eindeutigen Gesetzeswortlaut nicht möglich. Der Beschluss muss die **genaue Höhe** des Betrages der Monatsraten nach § 115 Abs. 2 enthalten. Für den **Beginn der Ratenzahlungen** ist ein genauer Zeitpunkt zu bestimmen, dessen Festlegung je nach Lage des Einzelfalles im Ermessen des Gerichts steht.[5] Dabei ist zweckmäßig, die Zahlungen nicht vor Ablauf der Monatsfrist des § 127 Abs. 2 S. 3 beginnen zu lassen, weil die entsprechende Anordnung durch den Antragsteller so lange noch mit der sofortigen Beschwerde angefochten werden kann. Auf die Bestimmung des Zahlungsbeginns kann schon wegen § 124 Nr. 4 nicht verzichtet werden. Es ist deshalb auch nicht zulässig, den Beginn der Zahlungen offen zu lassen und einer gesonderten Zahlungsaufforderung durch die Geschäftsstelle oder den Rechtspfleger vorzubehalten.[6] Ist im Beschluss kein Zeitpunkt für den Beginn der Zahlungspflicht festgesetzt, so beginnt sie nach dem allgemeinen Rechtsgedanken des § 271 Abs. 1 BGB mit der Wirksamkeit des Bewilligungsbeschlusses,[7] dh. mit dessen Zugang beim Antragsteller.

4 **3. Fälligkeit von Kosten.** Weitere Voraussetzung für den **Beginn der Zahlungspflicht** ist in jedem Fall, dass bereits Gebühren angefallen und zur Zahlung fällig sind,[8] da anderenfalls die bedürftige Partei schlechter stünde als eine vermögende. Hierauf ist insbesondere in arbeitsgerichtlichen Streitigkeiten[9] und, sofern kein Rechtsanwalt beigeordnet wird, in den von Amts wegen eingeleiteten Verfahren der freiwilligen Gerichtsbarkeit zu achten, bei denen keine Vorschüsse nach § 8 KostO erhoben werden können, sondern die Gerichtskosten erst am Ende des Verfahrens zur Zahlung fällig sind. Ein **Endzeitpunkt für die Ratenzahlungen** kann im Bewilligungsbeschluss nicht festgelegt werden, da die Höhe der anfallenden Kosten im Zeitpunkt der Bewilligung nicht mit der erforderlichen Sicherheit abschätzbar ist.

5 **4. Höhere Raten ab Wegfall besonderer Belastungen.** Die Absetzung besonderer Belastungen nach § 115 Abs. 1 S. 3 Nr. 4. vom Einkommen (§ 115 Rn. 39ff.) führt zu geringeren Monatsraten oder zur Gewährung von PKH ohne Ratenzahlungsverpflichtung. Sofern in derartigen Fällen bereits bei der Bewilligung von PKH der Wegfall oder eine Verringerung der besonderen Belastungen innerhalb der nächsten vier Jahre abzusehen ist, muss dies gem. Abs. 1 S. 2 **bereits im Bewilligungsbeschluss** berücksichtigt werden. Diese Vorschrift soll vor allem Manipulationen[10] mit Verbindlichkeiten entgegenwirken, die kurzfristig zu dem Zweck eingegangen werden, PKH ohne Raten oder gegen geringe Ratenzahlungen zu erlangen. Zu beschließen ist über die Höhe der Raten, die sich nach dem derzeitigen Einkommen der Partei ohne Berücksichtigung der künftig entfallenden Belastungen ergibt, und über den Zeitpunkt, ab dem die erhöhten Raten zu zahlen sind. Erweist sich die Prognose über den Wegfall der Belastungen später als unzutreffend, so kann die Entscheidung entsprechend Abs. 4 abgeändert werden (Rn. 12ff.).

6 **5. Zahlung aus dem Vermögen.** Festzusetzen ist auch die genaue **Höhe des Betrages** sowie der **Fälligkeitszeitpunkt** der aus dem Vermögen des Antragstellers zu leistenden Zahlung. Voraussetzung für die Fälligkeit ist auch hier, dass bereits entsprechende Kosten angefallen und zur Zahlung fällig sind; insoweit kann auf Rn. 4 verwiesen werden. Können die Zahlungen aus dem Vermögen sofort erbracht werden und decken sie die bereits entstandenen und voraussichtlich noch entstehenden Kosten im Wesentlichen ab, so kann mangels Bedürftigkeit PKH nicht bewilligt werden. Im Bewilligungsbeschluss ist über **Höhe und Zeitpunkt** der Zahlung aus dem Vermögen zu entscheiden und sodann über die Ratenzahlung aus dem Einkommen nach allgemeinen Grundsätzen (oben Rn. 2ff.) zu befinden. Kann die Zahlung aus dem Vermögen, weil die zumutbare Umsetzung der entsprechenden Vermögenswerte in verfügbare Mittel Zeit beansprucht, nicht sofort erfolgen, so muss im Bewilligungsbeschluss die Höhe der Zahlung festgesetzt und für deren Fälligkeit eine nach den Umständen des Einzelfalles angemessene Frist bestimmt werden.[11] Die teilweise geübte Praxis, dem Antragsteller bereits bei Bewilligung von PKH die Zahlung eines „Betrags in Höhe der auf ihn entfallenden Verfahrenskosten" bei Realisierung der streitgegenständlichen Forderung aufzuerlegen, erfüllt das Bestimmtheitsgebot weder in betragsmäßiger noch in zeitlicher

---

[4] OLG Stuttgart Justiz 1985, 317; OLG Hamm FamRZ 1986, 1014.
[5] OLG Düsseldorf FamRZ 1986, 1123, 1124.
[6] OLG Hamm FamRZ 2003, 1021; *Zimmermann* Rn. 279.
[7] *Baumbach/Lauterbach/Hartmann* Rn. 9; *Zöller/Philippi* Rn. 8.
[8] KG Rpfleger 1984, 477; *Musielak/Fischer* Rn. 3.
[9] LAG Hamm JurBüro 1982, 926.
[10] *Pohlmeyer* AnwBl. 1987, 420, 422.
[11] OLG Koblenz FamRZ 2006, 1285.

Hinsicht. Eine derartige Zahlungsbestimmung bei Wegfall der PKH-Bedürftigkeit des Antragstellers infolge Obsiegens in der Hauptsache kann nur nach Abs. 4 erfolgen (Rn. 12).

III. Zahlungen an die Bundes- und Landeskasse

Nach Abs. 2 sind die Zahlungen aus dem Einkommen und Vermögen regelmäßig an die **Landeskasse** zu leisten. Dies gilt grundsätzlich auch für die Bewilligung von PKH durch den BGH. In dritter Instanz wird die Grenze von 48 Monatsraten nach § 115 Abs. 2 ohnehin längst überschritten sein, sodass auch aus diesem Grund für das Verfahren vor dem BGH keine Ratenzahlungspflicht in Betracht kommt. Anderes gilt, wenn PKH – gleichgültig, ob mit oder ohne Raten – in keinem der vorhergehenden Rechtszüge gewährt worden war und der BGH diese erstmalig für das Verfahren der Revision oder Rechtsbeschwerde bewilligt hat. In diesem Fall sind auferlegte Raten an die **Bundeskasse** zu zahlen. Offene Beträge sind nach § 1 Abs. 1 Nr. 4 a JBeitrO zu vollstrecken. Zahlungsanordnungen des BGH zugunsten der Bundeskasse werden jedoch gegenstandslos, wenn durch das Gericht, an das die Sache vom BGH zurückverwiesen worden ist, Zahlungen von Raten an die Landeskasse angeordnet werden.[12] 7

IV. Einstellung der Zahlungen

1. Grundlagen. Die bedürftige Partei darf durch die Gewährung von PKH nicht schlechter als eine vermögende gestellt werden. Deshalb bestimmt Abs. 3, dass die **Zahlungen bei Kostendeckung** sowie dann **einzustellen sind,** wenn der beigeordnete Rechtsanwalt oder die Staatskasse die Möglichkeit haben, die Kosten anderweitig, insbesondere durch **Festsetzung** gegen den Prozessgegner,[13] geltend zu machen. Zuständig für das gesamte Einstellungsverfahren einschließlich der Entscheidung ist das Prozessgericht des Rechtszuges, in dem der Rechtsstreit anhängig ist oder war,[14] und dort nach § 20 Nr. 4 b der Rechtspfleger. Stellt sich heraus, dass die von der Partei erbrachten Zahlungen die Kosten übersteigen oder dass die Partei mehr als 48 Raten bezahlt hat, ist der Differenzbetrag an die Partei **zurückzuzahlen.**[15] 8

2. Kostendeckung, Abs. 3 Nr. 1. a) Grundsatz. Sind durch die Zahlungen der Partei die von ihr aufzubringenden Kosten des Verfahrens bereits vor dem Erreichen von 48 Monatsraten (§ 115 Rn. 48) gedeckt, so hat der Rechtspfleger die vorläufige Einstellung der Zahlungen zu bestimmen. Da die bedürftige Partei nicht schlechter als eine vermögende gestellt werden darf, sind Kosten, die noch nicht angefallen oder noch nicht zur Zahlung fällig sind, nicht zu berücksichtigen.[16] Deshalb sind die Zahlungen vorläufig einzustellen, wenn die bislang angefallenen und die vorzuschießenden Kosten, soweit sie der Partei zunächst zur Last fallen, gedeckt sind. Fallen danach weitere Kosten an, so ist die **Wiederaufnahme der Zahlungen** anzuordnen, ebenso, wenn sich ergibt, dass die zunächst erstellte Kostenrechnung unzutreffend war. Der Zeitraum, während dessen die Zahlungen wegen Kostendeckung eingestellt waren, ist bei der Berechnung der Höchstgrenze von 48 Monatsraten nicht zugunsten der Partei zu berücksichtigen. 9

b) Deckung der Regelgebühren. Die Zahlungseinstellung wegen Kostendeckung ist erst zulässig, wenn die Regelgebühren des beigeordneten Rechtsanwalts, die er als **Wahlanwalt** von einer vermögenden Partei zu beanspruchen hätte, gedeckt sind. Als beigeordneter Rechtsanwalt werden ihm aus der Staatskasse nach § 49 RVG, soweit der Gegenstandswert 3500,– Euro übersteigt, geringere als die Regelgebühren erstattet. Nach § 50 RVG erhält er jedoch weitere Gebühren bis zur Höhe der Regelgebühren, wenn die im Rahmen der PKH angeordneten und geleisteten Zahlungen der Partei den Betrag übersteigen, der nach § 122 Abs. 1 Nr. 1 erforderlich ist. Dieser beinhaltet die Anwaltsvergütung nach § 49 RVG, sowie die Gerichtskosten und Gerichtsvollzieherkosten (§ 122 Rn. 11 ff.) Kostendeckung iSv. Abs. 3 Nr. 1 mit der Folge der Zahlungseinstellung hingegen erst gegeben, wenn aus den Zahlungen der Partei **auch die Regelgebühren** des beigeordneten Rechtsanwalts beglichen werden können.[17] Die hiergegen gerichteten Bedenken der älteren 10

---

[12] BGH NJW 1983, 944; *Musielak/Fischer* Rn. 7.

[13] OLG Düsseldorf MDR 1993, 90.

[14] OLG München AnwBl. 1984, 105; OVG Hamburg FamRZ 1990, 81.

[15] KG JurBüro 1997, 32.

[16] KG Rpfleger 1984, 477; *Kalthoener/Büttner/Wrobel-Sachs* Rn. 402.

[17] LAG Köln Rpfleger 1990, 214; MDR 1997, 108; OLG Oldenburg Rpfleger 1989, 465; OLG Saarbrücken FamRZ 1989, 303; OLG Hamm FamRZ 1989, 412, 413; OLG Düsseldorf MDR 1993, 90; Rpfleger 2001, 244; OLG Karlsruhe 1995, 495; LAG Hamm Rpfleger 1997, 265; NJW 1998, 201; *Stein/Jonas/Bork* Rn. 13; *Kalthoener/Büttner/Wrobel-Sachs* Rn. 312.

Rechtsprechung[18] sind nicht gerechtfertigt. – Zum Beschwerderecht des beigeordneten Rechtsanwalts gegen die (vorzeitige) Einstellung der Zahlungen vgl. § 127 Rn. 25.

11 **3. Anderweitige Erstattungsansprüche, Abs. 3 Nr. 2.** Soweit die noch ausstehenden Kosten nach einer im Hauptsacheverfahren ergangenen Kostenentscheidung oder auf Grund eines gerichtlichen Vergleichs **vom Gegner zu tragen** sind, ist nach Abs. 3 Nr. 2 die Einstellung der Zahlungen anzuordnen. Dabei ist zu beachten, dass der auf diese Weise kostenpflichtige Gegner auch für die Kostenerstattungsansprüche haftet, die nach § 59 RVG auf die Staatskasse im Umfang der Zahlungen an den beigeordneten Anwalt übergegangen sind.[19] Der Einstellungsbeschluss ist wieder aufzuheben, wenn sich herausstellt, dass die – auch zwangsweise – Durchsetzung des übergegangenen Kostenerstattungsanspruchs nicht möglich ist.[20] Werden dem Gegner die Kosten lediglich **vorläufig gestundet,** so bleibt es bei der Einstellung der Zahlungen. Wegen der Kosten, die beim Gegner im Wege der Zwangsvollstreckung in das bewegliche Vermögen nicht beigetrieben werden können (§ 31 Abs. 2 GKG), ist die Wiederaufnahme der Zahlungen anzuordnen, sofern auch die PKH-Partei für die noch ausstehenden Kosten haftet. Dies ist wegen der **Gebühren des Rechtsanwalts** der Fall, der der Partei beigeordnet war, ferner wegen der **Gerichtskosten,** wenn die Partei für diese nach §§ 22ff. GKG haftet, **nicht jedoch** wegen der nach § 59 GKG auf die Staatskasse übergegangenen **Anwaltskosten des Gegners,** wenn diesem ebenfalls PKH bewilligt worden war.[21] Die Einstellung der Ratenzahlung nach Abs. 3 Nr. 2 kommt nicht in Betracht, wenn vom Gegner keine Leistungen an die Staatskasse zu erwarten sind, etwa weil ihm selbst PKH ohne Raten bewilligt wurde[22] oder wenn er sonst zur Begleichung der Kosten offenkundig nicht in der Lage ist.

V. Abänderung des Bewilligungsbeschlusses

12 **1. Grundlagen.** Nach Abs. 4 kann der Bewilligungsbeschluss sowohl bei einer Verschlechterung als auch bei einer Verbesserung der persönlichen oder wirtschaftlichen Verhältnisse abgeändert werden. Die Richtigkeit der Ausgangsentscheidung steht hierbei nicht zur Überprüfung.[23] Anders als bei der auch absehbare Veränderungen berücksichtigenden Bewilligungsentscheidung des Richters nach Abs. 1 S. 2 (Rn. 5) können Änderungen der PKH-Raten gem. Abs. 4 erst bei **tatsächlichem Eintritt** der Veränderung der persönlichen und wirtschaftliche Verhältnisse erfolgen.[24] Da Abs. 4 nur die Abänderung der Zahlungsanordnung, nicht aber die Aufhebung des Bewilligungsbeschlusses gestattet (Rn. 13), muss der Prozessgegner vor der Entscheidung, anders als in den Fällen des § 124 (vgl. dort Rn. 21), nicht angehört werden. Ebenso muss der Vertreter der Staatskasse (Bezirksrevisor), auch wenn der völlige Wegfall von Ratenzahlungen in Betracht kommt, nicht vorab angehört werden; insoweit ist die Rechtslage vergleichbar mit der bei Erstbewilligung.[25] Ein Abänderungsantrag, der allein auf eine nachträglich eingetretene Verschlechterung der wirtschaftlichen Verhältnisse gestützt wird, kann nicht wahlweise als **Abänderungsantrag oder Beschwerde** behandelt werden.[26] Vielmehr ist dieser Fall ausschließlich der Abänderungsantrag nach der Spezialvorschrift des Abs. 4 gegeben, über den nach § 20 Nr. 4 RpflG der Rechtspfleger zu entscheiden hat. Umgekehrt kann die **ursprüngliche Unrichtigkeit** des Bewilligungsbeschlusses nur mit der **sofortigen Beschwerde** nach § 127 Abs. 2 (soweit der Bewilligungsbeschluss vom Rechtspfleger stammt, mit iVm. § 11 RpflG) geltend gemacht werden.[27] Dabei sind auch Umstände zu berücksichtigen, die zwar bei Antragstellung bereits bestanden haben, von der Partei aber erst mit der sofortigen Beschwerde geltend gemacht werden.[28] Hier hat der Richter zunächst über die Abhilfe zu entscheiden (§ 127 Rn. 15). Werden mit dem Abänderungsantrag sowohl nachträgliche Veränderungen als auch die ursprüngliche Unrichtigkeit des Bewilligungsbeschlusses geltend gemacht, so ist hierüber, wie sich aus § 6 RpflG ergibt, einheitlich durch den Richter zu entscheiden.[29]

---

[18] LAG Frankfurt a. M. MDR 1986, 1054; LAG Hamm Rpfleger 1987, 174 m. abl. Anm. *Klüsener* S. 475; OLG Düsseldorf MDR 1988, 238 und 383; LAG Hamburg AnwBl. 1995, 203; hierzu ausführlich Voraufl. Rn. 27f.
[19] OLG Köln FamRZ 1986, 926.
[20] OLG Köln JurBüro 1987, 451.
[21] Vgl. OLG Köln FamRZ 1986, 926.
[22] OLG Düsseldorf Rpfleger 1986, 448.
[23] OLG Düsseldorf FamRZ 2006, 1551.
[24] OLG Stuttgart OLGR 2006, 458.
[25] Zum Beschwerderecht der Staatskasse gegen Abänderungsentscheidungen vgl. § 127 Rn. 27.
[26] So jedoch *Kalthoener/Büttner/Wrobel-Sachs* Rn. 382, 861.
[27] OLG Bamberg NJW-RR 2003, 1163.
[28] LAG Köln MDR 1993, 807.
[29] OLG Köln FamRZ 1987, 692, 693; vgl. auch § 127 Rn. 4f.

2. Verfahren und Entscheidung. Zuständig für das gesamte Abänderungsverfahren – von der zuletzt erwähnten Ausnahme (Rn. 12) abgesehen – einschließlich der Entscheidung ist nach § 20 Nr. 4 c RpflG der **Rechtspfleger** des Gerichts, das den ursprünglichen Bewilligungsbeschluss erlassen hat. Dies gilt auch, wenn das Verfahren inzwischen rechtskräftig abgeschlossen ist. Auch dann besteht keine Zuständigkeit der Justizverwaltung.[30] Die Ausgestaltung von Abs. 4 als Kann-Bestimmung gibt dem Gericht wie bei § 124 den für die Beurteilung von Grenzfällen erforderlichen **Ermessensspielraum,**[31] der im Zweifel zugunsten der Partei auszufüllen ist Die Abänderung erfolgt durch den Rechtspfleger **ohne Bindung an die Erstentscheidung** des Richters und die dort enthaltenen rechtlichen Erwägungen zur Bedürftigkeit der PKH-Partei. Erforderlich ist lediglich, dass sich die für die Anordnung von Zahlungen maßgebenden Verhältnisse geändert haben. Die Entscheidung, ob und ggf. in welcher Höhe weiterhin Raten zu zahlen sind, ist erneut und nur auf Grund der Bestimmungen der §§ 114, 115 zu treffen. Das alles gilt entsprechend, wenn der ursprüngliche Bewilligungsbeschluss **bereits einmal abgeändert wurde.** Hier ist lediglich eine Veränderung der Verhältnisse seit dem letzten Abänderungsbeschluss erforderlich. Dies gilt auch dann, wenn die abzuändernde Entscheidung im Beschwerdeverfahren nach § 127 Abs. 2 ergangen ist. 13

3. Verschlechterung der Verhältnisse. a) Voraussetzungen. Verändern sich die persönlichen oder wirtschaftlichen Verhältnisse der Partei auf eine Weise, die bei einer Neubewilligung von PKH zu geringeren Zahlungen oder zur Gewährung von PKH ohne Raten führen würde, so ist der Bewilligungsbeschluss zugunsten der Partei entsprechend abzuändern. Dies ist selbst dann der Fall, wenn sich die Zahlungspflicht nur um **eine Stufe der Tabelle** nach § 115 verringert.[32] Zu berücksichtigen sind auch Änderungen, die schon längere Zeit vor ihrer Geltendmachung eingetreten sind.[33] Ein **Antrag** ist zwar grundsätzlich nicht erforderlich (zur Ausnahme vgl. Rn. 17), im Normalfall wird eine Abänderung aber nur auf Grund eines entsprechenden Ersuchens der Partei erfolgen, da der Rechtspfleger kaum einmal von Amts wegen von der Verschlechterung der Verhältnisse Kenntnis erlangen wird. Eine Abänderung zugunsten der Partei ist jedoch nicht möglich, wenn sie ihre Einkünfte ohne Not und, wenn auch möglicherweise zusammen mit anderen Gründen, **in der Absicht vermindert** hat, die Voraussetzungen für einen Wegfall oder eine Verminderung der Ratenzahlungsanordnung zu ihrer Gunsten herbeizuführen;[34] insoweit kann nichts anderen gelten als bei der Erstentscheidung (§ 114 Rn. 60). Nach Eröffnung des **Insolvenzverfahrens über das Vermögen der Partei** kann die Staatskasse die Gerichtskosten und verauslagten Rechtsanwaltskosten nicht mehr ratenweise einziehen; die Forderung ist vielmehr zur Insolvenztabelle anzumelden.[35] 14

b) Darlegungslast. Für den Nachweis der Verschlechterung der Verhältnisse gelten dieselben Grundsätze wie für die Darlegung und Glaubhaftmachung der persönlichen oder wirtschaftlichen Verhältnisse bei der Erstbewilligung. Zwar ist die erneute Vorlage des ausgefüllten Formulars nicht erforderlich, jedoch kann die **Vorlage von Belegen** zu den Umständen, aus denen sich die Verschlechterung der Verhältnisse ergibt (zB Arbeitslosengeld- oder Sozialhilfebescheid) entsprechend § 117 Abs. 2 sowie die weitere **Glaubhaftmachung der Angaben** entsprechend § 118 Abs. 2 verlangt werden, da diese Vorschriften anderenfalls durch einen Abänderungsantrag teilweise unterlaufen werden könnten. Soweit der Abänderungsantrag ganz oder teilweise zurückgewiesen wird, steht der Partei hiergegen die **sofortige Beschwerde** nach § 11 RpflG iVm. §§ 127 Abs. 2, 567 zu. 15

c) Zeitpunkt der Abänderung. Anders als bei der Erstbewilligung von PKH hat die Abänderung nicht nur rückwirkend ab Antragstellung, sondern ab dem Zeitpunkt zu erfolgen, in dem sich die **Verhältnisse der Partei verschlechtert** haben.[36] Das folgt aus der Wechselwirkung von § 120 Abs. 4 S. 1 mit § 124 Nr. 4. Hiernach setzt die Entziehung der PKH wegen rückständiger Monatsraten nach § 124 Nr. 4 ein Verschulden der Partei voraus (§ 124 Rn. 4). Daran fehlt es, wenn die Partei, bevor sie eine Abänderung der Ratenzahlungsanordnung im Bewilligungsbescheid beantragt hat, die Raten wegen einer Verschlechterung ihrer Vermögensverhältnisse nicht bezahlen konnte, so dass gar keine andere Wahl als eine auf den Zeitpunkt der Verschlechterung rückwir- 16

---

[30] OLG Düsseldorf MDR 1990, 450 Rpfleger 1990, 306; OLG Düsseldorf FamRZ 1994, 1268; *Kalthoener/Büttner/Wrobel-Sachs* Rn. 387; *Musielak/Fischer* Rn. 22.

[31] *Stein/Jonas/Bork* Rn. 20.

[32] *Kalthoener/Büttner/Wrobel-Sachs* Rn. 391.

[33] OLG Köln MDR 1994, 421; OLG Karlsruhe FamRZ 1999, 1145.

[34] OLG Koblenz FamRZ 2007, 645.

[35] OLG Bamberg OLGR 2005, 312.

[36] OLG Hamm FamRZ 1982, 1096; OLG Karlsruhe MDR 1983, 1031; OLG München MDR 1985, 941; OLG Köln FamRZ 1987, 1167; OLG Brandenburg FamRZ 2006, 1854, 1855; *Stein/Jonas/Bork* Rn. 31; *Zöller/Philippi* Rn. 32.

kende Abänderung bleibt. – Zur sofortigen Beschwerde gegen den Bewilligungsbeschluss bei unzutreffender Festsetzung der Ratenzahlungspflicht § 127 Rn. 14).

17 **4. Änderung der Pauschalsätze.** Bei einer Änderung der Pauschalsätze, die nach § 115 Abs. 1 S. 3 Nr. 1 lit. b) und Nr. 2 bei der Ermittlung der Ratenhöhe vom Einkommen abzusetzen sind (§ 115 Rn. 30ff.), kann nach Abs. 4 S. 1, 2, Halbs. die Ratenzahlungsanordnung nur abgeändert werden, wenn deswegen **keine Ratenzahlungen** mehr zu leisten sind. Erforderlich ist hier ein entsprechender **Antrag der Partei.** Der Rechtspfleger hat deshalb bei einer Änderung der Pauschalsätze die bei ihm zur Überwachung anhängigen Verfahren nicht von Amts wegen darauf zu überprüfen, ob die Ratenzahlungspflicht entfällt.

18 **5. Verbesserung der Verhältnisse. a) Voraussetzungen.** Die wesentliche und nachhaltige Verbesserung der Einkommens- oder Vermögensverhältnisse der Partei führt nach Abs. 4 ebenfalls zu einer entsprechenden Änderung der Zahlungsanordnungen. Eine Abänderung ist hingegen nicht möglich, wenn die Angaben der Partei über ihre persönlichen und wirtschaftlichen Verhältnisse von Anfang an zutreffend waren und das Gericht bei unveränderten Verhältnissen lediglich zu einer anderen rechtlichen Bewertung gelangt.[37] Zu berücksichtigen ist nicht jede Veränderung, die momentan eine höhere Monatsrate ergeben würde, sondern nur eine Verbesserung der Einkommensverhältnisse, die den Lebensstandard **nachhaltig verändert,**[38] da nur auf diese Weise eine ständige Folge von Abänderungen zu Gunsten und zu Lasten der Partei vermieden werden kann. Bei geringfügigen Erhöhungen eines ohnehin niedrigen Einkommens sollte großzügig zugunsten der Partei verfahren werden.[39] Soweit die Verbesserung der Einkünfte nur eine der Steigerung der Lebenshaltungskosten des Antragstellers ausgleicht, führt sie nicht zu einer Erhöhung seiner Zahlungspflicht auf die Prozesskosten.[40] Eine nach Abschluss des Rechtsstreits erfolgte Eheschließung führt nicht zur Auferlegung einer Ratenzahlungspflicht oder einer Zahlung aus dem Vermögen.[41] Eine Verbesserung der Verhältnisse kann sich insbesondere aus einem **erfolgreichen Abschluss des Rechtsstreits,** für den PKH bewilligt worden war, ergeben,[42] sowie durch Zufluss der Mittel aus einem **außergerichtlichen Vergleich.**[43] Dies setzt stets voraus, dass das entsprechende **Einkommen oder Vermögen verfügbar** ist.[44] Ein Anspruch, dessen Durchsetzbarkeit nicht möglich oder unsicher ist, begründet keine wesentliche Verbesserung der wirtschaftlichen Verhältnisse.[45] Die anderweitige Verwendung nachträglich erworbenen Einkommens oder Vermögens, etwa zur Schuldentilgung, hindert die Abänderung der Zahlungsanordnung zu Ungunsten der Partei nicht.[46] Anderes gilt, wenn die Verwendung der Mittel für Zwecke erfolgt, die nach § 115 Abs. 1 S. 3 Nr. 4 als besondere Belastungen (§ 115 Rn. 39) abzugsfähig sind.[47] Der Ansicht, die Partei könne bis zur Einleitung des Abänderungsverfahrens über nachträglich erworbenes Vermögen frei verfügen,[48] kann nicht gefolgt werden. Insoweit kann nichts anderes gelten als in den Fällen, in denen die Partei in Kenntnis des anhängigen oder bevorstehenden Rechtsstreits über die hierfür benötigten Mittel ohne Not anderweitig verfügt (§ 115 Rn. 58).

19 **b) Erklärungspflicht der Partei.** Eine Verpflichtung der PKH-Partei, die Verbesserung ihrer persönlichen oder wirtschaftlichen Verhältnisse unaufgefordert mitzuteilen, besteht nicht. Auf Verlangen des Gerichts hat sich die Partei jedoch hierüber nach Abs. 4 S. 2 zu erklären. Die Aufforderung ist nach Abschluss des Rechtsstreits unmittelbar an die Partei und nicht an den früheren Prozessbevollmächtigten zu richten.[49] Die Nachfrage ist insbesondere dann erforderlich, wenn bereits **konkrete Anhaltspunkte** für eine Verbesserung der Verhältnisse vorliegen; Voraussetzung für die

---

[37] OLG Stuttgart FamRZ 1984, 722; OLG Bamberg FamRZ 1984, 1244; OLG Hamm FamRZ 1986, 583; aA OLG Zweibrücken JurBüro 1988, 1062 m. abl. Anm. *Mümmler.*

[38] OLG Hamm Rpfleger 1991, 64; OLG Brandenburg FamRZ 1996, 1291; *Zöller/Philippi* Rn. 21.

[39] Vgl. etwa OLG Nürnberg FamRZ 1993, 818 (Erhöhung der Erwerbsunfähigkeitsrente um 7,7% keine wesentliche Änderung).

[40] *Kalthoener/Büttner/Wrobel-Sachs* Rn. 391.

[41] OLG Köln FamRZ 2007, 158.

[42] KG MDR 1990, 450; OLG Celle JurBüro 1992, 186; OLG Hamm FamRZ 1993, 1474; OLG Bamberg NJW-RR 1996, 69; OLG Köln FamRZ 2005, 2003.

[43] LG Mainz NJW 2005, 230.

[44] OLG Stuttgart FamRZ 2007, 915.

[45] OLG Bamberg NJW-RR 1996, 69; OLG München FamRZ 1996, 1426; OLG Dresden FamRZ 1999, 302; aA OLG München Rpfleger 1990, 305 m. abl. Anm. *Sponth.*

[46] OLG Köln FamRZ 2005, 2003.

[47] OLG Hamm FamRZ 1997, 682; aA OLG Koblenz FamRZ 2006, 1134; OLG Karlsruhe FamRZ 2006, 1135.

[48] OLG Zweibrücken Rpfleger 1997, 391; wie hier zutreffend OLG München FamRZ 1999, 303.

[49] OLG München FamRZ 1993, 580.

Zulässigkeit des Auskunftsverlangens ist dies jedoch nicht. Die Partei muss sich dazu erklären, ob und ggf. in welchen Punkten und in welcher Weise sich die Verhältnisse gegenüber den Angaben, die dem Antrag auf PKH-Bewilligung und dem Bewilligungsbeschluss zugrunde gelegen hatten, geändert haben. Die erneute Vorlage eines ausgefüllten **Formulars** nach § 117 Abs. 3 kann nicht verlangt werden.[50] Kommt die Partei der gerichtlichen Aufforderung nicht nach, so kann die Bewilligung nach § 124 Nr. 2 aufgehoben werden (§ 124 Rn. 12).

c) Entscheidung. Nach Abs. 4 ist vor allem die **erstmalige Ratenzahlung** oder einer Zahlung aus dem Vermögen anzuordnen, wenn PKH ursprünglich ohne Zahlungsanordnung bewilligt worden war.[51] Ist zuverlässig eine nachhaltige Verbesserung festzustellen, kommt eine Abänderung auch dann in Betracht, wenn sich der neue Ratenbetrag **nur um eine Tabellenstufe erhöht.**[52] Hiervon kann und sollte jedoch abgesehen werden, wenn die Zahlungspflicht in absehbarer Zukunft endet und eine Deckung der Kosten durch die bestehende Ratenhöhe gesichert erscheint. Die **vollständige Entziehung** der PKH ist durch Abs. 4 nicht gedeckt[53] und auch nicht erforderlich. Da die Partei Vertrauensschutz nur so lange und nur insoweit verdient, als sie tatsächlich hilfsbedürftig ist, steht einer **rückwirkenden Abänderung,** bezogen auf den Zeitpunkt der Verbesserung der persönlichen oder wirtschaftlichen Verhältnisse, grundsätzlich nichts entgegen.[54] Entscheidend ist hier, wie stets im Rahmen der PKH, die **Zumutbarkeit** einer rückwirkenden Änderung für die Partei insbesondere bei in Betracht kommenden Nachzahlungen.[55] Bei deutlichen Verbesserungen der Einkommens- oder Vermögensverhältnisse kommt die Anordnung der sofortigen Zahlung aller bislang angefallenen Kosten, wie sie nach Abs. 4 zulässig ist,[56] wirtschaftlich für die PKH-Partei zwar einer Entziehung der PKH gleich. Der **beigeordnete Anwalt** kann allerdings weiterhin ein Interesse daran haben, seine Gebühren gegenüber der Staatskasse abzurechen, wie etwa bei generell schlechter Zahlungsmoral seiner Partei. **Verfassungsrechtlich** ist die Abänderung der Bewilligungsentscheidung zu Ungunsten einer Partei unbedenklich.[57] Vor der Entscheidung ist der Partei **rechtliches Gehör** zu gewähren, 20

d) Zeitschranken. Die Abänderung von Zahlungsbestimmungen **zum Nachteil der PKH-Partei** ist nach Abs. 4 S. 3 ausgeschlossen, wenn seit dem Ende des Verfahrens, für das PKH bewilligt worden war, **mehr als vier Jahre** vergangen sind. Maßgebend ist der Zeitpunkt der Beendigung des Verfahrens insgesamt, also nicht lediglich das Ende einer Instanz.[58] Wird im Scheidungsverbundverfahren die Folgesache Versorgungsausgleich bis zur Klärung von Versicherungszeiten oder aus sonstigen Gründen ausgesetzt, so beginnt die 4-Jahresfrist mit Rechtskraft des Scheidungsurteils im Übrigen.[59] Da es sich um eine kostenrechtliche Regelung handelt, sind für den Beginn der Frist die zu § 5 Abs. 1 GKG entwickelten Grundsätze entsprechend anzuwenden. Danach ist unter der Beendigung des Verfahrens nicht nur der Eintritt der Rechtskraft, sondern zB auch der Abschluss eines Vergleichs sowie die Anordnung des Ruhens oder das Nichtbetreiben des Rechtsstreits durch die Parteien zu verstehen,[60] wobei es nicht auf die aktenmäßige Erledigung, also insbesondere nicht auf den Zeitpunkt der Weglegung der Akten nach der AktO, sondern auf die letzte Prozesshandlung der Parteien ankommt. Die **Abänderungsentscheidung** muss grundsätzlich **innerhalb der Vierjahresfrist** erlassen werden.[61] Ist jedoch das Abänderungsverfahren durch eine Anfrage bei der Partei nach Abs. 4 S. 2 so rechtzeitig eingeleitet worden, dass es bei einer unver- 21

---

[50] OLG Brandenburg FamRZ 1996, 806; OLG Naumburg FamRZ 2000, 1224; OLG Karlsruhe FamRZ 2005, 48; aA OLG Zweibrücken JurBüro 1995, 310.

[51] OLG Zweibrücken Rpfleger 1988, 281; OLG Bamberg JurBüro 1988, 905 und 1223; KG NJW-RR 1989, 511; OLG Karlsruhe FamRZ 1994, 1268.

[52] *Kalthoener/Büttner/Wrobel-Sachs* Rn. 391.

[53] OLG München JurBüro 1990, 904; OLG Hamm Rpfleger 1991, 64; OLG Nürnberg Rpfleger 1994, 421; OLG Düsseldorf FamRZ 1994, 1266; FamRZ 1998, 837; OLG Zweibrücken MDR 1997, 885; OLG Brandenburg FamRZ 1997, 1543; OLG Köln FamRZ 1999, 304; OLGR 2001, 318; *Kalthoener/Büttner/Wrobel-Sachs* Rn. 392; aA OLG München Rpfleger 1991, 26; OLG Nürnberg MDR 1991, 159.

[54] OLG Düsseldorf Rpfleger 1988, 380; LAG Schleswig-Holstein SchlHA 1988, 91; *Stein/Jonas/Bork* Rn. 28; *Kalthoener/Büttner/Wrobel-Sachs* Rn. 394f. m. weit. Nachw.

[55] OLG Celle FamRZ 1991, 207.

[56] KG JurBüro 1990, 757; LAG Nürnberg Rpfleger 1990, 370; OLG Celle JurBüro 1990, 1192; OLG Nürnberg Rpfleger 1994, 421; OLG Köln Rpfleger 1999, 30.

[57] BVerfG NJW 1985, 1767.

[58] *Zöller/Philippi* Rn. 26.

[59] KG FamRZ 2007, 646.

[60] *Zöller/Philippi* Rn. 26.

[61] OLG Koblenz OLGR 1999, 96; OLG Naumburg FamRZ 1996, 1425; FamRZ 2000, 1224; aA *Musielak/Fischer* Rn. 20 (Einleitung des Abänderungsverfahrens genügt).

züglichen Auskunft der Partei noch vor Ablauf der Frist hätte abgeschlossen werden können, so ist bei einer **verzögerlichen Antwort auf die Nachfrage** eine Abänderung auch noch nach Fristablauf möglich, weil sich diese nicht zum Vorteil der PKH-Partei auswirken darf.[62] Sind die eingetretenen Verzögerungen nicht nur von der Partei, sondern auch vom Gericht zu vertreten, so steht der Fristablauf der Abänderung entgegen.[63] Zu beachten ist in jedem Fall die **Obergrenze von 48 Monatsraten** gem. § 115 Abs. 2 S. 1 (hierzu § 115 Rn. 48). Ist diese Höchstzahl an Raten bereits erbracht worden, so darf auch bei einer Verbesserung der Verhältnisse der Partei keine weitere Zahlungspflicht aus dem Einkommen auferlegt werden.[64] Dabei sind jedoch sog. Nullraten – also Monate, in denen die Partei keine Raten zu zahlen hatte – nicht mit zu zählen.

§ 121 Beiordnung eines Rechtsanwalts

(1) Ist eine Vertretung durch Anwälte vorgeschrieben, wird der Partei ein zur Vertretung bereiter Rechtsanwalt ihrer Wahl beigeordnet.

(2) Ist eine Vertretung durch Anwälte nicht vorgeschrieben, wird der Partei auf ihren Antrag ein zur Vertretung bereiter Rechtsanwalt ihrer Wahl beigeordnet, wenn die Vertretung durch einen Rechtsanwalt erforderlich erscheint oder der Gegner durch einen Rechtsanwalt vertreten ist.

(3) Ein nicht in dem Bezirk des Prozessgerichts niedergelassener Rechtsanwalt kann nur beigeordnet werden, wenn dadurch weitere Kosten nicht entstehen.

(4) Wenn besondere Umstände dies erfordern, kann der Partei auf ihren Antrag ein zur Vertretung bereiter Rechtsanwalt ihrer Wahl zur Wahrnehmung eines Termins zur Beweisaufnahme vor dem ersuchten Richter oder zur Vermittlung des Verkehrs mit dem Prozessbevollmächtigten beigeordnet werden.

(5) Findet die Partei keinen zur Vertretung bereiten Anwalt, ordnet der Vorsitzende ihr auf Antrag einen Rechtsanwalt bei.

Übersicht

[62] OLG Koblenz FamRZ 2002, 892; OLG Zweibrücken FamRZ 2007, 1471.
[63] OLG Stuttgart FamRZ 2006, 1136.
[64] OLG Zweibrücken OLGR 1997, 344; *Kalthoener/Büttner/Wrobel-Sachs* Rn. 397.

I. Normzweck

1. Grundlagen. Die Vorschrift regelt die Voraussetzungen und das Verfahren der Beiordnung eines Rechtsanwalts im Rahmen der PKH. Unberührt von der Beiordnung bleiben die allgemeinen Vorschriften über die Prozessvollmacht, die durch die Beiordnung nicht ersetzt wird (Rn. 21). Ein **ausländischer Rechtsanwalt** kann nur beigeordnet werden, soweit er im Inland tätig werden darf.[1] Die Beiordnung eines Prozessbevollmächtigten, der nicht als Rechtsanwalt zugelassen ist, kommt nicht in Betracht, insbesondere ist die Beiordnung eines Referendars oder eines anderen Justizbeamten nicht zulässig. **Rechtsbeistände und Prozessagenten** beigeordnet werden, die nach § 209 BRAO in die Rechtsanwaltskammer aufgenommen worden sind (§ 25 EGZPO). Eine Beiordnung anderer Rechtsbeistände oder Prozessagenten scheidet aus.[2] Dass ein Rechtsanwalt für den Antragsteller bereits als **Insolvenzverwalter,**[3] **Pfleger oder Betreuer** mit entsprechendem Vergütungsanspruch bestellt ist, hindert nicht seine Beiordnung im Rahmen der PKH, sofern es sich um einen Anwaltsprozess handelt oder die Vertretung durch einen Rechtsanwalt geboten ist.[4] Vertretungsbeschränkungen, die – etwa wegen Interessenkollision[5] – einer Beiordnung entgegenstehen, sind von Amts wegen zu beachten. Die Beiordnung mehrerer oder gar aller Mitglieder einer **Anwaltssozietät** ist nicht möglich, vielmehr ist **ein bestimmter Rechtsanwalt** beizuordnen.[6] Die Beiordnung ist personenbezogen, nicht kanzleibezogen; anspruchsberechtigt gegenüber der Staatskasse bleibt der beigeordnete Rechtsanwalt, selbst wenn er aus der Kanzlei ausgeschieden ist.[7] Ein Rechtsanwalt kann nicht selbst **in eigener Sache** beigeordnet werden, da dies einen gebührenrechtlichen Missbrauch der PKH darstellen würde;[8] außerdem ist er, eben weil er sich selbst vertreten kann, insoweit nicht bedürftig. Entsprechendes gilt für die Beiordnung eines anderen Rechtsanwalts, wenn der Anwalt als Partei auf dem entsprechenden Rechtsgebiet über ausreichende eigene Kenntnisse verfügt.[9] Für das arbeitsgerichtliche Verfahren ist § 11 a ArbGG zu beachten (§ 114 Rn. 15). 1

2. Weitere Beiordnungsvorschriften. Andere Möglichkeiten der Beiordnung eines Rechtsanwalts ohne Gewährung von PKH, dh. auf eigene Kosten der Partei, sind in den §§ 78 b, 78 c und 625 geregelt. Sofern der Partei für die dort genannten Verfahren PKH bewilligt und die Vertretung durch einen Rechtsanwalt geboten ist, geht § 121 als Spezialvorschrift vor. Wurde bereits die Beiordnung eines Notanwalts nach § 78 b abgelehnt, so kann PKH nicht bewilligt werden.[10] 2

II. Beiordnung im Anwaltsprozess (Abs. 1)

Ist nach § 78 die Vertretung der Partei durch einen Rechtsanwalt erforderlich,[11] so muss ihr, wenn und soweit ihr PKH bewilligt wird, ein zur Vertretung bereiter Rechtsanwalt ihrer Wahl oder, sofern sie keinen solchen findet, ein nach Abs. 5 vom Vorsitzenden zu bestimmender Rechtsanwalt beigeordnet werden. Dies gilt auch, wenn die antragstellende Partei selbst Rechtsanwalt ist.[12] Die Beiordnung des Anwalts setzt dessen **Zulassung** (§ 12 BRAO) voraus. Auch ein **ausländischer Anwalt** kann im Inland beigeordnet werden, sofern er hier nach § 1 RADG tätig sein darf.[13] – Zu Ehesachen mit Auslandsbezug vgl. § 114 Rn. 76. 3

III. Beiordnung im Parteiprozess (Abs. 2)

1. Gegner ist durch Rechtsanwalt vertreten. a) Waffengleichheit. Der Grundsatz der Waffengleichheit ergibt sich unmittelbar aus Art. 3 Abs. 1 GG und gilt für alle zivilrechtlichen Ver- 4

---

[1] *Musielak/Fischer* Rn. 7.

[2] BGH NJW 2003, 2244; siehe auch OLG Düsseldorf MDR 1989, 1108; OVG Hamburg FamRZ 1995, 1453; OVG Münster NVwR-RR 1996, 620.

[3] BGH NJW 2002, 2179.

[4] OLG Bremen NJW-RR 1986, 309; LSG Hessen Rpfleger 1997, 391; OLG Köln FamRZ 2003, 1397; aA OVG Bremen Rpfleger 1986, 12 m. abl. Anm. *Damrau.*

[5] OLG Celle FamRZ 1983, 1045.

[6] OLG Zweibrücken NJW-RR 1986, 615.

[7] LAG Nürnberg MDR 2002, 1094.

[8] OLG Frankfurt a. M. FamRZ 1992, 1320; *Zöller/Philippi* Rn. 1; *Kalthoener/Büttner/Wrobel-Sachs* Rn. 532; aA OLG München AnwBl. 1981, 507; *Stein/Jonas/Bork* Rn. 3; *Musielak/Fischer* Rn. 7.

[9] AG Holzminden FamRZ 2002, 760 (Familienrechtsstreit).

[10] BGH FamRZ 1988, 1152.

[11] Zum Sonderfall der Vertretung einer Partei im Revisionsverfahren nach dem BEG vgl. BGH NJW-RR 1997, 507.

[12] BGH NJW 2002, 2179 (hier: Insolvenzverwalter).

[13] OLG Bamberg FamRZ 1997, 1543; *Musielak/Fischer* Rn. 7; *Kalthoener/Büttner/Wrobel-Sachs* Rn. 530.

fahren vor den ordentlichen Gerichten. Besteht kein Anwaltszwang, so ist dem Antragsteller nach der **ersten Alternative des Abs. 2** ein Rechtsanwalt beizuordnen, wenn der **Gegner durch einen Rechtsanwalt vertreten ist.** Tritt für den zunächst nicht anwaltlich vertretenen Gegner erst im weiteren Verlauf des Rechtsstreits ein Rechtsanwalt auf, so ist der bedürftigen Partei ab diesem Zeitpunkt ebenfalls ein Rechtsanwalt beizuordnen; hierauf und auf das Erfordernis eines entsprechenden Antrags ist die Partei hinzuweisen.[14] Die Vertretung des Gegners durch eine in anderer Weise **rechtskundige Person** steht der Vertretung durch einen Rechtsanwalt nicht gleich,[15] wohl aber wird in diesem Fall regelmäßig die Beiordnung eines Rechtsanwalts nach der ersten Alternative von Abs. 2 erforderlich sein. Auch ein auf Seiten des Unterhalt begehrenden Minderjährigen tätiges **Jugendamt** macht die Beiordnung eines Rechtsanwalts für diesen nicht überflüssig.[16] Die Anwaltsbeiordnung setzt nicht voraus, dass bereits widerstreitende Anträge gestellt sind. Ist der Gegner anwaltlich vertreten, so ist der PKH-Partei nach Ansicht des BGH auch dann zwingend ein zur Vertretung bereiter Rechtsanwalt beizuordnen, wenn der Antragsteller selbst Rechtsanwalt ist.[17] Ob dieser für das Insolvenzverfahren entwickelten Rechtsprechung auch für andere Rechtsgebiete durchgängig zu folgen ist, muss bezweifelt werden. Zumindest **innerhalb des eigenen Spezialgebiets,** aber auch bei rechtlich **einfach gelagerten Konstellationen** ist dem Rechtsanwalt im Parteiprozess eine Selbstvertretung in der Regel zuzumuten. Im **Insolvenzanfechtungsprozess** ist dem Antrag des Verwalters, der keine volljuristische Ausbildung hat, auf Anwaltsbeiordnung auch dann zu entsprechen, wenn der Anfechtungsgegner nicht durch einen Rechtsanwalt vertreten ist.[18]

5 **b) Freiwillige Gerichtsbarkeit.** Der Grundsatz der Waffengleichheit gilt auch im Bereich der freiwilligen Gerichtsbarkeit.[19] Die Gegenansicht[20] will unter Berufung auf die Rechtsprechung des Bundesverfassungsgerichts[21] zusätzlich die Erforderlichkeit der Beiordnung prüfen. Dabei ist jedoch zwischen den Streitverfahren der freiwilligen Gerichtsbarkeit, in denen sich die Parteien ebenso wie im streitigen Verfahren nach der ZPO als Verfahrensgegner gegenüberstehen, und den anderen Bereichen der freiwilligen Gerichtsbarkeit zu unterscheiden. Stehen sich die Verfahrensbeteiligten nicht als Antragsteller und Antragsgegner gegenüber, ist also das Verfahren, wie etwa weite Bereiche des Beurkundungs-, Vormundschafts-, Nachlass- oder Grundbuchverfahrens, grundlegend anders ausgestaltet und von gerichtlichen Aufklärungs- und Fürsorgepflichten beherrscht, so kommt eine entsprechende Anwendung von Abs. 2 schon deshalb nicht in Betracht, weil es an einem Gegner im Sinn dieser Vorschrift fehlt. Dies gilt auch für andere Verfahrensbereiche, in denen sich die Beteiligten nicht als Gegner gegenüberstehen, wie etwa für das Insolvenzverfahren. – Vgl. zu letzterem § 114 Rn. 28 ff.[22]

6 **c) Sonstige Verfahrensbeteiligte.** Gegner iSv. Abs. 3 sind nicht sämtliche Verfahrensbeteiligte, selbst wenn sie durch die Entscheidung mittelbar betroffen sind, sondern nach dem Zweck der Vorschrift, Waffengleichheit zwischen den Parteien herzustellen, nur die Parteien des Rechtsstreits. Dem **Streithelfer** einer Partei, dem PKH bewilligt worden ist (§ 114 Rn. 43), ist nicht schon deshalb ein Rechtsanwalt beizuordnen, weil der Gegner der von ihm unterstützten Partei oder diese selbst durch einen Rechtsanwalt vertreten ist.[23] Vielmehr ist, soweit nicht Anwaltszwang besteht, nach Abs. 2 zunächst die Erforderlichkeit der Beiordnung zu prüfen.[24]

7 **2. Erforderlichkeit der anwaltlichen Vertretung. a) Grundlagen.** Das Erfordernis, dem Antragsteller einen Rechtsanwalt beizuordnen, kann sich nach der **zweiten Alternative des Abs. 2** sowohl aus dem Gegenstand des Verfahrens als auch aus der Person des Antragstellers erge-

---

[14] *Zöller/Philippi* Rn. 10.

[15] BVerfG NJW 1988, 2597; OLG Brandenburg FamRZ 1997, 1285; *Stein/Jonas/Bork* Rn. 10; aA OLG Düsseldorf FamRZ 1990, 1261; *Kalthoener/Büttner/Wrobel-Sachs* Rn. 571; *Zöller/Philippi* Rn. 9.

[16] BGH FamRZ 2006, 481; OLG Karlsruhe FamRZ 2005, 48; ebenso OLG Köln FamRZ 2002, 1198 für Vaterschaftsfeststellung.

[17] BGH NJW 2006, 1881.

[18] BGH NJW 2006, 1597.

[19] Ganz hM; OLG Koblenz FamRZ 1984, 623; OLG Hamm FamRZ 1986, 82 sowie 1987, 402 und Rpfleger 1990, 264; OLG Köln FamRZ 1986, 1015 und 1987, 180; OLG Nürnberg FamRZ 1987, 731; OLG Zweibrücken FamRZ 1987, 963; OLG Celle FamRZ 1989, 1107; *Baumbach/Lauterbach/Hartmann* Rn. 56; *Stein/Jonas/Bork* Rn. 10, 13; *Zöller/Philippi* Rn. 11; *Kalthoener/Büttner/Wrobel-Sachs* Rn. 566.

[20] OLG Nürnberg FamRZ 1987, 731; OLG Hamm FamRZ 1990, 896; *Pape* ZIP 1989, 692.

[21] BVerfG NJW 1983, 1599; NJW 1988, 2597; 1989, 3271.

[22] BVerfG NJW 1989.

[23] *Zöller/Philippi* Rn. 9; aA OLG Köln FamRZ 2002, 1198 (Vaterschaftsfeststellungsverfahren); *Baumbach/Lauterbach/Hartmann* Rn. 47.

[24] OLG Frankfurt/M. FamRZ 1984, 1041 (zu § 640 e).

ben. Somit hängen die Voraussetzungen der Anwaltsbeiordnung im Parteiprozess sowohl von **subjektiven Eigenschaften** der Partei wie von **objektiven Merkmalen** der Rechtssache ab.[25] Maßgebend ist sowohl der tatsächliche Umfang und die rechtliche Schwierigkeit der Sache sowie deren Bedeutung für den Antragsteller als auch die Fähigkeit des Antragstellers, sich auf eine Weise, die den genannten Merkmalen im Einzelfall gerecht wird, schriftlich und mündlich verständlich zu machen[26] oder einen Antrag zur Niederschrift der Rechtsantragstelle zu geben.[27] Der Hinweis darauf, dass für ein Verfahren der Amtserrmittlungsgrundsatz gilt, reicht entgegen einer in der Rechtsprechung verbreiteten Tendenz[28] für die Verweigerung von PKH nicht aus.[29] Im Zweifel ist auch hier entscheidend, ob eine Partei, die den Rechtsstreit aus eigenen Mitteln finanzieren müsste, vernünftigerweise einen Rechtsanwalt beiziehen würde.[30] Das ist nicht schon dann der Fall, wenn die Partei bereits wegen anderer Angelegenheiten anwaltliche Beratung benötigt.[31]

b) Familiensachen. aa) Ehesachen. In einverständlichen Verfahren auf Ehescheidung besteht zwar auf Seiten des Antragsgegners kein Anwaltszwang (§ 78 Rn. 53). So lange der Antragsteller jedoch stets anwaltlich vertreten sein muss, ergibt sich die Notwendigkeit der Anwaltsbeiordnung auf Antragsgegnerseite bereit aus dem **Gebot der Waffengleichheit.** Im Übrigen ist auch in Fällen einverständlicher Scheidung wegen der existenziellen Bedeutung der Angelegenheit für die Parteien regelmäßig die Beiordnung eines Rechtsanwalts geboten.[32] 8

bb) Abstammungsverfahren. Vaterschaftsfeststellung und Vaterschaftsanfechtung sind von so grundlegender persönlicher Bedeutung für die Beteiligten, dass die Beiordnung eines Rechtsanwalts regelmäßig erforderlich ist.[33] Anders ist es nur dann, wenn von vornherein eindeutig ist, dass sich keinerlei tatsächliche oder rechtliche Schwierigkeiten ergeben werden.[34] Bei der **Vaterschaftsanfechtung** ist dem klagenden Mann, soweit ihm PKH bewilligt ist, grundsätzlich ein Rechtsanwalt beizuordnen,[35] es sei denn, dass die Abstammung des Kindes von einem anderen Mann von niemand bezweifelt wird und auch objektiv unzweifelhaft ist.[36] Ebenso kann bei der Vaterschaftsanfechtung dem durch seine Mutter vertretenen Kind die Beiordnung eines Rechtsanwalts nicht mit der Begründung versagt werden, das Jugendamt könne zum Beistand bestellt werden.[37] 9

cc) Sorge- und Umgangsverfahren. In **Sorgerechtsverfahren** ist die Beiordnung eines Rechtsanwalts ebenfalls nicht auf besonders gelagerte Fälle zu beschränken.[38] Die gegenteilige, im Wesentlichen auf das Amtsermittlungsprinzip gestützte Ansicht, die eine Beiordnung eines Rechtsanwalts nur bei überdurchschnittlichen rechtlichen und tatsächlichen Schwierigkeiten für erforderlich hält,[39] verkennt das Gewicht der Schwierigkeiten, die sich für eine nicht rechtskundig beratene und vertretene Partei selbst in verhältnismäßig einfach gelagerten Fällen dieser Art regelmäßig ergeben.[40] Dasselbe gilt für Verfahren zur Regelung des **Umgangsrechts.**[41] Entbehrlich ist eine Beiordnung allenfalls dann, wenn zwischen allen Beteiligten von vornherein Einigkeit über die angestrebte Regelung besteht, es also nur um die gerichtliche Protokollierung und Billigung einer 10

---

[25] *Kalthoener/Büttner/Wrobel-Sachs* Rn. 543.

[26] BVerfG FamRZ 2002, 531; OLG Hamm FamRZ 1984, 1245; OLG Zweibrücken NJW-RR 1986, 615; OLG Brandenburg FamRZ 1997, 1285.

[27] BayObLG Rpfleger 1990, 127.

[28] Vgl. zB OLG Nürnberg NJW-RR 1995, 388 und OLG Hamm FamRZ 1997, 1095.

[29] BVerfG NJW 1997, 2103; FamRZ 2002, 531.

[30] BGH NJW 2004, 3260.

[31] OLG Köln FamRZ 1997, 377.

[32] OLG Schleswig OLGR 2003, 226.

[33] OLG Saarbrücken AnwBl. 1990, 54; OLG Hamm FamRZ 1999, 393; OLG Hamburg OLGR 2003, 228; OLG Schleswig MDR 2002, 969; FamRZ 2004, 1881; aA KG FamRZ 1994, 1397; FamRZ 2007, 1472.

[34] OLG Köln NJW-RR 1995, 386; FamRZ 1996, 1289; OLG Bamberg FamRZ 1997, 377.

[35] OLG Karlsruhe Justiz 1985, 354; OLG Düsseldorf JurBüro 1986, 130; OLG Hamburg DAVorm. 1987, 260; OLG Hamm AnwBl. 1988, 79; aA OLG Schleswig DAVorm. 1987, 1003.

[36] OLG Schleswig DAVorm. 1987, 1003; OLG Bremen FamRZ 1989, 1104; OLG Brandenburg FamRZ 1997, 1285.

[37] OLG Bremen NJW-RR 1986, 309; OLG Düsseldorf FamRZ 1987, 401.

[38] OLG Düsseldorf FamRZ 1987, 963; OLG Hamm FamRZ 1987, 402; FamRZ 2003, 1936; OLG Köln FamRZ 1987, 180; OLG Nürnberg FamRZ 1997, 215.

[39] OLG Frankfurt a. M. MDR 1980, 674; OLG Zweibrücken JurBüro 1982, 292; OLG Oldenburg AnwBl. 1983, 571; LG Frankenthal DAVorm. 1984, 320; OLG Bamberg JurBüro 1985, 1419; OLG Hamm FamRZ 1987, 614; FamRZ 1990, 896; FamRZ 1997, 1095; OLG Nürnberg FamRZ 1987, 1417; OLG Köln FamRZ 1997, 377; FamRZ 1997, 1284.

[40] OLG Düsseldorf FamRZ 1981, 695, 696; OLG Köln FamRZ 2003, 107.

[41] OLG Hamm FamRZ 2004, 1116; OLG Frankfurt/M. FamRZ 2007, 566 (Vermittlungsverfahren nach § 52 a FGG).

außergerichtlich bereits vereinbarten Regelung geht.[42] Dem vom Verfahren betroffenen **Kind** wird in der Regel kein Rechtsanwalt beigeordnet, sondern ein – im Regelfall wesentlich höher vergüteter – **Verfahrenspfleger** bestellt (§ 50 FGG). Ist dieses anwaltlich vertreten, so steht dies nach Abs. 3 der Vorschrift allerdings der Pflegerbestellung entgegen. Eine bereits erfolgte Pflegerbestellung ist aufzuheben, wenn nachträglich ein Rechtsanwalt oder sonstiger Verfahrensbevollmächtigter für das Kind mandatiert wird.

11 **dd) Unterhaltsverfahren.** In Unterhaltssachen einschließlich der Geltendmachung von Unterhalt im Wege der einstweiligen Anordnung[43] oder im vereinfachten Verfahren über den Unterhalt Minderjähriger[44] ist die Vertretung der bedürftigen Partei durch einen Rechtsanwalt regelmäßig erforderlich. Dies ergibt sich nicht nur aus der besonderen Bedeutung dieser Verfahren für die Partei, sondern vor allem auch aus den rechtlichen Schwierigkeiten, mit denen ein juristischer Laie angesichts einer gerade in diesen Bereichen immer unübersichtlicher werdenden Gesetzgebung und Rechtsprechung auch bei verhältnismäßig einfachen Sachverhalten ohne rechtskundige Beratung und Vertretung nicht mehr zurechtkommt. Wegen der rechtlichen Schwierigkeiten bei der **Unterhaltsvollstreckung** ist der bedürftigen Partei in der Regel ein Anwalt beizuordnen.[45] In Verfahren über die **Vollstreckbarkeitserklärung** eines bestehenden ausländischen Unterhaltstitels (§§ 722, 723 iVm. § 10 AUG) bedarf es einer Anwaltsbeiordnung erst dann, wenn dieses streitig wird.[46]

12 **ee) Versorgungsausgleich.** Über den Versorgungsausgleich wird meist im Scheidungsverbund entschieden. Die Anwaltsbeiordnung für die Ehesache erstreckt sich auf die Folgesache Versorgungsausgleich. Auch in einem isolierten Verfahren über den Versorgungsausgleich ist wegen der Kompliziertheit der Materie regelmäßig die Beiordnung eines Anwalts geboten.[47] Entsprechendes gilt, wenn der erstinstanzliche Scheidungsausspruch rechtskräftig geworden ist und in zweiter Instanz nur noch über den Versorgungsausgleich gestritten wird.

13 **c) Sonstige Verfahren.** Für das **Mahnverfahren** kommt eine Anwaltsbeiordnung nicht in Betracht.[48] Im **selbstständigen Beweisverfahren** ist die Beiordnung angezeigt, wenn sie es einem eventuellen Hauptsacheverfahren ebenfalls wäre. Dies ergibt sich aus der Beweiswirkung in diesem nach § 493. In der **Zwangsvollstreckung** ist für die Erteilung des Auftrags zur Mobiliarzwangsvollstreckung an den Gerichtsvollzieher[49] oder für einen einfachen Antrag auf Lohnpfändung[50] grundsätzlich kein anwaltlicher Beistand erforderlich. Dagegen kommt für andere Vollstreckungsmaßnahmen, insbesondere in Unterhaltssachen,[51] je nach Lage des Einzelfalls die Beiordnung eines Rechtsanwalts in Betracht, so etwa, wenn der Schuldner Rechtsbehelfe gegen die Pfändung erhebt[52] oder wenn es um eine nicht ganz einfache Forderungspfändung geht.[53] Ebenso kann es erforderlich sein, einem rechtsunkundigen Antragsteller für die Anmeldung einer Insolvenzforderung im **Insolvenzverfahren** einen Rechtsanwalt beizuordnen.[54] Für den Gläubiger gilt dies nur, wenn eine vermögende Partei vernünftigerweise einen Rechtsanwalt beauftragen würde, wobei dies für jeden Abschnitt des Insolvenzverfahrens gesondert zu prüfen ist.[55] Ein **Zeuge** hat keinen Anspruch auf Beiordnung eines Rechtsanwalt als Beistand für die Vernehmung.[56] Die Beiordnung eines Rechtsanwalts allein zum **Abschluss eines Vergleichs**[57] ist zwar grundsätzlich zulässig, jedoch wird hierfür nur in ganz seltenen Fällen ein Bedürfnis bestehen. – Zum Abschluss eines außergerichtlichen Vergleichs vgl. § 119 Rn. 24, zur Gewährung von PKH für das PKH-Verfahren unter Beiordnung eines Rechtsanwalts vgl. § 114 Rn. 32f.

---

[42] OLG Bamberg JurBüro 1989, 417; OLG Dresden FamRZ 1999, 600.
[43] OLG Düsseldorf FamRZ 1982, 513.
[44] OLG München FamRZ 1999, 792; *Sonnenfeld* DAVorm. 1999, 169; aA OLG München FamRZ 1999, 1355 m. abl. Anm. *van Els*.
[45] BGH FamRZ 2006, 856.
[46] OLG Celle FamRZ 2006, 1613.
[47] OLG Hamm AnwBl. 1978, 461; OLG Nürnberg NJW 1980, 1054.
[48] *Kalthoener/Büttner/Wrobel-Sachs* Rn. 551.
[49] LG Saarbrücken Rpfleger 1986, 69; LG Deggendorf Rpfleger 1988, 334; LG Ulm AnwBl. 2000, 62.
[50] LG Itzehoe JurBüro 1984, 1096.
[51] BGH FamRZ 2003, 1921; FamRZ 2003, 1547; FamRZ 2004, 789; FamRZ 2006, 481; LG Heilbronn Rpfleger 1991, 208; vgl. auch LG Stuttgart Rpfleger 1990, 128.
[52] LG Freiburg JurBüro 1986, 129.
[53] LG Heidelberg AnwBl. 1986, 211.
[54] LG Hannover AnwBl. 1985, 596; LG Konstanz NJW-RR 2000, 54.
[55] BGH FamRZ 2004, 1707.
[56] BVerfG JurBüro 1984, 49.
[57] OLG Zweibrücken JurBüro 1985, 1418.

IV. Beiordnungsverfahren

14 **1. Zuständigkeit.** Die Beiordnung erfolgt grundsätzlich im Bewilligungsbeschluss durch das für die Bewilligung der PKH zuständige **Prozessgericht**[58] (§ 127 Rn. 2ff.). Ausnahmsweise ist nach Abs. 5 der Vorsitzende des Prozessgerichts für die Beiordnung zuständig, wenn die Partei keinen zur Vertretung bereiten Rechtsanwalt findet (Rn. 38). Wird PKH zunächst verweigert und sodann auf die sofortige Beschwerde durch das **Beschwerdegericht** bewilligt, so kann dieses einen Anwalt beiordnen.[59] Es kann aber auch die Beiordnung eines bestimmten Anwalts oder – sofern kein Anwaltszwang besteht – die Entscheidung darüber, ob überhaupt die Beiordnung eines Rechtsanwalts erforderlich ist, dem zuständigen Prozessgericht überlassen.[60] In Angelegenheiten, in denen der **Rechtspfleger** in der Sache und damit auch für die Entscheidung über die PKH allgemein zuständig ist (§ 127 Rn. 4f.), erstreckt sich diese Zuständigkeit nach § 4 Abs. 1 RpflG auch auf die Beiordnung eines Rechtsanwalts. In Verfahren, für der Richter zuständig ist, kann die Beiordnung eines Rechtsanwalts nicht dem Rechtspfleger übertragen werden, da § 20 Nr. 4 RpflG diese Befugnis nicht umfasst. Im Fall des **Anwaltswechsels** verbleibt die Zuständigkeit für die Entscheidung über eine Entpflichtung des zunächst beigeordneten Rechtsanwalts als actus contrarius zur Beiordnung, sowie für die Beiordnung des neu zum Prozessbevollmächtigten bestellten Rechtsanwalts beim Prozessgericht.

15 **2. Antrag.** Ist die Vertretung durch einen Rechtsanwalt nicht nach § 78 erforderlich, so setzt die Beiordnung eines Rechtsanwalts nach Abs. 2 einen besonderen Antrag voraus. Eine Form ist ebenso wenig wie für den Antrag auf PKH vorgeschrieben, insoweit gelten die Ausführungen zu § 117 Rn. 2 entsprechend. Im Anwaltsprozess muss grundsätzlich die Beiordnung eines bestimmten, namentlich zu benennenden Rechtsanwalts beantragt werden, jedoch kann die Partei die Auswahl ausnahmsweise dem Gericht überlassen (Rn. 38) Der Antrag kann **konkludent** gestellt sein, wenn sich aus dem sonstigen Vorbringen der Partei im PKH-Verfahren ergibt, dass sie nicht in der Lage ist, den Rechtsstreit ohne rechtskundige Beratung und Vertretung allein zu führen;[61] im Zweifel ist ein aufklärender Hinweis nach § 139 erforderlich. Beantragt ein Rechtsanwalt, der beim zuständigen Gericht zugelassen ist, Bewilligung von PKH für einen Mandanten, so kann dies regelmäßig, auch wenn es nicht ausdrücklich erwähnt ist, als Antrag der Partei auf Beiordnung dieses Rechtsanwalts für den Fall der Gewährung von PKH ausgelegt werden,[62] selbst wenn kein Anwaltszwang besteht.

16 **3. Freie Anwaltswahl. a) Grundsatz.** Die Partei ist in der Auswahl des beizuordnenden Rechtsanwalts grundsätzlich frei. Sie kann durch ihren Antrag jedoch keinen Rechtsanwalt zur Vertretung im Rechtsstreit zwingen, vielmehr entsteht die Verpflichtung zur Übernahme des Mandats erst mit dem Beiordnungsbeschluss (Rn. 22). Der Anwalt muss nach Abs. 1 und 2 **zur Vertretung bereit** sein. Die Beiordnung eines Rechtsanwalts gegen dessen Willen ist nur dann nach Abs. 4 zulässig und sollte im Interesse der Partei nur dann erfolgen, wenn sie keinen anderen zur Vertretung bereiten Anwalt findet (Rn. 38) und auch sonst kein Anwalt freiwillig zur Vertretung bereit ist

17 **b) Beiordnung eines auswärtigen Anwalts.** Seit Inkrafttreten der Neufassung[63] von § 78 kann ein zugelassener Anwalt bei jedem beliebigen Amts-, Land- oder Oberlandesgericht auftreten. Damit kann er auch dort seiner Partei beigeordnet werden. Dies setzt nach Abs. 3 allerdings voraus, dass durch die Beiordnung des nicht im Bezirk des Prozessgerichts niedergelassenen Anwalts weitere Kosten, wie insbesondere Reisekosten, nicht entstehen.[64] Dabei ist zu berücksichtigen, dass nach § 46 Abs. 1 RVG zu den dem beigeordneten Anwalt erstattungsfähigen Auslagen dessen Reisekosten gehören, soweit sie zur sachgemäßen Durchführung der Angelegenheit erforderlich sind. Bei der Wahrnehmung von Gerichtsterminen durch den PKH-Anwalt kann hieran nicht gezweifelt werden. Als Ausweg aus diesem Wertungswiderspruch zwischen RVG und ZPO kommt die ausdrückliche Anwaltsbeiordnung **zu den Bedingungen eines am Ort des Prozessgerichts ansässigen Rechtsanwalts** in Betracht.[65] Dies setzt jedoch voraus, dass der Anwalt **mit dieser Ein-**

---

58 *Zöller/Philippi* Rn. 15; *Kalthoener/Büttner/Wrobel-Sachs* Rn. 525.
59 OLG Köln MDR 1983, 323.
60 OLG Zweibrücken 1987, 963.
61 OLG Naumburg FamRZ 2007, 916.
62 OLG Düsseldorf MDR 1981, 502; OLG Köln MDR 1983, 847; OLG Bamberg JurBüro 1987, 139; *Kalthoener/Büttner/Wrobel-Sachs* Rn. 528.
63 Vgl. § 78 Rn. 5.
64 So die durch das Gesetz zur Stärkung der Selbstverwaltung der Rechtanwaltschaft v. 26. 3. 2007 geänderte Fassung von Abs. 3, siehe BGBl. 2007 I S. 358, 365.
65 OLG München MDR 2000, 1455; *Kalthoener/Büttner/Wrobel-Sachs* Rn. 571 mwN.

schränkung einverstanden ist und er damit auf seinen Auslagenersatzanspruch aus § 46 Abs. 1 RVG verzichtet.[66] Ein solcher Verzicht kann auch **stillschweigend** erfolgen,[67] etwa wenn ein Anwalt den Beiordungsantrag bei einem auswärtigen Gericht stellt, von dem er weiß, dass er dort nur zu den Bedingungen eines ortsansässigen Rechtsanwalts beigeordnet wird. Die **Einschränkung muss in den Beiordungsbeschluss aufgenommen** werden, nur dann ist sie im Festsetzungsverfahren beachtlich, zugleich aber auch bindend (§ 48 Abs. 1 RVG).[68] Die Gegenansicht,[69] wonach die Beiordnung eines Rechtsanwaltes auch ohne eine entsprechende Einschränkung immer nur zu den Bedingungen eines ortsansässigen Rechtsanwaltes erfolgt, beruht noch auf § 126 Abs. 1 S. 2 BRAGO.[70] Eine derartige Regelung wurde in § 46 Abs. 1 RVG jedoch nicht übernommen, ohne dass deswegen die Einschränkung der Beiordnung ausgeschlossen wäre.[71]

18 **c) Kontrollüberlegung nach BGH.** Der BGH verlangt bei der Prüfung der Erstattungsfähigkeit von Reiseauslagen des beigeordneten Prozessvertreters außerdem eine Kontrollüberlegung, ob besondere Umstände für die Beiordnung eines **zusätzlichen Verkehrsanwalts** iSv. § 121 Abs. 4 ZPO vorliegen. Nur wenn dieses **nicht** der Fall ist, darf der auswärtige Hauptbevollmächtigte zu den Bedingungen eines ortsansässigen Rechtsanwalts beigeordnet werden.[72] Sind die Kosten eines am Gerichtsort ansässigen Anwalts, für den keine Reiseauslagen anfallen, zuzüglich der Kosten eines (fiktiven) Verkehrsanwalts nach § 121 Abs. 4 gleich hoch oder gar höher, so kann der auswärtige Anwalt bei Verzicht der Partei auf einen Verkehrsanwalt vollen Ersatz seiner Reisekosten verlangen und braucht insoweit keine Einschränkung hinzunehmen. Zulässig ist somit die Beschränkung im Bewilligungsbeschluss, dass der auswärtige Rechtsanwalt mit der Maßgabe beigeordnet wird, dass die Mehrkosten nur bis zur Höhe der Vergütung eines Verkehrsanwalts am Wohnort des Antragstellers erstattungsfähig sind.[73] Entsprechendes gilt, wenn Kosten für eine **Informationsreise der Partei** zu einem beim Prozessgericht ansäßigen Rechtsanwalt deutlich höher sind wie die Reisekosten des auswärtigen Anwalts zum Gerichtsort.[74]

19 **4. Entscheidung.** Die Beiordnung erfolgt durch Beschluss, und zwar regelmäßig zusammen mit der Bewilligung von PKH und wie diese rückwirkend auf den Zeitpunkt der ordnungsgemäßen Antragstellung[75] (§ 119 Rn. 52ff.). Sie kann jedoch auch noch später und erforderlichenfalls mit Rückwirkung auf den Zeitpunkt der Bewilligung von PKH nachgeholt werden. Der Beschluss muss, wenn dem Antrag entsprochen wird, nicht begründet zu werden. Er wird, sofern er in mündlicher Verhandlung ergeht, mit der Verkündung, sonst mit dem Zugang bei der Partei oder bei dem auf Antrag der Partei beigeordneten Rechtsanwalt wirksam. Der Beschluss ist, sofern die Beiordnung antragsgemäß erfolgt, weder für die Partei noch für die Staatskasse[76] anfechtbar. Für den beigeordneten Rechtsanwalt ist die Entscheidung nur dann mit der sofortigen Beschwerde (§ 127 Abs. 2) anfechtbar, wenn seine Beiordnung mit Einschränkungen versehen wurde oder wenn eine bereits vorgenommene Beiordnung gegen seinen Willen aufgehoben wird (§ 127 Rn. 25).[77] Die **Ablehnung** der beantragten Beiordnung erfolgt ebenfalls durch einen förmlichen Beschluss, der zu begründen ist. Der Partei steht hiergegen die sofortige Beschwerde zu, nicht jedoch dem Anwalt, der im Auftrag der Partei seine Beiordnung betrieben hat (§ 127 Rn. 25). Die fehlerhafte Ablehnung der Beiordnung kann **Amtshaftungsansprüche** der Partei, nicht jedoch des Anwalts auslösen.[78] Das **Spruchrichterprivileg** (§ 839 Abs. 2 BGB) gilt für fehlerhafte Entschei-

---

[66] OLG Koblenz AnwBl. 1985, 48; OLG Karlsruhe Justiz 1985, 354 und FamRZ 1991, 348; OLG Jena OLGR 2002, 178; OLG Düsseldorf OLGR 2005, 72; OLG Hamm FamRZ 2006, 1551; siehe auch OLG Celle FamRZ 2006, 1551; aA OLG Celle FamRZ 1991, 962; OLG Nürnberg MDR 2001, 831; KG NJW-RR 2005, 924; OLG Düsseldorf FamRZ 2006, 1613.

[67] BGH FamRZ 2007, 37; OLG Karlsruhe MDR 2001, 1315; *Meyer* JurBüro 2005, 134.

[68] OLG Schleswig OLGR 2003, 353; *Kalthoener/Büttner/Wrobel-Sachs* Rn. 575; aA OLG Düsseldorf FamRZ 1993, 819 (Ausspruch im Bewilligungsbeschluss nur klarstellend).

[69] OLG Naumburg OLGR 2002, 310; OLG Hamm FamRZ 2004, 708; 2. Aufl. Rn. 11.

[70] Danach waren Mehrkosten, die dadurch entstehen, dass der Rechtsanwalt seinen Wohnsitz oder seine Kanzlei nicht an dem Ort hat, an dem sich das Prozessgericht oder eine auswärtige Abteilung dieses Gerichts befindet, *nicht* zu vergüten.

[71] OLG Hamm FamRZ 2006, 350; OLG Braunschweig FamRZ 2006, 1855.

[72] BGH FamRZ 2004, 1362; dem folgend OLG Hamm FamRZ 2005, 2006; 2007, 155; LAG Thüringen LAGReport 2005, 329; Hessisches LAG LAGReport 2005, 288; LAG Rheinland-Pfalz MDR 2006, 716.

[73] OLG Karlsruhe NJW 2005, 2718.

[74] OLG Hamm FamRZ 2005, 2006.

[75] OLG Bamberg NJW-RR 1990, 1407.

[76] KG JurBüro 1989, 421; OLG Düsseldorf Rpfleger 1989, 466; aA OLG Düsseldorf JurBüro 1987, 1830.

[77] OLG Düsseldorf FamRZ 2006, 1613.

[78] BGH Rpfleger 1990, 78.

dungen im Bereich der PKH nicht. Eine Haftung des Richters bei objektiv unrichtiger Rechtsanwendung kommt jedoch nur bei besonders groben Verstößen in Betracht.[79]

V. Wirkungen der Beiordnung

20 **1. Umfang der Beiordnung.** Die Beiordnung umfasst die gesamte anwaltliche Vertretung der Partei in der Instanz, für die ihr PKH bewilligt worden ist, dh. regelmäßig für die Zeit ab Eingang des Antrags auf PKH (§ 119 Rn. 52ff.). Der Umfang und die Grenzen der Beiordnung sowie der Vergütungsanspruch des beigeordneten Rechtsanwalts (§ 45 RVG, vgl. Rn. 26) bestimmen sich damit nach dem Umfang der Bewilligung von PKH, wie er sich aus dem Bewilligungsbeschluss ergibt (§ 119 Rn. 56f.). Besonderheiten sind insbesondere für den Abschluss eines Vergleichs zu beachten (§ 119 Rn. 24ff.). Ist PKH rückwirkend bewilligt (§ 119 Rn. 53), so erstreckt sich auch die Beiordnung des Rechtsanwalts rückwirkend auf den entsprechenden Zeitpunkt, sofern er damals bereits für die Partei im Rechtsstreit tätig war und der Beiordnungsbeschluss keine anderweitige Regelung enthält. – Zu Sonderformen der Beiordnung mit beschränktem Wirkungskreis Rn. 20.

21 **2. Vollmacht.** Die Beiordnung eines Anwalts ersetzt nicht den Auftrag und die Prozessvollmacht, vielmehr müssen diese gesondert durch die Partei erteilt werden.[80] Sofern jedoch das Gesuch um PKH durch einen Rechtsanwalt gestellt und dabei ausdrücklich oder **stillschweigend** dessen Beiordnung beantragt wird (Rn. 15f.), kann ohne weiteres davon ausgegangen werden, dass ihm für den Fall der Beiordnung auch Prozessvollmacht erteilt ist.[81] Dagegen ist in einem PKH-Gesuch, das keinen Antrag um Beiordnung eines bestimmten Anwalts enthält, noch keine Vollmacht zur Vertretung durch den später beigeordneten Rechtsanwalt enthalten.[82] Allerdings so kommt ein die Vollmachterteilung einschließendes Mandatsverhältnis spätestens dadurch zustande, dass der **Anwalt im Einverständnis mit der Partei** für diese tätig wird.[83]

22 **3. Übernahme- und Vertretungspflicht.** Der Beiordnungsbeschluss begründet nach § 48 Abs. 1 Nr. 1 BRAO die Verpflichtung des beigeordneten Rechtsanwalts zur Übernahme des Mandats.[84] Stehen der Beiordnung wichtige Gründe entgegen, so kann der Rechtsanwalt nach Abs. 2 der Vorschrift die Aufhebung des Beiordnungsbeschlusses beantragen (Rn. 23). Die Pflicht des beigeordneten Rechtsanwalts, für die Partei tätig zu werden, beginnt grundsätzlich erst mit der Vollmachtserteilung.[85] Hat der Anwalt im Zeitpunkt der Beiordnung ausnahmsweise noch keine Prozessvollmacht, so besteht bis zu deren Erteilung gleichwohl eine Verpflichtung des beigeordneten Rechtsanwalts, zu prüfen, ob vorab im Interesse der Partei bereits Maßnahmen, insbesondere zur Wahrung von Fristen, zu treffen sind, und die Partei hierüber in der nach den Umständen des Einzelfalles gebotenen Weise zu belehren und aufzuklären. Kommt er dieser Verpflichtung nicht hinreichend nach, so kann dies Schadensersatzansprüche auslösen.[86] Dies gilt auch, wenn der beigeordnete Anwalt aus wichtigen rechtlichen oder tatsächlichen Gründen an der Vertretung der Partei gehindert ist (Rn. 23) und bereits die Aufhebung der Beiordnung beantragt hat.

23 **4. Ende der Beiordnung. a) Aufhebung.** Die bedürftige Partei kann dem beigeordneten Rechtsanwalt jederzeit den Auftrag und die **Prozessvollmacht entziehen.** Hiervon zu unterscheiden ist die Frage, welche Folgen damit für die Partei verbunden sind und ob ihr ein anderer Anwalt im Wege der PKH beigeordnet werden kann (Rn. 24). Wird die Prozessvollmacht entzogen, so ist die Beiordnung aufzuheben, da der Rechtsanwalt zu einer Vertretung der Partei im Rechtsstreit nicht mehr in der Lage ist. Die bis dahin angefallenen Gebühren und der Anspruch des Rechtsanwalts auf deren Erstattung aus der Staatskasse, sowie sein weiterer Anspruch gegen die Partei auf Erstattung der Differenzgebühr nach § 50 RVG bleiben hiervon unberührt. Der beigeordnete Anwalt kann das **Mandat nur niederlegen** und die **Aufhebung der Beiordnung** beantragen, wenn hierfür wichtige rechtliche oder tatsächliche Gründe vorliegen. So ist die Beiordnung aufzuheben, wenn eine Interessenkollision vorliegt[87] oder wenn der Mandant durch sein Verhalten gegenüber dem Anwalt oder auf sonstige Weise das für eine sinnvolle Vertretung erforderliche Vertrauensverhältnis so nachhaltig gestört hat, dass dem Rechtsanwalt eine weitere Tätigkeit nicht

---

79 OLG Frankfurt a. M. NJW 2001, 3270.
80 *Kalthoener/Büttner/Wrobel-Sachs* Rn. 594.
81 BGH JurBüro 1973, 629.
82 BGH NJW 1951, 802; NJW 1959, 1732, 1733.
83 BGH NJW-RR 2005, 494.
84 BGH NJW 1973, 757.
85 KG Rpfleger 1988, 122.
86 NJW 1959, 1732, 1733.
87 OLG Celle FamRZ 1983, 1045.

mehr zugemutet werden kann.[88] Auch die Verweisung des Rechtsstreits an ein weit vom Kanzleisitz entferntes Gericht kann die Aufhebung der Beiordnung rechtfertigen.[89] Endet die Beiordnung, so müssen **Zustellungen** im Anwaltsprozess nach § 87 Abs. 1 so lange an den zunächst beigeordneten Rechtsanwalt erfolgen, bis ein anderer Rechtsanwalt von der Partei mit ihrer Vertretung beauftragt worden ist.[90] – Zur sofortigen Beschwerde gegen Entscheidungen betreffend die Anwaltsbeiordnung § 127 Rn. 25.

24 **b) Entziehung der Vollmacht und Beiordnung eines anderen Rechtsanwalts.** Hat die Partei dem Rechtsanwalt die Vollmacht aus Gründen entzogen, die auch einer verständigen vermögenden Partei Anlass zu einem Anwaltswechsel gegeben hätten,[91] dann ist ihr ein anderer Rechtsanwalt beizuordnen.[92] Die Beiordnung eines anderen Rechtsanwalts kommt nicht in Betracht, wenn die Partei durch eigenes schuldhaftes Verhalten den zuvor beigeordneten Anwalt zum Antrag auf Aufhebung der Beiordnung veranlasst[93] oder ihm ohne hinreichenden Grund die Prozessvollmacht entzogen hat.[94] Die **Vergütungsansprüche des neu beigeordneten Rechtsanwalts** ergeben sich aus seiner eigenen Tätigkeit im Rechtsstreit und den durch diese Tätigkeit erfüllten Gebührentatbestände und können nicht um die Gebühren, die dem zuerst beigeordneten Anwalt zustehen, gekürzt werden.[95] Eine entsprechende Einschränkung im Beiordnungsbeschluss ist für das Vergütungs-Festsetzungsverfahren unbeachtlich.[96] Anderes gilt bei ausdrücklichem Einverständnis des neuen Anwalts.[97] Hier hat die Partei Anspruch auf die Beiordnung eines anderen Prozessbevollmächtigten, wenn der Anwaltswechsel nicht zu Mehrkosten für die Staatskasse führt.[98]

25 **c) Tod der Partei oder des Rechtsanwalts.** Die Bewilligung der PKH ist streng an die Person der Partei gebunden und erlischt mit deren Tod. Damit entfällt auch die im Rahmen der PKH erfolgte und von deren Bestand abhängige Beiordnung des Rechtsanwalts, eine Aufhebung der Beiordnung ist nicht erforderlich. Hiervon zu trennen ist die Prozessvollmacht, insoweit gelten die allgemeinen Vorschriften des § 86. Ebenso erlischt mit dem Tod des Rechtsanwalts die an dessen Person gebundene Beiordnung.

26 **5. Vergütungsansprüche des beigeordneten Rechtsanwalts. a) Grundlagen.** Der beigeordnete Rechtsanwalt hat gegen die Partei grundsätzlich einen Anspruch auf Zahlung von Gebühren und Auslagen nach den allgemeinen gebührenrechtlichen Vorschriften des RVG.[99] Jedoch kann er nach § 122 Abs. 1 Nr. 3 seine Ansprüche nicht gegen die Partei geltend machen, soweit und so lange dieser PKH bewilligt ist; dies gilt auch dann, wenn bei Fortgeltung der PKH-Bewilligung die Beiordnung aufgehoben wird.[100] Vielmehr erhält er aus der Staatskasse Gebühren und Auslagenersatz nach den besonderen Vorschriften der §§ 45 ff. RVG, wobei die Notwendigkeit und Rechtmäßigkeit der erfolgten Beiordnung nicht erneut überprüft werden kann.[101] Zu den aus der Staatskasse erstattungsfähigen **Auslagen** zählen nach § 46 RVG alle Aufwendungen des Rechtsanwalts, die zur sachgemäßen Durchführung der Angelegenheit notwendig sind.[102] Hierzu gehören insbesondere auch Übersetzungs- und Dolmetscherkosten zur Verständigung mit der eigenen Partei.[103] Durch die **Aufhebung der PKH** nach § 124 werden die bereits entstandenen Ansprüche des Rechtsanwalts gegen die Staatskasse nicht berührt.[104] Das **Verfahren auf Festsetzung der Ver-**

---

88 OLG Köln FamRZ 1987, 1168; *Zöller/Philippi* Rn. 33; einschränkend OLG Bamberg JurBüro 1992, 622.
89 OLG Bamberg FamRZ 2001, 633.
90 BGH NJW 1958, 1186.
91 OLG Bamberg JurBüro 1987, 297; VGH Kassel JurBüro 1987, 1563; OLG Frankfurt/M. MDR 1988, 501; OLG Hamm JurBüro 1989, 508; OLG Zweibrücken JurBüro 1994, 749; OLG Düsseldorf FamRZ 1995, 241; weiter gehend OLG Nürnberg MDR 2003, 712.
92 OLG Braunschweig NJW 1962, 256; OLG Frankfurt a. M. FamRZ 1990, 765.
93 OLG Köln FamRZ 1987, 1168; aA OLG Brandenburg FamRZ 2002, 39 (Beiordnung, falls keine Mehrkosten entstehen).
94 OLG Koblenz FamRZ 1986, 375.
95 OLG Düsseldorf FamRZ 1993, 819; OLG Hamm FamRZ 1995, 748; OLG Köln NJW-RR 2002, 133.
96 OLG Hamm FamRZ 1995, 748; aA OLG Karlsruhe FamRZ 2007, 645, 646 (Beiordnung insgesamt unwirksam).
97 OLG Köln FamRZ 2004, 123; *Stein/Jonas/Bork* Rn. 27.
98 OLG Rostock FamRZ 2003, 1938.
99 Zur Beiordnung in Ehesachen vgl. § 119 Rn. 23.
100 *Kalthoener/Büttner/Wrobel-Sachs* Rn. 778.
101 OLG Zweibrücken Rpfleger 1995, 364; OLG Hamm FamRZ 1995, 748.
102 Hierzu *Kalthoener/Büttner/Wrobel-Sachs* Rn. 728 ff.
103 AG Celle MDR 1982, 765; hierzu eingehend *Bratfisch* Rpfleger 1988, 335.
104 OLG Zweibrücken JurBüro 1984, 237.

gütung des beigeordneten Rechtsanwalts durch den Urkundsbeamten der Geschäftsstelle ist in § 55, die hiergegen zulässigen Rechtsbehelfe sind in § 56 RVG geregelt.

b) PKH-Bewilligung, Anwaltsvergütung und Streitwert. Die aus der Staatskasse zu gewährende Vergütung des beigeordneten Anwalts bleibt ab einem Gegenstandswert von über 3000,– Euro hinter den Regelgebühren zurück. Dann werden gem. § 49 RVG **verminderte Gebühren** geschuldet, wobei jenseits der Wertgrenze von 30 000 Euro die einheitliche Gebühr von 391 Euro gilt. Allerdings richtet sich die **Bemessung des Gebührenstreitwerts** auch in Fällen, in denen einer oder beiden Parteien PKH bewilligt wurde, nach allgemeinen Grundsätzen (§§ 3 ff., §§ 39 ff. GKG). In **nicht vermögensrechtlichen Streitigkeiten** stellt § 48 Abs. 2 GKG allerdings einen Zusammenhang her zwischen den Vermögens- und Einkommensverhältnissen der Parteien und der Bemessung des Streitwerts. Für **Ehesachen** präzisiert dies Abs. 3 der Vorschrift: Danach ist für die Einkommensverhältnisse das in drei Monaten erzielte Nettoeinkommen der Eheleute einzusetzen. Entsprechendes gilt für Verfahren auf Aufhebung der Lebenspartnerschaft nach § 15 LPartG. 27

Nach Ansicht des BVerfG[105] darf die Bewilligung von PKH für die Parteien nicht als Argument für eine niedrigere Festsetzung des Streitwerts in Ehesachen herangezogen werden. Der Gesetzgeber habe dem fiskalischen Interesse an Schonung der öffentlichen Mittel bereits durch **Reduzierung der Vergütungssätze** der nach § 121 beigeordneten Rechtsanwälte in § 49 RVG Rechnung getragen. Daneben komme die Herabsetzung des Streitwerts nicht als Mittel zu einer Reduzierung öffentlicher Ausgaben durch weitere Absenkung der Anwaltsvergütung in Betracht. Die gegenteilige Rechtsprechung[106] stelle einen Eingriff in die durch Art. 12 Abs. 1 GG geschützte **Berufsausübungsfreiheit der Rechtsanwälte** dar. 28

Die Argumentation des BVerfG **vermag nicht zu überzeugen.** Die Berufsausübungsfreiheit des Anwalts ist durch eine niedrige Streitwertfestsetzung in Verfahren mit PKH-bedürftigen Parteien nicht verletzt. Die bereits bei Mandatsübernahme erkennbare geringere Verdienstaussicht wird durch die Möglichkeit kompensiert, den Gebührenanspruch ohne Inkassokosten und -risiko gegenüber der Staatskasse realisieren zu können. Außerdem kommt die Absenkung der Anwaltsgebühren bei PKH-Mandaten nach § 49 RVG erst ab einem Streitwert über 3000,– Euro zum Tragen, also gerade nicht im Bereich der untersten Gegenstandswerte in Ehesachen nach § 48 Abs. 3 GKG (nicht unter 2000,– Euro). Angesichts der **Doppelrelevanz** von Einkommens- und Vermögensverhältnissen für die PKH-Bewilligung einerseits und die Streitwertfestsetzung in nicht vermögensrechtlichen Angelegenheiten andererseits hat die Bewilligung ratenfreier PKH für beide Parteien durchaus **Indizwirkung für eine Wertfestsetzung** in der Nähe des Mindestbetrages. Andere Gesichtspunkte wie Umfang und Bedeutung der Angelegenheit können trotz PKH-Bewilligung ohne Zahlungsanordnung zu einem deutlich höheren Streitwert führen. 29

c) Anspruch auf weitere Vergütung. Die durch § 49 RVG bewirkte Schlechterstellung des beigeordneten Anwalts wird bei Anwendung von § 50 RVG abgemildert. Die Vorschrift gewährt dem PKH-Anwalt einen Anspruch auf zusätzliche Zahlung aus der Staatskasse in Form einer weiteren Vergütung. Diese besteht im **Differenzbetrag** zwischen der nach § 49 zu beanspruchenden ermäßigten und der in § 13 RVG vorgesehenen vollen Gebühr eines Wahlanwalts. Voraussetzung ist, dass die bei der Partei von der Bundes- und der Landeskasse eingezogenen Gelder den Betrag übersteigen, der zur Deckung der in § 122 Abs. 1 Nr. 1 genannten Kosten und Ansprüche erforderlich ist (§ 120 Rn. 10).[107] Die Gerichtsgebühren und Auslagen müssen zunächst gedeckt sein. Der Anspruch des Anwalts auf die auf die Differenzgebühr entsteht erst, wenn die Überzahlung bereits eingetreten ist. Bei PKH mit Raten kann dies uU Jahre nach Abschluss des Rechtsstreits der Fall sein. Die Fälligkeit tritt erst ein, wenn der Rechtsstreit beendet ist. Schon vorher soll der beigeordnete Anwalt jedoch eine Berechnung seiner Regelvergütung, also derjenigen auf der Grundlage von § 13 RVG dem Gericht zuleiten (§ 50 Abs. 2 RVG). Dies liegt in seinem eigenen Interesse, weil auf diese Weise vermieden wird, dass die Zahlungen gem. § 120 Abs. 3 Nr. 1 wegen Kostendeckung vorläufig eingestellt werden, bevor ein zur Auszahlung der weiteren Vergütung ausreichender Überschuss entstanden ist. 30

d) Verjährung. Die Vergütungsansprüche des beigeordneten Rechtsanwalts gegen die Staatskasse unterliegen der gleichen Verjährungsfrist wie Ansprüche gegen den Mandanten.[108] Verjährung tritt nach §§ 195, 199 BGB in **drei Jahren,** gerechnet ab Schluss des Kalenderjahres des Entstehens ein. Nach § 8 Abs. 2 RVG wird die **Verjährung gehemmt,** so lange das gerichtliche 31

---

[105] BVerfG NJW 2005, 2980; FamRZ 2007, 1080 und 1081.
[106] OLG Hamm JurBüro 1980, 237; OLG Stuttgart FamRZ 2000, 1518.
[107] *Kalthoener/Büttner/Wrobel-Sachs* Rn. 724.
[108] OLG Stuttgart OLGR 2002, 287.

Verfahren anhängig, also nicht durch rechtkräftige Gerichtsentscheidung oder auf andere Weise beendet ist.

32 **e) Ansprüche gegen die eigene Partei und den Gegner.** In Höhe der Zahlungen an den Anwalt gehen nach § 59 RVG dessen Ansprüche gegen die Partei oder einen ersatzpflichtigen Gegner auf die Staatskasse über (§ 122 Rn. 12). Die weitergehenden Gebühren kann der beigeordnete Rechtsanwalt nach § 126 Abs. 1 bis zur Höhe der Regelgebühren in eigenem Namen von dem in die Prozesskosten verurteilten Gegner beitreiben. Gegen die eigene Partei kann er seine Ansprüche in Höhe der Regelgebühren nur im Fall der Aufhebung der PKH nach § 124 geltend machen. Die Tätigkeit des Rechtsanwalts **vor seiner Beiordnung** ist nicht aus der Staatskasse zu vergüten,[109] hierfür bereits bezahlte Wahlanwaltsgebühren sind nicht zurückzuzahlen.[110] **Gebührenvereinbarungen** mit der eigenen Partei sind im Verhältnis zur beigeordneten Partei unwirksam; wegen der Einzelheiten vgl. § 122 Rn. 11.

33 **f) Teilbewilligung von PKH.** Ist der Partei nur für einen Teil des Streitgegenstandes PKH unter Beiordnung des Anwalts bewilligt, so ist für dessen Gebühren zunächst der Gesamtstreitwert maßgebend. Dabei beschränkt sich die vom Mandanten zu zahlende Vergütung des Anwalts auf die Differenz zwischen insgesamt geschuldeten und des von der PKH-Bewilligung umfassten Teils der geschuldeten Vergütung. Für diese Auffassung spricht, dass § 122 Abs. 1 Nr. 3 dem beigeordneten Rechtsanwalt im Bereich der Bewilligung von Prozesskostenhilfe jeden Anspruch gegen die Partei selbst versagt.[111] Die Ansicht, in diesem Fall seien die Gebühren getrennt nach den Teilwerten zu berechnen,[112] würde wegen der Degression in der Gebührentabelle zu einer höheren Kostenbelastung als Folge der Bewilligung von PKH führen und ist deshalb abzulehnen.

VI. Sonderformen der Beiordnung

34 **1. Verkehrsanwalt. a) Grundlagen.** Neben dem Prozessbevollmächtigten ist einer bedürftigen Partei, wenn sie nicht in der Nähe des Prozessgerichts wohnhaft ist, nach Abs. 4 2. Alt. auf ihren Antrag ein Verkehrsanwalt beizuordnen, soweit dies erforderlich ist. Maßstab für letzteres ist wieder, ob eine vermögende Partei in gleicher Lage die hierfür anfallenden Kosten vernünftigerweise aufwenden würde und ob diese Kosten gegebenenfalls als zur zweckentsprechenden Rechtsverfolgung notwendig nach § 91 Abs. 1 zu erstatten wären.[113] Abzustellen ist dabei sowohl auf die objektive Bedeutung des Rechtsstreits für die Partei als auch auf deren subjektive Möglichkeiten, sich ihrem Prozessbevollmächtigten kostengünstiger auf andere zumutbare Weise hinreichend verständlich zu machen. Dem beigeordneten Verkehrsanwalt steht wegen der Einigungsgebühr kein Anspruch gegen die Staatskasse zu, es sei denn, in dem Beiordnungsbeschluss wurde er ausdrücklich auch für den Vergleichsabschluss beigeordnet.[114] Die Beiordnung als Verkehrsanwalt umfasst nicht automatisch die Wahrnehmung eines Beweisaufnahmetermins.[115] Für die **Revisionsinstanz** kommt die Beiordnung eines Verkehrsanwalts grundsätzlich nicht in Betracht.[116]

35 **b) Andere Informationsmöglichkeiten.** Die **telefonische Information** des Prozessbevollmächtigten ist einer Partei nur in ganz einfachen Fällen zuzumuten, in denen sich auch eine vermögende Partei sinnvollerweise damit begnügen würde. Ein **Schriftwechsel** mit dem Prozessbevollmächtigten ist einer geschäfts- und schreibgewandten Partei im Allgemeinen zumutbar, wenn die Sache keine besonderen Schwierigkeiten aufweist.[117] Bei der Prüfung, ob der Partei **Informationsreisen** zu ihrem Prozessbevollmächtigten zuzumuten sind, ist nicht nur die Entfernung von Bedeutung,[118] vielmehr sind auch die Verkehrsverbindungen, der Gesundheitszustand der Partei[119]

---

[109] LG Nürnberg-Fürth AnwBl. 1987, 55.

[110] OLG Düsseldorf MDR 1982, 765.

[111] KG Rpfleger 1988, 204; OLG Hamburg JurBüro 1995, 426; OLG Düsseldorf MDR 2001, 57; *Stein/Jonas/Bork* Rn. 40; *Kalthoener/Büttner/Wrobel-Sachs* Rn. 683. – Zu den Gerichtsgebühren bei Teilbewilligung von PKH vgl. § 122 Rn. 8 m. weit. Nachw.

[112] OLG München NJW 1969, 937.

[113] OLG Köln FamRZ 1982, 1226; OLG Hamm MDR 1983, 584; OLG München Rpfleger 1983, 328; OLG Karlsruhe WM 1985, 826; OLG Brandenburg FamRZ 1999, 1357 (Beiordnung in einer Ehesache); vgl. hierzu auch OLG Karlsruhe FamRZ 1999, 304.

[114] OLG Bamberg MDR 1999, 569; OLG München FamRZ 2003, 1939; *Kalthoener/Büttner/Wrobel-Sachs* Rn. 584; aA OLG Zweibrücken JurBüro 1994, 607 mit zust. Anm. *Mümmler; Musielak/Fischer* Rn. 21.

[115] OLG München JurBüro 1987, 773.

[116] BGH WM 1982, 881; *Musielak/Fischer* Rn. 23.

[117] OLG Karlsruhe Justiz 1985, 354 (Kindschaftssache).

[118] OLG Düsseldorf JurBüro 1986, 125; OLG Celle FamRZ 1988, 858.

[119] OLG Celle FamRZ 1988, 858.

und andere überprüfbare Gesichtspunkte zu berücksichtigen, die einer Informationsreise im Rahmen des Zumutbaren entgegenstehen könnten.[120] Liegen die Voraussetzungen für die Beiordnung eines Verkehrsanwalts nicht vor, so ist der bedürftigen Partei, soweit erforderlich, PKH für die Kosten einer billigeren Information ihres Prozessbevollmächtigten, insbesondere für die erforderlichen Informationsreisen, zu bewilligen.[121]

c) Ehesachen. In Ehesachen kann die Partei auf einen Schriftwechsel mit ihrem Prozessbevollmächtigten nur in besonders einfachen Fällen verwiesen werden,[122] regelmäßig hat sie jedoch Anspruch auf die Beiordnung eines Verkehrsanwalts.[123] Dies ergibt sich nicht nur aus der besonderen Bedeutung des Verfahrens, sondern vor allem auch aus den vielfältigen rechtlichen Fragen, die mit der Scheidung und den Folgesachen verbunden sind. Die Bestellung eine Verkehrsanwalts kann insbesondere in Fällen mit Auslandsbezug, in denen das Scheidungsstatut des Herkunftsstaates der Parteien anzuwenden ist, geboten sein.[124] 36

2. Beweisaufnahme vor dem ersuchten Richter. Auch die Erforderlichkeit der Beiordnung eines Rechtsanwalts zur Wahrnehmung eines auswärtigen Beweisaufnahmetermins oder eines Anhörungstermins nach § 613 vor dem ersuchten Richter[125] ist danach zu beurteilen, ob eine vermögende Partei vernünftigerweise die entsprechenden Kosten aus eigenen Mitteln aufwenden würde. Ausschlaggebend ist zum einen die Bedeutung, die der Ausgang des Rechtsstreits für die Partei hat, und zum anderen der Umfang und die Bedeutung der Beweisaufnahme für diese Entscheidung. Sind die voraussichtlichen Kosten für eine Reise des Prozessbevollmächtigten zum auswärtigen Termin geringer als die Kosten der Beiordnung eines weiteren Rechtsanwalts, so kommt letztere nicht in Betracht. In diesem Fall, aber auch, wenn der beigeordnete Prozessbevollmächtigte den auswärtigen Termin wegen dessen ganz besonderer Bedeutung auf jeden Fall selbst wahrnehmen möchte, empfiehlt es sich, bereits vorab eine Entscheidung des Gerichts nach § 46 Abs. 2 RVG über die Erstattungsfähigkeit der **Reiseauslagen des Hauptbevollmächtigten** aus der Staatskasse herbeizuführen.[126] 37

3. Partei findet keinen Anwalt, Abs. 5. Die Partei, die keinen vertretungsbereiten Anwalt findet, hat nicht nur im Anwaltsprozess nach Abs. 1, sondern auch in den Fällen der Abs. 2 und 4, soweit die Vertretung durch einen Rechtsanwalt erforderlich erscheint, einen Anspruch auf Beiordnung eines vom Vorsitzenden auszuwählenden Rechtsanwalts. Zwar ist regelmäßig zu verlangen, dass sich die Partei zunächst selbst um einen vertretungsbereiten Rechtsanwalt bemüht.[127] In der Praxis können sich Fälle ergeben, in denen es aus der verständlichen Sicht der Partei angebracht erscheint, von vornherein dem Vorsitzenden die Auswahl des beizuordnenden Rechtsanwalts zu überlassen. Dies ist insbesondere dann der Fall, wenn schon mehrere Anwaltsmandate gekündigt wurden, die Partei das Zutrauen in die von ihr ausgesuchten Rechtsanwälte verloren hat, der Prozess aber zu einem Abschluss gebracht werden soll. Die Beiordnung durch den Vorsitzenden ist sowohl für den beigeordneten Rechtsanwalt als auch für die Partei **bindend.** Letzterer steht gegen die vom Vorsitzenden getroffene Auswahl nur dann ein **Beschwerderecht** zu, wenn sie ausdrücklich die Beiordnung eines anderen Anwalts beantragt hatte.[128] Der beigeordnete Rechtsanwalt muss die Vertretung der Partei nach § 48 Abs. 1 Nr. 1 BRAO übernehmen, es sei denn, dass dem wichtige Gründe entgegenstehen; in diesem Fall kann er nach § 48 Abs. 2 BRAO die Aufhebung der Beiordnung beantragen und gegen die Ablehnung dieses Antrags **sofortige Beschwerde** einlegen (§ 127 Rn. 25). Die Ablehnung der Vertretung aus wichtigem Grund ist insbesondere bei Interessenkollision gerechtfertigt (Rn. 23), ferner etwa dann, wenn es zwischen dem Rechtsanwalt und der Partei bereits wegen der Vertretung in einer anderen Sache zu ernsthaften Differenzen gekommen ist. Auch die Beiordnung nach Abs. 5 ist ersetzt nicht die **Prozessvollmacht,** vielmehr ist diese dem beigeordneten Rechtsanwalt von der Partei zu erteilen. Im Übrigen gelten die Ausführungen zum **Notanwalt** (§ 78b), der in Anwaltsprozessen außerhalb des Anwendungsbereichs der PKH beigeordnet wird, sinngemäß. 38

---

[120] BGH NJW 2004, 2749; OLG Naumburg FamRZ 2003, 107.
[121] OLG Koblenz JurBüro 1982, 774; OLG Celle NdsRpfl. 1987, 213.
[122] OLG Zweibrücken FamRZ 1980, 618 und JurBüro 1984, 133; OLG Karlsruhe FamRZ 1999, 304; OLG Brandenburg FamRZ 2002, 107.
[123] KG NJW 1982, 113; OLG Bamberg FamRZ 1990, 644.
[124] BGH NJW 2004, 2749.
[125] OLG Köln FamRZ 1991, 349.
[126] *Zöller/Philippi* Rn. 19.
[127] BFH NJW 1978, 448.
[128] *Zöller/Philippi* § 127 Rn. 22.

§ 122 Wirkung der Prozesskostenhilfe

(1) Die Bewilligung der Prozesskostenhilfe bewirkt, dass

1. die Bundes- oder Landeskasse

a) die rückständigen und die entstehenden Gerichtskosten und Gerichtsvollzieherkosten,

b) die auf sie übergegangenen Ansprüche der beigeordneten Rechtsanwälte gegen die Partei nur nach den Bestimmungen, die das Gericht trifft, gegen die Partei geltend machen kann,

2. die Partei von der Verpflichtung zur Sicherheitsleistung für die Prozesskosten befreit ist,

3. die beigeordneten Rechtsanwälte Ansprüche auf Vergütung gegen die Partei nicht geltend machen können.

(2) Ist dem Kläger, dem Berufungskläger oder dem Revisionskläger Prozesskostenhilfe bewilligt und ist nicht bestimmt worden, dass Zahlungen an die Bundes- oder Landeskasse zu leisten sind, so hat dies für den Gegner die einstweilige Befreiung von den in Absatz 1 Nr. 1 Buchstabe a bezeichneten Kosten zur Folge.

I. Normzweck

1 Die Vorschrift regelt in Abs. 1 die vorläufige Befreiung der bedürftigen Partei von der Verpflichtung zur Zahlung von Gebühren und Auslagen an den beigeordneten Rechtsanwalt und an die Staatskasse, soweit nicht nach § 120 Zahlungen durch das Gericht festgesetzt sind, sowie die Befreiung von der Sicherheitsleistung für die Prozesskosten. Nach Abs. 2 wird der Beklagte oder Rechtsmittelbeklagte hinsichtlich der Befreiung zur Zahlung von Gerichtskosten dem Kläger gleichgestellt, wenn diesem PKH ohne Ratenzahlungen aus dem Einkommen oder Zahlungen aus dem Vermögen bewilligt ist.

II. Wirkungen zugunsten der bedürftigen Partei

2 **1. Gerichtskosten. a) Grundsatz.** Soweit und solange der Partei PKH bewilligt ist, hat sie außer den nach § 120 festgesetzten Beträgen keine Zahlungen an die Staatskasse zur Deckung der rückständigen und noch entstehenden Gerichtskosten zu leisten. Die Vorschrift ist zwingend, andere als die nach § 115 zulässigen Zahlungen aus dem Einkommen und Vermögen dürfen der Partei weder zur Verrechung auf die Gebühren noch zur Deckung der Auslagen, insbesondere auch nicht in Form eines Auslagenvorschusses nach § 379 oder § 17 GKG, auferlegt werden.

3 **b) Persönlicher Geltungsbereich. aa) Streitgenossen, Streithelfer** und andere Verfahrensbeteiligte nehmen an der Kostenbefreiung regelmäßig nicht teil, vielmehr muss ihnen erforderlichenfalls gesondert PKH bewilligt werden. Eine Ausnahme kann sich beim **Auslagenvorschuss** ergeben: wäre für eine Maßnahme, die untrennbar die Entscheidung hinsichtlich sämtlicher Streitgenossen betrifft, ein Auslagenvorschuss zu erbringen, so entfällt diese Verpflichtung, wenn **einem der Streitgenossen** PKH bewilligt ist, faktisch auch für die anderen. Denn gegenüber der bedürftigen, dh. nicht vorschusspflichtigen Partei darf die Durchführung der mit Auslagen verbundenen und alle Streitgenossen betreffenden Maßnahme – etwa die Ladung eines Zeugen oder Einholung eines Gutachtens – nicht deshalb verweigert werden, weil ein anderer Streitgenosse keinen Auslagenvorschuss bezahlt. Wegen der Gebühren kann der vermögende Streitgenosse von der Staatskasse trotz der gesamtschuldnerischen Haftung nach § 31 Abs. 3 S. 1 GKG nur mit dem Anteil in Anspruch genommen werden, den er auch im **Innenverhältnis** gegenüber der bedürftigen Partei zu tragen hat, da diese sonst im Wege des Gesamtschuldnerausgleichs nach § 426 Abs. 1 BGB mittelbar mit Kosten belastet würde, von deren Zahlung sie nach § 122 befreit ist. Dies kann im Verhältnis von Streitgenossen untereinander dann von Bedeutung werden, wenn von Parteien, die gemeinsam als Antragsteller nach § 22 GKG haften, nur die bedürftige Partei, nicht aber ihr vermögender Streitgenosse unterliegt und zur Kostentragung verurteilt wird.

4 **bb) Der Rechtsnachfolger,** der den Rechtsstreit an Stelle der bedürftigen Partei ohne PKH fortführt (§ 114 Rn. 50), ist nicht von der Zahlung der Kosten befreit. Vorschüsse für bereits entstandene Auslagen können jedoch, wie sich unmittelbar aus § 379 und § 17 GKG ergibt, nicht verlangt werden, vielmehr besteht eine Zahlungspflicht erst nach Fälligkeit entsprechend § 9 GKG.

5 **cc) Mit dem Tod der Partei** erlischt die PKH, die ihr bewilligt war, rückwirkend.[1] Der **Erbe,** der den Rechtsstreit aufnimmt, kann sich nicht auf die Beschränkungen des § 122 Abs. 1 beru-

[1] OLG Frankfurt/M. NJW 1985, 751; NJW-RR 1996, 776. – Vgl. auch § 114 Rn. 53.

fen,[2] sondern haftet für die Kosten unbeschränkt, es sei denn, dass ihm ebenfalls PKH bewilligt wird. Dies gilt, da die Bewilligung der PKH bei der Aufnahme des Rechtsstreits durch den Erben rückwirkend entfällt (§ 114 Rn. 53), auch für Auslagen, die noch zu Lebzeiten des Erblassers entstanden waren und gegen diesen wegen der Kostenbefreiung nicht geltend gemacht werden konnten. **Nimmt der Erbe den Rechtsstreit nicht auf,** so können die Kosten nicht gegen ihn festgesetzt werden, da seine Haftung im Wege der Gesamtrechtsnachfolge durch Art und Umfang der vormaligen Haftung des Erblassers begrenzt wird.[3]

b) Sachlicher Geltungsbereich. aa) Grundlagen. Der sachliche Geltungsbereich der Kostenbefreiung erstreckt sich nur auf den Streit- oder Verfahrensgegenstand, für den PKH bewilligt ist und wirkt nicht über den Rechtszug (§ 119) hinaus. **Vor- und außergerichtliche Kosten** der Prozessvorbereitung und -durchführung, wie etwa Kosten für ein Privatgutachten, einer außergerichtlichen Mediation[4] oder außergerichtliche Übersetzungskosten, sind der Partei grundsätzlich nicht aus der Staatskasse zu erstatten.[5] Soweit ausnahmsweise eine Erstattung in Betracht kommt, weil die Aufwendungen unumgänglich notwendig sind oder waren, hat darüber das Prozessgericht im Rahmen der zu bewilligenden oder bereits bewilligten PKH zu entscheiden.[6] Wird PKH beantragt und gleichzeitig ein Vorschuss auf die Gerichtskosten geleistet, so ist dieser zurückzuzahlen,[7] wenn PKH ab Antragstellung bewilligt wird. Die Verrechnung des überschießenden Teils des auf die allgemeine Verfahrensgebühr gezahlten Kostenvorschusses auf nach dem Wirksamwerden der Prozesskostenhilfe angefallene Sachverständigenkosten ist unzulässig.[8] Die Befreiung umfasst **rückständige und noch entstehende** Gerichtskosten. Kosten, die bereits vor Wirksamwerden der PKH-Bewilligung fällig waren und an die Staatskasse bezahlt worden sind, werden nicht zurückerstattet.[9] 6

bb) Teilbewilligung von PKH. Ist PKH nur für einen von mehreren Ansprüchen, für einen Teilbetrag oder in sonstiger Weise nur für einen Teil des Streitgegenstandes bewilligt und führt die Partei den Rechtsstreit hinsichtlich der restlichen Gegenstände auf eigene Kosten, so sind Gerichtskosten in Höhe des Unterschiedsbetrages zu erheben. Bei den Gebühren errechnet sich dieser aus der **Differenz** zwischen den Gebühren für den vollen Streitwert und den Gebühren, die nur aus dem von der PKH gedeckten Teil des Streitwerts entstanden wären.[10] Die Ansicht, wonach der bedürftigen Partei der Wertanteil des von der PKH nicht gedeckten Streitgegenstandes gebührenmäßig in Rechnung zu stellen sei,[11] berücksichtigt die Degression der Tabelle in § 34 GKG nicht. 7

cc) Auslagen. Von der Zahlung aller im Rahmen der **Beweisaufnahme** anfallenden Auslagen und sonstigen Kosten ist die Partei befreit, ein Auslagenvorschuss darf bei ihr nicht erhoben werden. Dazu zählen auch die erforderlichen **Auslandszustellungen** und Rechtshilfeersuchen einschließlich der **Übersetzungskosten.** Für das **selbstständige Beweisverfahren** muss gesondert PKH beantragt werden, da es als besonderer Rechtszug iSv. § 119 gilt (§ 119 Rn. 8). Hat die Partei nach § 13 JVEG ihre Zustimmung zu einer **höheren als der gesetzlichen** Vergütung des Sachverständigen erklärt, so muss sie die die **Differenz** aus eigenen Mitteln aufbringen und auch Vorschuss in entsprechender Höhe leisten.[12] Zu den Reisekosten der Partei zu auswärtigen Terminen vgl. unten Rn. 9. Fallen Auslagen für den **Teilgegenstand** an, für den PKH bewilligt ist, so verbleibt es insoweit bei der Kostenbefreiung; soweit die Auslagen nur von der PKH nicht gedeckten Teil betreffen, tritt keine Kostenbefreiung ein. Ist eine solche **Aufteilung nicht möglich,** so fallen die gesamten Auslagen unter die PKH. Entsprechendes gilt für die nach § 17 GKG zu leistenden Auslagenvorschüsse. 8

dd) Reisekosten der Partei. Die Gewährung von PKH umfasst die Erstattung von **Reisekosten** zur Information des eigenen Anwalts, soweit diese nicht zumutbarerweise anderweitig erfolgen kann,[13] 9

---

[2] OLG Koblenz FamRZ 1996, 808.

[3] KG Rpfleger 1986, 281; OLG Düsseldorf NJW-RR 1999, 1086; für eine Haftung auch bei Nichtaufnahme des Rechtsstreits durch den Erben OLG Düsseldorf Rpfleger 1988, 42; LG Bielefeld Rpfleger 1989, 113.

[4] OLG Dresden FamRZ 2007, 489.

[5] OVG Bremen Rpfleger 1987, 386.

[6] KG AnwBl. 1993, 349.

[7] OLG Düsseldorf Rpfleger 1986, 108; OLG Köln Rpfleger 1999, 450.

[8] OLG Hamm OLGR 2003, 409.

[9] OLG Frankfurt/M. JurBüro 1983, 1227; KG Rpfleger 1984, 372; OLG Düsseldorf FamRZ 1990, 299; *Zöller/Philippi* Rn. 4.

[10] BGH NJW 1954, 1406; OLG München MDR 1997, 299; *Stein/Jonas/Bork* Rn. 10; *Zöller/Philippi* § 121 Rn. 45; zu den Gebühren des beigeordneten Rechtsanwalts bei teilweiser Bewilligung von PKH vgl. § 121 Rn. 33.

[11] OLG München NJW 1969, 1858 und JurBüro 1988, 905; OLG Bamberg JurBüro 1988, 1682.

[12] Noch weitergehend OLG Koblenz OLGR 2004, 23; *Musielak/Fischer* Rn. 2 (voller Betrag).

[13] *Kalthoener/Büttner/Wrobel-Sachs* Rn. 622.

sowie zu Terminen, deren Wahrnehmung auf einer Anordnung des Gerichts beruht oder sonst angemessen erscheint.[14] Letzteres ist daran zu messen, ob eine vermögende Partei die entsprechenden Kosten vernünftigerweise ebenfalls aufgewandt hätte.[15] In diesem Fall sind die Reisekosten unabhängig davon zu erstatten, ob die Partei einen entsprechenden Antrag bereits vor dem Termin gestellt hat.[16] **Geringfügige Kosten,** die von der Partei aus eigenen Mitteln aufgebracht werden können (beispielsweise eine Straßenbahnfahrt zum Termin), sind nicht zu erstatten. Die Entscheidung über die Reisekostenerstattung ist durch das Gericht zu treffen, gegen die ablehnende Entscheidung ist die sofortige Beschwerde nach § 127 Abs. 2 S. 2 gegeben.[17] Der gerichtliche Beschluss über die Erstreckung der bewilligten Prozesskostenhilfe auf die Reisekosten ist für die Staatskasse – außer in Fällen greifbarer Gesetzeswidrigkeit – unanfechtbar.[18] **In Sorge- und Umgangsrechtssachen** sind die Fahrten von Verfahrensbeteiligen, denen PKH bewilligt wurden, zum **Verfahrenspfleger** des Kindes (§ 50 FGG) ebenfalls erstattungsfähige Aufwendungen.[19] Bei den bundeseinheitlichen **Bestimmungen der Länder über die Bewilligung von Reiseentschädigungen an mittellose Personen**[20] handelt es sich um verwaltungsinterne Richtlinien, nicht um Rechtsnormen mit Gesetzeskraft. Sie binden aber im Rahmen des Gleichbehandlungsgrundsatzes. Danach können mittellosen Prozessbeteiligten die Mittel für die Reise zu einer Verhandlung aus der Staatskasse gewährt werden, und zwar unabhängig von der Bewilligung von PKH.

10 **ee) Verdienstausfall der Partei.** Verdienstausfall wegen der Wahrnehmung von Terminen kann der Partei auch dann nicht erstattet werden, wenn das Gericht das Erscheinen angeordnet hat.[21] Er gehört zum allgemeinen Aufwand, wie er mit der Wahrnehmung anderer geschäftlicher oder privater Termine vielfach verbunden ist, und kann einer bedürftigen wie einer vermögenden Partei in gleicher Weise zugemutet werden.[22] Nur wenn diese **Zumutbarkeitsgrenze** überschritten ist, beispielsweise bei mehrtägigem Fernbleiben der Partei von ihrer Arbeitsstelle wegen diverser Fortsetzungstermine, kommt eine Erstattung von Verdienstausfall in Betracht.[23] Die Verweisung auf allgemeine Sozialhilfe ist nicht zulässig, da im Bereich der PKH Leistungen nach dem SGB XII als einzusetzendes (Ersatz-)Einkommen nicht in Betracht kommen (§ 115 Rn. 15).

11 **2. Rechtsanwaltskosten. a) Grundlagen.** Der im Rahmen der PKH beigeordnete Rechtsanwalt hat gegen die bedürftige Partei einen Vergütungsanspruch in Höhe der Wahlanwaltsgebühren sowie einen Anspruch auf Erstattung der erforderlichen Auslagen. Er kann diesen Anspruch nach Abs. 1 Nr. 3 jedoch gegen seinen Mandanten nicht geltend machen, soweit und solange diesem PKH bewilligt ist. Die Geltendmachung der Gebühren gegen die eigene Partei ist auch dann ausgeschlossen, wenn der Erstattungsanspruch des Anwalts gegen die Staatskasse wegen Verjährung nicht mehr durchsetzbar ist.[24] Ebenso kann der Vergütungsanspruch des Anwalts gegen die eigene Partei nicht geltend gemacht werden, wenn die Partei den Rechtsstreit wegen eines einheitlichen Gegenstandes gegen Streitgenossen führt und PKH nur bezüglich der Rechtsverfolgung oder -verteidigung gegen einen der Streitgenossen bewilligt worden ist.[25] Im Falle der **Teilbewilligung von PKH** und Führung des Prozesses in vollem Umfang kann der Anwalt lediglich die Differenz zwischen der Wahlanwaltsvergütung nach dem Gesamtstreitwert und der Wahlanwaltsvergütung nach dem Wert, für den er beigeordnet worden ist, von der Partei verlangen.[26] Der beigeordnete Anwalt erhält für seine Tätigkeit und seine Auslagen **Zahlungen aus der Staatskasse** nach den §§ 45 ff. RVG (§ 121 Rn. 26 ff.). Die Vorschrift des Abs. 1 Nr. 3 ist zwingend,[27] entgegenstehende Vereinbarungen zwischen Anwalt und Partei sind unwirksam.[28] Die Partei kann jedoch Zahlungen, die sie

---

[14] OLG Stuttgart Rpfleger 1987, 29; OLG Bamberg JurBüro 1989, 1285; *Kalthoener/Büttner/Wrobel-Sachs* Rn. 622; aA LAG Düsseldorf JurBüro 1987, 1702; OLG Nürnberg JurBüro 1988, 773; OLG Düsseldorf FamRZ 1991, 1073.

[15] OLG München MDR 1997, 194.

[16] OLG München MDR 1997, 194.

[17] OLG Brandenburg NJW-RR 2004, 63; *Zöller/Philippi* Rn. 27.

[18] OLG Brandenburg NJW-RR 2004, 63.

[19] OLG Rostock FamRZ 2003, 1396.

[20] Abgedruckt bei *Zimmermann* Rn. 530.

[21] *Kalthoener/Büttner/Wrobel-Sachs* Rn. 624; *Zimmermann* Rn. 531.

[22] OLG Frankfurt/M. MDR 1984, 500; *Baumbach/Lauterbach/Hartmann* Rn. 19; aA OLG Stuttgart Rpfleger 1987, 386.

[23] Ähnlich *Stein/Jonas/Bork* Rn. 13.

[24] OLG Köln NJW-RR 1995, 634.

[25] OLG München AnwBl. 1997, 237.

[26] OLG Düsseldorf Rpfleger 2005, 267; *Kalthoener/Büttner/Wrobel-Sachs* Rn. 639.

[27] VGH München JurBüro 1987, 1417.

[28] OLG Düsseldorf Rpfleger 1988, 505.

freiwillig und ohne Vorbehalt an den beigeordneten Rechtsanwalt erbracht hat, nicht unter Berufung auf die Unwirksamkeit der Vereinbarung zurückfordern (§ 4 Abs. 1 S. 3 RVG). Zahlungen der Partei oder eines Dritten an den beigeordneten Rechtsanwalt sind diesem nach § 58 Abs. 2 RVG zunächst auf die Differenz zwischen den Regelgebühren und den Gebühren aus § 49 RVG anzurechnen.

b) Anspruchsübergang auf die Staatskasse. Im Umfang der Zahlungen, die der Rechtsanwalt aus der Staatskasse erhält, gehen nach § 59 RVG seine Ansprüche gegen die Partei auf die Staatskasse über. Diese können jedoch nach Abs. 1 Nr. 1 b gegen die Partei nur im Umfang getroffener Zahlungsbestimmungen (§§ 115, 120) geltend gemacht werden, solange und soweit ihr PKH bewilligt ist. Im Verhältnis zu **Streitgenossen** der bedürftigen Partei gilt § 59 RVG nicht, vielmehr besteht, soweit der Streitgenosse die von der Staatskasse verauslagten Beträge im Innenverhältnis anteilig zu tragen hat, ein materiellrechtlicher Ausgleichsanspruch der Staatskasse gegen diesen, der im Klagewege geltend zu machen ist.[29] 12

War dem Gegner ebenfalls PKH bewilligt, so kann die unterlegene PKH-Partei von der Staatskasse aus dem nach § 59 RVG übergegangenen **Kostenerstattungsanspruch des Gegners** hinsichtlich dessen Anwaltskosten unbeschränkt in Anspruch genommen werden.[30] Die Ansicht, die dem Gegner zu erstattenden Anwaltskosten könnten nur im Rahmen der vom Gericht nach §§ 115, 120 angeordneten Zahlungen eingezogen werden,[31] verkennt, dass § 123 die Wirkungen der PKH auf die Gerichtskosten und die **eigenen** außergerichtlichen Kosten der Partei beschränkt. Im übrigem dienen von der unterlegenen PKH-Partei aufzubringende Monatsraten oder Zahlungen aus dem Vermögen zur Abdeckung der **auf ihrer Seite** entstandenen Kosten. Ob sie auch zur Erfüllung des nach § 59 RVG übergegangenen Kostenerstattungsanspruchs des Gegners verwandt werden dürfen, was in der Praxis eine Verlängerung der Ratenzahlungspflicht bedeutet, erscheint zweifelhaft. Allerdings ist es eine Frage der Praktikabilität, ob bei einer Partei, welcher **PKH ohne Zahlungsanordnung** bewilligt worden ist, übergegangene Kostenerstattungsansprüche seitens der Staatskasse geltend gemacht werden sollen. In aller Regel wird die Beitreibung solcher Anspruche fehlschlagen. 13

c) Nachträgliche Beiordnung. Wird der Rechtsanwalt erst im Verlauf des Rechtsstreits beigeordnet, so erhält er Gebühren aus der Staatskasse **für jede nachfolgende Tätigkeit,** die eine neue Gebühr auslöst, ohne Rücksicht auf seine vorangegangene Tätigkeit in derselben Sache.[32] Für die Geltendmachung von Gebühren unmittelbar gegen die eigene Partei ist zu unterscheiden: Die **Sperrwirkung des Abs. 1 Nr. 3** gilt grundsätzlich auch für Gebühren, die der Anwalt bereits vor der Bewilligung von PKH und vor seiner Beiordnung verdient hat.[33] Das gilt auch dann, wenn die Gebühren bereits vor der Beiordnung angefallen sind und der Gebührentatbestand nach der Beiordnung in derselben Sache erneut erfüllt wird. Nur wenn Gebühren, die vor dem Zeitpunkt der Beiordnung fällig wurden, nach der Beiordnung nicht erneut anfallen, ist der Anwalt an der Geltendmachung dieser Gebühren gegen die eigene Partei nicht gehindert.[34] 14

d) Aufhebung der Bewilligung. Mit der Aufhebung der PKH-Bewilligung nach § 124 entfällt die Befreiung der Partei von der Zahlung der Gebühren und Auslagen des beigeordneten Rechtsanwalts, so dass sie dieser in der vollen Höhe der Wahlanwaltsgebühren, abzüglich der bereits aus der Staatskasse erhaltenen Beträge, gegen die Partei geltend machen und festsetzen lassen kann. Ebenso kann die Staatskasse die nach § 59 RVG auf sie übergegangenen Ansprüche nach Aufhebung der PKH ohne Beschränkung aus Abs. 1 Nr. 1 von der Partei beitreiben. Unberührt von der Aufhebung der PKH bleiben die zuvor gegen die Staatskasse begründeten Gebührenansprüche des beigeordneten Rechtsanwalts.[35] 15

3. Keine Sicherheitsleistung. Die Befreiung von der Verpflichtung zur Sicherheitsleistung nach Abs. 1 Nr. 2 betrifft nur die Sicherheitsleistung für die Prozesskosten in **Auslandsfällen nach §§ 110 ff.** Nach Einschränkung des Anwendungsbereichs dieser Vorschrift auf Parteien, die ihren 16

---

[29] Vgl. OLG Bamberg JurBüro 1971, 78.

[30] BGH NJW-RR 1998, 70; OLG Düsseldorf Rpfleger 1986, 448; KG MDR 1988, 746; OLG Schleswig SchlHA 1988, 67; OLG Oldenburg JurBüro 1991, 1373; OLG Köln NJW-RR 2004, 439; *Zimmermann* Rn. 544.

[31] OLG Hamburg JurBüro 1983, 612 und MDR 1985, 941; OLG Stuttgart Justiz 1986, 42; OLG Zweibrücken Rpfleger 1989, 114; OLG Braunschweig JurBüro 1990, 508; OLG Karlsruhe JurBüro 1999, 370; OLG München FamRZ 2001, 1156; *Musielak/Fischer* Rn. 5; *Stein/Jonas/Bork* Rn. 8; *Zöller/Philippi* Rn. 6.

[32] OLG Düsseldorf FamRZ 1996, 617, 618.

[33] KG Rpfleger 1984, 246; OLG Schleswig JurBüro 1989, 837; OLG München JurBüro 1991, 96; OLG Stuttgart JurBüro 1997, 649.

[34] *Musielak/Fischer* Rn. 8.

[35] OLG Zweibrücken JurBüro 1984, 237; OLG Koblenz FamRZ 1997, 755.

gewöhnlichen Aufenthalt nicht in einem Mitgliedsstaat der EU oder Vertragsstaat des Abkommens über den Europäischen Wirtschaftsraum haben, hat diese Vergünstigung der PKH-Partei stark an Bedeutung verloren. Die übrigen Vorschriften über die Sicherheitsleistung, insbesondere die §§ 108 und 109 sowie die §§ 709ff., bleiben unberührt.

17 **4. Fälle nach dem AUG.** Wird PKH nach dem AUG für die gerichtliche Geltendmachung von Unterhaltsansprüchen eines im Ausland lebenden Unterhaltsberechtigten gegen einen Unterhaltsverpflichteten in der Bundesrepublik geltend gemacht (§ 114 Rn. 22), so ist der Antragsteller nach § 9 S. 2 AUG endgültig von der Zahlung der in § 122 Abs. 1 genannten Kosten befreit. Dies gilt allerdings nicht, wenn die Bewilligung nach § 124 aufgehoben wird.

III. Wirkungen für den Gegner (Abs. 2).

18 **1. Konkurrenzen.** Die kostenrechtlichen Wirkungen, die sich aus der Bewilligung von PKH zu Gunsten einer Partei für deren Gegner ergeben, sind in Abs. 2 nicht abschließend geregelt. Verliert die PKH-Partei den Rechtsstreit, so sind daneben insbesondere § 31 Abs. 3 GKG (Rn. 20, 22) und § 123 zu beachten; unterliegt der Gegner, so sind für ihn vor allem die §§ 125, 126 iVm. § 59 RVG von Bedeutung.

19 **2. Auslagenvorschuss. a) PKH ohne Zahlungsanordnung.** Die Bewilligung von PKH an den **Kläger oder Rechtsmittelführer** der jeweiligen Instanz hat, sofern diesem keine Zahlungen aus dem Einkommen oder Vermögen nach § 115 auferlegt worden sind, nach Abs. 2 für den Gegner die **einstweilige Befreiung von den Gerichtskosten** zur Folge. Betroffen ist davon die Verpflichtung zur Leistung von **Auslagenvorschüssen** für Zeugen (§ 379) und Sachverständige.[36] Werden vom Gegner unter Verstoß gegen Abs. 2 Vorschüsse auf Gerichtskosten verlangt, so steht ihm hiergegen die sofortige Beschwerde nach § 127 Abs. 2 S. 2 zu. Ein unter Verstoß gegen Abs. 2 angeforderter und bezahlter Vorschuss ist auch dann an die Partei zurückzuerstatten, wenn er durch die Beweishandlung verbraucht ist, es sei denn, die Partei haftet als Veranlassungsschuldner nach § 22 GKG oder als Entscheidungs- bzw. Übernahmeschuldner nach § 29 GKG.[37] Haben mehrere **Streitgenossen** Klage erhoben oder ein Rechtsmittel eingelegt, so ist der Gegner nur dann nach Abs. 2 einstweilen von der Zahlung der Kosten befreit, wenn **sämtlichen** Streitgenossen für die Klage oder das Rechtsmittel PKH ohne Zahlungsanordnung bewilligt worden ist.[38] Ist der Gegner jedoch Kläger oder Rechtsmittelkläger, so ist Abs. 2 auch dann nicht anwendbar, wenn er in einer vorhergehenden Instanz Beklagter war.[39] Ebenso ist der Gegner nicht von der Vorschusspflicht für Auslagen befreit, die den Gegenstand einer von ihm erhobenen **Widerklage** oder eines von ihm eingelegten **Anschlussrechtsmittels** betreffen.[40] Eine Ausnahme ergibt sich nur dann, wenn die Streitgegenstände von Klage und Widerklage oder Rechtsmittel und Anschlussrechtsmittel zulässigerweise identisch sind.[41]

20 **b) Behandlung geleisteter Zahlungen.** Bereits geleistete Zahlungen auf Kosten, die vor Bewilligung der PKH angefallen und fällig geworden sind, werden dem Gegner, solange keine Entscheidung über die Kosten des Rechtsstreits getroffen ist, grundsätzlich nicht zurückerstattet.[42] Jedoch ist § 31 Abs. 3 S. 1 GKG zu beachten, der zu einer Freistellung des Gegners der im Rechtsstreit unterlegenen bedürftigen Partei auch hinsichtlich der Kosten führt, auf die er bereits Zahlungen geleistet hat (Rn. 22). Dies hat zur Folge, dass dem im Rechtsstreit **obsiegenden Gegner** die von ihm auf die Gerichtskosten geleisteten Zahlungen von der Staatskasse zurückzuerstatten sind, wenn der zur Kostentragung verurteilten Partei PKH bewilligt war.[43]

21 **c) PKH mit Zahlungsanordnung.** Bestehen Zahlungsanordnungen nach §§ 115, 120 gegenüber der bedürftigen Partei, so ist der Gegner nach Abs. 2 nicht von der Vorschusspflicht befreit. Dabei ist auf den jeweiligen Zeitpunkt abzustellen, in dem die Auslagen zur Zahlung fällig werden. War dem Antragsteller zuvor PKH mit einer Ratenzahlungsanordnung bewilligt und ist letztere im weiteren Verlauf wegen einer zwischenzeitlich eingetretenen Verschlechterung seiner wirtschaftlichen Verhältnisse nach § 120 Abs. 4 aufgehoben worden, so ist der Gegner einstweilen von den Gerichtskosten befreit, selbst wenn die bedürftige Partei zu einem früheren Zeitpunkt Zahlungen

---

[36] OLG Hamm MDR 1999, 502; *Kalthoener/Büttner/Wrobel-Sachs* Rn. 664.
[37] OLG Köln FamRZ 1994, 249.
[38] *Zöller/Philippi* Rn. 22; *Stein/Jonas/Bork* Rn. 20.
[39] *Baumbach/Lauterbach/Hartmann* Rn. 31.
[40] *Musielak/Fischer* Rn. 11.
[41] *Zöller/Philippi* Rn. 22.
[42] OLG Düsseldorf Rpfleger 1990, 128.
[43] BVerfG NJW 1999, 3186.

geleistet hat. Dies ergibt sich aus dem Zweck von Abs. 2, den Gegner hinsichtlich der Vorschusspflicht nicht schlechter als die bedürftige Partei zu stellen, wenn diese ebenfalls keine Zahlungen auf die fälligen Kosten zu leisten hat

3. Nachrangige Kostenhaftung des Gegners nach § 31 Abs. 3 GKG. Soweit der bedürftigen Partei die Kosten (Gerichtsgebühren und Auslagen) in einer Kostenentscheidung auferlegt worden sind, soll nach § § 31 Abs. 3 GKG die Haftung eines anderen Kostenschuldners nicht geltend gemacht werden. Auf gerichtliche Anforderung bereits geleistete Zahlungen werden nach HS. 2 der Vorschrift zurückerstattet. Damit soll sichergestellt werden, dass der bedürftigen Partei die Befreiung von den Gerichtskosten auch für den Fall des Unterliegens im Rechtsstreit erhalten bleibt. Würden in diesem Fall die Gerichtskosten vom Gegner beigetrieben, der als Antragsschuldner nach § 22 GKG oder in sonstiger Weise nachrangig haftet, so könnte er seinerseits diese Kosten nach § 123 gegen die bedürftige Partei geltend machen. Diese würde im Ergebnis doch mit Kosten belastet, von denen sie nach § 122 Abs. 1 befreit ist. Sind die Kosten in einem **Vergleich** entsprechend dem Sach- und Streitstand gegeneinander aufgehoben, so können die Gerichtskosten vom Gegner der bedürftigen Partei **nur zur Hälfte** nach § 29 Nr. 2 GKG erhoben werden.[44] Dagegen ist § 31 Abs. 3 GKG nicht anwendbar, wenn die bedürftige Partei die gesamten Kosten durch Vergleich übernommen hat.[45] 22

§ 123 Kostenerstattung

Die Bewilligung der Prozesskostenhilfe hat auf die Verpflichtung, die dem Gegner entstandenen Kosten zu erstatten, keinen Einfluss.

I. Normzweck

Das **Kostenrisiko der bedürftigen Partei** ist durch die Gewährung von PKH nur hinsichtlich der eigenen außergerichtlichen Kosten und der Gerichtskosten abgedeckt, da diese gem. § 122 Abs. 1 Nr. 1 nur im Rahmen gerichtlicher Zahlungsanordnungen gegen die Partei geltend gemacht werden können. Dagegen kann der **Gegner seine Erstattungsansprüche** nach den allgemeinen Vorschriften und grundsätzlich ohne Rücksicht darauf geltend machen, ob und in welchem Umfang der kostenpflichtigen Partei PKH gewährt worden ist (vgl. auch § 125 Rn. 3ff.). Das gilt grundsätzlich auch dann, wenn dem Gegner ebenfalls PKH bewilligt worden ist. Auch in diesem Fall kann der Gegner oder, sofern dessen Erstattungsansprüche auf die Staatskasse übergegangen sind, die Staatskasse diese Ansprüche gegen die unterlegene Partei geltend machen.[1] Wurde dem Gegner allerdings PKH ohne Ratenzahlungspflicht bewilligt, so wird der auf die Staatskasse übergegangene Anspruch häufig nicht durchzusetzen sein. Die Kosten, die von der bedürftigen Partei zu tragen sind, können auch nicht aus Sozialhilfemitteln gedeckt werden, da die PKH-Vorschriften im Verhältnis zum SGB XII abschließend sind.[2] Verfassungsrechtlich ist § 123 unbedenklich.[3] 1

II. Erstattungsansprüche des Gegners

1. Grundlage des Anspruchs. Grund und Umfang des Kostenerstattungsanspruchs ergeben sich aus der Kostenregelung in der gerichtlichen Entscheidung oder im Vergleich in Verbindung mit den Vorschriften der §§ 91ff. Die Erstattungspflicht erstreckt sich nicht auf die Kosten des Gegners aus dem PKH-Verfahren, da insoweit die Kostenerstattung durch § 118 Abs. 1 S. 4 ausgeschlossen ist (§ 118 Rn. 23). Besonderheiten ergeben sich ferner bei den vom Gegner vorgeschossenen **Gerichtskosten** (Rn. 4). 2

2. Außergerichtliche Kosten. Die zur zweckentsprechenden Rechtsverfolgung oder Rechtsverteidigung notwendigen (§ 91) außergerichtlichen Kosten des Gegners, insbesondere die notwendigen Kosten der Vertretung durch einen Rechtsanwalt, sind dem Gegner von der PKH-Partei entsprechend der Kostengrundentscheidung oder der Kostenregelung im Vergleich ausnahmslos zu erstatten. Einschränkungen ergeben sich insoweit weder aus der Bewilligung von PKH noch aus anderen Vorschriften. 3

---

[44] OLG Oldenburg JurBüro 1988, 344.
[45] OLG Hamm Rpfleger 1979, 230; OLG Düsseldorf JurBüro 1987, 1526; OLG Karlsruhe NJW 2000, 1121; OLG Koblenz NJW 2000, 1122; aA OLG Frankfurt a. M. NJW 2000, 1120; vgl. § 123 Rn. 5.
[1] BGH NJW-RR 1998, 70; str., vgl. § 122 Rn. 13.
[2] OVG Saarlouis NJW 1998, 2378 (LS).
[3] OLG Hamm Rpfleger 1975, 66 (zu § 117 aF); ebenso beiläufig BVerfGE NJW 1979, 2608.

4 **3. Vorgeschossene Gerichtskosten. a) Gerichtliche Kostenentscheidung.** Ist die PKH-Partei als Beklagte zur Kostentragung verurteilt oder sind ihr die Gerichtskosten im Beschlussweg auferlegt worden und hat der klagende **Gegner bereits Zahlungen auf Gerichtskosten** – insbes. Gebühren- und Auslagenvorschuss – geleistet, so steht die Kostenentscheidung mit der diesbezüglichen Entlastung der bedürftigen Partei in Widerstreit. Trotz § 123 kommt eine Erstattung durch die bedürftige Partei an den Gegner – entgegen der hM zu § 58 Abs. 2 S. 2 GKG aF[4] – seit der Geltung von § 31 Abs. 3 GKG nicht in Betracht. Das BVerfG[5] hatte in der früheren Gesetzeslage eine Verletzung des Gleichbehandlungsgebots (Art. 3 Abs. 1 GG) gesehen, wenn ein unbemittelter unterlegener **Kläger** weder an die Staatskasse noch an den Prozessgegner Gerichtskosten zahlen muss, ein mittelloser unterlegener **Beklagter** hingegen verpflichtet ist, die vom Gegner vorab verauslagten Gerichtskosten zu erstatten. Dem hat der Gesetzgeber mit der Neufassung der entsprechenden Vorschrift abgeholfen.[6] Dagegen steht dem unmittelbaren Erstattungsanspruch des Gegners hinsichtlich der vorgeschossenen Gerichtskosten nichts entgegen, wenn inzwischen die PKH nach § 124 aufgehoben worden ist; in diesem Fall entfällt die Sperrwirkung des § 31 Abs. 3 GKG.

5 **b) Kostenregelung durch Vergleich.** Soweit die PKH-Partei in einem Vergleich Kosten übernommen hat und dem Gegner erstattungspflichtig ist, kann der Gegner seinen Anspruch auf Erstattung der von ihm bezahlten Gerichtskosten gegen die bedürftige Partei ohne Einschränkungen geltend machen. § 31 Abs. 3 GKG ist **nur bei einer Verurteilung** der bedürftigen Partei zur Kostentragung, nicht jedoch bei einer Übernahme der Kosten im Wege des Vergleichs anwendbar.[7] Daher ist die Staatskasse auch nicht gehindert ist, wegen der noch nicht bezahlten Gerichtskosten den nachrangig als Kostenschuldner haftenden Gegner in Anspruch zu nehmen und ihn auf seinen Erstattungsanspruch gegen die bedürftige Partei zu verweisen. Diese unterschiedliche Behandlung der Parteien je nachdem, ob die bedürftige Partei die Kosten als Entscheidungsschuldner nach § 29 Nr. 1 GKG oder als Übernahmeschuldner nach § 29 Nr. 2 GKG zu tragen hat, dient dem **Schutz der Staatskasse vor Kostenvereinbarungen** über Gerichtskosten, die der Sach- und Rechtslage nicht entsprechen und ist verfassungsrechtlich nicht zu beanstanden.[8] Die Parteien haben es in der Hand, die sich insoweit aus einem Vergleich über die Gerichtskosten ergebenden Risiken dadurch zu vermeiden, dass sie den Vergleich auf die Hauptsache beschränken und die **Kostenentscheidung nach § 91 a** dem Gericht überlassen;[9] diese Möglichkeit muss der Rechtsanwalt im Interesse der bedürftigen Partei, der er beigeordnet ist, bei Abschluss des Vergleichs bedenken.[10]

§ 124 Aufhebung der Bewilligung

Das Gericht kann die Bewilligung der Prozesskostenhilfe aufheben, wenn

1. **die Partei durch unrichtige Darstellung des Streitverhältnisses die für die Bewilligung der Prozesskostenhilfe maßgebenden Voraussetzungen vorgetäuscht hat;**
2. **die Partei absichtlich oder aus grober Nachlässigkeit unrichtige Angaben über die persönlichen oder wirtschaftlichen Verhältnisse gemacht oder eine Erklärung nach § 120 Abs. 4 Satz 2 nicht abgegeben hat;**
3. **die persönlichen oder wirtschaftlichen Voraussetzungen für die Prozesskostenhilfe nicht vorgelegen haben; in diesem Fall ist die Aufhebung ausgeschlossen, wenn seit der rechtskräftigen Entscheidung oder sonstigen Beendigung des Verfahrens vier Jahre vergangen sind;**
4. **die Partei länger als drei Monate mit der Zahlung einer Monatsrate oder mit der Zahlung eines sonstigen Betrages im Rückstand ist.**

---

[4] Zum Streitstand bis zu Kostenrechtsmodernisierungsgesetz 2. Aufl. Rn. 5 und § 122 Rn. 29.

[5] BVerfG NJW 1999, 3186.

[6] *Musielak/Fischer* Rn. 3 unter Hinweis auf die amtliche Begründung der Bundesregierung für den Gesetzentwurf, BR-Drucks. 15/1971, S. 153.

[7] BGH NJW 2004, 366; OLG Hamm JurBüro 1984, 581; Rpfleger 1992, 206; OLG Celle JurBüro 1987, 776; OLG Nürnberg MDR 2000, 1034; OLG Koblenz NJW 2000, 1122; OLG Karlsruhe NJW 2000, 1121; OLG Bamberg, FamRZ 2001, 241; OLG Zweibrücken Rpfleger 2002, 33; OLG Dresden NJW-RR 2002, OLG München NJW-RR 2001, 1578; OLG Stuttgart FamRZ 2001, 926; OLG Düsseldorf Rpfleger 2001, 87; aA OLG Dresden Rpfleger 2002, 213; OLG Frankfurt a. M. NJW 2000, 1120; OLG Hamm Rpfleger 2000, 553.

[8] BVerfG NJW 1979, 2608; NJW 2000, 3271; BGH NJW 2004, 366.

[9] OLG Koblenz MDR 1980, 151 und MDR 1986, 243; *Schlee* AnwBl. 1994, 413.

[10] OLG Koblenz MDR 1985, 771; *Zöller/Philippi* Rn. 7.

I. Normzweck

Die Vorschrift regelt **abschließend** die Voraussetzungen, unter denen die **Bewilligung von PKH aufgehoben** werden kann. Eine Aufhebung aus anderen Gründen ist nicht zulässig.[1] Daher bietet § 124 dem Begünstigten zugleich auch einen **Bestandsschutz** hinsichtlich der einmal bewilligten PKH,[2] der nur in Fällen der Unredlichkeit und der Unpünktlichkeit eingeschränkt ist.[3] So ist beispielsweise die Bewilligung von PKH ohne entsprechenden Antrag wirksam und kann wegen des durch sie begründeten Vertrauens der Partei in den Fortbestand der für sie günstigen Entscheidung – außer gem. § 120 Abs. 4 – nur unter den Voraussetzungen von § 124 ZPO aufgehoben werden.[4] Eine Aufhebung kommt auch nicht allein deshalb in Betracht, weil einem Elternteil fehlerhaft PKH für eine Unterhaltsklage des Kindes als Prozessstandschafter bewilligt wurde, obwohl kein Fall der Prozessstandschaft nach § 1629 Abs. 3 BGB vorliegt; vielmehr wirkt die PKH-Bewilligung für die Klage des Kindes.[5] Auch eine Änderung der Gesetzeslage oder der höchstrichterlichen Rechtsprechung, welche die ursprünglich gegebene Erfolgsaussicht der Rechtsverfolgung oder -verteidigung (§ 114) entfallen lässt, rechtfertigt nicht die Aufhebung der einmal bewilligten PKH.[6] Durch §§ 120 Abs. 4 und 124 Nr. 2 (2. Alt.) ist allerdings klargestellt, dass im Fall der **nachträglichen Verbesserung** der Einkommens- oder Vermögensverhältnisse die Entscheidung über die nach § 115 zu leistenden Zahlungen zum Nachteil der Partei abgeändert werden kann.[7] 1

II. Grundsätze

1. Geltungsbereich. § 124 gilt für sämtliche Fälle der Bewilligung von PKH einschließlich des § 116. Ob der Rechtsstreit, für dessen Durchführung PKH wurde, noch anhängig oder bereits rechtskräftig abgeschlossen ist, spielt keine Rolle. Ebenso ist unerheblich, ob und ggf. welche Zahlungen die Partei aus ihrem Einkommen oder Vermögen bereits geleistet hat. Eine Aufhebung nach Nr. 1 oder Nr. 2 (1. Alt.) ist grundsätzlich selbst dann noch möglich, wenn die Grenze von 48 Monatsraten (§ 115 Rn. 48) bereits erreicht ist. Sind allerdings durch die Zahlungen der Partei bereits sämtliche Gebühren und Auslagen einschließlich der Regelgebühren des beigeordneten Rechtsanwalts abgedeckt (§ 120 Rn. 9 ff.), so besteht für die Aufhebung der Bewilligung kein Anlass mehr. Sind die Kosten des Verfahrens rechtskräftig dem Gegner auferlegt, so ist wegen § 31 Abs. 2 S. 1 GKG regelmäßig die Aufhebung der PKH-Bewilligung nicht angezeigt. 2

2. Keine Sanktionsvorschrift. § 124 ist grundsätzlich – zu den Ausnahmen vgl. Rn. 8 und 11 – keine Straf- oder Sanktionsvorschrift.[8] Deshalb kommt die Aufhebung der Bewilligung nach Nr. 1 bis 3 nur in Betracht, wenn und soweit[9] die tatsächlichen Gegebenheiten, die von den ursprünglichen Angaben der Partei abweichen, zu einer Zurückweisung des Antrags auf PKH oder zu einer Bewilligung unter Bedingungen, die für die Partei ungünstiger sind, geführt hätten. Fehlt es an diesem **Kausalzusammenhang**[10] zwischen unrichtigen Angaben und der PKH-Bewilligung, so findet die Vorschrift keine Anwendung. Hätte PKH bei wahrheitsgemäßen und vollständigen Angaben, sei es in gleicher Weise oder zu anderen Bedingungen, ebenfalls gewährt werden müssen, so kann die Bewilligung nicht aufgehoben, sondern nur an **die tatsächlichen Umstände angepasst** werden. 3

3. Verschulden. Die Aufhebung der Bewilligung setzt in den Fällen der Nr. 1, 2 und 4 Verschulden voraus; die Einzelheiten über den jeweils erforderlichen Grad des Verschuldens sind nachfolgend im jeweiligen Zusammenhang behandelt. Kein Verschulden ist im Fall der Nr. 3 vorausgesetzt. Soweit die Aufhebung ein schuldhaftes Handeln der Partei erfordert, steht das **Verschulden des Prozessbevollmächtigten** dem der Partei grundsätzlich nicht gleich.[11] Abweichend hiervon 4

---

[1] Ganz hM, vgl. § 120 Rn. 12.

[2] OLG Köln FamRZ 2003, 1397; *Musielak/Fischer* Rn. 1.

[3] OLG Hamm FamRZ 1994, 1268.

[4] OLG Zweibrücken NJW-RR 2003, 3.

[5] OLG Hamm FamRZ 1994, 1268.

[6] *Zöller/Philippi* Rn. 2; *Zimmermann* Rn. 452; vgl. auch OLG Bamberg FamRZ 2005, 1101.

[7] Vgl. § 120 Rn. 18 ff.

[8] OLG Düsseldorf JurBüro 1986, 296; LAG Düsseldorf JurBüro 1986, 1097; OLG Bamberg FamRZ 1987, 1170; aA OLG Hamm Rpfleger 1986, 238; OLG Köln FamRZ 1987, 1169 und 1988, 740; OLG Bamberg FamRZ 1989, 1204.

[9] BGH FamRZ 1984, 677, 678.

[10] OLG Köln FamRZ 1998, 1523 (Vaterschaftsanfechtungsklage); OLG Frankfurt a. M. FamRZ 2004, 1882 (Scheinehe); *Kalthoener/Büttner/Wrobel-Sachs* Rn. 834 f.

[11] Vgl. § 85 Rn. 11.

rechnete der BGH das Verhalten des Prozessbevollmächtigten, der das Gericht durch Verwendung eines unzutreffenden Briefkopfs über seine Vertretungsbefugnis getäuscht hat, der Partei nach § 85 zu und entzog die bewilligte PKH nach § 124.[12]

5 **4. Aufhebung und Neubewilligung.** Wird die Bewilligung nach Nr. 4 aufgehoben, so ist eine Neubewilligung für die betreffende Instanz mit Wirkung ab der erneuten Antragstellung möglich, wenn sich die **persönlichen und wirtschaftlichen Verhältnisse der Partei verschlechtert** haben.[13] Beruht die Aufhebung auf einer Nichtzahlung von Raten, so darf die Neubewilligung abgelehnt werden, wenn greifbare Anhaltspunkte dafür sprechen, dass die Partei die Anordnung von Ratenzahlungen erneut missachten wird.[14] Ist in den Fällen der Nr. 1 bis 3 PKH unter anderen, für die Partei ungünstigeren Bedingungen zu gewähren, so kommt eine völlige Entziehung nicht in Betracht, vielmehr ist die Bewilligung im Rahmen von § 124 entsprechend **abzuändern.**[15] Wird der ursprüngliche Bewilligungsbeschluss zum Nachteil der Partei abgeändert oder wird der Partei nach Aufhebung der Bewilligung erneut PKH für denselben Gegenstand bewilligt, so sind bei der Anordnung von Zahlungen aus dem Einkommen und Vermögen die **Leistungen,** die von der Partei auf Grund der früheren Bewilligung erbracht worden sind, **zu berücksichtigen.** Dies ist etwa bei der Grenze von 48 Monatsraten (§ 115 Rn. 48) oder bei der Einstellung der Zahlungen wegen Kostendeckung nach § 120 Abs. 3 Nr. 1 von Bedeutung.

6 **5. Amtsaufklärung; Mitwirkungspflicht der Partei.** Die Ermittlung und Aufklärung von Umständen, die zur Aufhebung der Bewilligung führen könnten, erfolgt von Amts wegen, wenn sich entsprechende Anhaltspunkte ergeben. Die Partei ist zwar nicht unaufgefordert zu Hinweisen auf solche Umstände verpflichtet, wohl aber zur Mitwirkung bei der vom Gericht veranlassten Aufklärung des Sachverhalts. Grundsätzlich ist eine Aufhebung nicht möglich, wenn trotz gewichtiger Anhaltspunkte noch Zweifel am Vorliegen eines Aufhebungsgrundes verbleiben, vielmehr muss dieser zweifelsfrei festgestellt werden. Weigert sich jedoch die Partei, eine Erklärung nach § 120 Abs. 4 S. 2 abzugeben, so führt dies nach Nr. 2 zur Aufhebung der Bewilligung. Aber auch in den anderen Fällen des § 124 kann die Weigerung, auf zumutbare Weise an der Aufklärung mitzuwirken, zum Nachteil der Partei berücksichtigt werden.[16]

7 **6. Keine Bindung an eine PKH-Zusage.** Die auf § 38 VwVfG und § 34 SGB X gestützte Ansicht, das Gericht sei an eine Zusage, PKH zu bewilligen, grundsätzlich gebunden und könne sie nur noch unter den Voraussetzungen des § 124 widerrufen,[17] ist unzutreffend. Ohnehin bedürfte eine solche Zusage nach den herangezogenen Vorschriften der Schriftform; es müsste also eine gerichtliche Verfügung oder eine im Sitzungsprotokoll dokumentierte Erklärung des Gericht mit entsprechendem Inhalt vorliegen. Soweit die Bewilligung von PKH bei Vorlage bestimmter Unterlagen oder für einen bestimmten modifizierten Antrag durch das Gericht **in Aussicht gestellt** wird, handelt es sich regelmäßig nicht um eine Zusage mit Bindungswirkung, sondern um einen **rechtlichen Hinweis** nach § 139. Im Übrigen ist das Verfahren über die Bewilligung von PKH in den §§ 114ff. abschließend geregelt, so dass die §§ 38 VwVfG und § 34 SGB X weder unmittelbar noch entsprechend anwendbar sind. Ein Rückgriff auf diese Vorschriften ist zur Wahrung der berechtigten Interessen der bedürftigen Partei ist auch nicht erforderlich. Sobald die Voraussetzungen für die Bewilligung von PKH gegeben sind, ist deren Gewährung nicht für später zuzusagen oder in Aussicht zu stellen, sondern nach §§ 120, 127 zu beschließen. Solange diese Voraussetzung jedoch nicht in überprüfungsfähiger Weise vorliegen, kann die Inaussichtstellung von PKH nicht mit bindender Wirkung erfolgen.

III. Aufhebungstatbestände

8 **1. Unrichtige Darstellung des Sachverhalts, Nr. 1. a) Reichweite der Vorschrift.** Die Vorschrift betrifft die **Angaben des Antragstellers,** die zur Beurteilung der Erfolgsaussicht und der fehlenden Mutwilligkeit nach § 114 erforderlich waren, also im Wesentlichen den **Tatsachenvortrag zum Streitgegenstand** im Rahmen des PKH-Prüfverfahrens. Die unrichtige Darstellung

---

[12] BGH BGHR 2001, 220.

[13] BGH NJW-RR 2006, 197; OLG Zweibrücken NJW-RR 2002, 1517; *Zöller/Philippi* Rn. 26; *Kalthoener/Büttner/Wrobel-Sachs* Rn. 850; einschränkend OLG Naumburg OLG-NL 1997, 186; OLG Düsseldorf FamRZ 1996, 617; OLG Bremen FamRZ 2001, 1534; OLG Nürnberg MDR 2005, 48.

[14] BGH NJW-RR 2006, 197; *Zöller/Philippi* Rn. 26.

[15] BGH FamRZ 1984, 677, 678.

[16] OLG Stuttgart JurBüro 1986, 297; *Zöller/Philippi* Rn. 4.

[17] KG FamRZ 1986, 925; *Kalthoener/Büttner/Wrobel-Sachs* Rn. 512; wie hier zutreffend *Zimmermann* Rn. 294.

kann auch in einem **Verschweigen erheblicher Umstände** bestehen.[18] Hierzu gehört auch das Verschweigen von Tatsachen, auf die sich der Gegner einredeweise berufen kann.[19] In einem solchen Fall kann dem Kläger die PKH auch dann wieder entzogen werden, wenn sich der Beklagte im PKH-Verfahren nicht geäußert und seinerseits die Einwendungen bis zum Hauptsacheverfahren zurückgehalten hat. Entziehungsgrund kann ein **unvollständiger**[20] **Vortrag** sein, aber auch die Unterdrückung wichtiger Beweismittel[21] oder das Unterlassen einer Richtigstellung, wenn sich erhebliche Umstände im Verlauf des PKH-Verfahrens zu ungunsten des Antragstellers verändert haben.[22] Ein bewusst unzutreffender Vortrag, der durch die Beweisaufnahme widerlegt wird,[23] führt ebenfalls zur Aufhebung der PKH-Bewilligung; dagegen reicht es nicht aus, dass die Beweisaufnahme für die Partei ungünstig verlaufen ist.[24]

b) Verschulden. Erforderlich ist **zumindest bedingter Vorsatz.**[25] Dem Antragsteller muss 9
deshalb im Zeitpunkt des Vortrags bewusst sein, dass dieser unzutreffend oder unvollständig ist und dass vollständige und wahrheitsgemäße Angaben möglicherweise zu einer vollständigen oder teilweisen Versagung der PKH führen könnten. Bei der Beurteilung dieser subjektiven Voraussetzung für die Aufhebung der Bewilligung kommt es stets auf die Umstände des konkreten Einzelfalls an, insbesondere auf die Vorbildung der Partei, ihre Rechtskenntnisse,[26] die Beratung durch den Rechtsanwalt – dessen Verschulden der Partei nicht zuzurechnen ist (Rn. 4) – und auf die tatsächlichen und rechtlichen Schwierigkeiten des Streitgegenstandes.[27] In der Praxis führen die Schwierigkeiten beim Verschuldensnachweis dazu, dass § 124 Nr. 1 selten zur Anwendung kommt.[28]

c) Höhere Instanz. In der Rechtmittelinstanz findet Nr. 1 auch dann Anwendung, wenn die 10
Partei infolge vorsätzlich unrichtiger Darstellung des Sachverhalts in vorhergehender Instanz ganz oder teilweise obsiegt hat und ihr in der höheren Instanz wegen § 119 Abs. 1 S. 2 ZPO ohne Prüfung der Erfolgsaussicht der Verteidigung gegen das Rechtmittel PKH bewilligt wurde. Gegebenenfalls ist dann die Bewilligung für **sämtliche Instanzen** aufzuheben. – Zur Entscheidungszuständigkeit in solchen Fällen Rn. 19.

2. Persönliche oder wirtschaftliche Verhältnisse. a) Unrichtige Angaben, Nr. 2, 1. Alt. 11
Nach § 117 ist der Antragsteller zu umfassenden Angaben über seine persönlichen und wirtschaftlichen Verhältnisse und zur Vorlage entsprechender Belege verpflichtet (§ 117 Rn. 20 ff.). Zu den unrichtigen Angaben, die zu einer Aufhebung der Bewilligung führen können, zählen vor allem die unvollständige Darlegung der wirtschaftlichen Verhältnisse und die Nichtvorlage vorhandener Belege,[29] wenn die wahrheitsgemäße und vollständige Darstellung oder die Vorlage sämtlicher einschlägiger Belege zu einer Verweigerung der PKH oder zu einer Bewilligung unter anderen, für den Antragsteller ungünstigeren Bedingungen geführt hätte. Unrichtig sind die Angaben einer Partei zB auch, wenn sie verschweigt, dass sie unmittelbar vor Beginn des Rechtsstreits einen größeren Geldbetrag ausgegeben hat.[30] Subjektiv muss beim Antragsteller **Vorsatz oder grobe Nachlässigkeit**[31] vorgelegen haben. Einfache Fahrlässigkeit reicht nicht aus, wie zB das Vergessen einzelner nicht sehr bedeutender, wenngleich für die Entscheidung über das PKH-Gesuch nicht ganz unerheblicher Vermögensgegenstände. Unwahre Angaben führen, wie in den Fällen der Nr. 1, nicht zur Aufhebung der Bewilligung, wenn die vollständige und wahrheitsgemäße Darlegung der persönlichen und wirtschaftlichen Verhältnisse zur Bewilligung von PKH unter denselben Bedingungen geführt hätte; dies gilt selbst dann, wenn es sich unter Verkennung der Rechtslage um den Versuch gehandelt hat, absichtlich eine vermeintlich falsche Entscheidung herbeizuführen, da § 124 grundsätzlich keine Sanktionsvorschrift ist (Rn. 3).

---

[18] OLG Koblenz FamRZ 1985, 301; OLG Köln MDR 1990, 1020; OLG München FamRZ 1998, 632; OLG Köln NJW 1998, 2985.

[19] Vgl hierzu § 114 Rn. 109 f., 127.

[20] OLG Oldenburg NJW 1994, 807 (Verschweigen eines vorausgegangenen Schlichtungsverfahrens in einer Arzthaftungssache).

[21] OLG Düsseldorf Rpfleger 1987, 35.

[22] *Schoreit/Dehn* Rn. 9.

[23] OLG Düsseldorf FamRZ 1997, 1088; LAG Rheinland-Pfalz NZA 1997, 115.

[24] OLG Düsseldorf MDR 1993, 116.

[25] OLG Koblenz FamRZ 1985, 301, 302.

[26] OLG Koblenz FamRZ 1985, 301, 302.

[27] *Kalthoener/Büttner/Wrobel-Sachs* Rn. 836; *Baumbach/Lauterbach/Hartmann* Rn. 33; *Schoreit/Dehn* Rn. 10.

[28] *Zimmermann* Rn. 458.

[29] OLG Düsseldorf MDR 1993, 583 (Nichtvorlage des Versicherungsscheins einer Rechtsschutzversicherung).

[30] OLG Düsseldorf JurBüro 1987, 1715.

[31] LAG Hamburg Rpfleger 1997, 442.

12 **b) Keine Erklärung zu veränderten Verhältnissen, Nr. 2, 2. Alt.** Kommt die Partei der Aufforderung nicht nach, sich darüber zu erklären, ob sich ihre persönlichen oder wirtschaftlichen Verhältnisse nach der Bewilligung von PKH geändert haben, so kann dies zur rückwirkenden[32] Aufhebung der Bewilligung führen. Dabei ist gleichgültig, ob sich die Verhältnisse tatsächlich geändert haben oder nicht; ausreichend für die Aufhebung ist allein die Missachtung der Aufforderung, sich hierüber zu äußern. Erforderlich ist auch hier **Verschulden,** weil sich die am Satzanfang von Nr. 2 genannten Aufhebungsvoraussetzungen auf beide Alternativen der Vorschrift beziehen.[33] Die Aufhebung setzt deshalb voraus, dass die Partei einer hinreichend konkretisierten Aufforderung zur Darlegung ihrer wirtschaftlichen Verhältnisse nicht nachgekommen ist.[34] Ferner muss in der Aufforderung auf die Folgen einer Missachtung hingewiesen werden.[35] Ein Verschulden des Prozessbevollmächtigten oder des gesetzlichen Vertreters ist der Partei nicht zuzurechnen.[36] Bringt die Partei nach Aufhebung der Bewilligung die versäumte Erklärung nach, so kann dies im Beschwerdeverfahren noch berücksichtigt werden. Dies beruht darauf, dass gem. § 571 Abs. 2 die Beschwerde auf neue Angriffs- und Verteidigungsmittel gestützt werden kann.[37] In jedem Fall kann das Gericht, wenn nach dem Inhalt der nachgebrachten Erklärung die Voraussetzungen für die Gewährung von PKH vorliegen, **erneut PKH mit Wirkung ab dem Zeitpunkt des Eingangs der Erklärung** bewilligen,[38] sofern der Rechtsstreit in der betreffenden Instanz noch nicht abgeschlossen ist.

13 **3. Fehlen der persönlichen Voraussetzungen, Nr. 3. a) Grundsatz.** Die Bewilligung kann nicht nur dann aufgehoben werden, wenn die Partei absichtlich oder grob nachlässig unrichtige Angaben über die persönlichen oder wirtschaftlichen Verhältnisse gemacht hat (Nr. 2), sondern auch, wenn das Gericht insoweit von falschen tatsächlichen Voraussetzungen ausgegangen ist, **ohne dass die Partei hieran ein Verschulden trifft.**[39] Allerdings reicht es nicht aus, dass das Gericht die zutreffenden Angaben der Partei versehentlich falsch verstanden oder rechtlich falsch beurteilt hat oder dass es nachträglich zu einer anderen als der ursprünglichen Beurteilung gelangt.[40] Vielmehr kommt eine Aufhebung der Bewilligung nach Nr. 3 nur in Betracht, wenn sich nachträglich herausstellt, dass die **Angaben,** die dem Gericht im Zeitpunkt der Bewilligung vorlagen, **objektiv unzutreffend** waren.[41] Deshalb ist es auch nicht zulässig, einer Partei bei unveränderten Umständen nachträglich Ratenzahlungen aufzuerlegen, wenn dies bei der Bewilligung versehentlich unterblieben ist.[42] Wie stets in den Fällen der Nr. 1 bis 3 ist außerdem erforderlich, dass nach den tatsächlichen Gegebenheiten im Zeitpunkt der früheren Entscheidung die Bewilligung nicht oder nur zu anderen, für die Partei ungünstigeren Bedingungen hätte erfolgen können; im letztgenannten Fall kann der ursprüngliche Bewilligungsbeschluss entsprechend **abgeändert** werden (Rn. 3).

14 **b) Konkurrenzen.** Verbessern sich die persönlichen oder wirtschaftlichen Verhältnisse **nach der Gewährung von PKH,** so rechtfertigt dies keine Aufhebung der Bewilligung nach Nr. 3. Vielmehr ist insoweit § 120 Abs. 4 anwendbar. Hat die Partei im PKH-Prüfverfahren in wesentlichen Punkten falsche Angaben über ihre persönlichen oder wirtschaftlichen Verhältnisse gemacht, so liegen regelmäßig die objektiven Voraussetzungen für eine Aufhebung der Bewilligung sowohl nach Nr. 2 wie nach Nr. 3 vor. Subjektiv ist bei Nr. 2 ist ein absichtliches oder grob nachlässiges Verhalten der Partei erforderlich, dagegen bildet Nr. 3 den **Auffangtatbestand,** wenn die Partei

---

[32] OLG Karlsruhe FamRZ 1990, 1120.

[33] OLG Koblenz JurBüro 1997, 32; *Zimmermann* Rn. 468; aA OLG Koblenz FamRZ 1999, 1354; *Musielak/Fischer* Rn. 6; *Zöller/Philippi* Rn. 10.

[34] OLG Nürnberg FamRZ 1995, 750; OLG Koblenz FamRZ 2000, 104.

[35] OLG Zweibrücken JurBüro 1999, 198.

[36] OLG Koblenz JurBüro 1997, 32.

[37] BAG MDR 2004, 597 (keine Berücksichtigung des Verschuldens an der Nichtvorlage); OLG Karlsruhe FamRZ 1997, 756; 2002, 1419; LAG Rheinland-Pfalz MDR 1998, 850; LAG Köln MDR 1996, 1303; OLG Stuttgart FamRZ 1997, 1089; OLG Hamm 2000, 1225; OLG Koblenz FamRZ 2001, 635; OLG Oldenburg FamRZ 2004, 36; *Stein/Jonas/Bork* Rn 16; *Zöller/Philippi* Rn. 10 a; *Kalthoener/Büttner/Wrobel-Sachs* Rn. 842; aA OLG Brandenburg FamRZ 1998, 837; 2. Aufl. Rn. 11.

[38] *Zöller/Philippi* Rn. 10 a.

[39] OLG Hamm NJW 1984, 2837; OLG Brandenburg FamRZ 2002, 762; *Musielak/Fischer* Rn. 7; *Kalthoener/Büttner/Wrobel-Sachs* Rn. 844; aA LAG OLG Düsseldorf JurBüro 1988, 1224.

[40] OLG Hamburg FamRZ 1996, 874; OLG Brandenburg FamRZ 2000, 1229; OLG Frankfurt a. M. MDR 2002, 785; *Kalthoener/Büttner/Wrobel-Sachs* Rn. 845.

[41] OLG Hamm NJW 1984, 2837; OLG Düsseldorf JurBüro 1986, 122; OLG Saarbrücken JurBüro 1987, 914; OLG Zweibrücken Rpfleger 1987, 36 (unter Aufgabe der gegenteiligen Ansicht in Rpfleger 1985, 165), ganz hM.

[42] *Stein/Jonas/Bork* Rn. 20; *Schoreit/Dehn* Rn. 12; aA insoweit OLG Bremen FamRZ 1985, 728; OLG Düsseldorf Rpfleger 1987, 35.

kein oder jedenfalls kein nachweislich grobes Verschulden trifft. Deshalb geht, wenn die Voraussetzungen von Nr. 2 erfüllt sind, diese Vorschrift vor.

c) Zeitliche Begrenzung. Anders als nach Nr. 2, wo die Aufhebung der Bewilligung zeitlich unbegrenzt möglich ist, unterliegt die Aufhebung nach Nr. 3 einer zeitlichen Begrenzung. Sie ist ausgeschlossen, wenn seit der rechtskräftigen Entscheidung oder der sonstigen Beendigung des Verfahrens, etwa nach Klagrücknahme, Anordnung des Ruhens, faktischem Nichtbetreiben oder dem Abschluss eines Vergleichs, **vier Jahre** vergangen sind. Die Frist entspricht derjenigen in § 120 Abs. 4 S. 3 und hat zur Folge, dass der Begünstigte nach deren Ablauf weder bei Verbesserung seiner wirtschaftlichen Verhältnisse noch im Fall deren unzutreffender Beurteilung durch das Gericht mit (zusätzlichen) finanziellen Forderungen seitens der Staatskasse zu rechnen hat. 15

4. Zahlungsrückstand, Nr. 4. a) Normzweck. Die Vorschrift steht im Zusammenhang mit den §§ 115, 120 und soll sicherstellen, dass die Partei ihrer Verpflichtung, auf zumutbare Weise aus eigenen Mitteln zu den Kosten des Rechtsstreits beizutragen, auf die vom Gericht angeordnete Weise nachkommt. Unter dem in Nr. 4 neben der Ratenzahlung genannten „sonstigen Betrag" ist die nach § 115 angeordnete Zahlung aus dem Vermögen zu verstehen. – Zur Neubewilligung nach Verschlechterung der Verhältnisse Rn. 5, 17. 16

b) Verhältnis zur Erstentscheidung. Ergeben sich im Aufhebungsverfahren Hinweise darauf, dass die Nichteinhaltung der Zahlungsverpflichtungen auf eine **Verschlechterung der persönlichen oder wirtschaftlichen Verhältnisse** gegenüber dem Zeitpunkt der Erstentscheidung zurückzuführen ist, so ist dem nachzugehen und erforderlichenfalls durch eine entsprechende Abänderung der Zahlungsanordnung (§ 120 Rn. 14) abzuhelfen.[43] Gegebenenfalls ist ein Hinweis der Partei auf eine Verschlechterung ihrer wirtschaftlichen Lage als Antrag auf Abänderung der Ratenzahlungsanordnung auszulegen. In diesem Falle muss vor Aufhebung der PKH-Bewilligung die Bedürftigkeit der Partei erneut geprüft werden.[44] Stellt sich bei der Prüfung der Voraussetzungen des § 124 Nr. 4 heraus, dass die Auferlegung von Raten von Anfang an nicht gerechtfertigt war, so verbietet sich eine Aufhebung der PKH.[45] 17

c) Verschulden. Obwohl in Nr. 4 von Rückstand und nicht von Verzug die Rede ist, kommt eine Aufhebung der Bewilligung nur in Betracht, wenn die Nichtzahlung auf einem schuldhaften Verhalten der Partei beruht.[46] Davon ist in der Regel auszugehen, wenn die Partei auf Mahnungen nicht reagiert.[47] Wegen der weit reichenden Folgen einer Aufhebung der Bewilligung nach Nr. 4 genügt nicht jede vorwerfbare Nachlässigkeit der Partei, vielmehr kommt die Aufhebung der Bewilligung nach Nr. 4 nur bei **grober und nachhaltiger Missachtung der Zahlungsanordnung** in Betracht, wobei allein der Zeitablauf von mehr als drei Monaten nicht ausreicht. 18

IV. Aufhebungsverfahren

1. Zuständigkeit. Über die Bewilligung (§ 127 Rn. 2) wie auch die Aufhebung von PKH entscheidet nach § 127 Abs. 1 S. 2 das **Gericht der Hauptsache.** Ist hiernach das Gericht der zweiten Instanz zuständig, war der Partei bereits in der Vorinstanz PKH bewilligt und treffen die Aufhebungsgründe gleichermaßen für beide Instanzen zu, so ist durch das zweitinstanzliche Gericht über die Aufhebung einheitlich für beide Rechtszüge zu entscheiden. Auch nach Rechtskraft der Entscheidung in der Hauptsache ist für die Abänderung nicht die Justizverwaltung, sondern das Gericht zuständig.[48] 19

In den Fällen der Nr. 1 entscheidet über die Aufhebung der Bewilligung der **Einzelrichter oder Spruchkörper,** (§ 127 Rn. 2 ff.), in den Fällen der Nr. 2 bis 4 der **Rechtspfleger,** § 20 Nr. 4 c RpflG. Schwierigkeiten ergeben sich, wenn zwar die PKH-Bewilligung aufzuheben, zugleich jedoch PKH unter anderen Bedingungen oder für einen veränderten Gegenstand neu zu bewilligen ist. Der Richter ist nur in den Fällen der Nr. 1 sowohl für die Aufhebung als auch für die Neubewilligung zuständig, so dass beides in einem Abänderungsbeschluss verbunden werden kann. In den anderen Fällen nach § 20 Nr. 4 c RpflG wäre der Rechtspfleger für die Aufhebung zuständig, nicht aber für die erneute Bewilligung von PKH. Die Nachteile, die sich auf diese Weise aus der gespaltenen Zuständigkeit für die Partei ergeben könnten, sind durch eine **Vorlage an den** 20

---

[43] LG Tübingen Rpfleger 1984, 478; OLG Bremen FamRZ 1984, 411; LAG Niedersachsen JurBüro 1985, 1575; OLG Hamm FamRZ 1986, 1127.

[44] OLG Nürnberg FamRZ 2005, 1265; *Kalthoener/Büttner/Wrobel-Sachs* Rn. 850.

[45] KG FamRZ 1984, 412; OLG Celle FamRZ 1997, 1089.

[46] BGH NJW 1997, 1077; *Zimmermann* Rn. 481; aA *Zöller/Philippi* Rn. 19.

[47] OLG Hamm Rpfleger 1992, 257.

[48] OLG Saarbrücken JurBüro 1988, 98.

Richter nach § 5 Abs. 1 Nr. 2 RpflG zu vermeiden.[49] – Zum Ausschluss der Neubewilligung nach Instanzende Rn. 12.

21 **2. Verfahren.** Das Verfahren wird **von Amts wegen** eingeleitet und durchgeführt. Der Partei ist **rechtliches Gehör** zu gewähren, ebenso dem beigeordneten Rechtsanwalt,[50] da dieser von der Aufhebung gebührenrechtlich betroffen sein kann (Rn. 26). Auch der Gegner ist zu hören,[51] da sich die Aufhebung auch auf seine prozessuale Stellung negativ auswirken kann (Rn. 27). Ein rechtsschutzwürdiges Interesse des Gegners an der Aufhebung besteht dagegen nicht, so dass er nicht berechtigt ist, von sich aus das Aufhebungsverfahren zu betreiben oder gegen die Nichtaufhebung Beschwerde einzulegen.[52]

22 **3. Entscheidung. a) Ermessen.** Nach ganz überwiegender und zutreffender Ansicht handelt es sich bei § 124 um eine Ermessensvorschrift.[53] Deshalb kann zB derselbe Grad des Verschuldens im einen Fall die Aufhebung der Bewilligung rechtfertigen und im anderen Fall hierfür nicht ausreichen, je nachdem, welche Folgen damit für die Partei, etwa im Hinblick auf den Gegenstand des Rechtsstreits und dessen **Bedeutung für die Partei,** verbunden sind. Dass diese Abwägung erfolgt und wie das insoweit eingeräumte Ermessen ausgeübt worden ist, muss erkennbar sein[54] und ist deshalb in der Begründung des Beschlusses darzulegen. **Reformbestrebungen** gehen allerdings dahin, den Ermessensspielraum der Gerichte iRv. § 124 stark einzuschränken.[55]

23 **b) Form.** Der Beschluss ist, da er der sofortigen Beschwerde unterliegt (Rn. 24), zu begründen. Eine Kostenentscheidung ist nicht erforderlich, da Gerichtskosten nicht anfallen und außergerichtliche Kosten nach § 118 Abs. 1 S. 4 nicht erstattet werden. Die Entscheidung ist den Parteien zuzustellen, soweit gegen sie die sofortige Beschwerde stattfindet. Dem nicht beschwerdeberechtigten Gegner (Rn. 24) ist sie nach § 329 Abs. 2 S. 1 formlos mitzuteilen.

24 **c) Rechtsmittel.** Der Beschluss, durch den die Bewilligung von PKH aufgehoben wird, kann von der Partei nach § 127 Abs. 2 S. 2 mit der sofortigen Beschwerde angefochten werden. Dies gilt unabhängig davon, ob die Entscheidung vom Richter oder vom Rechtspfleger erlassen wurde,[56] wie sich aus § 11 Abs. 1 RPflG ergibt. Dem beigeordneten Rechtsanwalt und dem Gegner steht gegen die Entscheidung über die Aufhebung grundsätzlich kein Beschwerderecht zu;[57] vgl. § 127 Rn. 25 und 24.

25 **4. Wirkung der Aufhebung. a) PKH-Partei.** Für die PKH-Partei entfallen mit der Aufhebung sämtliche Vorteile der PKH rückwirkend auf den Zeitpunkt der Bewilligung.[58] Dies hat insbesondere zur Folge, dass die Beschränkungen des § 122 Abs. 1 Nr. 1 und 2 bei der Geltendmachung der Gerichtskosten (§ 122 Rn. 6 ff.) und der nach § 59 RVG übergegangenen Anwaltskosten (§ 122 Rn. 11) durch die Staatskasse entfallen. Die Beiordnung des Rechtsanwalts erlischt, der bislang beigeordnete Anwalt kann seine Gebühren und Auslagen ohne die Beschränkungen des § 122 Abs. 1 Nr. 3 gegen die Partei geltend machen und nach § 11 RVG festsetzen lassen.[59] Wird die Partei zur Kostentragung verurteilt, so hat sie nach § 29 Nr. 1 GKG auch die Auslagen an die Staatskasse zu erstatten, von deren Zahlung der Gegner nach § 122 Abs. 2 einstweilen befreit war (§ 122 Rn. 18 ff.).[60]

26 **b) Rechtsanwalt.** Dem beigeordneten Rechtsanwalt bleiben die bis zur Aufhebung der Bewilligung entstandenen Vergütungsansprüche gegen die Staatskasse nach §§ 45 ff. RVG auch dann erhalten, wenn sie noch nicht befriedigt sind,[61] es sei denn, der Anwalt hat den Aufhebungstatbestand zusammen mit der Partei schuldhaft herbeigeführt.[62] Die restlichen Gebühren und Auslagen kann

---

[49] *Musielak/Fischer* Rn. 11.
[50] *Zöller/Philippi* Rn. 21.
[51] LG Koblenz FamRZ 1998, 252; *Zöller/Philippi* Rn. 21.
[52] OLG Zweibrücken JurBüro 1986, 1096.
[53] OLG Schleswig SchlHA 1983, 128; OLG Bremen FamRZ 1984, 411; OLG Stuttgart JurBüro 1986, 297; OLG Frankfurt a. M. MDR 2002, 785; OLG Brandenburg FamRZ 2005, 47; *Schoreit/Dehn* Rn. 5; *Musielak/Fischer* Rn. 2; *Stein/Jonas/Bork* Rn. 5; *Zöller/Philippi* Rn. 3; aA *Baumbach/Lauterbach/Hartmann* Rn. 16.
[54] OLG Bremen FamRZ 1984, 411.
[55] BT-Drucks. 16/1994, S. 31.
[56] OLG Naumburg Rpfleger 2002, 526.
[57] *Kalthoener/Büttner/Wrobel-Sachs* Rn. 859.
[58] OLG Koblenz Rpfleger 1984, 159; OLG Karlsruhe FamRZ 1990, 1120; hM.
[59] *Schoreit/Dehn* Rn. 16.
[60] *Zöller/Philippi* Rn. 24.
[61] OLG Düsseldorf Rpfleger 1982, 396; LG Koblenz JurBüro 1984, 935; OLG Zweibrücken Rpfleger 1984, 115; *Enders* JurBüro 1995, 169.
[62] *Musielak/Fischer* Rn. 10; *Kalthoener/Büttner/Wrobel-Sachs* Rn. 855.

der Rechtsanwalt gegen die Partei geltend machen. Die Beiordnung erlischt, nicht jedoch der Auftrag und die Prozessvollmacht, da diese von der Beiordnung unabhängig sind. Vom Anwalt in Vertretung der Partei nach Aufhebung der PKH-Bewilligung vorgenommene Prozesshandlungen sind daher wirksam.

c) Prozessgegner. Für den Gegner hat die Aufhebung der Bewilligung zur Folge, dass die Befreiung von der Vorschusspflicht nach § 122 Abs. 2 entfällt und seine nachrangige Haftung für die Gerichtskosten, soweit diese von der in die Kosten verurteilten bedürftigen Partei nicht beizutreiben sind, ohne die Beschränkung des § 31 Abs. 3 GKG geltend gemacht werden kann (vgl. hierzu § 122 Rn. 22 ff.). Ist der Gegner zur Kostentragung verurteilt, so können die Gerichtskosten von ihm ohne die Beschränkung des § 125 eingezogen werden. Eine **Beschwerdebefugnis** gegen den Aufhebungsbeschluss ergibt sich für ihn aus diesen nachteiligen Folgen jedoch nicht.[73] 27

§ 125 Einziehung der Kosten

(1) Die Gerichtskosten und die Gerichtsvollzieherkosten können von dem Gegner erst eingezogen werden, wenn er rechtskräftig in die Prozesskosten verurteilt ist.

(2) Die Gerichtskosten, von deren Zahlung der Gegner einstweilen befreit ist, sind von ihm einzuziehen, soweit er rechtskräftig in die Prozesskosten verurteilt oder der Rechtsstreit ohne Urteil über die Kosten beendet ist.

I. Normzweck

Die Vorschrift betrifft hauptsächlich das Verhältnis zwischen dem **unterlegenen Prozessgegner der PKH-Partei und der Staatskasse.** Sie regelt die Vorraussetzungen unter denen beim Gegner die fälligen, aber noch nicht bezahlten Gerichtskosten eingezogen werden können. Die Regelung soll verhindern, dass die bedürftige Partei auf dem Umweg über Kostenerstattungsansprüche des Gegners mit Gerichtskosten belastet wird, von deren Zahlung sie wegen der Gewährung von PKH befreit ist oder für die sie nur im Rahmen der nach §§ 115, 120 angeordneten Ratenzahlungen aufzukommen hat.[1] **Abs. 1** betrifft die Einziehung jener Gerichtskosten beim Gegner, die vor Rechtskraft der Kostenentscheidung zur Zahlung fällig werden und von denen **die bedürftigen Partei** nach 122 Abs. 1 Nr. 1a einstweilen befreit ist. **Abs. 2** regelt die Frage, wann die Staatskasse **beim Gegner** die Gerichtskosten einziehen kann, von deren Zahlung er nach § 122 Abs. 2 einstweilen befreit war (§ 122 Rn. 19). Die Anwendung der Vorschrift hängt nicht davon ab, ob der bedürftigen Partei PKH mit oder ohne Raten bewilligt wurde.[2] § 125 gilt nicht mehr, wenn die zunächst bewilligte PKH nach § 124 wieder aufgehoben worden ist. 1

II. Gerichtliche Kostenentscheidung.

1. Grundlagen. Ist eine gerichtliche Kostenentscheidung ergangen, so kann die Staatskasse die fälligen und noch nicht bezahlten Gerichtskosten bei dem **in die Prozesskosten verurteilten Gegner** nach Abs. 1 erst geltend machen, wenn die Kostenentscheidung rechtskräftig ist. Dabei ist unter einem Urteil über die Kosten iSv. Abs. 2 nicht nur ein Urteil nach §§ 300ff. zu verstehen, sondern **jede gerichtliche Kostengrundentscheidung,** also insbesondere auch die Kostenentscheidung nach §§ 91a oder 269 Abs. 3. Eine vorläufig vollstreckbare Kostengrundentscheidung reicht selbst dann nicht aus, wenn die Vollstreckbarkeit von einer Sicherheitsleistung abhängig ist. Ohne die Regelung des Abs. 1 könnte der Gegner wegen der Gerichtskosten einer Instanz, in der er unterlegen ist, zunächst von der Staatskasse in Anspruch genommen werden; den an die Staatskasse bezahlten Betrag könnte er sodann, wenn in der nächsten Instanz die Kosten des gesamten Rechtsstreits der bedürftigen Partei auferlegt werden, von dieser nach § 123 beitreiben. Nach § 30 S. 2 GKG könnte der Gegner zwar grundsätzlich von der Staatskasse die Rückzahlung der vorläufig beigetriebenen Gerichtskosten verlangen, jedoch wäre er nicht daran gehindert, stattdessen nach § 123 die bedürftige Partei in Anspruch zu nehmen. Außerdem können vorläufig bezahlte Gerichtskosten nach § 30 S. 2 GKG von der Staatskasse nicht zurückerstattet werden, wenn die Zahlung nicht nur auf der inzwischen geänderten Kostenentscheidung, sondern auch noch auf einem anderen Gebührentatbestand, wie etwa § 22 GKG, beruhte. Insgesamt liefe damit die bedürftige Partei Gefahr, auf dem Umweg über § 123 mit Gerichtskosten belastet zu werden, von denen sie 2

---

[73] *Kalthoener/Büttner/Wrobel-Sachs* Rn. 859.

[1] *Musielak/Fischer* Rn. 1; *Schoreit/Dehn* Rn. 1; *Stein/Jonas/Bork* Rn. 2.

[2] *Stein/Jonas/Bork* Rn. 2.

nach § 122 Abs. 1 Nr. 1a in dem dort genannten Umfang befreit ist. Die insoweit verbleibenden Lücken schließt Abs. 1. Haben die Parteien über die Gerichtskosten einen **Vergleich** geschlossen oder liegt keine Kostenregelung vor, so gilt Abs. 2 (Rn. 7ff.). Im Einzelnen sind, wenn eine rechtskräftige Kostenentscheidung vorliegt, folgende **Fallgestaltungen** zu unterscheiden:

3 **2. Bedürftige Partei zur Kostentragung verurteilt.** Auf diesen Fall ist **§ 125 nicht anwendbar.** Beim Gegner können durch die Staatskasse keine Kosten eingezogen werden, gleichgültig, ob der bedürftigen Partei PKH ohne Raten bewilligt war oder ob die nach §§ 115, 120 geleisteten Zahlungen der bedürftigen Partei die angefallenen Gerichtskosten abdecken oder nicht. Dies gilt auch dann, wenn der Gegner für einen Teilabschnitt des Verfahrens nach § 22 GKG als **Antragsschuldner** haftet, da diese Haftung nach 31 Abs. 2 S. 2 GKG wegen der vorrangigen Haftung der bedürftigen Partei als Entscheidungsschuldner (§ 29 Nr. 1 GKG) nicht geltend gemacht werden soll (§ 122 Rn. 22). Ebenso ist eine Vorschusspflicht des Gegners nach § 17 GKG, die normalerweise nach § 18 S. 1 GKG auch dann bestehen bleibt, wenn die Kosten des Verfahrens einem anderen auferlegt sind, in diesem Fall wegen der Verweisung von § 18 S. 2 GKG auf § 31 Abs. 2 GKG gegenstandslos. Bei der bedürftigen Partei können **Gerichtskosten** von der Staatskasse wegen § 122 Abs. 1 Nr. 1a nur im Rahmen der nach §§ 115, 120 angeordneten Zahlungen eingezogen werden.

4 **3. Gegner zur Kostentragung verurteilt.** Nach Abs. 1 kann der Gegner von der Staatskasse wegen der Gerichtskosten erst in Anspruch genommen werden, wenn die Kostenentscheidung rechtskräftig ist. Hat die bedürftige Partei auf Grund einer Zahlungsanordnung nach den §§ 115, 120 Zahlungen auf die Gerichtskosten geleistet, so werden ihr diese nicht zurückerstattet, vielmehr muss sie ihren **Erstattungsanspruch** gegen den Gegner nach allgemeinen Vorschriften (§§ 91ff.) geltend machen.

5 **4. Kostenquote, Kostenaufhebung.** Wurden die Kosten gegeneinander aufgehoben oder nach Quoten verteilt, sind die vom Teilbetrag, für den der Gegner nach der Quote haftet, noch offenen Gerichtskosten beim Gegner einzuziehen. Die bedürftige Partei kann hinsichtlich der auf sie fallenden Quote wegen § 122 Abs. 1 Nr. 1a nur im Rahmen der Zahlungsanordnung nach §§ 115, 120 in Anspruch genommen werden. Für die Haftung des Gegners über den seiner Quote entsprechenden Betrag hinaus gelten die §§ 31 Abs. 2 S. 2 und 18 S. 2 GKG (Rn. 2 und § 122 Rn. 22). Hat die bedürftige Partei bereits Zahlungen über die auf sie entfallende Quote hinaus an die Staatskasse geleistet, so hat sie insoweit einen **Erstattungsanspruch** gegen den Gegner nach den allgemeinen Vorschriften.

6 **5. Beide Parteien haben PKH.** Die Einziehung von Gerichtskosten durch die Staatskasse bei der rechtskräftig zur Kostentragung verurteilten Partei ist nur im Rahmen der nach §§ 115, 120 angeordneten Zahlungen möglich, da § 125 nichts an der Kostenbefreiung nach § 122 Abs. 1 Nr. 1a ändert. Hat der Gegner bereits Zahlungen geleistet, so sind ihm diese nach § 31 Abs. 3 S. 1 GKG aus der Staatskasse zurückzuerstatten (§ 122 Rn. 20). – Zur Einziehung der auf die Staatskasse übergegangenen Ansprüche vgl. § 122 Rn. 12f.

III. Verfahrensbeendigung ohne gerichtliche Kostenentscheidung

7 **1. Grundsatz.** Die Gerichtskosten, von deren Zahlung der **Gegner der bedürftigen Partei nach § 122 Abs. 2 vorläufig befreit** war (§ 122 Rn. 19), können bei ihm auch dann eingezogen werden, wenn der Rechtsstreit ohne Kostenentscheidung endet. Im Einzelnen sind vor allem folgende Fallgestaltungen denkbar, wobei zu beachten ist, dass sich in den Fällen des § 122 Abs. 2 die bedürftige Partei immer in der Rolle des **Klägers bzw. Antragstellers der betreffenden Instanz** befindet, vgl. § 122 Rn. 19).

8 **2. Vergleich auch über Verfahrenskosten.** Grundsätzlich können die **noch nicht bezahlten Gerichtskosten** durch die Staatskasse nach der **Kostenregelung im Vergleich** (§ 31 Nr. 2 GKG) gegen die Parteien geltend gemacht werden.[3] Die bedürftige Partei kann jedoch nur im Rahmen einer Zahlungsanordnung nach §§ 115, 120 in Anspruch genommen werden.[4] Die gilt allerdings nur, soweit die Bewilligung der PKH reicht, für einen **Mehrwert des Vergleichs** nur bei ausdrücklicher Erstreckung auf diesen. Der Einziehung von Gerichtskosten beim vermögenden Gegner entsprechend der im Vergleich übernommenen Quote steht Abs. 1 nicht entgegen, da der Schutzzweck dieser Bestimmung nicht berührt wird, soweit die Parteien von der Staatskasse nur in dem im Innenverhältnis vereinbarten Umfang in Anspruch genommen werden.

---

[3] *Stein/Jonas/Bork* Rn. 8; *Zöller/Philippi* Rn. 5.
[4] *Schoreit/Dehn* Rn. 4 aE; *Zöller/Philippi* Rn. 5.

Auslagenvorschüsse, von denen der Beklagte nach § 122 Abs. 2 vorläufig befreit war (§ 122 Rn. 19), sind von ihm ohne Rücksicht auf den Inhalt der im Vergleich getroffenen Kostenregelung[5] einzuziehen. Letzteres ergibt sich daraus, dass der Beklagte für diese ohnehin nach §§ 17, 18 S. 1 GKG haftet, auch wenn der Kläger, dem PKH ohne Zahlungsanordnung bewilligt war, im Vergleich die Kosten des Rechtsstreits übernommen hat. Der Beklagte ist in diesem Fall vor einer Inanspruchnahme wegen dieser Kosten durch die Staatskasse auch nicht durch § 31 Abs. 2 GKG geschützt: Da dem Kläger, wie es § 122 Abs. 2 voraussetzt, PKH ohne Zahlungsanordnung bewilligt war, ist ohne weiteres davon auszugehen, dass bei diesem eine Kostenbeitreibung auf Grund der Kostenregelung im Vergleich (§ 29 Nr. 2 GKG) **aussichtslos** ist. Daher steht § 31 Abs. 2 S. 1 GKG der Einziehung beim vermögenden Beklagten nicht entgegen. Kosten, die **beim Beklagten nach Abs. 2 eingezogen werden,** kann er gegen die klagende PKH-Partei geltend machen (§ 123), soweit diese im Vergleich die Kosten übernommen hat.[6] Auf diese Weise verlagert sich nur das Risiko fehlender Zahlungsfähigkeit der PKH-Partei von der Staatskasse auf den obsiegenden Gegner; dessen Anspruch auf Kostenerstattung bleibt hingegen unberührt. 9

3. Vergleich ohne Kostenregelung. Durch **Beschränkung des Vergleichs auf die Hauptsache** können die Parteien den vorgenannten Schwierigkeiten aus dem Weg gehen, wenn sie nach § 91a eine gerichtliche Entscheidung über die Kosten herbeiführen. Bei Vorliegen einer gerichtlichen Kostenentscheidung gilt § 31 Abs. 3 GKG, die Staatskasse darf die Gerichtskosten einschließlich der Auslagen nur noch beim **Entscheidungsschuldner** geltend machen. Dem Gegner der Partei, welcher ratenfreie PKH bewilligt wurde, wird also zu empfehlen sein, diesen Weg einzuschlagen. 10

4. Abschluss des Rechtsstreits ohne Kostenregelung. Endet der Rechtsstreit ohne Kostenregelung, etwa durch förmliches Ruhen oder faktisches Nichtbetreiben, so verliert der **Gegner** der PKH-Partei den Vorteil des Abs. 1. Die fälligen Kosten, für die er nach den allgemeinen Vorschriften der §§ 22ff. GKG haftet und von deren Zahlung er vorläufig befreit war, sind bei ihm einzuziehen. Ein Erstattungsanspruch des Gegners gegen die bedürftige Partei kommt mangels einer Kostengrundregelung nicht in Betracht. Die bedürftige Partei kann wegen der Kosten, für die sie nach §§ 22ff. GKG haftet, wegen § 122 Abs. 1 Nr. 1a nur im Rahmen einer Zahlungsanordnung nach §§ 115, 120 in Anspruch genommen werden. Somit ist diese Variante die aus der Sicht der bedürftigen Partei vorteilhafteste. 11

§ 126 Beitreibung der Rechtsanwaltskosten

(1) Die für die Partei bestellten Rechtsanwälte sind berechtigt, ihre Gebühren und Auslagen von dem in die Prozesskosten verurteilten Gegner im eigenen Namen beizutreiben.

(2) 1 Eine Einrede aus der Person der Partei ist nicht zulässig. 2 Der Gegner kann mit Kosten aufrechnen, die nach der in demselben Rechtsstreit über die Kosten erlassenen Entscheidung von der Partei zu erstatten sind.

I. Normzweck

Die Vorschrift gibt dem beigeordneten Rechtsanwalt die Möglichkeit, seine Gebühren und Auslagen im eigenen Namen gegen den Gegner festzusetzen zu lassen und bei diesem beizutreiben, soweit dieser die Kosten des Rechtsstreits zu tragen hat. Dieses **Beitreibungsrecht des beigeordneten Rechtsanwalts** beruht auf dem Kostenerstattungsanspruch der bedürftigen Partei, der auch von dieser selbst geltend gemacht werden kann, solange kein Festsetzungsbeschluss zugunsten des Rechtsanwalts ergangen ist. Allerdings darf der nicht mehr hilfsbedürftigen Partei PKH nicht zu dem alleinigen Zweck bewilligt werden, dem Anwalt das Beitreibungsrecht nach Abs. 1 zu eröffnen.[1] Nach Abs. 2 Satz 1 kann der Gegner **Einreden,** die ihm gegen die vom PKH-Anwalt vertretene Partei zustehen, nicht gegen den Anwalt geltend machen (Rn. 12ff.). Ferner ist nach Abs. 2 Satz 2 die Möglichkeit einer **Aufrechnung** auf Kostenerstattungsansprüche aus demselben Rechtsstreit beschränkt (Rn. 15). Mit der Festsetzung auf den Namen des Rechtsanwalts geht der Anspruch nicht auf diesen über, vielmehr entspricht die Rechtslage der des Einziehungsrechts nach § 835.[2] Unberührt bleibt der An- 1

---

[5] *Schoreit/Dehn* Rn. 4; *Zöller/Philippi* Rn. 5; *Stein/Jonas/Bork* Rn. 8.
[6] OLG Koblenz MDR 1986, 243; OLG Zweibrücken Rpfleger 1987, 128; vgl. § 123 Rn. 5.
[1] OLG Karlsruhe MDR 2007, 546.
[2] *Stein/Jonas/Bork* Rn. 1; *Zimmermann* Rn. 643.

spruch des beigeordneten Rechtsanwalts auf Vergütung aus der Staatskasse nach den §§ 45 ff. RVG. Soweit ihm diese Vergütung bezahlt wird, geht sein Beitreibungsrecht nach § 59 RVG auf die Staatskasse über (Rn. 3). Dem beigeordneten Anwalt eröffnet sich durch die Vorschrift auch die Möglichkeit, die nach § 49 RVG ermäßigten Gebühren gegenüber der Staatskasse und die Wahlanwaltsgebühren nach § 13 RVG in überschießender Höhe direkt beim Gegner geltend zu machen. Der Anwendungsbereich von § 126 ist beschränkt auf Gebühren und Auslagen für die anwaltliche Tätigkeit, die von der Gewährung der PKH umfasst ist.[3]

II. Beitreibungsrecht des beigeordneten Rechtsanwalts

2 **1. Grundlagen.** Das Beitreibungsrecht des Rechtsanwalts tritt, ähnlich wie bei der **Überweisung eines Anspruchs zur Einziehung** nach § 835, neben den Anspruch der bedürftigen Partei auf Kostenerstattung und ist hiervon nach Entstehung und Umfang abhängig.[4] Er setzt damit eine prozessuale Kostengrundregelung voraus, die einen Kostenerstattungsanspruch gibt und die Kostenfestsetzung gegen den Gegner ermöglicht.[5] So lange eine Kostenregelung, sei es isoliert oder zusammen mit der Entscheidung über die Hauptsache, noch angefochten werden kann, besteht der Beitreibungsanspruch des Anwalts ebenso wie der Erstattungsanspruch der Partei nur auflösend bedingt durch eine anderweitige Kostenregelung.[6]

3 **2. Eigenes Beitreibungsrecht der Partei.** Der Kostenerstattungsanspruch der bedürftigen Partei und dessen Durchsetzung gegen den Gegner durch die Partei bleiben vom Beitreibungsrecht des beigeordneten Rechtsanwalts unberührt, so lange kein Festsetzungsbeschluss auf den Namen des Rechtsanwalts ergangen ist.[7] Hat der Anwalt bereits seine Vergütung aus der Staatskasse erhalten, ist das Beitreibungsrecht der Partei auf die Differenzgebühren zwischen den gesetzlichen Gebühren und der Vergütung des Anwalts aus der Staatskasse beschränkt.[8] Auch dann, wenn der Partei PKH ohne Zahlungsanordnungen bewilligt ist, hat diese ein rechtsschutzwürdiges eigenes Interesse daran, ihren Kostenerstattungsanspruch selbst geltend zu machen.[9] Immerhin kommt bei einer Verbesserung ihrer Verhältnisse mit der Anordnung von Zahlungen nach § 120 Abs. 4 und die Geltendmachung der Wahlanwaltsvergütung durch ihren Rechtsanwalt in Betracht.

4 **3. Beitreibung durch den Anwalt.** Das Beitreibungsrecht des Rechtsanwalts besteht auch dann, wenn bereits ein Kostenfestsetzungsbeschluss zugunsten der Partei auf deren Namen erlassen worden ist und die Beitreibung durch die Partei durchgeführt wird.[10] Der **Anspruch** als solcher ist anhand der gerichtlichen Kostenentscheidung oder der zwischen den Parteien getroffenen Kostenregelung zu berechnen. Er umfasst die nach §§ 91 ff. erstattungsfähigen und noch nicht aus der Staatskasse erstatteten Auslagen und Gebühren, letztere in Höhe der **Regelgebühren** nach § 13 RVG. Die Mehrwertsteuer ist dem Anwalt dann nicht zu erstatten, wenn die von ihm vertretene Partei vorsteuerabzugsberechtigt ist und es sich daher bei ihm um einen durchlaufenden Posten handelt.[11] Das eigene Beitreibungsrecht des Anwalts ist auf **Gebühren und Auslagen für seine Tätigkeit** beschränkt, die von der Gewährung von PKH umfasst ist. Die **persönlichen Auslagen der Partei** kann der Rechtsanwalt nicht im eigenen Namen nach Abs. 1 festsetzen lassen.[12] Wurde PKH nur für einen Teil des Streitgegenstandes oder nicht für den gesamten Rechtszug, sondern erst ab einem späteren Zeitpunkt bewilligt und war der Anwalt hinsichtlich des von der PKH nicht erfassten Teils ebenfalls für die Partei tätig, so steht ihm insoweit gegen den Gegner kein Beitreibungsrecht im eigenen Namen nach § 126 zu.[13] Dasselbe gilt, wenn der von dem Rechtsanwalt in mehreren Rechtszügen vertretenen Partei nur in einem Rechtszug PKH bewilligt oder die PKH-Partei in zwei Instanzen von verschiedenen Anwälten vertreten[14] war. Waren für die bedürftige

---

[3] OLG Koblenz FamRZ 2003, 1400.
[4] OLG Rostock MDR 2006, 418; *Zöller/Philippi* Rn. 1; *Stein/Jonas/Bork* Rn. 1.
[5] OLG Brandenburg FamRZ 1996, 683.
[6] *Kalthoener/Büttner/Wrobel-Sachs* Rn. 780.
[7] BGH NJW 1952, 786, 787; OLG Hamm NJW 1968, 405; KG Rpfleger 1987, 333; vgl. auch BGH NJW 1994, 3292 = LM Nr. 4 m. Anm. *Wax*.
[8] KG Rpfleger 1987, 333.
[9] OLG Düsseldorf NJW-RR 1998, 287; aA OLG Koblenz Rpfleger 1996, 252; OLG Hamm Rpfleger 2003, 138.
[10] OLG Düsseldorf FamRZ 1998, 847; vgl. Rn. 8 ff.
[11] BGH Rpfleger 2006, 609; OLG Hamm JurBüro 2002, 33; aA OLG Koblenz JurBüro 1997, 588; 2. Aufl. Rn. 4.
[12] OLG Schleswig JurBüro 1972, 804; OLG Jena MDR 1998, 1438; *Zimmermann* Rn. 648.
[13] *Stein/Jonas/Bork* Rn. 5.
[14] OLG Koblenz JurBüro 2006, 152.

Partei in einem Rechtszug ohne prozessual zwingende Notwendigkeit aus den in § 121 Rn. 23 genannten Gründen nacheinander **mehrere Rechtsanwälte** tätig, so sind, auch wenn deshalb Gebühren mehrfach angefallen sind, vom Gegner nur die Kosten eines Rechtsanwalts zu erstatten. Daher schließt die Festsetzung von Gebühren für einen Rechtsanwalt jede weitere Festsetzung von Gebühren für einen anderen Rechtsanwalt aus, soweit sie auf demselben Gebührentatbestand beruhen. Ob und in welchem Umfang die aus der Staatskasse zu leistende Vergütung nach § 55 RVG zugunsten des Rechtsanwalts festgesetzt wurde, ist für den Umfang seines Beitreibungsrechts unerheblich. Jedoch kann der Anwalt den Teil der Vergütung, den er – gleichgültig von wem – **bereits erhalten** hat, nicht erneut in eigener Person gegen den Gegner der von ihm vertretenen Partei geltend machen.

4. Ausübung des Beitreibungsrechts. a) Anspruchsberechtigter. Die Festsetzung der erstattungsfähigen Gebühren und Auslagen gegen den Gegner kann sowohl zugunsten der Partei als auch unmittelbar zugunsten des Rechtsanwalts auf dessen Namen erfolgen. Die hM, wonach im Zweifel von einem Antrag namens der Partei auszugehen sei, wenn die Festsetzung ohne entsprechende Klarstellung vom beigeordneten Rechtsanwalt beantragt werde,[15] ist angesichts der damit für den Rechtsanwalt verbundenen Nachteile (Rn. 12 und 13), die bis zum Verlust seiner Vergütung nach den §§ 45ff. RVG reichen können, nicht haltbar.[16] Vielmehr muss, sofern dem Antrag nicht eindeutig zu entnehmen ist, ob Festsetzung namens des Anwalts oder der Partei beantragt werden soll, dies durch eine entsprechende **Rückfrage** geklärt werden.[17] 5

Die PKH für das Hauptverfahren umfasst auch das **Festsetzungsverfahren** auf den Namen der **Partei,** nicht jedoch das Festsetzungsverfahren auf den Namen des beigeordneten Rechtsanwalts.[18] Für die **Zwangsvollstreckung** aus einem auf den Namen der Partei lautenden Festsetzungsbeschluss muss dieser erforderlichenfalls gesondert PKH bewilligt werden, da sich hierauf nach § 119 die für das Erkenntnisverfahren gewährte PKH nicht erstreckt (§ 119 Rn. 49). 6

b) Verfahren. Im Verfahren der Festsetzung auf den eigenen Namen des **Rechtsanwalts** ist dieser an Aufträge und Weisungen der Partei nicht gebunden. Er betreibt dieses Verfahren selbstständig als eigenes; dies gilt auch für Rechtsmittel, die nur der Rechtsanwalt, nicht aber die Partei einlegen kann.[19] Am Festsetzungsverfahren beteiligt sind der beigeordnete Anwalt und die gegnerische Partei, nicht dagegen die Partei des beigeordneten Anwalts[20] oder die Staatskasse.[21] Die Festsetzung ist auch auf Grund einer noch nicht rechtskräftigen, aber **vorläufig vollstreckbaren Kostengrundentscheidung** möglich. Vollstreckt der Rechtsanwalt auf Grund eines gegen **Sicherheitsleistung** vorläufig vollstreckbaren Urteils den Differenzbetrag zwischen den Regelgebühren und der Vergütung aus der Staatskasse, so muss er nur in Höhe dieses Betrages Sicherheit leisten, auch wenn in der Grundentscheidung über die vorläufige Vollstreckbarkeit eine höhere Sicherheitsleistung angeordnet ist.[22] Dabei muss der Betrag der Sicherheitsleistung wegen § 751 Abs. 2 in den Festsetzungsbeschluss aufgenommen werden. Wird die vorläufig vollstreckbare Kostengrundentscheidung, auf deren Grundlage der Rechtsanwalt seine Gebühren und Auslagen nach Abs. 1 beigetrieben hat, aufgehoben oder abgeändert, so richtet sich der Schadensersatzanspruch des Gegners aus § 717 Abs. 2 unmittelbar gegen den Rechtsanwalt.[23] 7

c) Antragsrecht der Partei. Die Partei kann das Festsetzungsverfahren **ohne Zustimmung des Rechtsanwalts im eigenen Namen** betreiben. Der Rechtsanwalt ist nicht berechtigt, dieses Verfahren zu übernehmen,[24] vielmehr muss er erforderlichenfalls einen selbstständigen Festsetzungsantrag im eigenen Namen stellen, woran er durch den zugunsten der Partei ergangenen Kostenfestsetzungsbeschluss nicht gehindert ist.[25] Mit der Festsetzung auf den Namen des Rechtsanwalts wird, soweit Identität der Ansprüche besteht, der auf die Partei lautende Festsetzungsbeschluss **wirkungs-** 8

---

[15] OLG Celle Rpfleger 1964, 329; OLG Koblenz JurBüro 1982, 775; OLG Rostock MDR 2006, 418; *Kalthoener/Büttner/Wrobel-Sachs* Rn. 652; *Baumbach/Lauterbach/Hartmann* Rn. 16; *Musielak/Fischer* Rn. 5; *Stein/Jonas/Bork* Rn. 13.

[16] *Zöller/Philippi* Rn. 8.

[17] OLG Hamburg JurBüro 1982, 1179; insoweit ebenso *Kalthoener/Büttner/Wrobel-Sachs* Rn. 652 und *Baumbach/Lauterbach/Hartmann* Rn. 16.

[18] LG Baden-Baden Rpfleger 1970, 357 (für die Zwangsvollstreckung nach § 119 Abs. 1 aF).

[19] OLG Hamm NJW 1968, 405; *Baumbach/Lauterbach/Hartmann* Rn. 18; *Stein/Jonas/Bork* Rn. 23.

[20] *Stein/Jonas/Bork* Rn. 23.

[21] *Kalthoener/Büttner/Wrobel-Sachs* Rn. 794; *Baumbach/Lauterbach/Hartmann* Rn. 11.

[22] OLG Bamberg Rpfleger 1981, 455.

[23] *Stein/Jonas/Bork* Rn. 23; *Baumbach/Lauterbach/Hartmann* Rn. 19.

[24] OLG Koblenz JurBüro 1982, 775.

[25] BGH NJW 1994; OLG Düsseldorf FamRZ 1998, 847.

los; dies sollte im neuen Beschluss deutlich zum Ausdruck gebracht werden.[26] Wegen ihrer eigenen Auslagen (zB Fahrkosten oder Verdienstausfall) kann die Partei weiter vollstrecken. Allerdings kann in Fällen, in denen das Mandatsverhältnis geendet hat und der Rechtsanwalt nicht im Besitz des Kostenfestsetzungsbeschlusses zugunsten der Partei ist, nicht verlangt werden, dass der erste Festsetzungsbeschluss vor der Vollstreckung aus dem zweiten zurückgegeben wird.[27] Vollstreckt die Partei aus dem auf ihren Namen lautenden Festsetzungsbeschluss, obwohl inzwischen eine Festsetzung auf den Namen des Rechtsanwalts erfolgt ist, so kann der Gegner Vollstreckungsgegenklage erheben.[28]

9 **Die Umschreibung** eines auf die Partei lautenden Festsetzungsbeschlusses auf den Namen des Rechtsanwalts ist nicht möglich, da § 727 weder unmittelbar noch entsprechend anwendbar ist.[29] Soweit in der Praxis Festsetzungsbeschlüsse auf diese Weise „umgeschrieben" werden, handelt es sich in Wirklichkeit um eine Neufestsetzung zugunsten des Rechtsanwalts unter Aufhebung des auf den Namen der Partei lautenden Festsetzungsbeschlusses,[30] wobei der Partei, auch wenn der „Umschreibungsantrag" vom beigeordneten Rechtsanwalt gestellt wird, zunächst rechtliches Gehör zu gewähren ist.[31] Im Übrigen gelten insoweit die Ausführungen zu Rn. 3 entsprechend.

10 **Die Pfändung des Erstattungsanspruchs** durch einen Gläubiger der Partei ist möglich, wenn der Festsetzungsbeschluss auf den Namen der Partei ergangen ist; diese Pfändung muss der beigeordnete Rechtsanwalt gegen sich gelten lassen, eine Festsetzung auf seinen Namen kommt in diesem Fall nicht mehr in Betracht.[32] Dagegen kann ein Gläubiger der Partei den Erstattungsanspruch nach dem Erlass eines auf den Namen des Rechtsanwalts lautenden Festsetzungsbeschlusses nicht mehr pfänden.[33]

11 **g) Verjährung.** Der Erstattungsanspruch der Partei einschließlich des Beitreibungsanspruchs des Rechtsanwalts nach Abs. 1 verjährt bei Titulierung durch Kostenfestsetzungsbeschluss oder auf andere Weise in 30 Jahren (§ 197 Abs. 1 Nr. 3 BGB).[34] Die dreijährige Verjährungsfrist des § 195 BGB gilt für den Anspruch des Rechtsanwalts gegen seinen Auftraggeber aus Dienstvertrag bis zur Titulierung.

III. Einwendungen des Gegners, Abs. 2 Satz 1

12 **1. Reichweite des Einwendungsausschlusses.** Der Wortlaut von Abs. 2 S. 1, wonach Einreden aus der Person der Partei unzulässig sind, ist in mehrfacher Hinsicht ungenau. Die Vorschrift soll verhindern, dass das Beitreibungsrecht des Rechtsanwalts aus Gründen beeinträchtigt wird, auf die er keinen Einfluss hat.[35] Sie setzt das Bestehen des Beitreibungsrechts und damit eines Erstattungsanspruchs voraus und gilt deshalb **nicht** für Einwendungen, die das **Entstehen des Erstattungsanspruchs betreffen.**[36] Andererseits sind unter Einreden nicht nur diejenigen im Sinne des materiellrechtlich engen Einredebegriffs, sondern **alle Einwendungen** zu verstehen, die gegenüber der bedürftigen Partei bestehen und dem Beitreibungsrecht des beigeordneten Rechtsanwalts entgegenstehen könnten.[37] Dazu gehört auch der **Verzicht** auf gegenseitige Kostenerstattungsansprüche, selbst wenn diese nach der Rücknahme der Klage oder eines Rechtsmittels von Gesetzes wegen bestanden haben.[38] Im **Festsetzungsverfahren** können Einwendungen gegen die vom Rechtsanwalt beantragte Festsetzung, auch soweit sie nach Abs. 2 Satz 1 zulässig sind, nur dann berücksichtigt werden, wenn dies nach den allgemeinen Vorschriften der §§ 103 ff. zulässig ist. Dies ist hinsichtlich streitiger materiellrechtlicher Einwendungen grundsätzlich nicht der Fall. Eine Ausnahme gilt nur für die Geltendmachung von Gegenansprüchen wegen Kosten aus demselben Rechtsstreit,[39] da es sich hierbei nicht um eine Aufrechnung, sondern um eine Kostenausgleichung

---

[26] OLG Stuttgart NJW-RR 2001, 718; *Kalthoener/Büttner/Wrobel-Sachs* Rn. 784; *Stein/Jonas/Bork* Rn. 18; *Zöller/Philippi* Rn. 11.
[27] OLG Stuttgart NJW-RR 2001, 718; aA OLG Düsseldorf FamRZ 1998, 847.
[28] *Zöller/Philippi* Rn. 11 und 18.
[29] *Zimmermann* Rn. 653.
[30] OLG Schleswig JurBüro 1979, 911; NJW-RR 2004, 717.
[31] *Stein/Jonas/Bork* Rn. 19.
[32] OLG Hamburg JurBüro 1983, 291; OLG München Rpfleger 1992, 257.
[33] *Baumbach/Lauterbach/Hartmann* Rn. 17.
[34] *Kalthoener/Büttner/Wrobel-Sachs* Rn. 793.
[35] Siehe etwa OLG Schleswig FamRZ 2007, 752 (Unterhaltsansprüche).
[36] BGH NJW 1952, 786, 787 aE; OLG Frankfurt a. M. Rpfleger 1990, 468; *Stein/Jonas/Bork* Rn. 6; offen gelassen bei OLG Düsseldorf FamRZ 1990, 420.
[37] *Schoreit/Dehn* Rn. 10.
[38] BGH FamRZ 2007, 123.
[39] *Zöller/Philippi* Rn. 15 f.

nach § 106 handelt. Alle anderen gegen die Festsetzung gerichteten materiellrechtlichen Einwendungen muss der Gegner nach § 767 geltend machen. Der **Einwendungsausschluss nach Abs. 2 S. 1 entfällt,** wenn feststeht, dass der beigeordnete Anwalt ihn nicht in eigenem Namen geltend machen will, etwa wenn der Rechtsanwalt nach Bewilligung von PKH[40] Festsetzung nicht im eigenen, sondern auf den Namen seiner Partei beantragt.[41] Zu den Auswirkungen auf den Vergütungsanspruch des Rechtsanwalts gegen die Staatskasse in einem solchen Fall vgl. Rn. 16; zur Festsetzung auf den Namen der Partei auf deren eigenen Antrag vgl. Rn. 8.

2. Erfüllungseinwand des Gegners. Unzulässig sind alle Einwendungen, die das **Verhältnis des Gegners zur bedürftigen Partei** betreffen[42] und der Durchsetzung des entstandenen Erstattungsanspruchs durch den Rechtsanwalt auf Grund seines Beitreibungsrechts entgegenstehen würden. Hierzu zählt grundsätzlich auch der Einwand, der Gegner habe die Gebühren und Auslagen des beigeordneten Rechtsanwalts bereits an dessen Partei bezahlt. Verfassungsrechtlich ist der Einwendungsausschluss nicht zu beanstanden.[43] Der Einwendungsausschluss gilt jedoch nicht in dem Fall, dass die **Partei selbst** einen **Kostenfestsetzungsbeschluss** erlangt und dem Gegner zugestellt hat.[44] Der Schutz des Gegners vor doppelter Inanspruchnahme erfordert es bei dieser Konstellation, auch befreiend an die Partei selbst leisten und mit Gegenforderungen gegen den festgesetzten Vergütungsanspruch aufrechnen zu können.[45] Dies wird besonders augenfällig, wenn es der beigeordnete Anwalt selbst war, der namens der Partei den Festsetzungsbeschluss beantragt hat.[46] Im Einzelfall – etwa wenn der Festsetzungsbeschluss nur versehentlich zu Gunsten der Partei erging – kann es treuwidrig sein, wenn sich der Kostenschuldner auf seine Erfüllung dieser gegenüber beruft. Dann wird durch eine Zahlung oder Aufrechung seitens des Gegners das Beitreibungsrecht des beigeordneten Rechtsanwalts nicht beeinträchtigt.[47] 13

3. Weitere zulässige Einwendungen. Einwendungen gegen die **Entstehung des Erstattungsanspruchs** sind dem Gegner, auch soweit sie dessen Verhältnis zur bedürftigen Partei betreffen, stets gestattet. Dies gilt auch für Einwendungen aus anderweitigen außergerichtlichen Kostenvereinbarungen zwischen den Parteien, wenn diese vor Rechtskraft der Kostengrundentscheidung getroffen worden sind.[48] Dagegen können vom Gegner gegen den Beitreibungsanspruch des Rechtsanwalts keine Einwendungen aus einer nach Rechtskraft der Kostengrundentscheidung zwischen den Parteien getroffenen Vereinbarung erhoben werden, es sei denn dass der Rechtsanwalt an dieser Vereinbarung mitgewirkt hat; im letztgenannten Fall ist von einem Verzicht auf sein Vorrecht nach Abs. 1 auszugehen.[49] Einwendungen aus dem **Verhältnis der bedürftigen Partei zum beigeordneten Anwalt** sind ebenfalls zulässig. So kann der Gegner etwa einwenden, dem Rechtsanwalt stehe aus materiellrechtlichen Gründen, etwa wegen selbstverschuldeter Entziehung oder Niederlegung des Mandats kein Vergütungsanspruch zu oder er habe kein Beitreibungsrecht im eigenen Namen, weil ihm seine Partei die Vergütung bereits bezahlt habe.[50] 14

IV. Aufrechnung mit Kostenerstattungsansprüchen, Abs. 2 Satz 2

Mit Ansprüchen auf **Erstattung von Kosten aus demselben Rechtsstreit** kann der Gegner nach Abs. 2 S. 2 auch gegen den Anspruch des Rechtsanwalts aufrechnen.[51] Gemeint sind alle nach §§ 91, 94 ff. in demselben Rechtsstreit für eine oder mehrere Instanzen in einem einheitlichen Beschluss nach §§ 103 ff. erstattungs- und festsetzungsfähigen gegenseitigen Kosten. In Wirklichkeit handelt es sich, auch soweit der in einem Rechtszug unterlegene Gegner mit einem rechtskräftig festgesetzten Kostenerstattungsanspruch aus einem früheren Rechtszug aufrechnet, nicht um eine 15

[40] OLG Koblenz VersR 1992, 376.
[41] BGH FamRZ 2007, 710; OLG Koblenz MDR 1987, 1032; *Stein/Jonas/Bork* Rn. 14; vgl. auch oben Rn. 5.
[42] *Zöller/Philippi* Rn. 14.
[43] BGH NJW-RR 1991, 254.
[44] BGH NJW 1994, 3294 = LM Nr. 4 m. abl. Anm. *Wax;* OLG Stuttgart Rpfleger 1987, 218; KG JurBüro 2002, 374; KGR Berlin 2004, 556; *Zöller/Philippi* Rn. 17; einschränkend bei verzögerter PKH-Bewilligung OLG Hamm OLGR 2002, 363; aA 2. Aufl. Rn. 13.
[45] OLG Düsseldorf FamRZ 1998, 847; OLG Schleswig NJW-RR 2004, 717.
[46] OLG München NJW-RR 1998, 214.
[47] BGH NJW 1994, 3294.
[48] BGH NJW 1952, 786, 787; OLG Frankfurt a. M. NJW 1969, 144; *Zöller/Philippi* Rn. 15.
[49] Hierzu *Zimmermann* Rn. 659.
[50] *Zöller/Philippi* Rn. 20.
[51] BGH FamRZ 2007, 710.

Aufrechnung im materiellrechtlichen Sinn, sondern um eine **Kostenausgleichung**[52] nach § 106, die bei der endgültigen Kostenfestsetzung nach Abschluss des Rechtsstreits zu berücksichtigen ist. Ist dies versäumt worden, so kommt insoweit eine Aufrechnung gegen den festgesetzten Anspruch in Betracht.[53] Für die Aufrechnung mit einem Anspruch auf Kostenerstattung aus einem **anderen Rechtsstreit** gilt Abs. 2 S. 2 nicht,[54] eine Aufrechnung zum Nachteil des Rechtsanwalts mit Ansprüchen gegen die Partei ist deshalb nur unter den in Rn. 13 genannten Umständen möglich.

V. Übergang des Erstattungsanspruchs auf die Staatskasse

16 In Höhe der Vergütung, die der beigeordnete Rechtsanwalt nach §§ 121 ff. aus der Staatskasse erhält, geht der Erstattungsanspruch gegen den Gegner nach § 59 RVG auf die Staatskasse über (§ 122 Rn. 12). Der Anspruch kann jedoch von der Staatskasse erst geltend gemacht werden, wenn die Kostengrundentscheidung rechtskräftig ist (§ 125 Rn. 2). Ist die Klage zurückgenommen, so kann der Kläger erst dann auf Erstattung der auf die Staatskasse übergegangenen Ansprüche des Prozessbevollmächtigten des bedürftigen Beklagten in Anspruch genommen werden, wenn eine Kostengrundentscheidung nach § 269 Abs. 3 S. 3 vorliegt.[55] Im Übrigen ist der Gegner auch gegenüber der Staatskasse nach Abs. 2 auf die Einwendungen und Aufrechnungsmöglichkeiten beschränkt, die gegen das Beitreibungsrecht des Rechtsanwalts zulässig sind (Rn. 13 f., 15 f.).[56] **Vereitelt der beigeordnete Rechtsanwalt** bewusst oder grob fahrlässig den Übergang auf die Staatskasse nach § 59 RVG, dann steht seinem Vergütungsanspruch gegen die Staatskasse der **Einwand der Arglist** entgegen. Dies ist zB dann der Fall, wenn der Rechtsanwalt den Erstattungsanspruch auf den Namen der Partei geltend macht und festsetzen lässt[57] und der Gegner sodann mit einem Anspruch gegen die Partei wirksam aufrechnet[58] (Rn. 12).

§ 127 Entscheidungen

(1) [1]Entscheidungen im Verfahren über die Prozesskostenhilfe ergehen ohne mündliche Verhandlung. [2]Zuständig ist das Gericht des ersten Rechtszuges; ist das Verfahren in einem höheren Rechtszug anhängig, so ist das Gericht dieses Rechtszuges zuständig. [3]Soweit die Gründe der Entscheidung Angaben über die persönlichen und wirtschaftlichen Verhältnisse der Partei enthalten, dürfen sie dem Gegner nur mit Zustimmung der Partei zugänglich gemacht werden.

(2) [1]Die Bewilligung der Prozesskostenhilfe kann nur nach Maßgabe des Absatzes 3 angefochten werden. [2]Im Übrigen findet die sofortige Beschwerde statt; dies gilt nicht, wenn der Streitwert der Hauptsache den in § 511 genannten Betrag nicht übersteigt, es sei denn, das Gericht hat ausschließlich die persönlichen oder wirtschaftlichen Voraussetzungen für die Prozesskostenhilfe verneint. [3]Die Notfrist des § 569 Abs. 1 Satz 1 beträgt einen Monat.

(3) [1]Gegen die Bewilligung der Prozesskostenhilfe findet die sofortige Beschwerde der Staatskasse statt, wenn weder Monatsraten noch aus dem Vermögen zu zahlende Beträge festgesetzt worden sind. [2]Die Beschwerde kann nur darauf gestützt werden, dass die Partei nach ihren persönlichen und wirtschaftlichen Verhältnissen Zahlungen zu leisten hat. [3]Die Notfrist des § 569 Abs. 1 Satz 1 beträgt einen Monat und beginnt mit der Bekanntgabe des Beschlusses. [4]Nach Ablauf von drei Monaten seit der Verkündung der Entscheidung ist die Beschwerde unstatthaft. [5]Wird die Entscheidung nicht verkündet, so tritt an die Stelle der Verkündung der Zeitpunkt, in dem die unterschriebene Entscheidung der Geschäftsstelle übermittelt wird. [6]Die Entscheidung wird der Staatskasse nicht von Amts wegen mitgeteilt.

(4) Die Kosten des Beschwerdeverfahrens werden nicht erstattet.

---

[52] OLG Hamm Rpfleger 1973, 438.
[53] *Musielak/Fischer* Rn. 14; *Zimmermann* Rn. 660.
[54] LG Berlin AnwBl. 1983, 327; *Zöller/Philippi* Rn. 6.
[55] KG MDR 1988, 420; OLG Brandenburg FamRZ 1996, 683.
[56] BGH NJW-RR 1991, 254; OLG Köln JurBüro 1987, 920; FamRZ 2004, 37; aA OLG Zweibrücken JurBüro 1984, 1044 m. abl. Anm. *Mümmler.*
[57] OLG München NJW-RR 1998, 214.
[58] LG Berlin JurBüro 1984, 74; LG Würzburg JurBüro 1987, 1193; OLG München NJW-RR 1997, 1356.

Übersicht

I. Normzweck

1 Abs. 1 in S. 1 enthält als Ausnahmevorschrift zu § 128 Abs. 1 die Befreiung des PKH-Prüfverfahrens vom Erfordernis der mündlichen Verhandlung und regelt in S. 2 die Zuständigkeit für die Entscheidung über das PKH-Gesuch. Daneben wird dem Erfordernis des **Datenschutze**s in Bezug auf die persönlichen und wirtschaftlichen Verhältnisse des Antragstellers, soweit sie in die Begründung des Bewilligungsbeschlusses Eingang finden, Rechnung getragen. Abs. 2 betrifft die Zulässigkeit von Rechtmitteln gegen ablehnende wie auch bewilligende Entscheidungen über das PKH-Gesuch. Abs. 3 regelt die Beschwerdemöglichkeiten der Staatskasse insoweit, Abs. 4 schließt die Kostenerstattung im Beschwerdeverfahren aus. Dem Zweck der Vorschrift, das PKH-Prüfverfahren nach Möglichkeit zu straffen, wurde in der teilweisen Neufassung durch das **ZPO-Reformgesetz** (hierzu § 114 Rn. 13) Rechnung getragen. So ist eine Anfechtung durch den Antragsteller – im Unterschied zur bis 31. 12. 2001 geltenden Rechtlage – nur **innerhalb eines Monats** zulässig. Zu einem Rückgang der PKH-Beschwerden hat dies jedoch nicht geführt. Vielmehr dürfte in der Praxis die Furcht vor der Fristversäumnis und daraus folgenden Rechtsnachteilen die Neigung zur Beschwerdeeinlegung eher verstärkt haben. Der Ausschluss der Kostenerstattung auch bei erfolglosen PKH-Beschwerden in Abs. 4 und die weiterhin niedrige Beschwerdegebühr von 50,– Euro (GKG KV 1811) tun ein übriges, dass die PKH-Beschwerde vor allem in Familiensachen den größten Teil der Rechtsmittel nach § 567 ausmacht.

II. Entscheidung über das PKH-Gesuch

2 **1. Zuständigkeit. a) Erkenntnisverfahren.** Bei der Zivilkammer ist der **Einzelrichter** für die PKH-Bewilligung zuständig, wenn die Hauptsache nach § 348 in seine Zuständigkeit fällt oder ihm nach § 348a übertragen wurde. Eine isolierte Übertragung des PKH-Verfahrens auf den Einzelrichter ist nur in dem in § 118 Rn. 3 genannten Umfang möglich und hat darüber hinaus zu unterbleiben, um auseinander fallende Beurteilungen im PKH- und im Hauptsacheverfahren zu vermeiden. Die **Kammer für Handelssachen** ist zuständig, wenn die Hauptsache nach §§ 94ff. GVG bei ihr anhängig ist oder anhängig gemacht werden soll, wobei nach § 349 Abs. 2 Nr. 7 der Vorsitzende allein entscheidet. In der **Berufungsinstanz** ist der Einzelrichter nur zuständig, wenn er nach § 526 in der Hauptsache zu entscheiden hat.[1] In der **Kammer für Handelssachen** entscheidet über die Bewilligung der PKH stets der Vorsitzende (§ 349 Abs. 2 Nr. 7). Der **ersuchte oder der**

---

[1] *Zöller/Philippi* Rn. 7.

beauftragte Richter kann, da er in der Sache nicht zu entscheiden hat, keine PKH bewilligen.[2] Auch die Auswahl und Beiordnung eines Rechtsanwalts für die Beweisaufnahme vor dem ersuchten Richter (§ 121 Rn. 37) ist Sache des Prozessgerichts.

3 **b) Zwangsvollstreckung.** Die Zwangsvollstreckung bildet einen besonderen Rechtszug. Zuständig für die PKH-Bewilligung ist nicht das Prozessgericht, sondern das Vollstreckungsgericht[3] und dort nach § 20 Nr. 5 RpflG der **Rechtspfleger.** Dies gilt auch für die Vollstreckung aus Titeln in einer Familiensache.[4] Ist für die Vollstreckung das Prozessgericht zuständig, insbesondere nach §§ 887, 888 oder 890, so bleibt es auch bei dessen Zuständigkeit für das zugehörige PKH-Verfahren, eine Entscheidung über die PKH durch den Rechtspfleger kommt in diesen Fällen nach § 20 Nr. 5, 2. Halbs. RpflG nicht in Betracht.

4 **c) Weitere Rechtspflegerangelegenheiten.** In anderen Angelegenheiten, die dem Rechtspfleger übertragen sind, hat dieser nach § 4 Abs. 1 RpflG auch über die PKH zu entscheiden.[5] Dies gilt auch für das Mahnverfahren (vgl. auch § 119 Rn. 17). Legt der Rechtspfleger die Sache nach § 5 RpflG dem Richter vor, so gilt eine zuvor erfolgte PKH-Bewilligung weiter. Ist für die Zuständigkeit des Rechtspflegers in der Hauptsache eine besondere Übertragung im Einzelfall erforderlich, so kann er auch über die PKH erst entscheiden, wenn ihm die Hauptsache zur Entscheidung übertragen worden ist. Eine isolierte Übertragung des PKH-Verfahrens ist nicht zulässig; jedoch macht ein Verstoß hiergegen nach § 8 Abs. 2 RpflG die PKH-Bewilligung nicht unwirksam. Dagegen ist die PKH-Bewilligung durch den Rechtspfleger in einer Sache, die ihm weder übertragen ist noch übertragen werden kann, nach § 8 Abs. 4 RpflG wirkungslos und unbeachtlich. – Zur Zuständigkeit des Rechtspflegers für einzelne Abschnitte des PKH-Verfahrens vgl. § 118 Rn. 4 und § 120 Rn. 13, zur Beiordnung eines Rechtsanwalts durch den Rechtspfleger vgl. § 121 Rn. 14.

5 **d) Reformvorschlag.** Die Zuständigkeit für die Ausgangsentscheidung über die beantragte PKH liegt nach obigem abhängig von der Zuständigkeit für die Hauptsache einheitlich entweder beim Richter oder beim Rechtspfleger. Reformbestrebungen[6] gehen dahin, durch Änderung von § 20 Nr. 4 RPflG die Prüfung der persönlichen und wirtschaftlichen Verhältnisse des Antragstellers verstärkt **dem Rechtspfleger zu übertragen.** Gelangt dieser nach entsprechender Beauftragung durch den Richter zum Ergebnis, dass unter diesem Gesichtspunkt die Bewilligung von PKH nicht in Betracht kommt, so soll er selbst die ablehnende Entscheidung über das Gesuch treffen können. Ist nach Feststellung des Rechtspflegers die PKH-Bedürftigkeit des Antragstellers gegeben, so soll er die Akten dem Richter zur Entscheidung über das Gesuch zurückgeben, nachdem er die Höhe der Monatsrate oder der aus dem Vermögen zu zahlenden Beträge dort vermerkt hat. Auf diese Weise soll zugleich eine einheitlichere Handhabung von §§ 115, 118 durch die Gerichte bewirkt werden. Andererseits droht durch die Befassung mehrerer Gerichtspersonen eine weitere Verlängerung der de lege lata bereits bemängelten Bearbeitungsdauer der PKH-Gesuche (dazu § 14 Rn. 111 f).

6 **e) Abgabe, Verweisung, Bestimmung des zuständigen Gerichts.** Das **isolierte PKH-Verfahren** kann, sofern das angerufene Gericht unter keinem Gesichtspunkt für die Hauptsache zuständig ist, auf Antrag in entsprechender Anwendung von § 281 an das zuständige Gericht **mit bindender Wirkung verwiesen** werden.[7] Die Bindungswirkung gilt allerdings nur für das PKH-Verfahren.[8] Diese eingeschränkte Bindungswirkung gilt auch für das Verfahren der freiwilligen Gerichtsbarkeit.[9] Unterbleibt der im Falle des § 281 erforderliche Verweisungsantrag, so ist das PKH-Gesuch nicht als unzulässig abzulehnen; vielmehr fehlt der beabsichtigten Rechtsverfolgung vor dem unzuständigen Gericht die Erfolgsaussicht iSv. § 114 ZPO.[10] Hält sich das Gericht, an welches PKH-Verfahren verwiesen wurde, ebenfalls nicht für zuständig, so stellt es dies durch Beschluss fest und legt die Sache zur **Bestimmung der Zuständigkeit** für das PKH-Verfahren nach § 36 Abs. 1 Nr. 6, der auch für das PKH-Verfahren vor Anhängigkeit der Hauptsache gilt,[11] dem ge-

---

[2] *Kalthoener/Büttner/Wrobel-Sachs* Rn. 96 f.; *Stein/Jonas/Bork* § 117 Rn. 3.

[3] BGH NJW 1979, 1048; OLG Celle JurBüro 1982, 132; *Stein/Jonas/Bork* § 117 Rn. 4 m. weit. Nachw.

[4] *Zöller/Philippi* Rn. 7.

[5] *Zöller/Philippi* Rn. 8.

[6] BT-Drucks. 16/1994, S. 18.

[7] BGH NJW-RR 1994, 706; *Musielak/Foerste* § 281 Rn. 2; *Zöller/Greger* § 281 Rn. 2; *Kalthoener/Büttner/Wrobel-Sachs* Rn. 99; aA 2. Aufl. Rn. 7.

[8] BGH NJW-RR 1992, 59; 1994, 706; BAG NZA 1993, 285; OLG Karlsruhe FamRZ 1985, 721; OLG Köln FamRZ 2000, 364; *Zöller/Greger* § 281 Rn. 16 b; aA OLG Düsseldorf FamRZ 1986, 181; zweifelnd auch *Kalthoener/Büttner/Wrobel-Sachs* Rn. 99 .

[9] AA OLG Frankfurt a. M. FamRZ 1989, 293: Bindung auch für das Hauptsacheverfahren.

[10] *Kalthoener/Büttner/Wrobel-Sachs* Rn. 99.

[11] BGH NJW-FER 1997, 40.

meinsamen im Rechtszug zunächst höheren Gericht vor.[12] Dessen Bestimmung bindet ebenfalls nicht für das nachfolgende Hauptsacheverfahren. Wird die **Hauptsache nach § 281 verwiesen,** so erfasst die Verweisung ohne weiteres auch das PKH-Verfahren. Das Verfahren vor und nach der Verweisung bildet eine Einheit.[13] Die Bewilligung von PKH vor Abgabe oder Verweisung bindet deshalb das Gericht, an das die Sache abgegeben oder verwiesen wird,[14] eine Abänderung oder Aufhebung ist nur nach § 120 Abs. 4 oder § 124 möglich.

2. Mündliche Verhandlung. Abgesehen von Erörterungsterminen nach § 118 Abs. 1 S. 3 zum Zwecke des Vergleichsabschlusses (§ 118 Rn. 12ff.) sollte die mündliche Verhandlung über das PKH-Gesuch auf **seltene Ausnahmefälle** beschränkt bleiben. Dabei ist neben der gebotenen Beschleunigung des Verfahrens auch ist zu bedenken, dass PKH für das PKH-Verfahren und damit auch für die mündliche Verhandlung über das PKH-Gesuch nicht bewilligt werden kann (§ 114 Rn. 32). Zu weit geht allerdings die Auffassung, eine mündliche Verhandlung über das PKH-Gesuch sei nicht nur entbehrlich, sondern schlechthin unzulässig.[15] Die mündliche Verhandlung im PKH-Verfahren kommt etwa dann in Betracht, wenn auf andere Weise keine hinreichende Grundlage für die PKH-Entscheidung gewonnen werden kann,[16] wobei die Bedeutung der Sache einerseits und die auf Parteiseite entstehenden Reisekosten und deren Zeitaufwand mit in die Überlegung einzubeziehen sind. 7

3. Entscheidung über das PKH-Gesuch. a) Form. Die Entscheidung ergeht stets durch **förmlichen Beschluss,** eine stillschweigende Bewilligung von PKH ist nicht möglich. Wohl aber kann die Auslegung eines Bewilligungsbeschlusses ergeben, dass er sich über seinen bloßen Wortlaut hinaus auf weitere Gegenstände erstreckt,[17] wenngleich dies eindeutig erkennbar sein muss und deshalb auf seltene Ausnahmefälle beschränkt ist. Auch ohne ausdrückliche Erwähnung erstreckt sich die Bewilligung von PKH für die Scheidungssache auf die **Folgesache Versorgungsausgleich** (§ 624 Abs. 2). – Zum Wirkungsbereich der PKH-Bewilligung vgl. § 119 Rn. 52ff. 8

b) Bestandteile der Entscheidung. Die Entscheidungsformel muss den gesamten PKH-Antrag bescheiden. Deshalb ist, sofern dem Antrag sachlich oder zeitlich nicht in vollem Umfang entsprochen wird, die förmliche Zurückweisung des Antrags im Übrigen erforderlich, die begründet werden muss (Rn. 10). Die Bewilligung wirkt, sofern sie keine ausdrückliche Einschränkung enthält, auf den Zeitpunkt der ordnungsgemäßen Antragstellung zurück (§ 119 Rn. 52). Wegen § 119 Abs. 1 S. 1 sollte auch ausgesprochen werden, für **welchen Rechtszug** die Bewilligung erfolgt. Dies ist in dem nicht seltenen Fall von Wichtigkeit, in dem sich das Hauptsacheverfahren bereits in zweiter Instanz befindet, dort PKH beantragt wurde und daneben vom selben Gericht und Spruchkörper über eine PKH-Beschwerde betreffend den ersten Rechtszug zu entscheiden ist. Zusammen mit der Bewilligung ist, sofern beantragt, über die **Beiordnung** eines Rechtsanwalts nach § 121 zu entscheiden. Zugleich ist zu entscheiden, ob und gegebenenfalls in welcher Höhe nach § 115 Abs. 2 **monatliche Raten** zu zahlen oder **Zahlungen aus dem Vermögen** zu leisten sind. Bei Ratenzahlungen ist ferner deren Beginn mit genauem Datum festzusetzen (§ 120 Rn. 2ff.). Eine **Kostenentscheidung** ist nicht zu treffen, da Gerichtsgebühren im PKH-Bewilligungsverfahren erster Instanz nicht anfallen und außergerichtliche Kosten nicht erstattet werden (§ 118 Rn. 21). Sind Auslagen angefallen, so sind diese ohne Kostenentscheidung nach den Vorschriften der §§ 22ff. GKG einzuziehen. 9

c) Begründungserfordernis. Soweit dem **Antrag ganz oder teilweise nicht entsprochen** wird, muss der Beschluss **begründet** werden, da die Ablehnung von PKH der sofortigen Beschwerde unterliegt. Dies gilt auch für die Anordnung von Zahlungen aus dem Einkommen oder Vermögen,[18] wobei nach Einlegung einer sofortigen Beschwerde insoweit die Begründung auch noch im Nichtabhilfebeschluss nachgeholt werden kann.[19] Bei der Festsetzung einer Zahlungspflicht kommt hinzu, dass die Grundlagen der Bewilligung wegen § 120 Abs. 4 aus dem Bewilligungsbeschluss erkennbar sein sollten. Fehlt es sowohl an der Erfolgsaussicht als auch an der Bedürftigkeit, so genügt die Begründung zu einem dieser Punkte.[20] Wird **PKH antragsgemäß bewilligt,** ist eine die Erfolgsaussicht betreffende Begründung grundsätzlich nicht erforderlich. 10

---

[12] BGH NJW 1980, 192 und 1983, 285.
[13] BGH NJW 1984, 1901.
[14] OLG Düsseldorf NJW-RR 1991, 63.
[15] So OLG Karlsruhe FamRZ 1989, 767 m. abl. Anm. *Klein* S. 1203, 1204.
[16] *Zimmermann* Rn. 255.
[17] *Kalthoener/Büttner/Wrobel-Sachs* Rn. 510.
[18] OLG Karlsruhe FamRZ 1991, 349; OLG Brandenburg FamRZ 2004, 389.
[19] *Zöller/Philippi* Rn. 3.
[20] *Zöller/Philippi* Rn. 3.

11 **d) Bekanntmachung.** Zur Bekanntmachung des Beschlusses über die Bewilligung von PKH ist dieser den Parteien und ggf. auch dem beigeordneten Rechtsanwalt formlos zu übersenden (§ 329 Abs. 2 S. 1). Soweit die Entscheidung für den Antragsteller beschwerdefähig ist, also bei vollständiger oder teilweiser Versagung von PKH oder bei Auferlegung einer Zahlungspflicht auf die Prozesskosten, ist sie ihm zuzustellen (§ 329 Abs. 2 S. 2). Ergeht der Beschluss ausnahmsweise **in der mündlichen Verhandlung,** so ist er dort nach § 329 Abs. 1 zu verkünden. Wird der Beschluss nicht verkündet, sollte auf der Urschrift vermerkt werden, wann er zur Geschäftsstelle gelangt ist, da hiervon der Beginn der Dreimonatsfrist aus Abs. 3 S. 4 (Rn. 18) abhängt. Wird **PKH für eine höhere Instanz** bewilligt oder versagt und ist das Rechtsmittel noch nicht wirksam eingelegt und begründet, so muss dem Antragsteller wegen des Beginns der Wiedereinsetzungsfrist (§ 234) der Beschluss **stets förmlich zugestellt werden.** – Zu Problemen der Wiedereinsetzung (§ 119 Rn. 44).

12 **e) Bekanntgabe an den Gegner. Nach Abs. 1 S. 3** dürfen dem Gegner die Passagen der Begründung, die sich mit den **persönlichen und wirtschaftlichen Verhältnissen** befassen, nicht ohne die Zustimmung der bedürftigen Partei mitgeteilt werden. Eine solche Zustimmung fehlt in der Regel. In diesen Fällen ist dem Gegner eine **abgekürzte Beschlussausfertigung** zu erteilen. Die Vorschrift korrespondiert mit § 117 Abs. 2 S. 2; die dortigen Erläuterungen (Rn. 24) gelten entsprechend. Insbesondere hindert Abs. 1 S. 3 nicht die Mitteilung der Entscheidungsgründe an den Gegner, soweit sie sich mit persönlichen und wirtschaftlichen Verhältnissen befassen, die doppelt, dh. auch für das Hauptsacheverfahren, relevant sind.

13 **4. Rechtskraft und Bindungswirkung.** PKH-Beschlüsse erlangen mit Ablauf der in Abs. 2 S. 3, Abs. 3 S. 3 und 4 genannten Fristen **formelle Rechtskraft.** Dies bedeutet, dass sie mit der sofortigen Beschwerde nicht mehr angefochten werden können. Daneben entfalten bewilligende Beschlüsse für das Gericht **Bindungswirkungen.** So kann die Bewilligung zu Lasten der Partei nur nach § 120 Abs. 4 abgeändert und nur nach § 124 aufgehoben werden. Für den Kostenbeamten ist auch eine fehlerhafte Bewilligung von PKH bindend.[21] Ein die PKH versagender Beschluss erlangt auch nach der Neufassung von § 127 Abs. 2 und 3 im Falle seiner Unanfechtbarkeit **keine materielle Rechtskraft.**[22] Dies lässt sich durch die nur summarische, am Vortrag des Antragstellers orientierte Prüfung des voraussichtlichen Prozessausgangs rechtfertigen, sowie damit, dass es schon an einem kontradiktorischen Parteienstreit fehlt. Daher ist der bedürftigen Partei eine **nochmalige Antragstellung** nicht verwehrt. Das Gericht ist bei der Prüfung der Erfolgsaussicht und Bedürftigkeit an seine frühere Beurteilung nicht gebunden. Allerdings kann bei vorangegangener unanfechtbar gewordener Versagung von PKH ein erneuter Antrag bei demselben Gericht **rechtsmissbräuchlich** und damit unzulässig sein,[23] es sei denn, dass sich zwischenzeitlich erhebliche Änderungen ergeben haben (§ 117 Rn. 4). Ist letzteres nicht der Fall, so kann ein erneuter Antrag als **Gegenvorstellung** (hierzu Rn. 23) behandelt werden, dem das Gericht Folge geben kann, weil es selbst auch bei eingetretener formeller Rechtkraft seine Entscheidung zu Gunsten des Antragstellers abändern darf. Im Zweifelsfall ist ein aufklärender Hinweis geboten. Der Antragsteller ist nicht gehindert, bei einem **anderen Gericht** erneut PKH zu beantragen,[24] da der ablehnende Beschluss mangels materieller Rechtskraftwirkung ein anderes Gericht nicht bindet; dies gilt zB dann, wenn mehrere Wahlgerichtsstände gegeben sind. Auf den erneuten Antrag hin kann PKH allerdings nur mit Wirkung ab der betreffenden Antragstellung bewilligt werden.[25] – Zur fehlenden Bindungswirkung einer Zusage, PKH zu bewilligen vgl. § 124 Rn. 7.

III. Rechtsmittel im PKH-Verfahren

14 **1. Sofortige Beschwerde des Antragstellers (Abs. 2). a) Zulässigkeit.** Der Antragsteller kann gegen **jede ihm nachteilige Entscheidung** über sein PKH-Gesuch die sofortige Beschwerde (Abs. 2 S. 2) einlegen. Über den missverständlichen Wortlaut von Abs. 2 S. 1 hinaus gehören dazu auch Beschlüsse, in denen PKH bewilligt wurde, sofern diese eine Zahlungsanordnung enthalten. **Beschwert** ist der Antragsteller auch dann, wenn seinem Antrag nicht in vollem Umfang entsprochen, ihm also PKH nur für einen Teil des Streitgegenstandes bewilligt, die beantragte An-

---

[21] OLG Stuttgart MDR 1989, 651.

[22] BGH NJW 2004, 1805; OLG Hamm FamRZ 2004, 647; OLG Zweibrücken MDR 2004, 236; *Musielak/Fischer* Rn. 6; aA OLG Oldenburg FamRZ 2003, 1302; OLG Nürnberg FamRZ 2004, 1219.

[23] OLG Bamberg FamRZ 1997, 756; OLG Naumburg OLGR 2003, 173: OLG Hamm FamRZ 2004, 647; *Musielak/Fischer* Rn. 6; aA OLG Karlsruhe MDR 1989, 918.

[24] OLG Köln OLGZ 1989, 67; *Musielak/Fischer* Rn. 6.

[25] OLG Zweibrücken MDR 2004, 236.

waltsbeiordnung versagt [26] oder nur zu eingeschränkten Bedingungen ausgesprochen wurde.[27] Ein **Mindestwert der Beschwer** ist nicht vorgeschrieben, weil es sich bei der Bewilligung von PKH nicht um eine Entscheidung über die Kosten iSv. § 567 Abs. 2 handelt.[28] Die dortige Mindestsumme von 200,00 Euro muss jedoch erreicht sein, wenn sich der Beschwerdeführer gegen die Nachzahlung von Kosten nach § 120 Abs. 4 wendet[29] oder ihm nach Aufhebung der PKH gem. § 124 eine Inanspruchnahme durch die Staatskasse wegen angefallener Prozesskosten droht. Eine im **Insolvenzverfahren ergangene PKH-Entscheidung** kann nicht mit den besonderen insolvenzrechtlichen Rechtsmitteln (§§ 6, 7 InsO), sondern nur nach § 127 Abs. 2, 3 ZPO angefochten werden.[30]

b) Grundzüge des Beschwerdeverfahrens. Hinsichtlich der Verfahrensförmlichkeiten sind die Vorschriften über die sofortige Beschwerde (§§ 567 ff.) mit den nachstehend dargestellten Besonderheiten anzuwenden. Nach § 569 Abs. 3 Nr. 2 besteht für die Einlegung der sofortigen Beschwerde in PKH-Sachen **kein Anwaltszwang.** Das Gericht, dessen PKH-Entscheidung angefochten wird, hat vor Weiterleitung an das Beschwerdegericht über die **Abhilfe** zu entscheiden (§ 572 Abs. 1 S. 1). Das Beschwerdegericht ist weitere **Tatsacheninstanz** (§ 571 Abs. 2). Die sofortige Beschwerde kann daher auch auf **neues Vorbringen** gestützt werden; Einschränkungen können sich ergeben, wenn die Partei erstinstanzlich schuldhaft ihre Mitwirkungspflichten nicht erfüllt hat.[31] Gegen **verfahrensgestaltende Anordnungen im Rahmen des PKH-Prüfverfahrens,** wie etwa die Ladung eines Zeugen zu einem für die Erfolgsaussicht wesentlichen Vorgang, ist die Beschwerde nicht zulässig.[32] **PKH für die sofortige Beschwerde** kann grundsätzlich nicht gewährt werden; insoweit gilt nichts anderes als für das gesamte PKH-Verfahren (§ 114 Rn. 32). – Zur PKH für die Rechtsbeschwerde in PKH-Sachen Rn. 37. 15

c) Beschränkung auf den Rechtszug in der Hauptsache. Die sofortige Beschwerde im PKH-Verfahren ist auf den Rechtszug in der Hauptsache beschränkt. Dies gilt über Abs. 2 S. 2 hinaus allgemein, soweit es um die Beurteilung der **Erfolgsaussicht** geht. Daher ist die sofortige Beschwerde gegen einen ablehnenden PKH-Beschluss im einstweiligen Anordnungsverfahren des Familiengerichts unzulässig, soweit auch gegen die die Anordnung oder deren Ablehnung kein Rechtsmittel gegeben wäre.[33] Das Gleiche gilt, wenn mangels Überschreitung der Wertgrenze von § 511 Abs. 2 Nr. 1 (600,00 Euro) in der Hauptsache die Berufung nicht eröffnet wäre und auch die Zulassungsvoraussetzungen des § 511 Abs. 4 nicht gegeben sind. Eine derartige Beschränkung der Beschwerdebefugnis besteht hingegen nicht, soweit die Versagung von PKH auf den **persönlichen und wirtschaftlichen Verhältnisse** der Partei beruht oder dem Antragsteller eine Zahlungspflicht auferlegt wurden.[34] Gegen **Entscheidungen des OLG,** in welchen PKH für dort geführte Rechtsmittelverfahren bewilligt oder versagt wird, ist die sofortige Beschwerde nicht zulässig (§ 567 Abs. 1; zur Rechtsbeschwerde Rn. 37). Unzulässige Beschwerden sind nach entsprechendem Hinweis als **Gegenvorstellung** zu behandeln (Rn. 23). 16

d) Verhältnis zur Hauptsacheentscheidung. Die Entscheidung über die PKH-Beschwerde ergeht gesondert von einem etwaigen Rechtsmittel gegen die Hauptsacheentscheidung. Ob der Rechtsstreit in der Hauptsache bereits **beendet** ist, spielt für die Zulässigkeit der Beschwerde keine Rolle.[35] Die Beschwerdemöglichkeit im PKH-Verfahren unterliegt – von der Monatsfrist in Abs. 2 S. 3 abgesehen – keinen zeitlichen Einschränkungen. Ist das Hauptsacheverfahren rechtskräftig abgeschlossen, dann können **Rechtsfragen bei der Prüfung der Erfolgsaussicht** durch das Beschwerdegericht nicht abweichend von dem Urteil in der Hauptsache beurteilt werden. Ob das 17

[26] *Schoreit/Dehn* Rn. 18.
[27] OLG Brandenburg FamRZ 2000, 1385.
[28] *Stein/Jonas/Bork* Rn. 19; ganz hM.
[29] *Zöller/Philippi* Rn. 30; *Kalthoener/Büttner/Wrobel-Sachs* Rn. 882.
[30] BGH NJW 2000, 1869; ZVI 2005, 47.
[31] OLG Naumburg FamRZ 2006, 216.
[32] OLG Köln MDR 1990, 728.
[33] BGH FamRZ 2005, 790 unter Berufung auf BT-Drucks. 14/4722, S. 75 f.; OLG Hamm FamRZ 2006, 352; aA OLG Brandenburg FamRZ 2003, 1398 (sofortige Beschwerde statthaft, aber stets unbegründet).
[34] OLG Frankfurt a. M. FamRZ 1986, 926; FamRZ 1996, 746; OLG Stuttgart FamRZ 1996, 874; *Musielak/Fischer* Rn. 19; *Zimmermann* Rn. 702; aA 2. Aufl. Rn. 19.
[35] Für § 127 aF BayObLG FamRZ 1984, 73: OLG Celle JurBüro 1985, 1422; KG FamRZ 1986, 825; OLG Bremen JurBüro 1987, 767; OLG München MDR 1987, 240; OLG Oldenburg JurBüro 1990, 1313; OLG Naumburg FamRZ 2000, 106. AA OLG Bamberg JurBüro 1987, 141; OLG Karlsruhe MDR 1987, 240; OLG Hamm JurBüro 1987, 1779; MDR 2001, 349; OLG Düsseldorf Rpfleger 1988, 548; OLG Oldenburg JurBüro 1988, 1064; OLG Karlsruhe FamRZ 1990, 82; OLG Bamberg FamRZ 1990, 181; OLG Düsseldorf NJW-RR 1990, 452.

Gericht der sofortigen Beschwerde auch bei der Beurteilung von **Tatsachenfragen** an diejenige aus einem rechtkräftigen Urteil in der Hauptsache gebunden ist, hängt vom maßgeblichen Beurteilungszeitpunkt für die Erfolgsaussicht ab (hierzu Rn. 30 und § 114 Rn. 110ff.).

18 **e) Beschwerdefrist.** Die Notfrist zur Einlegung der sofortigen Beschwerde beträgt nach Abs. 2 S. 3 in PKH-Sachen – abweichend von § 569 Abs. 1 S. 1 – **einen Monat.** Damit gelten für die Anfechtung einer Entscheidung in der Hauptsache und für die Anfechtung des Beschlusses über die PKH für dieses Verfahren identische Fristen. Dies ist zweckmäßig, da nicht selten beide Entscheidungen der Partei gleichzeitig zugestellt werden und sich bei beiden gleichermaßen die Frage der Rechtsmitteleinlegung stellen kann. Die Monatsfrist gilt auch in **Verfahren der freiwilligen Gerichtsbarkeit,**[36] auf welche die PKH-Vorschriften der ZPO nach § 14 FGG entsprechend anzuwenden sind. Damit wird die Geltung der Zweiwochenfrist des § 22 Abs. 1 FGG in gleicher Weise verdrängt wie derjenigen in § 569 Abs. 1 S. 1. Die **Frist beginnt** mit Zustellung des Beschlusses zu laufen. Unterbleibt diese, beginnt der Fristlauf spätestens fünf Monate nach der Verkündung (§ 569 Abs. 1 S. 2), bei nicht verkündeten Beschlüssen nach deren Erlass oder Bekanntgabe (hierzu § 569 Rn. 5). Hat der Antragsteller gegen die Versagung von PKH erfolglos Gegenvorstellung erhoben und geht nach Ablauf der Notfrist eine sofortige Beschwerde ein, so ist eine **fristwahrende Umdeutung** der Gegenvorstellung in eine sofortige Beschwerde nicht möglich.[37]

19 **f) Beteiligte des Beschwerdeverfahrens.** Am Beschwerdeverfahren sind nicht nur die **bedürftige Partei** und der **Gegner des Hauptsacheverfahrens** (§ 118 Rn. 8) zu beteiligen, sondern, soweit fiskalische Interessen berührt sind, auch der Bezirksrevisor als Vertreter der **Staatskasse** (Rn. 26). Ihnen ist vor der Beschwerdeentscheidung, soweit sie von dieser beschwert sein könnten, rechtliches Gehör zu gewähren. Dies bedeutet, dass der Gegner nicht zu beteiligen ist, soweit es im Beschwerdeverfahren um die persönlichen und wirtschaftlichen Verhältnisse der bedürftigen Partei geht (Argument Abs.1 S. 3). Die Rechte des Prozessgegners sind ebenfalls nicht tangiert, wenn das Beschwerdegericht beabsichtigt, die Versagung von PKH für den Antragsteller zu bestätigen.[38] Von dieser Beteiligung am Verfahren nach Einlegung der Beschwerde ist die Beschwerdebefugnis zu unterscheiden; insoweit kann auf die Ausführungen zu Rn. 24ff. verwiesen werden.

20 **g) Greifbare Gesetzwidrigkeit.** Die frühere Rechtsprechung[39] lies in PKH-Verfahren bei Fällen „greifbarer Gesetzwidrigkeit" die Beschwerde auch dann zu, wenn sie nach den allgemeinen Vorschriften nicht gegeben war. Hiervon ist der BGH[40] nach der Neuregelung des Beschwerderechts und der Einführung der Gehörsrüge (§ 321a) wieder abgerückt. Nunmehr kann der Antragsteller gegen den ihn belastenden PKH-Beschluss eines Beschwerdegerichts nur bei Zulassung der Rechtsbeschwerde nach § 574 Abs. 1 den BGH anrufen. Ein außerordentliches Rechtsmittel zum BGH sieht dieser auch dann nicht als statthaft an, wenn die Entscheidung ein Verfahrensgrundrecht des Beschwerdeführers verletzt oder aus sonstigen Gründen „greifbar gesetzwidrig" ist. In einem solchen Fall ist die angefochtene Entscheidung durch das Gericht, das sie erlassen hat, auf die (fristgebundene) Gegenvorstellung nach § 321a zu korrigieren. Wird so ein Verfassungsverstoß nicht beseitigt, kommt allein eine **Verfassungsbeschwerde** zum BVerfG in Betracht.[41] Dem ist die Rechtsprechung allgemein gefolgt.[42]

21 **2. Abgrenzung zu anderen Rechtsbehelfen. a) Erinnerung.** Entscheidungen des **Rechtspflegers** im PKH-Verfahren sind nach § 11 Abs. 1 RPflG grundsätzlich in gleicher Weise wie richterliche Entscheidungen mit der sofortigen Beschwerde anfechtbar, über die das Beschwerdegericht zu entscheiden hat. Ist die sofortige Beschwerde unzulässig (Rn. 14ff.), so tritt an ihre Stelle die Erinnerung nach § 11 Abs. 2 RpflG, wobei die Bezeichnung als Beschwerde unschädlich ist. Für die Erinnerung gilt nach § 11 Abs. 2 RpflG die selbe Frist wie für die sofortige Beschwerde (Rn. 18), für die Erinnerung der Staatskasse bei der Bewilligung ohne Zahlungsanordnung ist außerdem die Dreimonatsfrist des § 127 Abs. 3 (Rn. 28) zu beachten.

---

[36] BGH FamRZ 2006, 939; *Büte* FuR 2006, 264; anders die bis dahin hM, siehe etwa OLG Dresden FamRZ 2005, 1188; OLG Zweibrücken FamRZ 2006, 433 jeweils m. weit. Nachw.

[37] OLG Karlsruhe FamRZ 2005, 49,

[38] *Zimmermann* Rn. 719.

[39] BGH NJW 1993, 135; LAG Düsseldorf JurBüro 1987, 1238; OLG Hamm Rpfleger 1991, 159; OLG Frankfurt a. M. JurBüro 1993, 234.

[40] BGH NJW 2002, 1577; NJW 2003, 3137.

[41] Siehe etwa BVerfG FamRZ 2005, 509 (Verstoß gegen das Willkürverbot).

[42] BVerwG NJW 2002, 2657; BFH NJW 2003, 919; BayObLG NJW-RR 2003, 518 (für FGG-Sache); OLG Hamm MDR 2003, 296.

b) Abänderungsantrag. § 120 Abs. 4 enthält eine spezielle und einfachere Möglichkeit der Abänderung, die der sofortigen Beschwerde nach § 127 vorgeht.[43] Hieraus ergibt sich folgende Abgrenzung: Mit der **sofortigen Beschwerde,** über die der Richter und, soweit nicht abgeholfen wird, das Beschwerdegericht zu entscheiden hat, ist die **ursprüngliche Unrichtigkeit,** geltend zu machen. Mit dem **Abänderungsantrag,** über den der Rechtspfleger (§ 120 Rn. 13) entscheidet, sind hingegen **nachträgliche Veränderungen** der persönlichen und wirtschaftlichen Verhältnisse geltend zu machen. Wenn sowohl die ursprüngliche Unrichtigkeit der angefochtenen Entscheidung als auch nachträgliche Veränderungen geltend gemacht werden, ist hierüber nach § 6 RpflG einheitlich im Beschwerdeweg zu entscheiden. 22

c) Gegenvorstellung. Ist eine sofortige Beschwerde nicht (mehr) zulässig und ein erneuter Antrag bei unveränderter Sach- und Rechtslage nicht Erfolg versprechend (§ 117 Rn. 4), bleibt dem Antragsteller außer der Gehörsrüge nach § 321 a nur die Gegenvorstellung.[44] Entgegen einer teilweise vertretenen Ansicht[45] ist die Gegenvorstellung **nicht fristgebunden.** Ist noch eine sofortige Beschwerde möglich, so geht diese der Gegenvorstellung vor.[46] Eine in der Notfrist von einem Monat (Rn. 18) ausdrücklich als solche erhobene Gegenvorstellung kann nicht in eine sofortige Beschwerde umgedeutet werden.[47] Eine Abänderung der Entscheidung auf Grund einer Gegenvorstellung kann nur zugunsten des Antragstellers erfolgen, eine Gegenvorstellung der Staatskasse zu Lasten einer Partei ist aus den zu Rn. 27 genannten Gründen auch dann nicht zulässig, wenn sie mit greifbarer Gesetzwidrigkeit der betreffenden Entscheidung begründet wird. Hat die Gegenvorstellung keinen Erfolg, so ist dem Antragsteller dies mitzuteilen, wobei der Hinweis genügt, die Gegenvorstellung gebe keinen Anlass zu Abänderung des Beschlusses. Eine kurze Begründung, insbesondere ein Eingehen auf neuen Sachvortrag, vermeidet uU weitere Eingaben und Rechtsbehelfe des Antragsteller. Ein die Gegenvorstellung zurückweisender Beschluss ist **nicht** mit der sofortigen Beschwerde angreifbar.[48] Haben sich die tatsächlichen oder rechtlichen Voraussetzungen seit dem Ausgangsbeschluss **geändert,** so ist die Gegenvorstellung als **neuer PKH-Antrag** zu behandeln und beschwerdefähig zu bescheiden. Auch die **Anhörungsrüge** nach § 321 a kann im PKH-Prüfverfahren erhoben werden.[49] 23

3. Rechtsmittel des Prozessgegners. Die Bewilligung von PKH zugunsten des Antragstellers ist für den Prozessgegner nicht mit der sofortigen Beschwerde anfechtbar (Abs. 2 S. 1). Dies gilt bei Anrufung des BGH selbst dann, wenn die Rechtsbeschwerde irrtümlich zugelassen wurde.[50] Erhebt der Prozessgegner Einwände hinsichtlich der Bewilligungsvoraussetzungen, so führen diese auch vor Eintritt der formellen Rechtskraft des Bewilligungsbeschlusses nicht zu einer erneuten Sachprüfung durch das Gericht. Dennoch können die vorgebrachten Gesichtspunkte im Einzelfall, insbesondere wenn sie die Bedürftigkeit des Antragstellers in einem anderen Licht erscheinen lassen, zu einer Aufhebung der bewilligten PKH von Amts wegen nach § 124 Nr. 1 bis 3 führen. Gegen den **Aufhebungsbeschluss** steht dem Gegner kein Rechtsmittel zu, auch wenn er selbst hiervon mittelbar durch Verlust der Vergünstigung des § 122 Abs. 2 betroffen ist (§ 122 Rn. 19). Wird der Prozessgegner durch andere verfahrensrechtliche Anordnungen im Zusammenhang mit der PKH rechtswidrig beschwert, wie zB durch die Anforderung eines Vorschusses unter Verstoß gegen § 122 Abs. 2, so steht ihm hiergegen ein Beschwerderecht zu.[51] 24

4. Beschwerderecht des Anwalts. Der Rechtsanwalt des Antragstellers hat **kein eigenes Beschwerderecht** gegen die vollständige oder teilweise Verweigerung von PKH für seinen Mandanten. Dies gilt auch für Beschlüsse, mit denen der Bewilligungsbeschluss nach § 120 Abs. 4 abgeändert[52] oder gem. § 124 aufgehoben wird.[53] Für ihn nicht anfechtbar ist die Entscheidung des Gerichts, dass von einer Zahlungs- oder Nachzahlungsanordnung nach §§ 115 Abs. 2, 120 Abs. 4 abgesehen wird.[54] Gegen seine **Beiordnung** oder deren Ablehnung[55] hat der Rechtsanwalt eben- 25

[43] OLG Köln FamRZ 1987, 962.
[44] Hierzu BVerfG NJW 1997, 3318.
[45] OLG Dresden FamRZ 2006, 116; *Musielak/Fischer* Rn. 21; *Zimmermann* Rn. 682 (analog § 321 a Abs. 2: Einlegungsfrist von zwei Wochen).
[46] *Kalthoener/Büttner/Wrobel-Sachs* Rn. 862.
[47] OLG Karlsruhe FamRZ 2005, 49.
[48] *Musielak/Fischer* Rn. 36; *Zimmermann* Rn 718.
[49] OLG Naumburg FamRZ 2007, 917.
[50] BGH NJW 2002, 3554.
[51] *Stein/Jonas/Bork* Rn. 12.
[52] OLG Köln FamRZ 1997, 1283.
[53] OLG Brandenburg JurBüro 1997, 481; OLG Saarbrücken OLGR 2001, 190.
[54] OLG Stuttgart Justiz 1993, 119; OLG Schleswig JurBüro 1998, 92; *Schoreit/Dehn* Rn. 14 .
[55] OLG Düsseldorf JurBüro 1986, 298; OLG Karlsruhe FamRZ 1991, 462.

falls kein eigenes Beschwerderecht (§ 121 Rn. 19). Nach rechtlichem Hinweis können unzulässige Beschwerden des Anwalts in solche namens des Mandanten umgedeutet werden. Dagegen kann der **Anwalt in eigenem Namen** entsprechend §§ 55, 56 RVG Beschwerde einlegen, wenn die Ratenzahlungen nach § 120 Abs. 3 vor Deckung der Differenzgebühr eingestellt werden[56] (§ 120 Rn. 10), da die Festsetzung der Differenzgebühr nach § 50 RVG die Einziehung entsprechender Geldbeträge bei der Partei voraussetzt. Ebenso steht dem Anwalt gem. § 8 Abs. 1 S. 1 JBeitrO die Erinnerung bzw. die Beschwerde gegen Rückzahlungsanordnungen der Staatskasse zu. Der beigeordnete auswärtige Anwalt ist beschwerdeberechtigt, falls seine Beiordnung nur zu den Bedingungen eines am Gerichtsort ansässigen Bevollmächtigten (§ 121 Rn. 17) erfolgt ist.[57] Ebenfalls kann er sich mit der sofortigen Beschwerde dagegen wenden, dass seine bereits ausgesprochene Beiordnung aufgehoben[58] oder einem von ihm gestellten Antrag auf Entpflichtung nach § 48 Abs. 2 BRAO nicht stattgegeben wird.[59] Die Partei hat gegen die Entpflichtung des ihr beigeordneten Rechtsanwalts auf dessen Antrag hin kein Beschwerderecht.[60]

26 **5. Beschwerde der Staatskasse (Abs. 3). a) Grundlagen.** Das durch Gesetz v. 9. 12. 1986 (BGBl. I S. 2326) eingeführte Beschwerderecht der Staatskasse soll dazu beitragen, die stark angestiegenen Aufwendungen der Länder für die PKH (hierzu § 114 Rn. 5) zu verringern. Die Gerichte sollen zu besonderer Sorgfalt bei der Bewilligung von PKH ohne Rückzahlungsanordnung („Nulltarif-Entscheidungen") veranlasst werden.[61] Die Kontrollaufgaben der Staatskasse nimmt hinsichtlich der PKH im Bereich der ordentlichen Gerichtsbarkeit der **Bezirksrevisor** beim Landgericht wahr. Dieser ist Teil der Justizverwaltung und kein unabhängiges Organ wie der Richter oder Rechtspfleger; er ist an Weisungen des Landgerichtspräsidenten gebunden. Weil dem Bezirksrevisor PKH-Bewilligungsentscheidungen in der Regel nicht mitgeteilt werden und eine Anforderung sämtlicher in Betracht kommender Akten den gerichtlichen Ablauf über Gebühr belasten würde, ist er auf **Stichproben** angewiesen. Verfassungsrechtlich ist die Beschränkung des Bezirksrevisors auf Stichproben unbedenklich.[62] Das Recht auf Akteneinsicht durch die Staatskasse ist nicht auf die PKH-Unterlagen beschränkt, sondern umfasst die gesamten Prozessakten.[63]

27 **b) Beschwerdebefugnis.** Die Staatskasse hat ein Beschwerderecht, soweit von der Auferlegung einer Zahlungspflicht aus dem Einkommen und Vermögen abgesehen wurde (Abs. 3 S. 1 und 2). Daher kann der Bezirksrevisor nur rügen, dass solche Zahlungen zu Unrecht nicht angeordnet worden seien, nicht aber. dass die Ratenhöhe zu niedrig bemessen worden sei.[64] Eine von der Staatskasse mit dem Ziel, die Verweigerung von PKH zu erreichen, eingelegte sofortige Beschwerde ist de lege lata nicht zulässig,[65] Ebenso hat die Staatskasse kein Beschwerderecht gegen die nachträglich Erstreckung der PKH auf andere Verfahrensgegenstände[66] oder auf einen gerichtlichen oder außergerichtlichen Vergleich.[67] Dies gilt auch dann, wenn der Bezirksrevisor die Rechtsverfolgung für mutwillig hält.[68] – Zur Entscheidungsbefugnis des Beschwerdegerichts Rn. 30. **Reformbestrebungen** gehen allerdings dahin, die Beschränkung der Beschwerdebefugnis der Staatskasse gegen bewilligende PKH-Entscheidungen zu lockern.[69] Gegen die **Abänderung der Bewilligungsentscheidung nach § 120 Abs. 4** dahingehend, dass keine Zahlungen mehr zu leisten sind,[70] sowie gegen die Ablehnung einer Nachzahlungsanordnung kann der Bezirksrevisor die sofortige Beschwerde einlegen.[71] Auch die

---

[56] OLG Frankfurt/M. JurBüro 1985, 1728; OLG Celle NdsRpfl. 1988, 217; OLG Schleswig JurBüro 1988, 7412; OLG Hamm FamRZ 1989, 412; OLG Düsseldorf MDR 1993, 90; *Büttner* Rpfleger 1997, 347, 350; aA OLG Düsseldorf FamRZ 1986, 1230.

[57] OLG Hamburg FamRZ 2000, 1227; OLG Brandenburg FamRZ 2000, 1385; OLG Oldenburg FamRZ 2003, 107; OLG Köln FamRZ 2005, 2008; OLG Stuttgart FamRZ 2007, 1111.

[58] OLG Karlsruhe NJW-RR 1996, 1339; OLG Brandenburg FamRZ 2004, 213; *Schoreit/Dehn* Rn. 17; aA 2. Aufl. Rn. 40; OLG Naumburg FamRZ 2007, 916.

[59] OLG Zweibrücken NJW 1988, 570; OLG Karlsruhe FamRZ 1999, 306.

[60] OLG Frankfurt a. M. MDR 1989, 168; aA *Schoreit/Dehn* Rn. 17.

[61] BVerfG NJW 1995, 581.

[62] BVerfG NJW 1995, 581.

[63] OLG Karlsruhe Rpfleger 1988, 424.

[64] OLG Dresden FamRZ 1997, 1287.

[65] BGH NJW 1993, 135; KG FamRZ 2000, 838; OLG Brandenburg FamRZ 2002, 1714; LG Hamburg ZInsO 2000, 118.

[66] OLG Karlsruhe NJW-RR 1998, 1085.

[67] OLG Koblenz JurBüro 2004, 383.

[68] OLG Oldenburg FamRZ 1996, 1428.

[69] BT-Drucks. 16/1994, S. 7, 32.

[70] OLG Schleswig OLGR 1999, 254.

[71] OLG Nürnberg FamRZ 1995, 1592.

Staatskasse ist auf die Wahrnehmung der im Gesetz vorgesehenen Rechtsmittel beschränkt. Eine **außerordentliche Beschwerde** wegen „greifbarer Gesetzwidrigkeit" steht ihr so wenig zu wie dem Antragsteller (Rn. 20).[72] Der Hinweis auf § 321a kann dieses Ergebnis zwar nicht begründen, weil der Staatskasse vor Bewilligung von PKH kein rechtliches Gehör zu gewähren ist. Sie ist jedoch nicht Grundrechtsträgerin, weshalb ein unter diesem Aspekt anzuerkennendes Bedürfnis für die Umgehung von § 127 Abs. 3 S. 1 nicht ersichtlich ist.

c) Beschwerdefrist. Die Frist von einem Monat (Rn. 18) gilt auch für die **sofortige Beschwerde der Staatskasse** gegen die Bewilligung ratenfreier PKH. Nach Abs. 3 S. 3 beginnt für die Staatskasse die Notfrist allerdings mit der Bekanntgabe des Beschlusses zu laufen, spätestens jedoch fünf Monate nach dessen Erlass (Rn. 18). Die Monatsfrist beginnt außerdem zu laufen, wenn der Bezirksrevisor von dem Bewilligungsbeschluss Kenntnis erlangt, etwa im Rahmen einer Aktenanforderung. Dieser Zeitpunkt sollte daher in der Akte festgehalten werden.[73] Daneben ist beim Beschwerderecht der Staatskasse die **Ausschlussfrist von drei Monaten** ab der Verkündung, ersatzweise ab der Übergabe der unterschriebenen Entscheidung an die Geschäftsstelle zu beachten (Abs. 3 S. 4, 5).[74] Dieser Zeitpunkt sollte deshalb auf der Urschrift des Bewilligungsbeschlusses vermerkt werden. Wird die Entscheidung über die Zahlung von Raten im PKH-Bewilligungsbeschluss unzulässigerweise (§ 120 Rn. 3) zurückgestellt, dann beginnt die Dreimonatsfrist erst mit dem nachträglichen Absehen von Zahlungsanordnungen, spätestens aber mit der die Instanz abschließenden Hauptsacheentscheidung.[75] 28

d) Abhilfe. Hilft das Gericht, das den Beschluss erlassen hat, der Beschwerde der Staatskasse teilweise ab, indem es zwar Zahlungen anordnet, deren Höhe aber niedriger bemisst als dies der Bezirksrevisor verlangt, dann wird die Beschwerde der Staatskasse insgesamt unzulässig.[76] Hebt das Gericht auf eine sofortige Beschwerde des Antragstellers im Abhilfeverfahren die Zahlungspflicht auf, so steht der Staatskasse hiergegen die sofortige (Erst-) Beschwerde zu.[77] Umgekehrt ist der **Antragsteller beschwerdeberechtigt,** wenn das Gericht einer sofortigen Beschwerde der Staatskasse abhilft und Zahlungsanordnungen erstmals trifft. Weil es sich um eine Erstbeschwerde des Antragsteller handelt, ist nach § 572 Abs. 1 zunächst über die Abhilfe zu entscheiden.[78] Der Bezirksrevisor ist ebenfalls zu beteiligen. 29

6. Entscheidung des Beschwerdegerichts. a) Grundlagen. Im Beschwerdeverfahren nach Abs. 2 (Antragsteller, Anwalt) und 3 (Staatskasse) entscheidet grundsätzlich der **originäre Einzelrichter** (§ 568), wenn der angefochtene PKH-Beschluss von einem Einzelrichter getroffen wurde. Hat die Sache **rechtsgrundsätzliche Bedeutung** oder weist diese besondere Schwierigkeiten tatsächlicher oder rechtlicher Art auf, so ist sie auf die Kammer bzw. den Senat zu übertragen. Wie in erster Instanz (§ 114 Rn. 108ff.) ist der **Erkenntnisstand** des Gerichts im Zeitpunkt der Entscheidung über die Beschwerde maßgebend.[79] Die Entscheidung über die sofortige Beschwerde ergeht durch **Beschluss,** der dem Beschwerdeführer zuzustellen und den übrigen Beteiligten in gleicher Weise wie die Erstentscheidung bekannt zu machen ist. Die Beschwerdeentscheidung sollte auch bei Nichtzulassung der Rechtsbeschwerde begründet werden. Dies hat Bedeutung für den Fortgang des Hauptsacheverfahrens, wenn bei der Prüfung der Erfolgsaussicht Tatsachen- oder Rechtsfragen durch das Beschwerdegericht abweichend vom angefochtenen Beschluss beurteilt werden. Aber auch dann, wenn das Beschwerdegericht die **persönlichen oder wirtschaftlichen Verhältnisse** des Antragstellers anders beurteilt es der Beschwerde stattgibt und PKH bewilligt, sollte dies im Hinblick auf mögliche spätere Abänderungen nach § 120 Abs. 4 begründet werden. Wird die sofortige Beschwerde zurückgewiesen und sind keine neuen Gesichtspunkte geltend gemacht, so kann auf die Gründe des angefochtenen Beschlusses sowie des Vorlagebeschlusses Bezug genommen werden. 30

b) Prüfungsumfang. Das Beschwerdegericht kann den PKH-Beschluss nur in dem Umfang überprüfen und ggf. abändern, in dem er angefochten ist. Richtet sich die sofortige Beschwerde des Antragstellers nur gegen die Auferlegung einer Zahlungspflicht auf Prozesskosten oder gegen deren 31

---

72 *Musielak/Fischer* Rn. 11; aA OLG Karlsruhe NJW-RR 1998, 1085; OLG Brandenburg FamRZ 2002, 1714; LAG Hamm LAGE § 127 ZPO Nr 26; s. a. KG FamRZ 2000, 838.

73 *Musielak/Fischer* Rn. 12.

74 Hierzu *Musielak/Fischer* Rn. 12.

75 OLG Nürnberg FamRZ 1995, 751.

76 OLG Nürnberg FamRZ 1988, 1079; OLG Dresden FamRZ 1997, 1287; OLG Brandenburg FamRZ 2007, 917; *Kalthoener/Büttner/Wrobel-Sachs* Rn. 876.

77 *Kalthoener/Büttner/Wrobel-Sachs* Rn. 876.

78 LAG Baden-Württemberg LAGE § 572 ZPO 2002 Nr 1.

79 OLG Koblenz JurBüro 1990, 751.

Höhe, so ist die Frage der Erfolgsaussicht durch das Beschwerdegericht nicht zu überprüfen.[80] Entsprechendes gilt, wenn sich die sofortige Beschwerde nur gegen die Ablehnung der Anwaltsbeiordnung richtet.[81] Die eingeschränkte Beschwerdebefugnis der **Staatskasse** (Rn. 27) begrenzt auch den Entscheidungsspielraum des Beschwerdegerichts. Eine vollständige Aufhebung der PKH-Bewilligung kann auf die sofortige Beschwerde des Bezirksrevisors nicht erfolgen, sondern allenfalls die Auferlegung einer Zahlungspflicht auf die Prozesskosten.[82] Diese kann auch rückwirkend erfolgen, wegen des **Vertrauensschutzes** für den PKH-Berechtigten allerdings nur ab dem Zeitpunkt dessen Kenntniserlangung von der Beschwerde der Staatskasse.[83]

32 Stets ist das **Verbot der reformatio in peius** zu beachten.[84] Richtet sich zB die sofortige Beschwerde des Antragstellers gegen die Höhe der monatlichen Raten, so kann das Beschwerdegericht weder höhere Raten[85] noch anderweitige Zahlungen aus dem Vermögen anordnen oder gar die PKH-Bewilligung mangels Erfolgsaussicht aufheben. Das Verbot der reformatio in peius betrifft allerdings nicht die Begründung der Beschwerdeentscheidung, so dass das Gericht die sofortige Beschwerde gegen einen Beschluss, durch den PKH mangels Bedürftigkeit verweigert worden ist, wegen fehlender Erfolgsaussicht zurückweisen kann;[86] dies gilt auch dann, wenn der angefochtene Beschluss hierzu keine Ausführungen enthält.

33 **c) Zurückverweisung.** Das Beschwerdegericht kann den angefochtenen Beschluss aufheben und das Verfahren statt einer eigenen Sachentscheidung an das Prozessgericht zurückverweisen (§ 572 Rn. 28). Dies ist dann geboten, wenn das Ausgangsgericht PKH ohne Prüfung der Erfolgsaussicht bereits wegen fehlender Bedürftigkeit versagt hat. Beurteilt das Beschwerdegericht diese Frage anders, so hat es nach Berechnung einer etwaigen Ratenzahlungspflicht ohne Entscheidung in der Sache das Verfahren zur **Prüfung der Erfolgsaussicht und nochmaliger Entscheidung über das PKH-Gesuch** an das Ausgangsgericht zurück zu verweisen. Gibt das Beschwerdegericht der Beschwerde gegen die Verweigerung von PKH statt und ist die Beiordnung eines vom Vorsitzenden zu bestimmenden Rechtsanwalts beantragt, so kann es sinnvoll sein, dass das Beschwerdegericht PKH, ggf. unter Zahlungsanordnung, bewilligt und die Auswahl und Beiordnung eines Anwalts dem Prozessgericht überlässt. Von den genannten Fällen abgesehen sollte die Zurückverweisung im Rahmen der PKH-Beschwerde im Interesse der gebotenen Beschleunigung eine seltene Ausnahme bleiben. Das erstinstanzliche Gericht ist im Rahmen der weiteren PKH-Prüfung **an die Beschwerdeentscheidung gebunden.** Eine Bindung im Hauptsacheverfahren besteht hingegen nicht.[87]

34 **d) Kosten.** Wird die Beschwerde verworfen oder zurückgewiesen, so fällt eine **Gerichtsgebühr** in Höhe von 50 Euro nach KV Nr. 1811 zum GKG an, die vom Beschwerdeführer kraft Gesetzes zu tragen ist.[88] Ein Ausspruch in der Beschwerdeentscheidung ist nur dann erforderlich, wenn das Gericht bei Teilerfolg der sofortigen Beschwerde von der Möglichkeit Gebrauch macht, nach billigem Ermessen die Gebühr auf die Hälfte zu ermäßigen oder von deren Erhebung ganz abzusehen. Ist der Beschwerdeführer zahlungsunfähig, so kann vom Kostenansatz abgesehen werden (§ 10 KostVfg). Hierüber entscheidet der Kostenbeamte. Der **Streitwert** muss nur wegen der Anwaltsgebühren festgesetzt werden. Dabei ist entsprechend RVG-VV Nr. 3335 der Wert der Hauptsache maßgebend. – Zum Ausschluss der PKH-Bewilligung für das Beschwerdeverfahren Rn. 1.

35 Eine **Erstattung außergerichtlicher Kosten** ist nach Abs. 4 ausgeschlossen. Daher ergeht die Beschwerdeentscheidung ohne Ausspruch hierüber, gleichgültig, ob die sofortige Beschwerde Erfolg hat oder erfolglos bleibt. Dies gilt auch für die erfolglose Beschwerde der Staatskasse.[89] Dem im Beschwerdeverfahren tätigen Rechtsanwalt steht nach RVG-VV Nr. 3500 eine 0,5 Gebühr zu (§ 118 Rn. 22f.), die von seiner Partei zu tragen ist. Findet im PKH-Beschwerdeverfahren ausnahmsweise ein Termin statt, so kann der Anwalt nach RVG-VV Nr. 3513 eine weitere 0,5 Gebühr und bei Zustandekommen eines Vergleichs eine 1,0 Einigungsgebühr nach RVG-VV Nr. 1003 berechnen. Eine Erstattung der Kosten des PKH-Beschwerdeverfahrens findet auch dann

---

80 BayObLG FamRZ 1991, 1339.
81 OLG Köln FamRZ 1999, 1146.
82 AA OLG Bamberg JurBüro 1987, 1712; *Stein/Jonas/Bork* Rn 24.
83 OLG Karlsruhe FamRZ 2006, 1614; *Zimmermann* Rn. 698.
84 OLG Köln FamRZ 1987, 616; BayObLG FamRZ 1991, 1339; OLG Koblenz FamRZ 1999, 997; *Stein/Jonas/Bork* Rn. 24.
85 OLG Celle FamRZ 1993, 1334.
86 *Kalthoener/Büttner/Wrobel-Sachs* Rn. 899.
87 *Kalthoener/Büttner/Wrobel-Sachs* Rn. 900.
88 *Kalthoener/Büttner/Wrobel-Sachs* Rn. 904.
89 So schon zu § 127 aF OLG Bamberg JurBüro 1985, 603; aA OLG Nürnberg NJW-RR 1987, 1201.

nicht statt, wenn die **Partei oder der Gegner in der Hauptsache obsiegt** und dem Unterliegenden die Kosten des Rechtsstreits nach § 91 auferlegt werden. Auch hier steht einer Kostenerstattung der klare Wortlaut des Abs. 4 entgegen.[90] Die **Gegenansicht**[91] beschränkt den Ausschluss der Kostenerstattung auf das PKH-Beschwerdeverfahren selbst, wo es an einer Gegnerstellung der anderen Partei fehle und allenfalls die Staatskasse als Gegnerin in Betracht komme. Diese Auffassung ist zwar von der Gesetzessystematik her zutreffend. Ein weitergehender Schutz der bedürftigen Partei vor Erstattungsansprüchen des (späteren) Prozessgegners in Übereinstimmung mit § 118 Abs. 1 S. 4 (dazu § 118 Rn. 24) ist damit nicht ausgeschlossen. Die Beteiligung der anderen Partei am Beschwerdeverfahren nach § 127 Abs. 2 dient – anders als beispielsweise die Einholung eines Privatgutachtens – nicht dessen Prozessvorbereitung. Sie dient vielmehr – in Übereinstimmung mit § 118 Abs. 1 S. 1 – der Gewährung des rechtlichen Gehörs (§ 118 Rn. 7). Weil § 127 Abs. 4 auch Kostenerstattungsansprüche der bedürftigen Partei ausschließt, ergibt sich insoweit kein erhöhtes Kostenrisiko für den (späteren) Prozessgegner.

e) Zulassung der Rechtsbeschwerde. Ein Ausspruch über die Rechtsbeschwerde ist nur im Fall der Zulassung erforderlich; fehlt ein solcher, ist der Beschluss des Beschwerdegerichts so auszulegen, dass die Rechtsbeschwerde nicht zugelassen ist.[92] In PKH-Sachen ist bei der Zulassung allerdings Vorsicht geboten. Die Rechtsbeschwerde sollte nur wegen solcher Fragen zugelassen werden, die das **Verfahren selbst oder die persönlichen oder wirtschaftlichen Voraussetzungen** der Bewilligung betreffen. Wirft die Prüfung der Erfolgsaussicht Fragen auf, die einer Klärung durch höchstrichterliche Entscheidung bedürfen, so ist von bestehender Erfolgsaussicht auszugehen, weil das PKH-Prüfverfahren nicht dazu dient, derartige Grundsatzfragen zu klären (§ 114 Rn. 66). Daher kann PKH auch im Verfahren der sofortigen Beschwerde unter diesem Gesichtspunkt nicht versagt werden.[93] Mit der Zulassung der Rechtsbeschwerde zu Fragen der Erfolgsaussicht widerlegt das Beschwerdegericht also die Richtigkeit seiner eigenen Entscheidung. Dies hat die Aufhebung der angegriffenen Entscheidung durch den BGH ohne nähere Sachprüfung und Zurückverweisung an die Vorinstanz zur Folge. Gleiches gilt, wenn der **Einzelrichter** gem. § 568 S. 1 – wie regelmäßig der Fall (Rn. 30) – über die sofortige Beschwerde entscheidet. Misst er einer Sache rechtsgrundsätzliche Bedeutung bei, so muss er diese gem. § 568 S. 2 auf die Kammer bzw. den Senat übertragen. Unterbleibt dies und lässt der Einzelrichter in seinem Beschluss zur Sache die Rechtsbeschwerde zu, so ist die Zulassung zwar wirksam. Die Entscheidung unterliegt jedoch wegen fehlerhafter Besetzung des Beschwerdegerichts (Art. 101 Abs. 1 S. 1 GG) in jedem Fall der Aufhebung.[94] 36

7. Rechtsbeschwerde in PKH-Sachen. Entscheidet das LG oder das OLG über eine sofortige Beschwerde, so ist im Fall der Zulassung durch das Beschwerdegericht (Rn. 36) die Rechtsbeschwerde zum BGH (§ 133 GVG) eröffnet. Dies gilt auch, wenn das LG oder OLG über die PKH für ein bei ihm anhängiges Berufungs- oder Beschwerdeverfahren nach § 621 e entschieden hat (§ 574 Abs. 1 Nr. 2). Eine Nichtzulassungsbeschwerde sieht das Gesetz nicht vor, allerdings kann die Zulassungsentscheidung nachgeholt werden.[95] Die **Umdeutung** einer mangels Zulassung nicht eröffneten Rechtsbeschwerde in eine Rüge iSv § 321 a kommt dann in Betracht, wenn die Verletzung eines Verfahrensgrundrechts des Betroffenen behauptet wird.[96] Die Bewilligung von PKH kann **seitens des Prozessgegners** selbst bei irrtümlicher Zulassung der Rechtsbeschwerde **nicht angefochten** werden.[97] Ansonsten ist der BGH gem. § 574 Abs. 3 S. 2 selbst an eine **rechtsfehlerhafte Zulassung** gebunden.[98] Dies gilt auch in Familiensachen der freiwilligen Gerichtsbarkeit, wenn es um Fragen des Verfahrens der PKH oder der persönlichen Voraussetzungen ihrer Bewilligung geht.[99] – Zur fehlerhaften Zulassung betreffend Fragen der Erfolgsaussicht Rn 36. Für die **Einlegung der Rechtsbeschwerde** ist die Notfrist von einem Monat, gerechnet ab Zustellung des anzufechtenden Beschlusses (§ 575 Abs. 1 S. 1) zu beachten. Für die Beschwerdebefugnis der **Staatskasse** gelten die Beschränkungen des Abs. 3 (Rn. 27) entsprechend. Vom Grundsatz, dass für 37

---

[90] OLG München NJW-RR 2001, 1437; OLG Hamburg MDR 2002, 910; *Zöller/Philippi* Rn. 39; *Thomas/Putzo/Reichold* Rn. 11.
[91] *Wax* FPR 2002, 471, 474.
[92] BayObLG FamRZ 2005, 917.
[93] BGH NJW 2003, 1126; AGS 2003, 213; VersR 2006, 718.
[94] St. Rspr. des BGH, s. NJW 2003, 1254; NJW 2004, 448; NJW-RR 2004, 1714; FamRZ 2004, 363; VersR 2006, 718.
[95] BGH NJW 2004, 2529; *Kalthoener/Büttner/Wrobel-Sachs* Rn. 907.
[96] BayObLG FamRZ 2005, 917.
[97] BGH NJW 2002, 3554.
[98] BGH AGS 2003, 213.
[99] BGH FamRZ 2005, 790.

das PKH-Verfahren keine PKH zu bewilligen ist (Rn. 15 und § 114 Rn. 32), macht der BGH für das Verfahren der Rechtsbeschwerde eine Ausnahme,[100] weil diese nur durch einen dort zugelassenen Rechtsanwalt eingelegt werden kann. Wird die Rechtsbeschwerde zurückgewiesen oder verworfen, so beträgt die **Gerichtsgebühr** nach KV Nr. 1823 zum GKG 100 Euro. Auch hier besteht die Möglichkeit der Gebührenermäßigung (vgl. Rn 34). Eine **Kostenerstattung** ist in analoger Anwendung von Abs. 4 ausgeschlossen.[101]

§ 127 a Prozesskostenvorschuss in einer Unterhaltssache

(1) In einer Unterhaltssache kann das Prozessgericht auf Antrag einer Partei durch einstweilige Anordnung die Verpflichtung zur Leistung eines Prozesskostenvorschusses für diesen Rechtsstreit unter den Parteien regeln.

(2) [1]Die Entscheidung nach Absatz 1 ist unanfechtbar. [2]Im Übrigen gelten die §§ 620 a bis 620 g entsprechend.

I. Normzweck

1 Die Vorschrift vereinfacht und beschleunigt die Durchsetzung von Ansprüchen auf Zahlung eines PKV **in isolierten Unterhaltssachen.** Soweit dem PKH-Antragsteller ein auf zumutbare Weise realisierbarer Anspruch auf PKV zusteht, kommt die Bewilligung von PKH nicht oder nur mit Zahlungsanordnung in Betracht (§ 115 Rn. 79). Insoweit besteht ein Zusammenhang mit der PKH, was die Stellung der Vorschrift bei den Vorschriften über die PKH erklärt Gesetzessystematisch handelt es sich allerdings um reines Familienprozessrecht, auch weil eine Anwendung auf andere als unterhaltsrechtliche Streitigkeiten nicht möglich ist.

II. Konkurrenzen

2 Der Anspruch auf Leistung eines PKV für eine Unterhaltssache ist seinerseits ebenfalls eine Ausprägung des Unterhaltsanspruchs (vgl. § 115 Rn. 80), so dass sich die Regelungsbereiche von § 644 und § 127 a überschneiden Allerdings ist letztgenannte Vorschrift lex specialis gegenüber § 644, soweit es um den PKV für einen Unterhaltsprozess gegen den Vorschusspflichtigen (vgl. Rn. 5) geht. Für familienrechtliche Verfahren, die nicht den Unterhalt betreffen, enthalten die §§ 620 Nr. 10, 621 f eigene Vorschriften über die Geltendmachung des PKV durch einstweilige Anordnung. Ist zwischen den Parteien eine **Ehesache anhängig** oder der Antrag auf Bewilligung von PKH für eine Ehesache eingereicht, so gehen die §§ 620 ff. für die in § 620 Nr. 4 (Kindesunterhalt für Minderjährige) und 6 (Ehegattenunterhalt) genannten Unterhaltssachen § 127 a vor.[1] Soweit die Voraussetzungen der einstweiligen Anordnung nach dieser Vorschrift vorliegen, also ab Anhängigkeit einer isolierten Unterhaltsklage oder Einreichung eines PKH-Gesuchs für diese (Rn. 4), ist ein Antrag auf Erlass einer **einstweiligen Verfügung** unzulässig.[2] Die **Klage auf Zahlung eines PKV** bleibt auch dann zulässig, wenn die Voraussetzungen des § 127 a vorliegen.[3]

3 Auch wenn der PKV zur Finanzierung eines **Rechtsstreits vor den allgemeinen Zivilgerichten** (oder einer anderen Gerichtsbarkeit) dienen soll, ist für seine Geltendmachung stets das **Familiengericht** zuständig (§ 23 b Abs. 1 Nr. 5 und 6 GVG). Im Rahmen einer solchen Hauptsacheklage auf PKV vor dem Familiengericht kann der Berechtigte einstweiligen Rechtsschutz über § 644 erlangen. Dies hat Bedeutung, wenn ihm Rechtsnachteile bei seiner Rechtsverfolgung vor dem Zivilgericht drohen, falls er mit der Zahlung des Gerichtskosten- oder Anwaltsgebührenvorschusses zuwartet, bis er vor dem Familiengericht im Klagverfahren über PKV ein Urteil erstritten hat. § 644 – und nicht § 127 a – ist auch anzuwenden, wenn der Vorschuss zwar zur Finanzierung eines Unterhaltsprozesse dienen soll, sich dieser jedoch **gegen einen Dritten** richtet (Rn. 5). Dies ist beispielsweise der Fall, wenn ein Kind Unterhalt von einem Elternteil verlangt und der andere Elternteil hierfür PKV schuldet, sich aber weigert, diesen aufzubringen. Zur alsbaldigen Finanzierung dieses „Kostendeckungsprozesses" gegen den Vorschusspflichtigen kann durch den Kläger wiederum PKV im Wege der einstweiligen Anordnung nach § 127 a verlangt werden.

---

[100] BGH NJW 2003, 1192.
[101] BGH NJW 2006, 1597, 1598; *Musielak/Fischer* Rn. 29.
[1] OLG Düsseldorf AnwBl. 1999, 296.
[2] BGH FamRZ 1979, 472; OLG Düsseldorf FamRZ 1999, 1215; OLG Karlsruhe FamRZ 2000, 106.
[3] BGH FamRZ 1979, 472; *Musielak/Borth* Rn. 6; *Zöller/Philippi* § 621 f Rn. 2.

III. Prozesskostenvorschuss für die Unterhaltssache

1. Verhältnis zum Hauptsacheverfahren. Wie jede einstweilige Anordnung setzt auch das Anordnungsverfahren nach § 127a die **Anhängigkeit eines Hauptsacheverfahrens** voraus,[4] auf das sich die Anordnung bezieht. Nach Abs. 1 ist dies die konkrete Unterhaltssache, zu deren Durchführung der PKV verlangt wird. Ein Vorschuss für ein anderes als das anhängige Verfahren, gleichgültig ob Unterhaltssache oder nicht, kann nicht nach § 127a geltend gemacht werden. Nach Abs. 2 iVm. dem entsprechend anwendbaren § 620a Abs. 2 genügt, dass ein Antrag auf PKH für die Durchführung der Unterhaltssache eingereicht ist.[5] Beantragt eine Partei PKH und gleichzeitig den Erlass einer einstweiligen Anordnung nach § 127a, so ist über diese **vorab zu entscheiden,** da ein durchsetzbarer Anspruch auf Zahlung eines PKV der Bewilligung von PKH vorgeht (§ 115 Rn. 79). Wird dem Verpflichteten auferlegt, den **Vorschuss in monatlichen Raten** zu bezahlen (hierzu § 115 Rn. 79), so bewilligt das Gericht anschließend PKH mit einer Ratenzahlungspflicht des Antragstellers in entsprechender Höhe. Eine direkte Zahlungspflicht des PKV-Pflichtigen an die Staatskasse besteht nicht.[6] 4

2. Unterhaltssachen. Unterhaltssachen sind alle Verfahren, die einen gesetzlichen oder vertraglichen Unterhaltsanspruch zum Gegenstand haben, also nicht nur die unterhaltsrechtlichen Familiensachen des § 23b Abs. 1 Nr. 5 und 13 GVG, sondern jedes Verfahren über einen Anspruch unterhaltsrechtlicher Art. Auch **Auskunfts- oder Stufenklagen** sind deshalb Unterhaltssachen,[7] ferner der Anspruch auf **PKV** selbst.[8] Daher kann der Antrag auf Zahlung eines PKV für das beabsichtigte Hauptsacheverfahren mit dem Antrag auf Zahlung eines Vorschusses für das Anordnungsverfahren selbst verbunden werden. Ebenso zählen zu den Unterhaltssachen Rechtsstreitigkeiten über die **Rückgewähr von Leistungen,** die zur Erfüllung einer Unterhaltspflicht erbracht worden sind,[9] einschließlich des Anspruchs auf Rückzahlung eines PKV.[10] Unterhaltssachen sind ferner Verfahren zur **Abänderung von Unterhaltstiteln** nach § 323 und die **Vollstreckungsgegenklage** gegen einen Unterhaltstitel nach § 767, sowie Verfahren zur Durchsetzung von Unterhaltsansprüchen, die auf Dritte übergegangen, an Dritte abgetreten oder von Dritten gepfändet[11] worden sind. Auch die **Zwangsvollstreckung** aus einem Unterhaltstitel[12] ist Unterhaltssache, jedoch kommt insoweit eine einstweilige Anordnung nach § 127a regelmäßig nicht in Betracht, da die Kosten der Zwangsvollstreckung nach § 788 ohne weiteres auf Grund des Unterhaltstitels zusammen mit der Hauptforderung beigetrieben werden können. 5

Keine Unterhaltssachen sind Rechtsstreitigkeiten zwischen Ehegatten über die Mitwirkung bei der Einkommensteuerveranlagung[13] oder über den internen Ausgleich von Steuerrückerstattungen.[14] Auch die Drittwiderspruchsklage gegen die Vollstreckung in einen bestimmten Gegenstand auf Grund eines Unterhaltstitels ist keine Unterhaltssache,[15] ebenso wenig ein Rechtsstreit, in dem gegen einen anderen Anspruch lediglich mit einem Unterhaltsanspruch aufgerechnet werden soll.[16] Auch der Gesamtschuldnerausgleich unter Ehegatten nach § 426 BGB gehört nicht zu den Unterhaltsachen. 6

3. Materiellrechtlicher Anspruch. § 127a gibt keinen Anspruch auf einen PKV in Unterhaltssachen, vielmehr setzt der Erlass einer einstweiligen Anordnung einen entsprechenden Anspruch voraus.[17] Als **Anspruchsgrundlagen** für den materiellrechtlichen Anspruch auf PKV kommen insbesondere die §§ 1360a Abs. 4, 1361 Abs. 4 S. 4 und 1601 ff. BGB, aber auch § 1615l BGB[18] in Betracht. Insoweit kann auf die Ausführungen bei § 115 Rn. 80 ff. verwiesen werden. Der Anspruch des getrennt lebenden Ehegatten auf PKV und die zu seiner Durchsetzung bestimm- 7

---

[4] *Musielak/Borth* Rn. 12, ganz hM.

[5] BGH FamRZ 1979, 472; *Stein/Jonas/Bork* Rn. 5; *Zöller/Philippi* § 621f Rn. 15; aA *Musielak/Borth* Rn. 12 unter Hinweis auf die Subsidiarität von PKH gegenüber dem PKV.

[6] Vgl. OLG Köln FamRZ 1988, 1300.

[7] OLG Zweibrücken FamRZ 1998, 490 und 1288.

[8] OLG Koblenz FamRZ 1982, 402.

[9] BGH FamRZ 1979, 472.

[10] OLG Zweibrücken FamRZ 1981, 1090.

[11] OLG Hamm FamRZ 1985, 407.

[12] OLG Hamburg FamRZ 1981, 980.

[13] BayObLG FamRZ 1985, 947.

[14] OLG Düsseldorf FamRZ 1985, 82.

[15] OLG Hamburg FamRZ 1984, 804; vgl. auch OLG Frankfurt/M. FamRZ 1985, 403.

[16] BayObLG FamRZ 1985, 1057.

[17] OLG Karlsruhe FamRZ 1981, 1195; OLG Oldenburg FamRZ 1982, 384, 386; *Musielak/Borth* Rn. 7.

[18] Dazu *Musielak/Borth* Rn. 8.

te einstweilige Anordnung können auch dahin gehen, an der Verwertung von in einem gemeinsamen Schließfach lagernden Vermögensgegenständen (zB: Schmuck) zum Zwecke der Prozessfinanzierung mitzuwirken.[19] In Fällen mit **Auslandsberührung** richtet sich das Bestehen eines Anspruchs auf PKV auch im Verfahren der einstweiligen Anordnung nach Art. 18 EGBGB iVm. dem jeweils anzuwendenden Sachrecht.[20] Sieht dieses keinen Anspruch auf PKV vor, so ist für die Durchführung eines Verfahrens nach § 127a kein Raum. Die tatbestandlichen Voraussetzungen des Anspruchs auf Zahlung eines PKV sind vom Antragsteller nach Abs. 2 iVm. § 620a Abs. 2 S. 3 glaubhaft zu machen (Rn. 12).

IV. Persönlicher Geltungsbereich

8 **1. Parteien des Unterhaltsprozesses.** Antragsberechtigt ist jede **Partei in einer Unterhaltssache**, also sowohl der Kläger als auch der Beklagte. Letzteres ist zwar die Ausnahme, aber durchaus möglich, so etwa dann, wenn ein auf Abänderung eines Unterhaltstitels nach § 323 in Anspruch genommener Unterhaltsberechtigter gegen den klagenden Unterhaltsverpflichteten einen Anspruch auf PKV zur Rechtsverteidigung gegen die Abänderungsklage geltend macht. Gegner des Antrags kann nur der Gegner der Hauptsache (Rn. 3) sein, da § 127a nur die Regelung der Verpflichtung zur Leistung eines PKV **unter den Parteien** erlaubt.

9 **2. PKV-Anspruch gegen Dritte.** Soll ein Dritter auf Leistung eines PKV für eine Unterhaltssache in Anspruch genommen werden, so hat dies durch gesonderte Klage gegen diesen und in eiligen Fällen zusätzlich im Wege der einstweiligen Anordnung nach § 644 (dazu Rn. 3) zu geschehen. Der **Rechtsnachfolger** des Unterhaltsgläubigers kann einen Antrag nach § 127a mit Aussicht auf Erfolg nur dann stellen, wenn er selbst einen den PKV einschließenden Unterhaltsanspruch gegen den Schuldner hat, was in der Praxis nur selten der Fall ist.[21]

10 **3. Prozessstandschaft.** Bei der Prozessstandschaft kommt es darauf an, ob unter den **Parteien des Hauptsacheverfahrens** gleichzeitig ein materiellrechtlicher Anspruch auf Leistung eines PKV besteht. Ob dem Rechtsinhaber, dessen Recht der Prozessstandschafter geltend macht, ein solcher Anspruch zusteht, ist unerheblich, da § 127a eine Regelung nur unter den Parteien des Hauptsacherechtsstreits gestattet (Rn. 3). Dies gilt ohne Einschränkung auch in Fällen des § 1629 Abs. 3 BGB, in denen der betreuende Elternteil **Unterhaltsansprüche des Kindes** in eigenem Namen geltend macht.[22] Wie bei der Prüfung der Bedürftigkeit nach §§ 114, 115 (siehe § 114 Rn. 48) ist auch hinsichtlich des Anspruchs auf PKV ausschließlich auf die **Verhältnisse der klagenden Partei** abzustellen. Auch das Argument, neben dem geltend gemachten Unterhaltsanspruch beziehe sich die gesetzliche Prozessstandschaft auch auf den PKV-Anspruch des Kindes, daher komme es sowohl auf die finanziellen Verhältnisse des Elternteils wie des Kindes an,[23] führt zu keinem anderen Ergebnis. Weil das Kind durch § 1629 Abs. 3 BGB der Notwendigkeit enthoben wird, den Unterhaltsprozess selbst zu führen, hat es auch **keinen Bedarf** in Bezug auf dessen Finanzierung. Damit entsteht bei diesem kein PKV-Anspruch, weil auch insoweit §§ 1602, 1610 BGB gelten. Der somit allein maßgebliche PKV-Anspruch des **Elternteils** kann sich aus § 1360a Abs. 4 BGB ergeben. Dieser endet zwar mit der Rechtskraft der Scheidung (§ 115 Rn. 80); damit entfällt jedoch zugleich eine Voraussetzung des § 1629 Abs. 3 BGB. Außerdem gilt: Ist der als Prozessstandschafter klagende Elternteil in der Lage, den Prozess selbst zu finanzieren, so wäre regelmäßig auch ein PKV-Anspruch des Kindes gegen diesen gegeben. Im Ergebnis besteht daher für eine Entlastung des Prozessstandschafters und Vorfinanzierung des Rechtsstreits durch den Prozessgegner auch nach Sinn und Zweck von § 1629 Abs. 3 BGB keine Notwendigkeit. Kostenansprüche gegen den Unterhaltspflichtigen richten sich daher ausschließlich nach §§ 91ff. entsprechend dem Prozessausgang.

V. Verfahren

11 **1. Zuständigkeit.** Zuständig für die Entscheidung über den Antrag nach § 127a ist das **Prozessgericht,** das über die Unterhaltssache, für die der PKV verlangt wird, zu entscheiden hat. Über den Antrag auf Zahlung eines PKV für ein **Rechtsmittelverfahren** hat das Rechtsmittelgericht zu

---

[19] OLG Zweibrücken FamRZ 2002, 1200.

[20] Hierzu § 115 Rn. 81; für die Anwendung deutschen Rechts im Anordnungsverfahren OLG Karlsruhe FamRZ 1986, 485 (Ls) = Justiz 1986, 48; OLG Stuttgart FamRZ 1988, 758; 2. Aufl. Rn. 9; gegen einen Rückgriff auf Art. 18 Abs. 2 EGBGB KG FamRZ 1988, 167 m. zust. Anm. *v. Bar* IPRax 1988, 220.

[21] Vgl. *Musielak/Borth* Rn. 5.

[22] AA *Musielak/Borth* Rn. 5; *Zöller/Philippi* § 621f Rn. 8; 2. Aufl. Rn. 12.

[23] *Schwab/Maurer/Borth* I Rn. 149.

entscheiden. Voraussetzung ist, dass die Rechtsmittelschrift eingereicht oder ein Antrag auf PKH zur Durchführung des Rechtsmittelverfahrens gestellt ist; insoweit gelten die Ausführungen zu Rn. 4 entsprechend.

2. Weiteres Verfahren. Der Antrag auf PKV muss **vor Abschluss der Instanz** gestellt werden, wie sich aus dem Begriff Vorschuss bereits ergibt.[24] Nach Abs. 2 sind die §§ 620a bis 620g auf das weitere Verfahren entsprechend anzuwenden. Wegen der Einzelheiten kann auf die dortige Kommentierung verwiesen werden. Erforderlich ist, wie im Fall des § 620a, ein **bezifferter Antrag** (§ 620a Rn. 13) einer Partei. **Anwaltszwang** besteht nicht, auch nicht für den Antrag und das weitere Verfahren in der Rechtsmittelinstanz (Abs. 2 iVm. § 620a Abs. 2 S. 2, vgl. § 620a Rn. 10 ff.).[25] Die Voraussetzungen für den Anspruch auf Zahlung eines PKV sollen nach § 620a Abs. 2 S. 3 glaubhaft gemacht werden (§ 620a Rn. 31 ff.). Die Glaubhaftmachung eines Anordnungsgrundes ist nicht erforderlich. Die Dringlichkeit für das Anordnungsverfahren nach § 127a ergibt sich bereits daraus, dass es für die Parteien regelmäßig nicht zumutbar wäre, wegen des PKV für einen Unterhaltsrechtsstreit auf den Klageweg verwiesen zu werden. Eine **mündliche Verhandlung** ist nach § 620a Abs. 1 nicht erforderlich. Soll ohne mündliche Verhandlung entschieden werden, so ist dem Gegner vor einer Entscheidung rechtliches Gehör zu gewähren, dh. der Antrag zur Stellungnahme unter Fristsetzung zuzustellen. Die **Kosten des Anordnungsverfahrens** gelten nach § 620g für die Kostenentscheidung als Teil der Kosten der Unterhaltssache. Die Beschlüsse im Verfahren nach § 127a ergehen deshalb grundsätzlich ohne Kostenentscheidung; wegen der Ausnahmen kann auf die Erläuterungen zu § 620g Rn. 4 ff. verwiesen werden. 12

3. Unanfechtbarkeit. Sämtliche Entscheidungen im Verfahren nach § 127a sind nach Abs. 2 S. 1 unanfechtbar. Eine Beschwerde ist damit nicht statthaft, gleichgültig, ob ein Beschluss ohne oder auf Grund mündlicher Verhandlung ergangen ist oder ob es sich um eine Erstentscheidung oder um eine Entscheidung über einen Abänderungsantrag handelt. Unanfechtbar ist auch ein Beschluss, durch den dem Antragsgegner aufgegeben wird, PKH-Raten an Stelle des Antragstellers zu zahlen.[26] 13

4. Überprüfung und Abänderung. Die Möglichkeit der Überprüfung und Abänderung durch das Ausgangsgerichts nach § 620b Abs. 2 tritt an Stelle der ausgeschlossenen Beschwerde. Dabei ist nach § 620b Abs. 2 auf Antrag mündliche Verhandlung zu bestimmen, wenn eine solche bislang nicht stattgefunden hat. Nach § 620e kann die Vollziehung der einstweiligen Anordnung bis zur Entscheidung über den Abänderungsantrag ausgesetzt werden (§ 620e Rn. 2 bis 4). 14

5. Außerkrafttreten. Die einstweilige Anordnung tritt entsprechend § 620f Abs. 1 außer Kraft, wenn die Klage im Hauptsacheverfahren, dh. im Unterhaltsrechtsstreit **zurückgenommen oder rechtskräftig abgewiesen** worden ist. Das selbe gilt, wenn eine **anderweitige Regelung** über den Anspruch auf Zahlung des PKV für die Unterhaltssache ergeht. Eine gerichtliche **Kostenentscheidung im Unterhaltsurteil,** welche dem Kläger Verfahrenskosten auferlegt, oder eine derartige Kostenvereinbarung im Vergleich ist allerdings keine anderweitige Regelung iSv. § 620f Abs. 1. Durch eine solche Kostenentscheidung ist über das Bestehen eines PKV-Anspruchs nichts ausgesagt. 15

---

[24] *Zöller/Philippi* § 621f Rn. 9.
[25] *Zöller/Philippi* § 621f Rn. 16.
[26] OLG Köln FamRZ 1988, 1300.

Abschnitt 3. Verfahren

Titel 1. Mündliche Verhandlung

§ 128 Grundsatz der Mündlichkeit; schriftliches Verfahren

(1) Die Parteien verhandeln über den Rechtsstreit vor dem erkennenden Gericht mündlich.

(2) [1]Mit Zustimmung der Parteien, die nur bei einer wesentlichen Änderung der Prozesslage widerruflich ist, kann das Gericht eine Entscheidung ohne mündliche Verhandlung treffen. [2]Es bestimmt alsbald den Zeitpunkt, bis zu dem Schriftsätze eingereicht werden können, und den Termin zur Verkündung der Entscheidung. [3]Eine Entscheidung ohne mündliche Verhandlung ist unzulässig, wenn seit der Zustimmung der Parteien mehr als drei Monate verstrichen sind.

(3) Ist nur noch über die Kosten zu entscheiden, kann die Entscheidung ohne mündliche Verhandlung ergehen.

(4) Entscheidungen des Gerichts, die nicht Urteile sind, können ohne mündliche Verhandlung ergehen, soweit nichts anderes bestimmt ist.

Übersicht

I. Funktion und Entwicklung des Prinzips der Mündlichkeit

1. Vor dem erkennenden Gericht. Der Grundsatz der **Mündlichkeit** besagt, dass das Gericht den Prozess nur auf Grund mündlicher Verhandlung entscheiden und als Prozessstoff nur berücksichtigen darf, was in der mündlichen Verhandlung vorgetragen worden ist. Nach dem Prinzip der **Schriftlichkeit** hingegen wird ohne mündliche Verhandlung allein auf Grund des Akteninhalts entschieden. 1

2. Verhandlung. Die **Vorzüge** der mündlichen Verhandlung liegen auf der Hand. Der Vortrag der Parteien bietet ein anschauliches Bild des Lebenssachverhaltes und der Streitpunkte. Lücken und Unklarheiten ihres Vorbringens lassen sich leicht beseitigen, Missverständnisse beheben. Insbesondere kann das Gericht auf eine gütliche Einigung hinwirken (Rn. 4). Auf richterliche Fragen und Hinweise können die Parteien sogleich reagieren. Das Gericht kann die wesentlichen Punkte mit den Parteien erörtern. So trägt die Mündlichkeit zur Konzentration des Verfahrens bei. Auch bei Anwaltsvertretung nimmt die Partei unmittelbar an der Verhandlung teil (vgl. § 137 Abs. 4). Die **Nachteile** sind ebenfalls deutlich: Die Flüchtigkeit des gesprochenen Wortes, die Gefahr, Wesentliches zu überhören oder zur Seite zu schieben, den Überblick zu verlieren. 2

3 **3. Parteien.** In der **deutschen Rechtsgeschichte** hat die Überzeugung, welchem Prinzip der Vorzug gebührt, mehrfach gewechselt.[1] Es entspricht heutiger Anschauung, dass die Wahl zwischen Mündlichkeit und Schriftlichkeit nicht mehr als eine **Zweckmäßigkeitsfrage** ist, die für jede Verfahrensart und für jeden Abschnitt des Zivilprozesses gesondert zu beantworten ist.

4 **4. Keine Entscheidung ohne mündliche Verhandlung.** Das **geltende Recht,** sucht die Vorzüge von Mündlichkeit und Schriftlichkeit sinnvoll miteinander zu verbinden. Das Verfahren zielt auf die mündliche Verhandlung im **Haupttermin** (§ 272 Abs. 1), dem regelmäßig eine Güteverhandlung vorgeschaltet ist (§ 278 Abs. 2). Die Vorbereitung geschieht entweder in einem schriftlichen Vorverfahren (§§ 276 f.) oder in einem Termin zur mündlichen Verhandlung, der seinerseits schriftsätzlich vorbereitet wird (§§ 275 ff.). Die vorbereitenden Schriftsätze (§§ 129 ff.) nehmen also in beiden Vorbereitungsarten einen wichtigen Platz ein, verstärkt durch die Möglichkeiten zur Präklusion verspäteten Vorbringens. Unter engen Voraussetzungen ist **schriftliches Verfahren** zugelassen (§ 128 Abs. 2 bis 4). In zahlreichen weiteren Fällen ist die mündliche Verhandlung lediglich **fakultativ** (dazu Rn. 14–18).

II. Notwendige mündliche Verhandlung

5 **1. Prozessstoff. Vor dem erkennenden Gericht** ist grundsätzlich mündliche Verhandlung notwendig (Abs. 1). Einzelrichter (§§ 348, 348 a, 526) und Vorsitzender der Kammer für Handelssachen (§ 349) fungieren als das erkennende Gericht; nicht aber der beauftragte oder ersuchte Richter (§§ 361 f.), auch nicht der Vorsitzende des Kollegiums bei prozessleitenden Maßnahmen.

6 **2. Einheit der mündlichen Verhandlung.** Die **Verhandlung** kann sich auf die Hauptsache oder prozessuale Fragen beziehen. Sie kann streitig sein oder nicht. Im Falle der Säumnis einer Partei ist sie einseitig. Die Beweisaufnahme an sich ist keine mündliche Verhandlung (vgl. §§ 279 Abs. 2, 367); im Anschluss an sie wird aber regelmäßig die mündliche Verhandlung fortgesetzt (§ 370).

7 **3. Parteien.** Nur für die Verhandlungen der Parteien einschließlich ihrer Streithelfer gilt § 128 Abs. 1. Für Zwischenstreite mit Dritten gelten besondere Vorschriften, zB §§ 71, 135, 387, 402 iVm. 408.

8 **4. Keine Entscheidung ohne mündliche Verhandlung.** Der Grundsatz der Mündlichkeit bedeutet erstens, dass ohne mündliche Verhandlung das Gericht keine Entscheidung erlassen darf. Das gilt in erster Linie für Urteile, auch im Eilverfahren (§§ 925, 926 Abs. 2, 927 Abs. 2, 936), Ergänzungsurteile (§ 321) und gelegentlich für Beschlüsse (zB § 320 Abs. 3, 1063 Abs. 2).

9 **5. Entscheidungsgrundlage.** Der Grundsatz der Mündlichkeit besagt zweitens, dass Entscheidungsgrundlage nur der **Prozessstoff** sein darf, der **Gegenstand der mündlichen Verhandlung** war. In der Verhandlung sind also die schriftsätzlich angekündigten Anträge zu stellen (vgl. § 297), die in den vorbereitenden Schriftsätzen enthaltenen Behauptungen vorzutragen, beigezogene Akten und Urkunden zum Gegenstand der Verhandlung zu machen, die Ergebnisse der Beweisaufnahme vor einem beauftragten oder ersuchten Richter wörtlich oder inhaltlich vorzubringen (§ 285 Abs. 2), prozessuale Rügen zu erheben, angekündigte Prozesshandlungen vorzunehmen.

10 Die Möglichkeit der **Bezugnahme** auf Schriftsätze, Protokolle und sonstige Urkunden (§ 137 Abs. 3) erlaubt es den Parteien, sich auf die wesentlichen Streitpunkte zu konzentrieren. (vgl. § 137 Rn. 9).

11 **Nachgereichte Schriftsätze** bleiben unberücksichtigt (§ 296 a), es sei denn, das Gericht hat einer Partei einen solchen Schriftsatz gestattet (§ 283). Unzulässigerweise nachgereichte Schriftsätze können allenfalls dem Gericht Anlass geben, die Verhandlung wieder zu eröffnen (vgl. § 156 Rn. 6).

12 **6. Einheit der mündlichen Verhandlung.** Werden **mehrere Verhandlungstermine** erforderlich, so bilden sie doch eine **Einheit** (Grundsatz der Einheit der mündlichen Verhandlung). Die im früheren Termin vorgenommenen Prozesshandlungen der Parteien bleiben im späteren Termin gültig. Sachanträge, Behauptungen, Beweisanträge, Geständnisse usw. brauchen nicht wiederholt zu werden. Ebenso wirken die richterlichen Handlungen fort, zB Beschlüsse, Zwischenurteile. Dies gilt auch bei einem Richterwechsel (vgl. §§ 309, 329 Abs. 1); die Meinung, hier müssten die Anträge wiederholt werden,[2] setzt sich grundlos in Widerspruch zur Behandlung des sonstigen Vorbringens der Parteien.[3]

---

[1] Vgl. *Kip,* Das so genannte Mündlichkeitsprinzip, 1952.
[2] So BAG NJW 1971, 1332 ohne Begründung.
[3] Richtig *Stein/Jonas/Leipold* Rn. 39; *Thomas/Putzo/Reichold* § 137 Rn. 1; vgl. § 137 Rn. 4.

7. Verstoß. Der Verstoß gegen das **Mündlichkeitsprinzip** stellt einen wesentlichen Verfahrensfehler dar. Er begründet die Berufung (vgl. § 538 Abs. 2 S. 1 Nr. 1) und die Revision (§ 545). Eine Heilung durch Verzicht der Parteien oder Unterlassen der Rüge (§§ 295 Abs. 1, 534) ist möglich; wie § 128 Abs. 2 zeigt, steht der Grundsatz der Mündlichkeit zur Disposition der Parteien.[4] Der Verstoß gegen das Mündlichkeitsprinzip kann zugleich eine Verletzung des rechtlichen Gehörs (Art. 103 Abs. 1 GG) bedeuten, zB wenn das Gericht das Protokoll der Beweisaufnahme vor dem ersuchten Richter den Parteien nicht (rechtzeitig) zugänglich macht. Soweit die darauf beruhende Entscheidung nicht anfechtbar ist, ist die Gehörsrüge nach § 321 a zulässig. 13

III. Freigestellte mündliche Verhandlung

1. Änderung. Abs. 3 aF ist gestrichen worden. Hier genügt die Regelung des **§ 495 a Abs. 1 nF,** wonach die Amtsgerichte in Streitigkeiten im Werte bis zu 600 Euro ohnehin das Verfahren nach billigem Ermessen bestimmen, also auch von einer mündlichen Verhandlung absehen können. 14

2. Namentliche fakultative mündliche Verhandlung. Die mündliche Verhandlung ist namentlich in den Fällen der §§ 37, 46, 91 a, 109 Abs. 3, 186, 225, 248, 269 Abs. 4, 281, 319, 339 Abs. 2, 356, 358 a, 360, 406 Abs. 4, 431 Abs. 1, 490 Abs. 1, 494 a Abs. 2522 Abs. 2, 554 Abs. 4, 552 Abs. 2, 552 a, 707 Abs. 2, 719 Abs. 3, 721 Abs. 4, 732 Abs. 1, 764 Abs. 3, 769 Abs. 3, 771 Abs. 3, 785, 794 a, 795, 805 Abs. 4, 891, 922 Abs. 1, 934, 937 Abs. 2, 942, 947 Abs. 1, 1020 **fakultativ**. Dies gilt auch in den Fällen des GVG § 17 a Abs. 4, § 101 Abs. 2 S. 2, 138 Abs. 1. 15

3. Abs. 3 nF. Abs. 3 nF stellt es in das **Ermessen** des Gerichts, von einer mündlichen Verhandlung abzusehen, wenn nur noch über die **Kosten des Verfahrens** zu entscheiden ist. Es ist auch auf **Antrag** einer Partei nicht verpflichtet, mündlich zu verhandeln.[5] Abs. 3 verallgemeinert eine häufige Einzelfallregelung (vgl. §§ 91 a Abs. 1 S. 2 aF, 269 Abs. 3 S. 4 aF, 515 Abs. 3 S. 3 aF, 566 aF; § 269 Abs. 4 nF, § 516 nF). 16

4. Abs. 4 nF. Nach Abs. 4 nF ist für Entscheidungen, die keine Urteile sind, also für **Beschlüsse und Verfügungen,** eine mündliche Verhandlung grundsätzlich nicht erforderlich. Verfahrensgang und Entscheidungsform sollen einander zugeordnet werden, die mündliche Verhandlung den Urteilen, die fakultativ mündliche Verhandlung den Beschlüssen und Verfügungen. Abweichungen bedürfen ausdrücklicher gesetzlicher Bestimmung. Zwar kann die Entscheidung im Beschwerdeverfahren ohne mündliche Verhandlung ergehen, den Parteien ist jedoch Gelegenheit zu geben, sich erneut zur Sache zu äußern.[6] 17

Trotz Entscheidung durch Urteil kann auf mündliche Verhandlung **ausnahmsweise verzichtet** werden, etwa in den Fällen der §§ 128 Abs. 2, 331 Abs. 3, 341 Abs. 2 nF. Umgekehrt kann **trotz** der Entscheidung durch **Beschluss mündliche Verhandlung** vorgeschrieben sein, zB nach den §§ 320 Abs. 3 S. 1, 1063 Abs. 1 und 2 nF. Abs. 4 unterscheidet nicht zwischen der systematischen Einteilung in prozessleitende und urteilsähnliche Beschlüsse, sondern knüpft allein an die äußere Form an, so dass auch bei prozessleitenden Beschlüssen (zB §§ 141–155) eine mündliche Verhandlung in Betracht kommt. 18

5. Wahl. Die mündliche Verhandlung anzuordnen, steht im pflichtgemäßen **Ermessen** des Gerichts. Den Ausschlag sollte geben, ob die Vorzüge der Mündlichkeit gerade im konkreten Fall zur Geltung kommen können, insbesondere eine bessere Klärung und Erledigung der Sache fördern können. Die Praxis neigt indessen gelegentlich zum schriftlichen Verfahren, schon um die Zeit für eine Sitzung zu sparen. 19

Mündliche Verhandlung wird durch **Beschluss** angeordnet. Enthält er bereits die Terminsbestimmung, ist er förmlich zuzustellen (§ 329 Abs. 2 S. 2). Anordnung wie Ablehnung sind nicht beschwerdefähig. 20

6. Verfahren ohne mündliche Verhandlung. Im Verfahren ohne (freigestellte) mündliche Verhandlung ist der **Akteninhalt Entscheidungsgrundlage.** Auf das Gesuch einer Partei ist regelmäßig (Ausnahmen: §§ 921 Abs. 1, 937 Abs. 2) dem Gegner **Gelegenheit zur schriftlichen Stellungnahme** zu gewähren (Art. 103 Abs. 1 GG). Unter Umständen ist dann noch einmal die antragstellende Partei (schriftlich) zu hören. Fristsetzung ist empfehlenswert, die versäumte Frist hat aber keine Präklusionswirkung (etwa analog § 296 Abs. 1 oder 2). Vergleichbar ist jedoch das schriftliche Verfahren nach § 128 Abs. 2, so dass analog Abs. 2 S. 2 das Gericht für beide Parteien 21

[4] *Stein/Jonas/Leipold* Rn. 46 f.; AK-ZPO/*Puls* Rn. 8; *Thomas/Putzo/Reichold* Rn. 10.
[5] So auch *Stein/Jonas/Leipold* Rn. 106.
[6] BGH NJW-RR 2005, 1727.

einen Endzeitpunkt bestimmen kann, bis zu dem sie Schriftsätze einreichen können;[7] später eingehende Schriftsätze bleiben unberücksichtigt.

22 Die etwa notwendige (Verhandlungsmaxime!) **Beweisaufnahme** richtet sich, sofern das Gesetz nicht ausnahmsweise Glaubhaftmachung (§ 294) genügen lässt, nach den allgemeinen Regeln des Strengbeweises.[8] Dass die Mündlichkeit der Verhandlung entfällt, rechtfertigt nicht, Unmittelbarkeit und Parteiöffentlichkeit der Beweisaufnahme (§§ 355, 357) als Garantien für eine erfolgreiche Wahrheitsfindung preiszugeben und dem suspekten Freibeweis zu opfern.[9]

23 Die Entscheidung ergeht durch **Beschluss.** Er ist den Parteien von Amts wegen formlos mitzuteilen (§ 329 Abs. 2 S. 1) oder förmlich zuzustellen (§ 329 Abs. 2 S. 2, Abs. 3).

24 **7. Verfahren mit mündlicher Verhandlung.** Für die Verfahren mit (freigestellter) mündlicher Verhandlung gelten die **allgemeinen Vorschriften** über das mündliche Verfahren (einschließlich Versäumnisverfahren) in den Fällen, in denen durch Urteil zu entscheiden ist (etwa §§ 922 Abs. 1, 936, 937, 522, 544, 552, 552 a 555, 1042 a).

25 In allen **übrigen Fällen** hat die mündliche Verhandlung nur den Zweck, den Akteninhalt zu ergänzen. Das schriftliche Vorbringen bleibt Prozessstoff und wird nicht etwa rückwirkend zum nur angekündigten.[10] Deshalb ist auch kein Platz für ein Versäumnisverfahren (§§ 330 ff.); das Gericht hat auf Grund des Akteninhalts und des etwaigen mündlichen Vorbringens zu entscheiden.[11] Im Übrigen gelten die §§ 129 bis 165.

26 Die Entscheidung ergeht in den Fällen zu Rn. 20 durch Urteil, sonst durch **Beschluss.** Er ist zu verkünden (§ 329 Abs. 1 S. 1).

IV. Schriftliches Verfahren mit Zustimmung der Parteien (Abs. 2)

27 **1. Zweck.** Der Verzicht auf die mündliche Verhandlung hat den Zweck, das Verfahren zu **vereinfachen** und zu **beschleunigen.** Er ist Ausdruck der Parteimaxime.

28 **2. Zustimmung beider Parteien.** Die Zustimmung beider Parteien ist in der mündlichen Verhandlung oder schriftlich zu **erklären;** telefonische Zustimmung genügt nicht,[12] weil es an der notwendigen Vergewisserung über die Person des Anrufers und den Inhalt seiner Mitteilung fehlt. Im Anwaltsprozess besteht auch für die Zustimmung Anwaltszwang.

29 Die Zustimmung muss wie jede Prozesshandlung nicht ausdrücklich, sondern kann **auch konkludent** erklärt werden. Das Schweigen der Partei auf die Anfrage des Gerichts, ob sie mit schriftlichem Verfahren einverstanden sei, darf nicht als Zustimmung behandelt werden.[13] Zustimmungsfiktion kommt eben so wenig in Betracht.

30 Die Zustimmung ist – wie grundsätzlich jede Prozesshandlung – **bedingungsfeindlich;** Verfahren und Entscheidung können nicht von einem künftigen ungewissen Ereignis abhängen; etwa davon, dass eine Entscheidung bestimmter Art (zB Urteil) oder bestimmten Inhalts (zB Beweisbeschluss nach Antrag) ergehe. Eine unzulässig bedingte Zustimmung ist unwirksam.[14]

31 Abs. 2 stellt jetzt klar, dass die Zustimmung grundsätzlich unwiderruflich ist. Nur wenn sich die Prozesslage wesentlich geändert hat, ist die Zustimmung **ausnahmsweise widerruflich.** Die Zustimmung kann jedoch auch ohne wesentliche Änderung der Prozesslage zurückgenommen werden, wenn sie noch nicht wirksam geworden ist, weil die andere Partei noch nicht zugestimmt hat.[15] Eine den Widerruf ermöglichende Änderung ist bei wesentlich neuem Tatsachenvortrag denkbar, auch bei einem die Grundlage des Prozesses verschiebenden neuen rechtlichen Gesichtspunkt. Im Zweifelsfall ist mündliche Verhandlung angezeigt, die am ehesten die erschöpfende Behandlung des Parteivorbringens garantiert. Ein Streit über die Wirksamkeit des Widerrufs erübrigt sich dann, wenn das Gericht von Amts wegen vom schriftlichen Verfahren Abstand nimmt.

32 Die Zustimmung deckt *eine* Entscheidung, dh. nur die **nächste Entscheidung.** Um die Tragweite der Zustimmung nicht allzu sehr zu begrenzen, sieht man die Zustimmung nur durch eine **Endentscheidung** oder eine die Entscheidung **wesentlich sachlich vorbereitende Entscheidung** als verbraucht an.[16] Einzelne Beispiele sind allerdings umstritten. Kriterium sollte sein, ob

---

[7] *Stein/Jonas/Leipold* Rn. 118.
[8] *Stein/Jonas/Leipold* Rn. 121 *Thomas/Putzo/Reichold* Rn. 18; *Rosenberg/Schwab/Gottwald* § 82 II 4.
[9] Ausführlich *E. Peters,* Der sogenannte Freibeweis im Zivilprozeß, 1962, bes. S. 96 ff., 159 ff., 166 ff.
[10] *Stein/Jonas/Leipold* Rn. 123; *Rosenberg/Schwab/Gottwald* § 82 II 2.
[11] *Stein/Jonas/Leipold* Rn. 125; *Rosenberg/Schwab/Gottwald* § 82 II 2.
[12] BVerwG NJW 1981, 1852; 1983, 189.
[13] OLG München NJW 1955, 995; *Stein/Jonas/Leipold* Rn. 57; *Thomas/Putzo/Reichold* Rn. 26.
[14] BGHZ 18, 61, 62 f. = NJW 1955, 1357.
[15] BGH NJW 2001, 2479.
[16] *Stein/Jonas/Leipold* Rn. 60; *Thomas/Putzo/Reichold* Rn. 28.

man den Parteien wegen der Wichtigkeit und der Folgen der gerichtlichen Entscheidung erneut die Wahl zwischen Mündlichkeit und Schriftlichkeit eröffnen sollte. So erschöpft ein Beweisbeschluss die Zustimmung, weil es über die Beweisergebnisse zu verhandeln gilt (§ 285).[17] Ein Auflagebeschluss (§ 273 Abs. 2 Nr. 1) oder ein Hinweis gem. §§ 139, 279 Abs. 3 erbringt dagegen noch keinen neuen Prozessstoff, so dass die Zustimmung nicht verbraucht wird.[18] Anordnungen der formellen Prozessleitung lassen die Zustimmung unberührt.[19] Die Verweisung des Prozesses von der Kammer an den Einzelrichter und die Rückverweisung (§ 348 a) verbrauchen Zustimmung;[20] folgerichtig ist das zwar nicht unbedingt, weil es nicht um eine Sachentscheidung geht, systemgerecht aber schon, weil Verweisung sogar zu einer wesentlichen Änderung der Prozesslage für die Parteien führt, die zum Widerruf berechtigen würde.

3. Pflichtgemäßes Ermessen. Trotz Zustimmung der Parteien steht es im pflichtgemäßen Ermessen des Gerichts, das schriftliche Verfahren anzuordnen. Ebenso kann es seine Anordnung später ändern und Termin zur mündlichen Verhandlung bestimmen. 33

Die **Anordnung** schriftlichen Verfahrens ergeht durch ausdrücklichen oder konkludenten Beschluss, der den Schlusszeitpunkt für die Einreichung der Schriftsätze und den Verkündungstermin festlegt (Abs. 2 S. 2). Er bedarf förmlicher Zustellung (§ 329 Abs. 2 S. 2). 34

4. Schlusszeitpunkt. Der festgelegte Schlusszeitpunkt entspricht dem Schluss der mündlichen Verhandlung im mündlichen Verfahren. Bei folgendem Urteil schließt er späteres Vorbringen aus (§ 296 a) und bestimmt die zeitlichen Grenzen der materiellen Rechtskraft (§§ 767 Abs. 2, 323 Abs. 2). Bei anderen Entscheidungen kommt Präklusion nach §§ 296 Abs. 2, 282 Abs. 1 in Frage. Geht kurz vor Fristablauf (nicht präkludiertes) neues erhebliches oder beachtliches Vorbringen einer Partei ein, so ist freilich, um dem Gegner rechtliches Gehör zu gewähren (Art. 103 Abs. 1 GG), der Schlusszeitpunkt zu verlegen oder mündliche Verhandlung zu eröffnen.[21] Analog § 283 erscheint es auch zulässig, lediglich dem Gegner einen Erwiderungsschriftsatz binnen bestimmter Frist nachzulassen. 35

Entscheidungsgrundlage ist der gesamte, bis zum Schlusszeitpunkt zusammengetragene Akteninhalt; einschließlich der Beweisergebnisse, ohne dass es ihres (schriftlichen) Vortrags durch die Parteien bedürfte (vgl. § 285). Nicht bestrittene (schriftliche) Behauptungen sind als zugestanden anzusehen (§ 138 Abs. 3). 36

Frühere vorbereitende Schriftsätze werden mit dem Übergang zum schriftlichen Verfahren Prozessstoff, ohne dass es ihres Vortrags in einer mündlichen Verhandlung oder einer schriftsätzlichen Bestätigung bedarf. Das gilt für Behauptungen wie für sonstige ursprünglich erst angekündigte Prozesshandlungen, zB Beweisanträge, Geständnis, Anerkenntnis. Mit dem Übergang zum schriftlichen Verfahren wird § 138 Abs. 3 auch für das frühere Vorbringen wirksam. Zweifel hat das Gericht zu klären (§ 139). 37

Vorbringen in einer **früheren mündlichen Verhandlung** bleibt wirksam. Sollte es von den (damals) vorbereitenden Schriftsätzen abweichen und nicht protokolliert worden sein, sollten die Parteien es in neuen Schriftsätzen wiederholen, damit es nicht der Vergangenheit anheim fällt oder bei Richterwechsel unbekannt bleibt.[22] 38

Richterwechsel ist zu jeder Zeit des schriftlichen Verfahrens möglich. § 309 gilt nicht, auch nicht, wenn zunächst eine mündliche Verhandlung stattfand und erst dann das schriftliche Verfahren angeordnet wurde. Gesetzlicher Richter ist, wer nach dem Geschäftsverteilungsplan (§§ 21 e, 21 g GVG) zZ der letzten entscheidenden Beratung nach dem Schlusszeitpunkt zu amtieren hat. Der kleine Spielraum, der in der Ansetzung des Beratungstermins – bei vorgegebenem Verkündungstermin! – mit etwa verschiedener Besetzung besteht, gibt zu keinerlei Befürchtungen um das Prinzip des gesetzlichen Richters Anlass.[23] 39

5. Verkündung. Die **Entscheidung,** Urteil wie Beschluss, ist in einem dazu bestimmten Termin zu **verkünden** (§ 128 Abs. 2 S. 2). Urteile müssen bei Verkündung vollständig abgefasst sein (§ 310 Abs. 2). 40

---

[17] Im Ergebnis allgM.

[18] *Stein/Jonas/Leipold* Rn. 60; aA *Thomas/Putzo/Reichold* Rn. 28.

[19] So früher die Erklärung zur Feriensache (§ 200 Abs. 3 GVG, aufgehoben), BGHZ 17, 119, 123 = NJW 1955, 988; allgM.

[20] *Stein/Jonas/Leipold* Rn. 62–65; *Thomas/Putzo/Reichold* Rn. 28; aA RG JW 1932, 646.

[21] BVerfGE 50, 280, 285; *Zöller/Greger* Rn. 18.

[22] *Stein/Jonas/Leipold* Rn. 97.

[23] *Stein/Jonas/Leipold* Rn. 98; *Zöller/Greger* Rn. 15; aA *Krause* MDR 1982, 184.

§ 128 a Verhandlung im Wege der Bild- und Tonübertragung

(1) [1]Im Einverständnis mit den Parteien kann das Gericht den Parteien sowie ihren Bevollmächtigten und Beiständen auf Antrag gestatten, sich während einer Verhandlung an einem anderen Ort aufzuhalten und dort Verfahrenshandlungen vorzunehmen. [2]Die Verhandlung wird zeitgleich in Bild und Ton an den Ort, an dem sich die Parteien, Bevollmächtigten und Beistände aufhalten, und in das Sitzungszimmer übertragen.

(2) [1]Im Einverständnis mit den Parteien kann das Gericht gestatten, dass sich ein Zeuge, ein Sachverständiger oder eine Partei während der Vernehmung an einem anderen Ort aufhält. [2]Die Vernehmung wird zeitgleich in Bild und Ton an den Ort, an dem sich ein Zeuge oder ein Sachverständiger während der Vernehmung aufhalten, und in das Sitzungszimmer übertragen. [3]Ist Parteien, Bevollmächtigten und Beiständen nach Absatz 1 gestattet worden, sich an einem anderen Ort aufzuhalten, so wird die Vernehmung zeitgleich in Bild und Ton auch an diesen Ort übertragen.

(3) [1]Die Übertragung wird nicht aufgezeichnet. [2]Entscheidungen nach den Absätzen 1 und 2 sind nicht anfechtbar.

1 **1. Videoverhandlung mit Parteien und ihren Vertretern.** § 128 a Abs. 1 gestattet, die Verhandlung mit einer oder beiden Parteien und (oder) ihren Vertretern im Wege der **Bild- und Tonübertragung** durchzuführen. Der Sitzungsort des Gerichts bleibt unverändert.

2 Eine solche Videoverhandlung setzt einen entsprechenden **Antrag** eines Verfahrensbeteiligten (auch Streithelfer) voraus, der nicht am Sitzungsort erscheinen möchte. Es genügt auch dessen Zustimmung zu dem Antrag eines anderen.[1] Sie bleibt an das **Einverständnis beider Parteien** gebunden;[2] so ausdrücklich § 128 a Abs. 1 S. 1. Das Einverständnis kann auch vom Vertreter der Partei erklärt werden. Keine Einverständnisfiktion. Widerruflich ist die Einverständniserklärung nur bei einer wesentlichen Änderung der Prozesslage (§ 128 Abs. 2 S. 1 analog).[3]

3 Die Videoverhandlung erlaubt **„Verfahrenshandlungen"** (§ 128 a Abs. 1 S. 1). Die Vorschrift erstreckt sich auf Verfahrenshandlungen jeder Art, nicht nur auf Anträge, Tatsachenbehauptungen und Bestreiten, Rechtsausführungen, sondern auch auf die Anhörung zur Aufklärung des Sachverhalts (§ 141). Dagegen fällt die Parteivernehmung (§§ 445 ff.) unter § 128 a Abs. 2.

4 Das Gericht trifft seine Entscheidung durch **Beschluss** ohne mündliche Verhandlung (§ 128 Abs. 4)[4] **nach pflichtgemäßem Ermessen.**[5] Es wird sich von der Überlegung leiten lassen müssen, ob der Wert einer unmittelbaren mündlichen Verhandlung durch die Zulassung einer Videoverhandlung geschmälert werden könnte. Geht es um Anträge, Tatsachenbehauptungen und Rechtsausführungen, wird das Gericht weniger Bedenken gegen eine Videoverhandlung haben dürfen und Reiseerleichterung und Kostenminderung eher gewähren. Dagegen wird sich bei einer Anhörung der Partei zur Klärung des Sachverhalts (§ 141) die neutrale Atmosphäre des gerichtlichen Sitzungszimmers empfehlen – etwa anstelle des Büros des die Partei vertretenden Rechtsanwalts.

5 **2. Videoverhandlung mit Beweispersonen.** § 128 a Abs. 2 erlaubt, **Beweispersonen,** also Zeugen, Sachverständige und die Partei bei deren förmlicher Parteivernehmung (§§ 445 ff.), im Wege der Bild- und Tonübertragung zu vernehmen. Er gilt nicht für andere Beweismittel, insbesondere nicht für den Augenschein[6] oder den Urkundenbeweis.[7] Die Vernehmung wird zeitgleich wechselseitig in das Sitzungszimmer des Gerichts und an den Ort, an dem sich die Beweisperson aufhält, übertragen. Die Übertragung lässt sich mit einer Videoverhandlung nach § 128 a Abs. 1 kombinieren.

6 Eine Videoverhandlung nach § 128 a Abs. 2, die keinen Antrag voraussetzt, ist an das **Einverständnis** beider Parteien gebunden; so ausdrücklich § 128 a Abs. 2 S. 1. Keine Einverständnisfiktion. Widerruflich ist sie nur bei einer wesentlichen Änderung der Prozesslage (§ 128 Abs. 2 S. 1 analog). Fraglich ist, ob Zeugen und Sachverständige **verpflichtet** sind, an der Videokonferenz **mitzuwirken.**[8] Eine Verpflichtung sollte bestehen, wenn die Zuschaltung aus einem anderen öf-

---

[1] So auch *Stein/Jonas/Leipold* Rn. 7; *Zöller/Greger* Rn. 2; *Thomas/Putzo/Reichold* Rn. 2.
[2] So auch *Stein/Jonas/Leipold* Rn. 9; *Thomas/Putzo/Reichold* Rn. 2.
[3] So auch *Stein/Jonas/Leipold* Rn. 11.
[4] *Stein/Jonas/Leipold* Rn. 14.
[5] *Stein/Jonas/Leipold* Rn. 13; aA *Thomas/Putzo/Reichold* Rn. 2 „freies Ermessen".
[6] *Stein/Jonas/Leipold* Rn. 15.
[7] *Stein/Jonas/Leipold* Rn. 21; aA *Schultzky* NJW 2003, 213.
[8] *Stein/Jonas/Leipold* Rn. 27.

fentlichen Gebäude stattfindet, weil keine aus der Privatsphäre resultierende oder die Aussage beeinflussende Umstände der Vernehmung entgegenstehen.

Das Gericht trifft seine Entscheidung nach **pflichtgemäßem Ermessen.**[9] Maßgebend wird sein, ob durch die Zulassung einer Videoverhandlung die Beweiswürdigung beeinflusst zu werden droht. Insbesondere bei der Zeugenaussage wird eine Rolle spielen, dass der nicht unter allen Umständen neutrale Zeuge seine Aussage nicht in der Atmosphäre des gerichtlichen Sitzungszimmers in unmittelbarer Gegenwart der Richter machen müsste, sondern in einem gerichtsfreien Raum, etwa im Büro eines Rechtsanwalts, der eine von der Zeugenaussage regelmäßig betroffene Partei vertritt. Ein Sachverständiger mag von dem Ort der mündlichen Erläuterung seines Gutachtens weniger beeinflusst werden. Vorsicht ist erst recht bei der Parteivernehmung geboten. Dass beide Parteien mit der Videoverhandlung einverstanden sein müssen, bedeutet nicht, dass das Gericht um die Güte der Beweisergebnisse nicht zu fürchten brauchte. 7

3. Protokollierung. Die Videoverhandlung darf nicht aufgezeichnet werden (Abs. 3 S. 1),[10] sie ist allein gem. §§ 159, 160 zu protokollieren. 8

4. Rechtsbehelfe. Die Entscheidungen nach § 128 a Abs. 1 und 2 sind **nicht beschwerdefähig** (§ 128 a Abs. 3 S. 2). Als prozessleitende Maßnahmen sind sie aber der formlosen Gegenvorstellung zugänglich, also abänderbar. Eine Überprüfung auf Rechtsfehler innerhalb des Rechtsmittels gegen die Endentscheidung ist trotz des Ermessens des Gerichts nicht ausgeschlossen.[11] 9

§ 129 Vorbereitende Schriftsätze

(1) In Anwaltsprozessen wird die mündliche Verhandlung durch Schriftsätze vorbereitet.

(2) In anderen Prozessen kann den Parteien durch richterliche Anordnung aufgegeben werden, die mündliche Verhandlung durch Schriftsätze oder zu Protokoll der Geschäftsstelle abzugebende Erklärungen vorzubereiten.

I. Vorbereitende Schriftsätze für die mündliche Verhandlung

1. Ankündigung des Parteivortrags. Vorbereitende Schriftsätze kündigen den Vortrag der Partei für die kommende mündliche Verhandlung **an.** Sie dienen dazu, das Gericht und den Gegner über das zu erwartende mündliche Vorbringen ins Bild zu setzen, namentlich über die Behauptungen und Beweisanträge, nach Belieben auch über die Rechtsauffassung der Partei. So können sich Gericht und Gegner **auf den Streitstoff** rechtzeitig **vorbereiten** (§§ 132, 282). Die Parteien können auf das Vorbringen des Gegners antworten, streitige und unstreitige Behauptungen lassen sich scheiden, das Gericht kann vorbereitende Maßnahmen treffen (§ 273). 1

2. Wirkung. Prozessuale Wirkung erlangt das angekündigte Vorbringen erst, wenn die Partei es in der mündlichen Verhandlung wiederholt oder auf den Schriftsatz Bezug nimmt (§ 137 Abs. 3) – abweichend in den Fällen der §§ 128 Abs. 2 bis 4, 251 a. Dagegen kann eine im Schriftsatz enthaltene **materielle** Willenserklärung (zB Anfechtung, Kündigung) ihre Wirkung schon mit dem Zugang an den Gegner (§ 130 Abs. 1 BGB) entfalten; vorausgesetzt freilich, dass die Partei diese Erklärung schon jetzt verbindlich abgeben und sie sich nicht für die mündliche Verhandlung vorbehalten will. 2

3. Schriftsätze. Im **Anwaltsprozess** (§ 78) sind vorbereitende Schriftsätze obligatorisch (Abs. 1). Im **Parteiprozess** (§ 79) kann das Gericht durch Beschluss oder der Vorsitzende durch prozessleitende Verfügung den Parteien aufgeben, die mündliche Verhandlung durch Schriftsätze oder durch Erklärungen zu Protokoll der Geschäftsstelle (§§ 496, 129 a) vorzubereiten (Abs. 2); beide Erklärungsformen stehen der Partei zur Wahl. 3

4. Rechtsfolgen. Versäumt die Partei die ihr gesetzlich oder richterlich aufgegebene Vorbereitung, so hat sie folgende **nachteilige** Rechtsfolgen zu befürchten: Ihr nicht (rechtzeitig) angekündigtes Vorbringen kann in der mündlichen Verhandlung als verspätet zurückgewiesen werden (§§ 282 Abs. 2, 296 Abs. 1 und 2). Das Gericht kann dem Gegner gestatten, einen Schriftsatz nachzureichen (§ 283). Anträge auf Versäumnisurteil oder Entscheidung nach Lage der Akten gegen den nicht (rechtzeitig) informierten Gegner sind zurückzuweisen (§ 335 Abs. 1 Nr. 3). Kostennachteile können der Partei nach § 95 oder nach § 38 GKG entstehen. 4

---

[9] *Stein/Jonas/Leipold* Rn. 25; aA *Thomas/Putzo/Reichold* Rn. 4.
[10] *Stein/Jonas/Leipold* Rn. 31 ff.
[11] *Stein/Jonas/Leipold* Rn. 36.

II. Bestimmende Schriftsätze

5 **1. Bestimmende Schriftsätze.** § 129 betrifft nicht die sog. bestimmenden Schriftsätze. Nach fest eingebürgerter Terminologie[1] sind dies Schriftsätze, die nicht bloß das künftige Vorbringen ankündigen, sondern die prozessuale Erklärung der Partei bereits darstellen; mit der Einreichung des Schriftsatzes beim Gericht oder – zB nach § 253 Abs. 1 – mit der Zustellung an den Gegner tritt die **prozessuale Wirkung** ein. Bestimmende Schriftsätze sind namentlich Klage, Rechtsmittel- und Rechtsmittelbegründungsschrift, Einspruchs- und Widerspruchsschrift, Klagerücknahme, Rechtsmittelrücknahme; ferner Anträge, die keine mündliche Verhandlung erfordern, zB nach §§ 44ff., 117f., 269 Abs. 2, 3, 920f., 935ff.

6 Im **schriftlichen Verfahren** wie im Verfahren mit nur fakultativ mündlicher Verhandlung verblasst der Unterschied zwischen vorbereitenden und bestimmenden Schriftsätzen, weil das schriftsätzliche Vorbringen sofort prozessual wirksam ist. Ebenso wird das schriftsätzlich erst angekündigte Vorbringen **sofort wirksam,** sobald schriftliches Verfahren angeordnet wird. In allen diesen Fällen bleibt freilich das Problem, ob bestimmende Schriftsätze eigenhändiger Unterzeichnung der Partei, im Anwaltsprozess eines Rechtsanwalts, bedürfen (hierzu Rn. 9ff.).

7 **2. Inhalt und Form.** Über Inhalt und Form der bestimmenden Schriftsätze gibt es in der ZPO **keine allgemeine Regelung.** Einzelne Bestimmungen schreiben den jeweils notwendigen Inhalt vor (so die §§ 253 Abs. 2, 340 Abs. 2 und 3, 519 Abs. 2, 520 Abs. 3, 524 Abs. 3, 549 Abs. 1, 551 Abs. 3, 554 Abs. 3, 585, 587) und erklären die allgemeinen Vorschriften über die vorbereitenden Schriftsätze für anwendbar (so die §§ 253 Abs. 4, 519 Abs. 4, 520 Abs. 5, 524 Abs. 3, 549 Abs. 2, 554 Abs. 3, 585). Gemeint sind damit die §§ 130 bis 132. Ihre entsprechende Anwendung empfiehlt sich auch in den Fällen, in denen eine gesetzliche Verweisung fehlt.[2]

8 **3. §§ 130 bis 132.** Die Anwendung der §§ 130 bis 132 führt zu Schwierigkeiten in den folgenden, für die Alltagspraxis höchst wichtigen Punkten, in denen es zweifelhaft erscheint, ob die für vorbereitende Schriftsätze gedachte Regelung auch auf bestimmende Schriftsätze passt. Hier muss den Ausschlag geben, ob die Vorschrift gerade der **Eigenart und der Funktion bestimmender Schriftsätze** gerecht wird.

9 **a) Eigenhändige Unterschrift. Umstritten** ist insbesondere, ob bestimmende Schriftsätze von der Partei oder im Anwaltsprozess von einem Rechtsanwalt eigenhändig unterschrieben werden müssen. Die globale Verweisung auf die Vorschriften über vorbereitende Schriftsätze (vgl. oben Rn. 7) könnte dazu verleiten, im Anschluss an § 130 Nr. 6 die eigenhändige Unterschrift nur als Soll-Erfordernis, nicht als Wirksamkeitserfordernis, einzustufen.[3] Näher liegt freilich die differenzierende Überlegung, dass lediglich bei vorbereitenden Schriftsätzen die eigenhändige Unterschrift entbehrlich scheint, bei den bestimmenden, sogleich prozessgestaltenden Schriftsätzen indes nicht. Der Wichtigkeit dieser Schriftsätze entspricht es, durch die eigenhändige Unterschrift klarzustellen, dass es sich um eine verbindliche prozessuale Erklärung, nicht um einen bloßen Entwurf, handelt und dass der Unterzeichner (etwa in einer Anwaltssozietät) für sie die Verantwortung trägt.[4] Rechtsklarheit und Rechtssicherheit vertragen hier im Grundsatz keine Abstriche. Vor allem nicht mit der Begründung, Formmängel seien unschädlich, wenn der Zweck der Form offensichtlich erreicht sei;[5] denn darauf würden sich Partei und Anwalt bei fehlender Unterschrift stets berufen, so dass der Grundsatz entwertet würde.

10 Weitere Argumente haben kaum Gewicht: **§§ 126ff. BGB** beziehen sich auf materielle Willenserklärungen und setzen die Anordnung der Form durch Gesetz oder Parteiabrede voraus. § 522 Abs. 1 (§ 519b Abs. 1 aF) lässt nicht erkennen, ob die Unterschrift Teil der zwingenden Rechtsmittelform ist.[6] Ob der Unterschriftszwang hilft, eine Umgehung des Anwaltszwangs zu verhindern, erscheint zweifelhaft.[7]

11 Insgesamt betrachtet sprechen also die besseren Gründe dafür, die eigenhändige Unterschrift der Partei oder (im Anwaltsprozess) des Anwalts als **Wirksamkeitserfordernis** bei bestimmenden

---

[1] RGZ 151, 82, 83; GemS BGHZ 75, 340, 343 = NJW 1980, 172.
[2] *Stein/Jonas/Leipold* Rn. 7.
[3] *Kunz/Schmidt* NJW 1987, 1298f.
[4] Treffend RGZ 151, 82, 84f.; BGH NJW 1987, 2588; OLG München NJW 1979, 2570; *Stein/Jonas/Leipold* Rn. 8, § 130 Rn. 14.
[5] So aber *Vollkommer,* Formenstrenge und prozessuale Billigkeit, 1973, S. 126ff., 260ff.; OLG Saarbrücken NJW 1970, 434, 1051 m. zust. Anm. *Vollkommer.*
[6] Dafür aber BGH NJW 1980, 291; Hagen SchlHA 1973, 57.
[7] AK-ZPO/*Puls* Rn. 10 gegen RGZ 151, 82, 85.

Schriftsätzen zu qualifizieren. Die langjährige höchstrichterliche Rechtsprechung[8] ist im Einklang mit der herrschenden Lehre[9] zu bestätigen. Sie werden durch das FormAnpG in § 130 Nr. 6 (dort für ein Telefax) bekräftigt.[10] Das bedeutet bei fristgebundenen Schriftsätzen (Rechtsbehelfen), dass die Unterschrift vor Fristablauf geleistet sein muss und später nicht mehr nachgeholt werden kann.[11] Diese Formstrenge überfordert Parteien und Anwälte nicht.[12]

b) Eigenhändige Unterschrift oder qualifizierte elektronische Signatur. Eigenhändige Unterschrift oder qualifizierte elektronische Signatur (§ 130a Abs. 1 S. 2)[13] ist erforderlich. Maschinenschriftliche Unterzeichnung oder Faksimilestempel genügt nicht; auch nicht die (unbeglaubigte) Fotokopie des eigenhändig unterschriebenen Schriftstücks,[14] selbst wenn der Umschlag die handschriftliche Absenderangabe trägt.[15] Ferner nicht eine im Matrizenverfahren hergestellte Unterschrift, etwa in zahlreichen Parallelprozessen;[16] die **Urheberschaft** für das einzelne Verfahren ist nicht gewährleistet. 12

Dagegen reicht **beispielsweise** die abredegemäß verwertete Blankounterschrift aus,[17] wenn der Anwalt den Inhalt des Schriftsatzes so genau festgelegt hat, dass er dessen eigenverantwortliche Prüfung bestätigen kann. Es genügt auch, wenn zugleich mit dem nicht unterschriebenen Original eine Abschrift eingereicht wird, die vom Verfasser des Originals unterzeichnet oder beglaubigt ist[18] oder sich aus anderen, eine Beweisaufnahme nicht erfordernden Umständen ergibt, dass der Rechtsmittelanwalt die Verantwortung für den Inhalt des Schriftsatzes übernommen und diesen willentlich in den Rechtsverkehr gebracht hat.[19] Bei Behörden und Körperschaften des öffentlichen Rechts findet sogar die maschinenschriftliche Angabe des Zeichnungsberechtigten Anerkennung, wenn sie – wie üblich – durch die Schreibkraft beglaubigt ist.[20] Unterschrift auf dem Begleitschreiben oder Anschreiben deckt auch den beigefügten Schriftsatz, sowohl (unproblematisch) bei fester als auch bei loser Verbindung (Büroklammer), da die Verantwortlichkeit des Verfassers durch die Bezugnahme im Begleitschreiben bekräftigt wird.[21] Die Unterschrift „i. V." genügt, wenn klar ist, dass der Vertretene die Verantwortung übernimmt (zB in Anwaltssozietät); so auch der Zusatz: „für den nach Diktat verreisten Rechtsanwalt".[22] Die Unterschrift „i. A." dagegen genügt regelmäßig nicht, weil der Unterzeichner nur als Erklärungsbote erscheint; anders, wenn er zur Sozietät der Anwälte gehört, also eigenes Mandat ausübt.[23] 13

c) Mündliche Erklärungen. Mündliche Erklärungen ersetzen die **Unterschrift** nicht. Daher genügen auch telefonische Mitteilungen an das Gericht nicht,[24] selbst wenn der Richter oder Geschäftsstellenbeamte einen Aktenvermerk aufnimmt; die Gefahr von Identitätstäuschungen und Hörfehlern ist zu groß. Erst recht reicht es nicht, wenn der Anwalt den (nicht unterschriebenen) Schriftsatz persönlich in den Gerichtseinlauf (Postannahme, Geschäftsstelle) bringt;[25] hier wird weder die Person des Einreichenden festgestellt noch der Vorgang schriftlich festgehalten. 14

d) Individuelles Schriftbild. Als Unterschrift fordert die Rechtsprechung ein individuelles Schriftbild, das sich von anderen Unterschriften **unterscheidet** und beliebige Nachahmung zu- 15

---

[8] RGZ 31, 375, 377f.; 151, 82; BGHZ 37, 156; 65, 46 = NJW 1975, 1704; BGH NJW 1980, 291; BGHZ 92, 251, 255 = 1985, 328; 1987, 957; 1333; 2588; 1997, 3380; NJW-RR 2004, 1364; NJW 2005, 1470; NJW 2005, 2709; NJW 2005, 3775; NJW 2006, 2263.

[9] *Baumbach/Lauterbach/Hartmann* Rn. 9; *Stein/Jonas/Leipold* Rn. 8, § 130 Rn. 14; *Thomas/Putzo/Reichold* Rn. 6; *Zöller/Greger* § 130 Rn. 7.

[10] So auch *Stein/Jonas/Leipold* § 130 Rn. 16; aA: *Zöller/Greger* § 130 Rn. 21f.

[11] BGH NJW-RR 2004, 1364; NJW 2005, 2086; NJW 2005, 2709; NJW 2005, 3775, NJW 2006, 2263.

[12] Treffend schon RGZ 151, 82, 85; BGH NJW 2005, 2086.

[13] BGH NJW 2001, 831.

[14] BGH NJW 1962, 1505.

[15] AA BVerwG NJW 1974, 1262.

[16] AA BAGE 30, 86, 100 = NJW 1979, 233; BFH DB 1975, 88; BGH NJW 2005, 2709.

[17] BGH ZZP 80 (1967), 315 = NJW 1966, 351.

[18] BGH NJW 1980, 291; BAG NJW 1973, 1343.

[19] BGH NJW 2005, 2086; BGHR 2004, 406.

[20] GemS BGHZ 75, 340 = NJW 1980, 172.

[21] AA für die der Berufung beigeheftete (nicht unterschriebene) Berufungsbegründungsschrift BGH VersR 1973, 636; richtig im Ergebnis BFHE 111, 278 = NJW 1974, 1582. An dieser Bezugnahme fehlte es im Fall BGHZ 37, 156 = NJW 1962, 1724.

[22] BGH NJW 2003, 2028.

[23] BGH NJW 1988, 210; 1993, 2056.

[24] BFH NJW 1965, 174.

[25] BGH NJW 1980, 291; VersR 1980, 765; 1983, 271; OLG München NJW 1979, 2570; aA OLG Frankfurt NJW 1977, 1246.

mindest erschwert; lesbar braucht es nicht zu sein.[26] Kann man in Kenntnis des Namens diesen aus dem Schriftbild herauslesen, wenn auch mit Mühe und Phantasie, so ist den Anforderungen genügt.[27] Bei Doppelnamen reicht es aus, den ersten Namen auszuschreiben und den zweiten abzukürzen.[28] Keine Anerkennung als individuelle Schriftzüge haben gefunden Handzeichen und Paraphen,[29] bloße gekrümmte Linien oder Schlangenlinien,[30] senkrechte und/oder waagrechte Striche,[31] willkürliche Punkte, Striche oder Schnörkel ohne jede Buchstabenähnlichkeit.[32] Angesichts der Variationsbreite menschlicher Schriften und gerade Unterschriften sollten die Gerichte großzügig verfahren,[33] die Anwälte aber auch um sorgfältige Unterschriften bemüht sein. Der Misserfolg, namentlich die Unzulässigkeit eines Rechtsmittels, steht außer allem Verhältnis!

16 **e) Telegramm, Fernschreiben, Telebrief, Computerfax.** Eine **bedeutende Konzession** macht die Rechtsprechung im Ansatz schon seit langem: Sie lässt Einreichen durch Telegramm,[34] Fernschreiben[35] oder Telebrief,[36] und nunmehr entgegen der ursprünglichen Ansicht[37] – bestätigt durch § 130 Nr. 6 nF – der aber eine eingescannte Unterschrift erfordert – auch durch Computerfax,[38] genügen, obwohl das zu den Gerichtsakten gelangende Schriftstück nicht die eigenhändige Unterschrift des Erklärenden trägt. Diese Auffassung erlaubt es den Parteien und Anwälten, die technischen Möglichkeiten zur raschen Nachrichtenübermittlung zu nutzen und mit ihrer Hilfe die Rechtsbehelfsfristen auszuschöpfen. Entsprechend sind die Konsequenzen zu ziehen: Das Telegramm kann auch telefonisch aufgegeben werden.[39] Eingang des Telegramms oder Fernschreibens bei Gericht wahrt die Rechtsbehelfsfrist;[40] ebenso telefonisches Zusprechen des Inhalts durch die Post, wenn der Urkundsbeamte des Gerichts einen Aktenvermerk fertigt.[41] Alle genannten Erleichterungen gelten für sämtliche bestimmenden Schriftsätze, auch für Rechtsmittelbegründungsschriften, obwohl bei ihnen der Zeitdruck gewöhnlich weniger stark ist;[42] eine weitere Unterscheidung könnte nur verwirren.

17 **f) Ladungsfähige Anschrift.** Die Angabe der ladungsfähigen Anschrift für beide Parteien ist **zwingendes Erfordernis** der Klageschrift. Der Anschrift des Beklagten bedarf es schon für die Zustellung der Klage. Die Adresse des Klägers ist notwendig für die Terminsladung, augenfällig bei der Anordnung persönlichen Erscheinens (§§ 141, 445 ff.). Ein schutzwürdiges Interesse, den Prozess aus dem Verborgenen zu führen, ist nicht anzuerkennen; der Kläger hat für seine Prozessführung einzustehen.[43] Wird dagegen eine in der Klageschrift angegebene ladungsfähige Anschrift im Laufe des Prozesses unrichtig und bringt der anwaltlich vertretene Kläger keine neue ladungsfähige Anschrift bei, darf die Klage nicht aus diesem Grund allein als unzulässig abgewiesen werden.[44] Nur in zwingenden Fällen (zB Inkognito-Adoption) ist eine Ausnahme zu tolerieren.[45]

---

[26] BGH ZZP 73 (1960), 237 = MDR 1960, 396; BGH NJW 1975, 1705; 1982, 1467; 1985, 1227; 1987, 1333; 1989, 588; FamRZ 1997, 737.

[27] BGH VersR 1983, 273; NJW-RR 1991, 511; MDR 1991, 223; BSG NJW 1975, 1799; BAG NJW 1982, 1016.

[28] BAG NJW 1988, 2822.

[29] BGH NJW 1967, 2310; 1975, 1705; 1982, 1467; 1985, 1227; 1987, 1333; 1989, 588; 1992, 243; 1994, 55.

[30] BGH NJW 1974, 1090; 1985, 1227; 1987, 957.

[31] BGH VersR 1982, 973; OLG Hamm JurBüro 1981, 1413.

[32] BGH NJW 1976, 2263; 1989, 588.

[33] BVerfGE 78, 123 = NJW 1988, 2787; BGH NJW 1997, 3380 = FamRZ 1997, 737. Jedenfalls darf ein Spruchkörper eine jahrelang akzeptierte Unterschrift nicht plötzlich ohne Vorwarnung beanstanden.

[34] RGZ 139, 45, 47 f.; 151, 82, 86; BGH NJW 1960, 1310; 1965, 1862; 1966, 1077; BAG NJW 1971, 2190.

[35] BGH NJW 1982, 1470; 1986, 1759; LAG Mecklenburg-Vorpommern MDR 1998, 367.

[36] BGHZ 87, 63 = NJW 1983, 1498; BAG NJW 1984, 199 und 1989, 1822; BVerwG NJW 1987, 2098; anders BGHZ 79, 314 und BAG NJW 1990, 3165, wenn die Telekopie durch Boten eines privaten Zwischenempfängers übermittelt wird.

[37] BGH NJW 1998, 3649.

[38] GmSOGB NJW 2000, 2340; BGH NJW 2001, 831.

[39] RGZ 139, 45, 47 f.; BGH NJW 1974, 1090.

[40] Unhaltbar BGHZ 65, 10, das Fernschreiben müsse innerhalb der Dienststunden eingehen. Treffend BVerfGE 52, 203 = NJW 1980, 580; BGH NJW 1987, 2586.

[41] BGH NJW 1960, 1310; aA BayObLG NJW 1954, 323.

[42] Richtig *Stein/Jonas/Leipold* § 130 Rn. 54; aA OLG Stuttgart VersR 1982, 1082; OLG Karlsruhe NJW 1998, 1650; offen gelassen in BGH NJW 1980, 291; treffend jetzt BGH NJW 1986, 1759; BVerfGE 74, 228, 234 ff. = NJW 1987, 2067; OLG München OLGR München 2001, 303; OLG Nürnberg NJW-RR 2001, 573.

[43] BGHZ 102, 332, 335 f. = NJW 1988, 2114; *Nierwetberg* NJW 1988, 2095.

[44] BGH NJW-RR 2004, 1503.

[45] BGH NJW 1980, 291.

§ 129 a Anträge und Erklärungen zu Protokoll

(1) Anträge und Erklärungen, deren Abgabe vor dem Urkundsbeamten der Geschäftsstelle zulässig ist, können vor der Geschäftsstelle eines jeden Amtsgerichts zu Protokoll abgegeben werden.

(2) [1]Die Geschäftsstelle hat das Protokoll unverzüglich an das Gericht zu übermitteln, an das der Antrag oder die Erklärung gerichtet ist. [2]Die Wirkung einer Prozesshandlung tritt frühestens ein, wenn das Protokoll dort eingeht. [3]Die Übermittlung des Protokolls kann demjenigen, der den Antrag oder die Erklärung zu Protokoll abgegeben hat, mit seiner Zustimmung überlassen werden.

I. Zweck der Vorschrift

Sie **erleichtert** den Parteien und sonstigen Verfahrensbeteiligten (zB Zeugen), ihre Rechte vor Gericht wahrzunehmen, indem sie ihre Anträge und Erklärungen vor der Geschäftsstelle eines beliebigen Amtsgerichts abgeben können und sich nicht zum – vielleicht schwer erreichbaren – erkennenden Gericht bemühen müssen. 1

Diese Erleichterung gilt nur für Anträge und Erklärungen, die vor dem Urkundsbeamten der Geschäftsstelle abgegeben werden können (Abs. 1). Sie betreffen den **Parteiprozess** (§§ 79, 496, 571, 696, 697, 700, 702); den Anwaltsprozess nur, wenn die Prozesshandlung vom Anwaltszwang freigestellt ist (§ 78 Abs. 3), zB nach den §§ 44, 109, 117, 118, 248, 381, 386, 389, 406, 486, 569, 573, 630, 715, 920 bzw. sonstige Verfahren, für die **kein Anwaltszwang** besteht (§§ 947, 952). Unterliegt die Prozesshandlung dem Anwaltszwang, bleibt für die Erleichterung des § 129 a kein Raum. 2

II. Aufnahme der Erklärung

1. Zuständigkeit. Zuständig ist jedes **Amtsgericht** im Geltungsbereich der ZPO. Die Bestimmung der zuständigen Abteilung (zB die Rechtsantragsstelle) ist eine Maßnahme der Justizverwaltung, obliegt also dem Präsidenten oder aufsichtsführenden Richter, da sie nicht richterliche Aufgaben verteilt und nicht den gesetzlichen Richter fixiert, gehört sie nicht zum Inhalt des Geschäftsverteilungsplans.[1] 3

2. Entgegennahme. Das angegangene Amtsgericht ist **verpflichtet,** die Erklärung zu Protokoll entgegenzunehmen. Es darf den Antragsteller nicht etwa an das Prozessgericht oder an das Amtsgericht seines Wohnortes oder Aufenthaltsortes verweisen. 4

Ein Recht oder eine Pflicht zur **inhaltlichen Nachprüfung** hat der Urkundsbeamte grundsätzlich nicht. Er hat aber, damit die Erleichterung der Form nicht zum Nachteil in der Sache umschlägt, für klaren Inhalt zu sorgen, also unter Umständen das Ziel des Antragstellers zu erfragen und ihm bei der Formulierung behilflich zu sein.[2] Regelmäßig ist ein Inhaltsprotokoll am Platze. 5

Eine **Ablehnung** der Protokollierung dürfte kaum einmal zu rechtfertigen sein. Selbst bei strafbaren (beleidigenden) Äußerungen muss sich der Urkundsbeamte zunächst um den etwaigen sachlichen Kern bemühen. Die Wertung unverständlich gebliebener oder querulatorischer Erklärungen aber hat er dem Prozessgericht zu überlassen.[3] Gegen die Ablehnung der Protokollierung findet Dienstaufsichtsbeschwerde statt; um eine nach § 567 Abs. 1 anfechtbare Entscheidung handelt es sich nicht.[4] Allenfalls könnte man in entsprechender Anwendung von § 573 eine befristete Erinnerung in Betracht ziehen.[5] 6

3. Inhalt des Protokolls. Der Inhalt des Protokolls ist gesetzlich **nicht vorgeschrieben;** § 160 betrifft nur das Sitzungsprotokoll. Jedenfalls sollte das Protokoll enthalten: Ort und Datum; Bezeichnung des Gerichts, des Urkundsbeamten und des Erklärenden; die Erklärung selbst; den Abschlussvermerk, dass das Protokoll dem Erklärenden vorgelesen oder zur Durchsicht vorgelegt und von ihm genehmigt wurde; die Unterschrift des Urkundsbeamten. Den Erklärenden unter- 7

[1] *Stein/Jonas/Leipold* Rn. 11; *Thomas/Putzo/Reichold* § 21 e GVG Rn. 12; *Zöller/Gummer* § 21 e GVG Rn. 33; *Kissel/Mayer* § 153 Rn. 14; unklar *Baumbach/Lauterbach/Hartmann* Rn. 7 (Geschäftsverteilungs- oder Organisationsplan).

[2] *Stein/Jonas/Leipold* Rn. 13.

[3] Für Ablehnung der Protokollierung *Stein/Jonas/Leipold* Rn. 13; stets Klarstellung erhofft sich AK-ZPO/*Puls* Rn. 6.

[4] *Stein/Jonas/Leipold* Rn. 15; streitig.

[5] *Stein/Jonas/Leipold* Rn. 11.

schreiben zu lassen, ist nicht erforderlich, trägt freilich dazu bei, späteren Beanstandungen vorzubeugen.

III. Übermittlung der protokollierten Erklärung

8 **1. Unverzügliche Übermittlung.** Die angegangene Geschäftsstelle hat das Protokoll unverzüglich dem **Adressatgericht** zu übermitteln (Abs. 2 S. 1). Durch den mit Art. 1 Nr. 5 JKomG eingeführten Begriff „Übermitteln" (vormals:„übersenden") werden auch Vorgänge abgedeckt, bei denen elektronische Dokumente bereitgestellt werden. Unverzüglich heißt mit der gebotenen Zügigkeit, wobei die **Dringlichkeit** durch den Inhalt der Erklärung bestimmt wird. Der Vorteil der leichteren Form würde sonst durch die Trägheit des Geschäftsgangs in Frage gestellt. Für Eilfälle (vgl. Abs. 2 S. 2) ist die Selbstübermittlung durch den Erklärenden vorzuziehen (Abs. 2 S. 3). Gerade um den Vorteil des § 129a Abs. 1 nicht in Frage zu stellen, ist der Urkundsbeamte verpflichtet, den Erklärenden auf den drohenden Fristablauf und die Möglichkeit der rascheren Selbstübermittlung aufmerksam zu machen.[6]

9 **2. Wirksamkeit.** Die Wirksamkeit der Erklärung kann erst eintreten, wenn das Protokoll bei dem zuständigen Adressatgericht eingeht (Abs. 2 S. 2). § 129a erleichtert nur die Form der Abgabe der Erklärung, ändert aber nicht die Zuständigkeit in der Sache selbst. Der Vorteil hält sich also in Grenzen, weil der Erklärende sich ggf. um den **rechtzeitigen Zugang** beim zuständigen Gericht kümmern muss. Verzögert sich die Weiterleitung durch das angegangene Gericht, muss sich der Erklärende nach § 233 helfen; welches Tempo er dem angegangenen Gericht zutrauen dürfte, wird eine zusätzliche Frage in der reichhaltigen Kasuistik des § 233 sein; will man die Bedeutung des § 129a nicht schmälern, sollte die Wiedereinsetzung hier großzügig gewährt werden.

10 Ist das vom Erklärenden angegebene[7] **Adressatgericht** unzuständig, so erlangt die Erklärung erst mit Eingang beim letztlich zuständigen Gericht Wirksamkeit.[8] Das ist die Konsequenz aus Abs. 2 S. 2.

§ 130 Inhalt der Schriftsätze

Die vorbereitenden Schriftsätze sollen enthalten:

1 die Bezeichnung der Parteien und ihrer gesetzlichen Vertreter nach Namen, Stand oder Gewerbe, Wohnort und Parteistellung; die Bezeichnung des Gerichts und des Streitgegenstandes; die Zahl der Anlagen;

2 die Anträge, welche die Partei in der Gerichtssitzung zu stellen beabsichtigt;

3 die Angabe der zur Begründung der Anträge dienenden tatsächlichen Verhältnisse;

4 die Erklärung über die tatsächlichen Behauptungen des Gegners;

5 die Bezeichnung der Beweismittel, deren sich die Partei zum Nachweis oder zur Widerlegung tatsächlicher Behauptungen bedienen will, sowie die Erklärung über die von dem Gegner bezeichneten Beweismittel;

6 die Unterschrift der Person, die den Schriftsatz verantwortet, bei Übermittlung durch einen Telefaxdienst (Telekopie) die Wiedergabe der Unterschrift in der Kopie.

I. Bedeutung und Anwendungsbereich

1 Alle Bestimmungen des § 130 sind nach dem eindeutigen Wortlaut und dem Gesetzeszweck lediglich **Soll-Vorschriften.** Mängel sind meist heilbar; zu etwaigen Sanktionen vgl. § 129 Rn. 4. Zum zwingenden Inhalt bestimmender Schriftsätze vgl. § 129 Rn. 7, 8ff.; zur analogen Anwendung des § 130 auf bestimmende Schriftsätze vgl. § 129 Rn. 7ff.

II. Die einzelnen Inhaltserfordernisse

2 **1. Nr. 1. Parteien** und Adressen[1] sind sorgfältig anzugeben. Unrichtigkeiten und Unvollständigkeiten erschweren oder verhindern die Zustellung. Im schlimmsten Falle erweist sich später die Zwangsvollstreckung als undurchführbar (unzulässig), weil die Identität des Schuldners nicht festgestellt werden kann (§ 750 Abs. 1).[2] Auch die Angabe des Berufes kann zur Identifizierung beitra-

---

[6] *Stein/Jonas/Leipold* Rn. 17; *Baumbach/Lauterbach/Hartmann* Rn. 15.

[7] Ggf. auch hierzu Belehrung des Urkundsbeamten nötig *Stein/Jonas/Leipold* Rn. 16.

[8] *Baumbach/Lauterbach/Hartmann* Rn. 14, BFH NV 2004, 976.

[1] Zum Erfordernis der ladungsfähigen Anschrift in der Klageschrift vgl. § 129 Rn. 17.

[2] *Bruns/Peters,* Zwangsvollstreckungsrecht, 3. Aufl. 1987, § 5 III 1, § 11 III 1.

gen.[3] Die Stellung einer Partei kraft Amtes, namentlich des Insolvenzverwalters, ist zu kennzeichnen (Rechtskraft, haftendes Vermögen!).

Der **Streitgegenstand** wird durch den Klagantrag (Nr. 2, § 253 Abs. 2 Nr. 2) und die Schilderung des Lebenssachverhalts (Nr. 3, § 253 Abs. 2 Nr. 2) bestimmt. Üblich und empfehlenswert ist eine schlagwortartige Bezeichnung, zB „wegen Kaufpreisforderung", „wegen Schadensersatzes aus unerlaubter Handlung"; in der rechtlichen Qualifizierung ist damit aber weder die Partei noch das Gericht gebunden. 3

2. Nr. 2. Die **Anträge** sollten im Schriftsatz deutlich hervorgehoben und von den sonstigen tatsächlichen oder rechtlichen Ausführungen getrennt werden. In der mündlichen Verhandlung werden sie verlesen oder in Bezug genommen (§ 297 Abs. 1 S. 2, Abs. 2). 4

Ihrem Zwecke nach, dem Gericht und dem Gegner die gezielte Vorbereitung auf die mündliche Verhandlung zu ermöglichen, betrifft die Vorschrift des § 130 Nr. 2 nicht nur **Sachanträge,** sondern auch **Prozessanträge;**[4] hingegen engt die Gegenansicht die Anwendbarkeit des § 297 auf Sachanträge ein. 5

3. Nr. 3. Alle für die Entscheidung wesentlichen **Tatsachenbehauptungen** sollten schon in den vorbereitenden Schriftsätzen erscheinen. Die Regeln der Behauptungs- und Beweislast zusammen mit der Wahrheitspflicht (§ 138 Abs. 1) verteilen die Aufgaben des Sachvortrags auf die beiden Parteien. Wie weit eine Partei ins Detail gehen muss, richtet sich danach, ob sie Bestreiten des Gegners zu erwarten hat. Jedenfalls ist eine in sich geschlossene, verständliche Schilderung des Sachverhalts zu geben. Unzulänglich ist die pauschale Verweisung auf beigefügte Unterlagen (zB einen Briefwechsel), aus denen sich das Gericht heraussuchen möge, was dem Begehren der Partei nützt (vgl. § 137 Rn. 10).[5] 6

Rechtsausführungen der Parteien verlangt die ZPO regelmäßig nicht (anders § § 520 Abs. 3 Nr. 2 und § 551 Abs. 3 Nr. 2). Sie sind aber oft förderlich, weil sie den Vortrag der Parteien und die Prüfung des Gerichts in bestimmte Bahnen lenken. Außerdem versetzen sie das Gericht in die Lage, die Parteien auf bisher übersehene rechtliche Gesichtspunkte aufmerksam zu machen; dem entsprechend können Ergänzungen des Tatsachenvortrags erforderlich werden (§ 139 Abs. 1, 2). 7

4. Nr. 4. Die **Erklärung über das Tatsachenvorbringen des Gegners** stellt klar, welche Behauptungen bestritten werden (§§ 138 Abs. 3, 288). Die beweisbelastete Partei kann jetzt Beweise anbieten, das Gericht vorbereitende Maßnahmen treffen (§ 273). 8

5. Nr. 5. Die genaue Angabe der Beweisthemen und **Beweismittel** ermöglicht dem Gericht die Vorbereitung der mündlichen Verhandlung (§ 273) sowie den Erlass und ggf. die Ausführung eines Beweisbeschlusses (§ 358a). Die Erklärung über die Beweisangebote des Gegners trägt zu den Entschlüssen des Gerichts bei und deckt uU Gründe für die Unzulässigkeit eines Beweisantrags auf. 9

6. Nr. 6. In sprachlicher Neufassung verlangt der erste Halbsatz die Unterschrift der den Schriftsatz verantwortenden Person, also regelmäßig der Partei oder ihres Anwalts. Halbsatz 2 fordert bei Übermittlung durch Telekopie den Abdruck der Unterschrift in der Kopie. Auch die Neufassung enthält, wie der Einleitungssatz zu § 130 klarstellt, lediglich Soll-Vorschriften. Die **Unterschrift** der Partei oder des Anwalts ist bei vorbereitenden Schriftsätzen somit kein zwingendes Erfordernis. Auch nicht unterschriebene Schriftsätze sind also regelmäßig zu beachten. Etwaige Zweifel daran, wer der Verfasser ist oder ob die Erklärung wirklich geäußert werden sollte und ernstlich gemeint war, sind aufzuklären.[6] Mängel der Unterschrift oder ihrer Eigenhändigkeit (vgl. § 129 Rn. 10 bis 13) spielen keine Rolle, da Unterschrift ohnehin nicht notwendig ist. Zur Erforderlichkeit eigenhändiger Unterschrift bei bestimmenden Schriftsätzen vgl. § 129 Rn. 9 bis 16. 10

III. Weitere Erfordernisse?

Neben dem Katalog des § 130 sind einige weitere Angaben **zweckmäßig,** aber nicht als Soll-Voraussetzungen, geschweige denn als Muss-Voraussetzungen einzustufen: 11

Den **gegnerischen Prozessbevollmächtigten** namhaft zu machen, empfiehlt sich wegen der Zustellung des Schriftsatzes (§§ 172, 174). 12

Der Nachweis der Vollmacht **trägt der gerichtlichen Prüfungspflicht Rechnung, falls nicht ein Anwalt als** Vertreter auftritt (§ 88). 13

---

[3] Deshalb geht der Spott von AK-ZPO/*Puls* Rn. 6 über die angeblich veraltete Vorschrift fehl.

[4] *Stein/Jonas/Leipold* Rn. 8; AK-ZPO/*Puls* Rn. 11; aA *Wieczorek* Anm. B II.

[5] OLG Hamm NJW-RR 1996, 593.

[6] BGH NJW 2001, 2888.

14 Die Angabe des **Aktenzeichens,** in der Praxis selbstverständlich, gehört ebenfalls nicht zum vorgeschriebenen Inhalt. Ist der Schriftsatz fristgerecht bei Gericht eingegangen, ist es daher unerheblich, wann die Akten gefunden werden und der Schriftsatz eingeordnet wird.[7] Allenfalls kann fraglich werden, ob ein aus diesem Grund verzögert zugestellter Schriftsatz noch „demnächst" zugegangen ist, also als fristwahrend gelten kann (§ 270 Abs. 3 aF = § 167 nF).[8]

15 **Mangelnde Lesbarkeit** oder **den Sinn verdunkelnde Diktat- oder Schreibfehler** machen den Schriftsatz nicht unwirksam. Das Gericht hat sich um Aufhellung und Auslegung zu bemühen, notfalls bei der Partei nachzufragen oder in der mündlichen Verhandlung aufzuklären (§ 139 Abs. 1). Der Ratschlag, den Schriftsatz einfach zurückzugeben und nur eine Kopie zu den Akten zu nehmen,[9] setzt sich nicht nur mit der richterlichen Hinweis- und Fragepflicht in Widerspruch; vor allem erhebt er unversehens Lesbarkeit und Verständlichkeit zur Muss-Vorschrift. Auch die Einstellung, den Schriftsatz insoweit nicht zu berücksichtigen,[10] darf nur vorläufig hingenommen werden; dominieren muss die Pflicht des Gerichts, auf Nachbesserung zu dringen.

§ 130 a Elektronisches Dokument

(1) [1]Soweit für vorbereitende Schriftsätze und deren Anlagen, für Anträge und Erklärungen der Parteien sowie für Auskünfte, Aussagen, Gutachten und Erklärungen Dritter die Schriftform vorgesehen ist, genügt dieser Form die Aufzeichnung als elektronisches Dokument, wenn dieses für die Bearbeitung durch das Gericht geeignet ist. [2]Die verantwortende Person soll das Dokument mit einer qualifizierten elektronischen Signatur nach dem Signaturgesetz versehen. [3]Ist ein übermitteltes elektronisches Dokument für das Gericht zur Bearbeitung nicht geeignet, ist dies dem Absender unter Angabe der geltenden technischen Rahmenbedingungen unverzüglich mitzuteilen.

(2) [1]Die Bundesregierung und die Landesregierungen bestimmen für ihren Bereich durch Rechtsverordnung den Zeitpunkt, von dem an elektronische Dokumente bei den Gerichten eingereicht werden können, sowie die für die Bearbeitung der Dokumente geeignete Form. [2]Die Landesregierungen können die Ermächtigung durch Rechtsverordnung auf die Landesjustizverwaltungen übertragen. [3]Die Zulassung der elektronischen Form kann auf einzelne Gerichte oder Verfahren beschränkt werden.

(3) Ein elektronisches Dokument ist eingereicht, sobald die für den Empfang bestimmte Einrichtung des Gerichts es aufgezeichnet hat.

1 **1. Schriftform.** Als Schriftform wird jetzt auch die Aufzeichnung als **elektronisches Dokument** anerkannt.

2 Elektronische Dokumente sind hauptsächlich per E-Mail **übermittelte Dateien**. In Betracht kommt aber auch die Übermittlung einer Datei durch Übersendung des Datenträgers (zB Diskette, CD-ROM) – vorbehaltlich der nach Absatz 2 zu erlassenden Verordnung. Telekopien (Telefax und Computerfax) sind keine elektronischen Dokumente. Auf sie findet § 130 a keine Anwendung, was sich sowohl aus der systematischen Stellung der Norm im Gesetz als auch aus § 130 Nr. 6 und § 174 Abs. 3–5 ergibt.[1]

3 **2. Anwendungsbereich.** § 130 a gilt vorbehaltlich der Verordnungen nach Absatz 2 für **alle Verfahren** der ZPO mit Ausnahme des Mahnverfahrens, für das Sonderegelungen getroffen worden sind (§ 690 Abs. 3, 703 b, 703 c).[2]

4 **Sämtliche Erklärungen der Parteien:** vorbereitende und bestimmende[3] Schriftsätze nebst Anlagen, Anträge und sonstige Erklärungen und die schriftlich abzugebenden Äußerungen Dritter (zB Zeugenaussagen, Sachverständigengutachten, amtliche Auskünfte) können in elektronischer Form abgegeben werden. Die für diese Dokumente in Abs. 1 S. 2 erwünschte qualifizierte Signatur (§ 2 Nr. 3 SigG) ist bei bestimmenden Schriftsätzen ein „Muss".[4]

---

[7] BGH VersR 1982, 673; *Stein/Jonas/Leipold* Rn. 2.
[8] BGHZ 32, 114, 118 f. = NJW 1960, 1006 für den Fall fehlender Angabe des gesetzlichen Vertreters; BGH NJW 1974, 48; *Stein/Jonas/Leipold* Rn. 4; *Zöller/Greger* Rn. 4.
[9] So *Baumbach/Lauterbach/Hartmann* Rn. 31.
[10] So *Stein/Jonas/Leipold* Rn. 4.
[1] *Stein/Jonas/Leipold* Rn. 5.
[2] *Stein/Jonas/Leipold* Rn. 6.
[3] *Stein/Jonas/Leipold* Rn. 7; *Thomas/Putzo/Reichold* Rn. 2.
[4] Vgl. § 129 Rn. 7–14; *Thomas/Putzo/Reichold* Rn. 2; *Stein/Jonas/Leipold* Rn. 10.

Die Zulassung der möglichen – nicht zwingenden – Einreichung von elektronischen Dokumenten setzt den Erlass entsprechender Rechtsverordnungen des Bundes bzw. der Länder voraus. Abs. 2 enthält die Rechtsgrundlage dafür. 5

3. Eingang bei Gericht. Konsequenterweise bestimmt sich der Eingang bei Gericht und damit die **Fristwahrung** bzw. die Wirkung des § 167 nach dem Zeitpunkt der Aufzeichnung bei der für den Empfang vorgesehenen Einrichtung des Gerichts. So kommt es auch für die Beurteilung der Rechtzeitigkeit des Eingangs eines per **Telefax** übersandten Schriftsatzes ebenso wie für den Eingang eines elektronischen Dokuments iS des § 130 a allein darauf an, ob die gesendeten Signale noch vor Ablauf des letzten Tages der Frist vom Telefaxgerät des Gerichts vollständig empfangen (gespeichert) worden sind.[5] Auf den Eingang bei der zuständigen Geschäftsstelle kommt es nicht an.[6] 6

4. Fehlgeschlagene Übermittlung. Das **Risiko** einer fehlgeschlagenen Übermittlung trägt in der Regel der Absender. Aus diesem Grunde soll er frühzeitig davon **unterrichtet** werden, dass ein übermitteltes Dokument nicht zur Bearbeitung durch das Gericht geeignet ist (Abs. 1 S. 3). Zum einen besteht dann bei noch laufender Frist die Möglichkeit, das Dokument nochmals zu übermitteln. Zum anderen kann darauf unter Umständen ein Antrag auf Wiedereinsetzung in den vorigen Stand gestützt werden.[7] 7

§ 130 b Gerichtliches elektronisches Dokument

Soweit dieses Gesetz dem Richter, dem Rechtspfleger, dem Urkundsbeamten der Geschäftsstelle oder dem Gerichtsvollzieher die handschriftliche Unterzeichnung vorschreibt, genügt dieser Form die Aufzeichnung als elektronisches Dokument, wenn die verantwortenden Personen am Ende des Dokuments ihren Namen hinzufügen und das Dokument mit einer qualifizierten elektronischen Signatur versehen.

1. Ziel. Mit dem JKomG wurde u. a. der Zivilprozess für eine **elektronische Aktenbearbeitung** geöffnet. Die Verfahrensbeteiligten sollen die Möglichkeit haben, auch elektronische Kommunikationsformen verwenden zu können.[1] 1

2. Unterzeichnung. § 130 b eröffnet für gerichtliche Dokumente, die der Unterschrift bedürfen (Urteil, § 315; Beschluss, § 329 Abs. 1 S. 2 iVm. § 317 Abs. 2 S. 1; Protokoll, § 163) die Möglichkeit der Aufzeichnung als elektronisches Dokument. Die handschriftliche Unterzeichnung wird durch die **qualifizierte elektronische Signatur** ersetzt. Zudem haben die Signierenden am Ende des Dokuments ihren Namen anzugeben. 2

3. Formmangel. Stimmen Namensangabe und Signaturinhaber **nicht überein** oder ist das Dokument nicht mit einer qualifizierten oder nicht mit einer signaturgesetzkonformen Signatur versehen, liegt ein Formmangel vor. Da die Rechtsfolgen dieser Mängel der elektronischen Form wie die der entsprechenden Mängel der Schriftform nicht ausdrücklich gesetzlich geregelt sind, wird hierüber wie bisher die Rechtsprechung zu entscheiden haben.[2] 3

§ 131 Beifügung von Urkunden

(1) Dem vorbereitenden Schriftsatz sind die in den Händen der Partei befindlichen Urkunden, auf die in dem Schriftsatz Bezug genommen wird, in Urschrift oder in Abschrift beizufügen.

(2) Kommen nur einzelne Teile einer Urkunde in Betracht, so genügt die Beifügung eines Auszugs, der den Eingang, die zur Sache gehörende Stelle, den Schluss, das Datum und die Unterschrift enthält.

(3) Sind die Urkunden dem Gegner bereits bekannt oder von bedeutendem Umfang, so genügt ihre genaue Bezeichnung mit dem Erbieten, Einsicht zu gewähren.

---

[5] BGH NJW 2006, 2263.
[6] *Stein/Jonas/Leipold* Rn. 22: *Thomas/Putzo/Reichold* Rn. 3.
[7] BT-Drucks. 15/4067, S. 31.
[1] BT-Drucks. 15/4067, S. 24.
[2] BT-Drucks. 15/4067, S. 31; zu den Folgen einer fehlenden richterlichen Unterschrift vgl. § 315.

1 **1. Zweck.** Die Übermittlung von Urkunden hat den Zweck, dass das Gericht sich auf die mündliche Verhandlung **vorbereiten** (vgl. § 273) und der Gegner sich schriftsätzlich (§ 130 Abs. 4 und 5) oder in der Verhandlung zu den Urkunden äußern kann. Die beigefügten Anlagen können schriftsätzliches Vorbringen im Grunde nicht ersetzen,[1] die konkrete Bezugnahme auf andere Schriftstücke kann aber ausreichen.[2] Gemeint sind die Urkunden, auf die sich die Partei mit ihrem Tatsachenvorbringen und besonders mit ihrer Beweisführung stützen will. Urkunden als Beleg für Vorgänge, die der Gegner voraussichtlich nicht bestreiten wird, braucht die Partei zunächst nicht beizufügen; dies kann aber schon dann erforderlich werden, wenn der Gegner die Übermittlung etwa deswegen fordert, um die Authentizität prüfen zu können. Sonst gewinnt § 131 erst wenn der Gegner bestreitet an Sinn.[3]

2 **2. Urkunden.** Alle für den Prozess voraussichtlich **erheblichen** Urkunden (in den Grenzen gem. Rn. 1) sind zu übermitteln. Im Mittelpunkt stehen die Urkunden, die die Grundlage der materiellen Entscheidung bilden sollen; zB Kauf-, Miet-, Gesellschaftsverträge, Korrespondenz über einen Vertragsschluss, Mahnungen, Kündigungsschreiben, Sachmängelrügen, kaufmännische Bestätigungsschreiben. Aber auch Urkunden zu prozessualen Punkten kommen in Betracht, etwa Schiedsverträge, Gerichtsstandsvereinbarungen.

3 **3. Original und/oder Abschrift.** Dem an das Gericht gerichteten Schriftsatz sind die Urkunden im Original oder – üblich und zweckmäßig – in Abschrift (auch Fotokopie) **beizufügen** (Abs. 1). Für den Gegner ist eine Abschrift der Urkunden beizulegen (§ 133 Abs. 1). Kennt er sie bereits oder sind sie von bedeutendem Umfang (zB die Belege einer Rechnungslegung), kann ausnahmsweise das Erbieten genügen, ihm **Einsicht** zu gewähren (Abs. 3); die Einsichtnahme vollzieht sich nach § 134.

4 **4. Auszug.** Sind **nur einzelne Teile** der Urkunde erheblich, reicht ein Auszug der wesentlichen Stellen aus (Abs. 2). Doch scheint Vorsicht geboten, weil Parteien gelegentlich wichtige Passagen zurückhalten und weil die Auslegung einzelner Stellen oft von dem gesamten Kontext abhängt. Das Gericht sollte sich vergewissern; die Befugnis, Vorlage der (vollständigen) Urkunde zu verlangen, hat es (§§ 142 f.).

5 **5. Verstoß.** Ein Verstoß gegen § 131 führt zu denselben Folgen wie ein Verstoß gegen **§ 129** (vgl. § 129 Rn. 4).

6 **6. Kosten.** Die Kosten für Abschriften und Fotokopien sind, soweit sachdienlich, **erstattungsfähig** (§ 91). Bei Anwaltsvertretung richtet sich die Vergütung für Kosten von Ablichtungen neben der zu zahlenden Verfahrensgebühr nach RVG VV Nr. 7000.[4]

7 **7. Sondervorschriften.** Vgl. für den **Urkundenprozess** §§ 593 Abs. 2, 597 Abs. 2; für das **Urkundenbeweisverfahren** §§ 420 ff.

§ 132 Fristen für Schriftsätze

(1) [1]Der vorbereitende Schriftsatz, der neue Tatsachen oder ein anderes neues Vorbringen enthält, ist so rechtzeitig einzureichen, dass er mindestens eine Woche vor der mündlichen Verhandlung zugestellt werden kann. [2]Das Gleiche gilt für einen Schriftsatz, der einen Zwischenstreit betrifft.

(2) [1]Der vorbereitende Schriftsatz, der eine Gegenerklärung auf neues Vorbringen enthält, ist so rechtzeitig einzureichen, dass er mindestens drei Tage vor der mündlichen Verhandlung zugestellt werden kann. [2]Dies gilt nicht, wenn es sich um eine schriftliche Gegenerklärung in einem Zwischenstreit handelt.

I. Zweck und Anwendungsbereich

1 **1. Terminsvorbereitung.** Die Zwischenfristen des § 132 (zwischen Zustellung des Schriftsatzes an den Gegner und anberaumtem Termin) sollen dem Gegner ausreichend Zeit für die Terminsvorbereitung und damit für **rechtliches Gehör** verschaffen. Sie gelten folglich überall, wo den Parteien vorbereitende Schriftsätze aufgegeben sind: Immer im Anwaltsprozess (§ 129 Abs. 1); im

[1] BGHReport 2002, 257; vgl. § 137 Rn. 10.
[2] BGH NJW-RR 2004, 639.
[3] Richtig AK-ZPO/*Puls* Rn. 1. Die übliche Lehre sieht keine Begrenzung.
[4] *Stein/Jonas/Leipold* Rn. 7; § 91 Rn. 52.

Parteiprozess nur nach Anordnung gem. § 129 Abs. 2,[1] dann aber auch entsprechend für solche Erklärungen zu Protokoll der Geschäftsstelle.[2]

2. Neues Vorbringen. Erfasst werden **vorbereitende Schriftsätze,** die neues Vorbringen enthalten, namentlich neue Tatsachenbehauptungen; ferner neue Beweisanträge, Beweismittel, neue oder geänderte Sachanträge, auch neue Verteidigungsmittel, die sich allein auf das Gesetz stützen (zB Einrede der Verjährung), nicht aber bloße Rechtsausführungen. 2

3. Bestimmende Schriftsätze. Auf bestimmende Schriftsätze (vgl. § 129 Rn. 5) bezieht sich § 132 nicht; für sie sehen **Sondervorschriften** eigene Einlassungs- oder Zwischenfristen vor (vgl. §§ 274 Abs. 3, 523 Abs. 2, 553 Abs. 2, 585, 593 Abs. 2). 3

II. Einhaltung und Versäumung der Frist

1. Wahrung der Zwischenfrist. Erst mit **Zustellung** an den Gegner, nicht mit Einreichung bei Gericht, ist die Zwischenfrist gewahrt; denn dem Gegner soll sie die rechtzeitige Information sichern. In den Fällen des § 270 genügt formlose Mitteilung. Zustellung von Anwalt zu Anwalt (§§ 195, 135) wahrt die Frist. Die Partei (Anwalt) hat den Schriftsatz rechtzeitig auf den Weg zu bringen. 4

2. Änderung der Fristen. Die Fristen des § 132 sind **verlängerbar;** zwar nicht nach § 224 Abs. 2, weil § 132 diese Möglichkeit nicht vorsieht; wohl aber durch richterliche Fristsetzung nach § 275 Abs. 1 S. 1 oder Abs. 3 sowie § 276 Abs. 3 (zu § 276 Abs. 1 tritt § 132 nicht in Konkurrenz, weil zu Anfang des schriftlichen Vorverfahrens noch kein Termin festgesetzt ist).[3] Ein Mittel zur Verlängerung ist schließlich die Terminsverlegung (§ 227). 5

Eine **Abkürzung** der Fristen nach § 132 lässt § 226 zu. Praktisch empfiehlt sie sich kaum, um nicht dem Gegner das rechtliche Gehör zu schmälern.

3. Verspätete Zustellung. Verspätete Zustellung eines vorbereitenden Schriftsatzes führt grundsätzlich zu denselben Folgen wie die gänzliche Versäumung (vgl. § 129 Rn. 4). Insbesondere kommt die **Zurückweisung** des verspäteten Vorbringens gem. den §§ 282 Abs. 2, 296 Abs. 2 in Betracht.[4] Ist Abhilfe nach § 273 oder § 283 möglich, lässt sich eine Verzögerung des Prozesses aber vermeiden; § 296 Abs. 2 ist nicht anwendbar. 6

§ 133 Abschriften

(1) [1]Die Parteien sollen den Schriftsätzen, die sie bei dem Gericht einreichen, die für die Zustellung erforderliche Zahl von Abschriften der Schriftsätze und deren Anlagen beifügen. [2]Das gilt nicht für elektronisch übermittelte Dokumente sowie für Anlagen, die dem Gegner in Urschrift oder in Abschrift vorliegen.

(2) Im Falle der Zustellung von Anwalt zu Anwalt (§ 195) haben die Parteien sofort nach der Zustellung eine für das Prozessgericht bestimmte Abschrift ihrer vorbereitenden Schriftsätze und der Anlagen bei dem Gericht einzureichen.

I. Abschriften bei Zustellung durch das Gericht

1. Zugänglichkeit. Im Partei- wie im Anwaltsprozess obliegt es der Partei (Anwalt), ihre vorbereitenden Schriftsätze nebst Anlagen allen Beteiligten zugänglich zu machen, damit sich Gericht und Gegner informieren und auf die mündliche Verhandlung vorbereiten können. Üblich ist die Verfahrensweise, den Schriftsatz im Original mit der erforderlichen Zahl von Abschriften beim Gericht einzureichen (Abs. 1 S. 1); während das **Original zu den Gerichtsakten** genommen wird, veranlasst das Gericht die Zustellung der **Abschriften an den Gegner** (§§ 166 Abs. 2, 270). Nach der Zahl der Gegner und ihrer Anwälte richtet sich die Zahl der beizufügenden Abschriften. 1

2. Fehlende Abschriften. Lässt es die Partei an den erforderlichen Abschriften fehlen, so fordert die **Geschäftsstelle** sie nach oder fertigt sie auf Kosten der Partei an (GKG KV Nr. 9000 Ziff. 1). 2

3. Ausnahme. Die Ausnahme des Abs. 1 S. 2 hilft überflüssige Abschriften und Kosten zu vermeiden. Eine Partei, die einen Schriftsatz gemäß § 130 a formwirksam als elektronisches Dokument 3

---

[1] *Stein/Jonas/Leipold* Rn. 4; AK-ZPO/*Puls* Rn. 1; *Zöller/Greger* Rn. 1; aA ohne Begründung *Thomas/Putzo/Reichold* Rn. 2 und 3.

[2] *Stein/Jonas/Leipold* Rn. 4.

[3] AA *Stein/Jonas/Leipold* Rn. 7, der nur § 227 in Betracht zieht.

[4] Vgl. BGH NJW 1982, 1533, insbesondere zum Vorwurf grober Nachlässigkeit.

einreicht, ist nicht gehalten, die für die Zustellung erforderliche Zahl von Abschriften in Papierform nachzureichen. Falls zum Zwecke der Zustellung überhaupt noch ein Ausdruck erforderlich ist, weil der Prozessgegner nicht über einen elektronischen Zugang verfügt, hat die Geschäftsstelle dafür Sorge zu tragen, dass das elektronische Dokument ausgedruckt und dem Gegner in der gesetzlich vorgeschriebenen Form übermittelt wird. Dadurch, dass die Verpflichtung beseitigt wird, die für die Zustellung **erforderliche Zahl von Abschriften** im Falle der elektronischen Übermittlung beizufügen, entfällt nicht nur die Verpflichtung zur Zahlung von Auslagen nach GKG KV Nr. 9000 Ziff. 1, sondern auch die Verpflichtung, die Auslagen für den Medientransfer nach GKG KV Nr. 9000 Ziff. 2 zu zahlen.[1] Soweit die Anlagen oder Abschriften dem Gegner bereits vorliegen, soll die Partei den Ausnahmefall ausdrücklich in ihrem Schriftstück vermerken, damit nicht die Geschäftsstelle nach Rn. 2 verfährt.

II. Abschriften bei Zustellung von Anwalt zu Anwalt

4 Für die Zustellung von Anwalt zu Anwalt (§ 195) erlaubt Abs. 2 auch, dass die **Urschrift dem Anwalt des Gegners** zugestellt wird, während eine **Abschrift für das Gericht** sofort nach der Zustellung auf der Geschäftsstelle niedergelegt wird. Die Praxis bevorzugt indes auch hier, das Original beim Gericht einzureichen und eine (nicht notwendig) beglaubigte Abschrift von Anwalt zu Anwalt zuzustellen nebst einer einfachen Abschrift zur Weiterleitung an den Gegner.

III. Folgen bei Verstoß

5 Fehlende Abschriften (Abs. 1) brauchen den Prozess kaum zu verzögern, wenn die Geschäftsstelle gem. Rn. 2 verfährt. Damit entfällt eine Sanktion nach §§ 282 Abs. 2, 296 Abs. 2. Sind der eingereichten Klage entgegen der Sollvorschrift des Abs. 1 S. 1 keine Abschriften der Anlagen für den Prozessgegner beigefügt, hindert dies die sofortige **Zustellung** der Klage nicht. Wenn das Gericht dennoch die Zustellung erst nach Einreichung der Anlagen vornimmt, stellt das die Zustellung der Klage „demnächst" nicht in Frage.[2]

6 Versäumt eine Partei, die für das Gericht bestimmte Abschrift sofort auf der Geschäftsstelle einzureichen (Abs. 2), so ist **§ 282 Abs. 2** nicht anwendbar, weil jedenfalls der Gegner rechtzeitig unterrichtet wird. UU wird dem Gericht die rechtzeitige Vorbereitung der mündlichen Verhandlung unmöglich gemacht. Es kann dann vertagen (§ 227) und der Partei die Mehrkosten auferlegen (§ 95). Strafgebühr (§ 38 GKG) ist zulässig, aber nicht üblich.

IV. Nachgereichte Schriftsätze

7 Schriftsätze, die nach dem Schluss der mündlichen Verhandlung noch eingereicht werden, dürfen bei der Entscheidung **nicht berücksichtigt** werden (§ 296a), außer nach §§ 139 Abs. 5, 156, 283.[3] So wird der Unsitte begegnet, nachträglich neues Vorbringen einschleusen zu wollen, auch unter dem Deckmantel, den bisherigen Vortrag lediglich noch einmal zusammenzufassen. Die Ausnahme für bloße Rechtsausführungen weicht, da das Gericht die rechtliche Wertung von Amts wegen aus beliebigen Quellen vorzunehmen hat, nur scheinbar von dem Grundsatz ab.

8 Unerlaubt nachgereichte Schriftsätze sind aber **zu den Akten** zu nehmen und die Abschriften **dem Gegner** formlos (§ 270) **mitzuteilen;**[4] denn die Verspätung ist aktenkundig festzuhalten, der Gegner könnte mit der Verwertung des nachträglichen Vorbringens einverstanden sein, und das Gericht könnte sich zur Wiedereröffnung der Verhandlung veranlasst sehen (§§ 156, 296a S. 2). Deshalb geht die Auffassung fehl, das Gericht habe den verspäteten Schriftsatz der Partei einfach zurückzugeben[5] oder ihn nicht zu den Akten zu nehmen.

§ 134 Einsicht von Urkunden

(1) Die Partei ist, wenn sie rechtzeitig aufgefordert wird, verpflichtet, die in ihren Händen befindlichen Urkunden, auf die sie in einem vorbereitenden Schriftsatz Bezug genommen hat, vor der mündlichen Verhandlung auf der Geschäftsstelle niederzulegen und den Gegner von der Niederlegung zu benachrichtigen.

---

[1] BT-Drucks. 15/4077, S. 31.
[2] BGH NJW 2000, 753.
[3] Vgl. § 156 Rn. 6; § 139 Abs. 5.
[4] *Stein/Jonas/Leipold* Rn. 11; AK-ZPO/*Puls* Rn. 7; *Zöller/Greger* § 132 Rn. 4.
[5] So *Buchholz* NJW 1955, 535; dagegen *Erdsiek* NJW 1955, 939; *Stein/Jonas/Leipold* Rn. 11.

(2) [1] Der Gegner hat zur Einsicht der Urkunden eine Frist von drei Tagen. [2] Die Frist kann auf Antrag von dem Vorsitzenden verlängert oder abgekürzt werden.

1. Zweck. Die Vorschrift hat den Zweck, die Urkunde, auf die sich eine Partei in einem vorbereitenden Schriftsatz bezogen hat, dem Gegner im Original (Abschrift hat er schon, § 131) **zugänglich** zu machen, damit er ihre Echtheit prüfen kann. Diesem Zweck entsprechend gilt § 134 im Anwalts- wie im Parteiprozess; die Partei hat – unabhängig von der gerichtlichen Initiative (§§ 142f.) – ein **eigenes Informationsrecht;** Aufforderung, Nachricht von der Niederlegung und die Einsichtnahme selbst unterliegen nicht dem Anwaltszwang. 1

Die Praxis scheut den Weg des § 134, weil die Partei das Original ungern aus der Hand gibt und das Verfahren umständliche Zwänge mit sich bringt (Aufsuchen der Geschäftsstelle, Bereithalten der Akten, Frist). **Üblich** ist vielmehr, das **Original in der mündlichen Verhandlung vorzulegen** und diese Absicht rechtzeitig im vorbereitenden Schriftsatz anzukündigen. Der Gegner kann indes auf dem Verfahren nach § 134 beharren, wenn er vorherige Prüfung des Originals für notwendig hält. 2

2. Niederlegung. Das Original ist auf der **Geschäftsstelle** des Prozessgerichts niederzulegen. Die Versendung an ein auswärtiges Gericht zur Einsichtnahme für den dort wohnenden Gegner oder Anwalt (auch Verkehrsanwalt) ist nicht vorgesehen, liegt aber im Ermessen des Gerichts; der Zustimmung der Partei bedarf es nicht.[1] Die Niederlegung begründet ein öffentlich-rechtliches Verwahrungsverhältnis; bei Verlust entsteht ein Schadensersatzanspruch, doch sind Kausalität und Schadenshöhe schwer nachweisbar (Prozessverlust?). 3

3. Frist. Die dreitägige Frist (Abs. 2) ist oft unangemessen kurz; der Vorsitzende sollte sie auf Antrag großzügig **verlängern**. Sie beginnt mit dem Zugang der Nachricht von der Niederlegung. 4

4. Folgen verzögerter oder unterlassener Niederlegung. Unterlässt oder verzögert die Partei die Niederlegung des Originals auf der Geschäftsstelle oder die Nachricht an den Gegner (Abs. 1), so kommt eine **Präklusion ihres Beweismittels** (§§ 296 Abs. 1,2, 282) nur in Frage, wenn das Gericht die Niederlegung angeordnet hat (§ 273 Abs. 2 Nr. 5); die Aufforderung des Gegners löst diese Sanktionen nicht aus. Das Gericht sollte daher, soweit es die Vorlage für erforderlich hält, um seiner Prozessförderungspflicht nachzukommen und § 134 nicht leer laufen zu lassen, stets eine Anordnung erwägen. In jedem Fall kann dem Gegner bei unterbliebener rechtzeitiger Niederlegung die Nachreichung eines Schriftsatzes gestattet werden. 5

Versäumt der Gegner, zur Niederlegung des Originals aufzufordern, kommt eine **Präklusion seiner Beweiseinreden** nach §§ 296 Abs. 2, 282 Abs. 2 in Betracht; freilich nur, wenn er seinen aktuell begründeten Zweifeln an der Echtheit der Urkunde aus grober Nachlässigkeit nicht nachgeht. Aus denselben Rechtsgründen kann er seine Beweiseinreden verlieren, wenn er die Einsichtnahme versäumt.[2] Unrichtig erscheint die Meinung, es entspreche nicht dem Zweck des § 134, den Gegner zur Wahrnehmung seines Einsichtsrechts durch drohende Präklusionsfolgen anzuhalten;[3] denn nicht auf die Einsichtnahme (sie ist nur Mittel zum Zweck), sondern auf die sich darauf stützenden Beweiseinreden kommt es für die Präklusion an.[4] 6

§ 135 Mitteilung von Urkunden unter Rechtsanwälten

(1) Den Rechtsanwälten steht es frei, die Mitteilung von Urkunden von Hand zu Hand gegen Empfangsbescheinigung zu bewirken.

(2) Gibt ein Rechtsanwalt die ihm eingehändigte Urkunde nicht binnen der bestimmten Frist zurück, so ist er auf Antrag nach mündlicher Verhandlung zur unverzüglichen Rückgabe zu verurteilen.

(3) Gegen das Zwischenurteil findet sofortige Beschwerde statt.

1. Wahl. Neben der Einsichtnahme auf der **Geschäftsstelle** (§ 134) steht unter Anwälten die **vorübergehende Überlassung** der Originalurkunde (§§ 135 Abs. 1, 195) zur Wahl. Dieser Weg ist auch im Parteiprozess gangbar, wenn beide Parteien anwaltlich vertreten sind. 1

2. Frist. Die Übermittlung geschieht in beliebiger Weise gegen schriftliches Empfangsbekenntnis (§ 195). Einsicht ist innerhalb der **gesetzlichen** (§ 134 Abs. 2) oder der **vom übergebenden** 2

---

[1] AA AK-ZPO/*Puls* Rn. 8; *Zöller/Greger* Rn. 3; zweifelnd *Stein/Jonas/Leipold* Rn. 6.
[2] *Baumbach/Lauterbach/Hartmann* Rn. 13; *Zöller/Greger* Rn. 5; *Thomas/Putzo/Reichold* Rn. 1.
[3] So *Stein/Jonas/Leipold* Rn. 4.
[4] Treffend *Zöller/Greger* Rn. 5.

Anwalt bestimmten Frist zu nehmen. Eine nach den Umständen zu kurz bemessene Frist verlängert sich automatisch eine angemessene.

3 **3. Säumige Rückgabe.** Gegen den säumigen Gegenanwalt findet ein **Zwischenstreit** auf Rückgabe der Urkunde statt (Abs. 2). Antragsteller ist die Partei des übergebenden Anwalts, Antragsgegner der Gegenanwalt persönlich (nicht seine Partei). Auf Grund mündlicher Verhandlung wird der säumige Gegenanwalt durch **Zwischenurteil** zur Rückgabe der Urkunde und zur Erstattung der (etwaigen, vgl. Rn. 5) Kosten des Zwischenstreits verurteilt. Das Adjektiv „unverzügliche" Rückgabe ist irreführend, weil die Rückgabepflicht sofort zu erfüllen ist (vgl. § 121 Abs. 1 BGB, wo unverzüglich Handeln ohne schuldhaftes Zögern bedeutet), und sollte im Tenor des Zwischenurteils vermieden werden.

4 **4. Vollstreckungstitel.** Das Zwischenurteil ist Vollstreckungstitel **(§ 794 Abs. 1 Nr. 3)** und ohne besonderen Ausspruch sofort vollstreckbar (arg. § 570). Die Zwangsvollstreckung richtet sich nach **§ 883**. Gegen das Zwischenurteil findet **sofortige Beschwerde** statt (§§ 135 Abs. 3, 567).

5 **5. Gebühren.** Der Zwischenstreit ist **gerichtsgebührenfrei,** da er nicht im KV aufgeführt ist. Für den **Anwalt** erwächst keine besondere Gebühr (§ 19 Abs. 1 S. 2 Nr. 3 RVG). Im **Beschwerdeverfahren** entstehen Gebühren nach GKG KV Nr. 1811und RVG VV Nr. 3500, 3513.

6 **6. Materielle Rückgabepflicht.** Von der rein prozessualen Rückgabepflicht des § 135 **unberührt** bleiben Ansprüche der Partei aus materiellem Recht auf Rückgabe der Urkunde oder Schadensersatz nach ihrem Verlust (zB Kosten der erneuten Beschaffung), sei es gegen den eigenen Anwalt, sei es gegen den Gegenanwalt.

§ 136 Prozessleitung durch Vorsitzenden

(1) Der Vorsitzende eröffnet und leitet die Verhandlung.

(2) [1]Er erteilt das Wort und kann es demjenigen, der seinen Anordnungen nicht Folge leistet, entziehen. [2]Er hat jedem Mitglied des Gerichts auf Verlangen zu gestatten, Fragen zu stellen.

(3) Er hat Sorge zu tragen, dass die Sache erschöpfend erörtert und die Verhandlung ohne Unterbrechung zu Ende geführt wird; erforderlichenfalls hat er die Sitzung zur Fortsetzung der Verhandlung sofort zu bestimmen.

(4) Er schließt die Verhandlung, wenn nach Ansicht des Gerichts die Sache vollständig erörtert ist, und verkündet die Urteile und Beschlüsse des Gerichts.

I. Prozessleitung in der mündlichen Verhandlung

1 **1. Formelle Prozessleitung.** Gemäß Abs. 1 obliegt dem Vorsitzenden zunächst die formelle Prozessleitung, dh. die Leitung des **äußeren Verfahrensablaufs.** Er eröffnet die Verhandlung des jeweiligen Rechtsstreits durch Aufruf der Sache (§§ 136 Abs. 1, 220 Abs. 1). Er erteilt den Parteien und ihren Prozessbevollmächtigten das Wort und kann es, wenn sachlich geboten, entziehen (Abs. 2). Ggf. ordnet er Pausen an. Er hält die Ordnung in der Sitzung aufrecht (Sitzungspolizei, § 176 GVG); Zwangsmaßnahmen und Ordnungsmittel (§§ 177ff. GVG) fallen in seine Kompetenz aber nur, wenn sie sich gegen Personen richten, die nicht an der Verhandlung beteiligt sind; Anordnungen gegen Verhandlungsbeteiligte beschließt das Gericht. Der Vorsitzende schließt die Verhandlung und verkündet die Entscheidungen des Gerichts (Abs. 4). Er sorgt neben dem Protokollführer für die Anfertigung des Protokolls (§ 163).

2 **2. Materielle Prozessleitung.** Auch die materielle Prozessleitung liegt in den Händen des Vorsitzenden, dh. die Verantwortung für eine **sachangemessene, sorgfältige Verhandlung** des Falles. So hat er für die erschöpfende Erörterung aller erheblichen Fragen zu sorgen (§§ 136 Abs. 3, 278 Abs. 2); zB muss er der nicht sachkundigen Partei Gelegenheit zur Stellungnahme – ggf. erst nach Vorliegen des Vernehmungsprotokolls und/oder sachverständiger Beratung – einräumen, wenn ein Sachverständiger nur mündlich gehört wird[1] oder seinem schriftlichen Gutachten mündlich neue wichtige Ausführungen hinzufügt;[2] hier droht sonst auch die Versagung des rechtlichen Gehörs (Art. 103 Abs. 1 GG). In solchen Fällen ist zu vertagen (Abs. 3).

3 Dem Vorsitzenden wie jedem Mitglied des Gerichts obliegt auch, die **richterlichen Hinweispflichten gem.** § 139 zu erfüllen. Dementsprechend hat er die tatsächlichen und rechtlichen Punkte mit den Parteien zu erörtern (§ 139 Abs. 1 S. 1).

---

[1] BGH NJW 1982, 1335 für den Arzthaftungsprozess.
[2] BGH NJW 1984, 1823; OLG Zweibrücken NJW-RR 1989, 221 im Rahmen des Arzthaftungsprozesses.

Abs. 2 S. 2 entspricht § 139 Abs. 3 aF. Dieser Wechsel in der Stellung bringt keine sachliche Änderung; er dient lediglich der systematischen Einordnung. Für Zeugen und Sachverständige gelten §§ 396 Abs. 3, 402. 4

3. Übertragung von Aufgaben. Die Stellung des Vorsitzenden schließt nicht aus, dass er **einzelne Aufgaben** auf ein Mitglied des Gerichts (Berichterstatter) überträgt, zB die Güteverhandlung einschließlich der Einführung in den Sach- und Streitstand (§ 278 Abs. 2, 5), die Erörterung des Sach- und Streitstandes (§ 139 Abs. 1) oder eine Zeugenvernehmung. Eine Vertretung in der **gesamten Prozessleitung** ist nur bei Verhinderung des Vorsitzenden zulässig und muss im Einklang mit dem Geschäftsverteilungsplan stehen (§§ 21 f. GVG). 5

II. Schluss der Verhandlung und Verkündung der Entscheidungen

1. Schluss der Verhandlung. Der Vorsitzende schließt die Verhandlung, wenn nach Ansicht des Gerichts die Sache vollständig erörtert ist (Abs. 4) im Hinblick auf die nächste anstehende Entscheidung, insbesondere zur **Entscheidungsreife** für das Endurteil oder den Beweisbeschluss, aber auch für die angekündigte Aussetzung oder Vertagung. Der Erörterung sind freilich Grenzen gezogen: Das Gericht befindet über die Vollständigkeit, selbst bei gegenteiliger Meinung der Parteien; die Erörterung kann im Einverständnis mit ihnen durch Bezugnahme auf die vorbereitenden Schriftsätze kurz gehalten werden (§ 137 Abs. 3); die Parteien sind nicht verpflichtet, sich an der Erörterung zu beteiligen.[3] 6

2. Form. Die Schließung der Verhandlung ist **formlos.** Der Vorsitzende kann sie ausdrücklich erklären, aber auch konkludent, etwa durch Verkündung der Entscheidung oder Aufruf einer neuen Sache. Zur Wiedereröffnung der Verhandlung vgl. § 156. 7

3. Folgen. An den Schluss der mündlichen Verhandlung knüpfen sich wichtige Folgen. Die Parteien sind mit weiterem mündlichen Vorbringen **ausgeschlossen** (§ 296 a). Schriftsätze nachzureichen, ist ihnen grundsätzlich verwehrt (§§ 132, 283, 296 a). Prozesshandlungen sind **versäumt** (§§ 220 Abs. 2, 231 Abs. 2). Die zeitlichen Grenzen der **materiellen Rechtskraft** bestimmen sich nach dem Zeitpunkt des Endes der letzten mündlichen Verhandlung (§§ 322, 323 Abs. 2, 767 Abs. 2). 8

4. Verkündung. Aufgabe des Vorsitzenden ist es ferner, die Urteile und Beschlüsse zu verkünden (Abs. 4). Dabei braucht die Besetzung des Gerichts einschließlich der Person des Vorsitzenden nicht identisch zu sein mit der Besetzung in der letzten mündlichen Verhandlung; § 309 verlangt lediglich, dass die Richter in der letzten mündlichen Verhandlung dieselben sein müssen, die die Entscheidung fällen. 9

III. Prozessleitung außerhalb der mündlichen Verhandlung

1. Formelle Prozessleitung. Außerhalb der mündlichen Verhandlung gehört die **formelle Prozessleitung** zu den Aufgaben des Vorsitzenden. Hierzu zählen insbesondere die Bestimmung des beauftragten Richters (§ 361) die Anberaumung der Termine (§§ 216, 361), die Bestimmung der Einlassungs- und Ladungsfristen (§§ 134 Abs. 2, 226, 239 Abs. 3, 244 Abs. 2, 274 Abs. 3, 520 Abs. 2, 521 Abs. 2, 551 Abs. 2), die Wahl zwischen frühem ersten Verhandlungstermin und schriftlichem Vorverfahren (§ 272 Abs. 2) sowie die jeweiligen Fristsetzungen (§§ 275 Abs. 1, 276 Abs. 1 und 3), die Aufhebung und die Verlegung eines Termins (§ 227). 10

2. Geschäftsverteilungsplan. Der gesetzliche Richter wird innerhalb des Kollegiums (Berichterstatter, Zusammensetzung des Spruchkörpers bei Überzahl, Vertretung) durch den vom **Gericht** zu beschließenden Geschäftsverteilungsplan für jedes Geschäftsjahr festgelegt (§ 21 g GVG). Das Gericht bestimmt auch den Einzelrichter im Berufungsverfahren (§§ 526 Abs. 1, § 527 Abs. 1). 11

3. Materielle Prozessleitung. Im Mittelpunkt der materiellen Prozessleitung des Vorsitzenden stehen die **vorbereitenden Anordnungen** nach § 273 Abs. 2. Ferner bereitet er die Entscheidung über die **Bewilligung der Prozesskostenhilfe** vor (§ 118). Beide Aufgaben kann er im konkreten Fall auf ein Mitglied des Kollegiums (Berichterstatter) übertragen. 12

4. Entscheidungen. Die Entscheidungen sind durchweg dem **Gericht** vorbehalten. Ausnahmsweise ist in den Fällen des § 944 und des § 105 Abs. 1 GVG der Vorsitzende allein zur Entscheidung berufen. 13

---

[3] Treffend AK-ZPO/*Puls* Rn. 9.

IV. Rechtsbehelfe gegen Maßnahmen der Prozessleitung des Vorsitzenden

14 **1. Entscheidungen des Vorsitzenden.** Der Vorsitzende erfüllt seine Aufgaben als selbständiges Organ des Gerichts und ist insoweit – vorbehaltlich des § 140 – vom Kollegium nicht abhängig. Folglich findet gegen seine Entscheidungen die **sofortige Beschwerde** an das übergeordnete Gericht statt (§ 567); das Kollegium ist zur Entscheidung nicht berufen.

15 **2. Prozessleitung in der mündlichen Verhandlung.** Zur Beanstandung der Prozessleitung und der Fragen des Vorsitzenden in der mündlichen Verhandlung vgl. **§ 140.**

§ 137 Gang der mündlichen Verhandlung

(1) Die mündliche Verhandlung wird dadurch eingeleitet, dass die Parteien ihre Anträge stellen.

(2) Die Vorträge der Parteien sind in freier Rede zu halten; sie haben das Streitverhältnis in tatsächlicher und rechtlicher Beziehung zu umfassen.

(3) [1]Eine Bezugnahme auf Dokumente ist zulässig, soweit keine der Parteien widerspricht und das Gericht sie für angemessen hält. [2]Die Vorlesung von Dokumenten findet nur insoweit statt, als es auf ihren wörtlichen Inhalt ankommt.

(4) In Anwaltsprozessen ist neben dem Anwalt auch der Partei selbst auf Antrag das Wort zu gestatten.

I. Normzweck

1 **1. Zweck.** Die Absätze 1 bis 3 gelten für den Anwaltsprozess wie für den Parteiprozess, Abs. 4 setzt einen Anwaltsprozess voraus. § 137 regelt **Einzelheiten** des Ablaufs **der mündlichen Verhandlung** ohne freilich erschöpfend zu sein. Insbesondere sind die Vorschriften hinzuzunehmen, die die Initiative des Gerichts fordern, namentlich die Erfüllung seiner Hinweispflichten nach § 139. Rundet man das Bild ab, ist das Postulat wohlbegründet, die Verhandlung müsse eine Aussprache zwischen dem Gericht und den Parteien bringen, nicht bloß die Entgegennahme des beiderseitigen Parteivortrags durch das passiv bleibende Gericht. Für die der mündlichen Verhandlung regelmäßig vorausgehenden Güteverhandlung gilt § 278 Abs. 2.

2 **2. Ablauf.** Nach Abs. 1 wird die mündliche Verhandlung durch das Stellen der Anträge eingeleitet. Dieser Ablauf ergibt sich aber nicht zwingend, dh den zeitlichen Vorrang könnten nach § 139 Abs. 4 auch die Hinweispflichten des § 139 Abs. 1–3 haben. Da für keine dieser Vorschriften ihrer Funktion nach Priorität besteht, ist das Gericht frei, die Reihenfolge nach Gesichtspunkten der Zweckmäßigkeit zu bestimmen.[1] Die Terminsgebühr der Rechtsanwälte bestimmt sich nach RVG VV, Teil 3, Vorb. 3 Abs. 3.

3 **3. Formen.** Die Antragstellung geschieht in den Formen des **§ 297.** Praktisch diktiert der Vorsitzende die Verlesung oder Bezugnahme unter Angabe des Datums des Schriftsatzes und der Blattzahl der Gerichtsakten ins Protokoll; die Partei (Anwalt) stimmt ausdrücklich oder stillschweigend zu.

4 Der einmal gestellte Antrag bleibt für das gesamte Verfahren gültig, er braucht in späteren Verhandlungsterminen **nicht wiederholt** zu werden. Das folgt aus dem Grundsatz der Einheit der mündlichen Verhandlung. Jedenfalls ist nach § 297 Abs. 2 von einer stillschweigenden Bezugnahme auf die früher gestellten Anträge auszugehen, solange sich aus dem Verhalten der Partei kein anderer Wille ergibt (§ 139 Abs. 1 S. 1). Dies gilt auch im Falle eines Richterwechsels.[2] Dass die erneute Antragstellung häufig der Klarheit und Durchsichtigkeit des Verfahrens dient, ist davon unberührt.

5 **4. Antragstellung.** Die bloße Antragstellung leitet die **Verhandlung** erst ein, ist aber selbst noch nicht eine Verhandlung zur Sache (vgl. §§ 39, 282 Abs. 3, 333, 345).

II. Vortrag der Parteien

6 **1. Prinzip der Mündlichkeit.** Das Vorbringen der Parteien dient der **erschöpfenden Erörterung** der wesentlichen Punkte des Rechtsstreits (§§ 136 Abs. 3, 137 Abs. 2, 139, 278 Abs. 3). Nach dem Prinzip der Mündlichkeit haben die Parteien ihre Vorträge in freier Rede zu halten (Abs. 2).

---

[1] OLG Nürnberg NJW-RR 1994, 1343; *Stein/Jonas/Leipold* Rn. 4; AK-ZPO/*Puls* Rn. 2 und 3; *Thomas/Putzo/Reichold* § 278 Rn. 1; heute kaum mehr streitig.

[2] OLG Jena OLGR Jena 2004, 170; *Stein/Jonas/Leipold* § 128 Rn. 44; *Thomas/Putzo/Reichold* Rn. 1; vgl. § 128 Rn. 12.

Gegen bloßes Ablesen von Schriftsätzen kann der Vorsitzende einschreiten (§ 136 Abs. 2), doch sollte er einer weniger sprachgewandten Partei nicht die Stütze eines ausformulierten Konzepts entziehen; oberster Grundsatz bleibt die **Gewährung rechtlichen Gehörs** (Art. 103 Abs. 1 GG).

2. Bezugnahme. Die Bezugnahme auf Dokumente (der Begriff „Schriftsätze" der aF wurde ersetzt, da eine Bindung an die Papierform nicht mehr besteht.) – zB Vertragsurkunden, Briefwechsel, Mahnungen, kaufmännische Bestätigungsschreiben, Baupläne, Unfallskizzen, Bilanzen – steht, soweit nach Abs. 3 zugelassen, dem **mündlichen Vortrag** gleich.[3] Sie ermöglicht, die Verhandlung auf die diskussionsbedürftigen Punkte zu konzentrieren und zeitraubende überflüssige Ausführungen zu ersparen. Der gesamte Akteninhalt wird, wenn keine Partei ihr Vorbringen eingrenzt, durch Bezugnahme zum Gegenstand der Verhandlung und Entscheidung.[4] Die Bezugnahme ist formlos und kann insbesondere auch konkludent erfolgen. So ist regelmäßig in der Antragstellung mühelos eine stillschweigende Bezugnahme auf den Sachvortrag der vorbereitenden Schriftsätze oder früherer Termine zu sehen;[5] das Gegenteil wäre so ungewöhnlich, dass das Gericht nachfragen müsste (§ 139). Im unerfreulichen, aber praktisch häufigen Extremfall erschöpft sich die mündliche Verhandlung in der Antragstellung und der Bezugnahme auf den Akteninhalt; der Vorzug der Mündlichkeit geht dadurch verloren. 7

Die Möglichkeit einer **sinnvollen** Bezugnahme kann sowohl dem Gericht als auch den Parteien ihre Arbeit erleichtern. Die Bezugnahme auf Anlagen hat **konkret** zu erfolgen. Es ist nicht Aufgabe des Gerichts, sich aus den Anlagen das Passende herauszusuchen, insbesondere ungeordnete umfangreiche Anlagenkonvolute von sich aus durchzuarbeiten; für die gebotene Individualisierung des Sachvortrages reicht aber die konkrete Bezugnahme auf andere Schriftstücke aus.[6] Die Anlagen ersetzen nicht den Vortrag; soweit aber konkret auf tatsächliche Darstellungen Bezug genommen wird, muss der Vortrag diese nicht wieder geben. So reicht es zB nicht, die Verletzung des Vertrages nur so darzutun, dass dem Gericht Druckschriften überreicht werden, ohne die angeblich vertragswidrigen Stellen zu zitieren.[7] Die Beteiligten haben sich so konkret zu äußern, wie es die Sachlage erfordert. Ob die Bezugnahme in der vorgetragenen Weise „angemessen" ist, entscheidet das Gericht (Abs. 3 S. 1); ggf. gibt es einen Hinweis (§ 139 Abs. 1).[8] Lässt der Tatrichter in der mündlichen Verhandlung die Bezugnahme einer Partei auf unübersichtliche Anlagen bestimmender oder vorbereitender Schriftsätze zu, darf er nicht ohne Hinweis auf die Mangelhaftigkeit des Vortrags Teile des Verhandlungsstoffes bei der Entscheidung außer Betracht lassen.[9] 8

III. Persönlicher Vortrag der Partei im Anwaltsprozess

1. Recht auf eigenen Vortrag. Im Anwaltsprozess hat die **Partei** (auch ihr gesetzlicher Vertreter) das Recht auf eigenen Vortrag (Abs. 4). Damit wird ihre Stellung als Prozesssubjekt manifestiert, zugleich ihre Kenntnis des Sachverhalts nutzbar gemacht. Dem Vortragsrecht nach Abs. 4 wird erst auf Antrag der Partei stattgegeben. Aber auch ohne Antrag kann das Gericht die erschienene Partei persönlich hören. Für die Güteverhandlung ist dies vorgeschrieben, § 278 Abs. 2 S. 3. 9

2. Anwaltszwang. Nur **neben dem Anwalt** ist die Partei zum Vortrag berechtigt. Daher steht ihr kein Vortragsrecht zu, wenn ihr Anwalt nicht erschienen ist oder nicht verhandeln will.[10] Es bleibt also beim Anwaltszwang (§ 78). Zum Problem widersprüchlicher Erklärungen von Partei und Anwalt vgl. zu § 85 Rn. 8. 10

3. Kein Ermessen. Abs. 4 ist **zwingendes Recht;** das Gericht hat keine Ermessen, ob es die Partei, die sich zu Wort meldet, hören will. Allein in den Ausnahmefällen der §§ 157 Abs. 2, 136 Abs. 2, 137 Abs. 2 können das Gericht bzw. der Vorsitzende weiteren Vortrag unterbinden; freilich mit der gebotenen Vorsicht, um nicht das rechtliche Gehör zu schmälern (vgl. Rn. 12). 11

4. Rechtsbehelfe. Gibt der Vorsitzende dem Recht der Partei auf eigenen Vortrag nicht statt, kann die Partei die Entscheidung des **Kollegiums anrufen** (§ 140). Einen Verstoß gegen Abs. 4 kann sie mit dem gegen das Urteil statthaften **Rechtsmittel** rügen (§§ 512, 557 Abs. 2). Zur Frage, 12

---

[3] Werden die Unterlagen nicht beigefügt oder nachgereicht, so ist die Bezugnahme wirkungslos; BGH NJW 1995, 1841.
[4] BGH MDR 1981, 1012; NJW-RR 1996, 379; OLG Hamm NJW-RR 1997, 764 (Beweisanträge).
[5] AK-ZPO/*Puls* Rn. 7; *Stein/Jonas/Leipold* Rn. 11.
[6] BGH NJW-RR 2004, 639.
[7] BGH NJW 1956, 1878; allgM.
[8] BGH NJW 2005, 1493.
[9] BGH NJW 2005, 2927.
[10] BVerwG NJW 1984, 625.

ob das Rechtsmittel voraussetzt, dass die Partei zuvor einen Gerichtsbeschluss (§ 140) herbeigeführt hat, vgl. § 140 Rn. 8.

13 Gegen rechtskräftige Entscheidungen kommen Gehörsrüge (§ 312a) und gegebenenfalls die Verfassungsbeschwerde in Betracht. Allerdings ist **rechtliches Gehör** (Art. 103 Abs. 1 GG) nur dann **versagt,** wenn der Partei und ihrem Prozessbevollmächtigten die Gelegenheit zu umfassendem Vortrag versperrt war, insbesondere die Zurückweisung des Vortrags der Partei nicht durch Ausführungen ihres Anwalts, namentlich zu Rechtsfragen,[11] wettgemacht werden konnte; Art. 103 Abs. 1 GG garantiert nicht die persönliche Anhörung der Partei.[12]

§ 138 Erklärungspflicht über Tatsachen; Wahrheitspflicht

(1) Die Parteien haben ihre Erklärungen über tatsächliche Umstände vollständig und der Wahrheit gemäß abzugeben.

(2) Jede Partei hat sich über die von dem Gegner behaupteten Tatsachen zu erklären.

(3) Tatsachen, die nicht ausdrücklich bestritten werden, sind als zugestanden anzusehen, wenn nicht die Absicht, sie bestreiten zu wollen, aus den übrigen Erklärungen der Partei hervorgeht.

(4) Eine Erklärung mit Nichtwissen ist nur über Tatsachen zulässig, die weder eigene Handlungen der Partei noch Gegenstand ihrer eigenen Wahrnehmung gewesen sind.

I. Wahrheits- und Vollständigkeitspflicht (Abs. 1)

1 **1. Normzweck.** Die Pflicht der Parteien ihre Tatsachenerklärungen wahrheitsgemäß und vollständig abzugeben,[1] gilt – über ihre Stellung im Abschnitt „Mündliche Verhandlung" hinaus – **für alle Verfahren der ZPO und alle Verfahrensabschnitte;** auch für das schriftliche Verfahren (§ 128 Abs. 2 bis 4), das schriftliche Vorverfahren (§ 276), das Mahnverfahren, die Zwangsvollstreckung; unabhängig davon, ob im Verfahren Verhandlungs- oder Untersuchungsmaxime herrscht. Sie begründet eine echte **prozessuale Pflicht,** nicht eine bloße Last; denn der Partei steht es nicht frei, sich gegen Inkaufnahme prozessualer Nachteile ihrer Pflicht zu entziehen. Die Pflicht besteht gegenüber dem Gericht und dem Gegner. Sie soll eine redliche, faire Prozessführung gewährleisten.

2 **2. Inhalt der Wahrheitspflicht.** Nach allgemeiner Auffassung[2] verbietet die Wahrheitspflicht lediglich ein Vorbringen wider besseres Wissen; sie bedeutet nur ein **Lügeverbot.** Nicht die absolute Wahrheit, nur Wahrhaftigkeit kann von der Partei verlangt werden. Weder darf sie Behauptungen aufstellen, deren Unrichtigkeit sie kennt, noch darf sie Behauptungen des Gegners bestreiten, um deren Richtigkeit sie weiß. Dagegen macht sie sich keiner Verletzung der Wahrheitspflicht schuldig, wenn sie Tatsachen vorträgt, die ihr selbst zweifelhaft erscheinen, oder Behauptungen des Gegners bestreitet, von deren Richtigkeit sie nicht überzeugt ist, mag sie sie auch für möglich halten.

3 Allein dieses **Verständnis von der Wahrheitspflicht** entspricht der Realität. Oft ist die Partei über den Sachverhalt nicht genau unterrichtet; sie vermag ungewisse Punkte nicht zu klären[3] oder muss mit Irrtümern rechnen; Beobachtungen Dritter, auf die sie sich stützt, können sich als unzuverlässig erweisen; bei hypothetischen (zB §§ 119, Abs. 1, 139, 140, 2078, 2085 BGB) oder zukünftigen (zB § 252 BGB) Ereignissen oder bei inneren Vorgängen bei anderen Personen (etwa: Kenntnis, Vorsatz) ist sie auf Vermutungen angewiesen. In allen diesen Fällen darf sie die ihr günstigen Behauptungen aufstellen.[4] Die Sachlage zu klären, ist gerade die Aufgabe, die das Gericht im Wege der Beweisaufnahme und Beweiswürdigung zu erfüllen hat.

4 Diese Grundsätze gelten auch für den **Prozessbevollmächtigten** (Anwalt). Auch wenn er Zweifel an der Richtigkeit seiner Informationen hegt, darf er sich die Darstellung seines Mandanten zu Eigen machen. Stärkeren Zweifeln sollte er als unabhängiges Organ der Rechtspflege nachgehen und bei seinem Mandanten auf Klärung dringen. Als unwahr erkannte Behauptungen darf er nicht im Prozess vorbringen.[5]

---

[11] BVerwG (Fn. 10).
[12] BayVerfGH NJW 1961, 1523; OLG Stuttgart JZ 1959, 670.
[1] Zur historischen Entwicklung vgl. *Olzen,* Die Wahrheitspflicht im Zivilprozess, ZZP 98 (1995), 403.
[2] *Stein/Jonas/Leipold* Rn. 2; *Rosenberg/Schwab/Gottwald* § 65 VIII 4.
[3] Etwa erst durch Sachverständige; BGH NJW 1995, 1160.
[4] BGH WM 1985, 736; NJW 1986, 246; BGH NJW-RR 1988, 1529.
[5] BGH NJW 1952, 1148.

3. Pflicht zu vollständigem Vorbringen. Die Pflicht zu vollständigem Vorbringen bedeutet im Rahmen der Wahrheitspflicht, dass die Partei den zur Entscheidung stehenden Lebenssachverhalt **in allen voraussichtlich wesentlichen Punkten** zu schildern hat. Nicht etwa darf sie Einzelheiten, die sich für sie ungünstig auswirken könnten, verschweigen und dadurch das Bild des Geschehens verfälschen. Parteivorbringen ist grundsätzlich schon dann erheblich (oder als – Einrede oder Einwendung – beachtlich), wenn die behauptete Tatsache in Verbindung mit einem Rechtssatz geeignet ist, das geltend gemachte Recht als entstanden erscheinen zu lassen. Zur Darstellung weiterer Einzelheiten ist die Partei grundsätzlich nicht verpflichtet; insbesondere dann nicht, wenn ihr dies mangels eigener Kenntnisse nicht möglich ist (vgl. auch Rn. 21).[6] Die Angabe näherer Einzelheiten ist nur im Fall ihrer Relevanz für die Rechtsfolgen erforderlich.[7] 5

Die Pflicht, sich vollständig zu erklären, umfasst auch Tatsachen, die eine rechtshindernde oder rechtsvernichtende **Einwendung** begründen.[8] Hat etwa der Kläger von dem Versicherer des Beklagten bereits eine Abschlagssumme erhalten, darf er sie nicht verschweigen und auf vollen Schadensersatz klagen; wer ihm das gestattet, weil die Einwendungen vom Beklagten vorzubringen seien,[9] verkennt den Vorrang der Wahrheits- und Vollständigkeitspflicht. Aus denselben Gründen darf der Kläger auch Tatsachen nicht vorenthalten, die sein eigenes Mitverschulden (§ 254 BGB) begründen oder das Erlöschen der Klagforderung durch Aufrechnung bewirkt haben. Nur wenn der Kläger die Einwendungstatsachen nicht anerkennt (etwa weil er die Teilzahlung auf eine andere Forderung zu verrechnen können glaubt) oder von ihrer Richtigkeit nicht überzeugt ist (zB vom Bestehen der aufgerechneten Gegenforderung), braucht er auf diese Einwendung nicht von sich aus zu sprechen zu kommen, sondern darf das Vorbringen des Beklagten abwarten. 6

Bei rechtshemmenden **Einreden** ist die Lage prinzipiell nicht anders, zusätzlich ist aber die Dispositionsfreiheit des Beklagten zu berücksichtigen, die Einrede geltend zu machen. Besteht etwa die Stundungseinrede und hat sich der (spätere) Beklagte außergerichtlich darauf schon berufen, verstößt der Kläger gegen seine Wahrheits- und Vollständigkeitspflicht, wenn er die Stundung verschweigt und vorzeitig auf sofortige Leistung klagt;[10] von dem einheitlichen Lebenssachverhalt trennt der Kläger das seinem Begehren abträgliche Stück der Stundungsabrede und erweckt den unrichtigen Anschein einer sofort durchsetzbaren Klagforderung. Hat sich dagegen der Beklagte außergerichtlich noch nicht geäußert, ob er sich auf Stundung berufen will, braucht der Kläger nicht vorzugreifen. Das gilt auch, wenn der Kläger die Einrede für unbegründet, etwa Verjährung für noch nicht vollendet hält. 7

4. Behauptungen ohne Anhaltspunkte. Nach verbreiteter Rechtsprechung[11] verletzen die Wahrheitspflicht auch **Behauptungen,** die eine Partei **„ins Blaue", „aufs Geratewohl",** „auf gut Glück", „ohne jede Unterlage" oder „willkürlich" aufstelle oder „aus der Luft greife". Meist wird hinzugefügt, die Partei missbrauche ihr Recht, Behauptungen aufzustellen; nur wenn sie tatsächliche Anhaltspunkte für ihre Vermutungen habe, handele sie redlich. Zur Frage, welches Gewicht diese Anhaltspunkte haben müssen, ergeben sich rasch Widersprüche; man glaubt, schlechthin einen Anhaltspunkt[12] oder gewisse Anhaltspunkte[13] oder greifbare Anhaltspunkte[14] verlangen oder das Fehlen jeglicher tatsächlicher Anhaltspunkte beanstanden zu müssen.[15] Höhere Anforderungen stellt, wer Plausibilität des Vortrags fordert.[16] Immer aber bleibt unklar, ob bloße Behauptungen der Partei genügen, ihren Vortrag zu untermauern, oder ob die Indizbehauptungen unbestritten oder bewiesen sein müssen. Schließlich gibt es zahlreiche Entscheidungen, die keinerlei Anhaltspunkte für die Richtigkeit der Parteibehauptungen und des entsprechenden Beweisantrags verlangen.[17] 8

Richtiger Ansicht nach ist die Frage dadurch beantwortet, dass durch § 138 Abs. 1 allein das **wissentlich unwahre Vorbringen** verboten wird. **Vermutete Tatsachen** zu behaupten, ist 9

---

[6] BGH NJW-RR 1999, 360; NJW 2001, 144 m. weit. Nachw.; MDR 2001, 1058; NJW 2001, 1500.
[7] BGH NJW 2001, 1500.
[8] AK-ZPO/*Schmidt* Rn. 27; *Stein/Jonas/Leipold* Rn. 11.
[9] *A. Blomeyer* § 30 VII 3; *Jauernig* § 26 IV; *Thomas/Putzo/Reichold* Rn. 4.
[10] AK-ZPO/*Schmidt* Rn. 27; *Stein/Jonas/Leipold* Rn. 11; aA *Thomas/Putzo/Reichold* Rn. 4.
[11] RG JW 1936, 2228; BGH ZZP 71 (1958), 365; NJW 1962, 731; 1964, 1414; BGH WM 1964, 1170; BGH NJW 1986, 246; 1991, 2707; NJW-RR 1996, 1212; NJW-RR 2000, 208; NJW-RR 2003, 69.
[12] BGH NJW 1974, 1710.
[13] BGH NJW 1968, 1233.
[14] BGH NJW 1986, 246.
[15] BGH JZ 1985, 183.
[16] So *Stürner,* Die Aufklärungspflicht der Parteien des Zivilprozesses, 1976, S. 112 ff.; AK-ZPO/*Schmidt* Rn. 28.
[17] BGH NJW 1972, 249; WM 1985, 736; NJW-RR 1988, 1529.

folglich erlaubt[18] ganz gleich, welchen Grad an Wahrscheinlichkeit die Partei sich vorstellt. Rechnet sie mit der – auch entfernten – Möglichkeit, dass sich ihre Behauptung bestätigen wird, handelt sie prozessual ordnungsgemäß. Damit unvereinbar ist, das Vorbringen der Partei unter dem Vorwand vorgeblichen Rechtsmissbrauchs weiter einzuschränken, also tatsächliche Vermutungen auszuschließen oder von Anhaltspunkten oder gar Plausibilität abhängig zu machen. Dass Behauptungen über die zur Erheblichkeitsprüfung nötige[19] Substantiierung hinaus zu belegen seien, ist ohne gesetzliche Grundlage. Damit schlägt auch der Versuch fehl, entsprechende Beweisanträge als angeblich verbotenen Ausforschungsbeweis zurückzuweisen.[20] Nur wenn die Partei erkennen lässt, dass sie selbst ihre Behauptung für falsch hält, verletzt sie ihre Wahrheitspflicht; diesen Eindruck wird sie aber praktisch leicht vermeiden, zumal sie dem Gericht keine Rechenschaft schuldig ist, aus welchen Quellen sie Kenntnis von der behaupteten Tatsache erlangt hat[21] oder worauf sie ihre Vermutungen stützt.[22] Ebenso darf sie ihre abweichenden vorprozessualen Äußerungen korrigieren.[23]

10 Auch rechtspolitisch erscheint es **nicht** tragbar, wenn die Gerichte sich gegen solche Behauptungen und **Beweisanträge sperren.** Sie verkürzen den Sachverhalt und berauben die Partei des Beweismittels, das die Rechtslage klären könnte.[24] Über ungewöhnliche, anfangs unwahrscheinlich anmutende Behauptungen würde nie Beweis erhoben, obwohl sie schließlich doch erhärtet werden könnten. Gewiss wird manche Beweisaufnahme, die an eine Behauptung ohne Anhaltspunkte anknüpft, ohne positives Resultat bleiben.[25]

11 **5. Offenlegung der Anhaltspunkte.** Die Partei braucht **nicht offen zu legen,** welchen Behauptungen sicheres Wissen und welchen nur Vermutungen zugrunde liegen.

12 **6. Eventualvorbringen.** Die Wahrheitspflicht macht ein Eventualvorbringen **nicht unzulässig.** So kann sich der Kläger, der sich seines Hauptvorbringens nicht sicher ist, für den Fall der Nichterweislichkeit das Verteidigungsvorbringen des Beklagten zu eigen machen und dadurch seinem Hauptantrag[26] oder einem Hilfsantrag[27] zum Siege verhelfen; der Kläger handelt nicht wider besseres Wissen, sondern stellt sich auf die ungeklärte Sachlage ein. Freilich darf das Gericht etwa die Verurteilung des Beklagten auf dessen Tatsachenvorbringen nur stützen, wenn es sich der Kläger zumindest hilfsweise zu Eigen gemacht hat.[28] Das wird er aber im Zweifel stillschweigend immer tun, wie eine Partei für die ihr günstigen Aussagen eines Zeugen.[29]

13 **7. Unwahrheit zu eigenen Gunsten.** Nach hL soll die Wahrheitspflicht die Partei nicht hindern, ihr als unwahr bekanntes Vorbringen des Gegners gegen sich gelten zu lassen, sofern es ihr günstig ist; § 138 Abs. 1 verbiete lediglich die Unwahrheit zu eigenen Gunsten, es sei denn bei Kollusion zum Schaden eines Dritten.[30] Freilich wären die zuletzt genannten Ausnahmen die praktisch aktuellen Fälle, weil sonst für ein derartiges Manöver der Parteien der Anreiz fehlte. Aber auch grundsätzlich verdient solche Konzession keine Zustimmung. Die Wahrheitspflicht besteht auch gegenüber dem Gericht und steht nicht zur **Disposition.** Es entspricht nicht der Stellung des Richters, solche Manöver hinzunehmen.[31]

14 **8. Wahrheitspflicht im weiteren Prozessverlauf.** Die Wahrheitspflicht besteht auch im weiteren Verlauf des Prozesses. Daher ist die Partei verpflichtet, Behauptungen, die sie **nachträglich** als falsch erkennt, zu widerrufen und gegnerische Behauptungen, von deren Richtigkeit sie sich inzwischen überzeugt hat, nicht länger zu bestreiten. § 296 Abs. 2 steht solcher Korrektur regelmäßig nicht im Wege, weil sie den Prozess nicht verzögert. Ausnahmsweise ist der Widerruf eines unwah-

---

[18] BGH NJW 1995, 2111; NJW-RR 2002, 1419.

[19] Dass die Behauptungen konkret genug sein müssen, um ihre Beweiserheblichkeit beurteilen zu können, steht außer Frage; BGH NJW-RR 1996, 56; BGH NJW-RR 2000, 208.

[20] *E. Peters,* Ausforschungsbeweis im Zivilprozeß, 1966, bes. S. 67 ff.; *Rosenberg/Schwab/Gottwald* § 118 II 2 c im Gegensatz zu 2 d; *Stein/Jonas/Leipold* Rn. 11; zutreffend BGH NJW 1995, 1160; NJW-RR 1996, 56.

[21] BGH WM 1985, 736.

[22] Anders BGH NJW 1968, 1233; das Gericht habe Anhaltspunkte zu erfragen, bevor es die Behauptung als willkürliche Vermutung unberücksichtigt lasse.

[23] BGH NJW 1996, 394.

[24] BGH NJW 1958, 1188.

[25] *Stürner* JZ 1985, 185 f.

[26] BGHZ 19, 387 = NJW 1956, 631; BGH VersR 1984, 537; allgM.

[27] BGH NJW 1985, 1841 = MDR 1985, 741.

[28] BGH NJW 1989, 2756.

[29] BGH R ZPO § 138 Abs. 1 Darlegungslast 22.

[30] *Stein/Jonas/Leipold* Rn. 5; *Thomas/Putzo/Reichold* Rn. 7.

[31] Ebenso im Ergebnis AK-ZPO/*Schmidt* Rn. 26; *Martens* JuS 1974, 788 f.; *Olzen* (Fn. 1) S. 415 ff.

ren Geständnisses nur unter den Voraussetzungen des § 290 möglich; also bleibt ein vorsätzlich unwahres Geständnis bindend; sonst ginge die Sanktionswirkung des § 290 verloren.[32]

9. Ausnahmen von der Wahrheitspflicht. Ausnahmen von der Wahrheitspflicht räumt die hM ein, wenn sich die Partei sonst selbst einer **ehrenrührigen Handlung** oder einer **Straftat** bezichtigen müsste;[33] auch heißt es schon, die Verfolgung wegen einer Ordnungswidrigkeit genüge.[34] Meist unausgesprochen greift man auf die Voraussetzungen des § 384 Nr. 2 zum Aussageverweigerungsrecht des Zeugen zurück und hält die offene Aussage der Partei gleichfalls für unzumutbar. Aber die Positionen des Zeugen und der Partei sind nicht vergleichbar. Während der Zeuge ohne seinen Willen in den Prozess hineingezogen wird und deshalb Schonung verdient, mag sich die Partei (Kläger wie Beklagter) rechtzeitig überlegen, ob sie einen Prozess führen will, in dem heikle Vorgänge zur Sprache kommen werden. In eigener Sache muss sie dieses Risiko auf sich nehmen. Prozesse über ehrenrührige Umstände, etwa im Bereich der §§ 123, 134, 138, 242 BGB, oder Statusprozesse geben keinen Freibrief für unlauteres Vorbringen. Auch die Gefahr strafrechtlicher Verfolgung, zB wegen fahrlässiger Körperverletzung durch einen Autounfall, muss die Partei grundsätzlich in Kauf nehmen;[35] Extremfälle mögen Ausnahmen bleiben. 15

10. Sanktionen. Sanktionen[36] sieht das Gesetz nicht vor. Regelmäßig befindet das Gericht nach Abschluss der Beweisaufnahme über die festzustellenden Tatsachen; sich über die Wahrhaftigkeit des Parteivorbringens zu äußern, besteht kein Anlass. Im Einzelfall kann ein Verstoß gegen die Wahrheitspflicht schon vorher zutage treten. Als vorsätzlich unwahr erkannte Behauptungen darf das Gericht nicht zugrunde legen. Eine Verletzung der Wahrheitspflicht kann die Glaubwürdigkeit der Partei auch in anderen Punkten erschüttern **(§ 286).** Sie kann den Tatbestand des Prozessbetruges **(§ 263 StGB)** erfüllen; eine Wiederaufnahme des Verfahrens nach Rechtskraft ist zulässig **(§ 580 Nr. 4).** Eine Klage auf Schadensersatz nach **§ 826 BGB** kann begründet sein; ebenso nach **§ 823 Abs. 2 BGB** (§ 138 Abs. 1 schützt die Rechtspflege wie auch die Gegenpartei); auch hier ist die materielle Rechtskraft des Hauptsache-Urteils im Wege der Wiederaufnahme oder der Klage nach § 826 BGB (so die Rspr.) aus dem Wege zu räumen. 16

Zweifelhaft ist, ob im **Versäumnisverfahren** Behauptungen des Klägers als zugestanden zu betrachten sind (§ 331), obwohl das Gericht sie als vorsätzlich falsch aufgestellt (nicht nur als objektiv unrichtig) erkannt hat. Man könnte, so wie man die Partei am bewusst unwahren Geständnis festhält (vgl. Rn. 14), auf den Sanktionscharakter des § 331 verweisen. Aber die Sanktion des § 290 gereicht der unwahr vortragenden Partei zum Nachteil, die des § 331 zu ihrem Vorteil. Wägt man die Verletzung der Wahrheitspflicht gegen die Säumnis des Beklagten ab, so fällt die Entscheidung nicht schwer: Der Kläger darf keinen Vorteil aus seinen vorsätzlich falschen Behauptungen ziehen.[37] 17

II. Erklärungslast des Gegners (Abs. 2)

1. Substantiierte Behauptungen als Voraussetzung. Die Last, sich auf die Behauptungen des Gegners zu erklären, setzt entsprechend substantiierte Behauptungen voraus. Ein Sachvortrag ist **erheblich,** wenn Tatsachen vorgetragen werden, die in Verbindung mit einem Rechtssatz geeignet und erforderlich sind, das geltend gemachte Recht zu begründen. Die Angabe näherer Einzelheiten ist grundsätzlich nur dann erforderlich, wenn diese für die Rechtsfolgen von Bedeutung sind; dabei hängt es vom Einzelfall ab, in welchem Maße die Partei ihr Vorbringen durch die Darlegung konkreter Einzeltatsachen noch weiter substantiieren muss. So hat der Kläger die Klagforderung wenigstens so genau darzulegen, dass der Beklagte ihre Berechtigung nachprüfen kann.[38] Dabei darf sich etwa der Kläger zunächst kurz fassen, zB bei der Herausgabeklage einfach sein Eigentumsrecht, bei der Kaufpreisklage einfach den Vertragsschluss behaupten.[39] Erst auf das Bestreiten des Beklagten hin hat er die Einzelheiten des maßgeblichen Vorgangs zu schildern; etwa den Erwerb des Eigentums, die Verhandlungen und die näheren Umstände des Abschlusses des Vertrages, die Einzel- 18

[32] BGHZ 37, 154 = NJW 1962, 1395; BGHZ 129, 108 = NJW 1995, 1432; *Rosenberg/Schwab/Gottwald* § 65 VIII 5; aA *Olzen* (Fn. 1) S. 421.

[33] BVerfG NJW 1981, 1431; *A. Blomeyer* § 30 VII 3; *Stein/Jonas/Leipold* Rn. 13; *Thomas/Putzo/Reichold* Rn. 7; *Zöller/Greger* Rn. 3.

[34] *Baumbach/Lauterbach/Hartmann* Rn. 21.

[35] *Stürner* (Fn. 16) S. 174 ff.; *Martens* JuS 1974, 789; AK-ZPO/*Schmidt* Rn. 35.

[36] Ausführlich *K. Prange,* Materiellrechtliche Sanktionen bei Verletzung der prozessualen Wahrheitspflicht durch Zeugen und Parteien, 1995.

[37] Ebenso im Ergebnis *Stein/Jonas/Schumann* § 370 Rn. 6.

[38] BGH BB 1979, 552.

[39] *Rosenberg/Schwab/Gottwald* § 104 II 1 a.

posten eines nicht anerkannten Kontokorrentsaldos,[40] die Einzelheiten von Provisionsansprüchen,[41] die Details des Einverständnisses mit einer fristlosen Kündigung.[42] Im werkvertraglichen Mängelprozess ist zu unterscheiden zwischen dem Mangel und den Mangelerscheinungen. Es genügt für einen hinreichenden Sachvortrag des Auftraggebers zu Mängeln, wenn er die Mangelerscheinungen, die er der fehlerhaften Leistung des Auftragnehmers zuordnet, hinreichend genau bezeichnet.[43] Das Gleiche gilt für den Architektenprozess.[44] Grundsätzlich erst auf den substantiierten Vortrag des Klägers hin ist der Beklagte seinerseits zur substantiierten Einlassung angehalten. Es ist Aufgabe des Klägers, seinen Klaganspruch vollständig zu begründen; der Beklagte braucht ihm mit seiner Einlassung nicht zuvorzukommen.[45] Entsprechendes gilt für das Vorbringen von Einwendungen und Einreden durch den Beklagten.

19 **2. Substantiiertes Bestreiten.** Hat sich der Kläger substantiiert geäußert, so obliegt es jetzt dem Beklagten, zu den einzelnen Behauptungen **gezielt Stellung** zu nehmen (Abs. 2). Pauschales Bestreiten genügt nicht und hat die Geständnisfiktion des Abs. 3 zur Folge.[46] Die weithin übliche Floskel, im Übrigen werde alles bestritten, was nicht ausdrücklich zugestanden sei, ist bedeutungslos. Nur wenn dem Beklagten ein substantiiertes Bestreiten nicht möglich ist, er keine Kenntnis hat und sie sich auch nicht zu verschaffen vermag, ist ihm einfaches Bestreiten erlaubt.[47]

20 Substantiiertes Bestreiten heißt eine **Gegendarstellung** geben, soweit der Beklagte dazu in der Lage ist. So hat er den Ablauf der Vertragsverhandlungen aus seiner Sicht zu schildern, wenn Vertragsschluss oder -inhalt streitig sind, oder auf die Provisionsklage die einzelnen etwa provisionspflichtigen Geschäfte aufzuführen. Um die notwendigen Informationen hat er sich ggf. zu bemühen; zB muss sich die verklagte Versicherungsgesellschaft von ihrem Versicherungsnehmer über das Unfallgeschehen unterrichten lassen, an dem er als Autofahrer beteiligt war.

21 **3. Ausnahmen.** Eine bedeutsame Ausnahme bilden die Grundsätze der **sekundären Darlegungslast.** Nach der ständigen Rechtsprechung des Bundesgerichtshofs wird die Darlegungslast des Pflichtigen, wenn es um Geschehnisse aus dem Bereich der anderen Partei geht, durch eine sich aus Abs. 1 und 2 ergebende Mitwirkungspflicht des Gegners gemindert. Darüber hinaus erlegt die Rechtsprechung dem Gegner der primär behauptungs- und beweisbelasteten Partei dann eine gewisse (sekundäre) Behauptungslast auf, wenn eine darlegungspflichtige Partei außerhalb des von ihr darzulegenden Geschehensablaufes steht und keine nähere Kenntnis der maßgebenden Tatsachen besitzt und sich auch nicht verschaffen kann, während der Prozessgegner sie hat und ihm nähere Angaben zumutbar sind.[48] Die Rechtsprechung leitet diese Ausnahme von der allgemeinen Pflicht zu redlicher Prozessführung (Treu und Glauben) ab.[49] Sanktion ist wiederum § 138 Abs. 3.

22 Das Ergebnis ist sicher begrüßenswert. Die **Begründung** mit dem doch nur zur Korrektur extremer Einzelfälle gedachten Prinzip von Treu und Glauben muss jedoch befremden, weil hier für eine ganze Fallgruppe die Grundsätze der Behauptungslast verändert werden. Das Problem erinnert an die Fälle, in denen der Beweisgegner die Beweisaufnahme verhindert, indem er zB das Beweisobjekt nicht vorlegt oder den Namen des Zeugen nicht preisgibt oder die Bank nicht von ihrer Verschwiegenheitspflicht entbindet; die Rechtsprechung hält ihn dann zwar nicht für mitwirkungspflichtig, würdigt aber seine Weigerung zu seinem Nachteil (§§ 286, 444).[50] Ebenso ließe sich die Weigerung des Beklagten, substantiiert zu bestreiten, nach § 286 werten.[51] Dieser Lösungsversuch sollte indessen nicht den Blick darauf verstellen, dass hier die Mitwirkung des Beklagten erzwungen und er zur Stoffsammlung für die Klagebegründung herangezogen wird. Das bedeutet eine **andere Verteilung der Behauptungslast,** während die Beweislast des Klägers unverändert bleibt. Einer Abkehr vom traditionellen Schema des Angriffs und der Verteidigung im Zivilprozess braucht man

[40] BGH NJW 1983, 2879.
[41] OLG Köln VersR 1973, 130.
[42] BGH NJW 1982, 1708.
[43] BGH NJW-RR 1999, 813; NJW-RR 2002, 743; NJW-RR 2002, 366.
[44] BGH NJW-RR 2003, 1239.
[45] BGH (Fn. 38); GRUR 1982, 681.
[46] ZT stützen sich die Gerichte auf § 286; so OLG Düsseldorf OLGZ 1994, 80, 84.
[47] BGH NJW-RR 1986, 60 = JZ 1985, 908; *Stein/Jonas/Leipold* Rn. 37.
[48] BGH NJW 1990, 3151 = ZZP 104 (1991), 203 mit abl. Anm. *Stürmer;* NJW 1999, 714 m. weit. Nachw.; NJW-RR 2002, 1280 m. weit. Nachw.; IBR 2004, 633; NJW 2005, 2614; BAG NJW 2004, 2848; *Stein/Jonas/Leipold* Rn. 37 m. weit. Nachw.
[49] Ebenso *Stein/Jonas/Leipold* Rn. 37 („eine gewisse sekundäre Behauptungslast" des Gegners).
[50] BGH VersR 1968, 58; BGH NJW 1960, 821; BGH NJW 1967, 2012; ausführlich *E. Peters* ZZP 82 (1969), 200 ff.
[51] Zutreffend *Zöller/Greger* Vor § 284 Rn. 34 (Zumutbarkeit).

dabei nicht das Wort zu reden,[52] auch nicht einer generellen Aufklärungspflicht des Gegners;[53] denn dem Beklagten braucht kein Beitrag abverlangt zu werden, wenn der Kläger von sich aus zu substantiiertem Vorbringen in der Lage ist.[54] Ist der Kläger dazu aber außerstande, dann obliegt es dem Beklagten, die Lücke zu schließen. Eine positive Begründung bietet die **Prozessförderungspflicht** in Verbindung mit der **Wahrheits- und Vollständigkeitspflicht.**[55] Die Prozessförderungspflicht des Beklagten (vgl. §§ 138 Abs. 2, 276f., 282) wird aktuell, weil der Kläger seiner Darlegungslast nicht genügen kann. Der Beklagte hat den Tatsachenstoff wahrheitsgemäß zu vervollständigen. Von der Prozessförderungspflicht beider Parteien geht die Sondervorschrift des § 643 Abs. 1 aus.

III. Nichtbestreiten als Geständnis (Abs. 3)

1. Verhandlungsmaxime. Dass das Gericht unbestrittene Behauptungen als **zugestanden** zu betrachten und als Streitstoff zugrunde zu legen hat (vorbehaltlich § 138 Abs. 1, vgl. Rn. 13), ist ein Kernstück der Verhandlungsmaxime und zeigt die Herrschaft der Parteien über den Streitstoff. Daher gilt Abs. 3 in den Verfahren der Verhandlungsmaxime,[56] nicht in denen der Untersuchungsmaxime; auch nicht in den Fällen der Prüfung von Amts wegen (Prozess- und Rechtsmittelvoraussetzungen, vgl. § 139 Abs. 2). Für das Versäumnisverfahren gelten die Sondervorschriften der §§ 330ff., 542. 23

2. Ausdrückliches und konkludentes Bestreiten. Oft wird die Partei ausdrücklich bestreiten. Zur Notwendigkeit, soweit wie möglich **substantiiert** zu bestreiten, vgl. Rn. 19 und 20. Zum Problem, ob die Partei auch zu summarischem Vorbringen des Gegners substantiiert Stellung zu nehmen hat, vgl. Rn. 21 und 22. 24

Konkludentes Bestreiten wird aus der Gegendarstellung ersichtlich sein. Zweifel hat das Gericht zu klären (§ 139). Kein Bestreiten stellt es dar, wenn der Prozessbevollmächtigte Klagabweisung beantragt und erklärt, er habe von seinem Mandanten keine Informationen erhalten;[57] hier greift § 138 Abs. 3 ein. 25

3. Geständnisfiktion. Liegen die Voraussetzungen des Abs. 3 vor, so tritt als Wirkung eine Geständnisfiktion ein. Jedoch ist – im Gegensatz zum Geständnis (§ 290) – die Partei daran **nicht gebunden**; sie kann das Bestreiten im Verlauf des Prozesses nachholen, vorbehaltlich der Präklusion wegen Verspätung (§§ 282, 296, 528). Der gemeinsame Nenner für Geständnis und Nichtbestreiten ist also lediglich die Rechtsfolge, dass die Behauptungen des Gegners nicht beweisbedürftig sind. 26

IV. Erklärung mit Nichtwissen (Abs. 4)

1. Eigene Handlungen oder Wahrnehmungen. Soweit es sich um eigene Handlungen oder Wahrnehmungen handelt, darf die Partei die Behauptungen des Gegners **nicht mit Nichtwissen bestreiten.** Teleologische Reduktion führt zu der Ausnahme, dass Erklärung mit Nichtwissen zulässig ist, wenn sich die Partei – nach der Lebenserfahrung glaubhaft – zu erinnern vermag, zB an einen lange zurückliegenden Alltagsvorgang; sonst würde Abs. 4 in Widerstreit zur Wahrheitspflicht (Abs. 1) geraten.[58] Hat die Partei ihr Wissen nicht präsent, etwa bei neuem überraschenden Vortrag des Gegners, so darf sie nicht, auch nicht vorsorglich,[59] mit Nichtwissen bestreiten, sondern hat unter Angabe des Grundes Vertagung (§ 227) oder Nachlass eines Schriftsatzes (§ 283) zu beantragen oder eine spätere Parteianhörung (§ 141) anzuregen, um in der Zwischenzeit ihr Gedächtnis aufzufrischen, etwa anhand von Unterlagen.[60] 27

2. Prozessuale Folgen. Unzulässiges Bestreiten mit Nichtwissen (Abs. 4) ist unsubstantiiertes Bestreiten, führt also zur **Geständnisfiktion** (Abs. 3). 28

---

[52] In diese Richtung tendiert AK-ZPO/*Schmidt* Rn. 18 bis 20, 22.

[53] So aber *Stürner* (Fn. 16) S. 31ff.

[54] BGH NJW 1974, 1710 = MDR 1975, 48; BGH BB 1979, 552.

[55] Grundlegend *E. Peters,* FS Schwab, 1990, S. 399ff.; *Schlosser* JZ 1991, 599ff.; so im Ergebnis wohl auch AK-ZPO/*Schmidt* Fn. 44.

[56] Auch in der Zwangsvollstreckung, zB im Verfahren nach § 727; OLG Koblenz MDR 1997, 883.

[57] Irrig OLG Frankfurt MDR 1969, 578 mit abl. Anm. *E. Schneider;* richtig *Stein/Jonas/Leipold* Rn. 35; *Thomas/Putzo/Reichold* Rn. 17.

[58] Zutreffend BGH NJW 1995, 130; AK-ZPO/*Schmidt* Rn. 73.

[59] AA *Zöller/Greger* Rn. 13.

[60] BGHZ 94, 195, 214 = NJW 1985, 1539; *Thomas/Putzo/Reichold* Rn. 21.

29 **3. Zurechnung fremden Wissens.** Als **eigene Handlungen oder Wahrnehmungen** der Partei gelten die des gesetzlichen Vertreters, nicht aber sonstiger Personen. Insbesondere nicht die Handlungen oder Wahrnehmungen des rechtsgeschäftlich bestellten Vertreters, etwa analog § 166 Abs. 1 BGB; denn § 138 Abs. 4 betrifft nicht die Wissenszurechnung nach Sphären, sondern die subjektive Wahrhaftigkeit der Partei.[61] Es ist ferner unrichtig, hier den verklagten Versicherer einzuordnen, sich das Wissen des Versicherungsnehmers anrechnen lassen müsse,[62] oder gar allgemein das Wissen aller Personen, bei denen sich die Partei informieren kann, dem eigenen Wissen der Partei gleichzustellen.[63] Abs. 4 setzt ausdrücklich unmittelbar eigenes Wissen der Partei voraus. Dass die Partei sich nach Möglichkeit aus anderen Erkenntnisquellen zu unterrichten hat, ist Inhalt ihrer Erklärungslast nach Abs. 2 (vgl. Rn. 19); in diesem Rahmen (vgl. Rn. 21 und 22) trifft sie auf Grund ihrer Wahrheits- und Prozessförderungspflicht eine begrenzte Pflicht, Erkundigungen einzuziehen. Das Recht, derartige Tatsachen mit Nichtwissen zu bestreiten, wird durch die Pflicht der Parteien eingeschränkt, die ihr möglichen Informationen von den Personen einzuholen, die unter ihrer Anleitung, Aufsicht oder Verantwortung tätig sind.[64]

§ 139 Materielle Prozessleitung

(1) [1]Das Gericht hat das Sach- und Streitverhältnis, soweit erforderlich, mit den Parteien nach der tatsächlichen und rechtlichen Seite zu erörtern und Fragen zu stellen. [2]Es hat dahin zu wirken, dass die Parteien sich rechtzeitig und vollständig über alle erheblichen Tatsachen erklären, insbesondere ungenügende Angaben zu den geltend gemachten Tatsachen ergänzen, die Beweismittel bezeichnen und die sachdienlichen Anträge stellen.

(2) [1]Auf einen Gesichtspunkt, den eine Partei erkennbar übersehen oder für unerheblich gehalten hat, darf das Gericht, soweit nicht nur eine Nebenforderung betroffen ist, seine Entscheidung nur stützen, wenn es darauf hingewiesen und Gelegenheit zur Äußerung dazu gegeben hat. [2]Dasselbe gilt für einen Gesichtspunkt, den das Gericht anders beurteilt als beide Parteien.

(3) Das Gericht hat auf die Bedenken aufmerksam zu machen, die hinsichtlich der von Amts wegen zu berücksichtigenden Punkte bestehen.

(4) [1]Hinweise nach dieser Vorschrift sind so früh wie möglich zu erteilen und aktenkundig zu machen. [2]Ihre Erteilung kann nur durch den Inhalt der Akten bewiesen werden. [3]Gegen den Inhalt der Akten ist nur der Nachweis der Fälschung zulässig.

(5) Ist einer Partei eine sofortige Erklärung zu einem gerichtlichen Hinweis nicht möglich, so soll auf ihren Antrag das Gericht eine Frist bestimmen, in der sie die Erklärung in einem Schriftsatz nachbringen kann.

Schrifttum: *Deubner,* Gedanken zur richterlichen Aufklärungs- und Hinweispflicht, FS für Schiedermair, 1976, S. 79 ff.; *Laumen,* Das Rechtsgespräch im Zivilprozeß, 1984; *Peters E.,* Richterliche Hinweispflichten und Beweisinitiativen im Zivilprozeß, 1983; *Spickhoff,* Richterliche Aufklärungspflicht und materielles Recht, 1999; *Spohr,* Die richterliche Aufklärungspflicht (§ 139 ZPO) im Zivilprozeß, Diss. Göttingen 1969; *Stürner,* Die richterliche Aufklärung im Zivilprozeß, 1982; *Schaefer,* Was ist neu an der neuen Hinweispflicht?, NJW 2002, 849; *Prütting,* Die Prozessleitung, FS für Musielak, 2004, 397.

---

[61] Anders die 2. Aufl. Richtig *P. Morhard,* Die Informationspflicht der Parteien bei der Erklärung mit Nichtwissen, 1993, S. 75 ff.; wohl auch *Ambs,* Bestreiten mit Nichtwissen – Die Auslegungsregel des § 138 Abs. 4 ZPO, 1997, S. 140 ff.

[62] So aber unzutreffend OLG Frankfurt NJW 1974, 1473, das selbst für den Fall des nicht auffindbaren Versicherungsnehmers den Kontrahierungszwang des KH-Versicherers (vgl. etwa § 5 PflVG, § 3 Gesetz über die Haftpflichtversicherung für ausländische Kraftfahrzeuge und Kraftfahrzeuganhänger) und auch verkennt, dass weder der Versicherungsnehmer noch der versicherte Fahrer unter der Aufsicht, Anleitung oder Verantwortung des KH-Versicherers tätig sind; unzutreffend auch *Lange* NJW 1990, 3234 ff.; *Stein/Jonas/Leipold* Rn. 48; richtiger: OLG Karlsruhe RuS 1997, 107 der Haftpflichtversicherer soll den Unfallhergang jedenfalls dann wirksam mit Nichtwissen bestreiten können, wenn der Verdacht der Unfallmanipulation (kollusives Zusammenwirken) besteht; AK-ZPO/*Schmidt* Rn. 73.

[63] So aber *Baumbach/Lauterbach/Hartmann* Rn. 53, richtig *Stein/Jonas/Leipold* Rn. 48.

[64] BGH NJW 1999, 53; NJW-RR 2002, 612; NJW 2004, 92; aA *Peters* in der 2. Aufl. Rn. 29, der weitere Informationspflichten ablehnt.

Übersicht

I. Zweck der Norm

1. Normzweck. Die Erörterung des Sach- und Streitverhältnisses (Abs. 1 S. 1) dient dazu, die vom Richter für maßgebend erachteten Gesichtspunkte offen zu legen. Sie eröffnet beiden Parteien die Möglichkeit, in passender Weise zu reagieren, ihr Vorbringen und ihre Anträge auf den (vorläufigen) Standpunkt des Gerichts einzustellen und auf die Rechtsansicht des Gerichts Einfluss zu nehmen. Die richterlichen Hinweise zeigen auf, in welchen Punkten und aus welchen Gründen das Begehren der jeweiligen Partei ggf. keinen Erfolg haben kann und welche Schritte die Partei zu unternehmen hat, um ihre materielle Rechtsposition im laufenden Prozess durchzusetzen. Die Aufklärung verhindert, dass eine Partei aus Irrtum oder Versehen vermeidbare Nachteile in ihrem materiellen Recht erleidet. **Hilfestellung** für die Parteien und **Waffengleichheit**[1] sind die tragenden Ideen. 1

Die Hinweispflicht ist nicht davon abhängig, dass die Partei schuldlos oder ohne größeres **Verschulden** den richtigen und vollständigen Vortrag oder den passenden Antrag versäumt hat. 2

2. Keine Kann- oder Ermessensvorschrift. § 139 stellt eine **Mussvorschrift** dar, sie schafft auch **keinen Ermessensspielraum.**[2] Die Weisungen an den Richter sind, vorbehaltlich der Auslegung des Gesetzestextes, eindeutig und bereits aufgeschlüsselt. Nicht etwa wird ein Rahmen gezogen, innerhalb dessen Aktivität wie Passivität des Richters gleichermaßen rechtens wäre. Auch zur Erforderlichkeit eines Hinweises in der konkreten Prozesslage ist dem Richter kein Beurteilungsspielraum eingeräumt;[3] dieser wichtige Punkt ist in vollem Umfang Rechtsfrage und auch revisibel. Dass die Grenzen des Anwendungsbereichs des § 139 umstritten sind, heißt nicht, dass sie fließend seien und deshalb den Richtern ein gewisser Spielraum zuzubilligen sei. 3

3. Hinweispflicht im Anwaltsprozess. Die richterliche Hinweispflicht besteht prinzipiell unvermindert auch im Anwaltsprozess.[4] Insbesondere auf Bedenken gegen die Zulässigkeit oder Schlüssigkeit der Klage, respektive die Erheblichkeit der Verteidigung, muss das Gericht grundsätzlich auch eine anwaltlich vertretene Partei hinweisen.[5] 4

Irrtümer und Unterlassungen der Partei wie ihres Anwalts sollen die Wahrung des materiellen Rechts nicht scheitern lassen. 5

§ 139 ist **nicht** nach dem **Verschuldensprinzip** konzipiert (anderes zB § 233), mit der Folge etwa, dass das Verschulden des Anwalts der Partei zuzurechnen wäre (§ 85 Abs. 2). Allein der Mangel im Vorbringen ist die Voraussetzung, dass der Richter einzugreifen hat. 6

---

[1] Treffend OLG Schleswig NJW 1983, 347.

[2] *Stürner,* Die richterliche Aufklärung im Zivilprozeß, 1982, S. 28 ff.; AK-ZPO/*Schmidt* Rn. 8; grundsätzlich auch *Stein/Jonas/Leipold* Rn. 27.

[3] AA *Stein/Jonas/Leipold* Rn. 27: ein gewisser Beurteilungsspielraum m. weit. Nachw. zum Meinungsstreit.

[4] BGH NJW-RR 1993, 569, 570; NJW-RR 1997, 441; NJW 1999, 1867, 1868; NJW 2002, 3317, 3320; NJW 2003, 3626, 3628.

[5] OLG Rostock OLGReport 2005, 928 m. weit. Nachw.

7 Nur im **Einzelfall** kann sich ein Hinweis erübrigen, wenn das Gericht keinen Anlass zu der Annahme hat, der Anwalt habe den maßgebenden Punkt verkannt.

8 Die **Gegenmeinung** beruft sich darauf, dass der Anwalt nicht entlastet werden solle; sonst sinke seine Arbeitsleistung; die Aufklärungspflicht des Richters solle nicht zum Freibrief für anwaltliche Nachlässigkeit und anwaltliches Versagen werden.[6] Diese Bedenken überzeugen nicht. Der Anwalt hat genügend Material herauszuarbeiten und vorzutragen, damit der Richter überhaupt Anlass hat einzugreifen. Zudem ist es die Aufgabe des Anwalts, die richterlichen Hinweise zu überlegen und ihnen Rechnung zu tragen.

9 **4. Keine Befangenheitsablehnung.** Anwendung und Auslegung des § 139 dürfen nicht darunter leiden, dass der Richter der Gegenpartei Anlass zu einer Befangenheitsablehnung (§ 42) bieten könnte. Solche Besorgnis würde zu einer engen Handhabung des § 139 und uU sogar zu einer Verkürzung contra legem führen.

10 Nach richtiger Ansicht liefert der Richter, der in den Grenzen des § 139 Aktivität entfaltet, **keinen Ablehnungsgrund.**[7] Es wäre ein merkwürdiger Gesetzeswiderspruch, wenn ihm die Initiative gleichzeitig geboten wie verboten wäre. Prinzipiell steht er – im Rahmen des § 139 – beiden Parteien beratend zur Seite. Die Grenze der aktiven Mitwirkung durch das Gericht setzt seine Pflicht zur Neutralität.[8] Wirkt sich sein konkreter Hinweis förderlich auf das Vorbringen – wie regelmäßig – der einen Partei aus, so gerät seine Unparteilichkeit dadurch nicht in Gefahr. Erst wenn er bei der Erfüllung seiner Hinweispflichten in unsachlicher Weise die eine Partei bevorzugen, die andere benachteiligen würde, würde er die Pflicht zur Neutralität verletzen.[9] Die Besorgnis der Befangenheit wird erst recht nicht dadurch begründet, dass das Gericht den Parteien seine Beurteilung der Rechtslage mitteilt.[10]

II. Grundfragen des Abs. 1

11 **1. Anlass zur Erfüllung der richterlichen Hinweispflicht.** Grundsätzlich ist es Aufgabe jeder Partei, die zum Erfolg ihres Prozessbegehrens nötigen Tatsachenbehauptungen und Beweismittel anzuführen und die passenden Anträge zu stellen. Im Interesse einer sachgerechten Entscheidung des Rechtsstreits ergänzend einzugreifen hat der Richter, wenn das Vorbringen einer Partei unklar oder lückenhaft ist oder sonstige Mängel aufweist und er annehmen darf, dass der Mangel auf einem Versehen oder einem Irrtum beruht und die Partei auf seinen Hinweis den Mangel beseitigen wird. Nur **aus konkretem Anlass** wird die richterliche **Hinweispflicht aktuell.** Deuten sich im bisherigen Parteivorbringen keine solchen Mängel an, so besteht kein Anlass für den Richter, in nur theoretisch möglich erscheinende Richtungen zu forschen, alle abstrakt denkbaren Möglichkeiten aufs Geratewohl zu prüfen.[11]

12 Der **Umfang** der richterlichen Aufklärungspflicht orientiert sich an der jeweiligen Vortragslast. Der Kläger hat alle Umstände vorzutragen, die zur Schlüssigkeit des von ihm verfolgten Begehrens (Anspruchsgrundlage) erforderlich sind. Der Beklagte wiederum kann die vorgetragenen tatsächlichen Umstände bestreiten oder er kann sich auf Rechtsfolgen berufen, die den Anspruch vernichten oder in Form einer Einrede entgegenstehen. Die Art und insbesondere die Tiefe der Hinweise richten sich danach, in welchem Umfang die Parteien dieser Darlegungslast nachgekommen sind. Grundsätzlich lässt sich sagen: Je dezidierter der Vortrag ist, desto dezidierter können (und müssen) die Hinweise sein.

13 Bezieht sich der Kläger zB auf eine **bestimmte Anspruchsnorm** und trägt – aus seiner Sicht vollständig – die Umstände zu den einzelnen Tatbestandsmerkmalen vor, so ist der Richter in der Lage, darauf hinzuweisen, welches konkrete Tatbestandsmerkmal gerade nicht schlüssig vorgetragen ist oder sogar fehlt. Insoweit wäre ein allgemeiner Hinweis, dass die Klage unschlüssig ist, nicht hinreichend. Der Hinweis muss sich vielmehr auf das konkrete Tatbestandsmerkmal beziehen, des-

---

[6] *Stürner* (Fn. 2) S. 19 ff.; *Greger* NJW 1987, 1182.

[7] BVerfGE 42, 64, 78 = NJW 1976, 1391; BGH NJW 1998, 612 (Hinweis auf Verjährung); OLG Köln MDR 1990, 158; NJW-RR 1993, 1277; OLG Düsseldorf NJW 1993, 2542; BayObLG NJW 1999, 1875 (Hinweis auf Verjährung); *Deubner*, FS Schiedermair, 1976, S. 86 f.; AK-ZPO/*Schmidt* Rn. 10 und 11; hingegen für Einschränkungen: OLG Rostock NJW-RR 2002, 576; offen: *Stein/Jonas/Leipold* Rn. 20.

[8] BGH NJW 2004, 164; OLG Rostock NJW-RR 2002, 576.

[9] Eine solche unsachliche Bevorzugung sieht OLG München NJW 1994, 60 zu Recht im Rat an den Bekl., sich ins Versäumnisurteil zu flüchten, um der Präklusion zu entgehen.

[10] OLG München MDR 2004, 52.

[11] Weiter *Spickhoff*, Richterliche Aufklärungspflicht und materielles Recht, 1999, S. 66 ff., 73, 75, der eine Hinweispflicht selbst ohne jede Andeutung annimmt, wenn die Anwendung zwingender Normen, zB §§ 134, 138 BGB, – rein theoretisch! – in Frage kommt.

sen Voraussetzungen nach Auffassung des Gerichts nicht gegeben sein sollen. Unter Umständen kann sich die **Hinweispflicht** noch weiter **verdichten,** wenn innerhalb eines Tatbestandsmerkmals teilweise unschlüssiger Vortrag vorliegt, etwa zu den einzelnen Rechtsbegriffen.

Beschränkt sich nun aber eine darlegungspflichtige Partei auf einen **allgemeinen Vortrag**, ohne sich auf konkrete Anspruchsgrundlagen zu beziehen bzw. wird zwar eine Anspruchsgrundlage angezogen, aber in keiner Weise auf die einzelnen Voraussetzungen eingegangen, bedarf es dem Grundsatz nach keinem Eingehen des Gerichts auf einzelne Voraussetzungen. Die **Hinweispflicht** des Gerichts **beschränkt** sich darauf, auf Bedenken zur Schlüssigkeit hinzuweisen, es besteht aber keine Belehrungspflicht dahingehend, welcher Vortrag richtigerweise zu bringen wäre. Gerade im Fall des Anwaltsprozesses ist es nicht Aufgabe des Gerichts, die Klage schlüssig zu machen – dies fällt in den Pflichtenkreis des Rechtsanwaltes. 14

Im Ergebnis kann ein Hinweis – bezogen als Beispiel auf die Unschlüssigkeit eines Vortrages – in folgender **Spannbreite** hinreichend sein: Klage allgemein/bestimmte Anspruchsgrundlage/konkretes Tatbestandsmerkmal innerhalb einer Anspruchsgrundlage/einzelner Begriff innerhalb eines Tatbestandsmerkmals. 15

Die folgenden **Beispiele** lassen sich jedoch nur mit Vorsicht und mit Rücksicht auf die besonderen Umstände des Einzelfalls verallgemeinern. 16

Anlass zu Hinweisen: Bei Lücken im zusammenhängenden Ablauf des Sachverhalts, etwa bei der konkreten Schilderung des Vertragsschlusses oder Vertragsinhalts, des Verkehrsunfalls, der einzelnen Schadensumstände, der Aspekte des Schmerzensgeldes, des Mitverschuldens; bei Vortrag des Saldos statt der einzelnen bestrittenen Rechnungsposten; bei ungenauen oder unpassenden Anträgen. Aus der forensischen Erfahrung kann sich ebenfalls ein Anlass zur Nachfrage ergeben, weil ein Versehen der Partei zu vermuten ist; zB im Geldschadensersatzprozess bei fehlendem Zinsantrag.[12] Das Berufungsgericht ist verpflichtet der in der ersten Instanz siegreichen Partei einen Hinweis zu erteilen, wenn es der Beurteilung der Vorinstanz nicht folgen will.[13] So ist ein richterlicher Hinweis nötig zur örtlichen Zuständigkeit, wenn der Beklagte sie zu Unrecht bezweifelt und sich deshalb nicht zur Sache einlassen will;[14] zu den subjektiven Grenzen der Rechtskraft, wenn der Geschädigte mit verkürztem Sachvortrag gegen den Versicherer klagt, weil er irrig die Rechtskraft des gegen den Versicherungsnehmer (Schädiger) schon erstrittenen Urteils auf den laufenden Prozess erstreckt wissen will;[15] zur Fraglichkeit der Aktivlegitimation, auch wenn beide Parteien sie für gegeben halten;[16] zur Unwirksamkeit eines Rücktritts, den beide Parteien für wirksam halten;[17] zur Annahme eines prima-facie-Beweises für die Kausalität, damit die Parteien im Schadensersatzprozess sich auf diese Situation einrichten können;[18] entsprechend in sonstigen Fällen zur Beweislast oder Beweislastumkehr, etwa in Arzthaftungsprozessen, um die Beweisführungslast der Parteien klarzustellen, oder zur Methode der Schadensberechnung.[19] Wenn eine Ergänzung oder Veränderung des Parteivorbringens auch nur möglich erscheint, ist richterlicher Hinweis geboten; zB zur Auslegung des maßgebenden Vertrages, wenn sich das Berufungsgericht auf eine von der ersten Instanz abweichende und von einer Partei nur am Rande in Betracht gezogene Vertragsauslegung stützen[20] oder das Gericht von der übereinstimmenden Interpretation der Parteien abweichen will;[21] zur Anwendbarkeit ausländischen Rechts, wenn die Parteien bisher deutsches Recht zugrunde legten;[22] zu den Rechtsfolgen der Beweisvereitelung, wenn im Vaterschaftsprozess der angebliche Vater ablehnt, sich der Blutuntersuchung zu stellen;[23] zur Verlagerung des Schwerpunkts des Prozesses, wenn die Vorinstanz die Klage wegen Verjährung abwies, die Berufungsinstanz diese Einrede aber nicht für durchgreifend hält.[24] 17

2. Hinweis von anderer Seite. Nur ausnahmsweise kann sich ein Hinweis durch das Gericht erübrigen, wenn die **Partei schon von anderer Seite** oder bei früherer Gelegenheit auf die 18

---

[12] AA RG WarnR 1942 Nr. 41; OLG Köln MDR 1972, 779 (kein Hinweis auf zusätzliche Anträge); dagegen *E. Peters* Richterliche Hinweispflichten und Beweisinitiativen im Zivilprozeß, 1983. S. 77, 116; vgl. auch Rn. 47.

[13] BGH NJW-RR 2002, 1436; BGHReport 2005, 671.

[14] OLG Celle NdsRpfl. 1973, 178.

[15] OLG Düsseldorf DRiZ 1974, 327.

[16] BGH NJW-RR 1994, 1085.

[17] BGHZ 97, 264, 268 = NJW 1986, 2245, nur auf § 278 Abs. 3 gestützt.

[18] OLG München OLGZ 1973, 362.

[19] BGH NJW 1991, 2707; OLG Hamm MDR 1993, 270.

[20] BGH NJW-RR 2005, 39.

[21] RG JW 1932, 173; BGH NJW 1968, 1625; 1993, 667.

[22] BGH NJW 1976, 474.

[23] BGH NJW 1986, 2371, nur auf § 278 Abs. 3 gestützt.

[24] BGH NJW 1987, 781.

Mängel ihres Vorbringens **aufmerksam gemacht** wurde. Solche Hinweise finden sich zB im Urteil der Vorinstanz,[25] in der gezielten Kritik des Gegners,[26] in der inhaltlichen Richtung eines Beweisbeschlusses des Berufungsgerichts,[27] in einem früheren (zurückverweisenden) Revisionsurteil in demselben Rechtsstreit.[28]

19 Dennoch sollte sich der Richter nicht allzu rasch entlastet fühlen, insbesondere wenn die Anregung vom Gegner stammt. Wenn sie den richterlichen Hinweis überflüssig machen kann, muss sie die nötige Klarheit haben und **die Partei zuverlässig ins Bild setzen.**[29] Die Partei oder der Anwalt muss klar und deutlich erkennen können, welche Umstände das zur Entscheidung berufene Gericht zugrunde legt. Die allgemein gehaltene Rüge mangelnder Schlüssigkeit durch den Gegner genügt keinesfalls.[30] Ein richterlicher Hinweis oder eine Rückfrage des Gerichts sind jedenfalls dann geboten, wenn für das Gericht offensichtlich ist, dass der Prozessbevollmächtigte einer Partei die vom Gegner erhobenen Bedenken gegen die Fassung eines Klageantrags oder die Schlüssigkeit der Klage falsch aufgenommen hat.[31]

20 **3. Gezielter und konkreter Hinweis.** Soll der richterliche **Hinweis** seinen Zweck erfüllen und Unklarheiten, Unvollständigkeiten und Irrtümer ausräumen, so muss er **gezielt und konkret** den einzelnen Mangel ansprechen;[32] ggf. wiederholt und präzisiert werden.[33] Nur dann wird die Partei zuverlässig ins Bild gesetzt. Hingegen erfüllt das Gericht seine Hinweispflicht nicht, indem es vor der mündlichen Verhandlung allgemeine und pauschale Hinweise erteilt. Das gilt insbesondere in den Fällen, in denen sich die Erforderlichkeit des ergänzenden Vortrags nicht bereits aus einem substantiierten Bestreiten des Gegners ergibt, sondern von der Bewertung des Gerichts im Einzelfall abhängt.[34] Gegenüber einem Anwalt wird sich das Gericht meist kürzer fassen können als gegenüber einer rechtsunkundigen Partei. Die allgemeine Frage, ob noch etwas vorzutragen sei, genügt nicht; ebenso wenig die vage Andeutung, die Partei möge überlegen, ob nicht doch etwas in ihrem Vortrag fehle, ob die Klage wirklich schlüssig sei, o. Ä. Keinesfalls darf der Richter zu erkennen geben, dass die nachgebrachte Substantiierung ausreiche, dann aber überraschend die Klage mangels Schlüssigkeit abweisen.[35]

21 **4. Zeit zu fundierter Antwort.** Rechtliche Hinweise müssen unter Berücksichtigung der Parteien in ihrer konkreten Situation so erteilt werden, dass es diesen auch tatsächlich möglich ist, vor einer Entscheidung zu Wort zu kommen, um Einfluss auf das Verfahren und sein Ergebnis nehmen zu können,[36] dh. die betroffene Partei muss Gelegenheit bekommen, auf den Hinweis zu reagieren, ihren Tatsachenvortrag zu ergänzen und gegebenenfalls Beweis dazu anzutreten.[37]

III. Die einzelnen Fälle des Abs. 1

22 **1. Tatsachenvorbringen.** Den Hauptanwendungsbereich des Abs. 1 bilden in der Praxis die Fälle, in denen der Richter auf eine **Ergänzung des ungenügenden Tatsachenvortrags** hinzuwirken hat. Oft ist das Vorbringen einer Partei zu allgemein gehalten, lückenhaft, widersprüchlich,[38] unklar,[39] mehrdeutig,[40] bewusst auf einen vorentscheidenden Punkt (zB Aktivlegitimation)

---

[25] RGZ 61, 239, 240; 87, 246, 250; 98, 293, 294; 171, 168, 172; BGH NJW 1971, 462; 1983, 2247, 2250; 1986, 2883; OLG Hamm FamRZ 1977, 318.

[26] RGZ 78, 26, 33; RG JW 1908, 14; LZ 1913, 297; 1924, 196; RGZ 136, 395, 401; 150, 153, 161; BGH NJW 1969, 1293; 1980, 223; JZ 1984, 191 = NJW 1984, 310; 1988, 696; OLG Rostock OLGReport 2005, 928 m. weit. Nachw.

[27] RG LZ 1911, 850; BGH NJW 1987, 3077, 3080.

[28] RG WarnR 1909, 410, § 139 Nr. 1; Recht 1907, 975; BGH VersR 1961, 610.

[29] RGZ 136, 395, 401; BGH NJW 1980, 223; *E. Peters* (Fn. 2) S. 118 und in Anm. zu BGH JZ 1984, 391; OLG Nürnberg MDR 2000, 227; OLG Oldenburg NJW-RR 200, 950 für den Hinweis auf ein fehlendes Beweisangebot.

[30] OLG Schleswig SchlHA 1982, 29 und – im selben Prozess! – NJW 1983, 347.

[31] BGH NJW-RR 2004, 512.

[32] AllgM; RG JW 1908, 14; 1911, 328; OLG Schleswig SchlHA 1982, 59 = NJW 1982, 2783; *E. Peters* (Fn. 12) S. 24, 58, 78, 118f.; *Laumen,* Das Rechtsgespräch im Zivilprozeß, 1984, S. 229.

[33] BGH NJW 1999, 1264; NJW 2002, 3317, 3320; NJW-RR 2004, 468.

[34] BGHZ 140, 365, 371; BGH NJW 2002, 3317.

[35] OLG Bamberg NJW-RR 1968, 1608.

[36] BVerfGE 84, 188, 189f.; BGH NJW-RR 2006, 942.

[37] BGH NJW-RR 2003, 742; NJW-RR 2004, 281; BGH Report 2005, 671.

[38] Zur Hinweispflicht nach § 139 ZPO bei widersprüchlichem Parteivortrag BGH NJW-RR 2003, 742; NJW-RR 2003, 1718.

[39] BAG NJW 1989, 1236.

[40] BGH NJW-RR 2002, 1071.

beschränkt[41] oder auf falscher Rechtsansicht aufgebaut.[42] Auffallend häufig treten Substantiierungsmängel in Schadensersatzprozessen auf; sie betreffen die Darlegung des Schadensgrundes ebenso wie die Schadenshöhe. Im Übrigen erweist sich nicht nur das anspruchsbegründende Vorbringen des Klägers als ungenügend, sondern auch das einwendungs- oder einredebegründende Vorbringen des Beklagten, etwa zum Mitverschulden, zum Entlastungsbeweis (§ 831 BGB), zum Zurückhaltungsrecht oder zur Aufrechnung.

In allen Fällen darf das Gericht nicht einfach das Vorbringen als unsubstantiiert zurückweisen. 23
Zuvor muss sich das Gericht um **Klärung und Vervollständigung des Tatsachenvortrags** bemühen.[43] Der Richter darf sich nicht vorzeitig auf einen bestimmten Sachverhalt festlegen; er muss beweglich bleiben, um sich auf die Möglichkeit eines anderen Sachablaufs umzustellen.[44] Sind die Bedenken gegen die Schlüssigkeit der Klageforderung nach Anhörung des Klägers in der mündlichen Verhandlung nicht ausgeräumt, hat das Gericht den Kläger hierauf unmissverständlich hinzuweisen und ihm Gelegenheit zur Stellungsnahme zu geben.[45] Das Gericht erfüllt seine Hinweispflicht nicht, indem es vor der mündlichen Verhandlung allgemeine und pauschale Hinweise erteilt; vielmehr muss es die Parteien auf fehlenden Sachvortrag, den es für entscheidungserheblich ansieht, **unmissverständlich** hinweisen und ihnen die Möglichkeit eröffnen, ihren Vortrag sachdienlich zu ergänzen. Erweist sich, dass die Parteien einen Hinweis falsch aufgenommen haben, muss ihn das Gericht präzisieren und **erneut Gelegenheit zur Stellungnahme** geben. Das gleiche gilt dann, wenn das Gericht von seiner geäußerten Auffassung abweichen will.[46]

2. Unklarheiten bei Klageanträgen. Nach Abs. 1 S. 2 ist es dem Richter auch auferlegt, 24
sachdienliche Anträge anzuregen. Damit hat er bei **unklaren oder unbestimmten Klageanträgen** einzugreifen.

So hat der Richter **beispielsweise** auf eine Korrektur hinzuwirken: Wenn der Klagantrag unbe- 25
stimmt, aber bestimmbar ist,[47] etwa auf Herausgabe des Zubehörs oder des Inventars lautet, statt die einzelnen Stücke aufzuzählen;[48] wenn ein Feststellungsantrag richtig zu stellen[49] oder ein Unterlassungsantrag zu konkretisieren ist;[50] wenn eine Teilklage unzureichend aufgeschlüsselt ist;[51] wenn es unklar erscheint, welche Reichweite der Antrag hat,[52] oder ob der Kläger eine Abänderungsklage bezüglich des Unterhaltsvergleichs oder eine selbständige Unterhaltsklage beabsichtigt;[53] wenn nicht eindeutig ist, ob die Widerklage nur bedingt für den Fall des Erfolgs der Klage erhoben ist.[54]

3. Klageänderung. Die Pflicht des Richters, für sachdienliche Anträge zu sorgen, bürdet ihm 26
auch auf, ggf. eine Klagänderung anzuregen. Nicht nur derselbe Wortlaut in den §§ 139 Abs. 1, 263 weist darauf hin, auch und gerade die Funktion beider Vorschriften zwingt zu dem Schluss, dass der Begriff der Sachdienlichkeit in beiden Regelungen den gleichen Inhalt hat.[55] Für sachdienlich ist eine Klagänderung (§ 263) zu erachten, wenn sie den sachlichen Streit zwischen den Parteien endgültig ausräumt und einen zweiten Prozess über diesen Streitstoff vermeidet. Nicht anders liegen die Fälle des § 264 Nr. 2 und 3, die als typischerweise sachdienlich nicht als Klagänderung (§ 263) behandelt werden, also ohne weiteres zulässig sein sollen.[56] Eine solche Klagänderung (§§ 263, 264 Nr. 2, 3) anzuregen, ist prozesswirtschaftlich. Der Richter dient mit seinem Hinweis der Befriedung der Parteien und bewahrt sie und die Justiz vor einem weiteren Prozess mit demsel-

---

[41] OLG Düsseldorf MDR 1993, 1008.
[42] KG NJW-RR 1997, 933; OLG Hamm NJW-RR 1995, 956; OLG Köln NJW-RR 1998, 1686.
[43] BGH NJW 1999, 3716.
[44] Vgl. zu diesen und den folgenden Fehlerquellen *Brehm,* Bindung des Richters an den Parteivortrag und Grenzen freier Verhandlungswürdigung, 1982, S. 53 f., 102, 120 f., 235 ff.; *E. Peters* (Fn. 2) S. 126 f.
[45] BGH NJW-RR 2004, 281.
[46] BGH NJW 2002, 3317, 3320.
[47] RG JW 1884, 136; 1901, 653; 1902, 125; RGZ 57, 392, 396.
[48] RGZ 130, 264, 267; OGH-BrZ 1, 72; aA noch RG Bolze 6 Nr. 87 und 935 (Nachlass).
[49] BGHZ 31, 358 = NJW 1960, 669; 79, 76, 78 f. = NJW 1981, 870; BGH NJW 1980, 2524.
[50] RG JW 1912, 591; OLG Köln NJW-RR 1993, 1277.
[51] BGH ZZP 72 (1959), 189 = NJW 1958, 1590.
[52] BGHReport 2002, 431.
[53] OLG Zweibrücken FamRZ 1979, 174.
[54] OLG Bremen NJW 1963, 1157.
[55] Dagegen wollen *Stein/Jonas/Leipold* § 139 Rn. 47 den Begriff der Sachdienlichkeit in § 263 in objektivem Sinne, in § 139 in subjektivem Sinne (Prozessziel der Parteien maßgebend) verstehen.
[56] § 264 Nr. 1 stellt ohnehin keine Klageänderung dar, weil weder der Klagantrag geändert noch der Lebenssachverhalt ausgewechselt wird.

ben Streitstoff.[57] Demnach ist der Richter nach Abs. 1 **verpflichtet, auf eine sachdienliche Klagänderung hinzuwirken.**[58]

27 Die **Rechtsprechung** hat auch für den Anwaltsprozess eine richterliche Hinweispflicht meist bejaht, wenn die Klagänderung eine nahe liegende Korrektur darstellte und nicht von größerem Gewicht war. Zwar tauchen auch abweichende Entscheidungen auf. Insgesamt aber wird in der Rechtsprechung zu dieser Frage die Orientierung an Wortlaut und Zweck der Vorschrift nicht deutlich.[59] Das Schrifttum redet meist einer zurückhaltenden Hinweispflicht das Wort, ohne die Grenzlinien zu bestimmen oder zu begründen.

28 Nach richtiger Auffassung erwächst eine **Hinweispflicht** auf eine **Klagänderung** in allen folgenden **Beispielen,** wobei man sich stets das Ziel, einen sachdienlichen Klagantrag zu bekommen, vor Augen halten muss: Wenn nach Zession der Klagforderung der Klagantrag auf Zahlung an den Zessionar umzustellen ist;[60] wenn der Kläger statt Zahlung an sich allein nur Zahlung an sich und seine Ehefrau, die den anspruchsbegründenden Vertrag als Vertragspartei mitunterzeichnet hatte, verlangen kann;[61] wenn Nacherben in ihrer Klage auf Feststellung, dass sie nach dem Tode der Vorerbin Komplementäre der KG geworden seien, weil die Veräußerung des Gesellschaftsanteils durch die Vorerbin unwirksam sei (§ 2113 Abs. 2 BGB), übersehen, dass sie lediglich Kommanditisten geworden sind;[62] wenn bei einer Klage auf Lohnfortzahlung, weil trotz fristloser Kündigung das Arbeitsverhältnis fortbestehe, in den Klagantrag noch der Feststellungsantrag nach § 3 KSchG einzufügen ist;[63] wenn mit einer Vollstreckungsgegenklage (§ 767 ZPO) Aufhebung des rechtskräftigen Urteils begehrt wird statt des Ausspruchs, dass die Zwangsvollstreckung aus diesem Titel unzulässig sei;[64] wenn in einer auf § 826 BGB gestützten Klage gegen ein Unterhaltsurteil beantragt wird, die Zwangsvollstreckung aus diesem Urteil für unzulässig zu erklären, statt die Verurteilung des Beklagten, die Zwangsvollstreckung aus diesem Titel zu unterlassen und ihn an den Kläger herauszugeben;[65] wenn sich in einem Prozess des Versicherungsnehmers gegen den Versicherer statt des Antrags, den Kläger von der Inanspruchnahme durch den Geschädigten freizustellen, der Feststellungsantrag empfiehlt, dass der Beklagte dem Kläger wegen dieses Schadens Versicherungsschutz zu gewähren habe;[66] wenn in einem Schadensersatzprozess statt eines vorläufig nicht substantiierbaren Leistungsantrags ein Feststellungsantrag am Platze ist;[67] wenn – umgekehrt – statt eines Feststellungsantrags auf Leistung, hier auf Verschaffung der rangmäßig richtigen Buchstellung, zu klagen ist;[68] wenn nicht die Feststellung der Unwirksamkeit des Rechtsgeschäfts, sondern der Klagantrag auf Rückgewähr des anfechtbar Erlangten der Rechtslage entspricht (§§ 7 Abs. 1, 9 AnfG);[69] wenn der Kläger auf Feststellung der Unwirksamkeit des Vertrags klagt statt sofort auf Rückgewähr seiner Leistung;[70] wenn Änderungen des Klagantrags in der Quantität geboten erscheinen (arg. § 264 Nr. 2),[71] wenn in einem Amtshaftungsprozess der Geschädigte unzulässigerweise Naturalrestitution statt Geldersatz verlangt;[72] wenn im Werkvertragsprozess der Kl. auf Vorschuss statt auf Schadensersatz klagt,[73] wenn der Kläger Pflichtteilsergänzungsansprüche gegen den Erben (§ 2325 BGB) und wegen Erschöpfung des Nachlasses auch gegen den – in diesem Falle mit dem Erben identischen – Beschenkten (§ 2329 BGB) geltend machen kann;[74] wenn wegen Wegfalls der Geschäftsgrundlage der Vertrag anzupassen und daher der Klagantrag auf die neue Lage einzustellen ist.[75]

29 **Keine Hinweispflicht** trifft den Richter, wenn die **Klagänderung nicht sachdienlich** wäre. Dass sie mit Zustimmung des Beklagten zulässig werden würde (§ 263), bleibt für die richterliche

---

[57] Treffend RGZ 169, 353, 356 = DR 1942, 1366.
[58] *Deubner* (Fn. 7) S. 228f.; *Laumen* (Fn. 6) S. 203ff.; *E. Peters* (Fn. 12) S. 127ff.; *Spohr,* Die richterliche Aufklärungspflicht (§ 139 ZPO) im Zivilprozeß, Diss. Göttingen 1969, S. 70ff.; AK-ZPO/*Schmidt* Rn. 23.
[59] Einzelheiten vgl. *E. Peters* (Fn. 12) S. 9ff., 28f., 45f., 60f., 82ff., 127ff.
[60] RG JW 1907, 337; Recht 1924 Nr. 705.
[61] OLG Schleswig SchlHA 1982, 59 = NJW 1982, 2783.
[62] BGHZ 69, 47, 52 = JZ 1977, 559.
[63] BAG JZ 1962, 711 = NJW 1962, 1587.
[64] RG WarnR 1937 Nr. 71.
[65] BGHZ 26, 391, 394 = NJW 1958, 826.
[66] BGHZ 79, 76, 78f. = NJW 1981, 870.
[67] RG JW 1906, 472.
[68] RG SeuffA 87 Nr. 175.
[69] RGZ 23, 5, 8.
[70] BGHZ 3, 206, 211f.
[71] RG Recht 1917 Nr. 856; RGZ 107, 339, 345; OLG Köln MDR 1975, 140.
[72] RG 169, 353, 356.
[73] BGH NJW 1993, 597.
[74] BGH FamRZ 1961, 272.
[75] BGH WM 1969, 335, 337.

Hinweispflicht, die auf sachdienliche Anträge zielt, außer Betracht. Einer Klagänderung fehlt die Sachdienlichkeit **beispielsweise,** wenn ein im Kern neuer Streitstoff eingeführt werden soll, also ganz andere Beziehungen der Parteien zur Entscheidung unterbreitet werden sollen;[76] wenn die im laufenden Prozess schon gefundenen Ergebnisse durch die Klagänderung nicht mehr verwertbar wären;[77] wenn der laufende Prozess nach Erschöpfung des Tatsachenstoffs entscheidungsreif ist und abgeschlossen werden sollte.[78]

4. Unklarheiten bei Beweisanträgen. Da der Richter auf die Bezeichnung der Beweismittel hinzuwirken hat (Abs. 1 S. 2), muss er auch die **Ergänzung unvollständiger Beweisanträge** und die **Berichtigung fehlerhafter Beweisanträge** anregen. So zB, wenn die angebotenen Zeugen noch nicht namhaft gemacht sind („NN")[79] oder das Beweisthema nicht bestimmt genug angegeben ist. 30

Nicht selten erscheint schon zweifelhaft, ob ein **Beweisantrag überhaupt gestellt** ist. So bedarf es der Klarstellung, wenn ein schriftsätzlich angekündigter Beweisantrag in der mündlichen Verhandlung nicht gestellt wird;[80] wenn ein Beweisantrag zunächst zurückgestellt worden war;[81] wenn die Vorlage eidesstattlicher Versicherungen sich als Antritt des Zeugenbeweises zu verstehen sein kann;[82] wenn eine Partei nach der Beweisaufnahme in der Schlussverhandlung einen früheren, erheblich gebliebenen Beweisantrag nicht wiederholt.[83] 31

In der **Berufungsinstanz** wird der Prozess der ersten Instanz fortgeführt, der Streitstoff aus erster Instanz wirkt in der Berufungsinstanz fort. Folglich bleiben auch die Beweisanträge aus erster Instanz in Kraft. Es ist nicht einmal nötig,[84] dass die Partei sie ausdrücklich oder global wiederholt, wie in der Praxis üblich. Im Zweifel hat das Berufungsgericht nachzufragen.[85] 32

5. Andere Begründung des Klageanspruchs. Nach Abs. 2 kann der Richter verpflichtet sein, auf eine **andere Begründung des Klaganspruchs** aufmerksam zu machen. Der Richter hat von Amts wegen anhand aller einschlägigen Normen zu prüfen, ob das Klagbegehren gerechtfertigt ist. Ggf. muss er sein Urteil auf eine andere Anspruchsgrundlage stützen als der Kläger. Die Parteien hat er nach den Abs. 1 u. 2 zu belehren. Eine solche **Hinweispflicht** besteht zB, wenn der Schadensersatzanspruch sich nicht nur auf Delikt, sondern auch auf Vertrag stützen lässt;[86] wenn der Klageanspruch sich auf ungerechtfertigte Bereicherung gründen lässt, nicht auf – nicht zustande gekommenen – Vertrag.[87] 33

Dagegen besteht **keine Hinweispflicht,** wenn das Klagbegehren erst durch Hinzufügen eines neuen Tatsachenkomplexes schlüssig werden könnte, der Kläger diesen Tatsachen- und Rechtsbereich aber noch nicht einmal angedeutet hat.[88] So braucht er nicht nachzufragen, ob der Kläger seinen auf Verschulden gestützten deliktischen Schadensersatzanspruch auf die Billigkeitshaftung nach § 829 BGB stützen wolle;[89] ob der sachlich nicht legitimierte Kläger sich die Klagforderung nicht vom jetzigen Rechtsinhaber abtreten lassen könne.[90] 34

6. Neue materielle Einwendungen. Missverständlich ist ferner die gängige These, der Richter dürfe dem Beklagten keine **neue materielle Einwendung** an die Hand geben.[91] Hat der Beklagte die Einwendung bereits angedeutet, so ist der Richter – wie bei jedem lückenhaften Tatsachenvorbringen – gehalten, auf Erläuterung zu dringen. Fehlt jede Andeutung, hat der Richter keinen Anlass, theoretisch mögliche Einwendungen aufs Geratewohl zu prüfen, etwa nach Erfüllung, Erlass oder Aufrechnung zu fragen.[92] 35

---

[76] BGH NJW 1975, 1228; 1977, 49.
[77] BGH NJW (Fn. 101).
[78] BGH NJW 1977, 49; OLG Koblenz OLGZ 1988, 370; nicht erkannt von OLG Köln OLGZ 1976, 239; hierzu *E. Peters* (Fn. 12) S. 85, 132.
[79] RG Recht 1913 Nr. 3031; BAG NJW 1977, 727; BGH NJW 1987, 3077, 3080 (hier bestand wegen des vorausgegangenen Beweisbeschlusses ausnahmsweise kein Anlass für einen Hinweis).
[80] RG JW 1898, 387; 1911, 945; Recht 1907, 382; 1918 Nr. 1692; RG LZ 1914, 1719.
[81] RG JW 1896, 333; RG Bolze 9 Nr. 681.
[82] BGH VersR 1974, 1021.
[83] BAG NJW 1963, 1843 unterstellte einfach die Rücknahme; dagegen *Ordemann* NJW 1964, 1308 f. Treffend OLG Oldenburg NJW-RR 1990, 125 für einen früheren Antrag auf Parteivernehmung.
[84] Dahingestellt von BGH NJW 1998, 155.
[85] BGH NJW 1990, 844; 1998, 155; NJW-RR 2002, 1500.
[86] Unrichtig BayObLG Recht 1906, 566.
[87] Misslungen RG JW 1937, 2220; richtig OLG Köln MDR 1984, 151.
[88] BGH NJW-RR 2004, 495.
[89] OLG Hamm FamRZ 1977, 318.
[90] OLG Frankfurt NJW 1970, 1884, aber mit weit überzogener Begründung; dagegen *E. Peters* (Fn. 12) S. 86.
[91] Vgl. *E. Peters* (Fn. 12) S. 29 ff., 62 f., 86 f., 134 f.
[92] BGH Fn. 11; *Stein/Jonas/Leipold* Rn. 54 f.

36 Angedeutet ist die Einwendung auch, wenn die Partei die Einwendungstatsachen vorbringt, die materiell-rechtlich zur Einwendung erforderliche **Gestaltungserklärung,** zB Aufrechnung, Anfechtung, Rücktritt, Kündigung, jedoch nicht abgegeben hat, auch nicht konkludent. Hier muss der Richter belehren, dass nur nach einer Gestaltungserklärung die Rechtsverfolgung oder Rechtsverteidigung Erfolg haben können.[93] Der Richter gibt dadurch keine neue Einwendung zur Hand, sondern zeigt lediglich den formalen Weg. Die Überlegung, dass dies für alle Gestaltungsrechte, nur nicht für die Aufrechnung gelte, weil der Beklagte ja seine Gegenforderung nicht verliere,[94] findet in Abs. 2 keine Stütze; diese Vorschrift ist auf den laufenden Prozess zugeschnitten, welcher ohne richterlichen Hinweis verloren ginge.

37 Anlass zur Nachfrage hat das Gericht auch, wenn eine Einwendung zwar nicht schon im Vorbringen des Beklagten konkret anklingt, wohl aber **nach der forensischen Erfahrung** vorgebracht zu werden pflegt, so dass hier ein Versehen der Partei oder ihres Prozessbevollmächtigten zu vermuten ist (vgl. Rn. 18).

38 **7. Neue materielle Einrede.** Der angedeuteten, aber noch nicht durch Gestaltungserklärung geschaffenen materiellen Einwendung steht die in ihren tatsächlichen Voraussetzungen vorgetragene, aber noch nicht geltend gemachte materielle Einrede gleich. Sicher erwächst die richterliche Hinweispflicht, wenn der Beklagte sich konkludent auf den Sinn der Einrede beruft,[95] zB erklärt, nach so langer Zeit könne er seine Zahlung nicht mehr durch Vorlage der Quittung beweisen;[96] nach so langer Zeit wolle er mit dieser Angelegenheit nicht mehr belästigt werden, der Kläger habe seinen Anspruch verwirkt (dh. Verjährungseinrede erhoben). Umstritten sind die Fälle, in denen die tatsächlichen Voraussetzungen der Einrede offensichtlich oder möglicherweise vorliegen, der Beklagte aber bisher nicht hat erkennen lassen, ob er sich mit dieser Einrede oder wenigstens in dieser Richtung wehren will.

39 Der Richter ist **verpflichtet,** den Beklagten **auf Einwendungen und die Möglichkeit der Einrede[97] hinzuweisen, wenn das Parteivorbringen (auch klarstellungsbedürftige) Anhaltspunkte dafür enthält.**[98] Die Erörterung des Sach- und Streitstandes (Abs. 1 S. 1) umfasst alle konkret erheblichen Punkte, also auch die vom Beklagten vorgebrachten Verteidigungsmöglichkeiten. Der Richter würde einen Teil des Streitstoffes ignorieren, wenn er auf das Gegenvorbringen nicht einginge, das doch in seinen tatsächlichen Grundlagen vorgetragen und nur noch nicht als Einrede geltend gemacht worden ist. Zudem ist allein mit Hilfe der Einrede der Klagabweisungsantrag des Beklagten sachdienlich (Abs. 1 S. 2). In der konkreten Sachlage ist er nicht sachdienlich, wenn der Beklagte über die ihm mögliche, durchgreifende Verteidigung nicht ins Bild gesetzt wird.[99] Die Erörterung des Sach- und Streitstandes soll gerade dazu dienen, fundierte und deshalb sachdienliche Anträge zu stellen. Sowohl aus Abs. 1 S. 1 wie aus Abs. 1 S. 2 und der zweckgerichteten Verknüpfung beider Vorschriften folgt die Pflicht des Richters, den **in den tatsächlichen Voraussetzungen bereits vorgebrachten** Einreden nachzugehen. Damit wird er dem Zweck des § 139 gerecht, Irrtum und Versehen der Partei nicht zum Nachteil gereichen zu lassen und Waffengleichheit zu schaffen; wie dem Kläger der richtige Weg gewiesen wird, um sein Ziel zu erreichen, ist dem Beklagten ebenso die zulässige Form seiner Verteidigung aufzuzeigen.

40 Die **Belehrungspflicht** nach Abs. 2 u. 3 schließt mögliche materielle Einreden ebenfalls ein.[100] Das Gericht müsste seine (uneingeschränkte) Verurteilung des Beklagten – zumindest stillschweigend – auch darauf stützen, dass der Beklagte trotz **Vortrags der tatsächlichen Voraussetzungen die Einrede** nicht geltend gemacht habe. Diesen rechtlichen Aspekt kann der Beklagte übersehen haben. Das Gericht hätte ihm daher Gelegenheit zur Äußerung geben müssen.

41 Konsequenterweise gilt die richterliche Hinweispflicht auch für die **Verjährungseinrede.** Die Hinweispflicht besteht demnach aber nur dann, wenn das Parteivorbringen (insoweit klärungsbedürftige) Anhaltspunkte enthält; eine Befugnis des Richters auf die Möglichkeit hinzuweisen, sich

---

[93] AA RGZ 165, 226, 233 f.; *Stürner* (Fn. 2) S. 59; dagegen LG Aachen NJW 1966, 207; *E. Peters* (Fn. 12) S. 63, 134.

[94] So *Hermisson* NJW 1985, 2560 f.

[95] *Seelig,* Die prozessuale Behandlung materiellrechtlicher Einreden – heute und einst, 1980, S. 69 ff.; *E. Peters* (Fn. 12) S. 135 f.; *Stürner* (Fn. 2) S. 60; *E. Schneider* MDR 1968, 721, 723.

[96] LG Frankfurt NJW 1972, 261.

[97] *Deubner* (Fn. 23) S. 83 f.; *Laumen* (Fn. 32) S. 219 ff.; *E. Peters* (Fn. 12) S. 99 f., 135 ff.; *E. Schneider* MDR 1979, 975 und 1982, 236 f.; *Seelig* (Fn. 95) S. 93 ff.; AK-ZPO/*Schmidt* Rn. 33 bis 35.

[98] *Stein/Jonas/Leipold* Rn. 52.

[99] Irrig OLG Köln MDR 1979, 1027; dagegen *E. Peters* (Fn. 12) S. 89, 137.

[100] *E. Peters* (Fn. 3) S. 137; *E. Schneider* NJW 1986, 1316; *Seelig* (Fn. 95) S. 93 ff.; AK-ZPO/*Schmidt* Fn. 110.

mit dem Eintritt der Verjährung zu verteidigen, besteht nicht, sondern begründet vielmehr die Besorgnis der Befangenheit (vgl. Rn. 9f.).[101]

8. Neue Klageanträge. Ggf. ist der Richter sogar verpflichtet, einen **neuen Klagantrag** oder Hilfsantrag oder eine **Widerklage** anzuregen, wenn das Vorbringen der Partei auf ein bestimmtes Prozessziel deutet, das nach der aktuellen Prozesslage nur auf diese Art und Weise erreichbar ist.[102] Die Erörterung des Sach- und Streitstandes (Abs. 1 S. 1) deckt den Mangel der bisherigen Antragstellung auf. Der Hinweis auf den **sachdienlichen Antrag** (Abs. 1 S. 2) lenkt die Partei auf die zum Erfolg führende Bahn. **42**

So hat der Richter die Partei zu folgenden **neuen Anträgen** anzuregen: Versäumnisurteil zu nehmen;[103] nach einseitiger oder beiderseitiger Erledigungserklärung den passenden Antrag nach § 91a zu stellen;[104] die Klage auf einen anderen Beklagten umzustellen, falls der Parteiwechsel zulässig ist;[105] entsprechenden Hilfsantrag zu stellen, wenn die Partei voraussichtlich zwar nicht in vollem Umfang durchdringen wird, aber in geringerem Umfang Recht hat, etwa eine mildere Dienststrafe als die ausgesprochene gerechtfertigt erscheint[106] oder eine pauschal eingeräumte Baulast (Erlaubnis der Grenzbebauung durch den Nachbarn) nach § 242 BGB im Umfang festzulegen ist;[107] wenn bei einer Teilungsversteigerung (§§ 180ff. ZVG) eine Rücknahme des Versteigerungsantrags oder eine Einstellungsbewilligung sinnvoll erscheint, weil das einzige Gebot (des Miteigentümers) das geringste Gebot kaum übersteigt und der Antragsteller durch die Versteigerung seinen Anteil fast ohne Gegenwert verlieren würde.[108] Auf den fehlenden Zinsantrag bei einer Schadensersatzklage hat das Gericht nur hinzuweisen; wenn Anhaltspunkte für ein Versehen der Partei oder ihres Anwalts gegeben sind.[109] **43**

In besonderen Fällen kann der Richter verpflichtet sein, auf die Möglichkeit einer **Widerklage** hinzuweisen. Steht für die vorgetragenen Verteidigungstatsachen dem Beklagten weder die Form der Einwendung noch die der Einrede zur Verfügung und ist die Widerklage das geeignete Instrument, um den Streitkomplex abschließend zu erledigen, so kann die richterliche Belehrung über diese **sachdienliche Antragsmöglichkeit** geboten sein.[110] **44**

9. Neue Beweisanträge. Selbstverständliche Last der Parteien ist es, Beweis anzutreten für ihre beweiserheblichen und beweisbedürftigen Behauptungen (§ 282). Daran hat der Richter zu erinnern (Abs. 1), bevor er die Partei als beweisfällig verurteilt. Konkret ist er nachzufragen verpflichtet, wenn das Beweismittel schon erwähnt oder eingereicht ist und der Beweisführer vermutlich **aus Versehen** einen **Beweisantritt versäumt** hat. So zB, wenn wichtige Schriftstücke sich schon bei den Gerichtsakten befinden;[111] wenn der Beweisführer eine maßgebende Urkunde irrig schon bei den Akten glaubte;[112] wenn ein bestimmter entscheidender Brief Gegenstand eines Schriftsatzes ist;[113] wenn nach dem Schriftsatz des Beweisführers bestimmte weitere Personen als Zeugen in Betracht kommen;[114] wenn als Zeuge für die fraglichen Umstände anlässlich einer Zession gerade der Geschäftsführer des Zedenten in Frage kommt, der die Zession unterschrieben hat und sehr wohl über die näheren Umstände Bescheid wissen kann;[115] wenn ein Zeuge dem Gericht mitteilt, er besitze Unterlagen über das Beweisthema, sich aber vernehmen lässt, ohne sie eingesehen zu haben,[116] und wenn die Parteien von der Mitteilung des Zeugen keine Kenntnis haben.[117] **45**

Jede Beweisaufnahme ist vom Ergebnis her offen. Die Partei hat damit zu rechnen, dass ihre Beweismittel das Gericht nicht zu überzeugen vermögen. Deshalb ist der Richter, wenn er die erho- **46**

---

[101] BGH NJW 2004, 164.
[102] *E. Peters* (Fn. 12) S. 138ff.; AK-ZPO/*Schmidt* Rn. 18, 26.
[103] LG Mannheim JR 1968, 341.
[104] KG OLGZ 1977, 479.
[105] BGHZ 91, 132, 134 = NJW 1984, 2104; BGHReport 2003, 16.
[106] BAG NJW 1972, 1070.
[107] BGH NJW 1978, 695.
[108] BVerfGE 42, 64 = NJW 1976, 1391 stützt sich auf Art. 3 Abs. 1 GG; dazu *E. Peters* (Fn. 12) S. 88, 139f.
[109] Weiter gehend wohl *Laumen* (Fn. 32) S. 212; *E. Peters* (Fn. 3) S. 116, 139; AK-ZPO/*Schmidt* Rn. 27. Vgl. oben Rn. 18.
[110] *E. Peters* (Fn. 12) S. 139; LG Oldenburg MDR 1973, 680.
[111] AA RG JW 1888, 119; dagegen *E. Peters* (Fn. 12) S. 11.
[112] BGH NJW 1986, 428.
[113] OLG Karlsruhe SeuffA 38, 268.
[114] RG ZZP 62 (1941), 269 = WarnR 1938 Nr. 22; OLG Köln NJW 1995, 2116.
[115] OLG Frankfurt NJW 1976, 2025; einschränkend *Stürner* (Fn. 2) S. 57.
[116] Übrigens eine Verletzung seiner Wahrheitspflicht, da er sich hätte vergewissern können und müssen; vgl. *E. Peters* ZZP 87 (1974), 486ff. Vgl. § 378.
[117] BGH NJW 1961, 363; zustimmend *Stürner* (Fn. 2) S. 57f.

benen Beweise nicht für überzeugungskräftig hält, **grundsätzlich nicht verpflichtet,** der beweisbelasteten Partei **weiteren Beweisantritt nahe zu legen.**[118] Im umgekehrten Falle, wenn er sich (vorläufig) überzeugt fühlt, ist er ebenso wenig gehalten, von der anderen Partei Gegenbeweise zu erfragen. Er hat aber die Pflicht, im Anschluss an die Beweisaufnahme den Sach- und Streitstand erneut mit den Parteien zu erörtern (§ 279 Abs. 3) und so weit schon jetzt möglich, auch seine Beweiswürdigung im Rahmen der Erörterung des Ergebnisses der Beweisaufnahme darzustellen (wegen der Einzelheiten vgl. § 279 Abs. 3).

47 **Ausnahmsweise** ist jedoch ein **Hinweis erforderlich,** wenn die Partei nach dem bisherigen Prozessverlauf erwarten darf, ihrer Beweislast genügt zu haben. So kann sie sich irrtümlich in Sicherheit wiegen, wenn das Berufungsgericht von der Rechtsauffassung der Vorinstanz abweichen will, so dass weitere, der Klärung des Sachverhalts dienende und nach dem Akteninhalt mögliche Beweisanträge in Frage kommen;[119] wenn das Berufungsgericht von der Beweiswürdigung der Vorinstanz abweichen,[120] etwa das eingeholte Sachverständigengutachten anders würdigen will;[121] wenn das Gericht Strafakten beizieht und bei der Würdigung des darin enthaltenen Urkundenbeweises zu einem von der Strafinstanz abweichenden Ergebnis kommen will;[122] wenn das Gericht beabsichtigt, von einem ergangenen Beweisbeschluss Abstand zu nehmen;[123] wenn das Gericht weitere Beweise für erforderlich hält, obwohl die Beweisaufnahme die Behauptungen des Beweisführers voll bestätigt hat.[124]

IV. Konkurrenzen

48 **1. § 139 Abs. 1 und Abs. 2.** In all den Fällen der Hinweispflicht nach den Abs. 1 greift aber **auch regelmäßig Abs. 2**; denn das Gericht will seine Entscheidung auf einen rechtlichen Gesichtspunkt stützen, den eine Partei erkennbar übersehen oder für unerheblich gehalten hat. Die Hinweispflicht nach Abs. 2 hat nicht zur Voraussetzung, dass der neue rechtliche Aspekt die Partei zu einer Ergänzung oder Änderung ihres Vorbringens veranlassen könnte.[125] Ist diese Voraussetzung – wie praktisch in der Regel – erfüllt, sind Abs. 1 wie Abs. 2 anwendbar.[126] Ist sie – **ausnahmsweise** – nicht erfüllt, gilt allein Abs. 2; diese Vorschrift gewährt den Parteien auch zu bloßen Rechtsfragen Gehör und schützt insofern vor Überrumpelung. Dem Richter erspart Abs. 2 die nach Abs. 1 erforderliche, uU einmal schwer zu treffende Prognose, ob seine überraschende neue Rechtsmeinung die Parteien zu einer Korrektur ihres Vorbringens veranlassen könnte.

49 **2. § 139 Abs. 1 und Art. 103 Abs. 1 GG.** Gerichtliche Hinweispflichten dienen der Vermeidung von Überraschungsentscheidungen und konkretisieren den Anspruch auf rechtliches Gehör.[127] Das Verhältnis zwischen Abs. 1 und Art. 103 Abs. 1 GG ist bis heute **ungeklärt.** Die gängige Formulierung, Art. 103 Abs. 1 GG reiche nicht so weit wie § 139,[128] bleibt ohne klare Konturen. In einem Fall eklatanter Verletzung des Abs. 1 – im Zwangsversteigerungsverfahren versäumten die Vollstreckungsorgane, auf einen sachdienlichen neuen Antrag der die Teilungsversteigerung betreibenden Miteigentümerin hinzuwirken – sah das BVerfG einen Verstoß gegen das Willkürverbot des Art. 3 Abs. 1 GG, weil sich für die Nichtanwendung des Abs. 1 keine sachlich zureichenden, plausiblen Gründe finden ließen.[129]

50 Der Lösungsweg kann hier nur angedeutet werden. Formal wird dem Anspruch auf rechtliches Gehör genügt, wenn die Partei Gelegenheit zur Äußerung erhält, mag ihr Vorbringen oder ihr Antrag mangelhaft sein und das Ziel verfehlen. Das rechtliche Gehör ist verletzt, wenn das Gericht, ohne einen vorherigen Hinweis zu erteilen, Anforderungen an den Sachvortrag stellt oder auf rechtliche Gesichtspunkte abstellt, mit denen auch ein gewissenhafter und kundiger Verfahrensbeteiligter nach dem bisherigen Verfahrensverlauf nicht zu rechnen brauchte.[130] **Effektiv** kann sie

---

[118] RG JW 1914, 313; HRR 1935 Nr. 285; *E. Peters* (Fn. 12) S. 31 f., 50, 64, 90, 100 f., 140 f.
[119] BGH Report 2005, 671; OGH-BrZ NJW 1950, 25.
[120] RG LZ 1923, 399 = Recht 1923 Nr. 780; RG Recht 1923 Nr. 930; BGHZ 65, 291, 296 = NJW 1976, 478; BGH NJW 1985, 3078 = MDR 1985, 566; BVerfG NJW 2003, 2524.
[121] BGH VersR 1977, 734.
[122] BGH NJW 1982, 580.
[123] OLG Köln MDR 1972, 520 (LS).
[124] BGH NJW 1989, 2756.
[125] Richtig OLG Düsseldorf MDR 1982, 855.
[126] LG Hamburg NJW 1988, 215 mit unglücklicher Formulierung des Leitsatzes zu 1.
[127] BVerfG und BGH (Fn. 36).
[128] BVerfG NJW 1982, 1636; *Stein/Jonas/Leipold* Rn. 37 und Rn. 41 Vor § 128.
[129] BVerfGE 42, 64 = NJW 1976, 1391; abweichend sieht *Geiger* (S. 79 ff.) Art. 103 Abs. 1 GG verletzt.
[130] BGHReport 2005, 700.

sich indessen nur Gehör sichern und den Ausgang des Prozesses beeinflussen, wenn sie Gelegenheit bekommt, **zu den maßgeblichen Punkten** Stellung zu nehmen.[131] Äußert die Partei sich zB zu den Folgen des Rücktritts vom Vertrag, so geht ihr Vortrag in den Wind, wenn das Gericht den Rücktritt für unwirksam erachtet, die Parteien darüber aber nicht aufklärt.[132] Sprechen die Parteien zur Verjährung, so versäumen sie den Schwerpunkt des Prozesses, wenn das Gericht, ohne darauf aufmerksam zu machen, die Einrede für unbegründet hält.[133] Mustert man den gesamten Anwendungsbereich des Abs. 1 durch, so kommen namentlich die Fälle auch für die Anwendung des Art. 103 Abs. 1 GG in Betracht, in denen ohne orientierenden richterlichen Hinweis die Partei aus Rechtsunkenntnis oder Rechtsirrtum die Möglichkeit verpassen würde, sich zu den entscheidungserheblichen Punkten Gehör zu verschaffen; zB weist das Gericht nicht darauf hin, dass der Kl. die zur Minderung des Kaufpreises führenden Tatsachen nicht dargelegt habe, während der Kl. sie im Sachverständigengutachten enthalten glaubt.[134] Das Gericht muss deutlich machen, welche rechtlichen Gesichtspunkte aus seiner Sicht entscheidungserheblich werden könnten, der Anspruch auf rechtliches Gehör fordert aber nicht, dass es auf seine Rechtsauffassung hinweist.[135] Schließlich könnte ihr das Gehör verwehrt werden, wenn ihr der Richter nicht genügend Zeit für eine fundierte Antwort lässt (vgl. Rn. 61).[136]

V. Hinweispflicht nach Abs. 3

1. Anwendungsbereich. Von Amts wegen zu berücksichtigende Punkte sind die **Prozessvoraussetzungen**[137] und die **Rechtsbehelfsvoraussetzungen.** Das Gericht hat sie von Amts wegen zu prüfen und etwaige Bedenken den Parteien mitzuteilen. Es ist dann die Aufgabe der beweisbelasteten Partei, regelmäßig des Klägers bzw. Rechtsmittelführers, die tatsächlichen Grundlagen dieser Voraussetzung vorzutragen und nachzuweisen; nicht etwa ermittelt der Richter von Amts wegen (keine Untersuchungsmaxime).[138] Die ihm bereits bekannten Tatsachen hat er zu werten, zB den Eingangsstempel der verspätet eingegangenen Rechtsmittelschrift, die ihm dienstlich zugänglich gewordenen Akten zur Entmündigung des Klägers.[139] Praktisch setzt eine gezielte Amtsprüfung nur ein, wenn konkrete Anhaltspunkte auf einen Mangel der Voraussetzungen deuten. An das Parteiverhalten (§§ 138 Abs. 3, 288) ist der Richter nicht gebunden. 51

Auf **Prozesshindernisse** bezieht sich die Hinweispflicht zunächst nicht. Erst wenn der Beklagte sich auf eine solche prozessuale Einrede berufen hat, kann sich Anlass zu einem Hinweis ergeben, etwa zur Beweisbedürftigkeit (beweisbelastet ist der Beklagte) oder zu den Rechtsfolgen. 52

Materiell-rechtliche Tatbestandsmerkmale fallen ausschließlich unter Abs. 1.[140] Auch die von Amts wegen zu beachtenden Einwendungen etwa der Sittenwidrigkeit oder der Formungültigkeit sind nur im Rahmen des Parteivortrags zu berücksichtigen. 53

2. Belehrung. Wie in Abs. 1 klar zum Ausdruck kommt,[141] muss auch der Hinweis nach Abs. 2 **konstruktiv** sein. Deshalb ist der Richter bei behebbaren Mängeln der Prozess- oder Rechtsbehelfsvoraussetzungen verpflichtet, der Partei die **Möglichkeiten zur Abhilfe aufzuzeigen.** So ist der Kläger, der einen Prozessunfähigen verklagt, über die Notwendigkeit zu belehren, den gesetzlichen Vertreter namhaft zu machen;[142] nicht aber ist der Kläger über die Möglichkeit zu informieren, dass er für den prozessunfähigen Gegner einen Prozesspfleger (§ 57) bestellen lassen kann;[143] im Falle fehlender Postulationsfähigkeit ist die Partei darauf zu verweisen, sich durch einen Anwalt vertreten zu lassen. Hat der Kläger das ausschließlich zuständige Gericht verfehlt oder rügt der Be- 54

---

[131] BVerfGE (Fn. 36, 134).

[132] BGHZ 97, 264, 268 = NJW 1986, 2245.

[133] BGH NJW 1987, 781.

[134] BVerfG NJW 1994, 848; ferner BVerfG NJW 1994, 1274 (überraschende Verneinung der Aktivlegitimation).

[135] BVerfG WuM 2002, 23; BGH GRUR 2001, 754.

[136] So zieht OLG Schleswig NJW 1986, 3146 auch Art. 103 Abs. 1 GG heran.

[137] ZB Bedenken gegen die ordnungsgemäße gesetzliche Vertretung einer Partei im Prozess: BGH NJW-RR 2006, 942.

[138] Irrig BGH NJW 1996, 1059, die Partei treffe keine subjektive Beweislast, das Gericht habe von Amts wegen alle in Frage kommenden Beweise zu erheben. Eine Beweisaufnahme von Amts wegen wäre hier nur nach den §§ 142–144 möglich gewesen.

[139] Umstritten! Für alleinige Parteiverantwortung *Rosenberg/Schwab/Gottwald* § 78 V 2a; weitergehend *Grunsky,* Grundlagen des Verfahrensrechts, 2. Aufl. 1974, S. 203; *Stein/Jonas/Leipold* Vor § 128 Rn. 95.

[140] *Stein/Jonas/Leipold* Rn. 21.

[141] Auch die Parallele zur Zwischenverfügung in der Freiwilligen Gerichtsbarkeit drängt sich auf.

[142] OLG Schleswig SchlHA 1978, 108.

[143] AA 2. Aufl. Rn. 185 zu § 139.

klagte den Mangel der Zuständigkeit, so ist dem Kläger ein Verweisungsantrag nahe zu legen. Ist der Mangel in den Voraussetzungen nicht behebbar, so genügt der begründete Hinweis auf die Unzulässigkeit der Klage oder des Rechtsbehelfs, zB bei verspätet eingelegtem Rechtsmittel; üblich und empfehlenswert (Arbeitsersparnis, Kosten!) ist der Rat, die Klage bzw. das Rechtsmittel zurückzunehmen.

VI. Zeitpunkt, Form und Nachweis der Hinweise

55 **1. Zeitpunkt.** Die nach dieser Vorschrift erforderlichen Hinweise sind so früh wie möglich, gegebenenfalls also schon mit Klageeinreichung oder Klageerwiderung terminsvorbereitend zu erteilen. Jedenfalls hat der Hinweis so früh wie möglich in der mündlichen Verhandlung zu erfolgen.[144]

56 **2. Form und Nachweis.** In der Verhandlung werden die Hinweise **mündlich** durch den Vorsitzenden gegeben. Außerhalb der mündlichen Verhandlung kann dies durch **Hinweisbeschluss, schriftliche Verfügung oder auch fernmündlich**[145] durch den Vorsitzenden oder ein von ihm bestimmtes Mitglied des Gerichts erfolgen. Nach Schluss der mündlichen Verhandlung ist es Sache des ganzen Spruchkörpers darüber zu entscheiden, ob ein Hinweis erteilt werden soll.

57 Abs. 4 verlangt – im Einklang mit der Generalklausel des § 160 Abs. 2 –, dass richterliche Hinweise aktenkundig zu machen sind. Dies kann in Form eines Hinweisbeschlusses geschehen. Hinweise innerhalb der mündlichen Verhandlung sind in das Verhandlungsprotokoll aufzunehmen. Hinweise außerhalb der mündlichen Verhandlung sind durch einen Aktenvermerk zu dokumentieren. In den beiden letztgenannten Fällen braucht zwar nicht der Wortlaut des Hinweises wiedergegeben zu werden; wohl aber ist der hauptsächliche Inhalt des Hinweises identitätssicher klarzustellen. Ist der Hinweis erteilt und seine Dokumentation zunächst versehentlich unterlassen worden, kann die Erteilung des Hinweises auch im Tatbestand des Urteils dokumentiert werden.[146] Findet sich in den Akten kein Hinweis, wird unwiderlegbar vermutet, dass er nicht erteilt wurde,[147] es sei denn eine Fälschung ist nachweisbar (Abs. 4 S. 3).

VII. Weiteres Verfahren

58 Abs. 5 stellt im Einklang mit den von Rechtsprechung und Schrifttum[148] entwickelten Grundsätzen die Weichen für den weiteren Ablauf des Verfahrens nach einem richterlichen Hinweis. Durchgreifenden Erfolg kann der richterliche Hinweis nur haben, wenn der angesprochenen Partei ausreichend Zeit für eine wohlüberlegte Antwort bleibt. Die Partei muss **Gelegenheit** bekommen, sich zu informieren und eine fundierte **Stellungnahme** abzugeben.[149] Der Prozessbevollmächtigte muss seine Partei befragen können, wenn er zB zu überraschenden neuen Behauptungen des Gegners Stellung nehmen soll.[150] Ggf. bedarf die Partei vorher des Rates eines Sachverständigen, zB wenn sie auf ein mündlich erstattetes Gutachten eingehen soll.[151] Ist eine sofortige Reaktion nicht möglich oder nicht angemessen, ist ihr eine Schriftsatzfrist nachzulassen[152] oder zu vertagen (vgl. § 296a S. 2 nF). Das Gericht hat den angemessenen Weg für den Fortgang des Verfahrens zu wählen. Erteilt das Gericht einen erforderlichen Hinweis erst in der mündlichen Verhandlung, muss es auf entscheidungserhebliches Vorbringen der Partei in einem nachgelassenen Schriftsatz die bereits geschlossene mündliche Verhandlung wiedereröffnen.[153]

VIII. Rechtsmittel

59 Die Verletzung des § 139 macht das Verfahren fehlerhaft. Der Rechtsmittelführer muss **konkret** darlegen, welchen **Vortrag** er auf den – versäumten – Hinweis gehalten hätte[154] und dass diese neuen Ausführungen die Entscheidung des Prozesses im Ergebnis zu seinen Gunsten gewendet hätten.[155] Der

---

[144] OLG Hamm NJW 2003, 2543; *Stein/Jonas/Leipold* Rn. 95.
[145] BGHZ 164, 166 = NJW 2006, 60.
[146] BGH (Fn. 137).
[147] OLG Frankfurt NJW-RR 2004, 428.
[148] Vgl. 2. Aufl. Fn. 44, 47.
[149] BGH NJW-RR 1997, 441; NJW 1999, 2123.
[150] RG JW 1913, 605; LZ 1923, 58; OLG Düsseldorf NJW 1971, 1707; OLG Schleswig NJW 1986, 3146.
[151] BGH NJW 1988, 2302; OLG Schleswig SchlHA 1982, 29.
[152] BGH NJW 2002, 3317.
[153] BGH Report 2005, 936.
[154] BGH MDR 1988, 490; NJW-RR 2003, 1003; NJW-RR 2004, 495; BAG NJW 2004, 1683, 1685.
[155] BGH MDR 1988, 309.

bisher unterbliebene Vortrag ist mit der Rechtsmittelbegründung, jedenfalls innerhalb der Frist zur Begründung des Rechtsmittels nachzuholen.

§ 140 Beanstandung von Prozessleitung oder Fragen

Wird eine auf die Sachleitung bezügliche Anordnung des Vorsitzenden oder eine von dem Vorsitzenden oder einem Gerichtsmitglied gestellte Frage von einer bei der Verhandlung beteiligten Person als unzulässig beanstandet, so entscheidet das Gericht.

I. Anwendungsbereich

1. Mündliche Verhandlung. § 140 betrifft nur die Anordnungen des Vorsitzenden bei der **Prozessleitung** in der mündlichen Verhandlung (dazu § 136 Rn. 2 bis 12). Er gilt auch in der der mündlichen Verhandlung regelmäßig vorausgehenden Güteverhandlung, § 278 Abs. 2.[1] Zu den Maßnahmen des Vorsitzenden außerhalb der mündlichen Verhandlungen und ihrer Angreifbarkeit vgl. § 136 Rn. 10 bis 14). 1

2. Sachleitung. Unter Sachleitung ist die **formelle** wie die **materielle Prozessleitung** zu verstehen (vgl. § 136 Rn. 1 bis 3, 9, 12); freilich nur, soweit auf die Sache selbst bezogen, also nicht Maßnahmen der Sitzungspolizei. 2

3. Einzelne Fragen. Der **Rüge** zugänglich sind auch einzelne Fragen des Vorsitzenden oder eines Beisitzers, zB im Rahmen des § 139 oder § 141 oder der §§ 395f. 3

II. Verfahren

1. Berechtigung. Zur Beanstandung berechtigt sind **alle** an der Verhandlung **beteiligten Personen,** namentlich die Parteien und ihre Prozessbevollmächtigten, aber auch Streithelfer, Zeugen, Sachverständige, jeweils Beschwer vorausgesetzt. Nicht einbezogen sind dagegen die einzelnen Mitglieder des Gerichts; Kontroversen sind in der Beratung auszutragen; im übrigen hat jedes Mitglied ein selbständiges Fragerecht (vgl. §§ 136 Abs. 2, 396 Abs. 3), das ihm nicht durch Kollegiumsbeschluss verkürzt werden kann. 4

2. Zeitpunkt. Die Beanstandung ist **sogleich** in der mündlichen Verhandlung zu erheben; sonst darf man vom Einverständnis der Parteien ausgehen (§ 295). Im Übrigen lässt sich eine durchgeführte Anordnung oder eine beantwortete Frage schwerlich ungeschehen machen (prozessuale Überholung); allenfalls kann die Antwort auf eine rechtswidrige Frage bewusst unberücksichtigt bleiben. 5

3. Begründetheit. Allein die **rechtliche Unzulässigkeit** begründet die Beanstandung; zB bei einer Frage, die die Grenzen des § 139 Abs. 1, 2 oder des § 141 sprengt oder gegen § 383 Abs. 3 verstößt. Hingegen ist die Zweckmäßigkeit einer Anordnung oder die Erheblichkeit einer Frage nicht angreifbar. Unterlassungen sind ebenfalls nicht rügefähig. 6

III. Entscheidung und Rechtsmittel

1. Entscheidung. Die Entscheidung ergeht auf mündliche Verhandlung durch **Beschluss,** der zu verkünden ist (§ 329 Abs. 1). Eine Beschwerde gegen ihn ist nicht vorgesehen (§§ 140, 567 Abs. 1).[2] Denkbar ist aber, dass der Beschluss zusammen mit dem Endurteil angefochten wird (§§ 512, 557), weil gerade er die Fehlerhaftigkeit des Urteils begründet; zB ein Verstoß gegen § 139 oder § 383 Abs. 3. 7

2. Kein Gerichtsbeschluss. Unterlässt eine Partei es, einen Gerichtsbeschluss herbeizuführen, so kann sie nach hL das **Rechtsmittel** gegen das Urteil nicht auf die Unzulässigkeit der Maßnahmen des Vorsitzenden stützen.[3] Das klingt prozessökonomisch verlockend, lässt sich dogmatisch aber nur für Anordnungen der formellen Prozessleitung nach § 295 Abs. 1 rechtfertigen.[4] Rechtsverletzungen des Vorsitzenden bei der materiellen Prozessleitung und der Fragestellung, etwa nach § 139, wiederholen sich bei der Entscheidungsfindung[5] und machen das Urteil fehlerhaft; die Partei 8

---

[1] *Stein/Jonas/Leipold* Rn. 5.
[2] BGH NJW 1990, 840.
[3] RG JW 1910, 114; *Thomas/Putzo/Reichold* Rn. 5; *Zöller/Greger* Rn. 4.
[4] *Stein/Jonas/Leipold* Rn. 9.
[5] Deshalb unrichtig RG (Fn. 3), das Gericht habe nicht von sich aus über die Zulässigkeit der Anordnung zu befinden.

mit ihrem Rechtsmittel auszuschließen, bloß weil sie in der Verhandlung die Anrufung des Kollegiums versäumt hat, ist eine unangemessene Sanktion.

§ 141 Anordnung des persönlichen Erscheinens

(1) [1]Das Gericht soll das persönliche Erscheinen beider Parteien anordnen, wenn dies zur Aufklärung des Sachverhalts geboten erscheint. [2]Ist einer Partei wegen großer Entfernung oder aus sonstigem wichtigen Grund die persönliche Wahrnehmung des Termins nicht zuzumuten, so sieht das Gericht von der Anordnung ihres Erscheinens ab.

(2) [1]Wird das Erscheinen angeordnet, so ist die Partei von Amts wegen zu laden. [2]Die Ladung ist der Partei selbst mitzuteilen, auch wenn sie einen Prozessbevollmächtigten bestellt hat; der Zustellung bedarf die Ladung nicht.

(3) [1]Bleibt die Partei im Termin aus, so kann gegen sie Ordnungsgeld wie gegen einen im Vernehmungstermin nicht erschienenen Zeugen festgesetzt werden. [2]Dies gilt nicht, wenn die Partei zur Verhandlung einen Vertreter entsendet, der zur Aufklärung des Tatbestandes in der Lage und zur Abgabe der gebotenen Erklärungen, insbesondere zu einem Vergleichsabschluss, ermächtigt ist. [3]Die Partei ist auf die Folgen ihres Ausbleibens in der Ladung hinzuweisen.

I. Normzweck

1 **1. Parteianhörung zur Klärung des Tatsachenvorbringens.** Nach Abs. 1 S. 1 soll das Gericht das **persönliche Erscheinen beider Parteien** anordnen, wenn ihre Anhörung zur Aufklärung des Sachverhalts geboten erscheint. Nach der systematischen Stellung der Vorschrift scheint fraglich, ob sie im Anschluss an § 139 ein Mittel zur Klärung des Parteivorbringens oder in Verbindung mit den §§ 142 bis 144 ein Beweismittel darstellt. Der Vergleich mit der Parteivernehmung zeigt indessen deutlich, dass die Parteianhörung allein ein Mittel zur Klärung des tatsächlichen Parteivorbringens bedeutet[1]. Die besonderen Voraussetzungen des § 445 (Antrag auf Vernehmung des Gegners) und namentlich des § 448 – Erschöpfung der dem Beweisführer bekannten Beweismittel, Wahrscheinlichkeit der Richtigkeit seiner Behauptungen, zu erwartender Überzeugungswert der Parteiaussage[2] – würden beiseite geschoben, wenn das Gericht ohne weiteres die Parteianhörung als Beweismittel nutzen dürfte.[3] Außerdem passt weder die Verschonung wegen Unzumutbarkeit (Abs. 1 S. 2) noch die Ersetzbarkeit durch einen sachverhaltskundigen Vertreter (Abs. 3 S. 2) in das Konzept eines Beweismittels.[4] Grundsätzlich ist das Ergebnis der Parteianhörung **Streitstoff,** nicht Beweisstoff (Zur Einbeziehung der Parteianhörung im Rahmen der Beweiswürdigung Rn. 4). Die Parteianhörung sollte nicht dazu dienen, einen nicht (mehr) aufklärungsbedürftigen Sachverhalt zu bekräftigen.[5] Einige Fragen bleiben kontrovers (vgl. Rn. 3 bis 6).

2 **2. Parteianhörung und Parteivernehmung.** Hält man Parteianhörung und Parteivernehmung scharf auseinander, so liegen die **Gegensätze** auf der Hand: Parteianhörung wird durch Gerichtsbeschluss oder als vorbereitende Maßnahme durch Verfügung (§ 273 Abs. 2 Nr. 3) angeordnet, Parteivernehmung erfordert einen Beweisbeschluss (§ 450). Parteianhörung wird regelmäßig mehr am Anfang des Prozesses am Platze sein, wenn es gilt, die Parteibehauptungen zu sichten; Parteivernehmung wird am Schluss des Verfahrens stehen, wenn die übrigen Beweismittel erschöpft sind.

3 Unsicherheiten treten in der Praxis bei der Qualifizierung der Parteiaussagen auf. Bei der Parteianhörung haben sie allein die Qualität von **Parteibehauptungen.**[6] Dh. die Partei ist im Rahmen der Wahrheitspflicht (Lügenverbot) befugt, auch Tatsachen, die sie nur vermutet, zu behaupten. Das Gericht darf sie nicht etwa drängen, eine Behauptung fallen zu lassen, bloß weil die Partei keine sichere Kenntnis hat. Ein solches „Verhör", letztlich mit dem Ziel, den Prozessstoff einzuengen, darf es nicht geben.[7] – Parteierklärungen nach § 141 enthalten auch kein Geständnis (§ 288).[8]

---

[1] BGH NJW 2002, 2247.

[2] BGHZ 30, 60, 63 f. = NJW 1959, 1369; BGH JZ 1976, 214; BGH VersR 1975, 155.

[3] Treffend *Glücklich,* Parteivernehmung nach deutschem Zivilprozeßrecht, 1938, S. 194 ff.; *Brehm,* Bindung des Richters an den Parteivortrag und Grenzen freier Verhandlungswürdigung, 1982, S. 241 f.; aA *Schöpflin* NJW 1996, 2134.

[4] Richtig *Glücklich* (Fn. 3) S. 198; *Brehm* (Fn. 3).

[5] OLG Köln JR 1969, 25; OLG München MDR 1978, 147.

[6] AA namentlich *Polyzogopoulos,* Parteianhörung und Parteivernehmung in ihrem gegenseitigen Verhältnis, 1976, S. 124 ff.

[7] *Brehm* (Fn. 3) S. 237, 252; allzu weitgehend *Meyke* MDR 1987, 361.

[8] BGH NJW 1995, 1432; OLG Hamm WM 1996, 669.

Eine Gefahr liegt in der Neigung, die **Parteianhörung** wie eine Beweisaufnahme zu werten.[9] Auf der anderen Seite geht die Rechtsprechung davon aus, dass dem Grundsatz der Waffengleichheit (zB beim Vier-Augen-Gespräch)[10] dann Genüge getan ist, wenn der Partei, die keinen Zeugen zur Verfügung hat, Gelegenheit gegeben wird, ihre Darstellung in den Prozess persönlich im Wege der Anhörung nach § 141 einzubringen.[11] Das Gericht ist nach dem Grundsatz der freien Beweiswürdigung (§ 286 Abs. 1 S. 1) nicht gehindert, im Rahmen der Würdigung des gesamten Inhalts der Verhandlungen und des Ergebnisses der Beweisaufnahme einer Parteierklärung, auch wenn sie außerhalb einer **förmlichen Parteivernehmung** erfolgt ist, den Vorzug vor Bekundungen eines Zeugen oder des als Partei vernommenen Prozessgegners zu geben.[12] Der BGH hat zwar betont, dass regelmäßig bestrittene Behauptungen zu beweisen seien; das Gericht könne sein Urteil aber auch auf bestrittene Behauptungen stützen, müsse jedoch erkennen lassen, dass keine wesentlichen Umstände übersehen seien und dass eine sachentsprechende Würdigung stattgefunden habe.[13] Aber selbst diese Ausnahme erscheint zu weit gefasst; denn einmal darf § 141 nicht die scharfen Voraussetzungen der §§ 445ff., 448 umgehen;[14] daneben hat die Parteibehauptung schon ihrer Funktion nach nicht den Wahrheitsgehalt der Parteiaussage (vgl. Rn. 3); und schließlich ist die Verhandlungswürdigung auf den Inhalt des Vorbringens zugeschnitten, die Parteivernehmung auf die Glaubwürdigkeit der Person.[15] So darf das Gericht in die Verhandlungswürdigung lediglich äußere Vorgänge, etwa auffallenden Wechsel im Parteivorbringen oder ausweichende Antworten, einbeziehen oder die Plausibilität des Vorbringens, also seine innere Wahrscheinlichkeit.[16] Dagegen steht zur Erforschung der Glaubwürdigkeit der Person gerade das Instrument der Parteivernehmung zur Verfügung. Keinesfalls kann die Parteianhörung den alleinigen Beweisgrund bilden; nur ergänzend kann sie zur Überzeugungsbildung beitragen. Und keinesfalls macht sie die Ausschöpfung der angebotenen Beweismittel überflüssig, es sei denn, die Behauptungen wären nicht mehr streitig. 4

3. Kollision mit der Verhandlungsmaxime. Die Befragung der Partei nach § 141 könnte in Kollision mit der Verhandlungsmaxime geraten. Aber es ist nur die eine Seite des Problems, wenn davor gewarnt wird, die Parteianhörung könnte sich zur **gerichtlichen Inquisitionstätigkeit** entwickeln und schiebe die Parteiverantwortung für den Tatsachenvortrag beiseite.[17] Es liegt andererseits doch auf der Hand, dass neue Behauptungen zu erwarten sind, wenn die Partei ihr Vorbringen erläutern oder ergänzen soll. Also können dem Richter entsprechende Fragen nicht verwehrt sein. Außerdem ist die Partei zu wahrheitsgemäßem und vollständigem Vortrag verpflichtet (§ 138 Abs. 1); auf Erfüllung dieser Pflicht darf das Gericht dringen. Es muss sich allerdings im Rahmen des Streitgegenstandes halten und die – weitgesteckten – Grenzen des § 139 beachten. Zum Wahrheitsgehalt bloßer Behauptungen vgl. Rn. 3. 5

4. Anwaltliche Vertretung. Problematisch ist, ob im Falle anwaltlicher Vertretung die Antworten der nach § 141 befragten Partei unmittelbar gelten oder erst vom Prozessbevollmächtigten übernommen werden müssen (Schutzfunktion der Anwaltsvertretung, offensichtlich beim Anwaltszwang); bedeutsam gerade bei **Widerspruch** zum schriftsätzlichen Vorbringen. Gewiss ist es nicht der Sinn des § 141, den Anwalt zu übergehen und die Partei zu überspielen, um den Streitstoff unzulässig zu verkürzen oder einen Prozessvergleich zu erzwingen.[18] Davon abgesehen, ist die Lage aber nicht anders, wenn die Partei nach den §§ 278 Abs. 1 S. 2, 137 Abs. 4 freiwillig das Wort ergreift und Erklärungen ohne Absprache mit ihrem Anwalt oder gar im Widerspruch zum schriftsätzlichen oder mündlichen Vortrag abgibt. In den letztgenannten Fällen würdigt das Gericht den etwaigen Widerspruch nach § 286 und gibt regelmäßig dem Parteivortrag den Vorzug, weil eben die Partei, der Informant also, besser unterrichtet ist.[19] Auch § 85 Abs. 1 S. 2 misst dem Parteivorbringen unmittelbare Wirkung zu. So lässt sich für § 141 nicht der gegenteilige Standpunkt vertreten, dass der Anwalt die Erklärungen seiner Partei erst noch übernehmen müsste.[20] Wenn er es nicht täte, hätte das Gericht wiederum Anlass, einen Verstoß gegen die Wahrheitspflicht zu vermu- 6

---

[9] Beispiele bei *Brehm* (Fn. 3) S. 235ff.; ferner BAG NJW 1963, 2340; OLG München NJW 1965, 2112; anschaulich *Meyke* MDR 1987, 358ff.; *Brüggemann,* Judex statutor und judex investigator, 1968, S. 381 ff.

[10] Ausführlich zum „Vier-Augen-Gespräch“: *Stein/Jonas/Leipold* Rn. 6.

[11] BGH NJW 2003, 2527; Sächs. LAG MDR 2000, 724.

[12] BVerfG NJW 2001, 2531; BGH VersR 1999, 994 (Fn. 11).

[13] BGH NJW 1960, 100; NJW 2003, 2527.

[14] *Stein/Jonas/Leipold* Rn. 3.

[15] *Brehm* (Fn. 3) S. 250f.

[16] *Brehm* (Fn. 3) S. 252.

[17] *Stein/Jonas/Leipold* Rn. 3.

[18] *Brehm* (Fn. 3) S. 259ff.

[19] BGH VersR 1965, 287; 1969, 58.

[20] So schon RGZ 10, 423, 424f.

ten und zu prüfen. – Das Problem würde aber an Schärfe verlieren, wenn die Beteiligten den Unterschied zwischen Parteibehauptung und Parteiaussage respektierten.[21]

II. Anordnung

7 **1. Gerichtsbeschluss oder Verfügung.** Die **Anordnung** ergeht durch Gerichtsbeschluss oder als vorbereitende Maßnahme durch Verfügung (§ 273 Abs. 2 Nr. 3). Sie richtet sich an beide Parteien oder nur an die eine, wenn bloß deren Vorbringen zu klären ist; Abs. 1 S. 2 bestätigt, dass die Anhörung nur einer Partei angebracht sein kann. Die persönliche Anhörung bietet sich an, wenn das Vorbringen der Partei unklar, lückenhaft oder widersprüchlich ist, wenn sich ihre Behauptungen und die ihres Prozessbevollmächtigten in wichtigen Punkten nicht decken, wenn nicht klar ist, ob und in welchen Einzelheiten sie das Vorbringen des Gegners bestreiten will. Dagegen wird die verbreitete Praxis, die Parteien zu laden, um in direktem Kontakt einen Prozessvergleich anzusteuern, von § 141 nicht gedeckt.

8 **2. Von Amts wegen.** Die Anordnung ergeht von Amts wegen. Die Frage nach einem **Anspruch auf Anordnung** der eigenen Anhörung stellt sich schon deshalb nicht, weil die Partei stets den Termin persönlich wahrnehmen und neben ihrem Prozessbevollmächtigten zu Wort kommen kann (§§ 278 Abs. 2 S. 3, 137 Abs. 4). Rechtliches Gehör (durch den Prozessbevollmächtigten) wird ohnehin nicht abgeschnitten. Die Klärung des gegnerischen Vorbringens ist aber dem Ermessen des Gerichts überlassen (vgl. Rn. 9).

9 Das Gericht befindet nach pflichtgemäßem **Ermessen** über die Anordnung. Klärung des Vorbringens lässt sich auch nach § 139 erreichen. Deshalb kann man sich eine die Grenzen des Ermessens überschreitende Verletzung des § 141 durch Unterlassen der Anordnung schwerlich vorstellen; verletzt wäre dann die übergreifende Norm des § 139. Verstoß durch zweckfremde Anordnung ist dagegen praktisch bedeutsam (vgl. Rn. 7), aber erst bei der Beschwerde gegen die Festsetzung des Ordnungsgeldes (Abs. 3) nachprüfbar. Im Rahmen der Ermessensentscheidung kann auch der Umstand berücksichtigt werden, dass es um die Aufklärung eine so genannten „Vieraugengespräches" geht, bei dem Gebot der prozessualen Waffengleichheit nur durch die persönliche Anhörung der Partei nach § 141 genügt werden kann. Sie kann nicht von einer überwiegenden Wahrscheinlichkeit des Vorbringens abhängig gemacht werden.[22]

10 **3. Nicht Beschwerdefähig.** Anordnung wie Unterlassen der Anordnung (etwa trotz „Antrags" einer Partei) sind nicht beschwerdefähig. Ein ohne Anordnung ergehendes **Urteil** kann wegen Verletzung des § 139 angreifbar sein (vgl. Rn. 9).

11 **4. Inhalt.** Meist hält sich die Anordnung an den allgemein formulierten Gesetzestext zur Aufklärung des Sachverhalts. Es kann sich aber auch eine genaue Bezeichnung des Themenkomplexes und sogar einzelner Punkte empfehlen, um die **Aufmerksamkeit der Partei** zu lenken und ihre Vorbereitung zu erleichtern.[23]

12 **5. Vor dem Prozessgericht.** Die Anhörung findet als **Teil der mündlichen Verhandlung** vor dem Prozessgericht statt. Sie einem beauftragten oder ersuchten Richter zu übertragen, ist in § 141 nicht vorgesehen, im Gegensatz zu der Anordnung des persönlichen Erscheinens im Rahmen der Güteverhandlung, § 278 Abs. 5 S. 1 und den §§ 613 Abs. 1 S. 2, 640 Abs. 1.[24] Auch wäre § 141 Abs. 1 S. 2 überflüssig, wenn eine auswärtige Anhörung erlaubt wäre. Zur Klärung des Sachverhalts stehen in solchen Fällen andere Wege offen (etwa Auflagenbeschluss, Korrespondenzanwalt).

III. Ladung

13 **1. Persönliche Ladung der Partei.** Die Ladung zur persönlichen Anhörung ist **an die Partei selbst** zu richten, formlos oder durch förmliche Zustellung (Abs. 2); also nicht an den Prozessbevollmächtigten (anders § 172). Der Ladung bedarf es auch, wenn der Beschluss verkündet worden ist (§ 218). Die Ladung braucht den Zweck und die Rechtsgrundlage nicht mehr anzugeben, weil jetzt auch das Nichterscheinen zu einem Güteversuch sanktioniert ist (§ 278 Abs. 3 S. 2).[25] Auf die Sanktion durch ein Ordnungsgeld sowie die Möglichkeit, einen sachverhaltskundigen Vertreter zu entsenden, ist hinzuweisen (Abs. 3).

---

[21] Vgl. den Beispielsfall bei *Brehm* (Fn. 3) S. 7, 260.
[22] BGH NJW 1999, 363; NJW-RR 2006, 61.
[23] *E. Schneider* MDR 1975, 186; *Stein/Jonas/Leipold* Rn. 18.
[24] *Stein/Jonas/Leipold* Rn. 14, 26; *Thomas/Putzo/Reichold* Rn. 2; *Zöller/Greger* Rn. 6; aA OLG Köln MDR 1986, 152; *Baumbach/Lauterbach/Hartmann* Rn. 12.
[25] *Stein/Jonas/Leipold* Rn. 50.

2. Benachrichtigung des Prozessbevollmächtigen und des Gegners. Der Prozessbevollmächtigte der Partei und der Gegner werden durch die Verkündung des Beschlusses (§ 218) oder durch Mitteilung des nicht verkündeten Beschlusses (§§ 329 Abs. 2, 172 Abs. 1) informiert; von einer vorbereitenden Maßnahme gem. § 273 Abs. 4 S. 1. 14

3. Ladung der Partei als Prozesssubjekt. Unabhängig von der persönlichen Ladung der Partei als Auskunftsperson nach § 141 Abs. 2 bleibt ihre Ladung als Partei des Prozesses zum Verhandlungstermin bestehen. Diese Ladung richtet sich nach den allgemeinen Vorschriften (insbesondere §§ 214, 218); sie ist dem Prozessbevollmächtigten zuzustellen (§ 172 Abs. 1). 15

IV. Anhörung

1. In der mündlichen Verhandlung. In der mündlichen Verhandlung findet die Anhörung statt. Sie ist also im **Anwaltsprozess** – anders im **Parteiprozess** – nicht durchführbar, wenn die anzuhörende Partei nicht mit ihrem Anwalt erscheint; auf Antrag des Gegners ergeht dann Versäumnisurteil (§§ 330ff.). § 367 Abs. 1 ist unanwendbar, weil eben die Parteianhörung keine Beweisaufnahme ist. 16

2. Befragung. Die Befragung ist **Aufgabe des Vorsitzenden** (§ 136 Abs. 1) Auch die Beisitzer haben ein **Fragerecht** (§ 136 Abs. 2 S. 2). Inhaltlich muss sich die Befragung in den Grenzen der §§ 139, 138 Abs. 1 halten (vgl. Rn. 3 und 5). 17

3. Protokollierung. Eine Protokollierung der Antworten der befragten Partei ist, da keine Beweisaufnahme vorliegt, zwar nicht nach § 160 Abs. 3 Nr. 4 vorgeschrieben,[26] empfiehlt sich aber gem. § 160 Abs. 2 für **wichtige Klarstellungen und Ergänzungen.**[27] Hier sollten auch die Parteien auf Protokollierung drängen; ihren Anträgen kann das Gericht nicht ausweichen, weil es auf die Feststellung der Äußerungen der Partei ja gerade ankommen wird (§ 160 Abs. 4). Ohne Protokollierung sind die Erklärungen der Partei nur verwertbar, wenn sie in den Urteilsgründen wiedergegeben werden, und zwar in deutlicher **Unterscheidung von Aussage und Würdigung.**[28] 18

4. Pflicht zum Erscheinen. Die Anordnung begründet eine prozessuale Pflicht der Partei zum Erscheinen; die Sanktion des Ordnungsgeldes (Abs. 3), die das Erscheinen erzwingen soll, stellt klar, dass es sich nicht bloß um eine prozessuale Last handelt. Dagegen trifft die Partei **keine Erklärungspflicht;** denn sie braucht sich ohnehin nicht auf den Prozess und zur Hauptsache einzulassen und kann deshalb auch nicht zur Klärung ihres Vorbringens gezwungen werden. Sie setzt sich allerdings den Nachteilen ihrer mangelnden Aktivität aus. Ihre Behauptungen sind uU unsubstantiiert, ihre Beweisanträge bleiben aus oder unbestimmt, ihr Schweigen gilt als Nichtbestreiten (§ 138 Abs. 3), ihre Verweigerung wird zu ihrem Nachteil bei der Beweiswürdigung gewertet (§ 286). Ihrer Einlassungslast im gesamten Prozess entspricht demnach eine **Erklärungslast** bei der Parteianhörung. 19

5. Vertreter. Die Partei erfüllt ihre Pflicht zum Erscheinen auch dadurch, dass sie einen Vertreter entsendet, der zur Aufklärung des Sachverhalts **imstande** und zur Abgabe der gebotenen Erklärungen, namentlich zum Vergleichsabschluss, **bevollmächtigt** (nicht: ermächtigt, da Abgabe der Erklärungen im Namen der Partei) ist (Abs. 3 S. 2). 20

Sachverhaltskundig ist der Vertreter, der die klärungsbedürftigen Vorgänge aus eigener Wahrnehmung kennt oder so umfassend informiert ist, dass er wie die Partei Auskunft geben kann. Ein zwingender Anlass, Personen der zweitgenannten Gruppe, etwa den Prozessbevollmächtigten, als unerwünschten Mittelsmann abzulehnen, besteht nicht, da auch dieser Personenkreis die Aufgaben der persönlichen Anhörung erfüllen kann.[29] Die Partei trägt freilich das Risiko; erweist sich der Vertreter als ungenügend unterrichtet, greifen die Sanktionen für unentschuldigtes Ausbleiben der Partei (Abs. 3).[30] 21

Dass der Vertreter **zur Abgabe der** im Einzelfall gebotenen **Erklärungen,** insbesondere zum Abschluss eines Prozessvergleichs, **bevollmächtigt** sein muss, ist eine dem Aufklärungszweck des § 141 fremde Voraussetzung. Sie entspringt der Erfahrung, dass die Klärung des Sachverhalts oft den Boden für eine gütliche Erledigung bereitet. Sie soll dann nicht scheitern, im Parteiprozess an der Abwesenheit der Partei, bei anwaltlicher Vertretung an der Scheu des Anwalts, von sich aus einen Prozessvergleich zu schließen. Die Vollmacht des Vertreters ermöglicht im Parteiprozess den Vergleichsabschluss durch ihn, im Falle anwaltlicher Vertretung (Vergleichsabschluss durch den Anwalt) deckt die Zustimmung des Vertreters den Anwalt gegenüber seinem Mandanten. Ein Wi- 22

---

[26] BGH VersR 1962, 281; allgM.
[27] Vgl. § 160 Rn. 10.
[28] BGH NJW 1969, 428.
[29] *E. Schneider* MDR 1975, 186; OLG Düsseldorf MDR 1963, 602.
[30] OLG Frankfurt/M. NJW 1991, 2090; die beabsichtigten Fragen braucht das Gericht nicht anzukündigen.

derrufsvorbehalt (dh. aufschiebende Bedingung) ist auch bei Auftreten eines Vertreters wie üblich einzuräumen.[31]

23 **6. Reisekostenvorschuss.** Eine **bedürftige** Partei kann zur Wahrnehmung des Anhörungstermins Reisekostenvorschuss beantragen (§§ 114ff. analog). Gegen Versagung findet Beschwerde statt (§ 127 analog).[32]

V. Sanktionen bei unentschuldigtem Ausbleiben der Partei

24 **1. Sanktionen.** Ohne Sanktion wäre die Anordnung persönlichen Erscheinens ein stumpfes Schwert. Dass die Sanktion gegen Art. 2 Abs. 1 GG verstoße, ist abwegig und zu Recht abgelehnt worden.[33] Die passenden Sanktionen bei Ausbleiben sind die gleichen **wie bei verweigerter Erklärung** (vgl. Rn. 19). Das Schrifttum, das lediglich auf die freie Beweiswürdigung nach § 286 verweist,[34] vertritt damit wohl dieselbe Meinung. Daneben bleibt die Festsetzung eines Ordnungsgeldes möglich (Abs. 3). Dass das Ausbleiben schon als Verweigerung von Erklärungen aufzufassen sei und deshalb das Gericht kein Ordnungsgeld verhängen solle („dürfe"?),[35] ist eine keineswegs zwingende Folgerung; die Motive der (zunächst) nicht erschienenen Partei können andere sein oder sich später ändern. So kann es sich als sinnvoll erweisen, das Erscheinen der Partei durchzusetzen.[36]

25 Daraus sind folgende **Konsequenzen** zu ziehen: Als vorbereitende Maßnahme darf die Anhörung angeordnet werden (§ 273 Abs. 2 Nr. 3), auch wenn der Beklagte sich noch nicht auf die Klage geäußert hat; mit seiner Stellungnahme ist ja zu rechnen. Hat er sich aber später nicht auf die Klage eingelassen, so ist auch ein Ordnungsgeld gegen ihn nicht zulässig.[37]

26 **2. Verschulden der Partei.** Als repressive Maßnahme setzt die Verhängung des Ordnungsgeldes Verschulden der Partei voraus; zB fehlt es bei zu kurzer Ladungsfrist.[38] Verschulden des Anwalts ist ihr hier (anders § 85 Abs. 2) nicht zuzurechnen.[39] Ob sie sich auf seine (irrige) Mitteilung, sie brauche den Termin nicht wahrzunehmen, verlassen darf, ist Frage des Einzelfalls.[40] Bei nachträglicher genügender Entschuldigung ist die Festsetzung wieder aufzuheben (§ 381).

27 **3. Ordnungsgeld.** Die **Höhe** des Ordnungsgeldes beträgt 5 bis 1000 Euro (Art. 6 Abs. 1 EGStGB). **Ordnungshaft** ist nicht vorgesehen und auch nicht ersatzweise zulässig, falls das Ordnungsgeld nicht beitreibbar ist.

28 **4. Ermessen.** Verhängung und Höhe stehen im pflichtgemäßen Ermessen des Gerichts (Abs. 3 S. 1). Leitend ist nicht die Missachtung der gerichtlichen Autorität,[41] sondern die **Vereitelung des Zwecks** des § 141, den Streitstoff rasch zu klären;[42] ferner das Maß des Verschuldens. So kann das Gericht von einem Ordnungsgeld absehen, wenn es die übrigen Sanktionen (vgl. Rn. 24 und 19) als durchschlagend betrachtet oder wenn sich die Parteianhörung als entbehrlich (Prozessvergleich, Klagerücknahme) oder das Ausbleiben der Partei als nicht hinderlich erweist, etwa weil ein neuer Schriftsatz den Sachverhalt klärt oder der Anwalt alle Fragen zu beantworten weiß.[43]

29 **5. Rechtsmittel.** Gegen die Festsetzung des Ordnungsgeldes findet die **sofortige Beschwerde** statt (§§ 141 Abs. 3 S. 1, 380 Abs. 3). Hier unterliegt auch die Zulässigkeit der Anordnung der Nachprüfung, einschließlich der Grenzen der Ermessensausübung. Bei nachträglicher genügender Entschuldigung des Ausbleibens stehen der Partei die sofortige Beschwerde und der Antrag auf Aufhebung an das Prozessgericht (§ 381) zur Wahl. Die Kosten des für die Partei erfolgreichen Beschwerdeverfahrens sind der Staatskasse aufzuerlegen (§§ 46 Abs. 1 OWiG, 467 StPO analog).[44]

---

[31] Grundsätzlich ablehnend, da endgültige Streitbereinigung anzustreben sei, *Stein/Jonas/Leipold* Rn. 45.

[32] BGHZ 64, 139 = NJW 1975, 1124.

[33] BVerfG NJW 1998, 892.

[34] *Baumbach/Lauterbach/Hartmann* Rn. 30; *Stein/Jonas/Leipold* Rn. 48; *Thomas/Putzo/Reichold* Rn. 5.

[35] So *Thomas/Putzo/Reichold* Rn. 5; für zurückhaltende Anwendung *Stein/Jonas/Leipold* Rn. 50.

[36] Treffend OLG Köln NJW 1978, 2515; OLG Stuttgart JZ 1978, 689.

[37] OLG Celle NJW 1970, 1689; OLG München MDR 1978, 147; *Stein/Jonas/Leipold* Rn. 51.

[38] LG Mönchengladbach NJW-RR 1997, 764.

[39] *E. Schneider* NJW 1979, 988; OLG Bamberg MDR 1982, 585; *Stein/Jonas/Leipold* Rn. 52; *Thomas/Putzo/Reichold* Rn. 6; aA OLG Stuttgart (Fn. 36); OLG Köln (Fn. 36).

[40] Verneinend LAG Köln NZA 1995, 864 (nur Leitsatz).

[41] Entgegen einer früher verbreiteten Meinung; zB OLG Düsseldorf (Fn. 29) zutreffend *Stein/Jonas/Leipold* Rn. 54 m. weit. Nachw. aus der aktuellen Rechtsprechung.

[42] OLG München (Fn. 37); *Stein/Jonas/Leipold* Rn. 54; *Zöller/Greger* Rn. 12.

[43] OLG München (Fn. 37); OLG Frankfurt MDR 1986, 764; LAG Frankfurt NJW 1965, 1042; LAG Sachsen-Anhalt BB 1995, 1962; OLG Jena NJ 2003, 211 *Stein/Jonas/Leipold* Rn. 55.

[44] OLG Hamm MDR 1980, 322; OLG Bamberg (Fn. 39); OLG Jena (Fn. 43); *Stein/Jonas/Leipold* Rn. 58; aA OLG Düsseldorf Rpfleger 1979, 467; LAG Frankfurt MDR 1982, 612.

§ 142 Anordnung der Urkundenvorlegung

(1) [1]Das Gericht kann anordnen, dass eine Partei oder ein Dritter die in ihrem oder seinem Besitz befindlichen Urkunden und sonstigen Unterlagen, auf die sich eine Partei bezogen hat, vorlegt. [2]Das Gericht kann hierfür eine Frist setzen sowie anordnen, dass die vorgelegten Unterlagen während einer von ihm zu bestimmenden Zeit auf der Geschäftsstelle verbleiben.

(2) [1]Dritte sind zur Vorlegung nicht verpflichtet, soweit ihnen diese nicht zumutbar ist oder sie zur Zeugnisverweigerung gemäß §§ 383 bis 385 berechtigt sind. [2]Die §§ 386 bis 390 gelten entsprechend.

(3) [1]Das Gericht kann anordnen, dass von in fremder Sprache abgefassten Urkunden eine Übersetzung beigebracht werde, die ein nach den Richtlinien der Landesjustizverwaltung hierzu ermächtigter Übersetzer angefertigt hat. [2]Eine solche Übersetzung gilt als richtig und vollständig, wenn dies vom Übersetzer bescheinigt wird. [3]Die Bescheinigung soll auf die Übersetzung gesetzt werden, Ort und Tag der Übersetzung sowie die Stellung des Übersetzers angeben und von ihm unterschrieben werden. [4]Der Beweis der Unrichtigkeit oder Unvollständigkeit der Übersetzung ist zulässig. [5]Die Anordnung nach Satz 1 kann nicht gegenüber dem Dritten ergehen.

§ 143 Anordnung der Aktenübermittlung

Das Gericht kann anordnen, dass die Parteien die in ihrem Besitz befindlichen Akten vorlegen, soweit diese aus Dokumenten bestehen, welche die Verhandlung und Entscheidung der Sache betreffen.

§ 144 Augenschein; Sachverständige

(1) [1]Das Gericht kann die Einnahme des Augenscheins sowie die Begutachtung durch Sachverständige anordnen. [2]Es kann zu diesem Zweck einer Partei oder einem Dritten die Vorlegung eines in ihrem oder seinem Besitz befindlichen Gegenstandes aufgeben und hierfür eine Frist setzen. [3]Es kann auch die Duldung der Maßnahme nach Satz 1 aufgeben, sofern nicht eine Wohnung betroffen ist.

(2) [1]Dritte sind zur Vorlegung oder Duldung nicht verpflichtet, soweit ihnen diese nicht zumutbar ist oder sie zur Zeugnisverweigerung gemäß den §§ 383 bis 385 berechtigt sind. [2]Die §§ 386 bis 390 gelten entsprechend.

(3) Das Verfahren richtet sich nach den Vorschriften, die eine auf Antrag angeordnete Einnahme des Augenscheins oder Begutachtung durch Sachverständige zum Gegenstand haben.

I. Zweck und Ausübung der richterlichen Kompetenz

1. Normzweck. Die richterlichen Maßnahmen nach den §§ 142 bis 144 können erstens den Zweck verfolgen, **undeutliches oder lückenhaftes Tatsachenvorbringen** der Parteien **zu klären;** insofern stehen sie in einer Reihe mit den Maßnahmen nach den §§ 139 Abs. 1, 141. ZB lässt sich das Gericht den kompletten Text einer Vertragsurkunde statt des Textauszugs (§ 131 Abs. 2) vorlegen, um aus dem Kontext Anhaltspunkte für den Inhalt einer einzelnen Klausel zu gewinnen. Zweitens können die Maßnahmen nach den §§ 142 bis 144 der **Feststellung bestrittener Behauptungen** dienen, also dem Beweis. Nach anfänglichem Schwanken im Schrifttum herrscht heute Einigkeit über die zweifache Funktion dieser Vorschriften.[1] So gibt auch § 142 dem Gericht nicht die Befugnis, unabhängig von einem schlüssigen (oder: erheblichen) Vortrag zum Zwecke der Informationsgewinnung Urkunden anzufordern (prozessordnungswidrige Ausforschung);[2] die Parteien werden durch die §§ 142–144 nicht von ihrer Darlegungs- und Beweislast befreit. 1

2. Verhandlungsmaxime. Schon das Recht und die (etwaige) Pflicht des Gerichts, Maßnahmen zur Klärung des Parteivorbringens zu treffen, werfen die Frage auf, ob damit die Verhand- 2

[1] BGH NJW 2000, 3488; Einzelheiten vgl. *E. Peters,* Richterliche Hinweispflichten und Beweisinitiativen im Zivilprozeß, 1983, S. 15 f., 37 f., 51, 145.
[2] BT-Drucks. 14/6036, S. 120 ff.

lungsmaxime (Beibringungsgrundsatz) **durchbrochen** wird; einerseits trägt das Gericht Mitverantwortung für die Aufbereitung des Tatsachenvorbringens; andererseits verbleibt der Partei allein die Entscheidung, den sich anbietenden neuen Tatsachenstoff in ihren Vortrag aufzunehmen. Sicher aber tritt, soweit das Gericht von Amts wegen Beweismittel heranziehen und die Ergebnisse auswerten kann und uU muss, die Untersuchungsmaxime parallel und unabhängig neben die Verhandlungsmaxime. Voraussetzung einer Beweiserhebung von Amts wegen ist jedenfalls, dass sie ihre Grundlage im streitigen Parteivorbringen findet und nicht in die Ausforschung eines weitergehenden, also anderen Sachverhalts ausufert.[3] Der Parteivortrag muss daher konkrete Anknüpfungstatsachen bieten.[4]

3 **3. Ermessen.** Nach heute[5] fast einmütiger Rechtsprechung[6] und Lehre[7] steht die Anordnung einer Maßnahme nach den §§ 142 bis 144 im **(pflichtgemäßen)** Ermessen des Gerichts und ist der Nachprüfung durch die Revisionsinstanz entzogen; nur wenn das Gericht seine Befugnis verkannt habe, sei die Vorschrift verletzt.[8] Kein Ermessen hingegen besteht, soweit eine Partei **Augenscheinsbeweis** gemäß § 371 Abs. 2 S. 1 oder den **Urkundsbeweis** nach §§ 421 oder 428 nF antritt, indem sie den Erlass einer Anordnung nach § 144 bzw. nach § 142 beantragt.[9]

4 **Grundsätzlich** kann, da die Verhandlungsmaxime im Zivilprozess jedenfalls dominiert, der Richter **den Parteien die Initiative überlassen.** Unterlässt die Partei es – ggf. trotz richterlichen Hinweises (§ 139 Abs. 1) –, den entsprechenden Beweisantrag zu stellen, so braucht ihr der Richter die Initiative nicht abzunehmen.[10] Deshalb braucht das Gericht, wenn die Partei den Kostenvorschuss für den auf ihren Antrag eingesetzten Sachverständigen nicht zahlt (§§ 402, 379), nicht mit einer Beweisanordnung von Amts wegen einzuspringen.[11] Das sind keine etatistischen Gründe.[12] Vielmehr liegt es hier vornehmlich im Verantwortungsbereich des Beweisführers, das Hindernis wegzuräumen.[13] Beruht seine Passivität nicht auf Nachlässigkeit, sondern auf einem wohlüberlegten Grunde, so nimmt die Partei in Kauf, beweisfällig zu bleiben; also liegt für den Richter erst recht kein Grund vor, sich einzuschalten.[14]

5 Anders ist die Situation, wenn die Beweisinitiative des Richters nicht in Gegensatz zu der fehlenden Aktivität der Partei gerät, sondern im mangelnden Beurteilungsvermögen des Gerichts ihren Grund hat. So ist im Patentprozess das Gericht verpflichtet, ein Sachverständigengutachten von Amts wegen einzuholen, wenn ihm die Sachkunde fehlt, alle Argumente der Parteien abschließend zu beurteilen.[15] Ist das Gericht aus eigenem Wissen nicht imstande, den Sinn einer im angloamerikanischen Rechtskreis gebräuchlichen Vertragsklausel zu beurteilen, so hat es ihn mit Hilfe eines von Amts wegen eingeschalteten Sachverständigen zu ermitteln.[16] Kann sich das Gericht anhand des vorliegenden Gutachtens keine Überzeugung bilden und hält es wegen der Fehlerhaftigkeit des Gutachtens oder der Schwierigkeit der Beweisfragen eine vertiefte Begutachtung für notwendig, so hat es von Amts wegen einen Obergutachter zu bestellen.[17] In allen solchen Fällen ist das **Gericht zur eigenen Initiative verpflichtet.** Der Richter würde die Grenzen seines Ermessens überschreiten, wenn er sich hier den besseren Erkenntnisquellen verschlösse. Ein Hinweis an die Partei nach § 139 Abs. 1 könnte ihn nicht entlasten.

6 **4. Form und Inhalt der Anordnungen.** Anordnungen nach den §§ 142 bis 144 werden in der mündlichen Verhandlung durch **Gerichtsbeschluss,** außerhalb der Verhandlung als vorberei-

---

[3] BGH NJW 2000, 3488.
[4] OLG Naumburg FamRZ 2003, 385.
[5] Zur schwankenden Entwicklung des Schrifttums vgl. *E. Peters* (Fn. 1) S. 33 f., 47, 65 f.
[6] BGHZ 66, 62, 68 = NJW 1976, 715; BayObLGZ 1996, 165; OLG Naumburg FamR 2003, 385.
[7] *Stein/Jonas/Leipold* § 142 Rn. 6, § 144 Rn. 7; *Zöller/Greger* § 144 Rn. 2.
[8] RGZ 109, 66, 68; RG JW 1925, 757; RGZ 155, 37, 39.
[9] *Stein/Jonas/Leipold* § 142 Rn. 8, § 144 Rn. 15.
[10] *E. Peters* (Fn. 1) S. 146; OLG Frankfurt/M. NJW-RR 1993, 169.
[11] RG Recht 1916 Nr. 1927 = LZ 1917, 323; RGZ 109, 66, 68; RG JW 1925, 757; LZ 1933, 1032; RGZ 155, 37, 39; OLG Düsseldorf MDR 1974, 321; OLG München NJW-RR 1994, 1201; *E. Peters* (Fn. 1) S. 146.
[12] So aber AK-ZPO/*Schmidt* Rn. 22.
[13] Deshalb geht das Bestreben von *M. Schöpflin,* Die Beweiserhebung von Amts wegen im Zivilprozeß, 1992, fehl, immer um der Wahrheitsfindung willen eine richterliche Pflicht zur Beweisanordnung anzunehmen, und zwar ohne Rücksicht auf die Säumnis der beweisbelasteten Partei, mag sie einen richterlichen Hinweis unbeachtet gelassen haben oder mit ihrem verspäteten Vorbringen präkludiert worden sein oder den auferlegten Auslagenvorschuss nicht bezahlt haben. Vgl. im einzelnen zur Kritik *E. Peters* ZZP 107 (1994), 264 ff.
[14] *E. Peters* (Fn. 1); *Baumbach/Lauterbach/Hartmann* § 144 Rn. 7.
[15] BGHZ 64, 86, 99 f. = NJW 1975, 1029.
[16] BGH MDR 1987, 212.
[17] BGH JZ 1953, 598 = MDR 1953, 605.

tende Maßnahmen durch **Verfügung gem.** § 273 Abs. 2 Nr. 5 getroffen. Inhaltlich sind sie nicht nur prozessleitender Natur. Sie führen zur Ergänzung des Tatsachenstoffs bzw. der Beweise, schlagen also zugunsten wie zum Nachteil der Parteien aus. Beschwerende Entscheidungen des Gerichts aber bedürfen, auch wenn sie unanfechtbar sind, der **Begründung.**[18] Das ist Postulat des Rechtsstaatsprinzips (Art. 20 Abs. 2, 3 GG) ebenso wie notwendige Bescheidung des Anspruchs auf rechtliches Gehör des Parteivorbringens (Art. 103 Abs. 1 GG).

Ebenso bedarf es der **Begründung im Falle der Ablehnung.**[19] Hier treten weitere Argumente hinzu. Das Gericht muss dem – die Revision begründenden (vgl. Rn. 6) – Vorwurf begegnen, es habe die Instrumente richterlicher Beweisinitiative übersehen; denn es lässt sich, wenn die Urteilsgründe schweigen, nicht einfach unterstellen, das Gericht habe Maßnahmen nach den §§ 142 bis 144 erwogen und aus vertretbaren Gründen abgelehnt. Schließlich beruht das Urteil auf der Beweisfälligkeit der abgewiesenen Partei; die Entscheidungsgründe müssen belegen, warum das Gericht der Beweisfälligkeit nicht abhalf (§ 313 Abs. 1 Nr. 6, Abs. 3). Die Passivität des Gerichts ist also in den Urteilsgründen zu rechtfertigen; ein gesonderter Beschluss ist denkbar, aber nicht zweckmäßig und nicht isoliert anfechtbar.[20] 7

II. Urkundenvorlage nach § 142

1. Urkunden. Die Anordnung betrifft **Urkunden** (zB kaufmännische Bestätigungsschreiben, Einnahmen- und Ausgabenbücher, im Rahmen des Zwecks der Norm – vgl. Rn. 4 – uU auch Korrespondenz) **und sonstige Unterlagen** (§ 142 Abs. 1 S. 1 nF), wozu auch die in der aF explizit aufgeführten Stammbäume (etwa im Erbrechtsprozess), Pläne, Risse und sonstige Zeichnungen (zB im Bauprozess) aber auch Handelsbücher des Kaufmanns und Tagebücher des Handelsmaklers nach den §§ 258, 102 HGB zählen, auf die sich eine Partei bezogen hat. Das Erfordernis der Bezugnahme gilt nicht für die Handelsbücher und Maklertagebücher (§§ 258 Abs. 1, 102 HGB). Kopien und Fotografien stehen den aufgeführten Objekten gleich. Elektronische Dokumente sind (solange kein Ausdruck in Papierform vorliegt) Objekte des Augenscheins (§ 371 Abs. 1 S. 2). 8

2. Vorlegungspflicht. Vorlegungspflichtig ist im Falle einer aufklärenden Anordnung (vgl. Rn. 4) die **behauptungsbelastete** Partei, im Falle einer dem Beweis dienenden Anordnung die **beweisbelastete** Partei. Sie muss die vorzulegende Urkunde in Händen haben; die sonstigen in Abs. 1 genannten Objekte muss sie sich beschaffen oder anfertigen können. 9

Eine **Mitwirkungspflicht des Gegners** konnte man bislang nur befürworten, wenn man von einer allgemeinen prozessualen Mitwirkungspflicht beider Parteien[21] ausging. Dies wird jetzt durch den Wortlaut des neuen § 142 Abs. 1 S. 1 klargestellt. Hiernach kann das Gericht ohne Rücksicht auf die Beweislast anordnen, dass eine Partei Urkunden oder sonstige Unterlagen vorzulegen hat, die sie in ihrem Besitz hat und auf die sie Bezug genommen hat. Verdeutlicht wird dies ferner durch § 142 Abs. 2 nF, der eine allgemeine prozessuale Mitwirkungspflicht für Dritte einführt; ihr muss eine prozessuale Mitwirkungspflicht für beide Parteien erst recht zur Seite stehen. Im Hinblick auf die durch das ZPRG 2001 nicht geänderten §§ 422, 423 kann aber dem Gegner, wenn diejenige Partei die Beweislast trägt, die sich auf eine im Besitz des Gegners befindliche Urkunde bezieht, nur dann die Vorlage aufgegeben werden, wenn dieser auch nach den §§ 422, 423 vorlegungspflichtig ist.[22] 10

Neu geschaffen wurde eine prozessuale **Vorlegungspflicht für Dritte** (Abs. 2). Damit wird die Vorlegungspflicht, die sich bisher nach den §§ 429, 422 richtete, also eine materiell-rechtliche Herausgabe- oder Vorlegungspflicht voraussetzte, erheblich erweitert und vereinfacht. Die prozessuale Vorlegungspflicht Dritter entfällt, wenn die Vorlegung für den Dritten unzumutbar ist oder ihm ein 11

---

[18] Anders die Praxis; *Stein/Jonas/Leipold* § 142 Rn. 43; richtig *Baumbach/Lauterbach/Hartmann* § 142 Rn. 24.

[19] *E. Peters* (Fn. 1) S. 146. So BGH FamRZ 1987, 152 zu § 448, jedenfalls dann, wenn sich die Beweiserhebung aufdrängte.

[20] OLG Karlsruhe OLGR Karlsruhe 2005, 484; OLG Frankfurt OLGR Frankfurt 2005, 594; aA *Stein/Jonas/Leipold* § 142 Rn. 43, der die sofortige Beschwerde nach § 567 Abs. 1 Nr. 2 für den Fall der Ablehnung der Anordnung auf entsprechenden Antrag hin für statthaft hält.

[21] So *E. Peters* ZZP 76 (1963), 208 ff.; *Stürner,* Die Aufklärungspflicht der Parteien des Zivilprozesses, 1976, S. 86 f., 98 ff., 134 ff., 234 ff. Vgl. § 138 Rn. 22.

[22] So *Stein/Jonas/Leipold* § 142 Rn. 21; *Baumbach/Lauterbach/Hartmann* § 142 Rn. 6; aA *Thomas/Putzo/Reichold* § 142 Rn. 1; *Musielak/Stadler* § 142 Rn. 7; *Kraayvanger/Hilgard* NJ 2003, 572; *Zekoll/Bolt* NJW 2002, 3129. Die Gegenansicht schränkt jedoch teilweise die Herausgabepflicht analog § 142 Abs. 2 durch die „Unzumutbarkeit" ein, um dem berechtigten Interesse der Partei an der Wahrung von Geheimnissen Rechnung zu tragen (so u. a. *Kraayvanger/Hilgard* aA; *Konrad* NJW 2004, 710; LG Karlsruhe, Beschl. v. 24. 1. 2005, 4 O 67/04, juris; weitere Nachweise *Stein/Jonas/Leipold* § 142 Fn. 28).

entsprechendes Zeugnisverweigerungsrecht zusteht (Abs. 2). Die Fälle der Unzumutbarkeit werden schwer zu fassen sein, man wird sie jedoch in persönliche (Alter, Gesundheitszustand, Schutz der Privatsphäre (nicht wenn er auch nach § 429 S. 1 zur Herausgabe verpflichtet wäre) und tatsächliche Umstände (Aufwand, Zeit, Kosten) unterteilen können. Für die Geltendmachung des Zeugnisverweigerungsrechts genügt laut ausdrücklicher Bestimmung (§§ 142 Abs. 2S. 2, 386 Abs. 1 und 2) Glaubhaftmachung (§ 294).Gleiches gilt für die der Unzumutbarkeit zu Grunde liegenden Umstände. Der Dritte wird für seine Aufwendungen wie ein Zeuge entschädigt (§ 23 Abs. 1 S. 1 JVEG).

12 **3. Prozessuale Folgen der Nichtvorlegung.** Die Vorlegung ist **gegen die Parteien nicht erzwingbar.** Der Ungehorsam schlägt aber regelmäßig zum Nachteil der Partei aus. Im Falle einer aufklärenden Anordnung bleibt das Vorbringen der Partei ungenügend substantiiert. Im Falle einer dem Beweis dienenden Anordnung bleibt die Partei beweisfällig oder ist, falls der Beweis einer dem Gegner günstigen Tatsache auf dem Spiel steht, ihr Ungehorsam nach § 286 zu würdigen; die Konsequenzen nach § 427 bieten sich als Parallele an. Die verspätete Vorlage nach einer Fristsetzung nach § 273 Abs. 2 Nr. 5 kann für die die Beweislast tragende und vorlagepflichtige Partei die Präklusion zur Folge haben (§ 296 Abs. 1 und 2). Darüber hinaus kann die verspätete Vorlage auch Kostenlasten(§ 95; § 38 GKG) nach sich ziehen.

13 **Gegen Dritte** ist die Vorlage, wenn sie zu dieser verpflichtet sind (vgl. Rn. 14), was eventuell in einem Zwischenstreit festzustellen ist (§§ 387–389), mit Ordnungsmitteln (Ordnungsgeld oder Ordnungshaft, § 390) **erzwingbar.** Ferner kommt die Auferlegung der durch die Weigerung verursachten Kosten in Betracht (§ 390 Abs. 2). Unter Umständen kann die Weigerung auch im Rahmen der Beweiswürdigung Berücksichtigung finden.

14 **4. Verbleib auf der Geschäftsstelle.** Das Gericht kann den **zeitweisen** Verbleib auf der Geschäftsstelle anordnen (Abs. 1 s. 2); zB zur Sicherstellung der Urkunde oder nach § 443; vgl. auch § 134. Die Anordnung ergeht durch Gerichtsbeschluss oder durch Verfügung analog § 273 Abs. 2 Nr. 5. Sie bedarf der Begründung; ebenso die Ablehnung eines Antrags.[23] Sie ist nicht beschwerdefähig.

15 Die Urkunde wird nicht Teil der Gerichtsakten. Es entsteht ein **öffentlich-rechtliches Verwahrungsverhältnis** (vgl. § 134 Rn. 3). Nach Zeitablauf, spätestens nach Rechtskraft des Urteils, ist die Urkunde von Amts wegen zurückzugeben; eine Pflicht des Prozessgerichts, nicht der Justizverwaltung.[24]

16 **5. Urkunden in fremder Sprache.** Bei Urkunden in fremder Sprache kann das Gericht, wenn es selbst (dh. im Kollegium alle Richter)[25] die Fremdsprache beherrscht, es den Parteien überlassen, sich eine **Übersetzung** zu beschaffen[26] und die Kosten nach § 91 geltend zu machen. Statt dessen kann das Gericht – und muss es bei fehlenden eigenen Sprachkenntnissen – von Amts wegen eine Übersetzung einholen (§ 144) oder der die Urkunde vorlegenden Partei aufgeben, eine Übersetzung eines amtlich ermächtigten Übersetzers beizubringen (§ 142 Abs. 3). Einen der beiden letztgenannten Wege einzuschlagen, empfiehlt sich schon deshalb, um einen einheitlichen Text als Diskussionsgrundlage für alle Beteiligten zu erhalten. Einem Dritten kann die Beibringung einer Übersetzung nicht aufgegeben werden, Abs. 2 S. 2.

17 Die Anordnung nach § 142 Abs. 3 erfolgt durch **Gerichtsbeschluss oder** durch **Verfügung** analog § 273 Abs. 2 Nr. 5. Sie ist **nicht beschwerdefähig.**

18 Da das Gericht sich demnach möglicherweise mit der Originalurkunde in fremder Sprache zufrieden gibt, ist die Konsequenz unabweisbar, dass schon die Einreichung der Urkunde eine etwaige **Frist wahrt,**[27] nicht erst die Übergabe der Übersetzung;[28] § 184 GVG bietet also kein Argument, auch der Hinweis auf die Rechtssicherheit schlägt nicht durch. Wer die strengere Auffassung vertritt, sollte jedenfalls großzügig die Wiedereinsetzung (§ 233) gewähren.

III. Aktenvorlage nach § 143

19 **1. Zweck.** Der Zweck der Vorschrift ist eng begrenzt. § 143 dient lediglich dazu, die Akten des Gerichts und des Gegners ggf. zu **vervollständigen**, zB wenn ein Dokument – in der alten Fassung: ein Schriftsatz oder seine Anlage – (Der Begriff des „Schriftstücks", § 143 aF, wurde, da er an

[23] *Baumbach/Lauterbach/Hartmann* § 142 Rn. 24.
[24] AA für die Rückgabe nach Prozessbeendigung *Stein/Jonas/Leipold* Rn. 48.
[25] *Baumbach/Lauterbach/Hartmann* Rn. 18; *Zöller/Greger* Rn. 6; aA *Stein/Jonas/Leipold* Rn. 49, wonach die Kenntnis eines Mitglieds des Spruchkörpers, der die Urkunde für alle übersetzen muss, reicht.
[26] RGZ 162, 282, 287.
[27] *E. Schneider* MDR 1979, 534.
[28] So aber BGH NJW 1987, 2184; *Zöller/Gummer* § 184 GVG Rn. 3.

die Papierform gebunden ist, durch den umfassenderen Begriff des „Dokuments" ersetzt.) den Adressaten nicht oder nicht vollständig erreicht hat oder dort verloren gegangen ist. Gemeint sind also die Dokumente, welche die Partei (Anwalt) eingereicht oder jedenfalls dazu bestimmt hat; nicht etwa die Korrespondenz zwischen Partei und Anwalt oder sonstige Teile der Handakten des Anwalts. Auch die Akten einer am Prozess nicht als Partei beteiligten Behörde werden nicht erfasst; sie lassen sich nach § 432 oder § 273 Abs. 2 Nr. 2 beiziehen.

2. Erzwingbarkeit und Sanktionen. Zur Erzwingbarkeit und zu den Sanktionen bei Ungehorsam gelten die Ausführungen **Rn. 12** entsprechend. 20

IV. Augenschein und Sachverständigenbeweis nach § 144

1. Zweck. Wie § 142 nF für die Vorlage von Urkunden und sonstigen Unterlagen so **erweitert** § 144 nF für die Einnahme des Augenscheins und die Begutachtung durch Sachverständige die **Mitwirkungspflicht** der Beteiligten. 21

Duldungs- und vorlegungspflichtig ist auch hier wie in § 142 nF nicht allein die beweisbelastete Partei, sondern auch der Gegner. Die Neuregelung bestätigt, dass ihn eine prozessuale Mitwirkungspflicht trifft, was durch die allgemeine prozessuale Mitwirkungspflicht Dritter (§ 144 Abs. 1 und 2 nF) gestützt wird, vgl. Rn. 26. Unter Beachtung der Verweisung in § 371 Abs. 2 S. 2 auf §§ 422 bis 432 und der Parallele zu § 142 wird man sowohl für den Antrag als auch die Vorlageanordnung von Amts wegen, die gegenüber der nicht beweispflichtigen Partei ergeht, eine Vorlage- und Duldungspflicht nach materiellem Recht oder den eigenen Bezug nach § 371 Abs. 2 S. 2 iVm. §§ 422, 423 verlangen müssen.[29] 22

Wie § 142 nF für die Vorlegung von Urkunden so begründet § 144 Abs. 1 und 2 nF erstmals eine **prozessuale Vorlegungs- und Duldungspflicht Dritter** (insbesondere dann, wenn eine materiell-rechtliche Verpflichtung des Dritten zur Vorlegung und Herausgabe des Augenscheinsobjektes nicht besteht) für die Duldung der Augenscheinseinnahme und der Vorlegung des Augenscheinsobjekts. Ebenso entfällt auch nach § 144 Abs. 2 nF die Mitwirkungspflicht des Dritten, wenn die Mitwirkung für ihn unzumutbar ist oder ihn ein entsprechendes Zeugnisverweigerungsrecht schützt. Die Fälle der Unzumutbarkeit werden schwer zu fassen sein, man wird sie jedoch in persönliche (Alter, Gesundheitszustand, Schutz der Privatsphäre (nicht wenn er auch nach § 429 S. 1 zur Herausgabe verpflichtet wäre) und tatsächliche Umstände (Aufwand, Zeit, Kosten) unterteilen können. Zumutbarkeit wird hingegen regelmäßig zu bejahen sein, wenn der Dritte gegenüber der Partei, deren Vortrag zu klären oder zu beweisen ist, nach materiellem Recht zur Herausgabe verpflichtet ist.[30] Für die Geltendmachung des Zeugnisverweigerungsrechts genügt laut ausdrücklicher Bestimmung (§§ 142 Abs. 2 S. 2, 386 Abs. 1 und 2) Glaubhaftmachung (§ 294). Gleiches gilt für die der Unzumutbarkeit zu Grunde liegenden Umstände. 23

Nach Abs. 1 S. 2 sind Duldungsanordnungen gegenüber einer Partei oder einem Dritten nicht zulässig, wenn eine Wohnung betroffen ist. Insoweit hat der Grundsatz der **Unverletzlichkeit der Wohnung** (Art. 13 GG) Vorrang. Der Begriff der Wohnung ist wie der des Art. 13 GG zu verstehen, wonach auch Geschäftsräume hierunter fallen. Ist der Beweisantrag einer Partei gem. § 371 Abs. 2 S. 1 betroffen, hat die Beweisanordnung ohne Duldungsanordnung zu ergehen. Stimmen der Gegner oder der Dritte nicht zu, kann die Beweisaufnahme nicht durchgeführt werden. Die Weigerung des Gegners kann unter Berücksichtigung von Zumutbarkeitsgesichtspunkten in die Beweiswürdigung einfließen. 24

2. Form der Anordnung. Die Anordnung erfolgt wiederum durch **Gerichtsbeschluss** oder als vorbereitende Maßnahme durch **Verfügung** (§ 273 Abs. 2 Nr. 5). Zur Beweisaufnahme schon vor der mündlichen Verhandlung ist ein Beweisbeschluss erforderlich (§ 358 a). Das Verfahren richtet sich nach den §§ 371 ff., 402 ff.; wohl auch dann, wenn die Nutzung der Erkenntnisquellen lediglich der Information dient (vgl. Rn. 4), etwa eine Ortsbesichtigung. Gem. § 371 Abs. 3 S. 1 sollen Anordnungen gegenüber einem Dritten nur ergehen, wenn der Beklagte dem Klageanspruch bereits widersprochen hat. Ein Kostenvorschuss lässt sich aber nicht nach § 379 von der Partei einfordern, die interessiert, aber eben nicht der Beweisführer ist;[31] wohl aber nach § 17 Abs. 3 GKG, ohne dass die Zahlung zur Bedingung für die Beweisaufnahme gemacht werden darf.[32] 25

3. Erzwingbarkeit und Sanktionen. Zur Erzwingbarkeit und Sanktionen bei Ungehorsam der Partei gelten die Ausführungen **Rn. 12** entsprechend. Die Berücksichtigung im Rahmen der 26

---

[29] *Stein/Jonas/Leipold* § 144 Rn. 22 f.
[30] *Stein/Jonas/Leipold* § 144 Rn. 24.
[31] BGH FamRZ 1969, 477.
[32] BGH MDR 1976, 396; NJW 2000, 743; OLG Naumburg (Fn. 6).

Beweiswürdigung wird für die Verweigerung des zumutbaren Augenscheins in § 371 Abs. 3 ausdrücklich erwähnt.

27 Für die **Weigerung Dritter** gelten die Ausführungen in Rn. 13 entsprechend.

§ 145 Prozesstrennung

(1) Das Gericht kann anordnen, dass mehrere in einer Klage erhobene Ansprüche in getrennten Prozessen verhandelt werden.

(2) Das Gleiche gilt, wenn der Beklagte eine Widerklage erhoben hat und der Gegenanspruch mit dem in der Klage geltend gemachten Anspruch nicht in rechtlichem Zusammenhang steht.

(3) Macht der Beklagte die Aufrechnung einer Gegenforderung geltend, die mit der in der Klage geltend gemachten Forderung nicht in rechtlichem Zusammenhang steht, so kann das Gericht anordnen, dass über die Klage und über die Aufrechnung getrennt verhandelt werde; die Vorschriften des § 302 sind anzuwenden.

Übersicht

I. Zweck und Anwendungsbereich

1 **1. Zweck.** Die in § 145 aufgeführten prozessleitenden Maßnahmen sollen das Verfahren übersichtlicher gestalten und **abgrenzbare Teile rasch** erledigen helfen. So können mehrere Ansprüche in verschiedene Prozesse verwiesen werden (Abs. 1), ebenso Klage und nicht konnexe Widerklage (Abs. 2), so dass jeder Prozess sich jetzt unabhängig von dem übrigen Verfahren zur Entscheidungsreife vorantreiben lässt. Wehrt sich der Beklagte mit der Aufrechnung einer nicht konnexen Gegenforderung, so kann zwar nicht der Prozess, wohl aber die Verhandlung über diese Einwendung getrennt werden (Abs. 3); dadurch wird ein rasches Vorbehaltsurteil (§ 302) möglich, während die Verhandlung über die Gegenforderung ins Nachverfahren verlagert wird. Die Gefahr widersprüchlicher Entscheidungen steht der Trennung nicht entgegen. Die Zulässigkeit der Prozesstrennung bei Anspruchshäufung (§ 260) nach Abs. 1 begegnet nicht den gleichen Einschränkungen, wie sie gegen die Zulässigkeit eines Teilurteils nach § 301 in einem solchen Fall angenommen werden.[1] Problematisch scheint, dass damit über die Prozesstrennung nach Abs. 1 ein Teilurteil umgangen werden könnte.

2 **2. Zeitpunkt der Maßnahme.** Dem Zweck dieser Maßnahmen entsprechend wird sich eine solche Anordnung schon bald nach Prozessbeginn empfehlen, sobald die Schwerpunkte des Rechts-

[1] BGH NJW 2001, 155; NJW 2003, 303; 2003, 2386.

streits klar werden. Auch in der Berufungsinstanz kann sie zweckmäßig sein.[2] Dagegen ist eine Prozesstrennung unzulässig, wenn ein Anspruch bzw. die Klage oder Widerklage bereits entscheidungsreif ist; hier kommt ein Teilurteil in Betracht (§ 301).[3]

3. Anwendungsbereich. Die Maßnahmen des § 145 sind unmittelbar für das Erkenntnisverfahren vorgesehen, aber auch für andere Verfahren sinnvoll, zB für das Vollstreckungsverfahren,[4] und dann entsprechend anwendbar. 3

II. Voraussetzungen der Trennung

1. Mehrere Klagebegehren. Zu Abs. 1: Gemeint ist die Trennung mehrerer Klagebegehren, dh. mehrerer Streitgegenstände als Folge objektiver (§ 260) oder subjektiver (§§ 59, 60) **Klagenhäufung;** zB bei einer Schadensersatzklage auf Ersatz der Arztkosten und auf Schmerzensgeld, bei einer Zahlungsklage gegen Hauptschuldner und Bürgen. Dagegen ist keine Trennung zulässig bei einer einheitlichen Schadensersatzklage (etwa auf Ersatz nur der Arztkosten), die lediglich auf mehrere Rechtsgründe (zB § 823 Abs. 1 und 2 BGB, § 7 StVG) gestützt wird. 4

2. Klage und Widerklage. Zu Abs. 2: Eine Trennung von Klage und Widerklage kommt nur in Betracht, wenn Klageanspruch und Gegenanspruch **nicht konnex** sind. Der Begriff des rechtlichen Zusammenhangs ist hier ebenso auszulegen wie zu § 33 (s. dort Rn. 20f.). Er umfasst auch den unmittelbaren wirtschaftlichen Zusammenhang. Entspricht die Verknüpfung der einheitlichen Natur des Lebens- oder Geschäftsverhältnisses der Parteien, dann muss es auch im Prozess bei der Verbindung bleiben. Zu Einzelheiten vgl. die Kommentierung des § 33. 5

3. Klageforderung und Aufrechnungsforderung. Zu Abs. 3: Auch die getrennte Verhandlung von Klageforderung und aufgerechneter Gegenforderung setzt **fehlende Konnexität** voraus (vgl. Rn. 5). Besteht Konnexität, kommt allenfalls eine zeitliche Rangfolge nach § 146 in Frage. Eine analoge Anwendung des § 145 Abs. 3 auf andere Einwendungen oder Einreden des Beklagten (zB Zurückbehaltungsrecht) ist nicht möglich;[5] die Verweisung auf § 302 und damit das Instrument des Vorbehaltsurteils schließt jegliche Analogie aus. Zur **Prozessaufrechnung** im Allgemeinen vgl. unten Rn. 18ff. und die Kommentierung zu § 302 und § 322 Abs. 2. 6

III. Anordnung der Trennung

1. Pflichtgemäßes Ermessen. In allen Fällen des § 145 steht die Anordnung im pflichtgemäßen Ermessen des Gerichts. Sie ist unabhängig von Anträgen der Parteien; Anträge sind lediglich Anregungen. Das Gericht hat sich bei seinen Überlegungen am **Zweck der Vorschrift** zu orientieren (vgl. Rn. 1).[6] Nur wenn sich ein abgrenzbarer Teil des Klagebegehrens voraussichtlich rascher entscheiden lassen wird (Abs. 1 und 2) oder im Falle der Aufrechnung ein rasches Vorbehaltsurteil, aber ein langwieriges Nachverfahren zu erwarten steht, ist eine Trennung am Platze.[7] Ansonsten bleibt es bei dem Grundsatz, den gesamten Prozessstoff nach sorgfältiger Vorbereitung in einem einzigen Haupttermin zu erledigen (§ 272). In Prozessen gegen Gesamtschuldner, Hauptschuldner und Bürgen, Darlehensschuldner und Eigentümer des mit dem Grundpfandrecht belasteten Grundstücks wird sich zB wegen des einheitlichen wirtschaftlichen Verhältnisses eine Trennung nur empfehlen, wenn ein Gesamtschuldner, der Bürge, der Grundstückseigentümer aus eigenem Recht besondere, nur ihn betreffende Einreden geltend macht, die weitere Sachverhaltsklärung erfordern. Andere Gründe als der Normzweck spielen keine Rolle. Insbesondere ist unerheblich, dass die Parteien eine Instanz verlieren, weil infolge der Prozesstrennung die Rechtsmittelsumme nicht mehr erreicht wird.[8] Umgekehrt darf der Verlust des Rechtsmittels natürlich nicht der Zweck der Trennung sein.[9] 7

2. Verhandlung, Beschluss. Die Anordnung **setzt** mündliche Verhandlung **voraus;**[10] anders in den Fällen schriftlichen Verfahrens (§§ 128 Abs. 2 bis 4, 331a) oder bei Einverständnis beider Parteien mit der Trennung.[11] Im Hinblick auf die uU belastenden Rechtsfolgen (vgl. Rn. 12ff.) ist den Parteien jedenfalls **rechtliches Gehör** zu gewähren (Art. 103 Abs. 1 GG). 8

---

[2] BGH NJW 1979, 426 und 659.
[3] BGH NJW 1957, 183; OLG Köln VersR 1973, 285.
[4] KG RPfleger 1976, 327; LG Oldenburg RPfleger 1981, 363.
[5] AK-ZPO/*Göring* Rn. 5; *Zöller/Greger* Rn. 25; aA *Baumbach/Lauterbach/Hartmann* Rn. 24.
[6] BGH NJW 1995, 3120.
[7] Zur Ermessensausübung bei der Prozesstrennung im Urkundsverfahren BGH NJW 2003, 2386.
[8] RGZ 6, 416, 417f.; *Stein/Jonas/Leipold* Rn. 15.
[9] BGH (Fn. 6).
[10] BGH (Fn. 3); hL.
[11] *Stein/Jonas/Leipold* § 128 Rn. 11.

9 Die Anordnung ergeht durch **Beschluss.** Nach mündlicher Verhandlung ist er zu verkünden (§ 329 Abs. 1), sonst formlos mitzuteilen (§ 329 Abs. 2 S. 1). Der Beschluss bedarf der – wenn auch kurzen – Begründung. Dass er nicht beschwerdefähig ist, spielt insoweit keine Rolle; immerhin bleiben Rechtsmittel gegen das Urteil zulässig (Rn. 10), so dass eine Nachprüfung des Beschlusses möglich sein muss.[12] Das Gericht ist den Parteien Rechenschaft schuldig, dass es die Voraussetzungen des § 145 erkannt und sein Ermessen sinnvoll ausgeübt hat. Der Grundsatz des rechtlichen Gehörs verlangt auch, die Parteien zu bescheiden. Das Rechtsstaatsprinzip (Art. 20 Abs. 2 und 3 GG) gebietet, dass das Gericht seine Entscheidung rechtfertigt.

10 **3. Keine Beschwerde.** Der Beschluss ist nicht beschwerdefähig (arg. § 567 Abs. 1).[13] Ein Anlass, wie in sonstigen Fällen den Beschwerdeweg gleichwohl zu eröffnen, wenn der Beschluss offensichtlich falsch ist oder auf schweren Verfahrensfehlern (zB Versagung des rechtlichen Gehörs)[14] beruht, besteht um so weniger, als das Gericht **befugt** bleibt, den Beschluss **zu ändern** (§ 150). Indirekt angreifbar ist der Beschluss, wenn auf seine Unzulässigkeit das Rechtsmittel gegen das Urteil gestützt wird (§§ 512, 557 Abs. 2). Doch spielt dieser Weg praktisch kaum eine Rolle.[15]

11 **4. Trennung.** Das Gericht hat **kein Ermessen,** wenn die Trennung gesetzlich vorgeschrieben oder verboten ist. Die Trennung ist **vorgeschrieben** zB in den Fällen der §§ 578 Abs. 2, 610 Abs. 2, 623 Abs. 1 S. 2, 632, 640 c. Sie folgt ferner zwingend aus der wesensmäßigen Verschiedenheit der Verfahren. So können Urkundenprozess und Nachverfahren oder gewöhnlicher Zahlungsprozess nicht verbunden bleiben;[16] ebenso wenig das Verfahren der einstweiligen Verfügung und der Hauptsacheprozess, Familiensache und Nicht-Familiensache,[17] vor dem Landgericht erstinstanzlicher Prozess und Berufungsverfahren.[18] Die Trennung ist **verboten,** zB in den Fällen der §§ 518 S. 2, 623 Abs. 1 S. 1, 654 Abs. 3, §§ 246 Abs. 3, 249 Abs. 2, 275 Abs. 4 AktG. Ausgeschlossen ist die Trennung bei notwendiger Streitgenossenschaft (§ 62), da die Einheitlichkeit der Entscheidung gewährleistet sein muss; ferner bei Anträgen im Eventualverhältnis, da die Trennung den Hilfsantrag wider den Willen der Partei in einen unbedingten Hauptantrag umwandeln würde;[19] schließlich im Schadensersatzprozess gegen Fahrzeughalter und Versicherer wegen der begrenzten Rechtskrafterstreckung nach § 3 Nr. 8, 10 PflVG.[20]

IV. Wirkungen der Trennung

12 **1. Trennung in mehrere selbständige Prozesse.** Die Trennung mehrerer Klageansprüche (Abs. 1) teilt den anfangs einheitlichen Prozess in mehrere selbständige Prozesse auf (mit eigenen Akten). Jeder Prozess wird **gesondert betrieben** und durch **eigenes Urteil** (nicht: Teilurteil) entschieden. Die ursprüngliche Rechtshängigkeit dauert fort. Die vorbereitenden Schriftsätze gelten weiterhin. Die bisherigen Prozesshandlungen und Beweisaufnahmen behalten ihre Bedeutung. Nach Verkündung des Trennungsbeschlusses im Haupttermin kann sofort über die jetzt selbständigen Klageansprüche verhandelt werden.

13 Die **Zuständigkeit** des Gerichts wird durch die Trennung, die ja durch die Entwicklung des Prozesses nach Rechtshängigkeit veranlasst wird, nicht berührt (§ 261 Abs. 3 Nr. 2). So bleibt es bei der örtlichen Zuständigkeit, selbst wenn sie gem. § 36 Nr. 3 begründet worden ist. Ebenso wird die sachliche Zuständigkeit des Landgerichts, die nur durch Addition mehrerer Klageansprüche erreicht wurde (§ 5), nicht wieder rückgängig gemacht. Dagegen werden die Fälle einer von Anfang an gesetzlich unzulässigen Klagenhäufung (vgl. Rn. 11) weder vom Wortlaut noch vom Sinn des § 261 Abs. 3 Nr. 2 gedeckt;[21] sonst könnte der Kläger durch unzulässige Klagenhäufung die Zuständigkeit beliebig verschieben; nach der Trennung ist also die Zuständigkeit für jeden Prozess nach den allgemeinen Vorschriften zu bestimmen.

14 Auch für die **Geschäftsverteilung** empfiehlt sich die analoge Anwendung des § 261 Abs. 3 Nr. 2.[22] Sonst würde die Zuständigkeit des einzelnen Spruchkörpers von dem zur Trennung ausgeübten Ermessen des angegangenen Spruchkörpers abhängen. Eine solche Entscheidungsbefugnis

---

[12] OLG Koblenz VRS 1983, 174.
[13] OLG München NJW 1984, 2227; KG MDR 2004, 962.
[14] Beispiel: OLG München (Fn. 13).
[15] Beispiel: OLG Koblenz (Fn. 12); BGH (Fn. 6).
[16] BGH NJW 1978, 44.
[17] BGH NJW 1979, 426 und 659; OLG Düsseldorf FamRZ 1982, 511.
[18] AK-ZPO/*Göring* § 147 Rn. 4.
[19] *Stein/Jonas/Leipold* Rn. 5.
[20] OLG Koblenz (Fn. 12).
[21] *Stein/Jonas/Leipold* Rn. 22.
[22] Zutreffend *Stein/Jonas/Leipold* Rn. 23; aA *Zöller/Greger* § 261 Rn. 12.

könnte das Prinzip des gesetzlichen Richters (Art. 101 Abs. 1 S. 2 GG) gefährden und in der Praxis unsachlichen Erwägungen (eigene Entlastung) zugänglich sein. In den Fällen einer von Anfang an unzulässigen Klagenhäufung hingegen richtet sich die Zuständigkeit ab der Trennung nach den allgemeinen Bestimmungen des Geschäftsverteilungsplans (vgl. Rn. 13).

Gerichts- und Anwaltsgebühren werden für jeden jetzt selbständigen Prozess gesondert berechnet. Das bedeutet für die Parteien eine Verteuerung, weil die Gebühren unterproportional mit dem Streitwert wachsen. Bereits vor der Trennung entstandene Gebühren werden angerechnet, und zwar nach dem Verhältnis der Streitwerte der getrennten Prozesse. 15

2. Trennung von Klage und Widerklage. Die Trennung von Klage und Widerklage (Abs. 2) führt grundsätzlich zu den **gleichen Folgen** wie zu 1. Der frühere Widerkläger wird Kläger des der Widerklage zugrunde liegenden Anspruchs. Die Zuständigkeit des Gerichts wird durch die Trennung wiederum grundsätzlich nicht angetastet (vgl. Rn. 13 und 14). So bleibt es bei der örtlichen Zuständigkeit, auch wenn sie gem. § 33 begründet worden ist; ohnehin wird sich hier wegen des Sachzusammenhangs eine Trennung regelmäßig verbieten. (Zum Zuständigkeitsstreitwert vgl. § 5). 16

3. Trennung von Klageforderung und Aufrechnungsforderung. Die Trennung der Verhandlung über die Klageforderung und die Aufrechnungsforderung (Abs. 3) spaltet den Rechtsstreit nicht in zwei selbständige Prozesse auf, sondern führt nur zu **zeitlich und gegenständlich getrennten Verhandlungen.** Regelmäßig wird zuerst der Streit über die Klageforderung entscheidungsreif; es ergeht dann ein Vorbehaltsurteil (§ 302) oder, wenn sich die Klageforderung als unbegründet erweist, ein klageabweisendes Endurteil, das den Prozess im ganzen beendigt, da es auf das Bestehen der Gegenforderung nicht mehr ankommt. Wird ausnahmsweise zuerst der Streit über die Gegenforderung entscheidungsreif, zB weil der Sachverhalt unstreitig wird, so ist eine Entscheidung allein über die Gegenforderung, etwa durch Teilurteil (§ 301), nicht zulässig; das Gericht wird den Trennungsbeschluss aufheben (§ 150) und Endurteil erlassen, sobald der Streit über die Klageforderung – jetzt einschließlich der geltend gemachten und schon geklärten Aufrechnung – entscheidungsreif ist. 17

V. Anhang: Grundsätze der Prozessaufrechnung

1. Rechtsnatur. Die Rechtsnatur der Prozessaufrechnung kann heute als geklärt gelten. Jedenfalls ist sie **rechtsgeschäftliche Willenserklärung** gem. den §§ 387 ff. BGB, also Ausübung eines privatrechtlichen Gestaltungsrechts durch einseitige, empfangsbedürftige Erklärung des Schuldners gegenüber dem Gläubiger (§ 388 S. 1 BGB). Ob die Aufrechnung vor dem Prozess, außergerichtlich während eines laufenden Prozesses oder im Prozess erklärt wird, ist insofern unerheblich.[23] Wer die im Prozess erklärte Aufrechnung lediglich prozessualen Regeln unterwerfen will,[24] löst sie ohne zwingenden Grund vom materiellen Recht und sondert sie von der außergerichtlich erklärten Aufrechnung ab. 18

Beruft sich der Beklagte im Prozess auf die schon außergerichtlich erklärte Aufrechnung, so führt er sie wie sonstigen Prozessstoff in den Prozess ein. Sie geltend zu machen, ist also **Prozesshandlung,** den Regeln des Prozessrechts unterworfen. Auch für die Prozessaufrechung gilt daher der Bestimmtheitsgrundsatz des § 253 Abs. 2.[25] Erklärt der Beklagte die Aufrechnung erstmals in der mündlichen Verhandlung, so stellt sein (einheitliches) Vorbringen sowohl die materielle Aufrechnungserklärung wie die prozessuale Geltendmachung dar (Doppeltatbestand). Die Aufrechnung im vorbereitenden Schriftsatz bedeutet dagegen lediglich die Ankündigung, in der mündlichen Verhandlung die Aufrechnung (materiell und prozessual) erklären zu wollen.[26] Nur im schriftlichen Verfahren ist die Aufrechnung als sofort wirkende materielle Gestaltungserklärung und Prozesshandlung gemeint. 19

2. Primär- und Eventualaufrechnung. An welcher sachlichen Stelle das Gericht die Aufrechnung zu prüfen hat, richtet sich nach der Konzeption des Vorbringens des Beklagten. Erkennt er die Klageforderung an oder wehrt er sich gegen sie nicht außer mit der Aufrechnung, sog. **Primäraufrechnung,** so hat das Gericht – Zulässigkeit der Klage und Schlüssigkeit der Klageforderung vorausgesetzt – **direkt** über die Wirksamkeit der Aufrechnung zu entscheiden. 20

---

[23] Ganz hL; *Rosenberg/Schwab/Gottwald* § 105 II 1; *Blomeyer* § 60 II; *Stein/Jonas/Leipold* Rn. 27; *Thomas/Putzo/Reichold* Rn. 12 und 13; *Zöller/Greger* Rn. 11.

[24] So namentlich *Nikisch,* FS H. Lehmann, 1956, Band II, S. 765 ff. Zum Theorienstreit vgl. *Baumgärtel,* Wesen und Begriff der Prozeßhandlung einer Partei im Zivilprozeß, 1957, S. 149 ff., 161 ff.

[25] NJW 2002, 2182.

[26] *Stein/Jonas/Leipold* Rn. 30.

21 Im Regelfall beruft sich der Beklagte nur hilfsweise auf die Aufrechnung, falls seine sonstige Verteidigung keinen Erfolg hat; sog. **Eventualaufrechnung.** Zwar herrscht über die Zulässigkeit dieser Aufrechnung heute im Ergebnis kein Streit mehr. Die Begründungen aber, die gegen das Verbot einer bedingten Aufrechnung (§ 388 S. 2 BGB) ankämpfen, fordern zum Widerspruch heraus. Zwei Fallgruppen der Eventualaufrechnung sind dabei zu unterscheiden:

22 **a) Bestehen der Klageforderung bestritten.** Der Beklagte zieht das Bestehen der Klageforderung **in Zweifel,** sei es, dass er anspruchsbegründende Behauptungen des Klägers bestreitet, sei es, dass er anspruchshindernde (zB Dissens, Sittenwidrigkeit, Täuschungsanfechtung) oder anspruchsvernichtende (zB Erfüllung) Einwendungen geltend macht. Allein für den Fall, dass das Gericht die Klageforderung als bestehend erachtet, will der Beklagte seine Gegenforderung opfern und durch Aufrechnung beide Forderungen zum Erlöschen bringen. Dennoch ist die Aufrechnung hier nicht an eine Bedingung geknüpft, auch nicht an eine Rechtsbedingung. Vielmehr ist das Bestehen der Klageforderung ohnehin Tatbestandsmerkmal der Aufrechnung nach den §§ 387, 389 BGB.[27] Das Bedingungsverbot des § 388 S. 2 BGB greift hier von vornherein nicht ein.

23 **b) Klageforderung steht materiell-rechtlicher Einrede entgegen.** Der Beklagte setzt der Klageforderung eine materiell-rechtliche Einrede, zB Verjährung oder Stundung entgegen, hilfsweise die Aufrechnung. Auch hier wird, da die Begründetheit der Einrede kein zukünftiges ungewisses Ereignis darstellt (vielmehr eine sog. Gegenwartsbedingung), die Aufrechnung nicht von einer Bedingung abhängig gemacht.[28] Der Beklagte unterbreitet lediglich sein Vorbringen zur Prüfung in einer bestimmten Reihenfolge. Eine solche Bestimmung ist sachgerecht und für Gericht und Kläger zumutbar und deshalb als sog. innerprozessuale Bedingung (besser: Bestimmung) allgemein anerkannt. § 388 S. 2 BGB gilt auch für diese Fallgruppe nicht.

24 **3. Reihenfolge der Prüfung.** Aus den Ausführungen zu Rn. 20ff. ergibt sich zwingend, dass in allen Fällen das Gericht **zuerst** sich über das **Bestehen der Klageforderung** (vorbehaltlich der Aufrechnung) klar werden muss und dann erst, wenn diese erste Frage positiv zu beantworten ist, sich der Aufrechnung zuwenden darf.[29] Selbst für den Fall, dass es schon vorher Gewissheit über das Bestehen der Gegenforderung erlangt hat, darf es nicht etwa sofort die Klage abweisen mit der Alternativbegründung, dass entweder die Klageforderung ohnehin nicht existiere oder durch die Aufrechnung erloschen sei;[30] denn sonst wäre entgegen § 322 Abs. 2 nicht rechtskräftig festgestellt, ob die Gegenforderung nun verbraucht ist, und über diesen Punkt müsste in einem weiteren Prozess, in dem der frühere Beklagte seine Aufrechnungsforderung selbständig einklagte, entschieden werden.[31]

25 **4. Prozessual unzulässig – materiell wirksam?** Wird der Aufrechnungseinwand als prozessual unzulässig zurückgewiesen, insbesondere als verspätet (§§ 296 Abs. 1 und 2, 528 Abs. 3, 530 Abs. 2), so stellt sich die Frage, ob **unabhängig** hiervon die Aufrechnung materiell wirksam bleibt. Würde man die Frage bejahen, erscheint das Ergebnis kaum erträglich: Die Klageforderung würde zuerkannt, die Gegenforderung wäre dennoch durch Aufrechnung verbraucht. Ob dieser Widerspruch vermieden werden kann, ist heiß umstritten. Jedenfalls ist der Weg der Vollstreckungsgegenklage versperrt, weil die Aufrechnung ja im Prozess geltend gemacht werden konnte und geltend gemacht wurde (§ 767 Abs. 2).[32] Und ein Bereicherungsanspruch kann durch das sachlich falsche Urteil dem Beklagten nicht erwachsen.[33] Zur richtigen Betrachtung empfiehlt es sich, zwei Fallgruppen zu unterscheiden:

26 **a) Aufrechnung im Prozess.** Hat der Beklagte die Aufrechnung im Prozess erklärt (Doppeltatbestand, vgl. Rn. 19), liegt es nahe, den Interessen und dem Willen des Beklagten zu folgen und seine materielle Aufrechnungserklärung von der Zulässigkeit seines Vorbringens (Prozesshandlung) abhängig zu machen. Als Konstruktion bietet sich die Zusammenfassung beider Erklärungen zu einer voneinander abhängigen Einheit gem. § 139 BGB an.[34] Denkbar ist auch, durch eine inner-

---

[27] Treffend *Rosenberg/Schwab/Gottwald* § 105 II 2; *Jauernig* § 45 II 2; *Stein/Jonas/Leipold* Rn. 58.

[28] Richtig *Stein/Jonas/Leipold* Rn. 59.

[29] BGH NJW 2000, 958 zur Frage der Zulässigkeit eines Teilurteils bei einer Mehrheit von Klage- und Aufrechnungsforderungen.

[30] So aber die Klagabweisungstheorie von *Stölzel,* Schulung für die zivilistische Praxis, II. Teil, Die Eventualaufrechnung, 1914.

[31] Richtig die heute allgM; sog. Beweiserhebungstheorie; BGH NJW 1974, 2000, 2002; BGHZ 80, 97, 99; *Rosenberg/Schwab/Gottwald* § 105 II 1; *Jauernig* § 45 II 2; *Stein/Jonas/Leipold* § 300 Rn. 18.

[32] Unrichtig deshalb KG ZZP 86 (1973), 441 m. zust. Anm. *Grunsky.*

[33] AA *Habscheid* ZZP 76 (1963), 371 ff.; *Zöller/Greger* Rn. 15.

[34] So *Schwab,* FS Nipperdey, 1965, Band I S. 939, 953; *Lüke/Huppert* JuS 1971, 169; *Rosenberg/Schwab/Gottwald* § 105 III 2; *Stein/Jonas/Leipold* Rn. 65.

prozessuale Bedingung die Gültigkeit der materiellen Aufrechnungserklärung an die Zulässigkeit des prozessualen Vorbringens zu knüpfen;[35] einer solchen Bedingung steht § 388 S. 2 BGB nicht im Wege. Nach beiden Konstruktionen wird die Aufrechnung nicht zum Streitstoff des Prozesses, eine Erstreckung der materiellen Rechtskraft auf das Nichtbestehen (Nichtmehrbestehen) der Gegenforderung (§ 322 Abs. 2) kommt nicht in Betracht.

b) Stellungnahme. Die zu Rn. 26 gewiesenen Wege sind wohl kaum gangbar, wenn der Beklagte die Aufrechnung außerhalb des laufenden Prozesses erklärt und erst später im Prozess mitgeteilt hat; hier fehlt wohl die enge Verbindung zwischen Willenserklärung und Prozesshandlung. Sicher aber sind beide Konstruktionen nicht möglich, wenn der Beklagte die Aufrechnung schon vor Rechtshängigkeit erklärt hatte und es versäumt, die Aufrechnung rechtzeitig im Prozess vorzubringen. Soll man jetzt das **missliche Ergebnis** hinnehmen, dass die Klage Erfolg hat, die Gegenforderung gleichwohl durch Aufrechnung erloschen ist? Der resignierende Hinweis, bei Präklusion verspäteten Vorbringens komme es auch sonst zu sachlich falschen Urteilen,[36] tröstet nicht. 27

Der **Zweck der Präklusion** zielt indessen lediglich darauf, die verspätet vorgebrachte Aufrechnung aus dem laufenden Prozess auszuklammern; auf die Aberkennung der Gegenforderung richtet sich die Präklusion nicht. Somit befindet auch das Urteil nur über die Klageforderung, nicht über die Gegenforderung. Für die Erstreckung der materiellen Rechtskraft auf die Gegenforderung gem. § 322 Abs. 2 findet sich kein Ansatz. Es bleibt der Widerspruch, dass die Aufrechnung früher wirksam erklärt wurde. Die Lösung muss sich an dem Inhalt des rechtskräftigen Urteils orientieren.[37] Das Urteil aber setzt sich über die Aufrechnung hinweg.[38] Folglich ist die Aufrechnung – rückwirkend – als ungeschehen zu behandeln; der Beklagte kann die Gegenforderung in einem neuen Prozess selbständig einklagen. 28

5. Rechtshängigkeit der Gegenforderung? Durch die Geltendmachung der Aufrechnung im Prozess wird die Gegenforderung **nicht rechtshängig;** das gilt für die Primäraufrechnung ebenso wie für die Eventualaufrechnung.[39] Dies mag auf den ersten Blick befremden, weil § 322 Abs. 2 die materielle Rechtskraft auf das Nichtbestehen (Nichtmehrbestehen) der Gegenforderung erstreckt und Rechtshängigkeit und Rechtskraft sich grundsätzlich decken. Indessen überwiegen die gegen eine Rechtshängigkeit sprechenden Gründe. Formal wird Rechtshängigkeit nur durch Einreichung und Zustellung einer Klage begründet (§§ 253 Abs. 1, 261 Abs. 1), nicht durch Vorbringen eines Verteidigungsmittels wie hier des Aufrechnungseinwands. Wichtiger noch ist das funktionale Argument: Rechtshängigkeit würde ausschließen, dass der Beklagte die Gegenforderung während der Dauer des Rechtsstreits in einem zweiten Prozess selbständig einklagte (§ 261 Abs. 3 Nr. 1) oder auch aufrechnen könnte (Rn. 30). Hier würden ihm die Hände gebunden, obwohl er bei der üblichen Eventualaufrechnung nicht wissen kann, ob sich die Klageforderung überhaupt als begründet erweisen und dann die Prüfung der Gegenforderung aktuell werden würde. 29

Aus denselben Gründen ist der umgekehrte Fall ebenso zu entscheiden: Der Beklagte kann zur Aufrechnung auch eine von ihm **bereits rechtshängig gemachte Forderung** verwenden.[40] Dadurch entfällt nicht das Rechtsschutzbedürfnis für die (erste) Leistungsklage.[41] Und eine Aussetzung des (ersten) Prozesses wird sich gerade nicht empfehlen, da man nicht weiß, ob und wann das Gericht des zweiten Prozesses sich mit der Aufrechnung zu befassen haben wird.[42] 30

6. Aufrechung trotz anderen Rechtsweges oder anderer Zuständigkeit für die Gegenforderung? Nach den §§ 387 ff. BGB ist die Aufrechnung nicht davon abhängig, dass Klageforderung und Gegenforderung demselben Rechtsgebiet, etwa dem Bürgerlichen Recht, entstammten oder dass gar dasselbe Gericht örtlich und sachlich zuständig wäre, falls die Gegenforderung selbständig eingeklagt würde. Auf der anderen Seite sollte die Einteilung der Zuständigkeiten und namentlich der Rechtswege respektiert werden; beruht sie doch auf der besonderen Fachkenntnis des 31

---

[35] *Stein/Jonas/Leipold* Rn. 64; *Henckel* ZZP 74 (1961), 165 ff., 174 ff. stützt sich auf die historische Entwicklung der Aufrechnungsvorschriften, aus der sich die materiell-rechtliche Unwirksamkeit der Aufrechnung für den Fall prozessualer Unzulässigkeit ergebe.

[36] So *Rosenberg/Schwab/Gottwald* § 105 III 2 b.

[37] Vgl. zu den verschiedenen Lösungswegen *Häsemeyer,* FS Weber, 1975, S. 216; *Henckel* ZZP 74 (1961), 165 ff., 174 ff.; *Kawano* ZZP 94 (1981), 1, 23 ff.; *Stein/Jonas/Leipold* Rn. 66 bis 68.

[38] Dass das Urteil – stillschweigend! – rechtskräftig feststelle, dass Klageforderung und Gegenforderung nicht durch Aufrechnung erloschen seien (so *Stein/Jonas/Leipold* Rn. 67), ist eine unnötige überzogene Konstruktion.

[39] BGHZ 57, 242 = NJW 1972, 450; 1986, 2767; NJW-RR 2004, 1000; *Stein/Jonas/Leipold* Rn. 49; *Thomas/Putzo/Reichold* Rn. 20; *Zöller/Greger* Rn. 18; aA *Bettermann* ZZP 85 (1972), 486 ff.

[40] BGH NJW 1977, 1687; NJW-RR 2004, 1000.

[41] *Stein/Jonas/Leipold* Rn. 50; *Zöller/Greger* Rn. 18.

[42] OLG Dresden NJW 1994, 139; aA *Stein/Jonas/Leipold* Rn. 50.

gesetzlich berufenen Gerichts.[43] In diesem Zwiespalt bevorzugen Rspr. und hL einen ebenso sachgerechten wie praktikablen Kompromiss. Sie halten das Gericht im Falle des Streites über das Bestehen der Gegenforderung zur **Aussetzung nach § 148** verpflichtet,[44] wenn dem Gericht generell die Kompetenz zur Entscheidung über die Gegenforderung fehlt. Der Beklagte hat dann Gelegenheit, seine Gegenforderung vor dem zuständigen Gericht geltend zu machen. Das Gericht des Erstprozesses kann ihm eine Frist zur Klageerhebung setzen, bei inkonnexer Gegenforderung auch Vorbehaltsurteil erlassen (§ 302) und das Nachverfahren aussetzen. Im Einzelnen:

32 **a) Innerhalb der Zivilgerichtsbarkeit.** Innerhalb der Zivilgerichtsbarkeit spielt die eigene örtliche und sachliche Zuständigkeit für die Gegenforderung keine Rolle bei der Aufrechnung, selbst bei ausschließlicher Zuständigkeit; denn sie schmälert nicht die Sachkompetenz des angerufenen Gerichts.[45] Dasselbe gilt für das Verhältnis zum Familiengericht[46] und zu einem Gericht der Freiwilligen Gerichtsbarkeit.[47]

33 **b) Bei anderem Rechtsweg.** Bei Aufrechnung mit einer bestrittenen **rechtswegfremden Forderung** ist Aussetzung immer geboten. Die Verschiedenheit der Rechtswege und die mangelnde Fachkompetenz des angerufenen Gerichts lassen keine andere Möglichkeit zu.[48]

34 **c) Bei Zuständigkeit der Arbeitsgerichte.** Das Verhältnis zwischen ordentlichen Gerichten und Arbeitsgerichten sieht die hL als Frage der sachlichen Zuständigkeit, nicht des Rechtswegs. Dieser Aspekt genügt ihr, um die Aufrechnung mit Gegenforderungen, die vor den Arbeitsgerichten eingeklagt werden müssten, zuzulassen.[49] Nun legt Art. 95 GG ohnehin nahe, in der Arbeitsgerichtsbarkeit einen selbständigen Rechtsweg anzuerkennen. Entscheidend für die Aufrechnung ist aber, dass der Aufbau einer eigenen Fachgerichtsbarkeit für die Arbeitsrechtssachen den Mangel der Kompetenz der Zivilgerichte deutlich macht. Man sollte also im Interesse einer soliden sachkundigen Rechtspflege gegenseitig die fremde Fachgerichtsbarkeit respektieren und nach § 148 verfahren.[50]

35 **d) Bei Schiedsgerichtsabrede.** Haben die Parteien für die zur Aufrechnung gestellte Gegenforderung eine **Schiedsgerichtsvereinbarung** getroffen, so haben sie damit den ordentlichen Gerichten die Befugnis zur Entscheidung über diese Forderung entzogen und sie der besonderen Sachkunde der Schiedsrichter anvertraut. Ob diese Forderung selbständig eingeklagt oder als Aufrechnungsforderung geltend gemacht wird, ist nach der beabsichtigten Tragweite der Schiedsgerichtsabrede unerheblich. Ein materielles Aufrechnungsverbot wird sie regelmäßig nicht enthalten. Wohl aber wirkt sie prozessual. Das angerufene Gericht hat den Rechtsstreit gem. § 148 auszusetzen, ggf. Vorbehaltsurteil (§ 302) zu erlassen.[51] Ebenso ist im umgekehrten Falle zu verfahren, dass vor dem Schiedsgericht der Beklagte mit einer von der Schiedsgerichtsabrede nicht gedeckten Gegenforderung aufrechnet.[52]

36 **e) Bei fehlender internationaler Zuständigkeit.** Schwierig zu beantworten ist die Frage, wie das deutsche Gericht zu verfahren hat, wenn der Beklagte mit einer bestrittenen Gegenforderung aufrechnet, für deren Einklagung nach den deutschen Regeln der **internationalen Zuständigkeit** ein deutsches Gericht unzuständig ist.

37 Da eine rechtskraftfähige Entscheidung ansteht (§ 322 Abs. 2), ist grundsätzlich das Fehlen der **Zuständigkeit des deutschen Gerichts** zu beachten. Billigkeitserwägungen, der Beklagte müsse sich vor dem deutschen Gericht wirksam verteidigen können und dürfe nicht auf die Einklagung

---

[43] Deshalb überzeugt es nicht, unter Hinweis auf § 17 Abs. 2 S. 1 GVG nF eine Totalkompetenz anzunehmen und sie dann für Ansprüche nach Art. 14 Abs. 3 S. 4, 34 S. 3 GG zu durchbrechen; so aber *Gaa* NJW 1997, 3343.

[44] Also nicht nur nach pflichtgemäßem Ermessen berechtigt! AA *Henckel* ZZP 74 (1961), 165, 186.

[45] *Stein/Jonas/Leipold* Rn. 32, 33; offen gelassen von BGHZ 60, 85, 88 = NJW 1973, 421.

[46] OLG München FamRZ 1985, 84; *Stein/Jonas/Leipold* Rn. 34; *Thomas/Putzo/Reichold* Rn. 22; *Zöller/Greger* Rn. 19.

[47] BGHZ 40, 338ff. = NJW 1964, 863 (Landwirtschaftsgericht); BGHZ 78, 57, 62f. = NJW 1980, 2466 (WEG); *Stein/Jonas/Leipold* Rn. 34.

[48] BGHZ 16, 124ff. = NJW 1955, 497; BVerwG NJW 1987, 2530; *Stein/Jonas/Leipold* Rn. 35; *Thomas/Putzo/Reichold* Rn. 24; aA (uneingeschränkte Kompetenz des angerufenen Gerichts) *Rosenberg/Schwab/Gottwald* § 105 IV 6; *Schenke/Ruthig* NJW 1992, 2505 unter Berufung auf § 17 Abs. 2 S. 1 GVG nF.

[49] BGHZ 26, 304ff. = NJW 1958, 543; BGHZ 60, 85, 88 = NJW 1973, 421; BAG AP Nr. 43 zu § 256 = NJW 1966, 1771; *Stein/Jonas/Leipold* Rn. 36; *Zöller/Greger* Rn. 19.

[50] BAG NJW 2002, 317.

[51] BGHZ 38, 254ff. = NJW 1963, 243; *Stein/Jonas/Schlosser* § 1025 Rn. 37; *Thomas/Putzo/Reichold* Rn. 25; *Zöller/Greger* Rn. 24.

[52] Heute hL; anders noch BGHZ 23, 17, 22ff. = NJW 1957, 591; *M. Kannengießer,* Die Aufrechnung im internationalen Privat- und Verfahrensrecht, 1998, S. 206ff.

seiner Gegenforderung im Ausland verwiesen werden, fallen nicht ins Gewicht.[53] Nur wenn aus bestimmten Gründen die deutsche internationale Zuständigkeit für die Entscheidung über die Gegenforderung bejaht werden kann, ist die Aufrechnung zulässig. Einen solchen Anknüpfungspunkt bietet für konnexe Gegenforderungen die Parallele zwischen Aufrechnung und Widerklage. Nach § 33 ZPO, Art. 6 Nr. 3 EuGVÜ ist Widerklage bei entsprechendem Zusammenhang zwischen Klageforderung und Gegenforderung gestattet, entsprechend die Aufrechnung.[54] Bei inkonnexen Gegenforderungen dagegen hat das Gericht gem. § 148 auszusetzen, ggf. ein Vorbehaltsurteil (§ 302) zu erlassen. Hier könnte seine Zuständigkeit nur begründet werden, wenn der Kläger sich auf die Aufrechnung einlassen und sich somit der deutschen internationalen Zuständigkeit unterwerfen würde (analog § 39);[55] ausgenommen in den Fällen ausschließlicher Zuständigkeit (§ 40 Abs. 2 S. 2 analog). – Entgegen dieser ausgewogenen Lösung mit Hilfe der analogen Anwendung des Art. 6 Nr. 3 EuGVÜ, ebenso des textgleichen Art. 6 Nr. 3 LugÜ, hat der EuGH[56] mit karger Begründung[57] die Anwendbarkeit des Art. 6 Nr. 3 EuGVÜ verneint und die Aufrechnung, gleich ob mit konnexer oder inkonnexer Gegenforderung, dem Streitstoff der Klage zugerechnet. Da nach Art. 1 des Luxemburger Protokolls betreffend die Auslegung des EuGVÜ vom 3. 6. 1971 der EuGH zur Auslegung des EuGVÜ letztlich berufen ist, steht zu erwarten, dass sich seine Rechtsprechung durchsetzen wird.[58]

Haben die Parteien eine **abweichende Vereinbarung** über die alleinige internationale Zuständigkeit für die Gegenforderung getroffen, so ist zuerst durch Auslegung zu ermitteln, ob die Abrede auch für den Fall der Aufrechnung gemeint ist.[59] Bejaht man diese Frage, so ist das Gericht an die Abrede gebunden; wiederum bleiben ihm die Wege nach §§ 148, 302. Lässt sich der Kläger auf die Aufrechnung ein, so kann dies eine Aufhebung oder Änderung der Zuständigkeitsabrede bedeuten; jedenfalls gilt Art. 18 EuGVÜ oder § 39 ZPO analog.[60] 38

§ 146 Beschränkung auf einzelne Angriffs- und Verteidigungsmittel

Das Gericht kann anordnen, dass bei mehreren auf denselben Anspruch sich beziehenden selbständigen Angriffs- oder Verteidigungsmitteln (Klagegründen, Einreden, Repliken usw.) die Verhandlung zunächst auf eines oder einige dieser Angriffs- oder Verteidigungsmittel zu beschränken sei.

I. Normzweck und praktische Bedeutung

Die Vorschrift soll dem Gericht eine sinnvolle Gliederung des Prozessstoffes ermöglichen, um das **Verfahren übersichtlich** zu gestalten. Trotz dieses einleuchtenden Zweckes hat § 146 aus mehreren Gründen praktisch keine Bedeutung. Die wichtigsten Fälle des Teil-, Vorbehalts- und Grundurteils folgen ohnehin eigenen Regeln (§§ 301, 302, 304). Für die Abschichtung einzelner selbständiger Angriffs- oder Verteidigungsmittel aber fehlt schon der Anreiz, weil seit der Novelle 1924 hierfür kein abschließendes Zwischenurteil (§ 303) mehr vorgesehen ist.[1] Die Verhandlung auf einzelne Angriffs- oder Verteidigungsmittel zu beschränken, verträgt sich auch nicht mit dem Postulat, den Rechtsstreit nach sorgfältiger Vorbereitung in einem einzigen Haupttermin zu erledigen (§ 272); nur bei einem ungewöhnlich umfangreichen oder komplizierten Sachverhalt lässt sich eine solche Beschränkung vertreten. Dann aber wählt die Praxis nicht den Weg eines förmlichen Gerichtsbeschlusses (§ 146), sondern bevorzugt den formlosen Weg der Verhandlungsleitung des Vorsitzenden (§ 136, vgl. auch § 140). 1

---

[53] AA *Stein/Jonas/Leipold* Rn. 45.

[54] BGH NJW 1993, 2753; *Geimer* NJW 1972, 951 ff. und IPRax 1986, 210 ff.; *Schack*, Internationales Zivilprozessrecht, 2. Aufl. 1996, Rn. 353 ff. Vgl. ausführlich *Eickhoff*, Inländische Gerichtsbarkeit und internationale Zuständigkeit für Aufrechnung und Widerklage, 1985, S. 159 ff., 180 ff.

[55] *Geimer* NJW 1972, 951, 952.

[56] NJW 1996, 42.

[57] Ausführlich, aber mit kaum überzeugenden Argumenten (namentlich zur Praktikabilität) *M. Kannengießer* (Fn. 52) bes. S. 145 ff. 157 ff., 186 ff.

[58] Zur Frage der internationalen Zuständigkeit deutscher Gerichte nach der Entscheidung des EuGH (Fn. 61) BGH NJW 2002, 2182.

[59] Bejahend BGHZ 60, 85, 88 ff. = NJW 1973, 421; zweifelnd *Geimer* NJW 1973, 952 f., weil im internationalen Handelsverkehr der Ausschluss der Aufrechnung gewöhnlich in gesonderten Klauseln vereinbart werde; *M. Kannengießer* (Fn. 52) S. 194 ff.

[60] Vgl. für die Widerklage BGH NJW 1981, 2644.

[1] Zur Funktion des früheren Zwischenurteils vgl. *Bettermann* ZZP 79 (1966), 392 ff.

II. Voraussetzungen

2 **1. Angriffs- und Verteidigungsmittel.** Angriffs- oder Verteidigungsmittel ist jedes den Parteien obliegende (vgl. § 282), den Antrag stützende Vorbringen; so die anspruchsbegründenden Behauptungen, Bestreiten, Vortrag materieller Einwendungen oder Einreden, Beweisanträge,[2] Vorbringen von Repliktatsachen oder Prozesshindernisse. **Keine Mittel,** sondern Angriff oder Verteidigung selbst sind die Anträge; auch Klageänderung, Parteiänderung, Widerklage. Ferner nicht die Rechtsausführungen, da sie lediglich dem Gericht helfen sollen, die ihm von Amts wegen obliegende Pflicht zur Rechtsanwendung zu erfüllen (vgl. § 282).

3 **2. Selbständig.** Selbständig ist das Mittel, wenn es **für sich allein einen gesetzlichen Tatbestand ausfüllt,** der rechtsbegründend, rechtshindernd, rechtsvernichtend, rechtshemmend oder rechtserhaltend wirkt. Dahin gehören selbständige Klagegründe (zB Herausgabeanspruch aus Eigentum oder Vertrag), materielle rechtshinderende (zB §§ 105, 134, 138, 154f., 254 BGB) oder rechtsvernichtende (zB §§ 362, 397, 119, 123, 142 BGB), materielle rechtshemmende Einreden (zB §§ 273, 320, 214 BGB, Stundung), materielle rechtserhaltende Repliken (zB § 212 Abs. 1 Nr. 1 BGB). Unselbständige Mittel betreffen lediglich einzelne Elemente des kompletten gesetzlichen Tatbestandes; zB das Verschulden bei § 823 Abs. 1 BGB, bloßes Bestreiten, Behauptung von Indiztatsachen.

III. Anordnung und Wirkungen

4 **1. Verfahren und Form.** Die Anordnung ergeht durch **Beschluss.** Zum Verfahren, zur Verkündung, Begründung und Beschwerdefähigkeit des Beschlusses gelten die Ausführungen Rn. 8 bis 10 zu § 145 entsprechend. Der Beschluss ist jederzeit aufhebbar (§ 150).

5 **2. Einheitliches Verfahren.** Trotz vorläufiger Beschränkung der Verhandlung auf einzelne Angriffs- oder Verteidigungsmittel bleibt das Verfahren einheitlich. **Weiteres Vorbringen** zu den schon behandelten Punkten ist möglich, vorbehaltlich einer Präklusion (§§ 282 Abs. 1 und 2, 296 Abs. 2); es wird durch die getrennte Verhandlung kein Streitstoff abgeschichtet, wie es früher nach § 303 aF möglich war (Rn. 1). Termin wird zur mündlichen Verhandlung über den **gesamten Prozessstoff** anberaumt, nicht etwa über einzelne Angriffs- oder Verteidigungsmittel. Daher ergeht in jedem Stadium des Verfahrens Endurteil, sobald der Prozess entscheidungsreif wird, und im Falle der Säumnis ist Versäumnisurteil (§§ 330ff.) über den gesamten Streitstoff zu erlassen.

§ 147 Prozessverbindung

Das Gericht kann die Verbindung mehrerer bei ihm anhängiger Prozesse derselben oder verschiedener Parteien zum Zwecke der gleichzeitigen Verhandlung und Entscheidung anordnen, wenn die Ansprüche, die den Gegenstand dieser Prozesse bilden, in rechtlichem Zusammenhang stehen oder in einer Klage hätten geltend gemacht werden können.

I. Normzweck

1 Die Verbindung ermöglicht es, Prozesse,[1] die auf demselben Sachverhalt beruhen, zur **gemeinsamen Verhandlung und Entscheidung** zusammenzufassen. So lässt sich insbesondere eine einheitliche Beweisaufnahme und Beweiswürdigung erreichen, Doppelarbeit und uU sich widersprechende Urteile werden vermieden, die Kosten verringert. Das Gegenstück zu § 147 ist die Trennung (§ 145 Abs. 1), wenn die Klagenhäufung unzweckmäßig erscheint.

2 Die Verbindung wird sich regelmäßig bald nach Beginn der Prozesse empfehlen, **sobald der Zusammenhang ersichtlich** wird. Sie ist auch im Verlaufe des Prozesses noch möglich, nicht aber, wenn ein Verfahren bereits entscheidungsreif ist. Auch in der Berufungs- oder Revisionsinstanz ist Verbindung zulässig, vorausgesetzt, dass für jeden Prozess das eingelegte Rechtsmittel zulässig ist;[2*] nicht etwa werden die Streitwerte addiert, um die Rechtsmittelsumme zu erreichen.

---

[2] Auch der Antrag auf Anhörung eines Sachverständigen: BGH NJW 2004, 2828.

[1] Zivilprozessuale Erkenntnisverfahren aller Art- auch selbständige Beweisverfahren OLG Koblenz OLGR 2004, 69; nicht aber Kostenfestsetzungsverfahren; OLG Hamm RPfleger 1980, 439.

[2*] BGH NJW 1977, 1152.

II. Voraussetzungen der Verbindung

1. Dasselbe Gericht. Mehrere Prozesse müssen bei demselben Gericht **anhängig** (nicht notwendig rechtshängig, vgl. §§ 253 Abs. 1, 261 Abs. 1) sein. Derselbe Spruchkörper (Abteilung, Kammer, Senat) braucht es nicht zu sein; sonst würde § 147 ohne Not einen Teil seines Anwendungsbereichs verlieren. Eine Verbindung von Prozessen, die teils vor einer gewöhnlichen Zivilkammer und teils vor der Kammer für Handelssachen schweben, ist wegen der unterschiedlichen Besetzung nur mit Zustimmung der Parteien erlaubt (arg. §§ 96 Abs. 1, 97 Abs. 1, 98 Abs. 1 und 3 GVG).[3] Der **Einzelrichter** kann nur Prozesse verbinden, die ihm oder dem Einzelrichter einer anderen Zivilkammer bereits zur Entscheidung übertragen worden sind (§§ 348, 348 a).[4] Auch die Kammer kann nur Prozesse verbinden, die vor ihr oder einer anderen Kammer anhängig sind.[5] Zwar bleibt der Weg einer formlosen Anregung an die Kammer, auch den zweiten Prozess dem Einzelrichter (§ 348 a Abs. 1) zu übertragen oder einer Anregung der Übernahme durch die Kammer (§§ 348 Abs. 3, 348 a Abs. 2); dies ist aber in den genannten Vorschriften gerade nicht vorgesehen. 3

2. Gleiche Prozessart. Eine Verbindung setzt ferner voraus, dass **für alle Prozesse** die gleiche Prozessart gilt (vgl. § 260); zB darf nicht ein Eilverfahren auf vorläufigen Rechtsschutz mit dem Hauptverfahren verbunden werden. Näheres vgl. § 145 Rn. 11. 4

3. Weitere Voraussetzung. Weitere Voraussetzung und gerade das Kernstück ist, dass die Klageansprüche der zu verbindenden Prozesse in **rechtlichem Zusammenhang** stehen (vgl. § 33) oder in einer einzigen Klage hätten geltend gemacht werden können, dh. **in objektiver** (§ 260) oder **subjektiver Klagenhäufung** (§§ 59, 60). Zu Einzelheiten vgl. die Kommentierung der genannten Vorschriften. 5

III. Anordnung der Verbindung

1. Form; Verfahren. Die Anordnung ergeht durch **Beschluss,** und zwar bei vor verschiedenen Spruchkörpern schwebenden Prozessen durch Beschluss des den zweiten Prozess an sich ziehenden Spruchkörpers; **Zustimmung** des anderen Spruchkörpers ist nicht erforderlich, vorheriger Kontakt aber ratsam. Zu den Erfordernissen einer vorhergehenden mündlichen Verhandlung und des rechtlichen Gehörs der Parteien vgl. § 145 Rn. 8, zur Verkündung, Begründungspflicht und Beschwerdefähigkeit[6] s. § 145 Rn. 9 und 10. 6

2. Ermessen. Die Verbindung anzuordnen, liegt im pflichtgemäßen Ermessen des Gerichts. An Anträge der Parteien ist es nicht gebunden. Bei der Ausübung des Ermessens hat sich das Gericht am **Zweck des § 147** zu orientieren (Rn. 1). Die Verbindung wird sich namentlich empfehlen, wenn Gesamtschuldner aus demselben Lebenssachverhalt (Vertrag, Delikt) haften oder wenn die Haftung des zweiten Beklagten durch Akzessorietät (Bürgschaft, Hypothek) oder Vertrag (Grundschuld) mit der Schuld des ersten Beklagten verknüpft ist. Sachfremd sind zB die Erwägungen, die Rechtsmittelsumme zu erreichen oder zu vermeiden oder die Zahl der Geschäftsnummern des Spruchkörpers zu steigern. Keine Ermessensentscheidung nach § 147 liegt vor, wenn die Verbindung gesetzlich vorgeschrieben oder verboten ist. Vgl. § 145 Rn. 11. Auch die Identität der Verfahrensgegenstände kann dazu führen, dass eine sonst- im Ermessen des Gerichts stehende – Verbindung der Verfahren entsprechend § 147 ZPO zwingend geboten ist.[7] 7

3. Prinzip des gesetzlichen Richters. Während bei der Trennung von Prozessen gem. § 261 Abs. 3 Nr. 2 die bisherige Zuständigkeit bleibt und damit das Problem eines Wechsels des gesetzlichen Richters (Art. 101 Abs. 1 S. 2 GG) gar nicht auftritt (vgl. § 145 Rn. 13 und 14), wird bei der Verbindung der hinzugenommene Prozess ggf. dem bisher zuständigen Spruchkörper entzogen. Da der Wechsel auf einer Ermessensentscheidung des die Prozesse verbindenden Gerichts beruht, ist in der Tat fraglich, ob das Prinzip des gesetzlichen Richters auf solchem Wege variabel gestaltet werden darf.[8] Wollte man die Verbindungsmöglichkeit deshalb auf Prozesse beschränken, die bei demselben Spruchkörper oder gar in derselben Besetzung (vgl. § 21 g GVG) anhängig sind, würde § 147 einen Teil seines Nutzens einbüßen. So bleibt wohl nur der Ausweg, vor der Verbindung 8

---

[3] Streitig! Vgl. *Stein/Jonas/Leipold* Rn. 2; *Thomas/Putzo/Reichold* Rn. 1; *Zöller/Greger* Rn. 2.
[4] OLG Frankfurt OLGR 2003, 67; *Stein/Jonas/Leipold* Rn. 3; *Zöller/Greger* Rn. 2.
[5] *Stein/Jonas/Leipold* Rn. 3.
[6] BPatG GRUR 1985, 1040.
[7] OLG Köln OLGR 2005, 2 für den Fall der Anfechtung desselben Eigentümerbeschlusses aufgrund der Gestaltungswirkung des § 23 Abs. 4 S. 1 WEG.
[8] Treffend *Stein/Jonas/Leipold* Rn. 15.

der vor verschiedenen Spruchkörpern schwebenden Prozesse die **Zustimmung aller Parteien** einzuholen.[9]

IV. Wirkungen der Verbindung

9 **1. Einheitlich.** Die verbundenen Prozesse verlieren nunmehr ihre Selbständigkeit. Sie werden wie bei anfänglicher Klagenhäufung zu einem einzigen Verfahren zusammengefasst mit einheitlicher **Verhandlung, Beweisaufnahme und Entscheidung.** Mehrere auf derselben Seite stehende Parteien werden Streitgenossen; hatten die Beteiligten in den vorher selbständigen Prozessen entgegengesetzte Parteirollen, so wird die später anhängig gewordene Klage im verbundenen Prozess zur Widerklage.[10]

10 **2. Ziel.** Ziel der Verbindung ist das **einheitliche Endurteil.** Wird entgegen der Erwartung der eine früher selbständige Prozess entscheidungsreif, so ergeht insoweit Vollendurteil (§ 300 Abs. 2), nicht etwa Teilurteil (§ 301). Das entspricht der Logik nur, wenn man in diesem Vollendurteil zugleich die stillschweigende Aufhebung der Prozessverbindung sieht.[11] Klarer und korrekter ist ein förmlicher Aufhebungsbeschluss (§ 150) vor Erlass des Vollendurteils.

11 **3. Bisherige Prozesshandlungen und Beweisaufnahmen.** Die bisherigen Prozesshandlungen und Beweisaufnahmen gelten fort, beziehen sich aber nicht ohne weiteres auf die **hinzugekommenen Verfahren.** Ob zB Geständnis oder Nichtbestreiten sich auch auf dieselbe Behauptung im anderen Streitverhältnis erstreckt, hat das Gericht – ggf. unter Hinweis auf die Wahrheitspflicht (§ 138 Abs. 1) – zu klären. **Beweisaufnahmen** lassen sich dann nicht einfach übernehmen, wenn spätere Streitgenossen keine Gelegenheit zur Teilnahme an der Beweisaufnahme (§§ 355 Abs. 1, 357, 397, 402), also auch nicht zu rechtlichem Gehör aus unmittelbar eigener Anschauung hatten (Art. 103 Abs. 1 GG). Das Gericht muss also die Zustimmung der damals nicht beteiligten Partei zur Verwertung der Beweisergebnisse einholen (§ 295) oder die Beweisaufnahme wiederholen.[12]

12 Grundsätzlich nimmt jeder Streitgenosse als Auskunftsperson die Stellung der **Partei, nicht** eines **Zeugen** ein. Davon lässt sich eine Ausnahme machen, wenn er zu Behauptungen gehört werden soll, die ausschließlich den Prozessstoff des anderen Streitgenossen betreffen;[13] denn hier erscheinen die Beschränkungen für die Aussage in eigener Sache (§§ 445, 447) nicht gerechtfertigt.

13 **4. Sachliche Zuständigkeit.** Die sachliche Zuständigkeit **ändert** sich durch die Prozessverbindung **nicht** (§ 261 Abs. 3 Nr. 2). So bleibt das Amtsgericht zuständig, auch wenn durch die Addition der Streitwerte (§ 5) die Zuständigkeit des Landgerichts bei anfänglicher Klagenhäufung begründet wäre. Eine Ausnahme lässt sich nur vertreten, wenn der Kläger durch willkürliche Aufspaltung des Streitgegenstandes in mehrere Teilklagen die amtsgerichtliche Zuständigkeit erschleichen wollte (vgl. § 506).[14]

14 **5. Verbindung im Rechtsmittelverfahren.** In der Revisionsinstanz setzt eine Verbindung mehrerer Verfahren voraus, dass in jedem dieser Verfahren die Revision zulässig ist.[15]

15 **6. Streitwert.** Für die Bestimmung des **Rechtsmittelstreitwerts** sind die Streitwerte zu addieren (§ 5). Dasselbe gilt bezüglich des **Gebührenstreitwerts** für die nach der Verbindung vorgenommenen Handlungen des Gerichts oder der Anwälte.[16] Die vorher in den einzelnen Verfahren nach den jeweiligen Streitwerten angefallenen Gebühren bleiben unberührt, die Verhandlungsgebühren werden bei fortgeführter Verhandlung über den Gesamtprozess angerechnet.[17] Jedoch billigt die Praxis dem während des gesamten Prozessverlaufs tätigen Anwalt ein Wahlrecht zu, statt der Prozessgebühren für die Einzelverfahren eine einheitliche Prozessgebühr nach dem addierten Streitwert zu berechnen.[18]

16 **7. Nur gemeinsame Verhandlung und/oder Beweisaufnahme.** Nicht durch § 147 gedeckt, gleichwohl nicht unzulässig ist der Weg, mehrere Verfahren lediglich zur gemeinsamen Verhandlung und/oder Beweisaufnahme **rein tatsächlich zusammenzulegen.** Die Rechtsfolgen ei-

---

[9] *Stein/Jonas/Leipold* Rn. 15; *Zöller/Greger* Rn. 2.

[10] So *W. Lüke,* Die Beteiligung Dritter im Zivilprozeß, 1973, S. 404 ff., 410 ff.

[11] So BGH NJW 1957, 183; AK-ZPO/*Göring* Rn. 7; *Stein/Jonas/Leipold* Rn. 23.

[12] *Zöller/Greger* Rn. 8.

[13] BGH NJW 1983, 2508 (LS); BAG JZ 1973, 58; OLG Düsseldorf MDR 1971, 56; KG OLGZ 1977, 244; *Stein/Jonas/Leipold* Rn. 24.

[14] AK-ZPO/*Göring* Rn. 7.

[15] BGH NJW 1977, 1152.

[16] OLG München AnwBl. 1981, 155.

[17] OLG Zweibrücken JurBüro 1981, 699; OLG Stuttgart JurBüro 1982, 1670 m. abl. Anm. *Mümmler.*

[18] *Stein/Jonas/Leipold* Rn. 27; *Zöller/Greger* Rn. 10.

ner Verbindung nach § 147 treten dann nicht ein. Der Vorteil solcher Verknüpfung liegt darin, dass die Verhandlungen des ersten Prozesses in dem sich unmittelbar anschließenden Prozess nicht wiederholt werden müssen, sondern auf sie Bezug genommen werden kann.[19] Welche Art der Verbindung gemeint ist, ist im Streitfall durch Auslegung zu ermitteln.[20] Dass im Zweifel von einer Verbindung gem. § 147 auszugehen sei,[21] entbehrt der Begründung.

§ 148 Aussetzung bei Vorgreiflichkeit

Das Gericht kann, wenn die Entscheidung des Rechtsstreits ganz oder zum Teil von dem Bestehen oder Nichtbestehen eines Rechtsverhältnisses abhängt, das den Gegenstand eines anderen anhängigen Rechtsstreits bildet oder von einer Verwaltungsbehörde festzustellen ist, anordnen, dass die Verhandlung bis zur Erledigung des anderen Rechtsstreits oder bis zur Entscheidung der Verwaltungsbehörde auszusetzen sei.

I. Zweck der Aussetzung nach § 148

1. Zweck. Die Aussetzung erlaubt es dem Richter des laufenden Zivilprozesses, die **Entscheidung einer Vorfrage** seines Prozesses in einem anderen Rechtsstreit oder Verwaltungsverfahren abzuwarten. Das erleichtert die folgende eigene Entscheidung, spart uU die Mühen und Kosten einer wiederholten Prüfung der Tatsachen- und Rechtslage und beseitigt oder verringert zumindest die Gefahr sich widersprechender Entscheidungen. Dass die Entscheidung des laufenden Zivilprozesses sich möglicherweise verzögert, ist der Preis. 1

2. Geltungsbereich. Grundsätzlich ist Aussetzung **in jedem** zivilprozessualen **Verfahren** und in jedem Verfahrensstadium zulässig, sofern nur eine Entscheidung ansteht Doch kann die besondere Qualität des Verfahrens eine Aussetzung verbieten oder nur ausnahmsweise gestatten. 2

So ist Aussetzung im **Berufungsverfahren** ohne besondere Einschränkung möglich, während sie im **Revisionsverfahren** ausgeschlossen ist, falls sie der Einführung neuer Tatsachen dienen soll.[1] In den Verfahren des **Arrestes** und der **einstweiligen Verfügung** verbietet sich eine Aussetzung wegen der Eilbedürftigkeit und der Vorläufigkeit dieser Verfahren;[2] für das Widerspruchs- (§ 924)[3] und Aufhebungsverfahren (§ 927) ist eine Aussetzung im Hinblick auf den Stand des Hauptsacheverfahrens immerhin denkbar.[4] Im **Urkundenprozess** ist bis zum Vorbehaltsurteil eine Aussetzung mit der Eilbedürftigkeit dieses Verfahrens ebenfalls nicht vereinbar.[5] Das Verfahren auf Bewilligung von **Prozesskostenhilfe** ist auf summarische Prüfung und raschen Abschluss angelegt; eine Aussetzung im Hinblick auf eine bevorstehende anderweitige Entscheidung kann sich hier ausnahmsweise einfügen; regelmäßig aber ist eine Aussetzung nicht am Platze.[6] 3

In der **Zwangsvollstreckung** kommt eine Aussetzung nicht in Frage, wenn sie dem raschen Zugriff des Gläubigers im Wege stehen würde. Im späteren Verlauf darf sie sich jedenfalls nicht zu einem zusätzlichen Behelf zum Schutze des Schuldners auswirken.[7] Deshalb wird sie auch im Erinnerungs- oder Beschwerdeverfahren[8] kaum einmal angebracht sein, wohl aber in den Urteilsverfahren nach § 767 oder § 771. 4

3. Umgehung des § 148. Fehlen die Voraussetzungen des § 148, so wird das Gericht gelegentlich die **gleiche Wirkung,** den Stillstand des Verfahrens, auf andere Weise zu erreichen suchen. Legitim ist es, Anträge der Partei anzuregen, das **Ruhen des Verfahrens** anzuordnen (§ 251);[9] hier sind die Parteien mit der Verzögerung ihres Prozesses einverstanden. Unzulässige Umgehung 5

---

[19] BGH (Fn. 11); AK-ZPO/*Göring* Rn. 6; *Baumbach/Lauterbach/Hartmann* Rn. 3; *Stein/Jonas/Leipold* Rn. 22; *Zöller/Greger* Rn. 5.

[20] RGZ 142, 255, 257; BGH (Fn. 11).

[21] So BGH (Fn. 11); *Stein/Jonas/Leipold* Rn. 22.

[1] BGH MDR 1983, 574; zur Ausnahme im Patentverletzungsstreit vgl. BGHZ 81, 397.

[2] OLG Frankfurt FamRZ 1985, 409 (zu § 620); AK-ZPO/*Göring* Rn. 5; *Stein/Jonas/Roth* Rn. 32.

[3] LG Köln ZZP 70 (1957), 137.

[4] OLG Düsseldorf NJW 1985, 1966; OLG München MDR 1986, 681; *Stein/Jonas/Roth* Rn. 32; aA OLG München OLGZ 1988, 230.

[5] OLG Hamm NJW 1976, 246; *Thomas/Putzo/Reichold* Rn. 6; aA OLG München JurBüro 2003, 154 wegen der Gefahr divergierender Entscheidungen; BGH MDR 2004, 705 soweit nicht die Gefahr widersprechender Entscheidungen entsteht (Zweitaufrechnung).

[6] Gegen jede Aussetzung aber das Schrifttum; ferner KG NJW 1953, 1474; OLG München MDR 1988, 783.

[7] Treffend *Stein/Jonas/Roth* Rn. 8.

[8] OLG Hamm NJW 1954, 1123.

[9] ZB BGH NJW 2004, 2597 für das Ruhenlassen bis zum Ende des Beweisverfahrens.

des § 148 bedeutet es jedoch, entgegen § 227 eine **Vertagung** auf lange oder gar unbestimmte Zeit zu beschließen[10] oder eine Beweisaufnahme anzuordnen, ihre Ausführung aber unangemessen hinauszuschieben.[11] Diese Maßnahmen sind als fehlerhafte Aussetzungen zu behandeln, also mit der Beschwerde angreifbar (§ 252).[12]

II. Voraussetzungen der Aussetzung nach § 148

6 **1. Präjudizialität.** Die Entscheidung des laufenden (auszusetzenden) Prozesses muss ganz oder teilweise **abhängig** sein vom Bestehen oder Nichtbestehen eines Rechtsverhältnisses, über das in einem anderen anhängigen Zivilprozess oder in einem Verwaltungsverfahren zu befinden ist. Die andere Entscheidung beantwortet also eine **Vorfrage** für die Entscheidung des laufenden Prozesses. Diese **Vorgreiflichkeit** kann auf verschiedene Weise wirken:

7 **a) Materielle Rechtskraft.** Das aussetzende Gericht kann durch die **materielle Rechtskraft** des Urteils im anderen Prozess gebunden werden. ZB hat der Beklagte die aufgerechnete Gegenforderung in einem zweiten Prozess[13] selbständig eingeklagt; das Ergebnis des zweiten Prozesses wird in den ersten Prozess übernommen, falls sich die Klagforderung als begründet erweist – vorbehaltlich der Aufrechnung. Die Aussetzung des Zweitprozesses ist bis zur Entscheidung über dasjenige Verfahren, in dem zuerst (mit derselben Gegenforderung) aufgerechnet wurde, sinnvoll.[14]

8 **b) Gestaltungswirkung.** Das aussetzende Gericht kann durch die **Gestaltungswirkung** der Entscheidung im anderen Verfahren betroffen werden. ZB wird im Zahlungsprozess um die Wirksamkeit des Lieferungsvertrages gestritten, in einem Verwaltungsverfahren die Erteilung der notwendigen Genehmigung angestrebt. Oder die Anerkennung einer ausländischen Ehescheidung durch die Landesjustizverwaltung (Art. 7 FamRÄndG) ist für Folgeansprüche maßgebend.[15]

9 **c) Musterprozess.** Abhängigkeit können auch die Parteien durch die Abrede eines **Musterprozesses** schaffen.[16] Ist der erste Teilprozess rechtshängig und klagt der Gläubiger – etwa wegen drohender Verjährung – die Hauptsumme ein, so empfiehlt sich, weil mit dem Betreiben des zweiten Prozesses gerade gewartet werden soll, nicht die Verbindung (§ 147), sondern die Aussetzung. Gleiches gilt bei einem Musterprozess, der für zahlreiche Parallelprozesse maßgebend sein soll (etwa betrieben von Verbänden). Der Umstand, dass beim BGH ein Revisionsverfahren anhängig ist, in dem über eine Rechtsfrage zu entscheiden ist, von deren Beantwortung auch die Entscheidung eines zweiten Rechtsstreits abhängt, rechtfertigt die Aussetzung des zweiten Rechtsstreits nach Art eines Musterprozesses noch nicht.[17]

10 **d) Tatsächlicher Einfluss.** Zweifelhaft erscheint, ob über die zu a) bis c) geschilderte rechtliche Bindung hinaus auch rein **tatsächlicher Einfluss** der Vorgänge des anderen Prozesses auf die Entscheidung des laufenden Prozesses zur Aussetzung genügt.[18] Praktisch geht es um Beweisaufnahmen und Beweiswürdigungen, die zwar das Gericht des auszusetzenden Prozesses nicht binden, aber mit ihrer Ausstrahlung nicht verfehlen. Klagt zB der Testamentserbe gegen den gesetzlichen Miterben A auf Herausgabe von Nachlasssachen, sodann vor einem anderen Gericht (also nicht nach § 27, so dass Verbindung möglich wäre) gegen den gesetzlichen Miterben B gleichfalls auf Herausgabe anderer Nachlassgegenstände und ist in beiden Prozessen die Gültigkeit des Testaments (zB Echtheit, Testierfähigkeit) umkämpft, so drängt sich die Frage der Aussetzung des Prozesses gegen B auf.[19] Umstritten ist die Frage, ob ein Bauprozess wegen eines anhängigen selbständigen Beweisverfahrens ausgesetzt werden kann.[20] Die Aussetzung nach den §§ 152 bis 154 stützt sich auf die Bindungswirkung des Statusurteils, die nach § 149 auf die tatsächliche Auswirkung der strafrich-

---

[10] BGH NJW 1983, 2496.

[11] AA LG Stuttgart ZZP 69 (1956), 46 (im konkreten Fall überholt durch § 640 f).

[12] *Stein/Jonas/Roth* Rn. 21; AK-ZPO/*Göring* Rn. 1.

[13] Aussetzung ist zB geboten bei Aufrechnung mit einer rechtswegfremden Forderung; BGHZ 16, 124 = NJW 1955, 497. Näheres vgl. § 145 Rn. 31 ff.

[14] BGH MDR 2004, 705.

[15] BGH NJW 1983, 514.

[16] AA LG München I NJW-RR 2003, 161 allerdings für den Fall, dass die Parteien mit der Aussetzung nicht einverstanden sind; *Stein/Jonas/Roth* Rn. 19; zur Möglichkeit der Analogie vgl. *Stein/Jonas/Roth* Fn. 74.

[17] BGH NJW 2005, 1947.

[18] Dagegen BGHZ 162, 373 = NJW 2005, 1947.

[19] Differenzierend *Stein/Jonas/Roth* Rn. 23, 24; AK-ZPO/*Göring* Rn. 1; aA *Zöller/Greger* Rn. 9.

[20] Ablehnend OLG Düsseldorf NJW-RR 2004, 527; NJW-RR 2000, 288; OLG Dresden NJW-RR 1998, 1101; *Thomas/Putzo/Reichold* Rn. 4; aA (§ 148 analog) OLG München NJW-RR 1998, 576; KG BauR 2000, 1232; offen lassend: BGH NJW 2003, 3057; BGH NJW 2004, 2597 (mit Tendenz zur Aussetzung).

terlichen Tatsachenfeststellungen auf das Zivilgericht. Allerdings spricht § 149 lediglich von „Einfluss", während § 148 „Abhängigkeit" verlangt; die Motive belegen den Unterschied in der Formulierung indessen nicht. So muss die Funktion des § 148 den Ausschlag geben.[21] Alle leitenden Aspekte – Seitenblick auf den Parallelprozess, Vermeidung sich widersprechender Urteile, Prozessökonomie – legen eine extensive Auslegung nahe.[22] Die Klärung des Sachverhalts im anderen Prozess kann unter Umständen im laufenden Prozess die Behauptungen unstreitig machen; Zeugenbeweisprotokolle und Sachverständigengutachten (das graphologische oder medizinische Gutachten im Beispielsfall) lassen sich mit Zustimmung der Parteien übernehmen; das andere Urteil kann die Überlegungen des jetzt entscheidenden Gerichts befruchten. Dies alles lässt eine Aussetzung sinnvoll erscheinen. Unter diesen Gesichtspunkten kommt auch ohne Musterprozessabrede eine Aussetzung bei Teilklagen oder gleichartigen Klagen derselben Parteien in Frage.[23]

2. Anhängigkeit. Die Vorfrage muss **Gegenstand eines bereits anhängigen Rechtsstreits** sein. Nach Wortlaut und Funktion des § 148 ist Rechtshängigkeit nicht erforderlich.[24] Er darf aber nicht seinerseits ausgesetzt sein.[25] Anhängigkeit im Mahnverfahren genügt nicht, solange nicht das Verfahren auf Rechtsbehelf des Schuldners in ein Streitverfahren übergeleitet wird (§§ 694, 697, 700). Der andere Prozess kann vor einem beliebigen staatlichen Gericht, auch eines anderen Rechtswegs, schweben. Anhängigkeit im Schiedsgerichtsverfahren steht gleich (§§ 1025, 1040).[26] Im Patentverletzungsverfahren ist eine Aussetzung der Entscheidung bei Anhängigkeit eines Patentnichtigkeitsverfahrens zulässig.[27] Anhängigkeit vor einem ausländischen Gericht setzt analog § 148 voraus, dass dessen Entscheidung für das deutsche Gericht bindend (Rn. 7 bis 9) oder zumindest maßgebend (Rn. 10) ist; dh., dass sie nach staatsvertraglicher Grundlage anzuerkennen ist[28] oder jedenfalls ihrer Anerkennung nicht § 328 im Wege steht; darüber muss sich das aussetzende Gericht vergewissern.[29] Liegen die weiteren Voraussetzungen vor, ist die Aussetzung auch in analoger Anwendung des § 148 bei vor dem EuGH, dem Gericht erster Instanz (Art. 225 EG) oder der Kommission anhängigen Verfahren in betracht zu ziehen.[30] 11

3. Verwaltungsverfahren. Die Vorfrage muss von einer **Verwaltungsbehörde** zu beantworten sein. Hier ist nach dem Gesetzeswortlaut Anhängigkeit nicht erforderlich; Aussetzung ist auch möglich, um das Verwaltungsverfahren erst noch einzuleiten. ZB ist in einem Unterhaltsprozess streitig, ob eine Überleitungsanzeige nach § 90 BSHG bevorsteht oder wirksam ergangen ist[31] oder ob ein Rentenantrag des Klägers Erfolg haben wird.[32] Immerhin muss mit baldiger Entscheidung der Verwaltung zu rechnen sein, da sonst das Zivilgericht den zZ entscheidungsreifen Prozess nicht abschließen würde; andererseits hat ein sofortiges Urteil wenig Wert, weil sich voraussichtlich die Urteilsgrundlagen in Kürze ändern werden. Nicht auf die Wirkung des Verwaltungsakts ex tunc oder ex nunc kommt es also an,[33] sondern auf die sinnvolle Ordnung des gesamten Komplexes.[34] Daher kann der Rechtsstreit auch noch in der Revisionsinstanz ausgesetzt werden.[35]Ist die Vorfrage Gegenstand eines Prozesses vor dem **Verwaltungsgericht,** gilt Rn. 11.[36] 12

III. Anordnung der Aussetzung nach § 148

1. Beschluss. Die Aussetzung wird durch prozessleitenden Beschluss angeordnet. Er ergeht **von Amts wegen;** Anträge der Parteien sind nur Anregungen. Ob der Beschluss mündliche Verhand- 13

[21] Anders mit streng logischer Begriffsbestimmung *Mittenzwei,* Die Aussetzung des Prozesses zur Klärung von Rechtsfragen, 1971, S. 18 ff.

[22] Darauf deutet auch der weitgefasste Wortlaut der Parallelvorschrift des Art. 22 EuGVÜ. Ablehnend OLG München MDR 1996, 197 unter Hinweis auf die Möglichkeiten der §§ 251, 147.

[23] AA OLG Köln NJW 1958, 106 und MDR 1983, 848; OLG Nürnberg MDR 1963, 507.

[24] *Stein/Jonas/Roth* Rn. 30; aA LG Stuttgart ZZP 71 (1958), 292.

[25] BGH NJW-RR 2005, 925.

[26] BGHZ 23, 17 = NJW 1957, 591; allgM.

[27] BGHZ 158, 372.

[28] OLG Köln NJW-RR 1999, 81. Näheres vgl. *Stein/Jonas/Roth* Rn. 56 ff.

[29] OLG Frankfurt NJW 1986, 1443.

[30] EuGH NJW 2001, 1265; BGH NJW 2005, 1947; *Stein/Jonas/Roth* Rn. 59.

[31] LG Duisburg MDR 1983, 138; LG Hannover MDR 1982, 586 (nur bei Anordnung aufschiebender Wirkung des Widerspruches bzw. der Anfechtungsklage); ebenso *Schultz* MDR 1983, 101.

[32] OLG Düsseldorf FamRZ 1981, 52; aA OLG Karlsruhe FamRZ 1985, 1070.

[33] So aber *Stein/Jonas/Roth* Rn. 45, die bei Wirkung des Verwaltungsakts ex nunc nur ausnahmsweise eine Aussetzung für denkbar halten; *Zöller/Greger* Rn. 6 a; EuGH NJW 2001, 1265.

[34] BGH MDR 1988, 299; richtig erkannt von *Mittenzwei* (Fn. 21) S. 124 f.

[35] BGH NJW-RR 1992, 1149.

[36] In diesem Fall für analoge Anwendung des § 148 (vgl. Rn. 20): *Stein/Jonas/Roth* Rn. 42.

lung voraussetzt, ist umstritten, eher aber zu bejahen.[37] Eine Analogie zu § 248 Abs. 2 ist schwerlich zu halten; die detaillierte Aufzählung der Aussetzungsfälle in § 252 spricht dagegen; außerdem führt die Aussetzung nach § 148 – im Gegensatz zur Aussetzung nach den §§ 239 ff., 246 f. – in die Mitte des Streitstoffes hinein, so dass mündliche Verhandlung geboten erscheint.[38] Nur in den Fällen schriftlichen Verfahrens (§§ 128 Abs. 2bis 4, 331 a) oder der Zustimmung beider Parteien braucht sie nicht stattzufinden. Jedenfalls aber ist den Parteien **rechtliches Gehör** vor Erlass der sie uU belastenden Anordnung zu gewähren.

14 **2. Ermessen.** Die Aussetzung steht im pflichtgemäßen Ermessen des Gerichts. Es wird sich vom **Zweck der Vorschrift** leiten lassen (vgl. Rn. 1). In den Fällen bindender Entscheidung der Vorfrage (Rn. 7 bis 9) wird sich die Aussetzung regelmäßig empfehlen; anders etwa, wenn die Anerkennung einer ausländischen Entscheidung zweifelhaft erscheint (Rn. 11), wenn die Klage vor dem Verwaltungsgericht nicht auf plausible Gründe gestützt wird[39] oder sich im Hinblick auf eine Aufrechnungsforderung der Erlass eines Vorbehaltsurteils aufdrängt.[40] In den Fällen eines nur tatsächlichen Einflusses (Rn. 10) ist der Ermessensspielraum weit; zeitliche Verzögerung mit ihrer Auswirkung auf die Interessen der Parteien (etwa bei Aussetzung des Lohnzahlungsprozesses bis zur Entscheidung des Kündigungsschutzprozesses),[41] Kostenaufwand, Erreichbarkeit und Zuverlässigkeit der Beweismittel im anderen Verfahren fallen ins Gewicht. Ist eine Verbindung (§ 147) möglich, wird sie gewöhnlich vorzuziehen sein, weil sie jede Verzögerung vermeidet.[42]

15 **3. Begründung.** Nach mündlicher Verhandlung ist der Beschluss zu **verkünden** (§ 329 Abs. 1), sonst formlos mitzuteilen (§ 329 Abs. 2 S. 1). Er bedarf der – wenn auch kurzen – **Begründung.**[43] Die vielfach abweichende Praxis ist keinesfalls zu billigen. Nicht nur, weil die Oberinstanz (§ 252) sich über die Gründe des angefochtenen Beschlusses ins Bild setzen können muss, sondern auch und in erster Linie, weil das Gericht den Parteien Rechenschaft schuldet, dass es die Voraussetzungen des § 148 erkannt und sein Ermessen in sinnvoller Weise ausgeübt hat, so dass die eintretende Verzögerung des Prozesses in Kauf zu nehmen ist. Der Grundsatz des rechtlichen Gehörs (Art. 103 Abs. 1 GG) verlangt, die Parteien zu hören, ihr Vorbringen zu überlegen und sie auch zu bescheiden.[44] Das Rechtsstaatsprinzip (Art. 20 Abs. 2 und 3 GG) gebietet, dass das Gericht seine die Parteien uU belastende Entscheidung rechtfertigt.[45] Die Parallele zu den Beschlüssen auf Trennung (§ 145 Rn. 9) und Verbindung von Prozessen (§ 147 Rn. 6) liegt auf der Hand.

16 **4. Kosten.** Die Anordnung ergeht **gerichtsgebührenfrei.** Im Beschwerdeverfahren fällt eine Gebühr an, wenn die Beschwerde verworfen oder zurückgewiesen wird (GKG KV Nr. 1811). Der Streitwert ist nach dem Interesse des Beschwerdeführers zu schätzen (§ 3);[46] der weithin übliche Betrag von einem Fünftel oder gar einem Drittel des Hauptstreitwerts erscheint wesentlich überhöht Die Gebühr des **Anwaltes** bestimmt sich nach RVG VV 3100, 3104, 3105.

17 **5. Beschwerde.** Gegen die Anordnung und die Ablehnung der Aussetzung findet die die **sofortige** Beschwerde (§ 252 Alt. 2) statt. Wegen dieses Rechtsmittels kann der Beschluss später nicht mit Berufung oder Revision angefochten werden (§§ 512, 557 Abs. 2); anders, wenn die Aussetzung erst in den Urteilsgründen abgelehnt wird (wegen § 567 Abs. 1 S. 1 aber keine Revision). Zur Frage, ob auch ein in der letzten Instanz (LG als Berufungsgericht) erlassener Aussetzungsbeschluss beschwerdefähig ist, vgl. die Kommentierung zu § 252.

IV. Wirkungen der Aussetzung nach § 148

18 **1. Vorschriften des § 249.** Die **Wirkungen** richten sich nach § 249; zu Einzelheiten vgl. die dortigen Erläuterungen. § 249 gilt auch in den Fällen einer unzulässigen Umgehung des § 148 (Rn. 5).

---

[37] AA OLG München OLGZ 1968, 432 = NJW 1968, 2150; *Thomas/Putzo/Reichold* Rn. 2.

[38] Im Ergebnis ebenso AK-ZPO/*Göring* Rn. 6; *Stein/Jonas/Roth* Rn. 35.

[39] OLG Oldenburg MDR 1998, 181 (Schuldner hatte Überleitungsanzeige nach § 90 BSHG angefochten).

[40] Schleswig-Holsteinisches OLG MDR 2006, 707 für den Fall der Zahlung von Krankentagegeld als Lohnersatzleistung.

[41] LAG Hamm MDR 1985, 699; LAG Köln BB 1986, 464; LAG Nürnberg NZA 1987, 211; LAG Kiel MDR 1998, 544; alle für zügigen Fortgang des Lohnzahlungsprozesses – aber nur als Faustregel zutreffend, nicht zwingend.

[42] BGH NJW 2002, 751; OLG Koblenz NJW-RR 1986, 742.

[43] Richtig *Baumbach/Lauterbach/Hartmann* Rn. 37; *Stein/Jonas/Roth* Rn. 37.

[44] Treffend *Brüggemann,* Die richterliche Begründungspflicht, 1971, bes. S. 109 ff.; *Ehrlein,* Die Begründungspflicht für erstinstanzliche zivilprozessuale Beschlüsse im Erkenntnisverfahren, Diss. Tübingen 1988, bes. S. 313 ff.

[45] *Brüggemann* (Fn. 44) S. 109 ff.; *Ehrlein* (Fn. 44) S. 323 ff.

[46] BGHZ 22, 283 = NJW 1957, 424.

2. Ende der Aussetzung. Die Wirkungen enden **ipso iure,** sobald das andere Verfahren zum endgültigen Abschluss gebracht worden ist; einer Aufnahmeerklärung der Partei bedarf es nicht.[47] Sie enden ferner durch Aufhebungsbeschluss nach § 150. 19

V. Analoge Anwendung des § 148

1. Analogiefähigkeit. Nach seiner Funktion und in seinem prozessualen Mittel ist § 148 analogiefähig. Dabei bedarf aber die Abhängigkeit des auszusetzenden Prozesses von der Entscheidung des anderen Verfahrens einer **sorgfältigen Prüfung.**[48] So ist eine Aussetzung auch nicht zu rechtfertigen, um eine bevorstehende, nicht rückwirkende Gesetzesänderung abzuwarten (früher aktuell im Familien- und Arbeitsrecht).[49] Gleiches gilt für eine Aussetzung, um auf einer bevorstehenden höchstrichterlichen Grundsatzentscheidung aufbauen zu können;[50] hier werden vielleicht die Parteien für ein Ruhen des Verfahrens (§ 251) zu gewinnen sein (vgl. Rn. 5). 20

2. Freiwillige Gerichtsbarkeit. Bedeutung hat die analoge Anwendung des § 148 im Bereich der Freiwilligen Gerichtsbarkeit. In **echten Streitsachen**[51] erlangen die Beschlüsse sogar **materielle Rechtskraft** (§§ 322ff. analog) und **binden** somit den Zivilrichter; zB hat er die Möglichkeit der Aussetzung im Herausgabeprozess, wenn im anhängigen Verfahren nach der HausratsVO die Zuteilung der herausverlangten Sachen zu Eigentum des einen Ehegatten in Frage steht; dass die Zuteilung keine Rückwirkung hat, schließt, um nicht ein sogleich wieder angreifbares (§ 767) Urteil zu bekommen, die Aussetzung nicht aus (vgl. Rn. 12). 21

Auch in der **vorsorgenden Freiwilligen Gerichtsbarkeit** können Beschlüsse des Richters oder des Rechtspflegers das Prozessgericht binden, und zwar wegen ihrer Gestaltungswirkung. So ist die Aussetzung am Platze, um zur Klärung der Prozessfähigkeit einer Partei die Aufhebung einer wirksamen, aber fehlerhaften Pflegerbestellung zu ermöglichen; dass die Aufhebung nicht zurückwirkt (§ 32 FGG), ist wiederum unerheblich.[52] Der Prozess des unverheirateten Kindes gegen die Eltern auf Leistung des Unterhalts in Geld ist auszusetzen, bis das Vormundschaftsgericht eine entsprechende Regelung getroffen hat (§ 1612 Abs. 2 S. 2 BGB), mag sie Rückwirkung haben[53] oder nicht. Dagegen ist die Entscheidung des Nachlassgerichts im Erbscheinsverfahren nicht maßgebend für die Leistungsklage des Erben; materielle Rechtskraft über das Erbrecht ist nur durch eine (Zwischen-)Feststellungsklage (§ 256) zu erreichen.[54] 22

3. Zahlungsprozess des Massegläubigers. Bei Anordnung eines allgemeinen Verfügungsverbotes nach § 21 Abs. 2 Nr. 2 InsO über das Vermögen des Beklagten kann das Verfahren ausgesetzt werden.[55] **Zweifelhaft** hingegen ist die Aussetzung im Zahlungsprozess des Massegläubigers (§§ 53ff. InsO), wenn der Konkursverwalter auf die Unzulänglichkeit der Masse verweist, aber die auf den Kläger entfallende Quote noch nicht zu beziffern vermag. Hier ist eine Aussetzung bis zur abschließenden Bestandsaufnahme der Masse denkbar.[56] Näher liegt die sofortige Klageabweisung durch Prozessurteil; die Klage erscheint verfrüht, ein Rechtsschutzbedürfnis des Klägers ist zum jetzigen Zeitpunkt nicht zu erkennen.[57] 23

VI. Weitere gesetzliche Fälle der Aussetzung

1. Anwendungsbereich. Des Instruments der Aussetzung hat sich der Gesetzgeber in zahlreichen ähnlich gelagerten Fällen bedient. Die wichtigsten sind im Folgenden genannt: 24

a) §§ 65,[58] 152 bis 155, 246 bis 249, 614, 640f.

b) § 97 Abs. 5 ArbGG (Tariffähigkeit).

---

[47] BGHZ 106, 295, 298; OLG Hamburg ZZP 76 (1963), 476; *Stein/Jonas/Roth* Rn. 41.

[48] Mit div. Bsp. aus der Rspr. *Stein/Jonas/Roth* Fn. 39.

[49] OLG München NJW 1976, 1850; OLG Hamm NJW 1976, 2352; *Stein/Jonas/Roth* Rn. 17.

[50] BGH NJW 2005, 1947; aA BGH NJW 1998, 1957 und OLG Hamburg NJW 1994, 1482 für den Fall, dass das Gericht wegen derselben Vorschrift eine andere Sache dem BVerfG vorgelegt hat – hier eine praktikable, dem Sinn des Art. 100 GG nicht widersprechende Lösung.

[51] Hier ließe sich sogar die direkte Anwendung des § 148 vertreten.

[52] BGHZ 41, 303 = NJW 1964, 1855 verweist dazu auf den Eingriff in die Persönlichkeitsrechte des Pfleglings.

[53] So OLG Hamburg FamRZ 1983, 643.

[54] OLG Köln OLGZ 1986, 210 mit anderer, nicht grundsätzlicher Begründung.

[55] OLG Jena NJW-RR 2000, 1075.

[56] BAG DB 1979, 847 = KTS 1979, 305 für die KO.

[57] LAG Köln KTS 1985, 563 m. zust. Anm. *Uhlenbruck* für die KO.

[58] Gegen eine Aussetzung des Interventionsprozesses im Hinblick auf den Hauptprozess: OLG Düsseldorf JurBüro 2002, 598; aA *Wieczorek/Mansel* § 65 Rn. 5.

c) Art. 100 GG **(konkretes Normenkontrollverfahren).** Das aussetzende Zivilgericht muss aber selbst die Entscheidung des Verfassungsgerichts einholen (§ 80 BVerfGG); es genügt nicht, nur im Hinblick auf ein anderes, bereits anhängiges Normenkontrollverfahren wegen derselben Rechtsfrage auszusetzen ohne eigene Vorlage;[59] hier könnte das Gericht aber das Einverständnis der Parteien zum Ruhen des Verfahrens gewinnen (Rn. 5). Eine Aussetzung ohne Vorlage kommt jedoch uU in analoger Anwendung (Vgl. Rn. 20 ff.) des § 148 in Betracht.[60]

d) anhängige Verfassungsbeschwerde (Art. 93 Abs. 1 Nr. 4 a GG).[61]

e) Art. VIII Abs. 8 Nato-Truppenstatut in Verbindung mit Art. 41 Abs. 11 Zusatzabkommen (Handlung in Ausübung des Dienstes, unbefugte Benutzung eines Fahrzeugs der Streitkräfte).

f) § 96 Abs. 2 GWB.

g) § 46 Abs. 2 WEG.

h) § § 108 Abs. 2 SGB VII (Vorliegen eines Betriebsunfalls).[62]

i) §§ 140 PatG, 19 GebrMG, 82 II MarkenG.

25 **2. Verfahren.** Auf die genannten Fälle lassen sich die Erläuterungen zum Verfahren des **§ 148** (Rn. 13 bis 17) grundsätzlich entsprechend anwenden. In einem Teil der Fälle ist die Aussetzung allerdings nicht Ermessenssache, sondern Zwang. Die Wirkungen der Aussetzung richten sich nach § 249.

§ 149 Aussetzung bei Verdacht einer Straftat

(1) Das Gericht kann, wenn sich im Laufe eines Rechtsstreits der Verdacht einer Straftat ergibt, deren Ermittlung auf die Entscheidung von Einfluss ist, die Aussetzung der Verhandlung bis zur Erledigung des Strafverfahrens anordnen.

(2) [1]Das Gericht hat die Verhandlung auf Antrag einer Partei fortzusetzen, wenn seit der Aussetzung ein Jahr vergangen ist. [2]Dies gilt nicht, wenn gewichtige Gründe für die Aufrechterhaltung der Aussetzung sprechen.

I. Zweck der Aussetzung

1 Die Aussetzung **ermöglicht** es dem Zivilrichter, die Ermittlungen und den **Ausgang eines Strafverfahrens abzuwarten.** Die Ergebnisse können den Vortrag und die Anträge der Parteien beeinflussen und für die Beweisaufnahmen und die Beweiswürdigung (zB widersprüchlicher Behauptungen oder Aussagen) im Zivilprozess von Nutzen sein. Das Argument, das Strafverfahren sei kraft der Untersuchungsmaxime zur Aufklärung besser geeignet, hat angesichts der Möglichkeiten des Zivilrichters, eigene Initiativen zu entfalten (§§ 139, 142 bis 144, 448), nur in besonderen Fällen (zB Brandstiftung, Versicherungsbetrug) Gewicht.[1]

2 Immer bleibt dem Zivilrichter die Aufgabe zu eigener, **verantwortlicher Beweiswürdigung (§ 286),** unabhängig vom Ausgang des Strafverfahrens (vgl. § 14 EGZPO). Mit Zustimmung der Parteien kann er statt eigener Beweisaufnahmen die Protokolle der Zeugenaussagen und die Sachverständigengutachten aus den Strafakten verwerten.

II. Voraussetzungen der Aussetzung

3 **1. Verdacht einer Straftat.** Der Verdacht einer Straftat eines Prozessbeteiligten muss bestehen; zB der Fälschung einer Quittung durch den Beklagten, der Fälschung der Unterschrift auf dem Bestellschein durch den Handelsvertreter (Zeuge) des Klägers, der Falschaussage eines Zeugen. Ein vager Verdacht des Richters oder gar bloß die Behauptung der Partei[2] genügt nicht; eine Aussetzung ist nur gerechtfertigt, wenn mit einer Entscheidung des Strafgerichts gerechnet werden kann, also bei **zureichenden tatsächlichen Anhaltspunkten** (§ 152 Abs. 2 StPO). Das Strafverfahren

---

[59] OLG Celle NJW 1978, 1983; OLG Frankfurt OLGZ 1979, 154 = NJW 1979, 767; LAG Hamm MDR 1983, 789; aA OLG Oldenburg NJW 1978, 2160; BAG NJW 1988, 2558 (§ 148 analog). Zum Sonderfall der Vorlage einer eigenen anderen Sache (Fn. 50).

[60] BVerfG NJW 2004, 501 (auch für das Vorabentscheidungsverfahren nach Art. 234 EG); BGH NJW 2005, 1947; BGH RdE 2001, 20; NJW 1998, 1957; OLG Stuttgart FamRZ 2003, 538; *Stein/Jonas/Roth* Rn. 2.

[61] BGH NJW 1998, 1957; RdE 2001, 20.

[62] BGH NJW-RR 2004, 1093.

[1] AK-ZPO/*Göring* Rn. 1; ein schlechtes Beispiel hatte OLG Düsseldorf MDR 1980, 1028 zu korrigieren.

[2] OLG Frankfurt NJW-RR 1986, 131.

braucht noch nicht anhängig zu sein; der Zivilrichter kann aussetzen und die Akten zur Prüfung an die Staatsanwaltschaft leiten.

Die Straftat braucht sich nicht erst im Laufe des Zivilprozesses zu ereignen. Die Gründe des § 149 treffen auch den Fall, dass die Klage auf einem **früheren Sachverhalt** beruht; zB die Schadensersatzklage wegen Prozess- oder Versicherungsbetrugs.[3] 4

2. Einfluss. Die Ermittlung der Straftat muss auf die Entscheidung des Zivilgerichts von Einfluss sein. Gemeint ist nicht die rechtliche Bindung, sondern die **tatsächliche Auswirkung auf die Tatsachenfeststellung**[4] (vgl. Rn. 2 und 3). 5

Ist solche **Auswirkung nicht möglich,** kommt eine Aussetzung nicht in Betracht. So scheidet im Revisionsverfahren eine Aussetzung aus, weil das Revisionsgericht an die Tatsachenfeststellungen der Berufungsinstanz gebunden ist (§ 559 Abs. 2); anders nach rechtskräftigem Strafurteil (§ 581). Ohne Einfluss ist es ferner, wenn im Betragsverfahren eine Straftat vorgebracht wird, die allein den Grund des Anspruchs betrifft (§ 304). Das Verfahren auf Bewilligung von Prozesskostenhilfe ist auf summarische Prüfung und rasche Entscheidung angelegt; das lässt gewöhnlich eine Aussetzung untunlich erscheinen; nicht aber, wenn die Entscheidung des Strafgerichts nahe bevorsteht.[5] Verweigert im Zivilprozess ein Zeuge die Aussage, weil wegen dieses Beweisthemas ein Ermittlungsverfahren gegen ihn läuft, so steht er im Zivilprozess nicht zur Verfügung, und das Gericht darf nicht aussetzen in der Hoffnung, der Zeuge werde nach Abschluss des Strafverfahrens sich zur Aussage bereit erklären.[6] 6

Ist das Strafverfahren nicht von inhaltlichem Einfluss auf den Zivilprozess, das Strafurteil vielmehr **Tatbestandsmerkmal,** etwa bei der Restitutionsklage (§§ 580 Nr. 1 bis 5, 581), so ist direkte Anwendung des § 149 nicht möglich.[7] Analogie ist indessen nicht von der Hand zu weisen.[8] Anderenfalls müsste das Gericht die Restitutionsklage heute abweisen, und wenn nächste Woche das Strafurteil verkündet werden und in absehbarer Zeit Rechtskraft erlangen wird, den jetzt geführten Zivilprozess noch einmal beginnen. 7

III. Anordnung und Wirkungen

1. Verfahren. Zum Verfahren, zur Verkündung und Begründung des Beschlusses und zur Beschwerdefähigkeit gelten die Ausführungen zur Aussetzung nach **§ 148 entsprechend** (vgl. Rn. 13, 15, 17 zu § 148). 8

2. Ermessen. Das Ermessen sollte sorgfältig bedacht werden. Die Praxis neigt gelegentlich vorschnell zur Aussetzung.[9] Der voraussichtliche **Vorteil** einer etwaigen Klärung des Sachverhalts im Strafprozess ist gegen den **Nachteil** einer Verzögerung des Zivilprozesses abzuwägen.[10] Steht etwa dem Strafgericht der bessere Ermittlungsapparat zur Verfügung (zB bei Brandstiftung, Versicherungsbetrug), empfiehlt sich die Aussetzung. Kann der Zivilrichter sich selbst ohne besondere Schwierigkeiten Klarheit verschaffen, sollte er seinen Prozess nicht auf die lange Bank schieben, insbesondere wenn die **Interessen** des Klägers (zB im Kündigungsschutzprozess) ein rasches Urteil erfordern. Steht das Strafverfahren kurz vor dem Abschluss, ist eine Aussetzung eher vertretbar, als wenn das Strafverfahren erst eingeleitet wird. 9

Richtig erscheint die Ansicht, dass die Ermessensausübung in den **Gründen des Beschlusses** gerechtfertigt werden muss.[11] Vgl. grundsätzlich § 148 Rn. 15. 10

3. Wirkungen. Zu den Wirkungen der Aussetzung vgl. **§ 148** Rn. 18 und 19. 11

---

[3] OLG Köln VersR 1973, 474; OLG Hamburg MDR 1975, 669; OLG Frankfurt MDR 1982, 675; AK-ZPO/*Göring* Rn. 3; *Stein/Jonas/Roth* Rn. 4; *Thomas/Putzo/Reichold* Rn. 2; aA OLG Celle NJW 1969, 280.

[4] Daher keine Aussetzung, wenn nur die Beurteilung einer Rechtsfrage ansteht; OLG Düsseldorf MDR 1985, 239.

[5] Immer gegen Aussetzung AK-ZPO/*Göring* Rn. 4; KG NJW 1953, 1474.

[6] KG MDR 1983, 139.

[7] Deshalb ganz ablehnend OLG München FamRZ 1956, 292; AK-ZPO/*Göring* Rn. 4; *Thomas/Putzo/Reichold* Rn. 3; *Zöller/Greger* Rn. 3.

[8] *Stein/Jonas/Roth* Rn. 9.

[9] Dagegen mit Recht AK-ZPO/*Göring* Rn. 1.

[10] OLG Hamburg (Fn. 3); OLG Düsseldorf (Fn. 1); OLG Frankfurt (Fn. 3) und VersR 1983, 652; LAG Berlin AP § 149 Nr. 1; OLG Köln NJW 1990, 778 (Arzthaftungsprozess); OLG Stuttgart NJW 1991, 1556 (Arzthaftungsprozess).

[11] OLG Hamburg (Fn. 3); OLG Düsseldorf (Fn. 1); OLG Frankfurt (Fn. 3); LAG Berlin (Fn. 10); *Stein/Jonas/Roth* Rn. 12; *Baumbach/Lauterbach/Hartmann* Rn. 7.

IV. Dauer der Aussetzung

12 Die Aussetzung dauert grundsätzlich bis zum **rechtskräftigen Abschluss des Strafverfahrens.** Eine Aufnahmeerklärung nach § 250 ist nicht erforderlich. Nach Abs. 2 hat das Gericht auf Parteiantrag die Verhandlung fortzusetzen, wenn die Aussetzung ein Jahr gedauert hat. Das Gericht hat insoweit kein Ermessen;[12] es sei denn, es liegen gewichtige Gründe vor. Das Gericht hat erneut abzuwägen. Dabei spielt die lange Zeitdauer der Aussetzung eine maßgebende Rolle. Die Formulierung als Regel (S. 1) und Ausnahme (S. 2) macht deutlich, dass die lange Verzögerung des Verfahrens besondere Berücksichtigung verdient. Das Verfahren wird in aller Regel auch dann fortzusetzen sein, wenn das Ermittlungsverfahren durch Anklageerhebung abgeschlossen ist und die Dauer des Strafverfahrens nicht absehbar ist.[13] Gegen die Ablehnung der Fortsetzung findet sofortige Beschwerde (§ 252) statt.[14] Das Gericht kann gem. § 150 auch schon vorher die Aussetzung aufheben, wenn das Strafverfahren vorläufig eingestellt worden ist.

§ 150 Aufhebung von Trennung, Verbindung oder Aussetzung

[1]Das Gericht kann die von ihm erlassenen, eine Trennung, Verbindung oder Aussetzung betreffenden Anordnungen wieder aufheben. [2]§ 149 Abs. 2 bleibt unberührt.

1 **1. Änderungsmöglichkeit.** Beschlüsse, die eine Trennung, Verbindung oder Aussetzung von Prozessen anordnen oder ablehnen, sind **nach** pflichtgemäßem **Ermessen** des Gerichts änderbar. Gemeint sind zunächst die Fälle, in denen das Gericht einem unerwarteten Verlauf des Geschehens Rechnung tragen möchte; zB kommt das andere Verfahren, das maßgebend werden könnte (§ 148), nicht zur Entscheidung (Klagerücknahme, Prozessvergleich) oder verzögert sich auf ungewisse Zeit. Aber auch wenn das Gericht allein nach erneuter Prüfung, vielleicht auf Anregung einer Partei (formlose Gegenvorstellung), seine Einstellung wechselt, ist ein abweichender Beschluss möglich.[1] Setzte die Anordnung den Antrag einer Partei voraus, so bedarf es zur Aufhebung des Einverständnisses dieser Partei.[2]

2 **2. Gesetzlich vorgeschrieben oder verboten. Kein Spielraum** für eine Änderung nach Ermessen (§ 150) liegt vor, wenn die Trennung, Verbindung oder Aussetzung gesetzlich vorgeschrieben oder verboten ist (vgl. § 145 Rn. 11, § 147 Rn. 7, § 148 Rn. 25).

3 **3. Verfahren; Form.** In den Fällen des § 150 ergeht die abweichende Entscheidung (auf Aufhebung; zugleich auf Anordnung, wenn ein ablehnender Beschluss aufgehoben wird) durch **Beschluss.** Zu den Erfordernissen einer vorhergehenden mündlichen Verhandlung und des rechtlichen Gehörs der Parteien vgl. § 145 Rn. 8, § 147 Rn. 6, § 148 Rn. 13. Zur Verkündung und Begründungspflicht vgl. § 145 Rn. 9 und 10, § 147 Rn. 6, § 148 Rn. 15.

4 **§ 150 S. 2** dient dazu, das Verhältnis zwischen § 150 und § 149 Abs. 2 klarzustellen. § 150 S. 1 überlässt es dem Ermessen des Gerichts, Aussetzungsbeschlüsse wieder aufzuheben. Dabei sind alle relevanten Überlegungen einzubeziehen (vgl. § 149 Rn. 3). Als besonderes Argument aber ist nach den §§ 150 S. 2, 149 Abs. 2 zu berücksichtigen, wenn die Aussetzung wegen des Verdachts einer Straftat bereits ein Jahr gedauert hat. Das Gewicht dieses Arguments gilt auch, wenn es über die Aufhebung einer Aussetzung zu entscheiden gilt (vgl. § 149 Rn. 13).

5 **4. Beschwerdefähigkeit.** Die Beschwerdefähigkeit des ändernden Beschlusses richtet sich nach der des ursprünglichen Beschlusses. Der ändernde Beschluss zur Trennung oder Verbindung ist demnach nicht mit der Beschwerde angreifbar (§ 145 Rn. 10; § 147 Rn. 6). Zur Aussetzung bestimmt sich die Anfechtung nach § 252 (§ 148 Rn. 17).

§ 151 (weggefallen)

§ 152 Aussetzung bei Eheaufhebungsantrag

[1]Hängt die Entscheidung eines Rechtsstreits davon ab, ob eine Ehe aufhebbar ist, und ist die Aufhebung beantragt, so hat das Gericht auf Antrag das Verfahren auszusetzen.

---

[12] *Stein/Jonas/Roth* Rn. 14.
[13] OLG München MDR 2003, 1010; *Stein/Jonas/Roth* Rn. 14.
[14] *Stein/Jonas/Roth* Rn. 14; anders: *Thomas/Putzo/Reichold* sofortige Beschwerde gem. § 567 Abs. 1 Nr. 2.
[1] BGHZ 49, 213 = NJW 1968, 503 zur Frage, unter welchen Voraussetzungen das vorlegende Gericht den Aussetzungs- und Vorlegungsbeschluss aufheben darf.
[2] AK-ZPO/*Göring* Rn. 2.

[2]**Ist das Verfahren über die Aufhebung erledigt, so findet die Aufnahme des ausgesetzten Verfahrens statt.**

I. Grundgedanken

1. Zweck. Die Vorschrift soll nach üblicher Lehre[1] **verhindern,** dass über die Aufhebung einer Ehe in einem gewöhnlichen Prozess **inzidenter mitentschieden** wird. Dies begründet sich damit, dass die Gerichte in gewöhnlichen Prozessen von der Gültigkeit der Ehe auszugehen haben, bis die Ehe durch rechtskräftiges Gestaltungsurteil aufgehoben worden ist (§ 1313 BGB). Die Gerichte dürfen also nicht inzidenter – positiv – entscheiden, dass Aufhebungsgründe vorlägen. Sie dürfen aber auch nicht – negativ – zugrunde legen, dass solche Gründe nicht bestünden; denn über Eheaufhebbarkeit ist von den Familiengerichten (§ 23b Abs. 1 Nr. 1 GVG, § 606) in besonders gestalteten Statusprozessen (§§ 607ff.) zu entscheiden; die Kompetenz der Familiengerichte und die Eigenart der Statusprozesse schließen eine Inzidententscheidung eines gewöhnlichen Gerichts im üblichen Verfahren aus. 1

2. Obligatorische Aussetzung. Die Einsicht in diese Gründe erklärt, warum die Aussetzung **auf Antrag** obligatorisch nach dieser Vorschrift ist. Praktisch wird die sich auf Aufhebbarkeit der Ehe stützende Partei regelmäßig den Antrag stellen, ggf. auf richterlichen Hinweis (§ 139). **Fehlt** ein **Antrag,** so hat das Gericht **von Amts wegen** über die Aussetzung zu befinden (§ 148). Aus den zu Rn. 1 genannten Gründen ist es jedoch zur Aussetzung verpflichtet.[2] Selbst wenn ein Aufhebungsgrund offensichtlich nicht vorliegt, wächst dem gewöhnlichen Gericht keine Kompetenz zur Inzidententscheidung zu (vgl. Rn. 10). Zudem ist gerade in solchen Fällen ein rasches Urteil des Familiengerichts zu erwarten. 2

3. Vorgreiflichkeit. Die Vorgreiflichkeit des Aufhebungsurteils zeigt sich in der **Gestaltungswirkung** dieser Urteile (vgl. § 148 Rn. 8). Freilich ist die praktische Bedeutung gering, weil deren Folgen auf die Zukunft zugeschnitten sind (§ 1318 BGB). Denkbar sind indessen Sachverhalte, in denen die Auflösung Gestaltungsrechte (zB Rücktritt, Kündigung) begründet oder Rechtsverhältnisse umgestaltet (zB Vertragsergänzung, Wegfall der Geschäftsgrundlage). Die Beispiele machen deutlich, dass die aufhebbare Ehe nicht zwischen den Parteien des vom Ehestatus abhängigen gewöhnlichen Prozesses bestehen muss. 3

II. Die Aussetzung in den einzelnen Ehesachen

1. Aufhebung der Ehe. Aufhebung der Ehe ist nur aus den Gründen der **§§ 1313ff. BGB** möglich. Das Statusverfahren richtet sich nach **§§ 606ff.** Die Aufhebungsklage muss bereits erhoben sein; eine Fristsetzung zur Klageerhebung sieht § 152 nicht vor. 4

2. Bestehen oder Nichtbestehen. Zur Aussetzung, wenn das Bestehen oder Nichtbestehen einer Ehe vorgreiflich ist, vgl. die dem § 152 entsprechende Regelung des **§ 154.** 5

3. Ehescheidungsverfahren. Hängt die Entscheidung des anhängigen gewöhnlichen Prozesses von dem Ausgang eines laufenden Ehescheidungsverfahrens ab, so ist **analog § 152** auszusetzen.[3] Der Gesetzgeber hat eine entsprechende Vorschrift wohl deshalb nicht für nötig gehalten, weil er keine Vorgreiflichkeit des für die Zukunft wirkenden Scheidungsurteils sah (vgl. dazu aber Rn. 3). Wird kein Aussetzungsantrag gestellt, ist nach § 148 zu verfahren, aber auch dann aus den Gründen zu Rn. 1 und 2 auszusetzen. 6

III. Aussetzung bei Vorgreiflichkeit ausländischer Eheurteile

1. Anerkennung. Ausländische Entscheidungen in Ehesachen erlangen Wirksamkeit im Inland nur durch **förmliche** Anerkennung (Art. 7 § 1 FamRÄndG). Das Anerkennungsverfahren obliegt allein der Landesjustizverwaltung; insofern ist die Entscheidungskompetenz dem inländischen Gericht entzogen.[4] Im Falle der Anerkennung ist die Rechtskraft des ausländischen Urteils ebenso von Amts wegen zu beachten wie die Rechtskraft eines entsprechenden Urteils eines inländischen Ge- 7

---

[1] *Stein/Jonas/Roth* § 152 Rn. 1; AK-ZPO/*Göring* § 151 Rn. 1; *Thomas/Putzo/Reichold* § 151 Rn. 1; die letzten beiden noch zu § 151 aF.

[2] Richtig *Stein/Jonas/Roth* § 152 Rn. 1, 4; aA AK-ZPO/*Göring* § 151 Rn. 1; unklar *Baumbach/Lauterbach/Hartmann* § 152 Rn. 2.

[3] AA die allg. Lehre, die lediglich § 148 erwähnt; so *Baumbach/Lauterbach/Hartmann* § 148 Rn. 14; *Stein/Jonas/Roth* Rn. 4, vgl. aber auch Rn. 9.

[4] BGHZ 82, 34, 43f. = NJW 1982, 517; BGH IPRax 1983, 292 = NJW 1983, 514.

richts. Die Anerkennung wirkt auf den Zeitpunkt der Rechtskraft der ausländischen Entscheidung zurück.[5]

8 **2. Urteil bereits ergangen.** Aus der Eigenart des Anerkennungsverfahren ist zu folgern, dass das inländische Gericht den vor ihm schwebenden Prozess **aussetzen muss,** wenn das – vorgreifliche – ausländische Urteil bereits ergangen ist und eine Partei das Anerkennungsverfahren betreibt; ggf. ist eine Frist zur Einleitung des Anerkennungsverfahrens zu setzen. Rechtsgrundlage der Aussetzung ist § 148.[6]

9 Selbst wenn die Voraussetzungen für die Anerkennung offensichtlich nicht vorliegen, muss das Gericht die Entscheidung hierüber der Landesjustizverwaltung überlassen.[7] An dem **Entscheidungsmonopol der Landesjustizverwaltung** ist nicht zu rütteln,[8] und in der Beurteilung der Anerkennungsfähigkeit unterläuft allzu leicht ein Fehler.[9]

10 **3. Schwebender Eheprozess.** Schwebt der Eheprozess vor dem ausländischen Gericht noch, so bleibt, um dem Grundgedanken des § 152 Rechnung zu tragen, nur der Ausweg, als weiteres Erfordernis der Aussetzung eine **positive Anerkennungsprognose** zu verlangen.[10] Nur wenn mit der Anerkennung des künftigen Urteils voraussichtlich zu rechnen ist, erscheint eine Aussetzung gerechtfertigt. Trotz der erheblichen Unsicherheiten dieser Prognose[11] und der verschobenen Kompetenz (einzelne Gerichte statt Landesjustizverwaltung) ist dies die einzige Möglichkeit, will man nicht das ausländische Verfahren, dessen Entscheidung doch vorgreiflich wäre, ignorieren.

11 **4. Identischer Streitgegenstand.** Bei identischem Streitgegenstand, zB Scheidungsverfahren derselben Parteien **vor einem inländischen und gleichzeitig vor einem ausländischen Gericht** (mit umgekehrten Parteirollen),[12] lässt sich nicht – wie bei dem Zusammentreffen zweier inländischer Prozesse (§ 261 Abs. 3 Nr. 1) – die später erhobene Klage wegen Rechtshängigkeit durch Prozessurteil abweisen. Zwar findet der Grundsatz der Priorität auch im internationalen Zivilprozessrecht meist Zustimmung.[13] Hinzukommen muss aber eine positive Anerkennungsprognose, da anderenfalls eine Aussetzung des inländischen Verfahrens nicht vertretbar wäre.[14] Fällt die Prognose positiv aus, so ist das inländische Verfahren nach § 148 (vgl. Rn. 9) auszusetzen und das Urteil des ausländischen Gerichts sowie das Anerkennungsverfahren abzuwarten.

IV. Aussetzungsverfahren

12 **1. Verfahren; Form.** Zu den Erfordernissen einer **mündlichen Verhandlung** und des rechtlichen Gehörs der Parteien vgl. § 148 Rn. 13, zur Verkündung des **Beschlusses** und zur Begründungspflicht des Gerichts § 148 Rn. 15, zur Beschwerdefähigkeit § 148 Rn. 17.

13 **2. Ende der Aussetzung.** Die Aussetzung endet mit **Aufnahme** des Verfahrens (§ 250), nachdem die **Eheaufhebungsklage** ihr Ende gefunden hat (Urteil, Klagerücknahme, Tod einer Partei, § 619); ferner durch Aufhebungsbeschluss gem. § 155.

§ 153 Aussetzung bei Vaterschaftsanfechtungsklage

Hängt die Entscheidung eines Rechtsstreits davon ab, ob ein Mann, dessen Vaterschaft im Wege der Anfechtungsklage angefochten worden ist, der Vater des Kindes ist, so gelten die Vorschriften des § 152 entsprechend.

1 **1. Anfechtung der Vaterschaft.** § 153 ist der Regelung der §§ 1591 ff. BGB angepasst. Diese Regelung geht von der Anfechtung der Vaterschaft aus, nicht mehr von der Anfechtung der Ehelichkeit des Kindes. Die **Grundgedanken** des § 153 entsprechen denen des § 152 (vgl. dort

[5] OLG Hamm NJW-RR 1992, 710.

[6] BGH (Fn. 4) bezeichnet die Analogie als vertretbar und wendet § 151 an. Bei schärferer Betrachtung handelt es sich um eine doppelte Analogie, erstens hinsichtlich der sonstigen Eheverfahren, zweitens hinsichtlich des Anerkennungsverfahrens.

[7] Anders für die Aussetzung von Amts wegen (§ 148) BGH (Fn. 4). Dagegen *Schack,* Internationales Zivilverfahrensrecht, 2. Aufl., Rn. 898.

[8] *Geimer* IZPR, 1987, Rn. 2280.

[9] Vgl. OLG Düsseldorf IPRax 1986, 29 m. abl. Anm. *Schumann* S. 14; warnend *Bürgle* IPRax 1983, 281 ff.

[10] BGH FamRZ 1982, 917. Grundsätzlich *Schack* (Fn. 7) Rn. 754 f.

[11] Einzelargumente vgl. *Schütze,* Deutsches Internationales Zivilprozeßrecht, 1985, S. 175 ff.

[12] Beispiele: OLG Düsseldorf (Fn. 9); OLG Frankfurt IPRax 1982, 243 m. Anm. *Linke* S. 229.

[13] *Geimer* (Fn. 8) Rn. 2172; krit. *Schütze* (Fn. 11) S. 177 ff.

[14] Vgl. Art. 21 EuGVÜ; ebenso zahlreiche bilaterale Anerkennungs- und Vollstreckungsverträge.

Rn. 1). Fehlende Vaterschaft für ein Kind, das während der Ehe oder binnen 300 Tagen nach ihrer Auflösung oder Nichtigerklärung geboren wurde, kann nur geltend gemacht werden, wenn die Vaterschaft erfolgreich angefochten worden ist. Dasselbe gilt für die Anfechtung der Anerkennung der Vaterschaft. Für diese Entscheidungen ist ausschließlich das Statusverfahren (§§ 640 Abs. 1 und 2 Nr. 2, 640 a ff.) vor dem Amtsgericht als Familiengericht (§§ 1600 e BGB, 23 b Abs. 1 Nr. 12 GVG) vorgesehen. Deshalb ist in gewöhnlichen Prozessen den Gerichten verwehrt, eine – positive oder negative – Inzidententscheidung über das Bestehen der Vaterschaft zu treffen.

2. Obligatorische Aussetzung. Den Grundgedanken (Rn. 1) entsprechend ist die Aussetzung **auf Antrag** obligatorisch (§§ 153, 152). Praktisch wird die Partei, die ihre Rechtsposition auf das Fehlen der Vaterschaft stützt, regelmäßig den Antrag stellen, ggf. auf richterlichen Hinweis (§ 139). Unterlässt sie den Antrag, so darf die **von Amts wegen** zu treffende Entscheidung (§ 148) aber gleichfalls nur auf Aussetzung lauten; da es anderenfalls doch zu der verbotenen Inzidententscheidung käme (vgl. § 152 Rn. 2).[1] 2

3. Vorgreiflichkeit. Die Vorgreiflichkeit des Statusurteils zeigt sich in der **Gestaltungswirkung** dieser Urteile (§§ 1593, 1598 f BGB, § 640 h). Praktisch häufiges Beispiel ist die Unterhaltsklage des Kindes. 3

Im Verfahren der **einstweiligen Verfügung** zur Sicherung dringender Lebensbedürfnisse,[2] hier auf Antrag des Kindes gegen den „Scheinvater", der die Vaterschaft angefochten hat, ist eine Aussetzung (§ 153) bis zur Entscheidung des Statusverfahrens schon deswegen unzulässig, weil sie dem Wesen des vorläufigen, auf raschen Abschluss angelegten Eilverfahrens widersprechen müsste.[3] Das Gericht des Eilverfahrens hat also wie immer Verfügungsanspruch und Verfügungsgrund (Eilgrund) zu prüfen, insbesondere die Frage, ob der „Scheinvater" im Statusverfahren seine Anfechtung mit triftigen Gründen belegt hat und voraussichtlich den Prozess gewinnen wird; nur dann ist der Antrag des bedürftigen Kindes, das sich auf die Ehelichkeitsvermutung der §§ 1591 ff. BGB bzw. die Vaterschaftsanerkennung (§ 1594 BGB) berufen kann, zurückzuweisen. Anderenfalls ist auf Zahlung des notwendigen Betrages auf begrenzte Zeit[4] zu erkennen, nicht nur auf Hinterlegung (§ 938 Abs. 1);[5] denn bloß durch Hinterlegung wird die Notlage des Kindes nicht behoben. Wer die Aussetzung im Verfahren der einstweiligen Verfügung zulassen will, verstrickt sich rasch in weitere Widersprüche. OLG Düsseldorf[6] meint, grundsätzlich entfalle mit dem Aussetzungsantrag der Verfügungsgrund (Eilgrund); es verstoße aber gegen Treu und Glauben, wenn der „Scheinvater" Aussetzung begehre, obwohl seine Anfechtungsklage offenbar aussichtslos sei. Hier entfernt sich das OLG von den Kriterien der einstweiligen Verfügung. Das Bedürfnis des Kindes (Eilgrund) entfällt nicht deshalb, weil der „Scheinvater" das Statusverfahren anhängig gemacht hat und Aussetzung verlangt. In Frage steht vielmehr die Glaubhaftmachung des Verfügungsanspruchs, und für sie ist das Maß die Wahrscheinlichkeit des Unterhaltsanspruchs, nicht die offenbare Aussichtslosigkeit der Anfechtungsklage. 4

4. Verfahren. Für das Aussetzungsverfahren gelten die Erläuterungen **Rn. 12 und 13 zu § 152** entsprechend. 5

§ 154 Aussetzung bei Ehe- oder Kindschaftsstreit

(1) Wird im Laufe eines Rechtsstreits streitig, ob zwischen den Parteien eine Ehe oder eine Lebenspartnerschaft bestehe oder nicht bestehe, und hängt von der Entscheidung dieser Frage die Entscheidung des Rechtsstreits ab, so hat das Gericht auf Antrag das Verfahren auszusetzen, bis der Streit über das Bestehen oder Nichtbestehen der Ehe oder der Lebenspartnerschaft im Wege der Feststellungsklage erledigt ist.

(2) Diese Vorschrift gilt entsprechend, wenn im Laufe eines Rechtsstreits streitig wird, ob zwischen den Parteien ein Eltern- und Kindesverhältnis bestehe oder nicht bestehe oder ob der einen Partei die elterliche Sorge für die andere zustehe oder nicht zustehe, und von der Entscheidung dieser Fragen die Entscheidung des Rechtsstreits abhängt.

---

[1] Richtig *Stein/Jonas/Roth* Rn. 3.
[2] *Bruns/Peters* § 50 II 3; *Stein/Jonas/Grunsky* Rn. 38 ff. Vor § 935.
[3] AK-ZPO/*Göring* Rn. 2; *Stein/Jonas/Roth* Rn. 2; *Zöller/Greger* Rn. 2.
[4] OLG Düsseldorf JR 1970, 143; OLG Köln FamRZ 1980, 349; OLG Hamm MDR 1986, 681.
[5] So aber LG Stuttgart NJW 1954, 37; LG Aurich FamRZ 1965, 51; AK-ZPO/*Göring* Rn. 2; zutreffend *Stein/Jonas/Roth* Rn. 2.
[6] FamRZ 1982, 1229; ebenso *Thomas/Putzo/Reichold* Rn. 1.

1 **1. Streit um das Bestehen oder Nichtbestehen einer Ehe oder Lebenspartnerschaft.** Neben den in § 152 aufgeführten Ehesachen ist auch der Streit um das Bestehen oder Nichtbestehen einer Ehe oder einer Lebenspartnerschaft dem **Statusprozess** (§§ 606ff.) vor dem Familiengericht (§§ 23a Nr. 4, 23b Abs. 1 Nr. 1 GVG) zugewiesen. Damit soll die Inzidententscheidung eines sonstigen Gerichts im üblichen Verfahren ausgeschlossen werden (vgl. § 152 Rn. 1). ZB wird im Rahmen eines gewöhnlichen Prozesses streitig, ob überhaupt eine Eheschließung stattgefunden hat (§§ 1310f. BGB), eine Lebenspartnerschaft begründet worden ist (§ 1 LPartG) oder ob eine gültig geschlossene Ehe aufgelöst oder eine wirksam begründete Lebenspartnerschaft aufgehoben worden ist.

2 **2. Antrag.** Auf Antrag muss das Gericht den laufenden Prozess aussetzen (Abs. 1), um den Ausgang des Statusverfahrens abzuwarten. Aber auch ohne Antrag ist das Gericht **von Amts wegen** zur Aussetzung nach § 148 ZPO verpflichtet, wenn eine Feststellungsklage nach § 632 oder § 661 Abs. 1 Nr. 2 oder nach § 640 Abs. 2 Nr. 1 oder 3 anhängig ist; sonst könnte es zu kollidierenden Entscheidungen mehrerer Gerichte kommen.[1] Mit der Aufhebung des § 638 aF wirkt die Feststellungsklage nur noch zwischen den Parteien und nicht mehr für und gegen alle. Die genannten Feststellungsklagen sind keine rechtsgestaltenden Statusklagen. Ist **keine Feststellungsklage** anhängig **und** wird auch **kein Antrag** gestellt, entscheidet das Gericht selbst inzident über das Bestehen einer Ehe oder Lebenspartnerschaft.[2]

3 **3. Streit um das Bestehen oder Nichtbestehen eines Eltern-Kind-Verhältnisses.** Neben den in § 153 genannten Kindschaftssachen ist auch der Streit um das Bestehen oder Nichtbestehen eines Eltern-Kindes-Verhältnisses dem Statusprozess zugeordnet, ebenso der Streit um die Wirksamkeit (für die Anfechtung nach § 640 Abs. 2 S. 2 kommt § 153 zur Anwendung) der Vaterschaftsanerkennung und um das elterliche Sorgerecht der einen Partei für die andere (§§ 640 Abs. 1 und 2 Nr. 1 und 3, 640a ff.). Dementsprechend sollen wiederum Inzidententscheidungen in anderen Verfahren vermieden werden. Daher ist die **Aussetzung** auf Antrag obligatorisch (§ 154 Abs. 2), aber von Amts wegen (§ 148) gleichfalls zwingend geboten (vgl. § 640h; oben Rn. 2).

4 **4. Feststellungsklage.** In allen Fällen des § 154 braucht die Feststellungsklage noch nicht anhängig zu sein. Die Festsetzung einer **Frist** zur Klageerhebung ist in § 154 nicht vorgesehen; die an der Entscheidung des ausgesetzten Prozesses interessierte Partei mag die Feststellungsklage betreiben. § 155 findet keine Anwendung.[3] Zur Anerkennung **ausländischer Entscheidungen** vgl. § 152 Rn. 8 bis 12.

5 **5. Verfahren.** Für das Aussetzungsverfahren gelten die **Erläuterungen Rn. 12 und 13 zu § 152** entsprechend.

§ 155 Aufhebung der Aussetzung bei Verzögerung

In den Fällen der §§ 152, 153 kann das Gericht auf Antrag die Anordnung, durch die das Verfahren ausgesetzt ist, aufheben, wenn die Betreibung des Rechtsstreits, der zu der Aussetzung Anlass gegeben hat, verzögert wird.

1 **1. Aufhebung des Aussetzungsbeschlusses.** Problematisch wird die Aussetzung, wenn der vorgreifliche Statusprozess nicht zügig betrieben wird. In den Fällen der §§ 152, 153 (also nicht des § 154, dazu Rn. 5) kann das Gericht auf Antrag einer Partei den Aussetzungsbeschluss wieder aufheben, aber nur, wenn die andere Partei den Statusprozess verzögert, dh. ihn schuldhaft[1*] (vorwerfbar) verschleppt. Nur bei **Verschulden** ist es – ähnlich der Präklusion nach den §§ 282, 296 – vertretbar, die andere Partei mit ihrem Vortrag, der Familienstatus sei unrichtig dargetan, auszuschließen. § 155 ist also Sanktionsnorm, nicht ein neutrales Mittel zur Abkürzung des ausgesetzten Prozesses.[2*]

2 **2. Ermessen.** Die Aufhebung steht im pflichtgemäßen Ermessen des Gerichts; zur Aufhebung **verpflichtet** ist es **nicht.**[3*] Zu bedenken hat es die Dauer der Verzögerung, den voraussichtlichen Zeitpunkt der Entscheidung des Statusprozesses, das Maß des Verschuldens, vor allem aber die Konsequenzen, wenn es die doch vorgreifliche Entscheidung nicht abwarten will (vgl. Rn. 4).

---

[1] *Stein/Jonas/Roth* Rn. 1.
[2] *Stein/Jonas/Roth* Rn. 2.
[3] *Stein/Jonas/Roth* Rn. 1; *Thomas/Putzo/Reichold* Rn. 1.
[1*] *Baumbach/Lauterbach/Hartmann* Rn. 2; *Zöller/Greger* Rn. 1.
[2*] So auch *Zöller/Greger* Rn. 1; aA *Stein/Jonas/Roth* Rn. 3.
[3*] *Stein/Jonas/Roth* Rn. 4; aA *Baumbach/Lauterbach/Hartmann* Rn. 1: eingeschränktes Ermessen.

3. Verfahren. Zum Verfahren sowie zu Form und Inhalt des Aufhebungsbeschlusses und seiner Beschwerdefähigkeit gelten die **Erläuterungen zu § 150 Rn. 3 und 4** entsprechend. 3

4. Wirkungen. Die Wirkungen des Aufhebungsbeschlusses bestehen darin, dass der zunächst ausgesetzte Prozess jetzt ohne Rücksicht auf den sich verzögernden Statusprozess **fortgeführt und entschieden** wird. Das bedeutet, dass das Gericht 4
- trotz rechtshängigen Eheaufhebungsprozesses (analog Ehescheidungsprozesses) von dem Bestehen der Ehe auszugehen hat (§ 1313 BGB);
- trotz rechtshängigen Anfechtungsprozesses die Ehelichkeit des Kindes und die Wirksamkeit der Vaterschaftsanerkennung zugrunde zu legen hat (§§ 1593, 1600a BGB).

Die **Rechtskraft** des auf diese Weise im Sachverhalt verkürzten Urteils wird durch das später ergehende Statusurteil nicht berührt. Es findet auch keine Wiederaufnahme statt (vgl. § 580).

5. Anwendbarkeit des § 150. § 155 regelt einen **Sonderfall** der Aufhebbarkeit der Aussetzung, und zwar die Aufhebung wegen des unerwartet verzögerten Verlaufs des Statusprozesses. **Daneben** bleibt die allgemeine Norm des § 150 anwendbar;[4] denn sonst wären alle die Fälle nicht gedeckt, in denen die Aussetzung von vornherein oder aus weiteren, später eingetretenen Gründen falsch oder unzweckmäßig ist (vgl. § 150 Rn. 1). Im Falle des § 154 hilft ohnehin nur § 150. 5

§ 156 Wiedereröffnung der Verhandlung

(1) Das Gericht kann die Wiedereröffnung einer Verhandlung, die geschlossen war, anordnen.

(2) Das Gericht hat die Wiedereröffnung insbesondere anzuordnen, wenn

1. **das Gericht einen entscheidungserheblichen und rügbaren Verfahrensfehler (§ 295), insbesondere eine Verletzung der Hinweis- und Aufklärungspflicht (§ 139) oder eine Verletzung des Anspruchs auf rechtliches Gehör, feststellt,**
2. **nachträglich Tatsachen vorgetragen und glaubhaft gemacht werden, die einen Wiederaufnahmegrund (§§ 579, 580) bilden, oder**
3. **zwischen dem Schluss der mündlichen Verhandlung und dem Schluss der Beratung und Abstimmung (§§ 192 bis 197 des Gerichtsverfassungsgesetzes) ein Richter ausgeschieden ist.**

I. Normzweck

Der Vorsitzende schließt die Verhandlung, wenn nach der Auffassung des Gerichts die Sache erschöpfend erörtert (§ 136 Abs. 4), der Rechtsstreit also entscheidungsreif ist (§ 300 Abs. 1). Gleichwohl gibt es Fälle, in denen nach dem Schluss der Verhandlung Umstände eintreten oder offenbar werden, die die sofortige **Beendigung** des Verfahrens als **unangemessen** oder gar als **fehlerhaft** erscheinen lassen. 1

In solchen Fällen „kann" das Gericht die Verhandlung wiedereröffnen. Rechtsprechung und herkömmliche Lehre folgern aus dem Wortlaut des durch das ZPO-RG unverändert gelassenen Abs. 1, die Wiedereröffnung stehe stets im pflichtgemäßen **Ermessen** des Gerichts.[1] Zwingend ist diese Auslegung nicht. Die Formulierung kann ebenso gut die Befugnis des Gerichts hervorheben, die schon geschlossene Verhandlung von Amts wegen erneut zu eröffnen. Jedenfalls sollte man den Sinn der Vorschrift dahin begreifen, dass es dem Gericht möglich gemacht werden soll, Verfahrensfehler noch selbst zu beheben und den Prozess zu einem korrekten Ende zu führen. Da das Gericht für die Ordnungsmäßigkeit des Verfahrens verantwortlich ist, ist in solchen Fällen die Wiedereröffnung zwingend geboten; ein Ermessensspielraum bleibt nicht. Die Gruppe der Fälle, in denen das Gericht gem. Abs. 2 zur Wiedereröffnung verpflichtet ist, ist auffallend groß (vgl. Rn. 4ff.). 2

II. Wiedereröffnung zwingend geboten

In Abs. 2 greift der Gesetzgeber in drei (nicht abschließende) Fallgruppen die bislang vom Schrifttum herausgearbeiteten Fälle auf, in denen das Gericht, ohne Ermessensspielraum zu haben, verpflichtet ist, das Verfahren zu eröffnen. Das Gericht ist in diesen Fällen immer zur Wiedereröffnung gezwungen ist, um **wesentliche,** nicht schon nach § 295 geheilte **Verfahrensfehler** zu **beseitigen.**[2] 3

---

[4] *Baumbach/Lauterbach/Hartmann* Rn. 1; anders *Stein/Jonas/Roth* § 150 Rn. 9.
[1] BGH NJW 2002, 1426; *Stein/Jonas/Roth* Rn. 2.
[2] *Stein/Jonas/Roth* Rn. 3.

4 **1. Fälle der Nr. 1.** Eine Pflicht zur Wiedereröffnung besteht in den Fällen der Nr. 1, wenn dem Gericht ein **entscheidungserheblicher, rügbarer Verfahrensfehler** unterlaufen ist, insbesondere die Hinweispflicht des Gerichts (§ 139) oder das rechtliche Gehör einer Partei (Art. 103 Abs. 1GG) verletzt worden ist. Außer an die beiden genannten, praktisch bedeutsamsten Fallgruppen ist zB an die Fälle der Verletzung der Beweisgrundsätze der Unmittelbarkeit und der Parteiöffentlichkeit der Beweisaufnahme (§§ 355 Abs. 1, 357) zu denken.

5 **a)** Anspruch auf **rechtliches Gehör** ist berührt: ZB bemerkt das Gericht nach Verhandlungsschluss, dass der Partei ein Schriftsatz des Gegners oder das Gutachten des Sachverständigen oder das Beweisprotokoll eines ersuchten Richters nicht (rechtzeitig) zugänglich gemacht wurde. Ein solcher Fall liegt auch vor, wenn zwar das Vorbringen in einem nicht nachgelassenen Schriftsatz enthalten ist, damit aber auf überraschendes Sachverständigenvorbringen in der Verhandlung reagiert wird (vgl. auch Rn. 11).[3] Zur Wiedereröffnung ist das Gericht ferner verpflichtet, wenn ein nachgelassener Schriftsatz (§ 283) im Rahmen der Erwiderung auf den Schriftsatz des Gegners neuen Prozessstoff oder eine Klageänderung einführt, was eine Stellungnahme des Gegners erfordert.

6 **b) Richterliche Hinweispflichten** wurden versäumt: ZB hat es das Gericht unterlassen, eine Partei auf Lücken ihres Tatsachenvorbringens aufmerksam zu machen oder die Parteien auf eine bisher übersehene, andere Voraussetzungen erfordernde Anspruchsgrundlage hinzuweisen. Erteilt das Gericht einen erforderlichen Hinweis erst in der mündlichen Verhandlung, muss es auf entscheidungserhebliches Vorbringen der Partei in einem nicht nachgelassenen Schriftsatz die bereits geschlossene mündliche Verhandlung wiedereröffnen.[4]

7 **2. Fälle der Nr. 2.** Nach Nr. 2 ist das Gericht auch zur Wiedereröffnung verpflichtet, wenn **nachträglich Tatsachen für einen Nichtigkeits- oder Restitutionsgrund** vorgetragen werden. Im Unterschied zum Wiederaufnahmeverfahren genügt hier zur erleichterten Korrektur die Glaubhaftmachung der maßgeblichen Tatsachen (§ 294).

8 Die Fehlerhaftigkeit des Verfahrens braucht nicht auf einem Verstoß oder gar einem verschuldeten Verstoß des Gerichts zu beruhen. Auch für die Beseitigung sonstiger Fehler hat das Gericht zu sorgen. Deshalb muss es die Verhandlung erneut eröffnen, wenn ihm nach Schluss der Verhandlung ein Tatbestand bekannt wird, der einen **Nichtigkeitsgrund** oder **Restitutionsgrund** darstellt; zB die mangelnde Vertretung einer Partei (§ 579 Abs. 1 Nr. 4), die strafrechtliche Verurteilung eines Zeugen wegen Meineids (§§ 580 Nr. 3, 581) oder die Quittung über die Bezahlung der Klageforderung (§ 580 Nr. 7b).

9 **3. Fälle der Nr. 3.** Nach Nr. 3 muss wiedereröffnet werden, wenn zwischen dem Schluss der mündlichen Verhandlung und der entscheidenden Beratung und Abstimmung die **Besetzung der Richterbank gewechselt** hat (§ 309). Dagegen schadet es nicht, wenn der Wechsel zwischen Abschlussberatung und Verkündung eintritt. Solange das Gericht ein Urteil iS des § 309 noch nicht verkündet hat, muss es einen nicht nachgelassenen Schriftsatz zur Kenntnis nehmen und eine Wiedereröffnung prüfen.[5]

10 **4. Weitere Fälle.** Der gesetzliche Wortlaut stellt jetzt (im Unterschied zur Begründung des Entwurfs) klar, dass die Aufzählung der einzelnen **Fälle in Abs. 2 nicht abschließend** gemeint ist. Tauchen weitere Fälle auf, in denen durch vorzeitigen Verhandlungsschluss ein **unrichtiges Ergebnis droht,** so muss sich die ratio des Abs. 2 durchsetzen. Soweit man die Fälle des § 283 nicht unter Abs. 2 Nr. 1 fasst,[6] gehören sie hierher.

III. Wiedereröffnung nach Ermessen

11 **1. Neue erhebliche Behauptungen.** Ist die Verhandlung nach fehlerfreiem Verfahren geschlossen, so taucht die Frage nach einer Wiedereröffnung insbesondere auf, wenn eine Partei **später** schriftsätzlich neue erhebliche Behauptungen aufstellt, in dem ihr nachgelassenen Schriftsatz (§ 283) über den ihr zur Erwiderung freigegebenen Rahmen hinausgeht oder neue Beweisanträge stellt, die nicht auf einer ungenügenden Sachverhaltsaufklärung oder einen Verstoß gegen die Prozessförderungspflicht des Gerichts zurückzuführen sind.[7] Zwar bleiben nach § 296a S. 2 die §§ 156, 283 unberührt. Das kann aber nicht bedeuten, dass auf diesem Wege die **Präklusionsvorschriften** unterlaufen werden könnten.[8] Deshalb kommt eine Wiedereröffnung nicht in den Verbotsfällen des

[3] BGH NJW 2001, 2796; *Stein/Jonas/Roth* Rn. 5.
[4] BGH NJW-RR 2004, 281; BGHReport 2005, 936.
[5] BGH (Fn. 1); *Stein/Jonas/Roth* Rn. 8.
[6] *Thomas/Putzo/Reichold* Rn. 5.
[7] BGH NJW 2000, 142; *Stein/Jonas/Roth* Rn. 13.
[8] *Baumbach/Lauterbach/Hartmann* Rn. 9.

§ 296 Abs. 1 in Betracht, wohl in den Ermessensfällen des § 296 Abs. 2. Das Gericht wird dann anhand des konkreten Falles nach pflichtgemäßem Ermessen abzuwägen haben, welche Gründe für eine weitere Sachverhaltsklärung und welche für einen sofortigen Abschluss des Rechtsstreits sprechen. Der allgemein gehaltene Rat, § 156 nur zurückhaltend anzuwenden,[9] hat allenfalls in diesem Präklusionsbereich eine gewisse Berechtigung.

2. Prozessvergleich oder Erledigung der Hauptsache. Wiedereröffnung wird sich gewöhnlich **empfehlen,** wenn die Parteien den Rechtsstreit durch Prozessvergleich oder Erledigung der Hauptsache beenden möchten. 12

3. Anwaltswechsel. Anwaltswechsel kann die Wiedereröffnung rechtfertigen.[10] Doch muss ein **besonderer Grund** hinzutreten; zB muss sich der neue Anwalt erst in den umfangreichen Streitstoff einarbeiten, um einen nachgelassenen Schriftsatz (§ 283) anfertigen zu können. 13

IV. Wiedereröffnung und weiteres Verfahren

1. Von Amts wegen. Das Gericht befindet von Amts wegen über die Wiedereröffnung. An **Anträge** der Parteien ist es nicht gebunden; Anträge stellen lediglich Anregungen dar. 14

2. Ablehnung der Wiedereröffnung. Lehnt das Gericht die Wiedereröffnung ab, so bedarf es entgegen anderer Ansicht[11] eines Beschlusses und/oder zweckmäßigerweise einer Erwähnung in den Urteilsgründen.[12] Die **Begründungspflicht** ergibt sich schon, weil die Ablehnung der Wiedereröffnung revisibel ist[13] und das Revisionsgericht somit die Gründe der Ablehnung, ggf. die Gründe der Ermessensausübung[14] wissen muss. Die Floskel, der Schriftsatz des Kl. vom ... gab keinen Anlass zur Wiedereröffnung der mündlichen Verhandlung, genügt nicht.[15] 15

3. Form der Wiedereröffnung. Die Wiedereröffnung erfolgt durch **Beschluss, auch konkludent** durch Erlass eines Auflage- oder Beweisbeschlusses oder durch Bestimmung eines neuen Verhandlungstermins. Der Beschluss wird verkündet (§ 329 Abs. 1) oder, falls er nicht auf Grund einer mündlichen Verhandlung ergeht, nach § 329 Abs. 2 S. 1 oder 2 formlos mitgeteilt oder förmlich zugestellt. Er ist nicht beschwerdefähig. Gleichwohl ist er zu begründen (Art. 103 Abs. 1, Art. 20 Abs. 2 und 3 GG; vgl. Rn. 15).[16] 16

4. Weitere Verhandlung. Wird die Verhandlung direkt nach Verhandlungsschluss nochmals eröffnet, so kann sich die weitere Verhandlung **sofort** anschließen, sofern beide Parteien anwesend und verhandlungsbereit sind. Ebenso nach Verkündung des Wiedereröffnungsbeschlusses in einem besonderen Verkündungstermin. Hat sich eine Partei entfernt bzw. ist sie im Verkündungstermin nicht erschienen, so findet kein Versäumnisverfahren statt;[17] im ersten Fall fehlt es an der Ladung (§ 335 Abs. 1 Nr. 2), im zweiten ist der Verkündungstermin nicht zur Verhandlung bestimmt. 17

5. Wirkung. Die Wiedereröffnung bewirkt, dass der **gesamte Prozessstoff** erneut Gegenstand der Verhandlung wird: Die früheren Angriffs- und Verteidigungsmittel, die bisherigen Beweisanträge und -ergebnisse, das zur Wiedereröffnung führende Vorbringen, neue Behauptungen und Beweisanträge im Rahmen der allgemeinen Präklusionsvorschriften. Den Parteien ist nochmals rechtliches Gehör zu gewähren. Richterliche Hinweispflichten (§ 139) können wieder aktuell werden. 18

§ 157 Ungeeignete Vertreter; Prozessagenten

(1) ¹Mit Ausnahme der Rechtsanwälte sind Personen, die die Besorgung fremder Rechtsangelegenheiten vor Gericht geschäftsmäßig betreiben, als Bevollmächtigte und Beistände in der Verhandlung ausgeschlossen. ²Sie sind auch dann ausgeschlossen, wenn sie als Partei einen ihnen abgetretenen Anspruch geltend machen und nach der Überzeugung des Gerichts der Anspruch abgetreten ist, um ihren Ausschluss von der Verhandlung zu vermeiden.

---

9 So *Baumbach/Lauterbach/Hartmann* Rn. 9; *Stein/Jonas/Roth* Rn. 14 (ausnahmsweise zu § 296 Abs. 2 anwendbar).
10 BVerwG NJW 1986, 339; *Stein/Jonas/Roth* Rn. 12.
11 RG JW 1902, 543; OLG Köln JurBüro 1969, 1107; AK-ZPO/*Göring* Rn. 4 (Begründung empfehlenswert).
12 BSG AnwBl. 1974, 270; *Stein/Jonas/Roth* Rn. 15, 16; *Baumbach/Lauterbach/Hartmann* Rn. 20.
13 BGH NJW 1970, 946.
14 Nachprüfbar ist, ob die Grenzen des Ermessens überschritten sind; BGH BB 1960, 66.
15 *Fischer* NJW 1994, 1320f.
16 *Stein/Jonas/Roth* Rn. 15, 16; *Baumbach/Lauterbach/Hartmann* Rn. 20.
17 *Baumbach/Lauterbach/Hartmann* Rn. 22; *Stein/Jonas/Roth* Rn. 17.

(2) [1]Das Gericht kann Parteien, Bevollmächtigten und Beiständen, die nicht Rechtsanwälte sind, wenn ihnen die Fähigkeit zum geeigneten Vortrag mangelt, den weiteren Vortrag untersagen. [2]Diese Anordnung ist unanfechtbar.

(3) [1]Die Vorschrift des Absatzes 1 ist auf Personen, denen das mündliche Verhandeln vor Gericht durch Anordnung der Justizverwaltung gestattet ist, nicht anzuwenden. [2]Die Justizverwaltung soll bei ihrer Entschließung sowohl auf die Eignung der Person als auch darauf Rücksicht nehmen, ob im Hinblick auf die Zahl der in dem Gerichtsbezirk niedergelassenen Rechtsanwälte ein Bedürfnis zur Zulassung besteht.

I. Befugnis, fremde Rechtsangelegenheiten geschäftsmäßig zu besorgen

1 **1. Grundsatz.** Fremde Rechtsangelegenheiten geschäftsmäßig zu besorgen, setzt entsprechende fachliche Qualifikation voraus. Deshalb ist die Rechtsberatung regelmäßig den **Rechtsanwälten** anvertraut; sie sind die berufenen unabhängigen Berater und Vertreter in allen Rechtsangelegenheiten (§ 3 BRAO).

2 **2. Rechtsbeistände.** Nur mit **besonderer Erlaubnis** des örtlich zuständigen Landgerichtspräsidenten (Amtsgerichtspräsidenten) dürfen andere Personen, sog. Rechtsbeistände, geschäftsmäßig fremde Rechtsangelegenheiten besorgen, auch Rechtsrat erteilen, fremde oder zum Inkasso abgetretene Forderungen einziehen; ob sie haupt- oder nebenberuflich, entgeltlich oder unentgeltlich tätig werden, ist gleich (Rechtsberatungsgesetz vom 13. 12. 1935, RGBl. I S. 1478, idF vom 18. 8. 1980, BGBl. I S. 1503 und v. 25. 10. 1994, BGBl. I S. 3082; AVO v. 13. 12. 1935, RGBl. I S. 1481 idF v. 2. 9. 1994, BGBl. I S. 2278; 2. AVO v. 3. 4. 1936, RGBl. I S. 359). Die Erlaubnis wird jeweils für einen bestimmten, in Art. 1 § 1 Abs. 1 RBerG genannten Sachbereich erteilt. Sie umfasst jede Art der Tätigkeit, die zur Betreuung der vorgesehenen Angelegenheiten nötig wird, ausgenommen das mündliche Verhandeln vor Gericht nach § 157 Abs. 3 (Art. 1 § 3 Nr. 3 RBerG); hierzu bedarf es eigener Erlaubnis (vgl. Rn. 4).

3 **3. Prozessagenten.** Die Zulassung als Rechtsbeistand (Art. 1 § 1 RBerG) erlaubt also nicht das mündliche Verhandeln vor Gericht, ist ihrerseits aber Voraussetzung für die Zulassung als Prozessagent nach § 157 Abs. 3;[1] denn auch das Auftreten vor Gericht stellt ja die Besorgung fremder Rechtsangelegenheiten dar. Die Zulassung nach § 157 Abs. 3 **erweitert die Befugnisse** des nach dem RBerG zugelassenen Rechtsbeistands. Ist Auftreten vor Gericht beabsichtigt, sollte sie zugleich mit der Zulassung nach RBerG beantragt werden.

II. Zur Verhandlung zugelassene Personen

4 Während im Anwaltsprozess das Monopol der Rechtsanwälte gilt (§ 78), kann sich im **Parteiprozess** die Partei durch eine prozessfähige Person vertreten lassen (§ 79). Hier wird die Regelung des § 157 aktuell. Zugelassen zur Verhandlung sind:

5 **1. Neben Mitgliedern einer Rechtsanwaltskammer.** Neben Mitgliedern einer Rechtsanwaltskammer (§ 157 Abs. 1), dh. Rechtsanwälten und aufgrund § 25 EGZPO nach § 209 BRAO **in die Rechtsanwaltskammer aufgenommenen Personen** (qualifizierte Rechtsbeistände, Kammerrechtsbeistand),[2] die über eine Erlaubnis nach dem Rechtsberatungsgesetz verfügen, allgemein als Vertreter des Anwalts bestellte Person (§§ 53, 161 BRAO), der Kanzleiabwickler nach dem Tod des Anwalts (§ 55 BRAO), der Stationsreferendar (nicht der frei mitarbeitende Referendar) unter Beistand seines ausbildenden Anwalts (§ 59 Abs. 2 BRAO).

6 **2. Ausländische Rechtsanwälte.** Ausländische Rechtsanwälte haben nicht die gleiche **Stellung** wie die deutschen Kollegen. Die in einem EG-Mitgliedstaat niedergelassenen Rechtsanwälte hingegen haben in der BRD grundsätzlich dieselben Rechte wie ihre deutschen Kollegen (Gesetz zur Durchführung der Richtlinie des Rates der EG vom 22. 3. 1977 zur Erleichterung der tatsächlichen Ausübung des freien Dienstleistungsverkehrs der Rechtsanwälte vom 16. 8. 1980, BGBl. I S. 1453); sog. Rechtsanwaltsdienstleistungsgesetz (RADG).[3]

7 **3. Patentanwälte.** Patentanwälte in Verfahren des **gewerblichen Rechtsschutzes** (§ 4 PatAnwO).

---

[1] OLG Hamm OLGZ 1980, 265; *Stein/Jonas/Roth* Rn. 4 und 5; *Rosenberg/Schwab/Gottwald* § 29 II 2.
[2] *Stein/Jonas/Roth* Rn. 7.
[3] Die Änderungen des RADG v. 14. 3. 1990, BGBl. I S. 1479, und v. 27. 4. 1993, BGBl. I S. 512, basieren auf der Entscheidung des EuGH NJW 1988, 887, die Einschränkungen (Auftreten nur zusammen mit einem deutschen Rechtsanwalt) als Verstoß gegen Art. 59, 60 EG-Vertrag beanstandete.

4. Zugelassene Prozessagenten. (Vgl. Rn. 3 und 4). Die Justizverwaltung hat die **Eignung** des Antragstellers und das Bedürfnis der Bevölkerung zu **prüfen.** Die Überlegungen, die zur Zulassung als Rechtsbeistand, namentlich gem. Art. 1 § 1 Abs. 1 S. 2 Nr. 1, 5 und 6 RBerG, geführt haben, werden auch jetzt für die Zulassung als Prozessagent leitend sein. ZB gilt es, eine größere Zahl von Ausländern, die der deutschen Sprache nicht mächtig sind, in Rechtsfragen zu betreuen.[4] Dagegen genügt nicht der Wunsch, sich gegen geringere Gebühren (vgl. Art. IX KostÄndG vom 26. 7. 1957, BGBl. I S. 931) juristisch vertreten lassen zu können.[5] Das Bedürfnis ist zwingende, als Regelung der Berufsausübung mit Art. 12 Abs. 1 GG vereinbare[6] Voraussetzung; fehlt sie, muss die Zulassung versagt werden.[7] Die Versagung (Justizverwaltungsakt) ist nach den §§ 23ff. EGGVG angreifbar. 8

5. Verbandsvertreter. Verbandsvertreter vor den **Arbeits- und Landesarbeitsgerichten** (§ 11 ArbGG). 9

III. Von der Verhandlung ausgeschlossene Personen

Andere als die in Rn. 5 bis 9 aufgezählten Personen sind von der Verhandlung ausgeschlossen, sofern sie fremde Rechtsangelegenheiten vor Gericht geschäftsmäßig betreiben (§ 157 Abs. 1). 10

1. Besorgung einer Rechtsangelegenheit. In der mündlichen Verhandlung vor Gericht **aufzutreten,** bedeutet immer, eine Rechtsangelegenheit zu besorgen. 11

2. Fremd. Fremd ist die Rechtsangelegenheit, die **nicht** – auch nicht zugleich – die **Rechte des Auftretenden** betrifft. Im Zweifel gibt der wirtschaftliche Aspekt den Ausschlag. So nimmt der Haftpflichtversicherer im Schadensersatzprozess gegen den Versicherungsnehmer auch seine eigenen Interessen wahr, weil er dem verurteilten Beklagten deckungspflichtig ist (§§ 149f. VVG), im Kraftfahrzeughaftpflichtprozess das klagabweisende Urteil sogar Rechtskraft zugunsten des Versicherers wirkt (§ 3 Nr. 8 PflVersG); folglich kann der Haftpflichtversicherer durch seinen Sachbearbeiter als Prozessbevollmächtigten den Beklagten vertreten lassen.[8] 12

Die **außergerichtliche Einziehung von Forderungen (Inkasso)** ist Besorgung fremder Rechtsangelegenheiten, also im Falle der Geschäftsmäßigkeit erlaubnispflichtig nach Art. 1 § 1 Abs. 1 S. 1 und 2 Nr. 5 RBerG, die geschäftsmäßige gerichtliche Einziehung außerdem erlaubnispflichtig nach § 157 Abs. 1. Ob für das Inkasso eine Zession, eine Prozessstandschaft oder eine Prozessvollmacht als Rechtsform gewählt wird, ob der Einziehende demnach als Partei oder offener Stellvertreter auftritt, ist unerheblich (arg. auch § 157 Abs. 1 S. 2). Dagegen verschafft die Abtretung an Zahlungs Statt, zahlungshalber oder zur Sicherung dem Zessionar ein eigenes Interesse, so dass die Einziehung durch ihn eine eigene Rechtsangelegenheit darstellt.[9] 13

3. Geschäftsmäßig. Geschäftsmäßig ist eine **selbständige und auf öftere Wiederholung gerichtete** Tätigkeit. Unerheblich ist, ob sie hauptberuflich oder nebenberuflich, entgeltlich (das wäre gewerbsmäßig) oder unentgeltlich geschieht (arg. Art. 1 § 1 Abs. 1 S. 1 RBerG). Steht der Auftretende in einem Arbeits- oder sonstigen Abhängigkeitsverhältnis, so handelt er nicht selbständig (arg. Art. 1 § 6 RBerG); vielmehr ist auf die Person des Dienstherrn abzustellen. Daher handelt der Bürovorsteher, der mit Terminsvollmacht einen Verhandlungstermin für seinen Anwalt wahrnimmt, nicht geschäftsmäßig.[10] Ebenso nicht der Hausverwalter in Prozessen, die mit seiner Hausverwaltung in unmittelbarem Zusammenhang stehen (arg. Art. 1 § 5 Nr. 3 RBerG).[11] Deutsche Behörden und ihre Bediensteten, die im Rahmen ihrer öffentlich-rechtlichen Zuständigkeit auftreten, werden ohnehin nicht geschäftsmäßig tätig (arg. Art. 1 § 3 Nr. 1 RBerG). 14

4. Vor Gericht. Vor Gericht meint das persönliche Auftreten in allen Arten der **Verhandlung,** nicht nur die mündliche. Die Neufassung stellt klar, dass Personen, die die Besorgung fremder Rechtsangelegenheiten geschäftsmäßig betreiben, auch in der Güteverhandlung ausgeschlossen sind.[12] Der Begriff Verhandlung umfasst auch Beweisaufnahmetermine, Termine vor dem beauftragten oder 15

---

4 BGHZ 77, 202 = NJW 1980, 2312; *Stein/Jonas/Roth* Rn. 11.

5 BGHZ 77, 209 = NJW 1980, 2310.

6 BVerfGE 41, 378, 391 = NJW 1976, 1349.

7 OLG Hamm OLGZ 1980, 120; AK-ZPO/*Göring* Rn. 4; *Stein/Jonas/Roth* Rn. 12; aA (Ermessen) OLG Düsseldorf Rpfleger 1979, 142; offen gelassen in BGH (Fn. 4).

8 BGHZ 38, 71 = NJW 1963, 441; AK-ZPO/*Göring* Rn. 3; *Thomas/Putzo/Reichold* Rn. 1.

9 AK-ZPO/*Göring* Rn. 3; *Stein/Jonas/Roth* Rn. 21.

10 LG Oldenburg NJW 1958, 1930; LG Hagen AnwBl. 1977, 69; AK-ZPO/*Göring* Rn. 3; *Zöller/Greger* Rn. 4.

11 *Zöller/Greger* Rn. 4; *Stein/Jonas/Roth* Rn. 15; KG NJW-RR 2003, 156.

12 BT-Drucks. 14/4722, S. 79; anders: *Peters* im Ergänzungsband zur 2. Aufl., der auch das schriftliche Verfahren hier gesehen hat. Die Gesetzesbegründung liefert jedoch keinen Anhalt, dass an der bisherigen Regelung etwas geändert werden sollte.

ersuchten Richter, den Termin im Prozesskostenhilfeverfahren (§ 118 Abs. 1 S. 3) und die im Verfahren mit fakultativ mündlicher Verhandlung angeordnete mündliche Verhandlung.[13] Den Schriftverkehr mit dem Gericht betrifft § 157 Abs. 1 nicht. Die fehlende Erlaubnis steht der Wirksamkeit der Schriftsätze des Prozessbevollmächtigten und der Zustellung an ihn (§ 176) nicht entgegen. Auf eine Umgehung des § 157 Abs. 1 durch Anordnung des schriftlichen Verfahrens (§ 128 Abs. 2 bis 4) sollte sich das Gericht nicht einlassen.

16 **5. Ausschlussstreit.** Zulassung wie Ausschluss sind gesetzlich bestimmt. Den **gesetzwidrig Auftretenden** hat das Gericht über die fehlende Zulassung zu unterrichten und von der mündlichen Verhandlung zurückzuweisen. Im **Streitfall,** sog. Ausschlussstreit, hat das Gericht die gesetzlichen Voraussetzungen des Ausschlusses von Amts wegen zu prüfen, zB die Fremdheit der Rechtsangelegenheit, die Geschäftsmäßigkeit des Auftretens des Vertreters. Etwaige Beweise sind im gewöhnlichen Beweisverfahren (Strengbeweis) zu erheben;[14] eine Lockerung des Beweisverfahrens, die sogleich die Qualität der Beweisergebnisse in Frage stellen müsste, verbietet sich wegen der uU schwerwiegenden Folgen für die Partei. Zu der Verhandlung über die Frage des Ausschlusses ist der Vertreter aber zuzulassen.

17 Das Gericht entscheidet durch selbständigen **Beschluss.** Er hat lediglich deklaratorische Wirkung, sollte daher auf Feststellung lauten, dass der Vertreter in der mündlichen Verhandlung ausgeschlossen bzw. nicht ausgeschlossen ist. Im ersten Fall steht zur Wahrung seiner Interessen und im Gegenschluss aus § 157 Abs. 2 S. 2 dem Vertretenen die sofortige Beschwerde (§ 567 Abs. 1 Nr. 2) zu,[15] mangels eigener Beschwer nicht dem Vertreter selbst.[16] Im zweiten Fall ist eine Beschwerde nicht zulässig.

18 **6. Wirkung des Ausschlusses.** Die Wirkung des Ausschlusses besteht darin, dass die Partei durch diesen Vertreter in der mündlichen Verhandlung **nicht vertreten** werden kann. Die anwesende Partei muss also persönlich verhandeln. Die abwesende Partei ist als säumig zu betrachten (§§ 330ff.); ebenso die anwesende, aber nicht zu verhandeln bereite Partei (§ 333).

IV. Zurückweisung wegen mangelnder Fähigkeit zum Vortrag (§ 157 Abs. 2)

19 **1. Mangelnde Fähigkeit zum geeigneten Vortrag.** Zur formellen Prozessleitung des Vorsitzenden (§§ 136f.) gehört es auch, für eine ungestörte, sachbezogene mündliche Verhandlung zu sorgen. Das Gericht kann deshalb jedem der Prozessbeteiligten, ausgenommen Anwälten, den **weiteren Vortrag untersagen,** wenn ihm die Fähigkeit zum geeigneten Vortrag mangelt. Die Entscheidung steht im pflichtgemäßen Ermessen des Gerichts. Nur gravierende Mängel rechtfertigen eine solche Maßnahme. Die Verhandlung muss in schwerwiegendem Maße gestört sein, zB durch Schreien, beharrliches Weiterreden trotz Wortentzugs, sachfremde politische Monologe, Trunkenheit. Bloße Unbeholfenheit genügt nicht. Der Richter sollte möglichst Geduld üben – die Untersagung des Vortrags könnte einer Versagung des rechtlichen Gehörs gleichkommen! Zur Verhandlung mit fremdsprachigen, tauben oder stummen Personen vgl. §§ 185ff. GVG.

20 **2. Entscheidungsform.** Sein Urteil über die uU mangelnde Fähigkeit zum Vortrag bildet sich das Gericht auf Grund seines eigenen unmittelbaren Eindrucks; hier vom Freibeweis zu sprechen,[17] ist deshalb schon im Ansatz verfehlt. Die den weiteren Vortrag untersagende Entscheidung ergeht durch **Beschluss.** Er ist nicht beschwerdefähig (§ 157 Abs. 2 S. 2), aber jederzeit aufhebbar durch das Gericht selbst.

21 **3. Wirkung.** Die Wirkung des untersagenden Beschlusses gleicht der des **Ausschlusses** nach Abs. 1 (Rn. 18). Nur ist ein Versäumnisurteil erst im folgenden Termin im Falle wiederholter Untersagung zulässig (§ 158 S. 2); das Gericht hat also zu vertagen, sofern nicht die anwesende Partei die Verhandlung weiterführt.

§ 158 Entfernung infolge Prozessleitungsanordnung

[1]Ist eine bei der Verhandlung beteiligte Person zur Aufrechterhaltung der Ordnung von dem Ort der Verhandlung entfernt worden, so kann auf Antrag gegen sie in gleicher Weise verfahren werden, als wenn sie freiwillig sich entfernt hätte. [2]Das Gleiche

---

[13] *Stein/Jonas/Roth* Rn. 19.

[14] *Stein/Jonas/Roth* Rn. 24.

[15] *Baumbach/Lauterbach/Hartmann* Rn. 17; *Thomas/Putzo/Reichold* Rn. 3; für analoge Anwendung: *Stein/Jonas/Roth* Rn. 26.

[16] Heute hL; AK-ZPO/*Göring* Rn. 7; *Thomas/Putzo/Reichold* Rn. 3; *Zöller/Greger* Rn. 6.

[17] So AK-ZPO/*Göring* Rn. 8; *Thomas/Putzo/Reichold* Rn. 8; richtig *Stein/Jonas/Roth* Rn. 30.

gilt im Falle des § 157 Abs. 2, sofern die Untersagung bereits bei einer früheren Verhandlung geschehen war.

1. Folgen der Entfernung. S. 1 regelt die auf den laufenden Prozess bezogenen Folgen, wenn ein **Beteiligter gem.** § 177 GVG (Sitzungspolizei) aus dem Sitzungszimmer entfernt worden ist. Die Parallele zur freiwilligen Entfernung besagt: Ist im Parteiprozess die unvertretene Partei selbst oder im Falle ihrer Abwesenheit ihr Prozessbevollmächtigter (§ 177 GVG betrifft aber nicht den Anwalt!) entfernt worden, so kann auf Antrag des Gegners Versäumnisurteil oder Entscheidung nach Aktenlage ergehen (§§ 330 ff.); ist schon verhandelt worden und der Prozess entscheidungsreif, kann kontradiktorisches Urteil ergehen. Das Gericht kann freilich stattdessen auch vertagen. Ist ein Zeuge oder Sachverständiger entfernt worden, kann das Gericht die Maßnahmen nach §§ 380, 409 ergreifen; gegen die zur persönlichen Anhörung geladene, dann entfernte Partei die Maßnahme nach § 141 Abs. 3 treffen. Die Partei verliert ihr Recht nach § 137 Abs. 4. War sie zur Vernehmung geladen, kann das Gericht nach freiem Ermessen in ihrem Verhalten die Verweigerung ihrer Aussage sehen (§ 454 Abs. 1). Es kommt aber auch die Anberaumung eines neuen Verhandlungstermins (§ 454 Abs. 2) in Betracht. 1

2. Satz 2. Zu S. 2 **vgl. § 157 Rn. 19.** 2

§ 159 Protokollaufnahme

(1) [1]Über die Verhandlung und jede Beweisaufnahme ist ein Protokoll aufzunehmen. [2]Für die Protokollführung kann ein Urkundsbeamter der Geschäftsstelle zugezogen werden, wenn dies auf Grund des zu erwartenden Umfangs des Protokolls, in Anbetracht der besonderen Schwierigkeit der Sache oder aus einem sonstigen wichtigen Grund erforderlich ist.

(2) Absatz 1 gilt entsprechend für Verhandlungen, die außerhalb der Sitzung vor Richtern beim Amtsgericht oder vor beauftragten oder ersuchten Richtern stattfinden.

I. Sitzungsprotokolle und sonstige Protokolle

1. Sitzungsprotokolle. Sitzungsprotokolle sind **für alle Verhandlungen** aufzunehmen (Abs. 1 S. 1). Vgl. §§ 159 bis 165, 272, 278, 297, 313, 314, 415, 419; für das amtsgerichtliche Verfahren §§ 495, 510 a; ferner §§ 78, 80 ZVG. Auch wenn nur eine Beweisaufnahme (§§ 355 Abs. 1, 485 ff.), eine Verkündung oder Vertagung oder ein Prozessvergleich stattfindet, ist ein Protokoll notwendig (arg. § 160 Abs. 3 Nr. 4, 5, 7, 1). Dasselbe gilt gem. § 159 Abs. 2 für Verhandlungen außerhalb der Sitzung vor Richtern am Amtsgericht (§ 118 Abs. 1 S. 3) oder beauftragten oder ersuchten Richtern (§§ 279, 361, 362, 372 Abs. 2, 375, 389, 398 Abs. 2, 400, 402, 405, 434, 479, 492, 613). 1

2. Zu Protokoll der Geschäftsstelle. Erklärungen der Parteien zu Protokoll der Geschäftsstelle lässt die ZPO in zahlreichen **Fällen** zu (§§ 44 Abs. 1, 109 Abs. 3, 117 Abs. 1, 118 Abs. 1 S. 2, 248 Abs. 1, 381 Abs. 2, 386, 389 Abs. 1, 402, 406 Abs. 2, 486 Abs. 4, 569 Abs. 3, 573 Abs. 1, 715 Abs. 2, 920 Abs. 3, 924 Abs. 2, 936, 947 Abs. 1, 952; für das amtsgerichtliche Verfahren § 496). Zuständig ist die Geschäftsstelle des mit der Sache **befassten Gerichts;** zur Wirksamkeit der vor einer anderen Geschäftsstelle abgegebenen Erklärung vgl. § 129 a. 2

Die Erklärung unterliegt nicht dem Anwaltszwang (§ 78 Abs. 3). Für ihre **Form** gibt es keine Vorschriften. Das Protokoll ist jedenfalls von dem Urkundsbeamten zu unterzeichnen. Üblich und empfehlenswert ist es, auch den Erklärenden unterschreiben zu lassen, schon um dem späteren Vorwurf unrichtiger Niederschrift vorzubeugen. 3

Die Erklärung zu **richterlichem Protokoll,** namentlich zum Sitzungsprotokoll, ersetzt die Erklärung zu Protokoll der Geschäftsstelle.[1] Der Grundsatz, dass die strengere Form die mildere überflüssig macht (§§ 126 Abs. 4, 129 Abs. 2 BGB), gilt auch hier. Demgegenüber hat der Wortlaut wenig Gewicht.[2] 4

II. Funktion des Sitzungsprotokolls

Die Hauptbedeutung des Protokolls liegt in seiner Beweiskraft für die Richtigkeit der festgehaltenen Umstände und Vorgänge (§ 165); das Protokoll geht sogar dem Tatbestand des Urteils vor 5

---

[1] OLG Nürnberg MDR 1963, 508 (zu § 569 Abs. 2 S. 2); hL.

[2] AA BGH NJW 1957, 990 (zu § 21 Abs. 2 FGG, anders § 73 Abs. 2 GBO); OLG Hamm NJW 1966, 1519 (zu § 569 Abs. 2 S. 2).

(§ 314). Es wahrt jede materiell-rechtliche Form (§ 127a BGB). Prozesshandlungen wie Anerkenntnis, Verzicht, Klagerücknahme, Rechtsmittelverzicht oder -rücknahme hängen in ihrer Wirksamkeit nicht von der Protokollierung ab.[3] §§ 160, 162 Abs. 1 stellen keine konstitutiven Formvorschriften dar.[4] Ausnahmen sind einmal kraft gesetzlicher Vorschrift das Geständnis vor einem beauftragten oder ersuchten Richter (§ 288 Abs. 1, also gerade nicht das Geständnis vor dem Prozessgericht)[5] und ferner der Prozessvergleich als zugleich materieller Vertrag, Prozesshandlung und Vollstreckungstitel (§ 794 Abs. 1 Nr. 1). Neben der Beweissicherheit dienen die Vorschriften über das Protokoll auch dazu, dass die Gerichte für einen ordnungsgemäßen Sitzungsablauf sorgen und sich um eindeutige Feststellungen, zB der Anträge, der Zeugenaussagen, bemühen.

III. Autor des Sitzungsprotokolls

6 **1. Verzicht auf einen Urkundsbeamten.** Der **Vorsitzende** kann von der Zuziehung eines Urkundsbeamten absehen, wenn die Voraussetzungen des Abs. 1 S. 2 vorliegen. Er muss dann das Protokoll in alleiniger **Verantwortung** führen; im Kollegium kann er sich der (untergeordneten) Hilfe eines Beisitzers bedienen. Über den Verzicht auf einen Urkundsbeamten entscheidet allein der Vorsitzende nach seinem Ermessen im Rahmen seiner richterlichen Tätigkeit. Seine Entscheidung bedarf keiner Begründung, auch keines Vermerks im Protokoll (aber zweckmäßig). Weisungen der Dienstaufsicht, zB Rücksicht auf die angespannte Personallage bei der Geschäftsstelle zu nehmen, ist er nicht unterworfen.[6] Vielmehr ist die Justizverwaltung verpflichtet, Urkundsbeamte und technisches Gerät zu den angesetzten Terminen bereitzustellen.[7]

7 **2. Hinzuziehung eines Urkundsbeamten.** Wurde der Urkundsbeamte der Geschäftsstelle (§ 159 Abs. 1 S. 2; vgl. § 153 GVG, § 49) zur Protokollführung hinzugezogen, hat er das Protokoll in **eigener Verantwortung** anzufertigen. Das schließt nicht aus, dass ihm der ebenfalls verantwortliche Richter (§ 163 Abs. 1 S. 1) zB Entscheidungen oder Zeugenaussagen zur Niederschrift diktiert; auch hier bleibt der Urkundsbeamte für die Richtigkeit verantwortlich; zur Lage bei Meinungsverschiedenheiten vgl. § 163 Rn. 3.

IV. Zeitpunkt der Protokollierung

8 Das Protokoll ist **rechtzeitig** während der Verhandlung anzufertigen, wenn es gem. § 162 in der Verhandlung den Parteien vorzulesen oder zur Durchsicht vorzulegen ist. Das gilt für die Fälle des § 160 Abs. 3 Nr. 1, 3, 4, 5, 8, 9 sowie für die zu Protokoll erklärten Anträge. Der verlesene Text muss also Bestandteil des, wenn auch noch nicht abgeschlossenen, Protokolls sein. Die Ausnahmen des § 160a erlauben aber Aufnahmen in Kurzschrift oder auf Tonband oder auf besonderem Blatt in Langschrift mit verständlichen Abkürzungen (Anlage zum Protokoll nach § 160 Abs. 5). Dagegen ist es unzulässig, den Text stichwortartig auf Notizzetteln zu skizzieren, ihn in freier Rede ergänzend vorzutragen und ihn später durch das endgültig ausformulierte Protokoll zu ersetzen; der so gewonnene Protokolltext ist hier nicht verlesen und genehmigt worden, so dass seine Richtigkeit nicht genügend gewährleistet erscheint.[8] Das gilt erst recht für ein nachträglich nur nach dem Gedächtnis gefertigtes Protokoll. Hingegen darf das Protokoll auch noch nach der Verhandlung angefertigt werden, soweit es sich um andere, nicht zu verlesende Abschnitte handelt (so nach § 160 Abs. 1, Abs. 3 Nr. 6 und 7).[9]

§ 160 Inhalt des Protokolls

(1) Das Protokoll enthält

1. den Ort und den Tag der Verhandlung;
2. die Namen der Richter, des Urkundsbeamten der Geschäftsstelle und des etwa hinzugezogenen Dolmetschers;
3. die Bezeichnung des Rechtsstreits;

---

[3] BGH NJW 1984, 1465; BGH 1989, 1934; BSG MDR 1981, 612; OLG Karlsruhe FamRZ 1984, 401; hL.
[4] AA OLG Hamm RPfleger 1982, 111; OLG Düsseldorf FamRZ 1983, 721.
[5] OLG Braunschweig MDR 1976, 673.
[6] BGH NJW 1976, 2509.
[7] Fast allgM; *Franzki* DRiZ 1975, 97 f.; *Stein/Jonas/Roth* Rn. 14; *Zöller/Stöber* Rn. 3.
[8] BGHZ 14, 396 = NJW 1954, 1886; *Stein/Jonas/Roth* Rn. 10.
[9] OLG Saarbrücken NJW 1972, 61.

4. die Namen der erschienenen Parteien, Nebenintervenienten, Vertreter, Bevollmächtigten, Beistände, Zeugen und Sachverständigen und im Falle des § 128a der Ort, von dem aus sie an der Verhandlung teilnehmen;
5. die Angabe, dass öffentlich verhandelt oder die Öffentlichkeit ausgeschlossen worden ist.

(2) Die wesentlichen Vorgänge der Verhandlung sind aufzunehmen.

(3) Im Protokoll sind festzustellen

1. Anerkenntnis, Anspruchsverzicht und Vergleich;
2. die Anträge;
3. Geständnis und Erklärung über einen Antrag auf Parteivernehmung sowie sonstige Erklärungen, wenn ihre Feststellung vorgeschrieben ist;
4. die Aussagen der Zeugen, Sachverständigen und vernommenen Parteien; bei einer wiederholten Vernehmung braucht die Aussage nur insoweit in das Protokoll aufgenommen zu werden, als sie von der früheren abweicht;
5. das Ergebnis eines Augenscheins;
6. die Entscheidungen (Urteile, Beschlüsse und Verfügungen) des Gerichts;
7. die Verkündung der Entscheidungen;
8. die Zurücknahme der Klage oder eines Rechtsmittels;
9. der Verzicht auf Rechtsmittel,
10. das Ergebnis der Güteverhandlung.

(4) [1]Die Beteiligten können beantragen, dass bestimmte Vorgänge oder Äußerungen in das Protokoll aufgenommen werden. [2]Das Gericht kann von der Aufnahme absehen, wenn es auf die Feststellung des Vorgangs oder der Äußerung nicht ankommt. [3]Dieser Beschluss ist unanfechtbar; er ist in das Protokoll aufzunehmen.

(5) Der Aufnahme in das Protokoll steht die Aufnahme in eine Schrift gleich, die dem Protokoll als Anlage beigefügt und in ihm als solche bezeichnet ist.

I. Normzweck

Um die Beweiskraft des Protokolls (§ 165) für die Ordnungsmäßigkeit der Verhandlung zu sichern, schreibt § 160 zwingend vor, welche Umstände, Vorgänge und Erklärungen in das Protokoll aufzunehmen sind. **Abs. 1** verlangt Kennzeichnung des Verfahrens, Benennung aller Beteiligten und Angabe über die Öffentlichkeit der Verhandlung (§§ 169ff. GVG); so ist im Falle einer Verhandlung im Wege der Bild- und Tonübertragung der Ort, von dem aus Beteiligte an der Verhandlung teilnehmen, im Protokoll zu vermerken. In Abs. 1 Nr. 4 ist „der Ort" ein Redaktionsversehen; richtig wäre „den Ort". 1

Abs. 2 enthält die Generalklausel, dass die wesentlichen Vorgänge der Verhandlung zu protokollieren sind. **Abs. 3** bringt einen – nicht abgeschlossenen – Katalog solcher Vorgänge. **Abs. 4** räumt jedem Beteiligten (nicht nur den Parteien und ihren Prozessbevollmächtigten) bis zum Schluss der mündlichen Verhandlung[1] ein Initiativrecht ein; die ablehnende Entscheidung des Gerichts ist freilich nicht angreifbar. **Abs. 5** stellt klar, dass der Aufnahme in das Protokoll die Aufnahme in eine Schrift gleichsteht, die dem Protokoll als Anlage beigefügt und im Protokoll als solche bezeichnet ist; es ist nicht erforderlich, die Eigenschaft als Protokollanlage auch auf der beigefügten Schrift selbst kenntlich zu machen[2] oder die Schrift durch die für das Protokoll Verantwortlichen gleichfalls unterschreiben zu lassen. 2

Zu den Möglichkeiten, in den Fällen des § 160 Abs. 3 Nr. 4 und 5 an die Stelle des Protokolls den Aktenvermerk des Berichterstatters treten zu lassen oder – ohne Protokoll oder Aktenvermerk – die Beweisergebnisse direkt im Urteil wiederzugeben, vgl. § 161 Rn. 8 und 9.

II. Generalklausel des Abs. 2

Über Abs. 1 und 3 hinaus sind alle weiteren **wesentlichen Vorgänge** im Ablauf der Verhandlung zu protokollieren. Dem Zweck des Protokolls entsprechend, die Vorgänge in der Verhandlung beweiskräftig festzuhalten (§ 165), ist zu protokollieren, was für das laufende Verfahren, auch für die Rechtsmittelinstanz, bedeutsam werden kann. In diesem Umfang besteht für die Aufnahme in das Protokoll kein richterliches Ermessen.[3] Insgesamt ist eine großzügige Handhabung gebo- 3

---

[1] OLG Frankfurt/M. NJW-RR 1990, 123.
[2] BGHZ 10, 327, 329f. = NJW 1953, 1829; heute allgM.
[3] OLG Düsseldorf VersR 2002, 254; *Stein/Jonas/Roth* Rn. 5.

ten.[4] ZB sind in das Protokoll aufzunehmen: Richterliche Hinweise (§ 139);[5] vom Gericht gesetzte Erklärungsfristen und Auflagen, richterliche Vergleichsvorschläge (§ 278); Erlass von Zwischenentscheidungen und Beweisanordnungen bzw. Beschlüssen; Prozessanträge (falls nicht schon unter Abs. 3 Nr. 2 zu subsumieren), so Kostenanträge nach Klagrücknahme (§ 269 Abs. 4) Verweisungsanträge (§ 281); Rüge der internationalen Zuständigkeit;[6] Erklärungen zur Erledigung der Hauptsache nebst Kostenanträgen (§ 91 a); die Verlesung der Sachanträge (§ 297) die Verhandlung der Parteien über das Ergebnis der Beweisaufnahme (§ 285 Abs. 1) und die Erörterung des Sach- und Streitstands (§ 279 Abs. 3);[7] zur Befangenheitsablehnung führende Vorgänge in der Verhandlung. Das Protokoll ist auch für die Beurteilung der Gebührentatbestände nach GKG und RVG als öffentliche Urkunde – nicht aber mit der gesteigerten Beweiskraft von § 165 – von Bedeutung.[8]

III. Katalog des Abs. 3

4 **1. Nr. 1. Anerkenntnis** (§ 307), **Verzicht** (§ 306) und **Prozessvergleich** (§ 794 Abs. 1 Nr. 1) sind zu protokollieren. Zur Wirksamkeit dieser Erklärungen ohne (formgültige) Protokollierung vgl. § 159 Rn. 9. Die Protokollform ersetzt beim Prozessvergleich auch die notarielle Beurkundung (§ 127 a BGB), etwa der Auflassung (§ 925 Abs. 1 S. 3 BGB). Da der Prozessvergleich Vollstreckungstitel ist (§ 794 Abs. 1 Nr. 1), ist auf die identitätssichere Bezeichnung der Parteien im Protokoll zu achten (§§ 795, 750 Abs. 1).

5 **2. Nr. 2.** Nach der traditionellen allg. Ansicht sind nur **Sachanträge** gemeint, nicht Prozessanträge. So sollen etwa Anträge auf Klagabweisung, Kostenanträge nach Klagerücknahme (§ 269 Abs. 4) oder Erledigung der Hauptsache (§ 91 a) oder Anträge zur Zuständigkeit des Gerichts oder auf Vertagung nicht zu protokollieren sein.[9] Diese enge Auslegung entspricht weder dem Wortlaut noch dem Sinn der Vorschrift; sie ergibt sich auch nicht aus der Verbindung mit § 297. Der Zweck des § 160, beweiskräftige Feststellungen für alle wichtigen Vorgänge zu treffen, erfasst **auch Prozessanträge.** Zumindest sollte ihre Protokollierung gem. § 160 Abs. 2 erwogen werden.

6 **Sachanträge** können in den verschiedenen Formen des § 297 gestellt werden. Im Protokoll ist zu vermerken, wie verfahren wurde.

7 **3. Nr. 3. Geständnisse** (§ 288) und **Erklärungen über einen Antrag auf Parteivernehmung** (§§ 446, 447, entsprechend auch § 453 Abs. 2) sind von Amts wegen in das Protokoll aufzunehmen. Für das Geständnis ist die Protokollierung Wirksamkeitsvoraussetzung, wenn es vor dem beauftragten oder ersuchten Richter abgegeben wird (§ 288 Abs. 1); nicht bei Abgabe vor dem Prozessgericht (vgl. § 159 Rn. 5).

8 **Sonstige Erklärungen** sind zu protokollieren, wenn ihre Feststellung vorgeschrieben ist (zB § 389 Abs. 1). Im Amtsgerichtsprozess sind sonstige Erklärungen einer Partei im Protokoll festzuhalten, wenn der Richter es für erforderlich hält (§ 510 a); er wird sich § 160 Abs. 2, wonach alle wesentlichen Vorgänge zu protokollieren sind, als Richtschnur nehmen.

9 **4. Nr. 4. Aussagen von Zeugen** (§§ 395 ff.), **Sachverständigen** (§§ 402, 411 Abs. 3)[10] und **Parteien** bei Parteivernehmung (§§ 445 ff.), analog mündlich erteilte amtliche Auskünfte,[11] sind ausführlich oder in Zusammenfassung des Wesentlichen zu protokollieren. Üblich und grundsätzlich ratsam ist es, die Aussage in direkter Rede wiederzugeben; jedenfalls die wichtigen oder charakteristischen Passagen, die Korrekturen der Aussage auf Vorhalt. Stets sollte der Richter bedenken, dass er, wenn er mit seinen eigenen Formulierungen die Aussage ins Protokoll diktiert, sie gleichsam filtert, vielleicht aber färbt oder gar verändert.[12] Diese Gefahren vermeidet die Tonbandaufnahme (§ 160 a).

10 Die Protokollpflicht ist eingeschränkt bei **wiederholter Vernehmung** derselben Beweisperson über dasselbe Beweisthema (§ 398); entsprechend bei mündlicher Erläuterung des schriftlichen Sachverständigengutachtens (§ 411 Abs. 3).[13]

---

[4] Einschränkend sprechen die Kommentare nur von „Empfehlungen"; *Baumbach/Lauterbach/Hartmann* Rn. 7; *Stein/Jonas/Roth* Rn. 10.
[5] BGHZ 164, 166 = NJW 2006, 60.
[6] OLG Brandenburg OLG-NL 1996, 233.
[7] BGH NJW 1990, 121.
[8] Richtig *Stein/Jonas/Roth* Rn. 7; aA KG JurBüro 1976, 1062 und 1069.
[9] OLG München NJW 1964, 361; OLG Hamm Rpfleger 1974, 327; OLG Koblenz MDR 1975, 63; *Stein/Jonas/Roth* Rn. 16.
[10] BGH NJW 2001, 3269 nicht ausreichend: „Der Sachverständige erläutert ausführlich sein Gutachten".
[11] BVerwG NJW 1988, 2491.
[12] *Scheuerle* ZZP 66 (1953), 306; *Baumbach/Lauterbach/Hartmann* Rn. 11.
[13] *Zöller/Stöber* Rn. 8.

Nr. 4 will die Beweisergebnisse im Falle der Parteivernehmung zu Beweiszwecken (§§ 445 ff.) sichern. Sie betrifft nicht die Erklärungen, die eine Partei bei ihrer **Anhörung** zur Aufklärung des Sachverhalts (§ 141) abgibt;[14] für wichtige Klarstellungen oder Ergänzungen ist aber Protokollierung gem. § 160 Abs. 2 zu erwägen. Die Unterscheidung zwischen Parteianhörung und Parteivernehmung gilt auch für § 613. 11

5. Nr. 5. Ergebnisse des **Augenscheins** sind alle Sinneswahrnehmungen des Richters, nicht nur die Wahrnehmungen durch die Augen. Dieser äußere Befund ist festzustellen und zu protokollieren; welche Schlussfolgerungen daraus das Gericht zieht für die Entscheidung des Prozesses, ist eine andere Frage. Das Protokoll sollte die entscheidungserheblichen Umstände möglichst festhalten; zB eine Skizze der Unfallstelle, die Maße der Räume, die erkennbaren Schäden der Mietwohnung, den Eindruck von Lärm oder Gerüchen. 12

Der Augenschein kann von einem beauftragten oder ersuchten Richter aufgenommen werden (§ 372 Abs. 2). Doch nur, wenn die Formvorschriften der §§ 160 Abs. 2 Nr. 5, 162 beachtet sind, darf das Kollegium das Protokoll verwerten.[15] Dann freilich wird die Beweiskraft des Protokolls auch nicht geschmälert, wenn der beauftragte Richter inzwischen ausgeschieden ist.[16] 13

6. Nr. 6. Entscheidungen des Gerichts sind Urteile, Beschlüsse und Verfügungen; nicht prozessleitende Verfügungen, die zur Kompetenz des Vorsitzenden gehören (zB § 136). Auch beim Einzelrichter sind diese beiden Kompetenzbereiche zu unterscheiden. Bei **Urteilen** ist die Urteilsformel in das Protokoll oder in die Protokollanlage (Abs. 5) aufzunehmen, da die Verkündung des Urteils durch Verlesen der Urteilsformel erfolgt (§ 311 Abs. 2).[17] Beim abgekürzten Urteil (§ 313b Abs. 2) genügt die protokollierte Bezugnahme auf den Antragsschriftsatz („nach Klagantrag gem. Schriftsatz vom …"). Bei Erlass eines Protokollurteils im Berufungsverfahren muss das Sitzungsprotokoll die Urteilsformel, die Darlegungen nach § 540 Abs. 1 S. 1 und die Verkündung des Urteils enthalten.[18] 14

7. Nr. 7. Die **Verkündung** der Entscheidungen des Gerichts (§§ 310 ff., 329) ist durch das Protokoll oder seine Anlage (Abs. 5) förmlich festzustellen. Es genügt die Formulierung, dass die Entscheidung „erlassen" oder „anliegendes Urteil verkündet"[19] worden sei. Ob die Verkündung durch Verlesen der Urteilsformel (§ 311 Abs. 2 S. 1) oder durch Bezugnahme auf sie (§ 311 Abs. 2 S. 2) geschah, braucht das Protokoll nicht auszuweisen.[20] Die Urteilsformel muss aber – außer in den Fällen des § 311 Abs. 2 S. 3 – zZ der Verkündung schriftlich vorliegen,[21] schon um eine Diskrepanz zwischen verkündeter Formel und dem später abgesetzten Urteil auszuschließen. Urteile und verkündungspflichtige Beschlüsse sind ohne Verkündung nicht existent, lediglich Entwürfe. Es liegt nahe, dieselbe Rechtsfolge anzunehmen, wenn die Protokollierung der Verkündung fehlt;[22] die Wirksamkeit der gerichtlichen Entscheidungen sollte von vornherein förmlich klargestellt sein. Entsprechend kann eine ab Verkündung laufende Rechtsmittelfrist (§§ 516, 552, 577) nicht beginnen.[23] 15

8. Nr. 8 und 9. Klagrücknahme (§ 269), **Rechtsmittelrücknahme** (§§ 516, 565, analog für Beschwerde) und **Rechtsmittelverzicht** (§§ 515, 565, ebenfalls analog für Beschwerde) sind, sofern in der mündlichen Verhandlung erklärt, im Protokoll festzuhalten; das gilt also nicht für den außergerichtlichen vertraglichen Rechtsmittelverzicht.[24] Die uU erforderliche Einwilligung des Gegners in die Klage- oder Rechtsmittelrücknahme (§§ 269, 516, 565) ist ebenfalls protokollpflichtig[25] (Nr. 8 analog, zumindest nach § 160 Abs. 2), folglich auch zu verlesen und zu genehmigen (§ 162).[26] Zur Wirksamkeit der genannten Prozesshandlungen trotz Fehlens der Protokollierung vgl. § 159 Rn. 9. 16

9. Nr. 10. Das **Ergebnis** einer **Güteverhandlung** (§ 278 Abs. 2), d. h. ihr Erfolg oder Scheitern und auch ein Vorgehen nach § 278 Abs. 5, ist in das Protokoll aufzunehmen. Ein Vergleichsabschluss wird von Abs. 3 Nr. 1 erfasst. 17

---

[14] BGH VersR 1962, 281; allg. Ansicht.
[15] RG HRR 1939 Nr. 514; *Stein/Jonas/Roth* Rn. 24.
[16] BGH NJW 1972, 1202.
[17] BGH NJW 1985, 1782; NJW 1999, 794.
[18] BGH NJW 2004, 1666.
[19] BGH NJW 1985, 1782.
[20] BGH (Fn. 19); BGH NJW 1994, 3358; *Jauernig* NJW 1986, 117.
[21] BGH (Fn. 19); aA *Jauernig* NJW 1986, 117.
[22] OGHZ 1, 1 = NJW 1948, 421; *Zöller/Stöber* Rn. 11; *Stein/Jonas/Roth* Rn. 26 halten es dagegen für unmöglich, dass die Protokollierung in angemessener Zeit nachgeholt und der Mangel nach § 295 geheilt wird.
[23] BGH (Fn. 19).
[24] BGH JZ 1984, 103.
[25] *Franzki* DRiZ 1975, 98; *Stein/Jonas/Roth* Rn. 27 f.; *Zöller/Stöber* Rn. 12 f.
[26] AA *Franzki* DRiZ 1975, 98; richtig *Stein/Jonas/Roth* Rn. 27 f.; *Zöller/Stöber* Rn. 12 f.

§ 160 a Vorläufige Protokollaufzeichnung

(1) Der Inhalt des Protokolls kann in einer gebräuchlichen Kurzschrift, durch verständliche Abkürzungen oder auf einem Ton- oder Datenträger vorläufig aufgezeichnet werden.

(2) [1]Das Protokoll ist in diesem Fall unverzüglich nach der Sitzung herzustellen. [2]Soweit Feststellungen nach § 160 Abs. 3 Nr. 4 und 5 mit einem Tonaufnahmegerät vorläufig aufgezeichnet worden sind, braucht lediglich dies in dem Protokoll vermerkt zu werden. [3]Das Protokoll ist um die Feststellungen zu ergänzen, wenn eine Partei dies bis zum rechtskräftigen Abschluss des Verfahrens beantragt oder das Rechtsmittelgericht die Ergänzung anfordert. [4]Sind Feststellungen nach § 160 Abs. 3 Nr. 4 unmittelbar aufgenommen und ist zugleich das wesentliche Ergebnis der Aussagen vorläufig aufgezeichnet worden, so kann eine Ergänzung des Protokolls nur um das wesentliche Ergebnis der Aussagen verlangt werden.

(3) [1]Die vorläufigen Aufzeichnungen sind zu den Prozessakten zu nehmen oder, wenn sie sich nicht dazu eignen, bei der Geschäftsstelle mit den Prozessakten aufzubewahren. [2]Aufzeichnungen auf Ton- oder Datenträgern können gelöscht werden,

1. soweit das Protokoll nach der Sitzung hergestellt oder um die vorläufig aufgezeichneten Feststellungen ergänzt ist, wenn die Parteien innerhalb eines Monats nach Mitteilung der Abschrift keine Einwendungen erhoben haben;
2. nach rechtskräftigem Abschluss des Verfahrens.

(4) Die endgültige Herstellung durch Aufzeichnung auf Datenträger in der Form des § 130 b ist möglich.

I. Grundgedanken der Vorschrift

1 Um die Herstellung des Protokolls zu erleichtern, gestattet § 160 a die **vorläufige Aufzeichnung** des Protokollinhalts durch bestimmte technische Hilfen (Abs. 1): Gebräuchliche Kurzschrift (Stenogramm), insbesondere die deutsche Einheitskurzschrift; Kurzschriftmaschine; Ton- oder Datenaufnahmegerät; verständliche Abkürzungen (in Langschrift).

2 Der Vorsitzende bestimmt die Art der vorläufigen Aufzeichnung: Entweder wird die gesamte Sitzung aufgezeichnet, indem zB von Eröffnung bis Schließung der Sitzung ein Tonbandgerät mitläuft. Oder der Vorsitzende fasst den wesentlichen Inhalt der Sitzung zusammen und diktiert ihn ins Stenogramm oder spricht ihn auf ein Tonaufnahmegerät. Oder er wechselt, ohne dass eine Lücke in den Aufzeichnungen entstehen darf, die Art der Aufzeichnung, indem er zB die Zeugenaussage auf Tonband aufnimmt und im Übrigen das Wesentliche ins Stenogramm diktiert. Der Vorsitzende wird die zweckmäßigste Lösung wählen. Meist empfiehlt sich, dass er das Wesentliche diktiert oder auf den Tonträger spricht; auch bei Zeugenaussagen, sofern nicht der wortgetreuen Wiedergabe einmal ausschlaggebende Bedeutung zukommt. Gegen die **Anordnung des Vorsitzenden** gibt es keinen Rechtsbehelf; Anspruch auf ein „Wortprotokoll" haben die Parteien nicht. Der Zustimmung des Zeugen zur Aufzeichnung auf einem Tonträger bedarf es nicht;[1] die sonstige Problematik der Verletzung des Persönlichkeitsrechts durch Tonaufzeichnung wird hier nicht aktuell, weil der Zeuge ohnehin in öffentlicher Sitzung auszusagen verpflichtet ist und sich einer Tonaufzeichnung ebenso wie einem Wortstenogramm stellen muss.

II. Herstellung des Protokolls

3 **1. Unverzüglich.** Bei vorläufiger Aufzeichnung ist das Protokoll unverzüglich **nach der Sitzung** anzufertigen (Abs. 2 S. 1), dh. ohne schuldhaftes Zögern (vgl. § 121 Abs. 1 S. 1 BGB), mit angemessenem Vorrang vor den übrigen Dienstgeschäften. Gegen pflichtwidrige Verzögerung gibt es keinen Rechtsbehelf, nur die Dienstaufsichtsbeschwerde (§ 26 Abs. 2 DRiG). Auch raubt die Verzögerung dem Protokoll nicht die Beweiskraft nach § 165.[2]

4 **2. Ausnahmen:** Auf Tonaufnahmegerät aufgezeichnete **Aussagen von Zeugen, Sachverständigen oder Parteien und Ergebnisse eines Augenscheins** (§ 160 Abs. 3 Nr. 4 und 5) unterliegen dem Gebot zu unverzüglicher Übertragung ins Protokoll nicht (Abs. 2 S. 2). Die Übertragung ist nachzuholen, wenn eine Partei diese Protokollergänzung beantragt oder das Rechtsmit-

---

[1] Ebenso jetzt auch *Stein/Jonas/Roth* Rn. 3.
[2] BGH NJW 1985, 1782.

telgericht sie verlangt (Abs. 2 S. 3). Sind die genannten Aussagen wörtlich aufgezeichnet und außerdem in einer vom Vorsitzenden diktierten Zusammenfassung des Wesentlichen festgehalten worden, so können die Parteien Ergänzung des Protokolls nur um diese Zusammenfassung verlangen, nicht um ein Wortprotokoll (Abs. 2 S. 4). Die Erleichterungen nach Abs. 2 S. 2 und 3 gelten nur für Aufzeichnungen auf Tonaufnahmegeräten, nicht für Aufzeichnungen in den übrigen vereinfachten Formen des Abs. 1.

3. Bezugnahme. Da die auf Tonaufnahmegerät vorläufig aufgezeichneten Beweisergebnisse (§ 160 Abs. 3 Nr. 4 und 5) zur Verfügung stehen und jederzeit nachträglich in das Protokoll aufgenommen werden können, ist es zulässig, auf sie **im Tatbestand des Urteils** Bezug zu nehmen (§ 313 Abs. 2 S. 2). Ist jedoch die Aufzeichnung in wesentlichen Punkten unvollständig oder unverständlich, so erweist sich der Tatbestand des Urteils als lückenhaft. Damit fehlt ein Teil der Grundlage für die Überprüfung des Urteils im Rechtsmittelverfahren.[3] Das Revisionsgericht hat das Urteil aufzuheben und den Prozess zurückzuverweisen. 5

4. Abs. 4. Durch die Ergänzung in Abs. 4 wird klargestellt, dass die – zunächst vorläufige – **Aufzeichnung des Protokolls auf einem Datenträger** zu einer endgültigen wird, wenn die Voraussetzungen für die Formwirksamkeit des Protokolls in der Form eines gerichtlichen elektronischen Dokuments gemäß § 130b in Verbindung mit § 163 Abs. 1 erfüllt sind. Das elektronische Dokument muss also den Namen des Vorsitzenden sowie des Urkundsbeamten der Geschäftsstelle enthalten und ist von diesen mit einer qualifizierten elektronischen Signatur zu versehen.[4] 6

III. Aufbewahrung der vorläufigen Aufzeichnungen

1. Aufbewahrung. Die Aufbewahrung ermöglicht eine **nachträgliche Übertragung in das Protokoll** (Abs. 2 S. 2 bis 4) und eine Protokollberichtigung (§ 164). Die vorläufigen Aufzeichnungen werden zu den Prozessakten genommen (zB Aufzeichnungen in Kurz- oder Langschrift, Tonbänder in Hülle) oder, wenn sie sich dazu nicht eignen (zB zahlreiche Tonbänder oder Kassetten) auf der Geschäftsstelle – eindeutig bezeichnet – verwahrt (Abs. 3 S. 1). Teil des Protokolls sind sie nicht. 7

2. Löschung von Aufzeichnungen auf Ton- oder Datenträgern. Löschung von Aufzeichnungen auf Ton- oder Datenträgern ist nur in den beiden Fällen des Abs. 3 S. 2 zulässig. Die Mitteilung nach Nr. 1 ist Maßnahme der Geschäftsstelle, keine Verfügung des Vorsitzenden; daher bedarf sie nicht der Zustellung nach § 329 Abs. 2 S. 2.[5] Zur Fristenkontrolle hat die Geschäftsstelle den Absendezeitpunkt zu notieren. Verantwortlich für die Löschung ist die Geschäftsstelle. Die Zustimmung des Vorsitzenden mag ratsam sein, ist aber gesetzlich nicht erforderlich.[6] Verwaltungsanordnungen der Länder können sie vorschreiben. 8

3. Abhörung vorläufiger Aufzeichnungen. Die **Parteien und ihre Prozessbevollmächtigten** sind berechtigt, die mit einem Tonaufnahmegerät gemachten vorläufigen Aufzeichnungen auf der Geschäftsstelle abzuhören;[7] sonst könnten sie die Richtigkeit des Protokolls und des Urteilstatbestandes nicht nachprüfen und sich nur schwer über Anträge auf Protokollergänzung (§ 160a Abs. 2 S. 3) und Protokollberichtigung (§ 164) klar werden. Vorübergehende Überlassung, etwa zum Abhören in der Anwaltskanzlei, ist wegen der Gefahr der Beschädigung oder Verfälschung nicht zulässig. 9

Die Frage, ob eine Partei (Prozessbevollmächtigter) Tonaufzeichnungen auf der Geschäftsstelle **auf eigenen Tonträger überspielen** darf, wirft erneut das Problem des Persönlichkeitsschutzes der Zeugen und anderen Prozessbeteiligten auf. Bleiben die Aufzeichnungen ausschließlich im Gewahrsam des Gerichts, gehen sie nicht über den Rahmen der Aussagepflichten hinaus (vgl. Rn. 2). Geraten sie durch Überspielen auch in die Verfügungsgewalt weiterer Personen, wird ihre Verwendung allein für den Prozess nicht mehr gewährleistet. Deshalb ist die Zustimmung aller Prozessbeteiligten erforderlich, deren Aussagen und Erklärungen auf der Tonaufzeichnung festgehalten sind.[8] 10

Die gleichen Erwägungen gelten für die **Zulässigkeit eigener Tonaufzeichnungen der Parteien und ihrer Prozessbevollmächtigten** während der Sitzung. Es liegt nicht allein in der Hand des Vorsitzenden, solche Aufzeichnungen zu gestatten.[9] 11

---

[3] BVerwG MDR 1977, 604; *Stein/Jonas/Roth* Rn. 5.
[4] BT-Drucks. 15/4067, S. 31.
[5] HL; aA *Schmidt* NJW 1975, 1309.
[6] AA *Stein/Jonas/Roth* Rn. 15.
[7] *Stein/Jonas/Roth* Rn. 18; *Zöller/Stöber* Rn. 10.
[8] *Stein/Jonas/Roth* Rn. 20; *Zöller/Stöber* Rn. 10.
[9] *Stein/Jonas/Roth* Rn. 21; *Zöller/Stöber* Rn. 11.

§ 161 Entbehrliche Feststellungen

(1) Feststellungen nach § 160 Abs. 3 Nr. 4 und 5 brauchen nicht in das Protokoll aufgenommen zu werden,

1. wenn das Prozessgericht die Vernehmung oder den Augenschein durchführt und das Endurteil der Berufung oder der Revision nicht unterliegt;

2. soweit die Klage zurückgenommen, der geltend gemachte Anspruch anerkannt oder auf ihn verzichtet wird, auf ein Rechtsmittel verzichtet oder der Rechtsstreit durch einen Vergleich beendet wird.

(2) [1] In dem Protokoll ist zu vermerken, dass die Vernehmung oder der Augenschein durchgeführt worden ist. [2] § 160 a Abs. 3 gilt entsprechend.

I. Grundgedanken

1 Die Feststellung der Aussagen von Zeugen, Sachverständigen und zu Beweiszwecken vernommenen Parteien (§ 160 Abs. 3 Nr. 4) sowie des Ergebnisses eines Augenscheins (§ 160 Abs. 3 Nr. 5) im Protokoll ist in den Fällen des § 161 Abs. 1 entbehrlich. Das **Protokoll** wird dadurch **entlastet,** dass lediglich die Durchführung der Vernehmung oder des Augenscheins festgehalten wird, nicht aber die Aussage selbst oder das Ergebnis des Augenscheins.

2 Nach Auffassung des Gesetzgebers besteht in den Situationen des § 161 Abs. 1 **kein Bedürfnis** für eine inhaltliche Protokollierung. Das lässt sich gerade für die Fälle der Nr. 1 bezweifeln. Ohne Inhaltsprotokoll können die Parteien zunächst nicht kontrollieren, ob das Gericht den Inhalt der Aussagen und den Eindruck des Augenscheins zutreffend verstanden hat; ein Berichtigungsantrag gem. § 164 ist nicht möglich. So können die Parteien durch eine fehlerhafte Wiedergabe des Beweisergebnisses im Urteil überrascht werden. Die Vorsitzenden sollten deshalb die Erleichterung des § 161 nur behutsam nutzen; komplizierte und/oder entscheidende Aussagen oder Augenscheinsergebnisse sollten, obwohl gesetzlich nicht vorgeschrieben,[1] protokolliert oder vorläufig aufgezeichnet (§ 160 a) werden.[2]

II. Gekürztes Protokoll nach Abs. 1 Nr. 1

3 Vorausgesetzt wird erstens, dass das ergehende Endurteil **nicht mit Berufung oder Revision angreifbar** ist. Ein Rechtsmittel darf also nicht statthaft sein (§§ 511 Abs. 1, 542 Abs. 1) oder es müsste an der Beschwer, der Rechtsmittelsumme (§ 511 Abs. 2 Nr. 1) und der Zulassung der Berufung (§ 511 Abs. 2 Nr. 2) und bei Berufungsurteilen an der Statthaftigkeit der Nichtzulassungsbeschwerde (§§ 543 Abs. 1 Nr. 2, 544)[3] fehlen. Bei Zweifeln, etwa an der Höhe des Streitwerts, sollte der Vorsitzende sich nicht zu einem verkürzten Protokoll verleiten lassen.

4 Vorausgesetzt wird zweitens, dass die **Beweisaufnahme vor dem Prozessgericht** stattfindet. Ihm steht der streitentscheidende Einzelrichter (§§ 348, 348 a, 349 Abs. 3, 526, 527 Abs. 3, 4; 568) gleich. Dagegen gilt § 161 Abs. 1 Nr. 1 nicht für die Beweisaufnahme vor dem beauftragten oder ersuchten Richter (vgl. § 285 Abs. 2) oder vor dem vorbereitenden Einzelrichter des Berufungsgerichts (§ 527); denn nur die eigene Wahrnehmung aller Richter des erkennenden Gerichts könnte das fehlende Inhaltsprotokoll ersetzen. Aus demselben Grund ist nach Richterwechsel das gekürzte Protokoll nicht mehr hinreichend.[4]

III. Gekürztes Protokoll nach Abs. 1 Nr. 2

5 Da hier der **Rechtsstreit ohne Endurteil endet,** brauchen die Feststellungen nach § 160 Abs. 3 Nr. 4 und 5 nicht in das Protokoll aufgenommen zu werden in den Fällen der Klagrücknahme (§ 269), des Anerkenntnisses (§ 307) und des Verzichts (§ 306), des Rechtsmittelverzichts (§§ 515, 565) und des Prozessvergleichs (§ 794 Abs. 1 Nr. 1). Derselbe Grund trifft auch auf die Fälle der Rücknahme eines Rechtsmittels (§§ 516, 555), des Verzichts auf den Einspruch gegen ein Versäumnisurteil oder der Rücknahme des Einspruchs (§ 346) sowie der beiderseitigen Erklärung, die Hauptsache sei erledigt (§ 91 a), zu, so dass Analogie geboten ist.[5] Endet der Rechtsstreit nur

---

[1] BGHZ 21, 59 = NJW 1956, 1355.

[2] BGH (Fn. 1); *Stein/Jonas/Roth* Rn. 1.

[3] BGH NJW 2003, 3057.

[4] *Stein/Jonas/Roth* Rn. 2; *Thomas/Putzo/Reichold* Rn. 2.

[5] Für Rechtsmittelrücknahme ebenso *Franzki* DRiZ 1975, 100; *Zöller/Stöber* Rn. 4; für alle genannten Fälle *Stein/Jonas/Roth* Rn. 5.

teilweise durch einen der aufgeführten Vorgänge, so ist für den erledigten Teil ein gekürztes Protokoll erlaubt, sofern sich die Feststellungen für diesen Teil von denen für den nicht erledigten Teil überhaupt abgrenzen lassen.

IV. Rechtsfolgen bei Verstoß gegen § 161

1. Rechtsfolgen. Unterbleibt die inhaltliche Protokollierung, ohne dass die Voraussetzungen des § 161 Abs. 1 vorliegen, so ist das **Verfahren fehlerhaft.** Auf ein Verschulden des Gerichts kommt es nicht an. Auch ein vorheriger Verzicht der Parteien entbindet den Vorsitzenden nicht von seiner Pflicht, die §§ 160, 160a zu beachten. 6

2. Heilung. Ein Verstoß gegen § 161 wird nach verbreiteter Lehre dadurch geheilt, dass die Parteien auf die **Verfahrensrüge** verzichten oder sie versäumen (§ 295 Abs. 1).[6] Diese Lehre übersieht, dass die Parteien nur für ihren eigenen Bereich disponieren können; in die Aufgaben und Kompetenzen des Rechtsmittelgerichts können sie nicht eingreifen.[7] Dieser doppelte Aspekt bestimmt die Lösungen zu Rn. 8 und 9. 7

3. Aktenvermerk. An die Stelle des Protokolls kann ein Aktenvermerk des Berichterstatters **über den wesentlichen Inhalt der Beweisergebnisse** treten.[8] Hierauf darf das erkennende Gericht im Urteil verweisen (§ 313 Abs. 1 Nr. 5, Abs. 2 S. 2). Dem Rechtsmittelgericht stehen also die Beweisergebnisse in einer dem Protokoll gleichwertigen Form zur Verfügung. Folglich muss der Vermerk eindeutig sein, zB klarstellen, ob der Sachverständige bei der mündlichen Erläuterung von seinem schriftlichen Gutachten abwich.[9] Der Vermerk ist, wenn das Urteil in einem besonderen Termin verkündet werden soll,[10] aber wohl in allen Fällen[11] den Parteien rechtzeitig zur Stellungnahme zuzuleiten (Art. 103 Abs. 1 GG); auch für die Parteien steht somit der Vermerk einem Protokoll gleich; sie können auf die Anfertigung des Protokolls verzichten (§ 295 Abs. 1). 8

4. Weder Protokoll noch Aktenvermerk. Wird weder ein Protokoll noch ein Aktenvermerk angefertigt, das **Beweisergebnis** vielmehr **direkt im Urteil verwertet,** so ist für das Rechtsmittelgericht diese Art der Fixierung nur dann einem Protokoll gleichwertig, wenn die Wiedergabe alle wesentlichen Teile des Beweisergebnisses umfasst und deutlich zwischen dem äußeren Ergebnis (Aussage, Augenscheinsbefund) und der gerichtlichen Beweiswürdigung unterscheidet;[12] richtigerweise gehört das äußere Ergebnis in den Tatbestand, die Beweiswürdigung in die Urteilsgründe. Allein im Falle klarer Unterscheidbarkeit kann zB das Revisionsgericht prüfen, ob die Berufungsinstanz die Beweisergebnisse vollständig und zutreffend berücksichtigt hat, und können die Parteien durch Anträge auf Protokollierung oder Tatbestandsberichtigung (§ 320) darauf hinwirken, dass Irrtümer des Berufungsgerichts beseitigt werden. Wird das Urteil diesen Anforderungen nicht gerecht, lässt es insbesondere die Wiedergabe der äußeren Beweisergebnisse vermissen, so ist ein Verzicht der Parteien, das Fehlen des Protokolls zu rügen, für die Rechtsmittelinstanz unerheblich; das Revisionsgericht könnte sonst seine Aufgabe nicht erfüllen, die Anwendung der Rechtsnormen auf den festgestellten Sachverhalt nachzuprüfen.[13] Es bedarf auch keiner speziellen Verfahrensrüge des Revisionsklägers (§ 554a Abs. 3 Nr. 2b); Mängel im Tatbestand (§ 313 Abs. 1 Nr. 5, Abs. 2) sind von Amts wegen zu beachten.[14] 9

§ 162 Genehmigung des Protokolls

(1) ¹Das Protokoll ist insoweit, als es Feststellungen nach § 160 Abs. 3 Nr. 1, 3, 4, 5, 8, 9 oder zu Protokoll erklärte Anträge enthält, den Beteiligten vorzulesen oder zur Durchsicht vorzulegen. ²Ist der Inhalt des Protokolls nur vorläufig aufgezeichnet worden, so genügt es, wenn die Aufzeichnungen vorgelesen oder abgespielt werden. ³In dem Protokoll ist zu vermerken, dass dies geschehen und die Genehmigung erteilt ist oder welche Einwendungen erhoben worden sind.

---

[6] BGH VersR 1980, 751; BVerwG NJW 1977, 313; 1988, 579; differenzierend aber grundsätzlich ablehnend *Stein/Jonas/Roth* Rn. 10–12.

[7] BGH NJW 1987, 1200 = MDR 1987, 209; *Thomas/Putzo/Reichold* Rn. 5.

[8] BGH NJW 1956, 1878.

[9] BGH NJW 1995, 779.

[10] BGH NJW 1972, 1673; ZZP 70 (1957), 80.

[11] Dahin tendiert auch BGH NJW 1972, 1673. Abweichend für die Fälle der Urteilsverkündung noch am Tage der Beweiserhebung BGH NJW 1991, 1547; *Stein/Jonas/Roth* Rn. 12; *Thomas/Putzo/Reichold* Rn. 5.

[12] BGHZ 40, 84, 86f. = NJW 1963, 2070.

[13] BGH MDR 1987, 209; *Stein/Jonas/Roth* Rn. 11.

[14] BGH (Fn. 12).

(2) [1]Feststellungen nach § 160 Abs. 3 Nr. 4 brauchen nicht abgespielt zu werden, wenn sie in Gegenwart der Beteiligten unmittelbar aufgezeichnet worden sind; der Beteiligte, dessen Aussage aufgezeichnet ist, kann das Abspielen verlangen. [2]Soweit Feststellungen nach § 160 Abs. 3 Nr. 4 und 5 in Gegenwart der Beteiligten diktiert worden sind, kann das Abspielen, das Vorlesen oder die Vorlage zur Durchsicht unterbleiben, wenn die Beteiligten nach der Aufzeichnung darauf verzichten; in dem Protokoll ist zu vermerken, dass der Verzicht ausgesprochen worden ist.

I. Grundsatz: Verlesen des Protokolls und Genehmigung

1 **1. Verlesen oder Vorlage zur Durchsicht. Feststellungen im Protokoll** nach § 160 Abs. 3 Nr. 1, 3, 4, 5, 8 und 9 sowie zu Protokoll erklärte Anträge (§ 297 Abs. 1 S. 3) sind den Beteiligten (Parteien, deren Prozessbevollmächtigte, Zeugen und Sachverständige für ihre eigenen Aussagen) vorzulesen oder zur Durchsicht vorzulegen (Abs. 1 S. 1). Vorläufige Aufzeichnungen (§ 160 a) sind ihnen vorzulesen oder zu ihrer Kenntnisnahme abzuspielen (Abs. 1 S. 2).

2 Das Verlesen (wie die genannten Ersatzformen) dient dazu, die **Richtigkeit** der Feststellungen durch die Beteiligten **überprüfen zu lassen.** Ihre Genehmigungen bekräftigen die Richtigkeit; ihre Einwendungen sind auf die einzelnen Punkte der Kritik zu fixieren, führen insoweit zur nochmaligen Kontrolle durch das Gericht und bestätigen die Richtigkeit im Übrigen. Genehmigungen wie Einwendungen sind wegen ihres Gewichts ebenfalls zu protokollieren (Abs. 1 S. 3). Über die inhaltliche Berechtigung der Einwendungen hat das Gericht frei zu befinden; ebenso, wenn die Genehmigung verweigert oder später zurückgezogen wird.[1]

3 **2. Pflicht zur Verlesung.** Genehmigungen wie Einwendungen besitzen solche **Bedeutung für die Beweiskraft des Protokolls,**[2] dass das Gericht grundsätzlich (Ausnahmen nach Abs. 2) keine Abstriche von den Förmlichkeiten des Abs. 1 machen darf. So entbindet ein vorheriger Verzicht der Parteien oder aller Beteiligten das Gericht nicht von der Pflicht zur Verlesung. Und lautes Diktieren des Protokolls oder der vorläufigen Aufzeichnung macht die Verlesung bzw. das Abspielen der Aufnahme nicht überflüssig.

4 **3. Rechtsfolgen bei Verstoß.** Die Rechtsfolgen bei einem Verstoß gegen Abs. 1 sind unterschiedlich zu beurteilen. **Einseitige Prozesshandlungen** (§ 160 Abs. 3 Nr. 1 – außer Prozessvergleich, 3, 8, 9) bedürfen zu ihrer Wirksamkeit ohnehin nicht der Protokollierung (§ 159 Rn. 5), so dass das Unterbleiben der Verlesung erst recht unschädlich ist.[3] Dagegen ist die Wirksamkeit eines **Prozessvergleichs** von ordnungsmäßiger Protokollierung, also auch von der Beachtung des § 162 Abs. 1 abhängig (§ 159 Rn. 5); ein Prozessvergleich, der lediglich „laut diktiert und genehmigt“, nicht aber verlesen und genehmigt wurde, ist deshalb prozessual unwirksam;[4] allenfalls kann er als (formlos gültiger) materieller Vertrag (§ 779 BGB) Wirksamkeit erlangen. § 295 findet in den bisher behandelten Fällen keinen Anwendungsbereich. Die Parteien können hier nicht auf das in Abs. 1 vorgeschriebene Vorlesen bzw. Abspielen verzichten.[5] Zur Rechtsfolge bei Verstoß gegen Abs. 1 in den Fällen des § 160 Abs. 3 Nr. 4 und 5 vgl. Rn. 7.

II. Ausnahmen

5 **1. Unmittelbar auf Tonträger aufgezeichnet. Feststellungen** nach § 160 Abs. 3 Nr. 4, die in Gegenwart der Beteiligten unmittelbar auf Tonträger (nicht: in Kurzschrift) aufgezeichnet worden sind, brauchen **nicht abgespielt** und damit **auch nicht genehmigt** zu werden (Abs. 2 S. 1 1. Halbs.). Ein Verzicht der aussagenden Person ist nicht erforderlich. Sie hat aber das Recht, das Abspielen zu verlangen (Abs. 2 S. 1 2. Halbs.); ein richterlicher Hinweis ist gesetzlich zwar nicht vorgeschrieben und wird deshalb meist nicht für nötig gehalten, namentlich nicht für eine anwaltlich vertretene Partei,[6] sollte aber niemals unterbleiben, damit nicht der aussagenden Person die Möglichkeit zur Kontrolle ihrer Aussage vorenthalten wird.[7] Überhaupt sollte der Vorsitzende

---

[1] BVerwG NJW 1986, 3154.

[2] Brandenburgisches OLG FamRZ 2004, 1655 Verstoß (vgl. auch Rn. 3) gegen die Protokollierungsvorschrift führt dazu, dass dem Protokoll die Beweiskraft einer öffentlichen Urkunde fehlt (hier für den Fall des Rechtsmittelverzichts).

[3] BGH NJW 1984, 1465; BGHZ 107, 142, 145 f.; Abgabe und Inhalt der Erklärung sind durch andere Beweismittel festzustellen, sofern sie überhaupt streitig sind.

[4] *Zöller/Stöber* § 160 Rn. 5; *Stein/Jonas/Roth* § 160 Rn. 14.

[5] OLG Zweibrücken RPfleger 2000, 461; OLGR 2004, 292.

[6] BVerwG NJW 1976, 1282; *Stein/Jonas/Roth* Rn. 11.

[7] *Stein/Jonas/Roth* Rn. 11.

überlegen, ob er von der zeitsparenden Erleichterung des Abs. 2 S. 1 Gebrauch machen will; ausschlaggebende und/oder komplizierte Aussagen sollten abgespielt und durch Genehmigung bekräftigt werden.

2. In Gegenwart der Beteiligten diktiert. Feststellungen nach § 160 Abs. 3 Nr. 4 und 5, die in Gegenwart der Beteiligten in das Protokoll oder die vorläufige Aufzeichnung diktiert worden sind, brauchen nicht verlesen, abgespielt oder zur Durchsicht vorgelegt zu werden, wenn alle Beteiligten (nicht nur die aussagende Person) darauf **verzichten,** und zwar erst nach dem Diktat; der Verzicht ist zu protokollieren (Abs. 2 S. 2), und zwar hinreichend deutlich; etwa „nach Diktat von allen Beteiligten genehmigt" oder besser „nach Diktat verzichten alle Beteiligten auf Verlesung". Trotz des Verzichts sollte der Vorsitzende erwägen, ob es nicht ratsam erscheint, die Richtigkeit wichtiger Aussagen oder Augenscheinsergebnisse durch die Genehmigung der Beteiligten bekräftigen zu lassen (vgl. Rn. 5). 6

3. Verstöße. Bei den Feststellungen nach § 160 Abs. 3 Nr. 4 und 5 können sich Verstöße gegen § 162 Abs. 1 oder Abs. 2 S. 1 oder Abs. 2 S. 2 ereignen; zB wird eine in Kurzschrift aufgenommene Zeugenaussage nicht verlesen; oder die Verlesung einer laut diktierten Aussage unterbleibt, obwohl die Beteiligten (oder nicht alle Beteiligten) auf die Verlesung nicht verzichtet haben; oder der Verzicht ist nicht im Protokoll vermerkt. Das **Verfahren** ist in allen diesen Fällen **fehlerhaft.** Ist die Verhandlung korrekt verlaufen und nur der Vermerk des Verzichts (Abs. 2 S. 2 2. Halbs.) versäumt, ist **Berichtigung des Protokolls** möglich (§ 164). Die übrigen Fehler zu rügen, bleibt den Parteien überlassen (§ 295 Abs. 1); hier stehen keine Interessen des Rechtsmittelgerichts, die sich der **Disposition der Parteien** entziehen (§ 295 Abs. 2), auf dem Spiel (vgl. § 161 Rn. 7 bis 9). 7

§ 163 Unterschreiben des Protokolls

(1) [1]Das Protokoll ist von dem Vorsitzenden und von dem Urkundsbeamten der Geschäftsstelle zu unterschreiben. [2]Ist der Inhalt des Protokolls ganz oder teilweise mit einem Tonaufnahmegerät vorläufig aufgezeichnet worden, so hat der Urkundsbeamte der Geschäftsstelle die Richtigkeit der Übertragung zu prüfen und durch seine Unterschrift zu bestätigen; dies gilt auch dann, wenn der Urkundsbeamte der Geschäftsstelle zur Sitzung nicht zugezogen war.

(2) [1]Ist der Vorsitzende verhindert, so unterschreibt für ihn der älteste beisitzende Richter; war nur ein Richter tätig und ist dieser verhindert, so genügt die Unterschrift des zur Protokollführung zugezogenen Urkundsbeamten der Geschäftsstelle. [2]Ist dieser verhindert, so genügt die Unterschrift des Richters. [3]Der Grund der Verhinderung soll im Protokoll vermerkt werden.

I. Regelfall: Unterzeichnung des Protokolls

1. Unterzeichnung. Das Protokoll ist von dem **Vorsitzenden** des Kollegiums oder dem allein amtierenden Richter (Amtsrichter, ferner nach §§ 348, 348 a, 361, 362, 526, 527, 568) sowie durch den **Urkundsbeamten** der Geschäftsstelle zu unterzeichnen (Abs. 1 S. 1). Hat der Vorsitzende davon abgesehen, einen Urkundsbeamten hinzuzuziehen (§ 159 Abs. 1 S. 2), unterschreibt er allein. 1

2. Verantwortung. Unterschreiben heißt, die Verantwortung **für die Richtigkeit und Vollständigkeit des Protokolls** zu übernehmen. Vorsitzender und Urkundsbeamter sind gemeinsam verantwortlich. Damit steht die in der Praxis übliche Arbeitsteilung nicht im Widerspruch. Gewöhnlich fertigt der Urkundsbeamte das Protokoll an, fügt die ggf. nötige Übertragung einer vorläufigen Aufzeichnung ein (§ 160 a) und unterzeichnet das Protokoll. Der Richter überprüft das Protokoll in den Grundzügen; dabei darf er sich auf sein Gedächtnis und etwaige Notizen beschränken.[1] Den Einzelheiten muss er aber nachgehen, wenn ihm Widersprüche zu seinen Erinnerungen auffallen oder Zweifel wach werden. Er hat dann den Sachverhalt zu klären, ggf. mit Hilfe der vorläufigen Aufzeichnung und nach Rücksprache mit dem Urkundsbeamten. 2

Meinungsverschiedenheiten zwischen dem Vorsitzenden und dem Urkundsbeamten werden gewöhnlich im Einvernehmen behoben. Notfalls führt angesichts der eigenständigen Verantwortlichkeit beider Personen kein Weg daran vorbei, beide Versionen ins Protokoll aufzunehmen.[2] In diesem Punkte erlangt das Protokoll dann nicht die Beweiskraft nach § 165. 3

---

[1] *Stein/Jonas/Roth* Rn. 5; *Zöller/Stöber* Rn. 2.
[2] *Stein/Jonas/Roth* Rn. 4.

4 **3. Zeitpunkt.** Ein Zeitpunkt für die Unterschriftsleistung ist gesetzlich **nicht vorgeschrieben,** so dass die Unterschrift noch nach längerer Zeit nachgeholt werden kann;[3] auch § 160 a Abs. 2 S. 1, wonach bei vorläufiger Aufzeichnung das Protokoll unverzüglich nach der Sitzung herzustellen ist, kennt keine Sanktion (vgl. § 160 a Rn. 3). Es erscheint deswegen konsequent, die Unterschrift auch dann noch **nachholen** zu lassen, wenn der Rechtsmittelkläger das Fehlen der Unterschrift gerügt hat;[4] Aufhebung des Urteils und Zurückverweisung wegen eines Verfahrensfehlers, der behebbar ist und inzwischen behoben worden ist, wäre eine unnötige, die Entscheidung des Rechtsstreits und die Qualität der Urteilsgrundlagen nicht fördernde Sanktion.

5 Spätere Unterschriftsleistung könnte nicht mehr zulässig sein, wenn der **Richter** inzwischen **versetzt** wurde. Einigkeit besteht nur darin, dass eine Versetzung innerhalb desselben Gerichts ihm die Befugnis zum Unterschreiben nicht entzieht. Aber auch die Versetzung zu einem anderen Gericht raubt ihm nicht die Zuständigkeit, das schon verfasste Protokoll aus seinem früheren Dezernat noch zu unterschreiben.[5] Die Berufung auf die §§ 27 Abs. 1, 28 Abs. 1 DRiG[6] verfängt schon im Hinblick auf die Richter auf Probe (§§ 12, 29 DRiG) nicht. Und es gäbe eine unnötige Verwirrung und Wiederholung von Verhandlungen, wenn es dem versetzten Richter nicht mehr gelänge, alle Protokolle rechtzeitig zu unterschreiben. Nur in den Fällen, in denen der Richter inzwischen aus dem Richterdienst ausgeschieden ist, fällt seine Unterzeichnungsbefugnis weg.[7] Die gleichen Überlegungen gelten für den versetzten Urkundsbeamten.[8]

II. Hinderungsfälle

6 Ist der **Vorsitzende des Kollegiums** an der Unterschrift verhindert, so unterschreibt für ihn der älteste Beisitzer (Abs. 2 S. 1 1. Halbs.). Nach der im Kollegium geltenden Hierarchie (§§ 21 f Abs. 2 S. 2, 197 GVG) ist das Dienstalter maßgebend, nicht das Lebensalter.[9] Ist dieser Beisitzer ebenfalls verhindert, so hat der dienstjüngere Beisitzer für beide zu unterzeichnen; Abs. 2 S. 1 schließt ihn nicht aus, sondern regelt nur die Reihenfolge;[10] es hätte keinen Sinn, den dienstjüngeren Richter, der doch an der Verhandlung teilgenommen hat, von der Verantwortlichkeit für das Protokoll auszuschließen und sich mit der Unterschrift des Urkundsbeamten zu begnügen.

7 Ist der **allein amtierende Richter** (Rn. 1) verhindert, reicht die Unterschrift des Urkundsbeamten aus, falls dieser zur Sitzung hinzugezogen war, also nicht im Falle des Abs. 1 S. 2 2. Halbs. Ist auch der Urkundsbeamte verhindert, kommt ein Protokoll nicht zustande.

8 Ist der **Urkundsbeamte** verhindert, genügt die Unterschrift des Richters (Abs. 2 S. 2). Ist er ebenfalls verhindert und nicht nach Abs. 2 S. 1 1. Halbs. zu vertreten, kommt ein Protokoll nicht zustande.

9 Der **Hinderungsgrund** soll im Protokoll **vermerkt** werden (Abs. 2 S. 3); Unterzeichnung zB „zugleich für den wegen Erkrankung an der Unterschrift verhinderten Vorsitzenden X". Die Verletzung dieser bloßen Ordnungsvorschrift beeinträchtigt nicht die Wirksamkeit des Protokolls.

§ 164 Protokollberichtigung

(1) Unrichtigkeiten des Protokolls können jederzeit berichtigt werden.

(2) Vor der Berichtigung sind die Parteien und, soweit es die in § 160 Abs. 3 Nr. 4 genannten Feststellungen betrifft, auch die anderen Beteiligten zu hören.

(3) [1]Die Berichtigung wird auf dem Protokoll vermerkt; dabei kann auf eine mit dem Protokoll zu verbindende Anlage verwiesen werden. [2]Der Vermerk ist von dem Richter, der das Protokoll unterschrieben hat, oder von dem allein tätig gewesenen Richter, selbst wenn dieser an der Unterschrift verhindert war, und von dem Urkundsbeamten der Geschäftsstelle, soweit er zur Protokollführung zugezogen war, zu unterschreiben.

(4) [1]Erfolgt der Berichtigungsvermerk in der Form des § 130 b, ist er in einem gesonderten elektronischen Dokument festzuhalten. [2]Das Dokument ist mit dem Protokoll untrennbar zu verbinden.

---

[3] BGH NJW 1958, 1237.
[4] BGH (Fn. 3); *Stein/Jonas/Roth* Rn. 2; *Zöller/Stöber* Rn. 8.
[5] OLG Schleswig SchlHA 1960, 145; *Stein/Jonas/Roth* Rn. 3.
[6] OLG Stuttgart OLGZ 1976, 241 = MDR 1976, 673.
[7] OLG München OLGZ 1980, 465; *Zöller/Stöber* Rn. 8; *Stein/Jonas/Roth* Rn. 3.
[8] Richtig OLG Hamm OLGZ 1979, 376; OLG München (Fn. 7).
[9] *Zöller/Stöber* Rn. 4; *Stein/Jonas/Roth* Rn. 8.
[10] *Zöller/Stöber* Rn. 4.

I. Verfahren zur Berichtigung

1. Unrichtigkeiten. Unrichtigkeiten, auch Unvollständigkeiten, können **in jedem Teil des Protokolls** auftreten, die **Form** wie den **Inhalt** betreffen. ZB wird der Name eines Beteiligten verwechselt, die Sitzung irrtümlich als nicht-öffentlich bezeichnet, ein in der Sitzung zu Protokoll gestellter Antrag nicht aufgeführt,[1] ein Teil der Zeugenaussage irreführend wiedergegeben. „Offenbar" wie nach § 319 braucht die Unrichtigkeit nicht zu sein.[2] 1

2. Jederzeit. Die Berichtigung ist jederzeit möglich (Abs. 1); also auch dann noch, wenn der **Rechtsmittelkläger** die Unrichtigkeit gerügt hat.[3] Die Gründe, aus denen die Nachholung der Unterschrift noch in der Rechtsmittelinstanz erlaubt ist (§ 163 Rn. 4), gelten auch hier. 2

3. Auf Antrag oder von Amts wegen. Die Berichtigung geschieht auf Antrag oder von Amts wegen. Der Wortlaut des Abs. 1 („können") begründet die **Zuständigkeit,** nicht ein Ermessen.[4] 3

4. Anhörung. Vor der Berichtigung sind die Parteien zu hören, im Falle des § 160 Abs. 3 Nr. 4 auch die Beweispersonen für ihre eigenen Aussagen (Abs. 2). Wer nach § 162 das Protokoll zu genehmigen hat, ist also auch zu einer Berichtigung hinzuzuziehen. Die Anhörung richtet sich nach der Verantwortlichkeit; sie bezweckt **die Aufklärung** des Sachverhalts und gewährt zugleich das **rechtliche Gehör** (Art. 103 Abs. 1 GG). Dementsprechend ist auch der Streithelfer zu hören (§§ 67, 68); im Hinblick auf die Wirkung nach §§ 74 Abs. 3, 68 sogar der untätig gebliebene Streitverkündungsempfänger, obwohl er das Protokoll nicht zu genehmigen hatte.[5] 4

Die Anhörung kann **mündlich oder schriftlich** erfolgen. Jedenfalls ist den Beteiligten genügend Zeit zur Stellungnahme einzuräumen. 5

Bei **offensichtlichen Übertragungsfehlern** aus der vorläufigen Aufzeichnung ist die Anhörung entbehrlich.[6] Verändert sich die Aussage in einem wichtigen Punkt, muss es jedoch bei vorheriger Anhörung bleiben. 6

II. Berichtigung

1. Berichtigungsvermerk. Die Berichtigung erfolgt nicht durch förmlichen Beschluss, sondern entweder durch Vermerk **auf dem Protokoll** selbst, etwa am Rande oder nach dem bisherigen Ende; oder auf einer **Anlage,** die mit dem Protokoll zu verbinden und auf die im Protokoll hinzuweisen ist (Abs. 3 S. 1). Obwohl kein bestimmter Wortlaut vorgeschrieben ist, sollte sich die Berichtigung deutlich als solche kennzeichnen und die Worte, die zu streichen bzw. neu einzufügen sind, eindeutig nennen. 7

2. Berichtigung auf elektronischem Wege. Die mit **Abs. 4** vorgenommene Ergänzung ermöglicht eine Berichtigung des Protokolls auf elektronischem Wege und stellt zugleich klar, dass die Berichtigung in einem gesonderten Dokument[7] und nicht durch Veränderung des gespeicherten Originalurteils vorzunehmen ist. Die Berichtigung auf elektronischem Wege wird in erster Linie dann in Betracht kommen, wenn das Protokoll selbst elektronisch vorliegt, ist aber nicht auf diese Fälle beschränkt. Der elektronische Protokollberichtigungsvermerk ist von den in Abs. 3 genannten Personen in der nach **§ 130 b vorgeschriebenen Form** zu signieren und bei elektronischer Aktenführung mit dem elektronischen Protokoll in untrennbarer Weise zu verbinden. Wird die Akte in konventioneller Form geführt, kann sich die elektronische Berichtigung gleichwohl anbieten, um den Vermerk sogleich per E-Mail den Parteien formlos mitzuteilen. In diesem Fall ist der Vermerk gemäß § 298 auszudrucken und gemäß § 164 Abs. 3 S. 1 als Anlage mit dem Protokoll zu verbinden.[8] 8

3. Verantwortlichkeit. Die Verantwortlichkeit für die Berichtigung ist im Grundsatz **wie die für das (ursprüngliche) Protokoll** geregelt (Abs. 3 S. 2). Der Richter, der das (ursprüngliche) Protokoll unterzeichnet hat, und der zur Protokollführung hinzugezogene Urkundsbeamte (§ 159 Abs. 1 S. 2) haben zu unterschreiben (vgl. § 163 Abs. 1 S. 1). Der allein amtierende Richter hat – neben dem Urkundsbeamten – auch dann zu unterschreiben, wenn er an der Unterzeichnung des (ursprünglichen) Protokolls verhindert war (Abs. 3 S. 2). 9

---

[1] OLG Brandenburg OLG-NL 1996, 233.

[2] OLG Hamm OLGZ 1979, 376, 380; OLG München OLGZ 1980, 465; allg. Ansicht.

[3] BVerwG MDR 1981, 166; OLG Hamm (Fn. 2); heute allgM.

[4] OLG Düsseldorf, Beschl. v. 29. 10. 2001, 9 W 85/01.

[5] *Baumbach/Lauterbach/Hartmann* Rn. 5; *Stein/Jonas/Roth* Rn. 6; aA *Zöller/Stöber* Rn. 4.

[6] *Franzki* DRiZ 1975, 101; *Stein/Jonas/Roth* Rn. 5; *Zöller/Stöber* Rn. 4.

[7] Nach *Thomas/Putzo/Reichold* Rn. 3 a muss ein elektronisch erstelltes Protokoll mit einem Berichtigungsvermerk in derselben Form erfolgen.

[8] BT-Drucks. 15/4067, S. 31 f.

10 Die übereinstimmende grundsätzliche Regelung der Parallelfälle des § 163 Abs. 1 und des § 164 Abs. 3 S. 2 hilft, die in § 164 Abs. 3 **nicht aufgeführten Hinderungsfälle** zu lösen; die in § 163 Abs. 2 genannten Hinderungsfälle sind beim Berichtigungsbeschluss entsprechend zu behandeln.[9] Hat schon das (ursprüngliche) Protokoll an Stelle des verhinderten Vorsitzenden der älteste Beisitzer unterschrieben (§ 163 Abs. 2 S. 1 1. Halbs.), so bleibt er für die Berichtigung zuständig;[10] außer dem Wortlaut des § 164 Abs. 3 S. 2 spricht dafür auch, dass die Verantwortlichkeit für das Protokoll insgesamt in denselben Händen liegen sollte.

11 Die Frage, ob der Richter oder Urkundsbeamte zur Berichtigung befugt bleibt, wenn er inzwischen **versetzt** worden oder aus dem Richter- bzw. Justizdienst ausgeschieden ist, beantwortet sich wie im Parallelfall der Unterzeichnung des (ursprünglichen) Protokolls (§ 163 Rn. 5). Sind demnach beide nicht mehr unterschriftsbefugt, ist eine Protokollberichtigung nicht durchsetzbar.

III. Rechtsmittel

12 **1. Kein Rechtsmittel.** Rechtsmittel sieht § 164 nicht vor. Die sofortige Beschwerde (§ 567 Abs. 1) scheidet aber nicht deswegen aus, weil keine Entscheidung[11] vorläge; die Entschließung über einen Berichtigungsantrag, vielleicht über mehrere sich widersprechende Anträge, trägt, wie auch der Parallelfall des § 319 Abs. 3 bestätigt,[12] Entscheidungscharakter. Sie kann aber deshalb **nicht beschwerdefähig** sein, weil die Verantwortlichkeit für den Protokollinhalt nach den §§ 163, 164 ausschließlich den dort bestimmten Teilnehmern der Sitzung übertragen ist. Es fehlt der Oberinstanz nicht allein der eigene Eindruck aus persönlicher Anwesenheit bei der Sitzung,[13] sondern gerade die gesetzliche Kompetenz.[14] Es ist daher unerheblich, ob die Oberinstanz den Ablauf der Sitzung durch Anhören der Beteiligten vielleicht zu rekonstruieren vermag.[15]

13 **2. Zulässigkeit der Berichtigung.** Die vorstehenden Bedenken gelten nicht, wenn nicht der Inhalt des Protokolls im Streit steht, sondern lediglich die Zulässigkeit der Berichtigung; zB wird eine Protokollberichtigung als unzulässig abgelehnt, weil die für das Protokoll Verantwortlichen die Möglichkeit oder die Voraussetzungen des § 164 verkennen; oder das Protokoll wird berichtigt, obwohl die Voraussetzungen des § 164 fehlen oder das Verfahren inkorrekt ist, etwa inkompetente Personen (Rn. 8 bis 10) über die Berichtigung entschieden haben oder die Anhörung der Beteiligten (Abs. 2) unterblieben ist. In diesen Fällen ist die **Beschwerde statthaft,** weil die Oberinstanz die Verantwortlichen nur zu korrektem Verfahren anhält, nicht jedoch Einfluss auf den Inhalt des Protokolls nimmt.[16]

§ 165 Beweiskraft des Protokolls

[1]Die Beachtung der für die Verhandlung vorgeschriebenen Förmlichkeiten kann nur durch das Protokoll bewiesen werden. [2]Gegen seinen diese Förmlichkeiten betreffenden Inhalt ist nur der Nachweis der Fälschung zulässig.

I. Anwendungsbereich

1 § 165 gilt nunmehr für **Verhandlungen aller Art,** namentlich auch das schriftliche Verfahren (§ 128 Abs. 2 bis 4).

II. Förmlichkeiten der mündlichen Verhandlung

2 **1. Feststellung der Förmlichkeiten.** Nur für die Feststellung der Förmlichkeiten, dh. den **äußeren Hergang** der Verhandlung, genießt das Protokoll erhöhte Beweiskraft, nicht für den Inhalt der Verhandlung. Zum äußeren Ablauf gehören namentlich:

---

[9] OLG München (Fn. 2); *Stein/Jonas/Roth* Rn. 11; *Thomas/Putzo/Reichold* Rn. 3; *Zöller/Stöber* Rn. 6.

[10] *Stein/Jonas/Roth* Rn. 10; aA *Franzki* DRiZ 1975, 101.

[11] So OLG Hamm OLGZ 1979, 376, 384; OLG Hamm RPfleger 1984, 193; NJW 1989, 1680; richtig *Stein/Jonas/Roth* Rn. 14f.

[12] OLG Hamm OLGZ 1983, 90.

[13] So die übliche Begründung; BGH NJW-RR 2005, 214; OLG Hamm (Fn. 11); OLG Frankfurt OLGZ 1974, 301; allg. Ansicht.

[14] BGH (Fn. 13); *Zöller/Stöber* Rn. 11.

[15] AA OLG Koblenz MDR 1986, 593; zutreffend *Zöller/Stöber* (Rn. 11).

[16] OLG Koblenz RPfleger 1969, 137; OLG München (Fn. 2); OLG Hamm OLGZ 1983, 89; LAG Hamm MDR 1988, 172; BayVGH BayVBl. 1989, 566; OLG Düsseldorf (Fn. 4); *Stein/Jonas/Roth* Rn. 17; *Thomas/Putzo/Reichold* Rn. 4; *Zöller/Stöber* Rn. 11; aA OLG Hamm (Fn. 11).

a) Die **Angaben nach § 160 Abs. 1**; u. a. über die Besetzung der Richterbank, die Öffentlichkeit der Verhandlung oder den Ausschluss der Öffentlichkeit. 3

b) Der **Aufruf der Sache** (§ 220 Abs. 1). 4

c) Die Stellung der **Sachanträge** (§ 160 Abs. 3 Nr. 2) in einer der Formen des § 297;[1] aber auch der **Prozessanträge** (vgl. § 160 Rn. 4). 5

d) Dementsprechend die **Erledigungserklärungen zur Hauptsache** (§ 91 a) nebst den Kostenanträgen;[2] der Streit, ob die Erledigungserklärung Sachantrag oder Klagänderung bedeutet, erübrigt sich hier; ebenso die Unterscheidung zwischen einseitiger und beiderseitiger Erledigungserklärung. 6

e) Die Angabe, dass die Parteien **streitig zur Sache verhandelt** haben (§ 160 Abs. 2; vgl. § 160 Rn. 2). 7

f) Die **Vernehmung** bestimmter Zeugen, Sachverständigen oder Parteien und die **Augenscheinseinnahme** eines bestimmten Gegenstandes (§ 160 Abs. 3 Nr. 4 und 5); der Inhalt der Aussage und das Ergebnis des Augenscheins zählen dagegen nicht zu den Förmlichkeiten der Verhandlung.[3] 8

g) Der **Vortrag des Beweisergebnisses vor dem Prozessgericht** im Falle des § 285 Abs. 2. 9

h) Geständnisse vor dem beauftragten oder ersuchten Richter (§§ 160 Abs. 3 Nr. 3, 288 Abs. 1).

i) Vorlesen und Genehmigen in den Fällen des § 162. 10

j) Die **Verkündung der Entscheidungen** (§ 160 Abs. 3 Nr. 7);[4] ob sie durch Vorlesen der Urteilsformel (§ 311 Abs. 2 S. 1) oder Bezugnahme auf die Urteilsformel (§ 311 Abs. 1 S. 2) geschah, bedarf nicht der Protokollierung.[5] 11

2. Einseitige Prozesshandlungen. Nicht unter § 165 fallen nach weit verbreiteter Lehre die einseitigen Prozesshandlungen nach § 160 Abs. 3 Nr. 1 (außer Prozessvergleich), Nr. 3 (Geständnisse vor dem Prozessgericht), Nr. 8 und Nr. 9.[6] Dies steht schon mit § 162 in Widerspruch, der für solche protokollierten Erklärungen Vorlesen und Genehmigen, also Handlungen des äußeren Ablaufs der Verhandlung, vorschreibt. Die Tatsache, dass eine solche Erklärung zu Protokoll abgegeben wurde, zählt also zu den Förmlichkeiten der Verhandlung. Welcher Inhalt der Erklärung nach ihrer Auslegung zukommt (statt Rücknahme des Rechtsmittels vielleicht Erledigungserklärung zur Hauptsache) und ob sie wirksam ist (Zustimmung des Gegners zur Klagrücknahme), ist eine ganz andere Frage; insoweit kann das Protokoll keine Beweiskraft haben. Zur Wirksamkeit einseitiger Prozesshandlungen ohne Protokollierung vgl. § 159 Rn. 5. 12

III. Beweiskraft des Protokolls

1. Beachtung der Förmlichkeiten. Die Beachtung der Förmlichkeiten (Rn. 1 und 2) kann **nur durch das Protokoll bewiesen** werden (S. 1), wenn im laufenden Rechtsstreit ein solcher Punkt auf Antrag oder von Amts wegen zu prüfen ist. Ist die Förmlichkeit im Protokoll vermerkt, so ist sie als gewahrt anzusehen. Ist sie im Protokoll nicht festgehalten, so steht fest, dass dieser Vorgang nicht stattgefunden hat. Findet sich zB in den Akten ein Versäumnisurteil, vermerkt das Protokoll aber nicht die Verkündung, so ist davon auszugehen, dass das Urteil nicht verkündet worden ist. Hält das Protokoll die Verkündung „des anliegenden Urteils" fest, so wird der Beklagte nicht mit der Behauptung gehört, bei der Verhandlung habe die Kostenentscheidung zu Lasten des Klägers gelautet, während die anliegende Urteilsformel die Kosten dem Beklagten aufbürdet.[7] 13

2. Protokoll unklar und/oder in sich nicht stimmig. Ist das Protokoll unklar und/oder in sich nicht stimmig, bedarf es **zunächst** der **Auslegung**. Führt sie nicht zu einem eindeutigen Ergebnis, **fehlt** dem Protokoll die **erhöhte Beweiskraft** des § 165. Der Ablauf der Verhandlung ist dann mit allen möglichen Beweismitteln zu rekonstruieren, insbesondere unter Anhörung der beteiligten Gerichtspersonen. Ist zB in einem vermögensrechtlichen Prozess der Formular-Vordruck „Nicht-öffentliche Sitzung" nicht verändert, aber auch kein Beschluss über den Ausschluss der 14

---

[1] OLG Düsseldorf OLGR 2001, 387; *Stein/Jonas/Roth* Rn. 11; *Zöller/Stöber* Rn. 2.
[2] *Zöller/Stöber* Rn. 2; aA OVG Berlin NJW 1970, 486; *Stein/Jonas/Roth* Rn. 11.
[3] BGH NJW 1982, 1052; BGH FamRZ 1994, 300 (nur Beweiskraft einer allgemeinen öffentlichen Urkunde).
[4] BGH Report 2004, 979; Brandenburgisches OLG NJW-RR 2002, 356.
[5] BGH NJW 1985, 1782; 1994, 3358.
[6] *Baumbach/Lauterbach/Hartmann* Rn. 5 ff.; *Stein/Jonas/Roth* Rn. 11; *Thomas/Putzo/Reichold* Rn. 2.
[7] RGZ 107, 143; BAG NJW 1965, 931.

Öffentlichkeit vermerkt, so ist das Protokoll in diesem Punkt widersprüchlich; der wirkliche Hergang der Verhandlung ist unter Ausschöpfung aller verfügbaren Erkenntnisquellen zu klären.[8]

15 **3. Berichtigtes Protokoll.** Die **erhöhte Beweiskraft** des § 165 genießt auch das gem. § 164 berichtigte Protokoll.[9] Die Berichtigung ist auch noch zulässig, wenn sie erst im Rechtsmittelverfahren erfolgt und der Verfahrensrüge den Boden entzieht (§ 164 Rn. 3).

16 **4. Tatbestand des Urteils.** Für das **mündliche Parteivorbringen** erbringt der Tatbestand des Urteils den vollen Beweis; er kann nur durch das Sitzungsprotokoll entkräftet werden (§ 314).[10] Zur Kollision ist ausdrückliche Feststellung im Protokoll nötig; bloßes Schweigen genügt nicht.[11]

17 **5. Feststellungen, die nicht zu den Förmlichkeiten der Verhandlung zählen.** Feststellungen im Protokoll, die nicht zu den Förmlichkeiten der Verhandlung (Rn. 3 und 4) zählen, haben **nicht die erhöhte Beweiskraft** des § 165 für sich. Sie sind dem Gegenbeweis zugänglich, der in jeder zulässigen Form geführt werden kann (§§ 415 Abs. 2, 418 Abs. 2, 286), namentlich durch Vernehmung des Vorsitzenden und des Urkundsbeamten.

IV. Entkräftung des Protokolls

18 **1. Nachweis der Fälschung.** Nur durch den Nachweis der Fälschung können die **Feststellungen des Protokolls** zu den Förmlichkeiten der Verhandlung **widerlegt** werden (§ 165 S. 2). Fälschung ist die wissentlich falsche Protokollierung oder die vorsätzliche nachträgliche Verfälschung. Der Beweis kann mit allen zulässigen Beweismitteln geführt werden, bleibt aber schwierig. Ungenügend ist der Nachweis allein der objektiven Unrichtigkeit oder Unvollständigkeit (hier kann Protokollberichtigung helfen). Fahrlässigkeit reicht ebenfalls nicht aus. Selbst die Wahrscheinlichkeit der Fälschung raubt dem Protokoll noch nicht die Beweiskraft.[12] Die Schwierigkeit, den objektiven und erst recht den subjektiven Tatbestand der Fälschung zu beweisen, kann im Einzelfall mit einer angemessenen Begrenzung der Behauptungslast der Partei,[13] unter Umständen mit Hilfe des Anscheinsbeweises gemildert werden.

19 **2. Gesetzliche Beweisregel.** § 165 ist eine gesetzliche Beweisregel. Sie **verdrängt** die freie, aus allen verfügbaren Beweisquellen schöpfende Beweiswürdigung (§ 286). Damit nicht aus Beweisnot der Partei (Rn. 11) ein – vielleicht oder gar wahrscheinlich – unrichtiges Protokoll bestehen bleibt, sollten die Voraussetzungen einer Protokollberichtigung (§ 164) sorgfältig geprüft werden (Rn. 8).

Titel 2. Verfahren bei Zustellungen

Untertitel 1. Zustellungen von Amts wegen

§ 166 Zustellung

(1) Zustellung ist die Bekanntgabe eines Dokuments an eine Person in der in diesem Titel bestimmten Form.

(2) Dokumente, deren Zustellung vorgeschrieben oder vom Gericht angeordnet ist, sind von Amts wegen zuzustellen, soweit nicht anderes bestimmt ist.

Schrifttum zum reformierten nationalen Zustellungsrecht (zum älteren Schrifttum vgl. die Vorauflage): *Anders,* Die Zustellung einstweiliger Verfügungen nach dem Zustellungsreformgesetz, WRP 2003, 204; *Brinkmann,* Änderung des Verfahrens bei Zustellungen nach der ZPO durch das Zustellungsreformgesetz – ZustRG, JurBüro 2002, 172 (1. Teil), 230 (2. Teil); *Coenen,* Übersicht und praktische Hinweise zu dem ab 1. Juli 2002 geltenden Zustellungsreformgesetz – ZustRG, DGVZ 2002, 5; *ders.,* Neues Zustellungsrecht: Erste praktische Erfahrungen und Probleme, DGVZ 2002, 183; *ders.,* Das (nicht mehr ganz neue) Zustellungsrecht oder knappe Formulierungen – Klare Regelungen?, DGVZ 2004, 69; *Eyinck,* Zustellungen nach dem Zustellungsreformgesetz, ProzRB 2003, 93 (1. Teil), 126 (2. Teil); *Heß,* Neues deutsches und europäisches Zustellungsrecht, NJW 2002, 2417; *Hornung,* Zustellungsreformgesetz, Rpfleger 2002, 493 ff.; *Nies,* Zustellungsre-

[8] BGHZ 26, 340 = NJW 1958, 711; *Zöller/Stöber* Rn. 4.
[9] BAG NJW 1965, 931; OLG Frankfurt OLGZ 1974, 301.
[10] BGH NJW 2004, 1876.
[11] RG JW 1927, 1931; OLG Düsseldorf OLGZ 1966, 178; allgM.
[12] OLG Saarbrücken NJW 1972, 61; allg. Ansicht.
[13] BGH NJW 1985, 1782; BGHReport 2004, 979.

formgesetz – Ein Überblick über das neue Recht, MDR 2002, 69; *Wunsch*, Zustellungsreformgesetz – Vereinfachung und Vereinheitlichung des Zustellungswesens, JuS 2003, 276.

Übersicht

I. Allgemeines

1 **1. Zustellungsreformgesetz und nachfolgende Änderungen.** Die Regelungen über das „Verfahren bei Zustellungen", seit dem Inkrafttreten der CPO 1877 im Jahre 1879 geregelt im 2. Titel des 3. Abschnitts des ersten Buches (zuletzt §§ 166–213a aF; vgl. hierzu die Kommentierung von *Wenzel* in der 2. Auflage), blieben rund 125 Jahre nahezu unverändert. Erst das Gesetz zur Reform des Verfahrens bei Zustellungen im gerichtlichen Verfahren (**Zustellungsreformgesetz** – ZustRG) vom 25. 6. 2001 (BGBl. I S. 1206) hat das Zustellungsrecht mit Wirkung vom 1. 7. 2002 grundsätzlich neu geregelt.[1] Bereits zum 1. 8. 2002 waren jedoch Nachbesserungen durch das OLG-Vertretungsänderungsgesetz (OLGVertrÄndG) vom 23. 7. 2002 (BGBl. I S. 2850) erforderlich: § 174 Abs. 1 bis 3 wurden geändert, Abs. 4 angefügt und § 195 ebenfalls geändert.[2] Schließlich hat das zum 1. 4. 2005 in Kraft getretene Gesetz über die Verwendung elektronischer Kommunikationsformen in der Justiz[3] (Justizkommunikationsgesetz – JKomG) vom 22. 3. 2005 (BGBl. I S. 837) u. a. § 166 modifiziert, der nunmehr von „Dokument" statt von „Schriftstück" spricht (ebenso §§ 189, 195). Weitere Änderungen wird voraussichtlich das Gesetz zur Modernisierung des GmbH-Rechts und zur Bekämpfung von Missbräuchen (MoMiG) mit sich bringen (s. dazu § 185 Rn. 16).

2 Ziel der alles in allem gelungenen[4] Reform war es, den veränderten praktischen Bedürfnissen und technischen Möglichkeiten insbesondere der elektronischen Datenverarbeitung sowie den gewandelten Lebensumständen Rechnung zu tragen, das Verfahren bei gerichtlicher Zustellung zu vereinheitlichen und zu vereinfachen, die Poststrukturreform zu berücksichtigen und die Systematik der Regelungen dem Umstand anzupassen, dass die Parteizustellung als ursprüngliche Regelform in der Gerichtspraxis heute nur noch für wenige Bereiche Bedeutung hat (s. Begr. BT-Drucks. 14/4554, S. 13ff.).

3 **2. Zustellungsbegriff und beteiligte Personen.** § 166 Abs. 1 definiert die Zustellung nicht mehr wie § 170 aF als Übergabe eines Schriftstücks, sondern als die in gesetzlicher Form zu bewirkende **Bekanntgabe eines Dokuments** an den Adressaten. Sie erfordert Zustellungsabsicht

[1] Da Überleitungsvorschriften fehlen, gilt das ZustRG für sämtliche nach seinem Inkrafttreten vorzunehmenden Zustellungen; s. BGH NJW 2007, 303, 304. Zur historischen Entwicklung des Zustellungsrechts: *Wolst,* FS Musielak, 2004, S. 713.

[2] Zu den Unzulänglichkeiten der ursprünglichen Fassung der §§ 174, 195 vgl. etwa *Häublein,* in: *Hannich/Meyer-Seitz* (Hrsg.), ZPO-Reform mit ZustRG, § 174 Rn. 18, § 195 Rn. 2ff.; *dens.* MDR 2002, 563.

[3] Zu dessen Auswirkungen s. auch Rn. 25. Zu weiteren Änderungen durch das JKomG vgl. etwa § 186 Rn. 1.

[4] So auch die Einschätzung von *Stein/Jonas/H. Roth* Vor § 166 Rn. 6. S. aber auch *Steiner/Steiner* NVwZ 2002, 437.

(§ 168 Rn. 5). Die Zustellungsvorschriften schreiben **nicht** vor, dass **jedes Dokument einzeln** zuzustellen ist.[5] Der Sache nach ist die Zustellung die Übermittlung des Dokuments und die Bekanntgabe ihr Zweck, wie dies u. a. in § 16 Abs. 2 FGG und § 35 Abs. 2 S. 1 StPO zum Ausdruck kommt. Wenn gleichwohl nur von der Bekanntgabe die Rede ist, so ist damit gemeint, dass die **Beurkundung** der Übergabe **nicht mehr konstitutiver Bestandteil** der Zustellung, also auf deren Wirksamkeit ohne Einfluss ist.[6] Sie besitzt nur noch Beweisfunktion. Es handelt sich hierbei um eine der wesentlichen Veränderungen durch das ZustRG. Der **Begriff „Dokument"** als Oberbegriff für Schriftstücke und elektronische Dokumente unterstreicht, dass für die Übermittlung die technischen Möglichkeiten moderner Kommunikation genutzt werden können.

4 **Zusteller** ist die Person, welche die Zustellung ausführt (§ 182 Abs. 2 Nr. 8), also der Urkundsbeamte der Geschäftsstelle, sonstige Justiz- bzw. Postbedienstete etc. oder Gerichtsvollzieher. **Zustellungsempfänger** ist derjenige, dem das Dokument tatsächlich übergeben wurde (§ 182 Abs. 2 Nr. 2). **Zustellungsveranlasser (-betreiber)** ist die Person, in deren Auftrag zugestellt wird (§ 193 Abs. 1). Formaler **Zustellungsadressat** ist grds. die Person, die das Dokument auftragsgemäß erhalten soll (§ 182 Abs. 2 Nr. 1). Davon zu unterscheiden ist die Frage nach dem tauglichen, dh. zutreffenden Adressaten iSd. Zustellungsrechts. Dies kann die Partei selbst, ihr gesetzlicher Vertreter (§ 170 Abs. 1) oder Prozessbevollmächtigter (§ 172) sein. Bei nicht natürlichen Personen ist auch der Leiter als tauglicher Adressat anzusehen, obwohl § 170 Abs. 2 dies seinem Wortlaut nach nicht unbedingt nahe legt (s. § 170 Rn. 6; zum Bevollmächtigten s. § 171 Rn. 2).

5 **3. Zweck der Zustellung.** Die Zustellung dient dazu, dem Adressaten Gelegenheit zu verschaffen, das Dokument zur Kenntnis zu nehmen und seine Rechtsverteidigung oder -verfolgung darauf einzurichten (Art. 103 Abs. 1 GG).[7] Damit der Anspruch auf **rechtliches Gehör** gewährleistet ist, verlangt das BVerfG[8] von dem zustellenden Gericht folglich, dass es die Zustellung überwacht, etwa den Rücklauf einer rückgabepflichtigen Empfangsbescheinigung kontrolliert. Das Zustellungsrecht schützt aber zugleich auch die Belange desjenigen, in dessen Interesse die Zustellung erfolgt, weil es nicht auf die tatsächliche Kenntnisnahme abstellt und die Zustellung teilweise sogar fingiert (vgl. §§ 180 Abs. 1 S. 2, 181 Abs. 1 S. 4, 184 Abs. 2 S. 1, 188). Es verwirklicht damit ebenso den Anspruch auf **wirksamen Rechtsschutz** in angemessener Zeit (Art. 19 Abs. 4 GG), indem es den Prozessverlauf befördert bzw. den Prozess entlastet.[9] Darüber hinaus soll Rechtssicherheit geschaffen werden. Diese Zwecke sind bei der **Auslegung der §§ 166 ff.** besonders zu berücksichtigen (vgl. hierzu insbesondere den bei § 169 Rn. 3 f. dargestellten Streit).

6 **4. Zustellungsmängel.** Die Zustellungsvorschriften haben im Interesse der Rechtssicherheit **formalen Charakter.**[10] Andererseits ist aber auch zu beachten, dass sie **nicht Selbstzweck,** sondern Zweckmäßigkeitsnormen sind, mit deren Hilfe das materielle Recht verwirklicht werden soll.[11] Sie verlieren an Bedeutung, wenn ihre Funktion auf andere Weise erreicht ist.[12] Daher führt ein Formfehler bei Ausführung (zum Zustellungsgegenstand s. aber § 189 Rn. 7) der Zustellung nicht zwangsläufig zu deren Unwirksamkeit.[13] Der Gesetzgeber hat ferner mit Neufassung des § 189 (vormals § 187 aF) die Heilungsmöglichkeiten erweitert; s. dazu die Erläuterungen zu § 189. Daneben können Mängel durch **Neuvornahme, Genehmigung** der Partei und **Rügeverzicht** behoben werden. Die Neuvornahme als neue Zustellung wirkt nicht zurück. Eine Genehmigung kann nach dem in §§ 89, 547 Nr. 4, 579 Nr. 4 zum Ausdruck kommenden Rechtsgedanken sowohl bzgl. einer Zustellung durch[14] als auch an einen hierfür nicht Legitimierten (zB Ersatzzustellung an eine in § 178 nicht genannte Person)[15] erteilt werden; die Genehmigung wirkt zurück und kann gegenüber dem Gericht oder dem Gegner zum Ausdruck gebracht werden. Auch der Rügeverzicht nach § 295 Abs. 1 macht die Zustellung wirksam,[16] wirkt dagegen nicht zurück. Er kommt

---

[5] S. OLG Stuttgart NJW 2006, 1887.

[6] Zur alten Rechtslage s. BGH NJW 1978, 1858: „Zustellung ist der in der gesetzlichen Form zu bewirkende *und zu beurkundende* Akt, durch den dem Adressaten Gelegenheit zur Kenntnisnahme eines Schriftstücks gegeben wird." (Hervorhebung des Verf.)

[7] Vgl. BVerfGE 67, 208, 211 = NJW 1984, 2567, 2568; NJW 1988, 2361; BGHZ 118, 47; bestätigt durch BGH, Beschl. v. 21. 1. 2001, AnwZ (B) 22/00, juris; s. ferner BGH NJW 1978, 1058, 1059; 1978, 1858.

[8] S. FamRZ 2006, 763 unter Hinweis auf BVerfGE 36, 85, 88; 42, 243, 246; 50, 280, 285 f.

[9] *Stein/Jonas/H. Roth* Vor § 166 Rn. 2.

[10] BGHZ 76, 222, 229 = NJW 1980, 1460.

[11] BGHZ 10, 350, 359 = NJW 1953, 1826; BGH NJW 1984, 926, 927.

[12] BGH NJW 1984, 926, 927.

[13] RGZ 17, 403, 407.

[14] RGZ 17, 411, 414 f.; 30, 389, 393 f.

[15] RGZ 9, 66, 69; *Rosenberg/Schwab/Gottwald* ZPR § 75 Rn. 13; *Thomas/Putzo/Hüßtege* Vor § 166 Rn. 20.

[16] BGH NJW 1992, 2100; zu den Voraussetzungen des Rügeverzichts s. KG AG 2005, 583.

nach § 295 Abs. 2 nicht in Betracht, wenn durch die Zustellung eine Notfrist (§ 224 Abs. 1 S. 2) in Lauf gesetzt wird, da dies auf eine nach § 224 Abs. 1 unzulässige Abkürzung hinauslaufen würde.[17] Jedoch kann nach Abschaffung des § 187 S. 2 aF durch das ZustRG[18] auch hier **Heilung** von Gesetzes wegen eintreten, wenn der Zustellungszweck erreicht ist (§ 189).

5. Geltungsbereich. Während bisher die Zustellung durch die ordentlichen Gerichte und die Arbeitsgerichte nach der ZPO, die Zustellung durch die Verwaltungs-, Sozial- und Finanzgerichte aber nach dem VwZG durchgeführt wurde, gelten die Bestimmungen der ZPO nunmehr einheitlich **für alle gerichtlichen Zustellungen** der ordentlichen Gerichte, also auch im Insolvenz- (§§ 4, 8 InsO), Zwangsversteigerungs- (§§ 3ff. ZVG) oder FGG-Verfahren (§ 16 Abs. 2 S. 1 FGG), und für die Zustellungen der Fachgerichte. Auch die **Zustellung einer Willenserklärung** ist gemäß § 132 Abs. 1 S. 2, Abs. 2 S. 1 BGB nach den Vorschriften der ZPO vorzunehmen. Für die Zustellungen im **verwaltungsbehördlichen Verfahren** gilt dagegen das (jeweilige) VwZG; vgl. § 1 Abs. 1 VwZG in der Fassung des Gesetzes zur Novellierung des Verwaltungszustellungsrecht vom 12. 8. 2005 (BGBl. I S. 2354), das das Zustellungsverfahren der Bundesbehörden, der bundesunmittelbaren Körperschaften, Anstalten und Stiftungen des öffentlichen Rechts und der Landesfinanzbehörden mit Wirkung vom 1. Februar 2006 neu regelt und an das ZustRG anpasst (vgl. Begr. BT-Drucks. 15/5216, S. 10).[19] Für die Ausführung der Zustellung gelten nunmehr die §§ 177–182 ZPO (§ 3 Abs. 2 VwZG nF). Zur Zustellung im **Wehrdienstverhältnis** vgl. § 5 WDO in der Fassung der 2. WehrDiszNOG v. 16. 8. 2001 (BGBl. I S. 2093). Zur Zustellung an die Wehrbereichsverwaltungen und das Bundesamt für Wehrverwaltung bei Klagen gegen Verwaltungsakte auf Grund des Wehrpflichtgesetzes u. a. vgl. Abschn. 6 der Anordnung über die Vertretung der Bundesrepublik Deutschland in Prozessen und anderen Verfahren im Geschäftsbereich des BM der Verteidigung v. 19. 12. 2002 (VMBl 2003, S. 2). 7

II. Gegenstand der Zustellung (Zustellungsobjekte)

1. Zuzustellende Dokumente. Welche Dokumente zuzustellen sind, wird nicht durch das Zustellungsrecht, sondern das Verfahrensrecht (§§ 73 S. 2 1. Alt, 104 Abs. 1 S. 3 u. S. 4 Halbs. 1, 253 Abs. 1 iVm. § 270f., § 269 Abs. 2 S. 3, 310 Abs. 3, 317 Abs. 1 S. 1, 329 Abs. 2 S. 2, 329 Abs. 3, 521 Abs. 1, 550 Abs. 2, 551 Abs. 4, 554 Abs. 3, 693 Abs. 1, 699 Abs. 4 S. 1), gerichtliche Anordnung oder das materielle Recht bestimmt. Zu beachten ist, dass mit Inkrafttreten der ZPO-Reform zum 1. 1. 2002 Entscheidungen vermehrt der sofortigen Beschwerde unterliegen, was gem. § 329 Abs. 3 2. Alt. eine Amtszustellung erforderlich macht.[20] Über die gerichtliche Anordnung ist nach pflichtgemäßem Ermessen zu entscheiden,[21] so zB wenn ein vorbereitender Schriftsatz neue Tatsachen enthält. Zur **Anzahl** der zuzustellenden Schriftstücke vgl. § 170 Rn. 8f. 8

2. Form der zuzustellenden Dokumente. In welcher Form ein Dokument zuzustellen ist (Urschrift, Ausfertigung, Abschrift), wird nicht durch das Zustellungsrecht, sondern das materielle (zB §§ 132 Abs. 1 iVm. § 2296 Abs. 2 S. 2 BGB) oder das übrige Verfahrensrecht (s. §§ 377, 402) geregelt. Fehlt es an einer besonderen Bestimmung, genügt die Übergabe einer **beglaubigten Abschrift.** Dies gilt auch für Urteile.[22] Sie müssen nicht in Ausfertigung zugestellt werden (Rn. 16), obgleich dies wegen § 724 Abs. 1 zweckmäßig und in der Praxis üblich ist. Nach hier nunmehr vertretener, der hM widersprechender Ansicht, führt selbst die Übergabe einer **einfachen Abschrift** nicht per se zu einem Zustellungsmangel. Zu Einzelheiten s. § 169 Rn. 3f. 9

3. Urschrift. Die Urschrift ist das vom Verfasser eigenhändig unterzeichnete Schriftstück. Jeder Ausfertigung und Abschrift muss eine Urschrift, nach der zu beglaubigen ist, zugrunde liegen. Die Herstellung mehrerer Urschriften ist bei Schiedssprüchen vorgesehen (§ 1054 Abs. 4), aber auch sonst möglich. Da bei **gerichtlichen Entscheidungen** die Urschrift bei den Akten bleibt, ist für die Zustellung zwischen den Parteien die Ausfertigung (Rn. 11) als Urschrift anzusehen und im Falle der Abweichung von Urschrift und Ausfertigung für die Beglaubigung maßgebend.[23] Enthält zB die Ausfertigung eine längere Frist als die Urschrift, darf sich der Empfänger auf die Ausfertigung 10

---

[17] BGH NJW 1953, 934, 935; 1994, 2295, 2296; wohl auch: *Zöller/Stöber* Vor § 166 Rn. 4 („soweit Verfügungsmacht reicht").

[18] Vgl. *Häublein* (Fn. 2) § 189 Rn. 5.

[19] Hierzu etwa *Kremer* NJW 2006, 332; *Rosenbach* DVBl 2005, 816.

[20] Zur Reduzierung von Zustellungen durch die ZPO-Reform 2002 s. *Häublein* (Fn. 2) § 166 Rn. 2.

[21] Auf nähere Bestimmungen zur Ermessensausübung hat der Gesetzgeber bewusst verzichtet; vgl. BT-Drucks. 14/4554, S. 15.

[22] Ebenso *Stein/Jonas/H. Roth* § 169 Rn. 13 aE.

[23] RGZ 101, 253, 254; BGHZ 67, 284, 288 = NJW 1977, 297.

verlassen.[24] Dies kann allerdings nur zugunsten der betreffenden Partei gelten, nicht auch zu ihren Lasten; denn das Gericht ist nicht befugt, von seiner Entscheidung einseitig zuungunsten der Partei abzugehen. Bei Schriftsätzen ersetzt die Zustellung der Urschrift die der vorgesehenen beglaubigten Abschrift. Entsprechendes gilt, wenn versehentlich die Urschrift einer gerichtlichen Entscheidung zugestellt wurde.

11 **4. Ausfertigung. a) Begriff und Entstehungsvoraussetzungen.** Ausfertigung ist eine amtliche Abschrift, die anders als die einfache oder beglaubigte Abschrift dem Zweck dient, die bei den Akten bleibende Urschrift **nach außen zu vertreten.**[25] Wie sie aussehen muss, schreibt das Gesetz nicht im Detail vor. Erforderlich ist, dass im Gesamtdokument unzweifelhaft der Wille des Urkundsbeamten der Geschäftsstelle zum Ausdruck kommt, eine Ausfertigung zu schaffen.[26] Sie besteht regelmäßig aus einer durch Ablichtung oder auf anderem Wege hergestellten Vervielfältigung der Urschrift (für elektronische Dokumente gem. § 130b s. ferner § 317 Abs. 3), der ein Ausfertigungsvermerk hinzugefügt wird. Gem. § 317 Abs. 5 ist nunmehr aber auch eine Ausfertigung durch Telekopie oder als elektronisches Dokument möglich. Ausfertigungsreif ist die Entscheidung mit der Unterschrift der Richter; die Ausfertigung entsteht mit der Unterschrift des Urkundsbeamten.[27] Dessen Amtspflicht ist es, die Urschrift wortgetreu und richtig wiederzugeben.[28]

12 **aa) Inhalt der Abschrift.** Zum Inhalt der Ausfertigung einer gerichtlichen Entscheidung gehört der Entscheidungstenor nebst Verkündungsvermerk. Ferner muss der erkennende Richter erkennbar sein und dass dieser die Entscheidung unterzeichnet hat.[29] Bei Ausfertigung eines Prozessvergleichs tritt gem. § 163 neben die Unterschrift des Vorsitzenden unter das Protokoll die des Urkundsbeamten.[30] Eine Abbildung der eigenhändigen Unterschriften der Unterzeichnenden auf der Urschrift ist nicht erforderlich.[31] Ausreichend und zu empfehlen ist die Wiedergabe der Namen derjenigen, die unterschrieben haben,[32] also zB:

Meier *Müller* *Schulze.*

Es genügt ferner[33]

gez. *gez.* *gez.*
(Meier) *(Müller)* *(Schulze).*

Erscheinen nur die Namen in **Klammern** ohne weiteren Zusatz, ist daraus regelmäßig nicht zu erkennen, ob die Richter das Urteil wirklich unterschrieben haben,[34] so dass eine solche Ausfertigung nicht für eine wirksame Zustellung ausreicht.[35] Ebenfalls nicht genügend ist der Vermerk: „gez. Unterschrift".[36] Gedankenstriche oder Trennungsstriche, zwischen die der Name gesetzt wird, sind hingegen unschädlich.[37] War ein Richter an der Unterzeichnung verhindert, muss die Ausfertigung erkennen lassen, wer für ihn (gem. § 315 Abs. 1 S. 2) unterschrieben und den Verhinderungsvermerk unterzeichnet hat.[38] Üblich und zweckmäßig ist, wie folgt zu verfahren:

Die Richter Meier und Müller sind wegen Krankheit *Schulze*
an der Unterzeichnung verhindert. Schulze

13 **bb) Ausfertigungsvermerk.** Die Ausfertigung wird erst durch den Ausfertigungsvermerk zur **öffentlichen Urkunde** und damit nach hM zum tauglichen Zustellungsobjekt.[39] Erteilt wird die Ausfertigung vom Urkundsbeamten der Geschäftsstelle, nicht vom Rechtspfleger;[40] er versieht daher die Ausfertigung mit dem Ausfertigungsvermerk. Dieser ist nach § 317 Abs. 4 zu unterschreiben und mit dem Gerichtssiegel zu versehen. Erfolgt die Ausfertigung als elektronisches Dokument, gilt § 317 Abs. 5 S. 3. Bezeugt wird die Übereinstimmung mit der Urschrift, ohne dass das aus-

[24] BGH LM § 554 Nr. 30; BAG BB 1979, 1772.
[25] BGH NJW 1981, 2345, 2346; FamRZ 1990, 1227; VersR 1994, 1495, 1496.
[26] BGH NJW 1963, 1307, 1309.
[27] BGH NJW 1975, 781, 782.
[28] BGH NJW 1981, 2345, 2346.
[29] RGZ 159, 25, 26; BGH FamRZ 1990, 1227.
[30] *Zöller/Stöber* § 169 Rn. 14 aE.
[31] BFH DStRE 2003, 1123; vgl. auch BFH/NV 2003, 1203.
[32] BGH NJW 1975, 781, 782; VersR 1994, 1495.
[33] Vgl. hierzu auch BGH VersR 1980, 741: Zusatz „gez." nur vor dem ersten Namen.
[34] BGH NJW 1975, 781; VersR 1975, 809; VersR 1980, 333; FamRZ 1990, 1227.
[35] AA *Vollkommer* ZZP 88 (1975), 334 in Anm. zu BGH NJW 1975, 781.
[36] RGZ 159, 25, 26; BGH NJW 1975, 781.
[37] BGH FamRZ 1990, 1227.
[38] BGH NJW 1978, 217.
[39] RGZ 125, 25, 27; 164, 52, 56; BGH VersR 1994, 1495, 1496: keine wirksame Zustellung.
[40] *Meyer/Stolte* Rpfleger 1981, 394.

drücklich in dem Ausfertigungsvermerk gesagt werden muss.[41] Um keinerlei Unklarheiten aufkommen zu lassen, ist es zu empfehlen, die Ausfertigung zunächst einmal ausdrücklich als Ausfertigung zu bezeichnen und mit folgendem Vermerk abzuschließen:

Für die Ausfertigung
Schmidt
als Urkundsbeamter der Geschäftsstelle

Das Beifügen einer ordnungsgemäßen Vollstreckungsklausel gibt der Urteilsabschrift zugleich die Eigenschaft einer Ausfertigung.[42] Kein ordnungsgemäßer Ausfertigungsvermerk ist die Abkürzung „F. d. R. d. A.", weil unter „A." im allgemeinen Abschrift verstanden wird.[43] Der Name des Urkundsbeamten ist erforderlich,[44] sei es auch nur in Gestalt der Unterschrift, die grundsätzlich denselben Anforderungen wie die Unterzeichnung bestimmender Schriftsätze (vgl. §§ 129 f.) durch Rechtsanwälte[45] unterliegt, also nicht lesbar sein muss,[46] aber kennzeichnend und individuell.[47] Datumsangabe ist nicht erforderlich.[48] Die Bezeichnung „als Urkundsbeamter der Geschäftsstelle" ist entbehrlich, wenn die Dienstbezeichnung angegeben ist und sich aus den gesetzlichen Bestimmungen ergibt, dass die Beamten dieser Dienststellung Urkundsbeamte der Geschäftsstelle sind.[49] Dem Erfordernis des Gerichtssiegels in § 317 Abs. 4 genügt der Aufdruck des Gerichtsstempels.[50] **14**

b) Mängel. Mängel in der **Urschrift** sind – bis zur Grenze eines „Nichturteils"[51] – unschädlich, wenn die Ausfertigung den Mangel nicht erkennen lässt.[52] Es kommt nämlich grundsätzlich auf die Ausfertigung an (vgl. auch Rn. 10).[53] **Unwesentliche** oder offenkundige Unrichtigkeiten, Unleserlichkeiten[54] bzw. Unvollständigkeiten in der **Ausfertigung** selbst lassen die Wirksamkeit der Zustellung ebenfalls unberührt,[55] wenn der wesentliche Inhalt der Entscheidung aus der Ausfertigung entnommen werden kann, insbesondere die aus einer unvollständigen Wiedergabe der Urteilsformel[56] ersichtliche Beschwer des Zustellungsadressaten sowie die für einen mit dem Streitstoff Vertrauten erkennbaren tragenden Entscheidungsgründe.[57] Maßgebend ist, ob die Parteien sich an Hand der Ausfertigung davon überzeugen können, dass das Urteil ordnungsgemäß zustande gekommen ist.[58] Daher schaden Schreibfehler im Verkündungsvermerk nicht. Ist die Zustellung danach wirksam, so ist zugunsten des Adressaten der Inhalt der übergebenen Abschrift oder Ausfertigung maßgebend.[59] **Wesentliche Unvollständigkeiten** der Ausfertigung machen die Zustellung unwirksam, weil der Adressat von dem zuzustellenden Schriftstück keine sichere Kenntnis erhält.[60] Hierher gehören das Fehlen des Verkündungsvermerks, des (richtigen) Tenors,[61] der Unterschriften der Richter[62] oder einer ganzen Seite des Urteils.[63] Dasselbe gilt, wenn aus der Ausfertigung nicht erkennbar ist, ob es sich um ein Urteil oder einen Beschluss handelt. Der Zustellungsempfänger ist in der Regel nicht verpflichtet, eigene Ermittlungen anzustellen.[64] Schließlich ist die Zustellung **15**

---

[41] BGH VersR 1969, 709, 710; 1994, 1495, 1496.
[42] BGH NJW 1963, 1307, 1309 f.
[43] BGH NJW 1959, 2117, 2119; 1963, 1307, 1309.
[44] RGZ 159, 25, 27.
[45] BGH NJW 1988, 713.
[46] BGH VersR 1985, 503.
[47] BGH MDR 1993, 383, 384; zu den Anforderungen an die Unterzeichnung: *Stein/Jonas/Leipold* § 130 Rn. 34 ff.
[48] BGH VersR 1985, 503.
[49] BGH NJW 1961, 782; dagegen verlangt BGH WM 1987, 1022, 1023 auch das Dienstsiegel.
[50] BGH VersR 1985, 551; MDR 1993, 383, 384.
[51] BGH, Beschl. v. 27. 5. 1992, VIII ZB 9/92, juris.
[52] RGZ 82, 422, 424 – Fehlen einer Unterschrift nur in der Urschrift; BGHZ 67, 284, 288 = NJW 1977, 297.
[53] BGH NJW 2001, 1653, 1654.
[54] OLG Naumburg MDR 2000, 601, 602.
[55] RGZ 61, 394, 395 f.; 159, 25, 26; BGH VersR 1980, 771, 772; FamRZ 2007, 372 (ersichtliche Computerfehler).
[56] BGHZ 67, 284, 285 f. = NJW 1977, 297.
[57] BGH VersR 1980, 771, 772; BGHR ZPO § 170 Abs. 1 – Urteilsausfertigung 1.
[58] BGHZ 67, 284, 288 = NJW 1977, 297.
[59] *Thomas/Putzo/Hüßtege* § 169 Rn. 9.
[60] BGH NJW 1995, 2230, 2231; 2001, 1653, 1654.
[61] BGH VersR 1978, 155; zur Unwirksamkeit bei abweichendem Tenor: OLG Nürnberg FamRZ 2004, 470 (betreffend den Zusatz „zu den Bedingungen eines ortsansässigen Anwalts" bei Bewilligung von PKH).
[62] BGH VersR 1994, 1495. Zur richtigen Wiedergabe der Namen s. oben Rn. 12.
[63] BGHZ 138, 166 = NJW 1998, 1959, 1960.
[64] OLG Düsseldorf OLGZ 1979, 454, 455 f.

auch unwirksam, wenn das Schriftstück nicht übergeben wurde oder es sich bei diesem nur um den Entwurf einer Ausfertigung handelt, weil der Ausfertigungsvermerk vor der Verkündung angebracht wurde[65] oder von dem Urkundsbeamten nicht unterschrieben ist.[66] Die hier in Rede stehenden Mängel des Zustellungsobjekts können **nicht** gem. § 189 **geheilt** werden; näher hierzu § 189 Rn. 7.

16 **c) Zustellung von gerichtlichen Entscheidungen.** Die Zustellung von Ausfertigungen, die seit Streichung des § 170 Abs. 1 aF durch das ZustRG in den §§ 166 ff. nicht mehr vorgesehen ist, ist bei der **Amtszustellung** gerichtlicher Entscheidungen üblich. Im Erkenntnisverfahren ist die Übermittlung einer Ausfertigung jedoch nur in den §§ 377, 402 vorgeschrieben, weshalb für eine wirksame Zustellung im Übrigen jedenfalls die beglaubigte Abschrift genügt (Rn. 9). Sie wird oft in derselben Weise hergestellt wie eine Ausfertigung, nämlich im Wege der Vervielfältigung, nur dass statt des Ausfertigungs- ein Beglaubigungsvermerk hinzugesetzt wird. Auch für die Zustellung einstweiliger Verfügungen genügt eine beglaubigte,[67] nach hM aber nicht die einfache Abschrift.[68] Soll die beglaubigte Abschrift einer Ausfertigung zugestellt werden, so muss das dem Schuldner übergebene Exemplar auch den Ausfertigungsvermerk enthalten, da er der Ausfertigung die Eigenschaft einer öffentlichen Urkunde verleiht und die Übereinstimmung mit der Urschrift bestätigt; eine Zustellung ohne Ausfertigungsvermerk ist eine Amtspflichtverletzung.[69]

17 **5. Abschrift. a) Begriff.** Die Abschrift ist eine Zweitschrift, die sich bei einer gerichtlichen Entscheidung – für einen Außenstehenden erkennbar[70] – auf die Ausfertigung bezieht und nicht auf die Urschrift.[71] Die Abschrift kann durch mechanische Vervielfältigung,[72] Fotokopie[73] oder auf andere Weise erzeugt werden (vgl. § 33 Abs. 4 VwVfG). Zu Fragen der Beglaubigung s. § 169 Rn. 3 f. Ist die Abschrift beglaubigt, so braucht sie nicht ausdrücklich als solche bezeichnet zu werden.[74]

18 **b) Inhalt.** Der Inhalt der beglaubigten Abschrift muss in allen wesentlichen Teilen mit der Ausfertigung bzw. der Urschrift[75] übereinstimmen.[76] Es gilt das für den Inhalt der Abschrift bei der Ausfertigung unter Rn. 12 Gesagte sinngemäß. Die Unterschriften der Richter[77] bzw. des Rechtspflegers[78] und, sofern sich die Abschrift auf eine Ausfertigung bezieht, der Ausfertigungsvermerk nebst Unterschrift dürfen nicht fehlen.[79] Allerdings genügt auch hier die maschinenschriftliche Wiedergabe des Namens des Urkundsbeamten, der die Ausfertigung erstellt hat.[80] Da der Name des Urkundsbeamten nicht von gleicher Bedeutung ist wie derjenige der Richter, genügt sogar der Zusatz unter dem Ausfertigungsvermerk „gez. Unterschrift".[81] Ebenso wie beim Richter muss aber auch beim Urkundsbeamten klar sein, dass überhaupt unterschrieben wurde, weshalb der Name nicht in Klammern gesetzt werden darf.[82] Das Gerichtssiegel kann mit „L.S." (Landessiegel) abgekürzt werden.[83] Die Ausfertigung des vollständigen Urteils darf in der Abschrift abgekürzt werden,[84] der Verkündungsvermerk[85] darf fehlen, auch das Gerichtssiegel.[86]

19 **c) Mängel.** Mängel in der Abschrift beurteilen sich im Wesentlichen wie Mängel der Ausfertigung (Rn. 15). Wesentliche Fehler machen die Zustellung unwirksam.[87] Schwere Lesbarkeit scha-

---

[65] BGH NJW-RR 1993, 956.
[66] BGHZ 100, 234, 237 = NJW 1987, 2868; BGH NJW 1991, 1116.
[67] OLG Koblenz GRUR 1980, 943; NJW-RR 1987, 509, 510; OLG Düsseldorf GRUR 1984, 78, 79.
[68] OLG Düsseldorf ZUM 2005, 825.
[69] BGH VersR 1985, 358, 359.
[70] OLG München NJW 1965, 447, 448.
[71] BGH NJW 1969, 2117, 2118; s. auch Rn. 9.
[72] BGHZ 36, 62 = NJW 1961, 2307.
[73] BGH NJW 1974, 1383, 1384.
[74] BGH NJW 1974, 1383, 1384: Bezeichnung als „einfache" Abschrift ist unschädlich.
[75] Zur Diskrepanz von Ausfertigung und Urschrift s. Rn. 10, 15.
[76] BGH VersR 1971, 470.
[77] BGH Rpfleger 1973, 15 Nr. 5.
[78] FG Baden-Württemberg EFG 2005, 82, 83 f. (zum Pfändungs- und Überweisungsbeschluss).
[79] BGH VersR 1971, 470; 1985, 358, 359; WM 1987, 1022, 1023.
[80] OLG Hamburg DGVZ 2002, 137, 138.
[81] RGZ 164, 52, 56 f.; BGH NJW 1975, 781.
[82] BGH NJW 1975, 781; OLG Hamburg DGVZ 2002, 137, 138.
[83] OLG Hamburg GRUR 1990, 151; DGVZ 2002, 137.
[84] BGH VersR 1976, 492, 493.
[85] BGHZ 8, 303, 309 = NJW 1953, 622.
[86] BGH VersR 1976, 492, 493.
[87] BGH LM Nr. 14; *Thomas/Putzo/Hüßtege* § 169 Rn. 9.

det nicht, wohl aber weitgehende Unleserlichkeit, zB infolge Defekts des Kopiergeräts.[88] Krasse Abweichungen im Tenor (etwa DM 1848,70 statt DM 2848,70) machen die Zustellung ebenso unwirksam,[89] wie das Fehlen einer Seite[90] oder der fehlende Hinweis auf die Unterschrift des Urkundsbeamten auf der der Beglaubigung zugrunde liegenden Ausfertigung.[91] Liegt ein wesentlicher Fehler vor, ist es unerheblich, ob durch diesen die Interessen der einen oder der anderen Partei berührt werden,[92] oder ob der Zustellungsempfänger, der die Richtigkeit bei der Zustellung nicht nachzuprüfen braucht, die Unrichtigkeit erkannt hat.[93] Zur Heilung vgl. § 189 Rn. 7.

III. Amts- und Parteizustellung, Mitteilung

1. Amtszustellung. Zustellungen, die vorgeschrieben oder vom Gericht angeordnet sind, erfolgen **von Amts wegen,** soweit nicht anderes bestimmt ist (§ 166 Abs. 2). Die Amtszustellung ist seit dem ZustRG auch nach der Gesetzessystematik die **Regelzustellung.** Sie richtet sich nach den §§ 168 ff. (zu den Einzelheiten s. dort sowie bei §§ 1067 ff.). Das Gericht darf die Zustellung eines von Amts wegen zuzustellenden Dokumentes nicht mit der Begründung verweigern, die Klage sei nicht rechtshängig, wenn die Zustellung der Klageschrift verfahrensfehlerhaft unterblieben ist.[94] 20

2. Parteizustellung. Die Vorschriften über die Zustellung von Amts wegen gelten auch für die Zustellung im Parteibetrieb, soweit dafür nicht ausnahmsweise etwas Anderes vorgeschrieben ist (§ 191). Spezielle Vorschriften enthalten die §§ 192 bis 195. Die Parteizustellung war ursprünglich die gesetzliche Regelform und ist nunmehr die Ausnahme. 21

a) Parteizustellung im Erkenntnis-, Vollstreckungs- und Eilverfahren. Im **Erkenntnisverfahren** erfolgt nur die Zustellung eines Vollstreckungsbescheids nach § 699 Abs. 4 S. 2 und 3 sowie eines Urteils nach § 750 Abs. 1 S. 2 **fakultativ** im Parteibetrieb. Im **Vollstreckungsverfahren** ist mit Ausnahme der Ladung zur Abgabe der eidesstattlichen Versicherung zwecks Offenbarung (§ 900 Abs. 1) **durchweg** die Parteizustellung vorgesehen (vgl. §§ 726 bis 729, § 750 Abs. 2, § 751 Abs. 2, §§ 756, 765, 795). Dasselbe gilt für die Zustellung von Pfändungs- und Überweisungsbeschlüssen (§ 829 Abs. 2, § 835 Abs. 3, §§ 846, 857 Abs. 1, 858 Abs. 3), Benachrichtigungen (§ 845), von Verzichtserklärungen der Gläubiger auf die Rechte aus der Pfändung und Überweisung (§ 843) sowie von **Arresten und einstweiligen Verfügungen,** wenn diese durch Beschluss angeordnet sind (§ 922 Abs. 2, § 936). Jedoch ersetzt hier ausnahmsweise eine Zustellung von Amts wegen die Parteizustellung und umgekehrt soweit es darum geht, die Verfügung wirksam werden zu lassen und eine Vollstreckungsvoraussetzung zu schaffen. Die Vollziehung (§ 929 Abs. 2) kann dagegen – auch bei der Urteilsverfügung – nur durch Parteizustellung bewirkt werden.[95] 22

b) Bekanntmachung eines Schiedsspruchs. Ein von den Schiedsrichtern unterschriebener Schiedsspruch ist den Parteien nach § 1054 Abs. 4 „zu übermitteln". Daher genügt auch eine formlose Mitteilung oder Übersendung per Einschreiben mit Rückschein (vgl. die Komm. zu § 1054 Abs. 4). Eine **förmliche Zustellung** ist nicht vorgeschrieben, aber zulässig und wegen der Berichtigungs- und Ergänzungsfrist des § 1058 Abs. 2 sowie der Aufhebungs- und Präklusionsfrist des § 1059 Abs. 3 S. 2, § 1060 Abs. 2 S. 3 **zu empfehlen** (zur Zuständigkeit des Gerichtsvollziehers s. § 54 GVGA, zum Verfahren § 56 GVGA: Zustellung von Urschriften). 23

c) Zustellung einer Willenserklärung. Eine Willenserklärung gilt nach § 132 Abs. 1 BGB auch dann als zugegangen, wenn sie im Wege der (Partei-)Zustellung durch Vermittlung eines Gerichtsvollziehers oder nach § 132 Abs. 2 BGB öffentlich zugestellt wurde. Der Gerichtsvollzieher hat sich an die §§ 52 und 53 GVGA zu halten. Eine Zustellung durch Niederlegung des Schriftstücks, die nicht durch Vermittlung eines Gerichtsvollziehers vorgenommen wird, entfaltet – vorbehaltlich abweichender Parteivereinbarung[96] – keine Zugangswirkung.[97] Da empfangs- und zugleich **formbedürftige** Willenserklärungen formgerecht zugehen müssen,[98] erfordert ein gem. 24

---

[88] BayObLG MDR 1982, 501.
[89] BGH LM Nr. 14; MDR 1967, 834.
[90] BGH BGHZ 138, 166 = NJW 1998, 1959.
[91] FG Baden-Württemberg EFG 2005, 82, 84.
[92] BGH LM Nr. 14.
[93] BGHZ 24, 116, 118 = NJW 1957, 951.
[94] OLG Frankfurt OLG-Report 2007, 512.
[95] BGHZ 120, 73, 79 ff.; OLG Hamburg, Urt. v. 30. 6. 2005, 3 U 221/04, juris; *Addicks* MDR 1994, 225, 229; *Hefermehl/Köhler/Bornkamm* WettbR § 12 UWG Rn. 3.62 m. zahlr. Nachw.; unklar *Anders* WRP 2003, 204 („Vollziehung regelmäßig ... im Parteibetrieb").
[96] BGHZ 130, 71, 75 = NJW 1995, 2217.
[97] BGH NJW 1977, 194, 195.
[98] S. BGHZ 121, 224, 228 = NJW 1993, 1126; 130, 71, 73 = NJW 1995, 2217.

§§ 130 Abs. 1 S. 1, 132 BGB wirksamer Zugang einer beurkundungsbedürftigen Erklärung die Zustellung einer Ausfertigung der Urkunde; die Übermittlung einer beglaubigten Abschrift genügt nicht.[99]

25 **3. Formlose Mitteilung, Bekanntgabe.** Dient die Bekanntmachung nur der Information des Adressaten, ohne für ihn zugleich Rechte, Pflichten oder prozessuale Wirkungen zu begründen, begnügt sich das Gesetz mit der formlosen Mitteilung. Vgl. §§ 73 S. 2 2. Alt., 104 Abs. 1 S. 4 Halbs. 2, 105 Abs. 1 S. 3, 134 Abs. 1, 141 Abs. 2 S. 2, 226 Abs. 3 Halbs. 2, 251 a Abs. 2 S. 3, 270 S. 1, 329 Abs. 2 S. 1, 357 Abs. 2 S. 1, 360 S. 4, 362 Abs. 2 Halbs. 2, 364 Abs. 4 S. 1, 365 S. 2, 377 Abs. 1, 386 Abs. 4, 497 Abs. 1 S. 1, 693 Abs. 2, 694 Abs. 2 S. 2, 695 S. 1, 696 Abs. 1 S. 3 Halbs. 1, 733 Abs. 2, 900 Abs. 1 S. 4 u. Abs. 2 S. 5, 986 Abs. 5, 988 S. 3. Die formlose Mitteilung erfolgt idR durch einfachen Brief. Die Zustellung ersetzt sie. Beabsichtigt das Gericht demgegenüber nur eine – formlose – Mitteilung, fehlt es an dem für die Zustellung **erforderlichen Willen,** was auch einer Heilung gem. § 189 entgegenstehen soll.[100] Auf die Mitteilung finden §§ 170 bis 172 Anwendung. Mit dem Inkrafttreten des JKomG (s. Rn. 1) können Mitteilungen auch durch **unsignierte E-Mail** erfolgen.[101]

IV. Besonderheiten bei Zustellungen an Soldaten und mit Auslandsbezug

26 **1. Zustellung an Soldaten.** Für Zustellungen an Angehörige ausländischer Truppen,[102] die in der Bundesrepublik Deutschland stationiert sind, und deren Ladung gelten Art. 32, 36, 37 des Zusatzabkommens zum NATO-Truppenstatut idF des ÄndAbk. v. 18. 3. 1993 nebst ÄndG vom 28. 9. 1994 (BGBl. II S. 2594)[103] und ZustRG v. 25. 6. 2001 (BGBl. I S. 1206). Nach Art. 4 c des NTS-Gesetzes idF von Art. 2 Nr. 29 ZustRG (BGBl. I S. 1213) müssen bei Zustellungen an Angehörige von Mitgliedern einer Truppe oder eines zivilen Gefolges in der in Art. 32 Abs. 2 des Zusatzabkommens vorgesehenen schriftlichen Anzeige bezeichnet werden
– das Prozessgericht, die Parteien und der Gegenstand des Prozesses,
– ein in dem zuzustellenden Schriftstück enthaltener Antrag,
– die Formel einer zuzustellenden Entscheidung,
– bei der Zustellung einer Ladung deren Zweck und die Zeit, zu welcher der Geladene erscheinen soll,
– bei der Zustellung einer Aufforderung nach § 276 Abs. 1 Satz 1, Abs. 2 der Inhalt der Aufforderung und die vorgeschriebene Belehrung.

27 Für Zustellungen an inländische Soldaten gelten die allgemeinen Normen. Jedoch ist der **Erlass des Bundesministers der Verteidigung über Zustellungen, Ladungen, Vorführungen und Zwangsvollstreckungen bezüglich Soldaten in der Bundeswehr** in der Neufassung vom 23. 7. 1998 (VMBl. 1998 S. 246), geändert durch Erlass vom 10. 3. 2003 (VMBl. S. 95) sowie vom 14. 6. 2004 (VMBl. S. 109), zu beachten, dessen einschlägige Bestimmungen[104] wie folgt lauten:

1. *Für Zustellungen an Soldaten in gerichtlichen Verfahren gelten dieselben Bestimmungen wie für Zustellungen an andere Personen.*
2. *Will ein mit der Zustellung Beauftragter (zB Gerichtsvollzieher, Post- oder Behördenbediensteter, Gerichtswachtmeister) in einer Truppenunterkunft einem Soldaten zustellen, ist er von der Wache an das Geschäftszimmer der Einheit des Soldaten zu verweisen.*
3. *Ist der Soldat, dem zugestellt werden soll, sogleich zu erreichen, hat ihn der Kompaniefeldwebel auf das Geschäftszimmer zu rufen.*
4. *Ist der Soldat nicht sogleich erreichbar, hat der Kompaniefeldwebel dies dem mit der Zustellung Beauftragten mitzuteilen. Handelt es sich um einen in Gemeinschaftsunterkunft wohnenden Soldaten, kann der Beauftragte auf Grund von § 178 Abs. 1 Nr. 3 der Zivilprozessordnung (ZPO) oder der entsprechenden Vorschriften der Verwaltungszustellungsgesetze eine Ersatzzustellung an den Kompaniefeldwebel – in dessen Abwesenheit an seinen Stellvertreter – durchführen. Der Kompaniefeldwebel ist im Sinne dieser Vorschriften zur Entgegennahme der Zustellung ermächtigter Vertreter.*

---

[99] BGHZ 48, 374, 378 = NJW 1968, 496; BGH NJW 1981, 2299, 2300; BGHZ 130, 71, 73 ff. = NJW 1995, 2217.
[100] Vgl. OLG Naumburg, Beschl. v. 7. 11. 2005, 8 UF 194/05, juris. Zur Zustellungsabsicht s. auch § 168 Rn. 5.
[101] Vgl. BR-Drucks. 609/04 S. 57 (A III 1 e der Begründung).
[102] Zur Zustellung an deutsche Bedienstete in den Anlagen ausländischer Truppen vgl. die Nachw. bei *Zöller/Stöber* Vor § 166 Rn. 8.
[103] Vgl. i. e. *Burkhardt/Granow* NJW 1995, 424. Der vollständige Text des Zusatzabkommens einschließlich der Notenwechsel hierzu ist abgedruckt bei *Reuschle* NATO-Truppenstatut und Zusatzvereinbarungen.
[104] Vgl. LG Münster MDR 1978, 427.

5. Wird der Soldat, dem zugestellt werden soll, voraussichtlich längere Zeit abwesend sein, zB auf Grund eines mehrmonatigen Auslandseinsatzes, hat der Kompaniefeldwebel die Annahme des zuzustellenden Schriftstückes abzulehnen. Er hat dabei, sofern nicht Gründe der militärischen Geheimhaltung entgegenstehen, dem mit der Zustellung Beauftragten die Anschrift mitzuteilen, unter der der Zustellungsadressat zu erreichen ist.

6. Eine Ersatzzustellung an den Kompaniefeldwebel ist nicht zulässig, wenn der Soldat, dem zugestellt werden soll, innerhalb des Kasernenbereichs eine besondere Wohnung hat oder außerhalb des Kasernenbereichs wohnt. In diesen Fällen hat der Kompaniefeldwebel dem mit der Zustellung Beauftragten die Wohnung des Soldaten anzugeben.

7. Der Kompaniefeldwebel darf nicht gegen den Willen des Soldaten von dem Inhalt des zugestellten Schriftstückes Kenntnis nehmen oder den Soldaten auffordern, ihm den Inhalt mitzuteilen.

8. Der Kompaniefeldwebel hat Schriftstücke, die ihm bei der Ersatzzustellung übergeben worden sind, dem Adressaten sogleich nach dessen Rückkehr auszuhändigen. Über die Ausfertigung hat er einen Vermerk zu fertigen, der nach einem Jahr zu vernichten ist.

9. Bei eingeschifften Soldaten ist der Wachtmeister eines Schiffes bzw. der Kommandant eines Bootes – in dessen Abwesenheit sein Stellvertreter – im Sinne des § 178 Abs. 1 Nr. 3 ZPO an Bord zur Entgegennahme von Ersatzzustellungen befugt.

10. Diese Vorschriften gelten auch, wenn im gerichtlichen Disziplinarverfahren ein Soldat eine Zustellung auszuführen hat (vgl. § 5 Abs. 1 und 2 der Wehrdisziplinarordnung).

2. Zustellung mit Auslandsbezug. Für die in der Praxis immer wichtiger werdenden Zustellungen im Ausland (grenzüberschreitender Zustellungsverkehr) sind außer § 183 (s. dort) die Vorschriften der Verordnung Nr. 1348/2000 des Rates der EG vom 29. Mai 2000 (vgl. hierzu die Komm. zu §§ 1067–1071) sowie internationale Abkommen maßgebend, deretwegen auf den Anhang nach §§ 1067–1071 verwiesen wird. Das **Internationale Zustellungsrecht** wird jedoch weiter verstanden[105] und umfasst neben den bei Rn. 26 bereits dargestellten Zustellungen an Mitglieder ausländischer Truppen auch Zustellungen im Inland mit Wirkung im Ausland, deren Besonderheiten im Zusammenhang mit den einschlägigen völkerrechtlichen Vorschriften darzustellen sind. 28

§ 167 Rückwirkung der Zustellung

Soll durch die Zustellung eine Frist gewahrt werden oder die Verjährung neu beginnen oder nach § 204 des Bürgerlichen Gesetzbuchs gehemmt werden, tritt diese Wirkung bereits mit Eingang des Antrags oder der Erklärung ein, wenn die Zustellung demnächst erfolgt.

I. Normzweck und Entstehungsgeschichte

Die Vorschrift **schützt Zustellungsveranlasser** vor Rechtsverlusten, die durch Umstände eintreten, die nicht in ihrer Sphäre liegen und die sie nicht zu vertreten haben.[1] Die Vorschrift verwirklicht damit einem **fundamentalen Grundsatz** des Prozessrechts.[2] § 167 fasst die früher in §§ 207, 270 Abs. 3 und 693 Abs. 2 aF enthaltenen Regelungen zusammen. Die Norm berücksichtigt aber auch das **Vertrauen des Adressaten** darauf, eine durch Fristablauf erlangte Rechtsposition nicht zeitlich unbegrenzt wieder verlieren zu können.[3] Insbesondere die Tatsache, dass die Zustellung „demnächst" erfolgen muss, scheint dafür zu sprechen, den Adressatenschutz in gleicher Weise zu gewichten wie den Schutz des Zustellungsveranlassers. Die Frage nach dem Vorrang einer der beiden Aspekte ist keine rein theoretische, wie der Streit um die Anerkennung einer absoluten zeitlichen Höchstgrenze belegt (s. Rn. 9). Die Entstehungsgeschichte der Vorgängervorschriften spricht dafür, dass es der Norm **vorrangig** um den **Schutz des Zustellungsveranlassers** geht. Instruktiv sind hierzu die Ausführungen in RGZ 105, 422 ff., aus denen sich ergibt, dass der Gesetzgeber die ursprünglich nur für den speziellen Fall des § 207 Abs. 1 aF (Parteizustellung unter Beteiligung von Behörden, zB bei Zustellung im Ausland) vorgesehene Rückwirkung mit der Einführung der Amtszustellung im Verfahren vor den Amtsgerichten verallgemeinerte. Die ursprüngli- 1

[105] S. *Stein/Jonas/H. Roth* Vor § 166 Rn. 13.
[1] BGH NJW 2003, 2830, 2831.
[2] *Schumann*, FS G. Lüke, 1997, S. 767, 779.
[3] *Zöller/Greger* Rn. 1; *Brand* NJW 2004, 1138, 1139 unter Hinweis auf KG KG-Report 2003, 311. S. aber BGH NJW 1972, 1948, der den Zweck der Vorgängervorschrift § 261 b Abs. 3 aF allein im zuerst genannten Aspekt sieht.

che Norm, nämlich der durch Ergänzungsgesetz vom 1. Juni 1909 eingeführte § 496 Abs. 3 aF, sah bewusst von der Einführung einer Höchstfrist ab. Es ging darum, sicherzustellen, dass den Parteien, denen infolge der Amtszustellung jede Beschleunigungsmöglichkeit entzogen wurde, „die Zeit, welche die Gerichtsschreiberei zur Durchführung der Zustellung gebraucht, nicht zum Nachteile gereich(t)."[4] Das „unglückliche Wort ‚demnächst' "[5] wurde daher offenbar gewählt, weil die Zustellung im regulären Geschäftsgang typischer Weise dementsprechend erfolgt. Der Gedanke, der Zustellungsadressat könne sich darauf einrichten, dass nach Verstreichen einer – wie auch immer gearteten – Höchstfrist, mit einer Zustellung nicht mehr zu rechnen sei, kann der Norm hingegen nicht entnommen werden.

II. Anwendungsbereich

2 Die Vorschrift, die auch für das Zustellungsersuchen bei Zustellung im Parteibetrieb gilt (§ 191), erfasst **alle prozessualen** und **materiellen Fristen,** insb. Not- und Ausschlussfristen, die durch gerichtliche Geltendmachung[6] gewahrt werden oder deren Lauf nach §§ 203ff. BGB gehemmt wird oder neu beginnt. Sie gilt u.a. für die Fristen der §§ 548, 558b Abs. 2, 939, 1408 Abs. 2,[7] 1600b Abs. 1[8] BGB oder die der §§ 234, 320, 586, 926, 929 Abs. 2, 3, 936 ZPO, ferner für § 12 Abs. 3 VVG,[9] § 23 Abs. 4 WEG,[10] §§ 4, 7 Abs. 2 AnfG,[11] §§ 242 Abs. 2,[12] 246 Abs. 1,[13] 256 Abs. 6 AktG, § 14 Abs. 1 UmwG,[14] Art. 12 Abs. 3 Nato-TruppenstG,[15] Art. 237 § 2 EGBGB[16] sowie über §§ 46 Abs. 2 ArbGG, 495 ZPO für Klagen gem. § 4 KSchG.[17] Entsprechend gilt die Norm bei befristetem Verzicht auf die Erhebung der Verjährungseinrede.[18]

3 Die Vorschrift erfasst **nur solche Anträge oder Erklärungen,** die zuzustellen sind. Das sind vor allem die Sachanträge oder Erklärungen (§§ 79, 496, 129a), die sich auf den Inhalt der gewünschten Entscheidung beziehen. Prozessanträge oder auf Abweisung oder Zurückweisung gerichtete bloße Verteidigungsanträge des Beklagten zählen hierzu nicht.[19]

4 Die Vorschrift ist nach hM (s. hierzu aber Rn. 5) **nicht anwendbar,** wenn eine Frist durch **private Erklärung** gewahrt werden kann, weil der Erklärende in diesen Fällen nicht auf staatliche Organe angewiesen sei und die Gefahr bestehe, dass er die Frist durch die (nicht notwendige) Zustellung beeinflussen könnte.[20] Das gelte etwa für die Anfechtungsfrist nach § 121 BGB, wenn die Erklärung in der Klageschrift enthalten sei.[21] Weitere Beispiele: §§ 545,[22] 556 Abs. 3 S. 2 und S. 3,[23] 651g Abs. 1 S. 1, 1933 S. 1[24] BGB; rechtzeitige Inanspruchnahme einer Bürgschaft gem. § 777 BGB;[25] tarifliche Ausschlussfrist, die durch einfachen Brief gewahrt werden kann.[26] Die Vorschrift kann jedenfalls nicht herangezogen werden für den Abänderungszeitpunkt nach § 323 Abs. 3, weil es hier nicht um die Wahrung einer Frist geht.[27] Für ihre Anwendung besteht außer-

---

[4] RGZ 105, 422, 424; vgl. auch *Levin* JW 1912, 449f.
[5] *Levin* JW 1912, 449.
[6] *Rosenberg/Schwab/Gottwald* § 75 Rn. 8.
[7] BGH NJW-RR 1992, 1346; NJW 2005, 1194; OLG Zweibrücken FamRZ 1995, 745, 746.
[8] BGH NJW 1995, 1419.
[9] BGHZ 168, 306 = NJW 2006, 3206; NJW-RR 1995, 253; BGH NJW 1987, 255, 257 (PKH-Antrag); OLG Düsseldorf VersR 2006, 349; dass. NJW-RR 1986, 1413 (Mahnbescheid); ausf. Nachw. bei *Prölss,* in: *Prölss/Martin* § 12 VVG Rn. 59.
[10] Vgl. BGH NJW 1998, 3648; OLG Zweibrücken ZMR 2004, 66.
[11] OLG Köln NJW 1955, 1443; OLG Frankfurt OLGReport 1994, 263.
[12] BGH NJW 1989, 904.
[13] BGH NJW 1974, 1557 = JR 1974, 517 m. Anm. *Lüke,* OLG Frankfurt OLGReport 1994, 154.
[14] OLG Hamburg ZIP 2004, 906, 907 = NZG 2004, 729; *Lutter/Bork* UmwG, 3. Aufl. 2004, § 14 Rn. 8 mwN.
[15] BGH VersR 1979, 738; OLG Karlsruhe NZV 1990, 28.
[16] BGH WM 2001, 477.
[17] *Kiel,* in: Erfurter Komm § 4 KSchG Rn. 48 m. weit. Nachw; BAG NZA 1998, 1225 (aber anders für Vorbehaltsfrist gem. § 2 S. 2 KSchG).
[18] BGH NJW 1974, 1285; *Stein/Jonas/H. Roth* Rn. 5; aA *Haase* JR 1974, 470.
[19] BGHZ 52, 385, 388.
[20] Instruktiv BGH NJW 1982, 172, 173 (m. Hinw. auf Senat WM 1971, 383, 384); *Zöller/Greger* Rn. 3; *Stein/Jonas/H. Roth* Rn. 3.
[21] BGH NJW 1975, 39.
[22] OLG Stuttgart ZMR 1987, 114.
[23] AG Ahrensburg MietRB 2005, 30 *(Prasse); Langenberg* WuM 2003, 670.
[24] BGHZ 111, 329, 333f.; BayObLG NJW-RR 1990, 517.
[25] BGH NJW 1982, 172.
[26] BAG NJW 1976, 1520.
[27] BGH NJW 1982, 1812, 1813.

dem dort eindeutig kein Bedürfnis, wo der Erklärende anderweitig geschützt wird; zB §§ 121 Abs. 1 S. 2, 355 Abs. 1 S. 2 Halbs. 2 BGB, wo jeweils die **rechtzeitige Absendung** der Erklärung fristwahrend wirkt. **Dagegen** wendet der BGH § 167 auf die in § 89b Abs. 4 S. 2 HGB[28] und § 16 Nr. 3 Abs. 2 S. 4 VOB/B[29] genannten Fristen an, obwohl diese durch private Erklärungen gewahrt werden können. Diese im Schrifttum teilweise kritisierten[30] Entscheidungen sind mit der oben dargestellten hM schwer zu vereinbaren.

Die Friktion dürfte ihre Ursache in der unter Rn. 4 dargestellten Prämisse der hM haben, dass derjenige, der die Frist auch durch einfache Erklärung wahren könne, des Schutzes des § 167 nicht bedürfe. An ihr sind **Zweifel anzumelden.** Da § 132 BGB die Möglichkeit einer Zustellung gleichberechtigt vorsieht, muss auch für denjenigen, der diese staatlichen Organen anvertraut, der eingangs (Rn. 1) dargestellte Fundamentalgrundsatz gelten.[31] Ebenso wenig ist es überzeugend, demjenigen, der bei der Verfolgung seiner Ansprüche den sichersten Weg, nämlich die gerichtliche Durchsetzung wählt, vorzuwerfen, er hätte parallel dazu privat Erklärungen gleichen Inhalts an den Adressaten richten müssen.[32] Dem Wortlaut der Norm entsprechend ist § 167 daher auch in diesen Fällen grds. anzuwenden und die Nichtanwendung stellt die begründungsbedürftige Ausnahme dar. Sie ist etwa dann aufgrund teleologischer Reduktion am Platz, wenn der Zustellungsveranlasser das Dokument zu einer Zeit bei Gericht einreicht, zu der mit einem fristgerechten Zugang beim Adressaten auch bei zügigster Bearbeitung nicht mehr gerechnet werden konnte; denn die Fristüberschreitung beruht hier nicht auf dem Umstand, dass der Zustellungsveranlasser auf die gerichtliche Hilfe angewiesen ist. Der Unterschied zur hM besteht also im Ergebnis darin, dass eine **verzögerte Bearbeitung** die Rechtzeitigkeit der Zustellung nicht hindert. In den Fällen, in denen sich der Zugang materiell-rechtlicher Erklärungen dadurch verzögert, dass der Zustellungsveranlasser diese im Rahmen einer Klageschrift o. dgl. abgibt und damit deren Zustellung, die dann von weiteren Voraussetzungen (zB der Einzahlung des Gerichtskostenvorschusses) abhängt, hinausschiebt, wird man ihm die Verzögerung die durch diese an sich nicht gebotene Verknüpfung von Klage und Erklärung eintritt, zuzurechnen haben. Der unbestimmte Rechtsbegriff „demnächst" ermöglicht es (hierzu Rn. 9f.), das Interesse des Adressaten an einer zeitnahen Information angemessen zu berücksichtigen. Insbesondere wenn der Adressat ein für den Erklärenden erkennbares Interesse an „unverzüglicher" Mitteilung hat (zB § 121 Abs. 1 S. 1 BGB),[33] werden seine Interessen in aller Regel überwiegen. Schließlich kann den von der hM befürchteten „Fristmanipulationen" mit Hilfe von § 242 BGB begegnet werden. Zur Vermeidung von Risken ist **der Praxis** freilich im Anschluss an die Vorauflage[34] zu empfehlen, den sicheren Weg einer (zusätzlichen) privatrechtlichen Übermittlung der Erklärung zu beschreiten. 5

Die Vorschrift regelt nur die Wahrung von Fristen und den Neubeginn oder die Hemmung der Verjährung. Alle **anderen Wirkungen der Zustellung,** wie zB die rechtsverstärkenden oder rechtsvermehrenden Wirkungen der Rechtshängigkeit nach materiellem Recht (§§ 286 Abs. 1 S. 2, 291, 292, 407 Abs. 2, 818 Abs. 4, 987ff., 996, 1002 BGB) oder der Beginn von Rechtsmittelfristen, treten erst mit der tatsächlich erfolgten Zustellung bzw. mit Ablauf der in § 188 bestimmten Frist ein. 6

III. Einzelne Tatbestandsvoraussetzungen

1. Eingang bei Gericht. Eingang bedeutet, dass das Dokument in die tatsächliche Verfügungsgewalt des Gerichts gelangt[35] oder die Erklärung zu Protokoll der Geschäftsstelle abgegeben worden ist (§ 496). Die **Verfügungsgewalt** wird begründet, wenn das Dokument in die dafür 7

---

[28] BGHZ 53, 332, 338 = NJW 1970, 1002; zust. MünchKommHGB/*v. Hoyningen-Huene* § 89b HGB Rn. 207; aA *Stein/Jonas/H. Roth* Rn. 6; *Zöller/Greger* Rn. 4.

[29] BGHZ 75, 307, 313 = NJW 1980, 455; BGH NJW 1983, 816; krit. *Raudszus* NJW 1983, 667. Dem BGH für die Vorbehaltserklärung nach § 16 Nr. 3 Abs. 5 S. 1 VOB/B (2002) folgend: *U. Locher,* in: *Ingenstau/Korbion* VOB § 16 Nr. 3 Rn. 133 m. weit. Nachw, allerdings noch immer unter Hinweis auf § 270 Abs. 3 ZPO aF.

[30] Vgl. die Nachw. in den vorh. Fn.

[31] So auch *Zöller/Greger* Rn. 3 aE (Anwendung des § 167 auf Anfechtungserklärungen gem. §§ 121 Abs. 2, 124 Abs. 1 und 3 BGB); für die öffentliche Zustellung gem. § 132 Abs. 2 BGB auch MünchKommBGB/*Einsele,* 4. Aufl., § 132 Rn. 7; der entsprechende Hinweis fehlt aber nunmehr in der 5. Aufl.

[32] So nunmehr auch *Zöller/Greger* Rn. 3, anders noch die 25. Auflage Rn. 4.

[33] Vgl. die Argumentation in BGH NJW 1975, 39, § 121 Abs. 1 S. 2 BGB betreffend.

[34] Vgl. *G. Lüke* § 270 aF Rn. 30.

[35] BVerfGE 53, 203 = NJW 1980, 580.

vorgesehene Empfangseinrichtung des Gerichts gelangt; anders als bei § 130 BGB kommt es nicht darauf an, wann eine Kenntnisnahme zu erwarten ist. Der Einwurf in den allgemeinen Briefkasten der Posteingangsstelle außerhalb der Dienststunden genügt, auch wenn mit einer Leerung am selben Tag nicht mehr zu rechnen war, und kann sogar dann genügen, wenn daneben ein Nachtbriefkasten vorhanden ist.[36] Das Einlegen in das Gerichtsfach im Anwaltszimmer des Gerichts genügt ebenfalls.[37] Denn diese Vorrichtungen begründen Gewahrsam des Gerichts und das Risiko für die Rechtzeitigkeit der Entgegennahme von Schriftsätzen, die in den Gewahrsam des Gerichts gelangt sind, trifft den rechtsuchenden Bürger dann nicht, wenn die Verzögerung allein auf einem in der Sphäre des Gerichts liegenden Umstand beruht.[38] Übergabe des Dokuments an eine Person erfordert neben Empfangsbereitschaft, dass die Entgegennahme verkehrsüblicher Weise in deren Aufgabenbereich gehört (Gerichtsbeamter: ja; Reinigungspersonal: nein; Wachschutz: nein). Auf die Empfangnahme durch den zuständigen Beamten der allgemeinen Posteinlaufstelle oder den zuständigen und empfangsbereiten Richter kommt es entgegen einer älteren Ansicht aber nicht an.[39] Der Eingang bei einer **gemeinsamen Einlaufstelle** mehrerer Gerichte (zB AG und LG) begründet nur die Verfügungsgewalt bzgl. des Gerichts, an das die Sendung adressiert worden ist, so dass an das andere Gericht adressierte Dokumente (zB im Sammelumschlag an das LG befinden sich auch Schriftstücke, die an das AG adressiert sind) erst nach Weiterleitung an dieses dort eingehen.[40] Dies gilt auch bei Weiterleitung an ein unzuständiges Adressatgericht (vgl. § 129a Abs. 2). Die Weiterleitung braucht nur im Zuge des normalen Geschäftsgangs zu geschehen; besondere Anstrengungen zur Beschleunigung sind nicht geboten.[41] Das führt dazu, dass derartige Verzögerungen bei der Zustellung in die Sphäre des Zustellungsveranlassers fallen (zu den Auswirkungen s. Rn. 9ff.), obwohl die Wirkungen der Rechtshängigkeit im Falle der **Klageerhebung** bei einem vom Rechtsweg her oder örtlich bzw. sachlich **unzuständigen Gericht** bereits mit dem Eingang beim unzuständigen Gericht eintreten, wenn dieses den Rechtsstreit an das zuständige Gericht verweist (vgl. § 17b Abs. 1 S. 2 GVG).[42]

8 In zeitlicher Hinsicht muss das Schriftstück am Tage des Fristablaufs bis 24 Uhr in die Verfügungsgewalt des Gerichts gelangt sein.[43] Bei Übermittlung durch **Telefax** muss der unterschriebene Schriftsatz so rechtzeitig aufgegeben werden, dass unter normalen Umständen die Übersendung vor Ablauf von 23.59 Uhr abgeschlossen ist.[44] Entgegen der früher höchstrichterlich vertretenen Auffassung ist der Übermittlungsvorgang für den Absender nicht erst abgeschlossen, wenn er durch sein Faxgerät einen Sendebericht über Anzahl der gesendeten Seiten, Empfängerkennung, Ort und Zeit sowie Sendedauer hat ausdrucken lassen und auf Übermittlungsfehler überprüft hat; stattdessen stellt der BGH nunmehr auf den **Zeitpunkt des vollständigen Empfangs** (Speicherung) ab.[45] Ist die Wiedergabe infolge eines Defekts des Empfangsgeräts unvollständig oder fehlerhaft, ist das Schriftstück gleichwohl eingegangen. Darauf, ob der Inhalt anhand des später zugesandten Originals einwandfrei ermittelt werden kann,[46] kann es nicht (mehr) ankommen, sofern die Daten vollständig gespeichert wurden. Wenn das Gericht Zweifel an der Vollständigkeit des Ausdrucks hat, muss es den Inhalt des eingegangenen Dokuments **von Amts wegen ermitteln.** Diese Überlegungen gelten für die Übermittlung von Schriftsätzen durch Email sinngemäß. Verzögerungen am Postausgangsserver gehen aber zu Lasten des Übermittelnden. Ein **elektronisches Dokument** ist eingereicht und damit iSv. § 167 eingegangen, sobald die für den Empfang bestimmte Einrichtung des Gerichts es aufgezeichnet hat (§ 130a Abs. 3).

9 **2. Zustellung „demnächst". a) Die zeitliche Komponente des Begriffs.** Ob eine Zustellung „demnächst" erfolgt ist, hängt nach ganz hM nicht von einer rein zeitlichen Betrachtungsweise ab; denn nach dem in Rn. 1 Gesagten ist die Partei vor Nachteilen durch Verzögerungen zu bewahren, die ihre Ursache im gerichtlichen Geschäftsbetrieb haben und daher nicht beeinflusst

---

[36] BVerfG NJW 1991, 2076, 2077; BGH NJW-RR 2001, 280.

[37] OLG Köln NJW 1986, 859.

[38] BVerfG NJW 1980, 580; 1986, 244; 1991, 2078.

[39] Vgl. *Stein/Jonas/Leipold* Vor § 128 Rn. 241 mN.

[40] Vgl. BGH NJW 1990, 2822; 1994, 1354; NJW-RR 1997, 892, 893; aber auch BGH NJW-RR 2005, 75: Zugang beim LG, obwohl auf Sammelumschlag Gerichtsvollzieherverteilungsstelle als Adressat angegeben; hierzu *Kummer* jurisPR-BGHZivilR 44/2004 Anm. 5. Wie der BGH entscheidet auch das BAG; s. NJW 1988, 3229; 2002, 845, 846.

[41] BVerfG NJW 1995, 3173, 3175.

[42] BGH NJW 1978, 1058; BGHZ 97, 155, 161 = NJW 1986, 2255; BGH NJW 1998, 3648.

[43] BVerfG NJW 1976, 747; 1976, 1255.

[44] BGH NJW 2007, 2045, 2046; s. ferner BVerfG NJW 1996, 2857, 2858. Vgl. auch Rn. 10 mit Fn. 60.

[45] BGH NJW 2006, 2263, 2265. Zum Sendeprotokoll als Zugangsnachweis s. *Gregor* NJW 2005, 2885.

[46] So noch BGH NJW 1994, 1881, 1882; 2001, 1581, 1582.

werden können.[47] Es gibt nach (bestrittener[48]) Ansicht des BGH folglich **keine absolute zeitliche Grenze,** nach deren Überschreitung eine Zustellung nicht mehr als „demnächst" anzusehen wäre.[49] Der BGH stellt vielmehr darauf ab, ob die Partei alles Zumutbare für die alsbaldige Zustellung getan hat und der Rückwirkung schutzwürdige Belange des Zustellungsadressaten nicht entgegenstehen.[50] Der Normzweck führt zu folgender Differenzierung: Hat der Veranlasser die Zustellung **nicht vorwerfbar verzögert,** überwiegen regelmäßig seine Interessen und es können auch mehrmonatige (bei Zustellung im Inland etwa eine Verzögerung von 2½ Monaten,[51] bei Zustellung im Ausland ist selbst eine Zustellungszeit von bis zu 9 Monaten noch unschädlich[52]), ja sogar mehrjährige[53] Verzögerungen unter § 167 fallen. Stehen ausnahmsweise schutzwürdige Belange des Zustellungsadressaten einer Anwendung von § 167 entgegen, bleibt dem Zustellungsveranlasser nur der Amtshaftungsanspruch[54] wegen der verzögerten Zustellung. Beruht die Verzögerung hingegen **auf einem Verhalten des Zustellungsveranlassers** oder seines Prozessbevollmächtigten (s. Rn. 10), lässt die Rechtsprechung nur geringfügige Verzögerungen zu, was freilich nach dem Zweck der Norm nicht einmal geboten ist, aber unter Berücksichtigung der Parteiinteressen hinnehmbar erscheint. „Geringfügig" sind jedenfalls Verzögerungen **bis zu 14 Tagen.**[55] Ob darüber hinaus auch Verzögerungen von bis zu einem Monat unschädlich sind, ist umstritten. Für die Zustellung eines Mahnbescheids hat der BGH zwischenzeitlich wiederholt auf die Monatsfrist des § 691 Abs. 2 abgestellt.[56] Nach Ansicht *Gregers*[57] soll das für die Rückwirkungsregelung des § 167 generell gelten. Dies überzeugt außerhalb des Mahnverfahrens jedoch nicht. Die Monatsfrist ist schon nach dem Wortlaut des § 691 Abs. 2 nicht identisch mit der Zustellung „demnächst", sondern tritt neben diese. Außerdem liegt der Vorschrift der Fall zugrunde, dass der Kläger die Klage erst noch verfassen (lassen) muss, wohingegen die Beseitigung von Zustellungshindernissen im Rahmen des § 167 regelmäßig einen geringeren Aufwand erfordern wird. Schließlich lässt sich (nur) für den Bereich des Mahnbescheides anführen, dass derjenige Antragsteller, der Antragsmängel behebt, nicht schlechter stehen dürfe als derjenige, der statt dessen zum Klageverfahren übergeht. Der BGH ist der Ansicht *Gregers* daher zu Recht entgegengetreten.[58]

b) Rechtliche Behandlung zurechenbarer Verzögerungen. In Anbetracht der knappen Fristen kommt der Frage, unter welchen Voraussetzungen von einer vorwerfbaren Verzögerung auszugehen ist, in der Praxis besondere Bedeutung zu. Einer Partei sind solche **Verzögerungen zuzurechnen,** die sie oder ihr Prozessbevollmächtigter bei sachgerechter Prozessführung hätte vermeiden können bzw. müssen, wobei bereits leichte Fahrlässigkeit ausreicht.[59] Hierzu gehört aber nicht das Risiko, dass eine Klageschrift bei Übermittlung per Telefax in zwei Teilen bei Gericht eintrifft; vielmehr fällt es in die Sphäre des Gerichtes, diese Teile zu vereinen, sofern sie erkennbar zusammengehören.[60] **Vorwerfbar** sind Verzögerungen, die auf Mängeln der Klageschrift beruhen, wie etwa die Angabe einer falschen oder unzureichenden Anschrift des Beklagten, soweit nicht der Kläger auf die Richtigkeit der genannten Anschrift vertrauen durfte (hierzu auch 10

[47] Statt vieler: BGHZ 103, 20, 28 f. = NJW 1988, 1980; BGHZ 134, 343, 351 f. = NJW 1997, 1584; OLG Saarbrücken OLGR 2006, 133.

[48] S. KG KGReport 2004, 414, 416 unter Hinweis auf die Voraufl. § 270 aF Rn. 52 f. Das KG sieht die Jahresfrist des § 234 Abs. 3 als Höchstgrenze an; die Revision gegen diese Entscheidung wird beim BGH unter dem Az II ZR 276/03 geführt.

[49] BGHZ 168, 306 = NJW 2006, 306; 145, 358, 362 = 2001, 885, 887; BGH NJW 1993, 2614, 2615; 2003, 2830, 2831; NJW-RR 2003, 599; st. Rspr.

[50] BGH NJW 1999, 3125.

[51] BGHZ 103, 20, 29.

[52] BGH VersR 1983, 832; vgl. auch BGHZ 25, 250, 255 f.

[53] Besonders extrem: OLG Frankfurt FamRZ 1988, 82 (mehr als zwei Jahre).

[54] Dessen Verhinderung mag ein Beweggrund für die weitherzige Anwendung des § 167 durch die Gerichte sein.

[55] BGHZ 131, 376; BGH NJW 1999, 3125; 2000, 2282; 2004, 3775; nicht bei 18/19-tägiger Verzögerung: OLG Hamm NJOZ 2004, 333; großzügiger OLG Celle, Beschl. v. 12. 4. 2007, 3 W 43/07, juris: sofern Weihnachten und Jahreswechsel in den Fristlauf fallen auch nach mehr als 3 Wochen noch „demnächst" zugestellt.

[56] BGHZ 150, 221, 225 = NJW 2002, 2497; BGH NJW-RR 2006, 1436.

[57] In *Zöller,* 25. Aufl., Rn. 11; hiervon scheint die Neuauflage nunmehr abzurücken, vgl. *Zöller/Greger* Rn. 11; das KG hat sich der in der Vorauflage von Greger vertretenen Ansicht angeschlossen, s. KGReport 2004, 414, 415.

[58] BGH FamRZ 2004, 21; Grundeigentum 2005, 1420; ebenso OLG Karlsruhe GmbHR 2003, 1482; OLG Düsseldorf RuS 2007, 146; *Stein/Jonas/H. Roth* Rn. 9.

[59] BGHZ 170, 108 = NJW 2007, 439; NJW 1993, 2811, 2812; 2001, 885, 887; 2003, 2830, 2831; NJW-RR 1995, 361, 362; *Stein/Jonas/H. Roth* Rn. 11.

[60] BGH NJW 2004, 2228, 2230.

Rn. 11)[61] oder der Fehler eine Zustellung nicht erschwert.[62] Bei einer in Betracht kommenden **Auslandszustellung** der Klageschrift im Rechtshilfeverkehr soll der Kläger nach Ansicht des BGH nicht gehalten sein, ohne besondere Anforderung weitere Abschriften nebst Anlagen einzureichen und die förmliche Zustellung zu beantragen, weil die Verantwortung für die Durchführung des Verfahrens bei der Justizverwaltung liegt und die Partei darauf vertrauen darf, dass eine notwendige Mitwirkungshandlung angefordert wird.[63] Soweit die Zustellung von der Einzahlung eines **Gerichtskostenvorschusses** abhängt (§ 12 GKG),[64] braucht der Kläger grds. erst auf Anforderung einzuzahlen.[65] Den **Streitwert** muss er ebenfalls erst auf Anfrage, dann aber zügig beziffern.[66] Nach Anforderung muss er den Vorschuss unverzüglich, idR binnen 2 Wochen, einzahlen;[67] etwaige Differenzen mit dem Rechtschutzversicherer gehen zu seinen Lasten.[68] Bleibt die Anforderung länger als 3–4 Wochen aus, muss er nachfragen, einzahlen oder einen Antrag nach § 14 GKG stellen.[69] Hat er einen solchen Antrag gestellt, soll es nicht schaden, wenn er sich erst acht Wochen später nach dem Sachstand erkundigt.[70] Allerdings hat der BGH entschieden, dass auch der Kläger, der zunächst alles getan hat, um die sofortige Zustellung zu veranlassen, einer späteren Verzögerung entgegentreten muss. Verzögert sich die Zustellung daher aus Gründen, die der Partei oder ihrem Bevollmächtigten nicht bekannt sind, muss diese(r) sich **beim Gericht** nach den Ursachen **erkundigen.**[71] Der Umfang dieser Pflicht hängt jedoch sehr von den Umständen des jeweiligen Falles ab.[72] Hat sich der Zustellungsveranlasser selbst keine Nachlässigkeit zu Schulden kommen lassen, soll ihm ein Abwarten von wenig mehr als zwei Monaten seit Eingang bei Gericht nicht vorwerfbar sein, sofern er davon ausgehen konnte, alle von ihm zu fordernden Mitwirkungshandlungen erbracht zu haben.[73] Damit ist es nicht vereinbar, wenn zum Teil im Rahmen der Ausschlussfrist des § 12 Abs. 3 VVG ohne Hinzutreten weiterer Umstände Nachforschungsobliegenheiten bereits nach wenigen Wochen befürwortet werden.[74] Zwar ist es nicht ohne Überzeugungskraft, die Zeit, die eine Partei verstreichen lassen darf, bevor sie bei Gericht auf eine Zustellung hinwirkt, von der Länge der Frist abhängig zu machen, deren Unterbrechung durch die Zustellung bewirkt werden soll.[75] Die besonders kurzen Fristen, zu denen auch die nach § 12 Abs. 3 VVG zählt, schützen das Vertrauen des Adressaten regelmäßig in besonderer Weise, weshalb sie bei der Interessenabwägung ein höheres Gewicht haben können als etwa die regelmäßige Verjährungsfrist. Der BGH jedoch geht davon aus, dass den Kläger, der seinerseits alles für eine ordnungsgemäße Zustellung Gebotene getan hat, keine Sorgfaltspflicht zum Schutz des Vertrauens der Gegenseite trifft. Vielmehr dürfe er erwarten, dass das Gericht das Zustellungsverfahren in eigener Zuständigkeit ordnungsgemäß betreibt.[76] Mit Einzahlung des Kostenvorschusses reduzieren sich die Anforderungen an den Kläger also ganz erheblich.

11 Selbst wenn dem Zustellungsveranlasser ein Vorwurf zu machen ist, gebietet es das Recht des Bürgers auf ein faires Verfahren und berechenbaren, gleichmäßigen Zugang zu den Gerichten nach

---

[61] BGH NJW 1993, 2811, 2812; 2001, 885, 887; OLG Koblenz OLGReport 2005, 349: Vertrauen auf aktuelle Telefonbuchadresse.

[62] BGHZ 145, 358 = NJW 2001, 885, 887: Angabe der Arbeitsstelle.

[63] BGH NJW 2003, 2830; krit. *Brand* NJW 2004, 1138, 1140; s. auch *Försterling* IPRax 2005, 124, 125 zur EG-ZustellVO.

[64] Nach bislang hM war das nicht der Fall bei Beschlussanfechtungsanträgen gem. § 23 Abs. 4 WEG aF; s. OLG Köln ZMR 2001, 661, 666; MDR 2004, 271, 272; OLG Hamm ZMR 2005, 806: daher keine dem Anfechtenden zurechenbare Verzögerung und folglich Anwendung von § 167. Ebenso für die seit dem 1. 7. 2007 geltende Rechtslage *Elzer,* in: *Hügel/Elzer,* Das neue WEG-Recht, § 13 Rn. 178. Anders hingegen *Abramenko,* Das neue WEG, § 7 Rn. 47; *Bergerhoff* NZM 2007, 425, 426 f. Für schon bislang der ZPO unterliegende Anfechtungsklagen im Gesellschaftsrecht s. OLG Frankfurt OLGReport 1994, 154 (AG); OLG Köln BB 1995, 752 (GmbH); MünchKommAktG/*Hüffer* § 246 Rn. 37.

[65] BGH NJW 1993, 2811; offen lassend BGH NJW 2004, 3775, 3776.

[66] BGH WM 1994, 439, 441.

[67] BGH NJW 1986, 1347, 1348; enger OLG Düsseldorf RuS 2007, 146: Wochenfrist.

[68] OLG Hamm VersR 2004, 362; best. VersR 2005, 390, 391.

[69] Vgl. BGHZ 69, 361, 364 = NJW 1978, 215; BGH VersR 1992, 433; VersR 2003, 489.

[70] OLG Hamm FamRZ 2004, 1973.

[71] BGH NJW-RR 2004, 1574, 1576; 2006, 1436.

[72] So ausdrücklich BGH NJW-RR 2006, 1436.

[73] BGHZ 168, 306, 311 = NJW 2006, 3206; vgl. auch NJW 2005, 1194, 1195.

[74] OLG Hamm VersR 2005, 390, 391 f.: Nachfrageobliegenheit bei Ausbleiben der Zustellungsnachricht über mehr als 3–4 Wochen; aufgehoben durch BGHZ 168, 306; ähnlich OLG Düsseldorf VersR 2006, 349 (9 Wochen).

[75] Vgl. LG Bremen v. 25. 3. 2004, 6 O 743/03, juris.

[76] BGHZ 168, 306, 313.

Ansicht des BGH, ein mitwirkendes Verschulden des Zustellungsadressaten jedenfalls dann fristverlängernd zu berücksichtigen, wenn es um die Zustellung an eine Behörde geht.[77] Auch darüber hinaus können dem Zustellungsveranlasser Versäumnisse nur insoweit zum Nachteil gereichen, wie sich feststellen lässt,[78] dass die geforderte Handlung den Verfahrensgang verkürzt hätte, das Versäumnis also **kausal** für die Verzögerung der Zustellung geworden ist.[79] Bei der Berechnung der Zeitdauer der zurechenbaren Verzögerung ist auf die Zeitspanne abzustellen, um die sich die Zustellung als **Folge der Nachlässigkeit** der Partei verzögert. Der weitere, auf vermeidbare Verzögerungen im Geschäftsablauf des Gerichts zurückzuführende Zeitraum wird **nicht angerechnet.**[80] Vom Gericht zu vertreten sind neben der verspäteten Veranlassung der Zustellung, Schreibfehlern oder Versäumnissen des Zustellungsorgans, auch Verzögerungen bei der Aufarbeitung der von der Partei zu vertretenden Fehler, zB das Unterlassen gebotener Hinweise, Rückfragen und Zwischenverfügungen.[81] Gleichsam spiegelbildlich zur Obliegenheit des Zustellungsveranlassers (Rn. 10) betont nämlich das BVerfG, ein Prozessbeteiligter könne **vom Gericht** erwarten, dass offenkundige, die Zustellung hindernde Versehen in angemessener Zeit bemerkt werden und im Rahmen der prozessualen Fürsorgepflicht ein entsprechender Hinweis ergeht.[82]

c) Besonderheiten bei Verzögerungen infolge Prozesskostenhilfegesuchs. Besonderheiten gelten für den Antrag auf Gewährung von **Prozesskostenhilfe** (PKH). Nach der bis zum 31. 12. 2001 geltenden Rechtslage galt die Verzögerung durch ein PKH-Verfahren (nur) dann als nicht vorwerfbar, wenn der Kläger den Antrag mit den nach § 117 Abs. 2 erforderlichen Unterlagen fristgerecht eingereicht hatte[83] und die rechtzeitig eingereichte Klage unverzüglich nach der Entscheidung über den Antrag zugestellt bzw. bei Verweigerung der PKH eine Beschwerde spätestens binnen 2 Wochen eingelegt wurde.[84] Diese Rechtsprechung wird ihre Bedeutung jedenfalls außerhalb des Verjährungsrechts behalten.[85] Für den **Bereich der Verjährung** normiert § 204 Abs. 1 Nr. 14 BGB seit dem 1. 1. 2002 nunmehr einen eigenen Hemmungsgrund, der die Einreichung des PKH-Antrages genügen lässt, sofern die Bekanntgabe desselben an den Gegner **demnächst veranlasst** wird. Auf § 167 kommt es grds. nicht mehr an; die zum Begriff „demnächst" entwickelten Grundsätze gelten jedoch auch dort (s. Rn. 13). Der Gesetzgeber hat bewusst nicht auf den Zugang beim Gegner abgestellt, um Streit über den Zeitpunkt des Zugangs der Mitteilung, deren Zustellung verfahrensrechtlich nicht vorgeschrieben, in der Praxis gleichwohl aber üblich ist, zu vermeiden.[86] Unterbleibt nicht nur eine förmliche Zustellung[87] sondern auch die Bekanntgabe des Antrages, die wegen § 118 nur bei beabsichtigter Bewilligung der PKH erforderlich ist, hilft § 204 Nr. 14 BGB der bedürftigen Partei jedoch nicht. Mit Blick auf Art. 3 Abs. 1 GG ist zu erwägen, diese Lücke (man wird dem Gesetzgeber eine beabsichtigte Benachteiligung Mittelloser kaum unterstellen können) durch Anwendung von § 167 zu schließen. Hier sollte entsprechend der alten Rechtslage von dem Bedürftigen lediglich gefordert werden, dass er den Prozesskostenvorschuss für die Klage unverzüglich nach Kenntnis von der Zurückweisung des PKH-Antrages bzw. der hiergegen gerichteten Beschwerde einzahlt.[88] Auf diesem Weg kann verhindert werden, dass sich eine Zurückweisung des PKH-Gesuchs mangels Erfolgsaussicht für den Bedürftigen nachteilig auswirkt, wenn sie zu Unrecht erfolgte. 12

Im Rahmen von **§ 204 Nr. 14 BGB** soll es nach der Regierungsbegründung[89] entgegen bisheriger Praxis nicht mehr erforderlich sein, dass der Antrag ordnungsgemäß begründet, vollständig, von den erforderlichen Unterlagen begleitet und von der subjektiven Ansicht der Bedürftigkeit ge- 13

---

[77] BGH NJW-RR 2006, 789, 790, eine Enteignungsentschädigung betreffend.
[78] Die Darlegungs- und Beweislast trifft insofern nicht den Zustellungsbetreiber; BGH NJW-RR 2006, 1436.
[79] BGH NJW-RR 2003, 599.
[80] BGH NJW 2000, 2282; instruktiv zur Berechnung: OLG Hamm RuS 2004, 445.
[81] BGHZ 134, 343, 352 = NJW 1997, 1584; BGHZ 145, 358, 363 = NJW 2001, 885, 887.
[82] BVerfG NJW 2005, 814, 816 zu BGH NJW-RR 2004, 755 (fehlende Unterschrift).
[83] BGHZ 70, 235, 239; fehlende Unterlagen, müssen „möglichst rasch" nachgereicht werden, LG Bad Kreuznach VersR 2004, 1400.
[84] BGH NJW 1991, 1745, 1746.
[85] Von Bedeutung ist sie etwa für die Wahrung der Frist des § 12 Abs. 3 VVG; hierzu *Prölss,* in: *Prölss/Martin* VVG § 12 Rn. 64 mN. Nichts anderes kann für andere materiell-rechtliche Ausschlussfristen gelten; zu § 246 AktG vgl. MünchKommAktG/*Hüffer* Rn. 40 mN. Ebenso für die Klagefrist gem. § 13 Abs. 1 S. 2 StrEG BGHZ 170, 108 = NJW 2007, 439 und NJW 2007, 441.
[86] *Schmidt-Räntsch,* in: *Erman* § 204 BGB Rn. 36.
[87] Stets für eine solche plädiert *Peters* JR 2004, 137, 138.
[88] Ausführlich zur alten Rechtslage: 2. Aufl. § 270 Rn. 58 f. *(Lüke);* zum Gleichbehandlungsgebot s. nunmehr auch dezidiert BGHZ 170, 108 = NJW 2007, 439, 441 sowie NJW 2007, 441, 442.
[89] BT-Drucks. 14/6040 S. 116.

tragen ist. Der von der Kommentarliteratur daraus abgeleiteten Konsequenz, der PKH-Antrag löse ungeachtet seiner Vollständigkeit immer die Hemmung aus,[90] ist gleichwohl zu begegnen und an die von der **Rechtsprechung zu § 167** vorgenommene Interpretation des Begriffs „demnächst" (s. Rn. 9f.) **anzuknüpfen;** denn es ist kein Wertungsgesichtspunkt erkennbar, der die verjährungsrechtliche Sonderbehandlung – die auch im Wortlaut der Norm keinen Ausdruck findet – rechtfertigen könnte. Folglich gereicht der mangelbehaftete Antrag dem Antragsteller dann zum Nachteil, wenn die Veranlassung der Bekanntgabe durch das Gericht aus diesem Grunde (zunächst) unterbleibt. Das Gericht ist zur Bekanntgabe nur verpflichtet, wenn es den PKH-Antrag zu bewilligen beabsichtigt (§ 118 Abs. 1 S. 1). Dies impliziert, dass dem Gericht die Angaben gem. § 117 Abs. 2 vorliegen müssen, sofern über die Bekanntgabe sonst nicht entschieden werden kann.[91] Verzögert der Antragssteller die Veranlassung der Bekanntgabe also etwa dadurch, dass er diese Unterlagen nicht ohne schuldhaftes Zögern (unverzüglich) beibringt, ist die Verzögerung vorwerfbar iSd. des zu Rn. 10 Gesagten, so dass eine Veranlassung „demnächst" nur in den engen Grenzen des Rn. 9 angenommen werden kann.

14 **3. Wirksame Zustellung.** Voraussetzung für die Rückwirkung ist die Wirksamkeit der Parteihandlung und der Zustellung[92] sowie die **Identität** des eingereichten Dokumentes mit dem „demnächst" zugestellten. Nicht erforderlich ist allerdings, dass die Dokumente inhaltlich vollständig übereinstimmen. Es genügt, wenn sie im Wesentlichen identisch sind, insbesondere sich auf den gleichen Sachverhalt stützen.[93] Parteiberichtigungen oder Veränderungen iSd. § 264 sind nicht schädlich, wohl aber Partei- und Klageänderungen. Die Klage gegen eine infolge Verschmelzung erloschene GmbH ist unwirksam, so dass die spätere Zustellung an das Nachfolgeunternehmen nicht mehr „demnächst" ist.[94]

§ 168 Aufgaben der Geschäftsstelle

(1) [1]Die Geschäftsstelle führt die Zustellung nach §§ 173 bis 175 aus. [2]Sie kann einen nach § 33 Abs. 1 des Postgesetzes beliehenen Unternehmer (Post) oder einen Justizbediensteten mit der Ausführung der Zustellung beauftragen. [3]Den Auftrag an die Post erteilt die Geschäftsstelle auf dem dafür vorgesehenen Vordruck.

(2) Der Vorsitzende des Prozessgerichts oder ein von ihm bestimmtes Mitglied können einen Gerichtsvollzieher oder eine andere Behörde mit der Ausführung der Zustellung beauftragen, wenn eine Zustellung nach Absatz 1 keinen Erfolg verspricht.

I. Aufgabenverteilung zwischen Geschäftsstelle und Richter

1 Die Vorschrift stellt klar, dass die Zustellung **von Amts wegen** grundsätzlich Sache der Geschäftsstelle (zu ihrer Rechtsstellung s. § 153 GVG Rn. 4ff.) ist; insoweit deckt sich der Regelungsgehalt mit § 209 aF. Der **Urkundsbeamte** führt die Zustellung in **eigener Zuständigkeit** und Verantwortung als unabhängiges Organ der Rechtspflege aus.[1] Er ist dabei jedoch an eine richterliche Weisung, wie beispielsweise die der förmlichen Zustellung einer Ladung oder einer Zustellung an den Adressaten persönlich ebenso gebunden wie an die gerichtliche Anordnung der Zustellung im Ausland oder der öffentlichen Zustellung.[2] Die **Initiativlast** liegt bei der Geschäftsstelle, die solange tätig werden muss, bis die Zustellung bewirkt ist. Scheitert diese, ist die Partei unverzüglich zu informieren, damit etwaige Mängel (zB falsche Adresse) abgestellt werden können (zu den Folgen einer verzögerten Benachrichtigung der Partei s. § 167 Rn. 11).

---

[90] So *Schmidt-Räntsch* (Fn. 86) Rn. 35; s. ferner MünchKommBGB/*Grothe* § 204 Rn. 65; *Palandt/Heinrichs* § 204 BGB Rn. 30.

[91] Hierdurch unterscheidet sich die Situation von anderen „Anspruchsvoraussetzungen", deren Vorliegen für die Zustellung ohne Belang ist; vgl. etwa BGH NJW 1998, 3486; 1999, 2115. Der Hinw. auf diese Rspr. bei *Heinrichs* (Fn. 90) geht daher fehl.

[92] BGHZ 103, 26; *Brand* NJW 2004, 1138, 1139.

[93] BGH NJW 1978, 1058.

[94] BGH NJW 2002, 3110f.; anders aber nach Ansicht des OLG Hamburg ZIP 2004, 906, 907 = NZG 2004, 729, wenn die GmbH erst nach Eingang des Schriftsatzes bei Gericht gelöscht wird (Revision beim BGH unter II ZR 104/04 anhängig).

[1] *Stein/Jonas/H. Roth* Rn. 1; *Zöller/Stöber* Rn. 1.

[2] Vgl. BT-Drucks. 14/4554, S. 16.

II. Aufgaben der Geschäftsstelle

Ist eine richterliche Anordnung (oder eine solche des Rechtspflegers) nicht ergangen, entscheidet der Urkundsbeamte nach pflichtgemäßem **Ermessen,**[3] **ob und wie** ein Schriftstück zuzustellen[4] oder formlos mitzuteilen ist (vgl. § 166 Rn. 25) und wie oft eine Zustellung versucht werden soll. Er prüft ggf. auch die Voraussetzungen des § 170, kann sich hierbei aber grds. auf die Angaben in dem zuzustellenden Dokument (zB Urteil) oder auf solche des Zustellungsveranlassers (zB in der Klageschrift) verlassen.[5] Bei der Auswahl der Zustellungsform (Rn. 5) muss er grundsätzlich den **einfachsten und kostengünstigsten Weg** wählen.[6] Dabei sind die Erfolgsaussichten des Zustellungsversuchs zu berücksichtigen, aber zB auch die Personalkapazitäten bei der Zustellung durch Justizbedienstete. Zustellung an einen Anwalt wird regelmäßig gem. § 174 per Post, Telefax oder als elektronisches Dokument erfolgen; das Schriftstück kann auch über das Gerichtsfach oder durch einen Gerichtswachtmeister übersandt werden.[7] Jedenfalls solange sich die Verwendung elektronischer Dokumente noch nicht flächendeckend durchgesetzt hat, gebührt dieser Übermittlungsform nicht allein aus Kostengründen der Vorrang. Bei der Zustellung an einen Gefangenen wird regelmäßig ein Bediensteter der Justizvollzugsanstalt mit der Zustellung zu beauftragen sein. Der Urkundsbeamte hat die Voraussetzungen der gewählten Zustellungsform (zB die persönlichen Voraussetzungen für die Zustellung gegen Empfangsbekenntnis nach § 174) zu prüfen und für die Ausführung zu sorgen. Sein Handeln ist ein Akt der Rechtsprechung im funktionellen Sinn, der nicht nach §§ 23ff. GVG überprüft werden kann. Dies gilt auch für die unterlassene Frankierung eines vorgefertigten Empfangsbekenntnisses nach § 174.[8] Eine Pflichtverletzung führt zur Amtshaftung nach Art. 34 GG, § 839 BGB.[9] 2

Entgegen einer im Schrifttum[10] vertretenen Ansicht ist die Wahl einer **Zustellung gem. § 175** nicht bereits deswegen ermessensfehlerhaft, weil von der erfolgreichen Zustellung die **Fristwahrung** abhängt (vgl. § 167 Rn. 14). Richtig ist zwar, dass dem nicht angetroffenen Empfänger das Schriftstück nicht zugestellt worden ist, wenn er das bei der Post hinterlegte Einschreiben nicht abholt, was anders wäre, wenn die Geschäftsstelle den Weg über §§ 176, 181 beschritten hätte. Jedoch fällt diese Verzögerung nicht in die Sphäre des Zustellungsveranlassers (s. § 167 Rn. 9f.), weshalb die Fristwahrung letztlich nicht von der Entscheidung des Empfängers abhängt,[11] wenn die Geschäftsstelle nach Retour der nicht abgeholten Sendung einen weiteren, diesmal erfolgreichen Zustellungsversuch unternimmt. Ist die Zustellung gem. § 175 einmal fehlgeschlagen, entspricht es pflichtgemäßem Ermessen, diesmal eine andere Zustellungsart zu wählen (zB gem. § 176). Im Übrigen aber ist es – auch in den Fällen des § 167 – nicht geboten, von einer Zustellung gem. § 175 per se abzusehen. 3

Der Urkundsbeamte hat die für die Zustellung erforderlichen **Ausfertigungen herzustellen,** fehlende Abschriften von Schriftsätzen anzufordern (§ 133 Abs. 1) und zu beglaubigen. Er hat ferner die bei einer öffentlichen Zustellung erforderlichen Ermittlungen anzustellen sowie die ordnungsgemäße und rechtzeitige Ausführung der Zustellung, insbesondere auch den Eingang und die Ordnungsmäßigkeit der Zustellungsurkunde bzw. des Empfangsbekenntnisses, **zu überwachen,**[12] und eine erkennbar mangelhafte Zustellung zu wiederholen.[13] Eine als mangelhaft erkannte Urkunde gem. § 182 darf **nicht** zur nachträglichen Vervollständigung oder Berichtigung an den Zusteller zurückgegeben werden; denn durch die nachträgliche Vervollständigung der Postzustellungsurkunde wird die Unwirksamkeit der Zustellung nicht beseitigt, weil die Beurkundung der Zustellung im zeitlichen und örtlichen Zusammenhang mit dem Zustellungsvorgang erfolgen muss. Mit der Rückgabe der Zustellungsurkunde an das zustellende Gericht ist der Zustellungsvorgang regelmäßig abgeschlossen und eine nachträgliche Ergänzung der Urkunde ist nicht mehr zulässig.[14] 4

---

[3] BGH NJW 1990, 2125.
[4] BGH NJW 1969, 1298, 1299; 1990, 2125.
[5] Vgl. *Stein/Jonas/H. Roth* § 170 Rn. 11.
[6] BT-Drucks. 14/4554, S. 16.
[7] BGH LM § 212a Nr. 2; MDR 1959, 996.
[8] OLG Hamm NJW 1998, 1233.
[9] BGH NJW 1990, 176, 177.
[10] *Stein/Jonas/H. Roth* § 167 Rn. 18.
[11] So aber *Stein/Jonas/H. Roth* § 167 Rn. 18.
[12] RGZ 105, 422, 423; BGH NJW 1990, 176, 177.
[13] BGH NJW 1990, 176, 177.
[14] BGH NJW 1990, 176, 177 unter Hinweis auf BGH LM ZPO § 195 Nr. 2 und NJW 1981, 874.

III. Zustellungswille

5 Wirksamkeitsvoraussetzung ist, wie bei jeder Zustellung, auch hier der Wille zur Zustellung.[15] An der Zustellungsabsicht fehlt es bei einer formlosen Mitteilung (§ 166 Rn. 25), also beispielsweise dann, wenn die Geschäftsstelle versehentlich die Streitverkündungsschrift dem Dritten nur mitteilt (§ 73 S. 2). Der Zustellungswille kann sich auch aus den Umständen ergeben und kommt in der Regel dadurch zum Ausdruck, dass der Urkundsbeamte das Schriftstück dem Empfänger unter Beifügung eines Vordrucks für das Empfangsbekenntnis zugehen lässt oder nur in der Urschrift oder in den Akten die Zustellung verfügt.[16] Widerruf ist bis zum Vollzug der Zustellung möglich, liegt jedoch nicht schon in der Rückforderung der Urteilsausfertigung zum Zwecke der Berichtigung,[17] wohl aber in der noch vor oder gleichzeitig mit dem zuzustellenden Schriftstück eingehenden Bitte um Rücksendung des unausgefüllten Empfangsbekenntnisses.[18] Ist ein Zustellungswille nicht erkennbar, braucht der Adressat das Schriftstück nicht entgegenzunehmen. Formlose Übermittlung wird nicht durch nachträgliche Übersendung eines entsprechenden Formulars zur Zustellung. Ob in dessen Unterzeichnung[19] ein Verzicht auf eine förmliche Zustellung liegt, dürfte nunmehr wegen § 189 von untergeordnetem Interesse sein.

IV. Zustellungsformen nach Abs. 1

6 Der Urkundsbeamte kann das zuzustellende Dokument
- dem Adressaten an der Amtsstelle aushändigen (§ 173),
- gegen Empfangsbekenntnis (§ 174) oder
- Einschreiben mit Rückschein übermitteln (§ 175) oder
- einen Justizbediensteten oder die Post mit der Ausführung beauftragen (§ 176).

7 **„Justizbediensteter“** ist nicht nur der Gerichtswachtmeister (vgl. § 211 Abs. 1 S. 1 aF), sondern jeder andere geeignete Bedienstete des Gerichts, der Staatsanwaltschaft oder der Justizvollzugsanstalt; er muss nicht bei der zustellenden Behörde tätig sein.[20] Die Regelung entspricht insoweit § 50 Abs. 3 ArbGG.

8 Unter **„Post“** sind nach der Legaldefinition alle für die Beförderung der zuzustellenden Sendung in Betracht kommenden Unternehmen zu verstehen. Das ist nicht nur die – gem. § 51 Abs. 1 S. 1 PostG idF v. 2. 9. 2001 (BGBl. I S. 2271) für Briefsendungen unter 200 Gramm bis 31. Dezember 2007 mit einer Exklusivlizenz ausgestattete – Deutsche Post AG (§§ 5 Abs. 1, 51 Abs. 1 PostG), sondern auch **jeder** andere **Lizenznehmer,**[21] der Briefzustelldienstleistungen erbringt. Denn § 33 Abs. 1 PostG[22] verpflichtet jedes – nicht nach Absatz 2 befreite – lizensierte Unternehmen zur förmlichen Zustellung von Schriftstücken **unabhängig von ihrem Gewicht,** dh. unabhängig von dem Lizenzbereich, nach den allgemeinen gesetzlichen Bestimmungen. § 33 Abs. 1 S. 2 PostG stattet sie insoweit mit Hoheitsbefugnissen aus (beliehener Unternehmer). Für die Zustellungsurkunden ihrer Bediensteten gilt § 418 (§ 182 Abs. 1). Für Schäden, die durch Pflichtverletzungen bei Durchführung der förmlichen Zustellung entstehen, haften die Lizenznehmer gem. § 35 PostG nach den allgemeinen Amtshaftungsgrundsätzen (Art. 34 GG, § 839 BGB). Für den Zustellungsauftrag (zum Verfahren s. § 176) ist gem. **§ 168 Abs. 1 S. 3** der dafür vorgesehene **Vordruck** zu verwenden (vgl. § 190). Die Ausführung der Zustellung erfolgt nach den §§ 177 bis 181. Die Zustellung durch die Post ist nicht zu verwechseln mit der Zustellung durch Aufgabe zur Post (§ 184 Abs. 1 S. 2), die bereits mit der Aufgabe bewirkt ist.

V. Zustellungsformen nach Abs. 2

9 Ist **in Einzelfällen** die Zustellung nach Absatz 1 durch die Geschäftsstelle oder die Post nicht möglich und verspricht auch die Zustellung durch einen Justizbediensteten keinen Erfolg, kann der

---

[15] BGH NJW 1994, 2297; 2001, 3787, 3789; *Stein/Jonas/H. Roth* § 166 Rn. 6; *Zöller/Stöber* § 166 Rn. 2.

[16] BGH NJW 1994, 2297.

[17] BGH NJW-RR 1992, 251; 1993, 1213, 1214; aA OLG Köln FamRZ 1993, 345.

[18] BGH NJW-RR 1992, 251, 252.

[19] BGH FamRZ 1972, 91, 92; vgl. auch BayObLG FGPrax 1997, 74 („Anerkenntnis“ durch den Adressaten).

[20] *Stein/Jonas/H. Roth* Rn. 6; *Zöller/Stöber* Rn. 3.

[21] Deren Entgelte sind genehmigungs- und veröffentlichungspflichtig; §§ 34 S. 4, 22 Abs. 4 PostG. Eine Liste der genehmigten Entgelte ist unter www.bundesnetzagnetur.de abrufbar. Zu den sich aus der Kombination von Genehmigungspflicht und Vergabeerfordernis ergebenden Konsequenzen für den Wettbewerb s. *Grün/Ostendorf* N&R 2005, 144.

[22] PostG v. 22. 12. 1997, BGBl. S. 3294.

Vorsitzende des Prozessgerichts (§§ 22, 21f Abs. 1 GVG bzw. sein Vertreter gem. § 21f Abs. 2 GVG) oder – nach dem Vorbild des § 273 Abs. 2 – ein von ihm bestimmtes Mitglied des Prozessgerichts[23] den **Gerichtsvollzieher** (wie zB bei der Zustellung an einen Wohnsitzlosen mit bekanntem Aufenthalt) oder eine **andere Behörde** (wie zB die Wasserschutzpolizei für die Zustellung auf Schiffen) mit der Zustellung beauftragen. Sie werden dann als gesetzliches Zustellungsorgan tätig und bedürfen keines weiteren Auftrags durch eine Dienststelle mehr. Die Entscheidung sowie die Auswahl des Zustellungsorgans liegen im pflichtgemäßen Ermessen des Vorsitzenden oder des von ihm bestimmten Mitglieds des Prozessgerichts. Es findet dort seine Grenze, wo die Zustellung einen unverhältnismäßigen Aufwand bedeuten würde.[24] Die Übergabe des Zustellungsgegenstandes besorgt der Urkundsbeamte (§ 176 Abs. 1); die Ausführung der Zustellung erfolgt nach §§ 177 bis 181. Ist sie erfolgt, so ist die Zustellung wirksam, auch wenn die Entscheidung gem. Absatz 2 (ermessens-)fehlerhaft gewesen sein sollte.[25]

§ 169 Bescheinigung des Zeitpunktes der Zustellung; Beglaubigung

(1) Die Geschäftsstelle bescheinigt auf Antrag den Zeitpunkt der Zustellung.

(2) [1]Die Beglaubigung der zuzustellenden Schriftstücke wird von der Geschäftsstelle vorgenommen. [2]Dies gilt auch, soweit von einem Anwalt eingereichte Schriftstücke nicht bereits von diesem beglaubigt wurden.

I. Bescheinigung des Zustellungszeitpunktes (Abs. 1)

1 Absatz 1, der der bisherigen Regelung in § 213a aF entspricht, trägt dem Umstand Rechnung, dass bei der Amtszustellung (anders § 193 Abs. 3 für den Parteibetrieb) die Zustellungsurkunde nach § 182 Abs. 3 an die Geschäftsstelle zurückzuleiten ist. Die Partei kann also weder die Zustellung als solche nachweisen noch deren Zeitpunkt, den sie aber zB vor Beginn der Zwangsvollstreckung kennen muss (§§ 750 Abs. 1, 798). Daher hat die Geschäftsstelle auf Antrag den Zustellungszeitpunkt zu bescheinigen. Das Antragserfordernis soll unnötige Zustellungsbescheinigungen vermeiden helfen.[1] Der Antrag kann **formlos** gestellt werden, sogar durch schlüssige Handlung, etwa durch Antrag auf Erteilung einer vollstreckbaren Ausfertigung oder auf Erlass eines Vollstreckungsbescheides. Anwaltszwang besteht nicht (§ 78 Abs. 5). Obwohl für die Bescheinigung keine besondere Form vorgeschrieben ist, muss sie für das Vollstreckungsorgan eindeutig ergeben, von wem sie stammt. Der Urkundsbeamte der Geschäftsstelle, der für die Erteilung der Bescheinigung zuständig ist, muss sie daher unter Angabe der Dienstbezeichnung **eigenhändig unterschreiben** (Ausnahme: § 703b Abs. 1; str.).[2] Stempel und Datierung sind dagegen nicht erforderlich.[3] Die Bescheinigung kann auf den Vollstreckungstitel gesetzt werden, anderenfalls muss sie das zugestellte Schriftstück bezeichnen. Sie erbringt Beweis (§ 418) dafür, dass der Urkundsbeamte der Geschäftsstelle die (wirksame)[4] Zustellung als zu dem angegebenen Zeitpunkt erfolgt angesehen hat. Ob sie tatsächlich wirksam erfolgt ist, muss dagegen weiterhin die Partei beweisen, die sich darauf beruft.[5] Dabei kann die Bescheinigung ein gewichtiges Indiz sein.

II. Beglaubigung (Abs. 2)

2 **1. Normzweck und Beglaubigungserfordernis. Absatz 2 Satz 1** (vormals § 210 aF) regelt ausschließlich die Frage, wer die Beglaubigung vorzunehmen hat; ausführendes Organ ist der Urkundsbeamte. Die Vorschrift trifft **keine Aussage** darüber, **ob** ein Dokument vor der Zustellung zu beglaubigen ist. Hierfür sprechen nicht nur der im Vergleich zu § 210aF („zu übergebende Abschrift wird ... beglaubigt.") veränderte Wortlaut und der ersatzlose Fortfall des § 170 Abs. 1 aF,[6]

---

[23] Hierzu gehören nicht Rechtspfleger. Für übertragene Geschäfte gilt jedoch § 4 Abs. 1 RPflG.

[24] Etwa bei geringfügigen Geldforderungen; vgl. BT-Drucks. 14/4554, S. 16; krit. *Stein/Jonas/H. Roth* Rn. 8.

[25] Die fehlerhafte Sachbehandlung ist aber im Rahmen der Kostenerhebung gem. § 21 GKG zu berücksichtigen; s. bereits *Häublein,* in: *Hannich/Meyer-Seitz* (Hrsg.), ZPO-Reform mit ZustRG, § 168 Rn. 5.

[1] S. BT-Drucks. 14/4554, S. 16.

[2] Vgl. Rn. 1 zu § 703b; wie hier: *Zöller/Vollkommer* § 703b Rn. 1.

[3] LG Berlin MDR 1978, 411.

[4] Die Wirksamkeit ist vom UrkB zu prüfen; vgl. *Stein/Jonas/H. Roth* Rn. 4; *Zöller/Stöber* Rn. 3.

[5] Vgl. hierzu OLG Köln Rpfleger 1997, 31; *Stein/Jonas/H. Roth* Rn. 4; unzutr. LG Neubrandenburg Rpfleger 2005, 37.

[6] Dieser lautete: „Die Zustellung besteht, wenn ein Ausfertigung zugestellt werden soll, in deren Übergabe, in den übrigen Fällen in der Übergabe einer beglaubigten Abschrift des zuzustellenden Schriftstücks."

sondern vor allem die Intention des Gesetzgebers, die Form des zuzustellenden Dokuments ausschließlich außerhalb der §§ 166–195 zu regeln und die Auswirkungen von Zustellungsmängeln zu minimieren (s. Rn. 3). Insofern schließt sich die die Form des „zuzustellenden Schriftstücks" offen lassende Formulierung des Gesetzes nahtlos an § 166 an (s. dort Rn. 9). **Absatz 2 Satz 2** knüpft an § 170 Abs. 2 aF an und erstreckt die Beglaubigungsbefugnis der Geschäftsstelle auch auf die von einem Anwalt eingereichten, von ihm aber nicht beglaubigten Schriftstücke; die Beglaubigungsbefugnis des Anwalts bleibt unberührt. Die Vorschrift dient der Verfahrensökonomie, weil sie eine erneute Vorlage bei dem Anwalt und damit einen Zeitverlust bei der Zustellung verhindert. Sie korrespondiert mit der zu § 133 (s. dort Rn. 2) vertretenen Ansicht, dass fehlende Abschriften von der Geschäftsstelle auf Kosten der Partei (§ 28 Abs. 1 S. 2 GKG) gefertigt werden können.

3 Obwohl die Beglaubigung des Zustellungsobjektes also nach dem Gesetzwortlaut nicht mehr vorgeschrieben ist, geht die **ganz hM**[7] davon aus, diese sei nach wie vor **wesentlicher Bestandteil** des Zustellungsaktes und ihr **Fehlen** mache die Zustellung daher unwirksam.[8] Hierfür wird angeführt, der Gesetzgeber habe an dieser Voraussetzung für die Zustellung nichts ändern wollen. Auch gingen § 169 Abs. 2 S. 1 („Die Beglaubigung") und § 192 Abs. 2 S. 2 („Der Gerichtsvollzieher beglaubigt die Abschriften") ihrem Wortlaut nach erkennbar davon aus, dass zu übergebende Abschriften zu beglaubigen seien. Hätte der Gesetzgeber, so wird argumentiert, in Abkehr von dem bisherigen Rechtszustand für die Geschäftsstelle und den Gerichtsvollzieher nur noch eine Beglaubigungsbefugnis vorsehen wollen, hätte er in Absatz 2 nicht den bestimmten Artikel („die") verwandt und in § 192 formuliert „Der Gerichtsvollzieher kann ... beglaubigen".[9] Dem ist entgegen zu halten, dass der Gesetzgeber, hätte er an der bisherigen Rechtslage festhalten wollen, weder Anlass gehabt hätte § 170 Abs. 1 aF zu streichen noch die Formulierung des § 210 aF zu ändern (s. Rn. 2). Nicht minder ambivalent erscheint die Aussage in der Entwurfsbegründung zum ZustRG,[10] wo es heißt: „*Das Merkmal Schriftstück enthält keine Aussage darüber, in welcher Form (Urschrift, Ausfertigung oder beglaubigte Abschrift) das Schriftstück zuzustellen ist. Die Entscheidung dieser Frage bleibt der jeweiligen materiell- oder prozessrechtlichen Vorschrift vorbehalten.*" Zwar wird die einfache Abschrift in dem Klammerzusatz nicht erwähnt, jedoch kann die – im Ergebnis von der hM befürwortete – Interpretation der Worte „keine Aussage" als „keine über die Beglaubigung hinausgehende Aussage" auch nicht unbedingt als nahe liegend bezeichnet werden.

4 Zur Beantwortung der Streitfrage ist nach hier vertretener Ansicht maßgeblich auf den Zweck der Beglaubigung und – vor dem Hintergrund der mit dem ZustRG verfolgten Ziele – auf die **Konsequenzen,** die die hM nach sich zieht, abzustellen. Die Beglaubigung dient der Rechtssicherheit. Es soll sichergestellt sein, dass die Abschrift mit der Urschrift bzw. Ausfertigung übereinstimmt. Mit der Beglaubigung wird erklärt, die zuzustellende Abschrift sei vom Ausführenden mit der in seinem Besitz befindlichen Vorlage verglichen worden und stimme mit dieser völlig überein.[11] Die Wirksamkeit der Beglaubigung ist aber auf den Zustellungszweck beschränkt; außerhalb des Zustellungsbereichs hat sie nicht die Kraft einer Beglaubigung.[12] Wird eine unbeglaubigte Abschrift zugestellt, ist die **Zustellung** nach hM **unwirksam.** Eine Heilung nach § 189 muss scheitern, wenn man diese Norm – was freilich umstritten ist; vgl. hierzu § 189 Rn. 7 – lediglich auf Fehler des Zustellungsverfahrens nicht aber solche des Zustellungsgegenstandes anwendet, wie es die Entwurfsbegründung zum ZustRG nahe legt.[13] Dieses Ergebnis wäre vor dem Hintergrund der Begründung zum ZustRG zumindest überraschend; denn einer Zustellung, die dem Adressaten angemessene Gelegenheit zur Kenntnisnahme verschafft hat, soll die Anerkennung gerade nicht versagt werden.[14] Maßgeblich für die Wirksamkeit der Zustellung kann demnach nur sein, ob das zugestellte Schriftstück mit der Vorlage übereinstimmt; dies ist selbstverständlich, auch ohne Beglaubigungserfordernis, durch das ausführende Organ (zB den Urkundsbeamten) zu überprüfen. Auch zukünftig **sollte** die **Beglaubigung** zwar – ebenso wie die Protokollierung des Zustellungs-

---

[7] *Rosenberg/Schwab/Gottwald* § 75 Rn. 9; *Stein/Jonas/H. Roth* Rn. 7; *Thomas/Putzo/Hüßtege* Rn. 9; *Zöller/Stöber* Rn. 12. Gegen die vom Verf. bereits andernorts (*Häublein*, in: *Hannich/Meyer-Seitz* (Hrsg.), ZPO-Reform mit ZustRG, § 166 Rn. 5, § 169 Rn. 5) vertretene Ansicht auch die Vorauflage, s. MünchKommZPO/Aktualisierungsbd./*Wenzel* § 169 Rn. 3.

[8] So zur alten Rechtslage: RGZ 6, 361, 362; 8, 346, 346f.; 9, 412, 413; 46, 399, 400; 55, 305, 308; 99, 140; BGHZ 24, 116, 118 = NJW 1957, 951; BGHZ 55, 251, 252 = NJW 1971, 659.

[9] S. MünchKommZPO/Aktualisierungsbd. § 169 Rn. 3.

[10] BT-Drucks. 14/4554, S. 16.

[11] BGHZ 55, 251, 252 = NJW 1971, 659; BGHZ 76, 222, 227 = NJW 1980, 1460.

[12] RGZ 56, 374, 377.

[13] BT-Drucks. 14/4554, S. 18, wo nur auf Mängel der „Ausführung" Bezug genommen wird; ebenso: BGHZ 100, 234, 238ff.; *Stein/Jonas/H. Roth* Rn. 13 mit § 189 Rn. 16.

[14] BT-Drucks. 14/4554, S. 14.

vorgangs, der ebenfalls keine Wirksamkeitsvoraussetzung mehr ist – zum Zwecke der Beweisführung **vorgenommen werden;**[15] ihr Fehlen steht aber einem anderweitig geführten Zugangsnachweis nicht entgegen. [16] Die Zustellung einer (beglaubigten) Abschrift, die mit der Urschrift/Ausfertigung in wesentlichen Punkten nicht übereinstimmt (s. § 166 Rn. 19, 15), ist jedenfalls unwirksam, kann aber ggf. nach § 189 oder § 295 geheilt werden.

2. Beglaubigte Abschrift. a) Gegenstand. Zu beglaubigen sind nur **zuzustellende Abschriften** (hierzu § 166 Rn. 17 f.), während eine zuzustellende Ausfertigung (§ 166 Rn. 11 ff.) keiner Beglaubigung zugänglich ist, weil sie die Urschrift ersetzt. Besteht das Schriftstück aus mehreren Blättern, müssen diese als Einheit derart miteinander verbunden sein, dass die körperliche Verbindung als dauernd gewollt erkennbar und nur durch Gewaltanwendung zu lösen ist.[17] Eine Beglaubigung jeder einzelnen Anlage oder eine Benennung der einzelnen Unterlagen im Beglaubigungsvermerk ist nicht erforderlich.[18] 5

b) Form. Für die Beglaubigung ist keine Form, für den Beglaubigungsvermerk kein Wortlaut vorgeschrieben.[19] Die Beglaubigung muss unzweideutig sein[20] und sich auf den ganzen Inhalt der Abschrift erstrecken.[21] Dass sich der Beglaubigungsvermerk unzweideutig auf den ganzen Inhalt der Abschrift erstreckt,[22] ergibt sich bei aus mehreren Blättern bestehenden Dokumenten regelmäßig aus der Anbringung des Vermerks **auf der letzten Seite.**[23] Die Überschrift „beglaubigte Abschrift" kann fehlen, wenn sich aus dem von der Beglaubigungsperson unterschriebenen Text ergibt, dass es sich um eine beglaubigte Abschrift handeln soll.[24] Bloße Namensunterschrift der Beglaubigungsperson kann genügen,[25] zB unter einem Zustellungsvermerk.[26] Ein knapper Beglaubigungsvermerk kann mit Hilfe der Überschrift der beglaubigten Abschrift erläutert werden, und umgekehrt.[27] Betrifft die beglaubigte Abschrift eine Urteils- oder Beschlussausfertigung, muss sie erkennen lassen, dass der Ausfertigungsvermerk vom Urkundsbeamten unterschrieben worden war (zum Inhalt s. bereits § 166 Rn. 18).[28] Fehlt der Ausfertigungsvermerk, ist die Zustellung unwirksam; eine Heilung nach § 189 (dort Rn. 7) scheidet aus (str.). 6

c) Unterschrift. Der Beglaubigungsvermerk muss eigenhändig und identifizierbar unterschrieben werden, und zwar unter Hinzufügung der Funktionsbezeichnung, zB „als Urkundsbeamter der Geschäftsstelle".[29] Dienstsiegel ist nicht erforderlich. Beglaubigung und Zustellungsbescheinigung nach Absatz 1 können mit demselben Namenszug unterschrieben werden.[30] Fehlt auf der Vorderseite der Abschrift unter dem gesonderten Beglaubigungsvermerk die Unterschrift der Beglaubigungsperson, genügt es, wenn diese aber auf der Rückseite bescheinigt, eine beglaubigte Abschrift zugestellt zu haben.[31] Paraphe oder Faksimilestempel genügen nicht.[32] Datierung ist üblich und wünschenswert, aber nicht notwendig.[33] Teile eines Schriftstücks können besonders beglaubigt werden.[34] Der Beglaubigungsvermerk ist mit der Abschrift zu verbinden, wenn er auf einer gesonderten Urkunde steht; dies kann mit einer Heftmaschine geschehen.[35] Die Ausfertigung muss bei der Beglaubigung vollständig vorgelegen haben; eine **Blanko-Beglaubigung** genügt nicht.[36] 7

---

[15] Grund hierfür ist letztlich die Individualisierbarkeit des übergebenen Schriftstücks; s. *Häublein,* in: *Hannich/Meyer-Seitz* (Hrsg.), ZPO-Reform mit ZustRG, § 166 Rn. 6.

[16] Der Sache nach ebenso BGHZ 42, 94, 97 = NJW 1964, 1857 f. (Beglaubigung kein grundlegendes Formerfordernis).

[17] BGH NJW 2004, 506, 507 f. (Verbindung durch mehrere Heftklammern).

[18] OLG Hamm NJW-RR 2001, 1086, 1088; abw. von OLG Karlsruhe WRP 1992, 339, 340.

[19] BGH NJW 2004, 506, 507.

[20] BGHZ 55, 251, 252 = NJW 1971, 659.

[21] RGZ 6, 361, 362 f.

[22] Hierzu RGZ 164, 52, 54.

[23] BGH NJW 2004, 506, 507; OLG Hamm NJW-RR 2001, 1086, 1088.

[24] BGHZ 36, 62, 64 = NJW 1961, 2307.

[25] BGHZ 55, 251, 253 = NJW 1971, 659; BGHZ 76, 222, 227 f. = NJW 1980, 1460.

[26] BGHZ 31, 32, 36 f. = NJW 1959, 2307; BGHZ 36, 62, 64 = NJW 1961, 2307; BGHZ 76, 222, 228 = NJW 1980, 1460.

[27] BGH NJW 1963, 1307, 1308.

[28] BGHZ 42, 94, 96 = NJW 1964, 1857.

[29] BGH NJW 1964, 1857.

[30] BGHZ 36, 62, 63 = NJW 1961, 2307.

[31] BGHZ 36, 62, 64 = NJW 1961, 2307 gegen RG JW 1931, 1085 Nr. 13.

[32] BGHZ 24, 116, 117 = NJW 1957, 951.

[33] *Stein/Jonas/H. Roth* Rn. 11.

[34] RG JW 1900, 117.

[35] BGH NJW 1974, 1383, 1384; *Stein/Jonas/H. Roth* Rn. 9 (Büroklammer nicht ausreichend).

[36] BGH NJW 1973, 1973 m. abl. Anm. von *Vollkommer.*

8 **3. Beglaubigungsperson. a) Urkundsbeamter der Geschäftsstelle.** Der Urkundsbeamte ist das mit öffentlichem Glauben versehene amtliche Organ, zu dessen Pflichtenkreis bei der Amtszustellung auch die Beglaubigung gehört. Er kann auch die von einem Anwalt eingereichten unbeglaubigten Schriftstücke beglaubigen und muss sie nicht allein zum Zwecke der Beglaubigung an diesen zurücksenden (Abs. 2 S. 2).

9 **b) Gerichtsvollzieher.** Im **Parteibetrieb** hat der zustellende Gerichtsvollzieher die Beglaubigung vorzunehmen (§ 192 Abs. 2 S. 2), sofern sie nicht bereits durch den Rechtsanwalt oder den Urkundsbeamten der Geschäftsstelle erfolgt ist. Er kann schon vor der Ausführung der Zustellung beglaubigen.[37] Da der Gerichtsvollzieher nicht generell Beglaubigungsaufgaben wahrzunehmen hat, ist seine **Beglaubigungskompetenz** auf die Zustellung **beschränkt.**[38] Er hat nach § 26 Nr. 3 S. 1 GVGA auf einen ordnungsgemäßen Beglaubigungsvermerk zu achten. Er muss sich Gewissheit verschaffen, dass das übergebene Schriftstück tatsächlich eine beglaubigte Abschrift ist.[39] Dies gilt auch dann, wenn man – wie hier (Rn. 4) – die Übergabe einer beglaubigten Abschrift zwar als empfehlenswert, nicht aber als Wirksamkeitsvoraussetzung ansieht.

10 **c) Rechtsanwalt.** Auch der Rechtsanwalt darf zuzustellende Schriftstücke beglaubigen, die er eingereicht hat. Seine Befugnis ist wie die des Gerichtsvollziehers auf die Zustellung beschränkt.[40] Er darf auch beglaubigen, wenn er die Zustellung im Parteibetrieb durch den Gerichtsvollzieher betreibt. § 169 Abs. 2 Satz 2 gilt über § 191 insoweit auch für § 192 Abs. 2 Satz 2 entsprechend. Der Rechtsanwalt ist befugt, einen **anderen Rechtsanwalt** (nicht aber den Bürovorsteher etc.) zur Beglaubigung zu **bevollmächtigen,** da er auch die gesamte Zustellung auf einen anderen Rechtsanwalt übertragen kann.[41] Eine vom Rechtsanwalt unterlassene Beglaubigung muss der Urkundsbeamte der Geschäftsstelle und bei der Parteizustellung der Gerichtsvollzieher nachholen. Prozessagenten oder Rechtsbeistände haben keine Beglaubigungsbefugnis (§ 26 Nr. 3 GVGA).

11 **d) Andere Personen, Behörden.** Behörden iSv. § 1 Abs. 1 Nr. 1 VwVfG sind gem. § 1 der VO über die zu Beglaubigungen befugten Behörden (BglV) vom 13. 3. 2003 (BGBl. I S. 361)[42] nach Maßgabe von § 33 Abs. 1 VwVfG zu Beglaubigungen von Dokumenten befugt, andere Stellen oder Personen dagegen nicht. Das gilt insbesondere für Gewerkschaftssekretäre und andere in § 11 Abs. 1 S. 2 und 3 ArbGG erwähnte Prozessvertreter.

12 **4. Kosten der Beglaubigung.** Für die Beglaubigung durch den **Urkundsbeamten der Geschäftsstelle** wird nach § 2 Abs. 1 JVKostO iVm. Gebührenverzeichnis Nr. 102 eine Seitengebühr erhoben. Für die Herstellung von Abschriften kommen die Schreibauslagen gem. § 4 JVKostO hinzu.[43] Für die Beglaubigung durch den **Gerichtsvollzieher** wird nach KV 102 zu § 9 GVKostG ebenfalls eine Seitengebühr erhoben. Musste er die Abschrift selbst herstellen (§ 192 Abs. 2 S. 2), wird die Beglaubigungsgebühr durch die Gebühr nach KV 700 Ziff. 1 abgegolten.[44] Für die Beglaubigung durch den **Rechtsanwalt** gibt es keine besondere Gebühr. Nach § 19 Abs. 1 S. 2 Nr. 9 RVG gehört die Zustellung von Entscheidungen zum Rechtszug; in außergerichtlichen Verfahren fällt die Beglaubigung unter das Betreiben des Geschäfts (VV 2400).

III. Rechtsbehelfe

13 Gegen Entscheidungen des Urkundsbeamten der Geschäftsstelle ist nach § 573 Abs. 1 binnen einer Notfrist von 2 Wochen die Erinnerung zulässig. Sodann ist die sofortige Beschwerde nach § 573 Abs. 2 statthaft, eine Rechtsbeschwerde unter den Voraussetzungen des § 574. Gerichtskosten erster Instanz entstehen nicht; wird die Beschwerde als unzulässig verworfen oder zurückgewiesen, entsteht eine Festgebühr gemäß Nr. 1811 KV (Anlage 1 gem. § 3 Abs. 2 GKG). Für den Anwalt gehört das Erinnerungsverfahren nach § 19 Abs. 1 S. 2 Nr. 5 RVG zum Rechtszug, lässt also keine gesonderte Gebühr entstehen; im Beschwerdeverfahren erhält der Anwalt nach VV 3500 bzw. 3513 eine halbe Gebühr für das Verfahren bzw. den Termin. Letzteres gilt auch, wenn sich die anwaltliche Tätigkeit auf die Erinnerung beschränkt.

---

[37] RG Gruchot 45 (1901), 1099, 1102.

[38] RGZ 33, 399, 400f.

[39] RGZ 51, 258, 260.

[40] RGZ 33, 339, 400f.; BGHZ 92, 76, 79 = NJW 1984, 2890.

[41] RGZ 164, 52, 55f.

[42] § 1 lautet: „Alle Behörden im Sinne des § 1 Abs. 1 Nr. 1 des VwVfG sind befugt, Beglaubigungen nach den §§ 33 und 34 des VwVfG vorzunehmen."

[43] Infolge der Verweisung in § 4 Abs. 2 JVKostO auf § 136 Abs. 3 KostO betragen die Auslagen für die ersten 50 Seiten je Seite 0,50 Euro und für jede weitere Seite 0,15 Euro; vgl. *Hartmann* § 4 JVKostO Rn. 1.

[44] Vgl. DB-GvKostG Nr. 10a bei *Hartmann,* Nr. 102 KVGv.

§ 170 Zustellung an Vertreter

(1) [1]Bei nicht prozessfähigen Personen ist an ihren gesetzlichen Vertreter zuzustellen. [2]Die Zustellung an die nicht prozessfähige Person ist unwirksam.

(2) Ist der Zustellungsadressat keine natürliche Person, genügt die Zustellung an den Leiter.

(3) Bei mehreren gesetzlichen Vertretern oder Leitern genügt die Zustellung an einen von ihnen.

I. Normzweck und Anwendungsbereich

Die Vorschrift stellt klar, wer richtiger **Zustellungsadressat** (zum Begriff: § 166 Rn. 4) ist, 1
wenn die Person, der zugestellt werden soll, nicht prozessfähig bzw. keine natürliche Person ist.[1] Ihr Schutzzweck steht in engem Zusammenhang mit dem der Vorschriften über die (fehlende) Prozessfähigkeit, §§ 51 ff. (s. dort). Absatz 1 Satz 1 entspricht inhaltlich § 171 Abs. 1 aF, Absatz 2 entspricht weitgehend § 171 Abs. 2 aF und Absatz 3 § 171 Abs. 3 aF. Die Bezeichnung „Person" (statt bisher Partei) stellt klar, dass die Vorschrift nicht nur für Zustellungen an die Parteien, sondern auch an Dritte (Streitverkündungsempfänger, Drittschuldner etc.[2]) gilt.

II. Zustellung an den gesetzlichen Vertreter (Abs. 1)

1. Zustellung an den gesetzlichen Vertreter (Satz 1). Ist die Person prozessfähig (zum Be- 2
griff §§ 51 f. Rn. 1), muss, vorbehaltlich der §§ 171 f., 184, an sie selbst zugestellt werden. Bei juristischen (hier gilt ergänzend das in Rn. 5 f. Gesagte) und nicht prozessfähigen natürlichen Personen ist **Zustellungsadressat** der gesetzliche Vertreter; das **Vertretungsverhältnis ist anzugeben.**[3] Aus dem systematischen Zusammenspiel von Abs. 1 und 2 (letzterer ergänzt den ersten lediglich) ergibt sich, dass eine Zustellung an den gesetzlichen Vertreter (das Organ) einer „nicht natürlichen Person" ungeachtet der Frage zu erfolgen hat, ob man diese selbst für „nicht prozessfähig" hält. Das bedeutet, dass bei einer rechtsfähigen BGB-Gesellschaft an den Gesellschafter in seiner Eigenschaft als geschäftsführender Gesellschafter zuzustellen ist[4] oder sich zumindest ergeben muss, dass sich die Zustellung an den Adressaten in seiner Eigenschaft als Gesellschafter richtet.[5] Gleiches gilt sinngemäß für Zustellungen an Stiftungen, Anstalten und Vermögensmassen iS des § 17. Zustellungen an den Fiskus[6] sind an diejenige Behörde zu richten, die gesetzliche Vertreterin ist.[7] Der Landesjustizminister wird idR durch den Generalstaatsanwalt bei dem OLG vertreten.[8] Ist ein gesetzlicher Vertreter nicht vorhanden, so ist auf Antrag nach § 57 ein Prozesspfleger zu bestellen, im Übrigen eine Zustellung nur nach § 56 Abs. 2 möglich.

Minderjährige sind gem. § 52 in den Fällen der §§ 112, 113 BGB[9] ebenso prozessfähig wie 3
sonstige beschränkt Geschäftsfähige in den Fällen der §§ 607, 640 b ZPO. Dass dem Prozessunfähigen ein Beschwerderecht, zB nach § 59 Abs. 1 FGG, zusteht, führt jedoch nicht zu einer allgemeinen Verfahrensfähigkeit.[10] Eine an den mit seinem minderjährigen Sohn gesamtschuldnerisch haftenden Vater gerichtete Zustellung an den Vater wirkt nur dann auch gegen den Sohn, wenn sie an den Vater zugleich als dessen gesetzlichen Vertreter gerichtet war.[11] Mangelbehaftet ist auch die (an die nicht prozessfähige Partei adressierte) Zustellung an den gesetzlichen Vertreter als **Ersatzperson;**[12] hier ist aber von einer Heilung des Zustellungsmangels nach § 189 ZPO auszugehen.[13] Der prozessunfähige Minderjährige selbst kann zwar nicht Adressat einer Zustellung, wohl aber Empfänger einer Ersatzzustellung nach § 178 Abs. 1 Nr. 1 sein,[14] weil „erwachsen" im Sinne dieser

---

[1] Zur umstr. Frage, ob juristische Personen etc. stets prozessunfähig sind, so *Stein/Jonas/H. Roth* Rn. 1, vgl. § 52 Rn. 23 ff.
[2] Jedoch nicht für Zeugen und Sachverständige; vgl. *Stein/Jonas/H. Roth* Rn. 1; *Zöller/Stöber* Rn. 2.
[3] OLG Stuttgart NVwZ 1994, 518, 519.
[4] Vgl. BGH NJW 2006, 2191; 2007, 995, 996.
[5] S. hierzu LG Dessau, v. 10. 10. 2005, 4 O 623/04, juris.
[6] Vgl. RGZ 67, 75; BGH LM StrEG Nr. 11 zu § 171 aF.
[7] RGZ 67, 75, 77.
[8] BGH MDR 1983, 1002.
[9] MünchKommBGB/*Schmitt* § 113 Rn. 34.
[10] OLG Saarbrücken NJW 1979, 2620.
[11] LG Frankfurt NJW 1976, 757.
[12] OLG Karlsruhe FamRZ 1973, 272; *Christmann* DGVZ 1994, 65, 67.
[13] LG Hannover DGVZ 1996, 138; *Stein/Jonas/H. Roth* Rn. 3.
[14] BGH VersR 1973, 156.

Vorschrift nicht „volljährig" bedeutet. Eine solche Ersatzzustellung ist auch nicht nach § 178 Abs. 2 verboten.[15]

4 **2. Wirksamkeit und Wirkungen der Zustellung (Satz 2).** Zustellungen an prozessunfähige Personen sind **unwirksam**[16] und ggf. nachzuholen.[17] Wird der Adressat prozessfähig, tritt Heilung nur durch Genehmigung (§ 295) ein.[18] Nach Ansicht der höchstrichterlichen Rechtsprechung zu § 171 Abs. 1 aF sollen **Rechtsmittel- und Einspruchsfristen** aber in Lauf gesetzt und gerichtliche Entscheidungen nach deren Ablauf rechtskräftig werden, sofern nicht die fehlende Prozessfähigkeit aus dem zuzustellenden Schriftstück hervorgeht.[19] Dies sei ein Gebot der Rechtssicherheit und die Konsequenz aus dem für diese Fälle gegebenen Rechtsbehelf der Nichtigkeitsklage wegen mangelhafter Vertretung (§ 579 Abs. 1 Nr. 4 mit § 586 Abs. 3). Daran wollte der Gesetzgeber durch die Einführung von § 170 Abs. 1 S. 2, der klarstellenden Charakter hat, zwar nichts ändern.[20] Gleichwohl bestehen – über den Wortlaut der Norm hinausgehende – Zweifel daran, ob die geschilderte Rspr. aufrecht erhalten werden kann. Zu berücksichtigen ist nämlich, dass der BGH unlängst entschieden hat, Rechtsmittel- und Einspruchsfristen begännen dann nicht zu laufen, wenn eine öffentliche Zustellung erkennbar verfahrensfehlerhaft erfolgt ist (s. BGH NJW 2007, 303, 304; ausführlich zu diesem Problem bei § 185 Rn. 12 f.). Schützt man aber das aus Art. 103 Abs. 1 GG abzuleitende Grundrecht einer prozessfähigen Partei auf diese Weise, kann für Prozessunfähige schwerlich etwas anderes gelten, zumal der Schutz Geschäftsunfähiger in der gesamten Privatrechtsordnung einen überragenden Stellenwert genießt. Hinzu kommt, dass der Gewinn an Rechtssicherheit auch unter Zugrundelegung der älteren Rspr. des BGH nicht sonderlich groß ist, weil die gegen den Prozessunfähigen ergangene Entscheidung auch nach Jahren noch angegriffen werden kann (vgl. § 586 Abs. 3).[21] – Befindet sich der gesetzliche Vertreter in einer **Interessenkollision,** findet – da es sich nicht um eine Ersatzzustellung handelt – § 178 Abs. 2 keine Anwendung. Ist der gesetzliche Vertreter jedoch Partei des Rechtsstreits und damit Zustellungsveranlasser, ist er verfahrensrechtlich von der Vertretung ausgeschlossen, weshalb eine Zustellung unwirksam ist.[22] Demgegenüber kann zB dem Geschäftsführer einer GmbH eine Klage zugestellt werden, der eine von ihm abgetretene Forderung gegen die GmbH zugrunde liegt.[23]

III. Zustellung an den Leiter (Abs. 2)

5 **1. Keine natürlichen Personen.** „Keine natürlichen Personen" sind Behörden, Gemeinden, Korporationen, juristische Personen sowie sonstige Personenvereinigungen und Zweckvermögen, die klagen und/oder verklagt werden können. Erfasst sind damit auch rechtsfähige Personengesellschaften (§ 14 Abs. 2 BGB)[24] und sonstige rechtsfähige Personenvereinigungen (zB die Wohnungseigentümergemeinschaft).[25] Bei ihnen kann die Zustellung im Interesse eines vereinfachten Verkehrs statt an ihren gesetzlichen Vertreter auch an den (nicht zur Vertretung befugten) „Leiter" der gesamten Einheit (zB Behörde, auf die der Begriff des Leiters zugeschnitten ist) erfolgen.[26] Bei der Wohnungseigentümergemeinschaft stellt sich die Rechtslage seit dem Inkrafttreten der WEG-Novelle zum 1. 7. 2007 wie folgt dar:[27] Der Verwalter ist gem. § 27 Abs. 3 S. 1 Nr. 1 WEG nF berechtigt, Zustellungen für den Verband entgegen zu nehmen. Dies gilt auch im gerichtlichen

---

[15] BGH Rpfleger 1973, 129.

[16] RGZ 121, 63, 64; BGHZ 104, 109, 112 = NJW 1988, 2049.

[17] OLG Karlsruhe FamRZ 1973, 272, 273; vgl. auch § 168 Rn. 4.

[18] *Christmann* DGVZ 1994, 65, 68.

[19] RGZ 121, 63, 64 f.; 162, 223, 225; BGHZ 104, 109, 111 ff. = NJW 1988, 2049; aA LG Frankfurt NJW 1976, 757; LG Berlin MDR 1988, 580, 580 f.; AG Hamburg-Harburg NJW-RR 1998, 791; *Niemeyer* NJW 1976, 742; *Thomas/Putzo/Hüßtege* Rn. 3; ausführlich hierzu *Jacoby* ZMR 2007, 327, zu LG Hamburg ZMR 2007, 197.

[20] Vgl. BT-Drucks. 14/4554, S. 17; *Stein/Jonas/H. Roth* Rn. 5. AA *Rosenberg/Schwab/Gottwald* § 73 Rn. 4 f.; *Tielmann* ZIP 2002, 1879, 1880.

[21] Dazu *Jacoby* ZMR 2007, 327, 328 f.

[22] Vgl. BGH NJW 1984, 57 f.; OLG München NZG 2004, 422, 423; aA *Nietsch* GmbHR 2004, 1518, 1521.

[23] BGH NJW 1984, 57, 58.

[24] Für die Außengesellschaft bürgerlichen Rechts s. BGH NJW 2006, 2191; 2007, 995.

[25] BGHZ 163, 154 = NJW 2005, 2061.

[26] Vgl. *Hahn/Mugdan,* Die gesamten Materialien zu den Reichs-Justizgesetzen II, Materialien zur ZPO, Neudruck 1983, S. 225.

[27] Bislang erfolgten Zustellungen gem. § 27 Abs. 2 Nr. 3 WEG aF an den Wohnungseigentumsverwalter als gesetzlichen Zustellungsvertreter der Eigentümer bzw. der Gemeinschaft; zur Anwendbarkeit dieser Norm nach Anerkennung der Rechtsfähigkeit der Wohnungseigentümergemeinschaft durch BGHZ 163, 154 s. *Häublein* ZIP 2005, 1720, 1726. Zum Verwalter als Zustellungsvertreter s. auch BGHZ 78, 166, 172 = NJW 1981, 282, 283; BGH WM 1984, 1254, 1256; BayObLGZ 1993, 219; OVG Bremen NJW 1985, 2660.

Verfahren, da eine § 45 WEG nF vergleichbare Sondervorschrift nicht existiert. Fehlt ein Verwalter oder ist er, zB infolge Interessenkollision, von der Vertretung ausgeschlossen, vertreten alle Wohnungseigentümer die Gemeinschaft gemeinschaftlich (§ 27 Abs. 3 S. 2 WEG nF). Gem. § 170 Abs. 3 genügt hier jedoch die Zustellung an einen Wohnungseigentümer.[28] § 27 Abs. 3 S. 3 WEG nF sieht vor, dass die Eigentümer einen oder mehrere von ihnen zur Vertretung durch Mehrheitsbeschluss ermächtigen können. Haben die Eigentümer einen solchen Beschluss gefasst, kommt eine Vertretung durch andere Eigentümer nur noch nach Rechtsscheingrundsätzen in Betracht. Die Gegenansicht,[29] die unter Hinweis auf § 27 Abs. 4 WEG nF von einer zwingenden Gesamtvertretungsbefugnis aller Eigentümer ausgeht, überzeugt nicht. Die angeführte Norm bezieht sich ihrem klaren Wortlaut nach nur auf Verwalterbefugnisse, um die es bei Fehlen eines solchen gerade nicht geht. Außerdem werden die Abs. 1 bis 3 des § 27 von § 27 Abs. 4 WEG nF insgesamt in Bezug genommen, was § 27 Abs. 3 S. 3 WEG nF einschließt. – Von der Frage der Vertretung des Verbandes ist im Übrigen die nach der Vertretung der Eigentümer durch den Verwalter bzw. einen Ersatzzustellungsvertreter zu unterscheiden. Sie ist für das gerichtliche Verfahren gem. § 43 WEG nF in § 45 WEG nF geregelt; die Norm ist lex specialis zu § 27 Abs. 2 Nr. 1 WEG nF. Wegen der Einzelheiten ist auf das wohnungseigentumsrechtliche Schrifttum[30] zu verweisen, da es sich – mangels Prozessunfähigkeit der Eigentümer – nicht um eine § 170 berührende Frage handelt.

2. Begriff des Leiters. Leiter (früher: Vorsteher) ist eine Person, die dazu bestellt ist, die gesamte Einheit (nicht nur einzelne Abteilungen etc.) zu leiten und nach außen zu repräsentieren; maßgebend ist das (Satzungs-)Recht der Vereinigung.[31] Für den Gesamtbetriebsrat gilt dessen Vorsitzender als Leiter.[32] Befugnis zur Prozessführung[33] oder gesetzlichen Vertretung[34] ist nicht erforderlich.[35] Hierin liegt gerade der Unterschied zu Abs. 1, der die eigenständige Bedeutung von Abs. 2, der einer Verkehrsvereinfachung dient (Rn. 5), begründet und mit dem ein **weiter Leiterbegriff** korrespondiert.[36] Ist der Leiter in der zuzustellenden Sendung nicht persönlich genannt,[37] ist er – wenngleich tauglicher, so doch jedenfalls – nicht formeller Zustellungsadressat sondern nur -empfänger (vgl. § 171 Rn. 2). Nach dem Wortlaut des § 170 Abs. 2 genügt die Zustellung an ihn; in Übereinstimmung mit den Ausführungen zu Abs. 1 ist jedoch auch hier zu fordern, dass sie in seiner Eigenschaft als Leiter erfolgt. Folglich schadet auch eine falsche Bezeichnung des Leiters als solche nicht,[38] schon gar nicht, wenn er als Zustellungsadressat in falscher Funktion angesprochen wird. Unwirksam ist die Zustellung aber, wenn der Empfänger kein Leiter ist; bei falscher Angabe ist der Zusteller auch nicht zur Nachprüfung gehalten.[39] **Interessenkollisionen** (hierzu bereits Rn. 4) schließen eine Zustellung nach Abs. 2 aus, wenn Vorschriften entgegenstehen, die – wie etwa § 246 Abs. 2 S. 2 AktG – der auch nur abstrakten Gefahr Rechnung tragen sollen, die sachgemäße Vertretung sei nicht hinreichend sichergestellt. § 170 Abs. 2 ist insofern teleologisch zu reduzieren.[40] In den von § 45 Abs. 1 WEG nF genannten Kollisionsfällen scheidet ebenfalls eine Zustellung an den Verwalter als Vertreter des Verbandes aus, was bereits in § 27 Abs. 3 S. 2 WEG nF insofern zum Ausdruck kommt, als dort von einer fehlenden Berechtigung zur Vertretung die Rede ist. Diese Wertung darf nicht durch Anwendung von § 170 Abs. 2 überspielt werden. 6

IV. Mehrere gesetzliche Vertreter oder Leiter (Abs. 3)

Während bei Einzelvertretungsbefugnis (zB § 125 Abs. 1 HGB, § 78 Abs. 3 AktG) Abs. 1 gilt,[41] genügt nach Abs. 3 auch bei gemeinschaftlich handelnden Vertretern oder Leitern die Zustellung an einen von ihnen.[42] Die Vorschrift entspricht dem allgemeinen Grundsatz des materiellen Rechts 7

[28] S. *Elzer,* in: *Hügel/Elzer,* Das neue WEG-Recht, § 11 Rn. 108; *Merle* ZWE 2006, 365, 375; *Reichert* ZWE 2006, 477.

[29] S. *Merle* ZWE 2006, 365, 375; zust. *Reichert* und *Elzer* Rn. 111 (beide Fn. 28).

[30] Vgl. *Abramenko,* Das neue WEG, § 7 Rn. 33 ff.; *Elzer,* in: *Hügel/Elzer,* Das neue WEG-Recht, § 11 Rn. 108; *Greiner,* Wohnungseigentumsrecht, Rn. 1573 ff.

[31] RGZ 69, 298, 300; *Stein/Jonas/H. Roth* Rn. 7.

[32] Vgl. BAG BB 1976, 510.

[33] RGZ 67, 75, 76.

[34] RG Gruchot 50 (1906), 1061, 1062; *Hahn* Bd. II S. 225.

[35] Für den Fiskus siehe aber RGZ 67, 75, 77.

[36] Wie hier *Stein/Jonas/H. Roth* Rn. 7; enger *Tielmann* ZIP 2002, 1879, 1882 (für die AG).

[37] KG DR 1940, 1482.

[38] OLG München OLGRspr. 37, 127; KG Rpfleger 1976, 222 (für die Zustellungsurkunde).

[39] *Coenen* DGVZ 2002, 5, 6; *Noack* DB 1973, 1159.

[40] S. *J. Hager* NJW 1992, 352, 353 f. (Bespr. von BGH NJW-RR 1991, 926).

[41] *Zöller/Stöber* Rn. 6.

[42] BGH NJW 1984, 57; 2006, 2191.

bei der Passivvertretung (vgl. etwa §§ 28 Abs. 2, 1629 Abs. 1 S. 2 BGB, 125 Abs. 2 S. 3 HGB)[43] und ist verfassungsgemäß.[44] Daher genügt also die Zustellung an einen sorgeberechtigten Elternteil,[45] an eine von mehreren gemeinschaftlich vertretungsberechtigten Behörden,[46] an einen Gesamtprokuristen[47] und an einen nur gemeinsam vertretungsberechtigten Mitgeschäftsführer.[48] Dies gilt auch bei Personenvereinigungen, die nach dem Gesetz durch sämtliche Mitglieder repräsentiert werden, namentlich bei der GbR,[49] aber auch bei der Gemeinschaft nach dem WEG, die bei Fehlen eines vertretungsberechtigten Verwalters im Zweifel durch sämtliche Eigentümer repräsentiert wird.[50] Sind jedoch Geschäftsführer bzw. ein WEG-Verwalter bestellt, kann grundsätzlich nur an diese zugestellt werden, was für den Veranlasser mangels Publizität mit Risiken verbunden ist.[51] Absatz 3 gilt dagegen nicht für die Fälle, in denen eine juristische Person durch **zwei mehrgliedrige Organe** vertreten wird, wie etwa im Falle des § 246 Abs. 2 S. 2 AktG oder § 51 Abs. 3 S. 2 GenG; vielmehr muss an je ein Mitglied beider Organe zugestellt werden (vgl. hierzu auch § 178 Rn. 20).[52] Wird mehreren Vertretern zugestellt, beginnen etwaige **Fristen** mit der ersten Zustellung zu laufen.

V. Anzahl der Ausfertigungen oder Abschriften

8 Ist bei einer Zustellung an den **Vertreter** mehrerer Beteiligter oder an einen von mehreren Vertretern die Übergabe der Ausfertigung oder Abschrift eines Schriftstücks erforderlich, so genügt die Übergabe nur einer Ausfertigung oder Abschrift. Die früher in § 189 Abs. 1 aF ausdrücklich enthaltene Regelung gilt der Sache nach weiter. Dies gilt, sofern und weil an den Vertreter als Zustellungsadressaten zugestellt wird (s. daher Rn. 9); gegebenenfalls muss der Vertreter für die Vervielfältigung sorgen. Hauptbeispiel ist der **Wohnungseigentumsverwalter.**[53] Er ist nach § 27 Abs. 3 Nr. 1 WEG nF gesetzlicher Zustellungsvertreter; dies gilt nicht nur bei Zustellungen an die Gemeinschaft als solche, sondern gem. § 27 Abs. 2 Nr. 1 WEG nF auch dann, wenn an die – aber nicht notwendig an alle[54] – Wohnungseigentümer persönlich zugestellt wird (zB im Beschlussanfechtungsverfahren, wobei hier § 45 WEG nF eine Sonderregelung enthält). Der Vertretung mehrerer Beteiligter durch eine Person insoweit gleichgestellt ist die Vertretung eines Beteiligten durch mehrere Personen, wie zB die Vertretung eines Minderjährigen durch seine **Eltern** oder einer Prozesspartei durch mehrere Prozessbevollmächtigte (§ 172 Rn. 4 aE). Anders ist zu verfahren, wenn einer Person sowohl in ihrer Eigenschaft als Partei als auch als Vertreterin einer anderen Partei zugestellt wird. Hier muss die Zustellung gesondert erfolgen (§ 15 Nr. 3 GVGA), auch wenn ein Fall des § 178 Abs. 2 nicht vorliegt. Deswegen muss der Wohnungseigentumsverwalter zwei Ausfertigungen/Abschriften erhalten, wenn die Zustellung ihn nicht nur als Zustellungsvertreter, sondern auch als Beteiligten, sei es in seiner Eigenschaft als Verwalter oder Wohnungseigentümer, betrifft.[55] Eine gesonderte Zustellung ist auch dann erforderlich, wenn von mehreren Beteiligten jeder einen Vertreter hat.

9 Anders verhält es sich bei der Zustellung an einen **Zustellungsbevollmächtigten** (§ 171 Rn. 2). Da er die Partei grds. nicht umfassend vertritt und ihre genaue Unterrichtung gewährleistet sein muss, sind an ihn so viele Ausfertigungen oder Abschriften zu übergeben, als Beteiligte vorhanden sind. Eine solche Zustellung gilt als nur eine Zustellung (Vorbem. 1 Abs. 1 KV zu § 9

---

[43] BGHZ 149, 28, 31 = DNotZ 2002, 302.

[44] BVerfGE 67, 208, 211 f. = NJW 1984, 2567.

[45] BFH BB 1974, 1103; NJW 1977, 544; LG Ravensburg Rpfleger 1975, 370.

[46] RGZ 67, 75, 77.

[47] BGH LM Nr. 2.

[48] BGH DB 1983, 1971.

[49] BGH NJW 2006, 2191; OLG Celle Rpfleger 2004, 507, 508 = NZG 2004, 613; *Müther* MDR 2004, 987, 989.

[50] *Häublein* ZIP 2005, 1720, 1725 f.; so nunmehr ausdrücklich auch § 27 Abs. 3 S. 2 WEG nF. S. o. Rn. 5.

[51] Zutreffend *Müther* MDR 2004, 987, 989. In Konsequenz dessen hält der BGH (NJW 2006, 2189) die GbR nicht für einen tauglichen Verwalter nach dem WEG.

[52] RGZ 14, 127, 142 f.; 107, 161, 164; BGHZ 32, 114, 119 = NJW 1960, 1006; BGHZ 107, 296, 299; BGH NJW 1974, 278 m. zust. Anm. von *Hadding* ZgesGenW 25 (1975), 64; BGH NJW 1974, 1557; NJW 1992, 2099; OLG Hamburg AG 2003, 519; KG AG 2005, 583; OLG Jena NJ 2005, 40 (LS).

[53] Näher *Bärmann/Pick/Merle* § 27 WEG Rn. 120; *Staudinger/Wenzel* Vorbem zu §§ 43 ff. WEG Rn. 33.

[54] BGHZ 78, 166, 174 = NJW 1981, 282, krit. *Drasdo* NZM 2003, 792. Es muss sich aber um eine Gemeinschaftsangelegenheit handeln, *Bärmann/Pick/Merle* § 27 WEG Rn. 124, was zB bei individuellen (Abfall-)Gebühren nicht der Fall ist, BVerwG NJW-RR 1995, 73, 75.

[55] *Staudinger/Wenzel* Vorbem zu §§ 43 ff. WEG Rn. 34. Zu beachten ist freilich, dass der Verwalter nicht zugleich Gegner der Wohnungseigentümer sein darf; s. o. Rn. 6 aE.

GVKostG); die Schreibauslage wird jedoch nach KV 700 Ziff. 1 zu § 9 GVKostG für jede Abschrift der zuzustellenden Schriftstücke und der Zustellungsurkunde erhoben.

§ 171 Zustellung an Bevollmächtigte

[1] An den rechtsgeschäftlich bestellten Vertreter kann mit gleicher Wirkung wie an den Vertretenen zugestellt werden. [2] Der Vertreter hat eine schriftliche Vollmacht vorzulegen.

I. Normzweck

Im Unterschied zu §§ 170, 172 gewährt die Norm **fakultativ** die Möglichkeit der Zustellung an einen Bevollmächtigten, lässt also auch die Zustellung an die Partei selbst zu. Die Vorschrift beschränkt den Kreis der in Betracht kommenden bevollmächtigten Personen nicht (so noch § 173 ZPO aF). Hierdurch soll die Lücke geschlossen werden, die dadurch entsteht, dass bestimmte Personen als Empfänger einer Ersatzzustellung nicht in Betracht kommen, gleichwohl aber ein praktisches Bedürfnis für eine Zustellung an solche Personen bestehen kann. Die Entwurfsbegründung nennt in diesem Zusammenhang etwa den Nachbarn der Partei, an die die Zustellung bewirkt werden soll.[1] Für den **Prozessbevollmächtigten** enthält § 172 eine vorrangige Spezialvorschrift; für den nicht prozessbevollmächtigten anwaltlichen Vertreter gilt § 171.[2] 1

II. Einzelne Tatbestandsvoraussetzungen

1. Rechtsgeschäftlich bestellter Vertreter. Bevollmächtigter ist **jeder rechtsgeschäftlich bestellte Vertreter,** dessen Vollmacht sich auch auf die Entgegennahme von Postsendungen erstreckt oder sich hierin erschöpft.[3] Die Vorschrift erfasst daher sowohl den Generalbevollmächtigten eines großen Unternehmens, den Prokuristen oder Handlungsbevollmächtigten nach § 54 HGB als auch den Nachbarn mit bloßer Postempfangsvollmacht. Sie gilt dagegen nicht für den Wohnungseigentumsverwalter, weil §§ 27 Abs. 2 Nr. 1, Abs. 3 S. 1 Nr. 1, 45 WEG nF Spezialvorschriften enthalten (vgl. § 170 Rn. 5). Umstritten ist, ob der Bevollmächtigte **Zustellungsadressat** ist.[4] Dies richtet sich, ebenso wie beim „Leiter" iSv. § 170 Abs. 2, danach, ob der Vertreter im Zustellungsauftrag als Adressat genannt ist (formaler Adressatenbegriff; § 166 Rn. 4). Danach ist der Vertreter nicht Adressat, sondern lediglich Zustellungsempfänger, wenn der Zusteller erst bei Zustellung von der Vertretung erfährt.[5] Er kann es jedoch (jedenfalls theoretisch) sein, wenn im Zustellungsauftrag die Zustellung an ihn verfügt ist. Eine andere Frage ist dann die, ob der formale Adressat zutreffend, dh. in Übereinstimmung mit den gesetzlichen Vorschriften ausgewählt wurde. Der Normzeck spricht eher gegen eine Benennung des Bevollmächtigten als formalen Adressaten. Die hier befürwortete Unterscheidung wird durch den „missglückten"[6] Adressatenbegriff in § 170 Abs. 2, der nicht mit § 182 Abs. 2 Nr. 1 korrespondiert (vgl. § 166 Rn. 4), zusätzlich erschwert. 2

2. Vorlage der Vollmachtsurkunde (Satz 2). Der Vertreter hat bei Zustellung eine schriftliche (§ 126 BGB, vgl. § 80) Vollmacht vorzulegen; damit steckt das Gesetz zugleich den Prüfungs- und Verantwortungsbereich des Zustellers ab. Übergabe der Vollmacht an ihn ist nicht erforderlich. Der schriftlichen Vollmacht steht eine anderweitige verkörperte Legitimationsform gleich (zB Handelsregisterauszug).[7] Da die Vorschrift nur dem Schutz des Zustellungsveranlassers und des Zustellers dient, enthält sie **kein materiellrechtliches Formerfordernis.** Soweit die Entwurfsbegründung[8] davon ausgeht, das Vorliegen einer schriftlichen Vollmacht sei Wirksamkeitsvoraussetzung, findet dies im Gesetzestext keinen hinreichenden Ausdruck. Es steht im Widerspruch zu der Inten- 3

---

[1] BT-Drucks. 14/4554, S. 17.

[2] *Hefermehl/Köhler/Bornkamm* WettbewerbsR § 12 UWG Rn. 3.63. Bestr. ist die Vertretungsmacht des im Abmahnverfahren mandatierten Anwalts im anschließenden Verfügungsverfahren s. OLG Köln GRUR-RR 2005, 143 f. entgegen *Anders* WRP 2003, 204, 205.

[3] Wie hier OLG Köln GRUR-RR 2005, 143, 144; *Stein/Jonas/H. Roth* Rn. 2; *Thomas/Putzo/Hüßtege* Rn. 4; enger OLG Nürnberg NJW-RR 1998, 495, 496; *Coenen* DGVZ 2002, 183.

[4] So MünchKomm/Aktualisierungsbd./*Wenzel* Rn. 4; *Zöller/Stöber* Rn. 2. AA *Stein/Jonas/H. Roth* Rn. 1 mN; *Thomas/Putzo/Hüßtege* Rn. 3.

[5] Insoweit zutr. *Stein/Jonas/H. Roth* Rn. 1.

[6] *Coenen* DGVZ 2002, 5, 6; *Stein/Jonas/H. Roth* § 170 Rn. 6.

[7] Vgl. *Baumbach/Lauterbach/Hartmann* Rn. 6 (für die Prokura).

[8] BT-Drucks. 14/4554 S. 17.

tion, das Zustellungsrecht von materiellen Formerfordernissen weitgehend freizuhalten und ist zum Schutz des Vertretenen nicht geboten. Die Wirksamkeit der Zustellung hängt deswegen – zumindest wegen § 189 – nur davon ab, dass im Zeitpunkt der Zustellung eine wirksame Vollmacht schriftlich oder mündlich (§ 167 Abs. 2 BGB) erteilt ist, nicht auch davon, dass sie vorgelegt wurde.[9] Die Vorlagepflicht beschränkt sich allein auf die Fälle, in denen der Zusteller dies zum Nachweis der Vertretungsmacht verlangt.[10] Ist eine Vollmacht nicht erteilt, ist die Zustellung unwirksam; nichts anderes gilt, wenn der Umfang der Vollmacht die Zustellung nicht abdeckt.[11] Der Mangel kann jedoch nach §§ 189, 295 geheilt werden.

III. Ermessen des Zustellers

4 Die Zustellung an den Bevollmächtigten erfolgt fakultativ und liegt im pflichtgemäßen Ermessen des Zustellungsorgans. Bestehen Zweifel an der Wirksamkeit der Vollmacht, braucht der Zusteller keine Ermittlungen anzustellen, sondern wird pflichtgemäß von der Zustellung gem. § 171 Abstand nehmen; einer **Ersatzzustellung** nach Maßgabe des § 178 steht dies aber nicht entgegen. Bei einer Adressierung „eigenhändig" oder „persönlich" ist § 171 nicht anwendbar.

IV. Beweislast

5 Nach allgemeinen Grundsätzen hat derjenige, der sich auf die Wirksamkeit der Zustellung beruft, die Vertretungsmacht für die Empfangnahme der Zustellung zu beweisen.[12] Weist die Partei, für die zugestellt wurde, durch die Zustellungsurkunde nach, dass die Vollmachtsurkunde bei der Zustellung vorgelegen hat (§ 182 Abs. 2 Nr. 3), so ist dies ein Indiz für das Bestehen der Vertretungsmacht.

§ 172 Zustellung an Prozessbevollmächtigte

(1) [1]In einem anhängigen Verfahren hat die Zustellung an den für den Rechtszug bestellten Prozessbevollmächtigten zu erfolgen. [2]Das gilt auch für die Prozesshandlungen, die das Verfahren vor diesem Gericht infolge eines Einspruchs, einer Aufhebung des Urteils dieses Gerichts, einer Wiederaufnahme des Verfahrens, einer Rüge nach § 321 a oder eines neuen Vorbringens in dem Verfahren der Zwangsvollstreckung betreffen. [3]Das Verfahren vor dem Vollstreckungsgericht gehört zum ersten Rechtszug.

(2) [1]Ein Schriftsatz, durch den ein Rechtsmittel eingelegt wird, ist dem Prozessbevollmächtigten des Rechtszuges zuzustellen, dessen Entscheidung angefochten wird. [2]Wenn bereits ein Prozessbevollmächtigter für den höheren Rechtszug bestellt ist, ist der Schriftsatz diesem zuzustellen. [3]Der Partei ist selbst zuzustellen, wenn sie einen Prozessbevollmächtigten nicht bestellt hat.

I. Änderung

1 Die Vorschrift, die in ihrer durch das ZustRG (s. § 166 Rn. 1) eingeführten Fassung im Wesentlichen die bisherigen §§ 176, 178 und 210 a Abs. 1 aF zusammenfasst, ist zuletzt durch das Gesetz über die Rechtsbehelfe bei Verletzung des Anspruchs auf rechtliches Gehör **(Anhörungsrügengesetz)** vom 9. 12. 2004 (BGBl. I 3220) mit Wirkung vom 1. 1. 2005 (näher hierzu bei § 321 a) um den Verweis auf „Rügen nach § 321a" ergänzt worden.

II. Normzweck

2 Die Norm ist eine Ausprägung der **Privatautonomie** und der **Prozessökonomie,** indem alle Zustellungen an diejenige Person erfolgen müssen, in deren Hand die Partei ihren Prozessbetrieb

[9] Näher *Häublein,* in: *Hannich/Meyer-Seitz* (Hrsg.), ZPO-Reform 2002 mit ZustRG, Rn. 6; ferner – mit Hinw. auf *Wenzel,* Vorauflage (Ergänzungsband) Rn. 3 – OLG Köln GRUR-RR 2005, 143 f.; auch *Anders* WRP 2003 204, 205; zust. ferner *Hentzen* MDR 2003, 361; *Stein/Jonas/H. Roth* Rn. 4; aA *Baumbach/Lauterbach/Hartmann* Rn. 6; *Thomas/Putzo/Hüßtege* Rn. 7 (ohne Begründung).

[10] *Hentzen* MDR 2003, 361, 363.

[11] Nach Ansicht des OLG Köln (Fn. 2), deckt die für das Abmahnverfahren erteilte Vollmacht nicht die Zustellung einer Verfügung.

[12] OLG Nürnberg NJW-RR 1998, 495, 496,

gelegt wissen will.[1] Sie ist deswegen auch auf formlose Mitteilungen anzuwenden[2] und gilt für die Parteizustellung. Dem Zweck entsprechend muss der Bevollmächtigte eine das ganze Verfahren umfassende Vertretungsmacht angezeigt haben,[3] nicht etwa nur eine Vollmacht für eine bestimmte einzelne Tätigkeit, wie zB die Vertretung in einem Termin[4] oder die Entgegennahme von Zustellungen (in Betracht kommt aber § 171). Eine unter diesen Voraussetzungen an die Partei selbst vorgenommene Zustellung **ist wirkungslos** (s. Rn. 20).[5] Teilweise ordnet das Gesetz jedoch die persönliche Zustellung ausdrücklich an oder lässt sie zumindest zu (vgl. §§ 141 Abs. 2 S. 2, 239 Abs. 3 S. 1, 244 Abs. 2 S. 3, 246 Abs. 2, 273 Abs. 4 S. 2, 278 Abs. 3, 450 Abs. 1 S. 3, 900 Abs. 1 S. 3).

III. Sachlicher Geltungsbereich

Die Vorschrift gilt für **alle Verfahrensarten** in allen Instanzen und über § 191 auch bei Zustellungen im Parteibetrieb. Erfasst sind das selbständige Beweis-, das Arrest- und das Verfügungsverfahren. Die Norm gilt ferner im **Mahnverfahren,** und zwar auch nach Verweisung; bis zur Bestellung eines neuen Prozessbevollmächtigten ist an den bisher tätig gewordenen Anwalt zuzustellen ohne Rücksicht auf seine Zulassung bei dem jetzt zuständigen Gericht.[6] In **Ehe- und Kindschaftssachen** gelten §§ 609, 640 Abs. 1. Anzuwenden ist die Vorschrift ferner im **Kostenfestsetzungsverfahren** nach § 11 RVG als einem eigenständigen Verfahren, auf das sich die Vollmacht im ursprünglichen Verfahren nicht erstreckt.[7] In diesem Verfahren ist also auch nur demjenigen Prozessbevollmächtigten zuzustellen, der sich hierfür eigens bestellt hat. Im **Schiedsverfahren** ist § 172 nur anwendbar, wenn die Parteien die Geltung der ZPO nach § 1042 Abs. 3 vereinbart haben. Sonst können Schriftsätze, Schriftstücke oder Mitteilungen (§ 1047 Abs. 3) sowie der Schiedsspruch (§ 1054 Abs. 4) sowohl an die Partei als auch an den Parteivertreter zugestellt werden, weil dies dem mutmaßlichen Parteiwillen entspricht.[8] Die Vorschrift findet ferner Anwendung in Baulandverfahren[9] sowie in echten Streitsachen der **freiwilligen Gerichtsbarkeit,**[10] wie zB in Hausratsverfahren,[11] Wohnungseigentumssachen,[12] Vertragshilfesachen, Verfahren nach § 111 BNotO,[13] in Landwirtschaftssachen nach dem LwVG[14] und erst recht in den FGG-Sachen mit Geltung der ZPO (§§ 1 Nr. 1a, 48 LwVG; § 621a Abs. 1 S. 2).[15] In nichtstreitigen FGG-Verfahren ist die Vorschrift nur anwendbar, wenn der Verfahrensbeteiligte dem Gericht gegenüber klar zum Ausdruck gebracht hat, dass nur an seinen Bevollmächtigten zugestellt werden soll, was ggf. auch im Wege der Auslegung der Vollmacht ermittelt werden kann.[16] Lautet ein **ausländisches** Rechtshilfeersuchen auf Zustellung an die Partei selbst, ist § 172 nicht anwendbar;[17] einschlägige völkerrechtliche Verträge gehen § 172 vor.[18] 3

IV. Persönlicher Geltungsbereich

1. Person des Prozessbevollmächtigten. Prozessbevollmächtigter ist, wer den Rechtsstreit für die Partei führen kann und von ihr hierzu im Umfang des § 81 ermächtigt worden ist. Dies 4

[1] RGZ 10, 345, 346; 103, 334, 336; 149, 157, 162; BGHZ 65, 41, 45 = NJW 1975, 1518, 1519; NJW 2002, 1728; *Hahn* Bd. II S. 227 f.

[2] RGZ 149, 157, 162; BGH NJW-RR 1986, 287; *E. Schneider* MDR 1985, 640, 641.

[3] BGH LM § 78 Nr. 28.

[4] BGH NJW-RR 2007, 536 = NJW 2007, 1366 (LS).

[5] BGH NJW 1984, 926; FamRZ 1992, 1057.

[6] OLG Naumburg JW 1929, 127, 128; OLG Hamm MDR 1968, 155, 155 f.; OLG Köln MDR 1976, 50; OLG Zweibrücken VersR 1979, 143; OLG Frankfurt AnwBl. 1980, 292, 292 f.; OLG Düsseldorf NJW-RR 1987, 1214.

[7] OLG Hamm MDR 1968, 155, 155 f.; OLG München Rpfleger 1984, 74 (zu § 19 BRAGO).

[8] Vgl. RGZ 13, 430, 431.

[9] BGH LM § 78 Nr. 28; VersR 1978, 720.

[10] BGHZ 61, 308, 310 = NJW 1974, 240; BGH NJW 1991, 2086.

[11] BGH NJW 1952, 1136 Nr. 11; OLG Hamm Rpfleger 1966, 83.

[12] BGHZ 61, 308, 310; OLG Schleswig ZMR 2007, 564. Seit dem 1. 7. 2007 gilt die ZPO und damit auch § 172 für die Verfahren gem. § 43 WEG unmittelbar.

[13] BGH NJW 1974, 240; NJW 2005, 3216.

[14] BGH LM Nr. 3.

[15] KG FamRZ 1978, 728.

[16] BGHZ 65, 41, 45 = NJW 1975, 1518, 1519; OLG Zweibrücken Rpfleger 1974, 398; KG Rpfleger 1978, 376; Rpfleger 1985, 193; *Walchshöfer* Rpfleger 1974, 254, 255 f.

[17] BGHZ 65, 291, 299 = NJW 1976, 478, 480. Zur Zustellung an einen NATO-Angehörigen s. aber AG Bad Vilbel DGVZ 1985, 122.

[18] *Stein/Jonas/H. Roth* Rn. 4.

kann im Parteiprozess jede prozessfähige Person (§ 79),[19] im Anwaltsprozess nur ein (zugelassener) Rechtsanwalt sein (§ 78).[20] Der gem. § 625 beigeordnete Rechtsanwalt hat aber lediglich die Stellung eines Beistandes (§ 90), so dass an die Partei zuzustellen ist.[21] Wurde eine Sozietät bevollmächtigt, ist jeder Sozius empfangsberechtigt.[22] Bei einer überörtlichen Sozietät sind iZw. nur diejenigen Anwälte bestellt, die vor dem Gericht auftreten können.[23] Gehören hierzu auch Anwälte der Sozietät, die ihren Sitz an einem anderen Ort haben, so ist eine Zustellung am Ort des Prozessgerichts auch dann wirksam, wenn die bestimmenden Schriftsätze von den Anwälten eines anderen Sozietätsorts gefertigt und abgesandt worden sind, weil grundsätzlich alle Mitglieder der Sozietät mandatiert werden.[24] Die Prozessvollmacht muss iS des § 81 für das ganze Verfahren **umfassend erteilt** sein, so dass weder der Verkehrsanwalt,[25] der Terminsvertreter[26] oder ein Zustellungsbevollmächtigter hierzu gehören noch der nach § 81 (für den höheren Rechtszug) bestellte Unterbevollmächtigte.[27] Hat der Prozessbevollmächtigte einen allgemeinen Vertreter oder Abwickler (§§ 53, 55 BRAO), so muss während der Dauer der Bestellung an diesen zugestellt werden. Hat der Prozessbevollmächtigte einen Zustellungsbevollmächtigten bestellt, so kann alternativ (§ 171) an diesen oder an den Prozessbevollmächtigten selbst zugestellt werden. Sind **mehrere Prozessbevollmächtigte** bestellt, genügt die Zustellung an einen von ihnen (§ 84). Wird mehreren zugestellt, ist für den Beginn der Rechtsmittelfrist die erste Zustellung maßgebend.[28]

5 **2. Bestellung. a) Verlautbarung der Bevollmächtigung.** Der Prozessbevollmächtigte muss für den Rechtszug zumindest konkludent bestellt sein. Während die Bevollmächtigung regelmäßig intern, also zwischen der Partei und dem Bevollmächtigten erfolgt, bedeutet „Bestellung" die **Mitteilung** eines Vertretungsverhältnisses **nach außen,** dh. dem **Gericht** oder im Falle der Parteizustellung dem **Gegner** gegenüber.[29] Ob eine Prozessvollmacht tatsächlich (noch) bestand, ist im Hinblick auf den erforderlichen Vertrauensschutz für die Gegenseite jedoch unerheblich (hierzu Rn. 8). Die Mitteilung ist nicht formgebunden, Vorlage einer Vollmachtsurkunde nicht erforderlich. Es genügt eine aus den Umständen ersichtliche Verlautbarung der Vollmachtserteilung durch die Partei oder den Bevollmächtigten,[30] zB das Einreichen von Schriftsätzen,[31] das Auftreten und Stellen von Anträgen in der mündlichen Verhandlung[32] oder die Benennung als Bevollmächtigter in einem Widerspruchsschriftsatz.[33] Auch die Rücksendung eines Empfangsbekenntnisses mit der Bestätigung, das Dokument „als Prozessbevollmächtigter erhalten zu haben" reicht aus.[34] Hat die vertretene Partei oder ihr Vertreter dem Gegner das Bestehen einer Prozessvollmacht zur Kenntnis gegeben, kann auch durch eine Anzeige des Prozessgegners ein Bevollmächtigter „bestellt" werden.[35] Dagegen liegt in dem Antrag auf Beiordnung eines Rechtsanwalts nach §§ 78b, 121, 625 oder der Beiordnung selbst keine Bestellung.[36] Die Bestellung für ein Eilverfahren erstreckt sich nicht automatisch auf das Hauptsacheverfahren.

6 **b) Bevollmächtigung vor Anhängigkeit.** Der Prozessbevollmächtigte selbst kann sich unter Umständen schon vor Anhängigkeit eines Prozesses bestellen, so zB in einer **Schutzschrift,** die der Bevollmächtigte in Erwartung eines Antrags auf Erlass einer einstweiligen Verfügung vorsorglich abgefasst hat (str.).[37] Eine Vollmacht für die Vorkorrespondenz[38] bzw. eine vorgerichtliche

---

[19] ZB die Ehefrau; OLG Zweibrücken Rpfleger 2001, 558.

[20] BGH MDR 1985, 30; FamRZ 2006, 1263; NJW 2007, 2124 *Pardey* ZIP 1985, 462, 465. Kammerrechtsbeistände stehen Rechtsanwälten nur in den von § 25 EGZPO genannten Fällen gleich; BGH NJW 2003, 3765f.

[21] BGH NJW 1995, 1225.

[22] BGH NJW 1980, 999.

[23] KG NJW 1994, 3111.

[24] LG Berlin NJW-RR 2003, 428f.

[25] BGH NJW-RR 1992, 699.

[26] BGHZ 61, 308, 311; BGH NJW-RR 1994, 127; 2007, 356.

[27] BayVerfGH NJW-RR 1992, 1465.

[28] BGHZ 118, 312, 322; BGH FamRZ 2004, 865; BVerwG NJW 1984, 2115; NJW 1998, 3582.

[29] BGHZ 61, 308, 310f. = NJW 1974, 240; BGH NJW-RR 2000, 444, 445.

[30] BGHZ 61, 308, 311 = NJW 1974, 240; BGH NJW-RR 1986, 286, 287; NJW-RR 1992, 699.

[31] BGH NJW 1984, 926; VersR 1986, 371.

[32] BGH VersR 1978, 720; NJW-RR 1992, 699.

[33] AA KG NJW 1987, 1338, 1339.

[34] KG KGReport 2005, 788; OLG Schleswig WuM 2007, 290 (LS).

[35] BayVerfGH NJW 1994, 2280; BGH NJW-RR 2000, 444, 445; OLG Zweibrücken FamRZ 2006, 128.

[36] BGH VersR 1991, 936; NJW 1995, 1225.

[37] OLG Düsseldorf AnwBl. 1982, 433; GRUR 1984, 79, 80; OLG Frankfurt GRUR 1988, 858; OLG Hamburg NJW-RR 1995, 444; OLG Karlsruhe WRP 1987, 44, 46; NJW-RR 1992, 700; OLG Köln OLGReport 2007, 18; *Stein/Jonas/H. Roth* Rn. 11 aA *Baumbach/Lauterbach/Hartmann* Rn. 21 m. weit. Nachw.

[38] OLG Hamburg NJW-RR 1993, 958; OLGReport 2006, 297.

Tätigkeit (zB im Abmahnverfahren[39]) indiziert idR noch keine Bestellung für den Rechtszug.[40] Gleiches gilt für die vorprozessuale Mitteilung, im Falle eines gerichtlichen Vorgehens sei bestimmten Rechtsanwälten „Zustellungsvollmacht" erteilt.[41] Anders ist es, wenn der Beklagte oder sein Vertreter dem Kläger das Bestehen der Prozessvollmacht mitteilt und dieser seine Kenntnis an das Gericht (s. auch Rn. 7) **weitergibt.**[42] Sofern die vom Kläger weitergeleitete Mitteilung tatsächlich ihrem Inhalte nach eine Prozessvollmacht verlautbarte, bestehen keine Bedenken, dem Beklagten die Weitergabe zuzurechnen. Problematisch ist hingegen der Fall, dass in der Klageschrift beim Namen des Beklagten ein Prozessbevollmächtigter genannt, zugleich aber nur vorgebracht wird, der benannte Prozessbevollmächtigte sei vorgerichtlich für den Gegner tätig geworden. Hier ist nicht von einer Bestellung gem. § 172 auszugehen.[43] Die unzutreffende Mitteilung kann dem Beklagten nicht zugerechnet werden. Der Kläger trägt insofern das **Risiko für die Richtigkeit** der Mitteilung; insbesondere ist der die Zustellung ausführende Urkundsbeamte nicht verpflichtet, die Umstände aufzuklären, die der Verlautbarung zugrunde liegen, sondern er kann sich grds. auf die Angaben zum Zustellungsadressaten in der Klagesschrift verlassen (§ 168 Rn. 2).

c) Kenntnis. Mit der Bekanntmachung nach außen (o. Rn. 5) korrespondiert das Erfordernis, dass bei der Amtszustellung das Gericht, bei der Parteizustellung die zustellende Partei[44] und – im Verfahren vor dem Amtsgericht wegen § 192 Abs. 3 – das Gericht Kenntnis von der Bevollmächtigung erlangt haben müssen, was Voraussetzung der Pflicht zur Zustellung gem. § 172 ist. Die bloße Mitteilung an das Gericht reicht bei der Parteizustellung nicht aus und umgekehrt, weil es auf die Kenntnis desjenigen ankommt, der die Zustellung veranlasst.[45] Ob der Kenntnis das **Kennenmüssen** gleichzustellen ist, ist umstritten.[46] Die Frage dürfte in Anbetracht des Verlautbarungserfordernisses (Rn. 5) nur geringe Bedeutung haben, wenn man einerseits das Bestehen einer Nachforschungspflicht verneint[47] und man andererseits anerkennt, dass derjenige, der sich der Kenntnis treuwidrig verschließt, wie der Wissende zu behandeln ist. Die Kenntnis muss bei **Erteilung des Zustellungsauftrags** bestehen.[48] Spätere Kenntniserlangung ist unerheblich, kann aber zur Umstellung oder neuen Zustellung verpflichten.[49] Ist der Zeitpunkt gerichtsintern nicht aufzuklären, dann wirkt sich dies zugunsten der Partei aus, gegen die eine mit der Zustellung beginnende Rechtsmittelfrist läuft.[50] Bei der Zustellung eines Urteils kommt es nicht darauf an, ob der tatsächlich bestellte Prozessbevollmächtigte darin als solcher aufgeführt ist.[51] 7

3. Wirksamkeit und Erlöschen der Vollmacht. Die Wirksamkeit der Vollmachtserteilung ist von der Partei überhaupt nicht und vom Gericht von Amts wegen nur zu prüfen, wenn als Prozessbevollmächtigter nicht ein Anwalt bestellt ist (§ 88 Abs. 2). Stellt sich nachträglich heraus, dass es an einer wirksamen Prozessvollmacht fehlt, hat dies nicht zur Folge, dass die Zustellung an den Prozessbevollmächtigten unwirksam und die an die Partei wirksam wird.[52] Für die Zustellung ist allein auf die angezeigte (umfassende; Rn. 4) Prozessvollmacht abzustellen. Dies gebietet der **Vertrauensschutz** für die Gegenseite; die nicht ordnungsgemäß vertretene Partei wird durch § 579 Abs. 1 Nr. 4 geschützt.[53] An den Anwalt ist auch zuzustellen, wenn der Mangel der Vollmacht gerügt, der Anwalt aber nach § 89 Abs. 1 S. 1 zur Prozessführung einstweilen zugelassen worden ist.[54] Ebenso, wenn im Falle der Nichtbeibringung der Vollmacht der Gegner von dem Verlangen nach 8

[39] OLG Köln GRUR-RR 2005, 143; anders *Stein/Jonas/H. Roth* Rn. 11; für wirksame Zustellung gem. § 171 aber *Anders* WRP 2003, 204, 205; vgl. auch § 171 Rn. 1, 3.
[40] BGH MDR 1981, 126.
[41] OLG Düsseldorf GRUR-RR 2005, 102.
[42] OLG Zweibrücken FamRZ 2006, 128.
[43] BGH LM ZPO § 176 Nr. 13; OLG Naumburg FamRZ 2000, 166.
[44] RGZ 5, 358, 360; 14, 348, 351; 14, 371, 375; 16, 352, 354 f.; 18, 395, 396; BGH NJW-RR 2000, 444, 445; OLG Frankfurt OLGZ 1986, 120, 121; JurBüro 1987, 1832; OLG Hamburg GRUR 1987, 66.
[45] OLG Hamburg NJW-RR 1987, 1277, 1278.
[46] Dagegen unter Hinweis auf die Vorauflage *Stein/Jonas/H. Roth* Rn. 9; aA *Zöller/Stöber* Rn. 10 m. weit. Nachw.
[47] S. *Zöller/Stöber* Rn. 10.
[48] BGH NJW 1981, 1673, 1674; NJW-RR 1986, 287.
[49] OLG Hamburg NJW-RR 1988, 1277, 1278.
[50] BGH NJW 1981, 1673, 1674.
[51] OLG Dresden SächsAnn. 21, 263, 264.
[52] Vgl. RGZ 38, 406, 408 f.; 67, 149, 150; BGH VersR 1979, 255; 1986, 993, 994; NJW 1987, 440.
[53] BGHZ 118, 312, 322 = NJW 1992, 3096; *Stein/Jonas/H. Roth* Rn. 11; zur fehlenden Bevollmächtigung als Wiedereinsetzungsgrund s. OLG Köln OLGReport 2007, 18.
[54] RGZ 67, 149, 151.

Beibringung der Vollmacht wieder abgeht.[55] Ist der Anwalt aber wegen Nichtvorlage der Vollmacht zurückgewiesen worden, kann er keine Zustellung mehr entgegennehmen,[56] ohne dass es darauf ankommt, ob die Zurückweisung berechtigt gewesen ist.[57] Die Zustellungsverpflichtung aus § 172 **endet** im Parteiprozess und im Zwangsvollstreckungsverfahren, wenn die Partei oder der Bevollmächtigte dem Gericht und dem Gegner die Beendigung des Mandats nach § 87 Abs. 1 angezeigt hat,[58] im Anwaltsprozess dagegen erst mit der Bestellung eines anderen Anwalts (§ 87 Abs. 1 2. Halbs).[59] Für das Kostenfestsetzungsverfahren genügt dagegen die schon im Prozess erklärte Anzeige des Erlöschens der Vollmacht, um die obligatorische Zustellung an den Anwalt auszuschließen, weil in diesem selbstständigen Nachverfahren kein Anwaltszwang herrscht;[60] der Anwalt darf (nicht: muss) aber ungeachtet dessen nach § 87 Abs. 2 die Zustellung eines Kostenfestsetzungsbeschlusses entgegennehmen. Ein nachträgliches **Berufs- oder Vertretungsverbot** lässt § 172 unberührt (§ 155 Abs. 5 S. 2 BRAO).[61] Bei **Wegfall der Postulationsfähigkeit** infolge Löschung in der Anwaltsliste[62] oder Erlöschens der Zulassung[63] kommt § 172 erst mit einer entsprechenden Mitteilung an das Gericht nicht mehr zur Anwendung. Stirbt der Prozessbevollmächtigte im Laufe des Verfahrens, gilt § 244. Stirbt er nach Urteilszustellung, muss die Rechtsmittelschrift der Partei zugestellt werden (Abs. 2 S. 3).

V. Funktioneller Geltungsbereich (Rechtszug)

9 **1. Instanz.** Der Rechtszug iS der Vorschrift beginnt mit **Anhängigkeit** (§ 253 Abs. 5), nicht erst mit der Rechtshängigkeit der Sache.[64] Er endet mit Einlegung eines Rechtsmittels, Prozessvergleich[65] oder Eintritt der formellen Rechtskraft (allgM).[66] Zum Rechtszug gehören daher nach Beendigung des Hauptverfahrens noch das Beschlussverfahren nach §§ 91 a, 269 Abs. 3 und die Zustellung des Urteils.[67] Das erstinstanzliche Urteil darf deswegen, auch wenn das Rechtsmittel bereits eingelegt worden ist, nicht an den Berufungsanwalt[68] und umgekehrt das Berufungsurteil nicht dem Anwalt erster Instanz zugestellt werden.[69] Handelt es sich allerdings um Nebenentscheidungen, etwa solche, die die vorläufige Vollstreckbarkeit betreffen, so sind auch nach Beendigung des ersten Rechtszuges Vorgänge denkbar, die zu diesem Rechtszug gehören, wie zB die Übersendung einer Bürgschaftsurkunde als Prozesssicherheit.[70] Zum Rechtszug gehört neben den in Rn. 11 ff. dargestellten Verfahren auch das **Kostenfestsetzungsverfahren** als selbstständiges Nebenverfahren, das mit dem Hauptprozess unmittelbar zusammenhängt (§ 103 Abs. 2 S. 1).[71] Nach **Verweisung** (§§ 281, 506) oder **Abgabe** (§§ 696, 700) ist bis zur Bestellung eines neuen Prozessbevollmächtigten ebenfalls an den bisherigen Bevollmächtigten zuzustellen.[72]

10 **2. Rechtsmittelzug (Abs. 2).** Eine Rechtsmittelschrift ist nach Absatz 2 dem Prozessbevollmächtigten des betreffenden Rechtsmittelzuges **(S. 2),** und wenn ein solcher noch nicht bestellt ist, dem Prozessbevollmächtigten der Vorinstanz zuzustellen **(S. 1).** Dies gilt im Anwaltsprozess auch dann, wenn das Mandat **bereits niedergelegt** wurde;[73] im Parteiprozess ist hingegen an die Partei zuzustellen.[74] Ebenso, wenn der für den Rechtsmittelzug bestellte Prozessbevollmächtigte weggefallen ist.[75] Im Falle der Unterbrechung (§ 244 Abs. 1) ist jedoch vor Aufnahme des Verfahrens keine

---

[55] KG OLGRspr. 15, 74, 74 f.
[56] BGH LM § 88 Nr. 3; OLG Bremen OLGReport 2004, 454.
[57] OLG Zweibrücken MDR 1982, 586.
[58] BGH NJW 1991, 295, 296.
[59] BGH NJW 1975, 120, 121.
[60] KG NJW 1972, 543, 544; OLG Schleswig JurBüro 1987, 1547, 1547 f.
[61] BGHZ 111, 104, 106 = NJW 1990, 1854.
[62] BFH BB 1975, 635.
[63] OLG München NJW 1970, 1609.
[64] BGH NJW 1984, 926; 1991, 295.
[65] Vgl. *Münzberg* DGVZ 2000, 177 f.; s. aber auch AG Mainz DGVZ 2000, 189.
[66] BGH NJW 1995, 1095, 1096 m. weit. Nachw.
[67] RGZ 10, 345, 347; 19, 394, 397; 39, 398, 399; 41, 426, 427; BGH NJW 1975, 120.
[68] RGZ 9, 366, 367; 19, 394, 405; LAG Rheinland-Pfalz JurBüro 1978, 1253, 1255.
[69] RGZ 10, 345, 347.
[70] Vgl. AG Usingen DGVZ 1982, 13; aA LG Bochum Rpfleger 1985, 33; zur Zustellung der Bürgschaftsurkunde an die Partei selbst s. OLG Köln, OLG-Report 2007, 481, das Vollstreckungsverfahren betreffend.
[71] OLG Stuttgart DGVZ 1962, 43; OLG München Rpfleger 1970, 250; OLG Hamm Rpfleger 1983, 366.
[72] *Stein/Jonas/H. Roth* Rn. 14.
[73] BGH NJW 1975, 120, 121.
[74] BGH NJW 1991, 295, 296.
[75] RGZ 103, 334, 336; RG HRR 1926 Nr. 617.

Zustellung möglich.[76] Ist ein Prozessbevollmächtigter überhaupt nicht bestellt, ist der Partei selbst zuzustellen **(Abs. 2 S. 3).**

3. Einbezogene Verfahren gem. Abs. 1 S. 2 und 3. Zum Rechtszug gehören auch diejenigen Prozesshandlungen **nach Absatz 1 Satz 2,** die das Verfahren vor dem Gericht des Rechtszuges infolge eines Einspruchs, einer Aufhebung des Urteils dieses Gerichts, einer Wiederaufnahme des Verfahrens, einer Rüge nach § 321 a oder eines neuen Vorbringens in dem Verfahren der Zwangsvollstreckung zum Gegenstand haben. Das Verfahren vor dem **Vollstreckungsgericht** gehört nach Absatz 1 Satz 3 zum ersten Rechtszug. 11

a) Einspruch. Die Erwähnung des Verfahrens infolge eines Einspruchs ist an sich überflüssig, weil der zulässige Einspruch den Prozess nach § 342 ohnehin in die Lage zurückversetzt, in der es sich vor Eintritt der Versäumnis befand. 12

b) Aufhebung. Zum Rechtszug gehört zustellungsrechtlich auch das weitere Verfahren nach einer kassatorischen und zurückverweisenden Entscheidung durch das Berufungsgericht (§ 538), durch das Beschwerdegericht (§§ 572 Abs. 3, 577 Abs. 4 S. 1) oder das Revisionsgericht (§ 563 Abs. 1), bei einer Sprungrevision allerdings nur bei der Zurückverweisung an das Landgericht (§ 566 Abs. 8), nicht dagegen das Rechtsmittelverfahren nach der zweiten Entscheidung **(Rückläuferverfahren).** 13

c) Wiederaufnahme. Hierzu gehören nach § 578 Abs. 1 die Nichtigkeitsklage (§ 579) und die Restitutionsklage (§ 580). Zustellungen sind also an den Prozessbevollmächtigten des Vorprozesses zu richten,[77] und zwar auch in Ehe- und Familienstandssachen. 14

d) Anhörungsrüge. Das nach Urteil des BVerfG[78] mit Wirkung zum 1. 1. 2005 neu geregelte Verfahren bei Verletzung des rechtlichen Gehörs gem. § 321 a (s. Rn. 1) gehört ebenfalls zum Rechtszug. Sofern man die Gegenvorstellung auch bei Verletzung anderer Verfahrens(grund)rechte für statthaft hält, kann nichts anderes gelten (s. auch Einl. Rn. 253).[79] Lehnt man diese ab und sieht stattdessen eine außerordentliche Beschwerde „wegen greifbarer Gesetzeswidrigkeit" als den statthaften Rechtsbehelf an,[80] kommt eine Zustellung nur in Betracht, wenn sich die Vollmacht auf das Rechtsmittelverfahren erstreckt (Rn. 19). 15

e) Zwangsvollstreckung. Zum Rechtszug gehören die Zustellungen zur Einleitung der Zwangvollstreckung, also die Zustellung des Titels (§ 750 Abs. 1),[81] der Klausel (§ 750 Abs. 2) sowie der in den §§ 750 Abs. 2, 751 Abs. 2, 756[82] und § 765 bezeichneten Urkunden.[83] Gleiches wird für die Vollziehungszustellung gem. § 929 angenommen.[84] Sofern der Prozessbevollmächtigte im Titel genannt ist, ist an ihn zuzustellen. Die vorbereitende Ankündigung macht das Vollstreckungsverfahren noch nicht anhängig.[85] 16

Zum Rechtszug gehört ferner das Verfahren infolge **neuen Vorbringens,** sofern es sich vor dem Prozessgericht des betreffenden Rechtszugs abspielt. Hierher gehört zB die Klage auf Erteilung der Vollstreckungsklausel (§ 731), die Vollstreckungsgegenklage (§§ 767 ff.),[86] die Geltendmachung der beschränkten Erbenhaftung (§§ 781 ff.) und das Verfahren nach den §§ 887 ff.[87] Nur solche Verfahren sind gemeint, die **zwischen denselben Parteien** stattfinden, weshalb weder Satz 2 noch Satz 3 die Drittwiderspruchsklage (§§ 771 ff.),[88] die Klage auf bevorzugte Befriedigung (§ 805), den Widerspruch gegen die Pfändung ungetrennter Früchte (§ 810 Abs. 2) oder die Widerspruchs- und Bereicherungsklage (§ 878) erfasst.[89] 17

Nach **Satz 3** gehört auch das Verfahren vor dem Vollstreckungsgericht (§§ 764, 766, 789, 822 f., 828 ff., 899, nicht: § 900 Abs. 1 S. 3; s. Rn. 2) zum Rechtszug, selbst wenn dieses **nicht das Ge-** 18

---

[76] BGHZ 23, 172, 173 = NJW 1957, 713.
[77] RG JW 1937, 2222 Nr. 39.
[78] BVerfGE 107, 395 = NJW 2003, 1924.
[79] *Thomas/Putzo/Reichold* § 321 a Rn. 18; BVerwG NJW 2002, 2657; BFH NJW 2006, 861 (unter Berufung auf Art. 19 Abs. 4 GG).
[80] Vgl. etwa *Bloching/Kettinger* NJW 2005, 860; *Vollkommer* NJW-Sonderheft BayObLG, 2005, 64, 68 ff.; anders aber BGHZ 150, 133 = NJW 2002, 1577; NJW-RR 2004, 1654; 2006, 1184; vgl. auch vorh. Fn.
[81] LG Würzburg DGVZ 1979, 125, 126.
[82] *Biede* DGVZ 1977, 74, 75.
[83] KG JW 1936, 3335.
[84] OLG Hamburg OLGReport 2006, 572.
[85] *E. Schneider* MDR 1985, 640, 641.
[86] OLG Posen SeuffA 67 Nr. 65; OLG Hamburg HansGZ 1925 (Beiblatt), 84.
[87] OLG Schleswig SchlHA 1957, 205, 206.
[88] OLG Augsburg OLGRspr. 14, 162, 163.
[89] *Stein/Jonas/H. Roth* Rn. 16.

richt des ersten Rechtszugs ist.[90] Daher müssen die Zustellungen stets an den Prozessbevollmächtigten des ersten Rechtszugs bewirkt werden, sofern ein solcher bestellt war,[91] seine Vollmacht noch nicht erloschen (§ 78 Abs. 1) und für die Zwangsvollstreckung kein neuer bestellt ist. Gleiches gilt, wenn die Zwangsvollstreckung aus einem in zweiter Instanz abgeschlossenen Vergleich betrieben wird.[92] Soll die Zwangsvollstreckung dagegen aus einem Urteil zweiter Instanz stattfinden, ist nach der Urteilszustellung von Amts wegen eine nochmalige Zustellung nach § 750 an den Prozessbevollmächtigten erster Instanz nicht mehr erforderlich.[93] Zum Verfahren vor dem Vollstreckungsgericht zählt auch die **Zwangsversteigerung.**[94]

19 **4. Nicht zum Rechtszug gehörig.** Nicht zum Rechtszug gehört das **selbstständige Beweisverfahren** sowie das Verfahren des **Arrestes** (§§ 916ff.) und der **einstweiligen Verfügung** (935ff.).[95] Dass nach § 82 die Vollmacht für das Hauptsacheverfahren auch die Vollmacht für diese Verfahren umfasst, besagt nur, dass die Zustellungen an den Prozessbevollmächtigten des Hauptverfahrens gerichtet werden können, während eine Verpflichtung dazu nicht besteht.[96] § 172 bezieht auch nicht das Verfahren auf Aufhebung eines Schiedsspruchs nach §§ 1059ff. ein, ebenso nicht Verfahren auf Antrag eines Dritten, etwa nach §§ 64, 771ff., 805, 810 Abs. 2, 878 (Rn. 17). Nicht zum Rechtszug gehört das Verfahren über die **Aufhebung der bewilligten Prozesskostenhilfe** (§ 124).[97] Hat der Bevollmächtigte die Partei jedoch auch im PKH-Verfahren vertreten, ist auch die Entscheidung im Aufhebungsverfahren gem. § 172 zuzustellen.[98] Eine Zustellung an Prozessbevollmächtigte ist in den genannten Fällen stets zulässig, wenn die Prozessvollmacht sich auch auf diese Verfahren erstreckt.

VI. Mängel

20 Ein Verstoß gegen § 172 macht die Zustellung unwirksam.[99] Dies gilt auch für den Verstoß gegen die in Abs. 2 vorgesehene Zustellhierarchie; Auswirkungen auf die **Zulässigkeit des Rechtsmittels** hat dies aber nicht, da bereits das Einreichen der Rechtsmittelschrift fristwahrend wirkt. Ein Mangel kann im Übrigen nach §§ 189, 295 **geheilt** werden, jedoch grds. nicht mit Wirkung ex tunc.[100] Wird nachträglich ein Prozessbevollmächtigter bestellt, liegt darin idR eine Genehmigung der vorher an ihn erfolgten Zustellung. Genehmigt der Prozessbevollmächtigte eine an ihn gerichtete Zustellung, die vor seiner Bestellung erfolgt ist,[101] wird eine an die Partei selbst vorgenommene Zustellung nicht unwirksam. Eine **zusätzliche Zustellung** an die Partei zur Unterrichtung ist immer zulässig[102] und bei Ungewissheit über das Bestehen und den Umfang der anwaltlichen Vertretungsmacht[103] zur Vermeidung des oben (Rn. 6) dargestellten Risikos sogar zu empfehlen.

§ 173 Zustellung durch Aushändigung an der Amtsstelle

[1]Ein Schriftstück kann dem Adressaten oder seinem rechtsgeschäftlich bestellten Vertreter durch Aushändigung an der Amtsstelle zugestellt werden. [2]Zum Nachweis der Zustellung ist auf dem Schriftstück und in den Akten zu vermerken, dass es zum Zwecke der Zustellung ausgehändigt wurde und wann das geschehen ist; bei Aushändigung an den Vertreter ist dies mit dem Zusatz zu vermerken, an wen das Schriftstück ausgehändigt wurde und dass die Vollmacht nach § 171 Satz 2 vorgelegt wurde. [3]Der Vermerk ist von dem Bediensteten zu unterschreiben, der die Aushändigung vorgenommen hat.

---

[90] LG Gießen Rpfleger 1981, 26; LG Köln JurBüro 1990, 916 (für einen im 2. Rechtszug geschlossenen Vergleich).

[91] RG JW 1897, 629, 630.

[92] *Baumbach/Lauterbach/Hartmann* Rn. 31.

[93] LG Köln DGVZ 1990, 121; *Musilak/Wolst* Rn. 7.

[94] LG Gießen Rpfleger 1981, 26.

[95] *Baumbach/Lauterbach/Hartmann* Rn. 3.

[96] RGZ 45, 364, 366.

[97] OLG Koblenz FamRZ 2005, 531.

[98] Vgl. BAG NZA 2006, 1128 (LS); zust. OLG Hamm, Beschl. v. 30. 1. 2007, 2 WF 9/07, juris; auch dass. FamRZ 2006, 1553.

[99] BGH NJW 1984, 926; WM 2002, 512, 513.

[100] Vgl. BGH NJW 1984, 926; OLG Naumburg FamRZ 2000, 166; OLG Zweibrücken FamRZ 2006, 128.

[101] *Kubisch* NJW 1970, 433, 433f.

[102] BFH NJW 1996, 1847, 1848; *Stein/Jonas/H. Roth* Rn. 1.

[103] Vgl. etwa OLG Köln GRUR-RR 2005, 143; s. ferner OLG Düsseldorf GRUR-RR 2005, 102.

I. Normzweck

§ 173 entspricht weitgehend § 212b aF. Die Vorschrift, der in der Praxis nur eine geringe Bedeutung zukommt, ermöglicht die regelmäßig besonders kostengünstige Zustellung durch persönliche Übergabe. In Betracht zu ziehen ist sie vor allem dann, wenn eine (Natural-)Partei keine Zustellung an ihren Wohnsitz wünscht. Gegenüber Rechtsanwälten ist diese Form der Zustellung idR unangebracht,[1] weil der Kanzleibetrieb auf Zustellungen gem. § 174 eingestellt ist. 1

II. Zustellungsempfänger

Als Zustellungsempfänger kommen neben dem Adressaten auch **rechtsgeschäftlich** bestellte Vertreter (§ 171) in Betracht, was insoweit mit der Rechtslage vor Inkrafttreten der ZustRG übereinstimmt, als auch gem. § 212b ZPO aF an Bevollmächtigte iS des § 173 ZPO aF zugestellt werden konnte.[2] Jedoch wurde der Kreis der in Betracht kommenden Vertreter auf sämtliche Bevollmächtigte **erweitert** und damit § 171 angepasst (s. dort Rn. 1f.). Da zu § 212b ZPO aF allgemein galt, dass Zustellungen mit Ausnahme der in § 173 ZPO aF genannten Bevollmächtigten nur an den Adressaten persönlich vorgenommen werden können, erschien dem Gesetzgeber die Differenzierung zwischen Zustellungsadressaten und rechtsgeschäftlich bestellten Vertretern zur Vermeidung von Missverständnissen sinnvoll.[3] Keine rechtsgeschäftlich bestellten Vertreter sind die gesetzlichen Vertreter (§ 170 Abs. 1) und Prozessbevollmächtigten (§ 172). Diese sind vielmehr selbst als Adressaten iS des § 173 S. 1 anzusehen, wie die Bezugnahme auf § 171 Satz 2 in § 173 S. 2, 2. Halbs. belegt. Nicht stets Adressat ist nach der hier vertretenen Ansicht (vgl. § 171 Rn. 2) der Leiter iSv. § 170 Abs. 2.[4] Gleichwohl kann dieser im Hinblick auf die Aushändigung an der Geschäftsstelle nicht anders behandelt werden als ein gesetzlicher Vertreter. Schließlich hat er eine Position inne, kraft derer das Gesetz die Kompetenz zur Entgegennahme von Dokumenten vermutet. Allerdings wird der Fall der Aushändigung an den nicht als Adressaten bezeichneten Leiter wohl eher theoretisch bleiben, wie überhaupt die gesamte Vorschrift des § 173 praktisch nur geringe Bedeutung hat (s. o. Rn. 1). 2

III. Zustellungsort

Amtsstelle ist in erster Linie die Geschäftsstelle des für die Zustellung zuständigen Gerichts,[5] doch kann dies im Einzelfall auch jeder andere Dienstraum des Gerichts, wie zB das Dienstzimmer des Richters, der Sitzungssaal oder der Gerichtsflur sein. Amtsstelle ist darüber hinaus jeder Ort, an dem gerichtliche Tätigkeit (etwa bei einem Ortstermin) ausgeübt wird, wie zB durch das Vormundschaftsgericht im Krankenhaus oder Altenheim.[6] 3

IV. Vornahme der Zustellungshandlung

Aushändigen bedeutet **Verschaffung der Sachherrschaft** an dem Schriftstück. Dies kann der Urkundsbeamte der Geschäftsstelle oder der von ihm mit der Zustellung beauftragte Bedienstete (nicht notwendig Beamter) tun, ohne dass es sich dabei um einen Auftrag iSv. §§ 168 Abs. 1 S. 2, 176 handelt. Zustellungsorgan bleibt die Geschäftstelle.[7] Aushändigung durch Richter oder Rechtspfleger ist (selbstverständlich) ebenfalls zulässig, nicht dagegen durch Personen, die mit der Bearbeitung von Verfahrensakten gar nichts zu tun haben (Hausmeister, Reinigungspersonal etc.). Das Schriftstück muss dem Zustellungsadressaten oder seinem Vertreter **persönlich** übergeben werden.[8] Der Empfänger muss zur Entgegennahme bereit sein **(Annahmewillen);** § 179 gilt nicht, da diese Vorschrift ausdrücklich nur von Wohnung oder Geschäftsraum spricht und daher an § 178 anknüpft.[9] Das Hineinlegen in das Postfach des Adressaten genügt nicht.[10] Da § 176 keine Anwendung findet, ist die Übergabe eines verschlossenen Umschlags nicht notwendig, aber zulässig. 4

---

[1] Zutr. *Stein/Jonas/H. Roth* Rn. 1.
[2] Vgl. *Wenzel* in 2. Aufl., § 212b Rn. 1.
[3] Stellungnahme des Bundesrats, BT-Drucks. 14/4554, S. 30.
[4] *Stein/Jonas/H. Roth* Rn. 2.
[5] OLG Hamburg MDR 1957, 489.
[6] BT-Drucks. 14/4554, S. 17.
[7] S. *Stein/Jonas/H. Roth* Rn. 4; aA wohl *Thomas/Putzo/Hüßtege* Rn. 2.
[8] BGH NJW 1963, 1779.
[9] *Stein/Jonas/H. Roth* Rn. 3.
[10] BGH NJW 1963, 1779.

V. Vermerk über die Zustellung

5 Die Sätze 2 und 3 schreiben einen von dem aushändigenden Bediensteten (eigenhändig) zu unterschreibenden Vermerk über die Aushändigung („Zum Zwecke der Zustellung ausgehändigt" oder zumindest „zugestellt") und **die Zeit** der Aushändigung sowohl in den Akten (auf dem Original) als auch auf dem ausgehändigten Schriftstück vor. Bei Aushändigung an den Vertreter ist ferner zu vermerken, an wen das Schriftstück ausgehändigt wurde und dass die Vollmacht nach § 171 S. 2 vorgelegen hat. Der Vermerk in den Akten ersetzt als Nachweis die Zustellungsurkunde. Er ist – wie diese (s. § 182 Rn. 2) – nicht mehr Wirksamkeitsvoraussetzung der Zustellung, sondern hat nur Beweisfunktion.[11] Der fehlende Vermerk kann daher auch nachgeholt werden. Erfolgt die Aushändigung durch den Richter, wird der Vermerk durch die Protokollierung ersetzt, da es sich bei dem gerichtlichen Protokoll um die höherwertige Beurkundungsform handelt.[12]

§ 174 Zustellung gegen Empfangsbekenntnis

(1) Ein Schriftstück kann an einen Anwalt, einen Notar, einen Gerichtsvollzieher, einen Steuerberater oder an eine sonstige Person, bei der auf Grund ihres Berufes von einer erhöhten Zuverlässigkeit ausgegangen werden kann, eine Behörde, eine Körperschaft oder eine Anstalt des öffentlichen Rechts gegen Empfangsbekenntnis zugestellt werden.

(2) [1] An die in Absatz 1 Genannten kann das Schriftstück auch durch Telekopie zugestellt werden. [2] Die Übermittlung soll mit dem Hinweis „Zustellung gegen Empfangsbekenntnis" eingeleitet werden und die absendende Stelle, den Namen und die Anschrift des Zustellungsadressaten sowie den Namen des Justizbediensteten erkennen lassen, der das Dokument zur Übermittlung aufgegeben hat.

(3) [1] An die in Absatz 1 Genannten kann auch ein elektronisches Dokument zugestellt werden. [2] Gleiches gilt für andere Verfahrensbeteiligte, wenn sie der Übermittlung elektronischer Dokumente ausdrücklich zugestimmt haben. [3] Für die Übermittlung ist das Dokument mit einer elektronischen Signatur zu versehen und gegen unbefugte Kenntnisnahme Dritter zu schützen.

(4) [1] Zum Nachweis der Zustellung genügt das mit Datum und Unterschrift des Adressaten versehene Empfangsbekenntnis, das an das Gericht zurückzusenden ist. [2] Das Empfangsbekenntnis kann schriftlich, durch Telekopie oder als elektronisches Dokument (§ 130 a) zurückgesandt werden. [3] Wird es als elektronisches Dokument erteilt, soll es mit einer qualifizierten elektronischen Signatur nach dem Signaturgesetz versehen werden.

Übersicht

I. Normzweck und Änderungen

1 Durch die Zustellung gegen Empfangsbekenntnis kann die Geschäftsstelle (für den Parteibetrieb ist § 195 zu beachten) kostengünstig und schnell Zustellungen bewirken. Diese (eigenständige) Zu-

[11] *Stein/Jonas/H. Roth* Rn. 7; *Zöller/Stöber* Rn. 6; aA (ohne Begründung) *Thomas/Putzo/Hüßtege* Rn. 7.
[12] BT-Drucks. 14/4554, S. 17.

stellungsform erfordert jedoch die **Mitwirkung des Empfängers,** was mit Abstrichen bei der Dokumentation des Zustellungsvorgangs korrespondiert (keine Urkunde gem. § 182 erforderlich). Im Wesentlichen knüpft § 174 an § 212a aF an und hält an der Zustellung gegen Empfangsbekenntnis fest. Die im Referentenentwurf noch erwogene Möglichkeit, die Zustellung bei dem in Betracht kommenden Personenkreis durch Einlegen in das Abholfach sowie Übermittlung durch einfachen Brief zu ersetzen, ist aus Gründen der Sicherheit des Zustellungsnachweises nicht in das Gesetzgebungsverfahren übernommen worden. Die Vorschrift erweitert aber gegenüber § 212a aF den Adressatenkreis auf alle Personen, bei denen auf Grund ihres Berufes von einer erhöhten Zuverlässigkeit ausgegangen werden kann, was einem praktischen Bedürfnis entspricht. Die Vorschrift eröffnet außerdem die Möglichkeit, die Mittel der modernen Bürokommunikation für die Zustellung zu nutzen. § 174 gehört zu den Vorschriften, die der Gesetzgeber bereits kurz nach Inkrafttreten des ZustRG erneut ändern musste (vgl. § 166 Rn. 1), freilich ohne damit alle Zweifelsfragen beseitigt zu haben.[1] Als letzte Änderung brachte das JKomG vom 22. 3. 2005 (BGBl. I S. 837) die Ersetzung des Begriffs „Schriftstück" durch den des „Dokuments" in § 174 Abs. 2 S. 2.

II. Zustellung gegen Empfangsbekenntnis gem. Abs. 1 und 4

1. Allgemeine Voraussetzungen. a) Übermittlung eines Schriftstücks. Die Zustellung 2
gegen Empfangsbekenntnis setzt die **tatsächliche Übermittlung** des Schriftstücks voraus (für Mängel gelten die Ausführungen zu § 166 Rn. 15, 19). Es kommt nicht darauf an, auf welchem Weg das Schriftstück an den Adressaten gelangt.[2] Es kann durch einfachen Brief, Einlage in ein Post- oder sonstiges Abholfach, direkte Aushändigung oder durch Boten übermittelt werden. Für Übermittlung durch Telefax oder elektronisches Dokument gelten die Absätze 2 und 3 (Rn. 15ff.). Das zuzustellende **Schriftstück** kann die Urschrift, eine Ausfertigung oder (beglaubigte) Abschrift sein (vgl. § 166 Rn. 9ff.; § 169 Rn. 2ff.). Dass dem Anwalt versehentlich eine für den Gegner bestimmte Urteilsausfertigung zugestellt wird, macht die Zustellung ebenso wenig unwirksam[3] wie die Tatsache, dass sich auf der Ausfertigung ein zusätzlicher unrichtiger Vermerk über den Empfänger befindet.[4]

b) Zustellungswille, Ermessen. Der Zustellungswille muss erkennbar sein, was durch Über- 3
sendung des Empfangsbekenntnisses zum Ausdruck gebracht werden kann,[5] aber nicht muss;[6] es gilt das zu § 168 Rn. 5 Gesagte. Die Entscheidung, ob im Einzelfall von der Möglichkeit einer Zustellung gegen Empfangsbekenntnis Gebrauch gemacht oder mit der „sicheren" Zustellungsurkunde zugestellt wird, liegt im Ermessen des Urkundsbeamten der Geschäftsstelle (vgl. § 168 Rn. 2) bzw. des Anwalts bei der Parteizustellung (§ 195). Er hat auch die Voraussetzungen zu klären, zB ob der Adressat schon oder noch Anwalt ist.[7] Zu Nachforschungen ist er aber nur verpflichtet, wenn Zweifel bestehen. Eine Zustellung gegen Empfangsbekenntnis durch den Gerichtsvollzieher ist nach geltendem Recht durch § 192 Abs. 1 ausgeschlossen.

c) Adressatenkreis. In Erweiterung des für eine Zustellung gegen Empfangsbekenntnis früher 4
vorgesehenen Adressatenkreises kommen neben Anwälten, Notaren, Gerichtsvollziehern, Steuerberatern und Behörden, Körperschaften und Anstalten des öffentlichen Rechts auch solche natürlichen Personen in Betracht, bei denen auf **Grund ihres Berufes** von einer erhöhten Zuverlässigkeit ausgegangen werden kann. Die dem Gericht bekannte persönliche Zuverlässigkeit genügt daher nicht. Der Gesetzgeber hat es ausdrücklich der gerichtlichen Praxis überlassen, die Berufsgruppen festzulegen, bei denen von einer erhöhten Zuverlässigkeit ausgegangen werden kann.[8] Der Maßstab ist nicht individuell, sondern abstrakt-generell, so dass hierzu zB gehören: öffentlich bestellte Sachverständige, Patentanwälte, Rechtsbeistände (für sog. Kammerrechtsbeistände explizit geregelt in § 25 EGZPO),[9] Prozessagenten, Steuerbevollmächtigte, Wirtschaftsprüfer, vereidigte Buchprüfer, aber auch Steuerberatungsgesellschaften, Wirtschaftsprüfungsgesellschaften und Buchprüfungsgesellschaften (vgl. § 5

[1] Vgl. hierzu jüngst *Kamlah/Sedlmeier* WRP 2005, 818, die dem Gesetzgeber nicht zu Unrecht „handwerkliche Fehler" vorwerfen (selbst jedoch vom „ZustRG 2000" und dessen Inkrafttreten „zum 25. 6. 2001" sprechen). Zur Kritik an der gesetzlichen Regelung s. bereits *Häublein* MDR 2002, 563; *dens.,* in: *Hannich/Meyer-Seitz* (Hrsg.), ZPO-Reform mit ZustRG, § 174 Rn. 6.

[2] BGH NJW 2001, 3787, 3788.

[3] BGH VersR 1987, 258.

[4] BGHZ 30, 335, 337 = NJW 1959, 2062.

[5] BGHZ 14, 342, 344 = NJW 1954, 1722; BGH, NJW-RR 1992, 251, 252.

[6] BGH NJW 2001, 3787, 3788 (Zustellung eines Schiedsspruchs durch Einschreiben mit Rückschein).

[7] BGHZ 111, 106 = NJW 1990, 1854.

[8] BT-Drucks. 14/4554 S. 18.

[9] Gegen eine extensive Anwendung dieser Vorschrift: BGH NJW 2003, 3765.

Abs. 4 VwZG). Ob darüber hinaus auch an andere juristische Personen des Privatrechts wie Banken oder Versicherungen gegen Empfangsbekenntnis zugestellt werden kann, erscheint zweifelhaft.[10] Ebenso begegnet die in der Vorauflage vorgeschlagene Erstreckung auf sämtliche Beamte Bedenken. Zwar ist es richtig, dass die erleichterte Zustellung nicht voraussetzt, dass sie den Adressaten auch in seinem Beruf betrifft, weshalb nichts gegen eine Zustellung gem. § 174 an einen Richter spricht. Im Übrigen sollte jedoch eine uferlose Ausdehnung vermieden werden, zumal an sonstige Personengruppen gem. Abs. 3 Satz 2 zugestellt werden kann (hierzu näher Rn. 19). Keine Zustimmung verdient daher auch die Ausdehnung auf (nicht als Sachverständige vereidigte) Vermessungsingenieure und Architekten.[11] Da das Risiko der Unwirksamkeit der Zustellung insoweit die Partei trifft, sollte der Urkundsbeamte **in Zweifelsfällen** von dieser Zustellungsform **absehen.**

5 Im **arbeitsgerichtlichen Verfahren** ist § 174 entsprechend auf die nach § 11 ArbGG zur Prozessvertretung zugelassenen Vertreter von Gewerkschaften und von Vereinigungen von Arbeitgebern sowie von Zusammenschlüssen solcher Verbände anzuwenden (§ 50 Abs. 2 ArbGG). Damit ist zugleich gesagt, dass ein Gewerkschaftssekretär, der nicht nach § 11 Abs. 2 S. 2 ArbGG zur Vertretung berechtigt ist, eine Zustellung nach dieser Vorschrift nicht entgegennehmen kann.[12] Das Gleiche gilt für einen Stationsreferendar bei einem Arbeitgeberverband oder einer Gewerkschaft, der weder amtlich bestellter Vertreter noch nach § 11 Abs. 1 S. 1 ArbGG allgemein zur Prozessführung ermächtigt ist; ein von ihm trotzdem ausgestelltes Empfangsbekenntnis ist bedeutungslos.[13] Hat eine Behörde, zB das Jugendamt, bestimmte Aufgaben wie etwa diejenige des Pflegers oder Vormunds einzelnen seiner Beamten oder Angestellten übertragen, so kann trotzdem die Zustellung an die Behörde als solche bewirkt werden.[14] Das Empfangsbekenntnis ist namens der Behörde von derjenigen Person zu unterzeichnen, die nach den Dienstvorschriften hierzu befugt ist;[15] das muss nicht notwendigerweise der Leiter oder gesetzliche Vertreter sein.[16]

6 **d) Annahmewille (Empfangsbereitschaft).** Zur Wirksamkeit der Zustellung genügt es nicht, dass der Adressat das Schriftstück zur Kenntnis oder auch in Gewahrsam nimmt; er muss vielmehr – anders als bei einer Zustellung durch den Gerichtsvollzieher oder die Post (§ 176)[17] – auch empfangsbereit sein, dh. den Willen haben, das Schriftstück als zugestellt entgegenzunehmen.[18] Dieser Wille muss sich auf ein bestimmtes Schriftstück beziehen[19] und **zum Ausdruck gebracht** werden, was idR durch Unterzeichnung des Empfangsbekenntnisses (hierzu näher Rn. 8 ff.) geschieht. Das bedeutet, der Rechtsanwalt muss zunächst von dem Zugang des zuzustellenden Schriftstücks Kenntnis erlangen, bevor er konkret entscheidet, ob er es als zugestellt ansieht. Die Entgegennahme des Schriftstücks und seine – allgemeinen Anweisungen entsprechende – Bearbeitung durch das Kanzleipersonal des Adressaten haben insoweit nur vorbereitenden Charakter.[20] Der Annahmewille kann auch konkludent auf andere Weise, insbesondere durch schriftsätzliches Einlassen auf das Schriftstück, zum Ausdruck gebracht werden.[21] Jedenfalls für den Zivilprozess abzulehnen ist aber die Ansicht des BFH,[22] von einer Entgegennahme mit Zustellungswillen sei in einem solchen Fall am dritten Tag nach der Aufgabe des zuzustellenden Schriftstücks auszugehen. **Verweigert** der Empfänger die Zurücksendung, ist er nicht durch eine derartige Vermutung „zu bestrafen", sondern es ist eine **erneute Zustellung** auf anderem Weg vorzunehmen.[23] § 179 findet keine Anwendung; denn verfahrensrechtlich (anders nach Standesrecht) ist der Anwalt zur Entgegennahme und Rücksendung des Empfangsbekenntnisses nicht verpflichtet (Rn. 12).[24]

---

[10] Abl. auch *Stein/Jonas/H. Roth* Rn. 4; *Hornung* Rpfleger 2002, 493, 496.
[11] So aber *Hornung* Rpfleger 2002, 493, 496.
[12] BAG NJW 1975, 1798, 1799.
[13] BGH NJW 1979, 218, 218 f.
[14] BGH NJW 1983, 884; LM Nr. 8.
[15] BAG NJW 1995, 1916.
[16] BGHZ 35, 236, 239; BGH NJW 1983, 884; 1987, 1707, 1707 f.
[17] BGH NJW 1991, 42.
[18] BGHZ 14, 342, 345 = NJW 1954, 1722; BGHZ 30, 299, 301 = NJW 1959, 1871; BGHZ 30, 335, 336 = NJW 1959, 2062; NJW 1989, 1154; 1994, 2297; NJW-RR 1997, 55; 1998, 1442, 1443; für die Rechtslage nach Inkrafttreten des ZustRG: BGH NJW 2005, 3216, 3217 sowie instruktiv BFH NJW-RR 2007, 1001.
[19] RGZ 159, 83, 84; OLG Koblenz OLGZ 1976, 355, 357 f.
[20] BGH NJW 1991, 42; vgl. auch NJW 2001, 3787, 3789: Die Mitteilung des Anwalts, das Schriftstück sei an einem bestimmten Tag eingegangen, genügte dem BGH nicht für eine Zustellung.
[21] BGH NStZ-RR 2005, 77; BVerwG DÖV 2006, 788; *Stein/Jonas/H. Roth* Rn. 11.
[22] BFH/NV 2006, 309.
[23] S. auch *Eyinck* MDR 2006, 785, 786 f., der aus diesem Grund die Entscheidung OVG Lüneburg NJW 2005, 312 ablehnt.
[24] *Stein/Jonas/H. Roth* Rn. 22; *Zöller/Stöber* Rn. 6 unter Hinweis auf BGHZ 30, 299, 305.

Die prozessuale Empfangserklärung kann nicht wegen Irrtums angefochten[25] oder entsprechend § 130 Abs. 1 S. 2 BGB widerrufen werden. Ebenso ist ein Mentalvorbehalt, etwa des Inhalts, die Berufungsfrist nicht in Lauf setzen zu wollen, unbeachtlich.[26] Überhaupt sind Zustellungszeit und -wirkungen (Rechtsmittelfristenlauf) jeder Änderung – auch durch Parteivereinbarung – entzogen. Selbst eine Rückgabe des Schriftstücks an den Zustellenden berührt nicht die Wirksamkeit der einmal erfolgten Zustellung.[27] § 189 hilft über fehlenden Empfangswillen nicht hinweg (s. dort Rn. 6). 7

2. Empfangsbekenntnis (Abs. 4). a) Funktion und rechtliche Bedeutung des Empfangsbekenntnisses. Unter Geltung des ZustRG ist die **Bedeutung** des Empfangsbekenntnisses **umstritten.** Einerseits erscheint es als integraler Bestandteil der Zustellung gem. § 174, andererseits sind die Parallelen zur Zustellungsurkunde zu evident, als dass es gerechtfertigt wäre, beide unterschiedlich zu behandeln. Nach hier vertretener Ansicht ist das Empfangsbekenntnis insoweit konstitutiv, als dass der Zustellende die Zustellung zwingend an den Vorgaben des § 174 (bzw. § 195) ausrichten muss; im Übrigen erfüllt es reine **Nachweisfunktion.**[28] Damit es diese erfüllen kann, muss es schriftlich, nicht aber in besonderer **Form** abgegeben werden. Ungeachtet der vom Zustellenden gewählten Übermittlungsform kann es nunmehr[29] gem. Abs. 4 S. 2 auch durch **Telekopie** (hierzu Rn. 15) oder als **elektronisches Dokument** (Rn. 19) versandt werden, soll jedoch im letztgenannten Fall mit einer qualifizierten elektronischen Signatur versehen werden (Abs. 4 S. 3). Sofern die Rspr. bislang auf dem Standpunkt stand, die **mündliche Erklärung,** das Schriftstück als zugestellt entgegen und zur Kenntnis genommen zu haben, ersetze nicht das Empfangsbekenntnis,[30] kann dies ebenfalls nur noch sub specie der Nachweisbarkeit überzeugen. Alles andere ist mit den hinter § 189 stehenden Wertungen nicht vereinbar (vgl. auch § 189 Rn. 1). Das Empfangsbekenntnis braucht nicht die ausdrückliche Erklärung zu enthalten, das Schriftstück sei zum Zwecke der Zustellung entgegengenommen worden.[31] Auch muss nicht der übliche Vordruck verwendet werden.[32] Der Empfänger kann vielmehr (zB in einem Schriftsatz) auf beliebige Weise Empfang und Annahmewillen bestätigen, ohne dass es auf eine bestimmte Formulierung ankommt.[33] Auch Ungenauigkeiten und Unrichtigkeiten in der Formulierung des Empfangsbekenntnisses sind unschädlich, wenn keine Zweifel daran bestehen können, was gemeint ist.[34] Die **Identität des zugestellten Schriftstücks** muss jedoch außer Zweifel stehen.[35] Anders als die Postzustellungsurkunde (§ 182; s. aber dort auch Rn. 3) muss das Empfangsbekenntnis nicht in zeitlichem Zusammenhang mit der Entgegennahme des zuzustellenden Schriftstücks vollzogen werden, sondern kann **auch später ausgestellt** werden,[36] selbst wenn mittlerweile eine Zustellung auf andere Weise vorgenommen[37] oder ein Rechtsmittel eingelegt worden ist und das Empfangsbekenntnis Verspätung ergibt[38] oder der Anwalt an dem zugestellten Schriftstück keinen Gewahrsam mehr hat.[39] Übersendung und Empfangnahme erbringen dann **rückwirkend** den Nachweis der Zustellung. Zu Mängeln von Datum und Unterschrift s. Rn. 9 f. Wird der Mangel des Empfangsbekenntnisses nicht behoben, kann der **Zustellungsnachweis** auch **anderweitig geführt** werden, was nach Ansicht des BGH zu einer Heilung des Mangels führen soll.[40] Heilung tritt ein, wenn das Schriftstück 8

---

[25] BGH NJW 1974, 1469, 1470.

[26] BGH NJW 1974, 1469, 1470; VersR 1985, 142, 143 f.; s. auch BGH NJW 2007, 600: Anweisung an das Büro, das Empfangsbekenntnis vorerst nicht an das Gericht zurück zu senden, ist unbeachtlich.

[27] BGH NJW-RR 1993, 1213, 1214; OLG Brandenburg MDR 1997, 1063.

[28] Für bloßen Nachweis *Rosenberg/Schwab/Gottwald* § 74 Rn. 21; *Stein/Jonas/H. Roth* Rn. 13; vgl. auch BGH NJW 2005, 3216, 3217 (zu der hier aufgeworfenen Frage nimmt der Senat freilich nicht abschließend Stellung) und BFH/NV 2007, 1035; aA *Zöller/Stöber* Rn. 10 unter Hinw. auf die Rspr. zum alten Recht und die Regierungsbegründung BT-Drucks. 14/4554, S. 18.

[29] Anders noch die Fassung des § 174 durch das ZustRG; krit. hierzu *Häublein,* in: *Hannich/Meyer-Seitz* (Hrsg.), ZPO-Reform mit ZustRG, § 174 Rn. 6.

[30] BGH VersR 1977, 424, 425.

[31] BGH VersR 1966, 930; 1978, 763, 763 f.; 1985, 551.

[32] BGH NJW 1987, 2679; NJW-RR 1989, 57, 58 m. Anm. *v. Feldmann* FamRZ 1989, 495; FamRZ 1990, 866, 867; VersR 2001, 606.

[33] BGH NJW 1994, 2297.

[34] BGH VersR 1976, 1155, 1156; 1994, 1495; NJW-RR 1993, 1213; VersR 2001, 606, 607.

[35] BGH NJW 1969, 1297; VersR 1970, 624; 1976, 1155, 1156; 1978, 961; 1987, 988, 989; 1994, 1495.

[36] BGHZ 35, 236, 239; BGH NJW 1981, 462, 463; FamRZ 1990, 866, 867; NJW-RR 1992, 251; MDR 1995, 523.

[37] RG SeuffA 58 Nr. 248.

[38] BGHZ 35, 236, 239.

[39] BGH NJW 1981, 462, 463; NJW-RR 1992, 251.

[40] Instruktiv BGH NJW 2005, 3216, 3217 f.

dem Adressaten „tatsächlich zugeht". Dies spricht dafür, dass es auf das Ausfüllen des Empfangsbekenntnisses im Ergebnis nicht ankommen kann; denn eine Heilung kann schwerlich vor dem eigentlichen Zustellungszeitpunkt eintreten. Da immer dann, wenn der zustellungsbereite Adressat das Schriftstück in Empfang nimmt, zumindest ein Zugang nach Maßgabe des § 189 erfolgt ist, erschiene es inkonsequent, spätere Handlungen zu konstitutiven Voraussetzungen der Zustellung zu erheben. Da dem Zustellenden immer der Nachweis einer Heilung gem. § 189 offen steht, handelt es sich offenkundig um nichts anderes als ein Nachweisproblem.

9 **b) Datum.** Ein Empfangsbekenntnis ohne Zustellungsdatum galt bislang als unwirksam.[41] Gleiches galt bei unleserlicher Datumsangabe.[42] Dem ist der BGH[43] nunmehr überzeugend entgegengetreten und geht davon aus, dass die Zustellung **spätestens an dem Tag** erfolgt ist, an dem das Empfangsbekenntnis **beim Gericht eingeht.** Unter Hinweis auf den durch das ZustRG geänderten Zustellungsbegriff (§ 166 Rn. 3) wird betont, dass die Beurkundung des Zustellungsvorgangs allein dem Nachweis diene, weshalb kein Anlass bestehe, die Wirksamkeit der Zustellung an dem Formmangel scheitern zu lassen. Das Fehlen des Datums begründe auch keine Zweifel an der Empfangsbereitschaft des Adressaten. Ein **falsches Datum** auf dem Empfangsbekenntnis verhindert nicht den Nachweis des tatsächlichen Zugangstages;[44] denn die Zustellung ist mit der vom Willen getragenen Empfangnahme bewirkt (s. Rn. 8). Das Datum beweist aber bis zum Nachweis des Gegenteils den Zeitpunkt der Entgegennahme (zur Beweiskraft s. Rn. 13).[45] Bei Divergenzen zwischen dem (Kanzlei-)**Eingangsstempel** auf dem Empfangsbekenntnis und dem vom Anwalt eingetragenen Datum gilt letzteres, weil der Eingangsstempel nicht die Empfangsbereitschaft des Rechtsanwalts ausweist.[46] Enthält das Empfangsbekenntnis kein Empfangsdatum, wohl aber einen Eingangsstempel, hat sich der Anwalt mit seiner Unterschrift iZw. zum Empfang am Tage des Stempeldatums bekannt.[47] Das Datum kann nachträglich eingetragen[48] oder durch auf die Urkunde gesetzten Vermerk berichtigt werden.[49] Die Berichtigung beseitigt die Beweiskraft des ursprünglichen Datums, das berichtigte Datum ist aber für einen Fristbeginn nur dann maßgebend, wenn seine Richtigkeit zur Überzeugung des Gerichts feststeht.[50] Ist das Empfangsbekenntnis nachträglich handschriftlich geändert worden, muss der Ändernde die Richtigkeit der Änderung darlegen und beweisen.[51] Bestehen Zweifel an der Richtigkeit des auf dem Empfangsbekenntnis genannten Datums (zB weil es um mehr als drei Wochen von dem auf dem Empfangsbekenntnis des Prozessgegners abweicht), soll der Anwalt zur Meidung von prozessualen Nachteilen gehalten sein, bei der Aufklärung des tatsächlichen Zustellungsdatums mitzuwirken.[52]

10 **c) Unterschrift.** Das schriftliche (zu Abs. 4 S. 2 s. bei Rn. 15 f.) Empfangsbekenntnis muss vom Zustellungsempfänger unterschrieben sein. Fehlt die Unterschrift, ist der Nachweis der Zustellung jedenfalls mit der Urkunde nicht zu führen. Die Unterschrift ist eigenständig und **handschriftlich**[53] zu leisten, kann aber nachgeholt werden.[54] Ein bloßer (Faksimile-) Stempel[55] oder eine Paraphe[56] genügt nicht, um den Nachweis zu führen. Die Unterschrift braucht nicht lesbar zu sein; es genügt ein die Identität ausreichend kennzeichnender individueller Schriftzug, der einmalig ist, charakteristische Merkmale aufweist und sich als Namenszug darstellt,[57] so dass ein Dritter, der den Anwalt kennt, die Möglichkeit hat, dessen Namen aus dem Schriftbild herauszulesen.[58] Erfüllt der

[41] BGH NJW 1994, 526; s. a. MünchKommZPO/Aktualisierungsbd. § 174 Rn. 9.
[42] BGH NJW 1994, 526.
[43] NJW 2005, 3216, 3217.
[44] BGHZ 35, 236, 238; BGH NJW 1974, 1469; 1987, 325; 1991, 709.
[45] BGH NJW 1996, 2514, 2515; 1996, 3014 ff.; 2003, 2460; 2006, 1206, 1207; FamRZ 1997, 736.
[46] BGH FamRZ 1995, 799; BAG NJW 1995, 2125, 2126.
[47] OLG Koblenz MDR 1996, 852.
[48] BGH VersR 1986, 371, 372; NJW-RR 1986, 1254.
[49] BGHZ 35, 236, 238; BGH NJW 1974, 1383, 1384; vgl. BGH Rpfleger 1991, 27.
[50] Vgl. BGH NJW 1991, 709, 710.
[51] LAG Berlin MDR 1979, 524.
[52] LAG Nürnberg NZA-RR 2005, 208, 209. Offen bleibt, inwiefern die Unrichtigkeit des auf dem Empfangsbekenntnis angegebenen Datums die vom Gericht implizit gezogene Schlussfolgerung rechtfertigt, die Zustellung sei früher als angegeben erfolgt.
[53] Vgl. hierzu jedoch *Vollkommer,* FS Hagen, S. 49, 70, der sich gegen eine Ungleichbehandlung der einzelnen Übermittlungstechniken wendet und daher für eine Aufgabe des Eigenhändigkeitsgrundsatzes plädiert.
[54] BGHZ 57, 160, 163 = NJW 1972, 50.
[55] BGH NJW 1989, 838.
[56] BGH VersR 1974, 1223, 1224; 1981, 57; 1983, 273, 274; OLG Hamm NJW 1989, 3289.
[57] BGH NJW 1974, 1383, 1384; 1995, 533; VersR 1983, 273, 274; 1985, 503.
[58] BGH VersR 1981, 57; 1983, 273, 274.

Schriftzug diese Erfordernisse, ist es unschädlich, wenn der Anwalt nur mit einer Paraphe unterzeichnen wollte.[59] Dabei kann es eine Rolle spielen, ob der Rechtsanwalt auch sonst in gleicher oder ähnlicher Weise unterschreibt.[60] Das Empfangsbekenntnis über eine Urteilszustellung darf der Anwalt bei sorgfältiger Handhabung erst unterschreiben, wenn der Zustellungszeitpunkt und damit der Beginn der Rechtsmittelfrist entweder auf dem zugestellten Schriftstück selbst oder sonst in den Handakten vermerkt oder durch besondere Anordnung dafür Sorge getragen ist, dass das Zustellungsdatum festgehalten wird, damit anhand des entsprechenden Vermerks die Eintragung im Fristenkalender vorgenommen und auch kontrolliert werden kann.[61] Eine vor Rücksendung durchgestrichene Unterschrift beseitigt die Beweiskraft des Empfangsbekenntnisses; anderweitiger Nachweis des Zugangs bleibt aber möglich (s. Rn. 8).[62]

d) Unterschriftsberechtigung. Die Befugnis, das Empfangsbekenntnis zu unterschreiben, steht nur dem privilegierten Adressatenkreis zu (Rn. 4 f.). Die Befugnis ist an das Vertrauen geknüpft, das der Gesetzgeber ihm entgegenbringt und deswegen **nicht übertragbar.** Dem Rechtsanwalt gleichgestellt ist sein allgemein bestellter Vertreter (§ 53 BRAO) oder Zustellungsbevollmächtigter (§ 30 BRAO)[63] sowie der Kanzleiabwickler. Nicht unterschriftsberechtigt ist dagegen zB das Büropersonal, Rechtsreferendare[64] oder ein in der Kanzlei tätiger Rechtsbeistand.[65] In einer **Sozietät** gilt dagegen im Zweifel jeder Sozius als mandatiert und somit unterschriftsberechtigt, auch wenn er an dem maßgebenden Gericht nicht zugelassen[66] und/oder die Sendung an einen anderen Sozius adressiert ist.[67] Ist bei einem angestellten Anwalt die Mandatierung zweifelhaft, kommen die Grundsätze der Rechtsscheinvollmacht zur Anwendung,[68] wobei iZw. davon auszugehen ist, dass jeder Rechtsanwalt befugt ist, Zustellung für die Kanzlei zu empfangen. Für nicht natürliche Personen, Behörden und Körperschaften unterzeichnet deren gesetzlicher Vertreter, Leiter (§ 170 Abs. 2) oder der sonst nach der Aufgabenverteilung zuständige Bevollmächtigte;[69] die durch die interne Zuständigkeitsverteilung bedingte Verzögerung ist hinzunehmen.[70] 11

e) Rücksendung. Die Formulierung von Abs. 4 S. 1 („... zurückzusenden ist.") begründet **keine prozessrechtliche Verpflichtung**, sondern stellt lediglich das Fehlen einer Frankierpflicht der Geschäftsstelle klar.[71] Der **Verstoß gegen das Standesrecht,** der in der Nichtrücksendung des Empfangsbekenntnisses liegt, kann folglich nicht damit gerechtfertigt werden, das dem Schriftstück beigegebene Empfangsbekenntnis sei unfrankiert. Die Aufwendungen für die Rücksendung sind vom Zustellungsadressat zu tragen. Mehrkosten infolge fehlender Frankierung fallen ggf. der Partei zur Last (§ 85 Abs. 2). Bei der Rücksendung soll ein **einschränkender Übersendungsvermerk** (zB „soweit Anerkenntnis-Teilurteil") unbeachtlich sein, weil er im Widerspruch zu dem rein tatsächlichen Übergabevorgang steht.[72] Allerdings ist nicht ersichtlich, warum sich die Empfangsbereitschaft, auf die es in diesem Zusammenhang allein ankommt (Rn. 6), nicht auch auf einen Teil der Sendung beschränken können soll. Ist das Empfangsbekenntnis verloren gegangen, kann der Zustellende entweder dessen frühere Existenz und Inhalt beweisen[73] oder den Nachweis der Zustellung bzw. einer etwaigen Heilung von Mängeln auf andere Weise führen. 12

f) Beweiskraft des Empfangsbekenntnisses. Das datierte und unterschriebene Empfangsbekenntnis ist zwar Privaturkunde und keine öffentliche Urkunde[74] wie die Zustellungsurkunde nach § 182, hat aber dieselbe Bedeutung. Es erbringt Beweis für die Entgegennahme des Schriftstücks und deren Zeitpunkt.[75] Der **Gegenbeweis** der Unrichtigkeit der in dem Empfangsbekenntnis ent- 13

---

[59] BGH VersR 1978, 763.
[60] BGH VersR 1983, 273, 274.
[61] BGH FamRZ 1996, 1004.
[62] Wie hier *Stein/Jonas/H. Roth* Rn. 20.
[63] BGH NJW 1982, 1650, 1651.
[64] BGHZ 14, 342, 345 = NJW 1954, 1722; BAG NJW 1976, 991.
[65] OLG Hamm Rpfleger 1978, 225; OLG Frankfurt JurBüro 1986, 1893, 1893 f.; OVG Koblenz NJW 1970, 1144.
[66] OLG Frankfurt OLG-Report 1996, 35.
[67] BGHZ 67, 10, 12f.
[68] BGHZ 67, 10, 13; BGH NJW 1975, 1652, 1653.
[69] OVG Münster NVwZ 2007, 115 (Postulationsfähigkeit des Unterzeichners nicht erforderlich).
[70] BAG NJW 1995, 1916.
[71] BT-Drucks. 14/4554, S. 31. S. bereits OLG Hamm NJW 1998, 1223.
[72] OLG Hamm JR 1971, 468.
[73] BGH VersR 1977, 424, 425.
[74] BGH NJW 1990, 2125; VersR 1994, 371; FamRZ 1995, 799.
[75] BGH NJW 1990, 2125; 1996, 2514, 2515; 1996, 3014; 2001, 2722, 2723; 2002, 3027, 3028.

haltenen Angaben ist **zulässig.**[76] Bloße Zweifel an der Richtigkeit des Zustellungsdatums genügen dafür aber nicht.[77] Der Gegenbeweis ist insbesondere nicht schon dann erbracht, wenn die Richtigkeit der Angaben nur erschüttert ist.[78] Die Beweiswirkung muss vielmehr – schon damit Manipulationsmöglichkeiten nicht Tür und Tor geöffnet werden – vollständig entkräftet und ferner jede Möglichkeit ausgeschlossen sein, dass die Angaben richtig sein können.[79] Der Nachweis der Unrichtigkeit kann mit allen Beweismitteln, insbesondere auch mit Hilfe von anderslautenden Vermerken in den anwaltlichen Handakten geführt werden.[80] Eidesstattliche Versicherungen können als Beweismittel berücksichtigt werden, etwa sofern es um die Zulässigkeitsvoraussetzungen eines Rechtsmittels geht; ihr Beweiswert, der lediglich auf Glaubhaftmachung angelegt ist, wird aber zum Nachweis regelmäßig nicht ausreichen.[81] Insoweit muss dann auf die Vernehmung der Beweispersonen, etwa des Rechtsanwalts oder seines Personals, als Zeugen oder auf andere Beweismittel zurückgegriffen werden.[82] Zusätze wie „unvollständig, ohne Kostenausspruch"[83] oder nachträgliche Änderungen der Eintragungen in dem Empfangsbekenntnis[84] können den Beweiswert nicht widerlegen. Der Nachweis, dass das Schriftstück, dessen Zustellung im Empfangsbekenntnis bestätigt wurde, nicht beigefügt war, rechtfertigt nach Ansicht des BGH keine Wiedereinsetzung.[85] Ist er jedoch zur Überzeugung des Gerichts geführt, fehlt es an einer Zustellungsvoraussetzung (o. Rn. 2), weshalb es auf eine Wiedereinsetzung in die – mangels Zustellung noch gar nicht angelaufene – Frist überhaupt nicht ankommt.

14 **3. Zustellungszeitpunkt.** Die Zustellung ist **nicht erst mit Ausstellen des Empfangsbekenntnisses,** sondern schon in dem Zeitpunkt bewirkt, in dem der Adressat persönlich das Schriftstück erkennbar[86] mit dem Willen in Gewahrsam genommen hat, es zu behalten.[87] Ob der Adressat den Inhalt des Schriftstücks geprüft oder überhaupt zur Kenntnis genommen hat, ist ohne Belang; die mit dem Gewahrsam verbundene Möglichkeit zu inhaltlicher Prüfung ist entscheidend.[88] Keinesfalls kommt es auf den Eingang des Schriftstücks in der Kanzlei des Adressaten[89] oder das Einlegen in das Abholfach des Anwalts an.[90] Die Zustellung ist ferner nicht bereits dann bewirkt, wenn der Sozius des Prozessbevollmächtigten das Schriftstück aus dem Gerichtsfach nimmt und in die Kanzlei bringt, ohne sich mit dessen Inhalt zu befassen.[91] Ist ein Vertreter amtlich bestellt worden, so kommt es auf den Eingang bei diesem an.[92] Das **Empfangsbekenntnis** beurkundet lediglich die vollzogene Annahme und kann deswegen **im Nachhinein** ausgestellt werden (Rn. 8), etwa auf Nachfrage der Geschäftsstelle.[93] Voraussetzung ist aber, dass der Adressat von dem Zugang Kenntnis erlangt und das Schriftstück als zugestellt ansieht.[94] Ist das der Fall, werden die an die Zustellung anknüpfenden Fristen von diesem Zeitpunkt an in Lauf gesetzt, selbst wenn erst später ein ordnungsgemäßes Empfangsbekenntnis ausgestellt oder der Annahmewille in anderer Form manifest wird (s. Rn. 6).[95]

III. Zustellung durch Telekopie (Abs. 2).

15 **1. Übermittlung von Dokument und Empfangsbekenntnis.** Die Zustellung an den in Abs. 1 genannten Adressatenkreis (Rn. 4) kann auch durch Telekopie (s. auch § 130 Nr. 6) erfol-

---

[76] BGH NJW 1996, 3014; 2003, 2460; 2006, 1206, 1207.
[77] BVerfG NJW 2001, 1563, 1564; BGH NJW 2003, 2460.
[78] BVerwG NJW 1994, 535, 536; BGH VersR 1994, 371; NJW 2006, 1206, 1207.
[79] BGH NJW 1996, 2514, 2515; NJW-RR 1998, 1442, 1443; NJW 2001, 2722, 2723; 2002, 3027, 3028; BSG NJW-RR 2002, 1652; BayObLG NJW-RR 2000, 606 (für das Verfahren nach dem FGG).
[80] BGH NJW 1987, 325.
[81] BGH NJW 2003, 2460; s. aber BVerwG, Beschl. v. 21. 11. 2006, 1 B 162/06, juris.
[82] BGH NJW 2000, 814
[83] BGH NJW-RR 1993, 1213.
[84] BGH VersR 1968, 309.
[85] BGH NJW 2000, 2112, 2113.
[86] RGZ 8, 328, 332 f.; 109, 341, 343; 150, 392, 394; BGHZ 30, 299, 301 = NJW 1959, 1871; BGHZ 30, 335, 336 = NJW 1959, 2062.
[87] RGZ 150, 392, 394; BGHZ 35, 236, 239; BGH NJW 1974, 1469; 2003, 2460; 2006, 1206, 1207; BFH/NV 2005, 1572; OLG Nürnberg NJW 1992, 1177.
[88] BGH NJW-RR 1992, 251.
[89] BGH NJW 1991, 42; BVerwG NJW 1979, 1998; vgl. auch Rn. 6.
[90] OLG Schleswig NJW 1969, 936, 937; LAG Hamm NJW 1968, 1981, 1982.
[91] BGH NJW 1979, 2566, 2567.
[92] BGH VersR 1971, 1176.
[93] BGH NJW 1994, 2297.
[94] BGH NJW 1991, 42.
[95] BGH NJW 1974, 1469, 1470.

gen. Die Vorschrift eröffnet damit auch für die Ausführung der förmlichen Zustellung die von der Rechtsprechung[96] bereits für das Einreichen bestimmender Schriftsätze an das Gericht anerkannte Möglichkeit, die Mittel moderner Bürokommunikation zu nutzen. Die Zustellung soll mit einem Vorblatt eingeleitet werden, das den deutlichen Hinweis auf eine förmliche Zustellung gegen Empfangsbekenntnis enthält, damit der Adressat in gleicher Weise wie der Empfänger eines durch die Post zugestellten Schriftstücks erkennen kann, dass es sich um eine förmliche Zustellung handelt. Statt eines Vorblatts kann der Hinweis auch dem zuzustellenden Dokument vorangestellt werden.[97] Dem Zwecke der Identifizierung dienen die weiteren von Absatz 2 Satz 2 geforderten Angaben. Verstoß gegen die **Sollvorschrift** führt jedoch nicht zur Unwirksamkeit der Zustellung. Als Nachweis, dass eine Zustellung durch Telekopie eingeleitet worden ist, genügt das zu den Akten genommene Sendeprotokoll mit dem Vermerk des mit der Übermittlung beauftragten Justizbediensteten, dass dieses das zuzustellende Schriftstück betrifft. Aus dem Protokoll ergeben sich regelmäßig die zu vermerkenden[98] Angaben über die Person des Adressaten und den Zeitpunkt der Aufgabe; bei Unleserlichkeit sind diese vom Ausführenden zu ergänzen. Die Zustellung ist wie bei einer Zustellung nach Absatz 1 nicht schon mit dem Eingang des Schriftstücks auf dem Empfangsgerät und dem Ausdruck des Übersendungsprotokolls durch das Sendegerät, aber auch nicht erst mit der Ausstellung oder dem Absenden des **Empfangsbekenntnisses** bewirkt, sondern in dem Zeitpunkt, in dem der Adressat das Schriftstück erkennbar mit dem Willen in Gewahrsam genommen hat, es zu einem bestimmten Zeitpunkt als zugestellt entgegenzunehmen.[99] Das allein dem Nachweis dienende Empfangsbekenntnis kann schriftlich, als elektronisches Dokument oder wiederum durch Telekopie an die Geschäftsstelle übermittelt werden (Abs. 4 S. 2).

2. Übermittlung von Dokumenten per Computer-Fax. Da ein elektronisches Dokument gem. Abs. 3 S. 3 bzw. Abs. 4 S. 3 mit einer (qualifizierten) elektronischen Signatur zu versehen ist bzw. versehen werden soll, stellt sich die Frage, ob ein **Computer-Fax** dem Telefax gleichsteht oder ein elektronisches Dokument ist. Ersteres erscheint vorzugswürdig,[100] auch wenn die Versendung per Computer-Fax dem Versand mittels E-Mail auf der Absenderseite durchaus nahe steht und ferner zuzugeben ist, dass die Daten denselben Weg nehmen (können) wie bei einer E-Mail, weshalb sich hinsichtlich der Sicherheitsstandards durchaus vergleichbare Probleme ergeben.[101] Unerheblich ist in diesem Zusammenhang, inwiefern sich die Zustellung per Computer-Fax von der herkömmlichen Faxversendung dadurch unterscheidet, dass der Absender regelmäßig nicht über ein Originalschriftstück verfügt (anders, wenn das Dokument zum Zwecke der Übersendung in den Computer gescannt wurde). Der Frage, ob der Zustellende das Dokument vor der Übermittlung ausdruckt oder danach oder gar nicht, kann keine entscheidende Bedeutung zukommen.[102] Entscheidend für die hier vertretene Ansicht spricht ein systematischer Vergleich mit § 130a. Elektronische Dokumente sind nach dieser Vorschrift nur solche, deren Empfang und weitere Bearbeitung besondere technische und organisatorische Voraussetzungen erfordern. Dies gilt gerade nicht für elektronisch übermittelte Dokumente, die durch herkömmliches Telefax empfangen werden können. Besonders deutlich kommt dies in der Beschlussempfehlung des Rechtsausschusses zum Formvorschriftenanpassungsgesetz vom 13. 7. 2001[103] zum Ausdruck, wo als nicht von § 130a erfasste Übermittlungsform ausdrücklich das Computerfax genannt wird. Es gibt keinen sachlichen Grund, den Begriff des elektronischen Dokuments im Rahmen des § 174 anders zu interpretieren. Die Übermittlung von Dokumenten per Computerfax ist daher dem Anwendungsbereich von § 174 Abs. 2 zuzuordnen. Im Unterschied zum elektronischen Dokument erfolgt die Identifizierung bei der Telekopie durch (kopierte) Unterschrift (vgl. § 130 Nr. 6), die folglich bei Verwendung eines Computer-Fax ggf. eingescannt werden muss.[104] Genügte der bloße Hinweis, das Dokument sei wegen der gewählten Übertragungsform nicht unterzeichnet,[105] wären sowohl das Unterschriftserfordernis in den Fällen des Abs. 1 (Rn. 10) als auch das Signaturerfordernis des Abs. 4 S. 3 vollkommen unverständlich. Man kann zwar bezweifeln, dass durch das Scannen der Unterschrift ein 16

---

[96] Vgl. GmS-OGB BGHZ 144, 160 = NJW 2000, 2340; § 129 Rn. 16.
[97] Zust. *Stein/Jonas/H. Roth* Rn. 28.
[98] Vgl. BT-Drucks. 14/4554, S. 18.
[99] OLG Köln WRP 2007, 345; vgl. außerdem Rn. 6.
[100] Wie hier *Heß* NJW 2002, 2417, 2420 (m. Fn. 55); *Stein/Jonas/H. Roth* Rn. 30.
[101] Hierzu *Härting,* MDR 2001, 61, 62.
[102] Anders *Kamlah/Sedlmeier* WRP 2005, 818, 820f.
[103] BT-Drucks. 14/5561, S. 20.
[104] In diesem Sinne etwa *Härting* K&R 1999, 16, 18.
[105] So für bestimmende Schriftsätze: BGHZ 144, 160, 165 = NJW 2000, 2340; anders nunmehr aber die seit dem 1. 3. 2001 in Kraft befindliche Fassung des § 130 Nr. 6.

erhöhtes Maß an Authentizität gewährleistet wird; das Erfordernis vermeidet aber jedenfalls Wertungswidersprüche innerhalb der einzelnen Varianten des § 174.[106]

17 **3. Auswirkungen des Einsatzes moderner Kommunikationsmittel auf den Zugangsnachweis.** Im Schrifttum hat man von der **Zustellung förmlicher Urkunden** per Telekopie **abgeraten.** Gegen diese Zustellform seien „erhebliche Bedenken" anzumelden, die aus einem Vergleich mit der Übergabe beglaubigter Abschriften hergeleitet werden.[107] Der Empfänger eines Telefax sei „nicht in der Lage, auch nur ansatzweise zu erkennen, was ihm eigentlich zugestellt wurde." Es lasse sich nicht unterscheiden, ob das per Fax übermittelte Dokument die Ausfertigung eines Urteils oder lediglich eine einfache Kopie dieser Ausfertigung sei. Weiter heißt es: „Die Übersendung einer einfachen Kopie per Telefax wäre selbstredend keine wirksame Zustellung, da schon die Übergabe einer einfachen Kopie durch den Gerichtsvollzieher nicht ausreicht".[108] Diese Ausführungen verkennen zum einen den durch das ZustRG fundamental veränderten Zustellungsbegriff und zum anderen, dass mit dem Einsatz moderner Kommunikationsmittel notwendig **Einbußen im Hinblick auf den Authentizitätsnachweis** verbunden sind.[109] Genau aus diesen Gründen ist die Behauptung, von einer wirksamen Zustellung sei nicht auszugehen, wenn statt einer beglaubigten eine einfache Abschrift übergeben werde, nicht nur nicht „selbstredend" richtig, sondern schlicht überholt (vgl. § 169 Rn. 3f.). Der Gesetzgeber hat bewusst die Förmlichkeit des Verfahrens zurückgedrängt und sich dafür entschieden, die Zustellungsmöglichkeiten zu erweitern. Da in diesem Kontext auch Kostengesichtspunkte genannt werden,[110] ließ er sich bei der Reform ersichtlich von der mindestens vertretbaren Überlegung leiten, die in den allermeisten Fällen (die Quote dürfte über 99% liegen) unproblematische Übermittlung von Dokumenten rechtfertige die durch das herkömmliche Zustellungsverfahren verursachten Kosten nicht. Nicht minder vertretbar erscheint die weitere Überlegung, den zum Zwecke des Nachweises vorgesehenen förmlichen Übermittlungsverfahren solche „aufgelockerter Förmlichkeit" an die Seite zu stellen. Der Zustellende hat es in der Hand, dasjenige Verfahren zu wählen, das ein Höchstmaß an Beweisbarkeit des Zugangs verspricht, wenn er hierfür einen Anlass sieht.

18 Die Unterschiede zwischen den einzelnen Verfahren zeigen sich naturgemäß erst, wenn der Adressat den **Zugang bestreitet.** Ein per Telekopie übermitteltes Empfangsbekenntnis wird es dem Absender eher ermöglichen, den Gegenbeweis nach Maßgabe der Ausführungen bei Rn. 13 zu führen. Auch die Übersendung des zuzustellenden (mehrseitigen) Dokuments selbst per Telefax ermöglicht Einwände des Adressaten, die bei Übergabe einer beglaubigten und gehefteten Abschrift leichter auszuräumen wären. Dies gilt zB für den Einwand des Adressaten, das zugestellte Dokument habe mehrere, nicht zur Sache gehörende Seiten enthalten, was bei erster Durchsicht nicht aufgefallen sei. Die Vorlage eines gehefteten und beglaubigten Schriftstücks würde dem Adressaten die Möglichkeit geben, das Gericht vom Wahrheitsgehalt seiner Einlassung zu überzeugen. Dem Umstand, dass sich ein solches Exemplar bei Zustellung per Telefax nicht in seinen Händen befindet, muss man durch geringere Anforderungen beim Entkräftungsnachweis (Gegenbeweis) Rechnung tragen. Der Empfänger hat den in der Übersendung des Empfangsbekenntnisses liegenden Zugangsnachweis bspw. bereits dann erschüttert, wenn er eine dem Sendebericht des Zustellenden entsprechende Zahl von Seiten mit durchgehender Kennung vorlegt, die seine Behauptung stützen. Dass das Gericht dann in eine (freie) Beweiswürdigung eintreten muss und es gerade Sinn des förmlichen Zustellungsverfahrens ist, einen solchen Streit über den Zugang zu verhindern, um den Prozessverlauf nicht zu verzögern (§ 166 Rn. 5), hat der Gesetzgeber bewusst in Kauf genommen. Dies zeigt die Begründung zu § 189 deutlich. Dem Zustellenden steht es frei, den Nachweis zu führen, dass der Zustellungszweck erreicht wurde, was das Gericht „in freier Beweiswürdigung des Sachverhalts" prüft.[111] Entgegen der Kritik im Schrifttum ist der Gesetzgeber also nicht „weit über das eigentliche Ziel hinausgeschossen",[112] sondern hat einfach andere Ziele (Kostenersparnis, Flexibilität, Zeitersparnis) in den Vordergrund gerückt. In einem Punkt verdienen die Kritiker aber Zustimmung: Die Zustellung gem. § 174 Abs. 2 eröffnet dem Empfänger – wie ausgeführt – Einwendungen gegen den Zugang des Dokuments, selbst wenn ein Empfangsbekenntnis vorliegt. Dessen sollte man sich bewusst sein und in Zweifelsfällen eher von der Zustellung durch Telekopie absehen.

---

[106] Hierzu bereits *Häublein,* in: *Hannich/Meyer-Seitz* (Hrsg.), ZPO-Reform 2002 mit ZustRG, Rn. 9f.

[107] *Kamlah/Sedlmeier* WRP 2005, 818, 823.

[108] *Kamlah/Sedlmeier* WRP 2005, 818, 822.

[109] Hierzu unter Darstellung der Rechtsprechungsentwicklung zu den bestimmenden Schriftsätzen nur *Vollkommer,* FS Hagen, S. 49; vgl. auch bereits *dens.* NJW 1973, 1974.

[110] BT-Drucks. 14/4554 S. 13f.

[111] BT-Drucks. 14/4554 S. 14.

[112] *Kamlah/Sedlmeier* WRP 2005, 818, 823.

IV. Zustellung auf elektronischem Wege (Abs. 3)

19 Für elektronische Dokumente (§ 130 a und b) kann die Zustellung an den in Absatz 1 genannten Adressatenkreis (Rn. 4) auch durch elektronische Post (E-Mail) erfolgen. Erfasst sind die Fälle, in denen das zuzustellende Dokument auf einem elektronischen Datenträger gespeichert ist, was künftig vor allem bei der elektronischen Akte (§ 298 a) der Fall sein wird (zum von Abs. 3 nicht erfassten Computer-Fax s. Rn. 16). Als Adressaten der Zustellung kommen neben den in Absatz 1 genannten Personen auch **andere Verfahrensbeteiligte** in Betracht, sofern diese der Übermittlung elektronischer Dokumente vorher ausdrücklich zugestimmt haben. Da § 174 Abs. 3 S. 2 eine ausdrückliche Zustimmung fordert, genügt allein die Angabe einer E-Mail-Adresse auf dem Briefkopf eines Verfahrensbeteiligten nicht.[113] Für die Praxis empfiehlt sich die Verwendung von Formularen, die zu Beginn des Verfahrens an die Beteiligten zu versenden sind. Auf ihnen sollte ein Hinweis auf die Bedeutung der Zustellung von Schriftstücken enthalten sein. Eine von Berufs wegen zu vermutende erhöhte Zuverlässigkeit ist nach der Entstehungsgeschichte der Vorschrift eindeutig nicht Voraussetzung für die Zustellung.[114] Die andernorts[115] an dieser durch den Bundesrat angeregten Erweiterung des Adressatenkreises geübte systematische Kritik ist aufrecht zu erhalten. Es ist inkonsequent, wenn abweichend von Abs. 1 und 2 in Abs. 3 auf die Zustimmung des Adressaten abgestellt wird. Abs. 3 S. 2 steht im Widerspruch zu den Erwägungen der Entwurfsbegründung, mit der die Möglichkeit der Zustellung gegen Empfangsbekenntnis an sämtliche Personen für die Fälle des Abs. 1 abgelehnt wurde. Wörtlich heißt es in der Begründung:[116] „An alle Personen die Zustellung gegen Empfangsbekenntnis zuzulassen, ist derzeit nicht möglich, da eine Mitwirkung bei der Zustellung nicht generell von allen erwartet werden kann. Damit bestünde die Gefahr, dass der Zustellungsempfänger aus Nachlässigkeit oder böswillig das Empfangsbekenntnis nicht zurücksendet." Es ist nicht zu erkennen, warum gerade die Zustimmung eines Verfahrensbeteiligten zur Zustellung elektronischer Dokumente die Besorgnis, dieser könne sich später einer Zustellung gegen Empfangsbekenntnis verschließen, beseitigen soll. Darüber hinaus ist es möglich, dass der Verzicht auf die förmliche Zustellung im Einzelfall für die Partei zu Nachteilen führt. Insoweit, als das förmliche Verfahren den Adressaten schützt, muss es als Widerspruch erscheinen, wenn einerseits im materiellen Recht der Schutz des Verbrauchers zunehmend als zwingendes Recht ausgestaltet wird, die Naturalpartei im Prozess andererseits aber frei über das Verfahren disponieren kann. Die Begründung äußert sich zum Verbraucherschutz nicht.

20 Das Dokument ist von dem mit der Zustellung beauftragten Bediensteten mit einer elektronischen **Signatur** zu versehen. § 2 SigG nennt 3 Arten: Die elektronische Signatur, die fortgeschrittene elektronische Signatur und die qualifizierte elektronische Signatur.[117] Nur die letzte steht gem. § 126 Abs. 3 BGB der Schriftform gleich und ist dem Anscheinsbeweis nach § 292 a zugänglich. Anders als § 130 a Abs. 1 schreibt § 174 Abs. 3 keine besondere Form der elektronischen Signatur vor. Die Art der zu wählenden Signatur wird durch den Inhalt des Dokuments bestimmt. Geht es nur darum, die Authentizität des Absenders zu sichern, genügt die elektronische Signatur gem. § 2 Nr. 1 SigG den Anforderungen des § 174 Abs. 3. Die Materialien[118] nennen hier Terminsladungen, bei denen der Adressat eindeutig feststellen könne, welche Stelle das Dokument abgesandt hat. Soll hingegen sichergestellt werden, dass der Inhalt der Erklärung während der Übertragung nicht unerkannt verändert werden kann, geht es also um die **Integrität** der Daten, muss das Dokument nach pflichtgemäßem Ermessen in qualifizierter Form elektronisch signiert werden. Letzteres wird bei der Zustellung von Schriftsätzen zu bejahen sein.

21 Die elektronische Signatur verfolgt das Ziel, das Dokument einem bestimmten Absender zuzuordnen (Authentizität) und, jedenfalls in den Fällen des § 2 Nr. 2 und 3 SigG, auch die Integrität der Daten zu sichern. Sie bewirkt hingegen keine Verschlüsselung des zuzustellenden Dokuments. Dieses bleibt vielmehr im Klartext lesbar.[119] Aus diesem Grund schreibt Abs. 3 S. 3 neben der Signatur auch die **Verschlüsselung des Dokuments** vor, dh. es ist in geeigneter Weise **gegen unbefugte Kenntnisnahme** Dritter zu sichern. Damit wird die Vertraulichkeit der Übermittlung und der darin enthaltenen personenbezogenen Daten gesichert.[120]

---

113 *Heß* NJW 2002, 2417, 2420 (m. Fn. 57); *Stein/Jonas/H. Roth* Rn. 32.

114 Vgl. BT-Drucks. 14/8763, S. 18; AA *Baumbach/Lauterbach/Hartmann* Rn. 17.

115 *Häublein* MDR 2002, 563; *ders.*, in: *Hannich/Meyer-Seitz* (Hrsg.), ZPO-Reform 2002 mit ZustRG, Rn. 13; vgl. auch *Heß* NJW 2002, 2417, 2421 (m. Fn. 78).

116 BT-Drucks. 14/4554, S. 18.

117 Ein instruktiver Überblick zur elektronischen Signatur findet sich bei *Schicker,* Die elektronische Signatur, JurPC Web-Dok. 139/2001 abrufbar unter http://www.jurpc.de/aufsatz/20010139.htm

118 BT-Drucks. 14/4554, S. 19.

119 Hierzu *Miedbrodt/Mayer* MDR 2001, 432.

120 BT-Drucks. 14/4554, S. 19; zur Verschlüsselungstechnik etwa *Lapp* BRAK-Mitt. 1998, 134 f.

22 Die Zustellung ist wie in den Fällen der Absätze 1 und 2 bewirkt, wenn der Adressat das Dokument mit dem Willen entgegengenommen hat, es als zugestellt anzusehen. Das **Empfangsbekenntnis** kann als elektronisches Dokument, aber auch in einer in Absatz 1 und 2 vorgesehenen Form erteilt werden. Wird es als elektronisches Dokument versendet, soll es mit einer qualifizierten Signatur nach dem Signaturgesetz versehen werden (Abs. 4 Satz 3). Der Verstoß gegen die Soll-Vorschrift führt nicht zur Unwirksamkeit des Empfangsbekenntnisses (wie Rn. 15). Das zu Rn. 8 ff. Gesagte gilt sinngemäß.

§ 175 Zustellung durch Einschreiben mit Rückschein

[1] Ein Schriftstück kann durch Einschreiben mit Rückschein zugestellt werden. [2] Zum Nachweis der Zustellung genügt der Rückschein.

I. Normzweck

1 Mit der Vorschrift ist seit dem Inkrafttreten des ZustRG (§ 166 Rn. 1) auch im Verfahren nach der ZPO die kostengünstigere[1] Zustellung durch Einschreiben mit Rückschein statthaft, was einer Forderung des Schrifttums Rechnung trägt.[2] Bereits zuvor bestand diese Möglichkeit im Verwaltungszustellungsrecht, hat dort jedoch in § 4 VwZG eine etwas detaillierte Regelung erfahren. Zugleich wird die Rechtslage bei der Inlandszustellung der Auslandszustellung angeglichen (vgl. hierzu § 183 Abs. 1 Nr. 1 sowie Art. 14 EG-ZustellVO, §§ 183 Abs. 3, 1068; im Strafverfahren bereits § 37 Abs. 2 StPO aF).

II. Allgemeines

2 Die Zustellung durch Einschreiben mit Rückschein ist eine **eigenständige Zustellungsform**, auf welche die Bestimmungen der **§§ 177 bis 181 keine Anwendung finden.**[3] Die Entscheidung, ob sie auch unter Berücksichtigung der Kosten gegenüber anderen Zustellungsformen am besten geeignet ist, den Zustellungserfolg herbeizuführen, liegt im pflichtgemäßen Ermessen der Geschäftsstelle. Zulässig ist nur eine Zustellung durch Einschreiben mit Rückschein, nicht ein von verschiedenen Postdienstleistungsunternehmen angebotenes „Einwurf-Einschreiben“[4] oder, anders als in § 4 Abs. 1 VwZG vorgesehen, ein (einfaches) „Übergabe-Einschreiben“.[5] Der hierüber erstellte Auslieferungsbeleg kann jedoch iVm. dem Einlieferungsbeleg im Wege des Indizienbeweises den Zugang iSd. § 189 nachweisen.[6] Die Aufgabe und Beförderung sowie die Übergabe an den Empfänger richten sich grds. nach den AGB der Postdienstleistungsunternehmen (s. Rn. 3).

III. Übergabe des Schriftstücks

3 **1. Zustellungsempfänger.** Die Zustellung ist mit der Übergabe des Einschreibebriefes an den **Adressaten** bewirkt (zur Bedeutung des Rückscheins s. Rn. 6). Ist eine Übergabe an den Adressaten oder seinen Bevollmächtigten gem. § 171 nicht möglich, kann nach den AGB der meisten die Dienstleistung „Einschreiben Rückschein“ anbietenden Zustellunternehmen[7] der eingeschriebene Brief einem **Ersatzempfänger** ausgehändigt werden. Als Ersatzempfänger sind insbesondere der Ehepartner und andere Familienangehörige des Adressaten vorgesehen, ebenso aber eine in der Wohnung oder in dem Betrieb des Adressaten beschäftigte oder gar nur anwesende Person sowie Hausbewohner und Nachbarn, von denen angenommen werden kann, dass sie zur Entgegennahme berechtigt sind. Trägt der eingeschriebene Brief den **Vermerk „eigenhändig“,** ist die Aushändigung an eine andere Person als den Adressaten jedoch ausgeschlossen. Ob solche vertraglichen Bestimmungen, die im Verhältnis Auftraggeber/Zusteller vereinbart werden, den Kreis der zulässigen Zustellungsempfänger erweitern können, ist umstritten. Während die Gesetzesmaterialien[8] und diesen folgend die überwiegende Kommentarliteratur[9] eine derartige „dynamische Verweisung“ auf

---

[1] Hierzu *Stein/Jonas/H. Roth* Rn. 1: Kostenvorteil gegenüber der förmlichen Zustellung minimal.
[2] *Stein/Jonas/H. Roth* Vor § 166 Rn. 11.
[3] Ganz hM; vgl. etwa BSG NJW 2005, 1303.
[4] OLG Brandenburg OLG-Rspr. NL 2005, 208.
[5] *Stein/Jonas/H. Roth* Rn. 3.
[6] Vgl. *Reichert* NJW 2001, 2523; aA *Bauer/Diller* NJW 1998, 2795.
[7] Gründe für eine Beschränkung auf die in der Regierungsbegründung (s. Fn. 8) beispielhaft angeführten AGB der Deutschen Post AG sind nicht ersichtlich; *Stein/Jonas/H. Roth* Rn. 2.
[8] BT-Drucks. 14/4554, S. 19.
[9] 2. Aufl. Aktualisierungsbd. Rn. 2; *Thomas/Putzo/Hüßtege* Rn. 4; *Zöller/Stöber* Rn. 3.

die privatrechtlichen AGB im Ergebnis billigen, ist in der Rechtsprechung[10] die Ansicht vertreten worden, der Gesetzgeber könne die Frage der Wirksamkeit einer Fristen auslösenden Zustellung nicht dem Gestaltungswillen von Privatunternehmen überlassen. Vorzugswürdig ist eine **vermittelnde Ansicht:**[11] Es liegt in der Natur der Übertragung der Zustellung auf private Unternehmen, dass deren Zustellbedingungen Bedeutung für das förmliche Zustellverfahren erlangen. So sieht das Gesetz bspw. keine Regelungen über die Beschaffenheit des Rückscheins vor, weshalb die Gestaltung Sache des beauftragten Unternehmens ist. Um jedoch Wertungswidersprüche zwischen den einzelnen Zustellungsformen zu vermeiden, wird man den Kreis tauglicher Zustellungsempfänger nicht weiter ziehen dürfen als in § 178, muss ihn aber auch nicht per se einengen, etwa auf den Adressaten persönlich beschränken. Auch eine Übergabe an – nicht den förmlichen Adressaten darstellende – gesetzliche oder rechtsgeschäftliche Vertreter (vgl. §§ 170f.) kann daher in den AGB vorgesehen werden, ohne dass der Adressat durch derartige AGB unangemessen belastet würde.[12] Gehen die AGB hingegen über diesen Personenkreis hinaus, kann von einer wirksamen Zustellung – vorbehaltlich § 189 – nicht mehr ausgegangen werden, was wiederum Rückwirkungen für die Bewertung der AGB nach Maßgabe des §§ 305c Abs. 1, 307 BGB haben kann.[13] Da die in § 178 genannten Personen regelmäßig als Empfangsboten des Adressaten angesehen werden können, dürfte sich die hier vertretene Ansicht in vielen Fällen nicht von der geschilderten Rechtsprechungsansicht[14] unterscheiden, die statt dessen auf die iRd. § 130 Abs. 1 S. 1 BGB geltenden Grundsätze über den Zugang von Erklärungen bei Übergabe an einen Empfangsboten abstellen will. Sie ist freilich etwas restriktiver, bspw. insofern, als sie, anders als die Rechtsprechung, eine entsprechende Regelung in den AGB des zustellenden Unternehmens erfordert.

2. Unzustellbare Sendungen. Verweigert der Adressat oder der Ersatzempfänger die **Annahme,** wird die Einschreibesendung als unzustellbar zurückgeschickt. Gleiches gilt, wenn der Adressat nicht angetroffen und durch Benachrichtigungsschein über den Zustellversuch informiert wird, er die Sendung aber nicht innerhalb der **Lagerfrist** (Deutsche Post AG: sieben Werktage) abholt. Zu den Auswirkungen einer derartigen Verweigerung äußert sich die Entwurfsbegründung nicht.[15] Betrachtet man die zum Zugang empfangsbedürftiger, per Einschreiben übermittelter Willenserklärungen vertretene Position der Rechtsprechung,[16] spricht einiges dafür, es als einen Verstoß gegen Treu und Glauben anzusehen, wenn der Empfänger sich auf den fehlenden oder verzögerten Zugang der Erklärung beruft, obwohl er diesen selbst zu vertreten hat. Der BGH betont, dass derjenige, der mit dem Zugang rechtserheblicher Erklärungen rechnen muss (was im Rahmen eines anhängigen gerichtlichen Verfahrens wohl grundsätzlich zu bejahen ist), geeignete Vorkehrungen zu treffen hat, damit ihn die Erklärungen auch erreichen. Zwar müsse der Absender der Erklärung, wenn er von dem erfolglosen Zugangsversuch Kenntnis erlangt, grundsätzlich unverzüglich einen neuen Versuch unternehmen; ein wiederholter Zustellungsversuch sei aber dann entbehrlich, wenn der Empfänger den Empfang grundlos verweigert oder arglistig verhindert habe. Letzteres weiß die die Zustellung veranlassende **Geschäftsstelle** freilich regelmäßig nicht sicher; denn die Verweigerung wird anders als bei der Zustellung mit Zustellurkunde gem. § 182 nicht dokumentiert. Sie sollte daher, ungeachtet der nachfolgend erörterten Streitfrage, **im Zweifel** auf eine **andere Zustellungsart** zurückgreifen, um den Zustellungserfolg sicher herbeizuführen. 4

Ein **systematischer Vergleich** mit § 179, der die Folgen der Annahmeverweigerung explizit regelt, scheint **dagegen** zu sprechen, die geschilderten Grundsätze der Rechtsprechung auf die Zustellung gem. § 175 zu übertragen. Die Vorschrift gehört systematisch zu dem in §§ 176ff. geregelten Zustellungsverfahren. Eine vergleichbare Vorschrift für die Zustellung durch Einschreiben mit Rückschein fehlt. § 179 S. 3 sieht vor, dass das Schriftstück mit der Annahmeverweigerung als zugestellt gilt. Im Unterschied zur Zustellung durch Einschreiben mit Rückschein ist die Annahmeverweigerung jedoch in der Zustellungsurkunde zu dokumentieren (§ 182 Abs. 2 Nr. 5). Das Gericht kann so regelmäßig überprüfen, ob die Voraussetzungen einer wirksamen Zustellung vor- 5

---

[10] Vgl. BSG NJW 2005, 1303, 1304; LSG Sachsen, Beschl. v. 8. 11. 2004, L 6 B 164/04 SB, juris; dem BSG zust. *Baumbach/Lauterbach/Hartmann* Rn. 4; *Eyinck* MDR 2006, 785.

[11] *Stein/Jonas/H. Roth* Rn. 2; *Häublein,* in: *Hannich/Meyer-Seitz* (Hrsg.), ZPO-Reform 2002 mit ZustRG, Rn. 3.

[12] Der umstrittenen Frage, inwieweit eine etwaige Benachteiligung Dritter Auswirkungen auf die Inhaltskontrolle der AGB hätte, kann hier nicht nachgegangen werden; zum Problem s. *A. Fuchs,* in: *Ulmer/Brandner/Hensen,* AGB-Recht, § 307 Rn. 133ff.; *Habersack,* Vertragsfreiheit und Drittinteressen, 1992, S. 172ff.

[13] *Stein/Jonas/H. Roth* Rn. 2 will offenbar gewisse Abweichungen für zulässig halten; ebenso *Eyinck* MDR 2006, 785: Zustellung an Vermieter des Adressaten zulässig.

[14] S. hierzu BSG NJW 2005, 1303, 1304 unter Hinweis auf die Ausführungen des Verf. (s.o. Fn. 11).

[15] BT-Drucks. 14/4554, S. 19.

[16] BGHZ 137, 205 = NJW 1998, 976; BAG NJW 1997, 146, 147.

liegen, so dass das in §§ 182, 179 geregelte Verfahren auch der Streitvermeidung dient. Das spricht aber nicht zwingend gegen die Heranziehung der auf Treu und Glauben gestützten Grundsätze, die die Rechtsprechung zum Zugang von Willenserklärungen entwickelt hat.[17] In Anbetracht der auf eine Beurkundung des Zustellungsvorgangs verzichtenden Definition in § 166 Abs. 1 (s. dort Rn. 3) lässt sich nicht verhindern, dass das Gericht ggf. in die Beweisaufnahme über die Zustellung eintreten muss. Gleiches gilt, wenn gem. § 189 die Heilung durch tatsächlichen, nicht dokumentierten Zugang in Rede steht. Dem Zustellungsveranlasser ist daher der **Nachweis einer arglistigen Zugangsvereitelung** vorzubehalten. Alles andere wäre ein nicht zu rechtfertigender Wertungswiderspruch.

IV. Rückschein

6 Der dem Einschreibebrief als Vordruck beigefügte Rückschein ist von dem Zusteller an die Geschäftsstelle zurückzusenden und zu den Akten zu nehmen. Er ist anders als die Zustellungsurkunde keine öffentliche, sondern eine **Privaturkunde** (str.),[18] die nach § 416 jedenfalls vollen Beweis dafür erbringt, dass der Adressat oder Ersatzempfänger die Erklärung, das Einschreiben ausgehändigt bekommen zu haben, abgegeben hat. Umstritten ist, ob der Rückschein weitergehend, wie das Empfangsbekenntnis, auch den vollen Beweis des Zugangs erbringt. Es spricht nichts dafür, § 175 S. 2 insofern anders auszulegen als § 174 Abs. 4 S. 1 (s. dort Rn. 13).[19] Zu beachten ist freilich, dass der Rückschein keinen Beweis über den Inhalt des übergebenen Schriftstücks erbringt. Ferner wird die Geschäftsstelle oder ein anderer Zustellungsveranlasser insbesondere bei Ersatzpersonen in aller Regel nicht nachvollziehen können, welche Person die Unterschrift tatsächlich geleistet hat. Während bei Zustellungen gegen Empfangsbekenntnis das Risiko, dass sich der Adressat im Nachhinein darauf beruft, das Schriftstück gar nicht entgegengenommen zu haben, wegen des eingeschränkten zulässigen Adressatenkreises hinnehmbar erscheint, ist die Zustellung gegen Einschreiben mit Rückschein demgegenüber mit erheblichen Risiken belastet. Die **Manipulationsmöglichkeiten** und das Risiko der Nichtannahme lassen sie insbesondere für die Zustellung verfahrenseinleitender Schriftstücke **nicht ratsam** erscheinen.[20]

§ 176 Zustellungsauftrag

(1) Wird der Post, einem Justizbediensteten oder einem Gerichtsvollzieher ein Zustellungsauftrag erteilt oder wird eine andere Behörde um die Ausführung der Zustellung ersucht, übergibt die Geschäftsstelle das zuzustellende Schriftstück in einem verschlossenen Umschlag und ein vorbereitetes Formular einer Zustellungsurkunde.

(2) Die Ausführung der Zustellung erfolgt nach den §§ 177 bis 181.

I. Änderung

1 Die Vorschrift, die im Wesentlichen § 211 Abs. 1 aF des vor in Kraftreten des ZustRG geltenden Zustellungsrechts entspricht, hat im Jahre 2005 sprachliche Modifizierungen erfahren: Durch das JKomG (s. § 166 Rn. 1) wurde in Absatz 1 das Wort „Vordruck" durch „Formular" ersetzt.[1] Außerdem wird in der Neubekanntmachung der Zivilprozessordnung vom 5. 12. 2005 (BGBl. I S. 3202) der Begriff „Justizbeamten" statt „Justizbediensteten" verwendet, was unverständlich ist, zumal eine entsprechende Angleichung in anderen Vorschriften (etwa § 168) nicht erfolgt ist. Die eigentliche inhaltliche Änderung, nämlich die Erweiterung des Personenkreises, der von der Geschäftsstelle mit der Ausführung der Zustellung betraut werden kann, erfolgte nach dem Vorbild des § 50 Abs. 3 ArbGG bereits durch das ZustRG.

---

[17] So im Ergebnis auch die 2. Aufl. Aktualisierungsbd. Rn. 2; aA *Stein/Jonas/H. Roth* Rn. 4; wohl auch *Thomas/Putzo/Hüßtege* Rn. 5.

[18] Wie hier BSG NJW 2005, 1303, 1304; *Thomas/Putzo/Hüßtege* Rn. 6; *Zöller/Stöber* Rn. 4; aA *Baumbach/Lauterbach/Hartmann* Rn. 4 (für Rückschein gilt § 418).

[19] So auch *Stein/Jonas/H. Roth* Rn. 6.

[20] Vgl. auch *Stein/Jonas/H. Roth* Rn. 5, dessen Hinweis auf die Fälle des § 167 aber gerade nicht verfängt; vgl. § 168 Rn. 3.

[1] Hierzu *Baumbach/Lauterbach/Hartmann* Vorbem. zu § 176, mit zutreffender Kritik an der sprachlichen Fehlleistung des Gesetzgebers.

II. Allgemeine Voraussetzungen

Die Zustellung nach §§ 176ff. ist ausweislich der Gesetzesmaterialien **subsidiär.** Es heißt dort:[2] „Ist eine Zustellung nach §§ 173 bis 175 nicht möglich oder nicht angebracht, kann die Geschäftsstelle…". Entgegen einer im Schrifttum vertretenen Ansicht ist diese Formulierung nicht „missverständlich",[3] sondern entspricht der Systematik des § 168 Abs. 1 und bringt den Gedanken zum Ausdruck, dass der mit dem Verfahren gem. §§ 176ff. verbundene erhöhte Aufwand möglichst unterbleiben soll. An einen Anwalt ist daher pflichtgemäßem Ermessen entsprechend (s. § 168 Rn. 2) vorrangig gem. § 174 zuzustellen. In den Fällen aber, in denen eine Zustellung nach dieser Vorschrift entweder nicht in Betracht kommt oder sie ausnahmsweise keinen Erfolg verspricht, dürfte die Einschätzung,[4] die Geschäftsstelle verletze durch Erteilung eines Zustellungsauftrages gem. § 176 ihr Ermessen nicht, idR zutreffen; denn die Zustellung nach § 173 kommt praktisch nur selten in Betracht (§ 173 Rn. 1) und die Zustellung durch Einschreiben mit Rückschein ist mit Risiken behaftet, die sie vor allem für die Zustellung verfahrenseinleitender Dokumente nicht optimal erscheinen lässt (§ 175 Rn. 6). Dem Urkundsbeamten, der sich gegen § 175 und für §§ 176ff. entscheidet, kann daher ein Ermessensfehlgebrauch regelmäßig nicht vorgeworfen werden. Den Kosten der Zustellung steht die größere Sicherheit gegenüber, weil sie durch eine öffentliche Urkunde dokumentiert wird (§ 182 Abs. 1). 2

III. Zustellungsauftrag

1. Auftragserteilung und Übergabe durch den Urkundsbeamten. § 176 Abs. 1 regelt die Auftragserteilung an das eigentliche Zustellungsorgan und die Übergabemodalitäten in den Fällen des § 168 Abs. 1 S. 2 (Post, Justizbediensteter/-beamter) und § 168 Abs. 2 (Gerichtsvollzieher, andere Behörde). Die Übergabe wird durch den **Urkundsbeamten** veranlasst, ggf. unter Hinweis auf den richterlichen Auftrag.[5] Den Auftrag an die Post erteilt die Geschäftsstelle auf dem dafür vorgesehenen Vordruck (§ 168 Abs. 1 S. 3; vgl. auch dort Rn. 8). Es handelt sich dabei um den sog. „äußeren Umschlag" gem. Anlage 3 zu § 1 Nr. 3 ZustVV. Bei besonderer Eilbedürftigkeit[6] oder aus sonstigem wichtigen Grund kommt die Zustellung durch einen Justizbediensteten in Betracht, der nicht dem zustellenden Gericht angehören muss. Die Zustellung an Insassen einer Justizvollzugsanstalt kann durch einen Bediensteten der Anstalt erfolgen. 3

2. „Innerer Umschlag". Zum Schutz der Persönlichkeitssphäre des Adressaten ist das zuzustellende Schriftstück der Post, dem Justizbediensteten oder dem Gerichtsvollzieher bzw. der ersuchten Behörde in einem **verschlossenen** Briefumschlag, dem sog. „inneren Umschlag",[7] zu übergeben. Andernfalls soll die Zustellung unwirksam,[8] Heilung gem. § 189 oder § 295 aber möglich sein. Die im Regierungsentwurf[9] vorgesehene Übergabe an den Gerichtsvollzieher ohne verschlossenen Umschlag wurde nicht Gesetz. Der Umschlag ist mit der **Anschrift des Adressaten** zu versehen; ob Postfachangabe genügt, ist str.[10] Er muss außerdem wie früher in § 211 aF vorgeschrieben die Angabe des **Absenders** und des **Aktenzeichens** enthalten, so wie dies § 194 Abs. 1 S. 2 auch für die Parteizustellung vorsieht.[11] Das Fehlen der Angaben macht die Zustellung jedoch nicht unwirksam, sondern erschwert nur den Nachweis der Identität. Dieser kann auf andere Weise geführt werden, insbesondere bei nach Ablauf der Niederlegungsfrist zurückgesandten Schriftstücken durch Augenscheinnahme.[12] Die Rechtsprechung zu § 211 aF, nach der die fehlende Angabe des Aktenzeichens die Zustellung unwirksam machte,[13] ist überholt (str.).[14] Bei Verwendung eines Fensterumschlags, 4

[2] BT-Drucks. 14/4554, S. 19.
[3] *Stein/Jonas/H. Roth* Rn. 2.
[4] Ebenda.
[5] *Stein/Jonas/H. Roth* Rn. 1.
[6] OLG Schleswig NJW 1988, 569.
[7] § 1 Nr. 2 ZustVV (BGBl. I 2002 S. 671) mit Anlage 2 (S. 674).
[8] BGH LM § 176 Nr. 3; OVG Münster NJW 1991, 3167, 3168 (zu § 3 VwZG); *Stein/Jonas/H. Roth* Rn. 4; *Zöller/Stöber* Rn. 6.
[9] BT-Drucks. 14/4554, S. 6, 20.
[10] Bejahend: BFH BB 1983, 1713; verneinend: *Stein/Jonas/H. Roth* Rn. 4.
[11] Vgl. § 2 Abs. 2 und Anlage 2 zu § 1 Nr. 2 ZustVV (BGBl. I 2002, 671); *Baumbach/Lauterbach/Hartmann* Rn. 5; *Stein/Jonas/H. Roth* Rn. 4.
[12] S. die sehr ausführlich begründete Entscheidung OLG Stuttgart NJW 2006, 1887, 1889.
[13] Vgl. BGH NJW 1966, 38; BFH NJW 1969, 1136 m. weit. Nachw.
[14] OLG Stuttgart NJW 2006, 1887, 1888f. u. Hinw. auf die Vorauflage (Ergänzungsband); aA *Baumbach/Lauterbach/Hartmann* Rn. 6; *Stein/Jonas/H. Roth* Rn. 4, der aber bzgl. der Zustellungsurkunde, vgl. *dens.* § 182 Rn. 13, kein Wirksamkeitshindernis annimmt.

die zulässig ist,[15] bedarf es keiner Angabe des Aktenzeichens und der Vorausverfügungen auf dem Umschlag (§ 2 Abs. 2 ZustVV). Auf dem Umschlag können und sollen Hinweise angebracht werden, die bei der Zustellung zu beachten sind; zB „Ersatzzustellung ausgeschlossen",[16] „Nicht durch Niederlegung zustellen", „Mit Angabe der Uhrzeit zustellen" (vgl. Anlage 2 zu § 1 Nr. 2 ZustVV). Zusammen mit dem „inneren Umschlag" ist das vom Urkundsbeamten vorbereitete Formular der vom Zusteller aufzunehmenden **Zustellungsurkunde** zu übergeben (§ 176 Abs. 1 aE). Entsprechen Briefumschlag und Formular nicht den hierfür in der jew. Anlage zu § 1 ZustVV vorgesehenen Vordrucken, kann der Mangel der unwirksamen Zustellung **geheilt** werden.

5 **3. Vermerk.** Ein Postübergabezeugnis wie in § 194 Abs. 1 S. 2 für den Gerichtsvollzieher vorgesehen, ist nicht vorgeschrieben. Die Übergabe an das Zustellungsorgan ist jedoch zum Zwecke des Nachweises in den Akten zu vermerken.[17]

IV. Ausführung der Zustellung (Abs. 2)

6 Die Ausführung der Zustellung hat nach §§ 177 bis 181 zu erfolgen (zu den Einzelheiten s. dort). Das beauftragte Zustellungsunternehmen handelt als beliehener Unternehmer hoheitlich (§ 33 Abs. 1 S. 2 PostG). Anweisungen der Geschäftsstelle sind zwar zu beachten, bedeuten jedoch im Verhältnis zum Adressaten keine Beteiligung der Geschäftsstelle am eigentlichen Zustellungsakt. Ein Verstoß gegen diese Weisungen, zB Vornahme einer Ersatzzustellung entgegen einem entsprechenden Ausschlussvermerk, macht die Zustellung nicht automatisch unwirksam.[18]

§ 177 Ort der Zustellung

Das Schriftstück kann der Person, der zugestellt werden soll, an jedem Ort übergeben werden, an dem sie angetroffen wird.

I. Normzweck

1 Die durch das ZustRG im Vergleich zu § 180 aF lediglich redaktionell geänderte Vorschrift geht von dem Leitbild einer unmittelbaren Zustellung durch **persönliche Übergabe** aus.[1] Sie **vereinfacht** – sowohl bei der Amts-, als auch bei der Parteizustellung – die Zustellung für das Zustellungsorgan, weil sie den Umweg über die Zustellungsadresse vermeidet, wenn der Zustellungsadressat an einem anderen Ort angetroffen wird. Zugleich **beschleunigt** sie diese und damit das Verfahren.[2] Die Norm gilt für alle Zustellungsadressaten, sofern diese vom Zusteller sicher identifiziert werden können.[3]

II. Zustellungsort

2 Die Zustellungen können innerhalb der Bundesrepublik an jedem Ort erfolgen, an dem der Adressat angetroffen wird. Zugestellt werden kann zB am **Arbeitsplatz**[4] oder auf der **Straße.** Entsprechend der für Gerichtsvollzieher geltenden Bestimmung des § 27 S. 2 GVGA muss der Zusteller jedoch einen angemessenen Ort und eine passende Gelegenheit wählen, die unter Vermeidung überflüssigen Aufsehens eine ungehinderte und sichere Übergabe und Annahme gewährleisten. Ein Verstoß berührt die Wirksamkeit der Zustellung aber grundsätzlich nicht.[5] Auch ein Recht des Adressaten, die Zustellung berechtigter Weise zurückzuweisen, was mit Blick auf die Voraussetzungen des § 179 S. 1 von Bedeutung ist, wird man nur in Ausnahmefällen anerkennen können (zB während des Gottesdienstes oder einer Beerdigung).[6] Dies gebietet der Schutz des Zustellungsveranlassers, der von einem anerkennenswerten Interesse des Zustellungsadressaten, sich der Übergabe zu entziehen, kaum je überwogen werden wird. Hier ist jedoch im Einzelfall abzuwägen, wobei auch zu berücksichtigen ist, ob andere Zustellungswege (voraussichtlich) Erfolg versprechend sind. Bei

---

[15] Anders Vorauflage (Ergänzungsband) Rn. 3.
[16] Zu den Folgen eines Verstoßes vgl. BGH NJW-RR 2003, 208 und unter Rn. 6.
[17] Vgl. die Formulierungsvorschläge bei *Stein/Jonas/H. Roth* Rn. 11.
[18] BGH NJW-RR 2003, 208.
[1] Vgl. BGHZ 145, 358, 364 = NJW 2001, 885 (zu § 180 aF).
[2] *Baumbach/Lauterbach/Hartmann* Rn. 2.
[3] *Stein/Jonas/H. Roth* Rn. 1.
[4] BGHZ 145, 358, 364 = NJW 2001, 885; OLG Frankfurt VersR 2006, 81; LG Hagen MDR 1984, 1034.
[5] *Stein/Jonas/H. Roth* Rn. 2 mit Hinw. auf *Coenen* DGVZ 2002, 5, 7.
[6] *Stein/Jonas/H. Roth* Rn. 2.

unberechtigter Annahmeverweigerung gilt § 179. Verweigert der Zustellungsadressat die Annahme hingegen nicht, ist die Zustellung idR auch dann wirksam, wenn ein Verweigerungsrecht bestanden hätte.[7] Wird ein Versuch nach § 177 bei gegebenem Anlass nicht unternommen, ist eine **Ersatzzustellung** nach § 181 **unzulässig.**[8]

III. Zustellungszeit

§ 188 aF, der eine Zustellung zur Nachtzeit und an Sonn- und Feiertagen an eine richterliche Erlaubnis knüpfte, ist wegen Bedeutungslosigkeit aufgehoben worden.[9] Gleichwohl darf die Zustellung grds. nicht zu einer allgemein unpassenden Zeit **(Unzeit)** durchgeführt werden. Dazu zählen nach wie vor Sonn- und Feiertage und die Nachtzeit, wie sich aus § 758a Abs. 4 mittelbar ergibt (vgl. auch § 5 Abs. 3 VwZG, § 104 StPO); die Nachtzeit umfasst entsprechend § 758a Abs. 4 S. 2 die Stunden von einundzwanzig bis sechs Uhr. In dieser Zeit kann der angetroffene Adressat die Annahme grds. verweigern (§ 179 Rn. 3), wobei auch hier im Einzelfall abzuwägen ist.[10] Wird das Schriftstück angenommen, ist die Zustellung idR wirksam. Wird der Zustellungsadressat zur Unzeit aufgesucht, aber nicht angetroffen, kommt eine Ersatzzustellung nach § 178 grds.[11] nicht in Betracht (vgl. auch § 178 Rn. 2). 3

§ 178 Ersatzzustellung in der Wohnung, in Geschäftsräumen und Einrichtungen

(1) Wird die Person, der zugestellt werden soll, in ihrer Wohnung, in dem Geschäftsraum oder in einer Gemeinschaftseinrichtung, in der sie wohnt, nicht angetroffen, kann das Schriftstück zugestellt werden

1. in der Wohnung einem erwachsenen Familienangehörigen, einer in der Familie beschäftigten Person oder einem erwachsenen ständigen Mitbewohner,
2. in Geschäftsräumen einer dort beschäftigten Person,
3. in Gemeinschaftseinrichtungen dem Leiter der Einrichtung oder einem dazu ermächtigten Vertreter.

(2) Die Zustellung an eine der in Absatz 1 bezeichneten Personen ist unwirksam, wenn diese an dem Rechtsstreit als Gegner der Person, der zugestellt werden soll, beteiligt ist.

Übersicht

[7] In extremen Ausnahmefällen, zB wenn der Adressat an einer freien Willensbildung gehindert war, kann eine verfassungskonforme Auslegung ausnahmsweise eine Einschränkung des Tatbestandsmerkmals „an jedem Ort“ gebieten.

[8] *Stein/Jonas/H. Roth* Rn. 1 unter Hinw. auf die Vorauflage Rn. 2 und LG Aachen MDR 1991, 451.

[9] BT-Drucks. 14/4554, S. 26 zu Nr. 11.

[10] Kein Verweigerungsrecht, wenn den Adressaten die Zustellung nicht stärker belastet als außerhalb der „Unzeit“, zB Zustellung am Arbeitsplatz während der Nacht-, Sonn- oder Feiertagsschicht.

[11] Ausnahme wie vor.

I. Allgemeines

1 **1. Änderungen.** Die Vorschriften über die Ersatzzustellung (§§ 178–181), zu denen im weiteren Sinne auch § 179 wegen seiner Fiktionswirkung systematisch gehört,[1] wurden durch das ZustRG nicht unerheblich modifiziert. § 178 regelt einheitlich die bisher in §§ 181, 183, 184 aF normierte Ersatzzustellung und differenziert bei der Zustellung in einem Geschäftslokal nicht mehr nach natürlichen und juristischen Personen. Während Ersatzperson in der Wohnung nunmehr auch ein erwachsener Mitbewohner ist, entfiel die Ersatzzustellung an den Hauswirt oder Vermieter aus Gründen des Persönlichkeitsschutzes.[2] Dafür kann in Gemeinschaftseinrichtungen an den Leiter zugestellt werden. Der hier wiedergegebene Wortlaut entspricht der Neubekanntmachung der Zivilprozessordnung vom 5. 12. 2005 (BGBl. I S. 3202; hierzu bereits § 176 Rn. 1), obwohl dort in Absatz 2 – sprachlich falsch – von „bezeichneten Person" statt „bezeichneten Personen" die Rede ist.

2 **2. Normzweck und allgemeine Voraussetzung für die Ersatzzustellung.** Die Vorschriften über die Ersatzzustellung, die in der Praxis eine überragende Bedeutung hat,[3] stellen einen Kompromiss zwischen dem Interesse des Zustellungsveranlassers, der die Möglichkeit haben muss, seine Rechte binnen angemessener Zeit effektiv durchzusetzen, und den Belangen des Adressaten dar. Sie statuieren eine Ausnahme vom Leitbild der Bekanntgabe durch persönliche Übergabe an den Adressaten oder einen der in §§ 170–172 genannten Vertreter. Damit ist zugleich gesagt, dass die Ersatzzustellung **nur in Betracht** kommt, wenn eine Zustellung nach den allgemeinen Vorschriften nicht möglich ist oder zumindest mit einer erheblichen zeitlichen Verzögerung verbunden wäre. Gegen die Ersatzzustellung bestehen insoweit keine verfassungsrechtlichen Bedenken.[4] **Gemeinsame Voraussetzung** der Ersatzzustellungen ist folglich, dass der Zustellungsadressat nicht angetroffen wird (näher Rn. 4), aber auch, dass die Zustellung nicht zu einer allgemein unpassenden Zeit versucht worden ist (§ 177 Rn. 3). Das schutzwürdige Interesse des Zustellungsveranlassers gebietet es, dass der Zusteller von der Möglichkeit der Ersatzzustellung **bei Vorliegen ihrer Voraussetzungen auch Gebrauch macht.** Der Gesetzeswortlaut („kann") steht einer solchen Reduzierung des pflichtgemäßen Ermessens nicht entgegen; er bringt in erster Linie die rechtliche Zulässigkeit der Ersatzzustellung zum Ausdruck.

3 Die Zustellung an die Ersatzperson ist kein Fall gesetzlicher Zustellungsvertretung,[5] sondern der einer **Zugangsfiktion,** die auf der Lebenserfahrung beruht, dass die Aushändigung an bestimmte Personen regelmäßig die Weiterleitung an den Adressaten zur Folge hat. Es besteht daher eine gewisse Nähe zur Figur des „Empfangsboten", die der Sache nach nichts anderes ist als die Fiktion des Zugangs einer Willenserklärung (vgl. auch § 175 Rn. 3). Wie dort ist die Zustellung daher ohne Rücksicht darauf wirksam, ob die dem Adressatenkreis zuzurechnende Ersatzperson die Sendung weiterleitet.[6] Anders als bei der materiell-rechtlichen Zugangsproblematik entfaltet die Ersatzzustellung ihre **Wirksamkeit** gegenüber dem Zustellungsadressaten allerdings **sofort**[7] und nicht erst in dem Zeitpunkt, zu dem unter gewöhnlichen Umständen mit der Weitergabe zu rechnen ist. Die Fiktion der Kenntnis des Adressaten vom Inhalt des Schriftstücks ist mit der Zugangsfiktion nicht verbunden, was sowohl hinsichtlich etwaiger materiell-rechtlicher Auswirkungen gilt (zB §§ 407, 932 BGB),[8] als auch prozessual, etwa sofern von der Kenntnis die Wiedereinsetzung abhängt. Dem Adressaten steht deshalb – sub specie der fehlenden Kenntniserlangung – der Beweis offen, dass die Ersatzperson ihm das Schriftstück nicht ausgehändigt hat.[9]

II. Voraussetzungen einer Ersatzzustellung gem. Abs. 1

4 **1. Nichtantreffen.** Eine Ersatzzustellung ist nur statthaft, wenn „die Person, der zugestellt werden soll" nicht angetroffen wird. „Nicht antreffen" ist nicht gleichbedeutend mit Abwesenheit und

---

[1] *Stein/Jonas/H. Roth* Rn. 2.

[2] BT-Drucks. 14/4554, S. 21.

[3] *Rosenberg/Schwab/Gottwald* § 73 Rn. 16 sprechen von 70% aller Zustellungen, was sich der Sache nach aber auf den Zivilprozess bezieht; s. *Schilken* DGVZ 1995, 161, 162, jew. unter Hinw. auf *Hohmann,* Die Übermittlung von Schriftstücken …, 1977.

[4] Vgl. BVerfGE 25, 158, 165 = NJW 1969, 1103; 40, 88, 92 = NJW 1975, 1355; BVerwG NJW 1980, 1480, 1481.

[5] Wie hier *Stein/Jonas/H. Roth* Rn. 2; aA BSG NJW 1963, 1645.

[6] RGZ 17, 403, 408.

[7] *Stein/Jonas/H. Roth* Rn. 2; s. auch *Eyinck* MDR 2006, 785.

[8] RGZ 87, 412, 417 f.

[9] BSG NJW 1963, 1645.

zB anzunehmen, wenn auf das Klingeln des Zustellers nicht reagiert wird.[10] Es genügt, dass der Zusteller aus irgendwelchen Gründen nicht zu dem Adressaten gelangen konnte,[11] etwa weil im Falle der Zustellung an einen Gefangenen der Gefängnisvorsteher die Vorführung nicht für angemessen hält.[12] Der Adressat wird auch dann nicht angetroffen, wenn er an der Annahme gehindert ist, etwa wegen Erkrankung, Volltrunkenheit oder „unabwendbarer Dienstgeschäfte".[13] Es genügt, dass ein in der Wohnung etc. Angetroffener die Annahmebereitschaft verneint; **Nachforschungen des Zustellers** sind grds. nicht erforderlich.[14] Bei unbegründeter Verweigerung der Annahme kommt § 179 zur Anwendung. Da eine Zustellung an die in §§ 170–172 Genannten Vorrang genießt (Rn. 2), dh. primär diesen Personen iSd. § 178 Abs. 1 „zugestellt werden soll", bezieht sich das Erfordernis des „Nichtantreffens" auch auf diese. Weil der Zusteller gem. § 171 zustellen und dies nach § 182 Abs. 2 Nr. 3 protokollieren muss, sofern sich der Bevollmächtigte ordnungsgemäß (s. § 171 S. 2) legitimiert, muss der Zusteller bei Personen, bei denen das Vorhandensein einer entsprechenden Urkunde durchaus in Betracht kommt (zB bei „Familienangehörigen" oder „Mitbewohnern") danach fragen. Im Übrigen ist er aber nicht gehalten, außerhalb des Zustellungsortes, zB in benachbarten Geschäftsräumen, nach möglichen Adressaten zu suchen.

2. Ersatzzustellung in der Wohnung (Nr. 1). a) Zustellungsrechtlicher Wohnungsbegriff. Der Begriff der Wohnung iSd. Zustellungsrechts ist geprägt durch die bei Rn. 2 genannten widerstreitenden Interessen. Die Belange des Zustellungsadressaten gebieten es, im Ausgangspunkt auf die tatsächlichen Verhältnisse, dh. dessen räumlichen **Lebensmittelpunkt** abzustellen. Nicht maßgebend ist daher der Wohnsitzbegriff des § 7 BGB[15] oder die polizeiliche Meldung.[16] Anknüpfungspunkt ist vielmehr die tatsächliche Benutzung einer Wohnung zum Tagesaufenthalt und/oder[17] zum Schlafen,[18] weil damit grds. auch die Möglichkeit einhergeht, in zumutbarer Weise von zugestellten Sendungen Kenntnis zu nehmen. Als Wohnung kommen danach in Betracht: Hotelzimmer, Wohnwagen, Truppenunterkunft, Verwaltungsgebäude,[19] Schiffe, auch abbruchreife Häuser oder Häuser, die gerade umgebaut werden.[20] Bei Asylbewerbern soll als Wohnung nicht die Gemeinschaftsunterkunft anzusehen sein, sondern das Zimmer, das dem Bewerber zugewiesen ist und in dem er schläft.[21] Eine Person kann gleichzeitig mehrere Wohnungen unterhalten,[22] so dass die Zustellung in der einen zulässig ist, wenn der Adressat sich gerade in der anderen aufhält. Ein **Wochenendhaus** bildet regelmäßig nicht den Lebensmittelpunkt, kann aber dann Wohnung sein, wenn sich der Adressat dort gerade aufhält.[23] Das RG hat bereits den **Aufenthalt zu Besuch** genügen lassen, was eine Zustellung an Personen erleichtert, die ihren Wohnsitz im Ausland haben.[24] Zu beachten ist aber, dass die Wohnungseigenschaft hier mit dem Ende des Besuchs endet und ein erkennbarer Aufgabewille (Rn. 6) nicht erforderlich ist. – Sofern vorstehend auf den – ggf. nicht erkennbaren – tatsächlichen Aufenthalt abgestellt wird, bedeutet dies nicht, dass der vom Adressaten erweckte **Anschein einer Wohnung** im Rahmen der Zustellung unberücksichtigt bliebe. Das wäre mit den Interessen des Veranlassers der Zustellung unvereinbar. Näher zum Problem der sog. Scheinwohnung bei Rn. 11.[25] 5

b) Verlust der Wohnungseigenschaft. Die Wohnungseigenschaft geht verloren, wenn der räumliche Mittelpunkt des Lebens an einen anderen Aufenthaltsort verlagert wird.[26] Hierzu reicht 6

---

[10] OLG Köln VersR 1997, 989.

[11] OLG Hamburg SeuffA 49 Nr. 205.

[12] RG SeuffA 52 Nr. 52.

[13] BT-Drucks. 14/4554, S. 20.

[14] S. dazu OLG Frankfurt/M. NJW-RR 1998, 1684, das den Zusteller – zu Unrecht – nicht einmal für verpflichtet hält, nach der Anwesenheit des Adressaten zu fragen; zutr. hingegen *Stein/Jonas/H. Roth* Rn. 5: ausdrückliche Nachfrage erforderlich.

[15] BGH NJW 1978, 1858.

[16] BGH NJW 1978, 1858; NJW-RR 1986, 1083; 1994, 564, 565.

[17] Eine Wohnung kann auch dann anzunehmen sein, wenn der Zustellungsadressat in ihr nicht schläft, sofern er sich dort aber regelmäßig tagsüber aufhält; OLG Köln NJW-RR 1989, 443 (Hausmeisterwohnung).

[18] BGH NJW 1985, 2197; 1988, 713; 1992, 1963; NJW-RR 1994, 564; BVerwG NJW 1991, 1904.

[19] RGZ 54, 240, 241.

[20] BayObLG NJW-RR 1988, 509.

[21] Vgl. VG Dresden AuAS 2003, 275, das daraus eine Nachfragepflicht des Zustellers ableitet (s. hierzu auch oben Fn. 14).

[22] OLG Köln NJW-RR 1989, 443, 444.

[23] OLG Celle DGVZ 1992, 40 f.

[24] RGZ 34, 392, 398; 35, 429, 432.

[25] Vgl. KG MDR 2005, 232; OLG Hamburg OLG-Report 2006, 297 (zum Scheinsitz eines Unternehmens; hierzu auch Rn. 22)

[26] BGH NJW 1978, 1858; 1985, 2197; 1988, 713; NJW-RR 1994, 564; *Fischer* JuS 1994, 416, 418.

nicht allein die bloße Absicht; der **Aufgabewille** muss vielmehr in dem gesamten Verhalten des Wohnungsinhabers so zum Ausdruck kommen, dass dies für einen mit den Verhältnissen vertrauten Beobachter – nicht jedoch unbedingt für den Absender oder den Zusteller – auch **erkennbar** wird.[27] Ob der Adressat sich polizeilich ab- bzw. umgemeldet hat[28] oder sich noch Sachen von ihm in den Räumen befinden,[29] ist nicht ausschlaggebend, kann aber bei einer Gesamtbetrachtung indizielle Bedeutung erlangen. Wichtige Gesichtspunkte für die Abgrenzung sind die Häufigkeit und Dauer der An- oder Abwesenheit,[30] die (fehlende) Möblierung der Wohnung und Fortzahlung der Miete,[31] das Vorhandensein von Namensschild und Hausrat,[32] die Erteilung eines Nachsendeauftrags,[33] der regelmäßige Kontakt zu den in der Wohnung Verbliebenen sowie die Absicht und die Möglichkeit der Rückkehr.[34] Wer etwa die Bundesrepublik Deutschland verlässt, um sich einem behördlichen Verfahren zu entziehen, wird in der Regel nicht oder nicht in absehbarer Zeit zurückkehren, so dass die von ihm bisher bewohnten Räume nicht mehr als Wohnung anzusehen sind.[35]

7 Eine ihrer Natur nach **nur vorübergehende,** selbst länger andauernde Abwesenheit (Urlaub, Kur etc.) hebt indessen die Wohnungseigenschaft grds. nicht auf.[36] Dies soll auch für die Ableistung des Wehrdienstes gelten;[37] anders verhält es sich aber beim Zeitsoldaten (s. hierzu auch Rn. 13).[38] Feste zeitliche Grenzen, die für jeden denkbaren Fall gelten, lassen sich nicht ziehen, zumal der Aufgabewille nach dem Vorgesagten auch von anderen Faktoren abhängig ist. Einiges spricht dafür, die **urlaubsbedingte Abwesenheitsdauer,** dh. die durchschnittliche Länge eines Jahresurlaubs als Orientierungshilfe zu verwenden.[39] Sie ist gewissermaßen „normal“ und unter Zustellungsgesichtspunkten daher eine Abwesenheit von drei oder vier Wochen unbeachtlich.[40] Anders verhält es sich bei mehrmonatiger Abwesenheit.[41]

8 **c) Einzelfälle.** Die nachfolgenden Fälle haben die Rechtsprechung wiederholt beschäftigt und dienen der Ergänzung des Vorgesagten.

aa) Haft. Eine Strafhaft von zwei Monaten oder mehr hebt die Wohnungseigenschaft grds. auf,[42] was selbst dann gelten soll, wenn der Zustellungsempfänger noch guten Kontakt zum Ehegatten unterhält (zweifelhaft).[43] Für die Untersuchungshaft gilt im Ausgangspunkt nichts anderes.[44] Allerdings muss hier – wenigstens zu Beginn der Haft – regelmäßig eine Prognose darüber angestellt werden, binnen welcher Zeit die Rückkehr in die Wohnung wahrscheinlich ist. Eine wenige Stunden vor der Zustellung vorgenommene Festnahme mit nachfolgender Verbringung in die Untersuchungshaft lässt die Wohnungseigenschaft jedoch unberührt.[45] Für die Zustellung in der Vollzugsanstalt gilt Absatz 1 Nr. 3 (Rn. 24 f.). Sie setzt nicht voraus, dass der Zusteller den Adressaten in der Wohnung nicht angetroffen hat.[46]

9 **bb) Krankenhaus.** Beim Krankenhausaufenthalt, dessen Länge idR nicht sicher prognostiziert werden kann, kommt es – wie bei der Untersuchungshaft – auf eine am Einzelfall zu orientierende Prognose an. Auch ein im Ergebnis zweimonatiger Klinikaufenthalt braucht die Wohnungseigenschaft nicht zwingend aufzuheben,[47] selbst nicht im Falle einer stationären Alkoholentziehungs-

---

[27] BGH NJW 1988, 713 f.; 1996, 2581; NJW-RR 2005, 416.
[28] BGH NJW 1996, 2581.
[29] BGH NJW 1978, 1858; 1988, 713, 714.
[30] BGH NJW 1992, 1239; vgl. auch BayObLGSt 2004, 33: Ersatzzustellung möglich, wenn Post des Ehegatten nach dessen Auszug aus der ehelichen Wohnung dort nach wie vor gesammelt wird.
[31] BGH NJW-RR 1994, 564.
[32] OLG Köln VersR 1997, 989
[33] BGH NJW 1988, 713.
[34] BGH NJW 1978, 1858.
[35] BGH BB 1957, 1245.
[36] BGH NJW 1978, 1858; NJW 1985, 2197; NJW-RR 1994, 564, 565; BFH NJW 1988, 1999, 2000.
[37] OLG München NJW-RR 1991, 1470.
[38] OLG Düsseldorf JurBüro 1992, 54.
[39] *Stein/Jonas/H. Roth* Rn. 10.
[40] Vgl. BayObLGZ 1980, 266, 267.
[41] Vgl. OLG Düsseldorf NJW-RR 1999, 1441; OLG Frankfurt NStZ-RR 2003, 174.
[42] BGH NJW 1978, 1858, 1858 f.; OLG München JurBüro 1990, 528; weitergehend und wohl zu eng BGH NJW 1951, 931: 1 Monat.
[43] OLG Düsseldorf FamRZ 1980, 718, 719; Hess. LAG v. 15. 2. 2007, 11 Sa 429/06, juris; tendenziell anders aber wohl BayObLGSt 2004, 33 (nicht die Haft betreffend).
[44] OLG Karlsruhe StV 1985, 291; OLG Hamm NStZ-RR 2003, 189.
[45] OLG Hamm NJW 1962, 264, 264 f.
[46] VGH Mannheim NJW 2001, 3569 zu § 181 aF.
[47] BGH VersR 1984, 945, 946; NJW 1985, 2197.

kur,[48] wenn sich der Zustellungsadressat oder ein von ihm Beauftragter weiterhin um eingehende Sendungen kümmert.[49] Für die Zustellung im Krankenhaus gilt Absatz 1 Nr. 3 (Rn. 24f.).

cc) Kontaktadresse/Nachsendeangabe. Die Angabe einer „Kontaktadresse" in der Geschäftskorrespondenz[50] oder einer Ladungsanschrift („zu laden über den Kläger/Beklagten")[51] macht diese noch nicht zur Wohnung des Zustellungsadressaten. Ebenso wie bei einem nicht nur vorübergehenden, uneingeschränkten Postnachsendeantrag, der Postzustellungsaufträge mit einschließt, kann sich aus der Angabe aber ein Indiz für das Vorhandensein eines Wohnsitzes ergeben.[52] Im Übrigen können die Angaben bei der Frage des Bestehens einer „Scheinwohnung" von Bedeutung sein (s. hierzu nachfolgende Rn. 11). 10

dd) Scheinwohnung. Für die Ersatzzustellung kann es aus den unter Rn. 2, 5 dargelegten Gründen genügen, wenn der Zustellungsadressat den Anschein erweckt hat, in der fraglichen Wohnung zu wohnen und das Gegenteil nicht bekannt ist.[53] Die Frage, ob der Adressat zurechenbar diesen Anschein gesetzt hat, ist eine der Abwägung der Umstände des Einzelfalls. Aus dem bei Rn. 6 Gesagten folgt im Umkehrschluss, dass allein die Existenz eines Namensschildes auch gewisse Zeit nach dem Auszug den Rechtschein nicht begründet, weil ansonsten im Ergebnis doch die Erkennbarkeit für den konkreten Zusteller maßgeblich wäre. Jedenfalls ist ein zurechenbarer Anschein dann anzunehmen, wenn der Adressat die Zustellung an die Scheinanschrift **durch eigene Angaben** arglistig (dolos[54]) **veranlasst.** Insofern kann nichts anderes gelten wie für den Zugang von Willenserklärungen.[55] Insbesondere ist § 179 insofern keine abschließende Sonderregelung.[56] Die dort in Bezug genommene Annahmeverweigerung ist nicht die einzige Form der Zugangsvereitelung und es gibt keine Gründe, warum derjenige, der von vornherein eine Zustellung an seine tatsächliche Wohnung vereitelt, daraus Vorteile ziehen können sollte.[57] Berücksichtigt man die Erkenntnismöglichkeiten des Zustellers, spricht auch wenig für eine (analoge) Anwendung des § 179, weil dessen Voraussetzungen vom Zusteller nur bei einer tatsächlichen Verweigerung festgestellt werden können. Der Zusteller kann bei der ihm obliegenden Prüfung lediglich den äußeren Anschein feststellen, nicht aber alle für den Wohnungsbegriff maßgeblichen Umstände erkennen. Dementsprechend ist seine Schlussfolgerung, der Zustellungsadressat habe unter der angegebenen Anschrift eine Wohnung, keine tatsächliche Feststellung, sondern beruht auf einer rechtlichen Wertung, auf die sich die **Beweiskraft der Zustellungsurkunde** nicht bezieht (s. auch § 182 Rn. 16).[58] Der Zusteller kann aber als Zeuge für die den Anschein begründenden Tatsachen vernommen werden. 11

ee) Schifffahrt. Auch auf einem Schiff kann sich die Wohnung befinden.[59] Das gilt gleichermaßen für Seeschiffe, Binnenschiffe, Handelsschiffe und Kriegsschiffe. Die zuweilen so bezeichnete „Ladung nach Seemannsart" kann nach § 168 Abs. 2 durch einen Beamten der Wasserschutzpolizei vorgenommen werden. 12

ff) Soldaten. Für Soldaten ist im Regelfall als Wohnung die Truppenunterkunft anzusehen, sofern sie sich nicht für längere Zeit auf Auslandseinsatz befinden (§ 166 Rn. 26; vgl. dort auch Rn. 7). Es gilt Absatz 1 Nr. 3. Allerdings hebt allein der Wehrdienst die Wohnungseigenschaft der bisherigen Wohnung nicht auf,[60] so dass dann ggf. zwei Wohnungen vorhanden sind. 13

d) Zustellungsempfänger. aa) Allgemeine Anforderungen. Als Ersatzperson sollen grds. nur solche Personen fungieren, bei denen unter gewöhnlichen Umständen davon auszugehen ist, dass sie die zugestellte Sendung zeitnah an den Adressaten weiterleiten. Auch hier kommt der unter 14

---

[48] OLG Zweibrücken MDR 1984, 762.

[49] BGH VersR 1984, 945, 946.

[50] BGH NJW-RR 1993, 1083.

[51] LG Hagen MDR 1984, 1034.

[52] Vgl. BFH NJW 1988, 1999, 2000; aA OLG Hamburg MDR 1982, 1041; OLG München NJW-RR 1995, 59.

[53] BGH NJW 1992, 1239; OLG Karlsruhe NJW-RR 1992, 700; OLG Köln NJW-RR 2001, 1511; OLG Naumburg OLG-Report 2002, 449; KG MDR 2005, 232; OVG Lüneburg NJW 2007, 1079.

[54] Vgl. etwa OLG Jena NStZ-RR 2006, 238 = NJW 2006, 2567 (LS): Schriftwechsel unter der Anschrift geführt und Post dort abgeholt.

[55] Hierzu s. BGHZ 137, 205, 209f. = NJW 1998, 976.

[56] So aber OLG Koblenz ZfSch 2005, 363; OLG Bamberg NJW 2006, 1078 (beide für das Bußgeldverfahren).

[57] Ebenso OLG Jena, Beschl. v. 24. 1. 2006, 1 Ss 277/05, juris.

[58] BGH FamRZ 1990, 143; aA wohl BGH NJW 1988, 713, 714.

[59] LG Stade DGVZ 1977, 174, 175.

[60] LG Aachen DGVZ 1984, 40.

Rn. 2 angesprochene Kompromisscharakter der Norm zum Ausdruck. Infolgedessen können auch nicht Volljährige **„Erwachsene"** iSv. § 178 sein. Zum Schutze des Adressaten ausreichend, aber eben auch erforderlich, ist ein durch das Lebensalter bedingter körperlicher Entwicklungsstand,[61] der die ordnungsgemäße Weitergabe der Sendung erwarten lässt.[62] Ein Siebzehnjähriger wird durchweg darunter fallen,[63] ein Fünfzehnjähriger idR auch,[64] bei einem Alter unter 14 Jahren im Zweifel eher nicht.[65] Die verbleibende Rechtsunsicherheit erscheint tolerabel, zumal der Zusteller das Alter nicht stets verlässlich feststellen kann und sich dann auf den Gesamteindruck verlassen muss. Nur Familienangehörige und ständige Mitbewohner müssen erwachsen sein, die „beschäftigte Person" aber nach dem Wortlaut des Gesetzes nicht.[66] Ursache hierfür dürfte sein, dass einem Minderjährigen die Aufnahme eines Dienstverhältnisses in einer anderen Familie gem. § 113 idR nur bei Vorhandensein gewisser intellektueller Mindestvoraussetzungen gestattet sein wird und diese daher regelmäßig auch vorhanden sein werden. Fehlen sie erkennbar, sollte von einer Zustellung an diese Ersatzperson abgesehen werden.

15 **bb) Familienangehörige.** Eine Legaldefinition des Begriffs existiert nicht, so dass er nach dem Sinn und Zweck der Norm auszulegen ist.[67] Erfasst werden jedenfalls das durch Ehe oder Schwägerschaft verbundene Familienmitglied, nahe Verwandte[68] sowie der Partner einer registrierten gleichgeschlechtlichen Lebensgemeinschaft.[69] Da es jedoch nicht um den Schutz der Institution „Familie" geht, sondern um die Gewähr der Weiterleitung der Postsendung an den Adressaten, ist der Begriff **weit auszulegen.** Das Merkmal steht für einen Kreis von Personen, von denen nach der Lebenserfahrung zu erwarten ist, dass sie wegen der nach außen erkennbaren Verbundenheit zum Adressaten diesem die Sendung auch aushändigen werden.[70] Hiervon ist der Sache nach bereits das RG ausgegangen, als es auch den alleinstehenden Junggesellen oder Priester als „Familie" angesehen und die Ersatzzustellung an die Haushälterin als „dienende erwachsene Person" (vgl. hierzu Rn. 16) für zulässig erachtet hat.[71] Deswegen erscheint es durchaus zulässig, auch Pflegekind und Pflegeeltern, den geschiedenen Ehegatten,[72] den Verlobten[73] oder (gleichgeschlechtlichen)[74] Lebensgefährten einer eheähnlichen Partnerschaft als Familienangehörige anzusehen, so dass es bzgl. dieser auf ein „ständiges Mitbewohnen" iSv. § 178 Abs. 1 Nr. 1, dritte Alternative nicht ankommt. Dies trägt den gewandelten tatsächlichen gesellschaftlichen Verhältnissen Rechnung. Kennt der Zusteller die Beziehung des Adressaten zu dem in der Wohnung Angetroffenen nicht, muss er sich ggf. durch entsprechende Frage davon überzeugen, ob eine Familienzugehörigkeit in dem beschriebenen weiteren Sinn vorliegt. Nur wenn der Angetroffene dies glaubhaft bejaht, ist die Ersatzzustellung zulässig.[75] Da der Familienangehörige nicht in der Wohnung wohnen muss, kann die Zustellung auch an einen **zufällig anwesenden** Angehörigen erfolgen; das frühere Tatbestandsmerkmal „Hausgenosse" (§ 181 Abs. 1 aF) ist obsolet.[76] Als Empfänger kommt auch diejenige Person in Betracht, als deren gesetzlicher Vertreter der Adressat handelt.[77]

16 **cc) Beschäftigte Person.** Die Zustellung kann auch an eine in der Familie beschäftigte Person erfolgen. Hierher gehört jede Hilfsperson, die in einem auf Dauer angelegten (Dienst-)Verhältnis steht und **nicht nur** eine **vorübergehende** Aushilfstätigkeit versieht,[78] mag sie auch nur auf Stundenlohnbasis oder (seit längerer Zeit regelmäßig) aus bloßer Gefälligkeit ohne Vertragsverhältnis

---

[61] RGZ 14, 338, 339.
[62] BGH NJW 1981, 1613 f.; LG Konstanz NJW-RR 1999, 1508.
[63] Vgl. BGH NJW 1981, 1613 f.; OLG Hamm NJW 1974, 1150.
[64] BGH NJW-RR 2002, 137; BSG MDR 1977, 82, 83; vorsichtiger OLG Schleswig SchlHA 1980, 214.
[65] S. *Stein/Jonas/H. Roth* Rn. 13 m. zahlr. Nachw. KG v. 6. 7. 2007, 1 W 144/07, juris (11-jähriges Kind).
[66] Anders *Thomas/Putzo/Hüßtege* Rn. 12; wie hier *Stein/Jonas/H. Roth* Rn. 14.
[67] Zu den normspezifischen Interpretationsmöglichkeiten des Begriffs vgl. auch MünchKommBGB/*Häublein* § 573 Rn. 76.
[68] *Stein/Jonas/H. Roth* Rn. 11 spricht von „engen" Verwandten und „näherer" Schwägerschaft.
[69] § 11 des Gesetzes zur Beendigung der Diskriminierung gleichgeschlechtlicher Gemeinschaften: Lebenspartnerschaften vom 16. 2. 2001, BGBl. I S. 266.
[70] BGH NJW 1987, 1562, 1563; BGHZ 111, 1, 5 = NJW 1990, 1666; vgl. auch BT-Drucks. 14/4554, S. 20.
[71] RG JW 1937, 1663.
[72] Anders *Stein/Jonas/H. Roth* Rn. 12.
[73] OLG Celle FamRZ 1983, 202, 203.
[74] OVG Hamburg NJW 1988, 1807, 1808; *H. Roth* JZ 1990, 761, 762; *Schilken* DGVZ 1995, 161, 163.
[75] BGHZ 111, 1, 6.
[76] BGHZ 111, 1, 6 daher insoweit überholt.
[77] *Stein/Jonas/H. Roth* Rn. 13.
[78] RG JW 1937, 1663; BVerwG DVBl. 1958, 208; *Schilken* DGVZ 1995, 161, 164.

tätig sein.[79] Sie muss folglich nicht wirksam bzw. vom Zustellungsadressaten selbst angestellt worden sein oder in einem Abhängigkeitsverhältnis zu ihm stehen;[80] nicht erforderlich ist ferner das Wohnen beim Adressaten. In Betracht kommen Köchin, Chauffeur, Gärtner, Kindermädchen, Haushaltshilfe,[81] Privatsekretär.[82] Da der Zusteller den für die Zustellung erforderlichen Tatbestand feststellen muss, wird er in der Regel nicht umhin kommen, nach der Dauer der Beschäftigung zu fragen; im – sicherlich nicht nur theoretischen – Falle einer verweigerten Auskunft ist von einer Zustellung abzusehen.[83]

dd) Ständiger Mitbewohner. Empfangsberechtigt ist seit dem ZustRG auch der ständige Mitbewohner, auch wenn dieser in der Wohnung einen eigenen Haushalt führt.[84] Bereits das (auf Dauer angelegte)[85] gemeinsame Zusammenwohnen dokumentiert ein Vertrauensverhältnis, das eine Weitergabe an den Adressaten erwarten lässt.[86] Damit wird das Problem der Zustellung in Wohngemeinschaften gelöst. Sofern man Partner einer nichtehelichen Lebensgemeinschaft entgegen der hier (Rn. 15) vertretenen Ansicht nicht bereits für „Familienangehörige" iSd. Zustellungsrechts hält, sind diese jedenfalls „ständige Mitbewohner".[87] 17

e) Übergabe in der Wohnung. Die Übergabe an die in Abs. 1 Nr. 1 genannten Ersatzpersonen muss in der Wohnung des Zustellungsadressaten erfolgen. Das setzt keinen Zutritt des Zustellers zu den Wohnräumen voraus, so dass nach zutreffender Ansicht auch ein Durchreichen durch den Türschlitz in Betracht kommt.[88] Selbstverständlich gilt dies nur, wenn der Zusteller davon ausgehen durfte, dass die Person den Anforderungen des Gesetzes entspricht, was bei nahezu verschlossener Tür oftmals nicht ganz leicht sein wird. Eine Übergabe **vor** der Wohnungs-, Haus- oder Gartentür genügt, nicht dagegen eine Aushändigung auf dem Weg zur Wohnung. Entscheidend ist, ob der Empfänger für den Zusteller erkennbar zur Wohnung (nicht nur zum Haus)[89] des Adressaten gehört, weil nur dann eine Weitergabe gesichert erscheint. Verweigert die Ersatzperson die Annahme, gilt § 179. 18

3. Ersatzzustellung in den Geschäftsräumen (Nr. 2). a) Adressatenkreis. Die Ersatzzustellung in Geschäftsräumen steht nach dem Wortlaut **gleichberechtigt** neben der Zustellung in der Wohnung und ist gegenüber dieser nicht subsidiär.[90] Die Zustellungsmöglichkeit nach Nr. 2 steht nach zutreffender Ansicht unabhängig von der Ersatzzustellung in der Wohnung neben dieser auch dann zur Wahl, wenn die Sendung an die Privatadresse gerichtet ist.[91] Voraussetzung ist jedoch, dass es sich um **Geschäftsräume des Adressaten** handelt.[92] Die Norm gilt nicht nur für Gewerbetreibende (§ 183 Abs. 1 aF), Rechtsanwälte, Notare oder Gerichtsvollzieher (§ 183 Abs. 2 aF) sowie Behörden, Gemeinden oder juristische Personen (§ 184 aF), sondern erfasst jetzt alle Fälle, in denen ein Zustellungsadressat einen Geschäftsraum unterhält. Insbesondere ist es nicht erforderlich, dass die Sendung den Adressaten in seiner geschäftlichen Tätigkeit betrifft, weshalb nach zutr. Ansicht auch dem gesetzlichen Vertreter einer juristischen Person oder Personengesellschaft **in persönlichen Angelegenheiten** am Geschäftssitz, der von einer reinen Betriebsstätte zu unterscheiden ist, zugestellt werden kann.[93] 19

Besondere Diskussionen hat (nicht nur, aber verstärkt) nach Inkrafttreten des ZustRG die Zustellung **aktienrechtlicher Anfechtungsklagen** in den Geschäftsräumen der Gesellschaft ausgelöst.[94] 20

---

[79] OLG Hamm MDR 1982, 516; VGH München NJW 1991, 1249, 1250.

[80] RG JW 1901, 750 Nr. 3.

[81] FG Berlin NJW 1986, 344.

[82] RGZ 54, 240, 241.

[83] Instruktiv zu den praktischen Problemen bei der Feststellung der einzelnen Tatbestandsmerkmale *Heinze* DGVZ 2000, 111.

[84] Ebenso *Stein/Jonas/H. Roth* Rn. 16; anders *Coenen* DGVZ 2002, 183; s. auch *Wunsch* JuS 2003, 276, 279.

[85] S. BGH NJW 2001, 1946, 1947. Bloßer Besuch genügt nicht; *Zöller/Stöber* Rn. 12.

[86] BT-Drucks. 14/4554, S. 20; vgl. auch BGH NJW 2001, 1946, 1947.

[87] *Stein/Jonas/H. Roth* Rn. 16; *Thomas/Putzo/Hüßtege* Rn. 13.

[88] *Stein/Jonas/H. Roth* Rn. 17.

[89] BGH NJW-RR 2000, 444.

[90] Anders unter Hinweis auf den Persönlichkeitsschutz Vorauflage (Aktualisierungsband) Rn. 2; dagegen *Stein/Jonas/H. Roth* Rn. 4.

[91] BVerwGE 44, 104 = MDR 1974, 337, 338; *Hornung* Rpfleger 2002, 493, 498; *Stein/Jonas/H. Roth* Rn. 4; *Zöller/Stöber* Rn. 21.

[92] Instruktiv LAG Hessen NZA-RR 2007, 266: Die Betriebsstätte einer jur. Person ist ausschließlich deren Geschäftsraum und nicht der ihrer gesetzlichen Vertreter.

[93] *Coenen* DGVZ 2004, 69, 70; *Stein/Jonas/H. Roth* Rn. 19, insbesondere zur „nach wie vor zweifelhaften" Rechtslage bei der GmbH.

[94] Vgl. etwa die Beiträge von *Borsch* AG 2005, 606; *Tielmann* ZIP 2002, 1879, 1882 f.; *H.-P. Westermann,* FS Hadding, 2004, S. 707.

Dies vor dem Hintergrund, dass die AG gem. § 246 Abs. 2 S. 2 AktG durch Vorstand und Aufsichtsrat (AR) vertreten wird, daher nach hM an mindestens jeweils ein Mitglied beider Organe zuzustellen ist (s. § 170 Rn. 7) und Zustellungsmängel zur Verfristung der Klage führen können. Da die Vorstandsmitglieder die gesetzlichen Vertreter der Gesellschaft sind, kann an sie nach ganz hM am Sitz der Gesellschaft zugestellt werden; dies muss insbesondere gelten, wenn die Vorstände in der Klageschrift nicht namentlich benannt sind.[95] Ob auch für die Mitglieder des AR eine (Ersatz-) Zustellung am Gesellschaftssitz in Betracht kommt, hängt davon ab, ob auch diese dort Geschäftsräume unterhalten[96] oder zumindest zurechenbar einen entsprechenden Rechtsschein setzen (s. Rn. 21). **Entgegen** der auch nach Inkrafttreten des ZustRG noch immer mehrheitlich vertretenen Ansicht[97] ist dies idR **zu bejahen.**[98] Zum einen sind die Mitglieder des Aufsichtsrats im Falle des § 246 AktG gesetzliche Vertreter der Gesellschaft, was dafür spricht, sie nicht anders zu behandeln, als die Mitglieder des Vorstandes.[99] Zum anderen kommt es zustellungsrechtlich nicht so sehr darauf an, ob für den AR oder ein Mitglied, zB den Vorsitzenden des Betriebsrats, ein Büro eingerichtet ist, aus dem die Geschäfte betrieben werden, sondern allein darauf, ob unter gewöhnlichen Umständen davon auszugehen ist, dass die Sendung zeitnah an den Adressaten weitergeleitet wird. Davon aber ist idR auszugehen.[100] Auf die Frage eines dauernden Aufenthalts in den Räumen[101] kommt es nach dem geltenden Recht gerade nicht (mehr) an. Die Annahme,[102] durch Zustellung in den Räumen der Gesellschaft werde der Zweck der Doppelvertretung unterlaufen, ist nur gerechtfertigt, wenn man den Ausnahmefall, nämlich das (arglistige) Unterlassen der Weiterleitung unterstellt. Diese Annahme aber widerspricht offenkundig der Konzeption des § 178, der lediglich in den Fällen des Abs. 2 eine Zustellung infolge konfligierender Interessen ausschließt, im Übrigen aber eine Weiterleitung unterstellt.

21 **b) Geschäftsraum.** Geschäftsraum ist diejenige Räumlichkeit, die der Zustellungsadressat **regelmäßig,** evtl. auch nur vorübergehend (zB während einer Messe), für seinen Geschäfts- oder Behördenbetrieb **tatsächlich nutzt**[103] und die für den Publikumsverkehr **zugänglich** ist.[104] Der Geschäftsraum muss als solcher erkennbar sein.[105] In Betracht kommen etwa eine Arztpraxis,[106] eine Werkstatt[107] sowie besondere Büroräume, wie zB das Sekretariat, die Registratur[108] oder die allgemeine Posteinlaufstelle eines Betriebes, einer Behörde und von Filialen großer Unternehmen. Eine bloße Produktionsstätte (Fabrik), ein Warenlager[109] oder eine Auslieferungsstelle sind nicht als Geschäftslokal anzusehen; gleiches soll für ein Speiselokal, das der Betreiber nur gelegentlich aufsucht, um sich über den Geschäftsgang zu unterrichten, gelten.[110] Bei Unternehmensfortführung durch den Insolvenzverwalter sind Geschäftsräume der Schuldnerin solche des Verwalters.[111] Das Geschäftslokal kann mehreren Personen gemeinschaftlich dienen[112] oder in der Wohnung des Adressaten liegen; in diesem Falle ist Nr. 2 neben Nr. 1 anwendbar, so dass die Ersatzzustellung auch an dort genannte Personen (Rn. 15–17) möglich ist.[113] Sind Wohnung und Geschäftslokal getrennt,

---

[95] BGHZ 107, 296, 299.

[96] Zutr. *Tielmann* ZIP 2002, 1879, 1883, der ferner zu Recht darauf hinweist, dass eine Zustellung in allen vom Aufsichtsratsmitglied unterhaltenen Geschäftsräumen, also auch solchen bei anderen Gesellschaften, zulässig ist; zust. *Hüffer* AktG § 246 Rn. 34.

[97] KG AG 2005, 583; *Hüffer* AktG § 246 Rn. 33 m. weit. Nachw.; *ders.,* in: MünchKommAktG § 246 Rn. 58; *Tielmann* ZIP 2002, 1878, 1883.

[98] Auch wenn man der hier vertretenen Ansicht nicht folgt, bleibt natürlich die aus § 177 sich ergebende Möglichkeit der persönlichen Zustellung unbenommen, wenn das Aufsichtsratsmitglied vom Zusteller am Sitz der Gesellschaft *persönlich angetroffen* wird.

[99] So bereits OLG Celle ZIP 1989, 511.

[100] Dies gilt auch außerhalb des Anwendungsbereichs des § 90 Abs. 2 Nr. 4 AktG; hierzu *H.-P. Westermann,* FS Hadding, 2004, S. 707, 721.

[101] S. *Hüffer* AktG § 246 Rn. 33.

[102] *Hüffer* ebenda; *Tielmann* ZIP 2002, 1879, 1883.

[103] RGZ 16, 349; BGH NJW 1998, 1958, 1959 m. Anm. *Vollkommer* EWiR 1998, 573; OLG Köln NJW-RR 1988, 355.

[104] BT-Drucks. 14/4554, S. 20.

[105] OLG Frankfurt/M. MDR 1999, 498.

[106] BSG MDR 1977, 700 Nr. 112.

[107] OLG Düsseldorf JurBüro 1982, 1742, 1743; OLG Köln ZIP 1988, 1337, 1338.

[108] BFH BB 1984, 459, 460.

[109] *Stein/Jonas/H. Roth* Rn. 19; aA *Thomas/Putzo/Hüßtege* Rn. 16.

[110] LAG Hamm MDR 1978, 606.

[111] ArbG Berlin NZA-RR 2004, 366, anders bei Bestehen einer Postsperre gem. § 99 InsO.

[112] RGZ 16, 349, 350.

[113] RGZ 10, 359, 360.

kann in diesem nicht an einen Familienangehörigen zugestellt werden und in jener nicht an die im Geschäft Beschäftigten. Unterhält der Zustellungsadressat mehrere Geschäftslokale, kann in jedem von ihnen zugestellt werden.[114] Die Zustellung ist nicht mehr wie nach § 184 Abs. 1 aF auf die gewöhnlichen **Geschäftsstunden** beschränkt. Die Ersatzzustellung im Geschäftsraum ist an die in der Wohnung angeglichen (vgl. daher auch § 177 Rn. 3).

Die Ersatzzustellung ist entsprechend dem zur Scheinwohnung Gesagten (Rn. 11) auch dann zulässig, wenn der Zustellungsadressat sich in der Öffentlichkeit allgemein als Gewerbetreibender mit einem Geschäftslokal unter der angegebenen Adresse ausgegeben hat und dieser Rechtsschein im Zeitpunkt der Zustellung noch besteht.[115] Ein Postnachsendeantrag begründet nicht bereits den Anschein, der Adressat unterhalte nunmehr unter der Nachsendeanschrift ein Geschäftslokal.[116] Ob die Angabe einer „Kontaktadresse" in der Geschäftskorrespondenz[117] diesen Anschein begründet, hängt von den weiteren Umständen des Falles ab. Handelt es sich um die einzige vom Adressaten benannte Anschrift, darf der Zustellungsveranlasser regelmäßig davon ausgehen, dass Sendungen dort auch entgegen genommen werden. Entgegen der in der Vorauflage[118] vertretenen Ansicht kommt es nicht darauf an, dass die Angaben, aus denen sich der Rechtsschein ergibt, für den Zusteller[119] erkennbar waren, sofern diesem die Scheinadresse als Zustellungsort mitgeteilt wurde. Unbeachtlich ist[120] regelmäßig auch, ob die die Zustellung veranlassende Geschäftsstelle diese Umstände kannte; denn sie kann sich idR auf die Angaben im zuzustellenden Dokument verlassen (§ 168 Rn. 2). 22

c) Zustellungsempfänger. Zustellungsempfänger ist eine in dem Geschäftsraum beschäftigte Person. Dies ist eine Person, die im Geschäftsbetrieb des Zustellungsadressaten **(ggf. unentgeltlich)** Dienste leistet, in dem Geschäftsraum tätig ist und erkennbar eine solche **Vertrauensstellung** genießt, dass der Zusteller von einer Weitergabe des Schriftstücks ausgehen darf.[121] Nur mehr oder weniger zufällig Anwesende (zB Monteur, Außendienstmitarbeiter) oder untergeordnete Dienste Verrichtende,[122] wie Fabrikarbeiter oder Reinigungspersonal,[123] gehören hierzu zum Schutze des Adressaten nicht. In Betracht kommen etwa: kaufmännische Angestellte, Buchhalter, Verkäufer, aber auch Auszubildende,[124] Praktikanten oder Volontäre,[125] ein Gehilfe oder eine Büro- oder Schreibkraft eines Rechtsanwalts, Notars oder Gerichtsvollziehers sowie ein Referendar.[126] Sie müssen, wie der Vergleich mit Absatz 1 Nr. 1 zeigt, nicht erwachsen sein. Auch der Ehegatte kann eine im Geschäftsraum beschäftigte Person sein. Bei gemeinschaftlichen Geschäftsräumen darf nur an die von dem Adressaten beschäftigte Person zugestellt werden, sofern die verschiedenen Tätigkeitsbereiche für den Zusteller erkennbar sind.[127] 23

4. Ersatzzustellung in Gemeinschaftseinrichtungen (Nr. 3). a) Bewohnte Gemeinschaftseinrichtungen. Von § 178 Abs. 1 Nr. 3 sind erfasst: Alten-, Lehrlings-, Arbeiterwohnheime, Obdachlosenunterkünfte, Krankenhäuser, Kasernen, Justizvollzugsanstalten und ähnliche Einrichtungen, deren Organisationsform in diesem Zusammenhang unbeachtlich ist.[128] Der Zustellungsadressat muss hier „wohnen" (zum Begriff s. Rn. 5f.). 24

b) Zustellungsempfänger. Zunächst ist die Zustellung an den Adressaten selbst zu versuchen und erst bei Nichtantreffen an die in Nr. 3 Genannten; bei Strafgefangenen soll daraus die Ver- 25

---

[114] *Müller* DGVZ 1996, 70f.; *Stein/Jonas/H. Roth* Rn. 19. S. auch Fn. 96.

[115] BGH NJW-RR 1993, 1083; NJW 1998, 1958, 1959 m. Anm. *Vollkommer* EWiR 1998, 573; OLG Köln ZIP 1988, 1337, 1338; OLG Hamburg OLG-Report 2004, 563; dass. OLG-Report 2006, 297. Zum Fortbestehen des Rechtsscheins s. auch Fn. 119.

[116] BGH NJW 1998, 1958, 1959 m. Anm. *Vollkommer* EWiR 1998, 573.

[117] Verneinend: BGH NJW-RR 1993, 1083; aA *Zeiss* JR 1994, 160.

[118] Aktualisierungsband zur 2. Aufl. Rn. 18.

[119] Auf den Zusteller kann es aber ankommen, wenn aus den Umständen vor Ort deutlich wird, dass unter der angegebenen Anschrift keine Geschäftsräume existieren; vgl. OLG Frankfurt DB 2003, 41.

[120] Entgegen BGH NJW-RR 1993, 1083.

[121] BVerwG NJW 1962, 70.

[122] OLG Düsseldorf JurBüro 1982, 1742, 1743.

[123] Abzulehnen ist daher die Ansicht von *Rosenberg/Schwab/Gottwald* § 73 Rn. 23 sowie des Saarl. OVG, Beschl. v. 15. 6. 2005, 1 Q 60/04, juris, welche die Zustellung an Reinigungskräfte für zulässig halten. Wie hier *Stein/Jonas/H. Roth* Rn. 23; *Zöller/Stöber* Rn. 18; wohl auch BSG, Beschl. v. 30. 11. 1999, B 6 KA 39/99 R, juris.

[124] OVG Münster Rpfleger 1976, 223.

[125] Vgl. BVerwG NJW 1962, 70.

[126] BFH NJW 1994, 960, den Stationsreferendar betreffend.

[127] In concreto verneint von FG Hamburg DStRE 2004, 989, 990.

[128] BT-Drucks. 14/4554, S. 21.

pflichtung des Zustellers folgen, den Adressaten in seiner Zelle aufzusuchen.[129] **Leiter** ist die mit der Leitung der Gemeinschaftseinrichtung betraute Person unabhängig davon, ob sie auch vertretungsbefugt ist, sofern sie infolge ihrer **herausgehobenen Position** Gewähr für die Weitergabe bietet, so zB der Leiter einer Justizvollzugsanstalt,[130] der ärztliche Direktor oder der Verwaltungsleiter eines Krankenhauses,[131] nicht aber sonstige Angestellte wie Pförtner oder Pfleger.[132] Grundsätzlich gehört hierzu auch der diensthabende Offizier einer Kaserne, wobei entsprechend dem unter § 166 Rn. 27 abgedruckten Erlass des Bundesministers der Verteidigung zu Nr. 4[133] der Kompaniefeldwebel oder sein Vertreter,[134] nicht aber ein Gefreiter[135] taugliche Ersatzpersonen sind. Zugestellt werden kann aber auch an den Vertreter des eigentlichen Leiters, der mit der Erledigung von Leitungsgeschäften beauftragt ist.[136] Der Abgrenzung zum **„ermächtigten Vertreter"** kommt nur dann Bedeutung zu, wenn eine Ermächtigung tatsächlich nicht besteht. Anders als der Leiter, bei dem Kraft seiner Stellung von einer Weiterleitung auszugehen ist, ergibt sich die Tauglichkeit des Empfängers in dem zuletzt genannten Fall erst aus der Ermächtigung durch den Leiter.[137] Dennoch muss sich der ermächtigte Vertreter – etwa analog § 171 S. 2[138] – ebenso wenig legitimieren wie der Leiter selbst; das schließt aber nicht aus, dass der Zusteller bei Zweifeln einen Nachweis für die Ermächtigung einfordern kann.[139]

III. Verbotene Ersatzzustellung (Abs. 2)

26 **1. Allgemeines.** Die Zustellung gem. Absatz 1 muss unterbleiben, wenn die Ersatzperson als Gegner des Zustellungsadressaten am Rechtsstreit beteiligt ist. Dies entspricht § 185 aF und will die ohnehin mit einem gewissen Weiterleitungsrisiko verbundene Ersatzzustellung dort verhindern, wo wegen Interessenkollision die Gefahr der Nichtaushändigung des Schriftstücks an den Adressaten größer erscheint als gewöhnlich.[140] Damit wird nicht nur der Adressat vor den Folgen einer Nichtweiterleitung des Schriftstücks bewahrt, sondern auch der Prozessgegner vor einem Konflikt.[141] Wegen ihres Zwecks ist die Vorschrift weit auszulegen.[142] Eine entsprechende Anwendung bei anderen Formen der Ersatzzustellung kommt in Betracht (vgl. bei §§ 180 f.), **nicht** dagegen für die **Hauptzustellung**[143] an Vertreter (§ 170) und Bevollmächtigte (§§ 171, 172), weil hier entweder der Adressat selbst die Sendung erhält oder er bevollmächtigt worden sein muss.[144] Dies ist verfassungsrechtlich unbedenklich.[145] Die Tatsache allein, dass eine Person zugleich **Zustellungsbevollmächtigter** der anderen Partei ist, macht die Zustellung an sie nicht unzulässig; § 181 BGB ist nicht anwendbar.[146] Zulässig ist ferner die Zustellung eines Vollstreckungsbescheides an den GmbH-Geschäftsführer als gesetzlichen Vertreter, dem eine an den Kläger abgetretene Forderung des Geschäftsführers gegen die GmbH zugrunde liegt.[147] Die Vertretungsperson kann aber nicht selbst Partei sein. Das folgt zwar nicht aus Absatz 2, wohl aber aus dem prozessualen Verbot des In-Sich-Prozesses.[148]

27 **2. Einzelheiten.** Um die Wirksamkeit der Zustellung sicherzustellen, sollte schon auf der Sendung (innerer Umschlag: „keine Zustellung an") deutlich sichtbar vermerkt werden, an welche

---

[129] In diesem Sinne: LG Saarbrücken StV 2004, 362; anders und überzeugender: VGH Mannheim NJW 2001, 3569; *Stein/Jonas/H. Roth* Rn. 25. Zur Zustellung an einen Asylbewerber ebenfalls VGH Baden-Württemberg AuAS 2006, 215.

[130] VGH Mannheim NJW 2001, 3569 zu § 181 aF.

[131] OLG Stuttgart Rpfleger 1975, 102.

[132] OLG Colmar OLGRspr. 25, 143 (zum Pförtner); OLG Stuttgart Rpfleger 1975, 102.

[133] OLG Düsseldorf NJW-RR 1999, 1441; OLG Oldenburg NdsRpfl. 1967, 124; LG Essen NJW 1961, 1586; LG Münster MDR 1978, 427

[134] LG Münster MDR 1978, 427.

[135] OLG Oldenburg NdsRpfl. 1967, 124.

[136] OLG Stuttgart Rpfleger 1975, 102.

[137] Zutr. *Stein/Jonas/H. Roth* Rn. 25.

[138] Wie hier: *Stein/Jonas/H. Roth* Rn. 25; aA *App* ZFSH/SGB 2003, 387, 388.

[139] Anders für „Zweifelsfälle" *Baumbach/Lauterbach/Hartmann* Rn. 25 f.

[140] BGH NJW 1984, 57.

[141] *Hamme* NJW 1994, 1035, 1038.

[142] BGH NJW 1984, 57.

[143] BGH NJW 1984, 57; aA LG Frankfurt Rpfleger 1988, 72.

[144] Damit besteht eine Voraussetzung, die die Interessen des bei der Zustellung Vertretenen hinreichend schützt.

[145] BVerfGE 67, 208, 212 = NJW 1984, 2567, 2568.

[146] RGZ 157, 168, 169 f.

[147] BGH NJW 1984, 57.

[148] BGH NJW 1975, 345; NJW 1984, 57, 58; zust. *Stein/Jonas/H. Roth* Rn. 32.

Personen nicht zugestellt werden darf.[149] Die Vorschrift greift nicht nur dann ein, wenn die Ersatzperson selbst der unmittelbare Prozessgegner ist. Über ihren Wortlaut hinaus umfasst sie auch die Zustellung an einen nahen **Angehörigen** des Prozessgegners (zB Ehegatten, Kinder, Eltern, Geschwister).[150] Nicht zugestellt werden darf daher an den Vater der Prozesspartei, wenn dieser auf Grund seines Nießbrauchs und Verwaltungsrechts an dem Rechtsstreit unmittelbar beteiligt ist.[151] Desgleichen darf ein Mahnbescheid nicht an die Tochter des Schuldners zugestellt werden, die zugleich die Ehefrau des Gläubigers ist.[152] Ein Beschluss über die vorläufige Fürsorgeerziehung, der dem Vater zugestellt werden soll, kann für ihn an die noch nicht getrennt lebende Mutter zugestellt werden, mit der er in Scheidung lebt.[153] Im Betreuungs- und Vormundschaftsverfahren darf nicht an den Antragsteller zugestellt werden.[154] Desgleichen scheidet die Ehefrau, die Pflegerin ihres Ehemannes ist, als Ersatzperson für die Zustellung einer vollstreckbaren Urkunde aus, die über eine eigene Forderung gegen ihren Ehemann errichtet worden ist.[155]

Nicht zugestellt werden darf weiterhin an Personen, die dem eigentlichen Gegner gleich- oder nahe stehen;[156] denn auch hier besteht der Interessenkonflikt.[157] Hierher gehören der **Streitgenosse** und der **Streitgehilfe** des Gegners, nicht aber der Streitverkündungsempfänger vor seinem Beitritt. Schließlich erfasst Absatz 2 alle weiteren Personen, bei denen eine konkrete Interessenkollision besteht,[158] wie zB weisungsabhängige **Angestellte** des Gegners (Sekretärin, Hausmeister, Prokurist) oder weisungsabhängige Angestellte eines als Ersatzperson ausgeschlossenen Bediensteten des Gegners.[159] Darüber hinaus ist die Vorschrift auch auf die Ersatzzustellung eines an den **Drittschuldner** adressierten Pfändungs- und Überweisungsbeschlusses an den Schuldner entsprechend anwendbar,[160] nicht dagegen auf eine Ersatzzustellung an den Drittschuldner für den Schuldner oder an die Partei, wenn Zustellungsadressat ihr Prozessbevollmächtigter[161] ist. 28

IV. Verstoß

Fehlen die Voraussetzungen der Ersatzzustellung oder die vom Zusteller angenommenen Empfängereigenschaften,[162] ist die Zustellung **unwirksam.** Dasselbe gilt für einen Verstoß gegen Absatz 2. Der Mangel kann aber geheilt werden nach § 189 oder nach § 295. Dagegen ist eine den gesetzlichen Vorschriften entsprechende Ersatzzustellung nicht deswegen unwirksam, weil die Geschäftsstelle im Zustellungsauftrag eine Ersatzzustellung zu Unrecht ausgeschlossen hatte.[163] Beurkundungsfehler haben idR Beweisschwierigkeiten zur Folge (vgl. § 182 Abs. 2 Nr. 2, 4), führen aber nicht zur Unwirksamkeit. 29

§ 179 Zustellung bei verweigerter Annahme

[1]Wird die Annahme des zuzustellenden Schriftstücks unberechtigt verweigert, so ist das Schriftstück in der Wohnung oder in dem Geschäftsraum zurückzulassen. [2]Hat der Zustellungsadressat keine Wohnung oder ist kein Geschäftsraum vorhanden, ist das zuzustellende Schriftstück zurückzusenden. [3]Mit der Annahmeverweigerung gilt das Schriftstück als zugestellt.

I. Normzweck und Anwendungsbereich

Die Vorschrift fingiert die Zustellung im Falle einer unberechtigten Annahmeverweigerung und knüpft damit an § 186 ZPO aF an. Sie **sanktioniert** einen Fall (s. auch § 178 Rn. 11) der **Zu-** 1

[149] Unzutreffende Angaben der Geschäftsstelle hindern die wirksame Zustellung aber nicht; s. BGH NJW-RR 2003, 208.

[150] OLG Karlsruhe Rpfleger 2000, 405; *Thomas/Putzo/Hüßtege* Rn. 24.

[151] KG OLGRspr. 40, 365, 367.

[152] OLG Potsdam NJ 1951, 519, 520.

[153] OLG Hamm NJW 1969, 800, 801.

[154] KG KGJ 46 (1914), 94, 95 f.

[155] KG Rpfleger 1978, 105, 106.

[156] BGH VersR 1973, 156; NJW 1984, 57.

[157] *Stein/Jonas/H. Roth* Rn. 34.

[158] BGH NJW 1984, 57.

[159] BAG BB 1974, 1535; OLG Karlsruhe MDR 1984, 151.

[160] BAG NJW 1981, 1399; OLG Celle DGVZ 2003, 8; *Hamme* NJW 1994, 1035, 1038 f.

[161] Vgl. *Stein/Jonas/H. Roth* Rn. 35.

[162] Anders, wenn Empfänger gleichwohl taugliche Ersatzperson ist; *Stein/Jonas/H. Roth* Rn. 30. S. auch BayObLG NZM 2000, 245, 246.

[163] BGH NJW-RR 2003, 208.

gangsvereitelung. Dabei werden die widerstreitenden Interessen von Zustellungsveranlasser und Adressat in erster Linie durch das Erfordernis einer unberechtigten Verweigerung der Annahme berücksichtigt und ausgeglichen, aber auch dadurch, dass das Schriftstück möglichst im Machtbereich des Adressaten zu belassen ist, damit dieser die Verweigerung nochmals überdenken und Kenntnis vom Inhalt der Sendung nehmen kann.[1] Die Frage nach dem Bestehen eines **Verweigerungsrechts** ist folglich eine zentrale im Rahmen von § 179 und die – nicht immer einfache – Antwort auf sie ergibt sich häufig aus anderen Vorschriften (vgl. etwa § 177 Rn. 2, 3). Damit die Übergabe vor Ort nicht durch den Zusteller „ausgefochten" werden muss,[2] was den Rechtsfrieden nachhaltig stören könnte, greift § 179 auf einen Selbststeuerungsmechanismus zurück: Die Entgegennahme der Sendung steht gewissermaßen im Belieben des Adressaten, der das Risiko einer ungerechtfertigten Zurückweisung trägt. Um ihm diese Entscheidung (Annahme oder Zurückweisung) unter Beachtung der Konsequenzen zu ermöglichen, erscheint es geboten, dass der Zusteller auf die Folgen der Annahmeverweigerung hinweist, was die Norm freilich nicht anordnet.

2 Dort, wo die Bereitschaft zur Annahme zu den Voraussetzungen der Zustellung gehört und der Empfänger – zumindest zustellungsrechtlich – nicht verpflichtet ist, diese Bereitschaft zu prästieren, kommt § 179 folglich **nicht zur Anwendung.** Insbesondere gilt dies für die Zustellung gegen Empfangsbekenntnis gem. § 174[3] (s. dort Rn. 6, 12) und die Zustellung von Anwalt zu Anwalt nach § 195. Dem gegenüber **gilt § 179** für die Zustellung an die Partei selbst, an die ihr gleichgestellten Zustellungsadressaten und -vertreter[4] (§§ 170 bis 172) und grds. auch für die in § 178 Abs. 1 genannten **Ersatzpersonen.**[5] Die teilweise vertretene[6] Einschränkung, bei Annahmeverweigerung durch eine der in § 178 Abs. 1 Nr. 3 genannten Personen komme lediglich eine Ersatzzustellung gem. § 181 in Betracht, ist abzulehnen. Zutreffend ist, dass ein Zurücklassen in der Wohnung oder in den Geschäftsräumen nicht in Betracht kommt, weshalb das Risiko fehlender Unterrichtung des Adressaten besteht.[7] Das Risiko aber, dass der Adressat infolge eines Fehlverhaltens der Ersatzperson nichts von der Zustellung erfährt, ist ihm bereits nach der Konzeption des § 178 auferlegt, die auf typisierte Vertrauensverhältnisse zurückgreift. Es scheint mit Hilfe des § 233 (Wiedereinsetzung bei unverschuldeter Unkenntnis von der Zustellung) angemessen verteilt.

II. Voraussetzungen

3 **1. Unberechtigte Annahmeverweigerung.** Eine **Annahmeverweigerung** kann ausdrücklich, aber auch konkludent dadurch zum Ausdruck gebracht werden, dass der vom Zusteller ausgewählte Empfänger die physische Entgegennahme der Sendung erkennbar ablehnt.[8] Dies kann bei einem Zustellversuch zB durch Davonlaufen oder Verschließen der Tür geschehen. Problematisch sind die Fälle, in denen der Zusteller nicht weiß, ob es sich bei dem sich verweigernden Empfänger um einen handelt, an den die Sendung in Übereinstimmung mit dem Gesetz zugestellt werden kann. Dabei geht es allerdings nicht um die Frage, ob der Person ein Verweigerungsrecht zustand, weil sie nicht zu den gesetzlich vorgesehenen Ersatzpersonen zählt, da sie nicht zur Familie gehört und sich in der Wohnung oder in dem Geschäftsraum nur als Besucher aufhält (Nachbar u.a.);[9] denn es kann ohnehin nur auf die Verweigerungshandlung einer Person ankommen, die nach dem Gesetz tauglicher Empfänger der Sendung ist. Lässt sich aber genau dies nicht feststellen, kann der Zusteller, der die Person nicht kennt, bereits die Voraussetzungen des § 179 nicht ermitteln und hat von einer Zustellung nach dieser Vorschrift Abstand zu nehmen.

---

[1] BT-Drucks. 14/4554, S. 21.

[2] Vgl. *Baumbach/Lauterbach/Hartmann* Rn. 1, der zu Recht auf die fehlende Erzwingbarkeit hinweist.

[3] Anders BFH BFH/NV 2003, 1426: ein Rechtsanwalt könne die Annahme der ihm gem. § 174 Abs. 2 per Telefax zugestellten Sendung nicht mit der Begründung verweigern, der Ort der Zustellung sei ihm nicht genehm. Da der Anwalt für seine Verweigerung gar keinen Grund benötigt, kann dieser per se nicht „unzureichend" sein. Die Besonderheit des Falles bestand freilich darin, dass der Empfänger das EB gleichwohl ausgefüllt zurückgesandt hatte.

[4] BT-Drucks. 14/4554, S. 21.

[5] Wie hier *Stein/Jonas/H. Roth* Rn. 1; *Zöller/Stöber* Rn. 1.

[6] *Coenen* DGVZ 2004, 69, 71; zust. *Thomas/Putzo/Hüßtege* Rn. 2.

[7] Hierauf stellt *Coenen* (Fn. 6) ab und greift zur Illustration – bezeichnender Weise – auf einen „nicht ganz freiwillig in einem Altenheim lebenden Menschen" zurück. Das Problem der Informationsvorenthaltung kann jedoch in gleicher Weise bei einer Zustellung gem. § 178 Abs. 1 Nr. 1 bestehen, zB wenn der Familienangehörige die Sendung unterschlägt, und ist daher als Argument nicht treffend. S. hierzu auch Rn. 6.

[8] Etwa durch Rückgabe der Sendung unter Hinweis auf eine falsche Adressierung; instruktiv VG Cottbus, Beschl. v. 8. 2. 2007, 6 L 152/06, juris.

[9] So aber die Regierungsbegründung BT-Drucks. 14/4554, S. 21. Zutr. *Stein/Jonas/H. Roth* Rn. 2.

Unberechtigt ist die Annahmeverweigerung, wenn sie ohne Grund erfolgt. Anders als § 186 aF spricht das Gesetz nicht mehr von einem „gesetzlichen" Grund, so dass eindeutig auch praeter legem entwickelte Gründe in Betracht kommen. Berechtigt ist die Verweigerung, wenn Zweifel an der Identität der als Zustellungsadressat in Anspruch genommenen Person mit dem Adressaten des Schriftstücks (etwa bei Verwendung falscher Vornamen oder falscher Schreibweise) oder bzgl. der übergebenen Sendung (Divergenz von Aktenzeichen)[10] bestehen. Berechtigt ist die Verweigerung darüber hinaus, wenn die Zustellung an einem unangemessenen Ort bzw. bei unpassender Gelegenheit (§ 177 Rn. 2) oder zur Unzeit (§ 177 Rn. 3) erfolgen soll. Auch das Bestehen eines Interessenkonflikts iSv. § 178 Abs. 2 berechtigt zur Verweigerung, wenn man nicht den Empfänger bereits aus diesem Grund für per se untauglich hält (s. Rn. 3). Weitergehende Verweigerungsrechte sind den in § 178 Abs. 1 genannten Ersatzpersonen aber nicht zuzubilligen. Befürchtet etwa der als Ersatzperson auserkorene Familienangehörige eine Auseinandersetzung mit dem Adressaten, der die Zustellung nicht wünscht, so begründet dieser „Gewissenskonflikt" kein Verweigerungsrecht; denn die letztlich dem Adressaten zum Nachteil gereichende Folge des § 179 ist angemessen. Zu einer nennenswerten Privilegierung derjenigen, die bereits die Feststellung der Ersatzpersoneneigenschaft nicht ermöglichen, kommt es im Ergebnis wegen §§ 180f. nicht. Insbesondere kann § 179, der grundsätzlich lex specialis zu § 180 ist,[11] der Ersatzzustellung nach dieser Vorschrift nicht vorgehen, wenn seine Voraussetzungen (Verweigerung durch taugliche Ersatzperson) vom Zusteller nicht festzustellen sind. Wird die **Annahme zu Recht verweigert,** so ist ein weiterer Zustellungsversuch durchzuführen, wird sie dagegen zu Unrecht verweigert, so gilt das Schriftstück als zugestellt (Rn. 7). 4

2. Zurücklassen der Sendung (Satz 1). Um dem Adressaten die Möglichkeit zu erhalten, von dem Schriftstück Kenntnis zu nehmen (s. Rn. 1), ist es in der **Wohnung oder in dem Geschäftsraum** zurückzulassen. Dies kann insbesondere dadurch geschehen, dass der Zusteller das Schriftstück in den Räumlichkeiten **ablegt.** In Betracht kommt aber auch das **Durchschieben** der Sendung unter der Tür. Ein **Anheften** an diese oder die **Ablage vor der Tür** sollte nur dann erwogen werden, wenn ein Zugriff Dritter jedenfalls unter gewöhnlichen Umständen nicht zu besorgen ist. Stattdessen wird es sich idR anbieten, das zurückzulassende Schriftstück wie einen gewöhnlichen Brief zu behandeln und ihn **in den Briefkasten** einzuwerfen. Die Entwurfsbegründung zum ZustRG[12] bezeichnet dieses Verfahren als eine Selbstverständlichkeit und meinte es daher nicht ausdrücklich regeln zu müssen. Die Zustellung nach § 179 überschneidet sich damit partiell mit der Ersatzzustellung gem. § 180. Der Zusteller muss gleichwohl zwischen beiden unterscheiden, weil sich aus ihnen unterschiedliche Protokollierungspflichten ergeben (vgl. §§ 180 S. 3; 182 Abs. 2 Nr. 4 bzw. Nr. 5). 5

3. Zurücksenden des Schriftstücks (Satz 2). Die Möglichkeit, das Schriftstück zurückzulassen, besteht nur bei einer Zustellung in der Wohnung oder in dem Geschäftsraum, nicht dagegen bei einer Zustellung in einer **Gemeinschaftseinrichtung** (§ 178 Abs. 1 Nr. 3) oder an einem **anderen Ort** (§ 177). Verweigert hier der Adressat die Annahme, so ist das Schriftstück an den Auftraggeber zurückzusenden. Im Falle eines Zurücklassens bestünde nämlich die Gefahr, dass das zuzustellende Schriftstück dem ungehinderten Zugriff Dritter unterliegen würde. Etwas anderes muss aber bei teleologisch orientiertem Normverständnis dann gelten, wenn der Adressat in der Gemeinschaftseinrichtung über eine eigene Postempfangsanlage verfügt. Ist diese für den Zusteller zugänglich, ist ein Zurücklassen ausnahmsweise zuzulassen; denn dem Adressaten ist damit die Kenntnisnahme idR eher möglich als bei Zurücksendung.[13] 6

III. Zugangsfiktion und Nachweis

Gem. § 179 S. 3 **gilt** das Schriftstück bereits mit der unberechtigten Annahmeverweigerung **als zugestellt.** Gleichwohl gilt: Unterbleibt die – denknotwendig erst nach diesem Zeitpunkt überhaupt mögliche – Zurücksendung, wird also etwa das Schriftstück fälschlicher Weise (s. Rn. 6) in der Gemeinschaftseinrichtung zurückgelassen, ist die Zustellung unwirksam.[14] Ebenso, wenn das Schriftstück entgegen Satz 1 nicht zurückgelassen wird. Grund hierfür ist die vom Gesetzgeber aus- 7

---

[10] *Stein/Jonas/H. Roth* Rn. 2.

[11] *Stein/Jonas/H. Roth* Rn. 5; anders offenbar *Baumbach/Lauterbach/Hartmann* Rn. 3 (Existenz eines Briefkastens führt zum Vorrang von § 180).

[12] BT-Drucks. 14/4554, S. 21.

[13] In der Tendenz genau anders *Stein/Jonas/H. Roth* Rn. 4: Vorrang von Satz 2 vor Satz 1. Vgl. hierzu auch den Nachw. bei § 180 Rn. 1 m. Fn. 3.

[14] *Stein/Jonas/H. Roth* Rn. 4, m. Hinw. auf MünchKommZPO/Aktualisierungsbd. Rn. 2.

drücklich angestrebte, den Interessen des Adressaten dienende (Rn. 1) Möglichkeit, dass Schriftstück auch später zur Kenntnis nehmen zu können. Der Mangel wird jedoch nach § 189 geheilt, wenn das Schriftstück dem Adressaten tatsächlich zugeht, weil § 179 diesen nur vor dem Verlustrisiko schützen will. Auch § 295 findet Anwendung.

8 Die Annahmeverweigerung und das Zurücklassen oder Zurücksenden sind auf dem von der Geschäftsstelle beigefügten Vordruck einer Zustellungsurkunde **zu beurkunden** (§ 182 Abs. 2 Nr. 5). Da die Beurkundung insgesamt keine Wirksamkeitsvoraussetzung der Zustellung mehr ist (s. § 166 Rn. 3), berühren Mängel die Wirksamkeit nicht. Mit Hilfe der öffentlichen Urkunde kann der Zustellungsveranlasser den Nachweis führen; Gegenbeweis kann gem. § 418 Abs. 2 geführt werden. Zum Umfang der Beweiskraft der in der Urkunde bezeugten Vorgänge vgl. auch § 182 Rn. 15f.

§ 180 Ersatzzustellung durch Einlegen in den Briefkasten

[1]Ist die Zustellung nach § 178 Abs. 1 Nr. 1 oder 2 nicht ausführbar, kann das Schriftstück in einen zu der Wohnung oder dem Geschäftsraum gehörenden Briefkasten oder in eine ähnliche Vorrichtung eingelegt werden, die der Adressat für den Postempfang eingerichtet hat und die in der allgemein üblichen Art für eine sichere Aufbewahrung geeignet ist. [2]Mit der Einlegung gilt das Schriftstück als zugestellt. [3]Der Zusteller vermerkt auf dem Umschlag des zuzustellenden Schriftstücks das Datum der Zustellung.

I. Normzweck

1 Die Vorschrift – sie gehört zu den **wesentlichen Neuerungen** des ZustRG – hat zum Ziel, den hohen Anteil von Ersatzzustellungen durch Niederlegung zu verringern und damit dem Adressaten leichter und schneller die Möglichkeit zur Kenntnisnahme vom Inhalt der Sendung zu geben.[1] Aus diesem gesetzgeberischen Ziel[2] sowie aus dem Wortlaut von § 181 folgt, dass durch Niederlegung (§ 181) nur zugestellt werden darf, wenn die Zustellung gem. § 180 nicht möglich ist; § 180 **genießt** also **Vorrang** (s. auch § 181 Rn. 1). Dies gilt, entgegen dem § 178 Abs. 1 Nr. 3 nicht erwähnenden Wortlaut der Norm, auch dann, wenn der Adressat in einer Gemeinschaftseinrichtung über eine entsprechende, ihm allein zustehende Empfangseinrichtung verfügt; denn auch hier befindet sich die Sendung im Machtbereich des Adressaten und kann von ihm leicht zur Kenntnis genommen werden (vgl. hierzu bereits § 179 Rn. 6).[3] Der Einwurf in den gemeinschaftlichen Briefkasten der Gemeinschaftseinrichtung hingegen widerspricht dem Anliegen, die Sendung dem Zugriff Dritter zu entziehen und ist daher unzulässig (s. auch Rn. 4).

II. Voraussetzung

2 Eine Zustellung durch Einlegen in den Briefkasten setzt voraus, dass zuvor eine unmittelbare Zustellung an den Adressaten oder eine Ersatzzustellung nach § 178 Abs. 1 Nr. 1 oder 2 erfolglos versucht worden ist. Nicht hierher gehört die Übermittlung der Sendung durch Einschreiben, die keine Ersatzzustellung, sondern eine eigenständige Zustellungsform ist (vgl. § 175 Rn. 2), weshalb der Zusteller in diesem Fall lediglich den Benachrichtigungsschein, nicht aber die Sendung selbst in den Briefkasten einzulegen hat. Verweigert der Adressat oder die Ersatzperson die Annahme, ist nach § 179 zu verfahren, was aber – mit Ausnahme der Beurkundung – praktisch oft ein und dasselbe sein wird (näher § 179 Rn. 5). Der **eigentliche Anwendungsbereich** der Vorschrift ist daher eröffnet, wenn der Zusteller am Zustellungsort niemanden antrifft.

3 Ausweislich der Materialien[4] sollte durch die Vorschrift aber auch *„dem in der Praxis häufig beklagten Missstand, dass die Ersatzzustellung* ***im Geschäftsraum*** *daran scheiterte, dass während des Zustellgangs der Post Geschäftsräume oftmals noch nicht geöffnet haben und für diesen Fall eine weitere Art der Ersatzzustellung gesetzlich nicht vorgesehen war,"* abgeholfen werden. Die Möglichkeit der Zustellung **außerhalb der Öffnungszeiten von Geschäftsräumen** ist jedoch mit einer Einschränkung zu versehen, wenn der Zustellversuch **zur Unzeit** (§ 177 Rn. 3) unternommen wird. Nach dem Wortlaut

---

[1] Zu den mit der Niederlegung verbundenen Nachteilen für den Adressaten s. *Schilken* DGVZ 1995, 161, 165.

[2] BT-Drucks. 14/4554, S. 21.

[3] Ebenso *Stein/Jonas/H. Roth* Rn. 1, mit dem sicherlich zutreffenden Hinweis, dass der Gesetzgeber diesen Fall nicht bedacht hat. Nichts anderes dürfte aber für § 179 gelten, für den *Roth* eine entsprechende Möglichkeit jedoch nicht in Erwägung zieht.

[4] BT-Drucks. 14/4554, S. 21.

von § 180 ist eine Zustellung nach § 178 Abs. 1 Nr. 1 und Nr. 2 zwar auch dann „nicht ausführbar", wenn der Zusteller zu dieser Zeit niemanden in den Geschäftsräumen antrifft; außerdem ließe sich für eine Anwendung von § 180 anführen, dass die Zustellung zur Unzeit wegen der damit verbundenen Belastungen für den Adressaten bzw. Empfänger zu unterbleiben hat, ein Einwurf in den Briefkasten aber zu keiner nennenswerten Belastung führt. Damit jedoch wäre die Systematik des Zustellungsrechts auf den Kopf gestellt. Das Leitbild ist das einer persönlichen Übergabe (§ 177 Rn. 1), was auch für die Zustellung in Geschäftsräumen gilt, zumal in diesen ungeachtet des Inhalts der Sendung zugestellt werden kann (§ 178 Rn. 19). Auch kann es nicht richtig sein, dass eine Ersatzzustellung nach der an sich vorrangigen Regelung des § 179 nicht in Betracht kommt, wenn der zur Unzeit Angetroffene die Annahme zu Recht verweigert, eine Zustellung nach § 180 aber möglich sein soll, wenn er dem Zusteller erst gar nicht öffnet. Eine andere Frage ist die, ob die Nachtstunden oder das Wochenende in Geschäftsräumen tatsächlich stets als „Unzeit" zu qualifizieren sind (zB Zustellung an Schichtarbeiter).[5]

III. Einlegen in den Briefkasten

Liegen diese (Rn. 2, 3) Voraussetzungen vor, so **ist**[6] gem. § 180 zuzustellen, sofern ein zu den Räumlichkeiten, in denen die Ersatzzustellung versucht wurde, gehörender Briefkasten existiert oder eine ähnliche Vorrichtung, die der Adressat für den Postempfang eingerichtet hat und die in der allgemein üblichen Art für eine sichere Aufbewahrung geeignet ist. Dies hat der Zusteller **vor der Einlegung festzustellen.** Außerdem hat er auf dem „inneren Umschlag" (s. § 176 Rn. 4) das Datum der Zustellung zu vermerken, damit der Adressat den Zeitpunkt feststellen kann (s. **Satz 3**). Zu den „ähnlichen Vorrichtungen" gehört der Briefschlitz in der Haus- oder Wohnungstür, aber auch ein Postfach soll hierzu zählen,[7] nicht dagegen der bloße Spalt zwischen Wohnungstür und Türschwelle,[8] es sei denn, dem Zusteller ist bekannt, dass der Adressat diesen als Empfangseinrichtung eingerichtet hat oder es zumindest als solche betrachtet.[9] Die Vorrichtung muss eine solche des Adressaten, dh. diesem zugeordnet sein. Das wird sich regelmäßig aus der Beschriftung oder der räumlichen Nähe ergeben. Ist an einem Briefkasten der Hinweis auf einen weiteren, etwa im Hinterhaus befindlichen Briefkasten angebracht (sog. „englischer Briefkasten"),[10] kommt dadurch regelmäßig der Wille zum Ausdruck, dass dieser nicht von allen Bewohnern eingerichtet worden ist, was bei der Zustellung zu beachten ist. Ferner wird eine **gemeinschaftliche Vorrichtung** mehrerer Bewohner, etwa ein Briefschlitz in der Tür eines Mehrfamilienhauses,[11] für nicht geeignet gehalten. Dies überzeugt indes nicht, wenn es sich dabei um die Vorrichtung handelt, durch die der Adressat typischerweise seine Post erhält;[12] denn er gibt damit zu erkennen, dass er dem idR überschaubaren Kreis von Mitnutzern hinreichendes Vertrauen entgegen bringt.[13] Jedenfalls die Mitnutzung durch Familienangehörige oder Mitbewohner (zB Mitglieder einer Wohngemeinschaft) muss man für unschädlich halten.[14] Nach dem **Rechtsgedanken des § 178 Abs. 2** muss die Einlegung aber unterbleiben, wenn die Vorrichtung auch vom Prozessgegner benutzt wird.[15] Systematisch lässt sich dies damit begründen, dass § 180 auf § 178 Bezug nimmt. Im Übrigen wäre es wenig überzeugend, wenn der Zusteller von einer Übergabe an eine Ersatzperson absehen müsste, die Sendung dann aber dieser Person durch Einwurf in den gemeinsamen Briefkasten doch zugänglich würde. 4

---

[5] Hierzu § 177 Rn. 3 mit Fn. 10. Eine Zustellung nach Geschäftsschluss ist nicht per se eine solche zur Unzeit und daher zulässig; s. BGH NJW 2007, 2186 (Einwurf um 19.35 Uhr).

[6] Der Wortlaut („kann") verdeutlicht auch hier (s. bereits § 178 Rn. 2) nur die Zulässigkeit der Ersatzzustellung, gewährt dem Zusteller aber nicht das Ermessen, statt gem. § 180 nach § 181 zuzustellen (s. o. Rn. 1).

[7] BFH/NV 2005, 229; anders noch für den Benachrichtigungsschein bei der Niederlegung: BFH NJW 1984, 448 m. Hinw. auf BSG NJW 1967, 903, BayObLG NJW 1963, 600 und LG Köln MDR 1973, 768; s. hierzu aber § 181 Rn. 8. Da sich der BFH mit diesen Entscheidungen nicht auseinandersetzt, scheint er das Differenzierungskriterium im von § 181 Abs. 1 S. 3 verschiedenen Wortlaut des § 180 S. 1 zu sehen.

[8] AA *Hornung* Rpfleger 2002, 493, 498; *Stein/Jonas/H. Roth* Rn. 4.

[9] Vgl. BVerwG NJW 1973, 1945. Die Gegenansicht bürdet dem Adressaten ohne Rechtfertigung das Risiko auf, dass die Sendung hinter der Tür unter einem angrenzenden Teppich verschwindet oder beschädigt wird, zB von einem Haustier.

[10] OLG Köln NJW-RR 2001, 1221 (zur Wiedereinsetzung bei Abhandenkommen des Benachrichtigungsscheins über die Niederlegung).

[11] OLG Hamm VRS 107 (2004), 109.

[12] Zur Maßgeblichkeit der vom Empfänger praktizierten Übung: BVerwG NJW 1985, 1179; BFH NJW 1988, 1999, 2000.

[13] Vgl. auch *Häublein,* in: *Hannich/Meyer-Seitz* (Hrsg.), ZPO-Reform mit ZustRG, Rn. 6.

[14] S. BGH NJW 2001, 832 (zum Benachrichtigungsschein); *Stein/Jonas/H. Roth* Rn. 3.

[15] OLG Nürnberg NJW-RR 2004, 1517; AG Bergisch Gladbach FamRZ 2004, 955, 956.

5 Ferner müssen sich der Briefkasten oder die Vorrichtung in einem ordnungsgemäßen Zustand befinden, weil sie nur dann **für eine sichere Aufbewahrung geeignet** sind. Ein ordnungsgemäßer Zustand liegt beispielsweise nicht vor, wenn der Briefkasten überquillt und hierdurch ein Indiz besteht, dass er nicht regelmäßig geleert wird.[16] Auch ein aufgebrochener oder nicht verschlossener[17] Briefkasten bietet regelmäßig keinen hinreichenden Schutz vor Drittzugriffen und ist daher im Zweifel für eine Zustellung gem. § 180 nicht zu benutzen. Die Zustellung ist vielmehr durch Niederlegung nach § 181 zu bewirken.[18] Anders verhält es sich, wenn der Briefkasten seiner Art nach nicht verschlossen werden kann („amerikanischer Briefkasten"). Hier bringt der Adressat durch die Installation der Empfangseinrichtung zum Ausdruck, dass er diese für hinreichend sicher hält. Der Zusteller dürfte in aller Regel keinen Grund haben, diese Bewertung in Zweifel zu ziehen.[19]

IV. Zugangsfiktion gem. Satz 2 und Nachweis

6 Gem. § 180 S. 2 **gilt** das eingelegte Schriftstück **als zugestellt.** Der Zusteller beurkundet, dass er eine Zustellung in der Wohnung oder im Geschäftsraum nicht ausführen konnte und deshalb die Sendung in den Briefkasten oder in eine ähnliche Vorrichtung eingelegt hat und wann dies geschehen ist (§ 182 Abs. 2 Nr. 4 und 6). Für die Urkunde gelten §§ 415, 418. Zum **Nachweis der Wirksamkeit** ist es nach Ansicht des BGH weder erforderlich, dass der Zusteller angibt, in welche Empfangseinrichtung – Briefkasten oder ähnliche Vorrichtung – er das Schriftstück eingelegt hat, noch, dass die ähnliche Vorrichtung näher bezeichnet wird.[20] Die bloße Behauptung des Adressaten, das Schriftstück in der Empfangseinrichtung nicht vorgefunden zu haben, genügt nicht den Anforderungen von § 418 Abs. 2[21] (s. hierzu auch § 182 Rn. 15). Wird jedoch der Nachweis der Beschädigung der Empfangseinrichtung im Zeitpunkt der Zustellung geführt, ist die Beweiskraft der Urkunde in diesem Punkt erschüttert[22] und die Zustellung unwirksam (s. Rn. 7).

V. Verstoß

7 Sind die Voraussetzungen des § 180, zu denen auch objektiv der Norm entsprechende Empfangseinrichtungen zählen,[23] nicht gegeben, ist die Zustellung unwirksam. Der Mangel kann aber nach § 189 oder nach § 295 geheilt werden. Das Fehlen des **Vermerks gem. Satz 3** oder die fehlende oder fehlerhaft Beurkundung haben hingegen keinen Einfluss auf die Wirksamkeit der Zustellung. Umstritten ist jedoch, wie es sich auswirkt, dass der Adressat wegen des fehlenden Vermerks auf der Sendung den Zugangszeitpunkt nicht genau ermitteln kann. Es handelt sich um das gleiche Problem, wie bei der Niederlegung (§ 181 Abs. 1 S. 5; s. dort Rn. 13).

§ 181 Ersatzzustellung durch Niederlegung

(1) [1]Ist die Zustellung nach § 178 Abs. 1 Nr. 3 oder § 180 nicht ausführbar, kann das zuzustellende Schriftstück auf der Geschäftsstelle des Amtsgerichts, in dessen Bezirk der Ort der Zustellung liegt, niedergelegt werden. [2]Wird die Post mit der Ausführung der Zustellung beauftragt, ist das zuzustellende Schriftstück am Ort der Zustellung oder am Ort des Amtsgerichts bei einer von der Post dafür bestimmten Stelle niederzulegen. [3]Über die Niederlegung ist eine schriftliche Mitteilung auf dem vorgesehenen Formular unter der Anschrift der Person, der zugestellt werden soll, in der bei gewöhnlichen Briefen üblichen Weise abzugeben oder, wenn das nicht möglich ist, an der Tür der Wohnung, des Geschäftsraums oder der Gemeinschaftseinrichtung anzuheften. [4]Das Schriftstück gilt mit der Abgabe der schriftlichen Mitteilung als zugestellt. [5]Der Zustel-

---

[16] BT-Drucks. 14/4554, S. 21.
[17] LG Darmstadt NStZ 2005, 164.
[18] Vgl. zu den Unterschieden zwischen § 180 und § 181 auch § 181 Rn. 7.
[19] *Stein/Jonas/H. Roth* Rn. 3.
[20] BGH NJW 2006, 150, gegen *Zöller/Stöber* § 182 Rn. 8. Wie der BGH auch OLG Köln NJW 2005, 2026; zust. *Eyinck* MDR 2006, 785, 788.
[21] BGH, ebenda.
[22] LG Darmstadt NStZ 2005, 164. Hier dürfte eine der größten Unwägbarkeiten der Zustellung gem. § 180 liegen. Symptomatisch *A. G. Günther,* Die Zustellung im gerichtlichen Verfahren, S. 28 (http://www.mannheimer-anwaltsverein.de/doc/zustellung.pdf): Es bedürfe unter Anwälten nicht viel Phantasie um vorauszusehen, dass hier so manche Notbremse gezogen werde.
[23] *Stein/Jonas/H. Roth* Rn. 6; *Zöller/Stöber* Rn. 7.

ler vermerkt auf dem Umschlag des zuzustellenden Schriftstücks das Datum der Zustellung.

(2) [1]Das niedergelegte Schriftstück ist drei Monate zur Abholung bereitzuhalten. [2]Nicht abgeholte Schriftstücke sind danach an den Absender zurückzusenden.

I. Normzweck und Änderung

Wie §§ 178–180 geht es auch in § 181 darum, eine Zustellung ohne persönliche Übergabe zu ermöglichen, um so den Interessen des Zustellungsveranlassers Rechnung zu tragen und zugleich den Adressaten durch Verfahrensregelungen zu schützen, die den Zugang zu der Sendung sicherstellen sollen. Die in der Vorschrift, die mit gewissen Änderungen im Kern dem vor Inkrafttreten des ZustRG (§ 166 Rn. 1) geltenden § 182 aF entspricht, enthaltene **Zugangsfiktion** ist verfassungsrechtlich nicht zu beanstanden.[1] Hieran hat sich durch die Privatisierung der mit der Zustellung beauftragen Post (vgl. § 176 Abs. 1) nichts geändert.[2] Den gegenüber der alten Fassung erhobenen rechtspolitischen Bedenken[3] ist durch die Neufassung Rechnung getragen worden. Die Vorschrift ist **ultima ratio bei der Ersatzzustellung,**[4] weil sie den Adressaten regelmäßig stärker belastet, als die Übergabe des Schriftstücks an Ersatzpersonen (§ 178) oder der Einwurf in den Briefkasten o. dgl. (§ 180); sie ist gegenüber diesen Formen der Ersatzzustellung nachrangig (§ 180 Rn. 1). In der Praxis dürfte damit in den meisten Fällen die Ersatzzustellung gem. § 180 die Zustellung durch Niederlegung verdrängen. 1

Zu den Änderungen, die die Zustellung durch Niederlegung im Rahmen des ZustRG erfahren hat, gehörte die Neufassung der **tauglichen Niederlegungsorte** (s. Rn. 4). Zwischenzeitlich ist diese ursprünglich in Abs. 1 S. 1[5] enthaltene Regelung durch das 1. Justizmodernisierungsgesetz vom 24. 8. 2004 (1. JuMoG – BGBl. I 2198) erneut geändert worden. Durch die Neufassung des § 181 Abs. 1 sollten die mit der bisherigen Fassung verbundenen „Auslegungsschwierigkeiten" ausgeräumt werden. Die gegenwärtige, seit dem 1. 9. 2004 geltende Neufassung der Sätze 1 und 2 des Absatzes 1 ist ein Kompromiss:[6] Ursprünglich wollte der Gesetzgeber[7] (wieder) anordnen, dass die Zustellung durch Niederlegung auch dann auf der Geschäftsstelle des Amtsgerichts erfolgen kann, wenn die Post mit der Ausführung der Zustellung beauftragt wurde, was § 182 aF entsprochen hätte. In diesem Zusammenhang wurde darauf hingewiesen, dass diese Möglichkeit der Zustellung durch Niederlegung bei Beauftragung der Post durch das ZustRG nicht ausgeschlossen werden sollte, was jedoch im Gesetzeswortlaut „nur unvollkommen" zum Ausdruck komme. Nach entsprechendem Hinweis des Bundesrates[8] entschied sich der Gesetzgeber dann aber gegen das Zurverfügungstellen der Justizressourcen,[9] was zur Folge hat, dass die Zustellunternehmen entsprechende eigene (ggf. gemeinsame) Niederlegungsstellen am Ort des Amtsgerichts einrichten müssen[10] (s. Rn. 4). Schließlich ist in Abs. 1 S. 3 durch das JKomG (§ 166 Rn. 1) der Begriff „Formular" eingeführt worden. 2

II. Voraussetzungen

Die Zustellung durch Niederlegung setzt voraus, dass die anderen Formen der Ersatzzustellung nicht ausführbar sind. Hierfür kommt es auf eine objektive Beurteilung an, für die **allein die prozessualen Vorschriften** maßgebend sind und nicht etwa die Allgemeinen Geschäftsbedingungen des Postunternehmens oder das tatsächliche Verhalten seiner Bediensteten.[11] Insofern unterscheidet sich die Zustellung durch Beauftragung der Post gem. §§ 176 ff. deswegen von der durch Einschreiben mit Rückschein (§ 175; s. dort Rn. 3), weil das Gesetz die zuletzt genannte Zustellungsform nicht näher ausgestaltet, während die §§ 177 ff. das Vorgehen des Zustellers bei der Zustellung verbindlich regeln. Unterlässt also der Zusteller die Zustellung gem. § 180, weil er die Tauglichkeit 3

---

[1] BVerfGE 25, 158 = NJW 1969, 1103 f. (zu § 182 aF).
[2] BGH NJW 1998, 1716.
[3] *Schilken* DGVZ 1995, 161, 165; vgl. auch *Valentin* DGVZ 1997, 1, 2.
[4] Vgl. *Musielak/Wolst* Rn. 2.
[5] Vgl. *Häublein*, in: *Hannich/Meyer-Seitz* (Hrsg.), ZPO-Reform mit ZustRG, § 181 Rn. 2 f.
[6] Krit. *Zöller/Stöber* Rn. 3 b
[7] Vgl. die Regierungsbegründung, BT-Drucks. 15/1508, S. 17.
[8] BT-Drucks. 15/1508, S. 38 f.
[9] Unzutreffend daher *Thomas/Putzo/Hüßtege* Rn. 4, dessen Interpretation belegt, wie „klar" die Neuregelung ist.
[10] BT-Drucks. 15/1508, S. 49: Die Unternehmen sollen kraft Gesetzes gehalten sein, eigene Niederlegungsstellen zu betreiben.
[11] BAG NJW 1976, 1421, 1422.

der Empfangseinrichtung falsch beurteilt,[12] fehlt es an einer der Voraussetzungen für die Zustellung nach § 181. Zu den Folgen von Verstößen s. Rn. 12.

III. Niederlegung

4 Die Niederlegung wird dadurch bewirkt, dass der beauftragte Zusteller (vgl. § 168) die Sendung im Anschluss an den erfolglosen Zustellungsversuch zur Niederlegungsstelle bringt und dort in den Geschäftsgang gibt. Als **Niederlegungsstelle** nennt § 181 Abs. 1 S. 1 die Geschäftsstelle (§ 153 GVG) des Amtsgerichts (einschließlich Zweigstelle), in dessen Bezirk der (auf der Sendung angegebene) Zustellungsort liegt. Wird die Post gem. § 176 Abs. 1 mit der Zustellung beauftragt, ist gem. Abs. 1 S. 2 an der vom Zustellunternehmen dafür bestimmten Stelle am Zustellungsort oder am Ort des in S. 1 bezeichneten Amtsgerichts niederzulegen (s. Rn. 2).[13] Daraus folgt, dass der Zustellungsort, der idR durch den Wohnsitz bestimmt wird, enger zu verstehen ist als der Amtsgerichtsbezirk. Die Niederlegungsstelle am Zustellungsort muss daher in der politischen Gemeinde liegen, auch wenn nach der Organisation des die Zustellung ausführenden Unternehmens die Post von einer Stelle in einer anderen politischen Gemeinde aus zugestellt wird.[14] Eine Niederlegung bei einer außerhalb dieses Ortes liegenden Stelle entspricht nicht § 181. An die **in Betracht kommenden Stellen** sollten daher keine zu hohen formalen Anforderungen gestellt werden. Hierfür spricht auch, dass grundsätzlich jeder Lizenznehmer gem. § 33 Abs. 1 PostG zur förmlichen Zustellung verpflichtet ist und zu hohe formale Anforderungen an die Niederlegungsstelle wegen der damit verbundenen Kosten einen Anreiz bieten, so wenig wie möglich Stellen einzurichten, was die Wirksamkeit der Zustellung gefährden kann.[15] Neben Zweigstellen oder Niederlassungen der Unternehmen bzw. Postagenturen[16] sind daher auch andere **unternehmensexterne Stellen,**[17] die von der Beleihung nach § 33 Abs. 1 PostG nicht erfasst sind, zu akzeptieren. Der erklärte[18] Wille des Gesetzgebers, dem Bürger keine „erheblichen Entfernungen" zumuten zu wollen, einerseits und die gem. § 34 PostG regulierten Entgelte[19] andererseits rechtfertigen – bis auf weiteres – diesen Kompromiss. Der Gefahr, dass Lizenznehmer in nennenswertem Umfang zur ordnungsgemäßen Aufbewahrung ungeeignete Stelle bestimmen, was ein Organisationsverschulden darstellt, begegnet die in § 35 PostG angeordnete Haftung.

5 Für die Rechtsmäßigkeit der Niederlegung kommt es nicht darauf an, ob die Stelle zum Zeitpunkt der Niederlegung noch für den Publikumsverkehr geöffnet hat.[20] Unerheblich ist ferner, wann der Adressat vom Inhalt des Schriftstücks Kenntnis nimmt bzw. ob die Sendung überhaupt abgeholt oder auf Grund eines Nachsendeantrags an ihn weitergeleitet wird.[21] Die Niederlegungsstelle ist verpflichtet, das Schriftstück ordnungsgemäß zu verwahren[22] und drei Monate zur Abholung bereitzuhalten (Abs. 2; s. Rn. 11). Fraglich ist, wie es sich auswirkt, dass die Sendung **nicht ausgehändigt werden kann,** weil der Adressat falsch bezeichnet worden ist. Die Ansicht, nach der die Zustellung in einem solchen Fall **unwirksam** ist,[23] ist durch § 181 Abs. 1 S. 4 nicht zwingend überholt, wenn es sich bei der Falschbezeichnung um einen Fehler handelt, der ein Recht zur Annahmeverweigerung begründet (vgl. § 179 Rn. 4).[24] Da bei berechtigter Annahmeverweigerung ein weiterer Zustellungsversuch zu unternehmen ist, nicht aber gem. § 180 zugestellt werden kann, erscheint es konsequent, im Rahmen von § 181 nicht anders zu verfahren; denn die Niederlegung tritt an die Stelle einer nicht ausführbaren, aber immerhin statthaften Zustellung nach § 180. Alles andere würde zu einer ungerechtfertigten Schlechterstellung desjenigen führen, der den Mangel

---

[12] Fehlerquellen dürften sich wegen der nicht eindeutigen Rechtslage zB bei gemeinschaftlichen Empfangsvorrichtungen (s. § 180 Rn. 4) und per se unverschlossenen Briefkästen (§ 180 Rn. 5) ergeben.

[13] Die Zustellung gem. § 175 ist kein solcher Auftrag (vgl. auch § 180 Rn. 2), weshalb sich der Ort für die Lagerung nicht abgeholter Einschreiben (s. § 175 Rn. 4) nicht nach § 181 bemisst.

[14] BFH NVwZ-RR 1989, 112 (Ls.); VGH Kassel NJW 1986, 1192; s. auch BGH NJW 2001, 832f.

[15] So für § 182 aF VGH Kassel NJW 1986, 1192; näher zu den Folgen eines Verstoßes bei Rn. 13.

[16] BGH NJW 2001, 832, m. weit. Nachw.

[17] Vgl. OLG Rostock, Beschl. v. 12. 3. 2002, 2 Ss (OWi) 144/01 I 157/01, juris: „Quelle-Shop", auch Tankstelle.

[18] S. BT-Drucks. 15/1508, S. 49.

[19] Hierzu § 168 Rn. 8 mit Fn. 21.

[20] BAG NJW 1970, 1894, 1895 (Niederlegung nach Schalterschluss).

[21] BVerwG NJW 1991, 1904.

[22] BGHZ 28, 30, 33f.

[23] LG Paderborn NJW 1977, 2077; anders bei Nichtaushändigung, die auf einem Niederlegungsfehler beruht, *Stein/Jonas/H. Roth* Rn. 11, der dem Adressaten dann die Wiedereinsetzung gewähren will.

[24] Das ist nicht der Fall, wenn keine Zweifel an der Identität des Adressaten bestehen; OLG Saarbrücken MDR 2004, 51.

nicht unmittelbar vor Ort reklamieren kann. Unterbleibt die Aushändigung der Sendung infolge eines Fehlers der Niederlegungsstelle, soll dies nach hM[25] keine Auswirkungen auf die Wirksamkeit der Zustellung haben (näher Rn. 13).

IV. Mitteilung (Abs. 1 S. 3)

1. Allgemeines. Für die schriftliche Mitteilung über die Niederlegung ist das **dafür vorgesehene Formular** (vgl. Anlage 4 zu § 1 Nr. 4 ZustVV; BGBl. 2002 I S. 671, 676) zu verwenden. Dem Adressaten sollen die Zustellung, deren Tag und der Ort, an dem die Sendung abgeholt werden kann, zur Kenntnis gebracht und damit eine unverzügliche Rechtsverfolgung ermöglicht werden.[26] Ob die Mitteilung dem Adressaten tatsächlich zur Kenntnis gelangt, ist hingegen für die Wirksamkeit der Zustellung ohne Bedeutung.[27] Es genügt, dass sie in den Machtbereich des Zustellungsadressaten gelangt ist.[28] Unkenntnis kann aber uU eine **Wiedereinsetzung** in den vorigen Stand rechtfertigen, namentlich, wenn der Adressat glaubhaft macht, dass er die ohne zusätzlich an der Tür angebrachten Aufkleber in den Türschlitz eingeworfene Mitteilung nicht erhalten hat[29] oder dass die Mitteilung in dem Briefkasten zwischen umfangreiche Werbe- oder offene Postwurfsendungen geraten sein müsse, die er weggeworfen habe. Dies gilt jedenfalls, sofern man der Meinung ist, niemand habe die Pflicht, den Einwurf solcher Sendungen zu verbieten oder sie auf einen dazwischen gerutschten Posteingang zu durchsuchen.[30] Insbesondere letzteres erscheint aber wegen der damit verbundenen Risikoverlagerung auf den Zustellungsveranlasser, zweifelhaft. Die Unaufklärbarkeit des Abhandenkommens als solche indiziert aber jedenfalls noch nicht mangelnde Sorgfalt iSv. § 233.[31] Mit Abgabe der schriftlichen Mitteilung über die Niederlegung ist die **Zustellung bewirkt (Abs. 1 S. 4).**[32] Dies wirkt sich zwangsläufig auf die Folgen von Zustellungsfehlern aus (s. Rn. 12f.). 6

2. Abgabe der Mitteilung. a) Abgabe in einer bei gewöhnlichen Briefen üblichen Weise. In erster Linie ist die Mitteilung **in der bei gewöhnlichen Briefen üblichen Weise** abzugeben. Was hierunter zu verstehen ist, richtet sich nach der bei dem einzelnen Adressaten praktizierten und von diesem akzeptierten oder jedenfalls hingenommenen konkreten Übung, auch wenn sie nicht den Vorstellungen des Gerichts von der Üblichkeit[33] entspricht (konkrete Betrachtungsweise).[34] IdR ist der Einwurf in den für Briefsendungen bestimmten Briefkasten[35] oder Briefschlitz[36] das Übliche,[37] selbst wenn der Zustellungsadressat den Briefträger aufgefordert hatte, dort keine Post mehr einzulegen.[38] Zu beachten ist freilich, dass mit Einführung von § 180 in diesen Fällen vorrangig durch Einlegen der Sendung selbst zuzustellen ist (Rn. 1).[39] Das bedeutet aber nicht zwangsläufig, dass die Benachrichtigung niemals in den Briefkasten einzuwerfen ist.[40] Zu berücksichtigen ist nämlich, dass § 180 an dessen Beschaffenheit höhere Anforderungen stellt als § 181. Auch der nicht verschlossene Briefkasten ist eine Einrichtung, in die gewöhnliche Briefe einzulegen sind;[41] für eine sichere Aufbewahrung iSv. § 180 S. 1 ist er damit aber nicht unbedingt geeignet (§ 180 Rn. 5). Während das Gesetz für die Sendung selbst einen erhöhten Schutz fordert, ist die Mitteilung wie ein „gewöhnlicher Brief" zu behandeln. 7

Ist ein **Briefkasten nicht vorhanden,**[42] kann es üblich sein, die Post vor der Tür abzulegen, unter der Tür durch- oder in einen Türschlitz einzuschieben, an eine bestimmte Stelle in der Gara- 8

---

25 Im Anschluss an die Regierungsbegründung (BT-Drucks. 14/4554, S. 22) etwa *Stein/Jonas/H. Roth* Rn. 10; *Zöller/Stöber* Rn. 7.

26 Vgl. BGH BB 1954, 577: auch wenn Adressat seine Post im Übrigen postlagernd empfängt.

27 BAG NJW 1970, 1894; BVerwG NJW 1991, 1904; BGH NJW-RR 1992, 315; 2006, 563.

28 BGH NJW 1994, 2898.

29 BGH NJW 1994, 2898.

30 *Valentin* DGVZ 1997, 1, 4.

31 BGH NJW 1994, 2898.

32 Noch immer anders: *Baumbach/Lauterbach/Hartmann* Rn. 8, der idR auf den Zeitpunkt der Niederlegung abstellen will, ohne sich mit der im Vergleich zu § 182 aF geänderten Gesetzeslage auseinanderzusetzen.

33 Dies verkennt OLG Düsseldorf DGVZ 1998, 121.

34 BFH NJW 1988, 1999, 2000; BVerwG NJW 1985, 1179; 1988, 817; OLG Karlsruhe MDR 1999, 497, 498.

35 RG JW 1938, 2681, 2682.

36 OLG Karlsruhe MDR 1999, 497, 498; aA OLG Köln JurBüro 1979, 607.

37 BayObLG NJW-RR 1988, 509.

38 BayObLG NJW-RR 1988, 509.

39 OLG Hamburg NStZ-RR 2003, 46.

40 So aber *Stein/Jonas/H. Roth* Rn. 7; *Zöller/Stöber* Rn. 4; wie hier *Baumbach/Lauterbach/Hartmann* Rn. 10.

41 Tendenziell anders aber VG Stuttgart v. 9. 3. 2006, A 11 K 11 112/04, juris.

42 Der Fall, dass ein Briefkasten zwar vorhanden, aber überfüllt ist, steht gleich; vgl. *Stein/Jonas/H. Roth* Rn. 8; *Häublein,* in: *Hannich/Meyer-Seitz* (Hrsg.), ZPO-Reform mit ZustRG, Rn. 4.

ge[43] zu legen oder am Gartentor anzubringen. Auch die Übergabe an den Nachbarn (s. Rn. 9) oder die Ablage in einem offenen Zeitungsrohr bzw. einer Zeitungsrolle ist ausreichend, wenn dies in concreto üblich ist.[44] Die Übung bedarf der Feststellung im Einzelfall. Eine **Postlagerung**[45] oder ein **Nachsendeantrag**[46] lässt die für die Zustellung vorausgesetzte Üblichkeit der Abgabe vor Ort unberührt, erfordert also nicht auch die Postlagerung oder Nachsendung der Mitteilung. Unzulässig ist es hingegen, den Benachrichtigungszettel durch die Post zu übersenden.[47] Nicht zulässig ist ferner die Abgabe an Orten, an denen der Adressat eine Mitteilung normalerweise nicht erwartet[48] oder die Übergabe an das zehnjährige Kind auf der Straße.[49] Das Einlegen der Mitteilung in ein **Postfach**[50] soll nach bislang hM ebenfalls nicht genügen. Ob dieser – nie unumstrittenen – Ansicht vor dem Hintergrund der bei § 180 Rn. 4 wiedergegebenen Rechtsprechung, die eine Zustellung gem. § 180 über ein Postfach zulässt, weiterhin zu folgen ist, erscheint zweifelhaft. Wer seine Post ausschließlich über ein Postfach bezieht, verschafft sich zumeist regelmäßigen Zugang zu diesem oder dokumentiert andernfalls zumindest, dass er die damit verbundenen Zeitverzögerungen in Kauf nimmt. Die Gefahr, dass ihm diese Praxis zum Nachteil gereicht, hat er ebenso zu tragen, wie derjenige, der seinen Briefkasten nicht täglich leert; auch er wird nicht durch gesonderten Hinweis (etwa an der Tür) auf die Niederlegung hingewiesen.

9 **b) Befestigung an der Tür.** Ist die Abgabe der Mitteilung in der üblichen Weise nicht möglich oder nicht tunlich,[51] hat der Zusteller die Wahl, diese **an der Tür der Wohnung, des Geschäftsraums oder der Gemeinschaftseinrichtung** anzuheften. Aushändigung an einen Nachbarn ist anders als in § 182 aF nicht mehr vorgesehen, sondern kommt nur in Betracht, wenn der Adressat auf diesem Wege gewöhnlich seine Post empfängt (Rn. 7), weil dann offensichtlich eine Weitergabebereitschaft des Nachbarn besteht und der Adressat diesem vertraut.[52] Mit der Wohnungstür ist das Gartentor nicht gleichzusetzen.[53] Anheften bedeutet Herstellen einer festen Verbindung, zB mit Heftzwecken oder Klebestreifen. Das Einschieben in einen seitlichen Türspalt fällt nicht hierunter,[54] was dem zu Rn. 8 Gesagten nicht widerspricht, weil es dort mit Einwilligung des Adressaten erfolgt.

V. Vermerk nach Abs. 1 Satz 5 und Beurkundung

10 Die Zustellung ist nach § 182 zu beurkunden, insbesondere festzuhalten, wie die schriftliche Mitteilung abgegeben wurde (vgl. § 182 Abs. 2 Nr. 4). Der Ort der Zustellung (§ 182 Abs. 2 Nr. 7) ist in verkehrsüblicher Weise auch nach Straße und Hausnummer näher zu bezeichnen.[55] Außerdem hat der Zusteller auf dem Umschlag des zuzustellenden Schriftstücks („innerer Umschlag"; s. § 176 Rn. 4) ebenso wie bei Zustellungen gem. § 180 das Datum der Zustellung zu vermerken. Auch dies ist zu beurkunden (§ 182 Abs. 2 Nr. 6). Zu den Rechtsfolgen von Verstößen s. Rn. 12.

VI. Bereithaltung des Schriftstücks und Zurücksendung (Abs. 2)

11 Das niedergelegte Schriftstück ist **3 Monate** (Fristberechnung: § 222) auf der Geschäftsstelle des Amtsgerichts bzw. bei der Post aufzubewahren und muss dann an den Absender zurückgesandt werden, wenn der Adressat sich nicht meldet. Hat ein Gerichtsvollzieher ein zuzustellendes Schriftstück niedergelegt, dann erhält er es nach Ablauf von drei Monaten von der Geschäftsstelle wieder zurück (§ 33 GVGA). Sofern Geschäfts- oder sonstige Niederlegungsstellen die Sendung nicht auf-

---

[43] BFH DB 1985, 1676.

[44] VGH Kassel, DÖV 2005, 307 (LS).

[45] BGH BB 1954, 577; BSG NJW 1967, 903; BVerwG NJW 1971, 1284.

[46] BFH NJW 1988, 1999, 2000; BVerwG NJW 1991, 1904; BayObLGZ 1980, 266, 268 f.; aA BayVGH BB 1972, 295, 296.

[47] *Baumbach/Lauterbach/Hartmann* Rn. 15.

[48] BVerwG NJW 1973, 1945 (Küchentisch in der Wohnung).

[49] LAG Hamm MDR 1978, 82.

[50] BSG NJW 1967, 903; BFH NJW 1984, 448; BayObLG NJW 1963, 600 f.; OLG Oldenburg MDR 1962, 828; LG Köln MDR 1973, 768; *Stein/Jonas/H. Roth* Rn. 9; aA BVerwG NJW 1971, 1284, 1285; vgl. auch *Schumann* NJW 1969, 2185, 2186.

[51] ZB infolge Bedrohung des Zustellers durch bissigen Hund; vgl. OVG Koblenz NJW 1990, 64.

[52] AA *Baumbach/Lauterbach/Hartmann* Rn. 10. Wie hier *Stein/Jonas/H. Roth* Rn. 7, der zu Recht darauf hinweist, dass dann auch ein benachbarter Geschäftsbetrieb in Betracht kommt; entgegen OLG Koblenz FamRZ 1997, 823 = NJW-RR 1998, 67 (zu § 182 aF).

[53] BVerfG NJW 1988, 817; *Stein/Jonas/H. Roth* Rn. 8.

[54] BFH BB 1981, 230; VGH Kassel NJW 1990, 1500, 1501.

[55] OLG München MDR 2002, 414.

tragsgemäß zurückgehen lassen, verletzen sie ihre (vertraglichen) Pflichten; die wirksame Zustellung bleibt unberührt.[56] Die an das Prozessgericht zurückgegangene Sendung ist zu den Akten zu nehmen und kann dem Adressaten später ausgehändigt werden.

VII. Verstoß

Fehlen die Voraussetzungen (Rn. 3) oder ist die Mitteilung (Rn. 6ff.) unterblieben, in der falschen Weise abgegeben oder inhaltlich fehlerhaft,[57] so ist die Zustellung **unwirksam,** Heilung gem. § 189 bzw. § 295 aber möglich. Hätte eine andere Form der Ersatzzustellung (zB Aushändigung an eine Ersatzperson) den gesetzlichen Vorschriften entsprochen, ist diese aber zu Unrecht von der Geschäftsstelle im Zustellungsauftrag ausgeschlossen worden, ist die Niederlegung ebenfalls unwirksam; denn die Ersatzzustellung nach den vorrangigen Vorschriften (etwa § 178) hätte ausgeführt werden können.[58] Mängel der Beurkundung[59] **berühren die Wirksamkeit** der Zustellung dagegen **nicht,** da die Beurkundung nicht mehr Tatbestandsvoraussetzung der förmlichen Zustellung ist (§ 166 Rn. 3). Hiervon ist auch bzgl. des fehlenden Vermerks gem. § 181 Abs. 1 S. 5 bzw. § 180 S. 2 auszugehen. In der Regierungsbegründung[60] zum ZustRG heißt es: *„Fehlt der Vermerk des Zustellungsdatums oder weicht dieses von dem auf der Zustellungsurkunde nachgewiesenen Datum ab, ist die Zustellung dennoch wirksam. Das Gericht hat diesen Umstand aber bei der Prüfung, ob und wann das Schriftstück als zugestellt gilt, zu berücksichtigen."* Nach hier vertretener Ansicht[61] ist in Anlehnung an die bisherige Rechtsprechung[62] davon auszugehen, dass Fristen nicht bereits mit dem Einwurf der Mitteilung bzw. der Sendung in den Briefkasten anlaufen können, wenn der Zustellungszeitpunkt vom Adressaten nicht festgestellt werden kann. Zugunsten des Adressaten ist im Zweifel[63] auf den spätesten aus dessen Sicht in Betracht kommenden Zeitpunkt abzustellen; eines Wiedereinsetzungsantrages bedarf es insoweit nicht.[64] Er sollte aber in der Praxis wegen der umstrittenen Rechtslage zumindest hilfsweise gestellt werden. Bei Diskrepanz der Daten auf dem Umschlag und in der Zustellungsurkunde ist grds. das spätere Datum maßgeblich, was daraus folgt, dass der Adressat sich einerseits auf die Angaben auf dem Umschlag verlassen können muss,[65] andererseits aber der Zustellungstag durch die Urkunde nachgewiesen wird (§§ 415, 418). 12

§ 181 Abs. 1 S. 4 spricht dafür, (nunmehr[66]) sämtliche **Fehler bei der Niederlegung** unberücksichtigt zu lassen, da die Zustellung bereits mit der Abgabe der Mitteilung als zugestellt gilt. Gleichwohl gehört die Möglichkeit für den Adressaten, vom Inhalt der Sendung Kenntnis zu nehmen, zu den essentialia der Zustellung, weshalb zu Recht überwiegend davon ausgegangen wird, dass ein Unterbleiben der Niederlegung zur Unwirksamkeit der Zustellung führt, zB wenn der Zusteller die Sendung einfach vernichtet oder wegwirft.[67] Allein die Tatsache, dass die Niederlegung zeitlich nach dem fingierten Zustellungszeitpunkt liegt, führt – wie bei § 179 (vgl. dort Rn. 7) – zu keinem anderen Ergebnis. Ob etwas anderes gelten kann, wenn das Schriftstück zunächst niedergelegt worden ist, dann aber verloren geht und deswegen vom Adressaten nicht in Empfang genommen werden kann, erscheint vor dem Hintergrund der grundrechtsrelevanten Belange des Adressaten zweifelhaft, weil der Adressat aus der Mitteilung nicht einmal ersehen kann, wer die Zustellung veranlasst hat; die hM[68] bejaht gleichwohl die Wirksamkeit der Zustellung. Sofern die Kenntnis- 13

---

[56] BayObLG NJW 1957, 33; zu den Folgen von Verstößen s. auch Rn. 12f.

[57] Vgl. VGH München BayVBl. 2006, 226: Fehler bei der Angabe des Niederlegungsortes.

[58] BGH NJW-RR 2003, 208; s. auch § 178 Rn. 27.

[59] VGH München, ebenda. Überholt: OLG Düsseldorf NJW 2000, 3511.

[60] BT-Drucks. 14/4554 S. 22; entgegenstehende Rspr., etwa LG Berlin NJW 2001, 238, ist damit überholt.

[61] Anders *Stein/Jonas/H. Roth* Rn. 10: Fristen werden in Lauf gesetzt. Ebenso *Zöller/Stöber* § 182 Rn. 19: Wiedereinsetzung möglich. Wieder anders, jedoch klar im Widerspruch zur Regierungsbegründung: BFH/NV 2005, 900 (Zustellung unwirksam; Heilung gem. § 189).

[62] Insbesondere Gem-OGB, BGHZ 67, 355, 357ff. = NJW 1977, 621.

[63] Ein solcher wird bei Zustellungen gem. § 181 dann nicht bestehen, wenn das Datum auf dem Benachrichtigungsschein vermerkt ist.

[64] S. hierzu auch *Häublein,* in: *Hannich/Meyer-Seitz* (Hrsg.), ZPO-Reform mit ZustRG, § 182 Rn. 6.

[65] Es sei denn, sie sind evident falsch.

[66] Anders unter der Geltung von § 182 aF; s. BT-Drucks. 14/4554, S. 22. *Baumbach/Lauterbach/Hartmann* Rn. 20 geht unter Berufung auf überholte Rspr. nach wie vor davon aus, jeder Verstoß gegen § 181 führe grds. zur Unwirksamkeit der Zustellung. Der sich daran anschließende Hinweis auf ein Wiedereinsetzungsbedürfnis ist außerdem widersprüchlich.

[67] *Stein/Jonas/H. Roth* Rn. 11; *Thomas/Putzo/Hüßtege* Rn. 9; ebenso Aktualisierungsband Rn. 10.

[68] *Stein/Jonas/H. Roth* Rn. 10; *Zöller/Stöber* Rn. 7; tendenziell wohl auch BGH NJW-RR 2006, 563; ohne Einschränkungen unter Bezugnahme auf die Regierungsbegründung ferner noch *Häublein,* in: *Hannich/Meyer-Seitz* (Hrsg.), ZPO-Reform mit ZustRG, Rn. 7; zweifelnd aber *Thomas/Putzo/Hüßtege* Rn. 9.

nahme durch fehlerhafte Niederlegung lediglich erschwert wird, hat dies auf die Wirksamkeit keinen Einfluss. Befindet sich etwa die Niederlegungsstelle der Post außerhalb des hierfür gesetzlich vorgesehenen Ortes (s. o. Rn. 4), besteht idR kein Anlass, von einer unwirksamen Zustellung auszugehen. Dies rechtfertigt sich bereits aus der in Abs. 1 S. 2 vorgesehenen alternativen Niederlegungsmöglichkeit, die im Ergebnis – wohl entgegen den Intentionen des Gesetzgebers[69] – dazu führt, dass der Adressat gewisse Wege in Kauf nehmen muss; denn der Zusteller ist nach dem Wortlaut des Gesetzes gerade nicht verpflichtet, vorrangig am Ort der Zustellung niederzulegen. Etwas anderes kann lediglich bei unzumutbaren Entfernungen anzunehmen sein, was in der Praxis aber wohl so gut wie nicht vorkommen dürfte.[70]

§ 182 Zustellungsurkunde

(1) [1]Zum Nachweis der Zustellung nach §§ 171, 177 bis 181 ist eine Urkunde auf dem hierfür vorgesehenen Formular anzufertigen. [2]Für diese Zustellungsurkunde gilt § 418.

(2) Die Zustellungsurkunde muss enthalten:

1. die Bezeichnung der Person, der zugestellt werden soll,
2. die Bezeichnung der Person, an die der Brief oder das Schriftstück übergeben wurde,
3. im Falle des § 171 die Angabe, dass die Vollmachtsurkunde vorgelegen hat,
4. im Falle der §§ 178, 180 die Angabe des Grundes, der diese Zustellung rechtfertigt und wenn nach § 181 verfahren wurde, die Bemerkung, wie die schriftliche Mitteilung abgegeben wurde,
5. im Falle des § 179 die Erwähnung, wer die Annahme verweigert hat und dass der Brief am Ort der Zustellung zurückgelassen oder an den Absender zurückgesandt wurde,
6. die Bemerkung, dass der Tag der Zustellung auf dem Umschlag, der das zuzustellende Schriftstück enthält, vermerkt ist,
7. den Ort, das Datum und auf Anordnung der Geschäftsstelle auch die Uhrzeit der Zustellung,
8. Name, Vorname und Unterschrift des Zustellers sowie die Angabe des beauftragten Unternehmens oder der ersuchten Behörde.

(3) Die Zustellungsurkunde ist der Geschäftsstelle unverzüglich zurückzuleiten.

1

I. Normzweck

Die Zustellungsurkunde[1] versetzt den Zustellungsveranlasser bzw. die Partei, in deren Interesse die Zustellung erfolgt ist, in die Lage, diese nachzuweisen. Erst dieser Nachweis ermöglicht häufig eine effektive Rechtsverfolgung, weil sie es dem Richter ermöglicht, ohne zeitintensive Beweisaufnahme festzustellen, ob dem Zustellungsadressaten rechtliches Gehör gewährt worden ist. Die Norm ist daher maßgeblich **verfassungsrechtlich geprägt.**[2] Sie gilt für die Zustellung von Amts wegen, hat aber nach Maßgabe der §§ 193f. auch für den Parteibetrieb Relevanz. Bei den zu dokumentierenden Zustellungen (§§ 171, 177–181) handelt es sich um solche, bei denen der mit der Zustellung beauftragte Zusteller (häufig ein Postunternehmen, aber auch Gerichtsvollzieher usf.) vor Ort über die Form der Übergabe bzw. des gewählten Übergabesurrogates entscheidet; die wesentlichen Daten dieser Entscheidung sollen festgehalten und aktenkundig (vgl. Abs. 3) gemacht werden.

2 Die **Bedeutung der Beurkundung** ist durch das ZustRG (§ 166 Rn. 1) stark eingeschränkt worden. Sie ist kein notwendiger (konstitutiver) Bestandteil der Zustellung mehr (§ 166 Rn. 3), sondern dient nur noch dem Nachweis derselben. Fehlt die Beurkundung oder ist sie fehlerhaft, so bleibt die Wirksamkeit der Zustellung hiervon unberührt (näher hierzu Rn. 17). Diese Entscheidung des Gesetzgebers ist ohne weiteres einleuchtend und fügt sich in das Gesamtkonzept des ZustRG ein, das u. a. darauf abzielte, die Zustellung zu vereinfachen[3] und deren Wirksamkeit nicht

[69] S. o. Rn. 4. Verfassungsrechtliche Bedenken gegenüber der Umsetzung klingen bei *Zöller/Stöber* Rn. 3 b an.

[70] Bsp.: Sendung wird an den Sitz des Zustellungsunternehmens zurückgesandt, der sich in einem anderen Bundesland befindet.

[1] Vor Inkrafttreten des ZustRG vgl. §§ 190 Abs. 1, 191, 195 Abs. 1, Abs. 2 Satz 3 und § 212 ZPO aF. Die hierzu ergangene Rechtsprechung ist wegen der gewandelten Bedeutung der Beurkundung zum Teil überholt.

[2] S. *Graßhof,* FS Merz, 1992, S. 133, 138, zu den Entscheidungen des BVerfG NJW 1991, 285; 1992, 224; NJW-RR 1992, 1084.

[3] S. *Häublein,* in: *Hannich/Meyer-Seitz* (Hrsg.), ZPO-Reform mit ZustRG, Vor § 166 Rn. 2.

von Umständen abhängig zu machen, die auf die Erreichung der eigentlichen Ziele, insbesondere die Gewährung rechtlichen Gehörs auf Seiten des Adressaten, keinen Einfluss haben, was insbesondere auch durch § 189 zum Ausdruck gebracht wird. Eine unterlassene oder unvollständige Beurkundung hat zur Folge, dass der Veranlasser die Zustellung nicht durch die öffentliche (Abs. 1 S. 2) Urkunde nachweisen kann; gelingt ihm der Nachweis einer gesetzeskonformen Zustellung gleichwohl, zB durch entsprechende Aussagen des Zustellers, besteht kein Grund, eine erneute Zustellung zu fordern.

II. Beurkundung

1. Anfertigung und Berichtigung. Die mit der Ausführung der Zustellung beauftragte Person (Zusteller) hat die Zustellung auf dem dafür vorgesehenen Formular[4] (§ 190 iVm. Anlage 1 zu § 1 Nr. 1 ZustVV; geltenden Fassung: BGBl. 2004 I S. 619 – näher hierzu bei § 190) zu beurkunden. Die Urkunde muss vollständig in zeitlichem und örtlichem Zusammenhang mit der Zustellung erstellt werden.[5] Ist die Urkunde jedoch unvollständig oder nicht unterschrieben, kann dies nunmehr auch nach ihrer Rückgabe an die Geschäftsstelle durch den Zusteller noch **nachgeholt** werden. Dasselbe gilt für **Berichtigungen** von Fehlern. Sie erfolgen durch entsprechenden Vermerk mit Unterschrift, nicht etwa mittels Durchstreichungen.[6] Spätere Änderungen der Urkunde können jedoch den Beweiswert der Urkunde beeinträchtigen (s. u. Rn. 15). 3

2. Inhalt der Urkunde (Abs. 2). Die Zustellungsurkunde muss die im Folgenden aufgeführten Angaben der Nrn. 1–8 enthalten. Darüber hinaus beurkundet der Zusteller, „(d)as mit umseitiger **Anschrift** und **Aktenzeichen** versehene Schriftstück" übergeben zu haben (vgl. die Rückseite des Formulars; BGBl. 2004 I S. 619, 621), was § 195 Abs. 2 S. 1 aF entspricht.[7] Damit wird der Bezug der Urkunde zum übergebenen „inneren Umschlag" (§ 176 Rn. 4) hergestellt. Über den Inhalt des inneren Umschlags kann der Zusteller jedoch kein Zeugnis ablegen; allenfalls kann bei Verwendung eines Fensterumschlages bezeugt werden, dass Anschrift und Aktenzeichen auf dem erkennbaren Briefbogen mit den Angaben auf der Urkunde übereinstimmen.[8] 4

a) Zustellungsadressat (Nr. 1). Die Urkunde braucht nicht mehr die Person zu bezeichnen, für die zugestellt werden soll, muss aber in einer jeden Zweifel ausschließenden Weise[9] die Person benennen, der auftragsgemäß zuzustellen ist (formaler Zustellungsadressat; § 166 Rn. 4). IdR ist die Partei selbst der Adressat; kein Adressat ist der Bevollmächtigte iSv. § 171, wenn an diesen statt des Adressaten zugestellt wird. Wird an eine juristische Person zugestellt, ist gem. § 170 eigentlich deren gesetzlicher Vertreter als formaler Zustellungsadressat anzugeben;[10] als formaler Adressat kommt der Verband selbst deswegen nicht in Betracht, weil eine Übergabe nur an seine Organe bzw. Leiter (§ 170 Abs. 2) möglich ist.[11] Gleichwohl lässt die Rechtsprechung es genügen, wenn die am Rechtsstreit beteiligte juristische Person – Entsprechendes gilt für die Zustellung an eine Behörde – als solche in der Urkunde bezeichnet wird, ohne dass deren Vertreter benannt sind.[12] Zu protokollieren ist dann nach Nr. 5.2, 5.4 des Formulars und nicht nach Nr. 5.1 (Übergabe an Adressaten persönlich). Bei mehreren nicht notwendigen Streitgenossen müssen alle aufgeführt werden; wird einer von ihnen nicht erwähnt, so läuft gegen diesen keine Rechtsmittelfrist.[13] Eine fehlende, unvollständige oder unrichtige Bezeichnung (zB infolge einer Namensänderung)[14] beeinträchtigt den Beweiswert der Urkunde, wenn die Identität des Zustellungsadressaten bzw. der von ihm vertretenen Partei nicht zweifelsfrei feststeht.[15] 5

b) Zustellungsempfänger (Nr. 2). Empfänger ist, wem das Schriftstück übergeben worden ist (Adressat persönlich, Vertreter oder Ersatzperson). Der Empfänger muss, sofern es sich nicht um 6

---

[4] Der früher verwendete Begriff „Vordruck" wurde durch das JKomG (§ 166 Rn. 1) ersetzt.

[5] BGH NJW 1981, 874, 875; NJW 1990, 176, 177.

[6] BVerwG DGVZ 1984, 149, 150; vgl. auch BGHZ 35, 236, 238.

[7] Dessen Fehlen im reformierten Zustellungsrecht bemängeln *Steiner/Steiner* NVwZ 2002, 437, 438; *Wunsch* JuS 2003, 276 (dort Fn. 9).

[8] Zutr. *Stein/Jonas/H. Roth* Rn. 13.

[9] LG Marburg Rpfleger 1979, 67 (Unwirksamkeit infolge Personenverwechselung). Schreibfehler, die nicht zur Verwechslung führen, sind hingegen unbeachtlich; OLG Saarbrücken, MDR 2004, 51.

[10] BGHZ 107, 296, 299 = NJW 1989, 2689; KG Rpfleger 1976, 222; VGH Kassel NJW 1998, 920.

[11] Die Verwendung des Begriffs „Zustellungsadressat" in § 170 Abs. 2 ist daher misslich.

[12] BGHZ 107, 296, 299 = NJW 1989, 2689; NJW 1997, 1584, 1586 (für jur. Personen des öffentlichen Rechts).

[13] RG DR 1942, 230.

[14] OLG Düsseldorf FamRZ 1982, 1742.

[15] BAG DB 1979, 409f.

den formalen Adressaten handelt, in dem dafür vorgesehenen Feld des Formulars (Nr. 5.4, 6.4, 7.2 oder 8.3) namentlich so aufgeführt werden, dass über seine Identität keine Zweifel bestehen. Die unrichtige oder fehlende Bezeichnung führt zu Beweisschwierigkeiten, hindert aber die Wirksamkeit der Zustellung nicht, wenn auf andere Weise nachgewiesen wird, dass das Schriftstück einer nach dem Gesetz tauglichen Person übergeben wurde und die Zustellung im Übrigen fehlerfrei ist.[16] Entsprechendes gilt für fehlerhafte Angaben über das die Ersatzperson als solche ausweisende Verhältnis zum Adressaten. Eine Ersatzzustellung muss außerdem stets als solche bezeichnet sein.

7 **c) Vollmachtsurkunde (Nr. 3).** Bei einer Zustellung an Bevollmächtigte nach § 171 ist zu vermerken, dass eine Vollmachtsurkunde vorgelegen hat. Nähere Feststellungen zur Urkunde (Ausstellungsdatum, Art und Form der Urkunde) sieht das Gesetz nicht vor. Sofern sie gleichwohl gefordert werden,[17] erleichtert dies die Beweisführung, insbesondere wenn der Adressat eine von diesen Angaben abweichende Vollmacht mit der Behauptung vorlegt, diese decke die Zustellung nicht ab. Allein die Tatsache, dass das Formular ein entsprechendes Feld für die Angaben nicht aufweist, steht den weiteren Feststellungen nicht entgegen (s. auch Rn. 8).

8 **d) Ersatzzustellung (Nr. 4).** Bei Ersatzzustellung nach §§ 178, 180 ist der **Grund für diese Zustellung** zu vermerken. Im Einzelnen ist anzugeben, dass und unter welcher Anschrift genau eine Zustellung in der Wohnung, in Geschäftsräumen oder in der Einrichtung versucht, der Adressat aber nicht angetroffen und an welche Person die Ersatzzustellung vorgenommen wurde; bei Zustellung gem. § 180 genügt der Hinweis in Feld Nr. 10 des Formulars, dass die Übergabe nicht möglich war. Da eine Zustellung durch Niederlegung nur in Betracht kommt, sofern die vorgenannten Ersatzzustellungsmöglichkeiten nicht bestehen (§ 181 Rn. 1), empfiehlt sich ein Vermerk darüber, warum nicht nach § 180 verfahren wurde.[18] Geht aus der Urkunde, zB infolge von Änderungen im Adressfeld, nicht mehr eindeutig hervor, unter welcher Anschrift der erfolglose Zustellungsversuch unternommen wurde, ist die Urkunde frei zu würdigen (s. u. Rn. 17). Dasselbe gilt, wenn die Urkunde entgegen § 182 Abs. 2 Nr. 4 nicht erkennen lässt, ob und auf welche Weise die vorgeschriebene **Mitteilung gem. § 181** an den Adressaten abgegeben wurde. Dabei genügt es nicht, wenn auf der Urkunde einfach das Feld (11.2) angekreuzt ist, aus dem sich die Übergabe „in der bei gewöhnlichen Briefen üblichen Weise" ergibt; vielmehr muss die Urkunde erkennen lassen, in welcher konkreten Art und Weise die Mitteilung über die erfolgte Niederlegung dem Empfänger zugeleitet wurde (zB Abgabe beim Nachbarn).[19] Das seit dem 1. 1. 2005 ausschließlich[20] zu verwendende Formular sieht nunmehr ein entsprechendes Feld für die erforderlichen Angaben vor. Ihr Fehlen vermindert die Beweiskraft der Urkunde. Nicht erforderlich sind für den Fall einer Zustellung gem. § 180 Angaben über den Briefkasten, in den die Sendung eingelegt worden ist.[21]

9 Obwohl § 181 dies nicht ausdrücklich vorsieht, ist nach dem Formular (Feld Nr. 11.1) der Ort der Niederlegung genau (Name, Strasse, Hausnummer, Postleitzahl, Ort) zu bezeichnen. An dieser Praxis ist festzuhalten, weil ein Unterlassen der Niederlegung die Wirksamkeit der Zustellung gefährdet (vgl. § 181 Rn. 13) und es daher erforderlich ist, auch diese nachvollziehbar in der Urkunde zu dokumentieren, um den Beweis gem. §§ 415, 418 effektiv führen zu können. Im Unterschied zur Mitteilung (s. § 181 Rn. 12) berührt ein Fehler die Wirksamkeit der Zustellung aber nicht.[22]

10 **e) Verweigerung der Annahme (Nr. 5).** Wird die **Annahme verweigert,** so ist dies ebenso wie das Zurücklassen des Briefes am Ort der Zustellung oder das Zurücksenden an den Absender zu beurkunden. Dabei sind der Name des Verweigernden und dessen Beziehung zum Adressaten in dem dafür vorgesehenen Feld (Nr. 12) des Formulars anzugeben. Obwohl in Gesetz und Formular nicht vorgesehen, sind auch Angaben zum vorgebrachten Grund der Annahmeverweigerung (zB Zustellung zur Unzeit oder am unpassenden Ort) hilfreich und daher im Zweifel aufzunehmen, das Formular also zu ergänzen.[23] Da die Rechtmäßigkeit der Verweigerung eine Rechtsfrage ist,[24] über

[16] S. hierzu auch Rn. 2, 17. Zum alten Recht ebenso: RGZ 109, 265, 267 f.; OLG Hamm NJW-RR 1987, 1279; zum geltenden Recht: *Eyinck* MDR 2006, 785, 788.

[17] S. *Zöller/Stöber* Rn. 7; anders *Stein/Jonas/H. Roth* Rn. 7.

[18] *Stein/Jonas/H. Roth* Rn. 8.

[19] Vgl. OLG Düsseldorf MDR 2005, 109; AG Neuruppin NJW 2003, 2249 f.; zu § 191 Nr. 4 aF vgl. auch BGH NJW 1990, 176, 177.

[20] Vgl. die Übergangsregelung in § 3 ZustVV; BGBl 2004 I, 619.

[21] BFH DStRE 2004, 426.

[22] VGH München BayVBl. 2006, 226.

[23] Wie hier *Zöller/Stöber* Rn. 9; aA *Stein/Jonas/H. Roth* Rn. 9.

[24] Zu den Auswirkungen auf die Beweiskraft s. Rn. 16.

die im Zweifel das Gericht entscheidet, kommt den genauen Angaben zum Ort bzw. der genauen Zeit (s. Rn. 12) des Übergabeversuchs in diesem Zusammenhang besondere Bedeutung zu.[25]

f) Zustellungsvermerk (Nr. 6). Da das Datum der Zustellung für den Adressaten im Hinblick auf den Beginn etwaiger Fristen von besonderer Bedeutung ist (vgl. § 181 Rn. 12), hat der Zusteller zu vermerken, dass er dieses auf dem inneren Umschlag angegeben hat. Der Wortlaut von § 182 Abs. 2 Nr. 6 und das Formular (Feld Nr. 13) sprechen dafür, einen entsprechenden Vermerk auf dem übergebenen Umschlag auch dann zu fordern, wenn eine persönliche Übergabe (§§ 177, 178) erfolgt oder diese vom Empfänger verweigert (§ 179) worden ist.[26] Jedoch erscheint der Vermerk dann entbehrlich, weil der Zustellungszeitpunkt (Übergabe bzw. Verweigerung) für den Adressaten (anders als in den Fällen der §§ 180f.) nachvollziehbar ist. Ihn gleichwohl vorzunehmen ist jedoch unschädlich und erspart dem Zusteller das Ausstreichen der entsprechenden Zeile des Formulars. 11

g) Ort, Datum, Zeit (Nr. 7). Der **Ort** der Zustellung (vgl. § 177 Rn. 2) ist – sofern er von der Zustellanschrift im Auftrag abweicht – mit Straße und Hausnummer anzugeben; bloße Bezeichnung der Gemeinde genügt nicht.[27] Ein ungewöhnlicher bzw. durch postalische Anschrift nicht genau verifizierbarer Zustellungsort (§ 177) muss so genau wie möglich beschrieben werden. Das Formular sieht diese Möglichkeit aber nur dann vor, wenn das Schriftstück übergeben werden konnte (Feld Nr. 4.2). Damit ist eine Dokumentation des Ortes in den Fällen des § 179 nicht vorgesehen und nur durch Ergänzung des Formulars möglich (s. Rn. 10), was zu kritisieren ist. Die genaue **Uhrzeit** der Zustellung ist auf Anordnung der Geschäftsstelle zu vermerken. Im Allgemeinen genügt die Bezeichnung des **Datums** (vgl. § 222 Abs. 1 ZPO iVm. § 187 Abs. 1 BGB).[28] Anders ist es, wenn ausnahmsweise eine Frist nach Stunden bestimmt ist (§ 222 Abs. 3), oder wenn es auf den genauen Zeitpunkt ankommt, wie bei mehrfachen Pfändungen (§ 804 Abs. 3). Auch bei Annahmeverweigerung wegen angeblicher Zustellung zur Unzeit empfiehlt sich die Angabe der Uhrzeit. Eine fehlende oder unrichtige Angabe auf dem dafür vorgesehenen Feld des inneren Umschlags hat die bei § 181 Rn. 12 beschriebenen Konsequenzen. Die fehlende Angabe auf der Urkunde kann nach der Rücksendung an die Geschäftsstelle (Rn. 14) noch nachgeholt oder berichtigt werden. Sie ist dann gemäß § 419 frei zu würdigen. Ein offensichtlich unrichtiges Datum entkräftet den Nachweis der Urkunde;[29] im Übrigen richtet sich die Möglichkeit, den Gegenbeweis zu führen, nach § 418 Abs. 2.[30] 12

h) Name, Vorname, Unterschrift (Nr. 8). Die Unterschrift des Zustellers ist nicht Wirksamkeitsvoraussetzung der Zustellung, wohl aber konstitutives Element der Beurkundung.[31] Das hat zur Folge, dass ihr Fehlen den Zustellungsnachweis gem. §§ 415, 418 verhindert; es kommt dann auf andere, frei zu würdigende Beweismittel an.[32] Die Unterschrift erfordert einen die Identität der Person kennzeichnenden individuellen Schriftzug, der nicht nur aus einem Namenskürzel (Paraphe, Handzeichen) besteht.[33] Da für die Ausführung der Zustellung nach der Postreform mehrere Unternehmen in Betracht kommen, muss auch das Unternehmen, dem der Zusteller angehört, angegeben werden (Feld Nr. 13.4). Letzteres gilt auch für die um die Zustellung ersuchte Behörde. 13

3. Rücksendung (Abs. 3). Die Zustellungsurkunde ist **unverzüglich** an die den Zustellungsauftrag erteilende Geschäftsstelle (§ 176) zurückzusenden, wo sie zur Akte zu nehmen ist und vom Zustellungsadressat, aber auch von der anderen Partei eingesehen werden kann (§ 299). Bei der Parteizustellung ist sie dem Zustellungsveranlasser zu übermitteln (§ 193 Abs. 3; s. dort). 14

III. Beweiskraft

Die Zustellungsurkunde ist eine öffentliche Urkunde iSd. § 415 Abs. 1, und zwar auch dann, wenn sie von einem mit der Ausführung der Zustellung beauftragten Mitarbeiter privatrechtlich organisierter Postunternehmen (zum Begriff § 168 Rn. 8) errichtet wurde. Sie begründet nach § 418 **vollen Beweis** für die von dem Zusteller verwirklichten oder **aufgrund eigener Wahr-** 15

---

[25] *Stein/Jonas/H. Roth* Rn. 11.
[26] So in der Tat *Stein/Jonas/H. Roth* Rn. 10; *Zöller/Stöber* Rn. 10.
[27] *Zöller/Stöber* Rn. 11.
[28] BGH NJW 1984, 57.
[29] Vgl. BFH DStRE 2004, 426.
[30] AA wohl *Stein/Jonas/H. Roth* Rn. 12, der diese Möglichkeit nur bei offensichtlicher Unrichtigkeit anzuerkennen scheint.
[31] *Zöller/Stöber* Rn. 18.
[32] Vgl. *Stein/Jonas/H. Roth* Rn. 14.
[33] OLG Frankfurt NJW 1993, 3079.

nehmung festgestellten Tatsachen, also insbesondere dafür, dass das Schriftstück zur angegebenen Zeit und am angegebenen Ort der vermerkten Person übergeben und im Falle des § 171 die Vollmachtsurkunde vorgelegt worden ist.[34] Teilweise beruht die Beurkundung aber nur auf mittelbarer Wahrnehmung (s. Rn. 16). Der Beweis der **Unrichtigkeit** der bezeugten Tatsachen ist zulässig (§ 418 Abs. 2). Der Gegenbeweis ist nur geführt, wenn er jede Möglichkeit der Richtigkeit der Urkunde ausschließt.[35] Die Anforderungen, die die Praxis an diesen Nachweis im Einzelnen stellt, sind **abhängig von der Art der Zustellung.** Ist die persönliche Übergabe nicht Gegenstand der Beurkundung, ist der Vortrag, das Schriftstück nicht erhalten zu haben, bereits deswegen unbehelflich, weil er nicht im Widerspruch zur Urkunde steht. Im Falle einer Ersatzzustellung gem. § 180 genügt hierfür auch nicht der Vortrag, es werde keine entsprechende Empfangseinrichtung unterhalten; vielmehr ist näherer Vortrag dazu erforderlich, auf welchem Weg den Adressaten Post gewöhnlich erreicht.[36]

16 Im Rahmen der Führung des Gegenbeweises kommt es ferner entscheidend darauf an, ob es sich bei der beurkundeten Tatsache um eine solche handelt, die sich **unmittelbar aus der Wahrnehmung des Zustellers** ergibt, was etwa bzgl. des Nichtantreffens der Fall ist. Hier erfordert der Gegenbeweis den Nachweis eines anderen Geschehensablaufes, der damit ein Fehlverhalten des Zustellers und eine Falschbeurkundung belegt.[37] Bei einer Ersatzzustellung nach § 181 wird unmittelbar wahrgenommen und bewiesen, dass der Zusteller unter der angegebenen Anschrift weder den Adressaten persönlich noch eine in Betracht kommende Ersatzperson angetroffen hat, aber grds. auch, dass ein Briefkasten oder eine ähnliche Vorrichtung zum Einlegen gem. § 180 nicht vorhanden war und die schriftliche Mitteilung über die Niederlegung in der angegebenen Weise hinterlassen wurde.[38] Die (volle) Beweiskraft erstreckt sich **dagegen nicht** darauf, dass der Adressat unter der Zustellungsanschrift auch tatsächlich wohnt.[39] Dies ergibt sich für solche Umstände, die nicht durch eigene Wahrnehmungen des Zustellers abschließend beurteilt werden können, aus der Natur der Sache. Ist eine rechtliche Beurteilung erforderlich, ist diese allein Sache des Gerichts (zB Dauer der An- bzw. Abwesenheit, damit zustellungsrechtlich von einer Wohnung ausgegangen werden kann; vgl. § 178 Rn. 5ff.). Die beurkundete Erklärung ist aber ein **beweiskräftiges Indiz,** das nur durch substantiierte und plausible Darstellung der tatsächlichen Wohnverhältnisse (zB den Nachweis eines mehrmonatigen Krankenhausaufenthalts, aber auch durch Aufenthaltsbescheinigung der Stadtverwaltung und Rückbrief betreffend die Nichtabholung der niedergelegten Postsendung[40]) entkräftet werden kann.[41] Entsprechend zu beurteilen ist die Beweiskraft der vom Zusteller nur mittelbar festgestellten persönlichen Voraussetzungen der Ersatzperson gem. § 178 (zB „Familienangehöriger", eine „in der Familie/im Geschäft beschäftigte Person", „ständiger Mitbewohner", „Leiter/ermächtigter Vertreter").[42] Auch hier können die Angaben des Zustellers nur ein Indiz sein, weil offensichtlich ist, dass diese auf solchen Dritter oder auf (anderen) Indizien beruhen, sich die eigentliche Tatsache also seiner Wahrnehmung entzieht. Die indizielle Wirkung kann der Adressat nur durch Tatsachen entkräften, aus denen zwingend folgt, dass der Zustellungsempfänger nicht zu dem Kreis der Ersatzpersonen gehört. Ist die Zustellung bspw. an eine Ersatzperson gem. § 178 Abs. 1 Nr. 2 in Geschäftsräumen erfolgt, kann es neben dem Vortrag, die Person sei nicht beim Adressaten angestellt, erforderlich sein, die Organisation des Posteingangs darzutun.[43] Auch hinsichtlich der Frage, ob die Annahme unberechtigt iSv. § 179 verweigert wurde, kommt der Urkunde nur eine Indizwirkung zu. Dagegen beweist die Urkunde per se nicht, und zwar auch nicht indiziell, dass die Geschäftsstelle den richtigen Adressaten benannt hat.[44]

IV. Mängel

17 Ist die Zustellungsurkunde unvollständig oder fehlerhaft, so berührt dies nur den Beweiswert der Urkunde, **nicht die Wirksamkeit** der Zustellung, die auch auf andere Weise nachgewiesen wer-

[34] BGH NJW 1976, 1940, 1941; vgl. auch OLG Köln NJW-RR 2003, 802, 803.
[35] BVerwG NJW 1985, 1179, 1180; OLG Düsseldorf VRS 1994, 441f.; vgl. auch BFH DStRE 2004, 426; BFH/NV 2005, 509.
[36] OLG Hamburg OLG-Report 2004, 563.
[37] S. BFH BFH/NV 2004, 509.
[38] BVerfG NJW 1992, 224, 225; NJW-RR 2002, 1008; OLG Frankfurt JurBüro 1998, 209.
[39] BVerfG NJW-RR 1992, 1084, 1085; NJW 1992, 1963; 2004, 2386, 2387; BGH NJW-RR 1994, 564.
[40] BVerfG NJW-RR 1992, 1084.
[41] BVerfG NJW 1992, 224, 226; BGH FamRZ 1990, 143; NJW 1992, 1963; 1996, 2581.
[42] Vgl. BGH NJW 2004, 2386, 2387 (zu § 184 aF); instruktiv *Graßhof,* FS Merz, 1992, S. 133, 141f.
[43] BGH NJW 2004, 2386, 2388.
[44] BGH NJW 1981, 1673, 1674.

den kann.[45] Lücken der Zustellungsurkunde können daher durch Feststellungen des Gerichts, die aus Umständen außerhalb der Urkunde herrühren, geschlossen werden.[46] Äußere Mängel der Urkunde unterliegen gem. § 419 in vollem Umfang der freien Beweiswürdigung (§ 286) des Gerichts.[47] Ob außerhalb dieser Vorschrift liegende Mängel der Urkunde (zB fehlende oder widersprüchliche Angaben) deren Beweiskraft beeinträchtigen, ist ebenfalls nach freier Überzeugung des Gerichts zu beurteilen.[48]

§ 183 Zustellung im Ausland

(1) Eine Zustellung im Ausland erfolgt

1. **durch Einschreiben mit Rückschein, soweit auf Grund völkerrechtlicher Vereinbarungen Schriftstücke unmittelbar durch die Post übersandt werden dürfen,**
2. **auf Ersuchen des Vorsitzenden des Prozessgerichts durch die Behörden des fremden Staates oder durch die diplomatische oder konsularische Vertretung des Bundes, die in diesem Staat residiert, oder**
3. **auf Ersuchen des Vorsitzenden des Prozessgerichts durch das Auswärtige Amt an einen Deutschen, der das Recht der Immunität genießt und zu einer Vertretung der Bundesrepublik Deutschland im Ausland gehört.**

(2) [1]Zum Nachweis der Zustellung nach Absatz 1 Nr. 1 genügt der Rückschein. [2]Die Zustellung nach den Nummern 2 und 3 wird durch ein Zeugnis der ersuchten Behörde nachgewiesen.

(3) [1]Die Vorschriften der Verordnung (EG) Nr. 1348/2000 des Rates vom 29. Mai 2000 über die Zustellung gerichtlicher und außergerichtlicher Schriftstücke in Zivil- oder Handelssachen in den Mitgliedstaaten (ABl. EG Nr. L 160 S. 37) bleiben unberührt. [2]Für die Durchführung gelten § 1068 Abs. 1 und § 1069 Abs. 1.

Schrifttum: *Bajons,* Internationale Zustellung und Recht auf Verteidigung, FS Schütze, 1999, S. 49; *Brand/Reichhelm,* Fehlerhafte Auslandszustellung, IPRax 2001, 173; *Emde,* Zulässigkeit von Direktzustellung ausländischer Prozessbevollmächtigter an deutsche Parteien nach Art. 14 EuZVO?, NJW 2004, 1830; *Fogt/Schack,* Keine Urteilszustellung im deutsch-dänischen Rechtsverkehr?, IPRax 2005, 118; *R. Geimer,* IZPR, 5. Aufl. 2005, 6. Teil; *G. Geimer,* Neuordnung des internat. Zustellungsrechts, 1999; *Gottwald,* Sicherheit vor Effizienz ? – Auslandszustellung in der Europäischen Union in Zivil- und Handelssachen, FS Schütze, 1999, S. 225; *Heiderhoff,* Keine Inlandszustellung an Adressaten mit ausländischem Wohnsitz mehr?, EuZW 2006, 235; *Heidrich,* Amts- und Parteizustellung im internationalen Rahmen: Status quo und Reformbedarf, EuZW 2005, 743; *Heß,* Noch einmal: Direktzustellung nach Art. 14 EuZVO, NJW 2004, 3301; *ders.,* Neues deutsches und europäisches Zustellungsrecht, NJW 2002, 2417, 2422ff.; *ders.,* Die Zustellung von Schriftstücken im europäischen Justizraum, NJW 2001, 15; *Jastrow,* Erste Erfahrungen mit der EG-Zustellungsverordnung, NJW 2002, 3382; *ders.,* Europäische Zustellung und Beweisaufnahme 2004 – Neuregelungen im deutschen Recht und konsularische Beweisaufnahme, IPRax 2004, 11; *Lindacher,* Europäisches Zustellungsrecht, ZZP 114 (2001), 179; *Linke,* IZPR, 4. Aufl. 2006, § 5; *ders.,* Die Probleme der internationalen Zustellung, in: Gottwald (Hrsg.) Grundfragen der Gerichtsverfassung, 1999, S. 95; *R. Möller,* Auslandszustellung durch den Gerichtsvollzieher, NJW 2003, 1571; *Nagel/Gottwald,* IZPR, 5. Aufl. 2004, § 7; *Rahlf/Gottschalk,* Das Europäische Zustellungsrecht, EWS 2004, 303; *H. Roth,* Heilung von Zustellungsmängeln im internationalen Rechtsverkehr, FS Gerhardt, 2004, S. 798; *Schack,* IZVR, 4. Aufl. 2006, § 13; *ders.,* Einheitliche und zwingende Regeln der internationalen Zustellung, FS R. Geimer, 2002, S. 931; *H. Schmidt,* Parteizustellung im Ausland durch Einschreiben mit Rückschein, IPRax 2004, 13; *Schütze,* Formlose Zustellung im internationalen Rechtsverkehr, RIW 2000, 20; *Sharma,* Zustellungen im Europäischen Binnenmarkt, 2003; *Stadler,* Die Reform des deutschen Zustellungsrechts und ihre Auswirkungen auf die internationale Zustellung, IPRax 2002, 471; *dies.,* Die Europäisierung des Zivilprozessrechts, FG 50 Jahre BGH, 2000, S. 645; *Sujecki,* Verhältnis der Zustellungsalternativen der EuZVO zueinander, EuZW 2007, 44; *R. Wagner,* Zur Vereinheitlichung des internationalen Zivilverfahrensrechts vier Jahre nach In-Kraft-Treten des Amsterdamer Vertrags, NJW 2003, 2344; *Zekoll,* Neue Maßstäbe für Zustellungen nach dem Haager Zustellungsübereinkommen?, NJW 2003, 2885.

---

[45] OLG Stuttgart NJW 2006, 1887, 1888; OVG Berlin, Beschl. v. 18. 5. 2004, 2 N 27.03, juris; *Stein/Jonas/H. Roth* Rn. 17; *Zöller/Stöber* Rn. 18f.; aA *Baumbach/Lauterbach/Hartmann* Rn. 19 unter Hinweis auf eine überholte Rspr.; für besonders schwere Mängel offenlassend *Eyinck* MDR 2006, 785, 787; *Thomas/Putzo/Hüßtege* Rn. 7.

[46] OLG Stuttgart NJW 2006, 1887.

[47] BGH NJW 1988, 60.

[48] *Stein/Jonas/H. Roth* Rn. 17.

I. Überblick

1 **1. Normzweck und Reglungsgegenstand.** Die Vorschrift sichert die effektive Durchsetzung des Rechts, die durch den Auslandsbezug der Sache nicht verhindert werden soll. Sie stellt außerdem die Einhaltung der völkerrechtlichen Verpflichtungen des Bundesrepublik sicher und (damit idR. zugleich) die Gewährung rechtlichen Gehörs für den Zustellungsadressaten. Daraus folgt, dass der nationale Gesetzgeber die mit der Auslandszustellung verbundenen Verzögerungen zugunsten der in Deutschland Rechtsuchenden nicht durch eine möglichst weitreichende Zustellungsfiktion ausschalten kann, weil dies den Interessen des Adressaten, der gem. Art. 6 Abs. 1 EMRK ein Recht auf **faires Verfahren,** insbesondere **rechtliches Gehör** hat, nicht Rechnung tragen würden, was jedenfalls bei verfahrenseinleitenden Dokumenten evident ist.[1] Außerdem würde reflexartig die Durchsetzbarkeit der von deutschen Gerichten erlassenen Entscheidungen im Ausland gefährdet, weil bzw. insofern dem Zustellungsadressaten keine hinreichende Möglichkeit zur Verteidigung geboten wurde (vgl. etwa Art. 34 Nr. 2 EuGVVO[2]).

2 § 183 regelt **nur das Verfahren der Zustellung,** nicht aber die Frage, ob eine Zustellung überhaupt erforderlich ist bzw. ob diese im Ausland zu erfolgen hat. Maßgeblich ist das deutsche (Prozess-)Recht (s. auch Rn. 3),[3] was dem Verständnis des nationalen Zustellungsrechts insgesamt entspricht (§ 166 Rn. 8). Jedoch kann sich das Erfordernis einer Auslandszustellung auch aus dem für die Bundesrepublik verbindlichen Völkerrecht ergeben (vgl. § 184 Rn. 2). § 183 regelt ausschließlich „Zustellungen im Ausland", dh. solche die **außerhalb des Staatsgebiets** der Bundesrepublik Deutschland bewirkt werden sollen.[4] Unmittelbar erfasst die Norm damit von Amts wegen (zum Parteibetrieb s. § 191 Rn. 3) zu bewirkende Zustellungen deutscher Gerichte/Behörden (sog. **„ausgehende Ersuchen"**); nicht erfasst – und infolge dessen hier auch nicht kommentiert – ist die rechtliche Behandlung „eingehender Zustellungsersuchen" ausländischer Stellen.[5] Abs. 1 und 2 fassen damit §§ 199, 200, 202 aF zusammen und erleichtern in Abs. 1 Nr. 1 nach dem Vorbild des aufgehobenen § 37 Abs. 2 StPO aF die Zustellung an Personen, die in Staaten leben, in die Schriftstücke unmittelbar durch die Post übersandt werden dürfen. Die in der Praxis wichtigste Norm,[6] die eine Zustellung durch Einschreiben mit Rückschein zulässt, ist Art. 14 EG-ZustellVO (s. hierzu die Kommentierung im 3. Band). Den **Vorrang** der seit dem 31. 5. 2001 die Auslandszustellung in den Mitgliedstaaten der EU regelnden EG-ZustellVO stellt **Abs. 3** klar (s. Rn. 15). Abs. 2 regelt den Nachweis der Zustellung.

3 **2. Anwendungsbereich.** Die Vorschrift gilt für **alle** verfahrensrechtlichen **Zustellungen** und auch für Zustellungen nach § 132 BGB. Ob und an wen eine Zustellung im Ausland zu bewirken ist, beurteilt sich nach deutschem (Verfahrens-)Recht, wozu auch verbindliche völkerrechtliche Bestimmungen gem. Rn. 4 zählen (Rn. 2). Für den **Mahnbescheid** verweist § 688 Abs. 3 (s. dort) auf das AVAG. Eine Zustellung im Ausland ist etwa entbehrlich in den Fällen der §§ 841, 844 Abs. 2 und 875 Abs. 2. Ferner kommt eine Zustellung im Inland in Betracht, wenn der Adressat in der Bundesrepublik eine Zweitwohnung oder ein Geschäftslokal besitzt oder er einen Prozess- oder Zustellungsbevollmächtigten bestellt hat (§ 184 Abs. 1),[7] sich vorübergehend im Inland aufhält (§ 177) oder – wie zB der Pfändungs- und Überweisungsbeschluss dem Schuldner (§§ 829 Abs. 2 S. 3, 835 Abs. 3 S. 1) oder in den Fällen des § 184 – durch Aufgabe zur Post zugestellt werden darf.[8] Indes ist eine Zustellung im Ausland hier nicht unzulässig. Partei bzw. Gericht können zwischen den verschiedenen Zustellungsmöglichkeiten **wählen.**[9] Wird durch Aufgabe zur Post (§ 184) zugestellt, ist allerdings auf entsprechenden Antrag der Partei **zusätzlich** nach § 183 zuzustellen, wenn sie hieran ein berechtigtes Interesse hat, zB im Zusammenhang mit der späteren Durchset-

---

[1] S. EuGH NJW 2005, 3627 („Scania"); OLG Karlsruhe RIW 1999, 538 (jew. zur „remise au parquet"); hierzu auch *Bajons* S. 55 ff.; *Geimer,* IZPR, Rn. 2086 ff.; *Stadler* IPRax 2006, 116; vgl. ferner BGH NJW 2000, 3284 (die Zustellung gem. § 184 betreffend).

[2] Die Norm erfasst im Unterschied zu § 27 Nr. 2 EuGVÜ nicht jeden Zustellungsfehler; vgl. *Kropholler,* Europ. ZPR, Art. 34 Rn. 38 ff.

[3] OLG Köln NJW-RR 1989, 443, 444; OLG Saarbrücken OLG-Report 2004, 285.

[4] Besonders zu behandeln sind Zustellungen an in Deutschland stationierte *NATO-Truppen;* für sie gelten die Art. 32 bis 37 des Zusatzabkommens zum NATO-Truppenstatut; vgl. § 166 Rn. 26 sowie *Baumbach/Lauterbach/Hartmann* Schlußanh. III.

[5] Vgl. hierzu die Darstellung des zwischenstaatlichen Zustellungsrechts im 3. Band dieses Kommentars bei §§ 1068 ff.

[6] *Stein/Jonas/H. Roth* Rn. 1 geht im Anschluss an *J. Meyer* IPRax 1997, 401, 402, davon aus, dass 2/3 aller im Ausland zu bewirkenden Zustellungen Mitgliedstaaten der EU betreffen.

[7] BGH NJW 1999, 2442, 2443.

[8] Zu den Konsequenzen des in Fn. 1 zitierten EuGH-Urteils s. § 184 Rn. 3.

[9] BGHZ 98, 263 = NJW 1987, 592, 593.

zung des Titels im Ausland. Über den bei einer Zustellung im Ausland einzuhaltenden Beförderungsweg können die Parteien **keine Vereinbarung** treffen; str.[10]

4 **3. Maßgebliche Bestimmungen.** Neben der in Abs. 3 genannten EG-ZustellVO sind **völkerrechtliche Grundlage** der Zustellung (jew. nachrangig): das Haager Zustellungsübereinkommen 1965 (HZÜ)[11] und das Ausführungsgesetz hierzu (BGBl. 1977 I S. 3105),[12] das Haager Übereinkommen über den Zivilprozess (HZPÜ) 1954 (BGBl. 1958 II S. 577 m. Ausführungsgesetz S. 939)[13] bzw. das HZPÜ 1905 (RGBl. 1909 S. 409 m. Ausführungsgesetz S. 430).[14] Sofern daneben bilaterale Rechtshilfeabkommen[15] bestehen, richtet sich die Rechtshilfe nach der günstigsten, dh. die schnellste und einfachste Zustellungsform regelnden Bestimmung.[16] Bestehen weder multilaterale Abkommen noch bilaterale Regelungen, wird teilweise auf der Grundlage der Gegenseitigkeit Rechtshilfe gleichwohl gewährt **(vertragsloser Rechtshilfeverkehr).** Die wichtigsten Regelungen über den vertraglichen und vertraglosen Rechtshilfeverkehr in Zivil- oder Handelssachen sind in der **Rechtshilfeordnung für Zivilsachen zusammengefasst.** Die ZRHO ist eine vom Bund und den Ländern erlassene Verwaltungsvorschrift.[17] Sie ist für die Abwicklung des Rechtshilfeverkehrs bindend und verletzt auch nicht die richterliche Unabhängigkeit, weil der Rechtshilfeverkehr mit dem Ausland für eingehende und ausgehende Zustellungsersuchen Angelegenheit der Justizverwaltung ist und nicht zum Bereich der Rechtsprechung gehört.[18] Die Bestimmungen des Allgemeinen Teils der ZRHO sind nicht anzuwenden, soweit nach dem Länderteil, nach europäischem Gemeinschaftsrecht oder nach zwischenstaatlichen Vereinbarungen anders zu verfahren ist (§ 1 Abs. 2 ZRHO).

II. Zustellung durch Einschreiben mit Rückschein (Abs. 1 Nr. 1)

5 **1. Veranlassung der Zustellung.** Die Form der Auslandszustellung ordnet der Vorsitzende des Prozessgerichts an, die Ausführung obliegt im Fall der Nr. 1 der Geschäftsstelle und im übrigen der Justizverwaltung.[19] Diese hat u. a. auf die Verwendung des sog. internationalen Rückscheins zu achten. Regelmäßig entspricht es pflichtgemäßem Ermessen, wenn die **einfachste und schnellste Form** der Zustellung, also die gem. Nr. 1 gewählt wird.[20] Ein entsprechender Antrag der Parteien ist nicht notwendig;[21] wohl aber ist es zulässig und sogar zu empfehlen,[22] dass die Parteien Anregungen an das Gericht geben, zB die Tatsache mitteilen, dass Einschreiben in der Vergangenheit nicht angenommen worden sind. Diese Information ist bei der Ermessensausübung einzubeziehen und idR – zumindest parallel (vgl. auch Rn. 3) – eine andere Form der Zustellung zu wählen.[23] Die Zustellung eines **Pfändungs- und Überweisungsbeschlusses** an den Drittschuldner (zum Schuldner s. Rn. 3) erfordert als Hoheitsakt grds. die Mitwirkung des Staates, weshalb eine Zustellung durch Einschreiben mit Rückschein keinen Erfolg verspricht.[24]

6 Für die Zulässigkeit einer postalischen **Direktzustellung** sind die einschlägigen Staatsverträge (s. Rn. 4) maßgeblich. Den praktisch wichtigsten Fall – der freilich nicht von Abs. 1 Nr. 1, sondern

---

[10] Anders *Geimer,* IZPR, Rn. 2101.

[11] Vgl. hierzu etwa die Kommentierung von *Schlosser,* EU-Zivilprozessrecht, 2. Teil I. Text des Abkommens – wie auch der folgenden – auch abgedruckt bei *Jayme/Hausmann,* Internationales Privat- und Verfahrensrecht.

[12] Relevant für Zustellungen im Rechtsverkehr u. a. mit der Russischen Förderation, der Schweiz und den USA.

[13] Betrifft u. a. Zustellungen im Rechtsverkehr mit Bosnien-Herzegowina, Kroatien, Mazedonien und dem Vatikanstadt.

[14] Relevant nur noch für den Rechtsverkehr mit Island.

[15] Wegen des in Art. 20 Abs. 1 EG-ZustellVO normierten Vorrangs spielen bilaterale Abkommen zwischen den Mitgliedstaaten (zur Ausnahme s. aber Rn. 15) keine Rolle mehr, sofern sie die Voraussetzungen des Art. 20 Abs. 2 EG-ZustellVO (Beschleunigung/Vereinfachung) nicht erfüllen.

[16] *Stein/Jonas/H. Roth* Rn. 17.

[17] Zugang im Internet unter: http://www.datenbanken.justiz.nrw.de/pls/jmi/ir_start.

[18] BGHZ 71, 92 = NJW 1978, 1428; BGHZ 78, 385 = NJW 1983, 2769; BGH NJW 1986, 664.

[19] *Hornung* Rpfleger 2002, 493, 500; *Stein/Jonas/H. Roth* Rn. 11.

[20] Vgl. *Brand/Reichhelm* IPRax 2001, 173, 177. Dies gilt – entgegen *Heß* NJW 2001, 15, 19 f. – auch im Anwendungsbereich der EG-ZustellVO, deren erklärtes Ziel die Beschleunigung des Verfahrens ist; s. auch *Lindacher* ZZP 114, 179, 185. Die in Fn. 23 zitierte EuGH-Entscheidung steht dem nicht entgegen, weil sie lediglich einen europarechtlich indizierten Vorrang einer Zustellungsform verneint.

[21] BGH NJW 2003, 2830, 2831; *Stein/Jonas/H. Roth* Rn. 39. Dies gilt auch im Rahmen von § 167; aA *Försterling* IPRax 2005, 124, 125.

[22] *Heidrich* EuZW 2005, 743.

[23] Für den Fristenbeginn ist dann die erste erfolgreiche Zustellung maßgeblich; vgl. EuGH NJW 2006, 975, 976 („Plumex“) zur EG-ZustellVO.

[24] Vgl. *Hornung* Rpfleger 2002, 493, 500; *Stein/Jonas/Brehm* § 829 Rn. 24.

von Abs. 3 erfasst wird – regelt Art. 14 EG-ZustellVO. In Ausführung dieser Vorschrift bestimmt **§ 1068 Abs. 1 S. 1,** auf den **§ 183 Abs. 3 S. 2** verweist, dass eine Auslandszustellung durch die Post ausschließlich in der Form des Einschreibens mit Rückschein erfolgen kann (zu den Einzelheiten s. die Kommentierung zu § 1068); im Übrigen variieren die Bedingungen für die Zustellung gem. Art. 14 Abs. 2, 23 Abs. 1 EG-ZustellVO, vor allem in Bezug auf die zugelassenen Sprachen.[25] Zum Annahmeverweigerungsrecht des Empfängers und zur Frage der Belehrung hierüber s. § 1070. Ferner lässt etwa das **HZÜ** eine unmittelbare Zustellung durch die Post zu, sofern der Bestimmungsstaat nicht widersprochen hat (Art. 10 Buchst. a HZÜ). Dies haben etwa China, Norwegen, die Schweiz und die Türkei getan, aber auch die Bundesrepublik. Damit stellt sich die Frage nach der Anwendbarkeit des völkerrechtlichen Reziprozitätssprinzips (Art. 21 Abs. 1 Buchst. b Wiener Vertragsrechtskonvention). Entgegen dem OLG Düsseldorf[26] ist davon auszugehen, dass der deutsche Widerspruch (§ 6 Abs. 2 HZÜ-AusfG) – der souveränitätsschützend nur die Zustellung im Inland hindern soll, weil es sich nach deutscher Rechtsauffassung bei der Zustellung um einen Hoheitsakt handelt – einer Zustellung lediglich in solchen Staaten entgegen stehen kann, die hierin ebenfalls eine Ausübung von Staatsgewalt auf ihrem Territorium erblicken.[27] Auch Art. 6 **HZPÜ 1954** eröffnet die Möglichkeit postalischer Zustellungen, der von deutscher Seite freilich nicht widersprochen wurde,[28] was belegen mag, wie wenig der Widerspruch zum Schutz der Souveränität erforderlich ist. Daneben erlaubt etwa Art. 6 des **deutsch-britischen** Abkommens über den Rechtsverkehr v. 20. 3. 1928 (RGBl. II, S. 623) die postalische Zustellung „wo diese Art der Übermittlung nach dem Recht des Landes gestattet ist, in welchem das Schriftstück ausgestellt ist." Obwohl es im Verhältnis zu Großbritannien und Nordirland wegen Art. 20 EG-ZustellVO obsolet ist,[29] behält es für Zustellungen etwa nach Kanada (s. BGBl. 1954 II, S. 15) oder Australien (BGBl. 1955 II, S. 699) Bedeutung. Dass daneben das HZÜ Anwendung findet (zB im Verhältnis zu Kanada), hindert die Zustellung durch Einschreiben nicht.[30]

7 **2. Übergabe und Nachweis.** Die Zustellung ist mit **Übergabe** der Sendung an den Adressaten oder einen Ersatzempfänger, dem die Sendung nach den im Empfangsstaat geltenden Postbestimmungen (vgl. zu deren Maßgeblichkeit auch § 175 Rn. 3) ausgehändigt werden kann, wirksam.[31] Die Übergabe an einen Ersatzempfänger ist grundsätzlich ausgeschlossen, wenn der eingeschriebene Brief den Vermerk „eigenhändig" trägt; der Zusatz wird jedoch nicht in allen Ländern anerkannt.[32] Als **Nachweis (Absatz 2 Satz 1)** genügt der mit dem Erledigungsvermerk des Postbediensteten des fremden Staates versehene Rückschein zu der eingeschriebenen Sendung. Für den Vollzug des Rückscheins sind die Regelungen des jeweiligen Bestimmungslandes maßgebend. Grds. wird der Rückschein von dem Adressaten unterzeichnet, kann aber auch von einer zum Empfang der Sendung befugten Person unterzeichnet werden. Der Rückschein ist keine öffentliche Urkunde, geht aber in seiner Beweiskraft über § 416 hinaus (vgl. § 175 Rn. 6). Der Nachweis des Zugangs kann auch auf andere Weise geführt werden.[33]

8 **3. Unzustellbare Sendung.** Wie bei der Inlandszustellung besteht auch bei der Zustellung im Ausland die Möglichkeit, dass die Sendung als unzustellbar zurückgeleitet wird.[34] Die Auswirkungen sind umstritten.[35] Im Ausgangspunkt ist davon auszugehen, dass sich die Frage der Ordnungs-

---

[25] Eine tabellarische Übersicht der von den einzelnen Staaten aufgestellten Bedingungen für die Zustellung durch die Post ist im Internet unter der in Fn. 17 angegebenen Adresse zu finden. S. ferner http://ec.europa.eu/justice_home/judicialatlascivil/html/index_de.htm.

[26] ZfIR 1999, 324. Ebenso *Gsell* EWS 2002, 115, 119; *Heß* NJW 2002, 2417, 2424; *Heidrich* EuZW 2005, 743, 746; *Jastrow* NJW 2002, 3382, 3383 (Fn. 13); vgl. ferner *Linke* S. 95, 108. Dem entspricht die gängige Praxis; vgl. § 25 III 1 bayr. GAZI (JMBl. 2003 S. 47).

[27] Vgl. *Lindacher,* FS Gáspárdy, 1997, S. 247, 253 ff.; weitergehend: *Geimer,* IZPR, Rn. 418, 2085; *Zöller/Geimer* Rn. 6; *Schack,* IZVR, Rn. 608; *Schlosser,* EU-Zivilprozessrecht, Art 10 HZÜ Rn. 4; *Stadler* IPRax 2002, 471, 473; *Stein/Jonas/H. Roth* Rn. 11.

[28] *Jayme* IPRax 1997, 195; *Stein/Jonas/H. Roth* Rn. 15, 27.

[29] S. *Stein/Jonas/H. Roth* Rn. 18 (auch Zypern); auf Art. 20 II EG-ZustellVO hinweisend aber *Gottwald/Nagel* § 7 Rn. 129.

[30] Zutr. *Heidrich* EuZW 2005, 743, 746; *Rauscher* IPRax 1992, 71, 72; aA OLG Frankfurt RIW 1991, 587, 588.

[31] Vgl. OLG Celle NJW-RR 2005, 1589: Zustellung an Hausmeister einer spanischen Appartementanlage wirksam.

[32] S. *Jastrow* NJW 2002, 3282, 3283 (nicht in Frankreich, Griechenland und den Niederlanden).

[33] OLG Celle NJW 2004, 2315, das den Zugangsnachweis aus einem zu den Akten gelangten Schreiben herleitet, in dem namens des Adressaten eine – nach Ansicht des Gerichts unzulässige – Annahmeverweigerung erklärt wird.

[34] Auch die übrigen Schwächen (vgl. § 175 Rn. 6) dieser Zustellform bestehen im Auslandsverkehr.

[35] S. *Heidrich* EuZW 2005, 743, 744 m. weit. Nachw.; vgl. auch *de Lind van Wijngaarden-Maack* IPrax 2004, 212, 214.

mäßigkeit der Zustellung bzw. einer Heilung von Fehlern nach dem Recht des Staates richtet, in dem das Verfahren anhängig ist.[36] Dies gilt jedenfalls, sofern das Völkerrecht die Frage nicht zumindest mittelbar selbst regelt.[37] Soweit das nationale Prozessrecht für den Fall einer unberechtigten Annahmeverweigerung von einer wirksamen Zustellung ausgeht, muss der Empfänger dies nach Ansicht des BGH gegen sich gelten lassen.[38] Für Zustellungen im Ausland gilt daher sinngemäß das zu § 175 Rn. 4f. Gesagte: Sofern die Geschäftsstelle nicht sichere Kenntnis von der unberechtigten Annahmeverweigerung hat, ist eine erneute Zustellung geboten, was in der Praxis die Regel sein dürfte. Dieses Vorgehen empfiehlt sich aus Sicht der Partei, in deren Interesse zugestellt wird, auch deswegen, weil Zustellungsfehler – jedenfalls sofern sie die Verteidigungsmöglichkeit des Adressaten einschränken – der Anerkennung der Entscheidung im Ausland entgegenstehen können.[39] Die weitere Zustellung sichert so die Anerkennung, auch wenn sie nach nationalem Recht nicht erforderlich ist.

III. Zustellung durch Behörden des fremden Staates u. a. (Abs. 1 Nr. 2)

1. Allgemeines. Kommt eine Zustellung nach Nr. 1 mangels entsprechender Staatsverträge oder Erfolgsaussicht nicht in Betracht, so ist sie nach Nr. 2 durchzuführen, und zwar **vorrangig** durch **unmittelbaren Geschäftsverkehr** mit der Behörde des fremden Staates (s. Rn. 11 aE). § 183 enthält für das Verfahren nur Rahmenbestimmungen. Das Nähere ergibt sich aus den zwischenstaatlichen Verträgen (s. den Anh. zu §§ 1068 ff. zum zwischenstaatlichen Zustellungsrecht; zu Art. 4 EG-ZustellVO s. dort) und der ZRHO (Rn. 4), die im Länderteil für die meisten ausländischen Staaten Bestimmungen über Weg, Form und Beförderung des Ersuchens enthält.[40] Die Justizverwaltungen der Länder nehmen insoweit durch ihre **Prüfungsstellen,** denen ausgehende Ersuchen zuzuleiten sind (vgl. §§ 27, 5, 9 ZRHO), kraft Delegation durch die ZRHO außenpolitische Aufgaben des Bundes in dessen Auftrag wahr.[41] Ebenfalls über die Prüfungsstellen laufen die an deutsche Auslandsvertretungen gerichteten Ersuchen. Sie leisten Rechtshilfe bei Zustellungen **in eigener Zuständigkeit,** soweit der **Adressat deutscher Staatsangehöriger** und zur Entgegennahme der Zustellung bereit ist, diese also **ohne Zwang** erfolgt (vgl. Art. 13 EG-ZustellVO; Art. 8 Abs. 1 HZÜ; Art. 6 Abs. 1 Nr. 3, Abs. 2 HZPÜ 1954). Inwiefern diese – formlose[42] (§ 5 Nr. 1 a ZRHO), aber der ZPO genügende (§§ 31p Abs. 3 S. 1, 32 Abs. 4 S. 2 ZRHO) – Zustellung durch deutsche Auslandsvertretungen auch bei Nichtdeutschen in Betracht kommt, hängt vom Bestehen einer entsprechenden Vereinbarung mit dem jeweiligen Staat bzw. davon ab, dass ihr nicht widersprochen wurde (vgl. § 1067 zu Art. 13 Abs. 2 EG-ZustellVO; Art. 8 Abs. 2 HZÜ). In allen anderen Fällen sind die zuständigen ausländischen Behörden um „aktive" Rechtshilfe zu ersuchen (vgl. § 15 Abs. 1 ZRHO). 9

2. Ersuchen. Die Zustellung im Ausland wird in Gang gesetzt durch ein Ersuchen des **Vorsitzenden des Prozessgerichts** von Amts wegen oder bei der Parteizustellung auf Antrag. Prozessgericht ist jeweils das Gericht, bei dem der Rechtsstreit anhängig ist. Im selbstständigen Beweisverfahren ist es das angerufene Gericht, im Vollstreckungsverfahren das Vollstreckungsgericht und im Rechtsmittelverfahren das Rechtsmittelgericht. Ist das Verfahren dem Rechtspfleger übertragen, so ist auch er für das Ersuchen zuständig. Vorsitzender ist auch der Einzelrichter. Form und Inhalt des Ersuchens, Anlagen und Beförderungsweg sind in der ZRHO geregelt. Der Adressat des Gesuchs richtet sich nach dem in Frage kommenden Übermittlungsweg. In Betracht kommen vier Wege (Rn. 11). Die **Auswahl** unter den verschiedenen Übermittlungswegen obliegt dem Gericht nach pflichtgemäßem Ermessen; ein Antrag der Partei ist zu berücksichtigen.[43] Der Vorsitzende legt das Ersuchen samt Begleit- 10

[36] BGHZ 120, 305, 311 = NJW 1993, 598; NJW 2007, 775, 776; OLG Celle IPRax 2005, 450, 451 m. Anm. *H. Roth* S. 438; str., aA *de Lind van Wijngaarden-Maack* (vorh. Fn.), die ferner eine Zustellungsfiktion auch nach deutschem Recht unter Hinweis auf § 179 ablehnt. Gegen diese Argumentation s. aber § 175 Rn. 5.

[37] Zur Heilung von Zustellungsmängeln durch Auslegung der EG-ZustellVO: EuGH NJW 2006, 491 („Leffler"); hierzu *Rauscher* JZ 2006, 251; *Rösler/Siepmann* NJW 2006, 475; *Stadler* IPRax 2006, 116; *Sujecki* ZEuP 2007, 358.

[38] BGH NJW 1997, 2051, 2052 (die Zustellung *in* der Bundesrepublik betreffend). Zur Zulässigkeit einer Annahmeverweigerung infolge nicht übersetzter Anlagen s. BGH NJW 2007, 775 (Vorlagebeschluss Art. 8 Abs. 1 EG-ZustellVO betreffend).

[39] Vgl. OLG Celle IPRax 2005, 450 (die Zustellung *in* der Bundesrepublik betreffend).

[40] Vgl. hierzu auch *Linke* S. 95, 110 ff.

[41] *Zöller/Geimer* Rn. 47 m. weit. Nachw.

[42] S. hierzu auch §§ 68 f. ZRHO. Sie erfordert nach Ansicht des OLG Saarbrücken (Fn. 3) eine Übergabe an den zur Annahme bereiten Adressaten selbst; vgl. aber § 69 Abs. 2 ZRHO; zur Belehrung über das Recht, die Annahme zu verweigern (§ 69 Abs. 3 ZRHO): *Schütze* RIW 2000, 20.

[43] *Zöller/Geimer* Rn. 78.

schreiben, Begleitbericht, Denkschrift und etwaigen Übersetzungen (§§ 22ff. ZRHO) der **Prüfungsstelle** vor, selbst wenn der „unmittelbare Verkehr" vereinbart ist (§§ 9, 27, 28 ZRHO). Prüfungsstelle ist idR der Präsident des Gerichts. Er hat nach § 28 ZRHO festzustellen, ob die Bestimmungen der Staatsverträge und der ZRHO eingehalten sind. Die Prüfungsstelle kann eine bestimmte Art der Zustellung anordnen. Lehnt sie die Weiterleitung des Gesuchs ab, kann die Partei gegen diesen Justizverwaltungsakt den **Antrag auf gerichtliche Entscheidung** stellen.[44]

11 Folgende Beförderungswege im Rechtshilfeverkehr sind zu unterscheiden (§ 6 Abs. 1 ZRHO): der diplomatische Weg, der konsularische Weg, der ministerielle Weg und der unmittelbare Geschäftsverkehr zwischen den Behörden der beteiligten Staaten. Bei dem **diplomatischen Weg** vermittelt entweder die deutsche Auslandsvertretung über das Ministerium des ersuchten Staates oder das Auswärtige Amt über die diplomatische Vertretung des ersuchten Staates die Erledigung des Zustellungsersuchens durch die zustellende Behörde des ersuchten Staates. Dieser – zeitraubende, umständliche – Weg ist zu wählen, wenn die anderen Wege nicht in Betracht kommen (§ 6 Abs. 2 ZRHO) oder tatsächliche oder rechtliche Schwierigkeiten oder sonstige Gründe dies angezeigt erscheinen lassen (§ 6 Abs. 3 ZRHO). Beim regelmäßig vorzuziehenden **konsularischen Weg** vermittelt das örtlich zuständige Konsulat oder nimmt nach § 16 KonsG die Zustellung selbst vor. Der **ministerielle Weg** ist eine besondere Form des unmittelbaren Wegs, bei der die Zuleitung unabhängig vom Ort der Erledigung des Zustellungsersuchens immer an eine **„Zentrale Behörde"** erfolgt (Art. 2ff. HZÜ).[45] Der **unmittelbare Weg** zwischen den Behörden der beteiligten Staaten ist der einfachste und daher vorrangig;[46] er setzt aber eine entsprechende Vereinbarung oder wenigstens stillschweigende Übereinstimmung voraus, wie derzeit etwa zwischen der Bundesrepublik, Norwegen und der Schweiz (zur unmittelbaren Übermittlung gem. Art. 4 Abs. 1 EG-ZustellVO s. dort).

12 **3. Nachweis (Abs. 2 Satz 2).** Anders als bei Zustellungen nach § 184 Abs. 2 ist die Auslandszustellung nicht schon zwei Wochen nach Aufgabe zur Post, sondern erst mit der Zustellung durch die ersuchte Behörde im Ausland bewirkt. Sie wird nachgewiesen durch ein schriftliches **Zeugnis der ersuchten Behörde,** aus dem hervorgeht, dass die Zustellung erfolgt ist. Eine bestimmte Formulierung ist hierfür nicht vorgeschrieben. Die Zustellungsurkunde iSv. §§ 182, 190 für Zustellungen innerhalb der Bundesrepublik ist nicht zu verwenden (§ 74 Abs. 1 ZRHO). Die Ausstellung eines Zustellungszeugnisses auf einem entsprechenden Muster sieht etwa die Anlage zu Art. 6 Abs. 1 HZÜ vor.[47] Die Bescheinigung kann auch telegraphisch erteilt werden.[48] Die übersandte Zustellungsurkunde des Zustellungsorgans[49] oder der Empfangsschein der ausländischen Post[50] genügt ebenso wenig wie das Zeugnis eines Generalkonsulats, das sich auf die Mitteilung beschränkt, das Schriftstück sei dem Adressaten im Amtsbezirk an einem bestimmten Tag zugestellt worden, und keine Angaben über die Form der Zustellung und die Person des Empfängers enthält.[51] Das Zeugnis muss Ort und Zeit der Zustellung, den Zustellungsempfänger sowie das ausgehändigte Schriftstück bezeichnen, sofern zwischenstaatliche Abkommen keine abweichenden Regelungen enthalten oder wie Art. 5 Abs. 1 HZPÜ 1954 oder Art. 5 Abs. 2 HZÜ ein mit Datum versehenes beglaubigtes Empfangsbekenntnis des Empfängers ausreichen lassen. Die Urkunde hat die Beweiskraft einer öffentlichen Urkunde gem. § 418 Abs. 1.[52] Der Gegenbeweis ist aber zulässig (§ 418 Abs. 2). Hierzu gehört auch der Einwand der Unwirksamkeit der Zustellung. Zur Frage, ob es in diesem Zusammenhang auf die ausländischen Vorschriften ankommt sowie zur Heilung etwaiger Mängel s. Rn. 16f.

IV. Zustellung an „exterritoriale" Deutsche (Abs. 1 Nr. 3)

13 **1. Zustellung an Deutsche.** Die Vorschrift entspricht ohne inhaltliche Änderung § 200 aF, ersetzt aber den veralteten Begriff der „Exterritorialität" (vgl. hierzu auch § 15 Rn. 2) durch „Immunität". Sie ermöglicht die Zustellung an im Ausland lebende deutsche Angehörige der diplomatischen Vertretungen des Bundes ohne Einschaltung ausländischer Behörden, da die Interessen des

---

[44] OLG Frankfurt RIW 1991, 417; näher *Zöller/Geimer* Rn. 51.

[45] Deutschland hat von der durch Art. 18 Abs. 3 HZÜ eröffneten Möglichkeit Gebrauch gemacht, so dass eine zentrale Behörde für jedes Bundesland besteht, idR das jew. Ministerium der Justiz. Vgl. iE den Überblick bei *Schlosser,* EU-Zivilprozessrecht, Anh. Art. 2 HZÜ.

[46] S. *Stein/Jonas/H. Roth* Rn. 39.

[47] Als Anhang zur ZRHO im Internet abrufbar: http://www.datenbanken.justiz.nrw.de/ir_htm/mustervordrucke_in_zivilsachen-1.htm.

[48] RGZ 14, 335, 337f.

[49] BayObLGSt 1981, 17.

[50] OLG Frankfurt OLG-Report 1992, 82 (Schweizer PTT).

[51] FG Düsseldorf EFG 1988, 267; vgl. auch BVerwG NJW 2000, 683 und BFH NJW 1996, 1920 (LS).

[52] BGHZ 65, 291, 295; BGH NJW 2002, 521, 522.

fremden Staates nicht tangiert werden. Das Ersuchen ist an das Auswärtige Amt zu richten. Für Deutsche im Ausland, die nicht zur Mission des Bundes gehören, gelten die Nr. 1 und 2, sonst § 185 Nr. 2. Halten sie sich in der Bundesrepublik auf, kann an sie nach den allgemeinen Vorschriften zugestellt werden. An die **Vorsteher der Bundeskonsulate** ist in der gleichen Weise wie an exterritoriale Deutsche durch Ersuchen zuzustellen. Für die Zustellung an Konsulatsbeamte, -angestellte deutscher Staatsangehörigkeit, deren Familienmitglieder und deutsche Bedienstete ist nach § 14 Abs. 2 S. 1 und 2 ZRHO ebenfalls um Vermittlung des Auswärtigen Amtes zu ersuchen. Zum Nachweis s. Rn. 12.

2. Zustellung an Ausländer in Deutschland. Zustellungen an den Status der Immunität genießende Ausländer (§§ 18 bis 20 GVG) in Deutschland erfolgen nach Nr. 1 und 2 und wenn in deren Wohnung – mangels Gestattung bzw. Verzicht auf die Immunität[53] – nicht zugestellt werden kann, weil sie der Gerichtsbarkeit nach §§ 18 bis 20 GVG nicht unterliegt, durch öffentliche Zustellung nach § 185 Nr. 3. Deutsche Bedienstete solcher Personen sind nicht selbst „exterritorial", doch bedarf die Zustellung an sie in der Wohnung des Dienstherrn der Zustimmung durch diesen, die notfalls auf dem diplomatischen Wege einzuholen ist, falls nicht die Zustellung an einem anderen Orte (§ 177) erfolgt. Sonst gilt auch hier § 185. 14

V. Zustellung in der Europäischen Union (Abs. 3)

Für Zustellungen in der EU gilt gem. § 183 Abs. 3 S. 1 die EG-ZustellVO, deren Vorrang vor dem nationalen Zustellungsrecht damit sichergestellt wird. Für Zustellungen nach Dänemark[54] gilt das Abkommen zwischen der Europäischen Gemeinschaft und dem Königreich Dänemark über die Zustellung gerichtlicher und außergerichtlicher Schriftstücke in Zivil- oder Handelssachen, das die Regelungen der EG-ZustellVO mit Einschränkungen (vgl. insb. Art. 3 Abs. 1, der einen Vorbehalt für Änderungen formuliert) auf Dänemark erstreckt.[55] Zur EG-ZustellVO und den Ausführungsvorschriften in §§ 1067 ff. s. die Kommentierung im 3. Band. 15

VI. Zustellungsmängel

Mängeln bei der Auslandszustellung kommt **doppelte Bedeutung** zu: Sie können sich nicht nur auf das Verfahren, in dessen Rahmen die Zustellung betrieben wird, auswirken (vgl. Art. 15 Abs. 1 HZÜ), sondern auch einer Anerkennung der Entscheidung im Ausland entgegenstehen, sofern dort vollstreckt werden soll.[56] Den **Nachweis** ordnungsmäßiger Zustellung hat die an der Zustellung interessierte Partei zu erbringen.[57] Bei Vorliegen entsprechender Urkunden gem. Abs. 2 ist es jedoch Sache des Adressaten, den Gegenbeweis zu führen. Die Zustellung eines prozesseinleitenden Schriftstücks ist nach hM[58] ordnungsgemäß, wenn sie einem im Urteilsstaat geltenden Abkommen oder dem autonomen Recht des Urteilsstaates entspricht. Das kann aber nicht bedeuten, dass damit Verstöße gegen das Zustellungsrecht des Staates, in dem die Zustellung vorgenommen wird, per se unbeachtlich sind. Dies folgt für die Zustellung durch Einschreiben mit Rückschein bereits aus dem zu Rn. 7 Gesagten, sofern die Postbestimmungen Normqualität haben.[59] Aber auch für die Zustellung gem. Abs. 1 Nr. 2 überzeugt die Außerachtlassung der örtlichen Zustellungsvoraussetzungen nicht. Insbesondere wenn man sich vor Augen führt, dass die Zustellung nach deutschem Verständnis ein hoheitlicher Akt ist, besteht kein Grund zu der Annahme, der die Zustellung ausführende Staat habe auf die Einhaltung seines Rechts verzichten wollen.[60] Folgerichtig verweisen Art. 5 und 15 jew. in Abs. 1 Buchst. a HZÜ auf das Recht des ersuchten Staates (s. auch Art. 7 Abs. 1 EG-ZustellVO). Das bedeutet aber[61] wiederum nicht, dass sich allein die Notwendigkeit einer Auslandszustellung nach deutschem Recht richtet (vgl. Rn. 8). 16

---

[53] Hierzu *v. Schönfeld* NJW 1986, 2980, 2983 f.

[54] Bislang galt im Rechtsverkehr mit Dänemark das HZÜ; vgl. OLG Hamm FamRZ 2004, 1593, 1594 (eingehendes Ersuchen).

[55] Vgl. ABl. Nr. L 300/55 v. 17. 11. 2005 sowie den Beschluss des Rates ABl. Nr. L 120/23 v. 5. 5. 2006.

[56] S. *Brand/Reichhelm* IPRax 2001, 173, 174 zu Art. 27 Nr. 2 EuGVÜ (bzw. Lugano-Übereinkommen). Zur EuGVVO s. Fn. 62.

[57] *Stein/Jonas/H. Roth* Rn. 46.

[58] EuGH EuZW 1990, 352 („Lancray"); im Anschluss: BGH (s. Fn. 63); s. ferner KG RIW 1986, 637; OLG Koblenz EuZW 1990, 486, 487; OLG Celle IPRax 2005, 450, 451; *Musielak* § 328 Rn. 15; *Zöller/Geimer* § 328 Rn. 135.

[59] Nicht ganz zutr. daher *Linke* S. 95, 115, der bei Postzustellung nur das Recht des Urteilsstaates angewendet wissen will.

[60] S. *Schlosser,* EU-Zivilprozessrecht, Art. 34–36 EuGVVO Rn. 11.

[61] Entgegen *Schlosser,* ebenda.

17 Nicht minder problematisch und daher umstritten ist die **Heilung von Mängeln** bei der Auslandszustellung.[62] Da auch insofern grds. das deutsche Prozessrecht einschlägig ist,[63] gilt § 189,[64] sofern nicht vorrangiges Völkerrecht existiert.[65] Die Tatsache, dass dieses eine Heilung von Zustellungsmängeln nicht vorsieht, schließt die Heilung aus, wenn es sich um ein „beredtes Schweigen" handelt, was anzunehmen ist, sofern die Zustellung auf einem dem Staatsvertrag widersprechenden Weg erfolgt ist (zB postalische Direktzustellung gem. Art. 10 Buchst. a HZÜ trotz Widerspruchs des Empfangsstaates).[66] Bei Nichteinhaltung bestimmter Formalien, etwa Beifügen von Übersetzungen, kommt eine Heilung aber durchaus in Betracht.[67] Die Partei kann darüber hinaus nachträglich auf die förmliche Zustellung verzichten (§ 295).

§ 184 Zustellungsbevollmächtigter; Zustellung durch Aufgabe zur Post

(1) [1]Das Gericht kann bei der Zustellung nach § 183 Abs. 1 Nr. 2 und 3 anordnen, dass die Partei innerhalb einer angemessenen Frist einen Zustellungsbevollmächtigten benennt, der im Inland wohnt oder dort einen Geschäftsraum hat, falls sie nicht einen Prozessbevollmächtigten bestellt hat. [2]Wird kein Zustellungsbevollmächtigter benannt, so können spätere Zustellungen bis zur nachträglichen Benennung dadurch bewirkt werden, dass das Schriftstück unter der Anschrift der Partei zur Post gegeben wird.

(2) [1]Das Schriftstück gilt zwei Wochen nach Aufgabe zur Post als zugestellt. [2]Das Gericht kann eine längere Frist bestimmen. [3]In der Anordnung nach Absatz 1 ist auf diese Rechtsfolgen hinzuweisen. [4]Zum Nachweis der Zustellung ist in den Akten zu vermerken, zu welcher Zeit und unter welcher Anschrift das Schriftstück zur Post gegeben wurde.

I. Normzweck

1 Die Vorschrift dient im Interesse der Prozessökonomie, aber auch des Justizgewährungsanspruchs der Partei, in deren Interesse die Zustellung vorgenommen wird, einer zügigen Förderung des Rechtsstreits durch das Gericht und die Parteien und beugt der Gefahr unangemessener Verzögerungen bei solchen Verfahren vor, an denen im Ausland wohnende Parteien beteiligt sind.[1] Die Norm ist durch das ZustRG (§ 166 Rn. 1) im Vergleich zu den Vorgängervorschriften (§§ 174, 175 aF) erheblich modifiziert worden, was dem Adressaten zu Gute kommt. Zum einen muss ein Zustellungsbevollmächtigter nur noch bei einer Zustellung nach § 183 Abs. 1 Nr. 2 und 3, und das auch nicht mehr von Gesetzes wegen, sondern nur auf Anordnung des Gerichts, bestellt werden. Zum anderen ist der Adressat nach Abs. 2 S. 3 **auf die Rechtsfolgen hinzuweisen.** Damit trägt der Gesetzgeber der an der alten Rechtslage geübten Kritik Rechnung.[2] Die mit der (fiktiven) Zustellung durch Aufgabe zur Post (s. Abs. 2 S. 1) verbundenen Belastungen für den Zustellungsempfänger werden ferner durch die Tatsache abgemildert, dass die Vorschrift ein **bestehendes Prozessrechtsverhältnis** erfordert (s. Rn. 2) und dem Adressaten nach den Grundsätzen eines rechtsstaatlichen Verfahrens die Wiedereinsetzung zu gewähren ist, wenn durch verzögerte Postlaufzeiten oder durch einen Verlust der Sendung die adäquate Verteidigungsmöglichkeit abgeschnitten wurde.[3] Alles in allem ist die Zustellung durch Aufgabe zur Post daher verfassungsrechtlich unbedenklich.[4] Zum europäischen Recht s. Rn. 3.

---

[62] S. *H. Roth*, FS Gerhardt, 2004, S. 798, der zu Recht darauf hinweist, dass es auf eine Heilung nicht ankommt, wenn die maßgebliche Vorschrift nicht auf „ordnungsmäßige Zustellung" abstellt; *ders.* IPRax 2005, 438, 439 jew. zu Art. 34 Nr. 2 EuGVVO; s. hierzu o. Fn. 2.

[63] S. BGHZ 120, 305, 311 = NJW 1993, 598 unter Hinw. auf EuGH EuZW 1990, 352.

[64] *Linke,* IZPR, Rn. 238; *Schack,* IZVR, Rn. 618; *Stein/Jonas/H. Roth* Rn. 78; *Thomas/Putzo/Hüßtege* § 189 Rn. 3. AA BGHZ 58, 177, 179 f. = NJW 1972, 1004, 1005; NJW 1989, 1154, 1155; offen lassend: LG Frankfurt/M. NJW 1990, 652.

[65] Zur EG-ZustellVO s. EuGH (Fn. 37) sowie Band 3 § 1068 Rn. 22, 43.

[66] Vgl. BGHZ 120, 305, 311 = NJW 1993, 598, 600; BGHZ 141, 286, 303 = NJW 1999, 3198; *H. Roth,* FS Gerhardt, 2004, S. 798, 805.

[67] Hierzu etwa EuGH NJW 2006, 491; zust. BGH NJW 2007, 775, 777.

[1] BGH NJW 1999, 1187, 1189.

[2] S. BT-Drucks. 14/4554, S. 23.

[3] BGH NJW 2000, 3284, 3285.

[4] BVerfG NJW 1997, 1772.

II. Anwendungsbereich

2 Die Vorschrift gilt für sämtliche Verfahren der ZPO, jedoch **nicht für verfahrenseinleitende Schriftstücke.** Sie setzt eine vorangegangene Zustellung (hierzu Rn. 4f.) mit der Aufforderung voraus, einen Prozessbevollmächtigten zu bestellen. Die Zustellung durch Aufgabe zur Post ist **im Inland** – anders als früher (§ 174 Abs. 1 aF) – nur noch nach § 8 Abs. 1 Satz 2 InsO möglich (s. aber § 307 Abs. 1 S. 3 InsO). § 8 Abs. 1 S. 2 2. Halbs. InsO erklärt nunmehr ausdrücklich die § 184 Abs. 2 S. 1, 2 und 4 ZPO für anwendbar. Eine wichtige Besonderheit regelt seit dem 1. 7. 2007 aber § 8 Abs. 1 S. 3 InsO, der die Zugangsfiktion bei Zustellungen im Inland bereits nach drei Tagen eintreten lässt. Die Zwei-Wochen-Frist konnte zu einer Verfahrensverzögerung führen, weshalb das Insolvenzgericht für berechtigt gehalten wurde, auch eine andere Art der Zustellung zu wählen.[5] Für die Zustellung **im Ausland** ist zu beachten, dass vorrangig die völkerrechtlich verbindlichen Vorschriften gelten, zB Art. 33 Abs. 2 EuGVÜ/LugÜ oder Art. 40 Abs. 2 EuGVVO für das Vollstreckungsverfahren (s. hierzu auch § 5 AVAG, der auf § 184 Abs. 1 S. 2, Abs. 2 verweist).

3 Sofern eine Zustellung durch **Einschreiben mit Rückschein** gem. § 183 Abs. 1 Nr. 1 in Betracht kommt (zu deren Vorrangigkeit s. auch § 183 Rn. 5), sind Verzögerungen des Verfahrens durch die Zustellung im Ausland regelmäßig nicht zu erwarten, weshalb ein **Vorgehen nach § 184** dem Gesetzgeber[6] **nicht angezeigt** erschien.[7] Damit ist jedoch noch nicht die Frage beantwortet, wie zu verfahren ist, wenn eine nach dem einschlägigen Staatsvertrag grds. mögliche Zustellung durch Einschreiben mit Rückschein keinen Erfolg verspricht, zB weil der Versuch, das Verfahren durch eine solche Zustellung einzuleiten, fehlgeschlagen ist. Es wird – jedenfalls für den Anwendungsbereich der EG-ZustellVO – vertreten, den völkerrechtlich vereinbarten Zustellungswegen gebühre der Vorrang vor § 184, was zur Folge hätte, dass Art. 4ff. EG-ZustellVO einer (fiktiven Inlands-) Zustellung durch Aufgabe zur Post entgegenstünden.[8] Diese Ansicht, der im Ergebnis nicht gefolgt wird, kann sich nicht ohne weiteres auf die Rechtsprechung des EuGH[9] zu Art. 27 EuGVÜ berufen, da es dort um die Zustellung eines verfahrenseinleitenden Schriftstücks ging. Ob Art. 1 Abs. 1 EG-ZustellVO und HZÜ[10] dahingehend verstanden werden können, dass sie für die Fälle, in denen der Empfänger seinen (Wohn-)Sitz im Ausland hat, ebenso wie Art. 27 EuGVÜ[11] abschließend sind, erscheint zweifelhaft. Dabei gibt weniger die Tatsache den Ausschlag, dass das primäre Ziel der Staatsverträge in einer Beschleunigung des Verfahrens liegt und dieses Ziel nur erreicht werden kann, wenn das nationale Recht eine Zustellung im Ausland anordnet, was bei § 184 ebenso wenig der Fall ist, wie etwa bei §§ 171f., 177, 185. HZÜ und EG-ZustellVO stehen Zustellungen entgegen, die eine rechtzeitige Kenntniserlangung durch den Adressaten nicht wahrscheinlich erscheinen lassen und die Verteidigung erschweren.[12] Derartige Zustellungen wären iSv. Art. 12 EG diskriminierend, weil die für Inlandszustellungen geltenden Vorschriften, die sich einer Zugangsfiktion bedienen, dem Informationsbedürfnis des Adressaten durchweg Rechnung tragen, weshalb gleiches bei Adressaten, die im Ausland ansässig sind geboten erscheint.[13] Entscheidend ist indes, dass § 184 die **zeitnahe Information** des Adressaten jedenfalls **im Regelfall sicherstellt,** da davon auszugehen ist, dass Post innerhalb der Mitgliedstaaten binnen zwei Wochen zugeht. Nimmt man § 233 hinzu (Rn. 1), sprechen die besseren Gründe dafür, eine Zustellung gem. § 184 jedenfalls dann zuzulassen, wenn das verfahrenseinleitende Schriftstück auf anderem Weg zugestellt wurde und eine Zustellung durch Einschreiben mit Rückschein ausscheidet.[14] Die mit der Bestellung eines Zustel-

---

[5] BGH ZIP 2003, 768; *Keller* NZI 2002, 581, 586. Zu den Änderungen durch das Gesetz zur Vereinfachung des Insolvenzverfahrens s. *Sternal* NJW 2007, 1909, 1910.

[6] Entgegen einer Anregung des Bundesrates; s. BT-Drucks. 14/4554, S. 32.

[7] BT-Drucks. 14/4554, S. 23f., 33f.

[8] S. *Heiderhoff* EuZW 2006, 235, 237; *Sharma,* Zustellungen im Europ. Binnenmarkt, 2003, S. 73; *Stein/Jonas/H. Roth* Rn. 2.

[9] NJW 2005, 3627 („Scania"), zur remise au parquet. Unter Rekurs auf dieses Urteil anders aber *Heiderhoff* ebenda.

[10] Wegen des beinahe identischen Wortlauts ist die Differenzierung bei *Stein/Jonas/H. Roth* Rn. 2 jedenfalls begründungsbedürftig.

[11] S. auch Art. 34 EuGVVO.

[12] S. hierzu *Schlosser,* EU-Zivilprozessrecht, Art. 1 HZÜ Rn. 7; *ders.,* FS Stiefel, 1987, S. 683. Vgl. auch EuGH NJW 2006, 491 („Leffler") Tz. 50ff.

[13] Dies gilt um so mehr, als eine Zustellung gem. § 184 im Inland (anders noch § 174 aF; s. Rn. 2) grds. nicht mehr in Betracht kommt, der Argumentation des BGH NJW 1999, 1871, 1872 also insoweit nicht mehr gefolgt werden kann.

[14] So auch *Nagel/Gottwald,* IZPR, § 4 Rn. 47; *Stadler* IPRax 2001, 471, 474f.; *Zöller/Geimer* § 183 Rn. 84.

lungsbevollmächtigten verbundene Belastung, auf die die Gegenauffassung[15] verweist, kann demjenigen zugemutet werden, der eine Zustellung durch Einschreiben mit Rückschein nicht ermöglicht. So sieht es auch der Gesetzgeber und stellt fest:[16] *„Von der Anordnung der Benennung eines Zustellungsbevollmächtigten, die für den Zustellungsadressaten regelmäßig mit zusätzlichen Kosten verbunden sein wird, sollte im Allgemeinen nur dann Gebrauch gemacht werden, wenn eine Zustellung auf einfachere Weise als im Wege der internationalen Rechtshilfe oder der konsularischen Zustellung nicht möglich ist."* Damit ist zugleich der Wille zum Ausdruck gebracht, § 184 auch dann zur Anwendung zu bringen, wenn das verfahrenseinleitende Schriftstück nicht nach § 183 Abs. 1 Nr. 2 oder 3, sondern gem. § 183 Abs. 3 iVm. Art. 4ff. EG-ZustellVO „durch die Behörden des fremden Staates oder durch die diplomatische oder konsularische Vertretung des Bundes" zugestellt worden ist.[17]

III. Voraussetzungen der Anordnung gem. Abs. 1 Satz 1

4 **1. Zustellung nach § 183 Abs. 1 Nr. 2 oder 3.** Die Zustellung durch Aufgabe zur Post kommt nach dem Wortlaut der Norm nur in Betracht, wenn das Gericht das verfahrenseinleitende Schriftstück gem. § 183 Abs. 1 Nr. 2 und 3 bzw. – nach hier vertretener Ansicht (s. Rn. 3) – gem. Abs. 3 iVm. Art. 4ff. EG-ZustellVO zugestellt hat. Der Geschäftsstelle muss eine Information, idR ein Nachweis gem. § 183 Abs. 2, über die **ordnungsgemäße Zustellung** auf diesem Wege vorliegen (bei Fehlschlagen gilt § 185).

5 Obwohl es sich bei der Zustellung durch Aufgabe zur Post nach hM[18] um eine (fiktive) Inlandszustellung handelt, folgt aus dem Verweis auf § 183, dass diese **nur anstelle einer** ansonsten erforderlichen **Auslandszustellung** in Betracht kommt. Hat der Zustellungsadressat im Inland eine Wohnung oder einen Geschäftsraum kann dort, dh. im Inland zugestellt werden. Hier besteht ebenso wenig Veranlassung für ein Vorgehen gem. § 184 wie bei Zustellungen gem. §§ 170–172 (s. auch Rn. 6).[19] Hat er im Inland bekanntermaßen einen rechtsgeschäftlich bestellten Vertreter **(Bevollmächtigten),** so kann an diesen als Adressaten (nicht nur Empfänger; vgl. § 171 Rn. 2) zugestellt werden, so dass für eine Auslandszustellung und damit auch für eine gerichtliche Anordnung auf Bestellung eines Zustellungsbevollmächtigten in der Regel kein Bedürfnis besteht. Eine einfache **Postvollmacht** genügt nicht, wohl aber eine Zustellungsvollmacht. Hält sich der Adressat bekanntermaßen an einem Ort im Inland auf, ist **im Zweifel gem. § 177 zuzustellen.** Fraglich ist allerdings, ob sich dies auf die Voraussetzungen einer Anordnung nach Abs. 1 S. 1 auswirkt. Wenn das verfahrenseinleitende Schriftstück an einen im Ausland ansässigen Adressaten ausnahmsweise gem. § 177 zugestellt werden konnte, muss nach dem Sinn und Zweck des § 184 eine Anordnung gem. Abs. 1 S. 1 gleichwohl zulässig sein.[20] Denn die Zustellung gem. § 177 beruht auf der temporären Anwesenheit des Adressaten und bietet keine verlässliche Grundlage für zukünftige Zustellungen.

6 **2. Fehlen eines Prozessbevollmächtigten.** Der Zustellungsadressat darf gem. Abs. 1 S. 1 aE keinen (postulationsfähigen) **Prozessbevollmächtigten** bestellt haben, an den die Zustellung vorrangig gem. § 172 erfolgen muss. Ist ein Prozessbevollmächtigter zwar bestellt, aber von der Kanzleipflicht befreit, so muss er, solange seine Vollmacht nicht erloschen ist (§ 87), einen Zustellungsbevollmächtigten bestellen; andernfalls kann die Zustellung durch Aufgabe zur Post bewirkt werden (§ 30 Abs. 1, 3 BRAO). Bei Vertretung durch einen Rechtsanwalt iSv. § 1 EuRAG,[21] insbesondere aus einem anderen EU-Mitgliedstaat, ist durch diesen gem. § 31 Abs. 1 EuRAG ein Zustellungsbevollmächtigter zu benennen. Ist ein solcher nicht benannt, gilt in den in § 28 Abs. 1 EuRAG aufgeführten Verfahren der Einvernehmensanwalt als Zustellungsbevollmächtigter; sofern nicht an einen in Deutschland niedergelassenen Rechtsanwalt zugestellt werden kann, erfolgen die **Zustellungen an die Partei** (§ 31 Abs. 2 EuRAG).

---

[15] *Heiderhoff* EuZW 2006, 235, 237.

[16] BT-Drucks. 14/4554, S. 33f.

[17] Gegen eine derartige teleologische Betrachtung aber *Heiderhoff* EuZW 2006, 235, 237.

[18] BVerfG, NJW 1997, 1772; BGHZ 98, 263, 266 = NJW 1987, 592; *BGH,* NJW 1992, 1701, 1702; NJW 1999, 1187, 1188; *Fleischhauer,* Inlandszustellung an Ausländer, 1996, S. 307; *Geimer,* IZPR, Rn. 2116; *Hausmann* IPRax 1988, 140, 141; *Linke,* IZPR, Rn. 221; *Nagel/Gottwald,* IZPR, § 4 Rn. 47; *Stein/Jonas/H. Roth* Rn. 1; *Zöller/Geimer* § 183 Rn. 79.

[19] So kann etwa an den Verwalter einer Wohnungseigentumsanlage auch dann gem. § 27 Abs. 2 Nr. 1 bzw. § 45 Abs. 1 WEG nF zugestellt werden, wenn der Eigentümer im Ausland ansässig ist; vgl. § 170 Rn. 5.

[20] Ebenso *Stein/Jonas/H. Roth* Rn. 3, auch für die Zustellung gem. § 185.

[21] Gesetz über die Tätigkeit europäischer Rechtsanwälte in Deutschland v. 9. 3. 2000 (BGBl. I S. 182).

IV. Anordnung und richterliches Ermessen

1. Anordnungsermessen und Benennungsfrist. Die Anordnung liegt im Ermessen des Gerichts (s. aber: Art. 40 Abs. 2 S. 2 EuGVVO – Bestellung des Bevollmächtigten zwingend); zuständig ist nach Aufhebung des § 20 Nr. 7a RPflG der (vorsitzende) Richter. Sie unterbleibt, wenn eine Zustellung mit einer hinnehmbaren Zeitverzögerung gewährleistet erscheint.[22] Die Anordnung ist unanfechtbar. Gegen die ablehnende Entscheidung ist nur bei der Parteizustellung (§ 191) die sofortige Beschwerde statthaft (§ 567 Abs. 1 Nr. 2). Die Anordnung ist dem Zustellungsadressaten bei der Zustellung mit dem verfahrenseinleitenden Schriftstück zuzustellen. Sie **muss** nunmehr nach Abs. 2 S. 3 einen **Hinweis** auf die Rechtsfolgen einer Unterlassung enthalten.[23] Aus dem Anspruch auf rechtliches Gehör folgt das Gebot, dem Adressaten den Hinweis in einer Sprache zu übermitteln, die er versteht. Damit ist gewährleistet, dass der Adressat die Rechtsfolgen der Anordnung abschätzen kann. Nicht recht klar ist jedoch, warum dieses Gebot auf die förmliche Zustellung im vertraglichen Rechtshilfeverkehr beschränkt sein sollte.[24] Die besseren Gründe sprechen dafür, eine derartige Beschränkung nicht anzuerkennen.[25] Die Gegenansicht führt dazu, dass an den sich kurzfristig in Deutschland aufhaltenden Adressaten gem. § 177 ohne Übersetzung zugestellt werden kann, was nicht überzeugt. Bei der **Bemessung der Frist gem. Abs. 1 S. 1,** die erst mit der Zustellung des verfahrenseinleitenden Schriftstücks zu laufen beginnt (für die Berechnung gelten § 222 ZPO iVm. §§ 187 ff. BGB), sind die individuellen Verhältnisse des Zustellungsadressaten zu berücksichtigen, so dass verallgemeinernde Aussagen schwierig sind. Regelmäßig wird man aber einer Privatperson eine längere Frist (ca. vier–sechs Wochen) zuzubilligen haben, als in Deutschland tätigen Unternehmen. Da letztere typischerweise über Kontakte im Inland verfügen, erscheint die Bestellung eines Zustellungsbevollmächtigten innerhalb von zwei Wochen grundsätzlich nicht unangemessen.[26] 7

2. Ermessen auf der Rechtsfolgenseite. Ein Ermessen des Gerichts besteht auch auf der Rechtsfolgenseite und zwar in Bezug auf die Frist gem. Abs. 2 S. 1. Das Gericht kann eine längere Frist als zwei Wochen bestimmen, binnen derer spätere Sendungen als zugestellt gelten (Abs. 2 S. 2). Bei der Ermessensausübung wird es die gewöhnlichen Postlaufzeiten in das Empfängerland berücksichtigen. Damit ist der vor Inkrafttreten des ZustRG diskutierten Frage, ob § 339 Abs. 2 auf die fiktive Inlandszustellung gem. § 184 anzuwenden ist,[27] die Spitze genommen. Nach zutreffender, von der Rechtsprechung[28] freilich nicht geteilter Ansicht, kommt neben der Fristverlängerung gem. Abs. 2 S. 2 die Verlängerung der Einspruchsfrist nach § 339 Abs. 2 in Betracht.[29] Zur Frage, ob sich das Ermessen auch auf die Zustellung durch Aufgabe zur Post an sich bezieht, s. Rn. 11 aE. 8

V. Benennung eines Zustellungsbevollmächtigten und Folgen fehlender Benennung

1. Benennung einer tauglichen Person. Will der Adressat die unter Rn. 11 f. dargestellten Konsequenzen vermeiden, muss er innerhalb der vom Gericht gesetzten Frist (Rn. 7) eine geeignete Person benennen, an die im Inland zugestellt werden kann. **Erfolgt** die **Benennung später,** so bleibt eine bereits erfolgte Aufgabe zur Post wirksam und schließt nur nachfolgende Zustellungen durch Aufgabe zur Post aus (Rn. 11). War die angeordnete Frist unangemessen und erfolgt die Benennung in angemessener Frist, ist die Aufgabe zur Post unwirksam und an den benannten Bevollmächtigten (erneut) zuzustellen. Die Benennung ist **Prozesshandlung.** Beinhaltet sie (als Außenvollmacht) die Bevollmächtigung, ist sie zugleich Rechtsgeschäft. In ihr kann aber auch die bloße Kundgabe einer bereits erteilten (Innen-) Vollmacht liegen, die zwar nur geschäftsähnliche Hand- 9

---

[22] Vgl. *G. Geimer,* Neuordnung des internationalen Zustellungsrechts, 1999, S. 46 f.

[23] Die gegenteilige Rspr. ist überholt, zB BGH NJW 2002, 521, 522; 1999, 1187, 1190; OLG München NJW-RR 1998, 357.

[24] So aber die Formulierung in der Regierungsbegründung, BT-Drucks. 14/4554, S. 24; s. auch *Stein/Jonas/H. Roth* Rn. 6.

[25] Wie hier *Stadler* IPRax 2002, 471, 475. Die Entscheidung BGH NJW-RR 1996, 387 steht dem nicht entgegen, da dort ein entsprechender Hinweis auf die Folgen gem. Abs. 2 S. 3 in der Sprache der Zustellungsempfängerin erfolgt war.

[26] Wie hier *Stein/Jonas/H. Roth* Rn. 6; anders *Thomas/Putzo/Hüßtege* Rn. 8: idR 2 bis 3 Wochen ab Zustellung.

[27] Im Erg. offen lassend BGH NJW 1999, 1187, 1192 m. weit. Nachw.

[28] Vgl. BVerfG NJW 1997, 1772; BGHZ 98, 263, 266 f. = NJW 1987, 592; BGH NJW 1992, 1701, 1702; NJW 1999, 1871, 1872.

[29] S. auch *Schack* IZVR, Rn. 599; *ders.* ZZP 100 (1987), 442; *Musielak/Stadler* § 339 Rn. 2; *dies.*, FG 50-Jahre BGH, S. 645, 651 ff.; *Stein/Jonas/H. Roth* Rn. 12; *ders.* IPRax 1990, 90, 92.

lung ist,[30] als solche aber im Wesentlichen wie eine Willenserklärung behandelt wird. Sie erfolgt gegenüber dem Gericht durch **Mitteilung von Name und Anschrift der Person** in einem Schriftsatz, in der nächsten mündlichen Verhandlung oder im vereinbarten schriftlichen Verfahren nach § 128 Abs. 2. In der bloßen Angabe eines Postfachs liegt keine Benennung des Agenturleiters als Zustellungsbevollmächtigten;[31] denn Postfachsendungen sind Abholsendungen.

10 Ist ein Zustellungsbevollmächtigter benannt, so wird das Gericht grds. **an diesen zustellen,** weil dies der einfachste Weg ist.[32] Auf eine wirksame Bevollmächtigung oder das Einverständnis des Benannten kommt es nicht an, wohl aber darauf, dass der Benannte prozessfähig ist (§ 79) und die Voraussetzungen des § 184 Abs. 1 S. 1 erfüllt, er also im Inland wohnt oder dort seinen Geschäftsraum hat (zu diesen Voraussetzungen s. § 178 Rn. 5 ff., 21 f.). Die Benennung ist **widerruflich.** Sie gilt im Zweifel für alle Instanzen. §§ 86, 87 finden entsprechende Anwendung. Dem Benannten steht kein Substitutionsrecht zu und er ist auch nicht zur Unterbevollmächtigung berechtigt. Die Zustellung an den Benannten ist selbst dann wirksam, wenn die Voraussetzungen der Rn. 4 f. nicht vorgelegen haben (arg. e § 171). Dies gilt nicht für die negative Tatbestandsvoraussetzung gem. Rn. 6, da an einen Prozessbevollmächtigten vorrangig zuzustellen ist (§ 172 Abs. 1 S. 1; s. dort Rn. 20). Prozessgegner dürfen für dasselbe Verfahren denselben Zustellungsbevollmächtigten bestellen, weil § 178 Abs. 2 nur für Ersatzzustellungen gilt. Streitgenossen oder -gehilfen können, müssen aber keinen **gemeinsamen Zustellungsbevollmächtigten** bestellen.

11 **2. Folgen fehlender Benennung. a) Aufgabe der Sendung zur Post (Abs. 1 S. 2).** Benennt die Partei fristgerecht keinen Zustellungsbevollmächtigten oder ist eine Zustellung an ihn nicht möglich, so kann nach Abs. 1 S. 2 die Zustellung durch **Aufgabe zur Post** bewirkt werden. Entgegen § 175 Abs. 2 aF („Einschreiben") genügt ein **einfacher Brief.** In Betracht kommen alle „späteren" Zustellungen", dh. solche, die auf das die Anordnung enthaltene Schriftstück folgen (auch Urteile[33] oder Vollstreckungsbescheide); Berufungsschrift und -begründung können ebenfalls auf diese Weise zugestellt werden.[34] Zuvor ist zu prüfen, ob die Partei zur Benennung eines Zustellungsbevollmächtigten verpflichtet war,[35] Gelegenheit zur Benennung hatte,[36] auf die Folgen der Unterlassung hingewiesen wurde[37] und die Benennung nicht aus anderem Grund entbehrlich geworden ist. **Die Befugnis** nach § 184 Abs. 1 S. 2 **endet,** sobald ein Zustellungs- oder Prozessbevollmächtigter bestellt wurde oder eine Zustellung nach den allg. Vorschriften der §§ 170 ff. möglich ist (s. Rn. 10, aber auch Rn. 5). Wegen der schwerwiegenden Folgen der Zustellungsfiktion ist es geboten, dass die Sendung an die **zutreffende Adresse** aufgegeben wird, damit der Adressat sie zur Kenntnis nehmen kann.[38] Hierzu gehört die Angabe des Bestimmungslandes, sofern dieses nicht offenkundig ist. Die üblichen Postabkürzungen (zB E, F) genügen.[39] Eine Änderung des Wohnorts ist erst zu berücksichtigen, wenn sie dem Gericht oder dem Gegner angezeigt worden ist.[40] Die Anforderungen der Rechtsprechung erscheinen teilweise übertrieben und sollen wohl die Vernachlässigung der Adressatenbelange in anderen Punkten ausgleichen.[41] So hält der BGH eine **Übersetzung** des zuzustellenden Schriftstücks oder eine Rechtsmittelbelehrung nicht für erforderlich (s. aber bereits Rn. 7).[42] Es erscheint schwer vorstellbar, dass der EuGH eine fiktive Inlandszustellung unter Übersendung der für den Adressaten nicht verständlichen Schriftstücke billigt. Wie unter Rn. 3 ausgeführt kommt eine Inlandszustellung an den Bewohner eines EU-Mitgliedstaates trotz Geltung der EG-ZustellVO überhaupt nur in Betracht, wenn und weil der Adressat bei Zustellung

---

[30] S. *Bork,* Allg. Teil, Rn. 1524; *Palandt/Heinrichs* § 171 BGB Rn. 1, anders *Pawlowski* JZ 1996, 125, 127.

[31] OLG Hamburg NJW 1970, 104; aA *Schumann* NJW 1969, 2185.

[32] Die gegenteilige Aussage des BGH NJW-RR 1995, 257 betraf die Zustellung im Inland.

[33] Ein Versäumnisurteil gem. § 331 Abs. 3 kann durch Aufgabe zur Post zugestellt werden, wenn der Vorsitzende die gem. § 276 Abs. 1 S. 3 zu bestimmende Frist mit der Anordnung und dem Hinweis gem. § 184 verbunden hat; vgl. *Stein/Jonas/H. Roth* Rn. 12.

[34] KG JW 1936, 1689.

[35] Vgl. BGHZ 58, 177, 179 = NJW 1972, 1004.

[36] OLG Frankfurt OLGZ 1979, 40, 41.

[37] Überholt: BGH NJW 1999, 1187 m. abl. Anm. *Roth* JZ 1999, 419.

[38] Schreibfehler, die keine Verwechslungsgefahr begründen, sind aber unbeachtlich: BGH NJW 1999, 1187; NJW-RR 2001, 1361.

[39] OLG Köln OLGZ 1986, 216 = MDR 1986, 243.

[40] BGH NJW 1999, 1187, 1189 m. Anm. *Roth* JZ 1999, 419; OLG Köln OLGZ 1986, 216, 219.

[41] BGHZ 73, 388, 390 fordert neben „Bronx N. Y." den Zusatz „USA". Hierzu *Stadler,* FG 50-Jahre BGH, S. 645, 652 f.

[42] BGH NJW-RR 1996, 387; NJW 1999, 1871, 1872; zust. die hM, vgl. *Baumbach/Lauterbach/Hartmann* Rn. 11; *Rosenberg/Schwab/Gottwald* § 74 Rn. 54; vgl. für den Bereich des Art. 8 EG-ZustellVO aber BGH NJW 2007, 775.

gem. § 184 zumindest im Regelfall zeitnah informiert wird. Der BGH sollte seine bisherige Linie daher wenigstens für den Bereich der Europäischen Union überdenken; andernfalls droht die Zustellung gem. § 184 für diesen Bereich insgesamt verworfen zu werden. Umstritten ist, ob die Partei, die diesen Unwägbarkeiten etwa mit Blick auf eine spätere Vollstreckung der zuzustellenden Entscheidung im Ausland aus dem Weg gehen möchte, einen **Anspruch auf förmliche Zustellung** hat.[43] Der Wortlaut des § 184 Abs. 1 S. 2 („können … bewirkt werden") umschreibt nur eine Befugnis des Gerichts zur Zustellung durch Aufgabe zur Post und ist daher ambivalent (s. auch § 178 Rn. 2).[44] Da die Norm der Justizgewährung dient (Rn. 1), ist aber davon auszugehen, dass eine Zustellung im Wege der Rechtshilfe zulässig bleibt, wenn die Partei dies wünscht, also – durchaus nachvollziehbar – eine durchsetzbare einer schnellen Entscheidung vorzieht.

b) Zustellungsfiktion (Abs. 2 S. 1). Die Zustellung gilt ohne Rücksicht auf den tatsächlichen Zugang[45] der Sendung zwei Wochen oder in der vom Gericht bestimmten (s. Rn. 8) längeren Frist nach Aufgabe zur Post als bewirkt (**fiktive Inlandszustellung;** s. Rn. 4). Angesichts dieser Fiktion ist für die Zustellungswirkung **allein der Einwurf** in den Briefkasten maßgebend, auch wenn erst am nächsten Tag geleert wird und der Poststempel demzufolge erst diesen Tag anzeigt; str.[46] Geht das Schriftstück auf dem Postweg verloren, so dass die Partei von ihm überhaupt keine Kenntnis erlangt, so kommt gegen die etwaige Fristversäumnis die **Wiedereinsetzung in den vorigen Stand** in Betracht.[47] Nichts anderes kann bei verzögerten Postlaufzeiten gelten. 12

VI. Zustellungsvermerk (Abs. 2 Satz 4)

Zum Nachweis der Zustellung ist in den Akten zu vermerken, zu welcher Zeit und unter welcher Anschrift das Schriftstück zur Post gegeben wurde. Der Vermerk, der zB auf ein gesondertes Formblatt gesetzt werden kann,[48] ersetzt die Urkunde gem. § 182; für ihn gilt § 418.[49] Er ist daher, wie diese (s. § 182 Rn. 13), zwingend vom Urkundsbeamten der Geschäftsstelle zu **unterschreiben,** nicht etwa vom Justizwachtmeister, der das Schriftstück zur Post gebracht hat.[50] Ein Vermerk des Urkundsbeamten, der nur besagt, dass das zuzustellende Schriftstück dem Justizwachtmeister zwecks Zustellung durch Aufgabe zur Post übergeben wurde, sagt nichts über den Zeitpunkt der Aufgabe zur Post und ist daher aus diesem Grund nicht zum Nachweis geeignet.[51] Gleiches gilt bei unvollständiger Anschrift, ggf. auch bei unrichtiger Schreibweise.[52] 13

Andererseits muss der Vermerk, der den Zeitpunkt des Einwurfs in den Briefkasten erkennen lässt, nicht selbst datiert werden, so dass es unschädlich ist, wenn die Datierung unrichtig ist. Der Vermerk darf jedoch **nicht vor der Aufgabe zur Post** angefertigt,[53] wohl aber vorbereitet werden. Nachträgliche Anfertigung ist zulässig, sofern der Urkundsbeamte die Verantwortung für die Richtigkeit übernimmt.[54] Unerheblich ist insofern, ob zwischenzeitlich ein Rechtsmittel eingelegt worden ist, dessen Zulässigkeit durch den Vermerk berührt wird.[55] Selbst wesentliche Fehler des Vermerks oder sein Fehlen insgesamt berühren die Wirksamkeit der Zustellung als solches nicht (vgl. § 182 Rn. 17). Die ältere Rechtsprechung ist wegen § 166 Rn. 3 überholt. Der Beweis muss dann zB durch Vernehmung des Urkundsbeamten geführt werden. 14

VII. Verstoß

Liegen die Voraussetzungen bei der Aufgabe zur Post nicht (mehr) vor oder werden Form oder Verfahren in wesentlichen Punkten nicht eingehalten (zB fehlender oder nicht übersetzter Hinweis 15

---

[43] Dafür *Stein/Jonas/H. Roth* Rn. 11; aA OLG München NJW 1987, 3086.

[44] Gegen ein Ermessen *Geimer,* IZPR, Rn. 2122. Bejaht man ein solches, wird es idR auf die Zustellung durch Aufgabe zur Post reduziert sein, weil und insofern nur so eine effektive Justizgewährung zu verwirklichen ist.

[45] BGH NJW-RR 1996, 387, 388.

[46] *Karger* ZZP 50 (1926), 198; *Stein/Jonas/H. Roth* Rn. 16; aA *Friedrichs* ZZP 50 (1926), 199, 200; *Zöller/Stöber* Rn. 8.

[47] BGH NJW 2000, 3284, 3285.

[48] OLG München NJW-RR 1998, 357 (zu § 213 aF). S. aber auch *Thomas/Putzo/Hüßtege* Rn. 14: Vermerk auf Original zweckmäßig.

[49] BGH NJW-RR 2001, 1361.

[50] BGHZ 8, 314, 316 f. = NJW 1953, 422; BGHZ 32, 370, 372 = NJW 1960, 1763; BGH NJW 1979, 218.

[51] BGH NJW 1979, 218.

[52] BGH NJW-RR 2001, 1361: Verwechslungsgefahr entscheidend.

[53] BGH NJW 1983, 884.

[54] BGHZ 35, 236, 239; BGH NJW 1983, 884; 1987, 1707 f.; 2000, 3284.

[55] BGHZ 35, 236, 239; BGH NJW 1983, 884; 1987, 1707 f.

nach Abs. 2 S. 3; s. Rn. 7), so ist die Zustellung durch Aufgabe zur Post unwirksam, eine **Heilung nach § 189 oder § 295** aber möglich. Anders liegt der Fall bei Bestellung eines Zustellungsbevollmächtigten, an den grds. wirksam zugestellt werden kann, auch wenn die Voraussetzungen des § 184 nicht vorlagen (hierzu Rn. 10) oder man die Norm entgegen Rn. 3 für nicht einschlägig hält (Zustellung innerhalb der EU).

§ 185 Öffentliche Zustellung

Die Zustellung kann durch öffentliche Bekanntmachung (öffentliche Zustellung) erfolgen, wenn

1. der Aufenthaltsort einer Person unbekannt und eine Zustellung an einen Vertreter oder Zustellungsbevollmächtigten nicht möglich ist,

2. eine Zustellung im Ausland nicht möglich ist oder keinen Erfolg verspricht oder

3. die Zustellung nicht erfolgen kann, weil der Ort der Zustellung die Wohnung einer Person ist, die nach den §§ 18 bis 20 des Gerichtsverfassungsgesetzes der Gerichtsbarkeit nicht unterliegt.

I. Überblick

1 **1. Normzweck.** Die Vorschriften über die öffentliche Zustellung (s. neben § 185 auch §§ 186–188) regeln im Spannungsfeld zwischen **Justizgewährungsanspruch** desjenigen, in dessen Interesse zugestellt werden soll, und dem Anspruch des Zustellungsadressaten auf **Gewährung rechtlichen Gehörs** die Zustellung bei unbekanntem oder unerreichbarem Aufenthalt des Adressaten mit Hilfe einer **Fiktion.**[1] Sie ist an den Aushang der Benachrichtigung geknüpft (§ 188) und als solche wegen Art. 103 Abs. 1 GG verfassungsrechtlich[2] nur zu rechtfertigen, wenn eine andere Art der Zustellung aus sachlichen Gründen keinen Erfolg verspricht oder nicht bzw. nur schwer durchführbar ist, sei es wegen des unbekannten Aufenthalts des Zustellungsempfängers, sei es wegen der Vielzahl oder der Unüberschaubarkeit des Kreises der Betroffenen **(ultima ratio).** Diese ultima-ratio-Funktion der öffentlichen Zustellung hat der Gesetzgeber erst jüngst im Rahmen des Regierungsentwurfs eines Gesetzes zur Modernisierung des GmbH-Rechts und zur Bekämpfung von Missbräuchen (MoMiG) ausdrücklich bestätigt (s. S. 122 der Begründung – näher hierzu Rn. 16).

2 **2. Anwendungsbereich.** Die Vorschrift gilt für die Verfahren der ZPO (s. aber Rn. 3) und der Freiwilligen Gerichtsbarkeit (§ 16 Abs. 2 S. 1 FGG)[3] sowie für die Zustellung von Willenserklärungen nach § 132 BGB und von Anträgen nach § 11 RVG (vormals § 19 BRAGO).[4] Eine Spezialregelung über die öffentliche Zustellung an Beschuldigte und Angeklagte enthält § 40 StPO. Der **Zustellungsadressat** muss nicht Partei sein. In Betracht kommt jede Person, an die zuzustellen ist, also auch Zeugen oder Drittschuldner, Gläubiger und Schuldner im Zwangsvollstreckungsverfahren, Streitverkündete und Nebenintervenienten.[5]

3 Die öffentliche Zustellung ist in bestimmten Fällen **ausgeschlossen:** Ein Mahnbescheid darf nach § 688 Abs. 2 Nr. 3 nicht öffentlich zugestellt werden, wohl aber der Vollstreckungsbescheid (§ 699 Abs. 4 S. 3). Weitere Ausnahmen betreffen das **Vollstreckungsrecht:** Gem. § 763 Abs. 2 S. 3 wird das Protokoll des Gerichtsvollziehers nicht öffentlich zugestellt. Der Pfändungs- und Überweisungsbeschluss wird dem Schuldner nach den §§ 829 Abs. 2 S. 2, 835 Abs. 3 S. 1 nicht zugestellt, sofern eine öffentliche Zustellung erforderlich wird.[6] Dem Drittschuldner kann öffentlich zugestellt werden.[7] Die Pflicht des Überweisungsgläubigers, nach § 841 dem Schuldner den Streit zu verkünden, entfällt, wenn eine öffentliche Zustellung erforderlich würde; vgl. ferner § 844 Abs. 2, § 875 Abs. 2. An NATO-Truppen nebst zivilem Gefolge und Angehörigen können die deutschen Gerichte und Behörden nunmehr nach Art. 36 Abs. 1 des Zusatzabkommens zum NATO-Truppenstatut (§ 166 Rn. 26) öffentliche Zustellungen vornehmen.

---

[1] BGHZ 118, 45, 48 = NJW 1992, 2280, 2281; KG KG-Report 1995, 273; BayObLG NJW-RR 1998, 1772 – jew. zu den in §§ 203 ff. aF enthaltenen Vorgängervorschriften.

[2] BVerfG NJW 1988, 2361 unter Hinweis auf BVerfGE 61, 82, 109 ff. = NJW 1982, 2173. BGHZ 149, 311, 316 ff. = NJW 2002, 827.

[3] BayObLG NJW-RR 1998, 1772.

[4] RGZ 63, 82, 83; *Fischer* ZZP 104 (1994), 163, 180.

[5] *Fischer* ZZP 107 (1994), 163, 170.

[6] BGH NJW 2003, 1530.

[7] *Stein/Jonas/H. Roth* Rn. 2.

II. Voraussetzungen

1. Allgemeines. Gem. § 271 Abs. 1 (s. auch dort) ist die Klageschrift unverzüglich zuzustellen. 4
Das gilt auch für die öffentliche Zustellung und deren Bewilligung (§ 186). Sofern die folgenden **Voraussetzungen** vorliegen, ist sie vorzunehmen und steht – wegen des Justizgewährungsanspruchs des Betroffenen (Rn. 1) – nicht im Ermessen des Gerichts; str.[8] Weder die Aussichtslosigkeit der Klage oder die Vollstreckbarkeit einer etwaigen Entscheidung noch das Fehlen von Sachurteilsvoraussetzungen hindert die Zustellung.[9] Eine Ausnahme wird aber dann zugelassen, wenn das Fehlen der deutschen Gerichtsbarkeit feststeht.[10] Das fehlende Ermessen hat Auswirkungen auf der Tatbestandsseite; zum Schutze des Adressaten sind die Voraussetzungen – jedenfalls im Erkenntnisverfahren – grds. **streng zu handhaben** (§ 185 als ultima ratio des Zustellungsrechts; s. Rn. 1), dürfen aber auch nicht überspannt werden.[11] Sie sind vom Gericht im Zweifel vor jeder Zustellung zu prüfen (vgl. auch § 186 Rn. 3).

2. Inlandszustellung (Nr. 1). a) Unbekannter Aufenthalt. Zentrales Tatbestandsmerkmal der 5
Nr. 1 ist der „unbekannte Aufenthalt“, der nach Ansicht der Rechtsprechung vorliegt, wenn nicht nur das Gericht, sondern auch **die Allgemeinheit** den Aufenthalt des Zustellungsadressaten **nicht kennt.**[12] Damit ist nicht viel gewonnen, weil das Anknüpfen an die Kenntnis „der Allgemeinheit“ die entscheidende Wertungsfrage, nämlich die nach dem zu fordernden Rechercheaufwand, nicht beantwortet. Es ist offensichtlich, dass die Tatsache, dass irgendjemand den Aufenthalt zwar weiß, ihn aber verheimlicht, einer Zustellung gem. § 185 nicht entgegenstehen kann. Soll die Norm nicht völlig leer laufen, muss es Grenzen für die **Nachforschungspflichten** geben, weil anderenfalls eine öffentliche Zustellung niemals bewilligt werden könnte.[13] Voraussetzung ist also, dass eine Anschrift, unter der der Zustellungsadressat zu erreichen ist, dem Gericht bzw. dem die Zustellung Veranlassenden (hierzu Rn. 6) weder bekannt noch mit zumutbaren Mitteln (s. Rn. 7) in Erfahrung zu bringen ist. Teilweise fordert die Rechtsprechung hierfür Recherchen „im gesamten bisherigen Lebenskreis“, wie sie eine „verständige, an der wirtschaftlich sinnvollen Durchsetzung berechtigter Ansprüche interessierte Partei“ vornehmen würde, wenn es die Möglichkeit öffentlicher Zustellung nicht gäbe.[14] Die Existenz eines **Postfachs** oder eine Anschrift **„postlagernd“** steht nicht entgegen.[15] Unbekannt ist auch der Aufenthalt einer Person, die ihren Wohnsitz unfreiwillig verlassen hat, etwa infolge Verschleppung,[16] nicht dagegen der Aufenthalt einer Partei, die nicht mehr lebt (keine Zustellung). Doch ist ein Lebensnachweis nicht zu fordern, sondern das Gericht muss sich mit etwaigen Zweifeln im Erkenntnisverfahren auseinandersetzen.[17] Davon abgesehen ist entspr. § 10 VerschG bis zu einer sicheren Nachricht über den Tod oder bis zu einer Todeserklärung das Fortleben anzunehmen.[18]

In Rechtsprechung und Schrifttum unterschiedlich beurteilt werden sowohl die **Anforderun-** 6
gen, die an den **Nachweis** des unbekannten Aufenthalts durch die an der Zustellung interessierte Partei zu stellen sind, als auch der **Umfang der anzustellenden Ermittlungen.** Weil der Umstand, dass die Zustellung von Amts wegen erfolgt, die Partei nicht von der eigenen Darlegungs- und Förderungslast entbindet, ist **die begünstigte Partei** gehalten, alle der Sache nach geeigneten und zumutbaren Nachforschungen anzustellen, um den Aufenthalt zu ermitteln.[19] Dem Gericht ist dies ebenso mitzuteilen, wie die Anschrift des Gegners im Falle eines bekannten Aufenthaltsortes anzugeben ist.[20] Auch die Tatsache, dass der Partei manche Nachforschungsmaßnahmen nicht ohne

---

[8] *Thomas/Putzo/Hüßtege* § 186 Rn. 2; *Musielak/Wolst* § 186 Rn. 4; *Stein/Jonas/H. Roth* Rn. 13: aA *Zöller/Stöber* § 186 Rn. 4.

[9] OLG Köln RIW 2003, 301, 302 (zur internationalen Zuständigkeit des Gerichts). Vgl. auch OLG Bamberg NJW-RR 1995, 1029.

[10] S. *Stein/Jonas/H. Roth* Rn. 13 (nicht lediglich zweifelhaft).

[11] Vgl. OLG Celle MDR 2007, 170; für die Zustellung an den Schuldner gem. § 829 Abs. 2 BGH NJW 2003, 1530.

[12] Statt vieler: RGZ 59, 259, 265; BGHZ 80, 320, 321; 149, 311, 314; KG MDR 1998, 124, 125.

[13] OLG Schleswig NJW-RR 2002, 714, 715.

[14] S. OLG Frankfurt, Beschl. v. 16. 2. 2006, 24 W 11/06, juris; OLG Celle (Fn. 11).

[15] OLG Hamburg NJW 1970, 104, 105; BayObLG Rpfleger 1978, 446, 447; *Musielak/Wolst* Rn. 2.

[16] OLG Koblenz NJW 1953, 1797; aA OLG Hessen/Kassel NJW 1947/48, 555, 556.

[17] KG FamRZ 1975, 693.

[18] OLG Kiel MDR 1947, 163.

[19] BGHZ 149, 311, 325 = NJW 2002, 827; s. auch BGH NJW 2007, 303; OLG Hamm OLGZ 1994, 451; OLG Frankfurt MDR 1999, 1402; OLG Schleswig NJW-RR 2002, 714; OLG Zweibrücken FamRZ 2002, 468, 469; *Musielak-Wolst* Rn. 2; aA BayObLG Rpfleger 1978, 446, 447; LG Zweibrücken MDR 1978, 851; OLG Köln NJW-RR 1989, 60; FamRZ 1997, 430 (LS); *Stein/Jonas/H. Roth* Rn. 7 m. weit. Nachw. (Amtsermittlung).

[20] Vgl. BGHZ 102, 332, 335.

weiteres möglich, sondern bestimmte Behörden oder lizensierte Postunternehmen (§ 40 PostG) nur den Gerichten auskunftspflichtig sind, rechtfertigt nicht die Annahme, die Ermittlung sei ausschließlich Sache des Gerichts.[21] Vielmehr ist die Partei nur in Bezug auf diese Maßnahmen befreit. Zutreffend ist es gleichwohl, wenn darauf hingewiesen wird, die Behauptungen der Parteien bilden für sich allein noch keine hinreichende Grundlage zur Feststellung der Unbekanntheit des Aufenthalts.[22] Die Ermittlungen der Partei entbinden das Gericht nicht von seiner **Amtspflicht,** sich nach freier Überzeugung des unbekannten Aufenthalts zu vergewissern, geben ihm aber – ohne Verletzung des Justizgewährleistungsanspruchs desjenigen, in dessen Interesse die Zustellung erfolgen soll – die Möglichkeit, von einer Zustellung gem. § 185 abzusehen, wenn keine hinreichenden Angaben zu den eigenen zumutbaren Ermittlungen gemacht werden. Der Justizgewährungsanspruch umfasst nämlich nicht solche Maßnahmen, die von der Partei selbst in zumutbarer Weise ergriffen werden können. Der Rechtsgedanke des § 139 Abs. 3 gebietet jedoch einen entsprechenden Hinweis an die Partei, wenn das Gericht weitere Nachforschungen durch diese für geboten erachtet.

7 Die Aussage, in der Regel genüge eine Anfrage bei dem zuletzt als zuständig anzusehenden Einwohnermeldeamt und der Poststelle, wenn diese ergebnislos verlaufen und Zustellungen mit dem Vermerk „Empfänger unbekannt" zurückgelangen,[23] ist zu pauschal; die entgegenstehende Praxis mancher Gerichte ist vor dem Hintergrund der ultima-ratio-Funktion der öffentlichen Zustellung nicht zu rechtfertigen. Derartige Angaben können zwar für Zustellungen eines Pfändungs- und Überweisungsbeschlusses an den Schuldner genügen.[24] Dies ist jedoch damit zu begründen, dass die Anforderungen im **Vollstreckungsverfahren** weniger streng zu handhaben sind, wenn der Adressat infolge des vorangegangenen Verfahrens, das zu dem Titel geführt hat, mit einer Maßnahme gegen sich rechnen musste oder die Zustellung an ihn keine Voraussetzung für die Wirksamkeit der gerichtlichen Vollstreckungsmaßnahme ist (§ 829 Abs. 3). Im **Erkenntnisverfahren**, insbesondere bei der Verfahrenseinleitung, sind die Anforderungen jedoch strenger. Als **zumutbare Nachforschungshandlungen** sind zu werten: (persönliche)[25] Nachfragen beim ehemaligen Arbeitgeber, letzten Vermieter, Hausgenossen, bei Verwandten, bei der letzten Poststelle[26] und, sofern entsprechende Anhaltspunkte existieren, beim Sozialamt oder Amt für Obdachlosenwesen;[27] bei Ausländern kann auch eine Anfrage beim Bundesverwaltungsamt geboten sein.[28] Ermittlungen bei ausländischen Behörden sind allerdings idR nicht notwendig.[29] Das Gericht kann außerdem die begünstigte Partei persönlich vernehmen.[30] Es darf sich aber nicht allein auf den (an Eides statt versicherten) Parteivortrag verlassen, Auskünfte über den Verbleib seien weder beim Meldeamt „noch anderswo" zu erhalten. Vielmehr ist von der Partei zu fordern, dass sie die unternommenen Nachforschungen darlegt und auch deutlich macht, warum andere Maßnahmen keinen Erfolg versprechen, zB weil der Adressat polizeilich gesucht wird.[31] Hat das Gericht Zweifel an der Darstellung der Partei bzw. den vorgelegten Unterlagen, so ist es von Amts wegen zur Überprüfung verpflichtet. Von der Partei vorgelegte Nachweise müssen zeitnah sein.[32] Außerdem hat es Anfragen bei solchen Behörden bzw. Postunternehmen von Amts wegen durchzuführen, die der Partei in persona versagt sind (s. Rn. 6), zB bei der Staatsanwaltschaft, Haftanstalten oder Sozialversicherungsträgern.[33]

8 **b) Andere Zustellung nicht möglich.** Die öffentliche Zustellung ist subsidiär zu anderen Zustellungsarten. Sie ist daher unzulässig, wenn eine Zustellung auf anderem Wege möglich ist, also an

---

21 So aber *Stein/Jonas/H. Roth* Rn. 7.

22 *Stein/Jonas/H. Roth* (Fn. 21); *Stöber* BGH-Report 2003, 245, 246.

23 So aber OLG Naumburg NJW-RR 2001, 1148, 1149; s. auch BGH VersR 1987, 986; *Stein/Jonas/H. Roth* Rn. 7; aA etwa OLG Zweibrücken FamRZ 1983, 630.

24 Hierzu BGH NJW 2003, 1530.

25 So – sehr weit gehend – OLG Frankfurt (Fn. 14), das für den Fall, dass von persönlichen Anfragen abgesehen wird, zB weil es sich bei dem Gläubiger um ein größeres Wirtschaftsunternehmen handelt, sogar Ermittlungen durch einen Privatdetektiv fordert. Großzügiger hingegen OLG Celle MDR 2007, 170, 171, das – ähnlich wie der BGH im Vollstreckungsverfahren (s. Fn. 24) – berücksichtigt, dass der Beklagte mit einer Klage bzw. deren Zustellung rechnen musste.

26 RGZ 59, 259, 263; OLG Zweibrücken FamRZ 1983, 630; *Fischer* ZZP 107 (1994), 163, 166 f. m. weit. Nachw.

27 OLG Düsseldorf VRS 1994, 349, 350.

28 OLG Stuttgart MDR 1976, 775; s. auch *Musielak/Wolst* Rn. 2.

29 BayObLG Rpfleger 1978, 446, 447. Zu weitgehend auch AG Landstuhl NJW-RR 1994, 332: Einschaltung US-amerikanischer Suchdienste für die öffentliche Zustellung eines Scheidungsantrags.

30 RGZ 59, 259, 263.

31 OLG Hamm NJW-RR 1998, 497.

32 BGHZ 149, 311 = BGH NJW 2002, 827, 828.

33 Vgl. OLG Hamm OLGZ 1994, 451; KGReport 1995, 273.

einen Vertreter oder Zustellungsbevollmächtigten (vgl. §§ 170–172, 184) zugestellt werden kann bzw. muss, eine Ersatzzustellung in Betracht kommt oder wenn ein **Abwesenheitspfleger** bestellt worden ist.[34] Bei unbekanntem Aufenthalt des gesetzlichen Vertreters oder Abwesenheitspflegers ist an diesen öffentlich zuzustellen, in den anderen Fällen an die Partei. Die bloße Möglichkeit einer Bestellung eines Verfahrens- oder Abwesenheitspflegers für die Person verdrängt § 185 nicht.[35] Die öffentliche Zustellung ist schließlich auch zulässig, wenn wegen der Vielzahl oder der Unüberschaubarkeit des Kreises der Betroffenen[36] eine Einzelzustellung nicht in Betracht kommt.

3. Auslandszustellung (Nr. 2). Bei einer im Ausland zu bewirkenden Zustellung, gemeint sind also die Fälle des § 183, ist die öffentliche Zustellung zulässig, wenn die Zustellung an dem bekannten[37] Aufenthaltsort im Ausland nicht möglich ist oder keinen Erfolg verspricht. **Nicht möglich** ist die Zustellung im Ausland, wenn der Aufenthaltsstaat grds. (vgl. hierzu den Länderteil der ZRHO) oder im Einzelfall keine Rechtshilfe leistet[38] oder deutsche Behörden eine Zustellung nicht zulassen.[39] Da die Inanspruchnahme der erforderlichen Rechtshilfe bei der Zustellung Sache des Gerichts ist, treffen die Partei keine Nachforschungspflichten. **Keinen Erfolg** verspricht die Zustellung dann, wenn das ausländische Recht eine Zustellung nur bei Annahmewillen des Empfängers vorsieht, dessen Verweigerung aber zu erwarten ist, zB weil Mitwirkungshandlungen vorprozessual bereits abgelehnt wurden.[40] Gleiches gilt, wenn die Erledigung der Zustellung erfahrungsgemäß so lange dauern würde, dass der betreibenden Partei ein Zuwarten billigerweise nicht zugemutet werden kann. Wann dies der Fall ist, hat das Gericht anhand der **Umstände des Einzelfalles** zu entscheiden. So ist die öffentliche Zustellung eines Arrestbefehls schon dann bewilligt worden, wenn die ordentliche Zustellung voraussichtlich nicht innerhalb der Vollziehungsfrist (§ 929 Abs. 2) erfolgt.[41] Ähnlich verhält es sich bei einem Antrag auf Erlass einer einstweiligen Verfügung wegen einer Schutzrechtsverletzung, wenn der Antragssteller durch die Zustellung der Ladung zur mündlichen Verhandlung de facto um den Vorteil des Eilverfahrens gebracht würde.[42] In einem Wechselprozess – und nicht nur dort – ist eine Zustelldauer von 18 Monaten ebenfalls zu lange;[43] eine Wartezeit von 4 Monaten erscheint aber hinnehmbar.[44] Bei „gewöhnlichen" vermögensrechtlichen Streitigkeiten ist grds. eine Zeitspanne von bis zu 6 Monaten hinzunehmen (vgl. Art. 15 Abs. 2 HZÜ),[45] sofern nicht eine längere Frist mit dem jeweiligen Empfängerstaat staatsvertraglich vereinbart ist (zB acht Monate im Rechtsverkehr mit Tunesien). Darüber hinaus kann eine längere Zeitspanne[46] auch deswegen in Betracht kommen, weil das Interesse des Adressaten an rechtlichem Gehör in Anbetracht der besonderen Bedeutung der Sache dies gebietet oder die längere Zustelldauer dem Begünstigten zumutbar erscheint, zB weil er selbst mit der Anspruchsdurchsetzung ohnehin mehrere Jahre zugewartet hat. Der **Adressat sollte** durch Übersendung des zuzustellenden Schriftstücks per Einschreiben oder ggf. Telefax über das Verfahren und die öffentliche Zustellung **informiert werden,**[47] ohne dass die Wirksamkeit der Zustellung davon abhängig ist. 9

4. „Exterritoriale" (Nr. 3). Die öffentliche Zustellung ist auch dann zulässig, wenn die Zustellung an einem Ort erfolgen muss, welcher nach den §§ 18 bis 20 GVG der Gerichtsbarkeit nicht unterliegt. § 183 Abs. 1 Nr. 3 geht jedoch bei Zustellungen im Ausland vor (vgl. § 183 Rn. 13). Ist der den Status der Immunität genießende Adressat nicht freiwillig zur Entgegennahme der Sendung 10

---

[34] OLG Karlsruhe SeuffA 53 Nr. 188.

[35] *Hahn* Bd. II S. 233; *Fischer* ZZP 107 (1994), 163, 165; *Stein/Jonas/H. Roth* Rn. 5; aA *Geimer* NJW 1974, 1630, 1631.

[36] BVerfG NJW 1988, 2361; BGHZ 118, 45, 48 = NJW 1992, 2280, 2281.

[37] OLG Köln NJW-RR 1998, 1683, 1684.

[38] *Fischer* ZZP 107 (1994), 163, 171 m. weit. Nachw.

[39] OLG Köln IPRax 1987, 233, 234 „Tschernobyl" (krit. *Mansel* S. 210 ff.); s. auch AG Bonn NJW 1991, 1430 (*Geimer* S. 1431).

[40] Weitergehend *Musielak/Wolst* Rn. 6.

[41] OLG Hamm MDR 1988, 589.

[42] OLG Düsseldorf OLG-Report 2004, 456.

[43] OLG Hamburg MDR 1970, 426; OLG Hamm MDR 1988, 589.

[44] OLG Hamm NJW 1989, 2203 (Zustellung in der Türkei betreffend) m. zust. Anm. von *Geimer* S. 2204.

[45] OLG Köln NJW-RR 1998, 1683, 1684; *R. Geimer* NJW 1991, 1432 (Anm. zu AG Bonn S. 1430); *Stein/Jonas/H. Roth* Rn. 10. Zur Pflicht des Gerichts, eine gescheiterte Auslandszustellung auf ihre Ordnungsmäßigkeit hin zu überprüfen, s. BGH NJW 2007, 303, 304 f.

[46] S. *Musielak/Wolst* Rn. 6: 1 Jahr; AG Säckingen FamRZ 1997, 611: 2 Jahre; zust. *Rosenberg/Schwab/Gottwald* § 74 Rn. 33.

[47] OLG Oldenburg MDR 1947, 259 m. abl. Anm. von *Delbrück* S. 261; OLG Nürnberg FamRZ 1960, 205 f.; OLG Köln NJW-RR 1998, 1683, 1684; OLG Düsseldorf OLG-Report 2004, 456; *Musielak/Wolst* Rn. 6; *Stein/Jonas/H. Roth* Rn. 11 (durch Einschreiben/Rückschein).

bereit oder verweigert er die Zustimmung zur Zustellung in seiner Wohnung an Dritte, kann öffentlich zugestellt werden (zur Zustellung an Ausländer im Inland s. auch § 183 Rn. 14).

III. Verstoß

11 **1. Fehlerhafte Bewertung der Zustellungsvoraussetzungen durch das Gericht. a) Stand der Rechtsprechung.** Zu den umstrittensten Fragen der öffentlichen Zustellung zählt die nach den Folgen einer unter Verstoß gegen § 185 erfolgten Bewilligung gem. § 186 Abs. 1 (s. daher auch dort). In der Praxis geht es hierbei häufig um das Merkmal des unbekannten Aufenthalts. Das Problem kann sich aber auch in den Fällen der Nrn. 2 und 3 stellen, bspw. wenn zu Unrecht von einer nicht Erfolg versprechenden Zustellungsmöglichkeit im Ausland ausgegangen wird, was in Anbetracht der Einzelfallbezogenheit des Merkmals (Rn. 9) keineswegs theoretisch erscheint. Die früher ganz herrschende[48] Ansicht ging jedenfalls dann von einer wirksamen öffentlichen Zustellung aus, wenn diese **formgerecht** gem. § 186 **bewilligt** wurde. Die Kammerentscheidung des BVerfG vom 26. 10. 1987[49] hat dazu geführt, dass der BGH seine Rechtsprechung zunächst in Frage gestellt[50] und dann ausdrücklich aufgegeben hat.[51] Die Wirksamkeit der Zustellung wird jedenfalls verneint, wenn das Gericht die Zustellung unter Missachtung seiner Pflichten (s. o. Rn. 6f.) bewilligt, *„obwohl eine andere Form der Zustellung ohne weiteres möglich gewesen wäre.“*[52] Die nach der Entscheidung des BVerfG ergangene höchst- und obergerichtliche Rechtsprechung bildet – bei durchaus bestehenden Divergenzen[53] – folgendes Bild: Jedenfalls wenn eine andere Zustellungsmöglichkeit für das Gericht nicht ersichtlich war und es ex ante betrachtet auch keinen Grund hatte, die Partei zu weiteren Ermittlungen anzuhalten, wird die Zustellung ganz überwiegend für wirksam gehalten.[54] Zum Sonderfall der erschlichenen Zustellung s. Rn. 13. In den Fällen aber, in denen das Gericht **bei sorgfältiger Prüfung** der vorgelegten Unterlagen **hätte erkennen können,** dass andere Zustellungsmöglichkeiten bestanden, werden die Wirkungen der öffentlichen Zustellung zunehmend nicht anerkannt.[55]

12 **b) Stellungnahme.** Für die Ansicht des BVerfG und die diese aufgreifende Rechtsprechung spricht zunächst, dass auch andere Zustellungsformen fehlschlagen, wenn wesentliche Voraussetzungen nicht gegeben sind; die damit stets einhergehende Unsicherheit für den Zustellungsveranlasser allein ändert daran nichts. Dies gilt für die Ersatzzustellung ebenso wie für § 179, zB bei berechtigter Annahmeverweigerung, aber auch im Rahmen von § 184 (s. dort Rn. 15). Ein Unterschied könnte darin gesehen werden, dass im Falle der Zustellung gem. §§ 185ff. eine Heilung nur selten in Betracht kommt, weil der Adressat regelmäßig nichts von der Zustellung erfährt. Für die hier in Rede stehende Rechtsfrage ist das freilich nicht entscheidend; denn gerade das ist ein Risiko, das zu einer strengen Handhabung auf der Tatbestandsseite Anlass gibt (s. Rn. 4). Problematisch ist auch der Hinweis der Gegenauffassung,[56] die Zustellung „als rein tatsächlicher Vorgang“ könne durch die Nichtgewährung rechtlichen Gehörs nicht „hinwegdiskutiert“ werden, wenn sie „formwirksam erfolgt“ sei. Die Zustellung ist im Unterschied zur Kenntnisnahme ein rechtlicher Vorgang, der nur dann wirksam erfolgt ist, wenn seine wesentlichen Voraussetzungen erfüllt sind, wozu – jedenfalls per se – keineswegs nur die formellen gehören. Allerdings geht der öffentlichen Zustellung eine gerichtliche Entscheidung (Beschluss gem. § 186 Abs. 1) voraus, die nicht bereits deswegen „aus der Welt“ ist, weil sie fehlerhaft zustande kam (s. auch § 186 Rn. 7).[57] Dieses Argument wiegt aber,

---

[48] Vgl. insb. BGHZ 57, 108; 64, 5 zust. Vorauflage, Rn. 9; *Stein/Jonas/H. Roth* Rn. 14; *Zöller/Stöber* § 186 Rn. 9, jew. m. weit. Nachw.

[49] NJW 1988, 2361; diese hält *Gaul* JZ 2003, 1088, 1091f. unter Hinw. auf BVerfGE 107, 395 = NJW 2003, 1924 für überholt.

[50] BGHZ 118, 45, 47f.

[51] BGHZ 149, 311, 321f.; zust. BGH NJW 2007, 303, 304; scharf ablehnend etwa *Gaul* (Fn. 49): „verheerende Folgen“, „unhaltbare Konsequenz“.

[52] NJW 1988, 2361; ebenso BGHZ 149, 311, 321f. Offen bleibt, ob dies für jeden Zustellungsmangel zu gelten hat. Das OLG Zweibrücken FamRZ 2002, 468, 469f., hat sich darüber hinausgehend dafür ausgesprochen, dass auch ein für das Gericht nicht erkennbares Fehlen der Voraussetzungen des § 185 der Zustellungswirkung entgegensteht.

[53] Gegen die Entscheidung des OLG Zweibrücken (Fn. 52) etwa OLG Stuttgart NJW-RR 2002, 716, 717; einen Überblick der divergierenden Rechtsprechung gibt *Briesemeister,* FS Wenzel, 2005, S. 3, 8ff.

[54] BGHZ 153, 189 = NJW 2003, 1326, 1327; OLG Köln NJW-RR 1993, 446; OLG Hamm NJW-RR 1998, 497; OLG Stuttgart (Fn. 53).

[55] BGHZ 149, 311; NJW 2007, 303; BayObLG NJW-RR 2000, 1452; OLG Stuttgart MDR 2005, 472. Vgl. ferner OLG Bremen OLG-Report 1998, 171ff.; OLG Hamm NJW-RR 1998, 497; OLG Köln NJW-RR 1993, 446.

[56] *Stöber* BGH-Report 2002, 245, 246 (Anm. zu BGHZ 149, 311); s. auch *Zöller/Stöber* § 186 Rn. 9.

[57] Vgl. *Gaul* JZ 2003, 1088, 1092.

jedenfalls mit Blick auf das verletzte Gehörsrecht des Adressaten, nicht sonderlich schwer, weil die Entscheidung für ihn unanfechtbar ist und nur im Rahmen der Sachentscheidung überprüft wird. Kommt es zu dieser aber gerade wegen der Wirkungen des fehlerhaften Bewilligungsbeschlusses nicht, was keineswegs selten der Fall ist, stünde der Adressat rechtlos.

Vor allem die Regelungen der §§ 233ff., 321a, 578ff. sprechen dagegen, einer unter Verletzung 13
des Rechts des Adressaten aus Art. 103 Abs. 1 GG ergangenen Entscheidung einfach die Wirkungen zu nehmen. Vielmehr lässt sich aus den genannten Vorschriften erkennen, dass (1) der Mangel in einem gerichtlichen Verfahren geltend zu machen ist, für das (2) die Initiativlast bei dem Grundrechtsträger liegt, dieser (3) aus Gründen der Rechtssicherheit dieses Verfahren kurzfristig (binnen zwei Wochen[58] bzw. innerhalb eines Monats)[59] in die Wege zu leiten hat und (4) dabei absoluten zeitlichen Höchstgrenzen unterliegt.[60] Diese differenzierten Regelungen stellen einen Ausgleich zwischen den widerstreitenden Interessen her, was vom BVerfG nicht in Frage gestellt worden ist.[61] Neben den Interessen der Parteien (rechtliches Gehör vs. Gewährung effektiven Rechtsschutzes) geht es hierbei vor allem auch um das Vertrauen in die Rechtskraft gerichtlicher Entscheidungen. Sofern es in BGHZ 149, 311 hierzu lapidar heißt, die starren Fristen des § 234 ZPO seien zu knapp bemessen und sodann als zeitliche Grenze für den Einspruch gegen ein nicht ordnungsgemäß zugestelltes Versäumnisurteil die Verwirkung genannt wird, werden die gegenläufigen Interessen einfach ausgeblendet.[62] **Vorzuziehen ist** stattdessen eine Lösung, die nicht dazu führt, dass eine Entscheidung nur scheinbar existiert, was etwa die Konsequenz einer unwirksamen Zustellung eines Urteils gem. § 331 Abs. 3 wäre (vgl. § 310 Abs. 3 und dort Rn. 12).[63] Dies vor allem deswegen, weil die Existenz der Entscheidung andernfalls letztlich vom Merkmal der Erkennbarkeit einer anderweitigen Zustellungsmöglichkeit für das Gericht abhängig wäre und damit von einem sehr am Einzelfall orientierten Kriterium.[64] Übersieht das Gericht zumutbare Nachforschungsmöglichkeiten, hat es der Partei also etwa nicht aufgegeben darzutun, warum nicht bei Familienmitgliedern, dem Arbeitgeber oder dem früheren Vermieter nachgefragt worden ist, und stellt sich später heraus, dass der Aufenthaltsort des Adressaten auf diesem Wege zu ermitteln gewesen wäre,[65] wäre die Zustellung unwirksam und die Entscheidung – vorbehaltlich einer Verkündung, zu der es aber wegen § 310 Abs. 3 idR nicht kommen wird – nicht existent. Hierzu steht es nur scheinbar im Widerspruch, wenn bestimmte formelle Fehler der Bewilligung die Unwirksamkeit der Zustellung zur Folge haben (s. § 186 Rn. 7); denn die klar umrissenen Formalien sind weit weniger für Fehler anfällig als die Bestimmung der Grenzen der Nachforschungspflicht, über die selbst abstrakt nur schwer Einigkeit zu erzielen ist (s. Rn. 7). Dem Verstoß ist daher durch die Möglichkeit **einer Wiedereinsetzung** in die versäumte (Einspruchs-)Frist Rechnung zu tragen (s. auch § 579 Rn. 19). Sofern die strikte Anwendung von § 234 Abs. 3 zu verfassungsrechtlich unhaltbaren Ergebnissen führt, gebietet eine verfassungskonforme Interpretation diese unangewendet zu lassen. Jedoch bildet die **Fünfjahresfrist** des § 586 Abs. 2 die zeitliche Obergrenze,[66] weil die (Gehörs-)Verletzung infolge fehlerhafter Zustellung nicht gravierender ist als in den in §§ 579, 580 aufgeführten Fällen. Demgegenüber kann die Einhaltung der Frist gem. § 234 Abs. 1 dem Gehörsuchenden zugemutet werden.[67]

2. „Erschleichen“ der Zustellung durch die Partei. Die öffentliche Zustellung ist auch 14
nicht bereits deswegen unwirksam, weil die Partei sie durch **wissentlich falsche Angaben** er-

---

[58] §§ 234 Abs. 1 S. 1; 321a Abs. 2 S. 1.

[59] § 586 Abs. 1.

[60] §§ 234 Abs. 3, 321a Abs. 2 S. 2, 586 Abs. 2 S. 2.

[61] Vgl. BVerfG NJW 1988, 2361, in der eine Sachprüfung „auf welche Weise auch immer“ gefordert wird. Dies würdigt meine Darstellung in *Hannich/Meyer-Seitz* (Hrsg.), ZPO-Reform mit ZustRG, § 186 Rn. 1 nicht hinreichend.

[62] Besonders erstaunlich ist dies, weil die Versäumnis der Wiedereinsetzungsfrist in concreto offenbar auf einem Fehler des Prozessbevollmächtigten beruhte (vgl. BGHZ 149, 311, 318), so dass es sich aus der Sicht des Zustellungsadressaten wegen der verbleibenden Regressmöglichkeit nicht einmal um einen der sprichwörtlichen „harten Fälle“ handelte, die ja bekanntlich zu „schlechtem Recht“ führen.

[63] Diese Konsequenz zieht der BGH – freilich ohne nähere Begründung – nicht; s. BGH NJW 2007, 303, 304: lediglich Fristen werden nicht in Gang gesetzt.

[64] Vgl. den Hinweis auf die Abgrenzungsschwierigkeiten bei OLG Zweibrücken FamRZ 2002, 468, 470 und *Gaul* JZ 2003, 1088, 1095f., freilich mit diametral entgegen gesetzten Schlussfolgerungen.

[65] Das OLG Zweibrücken FamRZ 2002, 468, 469 ließ es genügen, dass „nicht ausgeschlossen werden kann, dass auf diesem Weg die Anschrift des Adressaten *hätte ermittelt werden können.*“ Hervorh. des Verf.

[66] So auch *Stein/Jonas/H. Roth* Rn. 14; anders OLG Stuttgart NJW-RR 2002, 716, 717: kein Grund, von § 234 Abs. 3 abzuweichen.

[67] Die in BGHZ 149, 311, 318ff. vertretene Gegenauffassung begründet die Abweichung von §§ 234, 321a nicht.

schlichen hat.[68] Die Erschleichung ist kein Unwirksamkeitsgrund gerichtlicher Entscheidungen, sondern ein Rechtsmissbrauch, der im laufenden Verfahren von Amts wegen zu berücksichtigen ist[69] und jedenfalls eine Wiedereinsetzung rechtfertigt.[70] Ergänzend verweist der BGH – durchaus umstritten – auf die Restitutionsklage nach §§ 580 Nr. 1, 4, 581 Abs. 1 ZPO[71] sowie den Anspruch aus § 826 BGB auf Herausgabe des erlangten Titels und Unterlassung der Zwangsvollstreckung.[72] Ob wegen der Unzulässigkeit der öffentlichen Zustellung eine Nichtigkeitsklage analog § 579 Abs. 1 Nr. 4 ZPO erhoben werden kann, ist ebenfalls str. (näher hierzu § 579 Rn. 18 f.).[73] Allerdings sind die Rechtsbehelfe der §§ 579 f. gegenüber der bestehenden Wiedereinsetzungsmöglichkeit subsidiär. Zwar unterscheidet sich der Fall der Urteilserschleichung von den unter Rn. 12 f. dargestellten Fällen, sofern das Gericht keinen Anlass hatte, an den Angaben der Partei zu zweifeln; dann nämlich hat das Gericht seine Pflichten nicht verletzt. Jedoch besteht für die strikte Anwendung des § 234 Abs. 3, der vor allem das Vertrauen der anderen Partei in die rechtskräftige Entscheidung stützt, noch weniger Anlass, weshalb in Bezug auf die entsprechende Anwendung der Frist des § 586 Abs. 2 nichts anderes gelten kann als dort.[74] Im Ergebnis wird der Adressat daher auch hier durch die §§ 233 ff. systemkonform geschützt.

IV. Wiedereinsetzung

15 Wird infolge einer wirksamen öffentlichen Zustellung eine Frist versäumt, kommt nach Maßgabe der Ausführung zu Rn. 11 ff. eine **Wiedereinsetzung in den vorigen Stand** in Betracht. Jenseits dieser Fälle einer zu Unrecht bewilligten bzw. erschlichenen öffentlichen Zustellung ist eine schuldlose Unkenntnis iSd. § 233 jedoch nicht schon deswegen gegeben, weil der Zustellungsadressat von der öffentlichen Zustellung keine Kenntnis erlangt hat. Dies ist idR der Fall und liegt in der Natur der Zustellungsform begründet. Ihr liegt der Gedanke zugrunde, dass Personen, die sich aus ihrem bisherigen Lebenskreis entfernen, ohne ihren neuen Aufenthaltsort bekannt werden zu lassen, die daraus sich ergebenden Nachteile zu tragen haben.[75] Damit die Vorschrift nicht leer läuft, müssen daher besondere Umstände hinzukommen, die es dem Adressaten unmöglich gemacht haben, von der öffentlichen Bekanntmachung Kenntnis zu erlangen (zB Haft).[76] Schuldhaft handelt insbesondere derjenige, der sich dem Zugriff seiner Gläubiger durch Wechsel des Wohnorts oder irreführende bzw. unzutreffende Angaben zu seinem Aufenthaltsort entzieht.

V. Erweiterung des Zustellungskanons durch das MoMiG

16 Der Gesetzgeber plant die Einführung eines neuen § 185 Nr. 2 durch das Gesetz zur Modernisierung des GmbH-Rechts und zur Bekämpfung von Missbräuchen **(MoMiG),**[77] wodurch die bisherigen Nrn. 2 und 3 künftig zu Nr. 3 und Nr. 4 würden. Er soll folgenden Wortlaut haben:

„bei juristischen Personen, die zur Anmeldung einer inländischen Geschäftsanschrift zum Handelsregister verpflichtet sind, eine Zustellung weder unter der eingetragenen Anschrift noch unter einer im Handelsregister eingetragenen Anschrift einer für Zustellungen empfangsberechtigten Person oder einer ohne Ermittlungen bekannten anderen inländischen Anschrift möglich ist,“.

Diese Vorschrift ist zentraler Bestandteil des Reformkonzepts des MoMiG zum Schutz der Gläubiger vor Missbräuchen in den sog. „Bestattungsfällen“ [s. S. 121 des RegE], auf die sie freilich nicht beschränkt bleibt. Es geht u. a. darum, den Zustellungsveranlasser von über die **Einsichtnahme in das Handelsregister** hinausgehenden Recherchen bezüglich einer zustellungsfähigen Anschrift zu befreien (s. u. Rn. 17). Die Schwelle des § 185 Nr. 1, der zu Nachforschungen nötigt (s. Rn. 5 ff.), soll abgesenkt werden [S. 124]. Selbst dann, wenn dem Zustellungsveranlasser oder

---

[68] BGHZ 57, 108, 110 = NJW 1971, 2226; BGHZ 64, 5, 8 = NJW 1975, 827; OLG Köln NJW-RR 1993, 446; aA OLG Hamm NJW-RR 1998, 497; *Stein/Jonas/H. Roth* Rn. 16.

[69] BGHZ 57, 108, 111 = NJW 1971, 2226; BGHZ 64, 5, 8 = NJW 1975, 827.

[70] *Fischer* ZZP 107 (1994), 163, 177; OLG Stuttgart (Fn. 66).

[71] BGHZ 153, 189 = NJW 2003, 1326, 1328; *Gaul* JZ 2003, 1088, 1094; aA *Braun* JZ 2003, 906 f.: Nichtigkeitsklage.

[72] RGZ 61, 365 f.; 78, 393 f.; *Fischer* ZZP 107 (1994), 163, 178; skeptisch *Gaul* JZ 2003, 1088, 1095.

[73] Dagegen BGHZ 153, 189 = NJW 2003, 1326, 1328; zust. *Gaul* JZ 2003, 1088, 1094 (bei Fn. 88); s. ferner nunmehr BGH NJW 2007, 303; aA *Braun* JZ 2003, 906 ff. (Anm.).

[74] Für eine Ausnahme von § 234 Abs. 3 in diesen Fällen auch OLG Stuttgart NJW-RR 2002, 716, 717.

[75] BGH VersR 1977, 932 f.; OLG Köln VersR 1993, 1127.

[76] *Guttenberg* MDR 1993, 1049, 1050 f.

[77] Der Regierungsentwurf mit Stand vom 23. Mai 2007 ist im Internet zugänglich unter www.bmj.de/files/ /2109/RegE%20MoMiG.pdf; nachfolgende Zitate in eckigen Klammern beziehen sich hierauf.

dem Gericht eine **ausländische Anschrift** eines Vertretungsberechtigten der juristischen Person bekannt sein sollte, soll künftig der Weg über § 185 beschritten werden können. Der mit der Recherche bzw. der Auslandszustellung verbundene (Zeit-)Aufwand soll durch eine „Kanalisation auf die inländische Geschäftsanschrift" vermieden werden [S. 123]. Die öffentliche Zustellung behält (nur) insofern ihren ultima-ratio-Charakter, als **vorrangig** an eine inländische Anschrift eines gesetzlichen Vertreters oder Bevollmächtigten zugestellt werden muss, wenn diese dem Gericht oder der die Zustellung veranlassenden Partei **ohne Recherche bekannt** ist [S. 122f.]. Letzteres ist jedoch, wie der Begründung in anderem Kontext entnommen werden kann, nur der Fall, sofern die Anschrift in allen Bestandteilen bekannt ist; nicht einmal das Nachschlagen im Telefonbuch wird verlangt [S. 116f.]. Hintergrund dieser rigiden Neuregelung ist der unter Rn. 11 dargestellte Meinungsdivergenz in Bezug auf die Wirksamkeit der öffentlichen Zustellung, sofern das Gericht an sich erforderliche Ermittlungshandlungen unterlässt. Die strenge Regelung solle Streit über die Wirksamkeit der Zustellung vermeiden [S. 117] und Auslandszustellungen ausschließen. Befindet sich die vollständig bekannte (und vom Zustellungsadressaten in keiner Weise verschleierte) Anschrift, zB infolge einer Sitzverlegung, im Ausland, muss dorthin nicht einmal eine **Information über die öffentliche Zustellung** versandt werden. Dies begegnet Bedenken (so auch die Stellungnahme des BR, Drs. 354/07). Der Gesetzgeber hält die Regelung gleichwohl für verfassungsrechtlich „vertretbar" [S. 124] und hebt hervor, dass eine öffentliche Zustellung nach Maßgabe des § 185 Nr. 2 ZPO-E vom Gericht nicht unter Hinweis darauf abgelehnt werden dürfe, dass die Grenzen des bisherigen § 185 Nr. 2 (künftig Nr. 3) nicht erreicht sind. Eine derartige Vermischung der einzelnen Tatbestandsalternativen des § 185 sei unzulässig; sie müssten nicht kumulativ vorliegen [S. 123].

17 Die geplante Neuregelung ist Bestandteil eines Komplexes von Normen, der die betroffenen **juristischen Personen** dazu zwingen soll, eine „inländische Geschäftsanschrift" zum Handelsregister anzumelden, die zusammen mit dem Sitz einzutragen ist (vgl. §§ 8 Abs. 4, 10 Abs. 1 S. 1 GmbHG-E; 37 Abs. 3, 39 Abs. 1 AktG-E). Gleiches gilt für **Zweigniederlassungen** (s. §§ 13 Abs. 1 S. 1, Abs. 2, 13d Abs. 2, 13e Abs. 2 S. 3 HGB-E). Darüber hinaus ist neben der zwingenden Eintragung einer inländischen Geschäftsanschrift die Möglichkeit vorgesehen, **weitere Empfangspersonen** mit einer inländischen Anschrift zum Handelsregister anzumelden (vgl. §§ 10 Abs. 2 S. 2 GmbHG-E; 13e Abs. 2 S. 4 HGB-E; 39 Abs. 1 S. 2 AktG-E). Der Gesetzgeber geht davon aus, dass die ganz überwiegende Zahl der Gesellschaften keine Veranlassung haben wird, von der letztgenannten Möglichkeit Gebrauch zu machen. Sofern aber Bedenken bestehen, ob die eingetragene Geschäftsanschrift für Zustellungen ununterbrochen zur Verfügung stehen wird, biete die Neuregelung die Möglichkeit, die Risiken einer öffentlichen Zustellung zu vermeiden, indem Gesellschafter oder andere Personen (zB Steuerberater, Notar) als Empfangsberechtigte angemeldet werden [s. S. 83]. Die eingetragene Empfangsberechtigung **gilt Dritten gegenüber als fortbestehend,** bis sie gelöscht und die Löschung bekannt gemacht worden ist, es sei denn, dem Dritten ist die fehlende Berechtigung bekannt (vgl. etwa § 10 Abs. 2 S. 2, 2. Halbs. GmbHG-E; § 13e Abs. 2 S. 3 HGB-E).[78] Hintergrund ist die fehlende unmittelbare Anwendbarkeit von § 15 HGB auf lediglich eintragungsfähige Tatsachen. Zugleich ist ein neuer § 15a HGB („Öffentliche Zustellungen") vorgesehen. Er ergänzt die prozessrechtliche Regelung in § 185 Nr. 2 ZPO-E insbesondere für den Zugang von Willenserklärungen, die nicht nach § 132 BGB zugestellt werden, und lautet:

„Ist bei einer juristischen Person, die zur Anmeldung einer inländischen Geschäftsanschrift zum Handelsregister verpflichtet ist, der Zugang einer Willenserklärung nicht unter der eingetragenen Anschrift oder einer im Handelsregister eingetragenen Anschrift einer für Zustellungen empfangsberechtigten Person oder einer ohne Ermittlungen bekannten anderen inländischen Anschrift möglich, kann die Zustellung nach den für die öffentliche Zustellung geltenden Vorschriften der Zivilprozessordnung erfolgen Zuständig ist das Amtsgericht, in dessen Bezirk sich die eingetragene inländische Geschäftsanschrift der Gesellschaft befindet. § 132 des Bürgerlichen Gesetzbuchs bleibt unberührt."

In der Begründung [S. 115f.] wird ausdrücklich klargestellt, dass die Vorschrift – ebenso wie § 185 Nr. 2 ZPO-E – **nicht für Personengesellschaften** Geltung beansprucht. Es solle vermieden werden, dass auch die persönlich haftenden Gesellschafter von der erleichterten Zustellungsmöglichkeit betroffen werden. Die vor dem Hintergrund des Art. 3 Abs. 1 GG gebotene Rechtfertigung für die gegenständliche Beschränkung des Neuregelung sieht der Gesetzgeber in dem höheren Gefährdungspotential, das von den am Wirtschaftsleben teilnehmenden juristischen Personen ausgeht. Sie könnten einfacher und schneller „untertauchen" als natürliche Personen [S. 125].

[78] Der Gesetzgeber betont ausdrücklich die Druckfunktion einer derartigen Regelung (S. 83). S. hierzu und gegen die Interpretation des § 15 HGB als abstrakte Vertrauensschutznorm nur *Leenen* in: Symposion für F. Wieacker zum 80. Geburtstag, 1990, S. 108, 120ff.

Neben Zweigniederlassungen gilt die Neuregelung daher insbesondere für GmbH und AG sowie die geschäftsführende Gesellschaft einer GmbH & Co. KG. Nicht angezeigt erschien dem Gesetzgeber hingegen eine Erstreckung auf die **Genossenschaft** [S. 126]. Der Begriff „Handelsregister" in § 15a HGB-E und § 185 Nr. 2 ZPO-E ist daher wörtlich zu nehmen; andere Register, insbesondere Vereins- oder Genossenschaftsregister, sind bewusst nicht genannt. Eine Analogie ist insoweit nicht am Platz.

18 Schließlich soll das Problem **führungsloser Gesellschaften** zustellungsrechtlich einer Lösung zugeführt werden. In § 35 Abs. 1 GmbHG-E wird geregelt, dass Zustellungen an die Mitglieder des Aufsichtsrates durchzuführen sind (für die AG s. § 78 Abs. 1 AktG-E) und, sofern ein solcher nicht bestellt ist, die Gesellschaft durch die Gesellschafter vertreten wird.[79] § 35 Abs. 2 GmbHG-E legt ergänzend fest, dass die Abgabe von Erklärungen **gegenüber** einem **Vertreter** ausreicht; für Zustellungen folgt dies bereits aus § 170 Abs. 3 ZPO. Derartige Zustellungen können nach der Neureglung auch an die im Handelsregister eingetragene Geschäftsanschrift zugestellt werden (§ 35 Abs. 2 S. 3 GmbHG-E). In der Begründung [S. 96f.] weist der Gesetzgeber ausdrücklich darauf hin, dass an die Gesellschaft selbst nicht zugestellt werden kann, da diese prozessunfähig sei (zu diesem umstrittenen Punkt s. § 52 Rn. 23ff.). Die Möglichkeit der öffentlichen Zustellung helfe dem Gläubiger der Gesellschaft daher nicht weiter, da § 170 Abs. 1 S. 2 ZPO eine solche an die Gesellschaft selbst ausschließe. Der Gläubiger soll also die Möglichkeit erhalten, eine öffentliche Zustellung bereits bewirken zu können, wenn ihm ein Gesellschafter namentlich bekannt ist. Das Problem dürfte freilich darin bestehen, dass vor allem in den Missbrauchsfällen die Geschäftsanteile nicht selten auf neue Gesellschafter übertragen werden. Da der gute Glaube an die beim Register eingereichte Gesellschafterliste von § 16 GmbHG-E nur in sehr engen Grenzen geschützt wird, läuft der Gläubiger Gefahr, die Zustellung an einen Nicht(mehr)gesellschafter zu bewirken, was deren Unwirksamkeit zur Folge hätte. Der seitens des Gesetzgebers intendierte Schutz droht an dieser Stelle leer zu laufen; das Problem ist nur partiell gelöst.

§ 186 Bewilligung und Ausführung der öffentlichen Zustellung

(1) [1]Über die Bewilligung der öffentlichen Zustellung entscheidet das Prozessgericht. [2]Die Entscheidung kann ohne mündliche Verhandlung ergehen.

(2) [1]Die öffentliche Zustellung erfolgt durch Aushang einer Benachrichtigung an der Gerichtstafel oder durch Einstellung in ein elektronisches Informationssystem, das im Gericht öffentlich zugänglich ist. [2]Die Benachrichtigung kann zusätzlich in einem von dem Gericht für Bekanntmachungen bestimmten elektronischen Informations- und Kommunikationssystem veröffentlicht werden. [3]Die Benachrichtigung muss erkennen lassen

1. die Person, für die zugestellt wird,
2. den Namen und die letzte bekannte Anschrift des Zustellungsadressaten,
3. das Datum, das Aktenzeichen des Schriftstücks und die Bezeichnung des Prozessgegenstandes sowie
4. die Stelle, wo das Schriftstück eingesehen werden kann.

[4]Die Benachrichtigung muss den Hinweis enthalten, dass ein Schriftstück öffentlich zugestellt wird und Fristen in Gang gesetzt werden können, nach deren Ablauf Rechtsverluste drohen können. [5]Bei der Zustellung einer Ladung muss die Benachrichtigung den Hinweis enthalten, dass das Schriftstück eine Ladung zu einem Termin enthält, dessen Versäumung Rechtsnachteile zur Folge haben kann.

(3) In den Akten ist zu vermerken, wann die Benachrichtigung ausgehängt und wann sie abgenommen wurde.

I. Normzweck und Änderungen

1 Die Vorschrift ergänzt § 185 und regelt das Verfahren bei öffentlichen Zustellungen (s. auch § 187). Sie entspricht § 204 Abs. 1 aF, allerdings regelt Abs. 2 die **Ausführung im Wesentlichen neu.** Seit Inkrafttreten des ZustRG (s. § 166 Rn. 1) verlangt die Norm aus Gründen des **Persönlichkeitsschutzes** nicht mehr den (auszugsweisen) Aushang des zuzustellenden Schriftstücks. Veröffentlicht wird nur noch der für die Information des Betroffenen unerlässliche Teil an Daten; folglich sieht auch § 699 Abs. 4 S. 3 nicht mehr den Aushang des **Vollstreckungsbescheids** sondern

---

[79] Das deckt sich nicht nur mit dem Recht der BGB-Gesellschaft, vgl. §§ 709, 714 BGB, sondern auch mit der Neuregelung in § 27 Abs. 3 S. 2 WEG; s. hierzu auch § 170 Rn. 5.

nur noch die Benachrichtigung gem. § 186 Abs. 2 vor.[1] Darüber hinaus hat Abs. 2 durch das JKomG vom 22. 3. 2005 (s. § 166 Rn. 1), das der „Elektronifizierung" der Justiz und damit sowohl der Kostenersparnis als auch der Verbesserung Informationsmöglichkeiten dient,[2] weitere Änderungen erfahren. Durch das Einfügen von Satz 2 soll die zusätzliche Möglichkeit einer Benachrichtigung durch **Einstellung in das Internet** auf der Homepage des Prozessgerichts eröffnet und damit ein „mittlerweile weit verbreitetes Medium genutzt" werden, „um eine **zeitgemäße Möglichkeit der Kenntnisnahme** der öffentlichen Zustellung zu schaffen".[3] Der weitergehende Vorschlag des Bundesrates,[4] die elektronische Veröffentlichung – nach dem Vorbild der öffentlichen Bekanntmachung gemäß § 9 Abs. 1 InsO – alternativ und nicht nur kumulativ zur Veröffentlichung zur Anheftung an der Gerichtstafel vorzusehen, wurde hingegen abgelehnt. Es wird darauf verwiesen, das Internet sei (noch) nicht flächendeckend verbreitet, so dass ein Teil der Bevölkerung von der jedenfalls theoretisch bestehenden Möglichkeit, Kenntnis zu nehmen, abgeschnitten würde. *„Dies dürfte insbesondere für den Personenkreis gelten, bei dem die öffentliche Zustellung angeordnet wird. Nicht selten handelt es sich hier um sozial schwache Verfahrensbeteiligte, deren Aufenthalt nicht zu ermitteln ist. Die Situation ist insoweit nicht mit dem Insolvenzverfahren vergleichbar. Dort mag davon ausgegangen werden, dass (nahezu) alle (ehemals) am Wirtschaftsleben Beteiligten zumindest über einen Computer und einen Internetzugang verfügen. Für den allgemeinen Zivilprozess, den Arbeitsgerichtsprozess und den Prozess vor den Gerichten der öffentlich-rechtlichen Verfahrensordnungen trifft dies aber nicht zu. Vor diesem Hintergrund scheint es sinnvoll, die Internetveröffentlichung lediglich zusätzlich zum Aushang an der Gerichtstafel anzubieten."*[5] Allerdings ermöglicht es – einer Empfehlung des Rechtsausschusses folgend[6] – Abs. 2 S. 1 nunmehr, in dem Gericht einen Terminal aufzustellen, der allgemein zugänglich ist und auf dem die Informationen, die bislang an der Gerichtstafel angeheftet sind, über Standard-Suchfunktionen abgerufen werden können. Dies soll einfachem und schnellem Zugang zu den Informationen dienen und Aufwand durch das Anheften an die Gerichtstafel vermeiden.

II. Zuständigkeit

Zuständig ist das **Prozessgericht,** bei dem das Verfahren anhängig ist, in dem öffentlich zugestellt werden soll. Das ist für die Zustellung einer gerichtlichen Entscheidung das erkennende Gericht,[7] für die Zustellung der Rechtsmittelschrift das Rechtsmittelgericht, für die Zustellung auf Grund einer vollstreckbaren Urkunde das in § 797 Abs. 3 bezeichnete Amtsgericht und im Vollstreckungsverfahren nach erfolgter Titelzustellung (also nicht Zustellung gem. § 750) das Vollstreckungsgericht. Es entscheidet nicht der Vorsitzende, sondern das Gericht, also nach Übertragung gemäß § 348 auch der Einzelrichter, bei der Kammer für Handelssachen nach § 349 Abs. 1 der Vorsitzende und in den ihm gem. §§ 20 Nr. 1, 21 Nr. 1 RPflG übertragenen Verfahren (Mahn- bzw. Kostenfestsetzungsverfahren) der Rechtspfleger (§ 4 Abs. 1 RPflG).[8] 2

III. Entscheidung

Die Entscheidung erfolgt von Amts wegen, (nur) bei Parteizustellung auf Antrag, für den als Prozessantrag eine allgemeine Befreiung vom Anwaltszwang nicht besteht.[9] Bewilligt wird die öffentliche Zustellung nur für ein konkret bezeichnetes Schriftstück, nicht etwa für den ganzen **Rechtszug.**[10] Ist 3

---

[1] Der Verweis in § 699 Abs. 4 S. 3 auf „§ 186 Abs. 2 Satz 2 und 3" dürfte sich allerdings auf die Sätze 3 und 4 beziehen; jedenfalls ist nicht ersichtlich, dass der Gesetzgeber die Verweisung im Rahmen des JKomG, durch das in § 186 Abs. 2 ein neuer Satz 2 eingefügt worden ist (hierzu sogleich), bewusst nicht angepasst hat. Dieses Redaktionsversehen sollte beseitigt werden und dabei künftig auf die Sätze 2–4 verwiesen werden, weil kein Grund zu erkennen ist, warum § 186 Abs. 2 S. 2 nF für den Vollstreckungsbescheid nicht gelten soll.

[2] Zu den Zielen des JKomG vgl. die Regierungsbegründung (BT-Drucks. 15/4067); s. auch den Überblick bei *N. Fischer* DRiZ 2005, 90.

[3] Vgl. die Regierungsbegründung BT-Drucks. 15/4067, S. 32; Hervorh. d. Verf.

[4] BT-Drucks. 15/4067, S. 62.

[5] BT-Drucks. 15/4067, S. 69.

[6] BT-Drucks. 15/4952, S. 6, 47.

[7] RGZ 41, 426, 427; OLG Hamm NJW 2007, 933 (für den Strafprozess).

[8] OLG München JurBüro 1988, 1034, 1034 f.; AG Köln Rpfleger 1987, 461, 462; *Guntau* MDR 1981, 272, 274; *Musielak/Wolst* Rn. 3; *Thomas/Putzo/Hüßtege* Rn. 1; aA OLG München Rpfleger 1979, 346 m. abl. Anm. von *Eickmann* S. 347.

[9] S. *Musielak/Wolst* Rn. 1, unter Ablehnung eines arg. e § 78 Abs. 3; ebenso *Zöller/Stöber* § 191 Rn. 4. AA *Baumbach/Lauterbach/Hartmann* Rn. 5.

[10] RGZ 63, 82; KG FamRZ 1976, 371; OLG Bamberg NJW-RR 1995, 1029, 1030.

also die Klage öffentlich zugestellt worden, bedarf die öffentliche Zustellung des Versäumnisurteils wiederum eines besonderen Beschlusses; ist es allerdings im Versäumnisurteil unterlassen worden, die Einspruchsfrist nach § 339 Abs. 2 zu bestimmen, so kann der Beschluss über die entsprechende nachträgliche Ergänzung ohne neue Bewilligung öffentlich zugestellt werden.[11] Das Gericht hat sich nach seiner freien Überzeugung des **Vorliegens der Voraussetzungen des § 185** zu vergewissern und kann sich dabei – vorbehaltlich zwischenzeitlich bekannt gewordener Änderungen – auf die Erkenntnisse stütztten, die es im Laufe des Rechtsstreits im Zusammenhang mit einer vorangegangenen Zustellung gewonnen hat.[12] Zu den von Amts wegen zu prüfenden Anforderungen vgl. § 185 Rn. 5 ff.

4 Kommt das Gericht zu der Überzeugung, dass die Voraussetzungen für eine öffentliche Zustellung vorliegen, so hat es diese zu bewilligen. Nach hM[13] im Schrifttum handelt es sich **nicht um eine Ermessensentscheidung.** Sofern dies insbesondere von der Rechtsprechung teils anders gesehen wird, überwiegt jedoch der Anspruch des Zustellungsveranlassers auf Justizgewährung idR die Adressateninteressen.[14] Die Entscheidung kann **ohne mündliche Verhandlung** ergehen, auch wenn eine solche für die Sache selbst erforderlich ist. Dies gilt für Verfahren jeder Art, einschließlich solcher in Wohnungseigentumssachen, die bislang dem FGG unterfielen.[15] Die örtliche Zuständigkeit für den Rechtsstreit hat das Gericht nicht zu prüfen,[16] ebenso wenig die sachliche.[17] Der Beschluss lautet auf Bewilligung der öffentlichen Zustellung eines genau bezeichneten Schriftstücks oder auf Zurückweisung und ist **zu begründen.** Dem Zustellungsveranlasser ist er formlos mitzuteilen (§ 329 Abs. 2 S. 1), bei Zurückweisung des Antrags jedoch zuzustellen (§ 329 Abs. 3).[18] Der Beschluss ist zusammen mit dem Schriftstück öffentlich bekannt zu machen (s. Rn. 6), was für die Wirksamkeit der Zustellung jedoch keine Bedeutung hat.[19]

IV. Rechtsmittel

5 Die **Zurückweisung** des Antrags bzw. der Anregung der Partei[20] unterliegt der sofortigen Beschwerde (§ 567 Abs. 1), die **Bewilligung** ist unanfechtbar. Der Adressat kann die Unzulässigkeit der öffentlichen Zustellung jedoch im Verfahren geltend machen, nach Ablauf der Rechtsmittelfrist ggf. im Wege der Wiedereinsetzung in den vorigen Stand (§ 185 Rn. 15). Ist die öffentliche Zustellung ordnungsmäßig bewirkt worden, so kann die Bewilligung nicht nachträglich aufgehoben werden.[21]

V. Bekanntmachung (Abs. 2) und Aktenvermerk (Abs. 3)

6 Die bewilligte öffentliche Zustellung besorgt die Geschäftsstelle von Amts wegen. Der Aushang muss nicht notwendigerweise durch den Urkundsbeamten, sondern kann mit seinem Wissen und Wollen auch durch einen anderen Bediensteten erfolgen.[22] Die öffentliche Zustellung erfolgt durch Aushang einer Benachrichtigung mit dem in Abs. 2 S. 3 Nr. 1 bis 4 angegebenen Inhalt an der Gerichtstafel oder elektronisch **in dem Gericht,** das **für** die **Bewilligung** der öffentlichen Zustellung **zuständig** ist (Rn. 2);[23] daneben (nicht alternativ; Rn. 1) kommt eine Veröffentlichung gem. Abs. 2 S. 2, insb. **im Internet** in Betracht. Da die Benachrichtigung den auszugsweisen Aushang des Schriftstücks ersetzt, muss der Prozessgegenstand durch einen **inhaltlich aussagekräftigen** Hinweis bezeichnet werden; der im Rubrum genannte Gegenstand dürfte nicht selten zu allgemein sein (zB „Zahlungsanspruch").[24] Die Namen (Abs. 2 S. 3 Nrn. 1 und 2) müssen derart angegeben

---

11 BGH LM RAnwO (BrZ) Nr. 9.

12 *Stein/Jonas/H. Roth* Rn. 5.

13 *Baumbach/Lauterbach/Hartmann* Rn. 6; *Musielak/Wolst* Rn. 4; *Thomas/Putzo/Hüßtege* Rn. 3; *Stein/Jonas/H. Roth* Rn. 5; aA *Zöller/Stöber* Rn. 4.

14 Vgl. KG MDR 1998, 125.

15 BayObLG Rpfleger 1978, 446.

16 RGZ 46, 391, 392.

17 OLG Dresden SächsAnn. 16 (1895), 31, 32; OLG Hamburg SeuffA 58 Nr. 42; einschränkend bei offenkundiger Unzuständigkeit *Zöller/Stöber* Rn. 1 (kein Rechtsschutzbedürfnis).

18 AA *Musielak/Wolst* Rn. 4; *Stein/Jonas/H. Roth* Rn. 4; *Zöller/Stöber* Rn. 5 (jew. ohne Begründung).

19 BAG NJW 1976, 991.

20 S. *Musielak/Wolst* Rn. 5; *Stein/Jonas/H. Roth* Rn. 4.

21 OLG Kiel JW 1930, 1089, 1090.

22 RGZ 32, 400, 403 f.

23 S. OLG Hamm NJW 2007, 933, 934; OLG Stuttgart NJW 2007, 935 – jew. zu § 40 StPO, wo die Frage wegen § 40 Abs. 1 StPO aF, der auf das Gericht des 1. Rechtszuges verwies, besonders umstritten war; vgl. auch OLG Hamm NStZ-RR 2006, 344.

24 *Thomas/Putzo/Hüßtege* Rn. 6; eine Divergenz zu *Stein/Jonas/H. Roth* Rn. 7 (dort Fn. 15) besteht mE nicht.

werden, dass eine Identifizierung möglich ist, wofür idR Vor- und Nachname ausreichen, bei „Allerweltsnamen" empfiehlt sich der Zusatz weiterer Vor- bzw. des Geburtsnamens. Außerdem muss darauf hingewiesen werden, wo das Schriftstück mit vollem Inhalt eingesehen werden kann. Die Benachrichtigung muss außerdem den Bewilligungsbeschluss bezeichnen und gem. Abs. 2 S. 4 den Hinweis enthalten, dass demgemäß öffentlich zugestellt wird und Fristen in Gang gesetzt werden können, nach deren Ablauf Rechtsverluste drohen können. Dies gilt auch für die Zustellung eines **Vollstreckungsbescheids,** obwohl § 699 Abs. 4 S. 3 nicht auf § 186 Abs. 2 S. 4 verweist.[25] Der Bewilligungsbeschluss selbst muss nicht ausgehängt werden. Bei der Zustellung einer Ladung muss die Benachrichtigung gem. Abs. 2 S. 5 den Hinweis enthalten, dass es sich um die Ladung zu einem Termin handelt, dessen Versäumung Rechtsnachteile zur Folge haben kann. Einer näheren Konkretisierung bedarf es nicht, weil sie die Fehleranfälligkeit erhöhte. Die Benachrichtigung muss mindestens **einen Monat** aushängen (s. § 188). **Meldet sich der Zustellungsempfänger** nach Fristablauf, darf ihm das Schriftstück nicht gem. § 173 ausgehändigt werden, weil die Zustellung jetzt nur noch nach der Vorschrift des § 188 zu beurteilen ist.[26] Jedoch ist ihm eine Abschrift zur Kenntnisnahme zu übergeben. Für eine Zustellung nach § 173 besteht kein Bedürfnis, es sei denn, die Frist gem. § 188 ist noch nicht abgelaufen. Die Dauer des Aushangs ist nach Absatz 3 **in den Akten zu vermerken.** Der Beweis kann jedoch auch mit anderen Beweismitteln geführt werden.[27]

VI. Verstoß

Zum Fehlen der Voraussetzungen des § 185 ausführlich bei § 185 Rn. 11 ff. Fehlt die Bewilligung oder hat das unzuständige Gericht entschieden, richtet sich die Entscheidung an den falschen Adressaten oder ist der Aushang der Benachrichtigung mit einem wesentlichen Mangel behaftet, so ist die Zustellung unwirksam.[28] Da der Gesetzgeber ausdrücklich von einer alternativen Veröffentlichung der Benachrichtigung im Gericht oder im Internet abgesehen hat (s. Rn. 1), ist davon auszugehen, dass die alleinige Veröffentlichung gem. Abs. 2 S. 2 einen wesentlichen Mangel darstellt und zur Unwirksamkeit führt. Gleiches gilt, wenn der Anhang nicht bei dem zuständigen Gericht erfolgt.[29] Heilung gem. § 189 oder § 295 ist jedoch möglich. Hingegen berühren Fehler bei der fakultativen Veröffentlichung (§ 186 Abs. 2 S. 2, § 187) die Wirksamkeit ebenso wenig wie ein Verstoß gegen § 186 Abs. 3. Führt der Fehler jedoch zu einer falschen Berechnung der Frist durch den Adressaten kommt eine Wiedereinsetzung in Betracht. Zum verfrühten Entfernen der Benachrichtigung vgl. § 188 Rn. 4. 7

§ 187 Veröffentlichung der Benachrichtigung

Das Prozessgericht kann zusätzlich anordnen, dass die Benachrichtigung einmal oder mehrfach im elektronischen Bundesanzeiger oder in anderen Blättern zu veröffentlichen ist.

I. Normzweck

Die Norm **ergänzt** § 186 und gilt für alle öffentlichen Zustellungen. Das Gericht hat die Möglichkeit, **kumulativ** die Veröffentlichung der Benachrichtigung im elektronischen[1] Bundesanzeiger oder einer Zeitung (= Blätter) anzuordnen. Hiervon wird es Gebrauch machen, wenn es der Ansicht ist, dass eine Benachrichtigung gem. § 186 das Recht des Zustellungsadressaten auf rechtliches Gehör nicht hinreichend wahrt. Ein Veröffentlichungserfordernis, wie noch in § 204 Abs. 3 ZPO aF vorgesehen, besteht jedoch nicht mehr. 1

II. Anordnung und Inhalt der Benachrichtigung

Die Ausführungen zu § 186 (dort Rn. 2) über die Zuständigkeit gelten sinngemäß. Das Gericht entscheidet nach **pflichtgemäßem Ermessen** über die einmalige oder wiederholte Veröffentlichung.[2] Eine Veröffentlichung in Zeitungen wird es vor allem dann anordnen, wenn deren Lek- 2

---

[25] Zu diesem Redaktionsversehen s. o. Fn. 1.
[26] OLG Hamburg OLG Rspr. 23, 141 f.
[27] RGZ 32, 400, 404.
[28] *Fischer* ZZP 107 (1994), 163, 175; als wesentlicher Mangel wird etwa das Fehlen des Hinweises gem. § 186 Abs. 2 S. 5 angesehen, OLG Stuttgart NJW 2007, 935, 936.
[29] OLG Stuttgart NJW 2007, 935, 936 f.; s. auch OLG Hamm NJW 2007, 933, 934 f. (jew. zu § 40 StPO).
[1] Änderung eingefügt durch Art. 1 Nr. 52 e JKomG (§ 166 Rn. 1).
[2] Zur Formulierung *Fischer* ZZP 107 (1994) 163, 174.

türe durch den Zustellungsadressaten oder – in der Praxis vielleicht häufiger – eine ihm nahestehende Person möglich erscheint, was vor allem bei lokaler Presse durchaus nicht per se unwahrscheinlich ist. Die damit verbundenen Kosten sind zwar zu beachten, für die Ermessensentscheidung aber nicht der entscheidende Faktor.[3] Da § 186 Abs. 2 S. 2 nunmehr auch die Veröffentlichung auf der Homepage des Gerichts ermöglicht, ist einerseits die am ZustRG geübte Kritik[4] gegenstandslos, andererseits aber auch zu bezweifeln, ob die zusätzliche Veröffentlichung im elektronischen Bundesanzeiger die Kenntnisnahmewahrscheinlichkeit erhöht. IdR wird es ausreichen, dass der Adressat durch das Internet auf die Homepage des Gerichts (hier wird sich das Informations- und Kommunikationssystem iSv. § 186 regelmäßig befinden) zugreifen kann. Daher kann eine Veröffentlichung im Bundesanzeiger[5] regelmäßig unterbleiben.

3 Die veröffentlichte Benachrichtigung muss den Anforderungen des § 186 Abs. 2 genügen, dh. es ist die **gesamte Benachrichtigung** zu veröffentlichen und nicht nur ein Auszug derselben; die früher vorgesehene Veröffentlichung eines Auszugs des zuzustellenden Schriftstücks ist nicht mehr vorgeschrieben.[6] **Verstöße** haben auf die Wirksamkeit der Zustellung schon deswegen keinen Einfluss, weil § 187 neben § 186 Abs. 2 S. 1 tritt (s. § 186 Rn. 7), weshalb die Anordnung nach § 187 **auch nachträglich** ergehen kann.

§ 188 Zeitpunkt der öffentlichen Zustellung

[1] Das Schriftstück gilt als zugestellt, wenn seit dem Aushang der Benachrichtigung ein Monat vergangen ist. [2] Das Prozessgericht kann eine längere Frist bestimmen.

I. Normzweck

1 Die Vorschrift regelt zum einen die wesentliche Rechtsfolge der öffentlichen Zustellung, nämlich die **Fiktionswirkung.** Die Zustellung ist nicht nur von der tatsächlichen Kenntnis unabhängig,[1] sondern auch davon, ob die Voraussetzungen der Bewilligung (fort-)bestehen (§ 185 Rn. 11 ff.). Zum anderen vereinheitlicht sie in Abweichung von § 206 aF **den Zeitpunkt,** zu dem diese Wirkung eintritt. § 10 Abs. 2 S. 6 VwZG sieht allerdings eine zweiwöchige Frist vor. **Ort** der Zustellung ist der Sitz des zuständigen (s. § 186 Rn. 2) Gerichts, idR also der des Prozessgerichts.[2]

II. Monatsfrist (Satz 1)

2 Als Zeitpunkt der Zustellung gilt der Tag, an dem seit dem Aushang der Benachrichtigung ein Monat vergangen ist, woraus auch zu folgern ist, dass das Schriftstück einen Monat lang ausgehängt bleiben muss. Der Gesetzeswortlaut trägt der weiteren Veröffentlichungsmöglichkeit, die § 186 Abs. 2 S. 1 nunmehr vorsieht, nicht Rechnung. Daher muss „Aushang" als mit „Einstellung in ein elektronisches Informationssystem" gleichbedeutend gelesen werden. Maßgebend für die Berechnung der Frist ist § 222 Abs. 1 ZPO iVm. §§ 187 Abs. 1, 188 Abs. 2 BGB. Ist also die Benachrichtigung am 10. April ausgehängt worden, so gilt das Schriftstück mit dem Ablauf des 10. Mai als zugestellt. Wenn dieser Tag ein Sonntag ist, so ändert sich nichts, denn § 222 Abs. 2 ist nur für eigentliche Fristen gedacht, also solche, innerhalb deren die Parteien prozessuale Handlungen vorzunehmen haben.

III. Verlängerung der Monatsfrist (Satz 2)

3 Das Prozessgericht, also nicht der Vorsitzende (§ 186 Rn. 2), hat die Möglichkeit, die Frist zugleich mit Bewilligung der öffentlichen Zustellung zu verlängern, nicht dagegen abzukürzen.[3*] Die Entscheidung ergeht nach **pflichtgemäßem Ermessen.** Für eine Verlängerung kann etwa

---

[3] *Baumbach/Lauterbach/Hartmann* Rn. 2; *Stein/Jonas/H. Roth* Rn. 3.

[4] Vgl. *Häublein*, in: *Hannich/Meyer-Seitz* (Hrsg.), ZPO-Reform mit ZustRG, Rn. 1 aE.

[5] Ebenso *Zöller/Stöber* Rn. 2 („sollte die Ausnahme sein").

[6] BT-Drucks. 14/4554, S. 24.

[1] Wenn sich der Adressat vor Ablauf der Monatsfrist auf der Geschäftsstelle meldet, kann ihm gem. § 173 zugestellt und damit vor Ablauf der Monatsfrist die Zustellung bewirkt werden, vgl. § 186 Rn. 6.

[2] Relevant etwa für § 604; vgl. *Stein/Jonas/H. Roth* Rn. 1.

[3*] Ob man sich hierfür auf § 224 Abs. 2 stützt, s. *Thomas/Putzo/Hüßtege* Rn. 2, oder diese Norm auf die uneigentliche Frist des § 188 für unanwendbar hält, so wohl *Stein/Jonas/H. Roth* § 224 Rn. 6, ist wegen der eindeutigen Wortlauts von Satz 2 ohne Bedeutung.

sprechen, dass die Veröffentlichung in einem lokalen Blatt (vgl. § 187 Rn. 2) erst nach Ablauf der Monatsfrist möglich ist. Freilich darf nicht nur eine ganz entfernte, eher theoretische Kenntnisnahmemöglichkeit bestehen, weil ansonsten der Anspruch des Adressaten auf effektiven Rechtsschutz gegen eine Verlängerung spricht.

IV. Vorzeitige Entfernung

Umstritten sind die Folgen einer **vorzeitigen Entfernung** von Aushang oder eingestellter Benachrichtigung. Nach hier vertretener Ansicht macht sie die Zustellung **unwirksam.** Die Gegenansicht[4] hält sie generell für unbeachtlich oder zumindest eine „geringfügig verfrühte Abnahme“[5] für unschädlich, weist aber in diesem Zusammenhang auch darauf hin, man könne jedenfalls nicht jeden „noch so kurzen Aushang“ genügen lassen.[6] Indes lassen sich die Zeiträume „geringfügig“ bzw. „noch so kurz“ kaum verbindlich und jedenfalls nicht ohne Willkür festlegen. Die fiktive Zustellungswirkung ist für den Adressaten mit erheblichen Belastungen verbunden, so dass es geboten erscheint, das diese letztlich legitimierende Verfahren, mit dem die Rechte des Adressaten typisierend geschützt werden, genau einzuhalten. Die Nichtsanktionierung der verkürzten Veröffentlichungszeit dürfte letztlich auf der – hier nicht geleugneten – Erfahrung beruhen, dass eine Kenntnisnahme durch den Adressaten nur sehr selten erfolgt. Dann müsste man aber konsequenter Weise Fehler bei der Veröffentlichung schlechthin für irrelevant halten, ja sogar das Fehlen der Veröffentlichung wäre dann wohl unbeachtlich. Diese Folgerung wird aber, soweit ersichtlich, von niemandem gezogen (s. auch § 186 Rn. 7).[7] Zu Recht! Denn dem Gesetz liegt erkennbar die Wertung zugrunde, der Adressat habe nur dann eine faire Chance, überhaupt rechtliches Gehör zu erhalten, wenn ihm die ihn betreffenden Informationen mindestens einen Monat zugänglich sind. Hinzu kommt, dass § 206 Abs. 3 aF, der den Mangel ausdrücklich für unbeachtlich erklärt hatte, durch das ZustRG nicht übernommen worden ist. Zwar lässt sich der Wille des Gesetzgebers, mit der Neuregelung in diesem Punkt von der bisherigen Rechtslage abweichen zu wollen, der Gesetzesbegründung nicht entnehmen.[8] Das ändert aber nichts daran, dass der Gesetzeswortlaut **keine Sonderbehandlung** der Verletzung dieser zwingenden Zustellungsfrist mehr rechtfertigt. Die Rechtslage entspricht damit der früher im Verwaltungsverfahren geltenden, da auch in § 15 VwZG aF eine dem § 206 Abs. 3 ZPO aF entsprechende Regelung nicht enthalten war.[9] Für § 10 VwZG nF gilt nichts anderes. Zustellungsfehler durch vorzeitige Entfernung als Resultat einer überfüllten Gerichtstafel dürften aber schon bald der Vergangenheit angehören, da davon auszugehen ist, dass elektronische Informationssysteme diese nach und nach ablösen werden. Sofern das Gericht sowohl einen Aushang als auch eine elektronische Veröffentlichung vorgenommen hat, ist die vorzeitige Entfernung des Aushangs unbeachtlich, wenn die Benachrichtigung im Informationssystem des Gerichts eingestellt bleibt. Die Veröffentlichung gem. § 186 Abs. 2 S. 2 (Internet) genügt dafür aber nicht, weil der Gesetzgeber diese zusätzliche Möglichkeit der Publizierung nicht für ausreichend erachtet hat (ausführlich § 186 Rn. 1). 4

§ 189 Heilung von Zustellungsmängeln

Lässt sich die formgerechte Zustellung eines Dokuments nicht nachweisen oder ist das Dokument unter Verletzung zwingender Zustellungsvorschriften zugegangen, so gilt es in dem Zeitpunkt als zugestellt, in dem das Dokument der Person, an die die Zustellung dem Gesetz gemäß gerichtet war oder gerichtet werden konnte, tatsächlich zugegangen ist.

I. Allgemeines

1. Normzweck und Grenzen der Heilung von Zustellungsmängeln. Die Vorschrift verhindert, dass Mängel des Zustellungsvorgangs die Zustellung unwirksam machen, wenn feststeht, 1

---

[4] *Zöller/Stöber* Rn. 4.
[5] *Baumbach/Lauterbach/Hartmann* Rn. 5.
[6] *Stein/Jonas/H. Roth* § 186 Rn. 10.
[7] S. etwa *Stein/Jonas/H. Roth* § 186 Rn. 11, der die Zustellung – vollkommen zu Recht – für unwirksam hält, wenn der Aushang unterblieben ist oder „nicht ordnungsgemäß vorgenommen“ wurde. Gründe, gerade den Fristverstoß anders zu behandeln, gibt es nicht.
[8] BT-Drucks. 14/4554, S. 24.
[9] Zur Verletzung zwingender Zustellungsvorschriften durch verfrühte Abnahme des Aushangs vgl. BVerwG NJW 1998, 2377.

dass der Adressat das Dokument[1] erhalten hat und sachlich so gestellt ist, als ob die Zustellung in Ordnung wäre,[2] ihr **Zweck** also **erreicht** ist (zum Zweck s. § 166 Rn. 5). Die Heilung von Zustellungsmängeln steht nicht mehr wie in § 187 aF im Ermessen des Gerichts, sondern tritt **von Gesetzes wegen** ein, und zwar nunmehr auch dann, wenn durch die Zustellung der Lauf einer Notfrist in Gang gesetzt wird; denn der der alten Fassung zugrunde liegende Gedanke, der Lauf von Notfristen dürfe nicht von einer Ermessensentscheidung des Gerichts abhängen, trifft nicht mehr zu. Die Norm passt sich in ihrer im Vergleich zur Vorgängervorschrift heilungsfreundlicheren Fassung in das hinter dem ZustRG (§ 166 Rn. 1) stehende Gesamtkonzept einer Vereinfachung des Zustellungsrechts, die notwendig zu einer gewissen „Entförmlichung" führt, ein und ist dementsprechend **weit auszulegen.**[3] Die weite Auslegung darf aber nicht dazu führen, dass ein vollständiges Außerachtlassen des förmlichen Zustellungsverfahrens als unschädlich angesehen wird, wenn nur das Dokument dem Empfänger „irgendwie" zugeht (zB „Zustellung" im Parteibetrieb durch einfache Übersendung des Dokuments per Post oder Fax; s. Rn. 4). Die für den zwischenstaatlichen Zustellungsverkehr getroffene Feststellung, dass damit letztlich alle völkervertraglich vereinbarten Zustellungswege ausgehebelt werden könnten,[4] gilt der Sache nach auch für das nationale Recht. Die Formulierung „unter Verletzung zwingender Zustellungsvorschriften" erfasst daher nicht das Außerachtlassen des Zustellungsrechts insgesamt. Diese Einschränkung findet sich im Wortlaut der Norm zumindest mittelbar wieder, wenn es heißt, das Dokument müsse „der Person, an die *die Zustellung*" gerichtet war bzw. werden konnte, zugegangen sein. Daraus folgt, dass eine förmliche Zustellung wenigstens angestrebt worden sein muss (s. Rn. 3). Aber auch dann, wenn eine förmliche Zustellung in die Wege geleitet wird, besteht bei allzu großzügiger Anwendung des § 189 die Gefahr einer Kollision mit originär den Empfänger schützenden Regelungen des Zustellungsrechts, die zu ignorieren die Heilungsvorschrift geradezu einladen könnte. So liegt es etwa bei den Zustellungsarten, die einen Empfangswillen erfordern (s. auch Rn. 6). Geheilt werden schließlich nach wohl überwiegender Ansicht **nur Förmlichkeiten des Zustellungsakts,** deren Verletzung die Zustellung unwirksam macht oder die den Nachweis der Tatsache und des Zeitpunkts des Zugangs sicherstellen sollen,[5] grds. nicht dagegen ein Mangel des Inhalts oder der gesetzlichen Form des Schriftstücks (Rn. 7).

2 **2. Anwendungsbereich.** § 189 gilt für alle Zustellungen im **Amts-** oder **Parteibetrieb,** einschließlich der Zustellung nach § 174 Abs. 2 und 3,[6] sowie für jede Art förmlich zuzustellender Dokumente, also auch für Willenserklärungen nach § 132 BGB,[7] Schriftsätze nach § 261 Abs. 2[8] und Zustellungen im Vollstreckungsverfahren,[9] Zwangsversteigerungsverfahren oder Insolvenzverfahren (§ 4 InsO), außerdem für die Wirksamkeitszustellung von **Beschlussverfügungen** nach §§ 936, 922 Abs. 2[10] und die Auslandszustellung, § 183 Rn. 17. Zu weiteren Heilungsmöglichkeiten, zB § 295, s. auch § 166 Rn. 6.

II. Heilungsvoraussetzungen

3 **1. Zustellungswille.** Die Heilung setzt nach dem zu Rn. 1 Gesagten voraus, dass eine Zustellung beabsichtigt war.[11] Der Wille, dem Empfänger das Dokument zur Kenntnis zu geben, genügt dafür nicht. Deswegen ist der Zugang eines Schriftstücks im Wege – irrig für ausreichend gehaltener – formloser Übersendung keine „geheilte" Zustellung.[12] Ist der vorhandene Zustellungswille jedoch durch richterliche Anordnung gegeben, kann eine gleichwohl erfolgte formlose Übersen-

---

[1] Der Begriff ist mit dem JKomG (§ 166 Rn. 1) an die Stelle des Wortes „Schriftstück" getreten und erfasst nunmehr eindeutig auch die Zustellung auf elektronischem Wege. Zur vorher gebotenen Analogie s. *Stein/Jonas/H. Roth* Rn. 3; unverständlicher Weise noch immer für entsprechende Anwendung aber *Thomas/Putzo/Hüßtege* Rn. 3.

[2] BGHZ 100, 234, 238 = NJW 1987, 2868; s. auch BGH NJW 2001, 1946, 1948.

[3] BGH NJW 1989, 1154, 1155; *Stein/Jonas/H. Roth* Rn. 2.

[4] S. *H. Roth,* FS Gerhardt, 2004, S. 799, 805.

[5] BGHZ 130, 71, 74 = NJW 1995, 2217; BGH NJW 1967, 823, 824.

[6] S. Fn. 1.

[7] BGH NJW 1967, 823, 824.

[8] BGH NJW 1992, 2235.

[9] LG Aachen NJW-RR 1990, 1344.

[10] Vgl. etwa OLG Dresden NJW-RR 2003, 1721, 1722 – die anderslautende frühere Rspr. (zB OLG Hamburg OLGZ 1994, 213, 217 f.; OLG Frankfurt NJW-RR 1998, 1684; KG NJW-RR 1999, 71) ist überholt; ebenso *Stein/Jonas/H. Roth* Rn. 3 aE.

[11] BGHZ 7, 268, 270 = NJW 1952, 1375; BGH NJW 2001, 3713, 3714; NJW 2003, 1192, 1193.

[12] BGH ebenda, sowie FamRZ 1993, 309; OLG Hamm NJW-RR 1994, 63; aA OLG Düsseldorf NJW 1951, 968; BayVGH, Beschl. v. 13. 12. 2005, 12 B 03.1957, juris.

dung geheilt werden.[13] Das folgt daraus, dass es bei der Amtszustellung maßgeblich auf den Willen des für das Verfahren zuständigen Organs (Richter, Rechtspfleger) und nicht auf den der Geschäftsstelle ankommt.[14] Lässt sich nicht mehr feststellen, ob eine förmliche Zustellung gewollt war, tritt eine Heilung nicht ein (zur Beweislast s. Rn. 9).[15] Auch der **zufällige Zugang** an den Adressaten, zB durch Entnahme eines Schriftsatzdoppels aus den Akten durch den Prozessbevollmächtigten, ersetzt nicht den Zustellungswillen.[16] Ebenso wenig genügt es, wenn eine Ersatzperson (§ 178) das an sie in dieser Eigenschaft übergebene Schriftstück (unbefugt) öffnet und so von dem Inhalt eines auch an sie adressierten Schriftstücks Kenntnis erlangt (zB mitverklagter Ehegatte).

Bei **Parteizustellungen** muss – vorbehaltlich der Regelung des § 195 – der Wille vorhanden 4
sein, einen Gerichtsvollzieher nach § 192 einzuschalten. Der Einwurf in den Briefkasten des Adressaten durch Boten genügt ebenso wenig wie die gewöhnliche Übersendung per Post, Telefax, Email oder die auf Bitten des Schuldners erfolgte Aushändigung einer vollstreckbaren Ausfertigung der errichteten Urkunde durch den Notar an den Gläubiger.[17]

2. Zustellungsfehler. a) Nachweismängel. Die Vorschrift setzt weiterhin voraus, dass eine 5
formgerechte Zustellung entweder durch die Zustellungsurkunde oder andere Beweismittel (zB Zeugnis des Zustellungsorgans) nicht nachgewiesen werden kann (1. Alt.) oder zwingende Zustellungsvorschriften verletzt worden sind (2. Alt.). Die **erste Alternative** erfasst vor allem die Fälle unvollständiger oder fehlender bzw. verlorengegangener Zustellungsurkunden und bereitet keine wesentlichen Probleme. Teils umstritten sind hingegen die Grenzen der zweiten Alternative. In Betracht kommen vor allem Verstöße gegen die vorgeschriebene Art der Zustellung oder gegen Formvorschriften für den Zustellungsvorgang.

b) Wahl der falschen Zustellungsart. Geheilt werden kann eine Zustellung im Amts- statt im 6
Parteibetrieb und umgekehrt.[18] Jedoch ersetzt die Amtszustellung einer **einstweiligen Verfügung** oder eines **Arrests** nicht die zur fristgerechten (§ 929 Abs. 2) **Vollziehung** erforderliche Zustellung durch die Partei (str.).[19] Die Ursache hierfür liegt jedoch nicht im Zustellungsrecht, sondern darin begründet, dass die Vollziehung den Willen der Partei zur Vollstreckung dokumentieren soll,[20] was freilich ebenfalls nicht einhellig so gesehen wird.[21] Ist die Parteizustellung dagegen eingeleitet, können deren Mängel nach § 189 geheilt werden.[22] So kann eine unter Verletzung von §§ 191, 172 an die Partei erfolgte Zustellung als wirksam behandelt werden, wenn diese die gerichtliche Entscheidung nebst Zustellungsunterlagen dem Anwalt weiterleitet (s. hierzu auch Rn. 8). Erfolgt die Zustellung gegen Empfangsbekenntnis (§§ 195, 174), ist zu beachten, dass der **fehlende Annahmewille** nicht durch den Nachweis des bloßen Zugangs ersetzt werden kann.[23] Eine Anwendung des § 189 ist aber möglich, wenn der Anwalt seinen später gebildeten Annahmewillen (konkludent) zum Ausdruck bringt, etwa dadurch, dass er sich auf das Dokument einlässt.[24] Davon zu unterscheiden sind die Fälle des bloßen Fehlens des Empfangsbekenntnisses, dem nach dem Konzept des ZustRG lediglich Nachweisfunktion zukommt (s. § 174 Rn. 8). Es macht die Zustellung ohnehin nicht unwirksam,[25] und ist daher, wenn der Zugangsnachweis nicht auf andere Weise geführt werden kann, ein Fall der 1. Alt (s. o. Rn. 5).

c) Unterscheidung von Zustellungsvorgang und -gegenstand. Zu den „zwingenden Zu- 7
stellungsvorschriften" iSd. 2. Alt. gehören bspw. die Regelungen über den Zustellungsadressaten (§§ 170, 172; s. Rn. 6), aber auch diejenigen über die taugliche Ersatzperson oder die Benachrichtigung bei der Niederlegung. Geheilt werden können grds. sämtliche Mängel „bei der Ausführung"

---

[13] BGH NJW 1956, 1878, 1879.

[14] *Musielak/Wolst* Rn. 2; *Zöller/Stöber* Rn. 2.

[15] So aber OLG München FamRZ 1981, 167.

[16] BGH FamRZ 1993, 309; OLG Köln FamRZ 1986, 278, 279 m. Anm. *Becker-Eberhard;* BayObLG NJW 2004, 3722.

[17] Abzulehnen insoweit: OLG Dresden NJW-RR 2003, 1721, 1722; zu den Gründen s. Rn. 1.

[18] *Stein/Jonas/H. Roth* Rn. 14; aA *Hornung* Rpfleger 2002, 493, 502.

[19] Vgl. auch § 166 Rn. 22 m. Fn. 95.

[20] S. OLG Hamburg , Urt. v. 30. 6. 2005, 3 U 221/04, juris; LG Karlsruhe Pharma Recht 2005, 371; *Addicks* MDR 1994, 225, 229; *Stein/Jonas/H. Roth* Rn. 14; aA OLG München MDR 2005, 1244, mit dem nicht näher begründeten Hinweis, dass Gesetz lasse keinen Raum mehr für an den Zweck der Zustellung anknüpfende Überlegungen.

[21] Vgl. *Zöller/Vollkommer* § 929 Rn. 12.

[22] *Addicks* MDR 1994, 225, 229; *Zöller/Vollkommer* § 929 Rn. 14.

[23] BGH NJW 1989, 1154; 1990, 122; NStZ-RR 2005, 77 (zu § 37 StPO); OVG Hamburg NVwZ 2005, 235.

[24] BGH NJW 1989, 1154; 1992, 2235, 2236.

[25] Insoweit überholt: BGH NJW 1992, 2235, 2236.

der Zustellung,[26] also solche des Zustellungsvorgangs, **nicht** hingegen **Mängel des Zustellungsgegenstandes,**[27] was freilich umstritten ist.[28] Für diese Begrenzung des § 189 spricht, dass das Zustellungsrecht der §§ 166 ff., zu dem die Norm systematisch zählt, keine Regelungen über die Form des zuzustellenden Dokuments enthält. Wird also statt einer zuzustellenden Urteilsausfertigung eine beglaubigte Abschrift ohne Ausfertigungsvermerk übergeben, haftet der Fehler nicht dem Zustellungsvorgang, sondern dem Zustellungsgegenstand an, so dass § 189 keine Anwendung findet.[29] Dasselbe muss für die Aushändigung einer Ausfertigung ohne ausreichenden Ersetzungsvermerk für den an der Unterschriftsleistung verhinderten Richter gelten (§ 166 Rn. 12).[30] Ist eine mangelhafte Ausfertigung zugestellt worden, tritt Heilung folglich nur ein, wenn der Adressat von der Urschrift bzw. von einer mangelfreien Ausfertigung Kenntnis erlangt hat.[31] Teilweise wird die Anwendung von § 189 auch dann abgelehnt, wenn gegen das von der hM aus §§ 169 Abs. 2, 192 Abs. 2 hergeleitete **Beglaubigungserfordernis** verstoßen, dh. statt einer beglaubigten Abschrift eine unbeglaubigte übergeben wurde.[32] Das überzeugt nicht. Sofern man der dieser Kommentierung zugrunde liegenden Prämisse folgt, nach der das Zustellungsrecht keine Beglaubigung des Zustellungsobjekts mehr fordert (s. § 169 Rn. 3 f.), fehlt es bereits an der Verletzung einer „zwingenden Zustellungsvorschrift", weshalb es auf § 189 gar nicht ankommt. Sieht man dies anders, so muss doch wenigstens konstatiert werden, dass gegen Formvorschriften des originären Zustellungsrechts verstoßen wird, weshalb das Argument, der Gesetzgeber habe die Regelungen über die Form der Zustellung aus den §§ 166 ff. herausgenommen, gerade nicht durchgreifen kann. Auch lässt sich die Beglaubigung zum Zwecke der Zustellung ohne größere Probleme als ein Akt der „Ausführung der Zustellung" begreifen, weshalb letztlich kein überzeugender Grund besteht, die zumindest über § 189 herbeigeführte Wirksamkeit der Zustellung in Zweifel zu ziehen.

8 **3. Zugang.** Eine Heilung setzt schließlich voraus, dass das Dokument dem Adressaten zugegangen ist. Dem Adressaten gleich stehen sonstige Empfangsberechtigte (§ 171), nicht dagegen Ersatzpersonen iSd. § 178.[33] Zugegangen ist ein Dokument dann, wenn es derart in den Machtbereich gelangt ist, dass Gelegenheit zur Kenntnisnahme bestand.[34] Die bloße Unterrichtung über den Inhalt des Schriftstücks[35] bzw. Akteneinsicht[36] genügen nicht. Der Adressat muss das Schriftstück „in die Hand" bekommen, was nach Ansicht des BGH nicht schon dann der Fall ist, wenn ein Mitglied einer Wohngemeinschaft das Schriftstück zusammen mit anderer Post an einer Stelle ablegt, an der neben dem Zustellungsadressaten auch noch andere Mitglieder der Wohngemeinschaft Zugriff haben.[37] Eine Übersendung mit Rücksendungsaufforderung[38] oder die vorübergehende Überlassung zur Kenntnisnahme[39] genügen. Ist ein **gesetzlicher Vertreter** (§ 170) oder ein **Prozessbevollmächtigter** (§ 172)[40] vorhanden, muss das Dokument gerade diesem zugegangen sein. Ein Zugang an die vertretene Partei genügt nicht. Zugang ist verneint worden, wenn die Mutter des minderjährigen Beklagten die unrichtigerweise an diesen persönlich gerichtete Klageschrift in verschlossenem Umschlag entgegennimmt und an ihn ungeöffnet weitergibt.[41] Dass insofern „die Gelegenheit" zur Kenntnisnahme bestand, ändert daran nichts; denn die oben wiedergegebene Formel der Rspr. muss präzisiert werden. Es kommt darauf an, ob von dieser Gelegenheit unter gewöhnlichen Umständen auch Gebrauch zu machen gewesen wäre. Dagegen wird die fehlerhafte Zustellung an die Partei dadurch geheilt, dass das Dokument in den Besitz des Rechtsanwalts gelangt, der später Zu-

---

[26] Vgl. BT-Drucks. 14/4554, S. 24.

[27] BGHZ 100, 234, 238; 130, 71, 74; OLG Hamm NJW 1978, 830, 831, dazu krit. *Kramer* S. 831; FG Baden-Württemberg EFG 2005, 82; *Stein/Jonas/H. Roth* Rn. 16.

[28] Für eine Heilung *Musielak/Wolst* Rn. 2; *Thomas/Putzo/Hüßtege* Rn. 6; *Rosenberg/Schwab/Gottwald* § 75 Rn. 16.

[29] BGHZ 100, 234, 241 = NJW 1987, 2868; OLG Hamm NJW 1978, 831 m. Anm. *Kramer;* OLG Celle WRP 1993, 181; aA OLG Hamm OLGZ 1979, 357, 359; OLG Frankfurt OLGZ 1981, 99.

[30] AA OLG Stuttgart NJW-RR 1989, 1534.

[31] OLG Hamm WRP 1989, 262, 263.

[32] S. *Stein/Jonas/H. Roth* Rn. 16.

[33] *Stein/Jonas/H. Roth* Rn. 7.

[34] BGH NJW 1978, 426. Sofern dies teilweise anders gesehen wird, vgl. etwa OVG Hamburg NVwZ 2005, 235, stehen regelmäßig Zustellungsformen in Rede, bei denen es auf den Annahmewillen des Empfängers ankommt. Hier genügt der bloße Zugang per se nicht; s. BGH NStZ-RR 2005, 77, hierzu bereits Rn. 6.

[35] BGHZ 70, 384, 387 = NJW 1978, 1325; BGH NJW 1981, 1041, 1042; 1992, 2099, 2100.

[36] OLG Nürnberg MDR 1982, 238.

[37] BGH NJW 2001, 1946, 1948. Der Fall wäre jetzt über § 178 Abs. 1 Nr. 1 zu lösen.

[38] OLG München NJW-RR 1986, 1383, 1384.

[39] OLG Celle Rpfleger 1969, 63, 64; OLG Köln NJW-RR 1987, 575, 576; aA *Mes* Rpfleger 1969, 40, 41.

[40] OLG Hamburg OLGZ 1994, 213, 217.

[41] OLG Karlsruhe FamRZ 1973, 272, 273.

stellungsvollmacht erlangt, sofern er das Dokument zu diesem Zeitpunkt noch in Besitz hat.[42] Auch wenn die Partei, der entgegen § 172 direkt zugestellt wurde, das Dokument an den Prozessbevollmächtigten weiterleitet, kommt eine Heilung in Betracht. Sofern dies auch für die Weiterleitung einer Fotokopie des Schriftstücks bejaht worden ist,[43] könnten jedenfalls dann Bedenken bestehen,[44] wenn man mit einer weit verbreiteten Ansicht den Zugang eines inhaltsgleichen Dokuments nicht genügen lässt, sondern fordert, dass gerade das zugestellte Dokument selbst „in die Hände" des Adressaten gelangen muss.[45] Indes überzeugt diese letztgenannte Ansicht nicht. Die Zulassung einer Zustellung durch Telefax (§ 174 Abs. 2) oder Email (§ 174 Abs. 3) bedeutet eine vom Gesetzgeber um der Vereinfachung der Zustellung willen bewusst herbeigeführte Absenkung der Anforderungen an das dem Empfänger zugeleitete Dokument. Mit dieser verträgt es sich schwerlich, wenn im Rahmen der Heilung gefordert wird, dem Adressaten müsse genau das Schriftstück zugehen, mit dem der (fehlgeschlagene) Zustellversuch unternommen war. Hinzu kommt, dass bereits zu § 9 VwZG aF, dem § 189 nachgebildet ist,[46] anerkannt war, dass ein Zustellungsmangel geheilt ist, wenn der Empfänger nur eine Kopie des Schriftstücks erhalten hat.[47] Es ist daher davon auszugehen, dass eine Zuleitung in Kopie oder per Telefax ausreicht.[48]

III. Zeitpunkt der Zustellung und Beweis

Als zugestellt gilt das Dokument in dem Zeitpunkt, in dem es dem Zustellungsadressaten tatsächlich zugegangen ist. Lässt sich der Zeitpunkt nicht genau feststellen, ist derjenige maßgeblich, in dem der Adressat das Dokument spätestens „in den Händen" hatte.[49] Die **Beweislast** für das Vorliegen der Heilungsvoraussetzungen trifft nach allgemeinen Grundsätzen die Partei, die sich auf die wirksame Zustellung beruft.[50] Das Gericht entscheidet **in freier Beweiswürdigung** (§ 286). 9

§ 190 Einheitliche Zustellungsformulare

Das Bundesministerium der Justiz wird ermächtigt, durch Rechtsverordnung mit Zustimmung des Bundesrates zur Vereinfachung und Vereinheitlichung der Zustellung Formulare einzuführen.

I. Normzweck

Die Verordnungsermächtigung iSv. Art. 80 Abs. 1 GG, deren inhaltsgleiche Vorgängervorschrift § 24a EGZPO war, und die auf ihrer Grundlage erlassene Verordnung zur Einführung von Vordrucken für die Zustellung im gerichtlichen Verfahren (Zustellungsvordruckverordnung – ZustVV)[42] stellen sicher, dass die Gerichte bzw. Parteien nicht mit einer Vielzahl unterschiedlicher Formulare konfrontiert werden. Da die §§ 166ff. auch einer **Beschleunigung des Verfahrens** dienen, wäre es kontraproduktiv, wenn die für den Zugangsnachweis erforderlichen Informationen je unterschiedlichen Dokumenten entnommen werden müssten. Außerdem bestünde die Gefahr, dass die Formulare nicht alle nach der ZPO erforderlichen Informationen enthalten. Gerichtliche Zustellungen sind ein Massengeschäft, das überwiegend von der Post ausgeführt wird. Da hierbei neben der Deutschen Post AG zunehmend private Lizenznehmer Zustelldienstleistungen erbringen, ist sicherzustellen, dass die mit der Zustellung beauftragten Postunternehmen, **aber auch** die Justizbediensteten, Gerichtsvollzieher und Behörden (vgl. § 168), die förmliche Zustellung einheitlich ausführen und dokumentieren. Einen anderen Weg geht das Gesetz bei der ebenfalls von diversen Lizenznehmern ausführba- 1

---

[42] BGH NJW 1989, 1154; KG-Report 2005, 788.

[43] OLG Braunschweig NJW-RR 1996, 380, 381.

[44] S. *Stein/Jonas/H. Roth* Rn. 8 mit Fn. 23.

[45] OLG Hamm OLGZ 1991, 450 = MDR 1992, 78; BayOblGZ 1995, 61, 72; OLG Karlsruhe Rpfleger 2004, 641, 642; OLG Zweibrücken FamRZ 2006, 128; OLG Hamburg, 30. 6. 2005, 3 U 221/04, juris; *Nietsch* GmbHR 2004, 1518, 1522.

[46] BT-Drucks. 14/4554, S. 24.

[47] S. OVG Hamburg NVwZ 2005, 235 unter Hinweis auf BVerwGE 104, 301.

[48] Gleichwohl im Ergebnis zutreffend: OLG Karlsruhe Rpfleger 2004, 641, 642, wo es um die Vollziehung einer einstweiligen Verfügung ging. Die dem Adressaten per Telefax durch das Gericht (!) zugeleitete Kopie sagte nichts über den Vollziehungswillen der Partei (s. Rn. 6).

[49] *Zöller/Stöber* Rn. 15.

[50] Statt aller: *Baumbach/Lauterbach/Hartmann* Rn. 12.

[42] Der Name geht auf den früher auch in der ZPO verwendeten Begriff „Vordruck" zurück, der durch das JKomG (s. § 166 Rn. 1) – allerdings nur im Rahmen der §§ 166ff., nicht aber auf Verordnungsebene – in „Formular" geändert worden ist.

ren Zustellung durch Einschreiben mit Rückschein. Dies scheint im Hinblick auf den vergleichsweise geringen Informationsgehalt des Rückscheins ebenso wie beim Empfangsbekenntnis zu keinen praktischen Problemen zu führen, selbst wenn man mit der hier vertretenen Ansicht davon ausgeht, dass auch der Rückschein – ohne öffentliche Urkunde zu sein – den vollen Beweis für den Zugang erbringt (§ 175 Rn. 6). Probleme können aber im Einzelfall die unterschiedlichen Bedingungen für die Übergabe an andere Personen als den Adressaten bereiten (vgl. § 175 Rn. 3).

II. Zustellungsvordruckverordnung

2 Das Nähere regelt die ZustVV, die als Anlage entsprechende Muster enthält. Die geltende Fassung ist die der **Ersten Verordnung zur Änderung** der Zustellungsvordruckverordnung vom 23. April 2004 (BGBl. I S. 619), die zum 1. Mai 2004 in Kraft getreten ist und seit dem **1. Januar 2005** der Verwendung alter Formulare entgegensteht (vgl. § 3 ZustVV). Im Vergleich zur ursprgl. Fassung der ZustVV (vom 12. Februar 2002 [BGBl. I S. 671], berichtigt am 1. 3. 2002 [BGBl. I S. 1019]) ist die Zustellungsurkunde (Anlage 1 zu § 1 Nr. 1 ZustVV) nicht unerheblich modifiziert worden, um einige Anwendungsprobleme in der Praxis zu beseitigen.[43] Die Verwendung alter Formulare macht die Zustellung zwar **nicht unwirksam,** kann jedoch zu Nachweisschwierigkeiten führen, sofern die alte Fassung von der Rechtsprechung als unzureichend aufgefasst wurde (vgl. hierzu § 182 Rn. 8). Neben der Zustellungsurkunde (§ 1 Nr. 1 ZustVV) sieht die ZustVV Formulare/Vordrucke für den verschlossenen Umschlag gem. § 176 Abs. 1 (§ 1 Nr. 2 ZustVV – „inneren Umschlag"), den Postzustellungsauftrag nach § 168 Abs. 1 S. 3 (§ 1 Nr. 3 ZustVV – „äußerer Umschlag") und die schriftliche Mitteilung über eine Zustellung durch Niederlegung nach § 181 Abs. 1 S. 2 (§ 1 Nr. 4 ZustVV – „Benachrichtigung") vor.

3 § 2 ZustVV regelt die **zulässigen Abweichungen** von den Mustern der ZustVV. Abs. 1 sieht vor, dass für die Zustellungsurkunde abweichend von dem in Anlage 1 bestimmten Muster einfarbiges gelbes Papier verwendet werden kann sowie, dass in diesem Fall die im Muster in weißer Farbe hervorgehobenen Ankreuz- und Ausfüllfelder durch Umrandung oder in anderer Weise kenntlich zu machen sind. Gem. § 2 Abs. 2 ZustVV dürfen für die Vordrucke nach § 1 Nr. 2 (innerer Umschlag) und Nr. 3 (äußerer Umschlag/Auftrag) Umschläge mit Sichtfenster verwendet werden; in diesen Fällen bedarf es der Angabe des Aktenzeichens und der Vorausverfügungen auf dem inneren Umschlag nicht. Im Übrigen lässt Abs. 3 folgende Abweichungen zu, wobei der Vereinheitlichungszweck des § 190 einen zurückhaltenden Umgang gebietet:
- Berichtigungen, die auf einer Änderung von Rechtsvorschriften beruhen (Nr. 1),
- Anpassungen, Änderungen oder Ergänzungen, die es, ohne den Inhalt der Vordrucke zu verändern oder das Verständnis der Vordrucke zu erschweren, den Gerichten ermöglichen, die Verfahren maschinell zu bearbeiten und für die Bearbeitung technische Entwicklungen nutzbar zu machen oder vorhandene technische Einrichtungen weiter zu nutzen (Nr. 2)
- sowie Anpassungen, Änderungen oder Ergänzungen, die es, ohne den Inhalt der Vordrucke zu verändern oder das Verständnis der Vordrucke zu erschweren, ermöglichen, technische Einrichtungen der üblichen Briefbeförderung für das Zustellungsverfahren zu nutzen (Nr. 3).

Untertitel 2. Zustellungen auf Betreiben der Parteien

§ 191 Zustellung

Ist eine Zustellung auf Betreiben der Parteien zugelassen oder vorgeschrieben, finden die Vorschriften über die Zustellung von Amts wegen entsprechende Anwendung, soweit sich nicht aus den nachfolgenden Vorschriften Abweichungen ergeben.

I. Normzweck und Anwendungsbereich

1 Die dem zweiten Untertitel des Titels „Verfahren bei Zustellungen" vorangestellte Norm stellt klar, dass für Zustellungen, die von den Parteien und nicht von Amts wegen betrieben werden, die Regelungen über die Amtszustellung entsprechend gelten. Die Modifizierungen sind in den §§ 192–195 geregelt (zu den Einzelheiten s. dort) und tragen vor allem dem Umstand Rechnung, dass bei der Parteizustellung die Geschäftsstelle idR nicht beteiligt ist (s. aber Rn. 3). Das Regelungsmodell entspricht dem des § 208 aF, allerdings unter veränderten Vorzeichen, da die Amtszustellung durch das ZustRG auch gesetzessystematisch zum Regelfall erhoben worden ist (§ 166

[43] S. BR-Drucks. 223/04, insb. S. 4 ff. Einzelne Änderungen beschreibt *Stein/Jonas/H. Roth* Rn. 2.

Rn. 2). Die systematische Stellung der Vorschrift entspricht der geschwundenen Bedeutung der Parteizustellung. Umstritten ist, ob eine Zustellung durch den Gerichtsvollzieher im Inland auch dann möglich ist, wenn der zuzustellende **Titel** durch ein **ausländisches Gericht** erlassen, aber nach dortigem Recht nicht zuzustellen ist.[1] Nach zutreffender Ansicht sollten durchgreifende Bedenken gegen eine solche Zustellung nicht bestehen.[2] Zum Geltungsbereich der Parteizustellung s. im Übrigen § 166 Rn. 21 ff.

II. Entsprechend anwendbare Vorschriften

Auf die Zustellung im Parteibetrieb sind entsprechend anwendbar: §§ 166 Abs. 1, 167, 170–172, 176 Abs. 2 iVm. §§ 177–181, 182 Abs. 1 und 2 (mit Ergänzung durch §§ 193 f.), 183–190. **Nicht anwendbar** und ersetzt sind § 166 Abs. 2 durch § 191, § 169 durch §§ 193 Abs. 2 bzw. § 192 Abs. 2, § 174 durch § 195, § 182 Abs. 3 durch § 194 Abs. 2. **Unanwendbar** sind auch §§ 173, 175[3] und teilweise 176 Abs. 1, dh. soweit sich der Auftrag nicht an „die Post" richtet. Die Abweichungen ergeben sich im Wesentlichen daraus, dass die Zustellung durch den Gerichtsvollzieher erfolgt und dieser praktisch die Aufgaben der Geschäftsstelle übernimmt (zur Beteiligung der Geschäftsstelle vgl. Rn. 3). Daher ist auch § 168 wegen § 192 im Wesentlichen unanwendbar. Man wird allerdings § 168 Abs. 1 S. 3 entsprechend anzuwenden haben, nicht hingegen Abs. 1 S. 2 dieser Vorschrift,[4] der durch § 194 (Zustellungsauftrag an die Post, nicht aber an Justizbedienstete) ersetzt wird. 2

In bestimmten Fällen wird das **Gericht auf Antrag** der Partei tätig.[5] Hiervon zu unterscheiden ist die Vermittlung der Zustellung gem. § 192 Abs. 3. Auf Antrag erfolgt die Zustellung nach Anordnung des Richters (bei Ablehnung sofortige Beschwerde gem. § 567 Abs. 1 Nr. 2) durch die Geschäftsstelle bei der **Auslandszustellung** nach § 183 Abs. 1 Nr. 2 und 3, auf **Anordnung nach § 184 Abs. 1** und nach **Bewilligung der öffentlichen Zustellung** gem. § 186 Abs. 1. Umstritten ist, ob die Zustellung gem. § 183 Abs. 1 Nr. 1 **(Einschreiben mit Rückschein)** durch den Gerichtsvollzieher vorgenommen werden kann.[6] Hierbei handelt es sich zunächst einmal um eine Frage der autonomen Interpretation des nationalen Rechts. Weder der Wortlaut von § 192 Abs. 1 (iVm. §§ 193 f.) noch der systematische Vergleich mit der Inlandszustellung[7] sprechen dafür, eine postalische Direktzustellung durch den Gerichtsvollzieher oder gar die Partei[8] selbst (insoweit ist nämlich § 195 abschließend) zuzulassen. Hinzu kommt, dass die Zustellung durch Einschreiben sehr fehleranfällig ist.[9] Es spricht daher einiges dafür, die Zustellungswege nach § 183 Abs. 1 Nr. 1 und Nr. 2 in praxi parallel zu beschreiten.[10] Eine Aufspaltung der Kompetenzen zwischen Gerichtsvollzieher und Geschäftsstelle dürfte vor diesem Hintergrund nicht zur „Beschleunigung und Vereinfachung" des Verfahrens beitragen. Die Zustellung gem. § 183 Abs. 1 Nr. 1 ist folglich **auf Antrag** der Partei **gerichtlich anzuordnen** und von der Geschäftsstelle auszuführen (vgl. § 183 Rn. 5).[11] Von dem hier dargestellten Problem zu trennen ist die die staatsvertragliche Ebene betreffende Frage der Zulässigkeit einer Parteizustellung, die insb. im Rahmen von Art. 14 EG-ZustellVO umstritten ist (s. die Kommentierung zu § 1068).[12] 3

---

[1] Gegen eine Zustellung im Parteibetrieb OLG Hamm Rpfleger 2003, 676; OLG Düsseldorf RIW 2004, 389; anders dass. RIW 1995, 324.

[2] Vgl. *Fogt/Schack* IPrax 2005, 118, 122 f.

[3] AA *R. Möller* NJW 2003, 1571, 1572; wie hier *Hornung* DGVZ 2003, 167, 168; *Stein/Jonas/H. Roth* Rn. 6; *Thomas/Putzo/Hüßtege* § 192 Rn. 2; *Zöller/Stöber* Rn. 3 (hM); vgl. auch die Regierungsbegründung, BT-Drucks. 14/4554, S. 25: „Zustellung durch Einschreiben gegen Rückschein soll nicht möglich sein." Der Hinweis auf das Fehlen eines praktischen Bedürfnisses überzeugt freilich wenig.

[4] Anders wohl *Stein/Jonas/H. Roth* Rn. 5.

[5] Im Parteiprozess ist Antragsstellung zu Protokoll zulässig (§ 496).

[6] Dafür *R. Möller* NJW 2003, 1571, *H. Schmidt* IPRax 2004, 13, 17; dagegen *Hornung* DGVZ 2003, 167, 168 f.; *Rosenberg/Schwab/Gottwald* § 74 Rn. 50; *Stein/Jonas/H. Roth* § 183 Rn. 11.

[7] Die hM geht davon aus, dass § 175 bei Parteizustellung unanwendbar ist; s. Fn. 3.

[8] Entgegen *H. Schmidt* IPRax 2004, 13, 15, 17, folgt aus der Verweisung in § 191 nicht, dass die Partei die Zustellung gem. § 183 Abs. 1 Nr. 1 persönlich vornehmen kann. Vielmehr ist davon auszugehen, dass in den Fällen, in denen der Gerichtsvollzieher unzuständig ist, die Vorschriften über die Amtszustellung einschließlich der über die Zuständigkeit für die Ausführung zur Anwendung kommen.

[9] *Hess* NJW 2004, 3301, 3302, der unter Hinw. auf eine rechtstatsächliche Studie von einer Zuverlässigkeitsquote von 50–60% spricht.

[10] Ebenso die Empfehlung von *Hess* NJW 2004, 3301, 3303.

[11] *Baumbach/Lauterbach/Hartmann* § 183 Rn. 4; *Heidrich* EuZW 2005, 743, 744, der ferner darauf hinweist, dass der Gerichtsvollzieher keine Übermittlungsstelle iSv. § 1069 Abs. 1 ist; ebenso *Zöller/Geimer* § 183 Rn. 1; offen lassend: *Musielak/Wolst* § 183 Rn. 2.

[12] Vgl. hierzu LG Trier NJW-RR 2003, 287 f.; *Emde* NJW 2004, 1830; dagegen *Hess* NJW 2002, 3301; OLG Köln IPRax 2004, 521.

§ 192 Zustellung durch Gerichtsvollzieher

(1) Die von den Parteien zu betreibenden Zustellungen erfolgen durch den Gerichtsvollzieher nach Maßgabe der §§ 193 und 194.

(2) [1]Die Partei übergibt dem Gerichtsvollzieher das zuzustellende Schriftstück mit den erforderlichen Abschriften. [2]Der Gerichtsvollzieher beglaubigt die Abschriften; er kann fehlende Abschriften selbst herstellen.

(3) [1]Im Verfahren vor dem Amtsgericht kann die Partei den Gerichtsvollzieher unter Vermittlung der Geschäftsstelle des Prozessgerichts mit der Zustellung beauftragen. [2]Insoweit hat diese den Gerichtsvollzieher mit der Zustellung zu beauftragen.

I. Normzweck

1 Abs. 1 postuliert den **Grundsatz,** dass die Zustellung auf Betreiben der Parteien regelmäßig durch den Gerichtsvollzieher (Beamter gem. § 154 GVG) erfolgt und entspricht damit § 166 Abs. 1 aF (zur Zustellung gem. §§ 183f. und §§ 185ff. s. § 191 Rn. 3). Eine Zustellung durch die Partei selbst oder ihren Prozessbevollmächtigten ist dem nationalen Zustellungsrecht nach ganz überwiegender Ansicht fremd.[1] **Abs. 2** fasst § 169 Abs. 1 aF und § 170 Abs. 2 aF zusammen; **Satz 2 regelt nicht** die Frage, **ob** die Übergabe einer beglaubigten Abschrift für eine wirksame Zustellung erforderlich ist (s. u. Rn. 4).

II. Zustellungsmöglichkeiten

2 Der für den Zustellungsadressaten örtlich zuständige (vgl. § 20 GVGA iVm. §§ 16, 22 GVO)[2] Gerichtsvollzieher stellt auf Antrag nach **pflichtgemäßem Ermessen** entweder **persönlich** zu (§ 193) **oder** beauftragt die **Post** mit der Zustellung (§ 194). Letzteres ist in der Praxis die Regel. „Auftraggeber" (s. Rn. 3) ist auch im Falle von Abs. 3 die Partei. Eine Zustellung durch den Gerichtsvollzieher gegen Empfangsbekenntnis ist ebenso ausgeschlossen wie die Zustellung durch Einschreiben gegen Rückschein (str.).[3]

III. Zustellungsauftrag (Abs. 2)

3 Der Zustellungsauftrag an den Gerichtsvollzieher kann **formlos** erteilt werden, auch konkludent durch Übersendung des zuzustellenden Schriftstücks. Dem Adressaten muss der Auftrag nicht nachgewiesen werden.[4] Da der Gerichtsvollzieher nicht als Stellvertreter handelt, sondern bei Zustellung von Willenserklärungen nur als öffentliches Organ (Bote) tätig wird, kommt auch eine Zurückweisung gem. § 174 BGB nicht in Betracht.[5] Fehlt ein wirksamer Zustellungsauftrag der Partei, zB mangels Vertretungsmacht des Rechtsanwalts, kommt rückwirkende Genehmigung in Betracht.[6] Der „Auftrag" (der in Abs. 3 verwendete Begriff „beauftragen" ist nicht iSv. § 662 BGB zu verstehen) ist ein verfahrensrechtlicher Antrag und begründet **kein Vertragsverhältnis.**[7] Die Partei oder ihr Prozessbevollmächtigter hat dem Gerichtsvollzieher bzw. im Falle des Abs. 3 dem Gericht zunächst „das zuzustellende Schriftstück" zu übergeben. Damit ist nach verbreiteter Ansicht[8] **die „Urschrift"** gemeint, die grds. zusammen mit der – verbundenen – Zustellungsurkunde an die Partei zurückgeht. Das folgt aus §§ 193, 194.[9] Die Form dieser „Urschrift" allerdings ist nicht Ge-

---

[1] Statt vieler: OLG Dresden NJW-RR 2003, 1721, 1722; *Stein/Jonas/H. Roth* Rn. 1; *Thomas/Putzo/Hüßtege* Rn. 1; vgl. auch § 191 Rn. 3.

[2] Die Überschreitung der örtlichen Zuständigkeit führt nicht zur Unwirksamkeit der Zustellung; s. *Stein/Jonas/H. Roth* Rn. 9; *Zöller/Stöber* Rn. 2.

[3] S. auch § 191 Rn. 2. Wie hier die hM: *Coenen* DGVZ 2002, 5, 10; *Hornung* DGVZ 2003, 167, 168; *Stein/Jonas/H. Roth* Rn. 6; *Thomas/Putzo/Hüßtege* § 192 Rn. 2; *Zöller/Stöber* Rn. 1; wohl auch *Musielak/Wolst* Rn. 1. AA *R. Möller* NJW 2003, 1571, 1572; *H. Schmidt* IPRax 2004, 13, 15.

[4] BGH NJW 1981, 1210; der Fortfall von § 167 Abs. 2 aF hat daran nichts geändert.

[5] MünchKomm-BGB/*Einsele* § 132 Rn. 2. Stellt der Gerichtsvollzieher die Erklärung eines Vertreters zu, wird nur das Bestehen eines Auftrags im Verhältnis Gerichtsvollzieher – Vertreter vermutet, nicht aber die Vertretungsmacht des Vertreters; BGH, ebenda (§ 174 BGB).

[6] RGZ 17, 411, 415; *Baumbach/Lauterbach/Hartmann* Rn. 9; *Zöller/Stöber* Rn. 4.

[7] RGZ 79, 216, 218. Die Kosten der Zustellung durch den GV sind auch dann erstattungsfähig, wenn die Gegenseite anwaltlich vertreten ist und daher ebenfalls gem. § 195 zugestellt werden könnte, jedenfalls sofern es sich um eine Zustellung gem. § 929 Abs. 2 handelt; LG Berlin Magazindienst 2006, 1303.

[8] LG Münster DGVZ 1989, 186, 187; *Stein/Jonas/H. Roth* Rn. 6; *Zöller/Stöber* Rn. 5.

[9] Unklar ist freilich, warum der Gesetzgeber ein und dasselbe Dokument in § 192 mit „zuzustellendes Schriftstück" und in §§ 193, 194 mit „Urschrift des zuzustellenden Schriftstücks" umschreibt. Schlichtweg wider-

genstand der Regelungen in §§ 191 ff. In Betracht kommt zB eine – vollstreckbare – Ausfertigung des Titels[10] oder beglaubigte Abschrift der Urkunde bei § 750 Abs. 2. Umstritten ist, ob als „Urschrift" auch eine – per Telefax übersandte – einfache Ablichtung des Dokuments gelten kann.[11]

Zusammen mit der „Urschrift" ist für jeden Zustellungsadressaten **je eine Abschrift** zu übergeben. Die Aushändigung nur einer Abschrift als „umlaufendes Exemplar" für mehrere Adressaten macht die Zustellung unwirksam. Dies gilt auch bei Eheleuten.[12] Die Aushändigung einer einzigen Abschrift genügt nur, wenn sämtliche Adressaten gemeinsam vertreten werden (bei mehreren Vertretern s. § 170 Abs. 3 u. dort Rn. 7). Fehlende Abschriften kann der Gerichtsvollzieher nach erfolgloser Anforderung (§ 26 Nr. 2 S. 4 GVGA) auf Kosten des Zustellenden[13] nach Maßgabe von § 26 Nr. 2 S. 5, 6 GVGA selbst herstellen. Zu beachten sind danach insbesondere die Eilbedürftigkeit, die fehlende Vertretung der Partei und die höhere Kostenbelastung. Eine Verpflichtung zur Ergänzung der erforderlichen Abschriften soll auch bei entgegenstehender Weisung des Amtsgerichtspräsidenten bestehen, jedenfalls sofern die Partei auf einer Zustellung beharrt.[14] Der Gerichtsvollzieher **beglaubigt die Abschriften,** soweit dies nicht bereits durch den Rechtsanwalt geschehen ist (§ 26 Nr. 3 GVGA). Zu den Anforderungen an die Beglaubigung s. § 169 Rn. 5 ff. Nach hier vertretener Ansicht ergibt sich aus § 192 Abs. 2 S. 2 **keine Wirksamkeitsvoraussetzung** für die Zustellung. Die herrschende Gegenauffassung gelangt – zumindest teilweise[15] – zu einer nicht heilbaren Unwirksamkeit, was mit den Zielen des ZustRG unvereinbar erscheint (näher § 169 Rn. 3 f. sowie § 166 Rn. 9). Zur Vermeidung von Wertungswidersprüchen geradezu zwingend erscheint die hier vertretene Auffassung, sofern man die Übermittlung der „Urschrift" an den Gerichtsvollzieher per Telefax zulässt (s. o. Rn. 3 aE). Dann nämlich fehlt es ohnehin an einer lückenlosen Ableitung der beglaubigten Abschrift vom Originaldokument, so dass das Gericht im Zweifel die Übereinstimmung feststellen muss. Nicht anders aber ist zu verfahren, wenn das dem Adressaten übergebene Dokument nicht beglaubigt ist (zum Problem der Beweisführung bei fehlender Beglaubigung s. § 169 Rn. 4). 4

Die Ausführungen verdeutlichen, dass §§ 192 ff. auf dem Konzept der Übergabe einer (beglaubigten) Abschrift an den Adressaten und Rücksendung des „Originals" an den Auftraggeber beruhen. Problematisch ist, ob dies auch dann ausreichend ist, wenn dem Adressaten eine nach dem materiellen Recht formbedürftige Willenserklärung zugestellt werden soll. Der BGH hat den Verweis in § 132 Abs. 1 S. 2 BGB dahin verstanden, dass jedenfalls bei einer schriftlichen Erklärung die Übergabe einer beglaubigten Abschrift an den Adressaten den formgerechten Zugang bewirkt.[16] Demgegenüber wird etwa beim Rücktritt vom Erbvertrag oder beim Widerruf wechselbezüglicher Verfügungen eines gemeinschaftlichen Testaments gem. §§ 2271 Abs. 1, 2296 Abs. 2 BGB vom Erfordernis der Übermittlung einer notariellen Ausfertigung ausgegangen.[17] Obwohl die §§ 192 ff. diesen Fällen nicht Rechnung tragen,[18] sind sie ihrem Sinn und Zweck entsprechend so auszulegen, dass der Zweck der Zustellung (hier: wirksamer Zugang der Erklärung) erreicht werden kann. Daher bleibt nichts anderes übrig, als in diesen Fällen die „Urschrift" auszuhändigen und den Nachweis mithilfe einer beglaubigten Abschrift, die insoweit an die Stelle der „Urschrift" iSv. §§ 193 f. tritt, zu führen. Dies entspricht verbreiteter Übung in der Praxis. 5

IV. Vermittlung der Geschäftsstelle (Abs. 3)

Die Zustellungsmöglichkeit gem. Abs. 3 besteht alternativ (vgl. Satz 1: „kann") zur unmittelbaren Beauftragung des Gerichtsvollziehers durch die Partei. Für den Antrag gilt das zu Rn. 3 Gesagte sinngemäß. Die Vorschrift, die § 166 Abs. 2 aF entspricht, betrifft den **Parteiprozess,** aber auch das **Vollstreckungsverfahren.** Für eine Vermittlung der Zustellung durch die Geschäftsstelle besteht 6

---

sprüchlich ist es, wenn § 194 Abs. 1 S. 1 das an den Zustellungsadressaten auszuhändigende Schriftstück als „zuzustellendes Schriftstück" bezeichnet; vgl. *Coenen* DGVZ 2002, 5, 10.

[10] Vgl. etwa OLG Hamm NJW-RR 2001, 1086, 1088.

[11] Dafür mit beachtlichen Argumenten OLG Düsseldorf DGVZ 2004, 125 f.; zust. *Thomas/Putzo/Hüßtege* Rn. 4; dagegen *Stein/Jonas/H. Roth* Rn. 6; *Zöller/Stöber* Rn. 5; s. auch *Kamlah/Sedlmeier* WRP 2005, 818; gegen diese wiederum aber § 174 Rn. 17 f.

[12] BAG DB 1975, 2332.

[13] Die Kosten bemessen sich nach der Anlage zu § 9 GVKostG; s. dort Nr. 700 KV sowie für die Beglaubigung Nr. 102 KV.

[14] AG Berlin-Tiergarten DGVZ 1983, 78; zurückhaltend KG MDR 1984, 856, 857.

[15] *Stein/Jonas/H. Roth* Rn. 8.

[16] Vgl. BGH NJW 1967, 823, 824; *Palandt/Heinrichs* § 132 BGB Rn. 2.

[17] BGHZ 36, 201, 206 f. = NJW 1962, 736; MünchKommBGB/*Einsele* § 132 Rn. 4; *Erman/M. Schmidt* § 2296 BGB Rn. 2 m. Nachw. zur Gegenansicht.

[18] Zutr. die Kritik bei *Coenen* DGVZ 2002, 5, 10.

vor allem bei Zustellung von Pfändungs- und Überweisungsbeschlüssen nach §§ 829 Abs. 2, 835 Abs. 3 S. 1 ein Bedürfnis. Im Anwaltsprozess, also auch in den Verfahren vor den Familiengerichten mit **Anwaltszwang** nach § 78 Abs. 2, kommt ein Zustellungsauftrag durch die Geschäftsstelle dagegen **nicht in Betracht.** Hier muss die Partei den Gerichtsvollzieher unmittelbar beauftragen. Auch für die Zustellung des Vollstreckungsbescheids (§ 699 Abs. 4 S. 2, 2. Halbs.) und die Zustellung einer Willenserklärung nach § 132 Abs. 1 BGB ist eine Vermittlung der Geschäftsstelle nicht vorgesehen.[19] Die Vermittlung erfolgt nicht von Amts wegen, sondern auf Ersuchen der Partei. Obwohl Organ des Gerichts[20] und Anweisungen der Partei hinsichtlich der Zustellungsvermittlung nicht unterworfen,[21] vermittelt der Urkundsbeamte den Zustellungsauftrag an den Gerichtsvollzieher **für die Partei** als deren Vertreter. Es handelt sich nicht um eine Amtszustellung, weshalb das Gericht nicht (mehr) direkt die Post beauftragen kann.[22] Daher ist es auch Sache der Partei, die Zustellungsanschrift beizubringen.[23] Abschriften werden unter den engen Voraussetzungen von § 26 Nr. 2 S. 3 GVG[24] gefertigt; eine Beglaubigung durch die Geschäftsstelle erfolgt jedoch nicht.

§ 193 Ausführung der Zustellung

(1) [1]Der Gerichtsvollzieher beurkundet auf der Urschrift des zuzustellenden Schriftstücks oder auf dem mit der Urschrift zu verbindenden hierfür vorgesehenen Formular die Ausführung der Zustellung nach § 182 Abs. 2 und vermerkt die Person, in deren Auftrag er zugestellt hat. [2]Bei Zustellung durch Aufgabe zur Post ist das Datum und die Anschrift, unter der die Aufgabe erfolgte, zu vermerken.

(2) Der Gerichtsvollzieher vermerkt auf dem zu übergebenden Schriftstück den Tag der Zustellung, sofern er nicht eine beglaubigte Abschrift der Zustellungsurkunde übergibt.

(3) Die Zustellungsurkunde ist der Partei zu übermitteln, für die zugestellt wurde.

I. Normzweck

1 Die Vorschrift betrifft den Fall, dass der **Gerichtsvollzieher** die Zustellung **persönlich** durchführt (zum Auftrag an die Post s. § 194). Sie ermöglicht es der die Zustellung veranlassenden Partei, den **Zustellungsnachweis** durch die (öffentliche; § 182 Abs. 1 S. 2) Zustellungsurkunde zu führen (vgl. § 182 Rn. 1, 15). Die Norm ergänzt § 182. Für die Ausführung der Zustellung gelten unmodifiziert die §§ 177–181. § 193 Abs. 1 S. 2 ergänzt außerdem § 184; denn da die Aufgabe zur Post durch den Gerichtsvollzieher erfolgt, kommt ein Aktenvermerk des Gerichts gem. § 184 Abs. 2 S. 4 nicht in Betracht. Im Wesentlichen entspricht § 193 damit den §§ 190, 192 aF. Die Norm gilt nur für die Zustellung auf Betreiben der Partei, nicht im Falle des § 176 Abs. 1 (Beauftragung des Gerichtsvollziehers im Rahmen der Amtszustellung).

II. Beurkundung (Abs. 1)

2 S. zunächst § 182 Rn. 2. Die Beurkundung der Zustellung ist keine Wirksamkeitsvoraussetzung der Zustellung mehr (§ 166 Rn. 3). Sie dient nur dem Nachweis, der aber auch auf andere Weise geführt werden kann; **Mängel** der Beurkundung führen nicht zur Unwirksamkeit der Zustellung (vgl. § 182 Rn. 17). Die Beurkundung soll am Zustellungsort erfolgen (§ 38 Nr. 1 GVGA). Wegen möglicher Berichtigungen der Beurkundung s. § 182 Rn. 3.

3 Die **Beurkundung** erfolgt, in Abweichung von § 182 Abs. 1 S. 1, **entweder auf** der – zurückgehenden – „**Urschrift** des zuzustellenden Schriftstücks“[1] **oder auf** dem mit ihr zu verbindenden

[19] BGH NJW 1981, 1210; aA *Baumbach/Lauterbach/Hartmann* Rn. 8.

[20] RGZ 17, 391, 392; 46, 323, 324 f.

[21] RGZ 46, 323, 324.

[22] *Stein/Jonas/H. Roth* Rn. 4; *Zöller/Stöber* Rn. 8; aA *Brinkmann* JurBüro 2002, 230, 233, mit Verweis auf § 168 Abs. 1 S. 2, der aber für die Parteizustellung gerade keine Anwendung findet; § 191 Rn. 2; aA – insoweit widersprüchlich – *Stein/Jonas/H. Roth* § 191 Rn. 5.

[23] LG Berlin MDR 1971, 400.

[24] Dieser lautet: „Ist der Partei, der Prozesskostenhilfe bewilligt ist, kein Rechtsanwalt beigeordnet, so hat die mit der Vermittlung der Zustellung beauftragte Geschäftsstelle die fehlenden Abschriften herstellen zu lassen.“.

[1] Zur Kritik an dieser Terminologie vgl. § 192 Rn. 3 in Fn. 9; vgl. auch *Coenen* DGVZ 2002, 5, 10, der zu Recht darauf hinweist, dass bei Zustellungen gem. § 132 BGB nach materiellem Recht eine Aushändigung des Originals (Urschrift) an den Adressaten erforderlich sein kann, was der Wortlaut der §§ 192–194 nicht reflektiert; zu den Konsequenzen s. § 192 Rn. 5.

amtlichen **Formular** (s. § 190). Die Verbindung soll haltbar sein (§ 38 Nr. 6 GVGA). Fehlt die Verbindung, ist die Zustellung gleichwohl wirksam.[2] Ist eine Ausfertigung oder Abschrift zuzustellen, ist diese die „Urschrift“ iS der Bestimmung (s. hierzu auch § 192 Rn. 3). Bei Zustellung mehrerer fest verbundener Schriftstücke genügt eine einzige Zustellungsurkunde. Für den **Inhalt** der Zustellungsurkunde gilt über § 191 der Katalog des § 182 Abs. 2 (s. dort Rn. 4ff.), wobei die genaue Angabe der Uhrzeit in Stunden und Minuten nicht nur auf entsprechendes Verlangen der Partei, sondern auch dann aufzunehmen ist, wenn diese Angabe „nach dem Ermessen des Gerichtsvollziehers im Einzelfall von Bedeutung“ ist (§ 38 Nr. 2 GVGA; zB bei Zustellung eines Pfändungsbeschlusses an den Drittschuldner oder dessen Benachrichtigung gem. § 845). In **Ergänzung des § 182** ist auch die Person zu bezeichnen, für die die Zustellung erfolgt (Abs. 1 S. 1 aE; § 38 Nr. 4 GVGA). Damit ist die betreibende Partei gemeint, wobei Angabe des Prozessbevollmächtigten oder der Parteirolle ausreicht, wenn sich – etwa unter Zuhilfenahme des zuzustellenden Dokuments – erkennen lässt, von wem die Zustellung ausgeht.[3] Wird ein Streitgenosse nicht als Auftraggeber genannt, berührt dies die Wirksamkeit der Zustellung nicht, sofern er tatsächlich den Auftrag mit erteilt hat;[4] denn für die in § 193 geregelte Ergänzung zu § 182 Abs. 2 kann nichts anderes gelten wie für die Angaben dort (s. § 182 Rn. 2). Außerdem vermerkt der Gerichtsvollzieher bei Zustellungen durch **Aufgabe zur Post** (§ 184) das Datum und die Anschrift, unter der die Aufgabe erfolgte (s. bereits Rn. 1). Der Vermerk, für den § 418 gilt, dient ausschließlich dem Nachweis (§ 182 Rn. 13f.).

III. Zustellungsvermerk (Abs. 2)

Um den Adressaten über den Zeitpunkt der Zustellung zu informieren, vermerkt der Gerichtsvollzieher den Tag der Zustellung auf dem dem Zustellungsempfänger zu übergebenden Schriftstück. Dies entspricht funktional §§ 180 S. 3, 181 Abs. 1 S. 5; nur der Ort des Vermerks differiert, weil die Zustellung gem. § 193 keinen Umschlag gem. § 176 Abs. 1 vorsieht. Inkonsequent ist es freilich, dass § 193 Abs. 2, anderes als §§ 177ff., den Vermerk auch bei Aushändigung des Schriftstücks an den Adressaten (§ 177) oder dessen Ersatzperson (§ 178) fordert. Ein Grund für diese Unterscheidung zwischen Amts- und Parteizustellung ist nicht zu erkennen. Wird der Gerichtsvollzieher im Rahmen der Amtszustellung gem. § 176 Abs. 1 beauftragt, ist das Informationsbedürfnis des Adressaten kein anderes als bei Zustellung gem. §§ 192f. Alternativ zum Vermerk kann dem Empfänger eine beglaubigte Abschrift der Zustellungsurkunde übergeben werden bzw. bei Aufgabe zur Post der Sendung beigefügt werden (Hinweis gem. § 184 Abs. 2 S. 1 ist erforderlich). Die Übergabe einer Abschrift der Zustellungsurkunde ist die Ausnahme und dann geboten, wenn der Zustellungsempfänger ein schützenswertes Interesse an dem Zustellungsnachweis mittels Urkunde oder an den darin enthaltenen Angaben (zB über die Person des Zustellungsveranlassers gem. Abs. 1 S. 1) hat.[5] Ein **Verstoß** gegen Abs. 2 macht die Zustellung nicht unwirksam.[6] Für den Lauf von Fristen ist dann im Zweifel auf den Zeitpunkt abzustellen, in dem die Zustellung aus der Sicht des Adressaten spätestens erfolgt ist (str.[7] – zu den Einzelheiten s. § 181 Rn. 12). 4

IV. Rückgabe (Abs. 3)

Während bei der Zustellung von Amts wegen die Zustellungsurkunde zu den Akten genommen wird, gelangt sie bei der Parteizustellung mit der an die veranlassende Partei zurückgehenden „Urschrift“ zwangsläufig in deren Besitz (oder in den ihres Vertreters), wenn die Vorschrift des Abs. 1 beachtet worden ist. Gleichwohl statuiert die Vorschrift ausdrücklich eine **Übermittlungspflicht.** Die Übermittlung erfolgt auch im Falle des § 192 Abs. 3 direkt an die Partei. Der Gerichtsvollzieher hat sie unverzüglich zu veranlassen (§ 38 Nr. 7 GVGA). Dies kann durch einfachen Brief geschehen. Bei mehreren Auftraggebern und Fehlen einer besonderen Anweisung wählt der Gerichtsvollzieher den Adressaten für die Übermittlung nach seinem Ermessen. Ein Verstoß gegen Abs. 3 hatte bereits nach früherer Rechtslage auf die Wirksamkeit der Zustellung keinen Einfluss,[8] was in Anbetracht der geänderten Zustellungsdefinition (Rn. 2) nun erst recht gelten muss. 5

---

[2] RGZ 52, 11, 14.

[3] *Baumbach/Lauterbach/Hartmann* Rn. 6.

[4] AA unter Bezugnahme auf überholte Rspr. *Zöller/Stöber* Rn. 3 aE; wie hier *Stein/Jonas/H. Roth* Rn. 3.

[5] Vgl. hierzu *Coenen* DGVZ 2002, 5, 10.

[6] RGZ 133, 365, 368; BGHZ 67, 355, 357f. = NJW 1977, 621.

[7] Wie hier *Baumbach/Lauterbach/Hartmann* Rn. 4 aE. AA 2. Aufl. (Aktualisierungsband) Rn. 4; *Stein/Jonas/H. Roth* Rn. 5f.; *Zöller/Stöber* Rn. 8.

[8] BGH NJW 1981, 874, 876.

§ 194 Zustellungsauftrag

(1) [1]Beauftragt der Gerichtsvollzieher die Post mit der Ausführung der Zustellung, vermerkt er auf dem zuzustellenden Schriftstück, im Auftrag welcher Person er es der Post übergibt. [2]Auf der Urschrift des zuzustellenden Schriftstücks oder auf einem mit ihr zu verbindenden Übergabebogen bezeugt er, dass die mit der Anschrift des Zustellungsadressaten, der Bezeichnung des absendenden Gerichtsvollziehers und einem Aktenzeichen versehene Sendung der Post übergeben wurde.

(2) Die Post leitet die Zustellungsurkunde unverzüglich an den Gerichtsvollzieher zurück.

I. Normzweck

1 Dem Gerichtsvollzieher wird die Möglichkeit eingeräumt, sich bei der Zustellung der Mithilfe der Post (zum Begriff vgl. § 168 Abs. 1 S. 2) zu bedienen. Dies entspricht dem praktischen Regelfall der Zustellung gem. § 192. § 194, der im Wesentlichen § 194 Abs. 2 aF entspricht, regelt nur den Zustellungsauftrag an die Post. Die Durchführung der Zustellung durch diese erfolgt – mit Ausnahme der Regelung in Abs. 2 – nach Maßgabe von §§ 191, 176 Abs. 2 wie bei der Amtszustellung, dh. gem. §§ 177 ff. Der maßgebliche **Zustellungszeitpunkt** ist daher der der Aushändigung, Niederlegung u. dgl. durch den Postbediensteten. Die durch § 194 vorgeschriebene Dokumentation des beim Gerichtsvollzieher liegenden (ersten) Teilakts dient dem lückenlosen Nachweis des gesamten Zustellungsvorgangs durch die veranlassende Partei.

II. Zustellungsauftrag und Übergabevermerk (Abs. 1 Satz 1)

2 Der Gerichtsvollzieher **übergibt** der Post das zuzustellende Schriftstück in einem **verschlossenen Umschlag** („innerer Umschlag") und einen vorbereiteten Vordruck der Zustellungsurkunde. Insoweit gilt § 176 Abs. 1 entsprechend.[1] Er verwendet hierbei die Formulare iSv. § 190 (vgl. § 176 Rn. 3 f.). Der Post zu übergeben ist nicht das an die Partei zurückgehende „zuzustellende Schriftstück" iSv. § 192 Abs. 2 S. 1 („Urschrift"), sondern idR eine beglaubigte Abschrift. Der Wortlaut von Abs. 1 S. 1 ist insoweit irreführend.[2] Sofern nach einschlägigen (materiell-rechtlichen) Vorschriften eine andere Form vorgesehen ist (zB Ausfertigung oder – insbesondere beim Zugang von Willenserklärungen gem. § 132 BGB – ein Original), ist das Schriftstück in dieser Form zu übergeben (s. § 192 Rn. 5). Ist nach materiellem Recht eine **Urkunde vorzulegen** (§§ 111, 174, 410, 1160, 1831 BGB), soll die Zustellung durch die Post gem. § 53 Nr. 2 GVGA ausgeschlossen sein.[3] Diese Einschränkung ist jedoch nur dann am Platz, wenn der Zustellungsveranlasser tatsächlich die Vorlage der Urkunde durch den Gerichtsvollzieher in Auftrag gegeben hat und nicht deren Zustellung selbst. Nach materiellem Recht ist es nämlich ebenso zulässig, die Urkunde (zB eine Originalvollmacht gem. § 174) dem Erklärungsadressaten auszuhändigen. Ein Zustellungsauftrag an die Post kommt folglich dann in Betracht, wenn gegen die Aushändigung der Urkunde an den Adressaten keine Bedenken bestehen, weil der Zustellungsveranlasser damit einverstanden ist.

3 Auf dem zur Übergabe an den Adressaten bestimmten Schriftstück ist die **Person zu vermerken,** für die zugestellt wird (s. auch § 193 Rn. 3). Der („innere") Umschlag ist mit der Anschrift des Zustellungsadressaten, der Bezeichnung des absendenden Gerichtsvollziehers und einem Aktenzeichen zu versehen (arg. e Abs. 1 S. 2). „Innerer" Umschlag und vorbereitete Zustellungsurkunde sind in den „äußeren Umschlag" zu stecken und bei der Post abzuliefern oder einfach in den Briefkasten einzuwerfen. Für jeden Auftrag ist im Allgemeinen ein gesonderter Umschlag zu verwenden; für mehrere Aufträge zur Zustellung an verschiedene Zustellungsadressaten in einem Zustellungsbereich genügt jedoch ein „äußerer Umschlag". Der – ggf. von einem Beauftragten besorgte – Einwurf der verschlossenen Sendung in den Briefkasten oder die Abgabe bei einer Annahmestelle gilt als Übergabe iSv. Abs. 1 S. 1; eines besonderen Anschreibens oder ausdrücklichen Ersuchens bedarf es nicht (§ 39 Nr. 2 GVGA). Eine von der Partei unmittelbar bewirkte Zustellung durch die Post **ist unwirksam** (str.; vgl. § 192 Rn. 1).

---

[1] BT-Drucks. 14/4554, S. 26.
[2] Vgl. § 192 Rn. 3 mit Fn. 9.
[3] So auch *Stein/Jonas/H. Roth* Rn. 1.

III. Postübergabezeugnis (Abs. 1 Satz 2)

4 Auf der „Urschrift des zuzustellenden Schriftstücks" oder auf einem gesonderten Bogen, der mit dieser zu verbinden ist, bezeugt der Gerichtsvollzieher, dass er das bezeichnete[4] Schriftstück im Auftrag der Person, für die zugestellt wird, der Post in einem verschlossenen, mit einem Aktenzeichen[5] und der Anschrift des Zustellungsadressaten versehenen Brief mit dem Ersuchen um Zustellung übergeben hat. Dieses „Zeugnis" ist zwar keine Zustellungsurkunde,[6] aber doch auch eine öffentliche Urkunde über die Übergabe gemäß Abs. 1 Satz 1 und deswegen **zu unterschreiben.** Nicht erforderlich ist die ausdrückliche Angabe, dass auf dem zuzustellenden Schriftstück der nach dieser Vorschrift erforderliche Vermerk angebracht worden ist.[7] Unterbleibt die Beurkundung oder ist sie fehlerhaft, so berührt dies nur den Nachweis der Zustellung, nicht deren Wirksamkeit.

IV. Rückgabe (Abs. 2)

5 Der Gerichtsvollzieher muss die rechtzeitige Durchführung der Zustellung **überwachen** (§ 46 Nr. 1 GVGA),[8] notfalls die Post an die Erledigung erinnern und eventuelle Hinderungsgründe der Partei mitteilen bzw. ihr die als unzustellbar zurückerhaltene Sendung übersenden. Die von der Post unverzüglich **(ohne schuldhaftes Zögern)** an den Gerichtsvollzieher übermittelte Zustellungsurkunde hat dieser **zu prüfen** und dafür Sorge zu tragen, dass etwaige Mängel behoben werden. Sodann muss er die Urkunde mit der „Urschrift" des zugestellten Schriftstücks, die ggf. mit dem Übergabebogen verbunden ist, unverzüglich der Partei zukommen lassen (§ 46 Nr. 2 GVGA). § 193 Abs. 3 gilt entsprechend (s. dort Rn. 5).

§ 195 Zustellung von Anwalt zu Anwalt

(1) [1]Sind die Parteien durch Anwälte vertreten, so kann ein Dokument auch dadurch zugestellt werden, dass der zustellende Anwalt das Dokument dem anderen Anwalt übermittelt (Zustellung von Anwalt zu Anwalt). [2]Auch Schriftsätze, die nach den Vorschriften dieses Gesetzes von* Amts wegen zugestellt werden, können stattdessen von Anwalt zu Anwalt zugestellt werden, wenn nicht gleichzeitig dem Gegner eine gerichtliche Anordnung mitzuteilen ist. [3]In dem Schriftsatz soll die Erklärung enthalten sein, dass von Anwalt zu Anwalt zugestellt werde. [4]Die Zustellung ist dem Gericht, sofern dies für die zu treffende Entscheidung erforderlich ist, nachzuweisen. [5]Für die Zustellung an einen Anwalt gilt § 174 Abs. 2 Satz 1 und Abs. 3 Satz 1, 3 entsprechend.

(2) [1]Zum Nachweis der Zustellung genügt das mit Datum und Unterschrift versehene schriftliche Empfangsbekenntnis des Anwalts, dem zugestellt worden ist. [2]§ 174 Abs. 4 Satz 2, 3 gilt entsprechend. [3]Der Anwalt, der zustellt, hat dem anderen Anwalt auf Verlangen eine Bescheinigung über die Zustellung zu erteilen.

I. Normzweck und Anwendungsbereich

1 Die Zustellung von Anwalt zu Anwalt ist die **vereinfachte und kostengünstige** Form der beurkundeten Übergabe eines Dokuments ohne Einschaltung des Gerichtsvollziehers. § 195 steht daher in engem Zusammenhang mit § 174, auf den wiederholt verwiesen wird, unterscheidet sich jedoch bzgl. des Adressatenkreises für die vereinfachte Zustellung erheblich (Rn. 3). Die Vorschrift, die im Wesentlichen § 198 aF übernimmt, erweitert die Zustellung von Anwalt zu Anwalt durch den Verweis in Abs. 1 S. 5 und Abs. 2 S. 2 um die Möglichkeit, moderne Kommunikationsmittel (Telefax, Email) einzusetzen. Die Form der Übermittlung steht im Ermessen des Anwalts (s. auch

---

[4] Für den Nachweis muss erkennbar sein, was der Post übergeben wurde; s. *Baumbach/Lauterbach/Hartmann* Rn. 9. Eine nähere Bezeichnung des Schriftstücks (zB Vollmachtsurkunde im Original) empfiehlt sich insbesondere dann, wenn der Gerichtsvollzieher auftragsgemäß nicht lediglich eine Abschrift übersendet; vgl. auch § 192 Rn. 5. Andernfalls hat die veranlassende Partei Probleme, den Zugang einer formgerechten Erklärung mit Hilfe der Urkunden (Postübergabezeugnis und Zustellungsurkunde) gem. § 418 nachzuweisen.

[5] Dieses stellt die urkundliche Beziehung zwischen Schriftstück und (den) Urkunde(n) her. Am besten ist neben dem Aktenzeichen des Schriftstücks auch das des Gerichtsvollziehers anzugeben; vgl. *Baumbach/Lauterbach/Hartmann* Rn. 8; *Stein/Jonas/H. Roth* Rn. 4.

[6] OLG Jena JW 1932, 1157.

[7] OLG Augsburg OLGRspr. 1, 216.

[8] RGZ 91, 179, 183.

* Hinweis: Der Wortlaut der Neubekanntmachung der Zivilprozessordnung vom 5. 12. 2005 (BGBl. I S. 3202) lautet: „vom Amts wegen".

§ 135). In der Norm drückt sich das Vertrauen aus, das dem Rechtsanwalt als einem unabhängigen **Organ der Rechtspflege** (§ 1 BRAO) entgegengebracht wird.[1] Von ihm kann man erwarten, dass er die Tätigkeit der Justiz nicht durch unberechtigte Annahmeverweigerung behindert. Daher ist es auch gerechtfertigt, den Erfolg der Zustellung von der Mitwirkungsbereitschaft des Adressaten abhängig zu machen (zum Annahmewillen s. § 174 Rn. 6f.). Die Vorschriften über die **Ersatzzustellung** (§§ 178ff.) sind folglich unanwendbar.[2]

2 Die Zustellung von Anwalt zu Anwalt hat vor allem in den Fällen des Abs. 1 S. 2 praktische Bedeutung (Rn. 5). An Stelle einer Zustellung nach § 195 kann auch gem. §§ 192–194 zugestellt werden.[3] Das ist sogar geboten, wenn der Rechtsanwalt nicht annahmebereit ist oder das Empfangsbekenntnis nicht zurücksendet (s. auch Rn. 7). Für die durch eine sachlich nicht notwendige anderweitige Zustellung entstandenen Mehrkosten gibt es keine dem § 197 aF entsprechende Kostenregelung, so dass ihre Erstattungsfähigkeit nach § 91 Abs. 1 S. 1 zu beurteilen ist.[4] § 195 ist auf die Zustellung einer **Willenserklärung** nach § 132 nicht anwendbar,[5] wohl aber auf das Versprechen einer **Prozessbürgschaft** (§ 108, s. dort Rn. 34).[6]

II. Voraussetzungen

3 **1. Anwaltsvertretung.** Die an der Zustellung beteiligten Parteien (nicht sämtliche Verfahrensbeteiligte) müssen durch **Rechtsanwälte** vertreten sein. Das ist auch der Fall, wenn ein Anwalt sich in eigener Sache selbst vertritt (§ 78 Abs. 6), wenn er Partei kraft Amtes (zB Insolvenzverwalter) oder gesetzlicher Vertreter (zB Elternteil oder Organ) ist. Anwalt ist auch der Patentanwalt (§§ 1, 3 Abs. 2 PatAnwO) und der Kammerrechtsbeistand (§ 25 EGZPO). Dem Anwalt steht dessen allgemein bestellter Vertreter (§§ 53, 56 BRAO)[7] oder Abwickler (§ 55 BRAO) gleich, selbst wenn er nicht ausdrücklich in dieser Eigenschaft handelt oder der Abwickler selbst nicht Rechtsanwalt ist.[8] **Nicht** ausreichend: Büropersonal oder Referendar.[9] Der Anwalt braucht bei dem betreffenden Gericht nicht zugelassen zu sein;[10] im anhängigen Rechtsstreit ist aber dem Prozessbevollmächtigten zuzustellen (§ 172). Die Anwälte müssen **bevollmächtigt** sein (vgl. § 172 Rn. 8) und können sich bei der Zustellung durch einen anderen Anwalt vertreten lassen.[11] Wird der Anwalt später bevollmächtigt, tritt Heilung ein, sofern er das Dokument noch in Besitz hat.[12] Fehlt die Vollmacht, ist die Zustellung unwirksam; es gilt aber § 87 Abs. 1. Dagegen steht ein Vertretungs- oder Berufsverbot gem. § 155 Abs. 5 BRAO der Wirksamkeit von Zustellungen nicht entgegen, sofern das Verfahren nicht deswegen unterbrochen ist.[13] Der Gesetzgeber hat zwischenzeitlich (s. § 166 Rn. 1) klargestellt, dass § 174 Abs. 3 S. 2 (Zustellung an andere empfangsbereite Verfahrensbeteiligte) im Rahmen von § 195 **keine Anwendung** findet.[14]

4 **2. Zustellungsobjekt.** Das zuzustellende Dokument[15] kann eine Urschrift (§ 166 Rn. 10),[16] Ausfertigung (§ 166 Rn. 11)[17] oder (beglaubigte) Abschrift sein (§ 166 Rn. 17). Durch die Verweisung in § 195 Abs. 1 S. 5 kommt nunmehr auch die Übermittlung einer Telekopie (Fax) oder eines elektronischen Dokuments in Betracht (s. § 174 Rn. 15ff., 19ff.). Beglaubigungen der übersandten Schriftstücke zum Zwecke der Zustellung kann der Anwalt selbst vornehmen. Für die Beglaubigung ist keine besondere Form vorgeschrieben. Erforderlich ist jedoch, dass sie sich unzweideutig

---

[1] BGH NJW 1994, 2295; *Hahn* Bd. II S. 223.
[2] RGZ 109, 341, 343.
[3] RGZ 40, 410, 411.
[4] RGZ 40, 410, 411f.; *Stein/Jonas/H. Roth* Rn. 10. Für Erstattungsfähigkeit der Mehrkosten jedenfalls bei Zustellung gem. § 929 Abs. 2: LG Berlin Magazindienst 2006, 1303.
[5] LG Landau MDR 1959, 929, 930; *Musielak/Wolst* Rn. 1; *Stein/Jonas/H. Roth* Rn. 3; *Zöller/Stöber* Rn. 2.
[6] BGH NJW 1978, 1441, 1442; NJW 1979, 417, 418; OLG Frankfurt NJW 1978, 1441f.; OLG Koblenz Rpfleger 1993, 355f.; LG Augsburg DGVZ 1998, 122. *Musielak/Wolst* Rn. 1; *Zöller/Herget* § 108 Rn. 11.
[7] BGHZ 31, 32, 34 = NJW 1959, 2307; BGH NJW 1982, 1650.
[8] BAG NJW 1976, 991; *Zöller/Stöber* Rn. 3.
[9] Vgl. BGH NJW 1976, 991; 1994, 2295 (jew. zu § 198 aF).
[10] BGHZ 31, 32, 35 = NJW 1959, 2307. Zur geschwundenen Bedeutung des Zulassungserfordernisses s. § 78 Rn. 4.
[11] *Musielak/Wolst* Rn. 2; *Zöller/Stöber* Rn. 4.
[12] Vgl. BGH NJW 1989, 1154; KG-Report 2005, 788, 789 (Bestellung des Anwalts kann auch durch Rücksendung des EB erfolgen).
[13] BGHZ 111, 104, 106f. = NJW 1990, 1854.
[14] Vgl. hierzu *Häublein* MDR 2002, 563.
[15] Zur Ersetzung des bisher verwendeten Begriffs „Schriftstück" s. § 166 Rn. 1.
[16] RGZ 46, 357, 362.
[17] BGH NJW 1959, 885.

auf das gesamte Schriftstück erstreckt und dessen Blätter als Einheit derart verbunden sind, dass die körperliche Verbindung als dauernd gewollt erkennbar und nur durch Gewaltanwendung zu lösen ist.[18] Wird die Zustellung durch Übergabe einer Ausfertigung bewirkt, bedarf es keiner Beglaubigung des Anwalts,[19] wohl aber eines unterschriebenen Ausfertigungsvermerks. Vollstreckungstitel können nach § 195 zugestellt werden, um die Voraussetzungen für die Zwangsvollstreckung nach § 750 zu schaffen. Rechtsmittel- oder Einspruchsfristen werden jedoch nur durch Zustellungen von Amts wegen in Gang gesetzt. Der Zustellung nach § 195 muss nicht die ausdrückliche Erklärung beigefügt werden, dass von Anwalt zu Anwalt zugestellt werde;[20] die Sollvorschrift des Satzes 3 betrifft nur die fakultative Zustellung nach Satz 2, s. dazu Rn. 5.

3. Schriftsatzzustellung gem. Abs. 1 Sätze 2 bis 4. Das Gesetz ermöglicht auch die Zustellung von Schriftsätzen, die sonst im Amtsbetrieb zuzustellen wären. Betroffen sind bestimmende Schriftsätze wie **Klageerweiterungen**[21] **und -änderungen**[22] und **Widerklagen.** Sonstige Schriftsätze sind nach § 270 Abs. 2 S. 1 nur formlos mitzuteilen, so dass der Anwalt die Abschriften zusammen mit der Urschrift dem Gericht zur Weitergabe an den Gegner einreichen oder unmittelbar dem Gegner übermitteln kann. Bei der Zustellung nach § 195 erhält hingegen das Gericht die Abschrift (§ 133 Abs. 2). Die Zustellung ist **unzulässig,** wenn dem Gegner zugleich eine gerichtliche Anordnung mitzuteilen ist, zB eine Ladung (§ 274 Abs. 2) oder Aufforderung an den Beklagten, einen Rechtsanwalt zu bestellen (§ 271 Abs. 2) bzw. binnen einer bestimmten Frist Stellung zu nehmen (§§ 275, 276). Darüber hinaus ist die Zustellung von Anwalt zu Anwalt **ausgeschlossen,** wenn der Schriftsatz bei Gericht einzureichen ist, wie Klage- (§ 253 Abs. 5), Rechtsmittel- (§§ 519 Abs. 1, 549 Abs. 1 S. 1, 569 Abs. 2 S. 1) und Rechtsmittelbegründungsschrift (§§ 520 Abs. 3 S. 1, 551 Abs. 2 S. 1). Damit beim Gegner und Gericht Klarheit darüber geschaffen wird, dass es sich tatsächlich um eine Zustellung von Anwalt zu Anwalt handelt, soll dies nach **Satz 3** in dem Schriftsatz erklärt werden. Ein Verstoß berührt die Wirksamkeit der Zustellung nicht.[23] Sofern es hierauf für die Entscheidung des Gerichts ankommt, ist die Zustellung nach **Satz 4** nachzuweisen. Dies geschieht zweckmäßigerweise durch eine beglaubigte Abschrift des Empfangsbekenntnisses (Abs. 2 S. 1) oder dessen Vorlegung in der Urschrift. 5

4. Zustellungswille und Empfangsbereitschaft. Der übermittelnde Anwalt muss den Willen haben, das Dokument zuzustellen (vgl. § 174 Rn. 3; § 168 Rn. 5). Er kommt allein in dem Vermerk „Gegner hat Abschrift"[24] noch nicht hinreichend zum Ausdruck, wohl aber in dem Zusatz „Ich stelle selbst zu" oder in dem beigefügten ausgefüllten Empfangsbekenntnis.[25] Er fehlt dagegen bei formloser Übersendung zu Informationszwecken oder wenn dem empfangenden Anwalt vor oder gleichzeitig mit dem Schriftstück ein Widerruf des zustellenden Anwalts zugeht.[26] Für den **Annahmewillen (Empfangsbereitschaft)** gilt § 174 Rn. 6f. Die Zustellung ist nicht erst mit Ausstellen des Empfangsbekenntnisses bewirkt, sondern in dem Zeitpunkt, in dem der Empfänger das Dokument erkennbar mit dem Willen es zu behalten in Empfang (nicht notwendig inhaltlich zur Kenntnis) genommen hat; näher zum **Zustellungszeitpunkt** § 174 Rn. 14. 6

III. Zustellungsnachweis

1. Empfangsbekenntnis (Abs. 2 Sätze 1 und 2). Vgl. zunächst, insbesondere zum notwendigen Inhalt des Empfangsbekenntnisses, § 174 Rn. 8ff. Wie im Rahmen von § 174 ist auch hier umstritten, ob die Erteilung des Empfangsbekenntnisses eine wesentliche (Wirksamkeits-) Voraussetzung der Zustellung ist.[27] Es dient nach dem Konzept des reformierten Zustellungsrechts – wie die Zustellungsurkunde – **allein dem Nachweis** (zur Beweiskraft s. § 174 Rn. 13), so dass Empfangswille und -zeitpunkt auch auf andere Weise manifestiert und dokumentiert werden können (durch schriftsätzliche Inbezugnahme des Empfängers etc.). Die **Rücksendung** des Empfangsbekenntnisses ist Standes- nicht aber Prozesspflicht (s. § 174 Rn. 12). Sie kann gem. Abs. 2 S. 2 auch 7

---

[18] BGH NJW 2004, 506, 507 f.
[19] BGH VersR 1977, 257.
[20] BGHZ 14, 342, 344 = NJW 1954, 1722; BGH NJW 1959, 885.
[21] BGHZ 17, 234, 235 = NJW 1955, 1030.
[22] BGH NJW 1992, 2235, 2236.
[23] Vgl. BGH NJW 1990, 122, 124.
[24] Vgl. OLG Frankfurt FamRZ 1986, 807, 809.
[25] BGHZ 14, 342, 344; BGH NJW 2001, 3787, 3788: Zustellungswille durch Übersendung per Einschreiben mit Rückschein manifestiert.
[26] RGZ 150, 392, 394.
[27] Wie hier *Stein/Jonas/H. Roth* Rn. 7; aA *Zöller/Stöber* Rn. 11; *Thomas/Putzo/Hüßtege* Rn. 9; s. auch § 174 Rn. 8.

durch Telefax oder Email erfolgen und zwar ungeachtet des vom Zustellenden gewählten Übermittlungsweges (§ 174 Rn. 8).

8 **2. Gegenbescheinigung (Abs. 2 Satz 3).** Funktional tritt die Gegenbescheinigung bei der Parteizustellung an die Stelle der Bescheinigung gem. § 169 Abs. 1 (s. daher auch dort Rn. 1). Die auf Verlangen des Empfängeranwalts von dem zustellenden Anwalt zu erteilende Bescheinigung über die Zustellung hat den Inhalt eines Empfangsbekenntnisses, nicht aber deren Beweiskraft. Sie ist eine Privaturkunde iS des § 416, die freilich regelmäßig für den Nachweis der Zustellung ausreicht.[28] Der Gegenbeweis ist möglich und kann vor allem durch das Empfangsbekenntnis geführt werden; es gilt § 286. Auf die Wirksamkeit der Zustellung haben weder das Fehlen noch der unrichtige Inhalt der Bescheinigung Auswirkung. Da die Gegenbescheinigung u. a. das Datum der Zustellung bezeugt, kann sie regelmäßig erst nach Rückerhalt des Empfangsbekenntnisses ausgestellt werden.[29]

§§ 195 a bis 213 a (weggefallen)

Titel 3. Ladungen, Termine und Fristen

§ 214 Ladung zum Termin

Die Ladung zu einem Termin wird von Amts wegen veranlasst.

I. Normzweck

1 Die Vorschrift, die systematisch eigentlich dem § 216 nachfolgen müsste, spricht den Grundsatz aus, dass es nicht mehr (wie früher) Sache der Parteien ist, die Ladungen zu veranlassen. Vielmehr lädt das Gericht in allen Verfahrensarten und Instanzen die Beteiligten. Zuständig dafür ist die **Geschäftsstelle** (§ 153 GVG). Sie setzt die Terminsbestimmung (§ 216) nach außen um, indem sie selbstständig unter Beachtung der jeweils nötigen Förmlichkeiten diejenigen Personen lädt, die zu dem Termin geladen werden müssen, zB Parteien (§§ 274 Abs. 1, 497 Abs. 1, 141 Abs. 2, 450 Abs. 1, 63), Zeugen und Sachverständige (§§ 377 Abs. 1, 402, 273 Abs. 2 Nr. 4).

II. Ladung

2 Die Ladung ist die von Amts wegen erfolgende förmlich und schriftlich (heute durchweg mittels Vordrucks) vorgenommene Mitteilung von einem nach Ort, Tag und Uhrzeit bezeichneten Gerichtstermin, verbunden mit der Aufforderung, zu diesem Termin zu erscheinen. Die Ladung ist **prozessleitende Anordnung,** aber keine Entscheidung. Entsprechend ihrem Zweck gehören zu ihrem notwendigen Mindestinhalt genaue Angaben darüber, welches Gericht, an welchem Tag , zu welcher Zeit, an welchem Ort, in welchem Rechtsstreit und in welcher Eigenschaft oder zu welchem Zweck[1] das Erscheinen der zu bezeichnenden Person erwartet. Weitere Anforderungen ergeben sich aus dem jeweiligen Zweck, etwa bei Zeugenladungen die Bezeichnung des Gegenstandes der Vernehmung, vgl. § 377 Abs. 2. In Verfahren vor dem Landgericht ist die Ladung an den **Beklagten** mit der Aufforderung zu verbinden, einen zugelassenen Rechtsanwalt zu bestellen (§ 215). Die Ladung ist entbehrlich (§ 218), wenn der Termin in einer verkündeten Entscheidung bestimmt wurde. Davon abgesehen veranlasst die Geschäftsstelle die Zustellung (§§ 166 Abs. 2, 168 Abs. 1) der Ladung (§ 329 Abs. 2 S. 2). Ausnahmsweise gestattet das Gesetz die formlose Bekanntgabe der Ladung (§§ 141 Abs. 2 S. 2, 251 a Abs. 2 S. 2, 341 a, 357 Abs. 2 S. 1, 366 Abs. 2, 370 Abs. 2, 377 Abs. 1 S. 2, 497 Abs. 1 S. 1, 523 Abs. 1 S. 2, 553 Abs. 1, 900 Abs. 1 S. 4). Soweit förmliche Zustellung im Gesetz nicht vorgeschrieben ist, kann der Richter sie selbstverständlich im Einzelfall anordnen. Inhaltlich hat die formlose Mitteilung des Termins der förmlichen (zuzustellenden) Ladung zu entsprechen.[2] Grobe Fehler im Inhalt des Ladungsschreibens oder bei dessen Übermittlung können die **Unwirksamkeit der Ladung** bewirken. Bei Versäumung des Termins aus solchen Gründen

---

[28] RG JW 1927, 1309, 1310; OLG Karlsruhe JW 1932, 2175.

[29] Vgl. *Thomas/Putzo/Hüßtege* Rn. 15. Zur Frage, inwieweit der empfangende Anwalt seine Mitwirkung von der Ausstellung der Bescheinigung abhängig machen kann und zur Einschaltung des Gerichtsvollziehers nach § 49 GVGA, s. *Stein/Jonas/H. Roth* Rn. 8.

[1] BGH NJW 1982, 888 unter Hinw. auf § 205.

[2] *Musielak/Stadler* § 214 Rn. 5.

treten die sonst gesetzlich vorgesehenen Säumnisfolgen nicht ein, da sie ordnungsgemäße Ladung immer voraussetzen (§ 335 Abs. 1 Nr. 2). Dabei ist allerdings zu beachten, dass Fehler bei der Ausführung der Ladungsverfügung für das Gericht oft nicht erkennbar sind; bei den Akten befinden sich keine Durchschriften der Ladungen. Deshalb bedarf es zur Geltendmachung solcher Ladungsfehler einer Rüge. Heilung der Ladungsmängel ist möglich (§§ 189, 295).[3]

III. Termin

Abweichend vom allgemeinen Sprachgebrauch und auch vom Sprachgebrauch des BGB bezeichnet das Gesetz als Termin die nach Datum, Uhrzeit und Ort im Voraus festgelegte **Gerichtssitzung** im konkreten Rechtsstreit. Weitgehend gebräuchlich ist dafür auch die Definition: Im Voraus exakt bestimmter Zeitpunkt für ein gemeinsames Handeln von Gericht und Parteien.[4] Die Gerichtssitzung kann etwa der Güteverhandlung (§ 278), der mündlichen Verhandlung (§ 279), der Verkündung einer Entscheidung, der Beweisaufnahme (§ 370), der Erörterung der Sache oder der Protokollierung eines Vergleichs dienen. Termine sind auch die vor dem originären oder obligatorischen Einzelrichter, dem beauftragten oder ersuchten Richter, dem Urkundsbeamten oder dem Rechtspfleger stattfindenden Sitzungen. Terminierung ist demgemäß die Anberaumung dieser Gerichtssitzung, also die Terminsfestlegung durch das Gericht (§ 216).

§ 215 Notwendiger Inhalt der Ladung zur mündlichen Verhandlung

(1) [1]In der Ladung zur mündlichen Verhandlung ist über die Folgen einer Versäumung des Termins zu belehren (§§ 330 bis 331 a). [2]Die Belehrung hat die Rechtsfolgen aus den §§ 91 und 708 Nr. 2 zu umfassen.

(2) In Anwaltsprozessen muss die Ladung zur mündlichen Verhandlung, sofern die Zustellung nicht an einen Rechtsanwalt erfolgt, die Aufforderung enthalten, einen Anwalt zu bestellen.

I. Belehrungspflichten

1 Absatz 1 wurde aufgrund europarechtlicher Vorgaben eingefügt, um bei Titeln über unbestrittene Geldforderungen eine erleichterte Vollstreckung zu ermöglichen. Voraussetzung einer Bestätigung als europäischer Vollstreckungstitel durch das Prozessgericht ist jedoch stets, dass eine Belehrung über die Säumnisfolgen gegeben wurde (Art. 17 lit b EG-VollstrTitelVO). Darum ist abweichend vom früheren Rechtszustand in **jede Ladung** zu einer mündlichen Verhandlung ein Hinweis auf die Möglichkeit einer Entscheidung durch **Versäumnisurteil** (§§ 330 bis 331 a) einschließlich der kosten- und vollstreckungsrechtlichen Folgen aufzunehmen. Entbehrlich ist eine Unterrichtung über die Möglichkeit eines zweiten Versäumnisurteils. Die Belehrung kann – je nach dem, in welcher Form geladen wird – schriftlich oder elektronisch übermittelt werden. Der Inhalt der Belehrung kann praktischerweise für alle Verfahren einheitlich vorformuliert werden. Unzureichend wäre eine bloße Paragraphenangabe.

II. Aufforderung zur Anwaltsbestellung

2 Die Vorschrift ergänzt § 214 für einen speziellen Fall der Ladung, nämlich die zur mündlichen Verhandlung des Rechtsstreits, für eine bestimmte Verfahrensart, nämlich das Verfahren mit Anwaltszwang (§ 78), und unter der besonderen Voraussetzung, dass sich für die zu ladende Partei noch kein zugelassener Rechtsanwalt gemeldet hat. In diesem Fall ist über den allgemeinen Inhalt der Ladung (§ 214) hinaus ein besonderer Hinweis erforderlich. Da hier wegen des Anwaltszwanges das Erscheinen der Partei selbst zum Gerichtstermin nicht ausreicht, muss die Geschäftsstelle in der Ladung auf den Anwaltszwang aufmerksam machen und die Partei auffordern (richtiger: ihr anheimgeben), zur Vermeidung von Nachteilen einen postulationsfähigen Rechtsanwalt zu beauftragen. Ähnliche Hinweispflichten finden sich für die Klagezustellung in §§ 271 Abs. 2, 275 Abs. 1 S. 2, 276 Abs. 2 und für das Berufungsverfahren in § 521 Abs. 2.

3 Entbehrlich ist der Zusatz im Ladungsschreiben, wenn ein **Rechtsanwalt** Adressat der Ladung ist, gleich ob er Partei oder Prozess- (§ 172) bzw. Zustellungsbevollmächtigter (§ 184) ist.[1] Wie der

---

[3] AllgM, vgl. *Musielak/Stadler* § 214 Rn. 7.
[4] *Stein/Jonas/Roth* Vor § 214 Rn. 1.
[1] *Zöller/Stöber* Rn. 2.

Anwalt selbst werden sein amtlich bestellter Vertreter oder Abwickler (§§ 53, 55 BRAO), aber nicht sein sonstiger Bevollmächtigter behandelt.[2]

4 Die Aufforderung ist, solange sich noch kein Anwalt für die Partei gemeldet hat, **jeder** Ladung beizufügen, also auch der wiederholten, zB nach Terminsverlegung oder Vertagung etwa gem. § 335 Abs. 2 oder § 337 S. 2. Ob die Partei die entsprechende Aufforderung in dem konkreten Rechtsstreit oder in sonstiger Weise früher schon einmal erhalten hat, ist für die in § 215 strikt und ausnahmslos vorgeschriebene Förmlichkeit ohne Bedeutung. Ebenso wenig kommt es darauf an, ob die Partei § 78 kennt oder nicht kennt oder kennen müsste.[3] Eine gesonderte Ladung oder Terminsnachricht an den Prozessbevollmächtigten, der sich nach Ladung der Partei persönlich bestellt, entspricht zwar verbreiteter Übung, wird aber von der ZPO nicht vorgeschrieben.[4]

III. Verstoß

5 Fehlt es an dem gebotenen Hinweis, kann kein Versäumnisurteil ergehen (§ 335 Abs. 1 Nr. 1). Der Verstoß gegen diese besondere Anforderung an den Inhalt der Ladung kann die Unwirksamkeit der Ladung zur Folge haben.[5] Die Rüge des Mangels ist nicht ausgeschlossen, wenn der mit ihr erstrebte Erfolg gleichwohl eingetreten ist, also ein Anwalt für die Partei auftritt. Die mangelhafte Ladung setzt die Ladungsfrist nicht in Lauf. Hierauf muss die Partei sich auch dann noch berufen dürfen, wenn sie – unaufgefordert – vor dem Termin einen Rechtsanwalt beauftragt hat.

§ 216 Terminsbestimmung

(1) Die Termine werden von Amts wegen bestimmt, wenn Anträge oder Erklärungen eingereicht werden, über die nur nach mündlicher Verhandlung entschieden werden kann oder über die mündliche Verhandlung vom Gericht angeordnet ist.

(2) Der Vorsitzende hat die Termine unverzüglich zu bestimmen.

(3) Auf Sonntage, allgemeine Feiertage oder Sonnabende sind Termine nur in Notfällen anzuberaumen.

I. Allgemeines

1 **1. Normzweck.** Die Anberaumung des Termins (vgl. § 214 Rn. 3), also der Gerichtssitzung im konkreten Prozess, ist eine der wichtigsten richterlichen Handlungen zur Förderung des Rechtsstreits. Das Gericht erklärt damit seine Bereitschaft, an einem bestimmten Tage zu einer bestimmten Zeit mit den Parteien zu verhandeln. Zwar ist die Bedeutung der Vorschrift etwas gemindert, seit die Vereinfachungsnovelle das schriftliche Vorverfahren (§ 276) wahlweise zur Verfügung gestellt hat. Doch beeinflusst die prozessleitende Verfügung der Terminsbestimmung nach wie vor in hohem Maße die Entwicklung des Verfahrens, was insbesondere an der dem Beschleunigungsinteresse dienenden Regelung in Abs. 2 deutlich wird. Die Terminsbestimmung gibt den Weg frei zur **mündlichen Verhandlung des Rechtsstreits** und dient damit in entscheidender Weise der Rechtsschutzgewährung. Aus dieser Überlegung ergibt sich, dass die Terminierung grundsätzlich zwingend geboten ist[1] und insbesondere nicht durch Bedenken des Vorsitzenden hinsichtlich bestimmter Mängel der Klageerhebung, Zweifel an Prozessvoraussetzungen oder gar materiellen Erfolgsaussichten der Klage gehindert werden darf.[2*] Sie zu erörtern, zu prüfen und zu entscheiden ist gerade Sinn der mündlichen Verhandlung vor dem voll besetzten Gericht und kann nicht durch eine Verfügung des Vorsitzenden abgeschnitten werden.[3*]

2 **2. Anwendungsbereich, Voraussetzungen.** Unbeschadet zahlreicher Sondervorschriften (zB §§ 272 Abs. 2, 341 a, 361, 366 Abs. 2, 368, 523, 553, 924 Abs. 2) gilt § 216 als allgemeine Norm für alle Verfahren nach der ZPO und alle Rechtszüge, soweit eine mündliche Verhandlung zwingend vorgeschrieben oder vom Gericht angeordnet ist (vgl. §§ 128, 272 Abs. 2), und zwar nicht nur für die erste mündliche Verhandlung, sondern auch für den späteren Fortgang der Sache.

---

[2] *Zöller/Stöber* Rn. 2.
[3] *Zöller/Stöber* Rn. 1; *Musielak/Stadler* Rn. 1; aA *Baumbach/Lauterbach/Hartmann* Rn. 5.
[4] OLG Köln MDR 2001, 891.
[5] Vgl. zur Heilung § 214 Rn. 2.
[1] Zu den Ausnahmen s. Rn. 3.
[2*] OLG Frankfurt FamRZ 1982, 316 m. zust. Anm. *Bosch;* LG Dortmund AnwBl. 1997, 49.
[3*] LAG Hamm MDR 1966, 272.

3. Ablehnung der Terminsbestimmung. Entsprechend ihrem Zweck, den Prozess zu fördern, hat die Terminsbestimmung ausnahmsweise zu unterbleiben, wenn sie zur Förderung des Rechtsstreits ungeeignet ist. Insbesondere wird kein Termin bestimmt, wenn schon die Zustellung der Klageschrift verweigert werden muss. Dies ist der Fall, wenn der Beklagte (nicht der Kläger, der mit der Klage auf den Schutz der Exterritorialität verzichtet) der deutschen Gerichtsbarkeit nicht unterliegt (§§ 18 bis 20 GVG),[4] wenn der als Klageschrift erscheinende Schriftsatz sich nicht als Klage verstehen lässt, also schlechthin unbeachtlich ist (grobe Unvollständigkeit, mangelnde Ernstlichkeit, mangelnde Verständlichkeit)[5] oder wenn eine Ladung nicht möglich ist (Nichtexistenz der Parteien, Fehlen der zustellungsfähigen Anschrift). Die Terminsbestimmung kann. jedenfalls **vorläufig,**[6] unterbleiben, wenn der etwa erforderliche Gerichtskostenvorschuss nicht gezahlt ist (§ 65 Abs. 1 GKG mit den Ausnahmen nach Abs. 7), wenn Ausländersicherheit geleistet werden muss (§§ 110, 113), wenn die Klageschrift (§ 253) schwere Mängel hat wie Fremdsprachlichkeit[7] (§ 184 GVG), fehlende Unterschrift (§§ 253 Abs. 4, 129), Unterschrift eines nicht postulationsfähigen Anwalts (§ 78), unsachlicher und ausschließlich beleidigender Inhalt[8] oder grober, offensichtlicher Missbrauch[9] und – selbstverständlich – auch, wenn das Gericht das schriftliche Vorverfahren gewählt hat (§§ 272 Abs. 2, 276). 3

II. Einzelheiten

1. Zuständigkeit. Die Terminsbestimmung ist Aufgabe derjenigen Gerichtsperson, vor der oder vor deren Spruchkörper die mündliche Verhandlung stattfinden soll, also des Vorsitzenden (Abs. 2), soweit vor dem Kollegium (Kammer, Senat) zu verhandeln ist, des Einzelrichters (§§ 348, 348a, 526, 527, 568), des beauftragten oder ersuchten Richters (§ 229), des Richters beim Amtsgericht (§ 495) und des Rechtspflegers (§ 4 Abs. 1 RplG), soweit jeweils vor ihnen die Verhandlung stattfindet. Der Vorsitzende entscheidet auch, wenn er einen Termin **außerhalb des Gerichtssitzes** ansetzt.[10] Für die erstmalige Bestimmung des Verhandlungstermins ist das Kollegium nie zuständig, wohl aber für Vertagungen (vgl. § 227 Abs. 4) sowie unter Umständen für die Bestimmung von Terminen zur Verkündung, Beweisaufnahme oder Fortsetzung der mündlichen Verhandlung und zur Verlegung solcher Termine, die das Kollegium bestimmt hatte. 4

2. Amtsbetrieb. Sofern Anträge oder Erklärungen (sachlicher oder prozessualer Art) vorliegen, über die nach mündlicher Verhandlung entschieden werden muss oder im Falle freigestellter mündlicher Verhandlung nach dem Willen des Gerichts entschieden werden soll, ist der Termin von Gerichts wegen zu bestimmen, ohne dass es eines besonderen Antrags auf Terminsbestimmung bedarf. Es braucht also die Klageschrift oder die Rechtsmittelschrift einen Terminsantrag nicht zu enthalten. Von Amts wegen Termin zu bestimmen ist auch für den noch anhängigen Rest nach Erlass eines Teilurteils (§ 301)[11] oder im Nachverfahren nach Erlass eines Vorbehaltsurteils (§ 302) und nach Zurückverweisung der Sache durch die Rechtsmittelinstanz (§§ 538, 563) sowie Verweisung (§ 281).[12] Jedoch ist ein Antrag der Partei auf Terminsbestimmung erforderlich hinsichtlich des Betragsverfahrens nach Erlass eines Zwischenurteils über den Grund (§§ 304, 280 Abs. 2 S. 2) und im Nachverfahren nach Erlass eines Vorbehaltsurteils im Urkundenprozess (§§ 599, 600). Nach Eintritt der Rechtskraft ist auch in diesen Verfahren von Amts wegen Termin zu bestimmen.[13] Im Falle eines Stillstands des Verfahrens, also bei Unterbrechung (§§ 239–345) oder Aussetzung (§§ 246, 247), darf ein Termin nicht bestimmt werden, bis ein begründeter Antrag einer Partei nach § 250 gestellt worden ist.[14] Statt einer Entscheidung nach Lage der Akten ist auf Antrag einer Partei (§ 251a Abs. 2 S. 4) ein Termin zur mündlichen Verhandlung zu bestimmen. Das Mahnverfahren wird nach Widerspruch nur auf Antrag fortgesetzt (§ 696). 5

3. Zeitpunkt der Terminsbestimmung (Abs. 2). Ein mündlicher Termin ist zu bestimmen, wenn nicht ein schriftliches Vorverfahren (§ 276) angeordnet ist oder die Parteien eine Entschei- 6

---

[4] OLG München NJW 1975, 2144; *Zöller/Stöber* Rn. 7; aA *Musielak/Stadler* Rn. 5
[5] *Zöller/Stöber* Rn. 6; *Musielak/Stadler* Rn. 4; aA *Stein/Jonas/Roth* Rn. 15.
[6] Vgl. Rn. 6.
[7] BSG NJW 1987, 2184 (LS).
[8] Hierzu grundlegend *Walchshöfer* MDR 1975, 11.
[9] ArbG Hamm MDR 1966, 272 m. Anm. *Schneider:* Einreichung gleich lautender Klagen bei 74 (!) Gerichten.
[10] BAG NJW 1993, 1029.
[11] OLG Köln JMBlNRW 1984, 115; OLG Frankfurt JurBüro 1982, 613.
[12] *Schneider* JurBüro 1966, 369.
[13] BGH NJW 1979, 2307 = ZZP 93 (1980), 177 m. Anm. *Grunsky; Zöller/Stöber* Rn. 1; *Musielak/Stadler* Rn. 1; aA 2. Aufl. Rn. 5.
[14] *Baumbach/Lauterbach/Hartmann* Rn. 6.

dung im schriftlichen Verfahren (§ 128 Abs. 2) beantragt haben. Die zuständige Gerichtsperson[15] (das Gesetz spricht verkürzt nur vom Vorsitzenden) hat die Terminsbestimmung unverzüglich vorzunehmen, auch wenn der konkrete Termin wegen der Notwendigkeit einer Terminsvorbereitung (§ 273) oder wegen der Belastung des Spruchkörpers zeitlich hinausgeschoben werden muss.[16] Unverzüglich bedeutet (in Anlehnung an § 121 Abs. 1 BGB): **ohne prozessordnungswidriges Zögern.** Dem Vorsitzenden ist in diesem Rahmen ein gewisses Ermessen unter Beachtung des grundsätzlichen Beschleunigungsziels eingeräumt. So ist er berechtigt, bei Mängeln der Klageschrift oder Rechtsmittelschrift zunächst schriftlich dem Kläger oder Rechtsmittelkläger Gelegenheit zur Nachbesserung (sofern möglich) oder zur Rücknahme der Klage oder des Rechtsmittels zu geben. Ordnet er vorbereitende Maßnahmen (§ 273) an, ist der auf einen späteren Zeitpunkt anzusetzende Termin unverzüglich zu bestimmen.[17] Auch ist er entgegen einer verbreiteten Ansicht durchaus nicht gehalten, alle terminsreifen Sachen streng in der Reihenfolge des Eingangs oder des Zeitpunkts der Terminsreife zu terminieren. Vielmehr kann es sachgerecht und deshalb zulässig sein, abweichend vom starren Prioritätsprinzip die Termine nach bestimmten **sachlichen Gesichtspunkten** (Beteiligung gleicher Parteien oder Anwälte, vergleichbarer Streitstoff) zusammenzustellen, was zwangsläufig ein gewisses Liegenlassen bedingt. Ein generelle Vorziehen von Bagatellsachen zur Verbesserung der Statistik kann nicht gebilligt werden.[18] Unzulässig ist es dagegen, bei Überlastung oder aus anderen Gründen die Terminsanberaumung schlichtweg abzulehnen[19] oder Wartelisten einzurichten[20] und erst nach längerer Zeit einen Termin zu bestimmen. Eine Partei muss es unter Umständen hinnehmen, dass ein Gericht, ein Spruchkörper oder ein Richter den Termin auf einen fern liegenden Tag ansetzt, weil alle näher liegenden Sitzungstage schon belegt sind. Sie hat jedoch ein Recht darauf, unverzüglich (in dem hier dargelegten Sinne) zu erfahren, wann ihre Sache verhandelt wird. Auch im Scheidungsverfahren ist unverzüglich Termin zu bestimmen, das Anhängigmachen von Folgesachen darf nicht abgewartet werden.[21]

7 **4. Wahl des Termins.** Von der Vornahme der Terminsbestimmung (= Terminierung) muss deren Inhalt, der Zeitpunkt des Termins, unterschieden werden. Die mündliche Verhandlung soll allgemein so früh wie möglich stattfinden (arg. § 272 Abs. 3). Doch hat der Vorsitzende bei der Auswahl des Termins ein weitgehendes **Ermessen.**[22] Dass er an die Priorität der Sache nicht unbedingt gebunden ist,[23] ergibt sich übrigens beim Kollegialgericht aus § 21g Abs. 2 GVG. Da für die einzelnen Verfahren unterschiedliche Mitwirkungsregelungen[24] gelten, müssen etwa entsprechend der Beteiligung der Beisitzer einige Sachen auf einen späteren Sitzungstag angesetzt werden als andere gleichzeitig terminsreif gewordene Verfahren. Entscheidend ist immer das Ziel der prozesswirtschaftlich zügigen Erledigung. Deshalb können auch **Sammeltermine** (mehrere Sachen werden auf die selbe Uhrzeit terminiert) nicht als schlechthin unzulässig erachtet werden.[25] Parteien, Zeugen und Anwälte vermeidbar warten zu lassen, ist aber ein Verstoß gegen dienstliche Pflicht. Zu beachten bei Auswahl des Termins sind weiter die etwa erforderliche angemessene **Vorbereitungszeit** (§ 273) sowie die Ladungs- (§ 217), Einlassungs- (§ 274 Abs. 3) und Erklärungsfrist (§ 132). Eine völlig unangemessen kurze Zeit zwischen dem Tag der Terminsbestimmung und dem Terminstag (ein Tag) kann das Recht auf Gehör verletzen.[26] Andererseits hat eine Partei, die ein Versäumnisurteil gegen sich ergehen ließ, keinen Anspruch darauf, den Termin so weit hinauszuschieben, dass die auf Grund des verspäteten Vorbringens der säumigen Partei notwendigen Beweise noch erhoben werden können; vielmehr soll auch die Verhandlung nach § 341a so früh wie möglich stattfinden.[27] Bei öffentlicher Zustellung oder Auslandszustellung ist die damit verbundene

---

[15] Vgl. Rn. 4.

[16] OLG Karlsruhe NJW 1973, 1510.

[17] BGH NJW 1979, 1988; OLG Hamm NJW 1980, 293f.

[18] *Zöller/Stöber* Rn. 16.

[19] OLG Schleswig NJW 1982, 246; OLG Karlsruhe NJW 1973, 1510; LAG Düsseldorf MDR 1996, 742.

[20] OLG Schleswig NJW 1982, 246; OLG Hamm DRiZ 1974, 28; OLG Karlsruhe NJW 1973, 1510; LAG München MDR 1984, 877; OLG Schleswig SchlHA 1981, 125; aA OLG Schleswig NJW 1981, 691; LAG Düsseldorf NZA 1996, 280.

[21] OLG Frankfurt NJW 1986, 389; KG FamRZ 1985, 1066; OLG Schleswig SchlHA 1984, 56.

[22] So auch *E. Peters,* FS Schütze, 1999, S. 661, 665.

[23] Vgl. Rn. 6.

[24] *Kissel/Mayer* § 21g GVG Rn. 12.

[25] Hierzu BGH DRiZ 1982, 73 sowie *Arndt* DRiZ 1979, 142; *Herbst* DRiZ 1979, 237; *Schneider* DRiZ 1979, 239; *Steiner* DRiZ 1979, 284.

[26] OLG Frankfurt MDR 1986, 326.

[27] BGH NJW 1981, 286; *Deubner* NJW 1980, 294.

Verzögerung (§§ 183, 188) bei der Terminierung zu beachten. Im Rahmen des prozessual Zulässigen ist auf die persönlichen Verhältnisse der Partei Rücksicht zu nehmen.[28]

Abs. 3 erlaubt es, den Termin auch auf einen Samstag, Sonntag oder allgemeinen **Feiertag** anzuberaumen, doch soll dies nur „in Notfällen" geschehen. Das ist eine bewusst enge Beschränkung. Ein **Notfall** ist nicht etwa jeder **Eilfall.** In normalen Zivilprozessen wird ein solcher Notfall kaum je gegeben sein, eher schon einmal im Arrestverfahren oder Verfahren der einstweiligen Verfügung sowie im selbstständigen Beweisverfahren, wenn andernfalls die Beweisaufnahme vereitelt würde. Allgemeine Feiertage sind die staatlich anerkannten, gesetzlichen Feiertage, die sich aus dem Feiertagsrecht des jeweiligen Bundeslandes ergeben, in welchem der Termin stattfindet.[29] Auf andere Feiertage (rein religiöse wie christliche, mohammedanische, jüdische) kann von Amts wegen terminiert werden, doch sollten auf begründeten Antrag von Prozessbeteiligten solche Termine verlegt werden (vgl. § 227). Eine Terminsänderung wird auf Antrag auch in Betracht gezogen werden, wenn ein Verfahrensbeteiligter zum Termin von einem Wohnort anreisen muss, an dem der Terminstag ein Feiertag ist. 8

5. Form und Ausführung der Terminsbestimmung. Die Terminsbestimmung wird schriftlich in der Akte verfügt. Sie ist vom zuständigen Richter eigenhändig zu unterschreiben. Dies erfordern die Bedeutung der Terminsanberaumung und ihr Charakter als richterliche Entscheidung mit Außenwirkung, vgl. § 329 Abs. 1, 317 Abs. 2 S. 1. Deshalb genügt das bloße **Handzeichen** (die Paraphe) nicht.[30] Die Terminsanberaumung in die Ladungsverfügung umzusetzen und diese auszuführen, obliegt der Geschäftsstelle (vgl. § 214 Rn. 1). 9

6. Anfechtbarkeit der Terminsbestimmung. Als von Amts wegen ergehende prozessleitende Verfügung (vgl. Rn. 1) ist die Terminsbestimmung grundsätzlich der selbstständigen Anfechtung entzogen.[31] Weder das „Ob" noch das „Wann" und „Wie" der Terminsanberaumung unterliegen der Beschwerde (zum „Wo" vgl. § 219 Rn. 4). Es ist auch grundsätzlich nicht zulässig, die Beschwerdemöglichkeit über § 567 Abs. 1 2. Alt. dadurch zu eröffnen, dass ein an sich nicht erforderlicher „Antrag" gestellt wird, denn dies ist eine bloße Anregung und deshalb kein Gesuch im Sinne von § 567.[32] Dagegen ist die Beschwerde zulässig, wenn die Terminsbestimmung einen besonderen Terminsantrag erfordert und dieser abgelehnt wird.[33] Dessen ungeachtet ist analog § 252 in Ausnahmefällen eine Beschwerde zulässig , in denen eine Verweigerung des Rechtsschutzes durch einen prozessordnungswidrigen tatsächlichen Verfahrensstillstand (= Aussetzung) zum Ausdruck kommt, indem überhaupt nicht[34] oder sehr weit in die Zukunft[35] terminiert wird. 10

§ 217 Ladungsfrist

Die Frist, die in einer anhängigen Sache zwischen der Zustellung der Ladung und dem Terminstag liegen soll (Ladungsfrist), beträgt in Anwaltsprozessen mindestens eine Woche, in anderen Prozessen mindestens drei Tage.

I. Normzweck

Die Vorschrift dient dem Schutz beider[1] Parteien sowie deren Streithelfer, mittelbar auch aller übrigen Prozessbeteiligten, insbesondere der Prozessbevollmächtigten in ihrer **zeitlichen Dispositionsfreiheit,** darüber hinaus vor Überraschung (Überrumpelung) und übereilter Entscheidung. Die nach heutigen Verhältnissen nicht gerade üppig bemessene Frist zwischen dem Zeitpunkt der möglichen Kenntniserlangung vom Termin (Zugang der Ladung oder Terminsnachricht) und dem Zeitpunkt des Termins soll als sog. **Zwischenfrist**[2] ein gegen den Willen der betreffenden Partei 1

---

[28] OLG Zweibrücken NJW 1999, 2907 (Einsatz eines Bundeswehrsoldaten im Ausland).

[29] Bundesgesetzlich geregelt ist nur der Tag der Deutschen Einheit (3. Oktober) gem. Art. 2 Abs. 2 EVertr. Im Übrigen richten sich die jeweiligen Feiertage nach den Feiertagsgesetzen der Länder.

[30] BSG NJW 1990, 3294; 1990, 2083; *Stein/Jonas/Roth* Rn. 11; *Musielak/Stadler* Rn. 10; aA BSG NJW 1992, 1188.

[31] OLG Köln NJW-RR 1999, 290; OLG Celle OLGZ 1975, 357; OLG Stuttgart ZZP 78 (1965), 237; OLG Frankfurt MDR 1983, 1031; OLG Köln OLGZ 1985, 122; OLG München JurBüro 1979, 1379.

[32] OLG Frankfurt MDR 1983, 411; KG MDR 1985, 416; OLG Köln NJW 1981, 2263.

[33] *Musielak/Stadler* Rn. 11; *Stein/Jonas/Roth* Rn. 36.

[34] OLG Saarbrücken NJW-RR 1999, 1290; OLGReport 1999, 179; OLGReport 1997, 173 = NJW-RR 1998, 1531 = MDR 1997, 1062; OLG Schleswig NJW 1982, 246; OLG Frankfurt FamRZ 1982, 316.

[35] OLG Köln NJW 1981, 2263; *Zöller/Stöber* Rn. 21; *Musielak/Stadler* Rn. 11.

[1] OLG München OLGZ 1974, 241, 243.

[2] Ausführlich zur Einteilung der Fristen *Stein/Jonas/Roth* Vor § 214 Rn. 16 ff.

niemals zu unterschreitendes Mindestmaß zur Freihaltung des Termins gegenüber anderen Verpflichtungen[3] sowie zur Überlegung und Vorbereitung des Termins sichern. Schutzzweck und Sinn der Norm gebieten es, über ihren bloßen Wortlaut hinaus die Frist auch bei nichtförmlicher Ladung (Terminsbenachrichtigung) und nicht förmlich zugestellter (formlos mitgeteilter) Terminsnachricht sowie bei verkündeten Terminen (§ 218) zu beachten.

II. Anwendungsbereich

2 Die Frist des § 217 gilt für alle Verfahrensarten[4] und Instanzen bei der Ladung der Parteien, Streithelfer und ihrer Prozessvertreter, und zwar nicht nur vor dem erkennenden Gericht jeder Instanz, sondern – wegen des Grundsatzes der Parteiöffentlichkeit der Beweisaufnahme (§ 357) – auch vor dem beauftragten oder ersuchten Richter.[5] Ebenfalls für die Eilverfahren auf Arrest und einstweilige Verfügung (soweit mündliche Verhandlung stattfindet) ist § 217 uneingeschränkt verbindlich. Beweis- und Auskunftspersonen (§§ 377 Abs. 1, 402, 450 Abs. 1, 141), können sich im Unterschied zu den Prozessparteien nicht auf die Frist berufen.[6] Für den **Wechsel- und Scheckprozess** gilt eine besondere (kurze) Ladungsfrist (§§ 604 Abs. 2 und 3, 605 a). Nach **Unterbrechung des Rechtsstreits** durch Tod einer Partei wird die Ladungsfrist gesondert vom Vorsitzenden bestimmt (§ 239 Abs. 3 S. 2). Unanwendbar ist die Vorschrift mangels Anwesenheitspflicht der Partei (§ 312) bei Anberaumung eines Verkündungstermins und nach Ansicht des BGH für die in **verkündeten Entscheidungen** bestimmten Termine;[7] im letztgenannten Fall dürfte die Gegenauffassung[8] vorzugswürdig sein, weil die Frist selbst bei formloser Terminsmitteilung zu beachten ist.

3 Die Ladungsfrist gilt auch in den Fällen der §§ 357 Abs. 2, 361, Abs. 1, 2, 368 und 370.[9] Ferner ist § 217 bei Terminsänderungen, also Verlegung oder Vertagung (§ 227), immer wieder neu zu beachten.[10] Nach zutreffender überwiegender Auffassung,[11] die sich auf den Wortlaut der Vorschrift berufen kann, ist § 217 unanwendbar, sofern bei Aufrechterhaltung des Verhandlungstages lediglich die **Terminsstunde** geändert wird. Für die Parteien und Prozessbevollmächtigten kann es zwar von einschneidender Bedeutung sein, rechtzeitig zu erfahren, ob sie statt um 15.00 Uhr schon um 9.00 Uhr zu erscheinen haben. Dies sind aber Ausnahmefälle, bei denen die Partei durch einen Verlegungsantrag (§ 227) Abhilfe schaffen kann. Die in der Praxis häufigen zeitlich geringfügigen Änderungen der Terminsstunde erfordern aber nicht die Beachtung der Ladungsfrist.

4 Zu unterscheiden von der Ladungsfrist des § 217 ist die **Einlassungsfrist.** Anders als die Ladungsfrist gilt sie nur für die Verfahrenseinleitung und nur gegenüber dem Beklagten oder Rechtsmittelbeklagten (§§ 274 Abs. 3, 523 Abs. 2, 553 Abs. 2). Die Einlassungsfrist ist in Eilverfahren nicht zu beachten.[12]

III. Dauer, Berechnung

5 Die Dauer der Ladungsfrist ist gestaffelt. Dies berücksichtigt die längere Vorbereitungszeit, die sich bei Beteiligung eines Prozessbevollmächtigten zwangsläufig ergibt. Bei der Berechnung der Frist (§ 222, §§ 187 bis 189 BGB) werden der Tag der Zustellung und des Termins nicht eingerechnet. Bei verkündeter Terminsbestimmung (§ 218) beginnt die Frist mit der Verkündung, wobei auch der Tag der Verkündung nicht mitgerechnet wird. Hinsichtlich des Fristbeginns ergibt sich dies aus § 222 Abs. 1, § 187 Abs. 1 BGB, hinsichtlich des Fristendes aus der Formulierung, dass die Ladungsfrist zwischen der Ladung und dem Terminstag liegen soll, denn dies bedeutet, dass die Frist nur gewahrt ist, wenn sie vor dem Beginn des Tages, an dem der Termin stattfindet, abgelaufen ist. Entsprechendes gilt für die **Einlassungsfrist.** Beispiel: Zustellung der Ladung, Zugang der Terminsnachricht oder Verkündung der Terminsbestimmung im Anwaltsprozess am Dienstag, 8. 3. Frühester zulässiger Termin nach § 217: Mittwoch, 16. 3. Bei Zustellung im Ausland (§ 183) und

---

[3] OLG Oldenburg MDR 1987, 503.

[4] OLG Dresden NJW 2002, 2722.

[5] Vgl. OLG Köln MDR 1973, 856; *Teplitzky* NJW 1973, 1675.

[6] *Baumbach/Lauterbach/Hartmann* Rn. 3; *Zöller/Stöber* Rn. 1.

[7] BGH NJW 1964, 658; OLG Oldenburg MDR 1987, 50; *Zöller/Stöber* Rn. 1; *Baumbach/Lauterbach/Hartmann* Rn. 4.

[8] *Musielak/Stadler* Rn. 2; 2. Aufl. Rn. 4; *Stein/Jonas/Roth* Rn. 4

[9] *Musielak/Stadler* Rn. 1.

[10] Offengelassen von OLG Karlsruhe OLGZ 1968, 292, 294.

[11] OLG Brandenburg NJW-RR 1998, 500 f.; LG Köln MDR 1987, 590; *Zöller/Stöber* Rn. 1; *Baumbach/Lauterbach/Hartmann* Rn. 3; *Stein/Jonas/Roth* Rn. 3; aA 2. Aufl. Rn. 3; *Musielak/Stadler* Rn. 1.

[12] *Baumbach/Lauterbach/Hartmann* Rn. 5.

öffentlicher Zustellung (§§ 185ff.) gilt keine andere Ladungsfrist. Auf Antrag kann der zuständige Richter (§ 216 Rn. 4) die Ladungsfrist abkürzen (§ 226). Eine Verlängerung der Frist ist nicht möglich. Wird die Ladung formlos mitgeteilt, kann der Zugang analog § 357 Abs. 2 S. 2 bei Übersendung durch die Post im Ortsbestellverkehr am folgenden Werktag, im Übrigen am zweiten Werktag nach Aufgabe zur Post als bewirkt angesehen werden.[13]

IV. Folgen

Bei Nichteinhaltung der Ladungsfrist ist die Ladung nicht ordnungsgemäß. Säumnisfolgen können nicht eintreten. Die betreffende Partei ist also keinem Rechtsnachteil wegen ihres Ausbleibens oder Nichtverhandelns ausgesetzt. Insbesondere kann ein Versäumnisurteil (§ 335 Abs. 1 Nr. 2) oder eine Entscheidung nach Lage der Akten (§ 251a) gegen sie nicht ergehen.[14] Falls sie erschienen ist, hat sie die Wahl, ob sie die Nichteinhaltung der Frist geltend machen oder darauf verzichten will, Heilung des Ladungsmangels durch rügelose Verhandlung ist möglich (§ 295). Die Nichteinhaltung der Ladungsfrist kann eine Versagung des rechtlichen Gehörs darstellen.[15] 6

§ 218 Entbehrlichkeit der Ladung

Zu Terminen, die in verkündeten Entscheidungen bestimmt sind, ist eine Ladung der Parteien unbeschadet der Vorschriften des § 141 Abs. 2 nicht erforderlich.

Die Regelung bildet eine **Ausnahme** zu § 214, der für alle Termine die Ladung im Amtswege verlangt. Die Bestimmung des Termins kann für sich allein (zB Vertagung, § 227) oder in Verbindung mit (= als Teil) einer anderen Gerichtsentscheidung (zB Beweisbeschluss, Auflagenbeschluss) in der **mündlichen Verhandlung** oder in einem besonderen Verkündungstermin **durch Verkündung verlautbart** werden (§ 329 Abs. 1 S. 1). Falls die Partei in dem Verkündungstermin anwesend ist oder – sofern abwesend – zu dem Termin, in welchem verkündet oder in welchem der Verkündungstermin durch verkündeten Beschluss bekannt gemacht worden ist, **ordnungsgemäß geladen** worden war,[1] so bedarf es keiner Ladung für den Folgetermin. Beispiel: Der Beklagte wird zum frühen ersten Termin am 19.9 geladen, als Verkündungstermin der 2.10 beschlossen und in diesem Termin ein Beweisbeschluss verkündet und der Termin zur Beweisaufnahme und Fortsetzung der mündlichen Verhandlung auf den 2. 11. bestimmt. Zu letztgenanntem Termin braucht keine der Parteien geladen zu werden, sofern die Ladung zum 19. 9 gültig war. Vielmehr gelten die Partei, der Streithelfer, der Prozessbevollmächtigte – nicht Zeugen oder Sachverständige – als wirksam geladen. Ob sie von der verkündeten Entscheidung Kenntnis erlangt haben, ist unerheblich; bei verkündeten Entscheidungen wird die Kenntnis von ihrem Inhalt vorausgesetzt (§ 312 Abs. 1 S. 2). Der Partei ist es zumutbar, sich nach dem Ergebnis eines in ihrer Abwesenheit durchgeführten Termins zu erkundigen.[2] Sie kann nicht etwa darauf vertrauen, durch den Zugang einer Protokollabschrift rechtzeitig über den Verfahrensfortgang unterrichtet zu werden.[3] § 218 gilt sowohl im Anwalts- als auch im Parteiprozess. Trotz Bestimmung des Termins durch Verkündungsbeschluss hat eine Ladung zu erfolgen, wenn das persönliche Erscheinen einer Partei (§§ 141 Abs. 2, 273 Abs. 4 S. 2, 278 Abs. 3 S. 2) bzw. eine Parteivernehmung (§ 450 Abs. 1 S. 2) angeordnet wird, es sich um eine Ehe- oder Familiensache (§§ 612 Abs. 2, 640) handelt oder die Voraussetzungen eines Versäumnisurteils gegen die abwesende Partei nicht gegeben sind (§§ 335 Abs. 2, 337 S. 2). Diese Fiktion der Kenntnis tritt allerdings nur ein, wenn die Verkündung ordnungsgemäß ist und auch ordnungsgemäß protokolliert wurde.[4] Die prozessordnungswidrige, weit verbreitete Unsitte, einen Beweisbeschluss „seinem wesentlichen Inhalt nach" zu verkünden, hat nicht die Wirkung des § 218, denn es lässt sich nicht feststellen, dass gerade die in dem Beweisbeschluss enthaltene Terminsbestimmung verkündet wurde.[5] 1

Entbehrlich ist nur **die Ladung,** sondern auch die Einhaltung der in § 217 bestimmten Frist, die zwischen der Verkündung der Terminsbestimmung und dem Termin liegen muss. Im Fall der 2

---

[13] *Zöller/Stöber* Rn. 4.
[14] BSG MDR 1993, 360; OLG Oldenburg MDR 1987, 503; *Baumbach/Lauterbach/Hartmann* Rn. 6.
[15] BFH BB 1981, 897 (zu § 91 FGO); BayObLG MDR 1989, 824.
[1] OLG München OLGZ 1974, 241; *Baumbach/Lauterbach/Hartmann* Rn. 3
[2] RGZ 41, 355; *Baumbach/Lauterbach/Hartmann* Rn. 2, 4.
[3] *Musielak/Stadler* Rn. 4.
[4] So auch *Musielak/Stadler* Rn. 3.
[5] Vgl. OLG Frankfurt NJW 1986, 731. Ein weiteres Beispiel für unzulässige Verkündung, allerdings eines Urteils, OLG Frankfurt NJW-RR 1988, 128.

Bestimmung des Termins in einer verkündeten Entscheidung braucht die Frist des § 217 nach Ansicht des BGH nicht beachtet zu werden; die Gegenauffassung, die die Beachtung der Frist – gerechnet ab dem Zeitpunkt der Verkündung – fordert, ist freilich vorzugswürdig.[6]

3 Die ordnungsgemäß verkündete **Terminsbestimmung steht** hinsichtlich ihrer Wirkungen **der Ladung gleich.** Die Partei gilt als ordnungsgemäß geladen, so dass Versäumnisurteil oder eine Entscheidung nach Lage der Akten gegen sie ergehen kann. Eine (zusätzliche) Ladung ist selbstverständlich immer möglich. Wenn sie vorgenommen wird, ist für sie die Ladungsfrist (§ 217) zu beachten; die Wirkung des § 218 (Beginn der Ladungsfrist mit Verkündung) ist damit hinfällig.

§ 219 Terminsort

(1) Die Termine werden an der Gerichtsstelle abgehalten, sofern nicht die Einnahme eines Augenscheins an Ort und Stelle, die Verhandlung mit einer am Erscheinen vor Gericht verhinderten Person oder eine sonstige Handlung erforderlich ist, die an der Gerichtsstelle nicht vorgenommen werden kann.

(2) Der Bundespräsident ist nicht verpflichtet, persönlich an der Gerichtsstelle zu erscheinen.

I. Regelmäßiger Terminsort

1 Der Ort, an dem die Verhandlungen stattfinden (Terminsort), ist regelmäßig das **Gerichtsgebäude** der Stadt, in der das Gericht seinen gesetzlich vorgeschriebenen Sitz hat („Gerichtsstelle") einschließlich etwaiger Zweigstellen. Deshalb sind für das Oberlandesgericht X mit auswärtigen („detachierten") Senaten in Y und Z für alle Senate und Einzelrichter die Gerichtsgebäude aller drei Städte als **Gerichtsstelle** im Sinne von § 219 anzusehen, denn die detachierten Spruchkörper sind ungeachtet der unterschiedlichen örtlichen Zuständigkeit nur Teil des einheitlichen Gerichts.[1] Entsprechendes gilt im Verhältnis von Hauptgericht und Zweigstelle und für die Orte außerhalb des Gerichtssitzes, an denen Gerichtstage[2] abgehalten werden. Gerichtsstelle kann ein anderes als das Gerichtsgebäude sein, wenn die dortigen Räume für eine gewisse Zeit (etwa wegen Bauarbeiten) von der dafür allein zuständigen Gerichtsverwaltung zum regelmäßigen Verhandlungsort des betreffenden Gerichts bestimmt wird. § 219 gilt für alle Verfahrensarten, Instanzen und Termine (Gerichtssitzungen), gleich ob es sich um eine mündliche Verhandlung oder Beweisaufnahme handelt.[3] § 128 a ermöglicht die Mitwirkung der an einem anderen Ort anwesenden Verfahrensbeteiligte durch simultane Bild- und Tonübertragung.[4]

II. Anderer Terminsort

2 Abweichend von dieser Regel (Rn. 1) können ausnahmsweise Termine auch außerhalb der Gerichtsstelle stattfinden und zwar grundsätzlich an jedem Ort **(Lokaltermin).** Voraussetzung ist allerdings, dass die betreffende Prozesshandlung an der Gerichtsstelle nicht oder nicht in gleicher dem Prozesszweck entsprechenden Weise vorgenommen werden kann. Das Gesetz nennt als Beispiele die **Einnahme des Augenscheins** (§§ 371, 372) an Ort und Stelle (etwa Besichtigung des Tatorts oder einer Unfallstelle, eines Bauvorhabens oder einer Maschinenanlage), die **Anhörung einer am Erscheinen verhinderten einer Person,** etwa die Vernehmung eines erkrankten Zeugen oder Abnahme der Offenbarungsversicherung im Krankenhaus oder in der Wohnung des Schuldners sowie die **Undurchführbarkeit des Termins in dem Gerichtsgebäude** etwa wegen eines zu kleinen oder den Sicherheitsanforderungen nicht genügenden Sitzungssaals.[5] Amtshandlungen des Gerichts können auch außerhalb seines Gerichtsbezirks vorgenommen werden (§ 166 GVG). Bei Terminen außerhalb der Gerichtsstelle sind die Möglichkeiten und Befugnisse des Gerichts freilich insofern eingeengt, als dem Gericht das **Hausrecht** nicht zusteht und es schon für die Terminsbestimmung aber insbesondere die Terminsdurchführung von dem Einverständnis anderer und deren Mitwirkung abhängig ist (vgl. Art. 13 Abs. 1 GG).[6*] Dritte sind verpflichtet, das Betreten eines Grundstücks oder Gebäudes – nicht der Wohnung (§ 144 Abs. 1 S. 3) – zu dulden, falls dies zu-

---

[6] Vgl. § 217 Rn. 2.
[1] *Kissel/Mayer* § 116 GVG Rn. 18.
[2] Vgl. *Kissel/Mayer* § 22 GVG Rn. 3.
[3] *Musielak/Stadler* Rn. 1.
[4] *Schulztky* NJW 2003, 313 f.
[5] OLG München OLGZ 1976, 252; OLG Frankfurt Rpfleger 1977, 146.
[6*] Vgl. *Schulte* NJW 1988, 1006.

mutbar ist und kein Zeugnisverweigerungsrecht besteht (§ 144 Abs. 2). Entsprechendes gilt – ohne die Einschränkung des § 144 Abs. 2 – für die Partei. Der Zweck der Duldungspflicht beschränkt sich auf die Vornahme eines Augenscheins oder die Erstattung eines Sachverständigengutachtens (§ 144 Abs. 1). Die Duldung kann weder gegenüber dem Dritten[7] noch der Partei[8] erzwungen werden. Bei einem Termin in ihrer Wohnung kann eine Partei überdies der Gegenpartei, einem Zeugen oder einem Sachverständigen den Zutritt verwehren. Allerdings wird die Weigerung der Partei prozessuale Folgen haben. Insbesondere kann sie im Rahmen von § 286, sogar falls die Wohnung betroffen ist, als Beweisvereitelung (§ 371 Abs. 3) gewürdigt werden.[9] Im Verfahren der Offenbarungsversicherung steht die Weigerung der erkrankten Schuldnerin, den Termin in ihrer Wohnung zu dulden, unter Umständen dem unentschuldigten Ausbleiben in einem an der Gerichtsstelle stattfindenden Termin gleich.[10]

III. Entscheidung über Terminsort

Das Gericht muss das Verhältnis zwischen Regel und Ausnahme beachten und darf Termin außerhalb der Gerichtsstelle nur anordnen, wenn dies aus **sachlichen Gründen erforderlich** (nicht nur nützlich) erscheint.[11] In diesem Rahmen hat das Gericht frei, nach pflichtgemäßem Gestaltungsermessen zu bestimmen, wo der Termin stattfinden soll. Für Abänderungen des zunächst vorgesehenen Terminsortes gilt § 227 nicht, wenn die Terminszeit davon nicht betroffen wird. Je nach Verfahrensstand ist zuständig der Vorsitzende, das Kollegium im Rahmen eines Beweisbeschlusses (§ 358 a) oder der Einzelrichter. Insoweit gilt nichts anderes als für die Terminsbestimmung überhaupt. 3

IV. Anfechtbarkeit der Entscheidung

Die von Amts wegen zu treffende prozessleitende Ermessensentscheidung, ob der Termin an Gerichtsstelle oder an einem anderen Ort abgehalten wird, ist ebenso wie die Terminsbestimmung überhaupt **nicht selbstständig anfechtbar** (vgl. § 355 Abs. 2).[12] Die Beschwerdemöglichkeit kann nicht dadurch eröffnet werden, dass ein Antrag einer Partei, den Termin an einem bestimmten Ort abzuhalten, etwa eine Unfallstelle zu besichtigen, einen größeren Sitzungssaal zu wählen oder alle Zeugen an ihrem gemeinsamen Wohnort zu hören, abgelehnt wird, denn § 567 Abs. 1 2. Alt. ist auf bloße „Anregungen" nicht anwendbar.[13] 4

V. Sonderregelung für Bundespräsidenten (Abs. 2)

Generell befreit von der Pflicht, an Gerichtsstelle zu erscheinen, ist der Bundespräsident (Abs. 2) und sein wegen eines Verhinderungsfalls oder vorzeitigen Ausscheidens amtierender Vertreter (Art. 57 GG)[14] und zwar gleichgültig, in welcher Eigenschaft er am Verfahren teilnimmt. Sofern er Zeuge ist, wird er nach § 375 Abs. 2 in seiner Wohnung vernommen; eine ähnliche, aber stärker differenzierte Regelung findet sich für die Zeugenvernehmung von Abgeordneten und Ministern in § 382. Die Vorschrift bezieht sich nicht nur auf Prozesse, in denen der Bundespräsident als Amtsperson beteiligt ist, sondern auch alle Verfahren, die ihn privat betreffen. Das – verzichtbare – Vorrecht ist ihm aber allein aus staatsrechtlichen Gründen gewährt, nämlich um die ungestörte Amtsausübung des Verfassungsorgans (Art. 54 ff. GG) zu sichern, nicht etwa deswegen, weil es dem Staatsoberhaupt nicht zuzumuten wäre, vor Gericht zu erscheinen. Der Bundespräsident, der ohne Angabe von Gründen vom Erscheinen an der Gerichtsstelle befreit ist, ist je nach dessen Wunsch entweder an seinem Amtssitz, in seiner Wohnung oder einem anderen Ort zu vernehmen; auch kann von den technischen Möglichkeiten des § 128 a Gebrauch gemacht werden. 5

---

[7] *Baumbach/Lauterbach/Hartmann* Rn. 7; *Zöller/Stöber* Rn. 4.

[8] Vgl. OLG Koblenz NJW 1968, 897; *Zöller/Stöber* Rn. 4.

[9] *Musielak/Stadler* Rn. 3.

[10] OLG Frankfurt Rpfleger 1977, 146.

[11] RGZ 56, 357; recht großzügig bei einem Fall aus den neuen Ländern unter dem Aspekt der Erleichterung der Rechtsfindung: BAG NJW 1993, 1029; dazu kritisch *Walker* NZA 1993, 491, der einen strengen Maßstab fordert; *Zöller/Stöber* Rn. 2.

[12] OLG Schleswig SchlHA 1972, 95; OLG Frankfurt MDR 1983, 411.

[13] So OLG Frankfurt MDR 1983, 411 für den vergleichbaren Fall des § 272 Abs. 2; *Stein/Jonas/Roth* Rn. 11; *Musielak/Stadler* Rn. 4; aA *Baumbach/Lauterbach/Hartmann* Rn. 10.

[14] *Baumbach/Lauterbach/Hartmann* Rn. 12; Stein/Jonas/Roth Rn. 12; aA *Zöller/Stöber* Rn. 5: nur der Gewählte.

§ 220 Aufruf der Sache; versäumter Termin

(1) Der Termin beginnt mit dem Aufruf der Sache.

(2) Der Termin ist von einer Partei versäumt, wenn sie bis zum Schluß nicht verhandelt.

I. Normzweck

1 Die Vorschrift regelt als Ergänzung zu § 136Abs. 1, 2 in Abs. 1 eine wesentliche Förmlichkeit des Verfahrens. Abs. 2 steht in engem Zusammenhang mit dem Recht des **Versäumnisverfahrens** und ergänzt §§ 330, 332, 333. Zu ihrem Verständnis ist es nützlich, Sitzung, Termin und mündliche Verhandlung zu unterscheiden. Termin ist die Gerichtssitzung im konkreten Rechtsstreit.[1] Mündliche Verhandlung ist der speziellere Begriff, denn ein Termin (Gerichtssitzung) muss nicht der mündlichen Verhandlung dienen, er kann auch zur Beweisaufnahme, zur Verkündung einer Entscheidung, zur Erörterung, zum Güteversuch oder zur Protokollierung eines Vergleichs stattfinden. Sitzung ist demgegenüber der weitere Begriff für den gesamten Verhandlungstag des Gerichts, an dem üblicherweise mehrere einzelne konkrete Verfahren (= Sachen) behandelt werden.

II. Aufruf

2 Nach Abs. 1 beginnt jeder einzelne Termin (Gerichtssitzung) mit dem Aufruf der Sache, die mündliche Verhandlung hingegen mit der Antragstellung (§ 137 Abs. 1). Nicht nur die mündlichen Verhandlungen, sondern **alle Termine** müssen mit dem Aufruf der Sache beginnen. Der Sachaufruf ist die mündliche, hörbare (Art 103 Abs. 1 GG)[2] Mitteilung des Gerichts an alle Beteiligten, dass das Gericht zur Behandlung dieser Sache bereit ist. Der Aufruf wird vom Vorsitzenden oder einer von ihm beauftragen Gerichtsperson (zB Beisitzer, Protokollführer, Referendar, Wachtmeister) vorgenommen. Er muss für die Beteiligten verständlich sein. Das bedeutet, dass er inhaltlich mindestens die abgekürzten Parteibezeichnungen – bei Verwechselungsgefahr zusätzlich nähere Angaben wie Vorname und Beruf – zu enthalten hat (nicht bloß das den Beteiligten häufig nicht geläufige Aktenzeichen) und dass er klar und vernehmlich, unter Umständen auch wiederholt, dort erfolgen muss, wo sich nach den Gebräuchen des betreffenden Gerichts die Beteiligten aufzuhalten pflegen, also zumeist nicht nur im Sitzungsraum[3] (dort aber jedenfalls immer), sondern zusätzlich oder gleichzeitig auch vor dem Sitzungssaal, auf dem Gerichtsflur oder in einem besonderen Warteraum.[4] Zweckmäßigerweise geschieht das heute mit Lautsprecheranlagen, für deren Vorhandensein in jedem Gerichtsgebäude die Justizverwaltung zu sorgen hat. Andernfalls ist der Aufruf auf dem Flur oder in dem Warteraum durch den Wachtmeister sicherzustellen. Aufzurufen ist jeweils **getrennt die einzelne Sache,** wenn sie zur Behandlung ansteht. Ein **Sammelaufruf** genügt nur ausnahmsweise dann, wenn gleichzeitige Verhandlung (etwa von Parallelsachen mit den gleichen Beteiligten) beabsichtigt ist. Der Einzelaufruf kann durch nichts ersetzt werden, insbesondere nicht durch Eintragung in eine Sitzungsliste oder durch den Aushang des Terminszettels vor dem Sitzungsraum, gleichgültig, ob auf ihm nur eine oder mehrere Sachen verzeichnet sind.[5] Der ordnungsgemäße gemäß § 160 Abs. 1 Nr. 1 bzw. Abs. 2 zu protokollierende Aufruf ist Voraussetzung für die Säumnisfolgen nach §§ 330 ff.

3 Der Aufruf der Sache und damit der Terminsbeginn darf nicht vor der festgesetzten **Terminsuhrzeit** erfolgen. Der verfrühte Aufruf ist ein Verfahrensfehler.[6] Allerdings ist Heilung (§ 295 Abs. 1) bei Einverständnis der Parteien möglich.[7] Bei dem Terminsaufruf nach der festgesetzten Terminsstunde muss das Gericht besonders sorgfältig sicherstellen, dass die Parteien vom Beginn der mündlichen Verhandlung zuverlässig erfahren. Sofern mehrere Sachen zur gleichen Terminsstunde angesetzt sind (was möglichst vermieden werden sollte), so bestimmt der Vorsitzende nach Ermessen die Reihenfolge der Aufrufe. Maßgeblich ist der zweckmäßige und geordnete Ablauf der Sitzung. Für die anwesenden Parteien ist dies misslich, weil sie bis zum Schluss der Sitzung damit

---

[1] Vgl. § 214 Rn. 3.

[2] BVerfG 42, 364 = NJW 1977, 1443: Aufruf muss hörbar sein; BVerwG NJW 1986, 204; LG Hamburg NJW 1977, 1459: schriftlicher Hinweis an Gerichtstür „einzutreten", genügt nicht.

[3] LG Hamburg NJW 1977, 1459; *Stein/Jonas/Roth* Rn. 4.

[4] BVerfG 42, 364 = NJW 1977, 1443; BVerwG NJW 1986, 204; *Zöller/Stöber* Rn. 2.

[5] BVerfG 42, 364 = NJW 1977, 1443: Aufruf muss hörbar sein; BVerwG NJW 1986, 204; LG Hamburg NJW 1977, 1459: schriftlicher Hinweis an Gerichtstür „einzutreten", genügt nicht.

[6] Vgl. KG NJW 1987, 1338, 1339.

[7] KG NJW 1987, 1338 f.; *Baumbach/Lauterbach/Hartmann* Rn. 6.

rechnen müssen, aufgerufen zu werden. Rechtzeitige Klärung und Abstimmung erscheint daher ratsam. Ohne ordnungsgemäßen Terminsaufruf treten Versäumnisfolgen jeder Art nicht ein (§§ 330 ff., 380). Wird abweichend von der in der Ladung vermerkten Terminsstunde bis zum Aufruf der Sache eine zumutbare Wartefrist überschritten, kann es am Verschulden der Partei oder ihres Bevollmächtigten (§ 337), die sich zwischenzeitlich wegen der Wahrnehmung anderer Termine entfernt und dies dem Vorsitzenden mitgeteilt haben, fehlen.[8] Der einzelne Termin endet, wenn der Vorsitzende die Verhandlung schließt (§ 136 Abs. 4). Von der Beendigung der einzelnen Sitzung ist der **Schluss der mündlichen Verhandlung** zu unterscheiden, der mitunter erst nach mehreren Terminen, die eine Einheit bilden, eintritt und die Zäsur bildet, bevor eine Entscheidung ergeht. Erscheint bei Aufruf **keine der Parteien,** so kann das Gericht den Termin vertagen (§ 227), das Ruhen des Verfahrens anordnen (§§ 251 a Abs. 3, 251) oder nach Lage der Akten entscheiden (§ 251 a Abs. 1 und 2). Es kann jedoch auch von einer solchen Entscheidung vorerst absehen und den Aufruf der Sache später bis zum Schluss der Sitzung beliebig oft wiederholen.[9] Dies wird insbesondere dann zweckmäßig sein, wenn für das Gericht nicht erkennbar ist, weshalb die Parteien ausbleiben. Die Zurückstellung des Aufrufs und die Wiederholung des Aufrufs während der Sitzung stellen weder eine Terminsverlegung noch eine Vertagung dar. Das bedeutet, dass die Voraussetzungen des § 227 nicht geprüft werden müssen und eine förmliche Entscheidung und deren Begründung nicht erforderlich sind.

III. Versäumung

Für die mündliche Verhandlung im Termin bestimmt Abs. 2, dass eine Partei erst dann säumig 4
ist, wenn sie bis zu dem Zeitpunkt im Sinne von § 333 nicht verhandelt hat, zu dem der Vorsitzende die mündliche Verhandlung und damit den Termin ausdrücklich schließt (§ 136 Abs. 4). Damit ist klargestellt, dass das Ausbleiben beim Aufruf der Sache (Abs. 1) durch nachträgliches Erscheinen und Verhandeln bis zu dem in § 136 Abs. 4 bestimmten Zeitpunkt unschädlich gemacht werden kann (vgl. auch § 231 Abs. 2).[10] Hat der Vorsitzende dagegen die Verhandlung geschlossen, so kann das verspätete Erscheinen der verhandlungsbereiten Partei ausnahmsweise auf dem Weg über die Wiedereröffnung der mündlichen Verhandlung (§ 156) zur Abwendung der Säumnisfolgen führen, falls ein Verkündungstermin bestimmt wurde und noch kein Versäumnisurteil ergangen ist. Einen Anspruch auf sofortigen Wiedereintritt in die mündliche Verhandlung hat die säumige Partei nicht. Wurde hingegen bereits ein Versäumnisurteil erlassen, so kann die Partei in der Sitzung oder zu Protokoll des Urkundsbeamten Einspruch einlegen, hat aber ebenfalls keinen Anspruch auf eine sofortige Verhandlung. Allerdings können die Parteien die Sache sofort durch gerichtlichen Vergleich beenden.

§ 221 Fristbeginn

(1)* **Der Lauf einer richterlichen Frist beginnt, sofern nicht bei ihrer Festsetzung ein anderes bestimmt wird, mit der Zustellung des Dokuments, in dem die Frist festgesetzt ist, und, wenn es einer solchen Zustellung nicht bedarf, mit der Verkündung der Frist.**

I. Allgemeines

Innerhalb des Dritten Titels, der die Termine, Ladungen und Fristen betrifft, behandeln §§ 221 1
bis 226 die prozessualen Fristen. Sie dienen entweder der Verfahrensbeschleunigung oder der Wahrung von Parteirechten (rechtliches Gehör). **Fristen** sind Zeiträume, deren Nichteinhaltung bestimmte Rechtsfolgen auslöst. Man unterscheidet[1] **eigentliche Fristen** (= Fristen im engeren Sinne), für die §§ 221 bis 226 gelten, von den **uneigentlichen Fristen** (zB § 234 Abs. 3), die diesen Normen nicht unterstehen, jedoch ebenfalls nach § 222 berechnet werden. Uneigentliche Fristen sind die im Gesetz vorgesehenen Zeiträume (§ 251 a Abs. 2, 310 Abs. 1, 315 Abs. 2, 816 Abs. 1), innerhalb derer das Gericht Amtshandlungen vorzunehmen hat. Die an dieser Stelle allein zu behandelnden eigentlichen Fristen (= Fristen im engeren Sinne) sind abgegrenzte Zeiträume zur Vor-

[8] BVerwG NJW 1999, 2131 (Wartefrist von 75 Minuten zumutbar); LAG Hamm NJW 1973, 1950 f. (Wartefrist von 60 Minuten unzumutbar); *Stein/Jonas/Roth* Rn. 7; *Zöller/Stöber* Rn. 3.
[9] BVerwG NJW 1995, 3402; *Musielak/Stadler* Rn. 4.
[10] BGH NJW 1993, 861 f.; BGHZ 4, 328, 340 = NJW 1952, 545; *Musielak/Stadler* Rn. 4; *Stein/Jonas/Roth* Rn. 13.
* Absatzzähler amtlich.
[1] Im Anschluss an *Rosenberg/Schwab/Gottwald* § 72 I, II.

nahme einer Parteihandlung **(Handlungsfristen)** oder zur Vorbereitung der Partei auf einen Termin **(Zwischenfristen).** Zweck der Handlungsfristen, die zur Meidung von Rechtsnachteilen beachtet werden müssen, ist vorwiegend die Beschleunigung, während Zwischenfristen insbesondere der Sicherung der Parteirechte wie des Rechts auf Gehör dienen. Wird die Dauer der Frist vom Gesetz bestimmt, so handelt es sich um eine **gesetzliche Frist,** deren Ablauf regelmäßig zum Ausschluss der Parteihandlung (§ 230) führt. Bestimmt der Richter die Dauer der Frist, was nur durch Festsetzung eines konkreten Zeitraums (drei Wochen) oder eines Endtags (bis zum 14. 10.), aber nicht durch einen unbestimmten Begriff („umgehend") erfolgen kann,[2] so spricht man von **richterlicher Frist,** die nicht notwendig den Ausschluss einer verspäteten Parteihandlung bedingt (§ 296). Die Unterscheidung ist für § 224 bedeutsam. Beispiele richterlicher Fristen: §§ 56 Abs. 2 S. 2, 89 Abs. 1 S. 2, 113, 244 Abs. 2, 273 Abs. 2 Nr. 1, 275 , 276 , 283, 296, 339 Abs. 2, 356, 364 Abs. 3, 379, 428, 431,. Weiter unterscheidet man die (sowohl gesetzlichen als auch richterlichen) **Notfristen,** die im Gesetz als solche bezeichnet werden (§ 224 Abs. 1), von den gewöhnlichen übrigen Fristen. Keine Fristen sind solche Zeiträume, die nicht allein mit Kalender und Uhr bestimmbar sind, sondern die mit unbestimmten Rechtsbegriffen wie „unverzüglich" bezeichnet werden. **Fristwahrung:** Handlungsfristen sind nur gewahrt, wenn vor ihrem Ablauf die Handlung vollständig vollzogen ist, Zwischenfristen sind nur gewahrt, wenn die gem. § 222 zu berechnende Frist vollständig abgelaufen ist.[3]

II. Regelungsinhalt

2 **1. Beginn richterlicher, gesetzlicher Fristen.** § 221 regelt den für die Fristberechnung (§ 222) maßgeblichen **Beginn der Frist** und zwar ausschließlich für **richterliche Fristen.** Der Beginn der gesetzlichen Fristen dagegen wird jeweils im Gesetz bestimmt; regelmäßig ist die Zustellung für den Fristlauf maßgeblich: für die Einspruchsfrist § 339, für die Berufungsfrist § 517, § 544 Abs. 1für die Nichtzulassungsbeschwerde bzw. für die Revisionsfrist § 548 , für die sofortige Beschwerde § 569, für die Rechtsbeschwerde § 575; entsprechendes gilt für die Begründungsfristen (§§ 520 Abs. 2, 544 Abs. 2, 551 Abs. 2, 575 Abs. 2). Ebenfalls nicht anwendbar ist § 221 auf die Widerrufsfrist bei einem **gerichtlichen Vergleich,** für den §§ 222 ZPO, 187, 188 BGB maßgeblich sind[4] Bei den richterlichen Fristen besteht zunächst die Möglichkeit, dass das Gericht selbst den Fristanfang ausdrücklich festsetzt. In diesem Fall ist das in der Festsetzung genannte Datum für den Beginn der Frist maßgeblich, sofern die Festsetzung der Partei vor dem genannten Datum ordnungsgemäß durch Zustellung oder Verkündung bekanntgemacht wird.[5]

3 **2. Zustellung, Verkündung.** Im Regelfall, also beim Fehlen einer richterlichen Bestimmung des Fristbeginns, sind für den Anfang der Frist der Zeitpunkt der **Zustellung,**[6] die gemäß § 329 Abs. 2 S. 2 für alle nicht verkündeten Beschlüsse oder Verfügungen zwingend vorgeschrieben ist, oder der **Verkündung** (§ 329 Abs. 1 S. 1) maßgeblich.[7] Eine richterliche Fristverfügung bedarf zu ihrer Wirksamkeit der Unterzeichnung.[8] Bestimmt sich der Fristbeginn (bei gesetzlichen oder richterlichen Fristen) nach der Zustellung, können für die Parteien je nach Zustellungszeitpunkt unterschiedliche Fristen gelten. Da die Verkündungswirkung eintritt, auch wenn die Partei bei der Verkündung nicht anwesend ist (§§ 329 Abs. 1, 312 Abs. 1), ist es möglich, dass die Frist läuft, ohne dass die Partei davon etwas weiß.[9] Der Zugang des Terminprotokolls ist für den Fristbeginn ohne Bedeutung. Mangelt es an einer wirksamen Zustellung oder Verkündung, so beginnt die Frist infolge Unanwendbarkeit von § 167 nicht mit Zugang der formlosen Mitteilung. Im Falle der Verkündung ist der Fristbeginn für beide Parteien gleich. Auch das Fristende kann datumsmäßig festgesetzt werden. Hier ist allerdings bei der Bemessung Großzügigkeit angezeigt, weil der Zeitraum bis zum Fristende für beide Parteien je nach dem Zeitpunkt der Zustellung unterschiedlich lang sein kann. Es stellt einen Verstoß gegen den Anspruch auf **rechtliches Gehör** (Art. 103 Abs. 1 GG) dar, wenn das Gericht über eine Beschwerde entscheidet, bevor die vom Gericht selbst gesetzte Frist abgelaufen ist. Dies gilt auch für den Fall, dass die Frist deshalb nicht zu laufen begonnen hat, weil die Verfügung des Vorsitzenden entgegen § 221 nicht förmlich zugestellt worden ist.[10]

---

[2] OVG Koblenz NJW 1993, 2457; *Stein/Jonas/Roth* Rn. 9.
[3] Vgl. *Rosenberg/Schwab/Gottwald* § 72 VII.
[4] OLG Schleswig NJW-RR 1987, 1022.
[5] BVerfG NJW 1988, 1773 f.; *Musielak/Stadler* Rn. 5.
[6] KG MDR 2004, 770.
[7] BVerfG NJW 1988, 1773f.; KG MDR 2004, 770; *Musielak/Stadler* Rn. 5.
[8] BGHZ 76, 236, 239, 241 = NJW 1980, 1167.
[9] KG MDR 2004, 770; vgl. § 218 Rn. 1.
[10] BVerfG NJW 1988, 1773f.; vgl. auch BGH NJW 1989, 227f.

III. Frist für Streithelfer

Ist der Streithelfer (§ 67) Adressat der fristsetzenden Anordnung des Gerichts, so beginnt selbstverständlich auch für ihn die Frist mit der Zustellung an ihn.[11] Dies gilt etwa im Rahmen von §§ 379, 56 Abs. 2, 89 Abs. 1, 109 oder auch zwecks Abgabe einer Stellungnahme nach § 521 Abs. 2, wenn der Streithelfer allein das Rechtsmittel eingelegt hat. Diese Fristen werden nicht durch Zustellung an die Hauptpartei, sondern nur durch Zustellung an den Streithelfer in Lauf gesetzt. Von diesen Sonderfällen abgesehen kann ein Rechtsmittel von dem Streithelfer nur so lange eingelegt werden, als die Rechtsmittelfrist für die Hauptpartei läuft; es gibt keine gesonderte Rechtsmittelfrist für den Streithelfer. Das Urteil muss an ihn nicht von Amts wegen zugestellt werden.[12] 3

§ 222 Fristberechnung

(1) Für die Berechnung der Fristen gelten die Vorschriften des Bürgerlichen Gesetzbuchs.

(2) Fällt das Ende einer Frist auf einen Sonntag, einen allgemeinen Feiertag oder einen Sonnabend, so endet die Frist mit Ablauf des nächsten Werktages.

(3) Bei der Berechnung einer Frist, die nach Stunden bestimmt ist, werden Sonntage, allgemeine Feiertage und Sonnabende nicht mitgerechnet.

I. Normzweck

Die Vorschrift gilt für alle, auch verlängerte **prozessualen Fristen,**[1] Ausschlussfristen für die Klageerhebung[2] und die Vergleichswiderrufsfrist.[3] Die Norm (Abs. 1) verweist zunächst auf 187 bis 189, 192 BGB, regelt unabhängig von § 193 BGB den Fristablauf für bestimmte weitgehend arbeitsfreie Tage (Abs. 2) und enthält schließlich eine Sonderregelung für die Stundenfristen (Abs. 3), die zur Ergänzung von Abs. 1 nötig ist, weil das BGB Stundenfristen nicht kennt. Eine Fristberechnung im eigentlichen Sinne kommt nur in Betracht, wenn das Ende der Frist nicht durch Benennung eines Endzeitpunkts, also in der Regel eines Datums, festgesetzt ist. Für die Berechnung verlängerter Fristen enthält § 224 Abs. 3 eine ergänzende Regelung. 1

II. BGB-Vorschriften (Abs. 1)

1. Inhalt der Verweisung. § 186 BGB bestimmt, dass für die in Gesetzen und gerichtlichen Verfügungen enthaltenen Fristsetzungen die Auslegungsvorschriften[4] der §§ 187 bis 193 BGB gelten. Gesetz auch in diesem Sinne ist jede Rechtsnorm (Art. 2 EGBGB). § 222 stellt deshalb mit der Verweisung einen erfreulichen Beitrag zur einheitlichen Rechtsanwendung dar. Von den Normen des BGB sind nur §§ 187 bis 189 und 192 BGB für die Berechnung prozessualer Fristen unmittelbar einschlägig. § 190 BGB ist durch § 224 Abs. 3 ersetzt, § 191 BGB kommt bei prozessualen Fristen nicht in Betracht (Sonderregelung in § 223 Abs. 1 S. 2), und § 193 BGB ist durch § 222 Abs. 2 ersetzt.[5] 2

2. Fristberechnung, Beginn. Zu unterscheiden ist zunächst, ob die nach Zeitabschnitten, also Tagen, Wochen, Monaten bemessene Frist (wegen der Stundenfristen vgl. Rn. 7) mit einem **bestimmten Tag** (= Tagesbeginn) oder mit einem **bestimmten Ereignis** anfangen soll. Der seltenere erste Fall, dass die Frist mit dem **Tagesbeginn** anfängt, hat zur Folge, dass dieser Tag in die Frist eingerechnet wird. Das hat einen guten Sinn, denn dieser Tag steht ja von 0.00 Uhr bis 24.00 Uhr voll zur Fristwahrung zur Verfügung. Wird eine Frist von drei Wochen ab 15. Juli eingeräumt, läuft die frist ab 0.00 Uhr dieses Tages. Der im Prozessrecht häufigere und deshalb wichtigere Fall ist, dass ein bestimmtes **Ereignis** im Laufe des Tages (Zustellung, Verkündung, Kenntnis) den Fristbeginn bewirkt (vgl. § 221) oder dass die Frist mit einem bestimmten Zeitpunkt zB 12.00 Uhr mittags beginnen soll. In allen diesen Fällen wird der Kalendertag, in welchen das Ereig- 3

---

[11] *Stein/Jonas/Roth* Rn. 6.
[12] BGH NJW 1986, 257; 1963, 1251 f.; *Musielak/Stadler* Rn. 7.
[1] Vgl. § 221 Rn. 1
[2] RGZ 102, 125.
[3] OLG Schleswig NJW-RR 1987, 1022; *E. Schneider* MDR 1999, 595.
[4] Hierzu näher *Siegltrum* JuS 1986, 705, 706; vgl. auch *Säcker* ZZP 80 (1967), 421.
[5] RGZ 83, 336, 339.

nis oder der Zeitpunkt fällt, nicht mitgerechnet, wodurch zur Fristwahrung im Interesse der Gleichbehandlung regelmäßig etwas mehr Zeit zur Verfügung steht; anderenfalls (bei einer Einbeziehung dieses Tages in die Frist) könnte etwa eine späte Zustellung (zB abends statt morgens) eine Verkürzung bewirken. Zur Bezeichnung des Fristbeginns verwendet das Gesetz in einigen Fällen eine etwas ungenaue Formulierung. So soll in §§ 234 Abs. 2, 586 Abs. 2, 845 Abs. 2, 878 Abs. 1, 958 die Frist mit dem Tag beginnen, in den das Ereignis fällt. Hier ist aber ausschließlich das jeweilige Ereignis maßgebend; der Tag, an dem das Hindernis behoben ist, die Kenntnis erlangt wird oder der Termin stattfindet, wird also auch in diesen Fällen nicht mitgerechnet.

4 **3. Fristberechnung, Ende.** Tagesfristen enden gemäß § 188 Abs. 1 BGB um 24.00 Uhr des letzten Fristtages. Beispiel: Erfolgt die Zustellung (§ 187 Abs. 1) am Dienstag, den 25. 8. mit einer Frist von drei Tagen, so ist das Fristende am Freitag, den 28. 8. um 24.00 Uhr. **Wochenfristen** – die Woche dauert sieben Tage – und Monatsfristen enden, wenn sie mit einem Ereignis oder mit einem in den Lauf des Tages fallenden Zeitpunkt begonnen haben, um 24.00 Uhr des Tages, dessen Benennung oder Zahl dem Ereignistag entspricht.[6] Beispiele für Wochenfrist: Zustellung am Freitag, den 6. 5. mit einer Frist von drei Wochen; Fristende ist Freitag, der 27. 5. um 24.00 Uhr. Fällt der 27. 5. auf einen Feiertag, läuft die Frist, weil auch der Samstag und Sonntag nicht mitgezählt werden, am 30. 5. um 24.00 Uhr ab. Die Frist der sofortigen Beschwerde (§ 569 Abs. 2) gegen den am Mittwoch zugestellten Beschluss endet mit Ablauf des übernächsten Mittwochs. Bei Monatsfristen gilt als entsprechender Tag gemäß § 188 Abs. 3 BGB unter Umständen hilfsweise der letzte Tag des Monats. Beispiele für Monatsfrist: Die Berufungsfrist (§ 517) für das am 19. 1. zugestellte Urteil endet mit Ablauf (= um 24.00 Uhr) des 19. 2. Ist der 19. 2. ein Samstag, so endet sie mit Ablauf des 21. 2. (Abs. 2). Wurde das Urteil am 29. 1. zugestellt, so ist, außer in Schaltjahren, Fristende der Ablauf des 28. 2., wurde es am 31. 1. zugestellt, so läuft die Frist am 28. 2., in Schaltjahren am 29. 2. ab. Bei Urteilszustellung am 29. 2. ist Fristablauf am 29. 3.[7] Wochenfristen und Monatsfristen, die mit dem Beginn des Tages begonnen haben, enden mit dem vorhergehenden Tag. Wird eine am Dienstag ablaufende Frist um eine Woche verlängert, so beginnt die verlängerte Frist am Mittwoch um 0.00 Uhr und endet am Dienstag um 24.00 Uhr der folgenden Woche (§ 224 Abs. 3 ZPO, § 187 Abs. 2 BGB). **Gesetzliche Stundenfristen** sind für Wechsel- und Scheckklagen vorgesehen, jedoch nur in der Form von „mindestens 24 Stunden". Darüber hinaus sind **richterliche Stundenfristen** zwar möglich, aber nicht üblich. Stundenfristen sind stets nach vollen (vollendeten) Stunden zu rechnen. In Anwendung des in § 187 Abs. 1 BGB enthaltenen Rechtsgedankens beginnen sie mit der nächsten vollen Stunde nach dem Ereignis, das ihren Lauf auslöst und enden mit dem Ablauf der letzten Stunde der Frist. An Samstagen, allgemeinen Feiertagen und Sonntagen beginnen sie nie zu laufen und laufen auch an diesen Tagen nicht ab. Die 24-Stunden-Frist läuft also bei einer Zustellung am Freitag, 15.30 Uhr, am Montag um 16.00 Uhr ab, bei Zustellung am Samstag um 11.00 Uhr beginnt sie am Montag um 0.00 Uhr und läuft Montag um 24.00 Uhr ab.

5 **4. Frist für Vergleichswiderruf.** Die Frist für den Widerruf eines Prozessvergleichs ist weder eine gesetzliche noch eine richterliche Frist. Sie wird von den Parteien vereinbart. Die Parteien sind darin frei, sie können auch ihre Vereinbarung durch spätere Einigung vor Fristablauf wieder ändern.[8] Zur Vermeidung sonst möglicher Zweifel sollten die Parteien zweckmäßigerweise als Ende dieser Frist einen bestimmten Kalendertag datumsmäßig vereinbaren. Ist aber die Frist gleichwohl nach einem Zeitabschnitt bemessen, so kann für die Berechnung der Frist § 222 entsprechend angewendet werden. Freilich muss beachtet werden, dass nur solche Vorschriften über Fristen anwendbar sind, die mit dem besonderen Charakter dieser Vergleichswiderrufsfrist als einer **vereinbarten Frist** nicht in Widerspruch stehen. Die Widerrufsfrist beginnt mit dem Abschluss der Protokollierung des Vergleichs als dem Ereignis im Sinne von § 187 Abs. 1 BGB. Für den Lauf der Frist ohne Bedeutung ist, ob und wann der widerrufsberechtigten Partei das Terminsprotokoll zugeht.[9] Fällt der vereinbarte Ablauf der Frist auf einen Samstag, Sonntag oder allgemeinen Feiertag, so endet gem. Abs. 2 die Frist erst am nächsten Werktag.[10] Natürlich gelten die gesetzlichen Auslegungsregeln über die Fristberechnung nur, sofern die Parteien nichts Abweichendes ausdrücklich oder konkludent vereinbart haben.

---

[6] BGHZ 5, 275, 277 = NJW 1952, 665; BGH NJW 1984, 1358; BFH NJW 2001, 991.

[7] Vgl. BGH NJW 1984, 1358; 1985, 495; aA OLG Celle OLGZ 1979, 360 (in Ergebnis und Begründung unzutreffend).

[8] OLG Hamm FamRZ 1988, 535; *Schneider* MDR 1999, 595.

[9] OLG Schleswig NJW-RR 1987, 1022.

[10] BGH LM BGB § 193 Nr. 4 = NJW 1978, 2091 (LS); OLG München NJW 1975, 933; BAG AP § 794 Nr. 1 (unter Anwendung von § 193 BGB).

III. Fristablauf an Feiertagen (Abs. 2)

An Sonntagen, allgemeinen Feiertagen und Samstagen können Fristen niemals ablaufen. Sonn- und Feiertage sowie Samstage wirken sich bei der Berechnung von Jahres-, Monats-, Wochen- und Tagesfristen also nur aus, wenn das Fristende auf einen solchen Tag fällt.[11] Fristauslösend ist auch eine am Samstag bewirkte Zustellung.[12] Allgemeine Feiertage sind die gesetzlichen Feiertage an dem Ort, an dem die Frist zu wahren ist.[13] Für eine etwa beim Oberlandesgericht Frankfurt einzulegende Berufung läuft die Berufungsfrist an Mariä Himmelfahrt ab, auch wenn die Partei und der Korrespondenzanwalt im Saarland ansässig sind, wo dieser Tag gesetzlicher Feiertag ist.[14] Abs. 2 gilt für alle (auch die verlängerten) Fristen, also nicht nur für die nach Zeitabschnitt bemessenen, sondern auch die nach Enddatum bestimmten.[15] Verlängert beispielsweise der Vorsitzende einer Berufungskammer die Berufungsbegründungsfrist bis zum 12. 5. und fällt auf diesen Tag der Feiertag Christi Himmelfahrt, so läuft die Frist am nächsten (Werk-) Tag ab. Wird die Frist zur Begründung der Berufung oder Revision um einen bestimmten Zeitraum verlängert und fällt der letzte Tag der ursprünglichen Frist auf einen Samstag, Sonntag oder allgemeinen Feiertag, so beginnt der verlängerte Teil der Frist erst mit dem Ablauf des nächstfolgenden Werktags.[16] Abs. 2 gilt nicht für die Fünfmonatsfristen der §§ 517, 548; die Frist verlängert sich nicht, auch wenn der letzte Tag auf einen Sonn-, Feiertag oder Samstag fällt.[17] Ohne Einfluss auf den Fristablauf sind die zahlreichen nach örtlichem Brauch ganz oder teilweise arbeitsfreien Tage wie der **Rosenmontag**[18] sowie die Tage, an denen die Behörden geschlossen sind, wie gelegentlich am 24. oder 31. 12.[19] Eine Verletzung des § 222 Abs. 2 kann zugleich einen Verstoß gegen Art. 103 Abs. 1 GG enthalten.[20] 5

IV. Fristwahrung

Es gilt der Grundsatz, dass eine Frist voll, also bis zu ihrem Ende, ausgenutzt werden kann. Läuft die Stundenfrist um 16.00 Uhr ab, so kann sie noch um 15.59 Uhr gewahrt werden und die Tages-, Wochen- oder Monatsfrist ist bis 24.00 Uhr des Endtages ausnutzbar. Deshalb endet die Frist auf keinen Fall mit der Dienstzeit des Gerichts, bei dem die Frist zu wahren ist. Zur Fristwahrung genügt es, dass der Schriftsatz bis 24.00 Uhr tatsächlich in die Verfügungsgewalt des Gerichts gelangt,[21] selbst wenn kein Nachtbriefkasten vorhanden ist.[22] Allerdings muss der Absender den Eingang vor 24.00 Uhr notfalls beweisen.[23] Unterhält das Gericht ein Postfach, ist die Frist ebenfalls gewahrt, wenn die Sendung vor Fristablauf dort abgelegt wird.[24] Bei einer Faxübermittlung ist die Frist gewahrt, wenn die maßgeblichen **Signale** vor Fristablauf (24.00) Uhr bei Gericht eingehen, wobei ein Ausdruck erst nach Fristende unschädlich ist.[25] 6

§ 223 (weggefallen)

§ 224 Fristkürzung; Fristverlängerung

(1) [1]Durch Vereinbarung der Parteien können Fristen, mit Ausnahme der Notfristen, abgekürzt werden. [2]Notfristen sind nur diejenigen Fristen, die in diesem Gesetz als solche bezeichnet sind.

---

[11] BAG DB 1997, 988 = NJW 1997, 1942 (LS).
[12] BSG NJW 1984, 2593 (LS).
[13] BAG DB 1997, 988 = NJW 1997, 1942 (LS); BAG NJW 1989, 1181; BAG AP Nr. 1 = NJW 1959, 2279 (LS) (betr. detachierte Kammer); OVG Frankfurt/Oder NJW 2004, 3795; VGH München NJW 1997, 2130 (für einen nicht landeseinheitlichen Feiertag).
[14] Vgl. BAG NJW 1989, 1181; OVG Frankfurt/Oder NJW 2004, 3795.
[15] BVerfG Rpfleger 1982, 478; BGH LM BGB § 765 Nr. 1.
[16] BGHZ 21, 43 = NJW 1956, 1278; *Zöller/Stöber* Rn. 1; aA, OLG Rostock MDR 2004, 351 = NJW 2003, 3141
[17] BAG NJW 2000, 2835 m. weit. Nachw.
[18] BPatG GRUR 1978, 710; BFH NJW 1997, 416.
[19] OVG Hamburg NJW 1993, 1941; VGH Mannheim NJW 1987, 1353 mit zutreffender Argumentation; OVG Hamburg NJW 1993, 1941.
[20] BVerfGE 18, 380 = NJW 1965, 579.
[21] BVerfGE 52, 203 = NJW 1980, 580; BVerfGE 69, 381 = NJW 1986, 244; BVerfG NJW 1991, 2076; BGH NJW 1984, 1237; BFH NJW 2001, 991; vgl. aber auch OVG Münster NJW 1971, 533 (für Postschließfach); zu Übermittlung durch Fernkopierer (Telefax) vgl. *Wolf* NJW 1989, 2592.
[22] BVerfG NJW 1986, 244; BVerwG NJW 1964, 1239.
[23] *Zöller/Stöber* Rn. 8.
[24] BVerfG NJW 1980, 580; BGH MDR 1987, 134.
[25] BGH BGHReport 2006, 1124.

(2) Auf Antrag können richterliche und gesetzliche Fristen abgekürzt oder verlängert werden, wenn erhebliche Gründe glaubhaft gemacht sind, gesetzliche Fristen jedoch nur in den besonders bestimmten Fällen.

(3) Im Falle der Verlängerung wird die neue Frist von dem Ablauf der vorigen Frist an berechnet, wenn nicht im einzelnen Fall ein anderes bestimmt ist.

I. Regelungsinhalt

1 Die Vorschrift enthält die Definition der Notfristen und regelt die Voraussetzungen für Friständerungen (Verlängerung oder Verkürzung). Abs. 1 betrifft die kaum vorkommenden Fristkürzungen durch Vereinbarung der Parteien, Abs. 2 die Friständerungen durch gerichtliche Anordnung und Abs. 3 ergänzt § 222 (Fristberechnung) für den Fall der Fristverlängerung. Das bei Friständerungen einzuhaltende Verfahren bestimmt § 225; die beiden Normen gehören zusammen. Eine Ergänzung für die Abkürzung von Zwischenfristen findet sich in § 226.

II. Vereinbarte Fristkürzung (Abs. 1)

2 Alle **gesetzlichen** oder **richterlichen Fristen** mit Ausnahme der Notfristen und uneigentlichen für gerichtliche Amtshandlungen geltenden Fristen[1] können durch Vereinbarung abgekürzt werden. Die Vereinbarung stellt einen formlos gültigen Prozessvertrag[2] dar. Sie unterliegt nicht dem Anwaltszwang.[3] Aus der Zulässigkeit der vereinbarten Fristkürzung folgt im Umkehrschluss, dass jegliche Verlängerung einer gesetzlichen oder richterlichen Frist durch Parteiabrede unzulässig ist.

III. Notfristen (Abs. 1 S. 2)

3 Die Notfristen sind wegen ihrer unabänderlichen Strenge für die Parteien besonders „gefährlich" und unterliegen deshalb zu Warnzwecken einem strikten **Benennungsgebot:** Eine Frist, die nicht in der ZPO oder (ausdehnende Auslegung über den Wortlaut hinaus) in einem anderen Gesetz als solche ausdrücklich bezeichnet ist, kann niemals die Wirkung einer Notfrist haben. Die meisten Notfristen sind gesetzliche Fristen auch in dem Sinne, dass die Dauer der Frist im Gesetz bestimmt ist. Wichtigste Beispiele: Rechtsmittelfristen für Berufung, Revision und sofortige Beschwerde, Rechtsbeschwerde, Einspruchsfrist gegen Versäumnisurteil oder Vollstreckungsbescheid, Frist zur Verteidigungsanzeige im schriftlichen Vorverfahren. Daneben gibt es zwei Regelungen, nach denen der Richter die Dauer der Notfrist bestimmt (§§ 339 Abs. 2, 276 Abs. 1 S. 3). Notfristen finden sich in §§ 59, 76, 96 a ArbGG und in §§ 30 b, 180 ZVG. Keine Notfristen sind die Rechtsmittelbegründungsfristen und die Frist zur Begründung des Einspruchs, auch nicht die Frist zur Stellung des Antrags auf Wiedereinsetzung bei Versäumung einer Notfrist. Abs. 1 S. 2 steht jeder Ausweitung auf nicht ausdrücklich benannte Fristen entgegen. Notfristen sind nicht abänderbar, sie können also weder verkürzt noch verlängert werden. Auch durch das Ruhen des Verfahrens werden sie nicht beeinflusst (§§ 251 Abs. 1 S. 2, 233). Bei Zustellungsmängeln ist eine Heilung möglich (§ 189; anders früher § 187 S. 2). Zum teilweisen Ausgleich dieser Strenge sieht § 233 die Möglichkeit vor, bei Versäumung einer Notfrist Wiedereinsetzung in den vorigen Stand zu gewähren.

IV. Richterliche Friständerung (Abs. 2)

4 **1. Anwendungsbereich.** Durch gerichtliche Anordnung können auf Antrag (§ 225) bei einem Änderungsgrund (Abs. 2) Fristen abgeändert (verkürzt oder verlängert) werden. Dies gilt für alle **richterlichen Fristen** mit Ausnahme der richterlichen Notfristen. Für **gesetzliche Fristen** gilt es nur, wenn das Gesetz selbst die Abänderbarkeit ausdrücklich vorsieht, und niemals für **Notfristen.**[4] So ist die gesetzliche Wiedereinsetzungsfrist des § 234 Abs. 1 einer Verlängerung nicht zugänglich,[5] weil dies im Gesetz nicht vorgesehen ist. Eine allgemeine Abkürzungsmöglichkeit für eine bestimmte Fristart, nämlich für die Zwischenfristen, bestimmt § 226 Abs. 1. Besondere Regelungen zur Verlängerungsmöglichkeit bei Rechtsmittelbegründungsfristen finden sich in § 520 Abs. 2 S. 2, in § 551 Abs. 2 S. 5 und in § 575 Abs. 2 S. 3; die Einspruchsfrist kann nach § 340 Abs. 3 S. 2 verlängert werden. Für die Frist zur Einsicht der Urkunden, die auf der Geschäftsstelle niedergelegt

---

[1] Vgl. § 221 Rn. 1.
[2] *Zöller/Stöber* Rn. 2.
[3] *Stein/Jonas/Roth* Rn. 2; *Zöller/Stöber* Rn. 2; aA für Vereinbarung vor Gericht *Baumbach/Lauterbach/Hartmann* Rn. 4.
[4] Vgl. BVerfG E 36, 298, 299 = NJW 1974, 847.
[5] BGH VersR 1980, 582.

werden, erklärt § 134 Abs. 2 S. 2 die Verlängerung oder Abkürzung für zulässig. Nicht hierher gehört § 206 Abs. 1 S. 2, denn dabei handelt es sich ungeachtet des Wortlauts nicht um eine Frist. Durch die richterliche Verlängerung verliert eine Frist nicht ihren Charakter als gesetzliche Frist, deshalb kann etwa die verlängerte Frist zur Berufungsbegründung nicht wieder abgekürzt werden.[6] Die in einem (Zwischen-)Urteil enthaltene Fristsetzung kann wegen § 318 nicht mehr geändert werden.[7] Von § 224 wird nicht erfasst die Frist für den Widerruf eines Prozessvergleichs. Sie ist weder gesetzliche noch richterliche, sondern vertragliche Frist.[8] Da sie von den Parteien frei vereinbart wird, kann sie durch Parteivereinbarung auch verlängert oder verkürzt werden, allerdings nur vor ihrem Ablauf.[9]

2. Voraussetzungen. Gerichtliche Friständerung kann nie von Amts wegen, sondern nur auf Antrag vorgenommen werden. Hierzu sowie zu den weiteren Einzelheiten des Verfahrens vgl. § 225. Inhaltlich verlangt Abs. 2 für jede gerichtliche Friständerung erhebliche Gründe. Ob **erhebliche Gründe** vorliegen (und glaubhaft gemacht sind, die Praxis begnügt sich regelmäßig mit anwaltlichen Versicherungen, vgl. hierzu § 225), unterliegt der Ermessensentscheidung nach den Umständen des Einzelfalles. Der Begriff des erheblichen Grundes ist der gleiche wie in § 227. In der Regel wird eine Abwägung der widerstreitenden berechtigten Parteiinteressen erforderlich sein. Stimmen die Parteien überein, so bindet dies zwar das Gericht nicht, denn Parteivereinbarungen über die Fristdauer sind mit Ausnahme der in Abs. 1 genannten Art unzulässig, doch können dadurch die Anforderungen an den erheblichen Grund deutlich herabgesetzt werden. Beantragt eine Partei Fristverlängerung unter Angabe eines Grundes und die andere stimmt dem zu, so sollte der Richter nur in Ausnahmefällen beim Vorliegen gewichtiger Gründe die Fristverlängerung verweigern. Andererseits steht der Widerspruch des Gegners der Fristverlängerung nicht entgegen, wenn das Gericht nach seinem Ermessen den erheblichen Grund bejaht. Im Rahmen des Antrages ist das Gericht frei, die Friständerung zu bemessen. So kann eine Frist zur Begründung der Berufung nicht nur nach Wochen, sondern auch nach Tagen oder Stunden verlängert werden,[10] doch ist eine Verlängerung nach Stunden unzweckmäßig und kann heute kaum als durch sachgerechtes Ermessen gedeckt erachtet werden. Erhebliche Gründe zur Fristverlängerung können sich auch aus der Erkrankung der Partei oder ihres Anwalts, einem Anwaltswechsel[11] oder der Überlastung des Prozessbevollmächtigten[12] ergeben. Es wäre verfehlt, von dem Prozessbevollmächtigten zu verlangen, nur so viele Mandate anzunehmen, dass er die gesetzlichen Fristen in allen Sachen wahren kann. Grundsätzlich ist es immer ein erheblicher Grund für eine Verlängerung der Berufungsbegründungsfrist, wenn der Prozessbevollmächtigte die Gerichtsakten noch nicht einsehen konnte.[13] Übertriebene Kleinlichkeit bei Ausübung des Ermessens ist unangebracht.[14] Strenge Maßstäbe sind an wiederholte Verlängerungsgesuche anzulegen. Eine Frist kann nach ihrem Ablauf verlängert werden, wenn der Antrag noch vor Ablauf bei Gericht eingegangen war.[15] Ein nach Ablauf eingegangener Antrag kann als Wiedereinsetzungsgesuch umgedeutet werden oder bei entsprechendem Vortrag eine Präklusion verspäteten Vorbringens verhindern.[16] 5

V. Fristberechnung (Abs. 3)

Grundsätzlich schließt sich die Verlängerung unmittelbar an den Ablauf der alten Frist an. Wird also etwa die Frist zur Begründung der Berufung oder Revision um einen Monat verlängert und fällt der letzte Tag der ursprünglichen Frist auf einen Samstag, Sonntag oder allgemeinen Feiertag, so beginnt der verlängerte Teil der Frist erst mit dem Ablauf des nächstfolgenden Werktages. Wird die am 3. Oktober ablaufende Begründungsfrist um einen Monat verlängert, endet sie, weil der 3. Oktober ein Feiertag ist, erst am 4. November. Ist der 4. November ein Samstag, fällt das Fristende auf Montag, den 6. November.[17] Eine Berufungsbegründungsfrist, die nach dem Gesetz am 6

---

[6] OLG Hamburg MDR 1952, 561.
[7] LG Hamburg IPrax 1998, 276f.
[8] BGHZ 61, 394, 398 = NJW 1974, 107; OLG Hamm FamRZ 1988, 535.
[9] OLG Hamburg FamRZ 1988, 535f.; *Bergerfurth* NJW 1969, 1797, 1799.
[10] BAG NJW 1957, 1942.
[11] *Musielak/Stadler* Rn. 3.
[12] BGH NJW 1991, 2080f.; BAG NJW 1995, 150; *Liesching* NJW 2003, 1224; *Baumbach/Lauterbach/Hartmann* Rn. 7.
[13] BGH MDR 2001, 545f.; abweichend (für einen Sonderfall) OLG Düsseldorf MDR 1987, 768.
[14] Zutreffend für die Erwägungen bei der Fristbemessung OLG München MDR 1980, 147.
[15] BGHZ 116, 377 = NJW 1992, 842; BGHZ 83, 217, 221 = NJW 1982, 1651.
[16] *Zöller/Stöber* Rn. 7.
[17] BGHZ 21, 43 = NJW 1956, 1278; BGH NJW 2006, 700; BGH v. 15. 8. 2007, XII ZB 82/07 Tz 7; aA OLG Rostock MDR 2004, 351 = NJW 2003, 3141.

letzten Tag eines Monats endet (zB 28. 2.) und durch richterliche Verfügung um einen Monat verlängert wird, endet am letzten Tag des folgenden Monats, (zB 31. 3.) auch dann, wenn der erste Monat mit einem der Zahl nach früheren Tag endete.[18] Die gesetzliche Regel des Abs. 3 gilt immer nur **subsidiär;** wenn das Gericht bei der Fristverlängerung eine abweichende besondere Bestimmung trifft, geht diese vor. Mit dieser Einschränkung ist der Grundsatz des Abs. 3 auch anzuwenden, wenn die Frist nach ihrem Ablauf verlängert wird, was, rechtzeitige Antragstellung vorausgesetzt, zulässig ist (vgl. § 225 Rn. 3). Wird also eine am 19. 1. abgelaufene Frist durch gerichtliche Verfügung vom 22. 1. um einen Monat verlängert, so beginnt die Verlängerung mit Beginn des 20. 1., so dass die Frist am 19. 2. endet; auf das Datum der Verlängerungsverfügung kommt es auch in diesen Fällen nicht an. Eine Berechnung erübrigt sich bei **Genaufristen,** wenn die Fristverlängerung auf einen bestimmten Tag (31. 3.) erstreckt wurde. Wird die Berufungsbegründungsfrist bis zum 4. November einem Samstag verlängert, ist die am Montag, dem 6. November eingehende Begründung verspätet, weil es nicht mit Blick auf den Ablauf der Frist an einem Samstag zu einer Fristverlängerung kommt.[19]

§ 225 Verfahren bei Friständerung

(1) Über das Gesuch um Abkürzung oder Verlängerung einer Frist kann ohne mündliche Verhandlung entschieden werden.

(2) Die Abkürzung oder wiederholte Verlängerung darf nur nach Anhörung des Gegners bewilligt werden.

(3) Eine Anfechtung des Beschlusses, durch den das Gesuch um Verlängerung einer Frist zurückgewiesen ist, findet nicht statt.

I. Antragserfordernis

1 **1. Antragsberechtigung.** Friständerungen durch gerichtliche Anordnung können nicht von Amts wegen erfolgen, sondern setzen einen Antrag (= Gesuch) voraus. Antragsberechtigt ist nur diejenige Partei, zu deren unmittelbaren Gunsten die Frist geändert werden soll. Für die Verlängerung der Frist zur Begründung der Berufung oder Revision ist nur der Rechtsmittelkläger zur Antragstellung befugt, nicht der Rechtsmittelbeklagte, und zwar dieser auch dann nicht, wenn er ausnahmsweise – etwa im Hinblick auf ein von ihm beabsichtigtes Anschlussrechtsmittel oder aus anderen Gründen – einen Zeitgewinn (auch) für sich als mittelbar vorteilhaft bewertet, denn eine derartige Reflexwirkung der Fristverlängerung begründet kein rechtliches Interesse.[1]

2 **2. Form des Antrags.** Der Antrag auf Friständerung unterliegt dem **Anwaltszwang** (§ 78).[2] Wird er in der mündlichen Verhandlung gestellt, was seltener vorkommen wird, so ist er zu protokollieren (§ 160 Abs. 2, Abs. 3 Nr. 2). Die Protokollierung ist jedoch entbehrlich, wenn sogleich über den Antrag entschieden wird und die protokollierte Entscheidung (§ 160 Abs. 3 Nr. 6) erkennen lässt, dass sie auf den Parteiantrag hin ergeht. In allen anderen Fällen ist Schriftform (bestimmender Schriftsatz) erforderlich, der Antrag ist zu unterschreiben.[3] Ein fernmündlicher Antrag genügt nicht.[4] Der vielfach üblichen telefonischen Anfrage, ob mit einer Fristverlängerung gerechnet werden könne, muss der schriftliche Antrag jedenfalls (fristgerecht) nachfolgen. Wird die Fristverlängerung gewährt, so werden die Mängel eines fernmündlichen Antrags und des Verstoßes gegen § 78 geheilt.[5]

3 **3. Zeitpunkt der Antragstellung.** Der Antrag auf Fristverlängerung muss in jedem Falle so zeitig gestellt werden, dass er noch **innerhalb der Frist** bei Gericht eingeht. Nur in diesem Falle ist eine (nachträgliche) Verlängerung auch nach Fristablauf möglich.[6] Die Dauer des Geschäftsgangs zwischen Antragstellung und Entscheidung darf nicht zum Nachteil des Antragstellers ausschlagen.[7]

---

[18] KG VersR 1981, 1057.

[19] BGH v. 15. 8. 2007, XII ZB 82/07 Tz. 8; *Musielak/Stadler* Rn. 5.

[1] So im Ergebnis BGH NJW 1951, 605; aA *Musielak/Stadler* Rn. 2; *Stein/Jonas/Roth* Rn. 2; *Zöller/Stöber* § 224 Rn. 6; *Baumbach/Lauterbach/Hartmann* Rn. 4 (ohne Begründung).

[2] BGHZ 93, 300, 304 = NJW 1985, 1558; *Baumbach/Lauterbach/Hartmann* Rn. 4; *Musielak/Stadler* Rn. 2.

[3] BGH MDR 1998, 365 = NJW-RR 1998, 1155, BGHZ 93, 300 = NJW 1985, 1558.

[4] BGHZ 93, 300 = NJW 1985, 1558; *Baumbach/Lauterbach/Hartmann* Rn. 4; *Zöller/Stöber* Rn. 1.

[5] BGH MDR 1998, 365 = NJW-RR 1998, 1155; *Baumbach/Lauterbach/Hartmann* Rn. 4; *Zöller/Stöber* Rn. 1.

[6] BGHZ 116, 377 = NJW 1992, 842; BGHZ 83, 217 = NJW 1982, 1651; *Zöller/Stöber* § 224 Rn. 7; *Musielak/Stadler* § 224 Rn. 4.

[7] BVerfG MDR 1980, 117.

Der erst nach Ablauf des letzten Tages der Rechtsmittelbegründungsfrist bei Gericht eingegangene Antrag ist hingegen wegen der bereits eingetretenen Rechtskraft wirkungslos, selbst wenn ihm das Gericht (fehlerhaft) stattgibt[8] Eine **Wiedereinsetzung** gegen die Versäumung der Antragsfrist für den **Verlängerungsantrag** ist nicht zulässig[9] und zwar unabhängig davon, ob die Frist, die verlängert werden soll, der Wiedereinsetzung zugänglich ist oder nicht. Gibt es gegen die versäumte Frist keine Wiedereinsetzung, so wäre es gesetzwidrig, für einen versäumten Verlängerungsantrag Wiedereinsetzung zu gewähren. Ist dagegen für die versäumte Frist Wiedereinsetzung möglich, so muss diese beantragt werden und nicht eine Fristverlängerung. Das ergibt sich schon aus § 236 Abs. 2 S. 2: „Versäumte Prozesshandlung" ist nicht der Verlängerungsantrag. Allerdings kann in ein verspätet (nach Fristablauf) eingegangener Verlängerungsantrag im Blick auf die zu wahrende Frist in einen Wiedereinsetzungsantrag umgedeutet werden.[10]

4. Inhalt des Antrags. Neben der Angabe der Frist, deren Änderung begehrt wird, hat der Antragsteller nicht den gewünschten Verlängerungszeitraum und daher kein bestimmtes Datum zu bezeichnen, bis zu dessen Ablauf die Frist verlängert werden soll.[11] Ferner sind die erheblichen Gründe darzulegen und im Antrag glaubhaft zu machen (§ 224 Abs. 2). Da über den Antrag in der Regel ohne mündliche Verhandlung entschieden wird, dürften in erster Linie die eidesstattliche Versicherung (§ 294) oder die **anwaltliche Versicherung** in Betracht kommen. Die Praxis verzichtet bei „routinemäßigen" Verlängerungen, wie der erstmaligen Verlängerung der Rechtsmittelbegründungsfrist, weitgehend darauf, wenn keine bestimmten Gründe vorliegen, die die Begründung des Friständerungsgesuchs als unglaubhaft erscheinen lassen. 4

II. Verfahren

Mündliche Verhandlung über den Friständerungsantrag **ist freigestellt** (Abs. 1), aber unüblich. **Gehör des Gegners** schreibt Abs. 2 nur für die besonders einschneidenden Friständerungen vor, nämlich für die Abkürzung der Frist und die wiederholte Verlängerung. Darüber hinaus ist Anhörung ratsam für andere bedeutsamere Fälle wie etwa die Verlängerung um einen größeren Zeitraum als üblich. Wegen der knappen Zeit, die für die Anhörung zur Verfügung steht, genügt **telefonisches Gehör,** dessen Gewährung durch Aktenvermerk zu dokumentieren ist.[12] Bei der wiederholten Verlängerung von Rechtsmittelbegründungsfristen kann zweifelhaft sein, ob eine Anhörung des Gegners, nämlich des vorinstanzlichen Prozessbevollmächtigten, auch nötig ist, wenn sich für die Gegenpartei in der Rechtsmittelinstanz noch kein Prozessbevollmächtigter gemeldet hat. Es erscheint unbedenklich, in diesen Fällen von der Anhörung abzusehen, denn das Desinteresse des Gegners an der besonderen Beschleunigung des Rechtsmittelverfahrens ist hier zu unterstellen. Zustimmung der Gegenpartei zur wiederholten Fristverlängerung ist nicht erforderlich, die Frist kann bei Bejahung erheblicher Gründe auch dann verlängert werden, wenn die Gegenpartei widerspricht.[13] Die Verlängerung der Berufungsfrist um mehr als einen Monat und Revisionsbegründungsfrist um mehr als zwei Monate setzt allerdings das Einverständnis des Gegners voraus (§§ 520 Abs. 2 S. 2, 3, 551 Abs. 2 S. 5, 6).[14] Entbehrlich ist die Anhörung, wenn der Antragsteller schon im Gesuch durch anwaltliche Versicherung glaubhaft macht, der Gegner sei mit der erbetenen Fristverlängerung einverstanden. Eine ohne die gebotene Anhörung gewährte Fristverlängerung ist gleichwohl wirksam.[15] 5

III. Entscheidung

1. Zuständigkeit. Zuständig für die stattgebende oder ablehnende Entscheidung über das Gesuch ist das Gericht **(Spruchkörper oder Einzelrichter),** sofern es sich um die Verlängerung oder Abkürzung einer vom Gericht im Rahmen seiner Zuständigkeit[16] gesetzten Frist handelt.[17] In allen anderen Fällen entscheidet allein der Vorsitzende. Die Auffassung, der Vorsitzende allein sei nur für die stattgebende Entscheidung zuständig, nicht dagegen für die ablehnende, ist unzutref- 6

[8] BGHZ 116, 377 = NJW 1992, 842; BGHZ 83, 217 = NJW 1982, 1651; *Zöller/Stöber* § 224 Rn. 7.
[9] Vgl. *Stein/Jonas/Roth* § 224 Rn. 9.
[10] *Zöller/Stöber* § 224 Rn. 7.
[11] BGH MDR 2001, 951 = NJW-RR 2001, 931; *Zöller/Stöber* Rn. 1.
[12] *Zöller/Stöber* RdNr 7.
[13] BVerfG NJW 2000, 944; *Musielak/Stadler* Rn. 2.
[14] *Zöller/Gummer/Heßler* § 520 Rn. 20 a; *Zöller/Gummer* § 551 Rn. 3; *Stackmann* NJW 2002, 783.
[15] RGZ 15, 361; BAG VersR 1979, 947 f.; *Baumbach/Lauterbach/Hartmann* Rn. 5.
[16] OLG Köln JMBl. NRW 1984, 131 (im übrigen bedenklich).
[17] BGH NJW 1983, 2030; *Musielak/Stadler* Rn. 1.

fend.[18] Da §§ 134 Abs. 2 S. 2, 226 Abs. 3, 520 Abs. 2 S. 3, 551 Abs. 2 S. 5 den Vorsitzenden zur Verlängerung der Rechtsmittelbegründungsfrist ermächtigen, hat er die volle alleinige Entscheidungsbefugnis, die auch die teilweise oder vollständige Zurückweisung des Gesuchs einschließt. Eine Unzuständigkeit berührt freilich nicht die Wirksamkeit der Entscheidung.[19] Bei seiner Entscheidung, das Rechtsmittel zu verwerfen, wird das Gericht nicht dadurch präjudiziert, dass der Vorsitzende allein zuvor den Antrag auf Verlängerung der Rechtsmittelbegründungsfrist abgelehnt hatte. Das Gericht hat nämlich nicht zu prüfen, ob erhebliche Gründe für eine Fristverlängerung vorlagen, sondern nur, ob der Rechtsmittelkläger die Frist versäumt hat.

7 **2. Form.** Das Gericht, soweit es zuständig ist, entscheidet durch **Beschluss,** der Vorsitzende durch **Verfügung.**[20] Beschluss und Verfügung stehen sich in der Wirkung gleich. Unrichtige Bezeichnung ist darum unschädlich. Die Entscheidung muss immer **ausdrücklich** ergehen, „stillschweigende" Friständerungen sind unzulässig.[21] Regelmäßig wird die neue Frist durch eine Genaufrist datumsmäßig fixiert (Verlängerung bis zum „1. 10.") oder durch einen Zeitraum (Verlängerung um „einen Monat") konkretisiert.[22] Nimmt der Antrag auf ein bestimmtes Datum Bezug, genügt auch eine „antragsgemäße" Verlängerung.[23] Die Friständerung bedingt die **Aufhebung der bisher maßgeblichen Frist.**[24] Wird die Dauer der neuen Frist (in der Ausfertigung versehentlich) nicht mitgeteilt, so ist für den Antragsteller der gesetzliche Fristablauf bis zur Nachholung der Festsetzung des Endtermins aufgehoben.[25] Die Entscheidung ist zu begründen, wenn der Antrag abgelehnt wird oder der Gegner der Fristverlängerung widersprochen hat.[26] Verlängerung nach Fristablauf ist zulässig, wenn der Antrag rechtzeitig gestellt war,[27] und zwar ohne zeitliche Grenze,[28] doch muss über den Verlängerungsantrag jedenfalls vom dafür zuständigen Richter entschieden werden, bevor die Berufung als unzulässig verworfen wird.[29] Schriftliche Niederlegung und Unterzeichnung, die auch aus der Ausfertigung hervorgehen muss, sind erforderlich,[30] Handzeichen genügt nicht. Freilich begründet die formunwirksame nur telefonisch zugesagte Fristverlängerung durch den Vorsitzenden Vertrauensschutz, selbst wenn darüber kein Aktenvermerk erstellt wurde.[31] Den Parteien werden die ohne mündliche Verhandlung ergangenen Entscheidungen formlos mitgeteilt (§ 329 Abs. 2). Die Bekanntgabe jedenfalls an den Antragsteller ist Voraussetzung der Wirksamkeit. Förmliche Zustellung ist nicht erforderlich,[32] denn weder Verlängerung noch Verkürzung setzen eine (neue) Frist (§ 329 Abs. 2 S. 2) in Lauf. Eine Bekanntgabe nach Ablauf der verlängerten Frist ist unschädlich,[33] ebenso verhält es sich, wenn die Entscheidung über die Verlängerung dem Gegner nicht mitgeteilt wird.[34] Unterbleibt die Entscheidung über ein Gesuch auf Verlängerung einer Äußerungsfrist und entscheidet das Gericht stattdessen sofort zur Hauptsache, so kann darin eine Verletzung des Rechts auf Gehör liegen.[35] Der Zustellung an die betroffene Partei bedarf nach § 329 Abs. 2 S. 2 hingegen eine Entscheidung über eine Fristverkürzung.[36]

IV. Rechtsbehelfe (Abs. 3)

8 Fehler im Verfahren oder bei der Entscheidung über die Friständerung berühren nicht die Wirksamkeit der Entscheidung.[37] Die Frage ist vorrangig unter dem Gesichtspunkt des Vertrauensschut-

---

[18] BGH VersR 1985, 972; 1984, 894; 1982, 1191 f.; *Demharter* MDR 1986, 797; *Musielak/Stadler* Rn. 1; *Stein/Jonas/Roth* Rn. 1; aA *Zöller-Stöber* Rn. 3.
[19] BGHZ 37, 125 f. = NJW 1962, 1396.
[20] *Musielak/Stadler* Rn. 3; *Demharter* MDR 1986, 797.
[21] BGH VersR 1990, 327 f.; *Musielak/Stadler* Rn. 3; aA OLG Köln JMBlNRW 1984, 131.
[22] *Musielak/Stadler* Rn. 3.
[23] *Zöller/Stöber* Rn. 4.
[24] BGH NJW-RR 1987, 1277.
[25] BGHZ 14, 148, 150 = NJW 1954, 1604; BGHZ 4, 389, 399 = NJW 1952, 469 f.; BGH NJW-RR 1987, 1277.
[26] *Musielak/Stadler* Rn. 3.
[27] BGHZ 83, 217 = NJW 1982, 1651; BGHZ 4, 389, 399 = NJW 1952, 469 f.
[28] BGHZ 102, 37 = NJW 1988, 268.
[29] BGH VersR 1982, 1191; NJW-RR 1988, 581.
[30] BGHZ 76, 236 = NJW 1980, 1167; *Zöller/Stöber* Rn. 5.
[31] BGHZ 14, 148, 150 = NJW 1954, 1604; BGHZ 93, 300, 305 = NJW 1985, 1558.
[32] BGHZ 93, 300, 305 = NJW 1985, 1558; BGH NJW 1994, 2364 f.; 1990, 1797.
[33] *Zöller/Stöber* Rn. 6.
[34] RGZ 144, 260, 262.
[35] BVerwG NJW 1988, 1280; vgl. auch BVerfG NJW 1988, 1773.
[36] *Musielak/Stadler* Rn. 3; *Zöller/Stöber* Rn. 6.
[37] BGH LM § 554 Nr. 3; BGHZ 102, 37 = NJW 1988, 268; BAG VersR 1979, 947.

zes zu sehen. So ist seit jeher zu Recht anerkannt, dass auch diejenige Fristverlängerung wirksam ist, die der Vorsitzende eines für das Rechtsmittelverfahren nicht zuständigen Spruchkörpers[38] oder ein nach der Geschäftsverteilung nicht zuständiger Vertreter des Vorsitzenden verfügt hat. Es ist undenkbar, einer Partei Fristversäumung vorzuwerfen, wenn sie sich darauf verlassen hat, die ihr zugegangene Mitteilung über die Fristverlängerung sei ordnungsgemäß erfolgt.[39] Rechtsbehelfe gegen die Friständerung sind unzulässig. Es ist eine Beschwerde weder gegen die Ablehnung (vgl. Abs. 3)[40] noch gegen die Bewilligung (vgl. § 567 Abs. 1)[41] des **Verlängerungsantrags** eröffnet. Wird dem **Verkürzungsantrag** stattgegeben, scheidet nach § 567 Abs. 1 eine Anfechtung aus, während die Ablehnung dieses Antrags (Verkürzung), die in Abs. 3 nicht erwähnt ist, mit der sofortigen Beschwerde angefochten werden kann.[42]

§ 226 Abkürzung von Zwischenfristen

(1) Einlassungsfristen, Ladungsfristen sowie diejenigen Fristen, die für die Zustellung vorbereitender Schriftsätze bestimmt sind, können auf Antrag abgekürzt werden.

(2) Die Abkürzung der Einlassungs- und der Ladungsfristen wird dadurch nicht ausgeschlossen, dass infolge der Abkürzung die mündliche Verhandlung durch Schriftsätze nicht vorbereitet werden kann.

(3) Der Vorsitzende kann bei Bestimmung des Termins die Abkürzung ohne Anhörung des Gegners und des sonst Beteiligten verfügen; diese Verfügung ist dem Beteiligten abschriftlich mitzuteilen.

1. Normzweck. Die Vorschrift ergänzt §§ 224, 225 durch eine Sonderregelung für Zwischenfristen, die unter Aufrechterhaltung des Termins abgekürzt werden können. Zwischenfristen sind gesetzliche Fristen zur Vorbereitung einer Partei auf einen Termin. Es handelt sich um die Ladungsfrist (§§ 217, 604, 605 a), die Einlassungsfrist (§ 274 Abs. 3) und die Schriftsatzfrist des § 132. Die gelegentlich in diesem Zusammenhang genannten richterlichen Fristen der §§ 273 Abs. 2 Nr. 1, 275 werden dagegen von der Vorschrift nicht erfasst, für sie gilt § 224. Die Vorschrift des § 226 hat nämlich nur dadurch einen eigenen Sinn als Ergänzung von § 224, dass sie eine der in § 224 Abs. 2 letzter Halbsatz genannten, besonderen Regelungen für gesetzliche Fristen darstellt.[1] 1

2. Inhaltliche Voraussetzungen. Die Besonderheit gegenüber § 224 Abs. 2 besteht nach dem Wortlaut von Abs. 1 darin, dass erhebliche Gründe für die Abkürzung nicht gefordert werden. Im Rahmen des gerichtlichen Ermessens, nämlich der Abwägung der gegenseitigen Interessen, ist jede Fristkürzung, weil sie die Verteidigungsmöglichkeit der Gegenpartei beschneidet, an das Vorliegen erheblicher Gründe zwingend gebunden.[2] Abs. 1 ist deshalb über seinen Wortlaut hinaus dahin auszulegen, dass auch die Voraussetzungen des § 224 Abs. 2 (Vorliegen und Glaubhaftmachung erheblicher Gründe) gegeben sein müssen, wenn das Gericht die Zwischenfrist abkürzt. Da die Vorbereitungsfristen Mindestfristen sind, die das Gesetz ohnehin schon recht knapp bemessen hat, wird eine Abkürzung dieser Fristen sowieso nur in seltenen wirklichen Eilfällen in Betracht kommen, namentlich im Arrestverfahren oder im Verfügungsverfahren. Da der Gegenpartei das Recht auf Gehör nicht unangemessen beschnitten werden darf, führt die Abkürzung der Frist im Ergebnis oft zur Verlängerung des Verfahrens, denn es muss dann vielfach dem Vertagungsantrag der Gegenpartei stattgegeben werden. Unter eine Abkürzung der Frist darf die schriftsätzliche Vorbereitung leiden (Abs. 2), aber nicht sie angemessene Vorbereitung schlechthin.[3] Darum muss die unangemessene Abkürzung der Frist unter Umständen durch Vertagung mit der Folge der Unzulässigkeit eines Versäumnisurteils (§ 337 S. 1) korrigiert werden.[4] 2

3. Verfahren. Abs. 3 erlaubt es, von der vorherigen Anhörung der Gegenpartei abzusehen. Hinsichtlich aller übrigen Voraussetzungen gelten die in § 225 Rn. 1 bis 7 dargelegten Einzelheiten zum Verfahren entsprechend auch für § 226. Insbesondere ist immer ein ausdrücklich gestellter An- 3

[38] BGHZ 37, 125 = NJW 1962, 1396 m. Anm. *Henckel* JZ 1963, 289 und Anm. *Johannsen* LM § 519 Nr. 44.
[39] BGH MDR 1963, 588.
[40] BGH NJW 1993, 134 f.; VersR 1985, 865.
[41] BGHZ 102, 37, 39 = NJW 1988, 268; BGHZ 37, 125, 127 = NJW 1962, 1396 f.
[42] *Zöller/Stöber* Rn. 8; *Stein/Jonas/Roth* Rn. 9; *Baumbach/Lauterbach/Hartmann* Rn. 7; aA 2. Aufl. Rn. 8; *Musielak/Stadler* Rn. 4.
[1] *Musielak/Stadler* Rn. 1; *Stein/Jonas/Roth* Rn. 1; aA *Zöller/Stöber* Rn. 1.
[2] Anders *Stein/Jonas/Roth* Rn. 2.
[3] *Musielak/Stadler* Rn. 2; *Zöller/Stöber* Rn. 3.
[4] BGHZ 27, 163, 169 = NJW 1958, 1186 f.

trag erforderlich, eine Fristabkürzung von Amts wegen unzulässig. Es ist unzulässig, dass das Gericht die Ladungs- oder Einlassungsfrist abkürzt, wenn die Partei lediglich einen „möglichst nahen Termin" verlangt hat, ohne die Abkürzung der Fristen zu erwähnen.[5] Darlegung und Glaubhaftmachung des erheblichen Grundes für die begehrte Abkürzung der Zwischenfrist sind nötig. In der Regel entscheidet der Vorsitzende und zwar zugleich mit der Terminsbestimmung nach § 216. Die Ablehnung des Antrags ist mit der sofortigen Beschwerde anfechtbar (§ 567 Abs. 1), während die Stattgabe nur im Rechtsmittelzug (§§ 512, 557 Abs. 2) als Gehörsverstoß gerügt werden kann.[6]

§ 227 Terminsänderung

(1) [1]Aus erheblichen Gründen kann ein Termin aufgehoben oder verlegt sowie eine Verhandlung vertagt werden. [2]Erhebliche Gründe sind insbesondere nicht
1 das Ausbleiben einer Partei oder die Ankündigung, nicht zu erscheinen, wenn nicht das Gericht dafür hält, dass die Partei ohne ihr Verschulden am Erscheinen verhindert ist;
2 die mangelnde Vorbereitung einer Partei, wenn nicht die Partei dies genügend entschuldigt;
3 das Einvernehmen der Parteien allein.

(2) Die erheblichen Gründe sind auf Verlangen des Vorsitzenden, für eine Vertagung auf Verlangen des Gerichts glaubhaft zu machen.

(3) [1]Ein für die Zeit vom 1. Juli bis 31. August bestimmter Termin, mit Ausnahme eines Termins zur Verkündung einer Entscheidung, ist auf Antrag innerhalb einer Woche nach Zugang der Ladung oder Terminsbestimmung zu verlegen. [2]Dies gilt nicht für
1 Arrestsachen oder die eine einstweilige Verfügung oder einstweilige Anordnung betreffenden Sachen,
2 Streitigkeiten wegen Überlassung, Benutzung, Räumung oder Herausgabe von Räumen oder wegen Fortsetzung des Mietverhältnisses über Wohnraum auf Grund der §§ 574 bis 574 b des Bürgerlichen Gesetzbuchs,
3 Streitigkeiten in Familiensachen,
4 Wechsel- oder Scheckprozesse,
5 Bausachen, wenn über die Fortsetzung eines angefangenen Baues gestritten wird,
6 Streitigkeiten wegen Überlassung oder Herausgabe einer Sache an eine Person, bei der die Sache nicht der Pfändung unterworfen ist,
7 Zwangsvollstreckungsverfahren oder
8 Verfahren der Vollstreckbarerklärung oder zur Vornahme richterlicher Handlungen im Schiedsverfahren;
dabei genügt es, wenn nur einer von mehreren Ansprüchen die Voraussetzungen erfüllt. [3]Wenn das Verfahren besonderer Beschleunigung bedarf, ist dem Verlegungsantrag nicht zu entsprechen.

(4) [1]Über die Aufhebung sowie Verlegung eines Termins entscheidet der Vorsitzende ohne mündliche Verhandlung; über die Vertagung einer Verhandlung entscheidet das Gericht. [2]Die Entscheidung ist kurz zu begründen. [3]Sie ist unanfechtbar.

Übersicht

[5] *Stein/Jonas/Roth* Rn. 2; *Musielak/Stadler* Rn. 1; aA *Zöller/Stöber* Rn. 2; *Baumbach/Lauterbach/Hartmann* Rn. 3.
[6] *Zöller/Stöber* Rn. 4; *Baumbach/Lauterbach/Hartmann* Rn. 6; aA 2. Aufl. Rn. 3: keinerlei Rechtsmittel.

I. Allgemeines

1. Normzweck. Während §§ 224 bis 226 Friständerungen zum Gegenstand haben, befasst sich § 227 mit Terminsänderungen, die im Interesse der Verfahrensbeschleunigung grundsätzlich nicht der Disposition der Parten unterliegen. Die Vorschrift hat eine **dreifache Zielsetzung.** Sie erlaubt und begrenzt (Abs. 1) und gebietet (Abs. 3) Änderungen der nach § 216 bestimmten Gerichtstermine. Sie dient dem Ausgleich widerstreitender Verfahrensinteressen. Einerseits passt den Parteien und Prozessbevollmächtigten nicht jeder Termin, nicht selten kann sogar nur durch eine Terminsänderung das rechtliche Gehör verwirklicht werden. Andererseits ist für den Regelfall die Durchführung anberaumter Termine im Beschleunigungs- und Konzentrationsinteresse geboten. Verlegungen und Vertagungen verzögern den Rechtsstreit. Sie müssen deshalb auf ein vertretbares Ausmaß beschränkt werden. § 227 ist wiederholt geändert worden. Die heutige Fassung erscheint wenig übersichtlich, ein Gemenge aus Regeln, Ausnahmen und Ausnahmen von Ausnahmen. Rechtspolitisch wäre eine Vereinfachung zu wünschen. Die Vorschrift gilt für alle Verfahren, in denen die ZPO anwendbar und ein Termin schon bestimmt worden ist (vgl. § 216 Rn. 2). In Verfahren ohne mündliche Verhandlung (§ 128 Abs. 4) kommen nur Friständerungen, im schriftlichen Verfahren (§ 128 Abs. 2) nur eine Verlegung des Verkündungstermins in Betracht. 1

2. Begriffe. Termin ist die nach Datum, Uhrzeit, Ort im Voraus festgelegte **Gerichtssitzung** im konkreten Rechtsstreit (vgl. § 214 Rn. 3). Unter § 227 fallen die Termine zur mündlichen Verhandlung, Beweisaufnahme, Anhörung, zum Vergleichsversuch, zur Verkündung von Entscheidungen. **Terminsänderung** ist jede bewusste zeitliche Abweichung von dem nach Tag und Stunde bereits anberaumten Termin. Für die Änderung des **Terminsortes** gilt § 227 nicht (vgl. § 219 Rn. 3), auch nicht für die Zurückstellung des Sachaufrufs (vgl. § 220 Rn. 3). Das Gesetz kennt drei Formen zeitlicher Terminsänderung: **Aufhebung** ist die ersatzlose Annullierung eines Termins vor seinem Beginn ohne gleichzeitige Bestimmung eines neuen Termins. **Verlegung** ist die Absetzung eines Termins vor seinem Beginn unter Bestimmung eines neuen (späteren oder früheren) Termins. **Vertagung** ist die Anordnung, dass ein bereits begonnener, noch nicht geschlossener Termin jetzt beendet und zu einem späteren Zeitpunkt fortgesetzt werden soll.[1] Die Vertagung wird also immer im Termin durch den Spruchkörper vorgenommen, Aufhebung und Verlegung dagegen vorher. Die Vertagung kann Aufhebungscharakter oder Verlegungscharakter haben, je nachdem, ob ein Termin für die Fortsetzung (noch) nicht bestimmt wird oder der Fortsetzungstermin mit der Vertagung festgelegt wird. Von der Vertagung abzugrenzen ist die Unterbrechung des Termins oder der Sitzung (nicht des Verfahrens gem. § 239). Dabei handelt es sich um das zulässige, nicht § 227 unterliegende Einschieben einer verhandlungsfreien Zwischenzeit, um etwa die Ankunft eines verspäteten Zeugen abzuwarten, in den gleichen einheitlichen Termin. Die Unterbrechung kann jedoch, wenn sie zu lange dauert, den Charakter der Vertagung annehmen.[2] Von einer bloßen Unterbrechung kann man nur ausgehen, wenn der Termin am selben Tag fortgesetzt wird.[3] 2

II. Inhaltliche Voraussetzungen

1. Terminsänderung nach Ermessen (Abs. 1). a) Grundsätze. Abgesehen von der in Absatz 3 enthaltenen saisonalen Ausnahme (vgl. Rn. 11) stehen alle Terminsänderungen im Ermessen des zuständigen Richters oder Gerichts („kann"). Das Ermessen ist jedoch nach Abs. 1 gebunden. Aufhebung, Verlegung und Vertagung setzen voraus, dass ein erheblicher Grund dafür gegeben ist. Als Richtschnur bei der Ausübung des Ermessens gilt, dass der Rechtsstreit zügig betrieben und sachgerecht gefördert werden muss. Überbeschleunigung ist ebenso schädlich wie Verschleppung. Oftmals kann ein späterer, aber sinnvoll und gründlich vorbereiteter Termin der endgültigen Streiterledigung förderlicher sein als ein auf Biegen und Brechen durchgeführter Termin, der die Sache doch nicht voranbringt. Deshalb sollte für die Entscheidung, ob dem Verlegungsantrag stattgegeben wird, kein zu kleinlicher Maßstab angelegt werden. Die formale Strenge der Vorschrift ist auszugleichen durch Verständnis und Rücksichtnahme auf die Belange aller Prozessbeteiligten im Sinne einer fairen Prozessführung. 3

Abs. 1 gilt, was gelegentlich übersehen wird, auch für die Terminsänderung **von Amts wegen.** Auch sie darf nicht ohne erheblichen Grund vorgenommen werden. Soweit der Grund im Bereich des Gerichts liegt, muss der Richter an sich selbst die gleichen Maßstäbe anlegen wie er sie bei Par- 4

---

[1] BGH NZI 2003, 389, 391 = Rpfleger 2003, 458.
[2] So (für das Zwangsversteigerungsverfahren) OLG Köln Rpfleger 1984, 280 m. Anm. *Weber.*
[3] *Musielak/Stadler* Rn. 3; *Baumbach/Lauterbach/Hartmann* Rn. 7.

teien und Prozessbevollmächtigten anwendet.[4] Wie bei der Partei und ihrem Bevollmächtigten[5] bildet die Erkrankung des zuständigen Richters einen Verlegungsgrund.[6]

5 Das Ermessen kann sich, wenn die Gewährleistung des **rechtlichen Gehörs** dies erfordert, zur Rechtspflicht verdichten.[7] Liegt der erhebliche Grund zur Terminsverlegung oder Vertagung unzweifelhaft vor, so hat die antragstellende Partei einen Anspruch auf Terminsänderung.

6 **b) Begriff des erheblichen Grundes.** Es muss sich um Tatsachen handeln, die ernsthafter Natur sind und besonderes Gewicht haben. Der unbestimmte Rechtsbegriff, inhaltsgleich mit dem in § 224 Abs. 2 gebrauchten, ist **verfahrensspezifisch** anzuwenden, da das Beschleunigungsbedürfnis je nach Verfahrensart unterschiedlich sein kann. Er lässt für die Berücksichtigung aller Umstände des Einzelfalles[8] dem gebundenen richterlichen Ermessen einen beachtlichen Spielraum. Grundsätzlich sind erhebliche Gründe iSd. § 227 nur solche Umstände, die auch und gerade zur Gewährleistung des rechtlichen Gehörs eine Zurückstellung des Beschleunigungs- und Konzentrationsgebots erfordern. Soll ein Termin von Amts wegen geändert werden, sind Gründe als erheblich zu gewichten, die eine weitere Vorbereitung der Entscheidung (daher keinen Änderung bei Entscheidungsreife) oder die Gewähr rechtlichen Gehörs ermöglichen. Erheblich sind Gründe aus der Warte der Partei, die bei Ablehnung einer Terminsänderung ihre Säumnis als entschuldigt (§ 337) erscheinen lassen oder Wiedereinsetzung rechtfertigen.[9] Unter letztgenanntem Aspekt gestattet die bloße Erwartung, der bislang nicht beschiedene Verlegungsantrag werde Erfolg haben, nicht das eigenmächtige Fernbleiben vom Termin.[10]

7 **c) Negativkatalog.** Um deutlich zu machen, was ein erheblicher Grund ist, bedient sich das Gesetz in Abs. 1 Satz 2 einer beispielhaften („insbesondere") Aufzählung von drei Tatsachen, die keinen wichtigen Grund darstellen sollen. Diese etwas ungewöhnliche gesetzestechnische Methode betont den Sinn der Vorschrift , nicht gerechtfertigte Terminsänderungen zu verhindern. Bei der Anwendung des Negativkatalogs ist zu beachten, dass jede Ziffer jeweils nur für sich allein keinen erheblichen Grund darstellt. Kommen zu dem in einer Ziffer genannten Sachverhalt andere Umstände hinzu, die für eine Terminsänderung sprechen, so kann die Summe durchaus einen erheblichen Grund bilden. Das wird übrigens auch aus dem Wortlaut von Nr. 3 deutlich: Das Einvernehmen der Parteien für sich allein genommen ist kein Grund für eine Terminsverlegung. Das ist einleuchtend, denn die Termine stehen nicht zur Disposition der Parteien. Doch kann ein **sachlicher Grund** für die Terminsänderung dadurch zum erheblichen Grund erstarken, dass die Beteiligten ihn übereinstimmend als ausreichend ansehen. Auch Nr. 1 und 2 des Katalogs sprechen eigentlich etwas Selbstverständliches aus. Die unentschuldigte mangelnde Vorbereitung einer Partei (Nr. 2) ist niemals ein Grund zur Aufhebung, Verlegung oder Vertagung des Termins, wohl aber die ausreichend entschuldigte. Wie beim Ausbleiben der Partei (Nr. 1) zu verfahren ist, ergibt sich ohnehin aus den Säumnisvorschriften (§§ 330 ff., 251 a). Entschuldigt ist diejenige Verhinderung, die nach der Überzeugung des Gerichts auch bei sorgfältiger Prozessführung nicht zu vermeiden war. Das Verschulden des Prozessbevollmächtigten steht auch hier dem Verschulden der Partei gleich (§ 85 Abs. 2).

8 **d) Einzelheiten, Beispiele.** Erhebliche Gründe sind zunächst einmal solche, die sich unmittelbar oder mittelbar aus dem Gesetz ergeben. Ist der Rechtsstreit durch außergerichtlichen Vergleich erledigt, wird die Klage oder das Rechtsmittel zurückgenommen, so sind die bereits bestimmten Termine aufzuheben. Steht fest, dass der Termin etwa wegen Nichteinhaltung von Zwischenfristen ergebnislos bleiben wird, so ist er zu verlegen. Entsprechendes gilt, wenn die Ladungsfrist (§ 217) oder die Einlassungsfrist (§ 274 Abs. 3) nicht gewahrt werden kann[11] oder die Ladung fehlerhaft erfolgt ist.[12] Terminsänderung kann ferner durch sonst drohende Verletzung des Rechts auf Gehör, durch das Verbot der Überrumpelung oder das Prinzip der Waffengleichheit zwingend geboten sein.[13]

---

[4] *Eich* DB 1977, 909, 913; *Schneider* MDR 1977, 793; *Lützeler* NJW 1973, 1447 (für den früheren Rechtszustand, aber gleichwohl noch beachtenswert).

[5] Vgl. unten Rn. 9.

[6] AA *Baumbach/Lauterbach/Hartmann* Rn. 14, der stets ein Tätigwerden des Vertreters verlangt.

[7] BFH NJW 2001, 2735; BVerwG NJW 1995, 1441; BFH BFH/NV 2001, 1579; 2001, 1125; OLG Köln NJW-RR 1998, 1076; OLG Hamm NJW-RR 1992, 121.

[8] BFH BB 1980, 566.

[9] *Stein/Jonas/Roth* Rn. 8; *Zöller/Stöber* Rn. 5; *Musielak/Stadler* Rn. 4.

[10] BGH NJW 1982, 888.

[11] *Musielak/Stadler* Rn. 4.

[12] *Bilsdorfer* NJW 2001, 331, 333.

[13] Vgl. BGHZ 27, 163 = NJW 1958, 1186; BFH BB 1977, 535; 1980, 566; BVerwG DVBl. 1982, 635; BSG NJW 1984, 888; OLG Celle NJW 1969, 1905; OLG Köln MDR 1971, 933; *Lützeler* NJW 1973, 1447.

Dies ist etwa anzunehmen, wenn das Gericht die bisher nicht erörterte Anwendung ausländischen Rechts erwägt[14] oder der Partei ein umfangreiches Sachverständigengutachten von dem Gericht drei Arbeitstage vor der mündlichen Verhandlung mitgeteilt wird.[15] Was im Sinne von § 337 die Säumnis zu entschuldigen geeignet ist, oder was eine Wiedereinsetzung begründen würde, wird in aller Regel auch die Terminsänderung rechtfertigen.

Im Übrigen können die erheblichen Gründe vielfältiger Art sein. Sie können im Bereich der **Partei** oder ihrer **Prozessbevollmächtigten** liegen, aber auch anderer Beteiligter am Verfahren, auch Sachverständiger und Zeugen. Die Verhinderung der Partei bzw. ihres gesetzlichen Vertreters bildet einen Verlegungsgrund, wenn ihr persönliches Erscheinen zur Klärung des Sach- und Streitstoffs notwendig ist,[16] sie ein berechtigtes Interesse an der Teilnahme hat oder sie im Parteiprozess nicht anwaltlich vertreten ist.[17] Beispiele: plötzliche substantiiert (mittels Attest) darzulegende Erkrankung,[18] nicht verschiebbare Reise, Abwesenheit wegen Arbeitssuche,[19] mangelnde Information, sofern schuldlos,[20] fehlende Vorbereitung zB bei Anwaltswechsel (sofern schuldlos),[21] Mandatsniederlegung und Suche eines neuen Bevollmächtigten,[22] Familienfeier, Todesfall in der Familie, religiöser Feiertag, der kein allgemeiner Feiertag ist, Anreiseschwierigkeiten (sofern schuldlos verursacht),[23] Pflege naher Angehöriger ohne Vertretungsmöglichkeit.[24] Aus dem Bereich beider Parteien kommen ernsthafte und nicht aussichtslose **Vergleichsgespräche** in Betracht. Erscheint eine längere Dauer der Vergleichsverhandlungen absehbar, so sollten die Parteien auf die Möglichkeit des § 251 verwiesen werden. 9

Dagegen werden in der Regel **keinen erheblichen Grund** darstellen: die Absicht, weitere Beweismittel herbeizuschaffen,[25] Streitverkündungen oder Klageerweiterungen[26] vorzunehmen oder die Befürchtung, es müsse mit Kurzschlussreaktionen (Tätlichkeiten) eines Beteiligten gerechnet werden.[27] Wird terminiert, obwohl der Gerichtskostenvorschuss nicht eingezahlt wurde, kann der Termin nicht nachträglich wegen der Zahlungssäumnis aufgehoben werden.[28] Hat die Partei die Beauftragung oder Unterrichtung des Anwalts schuldhaft verzögert, so scheidet eine Verlegung aus.[29] Die Verhinderung eines Prozessbevollmächtigten reicht grundsätzlich nicht aus, weil er bei vorhersehbarer Abwesenheit (Urlaub, Kur, Behandlung einer chronischen Krankheit) gemäß § 53 BRAO für eine Vertretung Sorge zu tragen hat.[30] Im Fall der Beauftragung einer Sozietät ist die Verhinderung des sachbearbeitenden Anwalts kein Verlegungsgrund, sofern eine Vertretung durch ein anderes Sozietätsmitglied möglich ist.[31] Bei kurzfristiger Verhinderung des sachbearbeitenden Anwalts ist der Termin hingegen zu verlegen, wenn eine Einarbeitung in die Materie durch ein Sozietätsmitglied, das sich vor allem mit seinen eigenen Mandaten zu befassen hat, aus Zeitgründen nicht möglich ist.[32] Im Falle eines Terminskollision genießt der zuerst anberaumte Termin Vorrang. Einem später angesetzten Termin, der ein Eilverfahren oder eine umfangreiche Beweisaufnahme betrifft, kann ausnahmsweise Priorität zuwachsen, wenn der zuerst bestimmte Termin ein reiner Verhandlungstermin ist und ohne besondere Schwierigkeiten verlegt werden kann.[33] Die Teilnahme des Bevollmächtigten als Mitglied an einer Stadtratssitzung geht einem zeitgleich anberaumten 10

---

[14] *Stein/Jonas/Roth* Rn. 11.
[15] OLG Köln NJW-RR 2000, 591; *Baumbach/Lauterbach/Hartmann* Rn. 11.
[16] BVerwG NJW 1991, 2097; BFH NJW 1991, 2104 (LS).
[17] *Musielak/Stadler* Rn. 4.
[18] BFH NJW 2001, 2735 f.; BVerfG Rpfleger 1988, 156; OLG Frankfurt AnwBl. 1980, 151; BSG NJW 1984, 888; BVerwG NJW 1984, 882; OLG Köln NJW-RR 1990, 1341.
[19] BayObLG NJW-RR 2004, 804.
[20] OLG Hamm NJW-RR 1992, 121; BVerwG NVwZ 1995, 373.
[21] BGHZ 27, 163 = NJW 1958, 1186; BVerwG NJW 1986, 339; BSG MDR 1974, 611; *Bilsdorfer* NJW 2001, 331, 333.
[22] BFH NJW 2001, 2735; BVerwG NJW 1993, 80.
[23] BVerwG NJW 1995, 1441 (Flughafenstreik); 1986, 1057.
[24] BVerwG NJW 1992, 2042.
[25] LAG Düsseldorf DB 1972, 52; *Musielak/Stadler* Rn. 7.
[26] OLG Karlsruhe GRUR 1984, 812.
[27] LG Düsseldorf DGVZ 1989, 24 (bei Termin zur Offenbarungsversicherung).
[28] OLG München NJW-RR 1989, 64.
[29] OLG Hamm NJW-RR 1992, 121.
[30] BFH NJW 2001, 2735; BFH BFH/NV 1989, 175 f.; *Stein/Jonas/Roth* Rn. 15; *Baumbach/Lauterbach/Hartmann* Rn. 21, 23.
[31] BVerwG NJW 1995, 1231; aA *Zöller/Stöber* Rn. 6, der recht großzügig stets eine Verlegung bei Verhinderung des Vertrauensanwalts als geboten erachtet.
[32] BVerwG NJW 1984, 882.
[33] BSG NJW 1996, 677 f.; *Musielak/Stadler* Rn. 4; vgl. auch BVerwG NJW 1995, 1231.

Gerichtstermin vor und bildet einen erheblichen Grund für die Terminsverlegung.[34] Der Wunsch eines Anwalts oder einer Partei, das Naturschauspiel Sonnenfinsternis zu beobachten, rechtfertigt nicht einen Anspruch auf Terminsverlegung.[35] Beginnt die mündliche Verhandlung 75 Minuten später als vorgesehen, so besteht ein Anspruch auf Vertagung nur dann, wenn zu seiner Begründung erhebliche Gründe geltend gemacht werden (etwa andere Terminsverpflichtungen des Anwalts oder eine inzwischen eingetretene Verschlechterung des Gesundheitszustandes der Partei); die bloße Verärgerung über die Verspätung des Gerichts allein genügt nicht.[36]

11 **2. Zwingende Terminsverlegung (Abs. 3).** Unter bestimmten, eng umrissenen Voraussetzungen hat das Gericht keinen Ermessensspielraum, sondern ist **zwingend verpflichtet,** einem Antrag, der in diesem Falle überhaupt keiner Begründung bedarf,[37] zu entsprechen, ohne das Vorliegen eines erheblichen Grundes zu prüfen. Sind, aus welchen Ursachen auch immer, diese engen Voraussetzungen für die obligatorische Verlegung nicht gegeben, so kann stattdessen jeweils die Verlegung nach Abs. 1 in Betracht kommen, sofern erhebliche Gründe glaubhaft gemacht sind.

12 **a) Zeitliche Begrenzung.** Die Ausnahme von Abs. 1 gilt nur für diejenigen Termine, die auf einen Tag in den Sommermonaten Juli und August anberaumt sind. Dies erklärt sich daraus, dass hierdurch der Wegfall der sogenannten Gerichtsferien teilweise (und in anderer Form) ausgeglichen werden sollte.[38] Das Gesetz geht in Abs. 3 davon aus, dass im Hochsommer regelmäßig so viele Parteien und Anwälte verhindert sind, Gerichtstermine wahrzunehmen, dass es unvernünftig wäre, für die Verlegungsgesuche eine Begründung zu fordern und die Entscheidung dem Ermessen des Gerichts anheimzugeben. Die zeitliche Begrenzung des „Gerichtssommers" auf die Zeit vom 1. Juli bis 31. August ist eindeutig und verträgt keine Ausdehnung. Hat das Gericht einen Termin auf den 1. September oder den 30. Juni anberaumt, so kommt eine Verlegung nur aus erheblichen Gründen nach Maßgabe von Abs. 1 in Betracht. Der Zeitraum der früheren Gerichtsferien (15. Juli bis 15. September) ist bewusst nicht übernommen worden. Rechtlich ist das Gericht nicht gehindert, dem Verlegungsantrag in der Weise stattzugeben, dass Termin auf einen anderen Tag innerhalb des Gerichtssommers anberaumt wird. Allerdings dürfte dies vielfach nicht zweckmäßig sein, weil dann mit einem neuen Verlegungsantrag derselben oder der anderen Partei gerechnet werden muss. Soll innerhalb des Gerichtssommers eine Sitzung stattfinden, empfiehlt es sich, den Termin im Voraus mit den Parteien abzustimmen.

13 **b) Weitere Begrenzungen.** Mit dem zwingenden Anspruch auf eine Terminsänderung ohne erhebliche Gründe[39] kann nur eine **Verlegung,** nicht aber eine Aufhebung oder Vertagung eines Termins verlangt werden.[40] Sie gilt auch nicht für Verlegung von Amts wegen, sondern nur für solche auf **Antrag** einer Partei oder eines Nebenintervenienten, aber nicht eines Zeugen oder Sachverständigen.[41] Weiter sind nicht alle Termine von der erleichterten Verlegung erfasst, ausgenommen sind die **Verkündungstermine,** bei denen eine Anwesenheit der Parteien und ihrer Bevollmächtigten entbehrlich ist.[42] Das Gericht ist anders als früher in den Gerichtsferien nicht gehindert, im Juli und August Entscheidungen zu verkünden. Vor allem ist der begründungsfreie Verlegungsantrag **fristgebunden.** Er muss **innerhalb einer Woche** nach Zugang der Ladung oder Terminsbestimmung bei Gericht eingehen. Für die Fristberechnung ist im Falle förmlicher Ladung der Tag der Zustellung maßgeblich, während bei formloser Bekanntgabe im Ortsbestellverkehr auf den ersten Werktag, im Übrigen auf den zweiten Werktag nach Aufgabe zur Post abzustellen ist (analog § 357 Abs. 2 S. 2).[43] Die Frist beginnt am Folgetag der Zustellung oder Bekanntmachung zu laufen, selbst wenn die Zustellung vor dem 1. Juli erfolgt und die Frist sogar bis zum 1. Juli bereits abgelaufen ist.[44] Findet der Termin vor Ablauf der Wochenfrist statt, was bei einer Ladungsfrist von drei Tagen (§ 217) durchaus möglich ist, kann der Antrag nur bis zum Beginn (Aufruf, § 220 Abs. 1) des Termins gestellt werden, weil Abs. 3 keinen Vertagungsanspruch schafft.[45] Ändert das Gericht nachträglich lediglich die Ter-

---

[34] VGH Mannheim NVwZ 2000, 213.
[35] OLG Dresden FAZ v. 7. 8. 1999.
[36] BVerwG NJW 1999, 2131.
[37] *Soehring* NJW 2001, 3319; *Musielak/Stadler* Rn. 9; *Feiber* NJW 1997, 160; aA *Baumbach/Lauterbach/Hartmann* Rn. 33.
[38] Zur Entstehungsgeschichte und Auslegung vgl. im Einzelnen *Feiber* NJW 1997, 160.
[39] *Musielak/Stadler* Rn. 9.
[40] *Zöller/Stöber* Rn. 9; aA *Baumbach/Lauterbach/Hartmann* Rn. 31.
[41] *Baumbach/Lauterbach/Hartmann* Rn. 34; *Zöller/Stöber* Rn. 10.
[42] *Musielak/Stadler* Rn. 9; *Baumbach/Lauterbach/Hartmann* Rn. 32.
[43] *Zöller/Stöber* Rn. 10.
[44] *Baumbach/Lauterbach/Hartmann* Rn. 35; *Zöller/Stöber* Rn. 10.
[45] *Zöller/Stöber* Rn. 10; aA *Baumbach/Lauterbach/Hartmann* RdNr 35: Antrag noch im Termin möglich.

minsstunde, so wird damit nicht ein erneutes Antragsrecht begründet.[46] Bei verkündeten Terminen bestimmt sich die Frist nach dem Verkündungstermin, nicht dem Zugang des Protokolls.[47] Mit der recht kurzen weder einer Verkürzung noch Verlängerung zugänglichen (§ 224 Abs. 2) Frist soll verhindert werden, dass das Antragsrecht unnötigerweise verzögernd und erst kurz vor dem Gerichtstermin ausgeübt wird. Wiedereinsetzung (§ 233) gegen die Versäumung der Wochenfrist ist nicht statthaft, weil es sich nicht um eine wiedereinsetzungsfähige Frist handelt. Allerdings könnte die Partei, die die Frist versäumt hat, versuchen, nunmehr unter Geltendmachung erheblicher Gründe (Abs. 1) die Verlegung doch noch zu erreichen.

c) Ausnahme: Verfahrensarten. Die gem. Abs. 3 S. 1 geltende Regel für Terminsanberaumung auf einen Zeitpunkt im Gerichtssommer gilt für die in einem acht Punkte umfassenden Ausnahmekatalog aufgeführten Verfahrensarten nicht. die typischerweise einem Beschleunigungsbedürfnis unterliegen. Dieser Ausnahmekatalog entspricht inhaltlich in weiten Teilen der Aufzählung der sogenannten Feriensachen kraft Gesetzes in dem jetzt aufgehobenen § 200 Abs. 2 GVG, doch ist er zur Klärung zweifelhafter Abgrenzungsfragen einer Verbesserung und Vereinfachung unterzogen worden. 14

Nr. 1 begrifft die **Eilverfahren** nach §§ 127a, 620, 621f., 916, 935, 940. Prozesse, in denen um Räumung wie auch Benutzung, Überlassung, Herausgabe, Instandhaltung und Instandsetzung von **Räumen**[48] gestritten wird, gleichviel aus welchem Rechtsverhältnis (Miete, Leasing, Leihe, Eigentum, Erbbaurecht, Pacht)[49] der Anspruch hergeleitet wird und ob es sich um Wohnräume oder andere (gewerbliche) Räume handelt, sind ebenso vom Katalog erfasst wie auch Ansprüche aus §§ 574 bis 574b BGB (Nr. 2). Klagen auf Feststellung eines Mietverhältnisses[50] gehören nicht in den Anwendungsbereich der Nr. 2, Schadensersatzansprüche jedenfalls dann nicht, wenn das Mietverhältnis beendet ist.[51] Nr. 3 betrifft alle **Familiensachen** (§ 23b GVG, §§ 606 bis 644), auch Abänderungs- und Vollstreckungsgegenklagen gegen Unterhaltstitel[52] sowie auf einen Vergleich gestützte Unterhaltsansprüche.[53] Unbeachtlich ist ferner, ob es sich um eine Verbund- oder Folgesache handelt.[54] Bei Ansprüchen aus **Wechsel** und **Scheck** kommt es auf die Verfahrensart an: Nur die Prozesse nach §§ 602, 605a (Wechsel- und Scheck**prozess**) sollen als eilbedürftig, auch wenn neben dem verbrieften der Anspruch aus dem Grundgeschäft verfolgt wird (Abs. 3 S. 2 Halbs. 2),[55] vom Gerichtssommer unberührt bleiben (Nr. 4). Dies ist auch für das **Nachverfahren** (§ 600) anzunehmen.[56] Bei den **Bausachen** sind, gleich lautend mit dem früheren § 200 Abs. 2 Nr. 8 GVG, nur die (eher seltenen) erfasst, die – auch bei Fertigbauweise – die Fortsetzung eines angefangenen und vor Klageerhebung unfertig eingestellten Bauvorhabens betreffen (Nr. 5). Die Regelung betrifft nicht den Streit über den Umfang des Auftrags oder dessen vollständige fehlerfreie Erfüllung sowie über die Zahlung des Werklohns.[57] Eine Besonderheit stellt Nr. 6 dar: Streitigkeiten wegen **Herausgabe** einer Sache an eine Person, die bei ihr nicht gepfändet werden kann. Damit soll ein Ausweichen auf den Eilrechtsschutz (Nr. 1) vermieden werden. Bei einem Mietverhältnis erfasst Nr. 6 Streitigkeiten wegen der Zurückbehaltung eingebrachter, nicht pfändbarer Sachen.[58] Schließlich werden auch das gesamte Zwangsvollstreckungsverfahren, das Verfahren der Vollstreckbarkeitserklärung und von richterlichen Handlungen im schiedsrichterlichen Verfahren (Nr. 7, 8) von dem Rechtsanspruch auf Terminsverlegung ausgenommen. Das Gleiche gilt für das Verfahren vor den Kammern und Senaten für Baulandsachen, für Konkurs-, Vergleichs-, Gesamtvollstreckungs- und **Insolvenzverfahren.** In der freiwilligen Gerichtsbarkeit ist § 227 Abs. 3 S. 1 nicht anwendbar. Handelt es sich um **mehrere Ansprüche** (Anspruchskonkurrenz, objektive Klagehäufung, Streitgenossenschaft), von denen nur einer die Voraussetzungen der Nr. 1 bis 8 erfüllt, so ist nach Abs. 3 S. 2 Halbs. 2 im gesamten Verfahren der Rechtsanspruch auf Verlegung ausgeschlossen.[59] Gleiches 15

---

[46] OLG Brandenburg NJW-RR 1998, 500; *Baumbach/Lauterbach/Hartmann* Rn. 35; *Zöller/Stöber* Rn. 10; aA 2. Aufl. Rn. 13.

[47] OLG Brandenburg NJW-RR 1998, 500; *Zöller/Stöber* Rn. 10; aA 2. Aufl. Rn. 13; *ders.* NJW 1997, 160. 162.

[48] BGH NJW 1963, 713; 1958, 588.

[49] *Musielak/Stadler* Rn. 10; *Baumbach/Lauterbach/Hartmann* Rn. 39.

[50] BGH NJW 1958, 588.

[51] BGH NJW 1980, 1695.

[52] BGH NJW-RR 1993, 643.

[53] BGH NJW 1991, 2709;

[54] *Musielak/Stadler* Rn. 10; *Baumbach/Lauterbach/Hartmann* Rn. 40.

[55] *Baumbach/Lauterbach/Hartmann* Rn. 42; *Zöller/Stöber* Rn. 15.

[56] *Baumbach/Lauterbach/Hartmann* Rn. 43; *Zöller/Stöber* Rn. 15; aA *Musielak/Stadler* Rn. 10.

[57] BGH MDR 1977, 487; *Baumbach/Lauterbach/Hartmann* Rn. 44.

[58] *Zöller/Stöber* Rn. 15; *Musielak/Stadler* Rn. 10.

[59] *Zöller/Stöber* Rn. 19; *Musielak/Stadler* Rn. 10.

gilt für das Verhältnis von Haupt- und Hilfsantrag sowie für Klage und Widerklage. Anders verhält es sich bei der Stufenklage, da hier die Verfahren zeitlich getrennt hintereinander abgewickelt werden, so dass für jede Stufe gesondert geprüft werden muss, ob der geltend gemachte Anspruch dem Ausnahmekatalog unterfällt.

16 **d) Ausnahme: Beschleunigungsbedürfnis.** Zusätzlich zu der Aufzählung der typischerweise eilbedürftigen Verfahren hat das Gesetz in Abs. 3 S. 3 noch eine Generalklausel eingefügt. Danach ist dem Verlegungsantrag nach Abs. 3 S. 1 nicht zu entsprechen, wenn das Verfahren aus welchen Gründen auch immer besonderer Beschleunigung bedarf. Damit wird der Rechtsanspruch auf Verlegung nicht unerheblich abgeschwächt. Ob das Verfahren besonderer Beschleunigung bedarf, entscheidet das Gericht nach pflichtgemäßem Ermessen. Das Beschleunigungsbedürfnis ist glaubhaft (§ 294) zu machen.[60] Damit besteht die Möglichkeit, auch in denjenigen Verfahren, die nicht im Ausnahmekatalog aufgeführt sind, im Juli und August Verhandlungen durchzuführen, wenn die Gegebenheiten des jeweiligen Rechtsstreits die besonders eilige Bearbeitung verlangen. Das allgemeine, für den Zivilprozess ohnehin geltende Beschleunigungsinteresse genügt dafür natürlich nicht, ein strenger Maßstab im Sinne eines erheblichen Grundes[61] ist anzulegen. Es müssen besondere rechtliche, wirtschaftliche oder sonstige Nachteile drohen.[62] Der Partei, deren Verlegungsantrag mit der Begründung aus Abs. 3 S. 3 abgelehnt worden ist, bleibt auch hier die Möglichkeit, den Antrag unter Geltendmachung erheblicher Gründe (Abs. 1) zu erneuern.

III. Verfahren (Abs. 2 und 4)

17 **1. Zuständigkeit.** Zuständig für die Entscheidung über Verlegung und Aufhebung des Termins ist derjenige Richter, der den Termin bestimmt hat (vgl. § 216 Rn. 4), also regelmäßig der Vorsitzende des Spruchkörpers. Der Richter am Amtsgericht (§ 495), der Einzelrichter beim Landgericht oder Oberlandesgericht (§§ 348, 524), der beauftragte oder ersuchte Richter (§ 229) sind zuständig, soweit die Sache bei ihnen anhängig ist. Das Kollegium ist zuständig, wenn es den Termin bestimmt hatte, der aufgehoben oder verlegt werden soll. Für die Entscheidung über Vertagung ist dagegen immer dasjenige Gericht zuständig, vor dem die Verhandlung, die vertagt werden soll, stattfindet, also nie der Vorsitzende allein (falls er nicht als Einzelrichter verhandelt).

18 **2. Antrag.** Terminsänderung kann auf **Antrag** oder **von Amts wegen** erfolgen. Einen Antrag können nur die Parteien stellen, der „Antrag“ eines Zeugen oder Sachverständigen ist bloße Anregung, die zu einer Entscheidung von Amts wegen führt. Unter Umständen kann eine gewisse Obliegenheit bestehen, einen Antrag nach § 227 zu stellen, da sich sonst die Partei auf einen Verstoß gegen Art. 103 Abs. 1 GG nicht berufen kann, weil sie nicht die gesetzlich gegebenen und ihr zumutbaren Möglichkeiten ausgeschöpft hat, ihr Recht auf Gehör zu wahren.[63] Für den Antrag gilt **Anwaltszwang** (§ 78), ein telefonischer Antrag kann genügen.[64] Das Gericht kann jedoch den im Anwaltsprozess von der Partei selbst gestellten „Antrag“ als Anregung nehmen, um von Amts wegen über die Terminsänderung zu entscheiden. Soweit die erheblichen Gründe für die Terminsänderung im Bereich des Gerichts liegen, wird regelmäßig von Amts wegen entschieden. Der auf erhebliche Gründe (Abs. 1) gestützte förmliche Antrag bedarf im Unterschied zum Antrag nach Abs. 3 S. 1 notwendig einer Begründung.[65] Fehlt sie, ist er unzulässig und nicht zu beachten. Glaubhaftmachung hat auf Verlangen des Vorsitzenden zu erfolgen, wenn Zweifel an der Richtigkeit der Angaben im Antrag bestehen.

19 **3. Anhörung.** Über Aufhebung oder Verlegung wird ohne mündliche Verhandlung entschieden (Abs. 4 S. 1). Beim Vertagungsantrag versteht sich die mündliche Verhandlung von selbst, da der Antrag in der Verhandlung zu stellen ist. Anhörung der Gegenpartei vor der beantragten Aufhebung oder Verlegung eines Termins ist zumindest in gewichtigen oder ungewöhnlichen Fällen ratsam, notfalls fernmündlich. Bei Ablehnung des Terminsänderungsantrags ist Anhörung der Gegenpartei entbehrlich, ebenso beim Stattgeben des Antrags nach Abs. 3. Soll der Termin von Amts wegen geändert werden, empfiehlt es sich im Interesse des fairen Verfahrens und aus Zweckmäßigkeitsgründen (Abstimmung der Beteiligten bezüglich des neuen Termins), beide Parteien vorher zu hören.

20 **4. Entscheidung.** Der Vorsitzende entscheidet durch **Verfügung,** das Gericht durch **Beschluss.** Wie bei der Fristenänderung ist die unrichtige Bezeichnung jedoch folgenlos. Die Ent-

---

[60] *Zöller/Stöber* Rn. 21.
[61] *Zöller/Stöber* Rn. 21.
[62] *Baumbach/Lauterbach/Hartmann* Rn. 51.
[63] BVerfG MDR 1981, 470 (LS).
[64] *Zöller/Stöber* Rn. 24.
[65] *Zöller/Stöber* Rn. 24.

scheidung muss immer ausdrücklich ergehen. Stillschweigende Terminsänderung ist unzulässig. Die Entscheidung ist zu unterzeichnen, es sei denn, dass sie bei Vertagungen oder der Ablehnung von Vertagungsanträgen in der Verhandlungsniederschrift beurkundet wird. Kurze Begründung der Entscheidung ist nötig (Abs. 4 S. 2). Dieser **Begründungszwang** soll im Interesse der Beschleunigung des Rechtsstreits verhindern, dass ohne erhebliche Gründe Terminsänderungen vorgenommen werden. Die Begründung zwingt zur Rechenschaft, ob die Terminsänderung wirklich nötig ist, aber auch, ob die Ablehnung einer beantragten Terminsänderung insbesondere im Hinblick auf das rechtliche Gehör gerechtfertigt ist. Für die Bekanntmachung der Entscheidung gilt § 329.

5. Rechtsbehelfe. Die Entscheidung ist unanfechtbar (Abs. 4 S. 3). Das gilt uneingeschränkt 21 sowohl für Verfügungen und Beschlüsse, die einen Antrag auf Terminsänderung zurückweisen wie auch für die stattgebenden Entscheidungen.[66] Eine Überprüfung nach §§ 512, 548 im Zusammenhang mit der Anfechtung der Hauptsacheentscheidung ist ebenfalls ausgeschlossen, da die Unanfechtbarkeit ausdrücklich im Gesetz bestimmt ist. Ausnahmsweise kann freilich eine offensichtlich mängelbehaftete Terminsänderung zum faktischen Stillstand des Verfahrens führen und dann der Beschwerde entsprechend § 252 zugänglich sein.[67] Auch soll es einen im Rechtsmittelverfahren überprüfbaren Verfahrensmangel darstellen, dass ein Antrag nach § 227 übergangen und erst im Urteil beschieden wird.[68]

In Ausnahmefällen kann die Unterlassung oder Ablehnung einer Terminsaufhebung den An- 22 spruch auf rechtliches Gehör (Art. 103 Abs. 1 GG) verletzen, sofern der Antrag auf Terminsaufhebung hinreichend begründet erscheint und nicht mit der Absicht der Prozessverschleppung gestellt wurde.[69] In diesen Fällen setzen sich die Rechtsmittelgerichte unter Berufung auf einen Verfahrensfehler (§ 538 Abs. 2 Nr. 1) über Abs. 4 S. 3 hinweg.[70]

Soweit der Richter von Amts wegen Termine verlegt, ohne dafür einen erheblichen Grund iS 23 von Abs. 1 zu haben, könnte die davon betroffene Partei die **Dienstaufsichtsbeschwerde** in Erwägung ziehen. Grundsätzlich gehören Terminsänderungen zwar zu dem Kernbereich richterlicher Tätigkeit und sind deshalb nach § 26 Abs. 1 DRiG den Maßnahmen der Dienstaufsicht entzogen. Anders ist es aber, wenn die Terminsänderung nichts mit dem konkreten Verfahren zu tun hat, der Richter zB Termine verlegt, um an einer Demonstration teilzunehmen.[71] Hier muss die Dienstaufsicht eingreifen.

§ 228 (weggefallen)

§ 229 Beauftragter oder ersuchter Richter

Die in diesem Titel dem Gericht und dem Vorsitzenden beigelegten Befugnisse stehen dem beauftragten oder ersuchten Richter in Bezug auf die von diesen zu bestimmenden Termine und Fristen zu.

I. Regelungsinhalt

Der Dritte Titel überträgt die Befugnis (richtiger: die Aufgabe) zur Festsetzung von Terminen 1 und Fristen jeweils dem Vorsitzenden. Gemeint ist diejenige Person des Prozessgerichts, vor der oder vor deren Spruchkörper die Verhandlung stattfinden soll, also auch der Einzelrichter beim Landgericht (§ 348, 348 a) oder beim Oberlandesgericht (§ 526, 527), der Richter am Amtsgericht (§ 495) und der Rechtspfleger. § 229 stellt nun klar, **dass** nicht nur das Prozessgericht, sondern auch der sog. Richterkommissar (= verordneter Richter), also der beauftragte oder ersuchte Richter für ihren Tätigkeitsbereich in gleichem Umfang berechtigt und verpflichtet sind. Beauftragter Richter ist ein Mitglied des Prozessgerichts, vor dem die Beweisaufnahme, Anhörung oder die Güteverhandlung stattfinden kann (§§ 361, 278 Abs. 5 S. 1, 118 Abs. 3, 372 Abs. 2, 375, 400, 405, 479). Ersuchter Richter ist der Richter eines anderen Gerichts (nämlich eines Amtsgerichts, § 157

---

[66] OLG Frankfurt NJW 2004, 3049 f.; MDR 1983, 1031.

[67] Vgl. OLG München NJW-RR 1989, 64; OLG Hamburg DAVorm. 1983, 540 (Verzögerung um fast zwei Jahre); ferner für das arbeitsgerichtliche Kündigungsschutzverfahren LAG Mainz NJW 1981, 2272 (LS); vgl. auch *Peters,* FS Schütze, 1999, S. 661, 666.

[68] OLG Köln JurBüro 1977, 410.

[69] BVerwG NVwZ 1989, 650.

[70] OLG Frankfurt NJW 2004, 3049 f.; OLG Hamm NJW-RR 1992, 121; BSG NJW 1996, 677; BVerwG NJW 1992, 2042; 1993, 80; 1995, 1441; BSG NJW 1992, 1190.

[71] Vgl. KG (Dienstgerichtshof) NJW 1995, 2115.

GVG), das die Beweisaufnahme, Anhörung oder Güteverhandlung (§§ 362, 278 Abs, 5 S. 1, 372 Abs. 2, 375, 400, 405, 479, 613) vornehmen soll. Als Aufgaben (= Befugnisse) dieser Richter kommen in Betracht die Terminsbestimmung (§§ 216, 219, 366 Abs. 2) und Terminsänderung (§ 227), die Anordnung richterlicher Fristen (§ 221) und die Friständerungen (§§ 224, 225, 226).

II. Einzelfragen

2 Eine Anfechtung (= Erinnerung) der die Terminsbestimmung, Terminsänderung oder Fristsetzung betreffenden Entscheidungen des ersuchten oder beauftragten Richters ist stets nach §§ 573 gegenüber dem **Prozessgericht** eröffnet, selbst wenn eine Entscheidung des Vorsitzenden unanfechtbar wäre.[1] Die sofortige Beschwerde findet erst gegen die Entscheidung des Prozessgerichts statt (§ 573 Abs. 2).[2] Das **Prozessgericht** kann sein Ersuchen ändern oder wiederholen, dem verordneten Richter aber keine Weisungen erteilen.[3] Im arbeitsgerichtlichen Verfahren ist § 229 beschränkt anwendbar. Einen beauftragten Richter (§ 361) kennt das ArbGG nicht, da die Spruchkörper der Tatsacheninstanzen Arbeitsgericht und Landesarbeitsgericht jeweils nur mit einem Berufsrichter besetzt sind, dem Vorsitzenden, der als Vorsitzender nach Maßgabe des § 58 Abs. 1 S. 2 ArbGG die Beweisaufnahme allein durchführen kann. Dagegen ist es zulässig, mit einem Rechtshilfeersuchen an ein Arbeitsgericht oder ein Amtsgericht (§ 13 Abs. 1 ArbGG) einem ersuchten Richter die Vornahme eines Güteversuchs oder einer Beweisaufnahme zu übertragen (§§ 46 Abs. 2, 64 Abs. 6 und 7, 80 Abs. 2, 87 Abs. 2 ArbGG).

Titel 4. Folgen der Versäumung; Wiedereinsetzung in den vorigen Stand

§ 230 Allgemeine Versäumungsfolge

Die Versäumung einer Prozeßhandlung hat zur allgemeinen Folge, daß die Partei mit der vorzunehmenden Prozeßhandlung ausgeschlossen wird.

I. Überblick

1 Der vierte Titel ergänzt einen Teil des dritten Titels, indem er einerseits die Nichteinhaltung der Fristen für Prozesshandlungen mit einer strikten allgemeinen Rechtsfolge belegt (§§ 230, 231), andererseits eine Korrekturmöglichkeit (Folgenbeseitigung) bei unverschuldeter Versäumung bestimmter Fristen eröffnet, nämlich die sog. Wiedereinsetzung in den vorigen Stand (§§ 233 bis 238), wobei § 233 die inhaltlichen Voraussetzungen der Wiedereinsetzung bestimmt und §§ 234 bis 238 das Verfahren regeln. Bei § 233 liegt das Schwergewicht dieses Titels. Die Versäumung des Gesetzlichen Vertreters (§ 51 Abs. 2) und des Prozessbevollmächtigten (§ 85 Abs. 2) wird der Partei zugerechnet.[1*]

II. Normzweck, Präklusion als Folge der Versäumung

2 § 230 bestimmt die **Präklusion** als allgemeine Folge **versäumter Prozesshandlungen** der Partei. Der wichtigste Rechtsnachteil der Fristversäumung besteht darin, dass die versäumte Prozesshandlung nicht mehr wirksam vorgenommen werden kann, also das Recht, sie vorzunehmen, verloren geht. Wirkung der Versäumung ist also die Ausschließung mit der Prozesshandlung. Diese Rechtsfolge tritt regelmäßig automatisch ein (§ 231). Für die **Ausschlusswirkung** ist es unbeachtlich, ob die Fristversäumung unverschuldet oder verschuldet erfolgt ist.[2*] Die Vorschrift ist damit die logische Ergänzung zu den Fristvorschriften, also etwa zu §§ 517, 548, 569 Abs. 1, 575 Abs. 1 (Rechtsmittelfristen) und zugleich die logische Voraussetzung zu den speziellen Normen über die Rechtsfolgen der Fristversäumung, also etwa §§ 522 Abs. 1, 552, 572 Abs. 2, 575 Abs. 1 (Verwerfung des Rechtsmittels als unzulässig). Die Präklusion kann sich je nach dem Inhalt der einzelnen gesetzlichen Regelung nur auf die Instanz beziehen oder den gesamten Rechtsstreit (§§ 530, 531) ergreifen.[3*] Eine gewisse Nachwirkung sogar für andere, spätere Prozesse zeigt sich in den Fällen

---

[1] *Zöller/Stöber* Rn. 2; *Musielak/Stadler* Rn. 1; *Baumbach/Lauterbach/Hartmann* Rn. 3; *Stein/Jonas/Roth* Rn. 1; aA 2. Aufl. Rn. 2.

[2] *Musielak/Stadler* Rn. 1; *Zöller/Stöber* Rn. 2; *Baumbach/Lauterbach/Hartmann* Rn. 4.

[3] *Zöller/Stöber* Rn. 2; *Baumbach/Lauterbach/Hartmann* Rn. 3.

[1*] *Baumbach/Lauterbach/Hartmann* Übers. § 230 Rn. 7.

[2*] *Musielak/Grandel* Rn. 1.

[3*] *Baumbach/Lauterbach/Hartmann* Übers. § 230 Rn. 4

des § 323 Abs. 2 für die Abänderungsklage und des § 767 Abs. 2 für die Vollstreckungsabwehrklage.[4] Über § 230 hinaus kennt das Gesetz weitere Säumnisfolgen wie die Begründung der Zuständigkeit durch rügelose Einlassung (§ 39), den Verlust des Ablehnungsrechts im Falle der Einlassung oder Antragstellung (§ 43), die Geständniswirkung des § 138 Abs. 3, Kostennachteile (§§ 95, 97, 238 Abs. 4), Fiktion der Klagerücknahme, Rechtsmittelverwerfung bei nicht geleisteter Prozesskostensicherheit (§ 113); Zustellungswirkung (§ 184), die Aufnahme des unterbrochenen Verfahrens (§§ 239 Abs. 4, 242, 244 Abs. 2), die Einwilligung in die Klageänderung (§ 267) und Beweiswirkungen bezüglich einer Urkunde (§§ 427, 439 Abs. 3, 441 Abs. 3). Wie jede Sanktion hat die Präklusion auch den Zweck, auf die Einhaltung der Frist hinzuwirken und ohne Statuierung einer Rechtspflicht zur Mitwirkung im Prozess mittelbaren Zwang zur rechtzeitigen und wirksamen Vornahme der Prozesshandlungen auszuüben.[5] Wer die Fristwahrung behauptet, etwa der Rechtsmittelführer, hat dies nicht nur glaubhaft zu machen (§ 294), sondern zur vollen Überzeugung des Gerichts zu beweisen.[6] Heilbar ist die Versäumung von Notfristen, Rechtsmittelbegründungsfristen und der Frist des § 234 Abs. 1 im Falle fehlenden Verschuldens durch einen Antrag auf Wiedereinsetzung in den vorigen Stand. Die Versäumung der Fristen der §§ 296, 296 a, 356, 531 Abs. 32 Nr. 3 ist nicht nur bei fehlendem Verschulden, sondern auch dann unschädlich, wenn durch die Säumnis keine Verfahrensverzögerung verursacht wird.[7] Ein Rechtsmittel darf nicht wegen Fristversäumung verworfen werden, bevor der rechtzeitig gestellte Verlängerungsantrag beschieden ist.[8]

III. Prozesshandlung

3 Prozesshandlung der Partei ist jede Handlung der Partei, deren Hauptwirkung sich auf prozessualem Gebiet entfaltet und die auch hinsichtlich ihrer Voraussetzungen dem Prozessrecht unterliegt, also eine prozessgestaltende Betätigung im anhängigen Verfahren. Nur für (unverschuldet) versäumte Prozesshandlungen eröffnet § 233 die Korrekturmöglichkeit der Wiedereinsetzung in den vorigen Stand. Keine Prozesshandlung ist das bloße Erscheinen im Termin. Wer zum Verhandlungstermin nicht erscheint, ist zwar säumig, aber er versäumt keine Prozesshandlung. Deshalb sind die Vorschriften dieses Titels (§§ 230 bis 238) auf die **Terminsversäumung,** die nach weitgehend üblichem Sprachgebrauch (vgl. § 330) zur besseren Abgrenzung richtigerweise Versäumnis oder Säumnis genannt wird, **nicht anzuwenden;** diese unterliegt Sondernormen, nämlich vor allem §§ 330 bis 347 mit § 539, aber auch §§ 141 Abs. 3, 251 a, 454, 877, 901. Keinen Widerspruch hierzu stellt es dar, dass die allgemeine Rechtsfolge des § 230 ausnahmsweise auch im Bereich des Säumnisrechts eine gewisse Bedeutung behalten kann, weil die erschienene nicht verhandelnde Partei (§ 333) infolge der versäumten Antragstellung als säumig gilt. Beim Versäumnisurteil im schriftlichen Vorverfahren (§ 331 Abs. 3) handelt es sich ebenfalls um die Versäumung einer Prozesshandlung, nämlich der Anzeige der Verteidigungsabsicht. In diesem Fall konkurrieren die Säumnisfolge des § 331 (Versäumnisurteil) und die des § 230 mit der Korrekturmöglichkeit der Wiedereinsetzung, da die Frist des § 276 Abs. 1 S. 1 als Notfrist bezeichnet ist und deshalb der Wiedereinsetzung zugänglich ist. Überdies handelt es sich um eine Notfrist besonderer Art, da § 331 Abs. 3 S. 1 2. Halbs. eine Nachholmöglichkeit eröffnet, die als Sonderregelung insoweit die Wiedereinsetzung entbehrlich macht.

4 Von §§ 230 ff. erfasst sind nur die Prozesshandlungen der **Parteien,** also nicht solche des Gerichts. Partei im Sinne des § 230 ist jeder am Prozess Beteiligte, der eine Prozesshandlung vornehmen kann, also unter Umständen auch der Streithelfer und der Prozessbevollmächtigte. Ist die Nebenintervention bis zum Eintritt der Rechtskraft versäumt worden, so kann der Beitritt mit einem Wiedereinsetzungsgesuch nicht mehr nachgeholt werden.[9] Über die Rechtmäßigkeit einer Zeugnisverweigerung wird durch Zwischenurteil entschieden, das der sofortigen Beschwerde unterliegt (§ 387 Abs. 3). Der Zeuge, der im Zwischenstreit über die Zeugnisverweigerung die Frist des § 569 Abs. 1 versäumt hat, ist mit der sofortigen Beschwerde gem. § 230 ausgeschlossen; ihm kann beim Vorliegen der Voraussetzungen des § 233 Wiedereinsetzung in den vorigen Stand gewährt werden.

IV. Versäumung

5 **Versäumt** ist eine Prozesshandlung, wenn sie innerhalb einer bestimmten gesetzlichen bzw. gerichtlichen Frist oder bis zu einem bestimmten Prozessabschnitt (dem Zeitpunkt der mündlichen

---

[4] *Musielak/Grandel* Rn. 2; *Baumbach/Lauterbach/Hartmann* Übers. § 230 Rn. 9.
[5] *Baumbach/Lauterbach/Hartmann* Übers. § 230 Rn. 2.
[6] BGH VersR 2001, 733; NJW-RR 1992, 1338; *Zöller/Greger* Vor § 230 Rn. 2.
[7] BVerfG NJW 1985, 3005 f.; *Zöller/Greger* Rn. 2.
[8] BGH NJW-RR 1988, 581; VersR 1982, 1191; als Konsequenz von BGHZ 83, 217 = NJW 1982, 1651.
[9] BGH NJW 1991, 229.

Verhandlung, § 39, bzw. der Antragstellung, § 43, dem Ende der Einlassungsfrist § 274 Abs. 3, der nächsten mündlichen Verhandlung, § 295, dem Schluss der letzten mündlichen Verhandlung, §§ 136 Abs. 4, 220 Abs. 2, 296a, 323 Abs. 2, 767 Abs. 2) überhaupt nicht oder nicht formell vollständig oder nicht wirksam (beispielsweise nicht formgerecht oder nicht gegenüber dem dafür zuständigen Gericht) vorgenommen worden ist. Ist die Berufung rechtzeitig eingelegt, der Schriftsatz aber nicht von dem Anwalt unterzeichnet, liegt eine Fristversäumung vor; die Partei, die nicht anders behandelt werden kann, wie wenn sie untätig geblieben wäre, kann lediglich Wiedereinsetzung beantragen.[10] Regelmäßig geht es um die Wahrung einer gesetzlichen oder richterlichen **Frist.** Hauptanwendungsfälle sind die Einspruchsfrist (§ 339), die Berufungsfrist (§ 517), die Frist für die Nichtzulassungsbeschwerde (§ 544 Abs. 1), die Revisionsfrist (§ 548), die Frist zur sofortigen Beschwerde (§ 569 Abs. 1), die Rechtsbeschwerdefrist (§ 575 Abs. 1) und die unabhängig von der Einlegungsfrist gewährten Rechtsmittelbegründungsfristen (§§ 520 Abs. 2, 544 Abs. 2, 551 Abs. 2, 575 Abs. 2). Jede Frist für die Vornahme einer Prozesshandlung kann bis zu ihrem Ablauf **voll ausgenutzt** werden. Bis zum Endzeitpunkt sind deshalb auch Ergänzung, Berichtigung, Wiederholung, Erweiterung zulässig. In Verfahren mit Amtsermittlungsgrundsatz (§§ 617, 640) gilt § 230 nicht.

§ 231 Keine Androhung; Nachholung der Prozeßhandlung

(1) Einer Androhung der gesetzlichen Folgen der Versäumung bedarf es nicht; sie treten von selbst ein, sofern nicht dieses Gesetz einen auf Verwirklichung des Rechtsnachteils gerichteten Antrag erfordert.

(2) Im letzteren Falle kann, solange nicht der Antrag gestellt und die mündliche Verhandlung über ihn geschlossen ist, die versäumte Prozeßhandlung nachgeholt werden.

1 **1. Keine Androhung (Rechtsmittelbelehrung).** Die Ausschließung als gesetzliche Folge der Fristversäumung tritt gem. Abs. 1 „ohne Androhung" ein. Dies bedeutet, dass es keiner besonderen Warnung bedarf, keiner Ankündigung, keines Hinweises auf den drohenden Rechtsnachteil und übrigens auch keiner irgendwie gearteten Anhörung. Allerdings gilt auch diese Regel wiederum nur allgemein. Als Ausnahme sehen manche Vorschriften eine vorherige Androhung, nämlich eine Belehrung über den zu erwartenden Rechtsverlust sowie teilweise über die bei Einhaltung der Frist zu beachtende Förmlichkeit (Anwaltszwang), ausdrücklich vor, wie etwa §§ 276 Abs. 2 (schriftliches Vorverfahren), 277 Abs. 2 (Klageerwiderung), 335 Abs. 1 Nr. 4, 340 Abs. 3 S. 3 (Versäumnisverfahren), 504 (Unzuständigkeit des Amtsgerichts), 510 (Nichterklärung über Urkunde), 692 Abs. 1 Nr. 4 (Mahnbescheid), § 890 Abs. 2 (Zwangsvollstreckung bei Duldung oder Unterlassung), §§ 947 Abs. 2 Nr. 3, 995, 997, 1002 Abs. 6, 1008 (Aufgebotsverfahren). Ganz überwiegend, und insbesondere für die wichtigen Rechtsmittelfristen, gilt jedoch der Grundsatz der fehlenden Hinweispflicht. Die Norm enthält eine klare Absage an die Rechtsmittelbelehrung im Zivilprozess und unterscheidet dabei nicht, ob es sich um einen Parteiprozess oder ein Verfahren mit Anwaltszwang handelt. Dagegen bestehen auch verfassungsrechtlich keine Bedenken.[1]

2 **2. Arbeitsgerichtliches Verfahren.** Im arbeitsgerichtlichen Verfahren sieht das Gesetz für befristete Rechtsmittel eine Rechtsmittelbelehrung ausdrücklich vor (§ 9 Abs. 5 ArbGG). Diese Besserstellung der fristbelasteten Partei gegenüber derjenigen des Zivilprozesses hat allerdings andererseits auch nachteilige Verschärfungen im Wiedereinsetzungsrecht zur Folge.[2]

3 **3. Zum Antragserfordernis (Abs. 2).** Grundsätzlich und regelmäßig tritt der Rechtsnachteil des § 230 von selbst, kraft Gesetzes, automatisch, ohne Antrag des Prozessgegners ein, sobald die Versäumung vollendet, also die Frist zur Vornahme der Prozesshandlung abgelaufen ist. Das gilt immer, wenn das Gesetz schweigt, also einen besonderen **Antrag als erforderlich nicht erwähnt,** wie beispielsweise bei den Hauptanwendungsfällen, den Rechtsmittelfristen, verschiedenen anderen Notfristen und den Rechtsmittelbegründungsfristen.

Sofern **ausnahmsweise** der Eintritt der gesetzlichen Rechtsfolge einer Versäumung an einen entsprechenden, nämlich auf diese Rechtsfolge gerichteten besonderen **Antrag** geknüpft sein soll, muss dies ausdrücklich im Gesetz bestimmt sein (Abs. 2). Vorschriften dieser Art sind hingegen §§ 109 Abs. 2 (Rückgabe einer Sicherheit), 113 (Ausländersicherheit), 158 (Entfernung aus dem

---

[10] BGH NJW 1962, 1248; *Zöller/Greger* Vor § 230 Rn. 1.

[1] Ebenso BVerfG NJW 1995, 3173 (für das Klageverfahren und die „derzeitigen Verhältnisse"); OLG Hamm FamRZ 1997, 758; LG Heilbronn MDR 1991, 1194.

[2] BAG NJW 1987, 3278.

Termin), 239 Abs. 4 , 246 Abs. 2 (Wiederaufnahme nach Unterbrechung), 699 Abs. 1 S. 1 (Vollstreckungsbescheid), 890 Abs. 1 (Verstoß gegen Unterlassungs- und Duldungsgebot), 926 (Arrestklage), 952 (Ausschlussurteil). Nur in diesen Fällen besteht die Möglichkeit, die versäumte Prozesshandlung trotz der an sich schon eingetretenen Versäumung vor der Antragstellung noch nachträglich wirksam vorzunehmen, also nachzuholen. Die Möglichkeit ist zeitlich begrenzt bis zum Wirksamwerden des entsprechenden Antrags. Unabhängig davon, ob eine mündliche Verhandlung erforderlich ist und stattfindet oder nicht, ist die Nachholung so lange zulässig, als der Antrag nicht gestellt wurde. Die Vorschrift gilt also auch dann, wenn eine mündliche Verhandlung nicht stattfindet.[3] Wird aber über den Antrag mündlich verhandelt, so ist die Nachholung nach dem Wortlaut des Abs. 2 sogar bis zum Schluss der Verhandlung (vgl. § 136 Abs. 4) zulässig, obwohl die Anträge an ihrem Beginn zu stellen sind (§ 137 Abs. 1). In der Rechtsprechung hat insbesondere die nachträgliche Klageerhebung zur Hauptsache, wenn die dazu gesetzte Frist im Arrest- oder Verfügungsverfahren schon verstrichen war (§§ 926, 936), eine gewisse Rolle gespielt; hier ist nach allgemeiner Meinung die nachträgliche Klageerhebung bis zum Schluss der mündlichen Verhandlung (erster Instanz) über den Antrag nach § 926 Abs. 2 zulässig.[4] Ebenso kann der bei dem Gericht der Hauptsache zu stellende Antrag auf mündliche Verhandlung über die Rechtmäßigkeit der vom Amtsgericht der belegenen Sache erlassenen einstweiligen Verfügung (§ 942 Abs. 1) auch nach Ablauf der dafür bestimmten Frist noch nachgeholt werden, bis die einstweilige Verfügung gem. § 942 Abs. 3 aufgehoben worden ist.[5] Wird im Verfahren mit an sich notwendiger mündlicher Verhandlung nach § 128 von der mündlichen Verhandlung abgesehen, so tritt an die Stelle des Schlusses der mündlichen Verhandlung der Ablauf der gem. § 128 Abs. 2 S. 2 und Abs. 3 S. 2 vom Gericht gesetzten Frist zur Einreichung von Schriftsätzen. In allen anderen Fällen, in denen nicht mündlich verhandelt wird, ist der Ablauf der Nachfrist, bis zu dem Nachholung der versäumten Prozesshandlung möglich ist, mit der Zustellung des den Antrag enthaltenden Schriftsatzes bewirkt. Im Übrigen ist der Anwendungsbereich von Abs. 2 verhältnismäßig beschränkt, denn in verschiedenen der wenigen Fälle, in denen das Gesetz einen Antrag im Sinne von § 231 verlangt, gelten ohnehin gleich lautende Sonderregeln. So ist die Nachholung etwa in § 109 Abs. 2 (Rückgabe der prozessualen Sicherheitsleistung) und in § 113 (Leistung der Ausländersicherheit) kraft ausdrücklicher Vorschrift trotz Antrag des Gegners noch bis zur Verkündung oder sonstigen Wirksamkeit der gerichtlichen Entscheidung möglich.[6] Keine Vorschrift im Sinne des Abs. 2 ist § 1035 Abs. 3 S. 3, weil die Ernennung des Schiedsrichters keine Prozesshandlung ist, so dass eine Partei trotz gegnerischen Antrags an das Gericht die Benennung des Schiedsrichters nachholen kann.[7]

§ 232 (weggefallen)

§ 233 Wiedereinsetzung in den vorigen Stand

War eine Partei ohne ihr Verschulden verhindert, eine Notfrist oder die Frist zur Begründung der Berufung, der Revision, der Nichtzulassungsbeschwerde, der Rechtsbeschwerde oder der Beschwerde nach §§ 621 e, 629 a Abs. 2 oder die Frist des § 234 Abs. 1 einzuhalten, so ist ihr auf Antrag Wiedereinsetzung in den vorigen Stand zu gewähren.

Übersicht

[3] KG OLGZ 40, 369.
[4] OLG Karlsruhe JW 1922, 515; KG MDR 1971, 767; OLG Köln OLGZ 1979, 118.
[5] OLG Hamm MDR 1965, 305.
[6] *Baumbach/Lauterbach/Hartmann* Rn. 8; *Zöller/Greger* Rn. 4.
[7] RGZ 45, 382.

A. Allgemeines

I. Normzweck

1 Fristen haben die Aufgabe , die zügige Erledigung des Rechtsstreits zu fördern, Prozessverzögerung zu verhindern und den Eintritt der Rechtskraft zu sichern. Im Interesse der **Rechtssicherheit**[1] läge es, die Ausschlusswirkung als Rechtsfolge der Versäumung von Prozesshandlungsfristen (§§ 230, 231) ausnahmslos eingreifen zu lassen. Im Interesse Zur Förderung der Einzelfallgerechtigkeit, also der richtigen und billigen Entscheidung der konkreten Sache, erscheint es nötig, eine eng begrenzte und sowohl inhaltlich als auch verfahrensmäßig beschränkte Korrekturmöglichkeit für bestimmte Fallgestaltungen zu eröffnen, in denen die Durchsetzung des Prinzips der Fristenstrenge als nicht erträglich empfunden würde. § 233 regelt die inhaltlichen Voraussetzungen für die nachträgliche Beseitigung der Folgen der Fristversäumung.

2 Die Wiedereinsetzung ist **kein Rechtsbehelf** im üblichen Sinne. Nur für Ausnahmefälle erscheint es, weil sonst die Gefahr bestünde, dass die Fristen wirkungslos werden und damit einer der tragenden Pfeiler des Verfahrens ins Wanken gerät, vertretbar, das durch die Fristversäumung an sich abgeschlossene Verfahren weiterzuführen, indem durch Wiedereinsetzung die versäumte Frist als gewahrt fingiert und damit die Sachentscheidung ermöglicht wird. Jede Wiedereinsetzungsentscheidung greift in die durch die Fristversäumung erlangte Rechtsposition des Prozessgegners, dem etwa die Fortsetzung der Vollstreckung aus einem scheinbar rechtskräftigen Titel verwehrt wird, ein. Aus dieser Erwägung hat das BVerfG die Notwendigkeit hergeleitet, vor der Wiedereinsetzung die Gegenpartei anzuhören.[2] Andererseits dürfen wegen der notwendigen Abwägung zwischen Rechtssicherheit und Gerechtigkeit die Anforderungen an die Wiedereinsetzung auch nicht überspannt werden.[3]

3 Der Ausnahmecharakter der Wiedereinsetzung manifestiert sich auch in der **absoluten Zeitschranke,** die § 234 Abs. 3 errichtet: Nach Ablauf eines Jahres, vom Ende der versäumten Frist an

---

[1] Vgl. BVerfGE 35, 41, 48 = NJW 1973, 1315.

[2] BVerfGE 53, 109, 113 = NJW 1980, 1095.

[3] BVerfG NJW 2001, 3473; 1999, 3701; 1997, 2941; BVerfGE 88, 118, 123 = NJW 1993, 1635; BVerfGE 67, 208, 212f. = NJW 1984, 2567; BVerfGE 40, 88, 91 = NJW 1975, 1355; *Zöller/Greger* Rn. 3; *Musielak/Grandel* Rn. 1.

gerechnet, kann Wiedereinsetzung nicht mehr beantragt werden, mag die Fristversäumung noch so schuldlos geschehen sein. Außerdem wird der Ausnahmecharakter dadurch betont, dass nicht alle Handlungsfristen wiedereinsetzungsfähig sind, sondern nur eine bestimmte eng begrenzte Auswahl.

II. Begriff und Wirkung der Wiedereinsetzung

Die Vorschrift bezeichnet die gerichtliche Beseitigung des durch die Versäumung eingetretenen Rechtsnachteils der Ausschließung mit der Prozesshandlung recht plastisch als Wiedereinsetzung in den vorigen Stand. Das ist der Stand, in dem das Verfahren sich vor der Fristversäumung befand. Es wird also nicht die Frist verlängert, sondern der schon eingetretene Nachteil rückwirkend ungeschehen gemacht, indem die **Fristversäumung** (nur diese, nicht auch andere Mängel der Prozesshandlung wie eine inhaltlich unzureichende Rechtsmittelbegründung)[4] durch eine gerichtliche Entscheidung **geheilt** wird und die Prozesshandlung als rechtzeitig bewirkt gilt. Es wird also fingiert, dass die verspätete bzw. versäumte und nachgeholte Prozesshandlung rechtzeitig vorgenommen wurde.[5] Wird Wiedereinsetzung gegen die Versäumung der Einlegungsfrist für ein Rechtsmittel (Berufung, Revision) geltend gemacht, so laufen die Begründungsfristen davon unabhängig weiter. Die einschneidende Wirkung der Wiedereinsetzung wird besonders deutlich in denjenigen Fällen, in denen die Folgen der Versäumung schon ausdrücklich ausgesprochen, also etwa das Rechtsmittel bereits verworfen war. Diese Verwerfungsentscheidung wird durch die spätere Wiedereinsetzung ohne weiteres beseitigt, sie ist gegenstandslos.[6] So kann durch die Wiedereinsetzung selbst die **formelle Rechtskraft** nachträglich wegfallen. Falls eine der Parteien im Vertrauen auf die Rechtskraft Handlungen vorgenommen hat, die die Rechtskraft voraussetzen, so können kritische Situationen entstehen, von denen unter Umständen auch dritte Personen betroffen werden. Hat beispielsweise eine Partei nach Rechtskraft des Scheidungsurteils wieder geheiratet, so bewirkt die spätere Wiedereinsetzung gegen die Versäumung der Rechtsmittelfrist, dass die neue Ehe als Doppelehe nichtig ist.[7] 4

Beim Vorliegen der inhaltlichen und verfahrensmäßigen Voraussetzungen besteht ein **Rechtsanspruch** auf Wiedereinsetzung; die Entscheidung steht nicht im Ermessen des Gerichts. 5

III. Anwendungsbereich

Die Vorschrift gilt, wie auch die anderen dieses Titels, nicht nur im Erkenntnisverfahren, sondern in **allen Verfahrensarten der ZPO,** also etwa auch in der Zwangsvollstreckung einschließlich des Zwangsversteigerungsrechts, natürlich immer nur, sofern die Voraussetzungen für die Wiedereinsetzung überhaupt gegeben sind, also insbesondere die bestimmten und einzeln bezeichneten Fristen versäumt sind. Ferner sind §§ 233 bis 238 in anderen Verfahren der Zivilgerichtsbarkeit kraft Verweisung anwendbar. Allerdings gibt es zahlreiche **Sondernormen,** die Wiedereinsetzungsmöglichkeiten mit bestimmten Modalitäten vorsehen. Sie verdrängen dann ganz oder teilweise die Regelungen dieses Titels. Hier sind beispielhaft zu erwähnen: §§ 22, 92, 96 FGG,[8] § 186 InsO, § 123 PatG,[9] § 15 ZSEG. Dabei gehen § 92 FGG und § 186 InsO insofern über die ZPO hinaus, als sie Wiedereinsetzung auch gegen eine Terminsversäumung vorsehen, die, da keine Prozesshandlung, von §§ 230 bis 238 nicht erfasst wird. 6

Im **Arbeitsgerichtsverfahren** gelten die Wiedereinsetzungsvorschriften der ZPO kraft Verweisung entsprechend (§§ 46 Abs. 2, 64 Abs. 6, 80 Abs. 2, 87 Abs. 2 ArbGG).[10] Wegen einer Besonderheit im Kündigungsschutzverfahren vgl. § 5 KSchG (nachträgliche Zulassung der Klage). 7

Außerhalb der ZPO ist das Rechtsinstitut der Wiedereinsetzung in verschiedenen Ausprägungen verbreitet, insbesondere in wichtigen Verfahrensgesetzen: §§ 44 bis 47 StPO (Fristenversäumung), §§ 235, 329 StPO (Terminsversäumung), § 90 Abs. 2 BVerfGG,[11] §§ 52, 72 OWiG, § 32 8

---

[4] BGH NJW 2000, 364; 1997, 1309.

[5] BGHZ 98, 325, 328 = NJW 1987, 327; 8, 284 f. = NJW 1953, 423; *Zöller/Greger* Rn. 1.

[6] BGHZ 98, 325, 328 = NJW 1987, 327; BGH NJW 1988, 2672; RGZ 127, 287; BGH LM § 519 b Nr. 9 = ZZP 71 (1958), 400; *Vollkommer* JR 1987, 225, 228.

[7] Vgl. hierzu BGHZ 8, 284 = NJW 1953, 423; BGH NJW 1959, 45; BGHZ 98, 325 = NJW 1987, 327 (betr. Gestaltungsurteil auf Ausschluß aus der Rechtsanwaltschaft); *Peters* MDR 1959, 533; *Bruns* JZ 1959, 149; *Zeuner* MDR 1960, 85; *Baumbach/Lauterbach/Hartmann* Rn. 3; *Vollkommer* JR 1987, 225; *Braun* JuS 1986, 364, 370.

[8] Vgl. BGH NJW 2001, 3339 f.

[9] BGH NJW-RR 1999, 838.

[10] LAG Hamm JB 2004, 377; *Baumbach/Lauterbach/Hartmann* Rn. 4.

[11] Vgl. BVerfG NJW 2000, 574.

VwVfG, § 60 VwGO, § 26 EGGVG, § 67 SGG, §§ 210, 218 BauGB, § 56 FGO,[12] § 110 AO. In den Grundzügen stimmen die Regelungen weitgehend mit § 233 überein.

B. Voraussetzungen der Wiedereinsetzung

I. Fristversäumung

9 **1. Grundsatz.** Die Vorschrift zählt die der Wiedereinsetzung zugänglichen bestimmten Fristen für die Vornahme von Prozesshandlungen der Parteien ausdrücklich und abschließend in drei Gruppen auf. Ein Wiedereinsetzungsantrag, der sich gegen die Versäumung einer nicht in § 233 genannten Frist wendet, ist unzulässig. Immer ist jedoch Voraussetzung der Wiedereinsetzung, dass eine der genannten Fristen tatsächlich versäumt, also nicht rechtzeitig gewahrt worden ist. **Versäumung** liegt vor, wenn die Prozesshandlung innerhalb des für sie vorgesehenen Zeitraums nicht oder lediglich unwirksam vorgenommen wird.[13] Mangels Dispositionsbefugnis der Parteien kann nicht infolge eines übereinstimmenden Vortrags von der Fristwahrung ausgegangen werden.[14] Die Frist ist mangels Erlangung der tatsächlichen Verfügungsgewalt auch versäumt, wenn der an das Oberlandesgericht adressierte Schriftsatz an das im selben Gebäude residierende Landgericht gefaxt wird. Ebenso ist die Einreichung eines Schriftsatzes an ein **unzuständiges Gericht** nicht fristwahrend.[15] Die Rechtzeitigkeit des Eingangs eines fristwahrenden Schriftsatzes muss von der Partei zur vollen Überzeugung des Gerichts **nachgewiesen,** also nicht nur glaubhaft gemacht werden.[16] Ist etwa der fristwahrende Schriftsatz nach der Behauptung der fristbelasteten Partei noch vor Ablauf der letzten Stunde des letzten Tages der Frist zum Gericht gelangt, hat dort aber den Eingangsstempel des nächsten Tages erhalten, so muss über die Behauptung, die Frist sei gewahrt worden, Beweis erhoben werden; ein Wiedereinsetzungsantrag ist gegenstandslos.[17] Allerdings darf die Partei für den Fall, dass sie den rechtzeitigen Eingang nicht nachzuweisen vermag, **hilfsweise** Wiedereinsetzung beantragen.[18] Die Berufungsfrist ist gewahrt, wenn die Urteilszustellung an einen als Terminvertreter anzusehenden Unterbevollmächtigten unwirksam ist.[19] Keine Fristversäumung liegt vor, wenn bei einer Faxübermittlung die **Signale** vor 24.00 Uhr bei Gericht eingehen, auch wenn der **Ausdruck** des Schriftsatzes später erfolgt.[20] Zeigt der Ausdruck 0.00 Uhr an, ist jedenfalls ein Eingang am Folgetag anzunehmen, weil mit dem Überspringen von 23.59 Uhr auf 0.00 Uhr oder 24.00 Uhr der Vortag abgelaufen ist.[21] Das in der Praxis zur Feststellung der Fristwahrung geübte Freibeweisverfahren[22] ist nach § 284 S. 2 nur noch im Einverständnis der Parteien zulässig.[23] Der **Eingangsstempel** des Gerichts erbringt zwar den vollen Beweis für den Zeitpunkt des Eingangs (§ 418). Jedoch lässt § 418 Abs. 2 den Gegenbeweis zu, an den keine übertriebenen Anforderungen gestellt werden dürfen.[24] Dabei ist es zunächst Sache des Gerichts, durch Einholung dienstlicher Äußerungen der zuständigen Beamten die zur Aufklärung nötigen Maßnahmen zu ergreifen.[25] Ein von der Partei für die Rechtzeitigkeit des Einwurfs in den Nachtbriefkasten angetretener Zeugenbeweis muss erhoben werden.[26] Entsprechendes gilt, wenn die Partei die Einholung eines Sachverständigengutachtens für die Behauptung beantragt, dass der auf dem Empfangsbekenntnis neben der Unterschrift ihres Bevollmächtigten angebrachte Stempel nicht aus dessen Kanzlei stammt.[27] Allein mit Hilfe einer lediglich auf Glaubhaftmachung gerichteten eidesstattlichen Versicherung wird der Nachweis der Fristwahrung kaum zu führen sein.[28] Freilich kann die angebotene Habhaftmachung als Zeugenbeweis zu bestehen sein.[29]

---

[12] BFH NJW 1994, 960.
[13] BGH NJW 1991, 2839.
[14] BGH, BGHReport 2007, 780.
[15] BGH, BGHReport 2007, 622. BGH Beschl. v. 28. 6. 2007, V ZB 187/06 Tz 7.
[16] BGH BGHReport 2007, 412; NJW-RR 2005, 75; 1992, 1338; NJW 2003, 2460; VersR 2001, 773.
[17] Vgl. BGH NJW-RR 2005, 75.
[18] BGH BGHReport 2007, 128.
[19] BGH BGHReport 2007, 268.
[20] BGH NJW 2006, 2263; BGH BGH Report 2007, 780.
[21] BGH BGHReport 2007, 780.
[22] BGH NJW 2003, 2460.
[23] *Zöller/Greger* Vor § 233 Rn. 2.
[24] BGH BGHReport 2007, 128; NJW-RR 2006, 354.
[25] BGH NJW-RR 2005, 75.
[26] BGH NJW 2003, 2460; NJW-RR 2002, 1070.
[27] BGH NJW-RR 2006, 1435.
[28] BGH NJW 2003, 2460.
[29] BGH BGHReport 2007, 779

Deshalb muss der Partei Gelegenheit gegeben werden, Zeugenbeweis anzutreten oder auf andere Beweismittel zurückzugreifen.[30] Auch die Behauptung, die Urteilszustellung sei nicht in Ordnung oder das angefochtene Urteil sei später zugestellt als das Empfangsbekenntnis ausweise, betrifft die Frage, ob die Frist überhaupt versäumt ist; mit Wiedereinsetzung hat sie nichts zu tun.[31] Befindet sich die an das Landgericht adressierte Berufungsbegründungsschrift in einem Sammelumschlag, der auch an das Amtsgericht gerichtete Post enthält, so wird die Rechtsmittelfrist durch den fristgerechten Einwurf der Sendung in den gemeinsamen Nachtbriefkasten von Amtsgericht und Landgericht gewahrt.[32] Ebenso bedarf es keiner Wiedereinsetzung, wenn eine öffentliche Zustellung unwirksam ist, weil die Voraussetzungen für eine öffentliche Bekanntgabe nicht vorlagen und das Gericht dies hätte erkennen können.[33] Wird einem Fristverlängerungsantrag stattgegeben, bedarf es keiner Wiedereinsetzung.[34] Eine von dem Gericht (irrtümlich) gewährte Fristverlängerung ist unwirksam, wenn der **Verlängerungsantrag** erst nach Fristablauf bei Gericht eingegangen war.[35] Freilich kann der Wiedereinsetzungsantrag hilfsweise für den Fall einer Fristversäumung gestellt werden.[36] Steht noch nicht fest, ob eine Frist versäumt wurde, ist kein Raum für die Ablehnung eines Wiedereinsetzungsgesuchs, ein entsprechender Beschluss vielmehr aufzuheben.[37] Ist die Frist hingegen rechtzeitig, ordnungsgemäß und wirksam gewahrt worden, der von vollem Wissen und Wollen des Prozessbevollmächtigten getragene und als abschließend gedachte fristwahrende Schriftsatz jedoch als Rechtsmittelbegründung (warum auch immer) inhaltlich unzureichend, so kommt die Anwendung von § 233 nicht in Betracht, denn es ist keine gesetzliche Frist versäumt worden. Zur Ergänzung einer (teilweise) inhaltlich unzulänglichen Berufungsbegründungsschrift kann Wiedereinsetzung nicht gewährt werden.[38] Ebenso scheitert eine Wiedereinsetzung, wenn in der Berufungs- oder Revisionsbegründung einzelne fristgebundene Rügen versäumt wurden.[39]

2. Notfristen. Wiedereinsetzungsfähig sind zunächst die Notfristen. Notfristen sind nur diejenigen Fristen, die im **Gesetz** ausdrücklich als solche bezeichnet sind (Benennungsgebot, vgl. § 224 Abs. 1). Ihre Unabänderlichkeit rechtfertigt die Aufnahme in den Katalog des § 233. Zu ihnen gehören als besonders wichtig die Rechtsmittelfristen und die Einspruchsfristen, auch die Frist nach § 321 a. Wiedereinsetzung ist auch statthaft, wenn die schriftliche Einwilligungserklärung des Gegners zur Durchführung einer **Sprungrevision** nicht rechtzeitig vorgelegt wurde.[40] Keine Notfrist ist dagegen die Frist zur Begründung eines Rechtsmittels oder eines Einspruchs.[41] Zu den Notfristen gehört ferner nicht die Frist für den Widerruf eines gerichtlichen Vergleichs.[42] 10

Im Gesetz ist auch die Frist zur **Anzeige der Verteidigungsabsicht** (§ 276 Abs. 1 S. 1) im schriftlichen Vorverfahren als Notfrist bezeichnet. Für diese Frist wird verschiedentlich gegen den eindeutigen Wortlaut von § 233 Abs. 1 die Möglichkeit der Wiedereinsetzung verneint[43] und zwar mit der Begründung, hierfür bestehe kein Bedürfnis, weil die Rechtsfolge der Fristversäumnis das Versäumnisurteil des schriftlichen Vorverfahrens sei (§ 331 Abs. 3), und gegen dieses Einspruch eingelegt werden könne. Dem kann jedoch nicht zugestimmt werden.[44] Zwar ist die gesetzliche Regelung etwas systemfremd. Doch muss sie gleichwohl beachtet werden. Es trifft nicht zu, dass für die Wiedereinsetzung das Rechtsschutzbedürfnis fehlt. Vor Erlass des Versäumnisurteils bleibt eine gewisse Zeitspanne (zwischen Übergabe des Urteils an die Geschäftsstelle und Zustellung), für die der Wiedereinsetzungsantrag sinnvoll ist.[45] Nach Zustellung des Versäumnisurteils konkurriert der Wiedereinsetzungsantrag zwar mit dem Einspruch, dessen Einlegung zur Beseitigung des Versäumnisurteils unumgänglich ist. Die Wirkungen der Wiedereinsetzung gehen aber teilweise über den 11

---

30 BGH BGHReport 2007, 412.
31 BGH NJW 2003, 2460; *Zöller/Greger* Rn. 9.
32 BGH NJW-RR 2005, 75 f.
33 BGH NJW 2002, 827; *Musielak/Grandel* Rn. 2.
34 BGH NJW 2003, 3418 f.
35 BGHZ 116, 377 ff.; BGH NJW-RR 2006, 355.
36 BGH BGHReport 2003, 969; NJW 2000, 2280; *Musielak/Grandel* Rn. 2.
37 BGH BGHReport 2007, 412; NJW 1998, 1155 f.
38 BGH NJW 2000, 364; BGH NJW 1997, 1309 = LM § 233 (A) Nr. 9 m. abl. Anm. *Wax;* BGH NJW 1962, 1248; *Zöller/Greger* Rn. 9
39 BGH NJW 2000, 364; BGH NJW 1997, 1309; *Baumbach/Lauterbach/Hartmann* Rn. 3; aA *Zöller/Greger* Rn. 9.
40 BGH BGHReport 2007, 627.
41 Unzutreffend *Hartmann* NJW 1988, 2659.
42 BGHZ 61, 394 = NJW 1974, 107; BGH NJW 1995, 521 f.
43 ZB KG NJW-RR 1997, 56; *Rastätter* NJW 1978, 95; *Thomas/Putzo/Reichold* § 276 Rn. 5; *Kramer* ZZP 91 (1978), 71, 75.
44 Im Ergebnis wie hier *Dittmar* AnwBl. 1979, 166, 167.
45 *Stein/Jonas/Leipold* § 276 Rn. 39; *Unnützer* NJW 1978, 985; *Rosenberg/Schwab/Gottwald* § 107 IV 1 b.

Einspruch hinaus. Mit der Wiedereinsetzung steht (rückwirkend) fest, dass das Versäumnisurteil zu Unrecht ergangen ist, denn die Partei war überhaupt nicht säumig. Das bedeutet , dass gemäß § 719 Abs. 1 S. 2 der Vollstreckungsschutz gegen das Urteil gestärkt ist. Schon allein wegen dieser Unterschiede besteht kein ausreichender Grund, für den Antrag auf Wiedereinsetzung das Rechtsschutzbedürfnis zu versagen.[46]

12 **3. Rechtsmittelbegründungsfristen.** Weiter sind wiedereinsetzungsfähig die in S. 1 genannten Rechtsmittelbegründungsfristen. Die Begründung der Berufung (§ 520 Abs. 2), der Nichtzulassungsbeschwerde (§ 544 Abs. 2), der Revision (551 Abs. 2), der Rechtsbeschwerde (§ 575 Abs. 1) und der (berufungsähnlichen) familienrechtlichen Beschwerden der §§ 621 e, 629 a Abs. 2[47] ist fristgebunden. Für das Rechtsmittel der sofortigen Beschwerde (§§ 567 ff.) besteht kein gesetzlicher Begründungszwang (§ 571 Abs. 1), so dass mangels einer Begründungsfrist kein Raum füe eine Wiedereinsetzung ist.. Wiedereinsetzung scheidet ebenfalls aus, wenn ein Antrag auf Verlängerung einer Begründungsfrist nicht rechtzeitig gestellt wurde.[48]

13 **4. Wiedereinsetzungsfrist.** Die Frist für die Stellung des Antrags auf Wiedereinsetzung (§ 234 Abs. 1 und 2) ist gleichfalls der Wiedereinsetzung zugänglich. Damit wird das Wiedereinsetzungsrecht perfektioniert, einer Forderung des Bundesverfassungsgerichts entsprechend,[49] die allerdings auf die besondere prozessuale Situation des unbemittelten Rechtsmittelklägers beschränkt war. Obwohl die Vereinfachungsnovelle 1976 nur § 233 ergänzt hat, aber nicht § 22 FGG, ist Wiedereinsetzung gegen die Versäumung der Wiedereinsetzungsfrist auch im Verfahren der freiwilligen Gerichtsbarkeit möglich.[50] Nicht wiedereinsetzungsfähig ist die absolute Ausschlussfrist des § 234 Abs. 3 (Jahresfrist).

14 **5. Andere Fristen.** Nach einer vielfach vertretenen Ansicht kann gegen die Versäumung der Fristen zur Einlegung und Begründung von **Anschlussrechtsmitteln** Wiedereinsetzung gewährt werden.[51] Dieser Auffassung ist zu folgen. Bereits RG[52] und BGH[53] haben die Frist zur Einlegung der Anschlussrevision als wiedereinsetzungsfähig angesehen. Zwar handelt es sich bei den Anschlussfristen (§§ 524 Abs. 2 S. 2, 554 Abs. 2 S. 2) weder um eine Notfrist noch um eine der ausdrücklich in § 233 genannten Fristen. Gleichwohl sind die Wiedereinsetzungsvorschriften entsprechend anwendbar.[54]

15 Die Frist für den Widerruf eines Prozessvergleichs **(Vergleichswiderrufsfrist)** ist nicht wiedereinsetzungsfähig,[55] Sie ist eine vereinbarte Frist. Das unterscheidet sie grundlegend von allen Fristen des § 233 und deshalb allein schon verbietet sich die entsprechende Anwendung des § 233. Zudem fehlt das Bedürfnis für die Analogie. Die Parteien können nämlich die Wiedereinsetzungsmöglichkeit für den Fall der Fristversäumung vereinbaren. Das heben gerade die Vertreter der Gegenmeinung[56] hervor.

16 Nach der hier vertretenen Meinung ist auch für alle sonstigen prozessualen Fristen, die nicht im Katalog des § 233 erwähnt sind, die Wiedereinsetzung ausgeschlossen. Das betrifft beispielsweise § 64 Abs. 3 a 2 ArbGG[57] sowie die Frist für den Antrag auf **Tatbestandsberichtigung**[58] (§ 320 Abs. 1 und 2) und den Antrag auf **Urteilsergänzung**[59] (§ 321 Abs. 2). Keine Wiedereinsetzung gibt es auch gegen die Versäumung eines rechtzeitigen Antrages auf Verlängerung der Berufungsbegründungsfrist.[60] Wird die Frist des § 340 Abs. 3 versäumt, kann unter den Voraussetzungen des

---

[46] Ebenso *Stein/Jonas/Leipold* § 276 Rn. 40.

[47] Vgl. BGH FamRZ 1981, 657 m. Anm. *Borgmann.*

[48] BGH VersR 1987, 308; *Baumbach/Lauterbach/Hartmann* Rn. 7.

[49] BVerfGE 22, 83 = NJW 1967, 1267.

[50] OLG Köln DNotZ 1981, 716.

[51] Vgl. *Rosenberg/Schwab/Gottwald* § 70 I („Wegen Gleichheit des Grundes").

[52] RGZ 156, 156.

[53] BGH LM Nr. 15 = NJW 1952, 425 (LS); BGH VersR 1977, 152.

[54] OLG Zweibrücken NJW-RR 2003, 1299; *Baumbach/Lauterbach/Hartmann* Rn. 7; *Zöller/Greger* Rn. 6; *Strohn,* FS Wiedemann S. 159; aA *Zöller/Gummer/Heßler* § 524 Rn. 10 zur Anschlußberufung; befürwortend für Anschlußrevision *Zöller/Gummer* § 554 Rn. 5; 2. Aufl. zu den nicht mehr möglichen unselbständigen Anschlußrechtsmitteln.

[55] BGHZ 61, 394 = NJW 1974, 107; BGH NJW 1995, 521; OLG Hamm NJW 1992, 1705, 1706; NJW-RR 1992, 121; BAG NJW 1998, 2844; *Schneider* MDR 1999, 595.

[56] *Stein/Jonas/Roth* Rn. 23; *Schumann* NJW 1986, 1319; *Säcker* ZZP 80 (1967), 421; *Säcker* NJW 1967, 1117; *Säcker* NJW 1968, 708; vgl. auch *Bökelmann,* FS Friedrich Weber, 1975, S. 101, 106 ff.; *Lüke* JuS 1973, 45, 47.

[57] *Zöller/Greger* Rn. 7.

[58] BGHZ 32, 17 = NJW 1960, 866.

[59] BGH NJW 1980, 785, 786.

[60] BGH VersR 1987, 308.

§ 296 von einer Präklusion abgesehen, aber nicht Wiedereinsetzung gewährt werden.[61] Auch die Frist des § 25 Abs. 1 S. 4 GKG ist nicht wiedereinsetzungsfähig.[62] Gleiches gilt für die Frist des § 929 Abs. 2. Die bewusste Beschränkung des § 233 auf die darin ausdrücklich genannten Fristen verlöre auch jeden Sinn, wenn man beliebige andere Fristen für wiedereinsetzungsfähig halten wollte. Die Rechtsprechung wendet dagegen bei bestimmten **vorprozessualen Fristen** gelegentlich die Wiedereinsetzungsvorschriften entsprechend an.[63] Unanwendbar ist § 233 auf die Ausschlussfrist des § 12 Abs. 3 VVG.[64]

II. Parteiantrag, Glaubhaftmachung

Die Wiedereinsetzung erfordert neben den allgemeinen Prozessvoraussetzungen[65] einen entsprechenden Antrag und Nachholung der versäumten Prozesshandlung (§ 236). Die Rechtskraft einer Entscheidung, die auf der Versäumung der Prozesshandlung beruht, steht einem Antrag nicht entgegen.[66] **Antragsberechtigt** ist diejenige Person, zu deren Gunsten Wiedereinsetzung erstrebt wird, also die säumige Partei. Nur die Partei, für die der Fristablauf nachteilig ist, darf Wiedereinsetzung begehren, nicht etwa deren Gegner, obwohl die dem Säumigen zu gewährende Wiedereinsetzung im Einzelfall mittelbar für den Gegner günstig sein kann. Der Streithelfer kann Wiedereinsetzung beantragen für die von ihm unterstützte Partei und aus Gründen, die die unterstützte Partei betreffen. Hat er selbstständig eine Frist zu wahren, etwa die Begründungsfrist für ein von ihm selbst eingelegtes Rechtsmittel,[67] so ist er auch aus eigenem Recht und aus eigenen Gründen wiedereinsetzungsberechtigt. Ohne Antrag ist Wiedereinsetzung möglich (§ 236 Abs. 2 S. 2), sofern die versäumte Prozesshandlung innerhalb der Frist des § 234 nachgeholt wurde. Das Gericht prüft von Amts wegen, ob der Antrag zulässig und begründet ist. Die Prüfung kann nicht wegen eines Verzichts des Gegners (§ 295) unterbleiben.[68] Alle Tatsachen, die die Wiedereinsetzung begründen sollen, sind glaubhaft zu machen. Die **Glaubhaftmachungslast** trägt die säumige Partei. Bleiben die Umstände, die zur Fristversäumung geführt haben, unaufgeklärt, so ist Wiedereinsetzung jedenfalls dann ausgeschlossen, wenn die Möglichkeit eines Verschuldens der Partei oder ihres Bevollmächtigten nicht ausgeräumt werden kann. Ist Verschulden des Bevollmächtigten hingegen auszuschließen, geht die Unaufklärbarkeit der Fristversäumung nicht zu Lasten der Partei.[69] 17

III. Verhinderung, Ursächlichkeit

Wiedereinsetzung ist nur möglich, wenn die Partei **verhindert** war, die Frist zu wahren. Ohne dass es einer Prüfung des Wiedereinsetzungsgrundes bedarf, ist deshalb Wiedereinsetzung zu verweigern, wenn die Fristversäumung nicht auf Verhinderung beruht. Die Verhinderung kann **physischer Natur** sein: Die Partei, die den Schriftsatz kurz vor Fristablauf in den Gerichtsbriefkasten einwerfen will, wird bei einem Verkehrsunfall auf dem Weg zum Gericht verletzt und bewusstlos in ein Krankenhaus eingeliefert. Häufig wird die Verhinderung nur **psychischer Natur** sein: Die Partei glaubt, die Frist liefe Dienstag ab und versäumt es deshalb, die tatsächlich am Montag endende Frist zu wahren. Es scheiden mithin für eine Wiedereinsetzung von vornherein alle Fristversäumungen aus, die auf **freier Entschließung** in Kenntnis aller für die Versäumung maßgeblichen Tatsachen beruhen.[70] Eine Verhinderung ist weiter nicht gegeben, wenn die Partei von der Urteilszustellung schuldlos verspätet, aber noch so rechtzeitig erfährt, dass sie die Frist wahren kann. Die bloße Verkürzung der Frist stellt keine Verhinderung dar.[71] 18

Wiedereinsetzung kommt weiter nur in Betracht, wenn die Verhinderung, die die Fristversäumung bewirkt, ursächlich auf Umständen beruht, die **ohne Verschulden** der Partei eingetreten sind. Gefordert wird **adäquate Kausalität.** Sie ist gegeben, wenn die Frist ohne Hinzutreten des unverschuldeten Umstands nach üblichen Maßstäben, bei gewöhnlichem Lauf der Dinge gewahrt 19

---

[61] *Zöller/Herget* § 340 Rn. 11; *Musielak/Stadler* § 340 Rn. 7; *Zöller/Greger* Rn. 7; aA *Hartmann* NJW 1988, 2659 f.

[62] OLG Nürnberg AnwBl. 1981, 499.

[63] Zu § 23 Abs. 4 S. 2 WEG: BGHZ 54, 65, 70 = NJW 1970, 1316 und BayOblG OLGZ 1981, 21; zu § 16 Abs. 4 BRAO: BGH NJW 1964, 2109.

[64] BGH NJW-RR 2004, 755; vgl. aber BVerfG NJW 2005, 814.

[65] *Zöller/Greger* Rn. 10; *Baumbach/Lauterbach/Hartmann* Rn. 10.

[66] BGHZ 98, 325, 328 = NJW 1987, 327; BGHZ 8, 284, 286 = NJW 1953, 423.

[67] BGH NJW 1985, 2480.

[68] BGHZ 6, 369; *Musielak/Grandel* Rn. 2; *Baumbach/Lauterbach/Hartmann* Rn. 10; *Zöller/Greger* Rn. 2.

[69] BGH VersR 1982, 1167; BAG NJW 1990, 2707.

[70] Vgl. BGH VersR 1988, 526.

[71] BGH NJW 1976, 626.

worden wäre.[72] Fehlt diese Kausalität, so kommt Wiedereinsetzung nicht in Betracht. War der Schriftsatz, den die Partei einwerfen wollte, zur wirksamen Fristwahrung ungeeignet, etwa nicht formgerecht, so kann der Verkehrsunfall auf dem Weg zum Gerichtsbriefkasten die Wiedereinsetzung nicht begründen. Andererseits: Ein **verschuldeter** Umstand steht der Wiedereinsetzung nicht entgegen, wenn er nicht ursächlich für die Fristversäumung geworden ist.[73] Ist die Büroorganisation unzureichend, weil eine Anweisung zur Fristnotierung fehlt, wurde die Frist aber tatsächlich eingetragen, ist Wiedereinsetzung zu gewähren, wenn die Frist von dem Büropersonal, auf das diese Tätigkeit übertragen werden darf, falsch berechnet wurde.[74] Ebenso verhält es sich, wenn der Anwalt den Zustellungszeitpunkt nicht vermerkt, die fehlerhafte Fristnotierung aber auf einer unrichtigen telefonischen Auskunft der Geschäftsstelle beruht,[75] wenn durch Übersendung eines zweiten Empfangsbekenntnisses der Grund für die fehlerhaft notierte Frist gesetzt wurde,[76] wenn die Frist nicht notiert wurde, der frühzeitig abgesandte Schriftsatz bei gewöhnlichem Postlauf rechtzeitig eingegangen wäre,[77] wenn der fehlerhaft adressierte Schriftsatz so zeitig zur Post gegeben wurde, dass mit rechtzeitigem Eingang zu rechnen war,[78] wenn der anstelle des Berufungsgerichts an das Eingangsgericht adressierte Schriftsatz im ordnungsgemäßen Geschäftsgang rechtzeitig bei dem Berufungsgericht eingetroffen wäre,[79] wenn der durch Bote zu überbringende Schriftsatz zur Post gebracht wurde, aber bei üblicher Laufzeit das Gericht rechtzeitig erreicht hätte, wenn die Übermittlung per Telefax fehlschlägt, der außerdem zur Post gegebene Schriftsatz das Gericht bei üblicher Postlaufzeit rechtzeitig erreicht hätte,[80] wenn die dem Anwalt vorzuwerfende Nichtunterzeichnung vom weisungsgemäß mit der Kontrolle betrauten Büropersonal nicht bemerkt wurde,[81] wenn der Rechtsanwalt keine Vorfrist einträgt, die Kanzleikraft die Sache aber ohnehin liegen gelassen hätte.[82]

IV. Wiedereinsetzungsgrund (Schuldlosigkeit)

20 **1. Grundsatz.** Wiedereinsetzung muss beim Vorliegen der verfahrensmäßigen Voraussetzungen (§§ 234 bis 238) gewährt werden und darf nur gewährt werden, wenn die Partei „ohne ihr Verschulden" verhindert war, die Frist einzuhalten. Dieses Erfordernis der **Schuldlosigkeit** ist der eigentliche Wiedereinsetzungsgrund, der zentrale Begriff des Wiedereinsetzungsrechts. Im Unterschied zum früheren Recht wird nicht mehr ein **„unabwendbarer Zufall"** und damit **äußerste Sorgfalt** verlangt. Die Möglichkeit der Wiedereinsetzung wurde damit bewusst erweitert. Die Anforderungen dürfen folglich nicht überspannt werden.[83] Die Verhinderung durch höhere Gewalt, Naturereignisse und andere unabwendbare Zufälle begründet immer die Wiedereinsetzung, aber der Begriff der Schuldlosigkeit geht weiter.

21 **2. Schuldformen, Verschuldensmaßstab.** Das Verschulden des § 233 ist ein Verschulden gegen sich selbst, also eine Obliegenheit. Sie ist verletzt, wenn die Prozesspartei in zurechenbarer Weise gegen ihr eigenes wohlverstandenes Interesse handelt; einzige Folge der Verletzung ist der Ausschluss der Wiedereinsetzung. Als Schuldformen kommen Vorsatz und Fahrlässigkeit in Betracht. Soweit sich der Vorsatz nicht nur auf Wissen und Wollen der Handlung oder Unterlassung bezieht, die die Fristversäumung zur Folge hat, sondern auch in Kenntnis und mit Billigung oder Inkaufnahme des damit bewirkten Erfolgs (der Fristversäumung) verwirklicht wird,[84] dürfte allerdings die Wiedereinsetzung schon deshalb ausgeschlossen sein, weil es infolge der bewussten Nichtbeachtung der Frist an einer Verhinderung fehlt. Das Schwergewicht liegt deshalb bei der Fahrlässigkeit. **Fahrlässigkeit** im Sinne dieser Vorschrift ist die Außerachtlassung derjenigen Sorgfalt, die im Prozess erforderlich ist. Der Verschuldensbegriff des § 233 ist verfahrensbezogen zu verstehen. Geschuldet wird die **Sorgfalt einer ordentlichen Prozesspartei** (vgl. auch § 282 Abs. 1). Das

---

[72] BGH VersR 1974, 1001.
[73] BGH NJW-RR 1987, 186; VersR 1988, 941.
[74] BGH VersR 1976, 295.
[75] BGH VersR 1974, 1001.
[76] BGH BRAK-Mitt. 2004, 161.
[77] BGH NJW 1963, 253.
[78] BAG NJW 1972, 735.
[79] BVerfG 2001, 1343; BGH NJW-RR 2005, 1373; BGH BGHReport 2006, 1317; 2004, 1515; NJW 2004, 516; 1987, 440f.
[80] BGH NJW-RR 2004, 1217; BGH, Beschl. v. 18. 7. 2007, XII ZB 32/07 Tz 12.
[81] BGH NJW 1985, 1226.
[82] BGH NJW-RR 1997, 1289.
[83] BVerfG NJW 1997, 2941; BGH NJW 1988, 2672.
[84] BGH NJW 1991, 2839; BGH VersR 1998, 653; BGH VersR 1975, 1028.

ist, wie bei § 276 BGB, ein objektiv abstrakter Maßstab.[85] Darum hat der Anwalt die **übliche, berufsbedingt strenge Sorgfalt** eines ordentlichen Rechtsanwalts zu wahren,[86] auch wenn er sich selbst vertritt.[87] Entsprechende Sorgfaltsanforderungen gelten für Patentanwälte,[88] eine Sozietät aus Rechts- und Patentanwälten[89] sowie Vereinigungen, die – wie eine Gewerkschaft – Rechtsberatung und -besorgung betreiben.[90] Grobe Fahrlässigkeit, besondere Leichtfertigkeit oder extreme Nachlässigkeit sind nicht erforderlich. Schon einfache Fahrlässigkeit schließt die Wiedereinsetzung aus. Eine nach § 104 Nr. 2 BGB geschäftsunfähige Person trifft kein Verschulden für eine Fristversäumung.[91]

Die **Sorgfaltspflicht erhöht sich,** wenn die Partei die Frist bis zum letzten Tag ausnutzt.[92] Ob die Uhr der Prozesspartei richtig geht, ist normalerweise ohne Interesse. Will die Partei jedoch wenige Minuten vor Mitternacht den fristwahrenden Schriftsatz in den Nachtbriefkasten des Gerichts einwerfen, so muss sie vorher überprüfen, ob ihre Uhr nicht nachgeht.[93] Auch muss sie in diesem Fall mögliche Verkehrsstockungen einkalkulieren. Mit der Übermittlung per Telefax darf nicht erst kurz vor Mitternacht begonnen werden, denn es ist immer damit zu rechnen, dass das Empfangsgerät des Gerichts wegen anderer Sendungen belegt ist.[94] 22

Wegen des objektiven Maßstabs des § 276 BGB sind die **persönlichen Verhältnisse** (Kenntnisse, Fähigkeiten und Erfahrungen) der Partei nicht zu berücksichtigen, weil dies mit dem verfahrensbezogenen objektivierten Fahrlässigkeitsbegriff nicht vereinbar wäre.[95] Eine generelle Begünstigung etwa von **Ausländern,** die die deutsche Sprache nicht hinreichend beherrschen, ist im Zivilprozess unzulässig.[96] Da die Gerichtssprache deutsch ist (§ 184 GVG), sind Schriftsätze in fremder Sprache nicht zu berücksichtigen, allerdings Wiedereinsetzung zu gewähren, wenn dies der ausländischen Partei nicht bekannt war.[97] Ein der deutschen Sprache nicht kundiger Ausländer hat für die unverzügliche Übersetzung ihm zugestellter Schriftstücke Sorge zu tragen.[98] Keine Wiedereinsetzung ist einem Deutschschweizer zu gewähren, der trotz ausdrücklicher Belehrung gegen ein Versäumnisurteil ohne Einschaltung eines Anwalts selbst Einspruch einlegt.[99] Die ausländische Partei genügt ihren prozessualen Pflichten, wenn sie für ein in Deutschland laufendes Verfahren einen an ihrem Wohnsitz ansässigen Anwalt als Zustellungsbevollmächtigten einsetzt. Von einem im Ausland zugelassenen Anwalt wie auch seiner ausländischen Partei kann nicht die Kenntnis der deutschen Rechtsmittelfristen erwartet werden.[100] 23

3. Vertreterverschulden, Verschulden Dritter. Für eigenes Verschulden hat die Partei uneingeschränkt einzustehen. Dagegen gibt es keine generelle Zuweisung des Verschuldens anderer Personen. Gehilfenverschulden wird der Partei im Unterschied zu § 278 BGB nicht zugerechnet. Eine Ausnahme gilt nur, wenn die andere Person **Vertreter** der Partei ist (§§ 51 Abs. 2, 85 Abs. 2).[101] Das Verschulden des Vertreters steht dem Verschulden der Partei gleich. Eine **Exkulpationsmöglichkeit** besteht nicht. Bevollmächtigter im Sinne von § 85 Abs. 2 ist in erster Linie der Prozessbevollmächtigte. Das Verschulden des Bevollmächtigten wird der Partei bei einer unwirksamen Bevollmächtigung – etwa wegen Geschäftsunfähigkeit der Partei – nicht zugerechnet, selbst wenn das Gericht den Anwalt nach § 121 ZPO beigeordnet hat.[102] Zu den Bevollmächtigten gehört auch jeder andere, den die Partei für den Rechtsstreit bevollmächtigt hat, also der Verkehrsanwalt (= Korrespondenzan- 24

---

[85] BVerfG NJW 2004, 502; *Zöller/Greger* Rn. 12; *Vollkommer,* FS Ostler, 1983, S. 141; *Vollkommer* JR 1987, 225, 228; vgl. auch BVerfGE 79, 372 = NJW 1989, 1147 (Anforderungen, die üblicherweise verlangt werden); aA *Stein/Jonas/Roth* Rn. 45; *Musielak/Grandel* Rn. 4; *Baumbach/Lauterbach/Hartmann* Rn. 12: individueller Maßstab.

[86] BGH NJW 1985, 1710 f.; *Stein/Jonas/Roth* Rn. 47.

[87] BGH v. 14. 7. 1998, XI ZB 42/97 (unveröffentlicht).

[88] BGH GRUR 2001, 411.

[89] BGH NJW 1999, 142.

[90] BGH NJW 2002, 1115; NJW 1981, 1553.

[91] BGH NJW 1987, 440.

[92] ZB BGHZ 9, 118, 121 = NJW 1953, 824; BGH BGHReport 2006, 1197 f.; 2006, 1435; FamRZ 2006, 1438; NJW 1998, 2677; OLG Naumburg OLGReport 1998, 351.

[93] BGH VersR 1985, 477 f.

[94] BVerfG NJW 2000, 574.

[95] BVerwG NJW 2005, 1001.

[96] Vgl. BGH VersR 1984, 874; BGH FamRZ 1989, 1287 m. Anm. *Hausmann.*

[97] BGH NJW 1982, 532.

[98] BGH FamRZ 1996, 347.

[99] BGH NJW 1992, 1700.

[100] BGH NJW 1989, 1432.

[101] Vgl. auch BVerwG NVwZ 2000, 65.

[102] BGH NJW 1987, 440.

walt),[103] aber auch etwa der Haftpflichtversicherer, wenn er in der Kraftfahrzeughaftpflichtversicherung auf Grund der Vollmacht des § 10 Abs. 5 AKB tätig wird. Hat von **mehreren Vertretern** nur einer schuldhaft gehandelt, so ist die Wiedereinsetzung zu versagen.[104] Der Empfänger einer Ersatzzustellung ist nicht Vertreter des Adressaten.[105] Handelt der Vertreter schuldlos, kann ein Mitverschulden der Partei, die ihren Anwalt unrichtig oder verspätet unterrichtet oder nicht rechtzeitig einen neuen Anwalt mandatiert, einer Wiedereinsetzung entgegenstehen.[106]

25 Die Handlungen und Unterlassungen aller anderen Personen, die weder Partei noch Vertreter der Partei, sondern **Dritte** sind, sind für die Wiedereinsetzung unschädlich. Dritte in diesem Sinne sind beispielsweise auch Familienangehörige (Ehefrau, Eltern, Kinder), wenn sie nicht einen besonderen, auf den Prozess bezogenen Auftrag (Vollmacht) der Partei haben.[107] Hat nur ein Verschulden Dritter zur Fristversäumung geführt, so kann Wiedereinsetzung gewährt werden, weil § 278 BGB im Prozessrecht unanwendbar ist. Diese Abgrenzung spielt insbesondere für das Büropersonal des Rechtsanwalts in der Wiedereinsetzungsrechtsprechung eine große Rolle. Bei Fehlern des Personals, die der Anwalt **nicht selbst** durch Auswahl-, Organisations-, Belehrungs- oder Überwachungsfehler ermöglicht hat, auch nicht sonst erkennen oder verhindern konnte, ist Wiedereinsetzung möglich.

26 **Fehler Dritter** sind weiter beispielsweise die Fehler der Post. Liefert der Postzusteller den an das Fideikommissgericht (Fideikommisssenat des OLG) gerichteten Brief bei der örtlichen Bundeswehrdienststelle ab,[108] so ist das ein klassischer Wiedereinsetzungsfall; Partei oder Anwalt brauchen Straße und Hausnummer eines in gesetzlich korrekter Form bezeichneten Gerichts nach ständiger Rechtsprechung des BGH nicht anzugeben. Dritter ist auch die Justiz. Sind **Gerichtsfehler** für die Fristwahrung mitursächlich geworden, so ist Wiedereinsetzung zu gewähren.[109]

C. Einzelheiten zum Wiedereinsetzungsgrund

I. Vorbemerkung

27 Wiedereinsetzungsrecht ist **Rechtsprechungsrecht.** Die Zahl der veröffentlichten BGH-Entscheidungen ist Legion, mit ihrer Hilfe sollen Anwälte auf typische Fehler aufmerksam gemacht und die Instanzgerichte zu einheitlicher Anwendung veranlasst werden. Größere zusammenfassende Berichte über die Rechtsprechung des BGH veröffentlicht die NJW in regelmäßigen Abständen.[110]

28 Immer kommt es auf alle **Umstände des Einzelfalles** an. Wiedereinsetzungsrecht ist berechtigterweise von gewissen Billigkeitsgesichtspunkten bestimmt, was zur Folge hat, dass nicht jede Einzelfallentscheidung nahtlos in das „System" passt. Die nachstehende Übersicht, die nach den wichtigsten Fallgruppen eingeteilt ist (die sich allerdings vielfach überschneiden) versucht, die für die Einordnung des Einzelfalls wichtigen Maßstäbe und Grundlinien darzustellen.

II. Verhinderungen aus dem Bereich der Partei

29 **1. Allgemeines.** Sowohl im Parteiprozess als auch im Anwaltsprozess kann die Verhinderung der Partei zur Fristversäumung führen. Bei der nichtprozessfähigen Partei ist gem. § 51 Abs. 2 das Verschulden des gesetzlichen Vertreters dem Parteiverschulden gleichgestellt. Die Rechtsprechung unterscheidet in Teilbereichen die Anforderungen an die Sorgfaltspflicht danach, ob es sich um Parteien handelt, die selten Prozesse führen oder ob die Prozessführung durch berufliche oder geschäftliche Tätigkeit bedingt ist; im letzteren Falle können sich beispielsweise Organisationsobliegenheiten ergeben, die denen nahe kommen, die den berufsmäßigen Prozessbevollmächtigten abverlangt werden. Das ist etwa bei **Behörden oder Wirtschaftsunternehmen** zu beachten.[111] Eine solche

---

[103] BGH NJW-RR 2005, 143, 145.

[104] BGH NJW-RR 2005, 143, 145; BGH BGHReport 2003, 826 = NJW 2003, 2100; NJW 1982, 2447; *Zöller/Greger* Rn. 23 „Mehrere Anwälte".

[105] BGH MDR 1987, 136.

[106] *Musielak/Grandel* Rn. 3.

[107] BGH NJW 1988, 2672.

[108] Wahre Begebenheit aus Kassel, vgl. auch BGHZ 51, 1 = NJW 1969, 468 (Post konnte das Schiffahrtsobergericht nicht finden).

[109] BGH NJW-RR 1998, 354; 1997, 1020; BGH VersR 1998, 608; BGH NJW 1998, 2291.

[110] *Born* NJW 2007, 2088; 2005, 2042; *v. Pentz* NJW 2003, 858; *Gerda Müller* NJW 2000, 322; 1998, 497; 1995, 3224; 1993, 681.

[111] BFH NVwZ-RR 1998, 143; BGH NJW 1992, 696 (LS) = NJW-RR 1992, 97; BGH VersR 1991, 123; BVerwG NVwZ-RR 1996, 60; OVG Lüneburg NJW 1994, 1299.

Aufteilung nach Berufsgruppen ist als verfahrensbezogen berechtigt und mit dem objektiven Verschuldensmaßstab vereinbar. Soweit die Partei im Rechtsstreit bereits anwaltlich vertreten ist und der Prozessbevollmächtigte nicht der Mitwirkung der Partei bedarf, ist die Partei weitgehend entlastet. Wechselt sie aber ihren Anwalt, so muss sie selbst den neu bestellten Rechtsanwalt auf eine bereits erfolgte Urteilszustellung hinweisen.[112] Die **Niederlegung des Mandats** durch den Anwalt begründet Wiedereinsetzung, wenn die Partei die Mandatsbeendigung nicht zu vertreten hat.[113] Fehler des Anwalts im Zusammenhang mit der Mandatsniederlegung, etwa deren den Mandanten nicht erreichende Bekanntgabe, sind der Partei zuzurechnen, weil in diesem Zeitpunkt die Vollmacht ihres Anwalts noch besteht.[114] Deshalb scheitert eine Wiedereinsetzung, falls die Partei von dem Anwalt der Vorinstanz fehlerhaft über die Voraussetzungen eines Rechtsmittels informiert wird.[115] Kein Verschulden ist gegeben, wenn der Anwalt das Mandat mangels Vorschusszahlung niederlegt.[116] Ein Verschulden des Anwalts vor Übernahme des Mandats wird der Partei nicht zugerechnet, auch wenn dem Anwalt später das Mandat erteilt wird.[117] Nimmt der Anwalt nach der Mandatsniederlegung eine Zustellung entgegen, hat er die Partei davon zu unterrichten; unterlässt er dies, ist dies von der Partei nicht mehr zu vertreten, weil die Vollmacht erloschen ist (§ 85 Abs. 2) und es sich darum um das Verschulden eines Dritten handelt.[118] Verschulden des nach §§ 53, 54 BRAO für einen verstorbenen Anwalt bestellten Vertreters wirkt nicht gegen die Partei.[119]

2. Fehlen der zur Fristwahrung nötigen Kenntnis. a) Unkenntnis vom Fristbeginn. 30
Soweit die Frist mit der Zustellung in Lauf gesetzt wird, rechtfertigt unverschuldete Unkenntnis von der Zustellung etwa bei Ersatzzustellung (§§ 178 ff.) oder öffentlicher Zustellung (§§ 185 ff.) die Wiedereinsetzung. Im Falle der Zustellung durch Niederlegung bei der Post ist die Partei verpflichtet, die Sendung alsbald abzuholen.[120] Als Grundsatz ist zu beachten, dass Verschulden immer dann näher liegen wird, wenn die Zustellung im Laufe eines Rechtsstreits erfolgt, von dem die Partei bereits **Kenntnis** hat, denn in diesem Falle muss sie mit Zustellungen rechnen und dafür Sorge tragen, dass sie davon erfährt.[121] Das gilt nicht nur für den jeweiligen Einzelprozess, sondern allgemein, wenn die Partei ständig oder häufig in Rechtsstreitigkeiten verwickelt ist. Hat die Partei dagegen keinen Anlass, eine Klageerhebung zu erwarten, wird man ihr die Unterlassung entsprechender Vorkehrungen zumeist nicht vorwerfen können.[122] Wird dem Zustellungsadressaten durch Übergabe zugestellt, ist unverschuldete Unkenntnis kaum denkbar, denn Kenntnisnehmen ist Pflicht.[123]

Die Partei muss dafür sorgen, dass ihr Post zugehen kann. Sie muss einen **Briefkasten** für ihre 31
Wohnung mit einem (etwa beim Sitz einer GmbH an der Privatanschrift des Geschäftsführers) jede Verwechslung ausschließenden Namensschild anbringen und in Ordnung halten.[124] Bei eindeutiger Kennzeichnung können mehrere Haushalte einen **(Gemeinschafts-)Briefkasten** unterhalten, so dass der Partei der Verlust einer Zustellungsbenachrichtigung nicht anzulasten ist.[125] Hat die Partei ein Postfach, so muss sie es sorgfältig auf den Eingang von Gerichtspost überwachen.[126] Unkenntnis, die darauf beruht, dass die Partei nicht oder nicht sorgfältig liest, was sie erhalten hat, ist immer verschuldet.

Es gehört zur Sorgfalt, die von jedem Staatsbürger erwartet werden muss, dass er bereit ist, sich 32
von dem Inhalt von Schriftstücken Kenntnis zu verschaffen, die zwecks Zustellung niedergelegt worden sind, wenn er hiervon benachrichtigt worden ist.[127]

b) Rechtsunkenntnis und Irrtum. Rechtsunkenntnis entschuldigt grundsätzlich nicht. Im Zi- 33
vilprozess ist eine **Rechtsmittelbelehrung** regelmäßig nicht erforderlich.[128] Unterbleibt die in

---

[112] BGH NJW 1994, 3101; BGH VersR 1986, 703.
[113] BGH v. 12. 7. 1993 – II ZB 6/93 (unveröffentlicht); LAG Frankfurt NJW 1996, 156; *Zöller/Greger* Rn. 23 „Niederlegung des Mandats".
[114] BGH NJW 1998, 3783.
[115] BGH NJW 1977, 1198.
[116] BGH NJW-RR 2005, 143, 145.
[117] BGH BGHReport 2002, 435.
[118] BGH NJW 1980, 999.
[119] BGH NJW 1982, 2324.
[120] BVerfG NJW 1993, 847; BVerfGE 25, 158, 166 = NJW 1969, 1103.
[121] BayObLG NJW-RR 1988, 509.
[122] BGH NJW 1986, 2958.
[123] BGH FamRZ 1991, 425; 1988, 829; VersR 1989, 277.
[124] BGH NJW 1991, 109.
[125] BVerwG NJW 1988, 578; OLG Frankfurt OLGReport 1996, 47.
[126] BVerwG NJW 1994, 1672.
[127] BVerwG NJW 1987, 2529.
[128] BGH BGHReport 2006, 50.

WEG-Sachen gebotene Rechtsmittelbelehrung, ist fehlendes Verschulden der Partei unwiderlegbar zu vermuten.[129] Im arbeitsgerichtlichen Verfahren führt eine falsche Rechtsmittelbelehrung nicht zwingend, aber stets dann zu einer Wiedereinsetzung, wenn sie einen entschuldbaren Rechtsirrtum ausgelöst hat.[130] Ansonsten obliegt es der Partei, bei einer geeigneten Stelle Rechtsrat nachzusuchen, wenn sie sich nicht auskennt. Wiedereinsetzung scheidet aus, sofern sich die Partei nicht über Möglichkeiten; Fristen und Förmlichkeiten eines Rechtsmittels erkundigt. Wenn einer juristisch nicht vorgebildeten Partei eine ungünstige Entscheidung zugestellt worden ist, muss sie sich alsbald danach erkundigen, in welcher Form und Frist eine Anfechtung möglich ist.[131] Sie darf nicht darauf vertrauen, der Anwalt, dem sie das Mandat gekündigt hat, werde schon alles erforderliche unternehmen.[132] Beim Irrtum, gleichgültig ob Rechtsirrtum oder Tatsachenirrtum, ist entscheidend, ob er vermeidbar oder unvermeidbar ist. Nur der **unvermeidbare Irrtum** ist unverschuldet und rechtfertigt die Wiedereinsetzung.[133] Wird ein Rechtsmittel zu Protokoll der Geschäftsstelle eingelegt, ist Wiedereinsetzung zu geben, wenn die Geschäftsstelle nicht auf Mängel hinweist.[134] Dagegen fehlt es an einem unverschuldeten Irrtum, wenn die Partei nach Niederlegung des Mandats von ihrem Anwalt auf seine mangels Bestellung eines neuen Bevollmächtigten fortbestehende Vollmacht (§ 87 Abs. 1 Halbs 2) und die damit verbundene Wirksamkeit einer Zustellung mit der Folge des Laufs von Rechtsmittelfristen hingewiesen wird.[135] Die Möglichkeit von Missverständnissen (Hör- oder Schreibfehler) ist zu berücksichtigen und rechtfertigt Wiedereinsetzung; entsprechendes gilt, wenn ein Gerichtsbeschluss objektiv unklar ist.[136] Im Falle irrtümlicher Rücknahme eines Rechtsmittels kann für eine erneute Einlegung nach Fristablauf Wiedereinsetzung nicht gewährt werden.[137] Legt eine durch das AG verurteilte **ausländische Partei** Berufung zum LG ein, obwohl bei Beteiligung einer Partei mit Sitz im Ausland gemäß § 119 Abs. 1 Nr. 1 b) GVG des OLG Berufungsgericht ist, ist der Fehler des Bevollmächtigten der Partei anzulasten (§ 85 Abs. 2).[138]

34 **c) Verlust von Unterlagen.** Kommen der Partei Schriftstücke abhanden, die für die Fristwahrung erforderlich sind, kann Wiedereinsetzung gerechtfertigt sein, sofern der Verlust sich ohne Verschulden der Partei ereignet hat und sie unverzüglich alles ihr zumutbare unternommen hat, um die Unterlagen wieder aufzufinden oder zu rekonstruieren. Zum Verlust in diesem Sinne gehört auch die Beschlagnahme von Geschäftsunterlagen.

35 **d) Vergessen.** Vergessen ist regelmäßig verschuldet.[139] Tatsachen, die wichtig sind, um im Zivilprozess Fristen zu wahren, muss die Partei, und zwar auch die juristisch nicht gebildete oder geschäftlich nicht erfahrene Partei, sich merken oder notieren. Einem Gedächtnisverlust muss gerade die Partei, die unter ihr bekanntem Gedächtnisschwund leidet, durch entsprechende Hilfen vorbeugen.[140] Die Härte, die hierin liegen mag, ist auch aus praktischen Gründen geboten, denn die Behauptung, man habe den Zugang des Urteils oder den Tag des Fristablaufs vergessen, ist schlechterdings nicht zu überprüfen. Wird die Frist dagegen notiert, so kann bei unverschuldetem Verlust des Terminkalenders Wiedereinsetzung gewährt werden.

36 **e) Sonstiges.** Eine Partei braucht nicht an alles zu denken. Falls sie selbst in einem karnevalsfernen Landstrich wohnt, gereicht es ihr normalerweise nicht zum Verschulden, wenn sie bei Erteilung des Rechtsmittelauftrags nicht damit rechnet, dass im Rheinland die Anwaltskanzleien am Rosenmontag geschlossen sind.[141]

37 **3. Hinderungen bei der Wahrung der Frist. a) Krankheit, Unglücksfälle, Tod.** Akute, schwere Erkrankungen, insbesondere solche, die plötzlich eintreten und zu Denk- oder Handlungsunfähigkeit führen, können für ihre Dauer einen Wiedereinsetzungsgrund darstellen, wenn sie die Partei sowohl daran hindern, die Frist selbst als auch durch Beauftragung eines Anwalts zu wahren.[142] Indessen sind hier, wie immer, das Vorliegen der Verhinderung und die Kausalität für die

---

129 BGH NJW 2002, 2171.
130 BAG NJW 2005, 3515.
131 BGH NJW 1997, 1989; NJW 1987, 440.
132 BGH VersR 1983, 540.
133 BGH VersR 1986, 965.
134 OLG Köln NZI 2000, 134.
135 BGH BGHReport 2007, 782 Tz 13.
136 BGH NJW-RR 2001, 570; NJW 1992, 1700; 1981, 576.
137 BGH NJW 1991, 2839.
138 BGH BGHReport 2006, 115.
139 BGH VersR 1975, 40; NJW 1964, 2302.
140 BGH VersR 1966, 1191.
141 BGH NJW 1982, 184.
142 BGH NJW-RR 1994, 957; BGH VersR 1985, 139; BGH VersR 1989, 931.

Fristversäumung zu prüfen. Die komplikationslos verlaufende Blinddarmoperation eine Woche vor Fristablauf wird kaum einen Hinderungsgrund darstellen. Die Partei hat konkret darzulegen, inwiefern sie durch die Krankheit in ihrer Handlungsfähigkeit beschränkt war.[143] Ist eine Partei in dem Zeitraum zwischen Zustellung einer sie beschwerenden Entscheidung und Ablauf der Rechtsmittelfrist geschäftsunfähig wegen krankhafter Störung der Geistestätigkeit, so trifft sie kein Verschulden an der Nichteinhaltung der Frist.[144] Wiedereinsetzung ist möglich, wenn die Partei wegen einer schwerwiegenden seelischer Erregung die Frist nicht einhalten konnte,[145] die Frist infolge eines Diabetesschocks vergessen hat[146] oder wegen der Krankheit ihren Anwalt nicht konsultieren konnte.[147] Keine Wiedereinsetzung wurde bei einer vorübergehenden nervösen Erschöpfung (Tatfrage) gegeben.[148] Bei länger dauernden Erkrankungen muss für den Fall plötzlicher Verschlechterung Vorsorge getroffen werden. Für **Inhaber von Geschäftsunternehmen** und bei **juristischen Personen** und **Handelsgesellschaften** werden Krankheit oder Unglücksfälle nur ganz selten die Wiedereinsetzung rechtfertigen. Ein Unternehmen muss nämlich dafür Sorge tragen, dass Posteingänge auch während der Erkrankung des Geschäftsführers bearbeitet werden.[149] Nach Anerkennung ihrer Rechtsfähigkeit ist auch bei der GbR auf das Verschulden ihres Geschäftsführers abzustellen.[150]

Tod der Partei scheidet als Wiedereinsetzungsgrund grundsätzlich deshalb aus, weil das Gesetz 38
hier besondere Regelungen getroffen hat: Der Parteiprozess wird durch den Tod der Partei unterbrochen, so dass Fristen nicht ablaufen können (§§ 239 Abs. 1, 249 Abs. 1), und im Anwaltsprozess berechtigt der Tod der Partei den Prozessbevollmächtigten, Antrag auf Aussetzung des Verfahrens zu stellen (§ 246 Abs. 1), diesem Antrag ist stattzugeben und auch damit endet der Fristlauf (§ 249 Abs. 1). Es können als Wiedereinsetzungsgründe die Fälle übrig bleiben, in denen dem Prozessbevollmächtigten Weisungen oder Informationen zur Fristwahrung wegen des Todes der Partei nicht erteilt werden und er vom Tod der Partei nicht rechtzeitig erfährt.

b) Reise, Abwesenheit, Urlaub, Haft. Grundsätzlich muss die Partei auch bei Abwesenheit 39
von ihrem gewöhnlichen Aufenthaltsort, sei es freiwilliger (zB Urlaub), geschäftlich veranlasster (zB Dienstreise) oder unfreiwilliger Art (zB Haft) dafür sorgen, dass sie Fristen wahren kann.[151] Bestehen keine konkreten Anhaltspunkte, dass ein Verfahren in Gang gesetzt werden soll, braucht die Partei, die auf die Möglichkeit der Wiedereinsetzung vertrauen darf, bei vorübergehender Abwesenheit keine besonderen Vorkehrungen für die Kenntnisnahme etwaiger Zustellungen zu treffen.[152] Entsprechendes gilt auch bei einer unvorhergesehenen Abwesenheit wegen plötzlicher Krankheit, eines Unfalls oder einer unerwarteten Dienstreise. Wenn Anhaltspunkte dafür bestehen, dass eine Frist laufen könnte, oder es sich um ein bereits **anhängiges Verfahren** handelt, trifft die Partei die **Obliegenheit,** entweder durch Mitteilung ihrer Anschrift sicherzustellen, dass sie für ihren Anwalt erreichbar bleibt, oder von sich aus bei ihrem Anwalt Erkundigungen über den Stand des Verfahrens einzuholen.[153] Die Erreichbarkeit kann auch durch einen mangelfrei ausgeführten[154] Nachsendeauftrag[155] oder die Anweisung an minderjährige, verlässliche, lesekundige[156] Kinder, die Post zu lesen und ihre Eltern entsprechend zu verständigen,[157] sichergestellt werden. Darum ist Wiedereinsetzung zu gewähren, wenn eine Sendung oder ein Benachrichtigungszettel durch den mit der Postsortierung betrauten zuverlässigen Dritten verloren geht.[158] Falls hingegen die Partei selbst die Mitteilung über die Zustellung durch Niederlegung versehentlich gemeinsam mit Werbematerial vernichtet, scheidet Wiedereinsetzung aus.[159] Geht eine Sendung bei Zustellung durch

---

[143] BGH NJW-RR 2003, 143, 145.
[144] BGH NJW 1987, 440.
[145] BGH VersR 1986, 96.
[146] BGH NJW 1975, 593; vgl. auch BGH VersR 1985, 140, 550 und 888; OLG Naumburg FamRZ 2002, 1342.
[147] BGH NJW-RR 1994, 957.
[148] BGH VersR 1983, 138.
[149] BGH VersR 1987, 561.
[150] BAG NJW 2005, 1004 f.
[151] BGH NJW 1993, 667; BGH VersR 1992, 119; 1373; 1986, 41; 892; 966; 1989, 104; BGH VersR 1995, 810.
[152] BVerfG NJW 1993, 847; BAG NJW 1972, 887.
[153] BGH NJW 2000, 3143; BGH FamRZ 1987, 925 m. Anm. *Gottwald;* BGH VersR 1988, 835.
[154] BGH VersR 1979, 1030.
[155] BGH NJW 1988, 2692.
[156] BGH BGH NJW-RR 2002, 137; 2000, 444; OLG Düsseldorf MDR 2000, 1451.
[157] BGH NJW-RR 2002, 137.
[158] BGH NJW-RR 2001, 571; OLG Düsseldorf MDR 2000, 1451.
[159] OLG München MDR 1994, 410; LAG Köln MDR 1994, 1245.

Aufgabe zur Post verloren, ist Raum für eine Wiedereinsetzung.[160] Im Falle eines **Umzugs** während eines anhängigen Verfahrens muss die Partei für ihren Anwalt erreichbar bleiben. Dies kann durch Mitteilung der neuen Anschrift, aber auch einer Mobilfunknummer an den Anwalt (nicht nur das Gericht) geschehen. Erkennt die Partei einen Defekt ihres (Mobil-)Telefons, muss sie ihrerseits mit ihrem Anwalt Kontakt aufnehmen.[161] War die Partei über den von ihr versäumten Termin unterrichtet, muss sie sicherstellen, Kenntnis von dem an sie zugestellten Versäumnisurteil zu erhalten.[162] Braucht die Partei lediglich mit einer Terminsladung zu rechnen, so steht eine Unerreichbarkeit über einen Zeitraum von zehn Tagen einer Wiedereinsetzung nicht entgegen.[163] Bei **längerer Abwesenheit** muss sie in angemessener Weise Vorsorge treffen. Ist der Partei bekannt, dass ein Verfahren gegen sie läuft, vermag die Anerkenntnis einer **öffentlich zugestellten** oder in **Abwesenheit** verkündeten Entscheidung Wiedereinsetzung nur zu rechtfertigen, wenn die Partei alles getan hat, damit ihr die Entscheidung zur Kenntnis gebracht werden kann. Wer mit unbekanntem Aufenthalt ins Ausland verzieht und darum unerreichbar ist, kann nicht unter Berufung auf die ihm unbekannte öffentliche Zustellung Wiedereinsetzung beanspruchen.[164] Wiedereinsetzung ist dagegen zu gewähren, wenn der Gegner trotz eines ihm benannten Zustellungsbevollmächtigten die öffentliche Zustellung erwirkt[165] oder die öffentliche Zustellung auf eine unrichtige Auskunft des Einwohnermeldeamts gestützt wird.[166] Ausnahmsweise können bei plötzlichen und nicht vorhersehbaren Abwesenheiten und nicht aus eigener Kraft behebbaren Erschwernissen im Verkehr mit der Außenwelt unverschuldete Behinderungen vorliegen. Aber auch die in Strafhaft einsitzende Partei muss sich ohne Verzögerungen um ihre Angelegenheiten kümmern.[167] Allerdings ist ein Wiedereinsetzungsgrund gegeben, wenn die Anstaltsleitung dem Inhaftierten die technischen Möglichkeiten zur Einreichung eines Rechtsmittels versagt.[168]

40 **c) Liquidation, Insolvenz.** Die Liquidation des Geschäftsbetriebes ist grundsätzlich kein Grund für die Partei, eine Frist nicht zu wahren. Im Gegenteil muss im Liquidationsstadium mit fristgebundenen Rechtsangelegenheiten in besonderem Maße gerechnet werden. Für den Insolvenzfall können gewisse Probleme auftauchen. Soweit das Gerichtsverfahren die Masse betrifft, endet zwar der Fristenlauf (§§ 240, 249 Abs. 1) vorerst, außerdem ist die Partei ohnehin nicht mehr verpflichtet und nicht befugt, für die Fristwahrung zu sorgen. Schwierigkeiten können sich aber ergeben, wenn die Partei von der Beendigung der Unterbrechungswirkung durch Einstellung des Insolvenzverfahrens nicht rechtzeitig erfährt. Wiedereinsetzung scheidet aus, wenn sich die Partei nicht über den Stand (das Ende) des Insolvenzverfahrens erkundigt hat.[169] Ebenso verhält es sich, sofern der Schuldner nach der Verfahrensaufhebung nicht für die Einhaltung einer Frist in dem zuvor unterbrochenen Passivprozess wegen einer nicht erloschenen Insolvenzforderung gesorgt hat.[170] Auch in Verfahren, die nicht die Masse betreffen, können für die Partei gewisse Behinderungen auftreten (zB Postsperre) und ebenso auch durch Sicherungsmaßnahmen im Verfahren. Auch in diesen Fällen darf die Partei jedoch nicht den Kopf in den Sand stecken, sie muss sich um ihre Rechtsangelegenheiten kümmern und um Rechtsrat nachsuchen.[171]

41 **d) Absende-, Beförderungs- und Ablieferungsfehler.** Die Partei darf grundsätzlich auf die **Zuverlässigkeit der Postdienste** vertrauen. Auf die **normalen Postlaufzeiten** darf die Partei sich verlassen.[172] Gibt sie den fristwahrenden Schriftsatz ausreichend adressiert und frankiert so rechtzeitig auf, dass er üblicherweise innerhalb der Frist dem Empfänger zugehen müsste, so handelt sie schuldlos.[173] Im Fall einer Unterfrankierung und Zurückweisung des Schreibens durch das Gericht scheidet Wiedereinsetzung aus.[174] Selbst bei fehlerhafter Adressierung (Straße, Nr., Postleit-

---

160 BGH NJW 2000, 3284 f.
161 BGH NJW 2003, 903; BGH NJW 2000, 3143.
162 BAG NJW 1972, 887.
163 BAG NJW 1972, 887.
164 BGHZ 25, 11, 13; BGH FamRZ 1997, 997, 998 f.; VersR 1977, 932; BGH Beschl. v. 5. 7. 2007, V ZB 48/06 Tz 14; OLG Köln VersR 1993, 1127.
165 OLG Köln VersR 1993, 459.
166 OLG München OLGReport 1997, 238.
167 BGH VersR 1984, 850; 1985, 786.
168 OLG Köln MDR 1990, 254.
169 BGH VersR 1982, 673.
170 BGH VersR 1985, 549.
171 BGH NJW-RR 1987, 1276.
172 BVerfG NJW 2001, 1566; 2001, 744; 1994, 244; 1854; NJW 1992, 1952; 1995, 1210 (einschränkend für Poststreik); BGH NJW 2000, 82; 1999, 2118, 3271; BGH NJW 1993, 1333; BAG NJW 1995, 548.
173 BVerfG NJW 1992, 38; BGHZ 9, 118 ff. = NJW 1953, 824.
174 BGH NJW 2007, 1751; 2002, 2180.

zahl) kommt Wiedereinsetzung in Betracht, wenn das Schriftstück so frühzeitig zur Post gegeben wurde, dass mit fristgemäßem Eingang gerechnet werden durfte.[175] Anders verhält es sich aber, falls der unrichtig adressierte Brief einen Tag vor Fristablauf versendet wird.[176] Schuldhaft handelt die Partei, wenn der per E-mail zugeleitete Rechtsmittelauftrag den Anwalt infolge eines Eingabefehlers nicht erreicht.[177] Die Partei darf trotz allgemeiner Kenntnis,[178] dass ein geringer Prozentsatz der Sendungen verzögert befördert wird, darauf vertrauen, dass werktags im Bundesgebiet aufgegebene Sendungen auch bei starker Beanspruchung, etwa an Feiertagen,[179] am **folgenden Werktag** im Bundesgebiet ausgeliefert werden.[180] Ist jedoch die Dienstleistungsbereitschaft der Post infolge von Streikmaßnahmen eingeschränkt, muss sich die Partei vor Fristablauf bei dem Gericht über den Eingang erkundigen, um die Frist durch Übermittlung etwa eines Fax wahren zu können.[181] Auch bei Verlust eines Schreibens im Postverkehr ist Wiedereinsetzung möglich.[182] Freilich gelten diese Grundsätze nur für den inländischen Briefverkehr.[183] Diese Grundsätze gelten auch bei der Beauftragung eines privaten Kurierdienstes.[184]

Bei Parteien, die häufig und in größerem Umfang Prozesse führen, etwa **Wirtschaftsunternehmen** und Behörden, können gewisse organisatorische Maßnahmen erforderlich sein, die denen 42
in einer Anwaltskanzlei nahe kommen, etwa eine Ausgangskontrolle für fristwahrende Schriftsätze.[185] Eine unverschuldete Autopanne auf dem Weg zum Nachtbriefkasten kann zur Wiedereinsetzung führen. Hat die Partei fernmündlich einer Anwaltskanzlei Auftrag zur Berufungseinlegung erteilt, so braucht sie die Ausführung des Auftrags nicht zu überwachen.[186]

e) Mittellosigkeit. Die Partei ist regelmäßig ohne ihr Verschulden verhindert, die Frist einzuhal- 43
ten, wenn es ihr nicht möglich ist, die Geldmittel innerhalb der Frist aufzubringen, die sie für die Prozessführung, insbesondere den Kostenvorschuss, braucht. Dies ist (nur) der Fall, wenn die Partei nach ihren persönlichen und wirtschaftlichen Verhältnissen die Voraussetzungen für die **Bewilligung von Prozesskostenhilfe** erfüllt (§ 114). Darum ist grundsätzlich Wiedereinsetzung zu gewähren, wenn fristgerecht für die zu wahrende Rechtshandlung ein Prozesskostenhilfegesuch bei dem zuständigen Gericht[187] eingereicht wird. Die bedürftige Partei darf nicht schlechter als eine Partei gestellt werden, die über die Mittel zur Prozessführung verfügt. Um Wiedereinsetzung zu erlangen, muss die Partei den Antrag auf Prozesskostenhilfe **innerhalb der zu wahrenden Frist** ordnungsgemäß und vollständig stellen. Eine Begründung des Gesuchs ist zweckmäßg und erwünscht, von Gesetzes wegen aber nicht geboten. Der Prozesskostenhilfeantrag darf am **letzten Tag der Frist** eingereicht werden,[188] auch bis zum Ablauf der verlängerten Berufungsbegründungsfrist,[189] aber nicht danach.[190] Im Falle fehlenden Verschuldens kann der Antrag noch nach Fristablauf, dann aber innerhalb der Frist des § 234 gestellt werden.[191] Mit der Einlegung des Rechtsmittels kann die Partei bis zur Entscheidung über ihren Antrag abwarten.[192] Legt sie gleichwohl Rechtsmittel ein, kann die Rechtsmittelbegründung ohne die Notwendigkeit, einen Antrag auf Verlängerung der Begründungsfrist zu stellen, nach der Entscheidung über den Prozesskostenhilfeantrag innerhalb der Wiedereinsetzungsfrist nachgeholt werden.[193] Ist zum Zeitpunkt der Entscheidung über die Prozesskostenhilfe nur die Einlegungsfrist, aber nicht auch die Begründungsfrist versäumt, kann die Partei nicht darauf verwiesen werden, innerhalb von zwei Werktagen einen Antrag auf Verlängerung der Begründungsfrist zu stellen.[194] Falls der fristgerecht gestellte Antrag auf Gewährung von Prozesskostenhilfe mit einer unwirksamen bedingten, an die Gewährung von Prozesskostenhilfe geknüpften Rechtsmitteleinle-

[175] BVerfG NJW 2001, 1566; anders BGH NJW 2000, 82
[176] BAG NJW 1987, 3278.
[177] OLG Nürnberg NJW 2006, 2195.
[178] BGH NJW 1999, 2118.
[179] BVerfG NJW 2001, 1566f.; BGH NJW 1993, 1333.
[180] BGH BGHReport 2004, 1257; BGH, Beschl. v. 18. 7. 07, XII ZB 32/07 Tz 13.
[181] BVerfG NJW 1995, 1210f.; BGHNJW 1993, 1333; NJW 1993, 1332.
[182] BGH NJW 1957, 790.
[183] BGH VersR 1986, 703.
[184] BVerfG NJW 1999, 3701.
[185] BSG NVwZ 1988, 767 (LS).
[186] BGH NJW 1981, 2815.
[187] BGH NJW 1987, 440.
[188] BGH NJW-RR 2006, 140; NJW 1998, 1230; VersR 1985, 287; BGH FamRZ 2007, 1319.
[189] BGH NJW-RR 2005, 926.
[190] BGH NJW-RR 2006, 144 (L) = BGHReport 2005, 1468.
[191] BGH NJW-RR 2006, 140; NJW 2002, 2180.
[192] BGHZ 16. 1ff. = NJW 1955, 345.
[193] BGH BB 2005, 1704; BGH FamRZ 2007, 1319.
[194] BGH NJW 2004, 2903.

gung[195] verbunden worden ist, darf Wiedereinsetzung nicht wegen des bedingten Antrags verweigert werden.[196] Die wirtschaftlichen Voraussetzungen für die Gewährung von Prozesskostenhilfe sind ebenfalls bis zum Fristablauf unter Verwendung der maßgeblichen Vordrucke (§ 117 Abs. 4) darzulegen.[197] Unschädlich ist eine selbst verschuldete, aber nicht in böser Absicht hervorgerufene Mittellosigkeit.[198] Für einen rechtsschutzversicherten Rechtsmittelkläger entfällt das Hindernis der Bedürftigkeit mit der **Deckungszusage** seines Rechtsschutzversicherers.[199] Ferner entfällt das Hindernis mit einer Verbesserung der wirtschaftlichen Verhältnisse der Partei, nicht erst mit der Ablehnung ihres Antrags durch das Gericht.[200] Der Antrag kann trotz Bestehens einer Rechtsschutzversicherung angebracht werden, wenn bis Fristablauf noch keine Deckungszusage erfolgt ist.[201] Die Bezugnahme auf die in der Vorinstanz abgegebene Erklärung zu den wirtschaftlichen Verhältnissen ist ausreichend, wenn zugleich unmissverständlich mitgeteilt wird, dass sich keine Änderung ergeben hat.[202] Neben dem Nachweis der Bedürftigkeit ist mit dem Antrag das angefochtene Urteil vorzulegen, die erforderliche Beschwer und die Zulässigkeit des Rechtsmittels glaubhaft zu machen. Eine sachliche Begründung des Antrags zur Prüfung der Erfolgsaussichten des Rechtsmittels kann indessen nicht verlangt werden.[203] Unter diesen Voraussetzungen wird nach der Entscheidung, **gleich ob sie Prozesskostenhilfe gewährt oder den Antrag ablehnt,** über den Antrag auf Prozesskostenhilfe auf den innerhalb der Frist des § 234 zu stellenden Wiedereinsetzungsantrag Wiedereinsetzung gewährt.[204]

44 Die Frist des § 234 Abs. 1 kann die Partei auch wahrnehmen, wenn die **ablehnende Entscheidung** über das Prozesskostenhilfegesuch noch **innerhalb der laufenden Rechtsmittelfrist** ergeht (was freilich selten der Fall sein wird), der Partei aber nach Zustellung der Prozesskostenhilfeentscheidung nicht mehr als drei Werktage zur Fristwahrung verbleiben.[205] Die Rechtsprechung billigt der Partei eine gewisse Entschließungsfrist zu, sie soll überlegen dürfen, ob sie das Rechtsmittel nun auf eigene Kosten durchführen will. Wird das Prozesskostenhilfegesuch der Partei nach Ablauf der Rechtsmittelfrist zurückgewiesen, steht ihr ebenfalls zunächst eine kurze Überlegungszeit von etwa drei Tagen zu, innerhalb deren sie sich entscheiden muss, ob sie das Rechtsmittel auf eigene Kosten durchführen will; sodann beginnt die Wiedereinsetzungsfrist des § 234 Abs. 1.[206] Die Frist des § 234 läuft ab dem Zeitpunkt, in dem der Rechtspfleger die Partei auf die fehlenden wirtschaftlichen Voraussetzungen hinweist und nicht erst nach der förmlichen Ablehnung des Gesuchs durch das Gericht.[207]

45 Die Wiedereinsetzung erfordert **Kausalität** im Verhältnis der Bedürftigkeit zur Fristversäumung. Wird eine Berufungsbegründung nach Ablauf der Begründungsfrist, aber vor der Entscheidung über das Prozesskostenhilfegesuch nachgeholt, ist grundsätzlich, ohne dass es weiterer Darlegungen der Partei bedarf, davon auszugehen, dass die Mittellosigkeit der Partei für die zunächst unterlassene Prozesshandlung und sodann für ihre Verspätung ursächlich geworden ist.[208] Entsprechendes gilt, wenn das Prozesskostenhilfegesuch rechtzeitig vor Fristablauf mit einer Rechtsmittelschrift eingeht, diese aber von einer nicht postulationsfähigen Person unterzeichnet wurde, weil die Partei wegen Mittellosigkeit nicht zur Beauftragung eines zugelassenen Anwalts in der Lage war.[209] Wird hingegen nach Beantragung von Prozesskostenhilfe noch vor Ablauf der Berufungsfrist durch einen zugelassenen Anwalt ein verspätet eingehendes Rechtsmittel (Zustellung: 8.7.; Rechtsmittelschrift: 7.8.; Eingang: 9.8.) eingelegt, so ist hingegen das Hindernis der Mittellosigkeit entfallen, weil die Frist ohne Rücksicht auf die Bewilligung von Prozesskostenhilfe gewahrt werden sollte.[210] Ferner beruht die Fristversäumung bei innerhalb der Berufungsfrist gestelltem Prozesskostenhilfeantrag nicht auf Mittellosigkeit, wenn der Anwalt bereit war, vor Bescheidung des Antrags für die Partei weiter tätig

---

195 Vgl. BGH FamRZ 2007, 801; NJW-RR 2006, 140; BGHReport 2005, 1468; FamRZ 2004, 1553.

196 BGH NJW 1999, 2823.

197 BGH NJW-RR 2000, 879; NJW 2002, 2180, 1998, 1230; MDR 1989, 720; BGHZ 38, 376, 378 = NJW 1963, 584; BGHZ 16, 1 ff. = NJW 1955, 345.

198 BGH NJW 1959, 884.

199 BGH NJW 1991, 109.

200 BGH NJW 1999, 793.

201 BGH NJW 1998, 1230.

202 BGH BGHReport 2001, 750; BGH NJW 1997, 1078.

203 BGH NJW 1993, 732 f.; 1960, 676.

204 BGH NJW 1999, 2823; 1998, 1230; 1997, 1078; 1993, 732; BGH FamRZ 1994, 567; eingehend hierzu *Jochen Meyer* NJW 1995, 2139.

205 BGH NJW 1986, 257 mwN; *Musielak/Grandel* Rn. 34; *Zöller/Greger* Rn. 23 „Prozeßkostenhilfe"; aA 2. Aufl. Rn. 44; *Lüderitz* ZZP 78 (1965), 131, 141; vgl. ferner *Jochen Meyer* NJW 1995, 2139.

206 BGH NJW 2001, 2262; VersR 1999, 1123 f.; NJW-RR 1990, 451.

207 BGH FamRZ 2007, 801.

208 BGH NJW 1999, 3271.

209 *BGH NJW 1985, 2834.*

210 BGH NJW 1966, 203.

zu werden;[211] dies gilt aber nicht, wenn nach einem **Mandatswechsel** der neue Anwalt seine Tätigkeit von der Bewilligung von Prozesskostenhilfe abhängig macht.[212] Wird Prozesskostenhilfe unter Anerkennung der Bedürftigkeit nur wegen mangelnder Erfolgsaussicht der Rechtsverfolgung oder Rechtsverteidigung verweigert, so kommt gleichwohl eine Wiedereinsetzung in Betracht. Aus dem Umstand, dass die Partei nach Ablehnung ihres Gesuchs ihren Wahlanwalt mit der Fortsetzung beauftragt, kann nicht geschlossen werden, dass sie nicht infolge Bedürftigkeit an der Fristwahrung gehindert war.[213] Wird Prozesskostenhilfe nicht mangels Bedürftigkeit, sondern mangels Erfolgsaussichten versagt, ist Wiedereinsetzung zu gewähren, wenn die Partei sich für **bedürftig halten durfte.**[214] Wird Prozesskostenhilfe nicht mangels Erfolgsaussicht verweigert, sondern weil die persönlichen und wirtschaftlichen Verhältnisse der Partei dies nicht rechtfertigen, ist Wiedereinsetzung grundsätzlich abzulehnen, weil das Hindernis der Mittellosigkeit objektiv nicht vorlag. Anders verhält es sich indessen, wenn sich die (objektiv nicht arme) Partei für bedürftig halten durfte und vernünftigerweise nicht mit der Ablehnung des Antrages zu rechnen brauchte,[215] etwa weil ihr bei unveränderten wirtschaftlichen Verhältnissen in der Vorinstanz Prozesskostenhilfe bewilligt worden war.[216] Wiedereinsetzung scheidet aus bei offenbar unvollständigen oder irreführenden Angaben.[217]

Bewilligt das Gericht Prozesskostenhilfe, so ist die Wiedereinsetzung problemlos.[218] Nach Be- 46
kanntgabe des Bewilligungsbeschlusses ist – ohne eine nur bei Ablehnung des Gesuchs eröffnete Überlegungsfrist[219] – innerhalb der Frist der §§ 234 Abs. 1, 236 Abs. 2 S. 2 Wiedereinsetzung zu beantragen und die versäumte Prozesshandlung nachzuholen.

f) Arglist des Gegners. Wiedereinsetzung ist möglich, wenn die Partei an der Fristwahrung 47
durch Arglist des Prozessgegners gehindert worden ist, etwa durch die **Täuschung,** man werde die geltend gemachte Forderung freiwillig erfüllen oder sich darüber vergleichen, ein Rechtsmittel sei deshalb unnötig. Die noch weitergehenden Fälle, in denen der Gegner die Unterlassung der Rechtsmitteleinlegung sich eindeutig sittenwidrig erschleicht oder sie durch Drohung erzwingt, können zwar ebenfalls die Wiedereinsetzungsmöglichkeit eröffnen.[220]

g) Mitwirkende Gerichtsfehler. Handlungen und Unterlassungen der Justiz, für die die Frist- 48
versäumung (mit-)ursächlich werden, rechtfertigen die Wiedereinsetzung. Hierzu gehört etwa eine **fehlerhafte Rechtsmittelbelehrung,** wenn erst- und zweitinstanzliches Gericht die Partei im verwaltungsgerichtlichen Verfahren (fehlerhaft) dahin belehren, ein Antrag auf Zulassung der Berufung sei an des Berufungsgericht zu adressieren.[221] Die fehlerhafte Rechtsmittelbelehrung über den Beginn des Fristlaufs begründet Wiedereinsetzung, wenn sie einen unvermeidbaren oder zumindest entschuldbaren Rechtsirrtum hervorruft.[222] Der Partei ist Wiedereinsetzung zu gewähren, wenn durch das Gericht eine zweite Zustellung des Urteils veranlasst wird und der Anwalt in der Annahme, dass die erste Zustellung fehlerhaft war, die Rechtsmittelfristen auf die zweite Zustellung bezieht.[223] Ebenso verhält es sich, wenn das Gericht das Urteil zwei mal zustellt, lediglich das zweite Empfangsbekenntnis zu den Akten nimmt und der (neue) Rechtsanwalt nach Akteneinsicht von der durch die zweite Zustellung ausgelösten Frist ausgeht.[224] Legt ein Anwalt Berufung unter Beifügung des angefochtenen Urteils und der „Bitte um Rückgabe" ein, kann, wenn er sich **mangels Rücksendung des Urteils** zur Begründung des Rechtsmittels außerstande sieht, Wiedereinsetzung nicht bewilligt werden, weil ein etwaiges Versäumnis des Gerichts wesentlich geringer einzustufen ist als das Verschulden des Anwalts, der nicht die einzige Urteilsausfertigung aus der Hand geben darf und zumindest bei der Stellung seines Verlängerungsantrags zur Begründung des Rechtsmittels das Fehlen des Urteils hätte erkennen müssen.[225] Gibt der Anwalt in der rechtzeitig einlegten Rechtsmittelschrift einen unrichtigen Zustellungszeitpunkt an, darf er nicht darauf vertrauen, von dem Gericht zwecks Wahrung der Begründungsfrist auf den zutreffenden Zustellungszeitpunkt hingewiesen zu

---

[211] BGH VersR 1986, 91.
[212] BGH NJW-RR 2005, 926.
[213] BGH LM § 233 Nr. 56.
[214] BGH NJW 1993, 732 f.
[215] BGH VersR 2000, 383; 1985, 395; FamRZ 1998, 1575; 1988, 1153.
[216] BGH NJW-RR 2000, 1387; NJW 1986, 257.
[217] BGH NJW-RR 1991, 1532; VersR 1976, 931.
[218] BGH NJW 1985, 2834.
[219] BGH NJW 1978, 1920.
[220] BGH NJW 1992, 2280 (erschlichene öffentliche Urteilszustellung).
[221] BVerfG NJW 2004, 2887.
[222] BGH BGHReport 2004, 184; NJW 1993, 3204; BAG NJW 2005, 3515.
[223] BGH NJW 1996, 1900 f.; VersR 1987, 258 f.
[224] BGH BRAK-Mitt 2004, 161.
[225] BGH NJW-RR 2004, 1500.

werden.[226] Auch darf sich der Anwalt nicht auf erkennbar fehlerhafte Auskünfte der **Geschäftsstelle** verlassen.[227] Vertrauen ist dagegen gerechtfertigt, wenn die Geschäftsstelle den rechtzeitigen Eingang eines Schriftsatzes bestätigt.[228] Der Anwalt darf auf das ihm von der Geschäftsstelle telefonisch mitgeteilte Datum seines Empfangsbekenntnisses ebenso wie auf die in gleicher Weise mitgeteilte Verlegung eines Verkündungstermins vertrauen.[229] Gelingt es dem Anwalt trotz mehrfacher, auch schriftlicher Anfragen nicht, von dem Gericht zu erfahren, wann und mit welchem Inhalt eine Entscheidung ergangen ist, beruht die Versäumung der Rechtsmittelfrist auch nach Ablauf der absoluten Frist des § 517 ZPO nicht auf einem Verschulden des Anwalts.[230] Nichts anderes gilt für die Auskunft, Fristverlängerung sei gewährt worden,[231] während die Auskunft, Fristverlängerung werde wird erst noch gewährt werden, keinen **Vertrauensschutz** begründet.[232] Vertrauensschutz ist also nur berechtigt, wenn eine schon erlassene richterliche Fristverlängerung mitgeteilt wird.[233] Ein Verschulden des Anwalts scheidet aus, wenn seine unwirksame Unterzeichnung durch Paraphe jahrelang seitens der Gerichte unbeanstandet blieb.[234] Dagegen scheidet Wiedereinsetzung aus, wenn der Anwalt nicht nur paraphiert, sondern auch ordnungsgemäß unterzeichnet.[235] Geht ein fristgebundener Schriftsatz nicht bei dem Berufungsgericht, sondern dem erstinstanzlichen Gericht ein, ist dieses Gericht zur Weiterleitung des Schriftsatzes an das Berufungsgericht verpflichtet. Erreicht der Schriftsatz das früher mit der Sache befasste Gericht so frühzeitig, dass die fristgerechte Weiterleitung an das Berufungsgericht im **ordentlichen Geschäftsgang** ohne weiteres erwartet werden kann, so ist der Partei Wiedereinsetzung in den vorigen Stand zu gewähren, wenn der Schriftsatz nicht rechtzeitig bei dem Rechtsmittelgericht eingeht. Dabei ist es ohne Bedeutung, ob der Schriftsatz auch einen das Erstgericht betreffenden Antrag enthält und der Bevollmächtigte den Fehler noch vor Fristablauf bemerkt.[236] Eine Weiterleitung innerhalb des ordentlichen Geschäftsgangs scheidet aus, wenn der am letzten Tag der Frist um 9.55 Uhr bei dem Landgericht per Fax eingegangene Schriftsatz um 13.00 Uhr abgetragen und nach Ablage in einem Fach am nächsten Tag dem im selben Gebäude ansässigen Oberlandesgericht zugeleitet wird.[237] Dabei hat die Wiedereinsetzung begehrende Partei darzulegen und glaubhaft zu machen, dass eine Weiterleitung innerhalb des ordentlichen Geschäftsganges erwartet werden durfte.[238] Wird entgegen § 119 Abs. 1 Nr. 1 b) GVG Berufung an das LG statt an das OLG eingelegt, kann nicht ohne weiteres von einer fristgerechten Weiterleitung an das OLG ausgegangen werden.[239] Wird die Annahme einer **unterfrankierten, fristgebundenen Postsendung** durch das Gericht verweigert und gelangt die Sendung infolge einer Postverzögerung erst nach Fristablauf an den Absender zurück, kann dieser sich nicht darauf berufen, dass er bei ordnungsgemäßem Rücklauf der Postsendung durch eine erneute Übermittlung zur Fristwahrung in der Lage gewesen wäre, weil dem Absender das Risiko, dass auch die abermalige Übermittlung – aus welchen Gründen auch immer – gescheitert wäre nicht durch die Fiktion abgenommen werden kann, dass der zweite Übermittlungsanspruch fehlerfrei verlaufen wäre.[240] Erteilt die Mitarbeiterin der Geschäftsstelle des Landgerichts, wo der an das Oberlandesgericht gerichtete Berufungsschriftsatz eingegangen ist, am Nachmittag des letzten Tages der Einlegungsfrist die Auskunft, das Schriftstück weiterzuleiten, kann der Anwalt mangels einer Zusage der fristgerechten Überbringung nicht darauf vertrauen, dass die Berufungsschrift noch am selben Tag bei dem Oberlandesgericht eingeht.[241] Erklärt eine Mitarbeiterin der Senatsgeschäftsstelle, bei Nichtgewährung einer Verlängerung der Rechtsmittelbegründungsfrist werde der Anwalt rechtzeitig informiert, braucht er keine Rückfrage wegen der erbetenen Verlängerung zu halten.[242]

---

[226] BSG NJW 2005, 1303, 1305.
[227] BGHZ 5, 275 = NJW 1952, 665; BGH NJW 1994, 2299.
[228] BVerfG NJW 1995, 711.
[229] BGH NJW 1999, 794 f.; NJW 1966, 658.
[230] BGH BGHReport 2004, 324.
[231] BGH NJW 1996, 1682.
[232] BGH VersR 1993, 379.
[233] BGH BGHReport 2004, 270 f.; BGHZ 93, 300, 305 = NJW 1985, 1558.
[234] BVerfG NJW 1988, 2787; BGH NJW 1999, 60.
[235] LAG Berlin NJW 2002, 989.
[236] BVerfG NJW 2001, 1343; BGH NJW-RR 2005, 1373; BGH BGHReport 2004, 1515; BGH NJW 2004, 516; BGH, Beschl. v. 28. 6, 2007, V ZB 187/06.
[237] BGH BGHReport 2007, 622.
[238] BGH NJW-RR 2005, 1373; BGH NJW 1987, 440.
[239] BGH BGHReport 2006, 115.
[240] BGH NJW 2007, 1751.
[241] BGH NJW 2004, 516.
[242] BGH BGHReport 2002, 246 f.

III. Verhinderungen aus dem Bereich des Prozessbevollmächtigten

1. Allgemeines. a) Vertreterverschulden. Auch die im Bereich des Prozessbevollmächtigten entstehenden Verhinderungen sind Verhinderungen der Partei. Hauptthema dieses Abschnitts ist folglich auch nur, ob ein Vertreterverschulden die Fristversäumung bewirkt hat, das die Partei sich nach § 85 Abs. 2 zurechnen lassen muss. Vertreter im Sinne von § 85 Abs. 2 ist über den bloßen Wortlaut der Vorschrift hinaus jeder gewillkürte Vertreter, den die Partei zur Wahrnehmung von Aufgaben für den Prozess (im weitesten Sinne) rechtsgeschäftlich bestellt hat.[243] Es ist im Zivilprozess heute fast ausschließlich ein Rechtsanwalt. Da die Prozessbearbeitung und damit auch die Beachtung der Fristen zu seinen **Berufsaufgaben** gehört, werden für die Schuldlosigkeit im Sinne von § 233 berufsbezogene und verfahrensbezogene Anforderungen gestellt. Der Prozessbevollmächtigte schuldet die für einen ordentlichen und gewissenhaften Rechtsanwalt übliche Sorgfalt,[244] Folglich bei einem Wiedereinsetzungsantrag nicht die Kenntnisse eines technischen Sachverständigen.[245] 49

b) Begriff des Bevollmächtigten. Als Bevollmächtigter gilt nicht nur der eigentliche Prozessbevollmächtigte, sondern auch der als Sozius mitbeauftragte Rechtsanwalt,[246] selbst wenn er – bei Versäumung des rechtzeitigen Einwurf des Berufungsschriftsatzes in den Gerichtsbriefkasten – bei dem Revisionsgericht nicht zugelassen,[247] nur ein Außensozius ist[248] oder für die Bearbeitung der Sache im Innenverhältnis zunächst gar nicht (als **Sachbearbeiter**) zuständig war und der Sozietät erst nach Auftragserteilung beigetreten ist.[249] Hat die Partei einen **Korrespondenzanwalt** (= Verkehrsanwalt) eingeschaltet, wird ihr dessen Verschulden zugerechnet.[250] Sofern die Partei mehrere Bevollmächtigte (§ 84 ZPO) hat, hindert das Verschulden eines jeden von ihnen die Wiedereinsetzung.[251] Der Partei wird das Verschulden des amtlich bestellten Vertreters des Bevollmächtigten (§ 53 BRAO),[252] auch wenn er Referendar ist (§ 53 Abs. 4 S. 2 BRAO),[253] sowie des Abwicklers der Kanzlei (§ 55 BRAO),[254] des Zustellungsbevollmächtigten[255] und des Unterbevollmächtigten, aber nicht des nach dem Tod des Anwalts bestellten Vertreters[256] zugerechnet. Die Partei hat auch für Verschulden eines **Nichtanwalts** einzustehen, dem sie es überlassen hat, den Schriftwechsel mit dem bei Gericht auftretenden Rechtsanwalt zu führen oder einen Rechtsanwalt mit der Führung des Prozesses oder der Einlegung eines Rechtsmittels zu beauftragen.[257] Ebenso wie das Büropersonal sind **juristische Hilfskräfte** des Anwalts (angestellte Anwälte, Assessoren und Referendare) grundsätzlich Dritte, deren Verschulden der Partei nicht angelastet wird. Bestand die Aufgabe dieses Personenkreises nur aus vorbreitenden und unselbstständigen Tätigkeiten, kann ein Verschulden ebenso wie bei dem Büropersonal nicht dem Anwalt vorgeworfen werden, es sei denn, ihn trifft ein **Eigenverschulden,** weil er einem selbst gut qualifizierten Referendar die Fristenberechnung überlässt.[258] Im Unterschied dazu findet eine Zurechnung statt, sofern die Sache einem angestellten Rechtsanwalt oder voll juristisch ausgebildeten (freien) Mitarbeiter zur **selbstständigen Bearbeitung** übertragen wurde, weil sich der Prozessbevollmächtigte andernfalls seiner Verantwortung entziehen könnte.[259] Bei der nicht immer einfachen Unterscheidung, ob ein Bevollmächtigter im Sinne von § 85 Abs. 2 oder ein Dritter tätig geworden ist, kommt dem Merkmal der „selbstständigen Bearbeitung" der jeweiligen Sache oder eines wesentlichen Teilbereichs der Sache vor allem Gewicht zu. Alle übrigen Mitarbeiter im Anwaltsbüro, seien sie auch Juristen, sind Dritte, für deren Verschulden die Partei – wenn es nicht auf einem Organisationsfehler ihres Bevollmächtigten beruht – nicht einzustehen hat. 50

---

[243] BGH VersR 1984, 239.
[244] BGH NJW-RR 1999, 1664; NJW 1985, 1710; BAG NJW 1987, 1355; vgl. auch OLG Frankfurt NJW-RR 1998, 1369.
[245] BGHReport 2005, 458 f.
[246] BGHZ 83, 328 = NJW 1982, 1866; BGH VersR 1986, 686.
[247] BGH MDR 2003, 891.
[248] BGH NJW 2001, 1580.
[249] BGHZ 124, 47 = NJW 1994, 257; BGH NJW-RR 2003, 490; VersR 1975, 1028.
[250] BGH NJW-RR 2005, 143, 145; NJW 1982, 2447.
[251] BGH BGHReport 2003, 826 = NJW 2003, 2100; NJW 1982, 2447; *Zöller/Greger* Rn. 23 „Mehrere Anwälte".
[252] BGH NJW 2001, 1575; VersR 1984, 585; 1982, 145.
[253] BAG NJW 1973, 343.
[254] BGH NJW 1992, 2158; BGH VersR 1984, 989.
[255] *Musielak/Weth* § 85 Rn. 12.
[256] BGH NJW 1982, 2324.
[257] BGH NJW 1988, 2672 f.
[258] RG JW 1935, 2848. vgl. BAG NJW 1973, 343
[259] BGH NJW 2004, 2901 f.; 2001, 1575; BGHReport 2004, 1448; 2004, 910; 2003, 906; NJW-RR 1992, 1019; VersR 1990, 874; NJW 1974, 1511.

51 **c) Bestehen der Vollmacht.** Zurechenbar ist ein Verschulden des Rechtsanwalts nur, sofern er wirksam bevollmächtigter Vertreter ist.[260] Die Beiordnung nach § 121 genügt für sich allein noch nicht.[261] Zusätzlich muss Prozessvollmacht erteilt werden. Das Mandat muss schon und auch noch bestanden haben. Dazu gehört bei neuen Mandatierungen, dass der Anwalt zur Übernahme des Auftrags bereit ist. Auch § 44 BRAO ändert nichts daran, dass der Rechtsanwalt erst mit der Annahme des Auftrags zum Vertreter im Sinne von § 85 Abs. 2 wird.[262] Nach **Niederlegung** des Mandats können sich zwar für den Anwalt noch gewisse Nachwirkungen ergeben. Nach dem Gedanken, der § 85 Abs. 2 zugrunde liegt (die Partei soll für die Person ihres Vertrauens einstehen), ist es jedoch nicht zu rechtfertigen, Handlungen oder Unterlassungen des Anwalts nach der Mandatskündigung der Partei zuzurechnen.[263] Eine Ausnahme kann gelten, wenn die Kündigung des Vollmachtsverhältnisses mit schuldhaftem Verhalten des Anwalts einhergeht.[264] Gilt die Vollmacht des Anwalts trotz Mandatsniederlegung fort (§ 87 Abs. 1 Halbs. 2), wirkt sein Wissen, dass mangels Bestellung eines neuen Bevollmächtigten durch eine Zustellung an ihn Rechtsmittelfristen in Lauf gesetzt werden, zum Nachteil der Partei.[265]

52 **d) Abgrenzung zum Gehilfenverschulden.** Soweit der Bevollmächtigte bei der Erfüllung seiner Aufgaben Gehilfen heranzieht, sind diese Dritte, deren Verschulden der Wiedereinsetzung nicht im Wege steht, sofern die Fristversäumung nicht adäquat kausal durch ein eigenes Verschulden des Bevollmächtigten verursacht ist. Trifft den Prozessbevollmächtigten also ein eigenes Verschulden an der Fristversäumung, so entlastet es ihn nicht, wenn daneben auch ein Verschulden seines Kanzleipersonals gegeben ist.[266]

53 **2. Nicht unmittelbar berufsbezogene Verhinderungen.** Bestimmte Entschuldigungsgründe, die nicht unmittelbar mit dem Anwaltsberuf zusammenhängen, gelten prinzipiell ebenso wie für die Partei selbst auch für deren Bevollmächtigten. Das trifft insbesondere zu für Verhinderung des Bevollmächtigten durch höhere Gewalt, Unglücksfälle aller Art und Naturereignisse. Da man sich auf Unvorhersehbares nicht einstellen kann, ist Wiedereinsetzung zu gewähren, wenn der Anwalt trotz rechtzeitigen Fahrtantritts (Beispiel: 23.45 Uhr bei Fahrtzeit von zehn Minuten) den Nachtbriefkasten wegen eines Staus,[267] einer **Reifenpanne,**[268] wegen der Behinderung seines PKW durch ein verbotswidrig abgestelltes Fahrzeug,[269] oder wegen eines (auch verschuldeten, aber eben nicht vorhersehbaren) **Verkehrsunfalls** nicht rechtzeitig erreicht.[270] Der Anwalt kann nach freiem Ermessen wählen, ob er mit der Bahn oder Flugzeug zum Gericht anreist, und muß nicht mit einer längeren Verspätung der Verkehrsmittel als einer Stunde rechnen.[271] Beantragt die Partei unter Berufung auf einen Computerabsturz[272] oder Verzögerungen sowohl bei der Öffnung einer den Begründungsentwurf enthaltenden Diskette als auch bei der anschließenden mail-Versendung[273] Wiedereinsetzung, so hat sie die näheren Umstände der Störung im Einzelnen darzulegen. Entsprechendes gilt, wenn ein Spontanversagen eines Faxgeräts behauptet wird, das vor und nach dem erfolglosen Übermittlungsversuch ordnungsgemäß funktioniert hat.[274] Wird eine per Telekopie übermittelte Berufungsbegründung infolge eines Papierstaus im gerichtlichen Empfangsgerät ohne die von dem Bevollmächtigten unterschriebenen Seite empfangen, so ist die Frist nicht gewahrt, der Partei aber Wiedereinsetzung zu gewähren.[275] Entsprechendes gilt, wenn eine Frist nicht gewahrt wird, weil ein in der Kanzlei tätiger Handwerker eine Akte verlegt.[276] Bei dem Tode des Prozessbevollmächtigten endet im Anwaltsprozess der Fristlauf (§§ 244 Abs. 1, 249 Abs. 1), so dass es einer Wiedereinsetzung nicht bedarf. Ansonsten ist der Anwalt gehalten für vorhersehbare wie auch unvorhersehbare Abwesenheitsfälle – auch seiner Mitarbeiter – Vorsorge zu treffen. Wer wie ein An-

[260] Vgl. Rn. 29 zur Manatsniederlegung; *Zöller/Vollkommer* § 85 Rn. 12.
[261] BGH NJW 1987, 440.
[262] BGHZ 47, 320 = NJW 1967, 1567.
[263] BGH VersR 1985, 1185.
[264] BGH VersR 1992, 378.
[265] BGH BGH BGHReport 2007, 782 Tz 13.
[266] BGH NJW 2007, 1599.
[267] BGH NJW 1999, 724.
[268] BGH NJW 1998, 2677 f.; VersR 1988, 949.
[269] BGH NJW 1998, 2677 f.; 1989, 2393.
[270] BGH NJW 1998, 2677 f.
[271] BGH BGHReport 2007, 663.
[272] BGH NJW 2004, 2525.
[273] BGH NJW-RR 2005, 793 f. = FamRZ 2005, 882.
[274] BGH BGHReport 2007, 26.
[275] BGH NJW-RR 2005, 435.
[276] BGH BGHReport 2002, 433 = NJW 2002, 1130.

walt Fristen zu wahren hat, muss auch in höherem Maße dafür sorgen, dass bei seinem Ausfall eine Vertretung gesichert ist.[277] Deshalb hat der Rechtsanwalt auch bei einer **Erkrankung** dafür zu sorgen, dass fristwahrende Schriftsätze rechtzeitig seine Kanzlei verlassen, indem ein Vertreter die notwendigen Prozesshandlungen vornimmt.[278] Für plötzliche Notfälle ist dem Personal vorsorglich die Weisung zu erteilen, einen **Antrag auf Vertreterbestellung bei der Justizverwaltung** anzubringen (§ 53 BRAO);[279] im Falle periodischer Erkrankung ist dies von dem Anwalt selbst zu veranlassen.[280] Kein Verschulden trifft den Anwalt, wenn er unmittelbar Terminsablauf erkennt, infolge seiner fortdauernden krankheitsbedingten Erschöpfung den Schriftsatz nicht fertig stellen zu können,[281] er am Tag vor Terminsende einen plötzlichen Herzanfall erleidet, nach der Behandlung sein Büro am Abend nicht mehr besetzt ist und er daher einen fristgemäßen Schriftsatz nicht mehr fertigen lassen kann,[282] seinen Vertreter eine plötzliche Erkrankung ereilt[283] oder bei einer vorübergehenden Grippeerkrankung die Bestellung eines Vertreters untunlich ist und der Verhinderung mit einem Verlängerungsantrag abgeholfen werden kann.[284] Verschulden liegt hingegen vor, wenn der vor einem „völligen Zusammenbruch" stehende Anwalt seine Tätigkeit in der Hoffnung, der Belastung weiterhin standzuhalten, fortsetzt[285] oder trotz wiederholt auftretender vorhersehbarer Erkrankungen keine Vorwege durch eine Vertreterbestellung trifft.[286] Falls der Anwalt zur Stellung eines Fristverlängerungsantrags in der Lage ist, darf davon ausgegangen werden, dass ihn die behauptete Augenerkrankung nicht daran gehindert hat, die nach Fristablauf eingereichte dreiseitige Berufungsbegründung zu fertigen.[287] Das **Vergessen einer Frist** stellt regelmäßig Verschulden dar, selbst wenn der Anwalt durch unerwartete Trennungsabsichten eines Kollegen[288] oder ein Telefongespräch[289] abgelenkt wird. Außerdem muss er den Vorrang seiner beruflichen Aufgaben beachten, darf sich also etwa familiären Sorgen nicht derart hingeben, dass er darüber seine Pflichten vergisst. Arbeitsüberlastung des Anwalts, der bei Fertigung der Berufungsbegründung einschläft,[290] ist kein Wiedereinsetzungsgrund.[291] Betraut der vorübergehend abwesende Anwalt einen Dritten mit der Rechtsmitteleinlegung, so muss er den Auftrag eindeutig und unmissverständlich erteilen.[292] Im Blick auf Zustellungen muss der Anwalt sicherstellen, dass sowohl vor seiner Abwesenheit begonnene und während seiner Abwesenheit ablaufende als auch während seiner Abwesenheit beginnende und ablaufende (kurze) Fristen gewahrt werden.[293] Die **Hinterlegung von Blankounterschriften** entbindet den Anwalt nicht von seinen Sorgfaltspflichten.[294] Der Anwalt muss sicherstellen, dass seine Angestellten ihre Aufgaben auch dann zuverlässig erfüllen, wenn die Belegschaft durch Krankheit oder Urlaub reduziert ist. Der Anwalt muss den **Ausfall kompensieren,** indem er entweder zuverlässige Ersatzkräfte einstellt oder delegierte Aufgaben wie die Fristenkontrolle wieder an sich zieht.[295] Hingegen muss der Anwalt keine spezielle Vorsorge treffen, wenn die am Nachmittag des Fristablaufs allein im Büro verbliebene, mit der Faxübermittlung der Berufungsbegründung betraute Mitarbeiterin plötzlich infolge unvorhersehbarer Kreislaufbeschwerden die Praxis verlässt.[296]

Wie die Partei darf auch der Rechtsanwalt sich darauf verlassen, dass ein Brief innerhalb der für den **Postverkehr** normalen Frist den Empfänger im Inland erreicht.[297] Aus den gleichen Gründen und unter den gleichen Voraussetzungen ist es auch nicht erforderlich, sich danach zu erkundigen, ob die Rechtsmittelschrift oder der Antrag auf Verlängerung der Rechtsmittelbegründungs- 54

---

[277] BGH FamRZ 1994, 1520.
[278] BGH NJW 1996, 1540.
[279] BGH NJW 1961, 606; VersR 1982, 802.
[280] BGH BGHReport 2006, 1050; 2004, 1381; BGH NJW 1996, 1540 f.
[281] BGH NJW-RR 1999, 938 = MDR 1999, 1029; NJW 1992, 1898 f.
[282] BGH VersR 1975, 1149.
[283] BGH VersR 1970, 929.
[284] *Zöller/Greger* Rn. 23 „Krankheit".
[285] BGH NJW 1996, 997.
[286] BGH BGHReport 2006, 1050.
[287] BGH NJW-RR 2004, 1500.
[288] BGH NJW 1964, 2302.
[289] BGH VersR 1965, 1101.
[290] BGH VersR 1970, 441.
[291] BGH NJW 1996, 997; VGH München NJW 1998, 1507.
[292] BGH NJW 1997, 3244.
[293] *Musielak/Grandel* Rn. 9.
[294] BGH MDR 1966, 232; BAG MDR 1983, 610.
[295] BGH NJW 1999, 3783 f.; vgl. BGH BGHReport 2002, 948 f. = NJW 2002, 3029.
[296] BGH BGHReport 2004, 1109.
[297] Vgl. hierzu Rn. 41.

frist rechtzeitig beim Gericht eingetroffen ist.[298] Für den Paketverkehr und den Briefverkehr mit dem **Ausland** gelten die genannten Grundsätze nicht. Die Rechtsprechung hat außerdem weitere Einschränkungen vorgenommen. So muss der erstinstanzliche Prozessbevollmächtigte sich bei dem mit der Rechtsmitteleinlegung brieflich beauftragten Rechtsanwalt vergewissern, ob der Auftrag auch wirklich eingegangen ist.[299] Das hängt aber im Wesentlichen damit zusammen, dass hier ungewiss bleibt, ob der Empfänger zur Übernahme des Mandats in der Lage (nicht verhindert) und bereit ist.

55 Nicht zu rechtfertigen ist es, an die **Unterschrift** beim Rechtsanwalt höhere Anforderungen zu stellen als bei der Partei. Keinesfalls darf ohne Vorwarnung eine Unterschrift als bloße Paraphe und daher unwirksam gewertet werden, wenn die gleiche Unterschrift jahrelang unbeanstandet geblieben war.[300] Der Anwalt, der sich auf eine gängige Gerichtspraxis verlässt, handelt nicht schuldhaft.

56 **3. Grundsätzliche Anwaltspflichten. a) Rechtskenntnis.** Der Anwalt sollte alles wissen. Dieser Grundsatz beherrscht das Wiedereinsetzungsrecht. Er beruht darauf, dass die Partei ja gerade deshalb dem Anwalt die Prozessführung und damit die Aufgabe, alle Fristen rechtzeitig zu wahren, überlässt, weil sie ihm als berufsmäßigem Fachmann für diese Aufgaben vertraut. Die **Verkennung der Rechtslage** bildet darum nur in engen Grenzen einen Wiedereinsetzungsgrund. Die fehlerhafte Beurteilung der Erfolgsaussichten eines Rechtsmittels rechtfertigt folglich keine Wiedereinsetzung.[301] Wird die Frist dadurch versäumt, dass der Bevollmächtigte nicht die erforderlichen Kenntnisse der Fristen und Förmlichkeiten hat, die bei der Einlegung eines Rechtsmittels beachtet werden müssen, so wird Wiedereinsetzung versagt. Das gilt auch nach Gesetzesänderungen wie – mit dem Beitritt der neuen Länder oder der ZPO-Reform bedingte – Änderungen des Instanzenzuges oder der Gerichtsorganisation.[302] Deshalb muss der Anwalt bei der Beteiligung einer **im Ausland ansässigen Partei** in einem AG-Rechtsstreit wissen, dass Berufungsgericht nicht das LG, sondern das OLG ist.[303] Vom Prozessbevollmächtigten wird erwartet, dass er die in seiner Praxis gewöhnlich anzuwendenden Bundesgesetze kennt,[304] sich über Änderungen binnen angemessener Zeit unterrichtet,[305] die gängigen Kommentare,[306] bei Nichtbehandlung der Frage auch weitere Nachschlagwerke[307] zu Rate zieht und die in den verbreiteten Fachzeitschriften, nicht Spezialzeitschriften[308] abgedruckten Entscheidungen und Aufsätze gegenwärtig hat oder auffindet.[309] Ausnahmsweise kommt Wiedereinsetzung in Betracht bei einem entschuldbaren Irrtum über die Tragweite eines gerichtlichen Leitsatzes[310] oder bei – ungeprüfter – Befolgung einer falschen, aber von mehreren Handkommentaren unter Berufung auf vermeintliche BGH-Rechtsprechung vertretenen Auffassung.[311] Der Anwalt darf sich aber nicht auf eine als abweichend gekennzeichnete Meinung verlassen.[312] Rechtsirrtum über den Fristenlauf ist beim Rechtsanwalt regelmäßig verschuldet,[313] wenn etwa der Anwalt nach Mandatsniederlegung nicht beachtet, dass mangels Bestellung eines neuen Anwalts Zustellungen an ihn wirksam sind und Rechtsmittelfristen zum Laufen bringen (§ 87 Abs. 1 Halbs. 2).[314] Er muss zB auch beachten, dass die Frist für die Begründung der Berufung auch bei einem verspätet eingelegten Rechtsmittel von der Zustellung des Ersturteils an läuft, er darf sich also nicht darauf verlassen, er könne die Berufung noch begründen, wenn ihm die beantragte Wiedereinsetzung gegen die Versäumung der Berufungsfrist gewährt worden sei.[315] Verschulden liegt vor, wenn der Anwalt lediglich meint, die von ihm vorgenommene Fristberechnung

---

[298] BGH NJW 1983, 1741; BAG NJW 1986, 603.
[299] BGH VersR 1987, 589.
[300] BVerfGE 78, 123 = NJW 1988, 2787; BGH NJW 1999, 60.
[301] BayObLG NJW-RR 2000, 772.
[302] BGH BGHReport 2004, 330 f.; NJW 1993, 2538 f.; BayVerfGH NJW 1994, 1857.
[303] BGH BGHReport 2006, 115, Verkehrsrecht aktuell 2007, 158.
[304] BGH NJW 1993, 2538 f.; NJW 1971, 1704; VersR 1985, 1183.
[305] BayVerfGH NJW 1994, 1857 f.
[306] BGH VersR 1989, 530; 1986, 1210.
[307] AG Grevenbroich MDR 1989, 459.
[308] BGH NJW 1979, 877.
[309] BGH VersR 1989, 530; 1986, 892; NJW 1957, 750; 1952, 425.
[310] BGH NJW 1957, 750.
[311] BGH NJW 1995, 1095, 1097; 1985, 495.
[312] BGH BGHReport 2001, 481.
[313] BGH VersR 1983, 876.
[314] BGH BGHReport 2007, 782.
[315] BFH NJW 2004, 1552 für finanzgerichtliches Verfahren, wo entsprechend jetziger ZPO die Begründungsfrist mit der Urteilszustellung beginnt; vgl. zum früheren Rechtszustand, wonach die Begründungsfrist von einem Monat nicht mit der Zustellung des Ersturteils, sondern der Einlegung der Berufung zu laufen begann: BGH NJW 1998, 1155; BGH VersR 1986, 788; 1987, 764.

sei vertretbar.[316] Dagegen ist Wiedereinsetzung zu gewähren, wenn dem Anwalt eine fehlerhafte, seiner Partei günstige Urteilsausfertigung zugestellt wird und sich das Rechtsmittel gegen die später bekannt gewordene Originalfassung richtet.[317]

57 Auch über die eigene **Postulationsfähigkeit,** etwa die Wirksamkeit einer Vertreterbestellung nach § 53 BRAO, darf der Prozessbevollmächtigte sich nicht irren.[318] Er muss wissen, dass er bei Bestellung zum Abwickler eines OLG-Anwalts bei fehlender eigener OLG-Zulassung nur binnen sechs Monaten ab seiner Bestellung wirksam Berufung einlegen darf.[319] Vertritt ein nicht zugelassener Anwalt einen zugelassenen Anwalt, muss er selbst prüfen, ob er zum Vertreter wirksam bestellt wurde.[320] Ebenso ist dem Anwalt seine fehlende Postulationsfähigkeit vorzuwerfen, wenn er beim Wechsel der Anwaltszulassung seine Bestellungsurkunde nicht abholt und deshalb eine Berufungseinlegung unwirksam ist.[321] Die von einem nicht postulationsfähigen Anwalt vorgenommene Prozesshandlung kann durch einen postulationsfähigen Bevollmächtigten nur innerhalb der für die Prozesshandlung gegebenen Frist heilend genehmigt werden.[322] Dagegen steht es der Wiedereinsetzung nicht entgegen, wenn der Verfahrensbevollmächtigte sich ohne nähere Prüfung einer unrichtigen **Rechtsansicht** zur Berechnung einer Rechtsmittelfrist angeschlossen hat, die von einem OLG und von den gängigen Handkommentaren vertreten wird.[323] Nimmt der Rechtsanwalt irrtümlich die Berufung zurück, so ist Wiedereinsetzung nicht möglich.[324]

58 **b) Sicherster Weg.** Wie allgemein bei der Betreuung des Mandanten muss der Rechtsanwalt sich bei mehreren Möglichkeiten zur Interessenwahrnehmung auch im Fristenwesen immer für den rechtlich sichersten Weg entscheiden.[325] Bei **unklarer Rechtslage** muss der Anwalt vorsorglich so handeln, wie es bei einer für seine Partei ungünstigen Entscheidung der Zweifelsfrage zur Wahrung ihrer (Frist-)Belange notwendig ist.[326] Von zwei in Betracht kommenden Fristen ist im Zweifel die kürzere zu wahren.[327] Der Anwalt hat auch die Anforderungen einer von ihm abgelehnten Rechtssprechung zwecks Fristwahrung zu berücksichtigen.[328] Wird das Ersturteil auf Antrag der Partei vor Ablauf der Berufungsfrist zu ihren Gunsten berichtigt, braucht ihr Anwalt nicht wegen der Möglichkeit, dass auf sofortige Beschwerde des Gegners die Berichtung rückgängig gemacht wird, vorsorglich Berufung einzulegen, weil er im Falle des Erfolgs der sofortigen Beschwerde annehmen darf, dass eine neue Berufungsfrist laufen würde.[329] Der Anwalt hat die Partei sofort nach Eingang eines Urteils – spätestens innerhalb einer Woche – über die Zustellung eines Urteils und die Voraussetzungen einer Rechtsmitteleinlegung zu unterrichten.[330] Wird die Berufung versehentlich oder weisungswidrig zurückgenommen, kann für eine nach Ablauf der Berufungsfrist erneut eingelegte Berufung Wiedereinsetzung nicht gewährt werden.[331] Droht der Revisionsanwalt dem zweitinstanzlichen, weiter als Verkehrsanwalt tätigen Prozessbevollmächtigten der Partei wegen der Nichtzahlung seines **Kostenvorschusses** die Mandatsniederlegung an, liegt ein der Partei zuzurechnendes Verschulden des Verkehrsanwalts vor, wenn er die rechtsschutzversicherte Partei darüber nicht unterrichtet, um ihr die Möglichkeit zu geben, entweder aus eigenen Mitteln Vorschusszahlung zu leisten, Deckungsklage gegen ihre Versicherung zu erheben oder von der Durchführung des Revisionsverfahrens abzusehen.[332]

59 **c) Delegation und deren Grenzen; Fristenwesen. aa) Anerkennenswertes Bedürfnis der Delegierbarkeit.** Grundsätzlich obliegen alle Aufgaben, die dem Ziel der ordnungsgemäßen Fristwahrung dienen, dem Rechtsanwalt persönlich. Dabei wird auch nicht nach dem Umfang der Praxis (der Größe der Kanzlei) unterschieden. Praktischen Anforderungen entsprechend ist aber eine Delegation von bestimmten Teilen der Aufgaben zulässig. Im Interesse seiner eigentlichen an-

---

316 OLG Hamm NJW-RR 1997, 635.
317 BGH BGHReport 2004, 1664.
318 BGH VersR 1993, 124; BGH NJW 1992, 2158 (Irrtum über Befugnisse des Abwicklers).
319 BGH BGHReport 2003, 451 = NJW-RR 2003, 569; BGH NJW 1992, 2158.
320 BGH BGHReport 2007, 129.
321 OLG Hamm NJW-RR 1997, 566.
322 BGH BGHReport 2007, 129.
323 BGH NJW 1993, 3206; 1985, 495; zu eng dagegen BGH VersR 1996, 1522.
324 BGH NJW-RR 1998, 1446.
325 BGH VersR 1990, 328.
326 BGHZ 8, 47 = NJW 1953, 179.
327 BGH GRUR 2001, 271.
328 BGH NJW 1959, 141.
329 BGH NJW 1998, 3280.
330 BGH NJW 2007, 2331.
331 BGH FamRZ 2007, 1313.
332 BGH NJW-RR 2005, 143, 145.

waltlichen Aufgaben, darf der Anwalt Verrichtungen, die keine besondere Geistesarbeit oder juristische Schulung erfordern, im Rahmen der von ihm zu verantwortenden Büroorganisation zur selbstständigen Erledigung auf geschultes, als zuverlässig erprobtes und sorgfältig überwachtes Personal übertragen. Fehler des Personals hat die Partei dann nicht zu vertreten.[333] Wird im Anwaltsbüro ein Handwerker tätig, bedarf es keiner besonderen Anordnung an das Personal, Vorkehrungen gegen ein Verlegen von Akten zu treffen.[334] Ist die **Organisation** nicht zu beanstanden, kann dem Anwalt auch ein zweimaliges Versagen einer Angestellten in derselben Sache nicht zugerechnet werden.[335] **Botengänge** dürfen selbst nicht angestellten Personen übertragen werden, die dem Anwalt als zuverlässig, hinreichend unterrichtet und bewährt bekannt sind.[336] Lehrlingen können Botengänge wie die Lehrung des Postausgangsfach bei dem Anwalt und die Weitergabe in den Gerichtsbriefkasten ausführen.[337] Befindet sich der Nachtbriefkasten am **Nebeneingang** eines Gerichts, scheidet Wiedereinsetzung aus, wenn der mit der Beförderung betraute Lehrling nicht entsprechend instruiert wurde.[338] Besteht die Weisung, alle an „Darmstädter Gerichte" adressierte Post nicht postalisch zu versenden, sondern persönlich abzugeben, kann Wiedereinsetzung nicht gewährt werden, sofern die Angestellte nicht darauf hingewiesen wurde, dass zu den Darmstädter Gerichten auch die dort ansässigen Außensenate des OLG Frankfurt gehören.[339]

60 **bb) Fertigung des Schriftsatzes.** Die **eigenverantwortliche Tätigkeit** des Rechtsanwalts wird besonders deutlich in der Unterzeichnung des fristwahrenden Schriftsatzes. Die Anfertigung der Rechtsmittelschrift ist anwaltliche Tätigkeit und darf nicht dem Büropersonal übertragen werden. Fehler oder Unvollständigkeiten dieses Schriftsatzes, die zur Fristversäumung führen, gereichen dem Anwalt immer zum Verschulden, denn er hätte das Fehlerhafte nicht unterschreiben dürfen Der Rechtsanwalt muss bei der Einlegung eines Rechtsmittels die richtige Bezeichnung der Parteien, des Gerichts, das das angefochtene Urteil erlassen hat, des Verkündungsdatums und des Aktenzeichens kontrollieren.[340] Der Anwalt hat zu prüfen, ob der Schriftsatz diese notwendigen Angaben enthält und an das **zuständige Gericht** adressiert ist;[341] die durch eine irreführende Doppeladressierung bedingte Verzögerung hat er zu vertreten.[342] Die Einfügung der richtigen **postalischen Anschrift** darf der Anwalt seinem Personal übertragen, weil er nur für die korrekte rechtliche Zuordnung des Schriftsatzes zu einem bestimmten Gericht verantwortlich ist. Die Vervollständigung postalischer Angaben wie der Postleitzahl darf der Anwalt daher seinem zuverlässigen Personal überlassen, ohne die Ergänzungen selbst überprüfen zu müssen.[343] Ebenso braucht der Anwalt nicht die von einer zuverlässigen Bürokraft ermittelte **Fax-Nummer** des Gerichts zu überprüfen.[344] Diktiert der Anwalt (überobligationsgemäß) selbst die Anschrift des Gerichts, muss er mangels Delegation auf das Personal deren Richtigkeit bei der Unterzeichnung selbst prüfen.[345] Der Anwalt darf einer Bürokraft die Prüfung übertragen, ob dem Antrag auf Zulassung der **Sprungrevision** das Original der Einverständniserklärung des Gegners beigefügt wurde.[346] Die **Frankierung** darf der Anwalt ordnungsgemäß angelernten Personal überlassen.[347] Wird der Schriftsatz an das zuständige Gericht unter dessen Gerichtsort ohne Angabe von Straße und Hausnummer adressiert, soll Wiedereinsetzung zu gewähren sein, weil davon auszugehen ist, dass die Justizverwaltung der Post am Gerichtsort die Anschriften der Gerichte unter ihrer gesetzlichen Bezeichnung mitteilt.[348] Seiner Prüfungspflicht wird der Anwalt wegen der Gefahr von Bedienungsfehlern nicht durch Verwendung eines für die Rechtsmitteleinlegung entwickelten Computerprogramms enthoben.[349] Die An-

[333] BGH NJW 1991, 2082; VersR 1986, 702; 1985, 269; BGHZ 43, 148, 153 = NJW 1965, 1021.
[334] BGH BGHReport 2002, 433.
[335] BGH BGHReport 2002, 434; MDR 2001, 779.
[336] BGH NJW-RR 2002, 1070; BGH NJW 1991, 1179: Jura studierender Sohn des Anwalts, VersR 1986, 702; 1987, 410; 1985, 87; 1997, 83.
[337] BGH BGHReport 2003, 405.
[338] BGH BRAK-Mitt. 2005, 21.
[339] BGH BGHReport 2004, 1257.
[340] BGH NJW 2001, 1070; NJW-RR 1999, 1006.
[341] BGH NJW 2001, 1070; 2000, 2511; 1990, 990; BGH NJW-RR 1997, 892; 1993, 254; 1999, 1006; OLG Zweibrücken NJW 2005, 1439.
[342] BGH BGHReport 2003, 702.
[343] BGH NJW 2000, 82; 1995, 2105 f.
[344] BGH BGHReport 2007, 461.
[345] BGH NJW 1996, 393.
[346] BGH BGHReport 2007, 627.
[347] BGH NJW 2007, 1751.
[348] BGHZ 51, 1 = NJW 1969, 468; aA zu Recht BAG NJW 1987, 3278.
[349] BGH NJW 1995, 1499.

fertigung der Rechtsmittelschrift gehört also zu den Aufgaben, die er dem Büropersonal nicht übertragen darf, ohne das Arbeitsergebnis selbst sorgfältig zu überprüfen.[350] Deshalb kann sich der Anwalt nicht darauf berufen, die mit dem Entwurf eines Verlängerungsantrags betraute Mitarbeiterin habe vergessen, das (tatsächlich vorliegende) Einverständnis des Gegners zu erwähnen.[351] Hat der Anwalt den Schriftsatz versehentlich an das falsche Gericht – LG statt OLG – adressiert und geht der Schriftsatz bei der gemeinsamen Einlaufstelle beider Gerichte ein, so ist der Zugang nur bei dem in der Adresse benannten LG bewirkt. Die Fristwahrung hängt dann davon ab, wann der Schriftsatz in die **Verfügungsgewalt** des zuständigen OLG gelangt.[352] Wiedereinsetzung scheidet aus, wenn der Anwalt die Gerichtszuständigkeit nicht geprüft hat.[353] Ferner ist die ordnungsgemäße **Unterschrift** selbst nötig, ein Handzeichen (Paraphe) genügt nicht.[354] Auch darf der Anwalt bei Unterzeichnung nicht durch Zusätze wie „im Auftrag" oder ähnlich Zweifel erwecken, ob er persönlich die Verantwortung für den fristwahrenden Schriftsatz übernimmt.[355] Fehlt die Unterschrift gänzlich, scheidet, selbst wenn der Anwalt den Schriftsatz persönlich bei Gericht abgibt,[356] Wiedereinsetzung aus, wenn nicht das Fehlen der Unterschrift auf einem Verschulden des mit der Prüfung betrauten Personals beruht.[357] Dies ist anzunehmen, wenn die generelle Anordnung besteht, ausgehende Schriftsätze auf die Unterschrift zu prüfen,[358] die Mitarbeiterin statt des unterzeichneten den als Überstück bestimmten, nicht unterzeichneten Schriftsatz an das Gericht sendet[359] oder wenn der Anwalt den Schriftsatz ohne Unterschrift zur Korrektur zurückgibt, sodann aber der korrigierte Schriftsatz versehentlich ohne Unterzeichnung abgesendet wird.[360] Dem Anwalt ist kein Verschulden anzulasten, wenn er die fehlerhaft adressierte Rechtsmittelschrift mit der Maßgabe der Korrektur unterzeichnet an eine zuverlässige Kraft herausgibt, ohne sich später die Änderung vorlegen zulassen.[361] Ist der Schriftsatz dagegen mit **mehreren für die Zulässigkeit relevanten Fehlern** behaftet und leitet ihn der Anwalt mit Korrekturen versehen an die Kanzlei unterschrieben weiter, so muss er sicherstellen, dass ihm der verbesserte Schriftsatz noch einmal vorgelegt wird.[362]

cc) Bestimmung des Zustellungszeitpunktes. Zur eigenverantwortlichen Tätigkeit des Anwalts gehört auch die **Bescheinigung der Urteilszustellung** (§ 174), weil damit die Rechtsmittelfrist beginnt. Falls die Partei mehrer Bevollmächtigte bestellt hat, ist für den Fristlauf die **zeitlich erste Zustellung** maßgeblich. Ohne Bedeutung für die Wirksamkeit einer Zustellung ist es, ob der Ausfertigungsvermerk des Urkundsbeamten eine Datumsangabe enthält.[363] Das Empfangsbekenntnis muss nach Durchsicht der darin genannten Schriftstücke ordnungsgemäß unterschrieben werden.[364] Unterzeichnet ein Anwalt das mit einem Datum (10. März) vorverfügte Empfangsbekenntnis, ohne dass ihm die betreffende gerichtliche Entscheidung vorgelegt wird, mit der Anweisung, das Empfangsbekenntnis vorerst nicht an das Gericht zu übersenden, so scheidet, wenn das unterzeichnete Empfangsbekenntnis versehentlich herausgegeben und dem Anwalt später der übermittelte Beschluss mit einem Empfangsbekenntnis aktuellen Datums (5. April) vorgelegt wird, Wiedereinsetzung aus, weil sich der Anwalt an das früher erteilte Empfangsbekenntnis hätte erinnern und entsprechende Nachforschungen anstellen müssen.[365] Erteilt der Anwalt ein Empfangsbekenntnis, ohne dass das zuzustellende Schriftstück beigefügt ist, scheitert Wiedereinsetzung, weil der Empfang eines fehlenden Schriftstücks nicht bestätigt werden darf, sondern der Anwalt über dessen Verbleib Nachforschungen anzustellen und das noch zu erteilende Empfangsbekenntnis von deren Ergebnis abhängig zu machen hat.[366] Entsprechendes gilt, wenn die Übereinstimmung des 61

---

[350] BGH NJW 2001, 1070; BGH VersR 1993, 1381.
[351] BGH NJW-RR 2005, 865 f.; anders BGH VersR 1974, 803.
[352] BGH NJW 1989, 590; 1983, 123; BAG NJW 2002, 845 f.; BayObLG NJW 1988, 714.
[353] BGH VersR 1979, 863.
[354] BGH NJW 1999, 60; BGH NJW 1987, 957 („Violinschlüssel").
[355] BGH NJW 2003, 2028: unschädlich Unterzeichnung „für Rechtsanwalt XY"; 1988, 210; 2046.
[356] BGH VersR 1983, 271.
[357] BVerfG NJW 2004, 2583; BGH NJW-RR 2002, 1004; NJW 1985, 1226.
[358] BVerfG NJW 1996, 309; BGH NJW 1994, 3235.
[359] BGH BGHReport 2006, 1048; 2006, 744.
[360] BGH NJW 1982, 2670 f.
[361] BGH BGHReport 2004, 622 = NJW-RR 2004, 711 f.; MDR 2003, 763 f.; VersR 1982, 471; aA OLG München NJW 1980, 460.
[362] BGH BGHReport 2004, 622 = NJW-RR 2004, 711 f.; NJW 1995, 263; BGH NJW 1989, 589; BGH NJW 1982, 2670 m. Anm. *Ostler*.
[363] BGHZ 112, 345, 347; BGH NJW 2003, 2100; FamRZ 2004, 865 = BGHReport 2004, 903; BGH FamRZ 2007, 1313.
[364] BGH NJW 1988, 2046.
[365] BGH BGHReport 2007, 170.
[366] BGH NJW 2000, 2112.

tatsächlichen Zustellungszeitpunkts mit der nach § 195 Abs. 2 S. 2 erteilten Bescheinigung nicht nachgeprüft wird.[367] Wird dem Anwalt die Akte auf die notierte Vorfrist vorgelegt, hat er unabhängig davon, ob er sofort die Bearbeitung aufnimmt, spätestens am Folgetag zu prüfen, ob das Fristende richtig ermittelt und eingetragen worden ist.[368] Nach Unterzeichnung darf der Anwalt das Empfangsbekenntnis erst in den Geschäftsgang zurückgeben, wenn neben dem **Zustellungsdatum** auch die **Eintragung des Fristendes in den Fristenkalender** und die **Handakte** sichergestellt ist. Gibt der Anwalt das Empfangsbekenntnis vor vollständiger Fristensicherung heraus, unterliegt er einer besonderen Sorgfaltspflicht. Falls er nicht selbst unverzüglich die Eintragungen in der Handakte und dem Fristenkalender vornimmt, muss er durch eine besondere **Einzelanweisung** die erforderlichen Eintragungen sicherstellen. Korrigiert der Anwalt das von dem Personal wegen seiner voraussichtlichen Abwesenheit auf den 30. 9. vorverfügte Empfangsbekenntnis infolge unerwarteter Rückkehr handschriftlich auf den 26. 9., hat er Sorge zu tragen, dass das geänderte Zustellungsdatum auch im Fristenkalender und der Handakte korrigiert wird.[369] Teilt der Anwalt einer Angestellten eine Berufungsfrist zur Eintragung in den Fristenkalender lediglich mündlich mit, müssen organisatorische Vorkehrungen getroffen werden, dass entweder die Eintragung sofort erfolgt[370] oder die mündliche Einzelanweisung nicht in Vergessenheit gerät und die Fristeintragung unterbleibt.[371] Der Pflicht zur Fristsicherung ist auch nicht genügt, wenn der Anwalt mit Erteilung des Empfangsbekenntnisses wegen Zweifel über die Fristeintragung die Handakten mit der Verfügung sofortiger Wiedervorlage in den Geschäftsgang seines Büros gibt, um anschließend die Fristnotierung zu prüfen, und dies nach abermaligem Erhalt der Akten infolge besonderen Arbeitsanfalls vergisst. Der Anwalt hat entweder für eine **sofortige** Fristensicherung oder für eine **Erinnerung** der Dringlichkeit zu sorgen.[372] Die Eintragung muss also umgehend vorgenommen werden.[373] Bei der Fristberechnung darf der Anwalt nicht auf den schlecht lesbaren Eingangsstempel seines Büros vertrauen, sondern muss sich an dem allein maßgeblichen Zustellungsvermerk orientieren.[374] Für den Zeitpunkt der Zustellung ist nicht der Eingang des Schriftstücks im Büro des Rechtsanwalts, sondern die Kenntnisnahme durch ihn mit dem Willen, dieses als zugestellt entgegenzunehmen, maßgeblich.[375] Über den Zeitpunkt der Zustellung, statthafte Rechtsmittel und die dabei zu wahrenden Fristen sowie die Möglichkeit eines Prozesskostenhilfegesuchs muss er die Partei als Bestandteil seines erstinstanzlichen Mandats informieren.[376] Der Brief, dessen Eingang beim Mandanten der Anwalt nicht zu überprüfen braucht,[377] ist so rechtzeitig abzusenden, dass der Partei noch eine Überlegungsfrist von etwa einer Woche verbleibt.[378] Hat die Partei einen **Korrespondenzanwalt,** ist dieser unverzüglich über das Zustellungsdatum in Kenntnis setzen.[379] Wiedereinsetzung ist zu versagen, wenn der Korrespondenzanwalt es in Kenntnis des ergangenen Urteils unterlässt, sich bei dem Hauptbevollmächtigten nach dem Zustellungsdatum zu erkundigen.[380] Umgekehrt darf sich der Rechtsmittelanwalt nicht auf die ihm von dem vorinstanzlichen Anwalt mitgeteilte Frist verlassen, sondern muss sie selbst nachprüfen.[381] Der Prozessbevollmächtigte des Streithelfers muss sicherstellen, dass er selbst und sein Mandant alsbald von dem Datum der Urteilszustellung an die Hauptpartei erfährt.[382]

62 **dd) Antrag auf Fristverlängerung.** Im Bedarfsfall muss zur Vermeidung eines Wiedereinsetzungsgesuchs rechtzeitig Antrag auf **Verlängerung der Begründungsfrist** gestellt werden,[383] es sei denn, der Auftrag erstreckt sich nicht darauf.[384] Der Antrag muss ausreichend begründet (§§ 224 Abs. 2; 520 Abs. 2 S. 3) **vor Fristablauf,** also spätestens am letzten Tag der Frist, beim zuständigen Gericht eingereicht werden. Unschädlich ist es, wenn auf den Antrag nach Fristablauf die Fristver-

---

[367] BGH LM § 233 ZPO Nr. 37.
[368] BGH BGHReport 2007, 831.
[369] BGH FamRZ 2004, 1551; BGH NJW 2003, 1528 f.; 2002, 3782; 1996, 1900 f.; VersR 1992, 1536.
[370] BGH NJW 1994, 2831; 1992, 574; BAG NJW 1996, 1302.
[371] BGH NJW 2004, 688; 2003, 435; BGHReport 2004, 1445; 2003, 99; BAG NJW 2003, 1269 f.
[372] BGH BGHReport 2003, 564.
[373] BVerwG NJW 2005, 1001; BAG NJW 2003, 1269 f.
[374] BGH BGHReport 2003, 969 f.; NJW 2001, 1579 f.; VersR 1965, 1077.
[375] BVerfG NJW 2001, 1563 f.; BGHReport 2003, 969 f.
[376] BGH MJW 1990, 189; VersR 1988, 252; 1985, 768; 1976, 1178; 1973, 573.
[377] BGH VersR 1985, 90.
[378] BGH VersR 1993, 630; 1969, 635.
[379] BGH BGHReport 2002, 568; NJW 1990, 189; BGH VersR 1993, 630.
[380] BGH VersR 1971, 961; aA BGH MDR 1988, 389: Information durch Hauptbevollmächtigten darf abgewartet werden.
[381] BGH NJW 1980, 1846.
[382] BGH VersR 1986, 686.
[383] BGH VersR 1993, 1125.
[384] BGH NJW 1963, 584.

längerung bewilligt wird.[385] Keine Wiedereinsetzung ist möglich, wenn das Gericht über den Antrag noch nicht entschieden hat, der Anwalt aber die von ihm beantragte Verlängerungsfrist nicht einhält.[386] Wird ein Gesuch auf Verlängerung der Rechtsmittelbegründungsfrist zurückgewiesen, so ist Wiedereinsetzung nur möglich, wenn der Prozessbevollmächtigte die Fristverlängerung mit großer Wahrscheinlichkeit erwarten konnte.[387] Das Vertrauen des Anwalts auf eine Verlängerung ist bei einer telefonischen Zusage durch den Vorsitzenden oder seinen Vertreter, aber nicht seitens der Geschäftsstelle geschützt.[388] Die Partei genießt **Vertrauensschutz** bei einer durch einen unzuständigen Richter gewährten Fristverlängerung.[389] Wirksam ist eine Verlängerung auch, wenn sie der Vorsitzende auf ein anderes (Parallel-)Verfahren bezieht.[390] Regelmäßig darf der Anwalt darauf vertrauen, dass einem ordnungsgemäß begründeten[391] **ersten Verlängerungsantrag** stattgegeben wird, wenn ein **erheblicher Grund** (§ 520 Abs. 2 S. 3) wie Arbeitsüberlastung,[392] urlaubsbedingte Abwesenheit, Rücksprache mit der Partei, Vergleichsverhandlungen, Notwendigkeit weiterer Informationsbeschaffung geltend gemacht wird, weil andernfalls die Verlängerungsmöglichkeit leerliefe.[393] Der Vertrauensschutz, dass dem Antrag voll stattgegeben wird, endet, wenn das Gericht die beantragte Fristverlängerung nur teilweise bewilligt.[394] Nach Antragstellung ist im Kalender, ohne dass der Eindruck erweckt wird, die Verlängerung sei schon bewilligt, das mutmaßliche Ende der verlängerten Frist einzutragen. Die Eintragung des endgültigen Fristablaufs darf erst nach Gewährung der Verlängerung eingetragen werden.[395] Wird ein Verlängerungsantrag auf die Regelung des § 520 Abs. 2 S. 2 ZPO gestützt, kann der Berufungsführer auf eine Fristverlängerung nur vertrauen, wenn er dem Gericht in dem Gesuch mitteilt, die erforderliche Einwilligung des Gegners erwirkt zu haben.[396] Handelt es sich dagegen um einen **zweiten Verlängerungsantrag,** hatte der BGH in der Vergangenheit nur für Ausnahmefall Vertrauensschutz zugebilligt, dass der Rechtsanwalt trotz mehrfacher Erinnerung erst mit beträchtlicher Verspätung Akteneinsicht erhalten hatte.[397] Nach der zwischenzeitlich maßgeblichen Regelung der §§ 520 Abs. 2 S. 3, 551 Abs. 2 S. 6 kam eine Verlängerung der Berufungsbegründungsfrist über einen Monat hinaus ohne Einwilligung des Gegners schon von Gesetzes wegen nicht in Betracht.[398] Verweigerte der Gegner die Einwilligung, war aber Wiedereinsetzung zu gewähren, wenn dem Rechtsmittelführer die Prozessakten nicht zur Verfügung standen.[399] Wegen dieser Erschwernisse sieht nunmehr § 551 Abs. 2 S. 6 Halbs. 2 – für den Revisionsrechtszug – ohne Einwilligung des Gegners die Möglichkeit zu einer Verlängerung der Revisionsfrist um bis zu zwei Monaten nach Übersendung der Prozessakten vor, auf die der Anwalt regelmäßig vertrauen darf. Da für den Berufungsrechtszug die Verlängerung der Frist weiterhin an das Einverständnis der Gegenseite gekoppelt ist (§ 520 Abs. 2 S. 2), wird bei einer trotz **fehlender Akteneinsicht erklärten Verweigerung der Verlängerung der Begründungsfrist** Wiedereinsetzung zu gewähren sein. Konnte er die Bewilligung nach diesen Maßstäben mit großer Wahrscheinlichkeit erwarten, so braucht er sich grundsätzlich nicht bei Gericht zu erkundigen, ob dem Antrag stattgegeben wurde. Auch kann die Wiedereinsetzungsfrist zur Begründung einer **Rechtsbeschwerde** angemessen verlängert werden, wenn dem Rechtsmittelführer die Prozessakten nicht zur Verfügung gestellt werden können.[400] Wird kein erheblicher Grund vorgebracht, muss sich der Anwalt rechtzeitig vor Fristablauf bei Gericht erkundigen, ob seinem Gesuch stattgegeben wird.[401] Liegt wegen eines Schreibversehens der beantragte Verlängerungszeitpunkt vor dem gesetzlichen Ablauf der Frist, ist Wiedereinsetzung zu gewähren, wenn das Gericht die Partei nicht auf den Widerspruch hinweist.[402] Nach Beantragung einer Fristverlängerung ist das hypothetische

---

[385] BGHZ 83, 217 = NJW 1982, 1651.
[386] BGH NJW 1994, 55 f.
[387] BGH VersR 1984, 894.
[388] BGH VersR 1993, 379; NJW 1992, 2426.
[389] BGH BGHReport 2005, 808 f.
[390] BGH NJW 2003, 3418 f.
[391] BGH NJW-RR 2005, 865; NJW 1993, 134 f.
[392] BAG NJW 2005, 173 f.
[393] BGH NJW 2004, 1742; 2001,3552; 2001, 3633; 1999, 430; BGHReport 2005, 189 f.; 2003, 459; 2002, 79.
[394] BGH v. 15. 8. 2007, XII ZB 82/07 Tz 11 ff.
[395] BGH BGHReport 2002, 246 f.
[396] BGH NJW-RR 2005, 865.
[397] BGH NJW 2004, 1742; NJW-RR 2000, 947.
[398] BGH NJW 2004, 1742.
[399] BGH NJW-RR 2005, 143.
[400] BGH NJW 1991, 1359; BGH v. 5. 7. 2007, V ZB 48/06.
[401] BGH v. 18. 7. 2007, IV ZR 132/06 Tz 5 ff.; BGH NJW 1992, 2426; *Zöller/Greger* Rn. 23 „Fristverlängerung".
[402] BGH BGHReport 2004, 1185, 1188; NJW 1998, 2291 f.

Fristende im Kalender zu notieren und nach Eingang der gerichtlichen Entscheidung zu überprüfen.[403] Ebenso ist die auf fernmündliche Erkundigung eingetragene mit der später vom Gericht mitgeteilten Frist abzugleichen.[404] Bei Verfahrensunterbrechung muss der Anwalt selbst sicherstellen, dass die Frist nicht außer Kontrolle gerät.[405]

63 **ee) Fristberechnung.** Der Anwalt kann die **Berechnung und Notierung** üblicher und in seinem Büro geläufiger Fristen einer gut ausgebildeten, als zuverlässig erprobten und sorgfältig überwachten Angestellten, also nicht einer Auszubildenden,[406] überlassen, wenn die Berechnung der Fristen keine rechtlichen Schwierigkeiten macht.[407] Die Fristenkontrolle darf auch einem ausgebildeten und eingewiesenen **Referendar** übertragen werden.[408] Dabei ist durch organisatorische Maßnahmen (eindeutige Anweisungen, die Festlegung klarer Zuständigkeiten und mindestens stichprobenartige Kontrolle) sicherzustellen, dass die Fristen zuverlässig festgehalten und kontrolliert werden.[409] Als **Kontrolle** ausreichend ist eine zweimal monatliche Anweisung über die Handhabung der Fristenüberwachung in der Kanzlei und gelegentliche (alle sechs Wochen) Stichproben.[410] Handelt es sich um eine Kraft mit – auch infolge Berufsunterbrechung – geringer Berufserfahrung, sind die Kontrollen zu intensivieren.[411] Abgesehen von dieser allgemeinen Überwachungspflicht ist der Anwalt zu einer Gegenkontrolle nicht verpflichtet.[412] Dagegen hat der Anwalt die Berechnung rechtlich schwieriger Fristen selbst vorzunehmen. Zu den einfachen, delegierbaren Fristen gehören Rechtsmittelfristen wie die Berufungsbegründungsfrist,[413] es sei denn, dass weder der erst- noch der zweitinstanzliche Anwalt das Zustellungsdatum vermerkt hat,[414] nach Gewährung von Prozesskostenhilfe Wiedereinsetzung beantragt werden muss[415] oder die Frist nach einer Urteilsberichtigung zu bestimmen ist.[416] **Schwierig** sind Rechtsmittelfristen im Arbeitsgerichtsverfahren, weil das BAG der BGH-Rechtsprechung nicht gefolgt ist,[417] die Revisionsbegründungsfristen in Verwaltungs-, Sozial- und Finanzgerichtssachen,[418] durch die Eröffnung des Insolvenzverfahrens oder in anderer Weise unterbrochene Fristen,[419] sowie Fristen, wenn Übergangsrecht[420] oder gesetzliche Neuregelungen[421] zu beachten sind. Aus Anlass von **Gesetzesänderungen,** die Bedeutung für das Fristenwesen haben, ist eine generelle und gründliche Belehrung des Personals über die neue Rechtslage und die daraus folgenden Maßnahmen erforderlich.

64 Die Fristwahrung ist durch Führen eines **Fristenkalenders** und **Notierung der Fristen** auf den **Handakten** zu gewährleisten.[422] Bei Rechtsmitteln ist sowohl die Einlegungs- als auch die Begründungsfrist zu notieren. Die Eintragung der Frist im Fristenkalender ist von der damit beauftragten Angestellten – zweckmäßigerweise mit Handzeichen und Datumsangabe – an der Fristennotierung auf den Handakten kenntlich zu machen.[423] Eine Fristnotierung auf losen Blättern ist unzureichend.[424] Ist die Frist in der Handakte zutreffend vermerkt, in dem Fristenkalender oder fehlerhaft notiert, trifft den Anwalt kein Verschulden.[425] Es ist nicht erforderlich, neben dem allgemeinen Fristenkalender der Kanzlei für jeden Anwalt noch einen gesonderten Fristenkalender einzurichten.[426] Bei Rechtsmittel- und Rechtsmittelbegründungsfristen ist das tatsächliche Ende der Frist, nicht auch der Fristbeginn,[427] im Fristenkalender zu notieren. Die Notierung nur von **Vorfristen** (Zustellung 10. 11., Fristnotie-

[403] BGH VersR 2002, 1392; NJW-RR 1999, 1663.
[404] BGH NJW 1997, 1860.
[405] BGH NJW 1990, 1239.
[406] BGH BGHReport 2006, 669.
[407] BGHZ 43, 148 = NJW 1965, 1021; BGH NJW 2003, 1815; 2000, 1872; BGHReport 2002, 433.
[408] BGH NJW 2006, 1070.
[409] BGH NJW 2003, 1815; 2001, 2975; NJW-RR 2001, 1072; BGHZ 43, 148 = NJW 1965, 1021.
[410] BGH NJW 2000, 3649 f.; NJW 1971, 2269; BGHReport 2006, 1261.
[411] BGH NJW 2000, 3649 f.
[412] BGH VersR 1971, 1125; NJW 1964, 106.
[413] BGH NJW 2000, 1872; VersR 1991, 119; 1988, 78.
[414] BGH NJW-RR 1997, 55.
[415] BGH NJW 1991, 2082.
[416] BGH NJW 1989, 1864.
[417] BAG NJW 1975, 232; vgl. BAG NJW 1996, 1302; 1995, 3339 zu § 72 a ArbGG.
[418] *Musielak/Grandel* Rn. 17.
[419] BGH NJW 1990, 1239 f.
[420] BGH BGHReport 2004, 330.
[421] BGH NJW-RR 2003, 1211.
[422] BGH NJW 2003, 1815 f.
[423] BGH NJW 2003, 1815; 1971, 2268; VersR 1964, 269.
[424] BGH VersR 1985, 1184.
[425] BGH NJW 2006, 2269.
[426] BGH NJW 2000, 3006.
[427] BGH VersR 1978, 537.

rung 8. 12.; Wiedervorlage für 10. 12. verfügt) allein genügt nicht, weil die Kontrolle, ob noch fristsichernde Maßnahmen zu ergreifen sind, erschwert wird. Fällt das Fristende auf einen Sonnabend, Sonntag oder gesetzlichen Feiertag, ist der folgende Werktag zu notieren.[428] **Rechtsmittel- und Rechtsmittelbegründungsfristen** sind so zu notieren, dass sie sich von gewöhnlichen Wiedervorlagefristen deutlich abheben. Dies kann durch Führen eines Promptfristkalenders, durch spezielle Spalten im Kalender für Rechtsmittel- und Rechtsmittelbegründungsfristen sowie durch farbliche Kennzeichnung geschehen. Es ist unschädlich, wenn der Anwalt neben den Rechtsmittel- und Rechtsmittelbegründungsfristen auch Notfristen und andere genau einzuhaltende Fristen, deren Nichteinhaltung Rechtsnachteile mit sich bringt, als **Rotfrist** eintragen lässt.[429] Darf entsprechend der Kanzleiorganisation die Frist erst nach Eintragung im Kalender auf der Akte notiert werden, ist Wiedereinsetzung zu gewähren, wenn die Angestellte versehentlich die Eintragung im Kalender vergisst.[430] Wird ein von einer Fachfirma erstellter **EDV-gestützter Kalender** verwendet, bedarf es nicht außerdem eins schriftlichen Kalenders, wenn die Fachfirma im Störfall unverzüglich eine Reparatur durchführt oder vor einer Reparatur den Versuch unternimmt, die gespeicherter Fristen auszugeben.[431] Bei einem EDV-gestützten Kalender muss sichergestellt sein, dass Eingaben von Datensätzen, die von dem Programm nicht ausgeführt werden, rechtzeitig erkannt werden. Die Kontrolle kann erfolgen, indem die Eingaben mittels eines Ausdrucks oder Fehlerprotokolls überprüft werden. Auf diese Weise werden zusätzlich Eingabefehler kontrolliert.[432] Die als erledigt vermerkten Fristen dürfen nicht im Programm gelöscht, sondern als erledigt gekennzeichnet werden, um eine abendliche Ausgangskontrolle, ob die tatsächlich hergestellten fristwahrenden Schriftsätze mit den als erledigt gekennzeichneten Fristen übereinstimmen, zu ermöglichen.[433] Löschungen dürfen nicht infolge eines Versehens des Kanzleipersonal möglich sein.[434] Die Führung des Fristenkalanders darf der Anwalt **zuverlässigem Personal** (keinem Lehrling) übertragen, allerdings nicht mehreren Personen, sondern zur Vermeidung von Kompetenzüberschneidungen nur **einer** erprobten Fachkraft.[435] Allerdings darf die Zuständigkeit für die Fristenkontrolle – auch innerhalb eines Arbeitstages – wechseln, wenn eine Kompetentüberschneidung vermieden wird, indem zu einem bestimmten Zeitpunkt eindeutig feststeht, welche Fachkraft ausschließlich für die Fristenkontrolle zuständig ist.[436] Den Anwalt trifft kein Verschulden, wenn eine erprobte Bürokraft die Frist auf Grund einer erstmaligen Eigenmächtigkeit unrichtig einträgt[437] oder wegen einer Verwechselung als erledigt löscht.[438] Ist die zutreffend errechnete Frist laut Handakte im Fristenkalender notiert, braucht der Anwalt die dortige Eintragung nicht persönlich zu kontrollieren.[439] Allerdings hat der Rechtsanwalt organisatorische Vorkehrungen gegen eigenmächtige Änderungen der Fristeintragung zu treffen, etwa indem er entsprechende Verbote ausspricht.[440] Teilt der Anwalt einer Angestellten eine Berufungsfrist zur Eintragung in den Fristenkalender lediglich mündlich mit, müssen organisatorische Vorkehrungen getroffen werden, dass entweder die Eintragung sofort erfolgt[441] oder die mündliche Einzelanweisung nicht in Vergessenheit gerät und die Fristeintragung unterbleibt.[442] Ferner muss der Anwalt für **Rechtsmittelbegründungen,** nicht die Einlegung von Rechtsmitteln,[443] regelmäßig eine **Vorfrist** eintragen lassen um sicher zu stellen, dass ihm auch für den Fall der Unregelmäßigkeiten und Zwischenfälle noch hinreichend Zeit für die Fertigung der Rechtsmittelbegründung verbleibt.[444] Die Vorfrist beträgt grundsätzlich eine Woche, vier Tage können genügen.[445] Es ist organisatorisch sicherzustellen, dass die Sache bei **Ablauf einer Vorfrist** stets einem Anwalt vorgelegt wird.[446] Wegen des Zwecks einer Vorfrist, dem Anwalt einen zeitlichen Spielraum zu eröffnen, genügt es, wenn er die ihm als Vorfristsache vorgelegte Akte am

---

[428] BGH NJW 2001, 2975; 1991, 2082.
[429] BGH NJW-RR 2005, 215; NJW 1989, 2393 f.
[430] BGH BGHReport 2005, 52.
[431] BGH NJW 1997, 327.
[432] BGH BB 2006, 464; NJW 1999, 582 f.; 1995, 1756; NJW-RR 1997, 698.
[433] BGH NJW 2000, 1957.
[434] OLG Zweibrücken NJW-RR 2006, 500.
[435] BGH BGHReport 2006, 669; NJW 1992, 3176.
[436] BGH BGHReport 2007, 411.
[437] BGH NJW 2001, 1578 f.
[438] BGH NJW 1958, 1590.
[439] BGH BGHReport 2006, 1261; 2006, 1119 f.
[440] BGH FamRZ 1991, 1173 f.; 2004, 865 = BGHReport 2004, 903; NJW 1996, 1349 f.; VersR 1989, 1316.
[441] BGH NJW 1994, 2831; 1992, 574; BAG NJW 1996, 1302.
[442] BGH NJW 2004, 688; 2003, 435; BGHReport 2004, 1445; 2003, 99
[443] BGH VersR 1985, 396.
[444] BGH NJW 2002, 443 f.; 2000, 365; BGH v. 15. 8. 2007, XII ZB 82/07 Tz 14.
[445] BGH NJW 2000, 365 f.
[446] BGH VersR 1995, 72.

nächsten Tag bearbeitet und dabei eine Fristkontrolle vornimmt.[447] Die Sache kann zur Wiedervorlage am Tag des Fristablaufs zurückgegeben werden, wenn sich der Anwalt nach Fristenkontrolle und sorgfältiger Prüfung in der Sache davon überzeugt hat, die Rechtsmittelbegründung oder einen ersten Fristverlängerungsantrag rechtzeitig einreichen zu können.[448] Ist nur die Vorfrist, aber nicht die Hauptfrist eingetragen, scheidet Wiedereinsetzung aus, wenn der Anwalt die ihm vorgelegte Sache ohne weitere Verfügung, durch die die unterbliebene Eintragung erkannt worden wäre, in die Kanzlei zurückgibt.[449] Der Umstand, dass der Rechtsanwalt dem Büropersonal eine allgemeine Weisung erteilt hat, Rechtsmittelfristen festzustellen und einzutragen (Delegation), hindert nicht, dass er im Einzelfall die Frist selbst berechnet und die zu notierenden Termine beim Diktat angibt; damit „unterläuft" er seine allgemeine Weisung nicht;[450] anders ist es jedoch, wenn er die Sache vollständig an sich gezogen hat.[451]

65 Wird dem Anwalt ein **neues Mandat** übertragen, so muss er die ihm vorgelegten Handakten und bei erster Vorlage die Gerichtsakten unverzüglich und selbstverantwortlich, ohne auf seinen erfahrenen Bürovorsteher vertrauen zu dürfen, auf etwa laufende Fristen überprüfen, um gegebenenfalls sofort reagieren zu können.[452] Kein Verschulden liegt vor, wenn das Gericht dem im zweiten Rechtszug bestellten Anwalt eine unrichtige Auskunft über die Urteilszustellung gibt[453] oder trotz wiederholter Nachfrage den Verkündungstermin nicht mitteilt. Diese Prüfungspflicht trifft den Anwalt außerdem, wenn ihm Akten im Zusammenhang mit einer fristgebundenen Prozesshandlung zur Bearbeitung vorgelegt werden, weil die Akte mit der **Vorlage** aus dem Bürobetrieb, innerhalb dessen die Fristenkontrolle geschultem, zuverlässigen Personal überlassen werden darf, ausscheidet und es nunmehr um die dem Anwalt obliegende Prüfung der Zulässigkeitsvoraussetzungen der beabsichtigten Prozesshandlung geht.[454] Die **Prüfungspflicht** entsteht bereits mit Vorlage der Akte und nicht erst im Zeitpunkt der Bearbeitungsaufnahme durch den Anwalt.[455] Die Prüfungspflicht kann ausnahmsweise entfallen, wenn die Akten sowohl bei Ablauf der Vorfrist als auch der Notfrist vorgelegt werden und der Anwalt davon ausgehen darf, dass es sich um eine **Vorlage anlässlich der Vorfrist** handelt.[456] Als „Vorlage" ist auch die Vorlage der Akte zu einer Mandantenbesprechung mit anschließendem Diktat der Berufungsschrift zu werten.[457] Der Anwalt hat wegen des für beide Fristen bereits durch die Zustellung in Gang gesetzten Fristlaufs sowohl Erledigungsvermerke über die Notierung der Berufungs- wie auch Berufungsbegründungsfrist zu überprüfen.[458] Die Pflicht entsteht nicht, wenn die Akten aus anderen Gründen als der Fristerledigung vorgelegt werden.[459] Allerdings hat sich der Anwalt bei Vorlage einer nicht fristgebunden Akte spätestens binnen einer Woche zu überzeugen, um was es sich handelt und wie lange er sich Zeit lassen kann.[460] Ebenso muss er mit Eingang eines eine Rechtsbehelfsfrist auslösenden Bescheids oder Urteils den **Zustellungszeitpunkt** ermitteln und festhalten und – insbesondere durch Eintragung in einem Fristenkalender – eine Wiedervorlage so rechtzeitig sicherstellen, dass eine fristgerechte Einlegung des Rechtsmittelschriftsatzes noch gewährleistet ist.[461] Unverschuldet ist eine Fristversäumung, wenn die Geschäftsstelle in der Annahme der Unwirksamkeit der Erstzustellung eine zweite Zustellung veranlasst.[462]

66 **ff) Ausgangskontrolle.** Auf die fristgerechte Vorlage der Handakten folgen weitere Arbeitsabläufe im Anwaltsbüro, die durch sorgfältige Büroorganisation als Fehlerquellen ausgeschlossen werden müssen. Der fristwahrende Schriftsatz muss diktiert, geschrieben, unterschrieben, zum Versand fertiggemacht und abgeschickt werden. Die Ausgangskontrolle, die eine nochmalige, selbstständige Prüfung darstellt,[463] hat sicherzustellen, dass fristgebundene Schriftsätze rechtzeitig und zuverlässig auf den Weg gebracht werden. Die Ausgangskontrolle soll vermeiden, dass durch versehentliche Erledi-

---

447 BGH NJW 2000, 365 f.; 1999, 2048.
448 BGH NJW 2006, 2269; 1997, 2825; BGH v. 15. 8. 2007, XII ZB 82/07 Tz 16.
449 BGH NJW 1999, 2680.
450 BGH VersR 1988, 78; BGH NJW-RR 1998, 1360.
451 BGH VersR 1989, 929.
452 BVerfG NJW 2000, 1633; BGH NJW 1997, 1708 f.; BGReport 2006, 1260.
453 BGH NJW 1996, 1477; BGHReport 2006, 1260.
454 BGH BGHReport 2004, 57 f.; NJW 2003, 437; 1997, 1708 f.; 1997, 1310; NJW 1992, 1632; 1992, 841.
455 BGH NJW 2007, 1599; 2007, 1597; 2003, 1815; 1992, 841; BGHReport 2002, 568.
456 BGH NJW 2007, 1599.
457 BGH BGHReport 2005, 1072; 2005, 457; FamRZ 2004, 1183 f.; 2004, 696.
458 BGH BGHReport 2005, 457; FamRZ 2004, 1183 f.; 2004, 696.
459 BGH NJW 2003, 1815; 1998, 1498; 1992, 1632.
460 BGH NJW 2002, 1429 f.; 1998, 440.
461 BVerfG NJW 1995, 711; BGH VersR 1987, 563; 586; BGH VersR 1998, 868.
462 BGH VersR 1995, 680; anders, wenn zweite Zustellung auf Verlangen des Anwalts erfolgt: BGH v. 6. 2. 1997, VII ZB 40/96 (unveröffentlicht).
463 BGH BGHReport 2006, 1121.

gungsvermerke im Fristenkalender Fristen versäumt werden. Eine Frist darf erst gestrichen werden, wenn der Schriftsatz gefertigt und abgesandt oder zumindest postfertig gemacht wurde.[464] Deshalb ist **am Ende jeden Arbeitstages** von einer erprobten Bürokraft zu prüfen, welche fristwahrenden Schriftsätze hergestellt, abgesandt oder wenigstens postfertig gemacht worden sind und ob diese mit den im Fristenkalender vermerkten Sachen übereinstimmen.[465] Die Ausgangskontrolle sollte zentral, kann aber auch dezentral organisiert sein.[466] Sie kann in der Führung eines Postausgangsbuchs oder darin bestehen, dass nach Absendung des Schriftsatzes auf dessen Durchschrift ein „Ab-Vermerk" angebracht wird.[467] Der Anwalt darf die Ausgangskontrolle einer, nicht **gleichzeitig**[468] mehreren[469] zuverlässigen Kräften zuweisen. Die Frist darf im Kalender erst gelöscht (als erledigt gekennzeichnet, „abgehakt") werden, wenn der Schriftsatz tatsächlich das Büro verlassen hat oder bei organisatorisch sichergestellter zuverlässiger Beförderung wenigstens post- oder abtragefertig gemacht worden ist und zur Mitnahme sicher erkennbar bereit liegt.[470] Ausreichend ist die Ablage der Schriftsätze in einer „Poststelle" der Kanzlei, wenn organisatorisch sichergestellt ist, dass dort lagernde Briefe noch am selben Tag ohne weitere Zwischenschritte frankiert zur Poste gegeben oder durch einen Boten zu Gericht gebracht werden.[471] Unschädlich ist es, wenn der zur Beförderung durch einen Boten bestimmte Postkorb der Kanzlei neben fristgebundenen auch sonstige Schriftstücke enthält.[472] Ebenso können verschiedene Fächer angelegt werden, in die jeweils fristgebundene und nicht fristgebundene Schriftsätze eingelegt werden. Unterläuft einer Kanzleimitarbeiterin beim Einsortieren ein Fehler, ist dies dem Bevollmächtigten nicht zuzurechnen.[473] Allerdings genügt es nicht, nur allgemein zu prüfen, ob der für Gerichtspost bestimmte Korb am Abend leer ist; vielmehr muss feststehen, dass sich die betreffende Sendung in dem Korb befand.[474] Die Frist darf nicht schon mit Vorlage der Handakten an den Anwalt gelöscht werden.[475] Ist eine Vorfrist für die Berufungsbegründungsfrist notiert, darf nicht schon mit der Absendung eines Fristverlängerungsantrags, sondern erst nach dessen Bewilligung die Berufungsbegründungsfrist gestrichen werden.[476] Wird ein anderer Anwalt mit der Durchführung eines Rechtsmittels betraut, darf die Frist erst gelöscht werden, nachdem er den Auftrag angenommen hat.[477] Bei Fristversäumung, die durch das Fehlen eines sinnvollen und lückenlosen Systems zur Ausgangskontrolle verursacht sind, ist Wiedereinsetzung ausgeschlossen.[478] Besteht eine wirksame Endkontrolle, so ist der Rechtsanwalt in der Regel nicht verpflichtet, den Eingang des fristwahrenden Schriftsatzes bei Gericht zu überwachen.[479] Kann ein Mitglied einer Sozietät am Sonntag erkennen, dass der Postausgang am Freitag nicht ordnungsgemäß zur Post gebracht wurde, muss es den Ausgang auf Fristen prüfen, bevor es die Briefe in den Briefkasten wirft.[480] Unzureichend ist die Anweisung, den Eingang von Schriftsätzen bei Gericht durch **Nachfrage** zu überprüfen, wenn die Nachfrage nicht so rechtzeitig vor Fristablauf erfolgt, dass die Fristwahrung gesichert ist.[481]

d) Einsatz von Telefax.[482] **aa) Störungen im Empfangsgerät.** Wird der Zugang zum Gericht über einen Telefaxanschluss eröffnet, muss die Justiz dafür sorgen, dass das Gerät ständig – nicht anders als ein Nachtbriefkasten – auch außerhalb der Dienstzeit funktionsfähig[483] ist. Das Risiko einer Störung des Empfangsgeräts (Ursache zB Papierstau) trägt nicht die Partei, die eine 67

---

[464] BGH BGHReport 2006, 1194; 2006, 1380.
[465] BGH FamRZ 2004, 865 = BGHReport 2004, 903; NJW 2000, 1957; NJW-RR 1997, 562.
[466] BGH NJW 1994, 3225.
[467] BGH VersR 1992, 120.
[468] BGH BGHReport 2007, 411.
[469] BGH NJW 1992, 3176.
[470] BGH NJW 1997, 3446; 1996, 1540f.; 1993, 3333; BGH NJW-RR 2003, 1004; 1999, 1222; 1994, 565; BGHReport 2002, 246.
[471] BGH NJW-RR 2003, 1004; 2001, 1577f.
[472] BGH NJW-RR 2003, 1004.
[473] BGHReport 2006, 1194.
[474] BGH VersR 1993, 207; 378.
[475] BGH NJW 1991, 1178; 1989, 1157; VersR 1982, 653.
[476] BGH BGHReport 2006, 1380.
[477] BGH NJW 2000, 815.
[478] BGH NJW 1996, 319; BGH NJW 1994, 3171; BGH NJW-RR 1998, 1443; 1999, 1222; BGH NJW 1993, 3333; BAG NJW 1993, 2957; BGH VersR 1994, 369.
[479] BVerfG NJW 1992, 38.
[480] BGH NJW-RR 2003, 490.
[481] BGH BGHReport 2006, 1380.
[482] Zu allen Einzelheiten *Pape-Notthoff* NJW 1996, 417 sowie *Henneke* NJW 1998, 2194 und 2958; allgemein zur Einreichung bestimmender Schriftsätze per Telefax auch *Maniotis* ZZP 112. Bd. (1999) S. 315 und *Schwachheim* NJW 1999, 621 (Besprechung des Vorlagebeschl. BGH NJW 1998, 3649).
[483] BVerfG NJW 1996, 2857; BGH NJW-RR 1997, 250.

Frist wahren will, sondern liegt in der **Sphäre des Gerichts.**[484] Falls die Störung nicht vorhersehbar war und vom Prozessbevollmächtigten andere ohne weiteres mögliche und zumutbare Maßnahmen zur Fristwahrung nicht mehr getroffen werden können,[485] muss Wiedereinsetzung gewährt werden. Das gilt auch, wenn er wegen der Empfangsstörung des OLG-Geräts die Berufungsbegründung noch vor Fristablauf dem Fernkopierer der im gleichen Haus befindlichen Staatsanwaltschaft übermittelt hat.[486] Von einem Rechtsanwalt, der sich und seine organisatorischen Vorkehrungen darauf eingestellt hat, einen Schriftsatz mittels Telefax zu übermitteln, kann beim Scheitern der gewählten Übermittlung infolge eines Defekts im Empfangsgerät oder wegen Leitungsstörungen nicht verlangt werden, dass er unter Aufbietung aller nur denkbaren Anstrengungen innerhalb kürzester Zeit eine andere als die gewählte, vom Gericht offiziell eröffnete Zugangsart wählt.[487] Ist der Kanzleisitz von dem Gericht 300 km entfernt, kann von dem Anwalt am letzten Tag der Frist nicht erwartet werden, den Schriftsatz selbst mit dem PKW zum Gericht zu bringen oder einen ortsansässigen Anwalt mit der Übermittlung zu beauftragen.[488] Verfügt das Gericht – etwa das OLG Karlsruhe mit Außensenaten in Freiburg – über **mehrere Faxanschlüsse,** hat der Anwalt anstelle des defekten (in Freiburg) den funktionierenden Anschluss (in Karlsruhe) anzuwählen.[489] Verfügt das Gericht über mehrere Faxnummern, sind die Angestellten darauf hinzuweisen, bei Empfangsschwierigkeiten den Sendevorgang nicht einfach zu wiederholen, sondern auf eine andere Nummer auszuweichen.[490] Falls die Faxübermittlung an das Prozessgericht scheitert, ist der Anwalt aber gehalten, gemäß der durch § 569 Abs. 1 eröffneten Möglichkeit die sofortige Beschwerde an das Beschwerdegericht zu faxen.[491]

68 **bb) Störungen im Sendegerät.** Hat das Telefaxgerät des Prozessbevollmächtigten, der am letzten Tag der Frist einen fristwahrenden Schriftsatz einreichen will, einen (nicht vorhersehbaren und nicht vertretbaren) technischen Defekt, so muss der Anwalt die dann noch möglichen und zumutbaren Maßnahmen ergreifen, um die Frist zu wahren.[492] Insoweit kommt der Einwurf in den Nachtbriefkasten oder die Beauftragung eines Kollegen vor Ort in Betracht. Auch wenn es sich um einen Mangel seines eigenen und nicht des gerichtlichen Empfangsgeräts handelt, dürfte dem Anwalt, der auf die Funktionsfähigkeit seines Faxgerätes vertrauen darf, nicht zuzumuten sein, zwecks Fristwahrung eine längere Nachtfahrt auf sich zu nehmen.[493] Beruft sich der Anwalt auf einen Computerabsturz,[494] den Ausfall eines Druckers[495] oder Verzögerungen bei der Öffnung einer den Begründungsentwurf enthaltenden Diskette und bei der anschließenden mail-Versendung,[496] hat er die näheren Umstände darzulegen. Ein Defekt des Computers oder Druckers ist unbeachtlich, wenn eine **Rohfassung der Berufungsbegründung** vorliegt, die dem Gericht übermittelt werden könnte.[497]

69 **cc) Absendung.** Bei der Übermittlung von fristwahrenden Schriftsätzen per Telefax sowie im Telefaxverkehr im Zusammenhang mit einer Fristwahrung, zB bei dem Rechtsmittelauftrag an den Prozessbevollmächtigten[498] ist Sorgfalt erforderlich. Wird die Berufungsbegründungsschrift so spät fertiggestellt (23.30 Uhr), dass sie wegen ihres Umfangs bei Fristablauf (24.00 Uhr) nicht mehr vollständig gefaxt werden kann, ist ein Verschulden des Anwalts gegeben.[499] Der Anwalt braucht das Fax nicht selbst abzusenden oder die Richtigkeit der Faxnummer zu kontrollieren;[500] bei Eingabefehlern der hinreichend geschulten und überwachten Bürokraft,[501] auch eines Referendars,[502] ist Wiedereinsetzung möglich, wenn die **Büroorganisation** in Ordnung ist. Der Anwalt hat durch organisatorische Vorkehrungen sicherzustellen, dass die das angeschriebene Gericht betreffende Te-

---

484 BVerfG NJW 1996, 2857.
485 BGH NJW 1995, 1431.
486 BGH NJW-RR 1995, 442.
487 BVerfG NJW 2001, 3473; BGH MDR 2003, 766; BGHReport 2003, 1431.
488 BVerfG NJW 2001, 3473; BGH MDR 2003, 766; BGHReport 2003, 1431; NJW 1992, 244.
489 BGH MDR 2003, 766; NJW 1995, 1431 f.
490 OLG Schleswig NJW-RR 2006, 1724.
491 BVerfG NJW 2000, 1636.
492 BayObLG NJW-RR 1998, 418; BGH NJW-RR 1996, 1275.
493 *Musielak/Grandel* Rn. 50.
494 BGH NJW 2004, 2525.
495 BGH BGHReport 2006, 1197 f.
496 BGH NJW-RR 2005, 793 f. = FamRZ 2005, 882.
497 BGH BGHReport 2006, 1197 f.
498 BGH NJW 1993, 3140.
499 BGH FamRZ 2006, 1438.
500 BGH NJW 1995, 2105 f.; BFH NJW 2003, 2559 f.; unrichtig KG NJW-RR 2006, 1433.
501 BGH NJW 1994, 329.
502 BVerfG NJW 2002, 1411 f.

lefaxnummer verwendet wird.[503] Zur Vermeidung von Verwechselungen ist dem Büropersonal die Anweisung zu erteilen, bei der Versendung von Schriftsätzen mittels Telefax die Auswahl der richtigen Empfängernummer zu überprüfen.[504] Irrt die Angestellte sowohl bei der Eingabe als auch der Kontrolle der Nummer, ist dies dem Anwalt nicht zuzurechnen.[505] Die Telefaxnummer des Adressaten muss **richtig ermittelt** werden.[506] Zur Ermittlung der Faxnummer eines Gerichts darf sich der Anwalt auf ein seit Jahren bewährtes EDV-Programm (RA Micro) in der jeweils neuesten Fassung grundsätzlich verlassen.[507] Entsprechendes gilt für sonstige gebräuchliche Verzeichnisse (etwa des DAV).[508] Wird beim Telefax-Verkehr mit den Gerichten die Telefax-Nummer des Adressaten von der Computeranlage im Büro des Rechtsanwalts automatisch aus einem Stammdatenblatt übernommen, dann hat der Rechtsanwalt durch organisatorische Vorkehrungen dafür zu sorgen, dass die Eintragung im Stammdatenblatt laufend kontrolliert wird oder dass jede Sendung anhand des Sendeberichts auf die Richtigkeit des Adressaten und der Telefax-Nummer überprüft wird.[509] Erkundigt sich der Anwalt bei der Telefonauskunft, hat er Übermittlungsrisiken (Hörfehler) vorzubeugen,[510] während ihn für einen Fehler im dortigen Datenbestand keine Verantwortung trifft.[511] Die Faxnummer des Oberlandesgerichts, an dem er schwerpunktmäßig tätig ist, muss der Anwalt kennen,[512] behördliche Mitteilungen über geänderte Faxnummern beachten.[513] Bei einem **wiederholt gescheiterten Übermittlungsvorgang** muss der Anwalt die Richtigkeit der vom Gericht selbst fehlerhaft mitgeteilten Empfängernummer mit Hilfe des Telefonbuchs oder der Telefonauskunft überprüfen.[514] Der Anwalt hat durch organisatorische Maßnahmen sicherzustellen, dass die Angestellten die Faxnummer stets einem Verzeichnis entnehmen und nicht etwa die vermeintlich richtige Nummer aus dem Gedächtnis abrufen.[515] Will der Anwalt den Schriftsatz am letzten Tag der Frist einreichen, muss die Empfängernummer ohne weiteres zugriffsbereit sein.[516] Soll der Schriftsatz unmittelbar vor Fristablauf gefaxt werden (23.30 Uhr), muss die Nummer mit **besonderer Sorgfalt** ermittelt werden. Der anwesende Anwalt muss sofort einschreiten, wenn sich bei der Übermittlung Probleme ergeben.[517] Bei der Absendung fristwahrender Schriftsätze muss immer damit gerechnet werden, dass das Empfangsgerät wegen anderer Sendungen belegt sein könnte; es genügt also nicht, mit der Übermittlung eines elfseitigen Schriftsatzes um 23.54 Uhr zu beginnen, wenn die Frist um 24.00 Uhr abläuft; ein gewisser zeitlicher **„Sicherheitszuschlag"** ist geboten.[518] Allerdings kann ein Wiedereinsetzungsgesuch auf die unüblich lange Dauer der Übertragung – je Minute nur zwei statt drei Seiten überspielt – gestützt werden. Bei der Bewertung hat das Gericht die zum Vergleich vorgelegten Sendeberichte zu würdigen.[519] Weist der Anwalt seine Angestellte kraft Einzelanordnung an, die Berufungsschrift per Telefax an das Berufungsgericht zu übermitteln, kann er sich auf die Ausführung nur verlassen, wenn er die sofortige Ausführung anordnet. Fehlt es an einer eindeutigen, präzisen Weisung, hat der Anwalt durch organisatorische Maßnahmen sicherzustellen, dass die Anweisung nicht in Vergessenheit gerät und unterbleibt.[520] Erteilt der Anwalt einer Angestellten die mündliche Weisung, die Berufungsschrift per Telefax an das Rechtsmittelgericht zu übersenden, hat er durch organisatorische Maßnahmen Vorsorge zu treffen, dass die Absendung nicht in Vergessenheit gerät und unterbleibt.[521]

---

503 BGH NJW-RR 2005, 1373; FamRZ 2006, 1438; BGH BGHReport 2005, 933; 2004, 978; BRAK-Mitt. 2002, 171.
504 BGH BGHReport 2007, 622; NJW-RR 2005, 1373; FamRZ 2006, 1438; BGHReport 2005, 933; BGH BRAK-Mitt. 2002, 171; NJW 2000, 1043; 2000, 1043f.; 1999, 583f.; 1997, 948; BAG NJW 2001, 1594f.
505 BGH BGHReport 2004, 525.
506 BGH NJW-RR 1997, 952; BGH NJW 1995, 2105; BGH NJW 1997, 948; FamRZ 2006, 1438.
507 BGH NJW-RR 2005, 1373; BGH NJW 2004, 2830.
508 BGH NJW-RR 1997, 952.
509 BGH NJW 2000, 1043.
510 BGH NJW 1994, 2300.
511 BAG NJW 2001, 1594f.
512 BGH NJW 1994, 2300.
513 BGH NJW 1994, 1660.
514 BGH NJW 1999, 583f.; FamRZ 2006, 1438.
515 BGH NJW-RR 2005, 1373.
516 BGH NJW 2004, 516.
517 BGH NJW-RR 2006, 1648f.
518 BVerfG NJW 2000, 574.
519 BGH BGHReport 2005, 458f. = NJW 2005, 678f.; NJW 2004, 2525f.; NJW-RR 2001, 916; BGHReport 2001, 436.
520 BGH BGHReport 2004, 1445; 2002, 950.
521 BGH BGHReport 2004, 1445.

70 **dd) Ausgangskontrolle.** Wie sonst ist auch beim Telefaxverkehr eine wirksame Ausgangskontrolle – also eine nochmalige selbstständige Prüfung – zu gewährleisten.[522] Eine Kontrolle muss nicht in unmittelbarem Anschluss an den Sendevorgang erfolgen, aber so rechtzeitig, dass eine erfolglos gebliebene Übermittlung noch innerhalb der verbleibenden Frist wiederholt werden kann.[523] Die Einzelanweisung, die Berufsschrift per Telefax zu übermitteln, macht eine Ausgangskontrolle nicht entbehrlich.[524] Soll die Übersendung mit einer Duplex-Kopie erfolgen, genügt eine eindeutige Anweisung, wie damit zu verfahren ist.[525] Vor Fristlöschung muss ein Einzelnachweis ausgedruckt und der **Sendebericht kontrolliert** werden. Auch die richtige Empfängernummer und die Anzahl[526] der übermittelten Seiten muss dabei überprüft werden,[527] damit Fehler und Störungen, etwa auch das Fehlen der letzten Seite mit der Unterschrift, rechtzeitig entdeckt werden.[528] Allerdings ist Wiedereinsetzung zu gewähren, wenn der Sendebericht wegen der Einstellung des Faxgeräts durch die Justizbehörden keinen Kontrollangaben enthält.[529] Wird die Empfängernummer nicht aus einem amtlichen Verzeichnis oder einer Liste, sondern aus dem konkreten Aktenvorgang entnommen und auf den zu übersendenden Schriftsatz übertragen, reicht es wegen der denkbar geringen Verwechselungsgefahr aus, mögliche Eingabefehler zu korrigieren, indem die gewählte Empfängernummer mit der zuvor eingefügten Nummer abgeglichen wird.[530] Ebenso verhält es sich, wenn die Faxnummer einem bei den Akten befindlichen Originalschreiben des Gerichts entnommen und handschriftlich auf den zu übersendenden Schriftsatz übertragen wird. Hier genügt es, den Sendebericht auf die Übereinstimmung der Empfängernummer mit der auf dem Schriftsatz befindlichen Nummer zu kontrollieren, während es keiner weiteren Prüfung bedarf, ob die auf den Schriftsatz befindliche Nummer mit der Nummer des Gerichts übereinstimmt.[531] Die **Faxnummer** darf bei widersprüchlichen Angaben nicht den Akten entnommen werden.[532] Zeigt das Sendeprotokoll keinen Fehler an, darf der Anwalt von einer fehlerfreien Übermittlung ausgehen[533] und braucht sich nicht über den Eingang bei Gericht zu vergewissern.[534] Anstelle des Sendeberichts sind (beim Rechtsmittelauftrag an einen anderen Rechtsanwalt) auch schriftliche oder fernmündliche Bestätigungen des Empfängers innerhalb der Frist zur Ausgangskontrolle möglich.[535] Erst danach darf die Frist im Kalender gelöscht werden.[536]

71 **ee) Fristwahrung.** Die Frist war bei Verwendung von Telefax nach früherem Verständnis nur dann gewahrt, wenn der vollständige Ausdruck durch das Empfangsgerät vorliegt.[537] Wird etwa bei einer umfangreichen Rechtsmittelbegründung der Schriftsatz nur teilweise bis 24.00 Uhr übermittelt, waren die bis dahin eingegangenen Seiten, sofern sich darunter auch die Seite mit der **Unterschrift** des Bevollmächtigten befindet, zu berücksichtigen.[538] Auch bei sonst störungsfreiem Verlauf der Telefaxverbindung muss der Prozessbevollmächtigte darauf achten, dass so frühzeitig mit der Sendung begonnen wird, dass auch die letzte Seite sowie alle dazugehörigen Anlagen noch vor 24.00 Uhr bei Gericht eingehen. War dies nicht sichergestellt, so kam Wiedereinsetzung nicht in Betracht. Aufgrund einer **Rechtsprechungsänderung** kommt es für die Fristwahrung nicht darauf an, ob der Ausdruck rechtzeitig erfolgt, sondern ob die **gesendeten Signale** rechtzeitig (vor 24.00 Uhr) eingegangen sind.[539]

---

[522] BGH BGHReport 2006, 1121; NJW 1998, 907; BayObLG NJW 1995, 668; BGH VersR 1996, 778; BGH NJW 1996, 2513.
[523] BGH BGHReport 2007, 26.
[524] BGH BGHReport 2006, 746.
[525] BGH BGHReport 2006, 811.
[526] BGH BGHReport 2006, 746; 2001, 526.
[527] BGH BGHReport 2005, 933 f.; 2004, 1580 = NJW 2004, 3490; 2004, 1582; 2004, 978; 2001, 809 f. (sehr konkrete Schilderung).
[528] BGH, Beschl. v. 18. 7. 2007, XII ZB 32/07 Tz. 6; BGH NJW 1998, 907; 1994, 1879; 1993, 3140; 1993, 1655.
[529] BGH BGHReport 2002, 566.
[530] BGH BGHReport 2004, 1582.
[531] BGH BGHReport 2007, 461.
[532] BGH BGHReport 2005, 933 f.
[533] BGH NJW 2006, 1518.
[534] BGH NJW 1997, 1311 f.
[535] BGH VersR 1996, 1125.
[536] BGH NJW 1998, 907; 1996, 2513; 1994, 1879; BGH, Beschl. v. 18. 7. 2007, XII ZB 32/07 Tz 6.
[537] BGH NJW 1994, 2097.
[538] *BGH NJW-RR* 2005, 793 = FamRZ 2005, 882; NJW 2000, 364; 1994, 2097 f.
[539] BGH NJW 2006, 2263.

e) Büroorganisation. Im Interesse seiner der Rechtspflege gewidmeten eigenverantwortlichen Tätigkeit soll sich der Rechtsanwalt von **routinemäßigen Büroarbeiten** freistellen. Zu den delegierbaren Hilfstätigkeiten gehören etwa die Erledigung der ausgehenden Post,[540] die Suche von Adresse und Faxnummer,[541] das Absenden eines Fax[542] nebst der Kontrolle des Sendeprotokolls,[543] die Einreichung eiliger Schriftstücke bei Gericht,[544] die Entgegennahme gerichtlicher[545] und anwaltlicher Auskünfte.[546] Die Büroorganisation muss sicherstellen, dass der Fristenkalender **täglich** kontrolliert wird[547] und der Vorgang sofort mit deutlichem Hinweis auf die Frist dem Prozessbevollmächtigten vorgelegt wird. Organisationsmängel im Büro des Prozessbevollmächtigten, die zur Fristversäumung führen, hindern die Wiedereinsetzung immer.[548] 72

Das **System von allgemeinen und speziellen Weisungen,** von Sicherungen, Kontrollen und Überwachung soll möglichst perfekt sein. Der Anwalt hat durch allgemeine, nicht notwendig schriftliche,[549] aber unmissverständliche Weisungen für eine einwandfreie Büroorganisation zu sorgen.[550] **Fehler in Büroablauf** geben Anlass zu Überlegungen, die Organisation zu optimieren.[551] Der Anwalt hat etwa die Zuständigkeitsbereiche der Mitarbeiter,[552] die Aktenführung[553] einschließlich der Kennzeichnung der Fristakten,[554] die Behandlung der eingehenden Post,[555] die Frankierung der ausgehenden Post,[556] die Bearbeitung telefonischer gerichtlicher Aktenrückforderungen[557] festzulegen. Auch muss vermieden werden, dass für zwei Rechtsstreite eines Mandanten nur eine Handakte geführt wird.[558] Hier ist durch eine allgemeine Büroanweisung sicherzustellen, dass die Fristen für jedes Verfahren gesondert und unverwechselbar im Fristenkalender eingetragen werden.[559] Besondere Vorkehrungen sind auch erforderlich, wenn nicht mehrere Verfahren gleichen Rubrums, aber namensidentischer Parteien geführt werden. Der Vorgang ist im Fristenkalender außer durch den Parteinamen noch durch einen weiteren unterscheidenden Zusatz (Aktenzeichen Streitgegenstand) zu kennzeichnen.[560] Allgemeine Weisungen, deren Beachtung gesichert und kontrolliert werden muss, verwirklichen das System. 73

Ferner ist es nötig, durch eine **allgemeine Weisung** sicherzustellen, dass das Büropersonal jeden, insbesondere jeden zur Fristwahrung bestimmten Schriftsatz daraufhin überprüft, ob er vom Anwalt unterschrieben ist.[561] Besteht eine solche Weisung, ist bei Einreichung eines nicht unterschriebenen Schriftsatzes Wiedereinsetzung zu gewähren.[562] Ebenso muss zum Beispiel sichergestellt werden, dass neu eingehende Mandate unverzüglich einem Mitglied der Sozietät vorgelegt werden[563] und dass Telefonanrufe zuverlässig festgehalten werden.[564] Besteht eine ordnungsgemäße Organisation, darf sich der Anwalt auf ihre Befolgung verlassen und von Anweisungen im Einzelfall absehen.[565] Erteilt der Anwalt eine mündliche Weisung, braucht er sich nicht zu vergewissern, ob sie von dem Personal beachtet wurde.[566] Freilich muss der Anwalt selbst tätig werden, sofern seine Weisung ersichtlich unbeachtet bleibt.[567] 74

---

540 BGH NJW-RR 2003, 569; 2003, 1000; MDR 1988, 497; VersR 1979, 1028.
541 BGH NJW-RR 2002, 860; NJW 2000, 143.
542 BVerfG NJW 1996, 309; BGH NJW 1994, 329.
543 BGH VersR 1996, 778.
544 BGH NJW-RR 1994, 510; VersR 1974, 908.
545 BGH NJW 1968, 504.
546 BGH VersR 1972, 1169.
547 BGH VersR 1986, 891.
548 BGH NJW 1995, 2562; 2000, 82; 1998, 3570; 1999, 3783.
549 BGH VersR 1996, 779; NJW 1988, 1853.
550 BGH NJW-RR 2001, 209; NJW 1969, 1297.
551 BGH VersR 1996, 388.
552 BGH VersR 1993, 206; 1977, 423.
553 BGH VersR 1972, 557.
554 BGH VersR 1969, 450.
555 BGH NJW 1962, 2155.
556 BGH NJW 2007, 1751.
557 BGH NJW 1998, 3570.
558 BGH BGHReport 2007, 411; NJW-RR 1999, 716.
559 BGH BGHReport 2007, 411; NJW-RR 2006, 355.
560 BGH BGHReport 2007, 411; NJW 1995, 2563.
561 BGH NJW 1996, 998.
562 BGH BGHReport 2006, 744.
563 BGH VersR 1982, 1192.
564 BGH VersR 1981, 959.
565 BGH VersR 1973, 665; NJW 1960, 1348.
566 BGH FamRZ 1997, 997; VersR 1996, 779; NJW 1991, 1179.
567 BGH VersR 1973, 1144.

75 Mangels Kausalität wirkt sich eine fehlerhafte Büroorganisation auf die Fristversäumung mit der Folge der Gewährung von Wiedereinsetzung nicht aus, sofern der Anwalt eine **konkrete Einzelanweisung** erteilt hat, bei deren Befolgung die Frist gewahrt worden wäre.[568] Weicht ein Anwalt von einer bestehenden Organisation ab und erteilt er statt dessen für einen konkreten Fall genaue Anweisungen, die eine Fristwahrung gewährleisten, so sind allein diese maßgeblich, so dass es auf allgemeine organisatorische Maßnahmen nicht ankommt. Die Anweisung, einen Schriftsatz sofort per Telefax zu übermitteln und wegen des Eingangs bei Gericht fernmündlich nachzufragen, ersetzt die **Ausgangskontrolle** und macht alle dort bestehenden Defizite unerheblich.[569] Ebenso liegt es, wenn der Anwalt von einer Eintragung der Sache in den Fristenkalender absieht und die Anweisung erteilt, den fertigen Schriftsatz in die Ausgangsmappe für die Post zu dem Berufungsgericht zu legen.[570] Der Rechtsanwalt darf darauf vertrauen, dass eine bislang zuverlässige Angestellte, der ein einmaliger Fehler unterlaufen ist, eine konkrete Einzelanweisung befolgt.[571] Ein Verschulden des Anwalts ist nicht gegeben, wenn er einer zuverlässigen seit Jahrzehnten mit der Fristberechnung betrauten Angestellten nach Inkrafttreten der ZPO-Reform erklärt, in einer bestimmten Sache berechne sich die Berufungsfrist nach dem der Angestellten geläufigen alten Recht, die Angestellte die Frist dennoch nach neuem Recht berechnet.[572] Ebenso verhält es sich, wenn der Anwalt seine Angestellte mündlich auffordert, eine unterzeichnete Rechtsmittelschrift an das Berufungsgericht zu faxen, diese aber versehentlich eine nicht unterzeichnete Fassung versendet.[573] Wiedereinsetzung ist zu gewähren, wenn der Anwalt eine zuverlässige Angestellte durch Einzelanordnung anweist, die Postleitzahl zu kontrollieren und gegebenenfalls zu korrigieren. Bemerkt er den Fehler bei Unterzeichnung des Schriftsatzes nicht, ist dies unschädlich, weil die postalisch korrekte Adressierung nicht zu seinen Aufgaben gehört.[574] Anders ist es, wenn die Weisung nicht die Organisation außer Kraft setzt, sondern sich darin einfügt und nur einzelne Elemente ersetzt. Die konkrete Weisung, einen Schriftsatz sofort per Telefax zu übermitteln, ersetzt, wenn die Angestellte nach vergeblichen Versuchen den Sendevorgang abbricht und später versehentlich die Frist als erledigt einträgt, nicht die allgemeine Weisung, die Frist erst nach Ausdruck des Sendeberichts zu streichen.[575] Ausreichend ist eine Anordnung dieses Inhalts, wenn sich der Anwalt später durch konkrete Nachfrage über die Ausführung des Auftrags vergewissert hat.[576] Auf die Einzelanweisung, einen Schriftsatz nicht zum gegenwärtigen Zeitpunkt, sondern vier Tage später an das Gericht zu versenden, darf der Anwalt vertrauen.[577] Entsprechendes gilt für die am Nachmittag vor Fristablauf erteilte Weisung, den Schriftsatz auf dem Heimweg in den Gerichtsbriefkasten einzulegen.[578] Im Unterschied zu dem **Grundsatz,** dass eine **mündliche Weisung** Mängel der Organisation beseitigt, versagt der BGH wegen der Bedeutung des Vorgangs Wiedereinsetzung in Fällen, in denen der Anwalt einer Angestellten die mündliche Einzelanweisung erteilt, die **Rechtsmittelfrist** einzutragen, wenn keine organisatorischen Vorkehrungen getroffen sind, dass die Anweisung in Vergessenheit gerät und unterbleibt.[579] Ebenfalls unzureichend ist die nur mündliche Anweisung zur Absendung einer Berufungsbegründungsschrift und zur Einreichung eines Antrags auf Verlängerung der Berufungsbegründungsfrist.[580] Weist der Anwalt seine Angestellte an, die Berufungsschrift per Telefax an das Berufungsgericht zu übermitteln, kann er sich auf die Ausführung nur verlassen, wenn er die **sofortige Ausführung** anordnet. Fehlt es an einer eindeutigen, präzisen Weisung,[581] hat der Anwalt durch organisatorische Maßnahmen sicherzustellen, dass die Anweisung nicht in Vergessenheit gerät und unterbleibt.[582] Soll die Angestellte die Berufungsbegründungsfrist am nächsten Tag anlässlich einer Fahrt an den Sitz des Oberlandesgerichts bei der Posteinlaufstelle abgeben, ist durch **Kontrollmaßnahmen** sicherzustellen, dass die Weisung **nicht in Vergessenheit gerät.**[583] Ebenso verhält es sich, wenn der Angestellten lediglich aufgetragen

---

[568] BGH NJW 2000, 2823; 1997, 1930; 1996, 130; NJW-RR 2005, 215 f.; 2003, 935,1998, 1360.
[569] BGH NJW 2004, 367, 369; NJW-RR 2002, 60.
[570] BGH NJW 2004, 367, 369; 1996, 130.
[571] BGH BGHReport 2002, 146.
[572] BGH BGHreport 2004, 1167.
[573] BGH BGHReport 2003, 696.
[574] BGH BGHReport 2003, 1038.
[575] BGH NJW 2004, 367, 369.
[576] BGH BGHReport 2002, 950 f.
[577] BGH BGHReport 2003, 1038; aA BGH NJW 1999, 429.
[578] BGH BGHReport 2007, 128.
[579] BGH BGHReport 2004, 1445.
[580] BGH BGHReport 2006, 1381.
[581] BGH BGHReport 2006, 1381.
[582] BGH, Besch. v. 18. 7. 2007, XII ZB 32/07 Tz 9; BGH BGHReport 2004, 1445.
[583] BGH NJW-RR 2007, 127.

wird, die Berufungsbegründung noch am selben Tag an das Gericht zu faxen, aber nicht die sofortige Durchführung angeordnet wird.[584] Erkennt der Anwalt, dass seine Sekretärin die Berufungsbegründungsfrist fälschlich einen Tag nach tatsächlichem Ablauf eingetragen hat, genügt er seiner Sorgfaltspflicht nicht bereits durch die am maßgeblichen Tag des Fristablaufs erteilte Weisung, die Begründung in den Nachtbriefkasten des Oberlandesgerichts einzuwerfen, wenn er nicht auch auf eine Berichtigung der Eintragung als fortwährende Fehlerquelle hinwirkt.[585] Für die Anweisung des Rechtsanwalts, eine Frist einzutragen, genügt keinesfalls ein Klebezettel auf dem Aktendeckel.[586]

Der Anwalt muss seine Mitarbeiter sorgfältig auswählen, belehren und überwachen. Für die (routinemäßige) Kontrolle genügen regelmäßige Stichproben alle sechs Wochen,[587] sofern nicht ein besonderer Anlass zur Überprüfung gegeben ist. Diktate hat der Anwalt vor Unterzeichnung zu kontrollieren.[588] 76

Eigenverantwortliches Tätigwerden ist immer dann geboten, wenn im Rahmen zulässiger Delegation **Anlass zur Überprüfung oder zu Zweifeln** auftaucht.[589] Ist der Zustellungszeitpunkt zweifelhaft, hat sich der Anwalt um Aufklärung zu bemühen.[590] Eine wiederholte Zustellung gibt als außergewöhnliche Verfahrensgestaltung Anlass, den Fristlauf zu kontrollieren.[591] **Ungewöhnliche Vorkommnisse** erhöhen generell die Anforderungen an die Sorgfalt des Rechtsanwalts. So muss er etwa eigene Verantwortung bei der Fristenkontrolle übernehmen, wenn sein Personalbestand wegen Krankheit oder aus sonstigen Gründen sich plötzlich vermindert hat.[592] Entsprechendes gilt, wenn wegen eines Personalwechsels der reibungslose Ablauf gefährdet ist.[593] Ist das Personal weder chronisch überlastet noch drastisch reduziert, sind besondere organisatorische Maßnahmen nicht geboten, wenn lediglich urlaubsbedingte saisonübliche Schwankungen der Arbeitsbelastung vorliegen.[594] Der Anwalt ist selbst für die fristgerechte Einreichung von Schriftsätzen bei Gericht und der Post verantwortlich, wenn er die Schriftstücke zwecks Beförderung an sich genommen hat.[595] Verzichtet der Anwalt auf der Geschäftsstelle auf schriftliche Mitteilung der ihm soeben mündlich eröffneten Fristverlängerung, hat er für die Eintragung im Fristenkalender Sorge zu tragen.[596] Dies gilt auch in weiteren Fällen, in denen der Anwalt die Gefahr fehlerhafter Fristnotierung setzt, indem er dem Personal keine Gelegenheit gibt, die von ihm verfügte Frist zu vermerken,[597] er das Empfangsbekenntnis vor Fristnotierung unterzeichnet[598] oder nicht sicherstellt, dass die Eintragungsverfügung dem Fristenbuchführer zur Kenntnis gelangt.[599] In jedem Falle aber gilt, dass der Anwalt tätig werden muss, wenn sich Anhaltspunkte dafür aufdrängen, dass bei den für die Fristwahrung wichtigen Umständen irgendetwas nicht stimmt, wie beispielsweise bei handschriftlichen Änderungen des Eingangsstempels auf einem zugestellten Urteil.[600] 77

Es muss auch für den **Ausfall** oder die **Verhinderung** von Personal, das mit Aufgaben des Fristenwesens vertraut ist, **Vorsorge** getroffen werden, insbesondere ist eine Vertretungsregelung nötig.[601] Der Rechtsanwalt darf sich nicht darauf verlassen, dass die Angestellte ihre Urlaubsvertretung selbst in einwandfreier Weise regeln werde.[602] Beim Vorliegen von Umständen, die die übliche Büroroutine stören, müssen rechtzeitig geeignete Maßnahmen getroffen werden, die die Einhaltung des Systems der Fristenkontrolle sichern. Dies gilt etwa für Störungen im Geschäftsablauf durch Handwerker, Umzug des Büros, Umorganisation jeder Art.[603] 78

---

584 BGH BGHReport 2007, 623.
585 BGH BGHReport 2002, 1114 f.
586 BGH NJW 1999, 1336.
587 BGH NJW 2003, 1815 f.; 1971, 2269; VersR 1988, 157.
588 BGH NJW 1996, 393.
589 BGH NJW-RR 1998, 1442; VersR 1987, 485; 463; 1985, 269; 1985, 1981; KG NJW 1995, 1434, 1436.
590 BGH VersR 1975, 854.
591 BGH FamRZ 2004, 865 = BGHReport 2004, 903; BGHZ 43, 148; BGH NJW 1991, 2082; BSG NJW 1988, 1886; BAG NJW 1995, 3339.
592 BGH BGHReport 2002, 948 f. = NJW 2002, 3029; NJW-RR 1999, 1664.
593 BGH v. 16. 6. 1997 – II ZB 1/97 (unveröffentlicht).
594 BGH NJW 2000, 3006.
595 Großzügig BGH MDR 1989, 443 in der besonderen Gestaltung, daß der Anwalt sein Personal (erfolglos) um eine Erinnerung gebeten hatte.
596 BGH NJW 1951, 565.
597 BGH VersR 1977, 424.
598 BGH NJW 1966, 548.
599 BGH VersR 1998, 1570.
600 BGH NJW 1985, 1710.
601 BGH VersR 1993, 207; BGH NJW 1989, 1157; KG NJW 1995, 1434.
602 BGH VersR 1987, 617.
603 BGH VersR 1982, 651; 1985, 1163; BGH NJW-RR 1998, 1361 (Verhalten bei Störung einer Fax-Übertragung).

79 **4. Beteiligung mehrerer Anwälte.** Die Beteiligung mehrerer Anwälte bei der Interessenwahrnehmung des Mandanten birgt ein beträchtliches Risiko der Fristversäumung. Im Vordergrund steht dabei die Zusammenarbeit zwischen erstinstanzlichen und zweitinstanzlichen Prozessbevollmächtigten sowie zwischen Korrespondenzanwalt (= Verkehrsanwalt) und Prozessbevollmächtigten. Verantwortlich ist in erster Linie der Rechtsanwalt, der bei dem Gericht für die Partei tätig war, bei dem die Frist gewahrt werden muss, also der postulationsfähige Prozessbevollmächtigte.[604] Nie darf er sich in die Rolle eines bloßen „Stempelanwalts" drängen lassen. Aber beide Anwälte müssen jeweils in eigener Verantwortung geeignete und verlässliche Maßnahmen zur Fristwahrung treffen.[605]

80 **a) Verkehr zwischen erstinstanzlichem Anwalt und Rechtsmittelanwalt.** Als Voraussetzung für die Erteilung eines Rechtsmittelauftrags hat der erstinstanzliche Anwalt die Partei sofort nach Eingang eines Urteils – spätestens binnen einer Woche – über den Zeitpunkt der Zustellung und die Voraussetzungen eines Rechtsmittels zu unterrichten.[606] Der erstinstanzliche Anwalt muss auf den **Rechtsmittelauftrag** an dem beim Rechtsmittelgericht tätigen Kollegen große Sorgfalt verwenden.[607] Alle für die Wahrung der Rechtsmittelfrist erforderlichen Daten müssen vollständig und richtig übermittelt werden. Dazu gehört das Zustellungsdatum des anzufechtenden Urteils.[608] Der erstinstanzliche Anwalt muss eigenverantwortlich und in einer jeden Zweifel ausschließenden Weise dem beauftragten Anwalt die für die fristgemäße Einlegung und Begründung des Rechtsmittels erforderlichen Daten übermitteln. Erfolgt die Übermittlung fernmündlich, so besteht eine besondere **Kontrollpflicht,** um Missverständnisse zuverlässig auszuschließen.[609] Allerdings muss sich andererseits der beauftragte Anwalt anhand der ihm vorliegenden Unterlagen eigenverantwortlich über das Zustellungsdatum vergewissern.[610] Dieser Erkundigungspflicht hat jeder von mehreren für das Berufungsverfahren beauftragte Anwalt zu genügen.[611] Beschwert das Urteil beide Parteien, muss der erstinstanzliche Anwalt dem Rechtsmittelanwalt unzweideutig mitteilen, für welche Partei Rechtsmittel eingelegt werden soll.[612] Ob der Auftrag eingegangen und zur Ausführung angenommen worden ist, muss durch Nachfrage bei dem beauftragten Anwalt überwacht werden.[613] Das mag ausnahmsweise entbehrlich sein, falls die Anwälte ständig zusammenarbeiten.[614] Erst wenn der zweitinstanzliche Anwalt das Mandat angenommen hat, geht die Fristenkontrolle auf ihn über. Bis zu diesem Zeitpunkt bleibt sie beim erstinstanzlichen Prozessbevollmächtigten,[615] in dessen Büro die Frist vorher keinesfalls gelöscht werden darf. Grund dafür ist, dass im Falle der Ablehnung des Mandats durch den zuerst beauftragten Rechtsanwalt das Mandat noch rechtzeitig einem anderen Anwalt erteilt werden kann.[616] Die ordnungsgemäße Ausführung des Rechtsmittelmandats hat der Berufungsanwalt zu verantworten.[617] Erteilt die Partei selbst den Rechtsmittelauftrag, darf sie sich darauf verlassen, dass der ständig von ihr beauftragte zweitinstanzliche Bevollmächtigte die Maßnahmen ergreift, die zur Einlegung des Rechtsmittels erforderlich sind und dabei auch hierfür notwendige Daten, soweit sie nicht aus dem Rechtsmittelauftrag ersichtlich sind, von sich aus erfragt.[618]

81 **b) Verkehr zwischen Korrespondenzanwalt und Prozessanwalt.** Der erstinstanzliche Prozessbevollmächtigte ist bei Einschaltung eines Korrespondenzanwalts für die Fristenkontrolle, die er nicht vollständige dem Korrespondenzanwalt überlassen darf, verantwortlich.[619] Der **Informationsfluss** muss in beiden Richtungen zuverlässig sichergestellt sein.[620] Der Prozessbevollmächtigte hat das ihm zugestellte Urteil unverzüglich dem Korrespondenzanwalt, der den Verkehr mit der Partei vermittelt, zu übersenden. Der **erstinstanzliche Prozessbevollmächtigte** hat dem Korres-

---

[604] BGH NJW-RR 1997, 824; BGH NJW 1994, 1878 (für überörtliche Sozietät).
[605] BGH NJW-RR 1997, 55; BGH VersR 1991, 896.
[606] BGH NJW 2007, 2331.
[607] BGH NJW 1996, 393; 853; BGH NJW 1998, 2221.
[608] BGH FamRZ 1997, 673; BGH VersR 1994, 873; 199; BGH NJW 1996, 1968; BGH NJW-RR 1995, 839.
[609] BGH NJW 2003, 2100; 2000, 3071.
[610] BGH NJW-RR 1991, 91; MDR 1986, 469.
[611] OLG Karlsruhe OLGZ 1983, 94.
[612] BGH BGHReport 2004, 1195; VersR 1998, 913.
[613] BGHZ 105, 116 = NJW 1988, 3020; BGH NJW 2001, 3195 f.; 2000, 3071 f.; 2000, 815; 1992, 697; BGH VersR 1993, 770.
[614] BGH NJW 2000, 815; 1994, 3102; NJW-RR 2002, 99.
[615] BGH NJW 1997, 3245; BGH VersR 1997, 1296; BGH VersR 1993, 502; 1994, 956.
[616] BGH NJW 2001, 3195 f.; 2000, 815.
[617] BGH BGHReport 2002, 389 f.
[618] BGH NJW 1994, 3101.
[619] BGH VersR 1997, 896.
[620] BGH NJW-RR 1995, 839.

pondenzanwalt das **Zustellungsdatum eines Urteils** mitzuteilen; die Richtigkeit dieser Angabe hat er selbstverantwortlich zu überprüfen.[621] Der Korrespondenzanwalt braucht, auch wenn ihm das Urteil nicht von dem Prozessbevollmächtigten nebst den Zustellungsdaten mitgeteilt wird, auch bei Kenntnis von dem Verkündungstermin keine Erkundigungen nach dem Zustellungszeitpunkt anzustellen.[622] Die Fristüberwachung obliegt nicht mehr dem erstinstanzlichen Bevollmächtigten, nachdem sein Mandat durch Übersendung des Urteils nebst Zustellungsdatum an den Korrespondenzanwalt beendet ist.[623] Falls der erstinstanzliche Prozessbevollmächtigte eine Rechtsmittelanweisung der Mandanten nicht ausdrücklich erbeten hat, obliegt dem Korrespondenzanwalt eine entsprechende Nachfrage.[624] Hat der Korrespondenzanwalt dem Mandanten die Einlegung eines Rechtsmittels empfohlen, ist er bei fehlender Reaktion zu einer Nachfrage verpflichtet, wenn er konkreten Anlass hat, am Zugang seines Schreibens zu zweifeln, oder ihm die Absicht des Mandanen, in jedem Fall Rechtsmittel einzulegen, bekannt war.[625] Wiedereinsetzung kommt in Betracht, wenn der Korrespondenzanwalt ohne Verschulden des erstinstanzlichen Bevollmächtigten und der Partei zu spät von dem Zustellungsdatum benachrichtigt wird.

c) Sozietät. Als Bevollmächtigter der Partei gilt nicht nur der eigentliche Prozessbevollmächtigte, sondern auch der als Sozius mitbeauftragte Rechtsanwalt,[626] selbst wenn er – bei Versäumung des rechtzeitigen Einwurf des Berufungsschriftsatzes in den Gerichtsbriefkasten – bei dem Revisionsgericht nicht zugelassen,[627] nur ein Außensozius ist[628] oder für die Bearbeitung der Sache im Innenverhältnis zunächst gar nicht (als **Sachbearbeiter**) zuständig war und der Sozietät erst nach Auftragserteilung beigetreten ist.[629] Der Prozessbevollmächtigte muss dafür sorgen, dass er bei Bedarf einen Vertreter hat,[630] und der als Vertreter tätig werdende Anwalt muss prüfen, ob er wirksam zum Vertreter bestellt ist. Eine Ausnahme von diesem Grundsatz gilt beim Einzelmandat etwa im Falle der Beiordnung.[631] Von mehreren Anwälten einer Sozietät hat derjenige die Berufungsfrist zu überwachen, der bei dem zuständigen Gericht schwerpunktmäßig tätig ist.[632] 82

§ 234 Wiedereinsetzungsfrist

(1) Die Wiedereinsetzung muss innerhalb einer zweiwöchigen Frist beantragt werden. Die Frist beträgt einen Monat, wenn die Partei verhindert ist, die Frist zur Begründung der Berufung, der Revision, der Nichtzulassungsbeschwerde, der Rechtsbeschwerde oder der Beschwerde nach §§ 621 e, 629 a Abs. 2 einzuhalten.

(2) Die Frist beginnt mit dem Tag, an dem das Hindernis behoben ist.

(3) Nach Ablauf eines Jahres, von dem Ende der versäumten Frist an gerechnet, kann die Wiedereinsetzung nicht mehr beantragt werden.

I. Normzweck

Die Vorschrift gehört mit §§ 236 bis 238 zum **Wiedereinsetzungsverfahren.** Sie stellt klar, dass Wiedereinsetzung nur auf Antrag gewährt wird. Im **Interesse der Rechtssicherheit** verlangt sie für den **Zeitpunkt der Antragstellung** die Einhaltung bestimmter Fristen und sichert damit den Ausnahmecharakter der Wiedereinsetzung. Wenn die Fristen ihre Bedeutung für das Verfahren behalten sollen, darf die ausnahmsweise mögliche, weil im Sinne der Einzelfallgerechtigkeit nötige Beseitigung der Folgen der Fristversäumung einschließlich der damit verbundenen Durchbrechung der Rechtskraft nicht zeitlich unbegrenzt zulässig sein. 1

Die Vorschrift dient der unverzögerten, zügigen **Beendigung des Verfahrens** und soll Prozessverschleppung verhindern. Die in der Vergangenheit für alle Fristen einheitliche Wiedereinsetzungsfrist von zwei Wochen (Abs. 1 S. 1) ist durch Abs. 1 S. 2 für die Begründung der dort ge- 2

[621] BGH NJW 2001, 1579 f.
[622] BGH NJW-RR 1989, 508.
[623] BGH VersR 1973, 665.
[624] BGH VersR 1996, 606.
[625] BGH NJW 1997, 1311.
[626] BGHZ 83, 328 = NJW 1982, 1866; BGH VersR 1986, 686.
[627] BGH MDR 2003, 891.
[628] BGH NJW 2001, 1580.
[629] BGHZ 124, 47 = NJW 1994, 257; BGH NJW-RR 2003, 490; VersR 1975, 1028.
[630] BGH NJW-RR 1990, 379; vgl. auch BGH NJW-RR 1993, 892.
[631] BGH VersR 1992, 121.
[632] BGH VersR 1997, 1377.

nannten Rechtsmittel auf einen Monat verlängert worden.[1] Die Ausschlussfrist des Abs. 3 ist schon deshalb notwendig, weil die versäumte Prozesshandlung fristgebunden war und es ungereimt wäre, gegen eine Fristversäumung die Folgenbeseitigung ohne Einhaltung einer Frist zuzulassen. Die Frist des Abs. 3 ist nicht verlängerbar, gegen ihre Versäumung Wiedereinsetzung nicht möglich. Die Beachtung der Fristen der Abs. 1 und 3 ist **Zulässigkeitsvoraussetzung** eines Wiedereinsetzungsantrags. Die Fristen sind nur für die Antragstellung (§ 236) maßgeblich, nicht für die auch später mögliche Glaubhaftmachung des Wiedereinsetzungsgrundes.

II. Zweiwochen- bzw. Monatsfrist (Abs. 1, 2)

3 **1. Wesen der Frist.** Anders als die Ausschlussfrist des Abs. 3 ist die Frist des Abs. 1 eine prozessuale Frist im engeren Sinne, für die §§ 221 ff. gelten. Sie ist gesetzliche Frist, denn ihre Dauer ist im Gesetz bestimmt. Sie ist keine Notfrist, denn sie ist nicht als solche bezeichnet (§ 224 Abs. 1). Durch Vereinbarung der Parteien könnte die Frist des Abs. 1 verkürzt werden (§ 224 Abs. 1), was jedoch nie vorkommt. Auf keinen Fall kann sie verlängert werden, denn eine richterliche Friständerungsmöglichkeit ist gesetzlich nicht bestimmt (§ 224 Abs. 2). Der Fristablauf kann ebenso nicht durch rügelose Einlassung (§ 295) geheilt werden.[2] Die Frist beträgt grundsätzlich zwei Wochen, in den praktisch bedeutsamen Fällen der §§ 520 Abs. 2 S. 1, 524 Abs. 2 S. 2, 544 Abs. 2 S. 1, 551 Abs. 2 S. 2, 554 Abs. 2 S. 2, Abs. 3, 574 Abs. 4 S. 1, 575 Abs. 2 S. 1, 621 e Abs. 3 S. 2, 629 a Abs. 2 **einen Monat.**

4 **2. Berechnung, Fristbeginn. a) Grundsatz.** Die Zweiwochenfrist für den Wiedereinsetzungsantrag wird nach § 222 Abs. 1 und 2 berechnet. Fristbeginn ist ein Ereignis, das in den Lauf des Tages fällt. Das Gesetz formuliert das in Abs. 2 etwas missverständlich. Die Frist des Abs. 1 beginnt nie „mit dem Tage" (also mit Tagesbeginn), sondern immer mit dem Ereignis iSd. § 187 Abs. 1 BGB. Der Tag, in den das Ereignis fällt, wird also bei Ermittlung der Frist nicht mitgerechnet.[3] Dieses Ereignis ist die Behebung des Hindernisses, das die Fristversäumung iSv. § 233 verursacht hat. Fällt das Hindernis am 25. 7. weg, beginnt die Frist am 26. 7. zu laufen und endet am 8. 8. (Abs. 1 S. 1) bzw. am 25. 8. (Abs. 1 S. 2). Wird das erstinstanzliche Urteil ohne Begründung verkündet, so läuft die Berufungsfrist spätestens mit Ablauf von fünf Monaten (§ 517 ZPO). Wird das am 5. 2. verkündete Urteil der Partei vom 5. 9. zugestellt und legt die Partei dagegen am 5. 10. Berufung ein, kommt eine Wiedereinsetzung nicht in Betracht, weil die Frist des § 234 Abs. 1 S. 1 abgelaufen ist.[4]

5 **b) Einzelheiten zum Fristbeginn. aa) Allgemeines.** Nach allgemeiner Meinung beginnt die Frist zu laufen, wenn das der Wahrung der versäumten Frist entgegenstehende Hindernis tatsächlich aufhört zu bestehen oder wenn sein Weiterbestehen nicht mehr als unverschuldet angesehen werden kann. **Verschulden** ist anzunehmen, sobald die Partei oder ihr Prozessbevollmächtigter bei Anwendung der gebotenen Sorgfalt hätte erkennen können und müssen, dass die Rechtsmittelfrist versäumt war.[5] Dabei genügt jede Form des Kennenmüssens, also auch **einfache Fahrlässigkeit.**[6] Erkennt der Anwalt den Wegfall des Hindernisses, wirkt dies zu Lasten der Partei (§ 85 Abs. 2).[7] Die Kenntnis Dritter (etwa des Büropersonals) beseitigt nicht das Hindernis.[8] Liegen mehrere selbstständige Hinderungsgründe vor, beginnt die Frist mit Wegfall des letzten zu laufen.[9] Beruht dagegen die Verhinderung auf dem Zusammenwirken von zwei Umständen, von denen keiner für sich allein die Partei an der Fristwahrung gehindert hätte, so löst bereits der Wegfall einer dieser Umstände den Fristlauf aus.[10]

6 Das Hindernis kann physischer oder psychischer Natur sein. Besonders häufig sind die psychischen Hindernisse, also etwa die (unverschuldete) Unkenntnis von einer Zustellung oder von der Fristversäumung aus anderen Gründen. Hier beginnt die Wiedereinsetzungsfrist mit der (nachträglichen) Erlangung der Kenntnis.[11] Sie beginnt aber auch bei weiterbestehender Unkenntnis mit dem

---

[1] Kritisch *Knauer/Wolf* NJW 2004, 2857, 2863, weil ansonsten die Begründungsfrist jeweils zwei Monate beträgt.
[2] RGZ 131, 262.
[3] BGH NJW 1993, 1332 f aE.
[4] BGH NJW 2005, 3084.
[5] BGH BGHReport 2004, 57 f.; NJW 2001, 1431; 2000, 592; 1999, 793; NJW-RR 2005, 435 f.; 1999, 430; FamRZ 2001, 416; 1996, 934; BGHZ 4, 389 = NJW 1952, 469.
[6] BGH NJW 2001, 1431; *Musielak/Grandel* Rn. 3; *Baumbach/Lauterbach/Hartmann* Rn. 7.
[7] BGH VersR 1976, 492; NJW 1956, 1879.
[8] BGH VersR 1980, 678.
[9] BGH NJW 1990, 188; *Musielak/Grandel* Rn. 3.
[10] BGH NJW 1990, 188.
[11] BGH VersR 1981, 280.

Augenblick, indem die bisher schuldlose Nichtkenntnis in die verschuldete umschlägt. Erscheint beispielsweise der Gerichtsvollzieher bei der Partei, um aus dem Versäumnisurteil zu vollstrecken, so hat von diesem Tage an die Partei entweder Kenntnis von dem Urteil oder ihre Unkenntnis ist verschuldet, denn sie braucht nur nachzufragen. Deshalb beginnt hier die Wiedereinsetzungsfrist mit dem Vollstreckungsversuch. Entsprechendes gilt für eine Vollstreckungsandrohung[12] oder den Zugang eines Kostenfestsetzungsbeschlusses.[13] Wird einer Partei die Kürzung ihrer Pension bekannt, ist sie unverschuldet über den Erlass einer anzufechtenden familiengerichtlichen Entscheidung nicht im Bilde, weil die Pensionskürzung auch auf anderen Umständen als der in dem schwebenden Verfahren ergangenen Entscheidung beruhen kann.[14] Hat der Auftrag der Partei, Berufung einzulegen, ihren Anwalt wegen eines Postversehens nicht erreicht, beginnt die Frist schon zu laufen, nachdem die Partei den Anwalt von der Absendung des Briefes unter Vorlage einer Ablichtung des Einlieferungsscheins benachrichtigt hat.[15] Weist der Vorsitzende des Rechtsmittelgerichts die Partei auf ein Fristversäumnis hin, beginnt die Frist mit **Zugang des richterlichen Hinweises** und nicht erst des Verwerfungsbeschlusses zu laufen.[16] Ebenso verhält es sich bei einer telefonischen Auskunft.[17] Ein **Rechtsmittel** darf erst als unzulässig verworfen werden, nachdem das Gericht die Partei auf die Fristversäumung hingewiesen hat; nur so kann gesichert werden, dass die Partei ihre Säumnis durch ein Wiedereinsetzungsgesuch behebt.[18] Äußert das Gericht lediglich Zweifel an der Fristwahrung, wird die Frist des § 234 nicht in Gang gesetzt.[19] Lehnt das Gericht einen Antrag auf Verlängerung der Rechtsmittelbegründungsfrist in der mündlichen Verhandlung ab, läuft die Wiedereinsetzungsfrist ab diesem Zeitpunkt.[20] Ausreichend ist auch die durch den Gegner vermittelte Kenntnis.[21] Ferner beginnt die Frist, wenn der Prozessbevollmächtigte erkennen kann, dass die Frist abgelaufen ist,[22] er etwa mit **Vorlage der Handakten** die Fristen zu überprüfen hat,[23] durch die Mitteilung des Gerichts über den Eingang der Rechtsmittelschrift das Fristversäumnis offenbar wird[24] oder der zu prüfende Sendebericht den Eingang des Fax nach Mitternacht ausweist.[25] Eine Pflicht, den rechtzeitigen Eingang eines Schriftstücks bei Gericht zu erfragen, besteht ausnahmsweise, wenn nach Aufgabe zur Post – etwa infolge eines Streiks – Zweifell an einem rechtzeitigen Eingang entstehen. Hier läuft die Frist ab dem Zeitpunkt, zu dem eine Erkundigungspflicht des Anwalts begründet war.[26] Allerdings besteht keine Pflicht des Anwalts, anlässlich eines Antrags auf Verlängerung der Berufungsbegründungsfrist die Einhaltung der Berufungsfrist zu prüfen, weil die Berufungsfrist in diesem Zeitpunkt regelmäßig längst verstrichen ist.[27] Aus dieser Erwägung braucht der Anwalt bei Einsicht in die Gerichtsakte nach einem Mandatswechsel nicht zu prüfen, ob die Berufungsschrift unterzeichnet war, wenn bereits die Berufungsbegründung von dem früheren Anwalt eingereicht worden war.[28] Eine Partei kann die auf arglistiges Verhalten der Gegenseite gestützte Rücknahme eines Rechtsmittels nur binnen eines Monats widerrufen. Die Frist für die Wiedereinsetzung bezüglich der Rechtsmittelbegründung beginnt mit Eingang des Widerrufs bei Gericht.[29] Schließen die Parteien während des Laufs der Berufungsfrist einen außergerichtlichen Vergleich, so läuft die Wiedereinsetzungsfrist ab dem Zeitpunkt, in dem einer Partei zur Nichtigkeit des Vergleichs führende Gründe bekannt werden.[30] Informiert der Anwalt seine Partei postalisch über die Rechtsmittelvoraussetzungen, beginnt die Frist zu laufen, sobald die Sendung wegen

[12] BGH BGH BGHReport 2001, 436; NJW 2001, 2430f.

[13] BGH NJW 2001, 1430; VersR 1972, 667; BGH BGHReport 2001, 436; FamRZ 1997, 997 (für ähnlichen Fall).

[14] BGH BGHReport 2007, 361.

[15] BGH NJW 1974, 994.

[16] BAG NJW 1994, 517.

[17] BGH BGHReport 2007, 622 Tz. 10.

[18] BGH NJW-RR 2006, 142.

[19] BGH BGHReport 2003, 203; nicht ganz unbedenklich wegen der umfassenden Prüfungspflicht des Anwalts.

[20] BGH NJW 1992, 1898f.

[21] BGH VersR 1973, 32.

[22] BGH NJW 1997, 400; BGH NJW-RR 1997, 759; BGH NJW 1998, 1498; BGH NJW-RR 1990, 830; BGH NJW 1994, 2831; BGH NJW 1992, 2098.

[23] BGH BGHReport 2005, 255; 2004, 57f.; NJW 1997, 1079; 1994, 2831; 1992, 841; NJW-RR 1990, 830; FamRZ 1988, 154.

[24] BGH NJW-RR 2005, 76f.; NJW 1992, 2098f.; BVerfG NJW 2003, 1516.

[25] BGH NJW-RR 2000, 1591.

[26] BGH NJW 1993, 1332f.

[27] BGH NJW 2001, 2336f.

[28] BGH NJW 2002, 3636.

[29] BGHZ 33, 73 = NJW 1960, 764.

[30] BGH NJW 1969, 925; anders *Zöller/Greger* Rn. 5b: erst mit der Anfechtung

Wohnsitzwechsels der Partei an den Anwalt zurückgelangt.[31] Teilt das Gericht dem Anwalt ein früheres als das in seinen Akten vermerkte Zustellungsdatum mit, so beginnt die Wiedereinsetzungsfrist, weil der Anwalt auf Grund dieser Nachricht ein Versehen in seinem Büro nicht ausschließen kann.[32] Im Falle eines schuldlosen Irrtums über das Zustellungsdatum beginnt die Frist mit der Erkennbarkeit der eine Fehldatierung nahelegenden Umstände,[33] bei einer Erkrankung der Partei mit der Möglichkeit, eine Prozessvollmacht zu erteilen.[34] Hat das Gericht die Beiordnung eines Notanwalts (§ 78b) abgelehnt, so beginnt die Wiedereinsetzungsfrist mit Zugang dieses Beschlusses, weil nunmehr feststeht, dass die Partei entweder einen Prozessvertreter finden konnte oder die Rechtsverteidigung bzw. Rechtsverfolgung mutwillig oder aussichtslos erscheint.[35]

7 Die Behebung des Hindernisses kann nicht nur nach, sondern bereits **vor** Ablauf der einzuhaltenden Frist liegen. Dann laufen die Fristen des Abs. 1 schon vor Ablauf der zu wahrenden Hauptfrist.[36] Fällt das Hindernis so rechtzeitig vor Ablauf der Frist weg, dass die Partei die Frist wahren konnte, kann nicht wegen der Inanspruchnahme einer Nachfrist Wiedereinsetzung verlangt werden.[37] Handelt es sich um eine Rechtsmittelbegründungsfrist, kann der bis zum Wegfall des Hindernisses verstrichene Zeitraum mit Hilfe eines Verlängerungsantrags kompensiert werden. Wird das Verlängerungsgesuch zunächst nicht beschieden, hat der Anwalt die Begründung bis zum Ablauf der von ihm beantragten Verlängerungsfrist einzureichen oder einen weiteren Verlängerungsantrag stellen.[38] Hat der Anwalt eine Verlängerung von weniger als zwei Wochen beantragt, darf er die Frist des § 234 ausschöpfen.[39]

8 **bb) Besonderheiten bei Mittellosigkeit (Prozesskostenhilfe).** Für den Fristbeginn des Wiedereinsetzungsantrags ergeben sich gewisse Schwierigkeiten, wenn das zur Fristversäumung führende Hindernis in der Mittellosigkeit der Partei iSv. §§ 114, 115 besteht. Unabhängig davon, ob ein Prozesskostenhilfeverfahren anhängig ist, fällt das Hindernis weg, wenn die Partei objektiv in die Lage kommt, den Prozess selbst finanzieren zu können und hiervon auch Kenntnis hat oder bei üblicher Sorgfalt Kenntnis haben könnte. Von diesem Tage an läuft die Wiedereinsetzungsfrist, mag auch die Entscheidung über das Gesuch um Prozesskostenhilfe noch ausstehen.[40] Entsprechend läuft die Frist mit Erhalt einer Deckungszusage der Rechtsschutzversicherung.[41] **Auflagen,** die der Partei im PKH-Verfahren gemacht werden, hemmen den Fristablauf. Jedoch läuft die Frist, wenn die zur Erfüllung der Auflage gesetzte Frist ungenutzt verstrichen ist.[42] Wird nach Antragstellung das Insolvenzverfahren eröffnet, so werden die Fristen des Abs. 1 entsprechend §§ 240, 249 gehemmt.[43] Ein Verschulden des Anwalts im Prozesskostenhilfeverfahren wirkt auch bei dem späteren Wiedereinsetzungsantrag zu Lasten der Partei.[44]

9 Ebenso endet das Hindernis, wenn der Partei **Prozesskostenhilfe (vollständig oder nur teilweise)**[45] **bewilligt** wird, denn nun hindert ihre Bedürftigkeit die Einlegung des Rechtsmittels oder Durchführung des Rechtsstreits nicht mehr. In diesem Fall beginnt die Frist, sobald der Partei oder ihrem Prozessbevollmächtigten die Mitteilung über die Bewilligung zugeht.[46] Förmliche Zustellung ist nicht erforderlich, um die Frist in Lauf zu setzen.[47] Jede Form der Kenntniserlangung reicht aus.[48] Etwas anderes kann allenfalls dann gelten, wenn das Gericht der Partei die Auskunft gegeben hatte, die Frist beginne erst mit Zustellung.[49] Hat die Partei keine Kenntnis von der Bewilligung erlangt, läuft die Frist gleichwohl, wenn sie dazu in der Lage gewesen wäre.[50] Ausreichend ist die

---

[31] BGH NJW 2000, 592.
[32] BGH NJW-RR 2005, 76f. = BGHReport 2004, 1641f.
[33] BGH Vers 1975, 924; 1968, 309; 1968, 301
[34] *Zöller/Greger* Rn. 5b; etwas großzügiger OLG Köln NJW 1972, 831.
[35] BGH BGHReport 2002, 127f.; NJW 1996, 2937.
[36] BGH NJW 1994, 2831f.; 1976, 626; NJW-RR 1990, 830; *Zöller/Greger* Rn. 5a; *Stein/Jonas/Roth* Rn. 3; *Musielak/Grandel* Rn. 3; *Baumbach/Lauterbach/Hartmann* Rn. 8; aA *Ostler* NJW 1977, 2078; 2. Aufl. Rn. 20.
[37] BGH NJW 1990, 188.
[38] BGH NJW 1996, 1350; 1994, 55.
[39] BGH NJW 1996, 1350f.: Möglicherweise wegen Abs. 1 S. 2 überholt.
[40] BGH NJW 1999, 793; OLG Frankfurt NJW-RR 1988, 255.
[41] BGH NJW 1991, 109.
[42] BGH NJW 1962, 153; 1957, 1598f.; BAG NJW 1967, 222.
[43] BGHZ 9, 308.
[44] BGH BGHReport 2001. 750f.
[45] BGH NJW-RR 1993, 451.
[46] BGH NJW-RR 1993, 451.
[47] BGH VersR 1985, 68.
[48] BGH VersR 1986, 580.
[49] BGH VersR 1987, 986.
[50] BGH FamRZ 1991, 425.

Kenntnis des für die Prozesshandlung bereits beigeordneten und **bevollmächtigten** Rechtsanwalts,[51] auch wenn er seine Partei nicht informiert.[52] War der Anwalt lediglich der Partei beigeordnet, aber noch nicht von ihr bevollmächtigt, kommt es auf die Kenntnis der Partei an.[53] Die Rechtsmittelbegründungsfristen laufen entgegen früherem Recht nicht mehr ab Einlegung des Rechtsmittels, sondern schon ab **Zustellung** der angefochtenen Entscheidung (vgl. §§ 520 Abs. 2 S. 1, 544 Abs. 2 S. 1, 551 Abs. 2 S. 3). Folglich beginnt mit Bekanntgabe der PKH-Bewilligung eine Frist von zwei Wochen für die **Einlegung** (Abs. 1 S. 1) und eine Frist von einem Monat (Abs. 1 S. 2) für die **Begründung** des Rechtsmittels. Damit ist kein Gleichlauf mit der Situation der bemittelten Partei hergestellt, die eine Begründungsfrist von zwei Monaten ausschöpfen und zudem eine Verlängerung der Frist erwirken kann. Bis zur Einfügung des § 234 Abs. 1 S. 2 gewährte der BGH nach PKH-Bewilligung zur Nachholung von Berufungs- und Revisionsbegründung eine Wiedereinsetzungsfrist von zwei Monaten.[54] An dieser Rechtsprechung kann wegen der eindeutigen gesetzlichen Regelung nicht festgehalten werden. Vielmehr beträgt die Begründungsfrist nach § 234 Abs. 1 S. 2 lediglich **einen** Monat.[55] Die Wiedereinsetzungsfrist von einem Monat kann jedenfalls dann durch den **Vorsitzenden** in Anlehnung an §§ 520 Abs. 1 S. 3, 551 Abs. 2 S. 6, 575 Abs. 2 S. 3 angemessen verlängert werden, wenn dem Rechtsmittelführer die Prozessakten nicht zur Verfügung gestellt werden können.[56] Wird dem Berufungsführer nach Bewilligung von Prozesskostenhilfe Wiedereinsetzung in den vorigen Stand gegen die **Versäumung der Einlegungsfrist** gewährt, beginnt die Monatsfrist zur Nachholung der Berufungsbegründung erst mit der Mitteilung der Wiedereinsetzungsentscheidung.[57]

Wird der Partei **Prozesskostenhilfe vollständig verweigert,** so beginnt die Wiedereinsetzungsfrist ebenfalls mit der Bekanntgabe dieser Entscheidung, wenn sich die Partei ohne Verschulden an der Einlegung des Rechtsmittels gehindert sehen durfte. Der Fristlauf beginnt vor der förmlichen gerichtlichen Entscheidung bereits in dem Zeitpunkt, zu dem der **Rechtspfleger** den Antragsteller auf seine fehlende Bedürftigkeit hingewiesen hat. Die spätere ablehnende gerichtliche Entscheidung ist für den bereits eingetretenen Fristlauf ohne Bedeutung.[58] Der Fristbeginn kann nicht dadurch hinausgezögert werden, dass die Partei Gegenvorstellungen erhebt oder einen neuen Prozesskostenhilfeantrag einreicht.[59] Auch läuft keine neue Frist, wenn auf den neuen Antrag Prozesskostenhilfe bewilligt wird.[60] Jedoch beginnt die Frist erneut zu laufen, wenn das Erstgericht auf Gegenvorstellung oder das Beschwerdegericht bei unveränderter Sachlage auf Grund besserer Rechtseinsicht Prozesskostenhilfe bewilligt.[61] Nach Zugang der ablehnenden Entscheidung billigt die Rechtsprechung der Partei eine Überlegungsfrist von drei bis vier Tagen für die Entscheidung zu, ob sie das Rechtsmittel auf eigene Kosten durchführen will.[62] Diese Überlegungsfrist steht der Partei auch zu, wenn bei Zugang des Beschlusses die Rechtsmittelfrist noch nicht abgelaufen ist.[63] 10

3. Wiedereinsetzung. Gegen die Versäumung der Zweiwochenfrist des Abs. 1 ist Wiedereinsetzung möglich, da sie ausdrücklich im Katalog des § 233 genannt ist. Damit ist das System des Wiedereinsetzungsrechts rechtsstaatlich perfektioniert. Für die Voraussetzungen gilt § 233 uneingeschränkt, auch das Verfahren bietet keine Besonderheiten.[64] Allerdings muss bei dieser „doppelten" Wiedereinsetzung sorgfältig unterschieden werden zwischen den Wiedereinsetzungsgründen für die an sich versäumte eigentliche Frist (Rechtsmittelfrist, sonstige Notfrist oder Rechtsmittelbegründungsfrist) einerseits und den Wiedereinsetzungsgründen für die versäumte Wiedereinsetzungsfrist andererseits. Diese Gründe können und werden meist ganz verschieden sein. Sie müssen es wohl sogar, denn wenn eine schuldlose Verhinderung andauert, können die Fristen des Abs. 1 mangels Behebung des Hindernisses nicht abgelaufen sein. Deshalb steht mit der Beseitigung der Folgen der Versäumung der Fristen des Abs. 1 noch keineswegs fest, ob Wiedereinsetzung gewährt werden kann. Vorrangig ist immer die Prüfung, ob Wiedereinsetzung gegen die Versäumung der Wie- 11

---

[51] BGH BGHReport 2004, 406; NJW 2001, 2720 f.; FamRZ 1999, 579; VersR 1986, 580.
[52] BGH NJW 1961, 1465.
[53] BGHZ 30, 226, 228 = NJW 1959, 1732; BGH NJW 1987, 440.
[54] BGH NJW 2004, 2902 f.; NJW 2003, 3782; 2003, 3275.
[55] BGH BGHReport 2006, 1192.
[56] BGH, Beschl. v. 5. 7. 2007 – V ZB 48/6 Tz 11 f.
[57] BGH, Beschl. v. 19. 6. 2007, XI ZB 40/06, WuM 2007, 477.
[58] BGH FamRZ 2007, 801.
[59] BGH VersR 1998, 609; 1980, 86.
[60] BGH NJW 1957, 263.
[61] BGHZ 41, 1 = NJW 1964, 771; BGH NJW 1957, 263.
[62] BGH BGHReport 2002, 127 f.; BGHZ 4, 55, 57 = NJW 1952, 183.
[63] BGH NJW 1986, 257 f.
[64] Beispiele: BGH FamRZ 1997, 172; BGH VersR 1992, 516.

dereinsetzungsfrist zu bewilligen ist. Muss das verneint werden, so ist die Wiedereinsetzung gegen die Versäumung der eigentlichen Frist ohne weitere Prüfung abzulehnen.

12 Die Tatsachen, aus denen sich die Einhaltung der Wiedereinsetzungsfrist ergeben, müssen im Wiedereinsetzungsantrag vorgetragen werden. Neuer Tatsachenvortrag hierzu, also das Nachschieben von Gründen, nach Ablauf der Zwei-Wochen-Frist ist unzulässig[65] und darf nicht berücksichtigt werden. Doch kann der Antragsteller erkennbar unklare oder ergänzungsbedürftige Angaben, deren Aufklärung nach § 139 geboten gewesen wäre, noch nach Fristablauf erläutern oder vervollständigen.[66]

III. Ausschlussfrist (Abs. 3)

13 **1. Wesen der Frist.** Nach Ablauf eines Jahres kann die Wiedereinsetzung nicht mehr beantragt werden. Diese Jahresfrist stellt eine gesetzliche Ausschlussfrist dar, eine **absolute Zeitgrenze** für die Wiedereinsetzung. Sie ist mit dem Grundgesetz vereinbar.[67] Nach ihrem Ablauf ist der Säumige mit der Rechtshandlung ohne weitere Prüfung ausgeschlossen. Die Ausschlussfrist ist keine prozessuale Frist im engeren Sinne. Für sie gelten §§ 221, 224, 225, 226 nicht. Hemmung auch eine Heilung nach § 295 kommt nicht in Betracht. Verkürzung oder Verlängerung der Jahresfrist sind nicht möglich. Sie läuft völlig unabhängig von den Wiedereinsetzungsfristen nach Abs. 1 und 2. Wiedereinsetzung gegen den Ablauf der Jahresfrist ist ausgeschlossen.[68]

14 **2. Berechnung.** Die Jahresfrist wird gem. § 222 Abs. 1 und 2 in Verbindung mit den einschlägigen Bestimmungen des BGB berechnet. Die Besonderheit der Jahresfrist besteht darin, dass sie ohne Rücksicht auf das Bestehen oder den Wegfall eines Hindernisses für die Fristwahrung immer mit dem **Ende der versäumten Frist** beginnt. Ist beispielsweise die Frist zur Einlegung der Berufung am 19. 1. 00, also um 24.00 Uhr dieses Tages, abgelaufen, so beginnt die absolute Ausschlussfrist am 20. 1. 00 (mit Tagesbeginn) und endet am 19. 1. 01 24.00 Uhr. Ein am 20. 1. 1999 oder später eingehender Antrag auf Wiedereinsetzung ist unzulässig. Fällt das Fristende auf einen Samstag, Sonntag oder allgemeinen Feiertag, so endet auch diese Frist mit Ablauf des nächstfolgenden Werktags.

15 **3. Ausnahmen.** In bestimmten Konstellationen wird Abs. 3 für unanwendbar erklärt, sofern der Gegner auf den Eintritt der Rechtskraft nicht vertrauen durfte und der Antragsteller den Ablauf der Ausschlussfrist nicht zu vertreten hat.[69] Die Jahresfrist gilt darum nicht, wenn die Partei zur Unterlassung der Fristwahrung durch **arglistiges Verhalten** des Gegners veranlasst worden ist.[70] Hat die unbemittelte Partei Prozesskostenhilfe zur Durchführung eines Rechtsmittels rechtzeitig beantragt, das Gericht darüber erst nach Ablauf der Frist des Abs. 3 entschieden, kann gleichwohl Wiedereinsetzung gewährt werden.[71] Ferner hat das BAG Abs. 3 als unanwendbar erachtet, wenn das Revisionsgericht aus gerichtsinternen Gründen binnen eines Jahres nicht über die Zulässigkeit eines Rechtsmittels entschieden hat und den Parteien im Rahmen der Prozessleitung signalisiert hat, in der Sache zu entscheiden.[72] Nach Auffassung verstößt die Verwerfung eines Rechtsmittels gegen das Rechtsstaatsprinzip, wenn der Wiedereinsetzungsantrag nach Ablauf der Frist des Abs. 3 gestellt wurde, das Gericht danach aber noch über eine Dauer von zwei Jahren in der Sache verhandelt hat.[73]

§ 235 (weggefallen)

§ 236 Wiedereinsetzungsantrag

(1) Die Form des Antrags auf Wiedereinsetzung richtet sich nach den Vorschriften, die für die versäumte Prozesshandlung gelten.

(2) [1]Der Antrag muss die Angabe der die Wiedereinsetzung begründenden Tatsachen enthalten; diese sind bei der Antragstellung oder im Verfahren über den Antrag glaubhaft zu machen. [2]Innerhalb der Antragsfrist ist die versäumte Prozesshandlung nachzuholen; ist dies geschehen, so kann Wiedereinsetzung auch ohne Antrag gewährt werden.

---

[65] BGH NJW 1998, 2678.

[66] BGH NJW 2000, 365; 1999, 2284.

[67] BGH VersR 1987, 256.

[68] BGH VersR 1987, 256.

[69] OLG Stuttgart MDR 2002, 353 = NJW-RR 2002, 716.

[70] *Stein/Jonas/Roth* Rn. 9 (5 Jahre, wenn Unterlassung erschlichen oder erpresst); aA 2. Aufl. Rn. 7.

[71] BGH NJW 1973, 1373; OLG Braunschweig NJW 1962, 1823.

[72] BAG NJW 2004, 2112, 2114; MDR 1982, 171 = NJW 1982, 1664 (LS); zustimmend BGH BGHReport 2004, 1644 f.

[73] BVerfG NJW 2004, 2149 f.; fraglich, weil die Fristversäumung nicht durch das Gericht veranlasst, sondern nur von ihm nicht bemerkt wurde.

I. Allgemeines

1. Normzweck. Die Vorschrift regelt die formellen Voraussetzungen für den Wiedereinsetzungsantrag mit Ausnahme der in § 234 bestimmten Frist. Für den fristgerecht zu stellenden Antrag ist die Form in Abs. 1 vorgeschrieben. Abs. 2 enthält die Anforderungen an den Inhalt des Antrags (Satz 1) und fordert als unabdingbar die Nachholung der versäumten Prozesshandlung, für die Wiedereinsetzung begehrt wird (Satz 2 1. Halbs.), zugleich wird eine Wiedereinsetzung auch ohne Antrag für möglich erklärt (Satz 2 2. Halbs.). 1

2. Wesen des Antrags. Der Antrag ist Prozesshandlung und Zulässigkeitsvoraussetzung für das Wiedereinsetzungsverfahren. Nur wenn die allgemeinen Prozessvoraussetzungen für ihn erfüllt sind, wenn er fristgerecht (§ 234), formgerecht und inhaltlich vollständig gestellt wird und wenn gleichzeitig (spätestens vor Ablauf der Frist des § 234) die fristgebundene versäumte Prozesshandlung vorgenommen (= nachgeholt) wird, ist die Nachprüfung der Wiedereinsetzungsgründe (§ 233) auf Begründetheit des Wiedereinsetzungsgesuchs möglich. Fehlt eine dieser Voraussetzungen, so ist die Wiedereinsetzung von vornherein als unzulässig zu versagen. 2

II. Form des Antrags

1. Grundsatz. Abs. 1 stellt keine eigene Formvoraussetzung auf, sondern verweist für die Form auf diejenigen Vorschriften, die für die versäumte Prozesshandlung gelten. Das ist sinnvoll und konsequent, denn das Wiedereinsetzungsgesuch ist **kein eigener Rechtsbehelf,** sondern nur eine Entschuldigung für die Fristversäumung und eine die eigentliche, versäumte Prozesshandlung begleitende Bitte, die Folgen des Fristablaufs zu beseitigen. 3

2. Adressat. Der Antrag ist an dasjenige Gericht zu richten, das für die Entscheidung über die nachzuholende Prozesshandlung zuständig ist (§ 237). Dieser Grundsatz erleidet nur dann eine Ausnahme, wenn es (ausnahmsweise) gesetzlich zugelassen ist, die versäumte und nachzuholende Prozesshandlung auch vor einem anderen Gericht vorzunehmen. Das ist (nur) für die sofortige Beschwerde der Fall, die nach Maßgabe des § 569 Abs. 1 sowohl beim Beschwerdegericht als auch bei dem Gericht eingelegt werden kann, das die anzufechtende Entscheidung erlassen hat. Die Entscheidung über den Antrag obliegt freilich allein dem Beschwerdegericht. 4

3. Schriftform. Der Antrag ist grundsätzlich schriftlich anzubringen durch bestimmenden Schriftsatz im Sinne des § 129, wobei ordnungsgemäße Unterschrift erforderlich ist (§ 130 Nr. 6). Dies ergibt sich daraus, dass für die versäumten Prozesshandlungen, die innerhalb der in § 233 aufgeführten Fristen vorzunehmen sind, jeweils die Einreichung einer Schrift ausdrücklich vorgeschrieben ist, so für den Einspruch, die Rechtsmittel und die Rechtsmittelbegründungen, aber auch die innerhalb einer Notfrist zu erhebenden Klagen (zB § 586 Abs. 1) und die Anzeige der Verteidigungsabsicht gemäß § 276 Abs. 1 S. 1. 5

Eine Besonderheit gilt im Recht der **sofortigen Beschwerde.** Nach § 569 Abs. 3 Nr. 1 bis 3 kann die Beschwerde mündlich zu Protokoll der Geschäftsstelle (§ 129a) erklärt werden, wenn der Rechtsstreit im ersten Rechtszug nicht als Anwaltsprozess zu führen war die Beschwerde Prozesskostenhilfe betrifft oder sie von einem Zeugen oder Sachverständigen erhoben wird. Zwar sind diese Rechtsmittel überwiegend nicht befristet, so dass Wiedereinsetzungsrecht ohnehin nicht anzuwenden ist. In diesen Fällen kann das Rechtsmittel (also auch der Wiedereinsetzungsantrag) auch noch in den höheren Instanzen zu Protokoll erhoben werden.[1] Auch ist damit die sofortige Beschwerde des Zeugen gegen das Zwischenurteil über die Zeugnisverweigerung (§ 387 Abs. 3) vom Schriftformzwang ausgenommen. 6

Generell ausgenommen von der Schriftform sind die im **Verfahren vor den Amtsgerichten** vorzunehmenden fristgebundenen Prozesshandlungen, wie sich aus § 496 ergibt. Demgemäß kann der Wiedereinsetzungsantrag, mit dem Wiedereinsetzung gegen die Versäumung der Einspruchsfrist gegen ein amtsgerichtliches Versäumnisurteil begehrt wird, zu Protokoll erklärt werden. Dagegen ist der Wiedereinsetzungsantrag bezüglich der Berufungsfrist gegen ein amtsgerichtliches Urteil nur durch eine Antragsschrift wirksam zu stellen. 7

4. Anwaltszwang. Der Wiedereinsetzungsantrag unterliegt dem Anwaltszwang, sofern die nachzuholende Prozesshandlung dem Anwaltszwang unterfällt, was nach § 78 zu beurteilen ist. Wegen § 78 Abs. 3 kann auch in einem Verfahren, das an sich als Anwaltsprozess zu führen ist, unter Umständen die versäumte Prozesshandlung vom Anwaltszwang ausgenommen sein, wenn sie vor dem Urkundsbeamten der Geschäftsstelle vorgenommen werden kann. 8

---

[1] BGH NJW 1984, 2413.

9 **5. Sonstiges.** Der Antrag braucht nicht als solcher ausdrücklich formuliert zu werden. Es genügt, wenn sich dem Schriftsatz, der die Tatsachen enthält, die die Wiedereinsetzung begründen sollen, durch Auslegung entnehmen lässt, dass die säumige Partei Wiedereinsetzung begehrt oder wenn andere Umstände den Schluss nahelegen, dass die Partei das Verfahren trotz Fristablaufs fortsetzen will (Antragstellung durch schlüssiges Verhalten).

III. Inhalt des Antrags

10 **1. Tatsachen.** Eine Begründung des Wiedereinsetzungsantrags ist unverzichtbar, weil die Antragsschrift sonst von vornherein unzulässig ist. Die tatsächlichen Angaben müssen hinreichend substantiiert sein,[2] pauschale Behauptungen genügen nicht. Die Wiedereinsetzungsgründe müssen sich auf die tatsächlichen Voraussetzungen der Zulässigkeit und Begründetheit des Antrags erstrecken, also die versäumte Frist, das Hindernis, Umstand und Zeitpunkt seines Wegfalls[3] sowie fehlendes Verschulden. Darlegungen zur Wahrung der Frist des § 234 sind ausnahmsweise entbehrlich, wenn die Frist nach Lage der Akten offensichtlich eingehalten ist.[4] Durch eine aus sich heraus verständliche, geschlossene Schilderung der tatsächlichen Abläufe ist anzugeben, auf welchen konkreten Umständen die Fristversäumung beruht.[5] Die Partei hat ihr fehlendes Verschulden an der Nichteinhaltung der Frist schlüssig darzulegen.[6] Die Tatsachenschilderung muss sich auf alle **Umstände** erstrecken, die **für die** Gewährung von **Wiedereinsetzung bedeutsam** sind, auch subjektive Vorgänge zur Verhinderung, Schuldlosigkeit, Kausalität. Beruht die Fristversäumung auf Vorgängen innerhalb der Kanzlei, hat der Anwalt seine Büroorganisation einschließlich der Behandlung der Fristen und der Zuverlässigkeit der Mitarbeiter darzustellen.[7] An einer hinreichenden Substantiierung fehlt es, wenn der Anwalt eine Diskette, deren Inhalt verloren gegangen sei, gleichwohl bearbeitet haben will, und sich, obwohl eine Bearbeitung nicht möglich gewesen sei, auf eine fehlgeschlagene Übermittlung beruft.[8] Werden die zur Begründung des Antrags rechtzeitig vorgetragenen Tatsachen widerrufen und erst nach Fristablauf durch einen neuen Tatsachenvortrag ersetzt, so ist der Antrag unzulässig.[9] Macht der Anwalt einen alternativen Sachvortrag geltend, scheidet Wiedereinsetzung aus, wenn in einer Alternative Verschulden anzunehmen ist.[10] Sind Berufungs- und Berufungsbegründungsfrist verstrichen, muss für jede Frist ein eigener Antrag gestellt werden.[11]

11 **Nachschieben von relevanten Tatsachen** nach Ablauf der Wiedereinsetzungsfrist ist unzulässig, weil alle Tatsachen, die eine Wiedereinsetzung begründen sollen, innerhalb der zweiwöchigen Antragsfrist vorgebracht werden müssen. Darum scheidet auch neues Vorbringen im Beschwerdeverfahren – etwa zum Zeitpunkt des Wegfalls des Hindernisses –[12] aus.[13] Lediglich erkennbar unklare oder ergänzungsbedürftige Angaben, deren Aufklärung nach § 139 geboten war, dürfen nach Fristablauf erläutert und vervollständigt werden.[14] Keinesfalls darf in der Beschwerde neuer Vortrag über organisatorische Maßnahmen nachgeschoben werden, auf deren Fehlen die Versagung der Wiedereinsetzung in dem angefochtenen Beschluss gerade gestützt war.[15] Wird das Wiedereinsetzungsgesuch damit begründet, dass eine Anweisung zur Eintragung von Vorfristen bestand, kann nach Fristablauf geltend gemacht werden, dass die Akten bei Ablauf der Vorfrist auch vorzulegen waren.[16] Ebenso hat es der BGH gebilligt, vom Gegner beanstandete Lücken der Darstellung zu ergänzen,[17] wie zur Frage der Adressierung Stellung zu nehmen.[18] Wird ein Prozesskostenhilfean-

---

[2] BGH VersR 1986, 964.
[3] BGH NJW 2000, 592; 1997, 1079; 1998, 2678; BGH BGHReport 2007, 622 Tz. 10.
[4] BGH NJW 2000, 592; 1997, 1079.
[5] BGH NJW-RR 2005, 793 = FamRZ 2005, 882; NJW 2004, 2525 f.; 2002, 2107 f.; VersR 1978, 942.
[6] BAG NJW 2003, 1269 f.
[7] BFH NJW 2003, 1343; BGH NJW 2002, 2252; 2002, 2180; 2002, 443.
[8] BGH NJW-RR 2005, 793 = FamRZ 2005, 882.
[9] BGH NJW 1992, 697; BAG NJW 1995, 2125.
[10] BGH VersR 1982, 144.
[11] OLG Brandenburg NJW 2003, 2995.
[12] BGH BGH Report 2007, 622 Tz 10.
[13] BGH NJW 2001, 1576 f.; 1997, 2120; 1708; BGH NJW-RR 2005, 76, 78; 1998, 278.
[14] BGH NJW 2006, 2269; BGHReport 2006, 1260; 2006, 1119 f.; BGH FamRZ 2007, 1458.
[15] BGH v. 18. 10. 2004 – II ZB 30/03 (unveröffentlicht); BGHZ 156, 167 f. = NJW 2004, 71; BGH NJW 2004, 3490 f.; 2001, 1576 f.; 2000, 365 f.; 1997, 2120 f.; BGHReport 2002, 434; VersR 1994, 1368.
[16] BGH BGHReport 2002, 434.
[17] BGH NJW 2000, 365 f.
[18] BGH BGHReport 2001, 982.

trag innerhalb der zu wahrenden Frist gestellt, kann innerhalb der Wiedereinsetzungsfrist der beizuordnende Rechtsanwalt benannt werden.[19]

2. Glaubhaftmachung. Als Mittel der Glaubhaftmachung kommen neben der eidesstattlichen Versicherung auch Urkunden und alle sonstigen Beweismittel in Betracht, wenn die Beweisaufnahme sofort erfolgen kann (§ 294 Abs. 2). Der Anwalt kann seine Angaben zu Vorgängen, die seine eigene Tätigkeit oder Wahrnehmung betreffen, auch anwaltlich versichern. Gerichtsbekannte, aktenkundige und offenkundige Tatsachen bedürfen nicht der Glaubhaftmachung. Ist ein Verstoß des Kanzleipersonals gegen die allgemeine Weisung, ausgehende Schriftsätze auf eine ordungsgemäße Unterzeichnung zu kontrollieren, offenkundig, bedarf es keiner näheren Darlegung und Glaubhaftmachung des konkreten Vorgangs.[20] Sämtliche für die Wiedereinsetzung erheblichen Tatsachen bis hin zur Fristwahrung müssen glaubhaft gemacht werden. Die Glaubhaftmachung kann auch durch Indizien erfolgen; es genügt, dass die auf Hilfstatsachen gestützte Schlussfolgerung überwiegend wahrscheinlich erscheint, ohne dass dadurch bereits alle anderen Möglichkeiten praktisch ausgeschlossen sein müssen.[21] Die Mittel der Glaubhaftmachung sollten zweckmäßigerweise im Antrag bezeichnet werden. Nötig ist dies jedoch nicht, die Glaubhaftmachung kann, weil sie während der gesamten Dauer des Verfahrens stattfinden kann (Abs. 2 S. 1 Halbs. 2), nachgeholt werden, und zwar notfalls auch noch nach Ablauf der Wiedereinsetzungsfrist bis zum Abschluss des Wiedereinsetzungsverfahrens in der Beschwerde.[22] 12

Widersprechen die schriftsätzlichen Ausführungen des Anwalts, wonach das Fristversäumnis auf einer falschen Fristnotierung beruht, den in seiner eidesstattlichen Versicherung gemachten Angaben, denen zufolge die Vorlage der Akte wegen Arbeitsüberlastung seiner Mitarbeiter unterblieb, fehlt es an einer hinreichenden Glaubhaftmachung.[23] Bei der Behauptung eines Computerabsturzes, der Unmöglichkeit, eine Diskette zu öffnen, und dem Spontanversagen eines Faxgeräts bedarf es einer näheren Darlegung des konkreten Ablaufs.[24] Unzureichend sind eidesstattliche Versicherungen der Partei, von Büroangestellten des Anwalts oder anderen Personen, die nicht eine eigene vollständige Darstellung dessen enthalten, was durch die eidesstattliche Versicherung dieser Personen glaubhaft gemacht werden soll. Deshalb ist insbesondere die pauschale Bezugnahme auf das Wiedereinsetzungsgesuch zur Glaubhaftmachung ungeeignet.[25] Zur Glaubhaftmachung eines Versehens durch eine eigenständige eidesstattliche Versicherung einer Kanzleiangestellten bedarf es nicht der Darlegung von Gründen, die das Versehen erklären könnten.[26] 13

IV. Nachholung der versäumten Prozesshandlung

Innerhalb der Wiedereinsetzungsfrist des § 234 muss die versäumte Prozesshandlung nachgeholt werden, also etwa die formgerechte **Berufungsschrift** oder **Berufungsbegründungsschrift** dem dafür zuständigen Gericht vorgelegt werden. Diese Nachholung kann, was oft zweckmäßig sein wird, **gleichzeitig** mit dem Wiedereinsetzungsgesuch angebracht werden, sie kann aber **innerhalb der Frist** auch diesem nachfolgen. Wird ein Fristversäumnis erst nachträglich festgestellt, kann die Prozesshandlung dem Wiedereinsetzungsantrag vorausgehen, wenn etwa die vermeintlich fristgerechte Berufung tatsächlich verspätet ist. War die Berufungsschrift nicht unterzeichnet worden, ist später die Berufung begründet und auf den Hinweis der fehlenden Unterzeichnung ein Wiedereinsetzungsantrag gegen der Versäumung der Berufungsfrist gestellt worden, bedarf es nicht der Nachholung der Einlegung der Berufung, wenn sich die insoweit erforderlichen Angaben aus der Berufungsbegründung ergeben.[27] Lässt sich die Nachholung überhaupt nicht, auch nicht durch Auslegung des Wiedereinsetzungsantrags, feststellen, so ist der Wiedereinsetzungsantrag als unzulässig zu verwerfen.[28] Der Wiedereinsetzungsantrag einer nicht anwaltlich vertretenen Partei enthält grundsätzlich auch den Einspruch gegen ein Versäumnisurteil.[29] Beantragt eine Partei nach Bewilli- 14

---

[19] BVerwG NVwZ 2004, 888
[20] BGH BGHReport 2006, 744.
[21] BGH AnwBl. 1985, 383; BGH VersR 1984, 861; anders bei Hilfstatsachen (Indizien), wenn die Schlußfolgerung überwiegend wahrscheinlich erscheint: BGH NJW 1998, 1870; vgl. im übrigen *Scherer,* Das Beweismaß bei der Glaubhaftmachung (1996) S. 15 ff., 75 ff.
[22] BGH NJW 1996, 1682; NJW-RR 1992, 1279.
[23] BGH BGHReport 2002, 435. Vgl. auch NJW-RR 2006, 354.
[24] BGH NJW 2004, 2525; NJW-RR 2005, 793 f.; BGHReport 2007, 26.
[25] BGH NJW 1996, 1682; 1988, 2045.
[26] NJW-RR 2005, 1006.
[27] BGH NJW 2002, 3636; 2000, 3286.
[28] BGH VersR 1986, 1024, 1025; zur Auslegung vgl. BGH v. 18. 7. 2007, XII ZB 31/07 Tz 16.
[29] BVerfG NJW 1993, 1635.

gung von Prozesskostenhilfe Wiedereinsetzung in den vorigen Stand und legt sie zugleich unter **Bezugnahme** auf ihr früheres Vorbringen Berufung ein, so bedarf es, wenn der PKH-Antrag den Entwurf einer Berufungsbegründung enthielt, wegen der Bezugnahme keiner weiteren Begründungsschrift.[30] Unzulässig ist eine an die Bewilligung von PKH geknüpfte Berufung, weil es sich dabei um eine unzulässige Bedingung handelt.[31]

15 Der **Antrag auf Fristverlängerung** für die Prozesshandlung kann die Nachholung nicht ersetzen. Innerhalb der Frist des § 234 muss also die Berufungsbegründung oder Revisionsbegründung nachgeholt werden, nicht etwa nur der **Antrag auf Verlängerung der Begründungsfrist.**[32] Aus dem Normzusammenhang ergibt sich, dass „versäumte Prozesshandlung" im Sinne von § 236 Abs. 2 S. 2 nur diejenige Prozesshandlung sein kann, für die § 233 im Falle ihrer Versäumung die Wiedereinsetzung eröffnet, also die Begründung des Rechtsmittels, nicht dagegen irgend ein anderer Antrag wie der nach § 224 Abs. 2 zur richterlichen Verlängerung einer Frist. §§ 233ff. betreffen ausschließlich die gesetzlichen Fristen zur Vornahme ganz bestimmter und abschließend aufgezählter Prozesshandlungen. Ebenfalls aus dem Gesetz ergibt sich klar, dass die nachzuholende Prozesshandlung nicht durch einen **Antrag auf Prozesskostenhilfe** ersetzt werden kann.[33]

V. Wiedereinsetzung „ohne Antrag"

16 Wiedereinsetzung kann schlüssig beantragt werden,[34] aber auch ohne Antrag nach Abs. 2 Halbs. 2 auch von Amts wegen gewährt werden. Die Vorschrift ist unanwendbar, wenn die säumige Partei ausdrücklich die Auffassung vertritt, die Frist nicht versäumt zu haben, und deshalb keinen Wiedereinsetzungsantrag stellt.[35] Voraussetzung der Wiedereinsetzung ohne Antrag ist, dass die die Wiedereinsetzung rechtfertigenden Umstände aktenkundig oder sonst offenkundig sind.[36] Ferner muss der Wille der Partei, das Verfahren ungeachtet des Fristversäumnisses fortzusetzen.[37] Fehlt es an einem Wiedereinsetzungsgrund, darf das Gericht nicht von Amts wegen Wiedereinsetzung geben. Wie der Wortlaut („kann") erkennen lässt, besteht keine Verpflichtung des Gerichts, von Amts wegen Wiedereinsetzung zu gewähren.[38]

§ 237 Zuständigkeit für Wiedereinsetzung

Über den Antrag auf Wiedereinsetzung entscheidet das Gericht, dem die Entscheidung über die nachgeholte Prozesshandlung zusteht.

I. Entscheidungszuständigkeit

1 Die Vorschrift regelt die **Entscheidungszuständigkeit** für das Wiedereinsetzungsgesuch. Da das Wiedereinsetzungsverfahren nur ein Nebenverfahren darstellt und mit dem Verfahren über die versäumte Prozesshandlung eng verknüpft ist, erscheint es selbstverständlich, dass dasjenige Gericht, das über die versäumte Prozesshandlung zu entscheiden berufen ist, auch über die Wiedereinsetzung entscheidet. Hat das Landgericht das Versäumnisurteil erlassen, so entscheidet es auch über das Gesuch um Wiedereinsetzung gegen die Versäumung der Einspruchsfrist. Wurde die Berufungsfrist versäumt, so entscheidet das Berufungsgericht. Bei der befristeten Erinnerung im Kostenfestsetzungsverfahren ist das Beschwerdegericht zur Entscheidung berufen, wenn nicht der Richter des ersten Rechtszuges zuständig ist.[1] Obwohl die Vorschrift nur vom Antrag spricht, gilt die Zuständigkeit auch im Falle der Wiedereinsetzung „ohne Antrag" gem. § 236 Abs. 2 S. 2 2. Halbs. Diese Zuständigkeit bleibt grundsätzlich auch erhalten, wenn über die versäumte Prozesshandlung schon befunden ist, also etwa das verspätete Rechtsmittel bereits verworfen wurde.

---

[30] BGH BGHReport 2004, 846f.
[31] BGH NJW-RR 2006, 140; BGHReport 2005, 1468; FamRZ 2004, 1553.
[32] BGH NJW 1995, 60; NJW 1999, 3051; BAG NJW 1996, 1365, 1366; BGH NJW 1988, 3021; BGH NJW-RR 1990, 379; *Stein/Jonas/Roth* Rn. 11; aA *Ganter* NJW 1994, 164.
[33] BGH VersR 1984, 761; OLG Bamberg FamRZ 1996, 300.
[34] BGH NJW 2006, 1518.
[35] BGHZ 7, 194 = NJW 1952, 1414; BGH NJW 1968, 1968.
[36] BGH FamRZ 2007, 801; NJW-RR 2000; NJW 1975, 928; 1590; BAG NJW 1995, 2125f.
[37] BGHZ 61, 394f.; BAG NJW 1989, 2708f.
[38] BGH BRAK-Mitt. 1987, 91; BAG NJW 1989, 2708; aA *Musielak/Grandel* Rn. 8; *Zöller/Greger* Rn. 5; *Stein/Jonas/Roth* Rn. 4.
[1] OLG Schleswig SchlHA 1980, 56.

II. Empfangszuständigkeit

2 Von der Entscheidungszuständigkeit kann im Falle der sofortigen Beschwerde unter Umständen die **Empfangszuständigkeit** abweichen (§§ 569 Abs. 1); das Wiedereinsetzungsgesuch kann in diesen Fällen bei dem Gericht angebracht werden, dessen Entscheidung angefochten wird; dessen ungeachtet kann nur das Beschwerdegericht über die Wiedereinsetzung entscheiden. Bei einer sofortigen Beschwerde nach § 573 Abs. 2 ist das Prozessgericht zuständig.

III. Ausnahmen

3 Die **Rechtsprechung** hat im Blick auf die Zuständigkeit **Ausnahmen** zugelassen. Es geht dabei um die Frage, ob ein im Rechtszug höheres Gericht, das mit der Entscheidung über die versäumte Prozesshandlung insbesondere auf Grund eines Rechtsmittels gegen die Verwerfung der versäumten Prozesshandlung befasst ist, unter Umständen auch die von dem dafür an sich zuständigen Gericht unterlassene Entscheidung über die Wiedereinsetzung gegen den Wortlaut des § 237 an sich ziehen darf. **Entscheidungsreife** muss jedenfalls gegeben sein.

4 Keine Bedenken bestehen gegen die Gewährung von Wiedereinsetzung durch das Rechtsmittelgericht, wenn der von dem Vordergericht nicht beschiedene Antrag nach dem Aktenstand offensichtlich begründet ist.[2] Will das Rechtsmittelgericht dem Gesuch hingegen nicht stattgeben, ist die Sache an das Vordergericht zurückzuverweisen, weil dem Antragsteller die Möglichkeit, eine nicht anfechtbare Wiedereinsetzung bei dem Vordergericht zu erwirken, nicht entzogen werden darf.[3] Nach einem Beschluss des BGH[4] soll über einen vom Berufungsgericht **übergangenen Antrag** auf Wiedereinsetzung nach Einlegung der Revision das Revisionsgericht entscheiden können, wobei es die dafür in Betracht kommenden Tatsachen selbst feststellt und würdigt. Zu beachten ist aber die durch § 238 Abs. 3 gezogene Grenze. Die Chance, dass das nach § 237 dafür zuständige Gericht die Wiedereinsetzung unabänderbar gewährt, darf der säumigen Partei nicht dadurch genommen werden, dass ein höheres Gericht die Entscheidung an sich zieht[5] und die Wiedereinsetzung versagt.[6] Auch wenn der Antrag auf Wiedereinsetzung erst gestellt wird, nachdem das höhere Gericht bereits mit dem Rechtsstreit befasst ist, können die vom BGH zugelassenen Ausnahmen von § 237 gelten.[7] Da das zuständige Gericht zuerst Gelegenheit haben muss, über den Wiedereinsetzungsantrag zu entscheiden, ist es nicht zulässig, etwa die Rechtsbeschwerde gegen den Beschluss, mit dem die Berufung als unzulässig verworfen wurde, auf Wiedereinsetzungsgründe zu stützen.[8]

§ 238 Verfahren bei Wiedereinsetzung

(1) ¹Das Verfahren über den Antrag auf Wiedereinsetzung ist mit dem Verfahren über die nachgeholte Prozesshandlung zu verbinden. ²Das Gericht kann jedoch das Verfahren zunächst auf die Verhandlung und Entscheidung über den Antrag beschränken.

(2) ¹Auf die Entscheidung über die Zulässigkeit des Antrags und auf die Anfechtung der Entscheidung sind die Vorschriften anzuwenden, die in diesen Beziehungen für die nachgeholte Prozesshandlung gelten. ²Der Partei, die den Antrag gestellt hat, steht jedoch der Einspruch nicht zu.

(3) Die Wiedereinsetzung ist unanfechtbar.

(4) Die Kosten der Wiedereinsetzung fallen dem Antragsteller zur Last, soweit sie nicht durch einen unbegründeten Widerspruch des Gegners entstanden sind.

I. Verfahren

1 **1. Allgemeines.** Die formellen Voraussetzungen für die Wiedereinsetzung, also die Zulässigkeit des Antrags (§§ 234, 236), sind vorab zu prüfen. Fehlen sie, ist der Antrag als unzulässig zurückzuweisen,, ohne dass es darauf ankommt, ob Wiedereinsetzungsgründe (§ 233), die zur Begründetheit des Antrags gehören, vorliegen. Als Erfordernis der Zulässigkeit des Antrags muss dem Vorbringen

---

[2] BGH VersR 1993, 500; BGH NJW-RR 1989, 962; NJW 1985, 2650; 1982, 1873; BAG NJW 2004, 2112.

[3] BGHZ 101, 134, 141 = NJW 1987, 2588; BGH NJW 1996, 2581; 1982, 887; anders BGHZ 7, 280 vor Einführung des § 238 Abs. 3; BAG NJW 2004, 2112 f.

[4] BGHZ 7, 280 = NJW 1953, 504 m. abl. Anm. *Wulkop*.

[5] BGH NJW 1996, 2581; BGH NJW 1982, 887.

[6] Wie im Falle BGHZ 7, 280 geschehen.

[7] BGH NJW 1980, 1168; *Stein/Jonas/Roth* Rn. 1.

[8] BGH NJW 2003, 2397 f.; VersR 1993, 500; VersR 1982, 673; NJW 1982, 887.

des Antragstellers zu entnehmen sein, dass überhaupt eine der in § 233 genannten Fristen versäumt worden ist. Ist die Frist gewahrt, so ist ein Wiedereinsetzungsgesuch von vornherein gegenstandslos, und dem Antrag fehlt demgemäß das Rechtsschutzbedürfnis. Möglich ist es jedoch, den Wiedereinsetzungsantrag vorsorglich, hilfsweise zu stellen für den Fall, dass die in erster Linie behauptete Fristwahrung sich nicht beweisen lässt. Unzulässig ist auch das Gesuch, wenn die Versäumung einer Frist behauptet wird, die nicht im Katalog des § 233 enthalten ist. Wegen fehlenden Rechtsschutzbedürfnisses unzulässig ist das Wiedereinsetzungsgesuch auch, wenn das Rechtsmittel nicht nur wegen Fristversäumung, sondern noch aus einem weiteren Grund verworfen worden ist, denn in diesem Falle ginge die Wiedereinsetzung ins Leere.[1] Die Erfolgsaussichten der versäumten Prozesshandlung sind bei der Entscheidung über die Wiedereinsetzung ohne Bedeutung.[2]

2 Für das Verfahren herrscht **Anwaltszwang** nach Maßgabe des § 78, entsprechend dem Verfahren für die versäumte Prozesshandlung. Im Verfahren der sofortigen Beschwerde greift die Sonderregelung des § 569 Abs. 3 ein.

3 Für das gesamte Wiedereinsetzungsverfahren, also die Zulässigkeit und Begründetheit, gilt der **Grundsatz der Prüfung von Amts** wegen. Weder die Zulässigkeitsvoraussetzungen noch die Wiedereinsetzungsgründe unterliegen der Parteidisposition. Wiedereinsetzungsgründe können nicht zugestanden werden, der Antrag kann nicht anerkannt werden. Auf das Einverständnis des Gegners mit der Wiedereinsetzung kommt es demnach nicht an. Auch § 295 Abs. 1 ist nicht anwendbar.

4 Im Rahmen der Begründetheitsprüfung ist zunächst festzustellen, ob das Vorbringen **schlüssig** ist, also für den Fall seiner Glaubhaftigkeit ein Wiedereinsetzungsgrund gegeben sein kann. Fehlt es hieran, so kommt es auf die Glaubhaftmachung nicht an.

5 Das Gericht darf nicht von sich aus über den Parteivortrag hinaus nach möglichen Wiedereinsetzungsgründen forschen, ist aber gehalten, entsprechend § 139 auf die Erläuterung unklaren und die Ergänzung lückenhaften Vorbringens zu einem fristgerecht geltend gemachten Wiedereinsetzungsgrund hinzuwirken und gegebenenfalls auch auf übersehene rechtliche Gesichtspunkte aufmerksam zu machen. Da die Glaubhaftmachung nach Fristablauf bis zum Abschluss des Verfahrens nachgeholt werden kann, kann das Gericht ohne Einschränkung zur **Ergänzung** auffordern.

6 Vor der Bewilligung der Wiedereinsetzung ist dem Gegner der säumigen Partei und unter Umständen auch weiteren Verfahrensbeteiligten (zB Streithelfer) Gelegenheit zur Äußerung zu geben. Das ist verfassungsrechtlich zwingend geboten (Art. 103 Abs. 1 GG).[3] Dieses Recht auf Gehör ist auch deshalb besonders wichtig, weil die gewährte Wiedereinsetzung für die andere Partei unanfechtbar ist (Abs. 3). Auf den Umstand, dass der Gegner ohnehin zur Sachaufklärung häufig nichts beitragen kann, weil die Vorgänge sich meistens allein im Bereich der säumigen Partei oder ihres Prozessbevollmächtigten abgespielt haben, kommt es nicht an. Entbehrlich ist die Anhörung des Gegners natürlich, wenn das Wiedereinsetzungsgesuch als unzulässig oder unbegründet zurückgewiesen wird.

7 **2. Verhältnis zur „Hauptsache".** Das Wiedereinsetzungsverfahren ist gewissermaßen ein Nebenverfahren zur „Hauptsache", nämlich zur Entscheidung über die versäumte und nachgeholte Prozesshandlung. Abs. 1 sieht vor, dass das Wiedereinsetzungsverfahren nach Wahl entweder vorab durchgeführt oder mit dem Verfahren über die nachgeholte Prozesshandlung verbunden werden kann. Die Gesetzesformulierung könnte nahelegen, dass die Verbindung die Regel, die Trennung die Ausnahme sein solle. Dies trifft jedoch nicht zu, das Gericht ist frei, nach seinem Ermessen so oder so vorzugehen, es handelt sich dabei um eine reine Zweckmäßigkeitsfrage. Dies ist verfassungsrechtlich unbedenklich.[4] Zu beachten ist, dass der Wiedereinsetzungsantrag aber jedenfalls spätestens zusammen mit der Entscheidung über die nachgeholte Prozesshandlung erledigt werden muss. Unzulässig ist es, etwa die Berufung zu verwerfen, wenn über das Wiedereinsetzungsgesuch noch nicht entschieden ist und nicht gleichzeitig entschieden wird.[5] Hat das Berufungsgericht in der mündlichen Verhandlung einen Antrag auf Verlängerung der Berufungsfrist abgelehnt, muss eine nach Schluss der mündlichen Verhandlung eingereichte eidesstattliche Versicherung berücksichtigt werden, weil die mit der Ablehnung des Verlängerungsantrags in Gang gesetzte Wiedereinsetzungsfrist (§ 234 Abs. 2) noch nicht abgelaufen ist.[6]

8 **3. Besonderheiten bei verbundenen Verfahren.** Die Verfahrensverbindung und Entscheidungsverbindung hat zur Konsequenz, dass auch über den Wiedereinsetzungsantrag **mündlich verhandelt** werden muss (§ 128), sofern diese Verhandlung für die Entscheidung über die nachgeholte

[1] BVerwG NJW 1990, 1806.
[2] BGHZ 8, 284, 285 f. = NJW 1953, 423.
[3] BVerfGE 61, 14 = NJW 1982, 2234; BVerfG BVerfGE 53, 109 = NJW 1980, 1095.
[4] BGH NJW 1989, 1155 m. Anm. *Wagner.*
[5] *BGH BGH*Report 2001, 524; VersR 1985, 1143 (LS); vgl. auch BGH NJW-RR 1999, 1507.
[6] BGH NJW 1992, 1898.

Prozesshandlung vorgeschrieben ist. In diesen Fällen ist der Termin zur mündlichen Verhandlung über die nachgeholte Prozesshandlung zugleich der Verhandlungstermin über die Wiedereinsetzungsfrage. Nur in diesen Fällen ist auch ein Versäumnisverfahren zur Wiedereinsetzung möglich. Das ist indessen eher ausnahmsweise der Fall, denn für die im Wiedereinsetzungsrecht besonders wichtigen Rechtsmittel der Berufung, Nichtzulassungsbeschwerde und Revision, sofortige Beschwerde und Rechtsbeschwerde sieht das Gesetz die Möglichkeit der Verwerfung durch einen keiner mündlichen Verhandlung bedürftigen (§ 128 Abs. 4) Beschluss vor (§§ 522 Abs. 1, 544 Abs. 4 S. 1, 552 Abs. 2, 572 Abs. 4, 577 Abs. 6). Kommt sie in Betracht, weil das Wiedereinsetzungsgesuch unzulässig oder unbegründet erscheint, wird Verbindung nahe liegen und eine sog. kombinierte Entscheidung ohne mündliche Verhandlung erlassen. Auch für die Entscheidung über einen verspäteten Einspruch ist mündliche Verhandlung nicht erforderlich (§ 341 Abs. 2), ebenso für die befristeten Erinnerungen nach §§ 104, 107.

4. Besonderheiten bei Vorabverfahren. Die Verfahrenstrennung bedeutet, da die Wieder- 9
einsetzung nie der Entscheidung über die nachgeholte Prozesshandlung nachfolgen darf, ein Vorabverfahren und eine Vorabentscheidung über die Wiedereinsetzung. Das Gesetz spricht davon, das Verfahren auf die Prüfung der Wiedereinsetzung „zu beschränken" und macht damit deutlich, dass die Wiedereinsetzungsfrage an sich eben nur ein Teil der Prüfung darstellt, ob die nachgeholte Prozesshandlung zulässig ist. Im Falle der Beschränkung darf vor der Erledigung des Wiedereinsetzungsantrags nicht über die versäumte Prozesshandlung verhandelt und entschieden werden. Die Beschränkung kann jedoch wieder aufgehoben werden.[7] Insbesondere bei Rechtsmitteln wird sich das Vorabverfahren und Entscheidung durch Beschluss empfehlen, wenn die Gewährung der Wiedereinsetzung in Betracht kommt, weil dann mit der Vorabentscheidung für die Parteien frühzeitig Klarheit geschaffen ist; sie können sich nun ungehindert auf die Vorbereitung der Verhandlung über die Begründetheit der Berufung konzentrieren.

II. Entscheidung

Je nach der Wahl des Verfahrens ergeht die Entscheidung über das Wiedereinsetzungsgesuch 10
entweder „isoliert" im Vorabverfahren oder als „kombinierte" Entscheidung zusammen mit der Entscheidung über die nachgeholte Prozesshandlung. Die isolierte Entscheidung kann nach mündlicher Verhandlung durch Zwischenurteil (§ 303) oder ohne mündliche Verhandlung durch Beschluss ergehen. Eine konkludente Entscheidung etwa im Rahmen eines Beweisbeschlusses ist nicht zulässig.[8] Bei einer kombinierten Entscheidung bestimmt sich die Entscheidungsform nach der nachgeholten Rechtshandlung. Bei obligatorischer mündlicher Verhandlung muss durch Urteil entschieden werden.[9] Hier muss die Entscheidung über die Wiedereinsetzung nicht zwingend im Tenor enthalten sein, sondern kann auch in den Gründen niedergelegt werden.[10]

Inhaltlich lautet die Entscheidung entweder auf Bewilligung der Wiedereinsetzung, auf Verwer- 11
fung des Gesuchs als unzulässig oder auf Zurückweisung des Wiedereinsetzungsantrags als unbegründet unter gleichzeitiger Verwerfung der verspäteten Prozesshandlung. Bleibt der Antragsteller einem Termin zur mündlichen Verhandlung über den Wiedereinsetzungsantrag **und** die Sache fern, wird sein Antrag durch echtes Versäumnisurteil zurückgewiesen und sein Rechtsmittel oder Einspruch durch unechtes Versäumnisurteil verworfen. Bei Säumnis des Antragsgegners wird über den Wiedereinsetzungsantrag nach Vollprüfung entschieden; im Falle der Bewilligung kann, wenn die übrigen Voraussetzungen gegeben sind, ein Versäumnisurteil ergehen. Bleiben Zweifel, ob Wiedereinsetzungsgründe glaubhaft gemacht sind, muss die Wiedereinsetzung versagt werden.[11]

Die **Wirkung** der Entscheidung, mit der Wiedereinsetzung gewährt wird, besteht darin, dass die 12
Folgen der Fristversäumung rückwirkend beseitigt sind. Es wird die Rechtzeitigkeit der nach der Versäumung nachgeholten Prozesshandlung fingiert.[12] Falls vorher schon das Rechtsmittel wegen Fristversäumung verworfen worden war, wird diese Entscheidung durch die Bewilligung von Wiedereinsetzung ohne weiteres **gegenstandslos.**[13] Sie braucht nicht, kann aber zum Zwecke der Klarstellung zusätzlich noch ausdrücklich aufgehoben werden. Entsprechend § 318 ist das Gericht

---

[7] OLG Zweibrücken MDR 1985, 771.

[8] OLG Rostock NJW-RR 1507; LG Düsseldorf NJW 1950, 547 m. zust. Anm. *Lent; Stein/Jonas/Roth* Rn. 14; *Baumbach/Lauterbach/Hartmann* Rn. 6.

[9] Zu diesem Problemkreis bei Versäumung der Einspruchsfrist vgl. *Demharter* NJW 1986, 2754.

[10] RGZ 67, 186, 190; *Zöller/Greger* Rn. 2.

[11] BGH VersR 1983, 401.

[12] BGHZ 98, 325, 328 = NJW 1987, 327; BGHZ 8, 284 f. = NJW 1953, 423.

[13] BGH NJW 2006, 2269; BGHReport 2005, 1468 f.; BGH BGHReport 2005, 1470 f.; BGHZ 98, 325, 328 = NJW 1987, 327; BGH FamRZ 2005, 791 f.; NJW 1982, 887; BGH v. 15. 8. 2007, XII ZB 101/07 Tz 4; BGH v. 18. 7. 2007, XII ZB 162/06 Tz 20.

nach Ablauf der Frist des § 234 an seine eigene Entscheidung zur Wiedereinsetzung gebunden, gleichgültig, ob der Wiedereinsetzung stattgegeben oder ob sie verweigert wurde oder ob durch Urteil oder Beschluss entschieden wurde.[14] Die Bindungswirkung erstreckt sich auch auf das Rechtsmittelgericht.[15] Eine Ausnahme hiervon lässt der BGH zu, wenn Wiedereinsetzung unter Verletzung des rechtlichen Gehörs der Gegenpartei gewährt worden ist. In diesem Ausnahmefall soll, solange noch kein die Instanz abschließendes Urteil ergangen ist, eine Selbstkorrektur auf **Gegenvorstellung** hin möglich sein.[16]

III. Rechtsbehelfe

13 Die **stattgebende,** also Wiedereinsetzung gewährende Entscheidung ist unanfechtbar (Abs. 3), gleichgültig in welcher Form sie ergeht. Sie kann vom Rechtsmittelgericht auch inzident, etwa im Verfahren der Berufung, **nicht nachgeprüft** werden.[17] Die rechtswidrige Gewährung von Wiedereinsetzung kann deshalb auch keinen Verfahrensmangel darstellen. Unanfechtbar ist auch diejenige Wiedereinsetzung, die in fehlerhafter Form (Beschluss statt Urteil oder umgekehrt) ergangen ist.[18] Der Gegner der säumigen Partei hat also gegen die Wiedereinsetzungsentscheidung keine Anfechtungsmöglichkeit. Die entgegen Abs. 3 vorgenommene Zulassung der Rechtsbeschwerde ermöglicht keine Prüfung durch das Rechtsbeschwerdegericht.[19] Ausnahmsweise kann im Falle einer Gehörsverletzung gegenüber dem Wiedereinsetzung gewährenden Gericht eine Anhörungsrüge (§ 321 a) erhoben werden.[20]

14 Versäumnisurteile, durch die eine Wiedereinsetzung abgelehnt wurde, sind nicht mit dem Einspruch anfechtbar (Abs. 2 S. 2). Ebenso verhält es sich, wenn ein Einspruch durch Urteil als unzulässig abgewiesen wurde (§ 341). Dem Antragsteller verbleibt lediglich die eingeschränkte Rechtsmittelbefugnis der §§ 514 Abs. 2, 565.[21]

15 Im Übrigen kann die **ablehnende** Wiedereinsetzungsentscheidung von der antragstellenden (= säumigen) Partei mit den **üblichen Rechtsmitteln** angefochten werden, die für die Anfechtung der Entscheidung über die nachgeholte Prozesshandlung gegeben sind (Abs. 2 Satz 1). Endurteile unterliegen also der Anfechtung durch Berufung und Revision bzw. Nichtzulassungsbeschwerde (§§ 511, 542 bis 544). Entsprechendes gilt, wenn durch ein Zwischenurteil Wiedereinsetzung abgelehnt worden ist.[22] Im Falle einer Vorabentscheidung muss auch die Entscheidung in der Hauptsache angefochten werden.[23] Verwirft das Gericht das Rechtsmittel als unzulässig und weist es danach den Wiedereinsetzungsantrag ab, muss nicht auch der die Berufung verwerfende Beschluss angefochten werden, weil bei einer Stattgabe des Wiedereinsetzungsgesuchs durch das Rechtsbeschwerdegericht die Verwerfung der Berufung **gegenstandslos** wird.[24] Wird die Berufung durch Beschluss verworfen, kann die Wiedereinsetzung im Rahmen einer Rechtsbeschwerde (§ 522 Abs. 1 S. 4) begehrt werden. Allerdings ist zu beachten, dass in den Eilverfahren der § 542 Abs. 2 eine Anrufung des BGH auch im Rahmen einer Wiedereinsetzungsentscheidung nicht statthaft ist.[25] Eine Entscheidung, mit der ein Rechtsmittel wegen Fristversäumnis verworfen wird, ist wegen Verstoßes gegen Art. 103 Abs. 1 GG aufzuheben, wenn die Partei zuvor nicht auf die vermeintliche Fristversäumnis hingewiesen wird und sie deswegen keine Möglichkeit hat, entweder die Fristwahrung darzutun oder einen Wiedereinsetzungsantrag zu stellen.[26]

IV. Kosten

16 Nach Abs. 4 fallen die Kosten der Wiedereinsetzung grundsätzlich dem Antragsteller zur Last. Das ist konsequent und sinnvoll; die säumige Partei soll wenigstens die durch ihre Säumnis veran-

---

[14] BGH NJW 1954, 880; BAG NJW 1972, 1684.

[15] BVerfGE 53, 109 = NJW 1980, 1095.

[16] BGHZ 130, 97 = NJW 1995, 2497 = JR 1996, 137 m. Anm. *Hoeren* = JZ 1996, 374 m. Anm. *Roth; Kerwer* JuS 1997, 592.

[17] BVerfGE 53, 109 = NJW 1980, 1095 f.; BGHZ 130, 97 = NJW 1995, 2497; BGH NJW 1982, 887; 1982, 1873; NJW-RR 1999, 839.

[18] *Musielak/Grandel* Rn. 5; aA OLG Düsseldorf MDR 1984, 763; *Stein/Jonas/Roth* Rn. 13

[19] BGH NJW 2003, 211.

[20] Vgl. BGHZ 130, 97 = NJW 1995, 2497.

[21] BGH NJW 1969, 845.

[22] BGHZ 47, 289 = NJW 1967, 1566; BGH VersR 1979, 960; 1979, 619; OLG Düsseldorf OLGReport 2001, 254; *Musielak/Grandel* Rn. 7; *Zöller/Greger* Rn. 7.

[23] *Zöller/Greger* Rn. 7.

[24] BGH NJW 2006, 2269; vgl. auch die Nachweise bei Fn. 13.

[25] *BGH NJW* 2003, 69.

[26] BGH v. 18. 7. 2007, XII ZB 162/07; v. 15. 8. 2007, XII ZB 101/07 NJW-RR 2006, 142.

lassten Kosten tragen, wie sich auch aus der entsprechenden Regelung in § 344 ergibt. Abs. 4 ist eine Ausnahme von §§ 91, 97. Die Kosten der Wiedereinsetzung umfassen auch die Kosten eines von dem Antragsteller erfolgreich betriebenen Beschwerdeverfahrens.[27] Bleibt die Beschwerde erfolglos, so geht (mit meist gleichem Ergebnis, weil nur der Antragsteller beschwerdeberechtigt ist) § 97 Abs. 1 vor. Ebenso geht § 91 (mit gleichem Ergebnis) vor, wenn der Antrag der säumigen Partei im Endurteil zurückgewiesen wird. Über die Kosten der Wiedereinsetzung ist erst in der Hauptsacheentscheidung neben den sonstigen Kosten zu befinden.[28] Nur wenn eine Hauptsacheentscheidung bereits vorliegt und Wiedereinsetzung versagt wird, trifft der Wiedereinsetzungsbeschluss eine Kostenentscheidung.[29] Wurde der Kostenausspruch für das Wiedereinsetzungsverfahren vergessen, gilt § 321.

Abs. 4 ist als Grundsatz auch im Rahmen einer Ermessensentscheidung nach § 91a zu beachten. **17**
Abs. 4 gilt jedoch nur für den Fall einer Kostenentscheidung. Bei Klagerücknahme oder Rechtsmittelrücknahme ist die Vorschrift nicht anwendbar. In diesem Falle gehen die besonderen Vorschriften der §§ 269 Abs. 3, 515 Abs. 3, 566 vor. Wer die Klage zurücknimmt, hat alle Kosten des Rechtsstreits zu tragen; eine Aussonderung der Säumniskosten findet nicht statt; das gilt ebenso für die Wiedereinsetzungskosten, die doch auch nur Säumniskosten sind.[30]

Ausnahmsweise soll nach Abs. 4 2. Halbs. diese Kostenregelung nicht gelten, wenn und soweit es **18**
sich um Kosten handelt, die dadurch entstanden sind, dass der Gegner der Wiedereinsetzung unbegründet widersprochen hat. Das ist systemfremd, denn an sich ist bei der gebotenen Prüfung von Amts wegen der Widerspruch des Gegners oder auch die Unterlassung des Widerspruchs auf das Verfahren ohne Einfluss. Deshalb sollte der Grundsatz, wonach der Antragsteller die Kosten zu tragen hat, stets vorgehen und auch die Fälle erfassen, in denen zwar widersprochen worden ist, aber besondere, unmittelbar und nur auf diesen Widerspruch zurückzuführende Kosten nicht entstanden sind. Nur für diejenigen Fälle, in denen der Widerspruch mit Tatsachen begründet worden ist, die das Gericht sonst von Amts wegen nicht zu prüfen gehabt hätte und zudem besondere, ausscheidbare Kosten verursacht hat, bleibt ein Anwendungsbereich für Abs. 4 2. Halbs. übrig.

Titel 5. Unterbrechung und Aussetzung des Verfahrens

Vorbemerkung zu den §§ 239ff.

I. Regelungsinhalt

Die Vorschriften dieses Titels regeln den **rechtlichen Stillstand** des Verfahrens. Stillstand in **1**
diesem Sinne ist das tendenziell vorübergehende Anhalten eines Rechtsstreits, der bereits begonnen hat, aber noch nicht (formell rechtskräftig) beendet ist. Als tendenziell vorübergehend ist der rechtliche Stillstand zu bezeichnen, weil nach der Konzeption des Gesetzes das Anhalten letztlich der Weiterführung oder der endgültigen rechtlichen Beendigung dienen soll. Das Hindernis ist regelmäßig behebbar. Allerdings kann der rechtliche Stillstand (oder anders ausgedrückt: das gesetzlich angeordnete und geregelte Sistieren) auch in eine rein tatsächliche Beendigung des Verfahrens münden. Es kommt in der Praxis nicht selten vor, dass Prozesse nach Ablauf der für den rechtlichen Stillstand vorgesehenen Zeit nicht mehr betrieben werden; wie auch beim tatsächlichen Stillstand möglich, „endet" dann das Verfahren ohne Prozesshandlung durch Weglegen (und späteres Vernichten) der Akten.

Der Titel normiert die gesetzlichen Voraussetzungen und Wirkungen des rechtlichen Stillstands **2**
und seiner zeitlichen Grenzen (Beginn und Ende) sowie weitere Modalitäten und regelt die Anfechtbarkeit der in diesem Zusammenhang ergehenden gerichtlichen Entscheidungen. Da es, wie schon der Name sagt, an sich zum Wesen und Sinn des Prozesses gehört, fortzuschreiten, also (möglichst sogar beschleunigt) betrieben zu werden, ist der rechtliche Stillstand begreiflicherweise eine auf ganz bestimmte als wichtig erachtete Anlässe beschränkte Besonderheit und **Ausnahme.** Das muss bei der Auslegung der Vorschriften beachtet werden. Das Gesetz sieht für den rechtlichen Stillstand drei rechtliche Formen vor: **Unterbrechung** (§§ 239 bis 245), **Aussetzung** (§§ 246 bis 248, 252) und **Ruhen** (§§ 251, 251a). Gemeinsame Vorschriften für Unterbrechung und Aussetzung enthalten §§ 249, 250.

---

27 OLG Frankfurt NJW 1987, 334; MDR 1982, 501.
28 BGH NJW 2000, 3284, 3286
29 *Zöller/Greger* Rn. 11.
30 OLG Hamm MDR 1977, 233 m. Anm. *Schneider; Zöller/Greger* Rn. 11; *Baumbach/Lauterbach/Hartmann* Rn. 15.

3 Der Fünfte Titel regelt den rechtlichen Stillstand nicht vollständig. Vorschriften, die inhaltlich dazugehören, sind im Gesetz verstreut. In der Zwangsvollstreckung gelten etwa §§ 727ff., 779.

4 Zu unterscheiden von dem in diesem Titel beschriebenen rechtlichen Stillstand ist der rein **tatsächliche Stillstand** des Verfahrens. Er kann als prozessordnungswidrige Verschleppung durch die Parteien oder das Gericht vorkommen, aber auch als zugelassenes Nichtbetreiben etwa in den Fällen, in denen ein ausnahmsweise nötiger Antrag der Parteien auf Terminsbestimmung erforderlich ist, aber nicht gestellt wird, oder in denen beide Parteien wegen außergerichtlicher Vergleichsbemühungen das Verfahren vorübergehend nicht fördern, ohne es förmlich zum Ruhen zu bringen. In jedem Falle ist der rein tatsächliche Stillstand rechtlich ungeschützt; die im Fünften Titel bestimmten Wirkungen treten für ihn nicht ein, insbesondere werden prozessuale Fristen nicht wie in § 249 vorgesehen unterbrochen. Das Nichtbetreiben des Rechtsstreits kann indessen einschneidende materiellrechtliche Wirkungen haben; beispielsweise im Verjährungsrecht (§ 204 Abs. 2 S. 2 BGB).[1]

II. Unterbrechung

5 Die Unterbrechung ist die stärkste, besonders einschneidende Form des rechtlichen Stillstands. Sie geschieht auf Grund bestimmter, im Gesetz genau beschriebener **Ereignisse**[2] **kraft Gesetzes,** also von selbst, ohne Antrag, in jedem Stande des Verfahrens und zwar unabhängig davon, ob das Gericht oder die Parteien von diesem Ereignis überhaupt **Kenntnis**[3] haben und selbstverständlich auch unabhängig davon, ob Gericht oder Partei mit der Unterbrechung einverstanden sind. Sie ist **von Amts wegen** zu beachten. Ist die Unterbrechung in den Vorinstanzen eingetreten, kann der Unterbrechensgrund im Revisionsverfahren als neue Tatsache vorgetragen werden.[4] Die wichtigsten Unterbrechungsgründe sind: Tod der Partei, Verlust der Prozessfähigkeit einer Partei, Tod des Prozessbevollmächtigten, Eröffnung des Insolvenzverfahrens über das Vermögen einer Partei. Doch können einige dieser Ereignisse je nach Art des Verfahrens auch nur einen Grund für die nächst schwächere Form des rechtlichen Stillstands darstellen, nämlich die Aussetzung. So ist der Tod der Partei im Parteiprozess Unterbrechungsgrund, im Anwaltsprozess Aussetzungsgrund.

III. Aussetzung

6 Ausgesetzt wird der Rechtsstreit nie kraft Gesetzes, sondern immer nur **auf Grund gerichtlicher Anordnung.** Die Aussetzung beginnt mit der Verkündung oder Zustellung des Beschlusses. Zulässig ist die Aussetzung durch Gerichtsbeschluss aber allein dann, wenn das Gesetz sie ausdrücklich erlaubt, nicht dann, wenn (nur) das Gericht meint, sie sei zweckmäßig. Gesetzliche Aussetzungsmöglichkeiten sind nicht ausschließlich im Fünften Titel und nicht nur in der ZPO geregelt. Auch andere Rechtsvorschriften können eine Aussetzung zulassen, wie sich aus § 252 ergibt. Diese Vorschrift erwähnt ausdrücklich die Aussetzung auf Grund anderer gesetzlicher Bestimmungen. Innerhalb der ZPO finden sich zwei wichtige Aussetzungsgründe in §§ 65, 148, 149 (Aussetzung wegen sog. Vorgreiflichkeit eines anderen Verfahrens). Auch §§ 150 bis 155 befassen sich mit der Aussetzung, ferner §§ 614, 640f. Außerhalb der ZPO sind beispielhaft zu erwähnen § 46 Abs. 2 WEG, § 19 GebrMG, § 97 Abs. 5 ArbGG, ferner vor allem Art. 100 GG[5] und § 11 Abs. 2 des G zur Wahrung der Einheitlichkeit der Rechtsprechung der Obersten Gerichtshöfe des Bundes v. 19. 6. 1968 (BGBl. I S. 661). Die gerichtliche Anordnung, dass das Verfahren auszusetzen sei, kann je nach der gesetzlichen Ausgestaltung ohne Antrag (von Amts wegen) oder nur auf Antrag ergehen. Ebenso unterschiedlich geregelt ist die Frage, ob das Gericht (zwingend) aussetzen muss oder (nach seinem Ermessen) aussetzen kann. Anders als bei der Unterbrechung tritt die Wirkung der Aussetzung noch nicht mit dem jeweiligen Ereignis, sondern erst mit der gerichtlichen Anordnung ein (keine Rückwirkung).

---

[1] Vgl. zB BGH NJW-RR 1988, 279; OLG Düsseldorf NJW-RR 1988, 703.

[2] Zur Diskussion über eine im Gesetz nicht vorgesehene Unterbrechung im Sonderfall einer Verfassungsbeschwerde vgl. *V. Wagner* NJW 1987, 1184 und *Clausnitzer* AnwBl. 1988 S. 136.

[3] BGHZ 66, 59, 61; BGH NJW 1995, 2563.

[4] BGH NJW 2002, 2107.

[5] Vgl. zur schwebenden Normenkontrolle als Aussetzungsgrund für andere Verfahren *Skouris* NJW 1975, 713; OLG Frankfurt NJW 1979, 767; OLG Oldenburg NJW 1978, 2160; OLG Hamm FamRZ 1979, 163; OLG Düsseldorf FamRZ 1979, 295; OLG Köln FamRZ 1979, 296; BAG NJW 1988, 2558; BGH MDR 1998, 732; FG Rheinland-Pfalz NJW 2000, 96.

IV. Ruhen

7 Das Ruhen ist die **schwächste Form des Stillstands** und zugleich diejenige, die am deutlichsten der Parteidisposition offensteht. Gleichwohl kann auch das Ruhen nur durch Gerichtsbeschluss angeordnet werden und ist deshalb eigentlich eine besondere Form der Aussetzung. Von dieser unterscheidet sie sich jedoch durch andere, spezielle Voraussetzungen und etwas andere, nämlich minder weitgehende Wirkungen, so werden etwa Notfristen und Rechtsmittelfristen nicht unterbrochen –.

V. Gemeinsame Voraussetzungen und Wirkungen

8 Alle Formen des rechtlichen Stillstandes setzen voraus, dass die Streitsache schon und noch gemäß § 261 **rechtshängig** ist. Das leuchtet begrifflich ein. Außerdem kann nur unter dieser Voraussetzung ein Bedürfnis dafür bestehen, das Verfahren anzuhalten. Als Grund (Anlass) für den Stillstand kommen allerdings unter Umständen auch Ereignisse und Tatsachen in Betracht, die schon vor Rechtshängigkeit entstanden sind. Der Stillstand beendet die Rechtshängigkeit nicht. Ist das Hindernis beseitigt, erfolgt die Aufnahme des Verfahrens (§ 250), die von der Fortsetzung des ruhenden Verfahrens (§ 251) und der Wiederaufnahme eines rechtskräftig abgeschlossenen Verfahrens (§§ 578ff.) zu unterscheiden ist.

9 Zu den wichtigsten **Wirkungen** des rechtlichen Stillstands gehört, dass für die Dauer des Stillstands **prozessuale Fristen** nicht laufen. Hier besteht jedoch ein Unterschied zwischen Unterbrechung und Aussetzung einerseits (es läuft überhaupt keine Frist, § 249 Abs. 1) und dem Ruhen andererseits (die in § 233 bezeichneten Fristen laufen, § 251 Abs. 1). **Prozesshandlungen** der Parteien während des Stillstands sind, soweit sie die Hauptsache betreffen, der anderen Partei gegenüber ohne rechtliche Wirkung. Dem Gericht gegenüber werden Prozesshandlungen der Parteien erst mit der Beendigung des Stillstands wirksam. Gerichtliche Handlungen während des Stillstands sind, sofern sie Außenwirkung haben sollen, also nicht nur interne Natur besitzen, nicht etwa nichtig, sondern mit den gegebenen Rechtsmitteln anfechtbar.[6] Eine gewisse eng begrenzte Ausnahme sieht § 249 Abs. 3 für Entscheidungen vor, wenn eine Unterbrechung erst nach Schluss der mündlichen Verhandlung eintritt.

VI. Anwendungsbereich

10 Die Vorschriften des Fünften Titels sind zwar in erster Linie für den Rechtsstreit mit notwendiger mündlicher Verhandlung bestimmt, und zwar im Urteilsverfahren vor allen Gerichten und in allen Instanzen. Sie gelten darüber hinaus auch im schriftlichen Verfahren (allerdings dort mit Ausnahme von § 251a), im Rechtsmittelverfahren, in Verfahren der einstweiligen Verfügung und des Arrests,[7] im Mahnverfahren[8] und im Kostenfestsetzungsverfahren,[9] aber nicht im PKH-Verfahren,[10] im selbstständigen Beweisverfahren,[11] im schiedsrichterlichen Verfahren, im Verfahren der Streitwertfestsetzung sowie im Verfahren nach § 36 Nr. 3. Mit bestimmten Verfahrensarten der ZPO ist der rechtliche Stillstand nicht ohne weiteres vereinbar. Doch muss richtigerweise für Unterbrechung, Aussetzung und Ruhen jeweils getrennt und gesondert geprüft werden, ob die Vorschriften heranzuziehen sind; das Ergebnis kann unterschiedlich sein. Kraft Verweisung (§§ 46 Abs. 2, 64 Abs. 6, 72 Abs. 5 ArbGG) gilt der Fünfte Titel grundsätzlich auch im arbeitsgerichtlichen Urteilsverfahren. Eine entsprechende Anwendung der Vorschriften dieses Titels kann im Verfahren der freiwilligen Gerichtsbarkeit in Betracht kommen, soweit es sich um privatrechtliche Streitverfahren handelt.[12] Auch im Verwaltungsgerichtsverfahren und im Sozialgerichtsverfahren sind die Regeln über den rechtlichen Stillstand entsprechend anwendbar.[13]

---

[6] BGHZ 66, 59, 61; BGH NJW 1995, 2563.

[7] BGH BGHReport 2004, 405f.; NJW 1962, 591.

[8] BGH NJW 1974, 493, 494; LG Aachen Rpfleger 1982, 72.

[9] BGH NZI 2006, 128 m. weit. Nachw.

[10] OLG Köln NJW-RR 1999, 276; OLG Koblenz AnwBl. 1989, 178; *Fischer* MDR 2004, 252, 255; aA OLG Köln MDR 2003, 526; BayObLGZ 1973, 286.

[11] BGH NJW 2004, 1388.

[12] Zur Aussetzung im Wohnungseigentumsverfahren vgl. zB *K. Schmidt* NJW 1979, 409; LG Frankfurt NJW-RR 1987, 1423; zum Ruhen im Wohnungseigentumsverfahren BayObLG NJW-RR 1988, 16.

[13] Nicht dagegen im Verwaltungsverfahren und im verwaltungsgerichtlichen Vorverfahren, OVG Sachsen-Anhalt AnwBl. 1995 S. 159.

§ 239 Unterbrechung durch Tod der Partei

(1) Im Falle des Todes einer Partei tritt eine Unterbrechung des Verfahrens bis zu dessen Aufnahme durch die Rechtsnachfolger ein.

(2) Wird die Aufnahme verzögert, so sind auf Antrag des Gegners die Rechtsnachfolger zur Aufnahme und zugleich zur Verhandlung der Hauptsache zu laden.

(3) [1]Die Ladung ist mit dem den Antrag enthaltenden Schriftsatz den Rechtsnachfolgern selbst zuzustellen. [2]Die Ladungsfrist wird von dem Vorsitzenden bestimmt.

(4) Erscheinen die Rechtsnachfolger in dem Termin nicht, so ist auf Antrag die behauptete Rechtsnachfolge als zugestanden anzunehmen und zur Hauptsache zu verhandeln.

(5) Der Erbe ist vor der Annahme der Erbschaft zur Fortsetzung des Rechtsstreits nicht verpflichtet.

Übersicht

I. Grundsätzliches

1 **1. Normzweck.** Beim Tode der Partei während eines anhängigen Rechtsstreits findet ein Parteiwechsel kraft Gesetzes statt. Anstelle der Partei tritt regelmäßig ihr Erbe als Gesamtrechtsnachfolger in den Prozess ein. Dies geschieht gemäß § 1922 BGB von selbst, ohne Zutun und ohne Kenntnis des Erben mit dem Augenblick des Todes der Partei. Deshalb ordnet Abs. 1 die Unterbrechung an. Der Erbe ist zwar bereits Partei, aber ihm soll Zeit und Gelegenheit gewährt werden, sich über den Prozess zu informieren, zu entscheiden, ob er ihn fortführen will und die je nach Ergebnis seiner Entscheidung erforderlich werdenden weiteren Schritte vorzubereiten. Außerdem trägt die Unterbrechung, also der Stillstand des Verfahrens, dem Umstand Rechnung, dass in vielen Fällen nicht sogleich feststeht, wer Erbe geworden ist und ob der Erbe die Erbschaft angenommen hat oder die gewöhnlich sechs Wochen betragende Frist zur Ausschlagung der Erbschaft abgelaufen ist (§§ 1943, 1944 BGB). Der Zweck der Norm besteht also hauptsächlich darin, dem **Rechtsnachfolger** eine Überlegungs-, Entschließungs- und Vorbereitungsfrist zu gewähren um zu verhindern, dass ihm durch den unbekannten oder ungewollten Fortgang des Rechtsstreits Nachteile entstehen.

2 Allerdings soll die gesetzliche Rechtswohltat der Verfahrensunterbrechung in gewissem Umfang auch dem **Gegner** zugute kommen. Auch für ihn bedeutet der Tod der Partei eine veränderte Situation. Das Gesetz will ihm die Möglichkeit geben, sich auf die neue Lage einzustellen. Die **Interessen beider Parteien** berücksichtigt der Verfahrensstillstand insofern, als er dazu beiträgt, unnötige und möglicherweise kostspielige oder schwer rückgängig zu machende Fehldispositionen zu vermeiden. Beide Parteien sollen Zeit gewinnen, um sich auf die veränderte Sachlage einstellen zu können und unter Umständen auch eine Lösung zu finden, die eine Fortsetzung des Rechtsstreits überflüssig macht;[1] erfahrungsgemäß vermag ein Parteiwechsel die einvernehmliche Bereinigung des Streits häufig zu erleichtern. Der Zweck der Norm ist mithin an Gedanken der Prozesswirtschaftlichkeit orientiert.

3 Die Unterbrechung ist ihrem Wesen nach **tendenziell temporär.** Der Rechtsstreit soll innerhalb angemessener Frist weitergeführt oder endgültig beendet werden. Zu diesem Zweck sehen Abs. 2 bis 4 bestimmte Maßnahmen vor, um die Verzögerung der Aufnahme zu verhindern. Diese Regelung nützt den Interessen des Gegners und hat den Sinn, die zeitliche Dauer der Unterbrechung zu begrenzen, sofern der Gegner der verstorbenen Partei die Fortführung wünscht.

---

[1] OLG Zweibrücken NJW 1968, 1635.

2. Anwendungsbereich. Die Vorschrift ist nur anwendbar, wenn die Partei nicht durch einen Prozessbevollmächtigten vertreten war. Diese wichtigste Einschränkung ergibt sich nicht aus dem Wortlaut der Norm, sondern nur aus § 246 Abs. 1. Dabei kommt es nicht darauf an, ob Anwaltszwang besteht, ob also der Rechtsstreit als Anwaltsprozess zu führen ist (§ 78) oder nicht, sondern allein darauf, ob im konkreten Fall eine **Prozessvollmacht** im Zeitpunkt des Todes schon und noch wirksam erteilt war und zwar für einen Prozessbevollmächtigten, der bei dem Gericht zugelassen ist, bei dem das Verfahren im Zeitpunkt des Todes anhängig ist. Diese Regelung rechtfertigt sich dadurch, dass die Vollmacht durch den Tod des Mandanten nicht erlischt, sondern fortbesteht (§ 86). Hatte etwa im Anwaltsprozess kurz vor dem Tode der Partei der Anwalt das Mandat niedergelegt und war ein neuer Prozessbevollmächtigter noch nicht bestellt worden, so unterbricht der Todesfall den Rechtsstreit.[2] Gleiches gilt, wenn ein Prozessbevollmächtigter für den Revisionsinstanz, in der die Sache anhängig ist, noch nicht bestellt war. Die Befugnis des vorinstanzlichen Rechtsanwalts, einen Revisionsanwalt zu bevollmächtigten (§ 81), führt nicht bereits zu einer Vertretung der Partei.[3] Im Verhältnis zwischen erster Instanz und Berufungsinstanz kann dagegen wegen der erweiterten Vertretungsbefugnisse des § 78 Abs. 1, wonach die Vertretung vor einem Oberlandesgericht keine besondere Zulassung erfordert, eine Vertretung durch den erstinstanzlichen Anwalt im Berufungsverfahren angenommen werden, wenn er eine entsprechende Vollmacht hat. Falls das Rechtsmittel des Gegners sich gegen ein Teilurteil richtet, ist es deshalb möglich, dass der Tod der Partei nur den in die Rechtsmittelinstanz gelangten Teil des Rechtsstreits unterbricht, den noch beim Gericht der unteren Instanz anhängigen Rest-Rechtsstreit dagegen nicht. Fällt der Tod der Partei in die Zeit „zwischen den Instanzen" (nach Verkündung bzw. Zustellung des Urteils, aber vor Einlegung des Rechtsmittels), so wird die verstorbene Partei noch als durch ihren Prozessbevollmächtigten der Vorinstanz vertreten angesehen.[4] Der im PKH-Verfahren selbst auf Vorschlag der Partei beigeordnete Anwalt hindert die Unterbrechung erst, nachdem ihm tatsächlich Prozessvollmacht erteilt wurde.[5] Durch § 246 Abs. 1 wird der Anwendungsbereich des § 239 in bedeutsamer Weise beschränkt, denn in der Mehrzahl der größeren und wichtigeren Prozesse findet eine Vertretung durch Rechtsanwälte statt, so dass der Tod der Partei nicht zur Unterbrechung, sondern allenfalls zur Aussetzung des Verfahrens führt. Allerdings sind für die Frage, ob die Aussetzung zulässig ist, die in § 239 behandelten Voraussetzungen der Unterbrechung von Bedeutung, so dass auch in den Fällen, in denen keine Unterbrechung stattfindet, auf den Inhalt der Norm zurückgegriffen werden muss. Rechtssystematisch ist § 246 Abs. 1 zwar der Ausnahmetatbestand[6] zu § 239, in der Rechtswirklichkeit ist das Verhältnis eher umgekehrt. 4

Die Vorschrift gilt in erster Linie für **vermögensrechtliche Streitigkeiten,** aber auch bei nichtvermögensrechtlichen Verfahren ist ihre Anwendung nicht schlechthin ausgeschlossen. Sie ist allerdings nicht möglich, wenn eine etwa bei Ehe- und Lebenspartnerschaftssachen (§§ 619, 661 Abs. 2) eine Rechtsnachfolge in den Streitgegenstand ausscheidet oder mit dem Tode der Partei auch der **Streitgegenstand untergegangen** ist.[7] In diesen Fällen ist zwar die Hauptsache erledigt, der Prozess aber jedenfalls wegen der Kosten, unter Umständen auch wegen etwaiger Ansprüche nach § 264 Nr. 3, noch anhängig und deshalb insgesamt noch nicht beendet. Insoweit ist die Aufnahme durch den Rechtsnachfolger möglich.[8] Auch für den Rechtsstreit um höchstpersönliche Ansprüche gilt § 239.[9] Keine Aufnahme wird allerdings in Betracht kommen, wenn die Partei vom Prozessgegner (allein) beerbt worden ist. Hier tritt Erledigung ein, freilich ist eine Entscheidung nach § 91a nicht zulässig, weil ein Gegner fehlt.[10] Indessen ist § 239 insoweit anwendbar, als zunächst die Unterbrechung eintritt; wer Erbe ist und ob er die Erbschaft annimmt, bedarf der Klärung. 5

In **Mahnverfahren** gilt § 239 von der Zustellung des Mahnbescheids an entsprechend, nach Widerspruch oder Erlass des Vollstreckungsbescheids ohnehin unmittelbar.[11] Im Zwangsvollstreckungsverfahren ist der Tod der Partei kein Unterbrechungsgrund, da § 779 eine eigenständige Regelung enthält. Sie betrifft zwar nur den Tod des Schuldners. Da § 239 aber für beide Parteien 6

---

[2] BGHZ 43, 135 = NJW 1965, 1019.

[3] BGHZ 2, 227 = NJW 1951, 802 (LS); BGHZ 104, 1 = NJW 1988, 1390; RGZ 155, 224; 71, 155; vgl. auch RGZ 68, 247; OLG Schleswig MDR 1986, 154.

[4] BGH NJW 1981, 686.

[5] BGHZ 2, 227 = NJW 1951, 802 (LS),

[6] So BGHZ 43, 135, 137, 138 = NJW 1965, 1019 mit der Rechtsfolge: eng auslegen.

[7] *Zöller/Greger* Rn. 1.

[8] *Stein/Jonas/Roth* Rn. 4; vgl. auch BGH NJW 1981, 686 (für Ehescheidung).

[9] Vgl. BVerwG NJW 1963, 553 = JuS 1963, 202; OVG Münster NJW 1957, 437; ähnlich *Sojka* MDR 1982, 13 und *Neumann* DVBl. 1958, 197.

[10] NJW-RR 1999, 1152.

[11] BGH NJW 1974, 493, 494.

gleichermaßen gelten muss, ist die Anwendung der Vorschrift auf den Tod des Gläubigers allein abzulehnen.[12] Für das schiedsrichterliche Verfahren kommt die Unterbrechung nur dann in Betracht, wenn die Parteien oder das Schiedsgericht gemäß § 1042 Abs. 3, 4 dies vereinbart haben.

7 Das **selbstständige Beweisverfahren** (§§ 485 ff.) wird wegen seiner Eilbedürftigkeit nicht durch den Tod der Partei unterbrochen.[13] Andere Nebenverfahren oder Nachverfahren wie etwa das **Kostenfestsetzungsverfahren**[14] werden von der Unterbrechung des Hauptsacheverfahrens erfasst, und zwar auch dann, wenn das Nebenverfahren in einer anderen Instanz anhängig ist als die Hauptsache.[15] Falls das Kostenfestsetzungsverfahren nur noch allein (isoliert) anhängig ist, bewirkt der Tod der Partei die Unterbrechung dieses Verfahrens.[16] Weder Unterbrechung noch Aussetzung finden im **Prozesskostenhilfeverfahren** statt, denn hier fehlt der kontradiktorische Charakter, den §§ 239 ff. voraussetzen; es stehen sich nicht zwei Parteien, sondern der Antragsteller und das Gericht gegenüber; der Gegner wird zwar angehört, ist aber nicht unmittelbar Beteiligter.[17]

II. Unterbrechung

8 **1. Allgemeines.** Die Unterbrechung tritt kraft Gesetzes ein, auch wenn das Gericht oder die übrigen Verfahrensbeteiligten nichts davon wissen,[18] und zeitigt die Wirkungen des § 249. Die Unterbrechung ist **von Amts wegen** zu beachten. Ob ein Unterbrechungstatbestand wirklich gegeben ist, sollte das Gericht von Amts wegen klären, wenn und sobald dazu ein Anlass besteht. Teilt ein Verfahrensbeteiligter mit oder erfährt das Gericht auf andere Weise, die Partei sei gestorben, so wird das Gericht gewöhnlich eine Sterbeurkunde anfordern oder beschaffen, um die Tatsache der Unterbrechung und vor allem deren genauen Beginn urkundlich zu sichern. Eine formlose Verlautbarung an die Parteien, die die Unterbrechung (deklaratorisch) feststellt, ist nicht erforderlich, aber oft zur Klarstellung ratsam. Rechtlich ist ein Beschluss, der die Unterbrechung wegen des Todes der Partei feststellt, ohne unmittelbare Wirkung.[19]

9 **2. Parteibegriff.** Partei auch im Sinne des § 239 kann jedenfalls nur derjenige sein, von dem oder gegen den die staatliche Rechtsschutzhandlung im eigenen Namen begehrt wird.[20] Keine Partei ist deshalb der Streithelfer (§ 67), sein Tod unterbricht nicht den Rechtsstreit der Hauptpartei.[21] Als Partei gilt jedoch der (selbstständige) streitgenössische Streithelfer (§ 69).[22]

10 Bei notwendiger **Streitgenossenschaft** (§ 62) unterbricht der Tod eines Streitgenossen den Rechtsstreit im Ganzen, also hinsichtlich aller Streitgenossen, da für und gegen sie nur einheitlich verhandelt und entschieden werden darf und diese einheitliche Entscheidung nur durch den einheitlichen und gleichzeitigen Stillstand des Verfahrens zu sichern ist.[23] Bei einfacher (nicht notwendiger) Streitgenossenschaft (§ 61) wird nur das Prozessrechtsverhältnis zwischen dem verstorbenen Streitgenossen und der Gegenpartei betroffen, der Rechtsstreit im Übrigen bleibt unberührt.[24] Entsprechendes gilt für streitgenössische Streithelfer, je nachdem, ob es sich um notwendige oder einfache Streitgenossenschaft handelt.

11 **3. Tod der Partei.** Da der Tod der Partei Unterbrechungsgrund ist, gilt einschränkend die Vorschrift ihrem Wortlaut nach nur für solche Parteien, die „sterblich", „todesfähig" sind. Das wird bei Anwendung der Norm oft nicht genügend beachtet.

12 **a) Natürliche Personen.** Soweit nicht durch einen Prozessbevollmächtigten vertretene natürliche Personen Partei sind, unterbricht ihr Tod das Verfahren. Dem Tod steht die Todeserklärung nach § 9 VerschG gleich. Die Unterbrechung tritt auch ein, wenn die Partei stirbt, die den Rechtsstreit nicht unter ihrem Namen, sondern unter einer Firmenbezeichnung geführt hat, wie etwa der

---

[12] Im Ergebnis ebenso OLG Frankfurt Rpfleger 1975, 44; OLG Bamberg JurBüro 1982, 1411; aA *Sojka* MDR 1982, 13.

[13] BGH NJW 2004, 1388 m. weit. Nachw. pro und contra.

[14] BGH NZI 2006, 128 m. weit. Nachw. OLG Celle NdsRechtspfl. 1998, 90.

[15] BGH NZI 2006, 128 m. weit. Nachw.

[16] So auch OLG Hamm MDR 1988, 870 (für Aussetzungswirkung).

[17] BGH NJW-RR 2006, 1208 f.; OLG Köln NJW-RR 1999, 276; OLG Koblenz AnwBl. 1989 S.178; *Fischer* MDR 2004, 252, 255; aA OLG Köln MDR 2003, 526; BayObLGZ 1973, 286

[18] BGHZ 66, 59, 61; BGH NJW 1995, 2563.

[19] BAG AP § 239 Nr. 1 m. zust. Anm. *Baumgärtel;* vgl. auch OLG Celle MDR 1967, 311.

[20] *Rosenberg/Schwab/Gottwald* § 40 I 1.

[21] OLG Hamburg NJW 1961, 610 (betrifft Unterbrechung nach § 240).

[22] *Rosenberg/Schwab/Gottwald* § 51 VI 2b.

[23] *Musielak/Stadler* Rn. 3; aA *Rosenberg/Schwab/Gottwald* § 49 IV 3 d: Aussetzung analog § 148; nach BAG NJW 1972, 1388, 1389 soll nur Säumnis vorliegen (bedenklich).

[24] OLG Celle NJW 1969, 515 (bei Tod eines Gesellschafters keine Aussetzung des Verfahrens gegen die mitverklagte Gesellschaft).

Einzelkaufmann als Inhaber (§ 17 Abs. 2 HGB). Beim Tod eines gewillkürten Prozessstandschafters ist § 239 nicht einschlägig. Vielmehr kann der Rechtsinhaber nach den Regeln über den Parteiwechsel (§ 263) in den Prozess eintreten.[25] Ebenso verhält es sich für den Inhaber einer beschlagnahmt gewesenen Forderung, wenn während eines vom Zwangsverwalter begonnenen Prozesses die Zwangsverwaltung aufgehoben wird.[26]

b) Partei kraft Amtes. Dagegen gilt § 239 nicht für die Parteien kraft Amtes. Der Tod des Testamentsvollstreckers, Insolvenzverwalters, Nachlassverwalters, Zwangsverwalters unterbricht den Rechtsstreit nicht, denn das Amt kann nicht sterben. Die Vorschrift passt für diese Fälle auch deshalb nicht, weil hier die Rechtsnachfolge nicht kraft Gesetzes eintritt. Nicht der Erbe (private Rechtsnachfolger) des Rechtsanwalts X als Insolvenzverwalter rückt nach dessen Tod in den Rechtsstreit ein, sondern ein erst noch vom Gericht zu bestellender Nachfolger im Amt (Amtsnachfolger, nicht Rechtsnachfolger). Ebenso ist die Norm unanwendbar, wenn die Person des Amtswalters wechselt. Hier zeigt sich, dass die Parteistellung der Partei kraft Amtes doch nur eine formale ist,[27] im Grunde kommt es auf die verwaltete Vermögensmasse an, so dass in diesen Fällen richtigerweise § 241 anzuwenden ist.[28] 13

Zu unterscheiden hiervon ist allerdings der Fall, dass die Partei kraft Amtes nicht infolge Todes oder Verlust ihres Amtes wegfällt, sondern, dass die **Verwaltung selbst beendet** wird, also die betreute Vermögensmasse auf den materiell Berechtigten übergeht oder an ihn zurückfällt, so dass dieser der Rechtsnachfolger der Partei kraft Amtes wird. Hier befürwortet die Rechtsprechung die analoge Anwendung des § 239, gleich ob es sich etwa um die Beendigung eines Insolvenzverfahrens[29] oder der Testamentsvollstreckung handelt.[30] Teils wird dem im Schrifttum gefolgt,[31] teils die Anwendung des § 241 bevorzugt.[32] Unanwendbar ist § 239 freilich nach der Beendigung eines Insolvenzverfahren, soweit es nicht um der Verfügungsbefugnis des Schuldners anheim fallende Masserechte, sondern um die Durchführung von Anfechtungsprozessen geht.[33] 14

c) Juristische Personen, andere Parteien. Ferner ist § 239 analog anwendbar, wenn bei anderen Parteien, die nicht natürliche Personen sind, eine Lage gegeben ist, in der die Partei ohne Liquidation untergeht und eine Gesamtrechtsnachfolgeeintritt. Es handelt sich hierbei insbesondere um die juristischen Personen und die parteifähigen Personenvereinigungen wie OHG, KG, Gesellschaft bürgerlichen Rechts,[34] den nicht rechtsfähigen Verein, Gewerkschaften[35] und politische Parteien (§ 3 ParteienG). Dabei kommt es aber immer auf beide Voraussetzungen an: Zum einen ein Untergang ohne Liquidation als dem Tode gleichzustellendes Ereignis und zum anderen eine **Gesamtrechtsnachfolge,**[36] denn der Sinn der Vorschrift liegt darin, dem Rechtsnachfolger die Aufnahme des Verfahrens zu ermöglichen.[37] Da beide genannten Voraussetzungen fehlen, ist § 239 bei beendeter Liquidation eines Vereins[38] nicht einschlägig. Entsprechendes ist bei einer Namenslöschung, aber weiterer rechtlicher Existenz des Vereins anzunehmen.[39] 15

Ein liquidationsloses Erlöschen mit Gesamtrechtsnachfolge und damit eine Verfahrensunterbrechung ist bei der übertragenden Umwandlung durch Verschmelzung (§§ 2 bis 122 UmwG)[40] gegeben, bei der Aufspaltung (§ 123 Abs. 1 UmwG) und bei der Vermögensübertragung nach § 174 Abs. 1, 2 Nr. 1 UmwG.[41] Gleiches gilt für den Anfall des Vereinsvermögens an den Fiskus (§ 46 BGB),[42] die 16

---

[25] BGHZ 123, 132 = NJW 1993, 3072; zweifelnd *Zöller/Greger* Rn. 7; aA *Schilken* ZZP 107, 529 ff.

[26] BGHZ 123, 132, 134 = NJW 1993, 3072; BGH NJW-RR 1990, 1213.

[27] Ähnlich schon RG JW 1913, 876, 877 li. Sp.

[28] OLG Koblenz NJW-RR 1993, 462 f.; *Musielak/Stadler* Rn. 3.

[29] BGHZ 83, 102, 104 f. = NJW 1984, 1765; LG Aachen MDR 1964, 330.

[30] BGH NJW 1964, 2301; RGZ 155, 350 m. zust. Anm. *Jonas* JW 1937, 3249; offen gelassen in BGHZ 123, 132, 134 = NJW 1993, 3072.

[31] *Musielak/Stadler* Rn. 3; *Stein/Jonas/Roth* Rn. 9, 24; § 240 Rn. 39.

[32] *Zöller/Greger* § 239 Rn 7; 2. Aufl. Rn. 14.

[33] BGHZ 83, 102, 104 f. = NJW 1984.

[34] BGHZ 146, 341 = NJW 2001, 1056.

[35] BGHZ 50, 325 = NJW 1968, 1830.

[36] BGH NJW 1971, 1844; BFH BB 1989, 590; *Stein/Jonas/Roth* Rn. 5.

[37] Vgl. BGH ZZP 71 (1958), 98, 99; zu den Problemen der Anwendbarkeit von § 239 auf Umstrukturierung von Handelsgesellschaften eingehend *Karsten Schmidt,* FS Henckel, 1995, S. 749, 763 ff.

[38] BGHZ 74, 212, 215 = NJW 1979, 1592; vgl. auch BAG NJW 1982, 1831, der sogar die Fortsetzung des Rechtsstreits gegen gelöschte, vermögenslose GmbH gestattet.

[39] BGH NJW 1984, 668.

[40] BGH MJW 2004, 1528: Verschmelzung GmbH auf AG.

[41] *Zöller/Greger* Rn. 6; *Musielak/Stadler* Rn. 5; *Stöber* NZG 2006, 574 ff.; aA *K. Schmidt,* FS Henckel, 1996, S. 749, 764 ff. (§ 241 analog).

[42] *Baumbach/Lauterbach/Hartmann* Rn. 4.

rechtsgeschäftliche Übernahme des Gesellschaftsunternehmens entsprechend § 142 HGB in Verbindung mit § 161 Abs. 2 HGB,[43] die Übernahme einer KG durch eine GmbH,[44] Ausscheiden des vorletzten Gesellschafters aus einer Personengesellschaft,[45] die Abtretung sämtlicher Anteile an eine Personengesellschaft an einen einzigen Gesellschafter,[46] die Eingemeindung einer politischen Gemeinde[47] und die Fusion von Sparkassen.[48] Zum Teil geht die Rechtsprechung sogar noch darüber hinaus. So wird etwa ein Fall des § 239 auch bejaht, wenn eine GmbH das Unternehmen der beklagten KG vertraglich unter Ausschluss der Abwicklung mit Aktiven und Passiven übernommen hat und fortführt.[49]

17 Keine Anwendung findet § 239 hingegen bei der lediglich formwechselnden Umwandlung nach §§ 190 bis 304 UmwG, der durch eine Rubrumsberichtigung Rechnung zu tragen ist.[50] Nicht einschlägig ist die Norm ebenso bei einem Betriebsübergang (§ 613 a BGB),[51] einer Vermögensübertragung nach § 174 Abs. 2 Nr. 2, 3 UmwG und der Abspaltung (§ 123 Abs. 2 UmwG). Ebenso verhält es sich bei einer Ausgliederung nach § 123 Abs. 3 UmwG: Dabei handelt es sich nicht um den Übergang des gesamten Vermögens eines untergegangenen Rechtsträgers, sondern um eine besondere Übertragungsart, die es gestattet, statt der Einzelübertragung verschiedener Vermögensgegenstände eine allein durch den Parteiwillen zusammengefasste Summe von Vermögensgegenständen in einem Akt zu übertragen.[52] In diesen Konstellationen, in denen es stets am Untergang der juristischen Person fehlt, kommt ein gewillkürter Parteiwechsel in Betracht.[53]

18 Keinesfalls gilt § 239 für die Löschung der GmbH und der KG oder OHG.[54] Auch der Wechsel im Gesellschafterbestand der OHG unterbricht nicht den Rechtsstreit für oder gegen die OHG,[55] gleichfalls nicht der Verlust der Rechtsfähigkeit der juristischen Person.

19 **4. Dauer der Unterbrechung.** Die Unterbrechung **beginnt** mit dem Tod der Partei. Insbesondere, wenn am Todestag Prozesshandlungen der Parteien oder des Gerichts vorgenommen worden sind, kann es auf die genaue Todeszeit ankommen. Für den insoweit entsprechenden Fall des § 240 hat der BGH zu Recht entschieden, dass die um 12.33 Uhr eingegangene Revision wirkungslos ist, weil um 12.30 Uhr Konkurs eröffnet worden war.[56] Das um 11.00 Uhr gegen die nicht anwaltlich vertretene Partei beantragte und erlassene Versäumnisurteil ist unzulässig, wenn die Partei um 10.00 Uhr gestorben war. Andererseits kann das um 9.00 Uhr gegen diese Partei zulässigerweise beantragte Versäumnisurteil noch um 12.00 Uhr nach dem Tode der Partei wirksam verkündet werden (§ 249 Abs. 3).[57] Nur für den Fall, dass sich die exakte Todesstunde nicht feststellen lässt oder dass bei ihrer Ermittlung Zweifel verbleiben, wird man im Interesse der Rechtssicherheit, die Klarheit und Eindeutigkeit verlangt, den Rechtsstreit mit dem Beginn des Tages an, an dem der Tod eingetreten ist, als unterbrochen ansehen müssen. Entsprechendes gilt, wenn zwar die Todeszeit feststeht, jedoch die genaue Uhrzeit der Prozesshandlung nicht mehr aufklärbar ist. Soweit dem Tod der Partei ausnahmsweise ein entsprechendes Ereignis gleichgestellt ist, beginnt die Unterbrechung mit diesem Ereignis.

20 Die Unterbrechung durch Tod der Partei **endet** regelmäßig mit der freiwilligen oder nach Abs. 2 bis 4 erzwungenen Aufnahme des Rechtsstreits durch den oder die Rechtsnachfolger. Maßgebend ist hier der Zeitpunkt, zu dem der Aufnahmeschriftsatz dem Gegner der verstorbenen Partei zugestellt wird (§ 250) oder die Aufnahme sonst wirksam erklärt wird, also beim Amtsgericht durch Protokollerklärung (§ 496), unter Umständen auch durch Erklärung in mündlicher Verhandlung (näher hierzu § 250). Falls ein Nachlasspfleger oder ein Testamentsvollstrecker bestellt oder Nachlassverwaltung angeordnet ist, richtet sich die Beendigung nach §§ 243, 241.

---

[43] BGHZ 71, 296, 300 = NJW 1978, 1525; BGH WM 2004, 1138; NJW 2000, 1119; NJW-RR 2000, 631.
[44] BGH NJW 2002, 1430 f.
[45] BGH NJW-RR 2005, 118; WM 2004, 1138; NJW 2002, 1207.
[46] BGH NJW-RR 2006, 1289 f.
[47] *Stein/Jonas/Roth* Rn. 5; *Baumbach/Lauterbach/Hartmann* Rn. 4.
[48] *Stein/Jonas/Roth* Rn. 5.
[49] OLG München WRP 1980, 231; in all diesen Fällen aA 2. Aufl. Rn. 17, der von gesetzlichem Parteiwechsel ausgeht.
[50] *Zöller/Greger* Rn. 6; *Stein/Jonas/Roth* Rn. 6; *Stöber* NZG 2006, 574 ff.
[51] BAG BB 1977, 395 f. = NJW 1977, 1119 (LS) gestattet Fortsetzung des Rechtsstreits gegen alten Arbeitgeber.
[52] BGH NJW 2001, 1217 f.; BFH NJW 2003, 1479 f.
[53] BGH NJW 2001, 1217 f.; *Zöller/Greger* Rn. 6.
[54] BGH NJW 1982, 238; BAG NJW 1988, 2637; *Bork* JZ 1991, 841, 846; *Bokelmann* NJW 1977, 1130, 1131; vgl. auch OVG Münster NJW 1981, 2373 (zu § 241).
[55] Vgl. auch *Huber* ZZP 82 (1969), 224, 231, 257.
[56] BGHZ 36, 258 = NJW 1962, 589.
[57] Vgl. KG NJW-RR 2006, 1145 f.

5. Streit über die Unterbrechung. Nicht immer werden die tatsächlichen oder rechtlichen Voraussetzungen der Unterbrechung unzweifelhaft sein. Das Gericht muss in diesen Fällen den Sachverhalt von Amts wegen aufklären. Ein echter Streit über den Unterbrechungstatbestand oder den Zeitpunkt, zu dem die Unterbrechung eingetreten ist, kann auch noch nach Aufnahme durch den Rechtsnachfolger entstehen, etwa, wenn verschiedene Auffassungen dazu vertreten werden, ob Fristen abgelaufen sind oder nicht. Notfalls muss das Gericht nach Beweiserhebung (im Strengbeweisverfahren) im Wege freier Beweiswürdigung (§ 286) die Tatsachen feststellen. Ist die Unterbrechung zu verneinen, so wird das Verfahren normal weitergeführt; diese – auch stillschweigend zu treffende – Entscheidung des Gerichts, also etwa die Terminsbestimmung, ist nicht gesondert anfechtbar; die Rüge, es habe nicht verhandelt und entschieden werden dürfen, kann nur mit dem Rechtsmittel gegen die Entscheidung der Hauptsache angebracht werden (§§ 512, 557 Abs. 2). Die Bejahung der Unterbrechung wird durch **selbstständig anfechtbares Zwischenurteil** (§ 303) ausgesprochen.[58] Wird die Unterbrechung ausgesprochen, jedoch gleichzeitig zum Ausdruck gebracht, dass eine Aufnahme des Prozesses auf Dauer ausscheidet, kann das Zwischenurteil von der besonderen Partei wie ein Endurteil angefochten werden.[59] Entsprechend verhält es sich, wenn durch ein Zwischenurteil nicht nur die wirksame Aufnahme des Verfahrens, sondern auch die Zulässigkeit der Klage bejaht wird.[60] 21

III. Aufnahme des Verfahrens

1. Rechtsnachfolger. Rechtsnachfolger im Sinne des § 239 ist der kraft Gesetzes legitimierte, kraft Parteiwechsels in den Prozess eingetretene neue Inhaber des streitbefangenen Rechts oder des streitbefangenen Gegenstandes, dem nunmehr die Sachbefugnis zusteht. Der Begriff ist immer in engster Beziehung zu dem anhängigen Verfahren zu verstehen. Rechtsnachfolger im Sinne des § 239 Abs. 1 ist der Prozessrechtsnachfolger. Dabei ist immer zu beachten, dass die Rechtsnachfolge durch den Tod herbeigeführt sein muss. Rechtsnachfolger ist deshalb nur, wer infolge des Todes der bisherigen Partei deren Rechtsstellung erlangt hat.[61] In aller Regel handelt es sich um eine **Gesamtrechtsnachfolge.** Der „klassische" und häufigste Fall, den das Gesetz in erster Linie im Auge hat, ist beim Tode einer natürlichen Person deren Erbe als Gesamtrechtsnachfolger (§ 1922 BGB). Er tritt (oder – im Falle einer Erbenmehrheit, § 2032 BGB – sie treten) mit dem Tode in die Rechtsstellung der verstorbenen Partei ein. Er darf deshalb den Rechtsstreit aufnehmen (Abs. 1) und kann notfalls dazu veranlasst werden (Abs. 2, 3 und 4), sofern er die Erbschaft angenommen hat (Abs. 5). Aus dem Sinn des Abs. 5 und seinem Zusammenhang mit dem materiellen Erbrecht wird man allerdings auch schließen müssen, dass der Erbe vor Annahme der Erbschaft nicht befugt ist, den Rechtsstreit aufzunehmen. Er darf erst aufnehmen, wenn er die Erbschaft angenommen hat. Mehrere Erben können vor der Auseinandersetzung gemeinsam, als **Erbengemeinschaft** (§ 2032 BGB) das Verfahren aufnehmen, jedoch ist nicht die Erbengemeinschaft als solche parteifähig im Sinne des § 50, sondern es sind dies nur ihre einzelnen Mitglieder. Dabei ist jedes einzelne Mitglied für sich verpflichtet, den Rechtsstreit aufzunehmen.[62] Mehrere Erben als Rechtsnachfolger sind keine notwendigen Streitgenossen.[63] Treten mehrere Erben als Rechtsnachfolger in den Rechtsstreit ein, so kann sich dieser übrigens erheblich verteuern, da für den Prozessbevollmächtigten der Erben der Mehrvertretungszuschlag des RVG Nr. 1008 erwächst.[64] Möglich ist indessen bei einer Mehrheit von Erben auch die Aufnahme des Rechtsstreits durch einen einzelnen Erben,[65] sofern er im Aktivprozess Leistung an alle Miterben begehrt[66] oder im Passivprozess gem. §§ 2058, 1967 Abs. 2 BGB als Gesamtschuldner haftet.[67] Diese Möglichkeit wird vor allem aus § 2039 BGB rechtlich begründet. Wird das Verfahren über eine Nichtigkeitsklage durch Tod des Klägers unterbrochen, so ist ein einzelner Miterbe zur Aufnahme berechtigt, wenn das angefochtenen Urteil einen zum Nachlass gehörenden Anspruch abgewiesen hatte.[68] Sofern eine juristische Person Erbe ist, kann sie als Rechtsnachfolger den Prozess aufnehmen. 22

---

[58] BGH NJW 2005, 290; 2004, 2983; BGHZ 82, 208, 218; OLG Celle MDR 1967, 311; *Stein/Jonas/Roth* Rn. 12; *Zöller/Greger* Vor § 239 Rn. 3; aA 2. Aufl. Beschluss analog § 252.
[59] BGH NJW-RR 2006, 288.
[60] BGH BGHReport 2006, 806.
[61] Zur Aufnahme des Rechtsstreits durch einen Scheinerben grundlegend *Scherer* JR 1994, 401.
[62] OLG Frankfurt MDR 1966, 153.
[63] OLG Düsseldorf OLGZ 1979, 457.
[64] OLG Hamburg MDR 1989, 830 (str.).
[65] OGH-BrZ JR 1950, 245; BGH LM Nr. 6.
[66] BGHZ 23, 207, 212 = NJW 1957, 906; BGH FamRZ 1964, 360.
[67] BGH NJW 1964, 2301.
[68] BGHZ 14, 251 = NJW 1954, 1523; BGH MDR 1964, 669

23 Besonderheiten können sich ergeben, wenn der Erbe die Prozessführungsbefugnis nicht besitzt, weil **Testamentsvollstreckung** angeordnet ist und ein Testamentsvollstrecker vorhanden ist. Hier ist die Aufnahme eines Aktivprozesses (§ 2212 BGB) durch den Erben grundsätzlich ausgeschlossen; nur der Testamentsvollstrecker kann den unterbrochenen Rechtsstreit aufnehmen. Anders verhält es sich, wenn der Anteil an einer Personengesellschaft zum Nachlass gehört und der Rechtsstreit über den Kreis der Gesellschafter keine Vermögensrechte berührt.[69] Dagegen steht im Passivprozess (§ 2213 BGB) der Aufnahme durch den Erben nichts entgegen,[70] denn Passivprozesse können sowohl gegen den Erben als auch gegen den Testamentsvollstrecker geführt werden (vgl. im Übrigen auch §§ 241, 243).

24 Denkbar ist auch eine **Doppelunterbrechung.** Hat nach dem Tode einer Partei der Erbe den Rechtsstreit noch nicht aufgenommen und wird nun das Insolvenzverfahren über den Nachlass eröffnet, so wird die Unterbrechung des § 239 durch die (zusätzliche) Unterbrechung nach § 240 überlagert. In diesem Falle kann nur für und gegen den Verwalter das Verfahren aufgenommen werden, denn den Erben fehlt die Prozessführungsbefugnis (vgl. § 243). Mit Beendigung des Insolvenzverfahrens lebt dann das Recht des Erben als Rechtsnachfolger zur Aufnahme des Rechtsstreits wieder auf.

25 Auch der Gesamtrechtsnachfolger einer **juristischen Person** oder einer anderen Partei, die ein dem Tode entsprechendes Schicksal erleidet (zB Verlust der Rechtsfähigkeit, liquidationslose Verschmelzung), kann als Rechtsnachfolger das Verfahren aufnehmen.

26 Rechtsnachfolger der **Partei kraft Amtes** kann derjenige sein, an den mit der Beendigung des Amtes das Recht fällt, die Vermögensmasse zu verwalten. So kann der Erbe als Rechtsnachfolger des Testamentsvollstreckers angesehen werden, wenn die Testamentsvollstreckung endet, denn nun ist die Verfügungsgewalt für den Nachlass an ihn (zurück-)gefallen.[71]

27 Nur bei der Rechtsnachfolge nach dem Tod einer natürlichen Person als Partei kann ausnahmsweise auch ein **Sonderrechtsnachfolger** Rechtsnachfolger iSd. § 239 sein.[72] Das gilt einmal für die Fälle, in denen das materielle Erbrecht eine Sonderrechtsnachfolge vorsieht, wie etwa beim Anerbenrecht nach der **Höfeordnung,** beim Übergang einer Heimstätte gem. § 24 ReichsheimstättenG in Verbindung mit der AVO, ferner im Mietprozess beim Eintritt eines Familienangehörigen in das Mietverhältnis gem. § 563 BGB sowie bei der **Vererbung von Gesellschaftsanteilen** auf Grund von Nachfolgeklauseln im Personengesellschaftsrecht. Auch wird ausnahmsweise nicht der Erbe kraft Universalsukzession Rechtsnachfolger, wenn der Gegenstand des Rechtsstreits nicht in den Nachlass fällt. Deshalb sind insbesondere der Bezugsberechtigte einer Lebensversicherung[73] und der Zessionar einer für den Todesfall abgetretenen Forderung,[74] sofern diese streitbefangen war, Rechtsnachfolger. Entsprechendes gilt bei der Schenkung von Todes wegen durch Vertrag zugunsten Dritter. Da die Forderung nicht in den Nachlass fällt, kann nicht der Erbe Rechtsnachfolger sein, sondern nur der Begünstigte. Ferner ist unter Umständen nicht der Erbe des Vorerben als Rechtsnachfolger zur Aufnahme des Rechtsstreits befugt, sondern der Nacherbe, wenn der streitbefangene Gegenstand der Nacherbfolge unterliegt (vgl. § 242). Der Eigentümer der belasteten Sache ist Rechtsnachfolger des verstorbenen Nießbrauchers (§ 1061).

28 Bei **allgemeiner Gütergemeinschaft** ist der überlebende Ehegatte, wenn das Gesamtgut streitbefangen ist, Rechtsnachfolger des verstorbenen. Bei der **fortgesetzten Gütergemeinschaft** (§ 1483 BGB) sind die anteilsberechtigten Abkömmlinge Rechtsnachfolger des verstorbenen Ehegatten.[75] Dagegen ist der **Vermächtnisnehmer** nicht Rechtsnachfolger hinsichtlich des ihm zugedachten streitbefangenen Gegenstands, denn er hat nur einen schuldrechtlichen Anspruch gegen den Erben (§ 2174 BGB); der Gegenstand gehört zum Nachlass, sodass insoweit nur der Erbe Rechtsnachfolger ist.[76] Rechtsnachfolger iSv. § 239 ist auch nicht der **Erbschaftskäufer,** weil die Nachfolge nicht kraft Gesetzes und nicht unmittelbar infolge des Todes der Partei eintritt. Nicht in den Nachlass gehören gelegentlich gewisse höchstpersönliche Rechte, für die das Gesetz einen abweichenden Rechtsübergang vorsieht. So sind bestimmte Entschädigungsansprüche nicht vererblich, sondern gehen nach Art. VI Nr. 1 Abs. 6 BEG-SchlussG auf die Ehefrau des Verstorbenen über, die mithin das unterbrochene Verfahren aufnehmen kann. In ähnlicher Weise sind über das

---

[69] BGH NJW 1998, 1313f.
[70] BGHZ 104, 1 = NJW 1988, 1390.
[71] BGH NJW 1964, 2301; vgl. auch BGH ZZP 107 (1994), 524 m. Anm. *Schilken.*
[72] BGHZ 69, 395; BGH NJW 1998, 1313 (eingeschränkte Verwaltungsbefugnis des Testamentsvollstreckers).
[73] OLG Stuttgart NJW 1956, 1073.
[74] BGH NJW 1964, 1125; 1965, 1913.
[75] RGZ 148, 243.
[76] Vgl. auch BFH BB 1975, 1142 (zu § 8 Abs. 1 StAnpG).

Recht am eigenen Bild des Verstorbenen nicht dessen Erben, sondern die Angehörigen (überlebender Ehegatte, Kinder, eventuell auch Eltern) verfügungsbefugt (§ 22 KUG). Den beim Tode des Abgebildeten anhängigen Rechtsstreit auf Unterlassung der Verbreitung oder öffentlichen Zurschaustellung des Bildes können deshalb die Angehörigen aufnehmen, auch wenn und soweit sie nicht Erben (Gesamtrechtsnachfolger) sind. Entsprechendes gilt für den Bereich von § 60 UrhG. Betrifft der Prozess gleichzeitig auch andere Ansprüche, wie etwa Schadensersatzforderungen, so können sowohl die Angehörigen als auch die Erben für die Aufnahme des durch den Tod des ursprünglich Berechtigten unterbrochenen Verfahrens in Betracht kommen. Eine Sonderregelung trifft § 242 für den Nacherben. Nicht Rechtsnachfolger ist der Pfändungspfandgläubiger, der einen zum Nachlass der verstorbenen Partei gehörenden Anspruch vor dessen Tode gepfändet hatte,[77] denn er ist nicht erst infolge des Todes in die Rechtsstellung der Partei eingerückt.

2. Verpflichtung zur Aufnahme (Abs. 5). Der Rechtsnachfolger ist verpflichtet, den durch Tod der Partei unterbrochenen Rechtsstreit aufzunehmen. Dies ergibt sich schon aus dem Beschleunigungsgrundsatz. Die Unterbrechung als Ausnahmezustand eines an sich auf Fortgang angelegten Verfahrens soll nicht länger als unbedingt nötig dauern. Außerdem lässt sich diese Verpflichtung aus Abs. 2 bis 4 entnehmen, wonach bei Verzögerung der Aufnahme dem Gegner rechtliche Möglichkeiten in die Hand gegeben werden, die **Aufnahme zu erzwingen.** Auch Abs. 5, wonach der Erbe vor Annahme der Erbschaft nicht verpflichtet ist, den Prozess fortzusetzen, bedeutet keine Einschränkung dieses Grundsatzes, sondern betont ihn. Denn Abs. 5 entspricht voll der materiell-rechtlichen Regelung, die einen Schutz des (vorläufigen) Erben bis zur Annahme der Erbschaft (§ 1943 BGB) vorsieht. Die Unterbrechung dient gerade der Sicherung der **materiell-rechtlichen Überlegungsfrist** des § 1944 BGB. Andererseits gewährleistet diese (eher kurze) Frist, dass der Rechtsstreit, der ein zum Nachlass gehörendes Recht betrifft, nicht unangemessen verzögert wird. Durchaus korrespondierend mit Abs. 5 sieht § 1958 BGB vor, dass vor Annahme der Erbschaft ein Anspruch, der sich gegen den Nachlass richtet, nicht (neu) gegen den Erben gerichtlich geltend gemacht werden kann. Da der Erbe, der die Erbschaft noch nicht angenommen hat, nicht passiv prozessführungsbefugt ist, kann er auch nicht verpflichtet sein, den unterbrochenen Prozess aufzunehmen, wobei dies nach Abs. 5 auch für diejenigen Verfahren gilt, in denen der Erblasser Kläger war **(Aktivprozesse).** Die Aufnahme des Verfahrens durch den Erben, die bereits vor Ablauf der Ausschlagungsfrist erfolgen kann, bedeutet eine konkludente Annahme der Erbschaft. Eine Haftungsbeschränkung nach §§ 305, 780 ist dem Erben nach Aufnahme nicht verwehrt. 29

3. Form der Aufnahme. Die Aufnahme des unterbrochenen Rechtsstreits wird durch **Einreichung und Zustellung** eines entsprechenden Schriftsatzes erklärt, unter Umständen auch in der **mündlichen Verhandlung.**[78] Förmliche Zustellung (§ 270) des Aufnahmeschriftsatzes ist erforderlich, weil es sich um einen Sachantrag handelt und § 250 die Zustellung gebietet. Der Rechtsnachfolger muss dabei nicht nur seine Absicht deutlich machen, den Rechtsstreit fortzuführen, sondern er muss seine Berechtigung dazu, nämlich die Tatsachen, aus denen sich die Rechtsnachfolge ergibt, hinreichend substantiiert vortragen. Zeigt ein Testamentsvollstrecker dem Gericht seine Ernennung an, so wird schon mit Zustellung dieser Anzeige die Aussetzung beendet, weil nun der Prozessgegner weiß, wer für den Nachlass handelt;[79] die Anzeige bewirkt den Eintritt des Testamentsvollstreckers in den Rechtsstreit. Im Mahnverfahren kann der Erbe des verstorbenen Antragsgegners das Verfahren dadurch aufnehmen, dass er **Widerspruch** gegen den Mahnbescheid einlegt (§ 694). Mit der Zustellung des Schriftsatzes endet die Unterbrechung, freilich **auflösend bedingt** für den Fall der Zurückweisung des Aufnehmenden bei streitiger Rechtsnachfolge.[80] 30

4. Weiteres Verfahren. Wird der Rechtsstreit gegen den oder von dem unrichtigen Erben aufgenommen, so kann, wenn der Rechtsstreit, etwa durch Klagerücknahme oder Urteil, erledigt wird, der wahre Erbe nachträglich nicht mehr in den Prozess eintreten.[81] Für die Tatsachen der Aufnahmeberechtigung gilt der Verhandlungsgrundsatz. Die Rechtsnachfolge ist nicht von Amts wegen zu prüfen.[82] Das Gericht hat von Amts wegen **Termin zu bestimmen** (§ 216) und zwar zur Verhandlung über die Aufnahme und zugleich über die Hauptsache (Abs. 2). Immer zu berücksichtigen ist im Aufnahmeverfahren Abs. 5, wobei freilich unter Umständen die Erklärung, die Erbschaft annehmen zu wollen, in der Aufnahmeschrift schlüssig enthalten sein kann. Außerdem sind die Sondervorschriften der §§ 241, 243 zu beachten. Sofern kein Streit über die Aufnahmeberechtigung entsteht, wird der 31

---

[77] KG HRR 1938, 1558.
[78] RGZ 140, 348, 352.
[79] BGH VersR 1983, 666, 667.
[80] *Zöller/Greger* Rn. 8; *Musielak/Stadler* Rn. 8.
[81] Vgl. RGZ 45, 359.
[82] *Stein/Jonas/Roth* Rn. 19.

Prozess nach der Aufnahme ohne Besonderheiten normal fortgesetzt. An die Stelle der ursprünglichen Prozesspartei tritt der Rechtsnachfolger, wobei im **Rubrum der Endentscheidung** zur Klarstellung und zum besseren Verständnis, insbesondere im Rechtsmittelverfahren, ein Hinweis auf die Rechtsnachfolge dienlich sein wird (etwa: „Karl Müller als Erbe der während des Rechtsstreits verstorbenen ursprünglichen Klägerin Katharina Müller"). Der Prozessrechtsnachfolger ist an die Ergebnisse des bisherigen Verfahrens und die Prozesshandlungen des Erblassers gebunden. Ist das Verfahren durch Tod der Partei nach Verkündung des Urteils, aber innerhalb der Rechtsmittelfrist und vor Einlegung eines Rechtsmittels unterbrochen worden, so hat die Aufnahme zur Folge, dass der Rechtsnachfolger das Urteil zunächst gegen sich gelten lassen muss.[83]

32 Ist die Rechtsnachfolge unstreitig, wird der Aufnehmende mit der Aufnahme Partei. Die unstreitige Rechtsnachfolge kann durch ein Zwischenurteil (§ 303) oder in den Gründen des Endurteils festgestellt werden.[84] Bei **Streit über die Rechtsnachfolge** wird über die Berechtigung der Aufnahme nach mündlicher abgesonderter[85] Verhandlung (§ 128) durch Urteil entschieden. Die Beweislast für die Rechtsnachfolge trägt die Partei, die sich darauf beruft.[86] Die Vorlage eines Erbscheins ist nicht zwingend geboten,[87] die Vorlage von Nachlass- oder Testamentsakten kann genügen. Sind die Tatsachen der behaupteten Rechtsnachfolge nicht bewiesen, so muss durch Endurteil (nicht durch Zwischenurteil) der Antrag auf Fortsetzung des Rechtsstreits kostenpflichtig zurückgewiesen werden.[88] Im Falle der Rechtskraft dieser Entscheidung dauert die Unterbrechung fort. Werden die streitigen Tatsachen der Rechtsnachfolge bewiesen, so ergeht entweder ein Zwischenurteil (§ 303) oder ein streitiges Urteil zur Hauptsache, wobei die Rechtsnachfolge lediglich in den Gründen der Sachentscheidung behandelt und festgestellt wird.

33 Für das **Versäumnisverfahren** gelten grundsätzlich keine Besonderheiten. Nur bei Säumnis des Aufnehmenden und nur wenn in diesem Falle der Gegner die Rechtsnachfolge **bestreitet** und keine Sachentscheidung begehrt, wird nicht zur Sache, sondern nur zur Aufnahmeberechtigung entschieden. In diesem Fall wird durch Versäumnisurteil der Antrag auf Fortsetzung des Rechtsstreits zurückgewiesen.[89] Sonst ergeht bei Säumnis des Aufnehmenden oder des Gegners die normale Sachentscheidung. Bei Säumnis des Gegners kann Versäumnisurteil zugunsten des anwesenden Rechtsnachfolgers ergehen, weil die Rechtsnachfolge wegen der Säumnis als zugestanden gilt (§ 331). Bei fehlender Schlüssigkeit der Rechtsnachfolge wird der Antrag zurückgewiesen.[90] Ist der Rechtsnachfolger säumig, kann gegen ihn ebenso ein Versäumnisurteil erlassen werden, wenn der anwesende Gegner die Rechtsnachfolge nicht bestreitet.[91]

35 Gewisse Schwierigkeiten können sich ergeben, wenn die Unterbrechung **„zwischen den Instanzen"** eintritt, also nach Erlass (Verkündung, Zustellung), aber vor Rechtskraft des Urteils (der Endentscheidung). Bei Unterbrechung nach Rechtsmitteleinlegung ist ohne weiteres das Rechtsmittelgericht zuständig. „Zwischen den Rechtszügen" geschieht die Unterbrechung, wenn ein Rechtsmittel noch nicht eingelegt ist. Entsprechendes gilt, wenn trotz Unterbrechung ein Rechtsmittel eingelegt wird, weil die faktische Stellung als Rechtsmittelpartei genügt.[92] Die Aufnahme eines nach Urteilsverkündung und vor Einlegung eines Rechtsmittels unterbrochenen Verfahrens kann zusammen mit der Rechtsmitteleinlegung in einem Schriftsatz erklärt werden, der bei dem höheren Gericht eingereicht wird.[93] Verneint das Berufungs- oder Revisionsgericht die Rechtsnachfolge, so ist das Rechtsmittel als unzulässig zu verwerfen. Bejaht es die Rechtsnachfolge, so entscheidet es sogleich in der Sache.[94]

36 Nur soweit ausnahmsweise dieser Weg nicht gangbar ist, etwa wenn die nach Urteilserlass verstorbene Partei obsiegt hatte, also ein Rechtsmittel mangels Beschwer nicht einlegen kann, muss nach anderen Möglichkeiten gesucht werden. Eine Aufnahme des durch Urteil entschiedenen Rechtsstreits wird vielfach entbehrlich sein, weil nach Titelumschreibung (§ 727) für und gegen den Rechtsnachfolger vollstreckt werden kann. Die Nebenverfahren (Streitwertfestsetzung, Kos-

---

[83] Vgl. OLG Celle MDR 1961, 777.
[84] *Musielak/Stadler* Rn. 9.
[85] *Stein/Jonas/Roth* Rn. 25; *Zöller/Greger* Rn. 13.
[86] *Musielak/Stadler* Rn. 6.
[87] RGZ 54, 94.
[88] RGZ 46, 320, 322; *Stein/Jonas/Roth* Rn. 27.
[89] *Musielak/Stadler* Rn. 8; *Stein/Jonas/Roth* Rn. 30.
[90] *Musielak/Stadler* Rn. 8.
[91] *Stein/Jonas/Roth* Rn. 30; *Zöller/Greger* Rn. 13; *Musielak/Stadler* Rn. 9.
[92] BAG NJW 2006, 461.
[93] BGHZ 111, 104, 109f. = NJW 1990, 1854; BGHZ 36, 258, 260 = NJW 1962, 589; BGHZ 30, 112, 119f. = NJW 1959, 1587; BGH NJW 1970, 1790.
[94] *Musielak/Stadler* Rn. 11; *Zöller/Greger* Rn. 14.

tenfestsetzung) können gesondert aufgenommen werden. Ist aber der Eintritt der Rechtskraft nötig, um die Urteilswirkung herbeizuführen, wie etwa bei der Verurteilung zur Abgabe einer Willenserklärung (§ 894), so muss das **Verfahren in der Hauptsache** mit dem Ziel, die Rechtsnachfolge festzustellen, aufgenommen werden, um die Unterbrechungswirkung zu beseitigen, nämlich die Rechtsmittelfrist in Lauf zu setzen oder wieder in Lauf zu setzen. In diesen Fällen kann die Aufnahme beim Gericht der bisherigen Instanz erklärt werden. Dieses Gericht entscheidet sodann nach mündlicher Verhandlung in einem Verfahren, das wie ein Zwischenstreit oder ein abgesondertes Verfahren auf die Rechtsnachfolge beschränkt ist, durch Urteil (oder Versäumnisurteil), dass der Rechtsstreit als von dem Rechtsnachfolger aufgenommen erklärt wird.[95] Damit ist das bereits ergangene Urteil für oder gegen den bestimmt bezeichneten Rechtsnachfolger der verstorbenen Partei wirksam (§ 325). Dies kann, muss aber nicht als Feststellung ausgesprochen werden.

Dieses **Aufnahmeurteil**[96] wird auch als „Zusatzurteil", „Urteilsnachtrag" oder „Ergänzungsurteil" bezeichnet. Es kann von dem Gegner zusammen mit der Hauptsacheentscheidung angefochten werden. Selbstständig anfechtbar ist auch das im ergänzenden Aufnahmeverfahren ergehende Urteil, das die **Rechtsnachfolge verneint,** also die Aufnahme zurückweist.[97] Ist der Erbe Beklagter, so kann ihm im Zusatzurteil sogar die Beschränkung seiner Haftung vorbehalten werden.[98] § 518 ist auf das Ergänzungsurteil nicht anwendbar.[99] Erst nach rechtskräftiger Abweisung des Aufnahmeantrags kann der wirkliche Rechtsnachfolger den Rechtsstreit aufnehmen.[100] 37

IV. Verfahren bei Verzögerung der Aufnahme (Abs. 2 bis 4)

1. Allgemeines. Die Unterbrechung soll ihrer Natur nach vorübergehend sein. Ihr Andauern über eine angemessene Zeit, insbesondere eine angemessene Überlegungs- und Vorbereitungsfrist, hinaus, ist prozessordnungswidrig und wird häufig den Interessen des Gegners zuwiderlaufen. Deshalb sehen Abs. 2 bis 4 zur Durchsetzung der Aufnahmeverpflichtung einen Zwang zur Aufnahme vor, der jedoch nicht von Amts wegen ausgeübt wird. Vielmehr kann das Gericht nur auf Betreiben des Gegners den Rechtsnachfolger zur Aufnahme des Rechtsstreits zwingen. Betreibt keine Partei die Aufnahme, so bleibt der Rechtsstreit unterbrochen; die Akten werden weggelegt. Erklären der Rechtsnachfolger und der Prozessgegner übereinstimmend, sie nähmen das Verfahren nicht auf, so ist der Rechtsstreit damit beendet; ein etwa noch anhängiges Rechtsmittelverfahren wird durch die Löschung des Rechtsmittels in den Registern geschlossen.[101] 38

2. Antrag des Gegners. Der Antrag ist in Form eines Schriftsatzes dem Gericht einzureichen. Da er zur Aufnahme des Verfahrens führen soll, muss darin der Rechtsnachfolger genau bezeichnet und dessen ladungsfähige Anschrift angegeben sein. Außerdem bedarf es der Angabe hinreichend **substantiierter Tatsachen,** aus denen sich die Rechtsnachfolge schlüssig ergibt, damit erforderlichenfalls die Aufnahme durch Versäumnisurteil ausgesprochen werden kann. Außerhalb des Anwaltszwanges kann der Antrag auch zu Protokoll des Urkundsbeamten der Geschäftsstelle erklärt werden (§ 78). Der Antrag ist Prozesshandlung. Er kann zurückgenommen werden (§ 269 analog).[102] Entgegen dem Wortlaut von Abs. 2 braucht der „Antrag", der ohnehin nicht ausdrücklich formuliert sein muss, sich nur auf die Terminsbestimmung und damit die Fortsetzung des Verfahrens zu beziehen, nicht auf die Ladung. 39

Vor der Einreichung des Antrags sollte der Rechtsnachfolger **außergerichtlich zur Aufnahme aufgefordert** (abgemahnt) werden. Unterlässt dies der antragstellende Gegner des Rechtsnachfolgers, so geht er mindestens ein vermeidbares Kostenrisiko ein, denn § 93 ist im Aufnahmeverfahren anwendbar, und der Rechtsnachfolger, der die Aufnahme nicht verzögert hat, gibt keinen Anlass, ihn zur Aufnahme des Rechtsstreits zu laden; Verzögerung wiederum setzt zumindest **Kenntnis des Rechtsnachfolgers** vom Rechtsstreit voraus.[103] Außerdem Abs. 5 zu beachten, wonach der Erbe vor Annahme der Erbschaft oder Ablauf der Ausschlagungsfrist (§§ 1944, 1958 BGB) nicht verpflichtet ist, den Rechtsstreit aufzunehmen. 40

3. Weiteres Verfahren. Das Gericht hat auf den Antrag Termin zur Verhandlung über die Aufnahme und zur Hauptsache zu bestimmen (§ 216), soweit es sich um ein Verfahren mit not- 41

---

[95] *Stein/Jonas/Roth* Rn. 32; *Musielak/Stadler* Rn. 10; kritisch zu dieser Möglichkeit 2. Aufl. Rn. 37.
[96] RGZ 68, 255 f.
[97] *Musielak/Stadler* Rn. 10.
[98] OLG Düsseldorf NJW 1970, 1689.
[99] RGZ 140, 353.
[100] RGZ 45, 359, 362.
[101] So BFH KTS 1986, 80 (LS); ähnlich BFH KTS 1986, 79 (LS) (für § 240).
[102] AA wohl LG Berlin KTS 1964, 124 (zu § 240 und § 271 aF).
[103] OLG Zweibrücken NJW 1968, 1635.

wendiger mündlicher Verhandlung handelt (§ 128). Zu dem Termin wird der Rechtsnachfolger von Amts wegen geladen, und zwar unter gleichzeitiger Zustellung der Antragsschrift, falls diese ihm nicht schon vor der Ladung zugestellt worden ist. Ladung und Antragsschrift müssen in jedem Falle dem Rechtsnachfolger selbst (persönlich) zugestellt werden, bei einer Mehrheit von Rechtsnachfolgern jedem einzelnen von ihnen. Die Zustellung nur an den Prozessbevollmächtigten genügt nicht (Abs. 3 S. 1). Der Rechtsnachfolger ist zur Aufnahme verpflichtet,[104] der Erbe allerdings erst nach Annahme der Erbschaft (Abs. 5 iVm. §§ 1944, 1958 BGB).

42 Die **Ladungsfrist** wird vom Vorsitzenden oder vom Einzelrichter, wenn vor diesem das Verfahren anhängig ist, bestimmt (Ausnahme von § 217). Sie ist mithin eine richterliche Frist. Die Fristbestimmung ist den Parteien mitzuteilen. Sinn und Zweck dieser Regelung ist es, den Zeitraum zwischen Zustellung der Ladung und dem Termin, der nach dem Gesetz recht knapp gehalten ist, über den Mindestzeitraum hinaus den jeweiligen Bedürfnissen anpassen zu können. Damit soll eine sinnvolle Vorbereitung der Aufnahmefrage ermöglicht werden. Das hat insbesondere auch Bedeutung bei einer Mehrheit von Erben, die sich untereinander erst abstimmen müssen.

43 Falls nicht der Antragsgegner auf den Antrag als Rechtsnachfolger seinerseits das Verfahren ausdrücklich oder durch Zugestehen der Rechtsnachfolge konkludent aufnimmt (§ 250), löst der Antrag einen Zwischenstreit aus, in dem geprüft wird, ob der Antragsgegner Rechtsnachfolger geworden ist. Der Antrag ist zurückzuweisen, wenn er inhaltlich nicht den Anforderungen des Abs. 2 genügt. Falls der Geladene die Rechtsnachfolge bestreitet und sie nicht nachgewiesen werden kann, ist der Antrag ebenfalls zurückzuweisen. Als Folge bleibt das Verfahren unterbrochen.[105] Wird die bestrittenen Rechtsnachfolge bewiesen, wird dies in einem Zwischenurteil oder den Gründen des Endurteils festgestellt.[106] **Erscheint der Rechtsnachfolger** in dem Termin **nicht,** so sind die Tatsachen, aus denen sich die Rechtsnachfolge ergibt, als zugestanden zu behandeln. Es gibt in diesem Falle kein Versäumnis-Zwischenurteil zur Rechtsnachfolge, sondern es wird sogleich zur Sache verhandelt, beim Vorliegen der gesetzlichen Voraussetzungen ergeht also Versäumnis-Endurteil in der Sache gegen die säumigen Rechtsnachfolger.[107] Erscheint der Gegner nicht, kann der seine Rechtsnachfolge einräumende Geladene gegen ihn Versäumnisurteil erwirken.[108] Erscheint der Gegner nicht, bestreitet aber der Geladene die Rechtsnachfolge, so kann im Wege des Versäumnisurteils oder nach Aktenlage (§§ 330, 331, 331 a) der Antrag auf Fortsetzung des Rechtsstreits zurückgewiesen werden.[109]

45 Ist der Rechtsstreit nach Erlass der Endentscheidung aber vor Rechtsmitteleinlegung **(„zwischen den Instanzen")** unterbrochen worden, kann der Antrag auf Ladung zur Aufnahme, weil eine Rechtsmitteleinlegung unwirksam wäre, nur in dem unteren Rechtszug gestellt werden. Bei einer Unterbrechung nach Einlegung des Rechtsmittels muss der Antrag durch einen bei dem Rechtsmittelgericht tätigen Anwalt gestellt werden.[110]

46 In den Fällen des Aufnahmeerzwingungsverfahrens nach Abs. 2 bis 4 endet die Unterbrechung nicht schon mit dem Antrag, sondern erst mit der Aufnahmeerklärung durch den Rechtsnachfolger oder mit der Entscheidung, die die Rechtsnachfolge (die Verpflichtung zur Aufnahme) feststellt. Aus Abs. 4 ist außerdem ein weiterer Beendigungstatbestand zu entnehmen, nämlich eine **vorwirkende Fiktion,** die dem Zweck des Aufnahmeverfahrens zur Durchsetzung verhelfen soll. Falls der Rechtsnachfolger in dem nach Abs. 2 und 3 bestimmten Termin säumig ist, so endet die Unterbrechung jedenfalls mit dieser mündlichen Verhandlung zur behaupteten Rechtsnachfolge, selbst wenn ein Versäumnisurteil zur Hauptsache gegen den Rechtsnachfolger nicht oder noch nicht ergeht. Diese vorgezogene – auflösend bedingt durch die Aufhebung des Urteils im Rechtsmittelzug – Beendigung der Unterbrechung ist wegen § 249 Abs. 2 rechtlich erforderlich, damit die Verhandlung des Gegners zur Hauptsache überhaupt wirksam ist. Der „Antrag" des Abs. 4 braucht allerdings nicht ausdrücklich gestellt zu werden, er ist im Antrag zur Hauptsache ohne weiteres enthalten.

§ 240 Unterbrechung durch Insolvenzverfahren

[1] Im Falle der Eröffnung des Insolvenzverfahrens über das Vermögen einer Partei wird das Verfahren, wenn es die Insolvenzmasse betrifft, unterbrochen, bis es nach den für das Insolvenzverfahren geltenden Vorschriften aufgenommen oder das Insolvenzver-

---

104 OLG Frankfurt MDR 1966, 153.
105 *Musielak/Stadler* Rn. 13.
106 *Stein/Jonas/Roth* Rn. 41; *Musielak/Stadler* Rn. 13.
107 BGH NJW 1957, 1840.
108 *Zöller/Greger* Rn. 16 a.
109 *Stein/Jonas/Roth* Rn. 44; *Musielak/Stadler* Rn. 13.
110 BGH bei *Greger* MDR 2001, 486.

fahren beendet wird. ²Entsprechendes gilt, wenn die Verwaltungs- und Verfügungsbefugnis über das Vermögen des Schuldners auf einen vorläufigen Insolvenzverwalter übergeht.

Übersicht

I. Allgemeines

1. Normzweck. Mit der Eröffnung des Insolvenzverfahrens verliert der Schuldner die Befugnis, sein zur Insolvenzmasse gehörendes Vermögen zu verwalten. Das Verwaltungs- und Verfügungsrecht, das die Prozessführungsbefugnis einschließt, wird nun vom **Insolvenzverwalter** ausgeübt (§ 80 Abs. 1 InsO). § 240 trägt diesem gesetzlichen Wechsel der Prozessführungsbefugnis[1] Rechnung. Die Prozesssperre durch Unterbrechung des Zivilgerichtsverfahrens hat den Sinn, das Insolvenzverfahren prozessual zu sichern. Es soll nicht durch laufende Prozesse gestört werden. Die Rechte der Gläubiger, deren gemeinschaftliche Befriedigung das Insolvenzverfahren bezweckt (§ 1 InsO), dürfen nicht beeinträchtigt werden. Außerdem eröffnet der rechtliche Stillstand, ähnlich wie bei § 239, den Verfahrensbeteiligten eine Überlegungs- und Prüfungsfrist, damit sie sich auf die durch die Insolvenz rechtlich und wirtschaftlich veränderte Situation einstellen können. Der Insolvenzverwalter (oder, im Falle des § 22 InsO, der vorläufige Insolvenzverwalter) soll genügend Zeit haben,[2] sich mit dem Gegenstand des Rechtsstreits vertraut zu machen und zu entscheiden, ob es nötig und zweckmäßig ist, das Verfahren zu betreiben. Auch der Prozessgegner wird, soweit er eine Forderung geltend macht, abwarten wollen, ob sein prozessbefangener Anspruch vom Verwalter anerkannt wird und, falls er bestritten werden sollte, ob es angesichts der Insolvenz wirtschaftlich lohnend erscheint, den Rechtsstreit durch Aufnahme fortzusetzen. In diesem Sinne gewährleistet § 240 auch das verfassungsrechtliche Gebot rechtlichen Gehörs (Art. 103 Abs. 1 GG). 1

Die Vorschrift, die weitgehend auf die Regelungen der **Insolvenzordnung** verweist, ist mit Wirkung vom 1. Januar 1999 neu gefasst worden durch Art. 18 Nr. 2 EGInsO. Die Auslegung hat sich weitgehend auch am Sinn und Zweck der Insolvenzordnung zu orientieren. Rechtsprechung und Schrifttum zu § 240 aF bleiben teilweise und eingeschränkt auch für das neue Insolvenzrecht verwertbar. 2

2. Anwendungsbereich. Unterbrochen wird durch die Eröffnung des Insolvenzverfahrens das Erkenntnisverfahren aller Instanzen, gleichgültig ob der Schuldner Kläger oder Beklagter ist, und in welcher Lage der Rechtsstreit sich befindet (vgl. Vor § 239 Rn. 10). Unanwendbar ist die Norm im **Zwangsvollstreckungsverfahren,**[3] im **Prozesskostenhilfeverfahren**[4] und im Verfahren der freiwilligen Gerichtsbarkeit.[5] Eine Streitwertfestsetzung soll nach Insolvenzeröffnung noch möglich sein.[6] Das erscheint bedenklich, weil die sachgerechte Mitwirkung (das rechtliche Gehör) des jetzt prozessführungsbefugten Verwalters immer zu beachten ist. Wird über das Vermögen des Schuldners, gegen den ein ausländisches Urteil ergangen ist, das Insolvenzverfahren eröffnet, führt dies zur Unterbrechung des inländischen Vollstreckbarkeitsverfahrens, soweit es nach Einlegung des Rechtsbehelfs zweiseitig ausgestaltet ist.[7] 3

---

[1] Vgl. BGHZ 50, 399 = NJW 1969, 48.
[2] BGHZ 9, 308, 310 = NJW 1953, 1144.
[3] BGH WM 2007, 949; KG NJW-RR 2000, 1075 f. m. weit. Nachw.
[4] BGH NJW-RR 2006, 1208.
[5] BayObLG NJW-RR 2002, 991 f.; OLG Naumburg NJW-RR 2004, 1349; OLG Köln NJW-RR 2001, 1417; KG MDR 1988, 329.
[6] OLG Hamm MDR 1971, 495; OLG Neustadt NJW 1965, 591.
[7] OLG Zweibrücken NJW-RR 2001, 985.

4 Entsprechend anwendbar ist § 240 kraft ausdrücklicher Verweisung (§§ 46 Abs. 2, 64 Abs. 4, 72 Abs. 5 ArbGG) im arbeitsgerichtlichen Verfahren. Die Vorschrift gilt auch im Verwaltungsprozess[8] und im steuerrechtlichen Streitverfahren.[9] Nach Insolvenzeröffnung dürfen Steuerbescheide nicht ergehen.[10]

5 Die Unterbrechung durch Insolvenzeröffnung erfasst sowohl den Parteiprozess als auch den **Anwaltsprozess,** denn § 246 erwähnt § 240 nicht.[11] Der Grund liegt darin, dass der Geschäftsbesorgungsvertrag, der der Prozessvollmacht zugrunde liegt, mit der Eröffnung des Insolvenzverfahrens erlischt (§§ 117, 116, 115 InsO).[12] Die Prozessvollmacht muss sich aber in jedem Augenblick des Rechtsstreits von einem Vollmachtgeber ableiten lassen, der (noch) prozessführungsbefugt ist. § 86 gilt in der Insolvenz nicht.

6 Die Anwendung von § 240 erstreckt und beschränkt sich auf Verfahren, die schon begonnen haben und noch nicht beendet sind; sie müssen also mindestens **anhängig,** im Regelfall rechtshängig sein.[13] Im Mahnverfahren tritt die Unterbrechung ein, wenn bei Insolvenzeröffnung der Mahnbescheid schon zugestellt war, obwohl durch die Zustellung allein die Rechtshängigkeit noch nicht begründet wird (§ 696 Abs. 3). In Ausnahmefällen ist § 240 auch noch (entsprechend) anwendbar, wenn der Rechtsstreit bei Insolvenzeröffnung äußerlich schon beendet ist.[14]

7 **3. Wirkungen, Folgen.** Die Unterbrechung tritt kraft Gesetzes und unabhängig davon ein, ob Parteien und Gericht von der Eröffnung des Insolvenzverfahrens Kenntnis haben.[15] Sie ist von Amts wegen zu beachten. Ein trotz Unterbrechung ergangenes Urteil ist nicht nichtig, sondern kann mit den allgemeinen Rechtsmitteln angegriffen werden.[16] Der Insolvenzverwalter kann unter dem Vorbehalt der Aufnahme ein Rechtsmittel einlegen.[17] Wegen der Wirkungen im Einzelnen vgl. § 249.

8 Entsteht **Streit** über die Frage, ob der Rechtsstreit unterbrochen ist, also darüber, ob die Voraussetzungen des § 240 vorliegen, so muss das Gericht entscheiden. Wie auch im Rahmen des § 239 ergeht ein selbstständig anfechtbares Zwischenurteil.[18] Bringt das Zwischenurteil über die Feststellung der Unterbrechung hinaus zum Ausdruck, dass die Partei endgültig an der Aufnahme des Prozesses gehindert ist, kann es wie ein **Endurteil** angefochten werden.[19] Diese Anfechtungsmöglichkeit ist auch eröffnet, wenn in dem Zwischenurteil nicht nur die wirksame Aufnahme des Verfahrens, sondern auch die Zulässigkeit der Klage bejaht wird.[20] Dagegen ist im Zivilprozess nicht zu prüfen, ob das Insolvenzverfahren zu Recht und in zulässiger Weise eröffnet worden ist.

II. Voraussetzungen der Unterbrechung

9 **1. Eröffnung des Insolvenzverfahrens.** Maßgebend ist der Beschluss, mit dem das Amtsgericht als Insolvenzgericht (§§ 2, 3 InsO) das Insolvenzverfahren eröffnet (§ 27 InsO). Jede Eröffnung des Insolvenzverfahrens unterbricht, auch die zu Unrecht angeordnete. Rechtskraft des Eröffnungsbeschlusses ist nicht erforderlich.[21] Unbeachtlich ist ein nichtiger, nicht unterzeichneter Eröffnungsbeschluss.[22] Hebt das Beschwerdegericht auf sofortige Beschwerde des Schuldners (§ 34 Abs. 2 InsO) den Eröffnungsbeschluss auf, so endet die Unterbrechung mit der **Rechtskraft** der Aufhebungsentscheidung, nicht aber wird sie rückwirkend beseitigt. Ordnet erst das Beschwerdegericht auf die sofortige Beschwerde des Antragstellers oder Schuldners (§ 34 Abs. 1 InsO) die Eröffnung an, so unterbricht die Entscheidung des Beschwerdegerichts; auch insoweit findet keine Rückwirkung statt.

10 Ungeschriebenes aber wichtiges Merkmal des § 240 S. 1 ist, dass nur diejenige Insolvenzeröffnung prozessunterbrechende Wirkung hat, bei der im Eröffnungsbeschluss zugleich ein **Insolvenzverwalter bestellt** wird. Das ist zwar der Regelfall (§ 27 Abs. 1 S. 1 InsO). Aber das Insolvenzgericht kann statt dessen Eigenverwaltung anordnen (§ 270 Abs. 1 S. 1 InsO). Dann bleibt der

---

[8] OVG Hamburg MDR 1953, 442.
[9] BFH BB 1970, 1163.
[10] BFH NJW 1998, 630; 1976, 1552.
[11] BGH ZIP 1988, 1584.
[12] BGH NJW-RR 1989, 183; VersR 1982, 1054; RGZ 118, 161; OLG Brandenburg NJW-RR 2002, 265.
[13] Zur Vorwirkung des § 240 *Karsten Schmidt* NJW 1995, 911.
[14] BGHZ 9, 308, 309 = NJW 1953, 1144 (Unterbrechung der Wiedereinsetzungsfrist).
[15] BGHZ 66, 59, 61; BGH NJW 1995, 2563.
[16] BGHZ 66, 59, 61 f.; BGH BGHReport 2004, 973; NJW 1995, 2563.
[17] BGH NJW 1997, 1445.
[18] BGH NJW 2005, 290; 2004, 2983.
[19] BGH NJW-RR 2006, 288.
[20] BGH NJW-RR 2006, 913.
[21] *BGH WM 1956*, 1473.
[22] BGHZ 137, 49, 57 = NJW 1998, 609.

Schuldner (unter Aufsicht eines Sachwalters) prozessführungsbefugt und der für die Anwendung von § 240 entscheidende Wechsel der Prozessführungsbefugnis (§ 80 Abs. 1 InsO) tritt nicht ein.[23]

Unter Insolvenzverfahren im Sinne des § 240 ist auch das **ausländische Insolvenzverfahren** zu verstehen. Wird im Ausland von dem dort zuständigen Gericht ein Insolvenzverfahren über das Vermögen einer Prozesspartei mit Wirkung auch für das im Inland belegene Vermögen eröffnet, so unterbricht diese Rechtshandlung den in Deutschland anhängigen Rechtsstreit dieser Prozesspartei und zwar sowohl den Aktivprozess wie den Passivprozess. Dies ergibt sich aus Art. 102 Abs. 1 EGInsO. Die für das früher geltende Recht lange umstrittene Frage, ob der Auslandskonkurs prozessunterbrechende Wirkung hat, ist zuletzt von der Rechtsprechung bejaht worden.[24] Obwohl die in § 391 des Regierungsentwurfs zur InsO[25] vorgesehene ausdrückliche Regelung nicht Gesetz geworden ist,[26] sollte nunmehr der Streit im Sinne der Anwendbarkeit des § 240 auch auf die Auslandsinsolvenz endgültig entschieden sein. Die Anwendung hat allerdings zur Voraussetzung, dass die in Art. 102 Abs. 1 EGInsO genannten allgemeinen Ausschließungsgründe für die Anerkennung nicht gegeben sind. Außerdem muss das ausländische Recht mit dem deutschen Recht insoweit vergleichbar sein, dass es ebenfalls die ausschließliche **Prozessführungsbefugnis des Insolvenzverwalters** vorsieht,[27] die § 240 zugrunde liegt. Anders als bei der inländischen Insolvenz hat das Prozessgericht im Streit über die Unterbrechungsvoraussetzungen auch die rechtlichen Voraussetzungen voll nachzuprüfen; insoweit besteht keine Bindungswirkung hinsichtlich der ausländischen Entscheidung über die Eröffnung. 11

2. Bestellung eines vorläufigen Verwalters. Im Eröffnungsverfahren, also dem Verfahren zur Vorbereitung der Entscheidung, ob das Insolvenzverfahren eröffnet werden soll, kann das Insolvenzgericht Maßnahmen treffen, um eine dem Gläubiger nachteilige Veränderung in der Vermögenslage des Schuldners zu verhüten (§ 21 InsO). Eine dieser Maßnahmen ist, dem Schuldner ein allgemeines Verfügungsverbot aufzuerlegen, eine andere ist, einen vorläufigen Insolvenzverwalter zu bestellen. Ordnet das Insolvenzgericht **beide Maßnahmen** (kumulativ) an, so unterbricht seine Entscheidung den Rechtsstreit gem. S. 2 und steht damit der Insolvenzeröffnung (S. 1) gleich.[28] Die bloße Anordnung einer vorläufigen Insolvenzeröffnung[29] oder ein isoliertes Verfügungsverbot[30] führen also nicht zu einer Unterbrechung. Werden hingegen beide Maßnahmen angeordnet, vollzieht sich nach § 22 InsO ein gesetzlicher Wechsel in der Prozessführungsbefugnis; der vorläufige Insolvenzverwalter hat zwar andere Aufgaben und Pflichten als der Insolvenzverwalter, aber im Übrigen die gleiche Rechtsstellung. Legt das Insolvenzgericht dem Schuldner dagegen nur einen **Zustimmungsvorbehalt** (§ 21 Abs. 2 Nr. 2 Fall 2 InsO) auf, so geht die Verwaltungs- und Verfügungsbefugnis nicht gemäß § 22 Abs. 1 Satz 1 InsO auf den vorläufigen Insolvenzverwalter über, sodass auch eine Unterbrechung des Rechtsstreits nicht stattfindet.[31] 12

Die Unterbrechung tritt mit der **Entscheidung des Insolvenzgerichts** ein. Insoweit gelten alle Erläuterungen zu S. 1 entsprechend. Im Regelfall werden die Anordnungen nach § 21 Nr. 1 und 2 in einem Beschluss verbunden werden. Ergehen sie getrennt, was (in beliebiger Reihenfolge) zulässig ist (arg. § 22 Abs. 2), so bewirkt erst der zweite Beschluss die Unterbrechung. Soweit das ausländische Recht einen entsprechenden Übergang der Prozessführungsbefugnis vom Schuldner auf den vorläufigen Verwalter vorsieht, sind die oben dargestellten Grundsätze entsprechend anzuwenden. 13

Wird später das Insolvenzverfahren eröffnet, so bewirkt dies keine erneute Unterbrechung. Ist der Rechtsstreit im Zeitpunkt der Eröffnung noch unterbrochen, so verbleibt es dabei **(Doppelunterbrechung).** War der Rechtsstreit von dem oder gegenüber dem vorläufigen Insolvenzverwalter aufgenommen worden, so ist ein rechtfertigender Grund für eine erneute Unterbrechung nicht gegeben. 14

3. Vermögen der Partei. Die Eröffnung des Insolvenzverfahrens muss das Vermögen desjenigen betreffen, von dem oder gegen den die staatliche Rechtsschutzhandlung im eigenen Namen begehrt wird, gleichgültig, ob es sich um natürliche oder juristische Personen oder sonst partei- 15

---

[23] AA OLG München MDR 2003, 412f.

[24] Vgl. BGH NJW 1997, 2525 m. Nachw.; NJW 1998, 928; zum Abschluss des Vorlageverfahrens Mitt. NJW 1998, 1543; im Übrigen siehe auch *E. Habscheid* KTS 1998, 183.

[25] BT-Drucks. 12/2443, S. 69.

[26] Vgl. BT-Drucks. 12/7302, S. 154 sowie 7303, S. 117 (Beschlussempfehlung und Bericht des Rechtsausschusses zur InsO und zum EGInsO).

[27] So BGH NJW 1997, 2525.

[28] BGH BGHReport 2004, 1446f.; NJW 1999, 2822; BAG NJW 2002, 532f.; OLG Jena NJW-RR 2000, 1075.

[29] KG KGreport 2001, 38; OLG Celle OLGReport 2000, 107.

[30] OLG Jena MDR 2000, 1337.

[31] BGH NJW-RR 2006, 1208; BGHReport 2004, 1446f.; NJW 1999, 2822; BAG NJW 2002, 532f.

(und insolvenz-)fähige Vereinigungen handelt. Wird das Insolvenzverfahren über das Vermögen eines einfachen Streitgenossen eröffnet, tritt nur ihm gegenüber Unterbrechung ein.[32] Dagegen erfasst die Unterbrechung alle Parteien, wenn die Insolvenzeröffnung einen notwendigen Streitgenossen oder einen streitgenössischen Nebenintervenienten betrifft.[33] Die Insolvenzeröffnung über das Privatvermögen einer Partei kraft Amtes unterbricht nicht das Verfahren über das verwaltete Vermögen.[34] Die Insolvenzeröffnung über das Vermögen des Zessionars unterbricht nicht das Verfahren, wenn der Zedent, der die Forderung nach Rechtshängigkeit abgetreten hat, den Rechtsstreit gem. § 265 Abs. 2 S. 1 weiterführt.[35] Bei gewillkürter Prozessstandschaft tritt wegen des formellen Parteibegriffs ebenfalls keine Unterbrechung ein, wenn das Insolvenzverfahren über das Vermögen des Rechtsinhabers eröffnet wird. Wird das Insolvenzverfahren über das Vermögen des Prozessstandschafters eröffnet, kommt es ebenfalls zu keiner Unterbrechung, weil die Insolvenzmasse nicht betroffen ist.[36] Eine Ausnahmeregelung findet sich in § 17 Abs. 1 AnfG; hier wird unterbrochen, obwohl der Schuldner nicht Partei des Rechtsstreits über den Anfechtungsanspruch ist. Der Insolvenzverwalter kann den Anspruch unter allen rechtlichen Gesichtspunkten verfolgen.[37] Ist über das Vermögen einer **GbR, OHG oder KG** das Insolvenzverfahren eröffnet worden, so wird, weil diese Ansprüche nach § 93 InsO nur von dem Insolvenzverwalter verfolgt werden können, auch ein wegen ihrer persönlichen Haftung gegen die Gesellschafter geführter Rechtsstreit unterbrochen.[38] Umgekehrt berührt die Insolvenz eines Gesellschafters nicht die gegen die Gesellschaft geführten Verfahren.[39] Die Nachlassinsolvenz unterbricht nur die von den Erben in dieser Rechtsstellung geführten Verfahren.[40]

16 **4. Insolvenzmasse als Verfahrensgegenstand.** Das Verfahren wird nur unterbrochen, wenn es unmittelbar oder mittelbar[41] die Insolvenzmasse (§§ 35, 36 InsO) betrifft. Dieses gesetzliche Merkmal der Massebetroffenheit stellt eine bedeutsame Einschränkung dar. Sie bedeutet, dass nur dasjenige anhängige Verfahren durch Eröffnung des Insolvenzverfahrens über das Vermögen der Partei unterbrochen wird, welches einen Verfahrensgegenstand hat, der geeignet ist, im Insolvenzverfahren rechtlich zur Masse zu gehören. Der Streitgegenstand muss entweder Bestandteil der Insolvenzmasse oder aus ihr zu leisten sein. Eine Unterbrechung findet deshalb nur statt, wenn und soweit der Gegenstand des anhängigen Verfahrens ein Vermögensgegenstand ist, der rechtlich zur Insolvenzmasse gehören kann. Eine nur wirtschaftliche Beziehung zur Masse reicht nicht aus. Zur Masse gehört das gesamte Vermögen des Schuldners zum Zeitpunkt der Eröffnung des Insolvenzverfahrens, sofern es der (Einzel-)Zwangsvollstreckung unterliegt und pfändbar ist, sowie der **Neuerwerb.** Ein der Testamentsvollstreckung unterliegender Nachlass fällt mit Eröffnung des Insolvenzverfahrens über das Vermögen des Erben in die Insolvenzmasse. Der gegen den Erben wegen Pflichtteilsansprüchen geführte Rechtsstreit wird durch die Insolvenzeröffnung über das Vermögen des Erben unterbrochen.[42] Die Massebetroffenheit der Klage im Sinne des § 240 ZPO ändert sich nicht, wenn anstelle eines Leistungsantrages nach Erledigung ein Feststellungsantrag verfolgt wird.[43] Betroffen ist die Insolvenzmasse auch, wenn nach Insolvenzeröffnung mit der Klage Aussonderung oder abgesonderte Befriedigung[44] beansprucht wird. Hat der Schuldner die Klageforderung zur Sicherheit abgetreten, betrifft der Rechtsstreit die Masse, weil dem Sicherungsnehmer lediglich ein Absonderungsrecht zusteht.[45] Ein lebenslanges dingliches Wohnrecht, über das der Berechtigte als beschränkte persönliche Dienstbarkeit nicht verfügen darf (§ 1092 BGB), gehört nicht in die Insolvenzmasse.[46] Unterhaltsansprüche betreffen nur die Insolvenzmasse, soweit Ansprüche bis zur Eröffnung des Insolvenzverfahrens geltend gemacht werden.[47] Erklärt der klagende Gläubiger, nicht in die Insolvenzmasse zu vollstrecken, so bringt der Verzicht nach Insolvenzeröffnung und folglich

---

[32] BGH NJW-RR 2003, 1002.
[33] BGH v. 27. 1. 2000 – I ZB 159/99 (unveröffentlicht); OLG Hamburg NJW 1961, 611.
[34] *Musielak/Stadler* Rn. 2.
[35] BGH NJW 1998, 156 = LM Nr. 27 m. Anm. *Grunsky;* aA *Stein/Jonas/Roth* Rn. 7; *Musielak/Stadler* Rn. 2.
[36] *Zöller/Greger* Rn. 7.
[37] BGH NJW 2000, 1259.
[38] BGH NJW 2003, 590; BGHZ 82, 209, 216 ff. = NJW 1982, 883; zweifelnd *Musielak/Stadler* Rn. 2.
[39] RGZ 51, 94, 96; *Stein/Jonas/Roth* Rn. 7; *Musielak/Stadler* Rn. 2.
[40] OLG Köln NJW-RR 2003, 47; OLG München NJW-RR 1996, 228 f.; *Musielak/Stadler* Rn. 2.
[41] BFH NJW 1998, 630 f.; BAG NJW 1984, 998.
[42] BGH NJW 2006, 2698.
[43] BGH BGHReport 2004, 1446 f.
[44] BGH BGHReport 2003, 1339; OLG Naumburg NJW-RR 2004, 48.
[45] OLG Naumburg NJW-RR 2004, 48; OLG München MDR 2000, 602.
[46] OLG Naumburg NJW-RR 2004, 1349 f.
[47] OLG Karlsruhe NJW-RR 2004, 849; OLG Naumburg NJW-RR 2004, 7.

Verfahrensunterbrechung die zulässige Aufnahme des Verfahrens zum Ausdruck.[48] Verzichtet der Kläger auf die Teilnahme an dem Insolvenzverfahren, tritt gleichwohl Unterbrechung ein, wenn der Schuldner mit einer zur Masse gehörenden Forderung aufrechnet.[49] Wegen des Begriffs der Insolvenzmasse vgl. im Einzelnen §§ 35 ff. InsO.

Verfahren, in denen um **nichtvermögensrechtliche Ansprüche** gestritten wird, werden nicht unterbrochen, denn nur Vermögensrechte können zur Masse gehören. Nicht zur Masse gerechnet wird das unpfändbare bewegliche Vermögen mit bestimmten Ausnahmen (vgl. § 36 InsO). Beim Nachlassinsolvenzverfahren ist insolvenzfrei das persönliche Vermögen des Erben, das nicht zum Nachlass gehört.[50] Nicht unter § 240 fallen alle Ansprüche (zB Unterlassungsansprüche) höchstpersönlicher oder nicht vermögensrechtlicher Natur, gleichgültig, ob der Schuldner Kläger oder Beklagter ist. Nicht vermögensrechtlicher Natur ist die Klage gegen die Abberufung als Geschäftsführer.[51] Das kann ausnahmsweise sogar für Unterlassungsansprüche aus gewerblichem Rechtsschutz gelten, wenn über das Vermögen des klagenden Wettbewerbsvereins (§ 13 Abs. 2 Nr. 2 UWG) das Insolvenzverfahren eröffnet wird.[52] Andererseits wird mit Insolvenzeröffnung über das Vermögen des Klägers das Patentnichtigkeitsverfahren unterbrochen, wenn der Kläger Gewerbetreibender ist und die Nichtigkeitsklage mit Rücksicht auf den Gewerbebetrieb erhoben worden ist.[53] Entsprechendes gilt für eine patentrechtliche Unterlassungsklage, die ein zur Masse gehörendes Recht beeinträchtigen kann.[54] Die **Anfechtungsklage** gegen einen Gesellschafterbeschluss betrifft die Insolvenzmasse, wenn sich der Beschluss nicht in inneren Angelegenheiten der Gesellschaft erschöpft, sondern die erfolgreiche Anfechtung eine Verminderung der Teilungsmasse oder eine Erhöhung der Schuldenmasse zur Folge hat.[55] In WEG-Sachen wird ein Beschlussanfechtungsverfahren durch die Eröffnung des Insolvenzverfahrens über das Vermögen des Antragstellers nicht unterbrochen;[56] ebenso verhält es sich bei der Eröffnung des Insolvenzverfahrens über das Vermögen des Verwalters.[57] 17

Betrifft nur einer von mehreren im Prozess zusammen geltend gemachten Ansprüchen die Insolvenzmasse (zB Ersatz materiellen Schadens neben einem gem. § 851 nicht zur Masse gehörenden Schmerzensgeldanspruch), so wird **einheitlich** der gesamte Rechtsstreit unterbrochen,[58] ebenso wenn ein Anspruch eingeklagt ist, von dem nur ein Teil der Zwangsvollstreckung nicht unterliegt. Die Insolvenzmasse ist nicht betroffen, sofern der Insolvenzverwalter den Anspruch zugunsten des Schuldners freigegeben hat.[59] Die **Freigabe** kann ausdrücklich[60] erklärt werden, aber auch in der Ablehnung der Verfahrensaufnahme zu erkennen sein.[61] Das Einverständnis mit der Prozessführung durch den Schuldner bedeutet keine Freigabe, wenn der Insolvenzverwalter im Falle des Prozesserfolgs die gewonnen Mittel zur Masse ziehen will.[62] In der Abtretung der Forderung durch den Insolvenzverwalter an einen Dritten liegt keine Freigabe zugunsten des Schuldners.[63] Erklärt der Insolvenzverwalter die Freigabe im laufenden Rechtsstreit, hat er nicht nach § 265 das Verfahren für den Schuldner zu führen; vielmehr tritt dieser anstelle des Verwalters in das Verfahren ein.[64] Die Unterbrechung endet in diesem Fall, was für die Rechtsmittelfristen von Bedeutung ist, erst mit der tatsächlichen Aufnahme durch den Schuldner oder den Prozessgegner.[65] Es können sowohl Forderungen als auch Gegenstände freigegeben werden.[66] Eine **Freigabe** des Rechtsstreits durch den Insolvenzverwalter mit der Folge einer Aufnahmebefugnis des Schuldners kommt nur in Betracht, wenn es sich um einen **Aktivprozess** über einen zur Vermehrung der Teilungsmaße dienlichen Anspruch oder um einen Passivprozess der in § 86 InsO bezeichneten Art (Aussonderung abgeson- 18

---

[48] BGHZ 72, 234 = NJW 1979, 162; *Baumbach/Lauterbach/Hartmann* Rn. 7; *Musielak/Stadler* Rn. 5.
[49] OLG Nürnberg KTS 2001, 126.
[50] OLG Köln NJW-RR 2003, 47.
[51] OLG München DB 1994, 1464.
[52] KG NJW-RR 1991, 41.
[53] BGH LM Nr. 22/23 = NJW-RR 1995, 573.
[54] RGZ 132, 363.
[55] BGHZ 32, 114, 121 = NJW 1960, 1006; BGH NJW-RR 2006, 471.
[56] KG NJW-RR 2005, 1385.
[57] OLG Schleswig NJW-RR 2006, 594.
[58] RGZ 64, 361; RGZ 151, 279; BGH NJW 1966, 51 = GRUR 1966, 218 m. Anm. *Utecher.*
[59] BGH NJW 2005, 2015 m. weit. Nachw.
[60] BGHZ 46, 249 f. = NJW 1967, 781.
[61] BGH NJW 1990, 1239; 1966, 51.
[62] BGH NJW 1973, 2065.
[63] BGH NJW 1990, 1239.
[64] BGHZ 46, 249 = NJW 1967, 781.
[65] BGHZ 36, 258, 261 ff. = NJW 1962, 589.
[66] BGHZ 35, 180 = NJW 1961, 1528; BGH NJW 1990, 1239.

derte Befriedigung) handelt. Einen sonstigen Passivprozess über eine Insolvenzforderung kann der Insolvenzverwalter nicht zur Aufnahme durch den Schuldner freigeben.[67] Die Frage, ob es sich bei einem durch die Eröffnung des Insolvenzverfahrens über das Vermögen einer Partei unterbrochenen Rechtsstreit um einen Aktiv- oder Passivprozess handelt, ist nicht danach zu beantworten, ob der Insolvenzschuldner Kläger, Beklagter, Widerkläger oder Widerbeklagter ist, sondern danach, ob in dem anhängigen Rechtsstreit über die Pflicht zu einer Leistung gestritten wird, die in die Masse zu gelangen hat. So liegt es nicht, wenn über einen von dem Insolvenzschuldner erhobenen Anspruch zu dessen Gunsten erkannt, die ausgeurteilte Leistung im Wege der Zwangsvollstreckung oder zu ihrer Abwendung erbracht worden ist und der Titelschuldner im Rechtsmittelverfahren wegen seiner Leistung gemäß § 717 Abs. 2 ZPO Ersatz verlangt. Gegenstand des Rechtsstreits im Sinne von § 85 InsO ist in diesem Fall kein Anspruch auf Leistung in die Masse, sondern die Frage, ob die erbrachte Leistung in der Masse verbleibt. Die Zahlung der Urteilssumme vor Eröffnung des Insolvenzverfahrens wandelt insoweit den vorherigen Aktivprozess in einen Passivprozess.[68] Umgekehrt handelt es sich um einen Aktivprozess, wenn der beklagte Schuldner auf die gegen ihn ergangene Verurteilung gezahlt hat, im Rechtsmittelzug unter Berufung auf § 717 Abs. 2 ZPO Erstattung dieser Summe verlangt.[69]

19 Der Prozess über **vorbereitende Ansprüche** (etwa Auskunft, Rechnungslegung, Urkundenvorlegung) wird unterbrochen, falls der im Hintergrund stehende Geldanspruch (Hauptanspruch) zur Masse gehört. Gleiches gilt für eine Feststellungsklage[70] oder Gestaltungsklage, die den Rechtsstreit über ein zur Masse gehörendes Recht vorbereiten soll.[71]

20 Sind Ansprüche, die nicht die Insolvenzmasse betreffen, bei Insolvenzeröffnung bereits erledigt und ist nur noch ein **Kostenerstattungsanspruch** anhängig, so kann das Verfahren insoweit unterbrochen werden,[72] denn die Kostenforderung ist ein Geldanspruch, der genauso gut in Form eines selbstständigen Schadenersatzanspruches verfolgt werden könnte und deshalb die Masse betrifft.

III. Dauer der Unterbrechung

21 **1. Beginn.** Der Eröffnungsbeschluss enthält die Stunde der Eröffnung (§ 27 Abs. 2 Nr. 3 InsO). Mit ihr beginnt die Unterbrechung. Fehlt die Angabe, so gilt als Zeitpunkt der Eröffnung (und damit der Unterbrechung) die Mittagsstunde (12.00 Uhr) des Tages, an dem der Beschluss erlassen worden ist (§ 27 Abs. 3 InsO). Für die Sicherungsmaßnahmen im Eröffnungsverfahren nach § 22 Abs. 1 InsO (Verfügungsverbot und Bestellung des vorläufigen Verwalters) fehlt eine ausdrückliche Regelung. Doch dürfte § 27 Abs. 2, 3 InsO entsprechend heranzuziehen sein. Auf die Uhrzeit der Unterbrechung kann es ankommen. So ist ein um 12.33 Uhr eingelegtes Rechtsmittel wirkungslos, wenn um 12.30 Uhr das Insolvenzverfahren eröffnet worden war.[73]

22 **2. Ende.** Die Unterbrechung endet, wenn das unterbrochene Verfahren nach den Vorschriften der Insolvenzordnung aufgenommen wird. Hier ist nach Aktiv- und Passivprozessen zu unterscheiden. Wird das unterbrochene Verfahren nicht aufgenommen, so endet die Unterbrechung mit der Beendigung des Insolvenzverfahrens. Wie schon bei der Eröffnung, kommt es auch bei der Beendigung nicht auf die Kenntnis oder gar den Willen der Beteiligten an. Gibt der Insolvenzverwalter die streitbefangene Sache oder Forderung frei, endet die Unterbrechung mit der Aufnahme des Rechtsstreits durch den Schuldner oder den Prozessgegner.[74]

23 Ferner Die Unterbrechung endet mit der Aufhebung des Insolvenzverfahrens nach Schlussverteilung (§ 200 InsO) oder nach rechtskräftiger Bestätigung des Insolvenzplans (§§ 258, 259 InsO) sowie mit der Einstellung (§ 215 Abs. 2 S. 1 InsO) des Verfahrens mangels Masse (§ 207 InsO), nach Anzeige der Masseunzulänglichkeit (§ 211 InsO), wegen Wegfalls des Eröffnungsgrundes (§ 212 InsO) oder mit Zustimmung der Gläubiger (§ 213 InsO). Auch die nachträgliche Anordnung der Eigenverwaltung (§ 271 InsO) beendet die Unterbrechung. Bei einer Aufhebung und Einstellung des Insolvenzverfahrens endet die Unterbrechung schon mit Bekanntgabe (§ 9 InsO) und nicht erst Rechtskraft des Beschlusses.[75] Die Aufhebung des Eröffnungsbeschlusses sowie die Aufhebung und

---

[67] BGH BGHReport 2004, 118.
[68] BGH BGHReport 2004, 852.
[69] BGHZ 36, 258, 261 ff. = NJW 1962, 589.
[70] BGH NJW 1995, 1750.
[71] BGH LM § 146 KO Nr. 4; BAG AP Nr. 3 m. Anm. *Walchshöfer.*
[72] BGH NZI 2006, 128; KG OLGZ 1977, 364; OLG Hamm MDR 1985, 682; aA OLG Celle OLGZ 1969, 368, 370.
[73] Vgl. BGHZ 36, 258 = NJW 1962, 589.
[74] BGHZ 36, 258, 261 ff. = NJW 1962, 589.
[75] BGHZ 64, 1, 2 = NJW 1975, 692; WM 1956, 1473.

Einstellung des Verfahrens **im Rechtsmittelwege** beendet die Unterbrechung erst mit der formellen Rechtskraft der Aufhebungsentscheidung (§§ 34 Abs. 3, 6 Abs. 3 InsO), sofern nicht die sofortige Wirksamkeit angeordnet ist.[76] Hat der Insolvenzverwalter den Rechtsstreit aufgenommen, so ist im Falle der Beendigung seines Amtes, durch die der Schuldner in den Rechtsstreit eintritt, zu dessen Gunsten § 239 analog anzuwenden.[77]

IV. Beendigung der Unterbrechung durch Aufnahme

1. Allgemeines. Die Aufnahme erfolgt durch Einreichung eines Schriftsatzes an das Gericht und Zustellung an den Gegner (§ 250), bei Aufnahme von Passivprozessen an den Insolvenzverwalter. Eine Teilaufnahme ist zulässig.[78] Die Befugnis zur Aufnahme und das weitere Verfahren bestimmen sich nach §§ 85, 86 InsO, die zwischen Aktiv- und Passivprozessen unterscheiden. Die Bestimmungen sind auch anzuwenden, wenn es sich bei dem Gemeinschuldner um eine Personengesellschaft oder juristische Person handelt.[79] Die Aufnahme ist in jeder Lage des Rechtsstreits zulässig, also auch noch in der Revisionsinstanz.[80] Aufnahmeberechtigt sind nach Maßgabe der §§ 85, 86 InsO der **Insolvenzverwalter** (auch der vorläufige Insolvenzverwalter), der **Gegner** und der **Schuldner.** Verzögert der Insolvenzverwalter die Aufnahme, so ist § 239 Abs. 2 bis 4 entsprechend anwendbar. Die Unterbrechung endet mit dem Wirksamwerden der Aufnahmeerklärung. Die Verfahrensart ändert sich durch die Aufnahme nicht. Ein unterbrochenes Arrestverfahren ist nach der Aufnahme in derselben Prozessart weiterzuführen.[81] Falls über das Vermögen beider Prozessparteien das Insolvenzverfahren eröffnet worden ist, können sich nach Aufnahme zwei Insolvenzverwalter im Rechtsstreit gegenüberstehen.[82] Die Prozessführungsbefugnis des Insolvenzverwalters entfällt nicht nachträglich dadurch, dass etwa die rechtshängige Forderung gepfändet oder beschlagnahmt wird.[83] 24

Bei einem **Streit** über die Aufnahmeberechtigung oder einen Aufnahmegrund und im Falle einer Verzögerung der Aufnahme gelten die Regeln des § 239. Nimmt der Insolvenzverwalter den Rechtsstreit auf oder unterliegt er im Aufnahmestreit, so haftet die Masse für die den Verwalter treffenden Prozesskosten (§ 55 InsO) und zwar auch für diejenigen, die schon vor der Unterbrechung entstanden waren.[84] 25

Gegen eine Entscheidung, die während der Unterbrechung, also unter Verletzung von § 240, ergangen ist, kann der Insolvenzverwalter ein **Rechtsmittel** auch dann einlegen, wenn er sich die Aufnahme des Rechtsstreits noch vorbehält. Es muss die Möglichkeit bestehen, das unwirksame Urteil aus der Welt zu schaffen. Das geschieht zulässigerweise durch das Rechtsmittel, das nur der Unterbrechung Geltung verschaffen will, ohne dass die Absicht besteht, den Rechtsstreit (jetzt schon) weiter zu betreiben.[85] 26

Bei der **Auslandsinsolvenz,** die im Inland prozessunterbrechende Wirkung hat, kann diejenige Person das unterbrochene Verfahren aufnehmen, die nach dem Recht des Staates der Insolvenzeröffnung zur Fortführung des Rechtsstreits berechtigt ist. 27

Jeder, der den unterbrochenen Rechtsstreit aufnimmt, muss ihn in der Lage aufnehmen, in der er sich befindet. Die bis zur Unterbrechung vorgenommenen Rechtshandlungen muss er gegen sich gelten lassen. 28

2. Aktivprozesse. Als Aktivprozess bezeichnet man denjenigen Rechtsstreit, in dem ein Recht Verfahrensgegenstand ist, das im Fall seines Bestehens die Aktivmasse (Teilungsmasse) des Insolvenzverfahrens **vermehrt.**[86] § 85 InsO nennt das Rechtsstreitigkeiten, die zurzeit der Eröffnung des Insolvenzverfahrens für den Schuldner anhängig sind. In der Regel wird der Schuldner Kläger des Rechtsstreits sein. Doch könnte er das streitbefangene Recht auch als Widerkläger geltend machen. Ein Rechtsstreit kann zugleich Aktivprozess (etwa wegen der Widerklage) und Passivprozess (etwa wegen der Klage) sein, so dass sich hinsichtlich der Aufnahme eine unterschiedliche Rege- 29

---

[76] BGHZ 64, 1, 2 = NJW 1975, 692; WM 1956, 1473.

[77] Vgl. § 239 Rn. 14; OLG Köln ZIP 1987, 1004; *Musielak/Stadler* Rn. 9 iVm. § 239 Rn. 3; aA 2. Aufl. Rn. 24.

[78] BGH NJW-RR 1994, 1213.

[79] RGZ 127, 197, 2000; LG Osnabrück NdsRpfl. 1993, 364 m. Anm. *Pape* EWiR 1994, 166; aA *K. Schmidt* KTS 1994, 309, 315 ff.; *Musielak/Stadler* Rn. 10.

[80] BGH ZZP 67 (1954), 300; BGH ZIP 1980, 23; BGHZ 105, 34 = NJW 1989, 170.

[81] BGH LM Nr. 9 = NJW 1962, 591 (LS).

[82] OLG Hamm MDR 1985, 682.

[83] GBH NJW 1986, 3206.

[84] BAG AP § 91 a Nr. 7 m. Anm. *Vollkommer.*

[85] BGH NJW 1997, 1445 = LM Nr. 26 m. Anm. *Grunsky.*

[86] BGH BGHReport 2004, 852; 2004, 118.

lung ergibt. Aus einem ursprünglichen Passivprozess kann ein Aktivprozess werden, wenn etwa der Schuldner zur Abwendung der Zwangsvollstreckung Zahlung geleistet hat und nun Rückgewähr fordert.[87] Umgekehrt kann sich ein Aktivprozess in einen Passivprozess wandeln, wenn der Beklagte zur Abwendung der Vollstreckung an den Schuldner gezahlt hat und seinerseits im Rechtsmittelverfahren Rückzahlung verlangt.[88]

30 Aktivprozesse können grundsätzlich und zunächst nur vom **Insolvenzverwalter** aufgenommen werden (§ 85 Abs. 1 S. 1 InsO). Verzögert er die Aufnahme, so ist § 239 Abs. 2 bis 4 entsprechend anzuwenden (§ 85 Abs. 1 S. 2 InsO). Der Insolvenzverwalter gilt hier als Rechtsnachfolger in der Prozessführungsbefugnis.

31 Der Verwalter kann jedoch nach pflichtgemäßem Ermessen mit einer formfreien[89] Erklärung gegenüber dem Schuldner oder dem Prozessgegner oder dem Prozessgericht die Aufnahme des Rechtsstreits **ablehnen.** In diesem Falle entsteht sowohl für den Schuldner als auch für den Gegner das Recht, den unterbrochenen Prozess aufzunehmen (§ 85 Abs. 2 InsO). Eine Ablehnung der Aufnahme ist anzunehmen, wenn der Insolvenzverwalter den Gegenstand durch die Erklärung, ein Absonderungsrecht der Ehefrau des Schuldners anzuerkennen, freigibt.[90] Die Unterbrechung endet, sobald einer der beiden nunmehr Berechtigten die Aufnahme erklärt.[91] Ein etwaiger Kostenerstattungsanspruch richtet sich dann nur gegen das massefreie Vermögen des Schuldners.[92]

32 **3. Passivprozesse.** Rechtsstreitigkeiten bestimmter Art, die bei Eröffnung des Insolvenzverfahrens gegen den Schuldner anhängig sind, können sowohl vom Insolvenzverwalter als auch vom Gegner aufgenommen werden, sofern sie eine Schmälerung der Teilungsmasse bewirken können(§ 86 Abs. 1 InsO). Es handelt sich dabei um Ansprüche auf **Aussonderung** eines Gegenstandes aus der Insolvenzmasse (§§ 47, 48 InsO) oder auf **abgesonderte Befriedigung** (§§ 49, 50 InsO) sowie die Prozesse, die **Masseverbindlichkeiten** (§ 55 InsO) betreffen. Wegen der Einzelheiten wird auf die Regelungen der Insolvenzverordnung verwiesen. Auch hier kommt es nicht auf die Parteistellung entscheidend an, sondern auf die Zugehörigkeit des streitbefangenen Rechts zur Teilungsmasse. Von § 86 InsO wird beispielsweise eine vom Schuldner als Kläger vor Insolvenzeröffnung erhobene Vollstreckungsabwehrklage gegen einen Absonderungsanspruch[93] erfasst. Ein Verfahren zur Erzwingung der Aufnahme wie bei § 85 InsO gibt es hier nicht. Jede Partei, die den unterbrochenen Rechtsstreit fortführen möchte, braucht ihn nur ihrerseits aufzunehmen. Der Schriftsatz ist dem Insolvenzverwalter persönlich zuzustellen; die Zustellung an den Bevollmächtigten des Schuldners genügt nicht, selbst wenn er später von dem Verwalter beauftragt wird.[94] Der Insolvenzverwalter hat die Möglichkeit, der Insolvenzmasse Kosten dadurch zu ersparen, dass er den Anspruch sofort **anerkennt.** In diesem Fall kann der Gegner einen Anspruch auf Erstattung der Kosten des Rechtsstreits nur als Insolvenzgläubiger geltend machen, diese Kosten sind also nicht Masseverbindlichkeit (§ 86 Abs. 2 InsO).

33 Die zweite nicht von § 86 InsO erfasste Gruppe von Passivprozessen sind die **Passivprozesse zur Schuldenmasse,** also diejenigen Verfahren, die gegen den Schuldner anhängig sind und eine **Insolvenzforderung** (§§ 35, 38 InsO) zum Gegenstand haben. Sie können (zunächst) nicht aufgenommen werden; vielmehr darf der Kläger (Gläubiger) seinen Anspruch nur nach den Vorschriften über das Insolvenzverfahren durch Anmeldung zur Eintragung in die Insolvenztabelle verfolgen (§§ 87, 174 InsO). Bis zum Prüfungstermin bleiben die Prozesse unterbrochen Wird die Forderung im Prüfungstermin nicht bestritten, sondern zur Tabelle festgestellt, so ist der unterbrochene Rechtsstreit damit in der Hauptsache erledigt.[95] Mit der Feststellung erlangt der Gläubiger einen vollstreckbaren Titel (vgl. § 178 Abs. 3). Wird die geltend gemachte Forderung **bestritten,** so muss differenziert werden: Bestreitet allein der Schuldner, kann der Gläubiger den Rechtsstreit nur gegen ihn aufnehmen (§ 184 S. 2 InsO). Der Schuldner selbst ist nicht zur Aufnahme berechtigt.[96] Bestreitet hingegen der Insolvenzverwalter oder ein anderer Insolvenzgläubiger die noch nicht titulierte Forderung, ist zur Aufnahme gegen den Bestreitenden nur der Gläubiger, nicht auch der Insolvenzverwalter befugt (§§ 179 Abs. 1, 180 Abs. 2 InsO). Nimmt der Gläubiger den Rechtsstreit auf,

---

[87] BGH NJW-RR 1986, 672, 673.
[88] BGH BGHReport 2004, 852.
[89] BGH NJW 1966, 51.
[90] BGH BGHReport 2003, 1339.
[91] BGHZ 36, 258 = NJW 1962, 589.
[92] *K. Schmidt* KTS 1994, 309, 312.
[93] BGH NJW 1973, 2065.
[94] BGH ZIP 1999, 75.
[95] BGH NJW 1961, 1066, 1067.
[96] BGH BGHReport 2004, 118.

muss er allerdings den Antrag entsprechend dem geänderten Klageziel[97] umstellen: Er kann nicht mehr Zahlung, sondern nur Feststellung der Forderung begehren (§§ 180 Abs. 2, 179, 181, 184 S. 2 InsO: „Es wird festgestellt, dass dem Kläger im Insolvenzverfahren über das Vermögen … folgende Forderung zusteht:"). Dabei sind weder die Vorschriften über eine Klageänderung noch einen Parteiwechsel einschlägig.[98] Anmeldung und Prüfung sind zwingende Voraussetzungen für die Aufnahme des Rechtsstreits.[99] Als Sachurteilsvoraussetzung für das Feststellungsverfahren muss der Gläubiger die bestrittene Anmeldung durch Vorlage eines Tabellenauszugs nach § 179 Abs. 3 S. 1 InsO nachweisen.[100] Neben dem Feststellungsprozess kann der Gläubiger gegen den Schuldner mit einem Antrag auf Zahlung nach Beendigung des Insolvenzverfahrens vorgehen.[101] Insolvenzverwalter und Schuldner sind dann einfache Streitgenossen.[102] Da es sich hier um Passivprozesse handelt, scheidet eine „Freigabe" des Prozesses durch den Insolvenzverwalter aus.[103]

Weist der Insolvenzgläubiger, dessen Forderung bestritten worden ist, nicht innerhalb von zwei Wochen nach der öffentlichen Bekanntmachung des Verteilungsverzeichnisses dem Insolvenzverwalter nach, dass er den Rechtsstreit aufgenommen hat, so droht ihm **Rechtsverlust** (§ 189 InsO). 34

Liegt für die geprüfte und bestrittene Insolvenzforderung bereits ein **vollstreckbarer Schuldtitel** oder ein Endurteil vor, so obliegt es dem Bestreitenden (Insolvenzverwalter oder ein anderer Gläubiger), den Widerspruch zu verfolgen (§ 179 Abs. 2 InsO). Deshalb muss in diesen Fällen der Widersprechende den Prozess aufnehmen. Der Gläubiger darf im Falle einer Verzögerung seinerseits zur Aufnahme schreiten.[104] Bei den titulierten Forderungen iSv. § 179 Abs. 2 InsO wird es sich in der Regel um nicht rechtskräftige Titel handeln, die in dem unterbrochenen Rechtsstreit ergangen sind. Doch ist auch denkbar, dass ein gegen einen rechtskräftigen Titel gerichtetes Verfahren (Vollstreckungsabwehrklage, Wiederaufnahmeverfahren, Feststellungsklage, Titelherausgabeklage) unterbrochen worden ist und nun mit geändertem Klageziel aufgenommen wird. Immer ist freilich Voraussetzung, dass die titulierte Forderung eine Insolvenzforderung ist. 35

4. Anfechtungsprozesse. Unterbrochene Anfechtungsprozesse (vgl. Rn. 15) können vom Insolvenzverwalter aufgenommen werden. Verzögert er die Aufnahme, so gilt § 239 Abs. 2 bis 4 entsprechend (§ 17 Abs. 1 AnfG). Will der Insolvenzverwalter darauf verzichten, den vom Einzelgläubiger geltend gemachten Rückgewährungsanspruch zugunsten der Insolvenzmasse zu verfolgen, so kann er die Aufnahme des Rechtsstreits ablehnen. Lehnt er ab, so kann der Rechtsstreit wegen der Kosten von jeder Partei aufgenommen werden (§ 17 Abs. 3 AnfG). Über die Kosten wird dann entsprechend § 91 a entschieden. 36

§ 241 Unterbrechung durch Prozessunfähigkeit

(1) Verliert eine Partei die Prozessfähigkeit oder stirbt der gesetzliche Vertreter einer Partei oder hört seine Vertretungsbefugnis auf, ohne dass die Partei prozessfähig geworden ist, so wird das Verfahren unterbrochen, bis der gesetzliche Vertreter oder der neue gesetzliche Vertreter von seiner Bestellung dem Gericht Anzeige macht oder der Gegner seine Absicht, das Verfahren fortzusetzen, dem Gericht angezeigt und das Gericht diese Anzeige von Amts wegen zugestellt hat.

(2) Die Anzeige des gesetzlichen Vertreters ist dem Gegner der durch ihn vertretenen Partei, die Anzeige des Gegners ist dem Vertreter zuzustellen.

(3) Diese Vorschriften sind entsprechend anzuwenden, wenn eine Nachlassverwaltung angeordnet wird.

I. Normzweck

Die Vorschrift behandelt den **dritten Unterbrechungstatbestand** nach Tod der Partei und Insolvenz der Partei, nämlich bestimmte (insgesamt vier) **Veränderungen der Prozessfähigkeit und der gesetzlichen Vertretung** im weiteren Sinne, die im Verfahren nach Rechtshängigkeit eintreten. Die Norm regelt die nach Verfahrensbeginn eingetretene fortdauernde Prozessunfähig- 1

---

[97] BGH NJW 1962, 153.
[98] *Zöller/Greger* Rn. 14.
[99] OLG Hamm MDR 1985, 682; BAG NJW 1984, 998 = AP Nr. 3 m. Anm. *Walchshöfer.*
[100] BGH MDR 2000, 660.
[101] BGH WM 1980, 164.
[102] *Zöller/Greger* Rn. 14.
[103] BGH BGHReport 2004, 118 f.
[104] RGZ 86, 237.

keit der Partei. War die Partei von Anfang an prozessunfähig, wird die Klage als unzulässig abgewiesen. Ähnlich wie bei §§ 239, 240 ist es Ziel und Sinn der Norm, durch das rechtliche Anhalten des Verfahrens Nachteile von den Parteien abzuwenden, die zu befürchten wären, wenn der Rechtsstreit trotz der einschneidenden Veränderungen im prozessualen Bereich (Prozessfähigkeit und gesetzliche Vertretung) äußerlich unbeeinflusst seinen Fortgang nähme und letztlich einer Wiederaufnahme (§ 579 Abs. 1 Nr. 4) unterläge.[1] Soweit Abs. 3 (Nachlasspflegschaft) in Betracht kommt, berücksichtigt die Vorschrift auch die Interessen der (Nachlass-)Gläubiger. Da jeder rechtliche Stillstand aber nur vorübergehend sein darf, trifft die Norm, auch darin §§ 239, 240 ähnlich, Vorsorge, dass das Verfahren nicht länger als nötig unterbrochen bleibt, sondern nach angemessener Zeit aufgenommen werden kann. Beides, Stillstand und Fortsetzung liegt letztlich im Interesse beider Parteien. Unzulässig ist die Anwendung des § 241, wenn ein die Unterbrechung beendendes Ereignis ausgeschlossen ist, andernfalls hätte die Unterbrechung nicht nur vorübergehenden, sondern prozessbeendigenden Charakter.[2]

II. Anwendungsbereich

2 Die Vorschrift ist in allen Verfahren und Prozessarten anwendbar, in denen § 239 gilt. Für das arbeitsgerichtliche Verfahren bestehen keine Besonderheiten. Die Vorschrift gilt auf Grund der allgemeinen Verweisungsnormen (§§ 46 Abs. 2, 64 Abs. 6, 72 Abs. 5 ArbGG).

3 Wie bei § 239 und anders als bei § 240 tritt die Unterbrechung jedoch nicht ein, wenn die Partei durch einen **Prozessbevollmächtigten vertreten** ist (§ 246 Abs. 1);[3] hier kommt nur auf Antrag eine **Aussetzung** in Betracht, weil die Veränderung in der Prozessfähigkeit oder der gesetzlichen Vertretung das Fortbestehen der Prozessvollmacht nicht berührt (§ 86). Die Partei, für die noch ein Prozessbevollmächtigter im Verfahren handeln kann, ist nicht in gleicher Weise schutzbedürftig wie diejenige Partei, die sich im Prozess selbst vertreten muss. Es kommt immer entscheidend darauf an, ob die **Prozessvollmacht wirksam erteilt** worden ist. Das kann nur **vor** dem Verlust der Prozessfähigkeit oder vor dem Tod oder der Beendigung der Vertretungsbefugnis des gesetzlichen Vertreters oder vor Anordnung der Nachlassverwaltung geschehen sein.[4] Ist die Prozessvollmacht **später** erteilt, so hindert § 246 Abs. 1 die Unterbrechung nicht. Allerdings soll nachträglich eine Unterbrechung eintreten, wenn der Anwalt das Mandat niederlegt, nachdem die Vertretungsbefugnis des gesetzlichen Vertreters aufgehört hat oder die Partei prozessunfähig geworden ist.[5] Die Unterbrechung beginnt dann mit dem Eingang der Mandatsniederlegungsanzeige bei Gericht. Freilich ist diese Rechtsauffassung für Anwaltsprozesse wegen § 87 Abs. 1 2. Halbs. nicht unproblematisch. Wird die Partei während des Rechtsstreits prozessunfähig, hatte sie aber vorher einen Prozessbevollmächtigten wirksam bestellt, so geht der Rechtsstreit weiter. Es kann also auf den Zeitpunkt des Verlusts der Prozessfähigkeit entscheidend ankommen. Eine Besonderheit gilt, wenn die Partei oder der gesetzliche Vertreter der Partei selbst Rechtsanwalt ist und sich (im Anwaltsprozess) selbst vertritt (vgl. § 78 Abs. 4). Hier ist nicht § 246 anzuwenden, sondern der Rechtsstreit wird gem. § 244 unterbrochen. Der Anwendungsbereich der Norm wird im Übrigen auch durch die Verweisung in § 243 erweitert. Zu beachten ist, dass, wie bei § 239, der Inhalt der Norm für die Frage, ob die Aussetzung gem. § 246 zulässig ist, seine Bedeutung behält. Wegen des hohen Anteils der Anwaltsprozesse ergehen die meisten veröffentlichten Entscheidungen zu § 241 im Rahmen des § 246.

4 Für den **Parteibegriff** des § 241 gelten die zu § 239 und § 240 dargelegten Grundsätze. Die Prozessfähigkeit können nur natürliche Personen verlieren, denn juristische Personen und Handelsgesellschaften sind sowieso nicht prozessfähig, sie handeln durch ihre gesetzlichen Vertreter.

5 Schwierigkeiten bereitet auch hier die Behandlung der **Partei kraft Amtes.** In entsprechender Anwendung des § 241 wird der für die verwaltete Vermögensmasse geführte Rechtsstreit unterbrochen, wenn die Partei kraft Amtes stirbt, prozessunfähig wird, ihr Amt niederlegt oder sonst verliert.[6] War der Amtswalter zugleich Rechtsanwalt, der sich im vorliegenden Verfahren selbst vertreten hat (§ 78 Abs. 3), ist neben § 241 auch § 244 anwendbar. Der **Amtsverlust** ist insoweit als Wegfall der Vertretungsbefugnis anzusehen. Amtsverlust in diesem Sinne ist jedoch nur die Abberufung der bestimmten Person, die als Insolvenzverwalter, Testamentsvollstrecker usw. bestellt war, nicht dagegen die Beendigung der Verwaltung. Bei **Beendigung** der Insolvenzverwaltung, Testa-

---

[1] *Stein/Jonas/Roth* Rn. 1.
[2] OVG Münster NJW 1981, 2373.
[3] BGH NJW-RR 1994, 542; MDR 1964, 126; BFH NJW 1986, 2594; *Bork* JZ 1991, 841, 846.
[4] Vgl. BGH LM § 52 Nr. 6; BGH FamRZ 1991, 548.
[5] BAG AP Nr. 1 m. Anm. *Rimmelspacher.*
[6] BGH NJW-RR 1989, 255; RG JW 1913, 876, 877; RGZ 155, 350.

mentsvollstreckung, Nachlassverwaltung tritt der Erbe in den Rechtsstreit ein, wobei streitig ist, ob damit eine Unterbrechung nach § 239 verbunden ist.[7]

III. Wirkung und Dauer der Unterbrechung

Wie bei jeder Unterbrechung (vgl. Vor § 239 Rn. 5) tritt die Wirkung (§ 249) unabhängig vom Willen oder der Kenntnis der Parteien und des Gerichts von selbst und zeitgleich mit dem im Gesetz genannten Ereignis ein. Das ist insbesondere im Falle des Verlustes der Prozessfähigkeit gelegentlich misslich, weil dieses Ereignis ohne äußerlich erkennbare Merkmale und ohne, dass es der Betroffene selbst bemerkt, eintreten kann, wie etwa bei krankhafter Störung der Geistestätigkeit iSv. § 104 Nr. 2 BGB. Die Unterbrechung dauert fort, bis der Nachfolger im Amt dem Gegner von seiner Bestellung Anzeige macht oder der Gegner seine Absicht, das Verfahren fortzusetzen dem Nachfolger im Amt anzeigt.[8] 6

IV. Voraussetzungen der Unterbrechung

1. Verlust der Prozessfähigkeit. Gemeint ist nur der Verlust der Prozessfähigkeit (§ 52) im **Verlaufe des Verfahrens.** Die Partei muss also zunächst prozessfähig gewesen sein. Sie kann die Prozessfähigkeit verlieren infolge einer Geisteskrankheit iSd. § 104 Nr. 2 BGB. Die Feststellung obliegt in diesem Falle dem Prozessgericht,[9] und zwar auch hinsichtlich des Zeitpunkts, zu dem die Unterbrechung eingetreten ist. Keine Prozessunfähigkeit liegt im Falle der Bestellung eines Abwesenheitspflegers vor.[10] Bei anfänglicher (ursprünglicher) Prozessunfähigkeit gibt es keine Unterbrechung des Verfahrens, sondern die Klage ist als unzulässig abzuweisen.[11] Das Prozessurteil kann durch eine Vertreterbestellung nach § 57 abgewendet werden.[12] 7

2. Tod des gesetzlichen Vertreters. Die nicht prozessfähige Partei muss im Prozess durch eine natürliche Person als gesetzlicher Vertreter vertreten werden (§ 51). Stirbt dieser, so ist mit seinem Tode der Rechtsstreit unterbrochen. Todeserklärung nach dem Verschollenheitsgesetz steht dem Tod gleich. Sind mehrere gesetzliche Vertreter **(Gesamtvertretung)** vorhanden, so wird durch den Tod eines von ihnen das Verfahren nicht unterbrochen, sofern die verbleibenden gemeinsam oder allein zur Vertretung berechtigt sind.[13] Dies wird nach Gesetz oder Satzung bei juristischen Personen häufig der Fall sein. Für die gesetzliche Vertretung Minderjähriger bestimmt § 1681 BGB, dass beim Tode eines Elternteils die gesetzliche Vertretung (§ 1629 BGB) dem überlebenden Elternteil allein zusteht. Gesetzliche Vertreter sind auch die besonderen Vertreter nach §§ 57, 58 sowie Liquidatoren (Abwickler) von Gesellschaften. 8

3. Beendigung der Vertretungsbefugnis des gesetzlichen Vertreters. Fällt die Vertretungsbefugnis des gesetzlichen Vertreters weg, so wird der Rechtsstreit ebenfalls unterbrochen. Hier kommen als Unterbrechungsgründe zB das Ruhen oder die Verwirkung der elterlichen Sorge, die Entlassung des Vormunds oder bei juristischen Personen die Beendigung des Amtes als Vorstand oder Geschäftsführer oder Liquidator in Betracht.[14] Außerdem gehört dazu der Fall, dass der gesetzliche Vertreter selbst prozessunfähig wird. So wird die GmbH & Co. KG prozessunfähig, wenn die Komplementär-GmbH wegen Vermögenslosigkeit von Amts wegen im Handelsregister gelöscht wird, denn damit verliert die GmbH als gesetzliche Vertreterin der KG ihrerseits ihren gesetzlichen Vertreter, falls nicht Liquidatoren (Abwickler) bestellt werden.[15] Sofern mehrere gesetzliche Vertreter vorhanden sind und die Vertretungsbefugnis nicht aller endet, so gelten die zu Rn. 8 dargestellten Regeln entsprechend (vgl. zB §§ 1678, 1680 BGB). Für § 241 ist kein Raum, wenn Streit besteht, welche Person der gesetzliche Vertreter einer Partei ist. Handelt es sich um eine Anfechtungs- oder Nichtigkeitsklage einer GmbH um die Abberufung eines Geschäftsführers oder Liquidators, gilt als Vertreter der Gesellschaft die Person, die bei Abweisung der Klage als solcher anzusehen wäre.[16] 9

Die Unterbrechung tritt nur ein, wenn nicht spätestens gleichzeitig mit dem Wegfall der Vertretungsbefugnis die Partei prozessfähig geworden ist. Das ist sinnvoll, denn in diesem Falle ist die Par- 10

---

[7] Vgl. § 239 Rn. 14.
[8] BGH NJW-RR 1989, 255.
[9] BGH NJW-RR 1986, 157.
[10] RGZ 52, 224.
[11] OLG Hamm NJW-RR 1998, 470.
[12] BGHZ 40, 197, 199; *Hager* ZZP 97 (1984), 174, 178; *Zöller/Greger* Rn. 2.
[13] RG JW 1898, 280 (betrifft Kirchenvorstand).
[14] BFH BB 1986, 1977 (Löschung der GmbH); OLG Hamm NJW 1988, 470 (Amtsniederlegung der Liquidatoren).
[15] OLG Zweibrücken ZIP 1983, 941.
[16] OLG Köln NJW-RR 2003, 758.

tei **nicht schutzbedürftig,** sie vertritt sich nun selbst. Wird die Partei im Laufe des Rechtsstreits prozessfähig, führt sie ab diesem Zeitpunkt **ohne Unterbrechung** anstelle des gesetzlichen Vertreters das Verfahren fort.[17]

11 **4. Anordnung der Nachlassverwaltung.** Abs. 3 bestimmt die entsprechende Anwendung der Vorschrift für die Anordnung der Nachlassverwaltung nach § 1981 BGB. Sie unterbricht den Rechtsstreit, den der Erbe als solcher führt, weil sie dem Erben das Recht entzieht, über den Nachlass zu verfügen und ihn zu verwalten (§ 1984 BGB). Es handelt sich bei diesem vierten Unterbrechungsgrund der Vorschrift mithin um den **Wegfall der Prozessführungsbefugnis.** In den Rahmen des § 241, der es mit der Prozessfähigkeit und der gesetzlichen Vertretung zu tun hat, passt die Anordnung der Nachlassverwaltung nicht hinein.

12 Unterbrochen wird nur derjenige Prozess, der den Nachlass betrifft und eine vermögensrechtliche Streitigkeit darstellt. Wird die **persönliche Haftung** des Erben mit seinem nachlassfreien Vermögen beansprucht, ist § 241 nicht anwendbar. Anders verhält es sich, wenn ein Titel gegen den Nachlass erwirkt werden soll.[18] Wird die Nachlassverwaltung angeordnet, während der ursprünglich für oder gegen den Erblasser anhängige Prozess noch gem. § 239 unterbrochen ist, so kann er nicht mehr nach § 239 aufgenommen werden, sondern nur noch für oder gegen den Nachlassverwalter entsprechend § 241 Abs. 1 und 2. Nach Beendigung der Nachlassverwaltung gelten die Grundsätze des § 239 Rn. 14. Die vom Nachlassverwalter erteilte Vollmacht bleibt gegenüber dem Erben gültig,[19] wie auch eine von dem Nachlassverwalter eingelegte Berufung für jenen wirkt.[20]

V. Aufnahme des Verfahrens

13 Für die Beendigung der Unterbrechung sieht die Vorschrift ein vereinfachtes Aufnahmeverfahren vor, das sich von der Regelung des § 239 deutlich unterscheidet. An die Stelle des Fortsetzungsantrags tritt eine bloße **Anzeige.**

14 Der (neue) gesetzliche Vertreter oder der Nachlassverwalter hat dem Gericht seine Bestellung mitzuteilen. Diese Anzeige muss eindeutig sein. Unnötig, aber auch unschädlich ist es, wenn zugleich beantragt wird, das Verfahren aufzunehmen.[21] Der Schriftsatz (§ 250) ist der Gegenpartei von Amts wegen zuzustellen. Mit der Zustellung ist der Eintritt des gesetzlichen Vertreters, des neuen gesetzlichen Vertreters oder des Nachlassverwalters vollendet und die Unterbrechung beendet.

15 Geht eine derartige Anzeige des gesetzlichen Vertreters oder des Nachlassverwalters nicht ein, obwohl dieser bestellt worden ist, so hat der **Prozessgegner** die Möglichkeit, seinerseits den Rechtsstreit aufzunehmen. Dazu genügt es, dass er dem Gericht seine Absicht mitteilt, das Verfahren fortzusetzen. Auch dieser Schriftsatz ist von Amts wegen zuzustellen und zwar dem gesetzlichen Vertreter oder Nachlassverwalter. Deshalb muss der Schriftsatz diesen mit Namen und ladungsfähiger Anschrift genau bezeichnen und die Tatsachen, aus denen sich dessen Vertretungsbefugnis ergibt, also in der Regel die Bestellung, schlüssig vortragen. Wirksam soll nach einer Entscheidung des BGH die Aufnahme nur sein, wenn es sich dabei um den wahren gesetzlichen Vertreter handelt; anderenfalls wird im **Aufnahmestreit** (Fortsetzungsstreit) durch Zwischenurteil entschieden, dass der Rechtsstreit weiterhin unterbrochen ist.[22] Doch ist diese Auffassung nicht unbedenklich. Sie lässt sich mit dem Wortlaut der Vorschrift, der klar von § 239 Abs. 1 bis 4 abweicht, aber auch nicht das in § 244 Abs. 2 bestimmte Verfahren vorsieht, nicht vereinbaren. Danach dauert die Unterbrechung nur bis zur Zustellung der jeweiligen Anzeige, wobei zwischen der Anzeige des gesetzlichen Vertreters und des Gegners kein Unterschied gemacht wird. Deshalb dürfte die Gegenmeinung den Vorzug verdienen. Sie wird übrigens auch in einem anderen Beschluss des BGH und zwar des gleichen Senats vertreten.[23] Danach ist über die Legitimation des gesetzlichen Vertreters erst im **weiteren Verfahren** nach Ende der Unterbrechung zu entscheiden. Die gesetzliche Vertretungsmacht ist also im weiteren Verfahren von Amts wegen (§ 56) zu prüfen.[24]

16 Wird die Bestellung des gesetzlichen Vertreters **verzögert,** so hat der Prozessgegner im anhängigen Prozess keine Möglichkeit, die Fortsetzung zu erzwingen und die Unterbrechung zu beenden. Eine Aufnahmeerklärung (Anzeige iSd. § 241) ist nicht möglich, weil der gesetzliche Vertreter, den

---

[17] BGH ZIP 1982, 1318; OLG Brandenburg FamRZ 2001, 115; OLG Zweibrücken NJW-RR 2000, 815.
[18] *Stein/Jonas/Roth* Rn. 12; *Baumbach/Lauterbach/Hartmann* Rn. 5.
[19] RGZ 73, 312.
[20] RG JW 1930, 2074.
[21] BGH VersR 1983, 666.
[22] BGH WM 1982, 1170 = ZIP 1982, 1318.
[23] BGH VersR 1983, 666.
[24] *Stein/Jonas/Roth* Rn. 14; *Musielak/Stadler* Rn. 4; *Baumbach/Lauterbach/Hartmann* Rn. 7.

sie bezeichnen müsste, nicht feststeht. § 57 (bei Gefahr im Verzuge Antrag auf Bestellung eines Prozesspflegers) dürfte anwendbar sein.

§ 242 Unterbrechung durch Nacherbfolge

Tritt während des Rechtsstreits zwischen einem Vorerben und einem Dritten über einen der Nacherbfolge unterliegenden Gegenstand der Fall der Nacherbfolge ein, so gelten, sofern der Vorerbe befugt war, ohne Zustimmung des Nacherben über den Gegenstand zu verfügen, hinsichtlich der Unterbrechung und der Aufnahme des Verfahrens die Vorschriften des § 239 entsprechend.

I. Normzweck

Die Vorschrift erweitert die Anwendung des § 239 auf den Sonderfall, der sich aus der erbrechtlichen Gestaltungsmöglichkeit, einen Nacherben einzusetzen, ergibt. Der Erblasser kann einen Erben in der Weise einsetzen, dass dieser erst Erbe wird, nachdem zunächst ein anderer Erbe geworden ist (§ 2100 BGB). **Vorerbe** und **Nacherbe** sind zeitlich aufeinander folgende **Gesamtrechtsnachfolger desselben Erblassers,** der Nacherbe ist mithin nicht Erbe des Vorerben. Der Eintritt der Nacherbfolge, also der Zeitpunkt, zu dem der Nacherbe Erbe wird, kann von dem Erblasser frei bestimmt werden. Unterlässt er eine solche Bestimmung, so fällt die Erbschaft dem Nacherben mit dem Tod des Vorerben an (§ 2106 BGB). Aus diesen erbrechtlichen Regelungen folgt, dass § 239 für den Eintritt des Nacherbfalls nicht unmittelbar anwendbar ist: Falls der Tod des Vorerben den Nacherben zum Erben macht, folgt dies daraus, dass der Nacherbe nicht Rechtsnachfolger des Vorerben ist.[1] Soweit ein anderes Ereignis den Nacherbfall auslöst, kann § 239 nicht herangezogen werden, weil in dieser Konstellation nicht der Tod eines Menschen als Unterbrechungstatbestand in Betracht kommt. 1

Andererseits besteht in den **Fällen der Nacherbfolge,** durch die der prozessführende Vorerbe die Aktivlegitimation verliert (§ 2139 BGB), ein Bedürfnis nach Unterbrechung. Dieses Bedürfnis ergibt sich insbesondere auch aus § 326 Abs. 2. Danach wirkt die Rechtskraft eines Urteils, das zwischen einem Vorerben und einem Dritten über einen der Nacherbfolge unterliegenden Gegenstand ergeht, auch gegen den Nacherben, sofern der Vorerbe befugt ist, ohne Zustimmung des Nacherben über den Gegenstand zu verfügen. Deshalb will § 242 die sonst bestehende **Regelungslücke** durch entsprechende Anwendung des § 239 sinnvoll schließen. Letztlich bedeutet das, dass der Nacherbe prozessual so gestellt wird, als wäre er Rechtsnachfolger des Vorerben. Im Übrigen sind die Normzwecke die gleichen wie bei § 239. 2

II. Anwendungsbereich, Regelungsinhalt

Nach Wortlaut und Normzweck gilt die Vorschrift nur für die **Aktivprozesse** über Nachlassgegenstände, über die der Vorerbe ohne Zustimmung des Nacherben verfügen darf (§§ 2112, 2136 BGB). Dem steht gleich, dass der Nacherbe seine Einwilligung zu der Verfügung erklärt hat (§ 2120 BGB).[2] Die Anwendung des § 239 ist also beschränkt nur auf einen Teil der Prozesse, die der Vorerbe als solcher führt, nämlich auf diejenigen, in denen das Urteil gem. § 326 Abs. 2 für und gegen den Nacherben wirkt. Prozesse über **Nachlassverbindlichkeiten** werden durch § 242 nicht berührt. Handelt es sich um einen nicht befreiten Vorerben, ist die Klage bereits wegen fehlender Aktivlegitimation abzuweisen.[3] 3

Gem. § 246 findet die Unterbrechung nach § 242, ebenso wie bei § 239 **nicht für Prozesse** statt, in denen die **Partei** (der Vorerbe) **durch** einen **Prozessbevollmächtigten vertreten** ist. Hier ist, wenn die Voraussetzungen des § 242 vorliegen, nur auf Antrag der Partei oder des Gegners Aussetzung anzuordnen. 4

§ 242 enthält **keine** besondere inhaltliche **Rechtsfolgenregelung,** sondern verweist lediglich auf § 239. Die Unterbrechung, die Dauer der Unterbrechung, die Aufnahme sowie das Verfahren bei Verzögerung der Aufnahme richten sich nach § 239. Dabei steht der **Eintritt der Nacherbfolge** dem Tod der Partei iSv. § 239 gleich, und der Nacherbe ist als „Rechtsnachfolger" iSv. § 239 zu behandeln. Beachtet werden muss insbesondere auch, dass der Nacherbe entsprechend § 239 Abs. 5 zur Fortsetzung des Rechtsstreits, also zur Aufnahme, nur verpflichtet ist, nachdem er 5

---

[1] *Stein/Jonas/Roth* Rn. 2; *Musielak/Stadler* Rn. 1; aA *Baumbach/Lauterbach/Hartmann* Rn. 3.
[2] RGZ 110, 95.
[3] *Zöller/Greger* Rn. 2.

die Erbschaft angenommen hat, also nicht nach § 2142 BGB ausgeschlagen hat. Die Wirkung der Unterbrechung ist in § 249 geregelt. Im Übrigen kann auf die Erläuterungen zu § 239 verwiesen werden.

§ 243 Aufnahme bei Nachlasspflegschaft und Testamentsvollstreckung

Wird im Falle der Unterbrechung des Verfahrens durch den Tod einer Partei ein Nachlasspfleger bestellt oder ist ein zur Führung des Rechtsstreits berechtigter Testamentsvollstrecker vorhanden, so sind die Vorschriften des § 241 und, wenn über den Nachlass das Insolvenzverfahren eröffnet wird, die Vorschriften des § 240 bei der Aufnahme des Verfahrens anzuwenden.

I. Normzweck

1 Tritt durch den Tod einer Partei eine Unterbrechung des Verfahrens ein, so ist der Rechtsstreit nach **§ 239** für und gegen den Rechtsnachfolger aufzunehmen. Diese Regelung passt nicht für **drei Sonderfälle,** die beim Tod der Partei sowie beim gem. § 242 entsprechend zu behandelnden Nacherbfall bestehen oder nachträglich eintreten können. Sinn des § 243 ist es, für diese besonderen Situationen in Ergänzung von § 239 die **Aufnahme** des unterbrochenen Verfahrens anderen, besser passenden Regeln zu unterwerfen. § 243 bezieht sich darum nicht auf den Beginn der Unterbrechung des Verfahrens.

II. Regelungsinhalt

2 Es handelt sich um folgende **drei Sonderfälle:** Nachlasspflegschaft (§§ 1960, 1961 BGB), Testamentsvollstreckung (§§ 2197ff., 2212, 2213 BGB) und Nachlassinsolvenzverfahren (§§ 1975ff. BGB, 315ff. InsO). Die Voraussetzungen der Unterbrechung und der Beginn der Unterbrechung richten sich auch in diesen Sonderfällen immer nach § 239 und entsprechend nach § 242. Nur für die Beendigung der Unterbrechung durch Aufnahme, die Aufnahmeberechtigung und das Aufnahmeverfahren ersetzt § 243 die in § 239 bestimmte Regelung durch die entsprechend anzuwendenden Vorschriften des § 241 und des § 240.

III. Anwendungsbereich, Einzelheiten

3 Wie § 239 ist die Vorschrift im **Anwaltsprozess nicht anwendbar** (§ 246).[1] Sie gilt nur, wenn eine Partei stirbt, die nicht durch einen Prozessbevollmächtigten vertreten ist. Die Regelung ist entsprechend anwendbar, wenn die Unterbrechung auf einer Nacherbfolge (§ 242) beruht und für den Nacherben ein Testamentsvollstrecker oder Nachlasspfleger bestellt ist.[2]

4 Der Nachlasspfleger und der Testamentsvollstrecker nehmen das Verfahren entsprechend § 241 dadurch auf, dass sie ihre Bestellung dem Gericht gem. § 250 anzeigen. Der Prozessgegner kann durch die bloße Mitteilung, er wolle das Verfahren fortsetzen, die Aufnahme bewirken, wobei diese Anzeige wie bei § 241 dem Nachlasspfleger oder dem Testamentsvollstrecker zugestellt werden muss. Die Aufnahme ist auch vor Annahme der Erbschaft möglich; § 239 Abs. 5 gilt nicht, denn nach §§ 2213 Abs. 2, 1960 Abs. 3 BGB findet § 1958 BGB auf Testamentsvollstrecker und Nachlasspfleger keine Anwendung.[3]

5 Soweit **Testamentsvollstreckung** angeordnet ist, kommt es weiter entscheidend darauf an, ob der Prozess, der durch den Tod der Partei unterbrochen wurde, ein Aktivprozess (§ 2212 BGB) oder ein Passivprozess (§ 2213 BGB) ist. Nur beim **Aktivprozess** ist die Aufnahme durch den Erben grundsätzlich ausgeschlossen. Beim Passivprozess steht dagegen § 243 der Aufnahme durch den Erben nicht im Wege. In einem solchen Fall kann der Gegner allerdings den Testamentsvollstrecker (auch nach der Aufnahme durch die Erben) selbst gegen dessen Willen durch Anzeige seiner Fortsetzungsabsicht mit in das laufende Verfahren hineinziehen.[4]

6 Bei **Eröffnung des Nachlassinsolvenzverfahrens** (§§ 1975ff. BGB, 315ff. InsO) richtet sich die Aufnahme eines die Masse betreffenden Verfahrens nach den Vorschriften der Insolvenzordnung (§ 240). Hier ist nur der Fall gemeint, dass der durch den Tod der Partei unterbrochene Rechtsstreit bei Eröffnung des Nachlassinsolvenzverfahrens noch gem. § 239 unterbrochen war.

---

[1] *Stein/Jonas/Roth* Rn. 2; *Musielak/Stadler* Rn. 1.
[2] *Zöller/Greger* Rn. 2.
[3] *Zöller/Greger* Rn. 3.
[4] BGHZ 104, 1, 4f. = NJW 1988, 1390.

War der Prozess vorher vom Erben oder der Gegenpartei nach § 239 bereits aufgenommen, so ist bei Eröffnung des Nachlassinsolvenzverfahrens allein § 240 unmittelbar anzuwenden, denn in diesem Falle wird der (fortgeführte) Rechtsstreit durch die Verfahrenseröffnung unterbrochen. Der Unterschied ist bedeutsam wegen § 246, dessen Regelung (Aussetzungsmöglichkeit anstatt Unterbrechung im Anwaltsprozess) für § 240 nicht gilt. Ist das Insolvenzverfahren vor einer Aufnahme durch den Rechtsnachfolger und den Insolvenzverwalter aufgehoben worden, bedarf es nunmehr einer Aufnahme durch den Rechtsnachfolger.[5]

§ 244 Unterbrechung durch Anwaltsverlust

(1) Stirbt in Anwaltsprozessen der Anwalt einer Partei oder wird er unfähig, die Vertretung der Partei fortzuführen, so tritt eine Unterbrechung des Verfahrens ein, bis der bestellte neue Anwalt seine Bestellung dem Gericht angezeigt und das Gericht die Anzeige dem Gegner von Amts wegen zugestellt hat.

(2) [1] Wird diese Anzeige verzögert, so ist auf Antrag des Gegners die Partei selbst zur Verhandlung der Hauptsache zu laden oder zur Bestellung eines neuen Anwalts binnen einer von dem Vorsitzenden zu bestimmenden Frist aufzufordern. [2] Wird dieser Aufforderung nicht Folge geleistet, so ist das Verfahren als aufgenommen anzusehen. [3] Bis zur nachträglichen Anzeige der Bestellung eines neuen Anwalts erfolgen alle Zustellungen an die zur Anzeige verpflichtete Partei.

I. Normzweck

Soweit die Parteien gesetzlich gezwungen sind, sich im Prozess durch einen bei dem Prozessgericht zugelassenen Rechtsanwalt als Bevollmächtigten vertreten zu lassen (§ 78), trifft sie der Wegfall dieses Anwalts schwer; ohne ihn können sie ihre Rechte nicht ordnungsgemäß wahrnehmen, insbesondere keine Prozesshandlungen wirksam vornehmen.[1] Deshalb bedürfen sie des durch § 244 gewährten Schutzes vor den Nachteilen eines von ihnen nicht gewollten und nicht veranlassten Anwaltsverlustes. Die Vorschrift entspricht teilweise § 239: Der **Tod des Anwalts** löst im Anwaltsprozess die gleiche Wirkung aus wie im Parteiprozess der Tod der Partei. Das Gesetz bestimmt die strengste Form des rechtlichen Stillstands, nämlich die Unterbrechung, als die einzig angemessene Reaktion auf den Wegfall des postulationsfähigen Prozessbevollmächtigten. Die vom Anwaltsverlust betroffene Partei muss Zeit haben, einen anderen Bevollmächtigten zu bestellen (Abs. 1). Die Prozessordnung, die den Anwaltszwang für bestimmte Verfahren anordnet, hat also zugleich Vorsorge treffen, dass der Prozess nicht ohne Anwalt fortgeführt wird. 1

Im Grundsatz ähnlich wie bei § 239 dient die Unterbrechung jedoch auch der Gegenpartei und darüber hinaus dem gesetzlichen Ziel, das Verfahren korrekt, prozessordnungsgemäß und zügig durchzuführen. Damit die Unterbrechung, die immer tendenziell temporär ist, nicht zu lange dauert, regelt Abs. 2 im **Interesse des Prozessgegners** das Aufnahmeverfahren. 2

II. Regelungsinhalt, Anwendungsbereich

Das Gesetz nennt in Abs. 1 zwei Formen des Anwaltsverlustes: **Tod** und **Unfähigkeit zur weitern Vertretung.** Während der Tod regelmäßig leicht feststellbar ist, gibt der Begriff der „Unfähigkeit", der verschiedene, ganz unterschiedliche Sachverhalte erfasst, eher Anlass zu Problemerörterungen. Abs. 1 ordnet für beide Fälle die Unterbrechung an und bestimmt zugleich, wann und wodurch üblicherweise die Unterbrechung endet. Abs. 2 regelt das Verfahren bei Verzögerungen und beantwortet zugleich die Frage, wie Zustellungen an die nicht vertretene Partei bewirkt werden können. 3

Die Vorschrift gilt nur, soweit der Anwaltszwang (§ 78) reicht, also ausschließlich im **Anwaltsprozess.**[2] Im Unterschied zu § 246 wird also nicht darauf abgestellt, ob die Partei (unabhängig vom Anwaltszwang) durch einen Prozessbevollmächtigten vertreten ist. Die Vorschrift ist also im Parteiprozess auch im Falle anwaltlicher Vertretung nicht einschlägig.[3] Daraus folgt, dass § 244 auch nicht gilt in den vom Anwaltszwang **befreiten** Vorverfahren und Nebenverfahren des Anwaltsprozesses, insbesondere, soweit die jeweilige Prozesshandlung zu Protokoll der Geschäftsstelle erklärt werden 4

---

[5] BGHZ 36, 258, 261 = NJW 1962, 589; *Baumbach/Lauterbach/Hartmann* Rn. 3.
[1] BGHZ 98, 325, 327 = NJW 1987, 327; BGHZ 90, 249, 252 f. = NJW 1984, 1559.
[2] BGH FamRZ 1992, 48; BGH NJW 1966, 1126.
[3] BGH FamRz 1992, 48 f.; *Musielak/Stadler* Rn. 1.

kann. Grundsätzlich nicht anwendbar ist die Vorschrift mithin im Prozesskostenhilfeverfahren, selbstständigen Beweisverfahren, Richterablehnungsverfahren, sowie im Verfahren vor dem beauftragten oder ersuchten Richter, dem Rechtspfleger oder Urkundsbeamten, im Arrestverfahren und im Verfahren der einstweiligen Verfügung, ferner im Beschwerdeverfahren, soweit § 573 eingreift.

5 Als Besonderheit für das Arbeitsgerichtsverfahren bestimmt § 11 Abs. 2 ArbGG, dass auch im Bereich des an sich gegebenen **Anwaltszwanges vor den Landesarbeitsgerichten** Vertreter von Gewerkschaften oder Arbeitgebervereinigungen (Verbandsvertreter) auftreten dürfen. Auf diese Verbandsvertreter ist deshalb insoweit § 244 anzuwenden. Ist der Arbeitsgerichtsprozess in der Berufungsinstanz beim Landesarbeitsgericht anhängig, so wird er unterbrochen, wenn der Verbandsvertreter stirbt oder die Vertretungsfähigkeit verliert.

III. Voraussetzungen der Unterbrechung

6 **1. Partei.** Der Parteibegriff (übrigens auch für Abs. 2) unterscheidet sich nicht von § 239. Auch die vertretungsbedürftige Partei kraft Amtes wird durch § 244 geschützt. Stirbt der Anwalt des Streithelfers (§ 67), so wird der Rechtsstreit nicht unterbrochen.

7 **2. Anwalt.** Da § 244 nur für Anwaltsprozesse gilt, ist Anwalt im Sinne der Vorschrift nur der für den Rechtszug, in dem das Verfahren sich befindet, notwendigerweise bestellte prozessbevollmächtigte und postulationsfähige Rechtsanwalt. Der Rechtsstreit wird unterbrochen, wenn die Partei damit den einzigen zu ihrer Vertretung befugten Anwalt verliert.[4] Nicht unterbrochen wird der Rechtsstreit, wenn der für eine andere Instanz bestellte Anwalt, der Unterbevollmächtigte oder der Korrespondenzanwalt (Verkehrsanwalt)[5] wegfällt. Dem Rechtsanwalt muss eine **Prozessvollmacht** erteilt sein. Bloße **Beiordnung** ohne Erteilung einer Vollmacht durch die Partei genügt nicht.[6] Nur der wirksam Bevollmächtigte ist „Anwalt einer Partei" iSv. Abs. 1. Hat der Rechtsanwalt einen Vertreter iSv. § 53 BRAO, so ist dieser nach dem Tod des vertretenen Rechtsanwalts als „Anwalt der Partei" anzusehen. Der Tod des vertretenen Rechtsanwalts bewirkt somit keine Unterbrechung des Verfahrens; die Unterbrechung tritt in diesem Falle erst mit der Löschung des verstorbenen Anwalts in der Anwaltsliste ein (§ 54 BRAO).[7] Ist die Prozessvollmacht mehreren, für die jeweilige Instanz postulationsfähigen Rechtsanwälten erteilt, so reicht der Wegfall eines von ihnen nicht aus, um die Unterbrechung zu bewirken; nur wenn alle sterben oder die Vertretungsfähigkeit verlieren, ist § 244 anwendbar.[8] Dies lässt sich damit begründen, dass die Partei nicht schutzlos ist, wenn noch ein von ihr beauftragter postulationsfähiger Prozessbevollmächtigter vorhanden ist.

8 Ist ein **Rechtsanwalt im Anwaltsprozess Partei** und vertritt er sich (allein) gem. § 78 Abs. 4 selbst, so ist die „Konkurrenz" von § 239 (mit § 246) und § 244 dahin zu lösen, dass nach § 246 Abs. 1 1. Halbs. nur § 244 anzuwenden ist: Der Rechtsstreit ist unterbrochen, wenn der Anwalt stirbt oder iSv. § 244 unfähig wird, sich selbst zu vertreten. Damit wird zwar die Partei, die sich als Anwalt selbst vertritt, gegenüber anderen Parteien in gewisser Weise bevorzugt, denn in den anderen Fällen wäre beim Tode der Partei nur der Aussetzungsantrag möglich. Doch muss dies so sein, weil in diesem Sonderfall mit Tod der Partei zugleich auch kein Bevollmächtigter mehr vorhanden ist, der den Aussetzungsantrag gem. § 246 Abs. 1 stellen könnte.[9]

9 Besonderheiten können sich ergeben, wenn der **Anwaltsverlust „zwischen den Instanzen"** eintritt. § 244 betrifft nur den für den jeweiligen Rechtszug bestellten Anwalt. Der Rechtszug endet jedoch noch nicht schon mit der (Verkündung der) Entscheidung, die ihn endgültig abschließt, sondern erst mit dem Beginn der Rechtsmittelfrist, also der Zustellung der Entscheidung.[10] Fällt der Anwalt der unteren Instanz weg, nachdem ihm die Instanz beendende rechtsmittelfähige Entscheidung wirksam zugestellt worden ist (§ 172),[11] so dürfte eigentlich eine Unterbrechung nicht eintreten. Dies erscheint jedoch nicht sachgerecht, denn der vorinstanzliche Anwalt ist zur Bestellung des Rechtsmittelanwalts bevollmächtigt (§ 81), wodurch sich eine gewisse Verknüpfung der beiden Instanzen ergibt. Auch wäre der Schutz der Partei, dem § 244 dienen soll, andernfalls unvollkommen.

---

4 BGHZ 66, 59 = JZ 1976, 242 = MDR 1976, 487 = LM Nr. 9.

5 BGH VersR 1984, 988, 989 (aber Wiedereinsetzung möglich).

6 BGHZ 2, 227 = NJW 1951, 802.

7 BGHZ 61, 84 = NJW 1973, 1501; BGH NJW 1982, 2324; VersR 1977, 835; unrichtig dagegen OLG Zweibrücken OLGZ 1972, 304.

8 BAG NJW 1972, 1388, 1389 = AP § 246 Nr. 1.

9 BGHZ 111, 104, 107 = NJW 1990. 1854; BGH NJW 2002, 2107; *Musielak/Stadler* Rn. 1; *Zöller/Greger* Rn. 1.

10 BGHZ 23, 172, 173 = NJW 1957, 713; BGH VersR 1964, 1306.

11 Auch im Falle des § 87: BGHZ 43, 135 = NJW 1975, 120, 121.

Deshalb ist nach richtiger Auffassung[12] der **Anwendungsbereich** der Vorschrift dahin zu **erweitern,** dass bis zur Einlegung des Rechtsmittels oder zur Erteilung der Prozessvollmacht für den am höheren Gericht tätigen (anderen) Rechtsanwalt der Tod des für den vorherigen Rechtszug bestellten Anwalts Unterbrechungswirkung hat. Entsprechendes gilt bei einem Anwaltsverlust vor Ablauf der Rechtsmittelfrist und damit Eintritt der Rechtskraft. 10

Ist ein Rechtsstreit gleichzeitig in **zwei Instanzen** anhängig, wie dies nach der Anfechtung von Teilurteilen (§ 301), Vorbehaltsurteilen (§ 302) oder Grundurteilen (§ 304) vorkommen kann, so wird durch den Wegfall des Anwalts der Rechtsstreit nur in demjenigen Rechtszug unterbrochen, für den der Anwalt bestellt war. Die Zustellung eines Versäumnisurteils beendet nicht die Instanz. 11

Unterbrechung des Verfahrens tritt nicht ein, wenn die Partei dem Anwalt die Vollmacht entzieht oder wenn der Anwalt das Mandat niederlegt.[13] Diese Fälle werden von § 244 nicht erfasst. Der Schutzbedürftigkeit der Partei nach der Mandatsniederlegung trägt das Gesetz in anderer Weise Rechnung. So wird etwa nach Erlöschen des Mandats § 239 anwendbar, falls die Partei stirbt.[14] 12

3. Tod des Anwalts. Es muss sich wie bei § 239 um einen durch Sterbeurkunde (§§ 37, 60 Personenstandsgesetz) belegbaren Todesfall handeln. Dem steht lediglich die Todeserklärung nach dem Verschollenheitsgesetz gleich. Tod ist selbstverständlich auch der Freitod.[15] Schwere, auch lebensbedrohende Erkrankung oder langdauernde Bewusstlosigkeit genügen ebenso wenig wie Verschollenheit oder unbekannter Aufenthalt. Kann die Partei einen zu ihrer Vertretung bereiten Anwalt nicht finden, so steht dies keineswegs dem Tod des Anwalts gleich und rechtfertigt keine analoge Anwendung von § 244.[16] Der Tod nur eines von mehreren Prozessbevollmächtigten unterbricht nicht, und auch nicht der Tod eines Anwalts, für den ein allgemeiner Vertreter bestellt ist. 13

4. Vertretungsunfähigkeit des Anwalts. a) Allgemeines. Der Anwalt ist nur in ganz bestimmten nicht beliebig zu erweiternden Fällen iSv. § 244 „unfähig, die Vertretung der Partei fortzuführen". Hierzu gehört nicht die Mandatsbeendigung. Auch hat stets nur eine rechtliche, nie eine rein tatsächliche Unfähigkeit wie eine Erkrankung Unterbrechungswirkung.[17] Ob die rechtliche Unfähigkeit ohne Zutun des Anwalts eintritt oder von ihm gewollt ist (zB bei Berufsaufgabe, freiwilligem Verzicht auf die Anwaltszulassung), macht keinen Unterschied. Vertretungsunfähigkeit liegt nicht vor, wenn der Anwalt nach Maßgabe eines relativen Vertretungsverbots nicht tätig werden soll oder darf (§§ 45, 46, 47 BRAO).[18] Wird also etwa ein prozessbevollmächtigter Rechtsanwalt im Laufe des Rechtsstreits zum Beamten auf Lebenszeit ernannt, so führt dies nicht zu einer Unterbrechung des Verfahrens gem. § 244, solange seine Zulassung zur Rechtsanwaltschaft nicht zurückgenommen ist. Tätigkeitsverbote etwa nach § 45 Abs. 1 BRAO unterbrechen den Rechtsstreit nicht. Rechtshandlungen eines Anwalts sind wirksam, auch wenn er gegen Berufspflichten verstößt. Auch der Vorwurf des Parteiverrats führt nicht zur Unterbrechung nach § 244.[19] Dem Anwalt kann auch, sofern er persönlich nicht tätig werden darf, ein allgemeiner Vertreter wirksam bestellt werden (§ 47 BRAO). Bei Vertretung durch mehrere Anwälte einer Sozietät[20] oder bei Vorhandensein eines allgemeinen Vertreters (§ 53 BRAO)[21] tritt keine Unterbrechung ein. Der Verbandsvertreter im Arbeitsgerichtsverfahren (vgl. Rn. 5) verliert seine Vertretungsbefugnis, wenn ihm die entsprechende Ermächtigung genommen wird oder wenn er aus der Gewerkschaft oder dem Verband ausscheidet. 14

b) Verlust der Anwaltseigenschaft. Vertretungsunfähig wird der Prozessbevollmächtigte im Anwaltsprozess, wenn er nicht mehr Rechtsanwalt ist, also seine Zulassung zur Rechtsanwaltschaft zurückgenommen ist (§§ 14 bis 16 BRAO),[22] ferner wenn im anwaltgerichtlichen Verfahren rechtskräftig auf Ausschließung aus der Rechtsanwaltschaft gegen ihn erkannt ist (Erlöschen der Zulassung gem. § 13 BRAO).[23] 15

---

[12] BGH NJW 1995, 1095; FamRZ 1992, 48f.; BGHZ 111, 104 = NJW 1990, 1854, 1855; BAG NJW 1976, 1334; *Musielak/Stadler* Rn. 1f.; *Zöller/Greger* Rn. 2; aA *Stein/Jonas/Roth* Rn. 5.

[13] BGH NJW 1975, 120, 121; BFH KTS 1986, 79.

[14] Teilweise weitergehend zur Rechtslage beim Zusammentreffen von Mandatsende und Unterbrechungsgrund *Stein/Jonas/Roth* Rn. 14, 15 (analoge Anwendung von § 244).

[15] BGH VersR 1984, 988, 989.

[16] BGH VersR 1980, 554.

[17] BGH JZ 1976, 242 = LM Nr. 9.

[18] BGH NJW 1960, 819.

[19] KG NJW-RR 2000, 799 = MDR 1999, 1402.

[20] BAG NJW 1972, 1388.

[21] BGHZ 61, 84 = NJW 1973, 1501; BGH VersR 1981, 658.

[22] BGHZ 66, 59 = LM Nr. 9; OLG Karlsruhe NJW-RR 1995, 626.

[23] BGHZ 98, 325, 327 = NJW 1987, 327; BGHZ 66, 59 = LM Nr. 9.

16 **c) Verlust der Zulassung bei einem Gericht.** Ist die Zulassung bei einem bestimmten Gericht Voraussetzung für die Vertretung in einem bei diesem Gericht anhängigen Prozess (Beispiel: BGH), so endet die Vertretungsfähigkeit mit dem Erlöschen dieser Zulassung entweder bei Verlust der Anwaltseigenschaft gem. § 34 Nr. 1 und 2 BRAO oder bei einem Wechsel der Zulassung (Zulassung bei einem anderen Gericht) gem. §§ 33, 33a, 34 Nr. 3 BRAO.[24] Außerdem kann die Zulassung bei einem Gericht unter den Voraussetzungen des § 35 BRAO zurückgenommen werden. Für den Abwickler (§ 55 BRAO) endet die Zulassung bei dem betreffenden Gericht durch Ablauf der Bestellungszeit oder Widerruf der Bestellung.[25]

17 **d) Berufs- oder Vertretungsverbot.** Das vorläufige Berufs- oder Vertretungsverbot, das im anwaltgerichtlichen Verfahren ausgesprochen wird (§§ 150, 155 BRAO)[26] sowie das Berufsverbot auf Grund einer strafgerichtlichen Verurteilung (§ 70 StGB) und die anwaltgerichtliche Maßnahme des zeitigen Berufsverbots (§ 114 Abs. 1 Nr. 4 BRAO) führen gleichfalls zum Wegfall der Vertretungsbefugnis.[27]

18 **e) Verlust der Prozessfähigkeit.** Wer andere im Prozess vertreten will, muss selbst prozessfähig sein.[28] Deshalb verliert der Anwalt mit der Prozessfähigkeit (§§ 51 Abs. 1, 52), etwa infolge einer nicht nur vorübergehenden krankhaften Störung der Geistestätigkeit (§ 104 Nr. 2 BGB) auch die Vertretungsbefugnis iSv. § 244. Zweifeln an der Prozessfähigkeit des Rechtsanwalts hat das Prozessgericht notfalls auch von Amts wegen nachzugehen. Diese Regelung ist mit dem Grundgesetz vereinbar.[29] Die Beweislast für die Prozessunfähigkeit trifft die Partei die sich darauf beruft.[30]

IV. Wirkung und Dauer der Unterbrechung

19 **1. Beginn der Unterbrechung.** Im Todesfall beginnt die Unterbrechung mit dem genauen Zeitpunkt des Todes. Entsprechendes gilt für den Verlust der Prozessfähigkeit. In den Fällen des § 13 BRAO tritt die Unterbrechung erst mit **Rechtskraft** des Urteils auf Ausschließung aus der Anwaltschaft oder auf Berufsverbot (§ 70 Abs. 4 S. 1 StGB) ein (§ 204 Abs. 1 BRAO), bei Rücknahme der Zulassung erst mit erfolglosem Ablauf der Frist des § 16 Abs. 5 BRAO für den Antrag auf gerichtliche Entscheidung (Bestandskraft der Rücknahmeverfügung) oder, sofern gerichtliche Entscheidung beantragt ist, mit der Rechtskraft der daraufhin ergehenden, die Zurücknahme der Zulassung bestätigenden Entscheidung. Für den Verlust der Zulassung bei einem Gericht ist ebenfalls die Rechtskraft der Rücknahmeverfügung maßgeblich. Selbstverständlich ist mit der Löschung in der Liste der Rechtsanwälte (§ 36 BRAO) immer spätestens die Vertretungsbefugnis entfallen. Deshalb wird vielfach in Entscheidungen auf die **Löschung** abgestellt.[31] Doch wird zumeist der für die Unterbrechung maßgebliche Zeitpunkt bereits etwas früher liegen, falls nicht die Löschung am gleichen Tage vorgenommen wird, an dem die Rücknahmeverfügung Rechtskraft erlangt. Das vorläufige Berufs- oder Vertretungsverbot bewirkt die Unterbrechung schon mit dem Zeitpunkt der **Verkündung** (§ 155 Abs. 1 BRAO). Hat der Rechtsanwalt im Zeitpunkt des Wegfalls seiner Vertretungsbefugnis einen allgemeinen Vertreter, so findet eine Unterbrechung nicht statt. Im Falle des Todes tritt dann allerdings nachträglich durch Löschung in der Anwaltsliste Unterbrechung ein (§ 54 BRAO).

20 **2. Ende der Unterbrechung.** Wie bei allen anderen Verfahrensunterbrechungen dieses Titels gibt es grundsätzlich keine rückwirkende Beendigung der Unterbrechung. Die Rechtsposition, die die Partei auf Grund der Verfahrensunterbrechung erlangt, ist nicht rückwirkend entziehbar.[32] Wird etwa für den vertretungsunfähig gewordenen oder verstorbenen Rechtsanwalt ein Vertreter oder Abwickler bestellt, so kann die Unterbrechung nur mit ex-nunc-Wirkung dadurch beendet werden, dass er dem Gericht seine Bestellung und die Übernahme der Vertretung in dem konkreten Verfahren **anzeigt** und das Gericht diese Anzeige dem Gegner von Amts wegen **zustellt.**[33] Entsprechendes gilt für den Normalfall, dass die Partei einem neuen (anderen) Rechtsanwalt Prozessvollmacht erteilt. Erst mit der **Zustellung** hört die Unterbrechung auf.[34] Die unterbliebene

---

[24] BGHZ 66, 59 = LM Nr. 9.
[25] BGHZ 66, 59 = LM Nr. 9.
[26] BGHZ 66, 59 = LM Nr. 9; BGH JZ 1976, 243.
[27] BGHZ 111, 104 = NJW 1990, 1854.
[28] BGHZ 30, 112 = NJW 1959, 1587; BAG NJW 1966, 74.
[29] BVerfGE 37, 67, 77 = NJW 1974, 1279; vgl. auch *Roth* ZZP 89 (1976), 450.
[30] BGH NJW 2002, 2107 f.
[31] ZB BGH VersR 1981, 679; BGHZ 23, 172 = NJW 1957, 713.
[32] *Vollkommer* JR 1987, 225.
[33] BGHZ 30, 112, 118 = NJW 1959.
[34] BGHZ 30, 112, 118 = NJW 1959.

Zustellung kann durch Rügeverzicht (§ 295 Abs. 1) geheilt werden.[35] Die Anzeige braucht nicht unbedingt ausdrücklich erklärt zu werden, sondern kann in einem vorbereitenden Schriftsatz stillschweigend enthalten sein, den der neue Anwalt einreicht. Auch ein Antrag auf Wiedereinsetzung oder eine Rechtsmittelschrift[36] können genügen. Dagegen stellt es keine Aufnahme des Verfahrens dar, wenn der zum Abwickler der Kanzlei des verstorbenen Anwalts bestellte Rechtsanwalt dem Gericht lediglich den Tod des Anwalts mitteilt[37] oder die Prozessakten zurückreicht,[38] denn hier wird die Absicht, das Verfahren fortzuführen, nicht genügend erkennbar.[39]

Soweit der Verlust der Vertretungsbefugnis nur vorübergehender Natur ist wie beim vorläufigen Verbot, wird die Unterbrechung nicht schon mit **Außerkrafttreten** oder **Aufhebung des Verbots** beendet. Gleiches gilt für die Wiedererlangung der Prozessfähigkeit sowie die Beauftragung eines anderen Verbandsvertreters iSv. § 11 Abs. 2 S. 3 ArbGG durch die Gewerkschaft oder den Arbeitgeberverband. Vielmehr tritt auch in allen diesen Fällen nach dem eindeutigen Wortlaut der Vorschrift die Beendigung erst mit der **wirksamen Aufnahme** ein. Allerdings bedarf es dann nicht der Bestellung eines neuen Anwalts. Wird nämlich der alte Anwalt wieder fähig, die Vertretung fortzuführen, so kann er selbst den unterbrochenen Rechtsstreit aufnehmen.[40] Die Worte „der bestellte neue Anwalt" in § 244 sind insoweit nicht wörtlich zu verstehen. Hat der Rechtsanwalt die Rechtsmittelfrist gegen ein auf Ausschließung aus der Rechtsanwaltschaft lautendes Urteil versäumt und wird ihm Wiedereinsetzung gewährt, so soll nach einer Entscheidung des BGH ausnahmsweise die Unterbrechung als nicht eingetreten gelten.[41] 21

3. Wirkung der Unterbrechung. Wie bei jeder Unterbrechung treten die in § 249 bestimmten Wirkungen kraft Gesetzes völlig unabhängig davon ein, ob das Gericht die Partei oder der betroffene Rechtsanwalt sie kennt oder will. Die Unterbrechung ist immer von Amts wegen zu beachten. Ohne Bedeutung ist auch, wodurch der die Unterbrechung auslösende Sachverhalt herbeigeführt wird. 22

V. Verfahren bei Verzögerung der Aufnahme

Auch im Rahmen des § 244 ist im Interesse zügigen Verfahrensfortgangs Vorsorge dafür getroffen, dass die Aufnahme des unterbrochenen Rechtsstreits nicht unangemessen verzögert wird (Abs. 2). Eine Verzögerung der Anzeige liegt vor, wenn der neue Prozessbevollmächtigte ohne sachlichen Grund die Anzeige unterlässt oder die Partei keinen neuen Vertreter bestellt. Eine Überlegungsfrist ist nicht vorgesehen.[42] Die Gegenpartei kann als erste Alternative beantragen, die vom Anwaltsverlust betroffene **Partei** selbst zur Verhandlung der Hauptsache **zu laden.** Der **Antrag** ist der Partei zuzustellen. Die von Amts wegen vorzunehmende Ladung (§§ 214, 215) muss die Aufforderung enthalten, einen beim Prozessgericht zugelassenen Rechtsanwalt zu bestellen. Ist in dem Termin zur mündlichen Verhandlung über die Hauptsache die Partei nicht vertreten, so kann **Versäumnisurteil** gegen sie ergehen (§§ 330, 331), denn die Unterbrechung ist bereits mit Zustellung der Ladung beendet. Falls die sonstigen Voraussetzungen vorliegen, kommt auch Entscheidung nach Lage der Akten in Betracht (§ 331 a). 23

Als zweite Alternative kann der Prozessgegner auch den Antrag stellen, die Partei aufzufordern, innerhalb einer vom Vorsitzenden des Gerichts zu bestimmenden Frist einen neuen Rechtsanwalt zu bestellen. Antrag und Fristsetzung sind der **Partei selbst** zuzustellen. Bei dieser zweiten Alternative zur Erzwingung der Verfahrensfortsetzung wird der Rechtsstreit mit erfolglosem Fristablauf ohne gerichtliche Entscheidung als aufgenommen **fingiert.**[43] Die Unterbrechung endet ebenfalls, wenn ein neuer Anwalt vor Fristablauf den Rechtsstreit aufnimmt.[44] Eine gerichtliche Entscheidung, sei es auch nur deklaratorischer Natur, ist nicht erforderlich. Ist das Verfahren gem. §§ 348, 348 a beim Einzelrichter anhängig, so bestimmt dieser die Frist. Diese zweite Alternative zu wählen, wird sich für den Prozessgegner dann anbieten, wenn es nach Zustellung des Urteils zur Erwirkung der Rechtskraft einer mündlichen Verhandlung nicht mehr bedarf. 24

---

[35] BGHZ 23, 172 = NJW 1957, 713.
[36] BGH VersR 1977, 835; BGHZ 111, 104 = NJW 1990, 1854.
[37] OLG Köln VersR 1973, 161.
[38] BGH VersR 1981, 658.
[39] BGH MDR 1960, 396, 397.
[40] RGZ 141, 167, 169.
[41] BGHZ 98, 325 = NJW 1987, 327; kritisch zu dieser Entscheidung mit beachtlichen Argumenten *Vollkommer* JR 1987, 225.
[42] *Musielak/Stadler* Rn. 5.
[43] BGH MDR 1960, 396.
[44] *Musielak/Stadler* Rn. 5.

25 Eine bestimmte Form der Zustellung an die Partei selbst ist durch Abs. 2 S. 3 im Unterschied zum früheren Recht nicht mehr vorgeschrieben. Alle im Rahmen des § 244 erforderlichen Zustellungen können auf jede der im Zustellungsrecht (§§ 166 ff.) für den Fall der Zustellung an eine Partei vorgesehene Form vorgenommen werden.[45]

§ 245 Unterbrechung durch Stillstand der Rechtspflege

Hört infolge eines Krieges oder eines anderen Ereignisses die Tätigkeit des Gerichts auf, so wird für die Dauer dieses Zustandes das Verfahren unterbrochen.

I. Normzweck

1 Die Vorschrift dient dem **Schutz der Parteien.** Sie sollen durch die schärfste und am weitesten gehende Form des rechtlichen Verfahrensstillstands einer Unterbrechung vor nachteiligen Folgen eines reinen tatsächlichen Stillstands der Rechtspflege (iustitium)[1] bewahrt werden. Glücklicherweise hat die gesetzliche Regelung derzeit und auch schon seit vielen Jahrzehnten keine praktische Bedeutung. Die Vorsorge vor Katastrophen, deren Eintritt niemand wünscht, ist leider sinnvoll und notwendig. Die Vorschrift hat im materiellen Recht ein Gegenstück in § 206 BGB (Hemmung der Verjährung bei höherer Gewalt).

II. Voraussetzungen der Unterbrechung

2 Die Unterbrechung beginnt, wenn die Tätigkeit des zuständigen Gerichts, bei mehreren zuständigen Gerichten die Tätigkeit aller dieser Gerichte, tatsächlich aufhört. Gemeint ist die **totale Beeinträchtigung,** die tatsächliche Lahmlegung der Gerichtsorganisation über einen **unabsehbaren Zeitraum.** Bei einer bloßen Verhinderung des zuständigen Gerichts in der Ausübung des Richteramts, etwa nur durch tatsächlichen oder rechtlichen Ausfall aller Richter, zB durch Tod, Krankheit, Ausschließung, Ablehnung, tritt keine Unterbrechung ein, da insoweit ein anderes Gericht als zuständiges Gericht bestimmt werden kann (§ 36 Nr. 1). Die durchaus problematische Abgrenzung zwischen § 245 und § 36 Nr. 1 wird allerdings in erster Linie dadurch erleichtert, dass § 245 den Stillstand der Rechtspflege nur dann als Unterbrechungsgrund anerkennt, wenn er **durch Krieg** oder durch ein anderes **Ereignis ähnlich einschneidender Wirkung** verursacht ist. Als andere Ereignisse kommen in Betracht: Naturkatastrophen, Epidemien, große technische Unglücksfälle bürgerkriegsähnliche Zustände, terroristische Großangriffe, unter Umständen auch einmal besondere „Streiks".[2]

3 Weiter ist für die Anwendung des § 245 zu verlangen, dass diese Ereignisse einen „Zustand" bewirken, dass also die Tätigkeit des Gerichts für eine **gewisse längere Dauer** und mit zunächst ungewissem Ende aufhört. Die Verlegung (Evakuierung) des Gerichts selbst fällt nicht unter § 245, wenn die Tätigkeit sofort an einem anderen Ort fortgesetzt wird.[3] Immer muss es sich um **Behinderung des Gerichts** handeln, die Behinderung der Partei durch Krieg[4] oder Katastrophen genügt nicht; hierfür gibt es die Sondernorm des § 247 (Aussetzung) und im Übrigen die (schwächeren) Vorschriften zur Wiedereinsetzung in den vorigen Stand (§§ 233 ff.), die ohnehin immer hilfsweise eingreifen, soweit die Partei durch höhere Gewalt gehindert wird, bestimmte Fristen zu wahren.

III. Beginn und Ende der Unterbrechung

4 Die Unterbrechung beginnt mit dem **Aufhören** der Tätigkeit des Gerichts und endet mit dem tatsächlichen **Wiederbeginn** der Tätigkeit.[5] Das ist organisatorisch zu verstehen. Die Unterbrechung endet schon, wenn das Gericht als solches, als Einrichtung der Justiz, wieder arbeitet, nicht erst, wenn das bestimmte einzelne unterbrochene Verfahren betrieben oder fortgesetzt wird.[6] Ferner kann aus tatsächlichen Gründen eine unterschiedliche Behandlung zwischen dem Eingangsge-

---

[45] *Musielak/Stadler* Rn. 5.

[1] Lat., zusammengesetzt aus „ius" und „statium" (= Stillstehen).

[2] OLG Breslau JW 1923, 190 für die politisch begründete Einstellung der Tätigkeit der „Justizbeamten" des Abstimmungsgebiets in Oberschlesien von April bis Juni 1920, obwohl einzelne (zB Haft-)Sachen noch bearbeitet wurden.

[3] RGZ 167, 215 (betraf LG Saarbrücken, das am 3. 9. 1939 nach Kaiserslautern verlegt wurde).

[4] RGZ 128, 47; *Zöller/Greger* Rn. 1.

[5] OLG Breslau JW 1923, 190.

[6] *Musielak/Stadler* Rn. 1.

richt und dem in seiner Tätigkeit unbeeinträchtigten Rechtsmittelgericht gerechtfertigt sein.[7] Einer förmlichen Aufnahme des Verfahrens bedarf es nicht.[8] Wie immer bei der Unterbrechung kommt es auf Wissen und Wollen der Partei nicht an. Das kann bei der Beendigung misslich sein, weil unter Umständen die Fristen zu laufen beginnen, ohne dass die Partei davon Kenntnis hat. Insofern unterscheidet sich die Vorschrift zum Nachteil der Partei zB von §§ 239, 241, 244, denn § 245 sieht eine besondere Aufnahme als Beendigungsgrund nicht vor. Die Nachteile müssten durch § 233 ausgeglichen werden.

§ 246 Aussetzung bei Vertretung durch Prozessbevollmächtigten

(1) Fand in den Fällen des Todes, des Verlustes der Prozessfähigkeit, des Wegfalls des gesetzlichen Vertreters, der Anordnung einer Nachlassverwaltung oder des Eintritts der Nacherbfolge (§§ 239, 241, 242) eine Vertretung durch einen Prozessbevollmächtigten statt, so tritt eine Unterbrechung des Verfahrens nicht ein; das Prozessgericht hat jedoch auf Antrag des Bevollmächtigten, in den Fällen des Todes und der Nacherbfolge auch auf Antrag des Gegners die Aussetzung des Verfahrens anzuordnen.

(2) Die Dauer der Aussetzung und die Aufnahme des Verfahrens richten sich nach den Vorschriften der §§ 239, 241 bis 243; in den Fällen des Todes und der Nacherbfolge ist die Ladung mit dem Schriftsatz, in dem sie beantragt ist, auch dem Bevollmächtigten zuzustellen.

I. Normzweck

1 Ist die Partei durch einen Prozessbevollmächtigten im Verfahren vertreten, so kann im Falle ihres Todes, des Verlustes der Prozessfähigkeit, des Wegfalls ihres gesetzlichen Vertreters sowie auch bei Anordnung der Nachlassverwaltung oder bei Eintritt der Nacherbfolge an sich das Verfahren ohne weiteres fortgeführt werden; es bedarf nicht der Unterbrechung gem. §§ 239, 241, 242, denn die Prozessvollmacht wirkt fort (§ 86)[1] und mithin können Prozesshandlungen für und gegen die Partei wirksam vorgenommen werden. Gleichwohl werden häufig Schwierigkeiten insbesondere bei der Information und Instruktion des Prozessbevollmächtigten auftreten, die es im Interesse des möglichst umfassenden Schutzes der Partei wie auch des Rechtsnachfolgers ratsam erscheinen lassen, in diesen Fällen wenigstens auf Antrag den rechtlichen Stillstand des Verfahrens durch eine weniger scharfe Form, nämlich die **Verfahrensaussetzung** auf Grund gerichtlicher Anordnung, zu ermöglichen. Diesem Ziel dient § 246. Die Vorschrift ist damit die (abändernde) Ergänzung zu §§ 239, 241, 242, 243; sie regelt in diesem Rahmen den besonderen Fall, dass die Partei einen Prozessbevollmächtigten hat. Weitgehend deckt sich deshalb der Zweck der Vorschrift mit demjenigen der §§ 239, 241, 242. Dabei wird auch dem Interesse des Prozessgegners Rechnung getragen; er braucht im Falle des Todes der Gegenpartei und der Nacherbfolge gleichfalls eine Prüfungs- und Überlegungsfrist, ob es sinnvoll ist, das Verfahren gegen den Rechtsnachfolger weiterzubetreiben.

2 Als besonderer und eher ungewöhnlicher Zweck der Norm lässt sich feststellen, dass sie auch und vor allem die **Interessen des Prozessbevollmächtigten** selbst wahren soll. Sein bisheriger Auftraggeber kann ihn nicht mehr unterrichten. Durch den mit dem Tod der Partei eintretenden gesetzlichen Parteiwechsel oder den Wechsel des gesetzlichen Vertreters erhält er einen neuen Auftraggeber mit möglicherweise ganz anderen Vorstellungen über die Führung des Rechtsstreits. Der Rechtsanwalt oder der sonst Prozessbevollmächtigte soll deshalb davor geschützt werden, gegen seinen Willen im Außenverhältnis (im Prozess) handeln zu müssen, obwohl er im Innenverhältnis die erforderlichen Unterrichtungen und Weisungen infolge der einschneidenden Ereignisse, die im Parteiprozess zur Unterbrechung des Verfahrens führen, nicht oder nicht mehr einholen kann.[2] Auch soll er Zeit gewinnen können, um sich die Vollmacht des Erben, gesetzlichen Vertreters, Nachlassverwalters oder Nacherben zu besorgen (vgl. § 86 2. Halbs.). Dieser Zweck des Gesetzes wird darin erkennbar, dass der Prozessbevollmächtigte ein eigenes, persönliches Recht zur Antragstellung hat (Abs. 1 2. Halbs.) und dass die Vorschrift das Recht, die Aussetzung zu beantragen, völlig unabhängig davon gewährt, ob der Rechtsnachfolger oder der neue gesetzliche Vertreter oder der Nacherbe schon bekannt ist oder nicht.

---

[7] *Musielak/Stadler* Rn. 1.
[8] *Baumbach/Lauterbach/Hartmann* Rn. 2.
[1] BGH NJW 2004, 1528.
[2] *Käfer* MDR 1955, 197.

II. Regelungsinhalt, Anwendungsbereich

3 Die Vorschrift gilt **ausschließlich** für die in §§ 239 Abs. 1, 241 Abs. 1 und 3, 242 **geregelten Unterbrechungsvoraussetzungen** und ordnet insoweit an, dass bei Vorliegen dieser Voraussetzungen nicht Unterbrechung stattfindet, sondern nur Aussetzung (Abs. 1). Abs. 2 regelt die Dauer der Aussetzung und die Aufnahme des Verfahrens. § 246 einerseits und §§ 239 Abs. 1, 241 Abs. 1 und 3, 242 andererseits schließen einander aus: Entweder findet Unterbrechung statt oder es kann Aussetzung beantragt werden.

4 Die Norm ist anwendbar **in allen Verfahrensarten,** in denen auch §§ 239, 241, 242 anwendbar sind, sofern nur die Partei durch einen Verfahrensbevollmächtigten vertreten wird. Auch im Falle des § 619 (Erledigung der Hauptsache durch Tod eines der Ehegatten) kann die Aussetzung des Verfahrens zulässig sein, da zumindest wegen der Kosten das Verfahren anhängig bleibt, falls nicht der überlebende Ehegatte Alleinerbe des anderen Ehegatten ist.[3] Im Verfahren über den **Versorgungsausgleich**[4] ist die Heranziehung der §§ 239, 246 gerechtfertigt, weil der Verfahrensbevollmächtigte Gelegenheit haben soll, sich mit den Rechtsnachfolgern in Verbindung zu setzen, die gem. § 1587 e Abs. 4 BGB anstelle des verstorbenen Ehegatten treten.[5] Die Aussetzung des Rechtsstreits erfasst grundsätzlich auch das **Kostenfestsetzungsverfahren.**[6] § 246 gilt auch im finanzgerichtlichen Verfahren.[7]

5 Ist im Verwaltungsrechtsstreit der Beigeladene als notwendiger Streitgenosse anzusehen, so kann sein Tod die Aussetzung rechtfertigen.[8] Bei **notwendiger Streitgenossenschaft** kann ein Ereignis iSd. §§ 239, 241, 242, das nur einen Streitgenossen betrifft, zum Antrag auf Aussetzung des gesamten Rechtsstreits berechtigen.[9] Ist der persönlich haftende Gesellschafter der OHG oder KG zusammen mit der Gesellschaft wegen einer Gesellschaftsschuld verklagt, so kann bei seinem Tod, weil lediglich einfache Streitgenossenschaft gegeben ist, Aussetzung des Verfahrens nur gegen ihn, nicht des Verfahrens gegen die Gesellschaft angeordnet werden.[10]

6 Im Insolvenzfall ist § 246 unanwendbar. Entsprechendes gilt im Verfahren auf Bewilligung von Prozesskostenhilfe, das sich mit dem Tod der Partei erledigt.. § 246 ist im Unterschied zur Liquidation einer juristischen Person[11] bei einer Verschmelzung einer GmbH auf eine AG entsprechend anwendbar.[12]

III. Voraussetzungen der Aussetzung

7 **1. Vertretung durch Prozessbevollmächtigten.** Nur wenn die Partei durch einen Prozessbevollmächtigten vertreten ist, tritt keine Unterbrechung ein, sondern es kann Aussetzung beantragt werden. Anders als § 244 bezieht sich § 246 nicht nur auf den Anwaltsprozess (§ 78), sondern auch auf den **Parteiprozess** (§ 79), sofern nur die Partei einen Prozessbevollmächtigten hat, wobei dies kein Anwalt sein muss, sondern auch eine andere prozessfähige Person, also auch ein postulationsunfähiger Nichtanwalt, sein kann.[13] Prozessbevollmächtigter im Sinne der Vorschrift ist auch der einstweilen zugelassene vollmachtlose Vertreter des § 89. Die Bestimmung greift auch ein, wenn eine Partei eine wirksame Vollmacht erteilt hat und noch vor Rechtshängigkeit verstirbt.[14]

8 **2. Identität von Rechtsanwalt und Partei.** Ist der Anwalt zugleich Partei, sei es als Privatperson oder als Partei kraft Amtes oder ist er gesetzlicher Vertreter einer Partei[15] und vertritt er sich **allein** selbst gem. § 78 Abs. 4, so ist nicht § 246, der die Vertretung auf der Grundlage einer Prozessvollmacht voraussetzt, anwendbar, sondern es geht § 244 vor, es tritt also Unterbrechung[16] ein. Bei Anordnung der Nachlassverwaltung (§ 241 Abs. 3) und dem Eintritt der Nacherbfolge (§ 242) in der Person des Anwalts ist § 246 hingegen einschlägig.

---

[3] Vgl. BGH NJW 1981, 686; OLG Schleswig (8. ZS) SchlHA 1977, 102 (zu § 628 aF); aA (unzutreffend) OLG Schleswig (2. ZS) SchlHA 1974, 103.
[4] LG Nürnberg NJW-RR 1996, 395.
[5] BGH NJW 1984, 2829, 2830.
[6] BGH NZI 2006, 128 m. weit. Nachw.; OLG Hamm MDR 1988, 870.
[7] *Offerhaus* BB 1971, 809.
[8] BVerwG MDR 1982, 80.
[9] AA BAG NJW 1972, 1388 (bedenklich).
[10] OLG Celle NJW 1969, 515.
[11] BGHZ 74, 212 = NJW 1979, 1592.
[12] BGH NJW 2004, 1528.
[13] *Stein/Jonas/Roth* Rn. 1; *Musielak/Stadler* Rn. 2.
[14] BGHZ 121, 263, 265 = NJW 1993, 1654.
[15] *OLG* Köln OLGReport 2003, 173: Rechtsanwalt als Betreuer.
[16] BGH NJW 1990, *Stein/Jonas/Roth* Rn. 5; aA *Baumbach/Lauterbach/Hartmann* Rn. 4.

3. Wirksame Vollmacht im Zeitpunkt der Unterbrechung. Weitere Voraussetzung für § 246 ist, dass der postulationsfähige Prozessbevollmächtigte zum Zeitpunkt, in dem das den Aussetzungsantrag ermöglichende Ereignis eintritt, **schon** und **noch** als Prozessbevollmächtigter bestellt ist. Auch darf das Mandat noch nicht niedergelegt sein. Durch den **nach Mandatsniederlegung** des Anwalts eintretenden Tod seiner Partei wird das Verfahren unterbrochen,[17] denn die verbleibende Befugnis zum Handeln für die Partei (§ 87) genügt wegen des Wegfalls der Handlungspflicht nicht, um eine Vertretung iSv. § 246 zu bejahen. Eine Mandatsniederlegung **nach dem Tod** der Partei kann von dem Anwalt nur durch Erklärung gegenüber dem oder den Rechtsnachfolgern gültig bewirkt werden,[18] führt dann aber zu einer Unterbrechung des Verfahrens.[19] Der im PKH-Verfahren sogar auf Vorschlag der Partei beigeordnete Anwalt hindert eine spätere Unterbrechung erst, nachdem ihm die Partei eine Vollmacht erteilt hat.[20] 9

Beim Wegfall der Vertretungsbefugnis eines **Elternteils** wirkt die von diesem erteilte Prozessvollmacht fort (§ 86), so dass die Partei (das Kind) weiterhin gem. § 246 vertreten ist.[21] Entsprechendes gilt, wenn eine beklagte **Gesellschaft** zwar aufgelöst, aber weiterhin durch einen Prozessbevollmächtigten vertreten ist.[22] Vertreten iSv. § 246 ist auch eine Partei, die im Laufe des Rechtsstreits prozessunfähig geworden ist, sofern sie nur die Prozessvollmacht erteilt hatte, als sie noch prozessfähig war.[23] Andererseits ist der Nachweis der Vollmacht nicht erforderlich.[24] 10

Die Bestellung des Bevollmächtigten muss sich auf den **Rechtszug** beziehen, in dem das Verfahren zurzeit des Ereignisses (Tod der Partei usw.) anhängig ist (§§ 176, 178). Ist das Verfahren schon im höheren Rechtszug anhängig, für den die Partei noch keinen Prozessbevollmächtigten bestellt hat, so ist die Partei nur dann im Sinne von § 246 vertreten, wenn der bisherige (vorinstanzliche) Prozessbevollmächtigte auch im höheren Rechtszug postulationsfähig ist.[25] Ist dies nicht der Fall, so tritt beim Tode der Partei oder bei einem der anderen in § 246 genannten Ereignisse Unterbrechung ein.[26] Zwar kann der Prozessbevollmächtigte auch noch während der Unterbrechung einen Bevollmächtigten für die höhere Instanz bestellen (§§ 81, 86). § 249 steht dem nicht entgegen. Doch ändert dies nichts daran, dass die Unterbrechung des Rechtsstreits eingetreten ist und wirksam bleibt, bis der Rechtsnachfolger oder gesetzliche Vertreter der Partei den Prozess aufnimmt (§§ 239, 241). Vor Einlegung des Rechtsmittels, aber nach Zustellung des rechtsmittelfähigen Urteils, also während des Laufs der Rechtsmittelfrist „zwischen den Instanzen“ gilt die Partei als durch den Prozessbevollmächtigten der Vorinstanz vertreten, so dass nicht Unterbrechung stattfindet, sondern Aussetzung beantragt werden kann.[27] Unterbrechung tritt hingegen ein, wenn ein Rechtsmittel eingelegt wird und der Gegner vor Bestellung eines Bevollmächtigten für die Rechtsmittelinstanz verstirbt.[28] 11

IV. Verfahren bei Aussetzung

1. Antragserfordernis (Allgemeines). Aussetzungsgrund ist die fehlende Unterbrechung eines Verfahrens in den Fällen der §§ 239, 241, 241 infolge fortbestehender Vertretung. Eine Aussetzung von Amts wegen ist im Rahmen von § 246 ausgeschlossen. Die Aussetzung erfolgt nur auf einen (formfreien) Antrag. Adressat ist das Prozessgericht der Instanz (§ 248). Das Begehren sollte, notfalls durch Auslegung, eindeutig erkennbar sein. In der Mitteilung an das Gericht, die Partei sei verstorben und der Rechtsstreit daher (nach irriger Annahme des Anwalts) unterbrochen, liegt noch kein Aussetzungsantrag.[29] Nach Erlass eines Endurteils kann der Antrag bis zur Einlegung eines Rechtsmittels bei dem Instanzgericht gestellt werden.[30] Im Anwaltsprozess kann nicht nur der bei dem Gericht zugelassene Anwalt den Antrag schriftsätzlich oder in mündlicher Verhandlung stellen. 12

---

[17] BGHZ 43, 135 = NJW 1965, 1019; BAG AP § 241 Nr. 1 m. Anm. *Rimmelspacher.*
[18] BGH v. 6. 11. 2002 – VIII ZB 60/02.
[19] *Musielak/Stadler* Rn. 2; *Stein/Jonas/Roth* Rn. 7.
[20] BGHZ 2, 227, 229 = NJW 1951, 802 (LS).
[21] OLG Hamburg FamRZ 1983, 1262.
[22] BGH JR 1981, 631 m. Anm. *Theil.*
[23] BGH MDR 1964, 126; vgl. auch BFH NJW 1986, 2594 und dazu *Weber-Grellet* NJW 1986, 2559; unzutreffend OLG Braunschweig OLGZ 1975, 441 (Anwendung von § 166 Abs. 2 BGB); zu den Problemen der sog. Vorsorgevollmacht vgl. *von Sachsen-Gessaphe* ZZP 113 (2000), 25 ff.
[24] BFH WM 1971, 568.
[25] OVG Münster NJW 1986, 1707.
[26] BGHZ 2, 227 = NJW 1951, 802 (LS); RGZ 71, 155 (VZS).
[27] BGH NJW 1981, 686 f.; RGZ 68, 247 (VZS).
[28] BGHZ 2, 227, 229= NJW 1951, 802 (LS).
[29] BGH VersR 1993, 1375.
[30] RGZ 68, 247.

Nach § 248 Abs. 1 2. Halbs. iVm. § 78 Abs. 3 gilt für den Antrag der **Anwaltszwang** nicht. Soweit die das Antragsrecht begründenden Tatsachen (zB Tod der Partei) nicht offenkundig sind, müssen sie im Antrag mitgeteilt werden. Zur Vermeidung von Zweifeln sollten möglichst Urkunden beigefügt werden, also im Falle des § 239 eine Sterbeurkunde. Dagegen ist eine weitergehende Begründung nicht erforderlich.

13 Der Antrag kann, muss nicht gestellt werden. Maßgebend ist das freie **Ermessen des Antragsberechtigten.** Auf das Recht, die Aussetzung zu beantragen, kann verzichtet werden.[31] Doch muss der Verzicht ausdrücklich und eindeutig erklärt werden; rügelose Verhandlung zur Hauptsache genügt nicht.[32] Wird der Antrag von einem zur Antragstellung Berechtigten nicht gestellt, so geht der Rechtsstreit unbeeinflusst von den an sich im Übrigen gegebenen Aussetzungsvoraussetzungen ohne jede besondere Anzeige einfach weiter, und zwar auch dann, wenn die Prozessbeteiligten oder das Gericht den Aussetzungsgrund kennen.[33] Wird kein Antrag gestellt, so ist nunmehr der Rechtsnachfolger Prozesspartei.[34] Führt der Anwalt den Rechtsstreit für den falschen Rechtsnachfolger weiter, kann der wahre Rechtsnachfolger bezogen auf den Zeitpunkt der Rechtsnachfolge in den Rechtsstreit eintreten.[35] Im Falle des § 239 sind wahre Prozesspartei nunmehr die Erben. Sie brauchen im abschließenden Urteil oder im Kostenbeschluss nach § 91a nicht unbedingt mit Name und Anschrift benannt zu werden; eine Berichtigung der Parteibezeichnung ist ratsam, aber nicht nötig.[36] Falls der Name des Rechtsnachfolgers dem Gericht mitgeteilt wird, ist also das Rubrum entsprechend zu berichtigen.[37] Wegen der fortbestehenden Vollmacht des Anwalts steht der Verlust der Partei- und Prozessfähigkeit dem Erlass eines Sachurteils nicht entgegen.[38]

14 Die Antragstellung ist in jeder Lage des Rechtsstreits möglich, sobald das Verfahren **rechtshängig** und noch kein rechtskräftiges Urteil ergangen ist.[39] Wie lange das die Antragsberechtigung auslösende Ereignis (zB Tod der Partei) zurückliegt, spielt keine Rolle. Auch kann der Aussetzungsantrag noch gestellt werden, wenn der Rechtsnachfolger schon zweifelsfrei feststeht. Das Gesetz zwingt den Antragsberechtigten nicht zu einer alsbaldigen Zwangswahl. So soll nach Meinung des RG der Prozessbevollmächtigte sogar dann noch berechtigt sein, den Aussetzungsantrag wegen Verlustes der Prozessfähigkeit seiner Partei zu stellen, wenn er bereits im Namen des neuen gesetzlichen Vertreters in der mündlichen Verhandlung aufgetreten ist.[40] Dies erscheint jedoch unrichtig, denn das Recht nach § 246 kann nicht weitergehen als die Unterbrechung nach § 241. Wenn der neue gesetzliche Vertreter seine Bestellung dem Gericht angezeigt hat, ist die Unterbrechung (§ 241 Abs. 1 und 2) beendet, und es kann auch kein Aussetzungsrecht mehr ausgeübt werden.

15 **2. Antrag des Bevollmächtigten.** § 246 Abs. 1 2. Halbs. räumt dem Verfahrensbevollmächtigten ein selbstständiges, eigenes Antragsrecht ein. Teilweise wird die Meinung vertreten, der Antrag werde im Namen der Partei gestellt.[41] Die Unterscheidung hat keine praktische Bedeutung. Da jedenfalls auch der Prozessbevollmächtigte durch § 246 geschützt wird und er in der Ermessensentscheidung, ob er Aussetzung beantragen will, beim Fehlen entsprechender Weisungen frei ist, wäre es wohl konsequent, ihn auch als persönlich antragsberechtigt zu erachten,[42] wenn auch die Wirkungen der Aussetzung (§ 249) der Partei zugute kommen und er regelmäßig im Interesse des (unter Umständen namentlich noch nicht bekannten) neuen Mandanten handeln wird. Die Antragsbefugnis des Prozessbevollmächtigten erfasst alle Fälle des § 246, während das Antragsrecht des Gegners beschränkt ist. Der Aussetzungsantrag kann nicht von einem Streithelfer gestellt werden,[43] auch nicht von der als Rechtsnachfolger in den Prozess eintretenden Partei.[44]

16 **3. Antrag des Gegners.** Nur im Falle des **Todes der Partei** (§ 239) und der **Nacherbfolge** (§ 242) wird dem Prozessgegner das Recht zuerkannt, die Aussetzung des Verfahrens zu beantra-

---

[31] OLG Schleswig JR 1950, 246.

[32] AA *Musielak/Stadler* Rn. 3 m. Nachw.

[33] VGH Mannheim NJW 1984, 195, 196; OVG Münster NJW 1986, 1707.

[34] BGHZ 121, 263, 265 = NJW 1993, 1654.

[35] RGZ 45, 359.

[36] BSG MDR 1984, 702.

[37] RGZ 50, 364.

[38] BGHZ 121, 263, 265 = NJW 1993, 1654; BFH NJW 1986,2594; *Saenger* GmbHR 1994, 300, 305f.; aA *Zöller/Greger* Rn. 2b; *Stein/Jonas/Roth* Rn. 4, 11; *Musielak/Stadler* Rn. 5.

[39] RGZ 62, 26, 28.

[40] RGZ 46, 379, 381 (Die Entscheidung wird nur vom letzten Satz der Gründe getragen, wonach im Zeitpunkt der Verhandlung überhaupt noch kein neuer gesetzlicher Vertreter bestellt war).

[41] *Thomas/Putzo/Hüßtege* Rn. 4.

[42] So wohl auch RG JW 1911, 99, 100 li. Sp. oben; *Musielak/Stadler* Rn. 3; *Stein/Jonas/Roth* Rn. 2.

[43] RG JW 1911, 99.

[44] *Zöller/Greger* Rn. 4

gen. Die in § 241 aufgeführten Sachverhalte geben dagegen dem Gegner kein Antragsrecht, auch nicht der Tod des gesetzlichen Vertreters der Partei.[45] Mit der Formulierung „in den Fällen des Todes" in Abs. 1 letzter Halbs. meint das Gesetz ersichtlich nur den Tod der Partei iSd. § 239. Mit dieser Regelung soll der Prozessgegner davor geschützt werden, bei einer Unklarheit über die Erbfolge oder die Nacherbfolge vom falschen Rechtsnachfolger in Anspruch genommen zu werden. Deshalb kann bei Streit über die Erbfolge das Antragsrecht auch dann ausgeübt werden, wenn die (vermeintlichen) Erben der verstorbenen Partei den Rechtsstreit aufnehmen wollen.[46]

4. Weiteres Verfahren. Das Verfahren bei Aussetzung ist allgemein in §§ 248, 250, 252 geregelt. Für § 246 gilt die Besonderheit, dass das Gericht auf Antrag bei Vorliegen der gesetzlichen Voraussetzungen das Verfahren **aussetzen muss.** Dies ergibt sich zwingend aus dem Wort „hat" (anzuordnen). Insofern ist die Rechtslage anders als etwa bei §§ 148, 149, 247. 17

Hiervon möchte eine verbreitete Meinung für den Fall des **Rechtsmissbrauchs** eine Ausnahme machen. Ein solcher Rechtsmissbrauch soll gegeben sein, wenn im Rechtsmittelverfahren ein Aussetzungsantrag gestellt wird, obwohl das Rechtsmittel der betreffenden Partei unzulässig ist, also der Rechtsstreit durch Verwerfung des Rechtsmittels kurzerhand zu beenden wäre.[47] Gleiches soll bei abweisungsreifer Klage gelten.[48] Diese Ansichten sind zu Recht als bedenklich bezeichnet worden.[49] Dem Gericht ist es versagt, im Rahmen der auf den Antrag des § 246 zu treffenden Entscheidung eine Billigkeitsabwägung anzustellen, ob diese oder jene Möglichkeit die eine oder andere Partei stärker belastet. Die Entscheidungsreife der Sache ist kein Argument gegen die Aussetzung. Der Gegner wird in seinem Interesse, die Unzulässigkeit des Rechtsmittels oder die Unbegründetheit der Klage feststellen zu lassen, dadurch hinreichend geschützt, dass er die Aufnahme des ausgesetzten Verfahrens betreiben kann.[50] Allerdings ist der Aussetzungsantrag zurückzuweisen, wenn nach dem Tod des Klägers der Nachlasspfleger den Prozess aufgenommen hat.[51] Die Aussetzung wird durch gerichtlichen Beschluss angeordnet, der nach § 252 der sofortigen Beschwerde unterliegt. 18

V. Dauer der Aussetzung und Aufnahme (Abs. 2)

Die Dauer der Aussetzung und die Aufnahme des Verfahrens sind durch **Verweisung** auf die Unterbrechungsnormen (§§ 239, 241, 242) geregelt. Die Erwähnung auch von § 243 hat nur insofern eigenständige Bedeutung, als diese Vorschrift wegen der Aufnahme des Verfahrens ihrerseits nicht nur auf § 241, sondern für den Fall der Nachlassinsolvenz auf § 240 weiterverweist. Die Aussetzung (Aussetzungswirkung: § 249) beginnt erst mit der nach § 248 ergehenden gerichtlichen Aussetzungsanordnung und zwar mit deren **Verkündung** oder **formlosen Mitteilung** (Bekanntgabe) gem. § 329 Abs. 2. Eine Rückwirkung auf den Zeitpunkt der Antragstellung oder gar den Zeitpunkt des die Aussetzung rechtfertigenden Ereignisses (zB Tod der Partei) scheidet aus.[52] Hier liegt einer der entscheidenden Unterschiede zur Unterbrechung. So wird etwa die Rechtsmittelfrist oder Rechtsmittelbegründungsfrist erst unterbrochen, wenn der Aussetzungsbeschluss wirksam geworden ist. Ist die Frist zu diesem Zeitpunkt schon abgelaufen, so ist die Aussetzung wirkungslos.[53] Im Aussetzungsantrag ist für sich genommen nicht auch ein Antrag auf Verlängerung einer Rechtsmittelbegründungsfrist zu erkennen.[54] Soweit Verzögerungen im Bereich des Gerichts auftreten, kann unter Umständen durch Wiedereinsetzung geholfen werden. Der Antragsteller wird in jedem Falle gut daran tun, den Aussetzungsantrag frühzeitig und bewilligungsreif vorzulegen und auch zu überwachen, ob er rechtzeitig vor Fristablauf beschieden wird.[55] 19

Für die **Beendigung** der nach § 246 angeordneten Aussetzung ist ein Gerichtsbeschluss nicht erforderlich. Vielmehr endet die Aussetzung nur durch Aufnahme des Verfahrens nach Maßgabe der §§ 239, 242 oder durch Anzeige (§§ 241, 243).[56] Aufnahmeerklärung, Antrag auf Ladung zur Auf- 20

---

[45] RGZ 14, 436.
[46] RGZ 36, 403.
[47] OLG Nürnberg ZZP 64 (1951), 387 m. zust. Anm. *Rosenberg;* OLG München zitiert bei *Käfer* MDR 1955, 197; *Baumbach/Lauterbach/Hartmann* § 248 Rn. 4; aA *Zöller/Greger* Rn. 6.
[48] OLG Bamberg BayJMBl. 1952, 132; *Rosenberg/Schwab/Gottwald* § 127 II 1.
[49] *Käfer* MDR 1955, 197; AK-ZPO/*Ankermann* Rn. 5.
[50] So zutreffend AK-ZPO/*Ankermann* Rn. 5.
[51] KG NJW-RR 2006, 1145 f.
[52] BGH NJW 1987, 2379.
[53] BGH NJW 1987, 2379; RGZ 62, 26, 28.
[54] BGH NJW 1987, 2379.
[55] BGHZ 69, 395 = LM § 233 (I) Nr. 13.
[56] BGH NJW 1984, 2829, 2830; BGH NJW 1995, 2171.

nahme und Anzeige müssen durch Zustellung eines Schriftsatzes erfolgen (§ 250). In den Fällen des Todes der Partei (§ 239) und der Nacherbfolge (§ 242) ist nicht nur der Rechtsnachfolger persönlich unter Zustellung des Schriftsatzes und (in Anwaltsprozessen) mit der Aufforderung zur Anwaltsbestellung gem. § 215 zum Termin zur Verhandlung über die Aufnahme und zur Hauptsache zu laden, sondern gemäß Abs. 2 Halbs. 2 gleichzeitig auch der **Bevollmächtigte** und zwar ebenfalls unter **Zustellung** des Schriftsatzes iSd. § 250. Unterbleibt diese zusätzlich vorgeschriebene Förmlichkeit, so ist die Ladung auch des Rechtsnachfolgers nicht ordnungsgemäß, und ein Versäumnisurteil kann nicht ergehen. Der Aussetzungsbeschluss ist und bleibt wirksam, sofern er nicht aufgehoben oder gegenstandslos geworden ist, auch wenn die sachlichen Voraussetzungen für seinen Erlass nicht vorgelegen haben sollten.[57]

21 Bei einem **Streit über die Fortsetzung** des ausgesetzten Rechtsstreits kann durch Zwischenurteil (§ 303) entschieden werden, dass die angeordnete Aussetzung des Verfahrens nicht beendet ist.[58] Allerdings wird auch die Meinung vertreten, dass die Anzeige des Rechtsnachfolgers oder (im Falle der §§ 241, 243) des Testamentsvollstreckers genügt, um die Aussetzung zu beenden und dass über die Frage, ob er tatsächlich zur Prozessführung befugt ist, erst im weiteren Verfahren nach Beendigung der Aussetzung entschieden werde.[59] Diese zuletzt genannte Auffassung dürfte den Vorzug verdienen. Sie sorgt eher für die Rechtsklarheit und Eindeutigkeit, die in diesem Bereich besonders wichtig ist. Mit der Zustellung des Schriftsatzes, in dem jemand erklärt, er nehme nunmehr als Rechtsnachfolger das Verfahren auf, sollte die Aussetzung beendet sein. Ob er wirklich der richtige (wahre) Rechtsnachfolger ist, mag später entschieden werden. Hiervon wird man nur diejenigen Fälle ausnehmen müssen, in denen die Inanspruchnahme der Rechtsnachfolge schon der Schlüssigkeit ermangelt. Im Übrigen ist, auch wegen der Möglichkeit eines „Ergänzungsurteils", auf § 239 Rn. 31 bis 37 zu verweisen.

§ 247 Aussetzung bei abgeschnittenem Verkehr

Hält sich eine Partei an einem Ort auf, der durch obrigkeitliche Anordnung oder durch Krieg oder durch andere Zufälle von dem Verkehr mit dem Prozessgericht abgeschnitten ist, so kann das Gericht auch von Amts wegen die Aussetzung des Verfahrens bis zur Beseitigung des Hindernisses anordnen.

I. Normzweck

1 Wie § 245 trifft die Vorschrift Vorsorge für einen in unserer Zeit hoffentlich nie praktisch werdenden **Katastrophenfall.** Während § 245 die Lahmlegung der Gerichtstätigkeit zum Anlass einer Unterbrechung erklärt, will § 247 konsequenterweise die Behinderung nur der **Partei** mit der schwächeren Form der Aussetzung ausgleichen. Da die Partei, die vom Verkehr mit dem Gericht abgeschnitten ist, zumeist auch einen Aussetzungsantrag nicht wird anbringen können (falls nicht ein Prozessbevollmächtigter, der nicht von der Verkehrsstörung betroffen ist, ihn stellen kann), erlaubt die Norm ausnahmsweise auch die Aussetzung ohne Antrag, von Amts wegen.

II. Voraussetzungen

2 Die Partei oder ein notwendiger Streitgenosse[1] muss verhindert sein, mit dem Gericht in Verbindung zu treten. Bei Verhinderung einzelner einfacher Streitgenossen ist § 145 einschlägig. Die Behinderung des **Prozessbevollmächtigten** genügt nicht. Andererseits ist die Vertretung der Partei durch einen Prozessbevollmächtigten kein Grund, ihr die Aussetzung zu versagen, wenn die Voraussetzungen des § 247 für sie vorliegen; die Vorschrift gilt im Parteiprozess wie im Anwaltsprozess. Die Behinderung anderer Prozessbeteiligter, wie etwa Zeugen oder Sachverständige, genügt nie.

3 Die Partei muss durch staatliche Maßnahmen, durch Krieg oder durch andere Formen der **höheren Gewalt** für eine gewisse, längere Dauer vom Verkehr mit dem Prozessgericht abgeschnitten sein. Ungeachtet des abweichenden Wortlauts kommen damit im Wesentlichen nur die gleichen einschneidenden Gründe allgemeiner Art wie bei § 245 als Aussetzungsanlass in Betracht. Die Ursachen, die die Partei am Verkehr mit dem Gericht hindern, müssen zugleich einen größeren Kreis von Personen betreffen und sie müssen vom persönlichen Willen der Partei unabhängig (unver-

---

[57] BGHZ 43, 135 = NJW 1965, 1019.
[58] BGH WM 1982, 1170 = ZIP 1982, 1318.
[59] BGH VersR 1983, 666 (im Gegensatz zur Entscheidung des gleichen Senats WM 1982, 1170); in der Tendenz wohl ähnlich BGH KTS 1986, 731 = MDR 1987, 130.
[1] RGZ 106, 142.

schuldet) sein.[2] Jede **schuldhafte Isolierung** scheidet ebenfalls aus, wie sich aus dem Wortlaut („durch andere Zufälle") ergibt. Der Einsatz einer Prozesspartei als Soldat der Bundeswehr im Rahmen eines Kfor-Kontingents im Kosovo ist kein Aussetzungsgrund.[3] Hier haben die Soldaten durchaus die Möglichkeit, mit ihren Familienangehörigen und den Behörden oder Gerichten in Deutschland brieflich und telefonisch Kontakt sowie im Rahmen des Dienstbetriebs auch persönlichen Verkehr zu unterhalten.

III. Verfahren

Die Entscheidung ergeht ohne mündliche Verhandlung (§ 248 Abs. 2) durch Gerichtsbeschluss. 4
Die Entscheidung kann auf Antrag der Partei oder von Amts wegen ergehen. Gehör der nicht von der gleichen Absperrung betroffenen Gegenpartei ist erforderlich. Der Wortlaut („kann") könnte darauf hindeuten, dass das Gericht stets nach seinem Ermessen entscheidet, ob ausgesetzt wird oder nicht.[4] Dies erscheint jedoch nicht richtig. Das Wort „kann" dürfte sich allenfalls auf die Aussetzung von Amts wegen beziehen. Wird ein **Aussetzungsantrag** gestellt, so ist beim Vorliegen der sachlichen Voraussetzungen die Aussetzung geboten.

IV. Dauer der Aussetzung

Die Aussetzung kann auf **bestimmte Zeit** ausgesprochen werden. Dann endet sie mit dem fest- 5
gesetzten Datum. Wird sie **auf unbestimmte Zeit** beschlossen, so könnte nach dem Wortlaut der Vorschrift angenommen werden, dass die „Beseitigung des Hindernisses" ohne weiteres das Ende der Aussetzung zur Folge hat. Doch erscheint dies bedenklich. Richtigerweise bedarf es hier zur Fortsetzung des Rechtstreits eines **erneuten Gerichtsbeschlusses,** der, wenn das Hindernis vorher beseitigt ist, das Ende der Aussetzung feststellt. Erst mit diesem Aufhebungsbeschluss enden die Wirkungen des § 249. Das erscheint erforderlich, denn für beide Parteien muss Klarheit darüber bestehen, ob und wann der Stillstand des Verfahrens aufgehört hat. Anders als etwa die rechtskräftige Erledigung des anderen Rechtsstreits bei § 148 ist der genaue Zeitpunkt der Beseitigung des Hindernisses des § 247 häufig nur schwer festzustellen, und ein Streit hierüber sollte tunlichst vermieden werden. Entbehrlich dürfte diese Förmlichkeit (Aufhebungsbeschluss) nur dann sein, wenn die Partei, auf deren Antrag das Verfahren ausgesetzt war, die Aufnahme gem. § 250 erklärt hat, was jederzeit zulässig sein sollte, sofern die Aussetzung allein in ihrem Interesse angeordnet war. Die Gegenpartei kann die Beendigung der Aussetzung nur dadurch herbeiführen, dass sie das Gericht um Aufhebung des Aussetzungsbeschlusses ersucht und notfalls Beschwerde (§ 252) einlegt.

§ 248 Verfahren bei Aussetzung

(1) Das Gesuch um Aussetzung des Verfahrens ist bei dem Prozessgericht anzubringen; es kann vor der Geschäftsstelle zu Protokoll erklärt werden.

(2) Die Entscheidung kann ohne mündliche Verhandlung ergehen.

I. Regelungsinhalt

Die Vorschrift enthält eine **Teilregelung für das Aussetzungsverfahren.** Sie wird ergänzt 1
durch §§ 246, 250, 252. Sie gilt für jede Art der Aussetzung, also nicht nur die Aussetzung auf Antrag (§ 246), sondern auch die Aussetzung von Amts wegen (§ 247). Mindestens analog gilt sie auch für die Aussetzung in den nicht in diesem Titel geregelten Fällen,[2] wie zB nach §§ 148, 149, sowie schließlich auch die überhaupt nicht in der ZPO geregelten Aussetzungsmöglichkeiten, sofern keine besondere, abweichende Bestimmung besteht und das Verfahren im Übrigen den Regeln der ZPO unterworfen ist. Obwohl die Anwendung von § 249 für die Aussetzungen der §§ 148ff. allgemein anerkannt ist, wird die (auch nur entsprechende) Geltung des § 248 für die Aussetzungsfälle

---

[2] Im Wesentlichen nur noch von geschichtlichem Interesse sind die Sachverhalte der in der ersten Nachkriegszeit zu § 247 und zur SchutzVO idF v. 4. 12. 1943 (RGBl. I S. 666) ergangenen Entscheidungen wie etwa BGHZ 4, 314 = NJW 1952, 705; OLG Braunschweig NdsRpfl. 1953, 200; vgl. auch die in dem NJW – Fundheft Zivilrecht 1945/1952 zu § 247 nachgewiesenen weiteren Urteile und Beschlüsse. Zu den Absperrmaßnahmen der ehem. DDR: KG NJW 1962, 542 und *Darkow* NJW 1962, 1287.

[3] OLG Zweibrücken NJW 1999, 2907.

[4] So wohl OLG Braunschweig NdsRpfl. 1953, 200, das eine Interessenabwägung vornimmt.

[2] Str.; wie hier OLG München NJW 1968, 2150; *Stier* JZ 1960, 354; *Thomas/Putzo/Reichold* § 148 Rn. 2 m. weit. Nachw.; vgl. hierzu auch *Musielak/Stadler* Rn. 1, 2.

der §§ 148 ff. vielfach verneint,[3] wobei der Streit an die Frage anknüpft, ob die Aussetzung nach §§ 148, 149 gegen § 248 Abs. 2 zwingend eine mündliche Verhandlung voraussetzt. Das ist aber nicht recht einzusehen. § 248 Abs. 2 enthält eine allgemein geltende Norm für alle Aussetzungsfälle. Selbstverständlich muss immer das rechtliche Gehör gewährt werden. Das braucht aber nicht durch mündliche Verhandlung zu geschehen.

II. Antrag

2 Mit Gesuch im Sinne von Abs. 1 ist sowohl der Antrag der §§ 246, 247 gemeint als auch die Anregung, das Verfahren (von Amts wegen nach §§ 148 ff.) auszusetzen. Der Antrag ist **Prozesshandlung.** Er unterliegt als solcher nicht dem Anwaltszwang(§ 78 Abs. 3), da er nach Abs. 1 Halbs. 2 vor der Geschäftsstelle zu Protokoll erklärt werden kann. Rücknahme ist zulässig.

III. Zuständigkeit

3 Das Gesuch ist beim Prozessgericht der Instanz anzubringen, in der das Verfahren anhängig ist. Nach Zustellung einer die Instanz beendenden rechtsmittelfähigen Entscheidung ist bis zur Einlegung des Rechtsmittels immer noch das vorinstanzliche Gericht Prozessgericht iSv. § 248, so dass nur von ihm die Aussetzung beschlossen werden kann[4] und demgemäß ihm das Gesuch vorzulegen ist. Wird die Anordnung der Aussetzung allerdings erst wirksam (durch Bekanntgabe gem. § 329 Abs. 2), nachdem inzwischen das Rechtsmittel eingelegt ist, so ist der Aussetzungsbeschluss wirksam, aber anfechtbar.[5]

IV. Verfahren im Einzelnen

4 Die Entscheidung über den Antrag ergeht nach freigestellter mündlicher Verhandlung und unter Beachtung des rechtlichen Gehörs der Beteiligten (Art. 103 Abs. 1 GG) durch **Beschluss.** Eine kurze Begründung ist erforderlich.[6] Die Parteien müssen wissen, auf Grund welcher Vorschrift das Verfahren ausgesetzt wird, weil sich danach die Aufnahme richtet, die im Gesetz unterschiedlich geregelt ist. Außerdem soll die Begründung es ermöglichen, die Entscheidung bei Anfechtung nach § 252 zu überprüfen. Sofern ausnahmsweise die Ablehnung des Aussetzungsantrags erst in den Gründen des Urteils ausgesprochen wird, ist die unterschiedliche Art der Entscheidung für die Frage der Anfechtbarkeit ohne Bedeutung. Wäre ein Beschluss des Oberlandesgerichts gleichen Inhalts unanfechtbar, so kann auch das Urteil nicht mit der Revisionsrüge angegriffen werden, der Aussetzungsantrag sei zu Unrecht abgelehnt worden.[7]

5 Die Entscheidung wird, wenn sie auf Grund mündlicher Verhandlung ergeht, verkündet, im Übrigen formlos mitgeteilt,[8] sofern sie dem Aussetzungsantrag stattgibt. Sie muss immer förmlich zugestellt werden, wenn der Aussetzungsantrag abgelehnt wird, denn in diesem Falle setzt (nur) die Zustellung die Frist zur sofortigen Beschwerde in Lauf.

V. Wirkung

6 Die Wirkung der gem. § 248 angeordneten Aussetzung (§ 249) tritt erst mit der Wirksamkeit des Gerichtsbeschlusses, also mit seiner Verkündung oder bei nichtverkündeten Beschlüssen mit seiner Bekanntgabe ein.[9] Dies verstößt nicht gegen zwingende verfassungsrechtliche Grundsätze.[10]

7 Der Beschluss, der die Aussetzung anordnet, ist auch dann, wenn die Voraussetzungen für seinen Erlass nicht vorlagen, zunächst bindend und zu beachten. Solange er nicht aufgehoben oder gegenstandslos geworden ist, führt er die Wirkungen des § 249 herbei.[11]

VI. Kosten

8 Besondere Kosten entstehen im Aussetzungsverfahren nicht. Das Verfahren ist gerichtskostenfrei. Für den Anwalt entstehen nach Aufnahme Verfahrens- und Terminsgebühr nicht erneut (§ 15

[3] LG Mönchen-Gladbach MDR 1960, 501; *Rosenberg/Schwab/Gottwald* § 127 I 1; *Stein/Jonas/Roth* Rn. 1; zweifelnd auch § 148 Rn. 13.
[4] RGZ 68, 247 (VZS).
[5] *Musielak/Stadler* Rn. 1; *Stein/Jonas/Roth* Rn. 7; aA RGZ 130, 337.
[6] OLG Köln VersR 1989, 518 (für Beschluss nach § 149).
[7] BGH LM § 252 Nr. 1.
[8] BGH NJW 1987, 2379 f; 1977, 717 (zur Aussetzung des Ehescheidungsverfahrens nach § 620 aF).
[9] BGHZ 69, 395, 397 = LM § 233 (I) Nr. 13.
[10] *BGH NJW 1987, 2379;* LG Baden-Baden MDR 1992, 998.
[11] Vgl. BGHZ 43, 135 = NJW 1965, 1019.

Abs. 2 RVG). Bei längere Unterbrechung ist § 15 Abs. 5 S. 2 zu beachten, wonach es sich nach Ablauf von zwei Jahren um eine neue Angelegenheit handelt. Anträge zur Aufnahme lösen keine besondere Gebühr aus.

§ 249 Wirkung von Unterbrechung und Aussetzung

(1) Die Unterbrechung und Aussetzung des Verfahrens hat die Wirkung, dass der Lauf einer jeden Frist aufhört und nach Beendigung der Unterbrechung oder Aussetzung die volle Frist von neuem zu laufen beginnt.

(2) Die während der Unterbrechung oder Aussetzung von einer Partei in Ansehung der Hauptsache vorgenommenen Prozesshandlungen sind der anderen Partei gegenüber ohne rechtliche Wirkung.

(3) Durch die nach dem Schluss einer mündlichen Verhandlung eintretende Unterbrechung wird die Verkündung der auf Grund dieser Verhandlung zu erlassenden Entscheidung nicht gehindert.

I. Allgemeines

1. Normzweck. Die Vorschrift bestimmt die allgemeinen **rechtlichen Wirkungen** des rechtlichen Stillstands für alle Arten von **Unterbrechung** (§§ 239 bis 245) und **Aussetzung** (§§ 246 bis 248). Wie § 248 gilt sie auch für die Aussetzungen, die nicht in diesem Fünften Titel geregelt sind, sondern durch andere Vorschriften, wie etwa §§ 148, 149, aber auch außerhalb der ZPO angeordnet werden, soweit auf das Verfahren im Allgemeinen die ZPO Anwendung findet und sofern die Wirkungen der Aussetzung nicht abweichend geregelt sind. Dagegen erfasst § 249 nicht die dritte Form des rechtlichen Stillstands, nämlich das **Ruhen des Verfahrens.** Überdies gilt § 249 Abs. 3 auch nicht für die Aussetzung.[1] 1

Abs. 1 betrifft die Auswirkung auf die **Fristen,** Abs. 2 auf die **Prozesshandlungen** und Abs. 3 ordnet in Abweichung von Abs. 2 für einen bestimmten **Sonderfall** an, dass eine Unterbrechung wirkungslos bleibt. 2

2. Anwendungsbereich. Die in dieser Norm bestimmten gemeinsamen Wirkungen der Unterbrechung und Aussetzung treten nur dann ein, wenn eine **wirksame** Unterbrechung oder Aussetzung gegeben ist. Wegen der Verfahrensarten, in denen § 249 Anwendung findet, ist deshalb auf die Erläuterungen der Vorschriften zu verweisen, in denen die Voraussetzungen für Unterbrechung oder Aussetzung geregelt sind. 3

3. Zeitliche Grenzen. Die in § 249 bestimmten Wirkungen treten nur innerhalb der zeitlichen Grenzen der Unterbrechung und der Aussetzung ein. Diese sind im Gesetz unterschiedlich geregelt. So beginnt im Falle des § 239 die Unterbrechung mit dem Augenblick, in dem die Partei stirbt, bei § 240 mit der Minute der Insolvenzeröffnung. Die Aussetzung nach § 246 endet mit der Aufnahme. Wird die Aussetzung für eine bestimmte Zeit angeordnet, so endet sie mit dem festgesetzten Datum. Die Aussetzung nach § 148 endet mit der rechtskräftigen Erledigung des anderen Rechtsstreits.[2] Die Aussetzung nach Art. 100 Abs. 1 GG kann unter Umständen damit enden, dass das vorlegende Gericht seinen Aussetzungsbeschluss wieder aufhebt.[3] 4

II. Fristen (Abs. 1)

1. Art der Frist. Der Wortlaut („einer jeden Frist") ist entsprechend dem Regelungsinhalt einschränkend dahin zu verstehen, dass Unterbrechung und Aussetzung nur auf **prozessuale Fristen** einwirken. Die Fristen des materiellen Rechts, wie etwa Verjährungsfristen, werden von Unterbrechung und Aussetzung nicht betroffen; gewisse mittelbare Folgewirkungen sind allerdings auch insoweit möglich. So ist etwa § 204 Abs. 2 S. 2 BGB nicht anwendbar, wenn der Stillstand des Verfahrens auf einer vom Gericht beschlossenen Aussetzung und damit nicht auf der Untätigkeit der Parteien beruht.[4] Dagegen tritt Verjährung ein, wenn die Parteien das Verfahren sechs Monate nach Beendigung der Unterbrechung oder Aussetzung nicht weiter betreiben.[5] 5

---

[1] BGHZ 43, 135 f. = NJW 1965, 1019.
[2] Vgl. BGHZ 106, 295 = NJW 1989, 1729.
[3] BGHZ 49, 213, 215 = NJW 1968, 503.
[4] BGHZ 15, 80, 82 = NJW 1954, 1883.
[5] BGH NJW 1987, 371; *Zöller/Greger* Rn. 2.

6 Von den prozessualen Fristen ergreift § 249 Abs. 1 nur die echten, **eigentlichen Fristen** (Fristen im engeren Sinne)[6] und zwar sowohl die gesetzlichen Fristen als auch die richterlichen Fristen. Sie müssen von den uneigentlichen prozessualen Fristen (Fristen im weiteren Sinne) abgegrenzt werden, die von § 249 nicht betroffen sind. Uneigentliche Fristen sind zB die Ausschlussfristen wie die Jahresfrist des §§ 234 Abs. 3 oder die Fünfjahresfrist des 586 Abs. 2 S. 2, die Fünfmonatsfristen der §§ 517, 548 und die Dreimonatsfrist des § 320 Abs. 2 S. 3. Ferner gilt § 249 nicht für die uneigentlichen Fristen, innerhalb deren das Gericht eine Handlung vornehmen soll, wie die Dreiwochenfristen der §§ 310 Abs. 1 S. 2, 315 Abs. 2.

7 Der Unterschied zwischen Fristen im engeren und im weiteren Sinne wird deutlich etwa in § 234: Die **Wiedereinsetzungsfrist** (Zweiwochenfrist) nach Abs. 1 und 2 ist eine Frist im engeren Sinne, während die Jahresfrist (Ausschlussfrist) des Abs. 3 als uneigentliche Frist auch während der Unterbrechung und Aussetzung abläuft. Allerdings ist § 249 auf die echte Wiedereinsetzungsfrist des § 234 Abs. 1 und 2 oft nicht unmittelbar anzuwenden, weil mangels Rechtshängigkeit der Streitsache eine Unterbrechung oder Aussetzung nicht stattfindet. § 234 Abs. 1 ist im Grunde eine nachprozessuale Frist. Doch ist in diesen Fällen, um ein gerechtes Ergebnis zu erzielen, § 249 **entsprechend** anwendbar.[7]

8 In der Rechtsprechung zu § 249 stehen naturgemäß wegen der besonders einschneidenden Bedeutung die Einspruchsfristen, die **Rechtsmittelfristen** und die sonstigen **Notfristen** sowie die **Rechtsmittelbegründungsfristen** im Vordergrund.

9 **2. Wirkung auf den Fristenlauf.** Falls der Lauf der Frist zurzeit der Unterbrechung oder Aussetzung noch **nicht begonnen hat,** so verhindert die Unterbrechung oder Aussetzung, dass die Frist überhaupt zu laufen beginnen kann.[8] ist Die Sperre für den Fristbeginn wird erst mit Beendigung der Unterbrechung oder Aussetzung, regelmäßig mit der **Aufnahme des Verfahrens,** gelöst. Sofern das den Fristbeginn auslösende Ereignis oder der dafür maßgebliche Zeitpunkt mit der Verfahrensaufnahme zusammenfällt, läuft die Frist von diesem **Augenblick** an. Bedarf der Fristlauf eines weiteren Ereignisses wie regelmäßig noch der Zustellung eines Urteils, so beginnt die Frist erst mit diesem Ereignis zu laufen.[9]

10 Lief hingegen die Frist bereits vor dem Zeitpunkt der Unterbrechung oder Aussetzung, so bricht mit diesem Zeitpunkt der Fristlauf ab. Mit der **Beendigung** der Unterbrechung oder Aussetzung beginnt dann die volle Frist, ohne dass der bereits verstrichene Teil angerechnet wird,[10] erneut zu laufen, sofern zurzeit der Beendigung der Unterbrechung oder Aussetzung alle **sonstigen Voraussetzungen** für den Fristbeginn wie etwa eine Zustellung erfüllt sind. Andernfalls ist für den Fristbeginn auf den Zeitpunkt der Verwirklichung dieser zusätzlichen Erfordernisse abzustellen.[11] **Volle Frist** im Sinne von Abs. 1 ist die ungeschmälerte gesetzliche Frist. Ereignen sich Unterbrechung und Aussetzung während einer richterlich verlängerten gesetzlichen Frist, so läuft, sofern die Verlängerung für einen bestimmten Zeitraum (also für beispielsweise drei Wochen, nicht datumsmäßig) erfolgt war, abermals die volle gesetzliche Frist,[12] denn Abs. 1 unterscheidet nicht zwischen gesetzlichen und richterlich verlängerten gesetzlichen Fristen.

11 Ist eine richterliche Frist aber mit einem bestimmten Endtermin (datumsmäßig) festgesetzt, so wird durch Unterbrechung oder Aussetzung, auch wenn der Stillstand nicht über diesen Termin hin andauert, diese Fristsetzung endgültig hinfällig.[13] Das Gericht muss nach Beendigung der Unterbrechung oder Aussetzung eine neue Frist bestimmen, anderenfalls läuft überhaupt keine Frist. Hat das Gericht die Rechtsmittelbegründungsfrist bis zu einem bestimmten Tag verlängert und tritt nach Setzung dieser **richterlichen Datumsfrist** eine Unterbrechung ein, die bereits vor dem bestimmten Datum wieder endet, so ist die bis zu diesem Datum eingereichte Begründung ausnahmsweise auch dann rechtzeitig, wenn die gesetzliche Rechtsmittelbegründungsfrist, falls sie nach Unterbrechungsende neu zu laufen begänne, vor dem Endtag ablaufen würde.[14] (Eine derartige Konstellation ist allerdings nur möglich, wenn die Rechtsmittelbegründungsfrist um deutlich mehr als zwei Monate verlängert war und/oder die Unterbrechung nur kurz andauert.) Eine wirksam

---

[6] LAG Sachsen MDR 2001, 834: § 5 Abs. 3 S. 1 KSchG.
[7] HM; vgl. BGHZ 9, 308 = NJW 1953, 1144; *Rimmelspacher* Anm. zu BAG AP § 241 Nr. 1.
[8] BGHZ 111, 104, 108 = NJW 1990, 1854; BGHZ 9, 308, 309 = NJW 1953, 1144.
[9] BGH MDR 2003, 826.
[10] BGH KTS 2002, 174.
[11] BGHZ 111, 104, 108 = NJW 1990, 1854.
[12] *Rosenberg/Schwab/Gottwald* § 72 VI 1; in der Tendenz wie hier wohl auch BGH NJW 1967, 1420.
[13] RGZ 151, 279, 282; RG JW 1926, 1162.
[14] BGH NJW 1967, 1420.

bewilligte richterliche Datumsfrist darf sich durch die Unterbrechung des Verfahrens nicht als Verkürzung zu Lasten der begünstigten Partei auswirken.

12 Eine Besonderheit besteht dann, wenn die richterliche Fristsetzung lediglich die Verlängerung oder Verkürzung einer gesetzlichen Frist betraf. Hauptanwendungsfall ist eine **Verlängerung der Rechtsmittelbegründungsfrist.** Hatte das Gericht sie vor der Unterbrechung bis zu einem bestimmten Tag verlängert und endet die Unterbrechung nach diesem Termin, so ist unter der „vollen Frist", die nach § 249 Abs. 1 neu zu laufen beginnt, die Frist des § 520 Abs. 2 S. 2 oder § 551 Abs. 2 S. 5, 6 zu verstehen.[15] Dies beruht darauf, dass der Beginn der Rechtsmittelbegründungsfrist sich unmittelbar aus dem Gesetz ergibt, so dass es dafür einer **richterlichen Handlung** nicht bedarf. Andererseits beginnt jedoch nach der Beendigung der Unterbrechung nicht ohne weiteres eine neue verlängerte, die gesetzliche Frist übersteigende Frist entsprechend dem Zeitraum, für den vor der Unterbrechung Verlängerung bereits bewilligt war, denn nach dem datumsmäßig bestimmten Endtag ist die auf der früheren Fristverlängerung beruhende besondere verfahrensrechtliche Position des Rechtsmittelklägers entfallen.[16]

13 Ist der Beklagte nach Zustellung des erstinstanzlichen Urteils gestorben und der Rechtsstreit deshalb ausgesetzt worden, so beginnt im Falle eines Nachfolgestreits eine neue Berufungsfrist nicht schon mit der Verkündung des Urteils **(„Zusatzurteils")** zu laufen, durch das die Wirksamkeit des erstinstanzlichen Urteils in Richtung gegen den Rechtsnachfolger ausgesprochen wird, sondern frühestens mit dessen Zustellung.[17] Richtigerweise dürfte erst die Rechtskraft dieses Zusatzurteils die Rechtsmittelfrist für den Rechtsnachfolger in Lauf setzen.[18] Bevor nicht bestandskräftig feststeht, wer Rechtsnachfolger ist, kann der als Rechtsnachfolger in Anspruch genommene, aber seine Rechtsnachfolge Bestreitende nicht gezwungen werden, die Rechtsmittelfrist zu wahren.

III. Handlungen der Parteien (Abs. 2)

14 **1. Gegenüber dem Gegner.** Die Prozesshandlungen der Partei während der Unterbrechung oder Aussetzung, etwa Zustellungen[19] (auch solche von Anwalt zu Anwalt, § 195), sind nicht schlechthin (absolut) nichtig, , sondern nur **relativ unwirksam,** nämlich dem **Prozessgegner** gegenüber. Die relative Unwirksamkeit, die sich nur auf dem Gegner und nicht auch dem Gericht gegenüber abzugebende Prozesshandlungen bezieht, kann geheilt werden durch **Genehmigung des Gegners** und durch **Rügeverzicht** bzw. **rügelose Verhandlung** nach § 295 Abs. 1.[20] Eine Genehmigung ist allerdings nur möglich, wenn durch den Unterbrechungs- oder Aussetzungsgrund die **Prozesshandlungsfähigkeit** des Erklärenden (Wegfall der Prozessfähigkeit; Eröffnung des Insolvenzverfahrens) nicht beeinträchtigt ist.[21] Daher ist es möglich, während der Unterbrechung durch einen Stillstand der Rechtspflege (§ 245) mit dem Gegner wirksam einen Rechtsmittelverzicht zu vereinbaren.[22] Die Befugnis der Genehmigung ist nur dem Gegner des unterbrochenen Verfahrens eröffnet, im Falle der Unterbrechung des Insolvenzverfahrens also nur dem Insolvenzverwalter, im Falle des abgeschnittenen Verkehrs (§ 247) nur dem betroffenen Streitgenossen.[23] In der bloßen Aufnahme liegt noch keine Genehmigung, weil die Rüge bis zur mündlichen Verhandlung nachgeholt werden kann (§ 295). Infolge der Genehmigungsfähigkeit bleibt die erklärende Partei an ihre Prozesshandlung gebunden und kann sich nicht auf deren Unwirksamkeit berufen. Wegen der Möglichkeit der Genehmigung oder des Rügeverzichts ist die relative Unwirksamkeit nicht von Amts wegen zu prüfen.[24]

15 Die **Rechtsfolge der relativen Unwirksamkeit** wird von Abs. 2 außerdem nur eingeschränkt geregelt, nämlich soweit die Prozesshandlungen die **Hauptsache** betreffen. In Nebenverfahren können auch während der Unterbrechung oder Aussetzung wirksam Prozesshandlungen vorgenommen werden, sofern das Nebenverfahren nicht ebenfalls unterbrochen oder ausgesetzt ist. Gleiches gilt für Nebenpunkte der Hauptsache. So ist es zulässig, während der Unterbrechung einen

---

[15] BGHZ 64, 1 = NJW 1975, 692 (für die datumsmäßig verlängerte Berufungsbegründungsfrist).

[16] BGHZ 64, 1, 5 = NJW 1975, 692.

[17] BGH NJW 1972, 258.

[18] Wie hier *Haase* JR 1972, 156; offen gelassen von BGH NJW 1972, 258; aA *Stein/Jonas/Roth* Rn. 12; *Zöller/Greger* Rn. 2 (mit Zustellung des Zusatzurteils).

[19] BGH NJW 1997, 1445; *Zöller/Greger* Rn. 4.

[20] BGHZ 4, 314, 320 = NJW 1952, 705; BGHZ 50, 397 = NJW 1969, 48; BAG AP § 241 Nr. 1 m. Anm. *Rimmelspacher.*

[21] *Musielak/Stadler* Rn. 4.

[22] BGHZ 4, 314, 320 = NJW 1952, 705.

[23] *Zöller/Greger* Rn. 4.

[24] BGHZ 50, 397 = NJW 1969, 48.

Schutzantrag nach §§ 719, 707 zu stellen,[25] denn dieser Antrag hat nur eine vorbereitende Maßnahme im Rahmen der Zwangsvollstreckung zum Ziel, und die **Vollstreckung** aus einem vor der Unterbrechung ergangenen vollstreckbaren Urteil bleibt trotz der Unterbrechung der Hauptsache weiterhin zulässig.

16 Prozesshandlungen, die nur die **Frage des rechtlichen Stillstands** (Unterbrechung, Aussetzung) betreffen, sind ebenfalls uneingeschränkt wirksam, denn sie werden nicht „in Ansehung der Hauptsache" vorgenommen.[26] Geltendmachung der Unterbrechung zB durch Rüge der Unwirksamkeit ist deshalb auch während der Unterbrechung möglich. Gleiches gilt für Handlungen, mit denen die Unterbrechung angefochten wird.

17 **2. Gegenüber dem Gericht.** Prozesshandlungen der Parteien, die, wie die **Rechtsmitteleinlegung,** gegenüber dem Gericht vorzunehmen sind, sind auch während der Unterbrechung oder Aussetzung insoweit voll wirksam, denn für die vornehmende Partei ordnet § 249 Abs. 2 Unwirksamkeit nicht an. Voraussetzung der Gültigkeit der Prozesshandlung ist (wie auch bei der Genehmigung der gegnerischen), dass die **Prozesshandlungsfähigkeit** durch den Unterbrechungs- oder Aussetzungsgrund (Wegfall der Prozessfähigkeit; Eröffnung des Insolvenzverfahrens) nicht berührt ist. Unter dieser Voraussetzung[27] kann ein Rechtsmittel trotz Unterbrechung rechtswirksam eingelegt werden.[28] Folglich ist das Rechtsmittel unzulässig, wenn der Rechtsmittelkläger im Zeitpunkt der Einlegung nicht mehr prozessführungsbefugt war.[29] Die wirksame Einlegung bildet die Grundlage für die Aufnahme im Rechtsmittelverfahren.[30] Etwaige Mängel der Zustellung der Rechtsmittelschrift und der Rechtsmittelbegründungsschrift an den Gegner können nach § 295 geheilt werden. Auch kann die unwirksame Zustellung nach Unterbrechungsende oder Aussetzungsende nachgeholt werden.

18 **3. Gegenüber Dritten.** Handlungen der Partei, die während der Unterbrechung oder Aussetzung gegenüber Dritten (nicht Gegner und nicht Gericht) vorgenommen werden, wie etwa die Bevollmächtigung eines Rechtsanwalts,[31] sind voll wirksam, obwohl sie den unterbrochenen oder ausgesetzten Rechtsstreit betreffen. Trotz § 249 Abs. 2 kann ein anhängiger Rechtsstreit in Richtung auf Beteiligte, für und gegen die die Unterbrechung nicht eingreift, weitergeführt werden. So ist es zulässig, eine Klage, die gegen die OHG erhoben ist, nach Konkurseröffnung über das Vermögen der OHG gegen die Gesellschafter zu erweitern, wenn der die Klageerweiterung enthaltende Schriftsatz den Erfordernissen des § 253 entspricht.[32] Klageänderung und Klagehäufung sind während der Unterbrechung lediglich der ursprünglichen Partei gegenüber unwirksam. So kann auch die Streitverkündungsschrift während der Unterbrechung durch Tod der Partei dem jetzigen Beklagten wirksam zugestellt werden.[33]

IV. Handlungen des Gerichts

19 Alle nach außen wirkenden – nicht Beratung und Beschlussfassung – Handlungen des Gerichts, welche die **Hauptsache** betreffen, sind **unzulässig** und **relativ wirkungslos.**[34] Hierzu gehört neben Ladungen auch die (Amts-)Zustellung eines Urteils (§§ 270 Abs. 1, 317 Abs. 1), denn auch sie stellt eine nach außen vorgenommene und nach außen wirkende Handlung des Gerichts dar.[35] Das ergibt sich nicht unmittelbar aus dem Gesetz, aber im Gegenschluss aus der Ausnahme des Abs. 3. Im Übrigen versteht sich die Wirkungslosigkeit von selbst, denn gerade darin liegt der Sinn von Unterbrechung und Aussetzung, dass das Gericht in Ansehung der Hauptsache, die von Unterbrechung oder Aussetzung betroffen ist, nicht tätig werden darf. Die Hauptsache, also der prozessuale Anspruch, wird nicht nur von Entscheidungen sachlich-rechtlichen Inhalts, sondern in gleicher Weise auch von rein verfahrensrechtlichen Entscheidungen oder Anordnungen betroffen. Die Unwirksamkeit gilt gegenüber beiden Parteien.

---

[25] OLG Bamberg NJW-RR 1989, 576.
[26] BGH NJW 1997, 1445; 1995, 2563; BGHZ 66, 59, 61 f. = LM § 244 Nr. 9.
[27] BGH NJW 1998, 2364.
[28] BGHZ 50, 397 = NJW 1969, 48; BGH NJW 1997, 1445; 1977, 717 f.; BAG AP § 241 Nr. 1 m. Anm. *Rimmelspacher;* BayObLGZ 1973, 282, 286; vgl. auch *Musielak/Stadler* Rn. 3 m. Nachw.
[29] BGH WM 1956, 1473.
[30] BGH NJW 1998, 2364.
[31] *Stein/Jonas/Roth* Rn. 14.
[32] BGH NJW 1961, 1066 = ZZP 74 (1961), 291 m. Anm. *Henckel.*
[33] BGHZ 92, 251 = NJW 1985, 328, 330.
[34] *BGHZ 43, 135* = NJW 1965, 1019; BSG NJW 1967, 2226.
[35] BGHZ 111, 104 = NJW 1990, 1854, 1855.

Gerichtsentscheidungen, insbesondere **Urteile,** die während des rechtlichen Verfahrensstillstandes ergangen sind, sind nicht nichtig, sondern als relativ unwirksam anfechtbar.[36] Sie können mit den üblichen an sich gegebenen Rechtsbehelfen von beiden Parteien angegriffen werden und zwar auch **während des Verfahrensstillstands,** denn dies ist als Geltendmachung der Stillstandswirkungen auch während der Dauer der Unterbrechung oder Aussetzung zulässig. Da es um die Geltendmachung der Unterbrechung geht, bleibt hier die betroffene Partei (der Schuldner nach Eröffnung des Insolvenzverfahrens) prozessführungsbefugt.[37] Die Entscheidungen müssen dann im Rechtsmittelverfahren (beim Versäumnisurteil auf Grund eines Einspruchs) aufgehoben werden, weil sie während der Unterbrechung oder Aussetzung nicht hätten ergehen dürfen.[38] Wird während der Verfahrensunterbrechung durch Konkurseröffnung, mag sie bekannt sein oder nicht, mündlich verhandelt und gegen den Gemeinschuldner ein Urteil erlassen, so liegt ein absoluter **Revisionsgrund** (§ 547 Nr. 4) vor.[39] Ist die Entscheidung indes unanfechtbar, weil etwa die Unterbrechung dem Revisionsgericht unbekannt war, bleibt es bei der Rechtskraft des Urteils.[40] Bei der Unterbrechung durch Tod der Partei (§ 239) entfällt der Anfechtungsgrund, wenn der nunmehr zur Prozessführung befugte Rechtsnachfolger das fehlerhafte Verfahren des Gerichts dadurch genehmigt, dass er den Rechtsstreit fortsetzt, ohne den Verfahrensmangel zu rügen.[41] 20

Ist das rechtshängige Hauptsacheverfahren unterbrochen oder ausgesetzt, so darf über **Prozesskostenhilfeanträge** hierzu entschieden werden, da diese Entscheidungen nicht die Hauptsache betreffen.[42] Berichtigungen nach §§ 319, 320 sind zulässig. Möglich ist die Entscheidung über **Vollstreckungsschutzanträge** gem. §§ 719, 707.[43] Dagegen wirkt die Unterbrechung oder Aussetzung auch für das Kostenfestsetzungsverfahren, so dass ein **Kostenfestsetzungsbeschluss** nicht ergehen darf; darum ist es unzulässig, die Kosten des ersten Rechtszuges festzusetzen, wenn im Zeitpunkt der Unterbrechung das Hauptsacheverfahren bereits im zweiten Rechtszug anhängig war.[44] Ein gleichwohl ergehender Beschluss ist anfechtbar.[45] Zwar darf das Berufungsgericht nach Aussetzung grundsätzlich einen Streitwertbeschluss erlassen; dies gilt aber nicht, wenn auf dessen Grundlage zugleich das Rechtsmittel als unzulässig verworfen wird.[46] 21

V. Ausnahme: Verkündungsmöglichkeit (Abs. 3)

Tritt eine Unterbrechung erst nach Schluss der mündlichen Verhandlung ein, so darf das Gericht ausnahmsweise die auf Grund dieser Verhandlung zu erlassende Entscheidung verkünden. Die Bestimmung eröffnet keinen Ermessensspielraum, sondern gebietet die Verkündung der Entscheidung.[47] Diese **Sonderregelung** des Abs. 3 bezieht sich nur auf die **Unterbrechung** des Verfahrens, nicht auf die **Aussetzung** und das **Ruhen des Verfahrens.**[48] Abs. 3 ist auch nicht der analogen Anwendung auf Fälle der Aussetzung und der Verfahrensruhe zugänglich. Dies begründet der BGH mit der Erwägung, dass für die in diesem Rahmen zu entscheidende Frage zwischen Aussetzung und Unterbrechung ein Unterschied bestehe. Da die Aussetzung nicht wie die Unterbrechung ohne Zutun des Gerichts eintrete, sondern nur infolge gerichtlicher Anordnung, habe das Gericht es nämlich in der Hand, vor der Aussetzung oder gleichzeitig mit ihr eine Entscheidung auf Grund eines schon vorher entscheidungsreifen Verfahrensstandes auszusprechen, es bestehe also kein Bedürfnis, während der Aussetzung eine Entscheidung zu verkünden. Hinzukommt, dass Abs. 3 nach seinem ausdrücklichen Wortlaut nur für eine Verfahrensunterbrechung gilt. Da Abs. 1 und Abs. 2 die Aussetzung ausdrücklich erwähnen, Abs. 3 dagegen nur die Unterbrechung, steht fest, dass Abs. 3 auf die Aussetzung nicht angewendet werden darf. 22

Zwingende Voraussetzung für die Verkündung nach Abs. 3 ist, dass der Schluss der mündlichen Verhandlung **vor Eintritt der Unterbrechung** stattgefunden hat, weil die Unterbrechung die prozessuale Handlungsbefugnis der Parteien nicht mehr berührt hat. Die Vorschrift ist mangels pro- 23

---

[36] BGH BGHReport 2004, 973; OLG Köln ZIP 1988, 447; OLG Frankfurt OLGZ 1994, 77.
[37] BGH NJW 1997, 1445; WM 1984, 1170; *Musielak/Stadler* Rn. 5.
[38] RGZ 88, 206; BGHZ 66, 59 = MDR 1976, 487; OLG Köln NJW-RR 1995, 891 = EWiR § 240 1/94, 723 m. Anm. *Feiber* (Komplikation bei Säumnis des Berufungsklägers).
[39] BGH ZIP 1988, 446; BGH VersR 1996, 389.
[40] BGH BGHReport 2004, 973.
[41] BSG NJW 1967, 2226.
[42] BGH NJW 1966, 1126.
[43] OLG Bamberg NJW-RR 1989, 576.
[44] BGH NJI 2006, 128 m. weit. Nachw.
[45] KG JurBüro 1976, 377.
[46] BGH MDR 2000, 168f.
[47] *Zöller/Greger* Rn. 6; *Musielak/Stadler* Rn. 6; aA 2. Aufl. Rn. 27.
[48] BGHZ 43, 135 = NJW 1965, 1019.

zessualer Handlungsfähigkeit dagegen unanwendbar, wenn eine vor Schluss der mündlichen Verhandlung erfolgte Unterbrechung dem Gericht erst nach Schluss der mündlichen Verhandlung bekannt wird. Da die mündliche Verhandlung für die zu fällende Entscheidung die endgültigen Grenzen bestimmt (arg. §§ 308, 309, 310, 767 Abs. 2) und nachträgliche Ereignisse grundsätzlich keinen Einfluss auf den Inhalt der Entscheidung haben (arg. § 296 a), erscheint es gerechtfertigt, den bloßen Formalakt der Urteilsverkündung trotz Unterbrechung noch sozusagen nachzuholen. Vor allem aber ist es Sinn und Zweck der Regelung des Abs. 3, aus Gründen der Prozesswirtschaftlichkeit und des Gebots der zügigen Verfahrensdurchführung (Prozessbeschleunigung) die mit der mündlichen Verhandlung erreichten Ergebnisse des Rechtsstreits zu sichern. Was entscheidungsreif ist, soll auch entschieden werden. Ist die Unterbrechung zwar nach Schluss der mündlichen Verhandlung eingetreten, jedoch vor Ablauf einer **Schriftsatzfrist,** die einer Partei gem. § 283 bewilligt war, so ist die Verkündung unzulässig, denn die Schriftsatzfrist kann nach § 249 Abs. 1 nicht mehr ablaufen. In diesem Falle ist der Verkündungstermin aufzuheben, und es muss nach Beendigung der Unterbrechung erneut mündlich verhandelt werden. Gleiches gilt, wenn zwischen dem Schluss der mündlichen Verhandlung und dem Beginn der Unterbrechung ein nicht nachgelassener Schriftsatz eingeht, der dazu zwingt, die mündliche Verhandlung wieder zu eröffnen (§ 156). In Fällen der §§ 251 a, 331 a steht dem Schluss der mündlichen Verhandlung der Schluss des Termins gleich.[49] Entsprechend gilt Abs. 3 für Entscheidungen im **schriftlichen Verfahren** (§ 128); hier ist auf den Zeitpunkt des § 128 Abs. 2 S. 2 abzustellen.[50] Die Bekanntmachung der im schriftlichen Verfahren ergangenen **nicht verkündeten** Entscheidung erfolgt an den Bevollmächtigten, in Ermangelung eines solchen an die Partei selbst.[51] Eine wirksame, die Rechtsmittelfrist in Lauf setzende Zustellung ist sowohl bei einer verkündeten als auch einer durch Beschluss bekannt gemachten Entscheidung nach Ende der Unterbrechungswirkung nachzuholen.[52] Ein Rechtsmittel, das bereits vor der Unterbrechung **unzulässig** war und nicht erst durch eine Streitwertfestsetzung des Rechtsmittelgerichts unzulässig wurde, darf während der Verfahrensunterbrechung im Beschlussweg verworfen werden.[53]

§ 250 Form von Aufnahme und Anzeige

Die Aufnahme eines unterbrochenen oder ausgesetzten Verfahrens und die in diesem Titel erwähnten Anzeigen erfolgen durch Zustellung eines bei Gericht einzureichenden Schriftsatzes.

I. Regelungsinhalt, Anwendungsbereich

1 Die Vorschrift betrifft nur diejenigen Fälle des rechtlichen Stillstands, für die zur Fortsetzung des Verfahrens eine bestimmte Prozesshandlung einer Partei erforderlich ist, nämlich die Aufnahme durch **förmliche Aufnahmeerklärung** oder durch **Anzeige,** wobei die Anzeige lediglich eine vereinfachte Form der Aufnahmeerklärung darstellt, wie sich aus § 244 Abs. 2 S. 2 und § 246 Abs. 2 ergibt. Dagegen werden nicht betroffen diejenigen Verfahrensaussetzungen, die von vornherein bis zu einem bestimmten Endtermin (§ 614) oder zu einem bestimmten Ereignis ausgesprochen sind. Dann endet die Aussetzung, ohne dass es einer Aufnahme bedarf, von selbst mit dem Ablauf der Zeit, für die sie angeordnet ist[1] oder mit dem Ereignis. Ist ein Verfahren bis zur Erledigung eines anderen Verfahrens ausgesetzt (§ 148), so endet die Aussetzung mit der Erledigung jenes Verfahrens; einer Aufnahmeerklärung der Parteien oder eines Aufhebungsbeschlusses bedarf es nicht.[2] Auch bei § 247 bedarf es keiner Aufnahmeerklärung zur Fortsetzung des Rechtsstreits, sie ist indes zulässig. Die Bestimmung regelt nur die Form der Aufnahme; die sonstigen Voraussetzungen für die Weiterführung des Verfahrens folgen aus §§ 239 ff.[3]

2 Mit der vorgenannten Einschränkung gilt die Norm für **alle Aussetzungen**, auch diejenigen, die nicht in diesem Titel geregelt sind, für **alle Unterbrechungen** und – über den Wortlaut hinaus – auch für die **Beendigung eines zum Ruhen gebrachten Verfahrens.**[4]

---

[49] *Baumbach/Lauterbach/Hartmann* Rn. 13.
[50] BFH NJW 1991, 2792; BayObLG NJW 1959, 2120.
[51] BayObLG NJW 1959, 2120.
[52] *Musielak/Stadler* Rn. 6.
[53] BGH MDR 2000, 168; OLG Düsseldorf MDR 2001, 470; *Zöller/Greger* Rn. 9; zweifelnd *Musielak/Stadler* Rn. 6; aA 2. Aufl. Rn. 28.
[1] BGH JZ 1952, 730 (LS) zu § 620 aF.
[2] BGH NJW 1989, 1729 f.
[3] *Musielak/Stadler* Rn. 1.
[4] OLG Düsseldorf MDR 1991, 550; *Stein/Jonas/Roth* Rn. 1; *Musielak/Stadler* Rn. 1.

Insbesondere ist § 250 anzuwenden auf die Aufnahmen nach §§ 239, 240, 242, 246 Abs. 2 sowie § 243, letzteres jedoch nur für den Fall der **Nachlassinsolvenz**, ferner für die Anzeigen nach §§ 241, 244, 246 Abs. 2 sowie § 243, letzteres jedoch nur für den Fall der **Nachlasspflegschaft** oder **Testamentsvollstreckung.** 3

II. Inhalt der Aufnahmeerklärung

Aufnahme und Anzeige müssen **nicht ausdrücklich erklärt werden.** So sehr es erwünscht ist, dass die verfahrensrechtlich bedeutsamen Begriffe benutzt werden, ist jede andere Erklärung der Auslegung im Sinne einer Aufnahme zugänglich, wenn sie den Willen zur Fortsetzung des Rechtsstreits zum Ausdruck bringt.[5] Es muss also nach Lage des Einzelfalls hinreichend deutlich und klar der Willeverlautbart werden, das zum Stillstand gekommene Verfahren fortzuführen.[6] Es muss insbesondere auch für den Prozessgegner **zweifelsfrei erkennbar** sein, dass mit Zugang dieser Erklärung der Rechtsstreit aufgenommen ist.[7] Das wird zB regelmäßig zu bejahen sein, wenn ein Rechtsmittel eingelegt[8] oder ein Wiedereinsetzungsgesuch angebracht wird.[9] Der BGH hat sogar umgekehrt eine Aufnahmeerklärung als Einlegung des Rechtsmittels gewertet[10] und insoweit eine „natürliche Einheit" zwischen Einreichung und Zustellung beider Erklärungen angenommen. 4

Unzureichend ist wegen § 249 Abs. 2 eine sonstige Prozesshandlung. Deshalb wird eine rein **informatorische Äußerung** meist nicht genügen wie etwa die Mitteilung, die Partei oder der Prozessbevollmächtigte sei gestorben oder man sei Rechtsnachfolger oder die Parteien hätten sich über das Ende des Stillstands geeinigt. Auch ein Antrag, der nicht auf die unmittelbare Weiterführung des Verfahrens gerichtet ist, wie etwa ein Gesuch um Prozesskostenhilfe für ein erst beabsichtigtes Rechtsmittel bei Unterbrechung „zwischen den Instanzen", dürfte zumeist eine inhaltlich ausreichende Aufnahmeerklärung nicht darstellen.[11] 5

Zum notwendigen Inhalt der Aufnahmeerklärung gehört entsprechend § 130 Nr. 3 grundsätzlich auch, dass die **Tatsachen,** aus denen sich die Aufnahmeberechtigung ergibt, behauptet werden.[12] Dies sollte entsprechend § 130 Nr. 5 unter Beifügung der verfügbaren Urkunden geschehen. Doch genügt zunächst die schlüssige Behauptung des in Anspruch genommenen Rechts. Entbehrlich ist eine Begründung, wenn die relevanten Tatsachen ohnehin offenkundig oder bereits in anderer Weise in den Prozess eingeführt sind. 6

III. Form der Aufnahmeerklärung

§ 250 sieht vor, dass die Aufnahmeerklärung und die Anzeige nur und erst dann wirksam sind, wenn sie in einem **Schriftsatz** enthalten sind, der bei dem Prozessgericht eingereicht und von diesem dem Gegner zugestellt wird. Gemeint ist der **Schriftsatz** des § 129. Im Anwaltsprozess (§ 78) muss er vom postulationsfähigen Anwalt rechtswirksam unterzeichnet sein. Prozessgericht ist das Gericht der Instanz, in der das Verfahren anhängig ist. Bis zur Entscheidung über eine Nichtzulassungsbeschwerde kann der in der Revisionsinstanz unterbrochene Prozess aus Gründen der Prozessökonomie durch einen bei dem Berufungsgericht zugelassenen Anwalt aufgenommen werden.[13] 7

Kraft Gesetzes steht der Einreichung eines Schriftsatzes jedoch unter den Voraussetzungen der §§ 129a, 496 die mündliche Erklärung zu Protokoll der Geschäftsstelle gleich, wenn für das Verfahren der Hauptsache kein Anwaltszwang besteht. Falls die Erklärung nicht bei der Geschäftsstelle des erkennenden Gerichts (Prozessgerichts), sondern einem sonstigen Amtsgericht abgegeben wird, muss die Aufnahmeerklärung zunächst dem Prozessgericht zwecks Bewirkung der Zustellung zugehen. 8

Der Form des § 250 ist im Ergebnis auch genügt, wenn die Aufnahmeerklärung oder Anzeige **in mündlicher Verhandlung** vor dem Prozessgericht in Gegenwart des Prozessgegners abgegeben wird,[14] unter Umständen sogar bei Säumnis des Gegners, falls dieser die Aufnahmeverhandlung 9

---

[5] BGH NJW 1995, 2171 f.
[6] BAG AP § 187 Nr. 2 m. Anm. *Pohle.*
[7] BGH ZZP 73 (1960), 237, 240.
[8] BGHZ 111, 104, 109 = NJW 1990, 1854; BGHZ 36, 258, 260 = NJW 1962, 589 f.; BGHZ 30, 112, 119 = NJW 1959, 1587.
[9] OLG Köln OLGZ 1973, 41.
[10] BGHZ 36, 258 = NJW 1962, 589 = ZZP 75 (1962), 354 m. Anm. *Henckel.*
[11] BGH NJW 1970, 1790 (sorgfältige Abwägung der für die Auslegung maßgeblichen Umstände).
[12] BGH ZIP 1983, 592.
[13] BGH NJW 2001, 1581
[14] RGZ 140, 348.

gem. § 239 Abs. 2 beantragt hatte. Dies kann jedoch nicht damit begründet werden, dass die in mündlicher Verhandlung erklärte Aufnahme der Aufnahmeerklärung in einem zugestellten Schriftsatz gleichstehe,[15] denn sonst verlöre § 250 seinen Sinn. Vielmehr ist in diesen Fällen die Formvorschrift des § 250 zwar verletzt, doch ist dieser Verfahrensmangel durch Rügeverzicht gem. § 295 Abs. 1 geheilt.[16] Es handelt sich nämlich um eine **verzichtbare Förmlichkeit.**[17]

IV. Zustellung der Aufnahmeerklärung

10 § 250 verlangt grundsätzlich förmliche Zustellung des Aufnahmeschriftsatzes und zwar nach § 270 **Zustellung von Amts wegen.** Erst mit Zustellung wird die Aufnahme wirksam. Dabei muss dem richtigen Gegner zugestellt werden. Dem Prozessbevollmächtigten im Berufungsrechtszug kann nicht wirksam zugestellt werden, wenn dessen Prozessvollmacht erloschen ist.[18] Allerdings sind auch die Mängel dieser Zustellung der **Heilung** nach § 295 zugänglich.[19]

11 Schwierigkeiten ergeben sich, wenn die Aufnahmeerklärung mit der Rechtsmitteleinlegung verbunden wird. Während die Rechtsmitteleinlegung mit Eingang des entsprechenden Schriftsatzes bei Gericht wirksam ist, verlangt § 250 Zustellung. Das könnte bedeuten, dass das Rechtsmittel oder der Einspruch vor Beendigung der Unterbrechung eingelegt und deshalb unwirksam (unzulässig) ist.[20] Aus diesem Dilemma hilft wohl nur, dass man § 250 nicht zu wörtlich nimmt und in bewusster Abkehr von begriffsdogmatischem Ansatz eine „natürliche Einheit" von Einreichung und Zustellung annimmt oder die Wirkung der Zustellung vorverlegt auf die Einreichung des Schriftsatzes, sofern jedenfalls die fehlerfreie Zustellung nachfolgt.[21] Nötig ist die Zustellung allemal.[22]

§ 251 Ruhen des Verfahrens

[1] Das Gericht hat das Ruhen des Verfahrens anzuordnen, wenn beide Parteien dies beantragen und anzunehmen ist, dass wegen Schwebens von Vergleichsverhandlungen oder aus sonstigen wichtigen Gründen diese Anordnung zweckmäßig ist. [2] Die Anordnung hat auf den Lauf der im § 233 bezeichneten Fristen keinen Einfluss.

I. Normzweck

1 Zusammen mit § 251 a Abs. 3 regelt die Vorschrift die dritte und schwächste Form des rechtlichen Stillstands. Sie dient dem Ausgleich zwischen der Prozessförderungspflicht (dem Beschleunigungsinteresse) einerseits und dem Dispositionsgrundsatz im weiteren Sinne andererseits, der es den Parteien auch ermöglichen soll, ein begonnenes und noch nicht beendetes Verfahren für angemessene Zeit zum Stillstand zu bringen, wenn dafür hinreichend gewichtige Gründe bestehen. Zwar haben es die Parteien innerhalb gewisser Grenzen sowieso in der Hand, einen Zivilprozess rein tatsächlich zum Stillstand zu bringen. Doch soll § 251 es ihnen ermöglichen, dies auch „legal" und mit rechtlichen Wirkungen zu tun. Ohne Mitwirkung des Gerichts wäre das nicht möglich, denn die Termine und Fristen sind grundsätzlich der Parteidisposition entzogen. Damit daraus keine prozessordnungswidrige Verschleppung wird, ist nicht nur die gerichtliche Mitwirkung, sondern vor allem die Zustimmung des Gegners erforderlich. Die Norm bezweckt somit den Schutz und die Interessenwahrung beider Parteien. Wie beispielhaft die Erwähnung der Vergleichsverhandlungen in Abs. 1 S. 1 zeigt, soll sie ähnlich wie andere Formen des rechtlichen Stillstands letztlich auch dem Zweck dienen, die endgültige Erledigung der Streitsache zu erleichtern. Mithin muss sich die Auslegung auch am Interesse der Prozesswirtschaftlichkeit orientieren. Abs. 2 aF, der eine Sperrfrist von drei Monaten für die Aufnahme vorsah, wurde im Rahmen der ZPO-Reform mangels praktischer Bedeutung gestrichen.

---

[15] RGZ 140, 348, 352.
[16] So BGHZ 50, 397, 399, 400 = NJW 1969, 48.
[17] BGHZ 23, 172 = NJW 1957, 713.
[18] BGH ZIP 1980, 23 = KTS 1980, 143 = WM 1980, 164.
[19] BGHZ 50, 397 = NJW 1969, 48; BGHZ 23, 172 = NJW 1957, 713.
[20] *Henckel* ZZP 75 (1962), 359, 361.
[21] BGHZ 111, 104, 109 = NJW 1990, 1854; BGHZ36, 258, 260 = NJW 1962, 589 f.; BGHZ 30, 112, 119 = NJW 1959, 1587.
[22] *Musielak/Stadler* Rn. 2.

II. Anwendungsbereich, Regelungsinhalt

Unter dem Ruhen des Verfahrens ist ein nicht rechtlich, sondern tatsächlich bedingter Stillstand des Verfahrens zu verstehen.[1] Hauptanwendungsbereich ist das **Erkenntnisverfahren aller Instanzen,** aber auch das Zwangsvollstreckungsverfahren. § 251 gilt grundsätzlich auch für das **Ehescheidungsverfahren,**[2] obwohl hier die teilweise konkurrierende Sondernorm des § 614 eine Aussetzung ermöglicht. Ebenso kann im Verfahren der Arbeitsgerichtsbarkeit und der Sozialgerichtsbarkeit,[3] im Verwaltungsgerichtsverfahren[4] und im Finanzgerichtsverfahren das Ruhen angeordnet werden. 2

Im Verfahren der freiwilligen Gerichtsbarkeit, soweit es echte Streitsachen zum Gegenstand hat, ist wegen der vergleichbaren Interessenlage zum Zivilprozess die entsprechende Anwendung des § 251 zulässig und geboten.[5] 3

Wegen der Beschleunigungsbedürftigkeit der Verfahren kommt ein Ruhen im Rahmen des selbstständigen Beweisverfahrens sowie den Eilverfahren (Arrest und einstweilige Verfügung) und den besonders auf Beschleunigung angelegten Verfahren wie dem Urkundenprozess und dem Wechselprozess die Anwendung von § 251 nicht in Betracht.[6] Bei einer Anspruchshäufung ist § 145 zu beachten. Allerdings können die Parteien das Ruhen durch Nichterscheinen oder Nichtverhandeln, sofern auch in einem früheren Termin noch nicht verhandelt wurde, faktisch erzwingen (§ 251 a). 4

Das Ruhen der §§ 251, 251 a Abs. 3 setzt immer eine **gerichtliche Anordnung** voraus. Die Parteien können nicht vereinbaren, dass das Verfahren ruhen soll. Sie können aber wirksam durch Vergleich oder Zwischenvergleich oder in sonstiger außergerichtlicher Weise vereinbaren, dass ein entsprechender Antrag gestellt werden soll, ebenso wie sie auch wirksam die Rücknahme der Klage oder eines Rechtsmittels vereinbaren können. § 251 regelt, unter welchen Voraussetzungen das Gericht diese Anordnung treffen darf und muss (Abs. 1). 5

Von den **Rechtswirkungen** der Anordnung regelt die Vorschrift nur einen Ausschnitt, nämlich den (fehlenden) Einfluss auf die in § 233 bestimmten Fristen (Abs. 1 S. 2). Alle sonstigen Folgen der Anordnung sind ohne ausdrückliche Verweisung im Recht der Aussetzung geregelt, denn das Ruhen ist nur ein besonders ausgestalteter Unterfall der Aussetzung. Hieraus ergibt sich eine gewisse Subsidiarität. Wird eine Aussetzung beantragt, die nicht bewilligt werden kann, weil die Voraussetzungen nicht vorliegen, so wird das Gericht prüfen müssen, ob nicht statt dessen das Ruhen angeordnet werden kann.[7] 6

III. Voraussetzungen der Anordnung

1. Allgemeines. Die Anordnung, das Verfahren zum Ruhen zu bringen, hat eine **formelle** Voraussetzung, nämlich den Antrag der Parteien, und eine **inhaltliche.** Die inhaltliche besagt, dass die Anordnung „zweckmäßig" sein muss (Abs. 1 S. 1). Dieses Erfordernis der **Zweckmäßigkeit,** das sich zumindest teilweise an dem Gebot der Prozesswirtschaftlichkeit ausrichtet, ist die wichtigste Voraussetzung für das Ruhen. Die Zweckmäßigkeit muss durch Gründe belegt werden. Zweckmäßig ist die Anordnung der Verfahrensruhe nur dann, wenn mit hinreichender Sicherheit eine Förderung des stillzulegenden Verfahrens durch andere Maßnahmen zu erwarten ist.[8] Dabei muss allerdings Förderung auch im Sinne von anderweitiger Erledigung (Beendigung) verstanden werden. Insoweit entscheidet pflichtgemäßes richterliches Ermessen im Einzelfall. 7

2. Antrag. Das Ruhen des § 251 wird niemals von Amts wegen angeordnet (anders bei § 251 a Abs. 3). Der Antrag ist formfreie Prozesshandlung, er kann in mündlicher Verhandlung oder schriftsätzlich gestellt werden. Im Anwaltsprozess (§ 78) unterliegt er dem **Anwaltszwang,** denn § 248 Abs. 1 mit § 78 Abs. 3 ist auf den Antrag des § 251 nicht anwendbar. Das könnte zwar zweifelhaft sein, weil das Ruhen nur eine Unterart der Aussetzung ist. Es rechtfertigt sich aber dadurch, dass § 251 das Antragsrecht gesondert regelt, ohne die Erklärung zu Protokoll der Geschäftsstelle zuzulassen. Der Antrag kann, solange über ihn nicht entschieden ist, zurückgenommen werden. 8

---

[1] *Zöller/Greger* Rn. 1
[2] KG FamRZ 1978, 34; OLG Karlsruhe NJW 1978, 1388; OLG Frankfurt FamRZ 1978, 919.
[3] BSG NJW 1977, 863.
[4] BVerwG NJW 1962, 1170, 1171.
[5] BayObLG NJW-RR 1988, 16 (für Wohnungseigentumsverfahren).
[6] *Zöller/Greger* Rn. 2; *Baumbach/Lauterbach/Hartmann* Rn. 3; aA 2. Aufl. Rn. 4.
[7] BVerwG NJW 1962, 1170, 1171.
[8] OVG Münster NJW 1962, 1931.

9 Antragsberechtigt ist nur die Partei. Bei **notwendiger Streitgenossenschaft** müssen alle Streitgenossen den Antrag stellen (§ 62). Einfache Streitgenossen können jeder für sich den Antrag anbringen (§ 61). Wird ihm stattgegeben, so kommt das Verfahren nur insoweit zur Ruhe, soweit es die antragstellende Partei und deren Gegner betrifft. Streithelfer haben kein Antragsrecht, ausgenommen die streitgenössischen Streithelfer (§ 69).

10 Den Antrag müssen **beide Parteien** stellen. Das ist nicht wörtlich zu nehmen. Erforderlich ist lediglich, dass die Parteien insoweit übereinstimmen und dies erkennbar wird. Es genügt also, wenn eine Partei dem Antrag der anderen Partei zustimmt.[9] Ausreichend ist auch eine dem Gericht mitgeteilte außergerichtliche vertragliche Vereinbarung der Parteien, den Antrag zu stellen.[10] Die konkludente Zustimmung kann genügen, aber nicht das Schweigen auf die Erklärung der anderen Seite, der Gegner sei einverstanden oder es schwebten Vergleichsverhandlungen. Durch Nachfrage kann das Gericht den notwendigen zweiten Antrag einholen.[11]

11 Da das Ruhen nur beim Vorliegen bestimmter Voraussetzungen angeordnet werden darf, muss der Antrag begründet werden. Der wichtige **Grund,** der die Anordnung als zweckmäßig erscheinen lässt, muss schlüssig behauptet werden. Beweisführung oder Glaubhaftmachung ist dagegen zumeist entbehrlich, da die Zustimmung der Gegenpartei die behauptete Tatsache unstreitig macht. Etwas anderes wird nur in den seltenen Fällen zu gelten haben, dass zwar beide Parteien das Ruhen wollen, aber jede aus anderen Gründen, wobei die Gründe der Gegenseite in tatsächlicher Hinsicht jeweils bestritten werden. In diesen Fällen wird das Gericht Glaubhaftmachung verlangen müssen, sofern es nicht wegen der offensichtlichen Differenzen in der Begründung den übergeordneten Gesichtspunkt der Zweckmäßigkeit von vornherein verneint.

12 **3. Vergleichsverhandlungen.** Ein nur beispielhaft im Gesetz genannter wichtiger Grund für die Zweckmäßigkeit der Entscheidung, das Verfahren zum Ruhen zu bringen, ist – auch bei Entscheidungsreife[12] – das Schweben von Vergleichsverhandlungen. Vergleichsverhandlungen in diesem Sinne sind alle Bemühungen, das Verfahren ganz oder auch nur teilweise durch gütliche Einigung zu erledigen. Die Verhandlungen sollen **schweben.** Das bedeutet, dass die Absicht, Vergleichsverhandlungen zu führen, noch nicht genügt. Wohl aber kann ein der Gegenpartei bereits zugegangenes, wenn auch noch nicht beantwortetes Angebot genügen. Die Gegenpartei hat es in der Hand, ihre Zustimmung zum Ruhen zu verweigern, wenn sie unter keinen Umständen über einen Vergleich verhandeln will. Die Vergleichsverhandlungen können auch andere Prozesse oder Streitpunkte betreffen, sofern nur die Aussicht besteht, dass das vorliegende Verfahren dabei miterledigt wird.

13 **4. Andere wichtige Gründe.** Es kommt grundsätzlich jeder Grund in Betracht, der den vorübergehenden rechtlichen Stillstand des Rechtsstreits als zweckmäßig erscheinen lässt. Insbesondere kann es sinnvoll sein, bestimmte, in Gang befindliche Entwicklungen abzuwarten, deren Ausgang den vorliegenden Rechtsstreit erledigen oder vereinfachen könnte. Zu denken ist hier etwa an Verhandlungen über eines Streitbeilegung durch Klageverzicht oder Anerkenntnis, andere Verfahren, die nicht iSv. §§ 148, 149 vorgreiflich sind (sonst Aussetzung), aber doch für die weitere Entschließung der Parteien Bedeutung haben. Ein häufig vorkommendes Beispiel ist die Beweisaufnahme oder die Entscheidung in einer anderen, aber gleich liegenden Sache. Außerdem ermöglichen § 278 Abs. 4 (Nichterscheinen der Parteien im Gütetermin) und § 278 Abs. 5 S. 2 (Versuch außergerichtlicher Schlichtung), das Verfahren zum Ruhen zu bringen. Im Falle der Unzulässigkeit einer Klage oder eines Rechtsmittels soll eine Anordnung nach S. 1 nicht ergehen.[13] Wurde ein obligatorisches Güteverfahren (§ 15 a EGZPO) nicht durchgeführt, ist die Klage ohne die Möglichkeit, das Verfahren zum Zwecke der Nachholung zum Ruhen zu bringen, als unzulässig abzuweisen.[14]

IV. Wirkungen der Anordnung

14 **1. Allgemeines.** Obwohl dies im Gesetz nicht ausdrücklich ausgesprochen ist, hat die Verfahrensruhe als Unterform der Aussetzung grundsätzlich die **gleichen Wirkungen wie die Aussetzung** (§ 249 Abs. 1 und 2).[15] Hinsichtlich der Fristen gilt jedoch für das Ruhen die ausdrücklich bestimmte Besonderheit des S. 2. Die Möglichkeit, während des Ruhens eine Entscheidung zu

---

[9] *Musielak/Stadler* Rn. 2.
[10] *Musielak/Stadler* Rn. 2.
[11] *Baumbach/Lauterbach/Hartmann* Rn. 4.
[12] *Musielak/Stadler* Rn. 3.
[13] BFH BFH/NV 1991, 468 f.; *Stein/Jonas/Roth* Rn. 1; *Musielak/Stadler* Rn. 1.
[14] BGH NJW 2005, 437 f.
[15] LAG Sachsen MDR 2001, 834; OLG Karlsruhe MDR 1993, 471; *Musielak/Stadler* Rn. 5.

verkünden, besteht nicht, weil § 249 Abs. 3 nur für die Unterbrechung gilt.[16] Eine gleichwohl erlassene, nicht angefochtene Entscheidung kann in Rechtskraft erwachsen.[17]

2. Fristen. Während des Ruhens laufen gesetzliche und richterliche Fristen nicht. Fristen, die bei Beginn des Ruhens schon begonnen haben, hören auf zu laufen; nach Beendigung des Ruhens beginnt die volle Frist von neuem. Wegen der Einzelheiten ist insoweit auf § 249 zu verweisen. 15

Von dieser Regel bestimmt jedoch Abs. 1 S. 2 eine wichtige Ausnahme. Gerade die wichtigsten und besonders einschneidenden prozessualen Fristen, nämlich alle **Notfristen** (§ 224 Abs. 1), die in § 233 genannten **Rechtsmittelbegründungsfristen** sowie die Wiedereinsetzungsfrist des § 234 Abs. 1, laufen während des Ruhens unbeeinflusst weiter.[18] Der Antrag auf Ruhen des Verfahrens enthält für sich genommen keinen Antrag auf Verlängerung einer Begründungsfrist.[19] 16

3. Parteihandlungen. Prozesshandlungen der Partei während des Ruhens sind der anderen Partei gegenüber ohne rechtliche Wirkung, soweit sie die Hauptsache betreffen (§ 249 Abs. 2). Insoweit wird auf § 249 verwiesen. 17

4. Handlungen des Gerichts. Abgesehen von der Ausnahme, dass § 249 Abs. 3 nicht gilt, sind auch auf Handlungen des Gerichts während der Verfahrensruhe die gleichen Grundsätze anzuwenden wie bei der Aussetzung. 18

5. Auswirkungen auf das materielle Recht. Von der durch § 249 Abs. 1 angeordneten Wirkung auf die Fristen werden nur prozessuale Fristen betroffen. Doch hat die Verfahrensruhe einen Einfluss auf die materielle Rechtslage, insbesondere im Falle der **Verjährungsfristen.** Der Lauf der Verjährungsfrist wird durch Klageerhebung gehemmt (§ 204 BGB). Diese Hemmung endet aber, wenn der Prozess in Stillstand gerät (§ 204 Abs. 2 S. 2 BGB) und zwar auf Grund einer Vereinbarung der Parteien oder ihrer Untätigkeit (durch Nichtbetreiben). Das ist bei der Verfahrensruhe streng genommen nicht der Fall, da erst durch Gerichtsbeschluss das Ruhen eintritt. Doch wird die Verfahrensruhe des § 251 und des § 251 a Abs. 3 als Beendigung der Verjährungshemmung angesehen, weil sie mittelbar auf den übereinstimmenden Antrag der Parteien oder ihrem tatsächlichen Nichtverhandeln beruht.[20] Der übereinstimmende Antrag der Gegenpartei kann regelmäßig nicht als Verzicht auf die Verjährung (§ 202 Abs. 2 BGB) gedeutet werden.[21] Ausnahmsweise soll der Partei § 204 Abs. 2 S. 2 BGB nicht zum Nachteil gereichen, wenn sie einen **triftigen Grund** hat, das Verfahren einstweilen nicht weiter zu betreiben.[22] 19

V. Dauer des Ruhens

Im Falle der §§ 251, 251 a Abs. 3 beginnt der Verfahrensstillstand mit dem Wirksamwerden der gerichtlichen Anordnung. Das Ruhen ist beendet ohne weiteres mit dem im Anordnungsbeschluss bestimmten Endtermin, sofern das Ruhen für eine bestimmte Zeit oder bis zum Eintritt eines bestimmten Ereignisses ausgesprochen wird. Ferner endet es mit Aufhebung dieser Anordnung im Beschwerdewege gem. § 252, und zwar mit Wirksamwerden der Beschwerdeentscheidung, wobei der Aufhebung keine Rückwirkung zukommt, also nicht etwa Fristen, die von der zu Unrecht ergangenen Anordnung betroffen waren, nunmehr als abgelaufen gelten. Schließlich endet das Ruhen im Regelfall mit der Aufnahme des Verfahrens gem. § 250 durch eine der Parteien. 20

VI. Verfahren

1. Grundsätze. Der Beschluss, mit dem dem Antrag auf Verfahrensruhe stattgegeben wird, kann ebenso wie die Ablehnung des Antrags ohne mündliche Verhandlung ergehen. Er muss im Falle des Stattgebens **ausdrücklich** das Ruhen bestimmen. Wegen der bedeutsamen Wirkungen genügt eine stillschweigende Anordnung durch Terminsaufhebung nur, wenn sie auf einen übereinstimmenden Antrag hin erfolgt. Mit der Anordnung werden bereits angesetzte Termine hinfällig, denn während des Ruhens können Verhandlungen nicht stattfinden. Es entscheidet das **Gericht,** also beim Kollegialgericht der Spruchkörper, nicht der Vorsitzende allein, im Übrigen der **Einzelrichter** im Rahmen seiner Zuständigkeit, wenn die Sache bei ihm anhängig ist. Dem Vor- 21

---

[16] BGHZ 43, 135, 136 = NJW 1965, 1019.
[17] BGH BGHReport 2004, 973.
[18] BGH NJW-RR 2001, 572; BFH DB 1985, 2334.
[19] BGH NJW-RR 2001, 572.
[20] BGH NJW 2001, 218f.; 1983, 2496, 2497; NJW-RR 1988, 279; RGZ 145, 239, 242; vgl. auch VGH Kassel NVwZ-RR 1992, 421 (Verwirkung möglich).
[21] MünchKommBGB/*Grothe* § 202 Rn. 10.
[22] BGH NJW 2001, 218f.; 1999, 3774; 1999, 1101.

sitzenden der Kammer für Handelssachen (§ 349 Abs. 2 Nr. 5) und dem vorbereitenden Einzelrichter (§ 527 Abs. 3 Nr. 2) ist die Anordnung, weil es sich bei beiderseitigem Antrag nicht um eine Säumnis (anders bei § 251 a Abs. 3) handelt, die Anordnung versagt. Gehör der Prozessbeteiligten ist erforderlich. Die Entscheidung muss, wenn sie nicht verkündet wird, den Parteien formlos mitgeteilt werden (§ 329 Abs. 2 S. 1). Sie ist für beide Parteien gem. § 252 anfechtbar.

22 **2. Aufnahme.** Jede Partei kann jederzeit in der Form des § 250 das Verfahren wieder anrufen (aufnehmen) und damit das Ruhen beenden. Gründe brauchen nicht angegeben zu werden. Die Aufnahmeerklärung, die sich in einem Terminsantrag erschöpfen kann, ist der Gegenpartei zuzustellen. Vor Zustellung des Schriftsatzes braucht sie einer Ladung keine Folge zu leisten (§ 335 Abs. 1 Nr. 2). Die dreimonatige Sperrfrist des Abs. 2 aF, wonach die Aufnahme vor Ablauf von drei Monaten der Zustimmung der Gerichts bedurfte, ist entfallen. Darum kann jede Partei ohne besonderen Grund und ohne Beachtung einer bestimmten Frist gegen den Widerspruch der anderen Seite die Aufnahme erzwingen.[23] Wurde das Ruhen entsprechend dem Antrag der Parteien für eine bestimmte Frist angeordnet, scheidet eine Aufnahme vor Ablauf der Frist aus. Fehlt es an einem wirksamen Aufnahmeantrag, lehnt das Gericht die Aufnahme durch anfechtbaren (§ 252) Beschluss ab.

23 **3. Kosten.** Die Anordnung des Ruhens und die Wiederaufnahme lösen keine Gerichtsgebühren aus. Der Rechtsanwalt erhält keine Antragsgebühr; seine Tätigkeit ist mit der Verfahrensgebühr abgegolten. War eine Terminsgebühr bereits vor dem Ruhen entstanden, bleibt es dabei.

§ 251 a Säumnis beider Parteien; Entscheidung nach Lage der Akten

(1) Erscheinen oder verhandeln in einem Termin beide Parteien nicht, so kann das Gericht nach Lage der Akten entscheiden.

(2) [1]Ein Urteil nach Lage der Akten darf nur ergehen, wenn in einem früheren Termin mündlich verhandelt worden ist. [2]Es darf frühestens in zwei Wochen verkündet werden. [3]Das Gericht hat der nicht erschienenen Partei den Verkündungstermin formlos mitzuteilen. [4]Es bestimmt neuen Termin zur mündlichen Verhandlung, wenn die Partei dies spätestens am siebenten Tag vor dem zur Verkündung bestimmten Termin beantragt und glaubhaft macht, dass sie ohne ihr Verschulden ausgeblieben ist und die Verlegung des Termins nicht rechtzeitig beantragen konnte.

(3) Wenn das Gericht nicht nach Lage der Akten entscheidet und nicht nach § 227 vertagt, ordnet es das Ruhen des Verfahrens an.

I. Normzweck

1 Die Vorschrift gehört systematisch nicht unbedingt in den Fünften Titel, der sich mit dem rechtlichen Stillstand des Verfahrens befasst. Nur Abs. 3 betrifft, in Zusammenhang mit § 251, die Anordnung der Verfahrensruhe. Abs. 1 und Abs. 2 dagegen passen eher zu §§ 330 ff. Sie regeln einen Sonderfall der Säumnis, nämlich die **Säumnis beider Parteien.** Gleichwohl hat die Norm einen gemeinsamen Inhalt und Zweck, der sich aus Abs. 1 ergibt. Sie bestimmt, was geschehen kann und zu geschehen hat, wenn beide Parteien untätig bleiben. Solche Untätigkeit ist im Grundsatz mit dem Wesen des Prozesses, seinen Fortgang zu nehmen, nicht vereinbar.

2 Zweck der Regelungen des § 251 a ist es daher, das Verfahren nicht stillschweigend „versanden" zu lassen, sondern es zu einem klaren rechtlichen Ergebnis zu führen. Dieses Ergebnis kann endgültiger die Instanz abschließender Art sein (kontradiktorisches Urteil nach Aktenlage), eine vorläufige Verfahrensförderung beinhalten (andere Entscheidung nach Aktenlage, insbesondere auch Beweisbeschluss oder Vertagung) oder nur im Übergang zum rechtlichen Stillstand bestehen (Ruhen). In allen Fällen, auch beim Ruhen nach Abs. 3, führt die Untätigkeit beider Parteien jedenfalls zu einer gerichtlichen Entscheidung und damit zur **Verfahrensförderung.** Zur Erreichung dieses Zwecks stellt die Vorschrift ein vielfältiges, der richterlichen Ermessensausübung zugängliches Instrumentarium zur Verfügung. Wegen der jeweils geringern Prozessförderung dürfte zwischen der Entscheidung nach Lage der Akten, der Vertagung und dem Ruhen ein Stufenverhältnis bestehen. Angesichts dieser prozessualen Möglichkeiten wäre es unangemessen, wenn das Gericht lediglich die Säumnis der Parteien feststellt und damit einen rechtlosen Stillstand herbeiführt.[1]

---

[23] OLG Köln FamRZ 2003, 689.

[1] *Musielak/Stadler* Rn. 1; *Zöller/Greger* Rn. 1.

Vielfach wird der Vorschrift auch **Sanktionscharakter** zugeschrieben,[2] und zwar nicht nur Abs. 3, sondern auch Abs. 1 und 2. Die drohende Möglichkeit, dass das Gericht nach Aktenlage, also ohne mündliche Anhörung der Parteien, entscheiden könnte, soll die Parteien veranlassen, die mündliche Verhandlung nicht zu versäumen. Doch dürfte dieser Normzweck nicht im Vordergrund stehen. 3

II. Anwendungsbereich

Die Vorschrift ist im Urteilsverfahren aller Verfahrensarten der ZPO und in allen Rechtszügen anwendbar, soweit eine mündliche Verhandlung stattfindet. Sie gilt grundsätzlich auch im **Arbeitsgerichtsverfahren** und zwar in allen Instanzen.[3] Gewisse Besonderheiten bestehen dort allerdings.[4] 4

Im Baulandverfahren kann nach Lage der Akten entschieden werden, ohne dass die besonderen Voraussetzungen des § 251 a Abs. 1 vorliegen (§ 227 BauGB).[5] Im Verfahren der Offenbarungsversicherung nach § 900 ist die Anordnung der Verfahrensruhe nach § 251 a Abs. 3 nicht zulässig.[6] 5

III. Gemeinsame Voraussetzungen

Alle drei Möglichkeiten, die die Vorschrift anbietet, Entscheidung nach Aktenlage, Vertagung und Ruhensanordnung setzen voraus, dass ein **Termin zur mündlichen Verhandlung,** auch ein Vertagungstermin (§ 332),[7] bestimmt ist, die Parteien ordnungsgemäß und fristgerecht unter Mitteilung der gegnerischen Anträge und des tatsächlichen Vorbringens des Gegners geladen sind und dass in diesem Termin **beide Parteien säumig** sind, also bei ordnungsgemäßem Aufruf zur richtigen Terminszeit entweder nicht erscheinen (im Anwaltsprozess: nicht durch einen postulationsfähigen Anwalt vertreten sind) oder zwar erscheinen, aber nicht verhandeln, insbesondere keine **Sachanträge** stellen. Für die Anwendung des § 251 a reicht es aus, wenn nur eine Partei nicht erschienen ist, die andere aber keinen Antrag stellt. Aus dem Erfordernis des beiderseitigen Nichterscheinens bzw. des Nichtverhandelns folgt, dass die Vorschrift unanwendbar ist, falls (auf Antrag der erschienen Partei) ein Versäumnisurteil (§§ 330, 331) oder eine Entscheidung nach § 331 a ergehen kann.[8] Die Besonderheit des § 251 a ist, dass das Gericht **ohne Antrag** entscheidet. Ist nur eine Partei säumig, so kann die andere beantragen, nach Lage der Akten zu entscheiden (§ 331 a). In diesem Fall ist nur § 251 a Abs. 2 entsprechend anzuwenden. 6

Die Säumnis beider Parteien ist auch teilbar. Sie kann sich auf einen Teil des Rechtsstreits erstrecken. Stellen etwa beide Parteien die Anträge nur in Bezug auf einen von mehreren Klageansprüchen, so kann beim Vorliegen der Voraussetzungen des § 301 insoweit **Teilurteil** ergehen und wegen des Rechtsstreits im Übrigen gem. § 251 a Abs. 3 das Ruhen beschlossen werden.[9] 7

Für alle nach § 251 a möglichen Maßnahmen ist immer nur das **erkennende Gericht (Prozessgericht)** zuständig, also beim Kollegialgericht der Spruchkörper, nicht der Vorsitzende allein, wohl aber der Einzelrichter, soweit das Verfahren bei ihm anhängig ist und der Termin zur mündlichen Verhandlung vor ihm stattfindet, ebenso der Vorsitzende der Kammer für Handelssachen (§ 349 Abs. 2 Nr. 5) und der vorbereitende Einzelrichter im Berufungsrechtszug (§ 527 Abs. 3 Nr. 2). 8

Bei der Wahl der nach § 251 a möglichen Maßnahmen entscheidet das **Ermessen** des Gerichts. Es sollte sich in erster Linie am Normzweck orientieren, nämlich der optimalen Verfahrensförderung. Im Übrigen wird das Gericht prüfen müssen, ob eine instanzbeendende Sachentscheidung (streitiges Endurteil nach Aktenlage) möglich ist. Erst wenn dies und auch eine andere Aktenlageentscheidung nicht zulässig oder nicht sinnvoll erscheint, sollte die Vertagung erwogen werden, für die nach § 227 erhebliche Gründe erforderlich sind, und schließlich – als letzte Alternative – die Anordnung der Verfahrensruhe. Diese Prüfungsreihenfolge, die zugleich dem Gestaltungsermessen des Gerichts gewisse Grenzen zieht, lässt sich aus dem Wortlaut von Abs. 3 entnehmen. 9

---

2 So *Stein/Jonas/Roth* Rn. 2.

3 BAG AP § 56 Nr. 2; ArbG Berlin NZA 1988, 260 (LS).

4 ArbG Berlin NZA 1988, 260 (LS); ArbG Frankfurt BB 1976, 1611 (LS); ArbG Berlin BB 1975, 746 (LS); ArbG Offenbach DB 1965, 39.

5 BGH NJW 1973, 1502 (zu § 167 Abs. 2 BBauG aF).

6 LG Kassel MDR 1956, 686.

7 BGH NJW 1964, 658 f.

8 *Musielak/Stadler* Rn. 1; aA *Baumbach/Lauterbach/Hartmann* Rn. 2, 5: Parteiantrag im Sinne des § 251 a möglich.

9 Vgl. *Schneider* JurBüro 1977, 1337, 1343.

IV. Entscheidung nach Aktenlage

10 **1. Allgemeines.** Bei der Möglichkeit, nach Aktenlage zu entscheiden und zwar, anders als bei § 331 a, **ohne Antrag** einer Partei, liegt das Schwergewicht der Vorschrift. Entscheidung nach Aktenlage bedeutet negativ Entscheidung nicht auf Grund einer mündlichen Verhandlung und, sofern es sich nicht um ein Urteil handelt, sogar ohne irgendeine mündliche Verhandlung. Positiv handelt es sich um eine besondere Form der Entscheidung im schriftlichen Wege, die sich von § 128 Abs. 2 dadurch unterscheidet, dass die Zustimmung der Parteien nicht erforderlich ist.

11 Nach Aktenlage heißt nach dem Verfahrensstand und dem Sach- und Streitstand (dem Vorbringen der Parteien), wie er sich aus den Akten ergibt. Maßgebend ist dabei die Lage **im Augenblick des Verhandlungstermins,** in dem die Parteien säumig sind und die Aktenlageentscheidung beschlossen wird. Auf den zu diesem Zeitpunkt ordnungsgemäß zugestellten Sachantrag (§ 270) ist abzuheben.[10] Zu dem Akteninhalt gehören neben dem schriftsätzlichen Vorbringen auch die Ergebnisse früherer **mündlicher Verhandlungen** oder **Beweisaufnahmen.** Das Ergebnis einer in einem Beweistermin durchgeführten Beweisaufnahme ist auch bei unmittelbarer Fortsetzung der mündlichen Verhandlung im Rahmen der Entscheidung beachtlich (§§ 367, 370).[11] Alles, was zum maßgeblichen Zeitpunkt Bestandteil der Akten ist und der nicht erschienenen Partei rechtzeitig mitgeteilt wurde (§§ 335 Abs. 1 Nr. 3, 132)[12] darf berücksichtigt werden. Etwaige spätere Schriftsätze bleiben außer Betracht.

12 Nicht zulässig bei der Entscheidung nach Aktenlage ist die **Zurückweisung verspäteten Vorbringens** nach § 296. Vielmehr ist umgekehrt der gesamte tatsächliche Akteninhalt zu verwerten. Darum ist die Vorschrift ist im Rahmen des § 251 a nicht anwendbar.[13]

13 Voraussetzung jeder Entscheidung nach Aktenlage ist die **Entscheidungsreife.**[14] Dies ergibt sich aus § 331 a. Für Urteile nach Aktenlage gelten §§ 300 bis 305 a und § 308. Die Entscheidungsreife fehlt, wenn sich eine Partei überhaupt noch nicht geäußert hat, denn § 331 Abs. 1 (**Geständnisfiktion** bei Säumnis) gilt insoweit nicht entsprechend.[15] Wohl aber ist die Geständnisfiktion des § 138 Abs. 3 einschlägig,[16] denn es besteht kein Anlass, die Aktenlageentscheidung insofern anders zu behandeln als die Entscheidung im schriftlichen Verfahren.

14 Außerdem müssen die Säumnisvoraussetzungen vorliegen,[17] und das Gericht muss beim Ausbleiben der Parteien oder Anwälte eine gewisse angemessene Frist warten, wie dies auch vor Erlass eines Versäumnisurteils regelmäßig nötig ist.

15 **2. Urteil.** Für das Urteil nach Aktenlage enthält § 251 a Abs. 2 besondere Regeln. Sie ergänzen die Voraussetzungen, die für jede Aktenlageentscheidung gelten. Gerechtfertigt ist dies wegen der besonders einschneidenden Bedeutung des Urteils nach Lage der Akten. Während gegen Versäumnisurteile, abgesehen von dem Sonderfall des § 345, der Einspruch zulässig ist, beendet das auf Grund der Säumnis beider Parteien ergehende Urteil nach Lage der Akten die Instanz. Es kann nur mit **Rechtsmitteln,** nicht mit dem Einspruch angefochten werden.

16 **a) Frühere Verhandlung (Abs. 2 S. 1).** Das Urteil nach Aktenlage ist nur zulässig, wenn zuvor wenigstens **eine** mündliche Verhandlung in einem früheren Termin stattgefunden hat. Die Parteien sollen wenigstens einmal Gelegenheit gehabt haben, im gleichen Rechtszug ihren Rechtsstandpunkt mündlich vorzutragen. Dabei muss es sich um eine frühere Verhandlung desselben Rechtsstreits unter Beteiligung derselben Parteien oder eines etwaigen Rechtsnachfolgers (§§ 265 Abs. 2 S. 2, 239 ff.) in derselben Instanz handeln.[18] Das frühere Verhandeln setzt regelmäßig eine Antragstellung voraus.[19] Dieses Erfordernis ist zwingend. Es ist auch erfüllt, wenn in derselben Instanz vor einer Rechtsmitteleinlegung, die zur Zurückverweisung führt, verhandelt worden war, denn das Verfahren vor und nach der Zurückverweisung stellt eine Einheit dar, die frühere Verhandlung wirkt fort. Dies gilt auch bei Zurückverweisung an einen anderen Senat desselben Berufungsgerichts nach § 563 Abs. 1 S. 2.[20] Ob die Verhandlung vor diesem oder jenem Senat und vor

---

[10] *Baumbach/Lauterbach/Hartmann* Rn. 11.
[11] BGH NJW 2002, 301 f.
[12] *Zöller/Greger* Rn. 3; *Musielak/Stadler* Rn. 3; aA *Baumbach/Lauterbach/Hartmann* Rn. 14.
[13] BVerfG NJW 1985, 3005 f.; RGZ 132, 338; *Stein/Jonas/Roth* Rn. 19; *Baumbach/Lauterbach/Hartmann* Rn. 12; *Musielak/Stadler* Rn. 3.
[14] BVerfG NJW 1985, 3005 f.; *Thomas/Putzo/Hüßtege* Rn. 1.
[15] *Stein/Jonas/Roth* Rn. 16.
[16] Ebenso *Zöller/Greger* Rn. 5; *Baumbach/Lauterbach/Hartmann* Rn. 10; aA *Stein/Jonas/Roth* Rn. 16.
[17] Vgl. OLG Schleswig NJW 1969, 936 (rechtzeitige, ordnungsgemäße Ladung beider Parteien).
[18] RGZ 149, 157, 159.
[19] BAG MDR 2003, 520; LAG Bremen MDR 2004, 112.
[20] RGZ 149, 157, 160 f.; *Musielak/Stadler* Rn. 2.

verschiedenen Richtern stattgefunden hat, ist belanglos; es handelt sich immer um eine „frühere Verhandlung". Keinesfalls genügt aber eine Verhandlung in der **Vorinstanz.** Von diesem Grundsatz können auch dann keine Ausnahmen gemacht werden, wenn die Parteien im früheren Rechtszug genügend Gelegenheit hatten, ihren Rechtsstandpunkt darzulegen, im höheren Rechtszug nichts neues vortragen und das jetzt zur Entscheidung berufene Rechtsmittelgericht zur Ausübung des Fragerechts keinen Anlass sieht.[21]

Andererseits muss die frühere mündliche Verhandlung nicht notwendigerweise vor dem Gericht stattgefunden haben, in dessen Termin nunmehr beide Parteien säumig sind. So können die Kammer oder der Senat durch Aktenlageurteil entscheiden, wenn zuvor nur vor dem **Einzelrichter** verhandelt worden ist.[22] Entsprechendes gilt für die frühere Verhandlung vor dem Vorsitzenden im Arbeitsgerichtsverfahren oder dem Vorsitzenden der Kammer für Handelssachen. Auch ein **Wechsel in** der Zusammensetzung der **Richterbank** gegenüber der früheren Verhandlung steht dem Urteil nach Aktenlage nicht entgegen. § 309 ist nicht anwendbar, weil das Urteil nach Aktenlage gerade nicht auf Grund der früheren Verhandlung ergeht.[23] Die frühere Verhandlung iSd. § 251 a Abs. 2 S. 1 ist nur eine Voraussetzung für das Aktenlageurteil, sie ist nicht die dem Urteil zugrundeliegende Verhandlung im Sinne des § 309. 17

Die frühere Verhandlung im Sinne von Abs. 2 S. 1 muss immer eine **streitige Verhandlung** in Anwesenheit beider Parteien, also eine zweiseitige Verhandlung, gewesen sein. Die Voraussetzung ist auch erfüllt, wenn in einem früheren Termin nur die eine Partei und einem weiteren Termin nur die andere Partei erschienen oder vertreten war oder Anträge gestellt hat.[24] Auf eine frühere streitige Verhandlung kann nicht im Einverständnis der Parteien verzichtet werden.[25] Unzureichend ist hingegen, wenn auf Grund des ersten Termins entsprechend einem Antrag nach § 331 a ein Beweisbeschluss als Entscheidung nach Lage der Akten verkündet worden ist. Dieser Aktenlageantrag steht einer streitigen Verhandlung nicht gleich.[26] Demgegenüber ersetzt eine vorhergehende Entscheidung nach § 128 Abs. 2 eine mündliche Verhandlung.[27] Die beiderseitige Anwesenheit in der bloßen **Güteverhandlung** (§ 278) genügt nicht;[28] wegen der mit der mündlichen Verhandlung verklammerten Güteverhandlung (§ 54 ArbGG) kann im Arbeitsrechtsstreit bei Ausbleiben nach einer Güteverhandlung nach Lage der Akten entschieden werden.[29] 18

Sofern als Aktenlageentscheidung ein Urteil verkündet werden soll, das nur einen Teil des Streitstoffs erfasst (Teilurteil oder Schlussurteil, § 301), so genügt eine frühere mündliche Verhandlung, die sich nur auf diesen jetzt entscheidungsreifen Teil bezog. Andererseits ist ein Urteil nach Aktenlage ausgeschlossen, wenn sich im Termin der beiderseitigen Säumnis der Streitstoff gegenüber einer früheren Verhandlung erweitert hat, wie in den Fällen der **Klageänderung oder Klageerweiterung**[30] (§§ 263, 264 Nr. 1 bis 3). Unschädlich sind eine Beschränkung des Klageantrags oder eine Ergänzung oder Berichtigung des Vorbringens,[31] ebenso eine dem Gegner rechtzeitig mitgeteilte Erweiterung des Zinsanspruchs (§ 264 Nr. 2).[32] Verspätetes Vorbringen der erschienenen Partei schließt (analog § 335 Abs. 1 Nr. 3) den Erlass eines Urteils aus. Eine frühere streitige Verhandlung im Vorverfahren genügt nicht für ein Aktenlageurteil im Nachverfahren (§ 600).[33] Im Falle einer **Stufenklage** muss zuvor auf der jeweiligen Stufe verhandelt worden sein.[34] Ausreichend ist eine Verhandlung bei einem Gericht, das den Rechtsstreit an ein anderes Gericht gleicher Instanz verwiesen hat (§ 281).[35] 19

Als entbehrlich wird vielfach die frühere streitige mündliche Verhandlung erachtet, wenn für das Urteil, das nach Aktenlage ergehen soll, eine mündliche Verhandlung ohnehin nicht vorgeschrie- 20

---

21 AA LG Berlin NJW 1953, 750 m. abl. Anm. *Schönke.*

22 OLG Karlsruhe MDR 1995, 637.

23 RGZ 132, 330, 336; *Zöller/Greger* Rn. 3; unentschieden BGHZ 11, 27, 31 = NJW 1954, 266; aA *Rosenberg/Schwab/Gottwald* § 108 II 4 a.

24 RGZ 149; 158 f.; *Musielak/Stadler* Rn. 2; *Baumbach/Lauterbach/Hartmann* Rn. 17; aA 2. Aufl. Rn. 18; *Stein/Jonas/Roth* Rn. 23.

25 In diesem Sinne aber *Baumbach/Lauterbach/Hartmann* Rn. 17.

26 AA LG Stuttgart ZZP 69 (1956), 408.

27 *Stein/Jonas/Roth* Rn. 27; *Zöller/Greger* Rn. 3 a.

28 *Musielak/Stadler* Rn. 2; *Zöller/Greger* Rn. 3.

29 ArbG Berlin DB 1987, 2528; *Musielak/Stadler* Rn. 2.

30 Ebenso AK-ZPO-*Ankermann* Rn. 4; *Musielak/Stadler* Rn. 2 Fn. 7; *Baumbach/Lauterbach/Hartmann* Rn. 14.

31 Weitergehend OLG Düsseldorf NJW-RR 1994, 892 (geringfügige Zinserhöhung zulässig).

32 OLG Düsseldorf NJW-RR 1994, 892.

33 *Stein/Jonas/Roth* Rn. 25; *Zöller/Greger* Rn. 3.

34 OLG Schleswig FamRZ 1991, 95 f.

35 *Baumbach/Lauterbach/Hartmann* Rn. 17.

ben ist. Das gilt allenfalls für die Urteile, die eine Berufung oder Revision verwerfen, weil die gleiche Entscheidung auch als **Beschluss** ohne mündliche Verhandlung möglich gewesen wäre (§§ 522 Abs. 1 S. 3, 552 Abs. 2).[36] Die Richtigkeit dieser Auffassung ist in der Rechtsprechung, die mit solchen Konstellationen bislang nicht befasst war, ungeklärt. Wird von der Beschlussverwerfung nicht Gebrauch gemacht, so ist Termin zur mündlichen Verhandlung zu bestimmen mit der Folge der Geltung der allgemeinen Verfahrensgrundsätze, was die Annahme nahelegt, dass auch ein auf Verwerfung des Rechtsmittels lautendes Aktenlageurteil nur geben dürfte, wenn in dieser Rechtsmittelinstanz früher verhandelt worden war.[37]

21 **b) Form und Inhalt.** Das Urteil nach Aktenlage ist kein Versäumnisurteil, sondern ein **kontradiktorisches Urteil** und folgt den allgemeinen Regeln, ist also nicht mit Einspruch, sondern nur den Rechtsmitteln Berufung und Revision anfechtbar.[38] Es kann ein Urteil jeder Art, auch ein Grund- oder Zwischenurteil ergehen.[39] Die abgekürzte Form, die § 313b erlaubt, ist nicht möglich. Das Aktenlageurteil ist auch als Teilurteil, Schlussurteil, Zwischenurteil, Vorbehaltsurteil zulässig. Im Urteilseingang muss es anstatt „auf Grund der mündlichen Verhandlung vom …" heißen: „nach Lage der Akten am …", wobei der Tag des versäumten Termins und nicht etwa der Verkündungstermin einzusetzen ist.[40] Im Sinne von §§ 296a, 323 Abs. 2, 767 Abs. 2 entspricht der Tag des versäumten Termins dem Schluss der mündlichen Verhandlung.

22 **c) Verkündung (Abs. 2 S. 2 und 3).** Das Urteil nach Lage der Akten darf nicht in dem Termin verkündet werden, den die Parteien versäumt haben. Das Gericht muss einen besonderen Verkündungstermin bestimmen und ist in der Wahl dieses Verkündungstermins insofern beschränkt, als er keinesfalls vor Ablauf von zwei Wochen, gerechnet von dem versäumten Termin an, stattfinden darf. Für die Berechnung dieser Mindestfrist gilt § 222. Ihr Zweck liegt darin, sicherzustellen, dass die Partei rechtzeitig vom Verkündungstermin erfährt.

23 Mit der Anberaumung des Verkündungstermins verbindet sich die – nicht selbstständig anfechtbare (§ 567) – Anordnung, dass nach Aktenlage entschieden wird.[41] Der **Verkündungstermin** ist, wie sich aus § 310 Abs. 1 S. 1 ergibt, sofort durch Beschluss anzuberaumen, zweckmäßigerweise durch Verkündung spätestens am Schluss der Sitzung, damit er in der Verhandlungsniederschrift des versäumten Termins festgehalten ist (§ 160 Abs. 3 Nr. 6 und 7). Die in § 310 Abs. 1 S. 2 vorgeschriebene Dreiwochenfrist gilt grundsätzlich auch für § 251a Abs. 2 S. 2. Doch wird es wegen des Zwecks der Mindestfrist von zwei Wochen immer als **wichtiger Grund** für eine weiter hinausgeschobene Verkündung angesehen werden müssen, wenn nach dem Ermessen des Gerichts eine längere Zeit nötig ist, um die formlose Mitteilung des Verkündungstermins der Partei rechtzeitig zukommen zu lassen.

24 Eine Unterbrechung des Verfahrens zwischen Säumnistermin und Verkündungstermin hindert die Verkündung nicht, § 249 Abs. 3 ist entsprechend anwendbar, weil das Urteil auf Grund des Sachstandes zurzeit des versäumten Termins ergeht.

25 Auch wenn der Verkündungstermin in einem verkündeten Beschluss festgesetzt wird, muss der **nicht erschienenen Partei** der Verkündungstermin sofort schriftlich mitgeteilt werden. Wie immer steht dem Nichterscheinen das Nichtverhandeln gleich. Es ist deshalb nicht zulässig, von der Mitteilung an diejenige Partei abzusehen, die im Termin anwesend war, aber nicht verhandelt hat.[42] Die Mitteilungspflicht bedeutet eine Abweichung von § 218. Für die Mitteilung des Verkündungstermins sieht das Gesetz eine Form nicht vor. Da bei formloser Mitteilung aus den Gerichtsakten der Zugang der Mitteilung nicht nachzuweisen ist, empfiehlt sich die **förmliche** Zustellung.[43] Wird darauf verzichtet und gelangt die formlose Mitteilung unmittelbar vor dem Verkündungstermin mangels Erreichbarkeit der Partei an das Gericht zurück, darf ein Urteil nicht ergehen.[44] Sofern die Partei im Verfahren durch einen Prozessbevollmächtigten vertreten ist, muss die Mitteilung des Verkündungstermins an den Prozessbevollmächtigten gerichtet werden (§ 172).

26 Die Mitteilung muss so rechtzeitig abgesandt werden, dass sie dem Empfänger deutlich früher als eine Woche vor dem Verkündungstermin zugehen kann, denn die Mitteilung soll die Partei in die

---

[36] Näher hierzu *Zöller/Greger* Rn. 3.

[37] Die in diesem Zusammenhang verschiedentlich erwähnten Entscheidungen BGH NJW 1961, 829; 1962, 1149; 1957, 1840 betreffen nicht den Fall beiderseitiger Säumnis.

[38] *Baumbach/Lauterbach/Hartmann* Rn. 8.

[39] *Baumbach/Lauterbach/Hartmann* Rn. 16.

[40] *Zöller/Greger* Rn. 8.

[41] *Zöller/Greger* Rn. 2.

[42] Abzulehnen deshalb LG Stuttgart ZZP 68 (1955), 473.

[43] So auch *Zöller/Greger* Rn. 6.

[44] *Baumbach/Lauterbach/Hartmann* Rn. 19.

Lage versetzen, innerhalb der Frist des Abs. 2 S. 4 (7 Tage vor dem Verkündungstermin) die Verkündung abzuwenden.

d) Abwendung der Verkündung (Abs. 2 S. 4). Das Gesetz räumt der säumigen Partei zur Abwendung der Verkündung des Urteils das Recht ein, einen neuen Termin zur mündlichen Verhandlung zu begehren. Dieser Rechtsbehelf ähnelt entfernt der Wiedereinsetzung. Der Antrag, der Prozesshandlung ist, muss spätestens am **siebenten Tage** vor dem Tage, an dem das Urteil verkündet werden soll, beim Prozessgericht eingehen. Der Verkündungstag wird nicht mitgerechnet. Ist also Verkündungstermin auf Freitag, den 19. Januar bestimmt, so muss der Antrag spätestens am Freitag, den 12. Januar bis 24.00 Uhr gestellt sein. Der Antrag muss also spätestens an dem Wochentag eingehen, der seiner Bezeichnung nach dem in der folgenden Woche anberaumten Verkündungstag entspricht. Das Antragsrecht steht **jeder der säumigen Parteien** zu, im Falle der beiderseitigen Säumnis also beiden Parteien jeweils für sich. Auch die Partei, die nicht verhandelt hat (§ 333), kann den Antrag stellen.[45] Das ergibt sich aus § 251 a Abs. 1. Zwar enthält Abs. 2 S. 4 nur das Wort „ausgeblieben“, damit wird aber die Gleichsetzung von Nichterscheinen und Nichtverhandeln, die allgemein gilt, nicht genügend deutlich aufgehoben. 27

In dem Antrag hat die Partei darzulegen, dass sie sowohl ohne ihr Verschulden ausgeblieben ist als auch ohne ihr Verschulden die Verlegung des Termins nicht rechtzeitig beantragen konnte. Zugleich sind diese Umstände glaubhaft zu machen (§ 294). Die **Glaubhaftmachung,** für die im Einzelfall eine einfache anwaltliche Erklärung genügen kann,[46] sollte in der Antragsschrift enthalten sein. Unterbleibt dies, so muss sie innerhalb der Sieben-Tage-Frist vor dem Verkündungstermin nachgeholt werden. 28

Ähnlich wie bei der Wiedereinsetzung sind die geltend gemachten **Entschuldigungsgründe** streng zu prüfen. Dabei steht der Zweck des § 251 a, den Rechtsstreit zügig zu fördern und eine Verschleppung zu verhindern, im Vordergrund. Verschulden der Partei (§§ 51 Abs. 2, 85 Abs. 2) ist gegeben, wenn ihr chronisch erkrankter Anwalt nicht für Vertretung sorgt.[47] Im Fall der Säumnis durch Nichtverhandeln wird ein Entschuldigungsgrund nur ganz ausnahmsweise anzunehmen sein. 29

Ist der Antrag in zulässiger Weise, insbesondere form- und fristgerecht gestellt und sind die Entschuldigungsgründe schlüssig behauptet und ausreichend glaubhaft gemacht, so muss das Gericht den Verkündungstermin aufheben und **neuen Termin** zur mündlichen Verhandlung bestimmen. Insoweit entspricht die Vorschrift der Regelung des § 156. Der Beschluss, mit dem der neue Verhandlungstermin anberaumt wird, kann in dem Termin verkündet werden, der zur Verkündung des Urteils nach Aktenlage vorgesehen war. Dann gilt § 218. 30

Die Abwendungsbefugnis der Parteien versagt, wenn der Antrag auf mündliche Verhandlung nicht zulässig und begründet ist, etwa weil Entschuldigungsgründe nicht glaubhaft gemacht sind. In diesem Fall wird im Verkündungstermin das Urteil nach Lage der Akten verkündet; einer besonderen vorherigen Zurückweisung des Antrags aus Abs. 3 S. 4 bedarf es nicht, sie wird ausdrücklich oder stillschweigend in den **Entscheidungsgründen** des Urteils vorgenommen und ist nicht isoliert, sondern nur mit diesem zusammen anfechtbar.[48] 31

Stellt das Gericht von Amts wegen oder auf Parteivorbringen hin nach Bestimmung des Termins zur Verkündung des Urteils nach Aktenlage fest, dass Voraussetzungen der Säumnis (zB § 335) nicht vorlagen, muss es von Amts wegen von der Verkündung des Aktenlageurteils absehen und neuen Termin zur mündlichen Verhandlung bestimmen (§ 156).[49] 32

3. Andere Entscheidungen nach Aktenlage. Für alle anderen Entscheidungen nach Aktenlage, die nicht in Urteilsform ergehen, gelten die besonderen Beschränkungen des Abs. 2 nicht. Sie setzen eine frühere **streitige Verhandlung nicht voraus**[50] und können nach Ermessen des Gerichts sofort, also im versäumten Termin, oder später verkündet werden. Ebenso zulässig ist es, von einer Verkündung abzusehen und die Entscheidung zuzustellen oder formlos mitzuteilen (§ 329). Ihren Erlass kann die säumige Partei nicht durch Antrag und Entschuldigung abwenden. Hier wird es sich insbesondere um Aufklärungsbeschlüsse, Beweisbeschlüsse, Verbindungsbeschlüsse, Trennungsbeschlüsse, Aussetzungsbeschlüsse, Verweisungsbeschlüsse, Kostenbeschlüsse (insbesondere nach § 91 a) handeln. Nach Erlass einer solchen Entscheidung kann die Partei ihr früheres Vorbringen nach allgemeinen Regeln später ändern.[51] 33

---

[45] AA *Zöller/Greger* Rn. 7; *Stein/Jonas/Roth* Rn. 32; *Musielak/Stadler* Rn. 4.
[46] BAG AP Nr. 1.
[47] BGH NJW 1964, 658 f.
[48] *Musielak/Stadler* Rn. 4; *Zöller/Greger* Rn. 7.
[49] *Stein/Jonas/Roth* Rn. 35; *Baumbach/Lauterbach/Hartmann* Rn. 24.
[50] *Zöller/Greger* Rn. 4.
[51] *Baumbach/Lauterbach/Hartmann* Rn. 15.

V. Vertagung

34 Wählt das Gericht mangels Entscheidungsreife die Entscheidung nach Aktenlage nicht, so kann es die Sache vertagen (Abs. 3). Die **Vertagung** als Unterfall der Terminsänderung (§ 227) ist die Bestimmung eines neuen Termins zur mündlichen Verhandlung des Rechtsstreits. Dies geschieht durch Gerichtsbeschluss. Daher ist eine Ladung entbehrlich, die Ladungsfrist aber – entgegen der hM – einzuhalten.[52]

35 Ob das Gericht sich **bei beiderseitiger Säumnis** für die Vertagung entscheidet, ist weitgehend seinem Ermessen überlassen. Maßgebend dafür wird sein, wie das Verfahren am sinnvollsten gefördert werden kann. Doch bedeutet die Verweisung auf § 227, dass für die Vertagung erhebliche Gründe sprechen müssen. Dabei ist der Negativkatalog des § 227 Abs. 1 Nr. 1 bis 3 grundsätzlich zu beachten mit der Folge, dass das Verfahren zum Ruhen zu bringen ist.

36 Eine gewisse **Eingrenzung des Ermessens** ergibt sich für den in § 251 a geregelten Sonderfall der beiderseitigen Säumnis weiter aus Wortlaut und Sinn von Abs. 3, wonach eine Prüfungsreihenfolge vorgeschrieben ist. Das Gericht darf nicht vertagen, ohne zuvor die Zulässigkeit und Zweckmäßigkeit einer Entscheidung nach Lage der Akten erwogen zu haben. Es muss vertagen, wenn es eine Aktenlageentscheidung an sich für geboten hält, aber daran nur aus dem formellen Grund gehindert ist, dass die Säumnisvoraussetzungen nicht vorliegen, also insbesondere die **Ladungsfrist** nicht eingehalten ist. In diesen Fällen haben die Parteien einen Anspruch auf Vertagung,[53] und die Anordnung des Ruhens wäre keine geeignete Maßnahme zur Förderung des Rechtsstreits.

VI. Ruhen (Abs. 3)

37 Als dritte und letzte Möglichkeit erlaubt Abs. 3 dem Gericht im Falle beiderseitiger Säumnis die **Anordnung der Verfahrensruhe.** Diese Möglichkeit ist zu wählen, wenn mangels erheblicher Gründe auch eine Vertagung nicht in Betracht kommt. Die Vorschrift stellt damit die Verbindung zu § 251 her. Inhalt, Form und Wirkung der Anordnung sowie auch die Beendigung des Ruhens richten sich nach § 251, nur die Voraussetzungen sind andere: Ein **Antrag** ist nicht erforderlich. Abs. 3 ist nicht anwendbar, wenn das Gericht die über § 331 a beantragte Entscheidung nach Lage der Akten abgelehnt hat. In diesem Fall ist neuer Termin zu bestimmen. Das Ruhen darf nicht angeordnet werden. § 331 a verweist nämlich nur auf Abs. 2. Die unterbliebene Aktenlageentscheidung, die Abs. 3 erwähnt, bezieht sich nur auf die in Abs. 1 erfasste Verfahrenssituation, nämlich das Nichterscheinen beider Parteien.[54] Ordnet das Gericht das Ruhen an, können die Parteien nach Wegfall der Sperrfrist des § 251 Abs. 2 aF ohne weitere Voraussetzungen durch einen Antrag jederzeit die Aufnahme erzwingen. Ein Rechtsmittel entbehrt darum eines Rechtsschutzbedürfnisses.[55]

VII. Verfahrensfragen, Anfechtung, Kosten

38 Die Entscheidung, ob das Gericht nach Aktenlage entscheidet, die mündliche Verhandlung vertagt oder das Ruhen des Verfahrens anordnet, ist **prozessleitende Ermessensentscheidung.**[56] Sie bedarf regelmäßig keiner Begründung. Nur soweit sie als Anordnung des Ruhens nach § 252 anfechtbar ist, wird eine kurze Begründung notwendig sein, um die Überprüfung zu ermöglichen oder zu erleichtern.

39 Soweit die Beschwerde nach § 252 nicht möglich ist, können Verfahrensverstöße bei der Anwendung des § 251 a, die nicht gem. § 295 geheilt sind, nur zusammen mit der **Anfechtung der Endentscheidung** durch die üblichen, ordentlichen Rechtsmittel gerügt werden.

40 Der Beschluss nach § 251 a, dass nach Aktenlage entschieden werden soll, löst besondere **Kosten** nicht aus. Die Vertagung und die Anordnung des Ruhens sind gerichtsgebührenfrei; das Urteil nach Aktenlage löst keine Gerichtsgebühr aus. Der Anwalt hat die Terminsgebühr regelmäßig in dem früheren Termin verdient. War der Antrag in dem früheren Termin noch nicht bevollmächtigt, kann der Antrag die Terminsgebühr auslösen.

---

[52] Vgl. § 217 Rn. 2, § 218 Rn. 2.

[53] Vgl. OLG Schleswig SchlHA 1969, 80, 82 am Ende (insoweit in NJW 1969, 936 nicht mitabgedruckt).

[54] Vgl. auch OLG Frankfurt NJW-RR 1998, 1288.

[55] OLG Zweibrücken OLGReport 2000, 564; *Zöller/Greger* Rn. 11; aA *Musielak/Stadler* Rn. 6.

[56] OLG Köln NJW-RR 1992, 1022.

§ 252 Rechtsmittel bei Aussetzung

Gegen die Entscheidung, durch die auf Grund der Vorschriften dieses Titels oder auf Grund anderer gesetzlicher Bestimmungen die Aussetzung des Verfahrens angeordnet oder abgelehnt wird, findet die sofortige Beschwerde statt.

I. Normzweck, Regelungsinhalt

Die Gerichtsentscheidung, die den rechtlichen Stillstand des Verfahrens bewirkt oder verhindert, kann für die Parteien einschneidende Bedeutung haben. Deshalb erscheint die frühzeitige Überprüfung solcher Entscheidungen erforderlich. Diesem Zweck dient § 252. Während bis zum Inkrafttreten der ZPO-Reform bei Anordnung der Aussetzung die unbefristete einfache Beschwerde statthaft war, gibt es jetzt einheitlich gegen Anordnung und Ablehnung nur noch die **befristete sofortige Beschwerde.** Damit wurde § 252 dem neuen Beschwerderecht angepasst, das die bisherige Unterscheidung zwischen befristeter und unbefristeter Beschwerde aufgegeben hat. 1

Die Bedeutung der Vorschrift ist daran erkennbar, dass sie das Rechtsmittel der Beschwerde nicht nur für die Aussetzungen des Fünften Titels (§§ 239 bis 251 a) regelt, sondern für **alle Aussetzungen,** also auch diejenigen, die in anderen Teilen der ZPO und in anderen Gesetzen vorgesehen sind, sofern für das Verfahren die ZPO anzuwenden ist. Die wohl größte praktische Bedeutung entfaltet § 252 sogar bei den Aussetzungsentscheidungen etwa der §§ 148, 149. 2

Da die Anordnung des **Ruhens** nur als Unterfall der Aussetzung anzusehen ist, regelt § 252 über seinen bloßen Wortlaut hinaus auch die Anfechtbarkeit der Entscheidungen zum Ruhen des Verfahrens (§§ 251, 251 a Abs. 3). 3

Dagegen ist die Vorschrift nicht anzuwenden für Entscheidungen, die im Zusammenhang mit der **Unterbrechung** des Rechtsstreits ergehen. Für die Unterbrechung selbst ist dies selbstverständlich, da sie ohne Zutun des Gerichts eintritt. Aber auch Entscheidungen, die die Aufnahme eines unterbrochenen Verfahrens zulassen oder ablehnen, fallen nicht unmittelbar unter § 252.[1] 4

II. Anwendungsbereich

1. Nach der Art des Verfahrens. Die Vorschrift findet Anwendung, soweit überhaupt Aussetzung oder Ruhen angeordnet werden kann.[2] Die **Anordnung** wie auch die **Ablehnung** der Aussetzung wird ausdrücklich der sofortigen Beschwerde unterworfen. Allerdings wird vielfach die entsprechende Heranziehung in anderen Verfahrensarten hinsichtlich der Form, Frist und Beschwerdeberechtigung Modifikationen erfordern, wie etwa im Bereich EuGVÜ[3] oder des FGG.[4] Darüber hinaus dürfte die Norm sinngemäß auch in solchen Verfahrensarten anzuwenden sein, die an sich den rechtlichen Stillstand nicht vertragen, sofern im Einzelfall Aussetzung oder Ruhen angeordnet oder abgelehnt worden ist, damit insoweit die Nachprüfungsmöglichkeit eröffnet wird.[5] 5

2. Nach der Form der Entscheidung. Gewöhnlich und korrekterweise wird über die Anordnung oder Ablehnung des rechtlichen Stillstands durch Gerichtsbeschluss entschieden. In diesen Fällen richtet sich die Beschwerde gegen den **Beschluss.** Soweit er eine Aussetzung ablehnt, bedarf er wegen § 329 Abs. 3 der **Zustellung.** 6

Die Ablehnung einer beantragten Aussetzung oder des Ruhens kann jedoch auch im **Endurteil** ausgesprochen werden. In diesen Fällen gilt § 252 nicht. Die Entscheidung über die Ablehnung des rechtlichen Stillstandes ist dann mit den üblichen **Rechtsmitteln** gegen das Urteil anzufechten und im Verfahren der Berufung überprüfbar.[6] Die Revision konnte nach bisherigem Verständnis nicht darauf gestützt werden, dass das Berufungsgericht die Aussetzung zu Unrecht abgelehnt habe, weil Beschlüsse des Oberlandesgerichts nach § 567 Abs. 4 aF unanfechtbar waren.[7] Nunmehr kann das Oberlandesgericht gegen diese Beschlüsse die Rechtsbeschwerde zulassen (§ 574 Abs. 1 Nr. 2). Da die Beschlüsse danach nicht mehr schlechthin unanfechtbar sind, erscheint eine Überprüfung durch 7

---

[1] AA *Musielak/Stadler* Rn. 1 m. Nachw.

[2] LAG Berlin BB 1979, 891 (Arbeitsgerichtsverfahren); BayObLG NJW-RR 1988, 16 (Wohnungseigentumsverfahren).

[3] BGH BGHReport 2002, 345; OLG Frankfurt OLGReport 2001, 254.

[4] BayObLGZ 1974, 446, 447; BayObLG NJW-RR 1988, 16; KG NJW-RR 1998, 640.

[5] OLG Karlsruhe MDR 1995, 635 (PKH-Verfahren).

[6] AA KG NJW-RR 2006, 1145 f.: Auch bei Entscheidung im Urteil nur sofortige Beschwerde.

[7] BGH LM Nr. 1 = ZZP 67 (1954), 311.

das Revisionsgericht nach § 557 Abs. 2 nicht ausgeschlossen.[8] Mit der **Revision** überprüfbar ist ein Urteil, das über die Unterbrechung des Rechtsstreits hinaus zum Ausdruck bringt, dass die Partei endgültig daran gehindert ist, den Prozess aufzunehmen.[9]

9 **3. Nach dem Inhalt der Entscheidung. a) Aussetzung.** Mit der Beschwerde anfechtbar sind zunächst alle Entscheidungen, die in der ZPO ausdrücklich als **Aussetzung** des Verfahrens oder der Verhandlung bezeichnet sind, also insbesondere nach §§ 65, 148, 149, 152, 153, 154, 246, 247, 578, 614, 640f, 953. Je nach Verfahrensart und Ausgestaltung der Aussetzungsmöglichkeit können sich für das Rechtsmittel Besonderheiten ergeben. So entscheidet über die Beschwerden gegen die von dem Amtsgericht in Familiensachen getroffene Aussetzung nicht das Landgericht, sondern das Oberlandesgericht.

10 Ebenso ist die Beschwerde zulässig, wenn andere Gesetze eine Aussetzung ausdrücklich zulassen, wie etwa § 97 Abs. 5 ArbGG, § 19 GebrMG, § 46 Abs. 2 WEG, § 53c FGG, § 68 JWG, § 68 DRiG. Stets müssen jedoch beispielsweise in den Verfahren nach FGG die Besonderheiten für das Beschwerdeverfahren und den Instanzenzug beachtet werden.

11 **b) Ruhen.** Nach allgemeiner Ansicht gilt die Beschwerdemöglichkeit des § 252 auch, wenn das Ruhen des Verfahrens (§§ 251, 251a Abs. 3) angeordnet wird, denn das Ruhen ist nur ein **Unterfall der Aussetzung.** Sinn und Zweck der Vorschrift gebieten eine erweiternde Auslegung über den Wortlaut hinaus.

12 **c) Ablehnung der Aussetzung oder des Ruhens.** Was vorstehend über die Beschwerde gegen die Anordnung der Aussetzung oder des Ruhens gesagt wurde, gilt ebenso für alle Entscheidungen, die einen Antrag auf Anordnung der Aussetzung oder des Ruhens **ablehnen.**[10] Für die Partei kann der Fortgang der Sache gegen ihren Willen genauso nachteilig sein wie der rechtliche Verfahrensstillstand, der gegen ihren Willen verfügt wird. Deshalb macht § 252 hinsichtlich der Anfechtungsmöglichkeit keinen Unterschied zwischen den Beschlüssen, die den Verfahrensstillstand bewirken und denen, die den beantragten oder angeregten Stillstand verweigern. Nunmehr einheitlich geregelt ist auch die Art der sofortigen Beschwerde. Die Ablehnung ist auch dann mit der Beschwerde des § 252 anfechtbar, wenn sie nicht ausdrücklich ausgesprochen wird, sondern sich aus anderen Maßnahmen des Gerichts, die auf Fortsetzung des Verfahrens gerichtet sind, inhaltlich ergibt. So ist die Terminsbestimmung oder Ablehnung der Terminsaufhebung entsprechend § 252 anfechtbar, soweit dem Verfahren durch die Terminsbestimmung entgegen einem Ruhensgesuch Fortgang gegeben wird.[11] Die im Widerspruch zu einem Aussetzungsantrag erfolgende Terminsbestimmung und die Ablehnung der Terminsaufhebung setzt die Frist des § 569 in Lauf.[12]

13 **d) Andere Maßnahmen mit Aussetzungswirkung.** Über den Wortlaut hinaus ist die Beschwerde auch zulässig, wenn das Gericht zwar nicht ausdrücklich die Aussetzung anordnet, aber Maßnahmen trifft, die in ihrer Wirkung der Aussetzung gleich kommen. Hat die gerichtliche Maßnahme Aussetzungswirkung, so ist es ohne Bedeutung, ob sie als Aussetzung oder ganz anders bezeichnet ist.[13] Es sind dies die Fälle der **„mittelbaren" Aussetzung,** deren praktische Folgen sich für die Parteien wie eine Aussetzung oder eine Anordnung der Verfahrensruhe darstellen. Das gilt etwa, wenn das Gericht die Sache auf eine ungewöhnlich lange oder unbestimmte Zeit „vertagt",[14] einen Termin unangemessen weit hinausschiebt,[15] eine **Terminsbestimmung ablehnt,** also schlechthin verweigert,[16] nach Erlass eines Zwischenurteils oder Vorbehaltsurteils die Verhandlung zur Hauptsache oder im Nachverfahren trotz Antrags nicht einleitet oder nach Erlass eines Grundurteils das Betragsverfahren trotz entsprechenden Antrags nicht beginnt.[17] Entsprechendes gilt für einen Beschluss über die Unzulässigkeit der Aufnahme (§ 250)[18] sowie die beschlussmäßige Feststellung oder Verneinung der Aussetzung.[19] Auch ein Verbindungsbeschluss nach § 147 und die Ablehnung der Verfahrenstrennung können mit der Beschwerde entsprechend § 252 angegriffen wer-

---

[8] So bereits BAG NJW 1968, 1493 für Fälle echter Vorgreiflichkeit; vgl. *Musielak/Ball* § 557 Rn. 9; aA *Zöller/Greger* Rn. 1c; *Baumbach/Lauterbach/Hartmann* Rn. 7.
[9] BGH NJW-RR 2006, 288; BGH WM 2004, 1656.
[10] OLG Frankfurt FamRZ 1978, 919.
[11] OLG München JurBüro 1988, 1567.
[12] LG Frankfurt FamRZ 1980, 178; 1978, 919.
[13] OLG Zweibrücken FamRZ 1984, 24.
[14] RG JW 1899, 431.
[15] OLG Celle NJW 1975, 2349; OLG Frankfurt NJW 1974, 1715.
[16] OLG Köln NJW-RR 1999, 290; OLG Stuttgart ZZP 78 (1965), 237.
[17] KG MDR 1971, 588.
[18] OLG Köln FamRZ 2003, 689; *Zöller/Greger* Rn. 1.
[19] RGZ 16, 358; RG JW 1885, 353.

den, wenn etwa ein Eilverfahren (Arrest, einstweilige Verfügung) mit der Hauptsacheklage verbunden wird, was häufig in der Wirkung einer Aussetzung des Arrest- oder Verfügungsverfahrens gleichkommen wird.[20] Gegen den Beschluss, der nach Erlass eines Zwischenurteils über die Zulässigkeit der Klage anordnet, dass zur Hauptsache zu verhandeln sei oder der diese Anordnung ablehnt, ist ebenfalls analog § 252 die Beschwerde statthaft.[21] Ferner sind hierher zu zählen die ähnlichen Fälle, in denen das Gericht das Verfahren zu einem nicht klar begrenzt nur vorübergehenden Zeitraum zum faktischen Stillstand bringt.[22] Auch die völlige **Untätigkeit** des Gerichts kann den Stillstand des Rechtsstreits bewirken und entsprechend § 252 anfechtbar sein.[23] In diesem Bereich kann sogar die an sich der Anwendung des § 252 verschlossene **Unterbrechung** mittelbar der Beschwerdenachprüfung zugänglich werden. So ist es gerechtfertigt, die Beschwerde für zulässig zu erachten, wenn das Gericht eine Tätigkeit ablehnt, weil es die Auffassung vertritt, das Verfahren sei (noch) unterbrochen.[24]

e) Ausnahmen. Hat in einem Verfahren der freiwilligen Gerichtsbarkeit das Landgericht als Beschwerdegericht die Aussetzung des Beschwerdeverfahrens angeordnet, so soll diese Entscheidung wegen der Besonderheiten des FGG nicht anfechtbar sein.[25] 14

III. Beschwerde

1. Sofortige Beschwerde. Aufgrund der Umgestaltung des Beschwerderechts findet einheitlich gegen Beschlüsse der **ersten Instanz,** gleich ob sie die Aussetzung **anordnen** oder **ablehnen,** die sofortige Beschwerde statt. Soweit es sich um andere Maßnahmen mit Aussetzungswirkung handelt, wird über die Analogie zu § 252 hinaus eine Beschwerdemöglichkeit auch nach § 567 Abs. 1 2. Alt. gegeben sein, weil etwa bei Terminsanträgen und Anträgen auf Aufnahme des Verfahrens ein das Verfahren betreffendes Gesuch einer Partei abgelehnt wurde.[26] 15

2. Rechtsbeschwerde. Infolge der Umgestaltung des Beschwerderechts ist die weitere Beschwerde entfallen. Es kommt nur noch die **Rechtsbeschwerde** in Betracht, die der Zulassung durch das Beschwerdegericht bedarf (§ 574 Abs. 1 Nr. 2). Handelt es sich um eine die Aussetzung betreffende Entscheidung des Oberlandesgerichts oder des Landgerichts als Berufungsgericht, so kann gleichfalls die Rechtsbeschwerde zugelassen werden. Das Rechtsmittel der Beschwerde der (§ 252) wird zumeist, insbesondere in den Fällen der Ablehnung der Aussetzung nach §§ 148, 149, gegenstandslos (prozessual überholt), wenn das Endurteil erlassen ist. In den Fällen der §§ 246, 247 wird die sofortige Beschwerde gegenstandslos, wenn das Endurteil rechtskräftig wird. 16

3. Unanfechtbarkeit. Nicht nach § 252 anfechtbar sind die Aussetzungen, die mit einer **Vorlageentscheidung** an ein höheres Gericht verbunden sind. Dies gilt vor allem für die Aussetzungsbeschlüsse nach Art. 100 Abs. 1 GG.[27] Entsprechendes gilt für Vorlageentscheidungen anderer Art, insbesondere etwa die Vorlage an den EuGH nach Art. 177 EGV.[28] Auch die Ablehnung einer Vorlage ist unanfechtbar. Allerdings kann die später in der Sache ergehende Entscheidung, wenn eine Vorlage an das BVerfG oder den EuGH geboten war, wegen einer Verletzung des gesetzlichen Richters (Art. 101 GG), mit der Verfassungsbeschwerde angegriffen werden.[29] Wegen der engen Verbindung mit dem Vorlagebeschluss sind auch Aussetzungsentscheidungen nach § 11 Abs. 2 S. 2 des Gesetzes zur Wahrung der Einheitlichkeit der Rechtsprechung der obersten Gerichtshöfe des Bundes unanfechtbar. Mangels Beschwer kann die Fortsetzung des Verfahrens gegen einen Streitgenossen nicht von einem anderen Streitgenossen angefochten werden.[30] Ferner ist stets zu prüfen, ob nicht gesetzlich Unanfechtbarkeit angeordnet ist. Auch ein nach § 355 Abs. 2 unanfechtbarer Beweisbeschluss kann mit der sofortigen Beschwerde angegriffen werden, wenn er einen Verfahrensstillstand bewirkt. Es kann keinen Unterschied bedeuten, ob zur Ermöglichung einer künftigen Beweisaufnahme ausgesetzt wird oder ohne förmliche Aussetzung eine künftige Beweisaufnahme 17

[20] OLG Karlsruhe Justiz 1968, 175.
[21] OLG Karlsruhe NJW 1971, 662 (zu § 275 aF).
[22] LG Aachen NJW-RR 1993, 1407 (faktischer Verfahrensstillstand wegen Beweisaufnahme im Ausland).
[23] OLG Hamburg NJW-RR 1989, 1022; so auch *E. Peters,* Rechtsbehelf gegen Untätigkeit des Zivilrichters, FS Rolf A. Schütze, S. 661 ff.
[24] OLG Nürnberg JW 1931, 3571; OLG München NJW-RR 1996, 228.
[25] KG NJW-RR 1998, 640.
[26] Vgl. OLG Karlsruhe NJW 1984, 985; OLG Hamburg NJW-RR 1989, 1022.
[27] OLG Köln MDR 1970, 852.
[28] OLG Köln WRP 1977, 734 ; eingehend und kritisch hierzu *Pfeiffer* NJW 1994, 1996.
[29] BVerfGE 82, 159, 192 = NJW 1991, 830 (LS); 73 339, 366 = NJW 1987, 577.
[30] OLG Koblenz VersR 1992, 1536.

beschlossen wird.[31] Beschwerde und Rechtsbeschwerde sind – wie sich aus § 567 Abs. 2 im Umkehrschluss ergibt (vgl. auch § 99 Abs. 2 S. 2) – auch zulässig, wenn die Hauptsacheentscheidung – etwa wegen Nichterreichen der Berufungssumme (§ 511 Abs. 2 Nr. 1) – unanfechtbar wäre.

18 **4. Umfang der Nachprüfung.** Aussetzungsentscheidungen unterliegen in rechtlicher Hinsicht einem uneingeschränkten Prüfungsmaßstab durch das Beschwerdegericht. Die angefochtene Entscheidung ist darauf zu kontrolliert, ob ein Aussetzungsgrund gegeben ist, Verfahrensfehler vorliegen oder das Erstgericht sein Ermessen fehlerfrei ausgeübt hat.[32] Entgegen teils im Schrifttum vertretener Auffassung[33] ist das Beschwerdegericht bei der **rechtlichen Prüfung,** ob ein Aussetzungsgrund gegeben ist, keinen Beschränkungen unterworfen.[34] Ob es zweckmäßig ist, ein Verfahren nach § 148 oder § 149 auszusetzen, kann hingegen nicht nachgeprüft werden.[35] Das gilt insbesondere (aber nicht nur) immer dann, wenn davon Fragen mitbetroffen werden, die normalerweise dem Beschwerdegericht nicht zugänglich sind, wie beispielsweise solche der Beweiserhebung (vgl. § 355 Abs. 2) und der Beweiswürdigung.

19 **6. Verfahren, Kosten.** Für das Verfahren des Beschwerdegerichts gelten keine Besonderheiten. Wird der Aussetzungsbeschluss vom Beschwerdegericht aufgehoben, so entfallen die Aussetzungswirkungen nicht rückwirkend, sondern erst für die **Zukunft** mit Wirksamwerden (der Zustellung) der Beschwerdeentscheidung. Die auf Grund des aufgehobenen Beschlusses eingetretene **Fristenunterbrechung** kann nicht nachträglich ungeschehen gemacht werden. Das Beschwerdegericht spricht in diesem Falle nur aus, dass der Aussetzungsbeschluss aufgehoben wird; für eine ersetzende Entscheidung ist kein Raum. Das Beschwerdegericht kann nicht selbst Termin vor dem Prozessgericht bestimmen, sondern dieses nur anweisen, den Termin unverzüglich anzuberaumen. Das Beschwerdegericht erlässt keine Kostenentscheidung, weil das Beschwerdeverfahren wie bereits die Ausgangsentscheidung einen Teil der Hauptsache bildet und es sich daher um im Rahmen der Hauptsacheentscheidung zu berücksichtigende Kosten handelt.[36] Die **Gerichtskosten** bestimmen sich nach KV 1811, während für die **Anwaltsgebühren** VV 3500 und – bei einer Terminswahrnehmung – VV 3513 gelten.

---

[31] OLG Köln NJW 1975, 2349; OLG Köln FamRZ 1960, 409; OLG Hamm FamRZ 1958, 379; *Zöller/Greger* Rn. 1 a.

[32] BGH FamRZ 1983, 890; OLG Jena OLG-NL 2001, 238; OLG Brandenburg FamRZ 1996, 496 f.; OLG Frankfurt FamRZ 1985, 409; OLG München FamRZ 1985, 495; OLG Frankfurt NJW 1969, 471; OLG Karlsruhe NJW 1959, 1786; OLG Celle NJW 1975, 2208.

[33] *Zöller/Greger* § 252 Rn. 3.

[34] BGH NJW-RR 2006, 1289 f.

[35] OLG Nürnberg FamRZ 1971, 590, 591; OLG Karlsruhe GRUR 1979, 850 (zu § 11 GebrMG aF); LG Stuttgart ZZP 69 (1956), 405; OLG Düsseldorf VersR 1980, 1171 (LS); OLG Hamm MDR 1977, 761; wohl auch LAG Berlin BB 1979, 891 (LS).

[36] BGH BB 2006, 465; OLG Köln OLGReport 1998, 89 f.; *Baumbach/Lauterbach/Hartmann* Rn. 9; *Zöller/Greger* Rn. 3; aA 2. Aufl. Rn. 28.

Buch 2. Verfahren im ersten Rechtszuge

Abschnitt 1. Verfahren vor den Landgerichten

Titel 1. Verfahren bis zum Urteil

Vorbemerkung zu §§ 253 ff.

Schrifttum: *Arens,* Streitgegenstand und Rechtskraft im aktienrechtlichen Anfechtungsverfahren, 1960; *ders.,* Zur Anspruchskonkurrenz bei mehreren Haftungsgründen, AcP 170 (1970), 392; *Baumgärtel,* Zur Lehre vom Streitgegenstand, JuS 1974, 69; *Becker,* Typologie und Probleme der (handelsrechtlichen) Gestaltungsklagen unter besonderer Berücksichtigung der GmbH-rechtlichen Auflösungsklage (§ 61 GmbHG), ZZP 97 (1984), 314; *ders.,* Gestaltungsrecht und Gestaltungsgrund, AcP 188 (1988), 24; *ders.,* Verwaltungskontrolle durch Gesellschafterrechte, 1997; *Bernecke,* Der enge Streitgegenstand von Unterlassungsklagen des gewerblichen Rechtsschutzes und des Urhebrrechts in der Praxis, WRP 2007, 579; *Beys,* Zum Problem des Streitgegenstandes im Zivilprozeß und den (gegebenenfalls national) zu ziehenden Folgerungen, insbesondere für die Rechtskraft, ZZP 105 (1992), 145; *A. Blomeyer,* Beiträge zur Lehre vom Streitgegenstand, FS der Juristischen Fakultät der Freien Universität Berlin zum 41. DJT 1955 in Berlin, 51; *Böhm,* Die Ausrichtung des Streitgegenstands am Rechtsschutzziel, FS Kralik, 1986, S. 83; *Bötticher,* Zur Lehre vom Streitgegenstand im Eheprozeß, Festgabe für Rosenberg, 1949, S. 73; *ders.,* Streitgegenstand und Rechtskraft im Kündigungsschutzprozeß, FS Herschel, 1955, S. 181; *ders.,* Der Streitgegenstand des Kündigungsschutzprozesses, BB 1959, 1032; *ders.,* Besinnung auf das Gestaltungsrecht und das Gestaltungsklagerecht, FS Dölle, Bd. I, 1963, S. 41; *Brox,* Die objektiven Grenzen der materiellen Rechtskraft im Zivilprozeß, JuS 1962, 121; *Dölle,* Zum Wesen der Gestaltungsklagerechte, FS Bötticher, 1969, S. 93; *Eckardt,* Die Anfechtungsklage wegen Gläubigerbenachteiligung, 1994; *Ekelöf,* Der Prozeßgegenstand – ein Lieblingskind der Begriffsjurisprudenz, ZZP 85 (1972), 145; *Gaul,* Vollstreckbare Urkunde und vollstreckbarer Anspruch, FS G. Lüke, 1997, S. 81; *Georgiades,* Die Anspruchskonkurrenz im Zivilrecht und Zivilprozeßrecht, 1968; *Grunsky,* Grundlagen des Verfahrensrechts, 2. Aufl. 1974; *Grupp,* Zur allgemeinen Gestaltungsklage im Verwaltungsprozeßrecht, FS G. Lüke, 1997, S. 207; *Habscheid,* Der Streitgegenstand im Zivilprozeß und im Streitverfahren der freiwilligen Gerichtsbarkeit, 1956; *ders.,* Die neuere Entwicklung der Lehre vom Streitgegenstand im Zivilprozeß, FS K.H. Schwab, 1990, S. 181; *Harms,* Reihenfolge der Prüfung von Prozeßvoraussetzungen?, ZZP 83 (1970), 167; *Horn,* Die Lehre vom Streitgegenstand, JuS 1992, 680; *Heiderhoff,* Die Berücksichtigung ausländischer Rechtshängigkeit in Ehescheidungsverfahren, 1998; *dies.,* Diskussionsbericht zu Streitgegenstandslehre und EuGH, ZZP 111 (1998), 455; *dies.,* Der entschiedene Lebenssachverhalt und die Rechtskraftsperre bei klageabweisenden Urteilen, ZZP 118 (2005), 185; *Henckel,* Der Streitgegenstand im konkursrechtlichen Anfechtungsprozeß, FS K.H. Schwab, 1990, S. 213; *Hesselberger,* Die Lehre vom Streitgegenstand, 1970; *Henke,* Die Lehre von den Klagetypen der ZPO, JA 1987, 225; *ders.,* Die Leistungsklage der ZPO, JA 1987, 281; *A. Hueck,* Gestaltungsklagen im Recht der Handelsgesellschaften, Festschrift für den Carl Heymanns Verlag, 1965, S. 287; *Jahr,* Anspruchsgrundlagenkonkurrenz und Erfüllungskonnexität, FS G. Lüke, 1997, S. 297; *Jauernig,* Verhandlungsmaxime, Inquisitionsmaxime und Streitgegenstand, 1967; *ders.,* Zum Prüfungs- und Entscheidungsvorrang von Prozeßvoraussetzungen, FS Schiedermair, 1976, S. 289; *Kisch,* Beiträge zur Urteilslehre, 1903; *Kuttner,* Urteilswirkungen außerhalb des Zivilprozesses, 1914; *Leipold,* Wege zur Konzentration von Zivilprozessen, 1999; *Lent,* Zur Lehre vom Streitgegenstand im Zivilprozeß, JbdAkDR 1939/40, 206; *ders.,* Zur Lehre vom Streitgegenstand, ZZP 65 (1952), 315; *ders.,* Zur Lehre vom Entscheidungsgegenstand, ZZP 72 (1959), 63; *G. Lüke,* Fälle zum Zivilprozeßrecht, 2. Aufl. 1993; *ders.,* Zum Streitgegenstand im arbeitsgerichtlichen Kündigungsschutzprozeß, JZ 1960, 203; *ders.,* Der Streitgegenstand im Verwaltungsprozeß, JuS 1967, 1; *ders.,* Zum zivilprozessualen Klagensystem, JuS 1969, 301; *ders.,* Zur Streitgegenstandslehre Schwabs – eine zivilprozessuale Retrospektive, FS K.H. Schwab, 1990, S. 309; *ders.,* Konkurrenz von Eheaufhebungs- und Scheidungsbegehren, FS Gaul, 1997, S. 425; *ders.,* Verzicht auf das Recht zur Ehescheidung, FS Pieper, 1998, S. 305; *Musielak,* Der rechtskräftig entschiedene Lebenssachverhalt, NJW 2000, 3593; *Marotzke,* Rechtsnatur und Streitgegenstand der Unterlassungsklage aus § 13 UWG, ZZP 98 (1985), 160; *Nikisch,* Der Streitgegenstand im Zivilprozeß, 1935; *ders.,* Zur Lehre vom Streitgegenstand im Zivilprozeß, AcP 154 (1955), 269; *Prütting,* Der Streitgegenstand im Arbeitsgerichtsprozeß, FS G. Lüke, 1997, S. 617; *Rimmelspacher,* Zur Prüfung von Amts wegen im Zivilprozeß, 1966; *ders.,* Materiellrechtlicher Anspruch und Streitgegenstandsprobleme im Zivilprozeß, 1970; *ders.,* Prozeßvoraussetzungen in der Revisionsinstanz, ZZP 88 (1975), 245; *Rüßmann,* Die Streitgegenstandslehre und die Rechtsprechung des EuGH – nationales Recht unter gemeineuropäischem Einfluß? ZZP 111 (1998), 399; *Sauer,* Die Reihenfolge der Prüfung von Zulässigkeit und Begründetheit einer Klage im Zivilprozeß, 1974; *Schlosser,* Gestaltungsklagen und Gestaltungsurteile, 1966; *K. Schmidt,* Zum Streitgegenstand von Anfechtungs- und Nichtigkeitsklagen im Gesellschaftsrecht, JZ 1977, 769; *ders.,* Mehrseitige Gestaltungsprozesse bei Personengesellschaften, 1992; *Schönke,* Das Rechtsschutzbedürfnis – Ein zivilprozessualer Grundbegriff, AcP 150 (1950), 216; *ders,* Das Rechtsschutzbedürfnis, 1950; *Schubert,*

Klageantrag und Streitgegenstand bei Unterlassungsklagen, ZZP 85 (1972), 29; *K.H. Schwab,* Der Streitgegenstand im Zivilprozeß, 1954; *ders.,* Der Stand der Lehre vom Streitgegenstand im Zivilprozeß, JuS 1965, 81; *ders.,* Gegenwartsprobleme der deutschen Zivilprozeßrechtswissenschaft, JuS 1976, 69; *ders.,* Noch einmal: Bemerkungen zum Streitgegenstand, FS G. Lüke, 1997, S. 793; *Smid,* Rechtsprechung, 1990; *Staab,* Gestaltungsklage und Gestaltungsklagerecht im Zivilprozeß, Diss. Saarbrücken 1967; *Walker,* Die Streitgegenstandslehre und die Rechtsprechung des EuGH – nationales Recht unter gemein-europäischem Einfluß? ZZP 111 (1998), 429; *Wieser,* Zulässigkeit und Begründetheit der Klage, ZZP 84 (1971), 304; *ders.,* Prozeßrechts-Kommentar zum BGB, 1999; *Yoshimura,* Streitgegenstand und Verfahrensmaximen, ZZP 83 (1970), 245; *Zeuner,* Wiederholung der Kündigung und Rechtskraft im Kündigungsschutzstreit, MDR 1956, 257; *ders.,* Gedanken zur Unterlassungsklage und negativen Feststellungsklage, FS Dölle, Bd. I, 1963, S. 259.

Übersicht

I. Prozessvoraussetzungen

1 **1. Bedeutung. a) Terminologie.** Das auf ein Sachurteil zielende Erkenntnisverfahren wird durch Klageerhebung eingeleitet (§ 253 Abs. 1). Damit das Gericht in der Sache verhandeln und entscheiden kann, muss das Klagebegehren zulässig sein. Die Umstände, die die **Zulässigkeit der Klage** bedingen, sind entweder **Prozessvoraussetzungen** oder **Prozesshindernisse.**[1] Prozessvoraussetzungen hat das Gericht von Amts wegen, Prozesshindernisse nur dann zu berücksichtigen, wenn der Beklagte ihr Vorliegen rügt.

2 Der Terminus „Prozessvoraussetzung" hat sich durchgesetzt, obgleich er sachlich nicht zutrifft. Denn ein Prozessverhältnis entsteht auch, wenn Prozessvoraussetzungen fehlen. Aber auch der synonym gebrauchte Terminus „Sachurteilsvoraussetzungen" ist ungenau, weil die Prozessvoraussetzungen nicht nur für das Sachurteil gegeben sein müssen, sondern auch für die Verhandlung der Sache. Die ZPO verwendet den Ausdruck „Prozessvoraussetzung" nicht; sie spricht seit der Vereinfachungsnovelle 1976 von **Rügen, die die Zulässigkeit der Klage betreffen** (§§ 282 Abs. 3, 296 Abs. 3). Diese Formulierung ist ein Fortschritt gegenüber der ursprünglichen Fassung der ZPO. Sie fasste Prozessvoraussetzungen und Prozesshindernisse unter der Bezeichnung „prozesshindernde Einreden" zusammen (§§ 274, 275 aF), vermischte damit Prozessvoraussetzungen und Prozesshindernisse, unterschied statt dessen zwischen verzichtbaren und unverzichtbaren prozesshindernden Einreden (§ 274 Abs. 3 aF) und war lückenhaft, weil der Katalog in § 274 Abs. 2 aF nicht sämtliche Prozessvoraussetzungen aufführte.[2] Im geltenden Recht findet sich der Terminus prozesshindernde Einrede noch in der Arbeitsgerichtsbarkeit für den Schiedsvertrag in Arbeitsstreitigkeiten (§ 102

---

[1] Grundlegend *Bülow,* Die Lehre von den Prozesseinreden und die Prozessvoraussetzungen, 1868.

[2] Zur Entstehungsgeschichte des § 274 Abs. 2 aF *Schiedermair* JuS 1961, 212; *K.H. Schwab,* FS F. Weber, 1975, S. 413, 415f.

Abs. 1 ArbGG).[3] Der allgemeine Ausdruck „Zulässigkeitsvoraussetzungen" geht zu weit, da er sich auch auf sonstige Prozesshandlungen der Parteien und auf die Prozesshandlungen des Gerichts bezieht.

b) Vorrang. Entsprechend ihrer Funktion sind die Prozessvoraussetzungen **vor der Begründetheit der Klage** zu prüfen. Der Versuch,[4] diesen traditionellen Grundsatz, der dem allgemeinen Prozessrecht entstammt, zu erschüttern und die Gleichwertigkeit und Austauschbarkeit der prozessualen und materiell-rechtlichen Voraussetzungen für ein Sachurteil zu postulieren und damit die Unterscheidung von Prozess- und Sachabweisung aufzugeben, ist zu Recht gescheitert.[5] Er hat nur vorübergehend die Praxis irritiert.[6] Der **Vorrang der Zulässigkeitsprüfung** kommt nicht nur im Gesetz selbst zum Ausdruck (zB in §§ 280, 522, 552, 574), sondern folgt einem Ordnungsprinzip, über das der Gesetzgeber nicht unbeschränkt verfügen kann. Das Recht auf den gesetzlichen Richter (Art. 101 Abs. 1 S. 2 GG) wird verletzt, wenn das unzuständige Gericht zur Sache negativ entscheidet, ohne dass der Kläger die Verweisung an das zuständige Gericht beantragen konnte; das Gebot der Waffengleichheit wird tangiert, falls zur Sache ohne vorherige Klärung entschieden wird, ob eine Partei prozessunfähig ist, und schließlich ist der objektive Umfang der materiellen Rechtskraft nicht mehr mit Sicherheit zu bestimmen, weil die Reichweite der Rechtskraft je nachdem verschieden ist, ob die Klage wegen Fehlens einer Prozessvoraussetzung oder aus materiellrechtlichen Gründen abgewiesen wird. Ein rein prozessökonomischer Entscheidungsmaßstab, der in der ökonomischen Analyse des Rechts wurzelt (s. Einl. Rn. 15f.), gefährdet letztlich den sich aus der Natur der Sache ergebenden Stufenaufbau des Prozesses;[7] s. auch § 300 Rn. 6. 3

2. Einteilung. a) Bei den Prozessvoraussetzungen lassen sich **positive** und **negative** unterscheiden. Die positiven müssen vorliegen, die negativen dürfen nicht vorliegen, soll das Verfahren zulässig sein. Negative Prozessvoraussetzungen sind die anderweitige Rechtshängigkeit der(selben) Streitsache (§ 261 Abs. 3 Nr. 1) sowie das Vorliegen einer materiell rechtskräftigen Entscheidung über sie. Die negativen Prozessvoraussetzungen dürfen nicht mit den Prozesshindernissen verwechselt werden, die zwar ebenfalls in dem Sinne negativ sind, als sie nicht vorliegen dürfen. Sie werden aber nicht von Amts wegen, sondern nur auf Einrede berücksichtigt.[8] 4

Ferner sind die **allgemeinen** und **besonderen** Prozessvoraussetzungen zu unterscheiden. Die allgemeinen müssen für jedes Erkenntnisverfahren vorliegen, die besonderen zusätzlich für bestimmte Verfahrens- oder Klagearten, zB Urkundenprozess (§ 592), Widerklage (§ 33), Restitutionsklage (§ 578). Die Bedingungen für die Zulässigkeit eines Rechtsmittels (Form, Frist, Statthaftigkeit) gehören nicht zu den besonderen Prozessvoraussetzungen; sie beziehen sich nicht auf den Prozess im ganzen, sondern nur auf diese Instanz. Schließlich zählen nicht zu den Prozessvoraussetzungen die Bedingungen für die Zulässigkeit einzelner Prozesshandlungen, zB für die Streitverkündung oder die Nebenintervention. 5

b) Inhaltlich betreffen die allgemeinen Prozessvoraussetzungen das Gericht, die Parteien oder den Streitgegenstand. 6

aa) Das **Gericht betreffen:** Gerichtsbarkeit, nämlich die staatliche Gerichtsgewalt über Parteien (§§ 18 bis 20 GVG) und Streitgegenstand. Davon zu unterscheiden ist die internationale Zuständigkeit, die nach deutschem Recht eine selbstständige Prozessvoraussetzung ist;[9] s. § 12 Rn. 56. Die internationale Zuständigkeit bestimmt, ob inländische Gerichte in ihrer Gesamtheit für die Entscheidung des Rechtsstreits berufen sind. – Zulässigkeit des ordentlichen Rechtsweges (§ 13 GVG). 7

---

[3] Verwechslung von Prozessvoraussetzung und Prozesshindernis bei *Germelmann/Matthes/Prütting/Müller-Glöge* § 102 Rn. 2.

[4] Unternommen von *Rimmelspacher,* Zur Prüfung von Amts wegen im Zivilprozess, 1966; zust. *Grunsky* ZZP 80 (1967), 55; Grundlagen § 34 III 1; *Lindacher* NJW 1967, 1389; *Henckel,* Prozessrecht und materielles Recht, 1970, S. 227ff.

[5] Gegen *Rimmelspacher* u. a. *Berg* JuS 1969, 123; *Wieser* ZZP 84 (1971), 304; *Sauer* S. 15ff., 63; *Jauernig,* FS Schiedermair, 1976, S. 289, 311; *Zöller/Greger* Rn. 10; *Musielak/Foerste* Rn. 12; *Rosenberg/Schwab/Gottwald* § 93 Rn. 47; *Schilken* ZPR Rn. 335; differenzierend *Stein/Jonas/Brehm* Einl. Rn. 265ff.

[6] Typisch OLG Köln NJW 1974, 1515 m. zust. Anm. *Gottwald* S. 2241. Das OLG hat die Einhaltung der Beschwerdefrist bei der sofortigen Beschwerde dahinstehen lassen und zur Begründetheit entschieden; zust. *Rimmelspacher* ZZP 88 (1975), 245, 246.

[7] *Jauernig* (Fn. 5) S. 311.

[8] *Jauernig* ZPR § 33 III; *Stein/Jonas/Brehm* Einl. Rn. 249; *Rosenberg/Schwab/Gottwald* § 93 Rn. 27ff., 32ff.; *Schilken* ZPR Rn. 327ff.

[9] BGHZ 44, 46, 47 = NJW 1965, 1665; BGHZ 84, 17, 18 = NJW 1982, 1947; BGHZ 134, 201, 204 = NJW 1997, 870; *Schack,* Internationales Zivilverfahrensrecht, Rn. 131ff., 186ff.; *Rosenberg/Schwab/Gottwald* § 31 Rn. 23; *Schilken* ZPR Rn. 288ff.

– Örtliche, sachliche und funktionelle Zuständigkeit des angerufenen Gerichts. Von der Zuständigkeit zu unterscheiden ist die Geschäftsverteilung; sie regelt den Geschäftsbereich der einzelnen Spruchkörper und Spruchabteilungen. Auch die ordnungsgemäße Besetzung des Spruchkörpers ist keine Prozessvoraussetzung. Fehlt es an ihr, darf überhaupt kein Urteil ergehen, also auch kein Prozessurteil.[10]

8 **bb)** Die **Parteien betreffen:** Existenz beider Parteien, Partei- und Prozessfähigkeit beider Parteien (§§ 50, 51ff., 607, 640b), wirksame gesetzliche Vertretung bei Prozessunfähigkeit (§ 56 Abs. 1), Prozessführungsbefugnis (Vor §§ 50ff. Rn. 41). Postulationsfähigkeit (§§ 78ff.) und Vertretungsmacht eines Prozessbevollmächtigten sind nach hM keine Prozessvoraussetzungen, sondern (nur) Prozesshandlungsvoraussetzungen.[11] Allerdings ist die Klage als unzulässig abzuweisen, wenn ihr Fehlen übersehen worden ist; s. § 78 Rn. 44, 46 (für fehlende Postulationsfähigkeit).

9 Die **Sachlegitimation** – Aktivlegitimation aufseiten des Klägers, Passivlegitimation aufseiten des Beklagten – ist keine Prozessvoraussetzung, sondern Voraussetzung der Begründetheit. Sie bedeutet die subjektive Seite des streitigen Rechtsverhältnisses iS einer persönlichen „Zuständigkeit" für das Recht oder die Verbindlichkeit. Sie ist demnach gegeben, wenn die Partei entweder als Inhaber oder kraft materiell-rechtlicher Ermächtigung (vgl. § 185 BGB) zur Ausübung bzw. Einziehung des Rechts oder der Verbindlichkeit, um das bzw. die im Prozess gestritten wird, befugt ist. In dieser materiell-rechtlichen Funktion und Bedeutung wird der Begriff der Sachlegitimation in der Praxis oft mit dem der Prozessführungsbefugnis als einer prozessrechtlichen Einrichtung verwechselt; er sollte deshalb nur mit Bedacht verwendet werden.[12]

10 **cc)** Den **Streitgegenstand betreffen:** Ordnungsmäßigkeit der Klageerhebung (§ 253 Rn. 65),[13] Statthaftigkeit der Klage (s. Rn. 22), fehlende Rechtshängigkeit (§ 261 Abs. 3 Nr. 1), keine entgegenstehende materielle Rechtskraft, Rechtsschutzbedürfnis, Einhaltung der Klagefrist, falls eine solche ausnahmsweise vorgesehen ist, zB nach §§ 958, 1059 Abs. 3.[14] Zur Zulässigkeit der Klageänderung s. § 263 Rn. 27, § 268 Rn. 12. Die **Klagbarkeit** des geltend gemachten Anspruchs, wird von der hM als eigene Prozessvoraussetzung angesehen.[15] Andere sehen in ihr einen Anwendungsfall der Statthaftigkeit bei Leistungsklagen (s. Rn. 23), deren Fehlen die Klage ebenfalls unzulässig macht[16] (womit im Ergebnis kein Unterschied zur hM besteht). Sie kann durch Gesetz (§ 1297 BGB) oder durch Vertrag ausgeschlossen sein,[17] soweit die Parteien über den Anspruch verfügen können. Nicht zu verwechseln mit der fehlenden Klagbarkeit sind diejenigen Fälle, in denen überhaupt keine Verbindlichkeit begründet wird, sondern nur ein Erwerbsgrund vorliegt, wie zB beim Ehemäklerlohn (§ 656 Abs. 1 BGB) und bei Spiel- und Wettschulden (§ 762 Abs. 1 BGB); eine gleichwohl erhobene Klage ist nicht unzulässig, sondern unbegründet.[18] Eine zeitliche Beschränkung der Klagbarkeit liegt vor bei einem pactum de non petendo, das die Klage zeitweilig unzulässig macht;[19] s. auch Rn. 14.

11 Das **Rechtsschutzbedürfnis** (Rechtsschutzinteresse) ist nach ganz hM Prozessvoraussetzung. Obgleich es inhaltlich in erster Linie an den staatlichen Rechtspflegeinteressen auszurichten ist, darf

---

[10] *Stein/Jonas/Brehm* Einl. Rn. 248.

[11] *Stein/Jonas/Brehm* Einl. Rn. 248; *Stein/Jonas/Leipold* Vor § 128 Rn. 234; *Musielak/Foerste* Rn. 2.

[12] Dafür, ihn möglichst gar nicht mehr zu gebrauchen, *G. Lüke* ZZP 76 (1963), 1, 19 u. *ders.* in der 2. Aufl.

[13] BGH NJW 1992, 2099 = WM 1992, 984, 985.

[14] Die Frist des § 246 Abs. 1 AktG ist nach hM eine materiell-rechtliche Frist; OLG Frankfurt AG 1984, 110, 111 m. Nachw.; BGH NJW 1998, 3344 (auch für gesellschaftsvertragliche Anfechtungsfrist); aM für § 51 Abs. 1 S. 2 GenG BGHZ 70, 384, 386 = NJW 1978, 1325; für materielle Klagevoraussetzung dagegen BGH NJW 1998, 3344, 3345 (obiter dictum); *G. Lüke* NJW 1966, 838, 839 (für § 246 Abs. 1 AktG). Materiell-rechtliche Fristen auch in §§ 1317, 1600b BGB; zum Eheaufhebungsantrag *G. Lüke,* FS Gaul, 1997, S. 425, 432.

[15] BGH NJW 1970, 1507; BGHZ 55, 334, 337f. = NJW 1971, 983; BGH NJW 1980, 520; 1984, 669, 670; *Rosenberg/Schwab/Gottwald* § 89 Rn. 21ff.; *Schilken* ZPR Rn. 182.

[16] *G. Lüke* ZZP 76 (1963), 1, 22 u. in der 2. Aufl.; für Abweisung der Klage als unbegründet dagegen *Jauernig* ZPR § 33 IV 3e; *Blomeyer* § 35 II.

[17] So die hM; *Piehler,* GedS für Arens, 1993, S. 323, 328f.; *Schilken* ZPR Rn. 182; ausf. *Wagner* S. 393ff.; krit. *Prütting* ZZP 99 (1986), 93, 96; aA *Rosenberg/Schwab/Gottwald* § 89 Rn. 24 (Disposition über den materiellen Anspruch und kein Verzicht auf den Anspruch auf Justizgewährung, deshalb Klage unbegründet). Nach *Wagner* S. 413 soll die Parteivereinbarung nicht die „Klagbarkeit", sondern die Prozeßführungsbefugnis betreffen, so dass die Klage wg. deren Fehlens als unzulässig abzuweisen wäre – fraglich, denn die Prozeßführungsbefugnis ist eine Befugnis der Partei (oben Rn. 7): Sie kann nicht klagen, aber möglicherweise ein anderer. Demgegenüber stellt die fehlende Klagbarkeit einen „Defekt" des Streitgegenstandes dar: Er kann nicht eingeklagt werden, und zwar von niemandem.

[18] Ebenso BGH NJW-RR 2004, 778, 780 m. weit. Nachw.; *Musielak/Foerste* Rn. 6; *Zöller/Greger* Rn. 19.

[19] Ebenso BGH NJW-RR 1995, 290, 292. BGH NJW 1998, 2274, 2277 qualifiziert das „Stillhalteabkommen" wohl nur materiellrechtlich.

es nicht dazu benutzt werden, dem Kläger den Rechtsschutz zu nehmen.[20] Deshalb kann es Klagen mit geringfügigen Streitwerten nicht generell abgesprochen werden,[21] wohl aber dem Kläger, der des begehrten Rechtsschutzes nicht bedarf, weil er bereits einen vollstreckbaren Titel hat (zB nach §§ 794 Abs. 1 Nr. 1 oder 5) oder den erstrebten Erfolg auch ohne gerichtliche Inanspruchnahme (wie zB nach § 375 Abs. 2 HGB) oder mit geringerem prozessualen Aufwand (zB nach § 178 InsO) erreichen kann.[22] Niemand darf die Gerichte unnütz bemühen oder ein gerichtliches Verfahren zur Verfolgung nicht schutzwürdiger Ziele ausnutzen;[23] s. auch § 253 Rn. 16. Das Vorliegen eines rechtskräftigen Urteils in derselben Sache tangiert nicht das Rechtsschutzbedürfnis. Vielmehr ist die materielle Rechtskraft eine eigenständige negative Prozessvoraussetzung; s. § 322 Rn. 38.

Das Rechtsschutzbedürfnis wirkt auch im Verhältnis des Klägers zum Beklagten. Es verhindert, dass dieser in unlauterer Weise mit einer Klage überzogen wird; insofern steht es als prozessuales Missbrauchsverbot sachlich dem Grundsatz von Treu und Glauben nahe;[24] s. Einl. Rn. 34f. So fehlt es einer Klage, die nur erhoben wird, um den Beklagten zu schikanieren. Generell ist davor zu warnen, das Rechtsschutzbedürfnis zu großzügig anzuwenden und es zu missbrauchen, um dogmatisch nicht hinreichend geklärte Fragen bei ihm unterzubringen. Zur unterschiedlichen Ausgestaltung des Rechtsschutzinteresses bei den einzelnen Klagearten s. Rn. 25, 27, 31. **12**

3. Prozesshindernisse. Sie sind echte prozessuale Einreden und werden deshalb nur berücksichtigt, wenn der Beklagte bzw. im Falle der Prozessaufrechnung mit einer Schiedsklauselforderung der Kläger sie geltend macht. Es sind also die verzichtbaren Zulässigkeitsrügen (vgl. §§ 296 Abs. 3, 532 Abs. 1). Prozesshindernisse sind die Einrede der Schiedsvereinbarung (§ 1032 Abs. 1), die Einrede der mangelnden Sicherheitsleistung (§ 110) und die Einrede der fehlenden Kostenerstattung durch den Kläger (§ 269 Abs. 6). Allerdings sind die Rechtsfolgen unterschiedlich, nämlich Prozessabweisung (§ 1032 Abs. 1), Fiktion der Klagerücknahme (§ 113 S. 2) und die Befugnis des Beklagten zur Verweigerung der Einlassung (§ 269 Abs. 6). Das schließt jedoch nicht aus, die Einreden der mangelnden Sicherheitsleistung und Kostenerstattung zu den Prozesshindernissen zu zählen;[25] letztlich handelt es sich um eine terminologische Frage ohne sachliche Bedeutung. **13**

„Verpflichtende" **Prozessverträge,** die zB auf die Rücknahme der Klage oder des Rechtsmittels gerichtet sind,[26] geben dem Prozessgegner eine Einrede, die zur Abweisung der Klage als unzulässig oder zur Verwerfung des Rechtsmittels führt; sie wirken also wie ein Prozesshindernis. Prozessverträge mit Verfügungscharakter, zB der Ausschluss der Klagbarkeit, auch nur vorübergehend in Form einer Schiedsklausel, die die vorherige Anrufung einer außerprozessualen Schiedsstelle bestimmt,[27] haben hingegen die Wirkung einer negativen Prozessvoraussetzung. S. Einl. Rn. 399, 400. **14**

4. Rechtliche Behandlung. a) Prüfung von Amts wegen. Die Zusammenfassung der Prozessvoraussetzungen und Prozesshindernisse unter der Bezeichnung „Rügen, die die Zulässigkeit der Klage betreffen" (§§ 282 Abs. 3, 296 Abs. 3), erweckt den falschen Eindruck, als müssten sämtliche Zulässigkeitsvoraussetzungen nur auf Rüge hin beachtet werden. In der Sache hat sich nichts daran geändert, dass dies allein für die echten Prozesshindernisse gilt. Die Prozessvoraussetzungen werden zweckmäßigerweise nur geprüft, soweit Zweifel an ihrem Nichtvorliegen gerechtfertigt sind. Zur **Prüfung von Amts wegen** im Einzelnen s. Einl. Rn. 312ff. Die Beweislast für ihr Vorliegen trägt in der Regel der Kläger,[28] in den Fällen der §§ 306 und 330 der Beklagte, der auch die **15**

---

[20] Bedenken gegen das Rechtsschutzbedürfnis aus grund- und menschenrechtlicher Sicht, insbes. im Hinblick auf Art. 6 EMRK, bei *Stein/Jonas/Schumann* Rn. 104; ebenso *Klicka* ZZP 114 (2001) 523, 526.

[21] AM AG Stuttgart NJW 1990, 1054 (Klage auf Zahlung von 0,41 DM Anwaltskosten).

[22] BGH NJW 1996, 2035, 2036.

[23] RGZ 155, 72, 75; BGHZ 54, 181, 184 = NJW 1970, 2023; BGH NJW 1978, 2031, 2032.

[24] FG München EFG 1975, 194; *Zeiss/Schreiber* Rn. 292ff.; *Teichmann* JuS 1990, 269, 270.

[25] So auch die hM, BGH NJW 1981, 2646; WM 1993, 355; *Rosenberg/Schwab/Gottwald* § 93 Rn. 30, 31; *Schilken* ZPR Rn. 329; *Stein/Jonas/Brehm* Einl. Rn. 249; aM *Jauernig* ZPR § 33 VI.

[26] Dazu BGHZ 41, 3, 5 = NJW 1964, 549, 550; BGH NJW 1989, 39; NJW 2002, 1503, 1504 = JZ 2002, 721; *Rosenberg/Schwab/Gottwald* § 128 Rn. 8 u. § 129 Rn. 67; *Schilken* ZPR Rn. 168ff.

[27] BGH NJW 1984, 669 = ZZP 99 (1986), 90 m. Anm. *Prütting.* Die Ungereimtheit der Entscheidung liegt darin, dass der BGH einerseits eine Beschränkung der Klagbarkeit annimmt, die nach hM eine Prozeßvoraussetzung ist (Rn. 10), andererseits die Klausel in die Nähe einer Schiedsvereinbarung rückt und davon spricht, es handele sich nicht um eine von Amts wegen zu prüfende Prozeßvoraussetzung und insoweit folgerichtig die Klage als zur Zeit unzulässig abweist (S. 670). In NJW 1999, 647 sieht der Senat – hinsichtlich der Begründung irrtümlich – seine Rspr. bestätigt; er behandelt hier eine entsprechende Klausel in ihren Wirkungen wie einen Schiedsvertrag, argumentiert aber nicht mehr mit der Klagbarkeit. Beide Urteile wären eindeutiger, wenn der BGH den Terminus „Prozeßhindernis" gebraucht hätte.

[28] *Rosenberg/Schwab/Gottwald* § 93 Rn. 35; etwa für seine Prozeßfähigkeit, BGHZ 143, 122, 124 = 2000, NJW 289, 290.

Beweislast für das Nichtvorliegen von negativen Prozessvoraussetzungen und Prozesshindernissen hat. Liegt die Unaufklärbarkeit eines Vorgangs ausschließlich im internen Gerichtsbereich, so darf dies nicht zu Lasten der Partei gehen, die den Vorgang zu ihren Gunsten anführt.[29]

16 **b) Maßgebender Zeitpunkt.** Die Prüfung erfolgt in **jeder Lage des Verfahrens,** auch in den oberen Instanzen einschließlich der Revisionsinstanz[30] oder im Betragsverfahren, wenn das Grundurteil hierauf nicht eingegangen ist.[31] **Maßgebender Zeitpunkt** für das Vorliegen oder Fehlen von Prozessvoraussetzungen ist der Schluss der mündlichen Verhandlung, so dass neue Tatsachen hierzu auch noch in der Revisionsinstanz berücksichtigt werden müssen.[32] Ob sie vor oder erst nach der letzten mündlichen Verhandlung in der Berufungsinstanz entstanden sind, ist gleichgültig.[33] Denn auch das Revisionsgericht darf ein Sachurteil nur erlassen, wenn die Prozessvoraussetzungen vorliegen. Allerdings führt das Fehlen einer Prozessvoraussetzung in der Revisionsinstanz nicht zwingend zur Abweisung der Klage als unzulässig durch das Revisionsgericht. Fehlte die Prozessvoraussetzung bereits in der ersten Instanz und hat das Berufungsgericht eine nach § 538 Abs. 2 Nr. 1 gebotene Zurückverweisung versäumt, so kann das Revisionsgericht dies vielmehr nachholen und die Sache an das Gericht der ersten Instanz zurückverweisen.[34] Zum Feststellungsinteresse s. § 256 Rn. 35.

17 Wegfall der Partei- und Prozessfähigkeit sowie der gesetzlichen und gewillkürten Vertretung führt zur Unterbrechung oder Aussetzung des Verfahrens (§§ 239ff.). Die Veränderung der Rechtsweg, örtliche und sachliche Zuständigkeit begründenden Umstände ist bedeutungslos (§ 17 Abs. 1 S. 1 GVG, § 263 Abs. 3 Nr. 2).

18 **c) Reihenfolge der Prüfung.** Das Gesetz schreibt für die Prozessvoraussetzungen **keine Prüfungsreihenfolge** vor. Dennoch plädiert die Lehre aus Gründen der inneren Stimmigkeit der Prüfung oder auch nur der Zweckmäßigkeit großenteils für eine bestimmte Reihenfolge, während die Praxis die Frage für bedeutungslos hält. Das Gericht ist grds. an keine Reihenfolge gebunden. Entsprechend dem mit der Neuregelung des § 17a Abs. 3 u. 5 GVG verfolgten Ziel, Streitigkeiten über den Rechtsweg möglichst früh zu entscheiden, hat jedoch die Prüfung der Zulässigkeit des Rechtswegs Vorrang vor derjenigen anderer Prozessvoraussetzungen. Im Übrigen kann es aus Gründen der Praktikabilität diejenigen zweifelhaften Prozessvoraussetzungen zuerst prüfen, die am leichtesten feststellbar sind.[35] Allerdings muss es Fehler vermeiden, die zur Nichtigkeit oder Vernichtbarkeit des Urteils führen. So darf zB kein Urteil gegenüber einem Gerichtsfreien oder (wegen des Grundsatzes der Gewährung rechtlichen Gehörs – Art. 103 Abs. 1 GG) gegenüber einer prozessunfähigen oder nicht gehörig vertretenen Partei ergehen. Damit erledigen sich die Bedenken gegen eine zu weitgehende Präjudizierung.[36] Im Interesse einer umfassenden Klärung der Zulässigkeit der Klage sollte das Gericht möglichst zu allen zweifelhaften Prozessvoraussetzungen Stellung nehmen. Dass dies ein unzuständiges Gericht tut, ist unschädlich; denn das Gesetz geht von dem Grundsatz der Einheit der Rspr. und der Gleichwertigkeit der Gerichte aus, abgesehen davon, dass der Kläger es in der Hand hat, die Verweisung an das zuständige Gericht zu beantragen. Im Übrigen ist hier das „Fingerspitzengefühl" der Gerichte gefragt. S. auch § 268 Rn. 12.

19 **d) Keine Sachentscheidung ohne Zulässigkeit.** Wegen des Vorranges der Prozessvoraussetzungen (s. Rn. 3) darf das Gericht deren **Vorliegen nicht dahingestellt bleiben lassen** und zur Begründetheit entscheiden, auch wenn die Klage offensichtlich unbegründet und die Klärung der Prozessvoraussetzungen schwierig ist.[37] Die Klage kann auch nicht gleichzeitig als unzulässig und unbegründet abgewiesen werden, weil Prozess- und Sachabweisung sich im Umfang der materiellen Rechtskraft unterscheiden.[38] **Eine Ausnahme** ist bezüglich des Rechtsschutzinteresses zu ma-

---

[29] BGH NJW 1981, 1673, 1674.

[30] BGHZ 31, 279, 281 = NJW 1960, 253; BGH NJW 1969, 1574 = LM § 56 Nr. 10; BGHZ 125, 196, 200 = NJW 1994, 2549, 2550; BGH NJW 2000, 738; BGH NJW 2000, 1156.

[31] RGZ 89, 117, 119; RG DR 1940, 2187; *Rosenberg/Schwab/Gottwald* § 93 Rn. 34.

[32] BGHZ 53, 332, 334 = NJW 1970, 1002 (Berücksichtigung der Rechtskraft in der Revisionsinstanz); BGH NJW 1970, 1683, 1684; NJW-RR 1986, 157, u. BAG AP § 56 Nr. 5 m. Anm. *Rimmelspacher* (Prozeßfähigkeit); BGH WM 1978, 439f.; MDR 1981, 1012 = LM § 561 Nr. 48 (Rechtsschutzinteresse); BGH WM 1981, 678f. (Prozeßführungsbefugnis); BGHZ 18, 98, 106 = NJW 1955, 1513; BGHZ 31, 279, 282 = NJW 1960, 523 (Feststellungsinteresse); BGH MDR 1983, 836f. = LM § 256 Nr. 125 (Rechtsverhältnis bei der Feststellungsklage); *Rosenberg/Schwab/Gottwald* § 93 Rn. 35; *Schilken* ZPR Rn. 333.

[33] Str., wie hier *Rosenberg/Schwab/Gottwald* § 93 Rn. 35; *Schilken* ZPR Rn. 333; aA *Stein/Jonas/Brehm* Einl. Rn. 261.

[34] BGH NJW 1992, 2099, 2100 = WM 1992, 984 (fehlende Klagezustellung in der ersten Instanz).

[35] *Berg* JuS 1969, 123, 127; *Harms* ZZP 83 (1970), 167, 169.

[36] Vgl. *Stein/Jonas/Brehm* Einl. Rn. 264.

[37] BGHZ 91, 37, 41 = NJW 1984, 1754 = LM § 6 AbzG Nr. 35.

[38] BGH LM § 565 Abs. 3 Nr. 12; NJW 1978, 2031, 2032; *Stein/Jonas/Schumann* Rn. 132.

chen. Steht die Unbegründetheit der Klage fest, so kann Sachabweisung ergehen, ohne dass das Vorliegen des Rechtschutzinteresses festgestellt wird;[39] zum Feststellungsinteresse s. § 256 Rn. 36. Mit Rücksicht auf die Funktion des § 8 Abs. 3 Nr. 2 UWG lässt sich ferner eine Sachabweisung ohne vollständige Klärung der Verbandsklagebefugnis rechtfertigen.[40] Weitere in der Literatur befürwortete Ausnahmen, zB für die Einhaltung einer Klagefrist, das Vorliegen der Klagbarkeit oder das Nichtvorliegen der materiellen Rechtskraft, sind abzulehnen.

II. Klagearten

1. Grundtypen. a) Leistungs-, Feststellungs-, Gestaltungsklage. Im Zivilprozessrecht (und nicht nur dort) werden herkömmlicherweise drei Grundtypen von Klagen unterschieden, nämlich **Leistungs-, Feststellungs-** und **Gestaltungsklagen.**[41] Sämtliche vorkommenden konkreten Arten von Klagen lassen sich darunter einordnen. 20

Von diesen drei Klagearten ist die Feststellungsklage erst relativ spät als rein prozessuale Art der Geltendmachung eines subjektiven Rechts erkannt worden; s. § 256 Rn. 3. Die Leistungsklage geht in ihrem Klageziel darüber hinaus, weil der Kläger zusätzlich zur Feststellung seines Rechts einen gerichtlichen Leistungsbefehl begehrt. Mit der Gestaltungsklage will er einen unmittelbaren richterlichen Eingriff in ein bestehendes Rechtsverhältnis erreichen, so dass eine Vollstreckung des stattgebenden Urteils sich erübrigt. 21

b) Statthaftigkeit. Die ZPO enthält nur für die Feststellungsklage eine **allgemeine Klagenorm** (§ 256 Abs. 1), die die **Statthaftigkeit der Klage** als eine eigene Sachurteilsvoraussetzung umschreibt.[42] Bezogen auf Leistungs- und Gestaltungsklagen fehlen solche Normen. Für erstere geht das Gesetz davon aus, dass grds. alle Ansprüche mittels Leistungsklage einklagbar sind. Dagegen sind Gestaltungsklagen nur statthaft, soweit sie durch ausdrückliche Vorschriften, die sich im materiellen Recht und im Prozessrecht finden, zugelassen sind; s. Rn. 28. Auch andere Prozessvoraussetzungen weisen bei den einzelnen Klagearten Unterschiede auf. 22

2. Leistungsklage. a) Leistungsklagenorm. Mit der Leistungsklage werden Ansprüche, auch solche auf Unterlassung (s. § 259 Rn. 5ff.) und auf Duldung der Zwangsvollstreckung (Haftungsklagen), geltend gemacht. Angesichts der Vertragsfreiheit sind ihre konkreten **Spielarten** praktisch **unbegrenzt.** Lediglich die auf eine dem geltenden Recht unbekannte Rechtsfolge gerichtete Leistungsklage ist unstatthaft, weil eine **Leistungsklagenorm** nicht zur Verfügung steht. Ein gleichwohl stattgebendes Urteil ist nichtig und damit wirkungslos.[43] Unstatthaft ist die Leistungsklage auch, wenn mit ihr ein unklagbarer Anspruch verfolgt wird; s. Rn. 10. 23

Die Leistungsklagenorm kann durch **Gesetzeskonkurrenz** ausgeschlossen sein mit der Folge, dass die trotzdem erhobene Klage unstatthaft ist. Beispiele: Die Klage auf Herausgabe des Vollstreckungstitels analog § 371 BGB ist unzulässig, solange die Konkurrenzsituation mit § 767 besteht; s.a. dort Rn. 20. Die Klage auf Herausgabe des Vollstreckungsgegenstandes (etwa aus § 985 BGB) gegen den Vollstreckungsgläubiger ist unzulässig, solange die Drittwiderspruchsklage nach § 771 möglich ist;[44] s.a. dort Rn. 12. Ebenso ist die Klage eines Beschuldigten gegen den im Strafverfahren vernommenen Zeugen auf Widerruf seiner Aussage sowie eine Klage auf Geldentschädigung wegen der Aussage unstatthaft, solange das Strafverfahren nicht abgeschlossen ist. Der BGH lässt diese Klagen am Rechtsschutzbedürfnis scheitern,[45] andere Stimmen im Schrifttum an der feh- 24

---

[39] HM; zB BGH NJW 1987, 2808, 2809 = LM § 909 BGB Nr. 30 = BGHZ 101, 290 (Passage nicht abgedruckt); BGHZ 130, 390, 399f. = NJW 1996, 193, 195; *Rosenberg/Schwab/Gottwald* § 93 Rn. 48; *Zöller/Greger* Rn. 10.

[40] OLG Düsseldorf NJW-RR 1996, 1389, 1390. Für dieses Ergebnis spricht auch die Nähe der Verbandsklagebefugnis zu den materiellen Anspruchsvoraussetzungen; vgl. BGH NJW 1996, 3276, 3277 – Preisrätselgewinnauslobung III; BGHZ 133, 331, 334f. = NJW 1997, 1706, 1707 – Altunterwerfung II; BGH GRUR 1999, 1119, 1120 – RUMMS!; *Fezer/Büscher* § 8 UWG Rn. 215.

[41] *G. Lüke* JuS 1969, 301, 303; *Henke* JA 1987, 225; der Vorschlag einer Reduktion auf zwei Klagearten (Feststellungs- und Gestaltungsklage) von *Schlosser,* Gestaltungsklagen und Gestaltungsurteile, S. 107, hat sich nicht durchsetzen können, ebensowenig der Versuch *Kuttners,* Urteilswirkungen außerhalb des Zivilprozesses, 1914, S. 22, mit der Anordnungsklage eine vierte Klageart zu etablieren.

[42] Dafür, (wie im Verwaltungsgerichtsprozeß) auch im Zivilprozeß die Statthaftigkeit schon für Klagen (und nicht erst für Rechtsmittel) zur eigenständigen Sachurteilsvoraussetzung zu erheben, *G. Lüke* JuS 1969, 301, 303f.; generell abl. *Wagner* S. 412.

[43] *G. Lüke* JuS 1985, 767, 768; *Rosenberg/Schwab/Gottwald* § 62 Rn. 23; *Schilken* ZPR Rn. 108.

[44] BGHZ 100, 95, 103f. = NJW 1987, 1880; BGH NJW 1989, 2542.

[45] BGH JZ 1986, 1057, 1058.

lenden Klagbarkeit.[46] Nach rechtskräftiger Beendigung des Strafprozesses ist die Konkurrenzsituation aufgehoben. Leistungsklagen Dritter, die nicht am Strafverfahren beteiligt sind, werden ohnehin nicht berührt.[47]

25 **b) Rechtsschutzinteresse.** Wird mit der Leistungsklage ein fälliger Anspruch geltend gemacht, so ist das **Rechtsschutzinteresse regelmäßig gegeben;** eine vorherige Rechtsverletzung wird nicht gefordert. Abgesehen von den Fällen, in denen der Kläger des begehrten Rechtsschutzes nicht bedarf (s. Rn. 11), fehlt es nur dann, wenn ein einfacherer Weg als der der Leistungsklage zur Verfügung steht (zB das Kostenfestsetzungsverfahren nach §§ 103ff.) oder die Rechtsverfolgung missbräuchlich ist. Zur Klage auf erst künftig fällig werdende Leistungen s. §§ 257 bis 259 (§ 257 Rn. 1f., § 259 Rn. 2).

26 **3. Feststellungsklage.** Sind die Voraussetzungen der **Feststellungsklagenorm** des § 256 Abs. 1 nicht erfüllt, so ist die Feststellungsklage unstatthaft und deshalb als unzulässig abzuweisen. Wg. Einzelheiten s. § 256 Rn. 4, 5. Auch § 256 Abs. 1 kann durch spezielle Klagenormen ausgeschlossen sein, wie zB wegen der Urteilswirkung des § 248 AktG durch die aktienrechtliche Nichtigkeitsklage nach § 249 AktG. In diesem Sinne hat der BGH zu Recht entscheiden, dass die gewöhnliche Feststellungsklage (§ 256) neben der Nichtigkeitsklage nach § 249 AktG nicht zur Verfügung steht.[48]

27 Das **Feststellungsinteresse** ist das im Gesetz besonders zum Ausdruck kommende Rechtsschutzinteresse. Es ist vom Kläger regelmäßig darzutun, weil aus dem Feststellungsurteil in der Hauptsache nicht vollstreckt werden kann und deshalb die Rechtsschutzgewährung durch Feststellungsurteil unvollständig ist und ihren Zweck nur dort erfüllen kann, wo es geeignet ist, den Rechtsstreit zwischen den Parteien endgültig zu erledigen; s. § 256 Rn. 35ff.

28 **4. Gestaltungsklage. a)** Gestaltungsklagen sind **nicht generell statthaft,** sondern auf die gesetzlich ausdrücklich geregelten Tatbestände beschränkt. Es gibt drei große Gruppen, nämlich die familienrechtlichen (§§ 1313, 1449, 1564, 1600e BGB), die handelsrechtlichen (§§ 117, 127, 133, 140, 142, 161 Abs. 2 HGB, §§ 246, 275 AktG, § 61 GmbHG, § 51 GenG) und die prozessualen Gestaltungsklagen (§§ 323, 722, 767, 768, 771, 805, 1059). Daneben gibt es weitere Einzelfälle, wie zB die Erbunwürdigkeitsklage (§ 2342 BGB). Wird eine Gestaltungsklage dort erhoben, wo sie gesetzlich nicht vorgesehen ist, fehlt es an der erforderlichen Klagenorm; sie ist unstatthaft, zB eine Klage auf Aufhebung des Verlöbnisses. Ebenso ist die Klage unstatthaft, wenn zwar eine **Gestaltungsklagenorm** existiert, ihre Voraussetzungen aber nicht erfüllt sind, so zB wenn der Gesellschafter die gerichtliche Auflösung einer BGB-Gesellschaft aus wichtigem Grund begehrt (vgl. § 723 BGB einerseits, § 133 HGB andererseits).[49]

29 **b)** Strukturell lassen sich die Gestaltungsklagen in **„echte"** und **„unechte"** einteilen.[50] Die unechte Gestaltungsklage kann der Beklagte dadurch gegenstandslos machen, dass er sich so verhält, wie es der Rechtslage nach der gerichtlichen Gestaltung entspricht. Beispiele: Die Beklagten erklären sich mit der Auflösung der OHG einverstanden;[51] der nach § 127 BGB beklagte Gesellschafter „gibt die Vertretungsmacht zurück". Kann der Beklagte das vom Kläger begehrte Gestaltungsziel nicht durch eigene Handlung unmittelbar herbeiführen, ist also der Kläger ausnahmslos auf das Gestaltungsurteil angewiesen, so handelt es sich um eine echte Gestaltungsklage; die typischen Fälle sind Ehescheidungs- und Eheaufhebungsantrag (§§ 1313ff., 1564 BGB, 606ff.).

30 Mit der wohl hM[52] werden mit den Gestaltungsklagen **private Rechte zur Gestaltung** durch das Gericht gegenüber dem Beklagten (sog. **Gestaltungsklagerechte**) geltend gemacht, deren Ausübung formalisiert ist, weil sie durch Klageerhebung in Verbindung mit einem stattgebenden

---

[46] *Walter* JZ 1986, 1058, 1059.

[47] Ebenso *Walter* JZ 1986, 1058, 1060.

[48] BGHZ 70, 384, 388 = NJW 1978, 1325.

[49] Für eine allg. Gestaltungsklage im Verwaltungsprozeßrecht, begrenzt auf die Aufhebung inneradministrativer Akte, *Grupp,* FS G. Lüke, 1997, S. 207.

[50] *G. Lüke* JuS 1969, 301, 305; 1998, 594. Die Literatur folgt diesem terminologischen Vorschlag nur zögernd; wie hier *Staab* S. 124ff.; *Becker* ZZP 97 (1984), 314, 322ff.; AcP 188 (1988), 24, 30ff.; *Habermeier* ZZP 105 (1992), 182, 187; s. a. *Rosenberg/Schwab/Gottwald* § 91 Fn. 1; abl. *K. Schmidt* S. 24ff. (aber Übereinstimmung in der Sache, S. 25); *Stein/Jonas/Schumann* Rn. 41.

[51] Vgl. BGH NJW 1998, 146; dazu *G. Lüke* JuS 1998, 594. Eine wesentliche prozessuale Vereinfachung strebt *K. Schmidt* S. 90ff. mit seinem Modell der mehrseitigen Gestaltungsklage an.

[52] Grundlegend *Bötticher,* FS Dölle, S. 41; weiterhin *Dölle,* FS Bötticher; *Staab* S. 67ff.; *Rosenberg/Schwab/Gottwald* § 91 Rn. 3; *Schilken* ZPR Rn. 192; s. a. *Wieczorek/Schütze/Becker-Eberhard* § 611 Rn. 4; aA (Geltendmachung eines subjektiv-öffentlichen Rechts gegen den Staat auf richterliche Gestaltung) *Schlosser,* Gestaltungsklagen und Gestaltungsurteile, S. 366ff.; *Stein/Jonas/Schumann* Rn. 41ff. m. weit. Nachw.

Urteil erfolgt. Dies gilt jedenfalls für die handels- und gesellschaftsrechtlichen[53] sowie die prozessualen Gestaltungsklagen. Das Fehlen einer eigenen Dispositionsbefugnis der Parteien hinsichtlich der erstrebten gerichtlichen Gestaltung bei den echten Gestaltungsklagen wie etwa nach früherem Recht bei der Eheaufhebungsklage und der Ehescheidungsklage erschwert zwar die Vorstellung, auch mit den echten Gestaltungsklagen werde ein privates materielles Recht zur Gestaltung ausgeübt,. Da die Ehegatten nach jetzt geltendem Recht auf die Scheidung der Ehe Einfluss nehmen können, ist es nunmehr jedoch gerechtfertigt, ein privates Recht auf Ehescheidung gegenüber dem anderen Ehegatten in Form eines Gestaltungsrechts anzuerkennen.[54] Trotzdem ist der Scheidungsantrag weiterhin echter Gestaltungsantrag, weil der Scheidungsausspruch nicht durch rechtsgeschäftliche Gestaltung ersetzt werden kann. Ob in den Fällen der unechten Gestaltungsklagen der Kläger einen gegen den Beklagten gerichteten **parallelen Anspruch** auf die Herbeiführung des mit dem Urteil angestrebten Erfolges hat, ist anhand jedes einzelnen Gestaltungsfalles zu prüfen. Die generelle Verneinung eines solchen Anspruchs überzeugt nicht. Wenn gleichgerichtete Leistungsansprüche gegeben sind, können sie jedoch nicht mit der Leistungsklage eingeklagt werden; die spezielle Gestaltungsklagenorm geht vor.[55]

c) Das **Rechtsschutzinteresse** ist bei statthaften Gestaltungsklagen **immer gegeben,** da die Gestaltung nur durch Urteil erfolgen kann, wenn sich der Beklagte widersetzt. 31

III. Streitgegenstand

1. Allgemeines. a) Zweigliedriger Streitgegenstandsbegriff. In Lehre und Rspr. ist ganz überwiegend anerkannt, dass Streitgegenstand eines Zivilprozesses nicht der materiell-rechtliche Anspruch iSd. § 194 BGB ist. Vielmehr gilt ein **eigenständiger prozessualer Streitgegenstandsbegriff,** der von den Erfordernissen des Zivilprozesses bestimmt wird. Bei den als **neuere materiell-rechtliche Streitgegenstandslehren** bezeichneten Lehren[56] geht es weniger um neue Theorien zum Streitgegenstand des Zivilprozesses als um eine Neuordnung des materiell-rechtlichen Anspruchsbegriffes, die auch den prozessualen Anforderungen genügt. Unter den prozessualen Streitgegenstandstheorien wird vorherrschend zu Recht ein **zweigliedriger Streitgegenstandsbegriff** vertreten. Ihm zufolge wird der Streitgegenstand durch den Antrag und den zu seiner Begründung vorgetragenen Lebenssachverhalt als gleichwertige Elemente gebildet. Demgemäß lässt sich der Streitgegenstand **definieren** als das Begehren der vom Kläger auf Grund eines bestimmten Lebenssachverhalts beantragten Entscheidung. Zur Bedeutung des Streitgegenstands im **Europäischen Zivilprozessrecht** und seinem Einfluss auf das nationale Recht s. Art. 27 EuGVO (kommentiert in Band 3).[57] 32

Nach anfänglicher Unsicherheit und zeitweiligem Schwanken[58] hat sich auch der BGH einheitlich der zweigliedrigen Streitgegenstandsauffassung angeschlossen.[59] Nach ihm wird der eigenständige prozessuale Anspruch bestimmt durch den **Klageantrag,** in dem sich die vom Kläger in Anspruch genommene Rechtsfolge konkretisiert, **und** den **Lebenssachverhalt** (Anspruchsgrund), aus dem der Kläger die begehrte Rechtsfolge herleitet.[60] Die sich bei Abgrenzung des Lebenssachverhalts ergebenden praktischen Schwierigkeiten lassen sich lösen und sind von der Rspr. bisher auch 33

---

[53] Dazu auch *A. Hueck,* FS Heymanns Verlag, S. 287 ff.; *Becker* ZZP 97 (1984), 314 ff.

[54] *Gernhuber/Coester-Waltjen* § 25, 1; RGRK/*Graßhof* § 1564 BGB Rn. 28; *Knütel* FamRZ 1985, 1089, 1091; *G. Lüke,* FS Pieper, 1998, S. 305, 313.

[55] *G. Lüke* JuS 1969, 301, 306 f.

[56] Knapp vorgestellt etwa von *Rosenberg/Schwab/Gottwald* § 92 Rn. 15 f. u. *Schilken* ZPR Rn. 228, jeweils m. Nachw.

[57] Weiterhin *Rüßmann* ZZP 111 (1998), 399; *Walker* ZZP 111 (1998), 429; *Heiderhoff* ZZP 111 (1998) 455.

[58] Vgl. BGHZ 9, 22, 27 = NJW 1953, 663; BGHZ 37, 371, 372 f. = NJW 1962, 1616 = LM GVG § 200 Nr. 10 = ZZP 75 (1962), 458 m. Anm. *K. H. Schwab*; BGHZ 45, 231, 233 f. = NJW 1967, 107 m. Anm. *Schlechtriem;* BGH WarnR 1970 Nr. 21.

[59] BGHZ 79, 245, 248 f. = NJW 1981, 2065; BGH NJW 1981, 2306 = WM 1981, 1036 f. (Rechtskraft); BGH NJW 1983, 388, 389 = FamRZ 1983, 27 (Rechtshängigkeit); BGH NJW 1983, 2032 f. (Rechtskraft); BGH NJW 1984, 371; 1984, 615 (kein Teilurteil über eine von mehreren konkurrierenden Anspruchsgrundlagen); BGH NJW-RR 1987, 683, 684; 1987, 525, 526 (Rechtskraft); BGH NJW 1988, 1964, 1965 (Verjährung); BGH NJW 1989, 393 f.; BGHZ 117, 1, 5 = NJW 1992, 1172, 1173 (Rechtskraft); BGHZ 123, 137, 139 f. = NJW 1993, 2684, 2685 (Rechtskraft – kontradiktorisches Gegenteil); BGHZ 124, 164, 166 = NJW 1994, 460 (Rechtskraft); BGH NJW-RR 1997, 1216, 1217 (Umfang der Verjährungsunterbrechung); BGHZ 124, 164, 166 = NJW 1994, 460; BGH NJW 2000, 1958 (Klageänderung); BGH NJW 2001, 3713 (Reichweite der Rechtshängigkeitssperre nach § 261 Abs. 3 Nr. 1); BGHZ 157, 47, 50 = NJW 2004, 1252, 1253 (Rechtskraft – ne bis in idem); BGHZ 168, 179, 184 (Klageänderung); BGH WM 2007, 1241, 1242 (Klageänderung).

[60] BGH LM § 253 Nr. 56; NJW 1983, 388, 389 = FamRZ 1983, 27; WM 1993, 845, 847.

bewältigt worden. Sie sind nicht größer als bei der Bestimmung der Tat im Sinne des Strafprozessrechts. Dem BGH zufolge wird der Lebenssachverhalt aus allen Tatsachen gebildet, die bei einer natürlichen, vom Standpunkt der Parteien ausgehenden Betrachtungsweise zu dem durch den Vortrag des Klägers zur Entscheidung gestellten Tatsachenkomplex gehören.[61] Dagegen sollen nach einer Literaturmeinung zum Lebenssachverhalt (lediglich) die Tatsachen zu rechnen sein, auf deren Existenz oder Nichtexistenz es für die Anwendung des den Klageantrag rechtfertigenden Rechtssatzes ankommt.[62] Wg. weiterer Einzelheiten vgl. § 253 Rn. 82ff., § 263 Rn. 13ff.; auch § 260 Rn. 6.

34 Der zweigliedrige Streitgegenstandsbegriff gilt grds. **für sämtliche Klagearten,** also auch für Feststellungs- und Gestaltungsklagen, einschließlich der negativen Feststellungsklage; § 253 Rn. 79. Außerdem legt die hM ihn **einheitlich** allen Vorschriften zugrunde, die an den Streitgegenstand anknüpfen, wie insb. den Vorschriften über Klagenhäufung (§ 260), Klageänderung (§§ 263, 264), Rechtshängigkeit (§ 261) und materielle Rechtskraft (§ 322).

35 Zweifellos liegt der große Vorteil eines **einheitlichen Streitgegenstandsbegriffs** in der Rechtsklarheit und Berechenbarkeit zivilrechtlicher Entscheidungen in wesentlichen prozessualen Fragen.[63] Andererseits stößt seine strikt einheitliche Handhabung bisweilen an Grenzen. So sehen sich selbst führende Vertreter der einzelnen Streitgegenstandslehren gelegentlich gezwungen, die von ihrer Lehre eigentlich vorgegebenen Ergebnisse zu korrigieren (und relativieren damit letztlich selbst den Wert ihrer Lehren). In diesem Sinne lässt etwa *Habscheid* die Klage aus Wechsel oder Scheck im Urkundsprozess einerseits und aus dem Grundgeschäft andererseits gerade nicht nebeneinander zu, obwohl sie (wegen unterschiedlicher Sachverhalte) nach seiner mehrgliedrigen Streitgegenstandslehre unterschiedliche Streitgegenstände haben und ihr Nebeneinander deshalb jedenfalls nicht an § 261 Abs. 3 Nr. 1 scheitern kann. Jedoch verneint er am Ende das Rechtsschutzbedürfnis für die als zweite erhobene Klage.[64] Ebenso verfährt er (noch vor Anerkennung einer Zusammenhangszuständigkeit durch den BGH[65]; dazu Rn. 40), wenn zunächst in einem der besonderen Gerichtsstände der §§ 29 oder 32 und danach im allgemeinen Gerichtsstand des § 13 geklagt wird, obgleich nach zweigliedriger Lehre auch hier die Streitgegenstände nicht deckungsgleich sind, sondern der der zweitgenannten Klage über den der Ersten hinausgeht.[66, 67] Demgegenüber macht *K.H. Schwab,* der wegen seines eingliedrigen Streitgegenstandsbegriffes im Verhältnis zwischen der Klage im Urkundsprozess und aus dem Grundverhältnis zu einem identischen Streitgegenstand gelangt und deshalb allen Anlass hat, die Klagen gerade nicht nebeneinander zuzulassen, hier eine Ausnahme und lässt das Nebeneinander zu.[68] Außerdem musste, bevor sich die Zusammenhangszuständigkeit (s. Rn. 40) durchsetzen konnte, (natürlich) auch *Schwab* nach rechtskräftiger Abweisung einer Klage in einem der besonderen Gerichtsstände der §§ 29 oder 32 eine neue Klage aus den bislang noch nicht geprüften Anspruchsnormen im allgemeinen Gerichtsstand des § 13 zulassen, obwohl beide Streitgegenstände nach eingliedriger Lehre identisch sind und deshalb die Rechtskraftsperre im Grunde eingreifen müsste.[69]

36 Somit sind **Zweifel angebracht,** ob die einheitlichen Streitgegenstandslehren tatsächlich in allen Prozesssituationen, in denen es auf den Streitgegenstand ankommt, das zu leisten vermögen, was sie leisten zu können vorgeben. Deshalb wird in der Literatur vorgeschlagen, den Streitgegenstandsbegriff nicht vorab, generell und einheitlich, sondern konkret mit Blick auf die einzelne auf ihn abstellende Norm, ihren Zweck und die von ihr geregelte Prozesssituation zu definieren.[70] Das muss noch nicht unweigerlich zur Aufgabe eines einheitlichen und zur Hinwendung zu einem **„variablen"**[71] oder **„relativen"**[72] Streitgegenstandsbegriff führen. Denn nach wie vor ist es möglich, dass

---

[61] BGHZ 98, 353, 358f. = NJW 1987, 1201; BGHZ 117, 1, 6 = NJW 1992, 1172, 1173; BGHZ 123, 137, 141 = NJW 1993, 2684, 2685; BGH NJW 2000, 1958; 2004, 294, 296; NJW-RR 2004, 157; BGHZ 157, 47, 51 = NJW 2004, 1252, 1253; BGH WM 2007, 1241, 1242.

[62] *Musielak* NJW 2000, 3593, 3595ff.; zur Fixierung des Lebenssachverhalts weiterhin *Heiderhoff* ZZP 118 (2005), 185, 187ff.

[63] So *G. Lüke* in der 2. Aufl.

[64] Vgl. *Habscheid* Streitgegenstand S. 275, 278, 280.

[65] BGHZ 153, 173 = NJW 2003, 828.

[66] Vgl. *Habscheid* Streitgegenstand S. 164 u. 278.

[67] Beide Fallkonstellationen galten zumindest bis BGHZ 153, 173 als die Schulfälle, bei deren Lösung sich die Streitgegenstandslehren gewissermaßen zu bewähren haben.

[68] Vgl. *K.H. Schwab* Streitgegenstand S. 127f.

[69] *K.H. Schwab* Streitgegenstand S. 155.

[70] *Jauernig* Verhandlungsmaxime S. 73; *Rimmelspacher,* Materiell-rechtlicher Anspruch, S. 176, 310; *Becker-Eberhard,* Grundlagen der Kostenerstattung bei der Verfolgung zivilrechtlicher Ansprüche, 1985, S. 350ff., 360ff.

[71] So *Jauernig* Verhandlungsmaxime S. 6f.

[72] So etwa *Baumgärtel* JuS 1974, 69, 72ff.; *Stein/Jonas/Schumann* Einl. Rn. 283, 285 (20. Aufl.).

es bei der konkreten Deutung des Streitgegenstandsbegriffs in den einzelnen auf ihn abstellenden Normen zu einem zumindest im Kern für alle gleichen Streitgegenstandsbegriff kommt und allenfalls in Randbereichen zu Abweichungen. Dies ist angesichts der weitgehenden Deckungsgleichheit der mit ihnen verfolgten Ziele (Vermeidung widersprüchlicher Entscheidungen und mehrfacher Belastung der Gerichte mit derselben Streitsache) insb. für die Rechtshängigkeitssperre des § 261 bs. 3 Nr. 1 und die Rechtskraftsperre auch nahe liegend; vgl. zu Einzelheiten § 261 Rn. 51ff. und § 322 Rn. 112ff.

b) Materiell-rechtliche Anspruchsanknüpfung. Diejenigen bürgerlich-rechtlichen Vorschriften, die das Prozessrecht auf das materielle Recht einwirken lassen und dabei an den Anspruch iSd. § 194 BGB anknüpfen, zwingen dazu, vom prozessualen **auf den materiell-rechtlichen Anspruch zurückzugreifen.** Hierzu gehören zB §§ 197 Abs. 1 und 204 Abs. 1 BGB. Die Verjährung wird durch die Klageerhebung für alle materiell-rechtlichen Ansprüche gehemmt, die im Streitgegenstand enthalten sind;[73] s. § 262 Rn. 6. Das stattgebende Urteil stellt das materielle Recht rechtskräftig fest, so dass der Wortlaut des § 197 Abs. 1 Nr. 3 BGB die Rechtslage richtig wiedergibt. 37

c) Untersuchungsmaxime und Streitgegenstand. Die **Untersuchungsmaxime** (s. Einl. Rn. 308ff.) verändert den Streitgegenstandsbegriff nicht, führt insb. nicht zu einem globalen Streitgegenstandsbegriff.[74] Damit stimmt die Rspr. des BVerwG überein, die für den Verwaltungsprozess die zweigliedrige Streitgegenstandsauffassung übernommen hat.[75] Eine andere Frage ist, inwieweit der Klagegrund durch einen mit der Klage anzugreifenden Anfechtungsgegenstand bei der verwaltungsgerichtlichen Anfechtungsklage vorgeprägt wird.[76] 38

d) Spezielle Rechtsfolgenbehauptung. Entgegen der Rspr. des RG[77] und der Ansicht der Vorauflage[78] ist es dem Kläger mit der heute hM[79] versagt, die **Freiheit der Rechtsanwendung** des Gerichts mit dieses bindender Wirkung **einschränken,** indem er entweder einen rechtlichen Gesichtspunkt von der gerichtlichen Beurteilung ausschließt oder das Klagebegehren von vornherein auf ein bestimmtes materielles Recht begrenzt; s.a. § 253 Rn. 72 und § 308 Rn. 15. Dem Kläger steht also **keine** sog. **Ausschaltungsbefugnis** zu. Eine solche Befugnis lässt sich weder aus dem Verhandlungs- noch aus dem Dispositionsgrundsatz herleiten. Selbst wenn der Kläger sie hätte, müsste, wie auch die Vertreter der Gegenansicht einräumen, eine entsprechende Beschränkung jedenfalls **ohne Einfluss auf den Umfang des Streitgegenstands bleiben.**[80] Folglich wäre es keine Klageänderung, wenn der Kläger während des Prozesses zu einer anderen auf dasselbe Ziel gerichteten speziellen Rechtsfolgenbehauptung überginge oder die bisherige Beschränkung seiner Rechtsbehauptung fallen ließe. Außerdem erlaubte es die Beschränkung, ließe man sie zu, dem Kläger nicht, dieselbe Rechtsfolge gleichzeitig in einem zweiten Prozess unter einem anderen rechtlichen Gesichtspunkt anhängig zu machen. Einer solchen Klage würde die Rechtshängigkeit (§ 261 Abs. 3 Nr. 1) entgegenstehen. Schließlich könnte der mit einer auf eine spezielle Rechtsfolgenbehauptung beschränkten Klage rechtskräftig abgewiesene Kläger die Klage nicht unter Anführung eines anderen Tatbestandes des materiellen Rechts wiederholen. 39

e) Begrenzung des Streitgegenstandes kraft Gesetzes. Nach früherem Recht ließ sich die Auffassung begründen, dass immer dort, wo die ZPO die Zulässigkeit der Klage auf bestimmte materielle Rechte beschränkt, wie in den besonderen Gerichtsständen (zB nach §§ 29, 32), auch der **Streitgegenstand** entsprechend **begrenzt** und im Umfang der unberücksichtigt bleibenden 40

---

[73] Zur Rspr. s. BGH NJW 1983, 388, 389; BGH NJW 2005, 2004, 2005 m. weit. Nachw.; BGH WM 2007, 1241, 1242.

[74] AM *Jauernig* Verhandlungsmaxime S. 23ff., 55ff.; gegen ihn u.a. *Yoshimura* ZZP 83 (1970), 245; *Habscheid* FamRZ 1971, 297; *ders.,* FS K.H. Schwab, 1990, S. 181, 189; *Rimmelspacher,* Materiell-rechtlicher Anspruch, S. 209ff.; *Baumgärtel* JuS 1974, 69, 72.

[75] BVerwGE 52, 247, 249 = NJW 1978, 717; BVerwGE 70, 110, 112 = NJW 1985, 280; BVerwGE 96, 24, 25 = NVwZ 1994, 1115.

[76] Dazu *G. Lüke* JuS 1967, 1, 6ff.

[77] RGZ 86, 377, 379f.; 96, 197, 200f.; 123, 271, 273; RG JW 1931, 3321, 3322; HRR 1935, 817, 818.

[78] Ebenso *A. Blomeyer,* FS Lent, 1957, S. 43, 62; *G. Lüke* JuS 1961, 41, 46; NJW 1961, 1390, 1391; *Würthwein,* Umfang und Grenzen des Parteieinflusses auf die Urteilsgrundlagen im Zivilprozeß, 1977, S. 61ff., 154; *Walchshöfer* Anm. zu BAG AP § 615 BGB Nr. 30.

[79] BGH JR 1969, 102, 103 = MDR 1969, 468 = LM BGB § 125 Nr. 29; BAG AP § 308 ZPO Nr. 2 = DB 1975, 1226; OLG Köln MDR 1970, 686; 1984, 151; *Rosenberg/Schwab/Gottwald* § 77 Rn. 9f.; *Schilken* ZPR Rn. 346; *Jauernig* ZPR § 25 I; *Zöller/Vollkommer* Einl. Rn. 84; *Zöller/Greger* § 253 Rn. 12.

[80] *A. Blomeyer,* FS Lent, S. 63; *G Lüke* JuS 1961, 41, 46 u. 2. Aufl.; *Henckel,* Parteilehre und Streitgegenstand im Zivilprozess, 1961, S. 273; *Eckardt* S. 212f.; wohl auch RGZ 86, 377, 378f.

rechtlichen Gesichtspunkte gespalten wird;[81] vgl. § 12 Rn. 37ff. Seit seiner Neufassung im Jahre 1990 (BGBl. I S. 2809) schreibt § 17 Abs. 2 S. 1 GVG nunmehr vor, dass das Gericht des zulässigen Rechtsweges den Rechtsstreit unter allen in Betracht kommenden rechtlichen Gesichtspunkten entscheidet. Eine Ausnahme gilt für die Ansprüche aus Art. 14 Abs. 3 S. 4 und 34 S. 3 GG (§ 17 Abs. 2 S. 2 GVG). Daraus muss für die **besonderen Gerichtsstände** der (Erst-Recht-)Schluss gezogen werden, dass das vom Gesetz zunächst nur für gewisse Teilaspekte des Streitgegenstands für zuständig erklärte Gericht den Rechtsstreit doch in vollem Umfang entscheidet. Es tritt also **keine Spaltung des Streitgegenstands** kraft Gesetzes mehr ein;[82] s. § 261 Rn. 59. Dem dafür gebräuchlichen Begriff „Gerichtsstand des Sachzusammenhanges" sollte allerdings der der **Zusammenhangszuständigkeit** vorgezogen werden, um deutlich zu machen, dass es sich hier in erster Line um ein Streitgegenstands- und kein Zuständigkeitsproblem handelt.[83] Für Urkunden- und Wechselprozess bleibt es bei der Beschränkung der rechtlichen Prüfung nach Maßgabe der besonderen Verfahrensart; s. auch § 261 Rn. 69.

41 2. **Besondere Anwendungsfälle.** Zum Streitgegenstand in **Ehesachen** s. § 611 Rn. 3ff.;[84] zum Streitgegenstand der **Unterlassungsklage** allgemein s. § 253 Rn. 133ff., § 308 Rn. 13; insb. nach §§ 8, 12 UWG und § 1 UKlaG s. § 261 Rn. 54.

42 **a)** Nach anfänglichen Unsicherheiten[85] bestimmt der BGH in seiner jüngsten Rspr. jetzt auch den **Streitgegenstand im insolvenzrechtlichen Anfechtungsprozess**[86] nach allgemeinen Grundsätzen, also durch Antrag und zugrundeliegenden Lebenssachverhalt.[87] Die Grenzen der materiell-rechtlichen Ausschlussfrist für die Anfechtungsklage nach § 41 Abs. 1 KO hielt er erst dort für überschritten, wo ein neuer oder in wesentlichen Teilen geänderter Lebenssachverhalt als Klagegrund nachgeschoben wurde.[88] § 146 Abs. 1 InsO hat diese Ausschlussfrist nunmehr in eine Verjährungsfrist umgewandelt, so dass im Zusammenhang mit der Wahrung einer Klagefrist keine spezielle Streitgegenstandsproblematik mehr auftritt.

43 Da die Anfechtungstatbestände der §§ 130ff. InsO dem Streitgegenstand keinen speziellen Zuschnitt geben, besteht er auch hier – wie schon nach der KO[89] – aus **Klageantrag und Lebenssachverhalt** als Klagegrund. Dieser wird bereits durch die Benennung der anfechtbaren Handlung gekennzeichnet;[90] ob dies ausreicht, um die Individualität des Klagegrundes festzulegen, hängt vom Einzelfall ab. Eine darüber hinausgehende Bedeutung hat der „Anfechtungsgegenstand" nicht. Die Formulierung, Gegenstand der Anfechtung sei die Rechtshandlung, ist ohnehin missverständlich und sollte vermieden werden.[91]

44 Der Umfang der Verjährungsunterbrechung durch Klageerhebung (§§ 209ff. BGB) richtet sich nach dem Streitgegenstand; § 262 Rn. 6. Für die KO war anerkannt, dass die Klage auf Rückgewähr nach § 37 Abs. 1 KO die Frist für den Wertersatzanspruch in vollem Umfang wahrte.[92] Angesichts einer Frist von zwei Jahren ist es nicht nötig, diese **Ausnahme** von der Bindung an den Streitgegenstand aus Billigkeitsgründen auf die jetzige Verjährungsregelung zu übernehmen. Auf

---

[81] St. Rspr. des RG seit RGZ 27, 385 (VZS); langjährige Rspr. auch des BGH, etwa BGH NJW 1971, 564; 1971, 410, 411; 1986, 2436, 2437; MDR 1986, 667; s. a. *G. Lüke* JZ 1960, 222, 224.

[82] Ebenso *Zöller/Vollkommer* Einl. Rn. 85; *Rosenberg/Schwab/Gottwald* § 36 Rn. 56; *K. H. Schwab,* FS Zeuner, 1994, S. 499, 509; *Windel* ZZP 111 (1998), 3, 14; *Vollkommer,* FS Deutsch, 1999, S. 385, 395ff, 403f.; jetzt auch BGHZ 153, 173 = NJW 2003, 828 m. weit. Nachw. auch zur auch nach 1990 noch vertretenen Gegenansicht.

[83] So gegen den auf *Baur,* FS von Hippel, 1967, S. 1 zurückgehenden Begriff Gerichtsstand des Sachzusammenhanges zu Recht *Vollkommer,* FS Deutsch, 1999, S. 385, 403f.

[84] Weiterhin *G. Lüke,* FS Gaul, 1997, S. 425, 426ff.; *Becker-Eberhard,* FS Gaul, S. 35, 40f. u. *Wieczorek/Schütze/Becker-Eberhard* § 611 Rn. 3ff.; *Philippi* FamRZ 2000, 525; *Heiderhoff,* Berücksichtigung ausländischer Rechtshängigkeit, 1998, S. 20ff.

[85] Vgl. BGH WM 1983, 1313, 1315 = KTS 1984, 110: Bezeichnung des Streitgegenstandes ohne Erwähnung des Klageantrags; BGH WM 1969, 968: bloße Anführung der anfechtbaren Handlung als Gegenstand der Anfechtung; BGH NJW 1985, 1560f. = KTS 1985, 322: kumulative Umschreibung mit Klageantrag, Gegenstand der Anfechtung und Anfechtungsgrund, ohne deren jeweilige Änderung keine Klageänderung vorliege.

[86] Dazu *Henckel,* FS K. H. Schwab, 1990, S. 213; *Eckardt* S. 185ff. m. ausf. Nachw. aus der BGH-Rspr.

[87] BGH NJW-RR 1993, 238, 239; BGHZ 135, 140, 150 = NJW 1997, 1857, 1859 (unter Aufgabe seiner früheren Auffassung, die Insolvenzanfechtung müsse besonders „geltend gemacht" oder „erklärt" werden).

[88] BGHZ 117, 374, 380 = NJW 1992, 1626, 1628.

[89] *Eckardt* S. 202ff.; 206ff.

[90] Ebenso *Bauer/Stürner,* Insolvenzrecht, 12. Aufl. 1990, Rn. 20.17.

[91] Vgl. *Henckel,* FS K. H. Schwab, S. 213, 216.

[92] BGH WM 1983, 1313, 1315 = KTS 1984, 110; BGHZ 89, 189, 197 = NJW 1984, 1557; *Eckardt* S. 266ff.

Nebenforderungen, wie Zinsen und Verzugsschaden, konnte sie schon für § 41 Abs. 1 KO nicht ausgedehnt werden;[93] 1. Aufl. Rn. 44.

45 **b)** Einen echten Anfechtungs- und Streitgegenstand hat auch die **aktienrechtliche Anfechtungsklage** (§ 246 Abs. 1 AktG). Obgleich als Gestaltungsklage konstruiert, wird mit ihr der Sache nach ein seit jeher anerkanntes Recht des Aktionärs auf Verwaltung der Gesellschaft gemäß den gesetzlichen und statutarischen Vorschriften geltend gemacht.[94] Deshalb lässt sie sich wie auch die verwaltungsgerichtliche Anfechtungslage (§ 42 VwGO) als eine Klage begreifen, die neben ihrem Gestaltungsziel (Herbeiführung der Unwirksamkeit eines rechtswidrigen Hauptversammlungsbeschlusses durch Richterspruch) auch gewisse Elemente einer Beseitigungs- und Unterlassungsklage (Beseitigung des rechtswidrigen Beschlusses) in sich birgt.[95] Insofern hat die Klage auch **vorbeugenden Charakter** und erfasst alle Maßnahmen, die mit der angegriffenen inhaltsgleich sind, also dieselbe Rechtswidrigkeit verkörpern.[96] Mithin ist **der angegriffene Hauptversammlungsbeschluss** als solcher **nicht Teil des Streitgegenstandes.** Bestätigt die Hauptversammlung während des Prozesses ihren mit der Anfechtungsklage angegriffenen Beschluss bei unveränderter Sach- und Rechtslage mit denselben Mängeln, so berührt dieser zweite Beschluss die Identität des Streitgegenstandes nicht. Er braucht nicht besonders bekämpft zu werden, weil sich das Klagebegehren auf ihn erstreckt.

46 Der BGH bezeichnet als **Streitgegenstand** der aktienrechtlichen Anfechtungs- wie auch der Nichtigkeitsklage das mit der Klage verfolgte prozessuale Ziel, die richterliche Klärung der Nichtigkeit eines Hauptversammlungsbeschlusses in Bezug auf seine fehlende Übereinstimmung mit Gesetz oder Satzung hinsichtlich seines Gegenstands und Inhalts sowie des zur Beschlussfassung führenden Verfahrens herbeizuführen.[97] Dabei erfasst der Streitgegenstand im Klagegrund **alle** dem angegriffenen Hauptversammlungsbeschluss **anhaftenden Mängel** und beschränkt sich entgegen verbreiteter Literaturansicht nicht auf die zum Gegenstand des klägerischen Prozessvortrages gemachten.[98] Aktienrechtliche Nichtigkeits- und Anfechtungsklage haben trotz ihrer unterschiedlichen Klageziele (dort Feststellung, hier Gestaltung) einen einheitlichen Streitgegenstand, soweit sich beide mit identischer Begründung gegen denselben Gesellschafterbeschluss richten.[99]

47 Der **nach Eintritt der materiellen Rechtskraft** des stattgebenden Urteils[100] gefasste bestätigende Beschluss mit denselben Mängeln ist als nichtig zu behandeln, ohne dass er gesondert angefochten werden muss.[101] Die Meinung, die entsprechend dem „kassatorischen" Verständnis der Anfechtungsklage eine erneute Anfechtung des zweiten Beschlusses verlangt, das Gericht jedoch an die Rechtskraft des ersten Urteils binden will,[102] bleibt auf halbem Wege stehen. Sie kann sich nicht auf die Rechtssicherheit berufen; denn auch die Bindung an die Rechtskraft setzt eine Entscheidung über die Identität der Streitgegenstände voraus. Andererseits ist der Anfechtungsklage gegen den bestätigenden fehlerhaften Beschluss das Rechtsschutzinteresse nicht abzusprechen.

48 **c)** Der Streitgegenstand des **arbeitsgerichtlichen Kündigungsschutzprozesses** ist nach wie vor umstritten.[103] Nach dem eindeutigen Wortlaut des § 4 Satz 1 KSchG handelt es sich jedenfalls um eine **Feststellungsklage**, deren Gegenstand (wie auch sonst) zweigliedrig bestimmt werden sollte. Nach herrschender, streng auf den Wortlaut des § 4 KSchG achtender Ansicht in der Literatur ist die Klage auf die Feststellung gerichtet, dass das Arbeitsverhältnis durch die konkrete angegriffene Kündigung nicht aufgelöst wurde. Ihr Gegenstand ist also letztlich die Feststellung der Unwirksamkeit der betreffenden Kündigung mit den ihr zugrundeliegenden Kündigungsgründen

---

93 *Eckardt* S. 274; aM *Henckel,* FS K. H. Schwab, S. 213, 235.

94 *G. Lüke* JuS 1969, 301, 306.

95 *G. Lüke* AöR 84 (1959), 185; JuS 1967, 1, 4f.; *Becker* Verwaltungskontrolle S. 794 weist zutr. darauf hin, dass die §§ 241ff. AktG nicht zufällig Entsprechungen in den Klagearten des Verwaltungsprozeßrechts haben; diesen Vergleich ziehend jetzt auch BGHZ 152, 1, 6, = NJW 2002, 3465, 3466.

96 Ebenso *Arens,* Streitgegenstand und Rechtskraft im aktienrechtlichen Anfechtungsprozeß, 1960, S. 88ff.; für ein „quasi-negatorisches" Verständnis auch *K. Schmidt* JZ 1977, 769, 773.

97 BGHZ 152, 1, 3ff., 5 = NJW 2002, 3465.

98 BGHZ 152, 4 = NJW 2002, 3465, 3466 m. Nachw. auch zur Gegenansicht.

99 BGHZ 134, 364, 366 = NJW 1997, 1510 = WM 1997, 823; BGH NJW 1999, 1638; *Zöller/Vollkommer* Einl. Rn. 80; *dazu* krit. *Sosnitza* NZG 1998, 335.

100 Zur Unterscheidung von Rechtskraft- und Gestaltungswirkung *W. Lüke/Blenske* ZGR 1998, 253, 271.

101 Ebenso BGHZ 21, 354, 358 = JZ 1957, 179, 180 m. Anm. *Mestmäcker; Arens* Streitgegenstand S. 105.

102 *K. Schmidt* JZ 1977, 769, 773.

103 *G. Lüke* JZ 1960, 203, 205ff.; NJW 1961, 1390; JuS 1967, 1, 5f.; *Prütting,* FS G. Lüke, 1997, S. 617; *Kerwer* JuS 1999, 250, 254; *Jaroschek/Lüken* JuS 2001, 64, 66f.

(„punktueller Streitgegenstandsbegriff").[104] Nach anderer Ansicht geht sie überhaupt auf die Feststellung, dass das Arbeitverhältnis (bis zu einem bestimmten Zeitpunkt, nämlich der letzten mündlichen Verhandlung in der Tatsacheninstanz) nicht aufgelöst worden ist[105] („bestandsrechtliche Theorie"). Mit der erstgenannten Ansicht sind gewisse Probleme bei der Behandlung von Wiederholungs- und „Trotzkündigungen" aus demselben Sachverhalt und der Wirkungsweise einer stattgebenden Entscheidung im Kündigungsschutzprozess im Hinblick auf solche Kündigungen verbunden. Diese Probleme lassen sich mit der neueren Rspr. des BAG[106] jedoch in geeigneter Weise und mit ähnlichen Ergebnissen wie bei der aktienrechtlichen Anfechtungsklage bewältigen, indem man die Kündigungsschutzklage nach § 4 KSchG mit einer allgemeinen Feststellungsklage nach § 256 kombiniert.[107]

49 **d)** In **Schutzrechtssachen** beschränkt sich der Streitgegenstand dann, wenn dem Kläger hinsichtlich desselben Gegenstandes mehrere Schutzrechte (z.B. Urheberrechte, Marken- oder Zeichenrechte) zustehen, auf das Recht, auf das sich der Kläger zur Begründung seines Klageanspruchs berufen und zu dem er den maßgeblichen Lebenssachverhalt unterbreitet hat. Entsprechendes soll geltend, wenn daneben ein Anspruch aus ergänzendem wettbewerbsrechtlichem Leistungsschutz nach § 4 Nr. 9 UWG oder wegen irreführender Werbung nach § 5 UWG Betracht kommt.[108]

§ 253 Klageschrift

(1) Die Erhebung der Klage erfolgt durch Zustellung eines Schriftsatzes (Klageschrift).

(2) Die Klageschrift muss enthalten:

1. die Bezeichnung der Parteien und des Gerichts;
2. die bestimmte Angabe des Gegenstandes und des Grundes des erhobenen Anspruchs, sowie einen bestimmten Antrag.

(3) Die Klageschrift soll ferner die Angabe des Wertes des Streitgegenstandes enthalten, wenn hiervon die Zuständigkeit des Gerichts abhängt und der Streitgegenstand nicht in einer bestimmten Geldsumme besteht, sowie eine Äußerung dazu, ob einer Entscheidung der Sache durch den Einzelrichter Gründe entgegenstehen.

(4) Außerdem sind die allgemeinen Vorschriften über die vorbereitenden Schriftsätze auch auf die Klageschrift anzuwenden.

(5) [1]Die Klageschrift sowie sonstige Anträge und Erklärungen einer Partei, die zugestellt werden sollen, sind bei dem Gericht schriftlich unter Beifügung der für ihre Zustellung oder Mitteilung erforderlichen Zahl von Abschriften einzureichen. [2]Einer Beifügung von Abschriften bedarf es nicht, soweit die Klageschrift elektronisch eingereicht wird.

Schrifttum: *Arend,* Zahlungsverbindlichkeiten in fremder Währung, 1989; *Batsch,* Zur materiellen Rechtslage bei „Teilleistungsklagen" und zur Repräsentationswirkung des Klageantrags, ZZP 86 (1973), 254; *Bischof,* Der Freistellungsanspruch, ZIP 1984, 1440; *Brandner/Bergmann,* Zur Zulässigkeit „gesetzeswiederholender" Unterlassungsanträge, WRP 2000, 842; *Christmann,* Der namenlose Besitzstörer als Verfügungsbeklagter, Zustellungsadressat und Vollstreckungsschuldner, DGVZ 1984, 101; *Dunz,* Der unbezifferte Leistungsantrag nach der heutigen Rechtsprechung des BGH, NJW 1984, 1734; *Fenge,* Über Chancen und Risiken einer Teilklage im Zivilprozeß, FS Pieper, 1998, S. 31; *W. Gerhardt,* Der Befreiungsanspruch, 1966; *Hahn,* Anwaltliche Rechtsausführungen im Zivilprozeß, 1998; *Gerlach,* Die prozeßuale Behandlung von Schmerzensgeldansprüchen, VersR 2000, 525; *Henke,* „Ein Mann – ein Wort?" – Die Auslegung von Prozeßhandlungen, ZZP 112 (1999), 397;

---

[104] BAG NJW 1994, 2780, 2781 f.; BAGE 103, 84, 88 = NJW 2003, 1412, 1413; BAG NJW 2006, 395, 396; *Ascheid,* FS Stahlhacke, 1995, S. 1, 5 f.; *Stahlhacke,* FS Wlotzke, 1996, S. 173, 176 ff.; *Boemke* RdA 1995, 211, 212 ff.; *Prütting,* FS G. Lüke, S. 617, 621 f., 625 f.; *Jaroschek/Lüken* JuS 2001, 64, 66; *Stahlhacke,* FS Leinemann, 2006 S. 389, 397 ff.; *v. Hoyningen-Huene/Link* Kündigungsschutzgesetz, 14. Aufl. 2007, § 4 Rn. 118 ff.; *Ascheid/Preis/Schmidt/Ascheid* Kündigungsschutzrecht , 2. Aufl. 2004 § 4 Rn. 134.

[105] So vor allem *Bötticher,* FS Herschel, 1955, S. 181 ff.; s. a. *G. Lüke* JZ 1960, 203, 205 ff.; NJW 1961, 1390; JuS 1967, 1, 5 f.

[106] BAG NJW 1994, 473 zur Trotzkündigung; BAG ZIP 1996, 388 u. dazu *Prütting,* FS G. Lüke, 1997, S. 617; BAGE 85, 263 = NJW 1998, 698; BAGE 103, 84 = NJW 2003, 1412; BAG NJW 2006, 395, 396.

[107] Dazu auch *Stahlhacke,* FS Wlotzke, S. 180 ff.; *Prütting,* FS G. Lüke, S. 617, 627 ff.; *Jaroschek/Lüken* JuS 2001, 64; *Stahlhacke,* FS Leinemann, S. 389, 401 ff.

[108] Zum Ganzen BGH GRUR 2001, 755, 757 – Telefonkarte – = MDR 2001, 755, 756; BGHZ 168, 179, 184 f. – Anschriftenliste; *Berneke* WRP 2007, 579.

Heinemann, Neubestimmung der prozeßualen Schriftform, 2002; *Husmann,* Der unbezifferte Klageantrag als Abwehrrecht gegen unbillige Kostenlast und die Kostenvorschrift des § 92 II ZPO, NJW 1989, 3126; *Kern,* Die Zulässigkeit des unbezifferten Klageantrags, Diss. Erlangen 1970; *Kion,* Eventualverhältnisse im Zivilprozeß, 1971; *Kleffmann,* Unbekannt als Parteibezeichnung, 1983; *Lange,* Bezugnahme im Schriftsatz, NJW 1989, 438; *Melissinos,* Die Bindung des Gerichts an die Parteianträge nach § 308 I ZPO, 1982; *Michel/von der Seipen,* Der Schriftsatz des Anwalts im Zivilprozeß, 6. Aufl. 2003; *Pawlowski,* Zum Verhältnis von materiellem Recht und Streitgegenstand bei Teilklagen, AcP 195 (1995), 548; *Raeschke-Kessler,* Einstweilige Verfügung gegen Unbekannt – ein Mittel gegen Hausbesetzer?, NJW 1981, 663; *Rimmelspacher,* Die Durchsetzung von Befreiungsansprüchen, JR 1976, 9; *Ritter,* Zur Unterlassungsklage: Urteilstenor und Klageantrag, 1994; *Röhl,* Der unbezifferte Klageantrag, ZZP 85 (1972), 52; *Rüßmann,* Die Bindungswirkung rechtskräftiger Unterlassungsurteile, FS G. Lüke, 1997, S. 675; *Schubert,* Klageantrag und Streitgegenstand bei Unterlassungsklagen, ZZP 85 (1972), 29; *Sutschet,* Bestimmter Klageantrag und Zwangsvollstreckung, ZZP 119 (2006), 279; *Süß,* Die dogmatische Bedeutung des Verstoßes gegen die einzelnen Vorschriften der Klageerhebung im Zivilprozeß, Festgabe für Paul Heilborn, 1931, S. 125; *Teplitzky,* Anmerkungen zur Behandlung von Unterlassungsanträgen, FS Oppenhoff, 1985, S. 487; *Vollkommer,* Formenstrenge und prozeßuale Billigkeit, 1973; *ders.,* Verjährungsunterbrechung und „Bezeichnung" des Anspruchs im Mahnbescheid, FS G. Lüke, 1997, S. 865; *Würthwein,* Umfang und Grenzen des Parteieinflusses auf die Urteilsgrundlagen im Zivilprozeß, 1977.

Übersicht

A. Normzweck

I. Anwendungsbereich

1 Die Vorschrift regelt den Akt der Klageerhebung (Abs. 1 und 5) für das im 2. Buch der ZPO normierte Verfahren im ersten Rechtszug, dh. sowohl für das landgerichtliche Verfahren, auf die die gesetzliche Systematik zugeschnitten ist, wie auch – mit der Abwandlung des § 496 (mündliche Erklärung zum Protokoll der Geschäftsstelle) – für das Verfahren vor den Amtsgerichten. Danach besteht die Klageerhebung aus zwei Akten, nämlich der Einreichung der Klageschrift bei dem Gericht und deren von Amts wegen vorzunehmenden Zustellung an den Beklagten. Der zweite Regelungskomplex betrifft den Inhalt der Klageschrift (Abs. 2 bis 4). Die Vorschrift bringt am sinnfälligsten den Dispositionsgrundsatz (s. Einl. Rn. 274 ff.) zum Ausdruck. Sie steht in engem Sachzusammenhang mit § 308, der entsprechend der Dispositionsbefugnis der Parteien die Bindung des Gerichts an den Klageantrag vorschreibt, und mit § 261, der die wesentlichen prozessualen Wirkungen der Klageerhebung bestimmt.

2 § 253 findet Anwendung für alle Urteilsverfahren, in denen auf Grund obligatorischer mündlicher Verhandlung (§ 128 Rn. 5 ff.) entschieden werden soll, also nicht nur für das ordentliche Verfahren nach §§ 253 ff., sondern auch für die besonderen Verfahrensarten. Im Scheidungsverfahren gilt sie mit der Besonderheit, dass hier anstelle der Bezeichnung „Klageschrift“, „Kläger“ und „Beklagter“ die Bezeichnungen „Antragsschrift“, „Antragsteller“ und „Antragsgegner“ treten (§ 622 Abs. 1 und 3);[1] s. § 622 Rn. 9. Auch im Übrigen ist die Terminologie der ZPO nicht einheitlich. Der Begriff „Klage“ wird häufig iSv. Klageschrift gebraucht (zB in §§ 587, 588); er bezeichnet aber auch den Gesamtvorgang des Klagens (zB in §§ 254, 260, 263). – § 253 gilt kraft Verweisung in Urteilsverfahren vor den Arbeitsgerichten (§ 46 Abs. 2 ArbGG, §§ 495, 496, 498); s. Rn. 186

II. Rechtsschutzbegehren

3 Die Klage ist das Gesuch um Gewährung von Rechtsschutz durch Erlass eines Urteils. Sie wendet sich primär an das Gericht. Der Kläger begehrt Rechtsschutz, zB im Falle der Leistungsklage einen formeller und materieller Rechtskraft fähigen Vollstreckungstitel; er begehrt also etwas, was ihm der Beklagte in dieser Form (auch nicht gemäß § 794 Abs. 1 Nr. 5) nicht gewähren kann. Die Klage wendet sich aber auch an den Gegner; denn er wird von der beantragten Entscheidung betroffen. Dieses Betroffensein legitimiert ihn, sich gegen die Klage zu wehren und materiell darauf zu reagieren, zB durch ein Anerkenntnis. Dem entspricht es, dass die Streitgegenstandsdefinition am Begehren ausgerichtet wird (vor § 253 Rn. 32). Die Klage legt das Prozessrechtsverhältnis (Einl. Rn. 29 ff.) fest; s. Rn. 15. Ein ohne Klageerhebung erlassenes Urteil ist nichtig (wirkungslos); dazu Vor §§ 300 ff. Rn. 4. Im Hinblick auf ihren Schutzzweck (Rn. 4) ist die ordnungsmäßige Klageerhebung Prozessvoraussetzung; vor § 253 Rn. 1, 9. Abs. 3 und 5 sind hingegen Sollvorschriften, deren Einhaltung die Ordnungsmäßigkeit der Klageerhebung nicht beeinflusst; zu Abs. 4 s. Rn. 184.

4 Die wirksame und ordnungsmäßige Klageerhebung, die durch die zwingenden Vorschriften der Abs. 1 und 2 abgesichert ist, sorgt dafür, dass der Prozess von Anfang an in subjektiver und objektiver Hinsicht eine klare Grundlage hat. Sie dient damit dem öffentlichen Interesse an Rechtssicherheit und Rechtsklarheit: Sie versetzt einmal das Gericht in die Lage, den Prozess sachgerecht durchzuführen; sie legt zum anderen dessen Identität fest und ermöglicht es, die nicht wünschenswerte

[1] Deshalb ist es folgerichtig, wenn der BGH NJW 1985, 315 = FamRZ 1985, 45; NJW 1998, 3710 = FamRZ 1998, 155; NJW 2005, 1194 = FamRZ 2005, 598 m. Anm. *Bergschneider* für die Antragstellung iSd. § 1408 Abs. 2 S. 2 BGB die Zustellung der Antragsschrift an den Antragsgegner fordert und § 167 anwendet; dies entspricht auch der hM; jetzt auch MünchKommBGB/*Kanzleiter* § 1408 Rn. 30.

doppelte Inanspruchnahme der Gerichte zu unterbinden. Sie schützt aber auch das Interesse des Beklagten an einer wirksamen Verteidigung.

Zur optimalen Festlegung der Verfahrensgrundlage von Anfang an gehört auch, dass die Klage einen materiellrechtlichen Zuschnitt hat. Dieses Erfordernis ist in der ZPO aber nicht vorgesehen; es ließe sich außerhalb von Anwaltsprozessen auch nicht aufstellen.[2] Zur Bedeutung von Rechtsausführungen für den Streitgegenstand s. vor § 253 Rn. 39. 5

Die Klageerhebung begründet die Rechtshängigkeit der Streitsache mit ihren prozessualen und materiellrechtlichen Folgen (§§ 261 Abs. 1, 262). Dagegen bewirkt die Einreichung der Klageschrift bei Gericht nur die Anhängigkeit des Verfahrens (§§ 253 Abs. 5, 622 Abs. 1); ihr kann nach § 167 fristwahrende und verjährungsunterbrechende Wirkung zukommen. Wg. Einzelheiten s. Erläuterungen zu §§ 261 und 167. 6

Vor der Klageerhebung sind Verteidigungshandlungen des potentiellen Beklagten vor Gericht nicht möglich, auch nicht vorsorglicher Art. Jedoch ist die Hinterlegung einer Schutzschrift gegenüber einem zu erwartenden Antrag auf Erlass einer einstweiligen Verfügung zulässig; s. aber § 937 Rn. 9 ff. 7

B. Erhebung der Klage (Abs. 1)

I. Regelmäßige Form der Klageerhebung

Die Klage wird im land- und amtsgerichtlichen Verfahren schriftlich durch Einreichung einer Klageschrift bei Gericht (§ 253 Abs. 5) und Zustellung derselben an den Gegner (§ 253 Abs. 1) erhoben. Im Verfahren vor dem Amtsgericht kann die Klage auch mündlich zum Protokoll der Geschäftsstelle eines jeden Amtsgerichts angebracht werden, die das Protokoll unverzüglich an das Adressatgericht zu übersenden hat (§§ 496, 129a Abs. 1 und 2 S. 1); § 496 Rn. 5, 9. Das Gleiche gilt für Klagen im arbeitsgerichtlichen Urteilsverfahren (§ 46 Abs. 2 ArbGG). – Nach den Verfahrensordnungen der anderen Rechtswege bedarf es für die Klageerhebung keiner Zustellung der Klageschrift an den Beklagten (zB §§ 81 Abs. 1 VwGO, 64 Abs. 1 FGO, 90 Abs. 1 SGG). 8

1. Die Einreichung. a) Voraussetzungen. Die Einreichung erfolgt idR schriftlich unter Beifügung der für ihre Zustellung erforderlichen Zahl von Abschriften (Abs. 5 Satz 1). Fehlen die Abschriften, so können sie vom Gericht gefertigt und dafür Schreibauslagen nach Nr. 9000 KV erhoben werden; auch kann Nachreichung verlangt werden.[3] Dies kann den Verlust der Fristwahrung gemäß § 167 nach sich ziehen. Wird die Klage zulässigerweise (dazu Rn. 13) in elektronischer Form eingereicht, bedarf es der Beifügung von Abschriften nicht (Abs. 5 Satz 2). 9

Der Anwalt kann für die Anfertigung der notwendigen Ablichtungen nach Nr. 7000 Ziff. 1b Vergütungsverzeichnis Anl. 1 zum RVG Schreibauslagen verlangen, soweit deren Zahl 100 überschreitet. Bis zu dieser Zahl sind die Kosten durch die Verfahrensgebühr (Vergütungsverzeichnis Nr. 3100) abgegolten; vgl. § 91 Rn. 33. 10

b) Neue Kommunikationsmittel. Mit Rücksicht auf die Bedürfnisse des modernen Verkehrs lässt die Rspr. bereits seit geraumer Zeit die Klageerhebung wie überhaupt die Einreichung bestimmender Schriftsätze, insb. die Einlegung von Rechtsmitteln, durch **Telegramm** und **Fernschreiben** zu, sofern die inhaltlichen Anforderungen (§ 253 Abs. 2) erfüllt sind.[4] Dabei wird zwar auf das Wirksamkeitserfordernis der eigenhändigen Unterschrift der Partei und in Anwaltsprozessen des Anwalts (Rn. 23) verzichtet. Jedoch ist das Erfordernis der Schriftlichkeit nicht Selbstzweck. Es soll – nach der in der Rspr. wiederkehrenden Argumentation – gewährleisten, dass aus dem Schriftstück der Inhalt der abgegebenen Erklärung und die Person, von der sie ausgeht, hinreichend zuverlässig entnommen werden können; außerdem müsse feststehen, dass es sich bei dem Schriftstück nicht nur um einen Entwurf handele, sondern dieses mit Wissen und Willen des Berechtigten dem Gericht zugeleitet worden sei.[5] Dies trifft für Telegramme und Fernschreiben zu. Die Klageschrift 11

---

[2] *Hahn* S. 266 ff., 394 ff., 425 ff. bejaht für den Anwaltsprozeß eine prozessuale Pflicht der Partei zu Rechtsausführungen in der Klageschrift und eine entsprechende vertragliche Pflicht des Anwalts gegenüber dem Mandanten.

[3] BGH VersR 1974, 1106, 1107; *Baumbach/Lauterbach/Hartmann* Rn. 105; *Zöller/Greger* Rn. 25.

[4] So schon GSZ in RGZ 151, 82, 86; BGH JZ 1953, 179 m. zust. Anm. *Schönke* = NJW 1953, 25 (LS); BGHZ 79, 314, 316 = NJW 1981, 1618; zust. auch *Rosenberg/Schwab/Gottwald* § 65 Rn. 13 ff.; BAG MDR 1962, 770.

[5] So grundlegend GmS-OBG 75, 340 = NJW 1980, 172, 174; BGH NJW 1986, 1759, 1760 (Name in Maschinenschrift mit handschriftlicher Beglaubigung).

ist das bei Gericht eingehende Ankunftstelegramm bzw. Fernschreiben.[6] Demzufolge genügt auch die telefonische Aufgabe des Telegramms.[7] Die wirksame Einreichung ist ferner darin zu sehen, dass das Telegramm vom Zustellungspostamt fernmündlich zugesprochen wird und bei Gericht von einer hierzu befugten Person, etwa dem durch besondere Anordnung zur Entgegennahme von Schriftsätzen nach Dienstschluss ermächtigten Pförtner, entgegengenommen wird. Klageschrift ist dann die bei Gericht gefertigte Niederschrift über den Telegramminhalt, ohne dass es zusätzlich auf den Zugang der Telegrammausfertigung ankommt.[8]

12 Dasselbe gilt für die **Telekopie,** wenn das Gericht über ein Empfangsgerät verfügt.[9] Ist letzteres nicht der Fall, so ist der Schriftform genügt, wenn die Klage als Telebrief über Fernkopierer zwischen Postämtern übermittelt und anschließend als Fernkopie in einer verschlossenen Umhüllung durch die Post ausgeliefert wird.[10] Anders ist die Rechtslage, falls das Gericht nicht über ein Empfangsgerät verfügt, die Telekopie vielmehr einer anderen Stelle zugeht und von dieser durch Boten dem Gericht überbracht wird, weil dann nicht die Gewissheit besteht, dass die Weiterleitung dem Willen des Absenders noch entspricht.[11] Klageschriften sind auch mittels **Computerfax** möglich. Dies gilt bereits seit dem Beschluss des GemS-OBG vom 5. 4. 2000, nach dem bestimmende Schriftsätze formwirksam durch elektronische Übertragung einer Textdatei mit eingescannter Unterschrift auf ein Faxgerät des Gerichts übermittelt werden können,[12] und hat jetzt in der Neufassung des § 130 Nr. 6 seinen Niederschlag und seine Bestätigung gefunden.[13] – Zur Lockerung des Unterschriftserfordernisses auch Rn. 24, 157 ff.

13 Nach § 130 a Abs. 1 können Klagen und andere bestimmende Schriftsätze jetzt auch in Form eines **elektronischen Dokuments** eingereicht werden,[14] wenn dieses für die Bearbeitung durch das Gericht geeignet ist. Den Zeitpunkt, von dem an die Einreichung elektronischer Dokumente bei Gerichten zulässig ist und welches Format dazu geeignet ist, bestimmen nach Abs. 2 die Bundes- und die Landesregierungen für die Gerichte in ihrem Zuständigkeitsbereich durch Rechtsverordnung. Das Dokument mit einer qualifizierten elektronischen Signatur zu versehen, ist nicht zwingend vorgeschrieben; vielmehr begnügt sich Abs. 1 Satz 2 insoweit mit einer Soll-Vorschrift. Mittlerweile liegt bereits eine Reihe entsprechender Rechtsverordnungen vor: **Bund:** BGBl. I 2001 S. 3225 (BGH in Zivilsachen); BGBl. I 2003 S. 1558 (BGH, Patent- und Markenamt im gewerblichen Rechtsschutz); BGBl. I S. 3091 (BVerwG und BFH); BGBl. I 2004 S. 3191 (BGH – Generalbundesanwalt); BGBl. I 2006 S. 519 (BAG); **BW:** GVBl. 2004 S. 590 (LG Mannheim); **Brandenburg:** GVBl. II 2003 S. 463 (Finanzgericht) und GVBl. II 2004 S. 887 mit Änderung GVBl. II 2005 S. 522 (diverse ordentliche Gerichte); **Bremen:** GBl. 2005 S. 579 (alle Gerichte und Staatsanwaltschaften); **Hessen:** GVBl. I 2005, 794 (Gerichte und Staatsanwaltschaften in Frankfurt); **HH:** GVBl. I 2002 S. 41 (Finanzgericht); **Niedersachsen:** GVBl. 2004, 154 (AG Westerstede, Familiensachen); **NRW:** GVBl. 2003 S. 759 (Finanzgerichte), GVBl. 2005 S. 693 (AG Olpe, Scheidungssachen), GVBl. 2005 S. 926 (Finanzgerichte, OVG und VG Minden mit gewissen Ausnahmen); **RhPfl.:** GVBl. 2004 S. 36 (OVG) mit Änderungen GVBl. 2004 S. 542 (Verwaltungsgerichte) und GVBl. 2006 S. 50 (Finanzgericht). In den anderen Bundesländern bleibt die Möglichkeit der elektronischen Einreichung einstweilen noch auf Registersachen beschränkt.

14 **c) Folgen der Einreichung.** Folge der Einreichung ist die Anhängigkeit der Klage;[15] s. § 261 Rn. 3. Dagegen tritt Rechtshängigkeit erst mit der Zustellung der Klage ein (§ 261 Abs. 1), da erst dann die Klageerhebung vollendet ist (§ 253 Abs. 1). Allerdings kommt es unter den Voraussetzungen des § 167 für Hemmung und Neubeginn der Verjährung sowie die Wahrung von Fristen ausnahmsweise nicht auf den Zeitpunkt der Zustellung, sondern denjenigen der Einreichung an, um dem Umstand Rechnung zu tragen, dass wegen des Amtsbetriebes dem Kläger die Einflussnahme auf die Zustellung entzogen ist; hierzu § 167 Rn. 1. Hierdurch werden nur bestimmte Wirkungen der Rechtshängigkeit vorverlegt (sog. Vorwirkung); nicht dagegen wird der Eintritt der Rechts-

---

[6] BGH JZ 1953, 179 m. Anm. *Schönke* = NJW 1953, 25 (LS); *Rosenberg/Schwab/Gottwald* § 65 Rn. 14.
[7] BVerfGE 36, 298, 304 unter Berufung auf RGZ 151, 82, 86.
[8] BGH JZ 1953, 179 m. zust. Anm. *Schönke* = NJW 1953, 25 (LS).
[9] BGHZ 79, 314, 316 = NJW 1981, 1618; BGH NJW 2004, 2228.
[10] BGH NJW 1983, 1498 m. Nachw.; BFH NJW 1982, 2520; vgl. hierzu insgesamt – im Grundsatz zustimmend, aber zT weitergehend – *Buckenberger* NJW 1983, 1475.
[11] BGHZ 79, 314, 318 = NJW 1981, 1618.
[12] GemS-OGB BGHZ 144, 160 = NJW 2000, 2340; s. a. *Geis* NJW 1997, 3000; *Schwachheim* NJW 1999, 621.
[13] Dazu *Dästner* NJW 2001, 3469, 3470 u. BT-Drucks. 14/4987, S. 23 f.
[14] Dazu *Roßnagel* NJW 2001, 1817, 1825 f.; *Viehues* NJW 2005, 1009; allgemein zur Elektronifizierung des Zivilprozesses in Deutschland und deren Anfängen *Krüger/Büttner* MDR 2003, 181; *Gilles* ZZP 118 (2005), 399 ff.
[15] Zur Anhängigkeit s. *Schilken* JR 1984, 446.

hängigkeit selbst rückwirkend fingiert.[16] Zur Rücknehmbarkeit und Erledigung der anhängigen Klage vor Eintritt der Rechtshängigkeit s. § 269 Rn. 14 und § 91 a Rn. 30.

15 **2. Die Klageschrift.** [17] **a) Allgemeines.** Die Klageschrift ist der wichtigste bestimmende Schriftsatz (dazu § 129 Rn. 5 ff.). Sie hat teils notwendigen (Abs. 2), teils fakultativen (Abs. 3 und 4) Inhalt. Sie leitet den Zivilprozess ein und legt das Prozessrechtsverhältnis in subjektiver und objektiver Hinsicht fest, weil sie das Gericht und die Parteien sowie den Streitgegenstand bestimmt. Sie ist das Rechtsschutzgesuch, aus dem sich das Rechtsschutzbegehren ergibt.

16 **aa)** Als **Mindestanforderung** muss sie für Gericht und Gegner den ernsthaften Willen des Erklärenden zur Einleitung eines gerichtlichen Verfahrens erkennen lassen.[18] Hieran kann es allenfalls in amtsgerichtlichen Verfahren bei einem nicht anwaltlich vertretenen Kläger fehlen, falls die Klage nicht zu Protokoll des Gerichts erklärt worden ist, insb. wenn sie nahezu ausschließlich beleidigenden Inhalt hat[19] oder primär eine zusätzliche Arbeitsbelastung des Gerichts bezweckt;[20] s. § 271 Rn. 9. Sonst sind wohl allenfalls Fälle denkbar, in denen eine Klageschrift zu Lehr- und Unterrichtszwecken formuliert worden und versehentlich ans Gericht gelangt ist.

17 **bb)** Unzulässig ist nach einhelliger Meinung, die Wirksamkeit der erhobenen Klage vom Eintritt einer vom Kläger gesetzten **Bedingung** abhängig zu machen. Wenn die Klage einmal erhoben ist, ist es mit den Grundsätzen eines rechtsstaatlich geordneten Verfahrens unvereinbar, das Entstehen und den Bestand des Prozessrechtsverhältnisses im Ungewissen zu lassen oder allein in den Willen des Klägers zu stellen. Dies gilt sowohl für innerprozessuale als auch für außerprozessuale Ereignisse, von denen die Klageerhebung abhängig gemacht wird.[21] Hiervon zu unterscheiden ist die Frage, ob innerhalb eines bereits bestehenden Prozessrechtsverhältnisses weitere Ansprüche innerprozessual bedingt erhoben werden dürfen.[22] Allgemein zu bedingten Parteihandlungen s. Einl. Rn. 386 f.; zu den Rechtsfolgen einer bedingten und deshalb unzulässigen Klageerhebung s. Rn. 21. Unzulässig ist zB eine Klage unter der Bedingung, dass ein Dritter zustimme,[23] oder dass der Beklagte den Anspruch anerkenne oder keine Widerklage erhebe,[24] oder dass über nachrangig geltend gemachte Forderungen nur entschieden werden solle, sofern es für die Entscheidung über vorrangige Ansprüche einer Beweisaufnahme bedürfe.[25] Ebensowenig kann die Wirksamkeit der erhobenen Klage von einer Vorentscheidung des Gerichts abhängig gemacht werden, etwa dass Prozessvoraussetzungen bejaht werden oder Prozesskostenhilfe gewährt wird (s. a. Rn. 28). Außerprozessuales Ereignis ist auch der Ausgang des Revisionsverfahrens in einem anderen Prozess, der eine Vorfrage für den anhängig gemachten Rechtsstreit darstellt, etwa ein Scheidungsantrag im Hinblick auf die Revisionsentscheidung darüber, ob die Ehe überhaupt besteht.[26]

18 Hierher gehört auch die hilfsweise Erhebung der Klage gegen einen Zweitbeklagten für den Fall, dass sie gegen den Erstbeklagten nicht durchdringt (subjektive eventuelle Klagenhäufung). Die gleiche Situation ist auf der Klägerseite denkbar etwa in der Weise, dass der Kläger in eigener Person klagt und hilfsweise als Partei kraft Amtes. Die hM lehnt eine derart bedingte subjektive Verknüpfung zu Recht ab, und zwar sowohl für die Kläger- als auch die Beklagtenseite und sieht die Klage insgesamt als unzulässig an.[27] Dagegen lässt *Schwab*[28] die subjektive eventuelle Klagenhäufung unter

---

[16] AllgM; vgl. *Stein/Jonas/Schumann* Rn. 9; *Zöller/Greger* Rn. 4; *Rosenberg/Schwab/Gottwald* § 75 Rn. 2.

[17] Dazu *Michel/von der Seipen,* Der Schriftsatz des Anwalts im Zivilprozeß, insbes. S. 77 ff.; zur Scheidungsantragsschrift *Vogel* AnwBl. 1982, 457.

[18] BFH BB 1978, 188.

[19] *Walchshöfer* MDR 1975, 11, 12; *van Els* FamRZ 2001, 529, 531; *Rosenberg/Schwab/Gottwald* § 94 Rn. 6; VGH München NJW 1990, 2403; BFH NJW 1993, 1352.

[20] In krassen Fällen mißbräuchlicher Inanspruchnahme des Prozeßrechts neigt die Praxis dazu, die Unbeachtlichkeit des Rechtsschutzbegehrens anzunehmen; vgl. VGH München NJW 1990, 2403 u. 2404. Dies läßt sich vertreten, wenn enge Grenzen gezogen werden.

[21] *Rosenberg/Schwab/Gottwald* § 65 Rn. 24 f.; *Schilken* ZPR Rn. 139; *Stein/Jonas/Schumann* Rn. 3, 121.

[22] So deutlich *Stein/Jonas/Schumann* Rn. 3 bis 6; *Rosenberg/Schwab/Gottwald* § 65 Rn. 25; *Schilken* ZPR Rn. 139.

[23] RGZ 144, 71, 72.

[24] *Rosenberg/Schwab/Gottwald* § 65 Rn. 26.

[25] BGH NJW1995, 1353.

[26] OLG Frankfurt FamRZ 1978, 432. Die Entscheidung betrifft einen atypischen Sachverhalt, in dem der Kläger nicht primär die Ehescheidung, sondern die Aussetzung des Verfahrens nach § 148 beantragt hatte. S. dazu Rn. 88.

[27] Vgl. *Schilken* ZPR Rn. 139, 666; für die Klägerseite BGH NJW 1972, 2302; BAGE 73, 30, 39; *Zöller/Vollkommer* § 60 Rn. 10; *Zöller/Greger* Rn. 1; *Stein/Jonas/Schumann* Rn. 5; *G. Lüke* JuS 1996, 969, 970; für die Beklagtenseite BAG NJW 1998, 2306, 2308; OLG Karlsruhe OLGZ 1986, 197.

[28] *Rosenberg/Schwab* § 65 IV 3 b (14. Aufl.); aM *Gottwald* (16. Aufl.) Rn. 34.

der Annahme einer auflösend bedingten Rechtshängigkeit zu. Er argumentiert mit praktischen Erwägungen, insb. Gesichtspunkten der beschleunigten und einheitlichen Erledigung zusammengehöriger Streitsachen. Neben der nicht ohne weiteres lösbaren Kostenproblematik – *Schwab* plädiert für die analoge Anwendung des § 269 Abs. 3 zugunsten des Zweitbeklagten, allerdings erst nach rechtskräftiger Verurteilung des Erstbeklagten[29] – weist *Habscheid*[30] zutreffend darauf hin, dass der Gefahr abweichender Entscheidungen gegenüber Erst- und Zweitbeklagten durch die Möglichkeit der Streitverkündung (§ 72) hinreichend Rechnung getragen werden kann. Auf Beklagten- wie Klägerseite spricht gegen die subjektive eventuelle Klagenhäufung, dass sie zur Unklarheit über das Bestehen des Prozessrechtsverhältnisses führt und damit der Grundforderung nach Rechtssicherheit und Rechtsklarheit nicht entspricht. Zur objektiven eventuellen Klagenhäufung s. § 260 Rn. 10ff.; zur gewillkürten Parteiänderung s. § 263 Rn. 67ff.

19 Hingegen ist es zulässig, innerhalb eines zweifelsfrei bestehenden Prozessrechtsverhältnisses weitere Klageansprüche vom Eintritt innerprozessualer Bedingungen abhängig zu machen.[31] Hauptbeispiel ist die Stellung eines **Hilfsantrags.** Dieser ist bedingt durch die ablehnende Entscheidung des Gerichts über den Hauptantrag. Gleichwohl wird jeder geltend gemachte Anspruch sofort rechtshängig; die Rechtshängigkeit ist durch die rechtskräftige Zuerkennung des Hauptanspruchs auflösend bedingt.[32] Zur Zulässigkeit der Stellung eines weiteren Antrags für den Fall, dass dem Hauptantrag stattgegeben wird (uneigentlicher Eventualantrag) s. § 260 Rn. 16.

20 Nach der Rspr. des BGH ist eine **Eventualwiderklage** dann zulässig, wenn der Hauptantrag des Beklagten auf Abweisung der Klage und sein Hilfsantrag auf Verurteilung des Klägers nach der Widerklage in einem wirklichen Eventualverhältnis stehen, wenn also der mit der Widerklage geltend gemachte Anspruch nur begründet sein kann, sofern auch das Klagebegehren begründet ist.[33] Der BGH stellt mit Recht klar, dass es sich bei der Eventualwiderklage nicht um eine eigentliche Klage, sondern wie bei einem hilfsweise geltend gemachten Klageanspruch um ein in einem bereits anhängigen Verfahren verfolgtes Begehren handelt, bei dem der Hilfsanspruch zwar sogleich rechtshängig wird, jedoch die Rechtshängigkeit wieder entfällt, wenn die Entscheidung über den Hauptanspruch es zu einer Entscheidung über den Hilfsanspruch nicht mehr kommen lässt. Ebenso ist eine eventuelle Wider-Widerklage zulässig, dh. ihre Erhebung nur für den Fall, dass die Widerklage Erfolg hat, wenn der mit der Wider-Widerklage geltend gemachte Anspruch nur begründet sein kann, falls das Widerklagebegehren begründet ist.[34] Der BGH lässt auch eine unechte Eventual-Widerklage für den Fall zu, dass der Widerkläger mit seinem Hauptvortrag obsiegt und dadurch bedingt die Feststellung des Nichtbestehens eines weiteren Anspruchs begehrt, der in seinen Entstehungsvoraussetzungen von dem mit der Klage geltend gemachten Anspruch nicht abhängig ist.[35] Zur Widerklage und ihren besonderen Arten s. § 33 Rn. 8, 24 bis 31.

21 **Unzulässige Bedingungen** machen die Klage **insgesamt unzulässig.** Im Einzelfall kann die Auslegung ergeben, dass die Klage unter Weglassen der Bedingung als unbedingt erhoben behandelt werden soll;[36] hierfür müssen aber eindeutige Anhaltspunkte sprechen. Ein zulässigerweise gestellter Hilfsantrag begründet auflösend bedingte Rechtshängigkeit.[37] Über den Eventualantrag darf erst entschieden werden, wenn der Hauptantrag abgewiesen wird, die Bedingung also ausgefallen ist.

22 **cc)** Die Verwendung von **Formularen,** etwa für eine Scheidungsantragsschrift, kann im Einzelfall problematisch sein. Grundsätzliche Bedenken bestehen darin, dass ein auf solche Weise gefertigter Schriftsatz sich in floskelhaften, den Gesetzestext wiederholenden Formulierungen erschöpfen kann[38] und möglicherweise ausreichende Substantiierung vermissen lässt. Sind diese Fehlerquellen beseitigt und ist das Formular richtig und vollständig ausgefüllt, so entfallen die Bedenken.[39] Dies entspricht auch der heutigen Tendenz zur Automatisierung.

23 **dd)** Da es sich bei der Klageschrift um einen bestimmenden Schriftsatz handelt (§ 129 Rn. 5ff.), muss sie nach gefestigter Rspr. schon des RG im **Anwaltsprozess** von einem zugelassenen Anwalt

---

[29] Dazu LG Berlin NJW 1958, 833.

[30] NJW 1958, 834; jetzt auch *Rosenberg/Schwab/Gottwald* § 65 Rn. 34.

[31] So grds. *Rosenberg/Schwab/Gottwald* § 65 Rn. 25; *Stein/Jonas/Schumann* Rn. 6.

[32] OLG Celle NJW 1965, 1486 m. weit. Nachw.; *Rosenberg/Schwab/Gottwald* § 65 Rn. 32; *Stein/Jonas/Schumann* § 260 Rn. 22, § 261 Rn. 5.

[33] BGH NJW 1961, 1862 (LS) = LM § 33 Nr. 5; BGHZ 43, 28, 30 = NJW 1965, 440.

[34] BGH LM BGB § 164 Nr. 15.

[35] BGHZ 132, 390, 397f. = NJW 1996, 2306, 2308.

[36] *Stein/Jonas/Schumann* Rn. 4.

[37] OLG Celle NJW 1965, 1486; *Rosenberg/Schwab/Gottwald* § 65 Rn. 32.

[38] OLG Celle FamRZ 1978, 257, 258.

[39] So auch *Friederici* MDR 1978, 725 gegen OLG Celle FamRZ 1978, 257, 258.

(§ 78 Abs. 1 nF) **eigenhändig unterschrieben** sein.[40] Die durch die Verweisung in § 253 Abs. 4 auf die allgemeinen Vorschriften über die vorbereitenden Schriftsätze (§§ 129 ff.) in Bezug genommene Sollvorschrift des § 130 Nr. 6 gilt insoweit abweichend von ihrem Wortlaut als zwingend. Denn im Interesse eines gesicherten Verfahrensablaufs soll von vornherein jeder Zweifel darüber ausgeschlossen werden, dass die für den Gang des Verfahrens wesentlichste Prozesshandlung von einem Rechtsanwalt herrührt, der die Verantwortung hierfür übernimmt.[41] Gleichzeitig soll die Abgrenzung vom bloßen Entwurf sichergestellt werden;[42] s. Rn. 156 ff.

Zu den Anforderungen an die eigenhändige Unterschrift im Einzelnen s. § 129 Rn. 12 ff. Eine Ausnahme vom Unterschriftserfordernis gilt für Telegramme und Fernschreiben; Rn. 11. Bei Klageeinlegung durch Telekopie (Telefax) genügt jetzt nach § 130 Nr. 6 nF die Wiedergabe der Unterschrift in der bei Gericht eingehenden Kopie, sei es, dass sie als eigenhändige bereits auf dem als Vorlage der Telekopie dienenden verkörperten Schriftsatz vorhanden war, sei es, dass sie wie beim Computerfax lediglich eingescannt wurde; s Rn. 12. Eine mittels eines elektronischen Dokuments eingelegte Klage soll nach § 130 a Abs. 1 Satz 2 mit einer qualifizierten elektronischen Signatur versehen sein. – Zur Lockerung des Unterschriftserfordernisses ferner Rn. 157 ff.; zur Heilung fehlender bzw. nicht den Anforderungen genügender Unterschriften s. Rn. 165 ff. 24

b) Auslegung. Die Klageschrift ist der Auslegung fähig, so dass sich das Rechtsschutzgesuch in nicht eindeutigen Fällen uU erst durch Auslegung ermitteln lassen wird. Klageanträge müssen im Zweifel so angelegt werden, wie es dem Inhalt des mit der Klage verfolgten materiellen Anspruchs entspricht.[43] Eine Auslegung kommt nicht in Betracht, wenn die Partei den Hinweis des Gerichts auf eine für erforderlich gehaltene Anpassung der Anträge mißachtet; alsdann muss sie sich an ihren unzulänglichen Anträgen festhalten lassen.[44] Zur Auslegung von Prozesshandlungen der Parteien s. Einl. Rn. 391. Die Auslegung kann ergeben, dass die Klageschrift neben der Prozesshandlung eine materiell-rechtliche Willenserklärung enthält und nicht nur der Durchsetzung einer bereits außerprozessual erklärten Kündigung dient.[45] 25

aa) Möglich ist, dass ein einen Widerklageantrag enthaltender Schriftsatz als eigenständige Klage behandelt wird, wenn die Klage zB mangels Zustellung nicht rechtshängig geworden ist und der Schriftsatz nur mit Rücksicht auf das vermeintlich rechtshängige Verfahren in die Form der Widerklage gekleidet wurde und alle Anforderungen einer Klageschrift enthält; dies insb. dann, wenn die Parteien dieselben Rechtswirkungen, zB durch gerichtliche Gestaltung, erreichen wollen.[46] Dagegen kann die gegenüber einem erwarteten Antrag auf Erlass einer einstweiligen Verfügung hinterlegte Schutzschrift (§ 937 Rn. 9 ff.) bei zweifelhafter Formulierung nicht als negative Feststellungsklage ausgelegt werden.[47] Ebensowenig lässt sich ein Antrag auf Erlass eines Mahnbescheides als Klageerhebung auffassen; s. § 690 Rn. 2. 26

bb) Die Auslegung muss auch ergeben, ob im Falle der gleichzeitigen Einreichung einer Klage und des Gesuches um Bewilligung von Prozesskostenhilfe bereits eine Klageerhebung gewollt ist. S. auch § 117 Rn. 8 f. 27

Die Regel ist, dass bei gleichzeitiger Einreichung von PKH-Antrag und unterschriebener Klageschrift die Klage als unbedingt erhoben gilt. Will der Kläger seine Klage nur für den Fall der Bewilligung der Prozesskostenhilfe als erhoben angesehen wissen, so muss er das hinreichend kenntlich machen,[48] etwa durch ausdrückliche Erklärung, Bezeichnung der Klageschrift als „Entwurf" oder schlicht durch Nichtunterschreiben.[49] So kann ein als „Klage und [früher] Armenrechtsgesuch" bezeichneter und unterschriebener Schriftsatz dann als bloßer PKH-Antrag aufgefasst werden, wenn 28

---

[40] Grundlegend RGZ 151, 82; s. auch BGHZ 22, 254, 256 = NJW 1957, 263; BGHZ 65, 46, 47 = NJW 1975, 1704; BGHZ 92, 251, 254 = NJW 1985, 328; BGH NJW 2000, 3286; NJW 2001, 1581, 1582; NJW 2001, 2888; NJW 2003, 2028 = FamRZ 2003, 1175; BGH NJW 2005, 2086, 2087.

[41] RGZ 151, 82; BGHZ 65, 46, 47 = NJW 1975, 1704.

[42] Vgl. OVG Münster NJW 1963, 2044, 2045; BVerwG NJW 1966, 1043, 1044.

[43] BGH NJW-RR 1998, 1005; 1995, 1183, 1184; ausf. zur Auslegung von Prozeßhandlungen jetzt *Henke* ZZP 112 (1999), 357 ff.

[44] BGH NJW-RR 1998, 1005, 1006.

[45] BGH NJW-RR 1997, 203.

[46] OLG Celle FamRZ 1981, 790, 791 (für den Fall der Scheidungsklage).

[47] *G. Lüke,* FS Jahr, 1993, S. 293, 299.

[48] BGHZ 4, 328, 333 = NJW 1952, 545; BGHZ 7, 268, 270 = NJW 1952, 1375; BGH NJW-RR 2005, 1015; OLG Köln NJW 1994, 3360, 3361; NJW-RR 1997, 637; OLG Koblenz FamRZ 1998, 312; OLG München NJW-RR 1998, 205.

[49] S. auch *Schwieren* NJW 1951, 946, 947; bezogen auf PKH-Gesuch und Einlegung einer Berufung BGH FamRZ 2001, 1703.

im Schriftsatz klar zum Ausdruck kommt, dass die Klage nur für den Fall der Bewilligung erhoben werden soll,[50] oder wenn im Schriftsatz gebeten wird, „vorab" über das PKH-Gesuch zu entscheiden.[51] Ist die Klage nicht bereits als Entwurf gekennzeichnet und auch sonst keine Einschränkung ersichtlich, so kann der Antrag auf Einstellung der Zwangsvollstreckung für eine Klageerhebung sprechen.[52] Jedenfalls unzulässig ist es, die Wirksamkeit der Klageerhebung von der Gewährung der Prozesskostenhilfe abhängig zu machen, weil es sich dabei um eine unzulässige Bedingung handeln würde; Rn. 17.[53]

29 Zur Frage, ob zumindest die Zustellung der Klageschrift von einer derartigen Bedingung abhängig gemacht werden darf, s. § 271 Rn. 20. In solchen Fällen kommt grds. aber auch eine mündliche Klageerhebung im Termin in Betracht; s. Rn. 43.

30 **c) Bezugnahmen. aa)** Grds. muss sich der gesamte notwendige und fakultative Inhalt der Klage aus dem Schriftsatz selbst ergeben. Zur Klageschrift insgesamt gehören auch Nachträge, durch die etwa die Klage gegen weitere Personen erhoben wird[54] oder die erforderlich gewordenen Ergänzungen oder Berichtigungen enthalten.

31 Probleme entstehen immer wieder bei der Frage, inwieweit darüber hinaus der vorgeschriebene Inhalt der Klageschrift durch Bezugnahme auf andere Unterlagen ersetzt werden kann.[55] Einigkeit dürfte bestehen, dass die Angabe der klagebegründenden Tatsachen nicht insgesamt durch Bezugnahme auf private Urkunden erfolgen darf, zB auf ein an den Anwalt gerichtetes Informationsschreiben des Klägers.

32 **bb)** Gleichwohl wird in der Praxis häufig auf derartige Urkunden und auch Akten Bezug genommen. Im Grundsatz wird man sagen müssen: Antrag und Sachverhalt müssen so detailliert in der Klageschrift selbst angegeben werden, dass das Gericht sich diese Angaben nicht aus den beigefügten Unterlagen zusammensuchen muss,[56] so etwa bei der Gebührenklage eines Rechtsanwalts, der lediglich den Endbetrag seiner Gebührenforderung beziffert und im Übrigen auf seine Handakten verweist. Dies gebieten schon der Verhandlungsgrundsatz (Einl. Rn. 290 ff.) sowie die verfahrensrechtliche Position des Beklagten; er muss die Möglichkeit haben, der Klageschrift selbst zu entnehmen, worauf die Klage gestützt wird.

33 Die Bezugnahme auf Schriftsätze aus Parallelverfahren ist für die Klageschrift unzulässig. Bezugnahmen auf Schriftsätze aus demselben Verfahren dürften nur in beschränktem Umfang praktisch werden. Sie sind nur zulässig bei Schriftsätzen, die von einem zugelassenen Rechtsanwalt unterschrieben sind und dem angerufenen Gericht vorliegen oder auf Grund des angegebenen Aktenzeichens beigezogen werden können, zB wenn auf einen vom Anwalt selbst verfassten und unterzeichneten PKH-Antrag[57] Bezug genommen wird oder auf einen Antrag auf Erlass einer einstweiligen Verfügung, der denselben Sachverhalt betrifft.[58] Als unzulässig wurde die Bezugnahme auf ein von der Partei verfasstes Armenrechtsgesuch angesehen, das von ihr selbst und einer dritten Person unterzeichnet war, nicht jedoch von einem zugelassenen Anwalt.[59] Zum Mahnverfahren lässt die Rspr. die Bezugnahme auf die von der Partei verfasste Anspruchsbegründung vor Abgabe[60] und sogar nach Abgabe an das zuständige Landgericht[61] zu. Einzelheiten zu § 697 Rn. 10 f.

34 **cc)** Im Interesse der Rechtsklarheit für Gericht und Beklagten ist die Zulässigkeit von Bezugnahmen restriktiv zu handhaben. Insb. können die von der Praxis für die Berufungsbegründung entwickelten Grundsätze (§ 519 Rn. 5, § 520 Rn. 60) nicht ohne weiteres auf die Klageerhebung übertragen werden.[62]

---

[50] OLG Hamm FamRZ 1980, 1126, 1127.
[51] OLG Köln FamRZ 1984, 916, 917.
[52] OLG Köln FamRZ 1980, 1144.
[53] BGH NJW 1988, 2046, 2047 u. FamRZ 2001, 1703, 1704 (für Berufungseinlegung und PKH-Gesuch).
[54] So im Fall RGZ 96, 201, 202.
[55] Dazu *Lange* NJW 1989, 438.
[56] BGH NJW-RR 2004, 639, 640; OLG Köln OLGR 2003, 124; LG Berlin Rpfleger 1973, 409; s. a. BGH NJW-RR 2005, 216; BGH NJW 2007, 775, 776; KG NJW-RR 2006, 301, 302.
[57] So BGH NJW 1953, 105 für die Berufungsbegründung.
[58] BGHZ 13, 244 = NJW 1954, 1566 (beglaubigte Abschrift der einstweiligen Verfügung muss der Berufungsbegründung beigefügt sein).
[59] BGHZ 22, 254, 255 = NJW 1957, 263.
[60] OLG Köln NJW 1981, 2265; dazu *Hirtz* NJW 1981, 2234; *W. Schmidt* NJW 1982, 811.
[61] BGHZ 84, 136, 138 = NJW 1982, 2002.
[62] Ebenso *Stein/Jonas/Schumann* Rn. 21. OLG Düsseldorf MDR 1996, 415, 416 ist für die Anforderungen an die Klageschrift großzügiger als für die an die Berufsbegründung.

d) Sprache. Die Klageschrift muss (grds.) in **deutscher Sprache** abgefasst sein, da die Gerichtssprache deutsch ist (§ 184 GVG). Dies gilt auch, wenn sie sich gegen einen Ausländer richtet und der Kläger und die Richter die fremde Sprache beherrschen. Das im Einigungsvertrag (Anl. I Kap. III Sachgeb. A Abschn. III Nr. 1 r) festgeschriebene Recht der **Sorben,** in den Heimatkreisen der sorbischen Bevölkerung vor Gericht sorbisch zu sprechen, wird durch § 184 GVG nicht berührt. Folglich ist es auch zulässig, sich in sorbischer Sprache an das Gericht zu wenden, so dass in diesen Landesteilen Klagen in sorbischer Sprache statthaft sind.[63] Dem entspricht § 9 Gesetz über die Rechte der Sorben im Freistaat Sachsen.[64] 35

In fremder Sprache abgefasste Klageschriften sind nach hM unbeachtlich[65] und wahren zB keine Fristen. Der Vorsitzende hat bereits die Terminsanberaumung (§ 216 Abs. 2) und die Zustellung der Klageschrift (§ 271 Abs. 1) abzulehnen. Er wird dem Kläger empfehlen, seiner Klage eine Übersetzung beizufügen.[66] Einzelheiten zu § 184 GVG Rn. 6 ff. sowie zu § 271 Rn. 14. 36

3. Die Zustellung. a) Zustellung von Amts wegen. Die in § 253 Abs. 1 vorgeschriebene Zustellung der Klageschrift, im amtsgerichtlichen Verfahren auch die des die Klage enthaltenden Protokolls (§ 498), erfolgt nach § 166 Abs. 2 von Amts wegen. Zustellungsadressat ist der in der Klageschrift bzw. im amtsgerichtlichen Protokoll genannte Beklagte. Erst mit der Zustellung ist die Klageerhebung vollendet und treten die Wirkungen der Rechtshängigkeit ein; Rn. 6. Die Zustellung eines bloßen Klageentwurfs oder die des allein vorliegenden PKH-Antrags begründet nicht die Rechtshängigkeit.[67] S. auch Rn. 43, 95. 37

Die Zustellung setzt die Zahlung der allgemeinen Verfahrensgebühr voraus (§ 12 Abs. 1 GKG); s. Rn. 191. Der Urkundsbeamte der Geschäftsstelle berechnet diese und fordert sie vom Kläger an. In der Praxis wird der Vorschuss meistens schon bei der Einreichung der Klageschrift mit Gerichtskostenmarken bezahlt. Wg. Einzelheiten s. § 167 Rn. 10. 38

Kein voll wirksames Prozessrechtsverhältnis entsteht, wenn an eine andere Person als den in der Klageschrift bezeichneten oder gemeinten Beklagten zugestellt wird.[68] Weder der Zustellungsempfänger noch die in der Klageschrift bezeichnete Person wird Partei.[69] Dem falschen Zustellungsempfänger, der nur **Scheinpartei** ist, muss Gelegenheit gegeben werden darzulegen, dass er nicht der in der Klageschrift gemeinte Beklagte ist. Wird der Irrtum aufgeklärt, so ist auf Antrag der Kläger, der die Zustellung veranlasst hat, durch Beschluss in die Kosten zu verurteilen, die dem Zustellungsempfänger durch die Aufklärung seiner Nicht-Parteistellung entstanden sind.[70] – Nicht erforderlich ist, dass an die beklagte Person in ihrer die Rechtsstreitigkeit betreffenden Eigenschaft zugestellt wird, wie sich aus dem Rechtsgedanken des § 187 ergibt.[71] – Wg. weiterer Einzelheiten s. Vor §§ 50 ff. Rn. 17 ff.; zur Heilung von Zustellungsmängeln s. Rn. 169 ff. 39

b) Zustellung von Anwalt zu Anwalt. Die Zustellung von Anwalt zu Anwalt (§ 195) hat für die Klageerhebung keine Bedeutung, da die Klageschrift zur Zustellung von Amts wegen bei Gericht eingereicht werden muss. Wohl aber ist sie zulässig in Fällen der Klageerweiterung[72] und der Widerklage, aber auch hier nicht, wenn gleichzeitig eine gerichtliche Anordnung, etwa die Aufforderung zur Erwiderung auf die Widerklage, mitzuteilen ist (§ 195 Abs. 1 S. 2). S. § 195 Rn. 5. 40

II. Sonstige Formen der Klageerhebung

1. Mündliche Klageerhebung. Mündliche Klageerhebung kommt grds. nur innerhalb eines bereits rechtshängigen Verfahrens in Betracht. Sie erfolgt durch Vortrag in der mündlichen Verhandlung. Damit treten die Wirkungen der Rechtshängigkeit ein. Zu ihrer Wirksamkeit ist weder die Protokollierung (§ 160 Abs. 2) noch ihre Zustellung erforderlich. Wg. Einzelheiten s. § 261 Rn. 31 ff. 41

---

[63] Ebenso *Stein/Jonas/Leipold* (21. Aufl.) Vor § 128 Rn. 148 a.

[64] SächsGVBl. 1999, 161.

[65] BGH NJW 1982, 532; BayObLG MDR 1987, 416; *Rosenberg/Schwab/Gottwald* § 21 Rn. 4; *Zöller/Gummer* § 184 GVG Rn. 3 m. weit. Nachw.; aA OLG Frankfurt a. M. NJW 1980, 1173; FG Saarland NJW 1989, 3112 (für EG-Sprachen).

[66] OLG Frankfurt NJW 1980, 1173; *Rosenberg/Schwab/Gottwald* § 21 Rn. 4.

[67] OLG Dresden NJW-RR 1997, 1424, 1425.

[68] OLG Nürnberg MDR 1977, 320.

[69] BGHZ 127, 157, 163 = NJW 1994, 3232, 3233; BGH NJW-RR 1995, 764, 765.

[70] OLG Köln MDR 1971, 585, 586 m. Anm. *E. Schneider;* OLG Nürnberg MDR 1977, 320; OLG München MDR 1984, 946 = OLGZ 1985, 72, 73; OLG Frankfurt MDR 1985, 676; OLG Stuttgart NJW-RR 1999, 216; dazu u. zu OLG Hamm NJW-RR 1999, 217 *K. Schmidt* JuS 1999, 821 Nr. 11.

[71] BGHZ 32, 114, 120 = NJW 1960, 1006.

[72] BGHZ 17, 234 = NJW 1955, 1030.

42 Folgende **Fälle mündlicher Klageerhebung** sind vorgesehen: die Widerklage; die Zwischenfeststellungsklage (§ 256 Abs. 2); die Klageänderung, insb. in Form der Klageerweiterung; das Adhäsionsverfahren nach §§ 403ff. StPO (s. insbes. § 404 StPO).

43 **2. PKH-Antrag.** Von einer weiteren Art mündlicher Klageerhebung kann man sprechen, wenn bei vorherigem bloßen PKH-Antrag in der mündlichen Verhandlung „der Antrag aus der Klageschrift" gestellt wird, obwohl der Kläger mit dem PKH-Antrag nur die „Klage im Entwurf" eingereicht und nach Bewilligung der Prozesskostenhilfe keine neue Klageschrift vorgelegt hat. Nach Auffassung des BGH[73] hat der Kläger damit eindeutig zu erkennen gegeben, dass der Klageentwurf nunmehr als Klage behandelt werden soll; einen neuen Schriftsatz zu verlangen, wäre reiner Formalismus; auf Grund des Klageentwurfs stehe für die Parteien zweifelsfrei fest, welche Klage Gegenstand der Verhandlung sei. Dieser Auffassung ist zuzustimmen. Da idR nur der PKH-Antrag formlos zur Stellungnahme übersandt wird, kommt für die fehlende Zustellung der Klage grds. eine Heilung gem. § 295 in Betracht; s. Rn. 171.

44 Nicht jedoch kann die Klage als mit der Bewilligung der Prozesskostenhilfe erhoben angesehen werden,[74] weil Bedenken wegen der Bedingungsfeindlichkeit bestehen. Diese lassen sich nicht mit dem Argument entkräften, das Gericht selbst halte den Eintritt der Bedingung in Händen; denn damit würde zumindest das schutzwürdige Interesse des Beklagten vernachlässigt; s. a. Rn. 17, 28.

C. Der notwendige Inhalt der Klageschrift (Abs. 2)

45 Abs. 2 der Vorschrift normiert den notwendigen Inhalt der Klageschrift. Hierdurch wird das konkrete Prozessrechtsverhältnis in subjektiver und objektiver Hinsicht festgelegt, nämlich die am Prozess auf Kläger- und Beklagtenseite beteiligten Personen (Bezeichnung der Parteien, Nr. 1) und das „Streitprogramm" (Gegenstand und Grund des erhobenen Anspruchs sowie der bestimmte Antrag, Nr. 2). Diese Angaben gehören zur **Ordnungsmäßigkeit der Klageerhebung,** die ihrerseits Prozessvoraussetzung und von Amts wegen zu prüfen ist.[75] Für die Scheidungs- und die Eheaufhebungsantragsschrift wird § 253 Abs. 2 durch §§ 622 Abs. 2, 630 und 631 Abs. 2 ergänzt; § 622 Rn. 10, § 630 Rn. 6. Zur Frage der Mängel im notwendigen Inhalt und deren Behebung s. Rn. 174ff.

I. Die Bezeichnung der Parteien und des Gerichts (Abs. 2 Nr. 1)

46 **1. Bezeichnung der Parteien. a) Grundsätzliches.** Die Parteien sind in der Klageschrift auf der Aktiv- und Passivseite so genau zu bezeichnen, dass ihre Identifizierung einwandfrei möglich ist. Die hinreichend bezeichnete Partei erlangt die Parteistellung ohne Rücksicht auf ihre Beteiligung am materiellen Rechtsverhältnis.[76] Dies ist die Folge des formellen Parteibegriffs (Vor §§ 50ff. Rn. 2). Ist die äußere Parteibezeichnung unvollständig oder unrichtig, so wird diejenige Person Partei, die erkennbar betroffen werden soll. Die Parteibezeichnung in der Klageschrift ist also nicht allein maßgebend; sie ist der Auslegung fähig. Es kommt darauf an, wie die Parteibezeichnung aus der Sicht des Adressaten bei objektiver Würdigung zu verstehen ist.[77] Auslegungskriterien sind neben der Bezeichnung in der Klageschrift die Zustellungsadresse, der Tatsachenvortrag des Klägers sowie die von ihm vorgelegten Urkunden, insb. auch die Vorkorrespondenz. Die Verantwortung für die Parteibezeichnung liegt ausschließlich beim Kläger; es kann nicht dem Gericht überlassen werden, aus der Klageschrift und den beigefügten Unterlagen die richtige Partei herauszusuchen; s. a. Vor § 50ff. Rn. 12ff.

47 Wird die **Klage gegen einen bereits Verstorbenen** erhoben, so ist zu unterscheiden: Wenn er durch einen Prozessbevollmächtigten vertreten ist, richtet sich die Klage gegen die Erben; denn die Vollmacht erlischt durch den Tod des Vollmachtgebers nicht (§ 86). Die Parteibezeichnung kann ohne weiteres berichtigt werden. Liegt keine Prozessvollmacht vor, so ist die Klageerhebung unwirksam.[78] Ausgeschlossen ist, die Klage als gegen die Erben gerichtet anzusehen.

48 Auf der **Klägerseite** entspricht es in aller Regel dem Interesse und dem Willen der Beteiligten, dass die auf Grund wirksamer Prozessvollmacht erhobene Klage als im Namen der Erben des Voll-

---

[73] BGH NJW 1972, 1373, 1374.

[74] *Zeiss* JR 1973, 67 (Anm. zu BGH NJW 1972, 1373).

[75] *Zöller/Greger* Vor § 253 Rn. 14; *Stein/Jonas/Brehm* Einl. Rn. 245; *Rosenberg/Schwab/Gottwald* § 93 Rn. 13; *Schilken* ZPR Rn. 258.

[76] BGHZ 4, 328, 334 = NJW 1952, 545.

[77] BGH NJW 1981, 1453, 1454; 1983, 2448 = MDR 1984, 47; BGH NJW-RR 1997, 1216, 1217; BGH NJW 2001, 445, 447; BGH NJW-RR 2004, 501; BGH MDR 2005, 530; BGH NJW-RR 2006, 1569.

[78] *Stein/Jonas/Bork* § 50 Rn. 60; *Rosenberg/Schwab/Gottwald* § 43 Rn. 34.

machtgebers erhoben gilt, wenn dieser vor Einreichung der Klageschrift oder ihrer Zustellung stirbt.[79] Eine namentliche Bezeichnung der unbekannten Erben ist entbehrlich; die Klage kann „namens der unbekannten Erben" erhoben werden. Zur Begründung kann auf die Klage des für die unbekannten Erben bestellten Nachlasspflegers (§ 1960 Abs. 1 S. 2 BGB) hingewiesen werden, der nach hM Vertreter, nicht Amtsträger ist. Die Praxis stellt hier in vertretbarer Weise Praktikabilitätserwägungen in den Vordergrund. – Die Klage einer nicht mehr existierenden Partei, die keine Prozessvollmacht erteilt hat, ist unzulässig. Die Kosten trägt derjenige, der die Klageerhebung veranlasst hat. S.a. Vor §§ 50ff. Rn. 27.

Die in Anlehnung an seine Rspr. zur Rechts- und Parteifähigkeit der GbR[80] entwickelte Ansicht des BGH[81] bestätigend billigt der durch die WEG-Novelle 2007 (BGBl. I 370) eingefügte § 10 Abs. 6 WEG jetzt auch der **Wohnungseigentümergemeinschaft** Teilrechtsfähigkeit zu. Demzufolge kann auch die Wohnungseigentümergemeinschaft als solche verklagt werden und ist es fortan weder erforderlich noch möglich, die ohne namentliche Nennung der Mitglieder unter Verwendung der Bezeichnung, unter der sie auftritt, gegen eine solche Gemeinschaft erhobene Klage im Zweifel als gegen die einzelnen Mitglieder gerichtet auszulegen.[82] Zur Bezeichnung der Parteien bei Prozessen innerhalb der Wohnungseigentümergemeinschaft s. § 44 WEG nF. 49

aa) Die Bezeichnung der Parteien erfolgt regelmäßig durch **namentliche Benennung** der betreffenden Partei. Hinzu kommt die Angabe von „Stand" (was immer man darunter in der heutigen Zeit verstehen mag) oder Gewerbe und Wohnort (§§ 253 Abs. 4, 130 Nr. 1). Diese Angaben sind nicht zwingend; s. aber Rn. 57. Es handelt sich um eine Ordnungsvorschrift, da § 253 Abs. 2 Nr. 1 nur vorschreibt, dass, aber nicht wie die Parteien in der Klageschrift zu bezeichnen sind.[83] Eine andere Kennzeichnung ist daher ausreichend, wenn die Partei so klar bezeichnet wird, dass keine Zweifel an ihrer Identität und Stellung aufkommen können.[84] 50

bb) Ein **gesetzlich geregelter Sonderfall,** in dem eine namentliche Benennung nicht erforderlich ist, ist § 17 Abs. 2 HGB, wonach ein Kaufmann unter seiner Firma klagen und verklagt werden kann. Dies betrifft allerdings nur die Bezeichnung, ändert aber nichts daran, dass sich die Klage gegen den Inhaber richtet. Partei ist derjenige, der zurzeit des Eintritts der Rechtshängigkeit Inhaber der Firma war.[85] 51

Nach Sinn und Zweck anderer Vorschriften kann es geboten sein, die Partei nicht namentlich zu bezeichnen, so etwa aus Gründen des materiellen Rechts, wie zB in einem Rechtsstreit um die Abstammung eines inkognito adoptierten nichtehelichen Kindes;[86] die zweckentsprechende Anwendung des Verfahrensrechts gewährleistet, dass das Inkognito unberührt bleibt. Die Identität muss in diesen Fällen aber auf andere Weise eindeutig bestimmt werden können. 52

Problematisch sind die Fälle, in denen dem Kläger die **namentliche Bezeichnung** der zu verklagenden Personen **nicht möglich** ist, zB wenn ihm die Namen nicht bekannt und von ihm nicht zumutbar zu ermitteln sind. Derartige Fälle kommen bei Hausbesetzungen oder Blockaden vor.[87] Sind dem Kläger, meist einem Verfügungskläger, der Name und sonstige geeignete Identifizierungskriterien unbekannt, so bleibt ihm nur die Benennung des Beklagten anhand von Angaben, durch die dieser von anderen Personen sicher unterschieden werden kann. Die Rspr. ist mit der Zulassung derartiger Parteibezeichnungen zurückhaltend. 53

Ausgehend von den Grundsätzen über die Auslegung der Parteibezeichnung wird auch für derartige Fälle gefordert, dass **kein Zweifel an der Identität der Partei** aufkommen dürfe. Die Möglichkeit, einen Anspruch gegen „Unbekannt" gerichtlich geltend zu machen, findet dort ihre Grenze, wo die Identität der Partei nicht mehr feststellbar sei und sich bei Würdigung der Gesamtumstände auch durch Auslegung nicht ermitteln lässt.[88] 54

---

[79] BGH ZZP 71 (1958), 471, 473f. = LM § 325 Nr. 10.

[80] BGHZ 146, 341ff. = NJW 2001, 1056; BGH NJW 2002, 1207 = JZ 2002, 1106 m. abl. Anm. *Stürmer;* s.a. BVerfG NJW 2002, 3533.

[81] BGHZ 163, 154 = NJW 2005, 2061.

[82] So früher BGH NJW 1977, 1686 = LM Nr. 58 (Auslegung anhand objektiver Kriterien); BGHZ 78, 166, 173 = NJW 1981, 282 m. Anm. *Kellmann*; BGH NJW 1983, 1901, 1902; *Weitnauer/W. Lüke* § 10 Rn. 14.

[83] AllgM; vgl. etwa BGH NJW 1977, 1686 = LM Nr. 58; BGHZ 102, 332, 334 = NJW 1988, 2114; BGHZ 145, 358, 383 = NJW 2001, 108; *Stein/Jonas/Schumann* Rn. 31; *Baumbach/Lauterbach/Hartmann* Rn. 22.

[84] BGH WarnR 1973, 302, 304; NJW 1977, 1686; BGHZ 102, 332, 334 = NJW 1988, 2114; BGHZ 145, 358, 383 = NJW 2001, 108.

[85] OLG München NJW 1971, 1615.

[86] OLG Karlsruhe FamRZ 1975, 507, 508.

[87] Allg. dazu *Kleffmann,* Unbekannt als Parteibezeichnung, 1983; *Raeschke-Kessler* NJW 1981, 663; *Lisken* NJW 1982, 1136; *Christmann* DGVZ 1984, 101.

[88] So LG Krefeld NJW 1982, 289, 290.

55 Zulässig ist es, die betreffenden Personen nach Zahl, Tätigkeitsbereich und Aufenthaltsort zu benennen, sofern diese Angaben gewährleisten, dass die Beklagten eindeutig und unverwechselbar von anderen Personen abgegrenzt werden können.[89] Danach wurde es mit Recht für zulässig gehalten, die Parteien zu bezeichnen als „derzeit 10 unbekannte Personen, die gegenwärtig auf zwei schwimmenden Rettungsinseln an den Dalben der Verladebrücke der Antragstellerin bei Rhein-Stromkm x die unbehinderte Zu- und Abfahrt von Schiffen zu dieser Verladebrücke stören".[90] Die Zahl der auf den Rettungsinseln befindlichen Personen war konstant und ihr Aufenthaltsort so beschaffen, dass nicht jederzeit Personen hinzukommen bzw. sich entfernen konnten; mithin war die Identität gewährleistet.

56 Folgerichtig ist eine derartige Parteibezeichnung dann unzulässig, wenn die Zahl oder der Kreis der zu benennenden Personen ständig wechselt. Nicht ausreichend ist die Bezeichnung „eine wechselnde Anzahl von 20 bis 100 derzeit unbekannten Personen"[91] oder „derzeit etwa 60 unbekannte Personen, die gegenwärtig das im Eigentum der Antragstellerin befindliche Grundstück mit Gebäude besetzt halten", wenn sich aus dem weiteren Vorbringen ergibt, dass die Personen ständig wechseln;[92] ebenso wenig ausreichend ist die Bezeichnung „noch unbekannte Personen, die die Räumlichkeit besetzt halten".[93] Noch so gut gemeinte Begründungsversuche,[94] dieses für die Praxis unbefriedigende Ergebnis zu vermeiden, scheitern letztlich daran, dass zwingende Voraussetzungen des Zivilprozessrechts nicht einfach beiseite geschoben werden dürfen, auch wenn die Rechtsverletzung, gegen die vorgegangen werden soll, noch so offensichtlich ist.[95] Der gestörte Eigentümer ist auf polizeiliches Eingreifen zur Feststellung der Personalien der Störer, je nach Lage des Falles auch auf polizeiliche Räumung angewiesen.[96]

57 **cc) Ladungsfähige Anschrift.** Die Angabe der ladungsfähigen Anschrift für beide Parteien ist trotz der Soll-Fassung des § 130 Nr. 1 notwendiges Erfordernis.[97] Ohne Anschrift kann die Klage weder an den Beklagten zugestellt noch der Kläger zum Termin geladen werden. Unter Umständen genügt auch die Angabe der Arbeitsstelle,[98] nicht aber die eines Postfachs.[99] Dort, wo ausnahmsweise auf die Parteibezeichnung durch Namensnennung verzichtet werden kann (Rn. 52 ff.), kann folgerichtig auch die postalische Anschrift fehlen. S. auch § 129 Rn. 17. Ob die Klage eines Obdachlosen mangels ladungsfähiger Anschrift als unzulässig abzuweisen ist,[100] ist schon angesichts des Sozialstaatsprinzips zweifelhaft.[101]

58 **b) Einzelfragen. aa)** Bei Klagen von oder gegen OHG und KG genügt die Angabe der Firma (§§ 124 Abs. 1, 161 Abs. 2 HGB). Gesellschafter einer GbR (§§ 705 ff. BGB) waren nach früher hM einzeln namentlich aufzuführen; gleiches gilt nach wie vor für die einfache Gemeinschaft (§§ 741 ff. BGB). Bejaht man hingegen mit der neueren Lehre und Rspr.[102] die Parteifähigkeit der

---

[89] *Raeschke-Kessler* NJW 1981, 663 (alle Merkmale, die den Schuldner aus der Vielzahl der Personen ausgrenzen).

[90] LG Düsseldorf, Beschl. v. 17. 10. 1980, zit. von *Raeschke-Kessler* NJW 1981, 663.

[91] LG Hannover NJW 1981, 1455.

[92] OLG Köln NJW 1982, 1888.

[93] LG Krefeld NJW 1982, 289.

[94] *Raeschke-Kessler* NJW 1981, 663 (Arglisteinwand); *Kleffmann* S. 53 ff. (unzulässige Rechtsausübung); *Lisken* NJW 1982, 1136 (örtliche Bezeichnung genüge, da alle sich unbefugt in einem besetzten Haus aufhaltende Personen Besitzstörer seien). Nach LG Krefeld (Fn. 93) soll das Problem der ständig wechselnden Personen dadurch gelöst werden, dass eine vorübergehende, dh. für den Zeitpunkt des Erlasses der einstweiligen Verfügung gegebene Bestimmtheit ausreiche, die einstweilige Verfügung durch einen in der Nähe der Örtlichkeit befindlichen Richter erlassen und durch einen gleichfalls anwesenden Gerichtsvollzieher zugestellt werde; zust. *Musielak/Foerste* Rn. 18.

[95] Für großzügige Auslegung des § 253 Abs. 2 Nr. 1 im konkreten Fall unter Berufung auf Treu und Glauben LG Berlin NJW-RR 1998, 713, 714; iE zust. *Musielak/Foerste* Rn. 18.

[96] *Christmann* DGVZ 1984, 101, der zu Recht darauf hinweist, daß es eine „Partei, die es angeht", nicht gibt; ebenso OLG Oldenburg NJW-RR 1995, 1164, 1165 = MDR 1995, 793.

[97] BGHZ 102, 332 (betr. ladungsfähige Anschrift des Klägers) = NJW 1988, 2114 = ZZP 101 (1988), 457 m. krit. Anm. *Zeiss*; BGH FamRZ 2004, 943, 944 = NJW-RR 2004, 1503; KG KGR 2005, 834; OLG Hamm MDR 2005, 1247; BVerwG NJW 1999, 2608, 2609 f.; grds. auch BFH NJW 2001, 1158 (Ausnahme bei konkreter Verhaftungsgefahr bei Anschriftenbekanntgabe und anderweitiger Sicherstellung der Zustellungsmöglichkeit); im Erg. zustimmend *Nierwetberg* NJW 1988, 2095; *Kleffmann* NJW 1989, 1142; aM *Zöller/Greger* Rn. 8.

[98] BGHZ 145, 358 = NJW 2001, 885.

[99] BVerwG NJW 1999, 2608.

[100] VGH Kassel NJW 1990, 138; dazu *Gusy* JuS 1992, 28.

[101] So auch *Gusy* JuS 1992, 28, 33.

[102] BGHZ 146, 341 ff. = NJW 2001, 1056 – eine nicht rechtskräftig gewordene, später durch übereinstimmende Erledigungserklärung hinfällig gewordene Säumnisentscheidung, vgl. dazu den Beschluß nach § 91 a BGH NJW 2002, 1207 = JZ 2002, 1106 m. abl. Anm. *Stürner;* dem BGH zustimmend insbes. *K. Schmidt* NJW

GbR, so genügt als Parteibezeichnung die Angabe des Gesamtnamens, falls sie einen solchen führt; dazu im Einzelnen § 50 Rn. 23ff., 27.

59 Klagen gegen einen **nichtrechtsfähigen Verein** können wegen § 50 Abs. 2 unter dessen Vereinsnamen geführt werden. Aktiv klagen können nichtsrechtsfähige Vereine nach dem ursprünglichen Plan des § 50 Abs. 2 dagegen nur in Gestalt aller Mitglieder, die in der Klage allesamt namentlich benannt sein müssen. Die mittlerweile entbrannte Diskussion um die Frage, ob in notwendiger Konsequenz der neueren Rspr. des BGH zur Parteifähigkeit der GbR (dazu Rn. 58 und näher § 50 Rn. 24ff.) nichtrechtsfähigen Vereinen auf dem Weg über § 54 S. 1 BGB entgegen § 50 Abs. 2 ebenfalls generell auch die aktive Parteifähigkeit zuzuerkennen ist,[103] belegt erneut die Kühnheit der vom 2. Zivilsenat des BGH in seiner Entscheidung vom 29. 1. 2001 betriebenen Rechtsfortbildung. Denn immerhin hat der 5. Senat eben dies noch im Jahre 1989 mit eingehender Begründung und deutlichen Worten („contra legem") verneint.[104] Lediglich in besonderen Fällen, nämlich bei Klagen von Gewerkschaften, war der BGH bislang unter Hinweis auf Art. 9 Abs. 2 GG bereit, durch die Zuerkennung der aktiven Parteifähigkeit die von der Praxis gewünschten Erleichterungen zu schaffen.[105] Die Ansicht, zumindest bei nicht im Vereinsregister eingetragenen Massenorganisationen genüge für die Klage der Mitgliedergesamtheit die Bezeichnung der Mitglieder unter ihrem „zum Begriff gewordenen Sammelnamen" in der Klageschrift,[106] hat sich ebenfalls nicht durchsetzen können und wird insb. vom BGH abgelehnt.[107] Deshalb sollte in der Praxis bis zur Klärung der Frage nach der aktiven Parteifähigkeit nichtrechtsfähiger Vereine vorsorglich daran festgehalten werden, dass, um die für Aktivprozesse des Vereins nach herkömmlicher Ansicht erforderliche, aber oft nicht mögliche Nennung sämtlicher Mitglieder zu umgehen, der Vorstand die Prozesse im eigenen Namen als Prozessstandschafter der Mitglieder führt. Zu einer solchen Prozessführung ist er in der Satzung ausdrücklich oder durch ergänzende Auslegung ermächtigt. Wg. Einzelheiten s. § 50 Rn. 40; zur Diskussion um die Parteifähigkeit des nichtrechtsfähigen Vereins s. § 50 Rn. 35ff.

60 Seit durch die Anerkennung der Teilrechtsfähigkeit von Wohnungseigentümergemeinschaften durch den BGH und jetzt auch den durch die WEG-Novelle 2007 (BGBl. I 370) eingefügten § 10 Abs. 6 WEG die Möglichkeit entfallen ist, eine ohne namentliche Nennung ihrer Mitglieder gegen eine solche Gemeinschaft erhobene Klage im Zweifel doch als gegen die einzelnen Mitglieder gerichtet zu deuten (Rn. 49), hat sich auch die früher bejahte Notwendigkeit erledigt, in solchen Fällen die Mitgliederliste im Prozess nachzureichen.[108]

61 **bb)** Die Nennung der **gesetzlichen Vertreter** ist nach §§ 253 Abs. 4, 130 Nr. 1 Ordnungsvorschrift. Deshalb bleibt die Wirksamkeit der Klageerhebung unberührt, wenn sie fehlt; sie muss aber nachgeholt werden.[109] Bei einer Klage gegen den Fiskus gehört die Angabe der richtigen Endvertretungsbehörde nicht zum notwendigen Inhalt.[110]

62 Dies gilt auch für die **gesetzliche Vertretung Prozessunfähiger.**[111] Allerdings ist hier die Angabe des gesetzlichen Vertreters zur Vermeidung von Verzögerungen bei der Zustellung (§ 170 Abs. 1) wegen § 167 unbedingt geboten. Bei juristischen Personen besteht diese Gefahr nicht (§ 171 Abs. 2).

63 **cc)** Die Stellung der **Partei kraft Amtes** ist auf Kläger- und Beklagtenseite durch Angabe von Funktion und betroffener Vermögensmasse kenntlich zu machen; sonst erlangt der Verwalter persönlich die Parteistellung. Trotz unrichtiger Bezeichnung kann die Auslegung ergeben, dass die Partei kraft Amtes als Partei gewollt ist, wenn sich dies aus dem sonstigen Vorbringen zweifelsfrei ergibt. Auch kann insoweit eine Parteiberichtigung in Betracht kommen; s. § 263 Rn. 69.

2001, 993: *Wertenbruch* NJW 2002, 324; *Hess* ZZP 117 (2004), 267ff.; *Wagner* ZZP 117 (2004), 305ff.; s.a. BVerfG NJW 2002, 3533 = JZ 2003, 43 m. abl. Anm. *Stürner;* aA noch BGH NJW 2000, 291, 292; *Jauernig* NJW 2001, 2231; *Stürner* jeweils aaO; *Prütting,* FS Wiedemann, 2002, S. 1177.

[103] Bejahend KG MDR 2003, 1197; hier § 50 Rn. 37; *K. Schmidt* NJW 2001, 993, 1003; *Hess* ZZP 117 (2004), 267, 292f.; *Bamberger/Roth/Schwarz* § 54 BGB Rn. 37; *Zöller/Vollkommer* § 50 Rn. 37; *Schilken* ZPR Rn. 264; de lege ferenda auch *Kempfler* NZG 2002, 411ff.; aA *Wagner* ZZP 117 (2004), 305, 357ff.; *Stein/Jonas/Bork* § 50 Rn. 30, 35ff.

[104] BGHZ 109, 15 = NJW 1990, 186.

[105] BGHZ 50, 325 = NJW 1968, 1830.

[106] LG Köln MDR 1962, 61.

[107] BGHZ 42, 210, 214 = NJW 1965, 29.

[108] BGH NJW 1977, 1686 = LM Nr. 58; LG Kempten Rpfleger 1986, 93; für Bauherrengemeinschaft s. OLG München MDR 1987, 418.

[109] BGHZ 32, 114, 118 = NJW 1960, 1006.

[110] OLG Zweibrücken OLGZ 1978, 108, 109 = NJW 1977, 1928 (LS).

[111] *Stein/Jonas/Schumann* Rn. 36, aM *Zölle/Greger* Rn. 8.

64 **2. Bezeichnung des Gerichts.** Erforderlich ist allein die Bezeichnung des Gerichts. Da die Gerichte den Postdienstleistern vor Ort bekannt zu sein pflegen, ist keine Adressenangabe nötig. Der Spruchkörper (Kammer, Abteilung) braucht nicht benannt zu werden; eine nicht dem Geschäftsverteilungsplan entsprechende Bezeichnung ist unbeachtlich und schadet nicht. Nicht einmal der in der Praxis übliche Zusatz „Zivilkammer" wird verlangt; die Weiterleitung der Klageschrift an die Geschäftsstelle des nach der Geschäftsverteilung zuständigen Spruchkörpers geschieht von Amts wegen.

65 Einzig die **Benennung der Kammer für Handelssachen** ist in der Klageschrift nötig. Das folgt aus § 96 Abs. 1 GVG, wonach die Verhandlung des Rechtsstreits vor der Kammer für Handelssachen bereits in der Klageschrift beantragt werden muss. Aus diesem Grunde gilt eine an das Landgericht gerichtete Klageschrift im Zweifel als der normalen Zivilkammer zugedacht.[112] Zu den Mängeln in der Bezeichnung des Gerichts und deren Heilung s. Rn. 174ff.

II. Die bestimmte Angabe von Gegenstand und Grund des erhobenen Anspruchs und der bestimmte Antrag (Abs. 2 Nr. 2)

66 **1. Allgemeines.** Die Angaben nach Abs. 2 Nr. 2 dienen der gegenständlichen Festlegung des Streitprogramms, dh. der Fixierung des Streitgegenstandes. Damit wird zugleich der Entscheidungsrahmen des Gerichts festgelegt (§ 308). Ordnungszweck der Vorschrift und Notwendigkeit der Streitgegenstandsbestimmung sind identisch: Die Klageerhebung ist ordnungsgemäß, wenn der Kläger den Streitgegenstand hinreichend bestimmt hat; einen weitergehenden Ordnungszweck verfolgt die zwingende Vorschrift nicht. Neben der ordnungsgemäßen Klageerhebung haben die Angaben vor allem Bedeutung für die Rechtshängigkeit, die Rechtskraft, die Klageänderung und die Klagenhäufung, ferner für die Zuständigkeit (§ 23 Nr. 1 GVG) und die Kosten.

67 Gleichwohl ist die praktische Bedeutung dieser Angaben schon in der Klageschrift eher begrenzt; denn für das Gericht ist die Sachlage am Schluss der mündlichen Verhandlung maßgebend (vgl. § 322 Rn. 139). Etwaige Mängel werden zu diesem Zeitpunkt geheilt oder durch Nachholung auf Grund richterlichen Hinweises behoben sein. Bedeutsam kann die Frage hinreichend bestimmter Angaben und damit der ordnungsgemäßen Klageerhebung bei ausnahmsweise fristgebundenen Klagen oder für die Hemmung der Verjährung (§ 204 Abs. 1 Nr. 1 BGB) sein, da ein Nachschieben der Angaben nicht mehr ohne weiteres zulässig ist; zulässig ist lediglich die Nachholung bei unzureichender Substantiierung.[113]

68 Die Angaben müssen sich grds. aus der Klageschrift selbst ergeben; zum Umfang zulässiger Bezugnahmen auf Anlagen und sonstige Schriftsätze s. Rn. 30ff. – Als Soll-Voraussetzung ist in der Klageschrift zudem die Angabe der Beweismittel geboten (§§ 253 Abs. 4, 130 Nr. 5); s. § 130 Rn. 9.

69 **2. Gegenstand des erhobenen Anspruchs.** Seine Definition bereitet Schwierigkeiten.

a) Definition. Einhelligkeit dürfte darüber bestehen, dass nicht Sachen oder Rechte, die mit der Klage beansprucht werden, gemeint sind.[114] Ebensowenig ist es der konkrete Lebenssachverhalt,[115] der mit dem Begriff „Grund" erfasst wird (Rn. 75). Der „Gegenstand" ist aber auch nicht mit dem Streitgegenstand gleichzusetzen; denn sonst wäre der „Antrag" aus dem Streitgegenstandsbegriff ausgeklammert.

70 Vielmehr fällt die bestimmte Angabe des Gegenstandes in der Regel mit dem Erfordernis des bestimmten Antrags zusammen. Unrichtig ist die Annahme, die Rechtsbehauptung des Klägers stelle den „Gegenstand" des prozessualen Anspruchs dar, während der Antrag daneben ein selbstständiges weiteres Merkmal sei.[116] Entscheidend ist, dass nach § 253 Abs. 2 Nr. 2 die Rechtsbehauptung des Klägers relevant nur in der Form eines bestimmten Antrags aufgestellt werden kann. Deshalb ist die Frage, ob der Anspruchsgegenstand vom Erfordernis des bestimmten Antrags getrennt werden kann, weitgehend akademischer Natur. Im praktischen Ergebnis kommt dem Merkmal des Gegen-

---

[112] Ebenso OLG Frankfurt BB 1980, 552.

[113] BGH NJW 1967, 2210, 2211 = ZZP 82 (1969), 141; BGH LM Nr. 56 = MDR 1976, 1005; LG Freiburg MDR 1975, 60.

[114] *Stein/Jonas/Schumann* Rn. 48; *Zöller/Greger* Rn. 11; aA wohl nur *Hahn,* Kooperationsmaxime im Zivilprozeß, 1983, S. 90ff.

[115] Wie hier *Schilken* ZPR Rn. 207; aM *Zöller/Greger* Rn. 11. *Stein/Jonas/Schumann* Rn. 48 versteht darunter den Inhalt des begehrten Anspruchs.

[116] *Habscheid* Streitgegenstand S. 132ff.

standes für Formulierung und Inhalt der Klageschrift regelmäßig keine eigenständige Bedeutung zu.[117]

Am ehesten hat der Gegenstand noch Bedeutung, wenn nur ein bestimmter Teil eines Anspruchs, etwa ein Teilbetrag aus mehreren Ansprüchen, oder ein aus mehreren Ansprüchen zusammengesetzter Gesamtbetrag eingeklagt werden soll; jedoch handelt es sich dabei entweder um eine Frage der Bestimmtheit des Antrags oder der ausreichenden Angabe von Gegenstand und Klagegrund; s. Rn. 104. 71

b) Spezielle Rechtsfolgenbehauptung. Entgegen der Rspr. des RG[118] und der (u.a.). in der Vorauflage vertretenen Ansicht[119] kann der Kläger mit der hM[120] grds. nicht eine spezielle Rechtsfolgenbehauptung in dem Sinne aufstellen, dass er bestimmte rechtliche Gesichtspunkte von der gerichtlichen Beurteilung ausschließt oder sein Klagebegehren von vornherein auf ein bestimmtes materielles Recht begrenzt. Ihm steht also keine **Ausschaltungsbefugnis** zu; s.a. vor § 253 Rn. 39 und § 308 Rn. 15. Eine solche Beschränkung ist nur ausnahmsweise dann zulässig, wenn bereits das materielle Recht die Möglichkeit einräumt, durch Inanspruchnahme besonders ausgestalteter Anspruchsgrundlagen, auch in Verbindung mit dem Ausschluss von Einwendungen, dem Prozess von vornherein einen inhaltlich begrenzten Zuschnitt zu geben, wie zB bei Klagen aus Besitz (§§ 863, 864 BGB) oder aus Wechsel, Scheck, Schuldversprechen oder Schuldanerkenntnis.[121] Eine darüber hinausgehende Dispositionsbefugnis des Klägers scheitert an dem Satz „iura novit curia" und lässt sich weder aus dem Verhandlungs- noch aus dem Dispositionsgrundsatz herleiten. Nach nochmals anderer Ansicht soll eine Beschränkung generell zulässig sein, wenn der Beklagte damit einverstanden ist.[122] 72

Eine unzulässigerweise vorgenommene Beschränkung auf eine spezielle Rechtsfolgenbehauptung ist unbeachtlich und für das Gericht unverbindlich. Aus ihr ergeben sich keine Folgewirkungen, insb. schränken sie den **Streitgegenstand** und damit Umfang und Reichweite der Rechtshängigkeitssperre (§ 261 Abs. 1 Nr. 3) und der materiellen Rechtskraft (§ 322 Abs. 1) nicht ein. Letzteres wird aus Gründen des öffentlichen Interesses und des Schutzes des Beklagten auch von der Gegenansicht anerkannt;[123] s.a. vor § 253 Rn. 39. Wo eine Beschränkung ausnahmsweise zulässig ist (vgl. Rn. 72), wird allerdings auch der Streitgegenstand entsprechend eingeengt. 73

Nicht zugestimmt werden kann auch der Auffassung, die eine Beschränkung (mit entsprechender Begrenzung des Streitgegenstandes) gestattet, soweit ein Rechtsschutzinteresse hierfür gegeben ist;[124] sie trägt dem öffentlichen Interesse und dem des Beklagten ebenfalls nicht ausreichend Rechnung. Das anzuerkennende Bedürfnis, sich durch einen entsprechenden Ausspruch des Gerichts für die Vollstreckung das Pfändungsprivileg nach § 850f Abs. 2 zu sichern, lässt sich auf andere Weise als durch die Zulassung einer speziellen Rechtsfolgenbehauptung sichern, zB durch eine Zwischenfeststellungsklage schon im Erkenntnisverfahren oder eine nachträgliche (titelergänzende) Feststellungsklage;[125] § 256 Rn. 18. 74

3. Grund des erhobenen Anspruchs. a) Grundlagen. Grund des erhobenen prozessualen Anspruchs **(Klagegrund)** ist nach allgemeiner Ansicht derjenige Tatsachenkomplex, den der Kläger zur Begründung seines Klagebegehrens anführt; das sind also die tatsächlichen Verhältnisse 75

---

[117] So im Ergebnis auch *Rosenberg/Schwab/Gottwald* § 94 Rn. 17; *Jauernig* § 39 II 3; *Schilken* ZPR Rn. 207.

[118] RGZ 86, 377, 379f.; 96, 197, 200f.; 123, 271, 273; RG JW 1931, 3321, 3322; HRR 1935, 817, 818.

[119] Ebenso *A. Blomeyer,* FS Lent, 1957, S. 43, 62; *G. Lüke* JuS 1961, 41, 46; NJW 1961, 1390, 1391; *Würthwein,* S. 61ff., 153f.; *Walchshöfer* Anm. zu BAG AP § 615 BGB Nr. 30; *Hahn* Anwaltliche Rechtsausführungen S. 285ff.

[120] BGH JR 1969, 102, 103 = MDR 1969, 468 = LM BGB § 125 Nr. 29; BAG AP 308 Nr. 2 = DB 1975, 1226; OLG Köln MDR 1970, 686; 1984, 151; *Rosenberg/Schwab/Gottwald* § 77 Rn. 9f.; *Schilken* ZPR Rn. 346; *Jauernig* ZPR § 25 I; *Zöller/Vollkommer* Einl. Rn. 84; *Zöller/Greger* Rn. 12; *Henckel,* Parteilehre und Streitgegenstand im Zivilprozess, 1961, S. 272ff.; *Rimmelspacher,* Materiellrechtlicher Anspruch, S. 242ff.; *Georgiades* Anspruchskonkurrenz S. 268ff.; *Kion* Eventualverhältnisse S. 120f.

[121] Vgl. *Stein/Jonas/Schumann* (20. Aufl.) Einl. Rn. 296; *Melissinos* S. 88ff.

[122] *Schlosser,* Einverständliches Parteihandeln, S. 33ff., 96ff.; *Grunsky* Grundlagen S. 22; *Würthwein* S. 106ff., 128ff.

[123] *A. Blomeyer,* FS Lent, S. 63; *G Lüke* JuS 1961, 41, 46 u. 2. Aufl.; *Henckel,* Parteilehre und Streitgegenstand im Zivilprozess, 1961, S. 273; *Eckardt* S. 212f.; wohl auch RGZ 86, 377, 378f.

[124] So *Habscheid* Streitgegenstand S. 173ff.

[125] BGHZ 109, 275, 280f. = NJW 1990, 834 m. Anm. *Link*; BGHZ 152, 166, 171f. = NJW 2003, 515, 516; BGH NJW 2005, 1663, 1664 = FamRZ 2005, 974, 975 = JZ 2006, 423 u. dazu *Smid* JZ 2006, 393; BGH Rpfleger 2006, 492, 493; *Ahrens* NJW 2003, 1371, 1372; *Meller-Hannich* LMK 2003, 74; *Gaul* NJW 2005, 2894, 2896f. u. schon FS W. Gerhardt, 2004, S. 259, 294ff.

(§ 130 Nr. 3), aus denen er die in Anspruch genommene Rechtsfolge abgeleitet wissen will. Das Gesetz bedient sich verschiedener Ausdrücke. Der Terminus **Lebenssachverhalt** dürfte am besten geeignet sein; er deutet an, dass solche Tatsachen zum Klagegrund gehören, die lebensmäßig eine Einheit bilden. Der BGH rechnet zum Klagegrund alle Tatsachen, die bei einer natürlichen, vom Standpunkt der Parteien ausgehenden Betrachtungsweise zu dem vom Kläger dem Gericht unterbreiteten Tatsachenkomplex gehören.[126] Nach der zweigliedrigen Streitgegenstandsauffassung (vor § 253 Rn. 32ff.) ist der Klagegrund für alle Klagearten gleichwertiger Bestandteil des Streitgegenstands, also auch für Feststellungsklagen.

76 Dem entspricht die Arbeitsteilung zwischen Parteien und Gericht. Während die Parteien für die tatsächliche Entscheidungsgrundlage verantwortlich sind, ist die umfassende rechtliche Würdigung des Parteienvortrags Aufgabe des Gerichts. Das Gericht hat die Rechtsanwendung unter allen denkbaren rechtlichen Gesichtspunkten vorzunehmen; an Rechtsauffassungen der Parteien ist es nicht gebunden. Zur speziellen Rechtsfolgenbehauptung des Klägers s. Rn. 72f. und Vor § 253 Rn. 39.

77 Was „Grund des Anspruchs" im Einzelnen ist, war Gegenstand des im Wesentlichen erledigten Streits zwischen Individualisierungs- und Substantiierungstheorie.[127] Die **Individualisierungstheorie** in ihrer klassischen Form sah im Klagegrund die Angabe der Merkmale, durch die sich das Rechtsverhältnis, aus dem geklagt wird, von anderen Rechtsverhältnissen unterscheidet. Die Angabe von Tatsachen hierzu war möglich, jedoch nicht zwingend erforderlich.[128] Nach der verbesserten Individualisierungstheorie bleibt zwar das Rechtsverhältnis Klagegrund; sie fordert jedoch keine juristische Bezeichnung mehr. Vielmehr genügt zur Bestimmung des Anspruchsgrundes die Angabe der das Rechtsverhältnis individualisierenden tatsächlichen Merkmale.[129]

78 Die **Substantiierungstheorie** macht den Klagegrund zu einem vollwertigen Bestandteil des Streitgegenstands. Sie verlangt die Anführung von Tatsachen. Danach wird der Klagegrund gebildet „aus den Tatsachen, die rechtlich geeignet oder erforderlich sind, um den Schluss auf die Begründetheit des Klageantrags zu rechtfertigen".[130] Ihr Fehler liegt darin, dass sie – gemessen am materiellen Recht – die lückenlose Angabe des Sachverhalts fordert; dh. alle zur Begründung des Klageantrags erforderlichen Tatsachen müssen angeführt sein. Danach gäbe es keine unschlüssigen Klagen mehr; denn unschlüssige Klagen würden zugleich ordnungswidrig sein. Dies ist nicht der Standpunkt des Gesetzes; es lässt nicht nur die Ergänzung und Berichtigung tatsächlichen Vorbringens zu (§ 264 Nr. 1), sondern auch im Übrigen das Vorbringen von Angriffsmitteln bis zum Schluss der letzten mündlichen Verhandlung, auf die das Urteil ergeht (§ 296a).[131] Deshalb wird die Substantiierungstheorie nicht mehr in der ursprünglichen Form vertreten. So formuliert man: Anzugeben sind die Tatsachen, die geeignet sind, den erhobenen Anspruch als in der Person des Klägers entstanden und zugleich als durch den Beklagten verletzt erscheinen zu lassen.[132]

79 Auch diese Anforderungen erscheinen angesichts der Funktion der Klageschrift überzogen. Obwohl zwischen den vertretenen Auffassungen heute keine grundlegenden Unterschiede mehr bestehen,[133] ist von der Substantiierungstheorie auszugehen und grds. die Angabe eines Tatsachenkomplexes zu verlangen, der nach Ansicht des Klägers geeignet ist, seinen Anspruch rechtlich zu begründen.[134] Befindet sich der Kläger als prozessualer Angreifer sachlich in der Verteidigerposition, so genügt er seiner Substantiierungslast, wenn er den Eingriff des Beklagten bezeichnet, gegen den er sich wendet. Hierher gehören die negative Feststellungs- und die Unterlassungsklage, aber auch die aktienrechtliche Anfechtungsklage (§ 246 AktG) und die arbeitsgerichtliche Kündigungsschutzklage (§ 4 KSchG). Der Kläger muss seine Klage auch in tatsächlicher Hinsicht auf das Vorgehen des Beklagten abstellen, so dass dieser zwangsläufig Einfluss auf den Streitgegenstand ausübt.[135] Deshalb sollte nicht gesagt werden, dass bei negativen Feststellungsklagen die Individuali-

---

[126] BGHZ 117, 1, 5 = NJW 1992, 1172; BGHZ 123, 137, 141 = NJW 1993, 2684; BGH NJW 1996, 3151, 3152; BGHZ 157, 47, 51 = NJW 2004, 1252, 1253; BGH NJW 2004, 294, 296; enger *Musielak* NJW 2000, 3593, 3595ff.; s.a. *Heiderhoff* ZZP 118 (2005), 185ff.

[127] *Vollkommer,* FS G. Lüke, 1997, S. 865, 883.

[128] *Rosenberg/Schwab/Gottwald* § 94 Rn. 21; *Blomeyer* § 43 II 3a.

[129] BGH MDR 1976, 1005; MDR 2004, 824; *Jauernig* § 37 II 4; *Schilken* ZPR Rn. 208.

[130] RGZ 143, 57, 65; *Baumbach/Lauterbach/Hartmann* Rn. 32.

[131] Vgl. BGH LM Nr. 56 = MDR 1976, 1005; *Rosenberg/Schwab/Gottwald* § 94 Rn. 22

[132] *Blomeyer* § 43 II 3a; RGZ 143, 57, 65; vgl. auch RGZ 126, 245, 248.

[133] Vgl. *Jauernig* § 37 II 4; kritische Darstellung bei *Hahn* (Fn. 114) S. 90ff.

[134] BGH LM Nr. 56; BGH NJW 2000, 3492, 3493f.; im Ergebnis auch *Rosenberg/Schwab/Gottwald* § 94 Rn. 22; *Schilken* ZPR Rn. 208; BAG BB 1981, 1528 (Bedürfnis nach Klarstellung des Streitgegenstandes); s.a. BGH NJW-RR 2004, 639, 640.

[135] *Lüke* JuS 1967, 1, 4.

sierungstheorie Anwendung finde. Allerdings darf die Substantiierungstheorie nicht dazu missbraucht werden, die Behauptungslast zum Nachteil des Klägers zu verschieben.

Der Kläger braucht den Lebenssachverhalt in der Klageschrift nicht erschöpfend darzustellen. Da der Klagegrund Teil des Streitgegenstandes ist und die Klageschrift auch die Funktion hat, diesen unverwechselbar festzulegen, kommt es entscheidend auf die Individualität des Lebenssachverhalts an. Der Tatsachenvortrag des Klägers muss demgemäß so viel enthalten, dass die Identität des Lebenssachverhalts, den er zum Gegenstand des Prozesses machen will, feststeht. Trägt er zB nur vor, er habe dem Beklagten eine Geldsumme leihweise zur Verfügung gestellt, die er jetzt zurückfordere, so sind hiermit Lebensvorgang und Klagegrund für eine Darlehensklage nicht unverwechselbar gekennzeichnet; zumindest müssen Höhe der Summe und Zeitpunkt der Hingabe angegeben werden.[136] Für die aktienrechtliche Anfechtungsklage genügt die genaue Bezeichnung des angegriffenen Hauptversammlungsbeschlusses; die substantiierte Behauptung von Anfechtungsgründen iSd. § 243 Abs. 1 und 2 AktG gehört sodann erst zur Schlüssigkeit. 80

Die praktische Bedeutung der bestimmten Angabe des Klagegrundes darf nicht überschätzt werden; denn der Kläger wird regelmäßig bemüht sein, eine schlüssige Klage anzubringen, um von vornherein die Möglichkeit eines Versäumnisurteils zu haben. Dies mag auch eine Folge der Praxis der Instanzgerichte sein, die dazu neigen, die Anforderungen an den substantiierten Vortrag zu übertreiben.[137] Zur Rechtswirkung nicht hinreichend substantiierter Klagen, die beispielsweise gleichwohl zur Hemmung der Verjährung führen,[138] sowie zu ihrer Heilung s. Rn. 182f. 81

b) Einzelheiten. In welchem Maße zur Festlegung des Streitgegenstandes Tatsachen vorgetragen werden müssen, **hängt vom Einzelfall ab** und kann nur in Umrissen allgemein beantwortet werden. Eine ohne jede Tatsachenangabe formulierte Klage ist unzulässig; dies gilt auch für einen nach § 261 Abs. 2 in der mündlichen Verhandlung erstmals erhobenen Anspruch.[139] Unbedenklich ist es, wenn zur Darlegung des Sachverhalts allgemein bekannte juristische Ausdrücke verwendet werden, wie „Kauf" oder „Kaufvertrag", falls durch zusätzliche Tatsachenangaben, zB Benennung des Zeitpunkts, die Identität des so gekennzeichneten Sachverhalts klargestellt wird. 82

Bei Leistungsklagen braucht sich aus dem Tatsachenvortrag nicht zu ergeben, dass der Anspruch in der Person des Klägers besteht und sich gegen den Beklagten richtet. Dies ist erst Teil der Schlüssigkeit der Klage, die nicht zur Zulässigkeit, sondern zur Begründetheit gehört; s. § 331 Rn. 10. 83

Bei einer auf Vertrag gestützten Leistungsklage sind Tatsachen zum Vertragsschluss und zu seinem Inhalt vorzutragen, so dass der Vertrag unverwechselbar gekennzeichnet ist, sich insb. von anderen Vertragsverhältnissen unterscheidet, die zwischen den Parteien bestehen. Jedoch ist nicht erforderlich, dass bei bestehender Geschäftsverbindung für jeden weiteren der 40 behaupteten Aufträge Kalendertag und konkrete Auftragserteilung vorgetragen werden, wenn die Aufträge durch Rechnungen hinreichend präzisiert sind.[140] Ist eine Vertragsverletzung Klagegrundlage, so ist dies zusätzlich durch Tatsachen zu belegen. Gestaltungsklagen erfordern die genaue Benennung des Rechtsverhältnisses, das durch Richterspruch geändert werden soll, und die Darlegung der Umstände für die begehrte Änderung. Sollen Rechte festgestellt werden, so verlangt die Feststellungsklage die Angabe von Tatsachen zum Inhalt des Rechts und zum Gegenstand, auf das es sich bezieht. Bei der Inanspruchnahme von Pfandrechten ist zusätzlich die Angabe der gesicherten Forderung erforderlich.[141] 84

Inwieweit die Angabe von Tatsachen zur Entstehung des geltend gemachten Anspruchs zur ordnungsgemäßen Klageerhebung gehört, ist ebenfalls eine Frage des Einzelfalls. Können mehrere gleichartige materiell-rechtliche Ansprüche bestehen, so sind regelmäßig Angaben zu Zeit und Ort der Einigung für den vertraglichen Anspruch erforderlich.[142] Bei Ansprüchen aus abgetretenem oder sonst übergegangenem Recht genügt nicht die Behauptung, dass der Kläger das Recht erworben hat, sondern darzulegen ist, aus welchem Sachverhalt es abgeleitet wird. Für Klagen auf Schadensersatz ist die Bezeichnung des zum Schadensersatz verpflichtenden Ereignisses erforderlich. Unzureichend ist die Darlegung, die Beklagten hätten die Erblasserin zu nachteiligen rechtsgeschäftlichen Erklärungen veranlasst.[143] Dagegen gehört die Angabe der Erwerbstatsachen bei der 85

---

[136] BGH WM 1982, 1327.
[137] *Schellhammer* Rn. 368.
[138] BGH NJW 1967, 2210, 2211 = ZZP 82 (1969), 141; BGH NJW 2000, 3492, 3493.
[139] Vgl. BAG BB 1981, 1528, 1529.
[140] Vgl. BGH NJW-RR 1993, 189 = JuS 1993, 422 Nr. 8 *(K. Schmidt)*.
[141] *Rosenberg/Schwab* § 98 II 2b (14. Aufl.).
[142] Vgl. BGH WM 1982, 1327 (für Darlehensanspruch).
[143] BGH WM 1983, 369, 371.

klageweisen Geltendmachung dinglicher Rechte in der Regel zur Schlüssigkeit und nicht mehr zur bestimmten Angabe des Klagegrundes.[144] Wg. weiterer Einzelheiten zum Klagegrund s. § 263 Rn. 16 ff.

86 Bei Klagen auf Entgelte für Informationsabrufe im Bildschirmtext (Btx) kann die Substantiierungslast des Klägers mit dem **Datenschutz** kollidieren.[145] Dieses Problem betrifft aber vorwiegend die Schlüssigkeit der Klage.

87 **c) Mahnverfahren.** Wird im Mahnverfahren die Sache nach Erhebung des Widerspruchs gegen den Mahnbescheid in das streitige Verfahren abgegeben (§ 696 Abs. 1), so hat der Antragsteller binnen zwei Wochen seinen Anspruch in einer der Klageschrift entsprechenden Form zu begründen (§ 697 Abs. 1). Für den Inhalt der Anspruchsbegründung gilt § 253 Abs. 2 Nr. 2. Wg. Einzelheiten s. § 697 Rn. 6 ff.

III. Der bestimmte Antrag

88 **1. Allgemeines.** Erforderlich ist ein bestimmter Antrag.[146] Er muss – aus sich heraus verständlich – Art (Leistung, Feststellung, Gestaltung) und Umfang des begehrten Rechtsschutzes nennen und ist damit ein wesentliches Element zur Bestimmung des Streitgegenstandes. Nach der Rspr. des BGH[147] ist ein Klageantrag im Allgemeinen dann hinreichend bestimmt, wenn er den erhobenen Antrag konkret bezeichnet, dadurch den Rahmen der gerichtlichen Entscheidungsbefugnis (308) absteckt, Inhalt und Umfang der begehrten Entscheidung (§ 322) erkennen lässt, das Risiko eines Unterliegens des Klägers nicht durch vermeidbare Ungenauigkeiten auf den Beklagten abwälzt und schließlich eine Zwangsvollstreckung aus dem Urteil ohne eine Fortsetzung des Streits im Vollstreckungsverfahren erwarten lässt. Der Kläger muss einen **Sachantrag** stellen. Stellt er nur einen Prozessantrag, so ist die Klage unzulässig, so zB wenn er in seiner Klage lediglich die Verweisung an das zuständige Gericht beantragt, weil er durch Klageerhebung beim unzuständigen Gericht die Klagefrist – etwa nach § 246 Abs. 1 AktG – einhalten wollte; ein solcher Verweisungsantrag ist in der Klage nur als Hilfsantrag zulässig.

89 **Eventualanträge** sind zulässig, nicht aber Alternativanträge;[148] § 260 Rn. 10, 22. Will der Kläger der Ungewissheit Rechnung tragen, ob der einer Schadensersatzklage zugrunde liegende Vertrag nichtig ist, so können der Anspruch auf das Erfüllungsinteresse und derjenige auf das negative Interesse nur in Form von Haupt- und Hilfsantrag miteinander verbunden werden.

90 Die begehrte **Rechtsfolge** muss im Interesse des Gerichts und des Beklagten genau und vollständig bezeichnet werden. So sind bei einer Klage auf „Abgabe aller zur Übertragung eines Geschäfts erforderlichen Willenserklärungen" die notwendigen Willenserklärungen und Handlungen einzeln inhaltlich genau zu beschreiben. Andernfalls würde ein „Rahmenurteil" erstrebt, dessen Konkretisierung erst im Vollstreckungsverfahren erfolgen müsste. Dies wäre jedoch unzulässig, da das Vollstreckungsverfahren hierfür nicht zur Verfügung steht und schon wegen § 894 ausscheidet;[149] Rn. 148. Prüfungsmaßstab für die hinreichende Bestimmtheit ist demnach immer die Eignung des Urteils für die Vollstreckung. Empfehlenswert ist, die angestrebte Urteilsformel wörtlich als Klageantrag zu formulieren.[150]

91 Ist der Klageantrag nicht deutlich genug gefasst, so ist er vom Gericht unter Berücksichtigung seines Inhalts und der vom Kläger gegebenen **Begründung auszulegen** (entspr. §§ 133, 157 BGB)[151] oder durch Ausübung der materiellen Prozessleitung gemäß § 139 Abs. 1 Satz 2 aufzuklären.[152] Die Aufklärung geht der Auslegung vor; s. § 308 Rn. 6. Die Auslegungsmöglichkeit wird durch das Interesse des Beklagten an einer wirksamen Verteidigung und der Vorbereitung hierauf begrenzt. Die Auslegung ist in der Revisionsinstanz nachprüfbar.[153]

---

[144] BGH LM BGB § 985 Nr. 1; wohl auch *Baumbach/Lauterbach/Hartmann* Rn. 37; *Stein/Jonas/Schumann* Rn. 132.

[145] Dazu *Ory* NJW 1988, 2456.

[146] Zur Bindung des Gerichts an die Anträge der Parteien *Musielak,* FS K. H. Schwab, 1990, S. 349.

[147] BGH NJW 1999, 954; BGHZ 153, 69, 75 = NJW 2003, 668, 669.

[148] BGH NJW-RR 1990, 122; BGH NJW 1996, 1962, 1963; 3147, 3150.

[149] Vgl. BGH ZZP 73 (1960), 271, 272 = NJW 1959, 1371; BGH NJW 1983, 1056; 1981, 749; s. auch BGH NJW 1999, 954

[150] So auch *Stein/Jonas/Schumann* Rn. 48. Einer im Lichte der funktionellen und organisatorischen Trennung zwischen Erkenntnis- und Vollstreckungsverfahren – dazu *Rosenberg/Gaul/Schilken* § 5 I – bedenklichen Aufweichung dieses Zusammenhanges das Wort redend *Sutschet,* ZZP 119 (2006), 297.

[151] RGZ 110, 1, 15; BGH NJW 1996, 1962, 1963.

[152] BGH NJW 1975, 2013, 2014; 1983, 1056.

[153] BGHZ 4, 328, 334 = NJW 1952, 545; BGHZ 115, 268, 290 = NJW 1992, 109.

Der Klageantrag bindet das Gericht nach § 308 Abs. 1, da es über ihn nicht hinausgehen darf. Ein Kostenantrag ist entbehrlich (§ 308 Abs. 2). Er kann aber unter praktischen Gesichtspunkten sinnvoll sein. So nimmt ein gestempeltes Anerkenntnis- oder Versäumnisurteil (§ 313b Abs. 2 Satz 1) oft nur auf den Klageantrag Bezug, so dass bei Fehlen des Kostenantrags eine umständliche Urteilsergänzung herbeigeführt werden müsste.[154] – Anträge zur vorläufigen Vollstreckbarkeit können zwar bis zum Schluss der mündlichen Verhandlung gestellt werden, auf die das Urteil ergeht (§ 714). Trotzdem empfiehlt es sich, sie bereits in der Klageschrift zu stellen (zB nach § 710), soweit sie nicht vom Verhalten des Beklagten abhängen. Wg. Einzelheiten s. § 714 Rn. 2f. **92**

Eine Ausnahme vom Antragserfordernis überhaupt sieht § 308a für Mietstreitigkeiten vor: Ist die Räumungsklage unbegründet, weil der Mieter gemäß §§ 574 bis 574b BGB eine Fortsetzung des Mietverhältnisses verlangen kann, so entscheidet das Gericht von Amts wegen, für welche Dauer oder unter welchen Änderungen der Vertragsbedingungen das Mietverhältnis fortgesetzt wird. **93**

2. Der Zahlungsantrag. Unter den Leistungsanträgen ist der auf Zahlung einer Geldsumme gerichtete Antrag der wichtigste. Seit dem 1. 1. 2002 können Zahlungsanträge für Ansprüche in inländischer Währung nur noch auf Euro lauten;[155] s. Einl. Rn. 115ff. **94**

a) Bezifferter Zahlungsantrag. Der Zahlungsantrag ist nur bestimmt, wenn er **beziffert** ist;[156] s. auch § 726 Rn. 10ff. Unbezifferte Zahlungsanträge sind nur ausnahmsweise zulässig; s. Rn. 117ff. Die mit beziffertem Antrag eingereichte Klage kann nach teilweiser Bewilligung der PKH nicht mit dem Vermerk zugestellt werden, die Zustellung erfolge nur im Umfang der PKH-Bewilligung gemäß beigefügtem Beschluss; vielmehr muss der Klageantrag neu formuliert werden. **95**

Bei der Klage auf Schadensersatz wegen einer erlittenen Erwerbsminderung muss der Antrag klarstellen, ob Rente oder einmalige Kapitalabfindung verlangt wird.[157] Wird Rente begehrt, so muss der Kläger den genauen Zeitraum angeben, für den die Zahlung verlangt wird. Unzulässig ist der Antrag auf Zuerkennung einer „dynamischen" Rente; Kaufkraftverluste müssen im Wege des § 323 ausgeglichen werden.[158] **96**

Ausreichend bestimmt ist der Antrag bei einer Schadensersatzklage, mit der – ohne einen auf Zahlung einer bestimmten Geldsumme gerichteten Antrag – lediglich die Verurteilung zu einer bestimmten Haftungsquote begehrt wird (sog. Quotenklage); es handelt sich nicht um einen Fall des zulässigerweise unbezifferten Klageantrags.[159] Unschädlich ist, wenn bei einem auf Rückabwicklung eines Kfz-Kaufvertrages gerichteten Zug um Zug-Klageantrag die genannte Klagesumme um einen Betrag gekürzt werden soll, der sich aus der Zahl der ab einem bestimmten Kilometerstand bis zu dem Kilometerstand bei Rückgabe gefahrenen Kilometer und einem festgesetzten Kilometerpreis errechnet, obgleich der Gerichtsvollzieher bei der Vollstreckung (§ 756) den Kilometerstand erst noch feststellen muss.[160] **97**

aa) Der Klageantrag kann auch auf **Zahlung in fremder Währung** lauten. Sind fremde Zahlungsmittel geschuldet, so muss der Kläger auf Zahlung in fremder Währung klagen, wenn er Erfolg haben will. Dies gilt für die effektive wie für die nicht effektive Fremdwährungsforderung, da auch bei letzterer die Schuld auf Zahlung in fremder Währung lautet und dem Schuldner lediglich überlassen bleibt, ob er in inländischer oder fremder Währung leistet.[161] Dagegen kann der Fremdwährungsgläubiger nicht den Erlass eines Mahnbescheides beantragen (§ 688 Abs. 1); zu Ausnahmen s. § 688 Rn. 4. Die hM lässt die Umrechnung in inländische Währung lediglich für die Geltendmachung im Mahnverfahren zu; § 688 Rn. 2. **98**

Die Praxis neigt dazu, auf Zahlung in Euro zu klagen, auch wenn fremde Zahlungsmittel geschuldet sind. Nach der Rspr. des BGH kann der Beklagte zur Zahlung in Euro verurteilt werden, obwohl die Schuld in fremder Währung besteht, sofern er hiergegen keine Einwendungen erhebt und ein schutzwürdiges Interesse keine Ausnahme rechtfertigt.[162] Dem kann nicht gefolgt werden. Die Gerichte dürfen einer Klage auf Zahlung in einer nicht geschuldeten Währung nur dann statt- **99**

---

154 *Stürner* ZZP 91 (1978), 359.

155 *P. Wax* NJW 2000, 488.

156 BGH NJW 1994, 586, 587; *Baumbach/Lauterbach/Hartmann* Rn. 349; *Rosenberg/Schwab/Gottwald* § 94 Rn. 28; OLG Frankfurt FamRZ 1982, 1223 (Unzulässigkeit einer Klage auf „angemessenen Unterhalt"); s. aber *Stein/Jonas/Schumann* Rn. 81 Fn. 84.

157 BGHZ 4, 138, 142 = NJW 1952, 382 = LM BGB § 278 Nr. 4 im Anschluß an RGZ 141, 304.

158 OLG Karlsruhe NJW 1969, 1488, 1490 (keine Anbindung der monatlichen Schmerzensgeldrente prozentual an die Erhöhung der Angestelltenrente wg. Erwerbsunfähigkeit).

159 OLG Bamberg NJW 1960, 1470.

160 OLG Oldenburg NJW 1991, 1187.

161 *Arend,* Zahlungsverbindlichkeiten in fremder Währung, 1989, S. 146f.

162 BGHZ 14, 212, 217; BGH WM 1977, 479; im Ergebnis ebenso *K. Schmidt* ZZP 98 (1985), 32, 37f., 43f.

geben, wenn der Kläger seinen Klageantrag nach entsprechendem Hinweis (§ 139 Abs. 1 Satz 2) umstellt.[163]

100 Die Zulässigkeit einer Klage auf effektive Zahlung in der geschuldeten Währung wird allgemein ohne nähere Begründung bejaht.[164] Hierbei wird übersehen, dass in Fällen dieser Art zwei Klagen erhoben sind, nämlich einmal die Leistungsklage, zum anderen eine negative Feststellungsklage des Inhalts, dass der Beklagte keine Ersetzungsbefugnis nach § 244 Abs. 1 BGB hat.[165]

101 **bb)** Die in der Literatur umstrittene Frage, ob Anträge in Gehalts- und Lohnzahlungsklagen auf **Brutto- oder Nettobeträge** lauten können (zur Anwendung des § 253 Abs. 2 Nr. 2 im Arbeitsgerichtsprozess s. Rn. 2, 186ff.), betrifft nur zu einem geringen Teil das Erfordernis des bestimmten Antrags, überwiegend jedoch die Begründetheit. Letztlich geht es darum, wie dem Umstand Rechnung zu tragen ist, dass vom Arbeitsentgelt Steuern und Sozialabgaben abzuführen sind, wozu in erster Linie der Beklagte als Arbeitgeber gesetzlich verpflichtet ist.

102 Um das Erkenntnisverfahren damit nicht zu belasten, empfiehlt es sich, auf Verurteilung zur Zahlung des **genau bezifferten Bruttobetrages** zu klagen abzüglich der vom Beklagten abzuführenden öffentlich-rechtlichen Abgaben, die nicht beziffert zu werden brauchen, da die Berechnung der Abgaben Sache des Beklagten ist. Der Beklagte kann die Berechnung, die sich auf den Zeitpunkt der tatsächlichen Auszahlung bezieht, auch vornehmen, weil er für Steuern und Sozialabgaben über die erforderlichen Berechnungsdaten (Lohnsteuerkarte) verfügt.[166] Hat der Kläger bereits öffentlich-rechtliche Leistungen erhalten (Arbeitslosengeld, Krankengeld), um die zusätzlich die Gehaltssumme zu kürzen ist, muss er in seiner Leistungsklage diesen Betrag, den der Beklagte nicht kennt, genau beziffern; sonst ist der Klageantrag unbestimmt und deshalb unzulässig.[167]

103 Es bestehen auch keine Bedenken, im Antrag der Leistungsklage nur den **Bruttolohnbetrag in genauer Höhe** anzugeben, wenn dieser Betrag als Bruttobetrag bezeichnet und damit für die Vollstreckungsorgane hinreichend deutlich zum Ausdruck gebracht wird, dass davon noch die üblichen Abzüge abgehen.[168] Wird bei arbeitsvertraglich geschuldetem Nettolohn auf Zahlung des Bruttolohns geklagt, so ist der Antrag zwar zulässig, weil bestimmt, jedoch in Höhe der gesetzlichen Abzüge unbegründet.[169] Ein auf Zahlung von Nettolohnbeträgen lautender Klageantrag ist immer zulässig; in vollem Umfange begründet ist er nur dann, wenn eine Nettolohnvereinbarung vorliegt oder der Kläger Steuern und Sozialabgaben richtig berechnet hat;[170] mit diesem Risiko sollte er sich nicht belasten.

104 **b) Geltendmachung von Teilbeträgen.** Wohl überwiegend als Problem des bestimmten Klageantrags erörtert die Literatur den praktisch bedeutsamen Fall, dass mit der Klage nur ein **Teilbetrag aus mehreren selbstständigen prozessualen Ansprüchen** geltend gemacht wird. Indessen handelt es sich hier je nach Lage des Falles um die Frage der bestimmten Angabe des Klagegrundes oder von Gegenstand und Grund. In Fällen dieser Art muss klargestellt werden, in welchem Umfang sich die Klagesumme dem Grunde und der Höhe nach auf die Einzelansprüche bezieht. Sonst ergeht Abweisung als unzulässig.

105 **aa)** Die **erforderliche Klarstellung** des Klagebegehrens kann der Kläger nach der Rspr. des RG und des BGH auf zwei Wegen erreichen: Er muss entweder genaue Teilbeträge der einzelnen Ansprüche angeben, deren Summe den Klageanspruch der Höhe nach ergibt, oder er muss die verschiedenen Ansprüche im Verhältnis von Haupt- und Hilfsantrag staffeln, wobei die einzelnen Hilfsansprüche unter Angabe ihrer Reihenfolge zu bezeichnen und zu beziffern sind.[171] Anerkannt ist weiter, dass der Kläger auch beide Möglichkeiten dergestalt kombinieren kann, dass er die

---

[163] *Arend* (Fn. 161) S. 154ff.

[164] *Fögen,* Geld und Währungsrecht, 1969, S. 124; *Staudinger/K. Schmidt* § 244 Rn. 107.

[165] *Arend* (Fn. 161) S. 159ff., der jedoch für den Regelfall das Feststellungsinteresse für die negative Feststellung bezüglich der Ersetzungsbefugnis des Beklagten verneint.

[166] BAG NJW 1985, 646 = NZA 1985, 58; BAGE 97, 150, 153 = NJW 2001, 3570, 3571; dagegen *Berkowsky/Drews* DB 1985, 2099.

[167] BAG NJW 1979, 2634; LG Lüneburg DGVZ 1978, 115; *Lepke* DB 1978, 839, 841; *Berkowsky* BB 1982, 1120, 1122; dagegen *Müller* DB 1978, 935. – Bezüglich der auf Dritte übergegangenen und im Klageantrag nicht abgesetzten Beiträge ist die Klage zudem unbegründet.

[168] BAGE 15, 220, 227 = AP BGB § 611 Nr. 20 = NJW 1964, 1338; *Berkowsky* BB 1982, 1120, 1121; *Lepke* DB 1978, 839, 840; *Germelmann/Matthes/Prütting/Müller-Glöge* § 46 Rn. 43.

[169] Vgl. *Berkowsky* BB 1982, 1120, 1121; *Berkowsky/Drews* DB 1985, 2099.

[170] Vgl. LAG München DB 1980, 886, 887; *Berkowsky* BB 1982, 1120, 1121.

[171] RGZ 157, 321, 326; BGHZ 11, 192 = NJW 1954, 757; BGH ZZP 69 (1956), 310, 314; NJW 1984, 2346, 2347; 1990, 2068, 2069; 1998, 1140; 2000, 3718, 3719; BGH MDR 2003, 824, 825 = NJW-RR 2003, 1075, 1076; BGH NJW-RR 2004, 639, 640; BGH JA 2006, 564, 565.

Aufteilung auf die einzelnen Ansprüche vornimmt und zusätzlich den jeweils verbleibenden Teil der Ansprüche hilfsweise geltend macht.[172] Mit dieser Rspr. stimmt die hM in der Literatur überein.[173]

Nicht dagegen kann die **Aufgliederung bzw. Staffelung in Haupt- und Hilfsanspruch** dem Gericht überlassen werden. Dies folgt schon aus dem Dispositionsgrundsatz und der damit verbundenen Verantwortung des Klägers für den Klageantrag. In diesem Sinne hält der BGH[174] es für unzulässig, aus einem komplexen Schadensereignis resultierende selbstständige Schadensgruppen dem Gericht wahlweise oder beliebig zur Ausfüllung der Klagesumme zur Disposition zu geben. Der dazu gemachte Vorschlag,[175] das Gericht solle nach erfolgloser Aufforderung des Klägers zur Aufgliederung den Prozess hinsichtlich der einzelnen Ansprüche trennen (§ 145) und dann, nachdem der Kläger in den einzelnen Verfahren Anträge gestellt habe, die Verfahren wieder verbinden (§ 147), geht auch unter der Geltung des § 139 n. F. über die „Fürsorgepflicht" des Gerichts hinaus und entspricht nicht der Verantwortung des Klägers für die Stellung eines bestimmten Antrags.[176] 106

bb) Die **Notwendigkeit zur Aufgliederung oder Staffelung** besteht nur, wenn der Klage mehrere selbstständige prozessuale Ansprüche zugrunde liegen. Dies kann auch bei nur einem Sachverhaltskomplex der Fall sein. Beispiele: Ansprüche auf Ersatz von Sachschäden, Heilungskosten und Schmerzensgeld aus einem Verkehrsunfall;[177] im Falle eines Brandschadens sowohl für den Bereich Sachschaden/Verdienstausfallschaden als auch innerhalb der Sachschäden für solche an gewerblichem Inventar einerseits und privatem Hausrat andererseits;[178] zweifelhaft für eine Klage auf Ersatz von Aufwendungen auf Grund eines Vertrages zum Hausbau für das Verhältnis der Ansprüche auf Erstattung von Grundstückskosten, Baukosten, Zinsaufwendungen, angefallener Gewerbesteuer und Maklergebühren.[179] 107

Liegt hingegen nur ein einziger, wenn auch aus mehreren Rechnungsposten bestehender prozessualer Anspruch vor, so bedarf es keiner Aufteilung oder Staffelung.[180] Falls die **Summe der Einzelposten** über den Klageantrag hinausgeht, muss der Kläger klarstellen, dass es sich um eine Teilklage handelt. Das Risiko hierfür liegt bei ihm. So ist bei einer Klage auf Enteignungsentschädigung der gesamte Anspruch als geltend gemacht anzusehen, wenn der Kläger auf die vom Gericht festzusetzende angemessene Entschädigung klagt, dafür in der Begründung eine Summe errechnet und keinen Vorbehalt für einen etwaigen darüber hinausgehenden Teilbetrag macht.[181] Zur Frage, ob das einer **verdeckten Teilklage** stattgebende Urteil Nachforderungen ausschließt,[182] s. § 322 Rn. 130f. Die Beschaffenheit des geltend gemachten Rechts kann eine Teilklage überhaupt hindern. Dies soll nach der nicht überzeugenden Rspr. des BGH zB auch für den Anspruch auf teilweise Einräumung des Miteigentums oder des Miteigentumsanteils zutreffen.[183] 108

Mit der Verantwortung des Klägers für den Klageantrag ist vereinbar, dass er mehrere bloße Rechnungsposten, die zusammen über die Klagesumme hinausgehen, dem Gericht wahlweise zur **Ausfüllung des Klagebetrags** anbietet, wenn klargestellt ist, dass es sich etwa wegen Zweifelhaftigkeit einiger Positionen nicht um eine Teilklage handelt.[184] Das Gericht muss dann in den Urteilsgründen darlegen, welche Einzelposten es herangezogen hat.[185] Die materielle Rechtskraft steht einer weiteren Klage unter Rückgriff auf die nicht geprüften Rechnungsposten entgegen. 109

---

[172] *Kreft* DRiZ 1954, 186, 187; *Arens* JuS 1964, 395.

[173] *Rosenberg/Schwab/Gottwald* § 94 Rn. 24 ff; *Zöller/Greger* Rn. 15; *Arens* JuS 1964, 395; zu den Vorteilen der einzelnen Möglichkeiten insbes. *Kreft* DRiZ 1954, 186, 187.

[174] BGH NJW 1984, 2346, 2347; s. auch BGH MDR 1959, 743 = JZ 1960, 28 m. Anm. *Baumgärtel.*

[175] *Pawlowski* ZZP 78 (1965), 307, 317 f.

[176] Abl. auch *Rosenberg/Schwab* (14. Aufl.) § 98 II 2c; dazu *Pawlowski* AcP 195 (1995), 548, 552 Fn. 16 („Mißverständnis").

[177] *Stein/Jonas/Schumann* Rn. 67.

[178] BGH NJW 1984, 2346, 2347.

[179] BGH WM 1979, 147 hat die Frage offengelassen; die Einzelansprüche dürften sich wohl auf mehr als nur einen prozessualen Anspruch beziehen.

[180] BGH NJW 2000, 3718, 3719.

[181] BGHZ 34, 337, 340 = NJW 1961, 917; dagegen *Habscheid* FamRZ 1962, 352, 354; s. auch OLG Bamberg NJW 1974, 2002 f.

[182] Vgl. *K. Schmidt* JuS 1998, 181 Nr. 11; *Fenge,* FS Pieper, 1998, S. 31, 39 ff.; verneinend BGHZ 135, 178 = NJW 1997, 1990.

[183] BGHZ 36, 365, 368 = NJW 1962, 1109 = FamRZ 1962, 359; dagegen *Brox* NJW 1962, 1203 unter Berufung auf § 747 S. 1 BGB; ebenfalls abl. *Habscheid* FamRZ 1962, 352 f.

[184] Vgl. BGH NJW-RR 1995, 1119, 1120.

[185] *Stein/Jonas/Schumann* Rn. 67.

110 **cc)** Der **Mangel der notwendigen Bestimmtheit des Klagebegehrens**[186] kann noch in der Revisionsinstanz behoben werden; er ist auch hier ohne entsprechende Rüge zu beachten.[187] Eine Klarstellung durch Aufgliederung ist nicht mehr möglich, wenn die Ansprüche im Rahmen der geltend gemachten Klageforderung vom Berufungsgericht nur zum Teil dem Grunde nach für gerechtfertigt erklärt worden sind[188] oder wenn die einzelnen Forderungen dem Grunde oder der Höhe nach nicht bestimmt sind.[189] Ist der Kläger bereits in der Vorinstanz auf die fehlende Aufgliederung hingewiesen worden und hat er sie nicht vorgenommen, so ist die Klage in der Revisionsinstanz als unzulässig abzuweisen, ohne dass vorher nochmals die Aufgliederung angeregt zu werden braucht.[190]

111 **dd)** Bei ordnungsgemäßer Aufgliederung erfasst die **Rechtshängigkeit** nur den eingeklagten Teilbetrag. Auch der Lauf der Verjährung wird nur hinsichtlich des eingeklagten Teils der Gesamtforderung gehemmt (§ 204 Abs. 1 Nr. 1 BGB).[191]

112 Nach der **Rspr.** werden bei unterbliebener Aufteilung alle im Klageantrag enthaltenen Forderungen bis zur Höhe der Klageforderung zunächst rechtshängig und auch ihre Verjährung wird gehemmt, allerdings nur hinsichtlich der die Gesamtklagesumme nicht übersteigenden Teile der Einzelansprüche. Dies entspreche dem durch Auslegung des Klagebegehrens zu ermittelnden Willen des Klägers, der dem Gericht die Auswahl unter den verschiedenen Ansprüchen überlassen wolle.[192] Die Rechtshängigkeit sei auflösend bedingt durch die Nicht-Nachholung der Aufgliederung im Laufe des Prozesses. Die Nachholung bewirke den Ausfall der Bedingung und beseitige die Unklarheit darüber, inwieweit die einzelnen prozessualen Ansprüche von der Rechtshängigkeit erfasst würden. Die Klarstellung wirke zurück, so dass volle Rechtshängigkeit bereits ab Zustellung der Klageschrift bestehe und in diesem Zeitpunkt auch die Hemmung der Verjährung eingetreten sei.[193] Könne dagegen eine Klarstellung nicht mehr erfolgen, weil zB der Rechtsstreit durch Urteil rechtskräftig abgeschlossen sei, so entfalle die Rechtshängigkeit rückwirkend und damit auch die verjährungshemmende Wirkung.[194]

113 Diese Konstruktion bedeutet, dass die Rechtshängigkeit der Klage für alle betroffenen Ansprüche rückwirkend entfällt, also **kein Raum** bleibt **für ein abweisendes Prozessurteil.** Deshalb – und nicht wegen der aus dem im Zivilprozess herrschenden Bestimmtheitsgrundsatz hergeleiteten Bedenken[195] – ist sie verfehlt und die Rechtslage gerade nicht mit derjenigen von Haupt- und Hilfsantrag vergleichbar.

114 Die im Ergebnis richtige Rspr. lässt sich jedoch mit der Annahme einer positiv formulierten auflösenden Bedingung, nämlich der Nachholung der Aufgliederung, an die die Rechtshängigkeit geknüpft ist, sowie mit einem § 204 Abs. 2 Satz 1 BGB zu entnehmenden Argument begründen: Der auch von einer unzulässigen Klage ausgehenden Verjährungshemmung in Verbindung mit der diese Hemmung aufrecht erhaltenden erneuten Erhebung einer nunmehr einwandfreien Klage innerhalb von sechs Monaten nach rechtskräftiger Prozessabweisung muss der Fall gleichgestellt werden, dass die Aufschlüsselung während des Prozesses nachgeholt wird.[196] Letzteres erklärt aber nur die Rückwirkung der Verjährungshemmung auf den Zeitpunkt der Klageerhebung.[197] Das Erlöschen der Rechtshängigkeit der nicht in Anspruch genommenen Teile der Einzelforderungen oder derjenigen Forderung, die nach der Staffelung als Hilfsforderungen dem Gericht angedient werden, wird durch die Aufschlüsselung als auflösende Bedingung bewirkt.[198] Da für den Eintritt der auflösend beding-

---

[186] Nach der Rspr. des BGH kann er dadurch beseitigt werden, dass der Kläger ein zu seinen Gunsten ergangenes Urteil, dessen Gegenstand bestimmt ist, in der Berufungsinstanz verteidigt; BGH NJW-RR 1995, 1119, 1120; 1997, 441.

[187] BGHZ 11, 192, 195 = NJW 1954, 757; BGH NJW 1959, 1819; WM 1979, 147.

[188] BGH VersR 1955, 403 = NJW 1955, 1030 (LS); in dem entschiedenen Fall war überdies die Schlüssigkeit einer der Einzelforderungen fraglich.

[189] BGHZ 11, 192, 195 = NJW 1954, 757.

[190] BGH NJW 1958, 1590; s. auch *Lindacher* ZZP 76 (1963), 451.

[191] AllgM; vgl. etwa BGH NJW 1984, 2346, 2348; NJW-RR 1989, 691, 693; BGHZ 151, 1, 2f. = NJW 2002, 3465.

[192] BGHZ 11, 192, 195 = NJW 1954, 757; BGH NJW 1959, 1819, 1820; 1984, 2346, 2347; *Arens* JuS 1964, 395 u. ZZP 82 (1969), 143, 149.

[193] So schon BGHZ 11, 192, 195 = NJW 1954, 757; bestätigt von BGH NJW 1959, 1819, 1820; NJW 1984, 2346, 2347 f.

[194] BGH NJW 1984, 2346, 2348.

[195] *Rosenberg/Schwab/Gottwald* § 94 Rn. 26; zust. *Arens,* FS K. H. Schwab, 1990, S. 17, 18 bei Fn. 6.

[196] Ähnlich zu § 212 BGB aF *Arens* ZZP 82 (1969), 143, 148, der im Ansatz *Henckel* JZ 1962, 335 folgt.

[197] Zust. *Vollkommer, FS G. Lüke,* 1997, S. 865, 890; *Rosenberg/Schwab/Gottwald* § 94 Rn. 26.

[198] Wie hier *Zöller/Greger* Rn. 15.

ten Rechtshängigkeit die Angabe der Höhe der einzelnen Forderungen nicht erforderlich ist, schadet es nichts, dass ihre Bezifferung erst nach Ablauf der Verjährungsfrist vorgenommen wird.[199]

c) Bestimmter Antrag bei Kläger- und Beklagtenmehrheit. aa) Klagen mehrere Kläger, die nicht Gesamtgläubiger sind, in einer Klage einen Gesamtbetrag ein, so müssen sie ihre Ansprüche aufteilen; eine **Zusammenfassung** zu einem einzigen Anspruch ist **nicht möglich.**[200] Dies folgt aus § 308 Abs. 1 sowie aus der Notwendigkeit zur Klarstellung für Rechtshängigkeit und Rechtskraft. In der Praxis handelt es sich meistens um Unterhaltsklagen, zB um Rentenansprüche von Witwe und Kind des bei einem Unfall Getöteten. Eine Erleichterung gewährt die Rspr. bei Unterhaltsklagen zusammenlebender Familienangehöriger. Diese sind zwar ebenfalls nicht von der Last zur ordnungsgemäßen Aufteilung entbunden, können sich jedoch hilfsweise mit einer anderweitigen Aufteilung durch das Gericht einverstanden erklären, insb. wenn nach materiellem Recht der Anspruch jedes einzelnen nicht nur vom eigenen Bedarf, sondern auch von der Leistungsfähigkeit des Verpflichteten und dem Vorhandensein anderer Unterhaltsberechtigter abhängig sein kann (vgl. §§ 1360, 1360a BGB).[201] Eine Ausdehnung dieser aus praktischen Gründen zugelassenen Ausnahme über das Unterhaltsrecht hinaus kommt nicht in Betracht. 115

bb) Umstritten ist, ob auch im umgekehrten Fall – der Kläger (zB das Kind) verlangt von mehreren Beklagten (regelmäßig den Eltern), die nicht Gesamtschuldner sind, einen Gesamtbetrag an Unterhalt – die an sich gebotene **Aufgliederung** dem Gericht überlassen werden kann, so dass nur die insgesamt geforderte Summe zu beziffern ist. Hierfür spricht sich vor allem *Gernhuber* aus, um eine angemessene, dh. in diesem Fall für das Kind günstigere, Verteilung des Prozesskostenrisikos zu erreichen.[202] Die Gegenmeinung stellt demgegenüber auf den zwingenden Charakter der §§ 253 Abs. 2 Nr. 2, 308 ab.[203] Die vom BGH für die Klägermehrheit gemachte Ausnahme (Rn. 115) sollte auch hier zugelassen werden.[204] – Ein ähnliches verfahrensrechtliches Problem stellt sich bei der Aufteilung von Elementar- und Vorsorgeunterhalt nach § 1578 Abs. 3 BGB; hier kann der Kläger die Aufteilung des Gesamtbetrages dem Gericht überlassen. 116

3. Unbezifferter Klageantrag. a) Grundsatz. Die **Bezifferung** des auf Geldzahlung gerichteten Klageantrags **kann ausnahmsweise unterbleiben.** Die Aussage, dass die Ausnahme schon dann eingreife, wenn die Bezifferung dem Kläger nicht möglich oder nicht zumutbar sei,[205] ist wenig aussagekräftig und bedarf der Konkretisierung. 117

Ein unbezifferter Klageantrag ist unzulässig, wenn er lediglich dazu dient, das allgemeine Kostenrisiko auf den Beklagten abzuwälzen. Denn das Risiko, ganz oder teilweise zu unterliegen, weil etwa eine getroffene Bestimmung (§§ 315, 316 BGB) nicht der Billigkeit entspricht oder ein Anspruch im Vertrag keine Stütze findet, trägt der Kläger.[206] Ebensowenig kann eine Teilabweisung mit Kostenfolgen wegen zweifelhaften Umfangs des Mitverschuldens oder der Mitverursachung dadurch abgewendet werden, dass der Kläger seinen Klageantrag nicht beziffert. Die Möglichkeit, dass sich der vom Kläger behauptete Geschehensablauf in der Beweisaufnahme anders darstellt, gehört zu seinem Risiko; davon kann er sich nur durch einen wahrheitsgemäßen, nachweisbaren Sachvortrag, nicht aber durch einen unbezifferten Klageantrag befreien.[207] Lediglich die Ursächlichkeit des Mitverschuldens für den Schadenseintritt sowie die Schadenshöhe sind der freien richterlichen Schadensschätzung unterstellt (§ 287);[208] s. dort Rn. 7ff., 16. 118

b) Anerkannte Fälle. Der BGH hat im Anschluss an die Rspr. des RG[209] die Zulässigkeit des unbezifferten Klageantrags bei Schadensersatz-, insb. Schmerzensgeldansprüchen, grds. anerkannt. 119

---

[199] BGH NJW 1967, 2210, 2211 = ZZP 82 (1969), 141 m. Anm. *Arens.*

[200] BGHZ 11, 181, 183f. = NJW 1954, 716; bestätigt von BGH NJW 1981, 2462; NJW-RR 1995, 1217, 1218; s. auch *Göppinger/Wax/van Els* Rn. 2058.

[201] BGH NJW 1972, 1716, 1717 = LM BGB § 1602 Nr. 1; s. auch BGH NJW 1981, 2462f.

[202] *Gernhuber* FamilienR, 3. Aufl. 1980, § 42 II 5.

[203] MünchKommBGB/*Köhler* § 1606 Rn. 15 m. Nachw.; *Soergel/Häberle,* 12. Aufl. 1987, § 1606 BGB Rn. 18.

[204] Dafür auch *Stein/Jonas/Schumann* Rn. 99; *Göppinger/Wax/van Els* Rn. 2059. Der BGH hat sich dagegen ausgesprochen. Die von *Köhler* aaO für das von ihm behauptete Gegenteil zitierten Entscheidungen betreffen nicht das Problem. Vielmehr hat der BGH in NJW 1972, 1716, 1717 = LM BGB § 1602 Nr. 1 die Auffassung *Gernhubers,* wenn auch nur am Rande, zur Begründung seiner Meinung herangezogen.

[205] Vgl. statt vieler BGH NJW 1967, 1420.

[206] BGH ZZP 86 (1973), 322, 325.

[207] BGH NJW 1967, 1420, 1421; ZZP 82 (1969), 128, 131 m. Anm. *Pawlowski.*

[208] BGH NJW 1967, 1420, 1421.

[209] Vgl. etwa RGZ 140, 211, 213; zur Entwicklung der Rspr. des RG u. des BGH s. *Röhl* ZZP 85 (1972), 52; *Gerlach* VersR 2000, 525.

So hat er den nicht bezifferten Klageantrag als hinreichend bestimmt angesehen, weil der Kläger seine Erwerbs- und Verdienstmöglichkeit unter näherer Darlegung seiner früheren Tätigkeiten begründet und unter Beweis gestellt hatte und sich aus seinem Vortrag ergab, dass er wegen der Erwerbsbeschränkung eine Rente und keine Kapitalabfindung verlangte; denn damit habe er die Grundlage für die nach richterlichem Ermessen, ggf. unter Heranziehung des § 287, festzustellende Schadenshöhe ausreichend angegeben.[210] Zur Begründung hat der BGH sich lediglich auf die feststehende Rspr. berufen. In diesem Sinne hatte das RG in allen Fällen, in denen die Bestimmung des Betrags, wie namentlich bei Klagen auf Schadensersatz in Geld, von der Ermittlung der Schadenshöhe durch Beweisaufnahme, gerichtliche Schätzung oder vom billigen Ermessen des Gerichts abhing, genügen lassen, dass die zahlenmäßige Feststellung der Klageforderung dem Gericht überlassen wurde, sofern ihm die tatsächlichen Grundlagen vorgetragen waren, die die Feststellung der Höhe des Klageanspruchs ermöglichten.[211]

120 Angesichts der an dieser weiten Zulassung des unbezifferten Klageantrags geübten Kritik,[212] tendierte der BGH später dahin, seine Rspr. einzuschränken. In einer Entscheidung aus dem Jahre 1966[213] erwog er erstmals, ob – der Ansicht *Pawlowskis*[214] folgend – zumindest die Angabe der vom Kläger vorgestellten Größenordnung des begehrten Anspruchs gefordert werden sollte, um aus dem unbezifferten einen bestimmten Antrag zu machen, ließ die Frage letztlich offen, neigte jedoch zur Bejahung. Diese einschränkende Auffassung hat sich in der Rspr. mittlerweile durchgesetzt und kann heute als herrschend bezeichnet werden.[215] Soweit die jüngere Rspr., wonach das Gericht ungeachtet des § 308 Abs. 2 S. 1 dem Kläger auch mehr als den von ihm anzugebenden Mindestbetrag zusprechen kann[216] und ihm mangels Beschwer Rechtsmittel versagt sind, wenn ihm dieser Mindestbetrag zugesprochen wurde,[217] dahin gedeutet wird, die Angabe der Größenordnung des Verlangten sei für die Bestimmtheit des Klageantrages fortan entbehrlich,[218] kann dem nicht gefolgt werden.[219]

121 Danach ist **der unbezifferte Klageantrag zulässig,** wenn statt der Bezifferung mindestens die Größenordnung des Betrags, den der Kläger sich vorstellt, angegeben wird („Richtzahl"); er ist unzulässig, wo diese Angabe fehlt. Daneben ist auch weiterhin die Darlegung der tatsächlichen Berechnungs- und Schätzungsgrundlagen erforderlich. Hinsichtlich der Größenordnung reicht die Angabe eines Ungefähr- oder Mindestbetrages aus. Die Rspr. verfährt hier in der Regel großzügiger; sie lässt grds. auch die bloße Streitwertangabe des Klägers genügen.[220] Ausreichend ist nach ihr sogar, dass der Kläger sich eine Streitwertfestsetzung stillschweigend zu eigen macht;[221] anders nur, wenn er sich ausdrücklich dagegen verwahrt, dass seine Streitwertangabe als bestimmender Faktor seines Begehrens herangezogen wird.[222]

122 **c) Hauptanwendungsgebiet.** Hauptanwendungsgebiet für diese Grundsätze ist das **Schadensersatzrecht,** wenn die Höhe des zuzusprechenden Schadensersatzes entweder in das Ermessen des Gerichts gestellt wird, wie beim Schmerzensgeld (§ 253 Abs. 2 BGB), oder wenn sie von einer gerichtlichen Schätzung abhängt, so nach § 287 und über diese Vorschrift hinausgehend bei der Schadensberechnung gem. § 252 S. 2 BGB[223] oder in entsprechender Anwendung des § 287 zur Festsetzung der Minderungsquote bei einer Entschädigung wegen nutzlos aufgewendeter Urlaubszeit (§ 651 f Abs. 2 BGB).[224] Sie gelten auch, wenn die Höhe des Schadens erst durch Beweisaufnahme,

---

210 BGHZ 4, 138, 142 = NJW 1952, 382 = LM BGB § 278 Nr. 4. Im konkreten Fall war der Kläger häufig wechselnden Erwerbsmöglichkeiten mit sehr unterschiedlichen Verdiensten nachgegangen; deshalb hing die Höhe seines Verdienstausfalls in hohem Maße von einer Schätzung ab.

211 RGZ 140, 211, 213 (als Beispiel für die st. Rspr. des RG).

212 Vgl. *Röhl* ZZP 85 (1972), 52, 56ff.; *Dunz* NJW 1984, 1734, 1735; s. auch *Gerstenberg* NJW 1988, 1352; *Husmann* NJW 1989, 3126.

213 BGHZ 45, 91, 93 = NJW 1966, 780 = LM Nr. 41 m. Anm. *Hauss.*

214 NJW 1961, 341, 342.

215 BGH NJW 1982, 340 = JR 1982, 156 m. Anm. *Gossmann;* BGH JR 1976, 22 m. Anm. *Berg;* BGH VersR 1977, 861; BGHZ 132, 341, 350 = NJW 1996, 2425 = JZ 1996, 1080 m. Anm. *Schlosser;* BGH NJW 2002, 3769; Überblick über die Rspr. des BGH bei *Dunz* NJW 1984, 1734.

216 BGHZ 132, 341, 350ff. = NJW 1996, 2425 = JZ 1996, 1080.

217 BGHZ 140, 335 = NJW 1999, 1339; BGH NJW 2002, 212; 2002, 3769; 2004, 863.

218 *Schlosser* JZ 1996, 1082f.; *Gerlach* VersR 2000, 525, 527ff.

219 BGHZ 140, 335, 340 = NJW 1999, 1339, 1340.

220 BGH NJW 1982, 340, 341 = JR 1982, 156 m. Anm. *Gossmann.*

221 BGH NJW 1984, 1807, 1809 = JZ 1985, 236.

222 BGH NJW 1982, 340, 341 = JR 1982, 156 m. Anm. *Gossmann.*

223 BGH NJW 1970, *281* (Verdienstausfall durch Unfallschaden an einem Taxi).

224 LG Hannover NJW 1989, 1936.

insb. einen Sachverständigen, ermittelt werden muss.[225] Allerdings darf die geforderte Darlegung der tatsächlichen Grundlagen für die Schätzung nicht durch den Beweisantrag auf Einholung eines Sachverständigengutachtens ersetzt werden, weil das Gericht die zur Beurteilung der Schadenshöhe erforderlichen Tatsachen auch auf andere Weise – bei einer Schadensschätzung etwa durch die Vernehmung des Klägers (§ 287 Abs. 1 S. 3) – feststellen kann.[226]

Die Grundsätze gelten ferner für die **Enteignungsentschädigung.**[227] Weitere Anwendungsfälle 123 sind die §§ 315 Abs. 3 S. 2 und 319 Abs. 1 S. 2 BGB.[228] Läßt man den unbezifferten Antrag hier zu, so muss dies auch für die ähnlich gelagerten Fälle der §§ 343 (Vertragsstrafe), 660 Abs. 1 S. 2 (Auslobung), 2048 (Teilungsanordnungen des Erblassers) sowie § 2156 BGB (Zweckvermächtnis) gelten. Allerdings wird man hier ebenfalls die Angabe der Größenordnung, die der Kläger sich vorstellt, verlangen müssen.[229]

Noch weiter geht *Gottwald;*[230] er will den Anwendungsbereich – im Hinblick auf § 287 Abs. 2 124 konsequent – auf Ansprüche auf übliche Vergütung (§§ 612, 632, 653 BGB), angemessene Entschädigung (§ 642 BGB), Vergütung des Testamentsvollstreckers (§ 2221 BGB) sowie auf die „Provision nach Maßgabe des Umsatzes“ oder Erhöhung des Pachtzinses nach Ermessen des Gerichts (bis zur 15. Aufl., § 97 II 3b, auch auf Ansprüche auf Bereicherung) ausdehnen. Zur Kritik s. Rn. 126ff. – Auch gibt es einige gesetzlich geregelte Ausnahmefälle. Hierher gehören zB die Klage des minderjährigen Kindes auf Unterhalt als Vomhundertsatz des Regelbetrages (§ 1612a BGB, § 645 Abs. 1), ferner im Arbeitsrecht die Klage auf angemessene Vergütung nach § 38 ArbnErfG sowie diejenige auf Abfindung gem. § 113 BetrVG.[231]

Umstritten ist die Zulassung des unbezifferten Klageantrags im **Unterhaltsrecht.** Nach Ansicht 125 einiger Oberlandesgerichte[232] besteht im Unterhaltsrecht kein Bedürfnis, von den Voraussetzungen des § 253 Abs. 2 Nr. 2 abzuweichen, da die Bemessungsgrundsätze nach den zugrundezulegenden Tabellen unschwer zu ermitteln seien. Dagegen ist nach einer neueren Literaturmeinung der unbezifferte Klageantrag in Unterhaltssachen zulässig.[233] Sie beruft sich ua. darauf, dass unter sozialstaatlichen Gesichtspunkten die Gerichte verpflichtet seien, eine risikolose Durchsetzung von Unterhaltsansprüchen prozessual zu ermöglichen; dem Beklagten sei eine Verschiebung des Prozessrisikos zuzumuten, die ihm uU sogar zugute komme, falls der Kläger die anwaltliche Vertretung „spart“.[234] Eine vermittelnde Ansicht hält den unbezifferten Klageantrag insoweit für zulässig, als die Unterhaltshöhe von wertungsbedingten Umständen abhängt, wie zB bei den Tatbestandsmerkmalen „angemessener Unterhalt“ (§ 1610 BGB) oder „Billigkeit“ (§ 1611 BGB); im Übrigen komme es für die Zulässigkeit auf die ausreichende Darlegung des Sachverhalts und die Angabe einer Größenordnung des Anspruchs an.[235]

d) Kritik und Stellungnahme. Diejenigen, die eine weitgehende Zulassung des unbezifferten 126 Klageantrags befürworten, führen hauptsächlich den Wortlaut des § 253 Abs. 2 Nr. 2 an. Dort werde nur ein „bestimmter“, nicht aber ein „bezifferter“ Klageantrag gefordert. Auch müsse das Prozessrecht das nötige Instrumentarium anbieten, wenn das materielle Recht „unbestimmte“ Ansprüche kenne, um diese gerichtlich verfolgen zu können.[236]

Die Gegner reklamieren ebenfalls den Wortlaut der Vorschrift für sich. Sie argumentieren weiter: 127 Begnüge man sich, wie dies die Rspr. tut, mit der Darstellung der Berechnungsgrundlagen, so liege darin nur die ohnehin vorgeschriebene bestimmte Angabe des Gegenstandes und des Grundes, während auf das Antragserfordernis gänzlich verzichtet werde.[237] Das Argument, dass eine Beziffe-

---

[225] RGZ 140, 211, 213; *Stein/Jonas/Schumann* Rn. 81.

[226] BGH JR 1976, 22 m. Anm. *Berg* = MDR 1975, 741; anders für das Enteignungsentschädigungsverfahren nach Art. 18ff. BayAGZPO das BayObLG NJW 1966, 1369 (LS).

[227] So ausdrücklich BGH VersR 1975, 856, 857 = JR 1976, 22 m. Anm. *Berg;* s. auch BGHZ 29, 217 = NJW 1959, 771.

[228] BGH WM 1969, 62; *Stein/Jonas/Schumann* Rn. 81; dagegen *Röhl* ZZP 86 (1973), 326, 328f.; offengelassen in BGH ZZP 86 (1973), 322, 325.

[229] So auch in BGH WM 1969, 62 anklingend.

[230] *Rosenberg/Schwab/Gottwald* § 94 Rn. 40.

[231] Dazu BAGE 42, 1, 6 = NJW 1984, 323; BAG NJW 1984, 1650.

[232] OLG Düsseldorf FamRZ 1978, 134; OLG Frankfurt FamRZ 1982, 1223.

[233] Vgl. *Spangenberg* MDR 1982, 188 mit Nachw.

[234] *Spangenberg* MDR 1982, 188; ihm folgend *Thomas/Putzo/Reichold* Rn. 12.

[235] Vgl. *Göppinger/Wax/van Els* Rn. 2051f.

[236] *Stein/Jonas/Schumann* Rn. 81 Fn. 84; *Husmann* VersR 1985, 715 mit Erwiderung *Bähr* VersR 1986, 533.

[237] *Bull* JR 1958, 95; *Bernhardt* JR 1968, 212, 213 („Billigkeitsrechtsprechung contra legem“); *Röhl* ZZP 85 (1972), 52, 57; *Dunz* NJW 1984, 1734, 1735; bis zur 15. Aufl. auch *Rosenberg/Schwab/Gottwald* § 97 II 3b („Gesetzesverletzung“).

rung objektiv nicht möglich sei, greife nicht; denn bei Unmöglichkeit der Bezifferung müsse sich der Kläger mit einer Feststellungsklage und einer evtl. damit verbundenen Teilleistungsklage begnügen.[238]

128 Die Kritik an der ausdehnenden Zulassung des unbezifferten Klageantrags ist berechtigt, weil solche Anträge mit Wortlaut, Sinn und Zweck des § 253 Abs. 2 Nr. 2 nicht vereinbar sind. Die Kostenproblematik für den Kläger lässt sich durch eine konsequente Anwendung des in der Praxis wenig beachteten § 92 Abs. 2 2. Alt. lösen.[239] Der hiergegen gerichtete Hinweis auf die „Kann"-Fassung[240] ist verfehlt.[241] Bestehen Unklarheiten über den Schadensumfang, weil dieser noch in der Entwicklung begriffen ist, so hilft die Feststellungsklage. Stufenklage und Klageerweiterung ergänzen das leistungsfähige Instrumentarium der ZPO.

129 Selbstverständlich kann an der Rspr., die Kompromisscharakter hat, schon aus praktischen Gründen nicht vorbeigegangen werden. Der Umstand, dass der BGH die Angabe einer Größenordnung „so genau wie möglich" fordert, deutet darauf hin, dass er zur Einschränkung der unbezifferten Klageanträge tendiert. Auch dies spricht dafür, unbezifferte Klageanträge nicht in Bereichen zuzulassen, in denen sie bisher nicht anerkannt waren. Im ganzen muss ihre Zulassung restriktiv gehandhabt werden.[242]

130 **e) Auswirkungen.** Eine beachtliche Meinung neigt dazu, dem Gericht einen Entscheidungsspielraum von etwa 20% nach unten und oben bezogen auf die angegebene Größenordnung („Richtzahl") zuzubilligen.[243] Diese Faustregel lässt sich zwar rational nicht begründen; sie ist trotzdem zu akzeptieren, da sie zur Rechtssicherheit beiträgt, dem Schutz des Beklagten dient und das Kostenrisiko des Klägers auf ein vertretbares Maß bringt. Der BGH folgt dem nicht und lehnt eine Eingrenzung auf einen prozentual bestimmten Rahmen ab:[244] Die angegebene Mindestsumme oder genannte Größenvorstellung zieht keine Grenze nach oben, es sei denn, der Kläger gibt zu erkennen, dass er die Ausübung des richterlichen Ermessens nur bis zur Höhe des genannten Betrages begehre. Dagegen begrenzt der Betrag nach unten, so dass der Kläger bei Unterschreitung beschwert ist. Spricht das Gericht ein Schmerzensgeld in Höhe der angegebenen Betragsvorstellung zu, so ist der Kläger nicht beschwert und kann das Urteil nicht mit dem Ziel eines höheren Schmerzensgeldes anfechten.[245] S. auch Vor §§ 511 ff. Rn. 56. – Ob das Gericht bei unbeziffertem Leistungsantrag im Rahmen des ihm eröffneten Ermessens eine Aufteilung des Schmerzensgeldes in Kapital und Rente vornehmen darf, ist zweifelhaft; die Zuerkennung einer Rente dürfte stets einen Antrag des Klägers voraussetzen.[246]

131 Bei teilweiser oder vollständiger Klageabweisung richtet sich der Streitwert nach der angegebenen Größenordnung oder, wo diese fehlt, nach dem Mindestbetrag.[247] Ist die Klage insgesamt erfolgreich, so ist der Streitwert mit dem zugesprochenen Betrag identisch. Wg. Einzelheiten s. § 3 Rn. 121.

132 **4. Zinsantrag.** Im Zinsantrag (§ 308 Abs. 1 S. 2) lässt die Praxis zur Bestimmung der **Höhe der begehrten Zinsen** durchweg die Angabe des Zinsfußes (auch unter Bezugnahme auf den Basiszinssatz nach § 247 BGB) in Verbindung mit der Benennung des Tages für den Beginn des Zinslaufs genügen, da dessen Ende regelmäßig noch nicht feststeht.[248] Damit leistet sie nicht nur leichtfertig gestellten Zinsforderungen Vorschub, sondern schiebt die Last der Zinsberechnung auch ungerechtfertigt dem Beklagten oder im Falle der Vollstreckung dem Gerichtsvollzieher (§ 130 Nr. 1 b GVGA) zu. Deshalb sollte für Zinsen, die schon aus der Zeit vor Rechtshängigkeit (§ 291 BGB) geltend gemacht werden, die ziffernmäßige Angabe ihrer Höhe bis zum Tage der Klageein-

---

238 *Bull* JR 1958, 85; *Röhl* ZZP 85 (1972), 52, 59.

239 Vgl. *Bull* JR 1958, 95; *Bernhardt* JR 1968, 212, 213; *Kern* S. 134 ff.; *Röhl* ZZP 85 (1972), 52, 75 ff.; *Dunz* NJW 1984, 1734, 1735; *Gerstenberg* NJW 1988, 1352, 1356 ff.; *Zöller/Greger* Rn. 14 a; bis zur 15. Aufl. *Rosenberg/Schwab/Gottwald* § 97 II 3 b.

240 *Husmann* NJW 1989, 3126, 3129.

241 So schon *Röhl* ZZP 85 (1972), 52, 76.

242 Ebenso *Zöller/Greger* Rn. 14 a; *Schilken* ZPR Rn. 213; *Göppinger/Wax/van Els* Rn. 2052 (für Unterhaltssachen).

243 Vgl. *Pawlowski* NJW 1961, 341, 343; *Röhl* ZZP 85 (1972), 52, 75; *Dunz* NJW 1984, 1734, 1736; *Steinle* VersR 1992, 425; *Butzer* MDR 1992, 539, 541; s. auch *Gerstenberg* NJW 1988, 1352, 1355 f.

244 BGHZ 132, 341, 350 f. = NJW 1996, 2425; JZ 1996, 1080 m. Anm. *Schlosser*.

245 BGHZ 140, 335, 340 = NJW 1999, 1139, 1140; BGH NJW 2002, 212; BGH NJW-RR 2004, 863.

246 Auch der BGH NJW 1998, 3411 neigt dieser Auffassung zu, hat die Frage aber offengelassen.

247 BGHZ 132, 341, 352 = NJW 1996, 2425.

248 BAG NJW 2003, 2403, 2404; *Reichenbach* MDR 2001, 13 f.

reichung verlangt werden.[249] Erst hinsichtlich der Zeit danach genügt die Angabe des Zinssatzes und des Tages für den weiteren Zinslauf. Die Anlehnung an den Basiszins ist angesichts der Neufassung der §§ 288, 291 BGB zwar zulässig, sollte aber ebenfalls nur für die Zukunft als ausreichend erachtet werden; auch insoweit darf sich der Kläger nicht zum Nachteil des Beklagten entlasten. **Zinsen für die Zukunft** über die gesetzlichen Zinsen hinaus (§ 288 Abs. 3 BGB) können nach § 259 beantragt werden. Begründet ist der Antrag nur, wenn der Kläger dartun kann, dass ihm auch künftig in der beantragten Höhe Verzugsschaden entstehen wird und das Gericht von der Richtigkeit der Prognose über das künftige Zinsniveau überzeugt ist. – Falls **Mehrwertsteuer** begehrt wird, genügt für die Zulässigkeit die Angabe des Steuersatzes.

5. Sonstige Leistungsanträge. a) Unterlassungsantrag. aa) Problematisch sind die Anforderungen an die **Bestimmtheit des Antrags** bei Unterlassungsklagen. Die Verletzungshandlung, gegen die sich der Kläger wendet und deren künftige Unterlassung er erreichen will, muss genau beschrieben werden. Die konkrete Fassung fixiert den Umfang der materiellen Rechtskraft des erstrebten Urteils und verhindert, dass der eigentliche Streit in das Vollstreckungsverfahren verlagert wird. Jedoch besteht die Gefahr, dass der Beklagte das Urteil durch ähnliche Verletzungshandlungen unterläuft und so das materielle Recht, insb. das Wettbewerbsrecht, teilweise wirkungslos macht. Deshalb gebietet die zweckentsprechende Handhabung des Prozessrechts eine Auslegung des Urteils in dem Sinne, dass solche Änderungen im Verhalten des Beklagten vom Urteil mitumfasst werden, die den Kern der Verletzungsform unberührt lassen. Da Vollstreckungs- und Erkenntnisverfahren sich entsprechen müssen (und umgekehrt), ist es folgerichtig, eine in diesem Umfang von der Beschreibung der Verletzungshandlung im Klageantrag abweichende Verurteilung nicht an § 308 Abs. 1 scheitern zu lassen; s. aber § 308 Rn. 11. Die Rspr. lässt abstrakt-verallgemeinernde Wendungen im Klageantrag zu, wenn damit der Kern der konkreten Verletzungshandlung richtig erfasst wird.[250] 133

Die an dieser „Kerntheorie" des BGH[251] geübte **Kritik**[252] beruht teilweise darauf, dass die (angeblich vorhandenen) strafrechtlichen Elemente des § 890 überbetont werden und wegen Art. 103 Abs. 2 GG eine Auslegung der Urteilsformel nicht zugelassen wird.[253] Auch wird nicht immer beachtet, dass bei Unterlassungsklagen der Streitgegenstand vom Sachverhalt mitbestimmt wird.[254] So ist der Streitgegenstand einer Klage, die auf Unterlassung von Lärmimmissionen gerichtet ist, nicht bestimmt genug, wenn nicht vorgetragen wird, welche Lärmquellen bekämpft werden; dass die Begrenzung des Geräuschpegels zweckmäßigerweise mit Hilfe der Maßeinheit db(A) angegeben wird, ändert daran nichts. Hier kann mit § 139 geholfen werden. Auch ist es möglich, dass ein weitgefasster Antrag nicht unzulässig, sondern unbegründet ist, weil zwar der Streitgegenstand festliegt, aber ein entsprechender Unterlassungsanspruch nicht besteht. Die Grenze zwischen Zulässigkeit und Begründetheit ist hier nicht immer ohne weiteres erkennbar.[255] Insgesamt wird die Kerntheorie sowohl den prozessualen Anforderungen als auch den Interessen beider Parteien gerecht. Es muss nur darauf geachtet werden, dass mit ihr nicht zu großzügig verfahren wird.[256] 134

Die Praxis unterscheidet für den Unterlassungsantrag in Wettbewerbsprozessen deutlich zwischen dem prozessualen Bestimmtheitsgebot (§ 253 Abs. 2 Nr. 2) und dem materiell-rechtlichen Konkretisierungsgebot. Letzteres betrifft die Frage, ob der bestimmte Antrag auf das Charakteristische der konkret angegriffenen Verletzungshandlung beschränkt ist; es ist ein materiell-rechtliches Erforder- 135

---

[249] Im Grundsatz ebenso *Schellhammer,* Die Arbeitsmethode des Zivilrichters, 15. Aufl. 2005, Rn. 347 (aber bis zur Rechtshängigkeit); aM *Commichau,* Die anwaltliche Praxis in Zivilsachen II, 3. Aufl. 1988, Rn. 107; zum Zinsantrag im einzelnen *Michel/von der Seipen* S. 91 ff.

[250] BGH GRUR 1984, 467, 469; 1991, 254, 257; NJW 1998, 604; 1998, 3203; 1999, 3638, 3639; BGH NJW-RR 2000, 704; BGH NJW 2000, 2195, 2196 (nicht in BGHZ 143, 214); BGH NJW 2001, 3710, 3711; BGH GRUR 2003, 446, 447

[251] BGHZ 5, 189, 193 f.; BGH GRUR 1961, 288, 290; 2006, 421, 422 – Markenparfümverkäufe; vgl. auch *Oppermann* WRP 1989, 713, 715; *Sutschet,* ZZP 119 (2006), 279, 286 ff.

[252] Eingehend *Ritter* S. 67 ff.; sie stuft die „Kerntheorie" als bedenkliche Gerichtspraxis ein (S. 106). Kritisch, aber im Ergebnis für die Kerntheorie *Rüßmann* S. 684 ff.

[253] OLG Frankfurt MDR 1972, 58; *Schubert* ZZP 85 (1972), 29, 51; gegen die Kerntheorie auch *Melissinos* S. 154 ff.; *Borck* WRP 1979, 180, 184 f.

[254] BGH NJW-RR 2001, 684. Der BGH WM 1993, 845, 847 betont zutr., daß der allgemeine Streitgegenstandsbegriff auch für Unterlassungsklagen gilt. Zur Bedeutung veränderten Schuldnerverhaltens und veränderter Tatsachen für die Bindungswirkung rechtskräftiger Unterlassungsurteile *Rüßmann* S. 687 ff.

[255] *Ahrens/Jestaedt* Kap. 22 Rn. 8.

[256] In diesem Sinne OLG Koblenz GRUR 1988, 142, 143: Erweiterungen des Antrags über die konkrete Verletzungsform hinaus müssen eng begrenzte Ausnahmen bleiben; zur Praxis im Einzelnen *Berneke* WRP 2007, 579.

nis und orientiert sich an Inhalt und Reichweite des materiellen Unterlassungsanspruchs. Seine Formulierung zählt zu den wichtigsten und schwierigsten Aufgaben des Klägers im Wettbewerbsprozess.[257] Bei mangelnder Bestimmtheit weist der BGH die Klage dann nicht als unzulässig ab, wenn die angegriffene Werbung zweifelsfrei wettbewerbswidrig ist und die Klage aus materiellrechtlichen Gründen Erfolg haben würde. Aus Gründen der prozessualen Fairneß hebt er vielmehr das Berufungsurteil auf und verweist die Sache zurück, damit der Kläger einen sachdienlichen Antrag stellen kann.[258]

136 Ob die zu unterlassenden Handlungen ausreichend bezeichnet sind, hängt vom **Einzelfall** ab. Auslegungsbedürftige und mehrdeutige Umschreibungen sind nicht schlechthin unzulässig, sondern hinzunehmen, wenn über ihren Sinngehalt kein Zweifel besteht; anders, wenn der Streit gerade darum geht, ob das beanstandete Verhalten unter den auslegungsbedürftigen Begriff fällt.[259] Es kommt auch darauf an, was objektiv möglich ist und dem Kläger zugemutet werden kann. So brauchen in einer Klage auf Unterlassung rechtswidriger Handlungen anlässlich eines Streiks nicht alle denkbaren Formen von Gewaltanwendung aufgeführt zu werden.[260] Wird die Klage auf die Berühmung eines Warenzeichens seitens des Beklagten gestützt, so ist der Klageantrag Spiegelbild der Berühmung; er ist vom Gericht im Hinblick auf Inhalt und Tragweite der Berühmung auszulegen.[261] Bei Unterlassungsklagen nach §§ 1, 8ff. UKlaG ist für die Fassung des Klageantrags § 8 Abs. 1 UKlaG zu beachten.

137 **bb) Einzelfälle.** Im immissionsrechtlichen Bereich sind Klageanträge mit dem Gebot, allgemein Störungen bestimmter Art, zB Geräusche und Gerüche, zu unterlassen, zulässig.[262] Hinreichend bestimmt ist auch der Antrag, den Beklagten zu verurteilen, seine Hunde so zu halten, dass Hundegebell, Winseln oder Jaulen auf dem Grundstück des Klägers nur außerhalb der Zeit von 13 bis 15 Uhr sowie von 22 bis 6 Uhr, und zwar nicht länger als 10 Minuten ununterbrochen und insgesamt 30 Minuten täglich, zu hören ist; der Festlegung eines Schallpegels bedarf es nicht.[263] Ein Verbotsantrag muss nach der Rspr. des BGH so deutlich gefasst sein, dass Gegenstand und Umfang der Entscheidungsbefugnis des Gerichts erkennbar abgegrenzt sind, der Beklagte sich erschöpfend verteidigen kann und die Entscheidung darüber, was ihm verboten ist, nicht dem Vollstreckungsgericht überlassen bleibt.[264] Dem genügt der Unterlassungsantrag, „Kennzeichnungen zu verwenden, die nicht unmißverständlich zum Ausdruck bringen, dass der genannte Zinssatz auf der Basis der Kreditkosten eines Jahres berechnet ist".[265] – Zu **unbestimmt** sind dagegen folgende Anträge: den Beklagten zu verurteilen, es zu unterlassen, beim Verkauf von Verkaufsautomaten Aufstellplätze „ohne marktgerechten Gegenwert" zu überlassen, weil die Klärung des marktgerechten Entgelts in das Vollstreckungsverfahren verlegt würde;[266] es zu unterlassen, außerhalb der Ladenöffnungszeiten Waren zu verkaufen, sofern es sich nicht um ein „Ausbedienen" handelt, da die Entscheidung über die Ausnahme wiederum in der Zwangsvollstreckung getroffen werden müsste;[267] der Antrag auf Unterlassung der Verbreitung von Kunstwerken, „hinsichtlich derer der Kläger Rechte gemäß §§ 16, 17 UrhG wahrnimmt", wenn aus dem Antrag der Kreis der betroffenen Künstler nicht ersichtlich ist;[268] ein Antrag auf das Verbot, Zeitungsanzeigen „ähnlich wie" die angegriffene Anzeige oder der „nachfolgend eingeblendeten Art" zu veröffentlichen;[269] ein Klageantrag, der sich gegen

---

[257] *Ahrens/Jestaedt* Kap. 22 Rn. 19 m. weit. Nachw; zum Ganzen auch *Brandner/Bergmann* WRP 2000, 842.

[258] BGH GRUR 1991, 254, 257; WRP 1998, 42, 45; BGHZ 151, 15, 19 = NJW 2002, 3246, 3247; BGHZ 151, 92, 102 = NJW 2002, 3549, 3551; BGH NJW 2003, 3046, 3047; BGHZ 158, 174, 187 = NJW 2004, 2080, 2083.

[259] BGH NJW 2195, 2196 (nicht in BGHZ 143, 214) ; s. a. BGH NJW 1999, 3638; NJW-RR 2001, 684.

[260] BAG NJW 1989, 1881, 1882.

[261] BGH LM Nr. 34; *Pagenberg* GRUR 1976, 78, 82.

[262] BGHZ 121, 248, 251 = NJW 1993, 1656 = JR 1994, 61 m. Anm. *Roth;* BGH NJW 1999, 356, 357.

[263] OLG Köln MDR 1993, 1083.

[264] BGH NJW-RR 1992, 1068; NJW 1998, 1144, 1147; BGH NJW 2003, 3046, 3047; BGHZ 156, 1, 8f. = NJW 2003, 3406, 3408 – Paperboy; BGHZ 156, 126, 130 = NJW-RR 2004, 151 = GRUR 2004, 251 – Farbmarkenverletzung I; BGH NJW 2005, 2550, 2551 – „statt" Preis; BGHZ 158, 174, 186 = NJW 2004, 2080, 2083; BGH DB 2007, 1190 – Telefonwerbung für „Individualverträge"; vgl. auch BGH NJW 1997, 1368.

[265] BGH NJW 1996, 1759; s. auch BGH NJW 1995, 3187, 3188.

[266] BGH WM 1979, 1190, 1191.

[267] OLG Koblenz GRUR 1985, 60. Weitere Rspr. zu Wettbewerbssachen bei *Ahrens/Jestaedt* Kap. 22 Rn. 12ff.

[268] BGHZ 85, 1, 10 = NJW 1983, 1196.

[269] BGH NJW 1991, 1114; BGH NJW-RR 2001, 684, 685; s. aber auch OLG Hamm GRUR 1990, 383, 384; in Abgrenzung zur als hinreichend bestimmt auslegungsfähigen Verwendung der Worte „Aussagen wie" BGH NJW 2001, 3710. 3711.

die Veröffentlichung von Beiträgen durch Presseunternehmen wendet, „die inhaltliche Werbung sind", da darin nicht die Elemente zum Ausdruck kommen, die einen in zulässiger Weise gestalteten redaktionellen Beitrag von einer unzulässigen getarnten Werbung unterscheiden;[270] es zu unterlassen, einen näher beschriebenen „Eindruck zu erwecken", wenn nicht zugleich die konkreten Umstände einbezogen werden, auf denen der Eindruck beruht;[271] der auf UWG und RBerG gestützte Antrag, es zu unterlassen „in Nachlassangelegenheiten rechtsberatend und rechtsbesorgend tätig zu werden";[272] ein Klageantrag gerichtet auf das Verbot, eine als Marke geschützte Farbe „als Kennzeichnung" zu benutzen;[273] der Antrag, es dem Beklagten zu untersagen, mit einem „statt"-Preis zu werben, „ohne deutlich und unübersehbar" darauf hinzuweisen, welcher Preis zu Vergleichszwecken herangezogen wird.[274] Bei der Verletzung eines Betriebsgeheimnisses, das in einer Verfahrenstechnik besteht, reicht deren Beschreibung durch die Kennzeichnung des bei ihrer Anwendung entstehenden Produkts nicht aus, wenn Produkte mit den geschilderten Eigenschaften auch beim Einsatz anderer Verfahrensweisen entstehen können.[275] Beim Schutz des Persönlichkeitsrechts genügt die Einschränkung „wenn diese Handlungen nicht im Rahmen einer künstlerischen Auseinandersetzung …erfolgen", jedenfalls dann nicht, wenn der Streit gerade darum ging, ob die beanstandete Äußerung diesen Rahmen wahrte.[276] Dei Antrag auf die Unterlassung einer Urheberrechtsverletzung muss die Verletzungsform beschreiben; bei einem Computerprogramm gehört dazu nach BGH die genaue Auflistung der Dateien des Programms verbunden mit der Beifügung der aufgelisteten Dateien auf einem Datenträger.[277]

b) Auf Vornahme einer Handlung gerichteter Antrag. Die Handlung, auf deren Vornahme geklagt wird, muss ebenfalls genau bezeichnet werden. Wird nur ein Erfolg geschuldet, wie zB beim Anspruch auf Beseitigung einer Störung (§ 1004 BGB), so genügt die Angabe dieses Erfolgs. Die Wahl einer geeigneten Maßnahme ist Sache des Schuldners, so dass die Benennung einer bestimmten Maßnahme die Klage unbegründet machen kann. Jedoch kann im Einzelfall der Antrag auf eine konkrete Beseitigungsmaßnahme lauten.[278] 138

Ausreichend bestimmt ist der Antrag eines Mieters, „das Haus mit einem funktionsfähigen Fahrstuhl zu versehen",[279] oder des Arbeitnehmers, ihm einen „tabakrauchfreien" Arbeitsplatz zur Verfügung zu stellen.[280] Zu unbestimmt ist dagegen der Antrag, das Grundstück so zu befestigen, „wie es vor dem Abgraben durch den Nachbarn der Fall war";[281] es muss zumindest die frühere Festigkeit beschrieben werden. Ebenfalls zu unbestimmt ist das Begehren, den Beklagten zu verurteilen, an der Anpassung des Pachtzinses „mitzuwirken", da die genaue Bestimmung der geforderten Mitwirkungshandlungen dem Vollstreckungsverfahren überlassen bliebe; hier kann der Antrag zB lauten, den Beklagten zu verurteilen, „zusammen mit dem Kläger bei der Industrie- und Handelskammer einen Antrag auf Bestellung eines Sachverständigen zur Ermittlung des Pachtzinses zu stellen".[282] 139

Bei **Ungewissheit über das konkrete Klageziel,** die aber vom Beklagten aufgeklärt werden kann, empfiehlt es sich, im Wege der Stufenklage (§ 254) zunächst einen unbestimmten Leistungsantrag zu stellen, verbunden mit einem Antrag auf Auskunft oder Rechnungslegung, falls hierauf ein Anspruch besteht. Ausreichend bestimmt ist das Klageziel, wenn der Beklagte verurteilt werden soll, „mehrere von ihm beherrschte Gesellschaften" zur Zahlung einer bestimmten Summe anzuweisen. Welche Gesellschaften die Zahlung erbringen sollen, kann dem Beklagten überlassen werden; es genügt die Formulierung „eine, mehrere oder alle" der im Einzelnen aufzuführenden Gesellschaften.[283] 140

Begehrt der Kläger ein **qualifiziertes Arbeitnehmerzeugnis,** so lautet der Klageantrag auf „Erteilung eines auf Führung und Leistung erstreckten Zeugnisses". Besteht Streit über den Inhalt 141

---

270 BGH MDR 1993, 632.
271 OLG Hamburg NJW-RR 1994, 290.
272 BGH NJW 2003, 3046, 3047.
273 BGHZ 156, 126, 130 = NJW-RR 2004, 151 = GRUR 2004, 251 – Farbmarkenverletzung I.
274 BGH NJW 2005, 2550.
275 BAG NZA 1989, 860.
276 BGH NJW 2195, 2196 (nicht in BGHZ 143, 214).
277 BGH NJW-RR 2003, 1279, 1280 = GRUR 2003, 786, 786.
278 LG Itzehoe NJW-RR 1995, 978, 979 (Beseitigung von Wurzelwerk eines Baumstumpfes auf Nachbars Grenze).
279 LG Hamburg MDR 1976, 847.
280 BAG NJW 1999, 162, 163.
281 BGH NJW 1978, 1584.
282 BGH MDR 1973, 217 = ZZP 86 (1973), 22.
283 OLG München WM 1985, 368, 369.

eines bereits erteilten Zeugnisses, so ist im Klageantrag genau anzugeben, welche Berichtigungen oder Ergänzungen verlangt werden. Falls der gesamte Inhalt des Zeugnisses umstritten ist, kann es erforderlich sein, den vollen Wortlaut des begehrten Zeugnisses in den Klageantrag aufzunehmen.[284] Ein Angestellter im Öffentlichen Dienst, der die Entfernung von Schriftstücken aus seiner Personalakte verlangt, muss die Schriftstücke im Klageantrag genau bezeichnen.[285]

142 Bei Klagen **vor den Amtsgerichten** kann der Beklagte im Falle seiner Verurteilung zur Vornahme einer Handlung **zugleich auf Antrag** des Klägers **zur Zahlung einer Entschädigung** verurteilt werden, wenn die Handlung nicht binnen einer vom Gericht zu bestimmenden Frist vorgenommen wird (§ 510b). Während nach der parallelen Vorschrift des § 61 Abs. 2 ArbGG, die nur für den Arbeitsgerichtsprozess gilt, die Verurteilung zur Entschädigungsleistung erfolgen muss, steht sie im amtsgerichtlichen Verfahren im – allerdings nicht freien – Ermessen des Gerichts; s. § 510b Rn. 9. Der Kläger muss den Entschädigungsantrag grds. beziffern. Nur wenn er hierzu nicht in der Lage ist und die Voraussetzungen für einen unbestimmten Klageantrag vorliegen, was mit Rücksicht auf das dem Gericht eingeräumte Ermessen zu bejahen ist, kann er davon absehen;[286] s. auch § 510b Rn. 6.

143 **c) Auskunftsklage.** Die Auskunftsklage wird häufig durch Stufenklage (§ 254) mit einem zunächst unbestimmten Leistungsantrag verbunden.[287] Der Antrag lautet dann in der Regel auf Rechnungslegung (§§ 259, 666, 675, 681, 713, 740 Abs. 2, 1214 Abs. 1, 1840, 1890, 1978, 2130 Abs. 2, 2218 BGB; § 66 InsO; § 28 Abs. 4 WEG), Vorlage eines Vermögensverzeichnisses (§ 260 Abs. 1 BGB) oder auf Erteilung einer Auskunft (§§ 260 Abs. 1, 666, 675, 1379, 1605, 2314 BGB). Der Klageantrag ist genügend bestimmt, wenn der Gegenstand des Auskunfts- oder Rechnungslegungsbegehrens sowie der Zeitraum, auf den sich das Begehren bezieht, genau angegeben werden. Hinsichtlich des Zeitraums zu unbestimmt ist die Angabe „bis heute", selbst wenn die Auslegung ergibt, dass der Schluss der mündlichen Verhandlung gemeint ist, und zwar wegen der Ungewissheit der Verfahrensdauer.[288] Das schutzwürdige Interesse des Beklagten an einer wirkungsvollen Verteidigung ist dann gewahrt, wenn der Antrag so ausgelegt werden kann, dass als Endzeitpunkt auf die Klageerhebung abzustellen ist.

144 Wird die **Vorlage von Belegen** über die erteilte Auskunft verlangt, so müssen im Klageantrag die geforderten Belege im Einzelnen aufgeführt werden. Unbestimmt ist daher das Begehren nach „allen Belegen zu den sich aus den begehrten Auskünften ergebenden Positionen", es sei denn, die Belege lassen sich durch Auslegung zweifelsfrei identifizieren.[289]

145 **d) Herausgabeantrag.** Im Herausgabeantrag müssen die herausverlangten Gegenstände einzeln genau bezeichnet werden. Er kann nicht auf die Herausgabe eines Vermögens oder Sondervermögens gerichtet werden. Nicht ausreichend ist deshalb der Antrag auf Herausgabe „einer Erbschaft", „eines Betriebsvermögens", „des Pflichtteils",[290] der „in diesem Bauwerk aufgestellten Maschinen"[291] oder „einer Zahnarztpraxis".[292]

146 Für die **Herausgabe eines Kraftfahrzeugs** empfiehlt sich die Angabe von Typ, Fahrgestellnummer und amtlichem Kennzeichen, bei sonstigen Sachen eine genaue Beschreibung, Angabe des Herstellers und, soweit vorhanden, von Seriennummern, um die Sachen in der Herausgabevollstreckung (§ 883) identifizieren zu können. Bei Klagen auf Herausgabe von Hausrat fordert die Praxis ebenfalls die möglichst genaue Beschreibung, lässt aber zB die Herausgabe von „Bett- und Tischwäsche, Geschirr, Bestecke", evtl. unter Angabe des Aufbewahrungsortes, zu. Bei Klagen auf Herausgabe von unter Verstoß gegen Schutzrechte hergestellten Gegenständen zur Vernichtung lassen sich oft gewisse Unsicherheiten nicht vermeiden und sind hinzunehmen (etwa Herausgabe der „im Eigentum des Beklagten" stehenden Gegenstände);[293] s. auch § 704 Rn. 11.

147 **e) Freistellungsantrag.** Der auf Freistellung von einer Verbindlichkeit gegenüber einem Dritten gerichtete Klageantrag ist nach hM ein Leistungsantrag, der nach § 887 vollstreckt wird.[294]

---

[284] LAG Düsseldorf BB 1973, 1853.
[285] BAG BB 1972, 1139.
[286] *G. Lüke,* FS E. Wolf, 1985, S. 459, 467.
[287] *G. Lüke* JuS 1986, 2, 6.
[288] AG Besigheim FamRZ 1984, 816.
[289] BGH NJW 1983, 1056 = FamRZ 1983, 631; OLG Köln MDR 1993, 83.
[290] BGH LM § 325 Nr. 10.
[291] RGZ 130, 264, 267; aA *Baumbach/Lauterbach/Hartmann* Rn. 69.
[292] KG MDR 1997, 1058.
[293] BGHZ 153, 69, 75f. = NJW 2003, 668, 669.
[294] BGH NJW 1957, 1514; *Gerhardt,* Der Befreiungsanspruch, 1966, S. 14; *Bischoff* ZZP 120 (2007), 237, 240, 242.

Erforderlich ist, dass die Forderung, von der freigestellt werden soll, nach Grund und Höhe bezeichnet wird.[295] Steht der Betrag der Forderung noch nicht fest, so ist der Leistungsantrag unzulässig. Dies gilt erst recht, wenn Freistellung von künftig entstehenden Forderungen begehrt wird. Ein derartiger „unbezifferter“ Freistellungsantrag kann als Feststellungsantrag ausgelegt werden.[296] Der Auffassung, auch bei noch nicht fälliger oder unbestimmter Verpflichtung könne der Freistellungsanspruch mittels Leistungsantrags verfolgt werden,[297] steht entgegen, dass die Entscheidung über die Höhe des Betrages in das Vollstreckungsverfahren verlagert würde.[298]

f) Antrag auf Abgabe einer Willenserklärung. Der Klageantrag muss den genauen Wortlaut der vom Beklagten abzugebenden Willenserklärung enthalten, da die Abgabe der Willenserklärung durch das rechtskräftige Urteil fingiert wird (§ 894).[299] Zu unbestimmt ist der Antrag, den Beklagten zu verurteilen, „alle zur Übertragung des Geschäftsvermögens erforderlichen Rechtsgeschäfte abzuschließen“.[300] Vielmehr ist der Antrag so bestimmt zu fassen, wie dies von einer rechtsgeschäftlichen Willenserklärung des Schuldners zu fordern wäre. Soll der Beklagte zur Übereignung einer Sache verurteilt werden, so muss der Kläger beantragen, den Beklagten zu verurteilen, mit ihm über den Eigentumsübergang an der Sache einig zu sein und die Sache an den Kläger zu übergeben (§ 929 S. 1 BGB). Im Falle einer Klage auf Zustimmung zur inhaltlichen Umgestaltung eines Dauerrechtsverhältnisses muss das Datum, zu dem die Umgestaltung wirksam werden soll, allerdings nicht in den Klageantrag aufgenommen werden, da die begehrte Willenserklärung nach § 894 (ohnehin erst) mit dem Rechtskrafteintritt als abgegeben gilt.[301] Bei einer erfolgreichen auf Auflassung gerichteten Klage muss der Kläger das rechtskräftige Urteil dem Notar vorlegen und seine eigene Einigungserklärung beurkunden lassen, weil das rechtskräftige Urteil nur die Abgabe der Willenserklärung des Beklagten und deren Form ersetzt (§ 925 BGB). Erst danach kann er seine Grundbucheintragung beantragen. 148

Soll aus einem **Vorvertrag** auf den Abschluss des Hauptvertrages geklagt werden, so hat der Kläger jedenfalls dann auf die Annahme eines mit der Klage unterbreiteten eigenen Angebots zu klagen, wenn der in Aussicht genommene Hauptvertrag in dem Vorvertrag bereits vollständig ausformuliert wurde; dafür, den Beklagten darauf zu verklagen, er möge seinerseits ein Angebot machen, fehlt es am Rechtsschutzbedürfnis.[302] Aber auch, wo dies nicht der Fall ist, kann man vom Kläger grds. erwarten, dass er selbst ein vollständiges Vertragsangebot formuliert und auf dessen Annahme klagt; etwaige Alternativvorschläge des Beklagten kann er aufgreifen und mit Klageänderung oder Hilfsantrag auf sie reagieren.[303] Außerdem kann er von vornherein schon von sich aus mehrere Angebote unterbreiten und auf deren Annahme nach Haupt- und Hilfsantrag geordnet klagen. Letzteres ist ihm allerdings unzumutbar, wenn sein Angebot beurkundungsbedürftig ist. Hier kann er auf Abgabe eines ausformulierten Angebots durch den Beklagten klagen.[304] – Wird der Widerruf einer ehrverletzenden Behauptung verlangt, so ist im Antrag auch zu bezeichnen, wem gegenüber der Widerruf zu erfolgen hat; die Frage darf nicht dem Vollstreckungsverfahren überlassen werden.[305] 149

Falls Streit über den Inhalt der abzugebenden Willenserklärung besteht, kann es wegen § 308 sinnvoll sein, einen Hilfsantrag mit inhaltlich abweichender Erklärung zu stellen, da hier ein Verhältnis von Mehr zu Weniger nur ausnahmsweise gegeben sein dürfte, so dass das Gericht an einer abweichenden Entscheidung grds. gehindert wäre.[306] 150

Ebenfalls auf die Abgabe von Willenserklärungen gerichtet ist die **Erbteilungsklage.** Mit der Klage wird die Zustimmung zur geplanten Auseinandersetzung begehrt (§ 2042 BGB) und das Urteil gemäß § 894 vollstreckt. Daher muss der Kläger bereits im Klageantrag den Teilungsplan vor- 151

---

[295] BGH NJW 1980, 1450 = FamRZ 1980, 654; BGHZ 79, 76, 77 f. = NJW 1981, 870; BGH NJW 1996, 2725, 2726.

[296] RGZ 122, 284, 289 f.; BGH NJW 1980, 1450 = FamRZ 1980, 654; BGH NJW 2007, 1809, 1811.

[297] *Rimmelspacher* JR 1976, 89, 183; *Bischof* ZIP 1984, 1444, 1448; *Bischoff* ZZP 120 (2007), 237, 240 f.; OLG Frankfurt JurBüro 1978, 770.

[298] So auch OLG Düsseldorf MDR 1982, 942.

[299] BGH NJW-RR 1994, 317.

[300] BGH NJW 1959, 1379 = ZZP 73 (1960), 271.

[301] BAG NZA 2006, 316, 318 betr. Klage des Arbeitnehmers auf Zustimmung des Arbeitgebers zur Verringerung seiner vertraglichen Arbeitszeit.

[302] BGH NJW 1984, 479, 480; NJW 2001, 1272, 1273.

[303] BGH NJW-RR 1994, 317, 318 = JuS 1994, 810 Nr. 10 *(K. Schmidt)*.

[304] BGHZ 98, 130, 133 f = NJW 1986, 2822, 2823; BGB NJW 2001, 1272, 1273.

[305] BGH GRUR 1966, 272.

[306] *Michel,* Schriftsatz, 2. Aufl. 1987, S. 92.

legen.[307] Hier empfiehlt es sich, das Einverständnis mit abweichenden Teilungsplänen in Form von Hilfsanträgen zu verlangen, da das Gericht den vorgelegten Teilungsplan nicht abändern kann und die Klage abweisen muss, falls es ihn nicht für gerechtfertigt hält; allerdings muss es § 139 Abs. 1 beachten.

152 **6. Feststellungs- und Gestaltungsanträge.** Für die Bestimmtheit des Klageantrags bei diesen Klagen gelten grds. keine Besonderheiten. Bei der **Feststellungsklage** muss das Recht oder das Rechtsverhältnis, dessen Bestehen oder Nichtbestehen festgestellt werden soll, so genau beschrieben werden, dass über dessen Identität und damit über den Umfang der Rechtskraft des Urteils keinerlei Ungewissheit herrschen kann;[308] dies gilt vor allem dann, wenn mehrere gleichartige Rechtsverhältnisse zwischen den Parteien existieren. Eine Klage auf Feststellung der Gewährleistungspflicht hat die Mängel im Einzelnen so genau zu bezeichnen, dass kein Zweifel darüber entstehen kann, für welche Mängel die Gewährleistungspflicht besteht.[309] Soweit ein unbezifferter Leistungsantrag nicht zulässig ist, empfiehlt sich eine Feststellungsklage mit dem Antrag, die Verpflichtung des Beklagten zB zur Leistung von Schadensersatz dem Grunde nach festzustellen. Ziffernmäßig beschränkte Teilfeststellungsklagen dürften regelmäßig am fehlenden Feststellungsinteresse (§ 256 Abs. 1) scheitern.

153 Bei **Gestaltungsklagen** hat der Kläger das umzugestaltende Rechtsverhältnis sowie Art und Umfang der begehrten Gestaltung genau anzugeben. Falls es die begehrte Gestaltung überhaupt nicht gibt, ist die Klage wegen Fehlens einer Gestaltungsklagenorm unstatthaft und als unzulässig abzuweisen; s. Vor § 253 Rn. 28. Ist dem Gericht bei der Gestaltung ein Ermessensspielraum eingeräumt, so kann der Antrag sich mit der Bezugnahme auf das Ermessen des Gerichts begnügen, zB für die angemessene Herabsetzung einer Vertragsstrafe (§ 343 BGB). **Teilgestaltungsklagen** sind im Allgemeinen verfahrensrechtlich zulässig; ob sie auch begründet sind, hängt vom materiellen Recht ab, zB dem Beklagten die Geschäftsführungsbefugnis statt zu entziehen in bestimmtem Umfang zu beschränken (§ 117 HGB).[310] Soll der Hauptversammlungsbeschluss einer AG nur teilweise angefochten werden (§§ 243, 246 Abs. 1 AktG), so muss der Klageantrag den Umfang der Anfechtung erkennen lassen; tut er dies nicht, so gilt der ganze Beschluss als angefochten mit der möglichen Folge, dass die Klage teilweise als unbegründet abgewiesen wird.[311]

D. Mängel der Klageerhebung

I. Allgemeines

154 Mängel der Klageerhebung können durch Nachholung des fehlenden Erfordernisses, Berichtigung, Ergänzung und Rügeverzicht (§ 295) behoben werden. Wird ein Mangel nicht beseitigt, so wird die Klage durch Prozessurteil als unzulässig abgewiesen. Derartige Mängel sind selbst noch in der Revisionsinstanz von Amts wegen, also ohne Verfahrensrüge, zu berücksichtigen.[312] Aus der Heilungsmöglichkeit folgt, dass die Voraussetzungen für die Ordnungsmäßigkeit der Klage vor deren Zustellung an den Beklagten vom Gericht nur in begrenztem Umfang geprüft werden; s. § 271 Rn. 8ff.

155 Von Bedeutung ist die fehlerfreie Klageerhebung für den Zeitpunkt des Eintritts der Rechtshängigkeit und damit auch für die Wahrung etwaiger Klagefristen sowie für die materiellrechtlichen Folgen, insb. die Hemmung der Verjährung (§ 204 Abs. 1 Nr. 1 BGB). Ob die Heilung nur ex nunc oder auf den Zeitpunkt der Klageerhebung zurückwirkt, ist für die einzelnen Mängel unterschiedlich zu beantworten.

II. Mängel im Akt der Klageerhebung

156 **1. Mängel der Unterschrift.** Der Mangel kann sowohl im gänzlichen Fehlen der Unterschrift als auch darin liegen, dass die vorhandene Unterschrift nicht den Anforderungen genügt (zB Unle-

---

[307] KG NJW 1961, 733; für die Klage auf Auseinandersetzung einer Gütergemeinschaft BGH MDR 1988, 847.
[308] BGH NJW 2001, 445, 447.
[309] BGH NJW 2002, 681.
[310] BGHZ 9, 157, 162.
[311] RGZ 85, 311 (Anfechtung eines GmbH-Gesellschafterbeschlusses).
[312] BGHZ *11, 192, 194* = NJW 1954, 757; BGH ZZP 71 (1958), 471, 478 = LM § 325 Nr. 10; BGH WM 1979, 147; NJW 1995, 3187, 3188.

serlichkeit, Verwendung von Namensstempeln);[313] s. § 129 Rn. 12f. Schon wegen der Korrigierbarkeit des Fehlers macht die fehlende oder fehlerhafte Unterschrift die Klageerhebung nicht völlig unbeachtlich.

a) Eigenhändige Unterschrift. Das Erfordernis der eigenhändigen Unterschrift dient der Rechtssicherheit und der Rechtsklarheit: Sie dokumentiert, dass der Unterzeichnende die Verantwortung für die Einleitung des Verfahrens übernimmt und dass es sich bei dem Schriftsatz nicht um einen bloßen Entwurf handelt (s.a. Rn. 23). Kann diese Gewissheit auch aus anderen Umständen hergeleitet werden, so ist zu fragen, inwieweit Abstriche vom Erfordernis der eigenhändigen Unterschrift gemacht werden können. 157

aa) Neben den Ausnahmen vom Unterschrifterfordernis bei Inanspruchnahme moderner **technischer Übermittlungssysteme** (Rn. 11ff.) ist für die bestimmenden Schriftsätze von Behörden sowie Körperschaften und Anstalten des öffentlichen Rechts anerkannt, dass sie nicht handschriftlich unterzeichnet sein müssen. Es genügt, wenn der maschinenschriftlich geschriebene Name des Verfassers mit einem Beglaubigungsvermerk versehen ist.[314] 158

Hier zu erwähnen ist auch der Fall, dass sich die Absicht der Klageerhebung aus einem der selbst nicht unterzeichneten Klageschrift beigefügten **Begleitschreiben** ergibt, das seinerseits unterzeichnet ist. Das **BVerfG**[315] hat dies für die Einlegung der Verfassungsbeschwerde (§ 23 Abs. 1 BVerfGG) ausreichen lassen; aus dem Zusammenhang zwischen Begleitschreiben und Anlage habe sich von Anfang an zweifelsfrei ergeben, von wem die Verfassungsbeschwerde herrühre und welchen gesetzlich geforderten Inhalt sie haben soll. Das **BAG** hat sich dem für das arbeitsgerichtliche Verfahren angeschlossen.[316] Der **BGH** hat die Frage für den Zivilprozess zunächst noch offengelassen,[317] neigt aber nunmehr dazu, sie jedenfalls für die nicht anwaltlich vertretene Partei zu bejahen.[318] Demgegenüber verfolgt er bei der anwaltlich vertretenen Partei – im Anwalts- wie im Parteiprozess – eine restriktive Tendenz. Für anwaltliche Schriftsätze könne nicht davon ausgegangen werden, dass die Unterschrift für entbehrlich gehalten werde. Das Fehlen der Unterschrift könne auf einem Versehen beruhen oder darauf, dass der Schriftsatz nur ein Entwurf sei.[319] Allein die vom Kläger unterzeichnete und der (ohne Unterschrift gebliebenen) Klage beigefügte Prozessvollmacht kann jedenfalls noch nicht genügen, weil aus deren bloßer Existenz noch keine zwingenden Schlüsse auf das geplante prozessuale Verhalten des Klägers oder seines Prozessbevollmächtigten gezogen werden können.[320] Ebensowenig kann es ausreichen, wenn lediglich eine auf einem leeren Blatt mit Briefkopf angebrachte Blankounterschrift dem ohne Briefkopf und ohne Unterschrift gefertigten Schriftsatz mittels Heftklammer beigefügt wird.[321] 159

Allgemein anerkannt ist ferner, dass sich die Absicht zur Klageerhebung auch aus dem handschriftlich vollzogenen **Beglaubigungsvermerk** auf den mit dem nicht unterschriebenen Originalschriftsatz gleichzeitig eingereichten Abschriften herleiten lässt,[322] und zwar unabhängig davon, ob das betreffende Exemplar bei den Gerichtsakten verbleibt oder dem Kläger zurückgegeben bzw. dem Beklagten zugestellt wird.[323] 160

Das **BAG**[324] ließ es über die zu Rn. 159 und 160 geschilderten Fälle hinaus bereits im Jahre 1976 einmal allgemein genügen, wenn der Nachweis, dass ein nicht unterschriebener bestimmender Schriftsatz mit Wissen und Wollen seines Verfassers bei Gericht eingegangen ist, sich aus dem 161

---

[313] Dazu zB BGHZ 65, 46 = NJW 1975, 1704; BVerfGE 78, 123 = NJW 1988, 2787; BGH NJW 1997, 3380 = MDR 1997, 1052; BGH FamRZ 1977, 737; BGH NJW 2001, 316; *E. Schneider* NJW 1998, 1844.

[314] GmS-OBG NJW 1980, 172, 174.

[315] BVerfGE 15, 288, 291f. = NJW 1963, 755.

[316] BAGE 28, 1 = NJW 1976, 1285 = AP § 4 KSchG 1969 Nr. 1 m. Anm. *Vollkommer.*

[317] BGHZ 37, 156, 160 = NJW 1962, 1724.

[318] BGHZ 92, 251, 254f. = NJW 1985, 328.

[319] BGHZ 92, 251, 254f. = NJW 1985, 328 für die Streitverkündung; der BGH läßt ausdrücklich die Verallgemeinerung zu.

[320] BAGE 28, 1 = NJW 1976, 1285 = AP § 4 KSchG 1969 Nr. 1 m. Anm. *Vollkommer;* aA BFHE 161, 379, 382f.; *Zöller/Greger* § 130 Rn. 19.

[321] OLG Jena FamRZ 2000, 240; aA *Zöller/Greger* § 130 Rn. 19.

[322] So schon die Rspr. des RG; vgl. zB RGZ 119, 62, 63; vom BGH übernommen in LM § 519 Nr. 14; bestätigt in BGHZ 92, 251, 254 = NJW 1985, 328; BGH NJW 1980, 291; BGH NJW-RR 2004, 1364 = FamRZ 2004, 1553 (allerdings nur, wenn kein Zweifel möglich ist, daß der Schriftsatz von dem Unterschriftsleistenden herrührt); BGH NJW 2005, 2086, 2088; s. auch *Rosenberg/Schwab/Gottwald* § 65 II Rn. 11.

[323] BGH LM § 519 Nr. 14.

[324] BAGE 28, 1, 3 = NJW 1976, 1285 = AP § 4 KSchG 1969 Nr. 1 m. Anm. *Vollkommer.*

Schriftsatz selbst heraus führen lässt. Damit ging es seinerzeit allerdings weit über die von ihm zitierte Rspr. hinaus und rechtfertigte dies mit dem Argument, bei einem bestimmenden Schriftsatz, durch den eine Frist gewahrt werden solle, dürften die Anforderungen an die ordnungsgemäße Unterzeichnung nicht überspannt werden.

162 Nicht zuletzt mit Blick auf die beim Einsatz der modernen elektronischen Übermittlungssysteme unvermeidlichen Ausnahmen vom Erfordernis der eigenhändigen Unterschrift haben in jüngerer Zeit jedoch auch das **BVerfG**[325] sowie **weitere oberste Bundesgerichte**[326] und jetzt ebenfalls der **BGH**[327] formuliert, über ein Fehlen der eigenhändigen Unterschrift könne dann hinweggesehen werden, wenn sich aus anderen Umständen eine der Unterschrift vergleichbare Gewähr für die Urheberschaft und den Willen ergebe, das Schreiben in Verkehr zu bringen, bzw. in einer jeden Zweifel ausschließenden Weise ersichtlich sei, von wem die Erklärung herrühre und dass kein bloßer Entwurf vorliege. Indessen darf nicht übersehen werden, dass es in der Mehrzahl der genannten Entscheidungen in der Tat um Fälle ging, in denen die Originalunterschrift auf dem bei Gericht Eingegangenen gerade deshalb fehlte, weil ein **elektronisches Übermittlungssystem** verwendet wurde (vgl. heute § 130 Nr. 6). Für eine grundsätzliche Abkehr vom Erfordernis der eigenhändigen Unterschrift auf einem im Original bei Gericht eingehenden Schriftsatz im Sinne der nachfolgend zu Rn. 163 dargestellten Literaturansicht lässt sich diesen Judikaten deshalb zunächst zumindest unmittelbar nichts entnehmen. Im Gegenteil, die jüngste Neufassung des § 130 Nr. 6 und das Festhalten an der jetzt im 1. Halbsatz getroffenen Reglung scheinen sogar eher zu bestätigen, dass ein im Original bei Gericht eingehender Schriftsatz nach wie vor grds. auch eine Originalunterschrift tragen muss (mag es dadurch auch insgesamt zu gewissen Ungereimtheiten kommen, zB der, dass der Eingang einer Telekopie mit Wiedergabe der Unterschrift bei Gericht stets genügt, gleich, wie es zur Wiedergabe der Unterschrift gekommen ist, sei es, weil es sich um ein Computerfax mit von vornherein lediglich eingescannter Unterschrift handelt, sei es um eine im Telefaxdienst übersandte Kopie eines Schreibens, das seinerseits wie auch immer – ob durch handschriftliche Unterzeichnung, durch Kopieren oder durch Einscannen – mit einer Abbildung einer Unterschrift versehen wurde, während ein eingehendes Original keine bloß eingescannte oder kopierte Unterschrift tragen darf, sondern eine Originalunterschrift tragen muss).

163 Im Schrifttum wird demgegenüber zunehmend eine **generelle Lockerung** der an die Form zu stellenden Anforderungen befürwortet.[328] Entscheidend sei nur, ob unter dem Gesichtspunkt einer anderweitigen Erreichung des Formzwecks (im Sinne der zu Rn. 162 wiedergegebenen Formulierungen) die Nichteinhaltung der Form unbeachtlich werden könne. Damit wird die Eigenhändigkeit der Unterschrift im Widerspruch zur bislang absolut hM in Rspr. und Literatur (vgl. Rn. 23 m. Nachw.), die sie seit jeher gewohnheitsrechtlich als Wirksamkeitserfordernis für die durch einen bestimmenden Schriftsatz vorgenommene Prozesshandlung wertet, von einer „Wirkform" zu einer reinen „Zweckform" herabgestuft.[329] In der Tat ist der bereits mit der Zulassung der Einreichung bestimmender Schriftsätze mittels Telegramms einsetzende Prozess der Erosion des Erfordernisses einer eigenhändigen Unterschrift bei Verwendung der modernen Kommunikationsmittel (s. Rn. 11 ff.) mittlerweile so weit fortgeschritten, das zu einer Umkehrung der bisherigen Rechtsüberzeugung Anlass bestehen sollte. Dabei ist zu bedenken, dass die Eigenhändigkeit der Unterschrift als Wirksamkeitserfordernis der Klageschrift in § 253 nicht erwähnt wird und § 253 Abs. 4 in Gestalt von § 130 auf eine Vorschrift verweist, die (worüber sich die hM seit jeher hinwegsetzt) auch hinsichtlich der Unterschrift nur eine Sollvorschrift aufstellt.[330]

164 **bb)** Fraglich ist, ob sich die Absicht zur Klageerhebung einem weiteren **nachfolgenden** und unterschriebenen **Schriftsatz** entnehmen lassen kann und, wenn ja, welche Anforderungen daran zu stellen sind. Unproblematisch ist der Fall, dass in einem Schriftsatz ausdrücklich klargestellt wird, dass Klage erhoben werden soll. Im Übrigen kommt es nach dem BGH letztlich nur darauf an, ob

---

325 NJW 2002, 3534.

326 BVerwGE 81, 32 = NJW 1989, 1175; BVerwG NJW 1995, 2121 (Klageerhebung durch Btx); NJW 2003, 1544; BSG NJW 1997, 1254, 1255; NJW 2001, 2492, 2493; BFHE 188, 182 187 = NJW 1999, 1422, 1424 .

327 MDR 2004, 349, 350 = GRUR 2003, 1068 = WRP 2003, 1443; BGH NJW 2005, 2086, 2088, beide m. weit. Nachw.

328 *Vollkommer,* Formenstrenge und prozessuale Billigkeit, 1973; *Heinemann,* Neubestimmung der prozessualen Schriftform, 2002; ebenfalls für eine Lockerung der Formerfordernisse *Späth* VersR 1980, 331; *Zöller/Greger* § 130 Rn. 21 f.; *Schilken* ZPR Rn. 214; s. auch OLG Saarbrücken NJW 1970, 434 u. AG Kerpen NJW 2004, 2760.

329 So ausdrücklich *Vollkommer* S. 457; s. a. *Schilken* ZPR Rn. 214.

330 *Schilken* ZPR Rn. 214; zur Herleitung des Schriftformerfordernisses durch die hM näher *Heinemann,* Neubestimmung der prozessualen Schriftform, S. 70 ff. .

bzw. von welchem Zeitpunkt an kein vernünftiger Zweifel darüber bestehen kann, dass die Klage mit Wissen und Wollen des Anwalts dem Gericht zugeleitet worden ist, der Anwalt demnach die Verantwortung für ihren Inhalt übernommen hat.[331] Dies kann zB darin gesehen werden, dass von ihm (unter Angabe des Aktenzeichens oder genauer Bezeichnung der Sache) angefragt wird, wann die Klage zugestellt wurde. Dagegen hat der BGH bei zunächst ohne Unterschrift erfolgter Berufungsbegründung in einem Fall negativ entschieden, in dem lediglich die Tatsache der Berufungsbegründung beiläufig erwähnt war.[332] Auch die Einzahlung des Gerichtskostenvorschusses soll nicht ausreichen (auch unter genauer Angabe der Rechtssache und ihres Aktenzeichens).[333] Falls die Voraussetzungen für eine derartige „Bestätigung" vorliegen, kann sie nur ex nunc wirken, dh. ab dem Zeitpunkt, in dem die Zweifel ausgeräumt sind.[334]

b) Beseitigung des Mangels. Für die Beseitigung des Mangels der fehlenden oder fehlerhaften eigenhändigen Unterschrift kommen **Nachholung** und **Heilung** durch Rügeverzicht oder Nichtrügen (§ 295) in Betracht. Im Vordergrund steht die Frage, ob die Beseitigung auf den Zeitpunkt der Klageerhebung zurückwirkt. 165

Die Nachholung – die Klage wird zweckmäßigerweise dem Anwalt zum Nachholen der Unterschrift zurückgereicht – kann nur ex nunc wirken;[335] s. auch § 295 Rn. 44. Die Gegenansicht vertritt wiederum *Vollkommer.*[336] Er meint, die nachträgliche Formverbesserung wirke nicht konstitutiv, sondern deklaratorisch; es handele sich lediglich um ein weiteres Beweisfaktum für die Beantwortung der Frage, ob der tatsächliche Wille zur Klageerhebung zum damaligen Zeitpunkt gegeben war.[337] 166

Wichtiger ist die Heilung, nämlich die Frage nach Anwendbarkeit und Wirkung des § 295, wenn die Klageschrift zugestellt wurde und der Beklagte verhandelt hat, ohne das Fehlen der Unterschrift zu rügen; wg. Einzelheiten zu Rügeverzicht und Nichtrügen s. § 295 Rn. 32ff. Der BGH vertritt in st. Rspr. die Auffassung, dass auch **wesentliche Mängel** der Klage nach § 295 **geheilt** werden können.[338] Die Heilung soll dann nicht ex tunc wirken, wenn es um die Wahrung gesetzlicher Ausschlussfristen geht, weil sie nicht der Parteidisposition unterlägen. Durch rügelose Einlassung werde zudem nicht der ursprüngliche Verfahrensmangel beseitigt; vielmehr könne die Partei sich nur für die Zukunft nicht mehr darauf berufen.[339] Der BGH hat diese Grundsätze ausdrücklich auch auf den Mangel der fehlenden Unterschrift übertragen.[340] 167

Hingegen hat das BAG[341] für den Fall der rügelosen Einlassung eine fristwahrende, dh. ex tunc wirkende, Heilung bei Fehlen der Unterschrift zugelassen und seine entgegengesetzte frühere Rspr.[342] ausdrücklich aufgegeben. Die Begründung stellt stark auf den Sinngehalt des § 4 KSchG ab sowie auf die Möglichkeit, unverschuldet verspätet erhobene Kündigungsschutzklagen nach §§ 5, 6 KSchG zuzulassen. Schon deshalb kann die Rspr. des BAG nicht verallgemeinert werden. Dass sie mit der des BGH nicht vereinbar ist, ist offensichtlich. 168

2. Zustellungsmängel. Auch bei der Zustellung muss unterschieden werden, ob die Zustellung ganz fehlt oder fehlerhaft durchgeführt wurde. Zudem ist für die Heilung von Zustellungsfehlern § 189 zu beachten, wonach die fehlerhafte Zustellung bei tatsächlichem Zugang als geheilt anzusehen ist; s. § 189 Rn. 8. 169

a) Fehlende Zustellung. Fehlt die Zustellung vollständig, so ist die Klage nicht erhoben und keine Rechtshängigkeit eingetreten; s. Rn. 14. Hier scheidet die **Heilung nach § 189** aus, selbst 170

---

[331] BGHZ 92, 251, 256 = NJW 1985, 328; BGH MDR 2004, 879, 880 = VersR 2004, 629.

[332] BGHZ 37, 156, 160 = NJW 1962, 1724; vgl. auch BGH LM § 338 Nr. 1 für die Einspruchsschrift gegen ein Versäumnisurteil.

[333] BGH MDR 2004, 879, 880 = VersR 2004, 629.

[334] BGHZ 92, 251, 256 = NJW 1985, 328; BGH MDR 2004, 879 = VersR 2004, 629.

[335] *Zöller/Greger* Rn. 22; *Rosenberg/Schwab/Gottwald* § 67 Rn. 6; insoweit nicht deutlich BGHZ 22, 254, 257 = NJW 1957, 263.

[336] *Vollkommer* S. 460.

[337] Auf der Grundlage der Ansicht *Vollkommers* ist es ungenau zu sagen, die Nachholung „wirke ex tunc"; vielmehr „wirkt" sie überhaupt nicht.

[338] BGHZ 22, 254, 257 = NJW 1957, 263; BGHZ 25, 66, 72 = NJW 1957, 1517; BGHZ 65, 46, 47 = NJW 1975, 1704; BGH ZIP 1996, 252, 254; BGH NJW-RR 1999, 1251, 1252.

[339] BGHZ 22, 254, 257 = NJW 1957, 263.

[340] BGHZ 65, 46, 47 = NJW 1975, 1704.

[341] BAG MDR 1986, 1053 = NJW 1986, 3224.

[342] BAGE 1, 272, 273 = AP KSchG § 11 Nr. 5. Die vom BAG MDR 1986, 1053 im LS zitierte Entscheidung BAGE 28, 1 = AP KSchG 1969 § 4 Nr. 1 m. Anm. *Vollkommer* sagt in beiden Abdrucken zur Heilung und deren Rückwirkung nichts.

wenn der Gegner in den Besitz der Klageschrift gelangt ist, zB weil sie ihm zur Stellungnahme im Prozesskostenhilfeverfahren formlos übersandt wurde. Denn dem Zweck der Vorschrift entspricht es nicht, eine Zustellung als bewirkt anzusehen, wenn dies offensichtlich vom Gericht nicht gewollt war (Indizien: Fehlen der Terminsbestimmung, formlose Übersendung).[343]

171 Jedoch kommt auch in diesen Fällen die **Heilung nach § 295** in Betracht, da das **Zustellungserfordernis verzichtbar** iSv. § 295 Abs. 2 ist.[344] Die erneute Zustellung ist dann nicht mehr erforderlich; die Klage wird am Tage der rügelosen Verhandlung oder des Verzichts, dh. in dem Zeitpunkt, in dem die Rüge nicht mehr erhoben werden kann, und damit ex nunc rechtshängig,[345] ohne dass es auf einen ausdrücklichen Verzichtswillen der Partei ankommt. Die Heilung des Mangels der Klagezustellung durch Nichtrügen hat der BGH auch in Fällen ausnahmsweise befristeter Klagen des Zivilprozesses für Eheaufhebungsklage nach § 35 Abs. 1 EheG aF[346] (jetzt § 1317 BGB Antragsfrist), Ehelichkeitsanfechtungsklage nach § 1594 Abs. 1 BGB aF[347] (jetzt § 1600b BGB Vaterschaftsanfechtungsfrist) und Konkursanfechtung nach dem früheren § 41 Abs. 1 KO (jetzt § 146 Abs. 1 InsO und seither Verjährungsfrist) bejaht. Er sieht in den Klagefristen von Amts wegen zu beachtende unverzichtbare materiellrechtliche Ausschlussfristen, zu denen er auch die Frist für die Erhebung der aktienrechtlichen Anfechtungsklage (§ 246 Abs. 1 AktG) rechnet.[348] Dem ist selbst dann zuzustimmen, wenn die Klagefristen als prozessuale Fristen aufgefasst werden, deren Versäumung die Klage unzulässig macht. Das gilt nach Nichtübernahme von § 187 S. 2 aF in § 189 nF jetzt ohne weiteres auch für Notfristen, falls die Zustellung von Amts wegen erfolgt. Denn entscheidend ist, dass die Verantwortung für die Amtszustellung nicht im Bereich der benachteiligten Partei liegt.[349]

172 Damit ist Raum für die zumindest **entsprechende Anwendung des § 167,** soweit es auf die Rechtzeitigkeit der Klageerhebung für die Wahrung einer Ausschlussfrist bzw. die Verjährung ankommt.[350] Voraussetzung ist, dass die Einreichung der Klageschrift fristgerecht erfolgt ist und der Zeitpunkt des Rügeverzichts oder der rügelosen Verhandlung hierzu in einem zeitlichen Verhältnis steht, das einer der Einreichung folgenden „demnächstigen" Zustellung entspricht.[351] Empfiehlt die hM schon bei der Beantwortung der Frage, ob die tatsächliche Zustellung „demnächst erfolgt" ist, eine „weitherzige" Auslegung (§ 167 Rn. 9), so ist diese Frage für die fingierte Zustellung immer zu bejahen, weil die Parteien auf die Bestimmung des Termins zur mündlichen Verhandlung und damit auf den Zeitpunkt der Heilungsmöglichkeit nach § 295 keinen Einfluss haben.

173 **b) Fehlerhafte Zustellung.** Nur scheinbar anders ist die Situation, wenn die Klageschrift zugestellt wurde, die **Zustellung** aber **fehlerhaft** war. Zwar heilt hier der Rügeverzicht grds. rückwirkend.[352] Das gilt jedoch nicht, falls es um die Wahrung gesetzlicher Ausschlussfristen geht. Dann wirkt der Rügeverzicht ausnahmsweise nur ex nunc,[353] sofern nicht bereits § 189 eingreift. Allerdings bewahrt auch hier § 167 vor Fristversäumung, sofern die Heilung einer „demnächstigen" Zustellung entspricht.[354]

III. Mängel im notwendigen Inhalt der Klageschrift

174 **1. Bezeichnung des Gerichts.** Die fehlende oder nicht mit dem Gericht, an das der Kläger den Prozess bringen will, übereinstimmende Bezeichnung in der Klageschrift ist nur als Folge gro-

---

[343] BGHZ 7, 268, 270 = NJW 1952, 1375 = LM BGB § 1093 Nr. 1 m. Anm. *Pritsch;* BGH NJW 2001, 3713, 3714.

[344] St. Rspr.; vgl. schon BGHZ 4, 328, 335 = NJW 1952, 545; zur Verzichtbarkeit BGHZ 22, 254 = NJW 1957, 263; speziell für die Zustellung BGHZ 25, 66, 72ff. = NJW 1957, 1517; BGH NJW 1972, 1373 = JR 1973, 66; BGH NJW 1974, 1557 = JR 1974, 517 m. Anm. *G. Lüke;* BGH ZIP 1996, 552, 554 = WM 1996, 554 m. iE zust. Anm. *Vollkommer* EWiR § 295 ZPO, 1/96, 429; OLG Zweibrücken NJW-RR 1998, 429 (konkludenter Verzicht des Beklagten).

[345] BGHZ 25, 66, 75 = NJW 1957, 1517; s. a. OLG Nürnberg OLGR 1999, 263.

[346] Dazu BGHZ 25, 66 = NJW 1957, 1517.

[347] Dazu BGH NJW 1972, 1373.

[348] BGH NJW 1974, 1557 = JR 1974, 517 mit insoweit krit. Anm. *G. Lüke.*

[349] *G. Lüke* JR 1974, 518.

[350] Zust. *Zöller/Greger* Rn. 26a; *Musielak/Foerste* Rn. 16.

[351] BGHZ 25, 66, 76 = NJW 1957, 1517; im Anschluß hieran BGH NJW 1974, 1557 = JR 1974, 1517 mit in dem hier entscheidenden Punkt zust. Anm. *G. Lüke.*

[352] So der BGH unter Berufung auf die Rspr. des RG; vgl. RGZ 87, 271, 272; BGH LM Nr. 16; NJW 1984, 926; ebenso *Johannsen* LM § 295 Nr. 13; *Blomeyer* § 40 III 2; *Zöller/Greger* Rn. 26a.

[353] BGH NJW 1984, 926.

[354] So auch *Stein/Jonas/Schumann* Rn. 189.

ber Flüchtigkeit beim Abfassen der Klage denkbar, die in diesem Punkt in der Praxis nur selten vorkommen dürfte.[355] Gelangt die Klage gleichwohl an das gewollte Gericht, stellt dieses zu, weil es den Fehler nicht bemerkt hat, und wird dann vor ihm verhandelt, so kann der Fehler nach § 295 rückwirkend geheilt werden.[356] Falls das Gericht den Fehler vor der Zustellung der Klage entdeckt, empfiehlt es sich, die Klageschrift zurückzugeben, damit der Kläger den Fehler berichtigen kann. Davon zu unterscheiden ist der Fall, dass die Klage trotz fehlender oder falscher Bezeichnung an das vom Kläger gewollte Gericht gelangt und dieses unzuständig ist. Dann ergeht – nach Berichtigung der Gerichtsbezeichnung im Sinne des Klägerwillens – Prozessurteil, wenn kein Verweisungsantrag (§ 281 Abs. 1) gestellt wird.

Die Adressierung an den nach der Geschäftsverteilung nicht zuständigen Spruchkörper des Gerichts ist unschädlich, da die notwendige Gerichtsbezeichnung sich nicht darauf erstreckt und die Weiterreichung der Klage innerhalb des angerufenen Gerichts entsprechend der Geschäftsverteilung von Amts wegen geschieht; s. Rn. 64. **175**

Besonderheiten gelten für die **Kammer für Handelssachen.** Der in der Klageschrift zu stellende Antrag, den Rechtsstreit vor der Kammer für Handelssachen zu verhandeln (§ 96 Abs. 1 GVG), ist weder nachholbar noch kann er geändert werden,[357] weil das Antragserfordernis Voraussetzung für die Zuständigkeit der Kammer für Handelssachen ist.[358] Eine infolge eines Schreibversehens die Zivilkammer bezeichnende, in Wirklichkeit aber der Kammer für Handelssachen zugedachte Klageschrift, die den Antrag iSd. § 96 Abs. 1 GVG enthält, kann berichtigt und so der Fehler geheilt werden.[359] Wegen § 96 Abs. 1 GVG ist es nicht möglich, eine versehentlich an die Zivilkammer gerichtete Klageschrift nachträglich als für die Kammer für Handelssachen bestimmt anzusehen.[360] **176**

2. Bezeichnung der Parteien. Von praktischer Bedeutung sind nur die Fälle, in denen Parteien unrichtig bezeichnet sind. Fehlt die Benennung einer Partei ganz, so scheitert regelmäßig schon die Zustellung. **177**

a) Parteiberichtigung. Die bloße Parteiberichtigung ist von der Parteiänderung (§ 263 Rn. 67 ff.) abzugrenzen. Nach hM kommt eine Parteiberichtigung nur in Betracht, wenn zwischen der durch Auslegung der Klageschrift ermittelten tatsächlich gemeinten Partei und der in der Klageschrift bezeichneten (an die zugestellt und die geladen wurde) Identität besteht.[361] Demgegenüber hält *Baumgärtel*[362] das Merkmal der Identität allenfalls zur Abgrenzung bei natürlichen Personen für tauglich, nicht aber bei Gesellschaften und juristischen Personen. Er stellt entscheidend auf das schutzwürdige Vertrauen des Beklagten ab. Die Erkennbarkeit der tatsächlich gemeinten Partei für den Gegner ist jedoch bereits im Rahmen der Identitätsprüfung zu berücksichtigen,[363] wie es auch der BGH tut. Eine Differenzierung zwischen Parteiberichtigung auf Kläger- und der wohl häufigeren auf Beklagtenseite ist sachlich nicht geboten. **178**

Typische **Berichtigungsfälle** sind demnach: die Angabe falscher Vornamen oder Namen (etwa des Künstlernamens), falsche Geschlechtsbezeichnung bei Ehegatten, fehlende Unterscheidungszusätze bei Namensgleichheit von Eltern und Abkömmlingen, unrichtige Firmenbezeichnung,[364] falsche Bezeichnung der Rechtsform (OHG/KG).[365] – Die Klage gegen einen bereits vor Zustellung Verstorbenen kann nur dann auf die Erben berichtigt werden, wenn er durch einen Prozessbevollmächtigten vertreten war; s. Rn. 47. – An der Grenze liegt der Fall, dass der Kläger im eigenen Namen eine Forderung der Firma einklagt, deren alleinvertretungsberechtigter Gesellschafter er **179**

---

[355] Dies erklärt wohl, daß es zu dem Thema bisher keine veröffentlichte Rspr. gibt.

[356] Ebenso *Stein/Jonas/Schumann* Rn. 185; Heilung undifferenziert verneinend *Rosenberg/Schwab/Gottwald* § 67 Rn. 12.

[357] OLG Frankfurt BB 1980, 552; OLG Brandenburg NJW-RR 2001, 429, 431 = MDR 2000, 1029; *Zöller/Gummer* § 96 GVG Rn. 1.

[358] So die hM; vgl. *G. Lüke,* FS Baumgärtel, 1990, S. 349, 359.

[359] Ebenso *Musielak/Foerste* Rn. 23. Das gilt selbst dann, wenn man den Antrag iSd. § 96 Abs. 1 GVG bereits in der Adressierung erblickt, wie es die hM tut; *Bergerfurth* NJW 1974, 221; *Kissel* GVG, 4. Aufl. 2005, § 96 Rn. 2; *Zöller/Gummer* § 96 GVG Rn. 1.

[360] Im Ergebnis ebenso OLG Frankfurt BB 1980, 552.

[361] BGHZ 22, 240, 245 f. = NJW 1957, 218; *Stein/Jonas/Schumann* Rn. 34; *Rosenberg/Schwab/Gottwald* § 41 Rn. 16; *Jauernig* ZZP 86 (1973), 459; *Kleffmann* S. 187, 189; *Wiesemann* Die Berichtigung gerichtlicher Entscheidungen im Zivil-, Verwaltungs-, Finanz- und Sozialgerichtsprozeß, Diss. Mainz 1974, S. 130; *Burbulla* MDR 2007, 439, 440 ff. mit vielen praktischen Beispielen.

[362] *Baumgärtel* JurBüro 1973, 169, 172 f., 179 f. = FS Schnorr von Carolsfeld, 1973, S. 19.

[363] *Jauernig* ZZP 86 (1973), 459, 460 f.; *Kleffmann* S. 188 f.

[364] BGH NJW 1983, 2448, 2449; NJW 1998, 1496, 1497.

[365] OLG Düsseldorf MDR 1977, 144.

ist, und er dann die Klägerbezeichnung auf die Firma lautend geändert haben möchte; hier ist die Berichtigung allenfalls möglich, wenn von vornherein aus der Klageschrift ersichtlich eine Forderung der Firma geltend gemacht war und dies vom Beklagten erkannt wurde.[366] – Falschbezeichnungen finden sich auch bei juristischen Personen. Eine Berichtigung ist zB möglich bei einer Klage gegen ein Organ oder einen nicht rechtsfähigen Teil der juristischen Person, wenn diese selbst gemeint ist. Unschädlich und daher berichtigungsfähig ist auch die falsche juristische Qualifikation, zB Klage gegen die Insolvenzmasse statt gegen den Insolvenzverwalter. Ebenfalls durch Berichtigung zu bereinigen ist es, wenn die, wie vordem erforderlich, zunächst durch alle Gesellschafter einer GbR wegen einer Gesamthandsforderung erhobene Klage nach Anerkennung der Parteifähigkeit der GbR durch die BGH-Rspr.[367] als Klage der Gesellschaft selbst weitergeführt werden soll.[368] – Ist im Falle des § 1629 Abs. 3 BGB das Kind, vertreten durch einen Elternteil, als Kläger genannt statt des Elternteils selbst in Prozessstandschaft für das Kind, so ist das Aktivrubrum ebenfalls noch berichtigungsfähig und kein Parteiwechsel erforderlich; s. auch § 263 Rn. 69, 86.

180 Keine Berichtigung kommt in Betracht, wenn jemand irrtümlich als Beklagter bezeichnet wird, weil der Kläger ihn für seinen Schuldner hält, und die Klage ihm auch zugestellt worden ist; hier ergeht Klageabweisung als unbegründet, falls die Klage nicht zurückgenommen wird oder sich ein gewillkürter Parteiwechsel (s. § 263 Rn. 77ff.) arrangieren lässt.[369] Wird die Klage einer anderen Person als der in der Klageschrift bezeichneten zugestellt, so ist der Zustellungsempfänger nicht Partei geworden; s. Rn. 39.

181 **b) Wirkung.** Die zulässige Berichtigung des Rubrums wirkt zurück, da die tatsächlich gemeinte Partei die Parteistellung erlangt hat, die Berichtigung mithin nur der Klarstellung dient. Das Gericht wird schon deshalb auf die Berichtigung hinwirken, weil es die korrekte Bezeichnung der Parteien für das Urteil benötigt (§ 313 Abs. 1 Nr. 1). Die **rückwirkende Berichtigung** ist auch dann möglich, wenn die Partei zwar in der Klageschrift falsch bezeichnet, gleichwohl aber an die richtige Partei zugestellt wird und diese dann rügelos verhandelt.[370] Die Parteiberichtigung kann auch noch in der Rechtsmittelinstanz nach Ablauf der Rechtsmittelbegründungsfrist vorgenommen werden.[371]

182 **3. Bestimmte Angabe von Gegenstand und Grund des erhobenen Anspruchs und bestimmter Antrag.** Die überwiegende Meinung in der **Literatur** sieht diese Angaben als nicht verzichtbar iSv. § 295 Abs. 2 an, weil sie nicht nur dem Interesse des Beklagten dienen, sondern auch der Rechtssicherheit.[372] Die **Rspr.** ist uneinheitlich. Bezogen auf Klagegegenstand und Klagegrund (dass der bestimmte Antrag unverzichtbar ist, steht außer Frage) hat der BGH teils die Verzichtbarkeit bejaht,[373] sie teils aber auch in Zweifel gezogen, weil die rügelose Einlassung des Beklagten die allein vom Kläger vorzunehmende Bestimmung nicht ersetzen könne.[374] Letztlich hat er die Frage jedoch nicht entschieden.

183 Die genannten Gründe treffen zu und schließen die Heilung durch Rügeverzicht aus; s. auch § 295 Rn. 21. Mängel in der Angabe von Grund und Gegenstand können nur durch (fristgemäße) Nachholung beseitigt werden.[375] Eine Ausnahme gilt für die fehlende Aufgliederung bei Teilklagen. Hier können die erforderlichen Angaben jederzeit nachgeholt werden; die Klarstellung wirkt zurück; s. Rn. 112ff. Ergeht trotz fehlender Bestimmtheit ein Sachurteil, so ist es nicht der materiellen Rechtskraft fähig.[376]

---

[366] OLG Köln OLGZ 1970, 349.

[367] BGHZ 146, 341ff. = NJW 2001, 1056; BGH NJW 2002, 1207 = JZ 2002, 1106 m. abl. Anm. *Stürmer;* s. a. BVerfG NJW 2002, 3533.

[368] BGH NJW 2003, 1043 m. zust. Anm. *H.-G. Eckert* EWiR § 705 BGB, 3/03, 357; OLG Köln NJW-RR 2003, 431.

[369] RG ZZP 55 (1930), 120, 122; KG ZZP 57 (1933), 138f.; *Zöller/Vollkommer* Vor § 50 Rn. 9.

[370] *Stein/Jonas/Schumann* Rn. 185.

[371] BGH WarnR 1970, 581, 583; s. auch BGH NJW 1999, 291, 292.

[372] *Stein/Jonas/Schumann* Rn. 171; *Rosenberg/Schwab/Gottwald* § 67 Rn. 12.

[373] BGHZ 22, 254, 257 = NJW 1957, 263, 264; BGHZ 65, 46, 48 (obiter dictum) = NJW 1975, 1704.

[374] BGH NJW 1972, 1373 = JR 1973, 66.

[375] OLG Hamm VersR 2004, 1361.

[376] BGHZ 124, 164, 166 = NJW 1994, 460.

E. Der nicht notwendige Inhalt der Klageschrift (Abs. 3 bis 5)

184 Die Nichteinhaltung der Vorschriften des § 253 Abs. 3 bis 5 berührt die Zulässigkeit der Klageerhebung nicht, sofern die Angaben nach § 130 nicht zu den zwingenden Voraussetzungen des Abs. 2 gehören; s. Rn. 57.

185 Die Angaben nach Abs. 3 sollen die Prüfung der sachlichen Zuständigkeit sowie die Bestimmung der Höhe des beim Kläger einzufordernden Kostenvorschusses ermöglichen. Bei Fehlen der Streitwertangabe kann es deshalb zur Verzögerung der Klagezustellung kommen. Im Einzelfall kann der Kläger hierdurch der Vorwirkung nach § 167 verlustig gehen;[377] s. dort Rn. 10. Gleiches gilt für das Fehlen der nach Abs. 5 erforderlichen Abschriften;[378] s. Rn. 9.

F. Besonderheiten

I. Arbeitsgerichtliches Verfahren

186 **1. Urteilsverfahren.** § 253 gilt auch für das Urteilsverfahren vor den Arbeitsgerichten nach Maßgabe der §§ 495, 496, 498 (§ 46 Abs. 2 ArbGG). Die Klage muss vom Kläger selbst, seinem gesetzlichen Vertreter, einem in der Bundesrepublik zugelassenen Rechtsanwalt oder einem Vertreter bestimmter Verbände (§ 11 Abs. 1 S. 2 und 3 ArbGG) eigenhändig unterzeichnet sein. Die eigenhändige Unterzeichnung ist auch notwendig, wenn die Klage zu Protokoll der Geschäftsstelle erklärt wird.[379] Die Praxis legt an die Einhaltung des § 253 im arbeitsgerichtlichen Verfahren mit Recht einen großzügigen Maßstab an.

187 Für die **Kündigungsschutzklage** lässt sie zutreffend genügen, dass sich dem Antrag des Arbeitnehmers sein Wille entnehmen lässt, Kündigungsschutzklage zu erheben, und ersichtlich ist, gegen wen sich die Klage richtet, wo der Kläger tätig war und dass er seine Kündigung nicht als berechtigt anerkennt.[380] Damit ist der Klagegrund hinreichend gekennzeichnet. Nicht erforderlich ist, dass der Kläger darlegt, weshalb die Kündigung ungerechtfertigt ist; da die Kündigung in die Rechtsposition des Arbeitnehmers eingreift,[381] hat der Arbeitgeber die Behauptungs- und Beweislast. Für die Erhebung der Kündigungsschutzklage ist die Dreiwochenfrist des § 4 S. 1 KSchG einzuhalten; bei Fristversäumung gilt eine sozial ungerechtfertigte Kündigung als von Anfang an rechtswirksam (§ 7 KSchG). Deshalb weist das BAG die Klage bei Fristversäumung nicht als unzulässig, sondern als unbegründet ab.[382] Das BAG lässt auch eine hilfsweise erhobene Kündigungsschutzklage zur Fristwahrung genügen.[383] Hält der Arbeitnehmer die Kündigung aus anderen Gründen für rechtsunwirksam, so bedarf es keiner Kündigungsschutzklage.[384] Besondere Aufmerksamkeit erfordert angesichts der schwankenden Rspr. des BAG die mit der Kündigungsschutzklage kombinierte allgemeine Feststellungsklage auf Fortbestand des Arbeitsverhältnisses zu unveränderten Bedingungen über den Kündigungsendtermin hinaus[385] (s. a. Vor § 253 Rn. 48).

188 **2. Beschlussverfahren.** Das Beschlussverfahren (§ 2a ArbGG)[386] wird durch Einreichung eines schriftlichen oder mündlich zu Protokoll erklärten Antrags eingeleitet (§ 81 ArbGG). Nach hM

---

377 BGH NJW 1972, 1948, 1949.

378 BGH VersR 1974, 1106.

379 BAG AP ArbGG 1979 § 9 Nr. 2.

380 BAG NJW 1982, 1174.

381 *G. Lüke* JuS 1967, 1, 4; *ders.* NJW 1980, 2170; *Vollkommer* AcP 161 (1962), 332, 348 f.

382 BAGE 42, 294, 299 = AP KSchG 1969 § 5 Nr. 4; MDR 1986, 1053. Noch immer ist das BAG in dieser Frage unsicher. Der 2. Senat qualifiziert die Dreiwochenfrist des § 4 KSchG in der ersten Entscheidung (1983) als materiell-rechtliche Ausschlußfrist und in der zweiten (1986) als prozessuale Klageerhebungsfrist. Zutreffend, weil systemgerecht, ist die Frist eine prozessuale Frist, deren Verneinung die Klage unzulässig macht; die Fiktionswirkung des § 7 KSchG ist nur eine materiellrechtliche Nebenwirkung; ebenso *Vollkommer* AcP 161 (1962), 332, 344.

383 BAG NJW 1994, 1084 m. krit. Anm. *G. Lüke* JuS 1996, 969.

384 Nach § 13 Abs. 1 S. 2 KSchG muß auch gegen eine außerordentliche Kündigung Kündigungsschutzklage erhoben werden, wenn das Fehlen eines wichtigen Grundes geltend gemacht wird.

385 BAG NJW 1998, 698 m. weit. Nachw. u. krit. Anm. *G. Lüke* JuS 1998, 498; *Diller* NJW 1998, 663; *Stahlhacke,* FS Wlotzke, S. 180 ff.; *Prütting,* FS G. Lüke, S. 617, 627 ff.

386 Für das Beschlußverfahren zum Kündigungsschutz nach § 126 InsO gelten die §§ 80 ff. ArbGG entsprechend; dazu *Grunsky,* FS G. Lüke, 1997, S. 191, 194 ff.

findet § 253 Abs. 2 Anwendung,[387] aber nur mit Einschränkungen, da es keine Parteien kennt und das Gericht die Beteiligten von Amts wegen zu ermitteln hat;[388] jedoch muss in der Antragsschrift der Antragsteller genannt werden. Der Untersuchungsgrundsatz, der im Beschlussverfahren gilt (§ 83 Abs. 1 ArbGG), befreit den Antragsteller nicht davon, im Antrag den Sachverhalt anzugeben, über den das Gericht entscheiden soll.[389]

189 **3. Vorverfahren.** In einigen Fällen hängt die Zulässigkeit der Klage von der vorherigen Durchführung eines **Vorverfahrens** ab. Hier ist insb. die Anrufung des Schlichtungsausschusses zur Beilegung von Streitigkeiten zwischen Ausbildenden und Auszubildenden zu nennen (§ 111 Abs. 2 S. 1 ArbGG). Die zwingend formulierte Vorschrift des § 111 Abs. 2 S. 5 ArbGG schließt es aus, dass bei unterbliebener Anrufung des Schlichtungsausschusses der Mangel in entsprechender Anwendung des § 295 durch rügelose Einlassung geheilt wird.[390]

II. Nach dem Einigungsvertrag

190 Die Besonderheiten nach dem Einigungsvertrag haben sich durch Anpassung der Verhältnisse, die Überleitungsvorschriften durch Zeitablauf erledigt; s. 1. Aufl. Rn. 189, 190.

G. Kosten

I. Gerichtsgebühren

191 Vor Klagezustellung ist die (dreifache) Gebühr für das Verfahren im Allgemeinen (KV Nr. 1210) vorauszuzahlen (§ 12 Abs. 1 GKG); sie entsteht bereits mit der Einreichung der Klage.[391] Seit dem KostRÄndG 1994 sind die Zustellungskosten (KV Nr. 9002) nicht mehr vorweg zu entrichten. Die Vorauszahlungspflicht betrifft ebenso Scheidungsanträge, nicht aber Scheidungsfolgesachen (§ 12 Abs. 2 Nr. 2 GKG). Sie entfällt, wenn dem Antragsteller Prozesskostenhilfe bewilligt ist, wenn ihm Gebührenfreiheit zusteht oder wenn er glaubhaft macht, dass ihm die alsbaldige Zahlung der Kosten Schwierigkeiten bereiten oder eine Verzögerung der Zustellung einen nur schwer zu ersetzenden Schaden bringen würde, allerdings nur unter der Voraussetzung, dass die beabsichtigte Rechtsverfolgung nicht aussichtslos oder mutwillig erscheint (§ 14 GKG). – Die Zurücknahme der noch nicht zugestellten Klage führt nur zur Ermäßigung auf die einfache Gebühr gemäß KV Nr. 1211.

192 Für Widerklagen gibt es keine Vorauszahlungs- und Vorschusspflicht (jetzt § 12 Abs. 2 Nr. 1 GKG). Zum Mahnverfahren s. Vor § 688 Rn. 27f.

II. Anwaltsgebühren

193 Mit der Einreichung der Klage hat der Anwalt die Prozessgebühr verdient (Nr. 3100 Vergütungsverzeichnis Anl. 1 zum RVG). Zu den Schreibauslagen für Abschriften und Fotokopien s. Rn. 10.

§ 254 Stufenklage

Wird mit der Klage auf Rechnungslegung oder auf Vorlegung eines Vermögensverzeichnisses oder auf Abgabe einer eidesstattlichen Versicherung die Klage auf Herausgabe desjenigen verbunden, was der Beklagte aus dem zugrunde liegenden Rechtsverhältnis schuldet, so kann die bestimmte Angabe der Leistungen, die der Kläger beansprucht, vorbehalten werden, bis die Rechnung mitgeteilt, das Vermögensverzeichnis vorgelegt oder die eidesstattliche Versicherung abgegeben ist.

---

[387] *Weth,* Das arbeitsgerichtliche Beschlußverfahren, 1995, S. 233.

[388] BAG NJW 1969, 526 (LS); *Germelmann/Matthes/Prütting/Müller-Glöge* § 81 Rn. 11.

[389] Zum Verhältnis von Untersuchungsgrundsatz und Streitgegenstandsbestimmung s. *G. Lüke* JuS 1961, 41, 43; 1967, 1, 6; s. auch Vor § 253 Rn. 38.

[390] So die wohl hM; vgl. *Germelmann/Matthes/Prütting/Müller-Glöge* § 111 Rn. 20 m. Nachw.; *Prütting* Verh. 62. DJT 1998, II/1, S. 011, 018; aM allerdings BAG EzA § 15 BBiG Nr. 6.

[391] OLG München JurBüro 1997, 603, 604.

Schrifttum: *Assmann,* Das Verfahren der Stufenklage, Diss. Erlangen 1990; *Kassebohm,* Die Kostenentscheidung bei der Stufenklage, NJW 1994, 2728; *W. Lüke,* Die Stufenklage, JuS 1995, 143; *F. Peters,* Die Entscheidungen bei der Stufenklage, ZZP 111 (1998), 67.

Übersicht

I. Normzweck

Die durch die Novelle 1898 in die ZPO eingefügte und seitdem – von der allgemeinen Ersetzung des Offenbarungseides durch die eidesstattliche Versicherung 1970 abgesehen – unveränderte Vorschrift lässt die Klage auf der letzten Stufe ohne einen bestimmten Antrag zu und macht damit, wie auch in ihrer systematischen Stellung im Gesetz zum Ausdruck kommt, eine **Ausnahme vom Erfordernis des § 253 Abs. 2 Nr. 2.** Dagegen regelt sie die Stufenklage als eine besondere Art der objektiven Klagenverbindung (s. Rn. 6) nicht in dem Sinne abschließend, dass die Klage bei Weglassen einer Stufe unzulässig wäre. 1

Die Stufenklage soll ermöglichen, dass der gesamte **Prozessstoff** dem Gericht **in einer Klage** unterbreitet wird, obgleich Verhandlung und Entscheidung grds. nur nach der vom Kläger gewählten Stufenfolge zulässig sind (Rn. 20). Damit werden mehrere Einzelprozesse über denselben Sachverhalt vermieden. Ob die Stufenklage die Prozessökonomie fördert und zur Konzentration und Beschleunigung des Verfahrens beiträgt, hängt auch davon ab, wie die Praxis mit der für sie immer noch problematischen Vorschrift umgeht. Sie folgert aus dem Zweck des Auskunftsbegehrens, die gerichtliche Durchsetzung des Zahlungs- oder Herausgabeanspruchs vorzubereiten (s. Rn. 6), seine bloße **Hilfsfunktion** und spricht ihm eine selbstständige prozessuale Bedeutung ab.[1] Mit dieser unzutreffenden Begründung verneint sie z. B. die Zulässigkeit eines Teilurteils auf Ausspruch der Erledigung, wenn der Kläger sein Auskunftsbegehren einseitig für erledigt erklärt (Rn. 25),[2] oder das Vorliegen einer teilweisen Klagerücknahme, wenn er ihn nicht weiter verfolgt und zur nächsten Stufe übergeht (Rn. 8). Richtigerweise behalten jedoch alle stufenweise zu erledigenden Ansprüche einschließlich des Auskunftsanspruchs ihre **prozessuale Selbstständigkeit,** so dass für jede Stufe die allgemeinen Prozessvoraussetzungen vorliegen müssen (Rn. 8).[3] So wird bei der Verbindung einer öffentlich-rechtlichen Streitigkeit auf der ersten Stufe mit einer bürgerlichen Rechtsstreitigkeit auf der zweiten nicht für die gesamte Stufenklage der Zivilrechtsweg eröffnet. Die Charakterisierung als Hilfsanspruch ist auch wirtschaftlich unzutreffend, weil das Auskunftsbegehren nicht selten im Vordergrund steht und ohne Auskunftserteilung der (angeblich bestehende) Zahlungs- oder sonstige Leistungsanspruch wertlos wäre.[4] Zur Streitwertberechnung s. Rn. 34. 2

---

[1] BGHZ 52, 169, 171 = NJW 1969, 1486; BGH NJW 2000, 1645, 1646; 2002, 2952, 2953; OLG Frankfurt MDR 1989, 1108; KG OLGR 2002, 86.

[2] OLG München FamRZ 1983, 629; OLG Köln 1984, 1029; MDR 1996, 637; OLG Düsseldorf FamRZ 1996, 493, 494 = NJW-RR 1996, 839.

[3] BGHZ 76, 9, 12 = NJW 1980, 1106, 1107; BGH NJW 1994, 2895; OLG Koblenz NJW-RR 1998, 70, 71.

[4] Vgl. BGHZ (GZS) 128, 85, 88 f. = NJW 1995, 664 = JZ 1995, 681 m. Anm. *Roth.*

3 Für den Kläger hat die Stufenklage gegenüber einer selbstständigen Auskunftsklage den Vorteil, dass sie trotz fehlender Bestimmtheit des Klageantrags auf der letzten Stufe die **Verjährung** des geltend gemachten **Leistungsanspruchs hemmt** (s. a. Rn. 19), was die Auskunftsklage allein nicht bewirken würde.[5] Allerdings trägt er das prozessuale Risiko dafür, dass die vom Beklagten erteilte Auskunft keinen Zahlungsanspruch ergibt.[6] Dieses Risiko kann er auch nicht durch eine bedingte Klageerhebung, die unzulässig wäre (§ 253 Rn. 17), vermeiden; s. dazu Rn. 26f.

4 Die **Klage nach § 510b** ist zwar der Sache nach ebenfalls eine Stufenklage, jedoch nicht im technischen Sinne. Denn bei § 510b kann die Bezifferung des Schadensersatzanspruchs grds. gerade nicht vorbehalten bleiben,[7] so dass schon aus diesem Grunde § 254 für das amtsgerichtliche Verfahren nicht ausgeschlossen wird. Der Entschädigungsantrag, mit dem ein künftiger Anspruch geltend gemacht wird, ist zwar kein Eventualantrag im herkömmlichen Sinne eines für den Fall des Misserfolgs des Hauptantrages gestellten Hilfsantrages, wohl aber in dem Sinne bedingt, als er nur für den Fall des Erfolgs des Antrags auf Verurteilung zur Vornahme der Handlung gestellt ist. Dadurch schafft er gegebenenfalls im Ergebnis eine kumulative Klagenhäufung;[8] s. aber § 510b Rn. 11.

5 § 254 gilt auch im **arbeitsgerichtlichen Urteilsverfahren** (§ 46 Abs. 2 ArbGG, § 495). § 510b wird durch § 61 Abs. 2 ArbGG verdrängt, soweit die geschuldete Handlung in einer Arbeitsleistung besteht. Die Kündigungsschutzklage (§ 4 KSchG) in Verbindung mit dem Lohn- oder Gehaltsnachzahlungsanspruch (§ 615 BGB) enthält zwar Elemente der Stufenklage,[9] ist aber technisch keine Stufenklage iSd. § 254. Im arbeitsgerichtlichen Beschlussverfahren (§ 80 ArbGG) findet § 254 keine Anwendung. Grds. anwendbar ist die Vorschrift wiederum in den echten **Streitverfahren der freiwilligen Gerichtsbarkeit,** und zwar nicht nur in den Familiensachen nach § 621a, zB bei der Geltendmachung des Auskunftsanspruchs (§ 1587e BGB) im Versorgungsausgleichsverfahren.[10] Zur Stufenklage im Verbund von Scheidungs- und Folgesachen[11] s. § 623 Rn. 24ff.; zum Verhältnis des § 254 zu § 323 s. Rn. 12.

II. Voraussetzungen

6 **1. Prozessuale Voraussetzungen. a) Objektive Klagenhäufung.** Die Stufenklage ist ein besonders geregelter, unabhängig von den Voraussetzungen des § 260 zulässiger Fall der objektiven Klagenhäufung,[12] Dass sich die mit ihr erhobenen Ansprüche gegen denselben Beklagten richten müssen, folgt bereits aus § 254.[13] Die Vorschrift will dem Kläger die Prozessführung nicht allgemein erleichtern. Vielmehr muss sein Unvermögen zur bestimmten Angabe der von ihm auf der letzten Stufe seiner Klage beanspruchten Leistung gerade auf den Umständen beruhen, über die er auf der ersten Stufe Auskunft begehrt, bzw. muss das Auskunftsbegehren gerade der Vorbreitung der auf der letzten Stufe noch nachzuholenden bestimmten Angabe dienen.[14] Andernfalls ist der Leistungsantrag wegen Verstoßes gegen § 253 Abs. 2 Nr. 2 unzulässig, wenn er (wozu der Richter nach § 139 anhalten muss) nicht doch noch nachgebessert wird.

7 Folglich steht die der Stufenklage eigentümliche Verknüpfung von Auskunftsanspruch und unbestimmtem Leistungsanspruch dem Kläger **nicht zur Verfügung,** wenn er mit seinem auf der ersten Stufe eingebrachten Auskunftsbegehren überhaupt nicht bezweckt, sein Leistungsbegehren auf der letzten Stufe hinreichend bestimmen zu können, sondern sich sonstige mit dieser Bestimmung nicht im Zusammenhang stehende Informationen über seine weitere Rechtsverfolgung verschaffen will[15] – so z.B. wenn ein Bewerber um ein öffentliches Amt, dem ein anderer vorgezogen wurde,

---

[5] BAG DB 1977, 1371; OLG Hamburg FamRZ 1983, 602; OLG Hamm NJW-RR 1990, 709; OLG Stuttgart NJW-RR 1990, 766.

[6] OLG München MDR 1988, 782; OLG Hamm MDR 1989, 461, 462.

[7] *G. Lüke,* FS E. Wolf, 1985, S. 459, 467.

[8] *Germelmann/Matthes/Prütting/Müller-Glöge* § 61 ArbGG Rn. 32.

[9] *G. Lüke* NJW 1960, 1333 Fn. 7; *ders.* NJW 1980, 2170, 2172.

[10] OLG Hamm FamRZ 1980, 64, 65; OLG Bamberg FamRZ 1980, 811 (LS); *Weitnauer/Mansel* Nach § 43 WEG Rn. 4.

[11] BGH FamRZ 1979, 690.

[12] BGH NJW 2003, 2748; *Musielak/Foerste* Rn. 3; *W. Lüke* S. 144; *Göppinger/Wax/Vogel* Rn. 2494; *Stein/Jonas/Schumann* Rn. 1; *Saenger/Saenger* Rn. 1; aM *Assmann* S. 15.

[13] BGH NJW 1994, 3102, 3103 = LM § 42 VerglO Nr. 819 m. Anm. *W. Lüke,* zieht hierfür § 260 heran (in BGHZ 126, 138 nicht abgedr.).

[14] BGH NJW 2002, 2952, 2953.

[15] BGH NJW 2000, 1645, 1646; 2002, 2952, 2953; s.a. BAGE 96, 274, 278f.; BAG NZA 2005, 289, 290.

Auskunft über das dahin führende Verfahren verlangt, um anhand dessen ermessen zu können, ob ihm ein Amtshaftungsanspruch zusteht,[16] oder wenn der mit einer Aufrechnung des Beklagten konfrontierte Kläger Auskunft über die der Gegenforderung zugrundeliegenden Umstände verlangt, um über die Prüfung der Berechtigung der Aufrechnung mittelbar die Höhe seiner noch offenen Restforderung berechnen zu können.[17] Jedoch führt das Fehlen der Voraussetzungen eines Vorgehens nach Art der Stufenklage nicht notwendig dazu, dass die Klage insgesamt oder auch nur (hinsichtlich des unbestimmten Leistungsantrags) teilweise als unzulässig abgewiesen werden muss. Vielmehr kann eine Umdeutung in eine ungestufte objektive Klagenhäufung in Betracht kommen.[18] – Kennt der Kläger im Falle des Herausgabeverlangens die herauszugebenden Gegenstände und weiß nur nicht, ob sie sich noch beim Beklagten befinden, so liegen die Voraussetzungen für eine Stufenklage ebenfalls nicht vor; die fehlende Kenntnis kann er sich nach § 883 Abs. 2 beschaffen. Auskunftsbegehren und Antrag auf Abgabe der eidesstattlichen Versicherung sind mangels Rechtsschutzinteresses unzulässig.[19]

Die **Prozessvoraussetzungen** sind **für jede Stufe gesondert** zu beurteilen. Es gibt keine be- 8
sondere eigenständige Prozessvoraussetzung für die Stufenklage insgesamt.[20] Auch wenn der Leistungsantrag offensichtlich unbegründet ist, zB wegen Verjährung, beeinträchtigt dies das Rechtsschutzinteresse am Auskunftsbegehren nicht. Zu dem Fall, dass der Hauptanspruch auf Grund der erteilten Auskunft nicht bestehen kann, s. Rn. 26f. – Das Übergehen zur nächsten Stufe unter Fallenlassen des Auskunftsanspruchs stellt angesichts der prozessualen Selbstständigkeit aller im Zuge der Stufenklage erhobenen Ansprüche (Rn. 2) eine teilweise Klagerücknahme (§ 269) und keine bloße Maßnahme nach § 264 Nr. 2 dar.[21] Das Wiederaufgreifen in der Berufung und seine Verbindung mit einem unbezifferten Leistungsantrag unterliegt den Vorschriften über die Klageänderung;[22] s. § 263 Rn. 21.

Entgegen dem Gesetzeswortlaut ist der Antrag auf der **ersten Stufe** nicht auf Rechnungslegung 9
und Vorlegung eines Vermögensverzeichnisses beschränkt; mit der Stufenklage können **alle Informationsansprüche** (auf Auskunft, Rechnungslegung, Rechenschaftslegung, Vorlage eines Bestandsverzeichnisses)[23] verfolgt werden,[24] auch der Auskunftsanspruch auf Grund der Generalklausel der Rspr.[25] Auf der **nächsten Stufe** kann der Anspruch auf Abgabe der eidesstattlichen Versicherung (zu den materiell-rechtlichen Grundlagen s. Rn. 16) geltend gemacht werden. Die Möglichkeit, diesen Anspruch ebenfalls gemeinsam mit dem Auskunfts- und dem Leistungsanspruch in eine Stufenklage einzubinden, folgt unmittelbar aus dem Wortlaut des § 254, so dass eine dreiteilige Stufenklage statthaft ist.[26] Auf dieser Zwischenstufe ist auch ein Antrag auf Wertermittlung durch Sachverständigengutachten möglich.[27] Die **letzte Stufe** einer Stufenklage ist nicht auf Zahlungsanträge beschränkt, sondern kann nach klarem Gesetzeswortlaut („Herausgabe") auch auf andere Leistungen gerichtet sein, etwa auf Herausgabe von Wertpapieren, auf Erlösherausgabe oder auf Leistung von Schadensersatz.[28] Dabei kann der Kläger nicht nur die Anspruchshöhe bzw. den Anspruchsumfang offen lassen. Er kann sich vielmehr darüber hinaus sogar die Bestimmung der Art der Leistung, die er beanspruchen möchte, bis zur Erfüllung seiner auf den vorangegangenen Stufen gestellten Begehren vorbehalten. Bis dahin genügt es, auf der letzten Stufe vorerst allgemein die Herausgabe des ihm gemäß der Auskunft oder Rechnungslegung Geschuldeten zu beantragen.[29]

Es unterliegt der Disposition des Klägers, ob er eine dieser Stufen weglässt. Ist ihm zB außerpro- 10
zessual Auskunft erteilt worden, vertraut er dieser aber nicht, so kann er die **Stufenklage** auf Ab-

---

[16] BGH NJW 2000, 1645, 1646.

[17] BGH NJW 2002, 2952, 2953.

[18] BGH NJW 2000, 1645, 1646; 2002, 2952, 2953; KG OLGR 2002, 86.

[19] BGH LM Nr. 7.

[20] Möglicherweise aM *Stein/Jonas/Schumann* Rn. 15 Fn. 25.

[21] Wie hier OLG München FamRZ 1995, 678; anders allerdings BGH NJW 2001, 833; *Saenger/Saenger* Rn. 12; *Zöller/Greger* Rn. 4.

[22] OLG München FamRZ 1995, 678; aM *Zöller/Greger* Rn. 4; LAG Bremen MDR 1998, 183.

[23] *G. Lüke* JuS 1986, 2, 3.

[24] OLG Köln VersR 1973, 1058.

[25] RGZ 108, 1, 7; BGH NJW 1978, 1002.

[26] HM; vgl. nur BGHZ 10, 385, 386 = NJW 1954, 70 = LM BGB § 259 Nr. 1 (LS); *Musielak/Foerste* Rn. 1; aM *Fett,* Die Stufenklage, Diss. Saarbrücken 1978, S. 35ff., mit der Begründung, mit dem Antrag auf Abgabe der eidesstattlichen Versicherung werde auf eine künftige Leistung geklagt, dessen Zulässigkeit sich nicht aus §§ 257ff., insb. nicht aus § 259, ergebe.

[27] BGH NJW 2001, 833.

[28] BGH NJW 2003, 2748.

[29] BGH NJW 2003, 2748.

gabe der eidesstattlichen Versicherung **beschränken** mit anschließender Bezifferung des Leistungsantrags. Oder er verzichtet nach Erteilung der Auskunft auf die Abgabe der eidesstattlichen Versicherung, weil er die Auskunft für korrekt hält. Auch kann er die Klage auf Auskunft und eidesstattliche Versicherung begrenzen und den eigentlichen Leistungsantrag weglassen.[30] Angesichts des prozessualen Risikos sollte er dies sogar tun, wenn wegen einer langen Verjährungsfrist (zB nach § 2332 BGB) keine Notwendigkeit zur sofortigen Verjährungshemmung besteht und der Leistungsantrag den Gebührenstreitwert beträchtlich erhöht. Die bloße Ankündigung, den Leistungsantrag beziffern zu wollen, ist keine Leistungsklage, so dass die Stufenklage auf der letzten Stufe nicht erhoben ist.[31] Im Einzelfall muss durch Auslegung ermittelt werden, ob die Ankündigung als Leistungsklage anzusehen ist; in Zweifelsfällen ist nach § 139 aufzuklären. Ist das Ergebnis negativ, so wird die Verjährung des eigentlichen Leistungsanspruchs nicht durch die Erhebung der auf Auskunft und Abgabe der eidesstattlichen Versicherung beschränkten Stufenklage gehemmt.

11 **b) Verbindung mit Feststellungs- oder Gestaltungsklage.** Obgleich der Tatbestand des § 254 auf Leistungsklagen zugeschnitten ist, schließt dies nicht aus, dass auf der letzten Stufe Feststellungs- oder Gestaltungsanträge gestellt werden. Eine Feststellungsklage in Form der Stufenklage kommt allerdings nur ausnahmsweise in Betracht; denn wenn das Bestimmtheitserfordernis einer Leistungsklage durch Auskunft des Beklagten erfüllt werden kann, fehlt der Feststellungsklage das Rechtsschutzinteresse.[32] Es bleiben nur diejenigen Fälle übrig, in denen trotz der Möglichkeit, Leistungsklage zu erheben, die Feststellungsklage für zulässig gehalten wird; s. § 256 Rn. 50.

12 Die Verbindung mit einer Gestaltungsklage ist grds. möglich. So kann zB der Schuldner die Vollstreckungsabwehrklage (§ 767) im Wege der Stufenklage erheben, wenn er nicht weiß, inwieweit die titulierte Forderung etwa durch seinen Rechtsvorgänger erfüllt worden ist. Die **Abänderungsklage des § 323** ist sowohl zur Heraufsetzung der Leistungen als auch zu deren Herabsetzung als Stufenklage möglich,[33] zB wenn dem Schuldner unbekannt ist, in welchem Umfang sich die körperliche Beeinträchtigung des Gläubigers gebessert hat, seine Unterhaltsbedürftigkeit weggefallen oder der auf Grund des durchgeführten Versorgungsausgleichs erlangte Rentenanspruch anzurechnen ist. Dies fordert schon die prozessuale Gleichbehandlung der Parteien. Entscheidend ist jedoch, dass die Abänderung erst ab Rechtshängigkeit erfolgen darf, soweit nicht die Abänderung zu einem früheren Zeitpunkt verlangt werden kann (§ 323 Abs. 3).

13 **2. Materiell-rechtliche Voraussetzungen. a) Auskunftsansprüche.** Ein Schwerpunkt gesetzlicher Auskunftsansprüche liegt im **Schuldrecht.** Wichtigste Anspruchsgrundlage ist § 666 BGB gegen Beauftragte, Geschäftsbesorger und Geschäftsführer ohne Auftrag (§§ 675, 687 Abs. 2 iVm. §§ 681 S. 2, 666 BGB). Weitere Anspruchsgrundlagen finden sich in §§ 469 Abs. 1, 558 Abs. 4 S. 2, 713, 716, 740 Abs. 2, 799 Abs. 2, 809, 810 BGB. Auskunftsansprüche im Sachenrecht sind selten: §§ 1034, 1035, 1214 Abs. 1 BGB. Ein großer Teil der **familienrechtlichen Auskunftsansprüche** beruht auf dem auftragsähnlichen Charakter der zugrunde liegenden Rechtsbeziehungen: §§ 1379 Abs. 1, 1386 Abs. 3, 1435 S. 2, 1698, 1799 Abs. 2, 1839, 1890, 1891 BGB. Keine auftragsähnliche Grundlage haben §§ 1361 Abs. 4, 1580, 1587e, 1587k, 1605 BGB. Diese Ansprüche spielen in der Praxis eine große Rolle. Das **Erbrecht** enthält zahlreiche Auskunftsansprüche: §§ 1978 Abs. 1, 2003 Abs. 2, 2005 Abs. 2, 2011 S. 2, 2012 Abs. 1 S. 2, 2027, 2028 Abs. 1, 2057, 2121, 2122, 2127, 2130 Abs. 2, 2218, 2314, 2362 Abs. 2 BGB. Auskunftsansprüche im **Handelsrecht** gewähren §§ 74c Abs. 2, 86 Abs. 2, 87c, 118, 166, 233, 235 Abs. 3, 384 Abs. 2 HGB. Auskunftsansprüche in anderen zivilrechtlichen Gesetzen finden sich in § 131 AktG, § 51a GmbHG, § 6 Abs. 3 PartGG, § 97 Abs. 1 S. 2 UrhG, § 24 VerlG, § 146 PatG, § 34 VVG, § 28 Abs. 3 u. 4 WEG.

14 Die besonderen **zivilverfahrensrechtlichen Auskunftspflichten** sind durchweg nicht einklagbar, sondern können mit den Mitteln des jeweiligen Verfahrensrechts durchgesetzt werden; hierzu gehören §§ 20, 22 Abs. 3, 58, 97, 101 InsO; § 154 S. 2 ZVG. Auch nach § 840 Abs. 1 besteht ein Auskunftsanspruch; er ist ebenfalls nicht klagbar;[34] s. auch § 840 Rn. 20.

15 **b) Anspruch auf Rechnungslegung.** Nach § 259 BGB ist **Rechenschaft** derart abzulegen, dass Ausgaben und Einnahmen geordnet und in verständlicher Form gegenüberzustellen und unter

---

[30] KG FamRZ 1997, 503; aM LG Essen NJW 1954, 1289 m. abl. Anm. *Lent*.

[31] OLG Düsseldorf FamRZ 1986, 488; OLG Celle NJW-RR 1995, 1411.

[32] BGH LM BGB § 123 Nr. 12; MDR 1961, 751; NJW 1996, 2097, 2098.

[33] BGH NJW 1985, 195 = FamRZ 1984, 1211; BGH NJW-RR 1990, 323 = FamRZ 1990, 283; OLG Hamburg FamRZ 1983, 626, 627; OLG München NJW-RR 1988, 1285, 1286; OLG Köln NJW 1990, 2630; aM OLG Hamburg FamRZ 1982, 935.

[34] BGHZ 91, 126, 128ff. = NJW 1984, 1901.

Beifügung von Belegen dem Gläubiger mitzuteilen sind. Wer verpflichtet ist, einen **Inbegriff von Gegenständen** herauszugeben oder über den Bestand eines solchen Inbegriffs Auskunft zu geben, hat dem Gläubiger ein Inventar vorzulegen (§ 260 Abs. 1 BGB).

c) Anspruch auf Abgabe einer eidesstattlichen Versicherung. Besteht Verdacht, dass die Auskunftspflicht nicht mit der nötigen Sorgfalt erfüllt worden ist, so sieht das Gesetz die Pflicht zur Abgabe einer eidesstattlichen Versicherung vor. Es handelt sich im Wesentlichen um die Fälle, in denen Rechnungslegung (§ 259 Abs. 2 BGB) und die Errichtung eines Bestandsverzeichnisses geschuldet werden (§ 260 Abs. 2 BGB). Diese Pflicht kann über die im Gesetz geregelten Tatbestände hinaus auf diejenigen Auskunftsansprüche ausgedehnt werden, in denen die Geltendmachung des Informationsanspruchs der Prozessvorbereitung dient.[35] Ob Grund zur Annahme besteht, dass die in der Rechnung enthaltenen Angaben über die Einnahmen bzw. das Bestandsverzeichnis nicht mit der erforderlichen Sorgfalt erstellt worden sind, ist im Wege einer Wahrscheinlichkeitsprognose festzustellen. So ist ein begründeter Verdacht zB dann gegeben, wenn die ursprüngliche Auskunft mehrfach ergänzt oder berichtigt wird[36] oder die Unvollständigkeit in einzelnen Punkten nachgewiesen ist.[37] Nicht ausreichend sind die ursprüngliche Weigerung, Auskunft zu erteilen, und frühere Vertragsbrüche des Schuldners.[38] 16

III. Verfahren

1. Klageschrift. Eine Stufenklage liegt nur vor, wenn in der Klageschrift mindestens zwei Anträge enthalten sind, nämlich der eigentliche Leistungsantrag und mindestens ein weiterer Antrag, der auf Auskunftserteilung (zur Bestimmtheit s. § 253 Rn. 143, 144) oder Abgabe der eidesstattlichen Versicherung gerichtet ist. Andernfalls kann für den Leistungsantrag nicht vom Bestimmtheitserfordernis des § 253 Abs. 2 Nr. 2 abgesehen werden mit der Folge, dass er unzulässig ist. 17

Umgekehrt wird die Stufenklage nicht dadurch ausgeschlossen, dass der Leistungsantrag bereits **teilweise beziffert** wird. Dann nämlich kann nach Lage des Falles zwar hinsichtlich des bereits bezifferten Teils eine bestimmte Teilklage, hinsichtlich des darüber hinausgehenden unbezifferten Teils aber nach wie vor eine Stufenklage anzunehmen sein,[39] zB wenn der Kläger die Bezifferung als Mindestbetrag verstanden wissen will, den er bereits ohne Auskunft als ihm auf jeden Fall zustehend genau benennen und begründen zu können meint; s. Rn. 20. Wird der Mindestbetrag dagegen in der Erwartung oder Hoffnung angegeben, ihn anhand der Auskunft fundiert(er) begründen oder ggf. sogar noch aufstocken zu können, bleibt die Klage insgesamt Stufenklage.[40] Im Übrigen ist es dem Kläger nicht verwehrt, die Bezifferung des Leistungsantrags mit einem Mindestbetrag rückgängig zu machen und die Klage zur Gänze als Stufenklage mit einem unbezifferten Leistungsantrag weiterzuführen.[41] Selbst die **vollständige Bezifferung** macht die Stufenklage nicht unzulässig, wenn der Kläger der vom Beklagten bereits erteilten Auskunft nicht traut und auf der ersten Stufe Abgabe der eidesstattlichen Versicherung verlangt.[42] 18

Der Zahlungsanspruch wird auch ohne Bezifferung **rechtshängig** und demgemäß seine **Verjährung gehemmt** (§ 204 Abs. 1 Nr. 1 BGB), und zwar unabhängig von der Höhe der später gegebenen Auskunft und der vom Kläger später vorgenommenen Konkretisierung zunächst in seiner vollen Höhe.[43] Erst wenn der Kläger ihn nach Auskunftserteilung beziffert, reduzieren sich Rechtshängigkeit und Verjährungshemmung rückwirkend auf den begehrten Betrag.[44] Darauf, ob über den Zahlungsanspruch bereits verhandelt wurde oder nicht, kommt es für die Verjährungshemmung nicht an.[45] Allerdings kann die Hemmung der Verjährung des Zahlungsanspruches nach 19

---

[35] *Stürner,* Die Aufklärungspflicht der Parteien des Zivilprozesses, 1976, S. 350; *G. Lüke* JuS 1986, 2, 7.

[36] BGH MDR 1960, 200, 201.

[37] *Stürner,* Aufklärungspflicht, S. 351.

[38] BGH NJW 1966, 1117.

[39] BGHZ 107, 236, 239 = FamRZ 1989, 954 = NJW 1989, 2821; BGH FamRZ 2003, 31, 32 = NJW-RR 2003, 68; *Stein/Jonas/Schumann* Rn. 18; *Saenger/Saenger* Rn. 10.

[40] BGH FamRZ 1996, 1070, 1071 = NJW-RR 1996, 833; *Saenger/Saenger* Rn. 10.

[41] BGH FamRZ 1996, 1070, 1071 = NJW-RR 1996, 833.

[42] BGH BB 1972, 1245; *Stein/Jonas/Schumann* Rn. 18.

[43] BGH NJW 1975, 1409, 1410; BGH NJW 1992, 2563 = FamRZ 1992, 1163, 1164; BGH NJW 1995, 513 = FamRZ 1995, 729; BGH FamRZ 1995, 797, 798 = NJW-RR 1995, 770; OLG Hamburg FamRZ 1983, 602; *Stein/Jonas/Schumann* Rn. 18.

[44] IE ebenso BGH NJW 1992, 2563 = FamRZ 1992, 1163; BGH FamRZ 1995, 797, 798 = NJW-RR 1995, 770; OLG Hamburg FamRZ 1983, 602; KG FamRZ 2001, 105; *Rosenberg/Schwab/Gottwald* § 94 Rn. 33; *Zöller/Greger* § 262 Rn. 3.

[45] BGH NJW 1975, 1409, 1410; OLG Naumburg OLGR 2005, 950.

§ 204 Abs. 2 Sätze 1 und 2 BGB enden, wenn der Kläger das Verfahren nicht innerhalb von 6 Monaten nach Auskunftserteilung (und ggf. Abgabe einer eidesstattlichen Versicherung) weiter betreibt und insb. die Bezifferung seines Leistungsbegehrens nicht vornimmt.[46] Bei späterer Erweiterung des Zahlungsanspruchs treten Rechtshängigkeit und Verjährungshemmung insoweit erst in diesem Zeitpunkt ein.

20 **2. Mündliche Verhandlung und Entscheidung. a) Auskunftsanspruch.** Die hM[47] lässt ein **gleichzeitiges Verhandeln** von Auskunfts- und Zahlungsantrag nicht zu. Vielmehr ist über die auf den einzelnen Stufen erhobenen Ansprüche grds. **getrennt voneinander** und **nacheinander** zu verhandeln und auch zu entscheiden. Die hM lässt sich zwar weder mit § 254 noch mit dem nur vorbereitenden Charakter des Auskunftsanspruchs begründen. Trotz dogmatischer Schwächen ist ihr aber der praktischen Vorteile wegen zuzustimmen: Sie verschont den Kläger mit Säumnisfolgen, wenn er nicht über den Zahlungsantrag verhandelt (§ 333), trägt zur Kostenminderung bei, weil Gebühren nur für die Stufenklage insgesamt und nicht für jeden einzelnen Antrag anfallen (s. Rn. 34) und lässt die Klagerücknahme bezüglich des Zahlungsantrags auch noch nach Auskunftserteilung ohne Einwilligung des Beklagten zu (§ 269 Rn. 26). Andererseits gestattet sie zu Recht, dass die **gesamte Stufenklage abgewiesen** wird, wenn der Auskunftsanspruch aus Gründen verneint wird, die auch den weiteren Anträgen, insb. dem Leistungsantrag auf der letzten Stufe, den Boden entziehen.[48] Unabhängig davon ist es zulässig, über einen bereits teilweise bezifferten Leistungsantrag, soweit in ihm eine bestimmte Teilklage zu erblicken ist (s. Rn. 18), bereits auf der ersten Stufe ein Teilurteil zu erlassen, auch als Anerkenntnisurteil.[49]

21 Im Regelfall muss über den Anspruch auf Auskunft oder Rechnungslegung durch **Teilurteil** (§ 301) entschieden werden.[50] Es ist nach Maßgabe der §§ 708ff. für vorläufig vollstreckbar zu erklären. An sein Teilurteil ist das erkennende Gericht gebunden (§ 318). Zum Umfang der materiellen Rechtskraft s. Rn. 24. Ein zur Auskunftserteilung verpflichtendes Urteil wird nach § 888 vollstreckt;[51] einstweilige Maßnahmen sind nach §§ 719, 707 zulässig. Das Rechtsschutzinteresse entfällt nicht dadurch, dass der Beklagte unter dem Druck der vorläufigen Vollstreckbarkeit Auskunft erteilt oder Rechnung legt.[52] Ebensowenig macht die zur Vermeidung der Zwangsvollstreckung vorgenommene Erfüllung den Anspruch unbegründet, obgleich die Auskunftserteilung nicht rückgängig gemacht werden kann. Keine Voraussetzung ist, dass der Kläger sich anschickt zu vollstrecken.[53] Die Vorläufigkeit der Erfüllung ergibt sich regelmäßig daraus, dass der Beklagte das Teilurteil mit Rechtsmitteln bekämpft. – Auch im Falle eines alle Stufen umfassenden Anerkenntnisses darf der Beklagte, solange der Zahlungsanspruch nicht beziffert ist, nur zur Auskunft verurteilt werden, nämlich durch Anerkenntnisteilurteil.[54]

22 **b) Abgabe der eidesstattlichen Versicherung.** Der Anspruch auf Abgabe der eidesstattlichen Versicherung setzt voraus, dass Auskunft erteilt, Rechnung gelegt oder das Inventar errichtet worden ist; s. Rn. 16. Trotzdem beurteilt sich die Zulässigkeit des entsprechenden Antrags nicht nach § 259, sondern abschließend nach § 254; s. Rn. 9. Bei unvollständiger Erfüllung der Auskunftspflicht hat der Kläger keinen Nachbesserungsanspruch; er bleibt darauf beschränkt, die Abgabe der eidesstattlichen Versicherung zu verlangen.[55] Die freiwillige Abgabe richtet sich nach §§ 79, 163 FGG, § 261 BGB. Auch über diesen Antrag ist durch Teilurteil zu entscheiden, dessen Voll-

---

[46] Siehe zum alten Recht (§ 211 Abs. 2 S. 1 BGB) BGH NJW 1975, 1409, 1410; BGH NJW 1992, 2563 = FamRZ 1992, 1163, 1164; BGH FamRZ 1995, 797, 798 = NJW-RR 1995, 770; OLG Hamburg FamRZ 1983, 602; s. a. BGH FamRZ 1995, 729 = NJW-RR 1995, 513.

[47] BGH NJW 1991, 1893; NJW 2002, 1042, 1044; OLG Düsseldorf NJW 1973, 1848, 2034; OLG Köln FamRZ 2001, 423; *Zöller/Greger* Rn. 7; aM OLG Köln NJW 1973, 1848; *Fett,* Die Stufenklage, S. 49ff.; offengelassen in BGH NJW 1975, 1409, 1410.

[48] BGH LM Nr. 8 = MDR 1964, 655; BGH NJW 2002, 1042, 1044; OLG Zweibrücken FamRZ 1996, 869; OLG Celle NJW-RR 1995, 1021; *Zöller/Greger* Rn. 9; aM OLG Hamm NJW-RR 1990, 709; *Assmann* S. 71ff.

[49] Vgl. *Fett,* Die Stufenklage, S. 51f.; *Musielak/Foerste* Rn. 5.

[50] BGHZ 10, 385, 386 = NJW 1954, 70 = LM BGB § 259 Nr. 1 (LS); BGH NJW 2002, 1043, 1044; OLG München FamRZ 1995, 678, 679; OLG Köln OLGR 1996, 88.

[51] KG NJW 1972, 2093; BayObLG NJW 1975, 740 (zu § 132 AktG); OLG Frankfurt Rpfleger 1977, 184 (zu § 2314 Abs. 1 BGB).

[52] BAG LM BGB § 138 Nr. 25 m. Anm. *Zöllner.*

[53] AM *Krüger* NJW 1990, 1208, 1211 Fn. 28.

[54] OLG Brandenburg FamRZ 1998, 1247, 1248.

[55] BGH MDR 1961, 751 = WM 1961, 749; BGH WM 1980, 318, 319; *Stein/Jonas/Schumann* Rn. 26; grds. auch OLG Köln FamRZ 2001, 423, 424 (anders bei nach übereinstimmendem Verständnis der Parteien noch nicht vollständig erteilter Auskunft).

streckung nach §§ 889 Abs. 2, 888 erfolgt; für die Abnahme der eidesstattlichen Versicherung ist nach wie vor das Vollstreckungsgericht zuständig (§ 889 Abs. 1).

c) Bezifferung des Zahlungsantrags. Der Hauptantrag ist zu präzisieren, sobald Auskunft erteilt oder, falls verlangt, die eidesstattliche Versicherung abgegeben ist. Zwar muss für die Präzisierung als solche die formelle Rechtskraft des zu Auskunft oder ggf. eidesstattlicher Versicherung verurteilenden Teilurteils nicht abgewartet werden, wohl aber für die Fortsetzung des Verfahrens um den dann präzisierten Anspruch auf der letzten Stufe.[56] Zu dieser Verfahrensfortsetzung bedarf es entgegen hM[57] keines Antrags; allerdings wird die Präzisierung regelmäßig zumindest schlüssig einen solchen Antrag mit enthalten. Unterlässt der Kläger die Präzisierung auch jetzt noch, ist der Hauptantrag nunmehr wegen Nichteinhaltung des § 253 Abs. 2 Nr. 2 durch Prozessurteil abzuweisen.[58] Die Präzisierung ist keine Klageänderung und fällt auch nicht unter § 264 Nr. 2, weil der Leistungsantrag von Anfang an rechtshängig war. Das Gleiche gilt, wenn der Beklagte vor Erlass eines Teilurteils über das Auskunftsbegehren Auskunft erteilt und der Kläger danach nur noch den Hauptantrag verfolgt; s. dazu Rn. 25. Ergeben Auskunft und eidesstattliche Versicherung, dass der Beklagte die Erfüllung des Hauptanspruchs, zB auf Herausgabe, unmöglich gemacht hat, so fällt die Umstellung der Klage auf Schadensersatz nicht unter § 264 Nr. 3,[59] sondern ist Klageänderung, die regelmäßig als sachdienlich zuzulassen ist. 23

d) Entscheidung. Ist der Auskunftsantrag unbegründet, so ist er durch Teilurteil abzuweisen; die Kostenentscheidung bleibt dem Schlussurteil vorbehalten. Die Abweisung des Auskunftsanspruchs ist **für den Zahlungsantrag nicht präjudiziell** und hat deshalb für ihn weder materielle Rechtskraft- noch innerprozessuale Bindungswirkung (§ 318). Sie führt selbst dann nicht zwangsläufig zur Abweisung des Zahlungsanspruchs, wenn die vom Kläger als ungenügend angesehene Auskunft oder Rechnungslegung vom Gericht als Erfüllung angesehen wird und die sich auf Grund der Auskunft oder der Rechnungslegung ergebenden Zahlungsansprüche getilgt sind.[60] Trotz fehlender Bezifferung kann der Leistungsanspruch allerdings zusammen mit dem Auskunftsanspruch abgewiesen werden, wenn sich ergibt, dass ein Leistungsanspruch dem Grunde nach nicht besteht; s. Rn. 20. Auch die positive Entscheidung über den Auskunftsanspruch erzeugt für den Grund des Zahlungsantrags weder materielle Rechtskraft noch innerprozessuale Bindungswirkung.[61] Jedoch ist auf die Widerspruchsfreiheit der Entscheidungen zu achten.[62] 24

Gibt der Beklagte vor Erlass des entsprechenden Teilurteils Auskunft, so können die Parteien das Auskunftsbegehren **übereinstimmend für erledigt erklären;** die Kostenentscheidung ergeht nicht durch Beschluss, sondern ist nach Maßgabe des § 91 a in der abschließenden Kostenentscheidung mit zu berücksichtigen. Falls der Beklagte der Erledigungserklärung des Klägers nicht zustimmt, ist über die **Erledigung durch Teilurteil** zu entscheiden.[63] Das Rechtsschutzinteresse an dieser Entscheidung ist nicht deshalb zu verneinen, weil sie für den Leistungsantrag nicht präjudiziell ist und der Kostenpunkt ohnehin in der Schlussentscheidung berücksichtigt wird.[64] Es folgt bereits daraus, dass das Auskunftsbegehren selbstständige prozessuale Bedeutung hat und der Kläger wegen des Widerspruchs des Beklagten hierüber eine Entscheidung verlangen kann. 25

Ergibt die Auskunft oder die eidesstattliche Versicherung, dass der Leistungsanspruch nicht besteht, so kann der Kläger die Hauptsache nicht für erledigt erklären, weil die Klage insoweit von Anfang an unbegründet war (§ 91 a Rn. 149); sein entsprechender Antrag müsste als unbegründet abgewiesen werden. Dieser Befund lässt sich auch nicht mit der Annahme einer prozessualen Erledigung des Zahlungsantrags negieren; danach soll die Stufenklage unzulässig werden, wenn sich 26

---

[56] BGH NJW 2002, 1042, 1044; *Zöller/Greger* Rn. 11; *W. Lüke* S. 145; *Stein/Jonas/Schumann* Rn. 21; aA *Musielak/Foerste* Rn. 4 u. die Voraufl.

[57] OLG Karlsruhe NJW 1985, 1349, 1350; OLG Schleswig FamRZ 1991, 96, 97; *Stein/Jonas/Schumann* Rn. 37; *Zöller/Greger* Rn. 11.

[58] OLG Düsseldorf NJ 1965, 2352; *Stein/Jonas/Schumann* Rn. 37; *Zöller/Greger* Rn. 11.

[59] AM *Zöller/Greger* Rn. 11.

[60] BGH LM Nr. 3.

[61] BGH LM Nr. 9 = JR 1970, 185 m. zust. Anm. *Baumgärtel* = JZ 1970, 226 m. abl. Anm. *Grunsky,* der das Gericht an die rechtliche Beurteilung der Auskunftsentscheidung binden will; BGH NJW 1969, 880 = LM Nr. 10 = JZ 1970, 226; BGH NJW 1985, 862; OLG Karlsruhe NJW 1985, 1349, 1350; MDR 1992, 804.

[62] *F. Peters* ZZP 111 (1998), 67, 73 f.

[63] Ebenso *Stein/Jonas/Schumann* Rn. 31; *Thomas/Putzo/Reichold* Rn. 6; *Göppinger/Wax/Vogel* Rn. 2496; *W. Lüke* S. 146; *E. Schneider* MDR 1985, 353, 355; vgl. auch OLG Frankfurt MDR 1989, 1108; aM OLG München FamRZ 1983, 629; OLG Köln FamRZ 1984, 1029; MDR 1996, 637; OLG Düsseldorf FamRZ 1996, 493, 494 = NJW-RR 1996, 839; *Zöller/Greger* Rn. 12; wohl auch BGH NJW 2001, 833.

[64] So aber *Rixecker* MDR 1985, 633, 634.

herausstellt, dass die Bezifferung des Zahlungsanspruchs nicht mehr möglich ist.[65] Als unbegründet zurückzuweisen ist aber auch die Klage, wenn der Kläger sie mit dem bisherigen Antrag aufrechterhält. Nimmt er die Klage zurück, so trägt er hierfür die Kosten (§ 269 Abs. 3 S. 1);[66] s. Rn. 33. So bleibt ihm nur die Möglichkeit, den **sofortigen Klageverzicht** (§ 306) unter Verwahrung gegen die Kostenlast zu erklären; dann sind die Kosten analog § 93 dem Beklagten aufzuerlegen;[67] s. § 269 Rn. 45.

27 Dagegen sind die beiden Lösungen, die die wohl überwiegende Rspr. anbietet, um den Kläger vor Kosten zu bewahren und damit die praktische Bedeutung der Stufenklage nicht zu gefährden, nicht gesetzeskonform: Nach der einen soll der nicht bezifferten Zahlungsantrag beim Streitwert unberücksichtigt bleiben,[68] so dass der Kläger die Klage insoweit ohne Kostennachteile zurücknehmen kann. Nach der anderen soll bei übereinstimmender oder einseitiger Erledigungserklärung des Zahlungs- oder Herausgabeantrags der Beklagten deshalb mit den gesamten Kosten belastet werden, weil er vor Klageerhebung grundlos die Auskunft verweigert habe.[69] – Einen wieder anderen Weg geht der **BGH.** Er verweist den Kläger wegen der im durch die verspätete Auskunft entstandenen Verfahrenskosten auf einen materiell-rechtlichen Schadensersatzanspruch aus Verzug (§§ 280 Abs. 2, 286 BGB), dessen Geltendmachung er im anhängigen Prozess durch Feststellungsantrag als sachdienliche Klageänderung zulässt.[70] Er verkennt nicht, dass der Kostenanspruch anders als der nach §§ 91 ff. materiell-rechtlicher Art ist. Die pragmatisch wirkende Lösung des BGH ist jedoch nicht frei von Unklarheiten[71] und kann zu Problemen führen, wenn dem Kläger außer den nutzlos aufgewendeten Verfahrenkosten weiterer Schaden entstanden ist.

28 **e) Säumnis.** Ist der **Kläger** säumig, so kann die gesamte Stufenklage durch Versäumnisurteil abgewiesen werden. Die fehlende Bezifferung steht einem echten Versäumnisurteil hier ebenso wenig entgegen wie die streitige Abweisung als unbegründet wegen eines Umstands, der Anspruchs- und Leistungsbegehren die Grundlage entzieht;[72] s. Rn. 20.

29 Gegen den **säumigen Beklagten** können nur auf die jeweilige Stufe bezogene Teilversäumnisurteile ergehen. Gibt das Gericht unzulässigerweise zugleich auch dem nicht bezifferten Leistungsantrag durch Versäumnisurteil statt, so handelt es sich um ein den Grund betreffendes Feststellungsurteil, das innerprozessuale Bindungswirkung und materielle Rechtskraft für die Entscheidung über die Höhe schafft.[73] – Die Zurückweisung verspäteten Vorbringens bezieht sich nur auf die jeweilige Stufe.[74]

30 **3. Entscheidungskompetenz der Rechtsmittelinstanz. a) Zurückverweisung.** Ist der Antrag auf Auskunftserteilung im ersten Rechtszug abgewiesen worden und verurteilt das Berufungsgericht zur Auskunftserteilung, so ist das erstinstanzliche Gericht weiterhin für Verhandlung und Entscheidung über den Leistungsantrag zuständig.[75] Falls im ersten Rechtszug die gesamte Stufenklage abgewiesen worden ist und das Berufungsgericht das Auskunftsbegehren zuspricht, kann es die Sache in entsprechender Anwendung des § 538 Abs. 2 Nr. 4 bezüglich des Leistungsantrags an das Gericht des ersten Rechtszuges **zurückverweisen.** Das Auskunftsurteil kann mangels Rechtskraftwirkung für den Leistungsantrag zwar nicht mit einem Grundurteil verglichen werden; jedoch ist im Regelfall ein praktisches Bedürfnis für Aufhebung und Zurückverweisung anzuerkennen.[76] Dies gilt auch, wenn der Kläger in zweiter Instanz nur den Antrag auf Auskunftserteilung gestellt hat.[77] Daran, dass, wenn der Kläger seinen Zahlungsanspruch in der zweiten Instanz beziffert, das Berufungsgericht über dessen Grund selbst entscheiden muss und nur wegen seiner streitigen Höhe

---

65 *Kassebohm* S. 2732; abl. mit überzeugender Argumentation gegen *Fett* (Fn. 26) S. 70 ff. *Stein/Jonas/Schumann* Rn. 33 Fn. 45.

66 OLG München MDR 1988, 782; OLG Hamm MDR 1989, 461, 462; NJW-RR 1991, 1407.

67 OLG München MDR 1988, 782; 1990, 636; *Rixecker* MDR 1985, 633, 635; *W. Lüke* S. 147; *Assmann* S. 92 ff.

68 OLG Stuttgart FamRZ 1990, 652.

69 OLG Karlsruhe FamRZ 1989, 1100, 1101 m. Nachw.; dagegen zB OLG Karlsruhe FamRZ 1990, 74.

70 BGH NJW 1994, 2895 = FamRZ 1995, 348 = JZ 1994, 1009 = m. krit. Anm. *Bork* = LM Nr. 18 m. zust. Anm. *Wax*; ihm folgend OLG Düsseldorf OLGR 1996, 162, 163; OLG Koblenz NJW-RR 1997, 7.

71 *Bork* JZ 1994, 1011 f.

72 OLG Stuttgart NJW-RR 1990, 766; aM OLG Zweibrücken FamRZ 1985, 1270.

73 RGZ 84, 370, 373.

74 OLG Karlsruhe NJW 1985, 1349, 1350.

75 BGHZ 30, 213, 215 = NJW 1959, 1824 m. Anm. *K. H. Schwab;* BGH LM BGB § 138 Nr. 25; NJW 1995, 2229, 2230; OLG Celle NJW 1961, 786.

76 BGH NJW 1982, 235, 236; 1991, 1893; OLG Celle NJW-RR 1996, 430, 431 (Zahlungsantrag auch ohne ausdrückliche Zurückverweisung in der ersten Instanz anhängig).

77 BGH NJW 1985, 862.

zurückverweisen darf,[78] kann nach der Neuordnung des Berufungsrechts durch die ZPO-Reform von 2002 und der mit ihr vollzogenen grundsätzlichen Abkehr von § 525 aF nicht mehr festgehalten werden.

b) Vorgriff durch das Berufungsgericht. Hat der Beklagte gegen das ihn zur Auskunft verpflichtende Teilurteil Berufung eingelegt, so lässt die Rspr. zu, dass das **Berufungsgericht die gesamte Stufenklage** auch ohne hierauf gerichteten Berufungsantrag des Beklagten **abweist,** wenn es zu dem Ergebnis kommt, dass der noch in erster Instanz anhängige Leistungsantrag nicht besteht.[79] Der BGH geht sogar so weit, dem Berufungsgericht diese Befugnis zuzuerkennen, wenn der Kläger beim erstinstanzlichen Gericht den Zahlungsanspruch beziffert und dort die Fortsetzung des Verfahrens wegen dieses Anspruchs beantragt hat.[80] Er spricht in Umkehrung der Gesetzeslage davon, dass der Kläger auf diese Weise dem Berufungsgericht die Befugnis zur Abweisung der gesamten Klage nicht entziehen könne. Diese Rspr. ist abzulehnen.[81] Sie verstößt nach dem neuen Recht nach der ZPO-Reform 2002 erst recht gegen Grundprinzipien des Rechtsmittelrechts (§§ 528 Abs. 2) und kann nicht mit prozessökonomischen Gründen gerechtfertigt werden.[82] Selbst wenn man bei abhängigen Ansprüchen einen **Vorgriff des Rechtsmittelgerichts** zulässt, liegen die Voraussetzungen hier nicht vor, weil die Entscheidung über das Auskunftsbegehren nicht präjudiziell für den Zahlungsantrag ist.[83] 31

IV. Kostenentscheidung, Streitwert und Gebühren

1. Kostenentscheidung. Die Kostenentscheidung bestimmt sich für jede Stufe gesondert nach §§ 91 ff.[84] Sie ergeht nicht in den Teilurteilen, sondern im Schlussurteil, um eine einheitliche Kostenentscheidung zu gewährleisten.[85] Dass sich der Streitwert der Stufenklage nach dem höchsten Wert der verbundenen Ansprüche richtet (§ 44 GKG), in der Regel also nach dem Wert des Zahlungs- oder Herausgabeantrags, darf nicht dazu führen, das Gewicht des Informationsanspruchs unberücksichtigt zu lassen. Bei der Gesamtkostenentscheidung muss der Streitwert aller verbundenen Ansprüche rechnerisch berücksichtigt werden. Um das für die Kostenentscheidung maßgebliche Verhältnis von Obsiegen und Unterliegen richtig zu erfassen, ist es erforderlich, die einzelnen Ansprüche zu trennen, die jeweiligen Kosten nach den Kostentatbeständen zu errechnen, nach dem jeweiligen Obsiegen und Unterliegen auf jeder Stufe zu differenzieren und die Kostenanteile zu den hypothetischen Gesamtkosten getrennter Prozesse ins Verhältnis zu setzen.[86] Vgl. auch Rn. 26 f. 32

Erklärt der Kläger den Auskunftsanspruch für erledigt und nimmt er den Zahlungsantrag zurück, so hat er insoweit die Kosten zu tragen; über die Kosten des Auskunftsanspruchs ist nach Maßgabe der §§ 91 ff. zu entscheiden.[87] Die Kostenentscheidung ergeht bezüglich der Klagerücknahme entgegen § 269 Abs. 4 durch Urteil, wenn über das Auskunftsbegehren streitig entschieden worden ist;[88] s. § 269 Rn. 73. Erklären beide Parteien nach verspätet erteilter Auskunft übereinstimmend den Rechtsstreit in der Hauptsache für erledigt, so neigt die neuere Praxis – offenbar unter dem Eindruck der BGH-Rspr. (Rn. 27) – dazu, dem Beklagten die gesamten Verfahrenskosten aufzuerlegen (§ 91 a).[89] Im Übrigen stellt sie folgerichtig darauf ab, welche Partei die Unklarheit über den Zahlungsanspruch zu vertreten hat.[90] 33

---

[78] So nach altem Recht BGH NJW 1991, 1893, 1894.

[79] BGH NJW 1959, 1827, 1828 m. abl. Anm. *K. H. Schwab;* OLG Celle NJW-RR 1995, 1021, 1022; OLG Zweibrücken OLGR 2006, 24 f.; OLG Frankfurt OLGR 2006, 79, 80 f.

[80] BGHZ 94, 268, 275 = NJW 1985, 2405 = MDR 1985, 825.

[81] Ebenso *Stein/Jonas/Schumann* Rn. 41; *Musielak/Foerste* Rn. 8; *Bettermann* ZZP 88 (1975), 395, 400; *Assmann* S. 101 ff.; Bedenken auch bei *Baumgärtel* JR 1970, 186 f.;.

[82] AM *Zöller/Greger* Rn. 14 (prozeßunökonomische Förmelei); *Saenger/Saenger* Rn. 19; s. a. *Rosenberg/Schwab/Gottwald* § 138 Rn. 23 f. (systemwidrig, aber durch Parteiinteresse und Prozeßökonomie gerechtfertigt).

[83] Auch *A. Blomeyer* § 99 IV 1 c hat insoweit Bedenken.

[84] OLG Koblenz FamRZ 1994, 1607, 1608; NJW 1997, 7; OLG Thüringen FamRZ 1997, 219; OLG Nürnberg MDR 2001, 590.

[85] OLG Karlsruhe JurBüro 1993, 619.

[86] *Rixecker* MDR 1985, 633, 634 (mit Zahlenbeispiel); OLG Karlsruhe JurBüro 1994, 682 m. Anm. *Mümmler;* aM *Frank,* Anspruchsmehrheiten im Streitwertrecht, 1986, S. 193.

[87] OLG München MDR 1990, 636.

[88] OLG Köln JMBlNRW 1984, 33.

[89] OLG Thüringen FamRZ 1997, 219, 220; OLG Koblenz NJW-RR 1997, 7; OLG Karlsruhe FamRZ 1999, 1216; OLG Nürnberg MDR 2001, 590; OLG Stuttgart, Beschl. v. 8. 5. 2007, 6 W 35/07.

[90] OLG Düsseldorf OLGR 1996, 162.

34 **2. Gerichts- und Anwaltsgebühren.** Die **Gerichtsgebühren** bestimmen sich nach dem höchsten Streitwert der miteinander zur Stufenklage verbundenen Anträge (§ 44 GKG), also in der Regel nach dem Wert des Zahlungs- oder Herausgabeantrages auf der letzten Stufe. Dieser Wert wird zu Beginn des Verfahrens nach § 3 geschätzt und nach § 63 Abs. 1 S. 1 GKG vorläufig festgesetzt. Urteilsgebühren werden nicht mehr gesondert erhoben; sie sind durch die allgemeine Verfahrensgebühr abgegolten (3,0 in allgemeinen Zivilsachen, KV Nr. 1210; 2,0 in Ehesachen, KV 1310).

35 Für die Verfahrensgebühr des **Rechtsanwalts** ((Nr. 3100 Vergütungsverzeichnis Anl. 1 zum RVG) ist nach §§ 23 Abs. 1 RVG, 44 GKG ebenfalls der höchste Wert der gestellten Anträge, im Zweifel also wiederum der des Zahlungs- bzw. Herausgabeanspruchs, maßgebend, für die Terminsgebühren nach Nr. 3104 Vergütungsverzeichnis Anl. 1 zum RVG nach § 15 Abs. 3 RVG der Wert des Anspruchs, der Gegenstand der mündlichen Verhandlung, der Beweiserhebung oder der Erörterung auf der betreffenden Stufe war.

36 **3. Zuständigkeits- und Rechtsmittelstreitwert.** Zum Zuständigkeitsstreitwert s. § 5 Rn. 20. – Hat das Berufungsgericht über den Hauptantrag mitentschieden (s. Rn. 31), muss für die Ermittlung des Rechtsmittelstreitwerts dessen Wert (§ 3) berücksichtigt werden, obwohl er nicht in der Berufungsinstanz anhängig war.[91] Gibt das Berufungsgericht nur der Auskunftsklage statt und verweist wegen der weiteren Stufen zurück, beschränkt sich der Streitwert einer Revision des Beklagten gegen das Berufungsurteil auf seine Beschwer durch die Verurteilung zur Auskunft, auch wenn die erste Instanz die Stufenklage zuvor insgesamt abgewiesen hatte.[92]

37 **4. Prozesskostenhilfe.** Die **Prozesskostenhilfe** ist grds. für alle Stufen zu bewilligen und erstreckt sich auch auf die noch nicht bezifferten Ansprüche;[93] s. § 119 Rn. 20.

§ 255 Fristbestimmung im Urteil

(1) Hat der Kläger für den Fall, dass der Beklagte nicht vor dem Ablauf einer ihm zu bestimmenden Frist den erhobenen Anspruch befriedigt, das Recht, Schadensersatz wegen Nichterfüllung zu fordern oder die Aufhebung eines Vertrages herbeizuführen, so kann er verlangen, dass die Frist im Urteil bestimmt wird.

(2) Das Gleiche gilt, wenn dem Kläger das Recht, die Anordnung einer Verwaltung zu verlangen, für den Fall zusteht, dass der Beklagte nicht vor dem Ablauf einer ihm zu bestimmenden Frist die beanspruchte Sicherheit leistet, sowie im Falle des § 2193 Abs. 2 des Bürgerlichen Gesetzbuchs für die Bestimmung einer Frist zur Vollziehung der Auflage.

I. Normzweck

1 Die Vorschrift, die seit ihrer Einfügung in die ZPO durch die Novelle 1898[1] unverändert gilt, soll dem Kläger eine **rasche Verwirklichung seines Rechts** in den Fällen sichern, in denen er dem Schuldner eine angemessene Frist zur Erfüllung setzen und nach deren fruchtlosem Ablauf Schadensersatz oder Aufhebung eines Vertrages verlangen kann. Als Mittel sieht das Gesetz die Fristsetzung auf Antrag des Klägers im Urteil über das primäre Leistungsbegehren vor. Absatz 2 bezieht die Bestimmung einer Frist zur Vollziehung der Auflage (§ 2193 Abs. 2 BGB) sowie zur Sicherheitsleistung zwecks Durchsetzung des Rechts auf Anordnung einer Verwaltung (§§ 1051, 1052, 1054, 2128 BGB) in die Regelung ein.

2 Die vor allem mit Absatz 1 angestrebte Beschleunigung wird kaum im nennenswerten Umfang erreicht. Denn das Gesetz eröffnet für das landgerichtliche Verfahren – im Gegensatz zu der durch die Amtsgerichtsnovelle 1909 eingefügte **Spezialvorschrift** des § 510b iVm. § 888a für das amts-

---

[91] BGH NJW 2002, 71; zum Wert des Beschwerdegegenstandes BGHZ (GZS) 128, 85 = NJW 1995, 664 = JZ 1995, 681 m. Anm. *Roth*.

[92] BGH NJW 2002, 3477; s. a. BGH NJW 1970, 1083 u. NJW 2000, 1724.

[93] KG FamRZ 1986, 284, 285; OLG Düsseldorf FamRZ 1986, 286, 287; OLG Karlsruhe FamRZ 2004, 547; OLG München FamRZ 2005, 42; OLG Zweibrücken FamRZ 2005, 46; OLG Jena FamRZ 2005, 1186 f.; OLG Frankfurt OLGR 2006, 248; aA KG FamRZ 2005, 461 ff.; OLG Naumburg FamRZ 1994, 1042 und Beschl. v. 17. 4. 2007, 2 F 44/07.

[1] Die Möglichkeit zur Fristbestimmung im Urteil ist entgegen § 239 Abs. 1 S. 2 BGB-Entwurf II nicht in § 283 BGB in seiner bis zur Schulrechtsmodernisierung 2002 geltenden Fassung geregelt worden, sondern in der ZPO.

gerichtliche Verfahren[2] – nicht allgemein die Möglichkeit, den Schadensersatzanspruch wegen Nichterfüllung bereits jetzt zu erheben. Die hM gestattet die Klagenverbindung nur unter den Voraussetzungen des § 259; s. Rn. 13. Deshalb wird zu Recht beanstandet, dass die Regelung auf halbem Wege stehengeblieben ist. Hinzu kommt, dass nach hM die Frist erst ab Eintritt der formellen Rechtskraft soll zu laufen beginnen; dazu Rn. 10.

Die Fristbestimmung im Urteil ersetzt die primär dem Gläubiger obliegende Fristsetzung. Die Frist bleibt eine **materiell-rechtliche** und wird nicht zu einer prozessualen.[3] Das Gericht greift rechtsgestaltend in die Rechtsverhältnisse der Parteien ein. Das dürfte der Grund sein, weshalb die Fristbestimmung gelegentlich unzutreffend als Akt der freiwilligen Gerichtsbarkeit bezeichnet wird.[4] Es handelt sich jedoch um eine Entscheidung der streitigen Gerichtsbarkeit, deren Besonderheit darin liegt, dass sie nicht unmittelbar zu einer Verurteilung des Beklagten führt, sondern diese nur vorbereitet. Eine solche Tätigkeit ist für die Zivilgerichte zwar nicht typisch, aber auch nicht ungewöhnlich, wie zB die Leistungsbestimmung durch Urteil zeigt (§ 315 Abs. 3 S. 2 BGB). 3

II. Voraussetzungen und Verfahren

1. Voraussetzungen. Voraussetzung für die unmittelbare Anwendung des § 255 **Abs. 1** ist, dass der Kläger einen **Erfüllungsanspruch** hat, der **nach Ablauf der Frist** für die Erfüllung in einen Schadensersatzanspruch wegen Nichterfüllung oder das Recht auf Aufhebung eines Vertrages übergehen kann. Hierher gehören nach Fortfall der Regelung des § 283 BGB aF durch die Schuldrechtsmodernisierung 2002[5] folgende Fälle: §§ 281, 283, 323, 527, 543 Abs. 3, 581 Abs. 2, 634 Nr. 3 und 4 BGB. Die hM wendet die Vorschrift darüber hinaus mit Recht auch dort entsprechend an, wo dem Kläger aus der Fristversäumung in Bezug auf eine Leistungspflicht sonstige Rechte erwachsen, wie nach §§ 250,[6] 346 Abs. 4, 910, 1133 BGB, § 375 HGB, § 37 VerlG. Die **analoge Anwendung** auf §§ 1003 Abs. 2, 974 BGB ist zweifelhaft, aber zu bejahen.[7] § 255 **Abs. 2** bezieht sich neben § 2193 Abs. 2 BGB unmittelbar auf die Fälle der §§ 1052 und 2128 BGB und ist auf den Fall des § 1054 BGB entsprechend anzuwenden. § 255 **gilt nicht** für die befristete Rechtsausübung nach §§ 350, 415, 455, 469 Abs. 2, 516 Abs. 2, 1056 Abs. 3 BGB. Unanwendbar ist die Vorschrift auch auf § 264 Abs. 2 BGB.[8] Hier setzt der Schuldner dem Gläubiger die Frist, so dass im Vergleich mit § 255 die Parteirollen vertauscht sind. Mit § 2193 Abs. 2 BGB besteht ebenfalls keine Ähnlichkeit, weil nicht der Gläubiger, sondern der zur Leistung Verpflichtete das Wahlrecht ausüben muss. 4

Die Fristsetzung nach § 2193 Abs. 2 BGB setzt die rechtskräftige Verurteilung des Beschwerten zur Vollziehung der Auflage voraus (§ 2194 BGB). Ebenso verlangt die Fristsetzung nach §§ 1052 Abs. 2, 1054, 2128 Abs. 2 BGB die rechtskräftige Verurteilung des Nießbrauchers oder des Vorerben zur Sicherheitsleistung, bevor nach fruchtlosem Fristablauf die Verwaltung zur Ausübung des Nießbrauchs oder der Wahrnehmung des Nacherbenrechts angeordnet werden kann. 5

2. Antrag auf Fristbestimmung. Die Fristbestimmung erfolgt nur auf Antrag des Klägers. Seine Einführung in den anhängigen Prozess ist Klageerweiterung iSd. § 264 Nr. 2 und bis zum Schluss der letzten mündlichen Verhandlung in der Berufungsinstanz möglich, jedoch nicht mehr in der Revisionsinstanz.[9] Er führt nicht zu einer Klagenhäufung, sondern ist nur ein Nebenantrag; zum Streitwert s. Rn. 14. Jedoch ist er Sachantrag und muss daher in der mündlichen Verhandlung verlesen werden (§ 297). § 335 Abs. 1 Nr. 3 findet auf ihn Anwendung. 6

Eine bestimmte Frist braucht der Kläger nicht zu nennen. Es genügt, wenn er die **Festsetzung einer angemessenen Frist** beantragt. Für diese von der hM vertretenen Auffassung[10] spricht 7

---

[2] Sie wird für das arbeitsgerichtliche Urteilsverfahren durch § 61 Abs. 2 ArbGG verdrängt, sofern es sich um Handlungen aus einem Arbeitsverhältnis handelt, die nach §§ 887 oder 888 zu vollstrecken wären; dazu *G. Lüke,* FS E. Wolf, 1985, S. 459; s. auch § 211 ZPO-Entwurf 1931.

[3] AG Frankfurt DGVZ 1961, 62.

[4] *Romeick,* Zur Technik des Bürgerlichen Gesetzbuchs, 1901, S. 106; *Zöller/Greger* Rn. 2.

[5] Dazu, dass die von dieser Vorschrift ausgehenden Rechtswirkungen auch nach ihrem Fortfall überwiegend fortbestehen *Gsell* JZ 2004, 110; insoweit hinsichtlich der Möglichkeit, die Erfüllungsklage mit einer Klage auf künftigen Schadensersatz nach § 259 ZPO zu kombinieren (dazu Rn. 13), sehr restriktiv (mangels Rechtsschutzbedürfnisses kaum mehr möglich) *Schur* NJW 2002, 2518, 2519 f. u. gegen ihn *Kaiser* MDR 2004, 311, 313 f. sowie *Gsell* aaO S. 115 f.

[6] BGHZ 97, 178, 181 = JZ 1986, 506.

[7] So auch die hM im Anschluß an RGZ 137, 98, 101.

[8] Ebenso *Musielak/Foerste* Rn. 2; aM *Stein/Jonas/Schumann* Rn. 8; *Zöller/Greger* Rn. 4.

[9] HM; vgl. *Stein/Jonas/Schumann* Rn. 10; *Zöller/Greger* Rn. 5; *Thomas/Putzo/Reichold* Rn. 5.

[10] *Baumbach/Lauterbach/Hartmann* Rn. 7; *Zöller/Greger* Rn. 5; *K. Schmidt* ZZP 87 (1974), 49, 66; *Wieser* NJW 2003, 2432, 2433; aM *Stein/Jonas/Schumann* Rn. 10.

auch, dass bei Fristbestimmung durch den Gläubiger eine unangemessen kurze Frist nicht wirkungslos ist, sondern eine objektiv angemessene Frist in Lauf setzt. Benennt der Kläger eine Mindestfrist, so darf das Gericht sie nicht unterschreiten (§ 308 Abs. 1). Der Fristantrag allein macht den Anspruch auf Schadensersatz nicht rechtshängig, ebenso wenig die gerichtliche Fristsetzung.

8 Kann der Kläger unter den Voraussetzungen des § 259 zugleich die Verurteilung des Beklagten zum Schadensersatz beantragen (Rn. 13), so ist es **im Amtsgerichtsprozess nicht erforderlich** anzugeben, ob er den Weg des § 510b oder den des § 259 gehen will. Liegen die Voraussetzungen des § 259 vor, so muss das Gericht diese Vorschrift anwenden, weil sie für den Kläger günstiger ist, da sie nicht zum Verlust der ursprünglichen Vollstreckungsmöglichkeit führt (§ 888a); s. § 510b Rn. 8.

9 **3. Entscheidung.** Das Gericht darf die Frist nur bestimmen, wenn die tatbestandlichen Voraussetzungen einer entsprechenden Norm (s. Rn. 4) erfüllt sind. Andernfalls hat es den Antrag zurückzuweisen. Benennt der Kläger ausnahmsweise eine bestimmte Frist und ist diese nicht angemessen, so hat es unter teilweiser Zurückweisung des Antrags eine angemessene Frist zu bestimmen. In beiden Fällen entstehen für den Kläger keine Kostenfolgen; s. Rn. 14.

10 Nach hM beginnt die Frist mit Eintritt der formellen Rechtskraft zu laufen.[11] Dieser Auffassung kann schon deshalb nicht gefolgt werden, weil sie dem angestrebten Beschleunigungszweck widerspricht. Enthält die Entscheidung keinen Termin für den Fristbeginn, so beginnt der **Fristlauf mit der Verkündung des Urteils.**[12] Im Interesse der Rechtsklarheit sollte das Gericht die Frist exakt bestimmen, und zwar entweder mit genauen Daten oder nach Tagen oder Wochen bemessen. Es muss darauf achten, dass es nicht die Verurteilung bezüglich des Erfüllungsanspruchs mit einer Frist versieht;[13] s. § 510b Rn. 17. Übergeht das Gericht den Fristbestimmungsantrag, so ist das Urteil zu ergänzen (§ 321). Die vorläufige Vollstreckbarkeit bezieht sich auch auf die Fristsetzung. Die besonderen Vorschriften, die die Rechtskraft der Verurteilung ausdrücklich zur Voraussetzung des Fristbeginns machen (§§ 1052, 2128, 2193 Abs. 2 BGB), bleiben unberührt; aus ihnen kann nicht allgemein der Fristbeginn erst mit Rechtskraft gefolgert werden.[14]

11 Die Fristsetzung ist **keine rechtskraftfähige Entscheidung.** Dennoch ist das Gericht im nachfolgenden Schadensersatzprozess entsprechend dem Zweck des § 255 an die Fristsetzung gebunden; es muss daher von der Angemessenheit der Frist ausgehen. Weiter reicht die **Bindung** nicht. Die Bindung ist Tatbestandswirkung; sie bezieht sich zeitlich auf die letzte mündliche Verhandlung. Deshalb dürfen im nachfolgenden Prozess Tatsachen, die erst nach diesem Zeitpunkt eingetreten sind, gegen die Angemessenheit der Frist vorgebracht werden.[15] Die Bindung des die Frist setzenden Gerichts folgt aus § 318. Bei offensichtlichen Versehen tritt keine Bindungswirkung ein.

12 Mit Rücksicht auf die Bindungswirkung sind die Parteien durch die **Fristsetzung beschwert,** wenn sie die Frist für unangemessen halten. Für den Kläger trifft dies auch zu, falls das Gericht über die von ihm im Klageantrag genannte Fristdauer hinausgeht. Dennoch kommt in der Praxis eine isolierte Fristanfechtung kaum vor. Der Kläger ist trotz der gerichtlichen Fristbestimmung weiterhin befugt, seinerseits eine Frist zu setzen. Diese Frist bindet allerdings das Gericht in dem nachfolgenden Schadensersatzprozess nicht; hier kann das Gericht die Angemessenheit voll überprüfen.

13 **4. Gleichzeitige Verurteilung zum Schadensersatz.** Der sich aus der Nichterfüllung innerhalb der gesetzten Frist ergebenden **Schadensersatzanspruch** kann nur **unter den Voraussetzungen des § 259** mit dem Erfüllungsanspruch und der Fristsetzung nach § 255 klagehäufend (§ 260) zu einer Klage verbunden werden.[16] Dies gilt auch für die auch nach Fortfall der Regelung des § 283 BGB aF durch die Schuldrechtsmodernisierung 2002 unbeschadet durch § 281 Abs. 4 BGB nach wie vor mögliche[17] Kombination von Erfüllungsklage und Schadensersatzklage aus §§ 281 BGB. Dabei kommt es zu einer in verschiedenerlei Hinsicht mit Bedingungen versehenen Art der (objektiven) Klagenhäufung: Zunächst steht der Schadensersatzantrag unter der Bedingung,

---

[11] *Stein/Jonas/Schumann* Rn. 14; *Zöller/Greger* Rn. 5; *K. Schmidt* (Fn. 10) 49, 53; *Wieser* NJW 2003, 2432, 2433. § 86 Nr. 1 Abs. 2 GVGA sagt darüber nichts.

[12] *Romeick* (Fn. 4) S. 106; *Musielak/Foerste* Rn. 4.

[13] *K. Schmidt* (Fn. 10) S. 68.

[14] AM *Stein/Jonas/Schumann* Rn. 14.

[15] Ebenso *K. Schmidt* (Fn. 10) S. 53.

[16] BGH LM § 283 BGB Nr. 7 m. zust. Anm. *Becker-Eberhard* = NJW 1999, 954, 955; OLG Schleswig NJW 1966, 1929, 1930; OLG Köln MDR 1997, 1059; NJW-RR 1998, 1682; *Ascher* DJZ 1929, 1188, 1189; *K. Schmidt* (Fn. 10) S. 69; *Kohler* JuS 1992, 58, 62; aM OLG München OLGZ 1965, 10, 11; einschränkend OLG Koblenz AnwBl. 1990, 107, 108 (die meisten zu § 283 BGB aF).

[17] Wie hier *Wieser* NJW 2003, 2452, 2453; *Gesell* JZ 2004, 110, 115 f.; *Kaiser* MDR 2004, 311, 313 f.; aA *Schur* NJW 2002, 2518, 2519 f.

dass der Erfüllungsklage stattgegeben wird. Eine solche Klagenverbindung als „uneigentliche" oder „unechte" Eventualhäufung zu bezeichnen,[18] ist allerdings eher irreführend und kaum hilfreich. Denn auch hier handelt es sich in dem Sinne um eine eventuelle Klagenhäufung, als der Schadensersatzantrag unter einer Bedingung gestellt wird, nur anders als bei der „eigentlichen" Eventualhäufung eben nicht hilfsweise für den Fall der Abweisung des Erstantrages, sondern für den Fall seines Erfolgs, was gegebenenfalls zu einer Kumulierung beider Anträge führt.[19] Zur Zulässigkeit der „uneigentlichen" Eventualhäufung § 260 Rn. 16. Bedingt ist überdies, falls sie erfolgt, die Verurteilung zum Schadensersatz., nämlich abhängig von der Nichterfüllung innerhalb der gesetzten Frist.[20] Zur Bedeutung der Fristsetzung für § 259 s. dort Rn. 16. Liegen die Voraussetzungen des § 259 nicht vor, so ist die Klage bezüglich des Schadensersatzantrages als unzulässig abzuweisen, wenn nicht die Voraussetzungen des § 510b gegeben sind.[21]

5. Streitwert. Der Antrag auf Fristbestimmung erhöht den Streitwert nicht. Deshalb ist es für die Kostenentscheidung unerheblich, wenn er ganz oder teilweise zurückgewiesen wird. 14

In den Fällen, in denen gleichzeitig der Schadensersatzanspruch geltend gemacht wird, sind Erst- und Zweitantrag nicht zusammenzurechnen (§ 5). Der Gebührenstreitwert richtet sich nach dem Wert des Zweitanspruchs, wenn dessen Wert höher ist (§ 45 Abs. 1 S. 3 GKG analog);[22] s. auch § 510b Rn. 26. 15

§ 256 Feststellungsklage

(1) Auf Feststellung des Bestehens oder Nichtbestehens eines Rechtsverhältnisses, auf Anerkennung einer Urkunde oder auf Feststellung ihrer Unechtheit kann Klage erhoben werden, wenn der Kläger ein rechtliches Interesse daran hat, dass das Rechtsverhältnis oder die Echtheit oder Unechtheit der Urkunde durch richterliche Entscheidung alsbald festgestellt werde.

(2) Bis zum Schluss derjenigen mündlichen Verhandlung, auf die das Urteil ergeht, kann der Kläger durch Erweiterung des Klageantrags, der Beklagte durch Erhebung einer Widerklage beantragen, dass ein im Laufe des Prozesses streitig gewordenes Rechtsverhältnis, von dessen Bestehen oder Nichtbestehen die Entscheidung des Rechtsstreits ganz oder zum Teil abhängt, durch richterliche Entscheidung festgestellt werde.

Schrifttum: *Baltzer,* Die negative Feststellungsklage aus § 256 I ZPO, 1980; *Bettermann,* Rechtshängigkeit und Rechtsschutzform, 1949; *Brehm,* Rechtsschutzbedürfnis und Feststellungsinteresse, 50 Jahre Bundesgerichtshof, Festgabe aus der Wissenschaft, 2000, Bd. III, S. 89; *Gruber,* Das Verhältnis der negativen Feststellungsklage zu den andren Klagearten im deutschen Zivilprozeß – Plädoyer für eine Neubewertung, ZZP 117 (2004), 133; *Kadel,* Zur Geschichte und Dogmengeschichte der Feststellungsklage nach § 256 ZPO, 1967; *E. Habscheid,* Rechtsverhältnis und Feststellungsinteresse, ZZP 112 (1999), 37; *Kuchinke,* Zur Sicherung des erbvertraglich oder letztwillig bindend Bedachten durch Feststellungsurteil, Vormerkung und Gewährung einstweiligen Rechtsschutzes, FS Henckel, 1995, S. 475; *G. Lüke,* Zur Klage auf Feststellung von Rechtsverhältnissen mit oder zwischen Dritten, FS Henckel, 1995, S. 563; *Michaelis,* Der materielle Gehalt des rechtlichen Interesses bei der Feststellungsklage und bei der gewillkürten Prozeßstandschaft, FS Larenz, 1983, S. 443; *Picker,* Die Drittwiderspruchsklage in ihrer geschichtlichen Entwicklung als Beispiel für das Zusammenwirken von materiellem Recht und Prozeßrecht, 1981; *Schumann,* Sachabweisung ohne Prüfung des Feststellungsinteresses, Gedächtnisschr. für Michelakis, 1973, S. 553; *ders.,* Die Zwischenfeststellungsklage als Institut zwischen Prozessrecht und materiellem Recht, FS Georgiades, 2005, S. 543; *Stoll,* Typen der Feststellungsklage aus der Sicht des bürgerlichen Rechts, FS Bötticher, 1969, S. 341; *Trzaskalik,* Die Rechtsschutzzone der Feststellungsklage im Zivil- und Verwaltungsprozeß, 1978; *Wach,* Der Feststellungsanspruch. Ein Beitrag zur Lehre vom Rechtsschutzanspruch, Festgabe der Leipziger Juristenfakultät für Windscheid, 1888, S. 75, zitiert nach dem Sonderdruck 1889; *Wieser,* Das Rechtsschutzinteresse des Klägers im Zivilprozeß, 1971; *Zeuner,* Gedanken zur Unterlassungs- und negativen Feststellungsklage, FS Dölle, Band I, 1963, S. 295; *ders.,* Überlegungen zum Begriff des Rechtsverhältnisses i. S. von § 256 ZPO, FS Schumann, 2001, S. 595.

---

[18] OLG Schleswig NJW 1966, 1919; *K. Schmidt* (Fn. 10) S. 49; *Kohler* JuS 1992, 58, 62; *Rosenberg/Schwab/Gottwald* § 65 Rn. 30; *Stein/Jonas/Schumann* § 260 Rn. 24.

[19] *Becker-Eberhard* Anm. zu BGH LM § 283 BGB Nr. 7 = NJW 1999, 954; insoweit anders noch die 2. Aufl.

[20] In diesem Punkt ebenso die 2. Aufl.

[21] OLG Köln OLGZ 1976, 477, 478.

[22] Ebenso LG Köln MDR 1984, 501 zu § 19 Abs. 4 GKG aF; aM *E. Schneider* MDR 1984, 853, 854.

Übersicht

I. Normzweck und Gesetzesgeschichte

1 **1. Selbstständige Feststellungsklage. a) Prozessrechtliches Institut.** Die Feststellungsklage bezweckt regelmäßig die richterliche Feststellung des Bestehens oder Nichtbestehens eines Rechtsverhältnisses und damit die Beseitigung der zwischen den Parteien bestehenden Ungewissheit über die Rechtslage. Der Beklagte wird nicht etwa zur Anerkennung des festgestellten Rechtsverhältnisses verurteilt; der Rechtsschutz erschöpft sich vielmehr in der richterlichen Feststellung. Das Gesetz vertraut darauf, dass die Parteien den Richterspruch respektieren und dadurch Befriedung erreicht wird. In diesem Sinne ist die Feststellungsklage nach herkömmlicher Ansicht ein **rein prozessrechtliches Institut,**[1] das der Sicherung des Rechtsfriedens[2] und der Behebung von Rechtsunsicherheit dient.

2 Das Feststellungsurteil ist nach dem Wirkungsgrad die schwächste Form des Rechtsschutzes. Es ist weder Grundlage der Zwangsvollstreckung in der Hauptsache noch gestaltet es die Rechtslage um. Feststellungswirkung haben auch alle sonstigen klageabweisenden Urteile: Abweisende Prozessurteile stellen das Fehlen der für die Abweisung maßgeblichen Prozessvoraussetzung fest, abweisende Sachurteile das Nichtbestehen des mit der Klage geltend gemachten Rechtsverhältnisses.[3] Inhalt der Klage und Inhalt des Urteils decken sich nur bei stattgebenden Urteilen.

3 In dieser rein feststellenden Funktion als einer besonderen Rechtsschutzform ist die Feststellungsklage ein **relativ junges Instrument** des Zivilprozessrechts. Der Gesetzgeber ging noch 1877 in Übereinstimmung mit der damals hM davon aus, dass mit der Feststellungsklage neben dem Anspruch auf Leistung ein aus dem materiellen Rechtsverhältnis fließender besonderer Feststellungsanspruch im Sinne eines gegen den Beklagten gerichteten privatrechtlichen Anspruchs auf Anerken-

[1] So schon *Wach,* Der Feststellungsanspruch, 1888; *Stein/Jonas/Schumann* Rn. 2; *Saenger/Saenger* Rn. 1; *Schilken* ZPR Rn. 184; *Zeiss/Schreiber* ZPR Rn. 278; für eine Rückbeziehung auf das materielle Recht neuerdings *Picker* S. 345 ff.; *Zöllner* AcP 190 (1990), 471, 490 ff.; *E. Habscheid* ZZP 112 (1999), 37, 38 ff.; wohl auch *Zöller/Greger* Rn. 3 b.

[2] BGH NJW 1996, 452, 453.

[3] S. a. *E. Habscheid* ZZP 112 (1999), 37, 43.

nung geltend gemacht werde.[4] Demgemäß wurde die Feststellungsklage des § 231 CPO auch als Anerkennungsklage bezeichnet. Da die Zulässigkeit der Leistungsklage die Verletzung des geltend gemachten Rechts voraussetzte, diese aber erst nach Fälligkeit möglich war, konnte auf erst künftig fällig werdende Leistungen grds. nicht geklagt werden. Deshalb ließ die Praxis die Anerkennungsklage auch für künftige Leistungen zu. Nachdem sich nach Inkrafttreten der ZPO die Meinung durchgesetzt hatte, dass aus einem Feststellungsurteil mangels Leistungsbefehls auch dann nicht vollstreckt werden könne, wenn das Urteil an sich einen vollstreckungsfähigen Inhalt habe,[5] ergab sich für die Verurteilung zu künftigen Leistungen eine Lücke. Diese wurde mit Einfügung der §§ 257 bis 259 durch die Novelle 1898 geschlossen; s. § 257 Rn. 4.

b) Statthaftigkeit. § 256 Abs. 1 ist die einzige Norm im Zivilprozessrecht, die eine **Rechtsschutzform generell regelt.** Sie enthält den prozessualen Tatbestand der Feststellungsklage und umschreibt damit deren **Statthaftigkeit;** s. Vor § 253 Rn. 22. Ist Gegenstand der Feststellungsklage zB eine Rechtsfrage oder eine andere Tatsache als die Echtheit oder Unechtheit einer Urkunde, so ist die Klage unstatthaft und deshalb unzulässig; sie steht grds. nur für die richterliche Feststellung von **Rechtsverhältnissen** zur Verfügung;[6] s. Rn. 10 ff. 4

Das **Feststellungsinteresse** gehört nicht zur Statthaftigkeit. Es ist ein im Gesetz besonders zum Ausdruck gekommener Anwendungsfall des allgemeinen Rechtsschutzinteresses. Würde entgegen der hM[7] die Feststellungsklage gegenüber der Leistungsklage für subsidiär gehalten, so wäre sie stets unstatthaft, falls Leistungsklage erhoben werden könnte. Die hM löst jedoch das Verhältnis von Feststellungs- und Leistungsklage zu Recht mit Hilfe des Feststellungsinteresses; sie stellt auf den Einzelfall ab und lässt ausnahmsweise die Feststellungsklage zu, obgleich die Voraussetzungen einer Leistungsklage vorliegen;[8] s. Rn. 50. 5

2. Zwischenfeststellungsklage. Mit der Zwischenfeststellungsklage (§ 256 Abs. 2) wird in einem anhängigen Verfahren die Feststellung eines präjudiziellen Rechtsverhältnisses begehrt, eines Rechtsverhältnisses also, von dessen Bestehen oder Nichtbestehen die Entscheidung des Hauptverfahrens ganz oder zum Teil abhängt. Die Bedeutung der Klage hängt eng mit dem objektiven Umfang der materiellen Rechtskraft zusammen. Da die Urteilselemente nicht in Rechtskraft erwachsen, also auch nicht die Entscheidung über die den Anspruch bedingenden Rechtsverhältnisse (§ 322 Rn. 92, 101), gibt sie die Möglichkeit, einen rechtskraftfähigen Ausspruch über alle für die Hauptklage vorgreiflichen Rechtsverhältnisse herbeizuführen. 6

3. Gesetzesgeschichte. Absatz 1 war in der CPO 1877 wortgleich als § 231 enthalten. Durch die Neubekanntmachung der ZPO im Anschluss an die Novelle 1898 wurde er zu § 256 und gilt seitdem unverändert. 7

Auch die Vorschrift des Absatzes 2 gab es schon mit dem bis heute unveränderten Wortlaut in der CPO 1877, und zwar als § 253. Die Neubekanntmachung 1898 machte sie zu § 280; die VereinfNov. 1976 integrierte sie als Abs. 2 in § 256. 8

II. Gegenstand der Feststellungsklage

Gegenstand der Feststellungsklage ist ein Rechtsverhältnis oder die Echtheit der Urkunde. Das Bestehen des Rechtsverhältnisses oder die Echtheit der Urkunde wird vom Kläger oder Widerkläger entweder behauptet (positive Feststellungsklage) oder geleugnet (negative Feststellungsklage). 9

1. Rechtsverhältnis. Rechtsverhältnis iSd. § 256 ist die aus einem vorgetragenen Sachverhalt abgeleitete rechtliche Beziehung einer Person zu einer anderen oder zu einem Gegenstand.[9] Elemente oder Vorfragen eines Rechtsverhältnisses sollen nach hM zwar als solche nicht Gegenstand einer Feststellungsklage sein können.[10] Sie können jedoch ihrerseits den Charakter eines Rechts- 10

---

[4] *Hahn,* Die gesamten Materialien zur CPO, 1880, S. 257. Dementsprechend hielten es die Motive für eine Angelegenheit des materiellen Rechts, die Voraussetzungen für die Erhebung einer Feststellungsklage zu regeln, *Hahn* S. 255.

[5] Grundlegend *Wach,* Der Feststellungsanspruch, 1888.

[6] *G. Lüke* ZZP 76 (1963), 1, 22.

[7] BGH NJW 1984, 1118, 1119; 1996, 2725, 2726.

[8] BGH MDR 1987, 558; 1988, 27; NJW-RR 1989, 445; *G. Lüke* JuS 1969, 301, 304.

[9] BGHZ 22, 43, 47 = NJW 1957, 21; BGH NJW 1984, 1556; 2000, 2280, 2281; 2000, 2663, 2664; 2001, 3789; näher zum Begriff des Rechtsverhältnisses *Zeuner,* FS Schumann, 2001, S. 595, 602 ff.

[10] BGHZ 68, 331, 332 = NJW 1977, 1288; insoweit weniger zurückhaltend *E. Habscheid* ZZP 112 (1999), 37, 46; *Brehm,* 50 Jahre Bundesgerichtshof, Festgabe aus der Wissenschaft, 2000, Bd. III, S. 89, 105 („überholte These"); *Zeuner,* FS Schumann, S. 595, 597 ff.

verhältnisses annehmen und von daher aus sich heraus der Feststellungsklage zugänglich sein;[11] s. Rn. 24. Öffentlichrechtliche Verhältnisse kommen nur in Betracht, soweit der ordentliche Rechtsweg gegeben ist. Die Verfassungsmäßigkeit eines Gesetzes ist kein Rechtsverhältnis, sondern eine Rechtsfrage.[12]

11 **a) Feststellungsfähigkeit.** Feststellungsfähig sind grds. subjektive Rechte aller Art. Hierher gehören insb. die absoluten Rechte, weil die Feststellung meistens die einzige Möglichkeit ist, sie umfassend zu schützen, wie Eigentum und eigentumsähnliche Rechte, beschränkte dingliche Rechte, wie Pfand-, Grundpfandrechte und Dienstbarkeiten,[13] gewerbliche Rechte, wie Urheber-, Marken-, Muster- und Patentrechte. Feststellbar ist auch die Erfinderschaft, wenn dem Kläger das Recht auf Anerkennung seiner Erfindereigenschaft in Bezug auf eine bestimmte Erfindung streitig gemacht wird.[14] Der Besitz ist feststellungsfähig, soweit er Grundlage von Rechten sein kann, die nicht durch Geltendmachung von Unterlassungsansprüchen im Wege der Leistungsklage geschützt werden können, wie zB als Voraussetzung für die Ersitzung. Weitere Beispiele: Namens-, Firmen- und Mitgliedschaftsrechte, etwa im Verein[15] oder einer Gesellschaft;[16] schuldrechtliche Vertragsverhältnisse,[17] wie Kauf,[18] Miete,[19] Pacht,[20] Werkvertrag, Auslobung,[21] Versicherungsvertrags-[22] und Verlagsvertragsverhältnisse, wenn ihre Wirksamkeit, Existenz oder Dauer[23] ungewiss ist, etwa wegen einer Kündigung oder Anfechtung; Bestehen von Versicherungsschutz für den Schadensfall. Feststellung kann auch darüber begehrt werden, wie ein zwischen den Parteien bestehender Vertrag rechtlich einzuordnen ist, zB als Dienst-, Werk- oder Gesellschaftsvertrag, wenn die Entscheidung geeignet ist, die Rechtsunsicherheit zwischen den Parteien zu beseitigen.[24] Der Streit zweier Parteien, die miteinander kollidierende Rechte gegen einen Dritten geltend machen, schafft zwischen den Forderungsprätendenten ein feststellungsfähiges Rechtsverhältnis.[25] Hat der Leiter der Gesellschafterversammlung einer GmbH das Beschlussergebnis nicht festgestellt, so kann die zwischen den Parteien streitige Frage, ob ein Beschluss bestimmten Inhalts gefasst wurde, im Wege der Feststellungsklage geklärt werden (nicht durch befristete Anfechtungsklage entspr. § 246 Abs. 1 AktG).[26] Das Gleiche gilt im Aktienrecht für die Nichtigkeit eines Aufsichtsratbeschlusses.[27]

12 Statthafte Feststellungsklagen aus dem **Bereich des Erbrechts**[28] ergeben sich aus § 27. Da nach hM die Erbteilungsklage des § 2042 BGB die Teilungsreife des Nachlasses voraussetzt, ist vorher eine Feststellungsklage zulässig, die der Klärung von die Auseinandersetzung belastenden Streitpunkten für die spätere Erbteilung dient,[29] selbst bezüglich nur einzelner Streitpunkte, wenn hierdurch die Grundlagen der Erbauseinandersetzung geklärt werden.[30] Klagen bezüglich Pflichtteils- und Pflichtteilsentziehungsrechten können sowohl vom Erblasser als auch vom Pflichtteilsberechtigten erhoben werden; s. Rn. 32. Auch die Rechtsbeziehungen der Miterben zueinander sind feststellungsfähig.[31] Möglich ist ferner die Klage auf Feststellung, dass der Beklagte nicht Nacherbe ist.[32]

---

[11] *Zeuner,* FS Schumann, S. 595, 597 ff.
[12] BGH NJW 1998, 1957.
[13] BGH NJW 1995, 2993 m. Anm. *G. Lüke* JuS 1996, 392 = ZZP 109 (1996), 395 m. Anm. *Lenenbach.*
[14] BGHZ 72, 236, 240 = NJW 1979, 269.
[15] RG JW 1929, 847.
[16] BGH NJW 1990, 2627, 2628 (Klage eines GmbH-Gesellschafters gegen Mitgesellschafter und GmbH); BGH NJW-RR 1993, 1187, 1188 (Auflösung einer BGB-Gesellschaft und Auseinandersetzungsrechnung).
[17] RGZ 147, 374.
[18] BGH MDR 1967, 828.
[19] BGH VersR 1966, 875; BGH NJW 2001, 221, 222; OLG Düsseldorf NJW 1970, 2027; OLG Celle BB 1978, 576.
[20] BGH DB 1965, 1854.
[21] BGH NJW 1984, 1118.
[22] BGH NJW-RR 1986, 962; OLG Hamm VersR 1980, 1061; 1987, 88; OLG Hamburg VersR 1986, 385.
[23] BGH NJW 2001, 221: Mietvertrag befristet oder auf unbestimmte Dauer geschlossen.
[24] RGZ 134, 122; 144, 54 (für Gesellschaftsvertrag); RG DR 1939, 1915 (für Schiedsvertrag).
[25] BGH NJW-RR 1987, 1439, 1440 (Prätendentenstreit im Gesellschaftsrecht); 1992, 1151 (Streit um Forderung aus Sparguthaben); dazu *W. Lüke,* Die Beteiligung Dritter im Zivilprozeß, 1993, S. 360.
[26] BGH NJW 1996, 259 m. Nachw., auch für seine entgegengesetzte Rspr. in den Fällen, in denen das Beschlußergebnis festgestellt worden ist; BGH NJW 1997, 318, 319 (GenR).
[27] BGHZ 135, 244, 248 f. m. weit. Nachw. = NJW 1997, 1926.
[28] Dazu *Kuchinke,* FS Henckel, 1995, S. 475; *Becker/Klinger* NJW-Spezial 2006, 493.
[29] OLG Karlsruhe NJW 1974, 956; OLG Köln NJW-RR 1996, 1352, 1353.
[30] BGHZ 1, 65, 74 = NJW 1951, 311 = LM § 265 Nr. 1; BGH NJW-RR 1990, 1220, 1221, 1992, 771, 772.
[31] KG MDR 1961, 328.
[32] BGHZ 33, 60, 61 = NJW 1960, 1899.

Die Wirksamkeit eines Erbvertrages kann schon zu Lebzeiten beider Parteien Gegenstand der Feststellungsklage sein.[33]

Für Klagen auf **Feststellung familienrechtlicher Verhältnisse** gilt § 256 nur, soweit sich das Verfahren nicht nach den vorrangigen Vorschriften der §§ 606ff. für Ehe- und Kindschaftssachen richtet.[34] So kann zB die Feststellung, dass eine Ehe besteht oder nicht besteht, nicht Gegenstand eines gewöhnlichen Parteiprozesses sein.[35] Ehesache iSd. § 606 ist auch die Klage auf Feststellung des Rechts zum Getrenntleben;[36] § 606 Rn. 10. Dagegen kann im normalen Parteiprozess zB auf Feststellung des Bestehens oder Nichtbestehens eines Verlöbnisses geklagt werden; dass nicht auf Eingehung der Ehe geklagt werden kann (§ 1297 BGB), steht nicht entgegen. Eine Klage auf Feststellung, dass ein räumlich-gegenständlicher Bereich der Ehe vorhanden ist, um eine Ehestörungsklage gegen den anderen Ehegatten oder einen Dritten (§ 606 Rn. 9) vorzubereiten, ist nicht statthaft, da es sich um die Feststellung eines bloß tatsächlichen Elements der Ehestörungsklage handeln würde. Die Klage auf Feststellung des Bestehens oder Nichtbestehens eines Eltern-Kindes-Verhältnisses (§ 640 Abs. 2 Nr. 1) ist eine Feststellungsklage eigener Art, mit der nach Auffassung des BGH ein eigener materiell-rechtlicher Feststellungsanspruch geltend gemacht wird.[37] Zur Klärung der Wirksamkeit der Adoption im Statusverfahren[38] s. § 640 Rn. 9. 13

Auch **Ansprüche** begründen Rechtsverhältnisse iSd. § 256 und können folglich Gegenstand von Feststellungsklagen sein.[39] Ob auch das Feststellungsinteresse gegeben ist, ist eine andere Frage; s. Rn. 53. Nicht einklagbare Ansprüche können auch nicht mittels Feststellungsklage gerichtlich geltend gemacht werden; eine entsprechende Feststellungsklage ist mangels Statthaftigkeit als unzulässig abzuweisen; s. Vor § 253 Rn. 10, 23. Liegt nur ein Erwerbsgrund vor und keine Verbindlichkeit, wie zB nach §§ 656, 762 BGB, so ist eine gleichwohl erhobene Feststellungsklage nicht unzulässig, sondern unbegründet.[40] Auch die Feststellung einer bestimmten Anspruchsgrundlage ist statthaft, vorbehaltlich des Feststellungsinteresses im Verhältnis zur Leistungsklage; s. Rn. 18 und 20. Gegenüber der Ankündigung einer Gläubigeranfechtung ist eine negative Feststellungsklage möglich.[41] 14

Gestaltungsrechte, zB Kündigungsrecht nach § 723 BGB, sind zwar grds. feststellungsfähig.[42] Jedoch wird einer entsprechenden Feststellungsklage regelmäßig das Feststellungsinteresse fehlen. Denn idR kann der Berechtigte ein Gestaltungsrecht ohne weiteres ausüben und danach das gestaltete Rechtsverhältnis bzw. seine Rechtsfolgen zum Gegenstand einer umfassenden Feststellungs- oder sogar schon Leistungsklage machen und es besteht kein anerkennenswertes Interesse, von der Ausübung des Gestaltungsrechts abzusehen und sich zunächst auf seine bloße Feststellung zu beschränken. Umgekehrt kann der Gegner Klage auf Feststellung der Unwirksamkeit der Kündigung eines Dauerschuldverhältnisses erheben. Was für Gestaltungsrechte gilt, trifft auch für Leistungsverweigerungsrechte und sonstige Einrederechte des BGB zu.[43] 15

Beispiele aus dem **Arbeitsrecht:** Das BAG lässt eine auf Feststellung der Arbeitnehmereigenschaft gerichtete Klage zu, wenn sich der Inhalt des Arbeitsvertrages ausreichend bestimmen lässt. Nur bei Streit über einzelne Arbeitsbedingungen verlangt es die Aufnahme des weiteren Inhalts des Arbeitsverhältnisses in den Klageantrag.[44] Der Kläger braucht nicht eine Vielzahl von Einzelansprüchen mittels Leistungsklagen geltend zu machen, deren Bestand allein vom Arbeitsverhältnis abhängt.[45] Die „Statusklage" auf Feststellung des Bestehens eines Arbeitsverhältnisses ist selbst dann statthaft, wenn die Parteien bereits über einzelne Arbeitsbedingungen streiten;[46] s. Rn. 37. 16

---

[33] OLG Düsseldorf FamRZ 1995, 58, 59; *Hohmann* ZEV 1994, 133, 134f.; *Kuchinke* FS Hencke, S. 478 m. weit. Nachw.

[34] Zu den statusrechtlichen Feststellungsklagen nach neuem Familienrecht s. *W.* u. *E. Habscheid* FamRZ 1999, 480.

[35] OLG Hamm FamRZ 1980, 706.

[36] OLG Bamberg FamRZ 1979, 804; KG FamRZ 1988, 81; OLG Karlsruhe FamRZ 1991, 1456; OLG Saarbrücken FamRZ 2007, 402 (im Fall ein Feststellungsinteresse verneinend).

[37] BGH ZZP 86 (1973), 312, 313 m. Anm. *Wieser; W.* u. *E. Habscheid* FamRZ 1999, 483: subjektives privates Recht auf Feststellung der Abstammung.

[38] OLG Düsseldorf FamRZ 1997, 117.

[39] RGZ 126, 234, 237; BGH NJW 1984, 1556; *Stein/Jonas/Schumann* Rn. 23.

[40] *G. Lüke* ZZP 76 (1963), 1, 20.

[41] BGH NJW 1991, 1061, 1062.

[42] RGZ 92, 1, 7; RG JW 1938, 1188.

[43] RGZ 74, 292, 294; OLG Hamm NJW 1981, 2473, 2474.

[44] BAG DB 1976, 2310, 2311.

[45] BAG DB 1976, 2359.

[46] BAG DB 1977, 2460; NZA 1995, 190, 192 m. weit. Nachw.

Zulässig ist schließlich die Feststellung, dass das Arbeitsverhältnis auf Grund Betriebsübergangs mit dem Beklagten fortbesteht.[47] Auch der Arbeitgeber kann Feststellung begehren, dass das Arbeitsverhältnis durch eine Kündigung des Arbeitnehmers nicht aufgelöst worden ist.[48] Feststellungsfähig sind ferner der Urlaubsanspruch des Arbeitnehmers oder sein Umfang,[49] das Recht auf Eingruppierung in eine bestimmte tarifliche Lohn- oder Gehaltsgruppe[50] sowie die Verpflichtung, dem Kläger im noch einige Jahre entfernten Versorgungsfall Versorgungsbezüge mit bestimmter Bemessung zu gewähren.[51] Nach hM kann die Kündigungsschutzklage (§ 4 S. 1 KSchG) wegen ihres „punktuellen" Streitgegenstandes (s. Vor §§ 253ff. Rn. 48) mit der Klage auf Feststellung des Fortbestands des Arbeitsverhältnisses verbunden werden;[52] s. § 263 Rn. 64 und Vor § 253 Rn. 48 aE. Das BAG tut sich schwer mit der Formulierung des Feststellungsantrags in dieser Verbindung (§ 260).[53] In der Sache geht es ihm darum, den prozessualen Angriff des Arbeitnehmers auf weitere Kündigungen während der aus Anlass der ersten Kündigung erhobenen Kündigungsschutzklage von der Frist des § 4 KSchG zu befreien. – Der Ansicht, die Klage des Arbeitnehmers auf Feststellung der Unwirksamkeit einer Abmahnung oder des Arbeitgebers auf Feststellung ihrer Wirksamkeit sei unstatthaft, da die Abmahnung nur ein Element eines Rechtsverhältnisses sei,[54] ist aus den zu Rn. 24ff. erläuterten Gründen nicht zu folgen.

17 Bezüglich **prozessualer Verhältnisse** ist beim Einsatz der Feststellungsklage Zurückhaltung geboten. Richtschnur ist, dass ein eigener Feststellungsprozess nur ausnahmsweise in Betracht kommt, wenn nämlich die Unsicherheit über die prozessuale Rechtslage nicht bereits im anhängigen Verfahren geklärt werden kann. Im Allgemeinen geht der direkte prozessuale Weg vor. Das trifft insb. für die Geltendmachung von Prozessverträgen zu.[55] So kann zB nicht auf Feststellung eines Prorogationsvertrages oder eines Klagerücknahmeversprechens geklagt werden. Die hM bejaht die Statthaftigkeit einer Klage auf Feststellung des nichtigen Urteils; s. Vor §§ 300ff. Rn. 6. Gegenüber der Zwangsvollstreckung aus einem der materiellen Rechtskraft nicht fähigen Urteil, weil zB nicht zu erkennen ist, über welche der Einzelforderungen oder welche Teilbeträge das Gericht entschieden hat, hält der BGH eine prozessuale Gestaltungsklage analog § 767 Abs. 1 für statthaft;[56] s. § 767 Rn. 6. Im Falle eines zugestellten nichtigen Urteils oder eines Nichturteils ist die Statthaftigkeit der Feststellungsklage zu bejahen, weil die Klage im Ergebnis darauf abzielt, ob das Prozessrechtsverhältnis durch die Entscheidung beendet worden ist; dieser Gegenstand reicht aus.[57] Auf Feststellung des Urteilsinhalts kann geklagt werden, wenn zwischen den Parteien Streit über die Tragweite einer zu Zweifeln Anlass gebenden Urteilsformel besteht;[58] s. auch § 756 Rn. 55, § 767 Rn. 18. Gleiches gilt für den vollstreckbaren Teil eines Prozessvergleichs[59] und die vollstreckbare Urkunde.[60] Zur Klage auf Feststellung des Inhalts eines verloren gegangenen Urteils s. § 322 Rn. 47.

18 Statthaft ist die gesonderte Klage auf Feststellung, dass ein rechtskräftig titulierter Anspruch auch aus dem Gesichtspunkt des Schadensersatzes wegen vorsätzlich begangener unerlaubter Handlung begründet ist, um das **Pfändungsprivileg des § 850f Abs. 2** zu erreichen, wenn der Titel die rechtliche Einordnung der Vollstreckungsforderung nicht zweifelsfrei erkennen lässt;[61] denn es ist nicht Aufgabe des Vollstreckungsgerichts, die materiellrechtliche Einordnung nachträglich vor-

---

[47] BAG NJW 1998, 2306, 2307.

[48] BAG NZA 1986, 714; 1997, 597, 598.

[49] BAG NJW 1965, 787, 788; NZA 1994, 35, 36.

[50] LAG Hamm DB 1979, 1560; s. a. BAG MDR 2004, 817.

[51] BGH NJW 1998, 2966.

[52] LAG Köln MDR 1989, 672; BAG NZA 1991, 141, 142; BAG ZIP 1996, 388; BAGE = 88, 263 = NJW 1998, 698; BAG NJ 2006, 395, 396.

[53] BAGE 88, 263 = NJW 1998, 698; dazu krit. *G. Lüke* JuS 1998, 498; zur schwankenden Rspr. des BAG *Diller* NJW 1998, 663.

[54] Vgl. 2. Aufl.; *Jurkat* DB 1990, 2218 m. Nachw.

[55] Differenzierend *Wagner,* Prozeßverträge, 1998, S. 263ff.

[56] BGHZ 124, 164, 170 = NJW 1994, 460 = ZZP 107 (1994), 365 m. Anm. *Foerste; Rosenberg/Gaul/Schilken* § 11 II 2b u. § 40 IV 2; krit. *Pawlowski* AcP 195 (1995), 548, 566ff.

[57] *G. Lüke* JuS 1985, 767, 769; ZZP 108 (1995), 440.

[58] BGHZ 36, 11, 14 = NJW 1962, 109; BGH NJW 1972, 2268; 1997, 2320, 2321.

[59] BGH NJW 1977, 583, 584.

[60] BGH MDR 1997, 863, 864.

[61] BGHZ 109, 275, 280f. = NJW 1990, 834 m. Anm. *Link* = JZ 1990, 392 m. Anm. *Brehm* = Rpfleger 1990, 246 m. Anm. *Münch* = ZZP 103 (1990), 355 m. Anm. *Smid;* BGHZ 152, 166 = NJW 2003, 515 m. Anm. *M. Ahrens* NJW 2003, 1371 = LMK 2003, 74 m. Anm. *Meller-Hannich* u. Besprechung *Gaul* NJW 2005, 2894; BGH NJW 2005, 1663, 1664 = FamRZ 2005, 974, 975 = JZ 2006, 423 u. dazu *Smid* JZ 2006, 393. Der Vorschlag von *Smid* (ZZP 102 [1989], 22, 48), die Titelergänzung nachträglich im Klauselerteilungsverfahren vorzunehmen, ist de lege lata mangels Rechtsgrundlage nicht realisierbar.

zunehmen. Die materielle Rechtskraft steht nicht entgegen Eine ebensolche Feststellungsklage ist im Hinblick auf **§ 302 Nr. 1 InsO** möglich, wenn der Schuldner der Einordnung einer zur Insolvenztabelle angemeldeten Forderung als aus vorsätzlich unerlaubter Handlung stammend widerspricht, und zwar auch dann, wenn die Forderung bereits vor dem Insolvenzverfahren durch Vollstreckungsbescheid tituliert war.[62]

Nach § 1032 Abs. 2 kann bis zur Bildung des Schiedsgerichts vor dem nach § 1062 Abs. 1 Nr. 2 zuständigen OLG Antrag auf Feststellung der Zulässigkeit oder Unzulässigkeit eines schiedsrichterlichen Verfahrens gestellt werden. Der Antrag verdrängt nunmehr als speziellerer Rechtsbehelf die früher zugelassene (vgl. 2. Aufl. mit Hinweis auf 1. Aufl. § 1025 aF Rn. 33) allgemeine Feststellungsklage auf Feststellung der Wirksamkeit bzw. Unwirksamkeit der Schiedsvereinbarung.[63] Ihm fehlt das Rechtsschutzbedürfnis, wenn bereits ein Hauptsacheverfahren vor einem staatlichen Gericht anhängig ist und dort die Schiedseinrede erhoben wurde.[64] Zur Klage auf Feststellung der Wirksamkeit eines Schiedsspruchs s. § 1059 Rn. 40. Die Frage nach der Wirksamkeit eines ausländischen Urteils im Inland kann mit einem Feststellungsurteil beantwortet[65] (s. Art. 26 EuGVO Rn. 5 ff.), der Streit zwischen dem Insolvenzverwalter und dem Insolvenzschuldner über die Zugehörigkeit eines Gegenstandes zur Insolvenzmasse mittels Feststellungsklage ausgetragen werden, falls die Voraussetzungen für eine Erinnerung (§ 766) nicht vorliegen.[66] Der Inhalt der Eintragung in die Insolvenztabelle (§ 178 InsO) kann durch Feststellungsklage des Insolvenzverwalters geklärt werden.[67] 19

Macht der Kläger nur einen Teil der von ihm behaupteten Forderung geltend, so kann der Beklagte mit negativer **Feststellungswiderklage** Feststellung begehren, dass dem Kläger eine über die Klagesumme hinausgehende Forderung nicht zusteht; s. auch Rn. 38, 51 sowie § 261 Rn. 68. Nach hM ist eine pauschale Klage auf Feststellung, dass der Kläger dem Beklagten nichts schulde, unzulässig; sie verlangt für die negative Feststellungsklage die Angabe des konkreten Schuldgrundes oder Schuldgegenstandes. Diese Frage betrifft nicht das Rechtsverhältnis iSd. § 256, sondern den notwendigen Klageinhalt nach § 253 Abs. 2 Nr. 2; s. dort Rn. 66 ff. Der BGH lässt sogar zu, dass die negative Feststellungsklage sich auf eine selbstständige Anspruchsgrundlage beschränkt, wenn der zugrunde liegende Sachverhalt auch andere Anspruchsgrundlagen ausfüllt, zB unerlaubte Handlung, positive Forderungsverletzung, Herausgabe gemäß § 667 BGB.[68] Er hat keine Bedenken bezüglich der materiellen Rechtskraft; s. dazu Vor § 253 Rn. 38. 20

Soweit die Feststellungsklage eine besondere Regelung erfahren hat, geht diese § 256 vor. Das trifft neben den familienrechtlichen Feststellungsklagen (s. Rn. 13) zB zu für § 249 AktG,[69] § 179 Abs. 1 InsO,[70] § 731, § 4 KSchG, § 23 Abs. 4 WEG. Umgekehrt lässt § 13 AnfG die Anfechtung außerhalb des Insolvenzverfahrens nur als Leistungsklage zu. 21

b) Abstrakte Rechtsfragen. Nicht feststellungsfähig sind abstrakte Rechtsfragen oder nur gedachte rechtliche Beziehungen, da es nicht Aufgabe der Gerichte ist, Rechtsgutachten zu erstatten.[71] Die Unterscheidung Rechtsverhältnis einerseits und Rechtsfrage andererseits wird problematisch, falls es sich um konkrete Rechtsbeziehungen handelt, wenn etwa vom Richter die Feststellung verlangt wird, dass das unstreitig zwischen den Parteien bestehende Vertragsverhältnis bestimmter Art sei, zB ein Dienst- und kein Gesellschaftsverhältnis. Die Praxis hält Feststellungsklagen mit Recht auch insoweit für statthaft;[72] s. auch Rn. 11. Wesentlich ist die Gewäh- 22

[62] BGH Rpfleger 2006, 492 = ZInsO 2006, 704.

[63] IE ebenso (allerdings mangels Rechtsschutzbedürfnisses) *Zöller/Geimer* § 1029 Rn. 62 unter Berufung auf KG vom 13. 8. 2003, 23 Sch 7/03.

[64] BayObLGZ 2002, 324, 326; *Zöller/Geimer* § 1032 Rn. 23; *Sanger/Saenger* Rn. 15; aA *Stein/Jonas/Schlosser* Rn. 21.

[65] Dazu *Geimer* JZ 1977, 145.

[66] BGH NJW 1962, 1392. Daran hat auch der in der Sache mit der hM zu § 117 Abs. 1 KO übereinstimmende § 148 Abs. 2 InsO nichts geändert.

[67] BGH NJW 1985, 271; *Kübler/Prütting/Pape* § 178 InsO Rn. 9.

[68] BGH NJW 1984, 1556.

[69] OLG Oldenburg NJW-RR 1995, 1313, 1314.

[70] BAG NJW 1986, 1896 (zu § 146 Abs. 1 KO); BGH NJW 1998, 3121, 3122 (zu § 11 Abs. 3 S. 1 GesO); BGH WM 2003, 2429, 2431 f. = NJW-RR 2004, 1050. Ob neben der Insolvenzfeststellungsklage weitere Feststellungsklagen des bestreitenden Verwalters oder Insolvenzgläubigers zulässig sind, ist str.; die wohl hM verneint idR das Feststellungsinteresse; *Kübler/Prütting/Pape* § 179 InsO Rn. 13 m. Nachw.

[71] BAGE 30, 189, 203 = NJW 1978, 2114 = AP GG Art. 9 Nr. 62 Arbeitskampf; BAGE 46, 129, 135 = NJW 1985, 220; BAG NJW 1997, 3396; BGH NJW 1995, 1097; 2001, 445, 447; *Zeuner,* FS Schumann, S. 595, 603.

[72] RGZ 144, 54, 56.

rung effektiven Rechtsschutzes. Deshalb empfiehlt sich eine flexible, auf die Umstände des Einzelfalles abgestellte Handhabung des § 256, die darauf auszurichten ist, ob der Streit zwischen den Parteien durch ein Feststellungsurteil ausgeräumt und Rechtssicherheit mit der Folge herbeigeführt werden kann, dass weitere Prozesse sich erübrigen.[73] Jedoch darf die Auslegung des § 256 Abs. 1 nicht so weit gehen, dass der materiellen Rechtsordnung Vorrang vor dem Verfahrensrecht eingeräumt und bei jedem materiell-rechtlichen Bedürfnis nach einer Klagemöglichkeit mangels Statthaftigkeit anderer Klagearten stets die Feststellungsklage zur Verfügung gestellt wird.[74]

23 Werden durch die Auslegung eines zwischen den Parteien streitigen Rechtsbegriffs keine bestehenden Rechtsbeziehungen berührt, so liegt kein Rechtsverhältnis iSd. § 256 vor.[75] Das Gleiche gilt für die Auslegung eines zwischen einer AOK und einem Haftpflichtverband geschlossenen **Schadenteilungsabkommens** bezüglich künftiger, noch nicht konkret vorhandener Einzeltatbestände.[76] Bleiben Zweifel, ob Feststellung eines Rechtsverhältnisses oder einer nicht feststellungsfähigen Rechtsfrage begehrt wird, so hat das Gericht den Klageantrag auszulegen oder nach § 139 aufzuklären, welches Verfahrensziel der Kläger verfolgt. Dabei kommt es wie immer nicht auf den Wortlaut des Antrags an;[77] s. Rn. 65.

24 **c) Abgrenzung von Rechtsverhältnissen zu Elementen und Vorfragen.** Schwierigkeiten bereitet schließlich die **Abgrenzung** der – der Feststellungsklage grds. nicht zugänglichen – bloßen **Elemente** oder **tatbestandlichen Voraussetzungen** eines Rechtsverhältnisses von solchen für das Rechtsverhältnis bedeutsamen Umständen, die sich ihrerseits als eigenständige Rechtsverhältnisse oder auch nur Teilrechtsverhältnisse desselben darstellen und als solche selbst Gegenstand von Feststellungsklagen sein können; s. Rn. 10. Die **Praxis** ist uneinheitlich. Einerseits tendiert sie im Interesse eines lückenlosen gerichtlichen Rechtsschutzes und aus Zweckmäßigkeitsgründen dahin, Ausschnitte aus komplexen Rechtsbeziehungen zu (Teil-)Rechtsverhältnissen zu verselbstständigen, um zur Statthaftigkeit der Feststellungsklage zu kommen.[78] So lässt sie es bei Klagen auf Leistung Zug um Zug im Hinblick auf §§ 756, 765 zu, bereits in dem zum Vollstreckungstitel führenden Prozess auf Feststellung des Annahmeverzuges zu klagen.[79] Bei Schadensersatzansprüchen aus Delikt wird zur Sicherung des Pfändungsprivilegs nach § 850f Abs. 2 oder zur Ausnehmung von der Restschuldbefreiung nach § 302 Nr. 1 InsO – auch gesondert – die Klage auf Feststellung der deliktischen Natur des Anspruchs zugelassen; s. schon Rn. 18. Für zulässig gehalten wird des Weiteren die Klage auf Feststellung des nach IPR anwendbaren Rechts.[80] Andererseits sollen Klagen auf Feststellung der Wirksamkeit einer Willenserklärung, der Rechtswidrigkeit eines tatsächlichen Verhaltens,[81] etwa von Arbeitskampfmaßnahmen,[82] der rechtlichen Zulässigkeit tarifpolitischer Forderungen,[83] des Vorliegens einer Betriebsänderung iSd. § 111 BetrVG[84] oder des Nichtbestehens eigener Deckungsverweigerungsgründe bei Haftpflicht- und Kaskoversicherungen[85] unzulässig sein. Ebenfalls für unzulässig hält der BGH Klagen auf Feststellung des **Schuldnerverzuges**[86] und gestützt darauf auch isoliert erhobene Klagen auf Feststellung des **Annahmeverzuges.**[87] In der Zulassung der Klage auf Feststellung des Annahmeverzuges im Rahmen einer Klage auf Leistung Zug um Zug sieht er neuerdings eine allein aus Gründen der

---

[73] So wohl auch *Grunsky* Grundlagen § 38 II 2; *Musielak/Foerste* Rn. 2 aE; BAG NJW 1998, 2306, 2307.

[74] BGHZ 68, 331, 334 = NJW 1977, 1288; der BGH warnt vor einer materiell-rechtlichen „Überfrachtung" des prozessualen Instituts der Feststellungsklage; BGH NJW 1995, 1097.

[75] LG Mannheim ZMR 1979, 319, 320.

[76] BGH LM RVO § 1542 Nr. 2.

[77] BGH DB 1965, 1854; MDR 1967, 828; NJW 1982, 1878, 1879; BGHZ 109, 306, 308 = NJW 1990, 911; BAGE 41, 92, 94 = NJW 1983, 2838.

[78] ZB BGH NJW 1996, 452, 453; ArbG Paderborn DB 1975, 1655.

[79] RG JW 1909, 463 Nr. 23; BGH WM 1987, 1496, 1498; KG NJW 1972, 2052, 2053; *G. Lüke* ZwangsvollstreckungsR, 2. Aufl. (1993), S. 45; *Schilken* AcP 181 (1981), 355, 372; *Doms* NJW 1984, 1340; *Schibel* NJW 1984, 1945.

[80] OLG Frankfurt OLGR 2000, 196.

[81] Allgemein BGH NJW 2000, 2280, 2281 = JZ 2001, 198 m. Anm. *Schilken;* BGH NJW 2001, 3789.

[82] BAGE 46, 322, 328 = NJW 1985, 85; BAG JZ 1986, 195, 198.

[83] BAGE 46, 129, 137 = NJW 1985, 220.

[84] BAGE 41, 92, 95 = NJW 1983, 2838.

[85] BGH VersR 1975, 440; 1979, 1117.

[86] BGH NJW 2000, 2280 = JZ 2001, 198 m. Anm. *Schilken.*

[87] BGH NJW 2000, 2663, 2664.

Zweckmäßigkeit und mit dem schutzwürdigen Interesse des Klägers zu rechtfertigende Ausnahme. S. auch Rn. 16.

25 Die neuere **Literatur**[88] tritt dieser restriktiven Praxis, insb. der restriktiven Handhabung des Begriffs des Rechtsverhältnisses, zu Recht entgegen. Sie ist weder dogmatisch noch begrifflich vorgegeben noch entspricht sie dem Gebot eines effektiven Rechtsschutzes. Im Gegenteil sollte wie schon zu Rn. 22 § 256 auch insoweit flexibel gehandhabt werden und im Interesse eines lückenlosen effektiven Rechtsschutzes vor allem Klagen auf die Feststellung des Annahme- und des Schuldnerverzuges (letztere als Unterfall einer Klage auf Feststellung eines obligationswidrigen Verhaltens),[89] aber auch Klagen auf Feststellung der Wirksamkeit oder Unwirksamkeit einer Willenserklärung die Zulässigkeit nicht mehr grds. versagt werden. Ebenso sollten Klagen auf die Feststellung von Eigenschaften von Personen oder Sachen, sofern es sich um rechtliche und nicht lediglich tatsächliche Qualifikationen handelt, zB der Rechts- und Geschäftsfähigkeit,[90] zugelassen werden. Einer unangebrachten Ausuferung der Klagemöglichkeit ist durch eine sachgerechte Handhabung des Erfordernisses des Feststellungsinteresses zu begegnen. – Zur Klage des Drittschuldners auf Feststellung der Unwirksamkeit eines Pfändungs- und Überweisungsbeschlusses wegen Nichtbestehens der zu pfändenden Forderung s. Rn. 58.

26 **d) Tatsachen, Urkundenechtheit. Nicht feststellungsfähig** sind **Tatsachen,** und zwar auch dann nicht, wenn sie Tatbestandsmerkmale einer Norm sind. So ist zB die Frage nach der Unwahrheit einer Tatsachenbehauptung oder der Rechtswidrigkeit einer Persönlichkeitsverletzung nicht feststellungsfähig. Der BGH ist der Auffassung nachdrücklich entgegengetreten, zum Schutze der persönlichen Ehre Klagen auf Feststellung der Rechtswidrigkeit oder der Unwahrheit von ehrverletzenden Tatsachenbehauptungen zuzulassen und das vorhandene System der Rechtsschutzmöglichkeiten zu durchbrechen.[91] Er befürchtet zu Recht, dass die erweiternde Auslegung oder analoge Anwendung des § 256 sich nicht auf den Ehrenschutz beschränken lässt, und lehnt sie aus Gründen der Rechtssicherheit und Rechtsklarheit wegen der für die Rechtskraftwirkung drohenden Unschärfe ab. Auch die Grundlagen für die Berechnung eines Anspruchs (zB auf Zugewinnausgleich) können nicht Gegenstand einer Feststellungsklage sein.[92]

27 Eine Ausnahme zugunsten einer reinen Tatsachenfeststellung macht § 256 für die Feststellung der **Echtheit oder Unechtheit einer Urkunde.** Das positive Feststellungsurteil bewirkt, dass die Urkundenechtheit, im Regelfall also die Ausstellereigenschaft der Person, die unterzeichnet oder unterstempelt hat, in keinem anderen Prozess zwischen den Parteien mehr angezweifelt werden kann. Das gilt auch für die Frage, ob der Unterzeichner, der mit einem anderen Namen unterschrieben oder unterstempelt hat, vom Namensträger dazu bevollmächtigt bzw. ermächtigt war. Nicht aber kann im Urkundenfeststellungsprozess geklärt werden, ob sich der Vertreter innerhalb der Grenzen seiner Vollmacht gehalten hat.[93]

28 **2. Gegenwärtiges Rechtsverhältnis.** Nach hM muss die begehrte Feststellung ein gegenwärtiges Rechtsverhältnis betreffen. Vergangene Rechtsverhältnisse sollen grds. nicht Gegenstand einer Feststellungsklage sein können, es sei denn, dass sich daraus Rechtsfolgen noch für Gegenwart oder Zukunft ableiten lassen, insb. ihre Folgewirkungen die Rechtsbeziehungen der Parteien wenigstens mittelbar beeinflussen.[94] Diese Ausnahme gilt auch für das Erlöschen des Rechtsverhältnisses während des Prozesses; andernfalls kommt die Erledigung der Hauptsache in Betracht (§ 91 a).[95] Richtigerweise ist hierbei allerdings nicht die Qualifizierung des Rechtsverhältnisses als gegenwärtiges oder vergangenes entscheidend, sondern ob an der Feststellung des vergangenen Rechtsverhältnisses ein gegenwärtiges Feststellungsinteresse besteht;[96] s. dazu Rn. 35 ff.

---

[88] *E. Habscheid* ZZP 112 (1999), 37, 44 ff.; *Brehm,* 50 Jahre Bundesgerichtshof, Festgabe aus der Wissenschaft, Bd. III, S. 89, 104 ff.; *Zeuner,* FS Schumann, S. 595; *Schilken* JZ 2001, 199; *Scherer* JR 2001, 441.

[89] So insb. *Zeuner,* FS Schumann, S. 595 ff. u. *Schilken* JZ 2001, 199.

[90] Insoweit unter Berufung auf die Voraufl. u. *Stein/Jonas/Schumann* Rn. 27 aA OLG Frankfurt IPrax 2004, 56, 59.

[91] BGHZ 68, 331, 334 f. = NJW 1977, 1288 gegen u. a. *Stoll,* FS Bötticher, 1969, S. 341, 357 ff.; *Leipold* ZZP 84 (1971), 150; *ders.* JZ 1974, 63; LG Konstanz NJW 1976, 2353.

[92] RG LZ 1925, 210, 211; BGH NJW 1979, 2099, 2101; 1982, 1878, 1879; 1995, 1097; OLG Köln FamRZ 2003, 539 betr. Stichtag für die Berechnung des Endvermögens beim Zugewinnausgleich.

[93] RGZ 158, 164, 165.

[94] BGHZ 27, 190, 196 = NJW 1958, 1293; BGH WM 1981, 1050; OLG Nürnberg FamRZ 1982, 1102; BAG NJW 1995, 2941; 1999, 2918.

[95] BAGE 74, 201, 202 = NJW 1994, 1751; BGH NJW 1998, 229, 230.

[96] *Zeuner,* FS Schumann, S. 295, 605 f.; so letztlich auch BAG NJW 1999, 2918.

29 **Betagte** und **bedingte Rechtsverhältnisse** sind feststellungsfähig, nicht aber künftige.[97] Jedoch lässt es die Rspr. genügen, dass das Substrat einer Rechtsbeziehung, aus der sich die festzustellende Rechtsfolge ableiten lässt, gegenwärtig schon vorhanden ist. So ist zB die Klage auf Feststellung statthaft, dass der Beklagte verpflichtet sei, dem Kläger für künftige Versuche einer homologen In-vitro-Fertilisation Versicherungsschutz zu gewähren.[98] Die bloße Möglichkeit, dass sich bei einer derzeit nicht einmal in ihren Grundlagen überschaubaren Entwicklung die festzustellenden Ansprüche ergeben können, reicht nicht aus.[99]

30 Für die Feststellung der Pflicht zum Ersatz noch nicht entstandener Schäden in **Schadensersatzprozessen** forderte der BGH zumindest bislang (bei allerdings uneinheitlicher Handhabung der Senate, ob diese Prognose der Zulässigkeits- oder der Begründetheitsprüfung zugehört[100]), dass nach der Erfahrung des Lebens und dem gewöhnlichen Lauf der Dinge eine **gewisse Wahrscheinlichkeit** für die Entstehung weiterer in der Zukunft liegender Ersatzansprüche spricht,[101] zweifelte jedoch jüngst selbst an diesem Erfordernis.[102] Der Inhalt des Urteils beschränkt sich auf die Feststellung, dass ein Rechtsverhältnis zwischen den Parteien besteht, aus dem sich Schadensersatzansprüche ergeben, falls ein Schaden eintritt. Der Schadenseintritt selbst nimmt an der Feststellungswirkung nicht teil, so dass das vom BGH insoweit reduzierte Beweismaß unbedenklich ist. Das Feststellungsurteil hat hier die Bedeutung zeitlich vorgezogenen Rechtsschutzes, ergänzt § 258 (s. dort Rn. 2) und trägt damit zu einem effektiven Rechtsschutzsystem bei. Die eigentliche Rechtfertigung findet die in die Zukunft wirkende Rechtsschutzgewährung in der Vermeidung der Schwierigkeit, die zum Schadensersatz verpflichtenden Vorgänge erst später aufzuklären und nachzuweisen. Eine zu große Ausdehnung des Anwendungsbereichs der Feststellungsklage zum Nachteil des Beklagten verhindert das Feststellungsinteresse. Allerdings geht der BGH hier mitunter sehr weit und bejaht es schon dann, wenn künftige Schadensfolgen auch nur möglich sind, mögen Art und Umfang, sogar ihr Eintritt noch ungewiss sein;[103] s. auch Rn. 46.

31 Ist dem Kläger bereits ein bezifferbarer Teilschaden entstanden, die Schadensentwicklung aber noch nicht abgeschlossen, so ist ein Feststellungsantrag immer statthaft. Auch die Feststellung des Billigkeitsanspruchs nach § 829 BGB ist zulässig, wenn noch nicht feststeht, ob sich die wirtschaftlichen Verhältnisse der Parteien in Zukunft so verändern werden, dass eine Ersatzpflicht des Beklagten billigerweise gerechtfertigt ist.[104]

32 Auf Feststellung des **Erbrechts** nach noch lebenden Personen kann nicht geklagt werden, weil die bloße Möglichkeit, Erbe zu werden, kein Rechtsverhältnis iSd. § 256 ist, und zwar auch dann nicht, wenn die Erbaussicht einer Partei der Lebenserfahrung entspricht.[105] Wirken sich erbrechtliche Vorschriften schon gegenwärtig aus, etwa die Beschränkung der Testierfreiheit durch das Pflichtteilsrecht, so kann bereits zu Lebzeiten des künftigen Erblassers geklagt werden, zB auf Bestehen des Pflichtteilsrechts[106] oder auf Feststellung, dass Grund (oder kein Grund) für die Entzie-

---

[97] BGHZ 28, 225, 233 f. = NJW 1959, 97; BGH NJW 1984, 2950; 1992, 436, 437; 1998, 1144, 1148; BGH NJW-RR 2001, 957 m. weit. Nachw.; BGH NJW 2001, 3789; BGH NJW-RR 2005, 637; OLG Frankfurt FamRZ 2006, 713; insoweit weniger restriktiv *Zeuner,* FS Schumann, S. 295, 606 ff.

[98] BGH NJW 1988, 774 = MDR 1988, 209.

[99] BGH MDR 1983, 836; BGH NJW-RR 2001, 957.

[100] Zur materiellen Klagebegründung zählen sie der X. u. der VI. Senat (etwa NJW 1998, 160; s. a. NJW 2001, 1431, 1432). Der IX. Senat fordert die hinreichende Wahrscheinlichkeit des Schadenseintritts für das rechtliche Interesse an alsbaldiger Feststellung; wenn allerdings dem Kläger bereits ein Teilschaden entstanden ist, ordnet er die – summarisch zu prüfende – Wahrscheinlichkeit des (weiteren) Schadenseintritts der Begründetheit der Klage zu (NJW 1993, 648, 653 f.; NJW-RR 2006, 923, 924). Der XI. Senat hält die Wahrscheinlichkeit des Schadenseintritts ebenfalls für eine Zulässigkeitsfrage, vgl. BGHZ 166, 84, 90 = NJW 2006, 830, 832; zur damit verbundenen „erheblichen Verwirrung" *Gerlach* VersR 2000, 525, 531 f.

[101] BGHZ 4, 133, 135 = NJW 1952, 539; BGHZ 28, 225, 233 = NJW 1959, 97; BGH ZZP 85 (1972), 245 m. abl. Anm. *K. H. Schwab,* der Bedenken gegen das Beweismaß des BGH hat; BGH NJW 1998, 160 m. weit. Nachw.; bei reinen Vermögensschäden daran festhaltend BGHZ 166, 84, 90 = NJW 2006, 830, 832 m. weit. Nachw.; BGH NJW-RR 2006, 923, 924.

[102] BGH NJW 2001, 1431, 1432 im Anschluß an *Gerlach* VersR 2000, 525, 532; offenlassend BGH NJW-RR 2007, 601.

[103] BGH NJW-RR 1988, 445; NJW 1991, 2707, 2708; 1998, 1633; 2001, 1431, 1432; 2001, 3414, 3415.

[104] RGZ 169, 394, 395; BGH MDR 1962, 811.

[105] BGHZ 37, 137, 143 = NJW 1962, 1723; *H. Lange* NJW 1963, 1573; OLG Frankfurt a. M. NJW-RR 1997, 581, 582; OLG Koblenz FamRZ 2003, 542; *Becker/Klinger* NJW-Spezial 2006, 493 (keine Klage auf Feststellung der Testierunfähigkeit zu Lebzeiten des Erblassers).

[106] RGZ 92, 1, 4; BGHZ 28, 177 = NJW 1958, 1964; BGHZ 37, 137, 143 = NJW 1962, 1723; BGHZ 158, 226, 227 = NJW 2004, 1874.

hung des Pflichtteils vorliegt, sowohl seitens des Erblassers[107] als auch des künftigen Pflichtteilsberechtigten.[108] Nach dem Tode des Erblassers kann der Erbe nur die Feststellung begehren, dass der Beklagte keinen Pflichtteilsanspruch hat.[109] Zwischen dem Vertragserben und dem Beschenkten besteht schon zu Lebzeiten des Erblassers ein der richterlichen Feststellung zugängliches Rechtsverhältnis (§ 2287 BGB); eine einstweilige Verfügung gegen Veräußerung und Erwerb ist jedoch ausgeschlossen.[110] Ebenso sind die Rechtsverhältnisse zwischen Miterben aus einem gemeinschaftlichen Testament, die nur durch den Tod des überlebenden Ehegatten bedingt sind, feststellungsfähig.[111] Vor dem Nacherbfall kann ein Nacherbe auf Feststellung seines Nacherbenrechts (§ 2108 Abs. 2 BGB) klagen, nicht aber auf Feststellung des Nichtbestehens einer Ausgleichungspflicht unter mehreren Nacherben (§§ 2050, 2055 BGB).[112]

3. Drittrechtsverhältnisse. Nach hM, die sich im Ausgangspunkt auf den Gesetzeswortlaut be- 33
ruft,[113] kann Gegenstand einer positiven oder negativen Feststellungsklage nicht nur ein Rechtsverhältnis zwischen den Prozessparteien selbst sein, sondern auch ein solches zwischen einer Prozesspartei und einem Dritten,[114] ja sogar zwischen Dritten überhaupt.[115] Das Feststellungsinteresse muss dann allerdings gerade gegenüber dem Beklagten bestehen.[116] Beispiele: Klage eines Aktionärs auf Feststellung der Nichtigkeit eines zwischen dem Beklagten und der AG geschlossenen Interessengemeinschaftsvertrags, eines Kommanditisten gegen die KG auf Feststellung der Unwirksamkeit des Ausschlusses eines anderen aus der KG,[117] des Verkäufers gegen den vorkaufsberechtigten Beklagten auf Feststellung der Unwirksamkeit des Kaufvertrages mit dem Käufer, des Testamentsvollstreckers gegen einen Erbprätendenten auf Feststellung, er sei nicht Erbe.[118]

Die **Analyse der Rspr.** ergibt allerdings, dass die These, Rechtsverhältnisse mit Dritten könn- 34
ten bei Vorliegen eines entsprechenden Feststellungsinteresses Gegenstand eines Feststellungsurteils sein, in dieser Grundsätzlichkeit von ihr nicht gedeckt ist.[119] In den meisten der untersuchten Entscheidungen bestanden vielmehr durchaus Rechtsverhältnisse zwischen den Prozessparteien selbst.[120] Der entscheidende Einwand gegen die Zulässigkeit der Feststellung von Drittrechtsverhältnissen geht dahin, dass die hM den für die Feststellungsklage keineswegs irrelevanten Gesichtspunkt **Prozessführungsbefugnis** völlig übergeht. Denn obgleich es sich bei der Feststellungsklage als solcher um ein rein prozessrechtliches Institut handelt (s. Rn. 1), werden mir ihr doch materiellrechliche Positionen verfolgt. Insofern aber muss für sie dasselbe gelten wie für die anderen Klagen: die Parteien können grds. nur eigene Rechte bzw. Verbindlichkeiten geltend machen, es sei denn, sie sind kraft Gesetzes, Hoheitsakts oder Rechtsgeschäftes zur Prozessführung über fremde Rechte legitimiert.[121] Prozessdogmatisch gibt es keinen Grund, die Funktion der Prozessführungsbefugnis, die richtigen Parteien festzulegen, dem Feststellungsinteresse zuzuweisen, wie es die hM[122] tut. Hinzu kommt, dass der Dritte an das Urteil im Feststellungsprozess nicht gebunden wäre (soweit es sich nicht um Fälle der Prozessstandschaft handelt). Die hM ist daher abzulehnen.[123] Im Übrigen

---

[107] RGZ 92, 1, 7; BGH NJW 1974, 1084, 1085 = LM BGB § 2333 Nr. 2; BGHZ 109, 306, 309 = NJW 1990, 911 = JZ 1990, 697 m. Anm. *Leipold.*

[108] OLG Saarbrücken NJW 1986, 1182; BGH NJW-RR 1993, 391; BGHZ 158, 226, 227f. = NJW 2004, 1874.

[109] BGH NJW-RR 1990, 130, 131; 1993, 391.

[110] OLG Koblenz MDR 1987, 935, 936; aM *Hohmann* ZEV 1994, 133, 136f.

[111] RG HRR 1928 Nr. 843.

[112] OLG Karlsruhe FamRZ 1989, 1232, 1234.

[113] *Wach* S. 49; RG LZ 1928, 703.

[114] BGH NJW 1984, 2950; 1997, 318, 319; 1998, 229; BGH VersR 2000, 866; BGH MDR 2001, 214 (Klage des Geschädigten gegen den Versicherer auf Feststellung, dieser habe dem Schädiger Deckungsschutz zu gewähren; BGH NJW 2006, 374, 375; BAG NJW 1983, 1750, 1751; BVerwG NJW 1997, 3257.

[115] BGHZ 69, 37, 40 = NJW 1977, 1637; BGH NJW 1990, 2627, 2628; *Stein/Jonas/Schumann* Rn. 37 m. zahlr. Nachw.; *Brehm,* 50 Jahre Bundesgerichtshof, Festgabe aus der Wissenschaft, Bd. III, S. 89, 106f.

[116] RGZ 142, 223, 226; BGH MDR 1971, 1000, 1001; BGH VersR 2000, 866; BGH DB 2006, 1837 = BB 2006, 1925 = ZIP 2006, 1579.

[117] Insoweit ein Feststellungsinteresse verneinend BGH DB 2006, 1837 = BB 2006, 1925 = ZIP 2006, 1579.

[118] Insoweit ein Feststellungsinteresse bejahend OLG Karlsruhe FamRZ 2005, 1200, 1201.

[119] Überzeugend *Michaelis,* FS Larenz, 1983, S. 443, 460f.; dazu *Pawlowski* JuS 1990, 378.

[120] *Trzaskalik* S. 156ff.; ausf. *Michaelis,* FS Larenz, S. 453ff.; weiterhin *G. Lüke,* FS Henckel, 1995, S. 563, 565ff.

[121] *G. Lüke,* FS Henckel, S. 575f. u. schon *Michaelis,* FS Larenz, S. 460f.; zur Bedeutsamkeit der Prozeßführungsbefugnis im Rahmen von Feststellungsklagen in Abgrenzung zur Drittrechtsfeststellung auch *Berger,* Die subjektiven Grenzen der Rechtskraft bei der Prozeßstandschaft, 1992, S. 159ff.

[122] So etwa *Brehm,* 50 Jahre Bundesgerichtshof, Festgabe aus der Wissenschaft, Bd. III, S. 89, 106f.

[123] Ebenso *G. Lüke,* FS Henckel, S. 576; *W. Lüke* ZGR 1994, 266, 273; *Zöller/Greger* § 256 Rn. 3b.

kennzeichnet die Formulierung des BGH, ein zwischen dem Kläger und einem Dritten abgeschlossener Vertrag könne Gegenstand der Feststellung gegen den Beklagten sein, wenn die Wirksamkeit oder Unwirksamkeit dieses Rechtsgeschäfts die Rechtsbeziehungen zwischen den Prozessparteien berühre,[124] das Betroffensein der Parteien, schließt Popularklagen auch im Bereich der Feststellungsklage aus und umschreibt damit die aktive und passive Prozessführungsbefugnis. Sind die Parteien in diesem Sinne nicht betroffen, so ist die Feststellungsklage als unzulässig abzuweisen.

III. Feststellungsinteresse

35 **1. Sachurteilsvoraussetzung.** Das Tatbestandsmerkmal des rechtlichen Interesses an alsbaldiger Feststellung ist das für die Feststellungsklage besonders ausgestaltete allgemeine Rechtsschutzinteresse[125] und ist wie dieses Sachurteilsvoraussetzung. Folglich ist es in jeder Lage des Verfahrens, auch in der Revisionsinstanz, von Amts wegen zu prüfen.[126] Damit trägt das Gesetz dem Umstand Rechnung, dass aus Feststellungsurteilen nicht vollstreckt werden kann und deshalb mit der Möglichkeit gerechnet werden muss, dass ein zweiter Prozess zur Erwirkung eines Leistungstitels erforderlich wird. Anders als bei Leistungsklagen kann das Gericht nicht davon ausgehen, dass das Feststellungsinteresse regelmäßig vorliegt; vielmehr ist es jeweils besonders zu prüfen. Die negative Feststellungsklage erfordert ebenfalls ein Feststellungsinteresse.[127] Maßgebender Zeitpunkt ist der Schluss der mündlichen Verhandlung, so dass die Klage grds. unzulässig wird, wenn es vorher wegfällt; s. Rn. 55. Es ist Sache des Klägers, die Tatsachen vorzutragen, aus denen das Feststellungsinteresse folgt.[128]

36 Wie für das allgemeine Rechtsschutzinteresse so ist auch für das Feststellungsinteresse zweifelhaft, ob die Klage als **unbegründet abgewiesen** werden kann, wenn das **Feststellungsinteresse nicht feststeht;** s. Vor § 253 Rn. 19. Auch hier ist die Frage zu bejahen.[129] Es wäre mit der Funktion des Feststellungsinteresses unvereinbar, in die möglicherweise erheblichen Aufwand erfordernde Prüfung des Feststellungsinteresses einzutreten, wenn die Unbegründetheit der Klage bereits feststeht, jedenfalls dann, wenn das Feststellungsinteresse von der dogmatischen Aufgabe entlastet wird, die bei Leistungsklagen die Prozessführungsbefugnis erfüllt; s. Rn. 34. Der Beklagte erleidet keinen Nachteil, da die materielle Rechtskraft des Sachurteils weiter geht als die des Prozessurteils; die Gerichte können in derselben Sache nicht ein zweites Mal in Anspruch genommen werden. Dadurch wird der grundsätzliche Vorrang des Feststellungsinteresses nicht berührt und seine Einordnung als Sachurteilsvoraussetzung nicht in Frage gestellt.[130] Für das streitige **stattgebende Urteil** ist das Feststellungsinteresse ausnahmslos erforderlich;[131] s. aber Rn. 69. Das gilt auch für das eine negative Feststellungsklage abweisende Sachurteil, weil die Abweisung das Bestehen des Rechts des Beklagten feststellt; s. Rn. 71. Berufungs- und Revisionsgericht können die Feststellungsklage als unbegründet abweisen, wenn die Vorinstanzen die Klage wegen fehlenden Feststellungsinteresses als unzulässig abgewiesen haben.[132]

37 **2. Rechtliches Interesse.** Das Feststellungsinteresse im Sinne eines rechtlichen Interesses ist gegeben, wenn dem Recht oder der Rechtslage des Klägers eine gegenwärtige Gefahr der Unsicherheit droht und das Feststellungsurteil geeignet ist, diese Gefahr zu beseitigen.[133] Ein berechtigtes Interesse reicht nicht aus. Die Gefährdung braucht nicht notwendigerweise Vermögensrechte des Klägers zu betreffen. Es kommen auch sonstige Rechtsgüter in Betracht, wie zB die berufliche Stellung eines Rechtsanwalts,[134] die Kreditwürdigkeit oder die Rufschädigung durch den Ausschluss aus einer Herdbuchgenossenschaft mit ihren wirtschaftlichen Folgen.[135] Rein wirtschaft-

---

[124] BGH NJW 1984, 2950.

[125] BGHZ 18, 98, 106 = NJW 1955, 1513; BGH NJW 1972, 198; *G. Lüke* JuS 1969, 301, 304.

[126] Ganz hM; s. nur BGH NJW-RR 1990, 130 m. Nachw.; BGH FamRZ 1998, 1357.

[127] BGHZ 91, 37, 41 = NJW 1984, 1754.

[128] BAG NJW 1997, 3396.

[129] RGZ 158, 145, 152; BGH NJW 1978, 2031, 2032; BAG NJW 2003, 1755; *Musielak/Foerste* Rn. 7.

[130] Deshalb sollte nicht von einer bedingten Sachurteilsvoraussetzung gesprochen werden, wie *Stein/Jonas/Schumann* Rn. 62 es tut; dazu auch *Weiss* NJW 1971, 1596.

[131] BGHZ 12, 308, 316 = NJW 1954, 1159; BGH NJW 1958, 384 = LM Nr. 46; OLG Bremen MDR 1986, 765.

[132] BGHZ 12, 308, 316 = NJW 1954, 1159; OLG Bremen MDR 1986, 765.

[133] BGHZ 15, 382, 390 = NJW 1955, 221; BGHZ 69, 144, 147 = NJW 1977, 1881; BGH NJW 1986, 2507; 1992, 436, 437; 1998, 3055, 3056; 2001, 221, 222.

[134] BGH VersR 1985, 39.

[135] BGH NJW-RR 1988, 445.

liche, wissenschaftliche, verwandtschaftliche oder sonstige ideelle Interessen genügen nicht. Die regelmäßige Verneinung des Feststellungsinteresses für die Klage auf Feststellung des Rechts zum Getrenntleben, wie die Praxis es tut,[136] stimmt nicht mit § 1353 BGB überein und negiert im Ergebnis die Rechtspflicht zur ehelichen Lebensgemeinschaft, die es auch nach geltendem noch Recht gibt;[137] s. § 606 Rn. 10. Für eine Klage des Testators auf Feststellung seines Rechts zur Entziehung des Pflichtteils gegen den Pflichtteilsberechtigten besteht regelmäßig ein Feststellungsinteresse,[138] ebenso umgekehrt für eine Klage des Pflichtteilsberechtigten gegen den Erblasser auf Feststellung des Nichtbestehens eines solchen Rechts, jedenfalls dann, wenn letzterer sein Entziehungsrecht bereits ausgeübt hat.[139] Die Klage auf Feststellung des Bestehens oder Nichtbestehens eines Eltern-Kindes-Verhältnisses verlangt kein Feststellungsinteresse iSd. § 256 Abs. 1, da sie eine Klage eigener Art ist und das Feststellungsinteresse sich bereits aus dem Tatbestand der besonderen Klagenorm ergibt.[140] Wegen der weitreichenden betriebsverfassungsrechtlichen Folgen, die vom festzustellenden Status eines leitenden Angestellten abhängen, bejaht die hM das Feststellungsinteresse grds. immer, ohne dass ein aktueller Streitpunkt gegeben sein muss (§§ 5 Abs. 3, 18a BetrVG).[141] Klagen auf Feststellung der Unwirksamkeit eines Prozessvergleichs, der Nichtigkeit eines Urteils oder des Vorliegen eines Nichturteils (Rn. 17) fehlt regelmäßig das Feststellungsinteresse.[142] Für die Patentnichtigkeitsklage oder das Markenlöschungsverfahren bedarf das Feststellungsinteresse erst nach Ablauf des Schutzrechts gesonderter Darlegung.[143]

a) Eine **Gefährdung** liegt regelmäßig darin, dass der Beklagte das Recht des Klägers ernstlich bestreitet[144] oder er sich eines Rechts gegen den Kläger berühmt.[145] Die Berühmung muss nicht nur ernstlich gemeint sein,[146] sondern auch nach objektiver Würdigung eine gegenwärtige Gefahr für den Kläger begründen,[147] was zB für die bloß gedachte Möglichkeit einer Änderung der Benutzung des umstrittenen Gegenstands in ferner Zukunft nicht zutrifft. Für einen Antrag des Arbeitgebers im Beschlussverfahren auf Feststellung, dass der Betriebsrat in einer bestimmten Angelegenheit nicht mitzubestimmen hat (§ 81 Abs. 1 ArbGG, § 87 Abs. 1 BetrVG), ist das Feststellungsinteresse gegeben, wenn der Arbeitgeber das Mitbestimmungsrecht bestreitet oder der Betriebsrat sich eines Mitbestimmungsrechts ernsthaft berühmt;[148] s. Rn. 59. Bzgl. beendeter Rechtsverhältnisse genügt nicht die pauschale Behauptung, die Feststellung zB eines Arbeitsverhältnisses in der Vergangenheit hätte zu einem Anspruch auf eine höhere Erwerbsunfähigkeitsrente geführt.[149] 38

Es reicht aus, dass der Beklagte dem Recht des Klägers außerprozessual entgegentritt. Erst recht sind prozessuale Maßnahmen geeignet, das Feststellungsinteresse zu begründen, zB der Antrag auf Prozesskostenhilfe, Erlass eines Arrestes, einer einstweiligen Verfügung oder einer einstweiligen Anordnung in Ehesachen,[150] ferner die Vorpfändung (§ 845), die Erwirkung eines Pfändungs- und Überweisungsbeschlusses (§§ 829, 835) oder die förmliche Anfechtungsankündigung nach § 7 Abs. 2 AnfG.[151] Die Streitverkündung genügt hingegen nicht,[152] weil sie noch keine den Rechtsfrieden des Dritten bedrohende Anspruchsberühmung ist, sondern ihm nur Gelegenheit zur Beteiligung am Hauptprozess geben will. 39

Die **drohende Verjährung** rechtfertigt das Feststellungsinteresse auch ohne Bestreiten durch den Beklagten (§ 204 Abs. 1 BGB). Ist die Verjährung bereits durch andere Maßnahmen gehemmt 40

---

[136] Vgl. nur KG FamRZ 1988, 81 m. Nachw.; s. auch OLG Karlsruhe NJW-RR 1989, 1414, 1415.
[137] S. a. *Wieczorek/Schütze/Becker-Eberhard* § 606 Rn. 37.
[138] BGHZ 109, 306, 309 = NJW 1990, 911 = LM § 256 Nr. 160 = JZ 1990, 697 m. Anm. *Leipold.*
[139] BGHZ 158, 226, 230 = NJW 2004, 1874.
[140] BGH ZZP 86 (1973), 312, 313 m. Anm. *Wieser;* dazu *E.* u. *W. Habscheid* FamRZ 1999, 480, 483.
[141] BAG SAE 1978, 7, 9; LAG Berlin NZA 1990, 577, 578.
[142] *G. Lüke* ZZP 108 (1995), 427, 438ff.
[143] BGH NJW 1995, 2989.
[144] BGH NJW 1986, 2507; 2001, 1431, 1432.
[145] BGHZ 91, 37, 41 = NJW 1984, 1754; BGHZ 94, 324, 329 = NJW 1986, 129; BGH NJW 1995, 2032, 2033 = FamRZ 1995, 725, 726 (negative Feststellungsklage zur Abwehr von Unterhaltsansprüchen; dazu auch OLG Brandenburg FamRZ 2005, 117); LG Frankfurt NJW-RR 1991, 379, 380.
[146] Sie braucht nicht notwendig ausdrücklich zu geschehen; ein bloßes Schweigen oder passives Verhalten reicht aber i. a. nicht aus (BGH NJW 1995, 2032, 2033).
[147] BGH LM Nr. 73; *Stein/Jonas/Schumann* Rn. 65.
[148] BAG NZA 1988, 249; *Weth,* Das arbeitsgerichtliche Beschlußverfahren, 1995, S. 251.
[149] Das BAG NJW 1997, 3396 verlangt substantiiertes Vorbringen.
[150] OLG Düsseldorf FamRZ 1985, 1147, 1148.
[151] Es reicht aus, daß der Gläubiger sich einer Berechtigung zur Gläubigeranfechtung berühmt; BGH NJW 1991, 1061, 1062.
[152] RG SeuffA 77 (1922), 167, 168.

worden, so fehlt das Feststellungsinteresse. So ist zB neben der vom Besteller wegen Mängelbeseitigung erhobenen Vorschussklage eine Feststellungsklage zwecks Verjährungsunterbrechung unzulässig.[153] Dadurch ist aber eine Feststellungsklage des Bestellers, dass der Unternehmer zum Ersatz auch der weiteren Nachbesserungskosten verpflichtet sei, nicht unzulässig. Trotz rechtskräftig festgestellten Anspruchs lässt die hM wegen § 197 Abs. 2 BGB ausnahmsweise eine weitere Feststellungsklage mit demselben Streitgegenstand zu, wenn dies die einzige Möglichkeit ist, um die drohende Verjährung abzuwenden;[154] s. § 322 Rn. 48. Stehen einfachere Wege zur Verfügung, zB im selbstständigen Beweisverfahren die Streitverkündung (§ 204 Abs. 1 Nr. 6 BGB), so fehlt der allein auf Hemmung der Verjährung gerichteten Feststellungsklage das Feststellungsinteresse.[155] Der Verzicht des Schuldners auf die Einrede der Verjährung[156] beseitigt idR das Feststellungsinteresse.[157] – Zum Feststellungsinteresse an Drittrechtsverhältnissen s. Rn. 60.

41 Da es keinen Anspruch des GmbH-Geschäftsführers auf **Entlastung** gibt, eine Entlastungsklage also unbegründet wäre, kann der Geschäftsführer nur mittels negativer Feststellungsklage klären lassen, dass die GmbH keine Ersatzansprüche gegen ihn hat. Voraussetzung ist auch hier, dass die GmbH solche behauptet. Nach einer Mindermeinung soll diese auch ohne Berühmung zulässig sein, und zwar wegen des dem Geschäftsführer aus der Sonderrechtsbeziehung zur Gesellschaft erwachsenden Rechts, dass diese sich gegen Rechnungslegung seitens des Geschäftsführers über etwaige Ersatzansprüche gegen ihn erkläre.[158] Ihr kann in dieser Allgemeinheit nicht zugestimmt werden.[159] Jedoch ist zu prüfen, ob in den Fällen, in denen die Gesellschaft die Gründe für die Entlastungsverweigerung nicht nennt, sonstige Rechtsgüter des Geschäftsführers verletzt sind oder ihm ein Anspruch auf Auskunftserteilung zusteht.

42 **Drohende prozessuale Nachteile** genügen im Allgemeinen nicht.[160] Das schließt nicht aus, dass zB befürchteter Beweismittelverlust vom Kläger unterstützend zur Begründung des Feststellungsinteresses herangezogen werden kann.[161] Inwieweit die Möglichkeit des selbstständigen Beweisverfahrens (§§ 485 ff.) das Feststellungsinteresse verdrängt, hängt von den Umständen des Einzelfalles ab; hier spielen auch prozessökonomische Erwägungen eine Rolle, zB der Gesichtspunkt, ob die Ablehnung des Feststellungsverfahrens eine bereits durchgeführte umfangreiche Beweisaufnahme ganz oder teilweise wertlos macht. Ist das Beweisverfahren bei Klageerhebung noch nicht abgeschlossen, so wird das Feststellungsinteresse selbst dann nicht in Frage gestellt, wenn jenes zur Schadensentwicklung Erkenntnisse erwarten lässt.[162]

43 **b) Geeignetes Mittel.** Das angestrebte **Feststellungsurteil muss** trotz der fehlenden Vollstreckbarkeit in der Hauptsache das **am besten geeignete Mittel** sein, um die zwischen den Parteien strittigen Fragen endgültig zu klären. Soweit dieses Ziel mit der Feststellungsklage nur unvollständig erreicht werden kann, weil nicht sicher ist, dass die Parteien das Urteil befolgen werden, oder es auf einfachere, weniger aufwändige Weise erreichbar ist, ist das Feststellungsinteresse zu verneinen; s. Rn. 57.

44 Ob die **Gerichte anderer Gerichtszweige,** diejenigen der freiwilligen Gerichtsbarkeit eingeschlossen, an das Feststellungsurteil gebunden sind, ist unerheblich. Ist der Zivilrechtsweg gegeben und die Feststellungsklage nach zivilprozessualen Gesichtspunkten der allein geeignete Rechtsbehelf, so schließt die fehlende Bindungswirkung das Feststellungsinteresse nicht aus.[163] Nur wenn die Feststellungsklage mit verwaltungs- oder strafrechtlichen Interessen gerechtfertigt wird, ist die Bindung des Verwaltungsgerichts oder des Strafgerichts Voraussetzung für die Bejahung des Feststellungsinteresses nach § 256 Abs. 1.[164]

45 Will der Kläger das erstrebte Feststellungsurteil ausschließlich im **Ausland** verwenden, so fehlt das Feststellungsinteresse, wenn nicht damit gerechnet werden kann, dass die inländische Ent-

---

[153] BGH NJW-RR 1986, 1026, 1027; OLG Celle NJW-RR 1986, 99.
[154] BGHZ 93, 287, 289 ff. = NJW 1985, 1711, 1712; BGH VersR 2003, 1323.
[155] BGH NJW 1997, 859, 860.
[156] BGH NJW 1986, 1861.
[157] OLG Hamm OLGR 2000, 290; *Musielak/Foerste* Rn. 33.
[158] *K. Schmidt* ZGR 1978, 425, 443 ff.
[159] Offengelassen in BGHZ 94, 324, 329 = NJW 1986, 129.
[160] RG SeuffA 77 (1922), 167, 169; *Rosenberg/Schwab/Gottwald* § 90 Rn. 21.
[161] BGHZ 18, 22, 41 = NJW 1955, 1437 = LM Nr. 30; BGH NJW 1986, 2507. Die Rspr. des BGH ist nicht einheitlich; vgl. BGH NJW 1961, 1165, 1166. S. dazu auch OLG Karlsruhe FamRZ 1989, 1232, 1234.
[162] OLG Koblenz NJW-RR 1988, 532, 533.
[163] BGH NJW 1984, 2950, 2951; aM OLG Bremen OLGZ 1969, 47, 50 (bzgl. fG).
[164] BGH NJW 1998, 3055, 3056.

scheidung von ausländischen Behörden oder Gerichten anerkannt wird.[165] Ist die Anerkennung nicht gesichert, so ist das Feststellungsinteresse gleichwohl zu bejahen, falls das Urteil geeignet ist, wenigstens für das Inland Klarheit über die Rechtsbeziehungen zwischen den Parteien zu schaffen.[166]

3. Interesse an alsbaldiger Feststellung. Das Interesse an alsbaldiger Feststellung bedeutet, dass eine aktuelle Gefährdung zu besorgen ist und daher schon jetzt ein Rechtsschutzbedürfnis für die Klärung der Rechtslage besteht. Hierher gehören vornehmlich die Fälle, in denen künftige Schäden zu erwarten sind und die Verjährungseinrede droht.[167] Der BGH lässt in seiner jüngeren Rspr. für das Bestehen des Feststellungsinteresse bereits die bloße **Möglichkeit** des künftigen Entstehens von Schäden genügen,[168] die er regelmäßig bei schweren, in ihren Auswirkungen nicht voll zu übersehenden körperlichen Verletzungen annimmt[169] und die zu verneinen ist, wenn aus der Sicht des Klägers bei verständiger Würdigung kein Grund besteht, mit dem Eintritt eines Schadens wenigstens zu rechnen.[170] Dagegen verlangte er zumindest früher eine gewisse Wahrscheinlichkeit,[171] dies allerdings häufig nicht beim Feststellungsinteresse, sondern als zusätzliche Voraussetzung für die Begründetheit der Klage; s. Rn. 30.[172] Neben der allgemeinen Feststellung der Ersatzpflicht kann im Einzelfall auch ein Interesse an einem auf den Ersatz einer bestimmten Schadensposition gerichteten speziellen Feststellungsantrag anzuerkennen sein.[173] Hat der Beklagte auf die Einrede der Verjährung auch für künftige Ansprüche wirksam verzichtet, so ist das Interesse an alsbaldiger Feststellung zu verneinen.[174] Das Gleiche gilt für nicht voraussehbare Schäden, die sich unerwartet einstellen, da hier die Verjährungsfrist erst mit der Kenntnis vom Zusammenhang der unerlaubten Handlung mit diesen Schäden zu laufen beginnt.[175] Droht die Verjährung unabhängig vom Eintritt eines Schadens oder ohne Rücksicht auf die Kenntnis des Klägers hiervon, so folgt daraus ohne weiteres ein rechtliches Interesse an der alsbaldigen Klärung der Haftungsfrage; der Darlegung der Wahrscheinlichkeit oder auch nur Möglichkeit eines künftigen Schadenseintritts bedarf es hier nicht.[176] Haben die Parteien eine von der Kenntnis des Klägers vom Schaden und der Person des Ersatzpflichtigen unabhängige Verjährung vereinbart, begründen bereits Zweifel, ob die Verjährung trotzdem erst mit der endgültigen Entstehung des Anspruchs beginnen soll, das Feststellungsinteresse zur Abwendung der drohenden Verjährung.[177] Die beabsichtigte Umwandlung der kurzen Verjährungsfrist nach § 195 BGB in eine dreißigjährige Frist nach § 197 Abs. 1 Nr. 3 BGB reicht nicht aus.[178] 46

Aus dem Interesse des Geschädigten an der Feststellung der Schadensersatzpflicht wegen künftiger Schäden (s. Rn. 30) folgt nicht auch das Interesse des Schädigers an einer höhere Ersatzansprüche verneinenden Feststellungsklage des Schädigers und seines Haftpflichtversicherers;[179] denn für sie spricht weder der Gesichtspunkt der drohenden Verjährung, noch kann vom Verletzten verlangt werden, unter Preisgabe etwaiger weitergehender künftiger Ansprüche sich schon jetzt auf eine bestimmte Anspruchshöhe festzulegen. 47

Für die Feststellung von Freistellungsansprüchen ist das Interesse an alsbaldiger Feststellung mit der begründeten Besorgnis der Inanspruchnahme des Klägers durch einen Dritten gegeben.[180] Der 48

---

[165] BGHZ 32, 173, 177 = NJW 1960, 1297; BGH MDR 1982, 828.

[166] OLG München IPRax 1983, 120, 122 f.

[167] BGH NJW 1991, 2707, 2708.

[168] BGH NJW-RR 1988, 445; NJW 1991, 2707, 2708; 1998, 1633; 2001, 1431, 1432; 2001, 3414, 3415; NJW-RR 2007, 601.

[169] BGH VersR 1984, 542, 544; VRS 69 (1985), 339, 341.

[170] BGH NJW 2001, 1431, 1432; 2001, 3414, 3415; NJW-RR 2007, 601.

[171] BGHZ 4, 133, 135 = NJW 1952, 539; 28, 225, 233 = NJW 1959, 97; BGH ZZP 85 (1972), 245 BGH NJW 1998, 160 m. weit. Nachw.; bei reinen Vermögensschäden daran festhaltend BGHZ 166, 84, 90 = NJW 2006, 830, 832 m. weit. Nachw.; BGH NJW-RR 2006, 923, 924.

[172] *Gerlach* VersR 2000, 525, 531 f. plädiert dafür, diese doppelte und noch dazu an unterschiedlichen Maßstäben orientierte Prüfung der Möglichkeit künftigen Schadenseintritts in der Zulässigkeits- und Begründetheitsprüfung aufzugeben und sie auf das Feststellungsinteresse zu beschränken. Er hat sich damit in der Senatsentscheidung BGH NJW 2001, 1431, 1432 bereits teilweise durchsetzen können.

[173] BGH NJW 1999, 3774.

[174] OLG Oldenburg VersR 1980, 271, 272; grds. auch OLG Hamm OLGR 2000, 290.

[175] BGH VersR 1973, 371.

[176] BGH NJW 2005, 3275, 3276; BGH NJW-RR 2006, 923, 924 betr. die mit Beendigung des Mandats beginnende Verjährung nach § 51 b Fall 2 BRAO aF.

[177] BGH NJW 1961, 1165, 1166.

[178] OLG München NJW 1968, 2013.

[179] BGH NJW 1969, 238.

[180] OLG Hamburg VersR 1986, 385.

Ausgang eines vom Dritten im Ausland angestrengten Prozesses braucht nicht abgewartet zu werden. – Leiten die Parteien aus einem zwischen ihnen streitigen Rechtsverhältnis unterschiedliche Rechtsfolgen her, die sich unmittelbar auf die Entscheidung eines Dritten über den Umfang der Leistungspflicht einer Partei auswirken, so bejaht der BGH aus prozessökonomischen Erwägungen das Interesse an der Feststellung des „Teilrechtsverhältnisses".[181]

49 **4. Vorrang anderer Rechtsschutzmöglichkeiten. a) Verhältnis zur Leistungsklage.** Mangels Vollstreckbarkeit des Feststellungsurteils in der Hauptsache fehlt das Feststellungsinteresse in der Regel (zu Ausnahmen im gewerblichen Rechtsschutz und Urheberrecht s. Rn. 50), falls der Kläger auf Leistung oder Unterlassung klagen kann,[182] und sei es auch nur im Wege der (ebenfalls als Leistungsklage einzuordnenden[183]) Stufenklage.[184] Für die Feststellung der Urkundenechtheit gilt dieser Grundsatz nicht, weil die Würdigung einer Urkunde nur im Feststellungsprozess möglich ist.[185]

50 Trotz der Möglichkeit zur Erhebung einer Leistungsklage ist die Feststellungsklage dann zulässig, wenn die Durchführung des Feststellungsverfahrens unter dem Gesichtspunkt der **Prozesswirtschaftlichkeit** zu einer sinnvollen und sachgemäßen Erledigung der strittigen Punkte führt.[186] Dies ist zB bei der Verfolgung von Schadensersatzansprüchen aus der Verletzung von gewerblichen Schutzrechten oder Urheberrechten regelmäßig der Fall, u. a. deshalb, weil selbst nach im Wege der Stufenklage erstrittener Auskunft die Begründung des Schadensersatzanspruches noch immer Schwierigkeiten bereiten und das Feststellungsverfahren insoweit einstweilen noch besser Klarheit schaffen kann.[187] Außerdem gehören hierher die Fälle, in denen zu erwarten ist, dass sich der Beklagte einem Feststellungsurteil beugen wird.[188] Diese **Leistungsbereitschaft** nimmt die Praxis bei Klagen gegen öffentlich-rechtliche Körperschaften und Anstalten an.[189] Trotz der knappen öffentlichen Mittel, der damit verbundenen Gefahr verzögerter Leistung und der zunehmend beklagten schwindenden Zahlungsmoral selbst der öffentlichen Hand ist an dieser Rspr. festzuhalten, weil die Zwangsvollstreckung gegen juristische Personen des öffentlichen Rechts erschwert ist (§ 882a)[190] und dem Anspruchsteller die Erhebung der Leistungsklage ja nicht verwehrt wird. Die Praxis neigt dazu, auch bei Feststellungsklagen gegen Insolvenzverwalter[191] sowie gegen den privatrechtlichen Pensions-Sicherungs-Verein (§ 14 Abs. 1 BetrAVG)[192] und Versicherungsunternehmen[193] mit Rücksicht auf deren gesetzliche Pflichten bzw. die Versicherungsaufsicht Leistungsbereitschaft der Beklagten anzunehmen. Bei Banken geht der BGH ebenfalls davon aus, dass sie sich an rechtskräftige Feststellungsurteile halten.[194] In diese Behandlung können nicht alle juristische Personen des Privatrechts einbezogen werden, nur weil sie wirtschaftlich bedeutend oder ihre Anteile in öffentlicher Hand sind. Hat der Kläger auf Veranlassung des Gerichts seinen Feststellungsantrag umgestellt, weil dieses Zweifel an der Zulässigkeit der Leistungsklage hat, so reicht dieser Umstand aus, um das Feststellungsinteresse zu bejahen.[195]

---

[181] BGH NJW 1996, 452, 453 für die Entscheidung eines Schiedsgutachters über die Höhe des Erbbauzinses durch Berücksichtigung der Steigerung des Grundstückswertes bei der Ausübung seines Ermessens.

[182] BGH LM Nr. 102; BB 1974, 1184; NJW 1984, 1118, 1119; 1996, 452, 453; 2000, 1256, 1257; 2001, 445, 447.

[183] BGH NJW 1994, 2896, 2897 m. weit. Nachw.

[184] BGH GRUR 2001, 1177 – Feststellungsinteresse II; grds. auch BGH GRUR 2003, 900, 901 = NJW 2003, 3274 = CR 2003, 132 – Feststellungsinteresse III.

[185] RGZ 148, 29, 31.

[186] BGH NJW 1978, 1520, 1521 (in BGHZ 71, 306 nicht abgedruckt); BGH NJW 1984, 1118, 1119; 1996, 2725, 2726; BGH NJW-RR 1999, 3774, 3775; GRUR 2001, 1177, 1178; OLG Düsseldorf FamRZ 2005, 282 = NJW-RR 2005, 1 (Feststellung der Nichtigkeit eines Ehevertrags).

[187] BGH GRUR 2001, 1177, 1178; GRUR 2003, 900, 901 = NJW 2003, 3274 = CR 2003, 132 m. Anm. *Grützmacher; Teplitzky,* FS Erdmann, 2002, S. 889, 892

[188] BGHZ 27, 190, 195f. = NJW 1958, 1293; BGHZ 130, 115, 120 = NJW 1995, 2221 (Einvernehmen der Parteien, die streitige Wirksamkeit der Sicherungsverträge durch Feststellungsklage klären zu lassen); BGH NJW 1997, 2321.

[189] RG JW 1938, 892, 893; BGHZ 28, 123, 126 = NJW 1958, 1681; BGH NJW 1984, 1118, 1119; 2001, 445, 447f.

[190] Vgl. BAG NJW 1962, 270, 271.

[191] RG JW 1938, 892, 893.

[192] BAG DB 1984, 2517.

[193] BGH NJW-RR 1999, 3774, 3775; OLG Hamm VersR 1980, 1061; OLG Braunschweig NJW-RR 1994, 1447.

[194] BGH MDR 1997, 863, 864.

[195] BGHZ 28, 123, 126f. = NJW 1958, 1681; BAG NJW 1964, 1043, 1044; NZA 1994, 35, 36.

Das Feststellungsinteresse für eine **negative Feststellungswiderklage** fehlt nicht deshalb, weil der Kläger nach ihrer Erhebung einseitig erklärt hat, er erkenne die Entscheidung über die Klageforderung auch für weitergehende Ansprüche, deren er sich berühmt, als verbindlich an;[196] denn die einseitige Erklärung gibt dem Beklagten nicht die nötige Rechtssicherheit. Wohl aber fehlt das Feststellungsinteresse, wenn die Parteien eine entsprechende Vereinbarung treffen;[197] Voraussetzung ist nicht, dass darin eine vertragliche Rechtskrafterstreckung gesehen wird. 51

Nach hM schließt die Möglichkeit einer **Klage auf künftige Leistung** gemäß § 259 das Feststellungsinteresse für eine Klage auf Feststellung künftiger Leistungspflicht nicht aus.[198] Ihr kann für den Fall nicht zugestimmt werden, dass die Besorgnis der nicht rechtzeitigen Leistung eindeutig ist; § 259 Rn. 15. Dagegen ist bei Eröffnung der Klage nach § 257 die Feststellungsklage mangels Feststellungsinteresses unzulässig,[199] da die dortige Klagemöglichkeit unabhängig von der Besorgnis nicht rechtzeitiger Leistung besteht. Können die Rechtsbeziehungen der Parteien durch ein Grundurteil (§ 304) über einen Leistungsanspruch alsbald geklärt werden, so ist eine Feststellungsklage unzulässig.[200] Dass für eine Leistungsklage, dagegen nicht für eine Feststellungsklage eine Beweisaufnahme erforderlich ist, genügt nicht zur Bejahung des Feststellungsinteresses.[201] Die Aussicht auf eine vergleichsweise Regelung der restlichen Streitpunkte begründet das Feststellungsinteresse nur, wenn konkrete Anhaltspunkte hierfür vorliegen; die abstrakte Möglichkeit eines Vergleichs reicht nicht aus. 52

Die Feststellung eines Anspruchs in seinem ganzen Umfang wird durch die Möglichkeit einer Leistungsklage bezüglich eines Teils des Anspruchs nicht ausgeschlossen.[202] Für eine neben einer Leistungsklage erhobene Feststellungsklage ist das Feststellungsinteresse immer dann gegeben, wenn der entstandene oder noch entstehende Schaden nicht bereits in vollem Umfang durch den Antrag auf Zahlung erfasst wird.[203] Zur Vorbereitung einer Leistungsklage, auf die es dem Kläger allein ankommt, kann eine Feststellungsklage nicht erhoben werden,[204] sofern überhaupt ein feststellungsfähiges Rechtsverhältnis vorliegt. Zulässig ist dagegen eine Klage auf Feststellung, wer Erbe geworden ist, zwecks Vorbereitung der Erbauseinandersetzung.[205] 53

Das Feststellungsinteresse kann nicht damit gerechtfertigt werden, dass dem Beklagten **Gegenrechte abgeschnitten** werden sollen, die ihm gegenüber einer Leistungsklage zustehen würden,[206] zB ein Zurückbehaltungsrecht, das gegenüber einer Feststellungsklage nicht einredeweise geltend gemacht werden kann.[207] Wohl aber spricht für die Feststellungsklage, wenn sie zur prozessökonomisch sinnvollen Ausklammerung von Fragen führt, die den Rechtsstreit zwischen den Parteien als Folge einer Leistungsklage nur unnütz belasten würden.[208] 54

Obgleich das Feststellungsinteresse grds. im **Zeitpunkt der letzten mündlichen Verhandlung** vorliegen muss (s. Rn. 35), ist in der Rspr. anerkannt, dass allein durch die als Folge veränderter Sachumstände nunmehr mögliche Leistungsklage das Feststellungsinteresse nicht entfällt.[209] Insb. braucht der Kläger von einer einmal zulässigen Feststellungsklage im Laufe des Rechtsstreits nicht zur Leistungsklage überzugehen, wenn die Schadensentwicklung abgeschlossen ist und der Schaden bezifferbar wird.[210] Dies gilt nicht nur für Schadensersatzansprüche, sondern auch für den Aufwendungsersatzanspruch gemäß § 536 a Abs. 2 BGB.[211] 55

Das Nichtmehrbestreiten beseitigt das Feststellungsinteresse nur dann, wenn der Kläger damit vor der Gefährdung seines Rechts endgültig sicher ist; diese Sicherheit erlangt er regelmäßig durch Ab- 56

---

[196] BGH NJW-RR 1988, 749, 750; NJW 1993, 2609, 2610; BGH NJW 2006, 2780, 2781 f. Der Beklagte ist nicht verpflichtet, ein in einer solchen Erklärung liegendes Angebot auf Abschluß eines bedingten Erlaßvertrages anzunehmen.

[197] Offengelassen in BGH NJW-RR 1988, 749, 750.

[198] BGH NJW 1986, 2507 m. Nachw.; NJW-RR 1990, 1532.

[199] KG MDR 2006, 534.

[200] BGH BB 1974, 1184.

[201] RGZ 152, 193, 195; BGH BB 1974, 1184.

[202] BGH VersR 1968, 648; LM Nr. 92; BGH NJW 2003, 2827 m. weit. Nachw.

[203] BGH NJW-RR 1986, 1026, 1028; BayObLGZ 1971, 66.

[204] BGH JurBüro 1975, 823, 824.

[205] BGH LM BGB § 138 (Cd) Nr. 5.

[206] BGH LM Nr. 16.

[207] BGH LM Nr. 66.

[208] Ähnlich *Stein/Jonas/Schumann* Rn. 89.

[209] BGHZ 28, 123, 127 = NJW 1958, 1681; BGH NJW 1999, 639, 640 m. weit. Nachw.; NJW-RR 2006, 439, 440.

[210] BGH LM Nr. 5 = NJW 1952, 546 (LS); BGH NJW 1978, 210; BGH NJW-RR 2004, 79, 81.

[211] BGH NJW 1984, 1552, 1554.

gabe eines Anerkenntnisses seitens des Beklagten. Wo dieses rechtlich ausgeschlossen ist, etwa im Prozess der Ehegatten auf Feststellung des Rechts zum Getrenntleben (§ 1353 Abs. 2 BGB, § 617), bleibt das Feststellungsinteresse bestehen.[212]

57 **b) Sonstige Rechtsbehelfe.** Das Feststellungsinteresse ist auch dann nicht gegeben, wenn sonstige Rechtsbehelfe dem Kläger einen einfacheren und billigeren Weg eröffnen, um sein Ziel verfahrensrechtlich im Wesentlichen gleichwertig zu erreichen.[213] Dazu zählen die Erinnerung (§ 766), der Antrag auf Einstellung der Zwangsvollstreckung nach §§ 719, 769 oder auf Aufhebung von Arrest und einstweiliger Verfügung nach §§ 926 Abs. 2,[214] 927.[215] Wohl aber ist die negative Feststellungsklage des Zessionars zulässig, mit der er festgestellt haben will, dass Pfändung und Überweisung der Forderung wegen vorheriger Abtretung unwirksam sind.[216] Wo eine, ggf. über die Rechtsbehelfe nach §§ 766, 793 herbeigeführte, Auslegung durch die Vollstreckungsorgane nicht fruchten konnte oder von vornherein nicht fruchten kann, kann auf Feststellung des vollstreckungsfähigen Inhalts eines Titels geklagt werden.[217] Zur negativen Feststellungsklage gegen einstweilige Unterhaltsanordnungen, die in Ehescheidungsverfahren ergangen sind, s. § 620 Rn. 48f., § 620f Rn. 19; § 769 Rn. 4.

58 Für die **Klage des Drittschuldners** auf Feststellung des Nichtbestehens der gepfändeten Forderung bejaht der BGH das Feststellungsinteresse nur, wenn der Drittschuldner vorher gegen den Gläubiger erfolglos nach §§ 840, 843 vorgegangen ist;[218] s. § 829 Rn. 76. Grds. kann der Drittschuldner auch auf Feststellung der Unwirksamkeit des Pfändungs- und Überweisungsbeschlusses klagen; ob auch mit der Begründung, dass der Pfändungs- und Überweisungsbeschluss wegen Nichtbestehens der zu pfändenden Forderung nichtig sei, ist zweifelhaft.[219] Soweit der Drittschuldner den Beschluss mit der Erinnerung angreifen kann, fehlt seiner negativen Feststellungsklage das Rechtsschutzinteresse. An der Feststellung, dass die Vollstreckung aus dem Titel noch zulässig sei, hat der Gläubiger nur ausnahmsweise ein schutzwürdiges Interesse;[220] regelmäßig muss er die Zwangsvollstreckung betreiben und die Vollstreckungsabwehrklage des Schuldners abwarten; s. auch § 767 Rn. 22.

59 Hat der Spruch der Einigungsstelle eine Angelegenheit geregelt und ist er in seiner Wirksamkeit nicht umstritten und wird im Betrieb angewandt, so fehlt im Allgemeinen das Feststellungsinteresse für einen Antrag auf Feststellung, dass dem Betriebsrat hinsichtlich der getroffenen Regelung ein Mitbestimmungsrecht nicht zustehe (§ 81 Abs. 1 ArbGG, §§ 76, 87 BetrVG).[221]

60 **c) Interesse an der Feststellung von Drittrechtsverhältnissen.** Der BGH bejaht das Feststellungsinteresse, wenn der Kläger, der Feststellung zur Klärung seiner Rechtsposition gegenüber dem Dritten begehrt, schlüssig und unter Beweisantritt seine Rechtsbeziehung zu dem Dritten dartut.[222] Damit handelt es sich gar nicht um das Feststellungsinteresse, sondern um die Prozessführungsbefugnis für Feststellungsklagen, die nur bei der Feststellung von Drittrechtsverhältnissen besonders zu prüfen ist; s. Rn. 34. Mit ähnlichen Formulierungen umschreibt die „Schlüssigkeitstheorie" die Klagebefugnis nach § 42 Abs. 2 VwGO und die Beschwerdeberechtigung nach § 20 Abs. 1 FGG.[223]

61 **5. Verhältnis von Feststellungsklage und Leistungsklage des Beklagten.** Praktisch geht es primär um die Konkurrenz der zunächst erhobenen negativen Feststellungsklage mit einer nachfolgenden Leistungsklage des Beklagten bei – vom Rechtsschutzziel abgesehen – identischen Streitgegenständen. Anwendungsfeld ist häufig das Recht des unlauteren Wettbewerbs, wenn zB der abgemahnte Kläger Feststellung begehrt, dass dem Beklagten der mit der Anmahnung geltend gemachte Unterlassungsanspruch nicht zustehe, und dieser dann auf Unterlassung der beanstande-

---

[212] *Münzberg* JuS 1971, 344, 346; aM OLG Hamburg JZ 1970, 655.
[213] BGH NJW 1979, 1508; BGHZ 109, 275, 280 = NJW 1990, 834.
[214] BGH NJW 1973, 1329.
[215] Vgl. OLG München ZIP 1982, 497, 498.
[216] *G. Lüke,* Fälle zum ZivilprozeßR, 2. Aufl. 1993, S. 189.
[217] BGHZ 36, 14 = NJW 1962, 109; OLG Karlsruhe FamRZ 2005, 377 = Rpfleger 2005, 95; *Rosenberg/Gaul/Schilken* § 10 III 2, S. 109 m. weit. Nachw.
[218] BGHZ 69, 144, 151 = NJW 1977, 1881.
[219] Offengelassen in BGHZ 69, 144, 149 = NJW 1977, 1881.
[220] BGH JZ 1966, 575.
[221] BAG NZA 1988, 249, 250.
[222] BGH NJW 1969, 136; 1978, 1520, 1521.
[223] BVerwGE 54, 99 (100f.); *G. Lüke* AöR 84 (1959), 185, 188ff., 202ff.; *ders.* JuS 1961, 41, 44; *Eyermann/Happ* VwGO, 13. Aufl. 2006, § 42 Rn. 93.

ten Wettbewerbshandlung klagt.[224] Die Rspr. leitet aus dem grundsätzlichen Vorrang des Leistungsverfahrens gegenüber dem Feststellungsverfahren ab, dass das rechtliche Interesse an alsbaldiger Feststellung des Nichtbestehens eines Anspruchs entfällt, wenn eine auf die Durchsetzung desselben Anspruchs gerichtete Leistungsklage erhoben wird und diese einseitig nicht mehr zurückgenommen werden kann.[225] Sie macht Ausnahmen zugunsten des Fortbestehens des Feststellungsinteresses, wenn der Feststellungsrechtsstreit, insb. in der Rechtsmittelinstanz, fast entscheidungsreif und die Leistungsklage dies noch nicht ist,[226] oder wenn feststeht, dass über den mit der (einseitig nicht mehr zurücknehmbaren) Leistungsklage verfolgten Anspruch sachlich nicht entschieden werden kann.[227] Maßgeblich hierfür ist der Zeitpunkt, in dem die Leistungsklage nicht mehr einseitig zurückgenommen werden kann.[228] Fällt das Feststellungsinteresse durch die Erhebung der Leistungsklage fort, so ist die Klage, falls der Feststellungskläger sie in der Hauptsache nicht für erledigt erklärt, als unzulässig abzuweisen. Bei missbräuchlicher Erhebung der Leistungsklage soll das Rechtsschutzinteresse für diese entfallen und das Feststellungsinteresse fortbestehen.[229] Der BGH wendet diese Grundsätze auch auf das Verhältnis einer positiven Feststellungsklage und einer später erhobenen Leistungsklage desselben Rubrums mit gleichem Streitstoff an;[230] dazu § 261 Rn. 64.

Die überwiegende Lehre widerspricht dieser Auffassung zu Recht und zwingt den Beklagten mit Rücksicht auf die Teilrechtshängigkeit zur **Leistungswiderklage;** s. § 261 Rn. 66. Diese tangiert weder das Feststellungsinteresse noch steht ihr umgekehrt die Rechtshängigkeit der negativen Feststellungsklage entgegen.[231] Dagegen scheitert die selbstständige Leistungsklage an der Rechtshängigkeit der negativen Feststellungsklage;[232] § 261 Rn. 66. Wird dies verneint, so muss das Verfahren über die selbstständige Leistungsklage analog § 148 ausgesetzt werden.[233] 62

Keine Frage des Feststellungsinteresses, sondern der **Gesetzeskonkurrenz** ist das Verhältnis der negativen Feststellungsklage zur Drittwiderspruchsklage. Die negative Feststellungsklage des Vollstreckungsgläubigers gegen den Dritten wird unstatthaft, wenn der Dritte nachträglich Drittwiderspruchsklage erhebt; s. § 771 Rn. 14. 63

IV. Verfahren

1. Klageschrift. Die Klageschrift muss das festzustellende Rechtsverhältnis bzw. die Urkunde, deren Echtheit festgestellt werden soll, genau bezeichnen; s. § 253 Rn. 152. Bei der negativen Feststellungsklage bedarf es auch der Angabe des Schuldgrundes für den Anspruch, dessen sich der Beklagte berühmt. Nur wenn er hierzu jede Angabe vermissen lässt, genügt die bloße Behauptung der Berühmung. Hat der Beklagte den Anspruch beziffert, so sollte der Kläger den Betrag nennen, bis zu dem er den Anspruch leugnet. Aber auch wenn er dies nicht tut, darf die Klage bei einer teilbaren Verpflichtung nur insoweit abgewiesen werden, als der geleugnete Anspruch der Höhe nach besteht; im Übrigen ist der Klage stattzugeben.[234] Das Gericht hat durch Auslegung oder nach § 139 zu ermitteln, inwieweit die Höhe streitig ist.[235] Zur Substantiierung einer auf Schadensersatz gerichteten Feststellungsklage genügt es, wenn der Kläger dartut, dass ein Schaden mit größter Wahrscheinlichkeit zu erwarten sei.[236] Zur Feststellungswiderklage s. Rn. 20. 64

---

[224] Hierzu *Ahrens/Loewenheim* Kap. 71 Rn. 9 ff.; *Keller* WRP 2000, 908.

[225] BGH NJW 1973, 1500 = LM Nr. 102; BGH NJW 1984, 1556, 1557; BGHZ 99, 340, 342 = NJW 1987, 2680; BGH NJW-RR 1990, 1532 = LM Nr. 161; BGH NJW 1994, 3107, 3108; 1999, 1544, 1546 (in BGHZ 141, 173 nicht abgedr.); 1999, 2516, 2517; BGHZ 165, 305, 308 f. = NJW 2006, 515, 516 = ZZP 119 (2006) 357 m. krit. Anm. *Assmann.*

[226] BGHZ 18, 22, 42 = NJW 1955, 1437 = LM Nr. 30; BGH NJW 1973, 1500 = LM Nr. 102; NJW-RR 1990, 1532, 1533 = LM Nr. 161; BGHZ 165, 305, 309 = NJW 2006, 515, 516.

[227] BGHZ 134, 201, 209 = NJW 1997, 870, 872.

[228] BGH GRUR 1985, 41, 44; BGHZ 99, 340, 342 = NJW 1987, 2680 = LM Nr. 148.

[229] RG JW 1936, 3185; BGH NJW 1973, 1500, 1501 = LM Nr. 102; BGHZ 99, 340, 343 = NJW 1987, 2680 = LM Nr. 148.

[230] BGH NJW-RR 1990, 1532, 1533 = LM Nr. 161.

[231] *Bettermann* Rechtshängigkeit S. 90 ff.; *Gruber* ZZP 117 (2000), 133, 157 ff.

[232] *Bettermann* Rechtshängigkeit S. 28 ff.; *Baltzer* S. 152 ff.; *Leipold* (s. Lit. vor § 253) S. 22; *Gruber* ZZP 117 (2000), 133, 138 ff., 153 f., 161; aM BGH NJW 1989, 2064.

[233] *Stein/Jonas/Schumann* Rn. 126 mit ausf. Begründung für Fortbestehen des Feststellungsinteresses trotz Leistungsklage; s. a. *Assmann* ZZP 119 (2006), 361, 363.

[234] BGH MDR 1969, 749 = LM Nr. 49; WM 1985, 901, 902; OLG Karlsruhe FamRZ 1983, 1148, 1150.

[235] BGHZ 31, 358, 362 = NJW 1960, 669.

[236] BAG BB 1973, 1116 (LS); s. auch BGH NJW 1983, 2247, 2250.

65 Ist die erhobene Leistungsklage unbegründet, ein künftiger Schaden aber zu erwarten, so kann dem im Leistungsbegehren enthaltenen Antrag auf Feststellung auch dann stattgegeben werden, wenn dieser Antrag nicht ausdrücklich hilfsweise gestellt ist, sofern der Erlass eines Feststellungsurteils dem Interesse des Klägers entspricht;[237] § 308 Abs. 1 wird dadurch nicht verletzt; s. § 264 Rn. 17, § 308 Rn. 11. Nach Lage des Falles kann auch die Umdeutung der Leistungsklage in eine Feststellungsklage in Betracht kommen.[238] Statt sich auf die Auslegung oder Umdeutung des Klageantrags zu verlassen, sollte das Gericht fragen (§ 139).[239] Der Übergang von der Leistungs- zur Feststellungsklage fällt unter § 264 Nr. 2; s. dort Rn. 18.

66 Der mit der Feststellungsklage unterlegene Kläger kann in der Berufungsinstanz zur Leistungsklage übergehen, wenn er zulässigerweise Berufung oder Anschlussberufung eingelegt hat;[240] § 264 Rn. 15. Ebenso kann er, wenn er in erster Instanz obsiegt hat, gegenüber einer sein Feststellungsinteresse leugnenden Berufung der Gegenseite auf einen Leistungsantrag umstellen.[241] Jedoch ist eine Berufung trotz obsiegenden Feststellungsurteils allein zum Zwecke der Klageerweiterung unzulässig;[242] s. Vor §§ 511 ff. Rn. 67.

67 **2. Rechtshängigkeit.** Die Rechtshängigkeit der positiven Feststellungsklage hemmt die Verjährung des ganzen Anspruchs, falls die Klage nicht ausdrücklich auf einen Teil beschränkt wird (§ 204 Nr. 1 BGB), die negative Feststellungsklage dagegen nicht; s. § 262 Rn. 9. Die positive Feststellungsklage hat auch die sonstigen materiellrechtlichen Wirkungen iSd. § 262. Die rechtskräftige Abweisung einer negativen Feststellungsklage bewirkt die Verjährungshemmung nach § 197 Abs. 1 Nr. 3 BGB nur, soweit die Höhe der Forderung des Beklagten festgestellt ist, also dann nicht, wenn das Feststellungsbegehren auf einen in der Höhe unbestimmten Anspruch gerichtet war.[243] Die selbstständige negative Feststellungsklage löst die Rechtshängigkeitssperre des § 261 Abs. 3 Nr. 1 für eine korrespondierende Leistungsklage aus, nicht aber für eine Leistungswiderklage; s. Rn. 62 und § 261 Rn. 66. Kann Leistungswiderklage noch nicht erhoben werden, zB mangels Bezifferung der Schadenshöhe, so schiebt die Lit. zT – dogmatisch bedenklich – die Rechtshängigkeitssperre gegen eine nachfolgende positive Feststellungsklage zwecks Verjährungshemmung beiseite.[244]

68 **3. Beweislast.** Die Verteilung der Beweislast hängt nicht vom Zufall der Parteirollen ab. Bei der negativen Feststellungsklage muss der Kläger behaupten und beweisen, dass sich der Beklagte eines Rechts ihm gegenüber berühmt, während der Beklagte das Bestehen dieses Rechts beweisen muss.[245] Bleibt das Bestehen der streitigen Forderung unklar, dann muss der negativen Feststellungsklage ebenso stattgegeben werden wie wenn feststeht, dass sie nicht existiert.[246] Die Urkundenechtheit kann nur festgestellt werden, wenn das Gericht vom Vorliegen dieser Tatsachen überzeugt ist; die Beweislast hierfür trägt der Kläger.[247] Mit der Abweisung der Feststellung der Urkundenechtheit wird nicht das kontradiktorische Gegenteil festgestellt. Zur Bedeutung von non liquet-Entscheidungen in Kindschaftssachen s. § 640 h Rn. 11, § 641 h Rn. 2. Für die Verteilung der Beweislast kommt es darauf an, wer aus der Urkunde Rechtsfolgen ableitet; dies wiederum lassen die Darlegungen zum Feststellungsinteresse erkennen.

69 **4. Urteil. a) Urteil ohne Feststellungsinteresse.** Mit Rücksicht auf die besondere inhaltliche Qualität des Feststellungsinteresses (s. Rn. 37) kann ein **Anerkenntnis- oder Verzichtsurteil** ergehen, ohne dass das Feststellungsinteresse geprüft oder bejaht zu werden braucht.[248] Das Gleiche gilt für ein Versäumnisurteil gegen den Beklagten.[249]

---

[237] BGH NJW 1984, 2295, 2296 m. Anm. *Dunz*; BGH MDR 1988, 46; BGH FamRZ 1992, 665, 666 = NJW-RR 1992, 771, 772; s. a. BGH MDR 2005, 645.
[238] BGH MDR 1988, 46; BGH NJW-RR 1993, 1187, 1188; BGH NJW-RR 2005, 494, 498 (auch noch in der Revisionsinstanz); BGH NJW-RR 2006, 1485; *Zöller/Greger* Rn. 15 c; aA 2. Aufl.
[239] Ebenso *Dunz* aaO.
[240] BGH VersR 1987, 411, 412 = MDR 1987, 318; BGH NJW 1992, 2296.
[241] BGH NJW 1985, 1784.
[242] BGH NJW 1988, 827, 828.
[243] BGH NJW 1972, 1043, 1044.
[244] *Zöller/Greger* Rn. 17; *Macke* NJW 1990, 1651; *Schumann,* FS Georgiades, 2005, S. 543, 553 ff.
[245] BGH NJW 1977, 1637, 1638; KTS 1982, 405, 406; NJW 1992, 1101, 1103; BAGE 46, 129, 135 = NJW 1985, 220, 221; OLG Karlsruhe VersR 1982, 263, 264; *Balzer* NJW 1992, 2721, 2725.
[246] BGH NJW 1993, 1716, 1717.
[247] *G. Lüke* JZ 1966, 587 Fn. 1; *Stein/Jonas/Schumann* Rn. 118.
[248] *A. Blomeyer* § 37 VI 1; *Schumann,* GedS für Michelakis, 1973, S. 563 ff.
[249] Ebenso *Stein/Jonas/Schumann* Rn. 120.

Nach rechtskräftiger **Prozessabweisung mangels Feststellungsinteresses** kann die Feststellungsklage wiederholt werden, wenn das Feststellungsinteresse mit neu entstandenen Tatsachen substantiell anders begründet wird. 70

b) Materielle Rechtskraft. Nach der Rspr. des BGH hat ein Urteil, das eine **negative Feststellungsklage** aus sachlichen Gründen abweist, **stets** dieselbe **Rechtskraftwirkung** wie ein Urteil, das das Gegenteil dessen, was mit der negativen Feststellungsklage begehrt wird, positiv feststellt.[250] Diese positive Rechtskraftwirkung kommt ihm aber nur zu, wenn die negative Feststellungsklage abgewiesen worden ist, weil die Forderung besteht; hat das Gericht das Bestehen der Forderung nicht abschließend geprüft oder offengelassen, ob sie besteht oder nicht, so stellt das klageabweisende Urteil das Bestehen der Forderung nicht fest;[251] s. § 322 Rn. 186. Der BGH übersieht, dass eine den Urteilsgründen zu entnehmende Feststellung des Bestehens der Forderung an der Rechtskraft teilnimmt und ihr Fehlen die positive Feststellungswirkung des die negative Feststellungsklage abweisenden Sachurteils einschränkt.[252] Richtet sich das Feststellungsbegehren auf das Nichtbestehen eines nicht bezifferten Anspruchs, so bedeutet die Klageabweisung die positive Feststellung des Bestehens des Anspruchs nur dem Grunde nach; die spätere Leistungsklage kann dann immer noch als unbegründet abgewiesen werden;[253] s. § 322 Rn. 185. 71

Beruht die rechtskräftige Abweisung der negativen Feststellungsklage auf einer **falschen Verteilung der Beweislast,** so tritt gleichwohl die positive Feststellungswirkung bezüglich des geleugneten Anspruchs ein; es gilt hier für den Umfang der materiellen Rechtskraft nichts anderes als sonst bei fehlerhafter Rechtsanwendung. 72

Falls der Kläger nach rechtskräftiger Abweisung seiner **positiven Feststellungsklage** auf denselben Sachverhalt eine entsprechende Leistungsklage stützt, ist diese nicht unzulässig, da die Streitgegenstände nicht identisch sind. Die Rechtskraft führt aber dazu, dass der Klagegrund nicht nochmals geprüft werden darf und die Leistungsklage als unbegründet abgewiesen werden muss.[254] Anders als ein Grundurteil (§ 304 Rn. 24) darf das Feststellungsurteil über den Grund des Anspruchs nicht offen lassen, ob der Kläger den Schaden mitverschuldet hat;[255] denn das positive Feststellungsurteil bindet die Parteien hinsichtlich aller Schäden, die aus dem mit der Klage geltend gemachten Schadensereignis entstanden sind bzw. noch entstehen werden. Da der Beklagte auch im Feststellungsprozess alle ihm zustehenden **Einwendungen** gegen den Klageanspruch vorbringen muss, um mit ihnen nicht durch die materielle Rechtskraft im späteren Rechtsstreit über die bezifferte Leistungsklage präkludiert zu werden, trifft dies nach der Rspr., die für Gestaltungsrechte auf den Zeitpunkt ihres Entstehens und die Befugnis zu ihrer Ausübung abstellt, auch für die **Aufrechnung** zu; s. § 322 Rn. 166. Soweit eine Aufrechnungslage noch nicht gegeben ist, bedarf es auch keines Aufrechnungsvorbehalts.[256] 73

Das Feststellungsurteil, das zum Ersatz **jeden weiteren Schadens** verpflichtet, umfasst auch immaterielle Schäden, falls nicht der Urteilstenor Einschränkungen macht oder das Urteil sonst eindeutige Hinweise für die ausschließliche Feststellung materieller Schäden enthält.[257] Ergibt der zur **Erstattung von Aufwendungen** verpflichtende Feststellungstenor nicht eindeutig, was unter Aufwendungen zu verstehen ist, so können zu seiner Auslegung ergänzend Tatbestand, Entscheidungsgründe und andere zur Verfügung stehende Erkenntnisquellen herangezogen werden.[258] Das Feststellungsurteil über die werkvertragliche Ersatzpflicht von **Mängelbeseitigungsaufwand** schließt nicht aus, dass der Beklagte sich auf den Eigenbetrag des Bestellers an Nachbesserungs- oder Schadensbehebungskosten („Sowieso"-Kosten) beruft, der sich auf die endgültig erforderlichen Sanierungsmaßnahmen bezieht.[259] 74

---

[250] BGH NJW 1983, 2032, 2033; 1986, 2508, 2509; NJW 1995, 1757; s. a. OLG Düsseldorf NJW-RR 2002, 1590.

[251] RGZ 90, 290, 292 f.; *Tiedtke* NJW 1983, 2011, 2014; JZ 1986, 1031, 1037 f.; *Koussoulis,* Beiträge zur modernen Rechtskraftlehre, 1986, S. 199 ff.

[252] Krit. auch *Musielak* § 322 Rn. 61, der jedoch dem BGH iE zustimmt (Rn. 62).

[253] BGH NJW 1975, 1320, 1321 = LM BGB § 210 Nr. 4; BGH NJW 1986, 2508; dazu krit. wg. der Begründung *Tiedtke* DB 1987, 1823, 1827.

[254] BGH NJW 1989, 393, 394; s. auch *G. Lüke* JuS 1996, 392; *Lenenbach* ZZP 109 (1996), 398.

[255] BGH NJW 1978, 544.

[256] BGHZ 103, 362, 367 f. = NJW 1988, 2542 = LM § 322 Nr. 117.

[257] BGH NJW 1985, 2022.

[258] BGH NJW 1990, 2933, 2935 (Verpflichtung zur Erstattung von unfallbedingten Aufwendungen einer gesetzlichen Krankenkasse).

[259] BGH BB 1988, 1560 = WM 1988, 1280.

V. Zwischenfeststellungsklage (§ 256 Abs. 2)

75 **1. Zweck.** Die Zwischenfeststellungsklage (Inzidentfeststellungsklage) ermöglicht es, die tragenden Entscheidungsgründe, die nach § 322 Abs. 1 nicht in Rechtskraft erwachsen (§ 322 Rn. 84, 101), rechtskräftig feststellen zu lassen. Sie ist eine unselbstständige Feststellungsklage, die neben anderen Klageanträgen steht. Sie kann vom Kläger erhoben werden oder vom Beklagten in Form der **Zwischenfeststellungswiderklage.** Gegenstand ist ein Rechtsverhältnis iSd. § 256 Abs. 1, das für die Entscheidung der Hauptsache ganz oder teilweise präjudiziell ist und damit zwangsläufig geklärt werden muss. Das Erfordernis der Vorgreiflichkeit ersetzt das rechtliche Interesse iSd. Abs. 1. Die Zwischenfeststellung der Echtheit einer Urkunde kann nicht begehrt werden. Die Zwischenfeststellungsklage wird regelmäßig mit einer Leistungsklage verbunden; sie kann aber auch im Zusammenhang mit einer Gestaltungs- oder ausnahmsweise einer selbstständigen – die Praxis nennt sie gewöhnliche – Feststellungsklage erhoben werden. Das rechtskräftig festgestellte Rechtsverhältnis kann weder in diesem noch in einem anderen Prozess zwischen den Parteien abweichend beurteilt werden. Die Rechtskraft wird nicht auf das Rechtsverhältnis in seiner vorgreiflichen Bedeutung für die Hauptsache beschränkt.[260]

76 Die Praxis handhabt die Vorschrift **extensiv** und richtet ihren Anwendungsbereich stark an prozessökonomischen Rücksichten im Sinne einer umfassenden Streitbereinigung aus.[261] Die Folge ist, dass die Prüfung des Feststellungsinteresses, die bei der selbstständigen Feststellungsklage des § 256 Abs. 1 erforderlich ist, insoweit zurückgedrängt und durch die Tatbestandsmerkmale des Streits über das Rechtsverhältnis und dessen Präjudizialität für die Hauptentscheidung ersetzt wird. Ihr kann in der Tendenz zugestimmt werden. Jedoch ist darauf zu achten, dass die dogmatischen Grundlagen der Feststellungsklage nicht verlassen werden. Andernfalls würden die Besonderheiten der Zwischenfeststellungsklage in der Tat zu Erleichterungen[262] führen, die nach Abs. 1 nicht vorgesehen sind.[263]

77 **2. Sachurteilsvoraussetzungen.** Eine Hauptklage über den Anspruchsgrund muss in der Tatsacheninstanz anhängig sein. In der Revisionsinstanz kann eine Zwischenfeststellungsklage nicht mehr erhoben werden, weil hier eine Klageerweiterung unzulässig ist;[264] s. § 559 Rn. 19. Nach Erlass eines Grundurteils, das über das streitige Rechtsverhältnis bereits mitentschieden hat, ist die Zwischenfeststellungsklage ebenfalls ausgeschlossen.[265]

78 Entgegen dem Gesetzeswortlaut ist die Zwischenfeststellungsklage auch zulässig, wenn schon **vor dem Prozess Streit** zwischen den Parteien über das Rechtsverhältnis bestanden hat. Dann kann der Kläger Feststellung bereits mit der Klage begehren; s. Rn. 83. Die Abhängigkeit der Hauptentscheidung von dem Rechtsverhältnis schließt einerseits aus, dass dieses mit dem Gegenstand der Hauptklage identisch ist, weil dann die über sie ergehende Entscheidung bereits das streitige Rechtsverhältnis mit Rechtskraftwirkung klarstellt, und fordert andererseits, dass das Gericht für die Hauptentscheidung ohnehin über das Rechtsverhältnis, wenn auch nur in den Gründen, mitentscheiden muss.

79 **a) Rechtsverhältnis.** Auch für die Zwischenfeststellungsklage gilt, dass mit ihr grds. nicht die Feststellung von Vorfragen oder Elementen eines Rechtsverhältnisses begehrt werden kann;[266] s. Rn. 10, 24 f. Indessen besteht im Interesse eines lückenlosen und effektiven gerichtlichen Rechtsschutzes erneut kein Anlass zu allzu restriktiver Handhabung; s. Rn. 25. Im Gegensatz zu Abs. 1 kann nach Abs. 2 bezüglich der Echtheit einer Urkunde keine Zwischenfeststellung beantragt werden.

80 **b) Präjudizialität.** Präjudiziell (im strengen Sinne) ist das Rechtsverhältnis, wenn es für den in der Hauptentscheidung enthaltenen Subsumtionsschluss ein notwendiges Element ist.[267] Dass das Gericht auch eine andere Begründungsmöglichkeit hatte, hebt die Präjudizialität nicht auf.[268] Um-

---

260 AM BGHZ 125, 251, 258 = NJW 1994, 1353, 1354 = JR 1995, 157 m. zust. Anm. *Peters;* wie hier *Musielak/Foerste* Rn. 39.

261 So ausdrücklich BGHZ 69, 37, 42 = NJW 1977, 1637.

262 BGH NJW 1961, 75.

263 Zu prozeßtaktischen Möglichkeiten *Enders* ZAP 1996, 455; *Rüßmann/Eckstein-Puhl* JuS 1998, 441.

264 BGH NJW 1961, 777, 779; 1982, 790 (LS).

265 RG JW 1939, 366.

266 BGHZ 68, 331, 332 = NJW 1977, 1288; BGH MDR 1985, 37, 38; OLG Schleswig NJW-RR 1991, 190; OLG Düsseldorf NJW-RR 1998, 283.

267 Vgl. *Jox,* Die Bindung an Gerichtsentscheidungen über präjudizielle Rechtsverhältnisse, 1991, S. 58 f.; s. a. *Schumann,* FS Georgiades, S. 543, 557 ff.

268 OLG Köln MDR 1981, 678, 679; *Musielak/Foerste* Rn. 41; aA *Schumann,* FS Georgiades, S. 543, 563 f.

gekehrt reicht es aus, dass es bei mehreren Begründungsmöglichkeiten für die Hauptentscheidung einen Subsumtionsschluss gibt, für den das Rechtsverhältnis ein notwendiges Glied ist, auch wenn er nicht vom Gericht gewählt worden ist. In diesem Sinne sind präjudiziell: das Eigentum für den Herausgabeanspruch nach § 985 BGB, die Wirksamkeit des Vertrages für vertragliche Ansprüche oder der Abtretung für den Anspruch des Zedenten, die Dauer des Vertragsverhältnisses für Rechte aus dem Vertrag, das Bestehen eines bestimmten Lieferungsanspruchs für den Anspruch auf Schadensersatz, die Wirksamkeit der Erfüllung für die Feststellungswiderklage des Beklagten, das Pflichtteilsrecht für Auskunfts- und Wertermittlungsansprüche nach § 2314 BGB.[269] Für teilweise Präjudizialität typisch ist der Fall, dass der Kläger nur einen Teil einer Forderung einklagt und der Beklagte im Wege der Widerklage die Feststellung eines entgegenstehenden Rechtsverhältnisses für die gesamte Forderung begehrt.

c) Standpunkt der Rechtsprechung. Die Rspr. geht aus **prozessökonomischen Erwägungen erheblich weiter:** Sie lässt die bloße Möglichkeit genügen, dass das inzidenter ohnehin zu klärende Rechtsverhältnis zwischen den Parteien noch über den gegenwärtigen Streitgegenstand hinaus Bedeutung hat oder gewinnen kann,[270] und bezieht dabei auch rein im Tatsächlichen liegende Entwicklungen für die Relevanz des Rechtsverhältnisses in Betracht. Diese Auffassung ist mit § 256 Abs. 2 nur schwer vereinbar. Unbedenklich ist hingegen die Zulassung der Zwischenfeststellung, wenn mit Klage und Widerklage mehrere selbstständige Ansprüche geltend gemacht werden, die zusammen alle denkbaren Ansprüche erfassen, weil hier die Möglichkeit von Teilurteilen besteht und die Zwischenfeststellung für das Schlussurteil bedeutsam sein kann.[271] 81

d) Zeitpunkt der Vorgreiflichkeit. Liegt kein Abhängigkeitsverhältnis vor, so ist die Zwischenfeststellungsklage **unzulässig.** Möglich ist ihre Behandlung als selbstständige Feststellungsklage, wenn das Feststellungsinteresse gegeben ist. Die Vorgreiflichkeit muss im Zeitpunkt der letzten mündlichen Verhandlung in der Tatsacheninstanz vorliegen.[272] Folglich ist sie unzulässig, wenn die Hauptklage zurückgenommen oder ohne Entscheidung über das streitige Rechtsverhältnis abzuweisen ist. 82

3. Verfahren. Die Zwischenfeststellungsklage kann zugleich mit der Hauptklage (§ 260), nachträglich (§ 261 Abs. 2) oder als Widerklage (§ 33) erhoben werden. Die nachträgliche Erhebung ist nur bis zum Schluss der mündlichen Verhandlung über den Grund der Hauptklage (§ 136 Abs. 4) zulässig. Zulässig ist die Zwischenfeststellungsklage auch in der Form, dass zunächst eine selbstständige Feststellungsklage erhoben und im Laufe des Rechtsstreits eine Hauptklage nachgeschoben wird.[273] Hilfsweise Antragstellung ist möglich,[274] so für den Fall der Abweisung des Hauptantrags.[275] Wird dieser als unzulässig abgewiesen, zB wegen Unbestimmtheit, so ist der hilfsweise verfolgte Feststellungsantrag mangels Vorgreiflichkeit als Zwischenfeststellungsantrag ebenfalls nicht zulässig.[276] 83

Ein Zwischenfeststellungsantrag kann nur **von einer der Prozessparteien** gestellt werden, nicht vom Nebenintervenienten, auch nicht im Falle des § 69.[277] Die Zwischenfeststellungsklage gegen einen Dritten beurteilt sich nach den Grundsätzen über die parteierweiternde Widerklage (§ 33 Rn. 27 ff.). Hier fehlt im Allgemeinen das Abhängigkeitsverhältnis iSd. § 256 Abs. 2, so dass gegenüber dem Dritten ein Feststellungsinteresse vorliegen muss.[278] 84

Im Berufungsverfahren gilt § 256 Abs. 2 als Sondervorschrift ohne die Beschränkung des § 533 Nr. 1;[279] § 533 Nr. 2 bleibt dagegen anwendbar. Unzulässig sind Zwischenfeststellungsklagen im Urkunden- und Wechselprozess (nicht aber im Nachverfahren),[280] im Mahnverfahren, im Arrest- 85

---

[269] BGHZ 109, 306, 308 = NJW 1990, 911.

[270] RGZ 170, 328, 330; BGHZ 69, 37, 42 = NJW 1977, 1637; BGH MDR 1979, 746; BGHZ 83, 251, 255 = NJW 1983, 1790; BGH NJW 1992, 1897 m. krit. Bespr. *Hager* KTS 1993, 39; BGHZ 125, 251, 255 f. = NJW 1994, 1353, 1354.

[271] RGZ 144, 54, 59 f.; BGH LM § 280 aF Nr. 15 = MDR 1968, 36; BGH MDR 1979, 746.

[272] BGH LM § 280 aF Nr. 2 u. 5 (LS); NJW-RR 1990, 318, 320.

[273] BGH NJW-RR 1990, 318, 320; OLG Hamm MDR 1997, 1162 1163 = NJW-RR 1998, 424.

[274] BGH NJW 1998, 3117; 1992, 1897; NJW-RR 1994, 1272, 1273; NJW 1998, 3117; näher *Schumann,* FS Georgiades, S. 543, 568.

[275] BGH NJW 1992, 1897.

[276] BGH NJW-RR 1994, 1272, 1273.

[277] Offengelassen in BGH DB 1985, 1537, 1538.

[278] BGHZ 69, 37, 44 = NJW 1977, 1637; *Musielak/Foerste* Rn. 40.

[279] So zu § 529 Abs. 4 damaliger Fassung BGHZ 53, 92, 94 = NJW 1970, 425 betreffend eine Zwischenfeststellungswiderklage.

[280] BGHZ 125, 251, 255 = NJW 1994, 1353.

und einstweiligen Verfügungsverfahren; zu Ehe- und Kindschaftssachen s. §§ 610 Abs. 2, 632 Abs. 2, 640c. – In der fG und im arbeitsgerichtlichen Beschlussverfahren (§ 80 ArbGG) sind Zwischenfeststellungsanträge möglich.[281]

86 Die sachliche und örtliche **Zuständigkeit** des Prozessgerichts gilt auch für die Zwischenfeststellungsklage, es sei denn, für deren Streitgegenstand besteht ein ausschließlicher Gerichtsstand.[282] Erhöht die Zwischenfeststellungsklage den Streitwert, so ist der Rechtsstreit nach § 506 zu verweisen.

87 **4. Urteil und Rechtsmittel. a) Urteil.** Über die Zwischenfeststellungsklage kann in dem Urteil, das über die Hauptklage ergeht, entschieden werden. Zulässig ist auch ein Teilurteil (§ 301) über sie, ohne dass die Entscheidungsreife der Hauptklage abgewartet werden muss.[283] Dagegen widerspricht es dem Zweck der Zwischenfeststellungsklage, über die Hauptklage durch Teilurteil zu entscheiden und die Entscheidung über die Zwischenfeststellungsklage dem Schlussurteil zu überlassen.

88 Da ein Feststellungsinteresse nicht gesondert zu prüfen ist (s. Rn. 75, 76), berührt es die Zulässigkeit der Zwischenfeststellungsklage nicht, wenn der Beklagte das ursprünglich umstrittene Rechtsverhältnis nach Klageerhebung **anerkennt.** Das Gleiche gilt bei einem Anerkenntnis über den Hauptanspruch (§ 307 Rn. 22), weil dadurch die Vorgreiflichkeit nicht aufgehoben wird. Ebenso ist die Rechtslage für die Feststellungswiderklage im Falle eines **Verzichts** des Klägers auf alle weiteren Ansprüche aus dem Rechtsverhältnis;[284] denn auch bei der Verfolgung nur eines Anspruchs kann das strittige Rechtsverhältnis präjudiziell sein.[285] Unzulässig ist die Zwischenfeststellungs(wider)klage gegenüber einer hilfsweise zur Aufrechnung gestellten Gegenforderung mangels Präjudizialität, solange nicht feststeht, dass der mit der Hauptklage geltend gemachte Anspruch begründet ist.[286] Jedoch kann sie als zulässige Eventualzwischenfeststellungsklage aufrechterhalten werden, die innerprozessual dadurch bedingt ist, dass über die Gegenforderung entschieden werden muss.[287]

89 **b) Zulässigkeit des Rechtsmittels.** Die Zulässigkeit des Rechtsmittels in der Hauptsache erstreckt sich auf die Feststellungsentscheidung, weil über Hauptsache und Zwischenfeststellung nicht einander widersprechende Entscheidungen ergehen können.[288] Ist das Rechtsmittel auf die Entscheidung in der Hauptsache beschränkt, so bindet die Zwischenfeststellung das Rechtsmittelgericht bezüglich des Anspruchsgrundes, soweit über diesen entschieden ist (§§ 318, 512, 557 Abs. 2). Wegen der Vorgreiflichkeit ist ein vor Rechtskraft des Feststellungsurteils zur Hauptsache ergangenes Endurteil analog § 304 Abs. 2 auflösend bedingt durch die Aufhebung des Feststellungsurteils.[289]

VI. Streitwert

90 Der Streitwert der Feststellungsklage wird nach § 3 festgesetzt. Bei der positiven Feststellungsklage nimmt die Praxis in der Regel einen **Abschlag** von 20% der angegebenen Forderung vor, weil das Feststellungsurteil in der Hauptsache nicht vollstreckungsfähig ist.[290] Selbst dann, wenn die Leistungsbereitschaft nach Erlass des Feststellungsurteils feststeht, wird der volle Streitwert der Leistungsklage nicht erreicht.[291] Die negative Feststellungsklage wird mit dem vollen Wert des geleugneten Anspruchs bemessen;[292] § 3 Rn. 71. Wird die Feststellung des Nichtbestehens der Höhe nach

---

[281] BGH WM 1997, 2403, 2404; BAG DB 1990, 132; *Germelmann/Matthes/Prütting/Müller-Glöge* § 80 ArbGG Rn. 43.

[282] *Stein/Jonas/Schumann* Rn. 150, 151.

[283] RGZ 170, 328, 330; BGH NJW 1961, 75; differenzierend *Hager* KTS 1993, 39, 43 (m. weit. Nachw. für die hM): Teilurteil nur, wenn es tatsächlich einer Entscheidung über das präjudizielle Rechtsverhältnis bedarf, also nicht, solange unklar ist, ob nicht die Klage abgewiesen werden muß, namentlich wg. einer rechtsvernichtenden Einwendung.

[284] AM: OLG Nürnberg BayJMBl. 1953, 67, 68 von der unzutreffenden Annahme ausgehend, dass die Zwischenfeststellungsklage ein Feststellungsinteresse erfordert; *Zöller/Greger* Rn. 27; *Musielak/Foerste* Rn. 42.

[285] Anders RGZ 144, 54, 59; 170, 328, 330.

[286] BGH NJW 1961, 75f.

[287] Ebenso *Zöller/Greger* Rn. 22; *Stein/Jonas/Schumann* Rn. 133 Fn. 328.

[288] RGZ 166, 175, 182.

[289] *Baumbach/Lauterbach/Hartmann* Rn. 120; *Zöller/Greger* Rn. 31.

[290] BGH NJW 1965, 2298 = Rpfleger 1966, 46.

[291] BGH NJW 1965, 2298, 2299 = Rpfleger 1966, 46.

[292] BGH NJW 1970, 2025.

bestimmt, so darf der Wert nur mit diesem Betrag angesetzt werden, selbst wenn der Beklagte sich einer höheren Forderung berühmt.[293]

91 Der Streitwert einer **Zwischenfeststellungsklage** bemisst sich für sich betrachtet nach denselben Kriterien wie der einer gewöhnlichen Feststellungsklage.[294] Im Verhältnis zur Hauptklage darf jedoch keineswegs generell eine Zusammenrechnung der Streitwerte nach §§ 5 ZPO, 39 GKG stattfinden. Häufig nämlich wird der Gegenstand der Feststellungsklage infolge der Präjudizialität des festgestellten Rechtsverhältnisses für die Hauptklage in dem der Hauptklage enthalten sein oder sich mit ihm zumindest überschneiden. Soweit dies der Fall ist, schließt § 45 Abs. 1 S. 3 GKG bei einer Zwischenfeststellungs**wider**klage des Beklagten eine Addition der Gebührenstreitwerte ausdrücklich aus; eine Zusammenrechnung der Streitwerte muss aber auch im Rahmen des § 5 unterbleiben. Statt dessen ist idR der höhere Wert maßgeblich.[295] Nur soweit der Gegenstand der Zwischenfeststellungs(wider)klage sich außerhalb des Gegenstandes der Hauptklage bewegt und die Feststellung neben der Verurteilung eine selbstständige Bedeutung hat, erhöht sich der Streitwert des Gesamtverfahrens.[296] Der Umfang der Erhöhung richtet sich nach der Bedeutung der Zwischenfeststellung im Einzelfall.

§ 257 Klage auf künftige Zahlung oder Räumung

Ist die Geltendmachung einer nicht von einer Gegenleistung abhängigen Geldforderung oder die Geltendmachung des Anspruchs auf Räumung eines Grundstücks oder eines Raumes, der anderen als Wohnzwecken dient, an den Eintritt eines Kalendertages geknüpft, so kann Klage auf künftige Zahlung oder Räumung erhoben werden.

Schrifttum: *Berkowsky,* Die Klage auf zukünftige Leistung im Arbeitsverhältnis, RdA 2006, 77; *Grunsky,* Veränderungen des Sachverhalts nach Verurteilung zu künftig fällig werdenden Leistungen, GedS für Michelakis, Athen 1973, S. 377; *Gsell,* Rechtskräftiges Leistungsurteil und Klage auf Schadensersatz statt der Leistung, JZ 2004, 110; *Kaiser,* Schuldrechtsreform – Der „Einwand des Unvermögens" und der „unechte Hilfsantrag" nach Wegfall des § 283 BGB aF, MDR 2004, 311; *Henssler,* Die Klage auf künftige Leistung im Wohnraummietrecht, NJW 1989, 138; *H. Roth,* Die Klage auf künftige Leistung nach §§ 257–259 ZPO, ZZP 98 (1985), 287; *Schur,* Schadensersatz nach rechtskräftiger Verurteilung zur Leistung, NJW 2002, 2518; *Vossen,* Die Klage auf Zahlung künftig fälliger Vergütung im gestörten Arbeitsverhältnis, DB 1985, 385, 439; *Wieser,* Gleichzeitige Klage auf Leistung und Schadensersatz aus § 281 BGB, NJW 2003, 2432.

I. Normzweck der §§ 257 bis 259

1 **1. Grundsatz.** §§ 257 bis 259 räumen dem Kläger die Möglichkeit ein, **schon vor Fälligkeit auf Leistung** zu klagen. Sie verbessern seine verfahrensrechtliche Position und gehen damit über das materielle Recht hinaus. Wie trotz Veräußerung des streitbefangenen Gegenstandes Kläger oder Beklagter nach § 265 Abs. 2 S. 1 die Prozessführungsbefugnis behält (§ 265 Rn. 69), so verlegen §§ 257 bis 259 die Klagbarkeit entgegen dem materiellen Recht vor;[1] denn eine normale Leistungsklage wäre mangels Fälligkeit als derzeit unbegründet abzuweisen. Die Vorschriften regeln die **Statthaftigkeit der Klagen auf künftige Leistung,**[2] deren Fehlen die jeweilige Klage unzulässig macht;[3] speziell zu § 259 s. dort Rn. 2. Folglich sind die Voraussetzungen der Statthaftigkeit – auch in der Revisionsinstanz – von Amts wegen zu prüfen.[4] Die Statthaftigkeit verwehrt in ihrem Bereich den Rückgriff auf das Rechtsschutzinteresse;[5] s. Vor § 253 Rn. 22.

2 Der Kläger hat, wenn er obsiegt, bereits bei Eintritt der Fälligkeit einen Vollstreckungstitel in der Hand, den ihm eine Feststellungsklage nicht verschaffen würde. Die Klage auf künftige Leistung fördert also die **Effektivität des Rechtsschutzes.** Dass das Instrumentarium in der Praxis nicht

---

[293] *Baltzer* S. 133.

[294] *Anders/Gehle* Streitwert Stichwort „Zwischenfeststellungsklage"; *Schneider/Herget* Streitwert Rn. 5201.

[295] *Anders/Gehle* Streitwert Stichwort „Zwischenfeststellungsklage".

[296] BGH NJW-R 1992, 698; *Schneider/Herget* Rn. 5201; zum Ganzen auch *Meyer* JR 1955, 253, 254.

[1] Grds. aM *H. Roth* ZZP 98 (1985), 287, 309 ff.

[2] Die Zusammenfassung der drei Klagen unter der Bezeichnung „Besorgnisklagen" (*Schumann,* FS Larenz, 1983, S. 571, 585) ist sachlich nicht genau; deshalb sollte von Klagen auf künftige Leistung gesprochen werden.

[3] Im Erg. ebenso die hM, aber ohne Behandlung der tatbestandlichen Voraussetzungen der Klagenormen unter dem Terminus „Statthaftigkeit" als einer allgemeinen Sachurteilsvoraussetzung; gegen die hM *Roth* (Fn. 1); *Schilken* ZPR Rn. 180.

[4] RG HRR 1932 Nr. 989.

[5] Vgl. *A. Blomeyer* § 35 III 1 („ohne besonderes Rechtsschutzbedürfnis"); *Stein/Jonas/Schumann* Rn. 3.

voll ausgeschöpft wird, steht auf einem anderen Blatt. Um den Beklagten nicht zu benachteiligen, ist ihm gestattet, Gegenrechte geltend zu machen, die ebenfalls noch nicht fällig sind; s. Rn. 10. Vollstreckbare Ausfertigungen können sofort erteilt werden, wenn die Fälligkeit nach dem Datum bestimmt ist; sonst erfolgt die Prüfung im Klauselerteilungsverfahren; s. § 726 Rn. 13, § 751 Rn. 1. Mit der Vollstreckung darf erst nach Ablauf des im Urteil genannten Kalendertags begonnen werden (§ 751 Abs. 1, § 82 GVGA).

3 § 257 betrifft **Geldforderungen** und **Räumungsansprüche,** wobei **Wohnräume ausgenommen** sind, § 258 Ansprüche auf **wiederkehrende Leistungen.** § 259 lässt die Klage auf künftige Leistung allgemein zu, wenn **zu besorgen ist,** dass der Schuldner bei Fälligkeit nicht leisten werde; die Vorschrift ist die Generalklausel für Klagen auf künftige Leistung. Für sie ist unerheblich, ob die Leistung von einer Gegenleistung abhängt, während §§ 257 und 258 Einseitigkeit verlangen. Der wesentliche Unterschied besteht jedoch darin, dass das Gericht in den Fällen der §§ 257 und 259 allein auf Grund aktuell vorliegender Tatsachen entscheidet und zukünftige Ereignisse nicht prognostiziert, sondern im Tenor ausklammert, während § 258 vom Gericht die Berücksichtigung zukünftiger, durch Prognose zu ermittelnder Tatsachen fordert.[6]

4 **2. Entstehungsgeschichte.** Alle drei Vorschriften sind durch die Novelle 1898 in die ZPO eingefügt worden, um einem praktischen Bedürfnis abzuhelfen. §§ 258 und 259 gelten bis heute unverändert. Lediglich § 257 wurde durch das 2. MietrechtsänderungsG 1964 geändert; er ist seitdem wegen Unvereinbarkeit mit dem sozialen Mietrecht nicht mehr auf Wohnräume anwendbar. Aus dieser Entstehungsgeschichte zieht die hM den Schluss, eine Feststellungsklage sei nicht deshalb mangels Feststellungsinteresses unzulässig, weil der Kläger Leistungsklage nach § 259 erheben könne; s. § 256 Rn. 52. Sie räumt ihm also ein Wahlrecht hinsichtlich beider Klagearten ein;[7] s. aber Rn. 13 und § 259 Rn. 15.

5 §§ 257 bis 259 sind auch im **arbeitsgerichtlichen Urteilsverfahren** anwendbar (§ 46 Abs. 2 S. 1 ArbGG). Wegen der in §§ 257 und 258 geforderten Einseitigkeit der Leistungen beurteilen sich Klagen auf künftig fällig werdende Vergütungsansprüche von Arbeitnehmern ausschließlich nach § 259.[8] – Soweit Leistungsverfügungen zugelassen sind, können sie auch erst künftig fällige Ansprüche zum Gegenstand haben. Im Urkundenprozess sind die §§ 257 bis 259 anwendbar (§ 592 Rn. 2), nicht aber im Mahnverfahren, da dieses einen fälligen oder in der Frist des § 692 Abs. 1 Nr. 3 fällig werdenden Anspruch voraussetzt (§ 688 Rn. 8).

II. Voraussetzungen für die Verurteilung vor Fälligkeit

6 **1. Kalendermäßig bestimmte Fälligkeit.** § 257 betrifft bestehende, noch nicht fällige Ansprüche. Die Fälligkeit muss nach dem Kalender bestimmt oder zumindest bestimmbar sein (vgl. § 286 Abs. 2 Nr. 1 BGB).[9] Diese Voraussetzung steht in engem Zusammenhang mit der Vollstreckbarkeit nach § 751 Abs. 1: Das Urteil muss so bestimmt gefasst werden können, dass das Vollstreckungsorgan den Kalendertag für den Beginn der Zwangsvollstreckung ermitteln kann. Danach fallen betagte Ansprüche unter die Vorschrift, nicht aber aufschiebend bedingte, und zwar nicht deshalb, weil ihr wirtschaftlicher Wert nur schwer bestimmbar ist, sondern weil sie wegen Unsicherheit des Bedingungseintritts weder materiell schon jetzt eine Verurteilung rechtfertigen noch prozessual eine Vollstreckung zulassen. Dagegen können gewiss befristete Ansprüche trotz § 163 BGB (zB Beginn eines Rechtsverhältnisses am 1. 1. 2008) Gegenstand einer Klage nach § 257 sein.[10] Es genügt auch, dass die Fälligkeit durch Fristablauf nach Kündigung, selbst wenn diese durch Klagezustellung erfolgt, oder Vorlegen (zB zwei Wochen nach Sicht) bestimmt wird. Künftige Ansprüche scheiden aus dem Anwendungsbereich der Vorschrift aus.

7 § 257 ist ferner auf Ansprüche anwendbar, denen eine **dilatorische Einrede** entgegensteht, falls diese nur für eine bestimmte Frist wirkt, wie zB die Einrede der Anfechtbarkeit des Bürgen (§§ 770 Abs. 1, 123 BGB), die durch die Jahresfrist des § 124 Abs. 1 BGB begrenzt wird.[11] Falls der Hauptschuldner anficht, muss der Bürge die darauf gegründete Einwendung mit der Vollstreckungsabwehrklage (§ 767) geltend machen. Ist ungewiss, wie lange die Einrede wirkt (zB nach §§ 379 Abs. 1, 519, 771 BGB), so kommt eine Verurteilung nach § 257 nicht in Betracht. Voraussetzung

---

6 *Petzoldt* (s. Schrifttum zu § 258) S. 19 ff.
7 Im Anschluß an RGZ 113, 410, 411.
8 BAG AP § 259 Nr. 2; BAG DB 1983, 1263 = EzA § 850 c Nr. 3; *Vossen* DB 1985, 385, 439.
9 OLG Koblenz KTS 2000, 637, 639 f.
10 *H. Roth* ZZP 98 (1985), 287, 296.
11 Ebenso *H. Roth* ZZP 98 (1985), 287, 297.

ist immer, dass die Einrede ausgeübt worden ist; außerprozessuale Geltendmachung genügt.[12] Zur Stundung s. Rn. 14.

2. Geldforderungen und Räumungsansprüche. Nach § 257 einklagbar sind Geldforderungen, die nicht von einer Gegenleistung abhängen, sowie Ansprüche auf Räumung von Grundstücken und Räumen, die nicht Wohnzwecken dienen. 8

a) Zu den Forderungen iSd. § 257 gehören auch **Ansprüche auf Duldung der Zwangsvollstreckung** wegen einer Geldforderung (aus Hypothek, Grundschuld usw.). Der Rechtsgrund der Geldforderung ist unerheblich. Nur darf sie **nicht von einer Gegenleistung** abhängen. Dies ist der Fall bei Forderungen aus gegenseitigen Verträgen, wobei es keine Rolle spielt, ob man die Berufung auf § 320 BGB als Geltendmachung eines Gegenrechts oder Hinweis auf eine inhaltliche Beschränkung des Anspruchs begreift. Die Abhängigkeit besteht nicht bei der Verpflichtung zur Vorleistung; sie entfällt, wenn die Gegenleistung erbracht ist. Die Gegenleistung muss das wirtschaftliche Äquivalent der Leistung bilden,[13] was zB nicht für den Anspruch auf Quittungserteilung (§ 368 BGB) zutrifft. Auf Ansprüche, denen ein Zurückbehaltungsrecht entgegengesetzt wird, ist § 257 nicht anwendbar. Das gilt trotz § 274 Abs. 2 BGB auch für Zug um Zug-Verurteilungen, wenn der Beklagte im Annahmeverzug ist. Zum Nutzungsersatzanspruch aus § 546a BGB s. § 258 Rn. 9 und § 259 Rn. 13. 9

Der Beklagte kann sich auch auf solche Gegenrechte berufen, die nicht später als die Klageforderung fällig werden, zB mit einer jetzt noch nicht fälligen, aber bis zum Eintritt der Fälligkeit der Klageforderung fällig werdenden Gegenforderung aufrechnen.[14] Dies folgt aus der Gleichbehandlung der Parteien und dem Gebot der Waffengleichheit. 10

b) Der Räumungsanspruch muss sich auf **unbewegliche Sachen** beziehen. Die Herausgabe beweglicher Sachen, zB von Wohnwagen, Baracken, Wohncontainern, fällt unter § 259, ebenso wie die künftige Räumung von Wohnräumen, auch wenn sie nur teilweise zu diesem Zweck genutzt werden. Zu Klagen auf künftige Räumung von Wohnräumen s. § 259 Rn. 8f. Die Grundlage für den Räumungsanspruch ist gleichgültig, zB aus Pacht, Miete, Eigentum, Besitz. 11

3. Antragsänderung. Stellt sich nach Erhebung einer normalen Leistungsklage heraus, dass der Anspruch noch nicht fällig ist, so kann (und muss) der Kläger zur Vermeidung einer Sachabweisung seinen Antrag auf künftige Leistung umstellen. Hierin liegt eine **qualitative Klagebeschränkung,** auf die die hM § 264 Nr. 2 in extensiver Auslegung anwendet; s. § 264 Rn. 18, 23. Bei dieser Einstufung ist die verfahrensrechtliche Position des Beklagten angemessen berücksichtigt. Ohne Antragsänderung ist eine Verurteilung zu künftiger Leistung wegen Verstoßes gegen § 308 Abs. 1 nicht zulässig.[15] Tritt während der Rechtshängigkeit Fälligkeit ein, so muss das Gericht ohne Antragsänderung **zu sofortiger Leistung** verurteilen, weil dies im Allgemeinen dem Willen des Klägers entspricht. Der Eintritt der Fälligkeit ist auch noch in der Revisionsinstanz zu berücksichtigen.[16] Demgegenüber nimmt die hM im ersten Fall eine Antragsbeschränkung nach § 264 Nr. 2 an[17] und lässt die Verurteilung zu künftiger Leistung auch ohne Antragsänderung zu;[18] im zweiten Fall sieht sie ebenfalls keinen Verstoß gegen § 308 Abs. 1, wenn der Beklagte ohne Antragsänderung zu sofortiger Leistung verurteilt wird.[19] 12

III. Verfahren

1. Klage, Stundung und Urteil. a) Der Klageantrag muss so genau gefasst sein, dass sich der Kalendertag für die Leistung errechnen lässt. Eine Benennung nach dem Datum wird nicht verlangt. Die fehlende Einseitigkeit führt zur **Abweisung als unzulässig.** Für die Zulässigkeitsprüfung genügt, dass der Gegenanspruch schlüssig ausgeräumt ist, etwa durch den Gegeneinwand der Erfüllung; die bloße Behauptung des Nichtbestehens reicht nicht aus. Soweit nach § 257 auf künftige Leistung geklagt werden kann, fehlt einer entsprechenden Feststellungsklage grds. das Feststellungsinteresse;[20] s. § 256 Rn. 52. Der Kläger hat kein Wahlrecht zwischen beiden Klagearten. 13

---

[12] *Jahr* JuS 1964, 293, 295.
[13] *Stein/Jonas/Schumann* Rn. 8.
[14] BGHZ 38, 122, 129 = NJW 1963, 244; *Furtner* S. 135.
[15] Wie hier OLG München SeuffA 70 (1915), 209, 210.
[16] RGZ 88, 178, 179.
[17] *Zöller/Greger* Rn. 7; AK-ZPO/*Wassermann* Rn. 4; *Baumbach/Lauterbach/Hartmann* Rn. 5.
[18] *Stein/Jonas/Schumann* Rn. 5.
[19] *Musielak/Foerste* Rn. 6.
[20] KG MDR 2006, 534.

14 **b) Stundung** bedeutet regelmäßig das Hinausschieben der Fälligkeit (auch mit materiell-rechtlichen Folgen). Dann findet nicht § 205 BGB, sondern § 199 BGB Anwendung. Die Klageerhebung bewirkt, dass die Verjährung erst gar nicht zu laufen beginnt (§ 204 Abs. 1 Nr. 1 BGB). Für die nachträgliche Stundung gilt § 205 BGB. Voraussetzung ist immer, dass die Stundungseinrede erhoben wird. Inwieweit in der Stundung zugleich ein den Neubeginn der Verjährung auslösendes Anerkenntnis (§ 212 Abs. 1 Nr. 1 BGB) zu sehen ist, ist Auslegungsfrage.

15 Die materiell-rechtlichen Wirkungen der Rechtshängigkeit werden auch durch die Klage auf künftige Leistung ausgelöst (§ 262), sofern sie nicht durch Stundung aufgehoben worden sind. Prozesszinsen (§ 291 BGB) entstehen erst ab Fälligkeit.

16 Liegt in der Stundungsabrede lediglich ein **pactum de non petendo,** so ist § 257 unanwendbar. Die Klage muss mangels Klagbarkeit als zurzeit unzulässig abgewiesen werden; s. Vor § 253 Rn. 10.

17 **c)** Das **Urteil** nimmt den Kalendertag der Fälligkeit des Zahlungs- oder Räumungsanspruchs im Tenor auf. Die Vollstreckungsklausel kann bereits vor Fälligkeit erteilt werden. Die Vollstreckung darf erst nach Ablauf des Kalendertags beginnen (§ 751 Abs. 1).

18 Da sich – trotz der Feststellung der künftigen Leistungspflicht – die materielle Rechtskraft auf den Schluss der mündlichen Verhandlung bezieht, kann der Beklagte **nach diesem Zeitpunkt entstehende Einwendungen** nur nach Maßgabe des § 767 geltend machen,[21] es sei denn, dass die Gegenrechte befristet sind; s. Rn. 7.

19 **2. Kostenentscheidung.** Um den Beklagten angesichts der weitgehenden Befugnis des Klägers aus § 257, die von der Besorgnis der Nichterfüllung nicht abhängt, zu schützen, ist besonders sorgfältig zu prüfen, ob er iSd. § 93 zur **Klageerhebung Veranlassung** gegeben hat. Der Schuldner ist im Allgemeinen vor Fälligkeit nicht verpflichtet, sich zu seiner Leistungsbereitschaft zu äußern. Anlass zur Klageerhebung kann vorhanden sein, wenn er frühere Raten nicht regelmäßig gezahlt hat. Die Beweislast für das Vorliegen der Tatsachen, aus denen sich die Veranlassung zur Klageerhebung ergibt, trifft den Kläger.[22] Erklärt der Beklagte die Aufrechnung mit einer Gegenforderung, die nicht später als die Hauptforderung fällig wird, so ist die Klage kostenpflichtig als unbegründet abzuweisen; § 93 findet keine Anwendung.

20 Wenn der Kläger mangels Fälligkeit zur Klage auf künftige Leistung übergeht (s. Rn. 12) und der Beklagte nicht sofort anerkennt, werden die Kosten dem Kläger teilweise auferlegt.

§ 258 Klage auf wiederkehrende Leistungen

Bei wiederkehrenden Leistungen kann auch wegen der erst nach Erlass des Urteils fällig werdenden Leistungen Klage auf künftige Entrichtung erhoben werden.

Schrifttum: *Bittmann,* Keine Titulierung zukünftiger Unterhaltsansprüche, wenn der Schuldner bisher freiwillig und vollständig gezahlt hat, FamRZ 1986, 420; *Künkel,* Die Titulierung des freiwillig gezahlten Unterhalts, NJW 1985, 2665; *Petzoldt,* Die Rechtskraft der Rentenurteile des § 258 ZPO und ihre Abänderung nach § 323 ZPO, 1992.

I. Prozessuale Bedeutung

1 Noch weiter als die Klage nach § 257 greift die Klage auf wiederkehrende Leistungen in die Zukunft[1] und führt, wenn sie erfolgreich ist, zu einer entsprechenden künftigen Bindung des Beklagten. Damit dient sie vor allem dem Interesse des Klägers. Vom Gesetzgeber 1898 in die ZPO eingefügt, um einer fortdauernden Wiederholung von Rechtsstreitigkeiten, die den gleichen Gegenstand betreffen, vorzubeugen,[2] sieht die wohl hM die prozessualae Bedeutung der Vorschrift darin, dass sie materiell-rechtlich immer wieder neu entstehende Ansprüche verfahrensrechtlich als einheitliche Rechte auf wiederkehrende Leistungen behandelt.[3] Diese Beurteilung trifft nicht den Kern. Zweifelhaft ist schon, ob Unterhaltsansprüche – im Gegensatz zu sonstigen Rentenansprüchen – in jedem Zeitpunkt neu entstehen; s. Rn. 7. Die auch gegenüber § 257 eigenständige Bedeutung des § 258 liegt vielmehr in folgendem:

---

[21] Beispiel in BGHZ 94, 29, 31 ff. = NJW 1985, 2481; s. § 259 Rn. 3 Fn. 7.

[22] OLG Celle HRR 1941 Nr. 347.

[1] Als Beispiel RGZ 145, 196: Klage eines Taxifahrers wg. eines Autounfalls auf Schadensersatzrente für die Zeit von 1933 bis 1970; Verurteilung durch das KG bis 1943.

[2] S. a. BGH NZM 2003, 912, 913.

[3] BGHZ 82, 246, 250 = NJW 1982, 578 = FamRZ 1982, 259; *Stein/Jonas/Schumann* Rn. 2.

Die Verurteilung zu künftigen Leistungen ist nur gerechtfertigt, wenn das Gericht eine positive **Prognoseentscheidung** darüber trifft, dass die Voraussetzungen, die für die Verurteilung maßgebend sind, auch noch in Zukunft bestehen. Das Gericht hat also einen künftigen Sachverhalt zu subsumieren und künftige Rechtsfolgen auszusprechen.[4] Folglich bezieht sich die materielle Rechtskraft – anders als bei normalen Klagen – nicht auf den Zeitpunkt der letzten mündlichen Verhandlung, sondern auf den im Urteil für das Ende der Leistungspflicht des Beklagten genannten Zeitpunkt. Da sich die Verhältnisse anders entwickeln können als es das Gericht vorhergesehen hat, gestattet die Abänderungsklage des § 323 aus Billigkeitsgründen die Durchbrechung der Rechtskraft in dem dort vorgesehenen Rahmen, um das Urteil den geänderten Verhältnissen anpassen zu können.[5] Entscheidend ist also der **Sachzusammenhang des § 258 mit § 323.** Die Annahme, dass sich die Feststellungen des Gerichts auf den Zeitpunkt der letzten mündlichen Verhandlung beziehen, die materielle Rechtskraft aber trotzdem in die Zukunft reicht, würde den Anspruch auf rechtliches Gehör (Art. 103 Abs. 1 GG) verletzen und ist schon deshalb abzulehnen. Die Prognoseentscheidung nimmt an der materiellen Rechtskraft teil.[6] Ihre Korrektur im Hinblick auf den veränderten Tatsachenverlauf und die sich daraus ergebende neue Prognose ist generell nur für die Zeit nach Klageerhebung zulässig (§ 323 Abs. 3 S. 1). Der neu eingefügte Satz 2 sieht in Übereinstimmung mit dem materiellen Recht eine rückwirkende Abänderung für Familien-, Ehegatten- und Verwandtenunterhalt vor; dazu § 323 Rn. 105. – Zum umstrittenen Verhältnis von Abänderungklage und Rechtskraft s. § 323 Rn. 7f. 2

Die Verurteilung zu künftigen Leistungen setzt voraus, dass das Gericht eine **abgesicherte Prognose** stellen kann; s. Rn. 11. Ist diese nicht möglich, so muss die Klage als unbegründet abgewiesen werden. Hier stellt sich die gerade für § 258 wichtige Frage nach dem Beweismaß; s. § 286 Rn. 45. Das Risiko, dass die Prognose hinter den Erwartungen des Klägers zurückbleibt, trägt dieser. Dem kann er durch gestaffelte Klageanträge, etwa für verschiedene Zeiträume, Rechnung tragen. 3

Die Klage nach § 258 kann auch im **Urkundenprozess** erhoben werden. 4

II. Voraussetzungen

1. Wiederkehrende Leistungen. Wiederkehrende Leistungen sind in bestimmten Zeitabschnitten fällig werdende Leistungen aus ein und demselben Rechtsverhältnis, so dass die einzelne Leistung nur noch vom Zeitablauf abhängt.[7] Es brauchen keine Geldforderungen zu sein. Der Begriff der wiederkehrenden Leistungen in § 258 ist zwar mit dem in § 323, nicht aber mit dem in § 197 Abs. 2 nF (§ 197 aF) BGB deckungsgleich.[8] 5

a) Hierher gehören **Ansprüche auf Rentenzahlungen,** etwa auf Grund von Leibrentenversprechen (§ 761 BGB) oder als Schadensersatzrenten wegen unerlaubter Handlung (§§ 843 ff. BGB) und Gefährdungshaftung (zB nach § 8 HPflG, § 13 StVG, § 38 LuftVG) sowie Überbau- und Notwegrenten (§§ 912 Abs. 2, 917 Abs. 2 BGB); ferner Zins- und Tilgungsraten auf Darlehen und Grundpfandrechte,[9] Ratenzahlungen aus Abzahlungsgeschäften, Erbbauzins (§ 9 ErbbauVO), Versicherungsprämien. Nach richtiger Ansicht ist § 258 auch auf Verzugszinsen nach § 288 Abs. 1 BGB und auf aus §§ 280 Abs. 2, 286, 288 Abs. 2 BGB geschuldete Verzugsschadenszinsen anwendbar;[10] s. aber Rn. 9 für Verzugszinsen, die ihrerseits erst auf künftig wiederkehrende Leistungen anfallen. 6

b) Familienrechtliche Unterhaltsansprüche. Einen weiten Anwendungsbereich bilden die familienrechtlichen Unterhaltsansprüche **kraft Gesetzes**, insb. nach §§ 1360 ff., 1569 ff., 1601 ff., 1615 a BGB. Nach früher hM entsteht die gesetzliche Unterhaltspflicht in jeder Zeiteinheit, die das Gesetz zu ihrer Erfüllung vorschreibt, neu, wenn ihre Voraussetzungen gegeben sind.[11] Ihr kann 7

---

[4] *Rüßmann,* FS G. Lüke, 1997, S. 675, 695.

[5] *Braun* ZZP 97 (1984), 340, 342 ff.; *Petzoldt* S. 64 ff.; *Oetker* ZZP 115 (2002), 3 ff.

[6] So auch die hM; vgl. *Braun* JuS 1986, 364, 369; BGH NJW 1992, 1475; *Becker-Eberhard* DZWir 1993, 183, 188; *Rüßmann* (Fn. 4) S. 693 m. weit. Nachw.

[7] BGH NJW 1992, 1624, 1625; 2007, 294.

[8] BGH NZM 2003, 912, 913.

[9] BGHZ 93, 287, 290 = NJW 1985, 1711 = LM § 322 Nr. 103 (Zinsen aus einer Grundschuld). Der Fortbestand der Grundschuld ist nicht „Gegenleistung", sondern Voraussetzung für den Zinsanspruch; aM *Bauch* Rpfleger 1987, 12.

[10] Str., wie hier *Becker-Eberhard* DZWir 1993, 183, 184, 185; *Braun* ZZP 108 (1995), 319, 321 f.; *Stein/Jonas/Leipold* § 323 Rn. 7 mit Fn. 21; *Zöller/Vollkommer* § 323 Rn. 25.

[11] BGHZ 82, 246, 250 = FamRZ 1982, 259, 260; *Göppinger,* Unterhaltsrecht, 5. Aufl. 1987, Rn. 15 m. Nachw.

nicht zugestimmt werden.[12] Sie verwechselt Entstehung der Unterhaltspflicht und Fälligkeit der einzelnen Leistungen. Dass die die Anspruchsvoraussetzungen Bedürftigkeit des Gläubigers und Leistungsfähigkeit des Schuldners ausfüllenden Tatsachen sich verändern können, macht die gesetzliche Unterhaltspflicht nicht zu einer sich ständig erneuernden Verbindlichkeit. Deshalb besteht die von der früher hM behauptete Diskrepanz zwischen materiellem Recht und Prozessrecht nicht. Vielmehr lässt sich eine Verurteilung zu erst künftig fällig werdenden Leistungen nur rechtfertigen, weil die Ansprüche dem Grunde nach schon entstanden sind. Die von der hM zur Begründung herangezogenen Vorschriften betreffen die Fälligkeit der einzelnen Leistungen. Dass das Urteil nach § 323 bei Veränderung der maßgeblichen Verhältnisse abgeändert werden kann, spricht eher gegen als für sie. Auch **rechtsgeschäftliche** Rentenversprechen können anspruchsbegründende oder -mindernde Tatbestandsmerkmale enthalten, die entsprechend den tatsächlichen Verhältnissen variieren können; so kann zB vorgesehen sein, dass der Rentenanspruch sich ermäßigt, wenn der Berechtigte sonstige Einkünfte in bestimmter Höhe erzielt.

8 **c)** Auch **Ruhegehaltsansprüche** sind wiederkehrende Leistungen iSd. § 258. Sie sind auflösend bedingt durch den Tod des Berechtigten, nicht aber aufschiebend durch das Erleben des Fälligkeitszeitpunkts.[13]

9 **d) Keine Abhängigkeit von einer Gegenleistung.** Wie schon § 257 (s. dort Rn. 3 und 9) ist auch § 258 unanwendbar, wenn die Ansprüche von einer **Gegenleistung abhängen,** wie zB Ansprüche auf Miet- und Pachtzinsen oder Arbeitsentgelt.[14] Dagegen hängt der in Raten zu entrichtende Nutzungsentschädigungsanspruch des § 546a BGB nicht von einer Gegenleistung ab; auf ihn ist § 258 deshalb anwendbar.[15] Unerheblich ist, ob er als vertraglicher Anspruch oder als Schadensersatzanspruch angesehen wird. Auch Nutzungsentgelte nach §§ 987 ff., 812 ff. BGB wegen unberechtigter Nutzung fallen unter § 258.[16] – Etwaige **Verzugszinsen,** die beansprucht werden können, wenn die wiederkehrenden Leistungen nicht rechtzeitig erbracht werden, sind keine Leistungen iSd. § 258.[17] Sie sind lediglich Sekundäransprüche, die zufällig entstehen und deren Entstehung ungewiss ist. Als künftige Leistungen können sie nach § 259 geltend gemacht werden;[18] s. § 253 Rn. 132.

10 **2. Bestimmbarkeit der Leistung.** Nach hM müssen die für die Höhe der Leistungen wesentlichen Umstände mit ausreichender Sicherheit feststehen.[19] Ist dies nicht der Fall, so kommt nur eine Feststellungsklage (§ 256 Abs. 1) in Betracht. Umgekehrt schließt die Möglichkeit einer Klage nach § 258 das Feststellungsinteresse im Regelfall aus.

11 **a) Prognose.** Obgleich die **Einschätzung der zukünftigen Entwicklung** immer eine Unsicherheit in sich trägt, hat sie das Gericht vorzunehmen, wenn sie nach der Lebenserfahrung und nach der Lage zurzeit des Urteils mit einiger Gewissheit möglich ist.[20] Eine Schwierigkeit besteht darin, dass von den gesetzlichen Beweismitteln nur der Sachverständigenbeweis in Betracht kommt. Eine weitere liegt in der richtigen Auswahl der heranzuziehenden Faktoren.[21] So ist es nicht Aufgabe der Gerichte, die Wirtschaftspolitik der jeweiligen Regierung zu beurteilen oder gar die Entwicklung der Weltwirtschaftslage in die Prognose einzubeziehen.[22] Für den Unterhaltsanspruch minderjähriger Kinder, die nicht mit dem in Anspruch genommenen Elternteil in einem Haushalt

---

[12] Ebenso *Göppinger* FamRZ 1993, 22 f.; *Göppinger/Wax* Rn. 23 ff. m. ausf. Begründung sowie Hinweisen auf die Auswirkungen der hM auf den forensischen Alltag und die Reaktionen der Praxis in Rn. 32; jetzt auch *Staudinger/Engler* Vorbem. zu §§ 1601 ff. BGB Rn. 64 ff.

[13] OGHZ 4, 227, 229.

[14] BGH NZM 2003, 912, 913.

[15] AM LG Berlin GE 2002, 1064 (Vorinstanz zu BGH NJW 2003, 1395); *Henssler* NJW 1989, 138, 141 (aber entsprechende Anwendung des § 259); *Gies* NZM 2003, 545, 547; *Musielak/Foerste* Rn. 2; dem zuneigend BGH NJW 2003, 1395 = MDR 2003, 452; der hier vertretenen Ansicht zuneigend dagegen BGH NZM 2003, 912, 913.

[16] BGH MDR 1996, 1232.

[17] OLG Koblenz FamRZ 1980, 583, 585.

[18] AM *Herr* NJW 1988, 3137.

[19] BGH NJW 2007, 294 m. weit. Nachw. *Stein/Jonas/Schumann* Rn. 6; *Thomas/Putzo/Reichold* Rn. 2; *Wieczorek* Anm. B 1 b.

[20] RGZ 145, 196, 198; *H. Roth* ZZP 98 (1985) 287, 302.

[21] Zur begründungstheoretischen Problematik des Erschließens zukünftiger Ereignisse s. *Koch/Rüßmann,* Juristische Begründungslehre, 1982, S. 206 ff., 283 ff.

[22] Anders das KG als Berufungsgericht in einer Entscheidung aus dem Jahre 1933, zitiert in RGZ 145, 196, 197: Die jetzige Regierung habe sich die Besserung der Wirtschaftslage zur Aufgabe gestellt und tatkräftig in Angriff genommen.

leben, sieht § 1612a BGB zwecks Anpassung des Unterhalts an die Veränderung der allgemeinen Lebensverhältnisse die Dynamisierung als Prozentsatz des Regelbetrages vor. Zur Geltendmachung steht neben der Klage das **vereinfachte Verfahren** nach §§ 645ff. zur Verfügung, wenn der Unterhaltsanspruch nach Abzug kindbezogener Leistungen 150% des Regelbetrages nicht überschreitet; zum Anwendungsbereich s. Vor § 645 Rn. 1. Die individuelle künftige wirtschaftliche Lage des Schuldners darf nur insoweit berücksichtigt werden, als sie die Ansprüche des Klägers unmittelbar beeinflusst, nicht aber im Hinblick auf die Durchsetzbarkeit in der Zwangsvollstreckung. Besteht dieser Zusammenhang, so hat eine Verurteilung zu unterbleiben, wenn das Gericht berechtigte Zweifel hat, dass die Leistungsfähigkeit des Schuldners auch noch in Zukunft gegeben ist. Bereits ein non liquet in der Prognose über die künftige Entwicklung der Verhältnisse schließt die Verurteilung aus.[23] Sie muss zumindest die überwiegende Wahrscheinlichkeit für den Eintritt der für die Verurteilung maßgeblichen künftigen Umstände ergeben. Dem entspricht die Argumentation des BAG nicht,[24] der Kläger berufe sich auf seinen vertraglichen Ruhegehaltsanspruch und damit auf die Regel, während der Beklagte durch den Hinweis auf die wirtschaftliche Notlage seines Betriebs einen Ausnahmetatbestand geltend mache, so dass es angemessen sei, diesem die Initiative für einen neuen Prozess (§ 323) anzulasten.

b) Positive Prognose nicht möglich. Ist eine positive Prognose nicht möglich, so muss eine Verurteilung unterbleiben, zB wegen erhöhter Unterhaltsbeträge für minderjährige Kinder jenseits des Regelbetrages.[25] Der Beklagte darf nicht durch die materielle Rechtskraft eines auf unsicherer Grundlage gefällten Urteils für die Zukunft gebunden werden. Das gilt zB für den Unterhaltsanspruch des minderjährigen Kindes über das 18. Lebensjahr hinaus.[26] 12

Weitere **zeitliche Einschränkungen** für die Verurteilung müssen vorgenommen werden, wenn in der zukünftigen Entwicklung eine so große Unsicherheit liegt, dass das Gericht sich kein zuverlässiges Bild machen kann.[27] Deshalb darf bei Schadensersatzrenten nach § 844 Abs. 2 BGB die Verurteilung nur bis zur Vollendung des 18. Lebensjahrs des Berechtigten erfolgen;[28] darüber hinausgehende Ansprüche können durch Feststellungsurteil abgesichert werden. 13

3. Weitere prozessuale Fragen. a) Die Statthaftigkeit der Klage auf **künftig wiederkehrende Leistungen** hängt trotz des Gesetzeswortlauts nicht davon ab, dass rückständiger oder laufender Unterhalt mit eingeklagt wird.[29] Jedoch verlangt die hM für die Statthaftigkeit, dass der Gesamtanspruch schon bestehen muss.[30] Diese Auffassung, die auf *Stein* zurückgeht,[31] ist systemwidrig, weil sie die Zulässigkeit von der Begründetheit abhängig macht und dazu führt, dass bei Nichtbestehen des Anspruchs die Klage unzulässig ist. Außerdem steht sie im Widerspruch zu der Meinung, dass Unterhaltsansprüche in jedem Zeitpunkt, in dem ihre Voraussetzungen vorliegen, neu entstehen (s. Rn. 1). Auf der anderen Seite muss der Beklagte vor einem zu weitgehenden Zugriff der Klage nach § 258 geschützt werden. Deshalb bietet sich eine vermittelnde Lösung an: Für die **Statthaftigkeit genügt die Möglichkeit,** dass der Anspruch auf künftige Leistungen besteht.[32] Das ist zB nicht der Fall, wenn vor der Scheidung nachehelicher Unterhalt eingeklagt wird, vorausgesetzt, es wird mit dem BGH angenommen, dass dieser Anspruch erst mit der Rechtskraft der Scheidung entsteht;[33] nur der Verbund erlaubt eine vorzeitige Klage (s. § 623 Rn. 41). Die bloße Behauptung des Bestehens des Anspruchs reicht für die Statthaftigkeit nicht aus.[34] 14

b) Auch für die Klage nach § 258 wird ein **besonderes Rechtsschutzinteresse nicht verlangt.** Insb. ist die Besorgnis künftiger Nichterfüllung nicht Voraussetzung. Ein schutzwürdiges Interesse an einem Vollstreckungstitel hat der Kläger auch dann, wenn der Schuldner bisher freiwillig und pünktlich gezahlt hat.[35] Das Rechtsschutzbedürfnis fehlt jedoch, falls der Gläubiger bereits einen Vollstreckungstitel hat, zB eine vor dem Jugendamt über die Verpflichtung zur Erfüllung von 15

[23] Ebenso *H. Roth* ZZP 98 (1985), 287, 302.
[24] BAG NJW 1972, 733, 734.
[25] BGH DAVorm. 1982, 263, 266; KG DAVorm. 1979, 110, 120 (zum früheren § 1610 Abs. 3 BGB).
[26] Vgl. *H. Roth* ZZP 98 (1985), 287, 300.
[27] BGH VersR 1969, 713, 714; OLG Hamm NJW-RR 1996, 1221, 1222.
[28] BGH NJW 1983, 2197.
[29] BGHZ 82, 246, 251 (Fn. 3); *Künkel* NJW 1985, 2665, 2666.
[30] BGHZ 82, 246, 251 (Fn. 3); *Stein/Jonas/Schumann* Rn. 2, 10; aM *Wax* FamRZ 1982, 347, 348.
[31] *Stein,* Über die Voraussetzungen des Rechtsschutzes, insb. bei der Verurteilungsklage, 1903, S. 52f.
[32] Ebenso *Musielak/Foerste* Rn. 3.
[33] BGH NJW 1981, 978, 979 = LM BGB § 1361 Nr. 10 = FamRZ 1981, 242.
[34] AM *Wax* FamRZ 1982, 347, 348.
[35] OLG Hamm FamRZ 1983, 69; OLG Karlsruhe FamRZ 1985, 955; OLG Saarbrücken FamRZ 1985, 1280; BGH NJW 1998, 3116; *Göppinger/Wax/van Els* Rn. 2024 m. weit. Nachw.; aM *Bittmann* FamRZ 1986, 420, 423.

Unterhaltsansprüchen errichtete vollstreckbare Urkunde (§§ 59 Abs. 1 Nr. 3 und 4, 60 Abs. 1 SGB VIII). Ein Angebot des Unterhaltsschuldners, eine vollstreckbare Urkunde errichten zu lassen, reicht nicht aus, um das Rechtsschutzbedürfnis für die Klage nach § 258 zu beseitigen.[36] Bei teilweiser Titulierung entfällt das Rechtsschutzinteresse nur für diesen Teil.

16 **c)** Der freiwillig leistende Schuldner kann durch **sofortiges Anerkenntnis** die Kostenlast auf den Kläger abwälzen, wenn er keine Veranlassung zur Klage gegeben hat (§ 93). Veranlassung hat er dann gegeben, wenn er einer Aufforderung des Gläubigers nicht nachkommt, eine kostenfreie vollstreckbare Urkunde zu beschaffen (§§ 59, 60 SGB VIII)[37] oder der Gläubiger anbietet, die Kosten der Titulierung zu übernehmen.[38] Bei freiwilligen Teilleistungen gelten diese Grundsätze entsprechend.[39] Die Beweislast für die Klageveranlassung trägt der Kläger; s. § 257 Rn. 19.

III. Das Urteil und seine Abänderbarkeit

17 **1. Tenor.** Im Tenor eines der Klage ganz oder teilweise stattgebenden Urteils ist anzugeben, ab wann, zu welchem Zeitpunkt, wie lange und in welcher Höhe die einzelnen Beträge zu zahlen sind.[40] Die Berücksichtigung von Wertsicherungsklauseln ist zulässig, wenn sie eine eindeutige Berechnung ermöglichen; s. § 726 Rn. 10ff. Ggf. ist auch die Verpflichtung zur Sicherheitsleistung für die noch nicht fälligen Rentenbeträge im Tenor auszusprechen (§ 843 Abs. 2 S. 2 BGB, § 13 Abs. 2 und 3 StVG, § 8 Abs. 2 und 3 HPflG), wobei die Höhe des Gesamtbetrages und die Dauer der Verpflichtung maßgebend sind. Zu § 324 s. dort Rn. 2.

18 **2. Streitwert, Vollstreckbarkeit.** Der Zuständigkeitsstreitwert bestimmt sich nach § 9, der Gebührenstreitwert nach § 42 GKG. Die vorläufige Vollstreckbarerklärung ohne Sicherheitsleistung ergibt sich aus §§ 708 Nr. 8, 711. Vollstreckbare Ausfertigungen können vor Fälligkeit erteilt werden. Jedoch darf auch hier die Vollstreckung erst beginnen, nachdem der im Titel bezeichnete Kalendertag abgelaufen ist (§ 751 Abs. 1). Zahlungen im Vollstreckungsverfahren sind auf der vollstreckbaren Ausfertigung zu vermerken (§ 757). S. auch § 257 Rn. 2.

19 **3. Abänderbarkeit. a)** Beide Parteien haben bei wesentlicher Änderung der für die Verurteilung maßgebenden Verhältnisse die Möglichkeit, die Abänderung des Urteils durch **Klage nach § 323** zu verlangen; denn hier hat sich die Prognose als unrichtig erwiesen. Ausgeschlossen ist eine auf Nachforderungen gerichtete Zusatzklage nach § 258, ohne dass die Voraussetzungen des § 323 vorliegen;[41] § 323 Rn. 20.

20 **b)** Die **Zusatzklage nach § 258** ist jedoch statthaft, wenn der Anspruch auf künftige Leistungen im ersten Verfahren nur teilweise geltend gemacht und als (offene) Teilklage gekennzeichnet wurde;[42] § 323 Rn. 21. Die Vermutung spricht gegen eine Teilklage.[43]

21 **c)** In den Fällen, in denen die Änderung der Verhältnisse zu einer Änderung des Streitgegenstands führt, ist eine **neue Leistungsklage** zulässig. Das trifft auch zu, wenn die Klage wegen fehlenden Schadens, mangelnder Bedürftigkeit oder Leistungsfähigkeit abgewiesen worden ist;[44] § 323 Rn. 31, 32. – Zum Verhältnis von § 323 und § 767 s. § 323 Rn. 37.

§ 259 Klage wegen Besorgnis nicht rechtzeitiger Leistung

Klage auf künftige Leistung kann außer den Fällen der §§ 257, 258 erhoben werden, wenn den Umständen nach die Besorgnis gerechtfertigt ist, dass der Schuldner sich der rechtzeitigen Leistung entziehen werde.

Schrifttum: s. § 257.

---

[36] *Göppinger/Wax/van Els* Rn. 2026; aM KG FamRZ 1979, 171, 172; *Zöller/Greger* Rn. 1 a.
[37] OLG Düsseldorf FamRZ 1982, 1117; *Göppinger/Wax/von Els* Rn. 2025, 2107; aM OLG Saarbrücken FamRZ 1985, 1280.
[38] *Künkel* NJW 1985, 2665, 2673.
[39] *Göppinger/Wax/van Els* Rn. 2109.
[40] Beispiele bei *Furtner,* Das Urteil im Zivilprozeß, 5. Aufl. 1985, S. 134ff.
[41] BGHZ 34, 110, 116 = NJW 1961, 871; BGHZ 82, 246, 252 = NJW 1982, 578 = FamRZ 1982, 259; BGH NJW 1986, 3142.
[42] BGHZ 93, 330, 334 = NJW 1985, 1340 = FamRZ 1985, 371; BGH NJW 1986, 3142.
[43] BGHZ 94, 145, 147 = NJW 1985, 1701 = FamRZ 1985, 690.
[44] BGHZ 82, 246, 251 (Fn. 3).

I. Prozessuale Bedeutung

Die Vorschrift, die seit 1898 unverändert gilt (§ 257 Rn. 4), versetzt den Gläubiger in die Lage, seine Rechte klageweise so zeitig wahrzunehmen, dass er bereits im Zeitpunkt der Fälligkeit einen Vollstreckungstitel hat und mit der Zwangsvollstreckung beginnen kann. Sie erweitert nach der Vorstellung des Gesetzgebers den Rechtsschutz, da der Gläubiger nicht auf die Feststellungsklage angewiesen ist, und wird deshalb als **Generalklausel für die Klage auf künftige Leistung** angesehen. 1

Daraus folgt, dass sie allein prozessuale Bedeutung hat. Sie verändert nicht etwa die Fälligkeit des geltend gemachten Anspruchs im Sinne einer Vorverlegung, sondern legt die **Statthaftigkeit der Klage** auf künftige Leistung fest. Wird die Statthaftigkeit nicht als allgemeine Sachurteilsvoraussetzung anerkannt, so ist dogmatischer Bezugspunkt das Rechtsschutzinteresse, ohne dass sich am Ergebnis etwas ändert: Ermangelt es der Besorgnis nicht rechtzeitiger Leistung, so ist die Klage als **unzulässig** abzuweisen; s. Rn. 12. Aus § 1004 Abs. 1 S. 2 BGB lässt sich nicht herleiten, dass § 259 wie auch §§ 257 und 258 Voraussetzungen der Begründetheit regeln;[1] denn die Wiederholungsgefahr schafft erst den in die Zukunft wirkenden Unterlassungsanspruch; s. Rn. 6. Damit hängt zusammen, dass die Klage auf künftige Leistung vorsorgenden Rechtsschutz bietet, die Unterlassungsklage dagegen vorbeugenden Rechtsschutz.[2] 2

II. Gegenstand der Klage

1. Allgemeines. a) Gegenstand der Klage können noch **nicht fällige** gesetzliche oder vertragliche **Ansprüche** beliebigen Inhalts sein, zB Ansprüche auf Zahlung, Herausgabe, Vornahme einer Handlung, Abgabe einer Willenserklärung.[3] Zu Unterlassungsansprüchen s. Rn. 5 ff. Unerheblich ist, ob sie von einer Gegenleistung abhängen,[4] zB auf künftige Mietzins-,[5] Pachtzins-[6] oder Gehaltszahlung[7] gerichtet sind. Die Klage auf künftige Lohn- oder Gehaltszahlung kann auch auf einen Pfändungs- und Überweisungsbeschluss (§§ 832, 833, 835) gestützt werden.[8] Die sich aus der **Abhängigkeit von der Gegenleistung** für den Bestand des Anspruchs auf die Leistung ergebende Unsicherheit nimmt die hM in Kauf. Sie fordert für die von ihr verlangte Bestimmbarkeit nicht, dass die Leistung unter allen Umständen mit Sicherheit geschuldet wird, sondern lässt genügen, dass sie, falls sich nichts Unerwartetes ereignet, geschuldet bleibt.[9] Bewirkt das Ausbleiben der Gegenleistung, dass auch die titulierte Leistung nicht erbracht zu werden braucht, so muss der Schuldner Vollstreckungsabwehrklage erheben.[10] Die Abänderungsklage des § 323 ist nicht statthaft, da das Gericht keine Prognoseentscheidung getroffen hat. Ist für die begehrte Leistung eine behördliche Genehmigung, zB für den Abbruch eines Wohnhauses, erforderlich, so ist für deren Berücksichtigung in der Zwangsvollstreckung ein Vorbehalt im Urteilstenor aufzunehmen; eine entsprechende Klage fällt nicht schon deshalb unter § 259;[11] zum Unterlassungsanspruch s. Rn. 6. 3

b) Die Verurteilung nach § 259 setzt voraus, dass die Verpflichtung zur künftigen Leistung – abgesehen von einer in das Urteil aufzunehmenden Bedingung – in **ihrem Bestand gewiss** ist.[12] Dies ist aber keine Zulässigkeitsvoraussetzung; vgl. § 258 Rn. 14. Künftige Ansprüche scheiden aus 4

---

[1] So aber *H. Roth* ZZP 98 (1985), 287, 312; wohl auch *Schilken* ZPR Rn. 180.

[2] Treffend *Henckel* AcP 174 (1974), 97, 105.

[3] BGHZ 147, 225, 231 = NJW 2001, 2178, 2180.

[4] AM OLG Köln FamRZ 1991, 571 (der Hinweis auf § 894 ist verfehlt).

[5] RG HRR 1932 Nr. 989; zur Klage auf künftigen Mietzins näher *Gies* NZM 2003, 545, 547 ff.

[6] OLG Karlsruhe HRR 1936 Nr. 699.

[7] Zur Klage auf künftiges Arbeitsentgelt näher *Berkowsky* RdA 2006, 77; s. a. BAG NZA 2002, 1232.

[8] BAG AP Nr. 2 m. Anm. *Zeuner*.

[9] RGZ 168, 321, 326; BAG AP Nr. 1.

[10] BGHZ 94, 29, 34 = NJW 1985, 2481 betr. ein rechtskräftiges Urteil auf künftige Räumung gewerblicher Räume nach § 257, wenn der Räumungsschuldner nachträglich eine Mietverlängerungsoption ausübt; für § 767 Abs. 2 stellt der BGH im Gegensatz zu Aufrechnung und Anfechtung auf den Zeitpunkt der Gestaltungserklärung ab; s. § 767 Rn. 80.

[11] AM BGH NJW 1978, 1262, 1263 = JuS 1978, 346 Nr. 4 *(Emmerich)*; wie hier *Baumbach/Lauterbach/Hartmann* Rn. 1; wohl auch *Thomas/Putzo/Reichold* Rn. 3. Die vorgesehene Möglichkeit einer Ausnahmegenehmigung, über die definitiv im Verwaltungsrechtsweg entschieden wird, schließt es aus, in dem generellen Verbot die dauernde Unmöglichkeit der Erfüllung der zugrunde liegenden vertraglichen Verpflichtung (§ 275 BGB) zu sehen.

[12] RGZ 168, 321, 325; BGHZ 43, 28, 31 = NJW 1965, 440; BGHZ 147, 225, 231 = NJW 2001, 2178, 2179; BGH FamRZ 2003, 838, 844; BGH NJW-RR 2006, 1485; BAG ZUM 1998, 84; *Dütz* AfP 1980, 17, 21.

dem Anwendungsbereich aus,[13] nicht aber bedingte.[14] § 259 ist auch anwendbar, wenn gegenüber dem Anspruch eine **dilatorische Einrede,** deren Dauer bestimmt ist, geltend gemacht wurde (zB nach § 770 Abs. 1 BGB). Bei unbestimmt dilatorischen Einreden ist § 259 unanwendbar, weil der Kläger ihre Wirkungen selbst beenden kann, ohne auf den Beklagten angewiesen zu sein (zB nach §§ 379, 526, 660 Abs. 2, 771 BGB; anders bei § 519 BGB).[15] In diesen Fällen kann dem Beklagten der Weg des § 767 nicht zugemutet werden.

5 **2. Unterlassungsansprüche. a) Künftig fällig werdende Unterlassungsansprüche** können nur nach § 259 geltend gemacht werden. Unerheblich ist, ob sie auf Gesetz oder Vertrag beruhen, zB die Verpflichtung, nicht vor einem bestimmten Termin mit einer Werbemaßnahme oder einer lärmintensiven Veranstaltung zu beginnen. Denn die Rechtsordnung kann nicht davon ausgehen, dass der Unterlassungsschuldner die Verpflichtung nur einhalten wird, wenn ein Titel gegen ihn vorliegt.

6 **b)** Umstritten ist die **Behandlung bereits fälliger Unterlassungsansprüche.** Die hM lehnt die Anwendung des § 259 auf gesetzliche Unterlassungsansprüche ab, während sie sie für vertragliche Unterlassungsansprüche bejaht.[16] Für die **gesetzlichen** Unterlassungsansprüche ist ihr zuzustimmen. Bei negatorischen und quasinegatorischen Unterlassungsansprüchen gehört die Gefahr der Wiederholung der Verletzung, die sich der Sache nach mit der Besorgnis nicht rechtzeitiger Leistung deckt, zu den Anspruchsvoraussetzungen (zB §§ 12 Abs. 1 S. 2, 862 Abs. 1 S. 2, 1004 Abs. 1 S. 2 BGB).[17] Deshalb ist die Gefahr gering, dass Gerichte und Gegner grundlos behelligt werden. – Kann eine Abwehrmaßnahme nur mit behördlicher Genehmigung, zB der Naturschutzbehörde, getroffen werden, so gehört die Möglichkeit der Befreiung vom Verbot zum Bestehen des Unterlassungsanspruchs, muss also vom Zivilgericht geprüft werden. Da die Befreiung nur von der Behörde erteilt werden kann, ist auch hier ein Vorbehalt im Urteil für die Zwangsvollstreckung anzubringen.[18]

7 Bei **vertraglichen** Unterlassungsansprüchen kommt es auf deren Inhalt an. Wirkt die Unterlassungspflicht auch in die Zukunft, wie zB Unterlassen von Wettbewerbshandlungen während einer zehntägigen Messe, so begründet die erstmalige Verletzung dieser Pflicht im Allgemeinen auch die Wiederholungsgefahr, so dass der Unterlassungsanspruch unabhängig von § 259 geltend gemacht werden kann.[19] Nicht möglich ist eine zeitliche Aufteilung in gegenwärtige und künftige Unterlassung und auf diese § 259 anzuwenden.[20] Unterlassungsverpflichtungen verlangen regelmäßig das einheitliche, fortdauernde Einhalten bestimmter Grenzen; das gegenwärtige Verbot bleibt so lange bestehen, bis sich die maßgebenden Umstände ändern.[21] Liegt noch keine Verletzung der Unterlassungspflicht vor, so bleibt es bei der Anwendung des § 259. Der Rückgriff auf das allgemeine Rechtsschutzbedürfnis[22] führt zu gleichen Ergebnissen. Keine Rolle spielt, dass es sich um vertraglich anerkannte gesetzliche Unterlassungsansprüche handelt.[23]

8 **3. Räumungsansprüche.** Die Ansprüche auf künftige Räumung von Wohnräumen können nach Änderung des § 257 (s. dort Rn. 4) nur nach § 259 geltend gemacht werden. Die Klage auf künftige Räumung ist nicht völlig entfallen, wie schon die §§ 93b, 721 Abs. 2 zeigen. Auch das Widerspruchsrecht des Mieters gegen die Kündigung nach § 574 BGB steht der künftigen Räumungsklage nicht entgegen; die Rechtsprobleme ergeben sich aus dessen Einwirken auf den Räumungsprozess.

9 Die Räumungsklage nach § 259 ist schon vor Ablauf der **Widerspruchsfrist** des § 547b Abs. 2 BGB statthaft.[24] Der Räumungsprozess darf auch nicht ausgesetzt werden, bis der Mieter Wider-

---

[13] OLG Karlsruhe OLGZ 1991, 448, 449.

[14] BGHZ 5, 342, 344 = NJW 1952, 817; BGHZ 43, 28, 31 = NJW 1965, 440; BGHZ 147, 225, 231 = NJW 2001, 2178, 2179; BGH FamRZ 2003, 838, 844; BAG ZUM 1998, 84.

[15] *H. Roth* ZZP 98 (1985), 287, 305.

[16] *Thomas/Putzo/Reichold* Rn. 4; *Baumbach/Lauterbach/Hartmann* Rn. 4.

[17] Zur Wiederholungsgefahr bei wettbewerbsrechtlichen Unterlassungsansprüchen ausf. *Ahrens/Schulte,* Kap. 9 Rn. 7 ff.

[18] Ebenso BGHZ 120, 239, 247 = NJW 1993, 925 = VersR 1993, 609 = JuS 1993, 691 Nr. 7 *(Karsten Schmidt).* Der Senat läßt in dieser Entscheidung offen, ob – entgegen der hier vertretenen Aussicht – § 259 anwendbar ist.

[19] OLG Köln NJW-RR 1987, 360 wendet § 259 an; es folgert aus dem Vortrag des Klägers, der Beklagte habe die Unterlassungspflicht verletzt, Wiederholungsgefahr und damit die Besorgnis iSd. § 259.

[20] Ebenso *Stein/Jonas/Schumann* Rn. 7.

[21] *Zeuner,* FS Dölle, Bd. 1, 1963, S. 295, 311.

[22] So BGH NJW 1999, 1337, 1338; *Stein/Jonas/Schumann* Rn. 9.

[23] AM *Lindacher* GRUR 1975, 413, 419.

[24] OLG Karlsruhe NJW 1984, 2953 m. Nachw.; *Henssler* NJW 1989, 138, 144.

spruch eingelegt hat oder die Widerspruchsfrist abgelaufen ist.[25] Widerspricht der Mieter der Kündigung mit der Begründung, der vom Vermieter angegebene Kündigungsgrund liege nicht vor, oder beruft er sich auf die Sozialklausel des § 574 Abs. 1 BGB, so muss das Gericht sich damit im Räumungsprozess auseinandersetzen. Die Aussetzung des Räumungsprozesses bis zur Erledigung des Widerspruchsstreits ist unzulässig.

Der Mieter braucht sein **Widerspruchsrecht** nicht schon während des Räumungsprozesses auszuüben, da ihm das materielle Mietrecht ausdrücklich gestattet, bis zu zwei Monaten vor Ablauf der Mietzeit zu warten.[26] Es wird auch nicht durch ein rechtskräftiges Räumungsurteil beschränkt. Der Mieter kann es nach § 767 durchsetzen und die Fortsetzung des Mietverhältnisses verlangen, ohne dass § 767 Abs. 2 entgegensteht; einstweilige Anordnungen können nach § 769 getroffen werden. 10

Die **Besorgnis** iSd. § 259 für die Räumungsklage liegt vor, wenn der Mieter durch ernsthaftes Bestreiten des Kündigungsgrundes eindeutig zu erkennen gegeben hat, dass er nicht bereit ist, fristgerecht zu räumen. Der bloße Widerspruch nach § 574 BGB reicht nicht aus.[27] Allerdings ist der Mieter vor Ablauf der Widerspruchsfrist nicht verpflichtet, Auskunft über seine Räumungsabsicht zu geben, auch nicht auf Anfrage des Vermieters.[28] 11

III. Besorgnis nicht rechtzeitiger Leistung

1. Zulässigkeitsvoraussetzungen. Zulässigkeitsvoraussetzung für die Klage ist die Besorgnis nicht rechtzeitiger Leistung; s. Rn. 2. Hierüber hat das Gericht von Amts wegen zu befinden. Trotzdem trägt der Kläger hierfür die Behauptungs- und Beweislast. Zu einem stattgebenden Urteil kommt es nur, wenn das Gericht die Besorgnis bejaht. Andererseits kann die Klage als unbegründet abgewiesen werden, falls der geltend gemachte Anspruch nicht besteht, ohne dass die Besorgnis nicht rechtzeitiger Leistung festgestellt wird. Dies ist allgemein anerkannt und entspricht der Funktion des Rechtsschutzinteresses, an der sich auch dann nichts ändert, wenn es zur Statthaftigkeit der Klage gezogen wird. 12

Für die Besorgnis genügt, dass der Schuldner Anspruch oder Leistungspflicht **ernstlich bestreitet.**[29] Bösgläubigkeit oder gar Böswilligkeit wird nicht gefordert, auch wenn die Formulierung „sich der Leistung entziehen" auf ein subjektives Element hindeutet. Besteht die Besorgnis künftiger Unmöglichkeit der Leistung oder künftiger Zahlungsunfähigkeit des Schuldners, scheidet nach hM eine unmittelbare Anwendung des § 259 aus.[30] Jedoch kann nach Lage des Falles eine Analogie in Betracht kommen, etwa wenn der Mieter wegen eingetretener Zahlungsunfähigkeit die Miete oder die Nutzungsentschädigung nach § 546a BGB nicht zu zahlen vermag, aber dennoch die Wohnung weiter nutzt.[31] Droht die Erschwerung der Vollstreckung, so steht dem Gläubiger der Arrest zur Verfügung. 13

Beispiele: Die Ankündigung des Schuldners, er werde mit einer Gegenforderung aufrechnen, erfüllt die Voraussetzung des § 259 nicht,[32] da er die Forderung nicht bestreitet; anders ist die Ankündigung einer Eventualaufrechnung zu beurteilen. Die Berufung auf das Recht zur Minderung ist Bestreiten der Höhe nach und reicht aus.[33] Ebenfalls ausreichend ist das Bestreiten der Forderung während eines pactum de non petendo.[34] Das bloße Bestreiten der Fälligkeit genügt, auch im Falle der Stundung; denn § 259 stellt auf die rechtzeitige Leistung ab. 14

2. Klagen aus § 256 und § 259. Die **Klagen aus § 256 und § 259** schließen sich nicht gegenseitig aus.[35] Auch gegenüber der Klage auf künftige Leistung ist die **Feststellungsklage** nicht subsidiär; s. § 256 Rn. 5, 52. Gleichwohl hat der Gläubiger kein Wahlrecht zwischen der Feststel- 15

---

[25] *Stein/Jonas/Schumann* Rn. 13.

[26] *Schumann,* FS Larenz, 1983, S. 571, 596f.

[27] LG Köln NJW-RR 1996, 778; LG Kempten NJW-RR 1993, 1101; aM *Musielak/Foerste* Rn. 5 m. Nachw.

[28] OLG Karlsruhe NJW 1984, 2953.

[29] BGHZ 5, 342, 344 = NJW 1952, 817; BGHZ 43, 28, 31 = NJW 1965, 440; BGH NJW 1978, 1262, 1263; 1992, 1624, 1625; MDR 1996, 1232; NJW 1999, 954, 955 = LM § 283 BGB m. Anm. *Becker-Eberhard;* BGH NJW 1999, 954, 955; BGHZ 147, 225, 231 = NJW 2001, 2178, 2179; BGH NJW 2003, 1395; BGH MDR 2005, 1364, 1365 = NJW-RR 2005, 1518; BAG FamRZ 1983, 899, 900.

[30] OLG Koblenz FamRZ 1980, 583, 585; *Henssler* NJW 1989, 138, 140f.; *Gies* NZM 2003, 545, 547f.

[31] BGH NJW 2003, 1395 m. weit. Nachw.; OLG Dresden NZM 1999, 173; *Henssler* NJW 1989, 138, 141f.; *Gies* NZM 2003, 545, 548f.

[32] AM *Musielak/Foerste* Rn. 5.

[33] AM OLG Karlsruhe HRR 1936 Nr. 699.

[34] RGZ 90, 177, 180.

[35] BGH NJW 1986, 2507.

lungsklage und der Klage nach § 259.[36] Vielmehr kommt es auch hier auf das Feststellungsinteresse an. Dieses fehlt, wenn die Besorgnis der nicht rechtzeitigen Leistung eindeutig ist und der Kläger folglich durch Erhebung der Klage auf künftige Leistung kein zusätzliches Risiko eingeht; nur insoweit hat auch hier die Leistungsklage Vorrang.[37] Ist dies nicht der Fall oder kann im Wege der Feststellungsklage der Streit sachgemäßer und prozessökonomischer erledigt werden, so ist das Feststellungsinteresse gegeben.[38]

16 **3. Verbindung des Leistungsantrags mit Schadensersatzanspruch.** Bei der (auch nach Fortfall der Regelung des § 283 BGB aF durch die Schuldrechtsmodernisierung 2002 unbeschadet durch § 281 Abs. 4 BGB nach wie vor möglichen[39]) **Verbindung des Leistungsantrags** unter Fristsetzung **mit** dem sich aus der nicht fristgerechten Erfüllung ergebenden **Schadensersatzspruch** in einer Klage, die nur nach Maßgabe des § 259 zulässig ist (§ 255 Rn. 13), sind an die Besorgnis nicht rechtzeitiger Leistung normale Anforderungen zu stellen.[40] Die Schadensersatzklage ist unzulässig, wenn der Kläger die Voraussetzungen des § 259 nicht einmal behauptet.[41]

IV. Verfahren

17 **1. Urteilstenor.** Der **Urteilstenor** muss die Bedingung, unter der der Anspruch steht, oder den Kalendertag, an dem die Leistung fällig wird, eindeutig nennen. Die Dauer der Verurteilung braucht nicht notwendig im Tenor ausgesprochen zu werden; es genügt, dass sie sich hinreichend deutlich aus den Entscheidungsgründen ergibt.[42] Bei Klagen aus einem Pfändungs- und Überweisungsbeschluss (Rn. 3) kann die Verurteilung bis zur Tilgung der zu vollstreckenden Forderung im Tenor begrenzt werden.[43]

18 **2. Vollstreckungsklausel.** Die Erteilung der **Vollstreckungsklausel** richtet sich bei bedingten Ansprüchen nach § 726 Abs. 1. Für Urteile auf künftige Räumung von Wohnraum gilt § 721 Abs. 2. Die Zwangsvollstreckung darf nicht vor Ablauf des im Urteil genannten Kalendertags beginnen (§ 751 Abs. 1).

19 **3. Anerkenntnisurteil.** Erkennt der Beklagte den Anspruch an, so kann ein **Anerkenntnisurteil** auch dann ergehen, wenn die Besorgnis nicht rechtzeitiger Leistung nicht gerechtfertigt war;[44] vgl. § 307 Rn. 22. Dann hat allerdings der Beklagte keinen Anlass zur Klage gegeben, so dass bei einem sofortigen Anerkenntnis der Kläger die **Kosten** zu tragen hat (§ 93). Im Allgemeinen ist § 93 nicht anwendbar, weil die begründete Besorgnis iSd. § 259 Klageanlass ist.

§ 260 Anspruchshäufung

Mehrere Ansprüche des Klägers gegen denselben Beklagten können, auch wenn sie auf verschiedenen Gründen beruhen, in einer Klage verbunden werden, wenn für sämtliche Ansprüche das Prozessgericht zuständig und dieselbe Prozessart zulässig ist.

Schrifttum: *Brox,* Zur Problematik von Haupt- und Hilfsanspruch, in: Recht im Wandel – Festschrift 150 Jahre Carl Heymanns Verlag, 1965, S. 121; *Dunz,* Streitgegenstand auf Umtausch, NJW 1962, 1225; *Frank,* Anspruchsmehrheiten im Streitwertrecht, 1986; *Gaul,* Das Zuständigkeitsverhältnis der Zivilkammer zur Kammer für Handelssachen bei gemischter Klagenhäufung und (handelsrechtlicher) Widerklage, JZ 1984, 57; *Hipke,* Die Zulässigkeit der unechten Eventualklagenhäufung, 2003; *Jahr,* Anspruchsgrundlagenkonkurrenz und Erfüllungskonnexität, FS G. Lüke, 1997, S. 297; *Kion,* Eventualverhältnisse im Zivilprozeß, 1971; *G. Lüke,* Zur Streitgegenstandslehre Schwabs – eine zivilprozessuale Retrospektive, FS K.H. Schwab, 1990, S. 309; *G. Lüke/Kerwer,* Eine „neuartige" Klagenhäufung, NJW 1996, 2121; *Merle,* Zur eventuellen Klagenhäufung, ZZP 83 (1970), 436; *Nikisch,* Zur Lehre vom Streitgegenstand im Zivilprozeß, AcP 154 (1955), 271; *Saenger,* Klagenhäufung und alternative Klagebegründung, MDR 1994, 860; *Schumann,* Anspruchsmehrheiten im

---

[36] AM RGZ 113, 410, 411; BGH NJW 1986, 2507. *Musielak/Foerste* § 256 Rn. 15 hält die hM für wenig konsequent.

[37] AM LG Dortmund NJW 1981, 764, 765.

[38] BGHZ 2, 250, 252 = NJW 1951, 887 m. Anm. *Köster.*

[39] Wie hier *Wieser* NJW 2003, 2452, 2453; *Gesell* JZ 2004, 110, 115f.; *Kaiser* MDR 2004, 311, 313f.; aA *Schur* NJW 2002, 2518, 2519f.

[40] Wie hier BGH NJW 1999, 954, 955; BGH MDR 2005, 1364; die Lit. spricht teils von strengen Maßstäben; OLG Koblenz AnwBl. 1990, 107, 108; *K. Schmidt* ZZP 87 (1974), 49, 69.

[41] OLG Köln OLGZ 1976, 477, 478; OLG Koblenz FamRZ 1980, 583, 585.

[42] BAG AP Nr. 2 m. zust. Anm. *Zeuner.*

[43] BAG FamRZ 1983, 899, 900.

[44] Ebenso *Stein/Jonas/Schumann* Rn. 25.

Streitwertrecht, NJW 1982, 2800; *Wendtland,* Die Verbindung von Haupt- und Hilfsantrag im Zivilprozeß, 2001; *M. Wolf,* Die Zulässigkeit unechter Eventualklagen, insbesondere bei Teilklagen, FS Gaul, 1997, S. 805.

Übersicht

I. Normzweck

1 Die Vorschrift regelt die objektive Klagenhäufung. Danach kann der Kläger **mehrere Prozessansprüche** gegen denselben Beklagten in einer Klage **verbinden.** Er ist also nicht gezwungen, mehrere Ansprüche mit mehreren Klagen geltend zu machen. Andererseits steht die gemeinsame Geltendmachung in einer Klage in seinem Belieben; s. Rn. 28.

2 Die Vorschrift dient in erster Linie der **Prozessökonomie;** sie ermöglicht einheitliche Schriftsätze, Termine, Beweisaufnahmen und Entscheidungen. Die Gefahr widersprechender Entscheidungen wird durch sie vermindert, aber nicht ausgeschlossen;[1] denn sie verlangt – anders als § 44 VwGO, § 56 SGG und § 43 FGO – für die mehreren Prozessansprüche weder einen rechtlichen noch einen wirtschaftlichen Zusammenhang, so dass die Klagenhäufung auch dort zulässig ist, wo den einen Anspruch betreffende Fragen nicht präjudiziell für die Entscheidung über den anderen sind. Die Zweckausrichtung nach der Prozessökonomie zeigt sich auch in § 145 Abs. 1, der die im gerichtlichen Ermessen stehende Anordnung der Prozesstrennung vorsieht. Die Prozessverbindung nach § 147 ist entweder an den rechtlichen Zusammenhang der mehreren Prozessansprüche geknüpft oder an die Voraussetzungen der Klagenhäufung.

3 § 260 hat in der Praxis keine große Bedeutung, wohl aber in der Theorie, und zwar vornehmlich für die Streitgegenstandslehre. Zur Prozessökonomie und damit auch zur zügigen Erledigung des gesamten Rechtsstreits trägt am wirkungsvollsten eine **flexible Handhabung** der §§ 260, 145, 147 bei.

II. Formen der Klagenhäufung

4 **1. Objektive und subjektive Klagenhäufung. a)** Die **objektive Klagenhäufung** ist keine Häufung von Klagen, sondern von **prozessualen Ansprüchen** (Streitgegenständen) in einer Klage. Die unrichtige Bezeichnung, die auf das aktionenrechtliche Denken zurückgeht, hat sich sprachlich durchgesetzt und wird deshalb beibehalten. Der Sache näher kommen die neueren Ver-

[1] Vgl. AK-ZPO/*Wassermann* Rn. 1.

fahrensgesetze (s. Rn. 2), die von mehreren Klagebegehren sprechen; bezogen auf den eingliedrigen Streitgegenstandsbegriff (s. Vor § 253 Rn. 32ff.) sind sie sogar korrekt.

5 Eine Klagenhäufung ist gegeben, wenn eine Klage **mindestens zwei Streitgegenstände** enthält. Sie setzt folglich voraus, dass mehrere Klageanträge, mehrere Klagegründe (Lebenssachverhalte) oder beides vorliegen. Die mehreren prozessualen Ansprüche begründen nicht auch mehrere Prozessrechtsverhältnisse,[2] da diese durch die beteiligten Subjekte bestimmt werden; s. Einl. Rn. 30.

6 Dagegen liegt **keine Klagenhäufung** vor, wenn der zur Klagebegründung vorgetragene Sachverhalt mehrere Anspruchsgrundlagen ausfüllt **(Anspruchsgrundlagenkonkurrenz).**[3] Beispiele: Herausgabeklage gestützt auf Eigentum und verbotene Eigenmacht; Schadensersatzklage wegen einer Handlung, die zugleich Vertragsverletzung und unerlaubte Handlung ist, etwa die Beschädigung einer dem Kläger gehörenden und an den Beklagten vermieteten Sache; Ansprüche auf Rückgewähr von Vermögensgegenständen gestützt auf Gläubigeranfechtung und andere Rechtsnormen wie zB Deliktsrecht.[4] Auch die nach §§ 985 und 546 BGB begründete Herausgabeklage hat nur einen prozessualen Anspruch.[5] – Zur Frage, ob der Kläger das Gericht bezüglich der zu prüfenden Reihenfolge binden, eine Anspruchsgrundlage von der gerichtlichen Prüfung ausschließen oder die Prüfung auf nur eine Anspruchsgrundlage beschränken kann, s. Vor § 253 Rn. 39.

7 **b)** Von der objektiven ist die **subjektive Klagenhäufung** zu unterscheiden. Sie liegt vor, wenn auf der Kläger- oder der Beklagtenseite mehrere Parteien beteiligt sind. Außer der Möglichkeit der Trennung (§ 145 Abs. 1) und der Verbindung (§ 147) haben beide sachlich keine Ähnlichkeit miteinander. So ist zB bei objektiver Klagenhäufung (§ 301 Abs. 1) und einfacher Streitgenossenschaft ein Teilurteil zulässig, nicht aber bei notwendiger; § 301 Rn. 4, 5. Bei subjektiver Klagenhäufung entstehen mehrere Prozessrechtsverhältnisse.

8 **2. Kumulative Klagenhäufung. a)** Werden **mehrere Klageanträge** auf Grund eines oder mehrerer Lebenssachverhalte gleichrangig nebeneinandergestellt, so ist die Klagenhäufung kumulativ. Beispiele: Der Vermieter klagt auf Räumung, rückständigen Mietzins und Schadensersatz wegen Beschädigung der Mietsache; der Erbe verlangt vom Erbschaftsbesitzer Herausgabe des Erlangten (§ 2018 BGB) und Auskunftserteilung (§ 2027 BGB); Klage auf Schadensersatz und Unterlassung; auf Rückzahlung des Darlehens und Zahlung von Darlehenszinsen; auf Zahlung der Kaufpreise aus zeitlich ganz verschiedenen Kaufverträgen.[6] Die auf zwei Mieterhöhungsverlangen, die sich auf verschiedene Zeitpunkte beziehen, gestützte Klage (§ 558b Abs. 2 BGB) enthält zwei Streitgegenstände;[7] sie begründet in der Regel eine Eventualklagenhäufung; s. Rn. 10ff. In Zweifelsfällen ist durch Auslegung zu ermitteln, ob mehrere Anträge vorliegen. Das Wertverhältnis der Anträge ist unerheblich; deshalb begründet auch die Geltendmachung von Nebenforderungen iSd. § 308 Abs. 1 S. 2 eine kumulative Klagenhäufung.

9 **b)** Wird der Klageantrag auf **mehrere Klagegründe** gestützt, so ist zu unterscheiden: Kumulative Klagenhäufung ist gegeben, wenn der Antrag eine Mehrheit selbstständiger Zahlungsansprüche zusammenfasst, gleichgültig ob er die Gesamtsumme ausschöpft oder nicht. Im letzten Falle muss der Kläger jedoch das Verhältnis der Teilbeträge zueinander klarstellen; § 253 Rn. 104ff. Dies kann in Form eines Hauptantrags und mehrerer gestaffelter Hilfsanträge geschehen, die in eventueller Klagenhäufung verbunden sind;[8] s. Rn. 10. Stützen die mehreren Klagegründe nur einen materiellrechtlichen Anspruch, der mit dem Antrag geltend gemacht wird, so ist die Klagenhäufung nicht kumulativ, sondern **alternativ.** Beispiele: Der Kläger verlangt Zahlung einer Summe aus Kaufvertrag und auf Grund eines konstitutiven Anerkenntnisses, das der Beklagte ihm nach Lieferung der Ware gegeben hat, oder aus eigenem und abgetretenem Recht;[9] s. Rn. 25f. Auch bei Gestaltungsklagen ergeben mehrere Klagegründe eine Mehrheit von Streitgegenständen und damit eine kumulative Klagenhäufung, zB mehrere aus verschiedenen Lebenssachverhalten abgeleitete Aufhebungsgründe beim Eheaufhebungsantrag; s. auch § 610 Rn. 8.

---

[2] AM *Rosenberg/Schwab/Gottwald* § 96 Rn. 1.
[3] *Jahr* S. 297, 299ff.
[4] Vgl. BGHZ 143, 246, 250 = NJW 2000, 1259
[5] Vgl. BGHZ 8, 47, 50 = NJW 1953, 179 m. Anm. *Lauterbach* = JZ 1953, 113 m. Anm. *Rosenberg;* BGHZ 9, 22, 27 = NJW 1953, 663.
[6] *Vollkommer,* FS G. Lüke, 1997, S. 865, 886.
[7] LG Mannheim ZMR 1974, 339, 340. Zur Zustimmungsklage nach § 2 Abs. 3 S. 1 MHG (jetzt § 558b Abs. 2 BGB); *Emmerich,* FS G. Lüke, 1997, S. 65, 72ff.
[8] BGH NJW 1984, 371.
[9] OLG Hamm NJW-RR 1992, 1279.

3. Eventuelle Klagenhäufung. a) Anwendungsfälle. Bei der eventuellen Klagenhäufung stellt der Kläger **einen Hauptantrag** und für den Fall, dass dieser nicht durchdringt, **einen Hilfsantrag.** Über den Hilfsantrag soll also nur bei Scheitern des Hauptantrags entschieden werden. Ein Scheitern ist nicht nur gegeben, wenn der Hauptantrag vom Gericht als unbegründet oder unzulässig abgewiesen, sondern auch, wenn er für erledigt erklärt wurde.[10] Die Anträge können sich nach Inhalt der begehrten Entscheidung oder Rechtsschutzform unterscheiden. Sie können auf denselben oder auf verschiedene Lebenssachverhalte gestützt werden. Beispiele: Hauptantrag auf Grundbuchberichtigung wegen Nichtigkeit der Übereignung, hilfsweise Rückübereignung auf Grund Wiederkaufs;[11] Herausgabe der Erbschaft wegen Nichtigkeit des Testaments, hilfsweise Geltendmachung des Pflichtteilsanspruchs.[12] Beispiele für mehrere Anträge aus demselben Sachverhalt: Klage auf Schadensersatz wegen arglistiger Täuschung, hilfsweise auf Minderung für den Fall der Nichterweislichkeit der Täuschung oder Zusicherung;[13] auf Herausgabe aus Eigentum, hilfsweise auf Rückübereignung. 10

Die **Zulässigkeit** von Eventualanträgen wird schon aus praktischen Gründen nicht mehr angezweifelt. Der Eventualanspruch wird sofort rechtshängig. Seine Rechtshängigkeit ist auflösend bedingt durch die rechtskräftige Zuerkennung des Hauptanspruchs und erlischt rückwirkend mit Eintritt dieser Bedingung; zugleich werden auch über ihn etwa bereits ergangene Urteile wirkungslos.[14] Die Bedingung ist ein **innerprozessuales Ereignis,**[15] das der Einflussnahme des Klägers entzogen ist, so dass von außen keine Unsicherheit in den Prozess getragen wird. Unzulässig ist eine innerprozessuale Bedingung dagegen, wenn sie die gesamte Klage erfasst, da dann von vornherein eine sichere Entscheidungsgrundlage fehlt.[16] Vgl. § 54 Abs. 1 S. 2 GKG und Rn. 57. 11

b) Zulässigkeit. Nach wohl hM ist die Eventualhäufung nur zulässig, wenn Haupt- und Hilfsantrag rechtlich oder wirtschaftlich dasselbe oder **ein gleichartiges Ziel** verfolgen. Deshalb ist ein Hilfsantrag aus einem völlig anderen Sachverhalt unzulässig, etwa eine Klage auf Zahlung eines Kaufpreises, hilfsweise auf Rückgabe einer Mietsache oder die Klage auf Räumung, hilfsweise auf Rückzahlung eines Darlehens.[17] Damit soll verhindert werden, dass der Kläger ohne Kostenrisiko den Beklagten mit Streitigkeiten überzieht, die wegen Begründetheit des Hauptbegehrens wieder entfallen. Die Möglichkeit des Beklagten, für den Fall, dass seinem Hauptantrag auf Abweisung des Hauptklageantrags nicht stattgegeben werde, eine Feststellungs-Eventualwiderklage zu erheben,[18] schützt den Beklagten nicht ausreichend. 12

c) Unzulässigkeit. Unzulässig ist es, in einem neuen Verfahren einen Antrag zu stellen, der durch den Ausgang eines anderen selbstständigen Verfahrens bedingt ist. Denn es ist nicht gewährleistet, dass zuerst über den Hauptantrag entschieden wird; außerdem besteht die Gefahr einander widersprechender Entscheidungen.[19] Ebenso unzulässig ist, die Wirksamkeit der Erhebung der Klage oder der Einlegung eines Rechtsmittels von der Bewilligung der Prozesskostenhilfe abhängig zu machen;[20] s. § 253 Rn. 17 und 28. 13

Dagegen kann einem Hauptantrag erst in der **Berufungsinstanz** ein Hilfsantrag hinzugefügt werden.[21] Es genügt, dass einer der beiden Ansprüche die Berufungssumme erreicht.[22] Auch sonst sind Hilfsanträge im Rechtsmittelverfahren statthaft, etwa eine Anschlussberufung für den Fall, dass die eigene Hauptberufung unzulässig oder die des Gegners erfolgreich ist.[23] Mehrere Hilfsanträge können untereinander gestaffelt werden.[24] 14

d) Eventualwiderklage. Die hM bejaht zu Recht die Statthaftigkeit einer Eventualwiderklage;[25] § 33 Rn. 24. Sie kann sich auf die Gleichbehandlung der Parteien, insb. auf den Grundsatz 15

---

[10] BGH NJW 2003, 3202.
[11] RGZ 77, 120, 122.
[12] *Stein/Jonas/Schumann* Rn. 19.
[13] RGZ 87, 237, 240.
[14] Für den Fall eines Grundurteils BGH NJW 2002, 3478, 3479.
[15] BGH NJW 1996, 3147, 3150.
[16] BGH NJW 1995, 1353; *G. Lüke/Kerwer* NJW 1996, 2121, 2122.
[17] *Stein/Jonas/Schumann* Rn. 20; *Jauernig* § 88 III; *Dunz* NJW 1962, 1225, 1226.
[18] *Kion* S. 61 ff.; *Merle* ZZP 83 (1970), 436, 441 f.
[19] OLG Frankfurt FamRZ 1978, 432, 433.
[20] *Schellhammer* Rn. 1248.
[21] BGH FamRZ 1979, 573 m. Anm. *Baumgärtel* S. 791; BGH FamRZ 1981, 2417, 2418; LM § 253 Nr. 7. – Zum Revisionsverfahren s. § 561 Rn. 17.
[22] KG OLGZ 1979, 348, 349; *Baumbach/Lauterbach/Hartmann* Rn. 8.
[23] RGZ 142, 307, 311; 168, 284, 285; vgl. auch BGH NJW 1984, 1240, 1241.
[24] BGH NJW 1984, 371 = LM § 546 Nr. 113; NJW-RR 1992, 290, 292 = WM 1992, 308.
[25] BGH NJW 1996, 320; 1996, 2165, 2167.

der Waffengleichheit, berufen. Nicht erforderlich ist, dass der Hauptantrag des Beklagten auf Abweisung der Klage und sein Hilfsantrag auf Verurteilung des Beklagten in einem wirklichen Eventualverhältnis stehen, dass also der mit der Widerklage geltend gemachte Anspruch nur begründet sein kann, wenn auch das Klagebegehren begründet ist.[26] Es genügt, dass die mit der Eventualwiderklage verfolgten Ansprüche mit dem Klageanspruch oder den gegen ihn vorgebrachten Verteidigungsmitteln rechtlich zusammenhängen. Statthaft ist auch eine bedingte Wider-Widerklage; § 253 Rn. 20.

16 **e) „Uneigentliche" Eventualhäufung.** Nach hM ist es grds. zulässig, einen weiteren Klageantrag für den Fall zu stellen, dass der erste Antrag durchdringt.[27] Die dafür vielfach verwendete Bezeichnung „uneigentliche" oder „unechte" Eventualhäufung[28] ist allerdings eher irreführend und kaum hilfreich. Denn auch insoweit handelt es sich in dem Sinne um eine eventuelle Klagenhäufung, als der weitere Antrag ebenfalls unter einer (auflösenden) Bedingung steht. Anders als bei der „eigentlichen" Eventualhäufung wird er jedoch gerade nicht hilfsweise für den Fall der Abweisung des Erstantrages gestellt, sondern umgekehrt für den Fall seines Erfolgs, während er mit der Abweisung des Erstantrags gegenstandslos wird. Ersterenfalls kommt es im Ergebnis zu einer Kumulierung beider Anträge;[29] s. a. § 255 Rn. 13. Die in der Voraufl. gegen die hM vorgebrachten Argumente verfangen nicht. Insb. ist es legitimer Zweck einer jeden bedingten Antragshäufung (und auch bei der „echten" Eventualhäufung nicht anders), den Kläger vom Risiko eines Prozessverlustes zu befreien.

17 Dementsprechend hat es der BGH[30] zugelassen, zugleich auf den Abschluss eines Kaufvertrages und gegebenenfalls auf Zahlung des Kaufpreises aus dem dann abgeschlossenen Vertrag zu klagen. Das BAG[31] lässt insb. die Geltendmachung des **Weiterbeschäftigungsanspruchs des Arbeitnehmers** in Form des „uneigentlichen" Eventualantrags in Verbindung mit der Kündigungsschutzklage zu.[32] Damit wird nicht nur die sich aus dem Gesetz ergebende besondere Abhängigkeit des Weiterbeschäftigungsanspruchs von der Entscheidung über die Kündigungsschutzklage, sondern auch die Waffengleichheit zwischen den Parteien gewahrt. Ähnliches gilt für die prozessuale Behandlung des Gehaltsnachzahlungsanspruchs (§ 615 BGB) bei erfolgreicher Kündigungsschutzklage. Da deren Erhebung die Verjährung des Gehaltsnachzahlungsanspruchs nicht hemmt und die hM es ablehnt, § 205 BGB analog anzuwenden[33] (s. a. § 262 Rn. 13), würde die unbedingte klageweise Geltendmachung des Gehaltsnachzahlungsanspruchs ungerechtfertigt mit einem zusätzlichen Prozessrisiko belastet werden. Die Zulassung des uneigentlichen Eventualantrags hat für den Deckungsschutz der Rechtsschutzversicherer bezüglich des Weiterbeschäftigungsanspruchs Bedeutung und spielt unter diesem Gesichtspunkt auch in der allgemeinen Zivilprozesspraxis eine Rolle.[34]

18 Der nach **§ 510 b** oder **§ 61 Abs. 2 ArbGG** gestellte Entschädigungsantrag, mit dem ein künftiger Anspruch geltend gemacht wird, ist zwar kein Eventualantrag im herkömmlichen Sinne eines für den Fall des Misserfolgs des Hauptantrages gestellten Hilfsantrages, wohl aber in dem Sinne bedingt, als er nur für den Fall des Erfolgs des Antrags auf Verurteilung zur Vornahme der Handlung gestellt ist. Dadurch schafft er gegebenenfalls eine kumulative Klagenhäufung; s. § 254 Rn. 4, 5. Ähnliches gilt für die auch nach Aufhebung des § 283 BGB aF nach wie vor zulässige Kombination

---

[26] So aber BGHZ 21, 13, 15 f. = NJW 1956, 1478 = LM § 216 Nr. 4 m. Anm. *Johannsen* = JZ 1957, 125 m. Anm. *Blomeyer.* Diese Einschränkung hat der BGH in NJW 1958, 1188 = MDR 1958, 589 ausdrücklich aufgegeben. Später hat er dann doch wieder mit dem echten Eventualverhältnis argumentiert; BGH NJW 1961, 1862 (LS) = LM § 33 Nr. 5 = MDR 1961, 932; s. auch BGHZ 43, 28, 30 = NJW 1965, 440 = LM § 33 Nr. 7. Das RG hat die Eventualklagenhäufung generell abgelehnt; Nachw. in BGHZ 21, 13, 15 f.

[27] RGZ 144, 71, 73 (aber nur mittelbar bejaht); BAG NJW 1965, 1042 (LS); BGHZ 132, 390, 398 = NJW 1996, 2306, 2308; BGH NJW 2001, 1285, 1286; OLG Schleswig NJW 1966, 1919; *Rosenberg/Schwab/Gottwald* § 65 Rn. 30, 33; *Jauernig* § 88 II; grds. auch *Musielak/Foerste* Rn. 9; *Rütter* VersR 1989, 1241, 1244 (Zulässigkeit des Zweitantrags nach Maßgabe des § 259); *Schilken* ZPR Rn. 731; *Becker-Eberhard* Anm. zu BGH LM § 283 BGB Nr. 7 = NJW 1999, 954 (Fall des § 283 BGB aF); *Hipke,* Die Zulässigkeit der unechten Eventualklagenhäufung, 2003; aM *Wieczorek* Anm. B I b; *G. Lüke/Kerwer* NJW 1996, 2121, 2124.

[28] OLG Schleswig NJW 1966, 1919; *K. Schmidt* ZZP 87 (1974), 49; *Kohler* JuS 1992, 58, 62; *Rosenberg/Schwab/Gottwald* § 65 Rn. 30; *Stein/Jonas/Schumann* § 260 Rn. 24.

[29] *Becker-Eberhard* Anm. zu BGH LM § 283 BGB Nr. 7 = NJW 1999, 954.

[30] NJW 2001, 1285.

[31] BAGE 48, 122 = NJW 1985, 2968.

[32] BAG NZA 1988, 741 = AP BGB § 611 Nr. 4 Weiterbeschäftigung (LS).

[33] So (noch zu § 202 Abs. 1 BGB aF) *G. Lüke* NJW 1960, 1333, 1334; aM BAG AP § 615 BGB Nr. 23; NZA 1992, 1025; s. auch *v. Hoyningen-Huene/Link* KSchG, 14. Aufl. 2007, § 4 Rn. 41 m. weit. Nachw.

[34] Vgl. zB AG Hamburg NJW 1987, 2382, 2383; *Ahlenstiel* VersR 1988, 222.

von Erfüllungs- und Schadensersatzklage; die Zulässigkeit des Antrags auf Schadensersatz beurteilt sich nach § 259; s. § 255 Rn. 13. Zur Vollstreckung s. § 726 Rn. 2ff.

Die in jüngerer Zeit zu beobachtende Praxis, einen einheitlichen Streitgegenstand, vor allem bei sehr hohen Streitwerten, aufzuteilen und die Teilansprüche dergestalt zu staffeln, dass die Entscheidung über den nachrangigen Anspruch an den Erfolg des jeweils vorrangigen geknüpft wird, lässt sich allerdings nicht als Klagenhäufung in Form der „uneigentlichen" Eventualhäufung rechtfertigen. Sie stellt vielmehr eine **unzulässige Verbindung von Teilklagen** dar mit der Folge, dass die Geltendmachung der einzelnen Teilansprüche insgesamt unzulässig ist.[35] 19

f) Mehrere Klagegründe. Eine **Eventualklagenhäufung** liegt auch vor, wenn der Kläger seine Klage primär auf einen Klagegrund stützt und hilfsweise auf einen völlig anderen, der nach seiner Ansicht den Klageantrag ebenfalls in voller Höhe rechtfertigt, zB Zahlungsklage gestützt auf Abtretung einer Forderung von A, hilfsweise begründet mit der Abtretung einer Forderung von B.[36] Auch hier darf das Gericht auf den zweiten Klagegrund erst zurückgreifen, wenn es den ersten nicht für gegeben hält. Im Gegensatz zum hilfsweise gestellten Antrag kommt eine Teilabweisung nur in Betracht, falls der sich aus dem zweiten Klagegrund ergebende materiell-rechtliche Anspruch im Umfang hinter dem Klageantrag zurückbleibt; s. Rn. 49f. 20

Die Begründungen dürfen einander auch widersprechen oder sich gegenseitig ausschließen. Darin ist kein Verstoß gegen die Wahrheitspflicht (§ 138 Abs. 1) zu sehen.[37] Jedoch darf das Gericht bewusst unwahre Behauptungen nicht beachten. Die Zulassung widersprechender Begründungen entspricht wegen der Unsicherheit des Beweises einem praktischen Bedürfnis. Der Kläger muss aber ihr Verhältnis zueinander klarstellen.[38] 21

4. Alternative Klagenhäufung. a) Unzulässigkeit. Bei der wahlweisen oder alternativen Klagenhäufung macht der Kläger den einen oder den anderen Prozessanspruch geltend. Nur einem von ihnen soll stattgegeben werden, etwa nach Wahl des Richters oder des Beklagten. **Alternative Klageanträge** (zB auf Erfüllung oder Schadensersatz, auf Herausgabe oder Wertersatz) sind grds. unzulässig, da dem Begehren die erforderliche Bestimmtheit fehlt (§ 253 Abs. 2 Nr. 2).[39] Häufig wird die Auslegung ergeben, dass beide Anträge in Eventualstellung zu einander stehen; jedoch darf diese im Zweifel nicht ohne weiteres angenommen werden.[40] 22

b) Zulässigkeit. Zulässig ist die alternative Klagenhäufung, wenn aus einer **Wahlschuld** geklagt wird (§ 262 BGB). Sodann muss nicht etwa das Gericht unter mehreren Streitgegenständen einen aussuchen; vielmehr soll nur die Wahlfreiheit des Schuldners erhalten bleiben. Das Urteil ergeht dahin, dass der Beklagte dieses oder jenes leisten muss. Bei Wahlbefugnis des Schuldners kann der Kläger seinerseits erst in der Zwangsvollstreckung wählen (§ 264 BGB). Bei Wahlbefugnis des Gläubigers muss dieser bereits im Klageantrag wählen, so dass es zu keiner zulässigen alternativen Klagenhäufung kommt. 23

Die **Ersetzungsbefugnis** des Schuldners aus Parteivereinbarung oder Gesetz (zB nach § 244 Abs. 1 BGB[41]) begründet keine alternative Klagenhäufung. Die dem Schuldner zustehende Möglichkeit der anderen Leistung ist nicht Gegenstand der Verurteilung und nicht vollstreckbar; erbringt er die andere Leistung, so hat er erfüllt und kann Vollstreckungsabwehrklage erheben (§ 767). 24

c) Ein Antrag mit mehreren selbstständigen Klagegründen. Die wohl überwiegende Lehre nimmt alternative Klagenhäufung an, wenn die Zahlungsklage mit **zwei selbstständigen Klagegründen** gerechtfertigt wird, der Kläger die Klagesumme aber nur einmal beanspruchen kann. Der typische Fall ist das Nebeneinander von Grundgeschäft und Wechselhingabe. Der hierfür auch gebräuchliche Ausdruck **alternative Klagebegründung**[42] hat den Vorteil, von der eigentlichen alternativen Klagenhäufung (Rn. 22) abzugrenzen, aber die Schwäche, die für die Anwendung des § 260 maßgebende Mehrheit von Streitgegenständen zu unterschlagen. Die BGH-Rspr. ist uneinheitlich. Während er im Übergang von der Klage aus der Wechselforderung zur 25

---

[35] Ausf. *G. Lüke/Kerwer* NJW 1996, 2121, 2124f.; aM *M. Wolf* S. 805, 813; *Hipke,* Die Zulässigkeit der unechten Eventualklagenhäufung, S. 359ff.

[36] RGZ 144, 71, 72 hält die „Hilfsklagebegründung" für zulässig.

[37] BGH MDR 1959, 834; BGH NJW-RR 2004, 1196, 1197; KG NJW 1966, 2167; vgl. auch RGZ 77, 120, 123.

[38] BGHZ 19, 387, 390.

[39] Ebenso *Saenger* MDR 1994, 860, 862 m. weit. Nachw.; *Schilken* ZPR Rn. 730.

[40] So aber *Stein/Jonas/Schumann* Rn. 14.

[41] RGZ 126, 196, 215; BGH NJW 1980, 2017; *Arend,* Zahlungsverbindlichkeiten in fremder Währung, 1989, S. 47ff.

[42] *Saenger* MDR 1994, 860, 862f.

Klage aus dem Grundverhältnis eine Klageänderung in Form der nachträglichen Klagenhäufung gesehen, also zwei Streitgegenstände angenommen hat,[43] hat er früher für eine Klage aus Wechsel und Garantievertrag eine Klagenhäufung überhaupt verneint und ist von nur einem Streitgegenstand ausgegangen, weil der Zahlungsanspruch lediglich auf mehrere Klagegründe gestützt werde.[44]

26 Nach der zweigliedrigen Streitgegenstandsauffassung liegen zwei im Verhältnis der **Alternativität** zueinander stehende Streitgegenstände vor.[45] Dem Kläger ist es im Allgemeinen gleichgültig, mit welchem Anspruch er Erfolg hat. Beide Ansprüche sind unter der auflösenden Bedingung erhoben, dass der andere durchdringt, so dass die Rechtshängigkeit des einen Anspruchs mit dem rechtskräftigen Zusprechen des anderen erlischt.[46] Die Selbstständigkeit des Klagegrundes auf der tatsächlichen Ebene hängt nicht davon ab, ob zB die Ausstellung des Wechsels in unmittelbarem sachlichen und zeitlichen Zusammenhang mit dem Rechtsgrundgeschäft geschehen ist.[47] Der Sachverhalt erhält durch die spezielle Anspruchsnorm einen eigenen Zuschnitt und wird dadurch immer zu einem selbstständigen Klagegrund; s. § 261 Rn. 70.

27 In seiner Rspr. zum verschuldensunabhänigen **nachbarrechtlichen Ausgleichsanspruch** nimmt der BGH[48] alternative Klagenhäufung und damit eine Mehrheit von Streitgegenständen zwischen dem Deliktsanspruch und dem Anspruch analog § 906 Abs. 2 S. 2 BGB an, obgleich beide Ansprüche sich aus demselben Sachverhalt ergeben. Richtigerweise liegt jedoch keine Mehrheit von Streitgegenständen vor, sondern eine Anspruchsgrundlagenkonkurrenz (Rn. 6). Dass der Ausgleichsanspruch keinen vollen Schadensersatz gewährt, sondern sich in Anlehnung an die Grundsätze einer Enteignungsentschädigung bemisst, ändert daran nichts.

28 **5. Entstehung. a) Ursprüngliche und nachträgliche Klagenhäufung.** Die objektive Klagenhäufung entsteht durch **gleichzeitige Geltendmachung** mehrerer Ansprüche in einer Klage (§ 260). Dem Kläger steht es frei, jeden Anspruch einzeln einzuklagen oder Klagenhäufung zu wählen, und zwar auch dann, wenn durch die Klagenhäufung die Zuständigkeit verändert (§ 5) oder die Rechtsmittelsumme erreicht wird oder sich durch Einzelklagen die Kostenlast des Beklagten erhöht.[49] Selbst Scheidungs- und Eheaufhebungsanträge brauchen nicht in einer Klage verbunden zu werden (vgl. §§ 610, 631 Abs. 2 S. 3).[50] Das klägerische Ermessen wird nur durch Rechtsmissbrauch begrenzt. § 145 PatG übt einen mittelbaren Zwang zur Klagenhäufung aus.

29 Die Klagenhäufung kann auch erst **nachträglich** durch Geltendmachung eines weiteren Prozessanspruchs begründet werden, etwa durch einen Zwischenfeststellungsantrag (§ 256 Abs. 2) oder einen neuen Hilfsantrag. Zur Form s. § 261 Abs. 2. Eine nachträgliche Klagenhäufung wird vom BGH wie eine Klageänderung behandelt;[51] s. § 263 Rn. 21.

30 **b) Verbindung.** Die Klagenhäufung kommt auch durch **Verbindung mehrerer Prozesse** zu einem Verfahren mittels Gerichtsbeschluss zustande (§ 147). Eine eventuelle Klagenhäufung kann allerdings so nicht entstehen, da die Eventualstellung allein vom Willen des Klägers abhängt. Auch die gerichtliche Verbindung hat gemeinsame Verhandlung, Beweisaufnahme und Entscheidung zur Folge. Klagenhäufung nach § 260 und Prozessverbindung nach § 147 sind aber nicht in allen Punkten gleich zu behandeln. Zwar kann das Gericht seine eigene Verbindung (nach § 150) und die durch den Kläger (nach § 145 Abs. 1) jederzeit aufheben; jedoch ist nur bei Klagenhäufung das Urteil über einen der Ansprüche ein Teilurteil (§ 301 Abs. 1), während es bei Prozessverbindung ein Vollendurteil ist (§ 300 Abs. 2); s. § 300 Rn. 7.

---

[43] BGH NJW-RR 1987, 58 in Fortführung seiner Rspr. aus NJW 1982, 2823 u. 1985, 1841, 1842; offengelassen in BGHZ 13, 145, 154 = NJW 1954, 1321. Im Zusammenhang mit der Rechtshängigkeitssperre hat das OLG Hamm WM 1984, 400 bei Scheck- und zugrunde liegender Werklohnforderung zwei Streitgegenstände angenommen.

[44] BGH ZZP 75 (1962), 458, 460 m. zust. Anm. *K. H. Schwab;* zust. *Schwab* auch in JuS 1965, 81, 83.

[45] *G. Lüke,* FS K. H. Schwab, 1990, S. 309, 311 ff. m. Nachw.; *Henckel,* Parteilehre und Streitgegenstand im Zivilprozess, 1961, S. 253 ff., nimmt Eventualhäufung an.

[46] Dazu jetzt *K. H. Schwab,* FS G. Lüke, 1997, S. 793, 795 f.

[47] So aber *Nikisch* AcP 154 (1955), 271, 284.

[48] BGHZ 111, 158, 166 = NJW 1990, 1910; 120, 239, 249 = NJW 1993, 925; MDR 1997, 1021, 1022 = NJW-RR 1997, 1374 (dazu krit. *Zöller/Greger* Rn. 5); BGHZ 113, 384, 390 = NJW 1991, 1671, 1673; BGHZ 147, 45, 49 = NJW 2001, 1865 = JZ 2001, 1084 m. Anm. *Brehm;* s. a. *Berger* LMK 2003, 145.

[49] Demgegenüber verlangt OLG München NJW 1965, 2407 ein erkennbares berechtigtes Interesse an der getrennten Geltendmachung; es will bei dessen Fehlen den in mehreren Verfahren unterlegenen Beklagten insgesamt nur mit der Erstattung der Kosten belasten, die auch bei Verfolgung der Ansprüche in einem einzigen Verfahren entstanden wären.

[50] Zur Konkurrenz von Eheaufhebungs- und Scheidungsbegehren *G. Lüke,* FS Gaul, 1997, S. 425, 428 f.

[51] BGH NJW 1985, 1841, 1842; NJW-RR 1987, 58.

c) Beendigung. Die objektive Klagenhäufung **endet** durch Rücknahme der Klageansprüche bis auf einen, Erledigung eines Anspruchs nach § 91 a, rechtskräftiges Teilurteil (oder Vollendurteil gemäß § 300 Abs. 2) oder Trennungsbeschluss nach §§ 145, 150. Unzulässig ist eine Trennung bei eventueller Häufung (§ 145 Rn. 11); zur alternativen Häufung s. Rn. 55. 31

III. Zulässigkeit

1. Besondere Voraussetzungen. Zu unterscheiden sind die **allgemeinen Sachurteilsvoraussetzungen,** die für jeden der verbundenen prozessualen Ansprüche selbstständig zu prüfen sind, zB die Zulässigkeit des Rechtswegs,[52] und die **besonderen Voraussetzungen** für die Zulässigkeit der Klagenhäufung, nämlich Identität der Parteien, dieselbe Prozessart und das Fehlen eines Verbindungsverbots. Die Zuständigkeit des Gerichts für jeden Anspruch gehört trotz des Gesetzeswortlauts zu den erst- und nicht zu den letztgenannten, wenngleich insoweit für die Klagenhäufung einige Besonderheiten zu beachten sind; s. Rn. 39ff. 32

a) Identität der Parteien. Die mehreren Ansprüche müssen vom selben Kläger gegen denselben Beklagten geltend gemacht werden. Ein Zusammenhang zwischen den Ansprüchen wird ausdrücklich nicht gefordert; zu Eventualanträgen s. Rn. 12. Die Parteien sind auch identisch, wenn eine Partei aus eigenem Rechtsverhältnis klagt oder verklagt wird und zusätzlich aus fremdem Rechtsverhältnis kraft der ihr zustehenden Prozessführungsbefugnis.[53] Parteiidentität fehlt, falls der Vertreter einer Partei zugleich eigene Ansprüche einklagt oder eine Partei kraft Amtes auch eine Klage in ihrem Privatinteresse erhebt. 33

b) Dieselbe Prozessart. Alle Ansprüche müssen in derselben Prozessart erhoben und in dieser auch zulässig sein. Prozessarten iSd. § 260 sind insb. Urkunden- und Wechselprozess (§§ 592ff.) sowie das Verfahren in Familien- und Kindschaftssachen (§§ 606ff., 640ff.); s. Rn. 46. Folglich kann zB eine Kaufpreisklage nicht mit einer Klage im Wechselprozess verbunden werden,[54] ein Zugewinnausgleichsanspruch nicht mit einem Pflichtteilsanspruch.[55] Wird der Anspruch primär im Wechselprozess, hilfsweise im gewöhnlichen Urkundenprozess geltend gemacht, was nach hM unzulässig ist, so ist die Klage, wenn der Wechselanspruch nicht besteht, als unbegründet abzuweisen, im Übrigen als im Wechselprozess unstatthaft.[56] 34

Unzulässig ist auch die Verbindung von Hauptsache- und Arrestprozess, die Erhebung eines zusätzlichen Feststellungsantrags im Urkunden- oder Arrestprozess, die zusätzliche Erhebung eines Gegendarstellungsanspruchs im besonderen Verfahren nach dem Berliner PresseG[57] sowie die Verbindung von Wiederaufnahmeklage mit gewöhnlicher Klage.[58] Dagegen können im Mahnverfahren sowie im Arrest- und einstweiligen Verfügungsverfahren mehrere Ansprüche verbunden werden. 35

c) Fehlen eines Verbindungsverbots. Modifizierungen oder Verbote der Häufung mehrerer Ansprüche in einer Klage enthalten §§ 578 Abs. 2, 610 Abs. 2, 640c Abs. 1 (anders 653 Abs. 1), Art. 51 § 5 CIM, Art. 51 § 5 CIV.[59] 36

2. Allgemeine Sachurteilsvoraussetzungen. a) Grundsatz. Ein Anspruch, für den eine Zulässigkeitsvoraussetzung fehlt, ist durch Teilurteil abzuweisen oder bei fehlender Zuständigkeit zu verweisen, falls der Kläger einen Antrag nach § 281 stellt. Zu §§ 5 und 25 s. Rn. 46, 40. Für jeden Anspruch kann eine Zulässigkeitsrüge erhoben und ein Urteil nach § 280 erlassen werden. Entsprechendes gilt für die Zulässigkeit eines Rechtsmittels. Berufung und Revision müssen für jeden Anspruch gesondert begründet werden; andernfalls ist das Rechtsmittel insoweit als unzulässig zu verwerfen. Zur Berechnung des Wertes der Beschwer s. Rn. 52. 37

Bei **Eventualanträgen** ist für Sachurteilsvoraussetzungen einstweilen allein der Hauptantrag maßgebend. Ist dieser als unzulässig abzuweisen, so hängt es von der Auslegung der Klage ab, ob damit die Bedingung für den Hilfsantrag eingetreten oder ob auch er abzuweisen ist. Die Verweisung nach § 281 erfasst auch den Hilfsantrag, selbst wenn für ihn das verweisende Gericht zuständig 38

---

52 BGH NJW 1998, 826, 828.

53 *Stein/Jonas/Schumann* Rn. 37; aM AK-ZPO/*Wassermann* Rn. 2, der sich zu Unrecht auf BGH MDR 1960, 384 = LM § 253 Nr. 26 beruft.

54 BGHZ 53, 11, 17 = NJW 1970, 324.

55 BayObLG FamRZ 2003, 1569; ein Anspruch auf Zugewinnausgleich außerhalb des Scheidungsverbunds nicht mit einem Anspruch auf Hausratsteilung, OLG Naumburg FamRZ 2007, 920.

56 BGH MDR 1982, 297, 298 u. 992.

57 KG NJW 1967, 2215f.

58 RGZ 91, 195, 196; aM *Stein/Jonas/Schumann* Rn. 33.

59 Zu § 615 Abs. 2 aF OLG Schleswig SchlHA 1974, 112, 113 = FamRZ 1975, 164.

ist. Liegen die Sachurteilsvoraussetzungen für den Hauptantrag vor, so spielt ihr Fehlen für den Hilfsantrag zunächst keine Rolle. Formelle Mängel des Hilfsantrags wirken sich erst bei Erfolglosigkeit des Hauptantrags aus. Daher kann erst nach Abweisung des Hauptantrags die Sache zur Entscheidung über den Hilfsantrag an das für ihn zuständige Gericht verwiesen werden.[60] Das ergibt sich aus der Eventualstellung selbst, nicht daraus, dass Haupt- und Hilfsantrag kein einheitliches Ganzes bilden, wie der BGH meint.[61]

39 **b) Zuständigkeit. aa)** Das Gericht muss **für jeden der mehreren Ansprüche** zuständig sein. Die sachliche Zuständigkeit des Landgerichts wird auch durch Zusammenrechnung begründet, sofern die Verbindung zulässig ist und nicht die Zuständigkeit für einen der Ansprüche nach §§ 23 Nr. 2, 71 Abs. 2 GVG vom Streitwert unabhängig ist. Eine Erleichterung sieht § 88 GWB vor.

40 Im Gerichtsstand der belegenen Sache können mit den dinglichen Haftungsklagen die persönlichen Klagen verbunden werden (§ 25). Die Zuständigkeit für die Wider-Widerklage ergibt sich aus § 33.

41 **bb)** Gehört der eine Anspruch vor die Zivilkammer und betrifft der andere eine **Handelssache** (§ 95 GVG), so ist eine Klagenhäufung zwischen ihnen nur nach Maßgabe der §§ 97 bis 99 GVG statthaft.[62] Die Verweisung wegen teilweiser Unzuständigkeit der Kammer für Handelssachen an die Zivilkammer ergreift den gesamten Rechtsstreit, falls diese nicht vorher einen Trennungsbeschluss erlassen hat; vgl. § 97 GVG Rn. 7. Die Zivilkammer hingegen ist immer für den gesamten Rechtsstreit zuständig, auch wenn einer der Streitgegenstände eine Handelssache ist; eine Trennung zwischen der Handelssache und der allgemeinen Zivilsache mit der Folge, dass nur die Handelssache verwiesen wird, ist nicht möglich; s. § 98 GVG Rn. 5.

42 **cc) Familiensache** und Nicht-Familiensache können nicht miteinander verbunden werden, auch wenn dasselbe Amtsgericht zuständig ist;[63] Rn. 34 und § 621 Rn. 11. Das folgt aus § 621 und den unterschiedlichen Rechtsmittelzügen. Das Verbindungsverbot greift nur bei mehreren prozessualen Ansprüchen ein; liegt hingegen nur ein Anspruch vor, so gibt die Begründung als Familiensache den Ausschlag;[64] § 621 Rn. 12.

IV. Verfahren

43 **1. Bei zulässiger Klagenhäufung.** Folge der zulässigen Klagenhäufung sind gemeinsame Verhandlung, Beweisaufnahme und Entscheidung über die mehreren Ansprüche. Erscheint sie dem Gericht unzweckmäßig, so kann es das Verfahren nach § 145 trennen, allerdings nur bei kumulativer, nicht bei eventueller, zweifelhaft bei alternativer Häufung; Rn. 55. Schon vor Abweisung des Hauptantrags kann über den Hilfsantrag verhandelt werden, wenn beide Ansprüche absehbar entscheidungsreif sind.[65]

44 In allen Fällen, auch bei eventueller Klagenhäufung, kann das Gericht analog § 146 anordnen, dass im selben Prozess zunächst nur über einen Anspruch verhandelt wird, und nach § 301 Abs. 1 über einen Anspruch durch Teilurteil vorwegentscheiden.[66] Zulässig ist auch die Abtrennung einzelner Ansprüche nach § 145, nicht aber die Aussetzung nach § 148. Die Trennung nach § 145 berührt die einmal gegebene Zuständigkeit (§ 5) nicht mehr (§ 261 Abs. 3 Nr. 2). Ist bei der Entscheidung ein Anspruch übergangen, so findet § 321 Anwendung.

45 **2. Bei unzulässiger Klagenhäufung.** Die Rechtsfolgen sind je nach fehlender Voraussetzung verschieden. Eine Heilung nach § 295 ist nicht möglich.[67] Der Anspruch, für den die Zuständigkeit vorbehaltlich § 5 fehlt, wird ohne Trennungsbeschluss durch Prozessurteil abgewiesen oder an das zuständige Gericht verwiesen (§ 281). Gehört infolgedessen der andere Anspruch nicht mehr vor das angegangene Landgericht, so gilt nichts anderes, weil § 5 nur auf die zulässige Klagenhäufung anwendbar ist und deshalb auch § 261 Abs. 3 Nr. 2 nicht eingreift;[68] s. § 261 Rn. 82. Bei mangelnder Parteiidentität liegt subjektive Klagenhäufung vor; sie ist nach §§ 59f. zu beurteilen.

---

[60] BGH NJW 1980, 1283; 1981, 2417 = FamRZ 1981, 1047.

[61] BGHZ 56, 79, 81 = NJW 1971, 1316 = JR 1971, 331 m. Anm. *Bähr.*

[62] Zur hM, die das Verhältnis der Zivilkammern zu den Kammern für Handelssachen als eine Frage der gesetzlichen Geschäftsverteilung qualifiziert, krit. *Gaul* JZ 1984, 57, 58f.

[63] BGH NJW 1979, 426, 427 = FamRZ 1979, 215 = LM § 260 Rn. 13 (LS); BGH NJW 1979, 660; 1981, 2417 = FamRZ 1981, 1047 = LM GVG § 23b Nr. 12 (LS).

[64] BGH FamRZ 1983, 155, 156 m. Anm. *Walter* S. 363 = LM GVG § 23b Nr. 39 (LS).

[65] *Zöller/Greger* Rn. 6a.

[66] *Rosenberg/Schwab/Gottwald* § 96 Rn. 29.

[67] KG NJW 1967, 2215.

[68] Differenzierend *Stein/Jonas/Schumann* Rn. 48 Fn. 52.

Bezüglich der **Prozessart** ist zu unterscheiden: Sind die Ansprüche in verschiedenen Prozessarten erhoben, so erfolgt von Amts wegen Trennung der Ansprüche. Am Landgericht ergeht Abweisung beider, wenn keiner allein die Zuständigkeit des Landgerichts erreicht, bzw. Verweisung nach § 281. Sind zwar alle Ansprüche in derselben Prozessart erhoben, ist aber diese für einen nicht zulässig, dann wird er ohne Trennung als in der gewählten Prozessart unstatthaft abgewiesen (§ 597 Abs. 2). Eine Trennung scheidet aus, da für den unzulässig geltend gemachten Anspruch Entscheidungsreife besteht. Der andere ist, falls das Landgericht mangels Anwendbarkeit des § 5 nicht zuständig ist, abzuweisen oder zu verweisen. Ein in der gewählten Prozessart unzulässiger Hilfsantrag muss abgewiesen werden, weil bei Trennung eine unzulässig bedingte Klage entstehen würde.[69] 46

Sind mehrere Ansprüche einem **Verbindungsverbot zuwider** in einer Klage geltend gemacht, so kommt eine Abweisung nur für einen hilfsweise erhobenen Anspruch in Betracht,[70] nicht aber für kumulative Ansprüche. Diese sind zu trennen und in verschiedenen Prozessen zu verhandeln; denn nur ihre gemeinschaftliche Verhandlung ist unzulässig. 47

Die **Trennung** wegen einer fehlenden Zulässigkeitsvoraussetzung der Verbindung ist von der Trennung nach § 145 verschieden. Die eine macht § 5 unanwendbar; die andere lässt die Zuständigkeit nach § 5 unberührt und kann nach § 150 wieder aufgehoben werden. 48

3. Besonderheiten bei eventueller und alternativer Klagenhäufung. a) Verhältnis der Anträge. Das Verhältnis der Anträge als Haupt- und Hilfsantrag bestimmt allein der Kläger; das Gericht ist daran gebunden. Eine vorzeitige Entscheidung über den Hilfsantrag verletzt § 308, beschwert aber nur den Kläger, nicht den Beklagten.[71] Das Gericht kann sich auch nicht aus prozessökonomischen Erwägungen darüber hinwegsetzen, etwa um zeitaufwändige und kostenauslösende Beweiserhebungen zu vermeiden.[72] S. auch § 308 Rn. 17. Über den Hilfsanspruch darf auch dem Grunde nach erst entschieden werden, wenn feststeht, dass die Klage aus dem Hauptanspruch keinen vollen Erfolg hat.[73] IdR ist auch dann über den Hilfsantrag zu befinden, wenn es wegen Erledigungserklärung zu keiner (abweisenden) Entscheidung über den Hauptantrag kam.[74] Erkennt das Urteil den Hauptanspruch zu, so liegt ein Vollendurteil vor, da die Rechtshängigkeit des Hilfsanspruchs rückwirkend erlischt, ohne dass es eines besonderen Ausspruchs bedarf; Rn. 11. Zugleich entfällt die durch den Hilfsantrag bewirkte Verjährungshemmung (§ 262 Rn. 9);[75] über den Hilfsanspruch etwa bereits ergangene Entscheidungen werden wirkungslos.[76] Übergeht das Gericht den Hauptanspruch, ist Antrag auf Urteilsergänzung nach § 321 angezeigt.[77] – Auch in den Fällen mehrerer selbstständiger Klagegründe, die jeder für sich den vollen Klageantrag rechtfertigt, ist das Gericht an die vom Kläger bestimmte Reihenfolge gebunden, falls er ausnahmsweise eine solche Bestimmung getroffen hat (Rn. 26). Er braucht eine Reihenfolge auch nicht nach richterlicher Aufforderung (§ 139) festzulegen, ohne dass die Klage deshalb unzulässig wird.[78] Dann muss im Urteil klargestellt werden, welcher Streitgegenstand beschieden worden ist; sonst liegt keine rechtskraftfähige Entscheidung vor.[79] 49

Nach hM darf das Gericht den Hauptantrag durch **Teilurteil abweisen.**[80] Gibt das Gericht dem Hilfsanspruch statt, so muss es spätestens gleichzeitig und im Tenor den Hauptanspruch abweisen, falls er sich nicht vorher erledigt hat.[81] Klageabweisung erfolgt nur, wenn sämtliche Haupt- und Hilfsansprüche unzulässig oder unbegründet sind und auch keine Verweisung möglich ist. Ein Urteil, das unter Beschränkung auf den Hauptantrag die Klage als unbegründet abweist, ist fehlerhaft, weil es vor Entscheidungsreife ergangen ist.[82] 50

---

[69] KG NJW 1967, 2215; *Musielak/Foerste* Rn. 12.

[70] RG WarnR 1938 Nr. 91; *Stein/Jonas/Schumann* Rn. 53.

[71] RGZ 152, 292, 297; s. a. BGH GRUR 2001, 755, 757.

[72] AM OLG Köln NJW-RR 1987, 505, 506.

[73] RG JW 1936, 654, 655 (LS); BGH MDR 1975, 1007, 1008; NJW-RR 1992, 290 = WM 1992, 308; 2002, 3478, 3479.

[74] BGH NJW 2003, 3202.

[75] Zur Verjährungsunterbrechung nach altem Recht BGH NJW 1968, 692, 693; aM *Oehlers* NJW 1970, 845, 846.

[76] BGH NJW 2002, 3478, 3479.

[77] BGH GRUR 2001, 755, 757

[78] AM *Musielak/Foerste* Rn. 7.

[79] OLG Hamm NJW-RR 1992, 1279; s. auch BGHZ 124, 164, 166 = NJW 1994, 460 = ZZP 107 (1994), 365 m. Anm. *Foerste.*

[80] BGHZ 56, 79, 80 = NJW 1971, 1316 = JR 1971, 331 m. zust. Anm. *Bähr;* BGH WM 1986, 237, 238; NJW 1995, 2361; aM RGZ 77, 120, 122.

[81] RGZ 152, 292, 296.

[82] *Stein/Jonas/Schumann* Rn. 22.

51 Ob das Gericht sich mit dem Eventualantrag zu befassen hat, wenn über den Hauptantrag nur ein Prozessurteil ergeht, hängt von der Auslegung der Klage ab. Ebenso ist es Auslegungsfrage, ob der Hilfsanspruch geprüft werden soll, wenn der Hauptanspruch zurzeit unbegründet ist oder nur teilweise durchdringt. Nimmt der Kläger den Hauptantrag zurück und will er den Hilfsantrag unbedingt stellen, so ist dies eine Klageänderung.[83]

52 **b) Rechtsmittel.** Bei Abweisung von Haupt- und Hilfsanspruch ist nur der Kläger **beschwert.** Dem Rechtsmittelgericht fallen Haupt- und Hilfsanspruch an.[84] Hat das Gericht den Hauptanspruch abgewiesen, den Beklagten aber nach dem Hilfsanspruch verurteilt, so bestimmen die Parteien durch ihre Anträge den Umfang der richterlichen Prüfung im Rechtsmittelzuge (§ 528). Die die Abweisung des Hilfsanspruchs verfolgende Berufung des Beklagten und der lediglich auf Zurückweisung der Berufung gerichtete Antrag des Klägers und Berufsbeklagten bewirken nur, dass der Hilfsanspruch, nicht der Hauptanspruch, Gegenstand des Berufungsverfahrens wird;[85] s. § 528 Rn. 43. Der Kläger kann aber durch Einlegung eigener Berufung oder Anschlussberufung den Hauptanspruch in das Berufungsverfahren einbeziehen.[86] Legt nur der Kläger Berufung ein, so fällt der Hilfsanspruch nur insoweit an, als die Verurteilung aus dem Hilfsantrag bei erfolgter Berufung aufzuheben ist, falls nicht der Beklagte Anschlussberufung einlegt.

53 Hat die erste Instanz den Hauptanspruch zugesprochen und legt der Beklagte hiergegen Berufung ein, so fällt nach wohl hM auch der **Hilfsantrag** ohne weiteres **im Berufungsverfahren** an.[87] Sie geht auf die vom BGH[88] abgelehnte Entscheidung RGZ 77, 120 zurück, in der aus der vom RG angenommenen Einheitlichkeit von Haupt- und Hilfsanspruch geschlossen wurde, dass ein Urteil, das dem Hauptantrag stattgibt, notwendigerweise zugleich eine die Hilfsansprüche aberkennende Entscheidung enthalte. Ihr kann nicht zugestimmt werden;[89] s. a. § 528 Rn. 46. Da über den Hilfsanspruch noch nicht entschieden ist, kann ihn der Kläger auch nicht durch eine Anschlussberufung in die Rechtsmittelinstanz bringen.[90] Es ist nach wie vor in der ersten Instanz anhängig, kann aber dort vorerst nicht verhandelt werden, weil dem Hauptantrag stattgegeben worden ist. Weist das Rechtsmittelgericht den Hauptantrag ab, so wird der Weg für die Fortsetzung des Verfahrens über den Hilfsantrag frei.[91]

54 Hat das Gericht erster Instanz den Hauptanspruch ohne Entscheidung über den Hilfsantrag abgewiesen und ist Urteilsergänzung nach § 321 nicht (mehr) möglich, so kann auch das Berufungsgericht über den Hilfsantrag entscheiden, falls der Beklagte einwilligt oder die Sachdienlichkeit zu bejahen ist (§ 533); s. a. § 528 Rn. 44.[92]

55 **c) Klage mit Alternativanträgen.** Eine Klage mit Alternativanträgen ist im ganzen unzulässig, wenn sie nicht im Sinne von Haupt- und Hilfsantrag ausgelegt werden kann; s. Rn. 22. Liegt alternative Häufung in der Form vor, dass derselbe Antrag auf zwei selbstständige Sachverhalte gestützt wird, so müssen die Prozessvoraussetzungen für jeden Klagegrund gesondert geprüft werden. Jedoch scheidet eine Abweisung durch Teilurteil bezüglich eines Klagegrundes aus, weil nur ein Klageantrag gestellt ist.[93] Zulässig sind dagegen die Verweisung des Rechtsstreits wegen eines Klagegrundes[94] und die Trennung nach § 145, die jedoch aus praktischen Gründen nicht zu empfehlen ist, um die Gefahr einer doppelten Verurteilung des Beklagten zu vermeiden. – Legt der aus einem Klagegrund verurteilte Beklagte Berufung ein, so fällt dem Berufungsgericht auch der nicht beschiedene Klagegrund an.[95]

---

[83] BGH MDR 1981, 1012.
[84] *Merle* ZZP 83 (1970), 436, 448.
[85] RG HRR 1938, 1531; BGHZ 41, 38, 39f. = NJW 1964, 772; *Brox* S. 121, 131; *Merle* ZZP 83 (1970), 436, 448; *Kion* S. 185; *Rosenberg/Schwab/Gottwald* § 137 Rn. 17; *Zöller/Gummer/Heßler* § 528 Rn. 21; *Stein/Jonas/Grunsky* § 537 (aF) Rn. 9.
[86] RG HRR 1938, 1531; BGHZ 41, 38, 39f. = NJW 1964, 772; *Zöller/Gummer/Heßler* § 528 Rn. 21.
[87] RGZ 105, 236, 242; RG WarnR 1936 Nr. 23; BGH NJW 1952, 184 (LS) = LM § 525 Nr. 1 m. zust. Anm. *Paulsen;* BGHZ 41, 38, 39f. = NJW 1964, 772; BGH NJW 1992, 117; *Zöller/Gummer/Heßler* § 528 Rn. 21: s. a. BGH NJW 1999, 3779, 3780.
[88] BGHZ 56, 79, 80 = NJW 1971, 1316 = JR 1971, 331 m. Anm. *Bähr.*
[89] Ebenso *Merle* ZZP 83 (1970), 436, 450; *Brox* S. 133f.; *Stein/Jonas/Grunsky* § 537 (aF) Rn. 10; *Musielak/Foerste* Rn. 13.
[90] *Bähr* JR 1971, 332, 333; aM *Brox* S. 133ff.; *Stein/Jonas/Grunsky* § 537 (aF) Rn. 10 (hilfsweise).
[91] *Bähr* JR 1971, 332, 333.
[92] *Thomas/Putzo/Reichold* Rn. 18 aE; *Rosenberg/Schwab/Gottwald* § 137 Rn. 22.
[93] RG JW 1927, 843, 844 in einem Fall, in dem das RG von zwei Sachverhalten ausgegangen ist; BGHZ 13, 145, 154 = NJW 1954, 1321, wobei der BGH offengelassen hat, ob zwei Streitgegenstände vorliegen.
[94] AM BGHZ 13, 145, 154 = NJW 1954, 1321.
[95] BGH NJW 1992, 117.

V. Streitwert und Kosten

1. Kumulative Klagenhäufung. Bei der kumulativen Klagenhäufung sind die Ansprüche für Zuständigkeits-, Rechtsmittel- und Gebührenstreitwert zu addieren (§ 5).[96] Das gilt nicht, wenn sie wirtschaftlich auf dasselbe Ziel gerichtet sind. Dann ist der Anspruch mit dem höheren Wert maßgebend; § 5 Rn. 4. 56

2. Eventuelle Klagenhäufung. Bei der **Eventualklagenhäufung** scheidet grds. eine Zusammenrechnung der Streitwerte aus.[97] Den Streitwert für die sachliche Zuständigkeit bestimmt der Wert des Hauptantrags oder der höhere Wert des Hilfsantrags.[98] Für den Gebührenstreitwert wird nach § 45 Abs. 1 S. 2 u. 3 GKG ein hilfsweise geltend gemachter Anspruch mit dem Hauptanspruch zusammengerechnet, soweit eine Entscheidung über ihn ergeht und beide Ansprüche nicht denselben Gegenstand betreffen. Diese Regelung wirkt sich auch auf die Anwaltsgebühren aus (§ 23 Abs. 1 RVG). 57

Wird der Hauptantrag abgewiesen und der Hilfsantrag zugesprochen, dann werden die Kosten im Verhältnis der Anträge verteilt (arg. § 45 Abs. 1 S. 2 GKG).[99] In den Fällen des § 45 Abs. 1 S. 3 GKG sind dem Kläger Kosten nur insoweit aufzuerlegen, als der Streitwert des Hauptantrags höher ist als der des Hilfsantrags.[100] 58

3. Uneigentliche Eventualklagenhäufung. Bei der von der hM zugelassenen **uneigentlichen Eventualklagenhäufung** (s. Rn. 16) sind die Werte der Ansprüche zu addieren.[101] 59

4. Klage mit Alternativanträgen. Bei der **alternativen Klagenhäufung** in Form eines Antrages mit mehreren selbstständigen Klagegründen decken sich die Werte der alternativ gestellten Anträge, so dass ihr Wert nur einmal zugrundezulegen ist. Für Wahlschuld und Ersetzungsbefugnis s. § 5 Rn. 26. 60

§ 261 Rechtshängigkeit

(1) Durch die Erhebung der Klage wird die Rechtshängigkeit der Streitsache begründet.

(2) Die Rechtshängigkeit eines erst im Laufe des Prozesses erhobenen Anspruchs tritt mit dem Zeitpunkt ein, in dem der Anspruch in der mündlichen Verhandlung geltend gemacht oder ein den Erfordernissen des § 253 Abs. 2 Nr. 2 entsprechender Schriftsatz zugestellt wird.

(3) Die Rechtshängigkeit hat folgende Wirkungen:

1. während der Dauer der Rechtshängigkeit kann die Streitsache von keiner Partei anderweitig anhängig gemacht werden;

2. die Zuständigkeit des Prozessgerichts wird durch eine Veränderung der sie begründenden Umstände nicht berührt.

Schrifttum: *Bettermann,* Rechtshängigkeit und Rechtsschutzform, 1949; *W. Bosch,* Rechtskraft und Rechtshängigkeit im Schiedsverfahren, 1991; *Dohm,* Die Einrede ausländischer Rechtshängigkeit im deutschen internationalen Zivilprozeßrecht, 1996; *Gruber,* Das Verhältnis der negativen Feststellungsklage zu den anderen Klagearten im deutschen Zivilprozeß – Plädoyer für eine Neubewertung, ZZP 117 (2004), 133ff.; *Häsemeyer,* Die sogenannte „Prozeßaufrechnung" – eine dogmatische Fehlakzentuierung, FS Friedrich Weber, 1975, S. 215; *Heiderhoff,* Die Berücksichtigung ausländischer Rechtshängigkeit in Ehescheidungsverfahren, 1998; *Kerameus,* Rechtsvergleichende Bemerkungen zur internationalen Rechtshängigkeit, FS K.H. Schwab, 1990, S. 257; *Koussoulis,* Beiträge zur modernen Rechtskraftlehre, 1986; *G. Lüke,* Zweifelsfragen zu typischen Rechtswegproblemen, Gedächtnisschrift für Rudolf Bruns, 1980, S. 129; *Marotzke,* Rechtsnatur und Streitgegenstand der Unterlassungsklage aus § 13 UWG, ZZP 98 (1985), 160; *Schilken,* Zur Bedeutung der „Anhängigkeit" im Zivilprozeß, JR 1984, 446; *Schumann,* Internationale Rechtshängigkeit (Streitanhängigkeit), FS Winfried Kralik, 1986, S. 301; *ders.,* Die Relativität des Begriffs der Rechtshängigkeit, FS G. Lüke, 1997, S. 767; *Zeuner,* Zum Verhältnis zwischen internationaler Rechtshängigkeit nach Art. 21 EuGVÜ und Rechtshängigkeit nach den Regeln der ZPO, FS G. Lüke, S. 1003.

---

[96] *Frank* S. 71ff.
[97] *Schumann* NJW 1982, 2800, 2801.
[98] *Stein/Jonas/Roth* § 5 Rn. 36f.; *Frank* S. 215ff.
[99] *Zöller/Herget* § 92 Rn. 8.
[100] Vgl. BGH NJW 1962, 915 (LS).
[101] *Stein/Jonas/Roth* § 5 Rn. 38; *Frank* S. 274; aM *Ahlenstiel* VersR 1988, 222, 224 (Kündigungsschutzklage und Weiterbeschäftigungsanspruch nach § 19 Abs. 4 GKG).

Übersicht

I. Normzweck

1 **1. Wirkungen der Rechtshängigkeit.** Die Vorschrift war bis zur Vereinfachungsnovelle 1976 in § 263 enthalten (s. Rn. 4, 5). Danach galt sie mit der Erweiterung „Zulässigkeit des beschrittenen Rechtsweges" in Abs. 3 Nr. 2 (s. Rn. 8), die inzwischen in der durch das 4. VwGOÄndG von 1990 (s. Einl. Rn. 99) eingefügten alle Gerichtszweige betreffenden Rechtswegperpetuierung des § 17 Abs. 1 S. 1 GVG aufgegangenen ist. Sie steht in engem Sachzusammenhang mit § 253 Abs. 1 und bestimmt, dass als Folge der Klageerhebung die **Rechtshängigkeit** der Streitsache begründet wird (Abs. 1). Darüber hinaus regelt sie zwei wesentliche prozessuale Wirkungen der Rechtshängigkeit, nämlich die **Rechtshängigkeitssperre** (Abs. 3 Nr. 1) und die **perpetuatio fori** (Abs. 3 Nr. 2). Schließlich betrifft Abs. 2 – unter Übernahme des früheren § 281 – den Eintritt der Rechtshängigkeit eines erst im Laufe des Prozesses erhobenen Anspruchs. § 261 wird durch § 17 Abs. 1 GVG unmittelbar ergänzt.

2 Neben zahlreichen **materiell-rechtlichen Wirkungen** (dazu § 262) hat die Rechtshängigkeit **weitere unmittelbare prozessuale Konsequenzen,** die sich aus anderen Vorschriften ergeben: Grundsätzliches Klageänderungsverbot (§ 263); Folgen der Veräußerung des streitbefangenen Gegenstandes nach §§ 265, 266; Notwendigkeit einer Entscheidung durch Endurteil (vgl. § 269); Zulässigkeit von Wider- (§ 33) und Zwischenfeststellungsklage (§ 256 Abs. 2); Zulässigkeit von Haupt- (§ 64) und Nebenintervention (§ 66) sowie Streitverkündung (§ 72); Begründung der Zuständigkeit für Arrest und einstweilige Verfügung (§§ 919, 936).

3 Begrifflich ist Rechtshängigkeit der prozessuale Zustand nach Einleitung eines Urteilsverfahrens durch Klageerhebung. Sie ist von der **Anhängigkeit zu unterscheiden,** die allgemein das Befasstsein des Gerichts mit einer Sache bezeichnet, die Zustellung der Klage oder eines Antrags an den Gegner nicht voraussetzt und folglich für das Urteilsverfahren eine Vorstufe der Rechtshängigkeit ist (vgl. § 621 Abs. 3, § 17b Abs. 1 GVG). Die ZPO differenziert zwischen beiden Begriffen nicht konsequent. Deshalb ist für jede Vorschrift gesondert zu klären, was mit Anhängigkeit gemeint ist. Tatbestandsmerkmal ist Anhängigkeit zB in §§ 620a Abs. 2, 621g, 622 Abs. 1 (s. dort Rn. 2), 696 Abs. 1 S. 4 (s. dort Rn. 18, Vor § 688 Rn. 15); s. auch § 629b Rn. 7. Zur Erledigung der Sache nach Anhängigkeit, aber vor Rechtshängigkeit s. § 91a Rn. 30, 107ff.; zur Rücknahme der Klage vor Rechtshängigkeit s. § 269 Rn. 14, 58.

4 **2. Gewichtung der Zwecke.** Der **Regelungsschwerpunkt** liegt in der **Rechtshängigkeitssperre** *als* der für die Rechtshängigkeit eigentümlichen Wirkung: Während der Dauer der Rechtshängigkeit kann dieselbe Sache von keiner Partei weder beim selben noch bei einem anderen Ge-

richt ein weiteres Mal anhängig gemacht werden. Der Zweck der Norm wird allgemein darin gesehen, dass zusätzlicher Aufwand an Zeit, Arbeit und Kosten durch identische Prozesse für Beklagten und Gericht vermieden und die Gefahr sich widersprechender Entscheidungen über denselben Streitgegenstand, die das Ansehen der Rechtspflege schädigen würden, ausgeschlossen werden soll.[1] Während die Praxis, gestützt auf den bis 1977 unveränderten Wortlaut (§ 263 Abs. 2 Nr. 1 aF), zunächst dem Privatschutz den Vorrang vor dem öffentlichen Interesse einräumte, setzte sich in den dreißiger Jahren ein Wandel in der Rspr. durch: Doppelte Klageerhebung bedeute Missbrauch des Rechtsschutzes, Vergeudung von Mühe und Zeit der Gerichte; der Grundsatz, dass niemand die Gerichte unnütz in Anspruch nehmen dürfe, selbst nicht mit Zustimmung der Gegenpartei, müsse auch auf die mehrfache Rechtshängigkeit angewendet werden.[2]

Der Entwurf zur Vereinfachungsnovelle 1976 ging mit Recht davon aus, dass die damalige Neufassung des Gesetzestextes (nicht mehr „Gegner kann Einrede erheben", sondern „kann von keiner Partei anderweitig anhängig gemacht werden") keine sachliche Änderung der Rechtslage, sondern nur eine „redaktionelle Überarbeitung" bedeutete.[3] Demgemäß steht heute außer Zweifel, dass die Rechtshängigkeitssperre in erster Linie dem Schutz öffentlicher Belange dient. Sie ist deshalb der Disposition der Parteien entzogen und prozessdogmatisch eine **negative Prozessvoraussetzung;**[4] s. Rn. 43. 5

Im Einzelnen ist der **Schutzzweck** der Rechtshängigkeitssperre so zu **gewichten,** dass sie nicht primär einander widersprechende Entscheidungen verhindern soll; dies ist vielmehr die eigentliche Aufgabe der materiellen Rechtskraft. Vielmehr soll sie bereits eine doppelte Prozessführung ausschließen.[5] Gleichwohl besteht zwischen Rechtshängigkeit und Rechtskraft eine Parallelität in Funktion und Zweck.[6] Diese wirkt sich aber nur aus, wenn die Anwendungsbereiche beider Rechtsinstitute übereinstimmen. Dies ist bei Identität der Streitgegenstände, nicht aber bei Präjudizialität der Fall. Bei Identität der Streitgegenstände führt die materielle Rechtskraft als ebenfalls negative Prozessvoraussetzung unmittelbar zur Klageabweisung (s. auch § 322 Rn. 38 ff.) und verhindert damit ebenso eine doppelte Prozessführung. 6

Dass die Rechtshängigkeit einen sachlichen Zusammenhang mit dem richtig verstandenen **Rechtsschutzinteresse** hat, lässt sich nicht bestreiten. Letzteres will u. a. auch die Prozessökonomie sichern, und genau dies ist ein Anliegen der Rechtshängigkeitssperre. Praktische Konsequenzen ergeben sich aus dieser teilweise inhaltlichen Verwandtschaft nur insoweit, als die Rechtshängigkeitssperre in ihrem Anwendungsbereich die speziellere Norm ist und insoweit einen Rückgriff auf das allgemeine Rechtsschutzinteresse nicht gestattet. 7

Die **perpetuatio fori** – sie ist durch die Vereinfachungsnovelle 1976 auf die Zulässigkeit des Zivilrechtswegs ausgedehnt worden (§ 261 Abs. 3 Nr. 2 aF) und findet sich seit 1. 1. 1991 für alle Rechtswege in § 17 Abs. 1 S. 1 GVG – dient dem öffentlichen Interesse. Es soll vermieden werden, dass sich verschiedene Gerichte nacheinander mit derselben Sache befassen müssen, wenn sich im Verlaufe des Prozesses die Voraussetzungen ändern, unter denen nach den Zuständigkeitsbestimmungen die Klage zutreffend bei dem zuerst angerufenen Gericht anhängig gemacht worden ist. Sie dient aber auch den Interessen der Parteien. Diese sollen davor geschützt werden, dass ein Rechtsstreit wegen veränderter Umstände vor einem anderen Gericht erneut verhandelt werden muss.[7] Zur Frage, ob der Schutz des öffentlichen Interesses mit der Folge überwiegt, dass nach Rechtshängigkeit eine Prorogation ausgeschlossen ist, s. Rn. 93. 8

II. Beginn und Ende der Rechtshängigkeit

1. Beginn der Rechtshängigkeit. a) Klageerhebung. Die Rechtshängigkeit beginnt mit der formell ordnungsmäßigen Klageerhebung; sie verlangt also die **Zustellung der Klageschrift** (§§ 261 Abs. 1, 253 Abs. 1). Im Scheidungsverfahren kommt es auf die Zustellung der Antragsschrift an;[8] durch deren Einreichung wird das Verfahren lediglich anhängig (§ 622 Abs. 1); s. § 253 Rn. 2. Es genügt jede Klageerhebung, auch in Form einer Zwischenfeststellungsklage (§ 256 9

---

[1] *Rosenberg/Schwab/Gottwald* § 97 Rn. 18; *Stein/Jonas/Schumann* Rn. 3; *Heiderhoff* S. 46 f.; *Gruber* ZZP 117 (2004), 133, 142; ähnlich BGHZ 4, 314 = NJW 1952, 705; BGH VersR 1975, 646; BGH NJW 2001, 3713; 2002, 1503; BAGE 4, 301, 303; 6, 257 = NJW 1959, 310.

[2] RGZ 160, 338, 344 f.; KG JW 1938, 3057; BAGE 4, 301, 303 f.; OLG München NJW 1964, 979, 980.

[3] Gesetzentwurf der Bundesregierung, BT-Drucks. 7/2729, S. 1.

[4] BGH WM 1985, 673; *Jauernig* § 40 II.

[5] *Rimmelspacher,* Materiellrechtlicher Anspruch, S. 317 f.

[6] *Koussoulis* S. 225; s. auch *Herrmann,* Die Grundstruktur der Rechtshängigkeit, 1988, S. 71 ff.

[7] BGHZ 70, 295, 298 = NJW 1978, 949.

[8] BGH NJW 1985, 315, 317; OLG Koblenz FamRZ 1983, 201.

Abs. 2), einer Widerklage (§ 33) oder einer nachträglichen Klagenhäufung, durch Antrag gemäß § 510b und durch Klageerweiterung; zum Zeitpunkt des Eintritts der Rechtshängigkeit nach Abs. 2 s. Rn. 33ff.

10 **aa)** In den Fällen der **unbezifferten Leistungsklage** (§ 253 Rn. 116ff.) wird der Anspruch in seinem ganzen Umfang rechtshängig,[9] auch wenn die Klage durch Angabe eines Mindestbetrages nach unten begrenzt wird.[10] Beziffert der Kläger den Schmerzensgeldantrag, so wird der Anspruch, wenn er den Betrag übersteigt, nur bis zu dieser Höhe rechtshängig.[11]

11 Bei der **Stufenklage** (§ 254) werden Auskunfts- und Hauptanspruch gleichzeitig rechtshängig.[12] Die Auskunftsklage allein begründet nicht die Rechtshängigkeit des Hauptanspruchs, weil dann nicht die für die Stufenklage typische objektive Klagenhäufung von unbezifferter Leistungsklage und Auskunftsklage vorliegt. Beziffert der Kläger seinen Hauptanspruch, so wird dieser ebenso nur bis zu dem angegebenen Betrag rechtshängig.[13] Falls sich aus der eingeklagten Auskunft ergibt, dass der Anspruch höher ist, kann der Kläger die Klage erweitern; die Erweiterung führt nicht rückwirkend zur Rechtshängigkeit in dieser Höhe.

12 **bb)** Wird die Klage zusammen mit einem **PKH-Antrag** eingereicht und zugestellt, so wird die Sache rechtshängig. Die Übersendung oder Zustellung des Entwurfs einer Klageschrift zur Anhörung im PKH-Verfahren reicht nicht aus. Ist nur der Entwurf einer Klage gewollt, so muss dies unmißverständlich klargestellt werden; anderenfalls ist mit der Zustellung Klage erhoben.[14] Wird bei nicht in voller Höhe bewilligter PKH dennoch die unbeschränkte Klage zugestellt, wird der Anspruch voll rechtshängig; der spätere Hinweis des Gerichts, die Zustellung der Klage sei nur in Höhe der bewilligten PKH beabsichtigt gewesen, lässt die Rechtshängigkeit nicht rückwirkend entfallen.[15] Wg. Einzelheiten s. § 253 Rn. 28, 43; s. auch § 117 Rn. 5.

13 **cc)** Im **Mahnverfahren** gilt die Streitsache nach Erhebung des Widerspruchs rückwirkend als mit Zustellung des Mahnbescheids rechtshängig geworden, wenn sie alsbald nach Erhebung des Widerspruchs an das im Mahnbescheid bezeichnete Gericht abgegeben (§ 696 Abs. 3) oder wenn ohne (rechtzeitige) Erhebung des Widerspruchs ein Vollstreckungsbescheid erlassen wird (§§ 699 Abs. 1 S. 1, 700 Abs. 2); s. wegen Eintritts der perpetuatio fori nach Abs. 3 Nr. 2 Rn. 80. Wird die Streitsache nicht alsbald abgegeben, so tritt die Rechtshängigkeit erst mit der Zustellung der Antragsbegründung (§ 697 Abs. 1) an den Antragsgegner ein; wg. Einzelheiten s. § 696 Rn. 21.

14 **dd)** Der Antrag auf Erlass eines **Arrestes** oder einer **einstweiligen Verfügung** begründet Rechtshängigkeit nur für den Arrest- oder Verfügungsanspruch, nicht für den Hauptsacheanspruch; denn das Eilverfahren hat einen anderen Streitgegenstand als das Hauptsacheverfahren.[16] Für das Eilverfahren beginnt die Rechtshängigkeit bereits mit dem Eingang des Antrags bei Gericht und erfordert nicht die Zustellung an den Gegner;[17] s. auch § 920 Rn. 8.

15 **ee)** Keine Rechtshängigkeit begründet die Klage vor einem **privaten Schiedsgericht.**[18] An die Stelle der von Amts wegen zu beachtenden Rechtshängigkeitssperre tritt die Zulässigkeitsrüge des § 1032 Abs. 1, die nicht voraussetzt, dass ein Schiedsverfahren anhängig ist; s. § 1032 Rn. 3. Allerdings hat die Klage beim Schiedsgericht die gleichen materiellrechtlichen Wirkungen wie die Klage vor dem staatlichen Gericht.[19]

16 **ff) Keine Rechtshängigkeit** tritt ein durch Anmeldung einer Forderung im Insolvenzverfahren, Nebenintervention, Streitverkündung, selbstständiges Beweisverfahren und Einleitung der Zwangsvollstreckung.

17 **b) Formelle Mängel der Klageerhebung.** Formelle Mängel der Klageerhebung hindern die Rechtshängigkeit nicht, wenn sie mit rückwirkender Kraft geheilt oder mit Wirkung ex nunc nachgeholt werden.[20] Zu den verzichtbaren Mängeln, die durch Nichtrüge geheilt werden können,

---

9 BGH JZ 1962, 59, 60 (obiter dictum); NJW 1974, 1551.
10 RG JW 1938, 605.
11 BGH JZ 1962, 59, 60.
12 BGH NJW 1975, 1409, 1410; 1981, 1729, 1731; NJW-RR 1995, 513.
13 OLG Hamburg FamRZ 1983, 602.
14 OLG Köln FamRZ 1997, 375.
15 OLG Naumburg OLGR 2001, 374.
16 *Stein/Jonas/Schumann* Rn. 43; *G. Lüke,* Fälle zum ZivilprozeßR, 2. Aufl. 1993, S. 91.
17 LG Hamburg MDR 1966, 931; AG Weilheim MDR 1985, 148; OLG München NJW 1993, 1604; *Teplitzky* DRiZ 1982, 41, 42; *Ahrens/Spätgens* Kap. 6 Rn. 29.
18 BGH NJW 1958, 950 = JZ 1958, 406; *Rosenberg/Schwab/Gottwald* § 97 Rn. 4; *Zöller/Geimer* § 1032 Rn. 4; *Musielak/Foerste* Rn. 3 mit *Musielak/Voit* § 1042 Rn. 16; ausf. *Bosch* S. 171ff.
19 *Schwab/Walter,* Schiedsgerichtsbarkeit, 7. Aufl. 2005, Kap. 16 Rn. 5.
20 BGH NJW 1967, 2304 = JZ 1968, 135 m. Anm. *Böhmer;* OLG Frankfurt FamRZ 1980, 710, 711.

gehört zB die fehlende Zustellung der Klage. Die Rechtshängigkeit datiert hier von dem Zeitpunkt an, in dem die Rüge nicht mehr erhoben werden kann.[21] Wg. Einzelheiten zur Heilung oder Nachholung s. § 253 Rn. 154ff.

c) Fehlende Prozessvoraussetzungen und vorhandene Prozesshindernisse. Die Rechtshängigkeit wird auch durch eine nicht ordnungsmäßige Klage begründet, wenn also Prozessvoraussetzungen fehlen oder ein Prozesshindernis vorliegt.[22] Denn über die Zulässigkeit der Klage kann nur das erkennende Gericht selbst entscheiden. Zu einigen Einzelfällen: 18

aa) Die Klage vor einem **örtlich** oder **sachlich unzuständigen Gericht** macht rechtshängig.[23] Das ergibt sich schon aus § 281; die Vorschrift bietet mit der Verweisung eine Möglichkeit, den Mangel zu beseitigen. Die Rechtshängigkeit entfällt nicht rückwirkend, wenn die Klage mangels Verweisungsantrags als unzulässig abgewiesen wird. 19

bb) Die Rechtslage ist nicht anders für die im **unzulässigen Rechtsweg** erhobene Klage.[24] Das Gericht des unzulässigen Rechtswegs verweist mit hinsichtlich des Rechtswegs bindender Wirkung an das zuständige Gericht des zulässigen Rechtswegs (§ 17a Abs. 2 GVG). Nach Eintritt der Rechtskraft des Verweisungsbeschlusses wird der Rechtsstreit mit Eingang der Akten beim Adressatgericht anhängig (§ 17b Abs. 1 S. 1 GVG). Diese Anhängigkeit bedeutet keine neue Rechtshängigkeit, sondern nur die formelle prozessuale Zuordnung zum Adressatgericht.[25] Die Rechtshängigkeit bleibt trotz Verweisung erhalten (§ 17b Abs. 1 S. 2 GVG). Daraus folgt, dass die im unrichtigen Gerichtszweig erhobene Klage zur Fristwahrung genügt.[26] Ob Rechtshängigkeit in dem anderen Rechtsweg begründet ist, beurteilt sich nach der Verfahrensordnung des verweisenden Gerichts, so dass mit Ausnahme des Zivilprozessrechts die Einreichung der Klage genügt und die Rechtshängigkeit dann auf diesen Zeitpunkt bezogen bleibt (§§ 81 Abs. 1, 90 VwGO, §§ 90, 94 SGG, §§ 64 Abs. 1, 66 FGO, § 404 Abs. 2 StPO). Damit ist allerdings nicht gesagt, dass die so für den Zivilprozess begründete Rechtshängigkeit auch alle materiell-rechtlichen Wirkungen hat.[27] Zur Rechtshängigkeitssperre s. Rn. 48. 20

cc) Die Möglichkeit, **Verfahren der freiwilligen Gerichtsbarkeit** in Analogie zur Rechtswegverweisung, vor allem zu §§ 17a Abs. 2, 17b Abs. 1 GVG,[28] in den Zivilprozess zu verweisen und umgekehrt, spricht dafür, zivilprozessuale Rechtshängigkeit auch mit Beginn des Verfahrens der fG anzunehmen, wenn die Sache später in die streitige Gerichtsbarkeit verwiesen wird.[29] Jedoch kann dies weder für sämtliche Verfahrensarten der fG noch für alle Rechtsfolgen der Rechtshängigkeit gelten, insb. nicht für diejenigen, bei denen es wesentlich auf Zustellung einer Antragsschrift an den Gegner ankommt. Deshalb ist eine differenzierende Betrachtungsweise geboten.[30] Wg. Einzelheiten s. Rn. 49. 21

dd) Bedenken gegen die **Prozessfähigkeit** des Klägers hindern den Eintritt der Rechtshängigkeit seiner Klage nicht.[31] Entscheidend ist auch hier, dass über die Prozessfähigkeit nur innerhalb und nicht außerhalb des Prozesses entschieden werden kann. Dahinter muss der Gedanke, den Prozessunfähigen möglichst zu schützen, zurücktreten. 22

ee) Die von einem **Vertreter ohne Vertretungsmacht** erhobene Klage begründet die Rechtshängigkeit für und gegen die im Rubrum als Kläger genannte Partei, weil der Mangel der Vertretungsmacht rückwirkend geheilt werden kann (§ 89 Abs. 2). Liegt die Genehmigung nicht vor, im 23

---

[21] BGHZ 25, 66, 72, 75 = NJW 1957, 1517 = LM § 295 Nr. 13 (LS) m. Anm. *Johannsen.*

[22] BGH NJW 1967, 2304 = JZ 1968, 135 m. Anm. *Böhmer; Stein/Jonas/Schumann* Rn. 44; *Rosenberg/Schwab/Gottwald* § 97 Rn. 11; *Thomas/Putzo/Reichold* Rn. 2.

[23] BGH NJW 1978, 1058; 1983, 1050, 1052; KG NJW 1983, 2709, 2710.

[24] LG Lüneburg NJW 1985, 2279; LG Marburg NJW 1985, 2280.

[25] Amtl. Begr. BT-Drucks. 11/7030, S. 38.

[26] Dies war nach früherem Recht ausdrücklich gesagt in § 52 Abs. 3 S. 4 SGG, § 41 Abs. 3 S. 4 VwGO, § 17 Abs. 3 S. 4 GVG, § 70 Abs. 3 S. 4 FGO. Dazu BGHZ 34, 230 = NJW 1961, 1014; 35, 374 = NJW 1961, 2259, 2260; KG NJW 1983, 2709, 2710.

[27] Zu § 847 Abs. 1 S. 2 aF BGB, der die Übertragbarkeit und Vererblichkeit des Schmerzensgeldanspruchs von dessen Rechtshängigkeit abhängig machte, OLG München VersR 1975, 1157, 1158; LG Lüneburg NJW 1985, 2279; *Zeiss* ZZP 93 (1980), 482, 484; *Jauernig* NJW 1986, 34.

[28] BGHZ 130, 159, 163 = NJW 1995, 2851; BGH NJW 1998, 231.

[29] So auch *Stein/Jonas/Schumann* Rn. 8; generell verneinend OLG Koblenz FamRZ 1983, 201 (obiter dictum); *Thomas/Putzo/Reichold* Rn. 8; *Baumbach/Lauterbach/Hartmann* Rn. 5.

[30] Vgl. *Richter,* Die Erledigung der Hauptsache im Verfahren der Freiwilligen Gerichtsbarkeit, Diss. Saarbrücken 1986, S. 50ff., 161ff.

[31] OLG Hamm MDR 1949, 39; BGH NJW 1993, 1865; *Stein/Jonas/Schumann* Rn. 44; *Wieczorek* Anm. B I b 1.

Falle der einstweiligen Zulassung des vollmachtlosen Vertreters nicht bis zum Ablauf der gesetzten Frist (§ 89 Abs. 1 S. 2), so wird die Klage als unzulässig abgewiesen.

24 Die Klage eines Prozessstandschafters lässt selbst dann die Rechtshängigkeit eintreten, wenn die Prozessstandschaft unzulässig ist.[32] Zur Reichweite der Rechtshängigkeitssperre bei der Klage eines Prozessstandschafters s. Rn. 52.

25 **ff)** Einen Sonderfall nicht ordnungsgemäßer Klageerhebung stellt der Antrag auf **einverständliche Scheidung** unter Nichteinhaltung der Voraussetzungen des § 630 dar. Gleichwohl wird die Rechtshängigkeit begründet. Ob der Scheidungsantrag als unzulässig abzuweisen ist, wenn der Mangel nicht geheilt wird, ist str.;[33] s. § 630 Rn. 6.

26 **d) Prozessuale Einreden.** Nicht rechtshängig werden prozessuale Einreden. Sie sind nur Verteidigungsmittel. Die Entscheidung über sie erwächst auch nicht in materielle Rechtskraft.

27 **aa)** Der Hauptanwendungsfall der einredeweisen Geltendmachung eines Anspruchs ist die **Prozessaufrechnung.** Sie begründet ebenfalls nicht die Rechtshängigkeit der aufgerechneten Gegenforderung.[34] Zwar erstreckt sich nach § 322 Abs. 2 die materielle Rechtskraft auf die Entscheidung über die zur Aufrechnung gestellte Gegenforderung (§ 322 Rn. 194ff.); jedoch fehlt eine entsprechende, § 261 erweiternde Vorschrift. § 261 Abs. 2 gilt nur für nachträglich mittels Klage geltend gemachte Ansprüche, setzt also eine bestimmte Form der Geltendmachung voraus, die die Prozessaufrechnung nicht erfüllt. Folglich macht die Geltendmachung der Aufrechnung die Klage über dieselbe Forderung in einem anderen Prozess nicht unzulässig und umgekehrt.[35] Auch eine Eventualwiderklage mit der aufgerechneten Forderung ist nicht unzulässig, zB wenn die Aufrechenbarkeit der Forderung bestritten ist.[36] Nach der Gegenmeinung wird die aufgerechnete Forderung rechtshängig; sie soll erst eingeklagt werden können, wenn rechtskräftig feststeht, dass die Hauptforderung unbegründet und die Aufrechnung gegenstandslos war; umgekehrt ist die Aufrechnung mit einer rechtshängigen Forderung ausgeschlossen.[37]

28 Die nach der hM bestehende **Gefahr divergierender Entscheidungen** über die Gegenforderung lässt sich mittels Aussetzung bewältigen (§ 148). Dies wirkt sich zwar ungünstig für den Kläger der Hauptforderung aus, weil er bei Konnexität kein Vorbehaltsurteil erwirken kann (§ 302 Abs. 1).[38] Jedoch wird dieser Nachteil dadurch aufgewogen, dass die Verneinung der Rechtshängigkeit infolge Aufrechnung besser in die prozessuale Gesamtkonzeption passt.[39] Der Annahme einer Klagesperre für die nachträglich gesondert erhobene Klage über die Gegenforderung, die entsprechend § 261 zu berücksichtigen sei,[40] ist daher nicht zu folgen.

29 **bb)** Eine praktische Konsequenz fehlender Rechtshängigkeit der aufgerechneten Gegenforderung ist die Zulässigkeit der Hilfsaufrechnung mit einer **Wechselforderung,** wenn über diese bereits anderweitig ein rechtskräftiges Wechselvorbehaltsurteil ergangen und die Forderung im Wechselnachverfahren noch anhängig ist.[41] Entsprechend kann der Kläger gegen die Aufrechnung auch die im Wechselnachverfahren zulässigen Einwendungen geltend machen.

30 **cc)** Die Aufrechnung mit einer **rechtswegfremden Forderung** begründet ebenfalls keine Rechtshängigkeit. Um die Kompetenz der anderen Teilgerichtsbarkeit zu wahren, ist das Verfahren

---

32 BGH NJW 1980, 2461, 2463 (auch Verjährungsunterbrechung bejaht).

33 Bejahend *K. H. Schwab* FamRZ 1976, 658, 662; *Brüggemann* FamRZ 1977, 1, 10; *Damrau* NJW 1977, 1169, 1174; *Diederichsen* ZZP 91 (1978), 397, 426f.; *G. Lüke* AcP 178 (1978), 1, 30f. sowie die 2. Aufl.; verneinend *Zöller/Philippi* § 630 Rn. 3; *D. Schwab* FamRZ 1976, 491, 503; *Brehm* JZ 1977, 596; *Schlosser* FamRZ 1978, 319.

34 BGHZ 57, 242 = NJW 1972, 450; *Grunsky* Grundlagen § 15 I; *Stein/Jonas/Leipold* § 145 Rn. 49; *Stein/Jonas/Schumann* Rn. 43; *Zöller/Greger* Rn. 4; *Jauernig* § 45 III; *Baumgärtel* JuS 1966, 187; *G. Lüke,* Fälle zum ZivilprozeßR, S. 39ff.; *Rosenberg/Schwab/Gottwald* § 102 Rn. 25; *Musielak* JuS 1994, 817, 825; s. a. BGH NJW 1999, 1179, 1180.

35 BGHZ 57, 242 = NJW 1972, 450; BGH NJW 1999, 1179, 1180.

36 BGH NJW 1961, 1862 (LS); BGH NJW 1999, 1179, 1180; *Baumbach/Lauterbach/Hartmann* Rn. 6.

37 *A. Blomeyer* § 60 I 1a; *Bettermann* Rechtshängigkeit S. 84f. u. ZZP 85 (1972), 486; *Rimmelspacher,* Materiellrechtlicher Anspruch, S. 328; *Heckelmann* NJW 1972, 1350f.; *Häsemeyer,* FS F. Weber, 1975, S. 215, 232f.; *E. Schmidt* ZZP 87 (1974), 29, 32ff.; differenzierend *Schreiber,* 50 Jahre Bundesgerichtshof, Festgabe aus der Wissenschaft, 2000, Bd. III, S. 227, 243ff., 247ff. Für Aufrechenbarkeit der rechtshängigen Forderung, aber unter Wegfall des Rechtsschutzinteresses für die zuvor erhobene Leistungsklage *Teubner-Prange* JR 1988, 401, 405.

38 Darauf stellen *Bettermann* ZZP 85 (1972), 486f., u. *Häsemeyer,* FS F. Weber, S. 232f. ab.

39 *G. Lüke,* Fälle zum ZivilprozeßR, S. 38ff.

40 *Zöller/Stephan,* 17. Aufl. 1991, § 145 Rn. 18 m. weit. Nachw.; anders *Zöller/Greger* § 145 Rn. 18a (Rechtsschutzbedürfnis fehlt).

41 BGH NJW 1977, 1687 = LM § 599 Nr. 4; *Thomas/Putzo/Reichold* § 145 Rn. 20.

zwingend auszusetzen bis zur Entscheidung über die Gegenforderung im anderen Rechtsweg iVm. der Bestimmung einer Frist für die Klageerhebung bezüglich der Gegenforderung und dem Erlass eines Vorbehaltsurteils über die Hauptforderung;[42] § 145 Rn. 31, 33.

2. Eintritt der Rechtshängigkeit nach § 261 Abs. 2. a) Anwendungsbereich. Die Vorschrift regelt den Eintritt der Rechtshängigkeit, wenn in einem **anhängigen Prozess** ein **neuer Anspruch** erhoben wird. Sie betrifft Klageerweiterung (§ 264 Nr. 2 und 3), Klageänderung (§ 263), nachträgliche Klagenhäufung (§ 260), Widerklage (§ 33), Zwischenfeststellungsklage (§ 256 Abs. 2), Antrag auf Schadensersatz nach § 510b. Weitere Fälle sind die Schadensersatzansprüche aus §§ 302 Abs. 4, 600 Abs. 2, 717 Abs. 2 sowie der Bereicherungsanspruch nach § 717 Abs. 3; diese Vorschriften verlegen die Rechtshängigkeit noch vor den Zeitpunkt des § 261 Abs. 2, nämlich auf die Zeit der Zahlung oder Leistung, die durch den Ersatzanspruch ausgeglichen werden soll. Zur Eventualwiderklage s. § 253 Rn. 20. 31

§ 261 Abs. 2 ist auch im **Scheidungsprozess** auf den Scheidungsantrag des Gegners anwendbar; s. § 622 Rn. 7. Die Vorschrift gilt nur für Anträge gegen die andere Partei, nicht gegen den Nebenintervenienten, da dieser nicht selbst Partei ist. Anders ist der streitgenössische Nebenintervenient zu behandeln.[43] 32

b) Regelungsgehalt. Der neue Anspruch kann in der **mündlichen Verhandlung** oder durch Zustellung eines **Schriftsatzes** geltend gemacht werden. In beiden Fällen treten die prozessualen und materiellen Wirkungen der Rechtshängigkeit ein. 33

aa) Für die Form der Geltendmachung in der mündlichen Verhandlung bestimmt § 297: Verlesen des Klageantrags oder dessen Erklärung zu Protokoll, wenn der Vorsitzende dies gestattet. Der **Antrag** muss den **Anforderungen** des § 253 Abs. 2 Nr. 2 entsprechen.[44] Fehlende Begründung führt zur Unzulässigkeit der Klage. Jedoch wird der nicht den Erfordernissen des § 253 Abs. 2 Nr. 2 entsprechende Antrag sofort rechtshängig. Die Anwesenheit des Gegners ist nicht erforderlich; es genügt, dass er ordnungsgemäß geladen oder seine Ladung nicht erforderlich war (§ 218).[45] 34

bb) Auch für den Schriftsatz gelten die Anforderungen des § 253 Abs. 2 Nr. 2. Ein diese Voraussetzungen nicht erfüllender Schriftsatz kann als Ankündigung einer demnächst mündlich zu erhebenden Klage angesehen werden.[46] Der Schriftsatz ist von Amts wegen zuzustellen (§ 166 Abs. 2; es genügt Zustellung von Anwalt zu Anwalt (§ 195).[47] Zustellungsmängel können geheilt werden (§ 189),[48] allerdings nur, wenn das Gericht eine Zustellung überhaupt vornehmen wollte.[49] § 167 gilt entsprechend. 35

3. Ende der Rechtshängigkeit. a) Prozessbeendigungsgründe. Die Rechtshängigkeit endet mit dem Prozess. Mit der Rechtshängigkeit enden ihre prozessualen Wirkungen; ob auch die materiell-rechtlichen Wirkungen enden, richtet sich nach materiellem Recht. Die untere Instanz ist noch nicht mit der Zustellung des Endurteils beendet, sondern erst mit der Einlegung eines Rechtsmittels oder dem Eintritt der formellen Rechtskraft;[50] s. § 269 Rn. 17. 36

aa) Prozessbeendigungsgründe sind: Formell rechtskräftiges Urteil (§ 705),[51] vorbehaltlich der Möglichkeit der Wiedereinsetzung bei Versäumung der Rechtsmittelfrist, der Wiederaufnahme und der Verfahrensfortsetzung nach § 321a Abs. 5 ZPO; Klagerücknahme (§ 269) einschließlich der Rücknahmeerklärung nach § 113 S. 2, sie beseitigt die Rechtshängigkeit rückwirkend; beiderseitige Erledigungserklärungen der Parteien in der Hauptsache (§ 91a), s. auch § 619; Zulassung der Klageänderung, durch die die Rechtshängigkeit hinsichtlich des ursprünglichen Streitgegenstandes endet (§ 263 Rn. 47f.); Versäumung der Frist für den Antrag auf Erlass eines Ergänzungsurteils (§ 321 Abs. 2).[52] 37

---

[42] BGHZ 16, 124 = NJW 1955, 497; BVerwGE 77, 19 = NJW 1987, 2530; BVerwG NJW 1999, 160, 161 = JuS 1999, 830 Nr. 18 *(Hufen); G. Lüke,* GedS für W.K. Geck, 1989, S. 493, 500ff.; *ders.,* FS Kissel, 1994, S. 709, 722, 734; *Zöller/Greger* § 145 Rn. 19a.

[43] *Musielak/Foerste* Rn. 6.

[44] BAG BB 1981, 1528, 1529.

[45] *Rosenberg/Schwab/Gottwald* § 95 Rn. 6; *Thomas/Putzo/Reichold* Rn. 4.

[46] *Stein/Jonas/Schumann* Rn. 37.

[47] BGHZ 17, 234, 236 = NJW 1955, 1030; BGH NJW 1992, 2235, 2236; *Zöller/Greger* Rn. 6.

[48] Vgl. BGH NJW 1992, 2235, 2236 (fehlendes Empfangsbekenntnis).

[49] BGHZ 7, 268, 270 = NJW 1952, 1375, 1376; BGH NJW 2001, 3713, 3714.

[50] BGH NJW 1995, 1095, 1096.

[51] BGH NJW 1992, 2296.

[52] BGH NJW-RR 2005, 790, 791 m. weit. Nachw.

38 **bb)** Ein **Prozessvergleich** hat grds. ebenfalls rechtshängigkeitsbeendende Wirkung. Umstritten ist, in welchen Fällen ihm diese Wirkung abgeht. Der BGH verquickt die insoweit für die Praxis im Vordergrund stehende Frage, ob Einwände gegen den Prozessvergleich in Fortsetzung des alten oder in einem neuen Verfahren zu verfolgen sind, mit der Frage nach ihrem Einfluss auf die Wirksamkeit des Vergleichs. Was wie Gesetzesverstöße nach § 134 BGB, Sittenwidrigkeit nach § 138 BGB oder insb. eine Anfechtung nach §§ 119 ff., 142 BGB zu seiner Nichtigkeit führe, solle dem Vergleich auch seine prozessbeendende Wirkung nehmen und wegen dessen somit fortbestehender bzw. wieder aufgelebter Rechtshängigkeit durch Fortsetzung des bisherigen Verfahrens geltend zu machen sein.[53] Was die grundsätzliche Wirksamkeit des Vergleichs unberührt lasse (wie insb. ein Rücktritt), tangiere auch seine rechtshängigkeitsbeendende Wirkung nicht und gehöre deshalb in ein neues Verfahren.[54] Diese Argumentation ist jedoch auf dem Boden der auch vom BGH vertretenen Lehre von der Doppelnatur[55] (§ 794 Rn. 11) weder zwingend noch konsequent.[56] Da der Streit der Parteien um Wirksamkeit oder Bestand des Prozessvergleichs ohnehin gerichtlicher Klärung bedarf, spricht vieles (nicht zuletzt die Rechtsklarheit) dafür, diese Klärung einheitlich durch Fortsetzung des alten Verfahrens herbeizuführen. Dogmatisch lässt sich dies am besten mit der Annahme begründen, dass für die Austragung dieses Streits die Rechtshängigkeit nachwirkt.[57] Nicht jedoch lebt die Rechtshängigkeit mit der Bestimmung des Termins zur Fortsetzung der mündlichen Verhandlung wieder auf.[58] S. a. § 794 Rn. 73.

39 Mit der Begründung, der Prozessvergleich sei unwirksam, kann die vergleichsweise erledigte Klage nicht erneut erhoben werden. Die Parteien sind auf die Fortsetzung des alten Prozesses angewiesen. Ist der **Prozessvergleich wirksam,** so ist eine neue Klage über denselben Anspruch – je nach Vergleichsinhalt – in Höhe der Vergleichssumme wegen fehlenden Rechtsschutzinteresses unzulässig, im Übrigen wegen des Erlasscharakters des Vergleichs unbegründet.[59]

40 **b) Kein Ende der Rechtshängigkeit.** Die Rechtshängigkeit endet weder durch **Unterbrechung,** Aussetzung oder Ruhen des Verfahrens[60] noch durch bloßen Zeitablauf oder jahrelangen tatsächlichen **Stillstand,** etwa durch Nichtbetreiben des Verfahrens seitens der Parteien, auch dann nicht, wenn die Akten inzwischen nach der Aktenordnung weggelegt wurden.[61] Zum Wegfall der Rechtshängigkeitssperre s. Rn. 79. Sie endet auch nicht durch ein Vorbehaltsurteil nach §§ 302, 599 und durch eine Verweisung gemäß §§ 281, 506.

41 Ebensowenig lassen **Verzicht,** Anerkenntnis, Klagerücknahmeversprechen und **außergerichtlicher Vergleich**[62] die Rechtshängigkeit erlöschen. Es gibt keinen reinen Prozessbeendigungsvertrag. Die Dispositionsbefugnis der Parteien bewirkt nur in den Formen des Prozessvergleichs und der beiderseitigen Erledigungserklärungen das Ende der Rechtshängigkeit; anders § 794 Rn. 12.

42 Da bei **eventueller Klagenhäufung** (§ 260 Rn. 10 ff.) die Rechtshängigkeit auflösend bedingt ist, erlischt die Rechtshängigkeit des Hilfsantrags rückwirkend, wenn dem Hauptantrag stattgegeben wird. Die Rechtslage ist mit der Klagerücknahme (§ 269 Abs. 3) vergleichbar. Auch die Rechtshängigkeit der eventuellen Widerklage erlischt mit Wirkung ex tunc, wenn die auflösende Bedingung, von der sie abhängt, eintritt;[63] s. § 253 Rn. 20.

---

[53] BGHZ 28, 171, 174 ff.; 41, 310, 312 f.; BGHZ 79, 71, 74 = NJW 1981, 823; BGHZ 86, 184, 187 = NJW 1983, 996, 997; BGH FamRZ 1993, 673, 674 f.; BGHZ 142, 253 = NJW 1999, 2003 = ZZP 113 (2000), 363 m. Anm. *Becker-Eberhard.*

[54] BGHZ 16, 388; 41, 310, 311; BGH NJW 1966, 1658 f.; BGH NJW 1972, 159; NJW 1986, 1348, 1349;

[55] Das BVerwG NJW 1994, 2306, 2307 bekennt sich ebenfalls zur Lehre von der Doppelnatur, scheint aber die Theorie des Doppeltatbestands zu meinen; dazu *Wagner,* Prozeßverträge, S. 514 ff.

[56] Anders als der BGH in ständiger Rspr. das BAG, das durchweg eine Geltendmachung im fortgesetzten Verfahren favorisiert, BAGE 3, 43; 4, 84; 40, 17 = NJW 1983, 2212 und sich in der letztgenannten Entscheidung zur Vermeidung der Vorlage der Rechtsfrage an den GmS-OBG auf die – hier nicht vorhandenen – Besonderheiten des arbeitsgerichtlichen Verfahrens beruft, die im Beschleunigungsgrundsatz und in prozeßwirtschaftlichen Gesichtspunkten bestehen sollen.

[57] *G. Lüke* JuS 1965, 482, 484 f.; iE wie die hM im Schrifttum *Lindacher,* 50 Jahre Bundesgerichtshof, Festgabe aus der Wissenschaft, 2000, Bd. III, S. 253, 261 f. m. weit. Nachw.; *Schilken* ZPR Rn. 656.

[58] So aber *Zöller/Greger* Rn. 7.

[59] BAG NJW 1974, 2151.

[60] OLG Saarbrücken FamRZ 1978, 522.

[61] BGH FamRZ 1995, 729 = NJW-RR 1995, 513.

[62] BGH NJW 2002, 1503.

[63] BGHZ 21, 13, 16 = NJW 1956, 1478 = JZ 1957, 125 m. Anm. *A. Blomeyer;* BGH NJW 1965, 440.

III. Rechtshängigkeitssperre (Abs. 3 Nr. 1)

1. Rechtliche Bedeutung. a) Negative Prozessvoraussetzung. Die rechtshängige Streitsache darf unter denselben Parteien nicht gleichzeitig ein weiteres Mal bei demselben oder einem anderen Gericht anhängig gemacht werden. Ob die Parteirollen dabei vertauscht werden, ist unerheblich. Die doppelte Rechtshängigkeit führt zur Abweisung der zweiten Klage als unzulässig. Maßgeblich ist dabei allein, welche der beiden Klagen zuerst rechtshängig geworden ist, mag die andere auch früher anhängig gewesen sein.[64] Die bereits bestehende Rechtshängigkeit ist eine **negative Prozessvoraussetzung** und kein eine prozessuale Einrede begründendes Prozesshindernis;[65] den negativen Inhalt hat sie bei Identität der Streitgegenstände mit der materiellen Rechtskraft gemeinsam. Sie gehört zu den unverzichtbaren Zulässigkeitsrügen iSd. § 296 Abs. 3 und ist in jeder Lage des Verfahrens **von Amts wegen** zu beachten[66] (Rn. 45). Die Rechtshängigkeitssperre greift auch im Verhältnis zwischen Verfahren des einstweiligen Rechtsschutzes.[67] In extremen Fällen, wenn nämlich die Sperrwirkung zu einer unzumutbaren Beeinträchtigung des Rechtsschutzes führen würde, ist § 261 Abs. 3 Nr. 1 nicht anzuwenden; s. Rn. 79. 43

Hat ein Gericht die **Rechtshängigkeit übersehen** und zur Sache entschieden, so muss das andere Gericht die Rechtskraft des Urteils beachten und aus diesem Grunde die bei ihm anhängige Klage als unzulässig abweisen.[68] Berücksichtigen beide Urteile die Rechtshängigkeit nicht und werden diese rechtskräftig, so liegt ein Fall von Rechtskraftkollision vor; s. § 322 Rn. 63, § 580 Rn. 42. Die negative Prozessvoraussetzung der Rechtshängigkeit setzt sich nur dann in der materiellen Rechtskraft fort,[69] wenn sich beide in ihren Anwendungsbereichen decken. Dies trifft auch zu, falls sich die Rechtskraft der ersten Entscheidung bei Parteienverschiedenheit auf die Parteien des zweiten Prozesses erstreckt; Einzelheiten s. Rn. 52. Auch hier ist Identität der Streitgegenstände in beiden Prozessen Voraussetzung (Rn. 56). 44

b) Berücksichtigung von Amts wegen. Die Berücksichtigung von Amts wegen bedeutet nicht Amtsermittlung (s. Einl. Rn. 312 ff.). Das Gericht muss sich auch hier auf die Prüfung des ihm von den Parteien vorgetragenen Tatsachenstoffes beschränken und darf keine eigenen Ermittlungen anstellen.[70] Jedoch muss es ohne Rüge auf die Bedenken bezüglich der Zulässigkeit hinweisen, wenn Grund zur Annahme besteht, dass die Sache bereits rechtshängig ist (§ 139 Abs. 3). Bei der Prüfung können die Parteien das Gericht durch ihr Verhalten nicht binden.[71] 45

Die **Beweislast** für das Vorliegen anderweitiger Rechtshängigkeit hat der Beklagte;[72] dies ergibt sich aus dem negativen Charakter. Aus der „unbedingten Natur" der Rechtshängigkeitssperre folgt, dass auch im Urkundenprozess alle Beweismittel und nicht nur diejenigen der §§ 592, 595 Abs. 2 zum Nachweis der tatsächlichen Voraussetzungen für das Vorliegen der Rechtshängigkeit zulässig sind.[73] 46

c) Verhältnis zu anderen Zweigen der Gerichtsbarkeit. aa) Die Rechtshängigkeitssperre greift auch im Verhältnis aller Gerichtszweige untereinander ein (§ 17 Abs. 1 S. 2 GVG). Die Klage vor dem Arbeits-, Verwaltungs-, Finanz- und Sozialgericht bewirkt eine Sperre für Klagen mit demselben Streitgegenstand vor einem ordentlichen Gericht und umgekehrt.[74] Diese Rechtsfolge entsprach schon vor dem 4. VwGOÄndG von 1990 (s. Einl. Rn. 99) der Rechtslage, obgleich sie nur für Verwaltungs- und Finanzgerichtsbarkeit ausdrücklich angeordnet war (§ 90 Abs. 2 VwGO aF, § 66 Abs. 2 FGO aF). Entscheidend war schon immer die Gleichwertigkeit aller Zweige der Gerichtsbarkeit.[75] 47

---

[64] OLG Stuttgart MDR 2004, 1017.

[65] Demgegenüber benutzt der BGH für die Rechtshängigkeit den Terminus „Prozeßhindernis" und verwischt damit terminologisch die Grenze zu den echten „Prozeßhindernissen"; so in NJW 1979, 2099 = FamRZ 1979, 905, 906; BGH WM 1985, 673; NJW 1986, 2195; 1989, 2064; 1998, 231; 2001, 3713.

[66] BGHZ 7, 268 = NJW 1952, 1375; BGH NJW 1986, 662 u. 2195 (auch noch in der Berufungsinstanz).

[67] KG OLGR 2001, 52 mit fraglichen Ausnahmen.

[68] BGH NJW 1983, 514, 515.

[69] So eine in der Praxis gebräuchliche Formulierung; OLG Koblenz FamRZ 1974, 189, 192.

[70] BGH NJW 1989, 2064.

[71] *G. Lüke* JuS 1961, 41, 44.

[72] RGZ 160, 338, 347; BGH WM 1962, 644; anders OLG Zweibrücken FamRZ 2005, 379 m. abl. Anm. *Gottwald.*

[73] RGZ 160, 338, 346.

[74] BAGE 6, 257 = NJW 1959, 310; *Pohle,* FS Apelt, 1958, S. 171, 174 f.; *Rosenberg/Schwab/Gottwald* § 97 Rn. 4; *Jauernig* § 40 IV; *Stein/Jonas/Schumann* Rn. 8.

[75] *G. Lüke,* GedS für Bruns, 1980, S. 129, 138 f.; *Schumann,* FS G. Lüke, 1997, S. 767.

48 Die Rechtshängigkeitssperre muss auch dann beachtet werden, wenn die **Klage im unzulässigen Rechtsweg** erhoben ist.[76] Die Möglichkeit der Verweisung an die zuständige Gerichtsbarkeit nach § 17 Abs. 2 GVG, die durch die Aufgabe des Antragserfordernisses noch verstärkt worden ist, bietet die Handhabe, um die Sache auf den richtigen Rechtsweg zu bringen. Ob verwiesen wird, ist unerheblich. Zu beachten ist, dass in den anderen Verfahrensordnungen die Rechtshängigkeit bereits durch Einreichung der Klage bzw. des Antrags bei Gericht begründet wird; s. Rn. 20. Das sich daraus für den früheren § 847 Abs. 1 S. 2 BGB ergebende Harmonisierungsproblem[77] ist durch die Streichung der Vorschrift[78] beseitigt worden.

49 **bb)** Da der freiwilligen Gerichtsbarkeit ganz verschiedenartige Angelegenheiten zugewiesen sind, ist die Rechtshängigkeitssperre im Verhältnis der **freiwilligen** zur streitigen **Gerichtsbarkeit** differenziert zu beurteilen; s. Rn. 21. Vorausgesetzt ist immer die Identität der Streitgegenstände, so dass die Frage wohl nur im Bereich der echten Streitsachen der freiwilligen Gerichtsbarkeit praktisch werden dürfte. Entscheidungen in echten Streitverfahren erwachsen in materielle Rechtskraft, wie vereinzelt gesetzlich ausdrücklich anerkannt ist (s. § 45 Abs. 2 S. 2 WEG).[79] Deshalb greift insoweit auch die Rechtswegsperre im Verhältnis zur streitigen Gerichtsbarkeit und umgekehrt ein.[80]

50 Im Übrigen ist eher **Zurückhaltung** angebracht. Falls überhaupt Identität der Streit- bzw. Verfahrensgegenstände und der Parteien bzw. Beteiligten vorliegt, ist für die jeweils konkurrierenden Verfahren zu prüfen, ob der Zweck der Rechtswegsperre sein Eingreifen rechtfertigt.[81]

51 **2. Voraussetzungen der Rechtshängigkeitssperre. a) Identität der Parteien. aa)** Die Rechtshängigkeitssperre setzt voraus, dass die Parteien der beiden Prozesse identisch sind. Auf die **Parteirollen** kommt es nicht entscheidend an;[82] der Kläger im ersten Prozess kann als Beklagter am zweiten Prozess beteiligt sein und umgekehrt. Personenverschiedenheit besteht, wenn eine Partei in dem einen Prozess für sich selbst, in dem anderen als gesetzlicher Vertreter, Partei kraft Amtes oder Mitglied einer Personenmehrheit beteiligt ist.

52 **bb)** Da die Rechtshängigkeitssperre in subjektiver Beziehung denselben Umfang hat wie die materielle Rechtskraft, wirkt sie auch gegenüber denjenigen Personen, auf die sich die **materielle Rechtskraft** nach §§ 325 ff. **erstreckt.**[83] Sie schützt den Beklagten auch bei Prozessstandschaft, gesetzlicher wie gewillkürter;[84] vor doppelter prozessualer Inanspruchnahme; letztere könnte sonst überhaupt nicht zugelassen werden; s. Vor §§ 50 ff. Rn. 71. Auch eine inter-omnes-Rechtskraftwirkung stellt die Personenidentität für die Rechtshängigkeitssperre her.[85] Deshalb scheiterte eine neben der Ersten erhobene zweite Vaterschaftsfeststellungsklage desselben Klägers gegen einen anderen Beklagten wegen § 640 h S. 1 schon vor Einfügung des § 640 c Abs. 2 an der Rechtshängigkeit.[86] Dagegen greift die Rechtshängigkeitssperre in Fällen der Drittwirkung der Rechtskraft (§ 325 Rn. 57 ff.) nicht ein, weil die Drittwirkung anders als die Rechtskrafterstreckung keine subjektive Identität bewirkt.[87] – Zum Ausschluss weiterer Klagen von Überweisungsgläubigern gemäß § 856 Abs. 3 u. 4 s. dort Rn. 6.

53 Die Rechtskraft ist nach der Rechtshängigkeit zu prüfen; denn falls Rechtshängigkeit besteht, ist es dem Gericht verwehrt, über das Vorliegen oder Nichtvorliegen der Rechtskraft zu entscheiden.

---

76 Vgl. BGHZ 35, 374, 376 = NJW 1961, 2259.

77 Nachw. s. Rn. 20 Fn. 27; ferner BGHZ 69, 323, 327 f.; OLG Nürnberg NJW 1988, 1430.

78 BGBl. I 1990 S. 478.

79 *Richter,* Die Erledigung der Hauptsache im Verfahren der freiwilligen Gerichtsbarkeit, S. 151 ff.

80 *Pohle,* FS Apelt, S. 171, 176 f.; *Stein/Jonas/Schumann* Rn. 8.

81 Vgl. *G. Lüke,* GedS für Schultz, 1987, S. 235, 237.

82 BGH NJW 2001, 3713, 3714; *Stein/Jonas/Schumann* Rn. 55; *Zöller/Greger* Rn. 8 a.

83 *Rosenberg/Schwab/Gottwald* § 97 Rn. 20; *Thomas/Putzo/Reichold* Rn. 11; *K. H. Schwab,* GedS für Bruns, 1980, S. 181, 185 f. (bezüglich § 407 Abs. 2 BGB); *Bettermann* Rechtshängigkeit S. 10 f.; OLG Koblenz NJW-RR 1990, 1023.

84 BGH LM § 50 Nr. 26 = MDR 1972, 842; NJW-RR 1986, 158.

85 In der fG kann es anders sein. So stand trotz der umfassenden Rechtskraftwirkung gerichtlicher Entscheidungen in Wohnungseigentumssachen (§ 45 Abs. 2 S. 2 WEG aF, jetzt § 48 Abs. 3) die Rechtshängigkeit eines Antrags auf Ungültigerklärung eines Eigentümerbeschlusses einem identischen Antrag eines anderen Wohnungseigentümers nach altem Recht nicht entgegen; BayObLG Rpfleger 1977, 446; *Weitnauer/Mansel* § 43 WEG Rn. 29 aE. § 47 WEG idF der WEG-Novelle 2007 (BGBl. I 370) will daran offenbar auch nach der Unterstellung des Verfahrens unter die allgemeinen Regeln der ZPO festhalten.

86 *Koussoulis* S. 124 f.; *Stein/Jonas/Schumann* Rn. 55, *Wieser* NJW 1998, 2023, 2024.

87 Die anders lautende Entscheidung des OLG Hamm OLGZ 1985, 95, 96 = FamRZ 1985, 305 ist auf einen besonderen Fall zugeschnitten und nicht zu verallgemeinern. Das OLG hat bei fortbestehender Rechtshängigkeit der ersten die zweite Vaterschaftsfeststellungsklage gegen einen anderen Beklagten trotz § 640 h nicht an der Rechtshängigkeit scheitern lassen, da der frühere Kläger im zweiten Prozeß dem jetzigen Beklagten als Streithelfer beigetreten war.

cc) Weitere **Einzelfälle:** Nach weitaus hM greift die Rechtshängigkeitssperre gegenüber der **Verbandsklage** nach § 8 Abs. 3 Nr. 2–4 UWG oder dem UKlaG auch dann nicht ein, wenn ein anderer Verband wegen derselben Wettbewerbshandlung denselben Wettbewerber oder wegen derselben Geschäftsbedingung denselben Verwender verklagt.[88] Es fehlt nicht nur an der notwendigen Identität der Parteien, sondern auch der Streitgegenstände (Rn. 56ff.). Denn sowohl nach der insb. in der Rspr. zum UWG vorherrschenden Theorie der „Doppelnatur" der Verbandsklagebefugnis[89] als auch der rein materiell-rechtlichen Lehre[90] steht jedem Verband ein eigener Unterlassungsanspruch zu, mag ihm dieser auch nicht im eigenen, sondern im öffentlichen Interesse anvertraut sein. Die Gegenansicht lässt sich nur unter Zugrundelegung eines jeder materiell-rechtlichen Grundlage entkleideten, rein prozessrechtlichen Verständnisses des Verbandsklagerechts im Sinne einer den Verbänden eingeräumten „Aufgreifzuständigkeit" vertreten.[91] Gegen ein solches Verständnis sprechen zum einen – wenn auch nicht zwingend[92] – die jüngeren Gesetzesänderungen, die in den einschlägigen Normen jeweils die Worte (die Ansprüche) *„können ... geltend gemacht werden von"* durch *„stehen zu"* ersetzt haben.[93] Vor allem lässt es sich nicht sinnvoll in das geltende Klagensystem einpassen. S. aber Vor §§ 50ff. Rn. 77ff. 54

Die Rechtshängigkeit eines Prozesses gegen eine **OHG** kann nicht der Klage gegen einen Gesellschafter entgegengehalten werden und umgekehrt;[94] denn es fehlt an der Identität der Parteien.[95] Zur Rechtskraftwirkung (§ 129 Abs. 1 HGB) s. § 325 Rn. 69. 55

b) Identität der Streitgegenstände. aa) In objektiver Hinsicht setzt die Rechtshängigkeitssperre voraus, dass die Streitgegenstände des ersten und zweiten Prozesses identisch sind. Insofern deckt sich die Reichweite der Rechtshängigkeitssperre mit der des aus der materiellen Rechtskraft folgenden Wiederholungsverbots („ne bis in idem"), das ebenfalls nur bei Streitgegenstandsidentität zur Abweisung der zweiten Klage als unzulässig führt. Die von der materiellen Rechtskraft weiterhin ausgehende Präjudizialität der res iudicata für den zweiten Prozess findet dagegen bei der Rechtshängigkeit keine Entsprechung. Eine Ausdehnung der Rechtshängigkeitssperre über den Streitgegenstand des Erstprozesses hinaus auf alle Fälle, in denen die Gefahr kollidierender Entscheidungen besteht, lässt sich nicht begründen.[96] In Betracht kommt hier die Aussetzung des zweiten Verfahrens; s. § 148 Rn. 10. 56

bb) Die objektive Reichweite der Rechtshängigkeitssperre hängt vom allgemeinen Streitgegenstandsbegriff ab. Er ist auch hier maßgebend. Diese schon aus Gründen der Rechtssicherheit wünschenswerte einheitliche Handhabung ist nur möglich, wenn die Rechtsschutzform durch das Abstellen auf das Begehren in den Streitgegenstandsbegriff (Vor § 253 Rn. 32) einbezogen und dadurch erreicht wird, dass die Feststellungsklage nicht schon die Rechtshängigkeit der Leistungsklage begründet. Demgemäß ist objektive Identität gegeben, wenn Klageantrag und Lebenssachverhalt im zweiten Prozess mit dem ersten Prozess übereinstimmen. Unterschiedliche Anträge bei identischem Sachverhalt[97] oder identische Anträge bei verschiedenen Sachverhalten, erst recht Verschiedenheit von Anträgen und Sachverhalten schließen das Eingreifen der Rechtshängigkeitssperre aus.[98] 57

---

[88] BGH GRUR 1960, 379 – Zentrale m. Anm. *Harmsen;* BGH GRUR 1994, 307, 308 – Mozzarella I; OLG Düsseldorf GRUR 1973, 51; OLG Karlsruhe GRUR 1979, 558; KG WRP 1981, 389; *Stein/Jonas/Schumann* Rn. 55 (eine weitere Klage soll evtl. am Rechtsschutzbedürfnis scheitern); *Zöller/Greger* Rn. 8a; *Baumbach/Hefermehl/Köhler* Wettbewerbsrecht, 24. Aufl. 2006 § 8 Rn. 3.25; *Ahrens/Jestaedt* Kap. 24 Rn. 9; *Köhler* WRP 1992, 359, 361f.; *Greger* ZZP 113 (2000), 399, 408f.; *Stickelbrock* WRP 2001, 648, 650.

[89] Kombination aus prozessualem Prozeßführungsrecht und Sachlegitimation, vgl. BGHZ 133, 316, 319 = GRUR 1997, 382 = NJW 1997, 1702 – Altunterwerfung I; BGH GRUR 2005, 689, 690 – Sammelmitgliedschaft III m. w.Nachw.; BGH WRP 2006, 1118, 1120 – Brillenwerbung; *Fezer/Büscher* UWG § 8 Rn. 195.

[90] *Baumbach/Hefermehl/Köhler* Wettbewerbsrecht § 8 Rn. 3.10f.; *Greger* ZZP 113 (2000), 399, 403f.

[91] So die Voraufl. unter Berufung auf *Marotzke* S. 166ff., 176ff.; *Reinel,* Die Verbandsklage nach dem AGBG, 1979, S. 129ff.; *E. Schmidt* NJW 1989, 1192, 1194 u. NJW 2002, 25, 28f.; s.a. *Lindacher* ZZP 103 (1990), 397, 403ff. u. FS G. Lüke, 1997, S. 377, 378ff., 387ff.; *Koch* ZZP 113 (2000), 413; ausdrücklich gegen das spezifische prozessuale Rechtsinstitut einer „Aufgreifzuständigkeit" BGH MDR 1990, 814.

[92] So aber *Greger* ZZP 113 (2000), 399, 403; anders *E. Schmidt* NJW 2002, 25, 28.

[93] § 13 Abs. 2 u. 3 AGBG wurden bereits durch das Fernabsatzgesetz 2000 geändert und geht nunmehr in § 3 UKlaG auf; § 13 Abs. 2 UWG aF wurde im Zuge der UWG-Reform 2004 in § 8 Abs. 3 UWG neu gefaßt.

[94] *Rosenberg/Schwab/Gottwald* § 97 Rn. 21; *Baumbach/Lauterbach/Albers/Hartmann* Rn. 18; *Thomas/Putzo/Reichold* Rn. 11; *Stein/Jonas/Schumann* Rn. 55; *Zöller/Greger* Rn. 8a; aM *Nieder* ZZP 85 (1972), 437, 463.

[95] So auch *Koussoulis* S. 164 Fn. 270 vom Boden der Drittwirkungslehre aus.

[96] Ebenso *Kraemer* ZZP 64 (1951), 90 gegen *Bettermann* Rechtshängigkeit S. 15, 42, 59, 87; wie hier auch *Stein/Jonas/Schumann* Rn. 51; *Heiderhoff* S. 19f.; *Schilken* ZPR Rn. 237.

[97] BGHZ 7, 268, 271 = NJW 1952, 1375.

[98] Zum Ganzen BGH NJW 2001, 3713; NJW 2002, 1503.

58 Da nach neuem Recht das Gericht des zulässigen Rechtswegs den Rechtsstreit, soweit es sich um einen einzigen prozessualen Anspruch handelt,[99] **unter allen** in Betracht kommenden **rechtlichen Gesichtspunkten** zu entscheiden hat (§ 17 Abs. 2 S. 1 GVG), auch wenn es bei „gemischten" Rechtsverhältnissen nur für einen Anspruchstatbestand zuständig ist, folglich der Streitgegenstand nicht mehr kraft Gesetzes gespalten wird, bleibt auch insoweit die Rechtshängigkeitssperre an den Streitgegenstand gebunden. Der Kläger kann also den Rechtsstreit nicht unter Aufteilung nach rechtlichen Gesichtspunkten bei Gerichten verschiedener Rechtswege anhängig machen. Tut er es doch, so steht der später erhobenen Klage die Rechtshängigkeit entgegen.

59 Diese seit dem 1. 1. 1991 geltende gesetzliche Neuerung (Einl. Rn. 99, 102) mit ihrer weitreichenden dogmatischen Bedeutung[100] legt den Schluss nahe, dass der Streitgegenstand auch durch die Vorschriften über die **besonderen sachlichen Gerichtsstände** nicht mehr einen speziellen Zuschnitt erhält und ein an sich einheitlicher Streitgegenstand in zwei Streitgegenstände aufgespalten wird;[101] s. Vor § 253 Rn. 40. Vielmehr muss das Gericht des besonderen sachlichen Gerichtsstands den Rechtsstreit unter allen denkbaren rechtlichen Gesichtspunkten prüfen, ohne dass eine Teilverweisung in Betracht kommt;[102] s. § 12 Rn. 35 ff. Deshalb verhindert die Klage im Vertragsgerichtsstand eine gleichzeitige Klage mit demselben Antrag und demselben Sachverhalt im Deliktsgerichtsstand.[103] Folgt man dem hier vertretenen Ansatz nicht, so lässt sich dieses Ergebnis mit dem Zweck der Rechtshängigkeitssperre rechtfertigen.[104]

60 **cc) Einzelfälle:** Aus der Beanstandung der Verwendung von roten Punkten und den Worten „klick" und „klix" in zwei Warenzeichenprozessen folgt noch nicht die Identität der Streitgegenstände, wenn in einem Verfahren Unterlassung der Benutzung eines solchen Zeichens in Verbindung mit beliebiger Beschriftung beantragt ist, im anderen die Erwähnung des roten Punkts im Antrag nur als Beispiel dient.[105] Es liegen verschiedene Anträge vor. – Die Klage des (angeblichen) Schuldners auf Herausgabe des Wechsels und die Klage des Gläubigers aus dem Wechsel begründen ebenfalls keine gegenseitige Sperre, weil auch hier die Anträge nicht identisch sind.[106] – Wird während des noch laufenden Prozesses auf Erfüllung eines außergerichtlichen Vergleichs geklagt, soll es nach dem BGH[107] für das Eingreifen der Rechtshängigkeitssperre darauf ankommen, ob der Vergleich novierende (dann wegen neuen Sachverhalts neuer Streitgegenstand und kein Eingreifen des § 261 Abs. 3 Nr. 1) oder lediglich schuldabändernde Wirkung hatte (dann wegen identischen Lebenssachverhalts identischer Streitgegenstand und Eingreifen der Sperre). – Ferner besteht keine Identität zwischen dem Antrag auf Schuldbefreiung und der Klage auf Erstattung des inzwischen gezahlten Betrages der Forderung,[108] zwischen der Klage auf Erfüllung eines Vertrages und der Klage auf Löschung oder Aufhebung der Hypothek oder auf Minderung des Kaufpreises und Teillöschung,[109] zwischen der Klage auf Unterhalt und der Klage auf Abänderung der Art der Unterhaltsgewährung durch das FamG nach § 1612 Abs. 2 S. 2 BGB.[110]

61 Wird im ersten Prozess nur ein quantitativ oder sonst individuell bestimmter Teil einer Forderung eingeklagt, so steht die Rechtshängigkeit einer zweiten Klage auf den Rest oder einen anderen Teil nicht entgegen;[111] denn die Rechtshängigkeit der Teilklage beschränkt sich auf den eingeklagten Betrag. Dies gilt selbst nach einem Zwischenurteil über den Grund.[112] Der Kläger ist nicht gezwungen, den Weg der Klageerweiterung (§ 264 Nr. 2) zu gehen.[113]

---

[99] BGHZ 114, 1, 2 f. = NJW 1991, 1686; BGH NJW 1998, 826, 828; BAG NJW 1998, 1091, 1092.

[100] Ebenso *Kissel* NJW 1991, 945, 950 f.

[101] *Henckel,* Parteilehre und Streitgegenstand im Zivilprozess, 1970, S. 280 nimmt für das frühere Recht einen einheitlichen Streitgegenstand an; vgl. auch *G. Lüke,* GedS für Bruns, S. 142 f.

[102] Ebenso *Zöller/Vollkommer* Einl. Rn. 85; *Rosenberg/Schwab/Gottwald* § 36 Rn. 56; *K. H. Schwab,* FS Zeuner, 1994, S. 499, 509; *Windel* ZZP 111 (1998), 3, 14; *Vollkommer,* FS Deutsch, 1999, S. 385, 395 ff., 403 f.; jetzt auch BGHZ 153, 173 = NJW 2003, 828 m. weit. Nachw. auch zur auch nach 1990 noch vertretenen Gegenansicht.

[103] Ebenso *Stein/Jonas/Schumann* Rn. 56.

[104] Läßt man hingegen die Rechtshängigkeitssperre nicht eingreifen, so ist wiederum die Aussetzung des zweiten Verfahrens in Betracht zu ziehen; so *Rosenberg,* ZPR, 9. Aufl. 1961, § 33 II 2.

[105] BGH GRUR 1982, 229, 230.

[106] Ebenso *Zöller/Greger* Rn. 10; *Baumbach/Lauterbach/Hartmann* Rn. 20.

[107] NJW 2002, 1503.

[108] BGH WM 1974, 1245 = DB 1975, 203.

[109] *Stein/Jonas/Schumann* Rn. 57; *Baumbach/Lauterbach/Hartmann* Rn. 20.

[110] LG Mannheim DAVorm. 1976, 102, 103 = Rpfleger 1976, 57.

[111] BGH WM 1971, 83, 84; *Thomas/Putzo/Reichold* Rn. 14.

[112] *Zöller/Greger* Rn. 10.

[113] AM *Blomeyer* § 49 III 2.

Werden gleichzeitig Teile desselben Anspruchs in mehreren Klagen verdeckt geltend gemacht, so greift die Rechtshängigkeitssperre ein.[114] Der Kläger kann sie ausräumen, indem er zu offenen Teilklagen übergeht, also klarstellt, wie die Klagebeträge sich zueinander verhalten. Zur Rechtskraft von Teilklagen s. § 322 Rn. 127ff. – In Schadensersatzfällen, in denen die Schadensentwicklung noch nicht abgeschlossen ist, hat der Geschädigte die Feststellungsklage, s. § 256 Rn. 30. Hat er wegen körperlicher Schädigung Leistungsklage erhoben, so muss er die erst während der Rechtshängigkeit auftretenden Folgen durch Klageerweiterung einbeziehen. 62

dd) Zwar begründen **Klagen mit verschiedenen Rechtsschutzzielen** auch bei identischem Sachverhalt grds. ohne weiteres unterschiedliche Streitgegenstände;[115] s. Rn. 57 und Vor § 253 Rn. 32ff. Jedoch gelten im Verhältnis zwischen **Leistungs-** und **Feststellungsklage,** soweit es um denselben Anspruch geht, gewisse Besonderheiten. Ihre Streitgegenstände sind insofern **teilidentisch,** als ersterer letzteren einschließt. Deshalb scheitert, wenn der Kläger bereits auf Leistung geklagt hat, seine daneben gesondert erhobene Klage auf Feststellung des Bestehens desselben Anspruchs an der Rechtshängigkeit der Leistungsklage.[116] Folglich kann ein Schadensposten, der Gegenstand einer bezifferten Leistungsklage ist, nicht zugleich im selben Umfang Gegenstand eines Feststellungsantrags sein.[117] 63

Aber auch, wenn der Kläger umgekehrt zunächst auf Feststellung seines Anspruchs geklagt hat und dann doch noch die Verurteilung zur Leistung erreichen will, steht § 261 Abs. 3 Nr. 1 der parallelen Erhebung einer selbstständigen Leistungsklage entgegen. Dass der Streitgegenstand der zuerst erhobenen Feststellungsklage hinter dem der Leistungsklage zurückbleibt, schließt das Eingreifen der Rechtshängigkeitssperre nicht logisch zwingend aus.[118] Vielmehr verlangt ihr Zweck (s. Rn. 4), sie auch in diesem Falle anzuwenden.[119] Statt eine selbstständige Leistungsklage zu erheben, muss der Kläger deshalb den Weg der **Änderung seiner Feststellungsklage** in eine Leistungsklage gemäß § 264 Nr. 2 gehen.[120] Die Gegenmeinung lässt hingegen die Leistungsklage, auch in Form der Unterlassungsklage, zu.[121] Nach ihr ist jedoch das Rechtsschutzbedürfnis für die Feststellungsklage neu zu prüfen; ist dieses nicht mehr gegeben, so bleibt dem Feststellungskläger nur die Möglichkeit, seine Klage für erledigt zu erklären. 64

Klagt der Gläubiger auf **Leistung** und erhebt der Beklagte eine korrespondierende **negative Feststellungsklage,** so scheitert diese ebenfalls an der Rechtshängigkeit.[122] Die Sperre greift auch dann, wenn der Feststellungsantrag widerklagend erhoben wird. 65

Klagt der Gläubiger **auf Leistung bei anhängiger negativer Feststellungsklage** des Schuldners und kann die Leistungsklage nicht mehr einseitig zurückgenommen werden, so spricht die hM der Feststellungsklage, die die Leistungsklage nicht sperre,[123] von diesem Zeitpunkt an das Feststellungsinteresse ab; der Feststellungskläger müsse seine Klage für erledigt erklären, um eine Kostenentscheidung gegen sich zu vermeiden. Ihr kann nicht zugestimmt werden; s. auch § 256 Rn. 61f. und 67. Die Konkurrenz beider Klagen ist wie bei anhängiger eigener (positiver) Feststellungsklage des Gläubigers eine Frage der Rechtshängigkeit; s. Rn. 64. Da der Gläubiger einerseits trotz korrespondierender anhängiger negativer Feststellungsklage die Möglichkeit haben muss, einen Vollstreckungstitel zu erlangen, ihm andererseits wegen der vertauschten Parteirollen mit einer Klageänderung nicht geholfen werden kann, bleibt ihm nur die Möglichkeit, **Leistungswiderklage** im Verfahren der negativen Feststellungsklage zu erheben.[124] 66

---

[114] *Goldschmidt* JW 1931, 1753, 1754; *Stein/Jonas/Schumann* Rn. 57; zu einem Fall, in dem zwei Pfändungspfandgläubiger den jedem von ihnen überwiesenen Anspruch gleichzeitig einklagten OLG München WM 2007, 760, 761.

[115] BGH NJW 2001, 3713.

[116] *Bettermann* Rechtshängigkeit S. 27; *Grunsky* Grundlagen § 5 III 1; *Schellhammer* Rn. 115; *G. Lüke* JuS 1969, 301; *Gruber* ZZP 117 (2004), 133, 138ff., 140; *Rosenberg/Schwab/Gottwald* § 97 Rn. 23; aM *Stein/Jonas/Schumann* Rn. 60.

[117] BGH NJW 1998, 1633, der den hilfsweise gestellten Feststellungsantrag zutreffend im Hinblick auf das Feststellungsinteresse, nicht die Rechtshängigkeit beurteilt, weil er das Leistungsbegehren für zur Zeit unbegründet hält.

[118] *Gruber* ZZP 117 (2004), 133, 141 betreffend das Aufeinandertreffen von negativer Feststellungsklage der einen gegen die andere und Leistungsklage der anderen gegen die eine Partei.

[119] Auch dazu *Gruber* ZZP 117 (2004), 133, 142ff.

[120] *Blomeyer* § 49 III 2; *G. Lüke* JuS 1969, 301.

[121] *Rosenberg/Schwab/Gottwald* § Rn. 23; *Jauernig* § 40 II 2.

[122] BGH NJW 1989, 2064, 2065; *Grunsky* Grundlagen § 5 III 1; *G. Lüke* JuS 1969, 301; *Baltzer,* Die negative Feststellungsklage aus § 256 I ZPO, 1980, S. 149.

[123] BGH GRUR 1962, 360, 361; NJW 1983, 2032 = LM § 256 Nr. 123; BGH NJW 1989, 2064; 1991, 1061, 1062; *Stein/Jonas/Schumann* Rn. 62; *Thomas/Putzo/Reichold* Rn. 14.

[124] *Bettermann* Rechtshängigkeit S. 90; *Grunsky* Grundlagen § 5 III 1; *Neumann-Duesberg* NJW 1955, 1214; *Blomeyer* § 49 III 2; *G. Lüke* JuS 1969, 301, 302; *Zeuner,* FS G. Lüke, S. 1014f.; *Rüßmann* ZZP 111 (1998),

67 Die **positive Feststellungsklage** des Gläubigers und **die negative Feststellungsklage** des Schuldners sind in ihren Zielen identisch und schließen daher einander aus.[125] Die Abweisung der negativen Feststellungsklage als unbegründet enthält die positive Feststellung des kontradiktorischen Gegenteils; s. auch § 256 Rn. 71. Dagegen können Kläger und Beklagter beide auf positive Feststellung desselben Rechtsverhältnisses gegeneinander klagen; denn die Abweisung der einen Klage verneint nur die Berechtigung der jeweiligen Klage, stellt aber noch nicht die des Gegners fest.[126]

68 Ist die Leistungsklage oder die positive Feststellungsklage nur auf einen **Teil des Anspruchs** gerichtet, so kann der Beklagte negative Feststellungsklage erheben, dass er den über den eingeklagten hinausgehenden Teil nicht schulde. Jedoch muss er dies wiederum in Form der Widerklage tun. Falls der Kläger der positiven Feststellungsklage mit einer Klageerweiterung reagiert, um auch insoweit die Verjährungsunterbrechung zu erreichen, steht der negativen Feststellungsklage von da an die Rechtshängigkeit entgegen. Dem Beklagten bleibt hier nur die Möglichkeit, die Hauptsache für erledigt zu erklären mit einer Kostenentscheidung nach § 91 a; s. auch § 262 Rn. 8.

69 **ee)** Die Erhebung der Klage im **Urkunden- oder Wechselprozess** begründet die Rechtshängigkeitssperre gegen die spätere Leistungsklage aus der Urkunde im ordentlichen Verfahren und umgekehrt.[127] Der besondere Zuschnitt des Urkundenprozesses zerlegt den Prozessstoff nicht in zwei Streitgegenstände; s. Vor § 253 Rn. 40. Vielmehr wird auch im Urkundenprozess der Prozessstoff voll erfasst; nur seine prozessuale Behandlung ist speziell. Unerheblich ist, ob zuerst im Urkundenprozess geklagt und dann das ordentliche Verfahren eingeleitet wird; jeweils der späteren Klage steht die Rechtshängigkeit entgegen. S. aber Vor § 592 Rn. 5.

70 Klagt hingegen der Kläger in getrennten Klagen aus dem **Wechsel und dem Grundgeschäft,** so greift die Rechtshängigkeitssperre nicht ein.[128] Die materiell-rechtlichen Besonderheiten der Wechselhingabe machen aus dem möglicherweise einheitlichen Lebenssachverhalt zwei Klagegründe, so dass bei gleichzeitiger Geltendmachung alternative Klagenhäufung gegeben ist; § 260 Rn. 25; s. a. § 263 Rn. 13. Bei getrennter Geltendmachung schließt die Verbindung des Klageantrags mit einem anderen Klagegrund die Rechtshängigkeitssperre aus. Das gilt nicht nur, wenn aus dem Wechsel im Wechselprozess und aus dem Grundgeschäft im ordentlichen Verfahren geklagt wird,[129] sondern auch, wenn beide Klagen im ordentlichen Verfahren erhoben werden.[130] Der Schuldner, der einen Wechsel zahlungshalber angenommen hat, ist gegen die doppelte Inanspruchnahme dadurch geschützt, dass der Gläubiger die Leistung aus dem Grundgeschäft nur gegen Rückgabe des Wechsels fordern kann; er hat insoweit ein Zurückbehaltungsrecht.

71 **ff) Unterschiedliche Anträge** liegen in folgenden Fällen vor: Klage auf Räumung und Herausgabe eines Grundstücks und Klage auf Beseitigung eines Bauwerks auf dem Grundstück;[131] Klage auf Feststellung eines Rechts und Klage auf Anfechtung dieses Rechts nach der InsO oder dem AnfG;[132] Klage auf Vollstreckungsurteil nach §§ 722, 723 und Klage auf Erfüllung des ursprünglichen Anspruchs.

72 Mangels Identität der Streitgegenstände greift die Rechtshängigkeitssperre nicht ein, wenn im ersten Prozess aus der Verletzung eines Patent- oder Gebrauchsmusterrechts, im zweiten aus einem Vergleich über dieses Recht oder wenn im ersten Prozess auf Schadensersatz aus unerlaubter Handlung, im zweiten Prozess auf Lizenzgebühr geklagt wird.[133] Ebenfalls keine Rechtshängigkeit liegt

---

399, 413; *Gruber* ZZP 117 (2004), 133, 154 ff. Bei seiner Kritik in NJW 1994, 3107, 3108, übersieht der BGH, dass nur Teilidentität der Streitgegenstände besteht. Für Leistungswiderklage in Fällen mit ausländischer Rechtshängigkeit BGHZ 134, 201, 209 ff. = NJW 1997, 870, 872 = JZ 1997, 797 m. iE zust. Anm. *P. Huber; Rüßmann* IPRax 1995, 76, 80.

[125] *Baumbach/Lauterbach/Hartmann* Rn. 19; *Thomas/Putzo/Reichold* Rn. 13; *Baltzer,* Die negative Feststellungsklage, S. 150.

[126] *Jauernig* § 40 II 2; aM *Bettermann* Rechtshängigkeit S. 22 f. trotz Identität der Streitgegenstände wg. der Gefahr widersprechender Entscheidungen.

[127] *Stein/Jonas/Schumann* Rn. 63; *Rosenberg/Schwab/Gottwald* § 97 Rn. 27; RGZ 160, 338, 345 nur für den Fall, daß der ordentliche Prozeß zuerst anhängig geworden ist.

[128] RGZ 160, 338, 347; OLG Karlsruhe NJW 1960, 1955; OLG Düsseldorf WM 1973, 403; OLG Hamm WM 1984, 400; OLG Hamburg WM 1986, 383, 384.

[129] So aber *K. H. Schwab* Streitgegenstand S. 127 f.; ihm folgend *Stein/Jonas/Schumann* Rn. 64; krit. *G. Lüke,* FS K. H. Schwab, 1990, S. 309, 316 f.; dazu *K. H. Schwab,* FS G. Lüke, 1997, S. 793.

[130] Anders *Rüßmann* ZZP 111 (1998), 399, 418 f., der die Forderungen aus Grundgeschäft und Wechsel zu einem einheitlichen Streitgegenstand zusammenfaßt und hierfür Einfachheit und Eleganz der sich daraus ergebenden Lösungen anführt.

[131] BGHZ 28, 153, 156 = NJW 1958, 1969.

[132] *Stein/Jonas/Schumann* Rn. 65.

[133] RG ZZP 55 (1930), 136 m. zust. Anm. *Rosenberg.*

vor gegenüber der Klage auf Feststellung einer Lohnforderung als Masseschuld (§ 55 Abs. 1 Nr. 2 InsO) oder zur Insolvenztabelle (§ 179 Abs. 1 InsO) und der bereits anhängigen Klage auf Feststellung des Bestehens des zugrunde liegenden Arbeitsverhältnisses.[134]

Dagegen besteht die Sperre zwischen gegenläufigen Abänderungsklagen gegen denselben Unterhaltstitel (§ 323). Nach hM haben sie denselben Streitgegenstand, so dass der später rechtshängig gewordene Prozess an der Rechtshängigkeit der zuerst erhobenen Klage scheitert.[135] Hier reicht offenbar die Teilidentität der Streitgegenstände aus, um die Rechtshängigkeitssperre auszulösen.[136] Zur Identität der Streitgegenstände von Erstprozess und Abänderungsklage s. § 323 Rn. 6. 73

3. Ausländische Rechtshängigkeit. a) Voraussetzungen. Auch die Rechtshängigkeit bei einem ausländischen Gericht begründet die Sperre nach § 263 Abs. 3 Nr. 1.[137] Ob ausländische Rechtshängigkeit besteht, richtet sich nach der ausländischen Verfahrensordnung. Die ausländische Rechtshängigkeit ist in allen Instanzen und von Amts wegen zu berücksichtigen; sie ist eine unverzichtbare Zulässigkeitsrüge iSd. § 296 Abs. 3. Das gilt auch, wenn in Staatsverträgen ihre Beachtung nur auf Rüge vorgesehen ist; hierdurch wird die Prüfung von Amts wegen nicht ausgeschlossen.[138] – Für den Anwendungsbereich von EuGVO und EheVO gelten deren Art. 27 und 19; sie verdrängen § 261 Abs. 3 Nr. 1.[139] Danach setzt das später angerufene Gericht das Verfahren aus, bis die Zuständigkeit des zuerst angerufenen Gerichts feststeht.[140] Bejahendenfalls weist es die Klage als unzulässig ab; wg. Einzelheiten s. die Kommentierung zu Art. 27 EuGVO und 19 EheVO. 74

Die Rechtshängigkeitssperre greift nur ein, wenn voraussichtlich mit der Anerkennung der vom ausländischen Gericht zu erlassenden Entscheidung zu rechnen ist.[141] Für diese **Anerkennungsprognose** sind vorrangig bestehende internationale Verträge maßgebend, in zweiter Linie die allgemeinen Grundsätze über die Anerkennung ausländischer Entscheidungen; s. § 328 Rn. 15ff., 60ff.; zu Art. 32 EuGVO s. Kommentierung zu Art. 25 EuGVÜ Rn. 2ff. Für die Anerkennungszuständigkeit, die sich nach deutschem Recht beurteilt (§ 328 Rn. 63ff.), gilt § 261 Abs. 3 Nr. 2 entsprechend (§ 328 Rn. 77). Für Art. 27 EuGVO und 19 EheVO kommt es wegen Art. 33 Abs. 1 EuGVO und 26 Abs. 1 EheVO auf eine positive Anerkennungsprognose nicht an.[142] 75

Für die Anerkennung ausländischer Eheurteile sind die Besonderheiten des **Art. 7 FamRÄndG** zu beachten. Danach haben die Landesjustizverwaltungen das Entscheidungsmonopol für die Feststellung, dass die Voraussetzungen für die Anerkennung vorliegen. Solange das Feststellungsverfahren nicht eingeleitet ist, was erst nach Erlass der ausländischen Entscheidung geschehen kann, wirkt die Rechtshängigkeitssperre unmittelbar; dem mit der Sache befassten Gericht obliegt auch hier selbstständig die Anerkennungsprognose. Nach Einleitung des Feststellungsverfahrens muss das Gericht aussetzen (§ 148) und die Entscheidung der LJV abwarten, es sei denn, dass die Voraussetzungen für eine Anerkennung der ausländischen Entscheidung offensichtlich nicht gegeben sind;[143] s. auch § 328 Rn. 202 sowie Art. 14 EheGVO Rn. 3ff. (Band 3). 76

b) Unsichere Anerkennungsprognose. Liegt ausländische Rechtshängigkeit vor und fällt die Anerkennungsprognose positiv aus, ist die Klage als unzulässig abzuweisen; es bei einer Aussetzung nach § 148 zu belassen, genügt nicht.[144] Fraglich ist, ob bei **unsicherer** Anerkennungsprognose die 77

---

[134] BGHZ 105, 34, 38 = NJW 1989, 170. Allerdings hat der BGH den Gesichtspunkt der Teilidentität der Streitgegenstände nicht behandelt.

[135] BGH FamRZ 1997, 488; OLG Düsseldorf FamRZ 1994, 1535, 1536; *Thomas/Putzo/Reichold* Rn. 13.

[136] Das OLG Düsseldorf FamRZ 1994, 1535, 1536 spricht davon, dass sich die Streitgegenstände zumindest überschneiden.

[137] AllgM; s. nur BGH FamRZ 1982, 917; NJW 1986, 2195 = WM 1986, 115; BGH NJW 1987, 3083 m. Anm. *Geimer* = JR 1988, 22 m. Anm. *Hauser;* BGH NJW 2001, 524, 525 = IPraX 2001, 457 m. krit. Anm. *Schütze* S. 441; OLG Saarbrücken OLGR 2004, 467, 469 (Sorgerechtsverfahren); *Kerameus,* FS K. H. Schwab, 1990, S. 257; *Heiderhoff* S. 49ff., 101ff.

[138] *Geimer* NJW 1984, 527, 528.

[139] *Zeuner* S. 1003ff.; zur Rechtshängigkeit im Europäischen Prozeßrecht näher *McGuire,* Verfahrenskoordination und Verjährungsunterbrechung im Europäischen Prozeßrecht, 2003, S. 66f.

[140] Der Zeitpunkt des Eintritts der Rechtshängigkeit iSd. Art. 27 EuGVO, 19 EheVO ist anders als nach EuGVÜ (dazu EuGHE 1984, 2397 = NJW 1984, 2759; EuGHE 1987, 4861 = NJW 1989, 665, 666) nicht mehr für jedes Gericht nach seinem nationalen Recht zu beurteilen, sondern richtet sich nunmehr nach Art. 30 EuGVO, 16 EheVO.

[141] *Heiderhoff* S. 57ff., 134ff., 228ff. m. weit. Nachw. (zugleich zu den an eine positive Anerkennungsprognose zu stellenden Anforderungen).

[142] BGH NJW 1995, 1758, 1759 (noch zu Art. 21 EuGVÜ).

[143] BGH NJW 1983, 514, 515 = FamRZ 1982, 1203 = IPRax 1983, 292 m. Anm. *Basedow; Heiderhoff* S. 62f.

[144] Str., ausf. *Heiderhoff* S. 233ff

Aussetzung analog § 148 in Betracht kommt.[145] Die Frage ist mit Rücksicht auf die Gefahr möglicher Rechtsschutzverkürzungen für den Kläger zu bejahen. Darüber hinaus, etwa bei Zweifeln an der Identität der Streitgegenstände, besteht die Aussetzungsmöglichkeit jedenfalls nicht;[146] s. aber § 12 Rn. 78.

78 Werden die Voraussetzungen für die Anerkennung der zu erwartenden ausländischen Entscheidung erst im Laufe des Verfahrens erfüllt, wird die **Klage unzulässig.** Dem Kläger bleibt die Möglichkeit, die Hauptsache für erledigt zu erklären. Die Kostenentscheidung richtet sich nach den allgemeinen Regeln; s. § 91 a Rn. 48 ff., 86, 98 f.

79 Die Rechtshängigkeitssperre greift nicht ein, wenn durch die Beachtung der ausländischen Rechtshängigkeit der **Rechtsschutz unzumutbar beeinträchtigt** würde. Überlange Verfahrensdauer reicht aus, falls sie die Effizienz der Rechtsschutzgewährung erheblich mindert.[147] Das Abstellen auf Treu und Glauben, das zusätzlich besondere Umstände verlangt,[148] verdient keine Zustimmung;[149] s. auch § 12 Rn. 76.

IV. Fortdauer der Zuständigkeit (perpetuatio fori), § 261 Abs. 3 Nr. 2

80 **1. Bedeutung. a) Voraussetzungen.** Die Vorschrift bewirkt, dass die vorhandene Zuständigkeit durch eine spätere Veränderung der maßgeblichen Umstände nicht berührt wird. § 17 Abs. 1 S. 1 GVG enthält dieselbe Rechtsfolge für die Zulässigkeit des Rechtswegs. Maßgebend ist grds. der Zeitpunkt der Klageerhebung, also der Zustellung. Im Mahnverfahren kommt es auf den Eingang der Akten beim Empfangsgericht bzw. auf den Erlass des Vollstreckungsbescheides an; die Rückbeziehung der Rechtshängigkeit nach § 696 Abs. 3 und 700 Abs. 2 ist in Ansehung der perpetuatio fori nicht anwendbar;[150] s. auch § 696 Rn. 20. Im Insolvenzverfahren, wo § 261 Abs. 3 Nr. 2 gemäß § 4 InsO ebenfalls gilt, ist nach § 3 InsO der allgemeine Gerichtsstand des Schuldners im Zeitpunkt des Eingangs des Eröffnungsantrags bei Gericht maßgeblich.[151]

81 Ein unzuständiges Gericht kann durch Veränderung der die Zuständigkeit begründenden Umstände zuständig werden; § 263 Abs. 3 S. 2 gilt nicht, perpetuiert also nicht die Unzuständigkeit. Entsprechendes gilt für die Zulässigkeit des Rechtswegs.[152] Die Zuständigkeit kann auch durch nachträglichen Prorogationsvertrag begründet werden.[153] Die nachträglich hergestellte Zuständigkeit macht einen ursprünglich begründeten Verweisungsantrag unbegründet.[154]

82 Die Vorschrift **setzt** die **Zuständigkeit voraus,** schafft sie also nicht. Weitere Voraussetzung ist, dass der **Streitgegenstand identisch bleibt;** s. Rn. 56. Wird durch die Veränderung der Umstände der Streitgegenstand geändert, so ist für die damit verbundene Klageänderung auch die Zuständigkeit neu zu prüfen.[155]

83 **b) Wirkungen.** § 261 Abs. 3 Nr. 2 ordnet nicht das Fortbestehen der **Zulässigkeit** einer Klage **im ganzen** oder sonstiger Sachurteilsvoraussetzungen an. Es gibt keinen Grundsatz, dass die einmal zulässige Klage auch zulässig bleibt.[156]

84 Die Fortdauer betrifft die örtliche und sachliche Zuständigkeit, auch die ausschließliche;[157] dagegen gilt sie für die funktionelle Zuständigkeit im Allgemeinen nicht.

85 **aa)** Die **Zuständigkeit verschiedener** Abteilungen oder **Spruchkörper** innerhalb desselben Gerichts betreffen die Geschäftsverteilung und scheiden schon deshalb aus der Regelung des

---

145 Generell verneinend *Stein/Jonas/Schumann* Rn. 23; nur in Ausnahmefällen bejahend BGH 1986, NJW 2195, 2196 u. Vorauf l.; weitgehend bejahend *Geimer* NJW 1984, 527, 528; *Dohm* S. 278 ff.; *Schack* RabelsZ 58 (1994), 40 ff., 52 f.; *Heiderhoff* S. 250 ff.

146 *Heiderhoff* S. 241 f.

147 *Heiderhoff* S. 63 f., 226 f.

148 So BGH NJW 1983, 1269, 1270; 1986, 2195.

149 Gegen den BGH *Schumann* IPRax 1986, 14, 15 u. FS Kralik, 1986, S. 301, 310.

150 BayObLG NJW-RR 1995, 636 u. ZIP 2003, 1864; OLG Frankfurt NJW-RR 1995, 831; KG MDR 1998, 618, 619 m. Anm. *Müther,* S. 620, 621; NJW-RR 1999, 1011 u. MDR 2002, 1147, 1148; *Zöller/Vollkommer* § 696 Rn. 6 u. 7 m. weit. Nachw.; *Stein/Jonas/Schlosser* § 696 Rn. 9; *Fischer* MDR 2000, 301, 302.

151 *Jaeger/Henckel/Gerhardt* § 3 InsO Rn. 40; OLG Köln NZI 2003, 567, beide m. weit. Nachw.

152 Ebenso *Kissel* NJW 1991, 945, 948; *Zöller/Gummer* § 17 GVG Rn. 2.

153 BGH NJW 1976, 626 = LM § 39 Nr. 6 = JR 1976, 375 m. zust. Anm. *Bassenge.*

154 *Zöller/Greger* Rn. 12.

155 BGH NJW 2001, 2477, 2478; OLG Karlsruhe OLGR 2005, 851, 853; *Stein/Jonas/Schumann* Rn. 83; *Zöller/Greger* Rn. 12.

156 Ebenso *Stein/Jonas/Schumann* Rn. 88.

157 BGH NJW 2001, 2477, 2478; *Stein/Jonas/Schumann* Rn. 74; *Zöller/Greger* Rn. 12.

§ 263 Abs. 3 Nr. 2 aus; dies ergibt sich zudem aus § 21e Abs. 4 GVG.[158] Die Frage ist vor allem bei der Einführung der Familiengerichte durch das 1. EheRG 1976 praktisch geworden. Da die Kompetenz des FamG auf einer gesetzlichen Geschäftsverteilung beruht, also keine Frage der sachlichen Zuständigkeit ist,[159] ist die perpetuatio fori auch hier unanwendbar. S. § 621 Rn. 14.

bb) Für die **Zuständigkeit im Instanzenzug** greift die perpetuatio fori nur bei bereits eingelegten Rechtsmitteln ein. Eine Änderung der Zuständigkeitsregelung hat für sie folglich keine Bedeutung. Erst nach diesem Zeitpunkt eingelegte Rechtsmittel unterliegen dagegen trotz Rechtshängigkeit der Sache der neuen Zuständigkeitsregelung;[160] denn neues Verfahrensrecht findet ab Inkrafttreten grds. auch auf bereits anhängige Verfahren Anwendung;[161] s. Einl. Rn. 408f. – Ändern sich die den Rechtsweg regelnden Vorschriften, so bleibt die bestehende Zulässigkeit des Rechtswegs unberührt. Eine Änderung zwischen den Instanzen wirkt sich wegen § 17a Abs. 5 GVG nicht aus. 86

c) Internationale Zuständigkeit. Ob die perpetuatio fori auf die internationale Zuständigkeit, die sich auch hier von der örtlichen Zuständigkeit unterscheidet, anzuwenden ist, ob also die deutschen Gerichte bei veränderten Umständen, zB Wegfall der für die deutsche internationale Zuständigkeit maßgebenden deutschen Staatsangehörigkeit einer Partei, nach § 261 Abs. 3 Nr. 2 zuständig bleiben, lässt sich weder generell bejahen[162] noch verneinen,[163] wenn auch der Zweck der Vorschrift eher für die Unanwendbarkeit spricht. Es ist der Auffassung von *Schumann*[164] zu folgen, der eine behutsame analoge Anwendung des § 261 Abs. 3 Nr. 2 bejaht;[165] vgl. auch § 606a Rn. 28, 33. Es kommt auf die Interessenlage im Einzelfall an; im Zweifel sollte die perpetuatio fori verneint werden, zB wenn die Anerkennung des deutschen Urteils im Ausland nicht mehr gewährleistet ist (vgl. § 606a Abs. 1 Nr. 4),[166] ein ausländisches Gericht ausschließlich zuständig wird[167] oder durch ihre Anwendung der Schutzzweck eines völkerrechtlichen Vertrags (MSA) unterlaufen würde.[168] 87

2. Anwendungsfälle. a) Veränderte Umstände bei den Parteien. Auf die Zuständigkeit des Gerichts hat es keinen Einfluss, wenn der Beklagte den Wohnsitz (§ 13), den Aufenthalt (§§ 16, 20), die Niederlassung (§ 21), den Verwaltungssitz (§ 22) ändert oder das Vermögen verlagert (§ 23). Auch die Rechtsnachfolge auf der Beklagtenseite berührt die einmal begründete Zuständigkeit nicht. Wohl aber lässt ein Wechsel des Beklagten sie gegebenenfalls entfallen (aA die 2. Aufl.). Denn die perpetuatio fori findet ihre dogmatische Rechtfertigung in der Kontinuität des zwischen den Parteien durch die Klageerhebung begründeten Prozessrechtsverhältnisses. Beim Parteiwechsel aber wird das Prozessrechtsverhältnis mit der bisherigen Partei beendet und mit der neu hinzukommenden ein neues begründet; s. a. § 263 Rn. 94. 88

Die örtliche Zuständigkeit für die **Widerklage** bleibt erhalten, auch wenn die Hauptklage – etwa durch Klagerücknahme oder übereinstimmende Erledigungserklärungen – wegfällt oder der Rechtsstreit insoweit verwiesen wird.[169] 89

b) Gesetzliche Änderung der Gerichtszuständigkeit. Ohne Einfluss ist auch die gesetzliche Änderung der Gerichtszuständigkeit oder der Zulässigkeit des Rechtsweges; s. Rn. 86. Auch hier bewirkt § 261 Abs. 3 Nr. 2, dass die Gerichte zuständig bleiben, bei denen die Sache vor Inkrafttreten des Gesetzes rechtshängig war, es sei denn, dass gesetzliche Sonderregelungen Ausnahmen ma- 90

---

[158] Ebenso BGH NJW 1981, 2464, 2465.

[159] BGHZ 71, 264, 268 = NJW 1978, 1531; *Kissel* NJW 1977, 1034; aM *Jauernig* FamRZ 1977, 761; 1979, 97.

[160] BGH FamRZ 1978, 102 m. abl. Anm. *Jauernig* = NJW 1978, 427. Auch hier betrifft die Diskussion in der Literatur vornehmlich den Instanzenzug in Familiensachen.

[161] BGH NJW 1978, 889; gegen die hM, also für die Anwendung der bisherigen Rechtsmittelzuständigkeit, *W. Lüke*, FS G. Lüke, 1997, S. 391, 404ff.

[162] So *Rosenberg/Schwab/Gottwald* § 97 Rn. 32; *Zöller/Greger* Rn. 12; *Thomas/Putzo/Reichold* Rn. 16; s. a. *Schack* Rn. 392.

[163] So *Damrau*, FS Bosch, 1976, S. 103, 112ff.

[164] FS Nagel, 1987, S. 402, 408ff.; *Stein/Jonas/Schumann* Rn. 86.

[165] OLG Hamburg NJW-RR 1996, 203.

[166] *Walchshöfer* ZZP 80 (1967), 165, 227.

[167] *Matthies*, Die deutsche internationale Zuständigkeit, 1955, S. 78; *Beitzke*, FS Rammos, 1979, S. 71, 73ff.

[168] So (die grundsätzlichen Frage dahinstellend) BGHZ 151, 63, 68 = NJW 2002, 2955, 2956 = FamRZ 2002, 1182, 1184 m. zust. Anm. *Henrich*; s. a. OLG Frankfurt NJW-RR 2005, 1674, 1675.

[169] LG München NJW 1978, 953; OLG Düsseldorf FamRZ 1983, 400.

chen.[170] Unberührt bleibt die Zuständigkeit auch bei Veränderung des Gerichtssprengels oder der Gerichtsbezirke.[171]

91 Analog anwendbar ist § 261 Abs. 2 Nr. 3 auf den Fall, dass sich im Verlauf eines Prozesses die höchstrichterliche **Rspr.** zur Zuständigkeit ändert.[172]

92 **c) Veränderung des Streitwertes.** Ebensowenig berührt die Veränderung des Streitwertes die Zuständigkeit. Für die Wertberechnung gilt ohnehin der Zeitpunkt der Klageerhebung (§ 4). Eine Ausnahme vom Grundsatz der perpetuatio fori macht § 506, um die Erschleichung der amtsgerichtlichen Zuständigkeit zu verhindern. Die Vorschrift lässt sich nicht derart umkehren, dass durch Ermäßigung der Klage die Zuständigkeit des Landgerichts verlorengeht.[173]

93 **d) Prorogation.** Die ganz hM schließt eine Prorogation nach Rechtshängigkeit vor dem zuständigen Gericht aus.[174] Sie stellt darauf ab, dass § 261 Abs. 3 Nr. 2 das öffentliche Interesse wahre und damit die Parteidisposition begrenze. Die Vorschrift dient aber auch den Interessen der Parteien; s. Rn. 8. Sie sollen davor geschützt werden, dass ein Rechtsstreit wegen späterer Ereignisse vor einem anderen Gericht erneut verhandelt werden muss. Mithin sind die öffentlichen und privaten Interessen gegeneinander abzuwägen. Da die Parteien die Möglichkeit haben, das öffentliche Interesse an der Vermeidung einer Doppelbelastung der Gerichte mit legalen Mitteln zurücktreten zu lassen, und es den Parteien gestattet sein muss, die ihnen nach der Gerichtsstandsnovelle 1974 verbliebene Dispositionsbefugnis voll auszunutzen, wofür auch praktische Erwägungen sprechen, ist der hM nicht zu folgen und die nachträgliche Prorogation zuzulassen.[175] Selbst nach Verweisung ist eine Prorogation noch möglich; die Bindungswirkung des § 281 Abs. 2 S. 5 steht ihr nicht entgegen.[176]

94 **e) Ausnahmen.** Macht der Beklagte nachträglich entstandene kartellrechtliche Einwendungen geltend oder rechnet mit einer kartellrechtlichen Gegenforderung auf, soll der Rechtsstreit dadurch auch jetzt noch nach § 87 Abs. 1 S. 2 GWB in die ausschließliche Zuständigkeit der Landgerichte übergehen und die perpetuatio fori nicht eingreifen. § 87 Abs. 1 S. 2 GWB sei eine Ausnahme von § 261 Abs. 3 Nr. 1. Der Kläger könne gegebenenfalls Hauptsacheerledigung erklären oder nötigenfalls Verwesung nach § 281 beantragen.[177]

§ 262 Sonstige Wirkungen der Rechtshängigkeit

[1]Die Vorschriften des bürgerlichen Rechts über die sonstigen Wirkungen der Rechtshängigkeit bleiben unberührt. [2]Diese Wirkungen sowie alle Wirkungen, die durch die Vorschriften des bürgerlichen Rechts an die Anstellung, Mitteilung oder gerichtliche Anmeldung der Klage, an die Ladung oder Einlassung des Beklagten geknüpft werden, treten unbeschadet der Vorschrift des § 167 mit der Erhebung der Klage ein.

I. Materiell-rechtliche Wirkungen im Allgemeinen

1 **1. Allgemeines.** An die Rechtshängigkeit werden in zahlreichen Vorschriften hauptsächlich des BGB materiell-rechtliche Wirkungen geknüpft. Diese sind rechtserhaltend (insb. Verjährungshemmung, Schutz vor Erlöschen von Rechten),[1] rechtsvermehrend (zB Anspruch auf Prozesszinsen, Haftungsverschärfung),[2] rechtsverstärkend (Unterhalt für die Vergangenheit)[3] oder rechtsmindernd (Begrenzung und Ausschluss von Rechten).[4]

---

[170] RGZ 103, 102, 103 u. 293; BGH NJW 1978, 887 = FamRZ 1978, 328; BGH NJW 1978, 1163, 1164; BayObLGZ 1978, 63, 65.

[171] BayObLG JW 1926, 2451.

[172] BGHZ 70, 295 = NJW 1978, 949.

[173] OLG Karlsruhe OLGR 2005, 851, 852; *Zöller/Greger* Rn. 12.

[174] BGH NJW 1963, 585 = LM § 263 Nr. 10 = JZ 1963, 754 m. zust. Anm. *Zeuner;* BGH FamRZ 1994, 437, 438; 1995, 729 = NJW-RR 1995, 513, 514; OLG München OLGZ 1965, 187; OLG Düsseldorf OLGZ 1976, 475, 476; BayObLG Rpfleger 2002, 629, 630; OLG Brandenburg OLGR 2005, 1004, 1005 f.; OLG Zweibrücken MDR 2005, 1187; *Rosenberg/Schwab/Gottwald* § 97 Rn. 32; s. a. OLG Schleswig OLGR 2004, 494.

[175] *G. Lüke,* Fälle zum ZivilprozeßR, 2. Aufl. 1993, S. 60 ff.; *Traub* NJW 1963, 842; LG Flensburg SchlHA 1979, 38, 39; LG Waldshut-Tiengen MDR 1985, 941.

[176] *G. Lüke,* Fälle zum ZivilprozeßR, S. 62; im Erg. aM LG Waldshut-Tiengen MDR 1985, 941.

[177] *Klein* NJW 2003, 16 ff.

[1] §§ 204 Nr. 1 u. 12, 407 Abs. 2, 562 b Abs. 2 S. 2, 581 Abs. 2, 801 Abs. 1 S. 3, 804 Abs. 1 S. 2, 864 Abs. 1, 941, 977 S. 2, 1002 Abs. 1, 1188 Abs. 2 S. 2, 1317 Abs. 1 S. 1; 1965 Abs. 2 BGB; §§ 441 Abs. 3, 612, 623 Abs. 2 HGB.

[2] §§ 286 Abs. 1 S. 2, 291, 292, 818 Abs. 4, 987, 989, 991 Abs. 1, 994 Abs. 2, 996, 2023 BGB.

[3] §§ 528 Abs. 1 S. 3, 1613 BGB.

[4] §§ 1408 Abs. 2 S. 2, 1587 Abs. 2, 1933, 2077 Abs. 1 S. 2 u.3 BGB.

2 **2. Eintritt und Wegfall der Wirkungen. a) Rechtshängigkeit.** Die Wirkungen treten mit der Rechtshängigkeit ein, also mit der Zustellung der Klage, nicht schon mit der Einreichung bei Gericht. Das trifft auch für die mit dem **Scheidungsantrag** verbundenen Wirkungen zu, so nach §§ 1379,[5] 1384,[6] 1408 Abs. 2,[7] 1933[8] und 2077 Abs. 1[9] BGB. § 167 verlegt den Eintritt unter den dort genannten Voraussetzungen auf den Zeitpunkt des Antragseingangs bei Gericht vor. Das gilt aber nur für die **Wahrung von Fristen** und die **Verjährungshemmung,** dh. nur für rechtserhaltende materiell-rechtliche Wirkungen, nicht für die sonstigen. Zur Verweisung s. § 261 Rn. 19, 20.

3 Die materiell-rechtlichen Wirkungen der Rechtshängigkeit treten auch bei **unzulässiger Klage** ein.[10] Nachdem die Schuldrechtsnovelle 2002 die Regelung des § 212 BGB aF nicht übernommen hat, lässt eine Klageabweisung durch Prozessurteil sie nicht mehr rückwirkend entfallen. Vielmehr greift § 204 Abs. 2 BGB ein. Die mangels eigenen Rechtsschutzinteresses unzulässige Klage eines Prozessstandschafters löst die materiell-rechtlichen Wirkungen der Rechtshängigkeit ebenfalls aus.[11] Auch bezüglich der **fehlerhaften Klageerhebung** gilt für den Eintritt der materiell-rechtlichen Wirkungen der Rechtshängigkeit nichts anderes als für ihre prozessualen Wirkungen; s. § 261 Rn. 17.

4 **b) Klagerücknahme.** Mit der Klagerücknahme fallen nach § 269 Abs. 3 S. 1 grds. auch die materiell-rechtlichen Wirkungen der Klageerhebung rückwirkend fort. Eine Hemmung der Verjährung (§ 204 Abs. 1 Nr. 1 BGB) bleibt jedoch bestehen und endet nach § 204 Abs. 2 S. 1 BGB erst nach sechs Monaten. Ebenso bleiben etwaige in der Klage enthaltene privatrechtliche Erklärungen (zB Anfechtung, Aufrechnung, Rücktritt) grds. wirksam; hier kann allerdings im Einzelfall die analoge Anwendung des § 139 BGB zu einem anderen Ergebnis führen. S. § 269 Rn. 40.

II. Hemmung der Verjährung

5 **1. Voraussetzungen und Umfang.** Die Verjährungshemmung setzt ebenso eine **wirksame Klageerhebung** voraus.[12] Deshalb hemmt die Zustellung einer Abschrift der Klageschrift die Verjährung nicht, wenn der Beglaubigungsvermerk vom Prozessbevollmächtigten des Klägers nicht unterschrieben ist.[13] Zur Heilung von Mängeln s. § 253 Rn. 154 ff.

6 In ihrem **Umfang** richtet sich die Hemmung nach hM am **Streitgegenstand** aus.[14] Es wird also die Verjährung für alle materiell-rechtlichen Ansprüche gehemmt, die im Streitgegenstand enthalten sind. Wer dem Kläger entgegen hM eine spezielle Rechtsfolgenbehauptung erlaubt, sollte folgerichtig auch den Umfang der Verjährungshemmung entsprechend begrenzen, obgleich der Streitgegenstand nicht eingeschränkt wird; s. Vor § 253 Rn. 39, § 253 Rn. 72 ff. Zur Verjährungshemmung bei klageweiser Geltendmachung vorbereitender Ansprüche s. Rn. 12 ff.

7 Eine **Teilklage** unterbricht die Verjährung grds. nur bis zur Höhe des eingeklagten Teils.[15] Das gilt auch, wenn sich der Kläger die Geltendmachung des Restes ausdrücklich vorbehält und bereits in der Klagebegründung den Anspruch in vollem Umfang darlegt. Zur Verjährungsunterbrechung bei nicht hinreichend bestimmten Teilklagen s. § 253 Rn. 112 ff.

---

[5] BGH FamRZ 1983, 350, 351.

[6] Maßgeblicher Berechnungszeitpunkt ist die Rechtshängigkeit des Verfahrens, das zur Scheidung geführt hat; BGH NJW 1979, 2099, 2100.

[7] BGH NJW 1985, 315 = LM BGB § 1408 Nr. 1; BGH NJW-RR 1987, 322 = LM § 1408 BGB Nr. 4.

[8] BGHZ 111, 329, 333 = NJW 1990, 2382 = JZ 1990, 1134 m. zust. Anm. *Battes/Thofern.* Die analoge Anwendung des § 167 lehnt der BGH ab; dagegen *Schumann,* FS G. Lüke, 1997, S. 767, 783 ff.

[9] AM *Schumann,* FS G. Lüke, S. 788.

[10] BGH NJW 1996, 2152, 2153.

[11] BGH NJW 1980, 2461, 2463 (jedenfalls für die Verjährungsunterbrechung alten Rechts, im übrigen wenn auch mit positiver Tendenz offenlassend).

[12] *Vollkommer,* FS G. Lüke, 1997, S. 865, 882 f.

[13] BGHZ 76, 223, 227 = NJW 1980, 1460.

[14] Mittlerweile std. Rspr. des BGH, BGHZ 104, 6, 12 = NJW 1988, 1178; BGHZ 132, 240, 243 = NJW 1986, 1743; BGH NJW 2005, 2004, 2005; BGH WM 2007, 1241, 1242; *Arens,* FS K. H. Schwab, 1990, S. 17, 27 ff., nachdrücklich gegen die Loslösung vom Streitgegenstand unter Auseinandersetzung mit der Auffassung *Henckels* JZ 1962, 335, die iE zwischen der hM und der noch weitergehenden Auffassung von *Spiro,* Die Begrenzung privater Rechte durch Verjährungs-, Verwirkungs- und Fatalfristen, 1975, S. 410 f., steht.

[15] BGH NJW-RR 1988, 692, 693; BGHZ 151, 1 = NJW 2002, 2167 mit krit. Bespr. *S. Meyer* NJW 2002, 3067 und abl. Anm. *Zeuner* JR 2003, 2467 f.

8 Die Erhebung der Feststellungsklage (§ 204 Abs. 1 Nr. BGB) hemmt die Verjährung des ganzen Anspruchs,[16] selbst wenn sie unbeziffert ist. Weder die Erhebung einer **negativen Feststellungsklage** noch die Verteidigung hiergegen, insb. der Abweisungsantrag, führt zur Verjährungshemmung.[17] Wesentlich für § 204 Abs. 1 Nr. 1 BGB ist, dass der Gläubiger selbst die Feststellung oder Durchsetzung seines Anspruchs aktiv betreibt und sich nicht bloß wehrt. Zur Möglichkeit des Beklagten, trotz Rechtshängigkeit der negativen Feststellungsklage die Verjährung durch Erhebung einer positiven Feststellungsklage zu hemmen, s. § 261 Rn. 66.

9 Die Verjährung wird auch durch einen **Hilfsantrag** gehemmt[18] sowie durch die Geltendmachung der Aufrechnung des Anspruchs im Prozess (§ 204 Abs. 1 Nr. 5), obgleich nach hM die Aufrechnung nicht die Rechtshängigkeit begründet; s. § 261 Rn. 27. Zur Verjährungshemmung durch Zustellung eines Mahnbescheids (§ 204 Abs. 1 Nr. 3 BGB) s. § 693 Rn. 11.

10 Die Klage aus dem **Wechsel** (§ 592) hemmt die Verjährung auch für den Anspruch aus dem Grundgeschäft, obgleich die Streitgegenstände nicht identisch sind;[19] s. Vor § 253 Rn. 35, § 260 Rn. 25, § 261 Rn. 70.

11 Anträge auf Erlass von Maßnahmen des **einstweiligen Rechtsschutzes** hemmen nach § 204 Abs. 1 Nr. 9 BGB nunmehr ebenfalls die Verjährung des betreffenden Anspruchs.

12 **2. Klageweise Geltendmachung vorbereitender Ansprüche.** Da sich der Umfang der Verjährungshemmung nach dem Streitgegenstand richtet, kann sie grds. nicht darüber hinausgehen. Das praktische Bedürfnis, die Verjährung des sich daraus ergebenden Hauptanspruchs zu hemmen, erfüllt die Stufenklage (§ 254); s. dort Rn. 19. Wird sie nur auf die Rechnungslegung oder Auskunftserteilung beschränkt, so tritt die Verjährungshemmung für den Hauptanspruch nicht ein; s. § 261 Rn. 11.

13 Die Erhebung der arbeitsgerichtlichen **Kündigungsschutzklage** (§ 4 KSchG) hemmt nicht die Verjährung des Lohn- oder Gehaltsanspruchs nach § 615 BGB. Hier könnte die analoge Anwendung des § 205 BGB helfen, die mit Rücksicht auf den Zweck des Kündigungsschutzprozesses zu rechtfertigen ist;[20] s. a. § 260 Rn. 17.

14 In seiner neueren Rspr. bejaht der BGH in Analogie zu § 204 Abs. 1 Nr. 1 BGB die Hemmung der Verjährung des **Amtshaftungsanspruchs** durch Widerspruch und verwaltungsgerichtliche Klage gegen den zugrunde liegenden amtspflichtwidrig erlassenen Verwaltungsakt oder durch klageweise Geltendmachung des sozialrechtlichen Herstellungsanspruchs vor den Sozialgerichten.[21] Dieser Ansicht kann im Ergebnis, nicht aber in der Begründung zugestimmt werden.[22] Sie darf angesichts der besonderen Fallgestaltung aber nicht verallgemeinert werden.

§ 263 Klageänderung

Nach dem Eintritt der Rechtshängigkeit ist eine Änderung der Klage zulässig, wenn der Beklagte einwilligt oder das Gericht sie für sachdienlich erachtet.

Schrifttum: *Bischofberger,* Parteiwechsel im Zivilprozeß unter Berücksichtigung des deutschen und des zürcherischen Zivilprozeßrechts, Diss. Zürich 1973; *J. Blomeyer,* Die Klageänderung und ihre prozessuale Behandlung, JuS 1970, 123, 229; *de Boor,* Zur Lehre vom Parteiwechsel und vom Parteibegriff, 1941; *Burbulla,* Parteiberichtigung, Parteiwechsel und Verjährung; MDR 2007, 439; *Franz,* Der gewillkürte Parteiwechsel und seine Auswirkungen, Diss. Frankfurt a. M. 1968; *Festl,* Die Übernahme von Prozeßergebnissen bei Klageänderung und Parteiwechsel, Diss. Regensburg 1969; *Gethmann,* Der Begriff der Sachdienlichkeit im Rahmen des § 264 ZPO, Diss. Heidelberg 1974; *Gofferjé,* Die gewillkürte Parteiänderung im Zivilprozeß, Diss. Erlangen-Nürnberg 1970; *Gollhofer,* Die Ermäßigung des Klageantrages, 1986; *Groß,* Zur Anwendung der Klageänderungs- und Klagerücknahmevorschriften auf den Parteiwechsel, ZZP 76 (1963), 200; *Heinrich,* Der gewillkürte Parteiwechsel, 1990; *Henckel,* Der gewillkürte Parteiwechsel, DRiZ 1962, 226; *ders.,* Die Klagerücknahme als gestaltende

---

[16] BGH MDR 1974, 1000, 1001.

[17] HM; s. BGH NJW 1972, 157, 159 u. 1043; BGHZ 72, 23, 29; aM OLG Schleswig NJW 1976, 970.

[18] BGH NJW 1968, 692, 693; 1978, 261, 262.

[19] Ebenso OLG Köln OLGR 2002, 18. 19 m. Nachw. auch zur Gegenansicht; *Zöller/Greger* Rn. 3.

[20] *G. Lüke* NJW 1960, 1333; 1980, 2170; zust. *Nikisch,* Arbeitsrecht, Bd. 1, 3. Aufl. 1961, § 51 VII 3; *Konzen* SAE 1970, 276, 279; *Arens* (Fn. 14) S. 30 (noch zu § 202 Abs. 1 BGB aF).

[21] BGHZ 95, 238, 240 = NJW 1985, 2324; BGHZ 97, 97, 110 = NJW 1986, 2309; BGH NJW 1988, 1776, 1777; NVwZ 2006, 117, 118; s. a. BGHZ 118, 253, 263 = NJW 1992, 2218; anders noch BGH LM BGB § 852 Nr. 14.

[22] *G. Lüke* JuS 1961, 188, 189 und näher Voraufl. Rn. 14 (noch zu §§ 209 Abs. 1, 211 BGB aF); ebenso *Merschformann,* Der Umfang der Verjährungsunterbrechung durch Klageerhebung, 1992, S. 184 ff., allerdings unter Rückgriff auf §§ 209 Abs. 2 Nr. 3 u. 4, 215 Abs. 2 BGB aF.

Verfahrenshandlung, FS Bötticher, 1969, S. 173; *Kirschstein-Freund,* Gewillkürter Beklagtenwechsel in der Berufungsinstanz, KTS 2002, 655; *Kisch,* Parteiänderung im Zivilprozeß, 1912; *Kohler,* Die gewillkürte Parteiänderung, JuS 1993, 315; *von Loeper,* Gewillkürte Parteiänderung und Umdeutung der Parteibezeichnung im Zivilprozeß, Diss. Tübingen 1970; *Nagel,* Der nicht (ausdrücklich) geregelte gewillkürte Parteiwechsel im Zivilprozeß, 2005; *Pawlowski,* Klageänderung und Klagerücknahme, FS Rowedder, 1994, S. 309; *Pohle,* Gedanken zum gesetzlich nicht geregelten, gewillkürten Parteiwechsel, FS Fragistas, 1967, S. 133; *Putzo,* Die gewillkürte Parteiänderung, 50 Jahre Bundesgerichtshof, Festgabe aus der Wissenschaft, 2000, Bd. III, S. 149; *Rosenberg,* Die gewillkürte Parteiänderung im Zivilprozeß, ZZP 70 (1957), 1; *Roth,* Gewillkürter Parteiwechsel und Bindung an Prozeßlagen, NJW 1988, 2977; *Schlinker,* Das Recht des Beklagten auf ein Sachurteil im Zivilprozess – Zur Problematik der Klageänderung, Jura 2007, 1; *Walther,* Klageänderung und Klagerücknahme, 1969; *ders.,* Klageänderung und Klagerücknahme, NJW 1994, 423.

Übersicht

I. Normzweck und Regelungsgeschichte

1. Schutzzwecke. Durch die Klageerhebung wird der Streitgegenstand verbindlich festgelegt. 1
Der Kläger kann ihn nicht mehr beliebig verändern. Eine Klageänderung ist nur eingeschränkt möglich, nämlich wenn der Beklagte in sie einwilligt oder das Gericht sie für sachdienlich hält. Die nur beschränkte Zulassung der Klageänderung – von einem Verbot der Klageänderung kann nicht

mehr gesprochen werden – will verhindern, dass dem Beklagten die **Verteidigung erschwert** wird, und sein Interesse an einer Entscheidung über den ursprünglich gegen ihn geltend gemachten Anspruch absichern.[1] Hierin zeigt sich der sachliche Zusammenhang sowohl mit § 265 als auch mit § 269.

2 Die **eingeschränkte Zulassung der Klageänderung** dient aber auch dem Interesse des Gerichts und damit der Allgemeinheit an einer zeit- und kräftesparenden Beendigung des Rechtsstreits. Deshalb ist die Zulassung wegen Sachdienlichkeit in enger Verbindung mit der **Prozesswirtschaftlichkeit** zu sehen; s. Rn. 32. Es soll vermieden werden, dass die bisherige Prozesslage dadurch gegenstandslos wird, dass der Kläger seinen Klageantrag ändert oder den Klagegrund gegen einen anderen auswechselt. Umgekehrt will die Zulassung der Klageänderung wegen Sachdienlichkeit erreichen, dass der Streitstoff zwischen den Parteien endgültig erledigt und dadurch einem neuen Prozess vorgebeugt wird. Aus der Verbindung beider Gesichtspunkte folgt, dass die Ergebnisse der bisherigen Prozessführung noch verwertbar sein müssen, der sachliche Gesamtzuschnitt des Rechtsstreits also nicht verändert werden darf.

3 Betrifft der Prozess Rechtsstreitigkeiten, die nach den zugrunde liegenden Interessen eine umfassende und definitive Erledigung fordern, so ist die Klageänderung **unbeschränkt zulässig.** Typisch hierfür sind Ehesachen, für die § 263 nicht gilt (§ 611 Abs. 1; s. dort Rn. 8 ff.).

4 Ergänzt wird § 263 durch §§ 264, 267, 268 und 533. § 264 will Änderungen der Klage in dem dort gezogenen Rahmen nicht als Klageänderung behandelt wissen, während § 267 eine unwiderlegliche Vermutung für die Einwilligung iSd. § 263 aufstellt. § 268 schließt die Anfechtung von Entscheidungen über das Nichtvorliegen einer Klageänderung und über ihre Zulassung aus. Nach § 533 gilt auch im Berufungsverfahren eine durch § 533 Nr. 2 noch verschärfte Klageänderungssperre.

5 **2. Regelungsgeschichte.** Ursprüngliche enthielt die CPO ein Klageänderungsverbot. Danach war eine Klageänderung in der ersten Instanz nur mit **Einwilligung des Beklagten** und in der zweiten überhaupt nicht zulässig. Die Novelle 1898 lockerte diese strikte Regelung auf, um einer schikanösen Prozessverschleppung des Beklagten vorzubeugen. In der ersten Instanz wurde die Klageänderung auch gegen den Willen des Beklagten zugelassen, wenn seine Verteidigung dadurch nicht wesentlich erschwert wurde, in der zweiten dagegen nur mit seiner Einwilligung.

6 Den entscheidenden Schritt zur Berücksichtigung der Prozessökonomie tat die Novelle 1924; sie führte in der ersten Instanz die Zulassung der Klageänderung wegen **Sachdienlichkeit** ein. Die Novelle 1933 übertrug diese Regelung auch auf die zweite Instanz. Die Reform 2002 hat die (mit Einschränkungen von 1943–1950) seither für die erste und zweite Instanz einheitliche Regelung in § 533 Nr. 2 wieder aufgegeben.

II. Begriff der Klageänderung

7 **1. Änderung des Streitgegenstands.** Klageänderung ist Änderung des Streitgegenstands. Es bedarf genauer Kriterien, um dogmatisch einwandfrei bestimmen zu können, mit welchem Prozessstoff sich Beklagter und Gericht beschäftigen müssen. Der aus Antrag und Lebenssachverhalt gebildete Streitgegenstand liefert sie; Vor § 253 Rn. 32 ff. Die im Einzelfall wünschenswerte und von der Praxis in Anspruch genommene Flexibilität, um Doppelprozesse zu vermeiden, wird durch die Möglichkeit der Zulassung wegen Sachdienlichkeit trotzdem erreicht; sie erübrigt eine genaue Entscheidung darüber, ob im Einzelfall eine Klageänderung vorliegt und mindert die praktische, nicht die dogmatische Bedeutung der Frage. Hinzu kommt, dass nach § 264 Nr. 2 und 3 Klageänderungen nicht als solche zu behandeln sind; s. dort Rn. 4. Gleichwohl ist es dogmatisch nicht richtig, zwar auf die Veränderung des Streitgegenstands als Kern der Klageänderung abzustellen, dies jedoch durch den Zusatz zu modifizieren, dass die Prozesssubstanz aufrechterhalten werde oder der Streitstoff zwischen den Parteien im Wesentlichen derselbe bleibe.[2] Folglich liegt eine Klageänderung vor, wenn der **Klageantrag oder der Klagegrund geändert** wird, erst recht, wenn beide Elemente verändert werden.

8 **a) Änderung des Klageantrags.** Eine **Berichtigung** des Antrags, die das Gewollte lediglich klarer fasst, oder eine andere Formulierung des gleich bleibenden Klagebegehrens ist keine Klageänderung und daher ohne weiteres zulässig. Deshalb ist § 264 Nr. 1 kein Fall der Klageänderung, soweit die dort genannten Berichtigungen sich auf die Fassung des Antrags auswirken.

9 Berichtigung und nicht Änderung ist zB der Übergang von der Aufhebung der Zwangsvollstreckung zur Unzulässigerklärung der Pfändung. Bei einem Antrag auf Gegendarstellung kommt es

[1] BGH NJW 1996, 2869 f.

[2] Vgl. *A. Blomeyer* § 48 II 1; *Rimmelspacher*, Materiellrechtlicher Anspruch, S. 348 ff., 351.

auf die einheitliche, nicht auf die sprachliche Modifizierung an.[3] In Wettbewerbssachen ist es keine Antragsänderung, wenn dem allgemein formulierten Unterlassungsantrag ein genau auf die konkrete Verletzungsform zugeschnittener „insbesondere"-Zusatz hinzugefügt wird.[4] Die Änderung des auf Feststellung der Schadensersatzpflicht gerichteten Antrags dahin, dass nur noch insoweit Feststellung begehrt wird, als die Ansprüche nicht auf die öffentlich-rechtlichen Versicherungsträger übergegangen sind, gehört nicht hierher;[5] sie fällt unter § 264 Nr. 2.

Eine **Klageänderung liegt vor** (zu ihrer Zulässigkeit nach § 264 s. dort Rn. 11ff.), wenn der Kläger seinen Antrag umstellt von Sach- auf Geldleistung,[6] von Schadensersatz statt der Leistung auf Erfüllung,[7] von Unterlassung auf Schadensersatz,[8] von Widerruf oder Beseitigung auf Unterlassung und umgekehrt,[9] von Vorschuss auf Schadensersatz,[10] von Räumung auf Unterlassung vertragswidrigen Gebrauchs,[11] von Zahlung in einer Währung auf Zahlung in einer anderen,[12] von Auskunft auf Schadensersatz,[13] sofern nicht eine Stufenklage erhoben ist, von Gesamtgläubigerschaft auf Einzelansprüche eines jeden der beteiligten Kläger,[14] von Zahlung und Duldung der Zwangsvollstreckung auf Auswechslung einer Hypothekenforderung,[15] von Vollstreckungsabwehr- auf Abänderungsklage des § 323,[16] von Ehescheidungs- auf Eheaufhebungsbegehren,[17] von Grundbuchberichtigung auf Grundstücksherausgabe,[18] von Zahlung auf Schuldfreistellung,[19] von einer anfechtbaren Rechtshandlung iSd. AnfG auf eine andere.[20] 10

Die **Klage wird auch geändert,** wenn der Kläger sein ursprüngliches Rechtsschutzziel aufgibt und nunmehr anderen Rechtsschutz begehrt: Er beantragt statt Leistung aus einem Schiedsgutachten Vollstreckbarerklärung des Schiedsspruchs[21] oder Erlass eines Vollstreckungsurteils,[22] statt Unzulässigerklärung der Zwangsvollstreckung aus einer Grundschuld (mittels Vollstreckungsabwehrklage) Rückabtretung der Grundschuld,[23] statt Eheaufhebung Feststellung des Nichtbestehens der Ehe[24] (s. § 611 Rn. 10). Weitere Beispiele: statt Zahlungs- bzw. Freistellungsklage Vollstreckungsabwehrklage,[25] statt Herausgabeklage Klage auf Erteilung der Vollstreckungsklausel nach § 731,[26] statt Klage auf Feststellung zur Insolvenztabelle Leistungsklage oder Klage auf Feststellung einer Masseschuld,[27] statt Vollstreckungsabwehrklage Klauselgegenklage (§ 768),[28] Änderung der geltend gemachten Verletzungsform bei Wettbewerbs- und Schutzrechtsklagen.[29] Zu sonstigen Beispielen, die nach § 264 zu beurteilen sind, s. dort Rn. 14, 18, 32f. 11

---

[3] KG NJW 1970, 2029.

[4] *Ahrens/Jestaedt* Kap. 23 Rn. 5.

[5] AM BGH LM § 256 Nr. 6 mit dem Argument, daß der Feststellungsantrag von Anfang an auf Ersatz allen weiteren Schadens gegangen sei, der selbstverständlich durch die Rentenzahlungen der Angestelltenversicherung gemindert werde.

[6] *Stein/Jonas/Schumann* § 264 Rn. 28.

[7] RG SeuffA 84 (1930) Nr. 35; OLG München NJW-RR 1998, 207 (Änderung des Lebensvorgangs).

[8] RGZ 88, 129, 132; RG Gruchot 64 (1920), 731.

[9] BGH MDR 1994, 1143; OLG Schleswig OLGR 2002, 181.

[10] BGH NJW-RR 1998, 1006; anders OLG Brandenburg NJW-RR 2001, 386f. m. zust. Bespr. *Achilles-Baumgärtel* BauR 2001, 1953.

[11] LG Gießen WuM 1976, 12, 13.

[12] BGH NJW 1980, 2017, 2018; *Arend,* Zahlungsverbindlichkeiten in fremder Währung, 1989, S. 154.

[13] OLG München JurBüro 1976, 968, 971.

[14] BGH NJW 1972, 1716, 1717 = LM BGB § 844 Abs. 2 Nr. 46

[15] RG LZ 1929, 1473, 1474.

[16] BGH FamRZ 1979, 573 m. Anm. *Baumgärtel* FamRZ 1979, 791. Für die Sachdienlichkeit ist § 323 Abs. 3 zu beachten, wonach bei Nichtzulassung der Klageänderung die Unterhaltsverpflichtung des Klägers bis zur Erhebung einer neuen Abänderungsklage bestehen bleibt; *Baumgärtel* S. 791, 792.

[17] Vgl. OLG Bremen NJW 1956, 515 (auch Änderung des Grundes); dahinstellend BGH FamRZ 1989, 153, 155.

[18] RG SeuffA 89 (1935) Nr. 105 (auch Änderung des Grundes, soweit der Herausgabeanspruch auf § 812 BGB gestützt wird).

[19] BGHZ 29, 337, 342 = NJW 1959, 886; *Bischof* ZIP 1984, 1444, 1448.

[20] RG WarnR 1931 Nr. 207.

[21] RGZ 144, 369, 373f.

[22] *Stein/Jonas/Schumann* § 264 Rn. 28.

[23] BGH LM § 264 aF Nr. 11.

[24] *Dieckmann* StAZ 1976, 33, 41.

[25] OLG Frankfurt NJW 1976, 1982.

[26] *R. Schultz* zu KG JW 1932, 191 (auch Änderung des Grundes).

[27] BGHZ 105, 34 = NJW 1989, 170.

[28] OLG Köln NJW 1997, 1450, 1451.

[29] BGH GRUR 2006, 421, 422 – Markenparfümverkäufe; BGHZ 168, 179, 184f. – Anschriftenliste.

12 Auch die **einseitige Erledigungserklärung** ist Klageänderung:[30] der Kläger verändert sein Rechtsschutzziel, indem er an Stelle des ursprünglichen Verurteilungsantrags nunmehr beantragt, die Erledigung der Hauptsache festzustellen; s. § 91a Rn. 79. IE ist die Änderung immer zulässig; s. Rn. 40.

13 **b) Änderung des Klagegrundes.** Der dogmatisch neuralgische Punkt der Klageänderung ist die Änderung des Klagegrundes. Die Grenzen des vom Kläger zur Begründung seiner Klage angeführten Lebenssachverhalts sind in Anwendung einer lebensnahen und natürlichen Betrachtungsweise zu ermitteln; s. Vor § 253 Rn. 32; § 253 Rn. 80ff. Ob die danach zu einem Lebenssachverhalt gehörigen Tatsachen unter verschiedenen rechtlichen Gesichtspunkten gewürdigt werden können, spielt für die Einheit des Klagegrundes grds. keine Rolle. Wo allerdings das materielle oder prozessuale Recht durch einen besonderen Zuschnitt Lebensvorgänge rechtlich verselbstständigt und zu eigenen Klagegründen ausgeformt hat, geht diese spezielle Regelung vor und bestimmt die Grenzen des jeweiligen Klagegrundes; dies ist zB der Fall beim Übergang von der auf das Kausalgeschäft gestützten Klage zur Wechselklage;[31] s. § 261 Rn. 70.

14 Die Identität des Klagegrundes wird aufgehoben, wenn durch neue Tatsachen der Kern des in der Klage angeführten Lebenssachverhalts verändert wird.[32] Es muss sich um wesentliche Abweichungen handeln, so dass die bloße Ergänzung oder Berichtigung der tatsächlichen Angaben keine Änderung des Klagegrundes ist (§ 264 Nr. 1).

15 Die Rspr. lässt sich nicht ohne weiteres auf einen Nenner bringen. Dies hängt mit der teilweisen materiell-rechtlichen Ausrichtung von Streitgegenstand und Klagegrund zusammen. Deshalb sind die veröffentlichten Entscheidungen auszuklammern, in denen der Kläger auf der Grundlage desselben Sachverhalts zu einem anderen materiell-rechtlichen Anspruch übergegangen ist oder diesen zusätzlich nachgeschoben hat. Die Praxis sollte zu einer eher weiten Fassung des konkreten **Lebenssachverhalts** tendieren,[33] weil dies letztlich der definitiven Bereinigung des Streitverhältnisses zwischen den Parteien dient und damit auch der Prozessökonomie zugute kommt.

16 Nach den vorstehenden Grundsätzen sind aus der Fülle der Judikatur **folgende Fälle** als solche der **Änderung des Klagegrundes** anzusehen: Der Kläger klagt aus Abtretung statt aus eigenem Recht[34] und umgekehrt;[35] er begründet seine Aktivlegitimation zunächst mit Erbenstellung durch Testament, dann mit ehelichem Güterrecht;[36] er nimmt den Beklagten zuerst wegen unerlaubter Handlung (§ 831 BGB), dann als Erben des Schädigers in Anspruch;[37] er verlangt Zahlung statt wegen Verletzung des Urheberrechts nunmehr auf Grund eines Architektenvertrages;[38] er stützt seine dingliche Klage auf einen neuen Erwerbsgrund[39] oder den Erwerb des geltend gemachten abgetretenen Anspruchs auf einen neuen Abtretungsakt[40] oder an Stelle eines unwirksamen Pfändungs- und Überweisungsbeschlusses auf einen neu erwirkten.[41]

17 Werden bei einer Klage, die auf Unterlassung fortdauernder Immissionen einer bestimmten Art gerichtet ist, im Laufe des Prozesses andere gleichartige Beeinträchtigungen eingeführt, so liegt **keine Klageänderung** vor,[42] wohl aber, wenn es sich um andersartige Störungen handelt;[43] s. auch § 253 Rn. 134. Keine Klageänderung ist auch mit der Vorlage neuer Schlussrechnungen[44]

[30] Zum Streit um die Rechtsnatur der einseitigen Erledigungserklärung auch *Stein/Jonas/Bork* 91a Rn. 47; *Zöller/Vollkommer* § 91a Rn. 34, jeweils m. weit. Nachw. Der BGH hat sich der Klageänderungstheorie erst recht spät ausdrücklich angeschlossen, nämlich in BGH NJW 1994, 2363, 2364, aber bereits davor deutliche Neigungen in diese Richtung gezeigt; dazu *Becker-Eberhard,* 50 Jahre Bundesgerichtshof, Festgabe aus der Wissenschaft, 2000, Bd. III, S. 273, 304f.; aus jüngerer Zeit BGH NJW 2002, 442.

[31] RGZ 160, 338, 347f.; BGH NJW-RR 1987, 58.

[32] Ebenso BGH NJW 1997, 588; BGHZ 154, 342, 348f. = NJW 2003, 2317; BGH NJW 2007, 83, 84 – Lesezirkel II.

[33] Ebenso *Thomas/Putzo/Reichold* Rn. 3.

[34] BVerfGE 54, 117, 127 = NJW 1980, 1737, 1738; RGZ 103, 111, 112; 120, 189, 192; OLG Zweibrücken OLGZ 1970, 174, 178f.; LG Nürnberg-Fürth VersR 1974, 814, 817; BGH NJW 1990, 53, 54; offengelassen in BGH WM 1983, 1162, 1163 = MDR 1983, 1017.

[35] RG WarnR 1937 Nr. 7; s.a. BGH NJW 1999, 1407; NJW 2005, 2004, 2005; BGHReport 2007, 28, 29; BGH WM 2007, 1241, 1242.

[36] RG LZ 1927, 1023.

[37] RG HRR 1928 Nr. 469.

[38] BGH ZZP 95 (1982), 66.

[39] RG WarnR 1913 Nr. 258.

[40] RG Gruchot 64 (1920), 621, 623f.

[41] OLG Hamburg JW 1934, 374.

[42] RGZ 99, 172, 176f.

[43] RGZ 108, 167, 169.

[44] BGH NW-RR 2002, 1596; 2004, 167.

oder mit neuem Sachvortrag zur haftungsausfüllenden Kausalität verbunden, solange er einzelne Posten des gleichen Schadens betrifft.[45] Nicht um eine Klageänderung handelt es sich außerdem, wenn der Sicherungszedent unter Verdeckthalten der Sicherungszession zunächst wie ein Rechtsinhaber auf Leistung an sich klagt, die Sicherungszession erst im Laufe des Prozesses offenlegt und die Klage sodann auf Leistung an den Sicherungszessionar umstellt.[46] Dies lässt sich damit rechtfertigen, dass der Kläger hier anders als beim Wechsel von der Klage aus eigenem Recht zu der aus abgetretenem (dazu Rn. 16) von vornherein mit Ermächtigung aus fremdem Recht geklagt hat, dies aber der Sicherungszession entsprechend zunächst noch legitimerweise verschwiegen hat. Der Übergang von einer Einwendung zu einer anderen ist nicht automatisch eine Änderung der Vollstreckungsabwehrklage (§ 767);[47] trotz § 767 Abs. 3 richtet sich die Klageänderung nach den allgemeinen Grundsätzen, s. § 767 Rn. 42, 88.

18 Keine Veränderung des Klagegrundes und damit auch **keine Klageänderung** bedeutet es, wenn der Kläger bei gleich bleibendem Antrag auf derselben Tatsachengrundlage eine **andere rechtliche Begründung** liefert. Das gilt auch, wenn er (deren Zulässigkeit unterstellt) eine spezielle Rechtsfolgenbehauptung fallenlässt, weil diese den Streitgegenstand nicht einschränkt; s. Vor § 253 Rn. 39. **Beispiele:** Er begründet die Rechtsverletzung im Rahmen eines Vertragsverhältnisses zunächst mit unerlaubter Handlung, dann mit Vertragsverletzung oder Verschulden bei Vertragsschluss (§§ 280 Abs. 1, 311 Abs. 2 BGB);[48] er geht von der Forderung auf Ersatz der Nachbesserungskosten zum Anspruch auf Wertminderung über;[49] vom großen zum kleinen Schadensersatzanspruch bei § 437 Nr. 3 BGB;[50] von einem Anspruch auf Abschlagszahlung zu dem auf Schlusszahlung;[51] er klagt erst aus Vertrag, dann aus Bereicherung;[52] er verlangt statt der vereinbarten Vergütung die gesetzlichen Gebühren,[53] statt der üblichen Vergütung den vereinbarten Preis[54] und umgekehrt; er greift von einem die gesetzliche Unterhaltspflicht näher regelnden Vertrag auf die gesetzliche Regelung selbst zurück;[55] er begründet die Klage statt mit unerlaubter Handlung des Gesellschafters nunmehr mit dessen Haftung aus § 128 HGB für eine Vertragsverletzung der OHG;[56] er rechtfertigt seinen Herausgabeanspruch statt nach § 985 BGB mit der Behauptung, er sei Eigentümer geblieben, jetzt mit § 812 Abs. 1 S. 1 BGB und dem Vortrag, das Kausalgeschäft sei unwirksam;[57] er stützt sein Räumungsbegehren nunmehr auf eine zweite Kündigung.[58]

19 Da der Klagegrund die Begründetheit der Klage betrifft, ist ein Wechsel der tatsächlichen Begründung für eine Prozessvoraussetzung oder das nachträgliche Eintreten einer zunächst nicht vorhandenen Prozessvoraussetzung keine Klageänderung.[59] Daran ändert sich auch nichts dadurch, dass die Zulässigkeit der Klage mit Hilfe des Klagebegehrens in den Streitgegenstand einbezogen wird (Vor § 253 Rn. 32); denn die Zulässigkeit ist von Amts wegen zu prüfen, und hierfür gibt es keine Beschränkungen nach Maßgabe des § 263. Der Klagegrund ändert sich auch nicht, wenn der zunächst nicht prozessführungsbefugte Kläger seine Prozessführungsbefugnis während des Verfahrens wiedererlangt,[60] da die Aktivlegitimation unberührt bleibt. Das Heranziehen eines früheren Hilfsvortrags zur hilfsweisen Begründung des im Berufungsverfahren verfolgten Klageantrags ist ebenfalls keine Klageänderung.[61]

20 In folgenden Fällen hängt die Beurteilung der Änderung des Klagegrundes von der konkreten Situation ab: Ausgleich nach § 906 Abs. 2 S. 2 BGB statt Unterlassung nach § 1004

---

[45] BGH-RR 2006, 253 m. zust. Anm. *Geisler* jurisPR-BGHZivil 2/2006 u. krit. Anm. *v. Gleichenstein/v. Gleichenstein* EWiR 263 ZPO, 1/06, 255.

[46] BGH NJW 1999, 2110, 2111 f.; BGH WM 2007, 1241, 1242.

[47] AM BGHZ 45, 231 = NJW 1966, 1362 m. Anm. *Jerusalem; Zöller/Greger* Rn. 7; offengelassen in BGH KTS 1986, 665, 666; wie hier *Stein/Jonas/Schumann* § 264 Rn. 34; *Rosenberg/Gaul/Schilken* § 40 IX 1, S. 639 f.

[48] BGHZ 76, 231, 234 f. = NJW 1980, 1470, 1471.

[49] OLG München NJW 1972, 62, 63.

[50] BGHZ 115, 286, 291 f. = NJW 1992, 566, 568.

[51] BGH NJW 1985, 1840, 1841; BGH NJW-RR 2005, 318, 322; BGH MDR 2006, 646, 647 = NJW-RR 2006, 237 m. weit. Nachw.; zwischenzeitlich aA BGH NJW 1999, 713.

[52] OLG Hamburg JW 1934, 2572; OLG Königsberg LZ 1932, 728.

[53] AM OLG Frankfurt MDR 1984, 238.

[54] AM RGZ 126, 245, 248; dagegen *Rosenberg,* Festgabe für R. Schmidt, 1932, S. 256, 267.

[55] RG SeuffA 79 (1925) Nr. 226.

[56] *Rosenberg* ZZP 49 (1925), 38, 63 gegen RGZ 96, 197, 200 f.

[57] AM RG SeuffA 89 (1935) Nr. 105; Zweifel an der Richtigkeit dieser Auffassung in RG ZZP 57 (1933), 143, 144.

[58] OLG Zweibrücken MDR 1981, 585.

[59] Ebenso *Thomas/Putzo/Reichold* Rn. 4; *Rosenberg/Schwab/Gottwald* § 98 Rn. 8; *Schlinker* Jura 2007, 1, 2.

[60] RGZ 105, 313.

[61] BGH VersR 1983, 60, 61.

BGB;[62] der Rückgewährungsanspruch wird statt mit Anfechtung des Vertrages nunmehr mit Rücktritt begründet[63] oder zunächst mit Nichtigkeit des Mietvertrages und dann mit Kündigung oder Ablauf der Mietzeit.[64]

21 **2. Nachträgliche Anspruchshäufung.** Da Klageänderung Änderung des Streitgegenstands ist, sie also typischerweise durch **Auswechslung** eines oder beider Elemente des Streitgegenstandes erfolgt, ist die nachträgliche Anspruchs- oder Klagenhäufung (§ 260 Rn. 29) keine Klageänderung. Jedoch sind die **Vorschriften über die Klageänderung entsprechend anzuwenden;**[65] denn die Verteidigung des Beklagten wird erschwert, die Erledigung des Rechtsstreits verzögert, und die Befassung mit einem nachgeschobenen weiteren prozessualen Anspruch ist möglicherweise nicht sachdienlich. Diese Interessenlage, die vom Normzweck des § 263 voll abgedeckt wird, ist entscheidend;[66] ihr werden die §§ 301, 145 nur unvollkommen gerecht.[67] Dagegen lässt sich weder aus § 264 Nr. 2 noch aus § 260 die Anwendbarkeit der Klageänderungsvorschriften herleiten;[68] sie sprechen allerdings auch nicht gegen die hM.

22 Der nachträgliche Wegfall eines von mehreren prozessualen Ansprüchen ist weder eine Klageänderung, noch rechtfertigt er die analoge Anwendung der Klageänderungsvorschriften. Das ausschließlich berührte Interesse des Beklagten wird durch § 269 geschützt.[69]

23 **3. Änderung der Prozessparteien.** Seit dem Übergang vom materiellen zum formellen Parteibegriff (Vor §§ 50ff. Rn. 2) ist eine Auswechslung der Parteien nicht mehr mit der Veränderung der Sachlegitimation verknüpft und deshalb nicht mehr wie zuvor stets eine Änderung des Streitgegenstands. Die Rspr. lässt den dadurch nicht länger gesetzlich geregelten gewillkürten Parteiwechsel zu und behandelt ihn grds. wie eine Klageänderung. Da sie selbst die Klageänderungsvorschriften modifiziert anwendet und die hL sich nicht gegen die von der Rspr. erzielten Ergebnisse, sondern nur deren dogmatische Begründung wendet und von einem gewohnheitsrechtlich anerkannten **Prozessinstitut sui generis** spricht, wird der **Parteiwechsel** gesondert behandelt; s. Rn. 67ff.

24 **4. Änderung der Verfahrensart. a)** Der **Übergang vom Urkundenprozess zum ordentlichen Prozess** und umgekehrt ist keine Klageänderung, sondern lediglich eine Änderung der Verfahrensart für den begehrten Rechtsschutz ohne Änderung des Streitgegenstands; s. § 261 Rn. 69. Der Übergang kann allerdings mit einer Klageänderung (bzw. einem wie eine solche zu behandelnden Vorgang, s. Rn. 21) einhergehen, zB bei zusätzlicher Geltendmachung von Ansprüchen aus dem Grundgeschäft neben denen aus Wechsel.[70] Nach § 596 kann der Kläger bis zum Schluss der mündlichen Verhandlung ohne Einwilligung des Beklagten vom Urkundenprozess Abstand nehmen. § 596 gilt nur für das erstinstanzliche Verfahren und nicht für den Übergang vom ordentlichen zum Urkundenprozess. Der BGH wendet auf beide Übergangsfälle die Klageänderungsvorschriften entsprechend an,[71] und zwar auch § 268;[72] für den Übergang zum Urkundenprozess in der Berufunginstanz ist er jedoch zurückhaltend. Ihm ist zuzustimmen; allerdings besteht kein Grund, nicht auch das Berufungsverfahren einzubeziehen. Im praktischen Ergebnis kommt es auf die Einwilligung des Beklagten an, weil eine Änderung der Verfahrensart nur ganz ausnahmsweise sachdienlich sein dürfte.[73] Der Übergang vom **Wechselprozess in den gewöhnlichen Ur-**

---

62 BGH MDR 1969, 648 = LM BGB § 906 Nr. 30 (Änderung des Grundes und des Antrags).

63 OLG Rostock SeuffA 69 (1914) Nr. 333; OLG Braunschweig SeuffA 70 (1915) Nr. 43 (Änderung des Grundes), jeweils zur Wandlung alten Rechts.

64 RG LZ 1931, 834 (keine Änderung des Grundes).

65 BGH NJW-RR 1987, 58; NJW 1985, 1841, 1842; 1996, 2869; BGH WM 1981, 798, 799 = MDR 1981, 1012; BGHZ 158, 295, 305 = NJW 2004, 2152, 2154; *Zöller/Greger* Rn. 2; *Walther* NJW 1994, 423, 427; *Rimmelspacher,* FS G. Lüke, 1997, S. 655, 658; BGH NJW 1970, 44, 45 = MDR 1970, 229 läßt ausdrücklich offen, ob die nachträgliche objektive Klagenhäufung eine Klageänderung ist oder die Vorschriften der Klageänderung nur entsprechend gelten. Gegen die hM *Stein/Jonas/Schumann* § 264 Rn. 11; *Rosenberg/Schwab/Gottwald* § 96 Rn. 6 (wie die hM aber § 98 Rn. 30); krit. auch *Musielak/ Foerste* Rn. 4.

66 So auch *Walther* S. 73f.

67 *J. Blomeyer* JuS 1970, 123, 125.

68 So auch *Rimmelspacher* S. 359f.

69 Für die alleinige Anwendung des § 269 auch *Walther* S. 74; anders *Groß* ZZP 75 (1962), 93, 96; JR 1996, 357, 359.

70 BGH NJW 1982, 2823.

71 BGHZ 29, 337, 339f. = NJW 1959, 886 = LM § 596 Nr. 1 m. Anm. *Johannsen;* BGHZ 69, 66, 68 = NJW 1977, 1883; BGH NJW 1994, 1056 (Übergang vom Scheckprozeß zum ordentlichen Verfahren im Berufungsrechtszug); OLG Hamburg WM 1985, 1506.

72 BGH NJW 1965, 1599 = LM § 596 Nr. 2; offengelassen in BGHZ 29, 337, 339 = NJW 1959, 886.

73 Ebenso BGHZ 69, 66, 69 = NJW 1977, 1883; Sachdienlichkeit ausnahmsweise einmal bejahend LG Flensburg NJW 2003, 3425.

kundenprozess ist keine Klageänderung und auch in der Berufungsinstanz noch ohne weiteres möglich.[74]

b) Der **Übergang vom Verfahren des einstweiligen Rechtsschutzes** zum Hauptsacheprozess, der einen Wechsel des Rechtsschutzziels bedeutet, ist nicht möglich. Er kann nicht entsprechend den Vorschriften über die Klageänderung behandelt werden;[75] s. § 920 Rn. 8. Hier spielen prozessökonomische Überlegungen keine Rolle, da die Ergebnisse des einstweiligen Rechtsschutzverfahrens nicht in das Hauptsacheverfahren übernommen werden können. Das gilt auch, wenn das Ausgangsverfahren eine Leistungsverfügung zum Gegenstand hat. 25

III. Zulässigkeit der Klageänderung

1. Form und Prozessvoraussetzungen. Die Klageänderung erfolgt nach schriftsätzlicher Vorbereitung in der mündlichen Verhandlung (§§ 129, 297) oder durch Zustellung eines den Erfordernissen des § 253 Abs. 2 entsprechenden Schriftsatzes (§ 261 Abs. 2). Zustellung von Anwalt zu Anwalt (§ 195) ist möglich; für den vorbereitenden Schriftsatz ist die Frist des § 132 zu beachten. Sie kann nicht hilfsweise erklärt werden; eine bedingte Klageänderung ist unzulässig. Durch Klageerweiterung und nachträgliche Anspruchshäufung (§ 5) kann die Grenze für die sachliche Zuständigkeit des Amtsgerichts überschritten werden. Dann hat es den Rechtsstreit nach § 506 auf Antrag an das Landgericht zu verweisen und die Entscheidung über die Zulässigkeit der Klageänderung diesem zu überlassen;[76] zum Prüfungsrahmen des Amtsgerichts s. § 506 Rn. 10. Umgekehrt macht ein durch die Klageänderung ausgelöstes Absinken des Streitwerts unter die Schwelle der sachlichen Zuständigkeit des Landgerichts dieses nicht unzuständig (§ 261 Abs. 3 Nr. 2; s. dort Rn. 92). 26

Damit das Gericht in der Sache über die geänderte Klage entscheiden kann, muss die Klageänderung zulässig sein. Die Entscheidung hierüber kann nicht offen bleiben; s. Vor § 253 Rn. 19. Die Zulässigkeit der Klageänderung setzt voraus, dass der Beklagte einwilligt oder das Gericht sie für sachdienlich erachtet. Zudem müssen die Sachurteilsvoraussetzungen für das neue Klagebegehren gegeben sein. 27

2. Einwilligung des Beklagten. Als einseitige Prozesshandlung ist sie bedingungsfeindlich und unwiderruflich. Sie ist auch erforderlich, wenn die Klageänderung vor Beginn der mündlichen Verhandlung vorgenommen wird; § 269 ist nicht analog anwendbar. Sie kann schon vor der Klageänderung wirksam erteilt werden. 28

Die Rspr. bejaht eine **vorweggenommene Einwilligung,** wenn der Kläger sich die von seinem Klagevortrag abweichende Sachdarstellung des Beklagten zur Begründung des neuen Anspruchs zu eigen macht (vorweggenommene rügelose Einlassung iSd. § 267, s. dort Rn. 7).[77] Dem kann so allgemein nicht zugestimmt werden; der Beklagte muss die Möglichkeit haben, sich der nachträglichen Veränderung einer evtl. von vornherein schlecht eingeleiteten Klage zu widersetzen, zumal das Gericht sie als sachdienlich zulassen kann.[78] 29

Die Einwilligung ist in der mündlichen Verhandlung zu erklären oder schriftsätzlich,[79] im schriftlichen Verfahren (§ 128 Abs. 2 und 3) mit einem Schriftsatz. Nur ganz ausnahmsweise kann eine konkludente Einwilligung angenommen werden.[80] 30

3. Sachdienlichkeit. Die Einwilligung des Beklagten geht der Sachdienlichkeit vor. Wenn also der Beklagte in die Klageänderung eingewilligt hat, ist es unerheblich, dass die Klageänderung offensichtlich nicht sachdienlich ist. Andererseits steht der Sachdienlichkeit nicht entgegen, dass der Beklagte der Zulassung der Klageänderung widerspricht. 31

a) Begriff. Für die Bestimmung der Sachdienlichkeit kommt es auf die objektiv zu bewertenden Interessen beider Parteien sowie der Rechtspflege an. Ihnen ist dann gedient, wenn die Zulassung der Klageänderung den sachlichen Streit zwischen den Parteien endgültig ausräumt und einen 32

---

[74] BGH NJW 1993, 3135, 3136.

[75] Gegen eine (entsprechende) Anwendung auch OLG Karlsruhe WRP 1968, 456 u. OLGZ 1977, 484; OLG Hamm NJW 1971, 387; aM OLG Braunschweig MDR 1971, 1017 (Übergang zulässig bei Einverständnis beider Parteien).

[76] AM *Zöller/Greger* Rn. 16 a; *Musielak/Foerste* Rn. 10.

[77] RG JW 1913, 337, 338; RGZ 103, 419, 424; RG LZ 1927, 1023; BGH NJW-RR 1990, 505, 506.

[78] *Kisch* S. 249 Fn. 4; *Wieczorek* § 264 Anm. C I a; *Stein/Jonas/Schumann* Rn. 9; *Musielak/Foerste* Rn. 6. In der Sache wohl ebenso BGH NJW 1985, 1841, 1842 für den Fall, daß der Kläger sich den Vortrag des Beklagten hilfsweise zu eigen gemacht hat; der BGH wertet diesen Umstand nicht als Einwilligung, sondern berücksichtigt ihn für die Bejahung der Sachdienlichkeit.

[79] BGH NJW 1992, 2235, 2236; der BGH zieht die Parallele zur Einwilligung bei der Klagerücknahme.

[80] RG Gruchot 65 (1921), 111.

neuen Prozess vermeidet. Insofern geht es im Ganzen um die Prozessökonomie.[81] In diesem Rahmen kann auch der Schutzgedanke des § 263 berücksichtigt werden, den Beklagten vor leichtfertiger Prozessführung des Klägers zu bewahren.[82] Die in diesem Sinne objektiv verstandene Sachdienlichkeit löst den vermeintlichen Streit zwischen Rspr., die subjektive Gesichtspunkte nicht berücksichtigen will, und Lit., die sich für deren Beachtung ausspricht,[83] auf.[84]

33 Erforderlich ist ein **sachlicher Zusammenhang zwischen altem und neuem Anspruch;** denn der laufende Prozess muss für den neuen Anspruch verwertbar sein. Dafür genügt eine Kostenersparnis, die Vertrautheit von Gericht und Partei mit dem Prozessstoff oder die Verwendung der Ergebnisse der bisherigen Prozessführung. Die Rspr. nimmt immer Prozessunwirtschaftlichkeit an, wenn die bisherigen Verfahrensergebnisse nicht wenigstens teilweise verwertet werden können.[85]

34 Unerheblich ist, dass die Zulassung der Klageänderung die Prozessbeendigung etwa durch neue Parteierklärungen oder Beweiserhebungen verzögert, soweit nur der Gesamtzuschnitt nicht verändert wird. Danach schließt selbst Entscheidungsreife des bisherigen Prozesses Sachdienlichkeit nicht ohne weiteres aus, sondern nur dann, wenn mit dem neuen Anspruch ein völlig neuer Streitstoff eingeführt wird.[86]

35 Sachdienlichkeit kann auch bei wesentlicher Erschwerung der Verteidigung des Beklagten zu bejahen sein.[87] Ein über die Verwertbarkeit hinausgehender rechtlicher oder wirtschaftlicher Zusammenhang zwischen den Ansprüchen ist unerheblich, ebenso die Frage, wer die Klageänderung verschuldet hat.[88] Sachdienlichkeit kann nicht nur dann gegeben sein, wenn ein neuer Rechtsstreit, sondern auch, wenn die Aussetzung des alten Verfahrens vermieden wird.[89]

36 Eine auf ein Prozessurteil hinauslaufende **Unzulässigkeit des neuen Klageantrags** schließt die Sachdienlichkeit aus,[90] weil ohne Sachentscheidung der Streit zwischen den Parteien nicht endgültig erledigt werden kann. Dem steht nicht entgegen, dass die Zulässigkeit der Klageänderung grds. vor den Sachurteilsvoraussetzungen für das neue Klagebegehren zu prüfen ist.[91] Anders ist es, wenn die Unzulässigkeit des neuen Antrags nicht zwingend zu einer Prozessabweisung führen muss, sondern eine solche noch verhindert werden kann, etwa wenn der Kläger bei sachlicher oder örtlicher Unzuständigkeit des Gerichts für den neuen Antrag mit der Klageänderung einen Verweisungsantrag nach § 281 verbindet.[92] Nicht sachdienlich soll die Klageänderung sein, wenn der neue Antrag wegen Nichtdurchführung eines für ihn obligatorischen Schlichtungsverfahrens derzeit noch unzulässig ist.[93] Unschlüssigkeit oder Unbegründetheit der geänderten Klage steht – auch bei Offensichtlichkeit – der Sachdienlichkeit nicht entgegen.[94]

37 Um den Kläger nicht unnötig zu einer Klagerücknahme zu zwingen, sollte eine Klageänderung vor Beginn der mündlichen Verhandlung stets als sachdienlich zugelassen werden. Zwar liegen hier noch keine für den neuen Anspruch verwertbaren Prozessergebnisse vor; umgekehrt wurde aber auch bisher kein erheblicher Verfahrensaufwand betrieben, der durch die Klageänderung überflüssig werden könnte.[95]

38 Abzulehnen ist die Ansicht, Sachdienlichkeit komme bei der Klageänderung in Form der Anspruchsauswechslung nie in Betracht, da durch die Herausnahme des alten Anspruchs aus dem Pro-

---

[81] St. Rspr.; s. nur BGHZ 1, 65, 71 = NJW 1951, 311 = LM § 265 Nr. 1; BGH NJW-RR 1987, 58; 1990, 505, 506; 1994, 1143; BGHZ 143, 189, 198 = NJW 2000, 800, 803; BGH BGHReport 2007, 28, 29; *Schikora* MDR 2003, 1160; *Schilken* ZPR Rn. 752.

[82] BGH NJW 1958, 184f. = LM § 264 aF Nr. 11; BGH NJW 1977, 49 = LM § 529 aF Nr. 34; vgl. auch OLG Celle NdsRpfl. 1962, 9.

[83] *Henckel,* Prozeßrecht und materielles Recht, S. 133; *Walther* S. 133ff.

[84] *Rosenberg/Schwab/Gottwald* § 98 Rn. 22.

[85] BGH LM § 523 Nr. 1; NJW 1985, 1841, 1842; BGHZ 143, 189, 198 = NJW 2000, 800, 803 (st. Rspr.); ebenso *Henckel,* FS Bötticher, 1970, S. 173, 185.

[86] BGH NJW-RR 1987, 58, 59; LM § 264 Nr. 18; weniger weitgehend BGH NJW 1977, 49: keine Sachdienlichkeit bei Entscheidungsreife, wenn es sich überwiegend um neuen Streitstoff handelt.

[87] AM OLG München JW 1938, 2150.

[88] LG Mannheim ZMR 1974, 339, 340.

[89] OLG Celle VersR 1975, 264.

[90] BGH ZZP 95 (1982), 66; OLG Düsseldorf FamRZ 1983, 400, 401; *Zöller/Greger* Rn. 13; *Schikora* MDR 2003, 1160, 1161; aA BGH NJW-RR 2002, 929, 930, allerdings zu § 91 VwGO (Richterdienstsache).

[91] Hierauf stellt *Pohle* ZZP 81 (1968), 161, 162 ab.

[92] *Schikora* MDR 2003, 1160, 1161.

[93] AG Brakel NJW-RR 2002, 935 mit iE zust. Bespr. *Kimmelmann/Winter* JuS 2003, 951.

[94] *Stein/Jonas/Schumann* § 263 bei Fn. 20; aM OLG Zweibrücken JurBüro 1981, 765.

[95] *v. Mettenheim,* Der Grundsatz der Prozeßökonomie im Zivilprozeß, 1970, S. 107f.

zess erst die Möglichkeit eines neuen Rechtsstreits geschaffen werde.[96] Das Gesetz rechtfertigt diese Ausnahme nicht; sie würde die gesetzliche Regelung weitgehend entwerten. Im Übrigen ist die Wahrscheinlichkeit eines neuen Prozesses bei Zulassung der Anspruchsauswechslung eher gering.[97]

Eine Klageänderung ist auch im **Nachverfahren nach einem Vorbehaltsurteil** (§ 600[98] und § 302 Abs. 4[99]) zulässig, so dass Sachdienlichkeit gegeben sein kann; der Kläger macht zB jetzt auch Ansprüche aus dem zugrunde liegenden Rechtsgeschäft geltend. Wird die Klage im Nachverfahren abgewiesen, ist der Beklagte durch den Schadensersatzanspruch aus §§ 302 Abs. 4 S. 3, 600 geschützt; ihn vor dem Risiko der Nichtdurchsetzbarkeit dieses Anspruchs zu bewahren, ist nicht Aufgabe der Klageänderungsvorschriften.[100] Obsiegt der Kläger im Nachverfahren, so ist der Beklagte insoweit benachteiligt, als er auch die Kosten des Verfahrens bis zum Erlass des Vorbehaltsurteils tragen muss, die nicht entstanden wären, wenn der Kläger von Anfang an im ordentlichen Verfahren geklagt hätte. Diese Benachteiligung nimmt der BGH mit dem Argument in Kauf, dass das allgemeine Interesse, in einem prozesswirtschaftlich möglichst einfachen und raschen Verfahren den bestehenden Streitpunkt zwischen den Parteien einer endgültigen Entscheidung zuzuführen, Vorrang habe, zumal der Beklagte durch freiwillige Leistung den Urkundenprozess hätte vermeiden können.[101] 39

b) Entscheidung des Gerichts. Bei der Entscheidung über die Sachdienlichkeit hat das Gericht einen Beurteilungsspielraum, so dass das Rechtsmittelgericht sie, wenn überhaupt (§ 268), nur darauf überprüfen darf, ob der Begriff der Sachdienlichkeit verkannt ist und damit die **Grenzen des Ermessens überschritten** sind.[102] Das Ermessen kann jedoch durch andere Vorschriften eingeschränkt oder sogar ausgeschlossen sein, so zB durch § 323 Abs. 3,[103] § 767 Abs. 3 (s. dort Rn. 86) oder § 558b Abs. 3 BGB.[104] Darüber hinaus ist es immer dann auf Null reduziert, wenn die Klageänderung der einzige sachgerechte Weg ist, was die Voraufl.[105] etwa bei der einseitigen Erledigungserklärung des Klägers annahm, während andere die zwingende Zulässigkeit der darin liegenden Klageänderung (s. Rn. 12) auf § 264 Nr. 2 oder Gewohnheitsrecht stützen; s. § 264 Rn. 11. Bejaht das Gericht die Sachdienlichkeit, so ist die Klageänderung zuzulassen. 40

Über die Zulässigkeit der Klageänderung wegen Sachdienlichkeit wird entweder durch **Zwischenurteil** (§ 303) entschieden oder in den **Gründen des Endurteils.** Einer besonderen Erörterung in den Urteilsgründen bedarf es nicht, wenn sich die Zulassung als sachdienlich aus Prozessverlauf und Gesamtinhalt der Urteilsgründe ergibt.[106] 41

§ 296 ist weder auf die Klageänderung selbst noch auf das zu ihrer Begründung dienende Vorbringen anwendbar; denn der neue Anspruch ist kein Angriffsmittel, sondern der Angriff selbst.[107] Dem Beklagten ist nach Klageänderung eine neue Frist zur Klageerwiderung zu setzen. Erst nach deren Versäumung kann **verspätetes Vorbringen** zurückgewiesen werden; die Klageerwiderungsfrist bezüglich der ursprünglichen Klage wird wirkungslos.[108] 42

4. Klageänderung in der Berufungs- und Revisionsinstanz. a) Nach § 533 ist die Klageänderung in der **Berufungsinstanz** zwar nach wie vor zulässig, jedoch nur mehr unter erschwerten Voraussetzungen (§ 533 Nr. 2.) Der Sachdienlichkeit steht nicht entgegen, dass der Beklagte eine Tatsacheninstanz verliert.[109] Denn das Gesetz hat den Verlust einer Tatsacheninstanz in Kauf genommen. Zudem sind neue Tatsachen nach neuem Recht ohnehin nur noch höchst beschränkt zu berücksichtigen. Die Sachdienlichkeit ist nicht strenger zu prüfen als in erster Instanz[110] Dass die 43

---

[96] *Groß,* Klageänderung und Klagerücknahme, Diss. Frankfurt 1959, S. 35f.
[97] *Walther* S. 136ff.; *J. Blomeyer* JuS 1970, 123, 125.
[98] BGHZ 17, 31, 34 = NJW 1955, 790.
[99] BGHZ 37, 131, 135 = NJW 1962, 1249.
[100] Deshalb scheidet auch die von *Moller* NJW 1966, 1397, 1399 zugunsten des Beklagten vorgeschlagene analoge Anwendung des § 269 Abs. 3 S. 1 2. Halbs. u. Abs. 4 aus.
[101] BGHZ 17, 31, 35 = NJW 1955, 790.
[102] St. Rspr.; s. nur BGH NJW 1975, 1228; 1985, 1841, 1842; BGHZ 123, 132, 137 = NJW 1993, 3073; BGH NJW 1996, 2869, 2870.
[103] *Baumgärtel* FamRZ 1979, 791, 792.
[104] AG Bad Homburg WuM 1985, 323; s. auch *Emmerich,* FS G. Lüke, 1997, S. 65, 79.
[105] Unter Verweis auf *G. Lüke,* FS F. Weber, 1975, S. 323, 332.
[106] RGZ 155, 227, 229.
[107] BGH NJW 1955, 707; 1986, 2257, 2258; OLG Karlsruhe NJW 1979, 879, 880 m. Anm. *Deubner.*
[108] OLG Düsseldorf MDR 1980, 943.
[109] BGHZ 1, 65, 71 = NJW 1951, 311; BGH WM 1983, 602, 605; NJW 1985, 1841, 1842. Zur Sachdienlichkeit einer Klageänderung in der Berufungsinstanz nach neuem Recht BGH BGHReport 2007, 28, 29.
[110] AM OLG Hamm MDR 2001, 1186; nicht mehr *Zöller/Greger* Rn. 14.

Klage schon dort hätte geändert werden können, schließt Sachdienlichkeit nicht aus.[111] Zu weiteren Einzelheiten die Kommentierung zu § 533.

44 Bei Einlegung der Berufung auch zum Zwecke der Klageänderung muss die geänderte Klage die Beseitigung der vorinstanzlichen Beschwer anstreben, wenn auch nur zu einem Teil;[112] Vor § 511 ff. Rn. 66. Das ist nicht der Fall, wenn andere als die erstinstanzlichen prozessualen Ansprüche eingeführt und diese nicht weiterverfolgt werden.[113] § 531 ist nicht anwendbar, da die Klageänderung kein Angriffsmittel ist. Bei Nichtzulassung der Klageänderung hat das Berufungsgericht die Berufung als unbegründet zurückzuweisen.

45 **b)** In der **Revisionsinstanz** ist eine Klageänderung im Allgemeinen unstatthaft;[114] § 559 Rn. 19 ff. Die Rspr. lässt sie jedoch ausnahmsweise zu, wenn sie sich auf einen vom Berufungsgericht festgestellten Sachverhalt stützt und der neue Antrag den ursprünglichen nur beschränkt oder modifiziert.[115] Unzulässig ist jede Erweiterung des Klagebegehrens.[116] Der Kläger kann seinen bisherigen Hauptantrag zum Hilfsantrag machen,[117] nicht aber umgekehrt.[118]

46 Das Revisionsgericht kann eine vom Berufungsgericht unterlassene Prüfung der Sachdienlichkeit einer in der Berufungsinstanz vorgenommenen Klageänderung nachholen.[119] Auch in der Revisionsinstanz ist nachprüfbar, ob das Berufungsgericht die Sachdienlichkeit verkannt und die Grenzen des ihm zustehenden Beurteilungsermessens überschritten hat.[120] Die Sache ist an das Berufungsgericht zurückzuverweisen, wenn dieses die Klageänderung zu Unrecht nicht zugelassen hat.[121]

IV. Rechtsfolgen der Klageänderung

47 **1. Zulässige Klageänderung. a) Anspruchsauswechslung.** Die zulässige Klageänderung in Form der Anspruchsauswechslung bewirkt, dass der neue Anspruch an die Stelle des alten tritt. Der bisherige Anspruch scheidet aus dem Prozess aus; über ihn kann nicht mehr entschieden werden. §§ 263 f. erfassen den Vorgang der Klageänderung grds. abschließend; für die Anwendung des § 269 ist daneben kein Platz;[122] s. auch § 264 Rn. 23. Jedoch ist ein sich auf den früheren Antrag beziehendes Vorbehaltsurteil aufzuheben (Rechtsgedanke aus § 269 Abs. 3 S. 1 2. Halbs. und Abs. 4).[123]

48 Zwar wird der neue Anspruch bereits mit seiner formgerechten (Rn. 26) Erhebung rechtshängig.[124] Jedoch **tritt die Auswechslung** der Ansprüche nicht schon in diesem Zeitpunkt **ein,**[125] sondern erst mit Erfüllung der Zulässigkeitsvoraussetzungen des § 263, also entweder mit der Einwilligung des Beklagten[126] oder förmlicher Erachtung der Klageänderung als sachdienlich und damit zulässig seitens des Gerichts, sei es durch Erlass eines Zwischenurteils, sei es im Endurteil, Rn. 41.[127] Bis dahin bleibt (auch) der ursprüngliche Antrag rechtshängig, während die Rechtshängigkeit des neuen Anspruchs (ähnlich einem auflösend bedingten Hilfsanspruch, s. 260 Rn. 11 u.

---

[111] BGH NJW 1977, 49 = LM § 529 aF Nr. 34; BGH MDR 1983, 1017; NJW-RR 1990, 505, 506; NJW-RR 1994, 1143, 1144.

[112] BGHZ 85, 140 = NJW 1983, 172; BGH BB 1987, 157; BGH NJW 1994, 3358, 3359; 1996, 320; NJW-RR 1997, 94, 95; 1998, 1006; BGHZ 155, 21, 23, 24, 26 = NJW 2003, 2172, 2173; BGH FamRZ 2006, 402 = NJW-RR 2006, 442; BGH NJW-RR 2006, 1502, 1503; OLG München NJW-RR 1998, 207.

[113] BGH NJW-RR 1987, 124, 125; BGH NJW 1999, 2118 = JZ 1999, 954 m. Anm. *Greger* = ZZP 113 (2000), 219 m. Anm. *Otte* S. 225; BGH NJW 2001, 226 m. weit. Nachw.

[114] RGZ 160, 204, 212; BGH WM 1974, 1185, 1189.

[115] BGH LM § 561 Nr. 2; WM 1974, 1185, 1189; BAG NZA 2006, 316, 318.

[116] BGH LM KO § 146 Nr. 5; WM 1957, 1335, 1338; BGHZ 26, 31, 37 = NJW 1958, 98, 99; BGH LM § 561 Nr. 27; NJW 1961, 777, 779.

[117] BGH WM 1974, 1185, 1189.

[118] BGHZ 28, 131, 136 f. = NJW 1958, 1867, 1868.

[119] BGH MDR 1979, 829 = FamRZ 1979, 573, 575 = NJW 1979, 1306 (LS); BGH NJW-RR 1989, 66; 1990, 505, 506; BGHZ 123, 132, 137 = NJW 1993, 3072, 3073.

[120] BGH NJW-RR 1990, 505, 506.

[121] BGHZ 3, 90 = LM AktG § 75 aF Nr. 1; BGH LM § 264 aF Nr. 3 (LS).

[122] *Henckel,* FS Bötticher, 1969, S. 181, 182; *J. Blomeyer* JuS 1970, 123, 124, 234; *G. Lüke,* FS F. Weber, 1975, S. 323, 331; *Walther* NJW 1994, 423, 426.

[123] Ebenso *Zöller/Greger* Rn. 17.

[124] Insoweit allgM *Zöller/Greger* Rn. 16; *Stein/Jonas/Schumann* § 264 Rn. 37; *Rosenberg/Schwab/Gottwald* § 98 Rn. 29.

[125] So aber *Stein/Jonas/Schumann* § 264 Rn. 37.

[126] BGH NJW 1992, 2235, 2236.

[127] Wie hier *Zöller/Greger* Rn. 16; auch *Wieczorek* § 264 D I b 6; s. a. BGH NJW 1990, 2682.

49) rückwirkend entfällt, wenn die Zulässigkeit der Klageänderung rechtskräftig verneint wird.[128] Die Auswechslung bereits an den bloßen Eintritt der Rechtshängigkeit des neuen Anspruchs zu knüpfen, verbietet sich schon deshalb, weil dadurch die Vorschriften über die Klageänderung unterlaufen würden. Zu sagen, die Rechtshängigkeit des ursprünglichen Anspruchs ende erst mit der rechtskräftigen Bejahung der Zulässigkeit der Klageänderung[129] ist insofern missverständlich, als Zwischenurteile nach § 303 nicht in Rechtskraft erwachsen; zudem ist die Zulassung der Klageänderung unanfechtbar (§ 268).

b) Nachträgliche Anspruchshäufung. Infolge zulässiger nachträglicher Anspruchshäufung (zur entsprechenden Anwendbarkeit der Vorschriften über die Klageänderung Rn. 21) tritt ein weiterer Anspruch hinzu. Das Gericht kann über beide zusammen entscheiden oder getrennt durch Teilurteil (§ 301). **49**

c) Bindung an das bisherige Prozessergebnis. Die Parteien sind grds. an das bisherige Prozessergebnis gebunden. Diese Bindung hängt aufs engste mit dem Zweck der zulässigen Klageänderung zusammen. Sie vernachlässigt weder die schutzwürdigen Interessen der Parteien noch des Gerichts, verstößt nicht gegen das Gebot der Waffengleichheit der Parteien und verletzt nicht Art. 103 Abs. 1 GG. Der Kläger darf es nicht in der Hand haben, das bisherige Prozessergebnis mittels Klageänderung wertlos zu machen; notfalls muss er die Klage zurücknehmen, was immer noch billiger ist als ein verlorener Prozess. Der Beklagte ist dadurch geschützt, dass er ggf. einwilligen muss. Im Übrigen hat das Gericht bei der Beurteilung der Sachdienlichkeit die Verwertbarkeit des Prozessergebnisses zu berücksichtigen. Ist das Prozessergebnis nicht wenigstens teilweise verwertbar, darf es die Sachdienlichkeit nicht bejahen; s. Rn. 33. Die Gegenmeinung, die für die Verwertbarkeit auf den Widerspruch des Beklagten abstellt und diesen mit Hilfe von Treu und Glauben kontrollieren will,[130] bringt ohne Grund erhebliche Unsicherheit in die Anwendung der Klagerücknahmevorschriften. **50**

Diejenigen Parteihandlungen, die sich auf den alten Streitgegenstand beziehen, zB Anerkenntnis, Verzicht und Geständnis, verlieren durch die zulässige Anspruchsauswechslung ihre Wirkung. Werden aufwändige Beweisaufnahmen gegenstandslos, so ist dies ein Grund, die Sachdienlichkeit zu verneinen. Die hier vertretene Auffassung stimmt mit der hM überein.[131] **51**

2. Unzulässige Klageänderung. a) Nachträgliche Anspruchshäufung. Fehlt die Einwilligung des Beklagten und ist auch die Sachdienlichkeit zu verneinen, dann ist der neu hinzutretende Anspruch unzulässig (zur entsprechenden Anwendbarkeit der Vorschriften über die Klageänderung Rn. 21). Da er gleichwohl wirksam erhoben ist und die prozessualen und materiell-rechtlichen Wirkungen der Rechtshängigkeit auslöst (Rn. 48), ist er durch **Teilurteil** als unzulässig abzuweisen. **52**

b) Anspruchsauswechslung. Die unzulässige Klageänderung führt nicht zu der vom Kläger gewollten Anspruchsauswechslung. Deshalb hat das Gericht weiterhin über den **ursprünglichen Klageantrag** zu entscheiden, falls er aufrechterhalten wird (s. Rn. 55), und ihm bei Begründetheit stattzugeben.[132] **53**

Der **neue Antrag** ist zwar wirksam und Rechtshängigkeit begründend (Rn. 48) erhoben, aber in unzulässiger Weise, weil § 263 widersprechend. Folglich ist er **als unzulässig abzuweisen.**[133] Nach der Gegenmeinung ist allein über den bisherigen Antrag zu entscheiden.[134] Sie verneint die wirksame Einführung des neuen Anspruchs in den Prozess und will ihn in den Gründen des Endurteils über die ursprüngliche Klage für wirkungslos erklären. **54**

Ob der Kläger neben der Einführung des neuen Anspruchs den **alten aufrechterhalten** will, ist durch Auslegung, in Zweifelsfällen nach § 139 zu ermitteln.[135] Damit ist ausgeschlossen, dass der alte Anspruch nicht aufrechterhalten, aber auch nicht wirksam aufgegeben wird. Zulässig ist **55**

---

[128] *Zöller/Greger* Rn. 16.

[129] So BGH NJW 1990, 2682.

[130] *Stein/Jonas/Schumann* § 264 Rn. 39 im Anschluß an die von *Schumann* betreute Regensburger Diss. von *Festl* S. 15 ff.

[131] BGH MDR 1979, 829; 1983, 1017 = LM Nr. 6; BAG WM 1976, 598, 600; *Henckel,* FS Bötticher, S. 185; *J. Blomeyer* JuS 1970, 124 f.; *Grunsky* Grundlagen § 13 III; *Zöller/Greger* Rn. 16.

[132] *J. Blomeyer* JuS 1970, 229, 232; *Stein/Jonas/Schumann* § 264 Rn. 43.

[133] OLG Frankfurt FamRZ 1981, 978, 979; *Rosenberg/Schwab/Gottwald* § 98 Rn. 31; *Zöller/Greger* Rn. 17; *Baumbach/Lauterbach/Hartmann* Rn. 19; *Thomas/Putzo/Reichold* Rn. 17.

[134] *J. Blomeyer* JuS 1970, 229, 233; ihm folgend LG Nürnberg-Fürth ZZP 91 (1978), 491, 492 f. m. abl. Anm. *Schwab; Walther* NJW 1994, 423.

[135] BGH NJW 1988, 128; OLG Frankfurt FamRZ 1981, 978, 979; *Zöller/Greger* Rn. 17.

die hilfsweise Aufrechterhaltung, etwa für den Fall, dass die Klageänderung nicht zulässig ist.[136] Der Kläger sollte sich schon in der Klageänderung eindeutig erklären. Wird der alte Antrag nicht aufrechterhalten, etwa durch Klagerücknahme oder Erledigungserklärung, ist die Klage in der neuen Gestalt wegen unzulässiger Klageänderung durch Prozessurteil abzuweisen.

V. Sonderfälle

56 **1. Widerklage.** §§ 263 ff. finden auf die Widerklage, die eine normale Klage ist, uneingeschränkt Anwendung. Dass sie nach hM in erster Instanz bis zum Schluss der mündlichen Verhandlung statthaft ist (§ 33 Rn. 15),[137] bedeutet nicht ihre jederzeitige Rücknehmbarkeit oder Abänderbarkeit.[138]

57 Auch die Wider-Widerklage[139] unterliegt den Klageänderungsvorschriften. Diese müssen bereits bei ihrer Erhebung berücksichtigt werden, damit sie nicht durch die unbeschränkte Zulassung der Wider-Widerklage umgangen werden.[140]

58 **2. Verfahren zur Feststellung bestrittener Insolvenzforderungen.** Im Verfahren zur Feststellung bestrittener Insolvenzforderungen verbietet § 181 InsO die Klageänderung nicht schlechthin.[141] Die Vorschrift verlangt, dass der Prozess über die angemeldete Forderung geführt wird; denn alle Widerspruchsberechtigten müssen Gelegenheit zum Bestreiten der Forderung haben, was nicht der Fall wäre, wenn im Feststellungsprozess die Forderung erweitert oder der Schuldgrund geändert werden könnte. Das Feststellungsinteresse des Klägers wird erst durch den Widerspruch ausgelöst, der ohne ordnungsgemäße Anmeldung und Prüfung nicht möglich ist.[142]

59 Die Klageänderung kann gerade dazu dienen, die Feststellungsklage in Übereinstimmung mit der angemeldeten Forderung zu bringen. Sollten Klagegrund, Klagehöhe (nur nach oben) und Rang[143] von der Anmeldung abweichen, so ist die Feststellungsklage wegen Verstoßes gegen § 181 InsO unstatthaft. Der Kläger muss die Forderung neu anmelden. Dies kommt zwar faktisch einem Klageänderungsverbot gleich, hat rechtlich aber nichts damit zu tun, wie sich auch darin zeigt, dass die Klage bei anfänglicher Abweichung von der Anmeldung (also ohne Klageänderung) ebenfalls unzulässig wäre. Vielmehr ist im Feststellungsprozess die Klageänderung nach den allgemeinen Grundsätzen zulässig, wenn dabei nicht gegen § 181 InsO verstoßen wird.[144]

60 Auch § 264 ist anwendbar.[145] Das Gleiche gilt für § 268. **Unanfechtbar** ist jedoch nur die Entscheidung, dass eine Änderung der Klage nicht vorliege oder eine Klageänderung zuzulassen sei. Die Entscheidung, dass keine Änderung des Grundes iSd. § 181 InsO vorliege, unterliegt hingegen der Anfechtung nach allgemeinen Vorschriften.[146] Praktisch lassen sich beide Fragen kaum auseinanderhalten; denn mit der Frage, ob eine Änderung des Grundes vorliegt, wird über die Frage der Klageänderung mitentschieden. Im Ergebnis werden also zwei Entscheidungen getroffen. Für die Anfechtbarkeit geht die Entscheidung iSv. § 181 InsO vor, so dass sie entgegen § 268 angefochten werden kann.[147]

61 Der nach Aussetzung des Verfahrens (§ 240) im wiederaufgenommenen Rechtsstreit erfolgte Übergang zur Insolvenzfeststellungsklage (§ 180 Abs. 2 InsO) ist eine von den Vorschriften über die Klageänderung unabhängige Anpassung an die durch das Insolvenzverfahren veränderte Rechts-

---

[136] BGH NJW 1988, 128, 129. Zu weit geht die Annahme von *Knöringer,* Die Assessorklausur im Zivilprozeß, 11. Aufl. 2005, S. 145, der alte Antrag sei in der Regel hilfsweise gestellt; zutr. *Bernreuther* JuS 1999, 478, 480.

[137] BGH NJW 1981, 1217; NJW-RR 1992, 1085; OLG Köln MDR 2004, 962; s. a. BGH W 2000, 2512; differenzierend *Rimmelspacher,* FS G. Lüke, S. 655, 665.

[138] Ebenso *Walther* S. 31 f.

[139] Zu ihrer Statthaftigkeit s. BGH ZZP 73 (1960), 116, 117; BGH NJW-RR 1996, 65.

[140] Hierzu *Rimmelspacher,* FS G. Lüke, S. 655, 669 ff.

[141] So aber *Baumbach/Lauterbach/Hartmann* Rn. 3; *Thomas/Putzo/Reichold* Rn. 12.

[142] *Jaeger/Weber* KO, 8. Aufl. 1973, § 146 Rn. 31; *Braun/Kießner,* InsO, 2. Aufl. 2004, § 181 Rn. 27 u. 34; MünchKommInsO/*Schumacher* § 179 Rn. 9 ff.

[143] Ebenfalls nur bei Inanspruchnahme eines besseren Ranges; zutr. *Eckardt,* in: Kölner Schrift zur InsO, 2. Aufl. 2000, S. 743 ff. Rn. 55.

[144] Ebenso (noch zu § 146 Abs. 4 KO) *Stein/Jonas/Schumann* Rn. 35; *Henckel* ZZP 75 (1962), 351, 353; *Jaeger/Weber* § 146 KO Rn. 31; zum neuen Recht MünchKommInsO/*Schumacher* § 181 Rn. 9; *Uhlenbruck,* § 181 InsO Rn. 1.

[145] BGH ZZP 75 (1962), 347, 349 f. = NJW 1962, 153 = LM KO § 146 Nr. 8; RG JW 1911, 226 u. 371.

[146] *Jaeger/Weber* § 146 KO Rn. 32; *Stein/Jonas/Schumann* Rn. 35; aM *Kuhn/Uhlenbruck,* KO, 11. Aufl. 1994, § 146 Rn. 22, der § 268 analog anwenden will (nicht mehr zu § 181 InsO in der 12. Aufl.).

[147] *Jaeger/Weber* § 146 KO Rn. 32.

lage.[148] Wird nur noch das Vorrecht bestritten, so kann seine alleinige Geltendmachung als zulässige Beschränkung iSd. § 264 Nr. 2 angesehen werden.[149]

3. Verteilungsverfahren nach § 878, § 115 ZVG. Hier wird ebenfalls ein Klageänderungsverbot angenommen, da nur über die Berechtigung des erhobenen Widerspruchs zu entscheiden sei, dieser aber nicht auf nachträglich eingetretene Tatsachen gestützt werden könne.[150] Diese Ansicht ist genauso abzulehnen wie für § 181 InsO. Die Klage nach § 878 Abs. 1 ist unzulässig, wenn sie auf andere als im Widerspruch geltend gemachte Gründe gestützt wird. Es handelt sich wiederum nicht um ein Problem der Klageänderung. Diese ist vielmehr möglich, falls sie nicht gegen die Besonderheiten der Widerspruchsklage verstößt. Insb. ist der Übergang von der Widerspruchs- zur Bereicherungsklage nach Auszahlung gemäß § 264 Nr. 3 zulässig;[151] s. § 878 Rn. 30. 62

4. Arbeitssachen. Im **Urteilsverfahren** finden §§ 263ff. entsprechende Anwendung (§ 46 Abs. 2 S. 1 ArbGG, 495). Für das **Beschlussverfahren** gilt die Sondervorschrift des § 81 Abs. 3 ArbGG, die der Sache nach die Regelung des § 263 für die Antragsänderung übernimmt. Sie schließt die entsprechende Anwendung des § 264 nicht aus.[152] 63

Die Kündigungsschutzklage nach § 4 KSchG kann auch im Wege der Klageänderung in einem bereits anhängigen Arbeitsrechtsstreit erhoben werden.[153] Für den **Kündigungsschutzprozess** ist die Möglichkeit des Auflösungsantrags nach § 9 Abs. 1 KSchG zu beachten, der ein eigenes prozessuales Institut des Kündigungsschutzrechts ist und von der Rspr. als besonderer Anwendungsfall des § 264 Nr. 2 behandelt wird;[154] s. dort Rn. 12. Für die Klageänderung im Allgemeinen kommt es auf den noch immer ungeklärten Streitgegenstandsbegriff des Kündigungsschutzprozesses an; s. Vor § 253 Rn. 48. 64

5. Baulandsachen. Nach § 221 BauGB sind die für die Klagen in bürgerlichen Rechtsstreitigkeiten geltenden Vorschriften entsprechend anzuwenden, mithin auch §§ 263ff.[155] 65

6. Freiwillige Gerichtsbarkeit. Für das Verfahren der fG wird die Antragsänderung in der Literatur nur stiefmütterlich behandelt. Während die ältere Lit. die analoge Anwendung der §§ 263f. rundweg ablehnte,[156] differenziert die neuere wohl überwM zwischen den verschiedenen der fG zugewiesenen Verfahrensarten[157] und bejaht jedenfalls für die **echten Streitverfahren,** soweit Entscheidungen in materielle Rechtskraft erwachsen, die entsprechende Anwendung der Klageänderungsvorschriften.[158] Ihr ist zuzustimmen, weil in den echten Streitverfahren die Interessenlage der Beteiligten nicht anders ist als im Zivilprozess.[159] Aber auch darüber hinaus ist, soweit der Dispositionsgrundsatz fehlt, die Antragsänderung nicht unbeschränkt zulässig. Hier konkurrieren die größere Flexibilität des fG-Verfahrens einerseits und das prozessökonomische Interesse des Gerichts an einer zügigen Verfahrenserledigung sowie der Schutz der sonstigen Verfahrensbeteiligten vor beliebiger Antragsänderung andererseits. Dieser Konflikt lässt sich am besten mit der grundsätzlichen Anwendung der Klageänderungsvorschriften und einer interessengerechten Handhabung der Sachdienlichkeit entsprechend § 263 bewältigen.[160] 66

VI. Gewillkürter Parteiwechsel

1. Allgemeines. a) Interessenlage. Aus prozessökonomischen Gründen ist der gewillkürte Parteiwechsel allgemein anerkannt. Er ist nach hM ein eigenständiges prozessuales Rechtsinstitut, 67

[148] BGH ZZP 67 (1954), 301 = LM KO § 146 Nr. 5; BayObLG 1973, 283.

[149] RAG JW 1933, 1551; *Jonas,* Die Konkursfeststellung in ihrer prozessualen Durchführung, 1907, S. 57; aM BGH LM KO § 146 Nr. 4; *Bley,* Die Feststellung des Konkursgläubigerrechts, 1914, S. 35, 46; *Jaeger/Weber* § 146 KO Rn. 26.

[150] RGZ 62, 171; 65, 66.

[151] RGZ 99, 202, 207.

[152] BAG AP BetrVG 1972 § 19 Nr. 9; *Germelmann/Matthes/Prütting/Müller-Glöge* § 80 ArbGG Rn. 43, § 81 ArbGG Rn. 84.

[153] BAGE 23, 139 = AP KSchG 1951 § 3 Nr. 40 = NJW 1971, 1380.

[154] BAG NJW 1980, 1484, 1485.

[155] BGHZ 61, 128, 132 = NJW 1973, 1750 (für den früheren wortgleichen § 161 Abs. 1 BBauG).

[156] Typisch *Bärmann,* Freiwillige Gerichtsbarkeit und Notarrecht, 1968, § 13 4a.

[157] ZB *Pawlowski/Smid,* Freiwillige Gerichtsbarkeit, 1993, Rn. 441: Antragsänderung in Grundbuchsachen unzulässig.

[158] *Grunsky* Grundlagen § 13 II 3; *Bassenge/Herbst/Roth* Einl. FGG Rn. 15; *Weitnauer/Mansel* Nach § 43 WEG Rn. 4; BayObLG, Beschl. v. 12. 1. 2005, 2Z BR 187/04.

[159] *Lindacher* JuS 1978, 577, 579.

[160] In der Tendenz wohl ebenso *Habscheid* FG § 19 I d: Für Verfahren mit Dispositionsmaxime gilt das Verbot der Klageänderung, wenn auch sehr abgeschwächt.

nicht aber Klageänderung. Die herrschende Rspr. behandelt ihn mit Modifikationen entsprechend der Klageänderung.[161] Die Lehre hat mit vielfältigen Differenzierungen eigene Grundsätze entwickelt, und zwar in Anlehnung an die gesetzlich geregelten Fälle des Parteiwechsels, insb. §§ 265, 266, und an die Vorschriften über Klageänderung und Klagerücknahme.[162] In den praktischen Ergebnissen stimmen Rspr. und Lehre jedoch weitgehend überein.

68 Die Zulassung des gewillkürten Parteiwechsels rechtfertigt sich nach seiner Zielsetzung nur, wenn die jeweiligen Prozessbeteiligten an die bei Parteiwechsel bestehende Prozesslage gebunden sind und das bisherige Prozessergebnis in dem neuen Prozessverhältnis verwertbar ist. Um andererseits gegenüber den prozessökonomischen Rücksichten die berechtigten Schutzinteressen der Parteien zu wahren, steht die Frage im Vordergrund, inwieweit die Zustimmung der Parteien erforderlich oder ihre Verweigerung rechtsmissbräuchlich ist oder aber durch das Gericht ersetzt werden kann.

69 **b) Abgrenzung des Parteiwechsels von der Parteiberichtigung.** Die Berichtigung einer inkorrekten oder unrichtigen Parteibezeichnung ist ohne weiteres möglich; s. Vor §§ 50ff. Rn. 21. Sie geschieht durch schlichte Berichtigung des Rubrums,[163] nach Erlass des Urteils durch Berichtigungsbeschluss gemäß § 319. Sie kann auch noch in der Berufungs- und in der Revisionsinstanz erfolgen, soweit nicht gegen § 559 verstoßen wird. Die Änderung der Parteibezeichnung berührt die Identität der Partei nicht. Umgekehrt scheidet die Parteiberichtigung dort aus, wo eine andere Partei in den Prozess eingeführt werden soll. Zu der nicht in allen Fällen einfachen Abgrenzung s. Rn. 90 und § 253 Rn. 178ff.

70 **2. Parteiwechsel. a) Klägerwechsel. aa)** Die Initiative zum Klägerwechsel kann vom neuen oder alten Kläger ausgehen. Erforderlich ist die **Zustimmung des Beklagten,** weil er ein schutzwürdiges Interesse an einer rechtskräftigen Entscheidung gegenüber dem bisherigen Kläger hat. Entsprechend § 269 Abs. 1 ist seine Zustimmung vor Beginn der mündlichen Verhandlung zur Hauptsache entbehrlich.[164] Sollte mit der Übernahme des Rechtsstreits gleichzeitig eine Änderung des Streitgegenstands verbunden sein, so kann die hierfür nach § 263 erforderliche Einwilligung des Beklagten mit der Zustimmung zum Klägerwechsel als erteilt angesehen werden.

71 Geht die Initiative zum Klägerwechsel vom neuen Kläger aus, so muss in Übereinstimmung mit der hM zu § 265 (s. dort Rn. 93) auch der **alte Kläger** dem Parteiwechsel **zustimmen.** Dieses Zustimmungserfordernis hängt nicht von einem schutzwürdigen Interesse des alten Klägers ab.[165] Praktische Probleme dürfte es kaum geben; denn beim gewillkürten Parteiwechsel hat der Kläger meistens seine Sachlegitimation falsch eingeschätzt und ist daher in der Regel am Ausscheiden interessiert, um den Prozess nicht zu verlieren.

72 Da dem Beklagten beim Klägerwechsel nicht mehr zugemutet wird als bei der Klageänderung, kann in Übernahme der gesetzlichen Wertung aus § 263 auch hier seine Zustimmung durch Bejahung der **Sachdienlichkeit** seitens des Gerichts ersetzt werden. Dieses Ergebnis stimmt mit der Rspr. überein, die § 263 unmittelbar anwendet.[166]

73 Über die Zustimmung aller drei Beteiligten hinaus, ggf. Ersetzung für den Beklagten bei Sachdienlichkeit des Klägerwechsels, bestehen keine weiteren Zulässigkeitsvoraussetzungen. Insb. wird **keine** zusätzliche **gerichtliche Zustimmung** verlangt. Objektive Identität des Streitgegenstands[167] oder die Möglichkeit eines gemeinschaftlichen Prozesses der ausscheidenden und derneuen Partei in entsprechender Anwendung der §§ 59ff.[168] wird ebenfalls nicht vorausgesetzt.[169]

---

[161] Vgl. BGHZ 65, 264, 268; BGH NJW 1988, 128; NJW-RR 2006, 640; OLG Frankfurt NJW-RR 1990, 1471; OLG Dresden OLGR 2007, 151, 153f.

[162] Grundlegend *de Boor,* Zur Lehre vom Parteiwechsel und vom Parteibegriff, 1941; *Henckel,* Parteilehre und Streitgegenstand im Zivilprozeß, 1961, S. 215ff.; *Heinrich,* Der gewillkürte Parteiwechsel, 1990; zuletzt *Nagel,* Der nicht (ausdrücklich) geregelte gewillkürte Parteiwechsel im Zivilprozeß, 2005; s.a. *Rosenberg/Schwab/Gottwald* § 42 Rn. 16 und *Schilken* ZPR Rn. 761f.

[163] OLG Hamm NJW-RR 1991, 188; näher zur Parteiberichtigung *Burbulla* MDR 2007, 439, 440ff.

[164] LG Hamburg Urt. v. 5. 9. 2005 415 O 53/05; *Rosenberg/Schwab/Gottwald* § 42 Rn. 23; *Burbulla* MDR 2007, 439, 444; *Schlinker* Jura 2007, 12; s.a. BGHZ 123, 132, 136 = NJW 1993, 3072, 3073.

[165] AM *Henckel* Parteilehre S. 220.

[166] Vgl. nur BGHZ 65, 264, 268 = NJW 1976, 239 (Zusammenfassung der Rspr.); BGH NJW 1996, 2798, 2799; BGHZ 155, 21, 25 = NJW 2003, 2172, 2173; OLG Thüringen FamRZ 2001, 1619, 1620; ausf. *Nagel* S. 125ff.; jetzt auch *Schilken* ZPR Rn. 763.

[167] So *Rosenberg/Schwab/Gottwald* § 42 Rn. 25.

[168] So *Stein/Jonas/Schumann* § 264 Rn. 104a.

[169] Die Frage der Teilidentität erledigt sich von selbst, weil diese bei Parteiwechsel immer vorliegt; *Kisch* Parteiänderung S. 127f.; *de Boor* Parteiwechsel S. 9.

bb) Im **Berufungsrechtszug** ist ein Klägerwechsel ebenfalls noch möglich und unter Beachtung des § 533 wie eine Klageänderung zu behandeln. Voraussetzung ist eine zulässige Berufung;[170] s. a. Rn. 44. Auch hier kann die fehlende Zustimmung des Beklagten durch die gerichtliche Zulassung des Klägerwechsels als sachdienlich ersetzt werden.[171] Das gilt nicht, soweit die Zustimmung des Beklagten nach § 265 Abs. 2 S. 2 erforderlich ist.[172] In der **Revisionsinstanz** ist der Klägerwechsel wie überhaupt der Parteiwechsel ausgeschlossen.[173] Ein Klägerwechsel zwischen den Instanzen scheitert daran, dass der neue Kläger durch das Urteil (gegen den alten Kläger) nicht beschwert ist. Außerdem besteht kein praktisches Bedürfnis.[174] 74

Der Parteiwechsel ist bei Vorliegen der allgemeinen Voraussetzungen auch im **Wiederaufnahmeverfahren** zulässig, wenn dieses im ersten oder zweiten Rechtszug durchgeführt wird.[175] Ebenso wirft der Parteiwechsel bei der **Widerklage** keine zusätzlichen Probleme auf.[176] Entweder wird zugleich die Partei der Hauptklage ausgetauscht, oder es liegt eine Parteierweiterung vor;[177] s. Rn. 84 ff. 75

cc) Die für den Klägerwechsel erforderliche Erklärung des neuen Klägers, er übernehme die Klage an Stelle des bisherigen Klägers, kann in einem dem Beklagten zuzustellenden Schriftsatz **(Parteiänderungsschrift)** oder in der mündlichen Verhandlung geäußert werden (§ 261 Abs. 2).[178] Der alte Kläger kann seine Zustimmung ebenfalls in der mündlichen Verhandlung oder schriftsätzlich erteilen. Eine Vertagung (§ 227) empfiehlt sich, wenn der Klägerwechsel für den Beklagten unvorbereitet kommt.[179] Ein Klägerwechsel kann – wie der Parteiwechsel überhaupt – nicht hilfsweise unter der Bedingung erklärt werden, dass die Klage des ursprünglichen Klägers sich als unzulässig erweist.[180] 76

b) Beklagtenwechsel. aa) Die Parteiauswechslung auf der Beklagtenseite geht vom Kläger aus. Er muss erklären, dass er die Klage fortan gegen einen anderen Beklagten richte **(Parteiwechselerklärung).** Der Beklagtenwechsel verlangt zunächst die **Zustimmung des bisherigen Beklagten.**[181] Aus dem Rechtsgedanken des § 269 Abs. 1 folgt, dass diese weder vom Gericht durch Zulassung des Beklagtenwechsels wegen Sachdienlichkeit ersetzt[182] noch ihre Verweigerung wegen Rechtsmissbrauchs als unbeachtlich angesehen werden kann.[183] Die Zustimmung ist nur dann entbehrlich, wenn noch nicht mündlich zur Hauptsache verhandelt worden ist.[184] 77

Problematisch ist die **Position des neuen Beklagten.** Mit der Rspr. des BGH ist für seinen Eintritt in den Prozess in Anlehnung an § 263 erforderlich, dass er **zustimmt** oder das Gericht den Beklagtenwechsel für **sachdienlich** erklärt.[185] Von ausschlaggebender Bedeutung ist indessen nicht sein Eintritt in den Prozess als solcher, sondern ob der neue Beklagte an die bisherigen Prozessergebnisse gebunden ist. Eine solche Bindung lässt sich uneingeschränkt nur rechtfertigen, wenn er seinem Prozesseintritt zugestimmt hat.[186] Anderenfalls können die bisherigen Ergebnisse grds. nur für, nicht aber nicht gegen ihn gelten;[187] näher Rn. 95 ff. 78

---

[170] BGH WM 1994, 1212, 1213; NJW 1994, 3358, 3359; BGHZ 155, 21, 23, 24, 26 = NJW 2003, 2172, 2173.

[171] BGHZ 65, 264, 268 = NJW 1976, 239; OLG Düsseldorf MDR 1971, 55 = JZ 1971, 30; zurückhaltender BGHZ 71, 216, 219 = NJW 1978, 1529: gegen einen gewillkürten Parteiwechsel (hier Klägerwechsel) sei auch im Berufungsrechtszug, sofern er mit Zustimmung aller Beteiligten erfolge, nichts einzuwenden; OLG Rostock FamRZ 2003, 933 m. Anm. *Gießler* FamRZ 2003, 1846.

[172] BGH NJW 1994, 3358, 3359.

[173] BGH WM 1982, 1170; NJW-RR 1990, 1213; BAG NJW 1967, 1437, 1438.

[174] *Gofferjé* S. 122.

[175] *Franz* Parteiwechsel S. 96 f.

[176] *Heinrich* S. 85 ff.

[177] BGH NJW 1975, 1228 f.

[178] *Stein/Jonas/Schumann* § 264 Rn. 107; s. a. OLG Thüringen FamRZ 2001, 1619, 1620.

[179] *Musielak/Foerste* Rn. 20.

[180] BGH MDR 2004, 700 = NJW-RR 2004, 640; OLG Dresden OLGR 2007, 151, 153 f.

[181] BGH NJW 1981, 989; 2006, 1351, 1353; *Rosenberg/Schwab/Gottwald* § 42 Rn. 24; *Kirschstein-Freund* KTS 2002, 655, 659 f.; *Burbulla* MDR 2007, 439, 444; *Schlinker* Jura 2007, 1, 2.

[182] In Anwendung des § 263 auf den Parteiwechsel aA *Nagel* S. 125 ff.; jetzt auch *Schilken* ZPR Rn. 763.

[183] *Heinrich* S. 99 ff. gibt der Berücksichtigung des Rechtsmißbrauchs grds. Raum, hält ihn aber nur in den äußerst seltenen Fällen für gegeben, in denen es sich weiterhin um denselben Streitgegenstand handelt. Für § 269 Abs. 1 auch OLG Hamm NJW-RR 1991, 60, 61.

[184] BGH NJW 1981, 989; 2006, 1351, 1353.

[185] BGH NJW 1962, 347; BGHZ 40, 185, 186 f. = NJW 1964, 44, 45; ebenso *Nagel* S. 125 ff.; jetzt auch *Schilken* ZPR Rn. 763; aA *Schlinker* Jura 2007, 1, 2.

[186] AA (Sachdienlichkeit genügt) *Nagel* S. 62 ff., 188 ff. u. ihm folgend *Schilken* ZPR Rn. 763; insoweit wie hier *Schlinker* Jura 2007, 1, 2 f.

[187] S. a. *Rosenberg/Schwab/Gottwald* § 42 Rn. 24.

79 **bb)** In der **Berufungsinstanz** ist ein **Beklagtenwechsel** grds. **nur zulässig,** wenn **der neue Beklagte zustimmt.** Entscheidend ist, dass ein bisher Unbeteiligter nicht gegen seinen Willen erst in zweiter Instanz in einen Prozess hineingezogen werden darf, auf dessen bisherigen Verlauf er keinen Einfluss hatte. Die Zustimmung ist allenfalls dann entbehrlich, wenn ihre Verweigerung rechtsmissbräuchlich ist.[188]

80 Für den **Rechtsmissbrauch** ist nicht entscheidend, ob der Beklagtenwechsel objektiv sachdienlich ist, sondern ob es ersichtlich an jedem schutzwürdigen Interesse für die Verweigerung der Zustimmung fehlt und der neue Beklagte keine irgendwie geartete Schlechterstellung zu befürchten hat.[189] Dabei fällt besonders ins Gewicht, dass der erst im Berufungsrechtszug eintretende Beklagte die eigentliche Tatsacheninstanz verliert. Dem neuen Beklagten kann zugemutet werden, sich trotzdem an dem Prozess zu beteiligen, wenn er mit dem Sachverhalt vertraut ist und die Führung des Rechtsstreits maßgeblich beeinflusst hat;[190] die Möglichkeit hierzu reicht nicht aus. Die Verweigerung der Zustimmung ist missbräuchlich, wenn keine Einreden oder Einwendungen gegen die Klage denkbar sind, die nicht auch der bisherige Beklagte hätte geltend machen können.[191] Die Beweislast für das Vorliegen eines Rechtsmissbrauchs hat der Kläger. Einen allgemeinen Erfahrungssatz, dass ein Ehepartner mit den wirtschaftlich wichtigen Prozessen des anderen Ehepartners vertraut ist, gibt es nicht.[192]

81 Die Zustimmung des bisherigen Beklagten ist auch in der **Berufungsinstanz** nicht ersetzbar. In der **Revisionsinstanz** sind Parteiwechsel und Parteierweiterung ausgeschlossen (Rn. 74), da sie immer einen neuen Tatsachenvortrag erfordern; zur Klageänderung in der Revisionsinstanz s. Rn. 45f.

82 **cc)** Dem neuen Beklagten ist die Klageschrift mit der Erklärung des Klägers zuzustellen, dass sich die Klage nunmehr gegen ihn richte. Ferner ist er unter Wahrung der Einlassungsfrist zum Termin zu laden. Davon kann abgesehen werden, wenn der neue Beklagte selbst seinen Eintritt erklärt, auf die Einhaltung der Form verzichtet (§ 295 Abs. 1) oder bereits am Verfahren beteiligt war, sei es als Partei für ein anderes Vermögen, sei es als Vertreter.[193]

83 Gegenüber dem bisherigen Beklagten bedarf es seitens des Klägers einer Erklärung in der mündlichen Verhandlung oder eines Schriftsatzes. Er kann seine Zustimmung formlos erteilen.[194]

84 **3. Parteierweiterung.** Trotz auf der Hand liegender dogmatischer Bedenken hat sich aus Praktikabilitätsgründen die Auffassung des BGH durchgesetzt, die **Parteierweiterung** jedenfalls im ersten Rechtszug auf der Kläger- und der Beklagtenseite ebenfalls **wie eine Klageänderung** zu behandeln.[195] Für den Beitritt eines weiteren Klägers oder eines weiteren Beklagten kommt es folglich auf die **Zustimmung der jeweiligen Gegenpartei** oder darauf an, dass das Gericht den Beitritt für **sachdienlich** erachtet. Konsequenterweise (s. Rn. 79f.) ist im **Berufungsrechtszug** eine Parteierweiterung auf der **Beklagtenseite** nur dann zulässig, wenn der neue Beklagte **zustimmt** oder die Zustimmungserweigerung **rechtsmissbräuchlich** und daher unerheblich ist[196] (während auf der **Klägerseite** auch in zweiter Instanz Sachdienlichkeit genügen kann[197]). Dem letzten Punkt stimmt auch die hL zu, die im Übrigen für Kläger- und Beklagtenbeitritt die Zustimmung derjeweiligen Gegenpartei für entbehrlich hält,[198] dem Gericht aber auch kein Mit-

---

[188] St. Rspr. des BGH seit BGHZ 21, 285, 289 = NJW 1956, 1598; BGH NJW 1981, 989; BGHZ 90, 17, 19; 92, 13, 16 = NJW 1984, 2408; BGH NJW 1987, 1946, 1947; 1998, 1496, 1497; OLG Bamberg OLGR 2002, 444; KG ZMR 2006, 549 (WEG-Sache); *Rosenberg/Schwab/Gottwald* § 42 Rn. 24; *Schilken* ZPR Rn. 764; *Kirschstein-Freund* KTS 2002, 655, 660.

[189] BGH NJW-RR 1986, 356; NJW 1997, 2885, 2887; OLG Bamberg OLGR 2002, 444; OLG Zweibrücken, OLReport 2002, 161; KG ZMR 2006, 549.

[190] Etwa als Nebenintervenient in der ersten Instanz, vgl. OLG Zweibrücken, OLGR 2002, 161.

[191] BGH NJW 1987, 1946.

[192] BGH NJW-RR 1986, 356.

[193] *Rosenberg* ZZP 70 (1957), 1, 6; *Henckel* DRiZ 1962, 226, 229.

[194] *De Boor* Parteiwechsel S. 109.

[195] BGHZ 21, 285, 286f. = NJW 1956, 1598; BGH NJW 1989, 3225 m. i. Erg. zust. Anm. *Grunsky* ZZP 102 (1989), 473; BGHZ 131, 76, 79 = NJW 1996, 196, 197.

[196] BGH NJW-RR 1986, 356; NJW 1997, 2885, 2886.; OLG Zweibrücken OLGR 2002, 161; OLG München MDR 2006, 1186; OLG Düsseldorf OLGR 1994, 247, 248 wendet diese Grundsätze auch auf die erste Instanz an, wenn sich der Prozeß nicht mehr im Anfangsstadium befindet, sondern schon eine Beweiserhebung stattgefunden hat; dagegen BGHZ 131, 76 = NJW 1996, 196 als Revisionsinstanz in derselben Sache.

[197] OLG Nürnberg OLGR 2002, 94.

[198] *Rosenberg/Schwab/Gottwald* § 42 Rn. 21f.; *Schilken* ZPR Rn. 765; *Stein/Jonas/Schumann* § 264 Rn. 132; *Thomas/Putzo/Hüßtege* Vor § 50; Rn. 25; *Zöller/Greger* Rn. 21 u. 27; *Musielak/Foerste* Rn. 23f.; kritisch zur Parteierweiterung auf der Beklagtenseite in der Berufungsinstanz *Putzo,* 50 Jahre Bundesgerichtshof, Festgabe aus der Wissenschaft, 2000, Bd. III, S. 149, 156ff.

spracherecht gibt und bei Fehlen der Voraussetzungen der §§ 59f. Prozesstrennung (§ 145) anordnen will.[199]

Dem neuen Beklagten muss grds. derselbe Schutz zuteil werden, der dem Beklagten normalerweise bei der Klageerhebung zukommt. Deshalb ist er durch Zustellung eines Schriftsatzes unter Wahrung der Einlassungsfrist zum Termin zu laden.[200] Erstinstanzlich ist die Parteierweiterung auch dadurch zu bewirken, dass der Beklagte durch Änderung der wegen eines konnexen Gegenanspruchs erhobenen Widerklage einen bisher nicht beteiligten Dritten in den Rechtsstreit einbezieht, obgleich eine Hauptklage des Widerbeklagten nicht anhängig ist;[201] s. § 33 Rn. 27ff. Die Einbeziehung eines weiteren Beklagten ist auch einem Anschlussberufungskläger möglich.[202] 85

4. Beispiele für Parteiwechsel und Parteierweiterung. a) Klägerwechsel. Fortführung der Klage einer OHG durch einzelne oder alle Gesellschafter persönlich,[203] Eintritt der Gesellschaft an Stelle eines Gesellschafters, wenn dieser bei einer Zweimann-GmbH Ausschließungsklage erhoben hat,[204] Weiterverfolgung eines zunächst in Vertretung eines anderen erhobenen Anspruchs nunmehr im eigenen Namen oder umgekehrt,[205] Fortführung des vom Zwangsverwalter begonnenen Rechtsstreits durch den Schuldner nach Aufhebung der Zwangsverwaltung[206] oder des vom Insolvenzverwalter bzw. Prozessstandschafter begonnenen Verfahrens durch den Insolvenzschuldner nach Freigabe des Gegenstandes seitens des Insolvenzverwalters[207] oder Aufhebung des Insolvenzverfahrens[208] bzw. durch den Rechtsinhaber nach Erlöschen der gewillkürten Prozessstandschaft;[209] s. § 265 Rn. 62ff. Ebenso liegt ein Parteiwechsel vor, wenn ein Elternteil, der bisher als gesetzlicher Vertreter Unterhaltsansprüche einklagt, nach Anhängigkeit des Scheidungsantrags diese gemäß § 1629 Abs. 3 S. 1 BGB in Prozessstandschaft im eigenen Namen weiterverfolgt;[210] s. auch § 253 Rn. 178 und § 265 Rn. 63. 86

b) Beklagtenwechsel. Umstellung der Klage gegen eine KG auf die Gesamtheit der Kommanditisten,[211] gegen eine OHG auf deren (Mit-)Gesellschafter,[212] gegen eine GmbH i. G. auf deren Gesellschafter,[213] gegen den Geschäftsführer einer GmbH auf die GmbH, vertreten durch den Geschäftsführer,[214] Umstellung eines Schuldenmassestreits vom Gemeinschuldner gegen den Bestreitenden (§ 240, § 180 Abs. 2 InsO). 87

c) Klägerbeitritt. Beitritt des Unterhaltsberechtigten zur Klage des Sozialhilfeträgers, auf den die Ansprüche übergegangen sind (§ 94 SGB XII).[215] Die Frage, ob der Beitritt weiterer Mitglieder einer Wohnungseigentümergemeinschaft einen Klägerbeitritt darstellt,[216] dürfte sich seit Anerkennung der Parteifähigkeit dieser Gemeinschaften durch den BGH[217] und jetzt auch den durch die WEG-Novelle 2007 (BGBl. I 370) eingefügten § 10 Abs. 6 WEG praktisch weitgehend erledigt haben; s. a. § 253 Rn. 49. 88

---

[199] *Stein/Jonas/Schumann* § 264 Rn. 137.

[200] BGH NJW 1961, 1066, 1967.

[201] BGHZ 40, 185, 188f. = NJW 1964, 44 = LM § 33 Nr. 6; BGH NJW 1975, 1228f.; BGHZ 91, 132, 134 = NJW 1984, 2104; BGHZ 131, 76, 78f. = NJW 1996, 196, 197.

[202] *Rosenberg* ZZP 68 (1955), 1, 3f.; *Stein/Jonas/Schumann* § 264 Rn. 140; aM BGH ZZP 68 (1955), 51, 55.

[203] BGHZ 17, 340, 342 = NJW 1955, 1393.

[204] BGHZ 16, 317 = NJW 1955, 667.

[205] RGZ 58, 248, 251; OLG Thüringen FamRZ 2001, 1619.

[206] BGHZ 71, 216 = NJW 1978, 1529.

[207] BGHZ 46, 249 = NJW 1967, 781.

[208] Vgl. OLG Stuttgart NJW 1973, 1756; dort war allerdings bereits vor Konkurseröffnung eine Klage des Gemeinschuldners anhängig, so daß dieser nach Freigabe ohne weiteres an Stelle des Konkursverwalters in den Prozeß eintreten konnte; krit. *J. Schmidt* NJW 1974, 64.

[209] BGHZ 123, 132, 136 = NJW 1993, 3072, 3073. Mangels Zustimmung der beklagten Partei macht der BGH die Wirksamkeit konsequent allein davon abhängig, ob das Gericht den Parteiwechsel für sachdienlich hält.

[210] OLG Zweibrücken FamRZ 1986, 289; dazu auch BGH NJW 1983, 2084, 2085 = FamRZ 1983, 474; BGH NJW-RR 1990, 323, 324 = FamRZ 1990, 283.

[211] RGZ 66, 240, 245f.; OLG Köln MDR 1972, 1040; OLG Frankfurt NJW 1977, 908.

[212] BGHZ 91, 132 = NJW 1984, 2104 (auch bei Widerklage); s. auch BGHZ 62, 131 = NJW 1974, 750.

[213] OLG Jena MDR 2002, 892.

[214] OLG Köln GmbHR 1986, 47 (jedenfalls dann, wenn die zunächst verklagte Person zZ der Klageerhebung bzw. der Einreichung des Mahnantrags nicht mehr Geschäftsführer der GmbH war; andernfalls uU Berichtigung).

[215] OLG Düsseldorf FamRZ 1980, 156, 157.

[216] BGHZ 65, 264 = NJW 1976, 239.

[217] BGHZ 163, 154 = NJW 2005, 2061.

89 **d) Beklagtenbeitritt.** Inanspruchnahme einer Partei kraft Amtes auch persönlich,[218] Erweiterung der Klage vom Alleinerben auf den Testamentsvollstrecker,[219] Einbeziehung eines weiteren Miteigentümers,[220] Erstreckung der Klage gegen eine OHG auf die Gesellschafter,[221] Erweiterung einer zunächst nur gegen den Landkreis gerichteten (Enteignungsentschädigungs-)Klage auf das Land.[222]

90 **e) Keine Parteiänderung.** Keine Parteiänderung ist es nach der Rspr., wenn der Kläger einen Anspruch zunächst im Namen einer GbR oder Erbengemeinschaft geltend macht und sodann im eigenen Namen Leistung an alle Gesellschafter bzw. Miterben fordert (§ 2039 BGB);[223] wenn die Partei (insb. ihre Firma) zwar falsch bezeichnet, aber aus Klageschrift und -begründung oder sonstigen Umständen auch für den Beklagten erkennbar ist, wer die richtige Partei sein soll, und die Falschbezeichnung berichtigt wird;[224] wenn statt des Schuldners versehentlich dessen Vertreter verklagt wird, der vorgetragene Streitstoff die Vertreterstellung des zunächst Beklagten eindeutig ergibt und der Vertreter zur Prozessführung für den Schuldner befugt ist, die Umstellung auf den Schuldner; [225] s. auch § 253 Rn. 179.

91 **5. Streit um die Zulässigkeit. a) Parteiwechsel.** Im Streitfalle kann und sollte die Zulässigkeit des Parteiwechsels durch **Zwischenurteil** ausgesprochen werden. Bejaht das Zwischenurteil die Zulässigkeit eines erst in der **Berufungsinstanz** erfolgten **Beklagten**wechsels, behandelt der BGH es nicht als solches nach § 303, sondern nach § 280.[226] Denn die Rüge des neuen wie des alten Beklagten, der Parteiwechsel sei unzulässig, weil man ihm nicht (wie grds. erforderlich, s. Rn. 77 u. 79) zustimme, betrifft letztlich die Zulässigkeit der Klage gegen den neuen Beklagten bzw. das Recht des alten Beklagten auf eine Sachentscheidung. Infolgedessen ist das Zwischenurteil nach § 280 Abs. 2 S. 2 für beide Beklagten **selbstständig anfechtbar** und § 268 unanwendbar. Nach seinem Erlass kann sofort zur Sache weiter verhandelt werden (§ 280 Abs. 2 S. 2). Da in diesen Streit auch der bisherige Beklagte involviert ist, nimmt der BGH in der Sache nach einen **Zwischenstreit zu dritt** an.[227] Die Lit. hat sich dieser Lösung weitgehend angeschlossen.[228] Trotz dogmatischer Bedenken gegenüber einem Mehrparteienstreit führt sie zu praktikablen Ergebnissen. Die Gegenmeinung ist wegen ihrer starken Differenzierungen[229] für die Praxis untauglich und birgt zudem die Gefahr einander widersprechender Urteile in sich.

92 Auf ein im Streit um die Zulässigkeit eines Parteiwechsel in der **ersten Instanz** ergehendes Zwischenurteil wendet die hM[230] dagegen § 303 an. Danach kann es nicht selbstständig und nach BGH[231] wegen § 268 auch nicht zusammen mit dem Endurteil angefochten werden. Nach aA[232] ist auch das nach erstinstanzlichem Parteiwechsel ergehende Zwischenurteil gemäß § 280 Abs. 2 S. 1 mit den gewöhnlichen Rechtsmitteln anfechtbar. Ihr ist angesichts der mit dem Parteiwechsel verbundenen Folgen (dazu Rn. 94 ff.), die mit dem Ausscheiden einer Partei und dem Eintreten einer anderen über die einer bloßen Streitgegenstandsänderung hinausgehen, zu folgen.

---

[218] BGHZ 21, 285, 286 f. = NJW 1956, 1598 = LM § 264 aF Nr. 10 = JZ 1956, 761 m. Anm. *Lent;* s. a. LG Hamburg KTS 1985, 575, 576.

[219] RGZ 96, 201, 202.

[220] BGH NJW 1962, 633, 635.

[221] BGH NJW 1961, 1066.

[222] BGHZ 90, 17, 18 f.

[223] BGHZ 17, 340, 342 f. = NJW 1955, 1393.

[224] BGHZ 4, 328, 334 f.; BGH NJW 1981, 1453; 1983, 2448, 2449; 1987, 1946; 1998, 1496, 1497; OLG Celle OLGZ 1967, 310; OLG Köln OLGZ 1970, 349; OLG München OLGZ 1981, 89; BAG AP § 268 aF Nr. 2.

[225] OLG Frankfurt MDR 1977, 410 = OLGZ 1977, 360; als Gegenbeispiel OLG Köln GmbHR 1986, 47 (kein Geschäftsführer mehr).

[226] BGH NJW 1981, 989; NJW-RR 1986, 357. Der BGH hat in BGHZ 21, 285, 288 = NJW 1956, 1598 die Anwendung der Klageänderungstheorie auf den Beklagtenwechsel in der Berufungsinstanz auch abgelehnt, um ihn der Unanfechtbarkeit des § 268 (damals § 270) zu entziehen.

[227] BGH NJW 1981, 989; OLG München NJW 1967, 1812. Diese Ansicht geht zurück auf *de Boor* Parteiwechsel S. 142, der sich am Prätendentenstreit des § 75 orientiert.

[228] ZB *Kohler* JuS 1993, 315, 319; *Rosenberg/Schwab/Gottwald* § 42 Rn. 28.

[229] Vgl. *Franz* NJW 1982, 15, 16 f., der einräumt, daß die Lösung des BGH erhebliche praktische Vorteile bringt.

[230] *Schilken* ZPR Rn. 767 sowie die 2. Aufl.

[231] BGH MDR 1987, 668 (hierzu nur LS, und zwar für Klägerwechsel); ebenso die 2. Aufl. und OLG Jena OLGR *2000, 205.*

[232] Ebenso *Rosenberg/Schwab/Gottwald* § 42 Rn. 28.

93 **b) Parteierweiterung.** Die Parteierweiterung ist für Kläger- und Beklagtenseite **wie der Parteiwechsel zu behandeln.** Auch hier wird über einen Streit um die Zulässigkeit des Beklagtenbeitritts in der Berufungsinstanz durch ein nach § 280 Abs. 2 S. 1 wie ein Endurteil anfechtbares Zwischenurteil entschieden. Wird die Zulässigkeit des Parteibeitritts verneint, so ist die neue Klage abzutrennen (§ 145) und als unzulässig abzuweisen, weil sie in der Berufungsinstanz und damit vor einem funktionell unzuständigen Gericht erhoben worden ist; eine Zurückverweisung in die erste Instanz ist nicht möglich.[233]

94 **6. Rechtsfolgen. a) Parteiwechsel. aa)** Der **zulässige** Parteiwechsel beendet das Prozessrechtsverhältnis mit der bisherigen Partei; die Rechtshängigkeit der Klage ihr gegenüber erlischt ohne gerichtliche Entscheidung ex nunc.[234] Für die neue Partei tritt die Rechtshängigkeit der Klage bereits mit der Parteiwechselerklärung in der mündlichen Verhandlung oder der Zustellung des Schriftsatzes ein (§ 261 Abs. 2).[235] Soweit dem Gericht die örtliche Zuständigkeit gegenüber dem neuen Beklagten nicht gegeben ist, lässt sie sich auch nicht unter dem Gesichtspunkt der perpetuatio fori (§ 261 Abs. 3 Nr. 2) aufrechterhalten; s. 261 Rn. 88 (aA die 2. Aufl.). Wohl aber kann sie durch seine rügelose Einlassung auf die auf ihn geänderte Klage gemäß §§ 39, 40 begründet werden.[236] Nötigenfallsfalls muss der Kläger gegenüber dem neuen Beklagten Verweisungsantrag nach § 281 stellen.

95 Wie bei der Klageänderung (Rn. 50) ist auch beim zulässigen Parteiwechsel eine **Bindung** der neuen Parteien **an die bestehende Prozesslage** erstrebenswert. Hierin liegt ja gerade der Sinn der Zulassung des Parteiwechsels. Für den Wechsel auf der **Klägerseite** ist eine solche Bindung nach der Interessenlage ohnehin unproblematisch; denn der neue Kläger wird nur dann in den Prozess eintreten, wenn er mit dem bisherigen Prozessverlauf einverstanden ist. Zwar kann bei Klägerwechsel die Zustimmung des Beklagten durch die gerichtliche Zulassung des Parteiwechsels als sachdienlich ersetzt werden (Rn. 72). Dessen Interessen werden jedoch durch eine Bindung des neuen Klägers an die bislang erzielten Ergebnisse im Allgemeinen nicht berührt.

96 Beim **Beklagtenwechsel** ist die Bindung dann fraglich, wenn der neue Beklagte nicht zugestimmt, sondern das Gericht den Parteiwechsel wegen Sachdienlichkeit zugelassen hat. Dass das Gericht bei seiner Entscheidung über die Sachdienlichkeit eine mögliche Bindung der neuen Partei an die bestehende Prozesslage mit zu berücksichtigen hat, rechtfertigt allein noch nicht, sie auch tatsächlich eintreten zu lassen.[237]

97 Um den Interessen der neuen Partei Rechnung zu tragen, ist die **Bindung** aus prozessualen Sachgründen wie folgt zu **begrenzen:**[238] Gemessen am bisherigen Verfahrensstand neues Vorbringen der neuen Partei darf nicht deshalb als verspätet zurückgewiesen werden, weil es schon die alte Partei hätte vorbringen können. Die neue Partei ist an Geständnisse der alten nicht gebunden. Auch der neue Beklagte hat die Möglichkeit des sofortigen Anerkenntnisses gemäß § 93. Ein Beweismittel, zB Einholung eines neuen Sachverständigengutachtens, darf nicht mit der Begründung präkludiert werden, der ursprüngliche Beklagte könnte damit nicht mehr gehört werden. Der neu hinzugekommenen Beklagten darf sich in Widerspruch zu den bisherigen Prozessergebnissen setzen[239] und eine Ergänzung einer bereits durchgeführten Beweisaufnahme oder deren Wiederholung

---

[233] BAGE 23, 77, 81 = NJW 1971, 723.

[234] Ebenso *Stein/Jonas/Schumann* § 264 Rn. 123; für rückwirkende Beendigung *Pohle* S. 148, 151; *Gofferjé* S. 89; *Franz* S. 112, 165 u. NJW 1982, 15, 16.

[235] Und keineswegs bereits mit ursprünglicher Erhebung der Klage, vgl. *Rosenberg/Schwab/Gottwald* § 42 Rn. 26.

[236] *Heinrich* S. 138; *Rosenberg/Schwab/Gottwald* § 98 Rn. 34 (zur Klageänderung im allgemeinen).

[237] Anders *Nagel* S. 62 ff., 188 ff.; *Schilken* ZPR Rn. 763 sowie die 2. Aufl.; möglicherweise auch *Rosenberg/Schwab/Gottwald* § 42 Rn. 26 u. *Zöller/Greger* Rn. 25. Die Rspr. des BGH ist zu dieser Frage nicht ergiebig. Richtig dürfte sein, dass bisher keine BGH-Entscheidung veröffentlicht ist, in der die Parteien nach Parteiwechsel nicht an die bisherige Prozeßlage gebunden waren; so *Heinrich* S. 75. Andererseits könnten aus Formulierungen in BGH NJW-RR 1986, 356 wie „der neue Beklagte hat keine irgendwie geartete Schlechterstellung zu befürchten" und „er kann sich gegen den Klagevortrag ohne Einschränkungen wie in erster Instanz verteidigen und ist insb. nicht an irgendwelche Beweisergebnisse gebunden" geschlossen werden, dass der BGH eine Bindung der neuen Partei an die Prozeßlage verneint; so *Roth* NJW 1988, 2977, 2979, der selbst eine differenzierte Lösung vertritt. Für grundsätzliche Bindung *Heinrich* S. 76. Neuerdings hat sich auch der BGH für die grundsätzliche Verwertbarkeit der bisherigen Prozeßergebnisse ausgesprochen, läßt jedoch im Einzelfall Ausnahmen zu zur Wahrung des Rechts des neu in den Rechtsstreit einbezogenen Beklagten, sich uneingeschränkt verteidigen zu können; BGHZ 131, 76, 80 = NJW 1996, 196, 197 m. Anm. *Luckey* JuS 1998, 499.

[238] *de Boor* Parteiwechsel S. 105 f.; *Rosenberg* S. 5, 7; *Putzo,* 50 Jahre Bundesgerichtshof, Festgabe aus der Wissenschaft, 2000, Bd. III, S. 149, 156 f.; zum Teil wie, zum Teil aber auch anders als im folgenden *Kirschstein-Freund* KTS 2002, 655, 663.

[239] *Rosenberg/Schwab/Gottwald* § 42 Rn. 24 u. 27; *Zöller/Greger* Rn. 25.

verlangen.[240] Soweit die Identität des Streitgegenstands nicht mehr besteht, muss die Beweisaufnahme ergänzt werden können. Inwieweit darüber hinaus Beweisergebnisse korrigiert werden können, hängt vom Einzelfall ab und liegt im pflichtgemäßen Ermessen des Gerichts.

98 **bb)** Auch bei **Unzulässigkeit des Parteiwechsels** bestimmt sich die Rechtshängigkeit gegenüber der neuen Partei nach § 261 Abs. 2, so dass die Klage insoweit wegen unzulässigen Parteiwechsels als unzulässig abzuweisen ist. Das Prozessrechtsverhältnis zwischen den bisherigen Parteien bleibt unberührt und das Verfahren wird fortgesetzt.[241]

99 **b) Parteierweiterung.** Bei zulässiger Parteierweiterung wird auch im Falle notwendiger Streitgenossenschaft die Rechtshängigkeit nicht schon durch die ursprüngliche Klage begründet.[242] Die eintretende Partei ist an die bisherige Prozesslage nicht gebunden, da bei der Streitgenossenschaft die Prozessrechtsverhältnisse grds. selbstständig bleiben (§ 61). Allerdings kann die Bindung von den Parteien gewollt sein.[243] – Im Übrigen kann auf die Ausführungen zum Parteiwechsel verwiesen werden.

VII. Kosten und Gebühren der Klageänderung

100 **1. Gerichtskosten. a) Zulässige Klageänderung.** Infolge zulässiger Klageänderung verliert der ursprüngliche Anspruch seine Bedeutung; kostenrechtlich wird die Anhängigkeit des neuen Anspruchs als von Anfang an bestehend fingiert.[244] Die erhobene Verfahrensgebühr ändert sich nicht, wenn der neue Anspruch wertmäßig gleich hoch ist oder unter dem bisherigen Anspruch liegt.

101 **Erhöht sich der Streitwert,** so hat das Gericht die Gebührendifferenz als Vorauszahlung anzufordern (§ 12 Abs. 1 GKG); die Ausnahmen des § 14 GKG gelten auch hier. Vor Zahlung sollen nach § 12 Abs. 1 S. 2 keine gerichtlichen Handlungen vorgenommen werden.[245] Die hM[246] wendet diese Vorschrift in der Weise an, dass sie, obgleich der Kläger doch immerhin den ursprünglichen Vorschuss gezahlt hat, bis zur neuerlichen Vorauszahlung jede weitere gerichtliche Tätigkeit zugunsten des Klägers ablehnt, wenn, wie bei der Anspruchsauswechslung sowie den Fällen des § 264 Nr. 3 und der qualitativen Klageerweiterung nach § 264 Nr. 2 die Regel, ein nur teilweises Tätigwerden gar nicht möglich ist,. Dadurch wird die Zulassung der Klageänderung im praktischen Ergebnis unterlaufen. Die begründeten[247] Bedenken gegen die hM lassen sich erledigen, indem man die Vorschrift eng auslegt und ihre Anwendung auf die Fälle quantitativer Klageerweiterung (§ 264 Rn. 13) beschränkt. Ein Versäumnisurteil gegen den im Termin erschienenen zahlungssäumigen Kläger ist bei restriktiver Handhabung nur in Fällen quantitativer Klageerweiterung statthaft. Ist entgegen § 12 Abs. 1 S. 2 GKG auf Antrag des Beklagten Termin zur Verhandlung über den erweiterten Klageantrag anberaumt worden, so kann dieser von der Verhandlung nicht ausgeschlossen werden.[248] – Ein Zwischenurteil über die Zulässigkeit der Klageänderung ist gerichtsgebührenfrei.

102 **b) Unzulässige Klageänderung.** Bei unzulässiger Klageänderung entstehen keine Mehrkosten, selbst wenn hierüber durch Zwischenurteil entschieden wird.[249] Dieser hM wird man folgen können, auch wenn sie sich nicht von selbst versteht.[250]

103 **2. Anwaltsgebühren.** Der Anwalt kann seine Gebühren auch im Falle der Klageänderung nur einmal fordern (§ 15 Abs. 2 BRAGO). Die Verfahrensgebühr (Nr. 3100 Vergütungsverzeichnis Anl. 1 zum RVG) wird nach dem höchsten Streitwert berechnet; die Streitwerte vor und nach Klageänderung werden nicht zusammengerechnet, da es sich nicht um mehrere Gegenstände iSv. § 22 Abs. 1 RVG handelt. Die Terminsgebühr (Nr. 3104 Vergütungsverzeichnis) richtet sich nach dem Wert des Anspruchs, über den verhandelt worden ist.[251]

---

[240] BGHZ 131, 76, 80 = NJW 1996, 196, 197; BGH NJW 2006, 1351, 1354.
[241] BGH NJW 1998, 1496, 1497; *Rosenberg/Schwab/Gottwald* § 42 Rn. 28; *Schilken* ZPR Rn. 767.
[242] Ebenso *Gofferjé* S. 199 f., 249.
[243] *Stein/Jonas/Schumann* § 264 Rn. 136.
[244] *Tschigale* NJW 1962, 2134, 2136; *J. Blomeyer* JuS 1970, 229, 234 Fn. 64.
[245] Die Zahlung kann auch durch den Beklagten erfolgen, allerdings dann nicht, wenn der Kläger widerspricht (Rechtsgedanke des § 267 Abs. 2 BGB); einschränkend *Stein/Jonas/Schumann* § 271 Rn. 35 Fn. 37.
[246] Vgl. nur *Hartmann* § 12 GKG Rn. 16.
[247] Auch von *Stein/Jonas/Schumann* Rn. 71 a, 82 geteilten.
[248] RGZ 135, 224, 227 ff.; BGHZ 62, 174, 179.
[249] OLG Schleswig OLR 2001, 442; *Tschigale* NJW 1962, 2134, 2136 Fn. 28; *Zöller/Greger* Rn. 18.
[250] Ähnlich *J. Blomeyer* JuS 1970, 229, 333 Fn. 49.
[251] LAG Düsseldorf NJW 1969, 1983.

3. Kostenentscheidung. Über die Kosten des Rechtsstreits ist auch bei Klageänderung einheitlich nach Maßgabe des neuen Klageantrags im Endurteil zu entscheiden. Hat sich der Streitwert nicht vermindert, so trägt der unterlegene Beklagte auch die vor Klageänderung entstandenen Kosten;[252] § 96 findet auf die geänderte Klage keine Anwendung, da Klage und Klageänderung keine Angriffsmittel sind (s. Rn. 8), kann aber dann zum Zuge kommen, wenn die ursprüngliche Klage besondere Kosten verursacht hat.[253] 104

Bei **quantitativer Klagebeschränkung** sind die Verfahrenskosten in Höhe der Streitwertdifferenz vor und nach Klageänderung auch dem obsiegenden Kläger aufzuerlegen (§ 269 Abs. 3 S. 2).[254] Eines Kostenantrags des Beklagten bedarf es nicht, da § 308 Abs. 2 anzuwenden ist und nur eine einheitliche Kostenentscheidung ergehen kann.[255] 105

VIII. Kosten und Gebühren des Parteiwechsels

1. Gerichtskosten. Wegen der Einheit des Prozessrechtsverhältnisses entstehen für das Verfahren vor und nach dem Parteiwechsel Gerichtsgebühren nur einmal.[256] 106

2. Anwaltsgebühren. Insoweit ist zu differenzieren: Vertritt der Anwalt bis zu deren Ausscheiden zunächst die eine Partei und wird erst dann von der eintretenden Partei beauftragt, so nimmt er zwei Mandate wahr, wird also in zwei Angelegenheiten iSd. §§ 16ff. RVG tätig und erhält deshalb doppelte Gebühren.[257] Dagegen steht ihm nur eine allerdings um drei Zehntel erhöhte (Nr. 1008 des Vergütungsverzeichnis Anl. 1 zum RVG) Gebühr zu, wenn er die alte und die neue Partei zugleich oder sich während der Übergangszeit zeitweilig überschneidend vertritt; denn dann handelt es sich um eine für mehrere Auftraggeber wahrgenommene Angelegenheit iSd. § 7 RVG.[258] Werden für die alte und die neue Partei verschiedene Anwälte tätig, so kann jeder der beiden Anwälte Gebühren verlangen, so dass sich in diesem Falle die Anwaltsgebühren durch den Parteiwechsel verdoppeln. 107

Der Anwalt, der die im Prozess verbleibende Partei zunächst gegen die ausgeschiedene und danach gegen die neue Partei vertreten hat, kann die Gebühren nur einmal fordern, weil er nur in einer Angelegenheit (§ 15 Abs. 2 RVG) tätig geworden ist.[259] Beauftragt der Beklagte gegen den neuen Kläger einen anderen Anwalt, ohne dass zwingende Gründe vorliegen, so sind ihm, falls er den Prozess gewinnt, nur die Kosten für einen Anwalt zu erstatten (§ 91 Abs. 2 S. 3). 108

3. Kostenentscheidung. Die Kosten des Rechtsstreits trägt auch bei einem Parteiwechsel grds. die letztlich unterliegende Partei (§ 91). Der ausscheidende Beklagte ist an den Kosten nicht zu beteiligen, auch dann nicht, wenn der Klage gegen den eingetretenen Beklagten am Ende stattgegeben wird. Der ausscheidende Kläger muss analog § 269 Abs. 3 S. 2 nur die Mehrkosten tragen, die dadurch entstanden sind, dass zunächst er die Klage erhoben hat, und zwar ungeachtet des Prozessausgangs.[260] Beim Beklagtenwechsel hat der Kläger analog § 269 Abs. 3 S. 2 die außergerichtlichen Kosten des ausscheidenden Beklagten[261] und überdies die Mehrkosten zu tragen, die bei der Erhebung einer neuen Klage nicht angefallen wären. 109

---

[252] BGH LM § 91 Nr. 12.

[253] LG Köln NJW-RR 1990, 419, 420; *Tschigale* NJW 1962, 2134, 2136; *Zöller/Greger* Rn. 18.

[254] Ebenso *Walther* S. 157ff.; *Zöller/Greger* Rn. 18.

[255] *Göppinger* JurBüro 1975, 1409; aM *Gollhofer* S. 101ff.

[256] Ganz hM; zB OLG Koblenz MDR 1985, 942; LG Frankfurt MDR 1987, 591.

[257] KG NJW 1972, 959; OLG Düsseldorf JurBüro 1980, 855f.; OLG Koblenz JurBüro 2002, 191; OLG Köln JurBüro 2006, 249; *Stein/Jonas/Schumann* § 264 Rn. 124; *Zöller/Greger* § 263 Rn. 32.

[258] OLG Koblenz MDR 1985, 942; SchlHOLG JurBüro 1997, 584; OLG Köln JurBüro 1998, 589f.; OLG Hamburg MDR 2002, 1339; OLG Koblenz JurBüro 2002, 191f.; OLG Hamm JurBüro 2002, 192f.; OLG Köln JurBüro 2006, 249; *Zöller/Greger* § 263 Rn. 32; *Zöller/Herget* § 91 Rn. 13 Stichwort „Parteiwechsel"; aA OLG Koblenz JurBüro 1997, 363 u. wohl auch 2. Aufl.: auch in diesem Falle zwei Gebühren.

[259] OLG Celle JurBüro 1978, 1661; OLG Frankfurt JurBüro 1979, 1506; OLG Hamm Rpfleger 1980, 201; OLG Düsseldorf MDR 1982, 590; OLG Schleswig AnwBl. 1987, 337; OLG Celle MDR 1999, 1348; *Stein/Jonas/Schumann* § 264 Rn. 124; *Zöller/Greger* § 263 Rn. 32.

[260] BPatG GRUR 1994, 607; OLG Stuttgart NJW 1973, 1756; OLG Zweibrücken JurBüro 1999, 650, 652 u. 2004, 494; OLG Celle OLGR 1994, 270; *Stein/Jonas/Schumann* § 264 Rn. 124 m. weit. Nachw.; *Rosenberg/Schwab/Gottwald* § 42 Rn. 29; aA – Quotierung der bis dahin entstandenen Kosten nach Kopfteilen – OLG Brandenburg MDR 2004, 842; LG Frankfurt MDR 1987, 591; LG Hagen JurBüro 1988, 919; *Zöller/Herget* § 91 Rn. 13 Stichwort „Parteiwechsel"; gegen eine Kostenbelastung des ausscheidenden Klägers analog § 269 Abs. 3 S. 2 auch OLG Celle MDR 2004, 410 = OLGR 2004, 107 .

[261] BGH NJW 2006, 1351, 1353f.; OLG Koblenz OLGR 2006, 939; OLG Dresden BauR 2006, 1513; *Zöller/Herget* § 91 Rn. 13 Stichwort „Parteiwechsel"; *Zöller/Greger* § 263 Rn. 25; *Stein/Jonas/Schumann* § 264 Rn. 124 m. weit. Nachw.; *Burbulla* MDR 2006, 439, 444.

110 Ob diese Kostenfolge bereits beim Ausscheiden des Klägers bzw. des Beklagten auf Antrag des im Prozess verbliebenen Beklagten bzw. des ausscheidenden Beklagten durch **Beschluss** analog § 269 Abs. 3 S. 2, Abs. 4 ausgesprochen werden können,[262] **ist zweifelhaft.** Im Interesse einer einheitlichen Kostenentscheidung ist die Frage zu verneinen. Lediglich über die außergerichtlichen Kosten des ausscheidenden Beklagten kann vorab durch Beschluss erkannt werden.[263] Über die übrigen Verfahrenskosten ist im Endurteil zu befinden.[264] – Zur Kostenentscheidung bei der Parteierweiterung s. § 100.

§ 264 Keine Klageänderung

Als eine Änderung der Klage ist es nicht anzusehen, wenn ohne Änderung des Klagegrundes

1. die tatsächlichen oder rechtlichen Anführungen ergänzt oder berichtigt werden;
2. der Klageantrag in der Hauptsache oder in bezug auf Nebenforderungen erweitert oder beschränkt wird;
3. statt des ursprünglich geforderten Gegenstandes wegen einer später eingetretenen Veränderung ein anderer Gegenstand oder das Interesse gefordert wird.

Schrifttum: s. § 263.

I. Normzweck und Systematik

1 **1. Normzweck.** Die Vorschrift war von Anfang an mit unverändertem Wortlaut in der ZPO enthalten, bis zur Novelle 1898 als § 240, danach bis zur Vereinfachungsnovelle 1976 als § 268. Sie dient dem – richterlichem Ermessen entzogenen – Ausgleich des Kläger- und Beklagteninteresses bei der Klageänderung, fördert die prozessökonomische und endgültige Erledigung des Streitstoffes zwischen den Parteien und vereinfacht die Prozessführung des Gerichts. Bevor die Novelle 1924 die Zulassung der Klageänderung wegen Sachdienlichkeit einführte, behalf sich die Rspr. zur Erreichung dieser Zwecke mit einer **weiten Auslegung** der Tatbestände des § 264. Diese Praxis ist seitdem nicht mehr erforderlich. Zudem erschwert die extensive Auslegung der Vorschrift, der die Rspr. auch heute noch zuneigt,[1] die Rechtsanwendung; denn sie muss sich mit dem nicht selten problematischen Klagegrund befassen, während der unmittelbare Rückgriff auf § 263 dies gerade überflüssig macht.

2 Nicht aus praktischen, sondern aus dogmatischen Gründen ist eine genaue Abgrenzung der Tatbestandsgruppen nötig. Denn in den meisten Fällen, in denen die Anwendung des § 264 in Betracht kommt, aber verneint wird, dürfte die Klageänderung sachdienlich sein, so dass sich **praktische Unterschiede nicht ergeben.**[2] Die Entscheidung, dass die Voraussetzungen des § 264 erfüllt sind und deshalb der Vorgang nicht als Klageänderung zu behandeln ist, ist nicht anfechtbar (§ 268); s. dort Rn. 13ff.

3 **2. Systematik.** Die dogmatisch interessante Frage, inwieweit § 264 **Klageänderungstatbestände** erfasst und diese nur nicht als solche behandelt wissen will, ist für Nr. 1 zu verneinen, für Nr. 2 und 3 zu bejahen. Nach der Ausrichtung der Klageänderung am Streitgegenstand sind – bei identischem Klagegrund – die Erweiterung oder Beschränkung des Klageantrags sowie die Veränderung des Begehrens nach einem anderen Gegenstand oder dem Interesse Klageänderungen (§ 263 Rn. 7ff.). Das trifft auch für die Antragsbeschränkung zu, weil der Beklagte eine Entscheidung über die Klage mit dem ursprünglichen Klageantrag verlangen kann.

4 In den Fällen der Nr. 2 und 3 werden nicht etwa echte Klageänderungsfälle durch Fiktion in Nicht-Klageänderungsfälle umgedeutet. Vielmehr schreibt das Gesetz lediglich vor, dass auf sie die Klageänderungsvorschriften nicht anzuwenden sind; es handelt sich also um Fälle kraft Gesetzes zulässiger Klageänderung, nicht aber um gesetzlich bejahte Fälle von Sachdienlichkeit, wie schon die Gesetzesgeschichte zeigt.

---

[262] So *Stein/Jonas/Schumann* Rn. 124 m. Nachw. aus der Rspr.

[263] *Zöller/Herget* § 91 Rn. 13 Stichwort „Parteiwechsel"; *Zöller/Greger* § 263 Rn. 25.

[264] OLG München OLGZ 1981, 89; *Zöller/Herget* § 91 Rn. 13 Stichwort „Parteiwechsel"; *Rosenberg/Schwab/Gottwald* § 42 Rn. 29; *Heinrich* S. 151; wohl auch OLG Celle MDR 2004, 410.

[1] ZB BGH NJW-RR 1990, 505 („dann liegt es an sich nicht fern, eine qualitative Erweiterung des Klageantrags anzunehmen").

[2] Typisch BGH NJW-RR 1990, 505; er läßt alle von ihm aufgeworfenen Fragen, die sich auf § 264 Nr. 2, die vorweggenommene Einwilligung nach § 263 u. § 267 beziehen, offen und bejaht die Sachdienlichkeit, falls Klageänderung angenommen wird.

Der **Anwendungsbereich** (iwS) des § 264 deckt sich mit dem des § 263. Nach Maßgabe des § 264 zulässig sind Änderungen nicht nur in der Ersten, sondern auch in der zweiten Instanz.[3] Die durch die Novelle 2002 eingefügte Regelung des § 533 verdrängt nicht etwa § 264, sondern wird ihrerseits durch § 264 dergestalt gewissermaßen „überspielt", dass es in Fällen des § 264 auch in der Berufungsinstanz weder auf die Einwilligung des Beklagten oder die Sachdienlichkeit noch die besonderen Voraussetzungen des § 533 Nr. 2 ankommt.[4] In der Revisionsinstanz sind Erweiterungen (§ 264 Nr. 2) und Änderungen nach § 264 Nr. 3 wegen § 559 ausgeschlossen.[5] Zulässig ist jedoch ein neuer Klageantrag, der den früheren Antrag beschränkt oder modifiziert und sich auf einen Sachverhalt stützt, der bereits vom Tatrichter gewürdigt ist; s. auch § 263 Rn. 45. 5

II. § 264 Nr. 1

1. Dogmatischer Standort. Die Vorschrift bestimmt **Selbstverständliches.** Rechtsausführungen haben für den Streitgegenstand keine Bedeutung, folglich auch nicht ihre Berichtigung oder Ergänzung. Das Gericht muss den Prozessstoff unter allen denkbaren rechtlichen Gesichtspunkten iSd. Klagebegehrens prüfen. In den seltenen Fällen einer speziellen Rechtsfolgenbehauptung (deren Zulässigkeit entgegen hier vertretener Ansicht einmal unterstellt, s. Vor § 253 Rn. 39) ist der Übergang zu einer anderen Anspruchsgrundlage ebenfalls keine Klageänderung. Rechtfertigt der Kläger zB seinen Klageantrag zunächst mit Delikt und argumentiert dann auch noch mit Vertragsverletzung (§ 280 BGB), so berührt dies den Streitgegenstand nicht und ist auch ohne § 264 Nr. 1 zulässig. 6

Die Vorschrift stellt klar, dass die bloße Ergänzung des Tatsachenvortrags und erst recht dessen Berichtigung den **Klagegrund** im Allgemeinen **nicht verändern;** s. § 263 Rn. 13ff. Rechtliche und tatsächliche Ergänzungen können zusammenfallen, zB wenn der Vortrag durch die Behauptung des Verschuldens bei der Nichterbringung der Leistung oder des Verzuges ergänzt wird. Falls die Ergänzung mit einer Erweiterung des Klageantrags verbunden wird, liegt auch der Fall der Nr. 2 oder Nr. 3 vor.[6] Verändert ausnahmsweise die Ergänzung tatsächlicher Anführungen den Klagegrund, so ist § 264 Nr. 1 nicht mehr anwendbar. 7

Tatsächliche Ergänzungen iSd. § 264 Nr. 1 werden weder von **Klagefristen** (zB nach § 246 Abs. 1 AktG) noch den **allgemeinen Präklusionsnormen** (§§ 296, 530, 531) betroffen. Das ohnehin nicht starke begriffsjuristische Argument, die Klageänderung sei kein Angriffsmittel, sondern der Angriff selbst, mit dem die Anwendung der Präklusionsvorschriften auf die Klageänderung, auch diejenige nach § 264 Nr. 2 und 3, und das ihrer Begründung dienende tatsächliche Vorbringen abgelehnt wird, passt hier nicht. Vom Ergebnis her lässt sich zwar sagen, dass, wenn schon Klageänderungen nicht präkludiert werden, dann erst recht nicht Ergänzungen des Tatsachenvortrags. Entscheidend für die Begründung ist jedoch, dass der streitbereinigende Effekt der Klageänderung dem Beschleunigungseffekt der Präklusion grds. vorgeht, was genauso gut für § 264 Nr. 1 gilt. 8

2. Anwendungsfälle. Nachträglich werden rechtsverletzende Tatsachen geltend gemacht, die sich erst im Laufe des Rechtsstreits ereignet haben, sofern der Lebenssachverhalt derselbe bleibt;[7] es wird vorgetragen, eine Vermögensverschiebung sei nicht unmittelbar vom Insolvenzschuldner auf den Anfechtungsgegner, sondern unter Einschaltung einer Mittelsperson vorgenommen worden;[8] der Kläger geht zur Begründung der Klage vom Schadensersatzanspruch aus unerlaubter Handlung zum Bereicherungsanspruch über und muss dazu sein tatsächliches Vorbringen ergänzen;[9] er berichtigt die Anzahl der Wechsel bei gleich bleibender Gesamtsumme.[10] 9

Weitere Beispiele: Substantiierung des Anspruchs (zB bei Teilklagen), zusätzliche Behauptungen zur Schlüssigkeit, nähere Begründung aufgestellter Behauptungen, Neuordnung des Streitstoffs, Berichtigung einer Abschichtungsbilanz,[11] Nachschieben von Angaben zu einzelnen Kontokorrentforderungen zur Untermauerung der eingeklagten Saldoforderung,[12] Übergang vom Anspruch auf 10

---

[3] BGHZ 85, 140, 143 = NJW 1983, 172 = LM Nr. 3; BGH NJW-RR 1990, 505.

[4] BGHZ 158, 295, 305ff. = NJW 2004, 2152, 2154f. m.Anm. *Grunsky* LMK 2004, 215 u. *Kramer* BGH-Report 2004, 1113; BGH NJW-RR 2005, 955, 956; BGH MDR 2006, 646, 647 = NJW-RR 2006, 237; MDR 2006, 565 = NJW-RR 2006, 390.

[5] BGH NJW 1961, 1467; BayObLGZ 1982, 222, 231.

[6] RG ZZP 60 (1936), 133, 135.

[7] BGH VersR 1977, 665, 668 (Immissionen).

[8] BGH NJW 1985, 1560.

[9] RGZ 71, 358, 361.

[10] RG JW 1909, 498, 499.

[11] OLG Karlsruhe BB 1971, 289, 290.

[12] BGHR ZPO § 264 Nr. 1 Kontokorrent 1 = HGB § 355 Saldoforderung 1.

Abschlagszahlung zum Anspruch auf Schlusszahlung.[13] Beim Auswechseln von Haupt- und Hilfsbegründung kommt es darauf an, ob zwei verschiedene Sachverhalte zugrunde liegen; falls ja, handelt es sich um eine Klageänderung und nicht um eine Ergänzung iSd. § 264 Nr. 1.[14] Ein neuer Klagegrund liegt auch vor, wenn das Räumungsbegehren auf eine neue Kündigung mit einem anderen Sachverhalt gestützt wird.[15]

III. § 264 Nr. 2

11 **1. Allgemeines.** Die Vorschrift erfasst sowohl **quantitative** wie **qualitative Erweiterungen** oder **Beschränkungen.**[16] Zu den qualitativen gehört insb. die Veränderung der Art des begehrten Rechtsschutzes, zB der Übergang zu einer anderen Klageart. Nicht aber fällt hierunter die Geltendmachung einer ganz anderen Rechtsfolge, zB wenn statt des Antrags, die Zwangsvollstreckung aus einer sicherungshalber abgetretenen Grundschuld für unzulässig zu erklären, nunmehr die Rückabtretung der Grundschuld oder die Herausgabe des Vollstreckungstitels beantragt wird.[17] Dem BGH[18] zufolge deckt § 264 Nr. 2 auch den nach hM ebenfalls als Klageänderung anzusehenden (s. § 91a Rn. 79 u. 263 Rn. 12) Übergang zur einseitigen Erledigungserklärung, während der (vor Einfügung des § 269 Abs. 3 S. 3 vielfach praktizierte) Übergang zum Anspruch auf Kostenerstattung aus materiellem Recht, wenn sich das Klagebegehren schon vor der Klagezustellung erledigt hat, eher unter Nr. 3 fällt; s. Rn. 34.

12 § 264 Nr. 2 betrifft gleichermaßen die Erweiterung und Beschränkung des Klageantrags in der Hauptsache und in Bezug auf Nebenforderungen. Nebenforderungen sind nicht im wirtschaftlichen Sinne zu verstehen, sondern iSv. § 308 Abs. 1 S. 2. Einen besonderen Anwendungsfall des § 264 Nr. 2 regelt § 9 Abs. 1 S. 3 KSchG, der bis zum Schluss der mündlichen Verhandlung in der Berufungsinstanz im Rahmen der Kündigungsschutzklage einen Wechsel vom Feststellungs- zum Auflösungsbegehren ohne weiteres zulässt;[19] s. Rn. 21 und § 263 Rn. 64.

13 **2. Erweiterung des Klageantrags. a) Quantitative Erweiterung.** Beispiele für quantitative Erweiterung: Der Kläger verlangt statt eines Teilbetrages den ganzen geschuldeten Betrag; er dehnt seine Unterlassungsklage bezüglich des Eindringens von Geräuschen auf Erschütterungen aus; er begehrt neben der Leistung für die Vergangenheit noch die Feststellung der Leistungspflicht für die Zukunft; er erweitert sein Auskunftsbegehren nach § 1605 BGB auf einen späteren Zeitraum,[20] seine Schadensersatz- oder Zinsforderung auf die Zeit vor Klageerhebung.[21] Die Erweiterung kann auch so erfolgen, dass der Art nach andere Ansprüche unter Beibehaltung desselben Klagegrundes hinzugefügt werden, wie Ansprüche auf Früchte, Zinsen oder Rechnungslegung. Auch nach der herrschenden punktuellen Streitgegenstandsauffassung zum arbeitsgerichtlichen Kündigungsschutzprozess (Vor § 253 Rn. 48, § 263 Rn. 64) ist die Einbeziehung einer erneuten Kündigung zum selben Termin eine nach § 264 Nr. 2 zulässige Erweiterung des Streitstoffes, sofern sie nicht auf einen neuen Kündigungsgrund gestützt sind.[22]

14 **b) Qualitative Erweiterung.** Beispiele für qualitative Erweiterung: Der Kläger geht von der Feststellungs- zur Leistungsklage über,[23] auch in Gestalt der Stufenklage,[24] von der Auskunfts- oder

---

[13] BGH NJW 1985, 1840, 1841; BGH NJW-RR 2005, 318, 322; BGH MDR 2006, 646, 647 = NJW-RR 2006, 237 m. weit. Nachw.; zwischenzeitlich aA BGH NJW 1999, 713.

[14] BGH WM 1981, 798, 799 = MDR 1981, 1012.

[15] OLG Zweibrücken MDR 1981, 585, 586.

[16] HM; s. nur BGH NJW-RR 1987, 1534 = LM § 335 Nr. 2 = FamRZ 1987, 926; NJW-RR 1990, 505; aM *Rimmelspacher* S. 357 f., der die qualitativen Änderungen § 264 Nr. 3 zuordnet; s. auch KG NJW 1970, 614, 615: Übergang vom Anfechtungs- zum Feststellungsbegehren nach Erledigung der angegriffenen Verfügung in der Hauptsache (Baulandsache) fällt unter § 264 Nr. 3.

[17] BGH LM § 264 aF Nr. 11.

[18] BGH NJW 2002, 442 (nach § 264 Nr. 2 privilegierte Klageänderung); ebenso *Zöller/Vollkommer* § 91a Rn. 34; gegen eine Anwendung des § 264 *Mössner* NJW 1970, 175, 176 (statt dessen für Zulassung kraft Gewohnheitsrechts); *G. Lüke,* FS F. Weber, 1975, S. 323, 332 u. in der 2. Aufl. § 263 Rn. 40 (statt dessen für zwingende Zulassung als sachdienlich iSd. § 263 wg. Ermessensreduzierung auf Null; s. dazu § 263 Rn. 40).

[19] BAG NJW 1980, 1484, 1486 = AP KSchG § 9 Nr. 5 m. Anm. *Grunsky.*

[20] OLG Karlsruhe FamRZ 1987, 297.

[21] BAGE 19, 130 = NJW 1967, 1876 = AP § 268 aF Nr. 1.

[22] OLG Stuttgart BB 1982, 864, 865.

[23] BGH WM 1975, 827, 828; NJW 1984, 2295; 1985, 1784; 1992, 2296; 1994, 2896, 2897; BGH NJW-RR 2002, 283, 284; OLG Frankfurt NJW-RR 1987, 1536. Der BGH verlangt, daß sich der neue Antrag auf dasselbe Rechtsverhältnis bezieht u. geht damit über die, von der Rechtsschutzform abgesehen, Identität der Anträge hinaus. Zu beachten ist, dass der Klagegrund nicht verändert werden darf.

[24] BGH NJW 1994, 2896, 2897.

Rechnungslegungsklage zur Feststellungs-[25] oder Zahlungsklage,[26] von der Klage auf künftige zu der auf sofortige Leistung; er klagt statt auf Duldung der Zwangsvollstreckung nunmehr auf Zahlung, statt auf Leistung von Geldersatz auf Wiederherstellung. Nicht von § 264 Nr. 2 gedeckt ist dagegen der Übergang von der Klage auf Feststellung einer gesellschaftsrechtlichen Beteiligung an einer OHG zur Klage auf Feststellung einer erbrechtlichen Beteiligung an einem Handelsgeschäft hilfsweise für den Fall, dass dessen Fortführung durch die Erben noch nicht zur Entstehung einer OHG geführt hat.[27]

c) Prozessuale Behandlung. Bestehen Zweifel, ob eine Erweiterung des Klageantrags gewollt ist, muss das Gericht nach § 139 aufklären und evtl. auf eine Änderung des Antrags hinwirken. Die Erweiterung wird entweder in der mündlichen Verhandlung oder durch Zustellung eines § 253 Abs. 2 Nr. 2 entsprechenden Schriftsatzes vorgenommen (§ 261 Abs. 2). Sie ist bis zur rechtskräftigen Beendigung des Rechtsstreits zulässig,[28] auch noch im Berufungsverfahren – § 531 Abs. 2 greift nicht ein[29] – und im Betragsverfahren nach einer über den Grund erlassenen Vorabentscheidung;[30] s. § 263 Rn. 39, 43. Sie wird nicht durch eine Frist zur Klageerhebung ausgeschlossen.[31] Der im ersten Rechtszug mit der Feststellungsklage unterlegene Kläger kann das Rechtsmittelverfahren zur Erweiterung der Klage benutzen, wenn er zulässigerweise Berufung eingelegt hat;[32] s. § 263 Rn. 44 und § 533 Rn. 9. **15**

Entfällt durch die Erweiterung die sachliche Zuständigkeit des Amtsgerichts, so ist der Rechtsstreit auf Antrag an das zuständige Landgericht zu verweisen (§ 506 Abs. 1); s. § 263 Rn. 26. **16**

3. Beschränkung des Klageantrags. a) Voraussetzungen und Beispiele. Die Regelung hat unmittelbaren Bezug zu § 308 Abs. 1: Soweit der Kläger nach § 264 Nr. 2 den Klageantrag ohne weiteres beschränken kann, kann das Gericht in diesem Umfang und in dieser Art bei seinem Urteil hinter dem Klageantrag zurückbleiben bzw. von ihm abweichen. Deshalb ist § 264 Nr. 2 nicht mehr anwendbar, wenn statt eines minus ein aliud beantragt wird, was auch nach § 308 ohne Antrag nicht zugesprochen werden kann; s. § 308 Rn. 9. Entsprechend dem Zweck der Klageänderungsvorschriften und der objektiven Ausrichtung der Sachdienlichkeit ist die Abgrenzung objektiv vorzunehmen; der Wille des Klägers ist nicht maßgebend. **17**

Die Beispiele für die Erweiterung des Klageantrags sind in ihrer Umkehrung zugleich Beispiele für die Klagebeschränkung. **Quantitativ** wird der Klageantrag vor allem beschränkt, wenn der Kläger statt der bisher eingeklagten Gesamtforderung nur noch einen Teilbetrag geltend macht. **Beispiele** für **qualitative** Beschränkung: Übergang vom Antrag auf Verurteilung schlechthin zu dem auf Verurteilung Zug um Zug, von der Klage auf sofortige zur Klage auf künftige Leistung,[33] vom Antrag auf Verurteilung zur Leistung zu dem auf Duldung der Zwangsvollstreckung,[34] vom Zahlungs- zum Hinterlegungsantrag,[35] von der Leistungs- zur Feststellungsklage[36] oder zur Klage auf Rechnungslegung,[37] vom Zahlungs- zum Schuldbefreiungsantrag,[38] von einer Auflassungsklage zur Klage auf Abgabe einer klarstellenden Identitätserklärung,[39] von Zahlung an sich selbst zur Leistung an die Gesellschaft,[40] an die Erbengemeinschaft (§ 2039 BGB)[41] oder an einen Dritten.[42] **18**

---

[25] BGH NJW 1960, 1950 = LM Nr. 13.

[26] BGH NJW 1979, 925, 926 = LM § 538 Nr. 17; BGH FamRZ 1975, 35, 38; BGHZ 52, 169, 171 = NJW 1969, 1486: Der Kläger kann bei Abweisung der Auskunftsklage auch mit dem Antrag Berufung einlegen, den Beklagten zur Zahlung zu verurteilen; OLG München ZERB 2004, 164; vgl. auch § 263 Rn. 44.

[27] BGH NJW 1951, 311, 312.

[28] BGH MDR 1964, 831 = LM § 268 aF Nr. 11.

[29] BGH WM 1975, 827; NJW 1986, 2257, 2258; OLG Frankfurt NJW-RR 1987, 1536.

[30] BGHZ 37, 131, 136 = NJW 1962, 1249, 1250; OLG Frankfurt NJW-RR 1987, 1536 m. Nachw.

[31] BGH VersR 1973, 53, 54; LM § 268 aF Nr. 3.

[32] BGHZ 85, 140, 143 = NJW 1983, 172; BGH NJW-RR 1987, 249, 250; NJW 1992, 2296; vgl. auch BGH NJW-RR 1988, 959.

[33] OLG Köln OLGR 1996, 36.

[34] BGH FamRZ 1998, 905, 906.

[35] RG DR 1943, 942; BGH NJW-RR 2005, 955, 956; OLG Frankfurt v. 28. 8. 2001, 11 U (Kart) 32/96.

[36] RGZ 171, 202, 203; BGH NJW 1984, 2295 m. Anm. *Dunz;* OLG Celle VersR 1975, 264; LG Nürnberg-Fürth NJW 1981, 2586, 2587; BAG NZA 1986, 562.

[37] RG WarnR 1918 Nr. 139.

[38] RGZ 139, 315, 322; BGH NJW 1994, 944, 945; aM *Görmer* MDR 1995, 240.

[39] BGH MDR 2001, 1046 = BGHReport 2001, 773.

[40] RGZ 158, 302, 314.

[41] RG JW 1928, 107, 108.

[42] BGH NJW-RR 1987, 1534, 1535 = LM § 335 Nr. 2.

19 Wendet man bei Veräußerung des streitbefangenen Gegenstandes § 264 Nr. 2 (oder Nr. 3) nicht auf die Umstellung der Klage zur Leistung an den Erwerber (§ 265 Rn. 83) an, so muss das Gericht sie nach § 263 als sachdienlich zulassen; es hat hier kein Ermessen. Ob der Kläger einer actio pro socio, der seinen Geschäftsanteil an der KG nach Rechtshängigkeit veräußert hat, seine Klage wegen des zurückliegenden Zeitraums nach § 264 Nr. 3 oder Nr. 2 umstellen kann, falls der beklagte Mitgesellschafter sich seiner von ihm behaupteten Geschäftsführungsbefugnis für den gegenwärtigen Zeitpunkt nicht mehr berühmt, ist iE nicht problematisch; denn solange der Kläger prozessführungsbefugt bleibt (§ 265 Abs. 2 S. 1), muss er bei verändertem Beklagtenverhalten (wenn sich dadurch die Hauptsache nicht überhaupt erledigt) die Klage auch als sachdienlich ändern können.[43]

20 **Nicht anwendbar** ist § 264 Nr. 2 auf den Fall, dass der Kläger einen von mehreren Ansprüchen nicht weiterverfolgt.[44] Hier liegt keine Klageänderung, sondern eine teilweise Klagerücknahme vor. Das ausschließlich berührte Interesse des Beklagten an einer Entscheidung über diesen Anspruch wird durch § 269 geschützt;[45] sein Verteidigungsinteresse wird hingegen anders als bei der nachträglichen Klagenhäufung nicht tangiert.

21 Läßt der Kläger einen für das **Arbeitsverhältnis** zunächst **gestellten Auflösungsantrag** iSd. § 9 Abs. 1 KSchG **fallen,** so sieht das BAG auch darin eine qualitative Antragsbeschränkung iSd. § 264 Nr. 2.[46] Es zieht aus der unbeschränkten Zulassung des Antrags nach § 9 Abs. 1 S. 3 KSchG die Parallele zur Gleichbehandlung von Antragserweiterung und Antragsbeschränkung in § 264 Nr. 2 und kommt damit zu dem von ihm angestrebten Ergebnis, dass der Antragsgegner nicht nach § 269 Abs. 1 einzuwilligen brauche.

22 **b) Prozessuale Behandlung.** Bei der qualitativen Klagebeschränkung will der Kläger im Allgemeinen, dass der modifizierte Antrag an die Stelle des bisherigen tritt. Dagegen können bei der quantitativen Beschränkung Zweifel auftreten, ob sie endgültig sein soll. Sind diese durch Auslegung des neuen Klageantrags nicht behebbar, hat das Gericht nach § 139 aufzuklären, ob mit der Beschränkung des Klagebegehrens ein Verzicht, eine Teilrücknahme oder eine Erledigungserklärung gewollt ist. Ein etwa gewolltes teilweises Ruhen des Verfahrens beurteilt sich nach § 251.

23 Der grds. **Ausschluss der Anwendbarkeit des § 269** durch die §§ 263f. (§ 263 Rn. 47) gilt nicht für die **quantitative** Klagebeschränkung nach § 264 Nr. 2 (Klageermäßigung), damit der Kläger den Schutzzweck der Klagerücknahmeregeln nicht vereiteln kann;[47] unerheblich ist der Umfang der Ermäßigung.[48] Bei der **qualitativen** Klagebeschränkung dagegen bleibt 269 unanwendbar,[49] wie sich aus folgender Überlegung ergibt: Die hM bringt die qualitative Klagebeschränkung durch extensive Auslegung unter § 264 Nr. 2; andernfalls wäre § 263 anwendbar und damit § 269 ausgeschlossen. Außerdem lässt sich bei einer qualitativen Klagebeschränkung nur selten genau sagen, worin die teilweise Klagerücknahme liegt; § 269 setzt aber voraus, dass sich diese auf einen abtrennbaren Teil des Klagebegehrens bezieht (§ 269 Rn. 6). Schließlich kann der Ausschluss des § 269 nicht auf die Fälle qualitativer Klagebeschränkung begrenzt werden, in denen die materielle Rechtskraft der Wiederholung des ursprünglichen Klagebegehrens entgegensteht; denn dazu müsste der Prozess in der ursprünglichen Gestalt durchgeführt werden, was durch die Klageänderung ja gerade vermieden werden soll.

---

[43] In BGH NJW 1960, 964, 965 = LM § 265 Nr. 7 lag entgegen dem BGH die Annahme einer Klagebeschränkung (§ 264 Nr. 2) näher als die Anwendung der Nr. 3. Die vom BGH korrigierte Vorinstanz hatte eine Erweiterung des Klageantrags iSd. Nr. 2 angenommen.

[44] *Walther* S. 74f.; *ders.* NJW 1994, 423, 427; *Zöller/Greger* Rn. 3c.

[45] AM *Groß* ZZP 75 (1962), 93, 96.

[46] BAG NJW 1980, 1484, 1486 = AP KSchG § 9 Nr. 5 mit nur iE zust. Anm. *Grunsky,* der im Gegensatz zum BAG § 269 anwendet, trotzdem aber auf die Einwilligung des Beklagten verzichtet, weil kein neuer Prozeß drohe.

[47] *Henckel,* FS Bötticher, 1969, S. 173, 182; *G. Lüke,* FS F. Weber, 1975, S. 323, 331.

[48] „Kumulations-" im Gegensatz zur „Isolationstheorie"; ausf. u. krit. *Pawlowski* S. 309ff.

[49] Rspr. u. Lit. unterscheiden hier häufig nicht zwischen quantitativer und qualitativer Beschränkung. Die hM wendet § 269 bei jedweder Klagebeschränkung neben § 264 Nr. 2 an; *Stein/Jonas/Schumann* Rn. 67; *Zöller/Greger* Rn. 4a; *Groß* JR 1996, 357, 359; *Grunsky* AP KSchG § 9 Nr. 5; wie hier differenzierend OLG Frankfurt Urt. v. 28. 8. 2001 11 U (Kart) 32/96 m. ausf. Begründung; *Rosenberg/Schwab/Gottwald* § 98 Rn. 28; *Jauernig* § 41 II 2; *Brammsen/Leible* JuS 1997, 54, 60; *Schellhammer* Rn. 1667; wohl auch *Schilken* ZPR Rn. 621; *Pawlowski* S. 310, 318 folgt überwiegend der sog. gemischten Theorie. Gegen Kumulation überhaupt *Walther* NJW 1994, 423, 426. In NJW 1990, 2682 re. Sp. referiert der BGH die „vorwiegende Meinung", nach der der nicht mehr verfolgte Teil des Anspruchs nach den sonst geltenden Verfahrensvorschriften dem Streit der Parteien entzogen werden müsse, lediglich, ohne sie sich zu eigen zu machen; dagegen versteht *Groß* S. 358 den BGH iS der Kumulation von § 264 Nr. 2 u. § 269. Das BAG NJW 1980, 1484, 1486 = AP KSchG § 9 Nr. 5 geht offenbar als selbstverständlich davon aus, daß die Klagebeschränkung, auch die quantitative, nicht der Einwilligung nach § 269 bedarf; zum Streit jetzt auch *Schlinker* Jura 2007, 1, 4f.

Wird infolge der Klagebeschränkung die landgerichtliche Zuständigkeitsgrenze unterschritten, bleibt die sachliche Zuständigkeit des LG erhalten (§ 261 Abs. 3 Nr. 2). 24

IV. § 264 Nr. 3

1. Voraussetzungen. Da der Klagegrund auch für Nr. 3 unverändert sein muss, ist der für die Sachdienlichkeit geforderte Zusammenhang zwischen altem und neuem Anspruch (§ 263 Rn. 33) gegeben. Deshalb ist die Bedeutung der Vorschrift neben § 263 gering. Bei der Beurteilung der Identität des Klagegrundes bleiben die Veränderungen selbst und die Umstände, die sie herbeigeführt haben, außer Betracht.[50] 25

a) Später eingetretene Veränderung. Worauf die später eingetretene Veränderung beruht, ist unerheblich. Sie kann also auf das Verhalten der einen oder anderen Partei oder auf ein zufälliges Ereignis zurückzuführen sein. Daher kommt es für Gestaltungsrechte nicht auf ihre Entstehung, sondern auf ihre Ausübung an. 26

„Später" bezieht sich auf den Zeitpunkt der Klageerhebung.[51] Schon das RG hat entschieden, § 264 Nr. 3 sei auch anzuwenden, wenn die Veränderung bereits vor Klageerhebung eingetreten sei, der Kläger aber ohne Fahrlässigkeit erst **nach Klageerhebung** davon **Kenntnis** erlangt habe.[52] Am Erfordernis der unverschuldeten Unkenntnis ist festzuhalten.[53] Angesichts des § 263 gibt es keinen Grund, sich noch weiter vom Gesetzeswortlaut zu entfernen. 27

Kein **Verschulden** stellt es dar, wenn der Kläger vor Klageerhebung keinen Gebrauch von einem ihm etwa nach § 323 BGB zustehenden Rücktrittsrecht macht;[54] denn er kann durchaus zunächst an seinem Erfüllungsanspruch festhalten. Der neue Antrag kann noch in der Berufungsinstanz gestellt werden, auch wenn der Kläger schon in erster Instanz dazu in der Lage war. 28

Stützt der Kläger die Antragsumstellung nicht auf eine später eingetretene Veränderung, so beurteilt sich die Klageänderung nach § 263. Die nachträgliche Erkenntnis des Klägers über die wahre Rechtslage an Stelle einer zunächst irrtümlichen Rechtsauffassung ist keine später eingetretene Veränderung.[55] 29

b) Anderer Gegenstand oder Interesse. Der Kläger muss den anderen Gegenstand oder das Interesse **statt** des ursprünglich geforderten Gegenstandes verlangen. Folglich muss der ursprüngliche Anspruch noch rechtshängig sein. Ein rechtskräftig beendeter Rechtsstreit kann nicht mit dem Vorbringen fortgesetzt werden, nach Eintritt der Rechtskraft sei eine Veränderung eingetreten.[56] 30

Gegenstand ist das geforderte Objekt, das nicht mit dem Streitgegenstand verwechselt werden darf. Interesse ist Schadensersatz, und zwar positives (Nichterfüllungsschaden) wie negatives Interesse (Vertrauensschaden). 31

2. Anwendungsfälle. Der Kläger fordert wegen Untergangs der Sache nicht mehr Herausgabe, sondern Schadensersatz oder das Surrogat,[57] statt Erfüllung Schadensersatz „statt der Leistung"[58] oder nach Anfechtung Vertrauensschaden[59] oder Rückgewähr; er macht statt des dinglichen Anspruchs aus der Hypothek nach der Zwangsversteigerung des belasteten Grundstücks wegen Erlöschens der Hypothek (§§ 52, 91 ZVG) Schadensersatz geltend[60] oder statt seiner ursprünglichen Geldforderung nach Aufrechnung gegen eine auf seinem Grundstück für den Beklagten eingetragene Hypothek (§ 1142 Abs. 2 BGB) den dinglichen Anspruch auf Löschung der Hypothek;[61] er begehrt Befriedigung statt aus dem zurückbehaltenen Gegenstand aus dem zur Abwendung des Zurückbehaltungsrechts hinterlegten Betrag;[62] er geht nach Eröffnung des Insolvenzverfahrens von der 32

---

[50] RGZ 100, 95, 96 f.; RG JW 1927, 843, 844; BAG 19, 130, 136 = NJW 1967, 1876, 1877 = AP § 268 aF Nr. 1 m. Anm. *Bötticher.*

[51] Ganz hM; aM *Rimmelspacher* S. 358.

[52] RGZ 70, 337, 338.

[53] Ebenso *A. Blomeyer* § 48 I 2 c; *Musielak/Foerste* Rn. 8; aM *Stein/Jonas/Schumann* Rn. 75; *Thomas/Putzo/Reichold* Rn. 7; *Baumbach/Lauterbach/Hartmann* Rn. 6; offenlassend OLG Frankfurt FamRZ 1981, 978, 979.

[54] RGZ 88, 405; 109, 134; für die Anfechtung auch RG WarnR 1918 Nr. 25.

[55] BGH LM § 264 aF Nr. 11.

[56] BGH NJW 1970, 44, 45 = LM § 264 aF Nr. 25.

[57] RG ZZP 60 (1936), 133.

[58] RGZ 88, 405 f.; 109, 134, 136. Wird der Schadensersatzanspruch von Anfang an hilfsweise geltend gemacht, so liegt gar keine Klageänderung vor; BGH NJW-RR 1988, 959, 960.

[59] RG JW 1927, 843, 844; 1935, 777.

[60] RG JW 1911, 330.

[61] RGZ 88, 55, 57.

[62] RG DJZ 1925, 666.

Leistungs- zur Insolvenzfeststellungsklage (§ 180 Abs. 2 InsO) über;[63] der Bürge verlangt statt der Herausgabe der Bürgschaftsurkunde Rückzahlung der von ihm inzwischen geleisteten Bürgschaftssumme.[64]

33 **Weitere Beispiele:** Der Kläger verlangt im Wege der „verlängerten Vollstreckungsabwehrklage" (§ 767 Rn. 21) Rückgewähr des Geleisteten[65] oder der „verlängerten Drittwiderspruchsklage" (§ 771 Rn. 58) Herausgabe des Versteigerungserlöses oder der inzwischen vom Beklagten ersteigerten Sache[66] oder nach Beendigung des Verteilungsverfahrens den nach dem Plan an den Beklagten gezahlten Geldbetrag (§ 878 Abs. 2);[67] er geht als Miterbe von dem gegen den Testamentsvollstrecker gerichteten Anspruch auf Durchführung der Auseinandersetzung (§ 2204 BGB) nach dessen Kündigung (§ 2226 BGB) zum Antrag auf Rechnungslegung und Herausgabe des Nachlasses an die Erbengemeinschaft sowie auf Feststellung der Schadensersatzpflicht über;[68] er klagt als Arbeitgeber aus einer Wettbewerbsabrede gegen den Arbeitnehmer zunächst auf Unterlassung des verbotenen Wettbewerbs, dann auf Schadensersatz wegen Verletzung des Unterlassungsanspruchs, weil er den Unterlassungsanspruch wegen Fristablaufs des Wettbewerbsverbots nicht mehr durchsetzen kann.[69]

34 § 264 Nr. 3 lässt sich auch dann (zumindest analog) anwenden, wenn sich die Sache bereits vor Klagezustellung erledigt hat, der Kläger davon aber erst später erfährt und daraufhin (soweit nach Einfügung des § 269 Abs. 3 S. 3 überhaupt noch zulässig, dazu § 269 Rn. 67), seinen Antrag auf Kostenersatz nach materiellem Recht in Form einer Leistungs- oder einer Feststellungsklage umstellt;[70] s. a. Rn. 11. Unabhängig davon, ob hierin bezüglich der Hauptsache eine Klagerücknahme gesehen wird, ist für die Kostenfolge § 269 Abs. 3 S. 2 anzuwenden; s. § 263 Rn. 105; zum Übergang zur einseitigen Erledigungserklärung s. Rn. 11 u. § 263 Rn. 40. Ein weiterer Anwendungsfall für § 264 Nr. 3 liegt vor, wenn der Kläger von der Auskunftsklage nach § 840 Abs. 1 zur Schadensersatzklage nach § 840 Abs. 2 S. 2 wegen nicht oder falsch abgegebener Auskunft übergeht (§ 840 Abs. 2 S. 2).[71]

35 **3. Konkurrenz.** Ändert der Kläger seinen ursprünglichen Antrag nach § 264 Nr. 3, zB Zahlung statt Herausgabe, und führt er zusätzlich einen neuen Anspruch, zB auf Schadensersatz, in den Rechtsstreit ein, so ist nur dessen Zulässigkeit und nicht die Umstellung des Antrags insgesamt nach § 263 zu beurteilen. Es gibt keinen Grund, dem Kläger die Möglichkeit der Umstellung nach § 264 zu nehmen, nur weil er einen weiteren Streitgegenstand anhängig macht.[72]

§ 265 Veräußerung des streitbefangenen Gegenstandes

(1) Die Rechtshängigkeit schließt das Recht der einen oder der anderen Partei nicht aus, die in Streit befangene Sache zu veräußern oder den geltend gemachten Anspruch abzutreten.

(2) [1]Die Veräußerung oder Abtretung hat auf den Prozess keinen Einfluss. [2]Der Rechtsnachfolger ist nicht berechtigt, ohne Zustimmung des Gegners den Prozess als Hauptpartei an Stelle des Rechtsvorgängers zu übernehmen oder eine Hauptintervention zu erheben. [3]Tritt der Rechtsnachfolger als Nebenintervenient auf, so ist § 69 nicht anzuwenden.

---

63 BGH NJW 1962, 153, 154 f.; OLG Hamm ZIP 1993, 444.
64 BGH NJW 1996, 2869.
65 BAGE 31, 288, 292 = NJW 1980, 141, 142; OLG Frankfurt FamRZ 1981, 978, 979.
66 *G. Lüke,* Fälle zum ZivilprozeßR, 2. Aufl. 1993, S. 138.
67 RGZ 99, 202, 207.
68 RGZ 100, 95, 96.
69 BAGE 19, 130, 133 = NJW 1967, 1876 = AP § 268 aF Nr. 1 m. zust. Anm. *Bötticher.*
70 *Sannwald* NJW 1985, 898, 899 (Nr. 3 direkt oder analog). BGHZ 83, 12, 16 = NJW 1982, 1598 = LM § 91 Nr. 25 läßt die Art der Klageänderung offen; ebenso KG NJW 1991, 499, 500. OLG Hamm WRP 1988, 316, 317 bejaht ohne weiteres die Sachdienlichkeit; s. zu dieser Praxis auch *Becker-Eberhard,* Grundlagen der Kostenerstattung bei der Verfolgung zivilrechtlicher Ansprüche, 1983, S. 226 ff; *ders.* JZ 1996, 814, 818, 50 Jahre Bundesgerichtshof, Festgabe aus der Wissenschaft, 2000, Bd. III, S. 273, 292 f. u. FS W. Gerhardt, 2004, S. 25, 26; *Ulrich* NJW 1994, 2793, 2795.
71 BGHZ 79, 275, 280 f. = NJW 1981, 990, 991 läßt auch hier dahingestellt, ob § 264 Nr. 3 anwendbar ist, hält die Klageänderung aber nach § 263 für sachdienlich; s. a. *Becker-Eberhard,* Grundlagen der Kostenerstattung bei der Verfolgung zivilrechtlicher Ansprüche, S. 216 ff., 219 ff.; *ders.* JZ 1996, 814, 818.
72 BGH NJW 1996, 2869, 2870.

(3) Hat der Kläger veräußert oder abgetreten, so kann ihm, sofern das Urteil nach § 325 gegen den Rechtsnachfolger nicht wirksam sein würde, der Einwand entgegengesetzt werden, dass er zur Geltendmachung des Anspruchs nicht mehr befugt sei.

Schrifttum: *Ahrens,* Unterlassungsschuldnerschaft beim Wechsel des Unternehmensinhabers, GRUR 1996, 518; *Bork/Jacoby,* Das Schicksal des Zivilprozesses bei Abspaltungen, ZHR 167 (2003), 440; *Calavros,* Urteilswirkungen zu Lasten Dritter, 1978; *Dinstühler,* Die prozessuale Wirkungsweise des § 265 ZPO, ZZP 112 (1999), 61; *Grunsky,* Die Veräußerung der streitbefangenen Sache, 1968; *Henckel,* Parteilehre und Streitgegenstand, 1961; *ders.,* Zur Auslegung des § 265 ZPO, ZZP 82 (1969), 333; *ders.,* Die Veräußerung der Streitsachen, FS Walder, 1994, S. 193; *Klink,* Die Vergleichsbefugnis des Prozessstandschafters, WM 2006, 417; *G. Lüke,* Die Prozeßführungsbefugnis, ZZP 76 (1963), 1; *Mai,* Die Veräußerung der streitbefangenen Sache und die Eintragung eines Rechtshängigkeitsvermerks im Grundbuch, BWNotZ 2003, 108; *P. Meyer,* Die Auswirkungen der Insolvenz, Umwandlung und Vollbeendigung von Gesellschaften auf den anhängigen Zivilprozess, 2005; *ders.,* Auswirkungen der Umwandlung von Gesellschaften nach dem UmwG auf einen anhängigen Zivilprozess, JR 2007, 133; *Pawlowski,* Probleme des rechtlichen Gehörs bei der Veräußerung einer Streitsache, JZ 1975, 681; *Schuman,* Streitbefangenheit und Rechtsnachfolge als Voraussetzungen der §§ 265, 266 ZPO, Diss. Straßburg 1911; *Schilken,* Veränderungen der Passivlegitimation im Zivilprozeß, 1987; *Soehring,* Die Nachfolge in Rechtslagen aus Prozeßverträgen, 1967; *Stadler/Bensching,* Die Veräußerung der streitbefangenen Sache, Jura 2001, 433; *Wagner,* Prozeßverträge, 1998, S. 303–324; *Zeuner,* Verfahrensrechtliche Folgen des Betriebsübergangs nach § 613 a BGB, FS K. H. Schwab, 1990, S. 575.

Übersicht

I. Normzweck

1 **1. Schutzzwecke.** § 265 regelt, welche Bedeutung die Veräußerung der in Streit befangenen Sache und die Abtretung des geltend gemachten Anspruchs für den Prozess haben. § 266 betrifft speziell den Fall der Veräußerung eines Grundstücks während eines Rechtsstreits zwischen dinglich Berechtigten und Verpflichteten über dingliche Grundstücksrechte. Veräußerung und Abtretung haben den **Verlust der Sachlegitimation** zur Folge, so dass ohne die gesetzliche Regelung die Klage schon deshalb als unbegründet abzuweisen wäre und das Urteil über die Verpflichtung des Beklagten nichts aussagen würde. Der Beklagte müsste damit rechnen, vom Rechtsnachfolger des Klägers erneut verklagt zu werden, und entsprechend auch der Rechtsnachfolger des Beklagten.

2 § 265 soll dies verhindern, um den Prozessgegner, der die Veränderung der materiellen Rechtslage nicht beeinflussen kann, nicht um die bisherigen Prozessergebnisse zu bringen, etwa um ein ihm günstiges Beweisergebnis oder die finanzielle Sicherheit der Prozesskostenerstattung bei geringerer Zahlungsfähigkeit des Rechtsnachfolgers. Die Vorschrift dient ebenso dem **Schutz** des Veräußerers. Sie schützt darüber hinaus ganz allgemein das wechselseitige Interesse der Parteien daran, den Prozess mit der Partei zu Ende zu führen, mit der er begonnen wurde.[1]

3 Neben diesem primären Normzweck steht § 265, wenn auch erst in zweiter Linie, in sachlichem Zusammenhang mit dem Grundsatz der **Prozessökonomie.** Er trägt – in Verbindung mit §§ 325, 727 – zur **Vermeidung** unnötiger **Doppelprozesse** bei, die bei einem Durchgriff auf den Wegfall der Sachbefugnis zu befürchten wären. Dieser Durchgriff ist nur möglich, wenn das Urteil nach § 325 gegen den Rechtsnachfolger nicht wirksam sein würde (§ 265 Abs. 3) mit der Folge, dass die Klage als unbegründet abgewiesen werden muss; s. Rn. 104.

4 **2. Rechtshistorisches.** In Abkehr von der römischrechtlichen Tradition – bis zum Inkrafttreten der CPO am 1. 10. 1879 galt nach der damals hL das justitianische Veräußerungsverbot[2] – **schließt** die ZPO die **Veräußerung** der streitbefangenen Sache und die Abtretung des erhobenen Anspruchs **nicht aus** (§ 265 Abs. 1). Die Rechtshängigkeit beeinflusst die materiell-rechtlichen Wirkungen der Veräußerung nicht, auch nicht dergestalt, dass deren Wirksamkeit unter der aufschiebenden Bedingung der Prozessbeendigung und der gerichtlichen Anerkennung des Rechts des Veräußerers steht. Den Parteien steht allerdings frei, eine solche Bedingung zu vereinbaren, wie sie auch die Unabtretbarkeit der Forderung für die Dauer der Rechtshängigkeit vereinbaren können (§ 399 2. Alt. BGB).

5 § 265 löst das Sachproblem auf der **prozessualen** Ebene, sieht allerdings – anders als die §§ 239 ff. – keinen Parteiwechsel vor, sondern ordnet an, dass Veräußerung und Abtretung ohne Einfluss auf den anhängigen Prozess sind (§ 265 Abs. 2). Dem liegt der **allgemeine Gedanke** zugrunde, dass kein Prozessbeteiligter ohne eigene Mitwirkung aus einem öffentlich-rechtlichen Prozessverhältnis ausscheiden darf. Der Veräußerer führt den Prozess als gesetzlicher Prozessstandschafter weiter; s. Rn. 69. Dogmatisch ist diese Lösung mit Hilfe einer Aufhebung des – nach gemeinrechtlicher Lehre untrennbaren – Zusammenhangs von Parteistellung und (behaupteter) Sachlegitimation ermöglicht worden, und zwar durch die Entwicklung des formellen Parteibegriffs und die Begründung des Rechtsinstituts der Prozessstandschaft.[3]

6 **3. Regelungszusammenhänge und Abgrenzungen.** § 265 steht in engem **Zusammenhang** mit §§ 325, 727. Auch sie erfassen die Rechtsnachfolge nach Eintritt der Rechtshängigkeit. Betrifft § 265 die Rechtsnachfolge während der Rechtshängigkeit, so regelt § 325 die Erstreckung der materiellen Rechtskraft auf den Rechtsnachfolger und § 727 die Umschreibung des Vollstreckungstitels in diesem Rahmen. Ohne Bindung des Rechtsnachfolgers an das Prozessergebnis wäre dem Prozessgegner die weitere Prozessführung des Veräußerers nicht zumutbar; dem trägt § 265 Abs. 3 Rechnung.

7 Mit §§ 239 f. hat § 265 gemeinsam, dass auch sie prozessuale Reaktionen auf materiell-rechtliche Änderungen in der Rechtszuständigkeit anordnen. Sie dienen ebenfalls der Prozessökonomie, nämlich der Verhinderung unnötiger Doppelprozesse, allerdings mit unterschiedlichen Mitteln: §§ 239 f. sehen einen Parteiwechsel vor; § 265 schließt ihn gerade aus, um den Prozessgegner davor zu schützen. Der **Schutz des Gegners** ist das wesentliche Abgrenzungskriterium. Gilt es aus Gründen der Prozessökonomie Doppelprozesse zu vermeiden, so findet ein Parteiwechsel statt; ist zusätzlich der Schutz des Prozessgegners erforderlich, so tritt gesetzliche Prozessstandschaft ein. Diese Abgrenzung wird zB bei der Freigabe des streitbefangenen Gegenstandes durch den Insolvenzverwalter praktisch; s. Rn. 62. Dagegen ist nicht entscheidend, ob im Einzelfall Gesamt- oder Einzelrechtsnachfolge stattfindet,[4] und dementsprechend auch nicht, ob die Vermögensverwaltung insgesamt wechselt oder nur der streitbefangene Gegenstand in ein anderes Vermögen übergeht.[5]

8 **4. Anwendungsbereich. a) Einstweiliger Rechtsschutz und Zwangsvollstreckung.** Trotz des andersartigen Rechtsschutzziels findet § 265 auch im Verfahren des einstweiligen Rechtsschut-

---

[1] *Henckel* ZZP 82 (1969), 333, 334; *Dinstühler* ZZP 112 (1999), 61, 62 f.; BGH NJW 1998, 156, 158.

[2] Zur geschichtlichen Entwicklung der Problembehandlung mit Schwergewicht auf dem römischen Recht *Kiefner,* GedS Kunkel, 1984, S. 119.

[3] Grundlegend *Kohler* JherJb 24 (1886), 319; Der Prozeß als Rechtsverhältnis, 1888, S. 95 ff.; ZZP 12 (1888), 97 (Über die Succession in das Prozeßverhältnis). Zur Dogmengeschichte *G. Lüke* ZZP 76 (1963), 1, 6 ff.; s. auch *Henckel* Parteilehre S. 15 ff., 146.

[4] So *Henckel* Parteilehre S. 173.

[5] So *de Boor* JZ 1951, 450.

zes uneingeschränkt Anwendung,[6] einschließlich der Frage, ob bei Rechtsnachfolge auf der Klägerseite der Klageantrag umzustellen ist; s. Rn. 83.

Dagegen ist § 265 im **Vollstreckungsverfahren** nicht anwendbar. Zwar kann bei Abtretung einer bereits titulierten Forderung der Zedent die Zwangsvollstreckung zunächst weiter betreiben und der Zessionar erst nach Klauselumschreibung (§ 727) vollstrecken. Dies beruht aber **nicht** etwa auf einer durch § 265 angeordneten **gesetzlichen Vollstreckungsstandschaft** des Zedenten, sondern allein auf seiner fortbestehenden Nennung als Gläubiger im Titel. Die fortdauernde Position als Titelgläubiger weist ihn formell als Vollstreckungsbefugten aus, was aber nichts daran ändert, dass nach dem Wechsel der Aktivlegitimation materiell nur noch der Zedent als der wahre Rechtsinhaber zur Einziehung der Forderung befugt ist. Gegen eine Vollstreckung des Zessionars kann und muss der Schuldner sich allerdings mit der Klage nach § 767 wehren.[7] Unter diesen Umständen besteht anders als im Erkenntnisverfahren im Vollstreckungsverfahren kein Bedarf nach Zulassung einer gesetzlichen Verfahrensstandschaft; außerdem liefe sie iE auf eine Umgehung des § 727 hinaus. 9

Auch eine **gewillkürte Vollstreckungsstandschaft** zur Durchsetzung einer bereits titulierten Forderung ist nach hM ausgeschlossen („isolierte Vollstreckungsstandschaft“[8]). Der Titel kann nicht auf den Ermächtigten umgeschrieben werden, da die Vollstreckungsermächtigung ohne Übertragung des titulierten Anspruchs keine Rechtsnachfolge iSd. § 727 Abs. 1 darstellt;[9] anders ist es bei einer Doppelermächtigung, nämlich mit verfahrens- und materiell-rechtlichem Inhalt.[10] Unbedenklich zulässig ist es auch, wenn der gewillkürte Prozessstandschafter auf der Grundlage eines von ihm erstrittenen und auf ihn lautenden Titels die Zwangsvollstreckung betreibt.[11] 10

b) Rechtslagen aus Prozessverträgen. Die Rechtsnachfolge in Rechtslagen aus Prozessverträgen regelt sich nicht nach §§ 265, 325, 727. Gewisse Prozessverträge haben Verfügungscharakter; deshalb ist bei Abtretung einer Forderung aus einem Vertrag mit Schiedsvereinbarung (§§ 1029 ff.) oder vereinbarter Zuständigkeit (§§ 38 ff.) der Zessionar an Schieds- und Prorogationsvertrag gebunden;[12] wg. Einzelheiten s. § 38 Rn. 20, § 1029 Rn. 21, 6 mit Einordnung der Schiedsvereinbarung als Unterfall des Prozessvertrages. Eine eigenständige vom materiellen Recht losgelöste prozessuale Rechtsnachfolge gibt es nicht.[13] Das schließt nicht aus, dass nach dem Rechtsgedanken der §§ 265 Abs. 3, 325 Abs. 2 der Rechtsnachfolger da, wo nach materiellem Recht ein Gutglaubensschutz stattfindet, von lästigen Prozessverträgen freigestellt wird.[14] Der Zessionar muss deshalb einen Schieds- oder Prorogationsvertrag immer gegen sich gelten lassen, der Erwerber eines dinglichen Rechts nur bei Bösgläubigkeit im Hinblick auf die Existenz des Prozessvertrages. Die Anforderungen an den guten Glauben richten sich nach materiellem Recht (analog § 325 Abs. 2). – Zur Nachfolge in „verpflichtende“ Prozessverträge s. Einl. Rn. 401 f. 11

---

[6] *Baur,* FS Schiedermair, 1976, S. 19, 24; *Loritz* ZZP 106 (1993), 3, 6 ff.; *Rosenberg/Gaul/Schilken* § 74 III 1 c, S. 1001.

[7] BGHZ 92, 347, 349 = NJW 1985, 809 = JR 1985, 287 m. Anm. *Olzen; Schiedermair,* FS Dölle, Bd. I, 1963, S. 330, 354; *G. Lüke,* Fälle zum ZivilprozeßR, 2. Aufl. 1993, S. 176 f.

[8] Von „isolierter Vollstreckungsstandschaft“ sollte nur gesprochen werden, wenn allein eine Vollstreckungsermächtigung, nicht auch die materielle Einziehungsermächtigung erteilt worden ist; so zutr. BGHZ 120, 387, 396 = NJW 1993, 1396 = ZZP 107 (1994), 81 m. krit. Anm. *Becker-Eberhard.* Insgesamt skeptisch gegenüber dem Begriff „Vollstreckungsstandschaft“ auch *Kirsten Schmidt,* Vollstreckung im eigenen Namen durch Rechtsfremde, 2001, S. 18. S. a. *Münzberg* NJW 1992, 1867.

[9] BGHZ 92, 347, 349 = NJW 1985, 809, 810; *Schmidt,* Vollstreckung im eigenen Namen durch Rechtsfremde, S. 30 ff., 55 ff.; aA OLG Dresden OLG-NL 1995, 163 = NJW-RR 1996, 444; *G. Lüke,* Fälle zum ZivilprozeßR, S. 114 auf dem Boden der Auffassung, die entgegen der hM für die gewillkürte Prozeßstandschaft ein rechtsschutzwürdiges Interesse des Ermächtigten an der Prozeßführung nicht verlangt; *Petersen* ZZP 114 (2001), 485, 491 ff.

[10] *G. Lüke* JuS 1996, 588, 589 m. krit. Anm. zu OLG Dresden OLG-NL 1995, 163 = NJW-RR 1996, 444; s. ferner *Wittschier* JuS 1999, 804, 806.

[11] BGHZ 92, 347, 349 = NJW 1985, 809, 810 = JR 1985, 287 m. Anm. *Olzen; Becker-Eberhard* ZZP 104 (1991), 413, 421 ff., 428; *Schmidt,* Vollstreckung im eigenen Namen durch Rechtsfremde, S. 20 ff., 54; *Petersen* ZZP 114 (2001), 485, 486 f.

[12] *Soehring* S. 48 u. NJW 1969, 1093, 1094; *G. Lüke,* Fälle zum ZivilprozeßR, S. 84 f.; *Wagner* S. 313 f. Auch der BGH sieht es in Übereinstimmung mit dem RG als selbstverständlich an, dass die durch Prorogation oder Schiedsvertrag begründete Rechtslage zusammen mit dem Anspruch, den sie betreffen, auf den Rechtsnachfolger übergeht; BGHZ 24, 15, 18 = NJW 1957, 791; 29, 120, 124 = NJW 1959, 720; 68, 356, 359 = NJW 1977, 1397; 77, 32, 35 = NJW 1980, 2022; BGH NJW 1986, 2765.

[13] *Soehring* S. 32; *Wagner* S. 306 ff.; aM *Schiedermair,* Vereinbarungen im Zivilprozeß, 1935, S. 158 ff.

[14] *Soehring* S. 97 ff. u. NJW 1969, 1093, 1095 f.; aM *Wagner* S. 323 f.

12 An die während der Rechtshängigkeit vereinbarten **Verfahrensverträge,**[15] zB nach §§ 108 Abs. 1, 224 Abs. 1, 404 Abs. 4, ist der Erwerber eines streitbefangenen Gegenstandes im Falle eines Parteiwechsels nach § 265 Abs. 2 S. 2 – sonst wird die Frage gar nicht praktisch – immer gebunden, weil dem Prozessgegner nach dem Zweck des § 265 die bereits erreichte Prozesslage erhalten bleiben soll.[16]

13 **c) Freiwillige Gerichtsbarkeit und Verwaltungsprozess.** In den (echten) privatrechtlichen Streitverfahren der **freiwilligen Gerichtsbarkeit,** auf die die Vorschriften der ZPO grds. entsprechend anzuwenden sind, findet § 265 Anwendung.[17] Deshalb beeinflusste das Ausscheiden eines Verfahrensbeteiligten aus der Wohnungseigentümergemeinschaft durch Veräußerung seines Wohnungseigentums das Wohnungseigentumsverfahren schon nach bisherigem Recht nicht;[18] seit der WEG-Novelle 2007 (BGBl. I 370) unterliegt es ohnehin den allgemeinen Regeln der ZPO und § 265 gilt unmittelbar. Auch im Verfahren nach § 7 Abs. 3 ErbbauVO ist § 265 entsprechend anwendbar, wenn der Grundstückseigentümer nach Rechtshängigkeit das Grundstück veräußert; dass das Verfahren auf eine rechtsgestaltende Entscheidung abzielt, steht nicht entgegen.[19]

14 Im **Verwaltungsgerichtsprozess** ist § 265 ebenfalls entsprechend anwendbar (§ 173 VwGO),[20] zB bei Veräußerung des streitbefangenen Grundstücks, gegen dessen Eigentümer ein Nachbar öffentlich-rechtliche Abwehransprüche geltend macht.[21] Da der notwendigen Beiladung im Verwaltungsgerichtsprozess (§ 65 Abs. 2 VwGO) die notwendige Streitgenossenschaft entspricht, diese durch § 265 Abs. 2 S. 3 aber gerade ausgeschlossen wird (s. Rn. 102), ist bei der analogen Anwendung der §§ 265, 266 der Erwerber nicht nach § 65 Abs. 2 VwGO beizuladen.[22] Die Rechtskrafterstreckung auf den Erwerber folgt aus § 121 VwGO.

15 Eine öffentlich-rechtliche Funktionsnachfolge während Rechtshängigkeit eines Verwaltungsgerichtsprozesses, zB ein Wechsel der behördlichen Zuständigkeit als Folge einer Gebietsänderung, bewirkt einen gesetzlichen Parteiwechsel (§ 173 VwGO, §§ 239 ff.); § 265 ist nicht anwendbar.[23]

II. Anwendungsvoraussetzungen

16 **1. Streitbefangene Sache. a) Sache** ist iSv. Gegenstand (§ 90 BGB) zu verstehen, so dass auch Rechte, zB Hypothek, Geschäftsanteil eines Gesellschafters, Immaterialgüterrechte,[24] darunter fallen.

17 **b)** Der Begriff **„Streitbefangenheit"** ist nach ganz hM extensiv auszulegen, um den mit § 265 bezweckten Schutz des Prozessgegners zu erreichen. Danach ist eine Sache nicht nur streitbefangen, wenn das Eigentum oder ein dingliches Recht an ihr den unmittelbaren Gegenstand des Rechtsstreits bildet, sondern schon dann, wenn auf der rechtlichen Beziehung zu ihr die Sachlegitimation beruht, wenn also ihre Veräußerung dem Kläger die Aktivlegitimation, dem Beklagten die Passivlegitimation nimmt. Es genügt, dass der geltend gemachte Anspruch dem Eigentümer oder dem dinglich Berechtigten als solchem zusteht oder sich gegen ihn als solchen richtet.

18 Wegen des Weiteren sekundären Normzwecks, Doppelprozesse zu vermeiden, steht die Streitbefangenheit im **Zusammenhang mit dem Streitgegenstand.** Für das Vorliegen eines Übergangs der streitbefangenen Sache kommt es darauf an, ob der Klagegrund von der Abtretung abgesehen bei einem neuen Prozess des Rechtsnachfolgers identisch wäre. Gegebenenfalls steht dessen gesonderter Klage die Rechtshängigkeit des anhängigen Prozesses entgegen (§ 261 Abs. 3 Nr. 1). Dass der Rechtsnachfolger Verurteilung an sich verlangt, umgeht die Rechtshängigkeitssperre nicht; diese Antragsänderung ist eine notwendige Folge der Veräußerung.

19 **2. Geltend gemachter Anspruch. Anspruch** iSd. § 265 Abs. 1 ist jedes subjektive Recht; es braucht also kein Leistungsanspruch iSd. § 194 BGB zu sein. Nicht gemeint ist der prozessuale Anspruch; er ist kein subjektives Recht und kann nicht abgetreten werden; s. Vor § 253 Rn. 32.

---

[15] *Schiedermair,* Vereinbarungen im Zivilprozeß, S. 6.

[16] *Soehing* S. 20.

[17] Zur gewillkürten Prozeßstandschaft in der fG BayObLGZ 1965, 193, 198; 1975, 233; *G. Lüke* Fälle zum ZivilverfahrensR II, 1982, S. 190; *Weitnauer/Mansel* nach § 43 WEG Rn. 16.

[18] BGHZ 148, 335, 337 f. = NJW 2001, 3339; KG NJW 1970, 330, 332; OLG Oldenburg ZMR 1980, 63; BayObLGZ 1983, 73; BayObLG NJW-RR 2002, 949.

[19] OLG Hamm NJW-RR 1991, 20, 21; auch im Normenkontrollverfahren BVerwG NVwZ 2001, 1282.

[20] BVerwG NVwZ 2001, 1282; OVG Münster NJW 1981, 598; *Kopp/Schenke,* VwGO, 14. Aufl. 2005, § 90 Rn. 2, § 173 Rn. 4 m. weit. Nachw.

[21] OVG Münster DVBl. 1973, 226.

[22] BVerwG NJW 1985, 281; 1993, 79; aM OVG Münster DVBl. 1973, 226.

[23] BVerwG DÖV 1974, 241; BayVGH DÖV 1978, 847.

[24] Für die Übertragung einer Marke vor oder nach Erhebung der Klage auf Löschung gilt die Spezialvorschrift des § 55 Abs. 4 MarkenG.

Die Vorschrift findet auch Anwendung auf **Feststellungsklagen** und auf Klagen rein prozessrechtlicher Art (zB nach §§ 722,[25] 731, 771), falls die prozessualen Rechtsfolgen bei der Veräußerung des zugrunde liegenden materiellen Rechts mit übergehen.[26] 20

Auch die **negative Feststellungsklage** passt in das dogmatische Gefüge des § 265. Begehrt zB der Kläger unter Berufung auf sein Eigentum negative Feststellung, der Beklagte sei nicht Eigentümer, und veräußert er die streitbefangene Sache, so verliert er damit die Aktivlegitimation. Die Anwendung des § 265 Abs. 2 S. 1 hat zur Folge, dass das (nach hM bei Feststellungsklagen von der Prozessführungsbefugnis nicht zu unterscheidende; s. § 256 Rn. 34, 60) Feststellungsinteresse durch die Veräußerung nicht entfällt; s. auch Rn. 85. Ist die negative Feststellungsklage nicht mit Eigentum des Klägers begründet und veräußert der Beklagte die Sache während der Rechtshängigkeit, so wird dessen Passivlegitimation nicht betroffen; es liegt kein Fall des § 265 vor. Vorausgesetzt, es besteht auch nach der Veräußerung weiterhin ein Feststellungsinteresse des Klägers gegenüber dem Beklagten, ist der Klage stattzugeben. 21

Streitbefangen ist immer nur der den Gegenstand des Rechtsstreits bildende **konkrete Anspruch.** Dies ergibt wie sich aus dem Zusammenhang des § 265 mit den Wirkungen der Rechtshängigkeit (§ 261 Abs. 3) und dem Umfang der Rechtskraft (§§ 322ff.). Demnach begründet zB die Klage auf Räumung und Herausgabe eines dem Kläger gehörigen Grundstücks, auf dem der Beklagte ein Bauwerk errichtet hat, nicht zugleich die Streitbefangenheit des Anspruchs auf Beseitigung dieses Bauwerks nach § 1004 (s. zur Rechtshängigkeit § 261 Rn. 71). Somit erfasst § 265 nicht auch den Beseitigungsanspruch, wenn der Kläger ihn in diesem Prozess nach § 261 Abs. 2 erst geltend gemacht hat, nachdem der Beklagte das Grundstück während der Rechtshängigkeit des Herausgabeprozesses bereits veräußerte hatte.[27] 22

3. Einzelfälle. a) Dingliche Rechte, Vormerkung und Anspruch aus § 1004 BGB. Eine Sache ist streitbefangen, wenn das Eigentum, der Besitz oder ein **dingliches Recht** an ihr streitig ist, zB das Grundstück bei einer Klage auf Durchsetzung von Befugnissen aus einer Grunddienstbarkeit an diesem Grundstück. Bei einer Klage auf Löschung einer Hypothek ist (ggf. neben dem belasteten Grundstück) die Hypothek als dingliches Recht streitbefangen, weil der Löschungsanspruch wegen der Rechtswirkungen gegenüber dem Hypothekenerwerber nach §§ 1157, 1169 BGB einem dinglichen Anspruch im Wesentlichen gleichsteht.[28] 23

Mit der Klage auf Erfüllung eines Auflassungsanspruchs wird dieser streitbefangen, nicht das Grundstück, auf das er sich bezieht. Das gilt auch, wenn der Anspruch durch eine **Vormerkung** gesichert ist; die Passivlegitimation beruht auf dem schuldrechtlichen Anspruch, nicht auf der Vormerkung. Streitbefangen ist das Grundstück nur bei einer Klage aus der Vormerkung, wenn nämlich die dingliche Wirkung der Vormerkung gegenüber einem Dritten geltend gemacht wird (§§ 883 Abs. 2, 888 Abs. 1 BGB).[29] Der Grundsatz, dass nur eine Klage aus § 888 Abs. 1 BGB, nicht aber aus dem durch die Vormerkung gesicherten schuldrechtlichen Anspruch das betroffene Grundstücksrecht streitbefangen macht, ist einzuschränken, falls in dem schuldrechtlichen Anspruch die in § 883 Abs. 2 BGB normierte Sicherungswirkung der Vormerkung, die § 888 Abs. 1 BGB gegen Dritte durchsetzt, enthalten ist; alsdann tritt Streitbefangenheit mit den Rechtsfolgen der §§ 265, 325 bei einer Klage aus dem schuldrechtlichen Anspruch ein.[30] 24

Auch eine **Beseitigungsklage aus § 1004 BGB** macht das gestörte Grundstück streitbefangen, weil die Sachlegitimation auf der rechtlichen Beziehung zum Grundstück beruht.[31] Dieses Ergebnis wird durch einen Vergleich mit § 266 bestätigt, der lex specialis zu § 265 ist.[32] Veräußert der Beklagte während des Rechtsstreits wegen unzulässiger Einwirkungen (§§ 1004, 906 BGB) das störende Grundstück, findet § 265 im Falle der Zustandshaftung mit der Folge Anwendung, dass der Kläger nicht erneut gegen den Erwerber zu klagen braucht und den Titel umschreiben lassen kann.[33] Unanwendbar ist § 265 hingegen bei einer Handlungsstörung. 25

---

[25] BGHZ 118, 312, 315 = NJW 1992, 3096, 3097.
[26] *Stein/Jonas/Schumann* Rn. 15.
[27] BGHZ 28, 153, 157 = NJW 1958, 1969.
[28] RG Gruchot 60 (1916), 504, 508.
[29] BGHZ 39, 21, 25f. = NJW 1963, 813; BGH NJW 2006, 1351, 1353.
[30] *Link* NJW 1965, 1464, 1467.
[31] BGHZ 18, 223, 225f. = NJW 1955, 1719; 28, 153, 156 = NJW 1958, 1969; ausf. *Schilken* S. 58ff.
[32] *Grunsky* S. 120; *G. Lüke,* Fälle zum ZivilprozeßR, 2. Aufl. 1993, S. 70.
[33] *Baur* (Fn. 6) S. 19, 24; *Schilken* S. 65; *ders.* ZPR Rn. 242; *Zöller/Greger* Rn. 3; *Stadler/Bensching* Jura 2001, 433; *Ahrens* S. 522 für die Betriebsinhaberhaftung aus § 13 Abs. 4 aF, § 8 Abs. 2 nF UWG bei Unternehmensveräußerung; aM OLG Düsseldorf NJW 1990, 1000 (bei fortschreitenden Entwicklungsprozessen, zB Nachwachsen von Baumwurzeln).

26 Da das Notwegrecht iSd. § 917 Abs. 1 BGB dem Eigentümer als solchem zusteht, ist in einem Streit um dieses Recht auch das Grundstück befangen; somit bleibt der bisherige Eigentümer auch nach Grundstücksveräußerung zur Weiterführung eines Prozesses um das Notwegrecht befugt.[34] Entsprechendes gilt für Klagen aus **§ 985 BGB** für die Streitbefangenheit des Eigentums an der Sache, während bei der Geltendmachung von Ansprüchen aus **§§ 987 ff. BGB** das Sacheigentum nicht streitbefangen ist. Klagen aus **§ 894 BGB** machen diejenige Buchposition streitbefangen, deren Berichtigung erfolgen soll, etwa die eingetragene Vormerkung, die nach § 894 BGB (analog) gelöscht werden soll.[35] Zugleich kann das mit dem eingetragenen Grundstücksrecht belastete Grundstück streitbefangen sein.

27 Bei einer Klage auf **Besitzerlangung** ist die Sache streitbefangen, falls ein Anspruch auf Rückverschaffung, nicht aber, wenn ein Verschaffungsanspruch geltend gemacht wird. Für eine Klage aus §§ 861, 862 BGB kommt es nicht darauf an, dass der geltend gemachte Anspruch auch gegenüber dem Erwerber besteht, sondern nur darauf, dass die Veräußerung den Verlust der Sachlegitimation bewirkt.

28 **b) Gesellschaftsanteil.** Klagt ein Gesellschafter gegen einen Mitgesellschafter einen Anspruch aus dem Gesellschaftsvertrag ein, so ist der Gesellschaftsanteil streitbefangen, weil sich der eigene Anspruch des Gesellschafters im Rahmen der actio pro socio unmittelbar auf seinen Gesellschaftsanteil stützt.[36] Entsprechendes gilt für die Veräußerung des Gesellschaftsanteils während einer Nichtigkeits- oder Anfechtungsklage gegen den Gesellschafterbeschluss einer GmbH oder AG.[37]

29 **c) Anfechtungsprozess nach AnfG, Drittwiderspruchsklage.** § 265 ist auf einen Anfechtungsprozess nach dem AnfG anzuwenden, wenn die Forderung, wegen derer eine Rechtshandlung des Schuldners angefochten wird, nach Rechtshängigkeit der Klage abgetreten wird, allerdings nur, falls neben der Abtretung auch der Vollstreckungstitel (§ 2 AnfG) bereits auf den Rechtsnachfolger umgeschrieben worden ist. Denn ohne Umschreibung ist der Titulargläubiger trotz Abtretung ohnehin weiterhin zur Geltendmachung des Anfechtungsrechts befugt.

30 Da das Anfechtungsrecht nach hM nur einen schuldrechtlichen Anspruch erzeugt (§ 11 AnfG), ist der Gegenstand, in den durch die Anfechtungsklage die Zwangsvollstreckung ermöglicht werden soll, nicht streitbefangen.[38] Dass der anfechtbare Vermögenserwerb haftungsrechtlich unwirksam ist, ändert daran nichts.

31 Bei einer **Drittwiderspruchsklage** (§ 771) ist der Gegenstand, in den die Vollstreckung für unzulässig erklärt werden soll, streitbefangen[39] und zwar unabhängig davon, ob man die Drittwiderspruchsklage als Beseitigungs- und Unterlassungsklage ansieht oder als prozessuale Gestaltungsklage, mit der der Sache nach ein materieller Abwehranspruch des Dritten gegen den Vollstreckungsgläubiger geltend gemacht wird; s. § 771 Rn. 3.

32 **d) Erbschaftsanspruch.** Die Klage aus dem Erbschaftsanspruchs (§ 2018 BGB) macht nicht die einzelnen Erbschaftsgegenstände streitbefangen, sondern die Erbschaft als solche, so dass nach einem Erbschaftserwerbs (§ 2030 BGB) der frühere Erbschaftsbesitzer den Prozess nach § 265 Abs. 1 weiterführt.[40] Dies folgt aus dem Erbschaftsanspruch als einem Gesamtanspruch, der im Gegensatz zu den Einzelansprüchen des Erben (§ 2029 BGB) steht.

33 Schließlich findet § 265 Anwendung, wenn der vom Untervermächtnisnehmer verklagte Vermächtnisnehmer das Vermächtnis ausschlägt und das Untervermächtnis von dem nächsten Begünstigten zu erfüllen ist (§ 2161 S. 2 BGB).[41]

34 **4. Veräußerung und Abtretung. Die Begriffe „Veräußerung" und „Abtretung"** sind mit Rücksicht auf das Schutzbedürfnis des Prozessgegners nicht technisch im Sinne von rechtsgeschäftlicher Übertragung zu verstehen, sondern weit auszulegen. Sie meinen jeden Rechtsübergang, der nicht von §§ 239 ff. geregelt wird. Demgemäß fallen unter § 265 Abs. 1 die rechtsgeschäftliche

---

[34] BGH MDR 1976, 917 (offengelassen für die Klage auf Zahlung einer Notwegrente nach § 917 Abs. 2 BGB).

[35] BGH MDR 2002, 1185.

[36] BGH NJW 1960, 964 = LM Nr. 7; BGH NJW 2007, 300, 301 (zu einem Fall des sog. squeeze-out nach § 327 a AktG).

[37] BGH NJW 1965, 1378, 1379.

[38] Ebenso *Baumbach/Lauterbach/Hartmann* Rn. 6; *Huber,* AnfechtungsG, 9. Aufl. 2000, § 15 Rn. 23; OLG Köln ZIP 1991, 1369, 1371.

[39] OLG Hamburg MDR 1969, 673; *Bettermann,* FS F. Weber, 1975, S. 87, 95.

[40] *Meister,* Die Veräußerung in Streit befangener Sachen und Abtretung rechtshängiger Ansprüche nach § 265 ZPO, 1911, S. 42.

[41] *Bettermann,* Die Vollstreckung des Zivilurteils in den Grenzen seiner Rechtskraft, 1948, S. 133 f.

Übertragung, der Übergang kraft Gesetzes als Einzel- oder Gesamtnachfolge und die Übertragung durch Hoheitsakt.

Die **Behauptung,** es habe eine Rechtsnachfolge stattgefunden, **genügt nicht.** Da es um die Begründung der aktiven oder passiven Prozessführungsbefugnis geht, kann sich das Gericht nicht mit der bloßen, auch nicht mit einer entsprechenden schlüssigen Behauptung zufriedengeben, sondern muss im Bestreitensfall schon in der Zulässigkeitsprüfung Beweis erheben,[42] obgleich Aktiv- und Passivlegitimation zur Begründetheit gehören. 35

a) Rechtsgeschäftliche Übertragung. Die Begriffe „Veräußerung“ und „Abtretung“ erfassen primär die rechtsgeschäftliche Übertragung von Rechten, insb. nach §§ 398, 873, 925, 929ff. BGB, und zwar auch in besonderen Formen, zB durch Indossament. 36

aa) Da der subjektive Anwendungsbereich des § 325 dem des § 265 entspricht und beide Bestimmungen sich lediglich auf einen anderen Regelungsgegenstand beziehen, fällt auch der **Besitzübergang** unter die Rechtsnachfolge iSd. § 265 Abs. 1. Dies ist für die rechtsgeschäftliche Übertragung des mittelbaren Besitzes (§§ 868, 870 BGB) selbstverständlich,[43] trifft aber auch für die Übertragung des unmittelbaren Besitzes zu, obgleich sie keine „Rechts“-Nachfolge im eigentlichen Sinne ist, zB beim Besitzübergang während einer anhängigen Herausgabeklage nach § 985 BGB.[44] 37

Überträgt der unmittelbare Besitzer bei anhängiger Klage mit Streitbefangenheit des Besitzes den unmittelbaren Besitz auf einen Dritten und behält dabei durch Vereinbarung eines Besitzmittlungsverhältnisses den **mittelbaren Besitz,** so führt der Besitzübergang nicht zu einem Verlust der Passivlegitimation, da sich zB Ansprüche aus §§ 985, 1007, 861 BGB nach hM sowohl gegen den unmittelbaren als auch gegen den mittelbaren Besitzer richten; § 265 findet keine Anwendung. Das Gleiche gilt, wenn während einer anhängigen Nachbarklage (§ 1004 BGB) der Kläger das Grundstück vermietet, weil er Inhaber der streitbefangenen Sache bleibt. 38

Wie der Besitzübergang während der Rechtshängigkeit einer Herausgabeklage stellt bei einer Klage auf **Grundbuchberichtigung** (§ 894 BGB), zB auf Grund einer Veräußerung durch einen Nichtberechtigten ohne Gutglaubensschutz des Erwerbers, bereits die Eintragung eines neuen Buchberechtigten eine Rechtsnachfolge in die „streitbefangene“ Buchposition dar, ohne dass ein Übergang der materiellen Berechtigung erforderlich ist.[45] Im umgekehrten Fall – Rechtsnachfolge auf der Klägerseite nach Erhebung einer Grundbuchberichtigungsklage – ist § 265 nur anwendbar, wenn das Eigentum gemäß §§ 873, 925 BGB übergegangen ist. Eine isolierte Abtretung des Grundbuchberichtigungsanspruchs ist wegen seiner Verbindung mit dem Eigentum nicht möglich; zulässig ist lediglich die Ermächtigung eines Dritten zur Geltendmachung des Anspruchs im eigenen Namen.[46] Der Ermächtigende bleibt weiterhin Grundstückseigentümer und verliert für die Grundbuchberichtigungsklage die Sachlegitimation nicht. Zur Frage, ob gleichwohl § 265 anwendbar ist, s. Rn. 60. 39

Nicht nur die Übertragung, sondern auch die **Belastung** eines dinglichen Rechts und die Begründung eines bisher nicht bestehenden dinglichen Rechts fallen unter § 265, wenn dadurch die Sachlegitimation der Prozesspartei verlorengeht. Ebenso greift die Vorschrift ein, falls nach Rechtshängigkeit das **Eigentum** an dem streitbefangenen Grundstück gemäß § 928 BGB **aufgegeben** wird, da sich entsprechend dem Schutzzweck des § 265 keine Partei durch eine solche Entäußerung einem gegen sie anhängig gemachten Rechtsstreit entziehen kann; in diesem Fall ist ein Prozesspfleger zu bestellen (§ 58).[47] Das gilt nicht für eine **reine Besitzaufgabe,** so dass diese mangels Rechtsnachfolgers im weitesten Sinne nicht als Veräußerung angesehen werden kann.[48] 40

Bei der **Aufhebung eines beschränkten dinglichen** Rechts nach §§ 875, 876 BGB erlangt der Eigentümer die Sachlegitimation zurück und ist insofern Rechtsnachfolger des Rechtsinhabers.[49] Ebenso ist die vertragsmäßige Aufhebung eines Erbbaurechts mit der Folge, dass das Grundstückseigentum insoweit wieder uneingeschränkt besteht, einer Veräußerung des Erbbaurechts gleichzustellen. 41

---

[42] *G. Lüke* ZZP 76 (1963), 1, 31; aM *Calavros* S. 60.
[43] *Stein/Jonas/Schumann* Rn. 21.
[44] BGH NJW 1981, 1517, 1518; ausf. *Schilken* S. 69ff.
[45] RGZ 82, 35; 121, 379; *Schilken* S. 69.
[46] BGH WM 1966, 1224; 1972, 384, 386; 1987, 1406, 1407.
[47] KG OLGRspr. 31 (1915), 69.
[48] *Stein/Jonas/Schumann* Rn. 21.
[49] *Baumbach/Lauterbach/Hartmann* Rn. 11; aM BGH MDR 1975, 300, 301, der eine Anwendung des § 265 im Falle der Aufhebung eines dinglichen Rechts gem. § 875 BGB ablehnt, da die Rechtsstellung des Eigentümers nicht von der des ursprünglichen Rechtsinhabers abhänge.

42 **bb)** Eine Veräußerung oder Abtretung iSd. § 265 liegt auch vor, wenn der Übergang der Sache oder des Anspruchs notwendige **Rechtsfolge eines anderen Rechtsgeschäfts** ist. So findet die Vorschrift zB Anwendung bei Streitbefangenheit von Mietvertragsansprüchen, falls das **Mietgrundstück** nach Rechtshängigkeit **veräußert** wird und der Erwerber nach § 566 BGB in die mietvertraglichen Rechte und Pflichten eintritt.[50] Nach der Rspr. des BAG kann ein Arbeitnehmer einen Rechtsstreit gegen den alten Arbeitgeber gemäß § 265 Abs. 2 S. 1 fortsetzen, wenn die arbeitsvertraglichen Rechte und Pflichten als Folge einer **Betriebsveräußerung** nach § 613a BGB auf den Erwerber übergegangen sind, und zwar auch dann, wenn der streitbefangene Anspruch nur durch den neuen Arbeitgeber zu erfüllen ist.[51] Richtig ist eine differenzierte Lösung:[52] Auf Aktivprozesse des bisherigen Arbeitnehmers ist § 265 Abs. 2 wegen Wegfalls der Aktivlegitimation anwendbar, nicht jedoch auf Passivprozesse. Da der bisherige Arbeitgeber weiter haftet (§ 613a Abs. 2 BGB), fehlt die entscheidende Voraussetzung, nämlich der Wegfall der Passivlegitimation.[53] Dagegen ist die Anwendbarkeit der Vorschrift zu bejahen, wenn der Anspruch nur vom Erwerber des Betriebs erfüllt werden kann. Schließlich ist auch ein beim Betriebsübergang anhängiger Kündigungsschutzprozess zwischen den bisherigen Prozessparteien fortzuführen.[54]

43 Da die **Übertragung eines Handelsgeschäfts** mit Firma (§ 25 HGB) zwar den Übergang der im Handelsgeschäft begründeten Forderungen und Verbindlichkeiten bewirkt, aber die Haftung des früheren Inhabers bestehen lässt, findet § 265 auf anhängige Prozesse keine Anwendung.[55] Ein gegen diesen ergangenes Urteil wirkt gegenüber dem Erwerber nur, wenn die Übernahme nach Eintritt der Rechtskraft stattgefunden hat (§ 729 Abs. 2).

44 Bei einem Rechtsübergang durch die **Verschmelzung** von Gesellschaften nach § 20 Abs. 1 Nr. 1 UmwG sind §§ 239, 246 und nicht § 265 anzuwenden; die übertragene Gesellschaft wird in einem anhängigen Prozess wie eine verstorbene und beerbte Prozesspartei behandelt. Gleiches soll nach hM für **Abspaltung** nach §§ 123ff., 131 Abs. 1 Nr. 1 UmwG gelten, während nach aA[56] hier in Aktivprozessen § 265 zum Zuge kommen soll. § 265 findet ferner keine Anwendung bei Umwandlung einer Erwerbsgesellschaft in eine **Abwicklungsgesellschaft,** da die Gesamthandsgemeinschaft identisch bleibt und sich lediglich der Gesellschaftszweck ändert, somit eine Veräußerung oder Übertragung auch im weitesten Sinne fehlt.[57] Ebensowenig ist § 265 anwendbar, wenn eine GmbH ihre letzte Forderung nach deren Rechtshängigkeit abtritt und anschließend von Amts wegen im Handelsregister gelöscht wird (§ 141a FGG); dann kann der Zessionar auch ohne Zustimmung des Beklagten (s. Rn. 93) als neuer Kläger den Rechtsstreit fortführen (analog § 263; s. dort Rn. 67).[58] Dagegen wendet der BGH[59] im Falle eines sog. squeeze-out nach § 327a AktG § 265 Abs. 2 analog an.

45 **cc)** Im Prozess um die Rechtswirkungen eines **Patents** ist § 265 bei Änderung der Legitimation in Bezug auf das streitbefangene Patent anwendbar, wobei es angesichts der besonderen Wirkungen des § 30 Abs. 3 S. 2 PatG nicht darauf ankommt, dass die Patentveräußerung nach Rechtshängigkeit erfolgte; vielmehr reicht die Eintragung des Rechtsübergangs in die Patentrolle nach Rechtshängigkeit aus.[60] Das Gleiche gilt für die Umschreibung im Markenregister im Zuge eines markenrechtlichen Widerspruchsverfahrens (§ 82 Abs. 1 MarkenG).[61]

46 Die **Ausschlagung einer Erbschaft,** auch diejenige nach § 1957 Abs. 1 BGB, bewirkt keine Rechtsnachfolge iSd. § 265 vom vorläufigen auf den endgültigen Erben.[62] Dem entspricht, dass in Prozessen des vorläufigen Erben ergangene rechtskräftige Urteile den endgültigen Erben nicht bin-

---

50 RGZ 102, 177; *Schilken* S. 44f.; *Zeuner* S. 583f.

51 BAG NJW 1977, 1119 (LS) = DB 1977, 680 = JuS 1977, 411 Nr. 11 *(K. Schmidt)* = AP Nr. 1 zu § 325 ZPO m. Anm. *Leipold* = SAE 1977, 220 m. Anm. *Grunsky;* BAG NZA 1994, 260, 261; 1999, 706; 2005, 1178, 1181.

52 Eingehend *Zeuner* S. 577ff.

53 Ebenso *Schilken* S. 43f.

54 Im Erg. ebenso BAG AP GG Art. 9 Nr. 60 Arbeitskampf.

55 *Schilken* S. 42; *Zeuner* S. 581; *Rosenberg/Schwab/Gottwald* § 99 Rn. 8.

56 *Bork/Jacoby,* S. 440, 450 m. Nachw. auch zur hM in Fn. 3; dahinstellend BGH NJW 2001, 1217f.; für Fortsetzung des Prozesses ohne Unterbrechung und ohne Anwendung des § 265 mit demjenigen, dem der Streitgegenstand nach der Spaltung zugewiesen ist, *P. Meyer,* Die Auswirkungen der Insolvenz, Umwandlung und Vollbeendigung von Gesellschaften auf den anhängigen Zivilprozess, 2005, 95ff.; *ders.,* JR 2007, 133, 136.

57 *Baumbach/Lauterbach/Hartmann* Rn. 12.

58 OLG Frankfurt NJW-RR 1991, 318, 319.

59 BGH NJW 2007, 300.

60 BGHZ 72, 236, 242 = NJW 1979, 269; BGHZ 117, 144, 146 = NJW 1993, 203, 204.

61 BGH WRP 1998, 996, 997.

62 BGHZ 106, 359, 364 = NJW 1989, 2885.

den. Das gilt auch für den Wegfall des testamentarischen Erben infolge Anfechtung (§§ 2078, 2079 BGB) und den Anfall der Erbschaft an den gesetzlichen Erben.

dd) Nach der neuen Rspr. des BGH[63] sind Gesamthandsgesellschaften generell, also nicht nur OHG und KG (§ 124 Abs. 1 HGB), parteifähig; s. a. § 50 Rn. 24 ff. Deshalb berührt ein Gesellschafterwechsel während des **Gesamthandsprozesses** die Identität der Partei nicht und hat auf das Verfahren grds. keinen Einfluss. Zur Unterbrechung oder Aussetzung kommt es konsequenterweise nur, wenn durch das Ausscheiden eines Gesellschafters die Gesellschaft vorübergehend ohne organschaftliche Vertretung ist; § 50 Rn. 28. Für die Anwendung des § 265 ist kein Raum. 47

Das gilt auch für Passivprozesse, wenn nach **Auflösung der Gesellschaft** die Liquidation in der Form erfolgt, dass einer der Gesellschafter die Verbindlichkeit „übernimmt". Dies setzt eine wirksame Schuldübernahme iSd. § 414 BGB voraus. Wegen der erforderlichen Zustimmung des Gläubigers ist eine Anwendung des § 265 nicht erforderlich, da seine Interessen als Prozessgegner nicht dadurch beeinträchtigt werden, dass er den Prozess allein mit dem Schuldübernehmer fortsetzen muss. Fehlt eine Zustimmung des Gläubigers zur Übernahme der Passiva durch einen Gesellschafter, so bleibt weiterhin die Gesellschaft als solche passivlegitimiert.[64] Zur Schuldübernahme s. Rn. 55 ff. 48

b) Übertragung kraft Gesetzes. Nach dem Schutzzweck des § 265 kommt es für die Anwendbarkeit nicht auf die Form des Übergangs an, so dass die Vorschrift auch dann eingreift, wenn eine Forderung kraft Gesetzes übergeht (zB nach §§ 268 Abs. 3, 426 Abs. 2, 774 Abs. 1, 1143 Abs. 1, 1225, 1249 Abs. 2, 1607 Abs. 2 S. 2 u. Abs. 3 BGB, § 67 VVG, § 94 SGB XII). Dementsprechend kann auch die Entstehung eines gesetzlichen Pfandrechts an einer streitbefangenen Sache zur Anwendung des § 265 führen.[65] 49

Ob § 265 bei **Wechselrücklauf** und gleichzeitig anhängigem Rechtsstreit gegen den Akzeptanten anwendbar ist, hängt von der Rechtsnatur des Wechselrücklaufs ab. Nach hM stellt er entsprechend der Rechtsnatur des Wechselvorlaufs einen Übergang der Regressrechte auf den Einlöser kraft Gesetzes dar, so dass § 265 anzuwenden ist.[66] 50

c) Übertragung kraft Hoheitsakts. Zur Übertragung kraft Hoheitsakts gehört die öffentlich-rechtliche **Eigentumsübertragung in der Zwangsvollstreckung** sowohl von beweglichen wie von unbeweglichen Sachen (§ 817 Abs. 2; §§ 90, 55 ZVG). Da dem Ersteher hierdurch unabhängig von seiner Gutgläubigkeit unbeschränktes Eigentum verschafft wird, greift zugunsten des Beklagten regelmäßig § 265 Abs. 3 ein.[67] Sollte also tatsächlich einmal die streitbefangene Sache gepfändet und verwertet worden sein und der Kläger nicht nach § 771 interveniert haben, so kann sich der Beklagte auf den Wegfall der Aktivlegitimation berufen. Entsprechendes gilt für eine von § 55 ZVG erfasste streitbefangene Sache.[68] Dagegen ist der Ersteher eines Grundstücks nicht Rechtsnachfolger eines früheren Zwangsverwalters, und zwar weder hinsichtlich der Nutzungsansprüche aus der Zeit vor dem Zuschlag noch für die Zeit danach.[69] Die **Enteignung** und der damit zusammenhängende Eigentumsübergang ist der Zwangsversteigerung gleichzustellen; der Verlust der Aktivlegitimation kann dem Kläger nach § 265 Abs. 3 entgegengehalten werden.[70] 51

Pfändung und Überweisung der streitbefangenen Forderung erfüllen ebenfalls die Voraussetzungen des § 265.[71] Dabei ist die Überweisung der entscheidende Akt. Die Überweisung zur Einziehung begründet die Einziehungsbefugnis des Vollstreckungsgläubigers; s. Rn. 59.[72] Die Überweisung an Zahlungs Statt zum Nennwert (§ 835 Abs. 2) bewirkt einen echten Gläubigerwechsel.[73] Hingegen findet § 265 keine Anwendung, wenn der Vollstreckungsgläubiger nach Erhebung der 52

---

[63] BGHZ 146, 341 ff. = NJW 2001, 1056 – eine nicht rechtskräftig gewordene, später durch übereinstimmende Erledigungserklärung hinfällig gewordene Säumnisentscheidung, vgl. dazu den Beschluß nach § 91 a BGH NJW 2002, 1207 = JZ 2002, 1106 m. abl. Anm. *Stürner;* dem BGH zustimmend insbes. *K. Schmidt* NJW 2001, 993: *Wertenbruch* NJW 2002, 324; *Hess* ZZP 117 (2004), 267 ff.; *Wagner* ZZP 117 (2004), 305 ff.; s. a. BVerfG NJW 2002, 3533 = JZ 2003, 43 m. abl. Anm. *Stürner,* aA noch BGH NJW 2000, 291, 292; *Jauernig* NJW 2001, 2231; *Stürner* jeweils aaO; *Prütting,* FS Wiedemann, 2002, S. 1177.

[64] *Schuman* S. 43 f.

[65] *Baumbach/Lauterbach/Hartmann* Rn. 10; *Stein/Jonas/Schumann* Rn. 23.

[66] *Baumbach/Hefermehl,* WechselG und ScheckG, 22. Aufl. 2001, Art. 14 WG Rn. 4, Art. 49 WG Rn. 1; *Zöllner,* WertpapierR, 14. Aufl. 1987, § 17 II 2; aM OLG Hamburg MDR 1968, 1014.

[67] BGH NJW 2002, 2101, 2102.

[68] KG OLGRspr. 20 (1909), 314.

[69] BGH LM Nr. 2.

[70] *Grunsky* S. 47 f., 62 f.; *Henckel* ZZP 82 (1969), 333, 337 f.

[71] BGHZ 86, 337, 339 = NJW 1983, 886; BGH NJW 1986, 3206, 3207; *Rosenberg/Gaul/Schilken* § 55 II 1 b, S. 859; s. a. *Schur* KTS 2001, 73, 91 ff., 93 f.

[72] BGHZ 66, 79; 82, 28, 31 = NJW 1982, 173.

[73] *G. Lüke* JZ 1959, 270; *Rosenberg/Gaul/Schilken* § 55 II 2, S. 863.

Drittschuldnerklage auf seine Rechte aus dem Pfändungs- und Überweisungsbeschluss zur Einziehung verzichtet (§ 843).[74] Hier fallen zwar materielles Einziehungsrecht und Prozessführungsbefugnis an den Vollstreckungsschuldner zurück; dies reicht jedoch nicht aus, weil § 265 einen Rechtsübergang, wenn auch im weitesten Sinne, verlangt. Zur Freigabe der streitbefangenen Forderung aus der Insolvenzmasse durch den Insolvenzverwalter s. Rn. 62.

53 Der **Gerichtsvollzieher** wird durch Pfändung der streitbefangenen Sache nicht Rechtsnachfolger iSd. § 265, so dass die Fehlerhaftigkeit des vom Vollstreckungsschuldner erlangten Besitzes (§ 858 Abs. 2 S. 2 BGB) ihm gegenüber unerheblich ist.[75] Dies folgt aus seiner Stellung als hoheitlich handelndem Vollstreckungsorgan.[76] Die Herausgabeklage muss als unzulässig abgewiesen werden, da sie wegen § 771 unstatthaft ist,[77] gleichgültig, ob der Beklagte unmittelbarer oder mittelbarer Besitzer der gepfändeten Sache ist; zu den Besitzverhältnissen s. § 808 Rn. 28. Dem Kläger bleibt nur die Erledigungserklärung.

54 Eine „Abtretung" liegt auch bei einer Forderungsübertragung durch **privatrechtsgestaltenden Verwaltungsakt** vor. Hierher gehören die **Überleitungsanzeigen** im sozialrechtlichen Bereich, deren Bedeutung stark abgenommen hat, da der Gesetzgeber dazu übergegangen ist, sie durch Legalzessionen zu ersetzen,[78] wie zB die Überleitung von Unterhaltsansprüchen auf den Träger der Sozialhilfe nach § 94 SGB XII. Überleitungsanzeigen gibt es zB noch nach § 93 SGB XII für sonstige Ansprüche des Hilfeempfängers und nach §§ 95, 96 SGB VIII durch den Träger der öffentlichen Jugendhilfe. Verfahrensrechtlich bestehen für anhängige Unterhaltsprozesse keine Unterschiede zwischen Überleitungsanzeige und cessio legis; beide erfüllen den Tatbestand des § 265 Abs. 2 S. 1.[79] Folglich bleibt der Anspruchsberechtigte, wenn der Anspruch gemäß § 93 SGB XII nach Klageerhebung übergeleitet wird, weiterhin prozessführungsbefugt; er muss jedoch seinen Klageantrag auf Verurteilung des Beklagten zur Leistung an den kraft Überleitung anspruchsberechtigten Sozialhilfeträger umstellen;[80] s. Rn. 83. Dies trifft auch für die cessio legis zu. Da der Unterhaltsanspruch nach § 94 Abs. 1 SGB XII nur bis zur Höhe der geleisteten Aufwendungen übergeht, kann der Kläger ab Monatsersten nach Schluss der mündlichen Verhandlung Zahlung der künftig fälligen Unterhaltsbeträge an sich selbst verlangen.[81]

55 **d) Schuldübernahme.** § 265 findet keine Anwendung im Falle einer **befreienden Schuldübernahme** hinsichtlich der streitbefangenen Forderung;[82] s. aber § 727 Rn. 36. Seine extensive Auslegung geht nicht so weit, dass auf den Übergang der Berechtigung des Gläubigers verzichtet werden kann, die trotz Schuldübernahme bestehen bleibt; der Wegfall der Passivlegitimation allein genügt nicht. Auch der Schutzzweck rechtfertigt die (analoge) Anwendung nicht. Der klagende Gläubiger bedarf nicht des Schutzes des § 265, weil die Schuldübernahme ohne seine Mitwirkung – durch Vertrag (§ 414 BGB) oder Genehmigung (§ 415 BGB) – nicht möglich ist.

56 Die prozessökonomischen Vorteile, die die Gegenmeinung darin sieht, dass sie die Abweisung der Klage nur wegen fehlender Passivlegitimation vermeidet,[83] bestehen nur scheinbar. Denn konsequenterweise müsste der bisherige Schuldner verurteilt werden und gegen die der materiellen Rechtslage zuwider erfolgende Zwangsvollstreckung des Gläubigers in einem neuen Prozess vorgehen, für den ihm unter Berufung auf die fehlende Passivlegitimation nicht einmal die Vollstreckungsabwehrklage zur Verfügung stünde (§ 767 Abs. 2).[84] Der erforderliche Gleichlauf mit § 325 Abs. 1 führt dazu, dass die Schuldübernahme auch nicht unter diese Vorschrift fällt; s. § 325 Rn. 34. Der Änderung der materiellen Rechtslage kann der Kläger verfahrensrechtlich dadurch Rechnung tragen, dass er die Hauptsache für erledigt erklärt, die Klage zurücknimmt oder im

---

[74] AM *Stein/Jonas/Brehm* § 843 Rn. 6.

[75] Vgl. OLG Schleswig SchlHA 1975, 47, 49.

[76] *Rosenberg/Gaul/Schilken* § 25 IV, S. 421 ff. Das ist auch der Grund, weshalb der Gerichtsvollzieher bei Verletzung der §§ 809, 886 keine verbotene Eigenmacht (§ 858 Abs. 1 BGB) begeht; *G. Lüke* ZwangsvollstreckungsR, 2. Aufl. 1993, Nr. 158, 274; *Rosenberg/Gaul/Schilken* § 70 III, S. 968.

[77] *G. Lüke,* Fälle zum ZivilprozeßR, 2. Aufl. 1993, S. 139.

[78] *G. Lüke* JuS 1995, 90, 91.

[79] OLG Nürnberg FamRZ 1995, 236, 237. OLG Schleswig FamRZ 1996, 40.

[80] Vgl. OLG Düsseldorf FamRZ 1981, 697, 698; KG FamRZ 1982, 427, 428.

[81] OLG Nürnberg FamRZ 1995, 236, 237. Für die Überleitungsregelung nach §§ 90, 91 BSHG aF stellte die wohl hM auf den Monatsersten nach Verkündung des Unterhaltsurteils ab.

[82] BGHZ 61, 140, 142 = NJW 1973, 1700 m. Nachw. zum Meinungsstand in dieser umstrittenen Frage; BGH ZZP 88 (1975), 324, 327 m. zust. Anm. *Henckel;* BGH NJW 2001, 1217, 1218; *Schilken* S. 11 ff., 34; *ders.* ZPR Rn. 245; *Rosenberg/Schwab/Gottwald* § 99 Rn. 10; *Zöller/Greger* Rn. 5 a; aM *Baumbach/Lauterbach/Hartmann* Rn. 12.

[83] *K. H. Schwab* ZZP 87 (1974), 97, 98; *Calavros* S. 62 f.

[84] *Zeiss* JR 1974, 156, 157; s. auch BGHZ 61, 140, 144.

Wege des gewillkürten Parteiwechsels den neuen Schuldner an Stelle des Beklagten in den Prozess einbezieht.

Auf die **kumulative Schuldübernahme,** etwa nach dem zum 1. 1. 1999 aufgehobenen § 419 Abs. 1 BGB, ist § 265 ebenfalls nicht anzuwenden;[85] zu § 25 Abs. 1 HGB s. Rn. 43. Hier fehlt es nicht nur an einem Übergang der Berechtigung, sondern überhaupt an einem „Rechtsübergang" im weitesten Sinne. Der ursprüngliche Schuldner verliert die Passivlegitimation nicht. Damit stimmt überein, dass für die kumulative Schuldübernahme § 325 Abs. 1 nicht gilt (s. dort Rn. 36) und § 729 die Vermögensübernahme ausdrücklich regelt, sie also von § 727 ausnimmt. Auch derjenige, der im Wege der gesellschaftsrechtlichen Durchgriffshaftung in Anspruch genommen wird, ist nicht iSd. § 265 als Rechtsnachfolger des Primärschuldners anzusehen.[86] 57

e) Übergang der Prozessführungsbefugnis, Verfügungen des Insolvenzverwalters. Ob der Übergang der **Prozessführungsbefugnis** für § 265 genügt, lässt sich nicht allein aus dogmatischer Sicht beantworten; es kommt auch auf die zugrunde liegenden Vorschriften und die sonstigen Interessen an. Dies entspricht der hM, insb. der Rspr., deren Ergebnisse sich nicht ohne weiteres auf einen Nenner bringen lassen. Zu unterscheiden ist, ob die Prozessführungsbefugnis begründet oder übertragen wird oder an den Rechtsinhaber zurückfällt. Die Prozessstandschaft nach § 1629 Abs. 3 S. 1 BGB, die auch die Geltendmachung von Kindesunterhalt außerhalb des Scheidungsverbundverfahrens umfasst, bleibt entsprechend § 265 Abs. 2 S. 1 nach Rechtskraft der Scheidung bis zum Abschluss des Unterhaltsprozesses bestehen;[87] s. auch Rn. 63 und § 623 Rn. 16. 58

Bei der Pfändung und Überweisung der streitbefangenen Forderung – zur Einziehung oder an Zahlungs Statt zum Nennwert – greift § 265 ein; s. Rn. 52. Der Schutz des beklagten Drittschuldners steht im Vordergrund; dem Interesse des Vollstreckungsgläubigers an der Leistung wird dadurch genügt, dass der weiterhin prozessführungsbefugte Vollstreckungsschuldner den Klageantrag umstellen muss auf Verurteilung zur Leistung an den Vollstreckungsgläubiger;[88] s. Rn. 84. Die Eröffnung des Insolvenzverfahrens führt zur Unterbrechung des Prozesses; das Gleiche gilt für den Übergang der Verwaltungs- und Verfügungsbefugnis über das Vermögen des Schuldners auf einen vorläufigen Insolvenzverwalter (§ 240, § 22 InsO). 59

Tritt der klagende Gläubiger die streitbefangene Forderung nicht ab, sondern ermächtigt er einen Dritten zur Weiterführung des Prozesses, so wird es i. a. an dem von der hM geforderten eigenen Interesse des Ermächtigten fehlen und § 265 schon deshalb nicht eingreifen. Liegt ein solches Interesse ausnahmsweise vor, ist damit auch dokumentiert, dass der Dritte den Prozess weiterführen kann, ohne dass es auf die Zustimmung des Beklagten (§ 265 Abs. 2 S. 2) ankommt. 60

Bei **Abtretung** der streitbefangenen Forderung durch den **Insolvenzverwalter** (§ 80 InsO) ist § 265 nicht anzuwenden. Entscheidend ist das Interesse des Insolvenzverwalters, sich der streitbefangenen Forderung endgültig entledigen zu können; demgegenüber muss das Interesse des Prozessgegners zurücktreten. Auch der BGH stellt dessen Interesse zurück, indem er dem Insolvenzverwalter die Prozessführungsbefugnis jedenfalls insoweit belassen will, als durch die Forderungseinziehung zugunsten des Rechtsnachfolgers die Insolvenzmasse entlastet wird.[89] Die damit in den Prozess getragene Unsicherheit ist nicht akzeptabel. Anders ist die Rechtslage bei einer Sicherungszession des Insolvenzverwalters, da diese nur ein Recht auf abgesonderte Befriedigung begründet (§ 51 Nr. 1 InsO);[90] der Insolvenzverwalter führt den Rechtsstreit als gesetzlicher Prozessstandschafter des Sicherungszessionars weiter (§ 265 Abs. 2 S. 1).[91] Entsprechend wird seine Prozessführungsbefugnis auch nicht dadurch berührt, dass die rechtshängige Mietzinsforderung im Wege der Zwangsverwaltung des Mietgrundstücks, das zur Insolvenzmasse gehört, beschlagnahmt wird.[92] 61

Da der Fortbestand der Prozessführungsbefugnis des Insolvenzverwalters nach § 265 voraussetzt, dass die Insolvenzmasse von dem Prozess noch betroffen wird,[93] findet die Vorschrift keine Anwendung, falls er den streitbefangenen Gegenstand freigibt und damit der **Insolvenzbeschlag be-** 62

---

[85] RG SeuffA 93 (1939) Nr. 47; OLG Stuttgart NJW 1969, 1493, 1494; *Musielak/Foerste* Rn. 6; *Ahrens* S. 521; krit. *Bettermann* (Fn. 41) S. 74 ff.

[86] Vgl. BAG NJW 1987, 2606.

[87] BGH NJW-RR 1990, 323, 324 = FamRZ 1990, 283; *Gießler* FamRZ 1994, 800 ff.

[88] BGH NJW 1986, 3206, 3207.

[89] BGH NJW 1986, 3206, 3207; NJW 1992, 2894, 2895.

[90] Ebenso BGH NJW 1986, 3206, 3207. Der vom BGH angeführte Fall der Pfändung ist wg. § 89 InsO ausgeschlossen.

[91] Die Prozeßführungsbefugnis des Insolvenzverwalters als Partei kraft Amtes wirkt nur mittelbar. Dagegen spricht der BGH von doppelter Prozeßstandschaft.

[92] BGH NJW 1986, 3206, 3208.

[93] Offengelassen von BGH NJW 1969, 48, 49.

endet wird.[94] Desgleichen beseitigt die **beschränkte Freigabe** iS einer Rückübertragung der Prozessführungsbefugnis auf den Schuldner, auf die der BGH zutreffend die Grundsätze über die gewillkürte Prozessstandschaft anwendet,[95] die Prozessführungsbefugnis des Insolvenzverwalters. Hier bietet die Prüfung des von der hM geforderten Interesses an der Prozessführung eine Handhabe, den Interessen der Beteiligten gerecht zu werden.

63 Nach **Beendigung des Insolvenzverfahrens** kann der Schuldner ohne weiteres in vom Insolvenzverwalter um zur Masse gehörige Gegenstände begonnene Prozesse eintreten; § 265 findet keine Anwendung.[96] Gleiches gilt für einen Zessionar, dem der Verwalter die streitbefangene Forderung während des Insolvenzverfahrens abgetreten hat und dem mit dessen Ende die Prozessführungsbefugnis zufällt.[97] Ebenso verhält es sich bei anderen **Parteien kraft Amtes.** Mit dem Ende des betreffenden Verfahrens und Amtes erlischt auch die Prozessführungsbefugnis des Amtsträgers und der Rechtsinhaber kann den von der Amtspartei begonnenen Prozess selbst fortführen; hier bedarf die Gegenpartei des Schutzes durch § 265 nicht.[98] In gleicher Weise zu behandeln ist schließlich der Wegfall der Prozessführungsbefugnis bezüglich eines Gesamtvermögens, wenn das Rechtsverhältnis endet, zB die Gütergemeinschaft bei Alleinverwaltung eines Ehegatten (§ 1422 S. 1 BGB).[99] Scheidet dagegen der streitbefangene Gegenstand aus dem Gesamtvermögen aus, so bleibt der bisherige Kläger zum Schutze des Prozessgegners prozessführungsbefugt, zB bei der Umwandlung von Gesamtgut in Vorbehaltsgut durch Vereinbarung der Ehegatten.[100] Im Falle des § 1629 Abs. 3 S. 1 BGB kann das Kind nach Volljährigkeit – auch durch Einlegung der Revision – in den Unterhaltsprozess eintreten;[101] s. auch Rn. 58 und § 263 Rn. 86. Die Beendigung der **gewillkürten Prozessstandschaft,** auch durch Tod des Prozessstandschafters, fällt ebenfalls nicht unter § 265. Der BGH wendet die Regeln über den gewillkürten Parteiwechsel an; § 263 Rn. 86. Danach hängt bei fehlender Zustimmung des Beklagten zum Klägerwechsel dessen Wirksamkeit von seiner Sachdienlichkeit ab.[102] Dem ist beizupflichten, um die Gegenpartei vor Manipulationen zu schützen.

64 **5. Rechtsübergang nach Rechtshängigkeit. a)** Der **Zeitpunkt des Rechtsübergangs** richtet sich nach materiellem Recht. Bei mehraktigen Erwerbsvorgängen kommt es auf den letzten zum Rechtserwerb führenden Teilakt an,[103] zB die Eintragung ins Grundbuch, die Übergabe des Hypothekenbriefs, den Eintritt einer aufschiebenden Bedingung; zu § 30 Abs. 3 S. 2 PatG s. Rn. 45. Vor Beendigung des Schwebezustands liegen Sachlegitimation und Prozessführungsbefugnis weiterhin beim Veräußerer, da die Schutzwirkungen der §§ 159 ff. BGB erst mit der Bedingung eintreten.[104] Umgekehrt ist bei Veräußerung unter einer auflösenden Bedingung der Zwischenberechtigte grds. allein an der Sache und damit auch zur Prozessführung befugt.[105]

65 Hierher gehört auch der Fall des **§ 332 BGB,** da das Recht des Dritten nur bedingt entstanden ist und die Bedingung mit der Ausübung des Vorbehalts durch den Versprechensempfänger eintritt. Der ursprünglich als Berechtigter vorgesehene Dritte kann auf der Klägerseite den Prozess gegen den Versprechenden nach § 265 Abs. 2 S. 1 als gesetzlicher Prozessstandschafter des neuen Dritten

---

[94] Ebenso BGHZ 46, 249, 251 = NJW 1967, 781; OLG Stuttgart NJW 1973, 1756; *G. Lüke,* InsolvenzR, 1985, S. 65; aM OLG Nürnberg OLGZ 1994, 454, 458 f.; LG Hamburg EWiR § 265 ZPO 1/02, 727 m. Anm. *Wessel; Grunsky* JZ 1967, 366, 367; *F. Weber* ZZP 80 (1967), 471, 480; *Henckel* Parteilehre S. 164; *Bötticher* JZ 1963, 582, 585.

[95] BGHZ 35, 180, 182 = NJW 1961, 1528.

[96] So wohl auch BGH NJW 1992, 2894, 2895.

[97] BGH NJW 1992, 2894, 2895.

[98] Ebenso *Zöller/Vollkommer* Vor § 50 Rn. 22. Der BGH differenziert: In NJW-RR 1990, 1213 zog er nach Aufhebung einer Zwangsverwaltung für den Prozeßeintritt des früheren Grundstückseigentümers die Regeln über den gewillkürten Parteienwechsel heran und beließ dem Zwangsverwalter die Befugnis, einen von ihm begonnenen Prozeß im eigenen Namen fortzuführen, wenn der frühere Eigentümer dies wünscht. In BGHZ 155, 38, 40 ff. = NJW-RR 2003, 1419 m. krit. Anm. *Brehm* WuB VII A § 265 ZPO 1.03 nahm er für den Fall der Beendigung einer Zwangsverwaltung durch Antragsrücknahme ein sofortiges Erlöschen der Prozeßführungsbefugnis des Zwangsverwalters an.

[99] Ebenso BGH ZZP 65 (1952), 148 m. zust. Anm. *Rosenberg* für die Beendigung des früheren gesetzlichen Güterstandes der Verwaltung und Nutznießung (§ 1380 BGB aF).

[100] Ebenso *Henckel* Parteilehre S. 154.

[101] BGH NJW 1983, 2084, 2085 = FamRZ 1983, 474; BGH FamRZ 1985, 471, 473 = NJW 1985, 1347 (LS); BGH NJW-RR 1990, 323, 324 = FamRZ 1990, 283.

[102] BGHZ 123, 132, 136 = NJW 1993, 3072, 3073 = ZZP 107 (1994), 524 m. krit. Anm. *Schilken,* der entgegen dem BGH bei Tod des Prozeßstandschafters §§ 239, 246 anwendet; s. a. OLG Celle OLGR 2003, 318.

[103] BGH NJW 1998, 156, 158.

[104] *Pohle,* FS H. Lehmann, 2. Bd., 1956, S. 738, 740.

[105] *Pohle* aaO S. 754.

fortsetzen.[106] Differenzierter ist die Rechtslage nach **§ 651b BGB.** Die Norm sieht eine Vertragsübernahme durch den Dritten vor. Nach dessen Eintritt scheidet der Reisende aus dem Vertrag aus. Deshalb findet auf einen zwischen ihm und dem Reiseveranstalter schwebenden Prozess grds. § 265 Anwendung. Da der Reisende wegen des Reisepreises und der Mehrkosten Schuldner bleibt, greift insoweit § 265 nicht ein; s. Rn. 57.

b) Für den **Zeitpunkt der Rechtshängigkeit** kommt es auch bei Vorliegen der Voraussetzungen des § 167 auf die Zustellung der Klage an; s. dort Rn. 6. Für die Rechtsfolgen des § 265 im Wiederaufnahmeverfahren spielt es keine Rolle, ob die Veräußerung oder Abtretung vor oder nach rechtskräftigem Abschluss des Ausgangsprozesses erfolgte, da für die Beurteilung der maßgeblichen Interessenlage nicht auf den Zeitpunkt des Rechtsübergangs abzustellen ist. Dass inzwischen der Titel nach § 727 umgeschrieben worden ist, macht § 265 nicht unanwendbar;[107] es gilt das Gleiche wie im Berufungs- und Revisionsverfahren, obwohl bereits dem Rechtsnachfolger die Klausel für ein vorläufig vollstreckbares Urteil erteilt wurde. 66

Stellt der Gläubiger einen bereits rechtshängigen Anspruch in ein **Kontokorrent** ein und macht später den aus diesem Kontokorrent entstandenen Schlusssaldo so geltend, ist eine Abtretung auch dann nach Rechtshängigkeit erfolgt, wenn der Anspruch bereits vor Einstellung in das Kontokorrent abgetreten wurde; denn der Schlusssaldo fasst lediglich die in das Kontokorrent eingestellten Forderungen zusammen, ohne deren Bestand zu berühren.[108] 67

c) Liegen **Veräußerung und Abtretung** zeitlich **vor der Rechtshängigkeit,** so ist die Klage nicht mangels Prozessführungsbefugnis als unzulässig, sondern mangels Sachlegitimation als unbegründet abzuweisen.[109] Einen **Sonderfall** der Rechtsübertragung vor Rechtshängigkeit regelt **§ 407 Abs. 2 BGB,** der zugunsten eines bei Eintritt der Rechtshängigkeit hinsichtlich der Zession gutgläubigen Schuldners eine Rechtskrafterstreckung gegen den Zessionar vorsieht. § 265 ist analog anzuwenden, wenn die Rechtslage im Prozess aufgedeckt wird und damit die Prozessführungsmacht kraft Rechtsscheins wegfällt; der Schuldner kann darauf bestehen, dass der Zedent den Prozess fortsetzt, wobei dieser entsprechend der Relevanztheorie (Rn. 83) den Klageantrag auf Leistung an den Zessionar umstellen muss.[110] 68

III. Rechtsfolgen

1. Allgemein. a) Gesetzliche Prozessstandschaft. Die Veräußerung der in Streit befangenen Sache und die Abtretung des geltend gemachten Anspruchs sind unbeschränkt zulässig (§ 265 Abs. 1). Veräußerung und Abtretung haben auf den Prozess keinen Einfluss (Abs. 2 S. 1). Der Prozess wird nicht unterbrochen. Der Veräußerer bleibt weiterhin in der Parteistellung. Er führt den Prozess nicht als Vertreter des Erwerbers, sondern mit eigener Prozessführungsbefugnis, also im eigenen Namen, weiter. § 265 Abs. 2 S. 1 ist ein Fall **gesetzlicher Prozessstandschaft.**[111] Die prozessualen Möglichkeiten des Erwerbers im anhängigen Prozess sind dementsprechend beschränkt (§ 265 Abs. 2 S. 2 und 3). Der Eintritt dieser Rechtsfolgen setzt voraus, dass die Rechtskraft des vom Veräußerer erstrittenen Urteils gemäß §§ 325ff. gegen den Erwerber wirkt, da sonst der bezweckte Schutz des Prozessgegners durch ein Urteil gegenüber dem Veräußerer nicht erreicht wird. Zur Bedeutung des § 265 Abs. 3 s. Rn. 104. Einer neuen Klage des Rechtsnachfolgers mit demselben Streitgegenstand steht die Rechtshängigkeit des schwebenden Prozesses entgegen (§ 261 Abs. 3 Nr. 1). 69

b) In der Literatur wird die Beschränkung der prozessualen Handlungsmöglichkeiten des Erwerbers wegen Verletzung des **Anspruchs auf rechtliches Gehör** (Art. 103 Abs. 1 GG) insoweit für verfassungswidrig gehalten, als der Erwerber nach § 265 Abs. 2 S. 2 nur als einfacher Nebenintervenient (§ 67) beitreten kann, nicht aber als streitgenössischer Streithelfer (§ 69).[112] Dem ist nicht zu folgen.[113] Selbst wenn man die Beteiligung als Nebenintervenient als Art. 103 Abs. 1 GG nicht 70

---

106 *Schuman* S. 72.

107 BGHZ 29, 329, 333 = NJW 1959, 939.

108 Nach BGH NJW 1979, 924 gilt dies jedenfalls dann, wenn es an einem Saldoanerkenntnis fehlt.

109 S. a. OLG Düsseldorf OLGR 2006, 289, 290: § 265 Abs. 2 bei Abtretung nach Anhängigkeit, aber vor Rechtshängigkeit unanwendbar.

110 *A. Blomeyer* § 47 IV; *G. Lüke,* Fälle zum Zivilprozeßr, 2. Aufl. 1993, S. 174f.

111 *G. Lüke* ZZP 76 (1963), 1, 26; *Schilken* ZPR Rn. 249; *Rosenberg/Schwab/Gottwald* § 99 Rn. 22; *Stein/Jonas/Schumann* Rn. 39; *Stadler/Bensching* Jura 2001, 433, 435.

112 *Pawlowski* JZ 1975, 681, 682; *Calavros* S. 70; *A. Blomeyer* § 47 II 1.

113 Überzeugend *Henckel,* FS Walder, S. 195ff.; *Zeuner,* Rechtliches Gehör, materielles Recht und Urteilswirkungen, 1974, S. 26f.

genügend ansehen wollte,[114] ist die gesetzliche Regelung iE verfassungsrechtlich haltbar, weil das rechtliche Gehör des Erwerbers zugunsten der schutzwürdigen Interessen des Prozessgegners zurückstehen muss;[115] s. auch Einl. Rn. 214, 218, 259. Möglichem kollusiven Zusammenwirken der Parteien des anhängigen Rechtsstreits lässt sich mit Hilfe des § 826 BGB begegnen.[116] Dagegen kann der Interessenausgleich zwischen Rechtsvorgänger und Erwerber nicht damit gerechtfertigt werden, er sei materiell-rechtlicher Natur und liege deshalb außerhalb des Bereichs, in dem rechtliches Gehör gewährt werde.[117] Damit würde § 265 materiell-rechtliche Wirkung beigelegt, die ihm gerade nicht zukommt.[118]

71 **2. Rechtsstellung des Rechtsvorgängers. a) Materiell-rechtlich.** § 265 Abs. 2 S. 1 ersetzt die verlorengegangene materielle Berechtigung des Veräußerers nicht und fingiert sie auch nicht als fortbestehend. Folglich sind materiell-rechtliche **Verfügungen** des Veräußerers ohne Zustimmung des Rechtsnachfolgers unwirksam.

72 Der Prozessgegner kann gegenüber dem Rechtsvorgänger **Einwendungen** und **Einreden** geltend machen, die ihm aus seinen Rechtsbeziehungen mit dem Rechtsnachfolger zustehen (Erfüllung, Aufrechnung, Stundung); tut er dies nicht, ist er mit ihnen später nach § 767 Abs. 2 präkludiert. Ausgenommen sind solche Einwendungen und Einreden, die materielle Verfügungen enthalten und als solche gegenüber dem materiell berechtigten Rechtsnachfolger nicht wirksam sind, zB die Aufrechnung nach Maßgabe des § 406 BGB.[119]

73 Tritt der Beklagte während der rechtshängigen Klage auf **Löschung einer Grundschuld** diese ab, so ist er selbst materiell-rechtlich zwar nicht mehr zur Erfüllung des Löschungsanspruchs in der Lage. Trotz der zu berücksichtigenden veränderten materiellen Rechtslage wäre es jedoch verfehlt, die Klage wegen Unmöglichkeit zur Erfüllung abzuweisen; denn dies würde der Systematik der §§ 265, 325, 727 widersprechen, wonach das Urteil auch gegenüber dem Rechtsnachfolger bindend und dieser zur Erfüllung verpflichtet ist;[120] s. Rn. 91 f.

74 **b) Prozessual.** Der Rechtsvorgänger ist im anhängigen Verfahren grds. zur **Vornahme sämtlicher Prozesshandlungen** befugt (zB Anerkenntnis, Verzicht, Geständnis, Beweisanträge). Dies gilt umgekehrt genauso für den Prozessgegner des Veräußerers; der Schutzzweck des § 265 fordert einen der Rechtslage vor der Veräußerung entsprechenden prozessualen Handlungsspielraum. – Der Rechtsvorgänger bleibt auch hinsichtlich einer anhängigen Widerklage legitimiert.[121]

75 Unter Berücksichtigung seiner Doppelnatur ist der Abschluss eines **Prozessvergleichs** zwischen Rechtsvorgänger und Prozessgegner insoweit zulässig, als der verfügende Inhalt des Vergleichs auch Ergebnis eines Urteils im anhängigen Prozess sein könnte. Falls der Vergleich als Verfügung über den nach dem Prozessergebnis denkbaren materiellen Urteilsrahmen hinausgeht, ist er unwirksam und hängt von der Genehmigung des Rechtsnachfolgers ab.[122] Der Vergleich kann auch als echter Prozessvergleich zugunsten des Rechtsnachfolgers (oder eines anderen Dritten) abgeschlossen werden.[123] Zumindest hat der Rechtsnachfolger die Möglichkeit, den Titel auf sich umschreiben zu lassen (§§ 794 Abs. 1 Nr. 1, 795, 727).

76 Der Rechtsvorgänger kann die **Klage zurücknehmen;** der Prozessgegner wird durch § 269 Abs. 1 geschützt. Ebenso kann er die Klage im Rahmen des § 264 **ändern.** Das gilt nicht nur für die Fälle der Nr. 3,[124] sondern auch für die Beschränkung und Erweiterung des Klageantrags nach Nr. 2.[125] Aber auch eine echte Klageänderung durch Umstellung des Klageantrags, die vom Gericht für sachdienlich erachtet wird, wird von seiner Prozessführungsbefugnis nach § 265 Abs. 2 S. 1 gedeckt; hierzu gehört u. a. die Anpassung des Klageantrags an die veränderte materielle Rechtslage, bei der das Gericht keinen Ermessensspielraum iSd. § 263 hat; Rn. 87. Dagegen kann er keine

---

[114] So *Pawlowski* JZ 1975, 681, 684; wohl anders BGH NJW 1982, 1652, 1653.

[115] *Schwartz,* Gewährung und Gewährleistung des rechtlichen Gehörs durch einzelne Vorschriften der Zivilprozeßordnung, Diss. Hamburg 1977, S. 78; *Dinstühler* ZZP 112 (1999), 61, 79.

[116] *Stein/Jonas/Schumann* Rn. 59 Fn. 79.

[117] So *Waldner,* Aktuelle Probleme des rechtlichen Gehörs im Zivilprozeß, 1983, S. 238.

[118] Ebenso *Pawlowski* JZ 1975, 681, 682; *Schwartz* (Fn. 114) S. 77.

[119] *Stein/Jonas/Schumann* Rn. 40.

[120] RGZ 60, 247, 250.

[121] RGZ 90, 350, 354.

[122] *G Lüke,* Fälle zum ZivilprozeßR, S. 73 f.; vgl. BGH NJW-RR 1987, 307 (obiter dictum: generell für Vergleich); LAG Düsseldorf DB 2005, 2696, 2697; s. a. *Klink* WM 2006, 417; überhaupt gegen die Befugnis des Rechtsvorgängers zum Abschluß von Prozeßvergleichen mit Wirkung für und gegen den Rechtsnachfolger *Stadler/Bensching* Jura 2001, 433, 435 f.

[123] *G. Lüke* JuS 1973, 45, 49; anders die hM; s. § 794 Rn. 98.

[124] RGZ 90, 350, 354; BGH LM Nr. 7.

[125] Für die Klageerweiterung zweifelnd BGH LM Nr. 7; wie hier *Wieczorek* Anm. D I a 2.

Klageänderung durch Auswechslung des Klagegrundes vornehmen. Damit geht er über seine Prozessführungsbefugnis hinaus, so dass er nunmehr kraft eigenen Rechts klagt; zum Schicksal der geänderten Klage s. § 263 Rn. 53ff.

Im **Arrestverfahren** und im Verfahren der **einstweiligen Verfügung** bleibt der Rechtsvorgänger für das Aufhebungsverfahren nach §§ 926 Abs. 2, 936 prozessführungsbefugt, da es sich lediglich um einen Annex zum Eilverfahren handelt.[126] Dagegen ist das Hauptsacheverfahren eine vom Eilverfahren verschiedene Rechtsstreitigkeit mit der Folge, dass nur der Rechtsnachfolger zur Erhebung der Hauptklage (§ 926 Abs. 1) berechtigt ist.[127] 77

c) Sachurteilsvoraussetzungen. Für die personenbezogenen Sachurteilsvoraussetzungen bleibt weiterhin die Person des Veräußerers maßgebend. Da seine Prozessführungsbefugnis auf Gesetz beruht, ist es verfehlt, ein besonderes Rechtsschutzinteresse zu fordern, wie die hM es für die gewillkürte Prozessstandschaft verlangt. Vielmehr kommt es lediglich darauf an, ob das Rechtsschutzinteresse nach Maßgabe der allgemeinen Grundsätze auch ohne die Veräußerung vorliegen würde.[128] – Für die Gewährung der PKH ist auf die Person des Rechtsvorgängers abzustellen; § 114 Rn. 50. 78

3. Anpassung des Klageantrags an die veränderte materiell-rechtliche Lage. a) Unkenntnis des Gerichts. Wird die Veränderung der Rechtslage im Prozess **nicht vorgetragen** – die Darlegungs- und Beweislast für die Veräußerung oder Abtretung auf der Aktivseite hat der Beklagte, für die Veräußerung auf der Passivseite der Kläger –, so ergeht das Urteil auf der materiell-rechtlichen Grundlage vor der Veräußerung oder Abtretung. Der Erwerber kann ein vom Veräußerer erwirktes positives Urteil nach § 727 auf sich umschreiben lassen.[129] Der verurteilte Beklagte kann den Gläubigerwechsel nach § 767 Abs. 2 nicht mit der Vollstreckungsabwehrklage geltend machen.[130] 79

Zahlt der verurteilte Schuldner vor der Teilumschreibung an den Zedenten, so kann er sich dem Zessionar gegenüber nur nach Maßgabe des **§ 407 Abs. 1 BGB** auf seine Leistung berufen.[131] Die Rechtskrafterstreckung nach § 325 Abs. 1 bewirkt nicht, dass § 407 Abs. 1 BGB zugunsten des verurteilten Schuldners außer Kraft gesetzt wird. Die nachträgliche, ihm den Schutz des § 407 Abs. 1 BGB nehmende Erlangung der Kenntnis von der Abtretung soll, so der BGH entgegen der bis dahin im Anschluss an das RG[132] nahezu einhelligen Ansicht, dem verurteilten Beklagten nicht die Möglichkeit der Vollstreckungsabwehrklage eröffnen; denn sie stelle keine neue Einwendung iSd. § 767 Abs. 2 dar. Statt dessen könne der Beklagte, wenn er Zweifel habe, ob er an den alten oder neuen Gläubiger leisten solle, der Gefahr der doppelten Inanspruchnahme entgehen, indem er mit schuldbefreiender Wirkung hinterlege.[133] Entsprechendes hätte zu gelten, wenn ein Pfändungs- und Überweisungsbeschluss über die streitbefangene Forderung im Prozess nicht berücksichtigt worden ist. 80

Bei einem Wechsel der Passivlegitimation kann der Beklagte zur Erfüllung des geltend gemachten Anspruchs, zB eines Berichtigungsanspruchs, außerstande sein. Ergeht in diesem Falle gegen ihn ein Urteil ohne Berücksichtigung des Wegfalls der Passivlegitimation, kann der Kläger ihm nach § 281 BGB Frist zur Erfüllung setzen und nach deren fruchtlosem Versteichen zum Schadensersatzanspruch nach § 280 BGB übergehen.[134] 81

b) Relevanz- und Irrelevanztheorie. Zweifelhaft ist, ob das Gericht bei entsprechendem Vortrag der Parteien die veränderte Rechtslage im Urteil zu berücksichtigen hat und demgemäß der Kläger als gesetzlicher Prozessstandschafter seinen Klageantrag anpassen muss, um eine Klageabweisung mangels Sachbefugnis als unbegründet zu vermeiden. Die Relevanztheorie bejaht die Frage, die Irrelevanztheorie verneint sie. Zu unterscheiden ist zwischen einer Rechtsänderung auf der Kläger- und auf der Beklagtenseite. 82

---

[126] LG Frankfurt NJW 1972, 955.

[127] LG Frankfurt NJW 1972, 955, 956.

[128] Ebenso *Stein/Jonas/Schumann* Rn. 39; anders BGH NJW 1965, 1378, 1379 (für Nichtigkeits- und Anfechtungsklage eines GmbH-Gesellschafters gegen einen Gesellschafterbeschluß).

[129] BGHZ 86, 337, 339 = NJW 1983, 886; aA *Dinstühler* ZZP 112 (1999), 61, 72.

[130] BGHZ 145, 352, 354 = NJW 2001, 231, 232 = JZ 2001, 465; bei Zugrundelegung der Relevanztheorie ebenso *Becker-Eberhard* ZZP 104 (1991), 413, 433f.; aA *Stein/Jonas/Münzberg* § 727 Rn. 54 mit Fn. 256

[131] BGHZ 86, 337, 339 = NJW 1983, 886.

[132] RGZ 84, 286, 292.

[133] BGHZ 145, 352, 355f. = NJW 2001, 231, 232 = JZ 2001, 465 m. abl. Anm. *Foerste* = ZZP 114 (2001), 225 m. krit. Anm. *Münzberg* sowie m. Nachw. auch zur bislang nahezu einhelligen Gegenansicht; kritisch auch *Braun* ZZP 117 (2004), 3ff.

[134] Zu § 283 BGB aF RG Gruchot 65 (1921), 723, 725.

83 **aa)** Für die **Veräußerung auf seiten des Klägers** trifft die **Relevanztheorie** zu.[135] Für sie spricht, dass sie der wahren Rechtslage Rechnung trägt.[136] Folglich muss der Kläger seinen Antrag auf Zahlung an den Zessionar oder auf Herausgabe an den Erwerber umstellen; andernfalls wird seine Klage mangels Aktivlegitimation als unbegründet abgewiesen.[137] Darauf hat der Vorsitzende gemäß § 139 Abs. 1 hinzuweisen. – Kraft seiner Prozessführungsbefugnis über die abgetretene Klageforderung kann der klagende Zedent einen Zinsanspruch des Zessionars als Verzugsschaden mit geltend machen; dazu muss er das Erforderliche vortragen, etwa die Inanspruchnahme eines Bankkredits durch den Zessionar.[138]

84 Wie der Kläger seinen **Antrag umzustellen** hat, damit seine Klage erfolgreich ist, bestimmt das materielle Recht. Hat er die streitbefangene Forderung verpfändet, so muss er ihn vor Eintritt des Sicherungsfalls (§ 1228 Abs. 2 BGB) in Leistung gemeinsam an sich und den Pfändungsgläubiger ändern (§ 1281 BGB). Nach Eintritt des Sicherungsfalls ist der Antrag auf Leistung an den Pfandgläubiger umzustellen (§ 1282 Abs. 1 BGB); das Gleiche gilt nach Pfändung und Überweisung zur Einziehung oder an Zahlungs Statt zum Nennwert.

85 Wird die streitbefangene Forderung ausnahmsweise nur gepfändet, aber dem Vollstreckungsgläubiger nicht auch überwiesen, so muss der Kläger seinen Leistungsantrag in einen Feststellungsantrag ändern oder Verurteilung des Beklagten zur Hinterlegung für sich und den Vollstreckungsgläubiger beantragen (entsprechend § 1281 S. 2 2. Halbs. BGB). Dagegen kann er nicht Leistung an beide verlangen, da die materielle Befugnis des Vollstreckungsgläubigers mangels Überweisung noch nicht so weit geht. Das Feststellungsinteresse entfällt durch die Pfändung nicht. Weil der Kläger die Wahl hat, ist es ausgeschlossen, dass ein Feststellungsurteil ergeht, ohne dass sich ein entsprechender Klageantrag zumindest durch Auslegung ermitteln lässt.[139] Diese Rechtslage trifft auch für die Pfändung der streitbefangenen Forderung auf Grund eines Arrestbefehls zu (§ 930 Abs. 1).

86 Der Klageantrag braucht nicht umgestellt zu werden, wenn der Zessionar den Kläger zur Einziehung der abgetretenen Forderung ermächtigt hat.[140] Die Rechtsstellung des Klägers beruht hier nicht auf § 265 Abs. 2 S. 1, sondern auf der Ermächtigung; diese umfasst auch das materielle Einziehungsrecht zur Leistung an sich selbst.

87 Auf die Umstellung des Klageantrags ist § 264 Nr. 3 entsprechend anzuwenden.[141] Sie ist in der Berufungsinstanz zulässig und auch noch in der Revisionsinstanz, vorausgesetzt, dass die Veräußerung oder Abtretung im Berufungsurteil festgestellt ist (§ 559, s. dort Rn. 20).[142] Legt der Beklagte Berufung ein, so ist für die Umstellung des Klageantrags keine Anschlussberufung des Klägers erforderlich.[143]

88 Wird der Prozessgegner nach Umstellung des Klageantrags zur Zahlung an den Zessionar verurteilt, ist dieser im Falle der Aufhebung des Urteils dem Prozessgegner zur Erstattung des durch die Vollstreckung Erlangten gemäß § 717 Abs. 2 verpflichtet.[144] Dies ist der Ausgleich dafür, dass das Urteil zu seinen Gunsten wirkt.

89 Lautet das Urteil trotz Abtretung auf Leistung an den Kläger, so ist diesem auch dann eine vollstreckbare Ausfertigung zu erteilen, wenn die Rechtsnachfolge offenkundig ist.[145] Ist umgekehrt der Schuldner zur Leistung an den Rechtsnachfolger verurteilt worden, kann dieser die Vollstreckungsklausel nur nach § 727, nicht aber nach §§ 724, 725 erlangen.[146] So wird erreicht, dass über Fragen

---

[135] St. Rspr. seit RGZ 56, 301; BGHZ 26, 31, 37; BGH MDR 1976, 917; WM 1982, 1313; NJW-RR 1986, 1182; NJW 1997, 735, 736; BGHZ 158, 295, 304 = NJW 2004, 2152; OLG München MDR 1972, 616; *W. Lüke* Rn. 175; *Stadler/Bensching* Jura 2001, 433, 436; iE auch *Dinstühler* ZZP 112 (1999), 61, 64 ff.; aM *Rosenberg/Schwab/Gottwald* § 99 Rn. 31 ff.; *Jauernig* § 87 III 3; *Schilken* S. 7 f.; *ders.* ZPR Rn. 250; krit. *Grunsky* S. 99 ff.; *Henckel* ZZP 82 (1969), 333, 359.

[136] *Schumann,* FS Larenz, 1983, S. 571, 598.

[137] BGH NJW 1986, 3206, 3207; OLG Düsseldorf FamRZ 1981, 697, 698; OLG Nürnberg FamRZ 1995, 236, 237; *Dinstühler* ZZP 112 (1999), 61, 6 ff.; *Stadler/Bensching* Jura 2001, 433, 437.

[138] BGH NJW 1994, 3288, 3291.

[139] AM *Zöller/Greger* Rn. 6 a.

[140] BGH WM 1982, 1313; *Reinicke/Tiedtke* JZ 1985, 890, 892.

[141] Für unmittelbare Anwendung BGH NJW 1960, 964, 965 = LM Nr. 7. Wird eine Klageänderung nach § 263 angenommen, kommt es iE ebenfalls nicht auf die Einwilligung des Beklagten oder die Sachdienlichkeit an, weil das Gericht keinen Ermessensspielraum hat; *G. Lüke,* Fälle zum ZivilprozeßR, S. 72 Fn. 16; § 263 Rn. 40.

[142] BGHZ 26, 31, 38; der BGH spricht von einer Modifikation des früheren Antrags.

[143] BGH ZZP 91 (1978), 314, 315 m. zust. Anm. *Grunsky.*

[144] RGZ 148, 167, 168; BGH NJW 1967, 1966.

[145] RG HRR 1930 Nr. 1163; *Becker-Eberhard* ZZP 114 (1991), 413, 422 ff.

[146] BGH JZ 1982, 199, 200; NJW 1984, 806; *Scheld* DGVZ 1983, 161, 164; *Becker-Eberhard* ZZP 114 (1991), 413, 424 ff., 437; *Dinstühler* ZZP 112 (1999), 61, 73 ff.; *Stadler/Bensching* Jura 2001, 433, 437; *Rosenberg/Gaul/Schilken* § 16 IV 1, S. 252; aM *Kion* NJW 1984, 1601.

der Rechtsnachfolge nicht der Urkundsbeamte der Geschäftsstelle (§ 724 Abs. 2), sondern der Rechtspfleger (§ 20 Nr. 12 RpflG) entscheidet.

Falls bei einem Wechsel der Aktivlegitimation die Klage wegen fehlender Umstellung des Klageantrags abgewiesen wird, wirkt die Rechtskraft zwar auch gegenüber dem Rechtsnachfolger (§ 325). Einer neuen Klage des Erwerbers steht trotzdem nicht die materielle Rechtskraft entgegen; denn wegen Antragsverschiedenheit handelt es sich um einen anderen Streitgegenstand. Das entgegengesetzte Ergebnis lässt sich auch nicht mit dem Schutzzweck des § 265 rechtfertigen; der Hinweis auf die Vermeidung von Doppelprozessen wäre verfehlt. Eine Klage des Rechtsnachfolgers nach Abweisung der Klage des Rechtsvorgängers scheitert an der Rechtskraft nur, wenn dieser den Klageantrag im Vorprozess umgestellt hatte. 90

bb) Bei **Rechtsnachfolge auf der Beklagtenseite** trifft die **Irrelevanztheorie** zu; denn die Verurteilung eines Dritten, der nicht Partei ist und keinen Einfluss auf den Prozessverlauf hat, ist ausgeschlossen.[147] Wird der Rechtsvorgänger, der hinsichtlich der veräußerten Sache passiv prozessführungsbefugt bleibt, entsprechend dem ursprünglichen Klageantrag verurteilt, so kann sich der Kläger gegen den Erwerber durch Umschreibung der Vollstreckungsklausel nach § 727 oder durch Klage nach § 731 einen Titel verschaffen. Eine Verurteilung des Rechtsnachfolgers kommt nur nach einem Parteiwechsel und unter dessen Voraussetzungen in Betracht.[148] 91

Der Kläger kann nach der Veräußerung gemäß § 264 Nr. 3 zu einem Antrag auf Schadensersatz oder Erlösherausgabe gegen den Beklagten übergehen.[149] Ein entsprechendes Urteil wirkt gegenüber dem Erwerber nicht iSd. §§ 325, 727. Dagegen ist die einseitige Erklärung der Erledigung der Hauptsache nicht gerechtfertigt; denn nach der Irrelevanztheorie führt die Veräußerung durch den Beklagten gerade nicht zur Unbegründetheit der Klage. 92

4. Beteiligung des Rechtsnachfolgers. a) Übernahme des Prozesses. Der Rechtsnachfolger ist ohne Zustimmung der Parteien nicht befugt, anstelle des Rechtsvorgängers in den Prozess einzutreten. Die Übernahme des Prozesses durch ihn als Hauptpartei setzt – vom Fall des § 266 abgesehen – die Zustimmung sowohl des Prozessgegners als auch des Rechtsvorgängers voraus und stellt eine Form des **gewillkürten Parteiwechsels** dar, der hier gesetzlich zugelassen ist (§ 265 Abs. 2 S. 2).[150] Die neue Partei ist an die bestehende Prozesslage gebunden. Das Zustimmungserfordernis des Prozessgegners ist im Gesetz ausdrücklich vorgesehen. Das Zustimmungserfordernis des Veräußerers folgt aus den allgemeinen Grundsätzen über die Zulässigkeit eines gewillkürten Parteiwechsels (s. § 263 Rn. 71),[151] da niemand gegen seinen Willen und ohne gesetzliche Grundlage zum Ausscheiden aus einem Prozess gezwungen werden kann. 93

Der Prozessgegner ist nicht verpflichtet, der Prozessübernahme durch den Erwerber zuzustimmen. Fehlt seine Zustimmung, sind sowohl Prozessübernahme als auch Hauptintervention (§ 64) unzulässig.[152] Stimmt der Prozessgegner zu und verweigert nur der Rechtsvorgänger die Zustimmung, so kann der Rechtsnachfolger eine Hauptintervention erheben. 94

Der Rechtsvorgänger ist aber möglicherweise aus dem der Veräußerung zugrunde liegenden Rechtsgeschäft zur Zustimmung verpflichtet, was sich auch aus ergänzender Vertragsauslegung ergeben kann, falls der Veräußerer keinerlei Rechtsbeziehungen zum streitbefangenen Gegenstand aufrechterhalten soll. Dann ist die Verweigerung der Zustimmung rechtsmissbräuchlich (§ 242 BGB).[153] Dagegen ist die Leistungsklage mit der Möglichkeit einer Aussetzung des Hauptprozesses analog § 148 als unpraktisch nicht in Betracht zu ziehen. 95

Übernahme durch den Rechtsnachfolger sowie Zustimmung des Prozessgegners und des Rechtsvorgängers sind in der mündlichen Verhandlung oder schriftsätzlich zu erklären. Die Zustimmung des Gegners kann auch stillschweigend durch rügelose Verhandlung mit dem Rechts- 96

---

[147] BGHZ ZZP 88 (1975), 324, 328 m. Anm. *Henckel; Stein/Jonas/Schumann* Rn. 45; *Thomas/Putzo/Reichold* Rn. 14; *Henckel* ZZP 82 (1969), 333, 346 ff.; *W. Lüke* Rn. 175; *Stadler/Bensching* Jura 2001, 433, 440; insoweit auch *Rosenberg/Schwab/Gottwald* § 99 Rn. 32; *Jauernig* § 87 III 3; *Schilken* S. 7 f. u. ZPR Rn. 250; grds. auch *Dinstühler* ZZP 112 (1999), 61, 82 ff.

[148] AM *Grunsky* S. 188 ff., der bei Klage auf künftige Leistung oder Feststellung nach Umstellung des Klageantrags die Verurteilung des Erwerbers zulassen will; gegen ihn *Henckel* ZZP 82 (1969), 333, 352.

[149] OLG Brandenburg NJW-RR 1996, 724; *Stadler/Bensching* Jura 2001, 433, 440.

[150] In § 265 Abs. 2 S. 2 nicht geregelt ist der Fall, daß der Gegner den Rechtsnachfolger gegen dessen Willen in den Prozeß zwingen will. *Roth* NJW 1988, 2977, 2980 hält dies für möglich; dagegen dürfte § 266 Abs. 1 sprechen.

[151] *Zöller/Greger* Rn. 7; *Dinstühler* ZZP 112 (1999), 78; *Stadler/Bensching* Jura 2001, 433, 440; s. a. BGH NJW 2006, 1351, 1354.

[152] *Dinstühler* ZZP 112 (1999), 61, 79.

[153] Ebenso *Musielak/Foerste* Rn. 13.

nachfolger erfolgen (analog §§ 39, 267).[154] Sie kann nicht dadurch ersetzt werden, dass das Gericht die Übernahme des Prozesses durch den Rechtsnachfolger für sachdienlich erachtet.[155]

97 **b) Entscheidung des Gerichts.** Verneint das Gericht die Zulässigkeit oder Wirksamkeit der Prozessübernahme,[156] so entscheidet es darüber durch **Zwischenurteil,** das analog § 280 Abs. 2 S. 1 mit Berufung und Revision anfechtbar ist.[157] Die Interessenlage ist hier anders als beim gewillkürten Parteiwechsel im Allgemeinen, weil im Falle des § 265 Abs. 2 S. 2 immer die Zustimmung des Übernehmenden vorliegen wird. Streit besteht unter den Beteiligten allenfalls dann, wenn der Prozessgegner nicht zustimmt und die Gegenseite meint, seine Zustimmung sei nicht erforderlich (wegen Sachdienlichkeit) oder die Verweigerung sei rechtsmissbräuchlich; s. Rn. 95. Der Tenor lautet: „Die Prozessübernahme ist unzulässig. Die Kosten für die Zwischenentscheidung trägt der Dritte.“ Ergeht vor Eintritt der Rechtskraft des Zwischenurteils ein Urteil zur Hauptsache (entsprechend § 280 Abs. 2 S. 2), ist dieses auflösend bedingt durch die Aufhebung des Zwischenurteils.

98 Hält das Gericht die Prozessübernahme für wirksam, so kann es darüber durch nicht selbstständig anfechtbares Zwischenurteil (§ 303) oder in den Gründen des Endurteils entscheiden. Dieses kann keine Kostenentscheidung zugunsten oder zuungunsten der ausgeschiedenen Partei enthalten; s. Rn. 101.

99 **c) Folgen der Prozessübernahme.** Die zulässige Prozessübernahme bewirkt, dass der Rechtsvorgänger ohne Klagerücknahme und ohne besondere gerichtliche Entscheidung aus dem Prozess **ausscheidet.** An seine Stelle tritt der Rechtsnachfolger. Er ist an die Prozesshandlungen des Rechtsvorgängers (zB Anerkenntnis, Geständnis) und an die bestehende Prozesslage, also auch an die Ergebnisse einer Beweisaufnahme, **gebunden.** Diese Bindung ist deshalb gerechtfertigt, weil er ohne Eintritt in den Prozess an das gesamte Prozessergebnis nach § 325 gebunden wäre.[158]

100 Die **Bindungswirkung** tritt nur ein bei fortbestehender **Identität des Streitgegenstandes.** Bei Teilidentität sind Abstriche zu machen: Der Rechtsnachfolger kann ein Geständnis des Rechtsvorgängers widerrufen und eine Beweisaufnahme ist zu wiederholen, wenn die neue Partei darlegt, dass unter ihrer Mitwirkung ein anderes Ergebnis möglich gewesen wäre.[159] Personenbezogene Sachurteilsvoraussetzungen beurteilen sich fortan nach der Person der neuen Partei. Bei Prozessübernahme in der Berufungsinstanz – in der Revisionsinstanz ist sie unzulässig – entfällt das für oder gegen den Rechtsvorgänger ergangene Urteil nicht entsprechend § 269 Abs. 3 S. 1.[160] Die materiellrechtlichen Wirkungen der Klageerhebung treten für den Rechtsnachfolger erst mit seiner Prozessübernahme ein, nicht etwa rückwirkend ab Prozessbeginn. Das gilt auch für die Einhaltung von Klagefristen, soweit sie wegen fehlerhafter Klageerhebung durch den Rechtsvorgänger bisher nicht eingehalten waren; hier bedarf es der rückwirkenden Genehmigung durch die neue Partei.[161]

101 Das **Urteil** ergeht nach Prozessübernahme jedenfalls in der **Hauptsache** nur mehr zwischen dem Gegner und dem Rechtsnachfolger. Nach bislang allgM galt dies auch für die **Kosten.** Sie sollten – einschließlich der bereits vor dem Parteiwechsel entstandenen – gänzlich dem letztlich Unterlegenen aufzuerlegen sein (§ 91).[162] Eine gesonderte prozessrechtliche Kostenabrechnung zugunsten oder zu Lasten des ausgeschiedenen Veräußerers wurde allgemein abgelehnt[163] und dieser statt dessen wegen der ihm entstandenen Kosten auf materiell-rechtliche Erstattungsansprüche gegen den Rechtsnachfolger oder den Prozessgegner verwiesen.[164] Hiervon ist der BGH[165] jüngst abgewichen.

---

[154] *Stein/Jonas/Schumann* Rn. 56; *Baumbach/Lauterbach/Hartmann* Rn. 23; *Thomas/Putzo/Reichold* Rn. 17.

[155] BGH NJW 1988, 3209; 1994, 3358, 3359; 1996, 2799; *Stadler/Bensching* Jura 2001, 433, 440.

[156] Sieht das Gericht den Grund in der fehlenden Veräußerung, so hat es den gewillkürten Parteiwechsel nach den allgemeinen Regeln in Betracht zu ziehen, wenn alle Beteiligten mit der Prozeßübernahme durch den Dritten einverstanden sind.

[157] *Musielak/Foerste* Rn. 14. Der BGH NJW 1988, 3209 nimmt – im Anschluß an RGZ 46, 320, 322 – für die Hinausweisung aus dem Prozeß ein Endurteil an, gegen das der übernahmebereite Rechtsnachfolger zur Durchsetzung seiner Befugnis, den Prozeß an Stelle des Rechtsvorgängers zu übernehmen, Berufung oder Revision einlegen könne. Im letzten Punkte ist dem BGH zuzustimmen.

[158] Ebenso *Gofferjé,* Die gewillkürte Parteiänderung im Zivilprozeß, 1970, S. 102.

[159] So für den allgemeinen gewillkürten Parteiwechsel auf der Beklagtenseite *Roth* NJW 1988, 2977, 2984 im Anschluß an *de Boor,* Zur Lehre vom Parteiwechsel und vom Parteibegriff, 1941, S. 105 ff., 110.

[160] AM für den allgemeinen gewillkürten Parteiwechsel *Jauernig* § 86 II unter Hinweis auf BGH NJW 1971, 1844 (für den gesetzlichen Parteiwechsel).

[161] BGH NJW 1972, 1714.

[162] S. zu den Kosten eines vor der Veräußerung unter Beteiligung des ursprünglichen Rechtsinhabers durchgeführten selbständigen Beweisverfahrens (damals Beweissicherungsverfahrens) KG MDR 1981, 940.

[163] Etwa OLG Köln JurBüro 1992, 817 = Rpfleger 1992, 171 m. weit. Nachw.

[164] *Stein/Jonas/Schumann* Rn. 56; *Zöller/Greger* Rn. 8 sowie die 2. Aufl.

[165] NJW 2006, 1351, 1354.

Er hat im Falle eines Parteiwechsel nach § 266 auf der Beklagtenseite gegenüber dem ausgeschiedenen Beklagten eine eigenständige prozessrechtliche Kostenentscheidung befürwortet und diese, da ein solcher Wechsel idR vom Beklagten und nicht vom Kläger ausgeht und die Situation eher der einer Hauptsacheerledigung als einer Klagerücknahme ähnlich ist, inhaltlich nicht auf 269 Abs. 3 S. 2, sondern auf § 91a gestützt. Dem ist zu folgen, denn auch beim gewöhnlichen Parteiwechsel analog § 263 ist gegenüber dem Ausscheidenden in bestimmten Fällen gesondert über die Kosten zu entscheiden; s. § 263 Rn. 109f. § 94 ist in diesem Zusammenhang nicht anwendbar,[166] da Prozesskosten infolge Unkenntnis des Rechtsübergangs wegen des Zustimmungserfordernisses zur Prozessübernahme nicht entstehen können.

d) Nebenintervention. Bei fehlender Zustimmung des Prozessgegners zu einer Prozessübernahme oder einer Hauptintervention bleibt dem Erwerber nur die Möglichkeit, zur Unterstützung des Veräußerers als **Streitgehilfe** gemäß §§ 66, 70 aufzutreten. Obgleich im Falle einer Nebenintervention durch den Rechtsnachfolger an sich die Voraussetzungen einer streitgenössischen Nebenintervention gegeben wären, findet § 69 keine Anwendung (§ 265 Abs. 2 S. 3). Hierdurch werden die von § 265 zum Schutze des Prozessgegners bezweckten Beschränkungen der prozessualen Handlungsmöglichkeiten des Nachfolgers auf die Nebenintervention ausgedehnt. § 265 Abs. 2 S. 3 greift auch ein, wenn die Veräußerung innerhalb des anhängigen Prozesses erfolgt ist. 102

Als einfacher Nebenintervenient ist der Rechtsnachfolger zur selbstständigen Einlegung eines Rechtsmittels befugt, sofern nicht der erklärte Wille der Hauptpartei entgegensteht; s. § 67 Rn. 6, 12. Er ist nicht zur Änderung des Streitgegenstands berechtigt und damit auch nicht zu einer Klageänderung. Diese Beschränkung gilt aber nicht für die Anpassung des Klageantrags nach der Relevanztheorie, wenn er Rechtsnachfolger der von ihm unterstützten Partei geworden ist und ohne die von ihm unterstützte Partei in zulässiger Weise Berufung eingelegt hat;[167] s. Rn. 84ff. 103

5. Einwand der weggefallenen Aktivlegitimation. a) Voraussetzungen des § 265 Abs. 3. Wirkt die materielle Rechtskraft eines vom gesetzlichen Prozessstandschafter erstrittenen Urteils nicht für und gegen den Erwerber der streitbefangenen Sache, so kann § 265 Abs. 1 seine Schutzwirkung zugunsten des Prozessgegners nicht entfalten. Dies ist der Fall, wenn der Rechtsnachfolger gutgläubig iSd. § 325 Abs. 2 ist, so dass der Prozessgegner dann dem Veräußerer dessen mangelnde Aktivlegitimation entgegenhalten kann. 104

Die Verweisung auf die materiellen **Vorschriften über den Erwerb vom Nichtberechtigten** in § 325 Abs. 2 lässt verschiedene Auslegungen zu. Teils wird die Vorschrift rein prozessrechtlich verstanden und ihr Sinn allein darin gesehen, den guten Glauben des Erwerbers an das Nichtbestehen der Rechtshängigkeit zu schützen. Danach beschränkt sich ihre Wirkung darauf, den Erwerber durch seinen guten Glauben die Rechtshängigkeit und mit ihr die spätere Rechtskrafterstreckung gewissermaßen wegerwerben zu lassen[168] Nach im Vordringen befindlicher Ansicht[169] dagegen macht § 325 Abs. 2 den gutgläubigen Erwerb einer streitbefangenen Sache vom Nichtberechtigten, der nach materiellem Recht bereits vom guten Glauben des Erwerbers an das Recht des Veräußerers abhängt, zusätzlich vom guten Glauben an die fehlende Rechtshängigkeit abhängig, verschärft also die Anforderungen an den gutgläubigen Erwerb, indem er für den Rechtserwerb eine doppelte Gutgläubigkeit verlangt. Für diese Deutung spricht, dass § 325 Abs. 2 eben nicht bestimmt, die Rechtskrafterstreckung trete nicht ein, wenn der Rechtsnachfolger hinsichtlich der Rechtshängigkeit nicht im guten Glauben sei, sondern auf die bürgerlichrechtlichen Vorschriften über den Erwerb vom Nichtberechtigten verweist; § 325 Rn. 97. 105

Erwirbt der Rechtsnachfolger vom **Nichtberechtigten,** muss er somit im doppelten Sinne gutgläubig sein, nämlich bezüglich des materiellen Rechts und bezüglich der Rechtshängigkeit. Erwirbt er vom Berechtigten, so wirkt die Rechtskraft dann nicht gegen ihn, wenn er in Ansehung der Rechtshängigkeit gutgläubig ist. Die subjektiven Anforderungen an den gutgläubigen Erwerb richten sich nach der jeweils anzuwendenden Vorschrift des bürgerlichen Rechts; zu den Vorschriften, auf die sich § 325 Abs. 2 bezieht, s. § 325 Rn. 96. 106

Die Anwendung des § 265 Abs. 3 setzt voraus, dass der **Dritte tatsächlich gutgläubig erworben hat;** die bloße Möglichkeit eines solchen Erwerbs genügt nicht.[170] Für das Fehlen des guten Glaubens des Erwerbers trägt der Kläger die Beweislast. Da Veräußerung und Abtretung nach § 325 107

---

[166] *Stein/Jonas/Schumann* Rn. 57.

[167] OLG München MDR 1972, 616.

[168] *Jauernig* § 63 IV 2; *Rosenberg/Schwab/Gottwald* § 99 Rn. 23 (anders jedoch § 155 Rn. 11); *Stadler/Bensching* Jura 2001, 433, 437ff.

[169] *Stein/Jonas/Leipold* § 325 Rn. 38; *G. Lüke,* Fälle zum ZivilprozeßR, S. 76; *Lickleder* ZZP 114 (2001), 195, 201f.; *Rosenberg/Schwab/Gottwald* § 99 Rn. 23 (anders jedoch § 99 Rn. 23); jetzt auch *Schilken* ZPR Rn. 1037.

[170] AM RG JW 1911, 327.

Abs. 2 genauso extensiv auszulegen sind wie in § 265 Abs. 1, fällt zB auch die Nachfolge in einen Beseitigungsanspruch aus § 1004 BGB unter Abs. 3, obgleich der Anspruch als solcher nicht gutgläubig erworben werden kann;[171] entscheidend ist die Verknüpfung mit dem Eigentum, dessen Übertragung den Anspruch übergehen lässt. Um die Wirkung des § 325 Abs. 2 im Falle des § 892 BGB auszuschließen, muss die Rechtshängigkeit einer auf § 1004 BGB gestützten Klage ins Grundbuch eingetragen werden;[172] § 325 Rn. 100.

108 **b) Rechtsstellung des Klägers.** Der Kläger bleibt grds. weiterhin prozessführungsbefugt, auch wenn § 265 Abs. 3 eingreift und folglich Abs. 2 S. 1 nicht anwendbar ist.[173] Denn wenn und indem er seine Klage in dieser Prozesslage noch weiterverfolgt, so macht er damit im Regelfall ein eigenes Recht geltend und nimmt gerade nicht die gesetzliche Prozessstandschaft in Anspruch. In diesem Falle ist die Klage nach § 265 Abs. 3 mangels Sachlegitimation mit der entsprechenden Kostenfolge für den Kläger (§ 91 Abs. 1) als **unbegründet** abzuweisen.[174] Nur wenn der Kläger zu Unrecht auf § 265 Abs. 2 S. 1 beharrt, was die Ausnahme sein dürfte, fehlt ihm die Prozessführungsbefugnis und die Klage ist durch Prozessurteil abzuweisen.

109 Einer selbstständigen Klage des Rechtsnachfolgers steht im Falle des § 265 Abs. 3 nicht die Rechtshängigkeit der Klage des Rechtsvorgängers entgegen. Auch hindert jetzt § 265 Abs. 2 S. 2 eine Hauptintervention des Rechtsnachfolgers gemäß § 64 nicht mehr.[175]

110 Der Erwerber kann den Kläger zur Weiterverfolgung des streitbefangenen Rechts ermächtigen. Dann führt dieser den Prozess als gewillkürter Prozessstandschafter. Ob er den Klageantrag auf Leistung an den Erwerber umstellen muss, richtet sich nach dem Inhalt der materiellen Ermächtigung. Eine entsprechende Klageänderung ist regelmäßig sachdienlich.[176] Auf diese Weise kann die Klageabweisung als unbegründet (§ 265 Abs. 3) vermieden werden. Der Kläger kann dem nachträglichen Wegfall der Aktivlegitimation auch durch Klagerücknahme oder einseitige Erledigungserklärung begegnen.

111 **c) Veräußerung durch den Beklagten.** § 265 Abs. 3 betrifft nicht die Veräußerung durch den Beklagten. In diesem Falle bleibt es bei den Rechtsfolgen des § 265 Abs. 2; der Beklagte behält also die passive Prozessführungsbefugnis.

112 Falls die Rechtswirkungen der §§ 325 Abs. 1, 727 nach § 325 Abs. 2 nicht eingreifen, ist die Fortsetzung des Prozesses für den Kläger unter Beschränkung auf die Kosten sinnvoll. Ferner kommen der Übergang zu einem Schadensersatzanspruch (§ 264 Nr. 3) und die Übernahme der Beklagtenstellung durch den Rechtsnachfolger mit Zustimmung des Klägers (§ 265 Abs. 2 S. 2) in Betracht. Zu einer solchen Antragsumstellung ist der Kläger jedoch nicht gezwungen, da er auf Grund eines obsiegenden Urteils nach § 281 BGB gegen den Beklagten vorgehen kann.[177]

§ 266 Veräußerung eines Grundstücks

(1) [1]Ist über das Bestehen oder Nichtbestehen eines Rechts, das für ein Grundstück in Anspruch genommen wird, oder einer Verpflichtung, die auf einem Grundstück ruhen soll, zwischen dem Besitzer und einem Dritten ein Rechtsstreit anhängig, so ist im Falle der Veräußerung des Grundstücks der Rechtsnachfolger berechtigt und auf Antrag des Gegners verpflichtet, den Rechtsstreit in der Lage, in der er sich befindet, als Hauptpartei zu übernehmen. [2]Entsprechendes gilt für einen Rechtsstreit über das Bestehen oder Nichtbestehen einer Verpflichtung, die auf einem eingetragenen Schiff oder Schiffsbauwerk ruhen soll.

(2) [1]Diese Bestimmung ist insoweit nicht anzuwenden, als ihr Vorschriften des bürgerlichen Rechts zugunsten derjenigen, die Rechte von einem Nichtberechtigten herleiten, entgegenstehen. [2]In einem solchen Fall gilt, wenn der Kläger veräußert hat, die Vorschrift des § 265 Abs. 3.

Schrifttum: s. § 265

---

[171] *G. Lüke,* Fälle zum ZivilprozeßR, S. 77.

[172] Dazu *Mai* BWNotZ 2003, 108; kritisch zum Rechtshängigkeitsvermerk *Lickleder* ZZP 114 (2001), 195.

[173] AM *Thomas/Putzo/Reichold* Rn. 19.

[174] *G. Lüke* ZZP 76 (1963), 1, 27; *Zöller/Greger* Rn. 9; *Jauernig* § 87 IV 1; *W. Lüke* Rn. 176; *Stadler/Bensching* Jura 2001, 433, 439.

[175] *Stein/Jonas/Bork* § 64 Rn. 11; *Zöller/Greger* Rn. 9.

[176] Ebenso *Zöller/Greger* Rn. 9; *Stadler/Bensching* Jura 2001, 433, 439.

[177] AM *A. Blomeyer* § 47 II 2b für den Fall, daß der gutgläubige Erwerb des Dritten feststeht: Wegfall des Rechtsschutzinteresses an einer Entscheidung nach dem ursprünglichen Klageantrag, weil das Vorgehen nach § 283 BGB einen weiteren Prozeß nicht unbedingt erspare.

I. Normzweck und Anwendungsbereich

1. Normzweck. § 266 trifft für den Fall der Veräußerung des Grundstücks eine gegenüber § 265 Abs. 2 vorrangige Sonderregelung, ist also insoweit ein Ausnahmetatbestand. Während nach § 265 Abs. 2 der Rechtsvorgänger den Prozess als gesetzlicher Prozessstandschafter weiterführt und der Rechtsnachfolger nur mit Zustimmung des Prozessgegners und des Rechtsvorgängers als Partei in das Verfahren eintreten darf, begründet § 266 für den Rechtsnachfolger ein Übernahmerecht und auf Verlangen des Prozessgegners sogar eine Übernahmepflicht. 1

Der Normzweck wird darin gesehen, dass **mit der Veräußerung** regelmäßig das **Interesse des Berechtigten wegfalle**[1] und dass mit der leichteren Erkennbarkeit der mit dem dinglichen Recht verbundenen Pflicht auch eine strengere Haftung des Erwerbers eintrete. Der erste Gesichtspunkt überzeugt nicht als Begründung für die Sonderregelung im Falle der Grundstücksveräußerung. Denn auch bei der nach § 265 zu behandelnden Streitbefangenheit beweglicher Sachen oder Forderungen führt deren Veräußerung bzw. Abtretung idR zum Wegfall des Interesses des Veräußerers. Das zweite Argument lässt sich zwar als Begründung dafür heranziehen, dass der Rechtsnachfolger nach § 266 gegen seinen Willen verpflichtet sein kann, in den Prozess einzutreten, erklärt jedoch nicht die grds. unterschiedliche Behandlung im Hinblick auf Parteiwechsel und gesetzliche Prozessstandschaft bei der Grundstücksveräußerung einerseits und der Veräußerung beweglicher Sachen oder der Abtretung von Forderungen andererseits. 2

Der Normzweck ergibt sich vielmehr aus dem **Zusammenhang der Rechtsfolgen mit der wirtschaftlichen Bedeutung** und der Formbedürftigkeit einer Grundstücksveräußerung.[2] Während für die Anordnung einer gesetzlichen Prozessstandschaft der Schutz des Prozessgegners im Vordergrund steht, ist ein Parteiwechsel dort angebracht, wo dieses Schutzbedürfnis zurücktritt. Letzteres trifft für die Veräußerung von Grundstücken zu. Streitbefangene bewegliche Sachen können formlos und damit während der Rechtshängigkeit mit Leichtigkeit mehrfach veräußert werden, so dass der Prozessgegner prozessrechtlich geschützt werden muss. Demgegenüber ist die Grundstücksveräußerung sehr viel aufwändiger, so dass die Gefahr der Manipulation des Prozessgefüges durch materiell-rechtliche Akte weitgehend ausgeschlossen ist. Dagegen kann die Ablehnung der gesetzlichen Prozessstandschaft nicht auf eine Fernwirkung der grundbuchrechtlichen Publizität zurückgeführt werden etwa in dem Sinne, dass der Erwerber grds. darauf vertrauen kann, dass nur der eingetragene Berechtigte Prozesse über das Grundstück führt. Denn bei Gutgläubigkeit schließt § 266 Abs. 2 die Anwendbarkeit des Abs. 1 ohnehin aus. 3

2. Anwendungsbereich. Nach § 266 Abs. 1 S. 2 ist die Vorschrift entsprechend anwendbar auf die Veräußerung eines Schiffs oder Schiffsbauwerks in den Fällen der Streitbefangenheit einer Schiffshypothek auf einem Schiff oder einem Schiffsbauwerk (§§ 8, 76 SchiffsRG), eines Nießbrauchs an einem Schiff (§ 9 SchiffsRG) sowie der Rechte der Schiffsgläubiger (§§ 754 ff. HGB, §§ 102 ff. BinSchG). Dasselbe gilt für die Veräußerung eines in die Luftfahrzeugrolle eingetragenen Luftfahrzeugs (§ 99 Abs. 1 LuftfzRG). 4

Ebenso findet § 266 Anwendung in (echten) privatrechtlichen Streitigkeiten der freiwilligen Gerichtsbarkeit, zB in Verfahren nach § 43 WEG,[3] und grds. auch im Verwaltungsprozess (§ 173 VwGO);[4] s. § 265 Rn. 13, 14. 5

II. Anwendungsvoraussetzungen

1. Dingliche Rechte und Verpflichtungen. a) Grunddienstbarkeiten. Rechte, die für ein Grundstück in Anspruch genommen werden, sind solche, die mit dem Grundstück dergestalt verbunden sind, dass sie dem jeweiligen Grundstückseigentümer zustehen. Hierzu gehören insb. Grunddienstbarkeiten (§ 1018 BGB) sowie Reallasten und dingliche Vorkaufsrechte zugunsten des jeweiligen Eigentümers eines anderen Grundstücks (§§ 1105 Abs. 2, 1094 Abs. 2 BGB). 6

b) Dingliche Belastungen; Erbbaurecht; Nachbarrecht. Zu den auf dem Grundstück ruhenden Verpflichtungen zählen alle **dinglichen Belastungen,** vor allem Hypothek, Grundschuld, Rentenschuld, Schiffshypothek, Nießbrauch sowie umgekehrt die dinglichen Rechte zu a) bezüglich der mit diesen Rechten belasteten Grundstücke. Zur Vormerkung s. § 265 Rn. 24. Hinzu kommen die älteren Rechte, die beim Inkrafttreten des BGB bestanden haben (Art. 184 EGBGB), 7

---

[1] *Baumbach/Lauterbach/Hartmann* Rn. 2.
[2] Ebenso *Zöller/Greger* Rn. 1; s. a. *Dinstühler* ZZP 112 (1999), 61, 80.
[3] BayObLGZ 1983, 76.
[4] *Kopp/Schenke* § 173 Rn. 4; OVG Münster NJW 1981, 598 (Rechtsstreit um eine öffentlich-rechtliche Last auf einem Grundstück).

und auf Grund der Vorbehalte in Art. 65ff., 196 EGBGB die dem Wasser-, Deich-, Siel- und Bergrecht zugehörigen dinglichen Belastungen.[5]

8 Das **Erbbaurecht** kann in zweifacher Hinsicht betroffen sein. Es kann als grundstücksgleiches Recht dinglich belastet werden, so dass § 266 bei einer Veräußerung des streitbefangenen Erbbaurechts anzuwenden ist. Da es selbst eine dingliche Belastung des Grundstücks ist, führt seine Streitbefangenheit im Falle der Grundstücksveräußerung ebenfalls zur Anwendung des § 266.

9 § 266 erfasst ferner die Grundstücksveräußerung während der Streitbefangenheit von grundstücksbezogenen, dh. von der Person des jeweiligen Eigentümers unabhängigen, Belastungen,[6] bei denen das Grundstück wie ein Berechtigter oder Verpflichteter erscheint, den der jeweilige Eigentümer nur vertritt.[7] Hierzu zählen Rechte und Pflichten aus dem **Nachbarrecht** (§§ 906, 912, 917 BGB),[8] aber auch Grenzscheidungsklagen (§§ 919f. BGB).[9]

10 Ist eine dingliche Belastung zwischen dem Eigentümer und dem Dritten streitbefangen, so kommt es für die Anwendbarkeit des § 266 nicht auf die Klageart an; es ist also unerheblich, ob auf Feststellung oder Leistung geklagt wird.

11 **Unanwendbar** ist § 266, wenn Ansprüche geltend gemacht werden, die zwar ihre Grundlage im Eigentum, zum Inhalt jedoch eine **schuldrechtliche Verpflichtung** haben. Dazu gehören Klagen auf Leistung von Schadensersatz aus § 823 BGB wegen Beeinträchtigung des Grundeigentums,[10] auf Geltendmachung von Ansprüchen von Mietern und Pächtern oder gegen sie,[11] auf Übereignung, auch wenn der schuldrechtliche Anspruch durch eine Vormerkung gesichert ist.

12 Die Geltendmachung eines **Anspruchs aus § 1004 BGB** allein reicht für die Anwendung des § 266 nicht aus. Das Grundstück ist zwar streitbefangen (§ 265 Rn. 25); die Vorschrift verlangt aber ein Recht zur Inanspruchnahme eines anderen Grundstücks, was im Zusammenhang mit § 1004 BGB ein nachbarrechtliches Verhältnis voraussetzt.[12] Deshalb ist § 266 auch nicht anwendbar, wenn Ansprüche aus § 894 BGB[13] oder aus § 985 BGB geltend gemacht werden.

13 Mit „Besitzer" iSd. § 266 ist im Allgemeinen der Eigentümer des Grundstücks gemeint.

14 **2. Veräußerung während Rechtshängigkeit.** „Veräußerung" ist ebenso extensiv auszulegen wie in § 265 (s. dort Rn. 34ff.), so dass die Veräußerung insb. durch Rechtsgeschäft oder im Wege der Zwangsvollstreckung geschehen kann. Auch bezüglich der zeitlichen Komponente der Veräußerung kann auf die Ausführungen zu § 265 (Rn. 64ff.) verwiesen werden.

III. Rechtsfolgen

15 **1. Berechtigung zur Übernahme.** Nach § 266 Abs. 1 ist der Rechtsnachfolger berechtigt, den Prozess anstelle des Rechtsvorgängers zu übernehmen. Bis zur Übernahme führt dieser den Rechtsstreit in gesetzlicher Prozessstandschaft nach § 265 Abs. 2 weiter, wie die systematische Auslegung ergibt.

16 **a) Zustimmung des Rechtsvorgängers.** Daraus, dass die Zustimmung des Prozessgegners nach eindeutigem Gesetzeswortlaut nicht erforderlich ist, kann nicht zwingend gefolgert werden, dass es auch auf die Zustimmung des Rechtsvorgängers nicht ankomme. Diese ist, da sie von den allgemeinen Grundsätzen über die Zulässigkeit eines gewillkürten Parteiwechsels verlangt wird, nur dann nicht zu fordern, wenn § 266 auch ihnen gegenüber eine Spezialregelung ist. Dies ist zu bejahen, wie sich aus der Verpflichtung zur Übernahme des Rechtsstreits auf Antrag des Gegners ergibt. Daher setzt die Prozessübernahme durch den Rechtsnachfolger die **Zustimmung des Rechtsvorgängers nicht voraus.**[14]

17 Die Erklärung der Prozessübernahme durch den Rechtsnachfolger kann sowohl in der **mündlichen Verhandlung** als auch durch **Zustellung eines Schriftsatzes** erfolgen.[15] Dafür spricht schon § 261 Abs. 2.

---

[5] Vgl. *Stein/Jonas/Roth* § 24 Rn. 18.
[6] *Zöller/Greger* Rn. 3.
[7] So RG Gruchot 49 (1905), 662, 663.
[8] RGZ 40, 333; OLG Karlsruhe Justiz 1996, 9.
[9] *Stein/Jonas/Schumann* Rn. 1.
[10] Vgl. RG Gruchot 49 (1905), 662.
[11] OLG Rostock OLGRspr. 31 (1915), 42, 43.
[12] RG JW 1912, 471; OLG Rostock OLGRspr. 31 (1915), 42, 43; *Zöller/Greger* Rn. 3; aM *Musielak/Foerste* Rn. 3.
[13] Ebenso *Stein/Jonas/Schumann* Rn. 1; *Rosenberg/Schwab/Gottwald* § 99 Rn. 5; *Schilken* S. 57.
[14] Ebenso *Zöller/Greger* Rn. 3b; anders *Rosenberg/Schwab/Gottwald* § 99 Rn. 20.
[15] *Parensen* NJW 1960, 231; *Stein/Jonas/Schumann* Rn. 4.

Wird der Prozessübernahme von keiner Partei widersprochen, so tritt der Rechtsnachfolger im laufenden Prozess **an die Stelle seines Rechtsvorgängers,** ohne dass es einer gerichtlichen Entscheidung bedarf. Der Rechtsvorgänger scheidet aus; er kann nunmehr als Zeuge gehört werden. Zur Bindung des Rechtsnachfolgers an die Prozesshandlungen des Rechtsvorgängers s. § 265 Rn. 99 ff. Bei **Teilveräußerung** bleibt der Rechtsvorgänger ebenfalls Partei; im Falle dinglicher Mithaftung ist er notwendiger, sonst einfacher Streitgenosse.[16] 18

b) Entscheidung. Bejaht das Gericht den Rechtsübergang und lässt demgemäß die Prozessübernahme durch den Rechtsnachfolger zu, so entscheidet es darüber in den **Gründen des Endurteils** oder durch **Zwischenurteil** (§ 303), das nur zusammen mit dem Endurteil angefochten werden kann. Wird die Zulässigkeit der Prozessübernahme hingegen verneint, so ergeht ein wie ein Endurteil anfechtbares **Zwischenurteil entsprechend § 280.** Das Verfahren wird zwischen den ursprünglichen Parteien fortgesetzt (§ 265 Abs. 2). Das im fortgesetzten Verfahren ergehende Urteil ist auflösend bedingt durch die Rechtskraft einer anders lautenden Entscheidung im Zwischenstreit; s. § 265 Rn. 97. Bei Prozessübernahme erfasst die Kostenentscheidung im Endurteil gegen den Rechtsnachfolger auch die bereits vor der Prozessübernahme angefallenen Prozesskosten, soweit über diese nicht bereits rechtskräftig erkannt ist. 19

Das Ausbleiben des Rechtsnachfolgers in der mündlichen Verhandlung führt nur dann zu einem **Versäumnisurteil** gegen ihn, wenn er den Prozess übernommen hat, was auch schriftsätzlich möglich ist; s. Rn. 17. Versäumt der Prozessgegner nach Prozessübernahme den Termin, so kann der Rechtsnachfolger Versäumnisurteil erwirken, sofern dem Prozessgegner die Erklärung der Prozessübernahme und der Antrag in der Hauptsache rechtzeitig mitgeteilt worden sind (§ 335 Abs. 1 Nr. 3). Bei Säumnis beider Parteien kann eine Entscheidung nach Lage der Akten nicht ergehen, da noch keine mündliche Verhandlung stattgefunden hat, so dass das Ruhen des Verfahrens anzuordnen ist (§ 251 a Abs. 2 und 3). 20

Angesichts der Möglichkeit, den Rechtsstreit als Hauptpartei zu übernehmen, fehlt dem Rechtsnachfolger für eine streitgenössische Nebenintervention das Rechtsschutzbedürfnis. Falls der Prozessgegner der Prozessübernahme widerspricht und der Veräußerer der Verhandlung über die Zulässigkeit der Prozessübernahme fern bleibt, wird durch Versäumnisurteil als Zwischenurteil festgestellt, dass er nicht Partei ist; der Prozess wird mit dem Beklagten fortgesetzt. 21

2. Verpflichtung zur Übernahme. Nur der Gegner, nicht der Veräußerer, kann die Übernahme durch den Rechtsnachfolger verlangen. Auf einen entsprechenden Schriftsatz des Prozessgegners setzt das Gericht einen Termin fest und lädt den Rechtsnachfolger von Amts wegen (§§ 216, 497). Erklärt dieser die Übernahme, so bedarf es hierüber keiner Entscheidung. Lehnt er die Übernahme ab und bejaht das Gericht seine Verpflichtung zur Übernahme, so entscheidet es im Endurteil oder in einem unselbstständigen Zwischenurteil (§ 303), das nur zusammen mit dem Endurteil anfechtbar ist. Alsdann kann die Entscheidung zur Hauptsache zwischen dem Prozessgegner und dem Rechtsnachfolger ergehen. Die Verneinung der Sachlegitimation und damit der Übernahmepflicht geschieht durch Endurteil, das auch über die beim Rechtsnachfolger angefallenen Kosten entscheidet. 22

Versäumt der geladene Rechtsnachfolger, der noch keine schriftsätzliche Prozessübernahme erklärt hat, den Verhandlungstermin, so gilt analog § 239 Abs. 4 die **Rechtsnachfolge als zugestanden,** so dass gegen ihn ein Versäumnisurteil in der Sache selbst ergehen kann.[17] Falls der Prozessgegner in dem Termin, dessen Anberaumung er selbst erwirkt hat, säumig ist, kann der Rechtsnachfolger, der die Übernahmepflicht bestreitet, ein entsprechendes Versäumnisurteil beantragen, das sich lediglich auf die Verneinung der Übernahmepflicht beschränkt. Übernimmt der Rechtsnachfolger hingegen den Prozess, so kann er gegen den säumigen Prozessgegner entweder ein Versäumnisurteil zur Sache oder ein Urteil nach Lage der Akten (§ 331 a) erwirken. 23

IV. Ausnahmetatbestand des Abs. 2

1. Voraussetzungen. § 266 Abs. 2 stellt – entsprechend § 265 Abs. 3 – den Sachbezug zu § 325 her, da der Prozessgegner nur dann ein Interesse an einer Prozessübernahme hat, wenn das Urteil gegenüber dem Rechtsnachfolger wirkt. Zu den Vorschriften, auf die sich § 266 Abs. 2 S. 1 bezieht, gehören §§ 892, 893, 1138, 1140, 2366 BGB, ebenso der Erwerb nach § 90 ZVG, da § 266 Abs. 2 alle Fälle erfassen will, bei denen keine Rechtskrafterstreckung nach § 325 Abs. 1 eintritt.[18] Zur Notwendigkeit doppelter Gutgläubigkeit s. § 265 Rn. 105. 24

---

[16] *Zöller/Greger* Rn. 3 b.
[17] *Stein/Jonas/Schumann* Rn. 5; *Zöller/Greger* Rn. 4 a.
[18] *Stein/Jonas/Schumann* Rn. 7; *Zöller/Greger* Rn. 5.

25 Gemäß § 325 Abs. 3 und 4 wirkt das Urteil, wenn der Rechtsstreit einen Anspruch aus einer Reallast, einem Grundpfandrecht oder einer Schiffshypothek betrifft, auch dem gutgläubigen Erwerber gegenüber. Entsprechend der Normintention des § 266 Abs. 2 sind folglich Rechtsstreitigkeiten im Rahmen des § 325 Abs. 3 und 4 immer nach § 266 Abs. 1 zu behandeln.

26 **2. Rechtsfolgen.** Bei einer **Veräußerung auf der Klägerseite** ist der Rechtsnachfolger zum Eintritt in das Rechtsverhältnis weder berechtigt[19] noch verpflichtet. Der Prozessgegner kann dem Veräußerer den Einwand mangelnder Sachlegitimation entgegenhalten (§ 265 Abs. 3). Bei der **Veräußerung auf der Beklagtenseite** gilt § 265 Abs. 2.[20] Das folgt daraus, dass § 266 Abs. 2 S. 1 generell die Anwendung des § 266 Abs. 1 ausschließt. Da § 266 Abs. 2 S. 2 jedoch nur für die Veräußerung auf der Klägerseite auf § 265 Abs. 3 verweist, bedeutet dies, dass im Falle der Veräußerung auf der Beklagtenseite der Grundtatbestand des § 265 Abs. 2 eingreift.

§ 267 Vermutete Einwilligung in die Klageänderung

Die Einwilligung des Beklagten in die Änderung der Klage ist anzunehmen, wenn er, ohne der Änderung zu widersprechen, sich in einer mündlichen Verhandlung auf die abgeänderte Klage eingelassen hat.

I. Normzweck

1 **1. Unwiderlegbare Vermutung.** Die Vorschrift, die von Anfang an mit unverändertem Wortlaut in der ZPO war, zuerst als § 241, dann von 1898 bis zur VereinfNov. 1976 als § 269, ergänzt § 263. Sie knüpft an die Einlassung des Beklagten auf die abgeänderte Klage die **unwiderlegbare Vermutung** seiner Einwilligung in die Klageänderung. Sie dient der **Rechtssicherheit,** da sie verhindert, dass trotz der Beklagteneinlassung die Zulässigkeit der Klageänderung später in Frage gestellt wird. Sie ist nicht Anwendungsfall des Präklusionsprinzips iSd. § 295, so dass sie mit der Verzichtbarkeit auf die Befolgung von Vorschriften nichts zu tun hat; s. aber § 295 Rn. 28. Vielmehr liegt ihr das Konsensprinzip zugrunde; deshalb ist ihre Rechtsfolge auch keine Fiktion. Angesichts der Möglichkeit, die Klageänderung als sachdienlich zuzulassen, kommt der Vorschrift keine große Bedeutung zu.

2 **2. Anwendungsbereich.** § 267 findet überall dort **Anwendung,** wo auch § 263 gilt, zB im Berufungsrechtszug (§ 525), und auch im Revisionsverfahren, soweit dort ausnahmsweise eine Klageänderung zugelassen ist; s. § 263 Rn. 45. Entsprechend anwendbar ist die Vorschrift auf die Zustimmung bzw. Einwilligung nach §§ 265 Abs. 2 S. 2 (s. dort Rn. 96) und 533 (s. dort Rn. 13f., 28).

3 Im **arbeitsgerichtlichen Verfahren** löst die Erörterung in der Güteverhandlung (§ 54 Abs. 1 ArbGG) die Rechtsfolge des § 267 nicht aus. Dies wird durch § 54 Abs. 2 S. 3 ArbGG bestätigt.

II. Vermutete Einwilligung

4 **1. Prozesshandlung.** Die Einwilligung ist **Prozesshandlung.** Sie kann ausdrücklich oder konkludent erklärt werden; jedoch ist mit der Annahme einer konkludenten Einwilligung Zurückhaltung geboten; s. § 263 Rn. 30. Davon zu unterscheiden ist die vermutete Einwilligung. Sie ist als Rechtsfolge an die widerspruchslose Einlassung des Beklagten auf die geänderte Klage geknüpft; sie kann schon deshalb nicht rückgängig gemacht werden und hat auch für die höhere Instanz Bestand.

5 **2. Einlassung. Einlassung,** also Gegenvorbringen, zur Hauptsache wird nicht verlangt. Es genügt, dass der Beklagte sich zur Zulässigkeit der geänderten Klage ohne Widerspruch gegen die Klageänderung äußert.[1] Der Widerspruch gegen die Klageänderung selbst schließt die Rechtsfolge des § 267 aus; er kann auch dadurch erfolgen, dass der Beklagte mit dem Klageabweisungsantrag auf seinen die Klageänderung als unzulässig bezeichnenden Schriftsatz (§ 137 Abs. 3) stillschweigend Bezug nimmt.[2] Der Widerspruch fordert ein positives Handeln, in dem der Widerspruchswille zu-

---

[19] AM *Musielak/Foerste* Rn. 4.

[20] Ebenso *Zöller/Greger* Rn. 5.

[1] Ebenso *Rosenberg/Schwab/Gottwald* § 99 Rn. 19; *A. Blomeyer* § 48 I 1; *Schellhammer* Rn. 1663; *Musielak/Foerste* Rn. 2; aM *Stein/Jonas/Schumann* Rn. 1 unter zweifelhafter Berufung auf BGH NJW 1975, 1228, 1229; *Baumbach/Lauterbach/Hartmann* Rn. 4.

[2] BGH NJW 1975, 1228, 1229.

mindest schlüssig zum Ausdruck kommt.[3] Unschädlich ist, wenn der Beklagte hilfsweise oder nur vorsorglich zur Zulässigkeit der neuen Klage im Übrigen oder zur Hauptsache verhandelt.

Säumnis des Beklagten dergestalt, dass ein Versäumnisurteil gegen ihn ergehen kann, steht seiner Einlassung nicht gleich. Die Fiktion des § 331 Abs. 1 S. 1 kann diese nicht ersetzen, weil § 267 für die vermutete Einwilligung ein Tätigwerden des Beklagten verlangt. 6

Zwar kann die Einwilligung schon vor Klageänderung erklärt werden; nicht aber ist eine **vorweggenommene Einlassung** iSd. § 267 möglich. Stützt der Kläger seine Klageänderung auf eine von seinem Sachvortrag abweichende Einlassung des Beklagten auf die ursprüngliche Klage, so kann darin möglicherweise eine vorweggenommene konkludente Einwilligung erblickt werden, nicht aber eine die Rechtsfolge des § 267 auslösende Einlassung, da sie eine Klageänderung voraussetzt.[4] In Zweifelsfällen ist nach § 139 aufzuklären; auch kann Sachdienlichkeit gegeben sein. S. a. § 263 Rn. 29. 7

3. In der mündlichen Verhandlung. § 267 verlangt die Einlassung in der **mündlichen Verhandlung.** Im schriftlichen Verfahren (§ 128 Abs. 2 und 3) und bei der Entscheidung nach Lage der Akten (§§ 251 a, 331 a) genügt schriftsätzliche Einlassung. 8

Nicht notwendig ist, dass der Widerspruch vor jeglicher Einlassung auf die Klage erfolgt. Vielmehr reicht es aus, dass der Beklagte irgendwann innerhalb eines einheitlichen Vortrags der Klageänderung widerspricht. Die Gegenmeinung[5] ist allzu penibel. 9

4. Klageänderung. Die Vermutungswirkung tritt unabhängig davon ein, ob der Beklagte einwilligen wollte oder ihm die Rechtsfolge seiner Einlassung bekannt war. Hat er hingegen das Vorliegen einer Klageänderung nicht erkannt, ohne dass ihm Fahrlässigkeit zur Last fällt, so greift § 267 entgegen der hM[6] nicht ein; es gilt insoweit der Rechtsgedanke des § 295 Abs. 1. Die hM stammt aus der Zeit, in der die ZPO die Zulassung der Klageänderung wegen Sachdienlichkeit noch nicht kannte; s. § 263 Rn. 6. Praktische Bedeutung hat die Frage seit der Novelle 1924 nicht mehr. 10

5. Parteiänderung. Soweit die Rspr. die Parteiänderung den Vorschriften über die Klageänderung unterwirft (§ 263 Rn. 70 ff.), ist auch § 267 entsprechend anwendbar, nicht also beim gewillkürten Parteiwechsel auf der Beklagtenseite im Berufungsverfahren.[7] 11

§ 268 Unanfechtbare Entscheidung

Eine Anfechtung der Entscheidung, dass eine Änderung der Klage nicht vorliege oder dass die Änderung zuzulassen sei, findet nicht statt.

I. Normzweck und Anwendungsbereich

1. Allgemeines und Normzweck. § 268 will einer **Verzögerung der Sachentscheidung** durch den Streit um die Klageänderung und ihre Zulässigkeit **vorbeugen** und verhindern, dass Verhandlung und Entscheidung der unteren Instanz wegen dieser Verfahrensfrage gegenstandslos werden. Die Entscheidung ergeht regelmäßig erst im Endurteil und mangels Umfangs nicht nach einem Zwischenstreit in einem ohnehin nicht selbstständig anfechtbaren Zwischenurteil (§ 303, nicht aber § 280 Abs. 2). Die Begrenzung der Unanfechtbarkeit auf die beiden Entscheidungen, dass keine Klageänderung vorliege und dass eine vorliegende Klageänderung wegen Einwilligung oder Sachdienlichkeit zulässig sei, ist sachgerecht. Sie entspricht der prozess-ökonomischen Tendenz der Klageänderungsvorschriften und beeinträchtigt die Interessen der Parteien nicht; denn ob eine Klageänderung vorliegt, kann das Gericht offen lassen, wenn es die Sachdienlichkeit bejaht, und die Bejahung der Sachdienlichkeit wiederum liegt im richterlichen Ermessen; zu dessen Überprüfung s. Rn. 14. 1

Die Vorschrift beschränkte als § 242 in der ursprünglichen Fassung der ZPO die Unanfechtbarkeit zunächst auf die Entscheidung, dass eine Klageänderung nicht vorliege. Die Novelle 1898 dehnte sie – nunmehr als § 270 – auf die Entscheidung aus, dass die Klageänderung wegen Einwilligung oder als die Verteidigung nicht wesentlich erschwerend zuzulassen sei. 1924 erhielt sie ihre heutige Fassung; 1977 wurde sie unverändert zu § 268. 2

---

[3] BGH NJW 1990, 2682.

[4] Zur antizipierten Einwilligung *Jauernig,* FS K. H. Schwab, 1990, S. 247, 254 f.

[5] *Stein/Jonas/Schumann* Rn. 1 Fn. 3.

[6] *Stein/Jonas/Schumann* Rn. 1; *Zöller/Greger* Rn. 1; *Baumbach/Lauterbach/Hartmann* Rn. 5; *Musielak/Foerste* Rn. 1. Ausgangspunkt für die Praxis war offenbar BayObLGZ 4 (1904), 707, 712.

[7] BGH NJW 1974, 750.

3 Die Unanfechtbarkeit der Entscheidung, deren Art unerheblich ist, bewirkt, dass sie **sofort endgültig** wird. Das Gericht ist an seine eigene Entscheidung gebunden, gleichgültig, ob es die Zulässigkeit ausdrücklich oder stillschweigend dadurch bejaht, dass es sich mit der geänderten Klage befasst. Diese Bindung hat mit materieller Rechtskraft nichts zu tun, sondern ist innerprozessuale Bindungswirkung; s. § 318 Rn. 3. Zur Entscheidung, dass eine Klageänderung nicht vorliege, gehört auch die positive Anwendung des § 264; die Zulassung der Klageänderung wegen Einwilligung umfasst die vermutete Einwilligung mit (§ 267).

4 Entsprechend dem Normzweck neigt die Rspr. zutreffend zur **strikten Anwendung** der Vorschrift.[1] Bisher ist keine Entscheidung veröffentlicht worden, in der der BGH die Überprüfung zugelassen hat, weil das Berufungsgericht die Sachdienlichkeit in grober Verkennung der dem Gericht gezogenen Ermessensgrenzen bejaht hat; deren Überprüfbarkeit setzt die Verneinung der Sachdienlichkeit voraus; s. Rn. 16. Von § 268 nicht erfasst werden die Entscheidungen, dass eine Klageänderung vorliege und dass diese nicht zuzulassen sei. Anfechtung und Überprüfung erfolgen zusammen mit der Endentscheidung (§§ 512, 557 Abs. 2).

5 **2. Anwendungsbereich.** Der **Anwendungsbereich** des § 268 geht so weit, wie die Vorschriften über die Klageänderung Anwendung finden. Demgemäß ist die Vorschrift auf die Parteiänderung entsprechend anzuwenden. Dies gilt jedoch nicht für den gewillkürten Beklagtenwechsel im Berufungsrechtszug;[2] hier ist die Entscheidung über die Zulassung der Parteiänderung, wenn sie durch Zwischenurteil ergeht, nach § 280 Abs. 2 selbstständig anfechtbar.[3] Wg. Einzelheiten s. § 263 Rn. 91, 92.

6 Nicht anwendbar ist § 268, wenn das Gericht den Eintritt einer neuen Partei nach §§ 76, 77, 239, 240, 265, 266, 856 zugelassen hat; denn das Gesetz hat diese Fälle erschöpfend geregelt.[4]

7 Im Verfahren zur **Feststellung bestrittener Insolvenzforderungen** ist § 268 auf die Entscheidung anwendbar, dass eine Klageänderung nicht vorliege oder diese zulässig sei. Sollte damit zugleich darüber entschieden worden sein, dass der Grund iSd. § 181 InsO (nicht) verändert sei, so steht diese Entscheidung im Vordergrund und ist nach allgemeinen Vorschriften anfechtbar; s. § 263 Rn. 58 ff.

8 § 268 gilt entsprechend, wenn das Gericht den Übergang vom **Urkundenprozess zum ordentlichen Verfahren** zugelassen hat[5] sowie im umgekehrten Fall des Übergangs vom ordentlichen Verfahren zum Urkundenprozess;[6] s. § 263 Rn. 24.

II. Entscheidung über die Klageänderung und ihre Zulassung

9 **1. Im Allgemeinen.** Das Gericht hat nur dann über die Klageänderung zu entscheiden, wenn der Beklagte ihr widerspricht; andernfalls wird seine Einwilligung vermutet (§ 267). Im Falle der Einwilligung kann es dann zum Streit kommen, wenn der Beklagte sie nachträglich nicht mehr gelten lassen will oder die Anwendung des § 267 anzweifelt.

10 Die Entscheidung ergeht entweder durch Zwischenurteil (§ 303) oder in den Gründen des Endurteils. Ein **Zwischenurteil** empfiehlt sich bei einer umfangreichen Sache, um dem Beklagten nicht die Verteidigung wegen Ungewissheit über den Streitgegenstand zu erschweren. Für den Regelfall genügt die Entscheidung im Endurteil mit einem Hinweis während des Prozesses, dass wegen gleich gebliebenen Streitgegenstands[7] oder wegen § 264 keine Klageänderung vorliege oder die vorliegende Klageänderung zuzulassen sei.

11 Dahinstehen kann die Entscheidung, ob eine Klageänderung vorliegt, wenn die Sachdienlichkeit der möglicherweise vorliegenden Klageänderung bejaht wird; s. § 263 Rn. 7, § 264 Rn. 2. Dagegen darf das Gericht die Entscheidung, ob die Klageänderung zulässig ist, **nicht offen lassen** und trotzdem in eine sachliche Prüfung der geänderten Klage eintreten.[8] Unstatthaft ist es auch, die Klageänderung als unzulässig und zugleich den neuen Anspruch als unbegründet abzuweisen.[9] Eine solche Entscheidung ist in sich widersprüchlich und daher wirkungslos und erwächst nicht in materielle Rechtskraft; s. Vor §§ 300 ff. Rn. 5. Der Fehler lässt sich nicht dadurch beheben, dass die sachlichen Ausführungen des Urteils als nicht vorhanden betrachtet werden, umso den Umfang

---

[1] So schon das RG; zB RGZ 53, 359, 361 f.
[2] BGH NJW 1974, 750.
[3] BGH NJW 1981, 989.
[4] RGZ 108, 350, 351; 141, 277, 283.
[5] BGH NJW 1965, 1599 = LM § 596 Nr. 2.
[6] BGHZ 69, 66, 71 f. = NJW 1977, 1883.
[7] *J. Blomeyer* JuS 1970, 229, 233 Fn. 51.
[8] RGZ 137, 324, 333; BGH LM § 268 aF Nr. 1.
[9] RGZ 53, 35, 36; 75, 259, 265; 149, 157, 167.

der Rechtskraft klar und dem Kläger einen neuen Prozess nicht unmöglich zu machen. Bevor das Gericht die Zulässigkeit der Klageänderung bejaht hat, darf es der geänderten Klage auch nicht stattgeben.

Ob die Zulässigkeit der Klageänderung unentschieden bleiben kann, falls die (geänderte) Klage **aus anderen prozessualen Gründen** unzulässig ist, hängt davon ab, ob für die Prozessvoraussetzungen eine Rangordnung existiert. Die Frage ist grds. zu verneinen; s. Vor § 253 Rn. 19. Nicht notwendig ist es, die Zulässigkeit der Klageänderung immer vorweg zu prüfen und zu entscheiden. Soweit die Prozessvoraussetzungen untereinander und mit der Zulässigkeit der Klageänderung gleichrangig sind, ist es eine Frage der Zweckmäßigkeit, womit die Abweisung der Klage als unzulässig begründet wird.[10] Entscheidungsrichtlinie ist auch hier die Prozesswirtschaftlichkeit. Das Revisionsgericht kann, falls die Entscheidung bezüglich der anderweiten Unzulässigkeit fehlerhaft ist, selbst über die Zulässigkeit der Klageänderung befinden.[11] Wird durch die Klageänderung der Rechtsweg tangiert, so setzt die erneute Rechtswegprüfung die Zulässigkeit der Klageänderung voraus; § 17 Abs. 1 S. 1 GVG gilt nicht. 12

2. Umfang der Unanfechtbarkeit. a) Unanfechtbar ist nur die Entscheidung des Gerichts, eine **Klageänderung liege nicht vor** oder eine vorliegende Klageänderung **sei zulässig** wegen Einwilligung des Beklagten oder Sachdienlichkeit. Es genügt, dass sich die Entscheidung aus Prozessverlauf und Gesamtinhalt der Urteilsgründe ergibt.[12] Die Entscheidung kann stillschweigend auch dadurch getroffen werden, dass das Gericht sich sachlich mit dem neuen Klageanspruch beschäftigt und darüber zustimmend oder abweisend erkennt, sofern unzweifelhaft ist, dass es die Frage der Klageänderung erwogen hat.[13] Hat das Gericht den Gesichtspunkt der Klageänderung schlicht übersehen, greift § 268 nicht ein; der Mangel kann von den Parteien gerügt und im Rechtsmittelzuge korrigiert werden. Das Gleiche gilt, wenn es unzulässigerweise die Zulässigkeit der Klageänderung offengelassen und zur Sache entschieden hat. Unerheblich für die Unanfechtbarkeit ist die Form, in der die Entscheidung ergeht. 13

Unanfechtbarkeit bedeutet, dass das Nichtvorliegen einer Klageänderung bzw. deren Zulässigkeit nicht mehr in Frage gestellt und zum Gegenstand einer Überprüfung gemacht werden kann, selbst dann nicht, wenn das Gericht bei **Bejahung der Sachdienlichkeit** die Grenzen des ihm eingeräumten Ermessens überschritten hat.[14] Darin besteht ja gerade der Sinn der Bindungswirkung. So darf eine Partei zB nicht zwecks Aufrechterhaltung eines aus anderen Gründen angefochtenen Urteils die Richtigkeit der Entscheidung in Frage stellen. Auch bei der Prüfung materiellrechtlicher Fragen, zB der Verjährungshemmung durch Klageerhebung, greift die Bindungswirkung ein. Die Entscheidung bindet im Rahmen des § 268 nicht nur das entscheidende Gericht, sondern auch Berufungs- und Revisionsgericht, die also jeweils an die Entscheidung der Vorinstanz gebunden sind.[15] Das entscheidende Gericht ist an seine eigene Entscheidung auch dann gebunden, wenn es infolge Zurückverweisung mit der Sache erneut befasst wird. 14

b) Die Unanfechtbarkeit betrifft nur die **speziellen Zulässigkeitsvoraussetzungen** der Klageänderung nach §§ 263, 264. Folglich kann die Entscheidung, eine Klageänderung liege nicht vor, aus anderen Gründen angefochten werden. Der Beklagte kann zB geltend machen, das Gericht habe die Klageänderung deshalb nicht zulassen dürfen, weil über den neuen Anspruch schon rechtskräftig entschieden sei.[16] 15

Ebenso ist die Entscheidung, die Klageänderung sei mangels Einwilligung oder Sachdienlichkeit unzulässig, **anfechtbar** (§§ 512, 557 Abs. 2); § 280 Abs. 2 ist auch hier nicht anwendbar. Bei **Verneinung der Sachdienlichkeit** steht dem Gericht ein nicht überprüfbarer Beurteilungsspielraum zu. Das Rechtsmittelgericht kann allerdings nachprüfen, ob der Begriff der Sachdienlichkeit und damit die Grenzen des tatrichterlichen Ermessens verkannt worden sind;[17] s. § 263 Rn. 46. Deshalb ist es notwendig, die Verneinung der Sachdienlichkeit zu begründen.[18] Hebt das Berufungsgericht 16

---

[10] AM *Pohle* ZZP 81 (1968), 161, 172; *Stein/Jonas/Schumann* § 264 Rn. 42; in der Tendenz wie hier *J. Blomeyer* JuS 1970, 229, 230f.

[11] BGH MDR 1979, 829.

[12] RGZ 155, 227, 229 (für die Bejahung der Sachdienlichkeit).

[13] RG SeuffA 55 (1900) Nr. 171; *Rosenberg/Schwab/Gottwald* § 99 Rn. 35; *Stein/Jonas/Schumann* Rn. 9.

[14] AM *Rosenberg/Schwab/Gottwald* § 99 Rn. 35.

[15] RGZ 128, 359, 363; BGH NJW 1992, 2099 = WM 1992, 984. In BGHZ 131, 76, 81 = NJW 1996, 196, 197 hat der BGH offengelassen, ob das Berufungsgericht die vom LG bejahte Sachdienlichkeit einer parteierweiternden Widerklage überprüfen darf.

[16] BGH NJW 1970, 44, 45 = LM § 264 aF Nr. 25.

[17] St. Rspr.; zB BGH NJW 1985, 1841, 1842; 1996, 2869, 2870; BGHZ 123, 132, 137 = NJW 1993, 3072, 3073.

[18] RAGE 16, 226, 231.

die Entscheidung auf, so hat es die Sache nunmehr nach § 538 Abs. 1 grds. selbst zu entscheiden, sofern nicht die Voraussetzungen vorliegen, unter denen nach § 538 Abs. 2 Nr. 3 zurückverweisen werden darf.

§ 269 Klagerücknahme

(1) Die Klage kann ohne Einwilligung des Beklagten nur bis zum Beginn der mündlichen Verhandlung des Beklagten zur Hauptsache zurückgenommen werden.

(2) [1]Die Zurücknahme der Klage und, soweit sie zur Wirksamkeit der Zurücknahme erforderlich ist, auch die Einwilligung des Beklagten sind dem Gericht gegenüber zu erklären. [2]Die Zurücknahme der Klage erfolgt, wenn sie nicht bei der mündlichen Verhandlung erklärt wird, durch Einreichung eines Schriftsatzes. [3]Der Schriftsatz ist dem Beklagten zuzustellen, wenn seine Einwilligung zur Wirksamkeit der Zurücknahme der Klage erforderlich ist. [4]Widerspricht der Beklagte der Zurücknahme der Klage nicht innerhalb einer Notfrist von zwei Wochen seit der Zustellung des Schriftsatzes, so gilt seine Einwilligung als erteilt, wenn der Beklagte zuvor auf diese Folge hingewiesen worden ist.

(3) [1]Wird die Klage zurückgenommen, so ist der Rechtsstreit als nicht anhängig geworden anzusehen; ein bereits ergangenes, noch nicht rechtskräftiges Urteil wird wirkungslos, ohne dass es seiner ausdrücklichen Aufhebung bedarf. [2]Der Kläger ist verpflichtet, die Kosten des Rechtsstreits zu tragen, soweit nicht bereits rechtskräftig über sie erkannt ist oder sie dem Beklagten aus einem anderen Grund aufzuerlegen sind. [3]Ist der Anlass zur Einreichung der Klage vor Rechtshängigkeit weggefallen und wird die Klage daraufhin zurückgenommen, so bestimmt sich die Kostentragungspflicht unter Berücksichtigung des bisherigen Sach- und Streitstandes nach billigem Ermessen; dies gilt auch, wenn die Klage nicht zugestellt wurde.

(4) Das Gericht entscheidet auf Antrag über die nach Absatz 3 eintretenden Wirkungen durch Beschluss.

(5) [1]Gegen den Beschluss findet die sofortige Beschwerde statt, wenn der Streitwert der Hauptsache den in § 511 genannten Betrag übersteigt. [2]Die Beschwerde ist unzulässig, wenn gegen die Entscheidung über den Festsetzungsantrag (§ 104) ein Rechtsmittel nicht mehr zulässig ist.

(6) Wird die Klage von neuem angestellt, so kann der Beklagte die Einlassung verweigern, bis die Kosten erstattet sind.

Schrifttum: *Becker-Eberhard,* § 269 Abs. 3 Satz 3 ZPO – Die Neueröffnung der Debatte um die richtige Behandlung der einseitigen Erledigungserklärung, FS W. Gerhardt, 2004, S. 25; *Bonifacio,* Klagerücknahme und Erledigungserklärung nach der Zivilprozeßreform, MDR 2002, 499; *Brammsen/Leible,* Die Klagerücknahme, JuS 1997, 54; *Deckenbrock/Dötsch,* JuMoG – Aktuelle Änderungen bei der Klagerücknahme gem. § 269 Abs. 3 S. 3 ZPO, MDR 2004, 1214; *dies.,* Die Novellierung des § 269 III 3 ZPO, JA 2005, 447; *Henckel,* Die Klagerücknahme als gestaltende Verfahrenshandlung, FS Bötticher, 1969, S. 173; *Mende,* Die in den Prozeßvergleich aufgenommene Klagerücknahme, 1976; *Pawlowski,* Klageänderung und Klagerücknahme, FS Rowedder, 1994, S. 309; *E. Schneider,* Über die analoge Anwendung des § 271 Abs. 3 ZPO vor Rechtshängigkeit, ZZP 76 (1963), 32; *Schumann,* Erledigungserklärung und Klagerücknahme nach Erledigung der Hauptsache – Immerwährende Reformgegenstände des ZPO-Gesetzgebers, Festgabe Vollkommer, 2006, S. 155.

Übersicht

I. Normzweck

1 **1. Geschützte Interessen.** Aus der Dispositionsfreiheit des Klägers, nach seinem Ermessen Klage zu erheben, folgt nicht auch die unbeschränkte Befugnis, sie jederzeit wieder zurückzunehmen. Ab Beginn der mündlichen Verhandlung des Beklagten zur Hauptsache schützt § 269 Abs. 1 dessen verfahrensrechtliche Gegenposition und lässt die Klagerücknahme nur noch mit seiner Einwilligung zu. Der Beklagte kann von diesem Zeitpunkt an eine **Sachentscheidung erzwingen,** die er sonst nur mittels negativer Feststellungsklage erreichen könnte – ein Umweg, der nicht prozessökonomisch ist und ihn mit der Prozesskostenvorauszahlung belastet. Das Gesetz trägt dem Umstand Rechnung, dass der Beklagte zu seiner Verteidigung bereits Anstalten gemacht und finanziellen Aufwand gehabt hat. Wichtiger noch ist das Bedürfnis des Beklagten nach endgültiger Befriedung des Streitverhältnisses; denn der Beklagte wird nur dann in die Klagerücknahme einwilligen, wenn er nicht mit der Wiederholung der Klage rechnet. Das ihm nach § 269 Abs. 6 zustehende Recht, die Verhandlung zur Hauptsache zu verweigern, gibt ihm nur beschränkten Schutz, nämlich bezüglich der Erstattung der Kosten des früheren Verfahrens. Da mangels Durchführung des Prozesses keine Kostenentscheidung nach den allgemeinen Vorschriften getroffen werden kann und wegen der rückwirkenden Beseitigung der Rechtshängigkeit (abgesehen vom Fall des Abs. 3 S. 3) auch eine Kostenentscheidung nach Maßgabe des § 91 a ausscheidet, trägt als Folge der Klagerücknahme der Kläger nach dem Veranlassungsprinzip die bis zur Klagerücknahme entstandenen Kosten des Rechtsstreits, sofern nicht bereits rechtskräftig über sie erkannt ist oder sie ausnahmsweise dem Beklagten aufzuerlegen sind (§ 269 Abs. 3 S. 2); wegen Einzelheiten s. Rn. 41 ff. Wenig erhellend ist die vom BGH gebrauchte Wendung, wer den Antrag (gemeint ist auch die Klage) zurücknehme, begebe sich freiwillig in die Rolle des Unterliegenden.[1] Damit wird im Grunde die Klagerücknahme diskreditiert; denn der Kläger kann ganz andere Beweggründe haben.

2 **Interessen des Gerichts** werden durch § 269 nicht unmittelbar geschützt. Das Gericht kann nicht etwa mit Rücksicht auf seinen bisherigen Verfahrensaufwand die Verweigerung der Einwilligung als nicht sachdienlich oder rechtsmissbräuchlich qualifizieren und demgemäß für unbeachtlich halten. Der wesentliche Unterschied zur Klageänderung besteht darin, dass die zurückgenommene Klage erneut erhoben werden kann, das Streitverhältnis im Falle der Klagerücknahme also gerade nicht durch das Gericht endgültig bereinigt wird. Jedoch sind die Gesichtspunkte der Streiterledigung und der gerichtlichen Arbeitslast insofern im Spiel, als bei einer außergerichtlichen Einigung der Parteien die Rechtshängigkeit durch die Klagerücknahme ohne Belastung des Gerichts beseitigt wird, die sich in der Entscheidung nach § 269 Abs. 4 erschöpft. Das Gesetz besteht nicht darauf, dass die einmal erhobene Klage auch bis zur Entscheidung durchgeführt wird. Die Regelung des § 269 fügt sich damit systemkonform sowohl in eine Privatrechtsordnung ein, in der das subjektive Recht zentrale Bedeutung hat, als auch in eine Verfahrensordnung mit breitem Raum für Parteidispositionen, deren Grenze dort verläuft, wo allgemeine Interessen tangiert werden.

---

[1] BGH JZ 1995, 840, 841 = NJW-RR 1995, 495; BGH NJW 2003, 223; NJW-RR 2005, 1662, 1663.

3 Die praktische Bedeutung der Klagerücknahmen zeigt sich in ihrer **statistischen Häufigkeit.**[2] So wurden von 1997 bis 2002 15,53% der amtsgerichtlichen Verfahren im Bundesdurchschnitt durch Klagerücknahmen erledigt (bezogen auf die erledigten Verfahren); vor den Landgerichten betrug die Zahl 12,48%[3] (beide Zahlen im Wesentlichen gleich bleibend). Wenn auch unbekannt ist, wie sich die Klagerücknahmen im Einzelnen auf die verschiedenen Streitsachen verteilten und aus welchen Gründen die Klagen zurückgenommen wurden, zB wegen Aussichtslosigkeit oder vergleichsweiser Einigung der Parteien, liegt doch ihre die Gerichte insgesamt entlastende Wirkung auf der Hand, da nicht angenommen werden kann, dass ein ins Gewicht fallender Teil der zurückgenommenen Klagen wiederholt wurden.

4 **2. Gesetzesgeschichte.** Die Vorschrift war in ihrem Kern bereits in der CPO als § 243 enthalten. Durch die Novelle 1898 wurde sie ohne Änderung des Wortlauts zu § 271 und blieb es – von der 1927 erfolgten Auswechslung der Bezeichnung „Gerichtsschreiberei" durch „Geschäftsstelle" abgesehen – bis 1943. Damals veränderte die 4. Verordnung zur weiteren Vereinfachung der bürgerlichen Rechtspflege die damaligen Absätze 2 und 3 im Sinne der heutigen Fassung der Abs. 2 bis 5; insb. trat an die Stelle des Kostenurteils der Kostenbeschluss. Diese Änderungen wurden im VereinhG 1950 mit zwei Ausnahmen beibehalten: Der Beschluss wurde auf den Ausspruch der Rechtsfolgen des Abs. 3 S. 1 erweitert und seine Unanfechtbarkeit beseitigt. Die VereinfNov. 1976 machte § 271 ohne jede Änderung zu § 269. Das KindUG hat Abs. 3 S. 2 und dessen damaligen S. 3 (heute Abs. 4) mit Wirkung ab 1. 7. 1998 geändert. Seither bezieht die Regelung die Ausnahmen von der grundsätzlichen Kostenfolge zu Lasten des Klägers ein und sieht auch einen Antrag des Klägers vor. Die ZPO-Reform 2002 fügte Abs. 2 die heutigen Sätze 3 und 4 an, die bisherige Sätze 3, 4 und 5 des Abs. 3 wurden durch die Regelung des heutigen S. 3 ersetzt, Sätze 3 und 4 wurden leicht verändert zu Abs. 4, S. 5 zu Abs. 5 und Abs. 4 zu Abs. 6.

II. Begriff der Klagerücknahme

5 **1. Begriff.** Die Klagerücknahme ist der Widerruf des in der Klage enthaltenen Rechtsschutzgesuchs; sie beseitigt die Rechtshängigkeit von Anfang an (§ 269 Abs. 3 S. 1) und bedarf keiner Entscheidung oder Mitwirkung des Gerichts; zur Rechtshängigkeit im Sonderfall des Abs. 3 S. 3 Rn. 58, 62. Sie ist eine einseitige Parteihandlung mit unmittelbarer verfahrensgestaltender Wirkung; demgemäß gehört sie zur Gruppe der Bewirkungshandlungen; s. Einl. Rn. 376, 380.

6 Mit ihr verzichtet der Kläger nicht endgültig auf die Sachentscheidung, so dass er den geltend gemachten Anspruch erneut erheben kann, bei teilweiser Klagerücknahme auch im anhängigen Verfahren, etwa dadurch, dass er die Klagebeschränkung fallenlässt und die Klage im alten Umfang erweitert.[4] Dem Beklagten steht die Einrede aus § 269 Abs. 6 zu. Eine **teilweise Klagerücknahme** ist möglich bei Vorliegen mehrerer Streitgegenstände oder bei Teilbarkeit des Streitgegenstands. Das Auswechseln des Klagegrundes ohne Veränderung des Antrags ist keine teilweise Klagerücknahme, sondern eine Klageänderung; s. § 263 Rn. 13ff.

7 Die Klagerücknahme lässt das materielle Recht, das mit der Klage durchgesetzt werden soll, unberührt. Der BGH betont zu Recht, dass an die Annahme eines stillschweigend geschlossenen Erlassvertrages iSd. § 397 BGB, etwa durch Reduzierung des Klagebegehrens, strenge Anforderungen zu stellen sind.[5] Ein materiell-rechtlicher Verzichtswille des Klägers darf in Fällen konkludenter Teilrücknahme nicht vermutet werden. Die Klagerücknahme wirkt ausschließlich in der prozessualen Ebene und ist zu unterscheiden:

8 (a) Vom **Klageverzicht** (§ 306). Mit ihm erklärt der Kläger, dass der Klageanspruch nicht bestehe und folglich seine Rechtsbehauptung unrichtig sei; § 306 Rn. 2. Er führt zur Sachabweisung; sie steht einer erneuten Geltendmachung des prozessualen Anspruchs entgegen.

9 (b) Von der **Zurücknahme eines Rechtsmittels** (§§ 516, 565). Sie beseitigt nur die Anhängigkeit des Rechtsstreits in der höheren Instanz, berührt dagegen ein in der Vorinstanz ergangenes Urteil nicht. Zum Verhältnis von Berufungsbeschränkung und teilweiser Klagerücknahme s. § 520 Rn. 34.

---

[2] Statistische Jahrbücher für die Bundesrepublik Deutschland 2001 bis 2004. Zahlen 1979 bis 1988 s. 1. Aufl., 1991 bis 1996 s. 2. Aufl.

[3] Vor den Familiengerichten betrugen von 1997 bis 2002 die Antragsrücknahmen nur ca. 2,14%, zunächst mit steigender, dann mit leicht fallender Tendenz.

[4] RGZ 152, 37, 42; BGH LM § 616 Nr. 9; BGHZ 89, 95, 96 = NJW 1984, 658.

[5] BGH NJW 1997, 3019, 3021.

(c) Von der Erklärung des Klägers, dass der Rechtsstreit in der **Hauptsache erledigt** sei. Sie beseitigt die Rechtshängigkeit nicht rückwirkend und vermeidet die dem Kläger nachteilige Kostenfolge aus § 269 Abs. 3 S. 2. Näheres in § 91 a Rn. 1. 10

(d) Vom **Prozessvergleich** (§ 794 Abs. 1 Nr. 1). Er beendet die Rechtshängigkeit unmittelbar. 11 Die Aufnahme einer Klagerücknahme in ihn vermischt zwei selbstständige Rechtsinstitute, führt zu unnötigen praktischen und dogmatischen Schwierigkeiten und trägt vor allem nicht zur Rechtsklarheit bei. Solche Vereinbarungen sollten vermieden werden; ein praktisches Bedürfnis besteht nicht.[6] Soweit sie vorkommen, ist durch Auslegung zu ermitteln, ob die Parteien eine Klagerücknahme oder einen Prozessvergleich gewollt haben.

2. Klagerücknahmeversprechen. Nach der schon vom RG vertretenen Meinung, der sich 12 der BGH angeschlossen hat, ist das Klagerücknahmeversprechen ein schuldrechtlicher Vertrag, durch den sich der Kläger zur Klagerücknahme verpflichtet. Nimmt er entgegen der Verpflichtung die Klage nicht zurück, so kann ihm der Beklagte die Einrede der prozessualen Arglist entgegensetzen mit der Folge, dass die **Klage** als **unzulässig** abzuweisen ist.[7] Das Klagerücknahmeversprechen hat also nicht die Rechtswirkungen der Klagerücknahme;[8] sie führt auch nicht dazu, dass die Klage durch Urteil für zurückgenommen erklärt wird. Einer selbstständigen Klage auf Erklärung der Klagerücknahme etwa in Form einer Widerklage fehlt das Rechtsschutzinteresse.[9] Der Rspr. ist zwar iE zuzustimmen. Dogmatisch überzeugender ist jedoch, im Klagerücknahmeversprechen mit der hA in der Literatur[10] einen echten prozessualen Vertrag zu sehen, der die Klage unmittelbar unzulässig macht und auf entsprechende Einrede des Beklagten zur Klageabweisung führt.[11] S. auch Einl. Rn. 400.

Das Klagerücknahmeversprechen kann auch in einem **außergerichtlichen Vergleich** enthalten 13 sein.[12] In der prozessualen Wirkung geht es nicht über die Klagerücknahme hinaus. Die Wiederholung der Klage ist also möglich; die materielle Rechtskraft des Prozessurteils steht ihr nicht entgegen. Möglich ist allerdings, dass das Klagerücknahmeversprechen mit einer materiell-rechtlichen Vereinbarung verbunden wird, etwa mit einer Stundung oder einem Erlassvertrag, die sich dann auf die Begründetheit der neuen Klage auswirkt. Wird auf Grund des Klagerücknahmeversprechens die Klage zurückgenommen, so geht eine in der Vereinbarung der Parteien enthaltene Kostenabsprache der Regelung des § 269 Abs. 3 S. 2 vor;[13] s. Rn. 41.

III. Zulässigkeit und Wirksamkeit der Klagerücknahme

1. Zulässigkeit. Die Rücknahme ist zulässig zwischen Beginn und Ende der Rechtshängigkeit 14 (§ 261 Rn. 9 ff., 36 ff.), insbes. durch Eintritt der formellen Rechtskraft des Urteils (§ 705 Rn. 4 ff.) oder beidseitige Erledigungserklärungen.[14] **Vor der Zustellung** der Klage ist eine Klagerücknahme im Rechtssinne des § 269 **nicht möglich,** weil noch kein voll wirksames Prozessrechtsverhältnis vorliegt. Auf die Rückgängigmachung der Klageeinreichung findet § 269 keine Anwendung, auch nicht analog.[15] Daran hat auch Abs. 3 S. 3 aE nichts geändert. Er gilt nur für die Kostenentscheidung und erklärt § 269 nicht etwa insgesamt auf die Klagerückziehung vor Zustellung für

---

[6] AM *Mende* S. 38; zu ihm krit. *Wagner* S. 522 f.

[7] RGZ 102, 217, 222 f.; 159, 186, 190; BGHZ 20, 198, 205 = NJW 1956, 990; BGH NJW 1961, 460; BGHZ 41, 3, 5 = NJW 1964, 549; BGH WM 1973, 144; OLG Frankfurt OLGR 2002, 272; zur Verwerfung des Rechtsmittels bei Nichteinhaltung der vertraglichen Verpflichtung zur Zurücknahme BGH NJW-RR 1987, 307; NJW 1989, 39, 41; NJW-RR 1989, 802; s. a. BGH NJW 2002, 1503, 1504; ebenso *Stein/Jonas/Schumann* Rn. 6; *Saenger/Saenger* Rn. 9.

[8] *Piehler,* GedS für Arens, 1993, S. 323, 329; aM *Schlosser,* Einverständliches Parteihandeln im Zivilprozeß, 1968, S. 72: Mit Bekanntwerden des Klagerücknahmeversprechens gilt die Klage als zurückgenommen.

[9] *Brammsen/Leible* JuS 1997, 54, 57.

[10] *Wagner* S. 504 ff., 510; *Schilken* ZPR Rn. 624; *Rosenberg/Schwab/Gottwald* § 128 Rn. 8 u. § 129 Rn. 67; *Musielak* GK ZPO Rn. 259.

[11] Wie hier *Schilken* ZPR Rn. 624; *Rosenberg/Schwab/Gottwald* § 128 Rn. 8 u. § 129 Rn. 67; *Musielak* GK ZPO Rn. 259; *Schiedermair,* Vereinbarungen im Zivilprozeß, 1935, S. 125; anders (Einrede des Beklagten entbehrlich) *Deubner* JuS 1989, 750, 752 u. 2. Aufl.

[12] Dazu BGH NJW 2002, 1503, 1504.

[13] BGH NJW 1961, 460, 461; KG VersR 1974, 979.

[14] OLG Bamberg NJW-RR 1997, 1365, 1366.

[15] HM; zB KG MDR 1969, 230; OLG Frankfurt JurBüro 1982, 1571; OLG Schleswig JurBüro 1984, 604; OLG Düsseldorf FamRZ 1985, 1271; OLG Hamm NJW-RR 1994, 63, 64; OLG Karlsruhe MDR 1997, 689 („Zustellung" an eine nichtexistente Partei); OLG Oldenburg OLGR 2007, 579; *Hansens* JurBüro 1986, 495; *Becker-Eberhard* FamRZ 1986, 279, 280; *Deckenbrock/Dötsch* MDR 2004, 526 m. weit. Nachw.; aM LG Heilbronn NJW 1996, 382, 383 (§ 269 Abs. 3 S. 2 analog).

anwendbar; s. Rn. 58. – Die formlose Zusendung der Klageschrift an die Gegenpartei zusammen mit der Aufforderung zur Stellungnahme im PKH-Verfahren ersetzt die Zustellung nicht.[16] Wurde die Klageschrift zurückgezogen, dann aber versehentlich doch zugestellt, so ist § 269 Abs. 3 S. 2 analog anwendbar, weil der Beklagte gegenüber dem Kläger schutzwürdiger ist.[17] Auch die nachträgliche Heilung eines Zustellungsmangels rechtfertigt die analoge Anwendung des § 269 Abs. 3 S. 2, zB bei Zustellung an den noch nicht bevollmächtigten Rechtsanwalt, dessen Vollmacht nachgereicht wird.[18] Ein trotz fehlender Klagezustellung nach § 269 Abs. 3 S. 2 ergangener Kostenbeschluss ist wirkungslos; mangels Rechtshängigkeit sind keine Kosten des Rechtsstreits entstanden.[19] Anders ist es kraft ausdrücklicher gesetzlicher Anordnung bei einer Kostenentscheidung nach Abs. 3 S. 3.

15 Der **Antrag auf Erlass eines Mahnbescheids** kann entsprechend § 269 bis zur Rechtskraft des Vollstreckungsbescheids, bei Widerspruch oder Einspruch bis zur Abgabe in das streitige Verfahren ohne Einwilligung des Gegners zurückgenommen werden; § 690 Rn. 46. Nach Abgabe der Sache in das streitige Verfahren gilt § 269 unmittelbar. Wird der Scheidungsantrag zurückgenommen, so findet § 269 entsprechende Anwendung (§ 608); wegen Einzelheiten s. § 626 Rn. 2, 3.

16 **Nach Erlass des Urteils** kann die Klagerücknahme sowohl vor Einlegung eines Rechtsmittels bis zum Ablauf der Rechtsmittelfrist als auch in der Rechtsmittelinstanz erklärt werden.[20] Das ergangene Urteil wird wirkungslos; die im Urteil getroffene Kostenentscheidung steht dem Kostenbeschluss nach § 269 Abs. 4 nicht im Wege.

17 **Vor Einlegung eines Rechtsmittels** erfolgt die Klagerücknahme gegenüber dem Gericht des ersten Rechtszuges, auch wenn dessen Urteil bereits zugestellt worden ist.[21] Klagerücknahme und erforderliche Einwilligung des Beklagten müssen vor Eintritt der Rechtskraft erklärt werden.[22] Nach Einlegung des Rechtsmittels ist Adressat der Rücknahmeerklärung das Rechtsmittelgericht. Voraussetzung ist, dass das Rechtsmittel statthaft ist; auf die Zulässigkeit im Übrigen kommt es nicht an.[23] Die Erklärung ist vom Prozessbevollmächtigten der Rechtsmittelinstanz abzugeben. Jedoch kann der Kläger, solange sich für ihn ein beim Rechtsmittelgericht zugelassener Rechtsanwalt nicht gemeldet hat, die Klage auch durch seinen Prozessbevollmächtigten der Vorinstanz zurücknehmen lassen.[24]

18 **2. Erklärung der Rücknahme.** Die Klagerücknahme ist als einseitige Parteihandlung bedingungsfeindlich und unwiderruflich, sobald sie existent geworden ist, also mit der Erklärung gegenüber dem Gericht. Jedoch kann sie bis zur Einwilligung des Beklagten mit dessen Zustimmung widerrufen werden, soweit das Verfahren noch nicht zum völligen Stillstand gekommen ist.[25] Als Prozesshandlung unterliegt die Klagerücknahmeerklärung auch nicht der Anfechtung.[26] Ist der Willensmangel so schwerwiegend, dass er einen Restitutionsgrund darstellt, zB bei betrügerischen Handlungen, kann der Kläger sie ausnahmsweise widerrufen; s. Einl. Rn. 394.

19 Die Klagerücknahme braucht **nicht ausdrücklich** erklärt zu werden. Schlüssiges Verhalten genügt;[27] jedoch muss sich daraus der eindeutige Wille zur Rücknahme ergeben.[28] Bloßes Nichtverhandeln ist keine Rücknahme, sondern steht nur der Säumnis gleich (§ 333).[29] Das Gericht hat den wahren Willen der Parteien durch Auslegung der Erklärung zu ermitteln.[30] So lässt sich eine

---

[16] OLG Celle AnwBl. 1983, 92 m. krit. Anm. *Riemer;* LG Bonn JMBlNRW 1977, 224.

[17] OLG Hamm JMBlNRW 1952, 228; *E. Schneider* ZZP 76 (1963), 32, 40; OLG Köln MDR 1994, 618.

[18] OLG Bremen NJW 1969, 2243 m. Anm. *Kubisch* NJW 1970, 433.

[19] OLG Schleswig JurBüro 1984, 603, 604; *Hansens* JurBüro 1986, 495, 498 f.

[20] KG NJW 1971, 2270, 2271; LAG Hamm NJW 1972, 2063, 2064.

[21] BGH NJW 1995, 1095, 1096 = MDR 1995, 952.

[22] OLG Frankfurt MDR 1957, 46; OLG Stuttgart VersR 1961, 1097.

[23] BGH LM WZG § 5 Nr. 36; *Rosenberg/Schwab/Gottwald* § 128 Rn. 11.

[24] BGHZ 14, 210, 211 f. = NJW 1954, 1405; BGH NJW 1970, 1320; OLG Koblenz Rpfleger 1974, 117 m. zust. Besprechung *Vollkommer* S. 89; LG Bonn NJW-RR 1986, 223, 224 (Klagerücknahme beim Adressatgericht durch den Anwalt beim verweisenden Gericht).

[25] *Henckel,* FS Bötticher, 1968, S. 173, 191 f.; *Musielak/Foerste* Rn. 7; aM *Stein/Jonas/Schumann* Rn. 20.

[26] HM; zB BGH GRUR 1985, 919, 920 m. krit. Anm. *Eisenführ* (zum Widerruf der Rücknahme einer Patentanmeldung); BGH FamRZ 1993, 694 m. weit. Nachw.; BSG NJW 1972, 2280; aM *Arens,* Willensmängel bei Parteihandlungen im Zivilprozeß, 1968, S. 119 ff.; gegen ihn *Henckel* (Fn. 25) S. 192 ff.

[27] BAG NJW 1961, 2371; BGH VersR 1965, 1153 f.; NJW 1997, 3019, 3021; LAG Düsseldorf DB 1977, 1708; OLG München NJW-RR 1998, 205, 206.

[28] BGH NJW-RR 1996, 885, 886.

[29] RGZ 168, 56, 58; BGHZ 4, 328, 339 = NJW 1952, 545.

[30] *BGH* GRUR 1953, 86 (zur Erklärung, am Verfahren nicht mehr teilnehmen zu wollen); OLG München BayJMBl. 1954, 273 (zur Umdeutung einer „offensichtlich irrigen" Berufungsrücknahme).

einseitig gebliebene Erledigungserklärung uU in eine Klagerücknahme umdeuten.[31] Zweifelsfälle sind nach § 139 aufzuklären. Zum Verhältnis der Klagebeschränkung zur Klagerücknahme s. § 264 Rn. 23.

Die Klagerücknahme ist **gegenüber dem Gericht** zu erklären (§ 269 Abs. 2 S. 1), und zwar durch Einreichung eines Schriftsatzes oder in der mündlichen Verhandlung (S. 2). Einer Zustellung des Schriftsatzes bedarf es nach Abs. 2 S. 3 nF nur mehr, wenn zur Wirksamkeit der Klagerücknahme die Einwilligung des Beklagten erforderlich ist. Die Klagerücknahmeerklärung unterliegt dem Anwaltszwang nach § 78.[32] Ihre Abgabe in einem anderen Verfahren als demjenigen, das sie beenden soll, genügt nicht.[33] 20

3. Einwilligung des Beklagten. a) Voraussetzungen. Die Zurücknahme der Klage ohne Einwilligung des Beklagten ist nur bis zum Beginn der mündlichen Verhandlung zur Hauptsache möglich. Im Verfahren ohne mündliche Verhandlung (§ 128 Abs. 2 und 3) steht die schriftsätzliche Äußerung zur Hauptsache dem mündlichen Verhandeln gleich. Solange die Einwilligung nicht vorliegt, ist die Klagerücknahme wirkungslos, obgleich für den Kläger bindend; die Rechtshängigkeit wird nicht berührt und der Prozess geht weiter. 21

Nach hM ist die **Erörterung von Zulässigkeitsfragen** keine Verhandlung zur Hauptsache;[34] s. auch § 39 Rn. 6. Ihr kann nicht zugestimmt werden. Der Beklagte hat ein schutzwürdiges Interesse auch an einer Prozessabweisung,[35] da auch sie in materielle Rechtskraft erwächst; dass der Umfang der Rechtskraft gegenüber einer Sachabweisung anders ist, ist bedeutungslos. Der Wortlaut des § 269 Abs. 1 ist auf den Rechtszustand vor der Novelle 1924 zugeschnitten, die das Recht des Beklagten, die Einlassung zur Hauptsache zu verweigern, durch Neufassung des § 275 aF beseitigt hat. Das Verhandeln über Zulässigkeitsrügen, also über Prozessvoraussetzungen und Prozesshindernisse, ist Verhandlung zur Hauptsache iSd. § 269 Abs. 1,[36] erst recht natürlich, wenn sich der Beklagte vorsorglich zur Begründetheit der Klage äußert. Damit stimmt überein, dass die Zulässigkeit der Klage mit Hilfe des Begehrens in den Streitgegenstand einbezogen ist; s. Vor § 253 Rn. 32. 22

Das **Verlesen des Klageabweisungsantrags** durch den Beklagten erfüllt die Voraussetzung des Beginns der mündlichen Verhandlung (§§ 137 Abs. 1, 297); s. auch § 333 Rn. 3. Die Gegenmeinung[37] beruht auf der möglicherweise bestehenden Unklarheit, ob der Antrag auf Sach- oder Prozessabweisung zielt. Diese Unterscheidung hat nach der hier vertretenen Auffassung keine Bedeutung. Aber auch nach der hM muss der Klageabweisungsantrag genügen, wenn nach dem ihn vorbereitenden Schriftsatz erkennbar Sachabweisung gemeint ist.[38] Ebenso reicht ein Klageabweisungsantrag iVm. dem Antrag auf Erlass eines Versäumnisurteils aus.[39] Nach einer jüngeren BGH-Entscheidung[40] ist die bisherige Annahme und Praxis, eine **Erörterung der Sach- und Rechtslage** mit dem Beklagten vor der Antragstellung stelle noch keine Verhandlung des Beklagten zur Hauptsache dar,[41] fraglich geworden. Der BGH stellte in einer Scheidungssache zu Recht fest, der Antragsgegner sei auch ohne Antragstellung jedenfalls dann in die mündliche Verhandlung zur Hauptsache eingetreten, wenn die tatsächlichen und rechtlichen Gesichtspunkte des Falles mit seinen Prozessbevollmächtigten erörtert worden seien und er den Standpunker seiner Partei zum Scheidungsbegehren zu erkennen gegeben habe. 23

Eine **Güteververhandlung** nach § 278 ist kein Beginn der mündlichen Verhandlung iSd. § 269 Abs. 1.[42] Das Gleiche gilt für die förmliche Vernehmung der nicht anwaltlich vertretenen Partei im 24

---

[31] OLG Köln OLGR 2004, 79, 80 im Hinblick auf die Chance des Klägers, nach § 269 Abs. 3 S. 3 nF auch in diesem Fall kostenfrei zu bleiben. Zur (im konkreten Fall ausgeschlossenen) Auslegung bzw. Umdeutung einer Klagerücknahme als bzw. in eine einseitige Erledigungserklärung BGH NJW 2007, 1460.

[32] OLG Frankfurt Rpfleger 1979, 148; OLG Koblenz MDR 1984, 322.

[33] BGH MDR 1981, 1002 = JurBüro 1981, 1659; OLG Köln FamRZ 1998, 1523.

[34] BGHZ 100, 383, 389 (obiter dictum zu § 515 Abs. 1) = NJW 1987, 3263; *Zöller/Greger* Rn. 13; *Stein/Jonas/Schumann* Rn. 11.

[35] AM *Münzberg* ZZP 94 (1981), 330, 332.

[36] Ebenso *Henckel* (Fn. 25) S. 180f.; *Grunsky,* Die Veräußerung der in Streit befangenen Sache, 1968, S. 151 Fn. 167.

[37] RGZ 151, 65; OLG Koblenz FamRZ 1981, 260, 261; *Stein/Jonas/Schumann* Rn. 11. Wie hier *Musielak/Foerste* Rn. 8.

[38] *Zöller/Greger* Rn. 13; *Rosenberg/Schwab/Gottwald* § 128 Rn. 22; *Brammsen/Leible* JuS 1997, 54, 56.

[39] BGHZ 4, 328, 339 = NJW 1952, 545; *Stein/Jonas/Schumann* Rn. 11.

[40] BGH FamRZ 2004, 1364 = NJW-RR 2004, 1297 m. weit. Ausf. zum Beginn der mündlichen Verhandlung in Scheidungssachen.

[41] *Zöller/Greger* Rn. 13; *Saenger/Saenger* Rn. 21.

[42] BGHZ 100, 383, 389 = NJW 1987, 3263; *Rosenberg/Schwab/Gottwald* § 128 Rn. 20; *Zöller/Greger* Rn. 13.

Anwaltsprozess, da die Partei wegen fehlender Postulationsfähigkeit keinen Antrag nach § 137 Abs. 1 stellen kann.[43]

25 Nach der Rspr. genügt auch **einseitiges Verhandeln;**[44] das Erforderlichwerden der Einwilligung des Beklagten wird also durch Säumnis des Klägers nicht ausgeschlossen. Die Wirksamkeit dieses Verhandelns wird jedoch durch einen zulässigen Einspruch des Klägers gegen das klageabweisende Versäumnisurteil wieder aufgehoben (§ 342).[45] Die Klagerücknahme bedarf auch dann nicht der Einwilligung des Beklagten, wenn der Kläger im Verhandlungstermin zwar säumig ist, dem Antrag des Beklagten auf Erlass eines Versäumnisurteils aber § 335 Abs. 1 entgegensteht.[46]

26 Bei der **Stufenklage** (§ 254) kann der unbezifferte Zahlungsantrag, wenn sich nach der Verurteilung des Beklagten zur Auskunftserteilung aus der Auskunft ergibt, dass ein Anspruch nicht besteht, ohne Einwilligung des Beklagten zurückgenommen werden, solange noch nicht über ihn verhandelt ist.[47]

27 Im Falle der **Verweisung** nach § 281 bleibt das Verfahren einheitlich; frühere Prozesshandlungen wirken fort, so dass die Klagerücknahme vor dem Adressatgericht immer der Einwilligung des Beklagten bedarf. Dies gilt nicht für die Rechtswegverweisung (§ 17 a Abs. 2 GVG), weil die Klagerücknahme in den einzelnen Verfahrensordnungen unterschiedlich geregelt ist (§ 92 VwGO, § 102 SGG, § 72 FGO);[48] es kommt folglich nicht auf die Frage an, ob im anderen Rechtsweg ein neues Verfahren beginnt (vgl. § 17 b Abs. 1 S. 2 GVG).[49]

28 Im **Patentnichtigkeitsverfahren** (§§ 81 ff. PatG) ist die Klagerücknahme in jeder Verfahrenslage ohne Einwilligung des Beklagten möglich.[50] § 269 Abs. 1 ist nicht anwendbar, da sonst der Kläger gezwungen werden könnte, gegen seinen Willen als Anwalt öffentlicher Belange aufzutreten.

29 **b) Erteilung.** Die Einwilligung des Beklagten ist ebenfalls Parteihandlung. Sie ist bedingungsfeindlich, unwiderruflich und unanfechtbar. Die Erklärung kann auch durch schlüssiges Verhalten erfolgen, etwa durch den Kostenantrag nach § 269 Abs. 3 S. 3.[51] Überdies gilt die Einwilligung zur schriftsätzlich erklärten und zugestellten Klagerücknahme nach Abs. 2 S. 4 nF als erteilt, wenn der Beklagte der Klagerücknahme nicht innerhalb von zwei Wochen nach der Zustellung widerspricht, vorausgesetzt, er wurde zuvor auf diese Folge hingewiesen. Der Hinweis darf sich nicht darauf beschränken, lediglich auf die Geltung des § 269 Abs. 2 S. 4 zu verweisen, sondern muss seine Rechtsfolge konkret benennen, und zwar auch im Anwaltsprozess.[52]

30 Die Einwilligung ist **gegenüber dem Gericht** zu erklären (§ 269 Abs. 2 S. 1), und zwar in der mündlichen Verhandlung oder durch Einreichung eines Schriftsatzes. Das Gleiche gilt für ihre Verweigerung. Einwilligung und Verweigerung sind schon vor Klagerücknahme möglich, aber erst danach bindend. Eine Erklärung gegenüber dem Kläger genügt nicht, selbst wenn dieser dem Gericht die Einwilligung mitteilt und der Beklagte sie später bestätigt.[53]

31 Die Einwilligung ist zwar bis zum Eintritt der formellen Rechtskraft zulässig; sie muss jedoch spätestens in der nächsten mündlichen Verhandlung nach der Klagerücknahme erfolgen,[54] und zwar auch, wenn die Klagerücknahme schriftsätzlich erklärt wurde und die Frist des Abs. 2 S. 4 noch läuft.[55] Wird die Klage in der mündlichen Verhandlung zurückgenommen, so muss auch die Einwilligung in derselben Verhandlung erklärt werden. Äußert sich der Beklagte in diesen Fällen in der mündlichen Verhandlung nicht zur Klagerücknahme, gilt seine Zustimmung als verweigert.[56]

32 Die Einwilligung unterliegt als Parteihandlung dem **Anwaltszwang.** Um im Ehescheidungsverfahren der Anwendung des § 78 zu entgehen und damit die Bestellung eines Anwalts eigens für die

---

43 OLG Karlsruhe Justiz 1979, 385 (für § 613); OLG Köln 1985, 1060, 1061 (ebenfalls für § 613).

44 Krit. *Münzberg* ZZP 94 (1981), 330, 335, wenn auch im Ansatz zustimmend.

45 BGHZ 4, 328, 339 f. = NJW 1952, 545.

46 BGH NJW 1980, 2313, 2314 (zu § 515 Abs. 1) = ZZP 94 (1981), 328 m. Anm. *Münzberg.*

47 OLG Stuttgart NJW 1969, 1216, 1217.

48 *Zöller/Greger* Rn. 13.

49 Hierauf stellt OLG Schleswig SchlHA 1976, 48 ab; dazu *Krause* ZZP 83 (1970), 289, 323 ff.

50 RG GRUR 1943, 211; BGH GRUR 1964, 18, 19 = NJW 1963, 2125 (LS); NJW-RR 1993, 1470; *Schulte,* PatentG, 4. Aufl. 1987, § 81 Rn. 69; *Benkard/Rogge,* PatentG/GebrauchsmusterG, 10. Aufl. 2006, § 81 PatG Rn. 31.

51 OLG Koblenz VersR 1981, 1135.

52 Für den Anwaltsprozeß ohne gesetzliche Grundlage aA KG OLGR 2005, 605.

53 AM OLG Karlsruhe OLGZ 1968, 37, 39, bestätigt in Justiz 1977, 97.

54 OLG Koblenz VersR 1981, 1135, 1136; aM OLG Dresden NJW-RR 1997, 765 (Fristeinräumung durch das Gericht möglich).

55 *Saenger/Saenger* Rn. 30; *Musielak/Foerste* Rn. 9.

56 Ebenso *Zöller/Greger* Rn. 15; *Rosenberg/Schwab/Gottwald* § 130 II 2 c (nicht mehr in der 16. Aufl.).

Einwilligung in die Rücknahme des Scheidungsantrags überflüssig zu machen, verzichtet die Praxis auf das Einwilligungserfordernis, wenn der Antragsgegner nicht anwaltlich vertreten war, unabhängig davon, ob er nach § 613 Abs. 1 angehört oder vernommen wurde;[57] s. § 626 Rn. 3. Die teilweise vorhandene Tendenz, § 78 generell auf die schlüssig erklärte Einwilligung nicht anzuwenden,[58] womit die Beiordnung eines Anwalts im PKH-Verfahren entbehrlich wird, lässt sich, obgleich praktisch zweckmäßig, dogmatisch nicht begründen. Da die prozessunfähige Partei im Streit um ihre Prozessfähigkeit als prozessfähig behandelt wird (s. § 56 Rn. 4), kann sie auch wirksam die Einwilligung in die Klagerücknahme erklären sowie den Kostenantrag nach § 269 Abs. 4 stellen;[59] s. Rn. 71

Verweigert der Beklagte seine Einwilligung in die Klagerücknahme und stellt der Kläger daraufhin keinen neuen Antrag, so liegen die Voraussetzungen für den Erlass eines **Versäumnisurteils** gegen ihn nicht vor (§ 333).[60] Wegen Wirkungslosigkeit der Klagerücknahme kann das Gericht auf den ursprünglichen Klageantrag zurückkommen, ohne dass der Kläger ihn wiederaufgreifen muss.[61] Ein Versäumnisurteil kann nur ergehen, wenn der Kläger in einem späteren Termin säumig wird (§ 332). Die unklare Verfahrenssituation lässt sich vermeiden, wenn nach § 139 der Kläger auf die Möglichkeit eines Verzichts (§ 306) hingewiesen wird, der für ihn wegen der Ermäßigung der Verfahrensgebühr (Nr. 1211 Ziff. 2 KV) vorteilhaft ist.[62] 33

Mit der **Verweigerung** der erforderlichen **Einwilligung** wird die Klagerücknahme gegenstandslos; die mit ihr angestrebte prozessuale Wirkung tritt endgültig nicht ein. Sie verliert auch für den Kläger ihre Bindungswirkung, ohne dass es eines Widerrufs bedarf, der jetzt allerdings möglich ist. Der Prozess geht weiter; die Rechtshängigkeit bleibt bestehen. Die Rücknahmeerklärung hemmt nicht die Rechtskraft des Scheidungsurteils. Der Beklagte kann diese Rechtsfolge nicht dadurch umgehen, dass er seine Einwilligung nachträglich doch noch erteilt.[63] Die Versagung der Einwilligung kann auch nicht widerrufen werden, da sie ebenfalls unwiderruflich ist.[64] 34

4. Streit um die Wirksamkeit. Besteht Streit über Zulässigkeit oder Wirksamkeit der Klagerücknahme, der angesichts der einfachen gesetzlichen Regelung die Ausnahme ist, so befindet hierüber das Gericht, nach § 349 Abs. 2 Nr. 4 der Vorsitzende der KfH, nach § 527 Abs. 3 Nr. 2 und 4 der vorbereitende Einzelrichter. Verneint es die Wirksamkeit der Klagerücknahme, so entscheidet es durch nicht selbstständig anfechtbares Zwischenurteil nach § 303 oder in den Gründen des Endurteils über die Klage. Im letzten Falle sind Vorsitzender der KfH und Einzelrichter nicht zuständig; denn ihre Zuständigkeit ist auf die Entscheidung nach § 269 Abs. 4 (auch bei entsprechender Anwendung) beschränkt, allerdings unter Einschluss der Vorfrage, ob die Klagerücknahme wirksam ist; s. aber auch § 349 Rn. 12. Falls das Gericht die Klagerücknahme für zulässig und wirksam erachtet, entscheidet es durch **Beschluss** (§ 269 Abs. 4).[65] Ein aufhebendes Urteil ergeht nur ausnahmsweise (§ 269 Abs. 3 S. 1), wenn trotz wirksamer Klagerücknahme ein Urteil erlassen worden ist.[66] Nach der Gegenmeinung ist immer durch Urteil zu entscheiden.[67] Durch das Urteil soll die Klage für zurückgenommen erklärt werden. 35

Soweit die Gegenmeinung überhaupt begründet wird,[68] überzeugen ihre Argumente nicht. Es leuchtet nicht ein, dass die Klagerücknahme als gestaltende Verfahrenshandlung ihren Rechtscharakter ändern und die Gestaltung vom Gericht ausgehen soll, nur weil über die Rechtsausübung 36

---

[57] BGH FamRZ 2004, 1364f. = NJW-RR 2004, 1297 m. weit. Nachw.

[58] *Stein/Jonas/Schumann* Rn. 15.

[59] OLG Karlsruhe Justiz 1976, 470.

[60] AM OLG Stuttgart OLGZ 1968, 287, 289 im Anschluß an RGZ 75, 286, 290f.

[61] Ebenso *Rupp/Fleischmann* MDR 1985, 17, 18; aM *Stein/Jonas/Schumann* Rn. 17.

[62] *A. Mayer* MDR 1985, 373, 374; *Zöller/Greger* Rn. 16.

[63] RGZ 108, 135, 137.

[64] OLG Bamberg BayJMBl. 1953, 36.

[65] BGH NJW 1978, 1585 = WM 1977, 1360; NJW-RR 1993, 1470; u. dazu *Gaul* ZZP 81 (1968), 273; *Rosenberg/Schwab/Gottwald* § 128 Rn. 39; *Thomas/Putzo/Reichold* Rn. 23; *Zeihe* NJW 1974, 383; *Budach* SchlHA 1977, 35.

[66] BGHZ 4, 328, 341 = NJW 1952, 545.

[67] OLG Hamm NJW 1976, 758, 759; VGH München NVwZ 1982, 45 (LS); *Zöller/Greger* Rn. 19b; *A. Blomeyer* § 63 III 3; *Baumbach/Lauterbach/Hartmann* Rn. 30; *Stein/Jonas/Schumann* Rn. 42; AK-ZPO/*Wassermann* Rn. 11. Den Ausspruch der Wirksamkeit der Klagerücknahme und deren Folgen in Ansehung der Entscheidungsform gleich zu behandeln wie den Ausspruch der Wirksamkeit einer Zurücknahme einer Berufung und deren Folgen nach § 516 Abs. 3 – dort für Beschluß BGHZ 46, 112 = NJW 1967, 109 und dagegen für Urteil die Anm. von *Gaul* ZZP 81 (1968), 273 – ist angesichts der weitergehenden Konsequenzen einer Zurücknahme der Berufung (Verlust des eingelegten Rechtsmittels) keineswegs zwingend.

[68] Wohl nur von *Henckel,* FS Bötticher, S. 173, 190; gegen ihn zutr. *Budach* SchlHA 1977, 35, 36.

Streit herrscht. Dass die Rechtshängigkeit zur Austragung des Streites um die Klagerücknahme verlängert wird, ist nichts Besonderes; gleiches geschieht beim Streit um die Wirksamkeit eines Prozessvergleichs, der ebenfalls im alten Verfahren auszutragen ist;[69] s. § 261 Rn. 38. Auch § 204 Abs. 2 S. 1 BGB fordert keine Entscheidung durch Urteil; das Gesetz bietet die Handhabe, den Kläger nicht mit der Zeit bis zur Entscheidung über den Streit um die Klagerücknahme zu belasten. Es bleibt dabei, dass zwischen streitiger und nicht streitiger Klagerücknahme nicht unterschieden werden kann und die Folgen der Klagerücknahme immer durch deklaratorischen Beschluss festgestellt werden (§ 269 Abs. 4).[70]

IV. Wirkungen der Klagerücknahme

37 **1. Prozessuale Wirkungen.** Die Klagerücknahme hat zur Folge, dass der Rechtsstreit **als nicht anhängig geworden** anzusehen ist (§ 269 Abs. 3 S. 1). Das Verfahren bleibt allein wegen der Kosten weiter rechtshängig. Dies bedeutet, dass über den Klageanspruch nicht mehr entschieden und kein Rechtsmittel mehr eingelegt werden kann und dass ein bereits ergangenes, noch nicht rechtskräftiges Urteil wirkungslos wird, ohne dass es seiner Aufhebung bedarf (§ 269 Abs. 3 S. 1). Ergeht nach wirksamer Klagerücknahme noch ein Sachurteil, so ist es nichtig (wirkungslos), weil es nicht in einem rechtshängigen Verfahren erlassen wurde;[71] Vor § 300 Rn. 4. Die Wirkungslosigkeit kann durch Beschluss analog § 269 Abs. 4 festgestellt werden;[72] s. a. Rn. 35. Ein den Prozess betreffendes Beschwerdeverfahren wird gegenstandslos.[73]

38 Sämtliche **prozessualen Wirkungen** der Rechtshängigkeit **entfallen rückwirkend.** Jedoch wird eine Widerklage durch die Rücknahme der Hauptklage nicht berührt.[74] Das gilt auch dann, wenn die Zuständigkeit des Gerichts der Klage für die Widerklage allein auf § 33 beruht.[75] Wird in § 33 keine besondere Prozessvoraussetzung der Widerklage gesehen, sondern die Eröffnung eines besonderen Gerichtsstands (s. § 33 Rn. 18, 34), so ergibt sich der Fortbestand der örtlichen Zuständigkeit für die Widerklage auch aus § 261 Abs. 3 Nr. 2. Wie der Kläger nicht gehindert ist, die teilweise zurückgenommene Klage in einem späteren Verfahrensabschnitt wieder zu erweitern (s. Rn. 6, 83), so kann er bei vollständiger Klagerücknahme seinen Anspruch im Widerklageverfahren erneut geltend machen; es handelt sich um eine Widerwiderklage des Klägers, daher um eine echte Widerklage.[76]

39 Unberührt von der Klagerücknahme bleibt auch die Hauptintervention (§ 64). Dagegen erledigen sich Nebenintervention und Streitverkündung.

40 **2. Materiell-rechtliche Wirkungen.** Sofern die Folgen der Klagerücknahme für die materiell-rechtlichen Wirkungen der Rechtshängigkeit (§ 262) nicht besonders geregelt sind (vgl. etwa § 204 Abs. 2 S. 1 BGB für die Hemmung der Verjährung) fallen die an die Rechtshängigkeit geknüpften materiell-rechtlichen Folgen im Zweifel mit der Klagerücknahme weg.[77] So bleibt der in einem Ehevertrag vereinbarte Ausschluss des Versorgungsausgleichs wirksam, wenn der innerhalb eines Jahres nach Vertragsschluss gestellte Scheidungsantrag zurückgenommen wird (§ 1408 Abs. 2 S. 2 BGB).[78] Grds. wirksam bleiben auch die im Prozess abgegebenen materiell-rechtlichen Erklärungen wie Anfechtung, Aufrechnung und Rücktritt; s. a. § 262 Rn. 4. Die Rücknahme der Kündigungsschutzklage heilt den Mangel der Sozialwidrigkeit der Kündigung (§ 7 KSchG) und den des fehlenden wichtigen Grundes (§ 13 Abs. 1 KSchG) rückwirkend.[79]

V. Kostenentscheidung und Gebühren

41 **1. Kostenpflicht des Klägers nach § 269 Abs. 2 S. 2. a) Allgemeine Rechtsfolgen.** Die Klagerücknahme verpflichtet den **Kläger,** die **Kosten des Rechtsstreits zu tragen,** soweit nicht

---

[69] *G. Lüke* JuS 1965, 482, 484.
[70] Ebenso *Budach* SchlHA 1977, 35, 37.
[71] *Jauernig,* Das fehlerhafte Zivilurteil, 1958, S. 153; *G. Lüke* JuS 1985, 767, 768; LG Itzehoe NJW-RR 1994, 1216.
[72] Dazu LG Tübingen JZ 1982, 474, 475.
[73] OLG Frankfurt NJW-RR 1995, 956.
[74] BGHZ 40, 185, 189 = NJW 1964, 44.
[75] LG München I NJW 1978, 953.
[76] BGH LM § 616 Nr. 9.
[77] BGH NJW 1986, 2318 = LM BGB § 1408 Nr. 2 = JZ 1986, 766.
[78] BGH NJW 1986, 2318 (Fn. 73); *Gaul* FamRZ 1981, 1134, 1137 f.; aM OLG Zweibrücken FamRZ 1985, 72, 73.
[79] *v. Hoyningen-Huene/Link* KSchG, 14. Aufl. 2007, § 7 Rn. 7, § 13 Rn. 13.

bereits rechtskräftig über sie erkannt ist oder sie nicht aus einem anderen Grund ausnahmsweise dem Beklagten aufzuerlegen sind (§ 269 Abs. 3 S. 2). Mit letzterem sind vornehmlich von der Kostenpflicht des Klägers abweichende prozessrechtliche Kostenregelungen wie zB §§ 93d, 344 (dazu Rn. 42) oder 626 Abs. 1 S. 2 gemeint und soll nicht etwa allgemein die Möglichkeit der Berücksichtigung anderslautender materiell-rechtlicher Kostenerstattungsansprüche im Rahmen der Kostenentscheidung nach Klagerücknahme eröffnet werden.[80] Solche gehören vielmehr ins Klageverfahren; s.a. Rn. 77. **Abweichende Parteivereinbarungen** sind dagegen zulässig und vom Gericht bei seiner Entscheidung zu berücksichtigen; s.a. Rn. 44. Diese möglichen Abweichungen von der Kostenpflicht des Klägers zeigen, dass die in der Literatur wiederkehrende Formulierung, die Kostenentscheidung (§ 269 Abs. 4) habe lediglich feststellenden Charakter,[81] zumindest heute nicht mehr zutrifft und zu Fehlschlüssen verleitet; s.a. Rn. 68 Das Gesetz hält aus prozessökonomischen Gründen nur eine Entscheidung von Amts wegen (§ 308 Abs. 2) für überflüssig, da es davon ausgeht, dass sie inhaltlich unproblematisch ist; deshalb verzichtet es auch nach wie vor auf die mündliche Verhandlung (§ 128 Abs. 4). Im Übrigen unterscheidet sie sich nicht von der normalen Kostenentscheidung nach § 91.[82]

Entgegen früher hM[83] umfasst die Kostenpflicht als Folge der Klagerücknahme nicht die vom Beklagten verursachten **Säumniskosten;** mit der nunmehr auch vom BGH vertretenen Ansicht ist insoweit vielmehr § 344 anwendbar.[84] Beide Kostenvorschriften beruhen auf dem Veranlassungsprinzip; sie stehen gleichrangig nebeneinander. Die Kostenfolge der Klagerücknahme kann nicht dazu dienen, den Beklagten von den Kosten einer von ihm verursachten Säumnis zu entlasten. Auch rechtspolitisch wären die „Bestrafung" des Klägers und die Begünstigung des Beklagten verfehlt; die Klagerücknahme trägt zur Verminderung der Arbeitslast der Gerichte bei, während die Säumnis des Beklagten sie vermehrt. Die Gegenmeinung ist jedenfalls seit dem KostenRÄndG 1994 (Neuregelung der damaligen Nr. 1202a, jetzt 1211a KV) und der Einfügung der Worte „aus einem anderen Grund" in § 269 Abs. 3 S. 2 durch die ZPO-Reform 2002 nicht mehr vertretbar. 42

Bei teilweiser Klagerücknahme trägt der Kläger nicht die Kosten für den aufrechterhaltenen Teil der Klage; s. Rn. 73, 83. Auszuklammern sind auch die durch eine Widerklage verursachten Kosten sowie diejenigen, über die bereits rechtskräftig erkannt ist. 43

b) Außergerichtlicher Vergleich. Wird die Klage auf Grund eines zwischen den Parteien abgeschlossenen **außergerichtlichen** Vergleichs zurückgenommen und enthält der Vergleich eine Regelung der Verfahrenskosten, so geht auch diese der Kostenfolge des § 269 Abs. 3 S. 2 vor.[85] Beschränkt sich der Vergleich dagegen auf die Regelung der Kosten des Vergleichs, so bleibt es für die Verfahrenskosten bei der Kostenfolge des § 269 Abs. 3 S. 2.[86] Falls der Vergleich den Kostenpunkt nicht regelt, findet § 98 keine Anwendung,[87] es sei denn durch Auslegung wird ein anderer Wille der Parteien ermittelt.[88] Der Vorrang des Vergleichs ergibt sich daraus, dass das Klagerücknahmeversprechen die Klage unzulässig macht und die Fortsetzung des Rechtsstreits hindert. Teilweise wird der Vergleich – nicht überzeugend – wie ein rechtskräftiges Kostenerkenntnis behandelt. Zur Frage, ob der Beklagte trotz des außergerichtlichen Vergleichs einen Kostenbeschluss nach § 269 Abs. 4 erwirken kann, s. Rn. 71. Da ein **Prozessvergleich** den Rechtsstreit unmittelbar beendet, bedarf es keiner Klagerücknahme, so dass sich hier keine Konkurrenz mit § 269 ergibt (s. 44

[80] BGH NJW 2004, 223f.; NJW-RR 2005, 1662, 1663; s.a. OLG Dresden MDR 2003, 1079; *Zöller/Greger* Rn. 18c.

[81] *Stein/Jonas/Schumann* Rn. 61; *Baumbach/Lauterbach/Hartmann* Rn. 33.

[82] Gegen den „rein deklaratorischen Charakter" der Kostenentscheidung auch *Coester-Waltjen* DRiZ 1976, 240, 241; *E. Schneider* MDR 1977, 234.

[83] ZB OLG Stuttgart MDR 1976, 51; OLG Bremen NJW 1976, 632; OLG Hamm MDR 1977, 233; OLG Düsseldorf MDR 1983, 64; OLG Rostock NJW-RR 1996, 832; OLG Brandenburg NJW-RR 1999, 871; weit. Nachw. bei BGHZ 159, 153, 154f.

[84] BGH 159, 153 = NJW 2004, 2309 = FamRZ 2004, 1366 = BGHReport 2004, 1126 m. zust. Anm. *Bonifacio* = JR 2005, 70 m. zust. Anm. *Schubert* u. umfassenden Nachw. zum Meinungsstreit; OLG Düsseldorf NJW 1975, 1569; OLG Hamm OLGZ 1989, 464; OLG Schleswig MDR 2002, 1274; *Zöller/Greger* Rn. 18a; *Coester-Waltjen* DRiZ 1976, 240, 241; *E. Schneider* MDR 1977, 234; *Habel* NJW 1997, 2357, 2360; *Timme* JuS 2005, 705.

[85] BGH NJW 1961, 460; MDR 1972, 945, 946 (zu § 515 Abs. 3 aF); BGH FamRZ 2004, 1552 = NJW-RR 2004, 1506 m. weit. Nachw.; OLG Bremen NJW 1969, 2208 (LS); KG VersR 1974, 979; OLG Bamberg VersR 1983, 563 (LS); OLG Saarbrücken OLGR 2004, 46, 47; LG Bielefeld VersR 1972, 261, 262; LG Aachen VersR 1979, 1144.

[86] OLG Stuttgart MDR 2004, 717.

[87] AM OLG Frankfurt MDR 1971, 936; OLG München VersR 1976, 395; OLG Frankfurt OLGR 2006, 699; OLG Celle NdsRpfl. 2007, 121.

[88] OLG Köln MDR 1986, 503.

Rn. 11); § 98 findet Anwendung.[89] Besteht Streit über eine vereinbarte Kostenregelung, so darf hierüber nicht Beweis erhoben werden; die Kosten sind vielmehr gemäß § 269 Abs. 3 S. 2 dem Kläger aufzuerlegen.[90]

45 **c) Besonderheiten.** Stellt sich bei einer **Stufenklage** nach der Verurteilung des Beklagten zur Auskunftserteilung heraus, dass ein Zahlungsanspruch nicht besteht und nimmt der Kläger daraufhin die Klage über den Zahlungsanspruch zurück (s. Rn. 26), so soll nach teilweise vertretener Meinung der Beklagte die Kosten tragen, weil durch die unbezifferte Zahlungsklage keine zusätzlichen Kosten entstehen.[91] Ihr ist nicht beizupflichten. Weder das Weginterpretieren der Kostenfolge aus § 269 Abs. 3 S. 2 noch die analoge Anwendung der Regeln über die einseitige Erledigungserklärung[92] kann das dem Normzweck des § 254 wohl eher entsprechende Ergebnis rechtfertigen, den Beklagten mit den Kosten zu belasten. Eine dogmatisch saubere Lösung bietet die analoge Anwendung des § 93: Erklärt der Kläger den sofortigen Klageverzicht (§ 306) unter Verwahrung gegen die Kostenlast, so sind die Kosten dem Beklagten aufzuerlegen;[93] andernfalls trägt sie der Kläger.[94] Zur Entscheidungsform s. Rn. 73. Im Übrigen ist für jede Stufe nach Maßgabe der §§ 91 ff. gesondert zu prüfen, wer die Kosten zu tragen hat. S. § 254 Rn. 26, 32.

46 Die Praxis neigt dazu, § 96 gegenüber der Kostenfolge aus § 269 Abs. 3 S. 2 nicht anzuwenden.[95] Auch hier wird unzutreffend mit dem angeblich feststellenden Charakter des Kostenausspruchs nach Klagerücknahme argumentiert.[96] Hat sich die **Erfolglosigkeit eines Verteidigungsmittels** bereits vor Klagerücknahme herausgestellt, so können die dadurch entstandenen Kosten nach § 96 dem Beklagten auferlegt werden.[97]

47 Bei teilweiser Klagerücknahme und bei gleichzeitiger Rücknahme von Klage und Widerklage sind die Gesamtkosten entsprechend § 269 Abs. 3 S. 2 quotenmäßig zu verteilen;[98] s. auch Rn. 73, 83. Eine unzulässige „Hilfs-Widerklage“ ist entgegen § 45 Abs. 1 S. 2 GKG kostenrechtlich gesondert zu bewerten, wenn der Beklagte sie für den Fall seiner Verurteilung ausschließlich gegen einen bisher am Verfahren nicht beteiligten Dritten erhoben hat. Bei Rücknahme der Hauptklage sind die Kosten der unzulässigen Widerklage gemäß § 91 dem Beklagten aufzuerlegen.[99]

48 Wird die von einem vollmachtlosen Vertreter erhobene Klage zurückgenommen, so sind nach hM die Kosten demjenigen aufzuerlegen, der das Auftreten des vollmachtlosen Vertreters veranlasst hat; s. § 89 Rn. 14 f., § 261 Rn. 23. Dies wird häufig der Vertreter, kann aber auch der angeblich vertretene Kläger selbst sein.[100]

49 § 269 Abs. 3 S. 2 ist **entsprechend anzuwenden,** wenn der Antragsteller im **Mahnverfahren** seinen Antrag auf Erlass eines Mahnbescheids zurücknimmt. Die Kostenfolge des Abs. 3 S. 2 kann nach wie vor ohne weiteres durch den Rechtspfleger im Mahnverfahren ausgesprochen werden.[101] Motiviert der Antragsteller die Antragsrücknahme jedoch mit einem Wegfall des Anlasses zur Einreichung des Mahnantrags vor Rechtshängigkeit und begehrt deshalb statt einer Kostenentscheidung nach § 269 Abs. 3 S. 2 eine solche nach Abs. 2 S. 3 nF, so kann darüber nur nach Übergang ins streitige Verfahren entschieden werden;[102] s. a. Rn. 65. Unanwendbar ist § 263 Abs. 3 Satz 2 dagegen auf die Rücknahme des Antrags auf Durchführung des streitigen Verfahrens nach § 696 Abs. 4.[103]

50 Zur Kostenpflicht nach Rücknahme eines **Scheidungsantrags** s. § 626 Rn. 7 ff.

---

[89] Nur iE ebenso *Mende* S. 91.

[90] OLG Schleswig SchlHA 1981, 55; OLG Frankfurt MDR 1983, 675; LG Freiburg MDR 1967, 503.

[91] OLG Stuttgart NJW 1969, 1216, 1217.

[92] So *Plate* NJW 1969, 516; *Fett,* Die Stufenklage, Diss. Saarbrücken 1978, S. 70 ff.

[93] OLG München MDR 1988, 782; 1990, 636; *Rixecker* MDR 1985, 633, 635; gegen diese Lösung BGH NJW 1994, 2895, 2896; OLG Karlsruhe MDR 1994, 1245 = NJW-RR 1995, 955; OLG Hamm NJW-RR 1991, 1407; *Stein/Jonas/Schumann* § 254 Rn. 31 Fn. 45.

[94] OLG München MDR 1988, 782; LG Tübingen NJW 1968, 2151, 2152; *Zöller/Greger* Rn. 18 a; für eine generelle Kostenbeteiligung des Klägers jetzt *Thomas/Putzo/Reichold* Rn. 15.

[95] OLG Celle NJW 1961, 1363; OLG Bremen NJW 1976, 632; OLG Hamm MDR 1977, 233, 234 m. krit. Anm. *E. Schneider.*

[96] OLG Frankfurt MDR 1982, 942.

[97] Ebenso *Coester-Waltjen* DRiZ 1976, 240, 241.

[98] *E. Schneider* NJW 1964, 1055, 1057 f. (für teilweise Klagerücknahme).

[99] OLG München OLGZ 1986, 220, 222 f.

[100] OLG Frankfurt OLGZ 1980, 278, 282; OLG Hamm NJW-RR 1990, 767 = OLGZ 1989, 321; OLG Bamberg OLGR 2005, 683.

[101] Wie hier BGH NJW 2005, 512 = JR 2005, 375 m. Anm. *Probst;* aA *Zöller/Herget* § 91 a Rn. 58 Stichwort „Mahnverfahren“.

[102] *BGH* NJW 2005, 512 = JR 2005, 375 m. Anm. *Probst;* s. a. *R. Wolff* NJW 2003, 553, 554.

[103] BGH NJW-RR 2006, 201 = MDR 2006, 42.

d) Selbstständiges Beweisverfahren, Nebenintervention und Streitverkündung. Ob die Kosten eines auf Antrag des Beklagten durchgeführten **selbstständigen Beweisverfahrens** nach §§ 485 ff., für das eine eigene prozessuale Kostenentscheidung gesetzlich nicht vorgesehen ist (zu Ausnahmen Rn. 52), von der Kostenpflicht gemäß § 269 Abs. 3 S. 2 nach einem durch Klagerücknahme erledigten Hauptsacheverfahren mit umfasst werden, lässt sich weder generell bejahen (so noch die 2. Aufl.[104]) noch mit der hM generell verneinen,[105] sondern hängt von denselben Kriterien ab wie die Einbeziehung der Kosten eines selbstständigen Beweisverfahrens in den prozessualen Kostenausgleich des Hauptsacheverfahrens im Allgemeinen. Danach zählen die Kosten des selbstständigen Beweisverfahrens dann zu den erstattungsfähigen Kosten des Hauptsacheverfahrens, wenn die Parteien und der Streitgegenstand beider Verfahren identisch sind und das Beweisverfahren geeignet ist bzw. war, die tatsächlichen Voraussetzungen für die Entscheidung im Hauptsacheverfahren zu schaffen; auf die tatsächliche Verwertung seiner Ergebnisse im Hauptsacheverfahren kommt es nicht an;[106] s. a. § 91 Rn. 23 ff., § 103 Rn. 51. Dem BGH zufolge scheidet eine Einbeziehung in die Kostenerstattung nach § 269 Abs. 3 S. 2 allerdings dann aus, wenn das selbstständige Beweisverfahren im Zeitpunkt der Klagerücknahme noch nicht abgeschlossen war.[107] Im Übrigen bietet die Anwendbarkeit des § 96 (s. o. Rn. 46) Handhabe, den Kläger vor den Kosten ganz oder teilweise erfolglos gebliebener selbstständiger Beweisverfahren zu bewahren und diese dem Beklagten aufzuerlegen. Kommt es nicht zu einem Hauptsacheverfahren, so können die Kosten eines selbstständigen Beweisverfahrens auch nicht mittels Leistungsklage in entsprechender Anwendung des § 91 verlangt werden;[108] wohl aber sind sonstige materiell-rechtliche Kostenerstattungsansprüche vorstellbar.[109] Denkbar ist außerdem die analoge Anwendung des § 494 a Abs. 2.[110] 51

Wird der **Antrag auf Durchführung eines selbstständigen Beweisverfahren** zurückgenommen, so besteht heute im Grundsatz insoweit Einigkeit, als die Kosten dieses Verfahrens am Ende analog § 269 Abs. 3 S. 2 grds. den Antragsteller treffen müssen und hierüber notfalls ausnahmsweise auch eine eigene prozessuale Kostenentscheidung im selbstständigen Beweisverfahren zugelassen werden muss.[111] Umstritten ist lediglich, ob diese Ausnahme den Fällen vorzubehalten ist, in denen kein Hauptsacheverfahren stattfindet und damit die Möglichkeit, die Kosten des Beweisverfahrens dort anzumelden, entfällt,[112] oder ob der Ausspruch der Kostenfolge des § 269 Abs. 3 S. 2 im Beweisverfahren unabhängig vom Stattfinden eines Hauptsacheverfahrens zugelassen werden kann.[113] Der Vorzug gebührt der letztgenannten Ansicht. Denn der Grund, warum im selbstständigen Beweisverfahren grds. keine eigene Kostenentscheidung ergeht, nämlich weil es hier keinen, zumindest keinen förmlich ausgewiesenen Verfahrenserfolg bzw. -misserfolg gibt, an dem sich die Kostenentscheidung ausrichten könnte, greift bei der Antragsrücknahme nicht. 52

Die Kosten der Klagerücknahme betreffen auch die **Kosten des Nebenintervenienten** des Beklagten, nicht des Klägers; denn die durch eine Nebenintervention verursachten Kosten trägt der 53

---

[104] Ebenso OLG Celle JurBüro 1984, 1581; OLG Stuttgart Rpfleger 1988, 177 (unter Aufgabe der bisherigen Rspr. des Senats).

[105] KG MDR 1979, 406, 407 (vor Rechtshängigkeit); OLG Frankfurt MDR 1982, 942 (vor und nach Rechtshängigkeit); OLG Koblenz VersR 1984, 1175 (LS, vor Rechtshängigkeit); OLG München MDR 1987, 151 (vor und nach Rechtshängigkeit); OLG Schleswig JurBüro 1995, 36; OLG München NJW-RR 1998, 1078; OLG Köln MDR 2002, 1391; OLG Koblenz, NJW 2003, 3281; OLG Köln BauR 2003, 290; OLG Düsseldorf NJW-RR 2006, 1028; *Zöller/Greger* Rn. 18 b.

[106] BGH NJW-RR 2004, 1651; NJW 2005, 294; ZfBR 2005, 790; NJW 2007, 1279, 1281; NJW 2007, 1282 (selbst teilweise Identität der Streitgegenstände genügt); OLG Jena MDR 2007, 172 = OLGR 2006, 775.

[107] BGH ZfBR 2005, 790.

[108] Dazu, daß die §§ 91 ff. nicht analog zur Begründung materiell-rechtlicher Kostenerstattungsansprüche angewendet werden können, BGH NJW 1988, 2032, 2033 f. = ZZP 101 (1988), 298 m. insow. zust. Anm. *Becker-Eberhard; ders.*, Grundlagen der Kostenerstattung bei der Verfolgung zivilrechtlicher Ansprüche, 1985, S. 123 ff.

[109] *Becker-Eberhard,* Grundlagen der Kostenerstattung, S. 55, 143 ff.; aA BGH MDR 1983, 204; OLG Düsseldorf MDR 1982, 414 u. 2. Aufl.

[110] Bejahend *Zöller/Herget* § 494 a Rn. 4 a; OLG Köln MDR 1997, 105; OLG Köln BauR 2003, 290; OLG Frankfurt NJW-RR 2004, 70; OLG Düsseldorf NJW-RR 2006, 1028; ablehnend jetzt allerdings BGH NJW 2007, 1279, 1281 und 1282.

[111] BGH MDR 2005, 227 m. weit. Nachw.; NJW-RR 2005, 1015; OLG Köln MDR 1993, 1131; OLG Nürnberg MDR 1994, 623; OLG München MDR 1994, 624; OLG Frankfurt a. M. NJW-RR 1995, 1150; OLG Celle NJW-RR 1998, 1079 (für den Fall des Nichtweiterbetreibens des Verfahrens); OLG München MDR 2001, 768 (ebenso); OLG Saarbrücken OLGR 2003, 181; OLG Koblenz JurBüro 2004, 663 (Nichtweiterbetreiben des Verfahrens); OLG Zweibrücken NJW-RR 2004, 821; OLG Stuttgart OLGR 2006, 837.

[112] BGH MDR 2005, 227; NJW-RR 2005, 1015, 1016.

[113] OLG Nürnberg MDR 1994, 623; OLG Zweibrücken NJW-RR 2004, 821.

Gegner der Hauptpartei, wenn er unterliegt, sonst der Nebenintervenient selbst (§ 101 Abs. 1). Die Kostenregelung in einem der Klagerücknahme zugrundeliegenden außergerichtlichen Vergleich geht auch bezüglich der Kosten des Nebenintervenienten vor.[114] Erklärt der Nebenintervenient des Klägers sein Ausscheiden aus dem Rechtsstreit, so hat er ebenfalls seine Kosten selbst zu tragen;[115] der streitgenössische Nebenintervenient trägt auch die anteilig auf ihn entfallenden Verfahrenskosten (§§ 101 Abs. 2, 100 Abs. 1).

54 Bei **Rücknahme einer Streitverkündung** hat der Streitverkündete gegen den Streitverkünder keinen Erstattungsanspruch nach § 269 Abs. 3 S. 2, gleich ob er dem Rechtsstreit beigetreten ist oder nicht; die Vorschrift ist hier nicht, auch nicht entsprechend, anwendbar.[116]

55 **2. Kostenentscheidung nach § 269 Abs. 2 S. 3. a) Allgemeines und Kritik.** § 269 Abs. 3 S. 3 wurde durch die ZPO-Refom 2002 im heutigen Sinne neu gefasst. Damit glaubt man, das schon seit Inkrafttreten der CPO bestehende[117] und unter dem alten Recht nur unbefriedigend zu lösende[118] Problem der Hauptsacheerledigung vor Rechtshängigkeit gesetzgeberisch gelöst zu haben. Die Regelung geht zurück auf einen Vorschlag der Kommission für das Zivilprozessrecht 1977,[119] der mit einer Modifizierung durch *Gottwald*[120] Gesetz wurde.[121] Statt die Handhabung von Fällen der Erledigung vor Rechtshängigkeit zu erleichtern, hat die Vorschrift allerdings zunächst eher **Irritationen** hervorgerufen, die den Gesetzgeber bereits nach kürzester Zeit in zwei Punkten zu einer ersten Änderung veranlassten[122] und während des noch laufenden Gesetzgebungsverfahrens um diese Änderung in beiden Punkten klarstellende Entscheidungen des BGH[123] erforderlich machten. Leicht zu **Missverständnissen** führen kann weiterhin die sowohl systematisch und als auch dogmatisch verfehlte[124] Ansiedlung der Regelung bei der Klagerücknahme; dazu Rn. 58.

56 Neuerdings werden unter dem Gesichtspunkt der „Waffengleichheit“ beider Parteien im Prozess (Art. 3 Abs. 1 GG) sowie im Hinblick auf Art. 19 Abs. 4 GG auch massive **verfassungsrechtliche Bedenken** gegen die Regelung laut.[125] Dabei geht es im Kern um folgendes: Bei Anwendung des § 91 a muss sich der Beklagte nur dann mit einer Kostenentscheidung nach billigem Ermessen unter Berücksichtigung des bisherigen Sach- und Streitstandes zufriedengeben, wenn er der Erledigungserklärung des Klägers zustimmt; dabei erhält er Gelegenheit, den zugrundezulegenden Sach- und Streitstand durch sein Vorbringen mit zu gestalten. Mit der Verweigerung seiner Zustimmung kann er nach den Regeln über die einseitige Erledigungserklärung (dazu § 91 a Rn. 75 ff.[126]) eine auf einer vollständigen Sachaufklärung beruhende Entscheidung über die Kosten erzwingen. Demgegenüber kann er bei § 269 Abs. 3 Nr. 3 auch ohne sein Zutun und gegen seinen Willen mit einer summarischen Billigkeitsentscheidung über die Kosten überzogen werden. Die Möglichkeit der Er-

---

[114] BGH NJW 1961, 460; BGH FamRZ 2004, 1552; OLG Saarbrücken OLGR 2004, 46, 47; s. a. BGHZ 154, 351 = FamRZ 2003, 1088 = NJW 2003, 1948 mit von BGH NJW 1961, 460 abweichender Deutung des Gegeneinanderaufgehobenseins der Kosten.

[115] RGZ 61, 286, 289; KG MDR 1959, 401; BGH NJW-RR 1995, 573.

[116] OLG Köln NJW-RR 2002, 1726.

[117] S. bereits *Bassermann* JW 1884, 244; *Staub* JW 1886, 209, 210 ff.; *Pinner* JW 1886, 370.

[118] Zu den verschiedenen unternommenen Lösungsversuchen *Becker-Eberhard,* Grundlagen der Kostenerstattung, S. 226 ff., 247 ff.; aus jüngerer Zeit *Grunsky*, FS K. H. Schwab, 1990, S. 165, 173 ff.; *Bergerfurt* NJW 1992, 1655 f.; *Deubner* JuS 1991, 234 f.; *Ulrich* NJW 1994, 2793, 2794 ff.; *Enders* MDR 1995, 665; *Pape/Notthoff* JuS 1995, 912, 915; 2. Aufl. Rn. 47.

[119] Bericht der Kommission für das Zivilprozeßrecht, 1977, Anl. 3, S. 306.

[120] Gutachten A für den 61. Deutschen Juristentag in Karlsruhe, S. 26 f.; *Gottwald* schlug als Rechtsfolge die Kostenverteilung nach § 91 a vor.

[121] Zur Gesetzesgeschichte auch *Becker-Eberhard,* FS W. Gerhardt, S. 25, 27 f.; zu älteren Gesetzgebungsvorschlägen *ders.,* Grundlagen der Kostenerstattung,, S. 286 ff.

[122] Durch das 1. Justizmodernisierungsgesetz vom 30. 8. 2004, BGBl. I, S. 2198 wurde Abs. 3 S. 3 um den letzten Halbs. erweitert, so dass eine Kostenentscheidung nach § 269 Abs. 3 S. 3 jetzt auch ergehen kann, wenn die Klage nicht zugestellt wurde, was davor str. war und bereits mehrere OLGe beschäftigt hatte; s. a. Rn. 62 f. Außerdem wurde wegen seines fraglichen Sinnes das in der Vorschrift zunächst enthaltene Wort „unverzüglich“ gestrichen.

[123] BGH NJW 2004, 1530 m. Anm. *Deckenbrock/Dötsch* MDR 2004, 1530 stellte schon vor der jetzigen Neufassung klar, dass eine Kostenentscheidung nach § 269 Abs. 3 S. 3 eine Zustellung der Klage nicht erfordert. BGH NJW-RR 2005, 217 bemühte sich, dem später gestrichenen Wort „unverzüglich“ einen Sinn zu geben.

[124] *Bonifacio* MDR 2002, 499; *Becker-Eberhard,* FS W. Gerhardt, S. 25, 46; *Knauer/Wolf* NJW 2004, 2857, 2858; herbe Kritik am Gesetz auch von *Schumann,* Festgabe Vollkommer, 2006, 155, 174 ff.

[125] Vgl. OLG Brandenburg OLGR 2005, 559; *Häsemeyer* ZZP 118 (2005), 265, 289; *Dalibor* ZZP 119 (2006), 331; (einstweilen noch) beiseitegeschoben von BGH NJW 2006, 775.

[126] S. a. *Becker-Eberhard,* 50 Jahre Bundesgerichtshof, Festgabe aus der Wissenschaft, 2000, Bd. III, S. 273, 289 ff.

zwingung einer auf einer vollständigen Sachaufklärung ergehenden Kostenentscheidung bleibt ihm vorenthalten.

57 Selbst wenn man sich dem Verdikt der Verfassungswidrigkeit nicht anschließt, so sind doch erhebliche **Wertungswidersprüche** zwischen der nur im Konsens der Parteien eröffneten Billigkeitsentscheidung über die Kosten nach § 91 a und der auch gegen den Willen des Beklagten möglichen nach § 263 Abs. 3 S. 3 unverkennbar.[127] Insofern ist die Neuregelung zumindest **rechtspolitisch verfehlt.** Die Versuche, sie dennoch in das systematische, dogmatische und nicht zuletzt praktische Gefüge des Zivilprozesses im Übrigen einzufügen, könnten zu erheblichen und vom Gesetzgeber nicht vorhergesehenen, geschweige denn gewollten Verwerfungen an anderer Stelle führen. Insb. droht das mit großen Mühen zumindest in der Praxis erreichte Einvernehmen bei Behandlung der Erledigung des Rechtsstreits in der Hauptsache[128] ins Wanken zu geraten; s. Rn. 60.[129] So ist bereits die Rede davon, die einseitige Erledigungserklärung habe sich erledigt, da die Vorschrift des § 263 Abs. 3 S. 3 auch bei Anlasswegfall nach Rechtshängigkeit analog anzuwenden sei.[130]

58 § 269 Abs. 3 S. 3 stellt eine **Ausnahme zu S. 2** dar.[131] In den von ihm erfassten Fällen soll es möglich sein, von der ohne ihn nach S. 2 idR unvermeidlichen Kostenbelastung des Klägers abzuweichen. Er enthält deshalb nicht mehr als eine Kostenregelung und nicht etwa eine Neuregelung der Klagerücknahme überhaupt. Insb. darf er nicht dahingehend mißverstanden werden, spätestens seit der Einfügung von S. 3 letzter Halbs. könne eine Klageänderung unter Abkehr von der bis zur Reform 2004 weitaus hM (Rn. 14) jetzt allgemein auch vor oder ohne Klagezustellung erklärt werden. Vielmehr bleibt es dabei, dass eine Klagerücknahme im Rechtssinne des § 269 nach wie vor nur vor vorliegt, wenn eine bereits zugestellte Klage zurückgenommen wird.[132] Bei richtiger Handhabung geht von § 269 Abs. 3 S. 3 deshalb keine Gefahr der Erosion der Klagerücknahmeregelungen aus.

59 **b) Wegfall des Klageanlasses.** Die Vorschrift setzt voraus, dass der **Anlass zur Einreichung der Klage weggefallen ist.** Gemessen an ihrem Anliegen, die bislang nur unbefriedigend zu lösenden Fälle der Erledigung der Hauptsache vor Rechtshängigkeit zu regeln, liegt es nahe und entspricht hM,[133] den Begriff des Anlasswegfalls im **Gleichklang mit dem Begriff der Erledigung der Hauptsache** zu definieren. Unter Zugrundelegung des in der Praxis absolut herrschenden Erledigungsbegriffs[134] (s. a. § 91 a Rn. 76, 81) ist der Anlass zur Klage demnach iSd § 269 Abs. 3 S. 3 weggefallen, wenn die Klage bis zu diesem Ereignis zunächst zulässig und begründet war und durch ein vor Eintritt der Rechtshängigkeit liegendes Ereignis unzulässig oder unbegründet geworden ist.[135]

60 Ein so definierter Anlasswegfall hätte allerdings zur Folge, dass sich das Gericht, um sich auf der Rechtsfolgenseite des 269 Abs. 3 S. 3 Zugang zu einer summarischen Billigkeitsentscheidung über die Kosten zu verschaffen, ähnlich wie bei einer einseitigen Erledigungserklärung auf dessen Tatbestandsseite zunächst abschließend darüber klar werden müsste, ob das klägerische Begehren bis zum Anlasswegfall tatsächlich zulässig und begründet war und erst durch das betreffende Ereignis unzulässig oder unbegründet wurde.[136] Damit liefen die mit der Ermöglichung einer Billigkeitsentscheidung verbundenen Erleichterungen letztlich leer. Denn das Gericht hätte ohnehin ermitteln müssen und wüsste deshalb jetzt, wer ohne das zum Anlasswegfall führende Ereignis im Prozess obsiegt hätte und wer unterlegen wäre; also könnte es auf der Basis eines abschließend ermittelten Sachverhalts über die Kosten entscheiden. Diesem Ergebnis, das kaum iSd Neuregelung sein kann, ließe sich zwar möglicherweise durch eine von der der Hauptsacheerledigung entkoppelte eigenständige Definition des Anlasswegfalls entkommen. Angesichts der nicht zu verkennenden und auch vom

---

[127] *Becker-Eberhard,* FS W. Gerhardt, S. 25, 38 ff.; *Häsemeyer* ZZP 118 (2005), 265, 289.

[128] Dazu *Becker-Eberhard,* 50 Jahre Bundesgerichtshof, Festgabe aus der Wissenschaft, Bd. III, S. 273.

[129] *Becker-Eberhard,* FS W. Gerhardt, S. 25 ff.; die Neudiskussion ist eröffnet, vgl. *Schumann,* Festgabe Vollkommer, S. 155 ff. mit eigenem Gesetzgebungsvorschlag.

[130] *Bonifacio* MDR 2002, 499 f.; dagegen allerdings die absolut hM BGH NJW 2004, 223, 224; *Gehrlein* MDR 2003, 421; *Musielak* JuS 2002, 1203, 1205; *Prütting/Wesser* ZZP 116 (2003), 267, 297.

[131] BGH NJW 2004, 223, 224 u. 1530; BGH NJW-RR 2005, 217, 218 u. 1662, 1663; *Deckenbrock/Dötsch* JA 2005, 447.

[132] S. a. *Deckenbrock/Dötsch* JA 2005, 447, 449.

[133] OLG Dresden OLG-NL 2003, 164, 166; OLG Karlsruhe MDR 2007, 402 = OLGR 2007, 287; *Elzer* NJW 2002, 2006, 2007; *Hannich/Meyer-Seitz* § 269 Rn. 10, 12; *Zöller/Vollkommer* § 91 a Rn. 42, 41, 3; *Musielak/Foerste* Rn. 13; *Schumann,* Festgabe Vollkommer, S. 155, 172, 177, 197.

[134] Zuletzt BGHZ 155, 392, 395 = NJW 2003, 3134 m. weit. Nachw.; BGH NJW-RR 2006, 544, 545.

[135] *Becker-Eberhard,* FS W. Gerhardt, S. 25, 30.

[136] So wohl auch *Deckenbrock/Dötsch* JA 2005, 447, 448 m. Fn. 16.

Gesetzgeber der ZPO-Reform bewusst gesuchten[137] Parallele zur Hauptsacheerledigung müssten dann allerdings gewissermaßen im Rückschlag auch die herkömmlichen Regeln über die Hauptsacheerledigung neu diskutiert und nötigenfalls angepasst werden – und dies auf Veranlassung eines Novellengesetzgebers, der insoweit völlig ahnungslos war, ein solches Aufbrechen eingefahrener Regeln wohl auch nicht bezweckte, sondern sich im Gegenteil in vollem Einklang mit ihnen wähnte.[138]

61 Es bestehen keine Bedenken und wird sowohl vom Wortlaut als auch vom Zweck der Vorschrift getragen, § 269 Abs. 3 S. 3 auch dann anzuwenden, wenn der Anlass zur Einreichung der Klage nicht erst zwischen Einreichung und Zustellung, sondern bereits **vor der Einreichung** weggefallen ist, dies dem Kläger aber bis dahin unbekannt geblieben ist.[139]

62 **c) Klagerücknahme.** Der Kläger muss seine Klage **zurückgenommen haben**. Da eine Kostenentscheidung nach § 269 Abs. 3 S. 3 spätestens seit der Anfügung von S. 3 letzter Halbs. durch das 1. Justizmodernisierungsgesetz keine Zustellung der Klage mehr voraussetzt (Rn. 55 m. Fn. 121), muss es sich dabei nicht um eine Klagerücknahme im Rechtssinne handeln. Es genügt eine Rückziehung der Klage im Sinne einer Rückgängigmachung der Klageeinreichung.

63 Rechtstaatliche Bedenken, die im Hinblick auf Art. 103 Abs. 1 GG dagegen gerichtet werden könnten, dass die Kostenentscheidung bei der Rückziehung einer nicht zugestellten Klage gegen eine Nichtpartei ergeht, lassen sich nur überwinden, indem der Gegner in anderer Eigenschaft als als Beklagter doch noch in das Verfahren einbezogen wird. Letztlich geschieht dies am sichersten dadurch, dass ihm die Klage, die Klagerücknahme und der Kostenantrag des Klägers zur Stellungnahme förmlich zugestellt werden.[140]

64 **d) Kostenentscheidung.** Bei Vorliegen der Voraussetzungen des § 269 Abs. 3 S. 3 soll die **Kostenentscheidung** denselben Maßstäben folgen wie diejenige nach § 91 a. Macht man mit der herrschenden Deutung des Begriffs des Anlasswegfalls ernst, musste sich das Gericht allerdings bereits im Rahmen der Prüfung der Tatbestandsvoraussetzungen des § 269 Abs. 3 S. 3 darüber vergewissern, dass die Klage bis zum fraglichen Ereignis zulässig und begründet war und erst durch dieses Ereignis unzulässig oder unbegründet geworden ist. Insofern ist das Gericht bei seiner Entscheidung nicht einmal auf einen gegenwärtigen Sach- und Streitstand angewiesen. Vielmehr weiß es, wer ohne den Anlasswegfall im dann stattfindenden Prozess obsiegt hätte und wer unterlegen geblieben wäre und kann danach über die Kosten befinden; s. a. Rn. 60. – Das vom BGH bereits mehrfach betonte[141] Anliegen des Gesetzgebers,[142] bei der Kostenentscheidung auch **materiellrechtliche Kostenerstattungsansprüche** mit einzubeziehen, dürfte allerdings insofern an Grenzen stoßen, als der BGH deren Berücksichtigung zumindest bei Kostenentscheidungen nach § 91 a bislang stets nur restriktiv gehandhabt hat und sie nur dann zulässt, wenn die Ansprüche ohne besondere Schwierigkeiten, insb. ohne Beweisaufnahme feststellbar sind.[143]

65 Im **Mahnverfahren** ist für eine Kostenentscheidung durch den Rechtspfleger nach § 269 Abs. 3 S. 3 kein Raum. Vielmehr kann, wenn der Antragsteller mit der Behauptung, sein von ihm zurückgenommene Mahnantrag habe sich bereits vor Rechtshängigkeit erledigt, eine Kostenentscheidung nach § 263 Abs. 3 S. 3 erstrebt, darüber nur nach Überleitung ins streitige Verfahren entschieden werden;[144] s. a. Rn. 49.

66 Dass es, wenn nach § 269 Abs. 3 S. 3 letzter Halbs. auch ohne Zustellung der Klage über die Kosten zu entscheiden ist, zu keinem Prozessrechtsverhältnis gekommen ist und es damit an einem Rechtsstreit ieS fehlt, über dessen Kosten entschieden werden könnte, mag zwar wie manches an der Neuregelung in dogmatischer Hinsicht stören.[145] Es rechtfertigt aber insb. seit der Einfügung von S. 3 letzter Halbs. durch das 1. Justizmodernisierungsgesetz nicht, die Anwendung der Vor-

---

[137] BT-Drucks. 14/4277, S. 81.

[138] Zum Ganzen näher *Becker-Eberhard,* FS W. Gerhardt, S. 25, 29 ff., 51

[139] OLG München OLGR 2004, 218 f.; OLG Köln OLGR 2004, 79, 81; LG Düsseldorf NJW-RR 2003, 213, 214; *Zöller/Greger* Rn. 18 d; *Musielak/Foerste* Rn. 13 b; *Elzer* NJW 2002, 2006, 2008; *Musielak* JuS 2002, 1203, 1205; *C. Wolf* ZZP 116 (2004), 523, 524; *Knauer/Wolf* NJW 2004, 2857, 2858; *Deckenbrock/Dötsch* MDR 2004, 1214, 1216 f.; *dies.* JA 2005, 447, 448; für analoge Anwendung *Rosenberg/Schwab/Gottwald* § 128 Rn. 38; aA *Prütting/Wesser* ZZP 116 (2003), 267, 297.

[140] *Zöller/Greger* Rn. 18 e; *Knauer/Wolf* NJW 2004, 2857, 2858; *Deckenbrock/Dötsch* JA 2005, 447, 449.

[141] BGH NJW-RR 2005, 217, 218 u. 1662, 1663; s. a. *Rosenberg/Schwab/Gottwald* § 128 Rn. 36.

[142] BT-Drucks. 14/4277, S. 81.

[143] BGH MDR 1981, 126; BGH NJW 2002, 680 = LM Nr. 74 zu § 91 a ZPO m. Anm. *Becker-Eberhard;* insoweit skeptisch auch *Schur* KTS 2004, 373, 376 ff., 381 ff. u. *Deckenbrock/Dötsch* MDR 2004, 1214, 1216; *dies.* JA 2005, 447, 448.

[144] *BGH* NJW 2005, 512 = JR 2005, 375 m. Anm. *Probst;* s. a. *R. Wolff* NJW 2003, 553, 554.

[145] S. *Deckenbrock/Dötsch* MDR 2004, 1214 f.

schrift aus diesem Grunde zu verweigern.[146] Unter den „Kosten des Rechtsstreits" sind in diesem Falle diejenigen Kosten zu verstehen, die im Falle der Rücknahme der Klage nach der Zustellung erstattungsfähig gewesen wären.[147]

e) Materiell-rechtliche Kostenklage. Umstr. aber zu bejahen ist die Frage, ob es dem Kläger nach neuem Recht noch gestattet sein kann, statt nach § 269 Abs. 3 S. 3 vorzugehen seine Klage wie ehedem in eine **Klage auf Feststellung der Kostenpflicht** des Beklagten oder, wo bezifferbar, gleich auf die **Erstattung** der ihm entstandenen Kosten aus **materiellem Recht** umzustellen.[148] Mangelndes Rechtsschutzbedürfnis wird sich dagegen kaum einwenden lassen; auf dem Wege über die summarische Billigkeitsentscheidung über die Kosten gemäß § 269 Abs. 3 S. 3 erreicht der Kläger das Ziel der Erstattung seiner Kosten nicht mit derselben Zuverlässigkeit wie mit der Kostenklage aus materiellem Recht.[149] Eine Verdrängung der materiellen Kostenklage durch § 269 Abs. 3 S. 3 kraft prozessualer Spezialität lässt sich hier ebenso wenig bejahen wie sonst im Verhältnis zwischen materiell-rechtlicher Kostenklage und prozessualer Kostenentscheidung.[150] 67

3. Beschluss nach § 269 Abs. 4. a) Charakter des Beschlusses und Antrag einer Partei. Das Gericht entscheidet auf Antrag über die nach § 269 Abs. 3 eintretenden Wirkungen durch **Beschluss** (§ 269 Abs. 4). Soweit dieser ausspricht, dass der Rechtsstreit als nicht anhängig geworden anzusehen oder ein bereits ergangenes Urteil wirkungslos geworden ist (Abs. 3 S. 1), hat er nach wie vor lediglich deklaratorischen Charakter. Dagegen ist der Beschluss schon hinsichtlich der Kostenpflicht nach Abs. 3 S. 2 inhaltlich entscheidender Natur, nachdem diese seit dem KindUG von 1998 ausnahmsweise auch den Beklagten treffen kann, s. a. Rn. 4 u. 41. Dies muss erst recht für die Kostenentscheidung nach Abs. 3 S. 3 gelten.[151] Der Beschluss bedarf keiner mündlichen Verhandlung (§ 128 Abs. 4). Die Möglichkeit, die Wirkungen des Abs. 3 S. 1 durch Beschluss aussprechen zu lassen, macht ein Rechtsmittel, mit dem ein klarstellendes Urteil der höheren Instanz erreicht werden soll, unstatthaft. Zur Entscheidungskompetenz des Vorsitzenden der KfH und des vorbereitenden Einzelrichters s. Rn. 35. 68

Den **Antrag** auf Beschluss nach § 269 Abs. 4 können grds. **beide Parteien** stellen. Allerdings kann die Belastung einer Partei mit **Kosten** nur erfolgen, wenn die jeweils andere dies so beantragt hat. Deshalb darf, wenn im Falle des § 269 Abs. 3 S. 2 ausnahmsweise eine Kostenbelastung des Beklagten in Betracht kommt, auch der Kläger nicht versäumen, einen Kostenantrag stellen. Das Stellen wechselseitiger Kostenanträge ist insb. im Rahmen des Abs. 3 S. 3 angezeigt. Hier muss vor allem der Beklagte bedacht sein, dem mit der Rückziehung der Klage einhergehenden Kostenantrag des Klägers einen eigenen Kostenantrag entgegenzusetzen, um dem Gericht auch eine Ausübung seines Ermessens zu Lasten des Klägers zu ermöglichen.[152] Der Antrag unterliegt ggf. dem Anwaltszwang. 69

In **Scheidungssachen** sieht § 626 Abs. 1 S. 3 ebenfalls vor, dass der Antrag von jedem der beiden Ehegatten gestellt werden kann. Dies schließt nicht aus, dass in Statussachen generell die Wirkungslosigkeit eines Urteils auch von Amts wegen festgestellt wird.[153] Dies fordern das Interesse der Beteiligten an Rechtsklarheit und das besondere öffentliche Interesse. 70

b) Rechtsschutzinteresses, teilweise Klagerücknahme, Streitgenossen. aa) Die **prozessunfähige Partei** kann bis zur Erledigung des Streits um ihre Prozessfähigkeit den Kostenantrag nach § 269 Abs. 4 selbst stellen.[154] – In der Rspr. findet sich verbreitet die Vorstellung, der Antrag des Beklagten auf eine Kostenentscheidung nach § 269 Abs. 3 S. 2, Abs. 4 sei mangels **Rechtsschutzinteresses** unzulässig, wenn der Kläger die Kosten bereits beglichen habe,[155] sie in einem außergerichtlichen Vergleich geregelt seien[156] oder der Beklagte sie selbst übernommen 71

---

146 So aber LG Brandenburg OLR 2005, 559, 560; aufgehoben durch BGH NJW 2006, 775.

147 BGH NJW 2006, 775.

148 Bejahend LG Berlin NJW-RR 2004, 647; *Bonifacio* MDR 2002, 499; *Schur* KTS 2004, 373, 374 ff.; *Deckenbrock/Dötsch* MDR 2004, 1214, 1217; *dies.* JA 2005, 447, 449; grds. auch *Elzer* NJW 2002, 2006; verneinend *Tegeder* NJW 2003, 3327, 3328; *Lindacher* JR 2005, 92.

149 Wie hier auch *Schur* KTS 2004, 373, 376 f.; *Deckenbrock/Dötsch* MDR 2004, 1214, 1217; *dies.* JA 2005, 447, 449.

150 Dazu allgemein *Becker-Eberhard* Grundlage der Kostenerstattung, S. 332 f., 340 ff.; speziell zu § 269 Abs. 3 S. 3 *Schur* KTS 2004, 373, 380 f.

151 Insoweit auch *Knauer/Wolf* NJW 2004, 2857, 2858.

152 S. OLG München OLGR 2004, 218; *Deckenbrock/Dötsch* MDR 2004, 1214, 1217 f.

153 KG NJW 1972, 545; OLG Koblenz Rpfleger 1974, 117; OLG Karlsruhe Justiz 1976, 513, 514; OLG Düsseldorf FamRZ 1977, 130, 131; *Vollkommer* Rpfleger 1974, 89, 91.

154 OLG Karlsruhe Justiz 1976, 470 = FamRZ 1977, 563 (LS).

155 BGH MDR 1972, 945, 946 (betr. Zurücknahme der Berufung); OLG München MDR 1975, 585.

156 OLG Frankfurt VersR 1970, 1135 = MDR 1971, 936; KG VersR 1974, 979.

habe.[157] Diese Ansicht ist dogmatisch verfehlt und verkennt die Bedeutung des Rechtsschutzbedürfnisses. Hat der Beklagte die Kosten übernommen oder bereits beglichen, so ist der Antrag nach § 269 Abs. 4 nicht unzulässig, sondern unbegründet.[158] – Da seit dem KindUG von 1998 die Kostenbelastung des Klägers keine automatische und zwingende Folge der Klagerücknahme mehr ist, sondern in bestimmten Fällen hiervon abgewichen werden kann (Rn. 4 u. 41), kann der Kläger, der die Erfüllung seiner Kostenpflicht, die Übernahme der Kostenlast durch den Beklagten oder dessen Verzicht auf die Kostenerstattung einwenden will, dies bereits im Verfahren nach § 269 Abs. 4 tun und nicht mehr (unbeschadet des § 767 Abs. 2) erst in der Zwangsvollstreckung.[159]

72 Die Regelung der Kostenlast in einem außergerichtlichen Vergleich nimmt dem Kostenantrag nicht das Rechtsschutzinteresse und macht ihn folglich nicht unzulässig. Unzulässig ist er allerdings dann, wenn der Beklagte auf ihn **verzichtet** hat; dies kann auch durch eine Erklärung des Haftpflichtversicherers geschehen, die für den beklagten Schädiger nach § 10 Nr. 5 AKB verbindlich ist.[160] Ein solcher Verzicht lässt sich möglicherweise durch Auslegung feststellen. Besteht Streit über den Verzicht, so muss dieser Punkt im Verfahren für den Erlass eines Kostenbeschlusses aufgeklärt werden.[161]

73 **bb)** Nach herrschender und zutreffender Meinung kann bei **teilweiser Klagerücknahme,** auf die § 269 entsprechend anzuwenden ist, keine Vorabentscheidung über die Kosten des zurückgenommenen Teils der Klage ergehen; vielmehr ist im Endurteil einheitlich über die gesamten Kosten des Rechtsstreits quotenmäßig zu entscheiden.[162] Zur quantitativen Klagebeschränkung s. § 263 Rn. 105. Ebenso ist über die gesamten Kosten durch Urteil zu entscheiden, wenn im Falle der Stufenklage der Beklagte nach entsprechender Verurteilung Auskunft erteilt und der Kläger danach die Zahlungsklage zurücknimmt; denn ein Beschluss nach § 269 Abs. 4 ist nicht zulässig, wenn über einen Teil der Klage bereits streitig entschieden worden ist.[163] Nimmt der Kläger nach einem Teilanerkenntnisurteil die restliche Klage zurück, so ist über die Gesamtkosten durch Beschluss, nicht durch Schlussurteil zu entscheiden.[164]

74 Wird die Klage gegen einen **Streitgenossen** zurückgenommen, so können dem Kläger sofort nur dessen außergerichtliche Kosten auferlegt werden; über die übrigen Verfahrenskosten ist im Endurteil einheitlich zu befinden.[165] Es gilt hier das Gleiche wie bei einem Parteiwechsel; s. § 263 Rn. 104. Der ausscheidende Streitgenosse darf nur die anteiligen Anwaltskosten liquidieren, wenn sein Anwalt gleichzeitig den im Prozess verbleibenden Beklagten vertritt.[166]

75 **c) Sofortige Beschwerde.** Der Beschluss nach § 269 Abs. 4 unterliegt der **sofortigen Beschwerde** (§§ 269 Abs. 5, 567 Abs. 1 Nr. 1), allerdings nur (insoweit in Parallele zu § 91 a Abs. 2), wenn der Streitwert der Hauptsache die Berufungssumme nach § 511 Abs. 2 Nr. 1 (600 €) übersteigt. Außerdem ist sie dann unzulässig, wenn gegen den auf der Grundlage der Kostenentscheidung ergangenen Kostenfestsetzungsbeschluss kein Rechtsmittel mehr zulässig ist (§ 104 Abs. 3). – Die Ablehnung eines Beschlusses nach § 269 Abs. 4 ist nach § 567 Abs. 1 Nr. 2 ebenfalls mit der sofortigen Beschwerde anfechtbar. – Gegen die Beschwerdeentscheidung kann unter den Voraussetzungen des § 574 die **Rechtsbeschwerde** zugelassen werden, allerdings nicht in Verfahren des einstweiligen Rechtsschutzes.[167] Mit der Bezugnahme auf die Berufungssumme in Abs. 5 S. 1 2. Halbs. wollte der Gesetzgeber der ZPO-Reform 2002[168] den in der Rechtsprechung vertretenen

---

[157] Aus der Vielzahl von veröffentlichten Entscheidungen nur OLG Bremen NJW 1969, 2208 (LS); LG Bielefeld VersR 1972, 262, 263; LG Marburg VersR 1976, 896; LG Aachen VersR 1979, 1144; LG Kaiserslautern VersR 1980, 257.

[158] Ebenso *Zöller/Greger* Rn. 19.

[159] Im letztgenannten Sinne aber die 2. Aufl. u. (zum alten Recht) OLG Schleswig SchlHA 1981, 55; OLG Frankfurt MDR 1983, 675.

[160] AG Duisburg AnwBl. 1983, 471; AG Waldshut-Tiengen VersR 1984, 256.

[161] AM LG Frankfurt AnwBl. 1985, 270.

[162] OLG Karlsruhe Justiz 1968, 125, 126; OLG Hamm JurBüro 1973, 994, 995; LG Lübeck SchlHA 1982, 72. Die gegenteilige Auffassung des LG Mainz NJW 1964, 114 ist bereits von *E. Schneider* NJW 1964, 1055 widerlegt worden.

[163] OLG Köln JMBlNRW 1984, 33; iE ebenso OLG Koblenz NJW-RR 1998, 70, 71.

[164] OLG Düsseldorf NJW-RR 1994, 827; aM OLG Brandenburg OLG-NL 1998, 18; *Zöller/Greger* Rn. 19 a.

[165] OLG Köln MDR 1976, 496; *Zöller/Greger* Rn. 19 a; *Thomas/Putzo/Reichold* Rn. 19; aM OLG Köln JMBlNRW 1970, 246.

[166] OLG Koblenz JurBüro 1985, 774, 775; aM OLG München NJW 1964, 1079; OLG Neustadt NJW 1965, 206; *Zöller/Greger* Rn. 19 a.

[167] BGH NJW 2003, 3565.

[168] BT-Drucks. 14/4722, S. 74, 81.

Konvergenzgedanken gesetzlich verankern, wonach der Instanzenzug für eine Kostenentscheidung nicht weitergeht als derjenige in der Hauptsache. § 542 Abs. 2 S. 1 aber schließt in Verfahren des einstweiligen Rechtschutzes die Revision aus.

Die sofortige Beschwerde findet auch gegen die Kostenentscheidung bei teilweiser Klagerücknahme statt.[169] Hat das Endurteil nicht zwischen den Kosten des streitigen Unterliegens und denen der Klagerücknahme unterschieden, so ist sie gegen den die Klagerücknahme betreffenden Teil der Kostenentscheidung trotzdem gegeben.[170] Die Parteien dürfen durch eine fehlerhafte Entscheidung nicht in ihren Rechtsmitteln beschnitten werden, wie sich aus den Grundsätzen über die Anfechtung inkorrekter Entscheidungen ergibt; s. Vor §§ 511 ff. Rn. 80 ff. Die Berechnung der Quoten ist vom Beschwerdegericht vorzunehmen, die es bei einer Änderung der Kostenentscheidung der Vorinstanz entsprechend zu verteilen hat. 76

4. Umkehrung der Entscheidung durch materiell-rechtlichen Kostenerstattungsanspruch? Noch immer ungeklärt ist die Frage, ob die Regelung des § 269 Abs. 3 S. 2 einem materiell-rechtlichen Anspruch auf Erstattung dieser Kosten durch den Beklagten entgegensteht. Der BGH verneint sie,[171] jedoch mit nicht überzeugender Begründung.[172] Er beruft sich in erster Linie auf die angeblich abschließende gesetzliche Kostenregelung, die verhindern solle, dass der Rechtsfrieden nachträglich wieder beseitigt werde. Dieses Argument kann angesichts der unterschiedlichen Struktur von prozessualer und materiell-rechtlicher Kostenhaftung nicht überzeugen.[173] S. auch Vor §§ 91 ff. Rn. 17. 77

5. Kosten und Gebühren. a) Gerichtskosten. Nach Nr. 1211 Ziff. 1, 1311 Ziff. 1, 1411 Ziff. 1 KV ermäßigt sich die Gebühr bei Beendigung des gesamten Verfahrens durch Klagerücknahme vor Schluss der mündlichen Verhandlung auf eine einfache Gebühr, seit dem zum 1. 7. 2004 in Kraft getretenen KostRMoG allerdings nur noch unter der Voraussetzung, dass keine Kostenentscheidung nach § 269 Abs. 3 S. 3 erging oder diese einer Parteierklärung folgen konnte. Auch die Zurückziehung der noch nicht zugestellten Klage führt seit dem KostRÄndG 1994 nur noch zu dieser Ermäßigung.[174] Die teilweise Klagerücknahme hat keine Ermäßigung zur Folge; das gilt auch, wenn nach einer Klageerweiterung die Klage in Höhe der Erweiterung zurückgenommen wird.[175] – Der Antrag nach § 269 Abs. 4 löst keine Gebühr aus. – Für das Beschwerdeverfahren (§ 269 Abs. 5) beträgt die Gebühr nunmehr einheitlich 75 € (Nr. 1800 KV). 78

b) Anwaltsgebühren. Da es sich bei Klagerücknahme und Zustimmung zur Klagerücknahme nicht um Sachanträge handelt, entstehen durch sie neben den ohnehin anfallenden (Verfahrensgebühr nach Nr. 3100 Vergütungsverzeichnis Anlage 1 zum RVG, ggf. Terminsgebühr nach Nr. 3104) keine weiteren Gebühren. Auch der Antrag nach § 269 Abs. 4 löst keine gesonderten Gebühren aus (§ 19 Abs. 1 RVG) – Wird die Klage vor Einreichung der Klageerwiderungsschrift bei Gericht zurückgenommen, entsteht für den Prozessbevollmächtigten des Beklagten trotzdem die volle Verfahrensgebühr, wenn er bei Einreichung der Klageerwiderung weder von der zuvor erfolgten Klagerücknahme wusste noch wissen musste; s. § 91 Rn. 107. – Im Beschwerdeverfahren nach § 269 Abs. 5 erhält der Rechtsanwalt zumindest eine halbe Verfahrensgebühr (Nr. 3500 Vergütungsverzeichnis Anlage 1 zum RVG). 79

VI. Einrede der nicht erstatteten Kosten (Abs. 6)

1. Dogmatische Bedeutung. Erhebt der Kläger die zurückgenommene Klage von neuem, so kann der Beklagte die **Einlassung verweigern,** bis ihm die Kosten des Vorprozesses erstattet sind (§ 269 Abs. 6). Das Gesetz will den Beklagten davor schützen, sich mit dem früheren Prozessstoff erneut gerichtlich auseinandersetzen zu müssen, wenn er nicht einmal seine Kosten aus dem durch Klagerücknahme erledigten Rechtsstreit erhalten hat. Deshalb ist die Vorschrift unabhängig von 80

---

[169] OLG Düsseldorf FamRZ 1982, 723.

[170] LG Freiburg NJW 1977, 2217, 2218.

[171] BGH JZ 1995, 840 = NJW-RR 1995, 495.

[172] *Becker-Eberhard* JZ 1995, 814 mit deutlicher Kritik; gegen den BGH auch *Zöller/Greger* Rn. 18 c; *Saenger/Saenger* Rn. 41.

[173] *Becker/Eberhard* JZ 1995, 817; zu gegeneinander gerichteter materiell-rechtlicher und prozessualer Kostenhaftung allgemein *ders.,* Grundlagen der Kostenerstattung bei der Verfolgung zivilrechtlicher Ansprüche, S. 211 ff.

[174] OLG München MDR 1996, 1075, 1076.

[175] OLG München NJW-RR 1997, 1159, 1160.

einer Belästigungsabsicht des Klägers anzuwenden.[176] Angesichts des Normzwecks ist es für die Erhebung der Einrede unschädlich, dass dem Beklagten PKH bewilligt worden ist (§ 123).

81 Die Einrede der nicht erstatteten Kosten gehört zu den echten Prozesshindernissen (s. Vor § 253 Rn. 13). Sie ist deshalb nur zu berücksichtigen, wenn der Beklagte sie durch **Zulässigkeitsrüge** nach § 282 Abs. 3 geltend macht. Sie entfällt, wenn der Kläger oder, sofern der Kläger nicht widerspricht (arg. § 267 Abs. 2 BGB), auch ein Dritter zahlt. Sie bewirkt als einzige Zulässigkeitsrüge, dass der Kläger die Einlassung zur Hauptsache bis zur Kostenerstattung verweigern kann, ohne sich der Gefahr eines Versäumnisurteils auszusetzen.

82 Die Einrede ist **verzichtbar** (§ 295 Abs. 2). Ein Verzicht liegt zB vor, wenn der Beklagte nachträglich die Kosten des Vorprozesses übernimmt. Er kann sich auch vertraglich verpflichten, die Einrede nicht zu erheben; eine solche Verpflichtung macht die Einrede unmittelbar unzulässig. In seltenen Ausnahmefällen kann ihr die Gegeneinrede der allgemeinen prozessualen Arglist entgegengehalten werden.

83 **2. Objektiver Umfang.** Der erneuten Klageerhebung – auch in Form der Widerklage – steht gleich, wenn nach teilweiser Klagerücknahme durch Klageermäßigung der Klageantrag wieder erweitert wird (s. Rn. 6, 38). Dann bezieht sich die Kostenerstattung nur auf die Kostenquote für den zurückgenommenen Teil der Klage. Die Einrede greift auch ein, wenn eine Widerklage zurückgenommen und dann erneut erhoben wird; hier steht die Einrede dem Kläger und Widerbeklagten zu.

84 Ob eine erneute Erhebung der zurückgenommenen Klage vorliegt, richtet sich nach dem **Streitgegenstand des Vorprozesses.**[177] Dabei sind Änderungen, die nach § 264 nicht als Klageänderung anzusehen sind, unerheblich. Die Einrede kann auch gegenüber dem Rechtsnachfolger des Klägers erhoben werden;[178] § 265 gilt entsprechend.

85 Die Einrede greift nicht nur bei **Identität** der Streitgegenstände des früheren und des neuen Prozesses ein, sondern auch bei **Präjudizialität** der früheren Entscheidung für diejenige über die neue Klage. Dies ist zB der Fall, wenn der Kläger gegenüber der Zwangsvollstreckung aus dem auf Grund der Kostenentscheidung nach § 269 Abs. 4 ergangenen Kostenfestsetzungsbeschluss mit seiner Klageforderung aus dem Vorprozess aufrechnet und darauf die **Vollstreckungsabwehrklage** stützt (§§ 767, 795). Entgegen dem BGH[179] ist diese Klage nicht unzulässig, sondern unbegründet.[180] Die Prozessaufrechnung ist, wenn sich der Beklagte auf § 269 Abs. 6 beruft, unzulässig und darf für die Vollstreckungsabwehrklage nicht berücksichtigt werden. Dadurch fällt die Aufrechnung als Einwendung iSd. § 767 Abs. 2 fort und die Klage ist mangels sonstiger Einwendungen unschlüssig. Es gilt hier nichts anderes als bei der Aufrechnung mit der Klageforderung aus dem Vorprozess im Falle einer Prozessaufrechnung, die nicht mittels Vollstreckungsabwehrklage geltend gemacht wird. Die Abweisung als unzulässig scheitert folglich an der fehlenden Identität der Streitgegenstände. Der analogen Anwendung des § 139 BGB bedarf es nicht, um die Unbegründetheit der Vollstreckungsabwehrklage zu rechtfertigen;[181] § 139 BGB kommt erst ins Spiel, wenn der Kläger nach erfolgloser Vollstreckungsabwehrklage die mit der zurückgenommenen Klage erhobene Forderung nunmehr klageweise geltend macht.[182]

86 **3. Einzelfragen.** Die Einrede steht dem Beklagten nicht zu, wenn die Prozesskosten Verbindlichkeiten der ihm zugeordneten Vermögensmasse sind, zB bei der Gütergemeinschaft. Das Gleiche gilt, wenn der Beklagte nachträglich die Prozesskosten schuldet. – § 269 Abs. 6 ist nicht analogiefähig und deshalb zB nicht anwendbar, wenn die Klage im Vorprozess als zZ unbegründet abgewiesen worden ist und der Kläger sie erneut erhebt.[183]

---

[176] So jetzt auch BGH NJW 1992, 2034 m. Anm. *G. Lüke* EWiR § 269 ZPO 1/92; offenlassend noch BGH JR 1987, 331, 333 m. krit. Anm. *Schubert* = NJW-RR 1987, 61 = LM Nr. 3 = MDR 1987, 137; anders – unter verfehlter Berufung auf die Motive zur ZPO, wo es heißt, die Einrede erscheine geeignet, „den Beklagten gegen Vexationen des Klägers zu schützen" (*Hahn,* Bd. 1, 1880, S. 263) die RG-Rspr., s. RG JW 1915, 249; ebenso OLG München SeuffA 80 (1926), 39, 40; gegen diese Methode *Schubert* JR 1987, 333, 334; iE ebenso OLG Dresden JW 1928, 2157.

[177] OLG München MDR 1984, 501 stellt unscharf auf den der zurückgenommenen Klage zugrunde liegenden Prozeßstoff ab.

[178] OLG München SeuffA 80 (1926), 39.

[179] BGH JR 1987, 331, 332 m. Anm. *Schubert* = NJW-RR 1987, 61 = LM Nr. 3 = MDR 1987, 137; BGH NJW 1992, 2034 m. Anm. *G. Lüke* EWiR § 269 ZPO 1/92.

[180] *G. Lüke* EWiR § 269 ZPO 1/92 932; im Ergebnis so wohl auch OLG München MDR 1984, 501.

[181] So aber andeutungsweise OLG München MDR 1984, 501.

[182] Vgl. *G. Lüke* JuS 1995, 685; 1996, 185, 186.

[183] OLG Oldenburg MDR 1998, 61.

Da § 265 anzuwenden ist (s. Rn. 84), kann die Einrede auch dem Vollstreckungsgläubiger, der jetzt auf Grund eines Pfändungs- und Überweisungsbeschlusses gegen den Beklagten als Drittschuldner vorgeht, entgegengehalten werden, ebenso dem **Prozessstandschafter** im Falle zB gewillkürter Prozessstandschaft[184] oder der Partei kraft Amtes, wie etwa dem Insolvenzverwalter, der die vom Insolvenzschuldner zurückgenommene Klage erneuert. Die Einrede greift des Weiteren gegenüber einem anderen Gesamtgläubiger durch. Sie kann auch auf eine kostenpflichtige Klagerücknahme in einem ausländischen Prozess gestützt werden. 87

Die **Aufrechnung mit der Klageforderung** aus dem Vorprozess gegenüber den Kosten bewirkt keine Kostenerstattung, falls sich der Beklagte gegenüber der Aufrechnung auf die Einrede beruft.[185] Dies folgt schon aus dem Zweck des § 269 Abs. 6; zur Begründung dieses Ergebnisses bedarf es nicht einer zusätzlichen Aufrechnungsvoraussetzung. 88

Der Beklagte trägt die **Darlegungs-** und **Beweislast** für die Höhe der ihm zu erstattenden Kosten,[186] der Kläger diejenige für die Erfüllung des Kostenanspruchs des Beklagten. Werden die Kosten auf die begründete Einrede des Beklagten nicht binnen einer vom Gericht zu bestimmenden Frist bezahlt, so ist die Klage durch Prozessurteil abzuweisen. Dieses Verfahren ist nur bei Identität der Streitgegenstände des alten und neuen Prozesses möglich. 89

VII. Besonderheiten und Anwendungsbereich

1. Arrest- und Verfügungsverfahren. Der Antragsteller kann den Antrag auf Erlass eines Arrestes oder einer einstweiligen Verfügung auch noch nach mündlicher Verhandlung des Antragsgegners zur Hauptsache ohne dessen Zustimmung zurücknehmen.[187] Die hM sieht es als entscheidend an, dass der Antragsgegner durch die Verweigerung seiner Zustimmung zur Antragsrücknahme im summarischen Verfahren ohnehin keine das Streitverhältnis endgültig abschließende rechtskräftige Entscheidung erzwingen könnte. Sie lässt die prozessualen Wirkungen der Rechtshängigkeit bereits mit Antragseingang eintreten und wendet auf dieses Prozessrechtsverhältnis die Kostenregelung des § 269 Abs. 3 S. 2 (und jetzt auch S. 3[188]) entsprechend an.[189] Zweifelhaft ist diese Auffassung für die Leistungsverfügung, die insoweit von den anderen Verfügungsarten nicht hinreichend abgehoben wird. Wg. Einzelheiten, auch bezüglich des Umfangs des Kostenersatzes, zB für die Kosten einer Schutzschrift[190] oder die Vorbereitung der Verteidigung als Folge eines Abmahnschreibens, s. § 920 Rn. 11. Zur Rücknahme eines Anordnungsantrags in Ehesachen s. § 620g Rn. 8. 90

2. Insolvenzverfahren. Insolvenzanträge können zurückgenommen werden, solange sie nicht rechtskräftig abgewiesen sind oder der Beschluss auf Eröffnung des Insolvenzverfahrens erlassen ist (§ 13 Abs. 2 InsO).[191] Durch die Antragsrücknahme wird analog § 269 Abs. 3 S. 1 die die Verfahrenseröffnung ablehnende Entscheidung wirkungslos, ohne dass es einer ausdrücklichen Aufhebung bedarf.[192] – Zur entsprechenden Anwendung des § 269 Abs. 3 S. 2, wenn der Insolvenzverwalter infolge seiner Freigabeerklärung aus einem von ihm geführten Aktivprozess ausscheidet, s. § 263 Rn. 86, 110. 91

3. Freiwillige Gerichtsbarkeit. In den **echten Streitverfahren** findet § 269 nach heute hM[193] uneingeschränkt (analog) Anwendung. An die Stelle der mündlichen Verhandlung des Beklagten zur Hauptsache tritt die mündliche oder schriftliche Einlassung des Verfahrensgegners zur Hauptsache. 92

Aber auch in den einfachen **Antragssachen** ist der Antrag nicht beliebig rücknehmbar. Praxis und Lehre neigen mit Recht dazu, Zustimmungsbedürftigkeit anzunehmen, sofern noch andere antragsberechtigte Personen mit widerstreitenden Interessen am Verfahren beteiligt sind, wenn es auf die Aufrechterhaltung einer bereits ergangenen Entscheidung ankommt.[194] Soweit der Antrag wirksam zurückgenommen ist, wird eine noch nicht rechtskräftige Entscheidung ohne besondere 93

---

184 OLG Karlsruhe OLGR 2005, 677.

185 OLG Dresden JW 1928, 2157; BGH JR 1987, 331, 333 (Fn. 175).

186 OLG Düsseldorf FamRZ 2003, 42, 43.

187 ZB OLG Düsseldorf NJW 1982, 2452, 2453.

188 OLG Frankfurt OLGR 2006, 266 betr. die Rücknahme eines Antrags nach § 927.

189 OLG Düsseldorf NJW 1981, 2824, 2825; KG MDR 1988, 239 = WRP 1988, 240, 241 m. Nachw.; OLG München NJW 1993, 1604.

190 *G. Lüke,* FS Jahr, 1993, S. 293, 304.

191 Die jetzige gesetzliche Regelung entspricht der hM zur KO.

192 OLG Hamm NJW 1976, 758, 759; OLG Köln ZIP 1993, 936.

193 OLG Düsseldorf NJW 1980, 349 m. Nachw.; *Lindacher* JuS 1978, 577, 579; *Weitnauer/Mansel* Nach § 43 WEG Rn. 6, 35.

194 KG NJW 1971, 2270, 2272.

Aufhebung wirkungslos; einer Rechtsmitteleinlegung zum Zweck der Antragsrücknahme bedarf es nicht.

94 **4. Arbeitsgerichtliches Verfahren.** Im **Urteilsverfahren** (§ 46 Abs. 2 ArbGG) kann die Klage ohne Einwilligung des Beklagten zurückgenommen werden, solange nicht beide Parteien, wenn auch nicht notwendig in derselben Verhandlung, Sachanträge gestellt haben (§ 54 Abs. 2 ArbGG).[195] In der Güteverhandlung können überhaupt keine Sachanträge gestellt werden, so dass sie niemals die Klagerücknahme einwilligungsbedürftig macht; s. Rn. 24. Der Kostenbeschluss (§ 269 Abs. 4) wird allein vom Vorsitzenden erlassen (§ 55 Abs. 1 Nr. 1 ArbGG).

95 Im **Beschlussverfahren** kann der Antrag in erster Instanz jederzeit ohne Zustimmung der anderen Beteiligten (§ 81 Abs. 2 S. 1 ArbGG), in der Beschwerdeinstanz mit ihrer Zustimmung zurückgenommen werden (§ 87 Abs. 2 S. 3 ArbGG).

§ 270 Zustellung; formlose Mitteilung

[1]Mit Ausnahme der Klageschrift und solcher Schriftsätze, die Sachanträge enthalten, sind Schriftsätze und sonstige Erklärungen der Parteien, sofern nicht das Gericht die Zustellung anordnet, ohne besondere Form mitzuteilen. [2]Bei Übersendung durch die Post gilt die Mitteilung, wenn die Wohnung der Partei im Bereich des Ortsbestellverkehrs liegt, an dem folgenden, im Übrigen an dem zweiten Werktag nach der Aufgabe zur Post als bewirkt, sofern nicht die Partei glaubhaft macht, dass ihr die Mitteilung nicht oder erst in einem späteren Zeitpunkt zugegangen ist.

I. Normzweck

1 Nachdem die Regelungen der früheren Absätze 1 und 3 seit der ZPO-Reform 2002 in § 166 Abs. 2 und 167 zu finden sind, beschränkt sich die Vorschrift nunmehr darauf zu bestimmen, welche Schriftsätze und sonstige Erklärungen der Parteien förmlich zugestellt werden müssen und wo formlose Mitteilung genügt.

II. Zustellung

2 **1. Allgemeines.** § 270 S. 1 ordnet für die **Klageschrift** (§ 253) sowie allgemein für solche Schriftsätze, die einen **Sachantrag** enthalten, förmliche Zustellung an.

3 Daneben sehen zahlreiche weitere Vorschriften die Zustellung von Schriftsätzen, die Parteihandlungen oder Parteierklärungen enthalten, eigens vor, so zB für die Nebenintervention (§ 70 Abs. 1 S. 2), die Streitverkündung (§ 73 S. 2), die Geltendmachung weiterer im Lauf des bereits rechtshängigen Verfahrens erhobener Ansprüche (§ 261 Abs. 2 2. Alt)., die schriftsätzlich erklärte Klagerücknahme bei erforderlicher Einwilligung des Beklagten (§ 269 Abs. 3 S. 3), die Einspruchsschrift (§ 340 a), die Berufungs- und Berufungsbegründungsschrift (§ 521 Abs. 1), die Revisions- und Revisionsbegründungsschrift (§§ 550 Abs. 2, 554 Abs. 4). Insofern hat § 270 Abs. 1 letztlich die Funktion einer Auffangvorschrift.

4 **2. Sachanträge.** Zustellungsbedürftig sind nach § 270 neben der Klage nur Sachanträge. Der Sachantrag ist vom Prozessantrag zu unterscheiden. Die Unterscheidung hat auch Bedeutung u. a. für §§ 297, 308 und Nr. 3101, 3201 Vergütungsverzeichnis Anl. 1 zum RVG.

5 **Prozessanträge** beziehen sich auf das zu beobachtende Verfahren. **Sachanträge** betreffen den Inhalt der begehrten Entscheidung. Prozessanträge sind zB Anträge auf Verbindung, Trennung, Aussetzung und Ruhen des Verfahrens, auf Terminsanberaumung, auf Abkürzung oder Verlängerung von Fristen, auf Verweisung, ferner alle Beweisanträge. Beispiele für Sachanträge: Klage-, Widerklage- und Zwischenfeststellungsanträge, Scheidungsanträge, Anträge nach Zurücknahme der Klage oder eines Rechtsmittels, Anträge zur vorläufigen Vollstreckbarkeit, Anträge auf Anordnung einer einstweiligen Verfügung oder eines Arrestes bei mündlicher Verhandlung oder auf Widerspruch sowie der Aufhebungsantrag, Anträge auf Urteilsergänzung, Rechtsmittelanträge zuzüglich der Anschließungsanträge. Anträge auf Erlass von Versäumnis-, Verzichts- oder Anerkenntnisurteilen sind teils Sach-, teils Prozessanträge.[1]

6 Der für die mit den positiven Anträgen korrespondierenden **Abweisungsanträge** entwickelten Unterscheidung zwischen sachbezogenen und sachbestimmenden Anträgen – nur auf letztere sollen

---

[195] LAG München NJW 1989, 1502, 1503.

[1] Ebenso *Stein/Jonas/Leipold* § 297 Rn. 10.

§§ 308, 270 und 297 anwendbar sein, Nr. 3101, 3201 Vergütungsverzeichnis Anl. 1 zum RVG hingegen auch auf die lediglich sachbezogenen[2] – ist für § 270 nicht zu folgen. Sie kompliziert die Rechtslage unnötig und ist überdies iE fraglich. Der Klageabweisungsantrag ist in Ansehung des § 270 zumindest wie ein Sachantrag zu behandeln. Dass er im Allgemeinen geringere sachliche Bedeutung hat,[3] rechtfertigt nicht, ihn aus dem Anwendungsbereich des § 270 auszuklammern. Das Gebot der Gleichbehandlung der Parteien fordert dessen Anwendung auf alle sachbezogenen Anträge.[4] Hierfür spricht auch, dass der Geschäftsstelle möglichst keine inhaltliche Prüfung der Anträge aufgebürdet werden sollte.[5] Allerdings hat sie bei Zweifeln, ob eine förmliche Zustellung vorzunehmen ist, eine richterliche Weisung einzuholen, um einer möglichen Verletzung des Anspruchs auf rechtliches Gehör vorzubeugen; s. Rn. 9. – Folgerichtig sind Sachanträge iSv. § 270 auch die **Anträge auf Prozessabweisung** sowie auf Zurückweisung und Verwerfung eines Rechtsmittels.

3. Andere Schriftsätze. Andere Schriftsätze und sonstige Erklärungen der Parteien sind formlos mitzuteilen. Es genügt die einfache Übersendung durch Post oder die Übergabe durch Boten ohne Beglaubigung oder Beurkundung. Das Gericht kann statt dessen die Zustellung anordnen; dies empfiehlt sich, wenn der Schriftsatz neue Tatsachen enthält, weil dann der Zeitpunkt des tatsächlichen Zugangs feststeht und damit die Vermutungswirkung des § 270 S. 2 ausgeschlossen ist, was für den Antrag auf Erlass eines Versäumnisurteils bedeutsam sein kann (§ 335 Abs. 1 Nr. 3), falls der tatsächliche Zeitpunkt später liegt. Außerdem kann der Grundsatz der Gewährung rechtlichen Gehörs (Art. 103 Abs. 1 GG) eine förmliche Zustellung nahelegen; s. Rn. 9. Die Möglichkeit einer bloß formlosen Mitteilung enthebt nicht von der sich aus § 270, Art. 103 Abs. 1 sowie dem Grundsatz der Parteiöffentlichkeit ergebenden Pflicht, der anderen Partei alle vom Gegner eingereichten Schriftstücke zukommen zu lassen, und erlaubt es nicht, ihm statt dessen lediglich Einsicht in der Geschäftsstelle des Gerichts zu gewähren.[6] 7

II. Formlose Mitteilung

§ 270 S. 2 stellt bei Übersendung durch die Post eine widerlegliche Vermutung für den Zugang des Schriftstückes und den Zeitpunkt des Zugangs auf, die durch Glaubhaftmachung eines späteren Zugangs (§ 294) entkräftet werden kann. Das Nichtzugehen steht fest, wenn die Sendung als unzustellbar zurückgekommen ist. § 270 S. 2 gilt im amtsgerichtlichen Verfahren entsprechend für den Nachweis des Zugangs bei der vereinfachten Ladung des Klägers zu dem auf die Klage bestimmten Termin (§ 497 Abs. 1 S. 2). 8

Früher bereitete die Handhabung von Fällen, in denen das formlos übersandte Schriftstück den Adressaten tatsächlich nicht erreicht hatte und das Gericht dies bei seiner Entscheidung nicht berücksichtigen konnte, weil es ihm unbekannt war, im Hinblick den Anspruch auf Gewährung rechtlichen Gehörs (Art. 103 Abs. 1 GG) nicht selten erhebliche Probleme. Diese Probleme lassen sich heute mit Hilfe der Gehörrüge nach § 321a weitgehend meistern. Um sie von vornherein zu vermeiden, sollte bei Schriftstücken, deren Kenntnisnahme durch die Partei zur ausreichenden Gewährung rechtlichen Gehörs zwingend erforderlich ist, von der formlosen Mitteilung abgesehen und der Weg der Zustellung gewählt werden, obgleich auch diese keine Garantie der Kenntnisnahmemöglichkeit bietet (zB bei Ersatzzustellung). 9

§ 271 Zustellung der Klageschrift

(1) Die Klageschrift ist unverzüglich auszustellen.

(2) Mit der Zustellung ist der Beklagte aufzufordern, einen Rechtsanwalt zu bestellen, wenn er eine Verteidigung gegen die Klage beabsichtigt.

Schrifttum: *Halbach,* Die Verweigerung der Terminsbestimmung und der Klagezustellung im Zivilprozeß, Diss. Köln 1980.

---

[2] BGHZ 52, 385, 388ff. = NJW 1970, 99; *Stein/Jonas/Leipold* § 297 Rn. 7; *Blomeyer* § 30 II 1a.
[3] So nachdrücklich BGHZ 52, 385, 388 = NJW 1970, 99.
[4] Ebenso KG NJW 1970, 616, 618 = OLGZ 1970, 345; *Rosenberg/Schwab/Gottwald* § 64 Rn. 3.
[5] Hierauf weist zutr. KG NJW 1970, 616, 618 = OLGZ 1970, 345 hin.
[6] OLG München NJW 2005, 1130.

I. Normzweck

1 Die Vorschrift regelt das erstinstanzliche Verfahren unmittelbar nach Eingang der Klageschrift bei Gericht. Sie bezweckt gemeinsam mit den ebenfalls durch die Vereinfachungsnovelle 1976 völlig neugestalteten §§ 272 bis 283 die Straffung und Beschleunigung des Verfahrens; vgl. § 272 Rn. 1. Dies trifft insb. für **Abs. 1** zu. Daneben kommt die unverzügliche Zustellung der Klageschrift dem Kläger unmittelbar zugute, weil die materiell-rechtlichen Folgen der Rechtshängigkeit erst mit der Zustellung eintreten; § 167 gilt für sie nicht; s. § 167 Rn. 6.

2 **Abs. 2,** der die Aufforderung zur Bestellung eines Anwalts schon im Zusammenhang mit der Zustellung der Klageschrift anordnet, dient dem Interesse des Beklagten, sich sachgemäß und wirksam zu verteidigen, und bewirkt, dass Verzögerungen durch ohne Anwalt erschienene und damit nicht ordnungsgemäß vertretene Parteien vermieden werden.

3 Der **frühere Abs. 3** betraf die ebenfalls bereits mit der Zustellung der Klageschrift zu verbindende befristete Aufforderung an den Beklagten, sich zu einer möglichen Übertragung des Rechtsstreits auf den Einzelrichter zu äußern. Er wurde zum 1. 4. 1991 durch das Rechtspflege-VereinfachungsG gestrichen. Seither soll der Beklagte sich im Zusammenhang mit der Klageerwiderung bzw. der Mitteilung seiner Verteidigungsmittel (§§ 275 Abs. 1, 277 Abs. 1 S. 2) hierzu äußern. Die Stellungnahme hat jedoch insofern mittlerweile an Bedeutung verloren, als die Sache heute nach § 348 ohnehin idR zunächst beim Einzelrichter anfällt.

II. Unverzügliche Zustellung (Abs. 1)

4 **1. Zustellung der Klageschrift. a) Mit Terminsladung.** Die Klageschrift ist unverzüglich zuzustellen. Ist die Klage beim AmtsG mündlich zu Protokoll der Geschäftsstelle angebracht worden (§ 496), so ist das Protokoll zuzustellen (§ 498). Beim Übergang vom Mahn- ins Streitverfahren nach Widerspruch des Antragsgegners ist die nach § 697 Abs. 1 S. 1 vom Antragsteller angeforderte Anspruchsbegründung analog § 271 Abs. 1 ebenfalls unverzüglich zuzustellen; § 697 Rn. 15.

5 Gleichzeitig mit der Klage ist die **Terminsladung** zuzustellen, wenn das Gericht einen frühen ersten Termin bestimmt hat (§ 274 Abs. 2). Auch ohne Terminsbestimmung bewirkt die Zustellung der Klageschrift den Eintritt der Rechtshängigkeit.[1] Dagegen begründet die Terminsladung ohne vorherige oder gleichzeitige Zustellung der Klage kein Prozessrechtsverhältnis.[2] Ausnahmsweise kann es zweckmäßig sein, die Klage ohne Terminsladung zuzustellen, wenn zB noch terminsvorbereitende Maßnahmen zu treffen sind; s. § 274 Rn. 8 und § 216 Rn. 3. UU kann diese Verfahrensweise sogar geboten sein, falls etwa das Prozesskostenhilfeverfahren sich verzögert und nicht sicher ist, dass die Zustellung nach § 167 zurückwirkt;[3] § 167 Rn. 12.

6 **b) Aufforderungen und Belehrungen.** Mit der Zustellung sind zweckmäßigerweise die Aufforderungen und Belehrungen gemäß §§ 275, 276, 277 zu verbinden. Dies sind beim frühen ersten Termin die Aufforderung zur – evtl. befristeten – Klageerwiderung (§§ 275 Abs. 1, 277 Abs. 3), im schriftlichen Vorverfahren auch die Aufforderung zur Klageerwiderung (§ 276 Abs. 1), die Belehrung über die Folgen der Fristversäumung (§ 276 Abs. 2) sowie die Aufforderung an den Beklagten, seine Verteidigungsbereitschaft schriftlich anzuzeigen (§§ 276 Abs. 1, 331 Abs. 3). Das Gleiche gilt für etwaige Fragen, Hinweise oder Maßnahmen gemäß §§ 139, 273, soweit dies in diesem Verfahrensstadium schon möglich ist.[4]

7 **2. Unverzüglich. a) Begriff.** Unverzüglich bedeutet wie in § 216 Abs. 2 – und anders als in § 121 Abs. 1 S. 1 BGB – ohne prozesswidriges Verzögern;[5] s. a. § 216 Rn. 6. Unerhebliche Verzögerungen, also solche von wenigen Tagen, bleiben deshalb außer Betracht. Die Anordnung von Maßnahmen, die zur Terminsvorbereitung zweckmäßig oder erforderlich sind (§ 273), rechtfertigen eine Verzögerung bei der Klagezustellung nicht. Eine Bevorzugung „glatter" Fälle ist unzulässig.[6]

8 **b) Ablehnung und Zurückstellung der Zustellung.** Der Vorsitzende muss prüfen, ob die Zustellung erfolgen darf oder ob ihr ausnahmsweise Gründe entgegenstehen, die entweder zur endgültigen Ablehnung oder zu ihrer Zurückstellung führen. Arbeitsüberlastung rechtfertigt die endgültige Verweigerung oder Verzögerung der Klagezustellung nicht; § 216 Rn. 6. Ebensowenig kann der Vorsitzende bei offensichtlicher Unzulässigkeit oder Unschlüssigkeit der Klage die Zustel-

---

[1] BGHZ 11, 175, 177 = NJW 1954, 640 m. Anm. *Lent;* OLG München NJW 1966, 1517, 1518.
[2] KG NJW 1963, 1408.
[3] Vgl. OLG München NJW 1966, 1517, 1518.
[4] *Zöller/Greger* Rn. 8.
[5] AM *Stein/Jonas/Leipold* Rn. 5 (§ 121 Abs. 1 S. 1 BGB); wie hier wohl *Musielak/Foerste* Rn. 5.
[6] *Baumbach/Lauterbach/Hartmann* § 216 Rn. 17.

lung ablehnen; die gegenteilige Auffassung liefe auf eine a limine-Abweisung hinaus, die der Zivilprozess nicht kennt, und wäre auch mit dem Grundsatz der Mündlichkeit nicht vereinbar.

aa) Die **Zustellung ist abzulehnen,** wenn die „Klage“ nur scheinbar ein Rechtsschutzbegehren im prozessrechtlichen Sinne ist, weil sie offensichtlich nicht ernst gemeint ist oder verständlicherweise nicht ernst genommen werden kann (sie dient zB der Selbstdarstellung des „Klägers“ oder ist völlig abstrus).[7] Hierher gehören auch Klagen mit vorwiegend beleidigendem Inhalt (s. § 253 Rn. 17), zur Verbreitung verfassungswidriger Propaganda[8] und zur grob missbräuchlichen Inanspruchnahme der Rechtspflege,[9] da sie zB primär die zusätzliche Arbeitsbelastung der Gerichte oder sogar deren Arbeitsunfähigkeit bezwecken.[10] 9

Fehlt die Unterschrift des Klägers oder eines zugelassenen Rechtsanwalts, so wird die Klage ebenfalls nicht zugestellt; denn die Unterschrift soll sichern, dass es sich nicht um einen Entwurf handelt und im Anwaltsprozess ein zugelassener Rechtsanwalt die Verantwortung für die Klage übernimmt;[11] s. auch § 253 Rn. 23f. Läßt sich jedoch erkennen, dass die Klageschrift von einem zugelassenen Anwalt herrührt, so ist es mit der verfahrensrechtlichen Position des Gerichts vereinbar und kann vom Vorsitzenden erwartet werden, dass er die Klage zur Nachholung der Unterschrift zurückreicht.[12] 10

Auch bei **fehlender Postulationsfähigkeit** ist die Zustellung der Klage zu verweigern.[13] Bestehen Zweifel an der Postulationsfähigkeit, so hat der Vorsitzende sich zunächst durch Nachfragen Klarheit zu verschaffen.[14] Fälle dieser Art dürften seit der Neufassung der §§ 78 und 271 Abs. 2 nur ganz selten vorkommen. 11

Schon aus praktischen Gründen muss die Zustellung verweigert werden, wenn der Beklagte nicht bezeichnet ist oder seine zustellungsfähige **Anschrift fehlt.** Dagegen wird die Parteifähigkeit nicht vor der Terminsbestimmung und Klagezustellung geprüft, sondern in einer mündlichen Verhandlung. Zur Klage gegen einen Verstorbenen s. § 253 Rn. 47. 12

Schließlich ist die Zustellung abzulehnen, wenn die Klage bei einem **funktionell unzuständigen Gericht** eingereicht wurde (zB eine erstinstanzliche Klage beim OLG)[15] oder auf der Beklagtenseite die deutsche Gerichtsbarkeit fehlt und die gerichtsbefreite Partei sich ihr mit hoher Wahrscheinlichkeit nicht freiwillig unterwerfen wird.[16] 13

Eine **nicht in deutscher Sprache** abgefasste Klageschrift ist nach der herrschenden strengen Auffassung prozessual unbeachtlich.[17] Zustellung und Terminsbestimmung sind deshalb zu verweigern.[18] Dem Vorsitzenden bleibt es unbenommen, den Kläger zur Beibringung einer Übersetzung anzuregen; erst mit deren Vorlegung wird die Klageeinreichung prozessual wirksam. Die Anordnung der Übersetzung auf Kosten der Partei vor Terminsbestimmung und der Zustellung durch den Vorsitzenden sowie die Festlegung der Klageeinreichung auf den Zeitpunkt des Zugangs der fremdsprachigen Klageschrift[19] lassen sich nach geltendem Recht nicht begründen, auch nicht mit Hilfe einer verfassungskonformen Auslegung des § 184 GVG.[20] S. auch § 253 Rn. 36 und § 184 GVG Rn. 6ff. 14

In allen anderen Fällen einer mangelhaften Klage oder fehlender Prozessvoraussetzungen muss die Klageschrift zugestellt und das Verfahren eröffnet werden; die Entscheidung kann nur nach mündlicher Verhandlung erfolgen. Das gilt insb. auch für die unzulässigerweise bedingte Klage[21] 15

---

[7] So der Sachverhalt in BayVGH NJW 1990, 2403.

[8] LG Stuttgart NJW 1994, 1077.

[9] Ebenso *Blomeyer* § 43 I 2b; aM *Halbach* S. 152ff. (Eröffnung des Verfahrens und Abweisung als unzulässig).

[10] Wie im Falle des ArbG Hamm MDR 1966, 272 m. zust. Anm. *E. Schneider.*

[11] BGHZ 22, 254, 256 = NJW 1957, 263; BGHZ 65, 46, 47 = NJW 1975, 1704; BGHZ 92, 251, 254 = NJW 1985, 328.

[12] Ebenso *Jauernig* § 38 II 4b.

[13] *Blomeyer* § 43 I 2c; *Jauernig* § 38 II 4b; *Wieczorek/Schütze/Steiner* § 78 Rn. 4; aM LG Kassel MDR 1963, 1018, 1019; jetzt auch *Rosenberg/Schwab/Gottwald* § 94 Rn. 8.

[14] *Halbach* S. 109.

[15] *Rosenberg/Schwab/Gottwald,* 15. Aufl., § 97 I 2a (nicht mehr in der 16. Aufl. § 94 Rn. 6); *W. Lüke* Rn. 140; aM *Musielak/Foerste* Rn. 3.

[16] OLG München NJW 1975, 2144; *Blomeyer* § 43 I 2d.

[17] Vgl. *Rosenberg/Schwab/Gottwald* § 21 Rn. 4, § 94 Rn. 6; BGH NJW 1982, 532f. (für die Rechtsmitteleinlegung im Strafprozeß).

[18] *Rosenberg/Schwab/Gottwald* § 94 Rn. 6; *Schellhammer* 10. Aufl. Rn. 108 (nicht mehr in der Neuaufl.).

[19] So *Halbach* S. 103f.

[20] So aber OLG Frankfurt NJW 1980, 1173 (für die Rechtsmitteleinlegung im Strafprozeß).

[21] Ebenso *Stein/Jonas/Leipold* Rn. 4; aM *Rosenberg/Schwab/Gottwald,* 15. Aufl., § 97 I 2a (nicht mehr in der 16. Aufl. § 94 Rn. 6).

und bei fehlender Prozessfähigkeit des Klägers, außerdem bei fehlender internationaler Zuständigkeit.[22] In dem wohl seltenen Fall, dass seine Prozessunfähigkeit gerichtsbekannt ist und feststeht, dass der gesetzliche Vertreter mit der Klageerhebung nicht einverstanden ist, lässt sich ausnahmsweise die Ablehnung der Klagezustellung rechtfertigen.[23]

16 **bb)** Hauptfall der einstweiligen Zurückstellung der Klagezustellung ist die Nichteinzahlung des Gerichtskostenzuschusses (§ 12 Abs. 1 GKG). Keine Rolle spielt, ob der Kläger oder der Beklagte den Kostenvorschuss eingezahlt hat.[24] Ferner wird die Klageschrift erst zugestellt, wenn die erforderlichen Abschriften (§ 253 Abs. 5) nachgereicht sind oder das Gericht die Abschriften auf Kosten der Partei hat herstellen lassen; s. § 253 Rn. 9.

17 Bei einstweiliger Zurückstellung der Klagezustellung ist für den Zeitpunkt der Einreichung der Zugang der Klageschrift bei Gericht maßgebend. Ob bei erfolgter Zustellung die Rückwirkung nach § 167 erreicht wird, ist eine andere Frage und hängt in erster Linie vom Verhalten des Klägers ab; s. § 167 Rn. 9ff.

18 **cc)** Wie die Terminsbestimmung nach § 216 Abs. 2 fällt auch die Anordnung der Klagezustellung unter die **Prozessleitung** des Vorsitzenden. Daraus folgt aber nicht, dass er auch für die endgültige Verweigerung der Zustellung zuständig ist.[25] Vielmehr muss angesichts der Bedeutung der Frage das Gericht (durch Beschluss) entscheiden.[26] Auch ist daran zu erinnern, dass die Prozessleitung grds. dem Kollegium zusteht, dem Vorsitzenden nur dort, wo das Gesetz dies bestimmt.[27]

19 Die Anordnung der Zustellung ist unanfechtbar. Gegen die endgültige Ablehnung findet die sofortige **Beschwerde** statt (§ 567 Abs. 1);[28] denn mit der Ablehnung wird das in der Einreichung der Klageschrift enthaltene Gesuch auf Zustellung abgelehnt.[29] Der Rückgriff auf § 252[30] ist weder erforderlich noch überzeugend.

20 **c) Einfluss des Klägers.** Der Kläger kann durch eigene Erklärungen den Zeitpunkt der Zustellung nicht beeinflussen, insb. nicht beantragen, die Zustellung solle unter einer Bedingung oder zu einem bestimmten Zeitpunkt erfolgen.[31]

21 Wird die Klage zusammen mit dem PKH-Antrag angebracht, so gilt die Klage nach der Bewilligung als eingereicht, falls zuvor zum Ausdruck gebracht wurde, dass sie nur für den Fall der Bewilligung erhoben werden soll. Hier ist nicht die Zustellung bedingt beantragt; vielmehr soll die Einreichung nur für den Fall der PKH-Bewilligung gelten; § 253 Rn. 28, § 117 Rn. 8.

22 **3. Zustellung.** Die Zustellung erfolgt **von Amts wegen** nach §§ 166ff. Neben der Zustellung bestehen zahlreiche spezialgesetzlich geregelte **Mitteilungspflichten** des Gerichts, zB nach §§ 90 Abs. 1 und 4 GWB, 35a FGG.

III. Aufforderung zur Anwaltsbestellung (Abs. 2)

23 **1. Allgemeines.** Die Vorschrift gilt nur im Anwaltsprozess nach Maßgabe des § 78, ebenso im Mahnverfahren nach Einleitung des Streitverfahrens. Eine Parallelvorschrift für Ladungen ist § 215. Grds. geht § 271 Abs. 2 in seinem Anwendungsbereich vor, und zwar auch dann, wenn mit der Zustellung der Klageschrift die Ladung zum frühen ersten Termin verbunden wird (§ 274 Abs. 2). Bei späteren Ladungen im Laufe des Verfahrens ergibt sich die Pflicht zur Aufforderung aus § 215; s. dort Rn. 3. – S. auch Rn. 2.

24 **2. Einzelfragen.** Die Aufforderung nach Abs. 2 ist nur erforderlich, falls **Verteidigungsabsicht** besteht. Davon ist regelmäßig auszugehen. Nach dem Zweck der Vorschrift ist die Aufforderung selbst dann nötig, wenn der Beklagte vor der Klagezustellung erklärt hat, er wolle sich nicht verteidigen; denn er ist an eine solche Äußerung nicht gebunden und kann seine Absicht jederzeit ändern.[32] Entbehrlich ist die Aufforderung, wenn bereits ein zugelassener Anwalt als Prozess-

---

[22] OLG Köln MDR 2003, 230.
[23] OLG Schleswig SchlHA 1958, 230; zust. *Blomeyer* § 43 I 2c; *Halbach* S. 37f.
[24] OLG Düsseldorf OLGZ 1983, 117, 118.
[25] So aber die wohl noch hM; *Rosenberg/Schwab/Gottwald* § 94 Rn. 5ff.; *Stein/Jonas/Leipold* Rn. 33.
[26] *Reiner,* Die Zurückweisung einer beabsichtigten Klage durch Beschluß, Diss. Erlangen 1959, S. 102f.; *Halbach* S. 184f; *Musielak/Foerste* Rn. 4; *Zöller/Greger* § 253 Rn. 21a.
[27] *Rosenberg/Schwab/Gottwald* § 78 Rn. 3.
[28] *Jauernig* § 38 II 4; *Zeiss* § 45 II 2.
[29] *Stein/Jonas/Leipold* Rn. 33; *Halbach* S. 190.
[30] So *Zöller/Stöber* § 216 Rn. 21; OLG Schleswig NJW 1982, 246; OLG Frankfurt FamRZ 1982, 316 (alle beziehen sich auf die Ablehnung der Terminierung).
[31] *Stein/Jonas/Leipold* Rn. 4.
[32] Ebenso *Stein/Jonas/Leipold* Rn. 7.

bevollmächtigter bestellt wurde und die Zustellung an ihn erfolgt ist (§ 172); wie für § 215 genügt es jetzt, dass an irgendeinen deutschen Anwalt zugestellt wird.

Die **Aufforderung** ergeht **von Amts wegen.** Sie wird praktisch meist vom Vorsitzenden angeordnet, jedoch kann auch die Geschäftsstelle von sich aus tätig werden.[33] Bei Zweifeln, zB ob es sich um einen Anwaltsprozess handelt, entscheidet der Vorsitzende.[34] Eine besondere Form ist nicht vorgesehen. Unterbleibt die Aufforderung zunächst, so kann sie formlos nachgeholt werden, wie sich aus § 329 Abs. 2 S. 1 ergibt.[35] 25

Vorgeschrieben ist nur die **Aufforderung als solche,** nicht dagegen grds. eine Belehrung über die Folgen, wenn die Anwaltsbestellung unterbleibt. Sie erfolgt jedoch im schriftlichen Vorverfahren, da die Verteidigungsabsicht nur durch einen zugelassenen Anwalt angezeigt werden kann und der Beklagte hierüber belehrt wird (§ 276 Abs. 2). Der Beklagte wird spätestens mit der Aufforderung zur Klageerwiderung darüber belehrt, dass auch diese nur durch einen zugelassenen Anwalt wirksam ist (§ 277 Abs. 2 S. 1). 26

Die Beifügung der Aufforderung gemäß Abs. 2 ist keine Voraussetzung für die Wirksamkeit der Zustellung, so dass auch der Eintritt der Rechtshängigkeit vom Fehlen der Aufforderung unberührt bleibt.[36] Die Aufforderung zur Bestellung eines Anwalts gehört aber zu den Voraussetzungen einer ordnungsgemäßen Ladung, ohne die ein Versäumnisurteil nicht ergehen kann (§ 335 Abs. 1 Nr. 2). Gleiches gilt für den Erlass eines Versäumnisurteils im schriftlichen Vorverfahren (§ 335 Abs. 1 Nr. 4). 27

§ 272 Bestimmung der Verfahrensweise

(1) Der Rechtsstreit ist in der Regel in einem umfassend vorbereiteten Termin zur mündlichen Verhandlung (Haupttermin) zu erledigen.

(2) Der Vorsitzende bestimmt entweder einen frühen ersten Termin zur mündlichen Verhandlung (§ 275) oder veranlasst ein schriftliches Vorverfahren (§ 276).

(3) Die Güteverhandlung und die mündliche Verhandlung sollen so früh wie möglich stattfinden.

Schrifttum: Verfahren nach der Vereinfachungsnovelle: *Bathe,* Verhandlungsmaxime und Verfahrensbeschleunigung bei der Vorbereitung der mündlichen Verhandlung, 1977; *Baur,* Entwicklungslinien des Zivilprozesses in den Jahren 1947 bis 1987, NJW 1987, 2636; *ders.,* Richterliche Verstöße gegen die Prozeßförderungspflicht, FS Schwab, 1990, S. 53; *Becher,* Anwaltsprobleme nach der Vereinfachungsnovelle, AnwBl. 1977, 396; *Bender,* Mehr Rechtsstaat durch Verfahrensvereinfachung, FS Wassermann, 1985, S. 629; *Bender/Belz/Wax,* Das Verfahren nach der Vereinfachungsnovelle und vor dem Familiengericht, 1977; *Bischof,* Streitfragen der Vereinfachungsnovelle, NJW 1977, 1897; *ders.,* Der Zivilprozeß nach der Vereinfachungsnovelle, 1980; *Böhm,* Evaluationsforschung mit der Survivalanalyse am Beispiel des Gesetzes zur Vereinfachung und Beschleunigung des gerichtlichen Verfahrens, 1989; *Bruns,* Die Frist als gesetzgeberisches Mittel der deutschen Prozeßreform zur Beschleunigung der Verfahren, FS Liebmann, 1978, S. 123; *Engels,* Der neue Zivilprozeß, AnwBl. 1979, 205; *Franzki,* Das Gesetz zur Vereinfachung und Beschleunigung gerichtlicher Verfahren, DRiZ 1977, 161; *ders.,* Die Vereinfachungnovelle und ihre bisherige Bewährung in der Verfahrenswirklichkeit, NJW 1979, 9; *Greger,* Rechtstatsächliche Erkenntnisse zu den Auswirkungen der Vereinfachungsnovelle in der Praxis, ZZP 100 (1987), 377; *Grunsky,* Die Straffung des Verfahrens durch die Vereinfachungsnovelle, JZ 1977, 201; *Hartmann,* Die ZPO-Vereinfachungsnovelle, Rpfleger 1977, 1; *ders.,* Das Urteil nach der Vereinfachungsnovelle, JR 1977, 181; *ders.,* Ein Jahr Vereinfachungsnovelle, NJW 1978, 1457; *Klinge,* Das Urteil nach der Vereinfachungsnovelle, AnwBl. 1977, 395; *Kloepfer,* Verfahrensdauer und Verfassungsrecht, JZ 1979, 209; *Lange,* Der frühe erste Termin als Vorbereitungstermin, NJW 1986, 1728; *Leipold,* Prozeßförderungspflicht der Parteien und richterliche Verantwortung, ZZP 93 (1980), 237; *ders.,* Auf der Suche nach dem richtigen Maß bei der Zurückweisung verspäteten Vorbringens, ZZP 97 (1984), 395; *ders.,* Wie läßt sich der Zivilprozeß beschleunigen, Osaka University Law Review 1989, Nr. 36, S. 13; *Pukall,* Der Zivilprozeß in der gerichtlichen Praxis, 5. Aufl., 1992; *Putzo,* Die Vereinfachungsnovelle, NJW 1977, 1; *ders.,* Die Vereinfachungsnovelle aus praktischer Sicht, AnwBl. 1977, 429; *Rottleuthner,* Die Dauer von Gerichtsverfahren – Evaluation der Vereinfachungsnovelle, 1990; *Rudolph,* Beschleunigung des Zivilprozesses, FS aus Anlaß des 10-jährigen Bestehens der Deutschen Richterakademie, 1983, S. 151; *Schmitz,* Anmerkungen zur Beschleunigungsnovelle zur ZPO aus anwaltlicher Sicht, AnwBl. 1979, 4; *ders.,* Vereinfachungsnovelle und Anwaltspraxis, NJW 1979, 1583; *E. Schneider,* Die Vereinfachungsnovelle zur Zivilprozeßordnung 1977, MDR 1977, 1 und 89; *ders.,* Beiträge zum neuen Zivilprozeßrecht, MDR 1977, 798, 881 und 969, MDR 1978, 1 und 89; *Schwab,* Zur Beschleunigung des Ver-

[33] *Stein/Jonas/Leipold* Rn. 9; *Baumbach/Lauterbach/Hartmann* Rn. 5.
[34] Ebenso *Stein/Jonas/Leipold* Rn. 9.
[35] *Baumach/Lauterbach/Hartmann* Rn. 5.
[36] *Zöller/Greger* Rn. 9; *Stein/Jonas/Leipold* Rn. 10.

fahrens nach der Vereinfachungsnovelle, (österr.) JBl. 1979, 78; *ders.*, Beschleunigung des Zivilverfahrens, in: Humane Justiz, 1977, S. 29; *Seidel,* Die fehlerhafte Einzelrichterübertragung nach § 348 ZPO und ihre Anfechtung, ZZP 99 (1986), 64; *Walchshöfer,* Die Auswirkungen der Vereinfachungsnovelle in der gerichtlichen Praxis, ZZP 94 (1981), 179; *Wassermann,* Der soziale Zivilprozeß, 1978; *Zitscher,* Mut zum neuen Zivilprozeß, ZRP 1977, 27.

Verfahren nach dem ZPO-Reformgesetz: *Büttner,* Die Reform der ZPO – eine Wirkungskontrolle, 65. Deutscher Juristentag, Band I, 2004; *Czajor,* Reform des Zivilprozesses, ZRP 2001, 387; *Däubler-Gmelin,* Reform des Zivilprozesses, ZRP 2000, 33; *Dombek/Streck,* Historische Überlegungen zur Neugestaltung des Zivilverfahrensrechts, ZRP 2001, 434; *Engers/Hinz,* Einführung in die ZPO-Reform, 2001; *Greger,* Die ZPO-Reform – 1000 Tage danach, JZ 2004, 805; *Hannich/Meyer-Seitz,* ZPO-Reform 2002, 2002; *dies.*, ZPO-Reform – Einführung – Texte – Materialien, 2001, *dies.*, Das neue Zivilprozessrecht, 2001; *Hartmann,* Zivilprozess 2001/2002. Hundert wichtige Änderungen, NJW 2001, 2577; *Huber,* Die Reform der ZPO – Eine Wirkungskontrolle, 65. Deutscher Juristentag, Band I, 2004; *Kroiß,* Das neue Zivilprozessrecht, 2001; *Lambsdorff,* Hinweise zu der ab 1. 1. 2002 geltenden Zivilprozessreform, AnwBl. 2001, 564; *Landerer,* Reform des Zivilprozesses – mutig oder mutwillig?, ZRP 2001, 388; *Mackenroth,* Reform des Zivilprozesses: Chance für die Praxis?, NJ 2001, 345; *Musielak,* Reform des Zivilprozesses, NJW 2000, 2769; *Neuhaus,* Richterliche Hinweis- und Aufklärungspflichten nach der alten und neuen ZPO, MDR 2002, 438; *Prütting,* Rechtsmittelreform 2000, 2002; *Pukall/Kießling,* Verfahrenserneuerungen durch das ZPO-Reformgesetz, WM 2002, Sonderbeilage 1/2002; *Rensen,* Die richterliche Hinweispflicht, 2001; *Schäfer,* Was ist denn neu an der neuen Hinweispflicht; NJW 2002, 849; *Schellhammer,* Zivilprozessreform und erste Instanz, MDR 2001, 1081; *Selbherr,* Die Reform der ZPO – Eine Wirkungskontrolle – 65. Deutscher Juristentag, Band I, 2004; *Winte,* Zivilprozessrechtsreform: Die wichtigsten Änderungen für das erstinstanzliche Verfahren und das Gerichtsverfassungsgesetz, BRAK-Mitt. 2001, 246.

Übersicht

I. Normzweck

1 Zurückgehend auf das sog. Stuttgarter Modell[1] hat der Gesetzgeber das Bestreben, den Rechtsstreit in **einer** mündlichen Hauptverhandlung zur Entscheidungsreife zu führen, im Rahmen der Vereinfachungsnovelle 1976 durch die Vorschrift des § 272 in Gesetzesform überführt.[2] Dabei sind insbesondere die §§ 272 bis 283 vollkommen neu gestaltet worden. Das Kernstück des Prozesses bildet der umfassend vorbereitete Haupttermin. Abweichend zur früheren Gesetzeslage (vgl. § 272b Abs. 1 aF) stellt die Einleitungsvorschrift des § 272 jetzt zwei konkrete, jedoch sehr verschiedene Maßnahmen zur Vorbereitung des Haupttermins zur Verfügung. Dem Gericht bleibt es nach seinem **Ermessen** überlassen, entweder einen frühen ersten Termin oder ein schriftliches Vorverfahren anzuordnen.[3] Der § 272 nimmt in zweifacher Hinsicht eine Einleitungsfunktion wahr. Zum einen stellt die Vorschrift das Postulat auf, den Rechtsstreit in **einer** möglichst früh (Abs. 3) anzu-

[1] Hierzu zuletzt *Baur* NJW 1987, 2636, 2639 m. weit. Nachw.

[2] Gesetz zur Vereinfachung und Beschleunigung des gerichtlichen Verfahrens (Vereinfachungsnovelle) vom 3. 12. 1976, BGBl. I S. 3218.

[3] Vgl. zum Ermessen im Einzelnen Rn. 5 bis 7.

beraumenden mündlichen Verhandlung zu erledigen, um den Rechtsstreit zu rascher Entscheidungsreife zu führen. Dies wird durch zahlreiche gesetzliche Anweisungen an Parteien und Gerichte unterstützt: Fristen für vorbereitende Maßnahmen nach den §§ 129 Abs. 2, 273 Abs. 1 und 2, 275 Abs. 1, 2 und 4, 276 Abs. 1 und 3, Möglichkeit eines vorterminlichen Beweisbeschlusses gemäß § 358a, Belehrungen und Auflagen nach den §§ 129, 277 Abs. 1, 282 Abs. 2 und 3. Zum anderen eröffnet Abs. 2 der Vorschrift die Wahl zwischen zwei alternativen Vorbereitungsmöglichkeiten (früher erster Termin oder schriftliches Vorverfahren), um nach richterlichem Ermessen eine dem Beschleunigungszweck am meisten Rechnung tragende Verfahrensvorbereitung zu erreichen. Insgesamt soll durch die Vorschrift eine Intensivierung und Aufwertung des „Kernstückes" des Zivilprozesses, der mündlichen Verhandlung erreicht werden, die zugleich der Beschleunigung dient. § 272 stellt auf diese Weise ein gesetzliches Leitbild dar, beinhaltet zugleich aber genügend Flexibilität, um den unterschiedlichen Arbeitsweisen und den verschiedenen Streitsachen gerecht werden zu können. Die Ergänzung von Abs. 3 um den Hinweis auf die Güteverhandlung ist im Hinblick auf den neuen § 278 Abs. 2 erfolgt und stellt eine Selbstverständlichkeit dar. In der aktuellen Fassung gilt die Norm seit 1. 1. 2002.

II. Die Wahl von zwei Verfahrensarten (Abs. 2)

1. Geltungsbereich. Sowohl im landgerichtlichen wie auch im amtsgerichtlichen Verfahren (über § 495) besteht die Wahlmöglichkeit zwischen dem frühen ersten Termin und dem schriftlichen Vorverfahren. Auch in der Berufungsinstanz steht gemäß § 523 diese Alternative offen.[4] Im Revisionsverfahren wird nach § 553 sofort ein mündlicher Verhandlungstermin anberaumt. 2

Trotz des insoweit nicht eindeutigen Wortlautes besteht die Wahlmöglichkeit zwischen den beiden Vorbereitungsarten auch nach Einlegung des Widerspruchs gegen einen Mahnbescheid gemäß § 697 Abs. 2 und 3, sowie nach Erhebung des Einspruchs gegen einen Vollstreckungsbescheid gemäß § 700 Abs. 4. 3

Im Verfahren der Ehe- und Kindschaftssachen findet gemäß den §§ 611 Abs. 2, 640 Abs. 1 jedoch kein schriftliches Vorverfahren statt. Ebenso schließt das arbeitsgerichtliche Verfahren diese Wahlmöglichkeit aus (§§ 46 Abs. 2, 80 Abs. 2 ArbGG). 4

2. Wahl des Verfahrens. Den Weg der Vorbereitung des Haupttermins kann der Vorsitzende nach seinem freien, nicht nachprüfbaren Ermessen zwischen den beiden Verfahrensarten wählen.[5] Gesetzliche Vorgaben, an denen eine etwaige Ermessensausübung anzulehnen wäre, fehlen. Maßgebender ermessensleitender Gesichtspunkt für die Auswahl der Verfahrensweise muss sein, auf welchem Weg im konkreten Einzelfall eine rasche und umfassende Sammlung des tatsächlichen und rechtlichen Streitstoffes erreicht werden kann,[6] um der mit der Vorschrift verfolgten Beschleunigungstendenz des Gesetzgebers gerecht zu werden. Aus diesem Grund ist es nicht unbedenklich, dass teilweise von den Gerichten generell und ohne Rücksicht auf den konkreten Streitfall entweder nur der frühe erste Termin anberaumt oder nur das schriftliche Vorverfahren angeordnet werden.[7] Eine solche unflexible Handhabung der Vorbereitungsmaßnahmen wird schwerlich immer zur bestmöglichen Verfahrensvorbereitung führen. Für die konkrete Auswahl der Verfahrensvorbereitungsmaßnahme lassen sich verbindlich keine übergeordneten Kriterien nennen. Bei der Auswahl kann auch der persönliche Arbeitsstil des Berichterstatters sowie der momentane Geschäftsanfall bei dem jeweiligen Spruchkörper von Bedeutung sein.[8] Im Einzelnen gilt: 5

a) Früher erster Termin. Der frühe erste Termin bietet sich in tatsächlich einfach gelagerten Fällen an, in denen es lediglich um Rechtsfragen geht oder deren Stoff schon im Verfahren über die Prozesskostenhilfe erörtert worden ist.[9] Ein früher erster Termin bietet sich auch dann an, wenn sich die Möglichkeit einer Klagerücknahme, Erledigungserklärung oder Vergleichsbereitschaft abzeichnen sollte, ebenso, wenn der Erlass von Zwischen- oder Vorbehaltsurteilen gemäß den §§ 280, 302, 304, 305, 599 zu erwarten ist[10] oder wenn wegen besonderer Eilbedürftigkeit im Ver- 6

---

[4] Zu Einzelheiten s. dort Rn. 2ff.

[5] BGHZ 86, 31, 35 = NJW 1983, 575; BGHZ 98, 6, 11 = NJW 1986, 2252; OLG Frankfurt MDR 1983, 411; *Zöller/Greger* Rn. 3, der von pflichtgebundenem aber nicht nachprüfbarem Ermessen spricht; *Thomas/Putzo/Reichold* Rn. 2; *Musielak/Foerste* Rn. 3.

[6] Vgl. nur *Thomas/Putzo/Reichold/Reichold* Rn. 2.

[7] So auch *Stein/Jonas/Leipold* Rn. 8; aM *Bischof* Rn. 57; *Grunsky* JZ 1977, 201, 202 ohne weitere Begründung.

[8] Darauf weisen auch *Stein/Jonas/Leipold* Rn. 8 hin.

[9] *Baumbach/Lauterbach/Hartmann* Rn. 11.

[10] *Zöller/Greger* Rn. 5.

fahren nach den §§ 916ff. eine mündliche Verhandlung erforderlich ist.[11] Auch kann in einem frühen ersten mündlichen Verhandlungstermin, insbesondere im amtsgerichtlichen Verfahren ohne Anwaltszwang, besser auf einen den Prozess fördernden Sachvortrag der Parteien hingewirkt werden.[12] Aber selbst für komplizierte und umfangreiche Fälle bietet sich der frühe erste Termin dann an, wenn anwachsenden Schriftsätzen durch frühzeitige Aussonderung von Nebensächlichkeiten entgegengewirkt werden soll.[13]

7 **b) Schriftliches Vorverfahren.** Ein schriftliches Vorverfahren wird sich dann anbieten, wenn sich einfach gelagerte Fälle bereits durch Anerkenntnis- oder Versäumnisurteil gemäß den §§ 307 Abs. 1, 331 Abs. 3 erledigen. In komplizierten Fällen, etwa in den sog. „Punktesachen", kann ein schriftliches Vorverfahren vorzuziehen sein, damit den Parteien Gelegenheit gegeben wird, Punkt für Punkt die Einzelheiten schriftlich abzuhandeln. Alle diese Kriterien sind nicht zwingend. Letztlich entscheidend für die Wahl sind neben den Gesichtspunkten des konkreten Streitfalles auch allgemeine ermessensleitende Erwägungen wie die Belastung des Spruchkörpers oder der persönliche Arbeitsstil des jeweiligen Richters.[14]

8 **3. Funktion des Vorverfahrens.** Die wesentliche Funktion des Vorverfahrens besteht darin, den Haupttermin umfassend vorzubereiten, damit der Streitstoff im Haupttermin zur Entscheidungsreife geführt werden kann. Im Hinblick auf diese Funktion ist eine Verfahrensweise in der Praxis höchst bedenklich und zweckwidrig, den frühen ersten Termin als sog. „Durchlauftermin" abzuhalten.[15] Ein solcher formaler Termin, der sich lediglich auf den Aufruf der Sache, die Antragstellung der Parteien und eine neue Terminierung beschränkt, ist wegen der Anordnung der Vorbereitungsfunktion des Vorverfahrens ein Verstoß gegen das Gesetz.[16] Typisches Indiz für den Durchlauftermin ist die Terminierung einer größeren Zahl von Verfahren auf denselben Zeitpunkt.[17] Die Einführung eines Vorverfahrens stellt in Verbindung mit § 282 eine gewisse Annäherung an die **Eventualmaxime** dar.[18]

9 **4. Verfahren der Anordnung. a) Kennzeichnung als früher erster Termin.** Bei der Terminsverfügung ist aus Gründen der Klarheit darauf zu achten, dass der frühe erste Termin auch als solcher bezeichnet wird. Ist sogleich ein Termin ohne diese Bezeichnung anberaumt worden, wird man dies konkludent als Anordnung eines frühen ersten Termins zu behandeln haben.[19] Das Gericht hat die Ladungs- und Einlassungsfristen gemäß den §§ 217, 274 Abs. 2, 697 Abs. 2 und 3 zu beachten; darüber hinaus kann dem Beklagten die Möglichkeit der Klageerwiderung gemäß § 275 Abs. 1 S. 1, dem Kläger die Möglichkeit der Replik gemäß § 275 Abs. 4 eingeräumt werden. Bei der Anordnung des schriftlichen Vorverfahrens unterbleibt zunächst eine Terminsbestimmung. Aus Gründen der Klarheit soll auch hier die Verfügung schriftlich getroffen werden, zumal der Beklagte gleichzeitig über die Notwendigkeit der Anwaltsbestellung gemäß § 271 Abs. 2 zu belehren ist, sowie darüber, dass er binnen zwei Wochen seine Verteidigungsbereitschaft anzeigen muss (§ 276 Abs. 1 S. 1) sowie binnen weiterer zwei Wochen auf die Klage zu erwidern hat. Eine Klagezustellung ohne gleichzeitige Terminsbestimmung ist konkludent als Anordnung des schriftlichen Vorverfahrens aufzufassen.[20]

10 **b) Prozessleitende Verfügung.** Die Anordnung des Vorverfahrens erfolgt durch eine prozessleitende Verfügung des Vorsitzenden bzw. des Einzelrichters im amtsgerichtlichen Verfahren. Bei originärer Zuständigkeit oder erfolgter Übertragung des Rechtsstreites am Landgericht auf den Einzelrichter (§ 348, 348 a) ordnet dieser an. Eine Anhörung der Parteien vor der Terminsbestimmung findet nicht statt.[21] An Parteianträge hinsichtlich der Anordnung und Terminierung ist das Gericht nicht gebunden; solche Anträge können nur unverbindliche Anregungen sein.

---

[11] *Stein/Jonas/Leipold* Rn. 9.

[12] *Stein/Jonas/Leipold* Rn. 9.

[13] *Baumbach/Lauterbach/Hartmann* Rn. 11.

[14] Vgl. zum Ganzen auch *Stein/Jonas/Leipold* Rn. 8; *Baumbach/Lauterbach/Hartmann* Rn. 10, 11; *Musielak/Foerste* Rn. 5; *Franzki* DRiZ 1977, 161.

[15] Zum Begriff des Durchlauftermines s. BGH NJW 1987, 499 und 500 (dort allerdings mißverständlich); vgl. ferner OLG Hamm NJW-RR 1995, 958.

[16] Erhebliche Bedenken äußern auch *Baumbach/Lauterbach/Hartmann* Rn. 12; *Zöller/Greger* Rn. 1. Die Rechtsprechung ist insoweit uneinig; während der VI. Senat des BGH in NJW 1987, 500 den frühen ersten Termin in der Regel als Durchlauftermin ansieht, ist der VII. Senat der Ansicht, dass der Durchlauftermin eine eng umgrenzte Ausnahme sein sollte; vgl. BGHZ 86, 31 ff. = NJW 1983, 575, 577.

[17] Zu den Einzelheiten s. Rn. 17 und § 296 Rn. 100f.

[18] S. u. § 282 Rn. 2.

[19] Wie hier *Baumbach/Lauterbach/Hartmann* Rn. 7.

[20] *Baumbach/Lauterbach/Hartmann* Rn. 7; *Bischof* NJW 1977, 1899.

[21] *Thomas/Putzo/Reichold* Rn. 2; zu den Anfechtungsmöglichkeiten bei Terminsbestimmung vgl. Rn. 31.

c) Zeitpunkt der Verfahrenswahl. Die Verfahrenswahl muss zwar nicht zwingend bereits mit der Klagezustellung ausgeführt werden, jedoch ist im Interesse einer Verfahrensbeschleunigung die Wahl spätestens dann zu treffen, wenn die Frist zur Klageerwiderung abgelaufen ist.[22] Andererseits ergibt sich aus § 274 Abs. 2, dass über die Verfahrenswahl frühzeitig zu entscheiden ist, da mit der unverzüglich (§ 271 Abs. 1) zuzustellenden Klageschrift auch die Terminsladung erfolgen muss. Daraus folgt, dass ein faktischer Zwang besteht, sofort über die Anberaumung eines frühen ersten Termins zusammen mit der Klagezustellung gemäß den §§ 271, 274 Abs. 2 zu entscheiden. Wird das schriftliche Vorverfahren gewählt, so kann sich der Vorsitzende bis zum Abschluss des Vorverfahrens mit der Terminierung Zeit lassen. Dem steht § 216 Abs. 2 nicht entgegen. 11

d) Änderung der Anordnung. Ob eine **Änderung der einmal getroffenen Verfügung** möglich ist, ist umstritten.[23] 12

aa) Für den Fall, dass ein früher erster Termin anberaumt war und das Gericht **zu einem schriftlichen Vorverfahren übergehen** will, ist zu differenzieren: Ist der frühe erste Termin noch nicht abgehalten worden, so kann das Gericht einen Wechsel vornehmen. Dafür sprechen zum einen Praktikabilitätsgründe, so etwa wenn der Beklagte im Verfahren nach § 275 Widerklage erhoben hat[24] oder die Einlassung des Beklagten eine zeitaufwändige schriftliche Vorbereitung der Verhandlung erforderlich macht.[25] Auch entspricht das Verfahren nach dem frühen ersten Termin weitgehend dem schriftlichen Vorverfahren,[26] so dass keine durchgreifenden Bedenken gegen eine Änderung der Verfügung bestehen können. Jedoch müssen Maßnahmen nach den §§ 273, 276 nachgeholt werden, soweit sie jetzt noch in Betracht kommen. Der Haupttermin nach § 216 Abs. 2 muss unverzüglich anberaumt werden. Die Frist des § 276 Abs. 1 S. 2 ist zu beachten, falls der Beklagte noch nicht schriftsätzlich erwidert hat.[27] Der Lauf dieser Frist beginnt jedoch erst mit Zustellung der Verfügung.[28] 13

Durch eine ersatzlose Absetzung des frühen ersten Termins allein wird aber das schriftliche Vorverfahren nicht eröffnet.[29] Im Laufe eines frühen ersten Termins oder nach seinem Abschluss kann dagegen ein Wechsel ins schriftliche Vorverfahren nicht mehr vollzogen werden.[30] Wenn im Rahmen eines streitigen Verfahrens ein Termin stattgefunden hat, geschieht jede weitere Vorbereitung im Hinblick auf den Haupttermin. Die Norm des § 276 ist auf diesen Sachverhalt unanwendbar. 14

bb) Ein **Übergang vom schriftlichen Vorverfahren in den frühen ersten Termin** erscheint unproblematisch, wenn beide Parteien dies beantragen oder die Frist des § 276 Abs. 1 S. 1 noch nicht abgelaufen ist.[31] Bereits erreichte verfahrensrechtliche Positionen dürfen den Parteien durch den Verfahrenswechsel aber nicht entzogen werden. So kann nach den §§ 331 Abs. 3 S. 1, 276 Abs. 1 S. 1 und Abs. 2 im schriftlichen Vorverfahren bereits ein Recht auf ein Versäumnisurteil entstanden sein.[32] Hat der Beklagte die Verteidigungsbereitschaft nach § 276 Abs. 1 S. 1 erklärt, käme jedenfalls ein Abbruch des schriftlichen Vorverfahrens noch in Betracht. Letztlich reduziert sich diese Frage auf ein terminologisches Problem, weil die sofortige Anberaumung eines Haupttermins immer möglich ist. 15

5. Präklusion im frühen ersten Termin. Sowohl im frühen ersten Termin als auch im schriftlichen Vorverfahren kann die Versäumung der für diese Verfahrensweisen gesetzten Fristen nach den §§ 275 Abs. 1 S. 1, Abs. 3 und 4; 276 Abs. 1 S. 2 und Abs. 3 zur Zurückweisung verspäteten Vorbringens nach § 296 Abs. 1 führen. Grundsätzlich gelten für die Möglichkeit, Vorbringen bereits in diesem Verfahrensstadium als verspätet zurückzuweisen, keine vom Haupttermin abwei- 16

---

[22] *Thomas/Putzo/Reichold* Rn. 2; *Schellhammer* Rn. 347.

[23] Dafür: KG MDR 1985, 416; *Baumbach/Lauterbach/Hartmann* Rn. 9; *Musielak/Foerste* Rn. 7; *Rosenberg/Schwab/Gottwald* § 106 II vor 1; *Stein/Jonas/Leipold* Rn. 13; *Kramer* NJW 1977, 1657, 1659; *Hartmann* NJW 1978, 1457, 1459f.; *Pukall* Rn. 33. Ablehnend: *Zöller/Greger* Rn. 3; *Thomas/Putzo/Reichold* Rn. 2; *Stein/Jonas/Leipold* Rn. 14a (wenn bereits Verhandlungstermin abgehalten wurde); *Bischof* NJW 1977, 1897; *Grunsky* ZZP 92 (1979), 107; *ders.* JZ 1977, 201, 202; *Feiber* NJW 1983, 1103; *Schellhammer* Rn. 347; differenzierend *Saenger* Rn. 7.

[24] *Hartmann* NJW 1978, 1457, 1459f.

[25] Vgl. *Musielak/Foerste* Rn. 7 (Bedürfnis und Zweck geben den Ausschlag).

[26] *Pukall* Rn. 33.

[27] *Baumbach/Lauterbach/Hartmann* Rn. 9.

[28] *Stein/Jonas/Leipold* Rn. 13.

[29] Vgl. *Zöller/Greger* Rn. 4; wie hier *Baumbach/Lauterbach/Hartmann* Rn. 9.

[30] Im Ergebnis ebenso *Stein/Jonas/Leipold* Rn. 13.

[31] *Stein/Jonas/Leipold* Rn. 14.

[32] *Stein/Jonas/Leipold* Rn. 14; *Pukall* Rn. 33; zur Möglichkeit eines Versäumnisurteils nach Bestimmung des Haupttermins im schriftlichen Vorverfahren s. § 331 Rn. 41.

chenden Regeln. Insbesondere gilt für den frühen ersten Termin kein anderer als der sonst vertretene Verzögerungsbegriff.[33] Zu den Einzelheiten vgl. § 296 Rn. 88 bis 102.

17 Anders zu beurteilen ist die Möglichkeit, verspätetes Vorbringen gemäß § 296 Abs. 1 zurückzuweisen, dann, wenn es sich bei dem frühen ersten Termin erkennbar um einen sog. „Durchlauftermin" handelt.[34] Kann eine Streitentscheidung in diesem Termin wegen des Umfanges der Sache, deren rechtlicher Schwierigkeit oder aus anderen Gründen nicht in Betracht kommen, so bedeutet die Anwendung der Präklusionsvorschriften in diesem Verfahrensstadium einen Missbrauch des Verfahrensrechts.[35] In diesem eng umgrenzten Ausnahmefall kommt eine Zurückweisung verspäteten Vorbringens nicht in Betracht. Zum Durchlauftermin vgl. auch § 296 Rn. 100 f.

18 **6. Rechtsschutzmöglichkeiten gegen die Anordnung.** Die Anordnungen des frühen ersten Termins und des schriftlichen Vorverfahrens sind unanfechtbar.[36] Eine Anfechtung kann insbesondere auch nicht auf § 567 Abs. 1 gestützt werden, da sie das Gesetz nicht vorsieht und auch keine **Entscheidung** vorliegt. Eine Eingabe der Parteien, einen bestimmten Verfahrensgang zu wählen, stellt keinen Antrag im Sinne der Vorschrift dar, sondern nur eine für das Gericht unverbindliche Anregung.[37] Allenfalls könnte ein Rechtsmittel gegen das Endurteil darauf gestützt werden, dass ein grober Ermessensfehler vorliegt.

19 **7. Haupttermin ohne Vorbereitung.** Die sofortige Anberaumung eines Verhandlungstermines ohne vorherige Durchführung eines frühen ersten Termins oder eines schriftlichen Vorverfahrens ist nicht zulässig.[38] Der Gesetzgeber hat zwei alternative Wege zwingend vorgeschrieben. Ein „dritter Weg" wie die sofortige Anberaumung eines Haupttermins fügt sich nicht in das System der vom Gesetzgeber verfolgten Vorbereitungsmaßnahmen ein. Nicht zu übersehen ist freilich, dass der frühe erste Termin faktisch wie ein Haupttermin ausgestaltet werden kann.[39] Gemäß § 275 Abs. 1 und 4 kann auch dem frühen ersten Termin eine Phase schriftlicher Erörterung vorgeschaltet und damit zumindest eine äußerliche Gleichstellung mit dem Haupttermin erreicht werden.[40]

20 **8. Rechtstatsächliche Verteilung.** Untersuchungen von *Greger* und *Walchshöfer,*[41] die ihren Darstellungen das Ergebnis zweier im Jahre 1978 und 1986 auf Veranlassung des Bayerischen Staatsministeriums der Justiz durchgeführten Erhebungen zugrunde gelegt haben, zeigen, dass sich kaum übergeordnete Gesichtspunkte für die jeweilige Verfahrenswahl nennen lassen. Entscheidend ist in den meisten Fällen der persönliche Arbeitsstil des jeweiligen Richters.[42] Bei der Aufschlüsselung der Statistik nach der Präferenz für ein bestimmtes Verfahren ließ sich nicht feststellen, dass eine Verfahrensart deutlich überwiegt; vielmehr halten sich das schriftliche Vorverfahren und der frühe erste Termin zahlenmäßig annähernd im Gleichgewicht.[43]

III. Der Haupttermin (Abs. 1)

21 **1. Inhalt.** Die Vorschrift des § 272 Abs. 1 regelt nicht die Frage, **wie** der Haupttermin durchzuführen bzw. zu strukturieren ist – dies bleibt § 279 iVm. §§ 278, 136, 137 vorbehalten –, sondern sie enthält entsprechend ihrem Einleitungscharakter nur die Feststellung, dass der Rechtsstreit grundsätzlich in einem umfassend vorbereitetem Verhandlungstermin zu erledigen ist.[44] Damit sollen die Vorteile des Gebots der Mündlichkeit wieder stärker betont und ausgenutzt werden.[45]

---

[33] BGHZ 86, 31 f.; *Stein/Jonas/Leipold* § 296 Rn. 66 m. weit. Nachw.

[34] Zum Begriff des Durchlauftermines s. Rn. 8 und § 296 Rn. 100 f.

[35] BVerfGE 69, 126 = NJW 1985, 1149; BVerfG NJW 1987, 2733; BGHZ 86, 31, 39; BGH JZ 1987, 416 m. Anm. *Wolf* = NJW 1987, 500; *Deubner* NJW 1985, 1140; *ders.* NJW 1987, 465; 1987, 1583.

[36] BGHZ 86, 31, 35; BGHZ 98, 6, 11; OLG Frankfurt MDR 1983, 411; *Stein/Jonas/Leipold* Rn. 15; *Musielak/Foerste* Rn. 3; *Thomas/Putzo/Reichold* Rn. 2; *Zöller/Greger* Rn. 3; *Baumbach/Lauterbach/Hartmann* Rn. 6; vgl. auch Rn. 5–7.

[37] OLG Frankfurt MDR 1983, 411; *Baumbach/Lauterbach/Hartmann* Rn. 6 m. weit. Nachw.

[38] So auch *Rosenberg/Schwab/Gottwald* § 106 II; *Jauernig* § 23 II, S. 68; *Bischof,* 1980, Rn. 57; aA *Stein/Jonas/Leipold* Rn. 7 (die abweichende Auffassung reduziert sich aber im Ergebnis auf eine terminologische Frage; dazu sogleich im Text).

[39] *Stein/Jonas/Leipold* Rn. 7.

[40] Dies führt zum sog. „späten frühen ersten Termin", worauf *Leipold* in ZZP 97 (1984), 394, 406 hinweist.

[41] *Greger* ZZP 100 (1987), 377 ff.; *Walchshöfer* ZZP 94 (1981), 179 ff.

[42] *Walchshöfer* ZZP 94 (1981), 179, 181.

[43] Vgl. die umfassende Auswertung der Statistik bei *Greger* ZZP 100 (1987), 377, 378. Die Arbeit von *Böhm,* Evaluationsforschung, 1989, stützt sich allein auf die Zählkarte für die einzelnen Zivilprozesse und kann deshalb zur Wahl des Vorverfahrens keine Aussagen machen.

[44] Zur umfassenden Terminsvorbereitung sogleich Rn. 23 ff.

[45] *Stein/Jonas/Leipold* Rn. 16.

2. Abgrenzung. Der Haupttermin iSd. §§ 272 Abs. 1, 279 ist von dem ihn vorbereitenden frühen ersten Termin iSd. §§ 272 Abs. 2, 275 zu unterscheiden. Zwar kann der frühe erste Termin seinem Inhalt und Ablauf nach bereits wie ein Haupttermin ausgestaltet sein,[46] auch können in ihm bereits streiterledigende Entscheidungen ergehen und den Rechtsstreit bereits in diesem frühen Stadium beenden, so dass sachlich kein Unterschied mehr zu dem umfassend vorbereiteten Haupttermin iSd. § 279 besteht. Dennoch ist die Entscheidung über die Abgrenzung der beiden Terminsarten nicht nur terminologischer Natur. Insbesondere im Hinblick auf die Möglichkeit, den Rechtsstreit auf den Einzelrichter zu übertragen (§ 348), muss eine Abgrenzung getroffen werden. Die Unterscheidung kann auch für eine Präklusion (§ 296) von Bedeutung sein (vgl. § 296 Rn. 86ff.). 22

3. Umfassende Vorbereitung. Das Gebot, den Haupttermin umfassend vorzubereiten, ergibt sich schon aus seiner Funktion, den Rechtsstreit nach Möglichkeit in diesem Termin zur Entscheidungsreife zu führen. 23

a) Wahlmöglichkeit zwischen frühem ersten Termin und schriftlichem Vorverfahren. Um eine umfassende Vorbereitung zu gewährleisten, dienen dem Gericht in erster Linie die Wahlmöglichkeit zwischen frühem ersten Termin und schriftlichem Vorverfahren nach den §§ 272, 275, 276, die vorbereitenden Maßnahmen der §§ 129 Abs. 2, 273, 275 Abs. 1 und 4, 276 Abs. 1 und 3 sowie die Anordnung und Ausführung eines Beweisbeschlusses bereits vor dem Termin (§ 358a). Die Parteien sind auf Grund ihrer allgemeinen Prozessförderungspflicht gehalten, auf eine beschleunigte und umfassende Vorbereitung und Abwicklung des Verfahrens hinzuwirken, was in den Vorschriften der §§ 129 Abs. 1, 277 Abs. 1, 282 Abs. 1 bis 3 Ausdruck findet und letztlich durch die Sanktionsmöglichkeit des § 296 unterstützt wird. 24

b) Terminsvorbereitung. Nach dem Gesetzeswortlaut stellt der umfassend vorbereitete Haupttermin lediglich den Regelfall dar. Ausgeschlossen ist daher nicht, dass der Termin auch weniger gründlich vorbereitet wird, wobei sich diese Möglichkeit nur dann anbieten wird, wenn hierfür ein sachlich gebotener Grund vorliegt. Von dem Gebot der umfassenden Vorbereitung wird dann abzuweichen sein, wenn das Gericht zB den Erlass eines Versäumnisurteils für wahrscheinlich hält, wenn die Möglichkeit des Erlasses eines Grundurteils besteht, in Eilsachen, bei möglicher Prozesstrennung oder bei Anordnung der abgesonderten Verhandlung über die Zulässigkeit (§ 280).[47] Inwieweit die Durchführung eines sog. „Durchlauftermines" mit dem Gebot der umfassenden Vorbereitung vereinbar ist vgl. Rn. 8. 25

4. Mehrere Haupttermine. Schon aus dem Wortlaut der §§ 272 Abs. 1, 279 Abs. 2 ergibt sich, dass der Rechtsstreit nicht zwingend in einem einzigen Haupttermin zu erledigen ist, sondern hiervon durchaus sachlich begründete Ausnahmen (also mehrere Haupttermine) zulässig sein müssen. Mag auch die von § 272 Abs. 1 aufgestellte Forderung, die Beendigung des Rechtszuges in einem Termin zu erreichen, der Beschleunigungstendenz des Gesetzgebers am ehesten gerecht werden, so sind dennoch Möglichkeiten denkbar, die das Gericht bewegen können, den Rechtsstreit in mehreren Terminen zu verhandeln. Fallgestaltungen, die eine Mehrfachterminierung sinnvoll erscheinen lassen, können beispielsweise dann vorliegen, wenn sich die Möglichkeit einer teilweisen Streiterledigung durch Teil- oder Vorbehaltsurteil nach den §§ 280, 302, 304 abzeichnet, umfangreiche und komplizierte Sachverhalte aufzuklären und sukzessive abzuhandeln sind, sowie bei Vorliegen unterschiedlicher Klageanträge. Auch bei sich abzeichnender Vergleichsbereitschaft kann es sinnvoll sein, den Parteien Zeit für Vergleichsverhandlungen bis zu einem neuen Termin einzuräumen. Eine Strukturierung des Verfahrens durch Anberaumung mehrerer Verhandlungstermine kann unter gewissen Umständen dem Beschleunigungsgrundsatz sogar eher Rechnung tragen als die Verhandlung in einem einzigen (weit hinausgeschobenen) Termin mit umfangreichen Sachanträgen, umfangreichem Tatsachenstoff und langer Beweisaufnahme. Eine erneute Terminierung kann sogar geboten sein, wenn es einer Partei bislang nicht möglich war, schwierig zu beschaffende Beweismittel in den Prozess einzuführen.[48] Der bei dieser Verfahrensweise bestehenden Gefahr der Prozessverschleppung kann durch strenge Schriftsatzfristen oder andere Auflagen begegnet werden. 26

IV. Frühzeitige mündliche Verhandlung (Abs. 3)

1. Bedeutung. Der Appell des Abs. 3, möglichst frühzeitig eine Güteverhandlung und einen streitigen Verhandlungstermin anzuberaumen, ist wiederum Ausfluss des Beschleunigungsgrundsat- 27

---

[46] Vgl. Rn. 19.
[47] Wie hier *Musielak/Foerste* Rn. 2.
[48] BGH NJW 1976, 1742, 1743.

zes. Das Postulat gilt für jeden mündlichen Verhandlungstermin, also den frühen ersten Termin, die mündliche Verhandlung nach Durchführung des schriftlichen Vorverfahrens (§§ 276, 279) sowie die mündliche Verhandlung nach Widerspruch gegen einen Mahnbescheid (§§ 697 Abs. 3, 275) oder Einspruch gegen einen Vollstreckungsbescheid bzw. ein Versäumnisurteil (§§ 700 Abs. 1, 338, 341 a). Die Verpflichtung des Gerichts nach Abs. 3, die mündliche Verhandlung so früh wie möglich stattfinden zu lassen, besteht unabhängig davon, ob die Parteien richterliche Auflagen befolgen.[49] Der gesetzliche Appell zur möglichst frühzeitigen Terminsanberaumung darf die sorgfältige Terminsvorbereitung nicht ausschließen.[50]

28 **2. Abgrenzung zu § 216 Abs. 2.** Abs. 3 betrifft seinem Wortlaut nach nur den Zeitpunkt des Terminstages, dh. den Tag der mündlichen Verhandlung, während sich die Vorschrift des § 216 Abs. 2 auf den Zeitpunkt der richterlichen Terminsverfügung bezieht.[51] Gleichwohl sind die Vorschriften im Zusammenhang zu sehen. Beide verfolgen in unterschiedlicher Weise den das gesamte Verfahren prägenden Beschleunigungsgrundsatz. Wieviel Zeit jedoch zwischen Terminsverfügung und Terminstag vergeht, hängt in erster Linie von dem Geschäftsanfall bei dem jeweiligen Spruchkörper ab. In den Fällen, in denen eine sofortige Terminierung möglich ist, hat das Gericht aber besonders auf die Einlassungs- und Ladungsfristen nach den §§ 274 Abs. 3, 217 zu achten.

V. Rechtsschutzmöglichkeiten

29 **1. Unterbliebene Terminsbestimmung.** In jedem Fall unanfechtbar sind die Terminsaufhebung und die Terminsverlegung (vgl. § 227 Abs. 4 S. 3). Eine Terminsbestimmung nach § 272 Abs. 3 bzw. das Unterlassen einer solchen fallen aber nicht unter den Regelungsbereich des § 227 Abs. 4 S. 3. Sie sind grundsätzlich anfechtbar.[52] Umstritten ist, auf welche Vorschrift sich eine Anfechtung stützen kann. Da die **unterbliebene** Terminsanordnung praktisch einer Verfahrensaussetzung gleichkomme, soll § 252 analog Anwendung finden.[53] Vertreten wird ferner, gegen die **Ablehnung** der Terminsbestimmung Beschwerde gemäß § 567 Abs. 2 zuzulassen, da das Unterlassen der Terminsbestimmung der Zurückweisung des Antrages auf Terminsbestimmung gleichkomme.[54] In der Praxis werden die Fälle, dass eine Terminsbestimmung schlechthin versagt wird, wohl zu den seltenen Ausnahmen gehören. Ihnen gleichzustellen ist aber der Fall, dass die Sachen zunächst nur auf eine Warteliste gesetzt werden.[55] Darin liegt ein offenkundiger Gesetzesverstoß gegen die insoweit eindeutigen §§ 272, 216 Abs. 2. Anders ist es zu beurteilen, wenn das Gericht einen Termin erst zu einem für eine Partei untragbar späten Zeitpunkt anberaumt.[56] Dann handelt es sich nicht um eine **Verweigerung** der Terminsbestimmung, sondern lediglich um eine **verzögerte** Bestimmung des Termins.[57]

30 **2. Modalitäten der Terminsbestimmung.** Die Terminsanberaumung und ihr konkreter Inhalt sind grundsätzlich unanfechtbar; eine Anfechtung ist gesetzlich nicht vorgesehen. Auch fehlt es an einer Beschwer für die Partei.[58] Ein etwaiger schriftlich geäußerter Terminswunsch ist lediglich eine unverbindliche Anregung an das Gericht. Eine solche Anregung stellt auch kein Gesuch iSd. § 567 Abs. 1 dar, das mit der Beschwerde anfechtbar wäre.[59]

31 **3. Die verzögerte Terminsbestimmung.** Wird ein Verhandlungstermin bestimmt, so kann ausnahmsweise dagegen vorgegangen werden, wenn der Termin so weit hinausgeschoben ist, dass dies einer Verfahrensaussetzung oder einer Rechtsschutzverweigerung gleichkommt.[60] Streitig ist, worauf sich der Rechtsbehelf gegen die verzögerte Terminsanberaumung stützen lässt. Unter dem Gesichtspunkt der „greifbaren Gesetzeswidrigkeit" soll die Beschwerde nach § 567 gegeben sein.[61] Naheliegender ist die analoge Anwendung des § 252, weil das Verfahren faktisch stillsteht und dies

---

[49] OLG Hamm NJW-RR 1999, 575.
[50] OLG Düsseldorf MDR 2005, 1189; vgl. ferner OLG Köln MDR 2005, 1188.
[51] Vgl. nur *Stein/Jonas/Leipold* Rn. 19; *Baumbach/Lauterbach/Hartmann* Rn. 15.
[52] OLG Schleswig NJW 1981, 691, 692; 1982, 246.
[53] OLG Schleswig NJW 1981, 691, 692.
[54] OLG Schleswig NJW 1982, 246.
[55] OLG Schleswig NJW 1981, 691; 1982, 246.
[56] Besonders bedeutsam kann dies im Eilverfahren sein; vgl. auch OLG Celle OLGZ 1975, 357.
[57] Zu den hiergegen gegebenen Anfechtungsmöglichkeiten sogleich Rn. 31.
[58] OLG Köln NJW 1981, 2263; *Walchshöfer* NJW 1974, 2291.
[59] *Stein/Jonas/Leipold* Rn. 20.
[60] Nach *Thomas/Putzo/Reichold* § 216 Rn. 11 sollen sechs Monate in normalen Prozesssachen noch hinnehmbar sein.
[61] OLG Karlsruhe NJW 1984, 985; OLG Köln NJW 1981, 2263; OLG Celle OLGZ 1975, 357; NJW 1975, 1280.

einer Verfahrensaussetzung gleichkommen kann.[62] Unterschiedliche Konsequenzen ergeben sich jedoch aus den verschiedenen Meinungen nicht; in jedem Fall ist die einfache Beschwerde nach § 252 analog oder § 567 gegeben.[63] Zu den Auswirkungen einer verzögerten Terminsanberaumung auf die Zurückweisung verspäteten Vorbringens s. § 296 Rn. 118 ff.

§ 273 Vorbereitung des Termins

(1) Das Gericht hat erforderliche vorbereitende Maßnahmen rechtzeitig zu veranlassen.

(2) Zur Vorbereitung jedes Termins kann der Vorsitzende oder ein von ihm bestimmtes Mitglied des Prozessgerichts insbesondere

1. den Parteien die Ergänzung oder Erläuterung ihrer vorbereitenden Schriftsätze aufgeben, insbesondere eine Frist zur Erklärung über bestimmte klärungsbedürftige Punkte setzen;
2. Behörden oder Träger eines öffentlichen Amtes um Mitteilung von Urkunden oder um Erteilung amtlicher Auskünfte ersuchen;
3. das persönliche Erscheinen der Parteien anordnen;
4. Zeugen, auf die sich eine Partei bezogen hat, und Sachverständige zur mündlichen Verhandlung laden sowie eine Anordnung nach § 378 treffen;
5. Anordnungen nach den §§ 142, 144 treffen.

(3) [1]Anordnungen nach Absatz 2 Nr. 4 und, soweit die Anordnungen nicht gegenüber einer Partei zu treffen sind, 5 sollen nur ergehen, wenn der Beklagte dem Klageanspruch bereits widersprochen hat. [2]Für die Anordnungen nach Abs. 2 Nr. 4 gilt § 379 entsprechend.

(4) [1]Die Parteien sind von jeder Anordnung zu benachrichtigen. [2]Wird das persönliche Erscheinen der Parteien angeordnet, so gelten die Vorschriften des § 141 Abs. 2, 3.

Schrifttum: *Baur,* Die Vorbereitung der mündlichen Verhandlung im Zivilprozeß, ZZP 66 (1953), 209; *ders.,* Wege zu einer Konzentration der mündlichen Verhandlung im Zivilprozeß, 1966; *ders.,* Entwicklungslinien des Zivilprozesses in den Jahren 1947 bis 1987, NJW 1987, 2636; *ders.,* Richterliche Verstöße gegen die Prozeßförderungspflicht, FS Schwab, 1990, S. 53; *Bender/Belz/Wax,* Das Verfahren nach der Vereinfachungsnovelle vor dem Familiengericht, 1977; *Born,* Auflage und Parteiprozeß, NJW 1995, 571; *Deubner,* Gedanken zur richterlichen Verfahrensbeschleunigungspflicht, FS Lüke, 1997, S. 51; *Kahlert,* Anordnung des persönlichen Erscheinens im Zivil- und Arbeitsgerichtsprozess, NJW 2003, 3390; *Kalthoener,* § 272 b – Bedeutung, Anwendung, praktische Ergebnisse, DRiZ 1975, 203; *Mertens,* Förmlicher Beweisbeschluß – Abänderbarkeit ohne erneute mündliche Verhandlung, MDR 2001, 666; *Rudolph,* Beschleunigung des Zivilprozesses, FS aus Anlaß des 10-jährigen Bestehens der Deutschen Richterakademie, 1983, S. 151; *Schreiber,* Die Urkunde im Zivilprozeß, 1982; *Walchshöfer,* Vorbeugende Maßnahmen bei neuem Vorbringen in der Berufungsinstanz, NJW 1976, 697; *ders.,* Die Auswirkungen der Vereinfachungsnovelle in der gerichtlichen Praxis, ZZP 94 (1981), 179.

Übersicht

[62] OLG Frankfurt NJW 1974, 1715; OLG Stuttgart ZZP 78 (1965), 237; *Stein/Jonas/Leipold* Rn. 20; *Walchshöfer* NJW 1974, 2291, 2292.
[63] Unberührt davon bleibt der außerordentliche Rechtsbehelf der Dienstaufsichtsbeschwerde nach § 26 Abs. 2 DRiG.

I. Entstehungsgeschichte und Normzweck

1 **1. Entstehungsgeschichte.** § 273 stellt ein zentrales Instrument in der Hand des Richters zur umfassenden Vorbereitung der mündlichen Verhandlung dar. Die heutige Regelung des Gesetzes war in der CPO von 1877 ursprünglich nur für das amtsgerichtliche Verfahren in § 501 vorgesehen und wurde durch die Novelle von 1924 inhaltsgleich als § 272b in das landgerichtliche Verfahren übernommen. Durch die Vereinfachungsnovelle von 1976 fand die Norm in dem weitgehend inhaltsgleichen § 273 ihre im wesentlichen abschließende Regelung. Seit der Novelle von 1924 ist die gerichtliche Terminsvorbereitung nicht nur Befugnis, sondern eine Pflicht des Gerichts. Durch das ZPO-RG vom 27. 7. 2001 (BGBl. I S. 1887) wurde § 273 modifiziert, ohne dass echte inhaltliche Änderungen zu verzeichnen wären.

2 **2. Normzweck.** Nicht nur die Parteien, sondern auch das Gericht soll aktiv an der Beschleunigung des Rechtsstreites mitwirken, um den Prozess entsprechend der Beschleunigungsintention des Gesetzgebers in einem Termin zu erledigen.[1] Insbesondere gibt § 273 dem Richter ein Instrument zur frühzeitigen Beschaffung des entscheidungserheblichen Tatsachenstoffes in die Hand. Zusammen mit den Befugnissen und Pflichten nach den §§ 136 Abs. 3, 139 bilden die einzelnen Anordnungsmöglichkeiten des § 273 Abs. 2 ein effizientes Instrumentarium, um den Rechtsstreit angemessen zu fördern.[2] Insgesamt ist § 273 der **Dreh- und Angelpunkt einer konzentrierten Verfahrensleitung.** Er kann und muss dazu führen, dass Richter und Parteien zeitig ins Gespräch kommen. Ein solcher Dialog ist die Grundlage für gerichtliche Einigung wie für Streitentscheidung.

3 Nicht verkannt werden darf, dass die Vorbereitung des Termins gemäß § 273 systematischen Beschränkungen unterliegt.[3] Weder darf die Vorbereitung zu einer Amtsermittlung des Streitstoffes führen noch können die einzelnen Maßnahmen gemäß § 273 die **Verhandlungsmaxime** außer Kraft setzen.[4] Dies ergibt sich vor allem aus dem systematischen Zusammenhang von § 139 zu § 273. In beiden Normen geht es nicht um eine generelle Sachverhaltsermittlung von Amts wegen, sondern es geht um die Aufklärung eines (bereits vorhandenen) Parteivortrags. Daher setzen insbesondere die Maßnahmen nach § 273 Abs. 2 Nr. 1 voraus, dass streitige Behauptungen der Parteien vorliegen.[5] Das BVerfG hat dies für den Fall ausdrücklich bestätigt, dass ein Gericht im Zivilprozess den Inhalt einer nach § 273 Abs. 2 Nr. 2 beigezogenen Verfahrensakte eines anderen Prozesses verwertet, ohne dass der nachteilig Betroffenen von der Beiziehung Kenntnis gegeben wurde und ohne dass ein entsprechender Beweisantritt vorlag. Das BVerfG hat in dieser Entscheidung bestätigt, dass es im normalen Zivilprozess eine Ermittlung von Amts wegen nicht gibt, sondern dass der Zivilprozess von der Verhandlungsmaxime beherrscht wird, in der die grundlegende Bedeutung der Parteifreiheit und Parteiverantwortung zum Ausdruck kommt.[6]

---

[1] *Stein/Jonas/Leipold* Rn. 2; *Thomas/Putzo/Reichold* Rn. 1; vgl. auch *Baur* ZZP 66 (1953), 209, 211 zu § 272b aF; nach *Zöller/Greger* Rn. 1 und *Musielak/Foerste* Rn. 1 soll § 273 eine der wichtigsten Vorschriften der Vereinfachungsnovelle von 1976 sein.

[2] Vgl. *Hermisson* NJW 1985, 2558, 2560; *Walchshöfer* NJW 1976, 697, 699; *Kalthoener* DRiZ 1975, 203ff. mit rechtstatsächlicher Darstellung; *Stein/Jonas/Leipold* Rn. 4.

[3] Wie hier *Musielak/Foerste* Rn. 3.

[4] Bereits im Ansatz unrichtig daher *Hahn,* Kooperationsmaxime im Zivilprozeß, 1983, S. 221ff.; *ders.* JA 1991, 319, 320, 323, 326.

[5] Wie hier *Stein/Jonas/Leipold* Rn. 20; *Musielak/Foerste* Rn. 3.

[6] BVerfG NJW 1994, 1210.

II. Vorbereitungspflichten

1. Pflichten der Parteien. Obwohl von § 273 unmittelbar nicht berührt, trifft nach anerkannter Auffassung auch die Partei eine **allgemeine Prozessförderungspflicht.**[7] Hier sind aus dem Gesetz vor allem die Verpflichtungen des **Klägers** nach den §§ 275 Abs. 4, 276 Abs. 3, 282 zu nennen sowie die des **Beklagten** nach den §§ 275 Abs. 1 S. 1 und 2, Abs. 3; 276 Abs. 1 und 2, 277 Abs. 1, 282, 697 Abs. 3, 700 Abs. 3 S. 2, 340 Abs. 3. 4

2. Pflichten des Gerichts. a) Prozessförderungspflicht. Der Prozessförderungspflicht der Parteien stellt nun § 273 eine eigene Verpflichtung des Gerichts gegenüber. Die Vorschrift des § 273 begründet also nicht nur Befugnisse. Das Gericht hat vielmehr im Interesse einer effektiven Verfahrensvorbereitung auch die Pflicht, die ihm durch die Vorschrift eingeräumten Befugnisse zu nutzen.[8] Dies muss in möglichst umfassender Weise geschehen und schließt daher die Beschränkung der Vorbereitungsmaßnahmen auf einzelne Beweismittel aus.[9] Die umfassende Vorbereitungspflicht trägt die Gefahr in sich, dass Zeugen oder andere vorbereitend beschaffte Beweismittel im Einzelfall unnötig herangezogen werden. Im Interesse einer optimalen Verfahrensvorbereitung ist dies in Kauf zu nehmen.[10] 5

b) Vorbereitungspflicht in jeder Verfahrenslage. Die Vorbereitungspflicht gilt entsprechend dem Wortlaut in jeder Verfahrenslage, also vor der Entscheidung nach § 272 Abs. 2, nach Akteneingang gemäß § 696 Abs. 1 S. 1 vor dem Termin zur mündlichen Verhandlung und auch nach einem Verhandlungstermin, dem ein neuer Termin folgt.[11] 6

c) Prozessförderungspflicht bei Präklusion. Die Pflicht des Gerichts gilt auch dann, wenn eine Partei ihre Prozessförderungspflicht verletzt hat und ihr Vorbringen damit ggf. verspätet ist. Auch hier bleibt das Gericht verpflichtet, weiterhin vorbereitende Anordnungen zu treffen.[12] Verspätetes Vorbringen von Angriffs- oder Verteidigungsmitteln der Parteien kann vorliegen in den Fällen der Fristversäumung der in den §§ 274, 275, 276 gesetzten Fristen, auch nach Termin auf den Einspruch gegen ein Versäumnisurteil gemäß den §§ 341 a, 342 hin, sowie bei neuem Vorbringen in der Berufungsinstanz (zu Einzelheiten § 296 Rn. 58ff.). Die Vorbereitungspflicht beinhaltet eine sachgerechte Terminierung, in der auch noch Platz ist, evtl. verspätetes Parteivorbringen zu berücksichtigen.[13] Bei Vorliegen verspäteten Vorbringens besteht anerkanntermaßen die Pflicht des Gerichts, in gewissen Grenzen die Verspätung durch vorbereitende Maßnahmen auszugleichen, deren Verletzung einen revisiblen Rechtsfehler begründet.[14] Wenn das verspätete Angriffs- oder Verteidigungsmittel dem Gericht so rechtzeitig vorgetragen wird, dass es bei der Vorbereitung der mündlichen Verhandlung noch berücksichtigt werden kann, so ist zu prüfen, ob nicht zur Vermeidung von Verzögerungen der Erledigung vorbereitende Maßnahmen noch möglich und geboten sind.[15] Wendet das Gericht die Präklusionsvorschriften an, ohne zuvor seiner Vorbereitungspflicht in ausreichendem Maße nachgekommen zu sein, so kann die Zurückweisung verspäteten Vorbringens rechtsmissbräuchlich sein.[16] Die Vorbereitungspflicht darf jedoch nicht so weit führen, dass von der Befugnis nach § 296 nur noch eingeschränkter Gebrauch gemacht werden könnte. 7

d) Verpflichtung zur Vornahme zumutbarer Maßnahmen. Das Gericht ist zur Erfüllung seiner Vorbereitungspflicht lediglich zur Vornahme zumutbarer Maßnahmen verpflichtet.[17] Die Pflicht ist nicht schon durch eine bloße Terminsanberaumung nach Akteneingang erfüllt. Vielmehr muss das Gericht außer der Sachbearbeitung selbst auch an dem Verfahren in den Grenzen der 8

---

[7] Vgl. zur allgemeinen Prozeßförderungspflicht der Parteien insbes. *Leipold* ZZP 93 (1980), 236, 238ff.; zu den Sanktionen bei Verstoß vgl. die Kommentierung zu Rn. 9, 10 und § 296 Rn. 58ff.

[8] *Musielak/Foerste* Rn. 1; *Stein/Jonas/Leipold* Rn. 5.

[9] *Stein/Jonas/Leipold* Rn. 9.

[10] BGH NJW 1975, 1744, 1745; *Stein/Jonas/Leipold* Rn. 9; *Thomas/Putzo/Reichold* Rn. 3; *Zöller/Greger* Rn. 3.

[11] *Baumbach/Lauterbach/Hartmann* Rn. 4.

[12] BVerfG NJW 1992, 680; BGHZ 75, 138, 143 = NJW 1979, 1988; BGHZ 76, 133, 136 = NJW 1980, 1105; *Stein/Jonas/Leipold* Rn. 5; zum Umfang der Mitverantwortung des Gerichts bei verspätetem Parteivortrag s. auch *Deubner* NJW 1986, 857, 858.

[13] BGH NJW 1974, 1512; *Deubner* NJW 1979, 337, 341.

[14] BGH NJW 1971, 1564.

[15] BGHZ 75, 138, 143 = NJW 1979, 1988; BGHZ 76, 133, 136 = NJW 1980, 1105; BGH NJW 1980, 1102, 1103; 1984, 1964, 1965; 1987, 499; *Stein/Jonas/Leipold* Rn. 6.

[16] BGH NJW 1987, 499.

[17] BGHZ 75, 138, 143; 76, 133, 136; 86, 198, 203.

Zumutbarkeit aktiv mitwirken.[18] Soweit vorbereitende Maßnahmen getroffen werden, darf dies nicht zu einem Unterlaufen der §§ 272 Abs. 3, 216 Abs. 2 (zügige Terminierung) führen.[19] Als zumutbar ist es etwa anzusehen, wenn das Gericht Vorbereitungsmaßnahmen hinsichtlich einfacher und klar abgrenzbarer Streitpunkte trifft, oder wenn die Ladung weniger Zeugen ohne unzumutbaren zeitlichen Aufwand möglich wäre.[20] Auch wird man die Vorbereitungspflicht nur bei Vorliegen eng umgrenzter Beweisthemen annehmen können, da es mit dem Sinn der §§ 216 Abs. 2, 272 Abs. 3, 341 a nicht vereinbar wäre, wenn die mündliche Verhandlung so weit hinausgeschoben werden würde, dass alle in Betracht kommenden Beweise erhoben werden können und die säumige Partei vor der Folge des § 296 bewahrt werden würde.[21] Ferner muss ein Verhandlungstermin nicht so weit hinausgeschoben werden, dass verspätetes Vorbringen in vollem Umfange zu berücksichtigen ist.[22] Ebenso wenig muss das Gericht eine in Aussicht gestellte Widerklage abwarten.[23] Besteht von vornherein keine Möglichkeit mehr, das Verfahren durch prozessleitende Anordnungen zu beschleunigen oder steht fest, dass solche Maßnahmen nicht zu einer Entscheidungsreife führen würden, ist für Maßnahmen nach § 273 Abs. 2 kein Raum.[24] Auch zu Eilanordnungen sofort nach Eingang der Klageschrift ist das Gericht nach richtiger Auffassung nicht verpflichtet.[25]

9 **e) Einschränkungen.** Die Einschränkung der gerichtlichen Vorbereitungspflicht dient nicht nur der Verfahrensbeschleunigung. Der Vorsitzende oder das von ihm beauftragte Mitglied des Prozessgerichts muss es möglichst vermeiden, der Entscheidung des Kollegiums vorzugreifen. Es ist grundsätzlich Aufgabe des voll besetzten Gerichts, nach **mündlicher Verhandlung** darüber zu beraten, welche Behauptungen für die Entscheidung erheblich und beweisbedürftig sind. Durch vorbereitende Maßnahmen des § 273 darf also einer Beweiserhebung nicht vorgegriffen werden.[26] Hierfür ist immer ein Gerichtsbeschluss notwendig (§§ 358, 358 a).[27]

10 **f) Verhältnis zu § 296.** Hat das Gericht seiner Vorbereitungspflicht gemäß § 273 nicht genügt, so ist nach einhelliger Meinung die auf § 296 gestützte Zurückweisung verspäteten Vorbringens nicht zulässig.[28] Die Begründungen für dieses einhellige Ergebnis unterscheiden sich jedoch. Während teilweise angenommen wird, eine Zurückweisung sei deshalb unzulässig, weil die Verzögerung des Rechtsstreits nicht der Partei alleine anzulasten ist und somit der Grundsatz der fairen Verfahrensführung und des prozessualen Benachteiligungsverbotes verletzt würde,[29] verneint eine andere Ansicht das Vorliegen einer Verzögerung.[30] Im Einzelnen vgl. § 296 Rn. 118 ff.

11 **3. Pflichten in der Berufungsinstanz.** Auch in der Berufungsinstanz ist die Zurückweisung verspäteten Vorbringens nur zulässig, wenn das Gericht seiner Vorbereitungspflicht genügt hat. Dies gilt für die Verspätung gemäß § 530 wie für die nach § 531. Um einer Verlagerung des Tatsachenstoffes in die Berufungsinstanz vorzubeugen, wird man eine Einschränkung der Vorbereitungspflicht aber dann annehmen können, wenn es um die Zurückweisung von Vorbringen geht, welches bereits in der ersten Instanz hätte vorgebracht werden müssen.[31] Zu den Einzelheiten s. §§ 530, 531.

---

[18] So auch *Stein/Jonas/Leipold* Rn. 2.

[19] *Stein/Jonas/Leipold* Rn. 6; *Baumbach/Lauterbach/Hartmann* Rn. 5.

[20] BGH NJW 1984, 1964, 1965.

[21] BGHZ 91, 293, 304 = NJW 1984, 1964; BGH NJW 1981, 286; 1980, 1102, 1104; 1974, 1510, 1512; 1975, 1928; 1971, 1564; ebenso ist es nicht Sinn des § 273, Beweisaufnahmen vorwegzunehmen; vgl. *Schneider* JurBüro 1974, 1497.

[22] LG Hannover MDR 1985, 240, 241; weitergehend OLG Hamm NJW 1980, 293, 294, das verlangt, ein Termin nach Einspruch gegen ein Versäumnisurteil noch so weit hinauszuschieben, dass eine aufgrund der Einspruchsschrift notwendige Maßnahme vor dem Termin noch möglich ist; kritisch hierzu *Deubner* NJW 1980, 294, 295.

[23] OLG Köln, MDR 2005, 1188.

[24] OLG Köln MDR 1975, 147, 148.

[25] *Stein/Jonas/Leipold* Rn. 6; *Baumbach/Lauterbach/Hartmann* Rn. 5; *Thomas/Putzo/Reichold* Rn. 1.

[26] *Born* NJW 1995, 571.

[27] BGH NJW 1971, 1564; 1975, 1744, 1745.

[28] BGHZ 75, 138, 143 = NJW 1979, 1988; BGHZ 76, 173, 177 = NJW 1980, 1105; BGH NJW 1987, 499; 1984, 1964, 1965; 1980, 945, 946; 1980, 1102, 1103; 1975, 1744, 1745; 1974, 1512, 1513; KG NJW 1979, 1369; *Hartmann* NJW 1978, 1451, 1460; *Schneider* MDR 1977, 793, 796; *Deubner* NJW 1977, 921, 924; *Knöringer* NJW 1977, 2336, 2338; *Walchshöfer* NJW 1976, 697, 699.

[29] BVerfGE 69, 126 ff. = NJW 1985, 1149, 1150; BVerfG NJW 1987, 2003, 2004; BGH NJW 1987, 500, 501; *Zöller/Greger* Rn. 3; *Stein/Jonas/Leipold* Rn. 5; *Rosenberg/Schwab/Gottwald* § 69 II 1.

[30] *Baumbach/Lauterbach/Hartmann* Rn. 16.

[31] *Stein/Jonas/Leipold* Rn. 10; aA *Fuhrmann,* Die Zurückweisung, S. 162.

III. Das Verfahren (Abs. 2)

1. Bedeutung des Abs. 2. Die Vorschrift des § 273 Abs. 2 konkretisiert die allgemeine gerichtliche Vorbereitungspflicht, indem sie bestimmte Vorbereitungsmaßnahmen bereitstellt. Die in den Nr. 1 bis 5 genannten Alternativen sind zwar nicht abschließend („insbesondere"), jedoch sehr weitgehend. Die Prüfung, ob eine Anordnung in Betracht kommt, ist echte Rechtspflicht des Gerichts, während die davon zu unterscheidende Prüfung, welche Maßnahme angeordnet wird, im Ermessen des Gerichts steht.[32] Vorbereitende Maßnahmen, deren Entbehrlichkeit sich im Verfahren herausstellt, sind im Interesse optimaler Prozessvorbereitung in Kauf zu nehmen.[33] 12

2. Geltungsbereich. Die Vorschrift gilt grundsätzlich in allen Verfahrensarten und in jeder Lage des Verfahrens, also insbesondere für die normale mündliche Verhandlung, für das schriftliche Verfahren nach § 128 Abs. 2 und 3, für einen Termin nach Widerspruch gegen einen Mahnbescheid gemäß §§ 694 Abs. 1, 696, 697 sowie für ein Verfahren nach Einspruch gegen ein Versäumnisurteil gemäß §§ 700 Abs. 3, 697 ff. Im Verfahren über die Bewilligung der Prozesskostenhilfe geht die Regelung des § 118 dem § 273 vor.[34] Im Verfahren des vorläufigen Rechtsschutzes (Arrest und einstweilige Verfügung) gemäß §§ 916 ff. besteht keine Pflicht, vorbereitende Maßnahmen nach § 273 zu treffen, da in diesem Fall das Gericht zur Beschaffung des Tatsachenstoffes auf präsente Beweismittel nach den §§ 920 Abs. 2, 294 Abs. 2 angewiesen ist.[35] 13

3. Anordnungsbefugnis. Anordnungsbefugt iSd. § 273 Abs. 1 und Abs. 2 ist grundsätzlich das Prozessgericht, wobei dies nicht notwendig auch der gesamte Spruchkörper sein muss.[36] Die Vorschrift sieht vor, dass sowohl das Gericht als auch der Vorsitzende oder ein anderes von ihm bestimmtes Mitglied des Prozessgerichts zur Anordnung berechtigt ist.[37] Ist ein Mitglied des Kollegialgerichtes bestimmt, so handelt dieses in eigener Verantwortung.[38] Befugt zur Vornahme von Anordnungsmaßnahmen sind auch der Einzelrichter in erster und zweiter Instanz gemäß §§ 348, 348 a, 526 sowie die ehrenamtlichen Richter bei der Kammer für Handelssachen, da auch sie nach § 112 GVG volle richterliche Befugnisse besitzen. 14

4. Zeitpunkt der Anordnung. Die Anordnungen können sowohl innerhalb als auch außerhalb der mündlichen Verhandlung ergehen. Zu beachten ist, dass im Verhandlungstermin selbst keine Anordnungsbefugnis des Vorsitzenden alleine besteht, sondern nunmehr das Gericht zuständig ist.[39] Auch in dem Zeitraum zwischen frühem ersten Termin und Haupttermin findet § 273 Anwendung. Jeder weitere notwendig werdende Termin kann wiederum gemäß § 273 vorbereitet werden.[40] Da der nähere Sach- und Streitstand erst bei Vorliegen der Klageerwiderung zu übersehen ist, wird richtigerweise zu empfehlen sein, die Regelung des § 273 Abs. 3 S. 1 als generellen Grundsatz aufzufassen.[41] 15

5. Form und Inhalt der Anordnung. Die Anordnungen nach § 273 Abs. 2 ergehen grundsätzlich ohne mündliche Verhandlung.[42] Sie können mit Fristsetzungen gemäß §§ 275 Abs. 1 und 4, 276 Abs. 1 S. 1 und Abs. 3 verbunden werden.[43] Notwendig ist, dass das Gericht sich bei der Anordnung unmissverständlich ausdrückt, insbesondere dann, wenn es sich um die Anordnung einer Frist handelt.[44] Die Entscheidung über die getroffene Maßnahme ist nicht zu verkünden; eine formlose Mitteilung ist grundsätzlich nach § 273 Abs. 4 ausreichend. Enthält die Anordnung jedoch eine Fristsetzung, etwa im Falle des § 273 Abs. 2 Nr. 1, so ist nach § 329 Abs. 2 S. 2 die Zustellung der Verfügung notwendig. Bei Anordnung des persönlichen Erscheinens der Parteien gemäß § 273 Abs. 2 Nr. 3, Abs. 4 S. 2 ist neben der Ladung auch die Mitteilung an die Partei nach § 141 Abs. 2 16

---

[32] *Baumbach/Lauterbach/Hartmann* Rn. 10.

[33] BGH NJW 1975, 1744, 1745; *Zöller/Greger* Rn. 3; *Stein/Jonas/Leipold* Rn. 9.

[34] Insoweit ist § 118 lex specialis.

[35] OLG München WRP 1978, 400; *Thomas/Putzo/Reichold* Rn. 5; anders *Teplitzky* DRiZ 1982, 41, 42 für den Fall einer armen Partei; *Musielak/Foerste* Rn. 2.

[36] *Stein/Jonas/Leipold* Rn. 11.

[37] Im letzteren Fall wird der Vorsitzende sinnvollerweise die Anordnungsbefugnis dem Berichterstatter übertragen. Nach *Zöller/Greger* Rn. 5 und *Baumbach/Lauterbach/Hartmann* Rn. 8 soll die Anordnung durch Mitglieder des Kollegialgerichtes die Ausnahme sein.

[38] *Stein/Jonas/Leipold* Rn. 12; *Baumbach/Lauterbach/Hartmann* Rn. 8.

[39] *Stein/Jonas/Leipold* Rn. 14.

[40] *Stein/Jonas/Leipold* Rn. 15.

[41] *Stein/Jonas/Leipold* Rn. 16.

[42] *Stein/Jonas/Leipold* Rn. 3.

[43] *Musielak/Foerste* Rn. 9.

[44] OLG München MDR 1978, 147; OLG Frankfurt MDR 1979, 764; *Zöller/Greger* Rn. 4.

S. 1 notwendig.[45] Die gerichtliche Verfügung bedarf der vollen Unterschrift.[46] Eines Hinweises auf die Folgen der Versäumung einer nach § 273 Abs. 2 Nr. 1 gesetzten Frist (vgl. § 296 Abs. 1) bedarf es nicht.[47] Die gerichtlichen Belehrungspflichten greifen nur in den Fällen der §§ 276 Abs. 2, 277 Abs. 2 ein.[48]

17 **6. Ermessen des Gerichts und Abänderung.** Die Auswahl der Anordnungen sowie deren genaueren Inhalt bestimmt das Gericht nach seinem freien Ermessen. Sind einzelne Mitglieder des Gerichts mit der Anordnung beauftragt, so handeln auch sie eigenverantwortlich und nach ihrem Ermessen.[49] Wesentlicher ermessensleitender Gesichtspunkt bei der Auswahl der Maßnahmen muss auch hier – wie bei § 272 – sein, dass das Verfahren konzentriert und beschleunigt wird.[50] Da die verbreitenden Maßnahmen nach Abs. 2 zu einem sehr frühen Zeitpunkt ergehen, ist ihre grundsätzliche Abänderbarkeit in den Grenzen eines fairen Verfahrens zu bejahen.[51]

IV. Die einzelnen Anordnungsmöglichkeiten des Abs. 2

18 **1. § 273 Abs. 2 Nr. 1.** In § 273 Abs. 2 wird die gerichtliche Vorbereitungspflicht genauer umschrieben. Die Vorschrift stellt in Nr. 1 dem Gericht mehrere Möglichkeiten alternativ oder kumulativ zur Verfügung. Den Parteien kann zunächst die Ergänzung bzw. Erläuterung ihres Tatsachenvortrages aufgegeben werden. Hierfür kann eine Frist bestimmt werden. Schließlich kann die Partei zur Vorlegung von Urkunden oder anderer Gegenstände verpflichtet werden.

19 **a) Erläuterung und Ergänzung des Vorbringens.** Die Aufforderung zur Ergänzung bzw. Erläuterung des Vortrages hat wie § 139 die Aufklärung des Parteivortrages zum Zweck.[52] Insbesondere wird die Aufforderung dann in Betracht kommen, wenn Parteien anwaltlich vertreten sind,[53] ferner wenn sich die Unklarheiten auf streitiges Parteivorbringen beziehen oder ungenaue Behauptungen vorliegen, die jedoch für die Rechtsanwendung von Bedeutung wären.[54]

20 **b) Vorlage von Urkunden und Gegenständen.** Die bis zum 31. 12. 2001 in Nr. 1 vorgesehen Vorlage von Urkunden und Gegenständen ist nunmehr in eine eigene Nr. 5 verlagert und durch generelle Verweisung faktisch ausgedehnt (s. u. Rn. 27).

21 **c) Fristsetzung zur Erklärung.** Der Partei kann ebenfalls eine Frist zur Erklärung bestimmter klärungsbedürftiger Punkte gesetzt werden. Voraussetzung für die Anwendung dieser Alternative ist, dass Zweifel über tatsächliche – nicht rechtliche – Punkte bestehen.[55] Eine wirksame Fristsetzung, die im Hinblick auf die Zurückweisungsbefugnis nach § 296 von größter Wichtigkeit ist, setzt ferner voraus, dass das Gericht alle aufzuklärenden Punkte genau bezeichnet und eine genaue Fristbestimmung trifft, innerhalb derer die Erklärung abgegeben werden muss.[56]

22 **2. § 273 Abs. 2 Nr. 2.** Zur Vorbereitung des Termins kann das Gericht weiterhin Behörden oder Träger eines öffentlichen Amtes um Auskunft oder Urkundenvorlage ersuchen.[57] Für den Begriff „Behörde" ist vom staats- und verwaltungsrechtlichen Behördenbegriff auszugehen (§ 1 Abs. 4 VwVfG).[58] Keine Behörden sind demnach reine Fiskalunternehmen sowie die vom staatlichen Be-

---

[45] *Zöller/Greger* Rn. 9; *Baumbach/Lauterbach/Hartmann* Rn. 22.

[46] BGHZ 76, 236, 238 = NJW 1980, 1167; *Zöller/Greger* Rn. 4.

[47] *Stein/Jonas/Leipold* Rn. 22; *Baumbach/Lauterbach/Hartmann* Rn. 6, 9, 19; *Zöller/Greger* Rn. 4.

[48] BGHZ 88, 180, 184 = NJW 1983, 2507; BGHZ 86, 218, 225 = NJW 1983, 822; OLG Düsseldorf MDR 1985, 417, das ausdrücklich die Belehrung nur dann als erforderlich ansieht, wenn die Zurückweisung im Ermessen des Gerichts steht, die Partei also mit ihr nicht zu rechnen braucht; *Zöller/Greger* Rn. 4; *Baumbach/Lauterbach/Hartmann* Rn. 6, 9, 19; vgl. auch hierzu § 296 Rn. 70, 71.

[49] *Baumbach/Lauterbach/Hartmann* Rn. 8; *Born* NJW 1995, 571.

[50] *Stein/Jonas/Leipold* Rn. 18; zur Anfechtungsmöglichkeit der Entscheidung s. Rn. 29.

[51] So auch *Mertens* MDR 2001, 666, 667.

[52] *Baumbach/Lauterbach/Hartmann* Rn. 18; *Thomas/Putzo/Reichold* Rn. 6.

[53] *Kahlert* NJW 2003, 3390, 3391.

[54] *Stein/Jonas/Leipold* Rn. 20.

[55] *Baumbach/Lauterbach/Hartmann* Rn. 20.

[56] OLG Frankfurt MDR 1979, 794; OLG München MDR 1978, 147 aE; *Grunsky* JZ 1978, 81, 83.

[57] Zur Vorlagepflicht der Behörden ausführlich *Schreiber,* Die Urkunde, S. 91 ff.; *Stein/Jonas/Schumann* Einl. Rn. 631; *Hohlfeld,* Die Einholung amtlicher Auskünfte im Zivilprozeß, 1995, S. 41 ff.

[58] BGH NJW 1964, 299 m. weit. Nachw. Demnach ist Behörde iSd. § 273 Abs. 2 Nr. 2 „... eine in den allgemeinen Organismus der Behörden eingefügtes Organ der Staatsgewalt, das dazu berufen ist, unter öffentlicher Autorität für die Erreichung der Zwecke des Staates oder der von ihm geförderten Zwecke tätig zu sein, gleichviel ob das Organ unmittelbar vom Staate oder einer dem Staate untergeordneten Körperschaft zunächst für deren eigene Zwecke bestellt ist, sofern diese Angelegenheiten grundsätzlich zugleich in den Bereich der bezeichneten Zwecke fallen"; zurückgehend auf RGSt 18, 246 ff.

hördenaufbau losgelösten Anstalten.[59] Auch juristische Personen des Privatrechts, denen öffentliche Aufgaben übertragen sind, sind keine Behörden.[60] Im Einzelnen sind als Behörden anzusehen: Öffentl. Sparkassen, Girozentralen, städt. Wasserwerke, öffentl. Rundfunkanstalten, Kirchengemeinden, Industrie- und Handelskammern, Handwerkskammern.[61] Keine Behörden sind das Rote Kreuz, der TÜV, die Bahn AG, die Telekom.[62] Die vom Gericht eingeholte Behördenauskunft kann auch ohne Bezugnahme der Partei im Prozess als Beweismittel verwertet werden.[63] Durch § 273 Abs. 2 Nr. 2 ist auch die Einholung von Auskünften einer ausländischen Behörde im Wege der Rechtshilfe gedeckt.[64] Auch die Übersendung und Beiziehung von Akten eines anderen Gerichts fällt unter diese Vorschrift.[65] Wichtig ist, dass sich die Befugnis des Vorsitzenden oder eines Gerichtsmitgliedes nach § 273 Abs. 2 Nr. 2 nur auf informatorische und beweisvorbereitende Maßnahmen beziehen darf.[66] Wird diese Grenze überschritten, so liegt bereits eine echte Beweisaufnahme vor, so dass nach § 358a ein Beschluss des ganzen Kollegiums erforderlich wird.[67] So kann die Grenze zwischen Beweisvorbereitung iSd. § 273 und Beweiserhebung iSd. §§ 358, 358a bereits dann überschritten sein, wenn amtliche Auskünfte, die ein Gutachten einschließen, herangezogen werden oder die Vernehmung des zuständigen Sachbearbeiters der Behörde ersetzen.[68]

3. § 273 Abs. 2 Nr. 3. Das persönliche Erscheinen der Parteien kann sowohl zur gütlichen 23
Beilegung des Rechtsstreites (§ 278 Abs. 1, 2) als auch zur Aufklärung des Sach- und Streitstandes (§ 141 Abs. 1 S. 1) angeordnet werden.[69] Die Parteien können auch zur beweismäßigen Einvernahme unter den Voraussetzungen der §§ 445 ff. geladen werden.[70] Da sich an das Ausbleiben einer Partei trotz Ladung verschiedene Folgen knüpfen können, empfiehlt es sich, der Partei den Grund der Ladung mitzuteilen.[71] Obwohl § 273 Abs. 4 nur auf § 141 Abs. 2 und 3 verweist, ist diese Vorschrift in vollem Umfange anwendbar. Dies bedeutet, dass das Gericht auch von einer vorbereitenden Ladung absehen muss, wenn die Voraussetzungen des § 141 Abs. 1 S. 2 vorliegen.[72] Richtigerweise kann die vorbereitende Ladung gemäß § 273 für die Partei keine größeren Pflichten nach sich ziehen als diejenige nach § 141.[73] Die volle Anwendbarkeit des § 141 ermöglicht auch die Auferlegung eines Ordnungsgeldes bei Nichterscheinen gemäß den §§ 273 Abs. 4 S. 2, 141 Abs. 3 S. 1, 380 Abs. 1 S. 2. Jedoch setzt der Ordnungsgeldbeschluss die Einlassung zur Sache voraus. Richtigerweise sind als Maßnahmen zur Ausübung eines mittelbaren Zwanges, sich am Prozess zu beteiligen, nur dann statthaft, wenn bereits eine Einlassung der Partei vorliegt.[74] Grundsätzlich zu bedenken ist freilich, dass die Anordnung des persönlichen Erscheinens kein Selbstzweck ist, sondern der Bescheinigung des Verfahrens dienen muss.

4. § 273 Abs. 2 Nr. 4. Die Ladung von Zeugen und Sachverständigen sollte zweckmäßiger- 24
weise erst nach Widerspruch einer Partei gegen das Klagebegehren stattfinden.[75] Die Ladung ist aber auch dann wirksam, wenn eine Partei dem Klageanspruch noch nicht widersprochen hat, denn § 273 Abs. 2 Nr. 4 stellt eine bloße Soll-Vorschrift dar (vgl. Abs. 3 S. 1). Da jeder Beweisantritt nur für den Bestreitensfall erfolgt, ist die Zeugenladung davon abhängig, dass die Tatsachen, deren Aufklärung durch die Zeugen bewirkt werden soll, auch streitig sind.[76] Dem Gegner kann zur Erklä-

---

[59] BGH NJW 1964, 299, 300 (für die Bundesversicherungsanstalt für Angestellte); *Zöller/Greger* Rn. 8.

[60] *Zöller/Greger* Rn. 8.

[61] Wie hier *Zöller/Greger* Rn. 8; *Musielak/Foerste* Rn. 13.

[62] *Musielak/Foerste* Rn. 13; *Zöller/Greger* Rn. 8.

[63] *Zöller/Gerger* Rn. 6.

[64] *Stein/Jonas/Leipold* Rn. 26.

[65] *Stein/Jonas/Leipold* Rn. 26; anders aber *Schreiber,* Die Urkunde, S. 91, der die Beiziehung von Akten eines Gerichts auf § 273 Abs. 1 S. 1 stützt.

[66] *Zöller/Gerger* Rn. 7.

[67] *Zöller/Greger* Rn. 7; *Musielak/Foerste* Rn. 3.

[68] BGHZ 89, 114, 119 = NJW 1984, 438; BGHZ 62, 93, 95 = NJW 1974, 701; BGH MDR 1964, 233; OLG Koblenz MDR 1975, 152, 153; 1975, 852; LG Köln AnwBl. 1985, 329; LG Berlin MDR 1974, 763 mit krit. Anm. v. *Schneider.*

[69] *Stein/Jonas/Leipold* Rn. 27.

[70] *Zöller/Gerger* Rn. 9.

[71] *Zöller/Greger* Rn. 9; abweichend OLG Frankfurt NJW 1991, 2090.

[72] *Stein/Jonas/Leipold* Rn. 27; *Thomas/Putzo/Reichold* Rn. 9.

[73] *Baumbach/Lauterbach/Hartmann* Rn. 22.

[74] OLG Köln OLGZ 73, 365, 367; OLG Köln JurBüro 1976, 1112, 1113; *Baumbach/Lauterbach/Hartmann* Rn. 22; *Zöller/Greger* Rn. 9; OLG Celle NJW 1961, 1825 weist darauf hin, daß bereits die Ladung vor Einlassung zur Sache unzulässig ist; aA OLG Stuttgart Rpfleger 1981, 327; o. § 141 Rn. 25.

[75] *Baumbach/Lauterbach/Hartmann* Rn. 23; *Musielak/Foerste* Rn. 15.

[76] *Stein/Jonas/Leipold* Rn. 30; *Zöller/Greger* Rn. 10.

rung, ob er Tatsachen bestreitet, eine Frist gemäß § 273 Abs. 2 Nr. 1 gesetzt werden.[77] Da die Vorschrift nur prozessvorbereitende Maßnahmen erlaubt, ist keinesfalls eine Vernehmung der Zeugen außerhalb der mündlichen Verhandlung oder die Einholung schriftlicher Auskünfte gemäß § 377 Abs. 3 und 4 möglich. Hierfür ist vielmehr ein vorterminlicher Beweisbeschluss nach § 358a oder die Vernehmung im Termin nach § 358 nötig.[78] Nach § 380 Abs. 1 bietet sich auch bei Ladungen gemäß § 273 Abs. 2 Nr. 4 die Möglichkeit, gegen nicht erschienene Zeugen ein Ordnungsgeld zu verhängen. Dies setzt allerdings die Mitteilung des Beweisthemas nach § 377 Abs. 2 Nr. 2 voraus.[79] Gemäß dem in die Norm eingefügten 2. Halbs. der Nr. 4 hat das Gericht nunmehr auch die Befugnis, dem Zeugen aufzugeben, Aufzeichnungen und andere Unterlagen einzusehen und zum Termin mitzubringen. Zu den Einzelheiten vgl. § 378.

25 Grundsätzlich ist der Beweisführer bei Anordnungen nach § 273 Abs. 2 Nr. 4 gemäß Abs. 3 S. 2 zur Vorschussleistung nach § 379 verpflichtet. Bei der Ladung eines Sachverständigen gilt dies nur, wenn ein Beweisantrag der Partei vorliegt.[80] Bei einer Ladung von Amts wegen besteht keine Pflicht zum Auslagenvorschuss.[81]

26 **5. § 273 Abs. 2 Nr. 5.** Weit über den früheren Abs. 2 Nr. 1 hinaus verweist nunmehr § 273 Abs. 2 in der neuen Nr. 5 ganz generell auf die §§ 142, 144. Dies hat eine doppelte Bedeutung. Dem Gericht ist es nunmehr möglich, alle in § 142 (Urkundenvorlage) und in § 144 (Anordnung von Augenscheinseinnahme und Begutachtung durch Sachverständige) vorgesehenen Maßnahmen auch terminsvorbereitend vorzunehmen. Die bisherigen Einschränkungen sind damit gegenstandslos. Darüber hinaus ist es besonders bedeutsam, dass die §§ 142, 144 jetzt auf Dritte ausgeweitet worden sind. Da die Anordnungen von Amts wegen ergehen, ist lediglich Voraussetzung, dass sich eine Partei auf die jeweilige Urkunde oder den beweisrelevanten Gegenstand bezogen hat (zu den Einzelheiten siehe oben § 142 Rn. 4ff.). Diese Bezugnahme muss allerdings sehr konkret und genügend substantiiert sein. Eine Anwendung von §§ 142, 144, 273 Abs. 2 Nr. 5 darf nicht zu einer Ausforschung führen, wie dies im amerikanischen discovery-Verfahren immer wieder zu beobachten ist.

27 **6. Weitere Anordnungsmöglichkeiten.** Die Vorbereitungsmaßnahmen stehen im Ermessen des Gerichts und sind vom Gesetz nicht abschließend geregelt (vgl. Rn. 12). Möglich ist es, dass weitere, von Abs. 2 Nr. 1 bis 5 nicht genannte Maßnahmen im Interesse einer effektiven Verfahrensvorbereitung in Betracht zu ziehen sind. Denkbar ist vor allem die Möglichkeit, von den Parteien Nachweise über fremdes Recht[82] zu erbringen oder die Übersetzung von Urkunden zu verlangen.[83] Auch ist eine Augenscheinseinnahme oder die Anforderung von Akten anderer Gerichte denkbar.[84] Jedoch sollte dies nicht zu einem Unterlaufen oder zu einem Vorgriff einer an sich notwendigen Kollegialentscheidung führen.[85]

V. Benachrichtigung der Parteien (Abs. 4)

28 Anders als in dem früheren § 272b, der dem Gericht Ermessen hinsichtlich der Benachrichtigung eröffnete, besteht nunmehr die ausnahmslose Pflicht des Gerichts, die Parteien von jeder Anordnung zu unterrichten. Dies ist Ausfluss des Gebotes des rechtlichen Gehörs und der Parteiöffentlichkeit.[86] Eine formlose Mitteilung an die Parteien bzw. deren Prozessbevollmächtigte (§ 176) ist in aller Regel ausreichend.[87] Unterbleibt die Benachrichtigung der Parteien, so kann dieser Mangel nach § 295 durch rügelose Einlassung geheilt werden.[88] Das Ergebnis einer entgegen § 273 Abs. 4 S. 1 durchgeführten Beweisaufnahme ist jedoch nicht verwertbar.[89] Damit dient die Pflicht zur Benachrichtigung dem Schutz von Parteien und Zeugen (OLG Schleswig NJW 1991, 303, 304).

---

[77] *Zöller/Greger* Rn. 10.

[78] *Thomas/Putzo/Reichold* Rn. 10; aA *Baumbach/Lauterbach/Hartmann* Rn. 24.

[79] OLG Celle OLGZ 1977, 366, 369; KG NJW 1976, 719, 720; *Stein/Jonas/Leipold* Rn. 31; *Zöller/Greger* Rn. 10; *Baumbach/Lauterbach/Hartmann* Rn. 23.

[80] *Stein/Jonas/Leipold* Rn. 32.

[81] BGH FamRZ 1969, 477, 478; OLG Düsseldorf MDR 1974, 321; *Zöller/Greger* Rn. 11; anders aber *Baumbach/Lauterbach/Hartmann* Rn. 28, der die Vorschußanforderung in das Ermessen des Gerichts stellt.

[82] Wie hier ausdrücklich BGH NJW 1992, 3106, 3107.

[83] *Stein/Jonas/Leipold* Rn. 19.

[84] OLG Düsseldorf MDR 1992, 812; *Baumbach/Lauterbach/Hartmann* Rn. 14; *Musielak/Foerste* Rn. 9.

[85] *Stein/Jonas/Leipold* Rn. 19.

[86] OLG Schleswig NJW 1991, 303; *Baumbach/Lauterbach/Hartmann* Rn. 29; *Zöller/Greger* Rn. 12.

[87] Beachte aber § 329 Abs. 2 S. 2, sofern eine Fristbestimmung verfügt ist.

[88] BVerwG NJW 1980, 900 zu § 87 VwGO, § 273 Abs. 4; *Stein/Jonas/Leipold* Rn. 36.

[89] BVerwG NJW 1980, 900; OLG Schleswig NJW 1991, 303.

VI. Rechtsbehelfe gegen die Anordnungen

Die gerichtlichen Anordnungen gemäß § 273 Abs. 2 sind nicht selbstständig anfechtbar. Eine Überprüfung der Entscheidung nach § 273 Abs. 2 kann nur im Rahmen der Überprüfung des Urteils erfolgen.[90] Die Anfechtung kann insbesondere nicht auf § 567 Abs. 1 gestützt werden. Parteianträge, die auf gerichtliche Tätigkeit nach § 273 Abs. 2 abzielen, sind keine Gesuche iSd. § 567 Abs. 1, sondern lediglich unverbindliche Anregungen, gegen die die Beschwerde nicht statthaft ist.[91] 29

VII. Kostenfragen

1. Gerichtskosten. Anordnungen nach § 273 Abs. 2 lösen keine Kosten nach dem GKG aus. Diese sind mit den allgemeinen Verfahrensgebühren nach KV Nr. 1210 abgegolten. § 273 hat jedoch eine andere kostenrechtliche Bedeutung. Die Rücknahme des Antrags auf Durchführung des streitigen Verfahrens ebenso wie die Rücknahme von Klage und Berufung führen zur Möglichkeit einer Ermäßigung der Kosten nach KV Nr. 1211. 30

2. Anwaltsgebühren. Mit der Ablösung der BRAGO durch das RVG (seit 1. 7. 2004) ist die Beweisgebühr entfallen. Damit ist zugleich die frühere Streitfrage bedeutungslos geworden, ob und inwieweit vorbereitende Maßnahmen nach Abs. 2 eine Beweisgebühr auslösen können. Damit lösen Maßnahmen des Gerichts nach § 273 keinerlei Anwaltsgebühren aus. Die Verfahrensgebühr (Nr. 3100 VV) deckt die anwaltlichen Bemühungen ab. 31

§ 274 Ladung der Parteien; Einlassungsfrist

(1) Nach der Bestimmung des Termins zur mündlichen Verhandlung ist die Ladung der Parteien durch die Geschäftsstelle zu veranlassen.

(2) Die Ladung ist dem Beklagten mit der Klageschrift zuzustellen, wenn das Gericht einen frühen ersten Verhandlungstermin bestimmt.

(3) [1]Zwischen der Zustellung der Klageschrift und dem Termin zur mündlichen Verhandlung muss ein Zeitraum von mindestens zwei Wochen liegen (Einlassungsfrist). [2]Ist die Zustellung im Ausland vorzunehmen, so hat der Vorsitzende bei der Festsetzung des Termins die Einlassungsfrist zu bestimmen.

I. Normzweck

Die Vorschrift regelt im Wesentlichen die für eine ordnungsgemäße Terminsladung erforderlichen Formalitäten und zwar die Ladung (Abs. 1), die Zustellung der Klage (Abs. 2) und die Einlassungsfrist (Abs. 3). Neben der rein technischen Regelung ist mit dieser Norm auch ein gewisser Schutz der Parteien bezweckt (s. Rn. 9). Die Regelungen der früheren §§ 261 a Abs. 1, 262 Abs. 1 und 2 aF sind durch die Vereinfachungsnovelle von 1976 in der Vorschrift des § 274 inhaltlich unverändert zusammengefasst.[1] Lediglich Abs. 2 berücksichtigt mit seiner Regelung den durch die Vereinfachungsnovelle neu eingeführten frühen ersten Termin (§ 275). 1

II. Ladung der Parteien (Abs. 1)

1. Begriff; Voraussetzungen. Der Begriff der Ladung bedeutet eine Aufforderung an die Parteien bzw. die Geladenen, zu dem bestimmten Termin zu erscheinen.[2] Nach § 214 erfolgt die Ladung sowohl im Partei- als auch im Anwaltsprozess von Amts wegen. 2

2. Tätigkeiten der Geschäftsstelle. Die Ladung wird durch die Geschäftsstelle veranlasst (§ 153 GVG, §§ 208 ff.). Der Urkundsbeamte der Geschäftsstelle bewirkt die Ladung in eigener Verantwortung durch Ausfertigung und Zustellung der Ladung von Amts wegen (§§ 214, 270). Die Ladung beinhaltet die nach § 329 Abs. 2 S. 2 zustellungsbedürftige Terminsverfügung des Vorsitzenden. Der Geschäftsstelle obliegt hierbei eine Prüfungspflicht, wer auf welche Weise zu laden 3

---

[90] Vgl. nur *Stein/Jonas/Leipold* Rn. 40.

[91] OLG Frankfurt MDR 1983, 411; OLG Düsseldorf MDR 1961, 152; *Baumbach/Lauterbach/Hartmann* § 567 Rn. 4; *Musielak/Foerste* Rn. 8; *Born* NJW 1995, 571.

[1] § 261 a Abs. 1 aF = § 274 Abs. 1; § 262 Abs. 1 aF = § 274 Abs. 3 S. 1 und 2; § 262 Abs. 2 aF = § 274 Abs. 3 S. 3.

[2] Zu den einzelnen Formalien der Ladung s. § 214 Rn. 2.

ist (vgl. § 209). Diese Pflicht der Geschäftsstelle erstreckt sich allerdings nicht darauf zu prüfen, ob die Ladung notwendig oder zulässig ist.[3] Dies ist allein dem Vorsitzenden vorbehalten.

4 **3. Adressaten der Ladung.** Die Ladung zum Termin richtet sich an beide Parteien des Rechtsstreites. Im amtsgerichtlichen Verfahren ist nach § 497 Abs. 1 S. 1 auch eine formlose Mitteilung des ersten Verhandlungstermins an den **Kläger** ausreichend. Ebenso ist vor dem Amtsgericht eine förmliche Ladung **beider Parteien** unter den Voraussetzungen des § 497 Abs. 2 entbehrlich. Eine Ladung der Parteien ist unter den Voraussetzungen des § 218 (Termin zur Verkündung einer Entscheidung) ebenfalls nicht notwendig.

5 Zu dem Termin sind außer den Parteien sämtliche Streitgenossen (§§ 59 ff.), sämtliche Nebenintervenienten (§§ 66 ff.) und die nach § 640 e beizuladenden Personen – sofern die Genannten an dem Rechtsstreit beteiligt sind – zu laden.

6 Sofern zu dem Verfahren von den Parteien bereits Rechtsanwälte hinzugezogen sind, ist die Ladung nach § 176 an diese zu richten.

7 Daneben kommt eine Ladung der Parteien in den Fällen in Betracht, in denen ihr persönliches Erscheinen nach den §§ 141 Abs. 2, 273 Abs. 2 S. 3, 279 Abs. 2 oder zum Zwecke der Parteivernehmung gemäß §§ 445 ff. angeordnet ist. Die Ladungsfrist des § 217 gilt gegenüber beiden Parteien.

III. Zustellung der Ladung und Klageschrift (Abs. 2)

8 Nach § 274 Abs. 2 ist die Ladung zwingend mit der Klageschrift zuzustellen, wenn das Gericht einen frühen ersten Termin bestimmt hat. Dies kann freilich nicht ausnahmslos gelten. Es ist dem Gericht nicht verwehrt, im Einzelfall auch eine Zustellung der Klageschrift ohne Terminsladung vorzunehmen.[4] Zum einen kann dies zweckmäßig sein, wenn sich der Beklagte zu der Möglichkeit, den Rechtsstreit gemäß § 271 Abs. 3 auf den Einzelrichter zu übertragen, äußern soll. Zum anderen können noch weitere gerichtliche Vorbereitungsmaßnahmen nach § 273 sinnvoll sein, die einer sofortigen Terminierung entgegenstehen.[5] Wird ein schriftliches Vorverfahren angeordnet, so unterbleibt in der Regel eine Ladung. Die Klageschrift wird in diesem Falle ohne Ladung zugestellt. Ist bereits Termin zur mündlichen Verhandlung bestimmt, so ist es aber auch in diesem Fall nicht ausgeschlossen, dass Ladung und Klageschrift gleichzeitig zugestellt werden. Andernfalls erfolgt bei Bestimmung des schriftlichen Vorverfahrens die Ladung dann, wenn Termin zur Verhandlung bestimmt worden ist.

IV. Einlassungsfrist (Abs. 3)

9 **1. Begriff; anwendbare Fristenvorschriften.** Die Einlassungsfrist iSd. § 274 Abs. 3 ist der Zeitraum, der dem **Beklagten** zwischen Zustellung der Klageschrift (Klageerhebung iSd. § 253 Abs. 1) und dem ersten mündlichen Verhandlungstermin verbleiben muss. Diese Frist ist eine gesetzliche Frist und als Überlegungs- und Schutzfrist für den Beklagten gedacht.[6] Zu unterscheiden ist die Einlassungsfrist von der **Ladungsfrist** nach § 217, die für **beide Parteien** gilt und den notwendigen Zeitraum zwischen Zustellung der Ladung und Terminstag bestimmt. Für die Fristberechnung gelten § 222, §§ 187 ff. BGB. Die Abkürzung und Unterbrechung dieser Frist richten sich nach den §§ 226, 249. Eine Verlängerung der Einlassungsfrist ist nicht möglich (§ 224 Abs. 2 2. Halbs.). Die Hemmung der Frist richtet sich nach § 223. Die Einlassungsfrist ist keine Notfrist iSd. § 223 Abs. 2 und 3, so dass die Möglichkeit der Wiedereinsetzung nach den §§ 233 ff. entfällt.

10 **2. Anwendungsbereich.** Im **erstinstanzlichen Verfahren** gilt § 274 Abs. 3 nur für den ersten Termin zur mündlichen Verhandlung. Für weitere Termine gelten nur noch die Fristbestimmungen der §§ 217, 132.[7] Das Gleiche gilt für die Termine, die auf eine Klageerweiterung oder -änderung hin stattfinden. Ebenso gilt die Einlassungsfrist des § 274 Abs. 3 nicht bei Erhebung einer Widerklage, da sie nach § 261 Abs. 2 auch im Termin ohne weiteres möglich ist. Jedoch findet die Regelung des § 274 Abs. 3 auch im **Berufungs- und Revisionsverfahren** gemäß den §§ 523 Abs. 2 und 553 Abs. 2 für den Zeitraum zwischen Bekanntmachung des Termins und erstem Verhandlungstermin entsprechende Anwendung.

---

[3] *Stein/Jonas/Leipold* Rn. 3; *Baumbach/Lauterbach/Hartmann* Rn. 4.

[4] Anders noch § 261 a Abs. 2 aF, der zwingend von der Zustellung der Ladung mit der Klageschrift ausging.

[5] Nach *Zöller/Greger* Rn. 2 sollen möglichst Ladung und vorbereitende Anordnungen nach § 273 verbunden werden.

[6] So auch *Zöller/Greger* Rn. 3; *Baumbach/Lauterbach/Hartmann* Rn. 8.

[7] *Musielak/Foerste* Rn. 3; *Zöller/Greger* Rn. 4.

Im **Mahnverfahren** ist § 274 Abs. 3 analog auf den Zeitraum zwischen Zustellung der Anspruchsbegründung nach Einlegung des Widerspruchs bzw. Einspruches gemäß den §§ 697 Abs. 1, 700 Abs. 3 und dem ersten Verhandlungstermin anwendbar.[8] 11

Im **Wechsel- und Scheckprozess** findet § 274 Abs. 3 uneingeschränkt Anwendung. Wegen des im Verfahren des **vorläufigen Rechtsschutzes** geltenden Beschleunigungszweckes gilt § 274 Abs. 3 dort auch dann nicht, wenn das Arrest- oder Verfügungsverfahren mit mündlicher Verhandlung stattfindet. 12

3. Beginn und Dauer. a) Normalfall. Die Einlassungsfrist beginnt mit Zustellung der Klageschrift iSd. § 253 Abs. 1, unabhängig davon, ob auch gleichzeitig eine Ladung zum mündlichen Verhandlungstermin erfolgt.[9] Die Dauer der Frist beträgt mindestens zwei Wochen. Die Abkürzung der Frist in Mess- und Marktsachen durch den früheren Satz 2 des Abs. 3 ist entfallen (G. v. 28. 10. 1996, BGBl. I S. 1546). 13

b) Auslandszustellungen. Bei Zustellungen, die im Ausland erfolgen sollen (§ 183), hat der Vorsitzende eine angemessene Frist zu bestimmen. Sie muss aber auch in diesem Fall mindestens zwei Wochen betragen.[10] Die Fristverfügung ist mit der Klageschrift zuzustellen.[11] 14

c) Öffentliche Zustellung. Findet eine öffentliche Zustellung der Klageschrift statt, so gelten keine Besonderheiten hinsichtlich der Einlassungsfrist. Für den Fristbeginn ist jedoch § 188 zu beachten.[12] 15

4. Verstöße und Folgen. Wird die Einlassungsfrist nicht gewahrt, so berührt dies die Gültigkeit der Klageerhebung nicht. Jedoch darf der Beklagte nun eine Einlassung zur Sache verweigern, wenn er im Termin anwesend ist. Ein Versäumnisurteil gegen den nicht erschienenen Beklagten ist in diesem Fall nach § 335 Abs. 1 Nr. 3 ausgeschlossen. Ebenso darf keine Entscheidung nach Lage der Akten gemäß den §§ 331 a, 251 a herbeigeführt werden, da diese Entscheidungsmöglichkeit an die Stelle der Möglichkeit des Erlasses eines Versäumnisurteils tritt. 16

Erscheint und verhandelt (§§ 333, 220 Abs. 2!) der fehlerhaft geladene Beklagte, wird die formwidrige Ladung nach § 295 Abs. 1 geheilt. 17

§ 275 Früher erster Termin

(1) [1]Zur Vorbereitung des frühen ersten Termins zur mündlichen Verhandlung kann der Vorsitzende oder ein von ihm bestimmtes Mitglied des Prozessgerichts dem Beklagten eine Frist zur schriftlichen Klageerwiderung setzen. [2]Andernfalls ist der Beklagte aufzufordern, etwa vorzubringende Verteidigungsmittel unverzüglich durch den zu bestellenden Rechtsanwalt in einem Schriftsatz dem Gericht mitzuteilen; § 277 Abs. 1 Satz 2 gilt entsprechend.

(2) Wird das Verfahren in dem frühen ersten Termin zur mündlichen Verhandlung nicht abgeschlossen, so trifft das Gericht alle Anordnungen, die zur Vorbereitung des Haupttermins noch erforderlich sind.

(3) Das Gericht setzt in dem Termin eine Frist zur schriftlichen Klageerwiderung, wenn der Beklagte noch nicht oder nicht ausreichend auf die Klage erwidert hat und ihm noch keine Frist nach Absatz 1 Satz 1 gesetzt war.

(4) [1]Das Gericht kann dem Kläger in dem Termin oder nach Eingang der Klageerwiderung eine Frist zur schriftlichen Stellungnahme auf die Klageerwiderung setzen. [2]Außerhalb der mündlichen Verhandlung kann der Vorsitzende die Frist setzen.

Schrifttum: *Deubner,* Das Ende der Zurückweisung verspäteten Vorbringens im frühen ersten Termin, NJW 1985, 1140; *ders.,* Gedanken zur richterlichen Verfahrensbeschleunigungspflicht, FS Lüke, 1997, S. 51; *Hensen,* Der Parteivortrag „im Termin" – verspätet, aber beachtlich, NJW 1984, 1672; *Lange,* Der frühe erste Termin als Vorbereitungstermin, NJW 1986, 1728; *ders.,* Zurückweisung verspäteten Vorbringens im Vorbereitungs-

---

[8] BGH NJW 1982, 1533, 1534 (gegen die Anwendung des § 132 Abs. 1 S. 1 auf diesen Fall).

[9] BGHZ 11, 175, 176 = NJW 1953, 640 zu § 261 a aF, wonach auch in der Zustellung der Klageschrift ohne Ladung eine wirksame Klageerhebung liegt; *Stein/Jonas/Leipold* Rn. 10; *Baumbach/Lauterbach/Hartmann* Rn. 8; *Zöller/Greger* Rn. 8; *Büttner* NJW 1975, 1348, 1349; anders: OLG München NJW 1975, 397; OLG Hamm NJW 1974, 2139 im Hinblick auf die Verzögerungsgebühr nach § 47 GKG; *Musielak/Foerste* Rn. 4.

[10] Zur Fristbestimmung vgl. BGH NJW 1986, 2197.

[11] *Stein/Jonas/Leipold* Rn. 11.

[12] *Stein/Jonas/Leipold* Rn. 12 wollen Abs. 3 S. 2 analog anwenden, wenn bekannt ist, daß sich der Empfänger im Ausland aufhält oder die öffentliche Zustellung gem. § 203 Abs. 2 an Stelle der Auslandszustellung tritt.

termin, NJW 1986, 3048; *Leipold,* Auf der Suche nach dem richtigen Maß bei der Zurückweisung verspäteten Vorbringens, ZZP 97 (1984), 395; *Rixecker,* Vermeintliche Randprobleme der Beschleunigung des Zivilprozesses, NJW 1984, 2135; *Seidel,* Die fehlerhafte Einzelrichterübertragung nach § 348 ZPO und ihre Anfechtung, ZZP 99 (1986), 64, 70.

I. Gang des Verfahrens

1 Die Vorschrift des § 275 steht in untrennbarem Zusammenhang mit der das mündliche Verfahren einleitenden Bestimmung des § 272. Die Anwendung des § 275 setzt voraus, dass bereits die Entscheidung über die Art der Vorbereitung des Haupttermins gefallen ist und das Gericht sich für die Wahl des frühen ersten Termins entschieden hat.[1] Obwohl der durch den frühen ersten Termin oder das schriftliche Vorverfahren (§ 276) umfassend vorbereitete Haupttermin (§ 279) das eigentliche Kernstück der mündlichen Verhandlung darstellt, kann der frühe erste Termin seinerseits durch die Fristsetzung zur Klageerwiderung (Abs. 1 S. 1) oder durch die Aufforderung zur unverzüglichen Mitteilung etwa vorhandener Verteidigungsmittel (Abs. 1 S. 2) ausreichend vorbereitet werden. Dies kann auch zu dem Zweck geschehen, in diesem frühen Verfahrensstadium bereits Entscheidungsreife herbeizuführen.[2] Über den Ablauf des frühen ersten Termins selbst findet sich in § 275 allerdings keine Regelung, was auf Grund seines nur vorbereitenden Charakters verständlich ist.

II. Normzweck

2 § 275 als ein Teil der beiden alternativen Möglichkeiten, die für die Vorbereitung des Haupttermins zur Verfügung stehen, unterstreicht die vom Gesetzgeber mit der Novelle von 1976 verfolgte **Beschleunigungstendenz.** Dem Gericht wird hierzu eine Möglichkeit an die Hand gegeben, auf unterschiedliche prozessuale Ausgangssituationen in angemessener Weise zu reagieren. Die Vorteile des mündlichen Verhandlungstermins, die eine Erörterung und Eingrenzung des Prozessstoffes, eine Aussonderung unwichtiger Punkte, eine mögliche Vornahme streiterledigender Prozesshandlungen oder sogar eine gütliche Beilegung des Rechtsstreites (§ 278) ermöglichen können, sind unübersehbar. Hinzu tritt auch die Befugnis des Gerichts, bereits in diesem Verfahrensstadium auf eine Beschleunigung des frühen ersten Termins selbst durch die Anordnung von Schriftsatzfristen nach den Bestimmungen des Abs. 1 S. 1 und 2 hinzuwirken.[3]

III. Die Wahl des frühen ersten Termins

3 **1. Ermessen bei der Auswahl und Vorbereitung des Termins. a) Allgemein.** Bei der Terminsvorbereitung steht dem Gericht ein zweifaches Ermessen zur Verfügung. Zum einen besteht die Möglichkeit, zur Vorbereitung des mündlichen Haupttermins zwischen der Anordnung des frühen ersten Termins und des schriftlichen Vorverfahrens zu wählen. Diese Alternative ist in § 272 Abs. 2 eröffnet und ist zwingend **vor** der Vorbereitung des frühen ersten Termins zu treffen.[4]

4 **b) Ermessen in Bezug auf die Terminsvereinbarung.** Zum anderen besteht freies, nicht nachprüfbares richterliches Ermessen hinsichtlich der Art der Vorbereitung des frühen ersten Termins selbst.[5] Hier steht dem Vorsitzenden oder einem von ihm bestimmten Gerichtsmitglied nach Abs. 1 S. 1 offen, dem Beklagten eine **Frist zur schriftlichen Klageerwiderung** zu setzen oder den Beklagten **ohne Fristsetzung** zum **unverzüglichen Vorbringen** seiner vorhandenen **Verteidigungsmittel** aufzufordern. Ermessensleitender Gesichtspunkt bei der Wahl der Vorbereitungsmaßnahmen wird neben Umfang und Schwierigkeit der Sache auch eine etwaige Eilbedürftigkeit der Entscheidung sein.[6] Die Fristsetzung soll dann entbehrlich sein – womit das Verfahren nach Abs. 1 S. 2 als gewählt gilt – wenn sich die Möglichkeit einer nicht streitigen Erledigung abzeichnen sollte.[7]

5 **2. Die Fristsetzung nach Abs. 1 S. 1. a) Grundsatz.** Die Vorschrift gilt in allen Verfahrensarten, die einen frühen ersten Termin als verfahrensvorbereitende Maßnahme zulassen. Auch im

---

[1] Zu den ermessensleitenden Erwägungen s. hierzu Rn. 3, 4 und § 272 Rn. 5 ff.

[2] Vgl. nur BGHZ 88, 180, 184 = NJW 1983, 2507; BGHZ; 86, 31, 36 = NJW 1983, 822.

[3] Ausführlich zur Funktion des frühen ersten Termins *Lange* NJW 1986, 1728, 1729 ff.; *Leipold* ZZP 97 (1984), 395, 402 ff.; sehr kritisch zur bestehenden gesetzlichen Regelung des § 275, insbesondere im Hinblick auf die schriftlichen Elemente des frühen ersten Termins und die Möglichkeit der Zurückweisung des Vortrags gem. § 296 Abs. 1: *Stein/Jonas/Leipold* Rn. 2, 3; *Leipold* ZZP 97 (1984), 395, 404; *Grunsky* JZ 1977, 201, 202.

[4] Zu diesem Problemkreis näher § 272 Rn. 6, 7.

[5] *Stein/Jonas/Leipold* Rn. 4, 5.

[6] *Stein/Jonas/Leipold* Rn. 5.

[7] *Stein/Jonas/Leipold* Rn. 5.

amtsgerichtlichen Verfahren findet § 275 Abs. 1 S. 1 Anwendung. Hier allerdings soll in der Anordnung der Fristsetzung zugleich die Anordnung nach § 129 Abs. 2 stillschweigend enthalten sein.[8] In Ehe- und Kindschaftssachen ist Abs. 1 S. 1 nach den §§ 611 Abs. 2, 640 Abs. 1 unanwendbar.

b) Befugnis. Die Fristsetzung nach Abs. 1 S. 1 wird vom Vorsitzenden oder einem von ihm bestimmten Mitglied des Prozessgerichts durch prozessleitende Verfügung, die dem Beklagten unterschrieben und beglaubigt (gemäß den §§ 329 Abs. 1 S. 1 und Abs. 2 S. 2, 317 Abs. 2 S. 1 und Abs. 3, 169 Abs. 2) zuzustellen ist, vorgenommen. Ein eventueller Zustellungsmangel ist nicht nach § 189 heilbar.[9] Nach § 277 Abs. 2 ist die Fristsetzung zudem mit einer Belehrung über die Folgen der Fristversäumung sowie über die Notwendigkeit der Bestellung eines zur Rechtsanwaltschaft (§ 6 BRAO) zugelassenen Rechtsanwaltes zu verbinden. Diese Belehrung gilt auch gegenüber einer bereits anwaltlich vertretenen Partei.[10] Mängel bei der Fristsetzung oder Belehrung des Beklagten können eine Zurückweisung verspäteten Vorbringens gemäß § 296 Abs. 1 hindern;[11] vgl. ferner § 296 Rn. 68 ff. 6

c) Festsetzung der Frist. Die Frist, die dem Beklagten nach Abs. 1 S. 1 gesetzt werden kann, muss mindestens zwei Wochen betragen (§ 277 Abs. 3). Sie beginnt mit Zustellung der Verfügung. Diese Frist ist äußerst knapp bemessen und wird in umfangreichen Sachen wohl nicht ausreichend sein.[12] Aus diesem Grund wird es, nicht zuletzt um eine effektive Gewährung rechtlichen Gehörs zu gewährleisten, anzuraten sein, die Frist länger zu bemessen.[13] Auch sollte eine vernünftige Relation zwischen dem Zeitraum, der auf Grund des Geschäftsanfalles notwendigerweise zwischen Klagezustellung und Terminstag verbleibt, gefunden werden. Aus diesem Grund wird man die von *Lange* vorgeschlagene Parallele zum schriftlichen Vorverfahren heranziehen können und die Frist nicht unter vier Wochen festsetzen, wenn nicht erkennbar besondere Eilbedürftigkeit vorliegt.[14] die Verlängerung dieser Frist ist nach § 224 Abs. 2 möglich. 7

d) Folgen der Fristversäumung. Werden nach Ablauf der durch § 275 Abs. 1 S. 1 gesetzten Frist Verteidigungsmittel vorgebracht, so können diese nach § 296 Abs. 1 als verspätet präkludiert werden. Auch hier ist aber zu beachten, dass eine Zurückweisung dann ausscheidet, wenn das Gericht eine „Mitverantwortung" an der Prozessverzögerung durch Verletzung der ihm obliegenden Vorbereitungspflicht trifft.[15] Ist der frühe erste Termin erkennbar als sog. „Durchlauftermin" geplant, kommt eine Präklusion ebenfalls nicht in Betracht.[16] Ferner scheidet eine Präklusion aus, wenn eine Streitbeendigung in diesem Termin von vornherein ausscheidet.[17] 8

3. Die Aufforderung zum Vorbringen nach Abs. 1 S. 2. a) Anwendungsbereich. Anders als § 275 Abs. 1 S. 1 ist Satz 2 grundsätzlich in allen Verfahrensarten, als auch im Verfahren der Ehe- und Kindschaftssachen nach den §§ 611 Abs. 2, 640 Abs. 1 anwendbar. Die Aufforderung zum unverzüglichen Vortrag der Verteidigungsmittel durch einen zu bestellenden Rechtsanwalt muss dann in Betracht kommen, wenn eine Fristsetzung nach Abs. 1 S. 1 unterbleibt.[18] Entsprechend dem Wortlaut kann § 275 Abs. 1 S. 2 dann nicht angewendet werden, wenn ein Verfahren ohne Anwaltszwang vorliegt. Zur Vorbereitung des amtsgerichtlichen Verfahrens gelten aber die 9

---

[8] *Stein/Jonas/Leipold* Rn. 6.

[9] BGHZ 76, 236, 239 = NJW 1980, 1167; *Stein/Jonas/Leipold* Rn. 9.

[10] BGHZ 88, 180, 184 = NJW 1983, 2507; OLG Hamm NJW 1984, 1566 erachtet aber die Verweisung auf den Gesetzeswortlaut gegenüber einer anwaltlich vertretenen Partei als ausreichend; *Baumbach/Lauterbach/Hartmann* Rn. 7.

[11] BVerfGE 60, 1, 6, = NJW 1982, 1453, 1454 und OLG Karlsruhe OLGZ 1984, 471, 473 ff. (unklare Fristsetzung); BGHZ 76, 236, 241 = NJW 1980, 1167 (formwidrige Fristsetzung); OLG Düsseldorf NJW 1978, 2203, 2204 (fehlende Belehrung).

[12] So auch *Stein/Jonas/Leipold* Rn. 7.

[13] Nach *Baumbach/Lauterbach/Hartmann* Rn. 6 sollen drei Wochen meist ausreichend sein.

[14] *Lange* NJW 1986, 1728, 1731; vgl. auch zur Problematik der angemessenen Frist BVerfG NJW 1982, 1691; OLG Karlsruhe NJW 1984, 618, 619; OLG Stuttgart NJW 1984, 2538; OLG Hamm MDR 1983, 63; OLG München 1980, 147; OLG Köln NJW 1980, 2421, 2422; *Zöller/Greger* Rn. 4; *Baumbach/Lauterbach/Hartmann* Rn. 6.

[15] Vgl. zu diesem Problempunkt die Kommentierungen zu § 273 Rn. 7, 10 und § 296 Rn. 119 ff.

[16] Vgl. zu diesem Problemkreis die Kommentierungen zu § 272 Rn. 8, 17 und § 296 Rn. 98 f. und ferner BVerfG NJW 1985, 1149 = MDR 1985, 551 = ZZP 98 (1985), 448 ff.; BGHZ 86, 31 = NJW 1983, 575; BGH NJW 1987, 500 ff. = JZ 1987, 416 ff. = MDR 1987, 225 ff.; BGH ZZP 97 (1984), 471, 472 ff.; OLG Frankfurt MDR 1986, 593; *Deubner* NJW 1987, 465 ff.; *Lange* NJW 1986, 3043 und NJW 1988, 1644; *Leipold* ZZP 97 (1984), 395, 398 ff.

[17] BGH NJW-RR 2005, 1296.

[18] *Stein/Jonas/Leipold* Rn. 13; *Thomas/Putzo/Reichold* Rn. 4; *Musielak/Foerste* Rn. 4.

§§ 496, 129 Abs. 2 und 129a. Allerdings besteht hier kein Schriftsatzzwang, sondern die Möglichkeit, Erklärungen auch zu Protokoll der Geschäftsstelle abzugeben (§ 129a).[19]

10 **b) Zweck.** Die nach Abs. 1 S. 2 erforderliche Aufforderung, Verteidigungsmittel unverzüglich, dh. ohne schuldhaftes Zögern, dem Gericht mitzuteilen, betont an sich nur die ohnehin bestehende Prozessförderungspflicht des Beklagten (vgl. §§ 129 Abs. 2, 282 Abs. 1 und 2).[20] Der eigentliche Sinn dieser Bestimmung kann daher nur darin liegen, den Beklagten im Anwaltsprozess auf die Notwendigkeit der Anwaltsbestellung hinzuweisen.[21] Die prozessleitende Verfügung des Vorsitzenden oder eines von ihm bestellten Mitgliedes des Gerichts braucht dem Beklagten nur formlos mitgeteilt zu werden, da sie keine Frist in Lauf setzt (vgl. § 329 Abs. 2 S. 1). Auch eine Belehrung über die Folgen des verspäteten Vortrages kann unterbleiben, da die §§ 276 Abs. 2, 277 Abs. 3, die eine Belehrungspflicht vorsehen, nicht anwendbar sind.[22]

11 **c) Fehlen der Aufforderung.** Fehlt die Aufforderung, Verteidigungsmittel unverzüglich vorzubringen, bleibt die Wirksamkeit der Ladung und einer etwaigen gleichzeitigen Zustellung der Klageschrift unberührt.[23] Im Einzelfall kann es dann aber notwendig sein, einem Antrag auf Schriftsatznachlass nach § 283 stattzugeben.[24] Die Möglichkeit der Präklusion verspäteten Vorbringens ist in diesem Fall ausgeschlossen.[25]

12 **d) Verspätetes Vorbringen von Verteidigungsmitteln.** Werden Verteidigungsmittel entgegen den §§ 275 Abs. 1 S. 2, 282 Abs. 2 verspätet vorgebracht, so kann das Gericht diesen Sachvortrag nach § 296 Abs. 2 unter den dort geregelten engeren Voraussetzungen als verspätet zurückweisen.[26] Eine allein auf die §§ 296 Abs. 2, 282 Abs. 1 gestützte Präklusion wegen der Verletzung der Prozessförderungspflicht vor der mündlichen Verhandlung scheidet schon nach dem Wortlaut dieser Vorschriften aus, da § 282 Abs. 1 nur für das Vorbringen in der mündlichen Verhandlung gilt.[27]

IV. Ablauf des frühen ersten Termins

13 **1. Vorbereitung des Termins.** Außer den in § 275 Abs. 1 S. 1 und 2 ausdrücklich benannten Vorbereitungsmaßnahmen sind weitere Vorschriften zur Vorbereitung des Verfahrens zu beachten. Nach Entscheidung der Verfahrenswahl für den frühen ersten Termin durch möglichst frühe Terminbestimmung gemäß §§ 272 Abs. 2 und 3, 216 Abs. 2 erfolgt die Zustellung der Klageschrift zusammen mit der Ladung des Beklagten gemäß den §§ 275, 274 Abs. 1 und 2. Die Ladung ist (im Anwaltsprozess) zugleich mit der Aufforderung zur Anwaltsbestellung (§ 271 Abs. 2) und der Aufforderung zur Erklärung, ob der Übertragung des Rechtsstreits auf den Einzelrichter Bedenken entgegenstehen (§ 277 Abs. 1 S. 2), zu bewirken. Dabei bleibt die letztere Aufforderung sanktionslos („soll") und löst deshalb auch keine weitergehenden Belehrungspflichten des Gerichts aus. Zusammen mit der Aufforderung nach § 275 Abs. 1 S. 1 ist der Beklagte dagegen über die Folgen der Fristversäumung nach § 277 Abs. 2 zu belehren. Bereits in diesem Verfahrensstadium können vorbereitende Anordnungen nach § 273 Abs. 2 in Betracht kommen.[28] Auch kann der frühe erste Termin durch einen vorterminlichen Beweisbeschluss nach § 358a, der unter den dort genannten Voraussetzungen auch jetzt schon ausgeführt werden kann, vorbereitet werden.[29]

14 **2. Inhalt und Ablauf des Termins.** Der frühe erste Termin ist seinem Wesen nach kein reiner Vorbereitungstermin für den Haupttermin (§ 279), sondern bereits ein **vollwertiger** mündlicher Verhandlungstermin, in dem Entscheidungsreife (§ 300 Abs. 1) herbeigeführt werden kann.[30]

---

[19] *Baumbach/Lauterbach/Hartmann* Rn. 8.
[20] *Stein/Jonas/Leipold* Rn. 13; AK-ZPO/*Deppe* Rn. 5.
[21] *Stein/Jonas/Leipold* Rn. 13.
[22] *Stein/Jonas/Leipold* Rn. 13; *Baumbach/Lauterbach/Hartmann* Rn. 7.
[23] *Stein/Jonas/Leipold* Rn. 15.
[24] *Baumbach/Lauterbach/Hartmann* Rn. 8.
[25] Vgl. hierzu § 296 Rn. 118ff.
[26] Zu den Voraussetzungen von § 296 Abs. 2 im Einzelnen und der Frage eines möglichen Ermessens bei der Präklusion vgl. § 296 Rn. 134ff.
[27] KG NJW 1980, 2362; *Stein/Jonas/Leipold* Rn. 16; *Deubner* NJW 1980, 2363.
[28] *Stein/Jonas/Leipold* Rn. 21; *Zöller/Greger* Rn. 1.
[29] *Zöller/Greger* Rn. 1; *Thomas/Putzo/Reichold* § 358a Rn. 1.
[30] Ganz hM, vgl. nur BGHZ 88, 180, 184 = NJW 1983, 2507; BGHZ 86, 31, 36 = NJW 1983, 575; *Stein/Jonas/Leipold* Rn. 19; *Baumbach/Lauterbach/Hartmann* Rn. 4, 9; *Zöller/Greger* Rn. 1; *Thomas/Putzo/Reichold* Rn. 1; AK-ZPO/*Menne* Rn. 2. Um diese Funktion des frühen ersten Termins zu unterstreichen wurde aus dem Gesetzesentwurf die ursprüngliche Fassung „zur Vorbereitung" gestrichen; vgl. BT-Drucks. 7/2729 S. 35ff. und 7/5250 S. 4ff. Ausführlich auch zur Funktion des frühen ersten Termins als vollwertiger Verhandlungstermin *Lange* NJW 1986, 1729ff.

Der Verfahrensablauf ist in § 275 selbst nicht geregelt, jedoch ergeben sich zum Haupttermin keine sachlichen Unterschiede. Der Gang des Termins richtet sich nach den §§ 137, 278, 279, 282 Abs. 3.[31] Das Gericht führt in den Sach- und Streitstand gemäß § 278 Abs. 2 Satz 2 ein und muss auch in dieser Verfahrenslage auf eine gütliche Beilegung des Rechtsstreites hinwirken.[32] Auch besteht bereits im frühen ersten Termin eine Hinweispflicht entsprechend § 139 Abs. 2.[33] Für das Vorbringen von Anträgen, Angriffs- und Verteidigungsmitteln gilt nichts vom Haupttermin Abweichendes. Auch Beweisanordnungen und Beweiserhebungen sind ohne weiteres zulässig. Erklärt der Beklagte im Rahmen dieses Termins ein Anerkenntnis, so ist dies nach weithin einhelliger Auffassung ein „sofortiges" im Sinne des § 93.[34]

V. Anordnungen zur Vorbereitung des Haupttermins (Abs. 2)

Ist der frühe erste Termin nicht ausreichend, um den Rechtsstreit gütlich beizulegen oder Entscheidungsreife herbeizuführen, so muss das Gericht nunmehr den Haupttermin weiter vorbereiten, sofern außer der Durchführung des frühen ersten Termins noch weitere Maßnahmen in Betracht kommen. Der notwendig gewordene Haupttermin muss nach § 272 Abs. 3 möglichst frühzeitig anberaumt werden.[35] Um den Haupttermin effektiv vorzubereiten, kommen namentlich folgende Maßnahmen in Betracht: der Erlass von Hinweis- und Aufklärungsbeschlüssen gemäß § 139, vorbereitende Maßnahmen nach § 273 Abs. 2 Nr. 1 bis 5 sowie die Anordnung und Ausführung von Beweisbeschlüssen nach § 358a. Auch die Bestimmung eines Termins zur Verkündigung einer Entscheidung im Falle des § 283 S. 1 kann in Betracht kommen.[36] 15

Auch nach Ablauf eines frühen ersten Termins ist noch eine Übertragung des Rechtsstreits an den Einzelrichter möglich (§ 348a). 16

VI. Weitere Fristsetzungen nach Abs. 3 und 4

1. Fristsetzung an den Beklagten nach Abs. 3. Das Gericht muss dem Beklagten in dem Termin eine Frist zur **schriftlichen Klageerwiderung** setzen, wenn er noch nicht in dem erforderlichen Maße auf die Klage erwidert hat. Dies ist vor allem dann denkbar, wenn der Verlauf des frühen ersten Termins weiteres Verteidigungsvorbringen des Beklagten erforderlich macht oder der Beklagte auf Grund der nunmehr veränderten Prozesssituation weitere Informationen einholen muss. Eine Fristsetzung nach Abs. 3 entfällt, wenn dem Beklagten bereits eine Frist nach Abs. 1 S. 1 gesetzt worden war oder diese Frist unverschuldet versäumt wurde.[37] Die Dauer der Frist beträgt nach § 277 Abs. 3 mindestens zwei Wochen.[38] Sie ist mit der Belehrung über die Folgen der Versäumung nach § 277 Abs. 2 zu verbinden.[39] Die vom Gericht erwarteten Darlegungen des Beklagten sollten im Einzelnen bezeichnet werden.[40] Der Beschluss, durch den die weitere Fristsetzung angeordnet wird, ist nach § 329 Abs. 1 S. 1 zu verkünden. Er kann auch mit der Anordnung weiterer Maßnahmen nach § 273 Abs. 2 Nr. 1 bis 4 verbunden werden.[41] Die Vorschrift gilt nach den §§ 611 Abs. 2, 640 Abs. 1 nicht in Ehe- und Kindschaftssachen. 17

2. Fristsetzung an den Kläger nach Abs. 4. a) Replik. Das Gericht kann auch den Kläger zu einer Stellungnahme auf die Klageerwiderung des Beklagten – sog. Replik – binnen einer weiteren Frist nach Abs. 4 auffordern. Dafür wird insbesondere Anlass sein, wenn das Gericht durch den weiteren Sachvortrag des Klägers eine Prozessverzögerung befürchtet. Eine Fristsetzung nach Abs. 4 ist nur dann zulässig, wenn sie zur **Vorbereitung des Haupttermins** erfolgt. Zur Vorbereitung eines Entscheidungstermines kann sie nicht gesetzt werden.[42] Die Fristsetzung kann sofort in dem 18

---

[31] *Zöller/Greger* Rn. 1; *Baumbach/Lauterbach/Hartmann* Rn. 9; *Putzo* NJW 1977, 1, 3; *Grunsky* NJW 1977, 202; anders *Musielak/Foerste* Rn. 6 und *Stein/Jonas/Leipold* Rn. 20, die § 278 z. Teil nicht für anwendbar halten.

[32] S. u. § 278 Rn. 9.

[33] Das ist anerkannt, vgl. *Musielak/Foerste* Rn. 6; *Stein/Jonas/Leipold* Rn. 20; *Thomas/Putzo/Reichold* § 278 Rn. 4.

[34] AA nunmehr *Vossler* NJW 2006, 1034, 1035 im Hinblick auf den neuen § 307 S. 2.

[35] *Zöller/Greger* Rn. 8 halten § 278 Abs. 4 für entsprechend anwendbar.

[36] *Thomas/Putzo/Reichold* Rn. 10, der aber in diesem Fall auf die Möglichkeit nach § 358a hinweist. Vgl. ferner zu den vorbereitenden Anordnungen *Stein/Jonas/Leipold* Rn. 22 bis 24; *Baumbach/Lauterbach/Hartmann* Rn. 9, 10; *Zöller/Greger* Rn. 9.

[37] *Zöller/Greger* Rn. 6; *Baumbach/Lauterbach/Hartmann* Rn. 11.

[38] Zur Fristdauer vgl. *Lange* NJW 1986, 1728, 1731; zur Möglichkeit einer erneuten Fristsetzung nach § 275 Abs. 3 *Grunsky* JZ 1977, 201, 203; krit. *Stein/Jonas/Leipold* Rn. 26.

[39] Zur Belehrung vgl. BGHZ 88, 180, 184 = NJW 1983, 2507; OLG Hamm NJW 1984, 1566.

[40] *Zöller/Greger* Rn. 6; *Baumbach/Lauterbach/Hartmann* Rn. 4.

[41] Vgl. hierzu § 273 Rn. 4ff.

[42] BVerfG NJW 1987, 2733, 2734 = JZ 1989, 90, 91.

frühen ersten Termin selbst oder außerhalb des frühen ersten Termins bestimmt werden.[43] Voraussetzung der Bestimmung der Replikfrist **im Termin** ist, dass bereits eine Klageerwiderung des Beklagten vorliegt, denn über den Fristbeginn durch Zustellung der Klageerwiderung muss Klarheit herrschen. Im Übrigen wird ohne das Vorliegen einer Klageerwiderung keine sichere Entscheidungsgrundlage für die Erforderlichkeit einer Replik vorliegen.[44]

19 Die Fristsetzung nach Abs. 4 ist strikt zu trennen von der Einräumung einer Frist nach § 283 auf Antrag einer Partei.[45]

20 **b) Außerhalb des Termins.** Erfolgt die Fristbestimmung außerhalb des Termins – dies kann vor oder nach dem Verhandlungstermin sein –, so ist zu beachten, dass die Verfügung nach § 329 Abs. 2 S. 2 zuzustellen ist.[46] Die früher vorhandene Streitfrage, wer für die Fristsetzung **außerhalb** der mündlichen Verhandlung zuständig ist, ist durch das ZPO-RG vom 27. 7. 2001 (BGBl. I S. 1887) gelöst worden. Durch den neuen Satz 2 in Abs. 4 kann nunmehr ausdrücklich der Vorsitzende allein die Frist setzen. Damit ist zugleich eine Harmonisierung mit Abs. 1 Satz 1 erreicht.

21 **c) Dauer der Frist.** Die Dauer der Frist beträgt nach § 277 Abs. 3 mindestens zwei Wochen.[47] Eine Belehrung über die Folgen der Fristversäumung ist hier nicht erforderlich, da § 277 Abs. 4 für die Replik nunmehr auch auf § 277 Abs. 2 verweist.[48] Neben der Aufforderung zur Replik sind ohne weiteres Maßnahmen nach § 273 Abs. 2 Nr. 1 zulässig, wobei sich diese Aufforderung aber auf das Vorbringen zu bestimmten Einzelpunkten beziehen muss. In Ehe- und Kindschaftssachen findet die Vorschrift nach §§ 611 Abs. 2, 640 Abs. 1 keine Anwendung.

§ 276 Schriftliches Vorverfahren

(1) [1]Bestimmt der Vorsitzende keinen frühen ersten Termin zur mündlichen Verhandlung, so fordert er den Beklagten mit der Zustellung der Klage auf, wenn er sich gegen die Klage verteidigen wolle, dies binnen einer Notfrist von zwei Wochen nach Zustellung der Klageschrift dem Gericht schriftlich anzuzeigen; der Kläger ist von der Aufforderung zu unterrichten. [2]Zugleich ist dem Beklagten eine Frist von mindestens zwei weiteren Wochen zur schriftlichen Klageerwiderung zu setzen. [3]Ist die Zustellung der Klage im Ausland vorzunehmen, so bestimmt der Vorsitzende die Frist nach Satz 1.

(2) [1]Mit der Aufforderung ist der Beklagte über die Folgen einer Versäumung der ihm nach Absatz 1 Satz 1 gesetzten Frist sowie darüber zu belehren, dass er die Erklärung, der Klage entgegentreten zu wollen, nur durch den zu bestellenden Rechtsanwalt abgeben kann. [2]Die Belehrung über die Möglichkeit des Erlasses eines Versäumnisurteils nach § 331 Abs. 3 hat die Rechtsfolgen aus den §§ 91 und 708 Nr. 2 zu umfassen.

(3) Der Vorsitzende kann dem Kläger eine Frist zur schriftlichen Stellungnahme auf die Klageerwiderung setzen.

Übersicht

[43] *Stein/Jonas/Leipold* Rn. 28; *Zöller/Greger* Rn. 7.
[44] BGH NJW 1980, 1167, 1168; *Zöller/Greger* Rn. 7.
[45] Vgl. dazu BVerfG JZ 1988, 90 m. Anm. *Leipold*; vgl. ferner § 283 Rn. 7.
[46] Vgl. auch *Stein/Jonas/Leipold* Rn. 33; *Baumbach/Lauterbach/Hartmann* Rn. 15; *Thomas/Putzo/Reichold* Rn. 4.
[47] Zur Dauer der Frist vgl. die in Fn. 14 Genannten.
[48] Rechtlage seit 1. 4. 1991 durch das Rechtspflege-Vereinfachungsgesetz v. 17. 12. 1990; dadurch ist BGHZ 88, 183 überholt.

I. Normzweck

1 Ebenso wie § 275 steht auch § 276 in untrennbarem Zusammenhang mit § 272 und stellt ein weiteres Mittel des Gerichts auf dem vom Gesetzgeber verfolgten alternativen Weg zur Beschleunigung des Verfahrens dar. Die Anwendung dieser Vorschrift setzt voraus, dass bereits eine Entscheidung über die Art der Vorbereitung des Haupttermins (§ 279) gefallen ist und das Gericht sich für die Auswahl des schriftlichen Vorverfahrens entschieden hat. § 276 hat aber nicht nur die allgemeine Beschleunigungsfunktion der §§ 272 ff.[1]

2 Durch die relativ kurze Frist zur Anzeige der Verteidigungsbereitschaft nach Abs. 1 S. 1 von nur zwei Wochen nach Klagezustellung soll das Verfahren nur auf diejenigen Fälle beschränkt werden, in denen eine ernsthafte Verteidigung des Beklagten in Betracht kommt. Andere Fälle sollen bereits in diesem frühen Verfahrensstadium herausgefiltert werden („Filterfunktion").[2]

3 Darüber hinaus bietet § 276 im Gegensatz zu § 275 die Möglichkeit, den anhängigen Rechtsstreit durch Versäumnisurteil gemäß den §§ 276 Abs. 1 S. 1, 331 Abs. 3 sowie Anerkenntnisurteil gemäß § 307 Abs. 2 **ohne mündliche Verhandlung** zur Erledigung zu bringen („Erledigungsfunktion").[3]

4 Für diejenigen Rechtsstreitigkeiten, die sich nicht bereits durch o. g. Maßnahmen erledigt haben, stellt das schriftliche Vorverfahren für das Gericht nunmehr, entsprechend seiner systematischen Stellung, eine Möglichkeit dar, zu einer konzentrierten und gelenkten Stoffsammlung im Interesse effektiver Verfahrensvorbereitung zu gelangen („Vorbereitungsfunktion").[4] Die Befugnis des Gerichts zur Festsetzung einer Frist für die Klageerwiderung[5] sowie einer Replikfrist[6] unterstreicht diese vorbereitende Funktion des schriftlichen Vorverfahrens.

II. Rechtsnatur und Anwendungsbereich

5 **1. Rechtsnatur.** Das schriftliche Vorverfahren weist die Besonderheit auf, dass lediglich auf Grund des klägerischen Vortrags und seines Antrags eine gerichtliche Entscheidung in Form eines Anerkenntnis- (§§ 276 Abs. 1 S. 1, 307 Abs. 2 S. 1) oder Versäumnisurteils (§§ 276 Abs. 1 S. 1, 331 Abs. 3 S. 1) ergehen kann. Dies ist zwar im frühen ersten Termin nach § 275 ebenfalls möglich, dennoch besteht nach § 276 die Möglichkeit, dass diese Entscheidungen **ohne mündliche Verhandlung** ergehen können und somit der Grundsatz der Mündlichkeit (§ 128 Abs. 1) durchbrochen ist. Anders als im schriftlichen Vorverfahren oder in einem weiteren Haupttermin stellt sich das schriftsätzliche klägerische Vorbringen hier nicht bloß als Ankündigung eines Vortrags dar – so der Regelfall[7] – sondern als echte Prozesshandlung,[8] die es dem Gericht ermöglicht, eine der o. g. Entscheidungen zu treffen. Es ist also eine gewisse Parallele zum schriftlichen Verfahren nach § 128 Abs. 2 und 3 gegeben.

6 Da das schriftliche Vorverfahren nur die Möglichkeit zulässt, prozessbeendigende Entscheidungen durch Anerkenntnis- oder Versäumnisurteil zu treffen und weitere Entscheidungen allein auf

---

[1] Zu den Funktionen des § 276 vgl. *Franzki* DRiZ 1977, 161, 163.

[2] *Stein/Jonas/Leipold* Rn. 1; *Franzki* DRiZ 1977, 161, 163.

[3] Vgl. zu den weiteren möglichen Prozeßhandlungen im schriftlichen Vorverfahren sogleich Rn. 7 ff.

[4] *Stein/Jonas/Leipold* Rn. 2; *Thomas/Putzo/Reichold* Rn. 1; AK-ZPO/*Menne* Rn. 2, der in dem schriftlichen Vorverfahren ein „Taktverfahren mit höherem Formalisierungsgrad" erblickt.

[5] Vgl. dazu Rn. 13 ff., 19 ff., 34 ff.

[6] Vgl. dazu Rn. 37.

[7] Vgl. hierzu *Thomas/Putzo/Reichold* § 129 Rn. 1; *Musielak/Stadler* § 129 Rn. 1; auch die Vorschriften der §§ 129, 129 a.

[8] *Stein/Jonas/Leipold* Rn. 4.

Grund des schriftlichen Sach- und Streitstands nicht zugelassen werden, bleibt die Notwendigkeit einer mündlichen Verhandlung im Grundsatz erhalten.[9] Das schriftliche Vorverfahren ist somit nicht dem schriftlichen Verfahren nach § 128 Abs. 2 und 3 zuzuordnen.

7 **2. Anwendungsbereich. a) Land- und amtsgerichtliches Verfahren; Verfahrensarten.** Das schriftliche Vorverfahren findet sowohl im **land-** als auch im **amtsgerichtlichen** Verfahren (§ 495) Anwendung. Auch nach Durchführung eines **Mahnverfahrens** und Abgabe des Rechtsstreits an das Prozessgericht nach Widerspruch gegen den Mahnbescheid (vgl. §§ 696, 697) sowie nach Einspruch gegen einen Vollstreckungsbescheid (vgl. § 700 Abs. 3, 4), kann der Haupttermin durch ein schriftliches Vorverfahren vorbereitet werden. Eine Fristsetzung nach Abs. 1 S. 1 sowie die Belehrungen des Abs. 2 kommen im Falle des Einspruchs gegen den Vollstreckungsbescheid allerdings nicht in Betracht.[10] Im **Urkundenprozess** nach den §§ 592ff. kann die mündliche Verhandlung ebenfalls nach § 276 vorbereitet werden, da dieses Verfahren trotz seiner beweisrechtlichen Besonderheiten im Wesentlichen dem normalen landgerichtlichen Verfahren folgt. Auch zur Vorbereitung des **Berufungstermins** kann das schriftliche Vorverfahren nach § 525 angewandt werden. Zur Vorbereitung der mündlichen **Revisionsverhandlung** ist ein Verfahren nach § 276 gemäß § 553 Abs. 1 nicht zulässig. Auch in **Ehe-** und **Kindschaftssachen** nach den §§ 611 Abs. 2, 640 Abs. 1[11] sowie im schriftlichen Verfahren nach § 128 Abs. 2 und 3 kommt § 276 nicht zur Anwendung. Im Verfahren des **vorläufigen Rechtsschutzes** nach den §§ 916ff. ist wegen der besonderen Eilbedürftigkeit sofort Termin zur mündlichen Verhandlung anzuberaumen (vgl. aber § 921 Abs. 1!); für ein Verfahren nach § 276 Abs. 1 und 3 ist hier kein Raum.

8 **b) Zulässige Prozesshandlungen der Parteien.** Im schriftlichen Vorverfahren sind außer dem Anerkenntnis (dazu unten c) folgende Prozesshandlungen der Parteien möglich:

9 Eine **übereinstimmende Erledigungserklärung** des Rechtsstreits im schriftlichen Vorverfahren wird für zulässig gehalten, weil dies dem Zweck des Vorverfahrens („Filter- und Erledigungsfunktion") entspricht.[12] Die in diesem Fall notwendige Kostenentscheidung nach § 91a kann ebenfalls ohne mündliche Verhandlung ergehen. Es ist nicht einzusehen, warum eine Hauptsacheentscheidung ohne mündliche Verhandlung möglich ist, für die Entscheidung in der Nebensache jedoch Termin anzuberaumen ist.[13] Nicht erforderlich ist es deshalb, in der Erledigungserklärung gleichzeitig ein Einverständnis der Parteien zur Entscheidung im schriftlichen Verfahren nach § 128 Abs. 2 zu sehen.[14]

10 Eine **einseitige Erledigungserklärung** kann im schriftlichen Vorverfahren nicht wirksam abgegeben werden. Da diese eine Form der Klageänderung darstellt, muss hierüber nach mündlicher Verhandlung entschieden werden.[15]

11 Ein **Prozessvergleich** ist im schriftlichen Vorverfahren nicht möglich. Dieser setzt ebenfalls eine mündliche Verhandlung oder aber die außergerichtliche Einigung der Parteien voraus.[16] Zu den durch das ZPO-Reformgesetz neu geschaffenen Güteverfahren und Vergleichsmöglichkeiten vgl. § 278 Abs. 5, 6.

12 Eine **Verweisung** des Rechtsstreits an das zuständige Gericht nach § 281 Abs. 1 ist im Verfahren nach § 276 dann möglich, wenn beide Parteien hierüber einig sind. In jedem Fall muss zum Verweisungsbeschluss zuvor rechtliches Gehör gewährt werden.[17]

---

[9] *Stein/Jonas/Leipold* Rn. 5f.

[10] *Stein/Jonas/Leipold* Rn. 44, 44a.

[11] AA AK-ZPO/*Menne* Rn. 19, der § 276 seinem Wesen nach für anwendbar hält, sofern hierdurch eine effektive Verfahrenskonzentration oder Stoffsammlung erreicht werden kann, aber lediglich die Säumnisfolgen des § 276 für ausgeschlossen hält. Angesichts des eindeutigen Wortlauts des § 611 Abs. 2 ist diese Auffassung bedenklich.

[12] OLG Koblenz MDR 1987, 679; OLG Nürnberg MDR 1982, 943; LAG Hamm NJW 1972, 2063; *Beuermann* DRiZ 1978, 311; *Walchshöfer* NJW 1973, 294; *Stein/Jonas/Leipold* Rn. 52.

[13] Wie hier: BGHZ 21, 298, 300 = NJW 1956, 1517; BGH NJW 1968, 991; LG Bamberg NJW-RR 1986, 998; OLG Bremen NJW 1975, 2074; OLG Saarbrücken FamRZ 1973, 468; OLG Stuttgart FamRZ 1973, 468; *Stein/Jonas/Leipold* Rn. 52; *Baumbach/Lauterbach/Hartmann* § 91a Rn. 143; *Zöller/Vollkommer* § 91a Rn. 23; AK-ZPO/*Menne* Rn. 14; *Beuermann* DRiZ 1978, 311. Dagegen: OLG Koblenz MDR 1987, 679, 678; OLG Nürnberg MDR 1982, 943; LAG Hamm NJW 1972, 2063; *Walchshöfer* NJW 1973, 294. Zur analogen Anwendung der §§ 331, 35 BRAGO bei übereinstimmender Erledigungserklärung vgl. OLG Koblenz (Fn. 12).

[14] So aber AK-ZPO/*Menne* Rn. 14; dagegen; *Beuermann* DRiZ 1978, 311, 312. Dieser Meinungsstreit dürfte durch § 91a Abs. 1 Satz 2 überholt sein.

[15] *Stein/Jonas/Leipold* Rn. 52.

[16] *Stein/Jonas/Leipold* Rn. 52.

[17] OLG Zweibrücken Rpfleger 1981, 368; OLG Hamm MDR 1981, 305; *Stein/Jonas/Leipold* Rn. 53 und § 281 Rn. 19; *Baumbach/Lauterbach/Hartmann* § 281 Rn. 22; *Zöller/Greger* § 281 Rn. 12.

c) Ein sofortiges Anerkenntnis i. S. von § 93 wurde bisher nur akzeptiert, wenn es innerhalb der Frist des § 276 Abs. 1 S. 1 (Anzeige der Verteidigungsbereitschaft) erklärt wurde.[18] Nunmehr wird im Hinblick auf den durch das 1. JuMoG seit 1. 9. 2004 geänderten § 307 S. 2 zunehmend die Auffassung vertreten, dass es ausreicht, ein noch innerhalb der Frist des § 276 Abs. 1 S. 2 (Frist zur Klageerwiderung) abgegebenes Anerkenntnis als sofortiges zu werten.[19] Dem ist zuzustimmen. Der Grundsatz der Mündlichkeit, der darüber hinaus gebieten würde, ein sofortiges Anerkenntnis noch bis zur ersten mündlichen Verhandlung anzuerkennen, ist durch § 307 S. 2 nunmehr generell durchbrochen. 12 a

III. Aufforderungen des Vorsitzenden

1. Inhalt der Aufforderungen. a) Fristsetzung. Der Vorsitzende muss den Beklagten nach § 276 Abs. 1 S. 1 1. Halbs. auffordern, seine Verteidigungsbereitschaft binnen einer Notfrist von mindestens zwei Wochen schriftlich gegenüber dem Gericht zu erklären. Dem Kläger ist hierbei gemäß § 276 Abs. 1 S. 1 2. Halbs. formlos Mitteilung zu machen, damit dieser erfährt, dass das schriftliche Vorverfahren in Gang gesetzt wurde.[20] Zugleich mit der weiteren Aufforderung, binnen einer Frist von mindestens zwei weiteren Wochen auf die Klage zu erwidern (Abs. 1 S. 2), ist dem Beklagten die Klageschrift zuzustellen (§§ 276 Abs. 1, 271 Abs. 1). Sofern die Zustellung der Klage **im Ausland** erfolgen muss, bestimmt der Vorsitzende die Frist zur Anzeige der Verteidigungsbereitschaft nach seinem Ermessen (Abs. 1 S. 3; vgl. Rn. 35). Die Mindestfrist von zwei Wochen darf er dabei nicht unterschreiten.[21] Für das Verfahren im Einzelnen gelten die §§ 183, 184. Neben der Klagezustellung und den Fristsetzungen nach Abs. 1 S. 1 und 2 ist der Beklagte ferner aufzufordern, sofern er eine Verteidigung beabsichtigt, einen zur Rechtsanwaltschaft (§ 6 BRAO) zugelassenen Rechtsanwalt zu bestellen und sich darüber zu äußern, ob der Übertragung des Rechtsstreits auf den Einzelrichter Bedenken entgegenstehen (§§ 271 Abs. 2, 277 Abs. 1 S. 2). 13

b) Folgen der Versäumung. Zugleich mit der Aufforderung nach Abs. 1 S. 1 ist der Beklagte über die Folgen der Versäumung der dort bestimmten Frist zu belehren (Abs. 2). Konkret ist ein Hinweis erforderlich, dass im schriftlichen Vorverfahren ein Versäumnisurteil ohne jede mündliche Verhandlung erlassen werden kann.[22] Hinweise, dass bis zu dem in § 331 Abs. 3 S. 1 genannten Zeitpunkt die Erklärung des Beklagten berücksichtigt wird, sind nicht erforderlich.[23] Im Verfahren mit Anwaltszwang ergeht die Belehrung nach Abs. 2, Satz 1, 2. Halbs. auch dahin, dass die Anzeige der Verteidigungsbereitschaft wirksam nur durch einen zur Rechtsanwaltschaft (§ 6 BRAO) zugelassenen Rechtsanwalt abgegeben werden kann (§ 271 Abs. 2).[24] Im amtsgerichtlichen Verfahren ist der Beklagte darüber hinaus gemäß § 499 zusammen mit der Aufforderung nach Abs. 2 darüber zu belehren, dass auch die Möglichkeit des Erlasses eines Anerkenntnisurteils nach § 307 Abs. 2 im schriftlichen Vorverfahren besteht, sofern er den Anspruch schriftlich anerkennt. Die Belehrung über diese Möglichkeit eines Versäumnisurteils im schriftlichen Verfahren nach § 331 Abs. 3 muss auch die Rechtsfolgen für die Kosten und die vorläufige Vollstreckbarkeit einhalten (Abs. 2 Satz 2 unter Hinweis auf §§ 91, 708 Nr. 2). 14

c) Befugnisse der Vorsitzenden. Die **Fristsetzungen** und **Belehrungen** erfolgen ausschließlich **durch den Vorsitzenden,** weil auch die Verfahrenswahl nach § 272 Abs. 2 von diesem zu treffen ist.[25] Andere Gerichtsmitglieder sind zur Vornahme dieser Anordnungen nicht befugt. Die prozessleitenden Verfügungen des Vorsitzenden sind wegen der Fristsetzungen nach Abs. 1 S. 1 und 2 durch vollständig unterschriebene und beglaubigte Abschrift nach § 329 Abs. 2 S. 2 zuzustellen.[26] Neben den Fristsetzungen und Belehrungen bleiben weitere vorbereitende Maßnahmen nach den §§ 273, 358 a, 139 unberührt. 15

---

[18] OLG Bremen NJW 2005, 228 m. weit. Nachw.; OLG Zweibrücken NJW-RR 2002, 138; OLG Braunschweig JurBüro 1999, 36; OLG Köln, OLG-Report 2002, 160.

[19] *Vossler* NJW 2006, 1034, 1035 m. weit. Nachw.

[20] *Baumbach/Lauterbach/Hartmann* Rn. 6; AK-ZPO/*Menne* Rn. 4.

[21] *Stein/Jonas/Leipold* Rn. 13; *Zöller/Greger* Rn. 6; vgl. zu den maßgeblichen ermessensleitenden Erwägungen des Vorsitzenden auch Rn. 33 und § 274 Rn. 14.

[22] *Stein/Jonas/Leipold* Rn. 15; *Baumbach/Lauterbach/Hartmann* Rn. 14 mit Hinweis, daß die Verwendung des Wortes „Versäumnisurteil" eine zur Ablehnung führende Festlegung des Gerichts bedeuten kann (dieses Bedenken leuchtet nicht ein).

[23] So auch *Stein/Jonas/Leipold* Rn. 16; aA *Baumbach/Lauterbach/Hartmann* Rn. 15.

[24] Vgl. zur Belehrung der Folgen der Versäumung der Klageerwiderungsfrist nach § 276 Abs. 1 S. 2 auch § 277 Abs. 2 (dort Rn. 7 ff.).

[25] *Stein/Jonas/Leipold* Rn. 22; *Zöller/Greger* Rn. 4; *Baumbach/Lauterbach/Hartmann* Rn. 4, 9; *Musielak/Foerste* Rn. 2.

[26] BGHZ 76, 236, 238 = NJW 1980, 1167; OLG Düsseldorf MDR 1985, 852 = NJW-RR 1986, 799; *Stein/Jonas/Leipold* Rn. 22; *Baumbach/Lauterbach/Hartmann* Rn. 6.

16 **2. Verstöße des Gerichts.** Erfolgt die Belehrung des Beklagten über die Folgen der Fristversäumung nicht oder nicht korrekt oder ist die Fristsetzung fehlerhaft, darf ein Versäumnisurteil wegen nicht fristgerecht erfolgter Anzeige der Verteidigungsbereitschaft gegen den Beklagten nicht ergehen (§§ 331 Abs. 3, 335 Abs. 1 Nr. 4).[27] Darüber hinaus kann wegen der Mitverantwortung des Gerichts oder wegen fehlenden Verschuldens des Beklagten an der Versäumung der Frist die Zurückweisung verspäteten Vorbringens nach § 296 Abs. 1 ausgeschlossen sein.[28]

17 Die Heilung einer fehlerhaften Zustellung der Fristverfügung nach Abs. 1 S. 1 ist nicht möglich, da es sich hierbei um eine Notfrist handelt (§ 187 S. 2).[29] Möglich ist allerdings eine nachträgliche Behebung der Mängel. Die Fristen können jedoch erst ab Zustellung der fehlerfreien Verfügung zu laufen beginnen.[30]

18 Die Fristsetzungen sind nicht selbstständig anfechtbare prozessleitende Verfügungen des Gerichts. Ihre Überprüfung kann allenfalls mittelbar im Wege der Überprüfung des Endurteils erfolgen.[31]

IV. Aufforderung zur Anzeige der Verteidigungsbereitschaft (Abs. 1 S. 1)

19 **1. Inhalt und Frist. a) Darlegung der Verteidigungsabsicht.** Wählt der Vorsitzende das schriftliche Vorverfahren, muss der Beklagte zusammen mit der unverzüglich zuzustellenden Klage (§ 271 Abs. 1) aufgefordert werden, binnen einer Notfrist von zwei Wochen nach Klagezustellung seine Absicht, sich gegen die Klage verteidigen zu wollen, dem Gericht schriftlich anzuzeigen. Im amtsgerichtlichen Verfahren ist der Beklagte zudem darauf hinzuweisen, dass dies auch schriftlich oder zu Protokoll der Geschäftsstelle erfolgen kann (§§ 129, 129a).[32] Damit der Kläger von der Verfahrenswahl Kenntnis erlangen kann, ist er nach Abs. 1 S. 1 2. Halbs. hiervon zu unterrichten. Zeigt der Beklagte in Unkenntnis eines bereits gegen ihn ergangenen Versäumnisurteils seine Verteidigungsbereitschaft an, so kann diese in einem Einspruch umgedeutet werden.[33]

20 **b) Festsetzung und Dauer.** Die Frist der Anzeige der Verteidigungsbereitschaft beträgt zwei Wochen ab Klagezustellung.[34] Sie ist eine Notfrist, wird also durch die Gerichtsferien nicht gehemmt (§ 223 Abs. 2). Eine Abkürzung der Frist kommt nicht in Betracht (§ 224 Abs. 1). Gegen die Versäumung dieser Frist kann die Wiedereinsetzung in den vorigen Stand nach § 233 gewährt werden.[35]

21 **2. Folgen der Fristversäumung und weiteres Verfahren.** Nach erfolgter Aufforderung und Fristsetzung des Gerichts an den Beklagten sind folgende Verfahrenssituationen denkbar:

22 **a) Anerkenntnis des Beklagten.** Der Beklagte erkennt nach Antrag des Klägers, der bereits in der Klageschrift gestellt werden kann (§ 307 Abs. 2 S. 2), den Anspruch im schriftlichen Vorverfahren an. Es ergeht Anerkenntnisurteil nach den §§ 276 Abs. 1, 307 Abs. 2.[36] Das Anerkenntnis unterliegt im Anwaltsprozess (§ 78 Abs. 1) dem Anwaltszwang.[37] Stellt der Kläger keinen Antrag, so ist Haupttermin anzuberaumen.[38] Auch ein nach Anzeige der Verteidigungsabsicht erklärtes Anerkenntnis ist noch ausreichend für § 93, wenn es innerhalb der Klageerwiderungsfrist erfolgt.[39]

23 **b) Fehlende Verteidigungsanzeige und fehlender Antrag des Klägers.** Gibt der Beklagte innerhalb der Frist des Abs. 1 S. 1 keine Erklärung ab oder erfolgt die Erklärung durch postulationsunfähige Personen und hat auch der Kläger in der Klageschrift keinen Antrag nach § 331 Abs. 3

---

[27] *Stein/Jonas/Leipold* Rn. 24; *Baumbach/Lauterbach/Hartmann* Rn. 7; *Bergerfurth* JZ 1978, 293, 300.

[28] BGH NJW 1994, 736; BGH NJW 1991, 2773, 2774; OLG Düsseldorf NJW 1984, 1567; *Stein/Jonas/Leipold* Rn. 24; *Baumbach/Lauterbach/Hartmann* Rn. 7; *Bischof* NJW 1977, 1899; vgl. auch § 296 Rn. 116ff., 129.

[29] BGHZ 88, 180, 183 = NJW 1983, 2507; BGHZ 86, 218, 221 = NJW 1983, 822; BGH NJW 1986, 133 = NJW-RR 1986, 62; *Baumbach/Lauterbach/Hartmann* Rn. 7.

[30] *Stein/Jonas/Leipold* Rn. 24; *Bergerfurth* JZ 1978, 298, 300.

[31] Vgl. auch zur Anfechtungsmöglichkeit der Terminsverfügung § 272 Rn. 29ff.

[32] Für eine Belehrung in diesem Sinne *Baumbach/Lauterbach/Hartmann* Rn. 5; *Zöller/Greger* Rn. 4.

[33] OLG Braunschweig FamRZ 1995, 237; aA AG Dortmund MDR 1992, 413; ferner s. u. § 340 Rn. 7.

[34] Zur Frist bei Auslandszustellungen vgl. Rn. 35.

[35] Siehe hierzu auch Rn. 31.

[36] BGH NJW 1993, 1717 (dort auch dazu, daß dieses Anerkenntnis seine Wirkung für den gesamten Prozeß behält).

[37] *Zöller/Greger* Rn. 13; *Thomas/Putzo/Reichold* Rn. 6.

[38] Vgl. nur *Thomas/Putzo/Reichold* Rn. 6.

[39] KG MDR 2006, 1426.

S. 1 gestellt, kann mangels Antrags kein Versäumnisurteil nach § 331 Abs. 3 ergehen.[40] Auch in diesem Fall ist Haupttermin anzusetzen.[41]

24 **c) Fehlende Verteidigungsanzeige des Beklagten.** Fehlt die Erklärung des Beklagten, sich gegen die Klage verteidigen zu wollen oder erklärt er sogar ausdrücklich, sich nicht verteidigen zu wollen,[42] dann ist auf Antrag des Klägers[43] im schriftlichen Vorverfahren Versäumnisurteil zu erlassen, sofern die weiteren Voraussetzungen für das Versäumnisurteil vorliegen.[44] Ein echtes Versäumnisurteil gegen den Kläger ist dagegen im schriftlichen Verfahren ausgeschlossen (s. u. § 331 Rn. 50). Dagegen ist ein streitiges Urteil gegen den Kläger („unechtes Versäumnisurteil") möglich.[45]

25 **aa)** Die Verteidigungsanzeige ist jedenfalls dann i. S. v. § 276 Abs. 1 versäumt, wenn sie nicht rechtzeitig **bis zum Ablauf der Frist** nach Abs. 1 S. 1 bei Gericht eingeht. Geht sie **nach** Ablauf der Frist ein, aber noch **vor** dem Zeitpunkt, in dem das bereits abgesetzte und unterschriebene Versäumnisurteil der Geschäftsstelle übergeben wurde, ist die Frist zwar ebenfalls versäumt, aber dennoch kommt ein Erlass des Versäumnisurteils nach § 331 Abs. 3 S. 1 2. Halbs. nicht in Betracht.[46] Hierbei kommt es nicht darauf an, dass die gesetzliche Frist abgelaufen ist oder die Fristüberschreitung schuldhaft erfolgte.[47]

26 **bb)** Hat die beklagte Partei **Prozesskostenhilfe** beantragt, so wird die Beauftragung eines Rechtsanwalts, die nach § 271 Abs. 2 im Anwaltsprozess bereits für die Abgabe der Verteidigungserklärung nach Abs. 1 S. 1 erforderlich ist, innerhalb der kurzen Frist kaum möglich sein. Zudem ist die Bewilligung der Prozesskostenhilfe oftmals erst Voraussetzung für eine Beauftragung eines Prozessvertreters.

27 Da in dieser Situation die Frist des Abs. 1 S. 1 weiterläuft, bleibt an sich der Erlass eines Versäumnisurteils möglich.[48] Das Gericht muss daher in entsprechender Anwendung von § 337 die Entscheidung über den Antrag auf Erlass des Versäumnisurteils bis zur Entscheidung über den Antrag auf Bewilligung der Prozesskostenhilfe zurückstellen.[49] Ist dennoch ein Versäumnisurteil ergangen, so kann dieses durch eine Wiedereinsetzung in den vorigen Stand nicht mehr beseitigt werden, obwohl eine Wiedereinsetzung gegen die Notfrist des § 276 Abs. 1 S. 1 grundsätzlich möglich ist. Nach Zustellung des Versäumnisurteils ist die Wiedereinsetzung also im Grunde wirkungslos. Bedeutung kann sie allenfalls in dem kurzen Zeitraum zwischen Übergabe des Versäumnisurteils an die Geschäftsstelle und seiner Zustellung haben.[50]

28 **cc)** Wird das schriftliche Vorverfahren nach Widerspruch gegen einen Mahnbescheid (§ 694 Abs. 1) in Gang gesetzt, so kommt es seit der Neuregelung durch das Rechtspflege-Vereinfachungsgesetz 1990 zu einem streitigen Verfahren, in dem die allgemeinen Regeln einschließlich der Möglichkeit des schriftlichen Vorverfahrens gemäß § 276 gelten (vgl. §§ 696, 697). Dies bedeu-

---

[40] Hier wird allerdings zuvor für das Gericht Anlaß bestehen, seine Fragepflicht nach § 139 auszuüben und zwar unabhängig davon, ob der Beklagte anwaltlich vertreten ist; *Baumbach/Lauterbach/Hartmann* § 331 Rn. 16; *Bischof,* Der Zivilprozeß in der gerichtlichen Praxis, Rn. 121; *Kramer* NJW 1977, 1658.

[41] *Stein/Jonas/Leipold* Rn. 45; *Zöller/Greger* Rn. 11; *Thomas/Putzo/Reichold* Rn. 4; *Bergerfurth* NJW 1978, 298, 299; *Brühl* FamRZ 1978, 552; aA *Baumbach/Lauterbach/Hartmann* Rn. 8, § 331 Rn. 16; *Bischof,* Der Zivilprozeß in der gerichtlichen Praxis, Rn. 121; *Kramer* NJW 1977, 1662, die das Ruhen des Verfahrens nach § 331 a analog anordnen wollen. Nach AK-ZPO/*Menne* Rn. 10 soll der nach Terminbestimmung gestellte Antrag auf Erlaß eines Versäumnisurteils nicht mehr zu berücksichtigen sein, weil bereits ein Vertrauenstatbestand auf Durchführung der mündlichen Verhandlung geschaffen wurde; vgl. auch OLG München MDR 1983, 324; KG MDR 1985, 416.

[42] Nach *Stein/Jonas/Leipold* Rn. 27 soll diese Erklärung nicht zugleich als Anerkenntnis iSv. § 307 Abs. 2 zu interpretieren sein.

[43] Ausführlich zum Antrag des Klägers *Stein/Jonas/Leipold* Rn. 32. Der Antrag ist dem Beklagten vor Erlaß des Versäumnisurteils mitzuteilen, da ansonsten Art. 103 Abs. 1 GG verletzt ist; AK-ZPO/*Menne* Rn. 7 aA KG NJW-RR 1994, 1344 m. weit. Nachw.

[44] *Stein/Jonas/Leipold* Rn. 33; s. auch § 331 Rn. 41 ff.

[45] OLG Brandenburg, NJW-RR 1997, 1518; zu weiteren Nachw. s. u. § 331 Rn. 50.

[46] Das Versäumnisurteil ist in diesem Zeitpunkt, obwohl schon erlassen, mangels Zustellung nach § 310 Abs. 3 noch nicht wirksam.

[47] *Stein/Jonas/Leipold* Rn. 29; *Zöller/Greger* Rn. 9; *Thomas/Putzo/Reichold* Rn. 5; *Bergerfurth* JZ 1978, 298, 299.

[48] *Baumbach/Lauterbach/Hartmann* Rn. 18.

[49] AK-ZPO/*Menne* Rn. 6 mit ausführlicher Darstellung der gesetzgeberischen Beratungen zu diesem Problem in BT-Drucks. 7/2729 S. 70, 130, 7/5250 S. 8; *Zöller/Greger* Rn. 10; *Thomas/Putzo/Reichold* Rn. 5; *Bergerfurth* JZ 1978, 298, 299; *Bischof,* Der Zivilprozeß in der gerichtlichen Praxis, Rn. 202; *Dittmar* AnwBl. 1979, 166, 167; *Franzki* DRiZ 1977, 161, 163; *Klinge* AnwBl. 1977, 395, 396; *Kramer* ZZP 91 (1981), 71, 77; *Rosenberg/Schwab/Gottwald* § 107 IV 1 a; *Schneider* JurBüro 1977, 1313, 1314.

[50] Im Einzelnen s. Rn. 32 ff.

tet, dass der Beklagte sich nunmehr auf die Aufforderung des Gerichts gemäß § 276 Abs. 1 Satz 1 schriftlich melden und seine Verteidigungsbereitschaft anzeigen muss. Anderenfalls kann gegen ihn nach den allgemeinen Regeln ein Versäumnisurteil gemäß § 331 Abs. 3 ergehen. Im Hinblick darauf muss die richterliche Belehrung den Hinweis enthalten, dass die Erhebung des Widerspruches für sich im Mahnverfahren noch nicht als Anzeige der Verteidigungsabsicht gilt.[51]

29 **dd)** Von dem soeben behandelten Fall abzugrenzen ist es, wenn bereits ein Vollstreckungsbescheid vorliegt und die Sache nach einem Einspruch in das streitige Verfahren übergeht (§§ 700 Abs. 3, Abs. 4, 697 Abs. 1). Zwar kann auch in diesem Fall ein schriftliches Vorverfahren angeordnet werden (vgl. § 700 Abs. 4), jedoch kommt hier die Erklärung der Verteidigungsabsicht nicht mehr in Betracht. Dies ergibt sich nunmehr ausdrücklich aus der Einschränkung des § 700 Abs. 4 S. 2. Damit ist in diesem Fall ein Versäumnisurteil im schriftlichen Verfahren gemäß § 331 Abs. 3 nicht zulässig.[52]

30 **ee)** Die streitige Frage, wie zu verfahren ist, wenn die Entscheidung über den Erlass eines Versäumnisurteils nach § 331 Abs. 3 in die Gerichtsferien fällt, hat sich dadurch erledigt, dass die Gerichtsferien seit 1. 1. 1997 abgeschafft sind (Gesetz vom 28. 10. 1996, BGBl. I S. 1556).

31 **d) Einspruch und Wiedereinsetzung.** Versäumt der Beklagte die Frist nach Abs. 1 S. 1, so kann er unter den Voraussetzungen des § 233 Wiedereinsetzung in den vorigen Stand beantragen. Der Wiedereinsetzungsantrag ist unnötig, aber auch unschädlich, wenn ein zwischenzeitlich abgesetztes Versäumnisurteil noch nicht der Geschäftsstelle übergeben wurde. In diesem Fall kann ungeachtet eines Wiedereinsetzungsantrags nach § 331 Abs. 3 S. 1 kein Versäumnisurteil ergehen.

32 Für den Zeitraum zwischen Übergabe an die Geschäftsstelle (§ 331 Abs. 3 S. 1) und Zustellung des Versäumnisurteils (§ 310 Abs. 3) kann der Wiedereinsetzungsantrag allerdings angebracht sein.[53]

33 Ist das Versäumnisurteil bereits erlassen und zugestellt, können dessen Wirkungen nur noch durch einen Einspruch nach § 338 beseitigt werden. Eine Wiedereinsetzung kommt nicht in Betracht, da diese nur die Versäumung der Anzeigefrist des Abs. 1 S. 1 beseitigt, nicht aber das Versäumnisurteil selbst.[54] Die Regelungen über den Einspruch gehen insoweit der Möglichkeit der Wiedereinsetzung vor.

V. Frist zur Klageerwiderung (Abs. 1 S. 2)

34 **1. Inhalt und Form.** Zugleich mit der Aufforderung zur Anzeige der Verteidigungsabsicht muss das Gericht dem Beklagten eine Frist zur Klageerwiderung nach Abs. 1 S. 2 setzen, was jedoch nur dann sinnvoll ist, wenn der Beklagte sich überhaupt verteidigen will.[55] Die beglaubigte und mit vollem Namen unterschriebene Verfügung, die nur vom Vorsitzenden getroffen werden kann,[56] ist dem Beklagten förmlich zuzustellen (§ 329 Abs. 2 S. 2).

35 **2. Frist.** Die Frist zur Abgabe der Klageerwiderung beträgt mindestens zwei Wochen. Sie ist keine Notfrist wie die des Abs. 1 S. 1 und läuft daher nicht in den Gerichtsferien (§ 223 Abs. 1). Bei der Fristbemessung wird der Umfang und der Schwierigkeitsgrad des Rechtsstreits zu berücksichtigen sein.[57] Eine Fristverlängerung ist nach § 224 Abs. 2 möglich. Bei erheblich geändertem Sachvortrag oder bei einer Klageänderung kann die Frist verlängert werden bzw. eine neue Frist bestimmt werden.[58] Bei **im Ausland** vorzunehmenden Zustellungen ist Abs. 1 S. 3 zu beachten. Danach bestimmt der Vorsitzende die Frist zur Erklärung der Verteidigungsbereitschaft nach seinem Ermessen unter Beachtung von Entfernungen, örtlichen Gegebenheiten und eventuellen Überset-

---

[51] *Holch* NJW 1991, 3178; *Hansens* NJW 1991, 960; *Zöller/Vollkommer* § 697 Rn. 9.

[52] OLG Nürnberg NJW-RR 1996, 58; *Holch* NJW 1991, 3179; *Zöller/Vollkommer* § 700 Rn. 13.

[53] *Unnützer* NJW 1978, 985; *Stein/Jonas/Leipold* Rn. 39; *Jauernig* § 67 III 4; aA *Kramer* ZZP 91 (1978), 71, 77; *Bergerfurth* JZ 1978, 293, 299; *Rastätter* NJW 1978, 95, 96.

[54] KG MDR 1996, 634; *Zöller/Greger* Rn. 10a; *Thomas/Putzo/Reichold* Rn. 5; *Jauernig* § 67 III 4; *Kramer* ZZP 91 (1981), 71, 76; aA *Stein/Jonas/Leipold* Rn. 40, der darüberhinaus neben dem Wiedereinsetzungsantrag auch den Einspruch des Beklagten gegen das Versäumnisurteil für den Fall, daß dem Antrag auf Wiedereinsetzung nicht stattgegeben wird, für zulässig hält; *Rastätter* NJW 1978, 95; *Dittmar* AnwBl. 1979, 166, 167 unter Berufung auf die Rspr. des BGH zu § 519; *Gerhardt* ZZP 99 (1986) 492, 493.

[55] OLG Düsseldorf NJW 1981, 2264 m. abl. Anm. *Deubner; Baumbach/Lauterbach/Hartmann* Rn. 9; aA *Thomas/Putzo/Reichold* Rn. 9.

[56] BGH NJW 1991, 2773f.; *Zöller/Greger* Rn. 4; *Stein/Jonas/Leipold* Rn. 19; aA *Baumbach/Lauterbach/Hartmann* Rn. 9; *Thomas/Putzo/Reichold* Rn. 9.

[57] Kritisch zur Gesetzestechnik, die den Beginn der zweiten Frist vom Ablauf der ersten Frist abhängig macht AK-ZPO/*Menne* Rn. 15.

[58] OLG Düsseldorf MDR 1980, 943; *Stein/Jonas/Leipold* Rn. 20; *Baumbach/Lauterbach/Hartmann* Rn. 10; *Musielak/Foerste* Rn. 4.

zungsproblemen. Der Vorsitzende bestimmt die Frist zusammen mit der Einlassungsfrist (§ 274 Abs. 3 S. 3). Innerhalb dieser richterlich bestimmten Frist muss der ausländische Beklagte einen inländischen Zustellungsbevollmächtigten bestellen (§ 184 Abs. 1).

3. Folgen der Fristversäumung. Wird die Frist zur Klageerwiderung nach Abs. 1 S. 2 vom Beklagten versäumt, so ist nach den §§ 272 Abs. 3, 216 Abs. 2 unverzüglich ein möglichst frühzeitiger Verhandlungstermin (§ 279) zu bestimmen.[59] Bei Vorbringen von Angriffs- und Verteidigungsmitteln in der verspäteten Klageerwiderung können sich die Folgen aus § 296 Abs. 1 ergeben.[60] Die Versäumung der Klageerwiderungsfrist nach Abs. 1 S. 2 bleibt nicht etwa deshalb folgenlos, weil die Erklärung der Verteidigungsbereitschaft nach Abs. 1 S. 1 noch vor Übergabe des Versäumnisurteils an die Geschäftsstelle einging und so den Erlass eines Versäumnisurteils zu verhindern in der Lage war. Auch in diesem Fall kann die Versäumung der Frist nach Abs. 1 S. 2 Präklusionsfolgen haben.[61] Hat der Beklagte eine (mögliche)Einrede der Schiedsvereinbarung nach § 1032 nicht innerhalb der Frist zur Klageerwiderung erhoben, ist er damit nicht ausgeschlossen. Die Einrede kann vielmehr noch bis zum Beginn der mündlichen Verhandlung zur Hauptsache geltend gemacht werden.[62] 36

VI. Frist zur Stellungnahme auf die Klageerwiderung (Abs. 3)

1. Grundsatz. Nach Abs. 3 kann der Vorsitzende dem Kläger nach Eingang der Klageerwiderung nunmehr eine befristete Möglichkeit geben, auf die Klageerwiderung schriftsätzlich Stellung zu nehmen (sog. Replik). Die Vorschrift des Abs. 3 bestimmt aber lediglich die vom Gericht zu bestimmende Frist. Die näheren inhaltlichen Anforderungen der Verfügung werden in § 277 Abs. 1, 3 und 4 umschrieben. Der Vorsitzende hat bei der Entscheidung, ob er dem Kläger die Möglichkeit zur Replik gibt, sowie bei der Bemessung dieser Frist freies Ermessen.[63] Angebracht ist die Möglichkeit zur Replik insbesondere dann, wenn der Vortrag des Beklagten weitere Ausführungen des Klägers notwendig macht.[64] Die Frist beträgt mindestens zwei Wochen (§ 277 Abs. 3 und 4). Sie ist keine Notfrist. Ihr Lauf kann allerdings erst beginnen, wenn bereits die Klageerwiderung des Beklagten bei Gericht eingegangen ist.[65] Der Vorsitzende kann die Verfügung formlos oder, wenn die Frist des Abs. 3 gewahrt werden soll, durch zuzustellende beglaubigte und unterschriebene Verfügung nach § 329 Abs. 2 S. 2 bewirken. Im amtsgerichtlichen Verfahren ist gemäß § 496 auf die §§ 129, 129a hinzuweisen.[66] Die Replikfristsetzung sollte aber nicht dazu dienen, den Prozess durch eine lange schriftsätzliche Vorbereitungsphase hinauszuschieben. Im Einzelfall wird es sich daher anbieten, zugleich mit der Fristbestimmung den Haupttermin zu bestimmen und weitere vorbereitende Maßnahmen zu ergreifen (§§ 273, 358a, 139, 278 Abs. 3). 37

2. Folgen der Versäumung. Auch hier kann die Versäumung der wirksam gesetzten Frist zur Möglichkeit führen, verspätetes Vorbringen gemäß § 296 Abs. 1 zurückzuweisen.[67] Ist die Möglichkeit zur Replik ohne Fristsetzung erfolgt, so kann eine Zurückweisung aber nach den §§ 296 Abs. 2, 282 in Betracht kommen.[68] 38

VII. Anberaumung des Haupttermins

Nach Ablauf der in Abs. 1 S. 2 und Abs. 3 gesetzten Fristen ist nach den §§ 272 Abs. 3, 216 Abs. 2 unverzüglich und möglichst frühzeitig ein Termin zur mündlichen Verhandlung (§ 279) anzuberaumen. Mit Ablauf der o.g. Fristen und der Terminbestimmung endet das schriftliche Vorverfahren ohne weiteres. Einer gesonderten Aufhebungsverfügung bedarf es nicht.[69] Die Terminsbestimmung für den Haupttermin kann jedoch bereits vor diesem Zeitpunkt getroffen werden. Es 39

---

[59] *Baumbach/Lauterbach/Hartmann* Rn. 12; *Zöller/Greger* Rn. 12; *Thomas/Putzo/Reichold* Rn. 12.

[60] Vgl. hierzu genauer § 296 Rn. 39 ff.

[61] *Stein/Jonas/Leipold* Rn. 47; aA *Kramer* NJW 1977, 1657, 1661 mit Hinweis darauf, daß es inkonsequent sei, den Beklagten vor dem Versäumnisurteil zu bewahren, verspätetes Vorbringen jedoch zu präkludieren.

[62] BGH NJW 2001, 2176.

[63] AK-ZPO/*Menne* Rn. 17.

[64] *Stein/Jonas/Leipold* Rn. 48; *Zöller/Greger* Rn. 14.

[65] BGHZ 76, 236, 240 = NJW 1980, 1167, 1168; *Stein/Jonas/Leipold* Rn. 48; *Musielak/Foerste* Rn. 12; *Baumbach/Lauterbach/Hartmann* Rn. 19; *Zöller/Greger* Rn. 14; AK-ZPO/*Menne* Rn. 17.

[66] *Baumbach/Lauterbach/Hartmann* Rn. 19.

[67] BGHZ 88, 180, 184 = NJW 1983, 2507; *Stein/Jonas/Leipold* Rn. 48; *Baumbach/Lauterbach/Hartmann* Rn. 20; *Zöller/Greger* Rn. 14; *Thomas/Putzo/Reichold* Rn. 12, 14.

[68] Vgl. § 296 Rn. 134 ff.

[69] *Zöller/Greger* Rn. 18.

ist also zulässig, vor der Klagezustellung oder vor Ablauf der Fristen des Abs. 1 S. 1 und 2 sowie Abs. 3 Termin zur mündlichen Verhandlung zu bestimmen.[70]

40 Ein Abbruch des schriftlichen Vorverfahrens ist zulässig, wenn beide Parteien dies beantragen oder die Frist des Abs. 1 S. 1 noch nicht abgelaufen ist.[71] Bereits erreichte verfahrensrechtliche Positionen der Parteien, etwa das Recht auf ein Versäumnisurteil nach den §§ 276 Abs. 1 S. 1, 331 Abs. 3 S. 1, dürfen jedoch nicht beeinträchtigt werden. Eine Wiedereröffnung des schriftlichen Vorverfahrens zu dem Zweck, dem Kläger die Möglichkeit eines Versäumnisurteils nach den §§ 276 Abs. 1 S. 1, 331 Abs. 3 zu eröffnen, kommt nicht in Betracht.[72] Ein solches Verfahren wäre gesetzeswidrig.[73] Ob die Rückkehr in das schriftliche Vorverfahren bei Vorliegen eines Antrags beider Parteien zulässig sein soll,[74] erscheint höchst zweifelhaft. Es ist nicht ersichtlich, welcher Prozessförderungszweck damit verfolgt werden könnte, da auch im Haupttermin jede von den Parteien beabsichtigte Entscheidung möglich wäre.

§ 277 Klageerwiderung, Replik

(1) [1]In der Klageerwiderung hat der Beklagte seine Verteidigungsmittel vorzubringen, soweit es nach der Prozesslage einer sorgfältigen und auf Förderung des Verfahrens bedachten Prozessführung entspricht. [2]Die Klageerwiderung soll ferner eine Äußerung dazu enthalten, ob einer Entscheidung der Sache durch den Einzelrichter Gründe entgegen stehen.

(2) Der Beklagte ist darüber, dass die Klageerwiderung durch den zu bestellenden Rechtsanwalt bei Gericht einzureichen ist, und über die Folgen einer Fristversäumung zu belehren.

(3) Die Frist zur schriftlichen Klageerwiderung nach § 275 Abs. 1 Satz 1, Abs. 3 beträgt mindestens zwei Wochen.

(4) Für die schriftliche Stellungnahme auf die Klageerwiderung gelten Absatz 1 Satz 1 und Absätze 2 und 3 entsprechend.

I. Normzweck

1 Die Vorschrift des § 277 verklammert die der effektiven Verfahrensvorbereitung dienenden Normen der §§ 275, 276, indem sie ihrerseits zum Zwecke der Verfahrensbeschleunigung ergänzende Regelungen über Inhalt und Folgen der Aufforderung zur Klageerwiderung sowie der Aufforderung zur Replik näher bestimmt. Im Einzelnen werden in Abs. 1 Anforderungen an die Klageerwiderung gestellt, sowie eine an § 282 Abs. 1 angelehnte Prozessförderungspflicht von Kläger und Beklagten bereits in diesem Verfahrensstadium statuiert.[1] In Abs. 4, der auf Abs. 1 verweist, werden ebensolche Anforderungen an die Replik des Klägers gestellt. Beide Absätze stehen in untrennbarem Zusammenhang mit der Möglichkeit, nach § 296 Abs. 1 verspätetes Vorbringen zurückzuweisen.[2] Zum Schutz des Beklagten und zur effektiven Ausgestaltung des rechtlichen Gehörs wird in Abs. 2 eine Belehrungspflicht des Beklagten angeordnet. Eine solche Belehrungspflicht des Antragstellers bzw. Klägers nach Widerspruch im Mahnverfahren oder Einspruch gegen den Vollstreckungsbescheid ist in §§ 697, 700 Abs. 3–5 nicht vorgesehen. Obgleich §§ 697 Abs. 3, 700 Abs. 5 als Sanktionsmöglichkeiten auf die Präklusion nach § 296 Abs. 1 verweisen, wird man in diesen Fällen eine Belehrung analog § 277 Abs. 2, 4 mangels planwidriger Gesetzeslücke wohl nicht bejahen können. Die in Abs. 3 und 4 bestimmten Mindestfristen dienen ebenso der Verfahrensbeschleunigung und der Ausgestaltung des rechtlichen Gehörs. Dem Gericht soll durch die Garantie des rechtzeitigen Sachvortrags der Parteien ermöglicht werden, den Prozessverlauf im Interesse einer effektiven Verfahrensvorbereitung (vgl. auch die §§ 139, 273) richtig einzuschätzen. Der Gegner soll durch die o. g. Garantien die Möglichkeit haben, sich auf die Verteidigung des Beklagten einzurichten.[3]

---

[70] Vgl. aber § 272 Rn. 19 (kein Haupttermin ohne Vorverfahren).

[71] *Stein/Jonas/Leipold* Rn. 50; § 272 Rn. 14; s. auch § 272 Rn. 15; aA *Baumbach/Lauterbach/Hartmann* Rn. 1; *Brühl* RamRZ 1978, 551.

[72] *Stein/Jonas/Leipold* Rn. 51; *Zöller/Greger* Rn. 18.

[73] OLG München OLGZ 1983, 86, 88.

[74] So wohl *Zöller/Greger* Rn. 18.

[1] Zur Prozeßförderungspflicht vgl. ausführlich § 282 Rn. 1, 4 ff. und § 296 Rn. 136.

[2] Vgl. dazu auch § 296 Rn. 40 ff.

[3] BVerfGE 54, 117, 126; BGHZ 91, 293, 303 = NJW 1984, 1964; *Baumbach/Lauterbach/Hartmann* Rn. 5.

II. Bedeutung und Inhalt der schriftlichen Klageerwiderung (Abs. 1)

1. Bedeutung. Die Frist zur schriftlichen Klageerwiderung nach Abs. 1 S. 1, die es dem Beklagten zur Pflicht macht, seine Verteidigungsmittel im Sinne einer sorgfältigen und auf Verfahrensförderung bedachten Weise vorzubringen, soll der Gefahr der Prozessverschleppung entgegenwirken. Ein sukzessives Verteidigungsvorbringen des Beklagten und die Gefahr eines nur lückenhaften Sachstandes zum Zeitpunkt des Haupttermins soll mit dieser Regelung nach Möglichkeit ausgeschlossen werden.[4] Die als prozessuale Obliegenheit ausgestaltete Pflicht zur rechtzeitigen Klageerwiderung eröffnet dem Gericht bei ihrer Verletzung die Möglichkeit der Präklusion nach § 296 Abs. 1. In Abs. 1 S. 2 ist die Stellungnahme zur Übertragung auf den Einzelrichter, die bisher in § 271 Abs. 3 enthalten war, als Sollvorschrift in abgeschwächter Form eingefügt. 2

2. Anwendungsbereich. Die Vorschrift gilt sowohl im Anwaltsprozess als auch im amtsgerichtlichen Verfahren, wenn in ihm eine Fristsetzung nach den §§ 275 Abs. 1 S. 1 oder 276 Abs. 1 S. 2 erfolgt ist. Im amtsgerichtlichen Verfahren sind zudem die §§ 496, 129, 129a zu beachten. Bei Übergang von einem Mahnverfahren in das streitige Verfahren findet § 277 Abs. 1 nach § 697 Abs. 3 S. 3 hinsichtlich der Erwiderung auf die Anspruchsbegründung des Klägers nach § 697 Abs. 1 gleichermaßen Anwendung. Auch bei einer Abstandnahme vom Urkundenprozess gemäß § 596 ist § 277 Abs. 1 anwendbar. Im Termin, in dem der Kläger die Erklärung nach § 596 abgibt, kommt aber eine Präklusion des Beklagten nicht in Betracht.[5] 3

3. Inhalt. a) Konkretisierung der allgemeinen Prozessförderungspflicht. Abs. 1 S. 1 stellt eine Konkretisierung der allgemeinen Prozessförderungspflicht der Parteien bereits in diesem vorbereitenden Verfahrensstadium dar, indem der Maßstab des für den Haupttermin geltenden § 282 Abs. 1 in vollem Umfang übernommen wird.[6] Durch die Pflicht, das Verteidigungsvorbringen in einer sorgfältigen und auf eine effektive Prozessführung bedachten Weise vorzubringen, wird jedoch **nicht die Verhandlungsmaxime durch eine Eventualmaxime ersetzt.**[7] Der Beklagte braucht daher nicht alle Verteidigungsmittel gleichsam „eventualiter" und ungeachtet ihrer tatsächlichen und rechtlichen Relevanz für den Prozessausgang vorzubringen. Vielmehr kann es dem Beklagten im Einzelfall auch gestattet sein, ein bestimmtes prozessuales Taktieren anzuwenden, solange hierdurch nicht eine Prozessverschleppung droht. Mitbestimmend für die Verpflichtung des Beklagten, seinen Vortrag gemäß seiner Prozessförderungspflicht auszurichten, ist daher u. a. der Inhalt des gegnerischen Vortrags, bereits erfolgte Fragen und Hinweise des Gerichts (§§ 273, 139), ein bereits stattgefundener Haupttermin, sowie die Länge einer nach Abs. 1 oder § 276 Abs. 1 S. 1, Abs. 3 gesetzten Frist.[8] Zu den Einzelheiten vgl. § 282 Rn. 4ff. 4

b) Zeitpunkt des Vorbringens. Der Beklagte hat demnach seine Verteidigungsmittel[9] unter Berücksichtigung der Prozesslage[10] und einer sorgfältigen, auf Verfahrensförderung gerichteten Prozessführung vorzubringen. Mit dem Merkmal „bedacht" hat der Gesetzgeber ein subjektives Verschuldenskriterium in den Tatbestand des § 277 hineingebracht, welches dem Gericht bei der Feststellung der Voraussetzungen des § 296 Abs. 1 im Falle der Verletzung der Prozessförderungspflicht einen Beurteilungsspielraum eröffnen soll, umso zu einer flexiblen Handhabung der Voraussetzungen für die einschneidenden Präklusionswirkungen zu gelangen.[11] 5

c) Äußerung zur Einzelrichterentscheidung. Nach Abs. 1 Satz 2 soll der Beklagte sich zu der Frage äußern, ob einer Entscheidung der Sache durch den Einzelrichter Gründe entgegenstehen. Diese Äußerung ist nur im landgerichtlichen Verfahren sinnvoll (vgl. §§ 348, 348a). Die frühere Verpflichtung nach § 271 Abs. 3 aF ist aufgehoben worden. Daher kommt insoweit heute eine gerichtliche Aufforderung und Fristsetzung nicht mehr in Betracht. 6

---

[4] *Stein/Jonas/Leipold* Rn. 5f.; AK-ZPO/*Menne* Rn. 2; *Baumbach/Lauterbach/Hartmann* Rn. 5; *Thomas/Putzo/Reichold* Rn. 5.

[5] SächsVerfGH NJW 1998, 3266.

[6] AK-ZPO/*Menne* Rn. 2.

[7] BVerfGE 54, 117, 126f.; BGHZ 91, 293, 303; *Stein/Jonas/Leipold* Rn. 5; *Zöller/Greger* Rn. 1; AK-ZPO/*Menne* Rn. 2; *Rosenberg/Schwab/Gottwald* § 81 V 1; *Deubner* NJW 1980, 1945, 1946; *Bischof,* Der Zivilprozeß nach der Vereinfachungsnovelle, Rn. 166; vgl. auch die Begründung zur Vereinfachungsnovelle BT-Drucks. 7/2729 S. 37f.; von einer gewissen Annäherung spricht *Leipold* ZZP 93 (1980), 237, 235f. vgl. ferner u. § 282 Rn. 2.

[8] *Stein/Jonas/Leipold* Rn. 8, 10; *Zöller/Gerger* Rn. 1.

[9] Verteidigungsmittel sind Tatsachenbehauptungen, Bestreitungen, Beweismittel und Beweiseinreden zur Abwehr der Klage; vgl. hierzu § 282 Rn. 6 und § 296 Rn. 40ff. Diese Definition ist abschließend.

[10] Vgl. eingehender § 282 Rn. 8ff.

[11] *Stein/Jonas/Leipold* Rn. 6, 7, 12; *Zöller/Greger* Rn. 1.

III. Belehrung des Beklagten (Abs. 2)

7 **1. Geltungsbereich.** Die Belehrungspflicht über die Folgen der Versäumung der Klageerwiderungsfrist sowie über die Notwendigkeit, einen Rechtsanwalt zu bestellen, greift dann ein, wenn nach § 275 Abs. 1 S. 1 und Abs. 3 im frühen ersten Termin oder nach § 276 Abs. 1 S. 2 im schriftlichen Vorverfahren eine Frist zur Klageerwiderung gesetzt wurde. Die Belehrung über die notwendige anwaltliche Vertretung (vgl. auch § 271 Abs. 2) ist nur im Anwaltsprozess notwendig und sinnvoll.[12] Die nach § 273 Abs. 2 Nr. 1 möglichen Fristsetzungen fallen nicht unter die Belehrungspflicht des Gerichts.[13]

8 **2. Inhalt der Belehrung.** In dem streng formalisierten Verfahren der Vorbereitung des mündlichen Verhandlungstermins erfüllt die Belehrung eine wichtige Funktion. Sie muss daher inhaltlich so ausgestaltet sein, dass sie ihren Aufklärungszweck über die Folgen der Fristversäumung auch erfüllen kann. Keinesfalls genügt hierbei die nur formelartige Wiederholung des reinen Gesetzeswortlauts.[14] Dem Beklagten muss in jedem Fall in einer für ihn verständlichen Art deutlich gemacht werden, was Gegenstand seines Vortrags sein soll und was für prozessuale Nachteile er zu gewärtigen hat, wenn er die Frist versäumt. Ihm ist daher sinnfällig vor Augen zu führen, dass sein Verteidigungsvorbringen nur innerhalb der Frist möglich ist, er nach Ablauf der Frist damit zu rechnen hat, dass sein Vorbringen nach § 296 Abs. 1 unberücksichtigt bleibt und er daher den Prozess vollständig verlieren kann.[15] Das setzt auch die Belehrung über den Fristlauf voraus. Unerheblich ist es, ob der Beklagte bereits anwaltlich vertreten ist oder erst nach der Zustellung der Verfügung einen Rechtsanwalt beauftragt.[16] Ob an den Umfang der Belehrung andere Anforderung zu stellen sind, insbesondere eine Beschränkung der Belehrung auf den reinen Gesetzeswortlaut zulässig ist, wenn die Partei anwaltlich vertreten ist, ist zweifelhaft, im Ergebnis aber zu verneinen.[17] Für die Wirksamkeit der Fristsetzung kann nur auf den Zeitpunkt abgestellt werden, in dem die Frist gesetzt wird. Sie kann nicht davon abhängen, wenn der Beklagte einen Rechtsanwalt bestellt, der imstande ist, eine unzureichende Erklärung zu verstehen und seinem Auftraggeber zu verdeutlichen. Mit der Rechtssicherheit im Hinblick auf die strenge Sanktion des § 296 Abs. 1 ist dies nicht vereinbar.[18]

9 **3. Verstöße des Gerichts.** Kommt das Gericht seiner Belehrungspflicht nicht oder nicht in ausreichendem Umfange nach, so ist eine Präklusion nach § 296 Abs. 1 ausgeschlossen.[19] Eine Präklusion nach den §§ 296 Abs. 2 iVm. § 282 ist möglich, wenn der Beklagte seinerseits der Prozessförderungspflicht nicht nachgekommen ist.[20]

IV. Fristsetzungen nach den Abs. 3 und 4

10 **1. Frist zur Klageerwiderung (Abs. 3).** Die Vorschrift des Abs. 3 gilt ausschließlich für die **zur Vorbereitung** des frühen ersten Termins nach § 275 Abs. 1 S. 1 gesetzte Frist oder für die **in** dem frühen ersten Termin nach § 275 Abs. 3 gesetzte Frist zur Klageerwiderung, wenn der Beklagte noch nicht ausreichend auf die Klage erwidert hat und ihm noch keine Frist nach § 275 Abs. 1 S. 1 gesetzt wurde. Die Frist zur Klageerwiderung im schriftlichen Vorverfahren erfährt in § 276 Abs. 1 S. 2 eine gleichartige Regelung.[21]

11 Die Frist beträgt **mindestens** zwei Wochen ab Klagezustellung im Fall des § 275 Abs. 1 S. 1 und ab Verkündung im Fall des § 275 Abs. 3 (§ 221).[22] Die Mindestfrist kann weder abgekürzt

---

[12] *Stein/Jonas/Leipold* Rn. 17 hält die Belehrung für überflüssig, wenn sich bereits ein Rechtsanwalt bestellt hat. BGH NJW 1991, 493 hält für den Fall, daß der Beklagte selbst Rechtsanwalt ist, eine Belehrung in der Form der Wiederholung des Wortlauts des § 296 Abs. 1 für ausreichend.

[13] BGHZ 88, 180, 184 = NJW 1983, 2507; *Stein/Jonas/Leipold* Rn. 17; *Bischof* NJW 1977, 1897, 1899.

[14] BGH NJW 1983, 822; BGH NJW 1991, 2773, 2774; *Stein/Jonas/Leipold* Rn. 18; AK-ZPO/*Menne* Rn. 4.

[15] BGHZ 86, 218, 223 f. = NJW 1983, 822; BGH NJW 1986, 133; BGH NJW 1991, 2773, 2774.

[16] BGHZ 88, 180, 184 = NJW 1983, 2507; BGH NJW 1986, 133, 134; OLG Schleswig MDR 1988, 151, 152; OLG Hamm NJW 1984, 1566; OLG Hamm MDR 1981, 764; OLG Düsseldorf NJW 1978, 2203, 2204; *Stein/Jonas/Leipold* Rn. 19; *Baumbach/Lauterbach/Hartmann* Rn. 6; *Zöller/Greger* Rn. 3; AK-ZPO/*Menne* Rn. 4; *Thomas/Putzo/Reichold* Rn. 10, 11; *Bischof* NJW 1977, 1897, 1899.

[17] Für eine Einschränkung der Anforderungen OLG Hamm NJW 1984, 1566; *Baumbach/Lauterbach/Hartmann* Rn. 6; *Musielak/Foerste* Rn. 6; zweifelnd auch *Stein/Jonas/Leipold* Rn. 19.

[18] BGH NJW 1984, 133, 134.

[19] BVerfGE 60, 1, 7; BVerfG NJW 1982, 1454; BGHZ 86, 218, 225 = NJW 1983, 822; 88, 180, 184 = NJW 1983, 2507; OLG Düsseldorf NJW 1978, 2203, 2204; *Baumbach/Lauterbach/Hartmann* Rn. 7; *Zöller/Greger* Rn. 2; AK-ZPO/*Menne* Rn. 2; *Bischof* NJW 1977, 1897, 1899.

[20] *Zöller/Greger* Rn. 2.

[21] Vgl. § 276 Rn. 34 ff.

[22] *Stein/Jonas/Leipold* Rn. 23; *Baumbach/Lauterbach/Hartmann* Rn. 8.

(§ 224 Abs. 2) noch unterbrochen werden.[23] Wird die Frist unterschritten, so ist sie damit generell unwirksam; eine angemessene Frist wird hierdurch nicht in Lauf gesetzt.[24]

2. Frist zur Stellungnahme auf die Klageerwiderung (Abs. 4). a) Beginn und Dauer der Frist. Die Vorschrift des § 277 Abs. 4 gilt für die Replikfristsetzung in dem frühen ersten Termin nach § 275 Abs. 4 1. Alt. bzw. gemäß § 275 Abs. 4 2. Alt. im frühen ersten Termin nach Eingang der Klageerwiderung, sowie für die nach § 276 Abs. 3 gesetzte Frist zur Replik. Die Dauer der Frist beträgt ebenfalls **mindestens** zwei Wochen. Hinsichtlich des Fristbeginns, der Abkürzung und Unterschreitung gilt das zu Abs. 3 Ausgeführte entsprechend. **12**

b) Replik. Für die Replik nach den §§ 274 Abs. 4, 276 Abs. 3 gelten nach § 277 Abs. 4 der Abs. 1 S. 1 sowie die Abs. 2 und 3 entsprechend. Damit ist die bisherige Gesetzesfassung korrigiert, die die nach Abs. 2 vorgeschriebene Belehrung des Klägers von der Verweisung ausgenommen hatte. Die daraus entstandenen Streitfragen zur analogen Anwendung von Abs. 2[25] sind also gegenstandslos. **13**

V. Stellungnahme auf die Klageerwiderung (Abs. 4)

Eine schriftliche Stellungnahme des Klägers auf die Klageerwiderung des Beklagten kommt in den Fällen der §§ 275 Abs. 4, 276 Abs. 3 in Betracht. Für diese Replik gelten die Vorschriften über den Inhalt und die Prozessförderungspflicht nach Abs. 1 S. 1, über die Belehrung nach Abs. 2 und die Frist nach Abs. 3 entsprechend.[26] Auch für die Belehrung nach Abs. 2 ist dies nunmehr ausdrücklich klargestellt. **14**

§ 278 Gütliche Streitbeilegung, Güteverhandlung, Vergleich

(1) Das Gericht soll in jeder Lage des Verfahrens auf eine gütliche Beilegung des Rechtsstreits oder einzelner Streitpunkte bedacht sein.

(2) [1]Der mündlichen Verhandlung geht zum Zwecke der gütlichen Beilegung des Rechtsstreit eine Güteverhandlung voraus, es sei denn, es hat bereits ein Einigungsversuch vor einer außergerichtlichen Gütestelle stattgefunden oder die Güteverhandlung erscheint erkennbar aussichtslos. [2]Das Gericht hat in der Güteverhandlung den Sach- und Streitstand mit den Parteien unter freier Würdigung aller Umstände zu erörtern und, soweit erforderlich, Fragen zu stellen. [3]Die erschienenen Parteien sollen hierzu persönlich gehört werden.

(3) [1]Für die Güteverhandlung sowie für weitere Güteversuche soll das persönliche Erscheinen der Parteien angeordnet werden. [2]§ 141 Abs. 1 Satz 2, Abs. 2 und 3 gilt entsprechend.

(4) Erscheinen beide Parteien in der Güteverhandlung nicht, ist das Ruhen des Verfahrens anzuordnen.

(5) [1]Das Gericht kann die Parteien für die Güteverhandlung vor einen beauftragten oder ersuchten Richter verweisen. [2]In geeigneten Fällen kann das Gericht den Parteien eine außergerichtliche Streitschlichtung vorschlagen. [3]Entscheiden sich die Parteien hierzu, gilt § 251 entsprechend.

(6) [1]Ein gerichtlicher Vergleich kann auch dadurch geschlossen werden, dass die Parteien dem Gericht einen schriftlichen Vergleichsvorschlag unterbreiten oder einen schriftlichen Vergleichsvorschlag des Gerichts durch Schriftsatz gegenüber dem Gericht annehmen. [2]Das Gericht stellt das Zustandekommen und den Inhalt eines nach Satz 1 geschlossenen Vergleichs durch Beschluss fest. [3]§ 164 gilt entsprechend.

Schrifttum: *Blankenburg/W. Gottwald-Strempel,* Alternativen in der Ziviljustiz, 1982; *Blankenburg/Klausa/Rottleuthner,* Alternative Rechtsformen und Alternativen zum Recht, Jahrbuch für Rechtstheorie und Rechtssoziologie Band 6, 1980; *Blankenburg/Simsa/Stock/Wolff,* Mögliche Entwicklungen im Zusammenspiel von außer- und innergerichtlichen Konfliktregelungen, 2 Bände, 1990; *Bork,* Der Vergleich, 1988; *Breidenbach,* Mediation,

---

[23] *Stein/Jonas/Leipold* Rn. 24.

[24] *Stein/Jonas/Leipold* Rn. 24.

[25] Vgl. BGHZ 88, 180, 183 f. = NJW 1983, 2507; OLG Düsseldorf NJW 1978, 2203, 2204; vgl. auch die gesetzgeberische Begründung in BT-Drucks. 7/2729 S. 9, 72, 130; BR-Drucks. 551/74; schon nach früherem Recht hielt *Stein/Jonas/Leipold* Rn. 26 eine Belehrung vor allem unter Gleichbehandlungsgrundsätzen für erforderlich.

[26] Vgl. Rn. 2 ff., 7 ff., 10 f. und § 282 Rn. 8 ff.

1955; *Breidenbach/Henssler,* Mediation für Juristen, 1997; *Büchner/Croner/Häusler/Lörcher* (usw.), Außergerichtliche Streitbeilegung, 1998; *Caspar,* Schlichten statt richten, DBVl. 1995, 992; *Duve,* Mediation und Vergleich im Prozeß, 1999; *Ebel,* Berichtigung, transaction und Vergleich, 1978; *Egli,* Vergleichsdruck im Zivilprozeß, 1996; *Eidmann,* Schlichtung: Zur Logik außergerichtlicher Konfliktregelung, 1994; *Ekelöf,* Güteversuch und Schlichtung, Gedächtnisschrift für *Bruns,* 1980, S. 3; *Frenzel,* Der gerichtliche Vergleich, Methode rationaler Konfliktlösung oder naive Utopie, DRiZ 1981, 221; *Freund,* Die Legitimität des gerichtlichen Vergleichs und seines Verfahrens, DRiZ 1983, 136; *ders.,* Der gerichtliche Vergleich – Methode rationaler Konfliktlösung oder naive Utopie, DRiZ 1981, 221; *W. Gottwald/Haft,* Verhandeln und Vergleichen als juristische Fertigkeiten, 2. Aufl. 1993; *W. Gottwald/Treuer,* Vergleichspraxis 1991; *W. Gottwald/Hutmacher/Röhl/Strempel,* Der Prozeßvergleich, 1983; *W. Gottwald,* Streitbeilegung ohne Urteil, 1981; *Greger,* Autonome Konfliktlösung innerhalb und außerhalb des Prozesses, Festgabe für Vollkommer, 2006, S. 3; *Grunsky,* Die gütliche Beilegung von Rechtsstreitigkeiten, in: Deutsche zivil-, kollisions- und wirtschaftsrechtliche Beiträge, 1978, S. 158; *Haft,* Verhandeln, 1992; *Haft/v. Schlieften,* Handbuch Mediation, 2002; *Hendel,* Strategien des Anwalts beim zivilrichterlichen Vergleich, AnwBl. 1997, 509; *Henkel,* Die mündliche Verhandlung im Zivilprozeß aus Kommunikationspsychologischer Sicht, ZZP 110 (1997) 91; *Holtwick/Mainzer,* Der übermächtige Dritte, 1985; *Katzenmeier,* Zivilprozeß und außergerichtliche Streitbeilegung, ZZP 115, 2002, 51; *Klinge,* Verhandlung und Konfliktlösung, 1992, *Michel,* Der Prozeßvergleich in der Praxis, JuS 1986, 41; *Morasch,* Schieds- und Schlichtungsstellen in der Bundesrepublik, 1984; *Nelle,* Gerichtliche Teilentscheidungen und außergerichtliche Streitbeilegung, ZZP 110 (1997), 419; *Ponschab/Schweizer,* Kooperation statt Konfrontation, 1997; *Preibisch,* Außergerichtliche Vorverfahren in Streitigkeiten der Zivilgerichtsbarkeit, 1982; *Prütting,* Schlichten statt Richten, JZ 1985, 261; *ders.,* Streitschlichtung nach japanischem und deutschem Recht, in: Recht in Ost und West, FS des Instituts für Rechtsvergleichung der Waseda-Universität, Tokio 1988, S. 719; *ders.,* Verfahrensrecht und Mediation, in: *Breidenbach/Henssler,* Mediation für Juristen, 1997, S. 57; *ders.,* Streitschlichtung und Mediation im Arbeitsrecht, FS Hanau, 1999, S. 743; *ders.,* Außergerichtliche Streitschlichtung, 2003; *ders.,* Mediation und Gerichtsbarkeit, ZKM 2006, 100; *Risse,* Wirtschaftsmediation, 2003; *Röhl,* Der Vergleich im Zivilprozeß, Untersuchungen an einem großstädtischen Amtsgericht, 1983; *ders.,* Erfahrungen mit Güteverfahren, DRiZ 1983, 90; *Strecker,* Möglichkeiten und Grenzen der Streitbeilegung durch Vergleich, DRiZ 1983, 97; *Struck,* Der Abschluß des Prozeßvergleichs als Ausbildungsproblem, JuS 1975, 762; *Strempel,* Mediation für die Praxis, 1998; *ders.,* Außergerichtliche Konfliktlösung, ZRP 1998, 319; *Stürner,* Gütliche Beilegung des Rechtsstreits, Grundfragen richterlicher Streitschlichtung, DRiZ 1976, 202; *ders.,* Die Aufgabe des Richters, Schiedsrichters und Rechtsanwalts bei der gütlichen Streiterledigung, JR 1979, 133; *ders.,* Richterliche Vergleichsverhandlung und richterlicher Vergleich aus juristischer Sicht, FS Walder, 1994, S. 273; *Tempel,* Der Prozeßvergleich – Die Bedeutung seiner Rechtsnatur für den Abschluß und seine Wirkungen, FS Schiedermair, 1976, S. 517; *Treffer,* Der Prozeßvergleich, MDR 1999, 520; *Walter,* Dogmatik der unterschiedlichen Verfahren zur Streitbeilegung, ZZP 103 (1990), 142; *Weber,* Gütliche Beilegung und Verhandlungsstil im Zivilprozeß, DRiZ 1978, 166; *M. Wolf,* Normativer Aspekte richterlicher Vergleichstätigkeit, ZZP 89 (1976), 260.

Übersicht

I. Grundlagen

1. Normzweck. Der durch das ZPO-RG mit Wirkung vom 1. 1. 2002 neu gefasste § 278 bringt für jedes Verfahren und zu jedem Zeitpunkt einen zentralen Aspekt richterlicher Tätigkeit und Zielsetzung zum Ausdruck. Der Richter soll niemals nur auf die strikte Entscheidung nach Recht und Gesetz bedacht sein, sondern er ist in besonderem Maße der gütlichen Beilegung von Streitigkeiten und damit der Wahrung **des Prozesszweckes „Rechtsfrieden"** verpflichtet. Hierzu stellt der neu gefasste § 278 verschiedene richterliche Möglichkeiten auf. Neben der generellen gütlichen Streitbeilegung in Abs. 1 wird zu Beginn des Verfahrens eine obligatorische Güteverhandlung vorgesehen (Abs. 2). Darüber hinaus kommen verschiedene Formen eines Prozessvergleichs oder ähnliche Streitschlichtung in Betracht (Abs. 5, 6). 1

Neben der Wahrung des Rechtsfriedens erhofft man sich von richterlichen Bemühungen um eine gütliche Beilegung des Rechtsstreits vor allem auch **Kostenersparnis** und für die weitere Gestaltung der künftigen Rechtsbeziehungen eine **prozessverhütende Wirkung.** Angesichts der starken Überlastung der Gerichte ist schließlich auch die **entlastende Funktion** von gütlicher Streitbeilegung von erheblicher Bedeutung. Hinzu kommt die Flexibilität des Ergebnisses und die Möglichkeit, nicht rechtshängige Streitpunkte und sogar dritte Personen in eine Vergleichsregelung mit einzubeziehen. Bei allen diesen Zielen und Erwartungen ergeben sich Berührungspunkte und Überschneidungen zwischen gerichtlicher Bemühung um eine gütliche Beilegung des Rechtsstreits und der außergerichtlichen Streitschlichtung, die schon seit langer Zeit unter dem Stichwort der Suche nach „Alternativen zur Ziviljustiz" diskutiert wurde und zunehmend an Bedeutung gewonnen hat (siehe unten Rn. 39 ff., 43 ff.). 2

Ziel eines richterlichen Güteversuchs ist nicht allein der Abschluss eines Prozessvergleichs. Vielmehr wird der Zweck von § 278 durch jede Form nicht streitiger Einigung der Parteien erreicht, die sich letztlich neben einem Vergleich auch in einer Klage- oder Rechtsmittelrücknahme, in einer Erledigungserklärung, einem Anerkenntnis oder Verzicht usw. ausdrücken kann. Bei einer vergleichenden Betrachtung zwischen streitiger Entscheidung und gütlicher Einigung kann man weder dem streitigen Urteil den Vorrang einräumen noch ist es gerechtfertigt, einen Vergleich als grundsätzlich vorzugswürdig darzustellen.[1] Vielmehr muss jede Form gütlicher Einigung als der richterlichen Streitentscheidung gleichwertig angesehen werden. 3

Zweck des Zivilprozesses ist und bleibt aber in erster Linie die Feststellung und Durchsetzung subjektiver Rechte. Daher würde es zu kurz greifen, wollte man eine gütliche Einigung der Parteien vor Gericht nur unter dem Aspekt des Rechtsfriedens sehen. Auch die Dispositionsmaxime und die Privatautonomie sind zentrale und unabdingbare Grundlagen jeder gütlichen Streitbeilegung. Schon deshalb muss jeder Versuch einer Streitschlichtung mit Zwangsmitteln abgelehnt werden (siehe unten Rn. 29, 42). Weiterhin folgt aus der Bindung des Zivilprozesses an die Verwirklichung subjektiver Rechte, dass die Prozessgestaltung normativ programmiert ist. Auch die Rechtsverwirklichung durch gütliche Einigung und Vergleich folgt daher den Regeln der Rechtsordnung. Daraus ist weiter abzuleiten, dass dem Richter gerade auch im Verfahren gütlicher Streitbeilegung erhebliche Aufklärungspflichten obliegen (siehe unten Rn. 11, 12). 4

Unabdingbar ist es aber, dass eine vergleichsweise Beilegung des Rechtsstreits **nicht unter Druck** erfolgt.[2] Weder eine Drohung mit dem Prozessverlust noch der Hinweis auf das Kostenrisiko als Druckmittel dürfen vom Richter eingesetzt werden, um Parteien vergleichsbereit zu machen. Auch ist ein Vergleich kein Mittel, um dem Richter jegliche Arbeit oder jedenfalls die Urteilsabfassung zu ersparen. Ebensowenig ist es sein Zweck, schwierigen Rechtsfragen oder grundsätzlich bedeutenden Rechtsproblemen auszuweichen. Dass in der Praxis gegen diese selbstverständlichen Grundregeln immer wieder verstoßen wird, zeigt der bekannte Sprachgebrauch vom „Zwangsvergleich". Der Versuch, Parteien unter Druck zu setzen, um den Abschluss eines Prozessvergleichs zu erreichen, macht den Richter befangen.[3] Auch die neu eingeführte obligatorische Güteverhandlung (Abs. 2) erscheint unter diesem Gesichtspunkt wenig glücklich. 5

2. Entstehungsgeschichte. Der Gedanke einer gütlichen Streitbeilegung ist so alt wie der streitige Zivilprozess selbst. Allerdings hat die CPO 1877 eine ausdrückliche Norm wie § 278 noch nicht gekannt. Erst die Entlastungsgesetzgebung im Laufe des 1. Weltkriegs und der Weimarer Re- 6

---

[1] AA AK-ZPO/*Röhl* Rn. 2, wonach ein Vergleich grundsätzlich den Vorzug verdient; wie hier zB *Schellhammer* Rn. 707.

[2] Grundsätzlich hierzu BGH NJW 1966, 2399; zu dieser Entscheidung *E. Schneider* NJW 1966, 2399; *Ostler* NJW 1966, 2400; *Arndt* NJW 1997, 1585; *Wenzel* NJW 1967, 1587; *Kubisch* NJW 1967, 1605. Zuletzt zu diesem Problem KG MDR 1999, 253.

[3] Vgl. dazu *Egli* Vergleichsdruck, 1996, S. 28 ff.; *van Bühren* AnwBl. 1990, 305.

publik haben dazu geführt, auch in das Gesetz offizielle Anweisungen für den Richter einzufügen, dass er neben der Streitentscheidung eine schlichtende Rolle einnimmt. So wurde im Jahre 1924 ein obligatorisches Güteverfahren bei den Amtsgerichten eingeführt, das sich allerdings nicht als erfolgreich erwies. Im Jahre 1950 hob der Gesetzgeber dieses Verfahren wegen Erfolglosigkeit und Bedeutungslosigkeit auf und schuf statt dessen eine Norm im amtsgerichtlichen Verfahren, die dem heutigen § 278 Abs. 1 entsprach. Durch die Vereinfachungsnovelle 1976 wurde diese Norm in einer generalisierenden Form als § 279 neu formuliert. Nunmehr hat der Gesetzgeber durch das ZPO-RG vom 27. 7. 2001 (BGBl. I S. 1887) die §§ 278, 279 erheblich verändert und den Versuch gemacht, alle Formen gütlicher richterlicher Streitbeilegung in § 278 nF zu konzentrieren. Während Abs. 1 und Abs. 3 im Wesentlichen die Regelung des früheren § 279 übernehmen, sind die Abs. 2, 5 und 6 neu eingefügt worden. Insgesamt wollte der Gesetzgeber auf diese Weise den Gütegedanken in der ZPO institutionell stärker verankern. Zugleich hat er den Versuch gemacht, durch eine möglichst weitgehende Verlagerung der gütlichen Streitbeilegung in ein frühes Prozessstadium der Belastung der Zivilgerichtsbarkeit entgegenzuwirken.

II. Die gütliche Streitbeilegung nach Abs. 1

7 **1. Regelungsinhalt.** Abs. 1 gibt dem Richter auf, in jeder Lage des Verfahrens auf eine gütliche Beilegung des Rechtsstreits bedacht zu sein. Die vom Gesetz verwendete Formulierung „soll“ bringt dabei zum Ausdruck, dass es sich um eine **echte Verpflichtung** des Richters handelt, auch wenn deren Versäumung nicht sanktioniert ist. Der neue § 278 Abs. 1 ist im Wortlaut identisch mit dem früheren § 279 Abs. 1 Satz 1. Im Gegensatz dazu hatte der frühere § 296 bis zum Jahre 1976 die Regelung enthalten, wonach der Richter zu Vergleichsbemühungen berechtigt war.

8 Die in Abs. 1 enthaltene Verpflichtung des Gerichts macht deutlich, dass die **Wahrung und Wiederherstellung des Rechtsfriedens** ein **eigenständiger Prozesszweck** ist.[4] Zugleich liegt es aber auch im Wesen einer Sollvorschrift und in der Formulierung „bedacht sein“, dass das Gericht auf einen Güteversuch verzichten kann, sofern er im Einzelfall nicht zweckmäßig oder aussichtslos erscheint.

9 **2. Zeitpunkt.** Als Zeitpunkt eines Güteversuchs lässt das Gesetz jede Lage des Verfahrens zu. In der Praxis werden Vergleiche häufig erst nach Erörterung des Sach- und Streitstandes sowie der Durchführung einer Beweisaufnahme oder teilweise erst in zweiter Instanz geschlossen. Dies deutet darauf hin, dass solche Vergleiche der Verhinderung eines ungünstigen Urteils oder der Vorwegnahme eines vom Gericht bereits angedeuteten Urteils dienen. Letztlich ist entscheidend für den geeigneten Zeitpunkt allein der konkrete Fall. Ein Versuch zur gütlichen Streitbeilegung ist im Übrigen nicht an die mündliche Verhandlung gebunden; auch im schriftlichen Verfahren ist ein Vergleichsvorschlag möglich. Dies wird nunmehr durch die Neuregelung in Abs. 6 besonders deutlich.

10 **3. Dogmatische Grundlagen.** Eine wesentliche dogmatische Grundlage richterlicher Vergleichsbemühungen (wenngleich nicht die alleinige) ist die Privatautonomie der Prozessparteien über das streitige Rechtsverhältnis.[5] Dazu kommt aus prozessualer Sicht die Dispositionsmaxime. Danach ist es den Parteien möglich, auch jenseits der materiellen Rechtslage und des Verfahrensrechts Verzicht, Anerkenntnis oder Vergleiche über das streitige Recht zu erklären oder abzuschließen. Diese Überlegung zeigt, dass der Abschluss eines Prozessvergleichs nicht im Einzelfall einem besonderen Legitimationserfordernis unterworfen werden kann. Demgegenüber wird in der Praxis manchmal geltend gemacht, Vergleiche dürften nur aus bestimmten Gründen geschlossen werden, etwa wegen des Beweisrisikos vor einer Beweisaufnahme oder wegen des Rechtsmittelrisikos nach Verhandlung und Beweisaufnahme. Für legitim hält man im Allgemeinen auch einen Ratenzahlungsvergleich. Alle diese Gesichtspunkte sind zu eng gefasst. Die Erhaltung und Förderung des Rechtsfriedens zwischen den Parteien oder zwischen den Parteien und Dritten lässt sich nicht auf die genannten oder ähnliche legitime Einzelgesichtspunkte reduzieren. Davon zu trennen ist die Frage, ob dem Richter im Rahmen seiner Bemühungen um eine gütliche Einigung Grenzen gesetzt sind. Dies wird teilweise vertreten.[6] Daran ist so viel richtig, dass der Richter sich bei seinen eigenen aktiven Schlichtungsbemühungen an der geltenden Rechtslage orientieren muss. Die Schaffung eines eigenständigen richterlichen Sozialschutzes oder die bewusste Abweichung vom materiellen Recht zur Kompensation ungleicher Parteisituationen oder unbrauchbarer Gesetze

---

[4] Zu den Prozesszwecken siehe Einleitung Rn. 7 ff.; wie hier auch AK-ZPO/*Röhl* Rn. 4.
[5] Vgl. *Stürner* DRiZ 1976, 202.
[6] Vgl. insbesondere *Stürner* DRiZ 1976, 202; weitergehend *M. Wolf* ZZP 89 (1976), 260.

kann nicht Aufgabe eigenständiger richterlicher Bemühungen sein.[7] Hat dagegen der Richter die tatsächliche und rechtliche Lage, wie sie sich ihm nach vorläufiger Einschätzung darstellt, den Parteien erläutert (§ 139), steht es diesen frei, auch einen von der Rechtslage abweichenden Vergleich zu schließen.

Aus der hier geforderten **aktiven Rolle des Richters** im Rahmen gütlicher Streitbeilegungsversuche kann jedoch nicht gefolgert werden, dass das Gericht durch umfassende Einbeziehung der Tatsachengrundlage im Rahmen des § 278 zur Anwendung der Untersuchungsmaxime gedrängt wird. Da richterliche Vergleichsbemühungen nicht einem eigenen Verfahrensabschnitt zugewiesen sind, sondern in jeder Lage des Verfahrens in Betracht kommen und deshalb in das gesamte streitige Verfahren zu integrieren sind, unterliegen solche Bemühungen auch den generellen Regeln und Schranken des zivilprozessualen Verfahrens. Im Einzelfall ist es freilich möglich, dass das Gericht Bemühungen um eine gütliche Einigung vom streitigen Verfahren abtrennt, insbesondere durch die Verweisung an einen beauftragten oder ersuchten Richter oder an eine außergerichtliche Schlichtungsstelle (vgl. Abs. 5). Insgesamt können genaue Leitlinien für das Verhalten des Richters im Rahmen von § 278 Abs. 1 nicht gegeben werden. Dieser muss vielmehr den Prozesszweck „Herbeiführung des Rechtsfriedens" je nach der konkreten Lage des Einzelfalles zu verwirklichen suchen. 11

§ 278 weist in seiner **Grundstruktur** eine gewisse Ähnlichkeit zu § 139 auf. Durch beide Normen wird dem Richter eine aktive Rolle bei der Förderung des individuellen Verfahrens zugewiesen. In beiden Fällen darf aber nicht verkannt werden, dass diese aktive Rolle die Bindung des Richters an das Gesetz (materielles wie formelles) nicht aufhebt. 12

4. Anwendungsbereich. Die Pflicht des Gerichts, gemäß § 278 Abs. 1 eine gütliche Streitbeilegung zu versuchen, besteht in sämtlichen zivilprozessualen Verfahren und in sämtlichen Instanzen. § 278 Abs. 1 gilt also neben dem erstinstanzlichen landgerichtlichen Verfahren auch vor den Amtsgerichten (§ 495), in der Berufungsinstanz vor den Landgerichten und den Oberlandesgerichten (§ 525) und in der Revisionsinstanz vor dem BGH (§ 555). Davon abzutrennen ist die obligatorische Güteverhandlung nach Abs. 2, die in den Rechtsmittelinstanzen nicht erforderlich ist (vgl. §§ 525 Satz 2, 555 Abs. 1 Satz 2). 13

Die Verpflichtung, einen Güteversuch zu unternehmen, besteht nicht nur für das Prozessgericht, das auch ohne förmlichen Beschluss jederzeit eine gütliche Einigung herbeiführen kann, sondern auch **vor dem beauftragten oder dem ersuchten Richter.** Dazu kann das Prozessgericht durch besonderen Beschluss die Sache verweisen (Abs. 5 Satz 1). Beauftragter Richter ist immer ein Mitglied des Prozessgerichts (vgl. § 361 Abs. 1), ersuchter Richter ist stets ein Richter am Amtsgericht, der im Wege der Rechtshilfe um die Vornahme einer richterlichen Handlung gebeten wird (vgl. § 362). 14

Soweit der Güteversuch vor dem Landgericht oder einem Gericht des höheren Rechtszuges (§ 78 Abs. 1) oder in Familiensachen (§ 78 Abs. 2) unternommen wird, unterliegt er dem **Anwaltszwang.** Ausnahmsweise vom Anwaltszwang befreit ist der Güteversuch vor dem beauftragten oder ersuchten Richter. Dies ordnet § 78 Abs. 3 zwingend an, auch wenn dem der Schutz der Parteien nicht in jeder Hinsicht gerecht werden mag.[8] Dagegen ist bei einem Güteversuch vor dem Einzelrichter (vgl. §§ 348, 348a, 349, 526, 527) der Anwaltszwang in jedem Fall zu bejahen.[9] Die Gegenauffassung[10] wurde im Wesentlichen vor 1976 vertreten und kann heute nicht mehr aufrecht erhalten werden. Unzulässig wäre es daher, wenn der allein entscheidende Einzelrichter im Falle des § 348a gemäß § 278 Abs. 5 Satz 1 zum beauftragten Richter bestellt würde, um den Anwaltszwang zu umgehen. Ein vor dem Einzelrichter ohne Gegenwart von Rechtsanwälten geschlossener Vergleich ist kein wirksamer Prozessvergleich und damit kein Vollstreckungstitel.[11] 15

5. Das persönliche Erscheinen der Parteien. Gemäß Abs. 3 soll das Gericht das persönliche Erscheinen der Parteien anordnen. Die Sollvorschrift macht im Gegensatz zum früheren Recht deutlich, dass der Gesetzgeber das Gericht zu diesem Vorgehen verpflichten möchte. In diesen Fäl- 16

---

[7] Zu weitgehend AK-ZPO/*Röhl* Rn. 5, 6, der ebenfalls gewisse Einschränkungen des Richters akzeptiert und dennoch meint, unangemessene Ergebnisse selbst bei Anwendung sozialer Schutzgesetze könnten durch richterliche Vergleichstätigkeit ausgeglichen werden.

[8] OLG Düsseldorf NJW 1975, 2298; BayObLG NJW 1965, 1277; *Stein/Jonas/Leipold* § 279 Rn. 9.

[9] BGH FamRZ 1986, 485; OLG Hamm NJW 1975, 1709; OLG Celle OLGZ 1975, 353; OLG Köln NJW 1972, 2317; OLG Bremen MDR 1969, 393; *Rosenberg/Schwab/Gottwald* § 131 III 2g; *Stein/Jonas/Leipold* § 279 Rn. 12.

[10] OLG Neustadt NJW 1964, 1329; OLG Koblenz NJW 1971, 1043; OLG Köln MDR 1973, 413; OLG Celle MDR 1967, 407; OLG Celle RPfleger 1974, 319.

[11] *Stein/Jonas/Leipold* § 279 Rn. 13.

len sind die Parteien selbst zu laden, und zwar von Amts wegen (vgl. Abs. 3 Satz 2 mit § 141 Abs. 2). Entgegen dem früheren Recht kann nunmehr das persönliche Erscheinen der Parteien auch durch die Verhängung von Ordnungsgeld erzwungen werden (Abs. 3 Satz 2 mit § 141 Abs. 3). Erscheinen eine oder beide Parteien nicht persönlich, so ist der Güteversuch gescheitert. Das Gericht wird in diesem Falle unmittelbar zur streitigen Verhandlung übergehen (vgl. § 279 Abs. 1). Nicht anzuwenden ist insoweit § 278 Abs. 4 (Ruhen des Verfahrens). Diese Regelung meint nicht das persönliche Erscheinen, sondern die Säumnis beider Seiten (siehe unten Rn. 23).

III. Die obligatorische Güteverhandlung nach Abs. 2

17 **1. Regelungsinhalt.** Seit 1. 1. 2002 sieht das Gesetz im erstinstanzlichen Verfahren zwingend vor, dass der streitigen mündlichen Verhandlung zum Zwecke der gütlichen Beilegung des Rechtsstreits eine obligatorische Güteverhandlung vorauszugehen hat. Mit dieser Regelung knüpft der Gesetzgeber an frühere Regelungen aus der Zeit von 1924 bis 1950 und vor allem an das Verfahren vor den Arbeitsgerichten an (vgl. § 54 ArbGG). Zwischen dieser Regelung und der allgemeinen Anordnung zur gütlichen Streitbeilegung (Abs. 1) gibt es keine Rangabstufung. Beide Vorschriften dienen demselben Ziel und stehen gleichwertig nebeneinander. Eines Parteiantrags bedarf die Güteverhandlung nicht, sie ist vielmehr von Amts wegen anzusetzen. Im Gesetzgebungsverfahren war allerdings geplant gewesen, auf Parteiantrag eine Güteverhandlung zwingend vorzusehen (ohne Rücksicht auf Ausnahmen). Diese Regelung ist aber nicht Gesetz geworden. Verstößt der Richter gegen die Pflicht zur Ansetzung einer Güteverhandlung, so kommt ein Rechtsmittel nicht in Betracht. § 252 ist nicht anzuwenden und ein Fall von § 567 liegt nicht vor.[12]

18 **2. Ausnahmen.** Das Gesetz sieht zwei Ausnahmen vor, bei denen das Gericht auf eine obligatorische Güteverhandlung verzichtet. Dieser Fall ist einmal dann gegeben, wenn bereits ein erfolgloser Einigungsversuch vor einer außergerichtlichen Gütestelle stattgefunden hat. Gemeint sind damit vor allem die Fälle gemäß § 15a EGZPO, in denen nach Landesrecht außergerichtliche Gütestellen vor Klageerhebung zu konsultieren sind (zu Einzelheiten siehe unten § 15a EGZPO Rn. 2ff.). Weiterhin verzichtet das Gericht auf eine Güteverhandlung, wenn diese erkennbar aussichtslos erscheint (Abs. 2 Satz 1). Der Gesetzeswortlaut macht deutlich, dass die mögliche Aussichtslosigkeit vom Gericht nach seiner subjektiven Überzeugung zu Beginn des Prozesses zu prognostizieren ist. Dies schließt es aus, zu einem späteren Zeitpunkt geltend zu machen, dass eine Aussichtslosigkeit in Wahrheit nicht vorgelegen habe. Die weitere gesetzliche Formulierung, wonach die Aussichtslosigkeit erkennbar sein muss, deutet darauf hin, dass das Gericht bei Zweifeln die Güteverhandlung ansetzt. Erkennbare Aussichtslosigkeit muss nicht zur vollen Überzeugung des Gerichts feststehen, es muss aber mindestens überwiegend wahrscheinlich sein.

19 Im Einzelnen wird Aussichtslosigkeit vor allem dann anzunehmen sein, wenn sich aus der vorprozessualen Auseinandersetzung bereits eine massive Verhärtung der Parteifronten ergibt oder wenn die Parteien erkennbar eine Grundsatzentscheidung anstreben und deshalb einen Musterprozess führen wollen. Ebenso ist es, wenn eine Partei nach Kenntnis des Gerichts bei Streitigkeiten dieser Art generell nicht vergleichsbereit ist oder wenn beide Parteien der Güteverhandlung widersprechen.[13]

20 Es besteht keine Begründungspflicht für das Gericht, wenn von der Anberaumung einer Güteverhandlung abgesehen wird. Gegenüber den Parteien mag es freilich nahe liegen, einen begründeten Hinweis auf das eingeschlagene Verfahren im konkreten Fall zu geben. Eine Verletzung des rechtlichen Gehörs gemäß Art. 103 Abs. 1 GG kann in der nicht durchgeführten Anberaumung einer Güteverhandlung in keinem Falle liegen. Einerseits ist das rechtliche Gehör in gleicher Weise auch im streitigen Verfahren gewährt, andererseits lässt sich die richterliche Prognose, dass eine Güteverhandlung im Einzelfalle aussichtslos erscheint, durch Anwendung von § 278 Abs. 1 in jeder Lage des Verfahrens korrigieren.

21 **3. Anwendungsbereich.** Die Pflicht des Gerichts, gemäß Abs. 2 vor der mündlichen Verhandlung eine Güteverhandlung anzusetzen, besteht an sich in sämtlichen zivilprozessualen Verfahren erster Instanz. § 278 Abs. 2 gilt also neben dem erstinstanzlichen landgerichtlichen Verfahren auch vor den Amtsgerichten (§ 495) und ebenso im Rahmen der besonderen Verfahrensarten. Dagegen ist Abs. 2 in den Rechtsmittelinstanzen nicht anzuwenden; für die Berufung vgl. § 525 Satz 2, für die Revision vgl. § 555 Abs. 1 Satz 2, wonach es jeweils einer Güteverhandlung nicht bedarf. Sie wäre damit aber auch nicht verboten, was sich im Grunde bereits aus Abs. 1 ergibt.

---

[12] AA offenbar *Baumbach/Lauterbach/Hartmann* Rn. 55; *Foerste* NJW 2001, 3104; wie hier *Zöller/Greger* Rn. 23; *Musielak/Foerste* Rn. 4; *Wieser* MDR 2002, 10.

[13] *Foerste* NJW 2001, 3104.

Nicht eindeutig geklärt ist die Frage, ob eine obligatorische Güteverhandlung notwendig ist, soweit es sich bei dem Verfahren um Familiensachen, Wiederaufnahmeverfahren, Urkunden- und Wechselverfahren, streitige Verfahren nach einem Widerspruch im Mahnverfahren, Abänderungsklagen, Anerkennung ausländischer Urteile und vollstreckungsrechtliche Klagen handelt. Einerseits ließe sich argumentieren, dass § 278 nach seiner systematischen Stellung auf alle erstinstanzlichen Verfahren Anwendung findet. Andererseits sind die genannten Verfahren in § 15a Abs. 2 EGZPO ausdrücklich als besondere Verfahren anerkannt, bei denen es eines obligatorischen außergerichtlichen Einigungsversuchs vor einer Gütestelle nicht bedarf. Da der Gesetzgeber in § 278 Abs. 2 Satz 1 eine Güteverhandlung dann nicht verlangt, wenn ein außergerichtlicher Einigungsversuch iS von § 15a EGZPO vorangegangen ist, wird man die Ausnahmen von § 15a EGZPO gleichstellen dürfen und müssen, so dass auch in diesen Fällen eine Güteverhandlung nicht erforderlich erscheint.[14] Im Einzelfall ist allerdings auch hier ein Streit ohne größere Bedeutung. Hält das Gericht eine gütliche Streitbeilegung für möglich, kann es jederzeit (auch zu Beginn des Verfahrens) nach § 278 Abs. 1 verfahren. 22

4. Das persönliche Erscheinen der Parteien. Ebenso wie für einzelne Güteversuche des Gerichts soll auch für die am Anfang stehende obligatorische Güteverhandlung das persönliche Erscheinen der Parteien angeordnet werden. Dazu sind die Parteien selbst zu laden, und zwar von Amts wegen (§§ 278 Abs. 3 Satz 2 mit § 141 Abs. 2). Für diese Anordnung gilt nicht die Voraussetzung des § 141 Abs. 1 S. 1, dass dies zur Aufklärung des Sachverhalts geboten erscheint. Die Verweisung in § 278 Abs. 3 S. 2 nimmt § 141 Abs. 1 S. 1 ausdrücklich aus. Im Falle eines Ausbleibens einer Partei soll sich die streitige mündliche Verhandlung unmittelbar anschließen (§ 279 Abs. 1 Satz 1). Darüber hinaus kann gegen eine nicht persönlich erschienene Partei gemäß §§ 278 Abs. 3 Satz 2, 141 Abs. 3 ein Ordnungsgeld wie gegen nicht erschienene Zeugen festgesetzt werden. Bei der Anordnung des persönlichen Erscheinens muss das Gericht allerdings wichtige Gegengründe in der Person der Partei wie die große Entfernung zum Gerichtsort oder andere wichtige Gründe mit berücksichtigen. In Verfahren mit großen Wirtschaftsunternehmen oder Banken wäre es sicherlich unsinnig und wohl auch nicht zumutbar, jeweils den Vorstand oder den Geschäftsführer der juristischen Person zu Beginn jedes Prozesses persönlich zu laden. Ähnliches dürfte bei einem gewerblichen Vermieter mit Hausverwaltung für Prozesse in vielen einzelnen Mietverhältnissen gelten. Hier wird das Gericht im Einzelfall eine Abwägung mit Fingerspitzengefühl vornehmen müssen (vgl. hierzu § 278 Abs. 3 Satz 2 mit § 141 Abs. 1 Satz 2). Ist entsprechend dem Regelfall das persönliche Erscheinen beider Parteien angeordnet und erscheinen beide Parteien in der Güteverhandlung nicht persönlich, **so ist nicht § 278 Abs. 4 anzuwenden,** der ein Ruhen des Verfahrens vorsieht.[15] Da in Abs. 4 nur von den Parteien und nicht von deren persönlichem Erscheinen die Rede ist, wird man die Norm so auslegen müssen, dass die anwaltliche Vertretung bereits die Anwendung von Abs. 4 ausschließt. Sanktionsmittel bei der Anordnung des persönlichen Erscheinens ist allein das Ordnungsgeld iS von § 141 Abs. 3. Abs. 4 regelt einen normalen Säumnisfall iS von §§ 330, 331. 23

5. Ablauf der Güteverhandlung. Das Gesetz sieht vor, dass der mündlichen Verhandlung die Güteverhandlung vorausgeht. Diese steht also zwingend am Beginn eines gerichtlichen Termins. Die Einzelheiten und die Verfahrensweise sind vom Gesetz nicht näher vorgeschrieben. Nahe liegt es, dass das Gericht die Parteien zunächst kurz in den Sach- und Streitstand einführt. Anschließend dürfte es sich empfehlen, die erschienenen Parteien persönlich zu hören (vgl. Abs. 2 Satz 3). Weiterhin setzt eine faire Güteverhandlung voraus, dass das Gericht die Parteien über die Sach- und Rechtslage und insbesondere die jeweiligen Risikofaktoren aus seiner Sicht näher aufklärt. Eine sinnvolle Güteverhandlung kann nicht das Ziel haben, eine oder beide Parteien unwissend zu lassen und zu einem Kompromiss zu überreden. Erst auf der Basis einer fairen Aufklärung über die entscheidungserheblichen Probleme kann das Gericht unter Beachtung der Interessenlage beider Seiten im Dialog nach Vorschlägen zur gütlichen Einigung suchen. 24

Nicht sonderlich hilfreich ist für die Durchführung der Güteverhandlung der Wortlaut von Abs. 2 Satz 2. Dieser deckt sich weitgehend mit § 139 Abs. 1 Satz 1 und ist als Handlungsanweisung allzu leerformelhaft. Lediglich der Hinweis auf die freie Würdigung aller Umstände zeigt, dass der Gesetzgeber in diesem Stadium dem Richter zugesteht, die Tatsachensituation und die Rechtslage zunächst grob einzuschätzen. Eine abschließende Bewertung der tatsächlichen und der rechtlichen Seite kann selbstverständlich in diesem Stadium vom Richter nicht verlangt werden. Freie Würdigung meint aber auch, dass eine Beweisaufnahme in diesem Stadium noch nicht in Betracht kommt. 25

Das Ergebnis einer Güteverhandlung wird im Protokoll festgehalten (§ 160 Abs. 3 Nr. 10). 26

[14] AA *Zöller/Greger* Rn. 10; *Musielak/Foerste* Rn. 2.

[15] Das wird nicht selten verkannt, vgl. etwa *Heidemann* NJW 2002, Heft 1 S. XVI.

IV. Verweisung an einen anderen Richter und Vorschläge nach Abs. 5

27 Anstelle der obligatorischen Güteverhandlung gemäß Abs. 2 vor dem Gericht sieht Abs. 5 Ersatzlösungen vor. So kann das Gericht die Parteien für die Güteverhandlung vor einen beauftragten (vgl. § 361) oder einen ersuchten Richter (vgl. § 362) verweisen. Diese Verweisung erfolgt durch Beschluss. Das Gesetz nennt keine Gründe für das Vorgehen des Gerichts. Nach dem Verfahrenszweck wird man darauf abstellen müssen, dass das Gericht nach seinem Ermessen jeweils die am besten geeignete Verfahrensweise wählt, um eine gütliche Beilegung des Rechtsstreits herbeizuführen.

28 Darüber hinaus sieht § 278 Abs. 5 Satz 2 vor, dass das Gericht in geeigneten Fällen den Parteien eine außergerichtliche Streitschlichtung vorschlägt. Dadurch wird es nunmehr möglich, auch diejenigen Parteien, die sich bereits in einem offiziellen Streitverfahren befinden, auf eine besondere Mediationsmöglichkeit und andere Formen außergerichtlicher Streitbeilegung hinzuweisen. Die gesetzliche Regelung nimmt in allgemeiner Form einen Gedanken auf, der früher schon in Sonderfällen wie in § 27a Abs. 10 UWG und in § 52 FGG vorgesehen war. In der Literatur ist teilweise schon bisher gefordert worden, dass trotz Klageerhebung in besonderen Fällen ein außergerichtlicher Einigungsversuch ermöglicht werden müsse.[16] Diese Möglichkeit hat das Gesetz nunmehr in Abs. 5 geschaffen und dabei die entsprechende Anwendung von § 251 (Ruhen des Verfahrens) angeordnet (Abs. 5 Satz 3). Für den Fall einer Empfehlung an die Partei, eine Mediation zu versuchen, werden bereits Vorschläge für eine „gerichtsnahe Mediation" erarbeitet.[17] In den vergangenen Jahren hat es eine größere Anzahl von Modellversuchen (insbes. in Niedersachsen, Mecklenburg-Vorpommern, Bayern, Hessen und Rheinland-Pfalz) gegeben. Ungelöst ist aber bisher das Problem, ob der Richter als Mediator nicht gegen das RBerG verstößt.[18] Dieses Problem wird auch durch das künftige RDG nicht eindeutig gelöst.[19]

V. Kritik der Regelung und statistische Entwicklung

29 Während die allgemeine Anordnung nach Abs. 1 dem Leitbild richterlicher Tätigkeit entspricht und allgemeine Akzeptanz erfahren hat, ruft die Anordnung einer obligatorischen Güteverhandlung nach Abs. 2 zwangsläufig auch kritische Gedanken hervor. So überrascht die gesetzgeberische Entscheidung zunächst aus einer historischen Sicht. Die Vorläuferin dieser Regelung ist im Jahre 1950 bekanntlich wegen unzweifelhaft gegebener Erfolglosigkeit abgeschafft worden. Überraschend ist die Anordnung einer obligatorischen Güteverhandlung auch unter modernen Gesichtspunkten der Mediation. Es ist anerkannt, dass die Freiwilligkeit des Verfahrens eine der wesentlichen Grundlagen mediativer Verfahren darstellt. Schließlich ruft die nunmehr Gesetz gewordene Regelung Zweifel wegen ihres Zeitpunktes hervor. So wird häufig und mit gutem Grund darauf hingewiesen, dass nicht der Beginn eines gerichtlichen Rechtsstreits ein günstiger Zeitpunkt für Schlichtungs- und Vergleichsverhandlungen ist, sondern dass oft erst nach der Beweisaufnahme oder teilweise erst in zweiter Instanz eine bei Prozessbeginn nicht vorhandene Vergleichsbereitschaft festzustellen ist. So steht zu befürchten, dass die Güteverhandlung zu Beginn des Verfahrens nur sehr selten erfolgreich sein wird. Dies bedeutet zwangsläufig, dass sie in der Praxis zum Teil zu einem äußeren Ritual zu verkommen droht und damit eher zu einer Verzögerung des Rechtsstreits beiträgt als zu seiner Förderung.

30 Besonders bedenklich erscheinen die Fälle, in denen die obligatorische Güteverhandlung zusammen mit einer generellen persönlichen Ladung der Parteien zu großen Unzuträglichkeiten im Anwaltsprozess führt. Einer vielfach prozessierenden Partei ist es nicht zuzumuten, alle Gütetermine persönlich wahrzunehmen (siehe oben Rn. 23). Hier zeigt sich deutlich, dass § 278 Abs. 2 und 3 im Zivilprozess jedenfalls nicht generell zur Konfliktlösung geeignet ist.

31 Auf praktische Schwierigkeiten stößt eine obligatorische Güteverhandlung wohl insbesondere auch dort, wo das Gericht mehrere kleine Verfahren im Wege des frühen ersten Termins auf einen einzigen Vormittag terminieren will. Die auch heute noch vielfach anberaumten Sammeltermine sind mit einer Güteverhandlung also sicherlich nicht zu vereinbaren.

32 Bedenken ruft es schließlich auch hervor, dass der Gesetzgeber die Regelung in Abs. 2 nahezu unreflektiert den Abläufen des arbeitsgerichtlichen Verfahrens angeglichen hat (§ 54 ArbGG).

---

[16] Vgl. dazu vor allem *W. Gottwald* AnwBl. 2000, 265; *Prütting* AnwBl. 2000, 273; *Greger* ZRP 1998, 183, 186.

[17] Vgl. *Giwer* AnwBl. 2002, 32; *Kilian* ZKM 2005, 186; *Ortloff* NVwZ 2004, 385; *Koch* NJ 2005, 100; *Prütting* ZKM 2006, 100; *Kilian/Wielgosz* ZZPInt. 2004, 355 (rechtsvergleichend).

[18] *Prütting* FS Busse, 2005, S. 263, 269f.

[19] *Prütting* FS Busse, 2005, S. 263, 271.

Demgegenüber wird in der Praxis nicht selten darauf hingewiesen, dass die hohen Vergleichsquoten im arbeitsgerichtlichen Verfahren durch die unterschiedliche Rechtsmaterie und die teilweise unterschiedliche Streitkultur bedingt sind und dass deshalb die Regelung kaum auf die allgemeine Zivilgerichtsbarkeit übertragen werden kann. Auch der Gesetzgeber selbst hat dies in der Begründung eingeräumt,[20] hat aber dennoch die Auffassung vertreten, die Vergleichsquote in der Zivilgerichtsbarkeit ließe sich durch solche verfahrensrechtlichen Regelungen anheben. Nicht gesehen ist bei dem Vergleich von § 54 ArbGG und § 278 Abs. 2, dass die Güteverhandlung in Arbeitssachen nicht vor dem Arbeitsgericht, sondern allein vor dem Vorsitzenden stattfindet. Die Beiziehung der ehrenamtlichen Richter der Arbeitsgerichtsbarkeit zur Güteverhandlung ist ausgeschlossen. Daher sind in der Praxis des Arbeitsgerichtsprozesses Güteverhandlung und streitige Verhandlung regelmäßig zeitlich voneinander getrennt. Auch nach ihrer inhaltlichen Funktion und ihrem Ablauf sind sie weit unterschiedlicher als im Zivilprozess. Diese strukturellen Verschiedenheiten sind vom Gesetzgeber offenbar verkannt worden.

Eine rechtstatsächliche Untersuchung der ZPO-Reform[21] über die Jahre 2002 bis 2004 (ZPO- 33
Evaluation) hat ergeben, dass an Amtsgerichten in 58% und an Landgerichten in 64% aller Verfahren mit durchgeführter mündlicher Verhandlung eine Güteverhandlung tatsächlich stattgefunden hat.[22] Zugleich stieg die Zahl der Prozessvergleiche im Zeitraum zwischen 2000 und 2004 deutlich an: an Amtsgerichten von 9,9% auf 13,1% und an Landgerichten von 17,6% auf 21,5%, wobei jeweils von 2001 auf 2002 der größte Sprung zu beobachten war.[23] Ob diese Entwicklung dem neuen § 278 kausal zuzurechnen ist, lässt sich aus den Zahlen nicht zwingend entnehmen. Auch eine Befragung von Richtern und Rechtsanwälten hat hier keine zwingenden Zusammenhänge ergeben.[24] Trotz des auffallend positiven Trends ist daher bei der speziellen Beurteilung von Abs. 2 Zurückhaltung geboten.

Die Zahlen für die Nutzung des Verfahrens nach Abs. 5 fallen bisher extrem bescheiden aus.[25] 34
Dagegen wurde die Möglichkeit des Vergleichsvorschlags nach Abs. 6 offenkundig sehr positiv aufgenommen.[26]

VI. Praktische Hinweise zu Vergleichsverhandlungen

Seit längerem gibt es intensive Bemühungen, strukturelle Überlegungen vorzunehmen und prak- 35
tische Anweisungen für Vergleichsverhandlungen aufzustellen.[27] Stringente Methoden und zwingende Regeln wird man hier allerdings schwerlich aufstellen können. Von zentraler Bedeutung für den Richter wie für den Anwalt ist es, dass ein Vergleichsvorschlag und Güteverhandlungen sich immer auf und aus der vorhandenen Sach- und Rechtslage entwickeln müssen. Daher bedarf es auch für Vergleichsverhandlungen einer **guten Vorbereitung** durch Gericht und Rechtsanwälte. Eine weitere wichtige Voraussetzung erfolgreicher Vergleichsbemühungen ist die **persönliche Anwesenheit der Parteien,** die das Gericht gemäß Abs. 3 und ebenso gemäß § 273 Abs. 2 Nr. 3 anordnen kann und soll. Schließlich setzt ein faires Güteverfahren voraus, dass der Richter **über die Sach- und Rechtslage** aus seiner Sicht näher **aufgeklärt hat.** Sind diese zentralen Voraussetzungen gegeben, so wird viel von einem geschickten Ablauf der mündlichen Verhandlung abhängen. Der Richter muss die Interessenlage beider Seiten und die unterschiedlichen Sichtweisen herausarbeiten, er muss das Anliegen der Parteien ernst nehmen und im Dialog nach Lösungsmöglichkeiten suchen. Besonders wichtig ist es, die hinter den Positionen der Parteien stehenden Interessen zu erkennen und möglicherweise in eine teilweise Übereinstimmung zu bringen. Vor allem die **moderne Mediation** hat solche Aspekte hervorgehoben (win-win-Situation). Aufgabe des Richters ist es weiterhin, den Parteien die Vorteile einer guten Vergleichslösung zu verdeutlichen. Im Einzelfall kann ein Vergleich für alle Beteiligten insbesondere eine Ersparnis von Zeit und Kosten darstellen (vor allem, wenn ein mögliches Rechtsmittel vermieden wird); nicht unterschätzt

---

[20] Vgl. Entwurf eines Gesetzes zur Reform des Zivilprozesses vom 24. 11. 2000 (BT-Drucks. 14/4722 S. 62).

[21] *Hommerich/Prütting/Ebers/Lang/Traut,* Rechtstatsächliche Untersuchung zu den Auswirkungen der Reform des Zivilprozessrechts auf die gerichtliche Praxis, Evaluation der ZPO-Reform, 2006.

[22] *Hommerich/Prütting/Ebers/Lang/Traut* (Fn. 21), S. 59.

[23] *Hommerich/Prütting/Ebers/Lang/Traut* (Fn. 21), S. 47 f.

[24] *Hommerich/Prütting/Ebers/Lang/Traut* (Fn. 21), S. 74 f.

[25] *Hommerich/Prütting/Ebers/Lang/Traut* (Fn. 21), S. 83 ff.

[26] *Hommerich/Prütting/Ebers/Lang/Traut* (Fn. 21), S. 88 ff.

[27] *W. Gottwald/Haft* Verhandeln und Vergleichen als juristische Fertigkeiten, 2. Aufl. 1993; *W. Gottwald/Hutmacher/Röhl/Strempel,* Der Prozessvergleich, 1983, S. 209 ff.; *Schellhammer* Rn. 710 ff.; AK-ZPO/*Röhl* § 279 Rn. 8 ff.; *Weber* DRiZ 1957, 236; *Struck* JuS 1975, 762; *E. Schneider* JuS 1976, 145; *T. Weber* DRiZ 1978, 166; *Stürner* JR 1979, 133; *Spangenberg* MDR 1992, 332; *Hendel* AnwBl. 1997, 509; *Treffer* MDR 1999, 520.

werden sollte daneben der möglicherweise geringere persönliche Ärger und emotionale Aufwand; der Vergleich kann weiterhin bestehende oder im Verlauf des Prozesses deutlich gewordene Risiken der eigenen Position einschränken; durch geschickte Vergleichslösungen lässt sich manchmal eine weitaus umfassendere Streitbereinigung erzielen; beide Parteien können ihr Gesicht wahren und damit für die Zukunft eine bessere Basis zur Fortsetzung von Geschäfts- und Privatbeziehungen herbeiführen; von Bedeutung sind schließlich die variableren Lösungsmöglichkeiten eines Vergleichs, so wenn die Rechtsbeziehungen mit Dritten einbezogen werden, wenn weiterer Streitstoff zwischen den Parteien mit erledigt oder eine Lösung erzielt wird, die vom Alles-oder-Nichts-Prinzip Abstand nimmt.[28] Jedoch dürfen alle geschilderten Vorteile nicht dazu führen, einen Vergleich um jeden Preis anzustreben oder das gütliche Ergebnis mit Zwangsmitteln zu erreichen.[29]

VII. Der Prozessvergleich

36 **1. Grundlagen.** Eine erfolgreiche gütliche Streitbeilegung in der Güteverhandlung oder im streitigen Verfahren kann neben einseitigen Prozesshandlungen wie einer Klagerücknahme oder einer Erledigungserklärung insbesondere durch eine vertragliche Vereinbarung enden. In diesem Fall handelt es sich um einen Prozessvergleich (vgl. § 794 Abs. 1 Nr. 1). Der Prozessvergleich ist ein Vertragsschluss bei gleichzeitiger Anwesenheit der Vertragsparteien vor einem deutschen Gericht.[30] Er bedarf einer bestimmten Form, nämlich der Beurkundung durch Aufnahme in das Sitzungsprotokoll oder in eine Anlage (vgl. § 160 Abs. 3 Nr. 1, § 160 Abs. 5). Er muss den Vertragsschließenden vorgelesen und von ihnen genehmigt werden.[31] Der Prozessvergleich wird zwischen den Streitparteien oder zwischen den Parteien und Dritten abgeschlossen. Er muss den Streitgegenstand insgesamt oder in Teilen einer Regelung zuführen, kann aber auch nicht rechtshängige Streitfragen oder Fragen, die den Gegenstand eines anderen Rechtsstreits bilden, einbeziehen. Zum Wesen des Prozessvergleichs gehört es, dass die Ungewissheit der Parteien über das streitige Rechtsverhältnis im Wege gegenseitigen Nachgebens beseitigt wird.[32] Im Gegensatz zum früheren Recht hat der Gesetzgeber nunmehr unterschiedliche Formen des Prozessvergleichs anerkannt (siehe unten Rn. 36 ff.).

37 **2. Gesetzliche Regelung.** Leider hat der Prozessvergleich in der ZPO nur eine höchst unvollkommene und verstreute Regelung zu Einzelfragen erfahren. Man vergleiche hierzu die §§ 81, 83 Abs. 1, 98, 118 Abs. 1 Satz 3, 141 Abs. 3 Satz 2, 160 Abs. 3 Nr. 1, 794 Abs. 1 Nr. 1; ferner aus dem materiellen Recht die §§ 127 a, 779 BGB.

38 **3. Gerichtlicher Vergleich unter Widerrufsvorbehalt.** Nicht ausdrücklich im Gesetz geregelt ist der Vergleich unter Widerrufsvorbehalt. Es handelt sich dabei um einen normalen Prozessvergleich nach § 794 Abs. 1 Nr. 1, den der anwaltliche Prozessvertreter im Namen seiner Partei abschließt, obgleich er mit der Partei wegen der Akzeptanz des Vergleichs noch einmal Rücksprache halten möchte. Für diesen Fall lässt sich der Rechtsanwalt vom Gericht eine zeitliche Frist zum Widerruf einräumen. Äußert sich die Partei oder ihr Prozessvertreter innerhalb der Frist nicht, so ist der Vergleich wirksam zustande gekommen.

39 **4. Schriftlicher Vergleichsvorschlag unter Zustimmungsvorbehalt (Abs. 6).** Eine neue Form des Vergleichsschlusses hat die ZPO in § 278 Abs. 6 eingefügt und durch das 1. JuMoG erweitert. Danach kann ein gerichtlicher Vergleich auch in der Weise geschlossen werden, dass zunächst das Gericht den Parteien einen schriftlichen Vergleichsvorschlag unterbreitet und dass anschließend die Parteien diesen Vergleichsvorschlag durch Schriftsatz gegenüber dem Gericht annehmen, ferner dadurch, dass die Parteien einen (gemeinsamen) schriftlichen Vergleichsverschlag bei Gericht einreichen. In diesem Fall kommt also ein Vergleich nur zustande, wenn die Parteien in positiver Form die Annahme des Vorschlags erklären bzw. das Gericht nach Prüfung des Zustandekommens und der Wirksamkeit den Vergleich durch Beschluss feststellt. Auch im ersten Fall stellt das Gericht nach der Annahme durch die Parteien das Zustandekommen und den Inhalt des Vergleichs durch Beschluss fest (Abs. 6 Satz 2). Dabei sind die Vorschriften über die Protokollberichtigung gemäß § 164 entsprechend anzuwenden (Abs. 6 Satz 3). Die Einfügung des Vergleichsvorschlags unter Zustimmungsvorbehalt nach Abs. 6 in die ZPO lag nahe, da die VwGO schon seit

[28] Vgl. die Empfehlungen von *Hendel* AnwBl. 1997, 509; ferner die Vorschläge zur Verhandlungsablauf von *Henkel* ZZP 110 (1997), 91.

[29] Vgl. dazu die Kontroverse zwischen *Salje* DRiZ 1994, 285 und *Herr* DRiZ 1994, 417; ferner *Mohr* DRiZ 1994, 240; *Gefferl* DRiZ 1994, 421; *Lempp* DRiZ 1994, 422.

[30] Siehe § 794 Rn. 30 ff., 43 ff.

[31] Zu den Einzelheiten vgl. § 160 Rn. 3; § 162 Rn. 1 ff.; § 163 Rn. 1 ff.; § 794 Rn. 43 ff.

[32] Zu den Einzelheiten vgl. § 794 Rn. 63 ff.

1. 1. 1991 in § 106 Satz 2 VwGO eine solche Regelung kennt. Diese Neuregelung des Gesetzgebers ist zu begrüßen. Offen geblieben ist im Gesetz die Frage, was gilt, wenn die Parteien den gerichtlichen Vergleichsvorschlag mit Modifikationen annehmen. Im Ergebnis ist es ohne Bedeutung, ob man darin konkludent einen neuen Vergleichsvorschlag des Gerichts sieht, der angenommen wird, oder ob dies ein (neuer) Vorschlag der Parteien ist, den das Gericht prüft und feststellt. Die Formvorschrift des § 127 a BGB ist auf den Vergleich gemäß Abs. 6 nicht anzuwenden.[33] Die im Arbeitsrecht verlangte Schriftform (§ 623 BGB) wird aber gewahrt.[34]

5. Anwaltsvergleich. Während die bisherigen Vergleichsarten die Beteiligung des Gerichts und damit eine anhängige Klage voraussetzen, hat das Rechtspflegevereinfachungsgesetz 1990 in § 796 a (dem früheren § 1044 b) eine besondere Form eines vollstreckbaren Vergleichs ohne Rechtsstreit geschaffen. Es handelt sich dabei also im Grundsatz um einen außergerichtlichen Vergleich. Der Vergleichsschluss erfolgt unter zwingender Mitwirkung von Rechtsanwälten auf beiden Seiten, die den Vergleich zusammen mit den Parteien unterzeichnen müssen. Eine Streiterledigung ohne Belastung der Gerichte ist also das erklärte Ziel. Zu den Einzelheiten des Verfahrens vgl. § 796 a bis 796 c. 40

VIII. Obligatorische außergerichtliche Streitschlichtung

1. Grundlagen. Am 1. 1. 2000 ist das Gesetz zur Förderung der außergerichtlichen Streitbeilegung in Kraft getreten (BGBl. 1999 I S. 2400). Durch Art. 1 dieses Gesetzes wurde in das Gesetz betreffend die Einführung der Zivilprozessordnung ein neuer § 15 a EGZPO eingefügt. Diese Neuregelung sieht eine Experimentierklausel vor, wonach durch Landesgesetz die Zulässigkeit einer Klage in Zivilsachen vor den Amtsgerichten davon abhängig gemacht werden kann, dass vor einer anerkannten Gütestelle vorher eine Einigung versucht worden ist. Dies betrifft vermögensrechtliche Ansprüche bis 750,– EUR sowie Ansprüche aus dem Bereich des Nachbarrechts und der Verletzung der persönlichen Ehre. Ausgenommen von dieser Regelung sind Streitigkeiten in Familiensachen, in Wiederaufnahmeverfahren, im Urkunden- und Wechselprozess, im Mahnverfahren sowie bei vollstreckungsrechtlichen Klagen. Durch das AGG vom 14. 8. 2006 (BGBl. I 1897) wurde in Art. 3 Nr. 16 eine Erweiterung auf die zivilrechtlichen Streitigkeiten aus dem Allgemeinen Gleichbehandlungsgesetz (unter Ausschluss des Arbeitsrechts) vorgenommen. 41

2. Historische Entwicklung. Eine außergerichtliche Streitschlichtung im Zivilprozess in obligatorischer Form hat das deutsche Recht bisher noch nicht gekannt. Die ersten Vorschläge in diese Richtung gehen auf Überlegungen zur Entlastung der Ziviljustiz aus der Mitte der 90er Jahre zurück. Eine Gesetzesinitiative ging im Oktober 1996 vom Bundesrat aus (BR-Drucks. 605/96). Der Bundesratsentwurf wurde nach intensiver Bearbeitung im Bundesministerium der Justiz und nach Beratung durch den Rechtsausschuss als Beschlussempfehlung des Rechtsausschusses dem Gesetzgeber am 17. 6. 1998 vorgelegt (BT-Drucks. 13/11 042). Zwar hat der Bundestag am 18. 7. 1998 den Gesetzentwurf angenommen. Aufgrund eines Einspruchs des Bundesrates ist jedoch das Verfahren in der 13. Legislaturperiode letztlich gescheitert. Im Jahre 1999 ist der Gesetzentwurf erneut in das Gesetzgebungsverfahren eingebracht worden (BT-Drucks. 14/980). Das Gesetz ist am 15. 12. 1999 verabschiedet worden (BGBl. I S. 2400) und am 1. 1. 2000 in Kraft getreten. 42

3. Landesrechtliche Umsetzung. Die bundesgesetzliche Regelung enthält lediglich eine Ermächtigung an die Bundesländer, die Zulässigkeit zivilgerichtlicher Klagen von der vorherigen Durchführung eines außergerichtlichen Streitschlichtungsverfahrens abhängig zu machen. In der Zwischenzeit haben folgende Bundesländer durch Schlichtungsgesetze von der Ermächtigung Gebrauch gemacht: Baden-Württemberg, Bayern, Brandenburg, Hessen, Nordrhein-Westfalen, Saarland, Sachsen-Anhalt und Schleswig-Holstein. Die übrigen acht Bundesländer haben bis heute eine Umsetzung abgelehnt. Zu beachten ist allerdings, dass außer Baden-Württemberg alle Bundesländer bisher die gesetzlichen Grundlagen zeitlich befristet haben. Die obligatorische außergerichtliche Streitschlichtung wurde danach zunächst nur jeweils bis zum 31. 12. 2005 vorgesehen, in der Zwischenzeit sind aber landesrechtlich unterschiedliche Verlängerungen, meist bis 31. 12. 2008 verkündet worden.[35] Durch wissenschaftliche Begleituntersuchungen innerhalb dieses Zeitraums soll festgestellt werden, ob die Bestimmungen sich bewährt haben und ob eine Verlängerung in Betracht kommt.[36] 43

---

[33] HM, aA *Deckenbrock/Dötsch,* MDR 2006, 1325.
[34] BAG NZA 2007, 466.
[35] Vgl. *Deckenbrock/Jordans,* MDR 2006, 421.
[36] *Dieckmann* NJW 2000, 2803.

44 **4. Bewertung.** Die gesetzliche Neuregelung eröffnet gewisse Chancen, die staatlichen Gerichte ein wenig zu entlasten und eine neue Streitkultur zu entwickeln. Das Gesetz enthält aber auch erhebliche Probleme und Gefahren. So ergeben sich bisher bei der unterschiedlichen landesrechtlichen Umsetzung noch erhebliche Unsicherheiten. Weiterhin besteht die Gefahr einer häufigen Umgehung der obligatorischen Schlichtung. Dies ist insbesondere dort gegeben, wo eine Partei ihre Ansprüche im Wege des Mahnverfahrens geltend macht. Die obligatorische Anwendung steht ferner in einem gewissen Gegensatz zum Grundprinzip der Freiwilligkeit von Streitschlichtung und Mediation. Auch die Gefahr zeitlicher Verzögerung und Kostensteigerung bei Scheitern der Schlichtung ist zu beachten. Angesichts solcher und anderer befürchteter Gefahren und Probleme sind schon im Vorfeld (und auch später) eine Fülle von Bedenken und Warnungen gegen den Plan des Gesetzgebers erhoben worden.[37] Die bereits erwähnte ZPO-Evaluation 2006 (oben Rn. 33) hat für die Jahre 2002–2004 eine verschwindend geringe Zahl von § 15a EGZPO durchgeführter Schlichtungsverfahren ergeben (jeweils weniger als 1% aller Verfahren).[38]

IX. Allgemeine außergerichtliche Streitschlichtung

45 **1. Grundsatz.** Neben Formen gütlicher Beilegung des Rechtsstreits und der obligatorischen außergerichtlichen Streitschlichtung haben sich vielfältige weitere Möglichkeiten der vor- und außergerichtlichen Streitschlichtung entwickelt. Die Zahl der vorhandenen Schieds-, Schlichtungs- und Gutachterstellen ist nahezu unübersehbar groß.[39] Terminologisch und inhaltlich sind dabei folgende Bereiche zu unterscheiden:

– das **Verhandeln,** also die bilaterale oder multilaterale Gesprächsrunde, der Runde Tisch und ähnliche Formen der Beratung, Verhandlung und Erörterung ohne festes Verfahren und ohne eine neutrale Person;
– das **Vermitteln,** also insbesondere die Formen echter Mediation, die Verhandlungs- und Versöhnungshilfe, bei der die Streitparteien von einem neutralen Dritten in dem Versuch unterstützt werden, zu einer einvernehmlichen Lösung des Konflikts zu finden. Spezifikum der Mediation ist es dabei, dass der neutrale Dritte keinen Druck auf die Parteien ausübt, keine eigene Entscheidung trifft und auch nicht versucht, die Parteien von eigenen Schlichtungs- oder Vergleichslösungen zu überzeugen;
– das **Schlichten,** also ein Verfahren, nach dessen Grundgedanken ein neutraler Dritter mit Autorität versucht, den Streitparteien ein eigenes Schlichtungs- oder Vergleichsergebnis zur Annahme vorzulegen;
– das **Richten,** also die Streitbeilegung auf Grund echter autoritativer Entscheidung, wie sie außerhalb der staatlichen Gerichtsbarkeit insbesondere in der privaten Schiedsgerichtsbarkeit vorkommt.

46 **2. Verhältnis zum Zivilprozess.** Innerhalb der einzelnen Formen außergerichtlicher Streitbeilegung haben die beiden ersten Stufen keine unmittelbare Beziehung zu einem streitigen Zivilprozess, während die Schiedsgerichtsbarkeit einen Prozess vor staatlichen Gerichten ausschließt (vgl. § 1032). Für den Bereich der Schlichtung ergeben sich demgegenüber vor allem in folgenden Beziehungen Berührungspunkte zur streitigen Gerichtsbarkeit:

47 **a) Prozesskostenhilfe.** Nach Auffassung einiger Gerichte soll die Gewährung von Prozesskostenhilfe von der vorherigen Anrufung außergerichtlicher Streitschlichtungsstellen abhängen.[40] Hier wird also für die arme Partei die staatliche Gerichtsbarkeit gegenüber außergerichtlicher Streitschlichtung für subsidiär erklärt. Das ist schon aus verfassungsrechtlichen Gründen unhaltbar.[41]

48 **b) Klagbarkeit.** Ferner soll nach der Rechtsprechung des BGH die vertragliche Vereinbarung der Parteien, im Streitfalle müsse vor Klageerhebung zunächst eine außergerichtliche Schlichtungsstelle angerufen werden, zu einem vorläufigen Ausschluss der Klagbarkeit führen und damit eine dennoch erhobene Klage unzulässig machen.[42] Ein solcher vertraglicher, also privatautonomer

---

[37] Vgl. *Stadler* NJW 1998, 2479; *Wagner* JZ 1998, 836; *Prütting* Verhandlungen des 62. Deutschen Juristentages 1998 in Bremen, Band II 1999, S. O 11.

[38] *Hommerich/Prütting/Ebers/Lang/Traut* (Fn. 21), S. 90f., 319.

[39] Ein Überblick findet sich bei *Prütting* JZ 1985, 261; *Blankenburg/W. Gottwald/Strempel,* Alternativen in der Ziviljustiz, 1982, S. 41ff., 219ff.; *Morasch,* Schieds- und Schlichtungsstellen in der Bundesrepublik, 1984; *Preibisch,* Außergerichtliche Vorverfahren in Streitigkeiten der Zivilgerichtsbarkeit, 1982, S. 52ff.

[40] LG Aurich NJW 1986, 792; LG Dortmund JZ 1988, 255.

[41] Ablehnend auch *Matthies* Anm. zu LG Aurich NJW 1986, 792; OLG Düsseldorf NJW 1989, 2955.

[42] BGH NJW 1984, 669 = ZZP 99 (1986), 90 mit Anm. *Prütting.* Ebenso BayObLG NJW-RR 1996, 910 für das Verfahren nach WEG. Zuletzt BGH NJW 1999, 647.

Ausschluss der Klagbarkeit wird allgemein für möglich gehalten. Freilich lassen die erheblichen Bedenken, denen außergerichtliche Streitschlichtung begegnet, dieses Ergebnis als problematisch erscheinen.[43] Der Ausschluss der Klagbarkeit ist aber jedenfalls zu verneinen, wenn das Schlichtungsverfahren an einem Verhalten des Beklagten scheitert.[44]

c) Verweisung. In Einzelfällen kann bei bereits anhängigem Rechtsstreit das Gericht die Sache an eine außergerichtliche Schlichtungsstelle verweisen. Dies kam bisher in Betracht bei Wettbewerbsstreitigkeiten, die vor die Einigungsstellen der Industrie- und Handelskammern gemäß § 27a UWG verwiesen werden können. Eine vergleichbare Rechtslage hat nunmehr § 278 Abs. 5 Satz 2 und 3 gebracht. 49

X. Inkrafttreten; Übergangsrecht

Gemäß Art. 53 ZPO-RG ist § 278 nF am 1. 1. 2002 in Kraft getreten. Nach § 26 Nr. 2 EGZPO findet für Verfahren, die vor dem 1. 1. 2002 anhängig geworden sind, weiterhin § 278 aF Anwendung (vgl. die Kommentierung zu § 26 EGZPO). 50

§ 279 Mündliche Verhandlung

(1) [1]Erscheint eine Partei in der Güteverhandlung nicht oder ist die Güteverhandlung erfolglos, soll sich die mündliche Verhandlung (früher erster Termin oder Haupttermin) unmittelbar anschließen. [2]Andernfalls ist unverzüglich Termin zur mündlichen Verhandlung zu bestimmen.

(2) Im Haupttermin soll der streitigen Verhandlung die Beweisaufnahme unmittelbar folgen.

(3) Im Anschluss an die Beweisaufnahme hat das Gericht erneut den Sach- und Streitstand und, soweit bereits möglich, das Ergebnis der Beweisaufnahme mit den Parteien zu erörtern.

Schrifttum: *Birk,* Wer führt den Zivilprozeß – der Anwalt oder der Richter?, NJW 1985, 1491; *Brehm,* Die Bindung des Richters an den Parteivortrag und Grenzen freier Verhandlungswürdigung, 1982; *Gottwald,* Richterliche Entscheidung und rationale Argumentation, ZZP 98 (1985), 113; *Greger,* Rechtstatsächliche Erkenntnisse zu den Auswirkungen der Vereinfachungsnovelle in der Praxis, ZZP 100 (1987), 377; *Grunsky,* Die Straffung des Verfahrens durch die Vereinfachungsnovelle, JZ 1977, 201; *Henkel,* Die mündliche Verhandlung im Zivilprozeß aus Kommunikationspsychologischer Sicht, ZZP 110 (1997), 91; *Laumen,* Das Rechtsgespräch im Zivilprozeß, Köln, 1984; *Prütting,* Die Grundlagen des Zivilprozesses im Wandel der Gesetzgebung, NJW 1980, 361; *Schulz-Sticken,* Die Erörterung der richterlichen Beweiswürdigung mit den Parteien, MDR 2005, 1; *Weber,* Gütliche Beilegung und Verhandlungsstil im Zivilprozeß, DRiZ 1978, 166.

I. Art der Änderung; Normzweck und Norminhalt

Die durch das ZPO-RG vom 27. 7. 2001 (BGBl. I S. 1887) vollkommen neu gefasste Vorschrift des § 279 hat (wie früher § 278) den **Haupttermin** zum Gegenstand. Allerdings ist die Norm stark entleert. Der frühere § 278 Abs. 3 zur richterlichen Aufklärungspflicht bei überraschenden Gesichtspunkten ist (ohne wesentliche Änderung in der Sache) in den neuen § 139 Abs. 2 eingefügt worden, was systematisch überzeugt. Der neue Abs. 1 regelt den Übergang von der obligatorischen Güteverhandlung des neu gefassten § 278 zum streitigen Verfahren. Die jetzigen Absätze 2 und 3 stimmen sachlich mit dem früheren § 278 Abs. 2 überein und sind nur sprachlich umgestaltet. Der frühere § 278 Abs. 4 ist ersatzlos entfallen. 1

Allerdings ist bei dieser Umgestaltung der Norm die Hervorhebung des **Haupttermins als Kern des Verfahrens,** wie sie die Vereinfachungsnovelle 1976 in dem damals neu gestalteten § 278 gebracht hatte, verloren gegangen (siehe unten Rn. 3). Der Haupttermin wird nur noch sehr beiläufig in den §§ 272 Abs. 1, 275 Abs. 2, 279 Abs. 2 erwähnt. In der Sache stellt dies keine Veränderung zum bisherigen Rechtszustand dar. Der Appellcharakter von § 272 Abs. 1, wonach der Rechtsstreit in der Regel in einem umfassend vorbereiteten Haupttermin erledigt werden soll, wird dadurch freilich abgeschwächt. Verloren gegangen ist auch der wichtige Hinweis des früheren § 278 Abs. 1 Satz 1, wonach das Gericht in den Sach- und Streitstand einführen muss.[1] Auch dies führt aber in der Sache zu keiner Veränderung (siehe unten Rn. 7). 2

---

[43] Vgl. im Einzelnen dazu *Prütting* ZZP 90 (1986), 93; *ders.* JZ 1985, 261.

[44] BGH NJW 1999, 647.

[1] *Schellhammer* MDR 2001, 1081, 1082 meint, damit sei ein „Herzstück" des § 278 aF abhanden gekommen.

II. Ablauf und Inhalt des Haupttermins

3 **1. Der Haupttermin als Kern des Verfahrens.** § 279 muss im Zusammenhang mit § 272 gesehen werden. Trotz erheblicher Änderung des Wortlauts gegenüber dem bisherigen § 278 stellt der Haupttermin den Kern des Verfahrens dar. Es gelten weiterhin die gesetzgeberischen Anweisungen, einen Haupttermin durch die Wahl nach § 272, durch vorbereitende Maßnahmen nach § 273, durch Fristsetzungen nach den §§ 275 bis 277 sowie durch mündliche oder schriftliche Abklärungen im Wege des frühen ersten Termins (§ 275) oder des schriftlichen Vorverfahrens (§ 276) so gut vorzubereiten, dass sich der Rechtsstreit in diesem einen Haupttermin sodann erledigen lässt. In dem Gedanken des Haupttermins, wie ihn die Vereinfachungsnovelle 1976 geschaffen und wie ihn trotz sprachlicher Abschwächungen das ZPO-RG beibehalten hat (§§ 272 Abs. 1, 275 Abs. 2, 279 Abs. 2), ist also auch künftig **der Gedanke der Beschleunigung und der Konzentration** der mündlichen Verhandlung als zentrales gesetzliches Anliegen enthalten.

4 **2. Geltungsbereich.** Der Ablauf und die Inhalte des Termins, wie sie in den §§ 272, 278, 279 geregelt sind, gelten für jede mündliche Verhandlung, also neben dem Haupttermin auch für den frühen ersten Termin. Das stellt keine sachliche Abweichung zum bisherigen Rechtszustand dar.

5 **3. Übergang von der Güteverhandlung zum streitigen Verfahren.** Ausgangspunkt ist § 279 Abs. 1, der nach seinem wesentlichen Gedanken versucht, die Güteverhandlung und die streitige mündliche Verhandlung zeitlich möglichst unmittelbar aneinander anzuschließen, um Verzögerungen zu vermeiden. In diesen Kontext gehört auch § 272 Abs. 3, wonach beide Verhandlungen so früh wie möglich stattfinden sollen. Voraussetzung für die mündliche Verhandlung ist aber im Regelfall die Anberaumung einer (obligatorischen) Güteverhandlung, die bei Erfolg die streitige Verhandlung überflüssig machen würde. Der Fortgang des Verfahrens setzt also entweder die Erfolglosigkeit der Güteverhandlung voraus oder eine Säumnis einer Partei. Im ersten Fall ist die Erfolglosigkeit der Güteverhandlung im Protokoll festzustellen (§ 160 Abs. 3 Nr. 10) und anschließend unmittelbar in die streitige Verhandlung überzugehen. Dies setzt die entsprechende Ladung und die Beachtung der Einlassungsfrist gemäß § 274 voraus. In anderen Fällen muss ein neuer Termin zur mündlichen Verhandlung bestimmt werden, der nach Abs. 1 Satz 2 unverzüglich zu bestimmen ist und wegen § 272 Abs. 3 zeitlich möglichst schnell auf die Güteverhandlung folgen sollte. Für einen solchen neuen Termin ist eine Ladung nicht erforderlich (§ 218).

6 Im Falle der Säumnis einer Partei im Gütetermin ist dieser ebenfalls als gescheitert anzusehen und wie im Falle der Erfolglosigkeit die streitige Verhandlung unmittelbar anzuschließen. Soweit bereits eine Ladung zum streitigen Termin vorlag, kann nunmehr auf Antrag ein Versäumnisurteil nach den §§ 330, 331 ergehen.

7 **4. Ablauf des Termins zur mündlichen Verhandlung.** Der Termin zur mündlichen Verhandlung beginnt nach § 220 mit dem Aufruf der Sache. Sodann eröffnet der Vorsitzende die mündliche Verhandlung und leitet sie (§ 136 Abs. 1). Anschließend hatte der frühere § 278 Abs. 1 die Regelung enthalten, dass der Vorsitzende eine Einführung in den Sach- und Streitstand gibt und eine persönliche Anhörung der erschienenen Parteien veranlasst. Diese Regelungen sind nur scheinbar entfallen. In Wahrheit sind die Regelungen in die Güteverhandlung vorverlagert. Das Gericht hat also im Regelfall die erforderliche Einführung in den Sach- und Streitstand bereits gegeben und die persönliche Anhörung der erschienenen Parteien veranlasst, so dass bei Erfolglosigkeit der Güteverhandlung und unmittelbarem Anschluss der streitigen Verhandlung dies nicht mehr erforderlich erscheint. Anders ist es, wenn sich das Gericht gezwungen sieht, einen neuen Termin zur mündlichen Verhandlung zu bestimmen (§ 279 Abs. 1 Satz 2). In diesem Fall empfiehlt es sich auch künftig, eine kurze Einführung in den Sach- und Streitstand zu geben. Die persönliche Anhörung erschienener Parteien ist nach allgemeinen Regeln möglich, soweit sie erforderlich erscheint (vgl. §§ 137 Abs. 4, 141, 273 Abs. 2 Nr. 3; näher siehe unten Rn. 11 ff.). Nach diesen einleitenden Maßnahmen beginnt der eigentliche Termin zur mündlichen Verhandlung mit der Antragstellung durch die Parteien (§§ 137 Abs. 1, 297). Es ist aber zulässig, vor der Antragstellung Fragen der Zulässigkeit der Klage und Zulässigkeitsrügen zu behandeln (vgl. §§ 139 Abs. 3, 280, 281, 282 Abs. 3). So könnte sich zB für die klägerische Partei bereits bei der Erörterung der Zulässigkeit der Klage und vor Antragstellung die Frage einer Klagerücknahme stellen. Bis zur Stellung der Anträge ist eine Klagerücknahme nach § 269 ohne Mitwirkung des Beklagten möglich.

8 Im Anschluss an die Abklärung dieser Fragen beginnt die streitige Verhandlung mit der Stellung der Anträge (§§ 137 Abs. 1, 297). Es schließt sich eine Verhandlung über die gestellten Anträge an (§§ 136 Abs. 2, Abs. 3, 139 Abs. 1). An diese Verhandlung schließt sich die Beweisaufnahme un-

mittelbar an (§§ 279 Abs. 2). Nach Beendigung der Beweisaufnahme wird den Parteien erneut Gelegenheit gegeben, den Sach- und Streitstand mit dem Gericht zu erörtern und dabei insbesondere auf das Ergebnis der Beweisaufnahme einzugehen (§§ 279 Abs. 3, 285 Abs. 1). Die sprachliche Ergänzung des § 279 Abs. 3 mit dem Hinweis, dass die erneute Erörterung der Sache insbesondere auch das Ergebnis der Beweisaufnahme einbeziehen kann, deckt sich mit der Anordnung in § 285 Abs. 1 und verstärkt damit den Hinweis auf diese Verpflichtung des Gerichts, ohne in der Sache etwas Neues zu bringen. Praktisch bedeutsam sind die Anweisungen nach § 279 Abs. 3, 285 Abs. 1 vor allem deshalb, weil sie verdeutlichen, dass die in neuerer Zeit immer wieder diskutierten und praktizierten beweisrechtlichen Geheimverfahren in Wahrheit nach geltendem Recht ausgeschlossen sind (näher dazu s. u. § 285 Rn. 10ff.).

Nach Abschluss der Erörterungen schließt der Vorsitzende die mündliche Verhandlung und verkündet die jeweiligen Entscheidungen des Gerichts (§§ 136 Abs. 4, 296a). 9

5. Der Begriff des Haupttermins. Der Begriff des Haupttermins, wie ihn das Gesetz in den §§ 272 Abs. 1, 275 Abs. 2, 279 Abs. 2 benennt, ergibt sich aus § 272 Abs. 1. Nach der dort gegebenen Legaldefinition handelt es sich um einen umfassend vorbereiteten Termin zur mündlichen Verhandlung, dem in der Regel eine Güteverhandlung und zusätzlich entweder ein früher erster Termin zur mündlichen Verhandlung oder ein schriftliches Vorverfahren vorausgegangen ist. Das Ziel dieses Haupttermins ist die Herstellung der Entscheidungsreife des Rechtsstreits. Die vorausgegangenen Verfahrensschritte sollen das Gericht in die Lage versetzen, dieses Ziel in **einem Termin** zu erreichen. 10

6. Persönliche Anhörung der erschienenen Parteien. Nach früherem Recht hatte § 278 Abs. 1 Satz 2 das persönliche Erscheinen der Parteien und deren Anhörung von Amts wegen angeordnet. Diese Vorschrift ist im Rahmen des neu gefassten § 279 entfallen. Es gelten allerdings unverändert die §§ 137 Abs. 4, 141, 273 Abs. 2 Nr. 3 und zusätzlich seit 1. 1. 2002 § 278 Abs. 3. 11

Von diesen Vorschriften ist § 137 Abs. 4 eine eng begrenzte Regelung. Sie gibt lediglich der neben dem Anwalt persönlich erschienenen Partei das Recht zur Äußerung. Weitergehend bestimmt § 141 Abs. 1 eine gerichtliche Verpflichtung, das persönliche Erscheinen beider Parteien anzuordnen, soweit dies zur Aufklärung des Sachverhalts geboten erscheint. § 141 gilt generell und in jeder Lage des Verfahrens. Er wird durch § 273 Abs. 2 Nr. 3 nur in der Weise ergänzt, dass die Anordnung des persönlichen Erscheinens auch als vorbereitende Maßnahme zulässig ist. Schließlich regelt § 278 Abs. 3 den Spezialfall der Anordnung des persönlichen Erscheinens für die Güteverhandlung und für weitere Güteversuche (vgl. oben § 278 Rn. 23). Im Hinblick auf den ausdrücklichen Hinweis in § 278 Abs. 3, dass auch weitere Güteversuche die Anordnung des persönlichen Erscheinens der Parteien rechtfertigen, ist diese Vorschrift allerdings in ihrem Anwendungsbereich ebenfalls sehr weit. Insgesamt lässt sich sagen, dass das Gericht umfassende Möglichkeiten zur Anordnung des persönlichen Erscheinens der Parteien und zur Anhörung der Parteien hat. Der Anwendungsbereich der einzelnen Normen lässt sich nicht in allen Fällen eindeutig voneinander abgrenzen. 12

Auffallend ist, dass der neue § 278 Abs. 3 ebenso wie § 273 Abs. 2 Nr. 3 und § 141 nur von der richterlichen Anordnung des persönlichen **Erscheinens** sprechen (nicht von der Anhörung selbst). Dagegen hatte der frühere § 278 Abs. 1 Satz 2 das Gericht verpflichtet, die Parteien persönlich anzuhören. Eine solche Anhörungspflicht kann sich heute aus § 137 Abs. 4 sowie aus dem Grundsatz des rechtlichen Gehörs (Art. 103 Abs. 1 GG) ergeben. Dafür ist es unerheblich, ob die Partei auf Anordnung des Gerichts oder ohne eine solche Anordnung am Termin teilnimmt. Eine Ausnahme besteht lediglich im Anwaltsprozess bei der nicht anwaltlich vertretenen Partei: Da sie als postulationsunfähig und damit als säumig anzusehen ist, erstreckt sich die Anhörungspflicht des Gerichts nicht auf sie. 13

Schwierigkeiten ergeben sich für das Verhältnis zwischen der Anhörung der Parteien und dem Beweismittel der Parteivernehmung (§§ 445ff.). Es bestehen erhebliche Unterschiede zwischen den verschiedenen Wegen der Parteibefragung. Grundsätzlich erfolgt die Parteivernehmung auf Antrag des Gegners; sie kann allerdings auch von Amts wegen erfolgen (vgl. § 448). Immer jedoch bedarf die Parteivernehmung eines Beweisbeschlusses (§ 450). Weiter können der zu vernehmenden Partei die Folgen ihres Nichterscheinens nachteilig angerechnet werden (§ 454). Außerdem ist die Parteivernehmung nach der ausdrücklichen Anordnung des Gesetzes subsidiär zu allen anderen Beweismitteln (§ 445 Abs. 1). Trotz dieser Unterschiede sieht die Praxis häufig die Anhörung der Partei als Mittel an, streitige Tatsachen zu klären, und behandelt sie im Ergebnis dem Beweismittel der Parteivernehmung gleich. Gegen eine derartige Praxis ist zunächst einzuwenden, dass damit die besonderen Vorschriften zur Einhaltung des Beweisverfahrens umgangen werden.[2] Zur Erzielung glei- 14

[2] *Meyke* MDR 1987, 358.

cher Ergebnisse bei beiden Arten der Parteibefragung bewertet die Praxis jedoch das Schweigen einer Partei im Rahmen von Anhörungen genauso wie bei einer Parteivernehmung. Der Richter würdigt also das Schweigen im Rahmen des § 286 zu Lasten der Partei.[3] Damit wird die Nichtausübung eines Rechts der Partei ohne eine ausdrückliche gesetzliche Regelung sanktioniert. Dies verstößt gerade im Rahmen des Beweisverfahrens gegen das Prinzip der Rechtssicherheit, das für ein gerichtliches Verfahren die Kalkulierbarkeit und Voraussehbarkeit der gerichtlichen Entscheidung fordert. Die Parteianhörung und die Parteivernehmung sind deshalb streng zu trennen. Das eine kann nicht durch das andere ersetzt werden.

15 Die genannten Überlegungen spielen auch eine Rolle bei der Frage, ob die erschienene Partei gegen den Willen ihres Anwalts gehört werden kann und welche Folgen hier eine Nichtäußerung der Partei hervorruft. Zwar gibt in Anwaltsprozessen der Vertreter der Partei die Erklärungen ab (§§ 78 Abs. 1, 138 Abs. 1), jedoch besteht auch hier das Recht der Partei, sich zu äußern, und die Pflicht des Gerichts, die Anhörung vorzunehmen. Dementsprechend können der Partei keine Nachteile daraus erwachsen, wenn sie das Anhörungsrecht nicht wahrnimmt. Legt ihr der Anwalt nahe, sich nicht zu äußern und tut sie es dennoch, so macht sie in zulässiger Weise von ihrem Recht Gebrauch. Eine Anhörung kann dann gegen den Willen des Prozessvertreters erfolgen.

16 Nicht zulässig ist es, wenn das Gericht die Anhörung der Partei dazu benutzt, Tatsachen auszuforschen und entgegen dem Beibringungsgrundsatz den Sachverhalt von Amts wegen zu untersuchen. Vielmehr gilt es zu beachten, dass § 141 Abs. 1 Satz 1 die grundsätzliche Einschränkung enthält (die für alle Fälle der Anordnung des persönlichen Erscheinens gilt), dass diese Anordnung zur Aufklärung des Sachverhalts geboten erscheint. Diese Einschränkung ist vor dem Hintergrund des im Zivilprozess geltenden Beibringungsgrundsatzes zu sehen und legitimiert keineswegs eine richterliche Amtsermittlung.

III. Beweisaufnahme

17 § 279 Abs. 2 ordnet an, dass auf die streitige Verhandlung die Beweisaufnahme **unmittelbar** zu folgen hat. Maßgeblich für den Beginn der streitigen Verhandlung ist nach § 137 Abs. 1 die Stellung der Anträge. Da nach § 272 Abs. 1 der Rechtsstreit in einem umfassend vorbereiteten Termin zur mündlichen Verhandlung zu erledigen ist, sind für die Durchführung der Beweisaufnahme unmittelbar im Anschluss an die streitige Verhandlung im selben Termin möglichst ein vorbereitender Beweisbeschluss nach § 358a oder entsprechend vorbereitende Anordnungen nach § 273 zu empfehlen. Erscheinen jedoch die vorbereitend geladenen Zeugen zum Termin nicht oder werden durch die Parteien in diesem Termin zuvor nicht angekündigte Zeugen präsentiert, deren sofortige Vernehmung wegen §§ 357, 397 nicht tunlich ist, muss ein neuer Termin zur Beweisaufnahme bestimmt werden.[4]

18 Nach § 279 Abs. 3 ist im Anschluss an die Beweisaufnahme der Sach- und Streitstand erneut mit den Parteien zu erörtern.[5] Dabei ist, soweit dies bereits möglich ist, das Ergebnis der Beweisaufnahme in die Erörterung mit einzubeziehen. Dieser Grundsatz ist auch in § 285 Abs. 1 enthalten. Die gesetzliche Formulierung „im Anschluss" deutet wiederum auf eine möglichst unmittelbar folgende Erörterung hin. Eine Vertagung allein aus dem Grunde, um den Anwälten Gelegenheit zur schriftsätzlichen Würdigung des Beweisergebnisses zu geben, ist also nicht geboten.[6]

19 Verstößt das Gericht gegen die Anordnungen des § 279 Abs. 2, Abs. 3, so ist hinsichtlich der **Rechtsmittel** zu differenzieren. Die Anordnung der Durchführung der Beweisaufnahme unmittelbar im Anschluss an die streitige Verhandlung stellt für das Gericht einen Grundsatz, aber keine zwingende Voraussetzung dar. Sofern eine andere zeitliche Folge durch das Gericht nach pflichtgemäßem Ermessen gewählt wird, kann dies mit Rechtsmittel nicht angegriffen werden. Dagegen wäre die Weigerung des Gerichts, im Anschluss an die Beweisaufnahme den Sach- und Streitstand zu erörtern sowie über das Ergebnis der Beweisaufnahme mit den Parteien zu diskutieren, ein Verstoß gegen Art. 103 Abs. 1 GG.[7] Sollte ausnahmsweise die Wahl des zeitlichen Ablaufs nach Abs. 2 zu einem Verfahrensfehler führen, so wäre dieser Gesichtspunkt ebenfalls mit einem Rechtsmittel oder notfalls mit verfassungsrechtlichen Rechtsbehelfen zu rügen.

---

[3] Vgl. *Brehm,* Die Bindung des Richters an den Parteivortrag und Grenzen freier Verhandlungswürdigung, S. 230 ff.; *Meyke* MDR 1987, 358, 359.
[4] BGH NJW 1976, 1742, 1743; *Stein/Jonas/Leipold* § 278 Rn. 16.
[5] Dazu nunmehr ausführlich *Schulz/Sticken,* MDR 2005, 1.
[6] *Stein/Jonas/Leipold* § 278 Rn. 17; *Franzki* DRiZ 1977, 161, 163.
[7] *Zöller/Greger* Rn. 6, 8; aA *Schulz/Sticken* MDR 2005, 1, 4.

IV. Neuer Termin

Ist die Sache nach der Durchführung des Haupttermins noch nicht zur Entscheidung reif, so ist ein neuer Termin zu bestimmen. Dies war früher in § 278 Abs. 4 aF ausdrücklich geregelt. Zwar ist dieser Absatz ersatzlos entfallen, in der Sache hat sich aber nichts geändert. Eine möglichst zügige Festlegung eines neuen Termins muss bereits dem allgemeinen Grundsatz des § 272 Abs. 3 entnommen werden und ergibt sich auch aus § 136 Abs. 3 Halbsatz 2. Bei der neuen Terminsbestimmung handelt es sich um eine Vertagung iS von § 227. Nach § 227 Abs. 4 entscheidet deshalb darüber das Gericht. Die Bestimmung des neuen Termins muss sofort, also im noch nicht beendeten Haupttermin erfolgen.[8] Dabei sind die Erfordernisse des konkreten Prozesses sowie die Geschäftsbelastung des Gerichts zu berücksichtigen. Notwendige Hinweise und Auflagen an die Parteien können mit dieser Terminsbestimmung verbunden werden. Allerdings ist es nicht zulässig, die Terminsbestimmung an sich von der Erfüllung bestimmter Auflagen durch die Parteien abhängig zu machen. Anderenfalls wäre die Terminsbestimmung durch das Gericht als ein Druckmittel zur Erzwingung eines bestimmten Parteiverhaltens anzusehen. Da der geordnete Gang des Verfahrens jedoch unabhängig von dem jeweiligen Parteiverhalten durchgeführt werden soll, würde sich ein derartiges gerichtliches Verhalten als Rechtsverweigerung darstellen. Der neue Termin ist als eine Fortsetzung des Haupttermins anzusehen. Die bereits bisher erfolgten Verfahrenshandlungen müssen deshalb nicht wiederholt werden. 20

V. Richterliche Hinweispflicht

Der durch die Vereinfachungsnovelle 1976 neu geschaffene § 278 enthielt bis zum Inkrafttreten des ZPO-RG am 1. 1. 2002 in Abs. 3 eine Vorschrift, die das Gericht verpflichtete, den Parteien Gelegenheit zur Äußerung zu geben, wenn es seine Entscheidung auf rechtliche Gesichtspunkte stützen wollte, die bisher bei den Parteien noch keine Beachtung gefunden hatten. Diese richterliche Hinweispflicht ist im neuen § 279 entfallen. Sie ist aber nicht aufgehoben worden, sondern systematisch richtig in den § 139 Abs. 2 verlagert worden. Die früheren Erläuterungen zu § 278 Abs. 3 aF gelten also in der Sache weiter.[9] 21

VI. Inkrafttreten; Übergangsrecht

Die Neufassung ist am 1. 1. 2002 in Kraft getreten und gilt, da § 26 EGZPO (vgl. dort) keine Übergangsvorschrift enthält, auch für Verfahren, die vor dem 1. 1. 2002 anhängig geworden sind. 22

§ 280 Abgesonderte Verhandlung über Zulässigkeit der Klage

(1) Das Gericht kann anordnen, dass über die Zulässigkeit der Klage abgesondert verhandelt wird.

(2) [1]Ergeht ein Zwischenurteil, so ist es in betreff der Rechtsmittel als Endurteil anzusehen. [2]Das Gericht kann jedoch auf Antrag anordnen, dass zur Hauptsache zu verhandeln ist.

Schrifttum: *Bergerroth,* Entscheidung über prozeßhindernde Einreden nach § 275 ZPO, NJW 1952, 1204; *Demharter,* Ist ein die Leistung von Ausländersicherheit anordnendes Zwischenurteil selbständig anfechtbar?, MDR 1986, 186; *Schwab,* Die Entscheidung über prozeßhindernde Einreden, FS Friedrich Weber, 1975, S. 413.

I. Normzweck

Die Vorschrift ist durch die Vereinfachungsnovelle 1976 zum Zwecke der **Konzentration und Beschleunigung des Verfahrens** anstelle des früheren § 275 in die ZPO aufgenommen worden. Sie dient der Prozessökonomie, indem sie beim Streit über Zulässigkeitsvoraussetzungen ermöglicht, das Verfahren durch ein rechtskräftiges Zwischenurteil abzuschließen, ohne bereits zu diesem Zeitpunkt Überlegungen zur Begründetheit der Klage anstellen zu müssen. 1

---

[8] OLG Frankfurt FamRZ 1978, 919; aA *Stein/Jonas/Leipold* § 278 Rn. 22, der auch eine Terminsanberaumung außerhalb des Termins zulässt.

[9] Vgl. oben § 139 Rn. 33, 40. In der 2. Aufl. vgl. § 278 Rn. 22 ff.

II. Die abgesonderte Verhandlung und Verfahren

2 Das Gericht kann über die Zulässigkeit der Klage abgesondert verhandeln. Unter der abgesonderten Verhandlung ist eine solche **vor** der Entscheidung über die Begründetheit der Klage zu verstehen. Da die Prüfung der Zulässigkeit grundsätzlich von Amts wegen erfolgt (vgl. § 56), erlässt das Gericht die Anordnung zur abgesonderten Verhandlung grundsätzlich auch von Amts wegen, wenn die Voraussetzungen der Zulässigkeit insgesamt oder im Einzelnen zweifelhaft sind.[1] Die Anordnung kann allerdings auch auf Antrag der Partei erfolgen, wenn diese prozessuale Einreden vorgetragen hat. Dabei ist der Antrag der Partei als Anregung an das Gericht zu verstehen.[2] Schließlich kann das Fehlen von Zulässigkeitsvoraussetzungen von der Partei gerügt werden. Auf diese Rüge hin tritt das Gericht ebenfalls in die Prüfung ein. Es entscheidet über die Anordnung der abgesonderten Verhandlung nach pflichtgemäßem Ermessen durch einen unanfechtbaren Beschluss.[3] Die Ermessensausübung des Gerichts ist nicht nachprüfbar.[4] Das Gericht kann die Anordnung jederzeit, dh. auch nach Verwerfung einer anderen Zulässigkeitsrüge[5] oder auch in der Berufungsinstanz erlassen.[6] Auch besteht für das Gericht die Möglichkeit, unter Beachtung von § 139 Abs. 2 den Beschluss über die Anordnung der abgesonderten Verhandlung zu ändern[7] oder diese Anordnung entsprechend § 150 aufzuheben.[8] Mit der gerichtlichen Anordnung der abgesonderten Verhandlung wird ein sog. Zwischenstreit eingeleitet. Auf diesen Zwischenstreit finden insgesamt die Vorschriften der ZPO Anwendung. Es hat deshalb notwendig eine mündliche Verhandlung stattzufinden; eine Ausnahme gilt nur beim schriftlichen Verfahren nach § 128. Für das Versäumnisverfahren im Falle eines Zwischenstreits hat § 347 Abs. 2 eine eigene Regelung getroffen. Danach beschränken sich das Versäumnisverfahren und das Versäumnisurteil auf die Erledigung des Zwischenstreits.

III. Entscheidung über die Zulässigkeit der Klage

3 Gegenstand des Zwischenverfahrens ist die Prüfung der Zulässigkeit der Klage. Im Rahmen dieser Zulässigkeitsprüfung werden neben den Sachurteilsvoraussetzungen (s. Vor §§ 253 ff. Rn. 1 ff. und § 253 Rn. 153 ff.) auch die besonderen Prozessvoraussetzungen für die Klage geprüft. Darunter sind die für besondere Verfahrensarten bestehende Zulässigkeitsvoraussetzungen zu verstehen. Von § 280 erfasst werden beispielsweise die besonderen Voraussetzungen einer Wiederaufnahme des Verfahrens.[9] Da im Rahmen des § 280 lediglich eine Prüfung der **Zulässigkeit der Klage** als solcher erfolgt, erfasst diese Vorschrift dagegen nicht die Zulässigkeit eines Rechtsmittels oder einzelner Prozesshandlungen oder gerichtlicher Entscheidungen.[10] Weiter werden von der Prüfung im Rahmen des § 280 die sog. prozesshindernden Einreden erfasst. Es handelt sich dabei um die Einrede des Schiedsvertrages (§ 1032 Abs. 1) oder die Einrede der fehlenden Ausländersicherheit (§ 110) und die Einrede der fehlenden Kostenerstattung (vgl. § 269 Abs. 6). Das Gericht greift die Prüfung dieser Einreden jedoch nicht von Amts wegen auf, sie müssen vielmehr im Wege einer Rüge durch die Partei vorgebracht werden. Dabei ist zu beachten, dass für diese Rügen die zeitlichen Grenzen der §§ 282, 296 eingreifen. Weiter ist zu beachten, dass auch im Rahmen dieser Entscheidung die Einschränkungen der §§ 513 Abs. 2, 545 Abs. 2 gelten.

4 Als Sonderproblem stellt sich die Frage, ob auch die Rüge der Unwirksamkeit eines **Prozessvergleichs** nach § 280 behandelt werden kann. Sofern § 280 auf diese Feststellung anwendbar wäre, würde das Gericht durch Zwischenurteil nach § 280 Abs. 2 feststellen, dass der Prozess den Vergleich nicht beendet hat.[11] Von dieser Ansicht wird allerdings verkannt, dass die Unwirksamkeit des Prozessvergleichs als Voraussetzung für die Fortsetzung des bisherigen Verfahrens keine Zulässigkeitsvoraussetzung iSd. § 280 darstellt. Vielmehr wird über eine prozessuale Frage entschieden, von

---

1 *Stein/Jonas/Leipold* Rn. 5.

2 *Zöller/Greger* Rn. 3; *Baumbach/Lauterbach/Hartmann* Rn. 4; *Musielak/Foerste* Rn. 3.

3 *Zöller/Greger* Rn. 3; *Baumbach/Lauterbach/Hartmann* Rn. 4, 5.

4 RGZ 57, 417; OLG Frankfurt MDR 1985, 149.

5 RGZ 57, 418.

6 *Stein/Jonas/Leipold* Rn. 5.

7 *Baumbach/Lauterbach/Hartmann* Rn. 5; *Zöller/Greger* Rn. 3; *Bergenroth* NJW 1952, 1204.

8 *Stein/Jonas/Leipold* Rn. 5; *Zöller/Greger* Rn. 3.

9 BGH NJW 1979, 427, 428; *Stein/Jonas/Leipold* Rn. 2; *Baumbach/Lauterbach/Hartmann* Rn. 1.

10 *Stein/Jonas/Leipold* Rn. 2.

11 So *Schellhammer* Zivilprozeß Rn. 687, 688; *Pecher* ZZP 97 (1984), 139, 161; AK-ZPO/*Deppe-Hilgenberg* Rn. 2.

der der Fortgang des Rechtsstreits abhängt. Ein Bedürfnis, diese Entscheidung über § 280 zu erreichen, besteht nicht. Vielmehr greift in diesem Falle § 303 ein.[12] Eine isolierte Anfechtung der Unwirksamkeit des Vergleichs ist deshalb nicht möglich.

IV. Erlass des Zwischenurteils

1. Unzulässigkeit der Klage. Ergibt die Prüfung im Rahmen der abgesonderten Verhandlung das Fehlen einer Prozessvoraussetzung oder die Bejahung eines Prozesshindernisses, so ist die Klage durch Endurteil[13] als unzulässig abzuweisen. Es handelt sich dabei um sog. Prozessurteil.[14] Soweit allerdings die Unzuständigkeit des Gerichts festgestellt wird, erfolgt bei entsprechendem Antrag eine Verweisung des Rechtsstreits an das zuständige Gericht (§§ 281, 506), die in Form eines Beschlusses ergeht.[15] Im Falle der Rechtswegverweisung wird gemäß § 17a Abs. 2 GVG von Amts wegen verwiesen. 5

Eine Ausnahme besteht bei der Anfechtbarkeit eines Zwischenurteils, durch das der Einrede der mangelnden Prozesskostensicherheit stattgegeben wird. Ein derartiges Zwischenurteil hat zum Inhalt, dass dem Kläger aufgegeben wird, die notwendigen Prozesskosten zu leisten (§ 113 S. 1). Erst wenn diese Kosten vorgeleistet sind, findet die weitere Prüfung der Zulässigkeit der Klage statt. Es bleibt also bei dem Zwischenurteil die weitere Zulässigkeit der Klage offen.[16] Das Zwischenurteil trifft nur die Entscheidung über diese Zulässigkeitsvoraussetzung. Die Besonderheit besteht darin, dass das weitere Tätigwerden des Gerichts von ihrem Vorliegen abhängt. Über die Zulässigkeit der Klage wird vielmehr erst im Rahmen des Endurteils entschieden, für das die Voraussetzungen des § 113 S. 2 gelten. Auf ein derartiges Zwischenurteil kann deshalb die Vorschrift des § 280 nicht angewendet werden.[17] Vielmehr handelt es sich bei diesem Urteil um ein Zwischenurteil iSd. § 303. Dementsprechend hat auch die Anfechtung der Zulässigkeitsprüfung gemeinsam mit dem Endurteil zu erfolgen.[18] 6

2. Zulässigkeit der Klage. Ergibt die Prüfung des Gerichts das Vorliegen der Prozessvoraussetzungen und verneint es das Vorliegen von Prozesshindernissen, so entscheidet das Gericht auf die abgesonderte Verhandlung durch ein Zwischenurteil (§ 280 Abs. 2 S. 1). Es handelt sich bei diesem Zwischenurteil um ein Feststellungsurteil.[19] Das Zwischenurteil ist nach Abs. 2 S. 1 als Endurteil anzusehen und ist insoweit auch rechtskraftfähig. Der Tenor einer solchen Entscheidung lautet: „Die Klage ist zulässig".[20] Dies zeigt deutlich den feststellenden Charakter. 7

Es ist daher mit Rechtsmitteln selbstständig anfechtbar. Auch hierbei gelten hinsichtlich der Rechtsmittel die allgemeinen Vorschriften. Unzulässig ist daher eine Berufung gegen ein Zwischenurteil, soweit sie sich auf § 513 Abs. 2 stützt.[21] Wird gegen das Zwischenurteil ein Rechtsmittel eingelegt, so fällt beim Rechtsmittelgericht grundsätzlich nur der Zwischenstreit an.[22] In der Rechtsmittelinstanz wird sodann nur über diejenigen Prozessvoraussetzungen entschieden, auf die sich das Zwischenurteil bezieht. Wird das Zwischenurteil dagegen nicht angefochten, dann bindet es das Gericht für das weitere Verfahren (§ 318). Diese Bindung besteht auch für das Rechtsmittelgericht, wenn nach Erlass eines Endurteils lediglich dieses angefochten wird; mit Hilfe dieses Rechtsmittels kann das Zwischenurteil nicht mehr überprüft werden.[23] Der Erlass eines Zwischenurteils bei Zulässigkeit der Klage setzt eine abgesonderte Verhandlung allerdings **nicht** voraus. Dagegen verlangt die selbstständige Rechtsmittelfähigkeit des Zwischenurteils notwendig eine abgesonderte Verhandlung.[24] 8

---

[12] *Zöller/Vollkommer* § 303 Rn. 5; *Rimmelspacher* ZZP 97 (1984), 236, 239; offen gelassen von BGH NJW 1996, 3345f.

[13] BGH NJW 1988, 1733.

[14] *Baumbach/Lauterbach/Hartmann* Rn. 6.

[15] BAG BB 1976, 513; LG Trier NJW 1982, 286; *Baumbach/Lauterbach/Hartmann* Rn. 6; *Zöller/Greger* Rn. 6.

[16] BGHZ 102, 232, 234 = NJW 1988, 1733.

[17] BGH NJW 1987, 1733.

[18] Ebenso BGHZ 102, 232, 234; *Demharter* MDR 1986, 186, 190, 191; *Zöller/Greger* Rn. 8; *Thomas/Putzo/Reichold* Rn. 7; *Musielak/Foerste* Rn. 6; aA OLG Bremen NJW 1982, 2737; OLG Karlsruhe MDR 1986, 593; vorsichtig *Stein/Jonas/Leipold* Rn. 18.

[19] BGHZ 102, 232, 234.

[20] Vgl. *Lüke,* FS 150 Jahre Landgericht Saarbrücken, 1985, S. 298.

[21] BGH NJW 1998, 1230.

[22] BGHZ 27, 15 = NJW 1958, 747; BGH NJW-RR 1986, 61; *Baumbach/Lauterbach/Hartmann* Rn. 8; *Stein/Jonas/Leipold* Rn. 20.

[23] *Stein/Jonas/Leipold* Rn. 21; *Zöller/Greger* Rn. 8.

[24] *Schwab,* FS für Weber, S. 424; *Rosenberg/Schwab/Gottwald* § 59 III 2; aA *Stein/Jonas/Leipold* Rn. 16.

9 **3. Fortgang des Verfahrens.** Bis zur formellen Rechtskraft des die Zulässigkeit bejahenden Zwischenurteils tritt ein tatsächlicher Stillstand des Verfahrens ein.[25] Zur Fortsetzung des Verfahrens wird Termin von Amts wegen bestimmt (§§ 216, 272 Abs. 3).

10 Nach 280 Abs. 2 S. 2 kann das Gericht jedoch auf Antrag anordnen, dass zur Hauptsache zu verhandeln ist. Da dieser Antrag auch während des schwebenden Rechtsmittelverfahrens gegen das Zwischenurteil gestellt werden kann, wird das Gericht die Erfolgsaussichten dieses Rechtsmittels abzuwägen haben. Sofern das Gericht in dieser Situation antragsgemäß den Termin zur Hauptsache bestimmt, ist der Rechtsstreit gleichzeitig in zwei Instanzen anhängig.[26] Daraus ergeben sich für die Entscheidungen folgende Konsequenzen: Ergeht ein Urteil zur Hauptsache, so steht es unter der auflösenden Bedingung, dass das Zwischenurteil bestehen bleibt.[27] Bei einer Abänderung des Zwischenurteils wird das Haupturteil sogar bei bereits eingetretener formeller Rechtskraft von selbst hinfällig.[28] Wird das Zwischenurteil während des Schwebens der Hauptsache in der ersten Instanz aufgehoben, so erledigt sich die Hauptsache von selbst. Die gleiche Rechtsfolge tritt ein, wenn die Hauptsache bereits in den Rechtsmittelinstanzen schwebt.

11 Die Anordnung oder Ablehnung der Verhandlung zur Sache erfolgt nach **pflichtgemäßem Ermessen** des Gerichts. Probleme ergeben sich hinsichtlich der Anfechtbarkeit dieses Beschlusses. In Betracht käme nur das Rechtsmittel der Beschwerde, das nach § 567 eine gesetzliche Zulassung im Einzelfall voraussetzt. Es wird deshalb vertreten, gegen die Anordnung oder Ablehnung der Verhandlung analog § 252 eine Beschwerde als zulässig anzusehen.[29]

12 Gegen diese Analogie bestehen Bedenken. § 252 erfasst alle Fälle, in denen der Fortgang des Verfahrens durch **eine gerichtliche Anordnung** gehindert wird. Dazu zählen neben denjenigen Beschlüssen, die die Unterbrechung bewirken (§§ 239ff., 129ff.), auch die Entscheidungen, die mittelbar eine Verfahrensunterbrechung bewirken.[30] Auch der Beschluss über die Verfahrensfortsetzung ist nach allgemeiner Meinung mittels § 252 anfechtbar.[31] Vordergründig betrachtet stellt die Anordnung iSd. § 280 Abs. 2 S. 2 einen Beschluss zur Fortsetzung des Verfahrens iSd. § 252 oder deren Ablehnung eine mittels Aussetzung iSd. § 252 dar. Im Unterschied zu den von § 252 erfassten Fällen wird jedoch ein tatsächlicher Verfahrensstillstand beendet oder fortgesetzt. Der Verfahrensstillstand ist also im Falle des § 280 nicht durch gerichtliche Anordnung eingetreten. Für diese Fälle greift die Vorschrift des § 252 nicht ein.[32] Gegen eine Anfechtung spricht auch, dass mit der Beschwerde hier weniger eine Rechtskontrolle als vielmehr eine Beeinflussung des Verfahrens in zeitlicher Hinsicht bezweckt werden könnte. Dafür eine eigene Beschwerdemöglichkeit zu eröffnen, widerspräche aber der Prozessökonomie. Die Anordnung der Ablehnung ist also nicht anfechtbar.[33]

V. Streitwert und Kosten

13 Der Streitwert des Zwischenstreits entspricht demjenigen der Hauptsache.[34] Zusätzliche Kosten für die Durchführung des Zwischenverfahrens entstehen nicht. So fallen beispielsweise keine Gebühren für das Zwischenurteil an. Auch für den Rechtsanwalt gehört die Durchführung des Zwischenverfahrens zu den allgemeinen Verfahrensgebühren des Rechtszuges (vgl. § 19 Abs. 1 Nr. 3 RVG iVm. VV Nr. 3100). Eine gesonderte Kostenentscheidung ergeht im Zwischenurteil nicht; die Kostenentscheidung bleibt dem Schlussurteil vorbehalten.[35]

---

[25] RGZ 57, 417; *Stein/Jonas/Leipold* Rn. 23.

[26] BAG NJW 1967, 648; *Zöller/Greger* Rn. 10; *Stein/Jonas/Leipold* Rn. 27.

[27] BGH NJW 1973, 467, 468; *Stein/Jonas/Leipold* Rn. 28; *Zöller/Stephan* Rn. 10.

[28] BGH NJW 1973, 467, 468; *Stein/Jonas/Leipold* Rn. 28.

[29] OLG Köln NJW 1956, 555; OLG Karlsruhe NJW 1971, 662; KG MDR 1971, 588; *Stein/Jonas/Leipold* Rn. 25; *Baumbach/Lauterbach/Hartmann* Rn. 11; *Thomas/Putzo/Reichold* Rn. 9 (nur bei Ablehnung des Antrags); *Rosenberg/Schwab* § 58 III 2, S. 330f.

[30] OLG Bremen NJW 1969, 1908, für den Fall der Zurückstellung einer Beweisaufnahme.

[31] *Thomas/Putzo/Reichold/Hüßtege* § 252 Rn. 3.

[32] *Stein/Jonas/Schumann* § 252 Rn. 2.

[33] Im Ergebnis ebenso: OLG München NJW 1974, 1514; OLG Frankfurt MDR 1985, 149; *Wieczorek* § 275 Anm. C II b.

[34] RGZ 40, 417; *Zöller/Greger* Rn. 11.

[35] *Zöller/Greger* Rn. 7; *Baumbach/Lauterbach/Hartmann* Rn. 8.

§ 281 Verweisung bei Unzuständigkeit

(1) [1]Ist auf Grund der Vorschriften über die örtliche oder sachliche Zuständigkeit der Gerichte die Unzuständigkeit des Gerichts auszusprechen, so hat das angegangene Gericht, sofern das zuständige Gericht bestimmt werden kann, auf Antrag des Klägers durch Beschluss sich für unzuständig zu erklären und den Rechtsstreit an das zuständige Gericht zu verweisen. [2]Sind mehrere Gerichte zuständig, so erfolgt die Verweisung an das vom Kläger gewählte Gericht.

(2) [1]Anträge und Erklärungen zur Zuständigkeit des Gerichts können vor dem Urkundsbeamten der Geschäftsstelle abgegeben werden. [2]Der Beschluss ist unanfechtbar. [3]Der Rechtsstreit wird bei dem im Beschluss bezeichneten Gericht mit Eingang der Akten anhängig. [4]Der Beschluss ist für dieses Gericht bindend.

(3) [1]Die im Verfahren vor dem angegangenen Gericht erwachsenen Kosten werden als Teil der Kosten behandelt, die bei dem im Beschluss bezeichneten Gericht erwachsen. [2]Dem Kläger sind die entstandenen Mehrkosten auch dann aufzuerlegen, wenn er in der Hauptsache obsiegt.

Schrifttum: *Fischer,* Zur Bindungswirkung rechtswidriger Verweisungsbeschlüsse im Zivilprozeß, NJW 1993, 2417; *ders.,* Neues zu willkürlichen Verweisungen, MDR 1994, 539; *ders.,* Neues zu Zuständigkeits- und Verweisungsfragen, MDR 2000, 301; *ders.,* Willkürliche Verweisungsbeschlüsse – Aktuelle Rechtsprechung zur Bindungswirkung, MDR 2002, 1401; *ders.,* Willkürlichkeit der Verweisung, MDR 2005, 1091; *Möslein,* Richtlinienkonforme Auslegung im Zivilverfahrensrecht, GPR 2004, 59; *Rüßmann,* Die Verweisung nach § 281 ZPO und das EuGVÜ, IPRax 1996, 402; *Scherer,* Anfechtbarkeit und Bindungswirkung von Verweisungsbeschlüssen nach § 281 ZPO, ZZP 110, 1997, S. 167; *Tombrink,* Was ist Willkür? – Die willkürliche Verweisung des Rechtsstreits an ein anderes Gericht, NJW 2003, 2364; *Womelsdorf,* Verweisungsbeschlüsse – Unwirksamkeit wegen Abweichung von OLG-Rechtsprechung, MDR 2001, 1161.

Übersicht

I. Normzweck

§ 281 dient in erster Linie der Zeit- und Kostenersparnis und damit zugleich dem Gebot der Prozesswirtschaftlichkeit. 1

Dies wird durch einen Vergleich zur früher bestehenden Regelung (§ 276 aF) verstärkt deutlich. Danach wurde die Unzuständigkeit des Gerichts bei fehlender sachlicher Zuständigkeit durch **Ur-** 2

teil ausgesprochen und der Rechtsstreit an das insoweit zuständige Gericht verwiesen. Ursprünglich wurde bei örtlicher Unzuständigkeit die Klage sogar als unzulässig abgewiesen.

3 Heute kann sich das Gericht auf Antrag des Klägers sowohl bei sachlicher als auch örtlicher Unzuständigkeit durch **Beschluss** für unzuständig erklären und den Rechtsstreit an das zuständige Gericht verweisen. Die Kostenersparnis resultiert daraus, dass die durch die Verweisung entstehenden Kosten auf das neue Verfahren angerechnet werden (näher Rn. 60ff.).

4 § 281 führt letztlich dazu, dass nutzlose Zuständigkeitsverfahren und Prozessurteile vermieden werden.[1] Freilich geht § 17a GVG für die Rechtsweg-Verweisung noch weiter und schreibt gerichtliches Handeln von Amts wegen vor (vgl. Rn. 8).

II. Anwendungsbereich

5 **1. Allgemeines. a) Inländische Gerichte.** § 281 regelt die Voraussetzungen für eine Verweisung an inländische Gerichte.[2] An ein ausländisches Gericht kann nach § 281 nicht verwiesen werden.[3] Auch eine Verweisung an den EuGH ist nicht möglich.[4]

6 **b) Verfahrensarten.** § 281 findet im Urteilsverfahren unmittelbare, in allen übrigen Verfahren der ZPO entsprechende Anwendung.[5] Es macht keinen Unterschied, ob das Verfahren mit Urteil oder Beschluss endet. § 281 gilt danach **in allen Verfahren der streitigen ordentlichen Gerichtsbarkeit** wie dem Urkunden- und Wechselprozess,[6] in Patent-[7] und Kartellsachen,[8] dem Mahnverfahren,[9] in den Verfahren der Zwangsvollstreckung,[10] im früheren Konkurs- und heutigen Insolvenzverfahren,[11] dem Verfahren der einstweiligen Verfügung und des Arrestes,[12] dem Prozesskostenhilfeverfahren,[13] dem Familienverfahren (mit Einschränkungen)[14] und dem Aufgebotsverfahren,[15] im Verfahren auf Abgabe einer eidesstattlichen Versicherung[16] und im Verfahren auf Vollstreckbarerklärung eines Schiedsspruchs nach §§ 1060ff.[17]

7 **c) Verweisungen zu den besonderen Zivilgerichten.** Der Geltungsbereich des § 281 erstreckt sich auch auf Verweisungen zu den besonderen Zivilgerichten.[18] Für die Verweisung zu den Arbeitsgerichten gilt § 281 seit dem 1. 4. 1991 nicht mehr. Gemäß § 48 Abs. 1 ArbGG gelten hierfür nun die §§ 17ff. GVG (vgl. Rn. 8).

8 **d) Gericht eines anderen Gerichtszweiges.** Gegenüber der Verweisung nach § 281 abzugrenzen ist die Verweisung von einem Zivilgericht an ein Gericht eines anderen Gerichtszweiges wie zB an ein Verwaltungsgericht.[19] Bei dieser Verweisung handelt es sich um eine Verweisung in einen anderen Rechtsweg, die sich nach §§ 17ff. GVG richtet (zu den Einzelheiten näher § 17a GVG Rn. 1ff.).

---

[1] So etwa ausdrücklich BGH FamRZ 1988, 943.

[2] Dabei ist ohne Bedeutung, ob die Verweisung innerhalb desselben Bundeslandes oder von einem zum anderen Bundesland erfolgt.

[3] HM; OLG Köln NJW 1988, 2182; *Stein/Jonas/Leipold* Rn. 2; *Baumbach/Lauterbach/Hartmann* Rn. 4; *Zöller/Greger* Rn. 5; *Rüßmann* IPRax 1996, 402.

[4] *Schumann* ZZP 76, 93.

[5] *Musielak/Foerste* Rn. 2.

[6] BGH NJW 1976, 330; BAG NJW 1972, 1276.

[7] BGHZ 72, 1 = NJW 1978, 2245.

[8] BGHZ 49, 33 = NJW 1968, 351.

[9] BAG NJW 1982, 2792. Zu den Voraussetzungen der Bindungswirkung bei einer Verweisung im Mahnverfahren Rn. 53f.

[10] BayObLG Rpfleger 1986, 98.

[11] BGH ZIP 1996, 1516 = NJW 1996, 3013; OLG München MDR 1987, 147.

[12] OLG Koblenz NJW 1963, 1460; der Eilzweck darf aber nicht entgegenstehen, vgl. *Teplitzky* DRiZ 1982, 41.

[13] BGH NJW-RR 1994, 706; OLG Hamburg NJW 1973, 812; OLG Celle NJW 1964, 2068; OLG Frankfurt NJW 1962, 449; BAG NJW 1960, 310; BayObLG FamRZ 1980, 1034; abw. OLG Düsseldorf FamRZ 1986, 180; aM LG Münster NJW 1957, 1565 (formlose Abgabe); zur Problematik der Bindungswirkung für das Hauptsacheverfahren näher unten Rn. 51.

[14] S. u. Rn. 12ff.

[15] RGZ 121, 20.

[16] OLG Düsseldorf Rpfleger 1975, 102.

[17] So auch *Stein/Jonas/Leipold* Rn. 6; *Baumbach/Lauterbach/Hartmann* Rn. 11; eine Verweisung an ein privates Schiedsgericht ist hingegen unzulässig, s. Rn. 11.

[18] ZB das Bundespatentgericht.

[19] Eine Verweisung an eine Verwaltungsbehörde ist unzulässig, vgl. BGH LM BEG 1956 § 209 Nr. 43; s. Rn. 11.

e) Zuständigkeit. Eine Verweisung nach § 281 erfordert, dass ein **anderes** Gericht zuständig ist. Kein Fall des § 281 daher ist die bloße **Abgabe** eines Rechtsstreits, die nach Maßgabe der Geschäftsverteilung – ohne die Bindungswirkung des § 281 Abs. 2 S. 4 – zwischen verschiedenen Spruchkörpern desselben Gerichts[20] oder zwischen Stammgericht und dessen auswärtiger Zweigstelle erfolgt. Die Abgabe kommt vor allem gegenüber den Gerichten der freiwilligen Gerichtsbarkeit in Betracht (näher dazu Rn. 21 ff.). 9

f) Rechtsmittelinstanz. Eine Verweisung nach § 281 kommt auch in der Rechtsmittelinstanz (auf gleicher Ebene) in Betracht. Davon zu trennen ist aber die Abgabe eines Rechtsstreites von einem Rechtsmittelgericht an ein anderes (im Rahmen der funktionellen Zuständigkeit), die grundsätzlich ohne Bindungswirkung erfolgt.[21] 10

g) Keine Anwendung des § 281. Ausgeschlossen ist eine Verweisung, soweit sie nicht an ein echtes staatliches Gericht erfolgt. Damit ist ausgeschlossen die Verweisung an Behörden, an Schiedsgerichte[22] und an außergerichtliche Schlichtungsstellen.[23] 11

2. Einzelne Verfahren. a) Streit- und Familiengericht. Im Verhältnis zwischen den Streit- und Familiengerichten sind im Wesentlichen drei Fallgestaltungen zu unterscheiden: 12

aa) Überleitung von Verfahren innerhalb eines Gerichts. Bei der Überleitung von Verfahren innerhalb eines Gerichts wird § 281 nach überwiegender Meinung in Rspr.[24] und Lit.[25] nicht angewendet. Begründet wird dies damit, dass die durch §§ 23b, 119 Abs. 1 Nr. 1 und 2, Abs. 2 GVG bestimmte Zuständigkeit der Familiengerichte und -senate eine gesetzlich vorgeschriebene, gerichtsinterne Aufgabenzuweisung und kein Problem der sachlichen Zuständigkeit[26] betreffe. Dementsprechend erfolgt die Überleitung einer Sache von einer Abteilung/einem Senat an eine andere Abteilung/einen anderen Senat **desselben** Amtsgerichtes oder Oberlandesgerichtes durch formlose und nicht bindende Abgabe. Sie ist nicht selbstständig anfechtbar.[27] Die Verletzung der Zuständigkeitsregeln kann vielmehr mit den allgemeinen Rechtsmitteln geltend gemacht werden. 13

Bei einem Kompetenzkonflikt zwischen einer allgemeinen Prozessabteilung des Amtsgerichtes und dem Familiengericht[28] bestimmt das OLG als im Instanzenzug gemeinsames übergeordnetes Gericht entsprechend § 36 Nr. 5 oder 6[29] die zur Entscheidung zuständige Abteilung.[30] 14

Einen **Sonderfall** stellt die ausdrückliche Regelung des § 23b Abs. 2 S. 2 GVG dar. Wird bei einer familiengerichtlichen Abteilung des Amtsgerichts eine Ehesache rechtshängig, während bei einer anderen familiengerichtlichen Abteilung desselben Familiengerichts bereits eine andere Familiensache anhängig ist, so ist die andere Familiensache gemäß § 23b Abs. 2 S. 2 von Amts wegen an die Abteilung der Ehesache abzugeben. 15

bb) Überleitung von Verfahren zwischen verschiedenen Gerichten. Die Überleitung einer Familiensache von einem Familiengericht an das Familiengericht eines anderen Gerichtes erfolgt durch Verweisung nach § 281.[31] Gleiches gilt für die Überleitung einer Nichtfamiliensache von einem Familiengericht an ein LG,[32] die Überleitung einer Familiensache zB vom LG zum AG[33] sowie von einem Familiensenat beim OLG zum LG. 16

Einen **Sonderfall** betrifft die ausdrückliche Regelung des § 621 Abs. 3. Wird bei einer familiengerichtlichen Abteilung des einen Amtsgerichts eine Ehesache rechtshängig, während bei einem an- 17

---

[20] Ein Beispiel ist die Abgabe einer Sache an die deutschen Rhein-, Mosel- und Binnenschifffahrtsgerichte, weil diese keine besonderen Gerichte, sondern besondere Abteilungen der ordentlichen Gerichte sind. Ein weiteres Beispiel bildet das Verhältnis Zivilkammer zur Kammer für Baulandsachen, so auch die hM, BGHZ 40, 148, 155; KG OLGZ 1972, 292, 293; *Baumbach/Lauterbach/Hartmann* Rn. 4.

[21] HM; BGH FamRZ 1984, 36; 1984, 774.

[22] So auch *Junker* KTS 1987, 37.

[23] Vgl. dazu BGH ZZP 99 (1986), 90 m. Anm. *Prütting.*

[24] So BGHZ 71, 264, 268; BGH NJW 1979, 2517 f.

[25] *Stein/Jonas/Leipold* Rn. 45 ff.; *Baumbach/Lauterbach/Hartmann* Rn. 5.

[26] Mit diesem Argument bejaht die Gegenmeinung die Anwendbarkeit des § 281; vgl. OLG Oldenburg FamRZ 1978, 344; OLG Stuttgart FamRZ 1977, 720; *Jauernig* FamRZ 1977, 681, 761; 1979, 97.

[27] Wie hier OLG Oldenburg FamRZ 1978, 344; *Stein/Jonas/Leipold* Rn. 46, 46 a; aA *Thomas/Putzo/Reichold* Rn. 3.

[28] Entsteht der Konflikt zwischen einem allgemeinen Zivil- und einem Familiensenat beim OLG, so entscheidet der BGH.

[29] Eine Entscheidung des Präsidiums des AG bzw. OLG nach § 21 e Abs. 1 S. 1 GVG scheidet aus.

[30] So BGHZ 71, 264.

[31] BGHZ 71, 15 = NJW 1978, 888.

[32] BGH NJW 1979, 2517.

[33] Die Verweisung erfolgt lediglich an das Amtsgericht als solches und nicht an dessen familiengerichtliche Abteilung, BGH NJW 1980, 1282; 1981, 2418; aM OLG Zweibrücken FamRZ 1979, 839: keine Bindungswirkung; *Jauernig* FamRZ 1989, 1, 7 (Bindungswirkung nach § 281 analog).

deren Familiengericht bereits eine andere Familiensache anhängig ist, so ist diese Familiensache gemäß § 621 Abs. 3 von Amts wegen an das Gericht der Ehesache zu verweisen oder abzugeben. Diese Entscheidung ist nach § 621 Abs. 3 S. 2 iVm. § 281 Abs. 2 unanfechtbar und bindend.

18 **cc) Überleitung von Verfahren bei fehlerhafter Beurteilung der Streitsache an ein Gericht zweiter Instanz.** Für den Fall, dass in der ersten Instanz irrtümlich eine Nichtfamiliensache durch das Familiengericht oder umgekehrt eine Familiensache durch die Streitabteilung des Amtsgerichts entschieden wurde, galt – abweichend von Rn. 5 ff. – bis zur Neufassung des UÄndG vom 20. 2. 1986 (BGBl. I S. 301) eine Besonderheit. Nach der Rspr. des BGH blieb das erstinstanzliche Urteil bei fehlerhafter Annahme oder Verneinung der familienrechtlichen Rechtsnatur zunächst bestehen, denn es lag in diesen Fällen kein Fall der sachlichen oder örtlichen Unzuständigkeit vor. In diesem Fall hatte das nach der Herkunft der Entscheidung für die Rechtsmitteleinlegung zuständige Gericht das Rechtsmittelverfahren entsprechend § 281 auf Antrag[34] an das nach dem sachlichen Verfahrensgegenstand zur Rechtsmittelentscheidung zuständige Gericht zu verweisen. Diesem Verweisungsbeschluss kam – abweichend zu Rn. 10 – bindende Wirkung zu.[35] Entscheidend war, dass sich nach Auffassung des BGH die Rechtsmittelzuständigkeit allein auf Grund der sachlichen Natur des Verfahrensgegenstandes,[36] und nicht danach, ob das Amtsgericht als Familien- oder Streitgericht entschieden hatte,[37] bestimmte.

19 Der Gesetzgeber hat durch die Einführung des UÄndG das Prinzip der „formellen Anknüpfung" zweifelsfrei angeordnet.[38] In Konsequenz dessen scheidet eine Verweisung analog § 281 an ein Rechtsmittelgericht aus, denn das Rechtsmittelgericht ist gemäß § 72, 119 Abs. 1 Nr. 1 und 2 in jedem Falle zur Entscheidung über das jeweilige Rechtsmittel – sei es in einer Familiensache oder allgemeinen Zivilsache – berufen. Infolgedessen hat das Rechtsmittelgericht den Rechtsstreit auf jeden Fall an das seiner Auffassung nach zuständige Gericht erster Instanz zurückzuverweisen.[39]

20 **b) Allgemeines Zivilgericht und Kammer für Handelssachen.**[40] Das Verhältnis von Zivilkammer zur Kammer für Handelssachen desselben Landgerichts ist nach dem Gesetz nicht als Fall der sachlichen Zuständigkeit, sondern als gesetzlich geregelte Geschäftsverteilung ausgestaltet. § 281 findet daher in diesem Verhältnis keine Anwendung.[41] Der Gesetzgeber hat hier aber eine Verweisungsmöglichkeit geschaffen. Sie richtet sich nach den Vorschriften der §§ 97 ff. GVG (vgl. im Einzelnen die Kommentierung dort). Der Antrag auf Verweisung ist vor der Verhandlung des Antragstellers zur Hauptsache zulässig. Soweit dem Antragsteller vor der mündlichen Verhandlung eine Frist zur Klageerwiderung oder zur Berufungserwiderung gesetzt ist, muss der Antrag innerhalb dieser Frist erfolgen (§ 101 Abs. 1 GVG).

21 **c) Verhältnis zur freiwilligen Gerichtsbarkeit. aa)** Im Verhältnis zwischen ordentlicher streitiger und freiwilliger Gerichtsbarkeit kennt das Gesetz in den **ausdrücklich geregelten Fällen** lediglich die Abgabe,[42] jedoch keine Verweisung nach § 281.[43] Diese Abgabe unterscheidet sich hinsichtlich der Wirkungen lediglich dadurch von einem Verweisungsbeschluss, dass das Verfahren nicht in dem Stadium, in welchem es sich zurzeit der Überleitung befindet, von dem neuen Gericht übernommen wird. Vielmehr wird auf Grund der verfahrensmäßigen Unterschiede zwi-

---

[34] BGH NJW 1980, 1282, 1283; dieser Antrag konnte auch vom Beklagten gestellt werden, OLG Oldenburg FamRZ 1981, 185.

[35] So zuletzt BGH NJW 1986, 2764; abweichend von Rn. 10 bezieht sich die Bindungswirkung auf die Zuständigkeit des Familiensenats/Zivilsenats; wie hier OLG Frankfurt FamRZ 1983, 200; *Stein/Jonas/Leipold* Rn. 55.

[36] Sog. materielle Anknüpfung: BGHZ 72, 182, 184 f. m. weit. Nachw.; BGH NJW 1979, 552; 1980, 1282; 1981, 2418, 2419.

[37] Sog. formelle Anknüpfung; *Jauernig* FamRZ 1979, 97; 1978, 103, 229; 1977, 681, 761; OLG Oldenburg FamRZ 457, 795.

[38] Vgl. §§ 72, 119 Abs. 1 Nr. 1 und 2.

[39] BGH NJW 1991, 231; *Diederichsen* NJW 1986, 1462; *Jauernig* FamRZ 1989, 1, der allerdings eine Bindungswirkung analog § 281 befürwortet. Dem kann nicht gefolgt werden, wenngleich einzuräumen ist, daß das UÄndG die entstandenen Probleme nicht völlig gelöst hat.

[40] Spezielle Literatur: *Gaul,* Das Zuständigkeitsverhältnis der Zivilkammer zur Kammer für Handelssachen bei gemischter Klagenhäufung und (handelsrechtlicher) Widerklage, JZ 1984, 57; *ders.* JZ 1984, 563; *Herr,* Das Zuständigkeitsverhältnis der Zivilkammer zur Kammer für Handelssachen, JZ 1984, 318.

[41] Wohl unstreitig, vgl. OLG Nürnberg NJW 1975, 2345.

[42] So zB im Falle der Abgabe einer Sache vom Prozeßgericht an das Familiengericht bei Ansprüchen hinsichtlich der Ehewohnung und des Hausrats nach §§ 18, 18 a der 6. DVO zum EheG (Hausratsverordnung) vom 21. 10. 1944 (RGBl. I S. 256); vom Prozeßgericht an den Richter der freiwilligen Gerichtsbarkeit nach § 46 Abs. 1 WEG; vom Prozeßgericht an das Landwirtschaftsgericht nach § 12 LwVG.

[43] *Musielak/Foerste* Rn. 3; *Baumbach/Lauterbach/Hartmann* Rn. 5.

schen Streitgericht und den Gerichten der freiwilligen Gerichtsbarkeit ein neues Verfahren begonnen.[44]

Der Abgabebeschluss ist nicht nur für das darin bezeichnete Gericht,[45] sondern auch für die jeweils abgegebene Abteilung bindend.[46] Die Kosten sind als Teil der vor dem übernehmenden Gericht entstandenen Kosten zu behandeln.[47] 22

bb) In anderen Fällen wendet die Rechtsprechung im Einzelfall die Abgabevorschriften,[48] § 281[49] oder § 17 GVG entsprechend an.[50] 23

III. Voraussetzungen

1. Rechtshängigkeit. Die Anwendung des § 281 setzt zunächst die Rechtshängigkeit der zu verweisenden Sache voraus.[51] Die Klage muss demzufolge zugestellt sein. Stellt der Kläger bereits vor Zustellung der Klageschrift einen Antrag, hat das Gericht die Klageschrift an das von ihm bezeichnete Gericht weiterzuleiten. Diese Verweisung ist jedoch nicht eine solche nach § 281; auch treten die entsprechenden Wirkungen nicht ein.[52] Bei Erledigung der Hauptsache ist eine Verweisung allein wegen der Kosten nicht mehr möglich, weil die Rechtshängigkeit weggefallen ist.[53] Ist in einem früheren Verfahren in derselben Angelegenheit eine Klage wegen örtlicher Unzuständigkeit rechtskräftig abgewiesen worden, so steht eine solche Entscheidung der Verweisung in einem späteren Verfahren und der Bindungswirkung dieser Verweisung nicht entgegen.[54] 24

2. Unzuständigkeit. a) Angerufenes Gericht. Ferner muss das angerufene Gericht unzuständig sein. Nach der insoweit eindeutigen Formulierung der Vorschrift kommt als Zuständigkeitsmangel lediglich der Mangel der sachlichen oder der örtlichen Zuständigkeit in Betracht. Der **Mangel der funktionellen Zuständigkeit** scheidet aus,[55] ebenso der internationalen Zuständigkeit (s. Rn. 5). Kein Fall des § 281 liegt auch vor, wenn eine Sache wegen anderweitiger Rechtshängigkeit an das Gericht verwiesen wird, bei dem die Sache schon anhängig ist.[56] 25

Die Unzuständigkeit muss bis zum Schluss der mündlichen Verhandlung bestehen. Dementsprechend ist bei der Entscheidung über § 281 eine etwaige Begründung der Zuständigkeit durch Vereinbarung oder rügeloses Verhandeln zur Hauptsache nach §§ 38ff., die Fortdauer der Zuständigkeit nach § 261 Abs. 3 Nr. 2 sowie relevantes Vorbringen in einem Schriftsatz nach § 283[57] zu berücksichtigen. Es muss also auch eine Verweisung, die durch übereinstimmenden Antrag beider Parteien gefördert wird, unterbleiben, wenn § 261 Abs. 3 Nr. 2 entgegensteht.[58] 26

b) Bei mehreren Klagegründen. Wird eine Klage auf mehrere Klagegründe gestützt und ist das angerufene Gericht lediglich für einen Teil der Klagegründe zuständig, so kann eine teilweise Verweisung nicht erfolgen.[59] Das Gericht hat insgesamt über die Klage zu entscheiden und sie im Hinblick auf den Teil der Klagegründe, für den es nicht zuständig ist, als unzulässig abzuweisen.[60] Von dieser Konstellation zu unterscheiden ist der Fall, in dem ein Teil der Klage nach § 145 **abgetrennt** werden kann.[61] In diesem Fall kann bezüglich dieses Teils nach § 281 verwiesen werden.[62] 27

---

[44] Wie hier *Stein/Jonas/Leipold* Rn. 67.

[45] Vgl. OLG Düsseldorf OLGZ 1969, 385 (§ 18 HausratsVO); OLG Karlsruhe OLGZ 1975, 285; NJW 1969, 1442; LG Bochum Rpfleger 1982, 340 (§ 46 WEG).

[46] Vgl. OLG Frankfurt FamRZ 1981, 479.

[47] Vgl. § 23 HausratsVO; § 50 WEG, § 12 Abs. 3 LwVG.

[48] BGHZ 10, 155 = NJW 1953, 1508.

[49] BGHZ 5, 105, 107.

[50] BGHZ 40, 1 = NJW 1963, 2219; BGH DNotZ 1980, 496, 499.

[51] So BGH MDR 1983, 466; NJW 1980, 1281 m. weit. Nachw.; NJW-RR 1996, 254; 1997, 1161.

[52] HM; BGH NJW-RR 1997, 1161; BGHZ 90, 249, 252 = NJW 1984, 1559; BGH NJW 1980, 1281; BayObLG NJW 1964, 1573; *Stein/Jonas/Leipold* Rn. 10; *Zöller/Greger* Rn. 7; *Baumbach/Lauterbach/Hartmann* Rn. 20; differenzierend OLG Hamburg MDR 1986, 679: analoge Anwendung des § 281 Abs. 1 ist zu prüfen.

[53] OLG Frankfurt MDR 1981, 676; aA ohne Begründung *Baumbach/Lauterbach/Hartmann* Rn. 4.

[54] BGH NJW 1997, 869.

[55] BAG NJW 1981, 723f.; BGH NJW 2003, 2686f. (ob eine Analogie denkbar wäre, wird offengelassen).

[56] Vgl. BGH NJW 1980, 290.

[57] Vgl. § 283 Rn. 25.

[58] BGH NJW-RR 1994, 126f.

[59] HM; vgl. BGHZ 5, 105, 107; BGH NJW 1971, 564; OLG Freiburg JZ 1953, 473, 474; OLG Frankfurt MDR 1982, 1023; *Zöller/Greger* Rn. 8; *Baumbach/Lauterbach/Hartmann* Rn. 8.

[60] AA *Stein/Jonas/Leipold* Rn. 13 m. weit. Nachw., der bei teilweiser Unbegründetheit der Klage eine Klageabweisung unter gleichzeitiger Verweisung hinsichtlich der unzuständigen Teile befürwortet.

[61] Dies hätte zB nahegelegen im Falle von OLG Frankfurt NJW-RR 1988, 772 und hätte die dort entstandenen Probleme gelöst.

[62] So auch *Zöller/Greger* Rn. 8.

28 **c) Haupt- und Hilfsantrag.** Bei einer Klage mit Haupt- und Hilfsantrag bestimmt sich die Zuständigkeit nach dem Hauptantrag.[63] Ist das Gericht demnach für den Hauptantrag unzuständig, für den Hilfsantrag jedoch zuständig, so ist – bei Vorliegen der übrigen Voraussetzungen – nach § 281 zu verweisen. Im umgekehrten Falle kommt dies lediglich in Betracht, wenn der Hauptantrag abgewiesen wird.[64]

29 **d) Bei geänderter Klage.** Wird das Gericht für eine geänderte Klage unzuständig, so findet § 281 Anwendung.[65]

30 **e) Klage und Widerklage.** Im Falle von Klage und Widerklage sind Zuständigkeit und eventuelle Verweisung getrennt zu prüfen und zu entscheiden. Es kann also sowohl eine Klage wie eine Widerklage auf Antrag isoliert an das zuständige Gericht verwiesen werden. Wird die Hauptklage verwiesen, bleibt für die Widerklage die Zuständigkeit gemäß § 33 erhalten.

31 **3. Antrag.** Die Verweisung nach § 281 setzt ferner einen Antrag des Klägers voraus. Eine Verweisung auf Antrag des Beklagten[66] oder von Amts wegen[67] ist ausgeschlossen. Der Antrag kann hilfsweise,[68] in höherer Instanz,[69] im Verfahren nach § 36 Nr. 6[70] und bei Säumnis des Beklagten gestellt werden.

32 Stellt der Kläger den Antrag nicht, so ist die Klage durch Endurteil abzuweisen. Im Rahmen der richterlichen Hinweispflicht nach § 139 hat jedoch der Richter den Kläger bei drohender Unzuständigkeit des Gerichts auf die Möglichkeit dieses Antrags hinzuweisen.[71]

33 In seinem Verweisungsantrag braucht der Kläger nicht das seiner Meinung nach zuständige Gericht zu bezeichnen. Geschieht dies trotzdem und hält das Gericht dieses bezeichnete Gericht für unzuständig, so ist die Klage abzuweisen, wenn der Kläger an dem so von ihm bezeichneten Antrag festhält.[72] Der Antrag kann gemäß Abs. 2 Satz 1 vor dem Urkundsbeamten der Geschäftsstelle gestellt werden. Daraus folgt gemäß § 78 Abs. 5, dass Anträge nach § 281 nicht dem Anwaltszwang unterliegen. Es kann also neben einem zur Rechtsanwaltschaft (§ 6 BRAO) zugelassenen Anwalt auch die Partei einen Antrag schriftlich oder zu Protokoll der Geschäftsstelle stellen.

IV. Verfahren und Entscheidung

34 **1. Bestimmung des zuständigen Gerichts.** Liegen die Voraussetzungen für eine Verweisung nach § 281 vor, bestimmt das angerufene Gericht das nach seiner Ansicht **zuständige Gericht.** Unter Umständen sind dazu die nötigen Beweise zu erheben. Das angegangene Gericht hat das sachlich und örtlich zuständige Gericht nach pflichtgemäßem Ermessen zu ermitteln.[73] Möglich ist es, dass die Verweisung von einem örtlich unzuständigen an ein örtlich zuständiges Gericht oder von einem sachlich unzuständigen an ein sachlich zuständiges Gericht erfolgt, ohne dass das verweisende Gericht zu der anderen Zuständigkeitsart Stellung nimmt. Soweit das Gericht über den Antrag mündlich verhandelt, gilt für diese mündliche Verhandlung der Anwaltszwang, soweit er reicht.

35 Das Gericht hat **das zuständige Gericht** im Verweisungsbeschluss **zu bezeichnen.** Eine Verweisung, die das zuständige Gericht nicht bestimmt oder die Wahl den Parteien oder dem später zu bestimmenden Gericht überlässt, ist unwirksam und anfechtbar.[74] Eine genaue Bezeichnung der Kammer oder Abteilung des Gerichts, an das verwiesen wird, ist unzulässig und nicht bindend.[75] Zur Bindung insgesamt s. u. Rn. 43 ff.

36 Sind **mehrere Gerichte zuständig,** erfolgt die Verweisung im Grundsatz nach § 281 Abs. 1 S. 2 an das vom Kläger gewählte Gericht. Sind jedoch mehrere Gerichte örtlich zuständig und trifft der Kläger die ihm nach § 35 obliegende Wahl nicht, kann eine Verweisung wegen örtlicher Unzuständigkeit nicht erfolgen. Die nach § 35 getroffene Wahl ist unwiderruflich.[76]

---

[63] So auch *Stein/Jonas/Leipold* Rn. 14; *Zöller/Greger* Rn. 8.
[64] Vgl. BGH NJW 1980, 1283; vgl. ferner BAG NJW 1991, 1630.
[65] HM; *Stein/Jonas/Leipold* Rn. 11; *Baumbach/Lauterbach/Hartmann* Rn. 7.
[66] Anders zB beim Amtsgericht nach § 506, ferner bei §§ 97, 98 GVG.
[67] Anders zB in Familiensachen nach § 621 Abs. 3 oder für den Rechtsweg nach §17 a GVG.
[68] RGZ 108, 263; BGHZ 5, 105, 107.
[69] BGHZ 16, 339, 345.
[70] BGHZ 71, 69, 75.
[71] *Stein/Jonas/Leipold* Rn. 15.
[72] So auch *Stein/Jonas/Leipold* Rn. 16.
[73] OLG Oldenburg NdsRpfl. 1983, 206; *Baumbach/Lauterbach/Hartmann* Rn. 17; *Stein/Jonas/Leipold* Rn. 17.
[74] So auch OLG Celle MDR 1953, 111.
[75] BGH FamRZ 1988, 155; BGHZ 6, 178; OLG Hamm FamRZ 1979, 1035.
[76] BayObLG NJW-RR 1991, 187.

2. Erstinstanzliches Verfahren. Im erstinstanzlichen Verfahren entscheidet das Gericht durch Beschluss, der ohne mündliche Verhandlung ergehen kann (§ 128 Abs. 4).[77] Besteht zwischen den Parteien Einverständnis über die Verweisung, so wird die Verweisung in der Regel ohne mündliche Verhandlung ergehen.[78] Ist eine Verweisung an das Zuständige Gericht fehlerhaft im Urteil ausgesprochen, so ist auch dies unanfechtbar und bindend.[79] 37

Der **Tenor des Beschlusses** enthält den Ausspruch der Unzuständigkeit und die Verweisung an das zuständige Gericht. Die Klage darf jedoch nicht zusätzlich als unzulässig abgewiesen werden. Der Beschluss ist zu **begründen** und muss die wesentlichen Inhalte der Entscheidung erkennen lassen. Eine Entscheidung über die Kosten ist unzulässig[80] (näher Rn. 60ff.). Der Beschluss ist zu verkünden;[81] ergeht er ohne mündliche Verhandlung, so genügt nach § 329 Abs. 2 S. 1 eine formlose Mitteilung.[82] 38

3. Höhere Instanz. Wird in höherer Instanz verwiesen und dabei das Urteil der Vorinstanz aufgehoben, ergeht die Verweisung durch Urteil.[83] Grund dafür ist die Tatsache, dass man das untergerichtliche Urteil nicht gleichzeitig durch Beschluss aufheben kann. 39

4. Unanfechtbarkeit des Verweisungsbeschlusses. Der Verweisungsbeschluss – wie auch in höherer Instanz das Verweisungsurteil – ist gemäß § 281 Abs. 2 S. 2 für die Parteien im Grundsatz **unanfechtbar.** So kommt selbst bei Vorliegen von Restitutions- und Nichtigkeitsgründen eine Wiederaufnahme nicht in Betracht.[84] Auch eine Rechtsmittelzulassung ändert daran nichts.[85] 40

In Ausnahmefällen, wie etwa bei willkürlicher Verweisung, bei Verletzung des rechtlichen Gehörs[86] (näher dazu Rn. 57), ist hingegen die Anfechtung durch Beschwerde zu bejahen.[87] Diese Ausnahme von der Unanfechtbarkeit ist als ein Fall der teleologischen Reduktion des Abs. 2 Satz 2 anzuerkennen. Verstöße gegen das Willkürverbot oder den Anspruch auf rechtliches Gehör gehören zu den verfassungsrechtlich gesicherten Grundlagen eines Prozesses. Daher sind die Gerichte verpflichtet, solche gravierenden Rechtsverletzungen bereits im Rahmen der fachgerichtlichen Tätigkeit zu beheben. Insoweit müssen also die prozessökonomischen Erwägungen, die dem § 281 zugrunde liegen, zurücktreten.[88] 41

Wird der Antrag auf Verweisung durch Beschluss zurückgewiesen, ist dagegen ein isoliertes Rechtsmittel nicht gegeben.[89] 42

V. Wirkungen

1. Anhängigkeit. Mit dem Eingang der Akten beim neuen Gericht ist der Rechtsstreit gemäß Abs. 2 S. 3 bei dem dort bezeichneten Gericht anhängig. Das weitere Verfahren bildet mit dem vorausgegangenen einen einheitlichen Rechtszug.[90] Die richterlichen Akte des ersten Gerichts[91] bleiben erhalten, frühere Prozesshandlungen, Anträge und Erklärungen der Parteien wirken fort. Die Wirkungen der Rechtshängigkeit treten mit Erhebung der Klage vor dem unzuständigen Gericht ein.[92] Dies gilt – ohne Rücksicht darauf, ob für die Klage eine ausschließliche Zuständigkeit 43

[77] Dies ist eine gewollte Abweichung zur früheren Rspr., vgl. BGHZ 1, 341 und war bis 2002 in § 281 direkt normiert.

[78] Vgl. OLG Zweibrücken Rpfleger 1981, 368; OLG Hamm MDR 1981, 503; *Stein/Jonas/Leipold* Rn. 19.

[79] BGH NJW-RR 2000, 1731.

[80] BGHZ 12, 254 = NJW 1954, 1001 (LS).

[81] Wie hier *Stein/Jonas/Leipold* Rn. 21; *Zöller/Greger* Rn. 13.

[82] RGZ 121, 20, 23; 131, 197, 200.

[83] HM; BGH NJW-RR 1988, 1405; OLG Hamburg FamRZ 1983, 612; *Stein/Jonas/Leipold* Rn. 20, 38; *Baumbach/Lauterbach/Hartmann* Rn. 26; *Zöller/Greger* Rn. 9, 13.

[84] So auch *Stein/Jonas/Leipold* Rn. 22.

[85] BAG NJW 1991, 1630.

[86] BayObLG MDR 1980, 583; OLG Koblenz Rpfleger 1974, 26; OLG Frankfurt NJW 1962, 449.

[87] HM; *Fischer* NJW 1993, 2420; *Stein/Jonas/Leipold* Rn. 22; *Baumbach/Lauterbach/Hartmann* Rn. 46; *Musielak/Foerste* Rn. 11; aA *Zöller/Greger* Rn. 14.

[88] Zu eng daher *Scherer* ZZP 110 (1997), 167ff.

[89] OLG Oldenburg NJW-RR 1992, 828.

[90] So BGH NJW 1984, 1901.

[91] ZB die Übertragung des Rechtsstreites an den Einzelrichter nach § 348, vgl. dazu OLG Koblenz MDR 1986, 153.

[92] Das hat besondere Bedeutung in Fällen wie § 847 Abs. 1 S. 2 BGB aF, wo nach richtiger Auffassung sogar eine Verweisung aus einer anderen Gerichtsbarkeit die materiellrechtlichen und prozessualen Wirkungen der Rechtshängigkeit bestehen läßt; vgl. dazu im Einzelnen *Prütting/Gielen* NZV 1989, 329, 332f.

vorgeschrieben ist[93] – auch für die Fälle, in denen das Gesetz die Klageerhebung binnen einer Ausschlussfrist vorschreibt.[94] Dadurch werden drohende Rechtsverluste vermieden.

44 **2. Bindung. a) Allgemeines.** Gemäß § 281 Abs. 2 S. 4 ist der Beschluss für das darin bezeichnete Gericht bindend. Hinsichtlich des Umfangs der Bindungswirkung ist zu unterscheiden. Bindend durch den Beschluss festgestellt ist, dass das verweisende Gericht unzuständig ist. Dementsprechend ist eine **Zurückverweisung** im Grundsatz ausgeschlossen.[95]

45 **b) Weiterverweisung.** Durch die Verweisung wird auch die Zuständigkeit des angewiesenen Gerichtes bindend festgelegt. Daher ist grundsätzlich auch das aufnehmende Gericht gebunden. Zweifelhaft ist jedoch, wie weit diese positive Bindungswirkung reicht, dh. ob eine Weiterverweisung noch in Betracht kommt. Nach überwiegender Auffassung in Rspr.[96] und Lit.[97] hängt der Umfang der Bindungswirkung davon ab, welche Zuständigkeitsart das verweisende Gericht für das zweite Gericht tatsächlich geprüft hat.[98] Kommt der einschränkende Wille des verweisenden Gerichts klar zum Ausdruck, so besteht insoweit keine Bindung.[99] Wurde also ausdrücklich nur die örtliche Zuständigkeit des zweiten Gerichtes festgestellt, so kann wegen sachlicher Unzuständigkeit weiterverwiesen werden.[100] Im Falle einer Verweisung auf Grund von Feststellungen zur örtlichen **und** sachlichen Zuständigkeit kommt also eine Weiterverweisung in keinem Fall in Betracht.[101]

46 Eine Weiterverweisung in einen anderen Rechtsweg wird – dies zeigen die Sonderregelungen zur Rechtswegverweisung – durch § 281 nicht ausgeschlossen.[102]

47 Auch muss das angewiesene Gericht unabhängig von dem Verweisungsbeschluss seine internationale Zuständigkeit prüfen.[103]

48 **c) Sonderfälle.** Besteht auf Beklagtenseite eine **Streitgenossenschaft** und hat das angerufene Gericht mangels gemeinschaftlichem besonderen Gerichtsstand den Rechtsstreit an verschiedene Gerichte nach § 281 verwiesen, so steht die Bindungswirkung des § 281 Abs. 2 S. 4 einer nachträglichen Gerichtsstandsbestimmung nach § 36 Nr. 3 nicht im Wege,[104] auch wenn eines der angewiesenen Gerichte damit seine Zuständigkeit rückwirkend verliert.

49 § 281 Abs. 2 S. 4 steht einer Rückverweisung des Rechtsstreites nach **Klageänderung** (und damit einer Veränderung des Streitgegenstandes) an das ursprüngliche Gericht nicht entgegen.[105]

50 Im Rahmen einer Verweisung nach § 281 tritt eine Bindung auch an den im Verweisungsbeschluss **festgesetzten Streitwert** ein.[106] Anderenfalls könnte man die Voraussetzungen und die Bindungswirkung des § 281 umgehen.

51 Ein im **Prozesskostenhilfeverfahren** ergangener Verweisungsbeschluss an das zu diesem Zeitpunkt zuständige Gericht bindet nicht für das Streitverfahren.[107] Dagegen ist bei Bewilligung der

---

[93] So auch BGH NJW 1961, 2259; BayObLG NJW 1969, 191.

[94] AllgM; BGH NJW 1986, 2255; 1961, 2259; BAG EzA § 4 KSchG Nr. 46; *Stein/Jonas/Leipold* Rn. 25; *Zöller/Greger* Rn. 15 a; *Thomas/Putzo/Reichold* Rn. 15, 16.

[95] So OLG München NJW 1956, 187; OLG Düsseldorf JMBlNRW 1969, 90; zu Ausnahmefällen Rn. 48 f.

[96] Der Beschluß bindet nur, soweit er binden will, vgl. BGH NJW 1963, 585; 1964, 1416; BGHZ 63, 214, 216; BGH NJW-RR 1998, 1219; BayObLG MDR 1986, 326 m. weit. Nachw.; OLG Frankfurt MDR 1979, 851 m. weit. Nachw.; OLG Hamm FamRZ 1978, 906, 907; OLG Zweibrücken FamRZ 1979, 839, 840; OLG München NJW 1958, 148; 1972, 61; LG Hamburg WM 1988, 407.

[97] *Stein/Jonas/Leipold* Rn. 27; *Baumbach/Lauterbach/Hartmann* Rn. 33; *Zöller/Greger* Rn. 16; *Musielak/Foerste* Rn. 15; *Fischer* NJW 1993, 2418 f.

[98] BGH NJW-RR 1998, 1219.

[99] So BGH NJW 1964, 45; BayObLG MDR 1983, 322; OLG Oldenburg NdsRpfl. 1983, 206.

[100] So BGH NJW 1963, 585; OLG München OLGZ 1965, 187, 189; NJW 1972, 61; BayObLG MDR 1986, 326; für den umgekehrten Fall: BAG DB 1970, 1184; BayOblGZ 1982, 381; OLG Köln MDR 1973, 233; OLG Nürnberg Rpfleger 1974, 406; aus der Literatur *Stein/Jonas/Leipold* Rn. 27; *Zöller/Greger* Rn. 16; *Baumbach/Lauterbach/Hartmann* Rn. 33.

[101] Unrichtig daher OLG München NJW 1972, 61.

[102] So BGH NJW 1978, 949; *Stein/Jonas/Leipold* Rn. 28.

[103] BGHZ 44, 46 = NJW 1965, 1665; LG Itzehoe NJW 1970, 1010.

[104] So OLG Köln MDR 1987, 851 m. Hinw. auf Sinn und Zweck des § 36 Nr. 3, der Doppelarbeit und widersprüchliche Entscheidungen verhindern wolle; aA *Vollkommer* MDR 1987, 804; *Zöller/Vollkommer* § 36 Rn. 16; *Musielak/Foerste* Rn. 16; BayObLGZ 1992, 89, 90; BayObLG NJW-RR 2001, 646; BAG NJW 1997, 759; OLG Düsseldorf Rpfleger 1977, 142 und MDR 2002, 1209.

[105] BGH NJW 1990, 53 = JZ 1989, 1075; NJW-RR 1994, 126.

[106] So auch OLG München MDR 1988, 973.

[107] Str. wie hier BGH NJW-RR 1991, 1342; OLG Frankfurt NJW-RR 1989, 6; OLG Hamburg NJW 1973, 812; *Dunz* NJW 1962, 814; *Stein/Jonas/Leipold* Rn. 6 Fn. 17; *Zöller/Greger* Rn. 16; *Thomas/Putzo/*

Prozesskostenhilfe und späterer Verweisung das übernehmende Gericht an die Prozesskostenhilfeentscheidung gebunden.[108]

52 Treffen die Parteien **vor** einer Verweisung nach § 281 eine **Gerichtsstandsvereinbarung,** die das verweisende Gericht aus Unkenntnis oder anderen Gründen nicht beachtet, so bleibt es bei der Bindung des Gerichts, an das verwiesen wurde.[109] Wird diese **nach** einer Verweisung getroffen, so ist eine Weiter- oder Rückverweisung ebenfalls ausgeschlossen[110] (§ 261 Abs. 3 Nr. 2).

53 Im **Mahnverfahren** ist zu unterscheiden: Wird die Mahnsache selbst vor Beendigung des Mahnverfahrens, dh. solange der Rechtsstreit noch nicht gemäß § 696 Abs. 1 an das Gericht des allgemeinen Gerichtsstands des Antragsgegners abgegeben wurde, verwiesen, kommt dieser Verweisung nach § 281 Abs. 2 S. 4 bindende Wirkung zu.[111]

54 Davon zu unterscheiden sind die Fälle, in denen das Mahngericht die Sache durch Abgabe überträgt. In Betracht kommt dies als Abgabe an einen anderen Spruchkörper vor Einlegung eines Widerspruchs, als (speziell geregelte) Abgabe gemäß § 696 Abs. 1 S. 1 nach Widerspruch und als Abgabe gemäß § 700 Abs. 3 S. 1 und 2 nach Einspruch. In allen diesen Fällen entsteht keine Bindung (§ 696 Abs. 1 S. 1 und Abs. 5).[112] Zu den Einzelheiten vgl. § 696 Rn. 26. Im Falle einer **Stufenklage,** bei der auch ein zunächst noch nicht bezifferter Zahlungsanspruch rechtshängig wird, entfaltet die Verweisung der gesamten Stufenklage die Bindungswirkung. Die spätere Bezifferung des Zahlungsanspruchs ändert daran nichts.[113]

55 **d) Fehlerhafter Verweisungsbeschluss.** Grundsätzlich tritt die Bindungswirkung des § 281 Abs. 2 S. 4 auch bei **fehlerhaften Beschlüssen** ein.[114] Gemeint sind zB die Fälle, in denen ein Beschluss inhaltlich unrichtig ist,[115] die ausschließliche Zuständigkeit missachtet wurde[116] oder der Beschluss auf Grund eines fehlerhaften Verfahrens[117] – wie zB ohne gestellten Antrag[118] oder im Urteil statt durch einen Beschluss[119] – erlassen wurde.[120] Allerdings werden von der ausnahmslosen Anordnung der Bindung im Gesetz Ausnahmen zugelassen. Dabei handelt es sich also in der Sache um eine teleologische Reduktion des Abs. 2 S. 4. Die Abgrenzung zwischen Bindung und ihren Durchbrechungen gehört zu den umstrittensten Fragen des Prozessrechts.[121]

56 Ausnahmen von diesem Grundsatz haben Rspr. und Lit. in den Fällen zugelassen, in denen der Beschluss schlechterdings nicht als im Rahmen des § 281 ergangen angesehen werden kann. Fälle

---

Reichold Rn. 14; *Fischer* MDR 1994, 541; aA BAG NJW 1960, 310; MDR 1982, 171 (allerdings hat das BAG diese Rspr. nach Vorlage an den GemS durch BGH NJW-RR 1992, 59 aufgegeben; vgl. BAG NZA 1993, 285); OLG Düsseldorf Rpfleger 1979, 431; *Baumbach/Lauterbach/Hartmann* Rn. 31; OLG Frankfurt NJW 1962, 449 (Bindungswirkung möglich); vgl. auch § 127 Rn. 7.

[108] OLG Düsseldorf NJW-RR 1991, 63.

[109] So BGH FamRZ 1989, 847.

[110] Vgl. BGH NJW 1963, 585; OLG München NJW 1965, 767; *Zöller/Greger* Rn. 18; *Stein/Jonas/Leipold* Rn. 34; *Baumbach/Lauterbach/Hartmann* Rn. 45; abw. OLG Düsseldorf NJW 1961, 2355; LG Siegen NJW 1961, 871.

[111] BGH Rpfleger 1978, 13; BAG NJW 1982, 2792; OLG Karlruhe Justiz 1982, 293; OLG Düsseldorf Rpfleger 1976, 24; aA *Zinke* NJW 1983, 1081, 1084.

[112] BGH NJW 1979, 984; BAG AP § 36 Nr. 25; OLG Schleswig, MDR 2001, 50; BayObLG MDR 2002, 661; *Büchel* NJW 1979, 945, 947; *Crevecoeur* NJW 1977, 1320, 1322; *Schäfer* NJW 1985, 296, 297; aA *Fischer* MDR 1993, 198, der dieses Ergebnis allerdings bei dem Ziel einer einheitlichen Verhandlung gegen mehrere Streitgenossen allerdings nicht aufrecht hält.

[113] BGH NJW-RR 1995, 513.

[114] HM; BGH NJW-RR 1992, 902; NJW 1993, 2810; FamRZ 1997, 173; *Stein/Jonas/Leipold* Rn. 29 m. weit. Nachw.; *Zöller/Greger* Rn. 16.

[115] BGH FamRZ 1990, 1226; *Stein/Jonas/Leipold* Rn. 29.

[116] BGH NJW-RR 1989, 1343; NJW 1962, 1819; FamRZ 1982, 1199; BAG BB 1984, 1050; OLG Frankfurt MDR 1979, 851; OLG Düsseldorf Rpfleger 1975, 102; OLG Düsseldorf Rpfleger 1976, 186.

[117] Nach früherem Recht waren dies häufig Verfahren ohne mündliche Verhandlung, vgl. zuletzt BGHZ 102, 338 = NJW 1988, 1794.

[118] BGHZ 1, 341, 342; BGH LM § 36 Ziff. 6 Nr. 4; BGH FamRZ 1990, 1226; 1984, 774; NJW 1979, 551; OLG Oldenburg ZZP 70 (1957), 265.

[119] BGH NJW-RR 2000, 1731.

[120] BGH LM § 36 Ziff. 6 Nr. 1; NJW 1967, 565; BAG DB 1977, 872; OLG Köln JMBlNRW 1958, 197; OLG Düsseldorf JMBlNRW 1971, 69.

[121] Für eine extrem enge Ausnahme von der Bindung *Scherer* ZZP 110, 167 (nur unwirksame Beschlüsse binden nicht); eine relativ weite Ausnahme von der Bindung vertritt im Anschluss an die überwiegende Rechtsprechung *Fischer* MDR 1993, 198; NJW 1993, 2417; MDR 1994, 539; MDR 2000, 301; MDR 2002, 1401; MDR 2005, 1091; einen deutlich engeren Begriff der Willkür vertreten *Wommelsdorf* MDR 2001, 1161; *Tombrink* NJW 2003, 2364 und wohl auch BGH, NJW-RR 2002, 1498, BGH NJW 2003, 3201; aus europarechtlicher Sicht für weite Ausnahmen von der Bindungswirkung *Möslein* GPR 2004, 59.

dieser Art sind Verweisungen, denen jede **gesetzliche Grundlage** fehlt,[122] die also **willkürlich** ergangen sind; ferner solche Beschlüsse, die **mangels Begründung**[123] nicht erkennen lassen, ob sie auf einer gesetzlichen Grundlage beruhen.[124] Problematisch ist und bleibt die Abgrenzung der Fälle im Einzelnen, die man als objektiv willkürlich ansehen kann. Brauchbare Kriterien können im Anschluss an *Tombrink*[125] sein, dass die allgemeine Systematik des Verfahrensrechts eine Verweisung dieser Art nicht vorsieht, dass der Akteninhalt ausdrückliche Hinweise auf die Zuständigkeit des verweisenden Gerichts ergibt oder dass das verweisende Gericht selbst zu erkennen gegeben hat, dass es seine Zuständigkeit für möglicherweise gegeben hält. Demgegenüber wird man von einer Bindung ausgehen müssen, wenn die Verweisung sich im Ergebnis als vertretbar darstellt, wenn der Verweisungsbeschluss eingehend begründet ist (auch wenn das Gericht dabei von einer einhelligen oder herrschenden Meinung abweicht), wenn das Gericht einen relevanten Gesichtspunkt übersehen hat und von keiner Seite darauf hingewiesen wurde und keine Hinweise auf Vorsatz bestehen, schließlich wenn eine Verweisung auf den Wunsch beider Prozessparteien zurückgeht.

57 Zu den Fällen von Willkür zählen auch die Verweisungen, die unter Verletzung des Anspruchs auf Gewährung **rechtlichen Gehörs** ergehen.[126] In diesem Fall besteht Einigkeit darüber, dass die Bindungswirkung des § 281 Abs. 2 S. 4 nicht eintritt. Es ist also das angewiesene Gericht nicht nach § 281 gebunden und kann das Verfahren an das erste Gericht zurückverweisen.[127] Entgegen verbreiteter Auffassung ist dabei nicht zu prüfen, ob die erste Verweisung möglicherweise unterblieben wäre, wenn der nicht angehörten Partei rechtliches Gehör gewährt worden wäre (Kausalität).[128] Die fehlende Bindungswirkung bei Verletzung des Anspruchs auch Gewährung rechtlichen Gehörs kann allerdings in denjenigen Ausnahmefällen nicht bejaht werden, in denen durch Gesetz ausnahmsweise der Grundsatz des rechtlichen Gehörs eingeschränkt ist (vgl. § 834 für die Zwangsvollstreckung; § 105 Abs. 2 KO für das frühere Konkursverfahren; § 10 InsO für das Insolvenzverfahren; §§ 921 Abs. 1, 937 Abs. 2 für die Verfahren des einstweiligen Rechtsschutzes).[129] Das Fehlen der Bindungswirkung hängt nicht davon ab, ob die beeinträchtigte Partei von ihrem Recht auf Anfechtung des Beschlusses Gebrauch gemacht hat; vielmehr stehen Anfechtbarkeit und Verneinung der Rechtsfolgen der Bindung nebeneinander.[130]

58 Erklären sich die Parteien unabhängig von dem Verfahrensverstoß mit der Verweisung einverstanden, so ist diese wirksam und die Bindung nach Abs. 2 S. 4 zu bejahen.[131]

59 Zum Problem bei Gerichtsstandsbestimmungen nach § 36 und zum dabei zu beachtenden Verfahren vgl. § 37 Rn. 2ff. Zur Bindungswirkung in diesem Verfahren vgl. § 37 Rn. 7.

VI. Kosten und Gebühren

60 **1. Allgemein.** Nach Abs. 3 S. 1 werden die im Verfahren vor dem angegangenen Gericht erwachsenen Kosten und Gebühren als Teil der Kosten behandelt, die bei dem zweiten Gericht erwachsen. Demzufolge trifft das Gericht, an das verwiesen wurde, die Kostenentscheidung einschließlich der durch die Anrufung des ersten Gerichtes entstandenen Mehrkosten. Die Kosten und

---

[122] BGHZ 1, 341; BGHZ 71, 69 = NJW 1978, 1163; BGH FamRZ 1984, 774; NJW 1984, 740; 1986, 3141; BGH NJW-RR 1992, 383; 1994, 126; BayObLG NJW-RR 1994, 891; KG MDR 1998, 618; KG MDR 1999, 56; vgl. auch OLG München NJW-RR 1988, 981; zu weiteren Einzelheiten s. *Fischer* NJW 1993, 2419f; *Deubner* JuS 1999, 270.

[123] KG MDR 1993, 176; OLG München FamRZ 1982, 942; MDR 1980, 1029; OLG Hamburg FamRZ 1978, 906; bei Einverständnis der Parteien mit dem Verweisungsbeschluß ist trotz dieses Mangels dessen Wirksamkeit zu bejahen, vgl. BGH FamRZ 1988, 943; ferner Fn. 111.

[124] Noch deutlich enger *Scherer* ZZP 110 (1997), 176ff.

[125] *Tombrink* NJW 2003, 2364, 2366.

[126] BVerfGE 61, 37; BGH NJW 1989, 461; FamRZ 1988, 1160; JZ 1989, 50; NJW-RR 1989, 125 m. weit. Nachw.; FamRZ 1995, 1135; FamRZ 1997, 171; BayObLGZ 1985, 18, 20; BayObLG VersR 1985, 742; *Baumbach/Lauterbach/Hartmann* Rn. 41, 42 m. weit. Nachw.; aA *Scherer* ZZP 110, 171ff.

[127] Vgl. BGH FamRZ 1984, 162; NJW 1983, 1859; JZ 1982, 27; NJW 1979, 551; OLG Frankfurt BB 1980, 390; OLG Düsseldorf OLGZ 1973, 243; Rpfleger 1975, 102; OLG Nürnberg Rpfleger 1974, 406; LG Mainz Rpfleger 1971, 186; aM OLG Bremen OLGZ 1975, 475; *Schumann* ZZP 96 (1983), 137, 210; *Henckel* ZZP 77 (1964) 321, 322.

[128] So aber OLG Düsseldorf Rpfleger 1975, 102; wie hier *Waldner,* Der Anspruch auf rechtliches Gehör, 1989, Rn. 517; *Stein/Jonas/Leipold* Rn. 32; *Zöller/Greger* Rn. 17a.

[129] BGH ZIP 1996, 1516 = NJW 1996, 3013; OLG Dresden ZIP 1998, 1595.

[130] HM; *Stein/Jonas/Leipold* Rn. 32; *Thomas/Putzo/Reichold* Rn. 12; aM *Schumann* ZZP 96 (1983) 137, 210; KG MDR 1988, 417.

[131] So auch *Stein/Jonas/Leipold* Rn. 32 im Falle der Verletzung des Art. 103 Abs. 1 GG; BGH FamRZ 1988, 943 für den Fall der mangelhaften Begründung des Verweisungsbeschlusses; vgl. auch Fn. 105.

Gebühren werden nicht doppelt berechnet; die im vorherigen Verfahren entstandenen Kosten und Gebühren werden vielmehr auf die neu entstehenden angerechnet.

2. Kostenlast des Klägers. a) Mehrkosten. Nach Abs. 3 S. 2 sind dem Kläger die entstandenen – nicht aber die fiktiven[132] – Mehrkosten auch dann aufzuerlegen, wenn er in der Hauptsache obsiegt. 61

Mehrkosten sind nur die Differenzkosten zwischen den tatsächlich entstandenen Kosten und den Kosten, die entstanden wären, wenn der Prozess sofort bei dem zuständigen Gericht anhängig geworden wäre.[133] Berücksichtigt werden lediglich die notwendigen Kosten.[134] 62

b) Nachprüfung der Verweisung. Eine Nachprüfung der Verweisung ist im Rahmen der Kostenentscheidung ausgeschlossen, die Verweisung geht hinsichtlich der Mehrkosten immer zu Lasten des Klägers.[135] 63

Bei einem **Verstoß** gegen Abs. 3 S. 2., wenn also die Belastung des Klägers mit den Mehrkosten unterblieben ist, kann dieser Mangel im Kostenfestsetzungsverfahren nicht mehr in der Weise korrigiert werden, dass die in dem Verfahren vor dem verweisenden Gericht entstandenen Kosten nicht als notwendige Kosten der Rechtsverfolgung angesehen werden.[136] Dies gilt entsprechend auch für den Prozessvergleich.[137] 64

c) Mahnverfahren. Für die Verweisung nach einem Mahnverfahren gemäß § 696 Abs. 5 enthält § 696 Abs. 1 S. 5 eine Verweisung auf § 281 Abs. 3. 65

3. Gerichtsgebühren. Nach § 4 Abs. 1 GKG gilt das Verfahren vor und nach der Verweisung als eine Kosteninstanz. Der Verweisungsbeschluss ist gerichtsgebührenfrei; Nr. 1210 KV umfasst auch diesen Beschluss. Das Gleiche gilt für einen Weiterverweisungs- und einen etwaigen Zurückverweisungsbeschluss. Ausnahmsweise können bei Verschulden Mehrkosten erhoben werden, vgl. § 4 Abs. 2 GKG. 66

4. Anwaltsgebühren. Bei der Verweisung der Sache an ein Gericht derselben Ebene[138] bildet das Verfahren vor und nach der Verweisung gemäß § 20 Satz 1 RVG eine Gebühreninstanz, so dass dem Anwalt die bereits vor Verweisung entstandenen Gebühren **nicht** ein zweites Mal erwachsen. 67

Bei einer Verweisung einer Sache an ein Gericht des niedrigeren Rechtszuges gilt das weitere Verfahren vor dem Gericht, an das verwiesen worden ist, gebührenrechtlich als neuer Rechtszug (§ 20 Satz 2 iVm. § 15 Abs. 2 S. 2 RVG). Der Rechtsanwalt erhält also die Gebühr neu. 68

§ 282 Rechtzeitigkeit des Vorbringens

(1) Jede Partei hat in der mündlichen Verhandlung ihre Angriffs- und Verteidigungsmittel, insbesondere Behauptungen, Bestreiten, Einwendungen, Einreden, Beweismittel und Beweiseinreden, so zeitig vorzubringen, wie es nach der Prozesslage einer sorgfältigen und auf Förderung des Verfahrens bedachten Prozessführung entspricht.

(2) Anträge sowie Angriffs- und Verteidigungsmittel, auf die der Gegner voraussichtlich ohne vorhergehende Erkundigung keine Erklärung abgeben kann, sind vor der mündlichen Verhandlung durch vorbereitenden Schriftsatz so zeitig mitzuteilen, dass der Gegner die erforderliche Erkundigung noch einzuziehen vermag.

---

[132] OLG München Rpfleger 1979, 387.

[133] HM; vgl. nur OLG München NJW 1969, 1217; OLG Frankfurt VersR 1980, 876; OLG Bremen JurBüro 1978, 1405; OLG Celle JurBüro 1969, 963; NdsRpfl. 1975, 123; OLG Hamm Rpfleger 1970, 179; KG Rpfleger 1976, 325; LG Stuttgart NJW 1968, 1727; AG Tübingen NJW 1970, 630; im ArbGG gilt der gleiche Begriff: vgl. LAG Bremen MDR 1986, 434.

[134] OLG Düsseldorf JurBüro 1980, 621.

[135] OLG Koblenz MDR 1987, 681; KG OLGRspr. 29 (1914), 125; aM OLG Köln ZZP 64 (1951), 147, 149.

[136] HM; zB OLG Düsseldorf JurBüro 1988, 784 (m. Anm. *Mümmler*); OLG Düsseldorf NJW 1965, 1385; KG MDR 1976, 405; aM OLG Frankfurt MDR 1988, 869.

[137] Überwiegende Meinung; vgl. OLG Koblenz MDR 1987, 681; OLG Koblenz JurBüro 1987, 1712; JurBüro 1987, 1550; differenzierend *Stein/Jonas/Leipold* Rn. 123: die Kostenübernahme im Vergleich beziehe sich lediglich auf die notwendigen Kosten, nicht hingegen auf die des Abs. 3 S. 2; so auch OLG Frankfurt MDR 1988, 869.

[138] ZB bei einer Verweisung vom AG an das LG als erste Instanz oder umgekehrt, vgl. OLG Hamm JurBüro 1979, 54.

(3) [1]Rügen, die die Zulässigkeit der Klage betreffen, hat der Beklagte gleichzeitig und vor seiner Verhandlung zur Hauptsache vorzubringen. [2]Ist ihm vor der mündlichen Verhandlung eine Frist zur Klageerwiderung gesetzt, so hat er die Rügen schon innerhalb der Frist geltend zu machen.

Schrifttum: Zur Literatur vgl. § 296.

Übersicht

I. Normzweck

1 **1. Grundsatz der Prozessförderungspflicht.** Die Vorschrift ist in der vorliegenden Form durch die Vereinfachungsnovelle[1] in die ZPO eingefügt worden. **§ 282 Abs. 1** formuliert erstmals positiv den Grundsatz der allgemeinen Prozessförderungspflicht der Parteien (zur Prozessförderungspflicht des Gerichts s. o. § 273 Rn. 4). Dieser Grundsatz hatte vorher nur mittelbar in den Regelungen über eine Zurückweisung verspäteten Vorbringens Ausdruck gefunden (§§ 279, 279 a, 283 Abs. 2 aF).[2] **§ 282 Abs. 2 und 3** enthalten die Regelungen der früheren §§ 272 bzw. 274.

2 **2. Konzentrierte Verfahrensführung.** Die Parteien zur konzentrierten Verfahrensführung anzuhalten ist Ziel der Vorschrift.[3] Es soll sichergestellt werden, dass der „Sachvortrag nicht nur rechtzeitig, sondern auch in dem jeweils gebotenen Umfang vorgebracht wird";[4] eine „tropfenweise" Information des Gerichts durch die Parteien soll verhindert werden.[5] § 282 muss im Zusammenhang mit § 296 gesehen werden. Letzterer sanktioniert den Verstoß der Partei gegen ihre Verpflichtungen aus § 282[6] und dient so der Verfahrensbeschleunigung.[7] Insgesamt prägt § 282 iVm. §§ 272 ff. einen Verhandlungsstil, der heute gerne als „Konzentrationsmaxime" bezeichnet wird. Die Abgrenzung zu einer vollen **Eventualmaxime** ist nicht trennscharf zu ziehen. Jedenfalls lässt sich sagen, dass § 282 eine gewisse Annäherung an die Eventualmaxime gebracht hat.[8]

3 **3. Gesetzesgeschichte.** Um die Fassung des § 282 Abs. 1 ist im Gesetzgebungsverfahren heftig gestritten worden. Der Rechtsausschuss wollte den Abs. 1 der Regierungsvorlage wie folgt ergänzen: „Beziehen sich auf denselben Anspruch mehrere selbstständige Angriffs- oder Verteidigungsmittel, so kann die Partei sich auf das Vorbringen Einzelner beschränken, solange sie nach dem Sach- und Streitstand davon ausgehen darf, dass diese Angriffs- oder Verteidigungsmittel für ihre Rechtsverfolgung oder Rechtsverteidigung ausreichen".[9] Der Bundesrat hat die Rückkehr zur Fas-

---

[1] Gesetz zur Vereinfachung und Beschleunigung gerichtlicher Verfahren vom 3. 12. 1976 (BGBl. I S. 3281).

[2] Vgl. RegE eines Gesetzes zur Vereinfachung und Beschleunigung gerichtlicher Verfahren (Vereinfachungsnovelle), BT-Drucks. 7/2729 S. 73.

[3] RegE BT-Drucks. 7/2729 S. 73.

[4] So der RegE (BT-Drucks. 7/2729 S. 71) zu § 277 Abs. 1; daß diese Vorschrift die gleichen inhaltlichen Anforderungen für das schriftliche Verfahren stellt wie § 282 Abs. 1 für den Vortrag in der mündlichen Verhandlung, betont der RegE ausdrücklich (BT-Drucks. 7/2729 S. 38).

[5] RegE BT-Drucks. 7/2729 S. 38.

[6] RegE BT-Drucks. 7/2729 S. 38.

[7] Vgl. dazu § 296 Rn. 1 ff.

[8] In der Sache ähnlich *Leipold* ZZP 93 (1980), 237, 257 ff. Auf die noch immer vorhandenen Unterschiede wird o. § 277 Rn. 4 eingegangen.

[9] Bericht und Antrag des Rechtsausschusses, BT-Drucks. 7/5250 S. 36.

sung der Regierungsvorlage verlangt und ausgeführt, diese Rückkehr soll gewährleisten, „dass im Regelfall auf Grund der allgemeinen Prozessförderungspflicht sämtliche Angriffs- oder Verteidigungsmittel frühzeitig vorgebracht werden".[10] Der Vermittlungsausschuss hat sich die Auffassung des Bundesrates zu eigen gemacht.[11] Die vom Rechtsausschuss vorgeschlagene Ergänzung ist nicht Gesetz geworden. Daraus lassen sich wichtige Schlüsse für die inhaltliche Anforderungen an das Parteivorbringen ziehen.[12]

II. Die allgemeine Prozessförderungspflicht nach Abs. 1

1. Begriff und Abgrenzung. Die allgemeine Prozessförderungspflicht ist die Verpflichtung der Partei, ihr Vorbringen in dem nach der Prozesslage angezeigten **Zeitpunkt und Umfang** in das Verfahren einzuführen. 4

Demgegenüber ist die **besondere Prozessförderungspflicht** die Verpflichtung der Parteien, innerhalb der in § 296 Abs. 1 genannten Fristen in dem in § 277 Abs. 1 genannten Umfang vorzutragen.[13] 5

2. Angriffs- und Verteidigungsmittel. Angriffs- und Verteidigungsmittel iS von Abs. 1 (und ebenso iS von Abs. 2) sind alle zur Begründung des Klageantrags oder zur Verteidigung gegen diesen vorgebrachten tatsächlichen und rechtlichen Behauptungen, Einwendungen, Bestreitungen, Einreden, Beweismittel und Beweiseinreden.[14] Teminologisch ist der Begriff der Angriffs- und Verteidigungsmittel also sehr weit und mit der Terminologie in den §§ 146, 296 übereinstimmend.[15] 6

3. Vorbringen. Die genannten Angriffs- und Verteidigungsmittel müssen „vorgebracht" werden. Nicht erfasst von § 282 Abs. 1 sind daher der Angriff und die Verteidigung selbst (zB Klage und Widerklage), einschließlich einer Klageänderung[16] oder eines neuen Sachantrags.[17] Nicht vorgebracht werden müssen Rechtsausführungen, so dass Angriffs- und Verteidigungsmittel, die sich im rechtlichen erschöpfen, nicht unter § 282 Abs. 1 und Abs. 2 fallen. 7

4. Der richtige Zeitpunkt. Die Angriffs- bzw. Verteidigungsmittel müssen in der mündlichen Verhandlung vorgebracht werden (zu den Einzelheiten vgl. § 296 Rn. 137). Bedeutung kann Abs. 1 allerdings nur insoweit haben, als innerhalb einer Instanz mehrere Verhandlungstermine stattfinden. Ein Vorbringen im ersten Termin zur mündlichen Verhandlung kann niemals nach § 282 Abs. 1 verspätet sein.[18] 8

5. Der genügende Inhalt des Vorbringens. a) Gesetzeswortlaut. § 282 Abs. 1 behandelt neben dem Zeitpunkt des Vorbringens auch dessen Inhalt. Die Parteien müssen ihre Angriffs- und Verteidigungsmittel vorbringen, soweit „es nach der Prozesslage einer sorgfältigen und auf Förderung des Verfahrens bedachten Prozessführung entspricht". Der Wortlaut des § 282 Abs. 1 entspricht insoweit dem des § 277 Abs. 1.[19] Bezüglich der inhaltlichen Anforderungen an das Vorbringen der Parteien unterscheiden sich die allgemeine und die besondere Prozessförderungspflicht[20] nicht. 9

Dem Wortlaut des § 282 Abs. 1 lässt sich lediglich entnehmen, dass die Prozessförderungspflicht nicht statisch ist, sondern sich im Laufe des Prozesses ändert.[21] In der Regel erhöht sie sich. **Ausnahmsweise** kann die Prozessförderungspflicht auch durch das Gericht gesenkt werden.[22] Über diese Feststellung hinaus lässt sich dem Wortlaut nichts entnehmen. Es ist insoweit sehr pointiert die Formulierung des Gesetzes als inhaltsleere Generalklausel bezeichnet worden, die keine eigenständigen Bewertungskriterien zu liefern vermöge.[23] Die Frage nach dem Inhalt des Parteivorbringens 10

---

[10] BR-Drucks. 386/76 S. 3.
[11] Verhandlungen des Deutschen Bundestages, 7. Wahlperiode, Stenographische Berichte, Bd. 99, S. 18547 = AnwBl. 1977, 13.
[12] Vgl. dazu Rn. 19.
[13] Vgl. dazu § 296 Rn. 58.
[14] *Zöller/Greger* Rn. 2.
[15] Im einzelnen § 296 Rn. 40ff.
[16] BGH NJW 1986, 2257.
[17] BGH NJW-RR 1996, 961.
[18] BGH NJW-RR 2005, 1007; NJW 1992, 1965; NJW 1993, 1926; *Stein/Jonas/Leipold* Rn. 12.
[19] Der RegE (BT-Drucks. 7/2729 S. 71) betont ausdrücklich, daß die Vorschriften der §§ 277 Abs. 1 und 282 Abs. 1 die gleichen inhaltlichen Anforderungen an den Vortrag der Parteien stellen.
[20] Zu den Begriffen vgl. Rn. 4, 5.
[21] Vgl. *Weth* S. 137.
[22] Vgl. dazu *Weth* S. 187ff.
[23] *Hahn,* Kooperationsmaxime im Zivilprozeß, S. 137.

stellt sich für die **Praxis** wie folgt: Müssen umfassend alle der Partei zur Verfügung stehenden Angriffs- bzw. Verteidigungsmittel vorgetragen werden oder können bestimmte Angriffs- bzw. Verteidigungsmittel zunächst zurückgehalten werden? In der Literatur finden sich Stimmen, die ein Zurückhalten von Angriffs- und Verteidigungsmitteln teilweise zulassen.[24] Die Rechtsprechung hat zu der Frage, ob Angriffs- und Verteidigungsmittel zum **Prozessvortrag** des Gegners zurückgehalten werden dürfen, nicht ausdrücklich Stellung genommen. Sie hat sich allerdings eingehend mit der Frage befasst, ob eine Partei ihre Angriffs- und Verteidigungsmittel zu vor- bzw. außerprozessualem Vorbringen des Gegners zurückhalten darf. Diese höchstrichterliche Rechtsprechung wird hier unter dem Stichwort „gesicherte Erkenntnisse" (s. Rn. 11) dargestellt. Gesichert wird dabei in dem Sinne verstanden, dass der Anwalt im dort genannten Umfang Vorbringen zurückhalten darf, ohne befürchten zu müssen, selbst wegen Verstoßes gegen seine Sorgfaltspflicht haftbar gemacht zu werden.

11 **b) Gesicherte Erkenntnisse. aa)** Die Partei muss sich nur zu den vom Gegner **im Prozess** behaupteten Tatsachen erklären.[25] Eine Erklärungspflicht bezüglich solcher Umstände, die **vor- oder außerprozessual** bekannt geworden sind, besteht nicht. Es ist also keine Partei gezwungen, sich vorsorglich gegenüber einem nicht den Gegenstand des Rechtsstreits bildenden Sachverhalt zu verteidigen;[26] keine Partei ist gezwungen, den von der anderen Partei vorgetragenen Sachverhalt aus ihrer Sicht zu ergänzen und zu erweitern[27] und so der Gegenpartei den Prozess zu führen.[28]

12 So braucht eine Partei sich nicht zu erklären, wenn die Gegenpartei schriftsätzlich mitteilt, „es bleibt diesseits vorbehalten, die Aufrechnung zu erklären, wenn das Landgericht wider Erwarten der hier vertretenen Rechtsauffassung nicht folgt".[29] Die Partei kann vielmehr abwarten, bis die Aufrechnung erklärt und diese Tatsache in den Prozess eingeführt wird.

13 Auch darf sich ein Beklagter damit begnügen zu bestreiten, dass dem Kläger ein eigenes Recht an der Forderung zusteht und darf dann abwarten, bis sich der Kläger darauf beruft, die Forderung sei ihm abgetreten worden. Erst wenn der Kläger sich im Prozess auf die Abtretung beruft, ist der Beklagte zu weiterem Vorbringen verpflichtet.[30]

14 Die Partei **muss** also zum vor- bzw. außerprozessualen Vorbringen des Gegners nicht Stellung nehmen. Sie **kann** allerdings dieses Vorbringen ihrerseits in den Prozess einführen und widerlegen. Insoweit bleibt der Partei Raum zur **Prozesstaktik.**[31]

15 **bb)** Nur **substantiierter Prozessvortrag** der Partei löst eine Erklärungspflicht der Gegenpartei aus. Unsubstantiiertes Vorbringen bleibt auch ohne Zutun des Gegners unbeachtet.[32]

16 **cc)** Die Partei kann grundsätzlich **Gegenrechte** (zB Aufrechnung, Anfechtung, Einrede der Verjährung[33]) nicht zurückhalten. Wenn eine **Gestaltungslage** entstanden ist, muss die Gestaltung ausgeübt und diese Tatsache in den Prozess eingeführt werden.[34] Der Beklagte darf also, wenn er auf Zahlung des Kaufpreises verklagt wird, nicht die Jahresfrist des § 124 Abs. 1 BGB ausschöpfen. Er muss in der Klageerwiderung die Anfechtung erklären.[35] Die Möglichkeit des Beklagten innerhalb der Jahresfrist nach seinem Belieben jederzeit anzufechten, wird durch die Prozessförderungs-

---

[24] Vgl. dazu *Grunsky* JZ 1977, 201, 204; *Kallweit* S. 29 ff.; *Fuhrmann* S. 46 ff.; AK-ZPO/*Deppe/Hilgenberg* Rn. 5 f. (Theorie von der Siegeschance der Hauptlinie); *Bender/Belz/Wax* Rn. 42; vgl. auch *Rosenberg/Schwab/Gottwald* § 69 II 2, wonach Angriffs- und Verteidigungsmittel im Ausnahmefall aufgrund objektiv vernünftiger Erwägungen zurückgehalten werden dürfen.

[25] BGH NJW 1983, 2879, 2880; das entspricht auch der hM in der Literatur, vgl. nur *Stein/Jonas/Leipold* § 282 Rn. 18; *Thomas/Putzo/Reichold* § 138 Rn. 12; *Baumbach/Lauterbach/Hartmann* § 138 Rn. 27, 28; aA KG, mitgeteilt bei BGH NJW 1983, 2879, 2880.

[26] BVerfGE 67, 39, 42 = NJW 1984, 2203.

[27] BVerfGE 54, 117, 126 f. = NJW 1980, 1737.

[28] Vgl. *Weth* S. 146.

[29] BVerfGE 67, 39, 42 = NJW 1984, 2203.

[30] BVerfGE 54, 117, 126 f. = NJW 1980, 1737.

[31] Vgl. dazu OLG Düsseldorf NJW-RR 1992, 959; *Weth* S. 146.

[32] BGH NJW 1985, 1539, 1543; OLG München ZZP 82 (1969), 156; *Stein/Jonas/Grunsky* § 528 Rn. 2; *Weth* S. 150 f.: vgl. auch BGH WM 1985, 736 f. sowie BGH NJW-RR 1999, 1586. Zu den Besonderheiten bei angekündigtem Vorbringen vgl. Rn. 20 ff.

[33] OLG Hamm NJW-RR 1993, 1150.

[34] HM; vgl. nur BGH NJW 1985, 2481, 2482; BGHZ 91, 293, 303 = NJW 1984, 1964; BAG BB 1984, 345; *Thomas/Putzo/Reichold* § 277 Rn. 6; *E. Schneider* MDR 1977, 793, 795; *Weth* S. 172 ff. Ob die Einrede der Verjährung zunächst zurückgehalten werden kann, ist höchst streitig. Die wohl hM verneint dies zu Recht. Vgl. *Weth* S. 178 m. weit. Nachw.

[35] Es besteht auch die Möglichkeit, die Anfechtung anzukündigen; dazu vgl. Rn. 21.

pflicht eingeschränkt. Die Beklagte verliert die Möglichkeit „frei darüber zu entscheiden, wann sie die Gestaltungsfolge herbeiführen will".[36]

Eine **Ausnahme** gilt für solche Gegenrechte, deren Hauptzweck es ist, dem Gestaltungsberechtigten die Wahl des Zeitpunkts der Gestaltung zu überlassen. Sie müssen erst in den Prozess eingeführt werden, wenn die Gestaltungserklärung erfolgt ist.[37] Ist also etwa dem Beklagten einer Räumungsklage das Recht eingeräumt, durch einseitige, spätestens zwölf Monate vor Ablauf des Vertrages abzugebende Erklärung die Mietzeit um 10 Jahre zu verlängern, kann er diese Frist ausschöpfen. Erst wenn die Erklärung erfolgt ist, muss sie in den anhängigen Prozess eingeführt werden.[38] 17

Bei welchem Gestaltungsrecht es Hauptzweck ist, dem Berechtigten die Wahl des Zeitpunkts zu überlassen, kann nur im Einzelfall entschieden werden. Als Beispiel für solche Gestaltungsrechte lassen sich neben dem Optionsrecht das vertragliche Rücktrittsrecht[39] und das Recht zur ordentlichen Kündigung[40] sowie die Fälle der §§ 627, 553, 554 a BGB aF (vgl. jetzt §§ 543, 569 BGB)[41] nennen. 18

dd) Von den soeben genannten Ausnahmen abgesehen kann sich die Partei für die Zulässigkeit des Zurückhaltens bestimmter Angriffs- und Verteidigungsmittel nicht auf die **höchstrichterliche Rechtsprechung** stützen. Diese scheint vielmehr dahin zu tendieren, dass die Partei – jenseits der genannten Ausnahmen – keines der ihr zur Verfügung stehenden Angriffs- bzw. Verteidigungsmittel zurückhalten darf.[42] Für die Richtigkeit einer solchen Auffassung streitet zum einen, dass die vom Bundesrat vorgesehene Staffelung des Vorbringens nicht Gesetz geworden ist.[43] Zum anderen spricht für diese Auffassung die teleologische Auslegung der Zurückweisungsvorschriften. Sinn und Zweck dieser Vorschriften ist es, eine tropfenweise Information des Gerichts zu verhindern und die Partei dazu anzuhalten, ihre Angriffs- und Verteidigungsmittel umfassend vorzutragen, um den Prozess in einem dafür umfassend vorbereiteten Termin zur mündlichen Verhandlung zu erledigen und ihn so zu beschleunigen.[44] Dieses Ziel kann nicht erreicht werden, wenn eine Partei Angriffs- und Verteidigungsmittel zunächst zurückhalten darf. Gericht und Gegenpartei werden dann vielfach durch nachgeschobenes Vorbringen überrascht werden; eine Vertagung wird erforderlich und damit der Prozess verzögert. Die Pflicht zum umfassenden Verbringen von Verteidigungsmitteln geht aber nicht soweit, dass eine Prozesspartei gezwungen werden kann, ein Privatgutachten einzuholen.[45] 19

ee) Mit der Feststellung, dass die Parteien Angriffs- bzw. Verteidigungsmittel nicht zurückhalten dürfen, ist noch nicht gesagt, dass alle Angriffs- und Verteidigungsmittel **vorgetragen** werden müssen. Es bleibt vielmehr die Frage, ob eine Aufteilung der Angriffs- bzw. Verteidigungsmittel in der Form möglich ist, dass die Partei **alle** ihr gegen den gegnerischen Prozessvortrag zur Verfügung stehende Angriffs- und Verteidigungsmittel **teils vorträgt, teils ankündigt;** eine solche Staffelung des Vorbringens ist in der Literatur vorgeschlagen worden;[46] der Rechtsprechung lässt sich nicht entnehmen, ob ein solches Vorgehen der Partei zulässig ist oder nicht. 20

c) Staffelung des Vorbringens? aa) Der soeben angesprochene[47] Vorschlag sieht folgende **Staffelung des Vorbringens** vor: Die Partei muss Tatsachen[48] vortragen, die den substantiierten Prozessvortrag des Gegners entkräften und die Klage als unbegründet (Beklagter) bzw. begründet 21

---

[36] Vgl. BGH NJW 1985, 2481, 2482; BAG BB 1984, 345.
[37] Vgl. dazu *Weth* S. 174 ff. m. weit. Nachw.
[38] Beispiel nach BGH NJW 1985, 2481, 2482.
[39] Vgl. BGH NJW 1985, 2481, 2482; *Zöller/Vollkommer* Vor § 322 Rn. 67.
[40] Vgl. *Zöller/Vollkommer* Vor § 322 Rn. 67.
[41] Vgl. BGH NJW 1998, 375; LG Bielefeld NJW-RR 1991, 182.
[42] Vgl. BVerfGE 54, 117, 126 „... demgemäß kann der Richter ... die Parteien veranlassen, dem Gericht den ganzen Streitstoff zu unterbreiten und ihm so die Möglichkeit zu umfassender, sachdienlicher Vorbereitung des Verhandlungstermins zu geben."; BGHZ 91, 293, 303 = NJW 1984, 1964 „In der Klageerwiderung ist alles mitzuteilen, was z. Zt. notwendig ist, damit der Kläger sich auf die Verteidigung des Beklagten einrichten und notfalls noch einmal umfassend antworten kann und demgemäß das Prozeßgericht in die Lage versetzt wird, den Verhandlungstermin ebenfalls umfassend vorzubereiten."
[43] Vgl. Rn. 3.
[44] Vgl. Rn. 2 und § 296 Rn. 1 ff.
[45] BGH MDR 2003, 766.
[46] *Weth* S. 148 ff. m. weit. Nachw.; vgl. schon die Anregungen bei *Bender/Belz/Wax* Rn. 44 ff.; aA *Leipold* ZZP 93 (1980), 237, 261. Der enge Standpunkt des BGH im Regreßprozeß gegen den Anwalt kann hier nicht eingewendet werden, vgl. BGH WM 1990, 1917.
[47] Vgl. Rn. 20.
[48] *Bestreitungen* und *Beweiseinreden* sind Tatsachenbehauptungen (vgl. *Weth* S. 69). Sie werden hier miterfaßt.

(Kläger) erscheinen lassen. Für diese Tatsachen muss die Partei – soweit sie beweispflichtig ist – mit mindestens einem Beweismittel Beweis antreten. Weitere Beweismittel, die die Partei in den Prozess einführen will, falls sich der angetretene Beweis als nicht ausreichend herausstellt, sowie Gegenbeweismittel müssen **umfassend** angekündigt werden. Weitere Tatsachen sowie Gegenrechte (zB Aufrechnung, Einrede der Verjährung), auf die sich die Partei berufen will, wenn ihre zunächst vorgetragenen Angriffs- bzw. Verteidigungsmittel sich nicht als ausreichend herausstellen, müssen so angekündigt werden, dass das Gericht weiß, was die Partei beim Eintritt dieses Falles zum Gegenstand ihres **Vortrages** machen wird. Die Partei muss dabei deutlich machen, dass diese weiteren Tatsachen und Beweismittel nur angekündigt, nicht aber vorgebracht werden sollen.[49] Das kann dadurch geschehen, dass die Partei dem Gericht mitteilt, sie beschränke zunächst ihr Vorbringen, behalte sich aber weiteres Vorbringen vor. Bei dieser Formulierung – die häufig in Anwaltsschriftsätzen zu lesen ist – darf es allerdings nicht verbleiben. Die Partei muss vielmehr zusätzlich alles das individualisieren,[50] was ggf. weiter vorgetragen werden soll.

22 Der eindeutige Hinweis, dass bestimmte Angriffs- und Verteidigungsmittel nur angekündigt sind, ist erforderlich, weil Ankündigen einerseits und Vortragen andererseits unterschiedliche Verpflichtungen des Gerichts auslösen. Vorgetragene Angriffs- bzw. Verteidigungsmittel muss das Gericht gemäß Art. 103 Abs. 1 GG zur Kenntnis nehmen und in Erwägung ziehen.[51] Das Ankündigen löst eine solche Verpflichtung des Gerichts nicht aus; es dient lediglich der Vorausinformation des Gerichts.[52]

23 **bb)** Im Einzelnen bedeutet **Ankündigen** bei **Tatsachen,** dass die Partei solche nur in dem Umfang mitteilen muss, dass das Gericht sich vorstellen kann, was die Partei noch zum Gegenstand des Verfahrens machen wird. Die Partei ist also lediglich zur **Individualisierung,**[53] nicht zur **Substantiierung** verpflichtet.[54] Im letzteren Falle müsste die Partei alle Tatsachen darlegen, die für die Entstehung des Anspruchs bzw. der Einwendung erforderlich sind.[55] Für das Ankündigen reicht es dagegen beispielsweise aus, wenn der Beklagte mitteilt, er werde sich gegen die Klageforderung mit dem Stundungseinwand zur Wehr setzen. Weitere Tatsachen, die das Gericht in die Lage versetzen nachzuprüfen, ob die Klageforderung tatsächlich gestundet ist, sind entbehrlich. Bei der Ankündigung der Aufrechnung[56] reicht es aus mitzuteilen, dass die Aufrechnung mit der Kaufpreisforderung gemäß Rechnung vom … vorgesehen sei. Es muss nicht der Inhalt des Kaufvertrages über Fälligkeit, Skonto usw. dargetan werden.

24 Angekündigte Angriffs- und Verteidigungsmittel sind nicht vorgetragen, also nicht in den Prozess eingeführt; es handelt sich insoweit um unsubstantiiertes Vorbringen. Angekündigte Tatsachen dürfen vom Gericht nicht geprüft und nicht verwertet werden; sie dienen lediglich der Vorausinformation und lösen eine Hinweispflicht (§ 139) des Gerichts dahin aus,[57] dass es den Vortrag der lediglich angekündigten Tatsachen für erforderlich hält. Die Partei kann ausdrücklich um den Hinweis bitten. Eine solche Bitte ergibt sich aber schon konkludent daraus, dass die Partei weitere Angriffs- und Verteidigungsmittel für den Fall angekündigt hat, dass ihr Vorbringen nicht ausreicht. Die Hinweispflicht des Gerichts ist selbst dann zu bejahen, wenn man der Rechtsprechung des BGH folgen wollte, dass das Gericht im Anwaltsprozess nicht verpflichtet ist, die Partei gemäß § 139 darauf hinzuweisen, dass ihr Vorbringen unsubstantiiert ist.[58] Die Partei hat nämlich, wenn sie – wie hier vorgeschlagen – ihre Angriffs- bzw. Verteidigungsmittel teils vorträgt, teils ankündigt, ihrer Prozessförderungspflicht gemäß § 282 Abs. 1 bzw. 277 Abs. 1 genügt.[59] Sie darf nun die Reaktion des Gerichts abwarten. Es wäre eine gemäß Art. 103 Abs. 1 GG iVm. § 139 Abs. 2 unzulässige

---

[49] Vgl. *Weth* S. 148 ff.
[50] Vgl. Rn. 23.
[51] Vgl. dazu § 296 Rn. 11.
[52] Vgl. Rn. 24.
[53] Diese Formulierung stammt von *Bender* (*Bender/Belz/Wax* Rn. 46).
[54] Wie hier *Musielak/Foerste* Rn. 6; aA *Leipold* ZZP 93, 237, 261.
[55] Vgl. *Bender/Belz/Wax* Rn. 47.
[56] Vgl. *Weth* S. 157.
[57] *Weth* S. 156 ff., 162.
[58] BGH NJW 1984, 310.
[59] Vgl. dazu auch Rn. 25. Im übrigen genügt eine Partei ihrer Prozeßförderungspflicht nicht, wenn sie lediglich unsubstantiiert vorträgt, ohne deutlich zu machen, daß die Angriffs- und Verteidigungsmittel nur angekündigt sein sollen. Unsubstantiiertes Vorbringen verpflichtet nämlich – wie substantiiertes Vorbringen auch – das Gericht dazu, dieses Vorbringen zur Kenntnis zu nehmen und in Erwägung zu ziehen. Es braucht dann aber bei der Entscheidungsfindung nicht berücksichtigt zu werden. Die ZPO gestattet dies ausdrücklich (die ZPO enthält insoweit einen allgemeinen Grundsatz, der in § 331 für unschlüssiges Vorbringen eine gesetzliche Regelung gefunden hat). Vgl. dazu *Weth* S. 151, 160 ff.

Überraschungsentscheidung, wenn das Gericht zuungunsten der Partei entscheiden würde, ohne darauf hinzuweisen, dass es den Vortrag der angekündigten Angriffs- und Verteidigungsmittel für erforderlich hält.

Die Verpflichtung des Gerichts zum Hinweis hat also ihren Grund darin, dass die Partei ihrer Prozessförderungspflicht genügt hat.[60] Durch den Hinweis des Gerichts, der Vortrag der angekündigten Tatsachen sei erforderlich, ändert sich die Prozessförderungspflicht der Partei; sie muss weiter vortragen. Auch ohne Eingreifen des Gerichts kann sich die Prozessförderungspflicht der Partei dadurch ändern, dass die Gegenpartei neue, erhebliche Angriffs- bzw. Verteidigungsmittel vorträgt. In diesem Fall muss die Partei – ohne Hinweis des Gerichts – von sich aus tätig werden und weitere Angriffs- und Verteidigungsmittel vortragen.[61] 25

cc) Speziell die Ankündigung von **Beweismitteln** muss so erfolgen, dass sich das Gericht eine Vorstellung machen kann, welche Tatsache durch welches Beweismittel unter Beweis gestellt werden soll. Das Gericht muss in die Lage versetzt werden, den Parteien gemäß § 273 Abs. 2 Nr. 1 eine Frist zu setzen, innerhalb der die Partei die angegebenen Beweismittel in den Prozess einführen muss. Die Unterscheidung zwischen Beweisantritt und Ankündigung eines Beweises hat für die Befugnis des Gerichts, die Beweisaufnahme anzuordnen, keine Bedeutung, soweit die Beweisaufnahme von Amts wegen angeordnet werden kann. Das ist beim Urkunden- und Sachverständigenbeweis sowie beim Beweis durch Augenschein und der Parteivernehmung der Fall. Lediglich der Zeugenbeweis darf nicht von Amts wegen erfolgen. Das Gericht kann also den **angekündigten** Zeugenbeweis nicht erheben, selbst wenn die Partei Namen und Anschrift des Zeugen mitgeteilt hat. 26

dd) Die Gerichte sollten die hier vorgeschlagene Staffelung des Vorbringens zulassen. Denn eine solche Aufteilung dient in hohem Maße der Prozessökonomie. Beispiel: Bei einer Werklohnklage des Bauunternehmers ist es sicherlich entbehrlich, dass der beklagte Bauherr bezüglich einer Vielzahl von Baumängeln substantiiert vorträgt, wenn schon seine Verjährungseinrede greift. Nach hier vertretener Auffassung würde es ausreichen, wenn der Beklagte substantiiert zur Verjährung vorträgt und im Übrigen mitteilt, es seien Baumängel vorhanden, nämlich Risse in den Wänden und der Putz sei schadhaft. Er werde die Mängel, falls seine Verjährungseinrede nicht greife, im Einzelnen dartun und unter Beweis stellen. Eine Aufteilung der Angriffs- und Verteidigungsmittel in solche, die zunächst behandelt und solche, die zunächst zurückgestellt werden, ist auch der ZPO nicht fremd; sie ist etwa in § 146 vorgesehen.[62] 27

Schließlich verstößt die Aufteilung in vorgebrachte und angekündigte Angriffs- bzw. Verteidigungsmittel nicht gegen Sinn und Zweck der Zurückverweisungsvorschriften. **Das Gericht wird** nicht „tropfenweise", sondern **umfassend informiert,** weil die Partei alles, was sie zum Gegenstand des Prozesses machen will, zumindest ankündigen muss. Das Gericht kann durch einen Hinweis erreichen, dass die Partei substantiiert vortragen muss, sei es direkt in der mündlichen Verhandlung, sei es, dass der Partei aufgegeben wird, zu den angekündigten Punkten Stellung zu nehmen (§ 273 Abs. 2 Nr. 1). Eine Prozessverschleppung wird dadurch verhindert.[63] 28

d) Kausalität. Die grundsätzlich weiter bestehende allgemeine Prozessförderungspflicht kann sich verändern, wenn eine Verzögerung des Verfahrens durch Ursachen beeinflusst ist, die nicht auf das Verhalten der Partei zurückzuführen sind (vgl. § 296 Rn. 118 ff.). So begründet etwa das Abhandenkommen von Unterlagen aus den Gerichtsakten eine gesteigerte Prozessförderungs- und Fürsorgepflicht des Gerichts, die ein weiteres gerichtliches Vorgehen nach den §§ 282, 296, 530, 531 davon abhängig macht, dass zunächst das Gericht durch Hinweise gemäß § 139 Abs. 1 die entstandenen Nachteile für die Partei auszugleichen sucht.[64] 29

III. Die Mitteilungspflichten nach Abs. 2

1. Grundsatz. Nach dieser Vorschrift müssen bestimmte **Anträge** und **Angriffs- und Verteidigungsmittel** vor der mündlichen Verhandlung mitgeteilt werden. 30

2. Verstoß. Ein Verstoß gegen die Verpflichtung, Angriffs- und Verteidigungsmittel vor der mündlichen Verhandlung vorzutragen, ist durch § 296 Abs. 2 sanktioniert. Wenn Anträge nicht rechtzeitig mitgeteilt werden, bleibt das ohne nachteilige Folgen für die Partei. 31

---

[60] Vgl. dazu BGH NJW 1985, 484, 485.
[61] Vgl. *Weth* S. 171 f.
[62] *Weth* S. 163 f.
[63] *Weth* S. 173.
[64] BVerfG NJW 1998, 2044; vgl. auch SächsVerfGH NJW 1998, 3266.

32 **3. Anforderungen an den Inhalt des Parteivortrages.** Daraus, dass das Gesetz von **„mitteilen"** und nicht von **„vorbringen"** spricht, lassen sich keine geringeren Anforderungen an den Inhalt des Parteivortrags herleiten. Es kann daher bezüglich des Inhalts auf die obigen Ausführungen verwiesen werden (s. Rn. 6, 8); eine Einschränkung ergibt sich allerdings insoweit, als die Partei nur solche Angriffs- und Verteidigungsmittel vortragen muss, zu denen der Gegner voraussichtlich ohne vorherige Erkundigung keine Erklärungen abgeben kann. Dazu und zu den übrigen Voraussetzungen des Abs. 2, vgl. § 296 Rn. 139 bis 147.

IV. Das Vorbringen der Zulässigkeitsrügen (Abs. 3)

33 **1. Begriff der Zulässigkeitsrügen.** Unter den Begriff der Zulässigkeitsrügen fallen an sich sowohl die Angriffs- und Verteidigungsmittel des Beklagten als auch die Angriffs- und Verteidigungsmittel des Klägers zur Zulässigkeit der Klage.[65] § 282 Abs. 3 behandelt allerdings nur die Zulässigkeitsrügen des Beklagten.[66]

34 **2. Zeitpunkt des Vorbringens.** Ist dem Beklagten eine Frist zur Klageerwiderung gesetzt, muss er sämtliche Zulässigkeitsrügen zur Zulässigkeit der Klage innerhalb dieser Frist vortragen.[67] Nach Auffassung des BGH soll dies mit für die Einrede der Schiedsgerichtsbarkeit gelten.[68] Fristsetzungen können insoweit gemäß §§ 275 Abs. 1, 276 Abs. 1 S. 2 erfolgen. Ist eine Frist nicht gesetzt, muss der Beklagte seine Zulässigkeitsrügen gleichzeitig und vor seiner Verhandlung zur Hauptsache vorbringen.[69]

35 **3. Umfang des Vorbringens.** Während § 296 Abs. 3 nur die Zulässigkeitsrügen erfasst, auf die der Beklagte verzichten kann, macht § 282 Abs. 3 diese Einschränkung nicht.[70] Es müssen also sämtliche Zulässigkeitsrügen zum genannten Zeitpunkt vorgetragen werden, und zwar unabhängig davon, ob dies nach der Prozesslage geboten erscheint oder nicht. Abs. 3 unterscheidet sich insoweit deutlich von Abs. 1 und 2. Das verspätete Vorbringen unverzichtbarer Rügen hat aber, da nicht durch § 296 sanktioniert,[71] keinerlei Folgen für die nachlässige Partei.

§ 283 Schriftsatzfrist für Erklärungen zum Vorbringen des Gegners

[1]Kann sich eine Partei in der mündlichen Verhandlung auf ein Vorbringen des Gegners nicht erklären, weil es ihr nicht rechtzeitig vor dem Termin mitgeteilt worden ist, so kann auf ihren Antrag das Gericht eine Frist bestimmen, in der sie die Erklärung in einem Schriftsatz nachbringen kann; gleichzeitig wird ein Termin zur Verkündung einer Entscheidung anberaumt. [2]Eine fristgemäß eingereichte Erklärung muss, eine verspätet eingereichte Erklärung kann das Gericht bei der Entscheidung berücksichtigen.

Schrifttum: *Bischof,* Rechtlicher Hinweis nach § 278 Abs. 3 ZPO mit Schriftsatzfrist, MDR 1993, 615; *Fischer,* Die Berücksichtigung „nachgereichter Schriftsätze" im Zivilprozeß, NJW 1994, 1315; *Gaier,* Schriftsatznachlaß gemäß § 283 ZPO zur Erwiderung auch auf unerhebliches Vorbringen?, MDR 1997, 1093; *Mayer,* Übergabe von Schriftsätzen im Verhandlungstermin, NJW 1985, 937; *E. Schneider,* Schriftsatznachlaß zu unerheblichem Vorbringen, MDR 1998, 137; *Schur,* Die Behandlung neuer Sachanträge nach Schluss der mündlichen Verhandlung im Zivilprozess, ZZP 114, 2001, 319; *Stein,* Rechtlicher Hinweis und Schriftsatzfrist, MDR 1994, 437; *Walchshöfer,* Die Berücksichtigung nachgereichter Schriftsätze im Zivilprozeß, NJW 1972, 1028.

I. Normzweck

1 **1. Allgemein.** Die Regelung des § 283 wurde im Rahmen der Vereinfachungsnovelle 1976 in das Gesetz aufgenommen und entspricht weitgehend dem früheren § 272a aF. Sinn und Zweck der

---

[65] Vgl. § 296 Rn. 49.

[66] Die Zulässigkeitsrügen des Klägers haben keine eigene gesetzliche Regelung erfahren. Sie werden von Abs. 1 und Abs. 2 erfaßt.

[67] Zu den Einzelheiten vgl. § 296 Rn. 160ff.

[68] BGH NJW 2001, 2176.

[69] Im einzelnen vgl. § 296 Rn. 160ff.

[70] § 282 Abs. 3 liegt also ein weiter Begriff der Zulässigkeitsrügen zugrunde. So zu Recht *Stein/Jonas/Leipold* Rn. 33.

[71] Vgl. § 296 Rn. 150ff.

Vorschrift ist es, eine an sich notwendige Vertagung der mündlichen Verhandlung zu vermeiden. Die Bedeutung der Vorschrift in der Praxis ist von unterschiedlichem Gewicht.[1]

Voraussetzung für § 283 ist, dass sich eine Partei in der mündlichen Verhandlung auf ein Vorbringen des Gegners nicht erklären kann, weil es ihr nicht rechtzeitig vor dem Termin mitgeteilt wurde. Ist demzufolge ergänzender Vortrag der Partei erforderlich, müsste die Verhandlung an sich (vgl. § 156) vertagt werden. Demgegenüber stellt § 283 dem Gericht eine Möglichkeit zur Verfügung, der „überraschten" Partei auf entsprechenden Antrag Gelegenheit zur schriftlichen Gegenerklärung zu geben. Da auf diese Erklärung ohne weitere mündliche Verhandlung eine gerichtliche Endentscheidung ergehen kann, liegt darin wie in den Fällen der §§ 251 a, 331 a eine Durchbrechung des Mündlichkeitsprinzips. Außer im Falle des § 283 dürfen nach Schluss der mündlichen Verhandlung eingereichte Schriftsätze nicht mehr verwertet werden (§ 296 a).[2] § 283 dient also auch der gebotenen Gewährung rechtlichen Gehörs gemäß Art. 103 Abs. 1 GG.[3] 2

Letztlich führt die Regelung auch dazu, die Parteien zu rechtzeitigem Vorbringen zu veranlassen, weil anderenfalls dem überraschten Gegner das letzte Wort gewährt wird. 3

2. Verhältnis zu § 296. Darüber hinaus droht bei verspätetem Vorbringen eine Zurückweisung gemäß § 296. Das Verhältnis von § 283 zu § 296 ist im Einzelnen allerdings streitig. Während ein Teil der Literatur meint, § 283 habe lediglich hilfsweise Bedeutung und verdränge keineswegs § 296,[4] ist die herrschende Ansicht in Literatur[5] und Rechtsprechung[6] zu Recht der Auffassung, die Notwendigkeit, eine Schriftsatzfrist nach § 283 zu gewähren, bedeute für sich genommen noch keine Verzögerung des Rechtsstreites nach § 296.[7] 4

II. Anwendungsbereich

1. Grundsatz. Die Vorschrift ist jedenfalls anwendbar, soweit die mündliche Verhandlung durch Schriftsätze vorbereitet wird, dh. nach § 129 Abs. 1 grundsätzlich in Anwaltsprozessen. In Parteiprozessen vor den Amtsgerichten gilt die Vorschrift dagegen nur, wenn den Parteien gemäß § 129 Abs. 2 durch richterliche Anordnung aufgegeben wird, die mündliche Verhandlung durch Schriftsätze vorzubereiten.[8] Jedoch sind an diese Anordnung keine strengen Anforderungen zu stellen, sie kann auch konkludent erfolgen. 5

2. Abgrenzung zu § 275. Der Anwendungsbereich des § 283 ist abzugrenzen von der Regelung des § 275 Abs. 4, wonach das Gericht dem Kläger eine Frist zur schriftlichen Klageerwiderung setzen kann. Hält der Kläger diese Frist nicht ein, so kann sein Vorbringen nach § 296 Abs. 1 als verspätet zurückgewiesen werden; § 275 Abs. 4 ist kein Fall des § 283[9] (vgl. dazu auch § 275 Rn. 18). 6

3. Berücksichtigung ohne richterliche Gestattung. Fraglich ist, ob auch ohne richterliche Gestattung nach § 283 eingereichte Schriftsätze berücksichtigt werden dürfen. Dies ist im Hinblick auf die ausdrückliche Regelung des § 296 a zu verneinen. Davon abzugrenzen ist aber, dass das Gericht das nach Schluss der mündlichen Verhandlung Vorgebrachte insoweit zur Kenntnis nehmen muss, ob es ihm Veranlassung bietet, die mündliche Verhandlung gemäß § 156 wiederzueröffnen (zu den Einzelheiten vgl. § 296 a Rn. 6). Von diesem Problem ist die Frage zu trennen, wie zu verfahren ist, wenn das Gericht die Vorschrift des § 283 fehlerhaft angewendet hat (dazu Rn. 21 ff.). 7

---

[1] Nach einer Untersuchung von *Greger* ZZP 100 (1987), 377, 382 haben 63% der Amtsgerichte und 51% der Landgerichte in Bayern bekundet, „nie oder fast nie" eine Schriftsatzfrist nach § 283 einzuräumen. Teilweise wird in anderen Bundesländern von abweichenden Erfahrungen berichtet.

[2] Vgl. dazu OLG Düsseldorf NJW 1987, 507.

[3] BVerfG NJW 1992, 2144; NJW 1992, 679, 680; FamRZ 1995, 1561.

[4] So *Baumbauch/Lauterbach/Hartmann* Rn. 2; OLG Stuttgart NJW 1984, 2538; OLG Schleswig SchlHA 1979, 22, 23.

[5] *Zöller/Greger* § 296 Rn. 16; *Stein/Jonas/Leipold* Rn. 4 f.; *Hensen* NJW 1984, 1672; *Mayer* NJW 1985, 937.

[6] BGHZ 94, 195; BGH NJW 1985, 1556, 1558; BGH MDR 1985, 487; BAG NJW 1989, 2213; OLG Frankfurt NJW 1987, 1089, 1090; NJW-RR 1992, 1405; OLG München OLGZ 1979, 479, 480; OLG Schleswig NJW 1986, 856 f. m. Anm. *Deubner,* OLG Stuttgart NJW 1984, 2538 f.; OLG Karlsruhe NJW 1984, 618; OLG Köln MDR 1983, 235; VersR 1989, 278; OLG Hamm MDR 1992, 186; NJW-RR 1994, 958; OLG Düsseldorf NJW 1987, 507; OLG Naumburg NJW-RR 1994, 704; OLG Brandenburg NJW-RR 1998, 498; KG NJW 1983, 580.

[7] Zu den Einzelheiten s. § 296 Rn. 102.

[8] So auch *Leipold* JZ 1988, 94.

[9] Zum Problem der nachträglichen Bewertung einer Fristsetzung vgl. BVerfG NJW 1987, 2733 = JZ 1988, 90 m. Anm. *Leipold.*

8 **4. Einstweiliger Rechtsschutz.** Die Möglichkeit eines Schriftsatznachlasses nach § 283 wird im Verfahren des einstweiligen Rechtsschutzes im Rahmen einer anberaumten mündlichen Verhandlung weithin abgelehnt.[10] Dem kann nicht gefolgt werden. Die Behauptung, dass in Eilverfahren jede Partei in der mündlichen Verhandlung auf Überraschungen vorbereitet sein müsse,[11] ist nicht richtig. Auch in Eilverfahren gilt die allgemeine Prozessförderungspflicht der Parteien und der Grundsatz des rechtlichen Gehörs.[12]

III. Voraussetzungen

9 **1. Vorbringen.** Für eine Fristbestimmung des Gerichtes nach § 283 ist nach dem Wortlaut zunächst Voraussetzung, dass der „überraschten" Partei ein Vorbringen des Gegners **nicht rechtzeitig durch vorbereitenden Schriftsatz** vor dem Termin **mitgeteilt** wurde. Einigkeit besteht darüber, dass unter „Vorbringen" neue Anträge, neue Gegenerklärungen auf tatsächliche Behauptungen sowie neue tatsächliche Behauptungen fallen. Hingegen besteht Streit, ob auch **Rechtsausführungen**[13] unter Vorbringen im Sinne dieser Vorschrift zu subsumieren sind. Da § 283 im Gegensatz zur Regelung des § 272a aF nicht mehr von Behauptungen, sondern allgemein von Vorbringen spricht, ist dies zu bejahen. Dagegen ist im Wege einer Auslegung nach dem Zweck der Vorschrift bei nicht erheblichem Vorbringen ein Schriftsatznachlass gemäß § 283 nicht zu gewähren.[14]

10 **2. Kein rechtzeitiges Vorbringen.** Weitere Voraussetzung ist, dass dieses Vorbringen nicht rechtzeitig vorgebracht wurde. Dies ist dann anzunehmen, wenn der vorbereitende Schriftsatz entgegen der Frist des § 132 nicht so rechtzeitig vorgebracht wird, dass er der Gegenpartei nicht mindestens eine Woche vorher zugestellt werden kann. Nicht maßgebend sind hingegen die Fristen des § 273 Abs. 2 Nr. 1 sowie der §§ 275 bis 277.[15] Streitig ist, ob als nicht rechtzeitig im Sinne dieser Vorschrift auch ein Verstoß gegen § 282 Abs. 2, dh. die allgemeine Pflicht zur rechtzeitigen Mitteilung, zu verstehen ist. Unter Berücksichtigung der Tatsache, dass eine Nichtanwendung des § 283 in diesem Fall zu der noch einschneidenderen Folge des § 296 Abs. 2 führen würde, liegt es nahe, § 283 auch auf den Fall des § 282 Abs. 2 anzuwenden[16] (vgl. zu diesem Problem näher § 296 Rn. 139ff., 143f.). **Typischer Anwendungsfall** des § 283 ist es, wenn der Gegner einen Schriftsatz in der mündlichen Verhandlung an Gericht und Gegenseite übergibt (vgl. aber unten Rn. 15 bei so umfangreichem Schriftsatz, dass sich das Gericht keine Kenntnis vom Inhalt innerhalb der mündlichen Verhandlung verschaffen kann).

11 **3. Keine Erklärungsmöglichkeit der Partei.** Voraussetzung für die Fristsetzung nach § 283 ist ferner, dass sich die Partei auf dieses nicht rechtzeitige Vorbringen der Gegenpartei nicht erklären kann. Mit diesem Erfordernis ist klargestellt, dass die „überraschte" Partei keinen unbedingten Anspruch auf die Gewährung einer Frist für die Einreichung einer Gegenerklärung hat. Vielmehr muss das Gericht nach pflichtgemäßem Ermessen entscheiden, ob eine Erklärung zB nicht doch noch im Termin möglich ist. Dabei überprüft das Gericht insbesondere, ob die Unmöglichkeit zur Erklärung über das gegnerische Vorbringen tatsächlich auf der Verspätung des Gegners beruht. Ist dies nicht der Fall, beruht dies etwa auf eigenem Unvermögen der Partei, so scheidet eine Anwendung des § 283 aus.[17] Ist die Gegenpartei mit einer Fristsetzung einverstanden, ergeben sich für eine Fristgewährung keine Bedenken.

12 **4. Antrag.** Schließlich ist für die Fristsetzung Voraussetzung ein Antrag der „überraschten" Partei. Eine Anordnung der Frist von Amts wegen scheidet demgegenüber aus. Davon zu unterscheiden sind die Fälle, in denen der Vorsitzende von Amts wegen weitere Fristen setzt, wie zB zur Aufklärung weiterer Umstände gemäß § 273 Abs. 2 Nr. 1 (vgl. § 273 Rn. 21). Das Gericht kann im Rahmen seiner richterlichen Hinweispflicht nach § 139 auch den Antrag nach § 283 an-

---

[10] Vgl. OLG München WRP 1979, 166; 1971, 533; OLG Koblenz WRP 1981, 115, 116.

[11] So *Teplitzky* JuS 1981, 352, 353.

[12] Wie hier *Musielak/Foerste* Rn. 2.

[13] Dies bejaht die überwiegende Lehre: *Thomas/Putzo/Reichold* Rn. 2; *Stein/Jonas/Leipold* Rn. 11; *Baumbach/Lauterbach/Hartmann* Rn. 4; wohl abweichend *Zöller/Greger* Rn. 2a mit § 282 Rn. 2b; zur früheren Fassung BGH NJW 1951, 273; OLG Neustadt JR 1960, 263.

[14] *Gaier* MDR 1997, 1093; *Musielak/Foerste* Rn. 3 mit Fn. 4; *Baumbach/Lauterbach/Hartmann* Rn. 11; *Zöller/Greger* Rn. 2a; aA *Schneider* MDR 1998, 137.

[15] So *Stein/Jonas/Leipold* Rn. 14; aA *Baumbach/Lauterbach/Hartmann* Rn. 5.

[16] So auch *Stein/Jonas/Leipold* Rn. 12; *Baumbach/Lauterbach/Hartmann* § 282 Rn. 5; aA *Thomas/Putzo/Reichold* Rn. 2.

[17] So auch *Stein/Jonas/Leipold* Rn. 15; *Thomas/Putzo/Reichold* Rn. 2; wohl auch *Baumbach/Lauterbach/Hartmann* Rn. 6, 7, der strenge Maßstäbe bei der Überprüfung fordert.

regen.[18] Eine darüber hinausgehende Pflicht des Gerichtes zur Belehrung besteht hingegen nicht,[19] denn die „überraschte“ Partei hat die Frist selbst zu beantragen. In einem Vertagungsantrag der Partei ist als „minus“ aber auch der Antrag auf Schriftsatznachlass enthalten.[20]

5. Analogie. Vom Wortlaut des § 283 jedenfalls nicht erfasst ist der Fall, einer Partei die Möglichkeit zur schriftlichen Stellungnahme einzuräumen, wenn das Gericht in der mündlichen Verhandlung einen Hinweis gemäß § 139 Abs. 2 gegeben hat. Dennoch bejaht die Praxis ein solches Vorgehen in Analogie zu § 283.[21] Dabei wird allerdings der Grundsatz der Mündlichkeit in unzulässiger Weise umgangen. Es ist Sache des Gerichts, Hinweise nach § 139 Abs. 2 rechtzeitig zu geben und so Verzögerungen zu vermeiden.[22] 13

IV. Verfahren und Entscheidung

1. Entscheidung über den Antrag; Ermessen. Liegen die oben genannten Voraussetzungen vor, so hat das Gericht über den von der „überraschten Partei“ gestellten Antrag zu entscheiden. Das Gericht hat in diesem Fall nach pflichtgemäßen Ermessen zu überprüfen, ob es dem Antrag stattgibt oder die mündliche Verhandlung nach § 227 Abs. 1 vertagt. Im Hinblick auf das zu gewährende rechtliche Gehör nach Art. 103 Abs. 1 GG muss auf jeden Fall einer der beiden Wege beschritten werden; das Gericht darf nicht – ohne das Vorbringen zu berücksichtigen und dem Gegner keine Chance zur Gegenerklärung zu gewähren – direkt entscheiden (s. Rn. 2 mit Fn. 3). Insbesondere darf es das Vorbringen nicht unmittelbar als verspätet zurückweisen (s. Rn. 4 und § 296 Rn. 102). Der Weg über § 283 bietet sich vor allem in den Fällen an, in denen abzusehen ist, dass der Rechtsstreit durch die Gegenerklärung zu einer Entscheidung, sei es Beweisbeschluss oder Endurteil, reif wird. 14

2. Kenntnis des Gerichts vom Inhalt des Schriftsatzes; Gegenstand der mündlichen Verhandlung. Eine Entscheidung über den Antrag setzt zwangsläufig voraus, dass sich das Gericht Kenntnis von dem Inhalt des Schriftsatzes verschafft und diesen zum Gegenstand der mündlichen Verhandlung macht. Ist dies jedoch nicht möglich, wie bei im Termin überreichten sehr umfangreichen Schriftsätzen, scheidet eine Anwendung des § 283 aus, denn dies würde auf ein unzulässiges schriftliches Verfahren hinauslaufen. In diesem Fall ist die mündliche Verhandlung nach § 227 zu vertagen, damit sich das Gericht wie die „überraschte“ Partei ein Bild von dem Vorbringen machen und entscheiden kann, ob die Voraussetzungen etwa für ein Verfahren nach § 283 erfüllt sind.[23] Möglich bleibt in diesem Fall aber auch eine Zurückweisung nach § 296. 15

3. Rechtsfolgen bei Nichtvorliegen des § 283. Liegen die Voraussetzungen für eine Anwendung des § 283 nicht vor – etwa wenn die „überraschte“ Partei keinen Antrag stellt oder sich zu dem im Termin überreichten Schriftsatz überhaupt nicht äußert, so kann das Gericht keine Schriftsatzfrist bestimmen. In diesem Fall ist vielmehr nach § 138 Abs. 3 das tatsächliche Vorbringen des Gegners als zugestanden anzusehen.[24] Das Gericht muss also ohne Vorbehalt einen Verkündungstermin ansetzen. Dadurch ist sichergestellt, dass die „überraschte“ Partei auf diese Weise nicht eine Zurückweisung des gegnerischen Vorbringens wegen verspäteten Vorbringens erzwingen kann.[25] 16

4. Fristsetzung. Gibt das Gericht dem Antrag nach § 283 statt, so setzt es der „überraschten Partei“ eine Frist zur Einreichung eines Schriftsatzes, dh. einer Gegenerklärung. Dies erfolgt in Form eines Beschlusses, durch den gleichzeitig ein Verkündungstermin anberaumt wird. Geht das Gericht von der sich anschließenden Verkündung eines Urteils aus, so gilt als Zeitpunkt derjenige des Verkündigungstermins gemäß § 310 Abs. 1 S. 2. 17

---

[18] BGHZ 94, 214 = NJW 1985, 1539; *Zöller/Greger* Rn. 3; *Musielak/Foerste* Rn. 6; differenzierend *Baumbach/Lauterbach/Hartmann* Rn. 10.

[19] Vgl. BVerfGE NJW 1987, 2733 = JZ 1988, 90 mit insoweit zust. Anm. *Leipold.*

[20] OLG Köln NJW-RR 1998, 1076.

[21] *Bischof* MDR 1993, 615; *ders.* NJW 1977, 1897, 1902; *Zöller/Greger* § 278 Rn. 8a; *Baumbach/Lauterbach/Hartmann* § 278 Rn. 20.

[22] Im einzelnen s. Vorauflage § 278 Rn. 46; wie hier *Stein/Jonas/Leipold* § 278 Rn. 60; *Stein* MDR 1994, 437; dagegen bezeichnet *Bischof* (MDR 1993, 616) die hier vertretene Auffassung als „überwundene Mindermeinung“.

[23] So zu Recht auch *Mayer* NJW 1985, 937, 940; aA *Baumbach/Lauterbach/Hartmann* Rn. 7, der meint, das Gericht müßte auch bei einem längeren Schriftsatz den Inhalt Punkt für Punkt auf iSv. § 283 relevantes Vorbringen untersuchen; abweichend auch *Musielak/Foerste* Rn. 11.

[24] So auch OLG Schleswig NJW 1986, 856f.; BGH NJW 1985, 1539, 1543; *Stein/Jonas/Leipold* Rn. 6.

[25] AllgM: vgl. *Stein/Jonas/Leipold* Rn. 6; *Zöller/Greger* § 296 Rn. 16; *Hensen* NJW 1986, 1672, vgl. auch § 296 Rn. 141.

18 Eine Verlängerung der der „überraschten“ Partei gesetzten Frist kommt nach den allgemeinen Vorschriften (§§ 224, 227) in Betracht.

19 Fraglich ist, inwieweit dieser Beschluss einer Anfechtung unterliegt. Einigkeit[26] besteht darüber, dass eine Beschwerde nach § 567 nicht in Frage kommt, da dieser Beschluss stets auf Grund einer mündlichen Verhandlung ergeht. Jedoch kann beim Fehlen der Voraussetzungen des § 283 dieser Mangel mit dem allgemeinen Rechtsmittel gegen das Endurteil geltend gemacht werden (dazu näher Rn. 20ff.).

V. Weiteres Verfahren

20 **1. Gegenerklärung.** Nach dem Wortlaut des § 283 muss das Gericht eine Gegenerklärung, die innerhalb der gesetzten Frist eingereicht wird, berücksichtigen. Wird der Schriftsatz hingegen verspätet eingereicht, so kann er nach pflichtgemäßen Ermessen berücksichtigt werden; eine Pflicht besteht hingegen nicht. Für eine Berücksichtigung kann im Rahmen des Ermessens sprechen, dass der Schriftsatz die Frist nur geringfügig überschritten hat oder das Gericht mit der Vorbereitung der Entscheidung noch nicht begonnen hat.[27]

21 **2. Umfang der Berücksichtigung.** Problematisch ist der Umfang der Berücksichtigung eines nachgereichten Schriftsatzes. Einigkeit besteht darüber, dass das in dem Schriftsatz der „überraschten“ Partei enthaltene neue Vorbringen nur insoweit berücksichtigt werden darf, als es durch den verspäteten Schriftsatz veranlasst wurde.[28] Infolgedessen kann das Gericht die einzureichende Gegenerklärung in dem Beschluss auf gewisse Punkte beschränken.[29] Völlig neue Verteidigungsmittel[30] oder gar eine Klageänderung[31] oder sonst ein neuer Sachantrag[32] im nachgelassenen Schriftsatz können nicht mehr berücksichtigt werden. Ist ihre Berücksichtigung erforderlich, so muss die mündliche Verhandlung wieder eröffnet werden.[33]

22 **3. Entscheidung des Gerichts.** In der Entscheidung nach entsprechender Berücksichtigung des Vorbringens ist das Gericht frei. Es kann jede nach Schluss der mündlichen Verhandlung mögliche Entscheidung treffen (Beweisbeschluss, Endurteil u. ä.). Ferner kann unter dem Gesichtspunkt der Gewährung rechtlichen Gehörs gemäß Art. 103 Abs. 1 GG die Anordnung der Wiedereröffnung der mündlichen Verhandlung nach § 156 in Betracht kommen. Dies ist insbesondere dann nötig, wenn der Inhalt des nachgereichten Schriftsatzes über den Rahmen einer einfachen Gegenerklärung hinausgeht und seinerseits neues, durch den verspätet eingereichten Schriftsatz des Gegners veranlasstes Vorbringen wie neue Tatsachen, neue Anträge u. ä. enthält (vgl. dazu auch § 156 Rn. 3ff.).

23 **4. Benachrichtigung des Prozessgegners.** Der eingereichte Schriftsatz ist auf jeden Fall dem Gegner gemäß § 270 von Amts wegen zuzustellen, bzw. mitzuteilen.[34] Nicht erforderlich ist, dass der Schriftsatz dem Gegner vor dem Verkündungstermin zugeht, denn der Gegner hat seinerseits im Hinblick auf § 296 a kein Recht auf eine Replik.[35] Von daher darf der Inhalt einer auf die Gegenerklärung eingehenden Replik bei der Entscheidung nicht berücksichtigt werden.

24 **5. Entscheidung auf Grund mündlicher Verhandlung.** Die Entscheidung des Gerichts ergeht auf Grund der mündlichen Verhandlung, in der der „überraschten“ Partei die Frist zur Einreichung der Gegenerklärung gesetzt wurde. Das Verfahren ähnelt damit dem des § 251 a.

25 Als Zeitpunkt des Schlusses der mündlichen Verhandlung (vgl. §§ 323, 767 Abs. 2) gilt für die „überraschte“ Partei, nicht hingegen für den Gegner, der Ablauf der nach § 283 gesetzten Frist.

---

[26] Vgl. *Stein/Jonas/Leipold* Rn. 22; *Zöller/Greger* Rn. 4 b; *Baumbach/Lauterbach/Hartmann* Rn. 11.

[27] Vgl. Begr. zur Vereinfachungsnovelle 1976, BT-Drucks. 7/2729 S. 74 f.; *Stein/Jonas/Leipold* Rn. 23; *Fischer* NJW 1994, 1319.

[28] BGH NJW 1993, 134; ZIP 1992, 684, 686; FamRZ 1979, 573; NJW 1965, 297; 1966, 1657 unter Aufgabe von BGH NJW 1952, 222; vgl. auch OLG München MDR 1981, 502; OLG Hamburg MDR 1995, 526; OLG Düsseldorf MDR 1985, 417 f.; *Stein/Jonas/Leipold* Rn. 26; *Zöller/Greger* Rn. 5; *Thomas/Putzo/Reichold* Rn. 4; *Fischer* NJW 1994, 1319.

[29] So auch *Stein/Jonas/Leipold* Rn. 26 m. weit. Nachw.

[30] OLG München NZG 2000, 202.

[31] OLG Koblenz NJW-RR 2001, 65.

[32] BGH NJW 2000, 2512 (Widerklage).

[33] So auch *Schur* ZZP 114, 319 ff.

[34] *Fischer* NJW 1994, 1320.

[35] Vgl. Begr. zur Vereinfachungsnovelle 1976 BT-Drucks. 7/2729 S. 75 sowie die hM: *Stein/Jonas/Leipold* Rn. 24; *Baumbach/Lauterbach/Hartmann* Rn. 18; *Zöller/Greger* Rn. 6.

6. Grundsatz des rechtlichen Gehörs. Übergeht ein Gericht fehlerhaft den Sachvortrag einer Partei, der nach § 283 eine Frist zur Nachreichung eines Schriftsatzes gewährt worden war, oder wendet es trotz Vorliegens der Voraussetzungen des § 283 die Vorschrift nicht an, dh. liegt ein Verstoß gegen § 283 und damit gleichzeitig gegen Art. 103 Abs. 1 GG vor, so hat die Rspr. früher der belasteten Partei gegen das sie benachteiligende Urteil auch bei fehlender Streitwerthöhe analog § 513 Abs. 2 aF die Berufung zugebilligt.[36] Nunmehr hat der Gesetzgeber diese Situation durch die Anhörungsrüge gemäß § 321 a geregelt. Eine Berufung kommt daher nicht mehr in Betracht. 26

Liegt nach Fristablauf keine Erklärung vor, so gelten die gegnerischen Behauptungen als nicht bestritten und damit gemäß § 138 Abs. 3 als zugestanden. Ein verspäteter und vom Gericht nicht berücksichtigter Schriftsatz bleibt aber bei den Gerichtsakten.[37] 27

§ 284 Beweisaufnahme

[1]Die Beweisaufnahme und die Anordnung eines besonderen Beweisaufnahmeverfahrens durch Beweisbeschluss wird durch die Vorschriften des fünften bis elften Titels bestimmt. [2]Mit Einverständnis der Parteien kann das Gericht die Beweise in der ihm geeignet erscheinenden Art aufnehmen. [3]Das Einverständnis kann auf einzelne Beweiserhebungen beschränkt werden. [4]Es kann nur bei einer wesentlichen Änderung der Prozesslage vor Beginn der Beweiserhebung, auf die es sich bezieht, widerrufen werden.

Schrifttum: Grundlagen des Beweisrechts: *Arens,* Zur Aufklärungspflicht der nicht beweisbelasteten Partei im Zivilprozess, ZZP 96 (1983), 1; *Balzer,* Beweisaufnahme und Beweiswürdigung im Zivilprozeß, 2. Aufl. 2005; *Bender-Nack,* Tatsachenfeststellung vor Gericht, 2 Bände, 2. Aufl. 1995; *Brehm,* Die Bindung des Richters an den Parteivortrag und Grenzen freier Verhandlungswürdigung, 1982; *Bosch,* Grundsatzfragen des Beweisrechts, 1963; *Döhring,* Die Erforschung des Sachverhalts im Prozeß, 1964; *Greger,* Beweis und Wahrscheinlichkeit 1978; *Habscheid,* Das Recht auf Beweis, ZZP 96 (1983), 306; *Musielak,* Zur Sachverhaltsaufklärung im Zivilprozeß, Festgabe für Vollkommer, 2006, S. 237; *Musielak/Stadler,* Grundfragen des Beweisrechts, 1984; *Nagel,* Die Grundzüge des Beweisrechts im europäischen Zivilprozeß, 1967; *Prütting,* Gegenwartsprobleme der Beweislast, 1983; *ders.,* Beweisrecht und Beweislast, Lexikon des Rechts, Zivilverfahrensrecht, 1989, S. 40; *ders.,* Grundprobleme des Beweisrechts, JA 1985, 313; *Rödig,* Die Theorie des gerichtlichen Erkenntnisverfahrens, 1973, S. 112 ff.; *Rommé,* Der Anscheinsbeweis im Gefüge von Beweiswürdigung, Beweismaß und Beweislast, 1989; *E. Schneider,* Beweis und Beweiswürdigung, 5. Aufl. 1994; *Schreiber,* Theorie des Beweiswertes für Beweismittel im Zivilprozess, 1968; *Schulz,* Sachverhaltsfeststellung und Beweistheorie, 1992; *Stahlmann,* Sozialwissenschaftliche Überlegungen zur zivilprozessualen Beweislehre, JA 1978, 157, 216, 268; *Stein,* Das private Wissen des Richters, 1893; *Stürner,* Die Aufklärungspflicht der Parteien des Zivilprozesses, 1976; *ders.,* Parteipflichten bei der Sachverhaltsaufklärung im Zivilprozeß, ZZP 98 (1985), S. 237; *Walter,* Freie Beweiswürdigung, 1979. Vgl. ferner das Schrifttum vor § 355.

Arten des Beweises: *Bruns,* Zur Systematik der gesetzlichen Beweisarten im Zivilprozeß, JZ 1957, 489; *Hansen,* Der Indizienbeweis, JuS 1992, 327 und 417; *Koch/Steinmetz,* Möglichkeiten und Grenzen des Freibeweises im Zivilprozeß, MDR 1980, 901; *Meyke,* Die Funktion der Zeugenaussage im Zivilprozeß, NJW 1989, 2032; *Nack,* Der Indizienbeweis, MDR 1986, 366; *Peters,* Der sog. Freibeweis im Zivilprozeß, 1962.

Beweisverbote und Ausforschungsbeweis: *Baumgärtel,* Die Verwertbarkeit rechtswidrig erlangter Beweismittel im Zivilprozeß, FS Klug, 1983, S. 477; *ders.,* Treu und Glauben, gute Sitten und Schikaneverbot im Erkenntnisverfahren, ZZP 69 (1956), 103; *Brinkmann,* Die Verwertbarkeit rechtswidrig erlangter Beweismittel im Zivilprozeß aus der Perspektive des Schadensrechts, AcP 206, 2006, S. 746; *Chudoba,* Der ausforschende Beweisantrag, 1993; *Dauster/Braun,* Verwendung fremder Daten im Zivilprozeß und zivilprozessuale Beweisverbote, NJW 2000, 313; *Dilcher,* Die prozessuale Verwendungsbefugnis, Ein Beitrag zur Lehre vom „rechtswidrigen" Beweismittel, AcP 158, 469; *Foerste,* Lauschzeugen im Zivilprozeß, NJW 2004, 262; *Gamp,* Die Ablehnung von rechtswidrig erlangten Beweismitteln im Zivilprozeß, DRiZ 1981, 41; *ders.,* Die Bedeutung des Ausforschungsbeweises im Zivilprozeß, DRiZ 1982, 165; *Gemmeke,* Beweisverwertungsverbote im arbeitsgerichtlichen Verfahren, 2003; *Habscheid,* Das Persönlichkeitsrecht als Schranke der Wahrheitsfindung im Prozeßrecht, Gedächtnisschrift für *Peters,* 1967, 840; *ders.,* Das Recht auf Beweis, ZZP 96 (1983), 306; *Heinemann,* Rechtswidrig erlangter Tatsachenvortrag im Zivilprozeß, MDR 2001, 137; *Helle,* Die heimliche Videoüberwachung – Zivilrechtlich betrachtet, JZ 2004, 340; *Kaissis,* Die Verwertbarkeit materiell rechtswidrig erlangter Beweismittel im Zivilprozeß, 1978; *Kiethe,* Verwertung rechtswidrig erlangter Beweismittel im Zivilprozeß, MDR 2005, 965; *Kodek,* Rechtswidrig erlangte Beweismittel im Zivilprozeß, 1989; *Konzen,* Rechtverhältnisse zwischen Prozeßparteien, 1976, S. 179 ff., 242 ff.; *Kopke,* Heimliches Mithörenlassen eines Telefongesprächs, NZA 1999, 917; *Lenz/Meurer,* Der heimliche Zeuge im Zivilprozeß, MDR 2000, 73; *Lüderitz,* Ausforschungsverbot und Auskunftsanspruch bei Verfolgung privater Rechte, 1966; *Peters,* Die Verwertbarkeit rechtswidrig

---

[36] Vgl. LG Münster NJW-RR 1989, 381; LG Hannover NJW-RR 1989, 382 sowie LG Dortmund NJW 1986, 2959; aA in einer anderen Fallkonstellation aber BGH NJW 1990, 838.

[37] *Walchshöfer* NJW 1972, 1028, 1034.

erlangter Beweise und Beweismittel im Zivilprozeß, ZZP 76 (1963), 145; *Reichenbach,* Zivilprozessuale Verwertbarkeit rechtswidrig erlangter Informationen am Beispiel heimlicher Vaterschaftstests, AcP 206, 2006, S. 598; *ders.,* § 1004 als Grundlage von Beweisverboten, 2004; *H. Roth,* Die Verwertung rechtswidrig erlangter Beweismittel im Zivilprozeß, in: *Erichsen/Kollhosser/Welp,* Recht der Persönlichkeit, 1996, S. 279ff.; *Schwab,* Zulässigkeit von Beweismitteln bei Verletzung des Persönlichkeitsrechts, FS Hubmann, 1985, S. 421; *Stürner,* Die Aufklärungspflicht der Parteien des Zivilprozesses, 1976, S. 106ff.; *Werner,* Verwertung rechtswidrig erlangter Beweismittel, NJW 1988, 993; *Zeiss,* Die Verwertung rechtswidrig erlangter Beweismittel, ZZP 89 (1976), 377.

Umfang der Beweisaufnahme und Ablehnung von Beweisanträgen: *Bergmann/Streitz,* Beweiserhebung in EDV-Sachen, NJW 1992, 1726; *Brehm,* Die Bindung des Richters an den Parteivortrag und Grenzen freier Verhandlungswürdigung, 1982; *Ciyiltepe/Pilarsky,* Der Grundsatz der Verhältnismäßigkeit und seine Auswirkungen auf Beweisanordnungen, 1995; *Habscheid,* Das Recht auf Beweis, ZZP 96 (1983), 306; *Kofmel,* Das Recht auf Beweis im Zivilverfahren, 1992; *Kopp,* Die Ablehnung von Beweisanträgen und Beweisermittlungsanträgen als Verletzung des Rechts auf Gehör gemäß Art. 103 Abs. 1 GG, NJW 1988, 1708; *Krönig,* Die Kunst der Beweiserhebung im Zivilprozeß, 3. Aufl. 1959; *Meyke,* Darlegen und Beweisen im Zivilprozeß, 2. Aufl. 2001; *Schlosser,* Beweisantrag und Sachverständigengutachten im Statusprozeß, FamRZ 1976, 6; *E. Schneider,* Die zivilprozessuale Beweisantizipation in der neueren Rechtsprechung, MDR 1969, 268; *Söllner,* Zur Bedeutung der Erfahrungssätze bei der Ablehnung von Beweisanträgen, MDR 1988, 363; *Sturmberg,* Der Beweis im Zivilprozeß, 1999; *Teplitzky,* Der Beweisantrag im Zivilprozeß und seine Behandlung durch die Gerichte, JuS 1968, 71; *ders.,* Der Beweisantrag im Zivilprozeß, DRiZ 1970, 280; *Zoller,* Die Mikro-, Foto- und Telekopie im Zivilprozeß, NJW 1993, 429.

Unmittelbarkeit der Beweisaufnahme: *Bachmann,* Allgemeines Prozeßrecht – Eine kritische Untersuchung am Beispiel von Videovernehmung und Unmittelbarkeitsgrundsatz, ZZP 118, 2005, 133; *Bosch,* Grundsatzfragen des Beweisrechts, 1963, S. 105ff.; *Koukouselis,* Die Unmittelbarkeit der Beweisaufnahme im Zivilprozeß, insbesondere bei der Zeugenvernehmung, 1990; *Musielak/Stadler,* Grundfragen des Beweisrechts, 1984, S. 20ff.; *Nagel,* Die Grundzüge des Beweisrechts im europäischen Zivilprozeß, 1967, S. 53ff.; *Pantle,* Die Beweisunmittelbarkeit im Zivilprozeß, 1991; *Völzmann/Stickelbrock,* Unmittelbarkeit der Beweisaufnahme und Parteiöffentlichkeit – Nicht mehr zeitgemäße oder unverzichtbare Elemente des Zivilprozesses, ZZP 118, 2005, 359; *Weth,* Der Grundsatz der Unmittelbarkeit der Beweisaufnahme, JuS 1991, 34.

Internationales Beweisrecht: *Buciek,* Beweislast und Anscheinsbeweis im internationalen Recht, Diss. Bonn 1984; *Coester-Waltjen,* Internationales Beweisrecht, 1983; *Eschenfelder,* Beweiserhebung im Ausland und ihre Verwertung im inländischen Zivilprozeß, 2002; *Geimer,* Internationales Zivilprozeßrecht, 5. Aufl. 2005, S. 710ff.; *E. Geimer,* Internationale Beweisaufnahme, 1998; *Linke,* Internationales Zivilprozeßrecht, 4. Aufl. 2006, S. 134ff.; *Loritz,* Transnationales Streitverfahren und Beweisrecht, in: *Gilles,* Transnationales Prozeßrecht, 1995, S. 141; *Müller,* Grenzüberschreitende Beweisaufnahme im Europäischen Justizraum, 2004; *Nagel,* Die Grundzüge des Beweisrechts im europäischen Zivilprozeß, 1967; *Nagel/Gottwald,* Internationales Zivilprozeßrecht, 6. Aufl. 2007, S. 447ff.; *Schack,* Internationales Zivilverfahrensrecht, 4. Aufl. 2006, S. 232ff.; ferner s. das Schrifttum zu § 363.

Schrifttum zu Beweiswürdigung, Beweismaß, Beweislast, Anscheinsbeweis: s. § 286.

Übersicht

I. Übersicht und Normzweck

Das Beweisrecht hat in der ZPO eine ausführliche Regelung erfahren. Allerdings ist der **Überblick** dadurch erschwert, dass die Fragen des Beweisrechts an unterschiedlichen Stellen im Gesetz geregelt sind. Im Wesentlichen müssen **fünf Regelungsbereiche** getrennt und in die Betrachtung einbezogen werden. Dies sind 1

(1) die allgemeinen Grundlagen des Beweises (Beweiswürdigung, Beweismaß, Beweisbedürftigkeit): §§ 284 bis 294; 2

(2) allgemeine Regeln über die konkrete Beweiserhebung (Unmittelbarkeit und Parteiöffentlichkeit der Beweisaufnahme, Beweisbeschluss, Verfahren): §§ 355 bis 370;

(3) die einzelnen Beweismittel: §§ 371 bis 455;

(4) der Eid und eidesgleiche Bekräftigung: §§ 478 bis 484;

(5) das selbstständige Beweisverfahren: §§ 485 bis 494;

(6) die vorstehende Aufzählung erschöpft freilich die Normen des Beweisrechts nicht. So sind für die Fragen der Beweiserhebung von Amts wegen auch die §§ 142 bis 144 zu beachten; für die Beweiskraft und die Art der Beweisführung vgl. zB §§ 165, 167 Abs. 2; auch die Normen über die Glaubhaftmachung wären hier zu nennen (s. § 294 Rn. 6 ff.).

Das Beweisrecht der ZPO ist weit über den Zivilprozess hinaus von Bedeutung. Es gilt weitgehend auch im arbeitsgerichtlichen Verfahren,[1] im gesamten Verwaltungsprozessrecht (vgl. § 98 VwGO, § 118 SGG, § 82 FGO) sowie in der freiwilligen Gerichtsbarkeit (vgl. § 15 FGG). Man kann daher die Regelung des Beweisrechts in der ZPO als einen Bereich bezeichnen, der Teil einer Art „allgemeiner Verfahrenslehre" ist. 3

Der **erste Abschnitt** des Beweisrechts, also die §§ 284 bis 294, enthält einige grundlegende Prinzipien, so insbesondere den zentralen Grundsatz der freien Beweiswürdigung (§ 286). Allerdings ist dieser erste Abschnitt in einer gesetzestechnisch wenig glücklichen Weise in andere Normbereiche des erstinstanzlichen Verfahrens ohne äußerliche Abschnittstrennung eingefügt. Auch innerhalb dieses Abschnitts ist die Abfolge nicht immer glücklich gewählt. So gehört die Glaubhaftmachung des § 294 eng zu den Regelungen der §§ 286, 287, während etwa § 293 (Ermittlung ausländischen Rechts) im Beweisrecht eher ein Fremdkörper ist und zum internationalen Zivilprozessrecht gehört. 4

[1] Vgl. *Germelmann/Matthes/Prütting* § 58 ArbGG Rn. 1 ff.

5 § 284 S. 1 als die **erste Norm** dieses Abschnitts stellt eine bloße Verweisung auf die Regelungen der §§ 355 bis 484 dar. § 284 S. 1 ist also für sich genommen weitgehend **inhaltsleer.** Dennoch ist es seit langem üblich und auch sinnvoll, im Rahmen dieser ersten Norm des Abschnitts über das allgemeine Beweisrecht die **Grundlagen des Beweises darzustellen.** Das 1. JuMoG v. 24. 8. 2004 (BGBl. I 2198) hat dem § 284 die Sätze 2 bis 4 hinzugefügt. Danach wird dem Gericht die Möglichkeit eröffnet, im Einverständnis mit beiden Parteien von den Regeln des Strengbeweises abzusehen (s. u. Rn. 26 ff.). Anlass für diese Neuregelung waren Überlegungen, die Verfahrensabläufe weiter zu vereinfachen und den Prozess zu beschleunigen.[2]

6 Unter dem Aspekt des Überblicks über die grundlegenden Regelungen ist neben den folgenden Erläuterungen vor allem die Kommentierung von § 286 heranzuziehen. Dort sind entsprechend dem Wortlaut dieser Norm die freie Beweiswürdigung und die Beweisregeln angesprochen, darüber hinaus aber auch das Beweismaß (§ 286 Rn. 28), der Anscheinsbeweis (§ 286 Rn. 48), die Beweisvereitelung (§ 286 Rn. 80) und die Beweislast (§ 286 Rn. 93).

II. Wesen, Begriff und Ziel des Beweises

7 **1. Wesen und Begriff des Beweises.** Die richterliche Rechtsanwendung, also die Subsumtion des konkreten Sachverhalts unter die jeweiligen Rechtsnormen ist dem Richter nur möglich, wenn (unter anderem) die Tatsachen zu seiner Überzeugung feststehen. Die logische Operation des Syllogismus, die der Subsumtion zugrunde liegt, setzt jeweils einen feststehenden Ober- und Untersatz voraus.[3] Hat sich das relevante historische Geschehen durch den Richter nicht feststellen lassen, muss die Entscheidung nach den Regeln über die Beweislast gesucht werden (s. § 286 Rn. 93). Das Verfahren, durch das für den Richter die Überzeugung von der Wahrheit konkreter streitiger Tatsachenbehauptungen begründet wird, nennt man Beweis oder Beweisführung.

8 **2. Ziel des Beweises.** Ziel des Beweises ist die **Überzeugung des Richters** von der Wahrheit einer tatsächlichen Behauptung. Im Mittelpunkt des Beweises steht mit der Überzeugung einer Person also unvermeidbar ein **subjektives Kriterium.** Ziel ist dagegen **nicht** die objektive (absolute) Wahrheit, weil ein solches Ziel niemals erreichbar wäre. Darüber hinaus muss der Begriff der Wahrheit im Sinne rechtswissenschaftlicher Beweisführung weiter relativiert werden. Aus vielfältigen Gründen kann im Prozess nicht die Wahrheit im naturwissenschaftlichen Sinn als Gegenstand richterlicher Überzeugung gemeint sein. Vielmehr bedeutet Wahrheit im Verfahren immer eine „prozessordnungsgemäß gewonnene Wahrheit". Damit ist ausgesagt, dass die Wahrheitssuche im Prozess rechtlichen Beschränkungen unterliegt, die eine Suche nach naturwissenschaftlicher Wahrheit nicht anerkennen könnte. So ist es dem Richter zB verwehrt, bestimmte rechtswidrig erlangte Beweismittel zu verwerten (s. Rn. 64). Ferner darf und muss er verspätetes Vorbringen und verspätete Beweisführungen zurückweisen (vgl. insbes. § 296). Unter gewissen Umständen werden nur präsente Beweismittel zugelassen (vgl. § 294 Abs. 2). Schließlich kann einer Beweisführung die Möglichkeit der Zeugnisverweigerung u. ä. entgegenstehen (vgl. §§ 383 ff.). Alle diese und andere Gesichtspunkte zeigen, dass der Richter zwar immer danach streben wird, der objektiven Wahrheit möglichst nahe zu kommen, dass er dieses Ziel aber aus vielerlei Gründen, die nicht selten gerade auch von einem ordnungsgemäßen Verfahrensrecht gefordert werden, nicht erreichen kann.

9 **3. Die Stationen der Sachverhaltsermittlung.** Um eine möglichst effektive und prozessökonomische Ermittlung des relvanten Sachverhalts zu gewähren, hat sich in der Praxis ein Modell verschiedener Stationen richterlicher Ermittlungstätigkeit (Relation) herausgebildet.[4]

10 **a) Tatsachenbehauptungen der Parteien.** Am Anfang jeder Sachverhaltsermittlung stehen die Tatsachenbehauptungen der Parteien. Das Gericht ist auf Grund der Verhandlungsmaxime (s. Einl. Rn. 181 ff. sowie unten Rn. 88) nicht dazu aufgerufen und im Übrigen auch nicht dazu in der Lage, den relevanten Sachverhalt selbstständig zu ermitteln und in den Prozess einzuführen. Hat

---

[2] Vgl. *Knauer/Wolf* NJW 2004, 2857, 2862; *Fölsch* MDR 2004, 1029; *Hirtz/Sommer,* 1. JuMoG, 2004, S. 29 ff.; *Musielak,* Festg. für Vollkommer, 2006 S. 237, 247; *Völzmann/Stickelbrock* ZZP 118, 359, 360 ff.

[3] Statt vieler *Larenz,* Methodenlehre, 5. Aufl. 1983, S. 260 ff.; *Fikentscher,* Methoden des Rechts, Bd. III, 1975, S. 736 ff.; speziell zum feststehenden Sachverhalt und zum non liquet vgl. *Prütting* Gegenwartsprobleme S. 116 ff., insbes. S. 117.

[4] *Oberheim,* Zivilprozessrecht für Referendare, 7. Aufl. 2007, S. 138 ff.; *Schellhammer* 8. Aufl., S. 149 ff.; *ders.,* Die Arbeitsmethode des Zivilrichters, 15. Aufl. 2005, S. 101 ff.; *ders.* Jura 1987, 169; *Sattelmacher/Sirp-Schuschke,* Bericht, Gutachten und Urteil, 33. Aufl. 2003, S. 110 ff.; *Berg/Zimmermann,* Gutachten und Urteil, 17. Aufl. 1997, S. 22 ff.; *Kegel,* FS Baumgärtel, 1990, S. 201; *Büttner/Prior* JuS 1978, 244, 392, 543, 687 und 831.

allerdings eine Partei Tatsachen behauptet oder sich Umstände im Rahmen einer Beweisaufnahme zu Tage getreten, die der Gegenseite günstig sind, so gehen die Gerichte davon aus, dass sich die Gegenseite diese Umstände zu eigen macht.[5]

b) Klägerstation. In der auf die Parteibehauptungen folgenden sog. Klägerstation nimmt das Gericht eine Schlüssigkeitsprüfung des als wahr unterstellten klägerischen Vorbringens vor. Diese Prüfung ist eine reine Rechtsprüfung und erfordert keine Beweisaufnahme. 11

c) Beklagtenstation. Stellt sich das klägerische Vorbringen isoliert betrachtet als schlüssig dar, prüft nunmehr das Gericht im Rahmen der sog. Beklagtenstation die Erheblichkeit des Beklagtenvorbringens. Dies bedeutet, dass die tatsächlichen Behauptungen des Beklagten nunmehr als wahr unterstellt werden. Durch die sich anschließende Rechtsprüfung wird geklärt, ob die Einwendungen des Beklagten das schlüssige klägerische Vorbringen entkräften können, ob sie also erheblich sind. 12

d) Beweisstation. Erst wenn die beiden isolierten Rechtsprüfungen der Schlüssigkeit des klägerischen Vorbringens und der Erheblichkeit des Beklagtenvorbringens jeweils positiv abgeschlossen sind, kommt es zur sog. Beweisstation. Nunmehr muss nämlich durch eine Beweisaufnahme geklärt werden, welche der unterschiedlichen Sachverhaltsbehauptungen von Kläger und Beklagtem nach richterlicher Überzeugung wahr sind und somit der Entscheidung zugrundegelegt werden dürfen. Im Einzelnen besteht die Beweisstation aus der eigentlichen Beweisaufnahme (vgl. § 284 und §§ 355 ff.), der Verhandlung über das Beweisergebnis (vgl. § 285) und schließlich der richterlichen Beweiswürdigung (vgl. § 286). Die Beweisbedürftigkeit von Tatsachenbehauptungen und damit die Beweisstation entfällt aber im Falle eines Geständnisses (§ 288), einer Offenkundigkeit (§ 291) oder einer gesetzlichen Vermutung (§ 292). 13

e) Beweislast. Falls trotz aller Bemühungen die Ermittlung der relevanten Tatsachengrundlagen gescheitert ist, muss nunmehr auf der Grundlage der Beweislast ein Urteil über den klägerischen Anspruch gefällt werden (s. § 286 Rn. 93). 14

4. Kritik. An dem soeben beschriebenen richterlichen Vorgehen ist in neuerer Zeit grundsätzliche Kritik geübt worden.[6] Geltend gemacht wird vor allem, dass dieses Modell richterlicher Sachverhaltsermittlung weder die Prozessförderungspflichten des Gerichts noch die Aufklärungspflicht der nicht beweisbelasteten Partei ausreichend berücksichtige. Demgegenüber wird von dieser Seite ein Modell vorgeschlagen, bei dem der Wahrheitspflicht der Vorrang eingeräumt wird und der Richter den Sachverhalt auch ohne Parteivortrag in den Prozess einführen kann und notfalls muss. Schließlich soll die nicht beweisbelastete Partei im Rahmen ihrer Möglichkeiten zur Sachverhaltsermittlung herangezogen werden. 15

Diese Kritik und die Gegenauffassungen vermögen nicht zu überzeugen. Die insbesondere durch § 139 dem Richter eingeräumten Rechte und Pflichten zur Mitwirkung verändern das oben beschriebene Modell der Sachverhaltsermittlung nicht. Der richtig verstandene Auftrag des § 139 fordert zwar vom Richter, dass er den Parteien Hinweise gibt, dass er auf Unklarheiten, Lücken und Widersprüche im Parteivortrag aufmerksam macht, dass er Ergänzungen anregt usw. Alle diese richterlichen Funktionen sind aber zu unterscheiden von der Frage, wer die tatsächlichen Behauptungen in den Prozess einführt. Dies sind ausschließlich die Parteien. Das weite Feld richterlicher Mitwirkung unterstützt zwar das Verfahren in vielfältiger Weise, an den oben beschriebenen Stationen der Sachverhaltsrekonstruktion ändert es nichts. 16

Anders wäre dies möglicherweise, wenn es über den Bereich der Beweislast hinaus auch für die **nicht beweisbelastete Partei** eine Pflicht gäbe, sich in weitem Umfang an der **Sachverhaltsaufklärung** zu beteiligen. Dies wird jedoch von der Rspr.[7] und Lit.[8] weithin und zu Recht abgelehnt. Denn es gehört zum Wesen einer kontradiktorischen Verfahrensgestaltung, dass die nicht beweisbelastete Partei in allgemeinen weder zur Sachverhaltsaufklärung beitragen muss noch Nachteile aus einem verbliebenen non liquet zu tragen hat. Die streitige Auseinandersetzung vor Gericht verpflichtet keine Partei, bei der Ermittlung des Sachverhalts die Sache ihres (beweisbelasteten) Gegners zu betreiben.[9] Die Basis für eine Aufklärungspflicht der nicht beweisbelasteten Partei (sofern eine solche im Einzelfall besteht) ist in Wahrheit das materielle Recht. Es ist nicht Aufgabe des Prozessrechts, echte, auch außerhalb des Prozesses wirkende Verpflichtungen materiellen Inhalts zwi- 17

---

[5] BGH NJW 2001, 2177.

[6] Vgl. AK-ZPO/*Rüßmann* Vor § 284 Rn. 3 ff., 9 ff. m. weit. Nachw.

[7] BGH NJW 1990, 3151.

[8] *Arens* ZZP 96 (1983), 1 ff.; *Prütting* Gegenwartsprobleme S. 137 ff.; *Rosenberg/Schwab/Gottwald* § 117 VI; *Stein/Jonas/Leipold* § 138 Rn. 22 f.

[9] Vgl. BGH NJW 1958, 1491; 1990, 3151; *Arens* ZZP 96 (1983), 4; *Brehm* S. 83.

schen Rechtssubjekten zu schaffen.[10] Zur gesetzlichen Ausnahme in § 142 durch das ZPO-ReformG 2001 vgl. oben § 142 Rn. 1 ff. S. auch § 286 Rn. 130.

18 **5. Das verfassungsrechtlich garantierte Recht auf den Beweis.** In neuerer Zeit hat sich die Erkenntnis durchgesetzt, dass die Möglichkeit, subjektive Rechte mit Hilfe der Gerichte durchzusetzen, einer verfassungsrechtlichen Garantie unterliegt. Dieser Ausgangspunkt wird häufig mit dem Begriff des Justizgewährungsanspruchs oder des Rechts auf effektiven Rechtsschutz gekennzeichnet.[11] Da nun aber die Rechtsdurchsetzung vor Gericht neben den Fragen des Zugangs zu Gericht und des rechtlichen Gehörs auch voraussetzt, dass die Partei die Möglichkeit erhält, Beweise zugunsten ihrer Tatsachenbehauptungen zu führen, muss auch die Möglichkeit der Beweisführung dem Grundsatz nach verfassungsrechtlich abgesichert sein. Dies hat insbesondere *Habscheid* überzeugend dargelegt und mit dem Schlagwort „Recht auf Beweis" bezeichnet.[12] Das BVerfG hat das Recht auf Beweis aus dem Anspruch auf ein faires Verfahren entnommen.[13] Gibt es aber ein verfassungsrechtlich garantiertes Recht auf den Beweis, so bedeutet dies, dass alle verfahrensmäßigen Einschränkungen einer Beweisführung der besonderen Legitimation bedürfen. Dies wird im Folgenden zu beachten sein. Umgekehrt ist klar, dass das Recht auf den Beweis und ebenso Art. 103 Abs. 1 GG keinen Schutz dagegen gewähren, dass das Gericht Verbringen der Beteiligten aus anderen Gründen des formellen oder materiellen Rechts ganz oder teilweise unberücksichtigt lässt.[14]

III. Arten des Beweises

19 Insbesondere nach **vier Gesichtspunkten** lassen sich die verschiedenen Arten des Beweises unterscheiden. Zu trennen ist dabei die Frage nach dem **Zweck** des Beweises, nach seinem **Ziel,** nach der **Art** der Beweisführung und nach dem **Verfahren.**

20 **1. Hauptbeweis und Gegenbeweis.** Nach dem **Zweck des Beweises** und der Beweisführung lassen sich Hauptbeweis und Gegenbeweis trennen. Der Hauptbeweis obliegt der beweisbelasteten Partei und will den Richter vom Vorliegen einer Tatsachenbehauptung überzeugen. Der Hauptbeweis ist also geführt, wenn der Richter je nach den Beweisanforderungen des konkreten Falles positiv davon überzeugt ist, dass die behaupteten Tatsachen seiner Entscheidung zugrundegelegt werden können.

21 Geringere Anforderungen stellt der Gegenbeweis.[15] Er obliegt der nicht beweisbelasteten Partei. Der Gegenbeweis will erreichen, dass dem Richter die Tatsachenbehauptungen der beweisbelasteten Partei zweifelhaft bleiben. Der Gegenbeweis erstrebt also nicht die positive Überzeugung des Richters, sondern nur die Erschütterung einer bestehenden Überzeugung. Eine Gegenbeweisführung ist allerdings schon vor dem Hauptbeweis zulässig. Zur Führung des Gegenbeweises ist die Parteivernehmung ausgeschlossen (§ 445 Abs. 2).

22 Neben dem Hauptbeweis und dem Gegenbeweis kennt das Gesetz auch den **Beweis des Gegenteils** (§§ 167 Abs. 2, 292 S. 1). Dieser Beweis des Gegenteils kommt vor allem dann in Betracht, wenn für ein Tatbestandsmerkmal eine gesetzliche Vermutung spricht (im Einzelnen § 292 Rn. 5, 11). Mit dem Beweis des Gegenteils muss beim Richter die positive Überzeugung erzielt werden, dass das vermutete Merkmal nicht vorliegt. Daher ist der Beweis des Gegenteils keine dritte Art des Beweises, sondern eine Form des Hauptbeweises. Im Ergebnis wird also durch gesetzliche Vermutungen die Beweislast verteilt und der Beweisbelastete, der die Vermutung entkräften will, muss das Gegenteil zur vollen Überzeugung des Gerichts beweisen (s. § 292 Rn. 23 ff.).

23 **2. Voller Beweis und Glaubhaftmachung.** Nach dem **Ziel des Beweises** trennt das Gesetz den Vollbeweis von der Glaubhaftmachung. Der Unterschied zwischen beiden Beweisarten liegt im Beweismaß, also in den gesetzlichen Anforderungen an die Beweisstärke und die Sicherheit für den Richter, die verlangt wird, damit der Richter eine Tatsachenbehauptung seinem Urteil als bewiesen zugrunde legen darf (im Einzelnen s. § 286 Rn. 28 ff.). Während der im Normalfall vom Gesetz

---

[10] Zu weiteren Erwägungen gegen eine Aufklärungspflicht der nicht beweisbelasteten Partei s. *Prütting* Gegenwartsprobleme S. 137 ff.; *Arens* ZZP 96 (1983) S. 1 ff.

[11] Vgl. *Dütz,* Rechtsstaatlicher Gerichtsschutz im Privatrecht, 1970, S. 115 ff.; *Schwab/Gottwald,* Verfassung und Zivilprozeß, 1984, S. 31 ff.

[12] *Habscheid* ZZP 96 (1983), 306 ff. Dem folgend *Kofmel,* Das Recht auf Beweis, 1992; vgl. auch *Hertel,* Der Urkundenprozeß, 1992, S. 31 ff. (der Art. 103 GG heranzieht).

[13] BVerfG NJW 2001, 2245, 2246.

[14] BVerfG NJW-RR 2004, 1710, 1712 und 1150; BVerfGE 96, 205, 216; BVerfGE 21, 191, 194; *Zuck* NJW *2005, 3753, 3755.*

[15] BGH MDR 1978, 914; BGH MDR 1983, 830.

verlangte Vollbeweis eine sehr hohe Beweisstärke verlangt, darf sich der Richter im Falle der Glaubhaftmachung mit einem deutlich geringeren Grad von Wahrscheinlichkeit begnügen (s. § 294 Rn. 24).

3. Unmittelbarer Beweis und Indizienbeweis. Nach der Art der Beweisführung kann man den unmittelbaren (direkten) Beweis vom Indizienbeweis (mittelbarer, indirekter Beweis) trennen. Der unmittelbare Beweis dient dem Nachweis tatsächlicher Behauptungen, die sich unmittelbar auf ein Tatbestandsmerkmal der fraglichen Norm beziehen. Ein unmittelbarer Beweis kann dementsprechend als Hauptbeweis oder als Gegenbeweis, als Vollbeweis wie als Glaubhaftmachung vorkommen. Demgegenüber bezieht sich der Indizienbeweis auf den Nachweis tatbestandsfremder Behauptungen, die den richterlichen Schluss auf das Vorliegen oder das Nichtvorliegen des bestrittenen Tatbestandsmerkmals rechtfertigen. Zu den relevanten Indizien gehören auch die sog. Hilfstatsachen des Beweises, die die Zulässigkeit oder die Beweiskraft eines Beweismittels betreffen. 24

Ein erfolgreicher Indizienbeweis setzt voraus, dass die der Schlussfolgerung zugrundeliegenden tatbestandsfremden Tatsachen oder Hilfstatsachen des Beweises zur **Überzeugung des Gerichts** feststehen[16] und dass andere Schlussfolgerungen als das vom Gericht den Indizien entnommene Ergebnis ernstlich nicht in Betracht kommen. Der Indizienbeweis setzt also neben einer normalen Beweisführung eine bestimmte gedankliche Schlussfolgerung des Richters voraus. Diese Schlussfolgerung kann und muss der Richter auf ihre Überzeugungskraft prüfen (durch Unterstellung der vorgetragenen Indizien als richtig), bevor er die angebotenen einzelnen Beweise des Indizienbeweises erhebt.[17] Zur Abgrenzung des Indizienbeweises vom Anscheinsbeweis s. § 286 Rn. 48ff. 25

4. Strengbeweis und Freibeweis. Nach dem vom Gericht eingehaltenen **Beweisverfahren** lassen sich der Strengbeweis und der Freibeweis unterscheiden. Wird der Beweis allein nach dem im Gesetz vorgesehenen Verfahren und nur mit den dort genannten Beweismitteln durchgeführt (also nach den §§ 355ff.), so spricht man vom Strengbeweis. Dagegen stehen beim Freibeweis das Verfahren und die Einzelnen herangezogenen Beweismittel im Ermessen des Gerichts. Unstreitig ist es, dass der Freibeweis die Anforderungen an die richterliche Überzeugungsbildung nicht senkt.[18] Es geht hier also nicht um eine Veränderung des Beweismaßes. 26

Das früher diskutierte Problem, dass der **Freibeweis ohne gesetzliche Grundlage** in der ZPO ist, hat der Gesetzgeber des 1. JuMoG v. 24. 8. 2004 (BGBl. I 2198) mit Wirkung zum 1. 9. 2004 gelöst. Nunmehr ist in Satz 2 der Freibeweis bei Zustimmung durch beide Prozessparteien ausdrücklich für zulässig erklärt. Allerdings kann nach Satz 3 das Einverständnis der Parteien auf einzelne Beweiserhebungen beschränkt werden. Nach Satz 4 ist ein Widerruf der einmal erteilten Zustimmung nur bei wesentlicher Änderung der Prozesslage möglich. Der Freibeweis gemäß Satz 2 bezieht sich auf die Begründetheit der Klage. An der Rechtsprechung, wonach die Zulässigkeit von Klage und Rechtsmitteln im Wege des Freibeweises ermittelt werden kann, hat die Neufassung des § 284 nichts geändert (vgl. Rn. 28). Im Hinblick auf Einschränkungen von §§ 355 Abs. 1, 357 Abs. 1 bleibt aber auch der Freibeweis mit Zustimmung beider Parteien problematisch. 27

a) Prozessvoraussetzungen. Die Praxis wendet ihn an im Falle der von Amts wegen zu prüfenden Prozessvoraussetzungen und der **Rechtsmittelvoraussetzungen.**[19] Diese Auffassung wird in der Literatur häufig abgelehnt.[20] Die Auffassung der Praxis ist sicherlich prozessökonomisch sinnvoll, die in der Literatur erhobenen Bedenken sind aber ernst zu nehmen und dürften die Zweckmäßigkeitsgesichtspunkte überwiegen. So ist insbesondere nicht einzusehen, dass es ohne gesetzliche Grundlage möglich sein sollte, von den Prinzipien der Unmittelbarkeit der Beweisaufnahme (§ 355) und der Parteiöffentlichkeit (§ 357) abzuweichen. Dies wird auch nach der Änderung des § 284 zu beachten sein. Es ist bedauerlich, dass der Gesetzgeber bei der Neuregelung des § 284 die Problematik völlig außer acht gelassen hat.[21] 28

b) Einholung amtlicher Auskünfte. Weitgehend anerkannt als Fall des Freibeweises ist die formlose Einholung amtlicher Auskünfte (vgl. §§ 273 Abs. 2 Nr. 2, 358a S. 2 Nr. 2). Freilich ist hier zu beachten, dass nach dem Gesetz amtliche Auskünfte manchmal ausdrücklich anerkannt sind, so dass nicht jede Verwertung ein Fall des Freibeweises ist. 29

---

[16] *Prütting* Gegenwartsprobleme S. 16; *Musielak,* Die Grundlagen der Beweislast im Zivilprozeß, 1975, S. 43. Aus strafrechtlicher Sicht einschränkend *Nack* MDR 1986, 370 (die den Angeklagten entlastenden Indizien müssen nicht voll bewiesen sein). BGH NJW 2004, 3423, 3424.

[17] Vgl. BGHZ 53, 260; BGH NJW 1989, 2947; BGH NJW-RR 1992, 1338.

[18] Vgl. BGH NJW 1997, 3319.

[19] BGH NJW 1951, 441; 1987, 2875; NJW 1992, 627; MDR 1992, 1181; BGH NJW 1997, 3319.

[20] *Rosenberg/Schwab/Gottwald* § 112 II 3; *Stein/Jonas/Schumann* Vor § 355 Rn. 10 Fn. 3 und Rn. 31; *Zöller/Greger* Vor § 284 Rn. 7; diff. *Koch/Steinmetz* MDR 1980, 901.

[21] *Völzmann/Stickelbrock* ZZP 118, 359, 365; kritisch auch die in Fn. 2 Genannten.

30 **c) Urkunden; Akten.** Ähnlich den amtlichen Auskünften werden auch die Heranziehung amtlicher Urkunden, gerichtlicher oder behördlicher Akten, bereits protokollierter Aussagen und anderer schriftlicher Erklärungen häufig als Fall des Freibeweises genannt. Auch hier gilt allerdings die zu den amtlichen Auskünften genannte Einschränkung.

31 **d) Verfahren ohne mündliche Verhandlung.**
Auch im Verfahren ohne mündliche Verhandlung[22] und ebenso in dem neugeschaffenen Bagatellverfahren gemäß § 495 a soll der Freibeweis gelten.[23] Dem kann zugestimmt werden. Der Streit dürfte nunmehr aber durch Satz 2 entschärft sein, der in diesen Fällen ebenfalls anzuwenden ist.

32 **e) Ermittlung des ausländischen Rechts.** Häufig wird die Ermittlung des ausländischen Rechts (§ 293) als eine Form des Freibeweises bezeichnet. Dies ist nicht korrekt. Bei der Ermittlung ausländischen Rechts gemäß § 293 sind drei verschiedene Formen zu unterscheiden (zu den Einzelheiten s. § 293 Rn. 23 ff.). Nur im Falle des vom Richter eingeschlagenen formlosen Beweisverfahrens ist ein Fall des Freibeweises anzuerkennen.

33 **f) Prozesskostenhilfe.** Anerkannt und zulässig ist der Freibeweis im Verfahren über die Bewilligung der Prozesskostenhilfe (s. § 118 Rn. 22 ff.).

34 **g) Sachverständigentätigkeit.** Die Ermittlungs- und Informationstätigkeit des Sachverständigen zur Vorbereitung seines Gutachtens wird in der Rechtsprechung manchmal als Form des Freibeweises genannt.[24] Dies ist nicht anzuerkennen. Die Tätigkeit des Sachverständigen zur Vorbereitung seines eigenen Gutachtens unterliegt bereits nach allgemeinen Regeln nicht den Vorschriften der ZPO.

35 **h) Revisionsverfahren.** Zum Freibeweis im Rahmen des Revisionsverfahrens vgl. § 561 Rn. 32.

36 **i) Ermittlung von Erfahrungssätzen; Kritik.** Häufig wird schließlich der Freibeweis zur Ermittlung von Erfahrungssätzen zugelassen.[25] Dem kann nicht gefolgt werden. Soweit Erfahrungssätze insbesondere durch Sachverständige vermittelt werden, gelten die Regeln der ZPO. Davon zu trennen ist es, dass Erfahrungssätze ähnlich wie die in § 293 genannten Rechtsbereiche dem Gericht bekannt sein können oder von ihm intern ermittelt werden. Dies ist kein Fall des Beweises.

37 **Zusammenfassend** kann gesagt werden, dass die Möglichkeit des Freibeweises in gewissen Sonderfällen anzuerkennen ist und langjähriger Übung in der Rechtsprechung entspricht. Bei der Anwendung des Freibeweises ist aber sehr restriktiv zu verfahren. Nunmehr steht allerdings der Weg über die Zustimmung beider Prozessparteien nach Satz 2 offen.

38 Neben dem Strengbeweis und dem Freibeweis schreibt auch die vom Gesetz vorgesehene **Glaubhaftmachung** (§ 294) gewisse Besonderheiten des Verfahrens vor, so zB beim Umfang der Beweismittel oder der Beschränkung auf präsente Beweismittel. Unabhängig davon, dass die Glaubhaftmachung in erster Linie eine Abweichung vom Vollbeweis im Rahmen des Beweismaßes ist (s. Rn. 23), kann sie also neben dem Strengbeweis und dem Freibeweis als eine dritte Form der Beweiserhebung verstanden werden.

39 **5. Beweisrechtliches Geheimverfahren.** Viel diskutiert sind derzeit Überlegungen, zum Schutz von Betriebs-, Geschäfts- oder Unternehmensgeheimnissen besondere Arten des Beweises, der Beweisführung und der Ausgestaltung des Beweisverfahrens zuzulassen. Zu den Einzelheiten und zur Bewertung dieser sehr unterschiedlichen Phänomene siehe § 285 Rn. 10 ff.

IV. Gegenstand des Beweises

40 Gegenstand des Beweises sind in erster Linie Tatsachenbehauptungen. Ein Beweisverfahren kommt manchmal aber auch für Rechtssätze und für Erfahrungssätze in Betracht.

41 **1. Tatsachen.** Über jede in den Prozess eingeführte tatsächliche Behauptung muss das Gericht Beweis erheben, soweit die Tatsache erheblich und bestritten ist. Der Begriff der Tatsache meint nicht nur reale Ereignisse der Außenwelt (sog. äußere Tatsachen), auch Vorgänge des menschlichen Gefühls- und Seelenlebens (sog. innere Tatsachen) angenommene zukünftige Ereignisse (Prognosen), hypothetische Schlussfolgerungen über die Vergangenheit (hypothetische Tatsachen), die Zusammenfassung von Einzeltatsachen zu Geschehenskomplexen (auch Tatsachenzusammenfassungen

---

[22] *Musielak/Wittschier* § 495 a Rn. 6.
[23] Vgl. *Rosenberg/Schwab/Gottwald* § 112 II 3.
[24] Vgl. BGHZ 23, 214.
[25] *Baumbach/Lauterbach/Hartmann* Vor § 284 Rn. 9; *Thomas/Putzo/Reichold* Vor § 284 Rn. 6.

genannt), schließlich sogar Tatsachenurteile darüber, dass etwas nicht vorliegt (sog. negative Tatsachen) oder dass etwas unmöglich ist (unmögliche Tatsachen), gehören hierher. Es ist heute anerkannt, dass in allen genannten Fällen ein Beweis möglich ist. Dies gilt entgegen früherer Auffassungen auch für den Fall des Beweises negativer Tatsachen, wenngleich dieser manchmal schwerer zu erbringen sein wird. Deshalb hat es der Gesetzgeber nicht selten vermieden, demjenigen die Beweislast aufzuerlegen, der einen solchen Negativbeweis führen müsste.[26] Eine feste Regel kann daraus jedoch nicht entnommen werden. Abzugrenzen von den Tatsachen sind die sog. Juristischen Tatsachen. Bei diesen handelt es sich teilweise um juristische Urteile, die bereits durch eine Subsumtion konkreter Tatsachen unter bestimmte Rechtssätze gewonnen wurden und nur in einer nicht juristischen Weise ausgedrückt werden, teilweise handelt es sich aber um die unter einem juristischen Begriff zusammengefassten Tatsachenbehauptungen (siehe unten § 288 Rn. 17). Soweit bei juristischen Tatsachen ein Beweis in Betracht kommt, muss zwischen den einzelnen Tatsachenbehauptungen und der rechtlichen Schlussfolgerung getrennt werden.

Zu den Tatsachen, die Gegenstand eines Beweises sein können, gehören auch die Hilfstatsachen 42
des Beweises. Dabei handelt es sich um Tatsachen, die ihrerseits zur Würdigung von Beweismitteln herangezogen werden.[27]

2. Rechtssätze. Der anerkannte Grundsatz im Bereich des Rechts lautet, dass der Richter das 43
gesamte geltende Recht zu kennen oder selbst festzustellen hat (iura novit curia). Davon macht allerdings § 293 eine wichtige Ausnahme. Danach können das ausländische Recht, das Gewohnheitsrecht und das statuarische Recht einem Beweisverfahren unterworfen werden. Dies bedeutet freilich nicht, dass es sich insoweit um einen Beweis tatsächlicher Momente handeln würde. Die in § 293 genannten Rechtsbereiche bleiben Rechtsnormen mit allen Konsequenzen für die richterliche Rechtsanwendung. Der Richter ist auch nicht gezwungen, ein Beweisverfahren für diesen Rechtsbereich durchzuführen. Vielmehr erlaubt § 293 nur, dass der Richter im Falle fehlender Rechtskenntnisse insbesondere des ausländischen Rechts dieses in einem Beweisverfahren ermitteln darf (zu den Einzelheiten s. § 293 Rn. 1, 16ff.).

3. Erfahrungssätze, Verkehrssitten, Handelsbräuche. Es ist unstreitig, dass auch die Erfah- 44
rungssätze, die Verkehrssitten und die Handelsbräuche Gegenstand eines Beweisverfahrens sein können. Darunter sind die Regeln der allgemeinen Lebenserfahrung und die im Rahmen einer besonderen Fach- und Sachkunde erworbenen Regeln aus Kunst, Wissenschaft, Handwerk und Gewerbe, Handel und Verkehr anzusehen. Soweit solche Erfahrungssätze eines Beweises bedürfen, wird regelmäßig der Sachverständigenbeweis in Betracht kommen. Die Besonderheit des Bereichs der Erfahrungssätze liegt darin, dass sie nicht wie Tatsachenbehauptungen im Rahmen der Subsumtion als Untersätze eines Syllogismus Verwendung finden, sondern ähnlich den Rechtsnormen als Obersätze. Daher ist es auch anerkannt, dass die Erfahrungssätze, Verkehrssitten und Handelsbräuche wie der in § 293 genannte Rechtsbereich zu behandeln sind. Die Erfahrungssätze bedürfen also keiner Behauptung durch die Parteien, sie sind nicht geständnisfähig, sie unterliegen nicht den Regeln der objektiven Beweislast und über sie ist ein Beweisverfahren nicht zwingend durchzuführen. Der Richter kann hier seine eigene Erkenntnis oder interne Ermittlungen anstellen. Ein Beweisverfahren kommt also nur dort in Betracht, wo dem Richter eigene zuverlässige Kenntnisse über Erfahrungssätze nicht zur Verfügung stehen und er den Weg der Beweisaufnahme wählt.

Eine manchmal vorgenommene **Einteilung der Erfahrungssätze** in sog. einfache Erfahrungs- 45
sätze, Erfahrungsgrundsätze und wissenschaftlich anerkannte Erfahrungsgesetze ist nur im Rahmen des Anscheinsbeweises und der Beweiswürdigung von Bedeutung und dort zu behandeln (s. § 286 Rn. 56ff.).

Soweit der Richter Erfahrungssätze kennt oder intern ermittelt und seine Entscheidung zugrunde 46
legen will, ist der **Grundsatz des rechtlichen Gehörs** zu beachten. Der Richter muss solche Erfahrungssätze also den Parteien mitteilen.[28] Er muss den Parteien auch offenbaren, worauf seine Kenntnis oder seine interne Ermittlung im Einzelnen beruht.[29] Erst dadurch entsteht für die Parteien die Möglichkeit, zum Erfahrungswissen des Richters Stellung zu nehmen und erforderlichenfalls eigene Beweisanträge zu stellen. Auch insoweit besteht zwischen den Erfahrungssätzen und dem in § 293 genannten Rechtsbereich Übereinstimmung (s. § 293 Rn. 54).

Die richterliche Verwendung von Erfahrungssätzen als Urteilsgrundlage und der jeweils ange- 47
nommene Inhalt solcher Erfahrungssätze unterliegt der **Nachprüfung durch das Revisionsge-**

[26] Vgl. dazu *Prütting* Gegenwartsprobleme S. 253f., 259.
[27] *Stein/Jonas/Leipold* § 284 Rn. 21.
[28] BGH JZ 1968, 670.
[29] BGHZ 66, 69; BGH JZ 1970, 375; *Baumgärtel* VersR 1975, 677.

richt.[30] Davon zu trennen ist die richterliche Würdigung über den Beweiswert eines Erfahrungssatzes im Einzelfall. Diese gemäß § 286 vorzunehmende richterliche Würdigung ist nicht revisibel.[31]

48 **4. Rechtsfortbildungstatsachen.** Von den bisherigen Kategorien abzutrennen sind diejenigen Tatsachen, die der Richter (insbesondere der Revisionsrichter) zur Ermittlung neuer Rechtssätze im Wege richterlicher Rechtsfortbildung heranzieht. Diese Tatsachen unterfallen zwar dem normalen Tatsachenbegriff (s. Rn. 40), sie finden ihre Bedeutung aber dennoch nicht im Untersatz des Syllogismus, sondern bei der Erstellung des Obersatzes. Sie bedürfen daher einer eigenen, von den sonstigen Tatsachenbehauptungen abweichenden Regelung.[32] Näher dazu § 291 Rn. 20.

V. Beweismittel

49 **1. Allgemeines.** Jede Beweiserhebung hat das Ziel, in dem Richter die Überzeugung vom Vorliegen des behaupteten Sachverhalts zu begründen. Eine solche Überzeugung kann der Richter entweder durch eigene Wahrnehmung (Augenschein) oder durch Mitteilung fremder Wahrnehmung (also durch Zeugen, Sachverständige, Parteien) und schließlich durch Vorlegung von Urkunden und deren Einsichtnahme erlangen. Alle diese Träger von Anschauung oder Übermittlung werden Beweismittel genannt. Die ZPO kennt fünf allgemeine Beweismittel: Zeugen, Sachverständige, Urkunden, Augenschein und Parteivernehmung. Diese Aufzählung ist im Bereich des Strengbeweises (s. Rn. 26) abschließend. Im Rahmen des Freibeweises (s. Rn. 26f.) können weitere Beweismittel wie insbesondere Auskünfte und Zeugnisse von Behörden oder eidesstattliche Versicherungen Verwendung finden.

50 Die einzelnen Beweismittel werden auf Grund der Beweisantretung durch die beweisbelastete Partei vom Gericht herangezogen. Allerdings können alle Beweismittel außer dem Zeugenbeweis auch **von Amts wegen** benutzt werden (vgl. §§ 142 Abs. 1, 144 Abs. 1, 448). Im Rahmen von Beweisanträgen der Parteien müssen die jeweiligen Tatsachenbehauptungen unter Berücksichtigung von § 138 Abs. 1 je nach Einzelfall und Einlassung des Gegners substantiiert werden.[33]

51 **2. Unmittelbarkeit des Beweises.** Die Parteien und ebenso das Gericht bei der Beweisaufnahme von Amts wegen können unter den vorhandenen Beweismitteln **frei wählen.** Eine bestimmte Reihenfolge gibt es nicht, ebenso wenig muss eine Auswahl nach der Nähe zum Beweisgegenstand erfolgen.[34] Die ZPO kennt also nicht das Gebot der **materiellen Unmittelbarkeit** des Beweises,[35] es gilt lediglich die **formelle Unmittelbarkeit** (vgl. § 355). Eine Ausnahme von dem Grundsatz der freien Wahl zwischen den verschiedenen Beweismitteln gilt allein für die Parteivernehmung. Sie ist kraft ausdrücklicher gesetzlicher Anordnung subsidiär zu allen anderen Beweismitteln (vgl. §§ 445 Abs. 1, 448). Im Übrigen sind in seltenen Fällen Beschränkungen der Beweismittel zu beachten, so insbesondere im Urkundenprozess (vgl. §§ 592, 595 Abs. 2).

52 Besondere Bedeutung kommt dem Grundsatz der freien Wahl zwischen verschiedenen Beweismitteln bei der Hinzuziehung des sog. **Zeugen vom Hörensagen**[36] zu (vgl. § 373 Rn. 3). Ebenso kann statt eines Zeugenbeweises, eines Sachverständigenbeweises oder einer bereits früher erfolgten Parteierklärung der **Weg des Urkundenbeweises** gewählt werden.[37]

53 **3. Augenschein.** Als erste Möglichkeit unter den gesetzlichen Beweismitteln nennt die ZPO den Augenscheinsbeweis (§§ 371 bis 372a). Er kann durch jede unmittelbare Sinneswahrnehmung des Richters erfolgen, insbesondere also durch Sehen, Hören, Fühlen, Schmecken oder Riechen. Dabei geht es immer nur um die äußerliche Wahrnehmung, nicht um die inhaltliche Erfassung des Beweisgegenstandes. Daher ist zB das Studium einer Urkunde durch den Richter Urkundenbeweis, wenn er den Inhalt der Urkunde erfassen will, dagegen ist es Augenscheinsbeweis, wenn er die Schriftzeichen im Hinblick auf den Aussteller mit einer Schriftprobe vergleicht. Augenscheinsobjekt kann jede Person und jede Sache sein. Zu weiteren Einzelheiten vgl. §§ 371ff.

54 **4. Zeuge.** Der Beweis durch Zeugen ist das praktisch wichtigste Beweismittel der ZPO. Er ist in den §§ 373 bis 401 gesetzlich geregelt. Beim Zeugenbeweis geht es um die Wahrnehmung (nicht um Schlüsse oder Folgerungen) einer dritten Person (also nicht der Parteien) über vergange-

---

[30] Vgl. § 549 Rn. 8.

[31] Vgl. BGH NJW 1973, 1411.

[32] Vgl. dazu *Seiter,* FS Baur, 1981, S. 573; *Prütting,* FS 600 Jahre Univ. zu Köln, 1989, S. 318; *Hirte* ZZP 104 (1991), 47f.; *Hergenröder,* Zivilprozessuale Grundlagen richterlicher Rechtsfortbildung, 1995, S. 376ff.

[33] BGH NJW-RR 2004, 1362; vgl. *Kiethe* MDR 2003, 1325, 1327.

[34] Vgl. BGH NJW 1992, 1899; *Prütting/Weth* AuR 1990, 271ff.

[35] Vgl. *Weth* JuS 1991, 35.

[36] Zur Zulässigkeit des Zeugen vom Hörensagen auch im Strafprozeß vgl. BVerfG NJW 1992, 168.

[37] Vgl. dazu *Stein/Jonas/Leipold* Rn. 34ff., 39; ferner § 373 Rn. 20 sowie § 402 Rn. 13.

ne Tatsachen (nicht über Erfahrungssätze und Rechtssätze) und deren inhaltliche Erfassung durch den Richter. Es kommt jede Art der Wahrnehmung in Betracht, so dass zB auch der Zeuge vom Hörensagen ein taugliches Beweismittel ist. Zeugnisfähig ist grundsätzlich jede Person, auch Kinder, Gebrechliche oder Geisteskranke. Nicht Zeuge sein können jedoch die Parteien des Prozesses. Zu den Einzelheiten vgl. §§ 373 ff.

5. Sachverständiger. Sachverständiger ist eine Person, die dem Richter fehlendes Wissen von Rechtsnormen, Erfahrungssätzen, Schlussfolgerungen aus Tatsachen, aber auch über die Tatsachenfeststellung selbst vermittelt (§§ 402 bis 414). Der Sachverständige wird vom Gericht nach dessen freier Auswahl zugezogen (vgl. § 404). Im Einzelnen ist das Verfahren über den Sachverständigenbeweis dem Zeugenbeweis angeglichen (vgl. § 402). Zu weiteren Einzelheiten vgl. §§ 402 ff. **55**

6. Urkunde. Der Urkundenbeweis (§§ 415 bis 444) dient zur Ermittlung von Tatsachen, in Ausnahmefällen wohl auch für Erfahrungssätze. Eine Urkunde im Zivilprozess ist nur die durch Schriftzeichen verkörperte Gedankenäußerung, die dem Rechtsverkehr zu dienen geeignet ist und den Aussteller erkennen lässt. Deshalb sind (anders als im Strafrecht) keine Urkunden: Beweiszeichen (zB Fahrzeugnummern), Zeichnungen, Pläne, Tonbänder, Schallplatten, Fotographien, EDV-Datenträger usw. Dies alles sind im Zivilprozess Augenscheinsobjekte. Dagegen kann ein Telefax Urkunde sein.[38] Je nach dem Aussteller unterscheidet die ZPO zwischen öffentlichen Urkunden (§§ 415, 417, 418) und Privaturkunden (§ 416). Beide Arten von Urkunden haben, soweit sie echt sind, die im Gesetz geregelte formelle Beweiskraft. Zu weiteren Einzelheiten vgl. §§ 415 ff. **56**

7. Parteivernehmung. Der Beweis durch Parteivernehmung (§§ 445 bis 455) ist vom Gesetz nur subsidiär vorgesehen und es kann nur die Vernehmung des jeweiligen Gegners beantragt werden (§ 445 Abs. 1). Die zweite Voraussetzung kann das Gericht jedoch beiseite lassen (vgl. §§ 448, 447). Zu weiteren Einzelheiten vgl. §§ 445 ff. [39] Zur Parteivernehmung bei Vier-Augen-Gesprächen und zum Grundsatz der Waffengleichheit im Zivilprozess vgl. unten § 286 Rn. 15. **57**

8. Kein Beweismittel. Anders als die bisher genannten Beweismittel der ZPO ist kein Beweismittel das **Geständnis.** Ein gerichtliches Geständnis (§ 288) ist eine Prozesshandlung der Partei und beseitigt die Beweisbedürftigkeit. Die konkrete Tatsachenbehauptung ist also durch sie nicht bewiesen, sondern ein Beweis kommt nicht in Betracht. Ein außergerichtliches Geständnis ist demgegenüber ein Indiz im Rahmen der mittelbaren Beweisführung, ist also selbst Beweisgegenstand (s. Rn. 24 und § 288 Rn. 38). **58**

Ebenfalls kein Beweismittel ist der **Anscheinsbeweis.** Bei ihm handelt es sich um die Anwendung bestimmter gefestigter Sätze der Lebenserfahrung im Rahmen der freien Beweiswürdigung (s. § 286 Rn. 48 ff.). **59**

Dagegen kann die **amtliche Auskunft** im Einzelfalle als ein eigenständiges Beweismittel Verwendung finden, auch soweit sie über den Bereich der öffentlichen Urkunden hinausreichen. Sie steht daher einerseits den fünf allgemeinen Beweismitteln nicht gleich, geht aber andererseits in ihrer Anwendung über den Bereich des Freibeweises hinaus. Amtliche Auskünfte kommen in Betracht, wenn sie das Gesetz in einem Einzelfall besonders vorsieht (vgl. §§ 118 Abs. 2 S. 2 und 4, 437 Abs. 2) oder wenn sie sich in der Wiedergabe von amtlich geführten Büchern, Registern, Verzeichnissen, Karteien oder vergleichbaren Aufzeichnungen erschöpfen (s. dazu die Fälle der §§ 273 Abs. 2 Nr. 2, 358 a S. 2 Nr. 2).[40] **60**

In Sonderfällen kommen neben der amtlichen Auskunft als eigenes Beweismittel auch die dienstliche Äußerung (vgl. etwa § 44 Abs. 3) oder ein behördliches Zeugnis (vgl. § 202 Abs. 2) in Betracht. **61**

VI. Beweisverbote und Ausforschungsbeweis

Nicht jede Beweisführung, die tatsächlich möglich ist, ist auch rechtlich zulässig. Darüber hinaus ist es in Einzelfällen sogar verboten, bereits vorhandene Beweisergebnisse für die Entscheidung zu verwerten. Die verschiedenen Fälle, in denen solche Beweishindernisse im weitesten Sinne bestehen, werden heute häufig unter dem Begriff der **Beweisverbote** diskutiert. Dabei muss vor allem zwischen **„Beweiserhebungsverboten"** und **„Beweisverwertungsverboten"** getrennt werden. Ein Sonderfall unzulässiger Beweisantretung (und damit ein Unterfall eines Beweiserhebungsverbotes) ist der Ausforschungsbeweis. Zur aktuellen Diskussion um den **Lügendetektor** (polygraphische Untersuchungen) vgl. u. Rn. 97. **62**

---

[38] OLG Köln NJW 1992, 1774.
[39] Rechtsvergleichend zur Partei als Beweismittel *Stürner,* Ishikawa, 2001, S. 529.
[40] Vgl. *Stein/Jonas/Schumann* Vor § 373 Rn. 51.

63 **1. Beweiserhebungsverbote.** In einzelnen Fällen schließt das Gesetz bestimmte Beweismittel generell oder in besonderen Situationen aus. Wichtigstes Beispiel in der ZPO ist der Urkunden-, Wechsel- und Scheckprozess, wo gemäß §§ 595 Abs. 2, 605 Abs. 1, 605 a Zeugen, Sachverständige und Augenschein ausgeschlossen und nur der Beweis durch Urkunde und Parteivernehmung zugelassen sind. Als weitere Beispiele kommen in Betracht: § 80 Abs. 1 (Vollmachtsnachweis nur durch Urkunde), § 165 S. 1 (Nachweis über den förmlichen Ablauf der mündlichen Verhandlung nur durch Protokoll), § 314 S. 2 (Gegenbeweis gegen den Tatbestand eines Urteils nur durch das Protokoll). Ein Beweiserhebungsverbot besteht auch, wenn der Zulässigkeit eines Zeugenbeweises die Schweigepflicht dieser Person entgegensteht (vgl. § 383 Abs. 3). Daher ist der Antrag auf Vernehmung eines Beamten als Zeugen über Tatsachen, auf die sich seine Amtsverschwiegenheit erstreckt, unzulässig. Ebenfalls unzulässig ist der Antrag auf Vernehmung eines Arztes über diejenigen Tatsachen, die unter seine Schweigepflicht fallen. Das Gleiche gilt für einen Zeugen, dem gemäß § 174 Abs. 2 GVG ein Schweigegebot auferlegt ist. Schließlich führt auch das Bestehende und vom Zeugen geltend gemachte Zeugnisverweigerungsrecht zur Unzulässigkeit der Beweisaufnahme (vgl. §§ 383 Abs. 1, 384). Aus der Zwangsvollstreckung sei § 727 Abs. 1 genannt (Nachweis der Rechtsnachfolge durch öffentliche oder öffentlich beglaubigte Urkunde oder bei Offenkundigkeit). Für den Urkundenprozess vgl. §§ 595 Abs. 2, 605 Abs. 1, 605 a.

64 **2. Beweisverwertungsverbote.** Von den soeben genannten und im Gesetz vorgesehenen Beweishindernissen in der Form des Verbots der Beweiserhebung zu trennen ist es, wenn ein Beweismittel und die durch dieses Beweismittel mögliche Beweisführung rechtswidrig erlangt worden ist. Dies ist auf vielfältige Weise möglich, sei es, dass ein Zeuge ohne Belehrung über sein Zeugnisverweigerungsrecht vernommen wurde oder dass dem Gericht Tonbandaufnahmen, Fotos, Briefe, persönliche Aufzeichnungen u. ä. vorliegen, die die vorlegende Partei rechtswidrig hergestellt oder rechtswidrig in ihren Besitz gebracht hat.

65 Das Gesetz enthält über die Frage der Verwertung solcher rechtswidrig erlangter Beweismittel keine Regelung. In Rspr. und Lit. lassen sich im Wesentlichen drei verschiedene Auffassungen trennen. Nach einer **ersten Auffassung** ist die rechtswidrige Erlangung von Beweismitteln im Prozess ohne Einfluss, solche Beweismittel seien daher in vollem Umfang verwertbar.[41] Eine **zweite Auffassung** macht demgegenüber geltend, dass jedes materiell widerrechtlich erlangte Beweismittel auch prozessual unzulässig sei und damit keine Verwertung finden könne.[42] Gegenüber diesen beiden Extrempositionen vertreten die Rspr. und die hM eine **vermittelnde Auffassung,** wobei im Einzelnen streitig ist, in welchen Fällen Verwertbarkeit und wann ein Verwertungsverbot eingreift.[43]

66 Grundsätzlich zuzustimmen ist der zuletzt genannten vermittelnden Position. Die zuerst genannten extremen Standpunkte sind abzulehnen. Denn weder hat im Zivilprozess die Wahrheitspflicht Vorrang vor allen anderen Prozesszwecken, so dass auch rechtswidrig erlangte Beweismittel immer zu verwerten wären, noch kann die materielle Rechtswidrigkeit des Verhaltens von Rechtssubjekten in jedem Fall eine prozessuale Auswirkung haben, so dass ein generelles Verwertungsverbot eintreten müsste. Aus der Rechtswidrigkeit einer außergerichtlichen Beweismittelerlangung folgt prozessual noch kein Verwertungsverbot.[44] Auch der Hinweis auf die Einheit der Rechtsordnung kann nicht die Unterschiede zwischen Prozessrecht und materiellem Recht einebnen.[45] Vielmehr muss eine Entscheidung in anderen Kriterien gefunden werden. Dabei ist zu beachten, dass die Parteien ein verfassungsrechtlich geschütztes Recht auf den Beweis haben (s. Rn. 18). Dies bedeutet, dass im Normalfall die Erhebung und Verwertung von Beweisen zulässig sein muss. Eine **Abweichung** von dieser Grundregel **bedarf der besonderen Legitimation.**[46] Eine solche Legitimation lässt

---

[41] *Sauer,* Allgemeine Prozeßrechtslehre, 1951, S. 138; *Wieczorek* § 282 Anm. C I a 1; *Roth* JR 1950, 715; *Lang,* Ton- und Bildträger – materielle und prozessuale Grundfragen in persönlichkeitsrechtlicher Sicht, 1960, S. 132; *Kodek* S. 122 ff.; *Werner* NJW 1988, 993 ff., 1002; *H. Roth,* 1996, S. 279 ff.; *Brinkmann* AcP 206, 2006, S. 746 (stattdessen komme nach englischem Vorbild ein Zweitprozess in Betracht).

[42] *Konzen,* Rechtsverhältnisse zwischen Prozeßparteien, 1976, S. 244 ff.; *Pleyer* ZZP 69 (1956), 334 ff.; *Reichenbach,* 2004, S. 57 ff.; *Baumgärtel* ZZP 69 (1956), 103 ff.; diff. nunmehr *ders.,* FS Klug, 1983, S. 477 ff.; *Kellner* JR 1950, 271; *Baur* Rn. 174; *Schlosser* ZPR I Rn. 354 a; *Gemmeke,* 2003. Aus der Rspr. vgl. LAG Berlin JZ 1982, 258; LG Frankfurt NJW 1982, 1056. Wie hier richtig BVerfG NJW 2000, 3557.

[43] Vgl. *Baumgärtel,* FS Klug, 1983, S. 477; *Dilcher* AcP 158, 495; *Habscheid,* GedS Peters, S. 856; *Schwab,* FS Hubmann, S. 425; *Zeiss* ZZP 89 (1976), 377; *Kiethe* MDR 2005, 965; *Rosenberg/Schwab/Gottwald* § 112 III 2 b; *Stein/Jonas/Leipold* Rn. 54 ff.; *Zöller/Greger* § 286 Rn. 15 a.

[44] *Störmer* JuS 1994, 336; *H. Roth,* 1996, S. 281.

[45] *Brinkmann* AcP 206, 2006, S. 746, 751.

[46] Zustimmend *Katzenmeier* ZZP 116, 377; *Kiethe* MDR 2005, 965; *Dauster/Braun* NJW 2000, 313, 317; *Brinkmann* AcP 206, 2006, 746, 750. Dagegen hält das BVerfG NJW 2002, 3619, 3624 offenbar das Verwertungsverbot für die Regel, so dass der Beweisführer Sonderfälle dartun muss.

sich nicht aus dem Gedanken herleiten, dass rechtswidrig erlangte Beweismittel nicht selten in ihrem Beweiswert fragwürdig sein werden. Nicht ausreichend für ein prozessuales Verwertungsverbot ist auch der Hinweis auf eine materiell-rechtlich bestehende Rechtswidrigkeit. Ebenso wenig kann der Gesichtspunkt der Generalprävention für sich genommen die Unzulässigkeit einer Verwertung begründen. Schließlich erscheint es auch nicht ausreichend, auf den Grundsatz von Treu und Glauben abzustellen und die Verwertbarkeit in jedem konkreten Einzelfall zu entscheiden. Den **richtigen Ansatzpunkt** für eine Lösung wird man darin sehen müssen, ob der **Schutzzweck der verletzten Norm** die prozessuale Sanktion eines Verwertungsverbots gebietet. Weil aber von der prozessualen Sanktion als möglicher Rechtsfolge auszugehen ist, ist der Schutzzweck nach dem Eingriff bei der Verwertung im Prozess zu bestimmen, nicht nach der außergerichtlichen Erlangung des Beweismittels. Dieser Lösungsansatz beruht auf einer gesetzlichen Grundlage, er erlaubt fallgruppenorientierte Lösungsaussagen und er beinhaltet mit der Abwägung und Bewertung der verschiedenen rechtlich geschützten Güter das erforderliche Maß an Flexibilität, ohne in völlige Einzelfallentscheidung auszuweichen.

Die Annahme eines Verwertungsverbotes gebietet der Schutzzweck der verletzten Norm insbesondere dort, wo ein rechtswidriger Eingriff in verfassungsrechtlich geschützte Grundpositionen des Einzelnen vorliegt (insbesondere Eingriffe in die Menschenwürde und das allgemeine Persönlichkeitsrecht). Das Gleiche gilt in wohl weitgehender Überschneidung mit verfassungsrechtlich geschützten Positionen für einen Verstoß gegen die §§ 201 bis 203 StGB (Vertraulichkeit des Wortes, Briefgeheimnis, Privatgeheimnis). Daneben wird ein Verwertungsverbot von denjenigen prozessualen Normen gefordert, die bereits das Verbot einer Beweiserhebung vorsehen, um Grundfragen der Verfahrensgerechtigkeit und der Chancengleichheit im Prozess zu wahren. Ein Verwertungsverbot muss deshalb die Vernehmung eines Zeugen ohne Belehrung über sein tatsächlich bestehendes Zeugnisverweigerungsrecht auslösen[47] und ebenso die Vernehmung von Personen unter Verstoß gegen gesetzlich bestehende Schweigepflichten.[48] Soweit Beweismittel auf Grund eines Verstoßes gegen andere Normen rechtswidrig erlangt sind, kann der Schutzzweckgedanke bei Urkunden und Augenscheinsobjekten durch eine analoge Heranziehung der §§ 422, 423 ZPO ergänzt und verdeutlicht werden.[49] Im Falle des Beweises durch Zeugen und Sachverständige sowie der Parteivernehmung kommt eine solche Analogie dagegen nicht in Betracht. Hier muss es bei dem Grundsatz bleiben, dass auch rechtswidrig erlangte Beweismittel verwertbar sind, sofern sie nicht die Menschenwürde und das allgemeine Persönlichkeitsrecht der Gegenpartei in unzulässiger Weise tangieren. 67

3. Fallgruppen. Für die unterschiedlichen Fallgruppen bedeutet die hier vertretene Auffassung: 68

a) Tonbandaufnahmen. Ohne Zustimmung des Betroffenen heimlich aufgenommene Tonbandaufnahmen stellen sowohl eine Verletzung des allgemeinen Persönlichkeitsrechts wie einen Verstoß gegen § 201 StGB dar. Die Verwertung einer solchen Tonbandaufnahme ist unzulässig.[50] In besonderen Ausnahmefällen kann freilich die rechtswidrige Beweiserlangung gerechtfertigt sein. Dies ist anzuerkennen, wenn bei einer Güter- und Interessenabwägung der Rechtfertigungsgrund der Wahrnehmung berechtigter Interessen zu bejahen ist.[51]

b) Herstellung von Fotografien oder Videos. Die rechtswidrige Herstellung von Fotografien oder Videos stellt regelmäßig einen Eingriff in das allgemeine Persönlichkeitsrecht dar. Auch hier liegt also ein Fall des Verbots der Beweisverwertung vor, jedenfalls soweit gerade durch die Verwertung des Bildes ein Eingriff in die Intimsphäre und damit eine Persönlichkeitsverletzung gegeben ist.[52] Das gilt auch im Falle ständiger Videoüberwachung am Arbeitsplatz.[53] Ist ein so starker Eingriff nicht zu bejahen, so kann das Interesse der Gegenpartei überwiegen.[54] 69

---

[47] Wie hier *Zöller/Greger* § 286 Rn. 15 c, 15 d; *Kiethe* MDR 2005, 969; für Abwägung im Einzelfall BGH NJW 2003, 1123; für generelle Zulässigkeit *Katzenmeier* ZZP 116, 2003, S. 378 f.

[48] Eine vom Schutzzweck der verletzten Norm ausgehende Auffassung vertreten auch *Stein/Jonas/Leipold* Rn. 58; *Grunsky* S. 445; im Ansatz ähnlich auch *Baumgärtel,* FS Klug, 1983, S. 477, der allerdings im Ergebnis unter Heranziehung von Treu und Glauben zu stark einzelfallbezogen differenzieren will; für den Strafprozeß wie hier *Grünwald* JZ 1966, 489.

[49] So im Grundsatz schon *Dilcher* AcP 158 (1959), 469.

[50] BVerfG NZA 2002, 284; BVerfGE 34, 245 = NJW 1973, 891; BGHSt. 14, 358 = NJW 1960, 1580; BGHZ 27, 284; BGH NJW 1988, 1016; OLG Karlsruhe NJW 2000, 1577.

[51] Dies bejaht BGH NJW 1982, 277 im Falle einer Ehrenschutzklage.

[52] Vgl. BGHZ 30, 7; 35, 363; OLG Karlsruhe NJW 2002, 2799; OLG Köln NJW 2005, 2997.

[53] BAG JZ 2004, 366; dazu *Helle* JZ 2004, 340.

[54] OLG Düsseldorf MDR 1997, 1062 (Videoaufnahme über Körperverletzung auf offener Straße); vgl. auch OLG Köln NJW 2005, 2997; BAG JZ 2004, 366 (Verdacht einer Straftat, Videoüberwachung als ultima ratio und Wahrung der Verhältnismäßigkeit).

70 **c) Diebstahl oder Unterschlagung von persönlichen Daten.** Keine generelle Aussage lässt sich im Falle des Diebstahls oder der Unterschlagung von **Fotos, von Briefen, von persönlichen Aufzeichnungen, von Tagebüchern** und ähnlichem machen. Jedenfalls dienen die §§ 823, 858 BGB und §§ 242, 246 StGB nach ihrer Schutzrichtung nicht speziell einem Beweisverwertungsverbot. Allein der Diebstahl von Unterlagen begründet also kein Verwertungsverbot.[55] Entscheidende Bedeutung kommt auch hier der Frage zu, ob durch die Verwertung ein besonderer Eingriff in die Intimsphäre und damit eine Verletzung des allgemeinen Persönlichkeitsrechts gegeben wäre. Das ist bei Fotografien mit intimem Inhalt, gestohlenen Liebesbriefen und besonders bei Tagebuchaufzeichnungen zu bejahen,[56] im Allgemeinen aber zu verneinen.

71 **d) Mithören von Telefongesprächen.** Beim Mithören von Telefongesprächen durch Dritte ohne Bekanntgabe dieses Umstandes an den Gesprächspartner ist nach dem Inhalt des Telefongesprächs zu differenzieren. Insbesondere bei **geschäftlichen Telefongesprächen** muss der Gesprächspartner damit rechnen, dass auch ein Dritter durch ein Mithörgerät von dem Gespräch Kenntnis erhält.[57] Anders ist zu entscheiden, wenn das Telefongespräch ausdrücklich als vertraulich bezeichnet wird oder wenn es nach seinem Inhalt erkennbar vertraulichen Charakter hat. In diesem Fall muss ein rechtswidriger Eingriff in das Persönlichkeitsrecht (nicht dagegen in Art. 10 GG)[58] angenommen werden und damit ein Verwertungsverbot bestehen.[59] Ein Abweichen von diesen Grundsätzen ist nicht gerechtfertigt, wenn ein Telefongespräch über eine besondere Bürosprechanlage durch einen Dritten mitgehört wird.[60] Nicht die Art der technischen Übertragung, sondern allein der Inhalt des Telefongesprächs sind für den Eingriff in das Persönlichkeitsrecht und damit das Verwertungsverbot entscheidend.[61] Daher führen auch andere Formen, in denen jemand ein Gespräch unter vier Augen von einem Dritten belauschen lässt (Fall des **Lauschzeugen**), um sich ein Beweismittel zu verschaffen, unter den hier genannten engen Voraussetzungen zu einem Verwertungsverbot.[62] Verwertbar ist eine Zeugenaussage aber dann, wenn die Zustimmung der Gegenseite zum Mithören vorlag. Die ist auch bei ausdrücklichem Hinweis auf die dritte Person und Schweigen der Gegenseite zu bejahen.[63]

72 **e) Gedungener Spitzel.** Unzulässig ist auch die Vernehmung eines gedungenen Spitzels, der die Gegenpartei in deren Wohnung rechtswidrig beobachtet hat.[64]

73 **f) Schriftliche Aufzeichnungen.** Verwertbar sind dagegen schriftliche Aufzeichnungen, die sich eine Person über ein vertrauliches Gespräch macht (Gedächtnisprotokoll, Gesprächsnotiz, Aktenvermerk).[65] Ähnlich sind auch alle Aufzeichnungen auf Tonträger im geschäftlichen Verkehr verwertbar, soweit bei ihnen eine Strafbarkeit iSv. § 201 StGB zu verneinen ist.[66] Werden private Notizen von Prozessgegner entwendet und im Prozess vorgelegt, so ergibt sich aus der materiellen Rechtswidrigkeit idR noch kein Verwertungsverbot (s. o. Rn. 70).[67]

74 **g) Selbst geführtes Telefonat.** Die Aussage eines Zeugen über den Inhalt eines von ihm selbst geführten Telefonats ist grundsätzlich zulässig und verwertbar.[68] Ausnahmsweise unzulässig und damit unverwertbar ist die Aussage, wenn ihr eine unter Verletzung des Persönlichkeitsrechts gewonnene Tonbandaufnahme zu Grunde liegt (Verlesung einer Niederschrift oder Vernehmung des

---

[55] BAG ZIP 2003, 456, 458.

[56] BGHSt 19, 325 = NJW 1964, 1139. Der BGH hat in diesem Fall in der Verlesung des Tagebuchs die Verletzung des Persönlichkeitsrechts gesehen.

[57] Deutlich enger nunmehr BVerfG NJW 2002, 3619, 3623 (zu Recht kritisch hierzu *Foerste* NJW 2004, 262); BGH NJW 2003, 1727; wie hier BGH NJW 1982, 1398; überzeugend OLG Jena MDR 2006, 533; vgl. auch BGH NJW 1964, 165; OLG Düsseldorf NJW 2000, 1578. Abweichend BVerfG (NJW 1992, 815) bei Nutzung eines Diensttelefons und Kenntnis der Mithörmöglichkeit. Das überzeugt nicht. Unrichtig auch LG Dortmund MDR 1994, 407. Auch die arbeitsgerichtliche Rechtspr. weicht von der Grundlinie des BGH ab, vgl. BAG NZA 1998, 307; dazu kritisch *Kopke* NZA 1999, 917.

[58] So zu Recht BVerfG NJW 2002, 3619, 3620 f.

[59] Zweifelhaft daher LG Frankfurt NJW 1982, 1056; abw. KG NJW 1967, 115; wohl richtig dagegen ArbG Essen BB 1970, 258. weitergehend in Strafsachen BGHSt 42, 139.

[60] Dagegen will BAG NJW 1983, 1691 in diesem Fall ein Verwertungsverbot annehmen; vgl. BAG NZA 1998, 307.

[61] BVerfG NJW 2002, 319, 3620.

[62] Vgl. BGH NJW 1991, 1180 = JZ 1991, 927 m. Anm. *Helle,* BGH JZ 1994, 915 m. Anm. *Helle.*

[63] BVerfG NJW 2003, 2375.

[64] BGH NJW 1970, 1848; *Lenz/Meurer* MDR 2000, 73 (generell zum heimlichen Zeugen).

[65] BGHZ 80, 25.

[66] Vgl. dazu BVerfGE 34, 247.

[67] Zur Verwertbarkeit von Stasi-Akten vgl. BGH JZ 1992, 976 m. Anm. *Schroeder.*

[68] BVerfG NZA 2002, 284.

Zeugen über den Inhalt des Tonbandes.[69] Anders ist die Rechtslage, wenn der Zeuge seine Kenntnis über den Inhalt des Telefonats durch heimliches Mithören gewonnen hat.[70]

h) Unstreitiger Sachverhalt. Von den genannten beweisrechtlichen Konstellationen zu unterscheiden ist es, wenn materiell rechtswidrig erlangte Kenntnisse einer Seite im Prozess vorgetragen und vom Gegner nicht bestritten oder zugestanden werden. In diesem Fall liegt generell kein Beweisverwertungsverbot vor,[71] wie sich bereits dem Beibringungsgrundsatz und der Tatsache entnehmen läst, dass über unstreitige Tatsachen eine Beweiserhebung nicht stattfindet. Zu berücksichtigen ist hierbei ferner, dass der Betroffene in eine Handlung einwilligen kann, die in sein Persönlichkeitsrecht eingreift. Das gilt ebenso bei nachträglicher Zustimmung zu dem Eingriff und bei Einwilligung in die prozessuale Verwertung.[72] 75

i) Heimlicher Vaterschaftstest. Das Ergebnis einer ohne Kenntnis und Einverständnis der allein sorgeberechtigten Mutter eingeholten DNA-Vaterschaftsanalyse ist nach der Rechtsprechung des BGH im Vaterschaftsanfechtungsprozess gegen den Willen des Kindes und seines gesetzlichen Vertreters nicht verwertbar, weil ein Eingriff in das allgemeine Persönlichkeitsrecht und das daraus abgeleitete Recht auf informationelle Selbstbestimmung vorliege.[73] Das dem entgegenstehende und ebenfalls aus dem Persönlichkeitsrecht abgeleitete Recht des Vaters auf Kenntnis seiner Vaterschaft (bzw. deren Verneinung) steht dem nach Auffassung des BGH nicht entgegen. **Dies überzeugt nicht.** Die Frage der Kenntnis einer bestehenden oder nicht bestehenden Elternschaft dürfte das Recht auf Datenschutz überwiegen, wie aus § 372a ZPO iVm. §§ 1600 Abs. 1, 1600c Abs. 2, 1600d BGB zu entnehmen ist. Der BGH will die gegenteilige Wertung aus der Fristenregelung des § 1600b BGB entnehmen, ohne dabei § 1600b Abs. 1 Satz 2, Abs. 2 Satz 2, Abs. 3 bis 6 zu würdigen. Im Übrigen lässt auch der BGH den Eingriff in das Recht auf informationelle Selbstbestimmung gegenüber dem Anspruch des Vaters auf Kenntnis der Abstammung zurücktreten, wenn ein prozessordnungswidrig zustande gekommenes gerichtliches Abstammungsgutachten vorliegt.[74] Zu dem Problembereich ist im Jahre 2007 eine Entscheidung des BVerfG zu erwarten. 76

k) Rechtfertigung der rechtswidrigen Beweiserlangung. Im Einzelfall kann die an sich rechtswidrige Beweiserlangung gerechtfertigt sein (s. bereits Rn. 68). Damit würde das Beweisverwertungsverbot entfallen. Eine Rechtfertigung ist nach allgemeinen zivilrechtlichen Grundsätzen bei Notwehr und nach Abwägung der betroffenen Rechtsgüter und Interessen auch aus dem Gesichtspunkt der Wahrnehmung berechtigter Interessen zu bejahen.[75] Dagegen stellt die Verletzung der Wahrheitspflicht (§ 138) oder die Verletzung einer bestehenden Vorlagepflicht (insbesondere von Urkunden) keinen Fall dar, der die rechtswidrige Beweiserlangung rechtfertigen kann. 77

4. Ausforschungsbeweis. Besonders unsicher nach seinen Voraussetzungen wie nach seinem Anwendungsbereich ist der sog. Ausforschungsbeweis.[76] Bei einem Ausforschungsbeweis kann es einmal darum gehen, dass eine Partei einen völlig vagen und unsubstantiierten Beweisantrag stellt, um dadurch erst konkrete Hinweise für ihren weiteren tatsächlichen Vortrag zu erlangen. Man spricht deshalb in diesen Fällen sehr plastisch teilweise auch von einem **Beweisermittlungsantrag.** Ein solch unbestimmter Antrag ist unzulässig.[77] Unsicher ist dagegen die Beurteilung von Anträgen, die zwar genügend konkretisiert, aber ohne jeden Anhaltspunkt „ins Blaue hinein" gestellt worden sind.[78] Mit der Zurückweisung solcher Beweisanträge wird man sehr zurückhaltend sein müssen.[79] Jedenfalls rechtfertigt die Wahrheitspflicht (§ 138 Abs. 1) der Parteien die Ablehnung eines solchen 78

---

[69] BVerfG NZA 2002, 284.

[70] S. o. Rn. 71; nunmehr insbes. sehr einschränkend BVerfG NJW 2002, 3619 = JZ 2003, 1104 m. Anm. *Foerste;* BGH NJW 2003, 1727 = JZ 2003, 1109 m. Anm. *Foerste.*

[71] So zu Recht auch *Heinemann* MDR 2001, 137; *Helle* JZ 2004, 340, 345; aA OLG Karlsruhe NJW 2000, 1577.

[72] Wie hier *Helle* JZ 2004, 340, 345.

[73] BGH MDR 2006, 1171; BGH NJW 2005, 497; BGH FamRZ 2005, 342; OLG Celle FamRZ 2004, 481; OLG Thüringen FamRZ 2003, 944; aA *Reichenbach* AcP 206, 2006, S. 598 ff.

[74] BGH MDR 2006, 1171.

[75] Vgl. BVerfG NJW 2002, 3619, 3624; BVerfGE 34, 247; BGH NJW 1982, 277; 1988, 1017.

[76] Zum Ausforschungsbeweis vgl. insbesondere *Chudoba,* S. 17 ff.; *Büttner* ZZP 67 (1954), 73; *Dunz* NJW 1956, 769; *Gamp* DRiZ 1982, 165; *Lang* DRiZ 1962, 229; *Lüderitz,* Ausforschungsverbot und Auskunftsanspruch bei Verfolgung privater Rechte, 1966; *Peters,* Ausforschungsbeweis im Zivilprozeß, 1966; *Schlosser* ZZP 94 (1981), 375 ff.; *Stürner,* Die Aufklärungspflicht der Parteien des Zivilprozesses, 1976, 106 ff.; *Kiethe* MDR 2003, 1325.

[77] BGH NJW 1974, 1710.

[78] Vgl. dazu BGH NJW 1986, 247; NJW-RR 1987, 590; 1988, 1529; WM 1988, 1478; NJW 1991, 2707; NJW-RR 196, 1212; dazu *Kiethe* MDR 2003, 1325, 1328.

[79] So zu Recht auch *Chudoba* S. 186 ff.

Antrags nicht, da § 138 nur bewusst wahrheitswidrige Behauptungen verbietet. Eine Partei darf sehr wohl vermutete Tatsachen behaupten und unter Beweis stellen, soweit sie darüber kein zuverlässiges Wissen besitzt und auch nicht erlangen kann. Insgesamt ist für die Beurteilung solcher konkreter Beweisanträge ohne inhaltlichen Anhaltspunkt vom Sinn und Zweck des Beweises als Wahrheitsermittlung über erhebliche und bestrittene Tatsachenbehauptungen auszugehen. Ein konkreter Beweisantrag über solche Tatsachenbehauptungen kann deshalb nur dann unzulässig sein, wenn ihm erkennbar nur willkürliche und ohne jeden Anhaltspunkt aufgestellte Behauptungen zugrunde liegen, wenn also nicht eine Beweisführung, sondern allein die Erlangung von Hinweisen für spätere Behauptungen gewollt ist. Kann dagegen eine Partei mangels Kenntnis naturwissenschaftlicher, technischer oder medizinischer Vorgänge nur bestimmte Vermutungen als Behauptung in den Prozess einführen, so liegt keine unzulässige Ausforschung vor.[80]

79 Die Problematik eines zwar konkreten, aber willkürlichen und völlig aus der Luft gegriffenen Beweisantrags ist streng zu unterscheiden von der Frage der **Wahrscheinlichkeit des behaupteten Beweisergebnisses.** Eine solche Wahrscheinlichkeit muss nicht vorliegen und der Beweisführer braucht im Rahmen seines Beweisantritts keinerlei Wahrscheinlichkeitsüberlegungen anzustellen.[81]

VII. Das Verfahren der Beweiserhebung

80 Die Beweiserhebung und das Verfahren zur Beweisaufnahme vor Gericht vollzieht sich im Normalfall in vier Schritten. Das Verfahren beginnt mit dem Beweisantritt durch die Partei (s. Rn. 81). Dem muss eine Reaktion des Gerichts folgen. Sie kann in der Anordnung des Beweises (s. Rn. 89) oder in der Ablehnung des Beweisantrags (s. Rn. 90) liegen. Im Falle der Beweisanordnung durch das Gericht folgt als dritter Schritt sodann die konkrete Beweisaufnahme (s. Rn. 103), an deren Ende die Verhandlung über das Beweisergebnis steht (vgl. § 285). Als vierter und letzter Schritt folgt nach der Beweisaufnahme die richterliche Beweiswürdigung (§ 286) bzw. im Falle des endgültigen Scheiterns einer richterlichen Überzeugungsbildung die Heranziehung der Regeln über die Beweislast (s. Rn. 105).

81 **1. Beweisantritt.** Der Beweisantritt erfolgt durch einen **Beweisantrag** der Partei.[82] Durch einen solchen Beweisantrag verlangt die Partei vom Gericht, es möge eine bestimmte Tatsachenbehauptung durch bestimmte Beweismittel zu seiner Überzeugung feststellen.

82 **a) Form.** Der Beweisantritt erfolgt im Anwaltsprozess durch einen vorbereiteten Schriftsatz (§ 130 Nr. 5) sowie den Vortrag in der mündlichen Verhandlung (§ 137). Dabei genügt freilich eine ausdrückliche oder konkludente Bezugnahme auf den Schriftsatz (§ 137 Abs. 3). Werden von der Partei nur einzelne Beweisanträge vorgetragen, so schließt dies eine stillschweigende Bezugnahme auf die übrigen Teile des Beweisantritts nicht aus.[83] Wird vom Gericht eine erkennbar als erschöpfend gedachte Beweisaufnahme durchgeführt, so kann sich daraufdie Notwendigkeit eines ausdrücklichen Vortrages früher erhobener Beweisanträge ergeben.[84] Das Gleiche gilt bei längerer Prozessdauer und einem zu Beginn des Prozesses schriftlich vorgetragenen Beweisantrags. Werden von der Partei erhobene Beweisanträge in der ersten Instanz nicht erschöpft, gelten sie grundsätzlich für das Berufungsverfahren fort. Im Berufungsverfahren genügt es, wenn die Partei auf die erstinstanzlichen Beweisanträge pauschal Bezug nimmt. In Zweifelsfällen muss das Berufungsgericht gemäß § 139 auf eine Erklärung hinwirken, ob die Partei ihre früheren Beweisanträge aufrecht erhält.[85] Bei den aus der ersten Instanz fortgeltenden Beweisanträgen wird in der Regel eine rein konkludente Bezugnahme nicht ausreichen.[86]

83 **b) Beweisthema.** Notwendiger Inhalt eines Beweisantrags ist die Angabe des Beweisthemas, also die genaue Bezeichnung der Tatsachen, auf die sich die Beweisführung bezieht. Im Falle des mittelbaren Beweises sind die konkreten Indiztatsachen anzugeben. Der Beweisantritt unter Benennung des Beweisthemas setzt voraus, dass die Tatsache im Prozess behauptet worden ist (Behauptungslast, s. § 286 Rn. 134). Davon zu trennen ist die Frage, inwieweit die Tatsachenbehauptung zu konkretisieren und zu substantiieren ist (sog. Substantiierungslast). Während die Behauptungslast von der Beweislastverteilung abhängt (vgl. § 286 Rn. 135), ist die Substantiierungslast vom Vor-

---

[80] BGH NJW 1995, 1160 und 2111; so auch *Kiethe* MDR 2003, 1325.
[81] BGH NJW 1972, 250.
[82] Vgl. *Teplitzky* JuS 1968, 71; *ders.* DRiZ 1970, 280.
[83] *Ordemann* NJW 1964, 1308; aA BAG NJW 1963, 1843.
[84] BGH MDR 1969, 746.
[85] BVerfG NJW 1982, 1637.
[86] BGHZ 35, 103; BGH NJW 1961, 1458.

bringen des Gegners und von der jeweiligen Beweiswürdigung des Gerichts abhängig, also situationsgebunden und nicht abstrakt festzulegen.[87]

Das Erfordernis einer genauen Angabe des Beweisthemas führt dazu, dass völlig vage und unsubstantiierte Beweisanträge unzulässig sind (sog. Ausforschungsbeweis; manchmal auch Beweisermittlungsantrag genannt).[88] 84

c) Beweismittel. Notwendiger Inhalt des Beweisantrags ist neben der Angabe des Beweisthemas auch die Nennung des konkreten Beweismittels. Zu den verschiedenen Arten der Beweismittel s. Rn. 49ff. Das benannte Beweismittel muss zulässig, tauglich und verfügbar sein (im Einzelnen s. Rn. 90ff.). Ausnahmsweise genügt beim Sachverständigenbeweis die allgemeine Berufung auf dieses Beweismittel ohne Nennung eines konkreten Sachverständigen (§ 403). 85

d) Rücknahme. Ein Beweisantrag kann von der Partei bis zu seiner Durchführung zurückgenommen werden. Im Falle des Zeugenbeweises und des Urkundenbeweises sieht das Gesetz ferner ausdrücklich die Möglichkeit eines Verzichts auf das Beweismittel vor (§§ 399, 436). Aus diesen Normen ergeben sich aber auch die Grenzen für Rücknahme und Verzicht. Ein erschienener Zeuge und eine vorgelegte Urkunde müssen auf Verlangen der Gegenseite zum Gegenstand des Beweises gemacht werden. 86

e) Zeitpunkt. Das Gesetz verpflichtet die Parteien, ihren Beweisantritt durch Vorbringen der Beweismittel und der Beweiseinreden so zeitig vorzunehmen, wie es nach der Prozesslage einer sorgfältigen und auf Förderung des Verfahrens bedachten Prozessführung entspricht (§ 282 Abs. 1). Wird ein Beweisantritt verspätet vorgenommen, so kann ihn das Gericht wegen der Verspätung zurückweisen (vgl. § 296). Äußerste zeitliche Grenze eines Beweisantritts ist der Schluss der mündlichen Verhandlung (§ 296a). 87

f) Beweisführung der Partei und Verhandlungsmaxime. Die Beweisführung der Parteien wird durch den im Zivilprozess geltenden Verhandlungsgrundsatz geprägt (vgl. Einl. Rn. 181ff., ferner s. o. Rn. 10). Dies zeigt sich entscheidend darin, dass es eine Beweisführung im Rahmen der Tatsachenbehauptungen nur gibt, wo die Parteien diese Tatsachenbehauptungen in den Prozess eingeführt haben. Hat allerdings eine Partei Tatsachen behauptet, die der Gegenseite günstig sind, so gehen die Gerichte davon aus, dass sich die Gegenseite diese Behauptungen zu eigen macht.[89] Weiterhin bestimmen die Parteien durch ihr Verhalten, welche dieser in den Prozess eingeführten Tatsachen beweisbedürftig sind (s. Rn. 13). Auch die Beweiserhebung selbst unterliegt grundsätzlich der Parteiherrschaft. Freilich lässt im Falle des Beweisantritts das Gesetz in weitem Umfang auch eine Beweiserhebung von Amts wegen zu (§§ 142 Abs. 1, 144 Abs. 1, 448). Dies ändert aber nichts an der Geltung der Verhandlungsmaxime. Denn in allen diesen Fällen darf das Gericht von Amts wegen Beweis erheben, es muss dies aber nicht. Schließlich kann gerade das in der Praxis häufigste und wichtigste Beweismittel, der Zeugenbeweis, nicht von Amts wegen erhoben werden. Zu den Möglichkeiten des Gerichts, gemäß § 139 einen Beweisantritt anzuregen, auf die genaue Bezeichnung des Beweisthemas und der Beweismittel hinzuwirken sowie den Umfang des Beweisantritts abzuklären, vgl. § 139 Rn. 49ff. Alle diese Befugnisse des Gerichts gemäß § 139 ändern freilich nichts an der Geltung der Verhandlungsmaxime. Der Richter unterstützt zwar die Parteien im Rahmen von § 139, er kann sich aber weder bei der Einführung von Tatsachen in den Prozess noch bei der Entscheidung über die Beweisbedürftigkeit der Tatsachenbehauptungen an die Stelle der Parteien setzen. Jedenfalls im Falle des Zeugenbeweises gilt dies auch für den Beweisantrag, die Benennung des Beweisthemas und der Beweismittel. 88

2. Beweisanordnung. Auf den Beweisantritt durch die Partei folgt die Beweisanordnung durch das Gericht. Eine Beweisanordnung setzt die richterliche Prüfung voraus, ob die Beweiserhebung notwendig und zulässig ist. Anderenfalls kommt es zur Ablehnung des Beweisantrags (s. Rn. 90). Die Anordnung der Beweisaufnahme durch das Gericht erfolgt durch formellen Beweisbeschluss (§§ 358, 358a, 359) oder formlos in der mündlichen Verhandlung (vgl. § 278 Abs. 2 S. 1). Der Beweisbeschluss wird verkündet. Er kann nicht angefochten werden (§ 355 Abs. 2). Gemäß § 360 sind aber Änderungen des Beweisbeschlusses von Amts wegen oder auf Antrag möglich. Zu den Einzelheiten vgl. §§ 358ff. 89

3. Ablehnung von Beweisanträgen. Aus dem verfassungsrechtlich garantierten Recht auf den Beweis (s. Rn. 18) und darüber hinaus aus dem Justizgewährungsanspruch sowie der Waffengleichheit folgt, dass Beweisanträge der Parteien grundsätzlich nicht abgelehnt werden dürfen und dass die 90

[87] Vgl. BGH NJW-RR 2004, 1362; OLG München MDR 2000, 196.

[88] Zu den Einzelheiten des Ausforschungsbeweises und zu dem Fall, daß das Beweisthema zwar genügend konkretisiert ist, von der Partei aber ohne jeden Anhaltspunkt behauptet wurde, s. Rn. 78.

[89] BGH NJW 2001, 2177.

angebotenen Beweismittel zu erschöpfen sind.[90] Manchmal wird dies auch aus dem Gebot des rechtlichen Gehörs entnommen.[91] Von diesem Grundsatz gibt es folgende Ausnahmen, in denen die förmliche oder stillschweigende Ablehnung von Beweisanträgen (manchmal in Anlehnung an § 244 StPO erwogen)[92] in Betracht kommt:

91 **a) Unerheblichkeit des Beweisthemas.** Das Beweisthema ist unerheblich, zB weil das Parteivorbringen auch ohne die konkrete Tatsachenbehauptung schlüssig oder erheblich ist oder weil eine bewiesene Alternativbegründung das geltend gemachte Recht stützt.[93]

92 **b) Keine Beweisbedürftigkeit.** Das Beweisthema ist nicht beweisbedürftig, etwa weil die behauptete Tatsache nicht streitig ist. Nicht beweisbedürftig sind insbesondere nicht bestrittene Behauptungen (§ 138 Abs. 3), zugestandene Tatsachen (§ 288), offenkundige Tatsachen (§ 291) und vermutete Tatsachen (§ 292).

93 **c) Unzulässigkeit der Beweiserhebung.** Die Beweiserhebung ist nicht zulässig, weil ein Beweiserhebungsverbot (s. Rn. 63) besteht oder weil ein unzulässiger Ausforschungsbeweis (s. Rn. 78) vorliegt. Die Beweiserhebung ist aber auch dann nicht zulässig, wenn die Verwertung des Beweisergebnisses unzulässig wäre (Beweisverwertungsverbot, s. Rn. 64 ff.).

94 **d) Nichtverfügbarkeit des Beweismittels.** Das Beweismittel ist nicht verfügbar (vgl. § 356), weil zB die Person oder der Aufenthaltsort des Zeugen unbekannt oder die Urkunde unauffindbar ist. Dem gleichzustellen ist es, wenn ein Zeuge sich im Ausland aufhält und eine Ladung wegen dauerhafter Erkrankung nicht Folge leistet.[94] Zu den in Betracht kommenden Hindernissen im Einzelnen vgl. § 356 Rn. 3 ff. Teilweise wird in diesen Fällen auch von Unerreichbarkeit oder Zwecklosigkeit des Beweises gesprochen.

95 **e) Zurückweisung als verspätet.** Ein Beweismittel ist als verspätet zurückgewiesen worden (Fälle der Präklusion gemäß §§ 296, 530, 531).

96 **f) Rechtskraft.** Das Beweisthema richtet sich auf Tatsachenbehauptungen, deren Feststellung eine Rechtsfolge ergeben würde, die durch die Wirkung der Rechtskraft oder eine sonstige Bindungswirkung, insbes. auch die Interventionswirkung des § 68 ausgeschlossen ist.

97 **g) Ungeeignetheit des Beweismittels.** Das Beweismittel ist ungeeignet, **unglaubwürdig oder völlig wertlos.** In diesen Fällen handelt es sich um eine höchst problematische Ablehnung von Beweisanträgen, die nur in speziellen Ausnahmefällen in Betracht kommt. Eine Ablehnung von Beweisanträgen kann nur dann akzeptiert werden, wenn es im Einzelfalle vollkommen ausgeschlossen erscheint, dass die Beweisaufnahme irgendetwas Sachdienliches ergeben könnte.[95] Ungeeignet ist ein Beweisantrag zum Beispiel, wenn ihm ein Erfahrungssatz mit naturgesetzlichem oder ähnlichem Beweiswert entgegensteht[96] oder wenn feststeht, dass ein Zeuge im Ausland wohnt und keine ausreichenden Deutschkenntnisse besitzt.[97] Hierher gehört auch die Unmöglichkeit der behaupteten Tatsache. Eine Beweisaufnahme darf aber nicht deshalb unterbleiben, weil die Tatsachenbehauptung unwahrscheinlich[98] oder bereits widerlegt ist (s. Rn. 99) oder weil der Beweis nichts Sachdienliches erbringen werde oder weil der Zeuge unglaubwürdig ist. Gerade darüber muss sich das Gericht auf Grund der Beweiserhebung ein Urteil bilden.[99] In keinem Falle kommt die Ablehnung eines Beweisantrags als ungeeignet in Betracht, wenn dadurch ein noch nicht erhobener Beweis bereits vorab gewürdigt würde. Eine solche **Beweisantizipation** wäre in jedem Falle unzulässig.[100] Noch in jüngster Zeit hat die Rspr. **polygraphische Untersuchungen (Lügendetektor)** als völlig ungeeignetes Beweismittel bezeichnet.[101]

---

[90] BVerfGE 50, 36 = NJW 1979, 413; BGHZ 53, 259 = NJW 1970, 946.

[91] Vgl. BVerfG NJW-RR 2001, 1006; BVerfG ZIP 1996, 1761; BVerfGE 60, 252; BVerfG NJW 1985, 1150; *Kopp* NJW 1988, 1708.

[92] BGHZ 53, 259 f.

[93] Vgl. dazu BGH NJW 1992, 2489.

[94] OLG Saarbrücken NJW-RR 1998, 1685; vgl. ferner BGH NJW 1992, 1768.

[95] Vgl. BGH NJW 1951, 481; 1956, 1480; DRiZ 1962, 167; OLG Köln VersR 1973, 643.

[96] *Söllner* MDR 1988, 363 f.

[97] BerlVerfGH NJW 2004, 1791.

[98] BGH VersR 1962, 177.

[99] Vgl. BGH NJW 1951, 481; ZZP 72 (1959), 198; FamRZ 1964, 152; *Brehm* S. 131.

[100] BGH MDR 2005, 164; BGH NJW-RR 2002, 1072, 1073; NJW 2000, 3718; BGHZ 53, 245, 260; vgl. ferner BVerfG NJW-RR 2001, 1006.

[101] BGH NJW 1999, 657 (für das Strafverfahren!); BGH MDR 2003, 1127 = NJW 2003, 2527 (für den Zivilprozess). Diese Auffassung ist sehr umstritten. Zu Recht hat der BGH jedenfalls ein Beweisverbot aus verfassungsrechtlichen Gründen verneint.

h) Tatsache bereits erwiesen. Die behauptete Tatsache ist bereits bewiesen. Ein Beweisantrag kann abgelehnt werden, wenn das Beweisthema bereits erwiesen ist. Praktisch ist dies nur von Bedeutung, wenn der Richter schon eine endgültige Beweiswürdigung vorgenommen hat, denn der Gegenbeweis bleibt weiterhin zulässig (s. Rn. 99). 98

i) Gegenteil bereits erwiesen. Das Gegenteil der behaupteten Tatsache ist bereits bewiesen. In einem solchen Falle wäre die Ablehnung von Beweisanträgen unzulässig. Eine Ausnahme hierzu stellt § 445 Abs. 2 dar. Nach allgemeinen Regeln muss der Gegenbeweis einer Partei immer offen stehen. Die Ablehnung eines Beweisantrags für den Fall, dass das Gegenteil der behaupteten Tatsache bereits bewiesen ist, könnte also nur in Betracht kommen, wenn (in unzulässiger Weise) der beantragte Gegenbeweis schon vorweg gewürdigt würde. 99

k) Wahrunterstellung. Die behauptete Tatsache kann als wahr unterstellt werden (Beweisantizipation). Zulässig ist es, einen Beweisantrag mit der Begründung abzulehnen, die zu beweisende Tatsache könne als wahr unterstellt werden.[102] Dies wird man insbes. bei der Parteivernehmung in Betracht ziehen dürfen, aber wohl auch bei Urkunden, Sachverständigen und Augenschein. Dagegen wird der angebotene Zeugenbeweis idR nicht mit dieser Begründung abgelehnt werden können, soweit nicht eine klare Abstufung möglich ist (zB beim Zeugen vom Hörensagen). In allen Fällen, in denen das Gericht eine Tatsachenbehauptung als wahr unterstellen kann, dürfte es sich freilich um bereits in anderem Zusammenhang genannte Gründe für eine Ablehnung von Beweisanträgen handeln. Eine Wahrunterstellung kommt insbesondere in Betracht, wenn die Behauptung unerheblich ist.[103] 100

l) Ermessen des Gerichts. Der Beweis steht im Ermessen des Gerichts. Die Ablehnung von Beweisanträgen kommt in Betracht, wenn die Beweisaufnahme ausnahmsweise im Ermessen des Gerichts steht. Dies ist insbesondere beim Sachverständigenbeweis der Fall, wenn das Gericht von seiner eigenen Sachkunde überzeugt ist. Ferner gilt dies im Falle des § 287. 101

m) Verstoß gegen zwingende Beweisnormen. Es liegt ein Verstoß gegen zwingende Normen des Beweisverfahrens vor, es ist etwa ein der ZPO fremdes Beweismittel benannt worden oder im Falle der Glaubhaftmachung ein nicht präsentes Beweismittel (vgl. § 294 Abs. 2). 102

4. Beweisaufnahme. Regelmäßig muss die Beweisaufnahme vor dem erkennenden Gericht stattfinden, sog. Unmittelbarkeit der Beweisaufnahme (§ 355). Die Parteien haben das Recht, bei der Beweisaufnahme anwesend zu sein (§ 357). Allerdings verlangt der Grundsatz der Unmittelbarkeit der Beweisaufnahme nicht, dass das Gericht bei der Fällung der Entscheidung in gleicher Weise besetzt ist wie bei der Durchführung der Beweisaufnahme. Ein Besetzungswechsel der Kammer in der gleichen Sache ist also möglich, wenngleich er gerade im Hinblick auf den Grundsatz der Unmittelbarkeit möglichst vermieden werden sollte.[104] 103

Besondere Probleme in der Praxis wirft die **Beweisaufnahme bei der Vernehmung von Zeugen** auf. Hier sind die Erkenntnisse der Vernehmungspsychologie zu beachten.[105] Zu den Einzelheiten s. §§ 394 ff. Von besonderer Bedeutung sind in jüngster Zeit Fragen der Glaubwürdigkeit kindlicher Zeugen.[106] 104

5. Beweiswürdigung und Beweislast. Hat das Gericht über alle erheblichen und bestrittenen Tatsachenbehauptungen Beweis erhoben, so muss es das Ergebnis dieser Beweisaufnahme ebenso wie den gesamten Inhalt der mündlichen Verhandlung frei würdigen (§ 286 Abs. 1). Diese richterliche Würdigung ist ein interner Vorgang in der Person des Richters zur Prüfung, ob ein Beweis gelungen ist. Bejaht der Richter das Gelingen des Beweises und ist er dementsprechend vom Vorliegen der behaupteten Tatsache überzeugt, so legt er diese Tatsache seiner Entscheidung zugrunde (im Einzelnen vgl. § 286 Rn. 6 ff., 16 ff.). Kann er dagegen eine sichere Überzeugung vom Vorliegen der behaupteten Tatsache nicht gewinnen, so ist ein non liquet gegeben. Dies bedeutet, dass der Richter nicht bestimmte festgestellte Tatsachen unter die jeweiligen Rechtsnormen subsumie- 105

---

[102] Vgl. BGHZ 53, 260; *Bauer* MDR 1994, 953 m. weit. Nachw.

[103] Vgl. *Stein/Jonas/Leipold* Rn. 79; *E. Schneider* ZZP 75 (1962), 207.

[104] Vgl. AK-ZPO/*Rüßmann* § 355 Rn. 1.

[105] Vgl. *Bender/Nack,* Tatsachenfeststellung vor Gericht, Bd. II, 2. Aufl. 1995 m. weit. Nachw.; *Undeutsch,* Die Beurteilung der Glaubhaftigkeit von Zeugenaussagen, in: Handbuch der Psychologie Bd. 11, 1967; *ders.,* Aussagepsychologie, in: *Ponsold,* Lehrbuch der gerichtlichen Medizin, 1957; *Arntzen,* Psychologie der Zeugenaussage, 4. Aufl. 2007; *ders.,* Vernehmungspsychologie, 2. Aufl. 1989; *Trankell,* Der Realitätsgehalt von Zeugenaussagen, 1971; *Bürkle,* Richterliche Alltagstheorien im Bereich des Zivilrechts, 1984; *Jansen,* Zeuge und Aussagepsychologie, 2004.

[106] *Deckers* NJW 1999, 1365. Vgl. Umfassend zu den Fragen minderjähriger Zeugen *Findeisen,* Der minderjährige Zeuge im Zivilprozeß, 1992.

ren kann. Seine Entscheidung kann sich in diesen Fällen nur aus den Regeln über die (objektive) Beweislast ergeben (zu den Einzelheiten vgl. § 286 Rn. 93 ff.).

VIII. Internationales Beweisrecht

106 Besondere Fragestellungen und Schwierigkeiten wirft das sog. internationale Beweisrecht auf. Dabei handelt es sich um ein Teilgebiet des Internationalen Zivilprozessrechts.[107] Es geht also um die Entscheidung beweisrechtlicher Fragen in Zivilrechtsfällen mit Auslandsbezug. Hier ist bereits die Grundfrage, ob bei beweisrechtlichen Fragestellungen die lex fori gilt, höchst zweifelhaft geworden, nachdem man erkannt hat, dass das Beweisrecht nicht rein verfahrensrechtlicher Natur ist, sondern vielfältige Verbindungen zum materiellen Recht aufweist (vgl. § 286 Rn. 20). Im Einzelnen sind auch im internationalen Beweisrecht diejenigen Fragen aufgeworfen, die das deutsche Beweisrecht kennt, so zB die Frage nach dem Beweisgegenstand, der Einzelnen zulässigen Beweismitteln, dem Verfahren, der Beweiswürdigung und dem Beweismaß sowie der Beweislast.[108]

107 Besondere praktische Bedeutung kommt der Beweisaufnahme im Ausland zu. Hier wird das deutsche Recht (vgl. § 363) durch verschiedene Staatsverträge und insbesondere durch das Haager Übereinkommen v. 18. 3. 1970 über die Beweisaufnahme im Ausland überlagert. Vgl. dazu den Überblick im Schlussanhang, Internationales Zivilprozessrecht, A Rn. 39 mit den dort genannten Verweisungen im Einzelnen.

§ 285 Verhandlung nach Beweisaufnahme

(1) Über das Ergebnis der Beweisaufnahme haben die Parteien unter Darlegung des Streitverhältnisses zu verhandeln.

(2) Ist die Beweisaufnahme nicht vor dem Prozessgericht erfolgt, so haben die Parteien ihr Ergebnis auf Grund der Beweisverhandlungen vorzutragen.

I. Normzweck

1 § 285 steht in einem engen Zusammenhang mit dem Grundsatz der Unmittelbarkeit der Beweisaufnahme (§ 355). Der Gesetzgeber hat aus diesem Grunde organisatorisch und inhaltlich eine enge Verknüpfung zwischen der streitigen mündlichen Verhandlung und der Beweisaufnahme hergestellt (vgl. im Einzelnen §§ 279 Abs. 2, 285, 370). Im Übrigen stellt § 285 sicher, dass den Parteien die Möglichkeit gegeben wird, möglichst direkt im Anschluss an eine Beweiserhebung über das Beweisergebnis zu verhandeln. Dies ist unter der Geltung des verfassungsrechtlichen Grundsatzes des rechtlichen Gehörs wohl eine Selbstverständlichkeit. Hinzu kommt, dass der Gesetzgeber in Abs. 2 in gewissem Umfang auch das Prinzip der Mündlichkeit und der Unmittelbarkeit der Beweisaufnahme abgesichert hat. So ist § 285 heute eine wichtige, aber dennoch selten zitierte, weil als selbstverständlich empfundene Norm.

2 In neuerer Zeit hat § 285 wiederum an Bedeutung und Aktualität gewonnen, weil sich aus ihm sehr klar entnehmen lässt, dass **beweisrechtliche Geheimverfahren** im Zivilprozess nicht zulässig sind (im Einzelnen s. Rn. 10 ff.).

II. Die Bedeutung von Abs. 1

3 **1. Grundsatz.** Die vorgeschriebene Verhandlung über das Ergebnis der Beweisaufnahme gibt den Parteien die Möglichkeit, ihre Auffassung über das Beweisergebnis darzulegen sowie Beweiseinreden[1] und weitere Beweisangebote unmittelbar vorzubringen. Im Rahmen dieser Verhandlung über das Beweisergebnis ist es nicht erforderlich, dass die Parteien Anträge stellen oder früher gestellte Anträge wiederholen.[2] In dem Normalfall, in dem die Beweisaufnahme vor dem Prozessgericht stattgefunden hat, schließt sich diese Verhandlung über das Beweisergebnis unmittelbar an (§ 279 Abs. 2 S. 2). Deshalb wird der Termin für die Beweisaufnahme vor dem Prozessgericht gleichzeitig auch zur Fortsetzung der mündlichen Verhandlung bestimmt (§ 370 Abs. 1). Die in

---

[107] Dazu s. 2. Aufl. Schlußanh.: Internationales Zivilprozeßrecht, A, insbes. Rn. 39 (mit Hinweisen auf weitere Spezialbereiche).

[108] Vgl. dazu umfassend *Coester-Waltjen* S. 209 ff.; einen Überblick über den neuesten Stand der Entwicklungen geben *Linke* S. 103 ff., und *Schack* S. 243 ff.

[1] Zum Begriff der Beweiseinrede s. § 282 Rn. 6 und § 296 Rn. 40; es kommen auch Beweiseinreden des Beweisführers selbst in Betracht, BGH MDR 1958, 501.

[2] BGHZ 63, 95 = NJW 1974, 2322; BGH NJW 2004, 1732.

Abs. 1 vorgesehene Verhandlung über das Beweisergebnis schließt es freilich nicht aus, dass den Parteien aus dem Gesichtspunkt des rechtlichen Gehörs auch noch später die Möglichkeit zur Stellungnahme eingeräumt werden muss.[3] Dass die Parteien Gelegenheit zur Verhandlung über das Beweisergebnis hatten, muss aus dem Protokoll ersichtlich sein.[4] Ausreichend ist es aber, dass die Parteien die **Gelegenheit**[5] zur Stellungnahme (auch in Form eines Schriftsatzes) hatten, eine tatsächlich erfolgte Verhandlung ist nicht erforderlich und aus Parteiensicht verzichtbar. Von besonderer Bedeutung ist die Verhandlung der Parteien dann, wenn die Beweisaufnahme neue Tatsachen erbracht hat, die sich nun die Parteien zu eigen machen können, um im Rahmen der Verhandlungsmaxime eine Verwertung dieser neuen Tatsachen durch das Gericht zu ermöglichen. Ein solches Zu-Eigen-Machen ist auch konkludent möglich.

2. Parteidisposition. Die Parteien können auf eine Verhandlung über das Beweisergebnis verzichten.[6] Möglich ist es ebenfalls, dass die Parteien einverständlich darauf verzichten, in der mündlichen Verhandlung das Beweisergebnis zu erörtern. Statt dessen können die Parteien ihre Stellungnahmen auch schriftlich abgeben.[7] In jedem Falle muss aber das Gericht die Stellungnahmen der Parteien in seine Beweiswürdigung einbeziehen. 4

Sind eine oder beide Parteien **säumig,** so ist zu unterscheiden: Haben die Parteien in demselben Termin vor der Beweisaufnahme verhandelt, so stellt dies keinen Fall der Terminsversäumnis dar, weil streitige Verhandlung, Beweisaufnahme und Verhandlung über die Beweisaufnahme eine Einheit bilden (s. § 330 Rn. 11). Ist eine Partei im Termin zur mündlichen Verhandlung und zur Beweisaufnahme insgesamt säumig, so soll dennoch die Beweisaufnahme durchgeführt werden, soweit dies möglich ist (vgl. § 367). Auf Antrag kann dann anschließend ein Versäumnisurteil ergehen. Sind beide Parteien im gesamten Termin zur mündlichen Verhandlung und zur Beweisaufnahme säumig, so ist in gleicher Weise die Beweisaufnahme nach Möglichkeit durchzuführen. In diesem Fall kann anschließend eine Vertagung oder das Ruhen des Verfahrens beschlossen werden oder es kann eine Entscheidung nach Lage der Akten ergehen (vgl. §§ 128 Abs. 2, 252 a). Das Beweisergebnis kann in diesem Falle verwertet werden.[8] 5

3. Verletzung von Abs. 1. Ein Verstoß gegen Abs. 1 ist ein Verfahrensfehler und kann die Revision begründen.[9] Eine Heilung des Verfahrensfehlers gemäß § 295 kommt nicht in Betracht.[10] 6

III. Die Bedeutung von Abs. 2

1. Grundsatz. Abs. 2 knüpft an den Ausnahmefall an, dass die Beweisaufnahme nicht vor dem Prozessgericht erfolgt ist. Mit der Verpflichtung an die Parteien, das Beweisergebnis vor dem Prozessgericht vorzutragen, will Abs. 2 vor allem die Durchbrechung der Unmittelbarkeit der Beweisaufnahme abmildern. Für den vorgeschriebenen Vortrag der Parteien vor dem Prozessgericht genügt allerdings schon die Bezugnahme auf das Protokoll (vgl. § 137 Abs. 3), auf ein schriftliches Gutachten (§ 411) oder auf schriftliche Auskünfte (vgl. §§ 273, 358 a, 377 Abs. 3). Eine Ausnahme von Abs. 2 gilt dann, wenn die durchgeführte Beweisaufnahme von Amts wegen angeordnet war (vgl. §§ 56, 142, 293, 448) oder eine von Amts wegen zu berücksichtigende Frage betraf. 7

2. Anwendungsbereich. Abs. 2 gilt im Falle der Beweisaufnahme vor dem beauftragten und dem ersuchten Richter sowie im Falle der Beweisaufnahme im Ausland. Auch das Beweisergebnis aus einem selbstständigen Beweisverfahren gemäß §§ 485 ff. ist dem Prozessgericht vorzutragen.[11] Eine entsprechende Anwendung von Abs. 2 ist im Falle eines Richterwechsels und bei Übertragung der Sache vom Einzelrichter an das Kollegium nach erfolgter Beweisaufnahme anerkannt.[12] 8

3. Verletzung von Abs. 2. Ein Verstoß gegen Abs. 2 ist ebenso wie im Falle von Abs. 1 ein Verfahrensfehler und kann die Revision begründen. Auch dieser Verstoß kann nicht gemäß § 295 geheilt werden (s. Rn. 6). 9

---

[3] Vgl. BGH NJW 1982, 1335.
[4] BGH NJW 1990, 121; BGH MDR 2001, 830 (krit. *E. Schneider* MDR 2001, 781).
[5] BGH NJW 2004, 1732.
[6] BGHZ 63, 95 = NJW 1974, 2322.
[7] BGH VersR 1960, 321.
[8] *Baumbach/Lauterbach/Hartmann* Rn. 6.
[9] BGH VersR 1960, 321; BGH MDR 2001, 830.
[10] BGH ZZP 65 (1952), 267; *Thomas/Putzo/Reichold* Rn. 3; *Zöller/Greger* Rn. 3 mit 1; aA *Baumbach/Lauterbach/Hartmann* Rn. 9; *E. Schneider* MDR 2001, 781, 782.
[11] OLG Nürnberg NJW 1972, 773.
[12] *Stein/Jonas/Leipold* Rn. 6; *Thomas/Putzo/Reichold* Rn. 2; *Baumbach/Lauterbach/Hartmann* Rn. 7.

IV. Beweisrechtliches Geheimverfahren

10 Unter dem in jüngerer Zeit viel diskutierten Begriff eines beweisrechtlichen Geheimverfahrens verbergen sich sehr unterschiedliche Phänomene. Grundsätzlich liegt es nahe, dass auch im Rahmen von Prozessen bestimmte Betriebs-, Geschäfts- oder Unternehmensgeheimnisse eines besonderen Schutzes bedürfen. Daher werden seit einiger Zeit Überlegungen angestellt, besondere Arten des Beweises, der Beweisführung und der Ausgestaltung des Beweisverfahrens zuzulassen.[13]

11 Die Verfahrensgesetze reagieren auf solche Schutzbedürftigkeit mit Zeugnisverweigerungsrechten (§§ 383 Abs. 1 Nr. 6, 384 Nr. 3) und durch den Ausschluss der Öffentlichkeit (§§ 172 Nr. 2 und 3, 174 Abs. 3 GVG; vgl. aber § 173 GVG). Für den Bereich behördlicher Urkundenvorlage im Verwaltungsprozess hat der Gesetzgeber in § 99 Abs. 2 VwGO in Umsetzung einer verfassungsgerichtlichen Entscheidung[14] mit Gesetz vom 20. 12. 2001 ein spezielles Geheimverfahren geschaffen, das allerdings in seinen Voraussetzungen hoheitlich geprägt ist, soweit nämlich eine Vorlage oder Auskunft dem Wohl des Staates Nachteile bereiten würde.[15] In der Praxis hat sich aber gezeigt, dass diese gesetzlichen Regelungen nicht in jedem Falle ausreichen. So sind Prozesse entschieden worden, in denen die nicht beweisbelastete Partei[16] oder die beweisbelastete Partei[17] vom beweisrelevanten Geschehen ausgeschlossen wurden. Denkbar ist es auch, dass die Geheimnisse Dritter einer Partei nicht offenbart werden. Solche Fallgestaltungen führen zu gewissen Einschränkungen des rechtlichen Gehörs und der prozessualen Rechte aus § 397 sowie § 285 Abs. 1. Dennoch werden sie teilweise als zulässig angesehen,[18] was nicht unproblematisch erscheint.[19] Teilweise wird ein Mittelweg vorgeschlagen, wonach nur der Anwalt die Informationen erhält, nicht aber die Naturpartei.[20] Auch dieser Ausweg überzeugt nicht.[21] Manchmal wird ein neutraler, zur Verschwiegenheit verpflichteter Notar dazwischen geschaltet (sog. Wirtschaftsprüfervorbehalt). Eine extreme Konstruktion hat schließlich das BAG für zulässig erklärt.[22] Der entschiedene Fall betrifft das Vertretensein einer Gewerkschaft im Betrieb. Zugelassen wurde dabei unter Ausschluss von Gegenpartei **und** Gericht ein Erscheinen des Zeugen vor einem Notar. Der Notar stellt sodann eine Tatsachenbescheinigung aus, dass bei ihm eine Person erschienen sei, die sich unter Vorlage eines Personalausweises, eines Gewerkschaftsausweises und weiterer auf ein Arbeitsverhältnis hindeutender Unterlagen als Arbeitnehmerin des beklagten Arbeitgebers und zugleich Mitglied der klagenden Gewerkschaft ausgewiesen habe. Neben der Beweisaufnahme und der Beweiswürdigung wird in solchen Fällen vom Notar auch die Rechtsfrage mit entschieden, dass es sich bei der erschienenen Person nicht um einen leitenden Angestellten oder einen freien Mitarbeiter gehandelt habe.

12 Jedenfalls in dem zuletzt genannten Fall sind das Recht zur Stellungnahme zum Beweisergebnis (§ 285 Abs. 1), das Fragerecht an den Zeugen (§ 397), das Recht zur Führung eines Gegenbeweises, der Grundsatz der freien Beweiswürdigung und schließlich Art. 103 Abs. 1 GG verletzt.[23] Die

---

[13] Vgl. insb. *Baumgärtel,* FS Habscheid, 1989, S. 1 ff.; *Lachmann* NJW 1987, 2206 ff.; *Stadler* NJW 1989, 1202 ff.; *dies.,* Schutz von Unternehmensgeheimnissen im deutschen und amerikanischen Zivilprozeß, 1989; *Stürner,* Die Aufklärungspflicht der Parteien des Zivilprozesses, 1976, S. 223 ff.; *ders.* JZ 1985, 453 ff.; *Gottwald* BB 1979, 1780 ff.; *Dannecker* BB 1987, 1614 ff.; *Walker,* FS E. Schneider, 1997, S. 147 ff.; *Schilken* SAE 1993, 308; *Prütting/Weth* NJW 1993, 576; *Leipold,* SAE 1996, 71; *Schlosser,* FS Großfeld, 1999, 997; *Ploch/Kumpf,* Der Schutz von Unternehmensgeheimnissen im Zivilprozeß, 1996; *Maier,* Der Schutz von Betriebs- und Geschäftsgeheimnissen im schwedischen, englischen und deutschen Recht, 1998; *Kiethe,* Die Abgrenzung von zulässigem Sachvertrag und strafbewehrtem Geheimnisschutz im Zivilprozess, JZ 2005, 1034.

Zur Diskussion des Problems im Arbeitsrecht vgl. *Prütting/Weth* DB 1989, 2273 ff.; *dies.* AuR 1990, 269 ff., *Grunsky* AuR 1990, 105 ff.; *Walker,* FS E. Schneider, 1997, S. 147 ff.

[14] BVerfGE 101, 106 = NJW 2000, 1175; dazu nunmehr umfassend BVerfGE 115, 205.

[15] Positiv hierzu *Mayer* AnwBl. 2002, 495; *ders.* NVwZ 2003, 537. Dort werden allerdings die zentralen Unterschiede zwischen einem Geheimverfahren im Zivilprozeß und § 99 VwGO nicht ausreichend gewürdigt.

[16] Vgl. den Fall OLG Nürnberg BB 1984, 1252.

[17] Vgl. etwa BGHZ 116, 47 = NJW 1992, 1817.

[18] Vgl. insbesondere *Stürner* JZ 1985, 453, 458; *ders.* ZZP 98 (1985), 237, 240 f.; *Stadler* NJW 1989, 1202, 1204; *Schlosser,* FS Großfeld, 1999, S. 997, 1005; *ders.,* JZ 1991, 599, 604.

[19] So auch *Waldner,* Der Anspruch auf rechtliches Gehör, 2. Aufl. 2000, Rn. 51, 76, 79, 463.

[20] *Stadler,* Der Schutz des Unternehmensgeheimnisses im deutschen und amerikanischen Zivilprozeß, 1989, S. 235 ff.

[21] Kritisch zu Recht auch *Mayer* AnwBl. 2002, 495, 502.

[22] BAG NJW 1993, 612 = NZA 1993, 134; Vorinstanz: LAG Nürnberg AuR 1991, 220; bestätigt durch BVerfG NJW 1994, 2347.

[23] So überzeugend *Walker,* FS E. Schneider, 1997, S. 147 ff.; *Schilken* SAE 1992, 308 ff.; *Leipold* SAE 1996, 71; *Prütting/Weth* DB 1989, 2273; *dies.* AuR 1990, 269; *dies.* NJW 1993, 576. In der arbeitsrechtlichen Literatur wird die Entscheidung des BAG meist zustimmend zitiert, ohne daß die grundsätzliche Problematik gesehen würde.

Verfassungsbeschwerde gegen die Entscheidung des BAG wurde nicht zur Entscheidung angenommen,[24] allerdings ist das BVerfG in den Gründen ersichtlich an den eigentlichen Problemen vorbeigegangen.[25]

Weniger eindeutig ist die Entscheidung in den zuerst genannten Fällen. Doch auch hier wird von der die Zulässigkeit bejahenden Auffassung allzu leicht der Grundsatz des rechtlichen Gehörs beiseite geschoben. Der Grundthese der Gegenmeinung,[26] wonach es sinnvoller sei, eine Information unter Zurückdrängung des rechtlichen Gehörs nutzbar zu machen, ehe sie gänzlich unbeachtet bleibe, kann nicht zugestimmt werden. Schließlich gilt es auch zu bedenken, dass die Berufung auf Geheimnisschutz ihrerseits eine erhebliche Gefahr von Missbräuchen enthält. Ein Geheimverfahren, bei dem nicht wenigstens dem Gericht alle Tatsachen und Beweismittel offenbart werden, ist daher keinesfalls akzeptabel.[27] 13

Abschließend ist im vorliegenden Zusammenhang von besonderer Bedeutung, dass sich aus § 285 die klare Anweisung des Gesetzes ergibt, dass Beweismittel vom Gericht nicht benutzt werden dürfen, bei denen den Parteien die Möglichkeit einer Verhandlung über das Beweisergebnis abgeschnitten war.[28] 14

§ 286 Freie Beweiswürdigung

(1) [1]Das Gericht hat unter Berücksichtigung des gesamten Inhalts der Verhandlungen und des Ergebnisses einer etwaigen Beweisaufnahme nach freier Überzeugung zu entscheiden, ob eine tatsächliche Behauptung für wahr oder für nicht wahr zu erachten sei. [2]In dem Urteil sind die Gründe anzugeben, die für die richterliche Überzeugung leitend gewesen sind.

(2) An gesetzliche Beweisregeln ist das Gericht nur in den durch dieses Gesetz bezeichneten Fällen gebunden.

Schrifttum: Freie Beweiswürdigung: *Baumgärtel,* Beweisrechtliche Studien, FS 600 Universität zu Köln, 1989, S. 165; *Bender,* Merkmalskombinationen in Aussagen, 1987; *Bender/Nack,* Grundzüge einer allgemeinen Beweislehre, DRiZ 1980, 121; *dies.,* Tatsachenfeststellung vor Gericht, 2 Bände, 2. Aufl. 1995; *Bendix,* Zur Psychologie der Urteilstätigkeit des Berufsrichters, 1968; *Brehm,* Bindung des Richters an den Parteivortrag und Grenzen freier Verhandlungswürdigung, 1982; *Bohne,* Zur Psychologie der richterlichen Überzeugungsbildung, 1948; *Britz,* Beschränkung der freien Beweiswürdigung durch gesetzliche Beweisregeln?, ZZP 110 (1997), 61; *Bürkle,* Richterliche Alltagstheorien im Bereich des Zivilrechts, 1984; *Deppenkemper,* Beweiswürdigung als Mittel prozessualer Wahrheitserkenntnis, 2004; *Gottwald,* Schadenszurechnung und Schadensschätzung, 1979; *Greger,* Beweis und Wahrscheinlichkeit, 1978; *Heescher,* Untersuchungen zum Merkmal der freien Überzeugung in § 286 ZPO und § 261 StPO, Diss. Münster 1974; *Hohlweck,* Die Beweiswürdigung im Zivilurteil, JuS 2001, 584; *Klein,* Gewissen und Beweis, 1972; *Lampe,* Richterliche Überzeugung, FS Pfeiffer, 1988, S. 353; *Nobili,* Die freie richterliche Überzeugungsbildung, 2001; *Patermann,* Die Entwicklung des Prinzips der freien Beweiswürdigung im ordentlichen deutschen Zivilprozeß in Gesetzgebung und Lehre, Diss. Bonn 1970; *Perband,* Der Grundsatz der freien Beweiswürdigung im Zivilprozeß in der Rechtsprechung des Reichsgerichts, 2003; *Reinecke,* Die Krise der freien Beweiswürdigung im Zivilprozeß, MDR 1986, 630; *Scherzberg,* Beweiserhebung als Kognition, ZZP 117, 2004, S. 163; *A. Schmidt,* Grundsätze der freien richterlichen Beweiswürdigung im Strafprozeßrecht, 1994; *E. Schneider,* Beweis und Beweiswürdigung, 5. Aufl. 1994; *Walter,* Freie Beweiswürdigung, 1979; *Weimar,* Psychologische Strukturen richterliche Entscheidung, 1969; *Wohlers,* Generelle Kausalität als Problem richterlicher Überzeugungsbildung, JuS 1995, 1019.

Beweismaß: *Bender,* Das Beweismaß, FS *Baur,* 1981, S. 247; *Bender/Nack,* Vom Umgang der Juristen mit der Wahrscheinlichkeit, FS für die Deutsche Richterakademie, 1983, S. 263; *Brinkmann,* Das Beweismaß im Zivilprozeß aus rechtsvergleichender Sicht, 2005; *Bruns,* Beweiswert, ZZP 91 (1978), 64; *Deutsch,* Beweis und Beweiserleichterungen des Kausalzusammenhangs im deutschen Recht, FS Lange 1992, S. 433; *Fischer,* Zum Kausalitätsbeweis in der Anwaltshaftung, FS Odersky, 1996, S. 1023; *Fuchs,* Das Beweismaß im Arzthaftungsprozess, 2005; *Gottwald,* Schadenszurechnung und Schadensschätzung, 1979; *ders.,* Das flexible Beweismaß im englischen und deutschen Recht, FS Henrich, 2000, S. 165, *Gräns,* Das Risiko materiell fehlerhafter Urteile, 2002; *Greger,* Beweis und Wahrscheinlichkeit, 1978; *Habscheid,* Beweislast und Beweismaß – ein kontinentaleuropäisch-angelsächsischer Rechtsvergleich, FS Baumgärtel, 1990, S. 105; *Huber,* Das Beweismaß im Zivilpro-

---

[24] BVerfG NJW 1994, 2347.

[25] *Stein/Jonas/Leipold* § 284 Rn. 33 mit Fn. 39; auch von *Mayen* AnwBl. 2002, 495; *ders.* NVwZ 2003, 537 wird die eigentliche Problematik des Falles verkannt.

[26] So insbesondere *Schlosser,* FS Großfeld, 1999, S. 1005; *Stürner* JZ 1985, 458; *Stadler* NJW 1989, 1204.

[27] Dieses Ergebnis wird selbst von *Schlosser* (FS Großfeld, 1999, S. 1016) ausdrücklich gebilligt.

[28] So schon RGZ 17, 425; RG JW 1898, 4; ebenso aus der modernen Lit. *Baumgärtel,* FS Habscheid, 1989, S. 4 ff.; *Stein/Jonas/Leipold* Rn. 1; *Baumbach/Lauterbach/Hartmann* Rn. 4; ausführlich *Prütting/Weth* DB 1989, 2273.

zeß, 1983; *Katzenmeier,* Beweismaßreduzierung und probabilistische Proportionalhaftung, ZZP 117, 2004, S. 187; *Koussoulis,* Beweismaßprobleme im Zivilprozeßrecht, FS Schwab, 1990, S. 277; *Leipold,* Beweismaß und Beweislast im Zivilprozeß, 1985; *ders.,* Wahrheit und Beweis im Zivilprozeß, FS Nakamura, 1996, S. 301; *Maassen,* Beweismaßprobleme im Schadensersatzprozeß, 1975; *Motsch,* Vom rechtsgenügenden Beweis, 1983; *Mummenhoff,* Erfahrungssätze im Beweis der Kausalität, 1997; *Musielak,* Das Överviktsprinzip, FS Kegel, 1977, 451; *Nell,* Wahrscheinlichkeitsurteile in juristischen Entscheidungen, 1983; *Prütting,* Gegenwartsprobleme der Beweislast, S. 59 ff.; *ders.,* Grundprobleme des Beweisrechts, JA 1985, 313; *ders.,* Beweiserleichterungen für den Geschädigten, Karlsruher Forum 1989, S. 3; *ders.,* Beweisprobleme im Arzthaftungsprozeß, FS 150 Jahre Landgericht Saarbrücken, 1985, S. 257; *Scherer,* Das Beweismaß bei der Glaubhaftmachung, 1996; *Schreiber,* Theorie des Beweiswertes für Beweismittel im Zivilprozeß, 1968; *Schwab,* Das Beweismaß im Zivilprozeß, FS Fasching, 1988, S. 451; *Walter,* Freie Beweiswürdigung, 1979; *Weber,* Der Kausalitätsbeweis im Zivilprozeß, 1997; *Weitnauer,* Wahrscheinlichkeit und Tatsachenfeststellung, Karlsruher Forum 1966, S. 3.

Anscheinsbeweis: *Diederichsen,* Zur Rechtsnatur und systematischen Stellung von Beweislast und Anscheinsbeweis, VersR 1966, 211; *ders.,* Fortschritte im dogmatischen Verständnis des Anscheinsbeweises, ZZP 81 (1968), 45; *Engels,* Der Anscheinsbeweis der Kausalität, 1994; *Greger,* Praxis und Dogmatik des Anscheinsbeweises, VersR 1980, 1091; *Hainmüller,* Der Anscheinsbeweis und die Fahrlässigkeitstat im heutigen deutschen Schadensersatzprozeß, 1966; *Hasselblatt,* Die Grenzziehung zwischen verantwortlicher Fremd- und eigenverantwortlicher Selbstgefährdung im Deliktsrecht, 1997, S. 188 ff.; *Henke,* Individualität und Anscheinsbeweis, JR 1961, 48; *Kollhosser,* Anscheinsbeweis und freie richterliche Beweiswürdigung, AcP 165 (1965), 46; *Pawlowski,* Der prima-facie-Beweis bei Schadensersatzansprüchen aus Delikt und Vertrag, 1966; *Prütting,* Gegenwartsprobleme der Beweislast, 1983, S. 94 ff.; *ders.,* Beweiserleichterungen für den Geschädigten, Karlsruher Forum 1989, S. 3; *Rommé,* Der Anscheinsbeweis im Gefüge von Beweiswürdigung, Beweismaß und Beweislast, 1989; *E. Schneider,* Der Anscheinsbeweis grober Fahrlässigkeit, MDR 1971, 535; *Stück,* Der Anscheinsbeweis, JuS 1996, 153; *Walter,* Der Anwendungsbereich des Anscheinsbeweises, ZZP 90 (1977), 270; *Wassermeyer,* Der prima-facie-Beweis, 1954; *Weyreuther,* Die höchstrichterliche Rechtsprechung zum Anscheinsbeweis, DRiZ 1957, 55.

Beweisvereitelung: *Baumgärtel,* Die Beweisvereitelung im Zivilprozeß, FS Kralik, 1986, S. 63; *Blomeyer,* Die Umkehr der Beweislast, AcP 158 (1959), 97; *Gerhardt,* Beweisvereitelung im Zivilprozeßrecht, AcP 169 (1969), 289; *Musielak,* Die Grundlagen der Beweislast im Zivilprozeß, 1975, S. 133 ff.; *ders.,* Hilfen bei Beweisschwierigkeiten im Zivilprozeß, Festgabe BGH, Bd. III, 2000, S. 193, 218; *Nolte,* Betriebliche Dokumentation und Beweismittelvernichtung in amerikanisch-deutschen Wirtschaftsprozessen, 1996; *Paulus,* Die Beweisvereitelung in der Struktur des deutschen Zivilprozesses, AcP 197 (1997), 136; *Peters,* Beweisvereitelung und Mitwirkungspflicht des Beweisgegners, ZZP 82 (1969), 200; *Prütting,* Gegenwartsprobleme der Beweislast, 1983, S. 186 ff.; *ders.,* Beweiserleichterungen für den Geschädigten, Karlsruher Forum 1989, S. 3; *E. Schneider,* Die Beweisvereitelung, MDR 1969, 4; *Stürner,* Parteipflichten bei der Sachverhaltsaufklärung im Zivilprozeß, ZZP 98 (1985), S. 237.

Beweislast: *Baumgärtel,* Beweislastpraxis im Privatrecht, 1996; *ders.,* Handbuch der Beweislast im Privatrecht, Band 1, 2. Aufl. 1991, Band 2, 2. Aufl. 1999, Band 3, 1987, Band 4, 1988, Band 5, 1993; *ders.,* Probleme der Beweislastverteilung in der Zwangsvollstreckung, FS Lüke, 1997, S. 1; *ders.,* Das Verhältnis von Beweislastumkehr und Umkehr der konkreten Beweisführungslast, FS Nakamura, 1996, S. 41; *ders.,* Das Wechselspiel der Beweislastverteilung im Arzthaftungsprozeß, GedS Bruns, 1980, S. 93; *ders.,* Gedanken zur Beweislastverteilung bei der positiven Forderungsverletzung, FS *Carnacini,* Band II, 1984, S. 913; *Baumgärtel/Wahrendorf,* Beweislast und Treu und Glauben, FS *Rammos,* Band I, 1979, S. 41; *Baumgärtel/Wittmann,* Die Beweislastverteilung im Arzthaftungsprozeß, JA 1979, 113; *dies.,* Zur Beweislastverteilung im Rahmen von § 823 BGB, FS Schäfer, 1980, S. 13; *Belling/Riesenhuber,* Beweislastumkehr und Mitverschulden, ZZP 108 (1995), 455; *Berg,* Die verwaltungsrechtliche Entscheidung bei ungewissem Sachverhalt, 1980; *Blomeyer,* Beweislast und Beweiswürdigung im Zivil- und Verwaltungsprozeß, Gutachten für den 46. Deutschen Juristentag, Band I Teil 2 A, 1966; *Brox,* Die Bedeutung der Beweislast im Zivilprozeß, JA 1979, 590; *Franzki,* Die Beweisregeln im Arzthaftungsprozeß, 1982; *Friedl,* Beweislastverteilung unter Berücksichtigung des Effizienzkriteriums, 2003; *Gottwald,* Grundprobleme der Beweislastverteilung, Jura 1980, 225; *ders.,* Sonderregeln der Beweislastverteilung, Jura 1980, 303; *Habscheid,* Beweislast und Beweismaß – ein kontinentaleuropäisch-angelsächsischer Rechtsvergleich, FS Baumgärtel, 1990, S. 105; *Heinrich,* Die Beweislast bei Rechtsgeschäften, 1996; *Kegel,* Der Individualanscheinsbeweis und die Verteilung der Beweislast nach überwiegender Wahrscheinlichkeit, FS Kronstein, 1967, S. 321; *Kiethe,* Auskunft und sekundäre Behauptungslast, MDR 2003, 781; *Klicka,* Die Beweislastverteilung im Zivilverfahrensrecht, 1995; *Kemper,* Beweisprobleme im Wettbewerbsrecht, 1992; *Lange,* Die Beweislast im Anwaltshaftungsprozeß, 2002; *Larenz,* Zur Beweislastverteilung nach Gefahrenbereichen, FS Hauß, 1978, S. 225; *Laumen,* Die Beweiserleichterung bis zur Beweislastumkehr – Ein beweisrechtliches Phänomen, NJW 2002, 3739; *Leipold,* Beweislastregeln und gesetzliche Vermutungen, insbesondere bei Verweisungen zwischen verschiedenen Rechtsgebieten, 1966; *ders.,* Beweismaß und Beweislast im Zivilprozeß, 1985; *Leonhard,* Die Beweislast, 2. Aufl. 1926; *Lepa,* Beweislast und Beweiswürdigung im Haftpflichtprozeß, 1988; *Lüke,* Über die Beweislast im Zivil- und Verwaltungsprozeß, JZ 1966, 587; *Müller,* Beweislast und Beweisführung im Arzthaftungsprozeß, NJW 1997, 3049; *Musielak,* Die Grundlagen der Beweislast im Zivilprozeß, 1975; *ders.,* Beweislastverteilung nach Gefahrenbereichen, AcP 176 (1976), 465; *ders.,* Gegenwartsprobleme der Beweislast, ZZP 100 (1987), 385; *ders.,* Die Beweislastregelung bei Zweifeln an der Prozeßfähigkeit, NJW 1997, 1736; *ders.,* Hilfen bei Beweisschwierigkeiten im Zivilprozeß, Festgabe BGH, Bd. III, 2000, S. 193; *Nierhaus,* Beweismaß und Beweislast, 1989; *Prölss,* Die Beweislastverteilung nach Gebührenbereichen, VersR 1964, 901; *ders.,* Beweiserleichterungen im Schadensersatzprozeß, 1966; *Prütting,* Gegenwartsprobleme der Beweislast, 1983; *ders.,* Grundprobleme des

Beweisrechts, JA 1983, 313; *ders.*, Beweiserleichterungen für den Geschädigten, Karlsruher Forum 1989, S. 3; *ders.*, Beweisprobleme im Arzthaftungsprozeß, FS 150 Jahre Landgericht Saarbrücken, 1985, S. 257; *Raape*, Die Beweislast bei positiver Vertragsverletzung, AcP 147 (1941), 217; *Reinecke*, Die Beweislastverteilung im Bürgerlichen Recht und im Arbeitsrecht als rechtspolitische Regelungsaufgabe, 1976; *Reinhardt*, Die Umkehr der Beweislast aus verfassungrechtlicher Sicht, NJW 1994, 93; *Rosenberg*, Die Beweislast auf der Grundlage des BGB und der ZPO, 5. Aufl. 1965; *Schlemmer/Schulte*, Beweislast und Grundgesetz, 1997; *Schmidt E.*, Die Beweislast in Zivilsachen – Funktionen und Verteilungsregeln, JuS 2003, 1007; *Schwab*, Zur Abkehr moderner Beweislastlehren von der Normentheorie, FS Bruns, 1978, S. 505; *Stoll*, Die Beweislastverteilung bei positiven Vertragsverletzungen, FS v. Hippel, 1967, S. 517; *ders.*, Haftungsverlagerung durch beweisrechtliche Mittel, AcP 176 (1976), 145; *Stürner*, Die Aufklärungspflicht der Parteien des Zivilprozesses, 1976; *ders.*, Die Informationsbeschaffung im Zivilprozeß, FS Vollkommer, 2006, S. 2001; *Wahrendorf*, Die Prinzipien der Beweislast im Haftungsrecht, 1976.

Schrifttum zu: Grundlagen des Beweisrechts, Arten des Beweises, Beweisverbote und Ausforschungsbeweis, Umfang der Beweisaufnahme und Ablehnung von Beweisanträgen, Unmittelbarkeit der Beweisaufnahme, internationales Beweisrecht: s. § 284.

Übersicht

I. Einführung und Normzweck

1 **1. Standort und Bedeutung der freien Beweiswürdigung.** Innerhalb des Normenbereichs der allgemeinen Grundlagen des Beweises (also der §§ 284 bis 294; s. dazu § 284 Rn. 1 ff.) enthält § 286 zweifellos das zentrale Prinzip des gesamten Beweisrechts, nämlich den Grundsatz der freien Beweiswürdigung. Die richterliche Beweiswürdigung setzt voraus, dass die Parteien gemäß ihrer Behauptungslast (s. Rn. 134) die relevanten Tatsachen vorgetragen und erforderliche Beweise angetreten haben (s. § 284 Rn. 80, 105). Auf der Basis der abgeschlossenen Beweisaufnahme stellt die richterliche Würdigung nunmehr einen internen Vorgang in der Person des Richters zur Prüfung der Frage dar, ob ein Beweis gelungen ist. Im Rahmen dieses internen Vorgangs verweist § 286 ganz bewusst auf das subjektive Kriterium der freien Überzeugung des Richters und schließt damit objektive Kriterien (insbesondere die **naturwissenschaftliche Wahrheit als Zielpunkt**) aus. § 286 befreit den Richter bzw. das richterliche Kollegium von jedem Zwang bei seiner Würdigung und schließt es damit auch aus, dass das Gesetz dem Richter vorschreibt, wie er Beweise einzuschätzen und zu bewerten hat. Dadurch enthält § 286 schon in seinem Ausgangspunkt auch das **Prinzip der Gleichwertigkeit aller Beweismittel und Beweisarten,** soweit sie prozessordnungsgemäß herangezogen und verwertet sind. Speziell zum Problem der Parteivernehmung bei Vier-Augen-Gesprächen und zum Grundsatz der Waffengleichheit im Zivilprozess vgl. unten Rn. 15.

2 Die freie richterliche Beweiswürdigung stellt einen **allgemeinen Grundsatz** des Prozessrechts dar, der in allen Verfahrensordnungen gilt: vgl. § 286 mit § 261 StPO, § 108 Abs. 1 VwGO, § 128 Abs. 1 SGG, § 96 Abs. 1 FGO, §§ 46 Abs. 2, 84 S. 1 ArbGG, § 30 BVerfGG, § 93 PatG. Dennoch ist dieser Grundsatz keineswegs selbstverständlich. Der heutige § 286 ist das Ergebnis einer sehr langen geschichtlichen Entwicklung, deren hervorstechendste Tendenz man als ein Wechselspiel zwischen Freiheit und Bindung des Richters bei der Beweiswürdigung kennzeichnen kann.[1] Der heute anerkannte Grundsatz der freien Beweiswürdigung hat sich erst durch die CPO 1877 und die ihr vorausgehenden Entwürfe der deutschen Länder Mitte des 19. Jahrhunderts endgültig durchgesetzt.[2] Die wichtigste Erkenntnis aus der historischen Entwicklung dürfte es sein, dass alle Versuche

---

[1] Vgl. dazu insbesondere *Walter* S. 7 ff.; ferner *Deppenkemper* S. 19 ff.; *Nobili* S. 65 ff.; *Perband* S. 21 ff.

[2] Vgl. § 306 des Hannoverschen Entwurfs der CPO von 1866; § 421 des Preußischen Entwurfs der CPO von 1864; § 430 des Norddeutschen Entwurfs der CPO von 1870. § 430 Norddeutscher Entwurf wurde durch § 235 des Entwurfs 1871 einer Deutschen CPO übernommen, der später unverändert als § 249 des Entwurfs von 1874 und § 259 der in Kraft getretenen CPO von 1877 (bis 1900) weitergalt.

der Vergangenheit, den Richter durch die Erfüllung gewisser Form (formelle Beweistheorie des kanonischen und des gemeinen Prozesses) oder durch sonstige Beweisregeln zu binden, letztlich gescheitert sind und scheitern mussten.[3]

2. Norminhalt jenseits der freien Beweiswürdigung. Inhalt und Bedeutung von § 286 gehen weiter, als es das Stichwort „freie Beweiswürdigung" zum Ausdruck bringt. So ist der Bezugspunkt richterlicher Würdigung nach § 286 Abs. 1 nicht nur das Ergebnis der Beweisaufnahme, sondern der gesamte Inhalt der mündlichen Verhandlung. Das Gericht darf also alle Informationen des Rechtsstreits seinem Urteil zugrunde legen, von denen es prozessordnungsgemäße Kenntnis erlangt hat („freie Verhandlungswürdigung"). Dass es umgekehrt bei der Freiheit des Richters aber nicht um eine unkontrollierte Beliebigkeit geht, macht Abs. 1 S. 2 deutlich. Dort ist die **Begründungspflicht** für die richterliche Überzeugung festgelegt. Sie bildet ein gewisses Korrelat zur notwendigen Subjektivität richterlicher Würdigung (s. Rn. 21). Nach umstrittener, aber richtiger Auffassung enthält § 286 im Ansatz auch eine Regelung des Beweismaßes („für wahr oder für nicht wahr zu erachten sei"). Die erforderliche Trennung von Beweiswürdigung und Beweismaß kann als ein wichtiges und anerkanntes Ergebnis der umfangreichen beweisrechtlichen Diskussion der vergangenen 30 Jahre bezeichnet werden (im Einzelnen s. Rn. 28 ff.). Schließlich regelt § 286 in Abs. 2 auch die Frage bindender Beweisregeln, deren Bedeutung und Umfang in enger Beziehung zur freien Beweiswürdigung steht (s. Rn. 24 ff.). Dagegen wäre es zu viel verlangt, wollte man von dieser Norm auch Informationen über die tatsächlichen Möglichkeiten des Gerichts erwarten, wie es sich ein tragfähiges Urteil über die Wahrheit der Parteibehauptungen bilden kann. Solche Fragen nach der **Rekonstruktion von Sachverhaltsbehauptungen** insbesondere durch eigene Wahrnehmung, durch Übernahme fremder Wahrnehmung oder im Wege des Erschließens können schwerlich Gegenstand normativer Regelungen sein, da es sich hierbei nicht um rechtswissenschaftliche Fragestellungen im engeren Sinn handelt. Für die Fragen der Erkenntnismöglichkeit und der Erkenntnisfähigkeit des Menschen sind vielmehr eine Vielzahl anderer Wissenschaftsbereiche zuständig.[4] 3

Die grundsätzliche Bedeutung von § 286 und der gegebene enge **sachliche Zusammenhang** legen es nahe, im Rahmen einer Kommentierung der freien Beweiswürdigung auch die Fragen des Anscheinsbeweises (Rn. 48 ff.), die Beweisvereitelung (Rn. 80 ff.), die Beweislast (Rn. 93 ff.), sowie die Möglichkeit von Beweisverträgen (Rn. 161 ff.) zu behandeln. Es ist anerkannt, dass insbesondere zwischen den grundsätzlichen Phänomenen der Beweiswürdigung, des Beweismaßes und der Beweislast ein enger sachlicher Zusammenhang besteht.[5] Der enge sachliche Zusammenhang hindert allerdings nicht die Möglichkeit und die Erforderlichkeit der sorgfältigen Trennung dieser Bereiche. 4

In Abgrenzung zu den hier behandelten Fragen der Beweiswürdigung, des Beweismaßes und der Beweislast sind gewisse **Grundbegriffe des Beweises** (Wesen, Ziel, Arten und Gegenstand des Beweises sowie Beweismittel und Beweisverbote) und weiterhin die Grundlagen des Beweisverfahrens in § 284 behandelt.[6] Die Problematik des beweisrechtlichen Geheimverfahrens ist in § 285 Rn. 10 ff. diskutiert. 5

II. Freie Beweiswürdigung

Die Beweiswürdigung ist das **Verfahren zur richterlichen Prüfung,** ob der Beweis gelungen ist. Kern dieses Grundsatzes ist der innere Vorgang der Würdigung des gesamten Inhalts der mündlichen Verhandlung sowie des Ergebnisses der Beweisaufnahme, an den sich ein Vergleich der Ergebnisse mit dem Beweisthema anschließt. 6

1. Begriff und Umfang der Würdigung. Der Begriff der Würdigung bedeutet zunächst nur, dass das Ergebnis von Verhandlung und Beweisaufnahme einer inneren Reflexion mit dem Ziel unterzogen wird, sich eine Überzeugung vom tatsächlichen Geschehen zu verschaffen. Dabei ergibt sich aus § 286 Abs. 1, dass das Gericht seiner Würdigung der tatsächlichen Grundlagen des Rechts- 7

[3] *Walter* S. 85.

[4] In der juristischen Literatur werden diese Fragen insbesondere von *Rüßmann* (AK-ZPO Rn. 2 ff.; *ders.*, Anm. zu BGH ZZP 103 (1990), 65 ff.) behandelt.

[5] Vgl. *Baumgärtel,* FS 600 Jahre Universität zu Köln, S. 171 ff.; *Prütting* Gegenwartsprobleme S. 58 ff.

[6] Zu Wesen, Begriff und Ziel des Beweises s. § 284 Rn. 7 ff., zu den Arten des Beweises s. § 284 Rn. 19 ff., zum Gegenstand des Beweises s. § 284 Rn. 40 ff., zu Beweismitteln s. § 284 Rn. 49 ff., zu den Beweisverboten s. § 284 Rn. 62 ff. und zum Verfahren der Beweiserhebung (also dem Beweisantritt der Partei, der Beweisanordnung durch das Gericht bzw. der Ablehnung von Beweisanträgen sowie der Beweisaufnahme) s. § 284 Rn. 80 ff.

streits alle Informationen zugrunde legen darf und muss, von denen es prozessordnungsgemäße Kenntnis erlangt hat. Ausgeschlossen bleibt allein das sog. private Wissen des Richters.[7] Damit erfasst die Beweiswürdigung jede prozessordnungsgemäße Wahrnehmung aus mündlicher Verhandlung und Beweisaufnahme, also das gesamte Parteivorbringen, alle Handlungen und Unterlassungen der Parteien, den persönlichen Eindruck der Parteien und ihrer Vertreter, insbesondere auch das Schweigen auf Fragen und die Verweigerung bestimmter Antworten sowie die Nichtbefreiung von bestehenden Schweigepflichten oder die Vorenthaltung von Beweismitteln.[8] Auch die Abänderung des Vorbringens im Laufe des Verfahrens kann der Richter würdigend bewerten.[9] Neben der Würdigung des gesamten Verhaltens der Parteien und ihrer Vertreter kommt in gleicher Weise die Würdigung der Beweismittel in Betracht, insbesondere das Verhalten von Zeugen. So kann zB die Verweigerung einer Zeugenaussage oder der Eidesleistung ein wichtiges Indiz der Beweiswürdigung sein.

8 Die Würdigung muss sich auf den **gesamten Inhalt** der Verhandlungen (Akteninhalt, schriftliche Gutachten, protokollierte Aussagen, gesamter Parteivertrag einschließlich der Parteiäußerungen in der mündlichen Verhandlung, Schweigen oder Wechsel des Parteivertrags) und des Ergebnisses der Beweisaufnahme beziehen.[10] Daher wäre es ein Verstoß gegen § 286 Abs. 1, wenn sich ein Gericht nicht mit der Tatsache auseinandersetzt, dass für den Sachvortrag der beweisbelasteten Partei jede innere Wahrscheinlichkeit fehlt.[11] Auf die Aufklärung von Widersprüchen, die sich in Äußerungen von Parteien, Zeugen oder Sachverständigen ergeben, muss das Gericht hinwirken.[12] Besondere Sorgfalt ist im Rahmen der Beurteilung der Glaubwürdigkeit von Zeugen und anderen Aussagepersonen erforderlich.[13] Zum Beweis beim Vier-Augen-Gespräch vgl. unten Rn. 15.

9 Die Beweiswürdigung erstreckt sich neben allen **Tatsachen** (s. § 284 Rn. 41) auch auf alle **relevanten Erfahrungssätze** (s. § 284 Rn. 44 ff.). Sie kann und muss alle erhobenen Beweise berücksichtigen und die grundsätzliche Gleichwertigkeit der Beweismittel beachten (s. Rn. 1).

10 **2. Würdigung durch den Richter.** Das Gesetz überträgt die Beweiswürdigung dem Gericht, also der Person des Einzelrichters oder dem Kollegium. Dies bedeutet, dass das Verfahren des Würdigens in der Person der zur Entscheidung berufenen Richter vor sich geht; auf deren subjektive Einschätzung kommt es also an, sie müssen überzeugt sein. Dabei können dem Richter seine Berufs- und Lebenserfahrung ebenso wie wissenschaftliche Erkenntnisse (zB Aussagenpsychologie, Vernehmungslehre usw.)[14] helfen. Als Möglichkeiten der Sachverhaltsermittlung stehen dem Richter insbesondere die eigene Wahrnehmung (Augenschein, Urkunde), die Übernahme fremder Wahrnehmung (Zeuge, Parteivernehmung), die Übernahme fremder Fachkunde (Sachverständiger) sowie das Erschließen von Tatsachen zu Gebote.[15] Bei der Würdigung der so ermittelten Sachverhaltsergebnisse ist der Richter trotz aller unvermeidbar bestehenden Subjektivität auch an gewisse objektive Vorgaben gebunden. Er muss insbesondere die Denkgesetze, die zwingenden Erfahrungssätze und die Naturgesetze beachten. Dennoch bleibt die richterliche Kognition letztlich eine Entscheidung unter Ungewissheit. Es ist daher zulässig, bei der richterlichen Überzeugungsbildung von einem **Beurteilungsspielraum** zu sprechen.[16]

11 Mit diesen Überlegungen ist zunächst klargestellt, dass das **Ziel des Beweises** niemals die objektive Wahrheit als solche (sog. objektive Theorie)[17] oder die Überzeugung einer vernünftigen Durchschnittsperson sein kann. Allein auf die Person des Richters und auf seine Überzeugung kommt es an. Damit ist aber noch nicht gesagt, dass der **Inhalt der richterlichen Überzeugung** ein rein subjektiver sein muss. Es kann nämlich bei der Überzeugungsbildung nicht um ein ausschließlich subjektives Meinen oder Glauben des Richters gehen. Ebenso wenig ist es jedoch möglich, eine Objektivierung richterlicher Beweiswürdigung in der Form vorzunehmen, dass zwar die subjektive Überzeugung des Richters den Ausschlag gibt, diese aber immer dann anzunehmen ist,

---

[7] Grundlegend dazu *Stein,* Das private Wissen des Richters, 1893, S. 1 ff.; ferner *Stein/Jonas/Leipold* Rn. 18 m. weit. Nachw.

[8] Soweit in einem solchen Verhalten eine Beweisvereitelung (s. Rn. 80) zu sehen ist, kommt neben der freien Beweiswürdigung auch die Unterstellung von Tatsachenbehauptungen als Sanktion in Betracht (s. Rn. 91).

[9] BGH NJW 2002, 1276.

[10] BGH NJW-RR 2004, 425; NJW 1993, 935, 937; *Hohlwerk* JuS 2001, 585.

[11] BGH NJW 1995, 966; *Meyke* NJW 2000, 2230.

[12] BGH NJW 1996, 1597; BGH NJW 1994, 2419; BGH NJW 1991, 3285.

[13] Vgl. dazu OLG Karlsruhe, NJW-RR 1998, 789; BGH NJW 1995, 955; BGH NJW 1991, 3284; BGH NJW-RR 1995, 1210; BGH NJW-RR 1992, 920.

[14] Vgl. § 284 Rn. 104 m. weit. Nachw.

[15] Vgl. dazu im Einzelnen und insbesondere zum Erschließen von Tatsachen AK-ZPO/*Rüßmann* Rn. 2 ff.

[16] *Scherzberg* ZZP 117, 2004, 163, 182 f.

[17] Vgl. dazu *Greger* S. 93 ff., *Huber,* Das Beweismaß im Zivilprozeß, 1983, S. 36 ff., 77 ff.

wenn auch jeder vernünftige Dritte überzeugt wäre (sog. Drittkontrollmodell).[18] In Betracht kommt allein eine richterliche Überzeugung, die mit objektiven Kriterien (Denkgesetze, Erfahrungssätze, Naturgesetze) übereinstimmt und die die prozessrechtlichen Vorgaben beachtet.[19] Die freie Beweiswürdigung beruht also auf einer **Kombination subjektiver und objektiver Faktoren.**[20]

Insbesondere verlangt § 286 eine **sachgemäße Beweiswürdigung.**[21] So gebietet es der Grundsatz der freien Beweiswürdigung, dass das Gericht bei seiner Entscheidung nur das berücksichtigen darf, was aus der gerichtlichen Verhandlung und der Beweisaufnahme geschöpft ist. Ebenso darf das Gericht nur das berücksichtigen, was auf der Wahrnehmung aller an der Entscheidung beteiligten Richter beruht oder aktenkundig ist und wozu die Parteien sich zu erklären Gelegenheit hatten.[22] Dagegen wird verstoßen (und insofern auch § 286 verletzt), wenn ein Gericht Tatsachen oder Beweismittel verwertet, zu denen nur eine dritte Person (Notar, Sachverständiger) Zugang hatte. Deshalb sind beweisrechtliche Geheimverfahren, die dies nicht beachten, unzulässig.[23] Im Einzelnen vgl. § 285 Rn. 10ff. Einen Verstoß stellt es auch dar, wenn Fragen der Glaubwürdigkeit von Personen (insbes. von Zeugen) ohne unmittelbaren Eindruck oder ausreichende aktenkundige Beurteilung des vernehmenden Richters entschieden werden.[24] 12

3. Freiheit der Würdigung. Dass die Beweiswürdigung eine freie ist, will zum Ausdruck bringen, dass der Richter nicht an gesetzliche Beweisregeln gebunden ist (zur Ausnahme des Abs. 2 s. u. Rn. 24ff.). Er unterliegt also keinem Zwang, welche Beweismittel er von Amts wegen heranzieht, welche er in welcher Relation berücksichtigt und insbesondere ist er nicht an einen bestimmten Beweiswert gebunden (soweit Anträge der Parteien vorliegen, ist aber § 284 Rn. 90 zu beachten). Ebenso wie bei Beweismitteln ist der Richter in der Beurteilung von Indizien frei (BGH NJW 1991, 1894). Diese Freiheit geht soweit, dass das Gericht auch ohne jede Beweisaufnahme von Tatsachenbehauptungen überzeugt sein kann oder dass der Richter einer Parteibehauptung mehr Glauben schenken darf als einem Zeugen (im Einzelnen s. u. Rn. 15). In diesem Grundsatz der Freiheit des Richters von gesetzlichen Beweisregeln, die ihm den Beweiswert vorschreiben und ihm damit sagen, wann er überzeugt sein muss, liegt der zentrale Unterschied des heutigen Gesetzes zu seinen historischen Vorbildern.[25] 13

Dass die Freiheit richterlicher Beweiswürdigung aber **nicht unbegrenzt** ist, zeigen insbes. drei Aspekte: die zwingende Berücksichtigung der Denkgesetze, der Erfahrungssätze und der Naturgesetze durch den Richter, die richterliche Begründungspflicht (s. Rn. 21) sowie die auch heute noch in Ausnahmen vorhandenen bindenden Beweisregeln (s. Rn. 24). 14

Einen **Verstoß** gegen die Freiheit richterlicher Beweiswürdigung stellt es dar, wenn der **Beweiswert** eines bestimmten Beweismittels (zB die Zeugenaussage bestimmter Personen) grundsätzlich geringer bewertet wird als ein anderes Beweismittel. Daher hat der BGH neuerdings zu Recht die sog. **Beifahrer-Rechtsprechung** (wonach der Aussage von Insassen unfallbeteiligter Kfz regelmäßig kein Beweiswert zukommt) beanstandet.[26] Dies kann im Einzelfall auch für das Verhältnis von Zeuge und Parteibekundung gelten.[27] Dagegen muss die Ersetzung einer Zeugenvernehmung durch das Protokoll einer Aussage in einem früheren Verfahren insbes. im Hinblick auf die Glaubwürdigkeit der Person zu einer Einschränkung des Beweiswertes führen (BGH ZIP 2000, 635 = NJW 2000, 1420). Ein genereller Streit hat sich zum Beweis durch Parteivernehmung beim **Vier-Augen-Gespräch** seit der Entscheidung des EGMR vom 27. 10. 1993 ergeben.[28] Das Straßburger Gericht hatte es als einen Verstoß gegen Art. 6 Abs. 1 MRK gewertet, wenn eine Partei den Prozess schon deshalb verliert, weil nur die Gegenpartei für das streitige Vier-Augen-Gespräch einen Zeugen hat, während sie selbst als Partei (nach damaligem niederländischen Recht) mit der Beweisführung ausgeschlossen ist. Es ist streitig, ob die Entscheidung Veränderungen im deutschen 15

---

[18] *Walter* S. 165ff.
[19] Zum Ganzen insbesondere *Prütting* Gegenwartsprobleme S. 63ff.
[20] Wie hier *Stein/Jonas/Leipold* Rn. 2.
[21] BGH NJW 1991, 1302; *Pantle* NJW 1991, 1280.
[22] BGHZ 53, 257 = NJW 1970, 946; BGH NJW 1991, 1302.
[23] BGH NJW 1992, 1817; *Schilken* SAE 1993, 312; *Walker,* FS E. Schneider, 1997, S. 169f.; *Prütting/Weth* DB 1989, 2277.
[24] BGH ZIP 2000, 635 = NJW 2000, 1420; BGH NJW-RR 1995, 1210; BGH NJW 1991, 3284 und 3285.
[25] Vgl. dazu insbesondere *Walter* S. 39ff.; *Musielak,* Die Grundlagen der Beweislast im Zivilprozeß, 1975, S. 209ff.; weit. Nachw. bei *Prütting* Gegenwartsprobleme S. 120f.
[26] BGH NJW 1988, 566; dazu *Greger* NZV 1988, 13; *Walter* NJW 1988, 567; *Reinecke* MDR 1989, 114; generell zum Wert des Zeugen *Kirchhoff* MDR 1999, 1473; *Foerste* NJW 2001, 321; *Einmahl* NJW 2001, 469.
[27] OLG Karlsruhe NJW-RR 1998, 789.
[28] EGMR NJW 1995, 1413.

Beweisrecht erfordert.[29] Das BVerfG und der BGH sowie das BAG haben dies verneint.[30] Vielmehr könne dem begegnet und damit die prozessuale Waffengleichheit gewahrt werden, indem das Gericht neben dem Zeugen der einen Seite auch die Gegenpartei gemäß § 141 anhört oder gemäß § 448 vernimmt und sodann alle Äußerungen frei würdigt. Auch die Beweislast einer von **Mobbing** betroffenen Person kann durch Anwendung des §§ 141, 448 ausgeglichen werden.[31]

16 **4. Ziel der Würdigung.** Nach dem Wortlaut des Gesetzes ist Ziel der freien Beweiswürdigung die **Überzeugung des Gerichts.** Der genaue Inhalt des Begriffs der Überzeugung und insbesondere die Frage, ab welcher Beweisstärke der Richter überzeugt sein darf und muss, war gerade in jüngster Zeit heftig umstritten. Das Gesetz gibt in § 286 Abs. 1 dazu freilich einen wichtigen Hinweis, wenn es die Entscheidung verlangt, „ob eine tatsächliche Behauptung für wahr oder für nicht wahr zu erachten sei".

17 Es ist heute anerkannt, dass die Anforderungen an die richterliche Überzeugung, also das sog. **Beweismaß** (manchmal wird auch von Beweiskriterium, Beweisquantum, Beweisstärke gesprochen), vom Vorgang der richterlichern **Würdigung** zu trennen sind. Insbesondere muss, weil es eine Frage abstrakt-genereller Bewertung ist, ab welchem Punkt ein Richter überzeugt sein darf, das Beweismaß **rechtssatzmäßig** festgelegt sein im Gegensatz zur konkreten Beweiswürdigung, die die Einschätzung der im Einzelfall zutage getretenen Umstände betrifft. Zum Beweismaß im Einzelnen s. Rn. 28 ff.

18 Auch vor einer näheren Bestimmung des Beweismaßes können aber über die **Anforderungen an die richterliche Überzeugung** gewisse Aussagen gemacht werden. Die richterliche Überzeugung ist nicht gleichzusetzen mit persönlicher Gewissheit.[32] Der Begriff der Gewissheit stellt absolute Anforderungen an eine Person. Er lässt für (auch nur geringe) Zweifel keinen Raum. Soviel aber verlangt das Gesetz nicht, wenn es davon spricht, das Gericht müsse etwas für wahr **„erachten".** Auch gilt es zu bedenken, dass richterliche Überzeugung ebenso von Kollegialgerichten verlangt wird. Bei diesen muss also eine Mehrheitsentscheidung genügen, eine Gewissheit der Kammer oder des Senats gibt es nicht. Solche Überlegungen zeigen, dass es bei dem Begriff der richterlichen Überzeugung nicht um ein rein personales Element der subjektiven Gewissheit eines Menschen geht, sondern dass der Richter in seiner prozessordnungsgemäßen Stellung bzw. das Gericht in seiner Funktion als streitentscheidendes Kollegialorgan eine prozessual ausreichende Überzeugung durch Würdigung und Abstimmung erzielt.

19 Damit wird deutlich, dass es der richterlichen Überzeugung keinesfalls im Wege steht, wenn dem Gericht gewisse notwendige Unsicherheiten in der Tatsachengrundlage bewusst sind, weil etwa verspätetes Vorbringen einer Partei präkludiert wurde (vgl. § 296) oder weil die Versäumnis einer Partei oder die besondere Verfahrensart (Urkundenprozess, einstweiliger Rechtsschutz) eine Beweisaufnahme verhindert hat. Das Gleiche gilt für eine mögliche Beschränkung des tatsächlichen Vorbringens auf Grund der Verhandlungsmaxime. Unerheblich für die Beweiswürdigung und die Überzeugungsbildung ist auch die Frage der Beweislast. **Richterliche Überzeugung** ist vielmehr **die prozessordnungsgemäß gewonnene Erkenntnis** des einzelnen Richters oder der Mehrheit des Kollegiums, dass **die vorhandenen Eigen- und Fremdwahrnehmungen sowie Schlüsse ausreichen, die Erfüllung des vom Gesetz vorgesehenen Beweismaßes zu bejahen.** Bei aller Subjektivität richterlicher Würdigung enthält damit die Überzeugungsbildung auch objektive Elemente, nämlich insbesondere den Versuch, die gewonnenen Prozesserkenntnisse in Relation zum gesetzlich vorgegebenen Beweismaß zu bringen. Es darf also weder der besonders leichtgläubige Richter noch der generelle Skeptiker sein rein subjektives Empfinden als Maß der Überzeugung setzen, sondern jeder Richter muss sich bemühen, unter Beachtung der Prozessgesetze, Ausschöpfung der gegebenen Erkenntnisquellen und Würdigung aller Verfahrensergebnisse in gewissenhafter und vernünftiger Weise eine Entscheidung nach seiner Lebenserfahrung darüber zu treffen, ob im Urteil von der Wahrheit einer Tatsachenbehauptung auszugehen ist.

20 **5. Das international anwendbare Recht.** Im Grundsatz wird das Beweisrecht von der lex fori bestimmt. Dies beruht im Ausgangspunkt auf der territorialen Begrenzung des Beweisrechts. Im

---

[29] Vgl. grundlegend *Kwaschik,* Die Parteivernehmung und der Grundsatz der Waffengleichheit im Zivilprozess, 2004; *Brus,* Die Parteivernehmung gemäß §§ 447, 448 ZPO im Lichte des aus Art. II-107 II EuVerf folgenden Prinzips der Waffengleichheit am Falle des Vier-Augen-Gesprächs, Diss. jur. Köln 2007.

[30] BVerfG NJW 2001, 2531; BGH NJW 1999, 363; NJW-RR 2003, 1002; NJW 2003, 3636; NJW-RR 2006, 61; BAG NJW 2002, 2196, 2198.

[31] LAG Thüringen NZA-RR 2001, 347 und 577.

[32] BGH NJW-RR 1994, 567.

Einzelnen wird in der neueren Literatur allerdings mehr und mehr differenziert.[33] So unterliegt insbesondere das Beweisverfahren der lex fori. Dagegen richtet sich der Gegenstand des Beweises nach der lex causae. Für die Fragen der Beweiserheblichkeit und der Beweisbedürftigkeit ist wiederum die lex fori heranzuziehen. Ausländische Beweisverbote sind im deutschen Zivilprozess unbeachtlich. Streitig ist die Qualifizierung des Beweismaßes; nach richtiger Auffassung ist es dem Prozessrecht und damit der lex fori zu unterstellen.[34] Der Grundsatz der freien Beweiswürdigung ist vom deutschen Richter auch dann zu beachten, wenn in der Sache ausländisches Recht angewendet wird. Damit untersteht auch die Beweiswürdigung der lex fori.[35] Abweichendes gilt dagegen für die Fragen der Beweislast (s. Rn. 137 ff.).

6. Begründungspflicht. Das Gesetz verlangt in Abs. 1 S. 2, dass der Richter im Urteil die Gründe angeben muss, die für seine Überzeugung leitend gewesen sind.[36] Diese richterliche Begründungspflicht ist die Basis jeder Überprüfung der Entscheidung durch Parteien und Rechtsmittelgericht. Sie ist auch für den entscheidenden Richter selbst eine wesentliche Kontrolle. Das gesetzliche Erfordernis wirkt somit einer irrationalen richterlichen Entscheidung entgegen. Die Bedeutung der richterlichen Begründungspflicht wird vielfach unterschätzt. 21

Im Einzelnen müssen die **leitenden Gründe** konkret angegeben werden, allgemeine Formeln oder leere Redensarten genügen nicht.[37] So sind zB die konkreten Umstände für die Glaubwürdigkeit eines Zeugen anzugeben. Insbes. beim Vorliegen von Sachverständigengutachten sind die Gründe, aus denen das Gericht dem Gutachten nicht folgt oder folgt, sorgfältig darzulegen.[38] Das Gericht muss seine eigene Sachkunde näher konkretisieren.[39] Nicht erforderlich ist es allerdings, dass das Gericht auf sämtliche möglichen Schlussfolgerungen aus vorgetragenen Behauptungen eingeht oder alles erörtert, auch soweit es Behauptungen für unerheblich hält. Wichtig ist, dass der Begründung entnommen werden kann, dass das Gericht eine vernünftige und sachentsprechende Gesamtwürdigung und Beurteilung vorgenommen hat.[40] 22

7. Nachprüfung in der Revisionsinstanz. Die Beweiswürdigung des Tatrichters als solche unterliegt nicht der Kontrolle des Revisionsgerichts (vgl. §§ 545 Abs. 1, 546, 559). Dieses hat nur die Wahrung der gesetzlichen Voraussetzungen und Grenzen von § 286 zu überprüfen. Im Einzelnen gilt folgendes: **Inhaltliche Eingriffe** in die freie Beweiswürdigung des Tatrichters sind dann möglich, wenn ein Verstoß gegen die Denkgesetze, zwingende Erfahrungssätze und Naturgesetze vorliegt oder wenn der Anscheinsbeweis fehlerhaft herangezogen wurde.[41] Daneben kommen als Revisionsgrund **Verstöße gegen das Verfahren** im Rahmen der freien Beweiswürdigung in Betracht. Überprüft werden kann deshalb, ob die Beweiswürdigung vollständig ist und ob das Beweisergebnis einer Würdigung unterzogen wurde, ob die eigene Sachkunde des Gerichts ausreichend belegt ist, um ein Sachverständigengutachten zu ersetzen oder zu widerlegen, ob ein Zeuge zu vereidigen ist,[42] schließlich ob die Beweiswürdigung sachgerecht und fair vorgenommen wurde.[43] Auch die fehlende oder unzureichende Begründung im Urteil, durch einen einzigen allgemeinen Satz („Das Gericht hat seine Überzeugung auf Grund der Ergebnisse der Beweisaufnahme erlangt") stellt einen Revisionsgrund dar. 23

III. Gesetzliche Beweisregeln

In Abweichung vom Grundsatz der freien Beweiswürdigung lässt § 286 Abs. 2 ausnahmsweise den Richter bindende Beweisregeln zu, sofern das Gesetz solche Beweisregeln ausdrücklich vorsieht.[44] 24

---

[33] Vgl. insbesondere *Coester-Waltjen,* Internationales Beweisrecht, 1983, passim; vgl. ferner *Geimer* Rn. 2260 ff.; *Linke,* Internationales Zivilprozeßrecht, 4. Aufl. 2006, Rn. 286 ff.; *Schack* Rn. 655 ff.; *Nagel/Gottwald* S. 449 ff.

[34] AA *Coester-Waltjen* Rn. 365; *Geimer* Rn. 2334.

[35] *Geimer* Rn. 2338; *Linke* Rn. 303; *Schack* Rn. 693.

[36] Zur Formulierung dieser Gründe vgl. *Hohlweck* JuS 2001.

[37] Vgl. *Reinecke* MDR 1986, 630; *ders.* NZA 1989, 579; ferner BGH NJW 1995, 966; BGH NJW 1998, 2969.

[38] Vgl. BGH NJW 2001, 2791; NJW 2001, 2792; NJW 2001, 2795.

[39] Vgl. dazu BGH NJW 2003, 1325; NJW 1994, 2419; 1989, 2948; 1981, 2578; OLG Naumburg NJW 2001, 3420; *Baumgärtel* VersR 1975, 677.

[40] Vgl. BGHZ 3, 175; BGH NJW 1991, 1894.

[41] BGH NJW 1991, 1894; 1987, 1558; VersR 1982, 1145; BAG ZIP 1983, 723.

[42] BGH NJW 1965, 1530.

[43] Vgl. BGH NJW 1991, 1302; VersR 1985, 362; 1984, 661; *Pantle* NJW 1991, 1280.

[44] Vgl. dazu *Britz* ZZP 110 (1997), 61; unrichtig daher *E. Schneider* MDR 2001, 246, der den Begriff der Beweisregel mit der Lebenserfahrung vermischt und diese mit tatsächlichen und gesetzlichen Vermutungen in Verbindung setzt!

25 **In der ZPO** finden sich solche Beweisregeln bei den Vorschriften über das Protokoll (§ 165), über das anwaltliche Empfangsbekenntnis (§§ 174, 195 Abs. 2), über den Nachweis der Auslandszustellung (§ 183 Abs. 2), für den Tatbestand des Urteils (§ 314), und für die Beweiskraft öffentlicher oder privater Urkunden (§§ 415 bis 418, 435, 438 Abs. 2). **Außerhalb der ZPO** gibt es ferner gesetzliche Beweisregeln in den §§ 60, 66 PStG, §§ 32 bis 35 GBO, § 190 StGB.

26 **Keine Beweisregeln** sind die Normen über das Geständnis (§§ 288 bis 290), über offenkundige Tatsachen (§ 291), über gesetzliche Vermutungen (§ 292) sowie die Anwendung der Lebenserfahrung auf die richterliche Überzeugungsbildung.[45] Auch § 270 S. 2 kann nicht als bindende Beweisregel angesehen werden.[46] Ebenfalls keine bindenden Beweisregeln sind diejenigen Normen, die dem Richter vorschreiben, gewisse Tatsachenbehauptungen ohne eine Prüfung ihres Wahrheitsgehalts der Entscheidung zugrundezulegen (vgl. §§ 138 Abs. 3, 184 Abs. 2, 239 Abs. 4, 242, 244 Abs. 2, 331, 439 Abs. 3, 539 Abs. 2, §§ 545 Abs. 1, 546, 559; vgl. dazu § 546 Rn. 15). Eine richterliche Beweisregel mit dem Inhalt: „Einem Zeugen ist immer zu glauben, soweit nicht ganz gewichtige Anhaltspunkte dagegen sprechen" wäre ebenfalls ein klarer Verstoß gegen § 286.[47]

27 Die Formulierung des Gesetzes „in den durch dieses Gesetz bezeichneten Fällen" bedeutet nicht, dass **Beweisregeln nur in der ZPO** enthalten sein können. Abs. 2 muss insoweit in seinem historischen Kontext ausgelegt werden. Die Norm hat bei Inkrafttreten der ZPO alle damals bestehenden landesrechtlichen Beweisregeln beseitigt. Auf Beweisregeln in Bundesgesetzen außerhalb der ZPO bezieht sich Abs. 2 nicht, solche Beweisregeln sind also auch heute noch zu beachten.

IV. Beweismaß

28 **1. Grundlagen. a) Die Trennung von Beweiswürdigung und Beweismaß.** Von der Beweiswürdigung zu trennen ist die Frage, **wann** der Richter von einer Tatsachenbehauptung überzeugt sein darf. Von dieser Frage nach dem Maßstab richterlicher Überzeugung handelt die Problematik des Beweismaßes (früher wurde manchmal auch von Beweiskriterium, Beweisquantum oder Beweisstärke gesprochen). Während die Beweiswürdigung sich nur auf die Prüfung beschränkt, **ob** der Beweis gelungen ist, ob also der Richter im konkreten Falle eine bestimmte Tatsachenbehauptung als bewiesen ansehen darf, gibt das Beweismaß an, **wann** dieser Beweis gelungen ist; das Beweismaß weist der richterlichen Überzeugung also einen bestimmten Inhalt zu, es bestimmt, **wovon** der Richter überzeugt sein muss. Im Gegensatz zur Beweiswürdigung als einer Tatfrage muss deshalb das Beweismaß rechtssatzmäßig geregelt sein.[48] Denn es ist eine Frage genereller und abstrakter Wertungen und daher im Grundsatz vom Gesetzgeber zu entscheiden, welches Beweismaß in einem Rechtsgebiet gelten soll.[49]

29 **b) Die Vorfragen der Beweismaßbestimmung.** Ausgangspunkt der Beweismaßbestimmung ist die oben (Rn. 10f., 16) getroffene Feststellung, dass das Ziel des Beweises die Überzeugung des Richters ist. Auf die Überzeugung einer vernünftigen Durchschnittsperson oder auf die objektive Wahrheit als solche kann nicht abgestellt werden.

30 Diese Überzeugung des Richters ist weder rein subjektiv als das persönliche Meinen oder Glauben des Richters noch in einem objektivierten Sinn zu verstehen, wonach richterliche Überzeugung zu bejahen wäre, wenn auch jeder vernünftige Dritte überzeugt wäre (s. Rn. 10f.). Anzuknüpfen ist vielmehr an den oben (Rn. 18f.) dargelegten Begriff richterlicher Überzeugung, der unter Beachtung der Denkgesetze, der zwingenden Erfahrungssätze und der Naturgesetze auf die prozessordnungsgemäß gewonnene Erkenntnis abstellt, dass die richterlichen Eigen- und Fremdwahrnehmungen sowie die gezogenen Schlüsse ausreichen, die Erfüllung des vom Gesetz vorgesehenen Beweismaßes zu bejahen. Die richterliche Überzeugung beruht damit auf einer Kombination subjektiver und objektiver Faktoren.

31 **c) Die Kernfragen.** Bei der Suche nach dem richtigen Beweismaß sind zwei Grundfragen zu unterscheiden. Zum einen ist zu klären, ob der Maßstab der richterlichen Überzeugung die Wahrheit oder irgendeine Wahrscheinlichkeit ist (s. Rn. 32). Mit dieser ersten Frage hängt die in jüngerer Zeit sehr intensiv diskutierte zweite Frage sehr eng zusammen, ob das Gesetz an das Beweismaß sehr hohe Anforderungen stellt, also die Wahrheitsüberzeugung bzw. eine sehr hohe Wahrschein-

---

[45] AA *E. Schneider* MDR 2001, 246.

[46] AA *Baumbach/Lauterbach/Hartmann* Rn. 71; *Stein/Jonas/Leipold* Rn. 24.

[47] *Reinecke* NZA 1989, 579; zum Beweiswert einer Zeugenaussage, die in einem anderen Verfahren gemacht wird, vgl. BGH MDR 1996, 632.

[48] *Prütting* Gegenwartsprobleme S. 59; *Maassen* S. 19; *Greger* S. 15; aA *Hainmüler* ZZP 90 (1977), 335.

[49] Das wird neuerdings wiederum grundlegend verkannt von *Gräns* S. 167ff., die dem Richter die variable Beweismaßfestlegung übertragen will.

lichkeit verlangt, oder ob das Gesetz sich mit einer nur überwiegenden Wahrscheinlichkeit, also einem erheblich geringeren Beweismaß begnügt (s. Rn. 35).

2. Überzeugung von der Wahrheit oder von einer Wahrscheinlichkeit? Sehr umstritten ist bis heute, ob sich die richterliche Überzeugung auf die Wahrheit der Tatsachenbehauptungen oder auf eine (sehr hohe) Wahrscheinlichkeit bezieht. Die Rechtsprechung schwankt in der Benutzung beider Formeln.[50] Seit der berühmten Anastasia-Entscheidung[51] steht die Betonung richterlicher Überzeugung von der Wahrheit wiederum im Vordergrund. Der BGH hatte in dieser Entscheidung formuliert: „Eine von allen Zweifeln freie Überzeugung setzt das Gesetz nicht voraus. Auf die eigene Überzeugung des entscheidenden Richters kommt es an, auch wenn andere zweifeln oder eine andere Auffassung erlangt haben würden. Der Richter darf und muss sich aber in tatsächlich zweifelhaften Fällen mit einem für das praktische Leben brauchbaren Grad von Gewissheit begnügen, der den Zweifeln Schweigen gebietet, ohne sie völlig auszuschließen.“ 32

In der **Literatur** werden die beiden Kriterien in **verschiedenen Varianten** vertreten. So soll es nach einer Meinung[52] auf die rein subjektiv verstandene Wahrheit ankommen, für die der Begriff der Wahrscheinlichkeit keine Rolle spielt und die allein von der Überwindung aller Zweifel durch den Richter gekennzeichnet ist. Die wohl hM[53] sieht die richterliche Überzeugung von der Wahrheit nur als einen Grenzwert für das Vorliegen sehr hoher Wahrscheinlichkeit. Eine dritte Auffassung[54] verneint die Tauglichkeit des Wahrheitskriteriums für die Beweismaßbestimmung und will ausschließlich auf die richterliche Überzeugung vom Vorliegen einer Wahrscheinlichkeit abstellen. 33

Die in diesen Auffassungen zum Ausdruck kommenden unterschiedlichen Überlegungen mögen theoretisch gewichtig sein. Es darf aber nicht verkannt werden, dass sich in der praktischen Rechtsanwendung zwischen diesen Auffassungen **kein ernstlicher Unterschied** ergeben dürfte. So ist die scheinbar rein subjektive Auffassung *Gregers* von ihm selbst durch objektive Komponenten ergänzt worden. Denn auch *Greger* hält die richterliche Überzeugung für die innerliche Zustimmung zu einem auf Sachgründen beruhenden, mit den Denk-, Natur- und Erfahrungsgesetzen in Einklang stehenden Urteil.[55] Andererseits muss den reinen Wahrscheinlichkeitslehren entgegengehalten werden, dass der Begriff der Wahrheit, wie ihn Rspr. und hM verwenden, nicht in einem streng wissenschaftstheoretischen Sinne benutzt wird. Genauer gesagt geht es nicht um eine richterliche Überzeugung vom Vorliegen der Wahrheit als eines wissenschaftstheoretischen Prädikats, das man Sätzen zuschreibt. Die richterliche Überzeugung bezieht sich vielmehr, wie § 286 sagt, darauf, ob etwas für wahr zu „erachten“ sei. Daher scheint es trotz mancher theoretischer Zweifel zulässig, mit der hM als Beweiskriterium eine richterliche Überzeugung zu verlangen, die auf der Basis objektive Kriterien (Gesichtspunkte der Wahrscheinlichkeit) vom Richter eine persönliche Zweifelsüberwindung verlangt, so dass er selbst die streitigen Tatsachenbehauptungen für wahr erachtet. Eine solche Zweifelsüberwindung durch den Richter gibt ihm wegen der notwendigen Subjektivität der richterlichen Entscheidung einen gewissen unüberprüfbaren innerlichen Spielraum (Beurteilungsspielraum[56]). Dies ist unvermeidlich, ändert aber nichts daran, dass der **Bezugspunkt richterlicher Überzeugung letztlich allein das Führwahr-Erachten ist.** Zu Unrecht wird aus dem innerlichen Spielraum manchmal auch der Schluss gezogen, § 286 verlange ein relatives Beweismaß mit einem richterlichen Ermessen zwischen überwiegender Wahrscheinlichkeit und sehr hoher Wahrscheinlichkeit.[57] Dies ist abzulehnen (s. Rn. 40), auch wenn einzuräumen ist, dass sich die theoretisch gewichtigen Unterschiede nicht unbedingt in praktisch unterschiedlichen Ergebnissen niederschlagen werden.[58] 34

3. Regelbeweismaß. Von hoher praktischer Bedeutung ist die Frage, ob der richterlichen Überzeugung die (subjektive) Erkenntnis vom Vorliegen einer sehr hohen Wahrscheinlichkeit oder nur einer überwiegenden Wahrscheinlichkeit zugrunde liegen muss. § 286 verlangt hier den sog. Vollbeweis, stellt also hohe Anforderungen an die richterliche Überzeugung. Mit einer nur über- 35

---

[50] Vgl. schon in der Rspr. des RG: RGZ 15, 338 und RGSt, 61, 202; aus der Rspr. des BGH vgl. BGH DRiZ 1969, 53 gegen BGHZ 53, 245.

[51] BGHZ 53, 245 = NJW 1970, 946.

[52] Insbesondere *Greger* S. 113 ff.; *Schwab* FS Fasching, S. 451 ff.

[53] *Stein/Jonas/Leipold* Rn. 4; *Leipold* S. 10; *Prütting* Gegenwartsprobleme S. 59 ff., 73 ff.; *Einmal* NJW 2001, 469, 470.

[54] *Huber* S. 102 ff. m. weit. Nachw.

[55] *Greger* S. 16 f., 20.

[56] *Scherzberg* ZZP 117, 2004, 163, 182 f.

[57] *Gottwald* S. 208; *ders.*, FS Henrich, S. 165 ff.; AK-ZPO/*Rüßmann* Rn. 20; *Rommé,* Der Anscheinsbeweis im Gefüge von Beweiswürdigung, Beweismaß und Beweislast, S. 88 ff.; *Brinkmann* S. 41 ff., 61 ff.

[58] Das ist insbesondere *Gottwald,* FS Henrich, S. 165, 176 zuzugeben.

wiegenden Wahrscheinlichkeit darf der Richter sich im Regelfall nicht begnügen (sog. Überwiegensprinzip[59]). Ebenso wenig ist es dem Richter erlaubt, das Beweismaß nach den konkreten Umständen des einzelnen Falles zu wählen (relative Beweismaßtheorie[60]).

36 Die von der hM vertretenen hohen **Anforderungen** an die richterliche Überzeugung finden ihre **Begründung** bereits im Wortlaut von § 286 („für wahr zu erachten sei"). Neben dem Wortlaut stützt auch die Gesetzessystematik dieses Ergebnis. So ist der Gegensatz zwischen § 286 einerseits und § 287 (freie Überzeugung ohne Bezug auf die Wahrheit) sowie § 294 (Glaubhaftmachen) vom Gesetz gewollt und zeigt sehr deutlich, dass im Normalfall der Richter all das noch nicht seiner Entscheidung zugrunde legen darf, wofür nur eine gewisse Plausibilität oder eine überwiegende Wahrscheinlichkeit spricht. Eine besonders deutliche Unterstützung erfährt dieses Ergebnis durch die große Zahl im Gesetz vorhandener einzelner Normen, durch die Abstufungen vom Regelbeweismaß des § 286 vorgenommen worden sind (s. Rn. 41 ff.). Alle diese Einzelvorschriften wären funktionslos und sinnwidrig, wenn das geltende Recht nur die überwiegende Wahrscheinlichkeit als Regelbeweismaß vorsehen würde.

37 Zugleich zeigt das Verhältnis von § 286 zu den §§ 287, 294 und zu den einzelnen Beweismaßsondernormen, dass vom Regelbeweismaß gesetzlich vorgesehene oder richterrechtlich legitimierte Abstufungen im Einzelfall möglich sind.[61] Es wäre ein Missverständnis, solche einzeln legitimierten Abweichungen vom Regelbeweis als Indiz dafür zu werten, dass im deutschen Recht in Wahrheit das Überwiegungsprinzip gelte.

38 Die von den Vertretern der überwiegenden Wahrscheinlichkeit als Regelbeweismaß geltend gemachten Gegengründe (die überwiegende Wahrscheinlichkeit sei das Beste, was wir haben; die Praxis verfahre in Wahrheit meist nach ihr; es sei besser, dem Recht zu geben, der wahrscheinlich recht hat, als ein Beweislasturteil zu fällen), können demgegenüber nicht überzeugen.[62] Die Ablehnung der Auffassung vom Beweismaß der überwiegenden Wahrscheinlichkeit trifft in besonderem Maße auf die Überlegungen von *Motsch*[63] und von *Ekelöf*[64] zu. Während *Motsch* mit seiner Auffassung, dass der Richter nicht nur bei überwiegender Wahrscheinlichkeit von der geltend gemachten Tatsachenbehauptung auszugehen habe, sondern dass dies selbst bei gleicher Wahrscheinlichkeit (also totalem non liquet) zu gelten habe, vollkommen das System des deutschen Rechts verlässt,[65] beruhen die Ausführungen von *Ekelöf* weitgehend auf einer Verwechslung von Beweismaß und Beweislast.[66] Das gilt ebenso für die Untersuchung von *Gräns,* die zwar von „Normen der Beweislast und des Beweismaßes" spricht, die aber das Beweismaß nach der Einschätzung des Einzelfalles durch den Richter festlegen will und die die Beweislastregeln für einseitig und unelastisch hält, so dass Beweislastentscheidungen nach Möglichkeit zu vermeiden seien.[67]

39 Angesichts der mit dem Gesetz in keiner Weise zu vereinbarenden Auffassung von der überwiegenden Wahrscheinlichkeit als Regelbeweismaß bedarf es nur weniger Hinweise auf die große Anzahl weiterer gegen diese Lehre sprechender Argumente. Sie würde zu einer unberechtigten Haftungsverlagerung durch die Ausuferung materiellrechtlicher Anspruchsgrundlagen führen können.[68]

---

[59] *Kegel,* Festgabe für Kronstein, S. 335, 343 f.; *Bruns* S. 243 ff., *Maassen* S. 54 f., 153 ff.; *Motsch* S. 36, 86, 91; *ders.,* Gedächtnisschrift für Rödig, 1978, S. 334; wohl auch *Nell* S. 117 f., 210 f.

[60] In diesem Sinne *Gottwald, Rüßmann* und *Rommé* (jeweils Fn. 57). Die Auffassungen der in Fn. 59 (und teilweise auch in Fn. 57) Genannten stützen sich vielfach auch rechtsvergleichend auf amerikanische und schwedische Theorien. Allerdings wird in der schwedischen Doktrin immer wieder das korrekte Verhältnis von Beweislast und Beweismaß sowie die normative Grundlage beider Phänomene verkannt s. u. Rn. 38). Das zeigt nunmehr wiederum die Arbeit von *Gräns* S. 167 ff. deutlich, die alle früheren Missverständnisse wiederholt, ohne die seither erzielten wissenschaftlichen Erkenntnisse in Deutschland wahrzunehmen. Für das Common Law hat neuerdings die Untersuchung von *Brinkmann* S. 27 ff., 61 ff., 71 ff. nachgewiesen, dass die stets behaupteten Unterschiede zum kontinentaleuropäischen Recht in Wahrheit nicht bestehen. Auch in Schweden hat sich nach dieser Untersuchung das Überwiegensprinzip nicht durchgesetzt (*Brinkmann* S. 35 ff.).

[61] AA *Greger* S. 122; zu dieser Auffassung im Einzelnen *Prütting* Gegenwartsprobleme S. 87 ff.

[62] Zur Kritik im Einzelnen vgl. *Prütting* Gegenwartsprobleme S. 77 ff.; *Katzenmeier* ZZP 117, 2004, 187, 196 ff.

[63] Gedächtnisschrift für Rödig, 1978, S. 334 ff.; *ders.,* Beweis, passim.

[64] ZZP 75 (1962), 289; *ders.,* FS Baur, S. 343 ff.

[65] Im einzelnen dazu *Prütting* Gegenwartsprobleme S. 67 ff.

[66] Vgl. *Prütting* Gegenwartsprobleme S. 71 ff.; die Überlegungen von *Ekelöf* (und *Bolding*) sind auch in Schweden nicht anerkannt, vgl. *Brinkmann* S. 35 ff.

[67] *Gräns* S. 257 ff. Die in Deutschland bereits 1983 vorgelegte und in vielen Punkten ähnliche Untersuchung von *Motsch* (von rechtsgenügenden Beweis) und die wissenschaftliche Diskussion darüber wird von *Gräns* nicht wahrgenommen, vgl. *Motsch* NJW 2003, 274.

[68] Vgl. dazu das Konzept einer Wahrscheinlichkeitshaftung, wie es *Wiese* vorgeschlagen hat (ZRP 1998, 27). Freilich räumt er selbst ein, das Konzept sei „dem deutschen Recht zum Teil fremd".

Damit bestünde die Gefahr, dass in zunehmendem Maße Prozesse auf der Grundlage unrichtiger Tatsachenbehauptungen angestrengt würden in der Hoffnung auf einen leicht erzielbaren Prozesssieg. Überzeugend ist auch darauf hingewiesen worden, dass ein konsequentes Zu-Ende-Denken dieser Lehre dazu führen müsste, dass entsprechend der jeweils erzielten Wahrscheinlichkeit auch das Prozessergebnis zu teilen wäre.[69] Schließlich sei darauf hingewiesen, dass eine konsequente Anwendung der überwiegenden Wahrscheinlichkeit den Bereich der Beweislast in weitem Umfang aus dem geltenden Recht eliminieren würde. Angesichts der vielfältigen gesetzlichen Beweislastregelungen und des Prinzips der Beweislast als eines eigenständigen Risikozuweisungssystems (s. Rn. 90 ff.) läge in der weitgehenden Verdrängung der Beweislast auch insoweit ein klarer Systemverstoß.[70]

Im Ergebnis ist nicht zu bezweifeln, dass das im Gesetz geltende Regelbeweismaß vom Gesetzgeber in § 286 Abs. 1 festgeschrieben wurde. Vom Richter wird also die **volle Überzeugung** verlangt, **dass er eine streitige Tatsachenbehauptung für wahr erachtet.**[71] Diese Überzeugung kann und darf er nicht gewinnen, wenn für die streitige Behauptung nur die überwiegende Wahrscheinlichkeit spricht, vielmehr muss für die behauptete Tatsache eine sehr hohe Wahrscheinlichkeit sprechen, damit der Richter die Tatsache für wahr erachtet. Das gefundene Ergebnis impliziert zugleich, dass es neben dem Regelbeweismaß des deutschen Rechts im Gesetz oder durch richterliche Rechtsfortbildung auch Ausnahmen gibt. Diese Ausnahmen bedürfen aber einer besonderen normativen Legitimation. Der Lehre vom relativen Beweismaß[72] kann also ebenso wenig zugestimmt werden wie der Lehre von der überwiegenden Wahrscheinlichkeit. 40

4. Gesetzliche Abweichungen vom Regelbeweismaß. Vom Regelbeweismaß des § 286 (s. Rn. 35, 40) gibt es im deutschen Recht eine nennenswerte Anzahl gesetzlicher Abweichungen. Hinzuweisen ist hier insbesondere auf die besonderen Beweismaßabstufungen in § 287 (s. § 287 Rn. 3) und § 294 (s. § 294 Rn. 6 ff.). Daneben hat der Gesetzgeber in einer größeren Anzahl einzelner Normen des materiellen Rechts und des Prozessrechts Abstufungen vorgenommen und zwar in der Weise, dass das Beweismaß gegenüber dem Normalfall entweder gesenkt oder erhöht worden ist. 41

a) Beweismaßsenkung. Dabei handelt es sich insbesondere um diejenigen Fälle, in denen das Gesetz das Glaubhaftmachen einer Tatsache verlangt.[73] Daneben gibt es Normen, die ausdrücklich auf eine gewisse Wahrscheinlichkeit abstellen (zB § 252 S. 2 BGB sowie § 1 Abs. 3 BVersorgungsG und § 61 InfektionsSchG) oder die einen gewissen Anschein oder eine Annahme, einen Verdacht oder eine Vermutung beim Richter genügen lassen (zB § 375 Abs. 1 und 1 a).[74] 42

b) Beweismaßerhöhung. Ausnahmsweise verlangt das Gesetz vom Richter aber auch eine Steigerung des Regelbeweismaßes, insbesondere wenn bestimmte Umstände offenbar sein müssen (vgl. zB §§ 319 Abs. 1, 560 S. 2, 660 Abs. 1 S. 2, 1591 Abs. 1 S. 2, 2155 Abs. 3 BGB),[75] Wie weit sich eine solche Steigerung des Regelbeweismaßes in der Praxis realisieren lässt, erscheint nicht unproblematisch, da das Regelbeweismaß selbst bereits hohe Anforderungen an die richterliche Überzeugung stellt. Das darf aber nicht dazu führen, einen Unterschied zwischen dem Regelbeweismaß und einzelnen, eine besondere Evidenz verlangenden Beweismaßnormen zu leugnen.[76] 43

5. Einzelne Fallgruppen. Soweit das Gesetz Abweichungen vom Regelbeweismaß nicht vorsieht, die Durchsetzung des materiellen Rechts durch generelle Beweisschwierigkeiten aber im Regelfalle verhindert wird, erscheint es nahe liegend, Beweismaßsenkungen im Wege rechtsfortbildender Maßnahmen zu bejahen. Dem ist im Grundsatz (aber mit Vorsicht) zuzustimmen. Freilich verlangt eine Fallgruppenbildung, wie sie insbesondere *Walter* vorgeschlagen hat,[77] dass in jedem Einzelfalle die Voraussetzungen zulässiger Rechtsfortbildung zu bejahen sind. So wird man der allgemein bekannten Irrtumsauffälligkeit von Zeugenaussagen wohl schwerlich durch eine generelle Beweismaßabsenkung, etwa im Verkehrsunfallprozess, begegnen können,[78] auch wenn anzuerkennen ist, dass der Zeugenbeweis die Praxis immer wieder vor sehr schwierige Probleme stellt. Besondere Erwähnung verdienen in diesem Zusammenhang drei generelle Fallgruppen: 44

---

[69] *Greger* S. 109 f.; *Katzenmeier* ZZP 117, 2004, 187, 203 f.

[70] Überzeugend *Katzenmeier* ZZP 117, 2004, 187, 207 ff.

[71] Vgl. zur Abwehr von Übersteigerungen aber BGH NJW-RR 1994, 567; BGH NJW 1998, 2969.

[72] S. Rn. 34, 35.

[73] Eine Aufzählung solcher Normen findet sich in § 294 Rn. 6 ff.

[74] Zu den einzelnen Normen vgl. *Prütting* Gegenwartsprobleme S. 80 ff.

[75] Zu weiteren Beispielen s. *Prütting* Gegenwartsprobleme S. 83.

[76] AA *Stein/Jonas/Leipold* Rn. 4.

[77] S. 205 ff.

[78] So aber *Einmahl* NJW 2001, 469, 473, dem die Probleme seines Vorschlages aber durchaus bewusst sind.

45 **a) Das Beweismaß beim Anscheinsbeweis.** Häufig wird die Auffassung vertreten, der Anscheinsbeweis sei eine Möglichkeit der Beweismaßreduzierung, er sei damit also ein Instrument zur Abweichung von § 286.[79] Dem kann nicht zugestimmt werden. Zwischen dem Anscheinsbeweis und einem Vollbeweis ist kein Unterschied in der Stärke richterlicher Überzeugung festzustellen.[80]

46 **b) Das Beweismaß bei Prognoseentscheidungen.** Unter gewissen Umständen verlangt das Gesetz von der richterlichen Entscheidung eine in die Zukunft gerichtete Würdigung, also eine sog. Prognoseentscheidung (vgl. zB § 258 Rn. 2). Dies bedeutet, dass die richterliche Überzeugung den Eintritt oder den Fortbestand von Tatsachen umfassen muss, die in der Zukunft liegen. Auch für solche Prognoseentscheidungen gilt im Grundsatz das normale Regelbeweismaß. Zu beachten ist aber, dass die vom Richter zu beurteilenden Behauptungen – weil sie in der Zukunft liegen – naturgemäß bei ihrer heutigen Einschätzung der Gefahr einer künftigen Veränderung unterliegen. Wenn also vom Richter die volle Überzeugung vom Vorliegen der prognostizierten Ereignisse verlangt wird, kann das nur bedeuten: Es muss die volle richterliche Überzeugung davon bestehen, dass aus **heutiger** Sicht der Eintritt oder der Bestand der künftigen Ereignisse zu bejahen ist. Mehr als die gesicherte Beurteilung aus heutiger Sicht kann vom Richter nicht verlangt werden. Dass der Eintritt künftiger Ereignisse die aus heutiger Sicht gewonnene richterliche Überzeugung sehr schnell widerlegen kann, spielt für die richterliche Entscheidung keine Rolle. Auch hier zeigt sich wiederum deutlich, dass sich die richterliche Überzeugung nicht auf eine absolute Wahrheit bezieht, sondern dass der Richter die Tatsachen in seiner subjektiven und gegenwärtigen Sicht für wahr **erachten** muss. Ist dagegen aus heutiger Sicht eine sichere Prognose nicht möglich, so muss eine Verurteilung unterbleiben und nach Beweislastregeln entschieden werden (s. § 258 Rn. 12).

47 **c) Das Beweismaß bei der Kausalität.** Viele typische Schwierigkeiten im Rahmen der Beweisführung beziehen sich auf den Nachweis der Kausalität.[81] Deshalb gibt es eine große Anzahl von Versuchen, beim Kausalitätsbeweis zu einer Beweismaßsenkung zu gelangen. Dem ist im Grundsatz zuzustimmen. Freilich dürfen solche Beweiserleichterungen nicht durch eine Überdehnung des Anwendungsbereichs von § 287, durch eine ungerechtfertigte Beweislastumkehr (so zB BGH NJW 1991, 2021) oder durch die Benutzung des Anscheinsbeweises als Beweismaßsenkung legitimiert werden. Richtig ist vielmehr, dass für den Nachweis der Kausalität in manchen Fällen schon aus den Gründen des materiellen Rechts geringere Beweisanforderungen zu stellen sind.[82] Darüber hinaus ist darauf hinzuweisen, dass der Gesetzgeber selbst im Gesetz ausdrücklich vorgesehene Beweismaßsenkungen auf das Merkmal der Kausalität bezogen hat. So umschreibt zB das BGB die Irrtumskausalität in den §§ 119, 2087 BGB mit der Formulierung, es müsse „anzunehmen" sein, dass die Erklärung bei Kenntnis der Sachlage nicht abgegeben worden wäre. Ähnlich sieht § 1 Abs. 2 Nr. 2 ProdHaftG vor, dass die Ersatzpflicht ausgeschlossen ist, wenn „nach den Umständen davon auszugehen" sei, dass das Produkt den Fehler ursprünglich nicht hatte. Eine eindeutige Beweismaßsenkung enthält auch § 252 Satz 2 BGB („mit Wahrscheinlichkeit erwartet werden konnte"). Daneben gibt es eine Reihe weiterer Kausalitätsregelungen mit gegenüber § 286 abgestuften Anforderungen (vgl. zB §§ 52 BSeuchenG, 1 Abs. 3 BVersorgungsG, 61 InfektionsSchG, 15 Abs. 1, 28 Abs. 1, 41 Abs. 2 BEG).[83] Schließlich lässt sich eine Beweismaßsenkung im Kausalitätsbereich in vielen Fällen auch als Ausfluss spezifischer Pflichtverletzungen verstehen, die dem Schädiger nicht zugute kommen dürfen.[84] Es erscheint daher heute gerechtfertigt, aus einer sinngerechten Auslegung des Merkmals Kausalität verknüpft mit der Analogie zu einer Reihe ausdrücklicher gesetzlicher Vorschriften für den Nachweis der Kausalität nur die überwiegende Wahrscheinlichkeit zu verlangen.[85]

V. Anscheinsbeweis

48 **1. Grundlagen.** Der Anscheinsbeweis, auch prima-facie-Beweis genannt, ist in der gerichtlichen Praxis (vor allem im Haftpflichtrecht) von eminenter Bedeutung. Beim Anscheinsbeweis han-

---

[79] *Stein/Jonas/Leipold* Rn. 89, 91 m. weit. Nachw.

[80] Im Einzelnen s. Rn. 52f.

[81] Dazu nunmehr umfassend *Weber,* Der Kausalitätsbeweis im Zivilprozeß, 1997, der de lege lata eine Beweismaß-Senkung ablehnt, vgl. S. 182ff.; grundsätzlich abweichend auch *Knoche,* Arzthaftung, Produkthaftung, Umwelthaftung, 2005, S. 26ff.

[82] Vgl. *Bydlinski,* Probleme der Schadensverursachung nach deutschem und österreichischem Recht, 1964, S. 65ff., 95ff., *Greger* S. 148f., 177f., 181; *Gottwald* S. 49f., 99f.; *Walter* S. 195f., 201.

[83] Zu weiteren Einzelheiten vgl. *Walter* S. 195ff.; *Musielak,* Die Grundlagen der Beweislast im Zivilprozeß, 1975, S. 99ff.; *Greger* S. 179ff.; *Weber* S. 211ff.; *Prütting* Gegenwartsprobleme S. 109.

[84] So auch *Knoche* (Fn. 81) S. 34ff. insbes. für die Fälle der Umwelthaftung.

[85] Zustimmend *Fuchs* S. 145.

delt es sich nicht um ein besonderes Beweismittel, sondern es geht um die Berücksichtigung der **allgemeinen Lebenserfahrung** durch den Richter im Rahmen der freien Beweiswürdigung. Unzweifelhaft ermöglicht die freie Beweiswürdigung dem Richter, aus feststehenden Tatsachen unter Berücksichtigung der Lebenserfahrung Schlüsse auf das Vorliegen streitiger Tatsachenbehauptungen zu ziehen. Eine besondere Form dieser mittelbaren Beweisführung (s. § 284 Rn. 24f.) ist der Anscheinsbeweis. Voraussetzung seiner Anwendung ist ein sog. **typischer Geschehensablauf,** also ein sich aus der Lebenserfahrung bestätigender gleichförmiger Vorgang, durch dessen Typizität es sich erübrigt, die tatsächlichen Einzelumstände eines bestimmten historischen Geschehens nachzuweisen. Aus diesen Grundsätzen ergibt sich, dass der Anscheinsbeweis für den Nachweis jedes Verschuldens in Betracht kommt, selbst wenn eine Norm strafähnlichen Charakter aufweist (z. B. § 890 ZPO).[86]

Die Verwertung von Erfahrungssätzen (s. Rn. 56), die einen typischen Geschehensablauf beinhalten, im Rahmen der Beweiswürdigung muss ein selbstverständlicher Teil der richterlichen Überzeugungsbildung sein. Kein Richter kann sich ein hinreichendes Urteil über die Tatsachen bilden, ohne dass er seine Lebenserfahrung und das Erfahrungswissen seiner Zeit verwertet. Die Einbeziehung solcher Gesichtspunkte in die Beweiswürdigung kann deshalb auch keinen Verstoß gegen § 286 darstellen.[87] 49

Auch im Rahmen der Anwendung des Anscheinsbeweises muss der Richter zur **vollen Überzeugung** der festgestellten Tatsachen gelangen.[88] Es genügt nicht, dass von mehreren denkbaren Möglichkeiten die eine wahrscheinlicher ist als die anderen.[89] Der Anscheinsbeweis ist als Teil der Beweiswürdigung **prozessrechtlicher Natur.** Er untersteht also der **lex fori**[90] (im Einzelnen vgl. Rn. 20). 50

2. Wirkung des Anscheinsbeweises. a) Keine Veränderung der Beweislast. Abzulehnen ist die heute nur noch selten vertretene Auffassung, der Anscheinsbeweis sei Teil der Beweislast und mit seiner Hilfe könne die Beweislastverteilung abgeändert werden.[91] Diese Auffassung verkennt, dass der Anscheinsbeweis zu einer richterlichen Sachverhaltsfeststellung führt, während die Anwendung der Beweislastregeln auf diejenigen Fälle beschränkt ist, in denen ein streitiges Tatbestandsmerkmal endgültig unklar bleibt. Daher schließen sich Beweislastentscheidungen und Entscheidungen auf Grund erfolgreicher richterlicher Überzeugungsbildung (wie zB durch den Anscheinsbeweis) gegenseitig aus. Die fehlende Beweislastqualität des Anscheinsbeweises zeigt sich auch darin sehr deutlich, dass zu seiner Entkräftung nach allgemeiner Meinung nur ein Gegenbeweis erforderlich ist, nicht der Beweis des Gegenteils (s. Rn. 65). 51

b) Keine Veränderung des Beweismaßes. Sehr streitig ist es, ob der Anscheinsbeweis als Teil der Beweiswürdigung zu einer vollen Überzeugung des Richters führt oder ob er das normativ festgeschriebene Regelbeweismaß (s. Rn. 35) senkt. In der Rechtsprechung lassen sich für beide Auffassungen zahlreiche Belege finden.[92] Nach richtiger Auffassung legitimiert der Anscheinsbeweis nicht eine generelle Beweismaßsenkung. Durch ihn kann und muss vielmehr voller Beweis erbracht werden.[93] Davon zu trennen ist es, wenn der Beweis eines Tatbestandsmerkmals nach anderen Regeln (sei es durch Gesetz, Gewohnheitsrecht oder Richterrecht) erleichtert ist (vgl. Rn. 41ff.). 52

Eine Begründung, warum der Anscheinsbeweis das Regelbeweismaß gegenüber jedem anderen Beweis generell senken sollte, wie häufig behauptet wird,[94] ist bis heute noch nicht gegeben worden. Die in Rspr. und Lit. bestehende Verwirrung beruht vielmehr darauf, dass im Rahmen des Anscheinsbeweises immer wieder Erfahrungssätze von sehr unterschiedlichem Gewicht und ver- 53

---

[86] BVerfG E 84, 82, 87.

[87] Vgl. *Baur,* 46. Deutscher Juristentag, Bd. II E, S. 92; *Gottwald* S. 201; *Prütting* Gegenwartsprobleme S. 102.

[88] BGH NJW 1998, 79, 81; OLG Düsseldorf NJW-RR 1995, 1086; *Rosenberg/Schwab/Gottwald* § 115 III 1; *Hainmüller* S. 25, 46; *Brehm,* Bindung des Richters an den Parteivortrag und Grenzen freier Verhandlungswürdigung, 1982, S. 186ff.; *Gottwald* S. 202; *Hasselblatt* S. 191f.; *Prütting* Gegenwartsprobleme S. 107, 110.

[89] BGHZ 24, 313.

[90] BGH NJW 1985, 554; *Linke* Rn. 302; *Schack* Rn. 668;

[91] *Wassermeyer* S. 2ff., 30; *Diederichsen* VersR 1966, 214f.; *ders.* ZZP 81 (1968), 69; *Ekelöf* ZZP 75 (1962), 300. In Einzelfällen wird aber immer wieder die Beweislastfrage gestellt; vgl. etwa zum Insolvenzrecht BGH WM 1993, 265, 267, wo die Gegenauffassung der Literatur zu Recht abgelehnt wird.

[92] Vgl. *Prütting* Gegenwartsprobleme S. 101; *Musielak,* Die Grundlagen der Beweislast im Zivilprozeß, 1975, S. 120ff.; *Walter,* Freie Beweiswürdigung, 1979, S. 206ff.

[93] Zu den Nachw. (Fn. 88).

[94] *Musielak* Grundlagen S. 120ff.; *Walter* (Fn. 92) S. 156, 183, 206ff.; *ders.* ZZP 90 (1977), 283; *Maassen,* Beweismaßprobleme im Schadensersatzprozeß, 1975, S. 66; *Bender,* FS Baur, 1981, S. 259ff.

schiedener Tragfähigkeit verwendet werden.[95] Nur wenn man aus dem engeren Bereich des Anscheinsbeweises alle Sätze der Lebenserfahrung ausscheidet, deren Beweisstärke nicht ausreicht, dem Richter die volle Überzeugung vom Vorliegen der behaupteten Tatsachen zu vermitteln, lässt sich eine zutreffende Abgrenzung des Anscheinsbeweises gewinnen. Mit einer solchen Abgrenzung ist aber zugleich festgestellt, dass der Anscheinsbeweis nicht generell das Regelbeweismaß vermindert.

54 **c) Anscheinsbeweis und materielles Recht.** In jüngster Zeit ist behauptet worden, der Anscheinsbeweis sei dem materiellen Recht zuzurechnen.[96] Diese Auffassung wäre in der Lage, manche Probleme des Anscheinsbeweises (zB die Frage der Revisibilität) zwanglos zu lösen. Sie würde aber zu der eigenartigen Konsequenz führen, dass die Normen des materiellen Haftungsrechts generell aufzuspalten wären. Denn nach der materiellrechtlichen Deutung wäre der Anscheinsbeweis eine echte Anscheinshaftung mit eigenständigem (richterlich gebildetem) Tatbestand. Die materiellrechtliche Auffassung steht auch der engen methodischen Verwandtschaft zwischen Anscheinsbeweis und Indizienbeweis im Rahmen der richterlichen Beweiswürdigung entgegen. Es erscheint daher letztlich nicht sinnvoll, alle Besonderheiten der Beweiswürdigung bei der Anwendung von Erfahrungssätzen auf den streitigen Sachverhalt in materiellrechtliche Normbesonderheiten umzumünzen.[97]

55 **d) Ergebnis.** Damit zeigt sich, dass der Anscheinsbeweis als Teil der richterlichen Beweiswürdigung anzusehen ist.[98] Er ist deshalb prozessrechtlicher Natur (s. Rn. 50).

56 **3. Die Erfahrungssätze.** Die Wirkung des Anscheinsbeweises, dem Richter die volle Überzeugung vom Vorliegen der streitigen Tatsachenbehauptungen zu vermitteln, setzt Erfahrungssätze mit einer bestimmten Qualität voraus. Da es jedoch im Rahmen der Lebenserfahrung und der zu beobachtenden typischen Geschehensabläufe Erkenntnisse von ganz unterschiedlicher Qualität und Tragfähigkeit gibt, ist zwischen diesen unterschiedlichen Erfahrungssätzen streng zu trennen.[99] Ihrem Wesen nach sind Erfahrungssätze nämlich Wahrscheinlichkeitsaussagen.[100] Deshalb ist im Einzelnen zu trennen:

57 **a) Zwingende Erfahrungsgesetze.** Die stärkste Beweiskraft kommt den zwingenden Erfahrungsgesetzen zu. Diese sind Gesetze, die keinerlei Ausnahme dulden und die deshalb nach menschlichem Ermessen zwingend sind. Ebenso wie die Natur- und die Denkgesetze führt ihre Anwendung daher zu einer Erkenntnis des Richters, gegen die ein Gegenbeweis nicht mehr möglich erscheint. Deshalb kann bei ihrer Anwendung auch **nicht von der Führung eines Anscheinsbeweises** gesprochen werden. **Beispiele** solcher zwingender Erfahrungsgesetze sind der dem Alibibeweis zugrundeliegende Satz, dass niemand zugleich an zwei verschiedenen Orten sein könne, oder der Identitätsnachweis auf der Basis der generellen Verschiedenheit von Fingerabdrücken beim Menschen.

58 **b) Erfahrungsgrundsätze.** Die Erfahrungsgrundsätze sind Beobachtungen von Handlungsabläufen, die nicht ausnahmslos gelten. Nach anerkanntem Erfahrungswissen treffen sie aber mit sehr hoher Wahrscheinlichkeit zu. Für die Annahme solcher Erfahrungsgrundsätze ist zu verlangen, dass ein gleichmäßiger Hergang als Beobachtungsgrundlage vorhanden ist, dass sie dem neuesten Stand der Erfahrung entsprechen und dass sie eindeutig und überprüfbar formuliert werden.[101] Dagegen kann nicht verlangt werden, dass die Erfahrungsgrundsätze in jedem Falle wissenschaftlich verifizierbar sind.[102] Es muss auch ausreichen, wenn der hohe Grad ihrer Bestätigung nach der Lebenserfahrung mit einer gewissen Evidenz festgestellt werden kann. Typische **Beispiele** für Erfahrungsgrundsätze sind die Beobachtungen im Straßenverkehr, wonach die Nichtbeobachtung von Verkehrszeichen, das Fahren auf den Bürgersteig oder das Abkommen von einer trockenen und sauberen Fahrbahn in aller Regel auf einem verschuldeten Verhalten des jeweiligen Fahrers beruhen.

---

[95] Im einzelnen vgl. *Prütting* Gegenwartsprobleme S. 100ff.; zum unterschiedlichen Beweiswert der Erfahrungssätze s. Rn. 56ff.

[96] *Greger,* Beweis und Wahrscheinlichkeit, 1978, S. 169ff.; *ders.* VersR 1980, 1091; *Pawlowski* S. 46, 51, 67; vgl. ferner *Diederichsen* ZZP 81 (1968), 64ff.; *Gottwald,* Schadenszurechnung und Schadensschätzung, 1979, S. 208ff.

[97] *Walter* ZZP 93 (1980), 97ff.; *Prütting* Gegenwartsprobleme S. 99ff.

[98] Vgl. die Nachw. (Fn. 88).

[99] Dies hat insbesondere die Arbeit von *Hainmüller* S. 26ff. gezeigt. Zum folgenden vgl. ferner *Prütting* Gegenwartsprobleme S. 103ff.

[100] *Weitnauer,* Beitrag zum 46. Deutschen Juristentag, Bd. II E S. 70ff.

[101] *Hainmüller* S. 29f.; *Walter* ZZP 90 (1977), 280ff.

[102] So aber *Walter* ZZP 90 (1977), 280.

Diese Erfahrungsgrundsätze sind auf Grund ihres hohen Bestätigungsgrades und bei Fehlen entsprechender Gegengründe in der Lage, die volle richterliche Überzeugung zu begründen. Sie sind damit **zur Führung eines Anscheinsbeweises geeignet.** Ihr häufigster Anwendungsbereich ist der Nachweis des Verschuldens. 59

c) Einfache Erfahrungssätze. Sie sind dadurch gekennzeichnet, dass sie eine gewisse schwache Wahrscheinlichkeit aufweisen, die aber nicht ausreicht, für sich allein eine volle richterliche Überzeugung zu begründen. Deshalb können diese einfachen Erfahrungssätze nur Teil einer umfassenden Beweiswürdigung im Rahmen des Indizienbeweises sein. Zur Führung des Anscheinsbeweises sind sie dagegen im Normalfall nicht geeignet, weil der Beweis nicht durch einen Erfahrungssatz allein geführt wird und weil der verwendete einfache Erfahrungssatz für sich genommen nicht ausreichend für die richterliche Überzeugungsbildung ist. Allein aus dem Ablauf gewisser Zeiträume oder Fristen kann man also nicht auf eine Auflösung bestehender rechtsgeschäftlicher Verbindungen schließen.[103] 60

Zu diesem Ergebnis steht es nicht im Widerspruch, dass in Rspr. und Lit. speziell für den Nachweis der Kausalität häufig die Führung eines Anscheinsbeweises zugelassen wird, dem nur ein einfacher Erfahrungssatz zugrunde liegt.[104] Bekannte Beispiele aus der Rechtsprechung zur Bejahung eines Anscheinsbeweises bei nur überwiegender Wahrscheinlichkeit des Ergebnisses sind etwa der Nichtschwimmerfall (BGH NJW 1954, 1119) und der Luesfall (BGHZ 11, 227). Zu beachten ist in solchen Fällen vielmehr, dass es eine Reihe von Abweichungen vom Regelbeweismaß des § 286 gibt. Dazu gehört in erster Linie der Nachweis der Kausalität (s. Rn. 47). Die in der Praxis entschiedenen Fälle einer Bejahung des Anscheinsbeweises bei Anwendung einfacher Erfahrungssätze und nur überwiegender Wahrscheinlichkeit des Ergebnisses sind aber regelmäßig dadurch gekennzeichnet, dass es sich um einen Kausalitätsnachweis handelt. Daraus ist zu folgern, dass der Anscheinsbeweis in Ausnahmefällen auch durch einfache Erfahrungssätze geführt werden kann. Dies ist jedoch nicht darauf zurückzuführen, dass dem Anscheinsbeweis beweismaßsenkende Wirkung zukäme. Das Ergebnis beruht vielmehr ausschließlich darauf, dass bereits nach der Gesetzeslage und unabhängig von der Führung eines Anscheinsbeweises der Fall einer Beweismaßsenkung vorliegt. 61

d) Vorurteile. Manchmal werden zur Führung des Anscheinsbeweises Erkenntnisse der Lebenserfahrung herangezogen, die derart schwach wahrscheinlich sind, dass ihnen ein ernst zu nehmender Beweiswert nicht zukommt. Als Beispiel sei die Behauptung des OVG Münster genannt, dass Studenten erfahrungsgemäß nach Abschluss eines Auswärtsstudiums wieder in den elterlichen Haushalt zurückkehren.[105] Ähnlich einzuschätzen ist der Erfahrungssatz des OLG Bamberg, wonach eine Braut im Zeitpunkt des Verlöbnisses unberührt ist.[106] Auch der Schluss des LG Essen gehört hierher, wonach die Zerrüttung einer Ehe bereits daraus hervorgehe, dass der Beklagte dreimal einer Ladung nicht Folge geleistet hat.[107] Schließlich sei der vom AG München aufgestellte Erfahrungssatz erwähnt, dass ein im Münchener Stadtverkehr erfahrener Taxifahrer nicht gegen ein stehendes Kraftfahrzeug fahre.[108] Zu Recht hat das OLG Bamberg einen Erfahrungssatz abgelehnt, wonach ein vorbestrafter Zeuge unglaubwürdig sei.[109] 62

In allen diesen Fällen kann es nicht zweifelhaft sein, dass den behaupteten Erfahrungssätzen keine ausreichende Wahrscheinlichkeit zukommt und sie deshalb zur Führung eines Anscheinsbeweises (und darüber hinaus zur Beweisführung insgesamt) ungenügend sind. 63

4. Der Unterschied zum normalen Beweis. Die Einordnung des Anscheinsbeweises in die freie Beweiswürdigung und sein Ergebnis einer vollen Überzeugung vom Vorliegen der streitigen Tatsachenbehauptungen werfen die Frage auf, worin der Unterschied zwischen dem Anscheinsbeweis und einem normalen Vollbeweis besteht. Kennzeichnend ist insoweit die Heranziehung eines einzigen Erfahrungsgrundsatzes zur jeweiligen Beweisführung. Dies hat zur Folge, dass zB das Vorliegen des Verschuldens oder der Kausalität in einem generellen Sinn bewiesen wird, ohne dass alle Einzelheiten des konkreten Tatgeschehens feststehen müssten. In dem Beispiel des Abkommens eines Pkw von der trockenen Fahrbahn am hellen Tage ist daher ein Verschulden des Fahrers zu bejahen, ohne dass es im Einzelfall von Bedeutung wäre, ob das Fahrverhalten auf Müdigkeit, Alkoholgenuss oder anderem vorwerfbaren Fehlverhalten beruht. Hier ist es Sache des Fahrers, einzelne Umstände nachzuweisen, die ausnahmsweise das fehlende Verschulden im Rahmen des Fahrverhal- 64

---

[103] BGH NJW 2002, 2707.
[104] Vgl. dazu *Musielak* Grundlagen S. 120 ff.; *Walter* (Fn. 92) S. 206 ff.
[105] OVG Münster als Vorinstanz zur BVerwGE 38, 23 f.
[106] OLG Bamberg FamRZ 1967, 334 f.
[107] LG Essen, Urt. v. 9. 1. 1970, mitgeteilt von *Schwerdtner* Rechtstheorie 1971, 238.
[108] AG München, Urt. v. 27. 6. 1979, mitgeteilt von *Greger* VersR 1980, 1099, Fn. 218.
[109] OLG Bamberg MDR 2004, 647.

tens soweit wahrscheinlich machen, dass die Führung eines Gegenbeweises zu bejahen ist (s. Rn. 64).

65 **5. Entkräftung des Anscheinsbeweises.** Die Führung des Anscheinsbeweises wirkt nicht auf die Beweislast ein (s. Rn. 51). Daher reicht es für den Beweisgegner aus, dass er die bestehende richterliche Überzeugung erschüttert, also einen sog. **Gegenbeweis** führt (s. § 284 Rn. 20f.). Die Führung eines vollen Beweises des Gegenteils wird vom Beweisgegner nicht verlangt. Der Gegenbeweis wird regelmäßig dadurch geführt, dass der Beweisgegner konkrete Tatsachen behauptet und zur Überzeugung des Gerichts nachweist, aus denen sich die ernsthafte Möglichkeit eines abweichenden Geschehensablaufs im konkreten Fall ergibt. Dann wäre der Schluss aus dem typischen Geschehensablauf, auf dem der Anscheinsbeweis beruht, außer Kraft gesetzt und durch die Möglichkeit ersetzt, dass ausnahmsweise ein atypischer Sachverhalt vorliegt. Wird die Führung eines Gegenbeweises von der beweisbelasteten Partei (die den Hauptbeweis durch einen Anscheinsbeweis geführt hat) vereitelt, so kann sich diese nicht auf den Anscheinsbeweis berufen.[110] Diese aus dem Institut der Beweisvereitelung (s. u. Rn. 80) folgende Sanktion hindert aber nicht die umfassende Würdigung aller Indizien und sonstigen Umstände der Lebenserfahrung im Rahmen einer Gesamtabwägung.

66 **6. Revisibilität.** Die tatsächlichen Feststellungen eines angefochtenen Urteils sind für das Revisionsgericht bindend. Sie können nur daraufhin überprüft werden, ob ihr Zustandekommen auf einem Rechtsfehler beruht (s. u. §§ 545, 546, 559). Allerdings ist der Richter im Rahmen der freien Beweiswürdigung gemäß § 286 nicht nur an die Denkgesetze, Naturgesetze und die zwingenden Erfahrungsgesetze gebunden, sondern er muss auch das sonstige im Einzelfalle relevante Erfahrungswissen in die Sachverhaltsfeststellung mit einbringen. Daher verstößt ein Gericht unmittelbar gegen § 286, wenn es im Rahmen der Beweiswürdigung bestehende Erfahrungsgrundsätze außer acht lässt oder solche Erfahrungsgrundsätze zu Unrecht behauptet.[111] Abzulehnen ist demgegenüber die Behauptung, Erfahrungssätze seien als Rechtsnormen anzusehen und bereits aus diesem Grunde revisibel.[112]

67 **7. Fallgruppen. a) Arbeitsrecht.** Der Anscheinsbeweis wird in der Rechtsprechung der Arbeitsgerichte zB bejaht beim Nachweis des Vorliegens einer Fortsetzungserkrankung, beim Nachweis von Ursächlichkeit und Verschulden im Rahmen der Lohnfortzahlung, beim Nachweis der Arbeitsunfähigkeit als Kündigungsgrund.[113]

68 **b) Arzthaftung.** Der Nachweis ärztlichen Verschuldens durch den Anscheinsbeweis ist zu bejahen, wenn die medizinische Behandlung einen Schaden zur Folge hat, der typischerweise auf einen ärztlichen Behandlungsfehler zurückzuführen ist. Dies gilt insbesondere, wenn Gegenstände in der Operationswunde zurückgelassen werden, wenn sich Tupfer u. ä. in der Operationswunde finden oder wenn sofort nach einer Injektion eine Lähmung eintritt.[114]

69 **c) Betriebsunfälle.** Die Verletzung von Unfallverhütungsvorschriften erlaubt den Schluss auf die Ursächlichkeit eines eingetretenen Unfalls.[115]

70 **d) Eisenbahnverkehr.** Wird bei rechtzeitig geschlossener Schranke eine Person vom Zug erfasst, so lässt dies auf ein Verschulden des Verunglückten schließen. Das Unterlassen eines vorgeschriebenen Pfeifsignals vor einem Bahnübergang ist unter Berücksichtigung des Anscheinsbeweises im Allgemeinen kausal für einen nachfolgenden Zusammenstoß.[116]

71 **e) Post-, Fax- und Mailzugang.** Abgelehnt wird der Anscheinsbeweis für den Nachweis des Zugangs eines abgesandten Briefs[117] und ebenso für ein Einschreiben herkömmlicher Art (heute „Übergabe-Einschreiben"),[118] ferner für den Zeitpunkt des Zugangs von Postsendungen.[119] Beim seit 1997 eingeführten „Einwurf-Einschreiben" wird teilweise ein Anscheinsbeweis für möglich er-

---

[110] BGH NJW 1998, 79, 81.

[111] *Rosenberg/Schwab/Gottwald* § 115 III 5.

[112] So *Kollhosser* AcP 165 (1965), 55 ff.; *Hainmüller* S. 47 ff.

[113] Zu den Einzelheiten vgl. *Germelmann/Matthes/Prütting* § 58 ArbGG Rn. 67 f.

[114] Aus der Rspr. vgl. BGHZ 4, 138; 11, 227; BGH VersR 1957, 336; zu den Einzelheiten vgl. *Greger* VersR 1980, 1094; *Franzki,* Die Beweisregeln im Arzthaftungsprozeß, 1982, S. 46 ff.; umfassend nunmehr *Katzenmeier,* Arzthaftung, 2002, S. 423 ff.

[115] BGH VersR 1972, 149; *Greger* VersR 1980, 1093.

[116] Vgl. BGH VersR 1957, 800; VersR 1959, 670; *Stein/Jonas/Leipold* Rn. 109; *Greger* VersR 1980, 1093.

[117] BGH VersR 1978, 671; VersR 1957, 442; LG Hamburg, VersR 1992, 85 m. Anm. *Laumen; Allgaier,* VersR 1992, 1070; vgl. auch BVerfG NJW 1991, 2757.

[118] BGHZ 24, 308.

[119] BGH NJW 1964, 1176.

achtet, um den Zugang nachzuweisen.[120] Den ablehnenden Entscheidungen ist im konkreten Falle zuzustimmen. Dies darf allerdings nicht darüber hinwegtäuschen, dass bei Vorliegen eines ausreichenden Erfahrungsgrundsatzes und anderer Fallgestaltung als in den entschiedenen Fällen auch ein Anscheinsbeweis bezüglich des Postzugangs möglich ist.[121] Im Falle eines Telefax ist bei Nachweis der Absendung (OK-Vermerk auf dem Sendebericht) höchst streitig, ob der Zugang durch Anscheinsbeweis erwiesen ist.[122] Durch Ausdruck einer e-mail kann nicht der Anscheinsbeweis für einen Zugang geführt werden.[123]

f) Schifffahrt. Bei Zusammenstößen von Schiffen wird das Verschulden häufig mit Hilfe des Anscheinsbeweises nachgewiesen. Ein Verschulden ist zu bejahen, wenn gegen Rechtsvorschriften oder gegen die Regeln der seemännischen Praxis verstoßen worden ist.[124] 72

g) Sportunfälle. Aus der schweren Verletzung eines Spielers beim Fußball kann nicht im Wege des Anscheinsbeweises auf einen Regelverstoß des Gegenspielers geschlossen werden.[125] 73

h) Straßenverkehr. Einen sehr großen Anwendungsbereich hat der Anscheinsbeweis bei Unfällen im Straßenverkehr erhalten. Hier lässt sich insbesondere das Verschulden eines Fahrers bejahen, wenn sein Fahrzeug von trockener Fahrbahn abkommt, ins Schleudern gerät oder gegen einen Baum und ähnliche Hindernisse stößt. Die fehlende Beleuchtung eines Fahrzeugs ist gemäß dem Anscheinsbeweis ursächlich für das Auffahren anderer Fahrzeuge.[126] Ein typischer Auffahrunfall spricht dagegen für ein Verschulden des Auffahrenden.[127] Umstritten sind die Fragen des Anwendungsbereichs eines Anscheinsbeweises bei dem Verdacht der betrügerischen Manipulation von Verkehrsunfällen.[128] 74

i) Verkehrssicherungspflichten. Anerkannt ist heute auch, dass bei einer Verletzung von Verkehrssicherungspflichten nach dem Beweis des ersten Anscheins gerade diejenigen Schäden eingetreten sind, denen durch die Auferlegung bestimmter Verhaltenspflichten begegnet werden sollte.[129] Stürzt also ein Fußgänger in unmittelbarer Nähe einer Gefahrenstelle, so spricht der Anscheinsbeweis für die Ursächlichkeit.[130] Auch die Pflichtverletzung der Bauaufsicht eines Architekten kann durch den Anscheinsbeweis geführt werden.[131] Dagegen kommt ein Anscheinsbeweis nicht in Betracht, wenn die Verletzung der Verkehrssicherungspflicht selbst noch nicht erwiesen ist.[132] 75

j) Telefonrechnung. Besondere Schwierigkeiten haben sich in jüngerer Zeit vielfach ergeben, wenn ungewöhnlich hohe Telefonrechnungen von einem Kunden unter Hinweis auf mögliche technische Fehler bei der Telekom bestritten werden. Zunächst ist festzuhalten, dass die Telekom die Beweislast für die Richtigkeit ihrer Telefonrechnungen trifft. Einen Anscheinsbeweis dafür, dass eine solche Telefonrechnung ohne konkreten Anhaltspunkt für technische Fehler richtig ist, gibt es nicht.[133] Die entgegenstehenden Entscheidungen einiger Landgerichte[134] verkennen, dass ein solcher Erfahrungssatz nicht existiert. 76

k) Missbrauch von ec-Karten. Bei Barabhebung von Bargeld am Automaten unter Benutzung der gestohlenen ec-Karte und Eingabe der richtigen PIN spricht der Anscheinsbeweis dafür, dass der Karteninhaber seine PIN zusammen mit der ec-Karte aufbewahrt hatte.[135] 77

---

[120] AG Paderborn NJW 2000, 3722; Saenger/Gregoriza JuS 2001, 899, 902 f.; aA LG Potsdam NJW 2000, 3722.

[121] Im Einzelnen vgl. *Prütting* Gegenwartsprobleme S. 103 ff.

[122] Den Anscheinsbeweis bejahen OLG München NJW 1994, 527; MDR 1999, 286 und AG Rudolfstadt, NJW-RR 2004, 1151; aA BGH NJW 1995, 665; BAG EzA Nr. 29 zu § 130 BGB.

[123] AG Bonn NJW-RR 2002, 1363.

[124] BGH VersR 1957, 194; 1969, 181; 1974, 158; vgl. auch BGH NJW 2001, 1140; *Wassermeyer* VersR 1974, 1052; *Stein/Jonas/Leipold* Rn. 101.

[125] BGH NJW 1975, 111.

[126] Zum Ganzen vgl. insbesondere *Greger* VersR 1980, 1092 f., 1095 f.; *Stein/Jonas/Leipold* Rn. 102 ff. Aus der Rspr. vgl. BGH NJW 1996, 1828; OLG Düsseldorf NZV 1993, 393; NZV 1994, 28; NZV 1998, 203; OLG Hamm NZV 1993, 354; LG Leipzig NZV 1994, 35.

[127] OLG Düsseldorf NJW 2006, 1073; OLG Frankfurt NJW 2007, 87.

[128] Vgl. dazu *Knoche* MDR 1992, 919, ferner OLG Düsseldorf NZV 1996, 321.

[129] BGH NJW 1994, 945; vgl. dazu *Hasselblatt* S. 193 ff.

[130] BGH NJW 2005, 2454; VersR 1962, 449.

[131] BGH NJW 2002, 2708.

[132] BGH VersR 1955, 251; VersR 1965, 520.

[133] Vgl. OLG Celle NJW-RR 1997, 568; LG Berlin NJW-RR 1996, 895; LG Aachen NJW 1995, 2364; LG Wuppertal NJW-RR 1997, 701; LG München NJW-RR 1996, 893.

[134] Vgl. LG Essen NJW 1994, 2365; LG Weiden NJW-RR 1995, 1278; LG Saarbrücken NJW-RR 1996, 894.

[135] BGH NJW 2004, 3623; OLG Stuttgart NJW-RR 2002, 1274.

78 **l) Unternehmereigenschaft und § 14 BGB.** Tätigt eine natürliche Person innerhalb von mehr als zwei Jahren eine hohe Zahl von Verkäufen bei eBay und gibt sich einen gewerblich wirkenden Namen (power-seller), so spricht der Anscheinsbeweis für eine Unternehmereigenschaft iS des § 14 BGB.[136]

79 **m) Willensentschlüsse.** Ein individueller Willensentschluss kommt regelmäßig zur Beweisführung durch den Anscheinsbeweis nicht in Betracht, da hier ein typischer Geschehensablauf kaum denkbar ist.[137] Aus demselben Grund reicht der Anscheinsbeweis nicht für die Frage aus, ob jemand arglistig getäuscht wurde.[138] Aus der Tatsache, dass bei Geschehensabläufen, die vom menschlichen Willen abhängig sind, nur selten ein bestimmter Erfahrungsgrundsatz zu beobachten sein wird, darf aber nicht geschlossen werden, in diesem Bereich komme der Anscheinsbeweis generell nicht in Betracht.

VI. Beweisvereitelung

80 **1. Begriff und Inhalt.** Unter der Beweisvereitelung wird ein vorsätzliches oder fahrlässiges Verhalten des Gegners der beweisbelasteten Partei verstanden, das dazu führen kann, einen an sich möglichen Beweis (und zwar den Hauptbeweis) zu verhindern oder zu erschweren und dadurch die Beweisführung des Gegners scheitern zu lassen. Ein solches beweisvereitelndes Verhalten kann vor oder während des Prozesses in Betracht kommen und sich auf alle Beweismittel beziehen. Typische Beispiele sind die Vernichtung von Urkunden und Augenscheinsgegenständen.

81 In der **Rechtsprechung** wurde ein Fall der Beweisvereitelung zB angenommen, wenn eine Partei durch Vernichtung eines Testaments die Beweisführung unmöglich macht;[139] wenn eine Partei gegenüber dem Sachverständigen des Versicherers grundlos die Besichtigung eines Unfallwagens verweigert;[140] wenn eine Partei die ihr allein bekannte Anschrift eines Unfallzeugen nicht angibt;[141] wenn eine Partei den Arzt nicht von der Schweigepflicht entbindet, obwohl dies zumutbar war;[142] wenn der behandelnde Arzt einen Tupfer nicht aufhebt, der bei der ersten Operation in der Wunde zurückgeblieben war und durch eine zweite Operation entfernt wurde;[143] wenn der Arzt eine vorgeschriebene Dokumentation über das Krankheitsbild und den Krankheitsverlauf nicht erstellt;[144] wenn der Arzt ein Röntgenbild nicht vorlegt;[145] wenn bei Streit über die vertragsmäßige Herstellung von Software der Besteller nicht die Originaldiskette vorlegt;[146] wenn ein Steuerberater seinem Mandanten vertragswidrig die Rückgabe von Unterlagen verweigert;[147] wenn jemand durch häufige Varianten der Unterschrift die Widerlegung eines Fälschungseinwandes unmöglich macht;[148] wenn die Werkstatt ein ausgetauschtes mangelhaftes Teil nicht aufbewahrt.[149]

82 **2. Tatbestandliche Voraussetzungen.** Die Beweisvereitelung setzt **objektiv** ein Tun oder Unterlassen des Gegners der beweisbelasteten Partei voraus, ohne welches die Klärung des Sachverhalts möglich gewesen wäre.[150] Für die Bejahung einer Beweisvereitelung spielt es keine Rolle, ob das Verhalten der Partei vor oder während des Prozesses stattfand. Keinen Unterschied macht es auch, ob eine völlige Beweisvereitelung vorliegt oder nur eine Erschwerung der Beweisführung.[151] Keine Beweisvereitelung liegt vor, wenn die Unmöglichkeit oder die Erschwerung der Beweisführung nicht von Handlungen des Gegners ausgeht, sondern vom Beweisführer selbst verursacht wurde.[152]

---

[136] LG Main NJW 2006, 783.
[137] Vgl. BGH NJW 2006, 300.
[138] BGH NJW 1968, 2139; *Rosenberg/Schwab/Gottwald* § 115 III 2e; *Walter* ZZP 90 (1977), 272ff.
[139] BGH VersR 1968, 58.
[140] BGH BB 1984, 568.
[141] BGH NJW 1960, 821.
[142] BGH NJW 1972, 1131; OLG Frankfurt NJW 1980, 2758; OLG Düsseldorf MDR 1976, 762; ebenso für die Schweigepflicht des Notars BGH NJW-RR 1996, 1534.
[143] BGH LM § 282 Nr. 2.
[144] BGHZ 72, 137; vgl. auch BVerfG JZ 1979, 596.
[145] BGH NJW 1963, 389.
[146] LG Köln NJW-RR 1994, 1487.
[147] BGH NJW 2002, 825.
[148] BGH NJW 2004, 222.
[149] BGH NJW 2006, 434.
[150] *Baumgärtel,* FS Kralik, S. 68.
[151] Abweichend *Musielak* Grundlagen S. 133; wie hier BGH NJW 1983, 2937; *Gerhardt* AcP 169 (1969), 296; *Peters* ZZP 82 (1969), 217; *Baumgärtel,* FS Kralik, S. 69.
[152] BSG NJW 1994, 1303; *Michalski* NJW 1991, 2069; *Oberheim* JuS 1997, 63.

Der **subjektive** Tatbestand der Beweisvereitelung verlangt einen doppelten Schuldvorwurf.[153] Die Partei muss erstens ein Beweismittel vorsätzlich oder fahrlässig vernichten bzw. vorenthalten. Hinzu tritt als zweiter Schuldvorwurf, dass die Partei vorsätzlich oder fahrlässig die Beweisfunktion des Beweismittels beseitigt. Die besonderen Folgen einer Beweisvereitelung kommen ohne Verschulden nicht in Betracht.[154] 83

3. Rechtsfolgen. Sehr umstritten ist bis heute, wie der Richter auf eine Beweisvereitelung zu reagieren hat. Dazu werden eine größere Anzahl von Auffassungen vertreten. 84

a) Meinungsstand. aa) Die ältere Rspr. und ein Teil der Lit. wollen als Rechtsfolge eine **Beweislastumkehr** annehmen.[155] Dem kann nicht zugestimmt werden. Da es sich bei der Beweisvereitelung um die Bewältigung besonderer tatsächlicher Umstände des jeweiligen Einzelfalles handelt, lässt sich daran keinesfalls eine objektive Beweislastumkehr knüpfen (s. Rn. 118, 120). Anderenfalls würde sich die endgültige Beweislastverteilung zwischen den Parteien erst im Laufe des jeweiligen Prozesses ergeben. Auch wäre eine solch starke Sanktion, die in der Regel zum Prozessverlust der an sich nicht beweisbelasteten Partei führt, schwerlich angemessen. Dies gilt in besonderem Maße im Falle der fahrlässigen Beweisvereitelung. 85

bb) Eine andere Auffassung will jedes beweisvereitelnde Verhalten im Wege der **freien Beweiswürdigung** berücksichtigen.[156] Aber auch der Versuch einer Lösung des Problems im Wege der freien Beweiswürdigung weist erhebliche Schwächen auf. Denn insbesondere bei nur fahrlässiger Beweisvereitelung und in den Fällen, in denen es für das mögliche Beweisergebnis keinerlei Anhaltspunkte gibt, wäre der Richter überfordert, wollte man ihm zumuten, eine bestrittene Behauptung allein wegen des vereitelnden Verhaltens im Wege der Würdigung als bewiesen anzusehen. 86

cc) Eine Mindermeinung in der Literatur will auf die Beweisverteilung mit einer **Herabsetzung des Beweismaßes** reagieren.[157] Eine solche Rechtsfolge wäre freilich nur denkbar, wenn das deutsche Recht eine Beweismaßbestimmung nach freiem Ermessen enthielte. Dies ist nicht der Fall (s. Rn. 28). Ferner übersehen die Befürworter dieser Auffassung, dass damit gerade die schwerwiegendsten Fälle von Beweisvereitelung nicht zu lösen sind. Wird nämlich der beweisbelasteten Partei ein Beweismittel im Wege der Vereitelung in der Weise aus der Hand genommen, dass eine Beweisführung vollkommen ausscheidet und ein eindeutiges non liquet bleibt, so könnte in diesem Fall der Richter selbst unter der Geltung des Beweismaßes der überwiegenden Wahrscheinlichkeit keinerlei Erkenntnisse mehr gewinnen. 87

dd) Die bis vor wenigen Jahren ständige **Rechtsprechung** vertrat die Auffassung, dass je nach dem Einzelfall Rechtsfolge der Beweisvereitelung „Beweiserleichterungen bis hin zur Beweislastumkehr" seien.[158] Diese Auffassung ist sehr bedenklich,[159] weil zwischen den Beweiserleichterungen im Rahmen der freien Beweiswürdigung und der Beweislastumkehr ein grundsätzlicher Unterschied besteht (s. Rn. 129). Entgegen dieser Formel kann es auch keinen fließenden Übergang zwischen der Abänderung der Beweislast und anderen Beweiserleichterungen geben. Hier wird die klare Abgrenzung des Bereichs der Beweislast und der Beweiswürdigung allzu leicht verwischt. Erfreulicherweise hat der BGH nunmehr von dieser Rechtsfolge ausdrücklich Abstand genommen.[160] 88

ee) Schließlich wird die Auffassung vertreten, Rechtsfolge der **Beweisvereitelung** sei eine **ungünstige widerlegbare Fiktion.**[161] *Stürner* hat diese Auffassung aus einer umfassenden prozessualen Aufklärungspflicht entnommen, gegen die freilich ihrerseits gewichtige Bedenken bestehen.[162] Zu diesen Bedenken s. Rn. 130. 89

b) Stellungnahme. aa) Eine überzeugende **Regelung** der Rechtsfolgen **muss vom Gesetz ausgehen.** So regelt das geltende Recht für den Urkundenbeweis in den §§ 427, 441 Abs. 3, 90

---

[153] BGH NJW 2004, 222.

[154] AA *Rosenberg,* Die Beweislast, S. 191 f.; *E. Schneider* MDR 1969, 9 f.

[155] BGHZ 6, 224; BGH LM § 282 Nr. 2; *Blomeyer* AcP 158, 102 f. So auch OLG Köln NZV 1992, 365; unklar BGH NJW-RR 1996, 316 („sekundäre Beweislast"; näher s. u. Rn. 103).

[156] *Rosenberg/Schwab/Gottwald* § 117 II 6 a; *Gerhardt* AcP 169, 307; *Musielak/Stadler* Rn. 188; *Peters* ZZP 82 (1969), 218.

[157] *Maassen* S. 181; *Bender,* FS Baur, S. 267; *Walter* (Fn. 92) S. 236.

[158] Insbesondere BGHZ 72, 132; st. Rspr.; aus der Lit. *Baumgärtel,* FS Kralik, S. 73.

[159] Vgl. insbes. *Laumen* NJW 2002, 3739.

[160] BGH NJW 2004, 2011, 2012 f.

[161] Insbesondere *Stürner,* Die Aufklärungspflicht der Parteien des Zivilprozesses, S. 242 ff.

[162] Vgl. insbesondere *Arens* ZZP 96 (1983), 1; *Rosenberg/Schwab* § 118 VI; *Prütting* Gegenwartsprobleme S. 186 ff.

444 Fälle der Beweisvereitelung. Auch die Parteivernehmung kennt eine gesetzliche Regelung in den §§ 446, 453 Abs. 2, 454 Abs. 1. Dagegen kennen der Zeugenbeweis und der Augenscheinsbeweis keinerlei gesetzliche Regelung der Beweisvereitelung. In diesen Fällen erscheint es zulässig, die Regelungen über den Urkundenbeweis analog heranzuziehen, also insbesondere die §§ 427, 444.

91 **bb)** Die **direkte oder analoge Anwendung** der §§ 427, 441 Abs. 3, 444, 446, 453 Abs. 2, 454 Abs. 1 bedeutet, dass dem Richter jedenfalls die Möglichkeit der freien Beweiswürdigung offen stehen muss (vgl. insbesondere §§ 446, 454 Abs. 1). Darüber hinaus gestatten aber die §§ 427, 444, dass Behauptungen als bewiesen „angesehen" oder „angenommen" werden können. Dies kann nur bedeuten, dass der Richter in Abweichung von § 286 ausnahmsweise auch dann vom Vorliegen einer Behauptung ausgehen darf, wenn er sich vom Vorliegen der Tatsache nicht hat überzeugen können. Die §§ 427, 444 enthalten also eine über die Beweiswürdigung hinausgehende eigenständige Sanktionsmöglichkeit.[163] Insoweit ist der Auffassung **Stürners** von der Fiktionswirkung zuzustimmen (s. Rn. 89).

92 **cc)** Die direkte oder analoge Anwendung der **Normen über die Beweisvereitelung** (§§ 427, 441 Abs. 3, 444, 446, 453 Abs. 2, 454 Abs. 1) räumt dem Richter in doppelter Weise Spielraum ein. Da nämlich die Beweiswürdigung und die Unterstellung des Beweisergebnisses als Sanktion im Gesetz nebeneinander vorgesehen sind, ist klar, dass der Richter in jedem Falle zunächst zum Mittel der freien Beweiswürdigung greifen kann und muss. Eine Sanktion als Folge der Beweisvereitelung kommt nur dort in Betracht, wo die Beweiswürdigung nicht zum Ziele führt. Darüber hinaus ist zu beachten, dass die in den §§ 427, 444 vorgesehene Sanktion vom Richter ergriffen werden „kann". Ihm ist also ein Ermessen eingeräumt, ob er einen Fall von Beweisvereitelung mit der vorgesehenen Sanktion löst. Für die Ausübung dieses Ermessens dürfte der Grad des Verschuldens der nicht beweisbelasteten Partei sowie das eventuell mitwirkende Verhalten der beweisbelasteten Partei von ausschlaggebender Bedeutung sein.

VII. Beweislast

93 **1. Begriff und Bedeutung.** Ist es dem Richter im Laufe eines Prozesses bis zu seinem Ende nicht gelungen, trotz Ausschöpfung aller möglichen und prozessual zulässigen Beweismittel eine gesicherte Überzeugung von den geltend gemachten Tatsachenbehauptungen zu gewinnen, ist also ein sog. „non liquet" gegeben, so stellt sich in besonderer Weise die Frage nach der richterlichen Streitentscheidung, da ohne einen feststehenden Sachverhalt die Subsumtion unter die Rechtsnormen nicht möglich ist.[164] Es ist heute anerkannt, dass der Richter auch in diesem Fall gezwungen ist, den Prozess in der Sache zu entscheiden. Keinesfalls darf er eine Streitentscheidung wegen fehlender Tatsachengrundlage verweigern.[165] Hier bieten die Regeln über die Beweislast dem Richter ein methodisches Instrument zur Entscheidung in der Sache trotz weiterhin bestehendem non liquet. Eine solche Sachentscheidung nach Beweislastgrundsätzen stellt eine ultima ratio dar, soweit der Richter alle zulässigen Beweismöglichkeiten ohne Erfolg ausgeschöpft hat. Die Entscheidung nach Beweislastgrundsätzen ist also anders als jede gelungene Beweisführung kein Mittel zur Überwindung des non liquet, sondern eine Entscheidung trotz non liquet. Deshalb setzt die Beweislastentscheidung eine **besondere normative Grundlage** voraus, da im non-liquet-Fall das Prozessrisiko zwischen den Streitparteien auf Grund eigenständiger Zurechnungskriterien verteilt werden muss.

94 Die **Folge einer Beweislastentscheidung** für die Parteien ist es, dass derjenige, dem die besonderen Beweislastnormen das Risiko aufbürden, den Prozess verliert. Man sagt deshalb, er trage die Beweislast (sog. objektive Beweislast, s. Rn. 100). Weiter Folge für diese beweisbelastete Partei ist es, dass es in ihrem besonderen Interesse liegt, im Prozess aktiv zu werden, um ein non liquet zu vermeiden (sog. subjektive Beweislast, s. Rn. 98).

95 Es ist anerkannt, dass es unabhängig von der jeweiligen **Verfahrensart** und der im konkreten Verfahren geltenden **Prozessmaximen** zu einem non liquet kommen kann. Die objektive Beweislast ist daher innerhalb jeder Prozessordnung von eminenter Bedeutung.

96 Die Fragen der Beweislast beziehen sich **nur auf Tatsachen,** nicht auf Rechtsfragen oder Probleme der Auslegung, sei es von Normen, sei es von Willenserklärungen (BGH NJW 1984, 721). Das bedeutet aber auch, dass zur Anwendung der Beweislastregeln die Trennung von Rechts- und Tatfrage unabdingbar ist (dazu § 550 Rn. 2ff.).

---

163 Vgl. *Prütting* Gegenwartsprobleme S. 187ff.
164 Vgl. insbesondere *Leipold* S. 22; *Musielak* S. 3, 19; *Prütting* Gegenwartsprobleme S. 118f.
165 Vgl. *Stein/Jonas/Schumann* Einl. Rn. 12; *Prütting* Gegenwartsprobleme S. 124ff.

2. Subjektive und objektive Beweislast. Der Begriff Beweislast ist nicht eindeutig. Es sind vielmehr zwei unterschiedliche Situationen und Sichtweisen zu trennen, in denen Beweislastfragen von Bedeutung sind: Einmal wird am Beginn des Prozesses (bzw. in seinem weiteren Verlauf) und aus der Sicht der Parteien danach gefragt, welche Partei ein bestimmtes Tatbestandsmerkmal zu beweisen habe (sog. subjektive Beweislast, s. Rn. 98). Demgegenüber wird am Ende eines Prozesses und aus der Sicht des Gerichts gefragt, zu wessen Nachteil es ausschlägt, dass eine Tatsachenbehauptung im Prozess endgültig unklar geblieben ist (sog. objektive Beweislast, s. Rn. 100). 97

a) Subjektive Beweislast. Die subjektive Beweislast (auch Beweisführungslast oder formelle Beweislast genannt) ist die den Parteien obliegende echte Last (nicht Pflicht),[166] durch eigenes Tätigwerden den Beweis der streitigen Tatsache zu führen, um den Prozessverlust zu vermeiden. Die beweisbelastete Partei kommt dem insbesondere dadurch nach, dass sie Beweisanträge stellt und konkrete Beweismittel für ihre Behauptungen benennt (zur Behauptungslast s. Rn. 134). Aber auch das Gericht wird die subjektive Beweislast beachten, indem es seine Hinweise zur Beweisführung (§ 139 Abs. 1) vor allem an die beweisbelastete Partei richten muss. Darüber hinaus darf ein allein vom nicht beweisbelasteten Gegner angebotener Beweis nicht erhoben werden, wenn die beweisbelastete Partei keinerlei Beweis angeboten hat.[167] Die Wirkung der subjektiven Beweislast zeigt sich besonders deutlich im Urkundenprozess, wo der Kläger die anspruchsbegründenden Tatsachen durch Urkunden beweisen muss (§§ 592, 595) und im Falle einer Verletzung dieser Beweisführungslast seine Klage selbst dann als unstatthaft abgewiesen wird, wenn die Gegenseite säumig ist (§ 597 Abs. 2). Eine spezielle Ausprägung hat die subjektive Beweislast im Rahmen der Parteivernehmung gefunden. Bei diesem Beweismittel kann nämlich der Beweisantrag zunächst nur von der beweisbelasteten Partei gestellt werden (445 Abs. 1). Ausnahmen lässt das Gesetz nur bei Einverständnis beider Seiten (§ 447) und subsidiär von Amts wegen zu (§ 448). 98

Da es sich bei der subjektiven Beweislast um eine echte Last der Parteien handelt, den Beweis zu führen, gibt es die subjektive Beweislast nur in **Verfahren,** die der **Verhandlungsmaxime** unterliegen, also insbesondere in weiten Teilen des Zivilprozesses und im arbeitsgerichtlichen Urteilsverfahren. Die Verteilung der subjektiven Beweislast muss bereits bei Beginn jedes Prozesses feststehen. Dies ist zB aus den §§ 445 Abs. 1, 447, 448, 597 Abs. 2 eindeutig zu entnehmen. Daher muss die Verteilung der subjektiven Beweislast abstrakt und normativ festgelegt sein. Die Beweislastverteilung selbst folgt zwingend den Regeln der objektiven Beweislast. 99

b) Objektive Beweislast. Die objektive Beweislast (auch Feststellungslast oder materielle Beweislast genannt) gibt dem Richter Antwort auf die Frage, zu wessen Nachteil im Falle eines non liquet die Entscheidung zu fällen ist. Die objektive Beweislast ist also keine Last im technischen Sinn. Denn der Begriff der Last setzt immer ein Handeln der Parteien voraus, dessen Fehlen gewisse Nachteile mit sich bringt.[168] Der Begriff der objektiven Beweislast ist aber unabhängig von jeglichem Handeln der Parteien. Zu einem non liquet kann es nämlich trotz aller erdenklichen Parteibemühungen kommen, wenn der Richter eine Überzeugung von der Wahrheit nicht gewinnen konnte. Bei näherer Betrachtung ist die objektive Beweislast damit eine besondere Form gesetzlicher Risikoverteilung. Sie muss also in abstrakt-genereller Form und normativ festgelegt sein. 100

Die objektive Beweislast ist am Ende der mündlichen Verhandlung von entscheidender Bedeutung. Dabei darf freilich nicht verkannt werden, dass der objektiven Beweislast auch schon vor diesem Zeitpunkt ein wichtiger Einfluss zukommt. So kann etwa bereits **vor Prozessbeginn** die Frage einer Beweisaufnahme durch das sog. selbstständige Beweisverfahren (§§ 485 ff.) in Betracht kommen. Ein solches Verfahren wird aber in erster Linie derjenige erwägen, der letztlich das Beweisrisiko eines Prozesses zu tragen hätte. **Bei Beginn eines Prozesses** sind beide Seiten gehalten, den relevanten Tatsachenstoff vorzutragen (sog. Darlegungsstation). Denn Voraussetzung eines Prozesserfolges sind für den Kläger ein schlüssiges Vorbringen und für den Beklagten erhebliche Einwendungen. Diese Frage nach der Verteilung der sog. Behauptungslast (s. Rn. 134) bestimmt sich ebenfalls nach der Verteilung der objektiven Beweislast. Ist das Gericht **im Laufe des Prozesses** der Auffassung, dass sich schlüssige Behauptungen des Klägers und erhebliche Einwendungen des Beklagten gegenüberstehen, so wird es darüber Beweis erheben (Beweisstation). Die Frage, ob insoweit Beweis erhoben werden darf und wer den Beweis angeboten haben muss (also die sub- 101

[166] Zum Begriff der Last (Fn. 168); zur Einordnung der subjektiven Beweislast als echter Last *Prütting* Gegenwartsprobleme S. 30 ff.

[167] *Rosenberg/Schwab/Gottwald* § 117 I 3 a; *Stein/Jonas/Leipold* Rn. 29; *Weber* NJW 1972, 896; aA *Walther* NJW 1972, 237.

[168] Zum Begriff der prozessualen Last vgl. insbesondere *Lent* ZZP 67 (1954), 344; zuletzt vgl. insbesondere *Stürner,* Die Aufklärungspflicht der Parteien des Zivilprozesses, 1976, S. 71 ff.; *Prütting* Gegenwartsprobleme S. 30 ff., 34.

jektive Beweislast), bestimmt sich aber wiederum nach der Verteilung der objektiven Beweislast (s. Rn. 100).

102 Die Verteilung der objektiven Beweislast und deren Vorwirkungen auf die Zeit vor Prozessbeginn, auf den Prozessbeginn selbst und auf die Prozessführung haben also großen Einfluss auf das Verhalten von Parteien und Gericht, sie strukturieren im Grunde das gesamte Prozessgeschehen.[169] In der Abschichtung und Strukturierung jedes Lebenssachverhalts im konkreten Prozess im Rahmen von Behauptungslast, subjektiver Beweislast und objektiver Beweislast liegen der Sinn und die Rechtfertigung des anerkannten Satzes, dass die Beweislast das **Rückgrat des Prozesses** darstellt.

103 **c) Konkrete Beweisführungslast und sekundäre Beweislast.** Streng zu trennen von der abstrakt-generell geregelten und normativ festgelegten subjektiven und objektiven Beweislast ist die Tatsache, dass im Verlaufe eines Prozesses je nach der vorläufigen Überzeugungsbildung des Gerichts beide Prozessparteien abwechselnd zu Beweisantritten im Rahmen ihres Hauptbeweises oder ihres Gegenbeweises (s. § 284 Rn. 20f.) aufgerufen sein können. Eine so verstandene konkrete Beweisführungslast kann also im Verlaufe eines Prozesses mehrfach zwischen den Parteien hinundherwechseln. Dies zeigt, dass sie nicht einer abstrakt-generellen Regelung unterliegen kann, sondern von der jeweiligen konkreten Situation der Beweiswürdigung abhängig ist. Die konkrete Beweisführungslast darf also nicht mit der (abstrakten) subjektiven und objektiven Beweislast verwechselt werden.[170] Sie betrifft somit die Frage, welche Partei in einer bestimmten Prozesssituation, in der das Gericht bereits eine vorläufige Überzeugung vom Vorliegen einer beweisbedürftigen Tatsache gewonnen hat, einen Beweis antreten muss, um den Prozess zu gewinnen. Nur zu Beginn des Prozesses deckt sich die konkrete mit der abstrakten Beweisführungslast. Im Laufe des Verfahrens entwickelt sie sich dann unabhängig von der Verteilung der objektiven Beweislast und wird allein von der Würdigung des Gerichts im Einzelfall bestimmt. Wenn zB die Parteien darüber streiten, ob der Anspruchsgegner einen für den Abschluss eines Rechtsgeschäfts wichtigen Umstand arglistig verschwiegen hat, trägt der Anspruchsteller die objektive Beweislast für das Verschweigen. Es handelt sich insoweit um ein anspruchsbegründendes Merkmal für den Anspruchsteller. Die schwierige Beweisführung wird ihm aber dadurch erleichtert, dass der Anspruchsgegner die Behauptung des Verschweigens substantiiert bestreiten muss. Er muss also im Einzelnen darlegen, zu welcher Zeit und mit welchen Erklärungen er die offenlegungspflichtigen Tatsachen mitgeteilt hat. Dann wäre es Sache des Anspruchstellers, zur Überzeugung des Gerichts nachzuweisen, dass dieses konkrete Vorbringen unwahr ist. Das Beispiel zum Auseinanderfallen von abstrakter und konkreter Beweislast macht zugleich deutlich, dass die in der Praxis wohl größte Bedeutung in der den beiden Phänomenen jeweils vorgelagerten abstrakten und konkreten Behauptungslast liegt. Im Einzelnen bedeutet dies, dass der abstrakt behauptungs- und beweisbelasteten Partei zunächst abverlangt wird, einen Sachverhalt vorzutragen, der in Verbindung mit einem Rechtssatz geeignet ist, das geltend gemachte Recht als entstanden erscheinen zu lassen.[171] Diese schlichte und allgemeine Behauptung genügt aber nur zu Beginn des Prozesses. Die konkrete Behauptungslast (Substantiierungslast) macht demgegenüber deutlich, dass von der jeweils anderen Prozesspartei mehr verlangt wird als nur die reine Behauptung eines schlüssigen Sachverhalts. Denn die abstrakte Behauptungslast lässt die Frage unbeantwortet, wie konkret im jeweiligen Einzelfall die verschiedenen Tatsachenbehauptungen der Parteien sein müssen. Man kann daher die abstrakte Behauptungslast auch als „Anfangsdarlegungslast" bezeichnen.[172] Eine besonders bedeutsame Erscheinungsform der konkreten Behauptungslast ist die sog. **sekundäre Behauptungslast.** Nach der st. Rspr.[173] obliegt nämlich der nicht beweisbelasteten Partei eine gesteigerte Substantiierungslast, wenn die an sich beweisbelastete Partei außerhalb des für ihren Anspruch erheblichen Geschehensablauf steht und deshalb die maßgebenden Tatsachen im Einzelnen nicht kennt, während diese der Gegenpartei bekannt sind. Allerdings muss die Substantiierung der Gegenpartei zumutbar sein. Erfüllt die Gegenpartei die Anforderungen an die sekundäre Behauptungslast durch Substantiierung nicht, begnügt sie sich vielmehr mit einfachem Bestreiten der pauschalen Behauptungen des Anspruchstellers, so greift die Geständnisfiktion des § 138 Abs. 3 ein.[174] Im Einzelnen findet die sekundäre Behauptungslast in Fällen Anwendung, in denen ein deutliches Informationsgefälle zwischen Geschädigtem und Schädiger

---

[169] Vgl. insbesondere *Rosenberg* S. 74 ff.

[170] Vgl. insbesondere *Hansen* JuS 1991, 588, 589; *Musielak* Grundlagen S. 36 ff., 98, 130; *Prütting* Gegenwartsprobleme S. 7 ff.

[171] So die Definition in BGH NJW 1984, 1888.

[172] *Seutemann* MDR 1997, 615, 616.

[173] BGHZ 86, 23, 29; BGHZ 100, 190, 195, BGH NJW 1990, 3151; BGHZ 120, 320, 327; BGH NJW 1995, 3311; BGH NJW 1999, 717; BGH NJW-RR 2002, 1309.

[174] BGH NJW 1986, 3193, 3194.

besteht.[175] Bedeutsam ist die sekundäre Behauptungslast auch im Arzthaftpflichtprozess, in dem an die Substantiierungspflicht des Klägers nur maßvolle und eher geringe Anforderungen gestellt werden dürfen.[176] Bedeutsam ist die sekundäre Behauptungslast ebenfalls bei der Haftung des GmbH-Geschäftsführers sowie beim Beweis von Stammeinlagen.[177] Auch beim Anspruch des Versicherten aus der Diebstahlsversicherung geht die Rspr. von reduzierten Anforderungen an die Substantiierungslast aus.[178] Insgesamt ist die praktische Bedeutung der sekundären Behauptungslast heute in der Rspr. als sehr bedeutsam einzuschätzen.[179] Zur Substantiierungslast vgl. ferner unten Rn. 136.

3. Die Methodik der Rechtsanwendung bei Beweislosigkeit. Besondere Schwierigkeiten 104
bereitet die Frage, wie methodisch eine Rechtsanwendung möglich ist, wenn der zugrundeliegende Lebenssachverhalt unklar geblieben ist und damit eine Subsumtion nicht möglich ist. Gesichert ist heute jedenfalls die Erkenntnis, dass die Beweislast sich nicht gleichsam „von selbst" ergibt, wenn man bei einem non liquet die fragliche Norm nicht anwendet.[180] Dies hat *Leipold* in seiner grundlegenden Untersuchung nachgewiesen.[181] Die früher vertretene Auffassung von der Nichtanwendung der Norm beim non liquet hatte verkannt, dass das Wort „Nichtanwendung" eine doppelte Wortbedeutung hat: Es kann die endgültige Ablehnung einer Norm oder das Offenlassen der Entscheidung über die Norm bedeuten. Im letzteren Fall ist aber eine Subsumtion nicht möglich.

Aus moderner Sicht sind beim methodischen Vorgehen im Falle eines non liquet drei Schritte zu 105
trennen. In einem **ersten Schritt** ist danach zu fragen, ob der Richter beim Vorliegen eines non liquet eine Entscheidungspflicht hat. Dies ist heute allgemein anerkannt.[182] Die zuletzt noch abweichende Rechtsprechung im Rahmen der Feststellung der nichtehelichen Vaterschaft[183] war von Anfang an inkonsequent und kann spätestens seit der Gesetzesreform vom 1. 7. 1970 nicht mehr aufrechterhalten werden.[184]

Der **zweite Schritt** jeder Beweislastentscheidung betrifft die rechtstheoretische Frage, auf wel- 106
che methodische Weise der Richter bei unklarem Sachverhalt zu einer Entscheidung gelangen kann. Dazu bedarf es eines besonderen methodischen Instruments, das in formaler Hinsicht das non liquet überwindet. Dieses Instrument kann man als „Operationsregel" bezeichnen.[185] Diese Operationsregel enthält als methodische Anweisung eine Fiktion. Der Richter darf und muss den unklar gebliebenen Sachverhalt so behandeln, als wäre er geklärt worden.[186] Der Inhalt dieser Fiktion ist in zweifacher Weise denkbar. Der Richter kann die unklar gebliebenen Tatsachenbehauptungen als bewiesen oder als widerlegt fingieren. Welche dieser beiden Alternativen er fingieren muss, sagen ihm in einem **dritten Schritt** die Beweislastnormen, die die Verteilung der Beweislast regeln und damit den Inhalt der Fiktion festlegen.

Dies zeigt, dass die **Beweislastverteilung** ein normaler **Akt gesetzgeberischer Entscheidung** 107
ist. Der Inhalt der Beweislastverteilung wird nicht durch das methodische Vorgehen determiniert.

4. Verteilung der Beweislast. Die Verteilung der Beweislast bedarf einer normativen Rege- 108
lung (s. Rn. 93), die Entscheidung über die Aufteilung zwischen den Parteien im Einzelnen ist also Sache des Gesetzgebers (s. Rn. 100, 107). Tatsächlich lässt sich eine gesetzliche Beweislastverteilung zwischen den Parteien nach den Geboten der Gerechtigkeit, der Billigkeit und der prozessualen Waffengleichheit insbesondere im BGB, aber auch in allen anderen Bereichen der Rechtsordnung nachweisen. Zur Beweislastverteilung im Einzelnen lassen sich sehr unterschiedliche Anknüpfungspunkte finden.

---

[175] *Meyke* NJW 2000, 2232.

[176] *Katzenmeier* Arzthaftung, 2002, S. 392 ff. m. weit. Nachw.

[177] BGH NJW 1994, 2220; KG NZG 2005, 46.

[178] BGH NJW 1995, 2169.

[179] Vgl. *Kiethe* MDR 2003, 781; *Lange* NJW 1990, 3233; *Hansen* JuS 1991, 588; *Hök* MDR 1995, 773; *Seutemann* MDR 1997, 615.

[180] Zur Nichtanwendung der Norm insbesondere *Rosenberg* S. 12. Auch die Auffassung von *Leonhard* S. 127 f., 136 f., 175 löst das methodische Problem in vergleichbarer Weise, indem sie als Inhalt der materiellrechtlichen Normen verlangt, daß die Voraussetzungen des Anspruchs erwiesen sind.

[181] *Leipold* S. 22; dem folgend *Musielak* Grundlagen S. 3, 19; *Schwab,* FS Bruns, S. 506, 519; *Prütting* Gegenwartsprobleme S. 118 ff.

[182] Zusammenfassend *Prütting* Gegenwartsprobleme S. 124 ff.

[183] Grundlegend BGHZ 17, 252 = NJW 1955, 1107; ferner BGHZ 40, 367; BGH FamRZ 1956, 149. Dazu *Prütting* Gegenwartsprobleme S. 126 ff.

[184] Vgl. *Gaul,* FS Bosch, S. 247 ff.; *Prütting* Gegenwartsprobleme S. 128 ff.

[185] *Schwab,* FS Bruns, S. 506; *Prütting* Gegenwartsprobleme S. 167.

[186] Streitig ist bisher, ob diese Operationsregel selbst eine Rechtsnorm ist (so wohl *Schwab,* FS Bruns, S. 506) oder ob sie einen methodischen Vorgang ohne Normcharakter beschreibt (so *Prütting* Gegenwartsprobleme S. 169 f.).

109 **a) Ausdrückliche gesetzliche Beweislastregeln.** An manchen Stellen sieht das Gesetz ausdrückliche Normen über die Beweislastverteilung vor. Solche Normen finden sich in größerer Zahl im BGB (etwa §§ 179 Abs. 1, 345, 363, 611 a Abs. 1 S. 3, 619 a, 2336) und in vielen anderen Gesetzen.[187] Hinzu kommt, dass auch durch die gesetzlichen Vermutungen (§ 292) die Beweislast ausdrücklich verteilt wird (s. § 292 Rn. 25).

110 **b) Allgemeine Grundregel.** Durch ausdrückliche Beweislastnormen können nur wenige Zweifelsfragen entschieden werden. Es ist auch praktisch ausgeschlossen, dass der Gesetzgeber jedem materiellrechtlichen Tatbestandsmerkmal eine eigenständige Beweislastnorm zur Seite stellt. Daher bedarf es einer allgemeinen Grundregel der Beweislastverteilung. Eine solche Grundregel war im ersten Entwurf eines Bürgerlichen Gesetzbuchs für das Deutsche Reich von 1888 enthalten (§ 193 des Entwurfs). **Diese Grundregel lautet** in ihrer heute anerkannten Form:

111 „Der Anspruchsteller trägt die Beweislast für die rechtsbegründenden Tatbestandsmerkmale, der Anspruchsgegner für die rechtshindernden, rechtsvernichtenden und rechtshemmenden Merkmale."

112 Diese **Grundregel** ist auch heute Teil des geltenden Gesetzesrechts. Das Ergebnis ist daraus abzuleiten, dass der Gesetzgeber § 193 des ersten Entwurfs zum BGB nur gestrichen hat, weil er die Grundregel für selbstverständlich hielt. Ferner hat der Gesetzgeber die sprachliche Gestaltung des BGB unstreitig im Hinblick auf die Beweislastverteilung so vorgenommen, dass jeweils Abweichungen von der Grundregel verdeutlicht wurden (zB durch Formulierungen wie „es sei denn, dass"). Schließlich ist die Grundregel historisch, rechtsvergleichend und auch im geltenden Recht allgemein anerkannt. Sie kann daher als Teil des geltenden Gesetzesrechts angesehen werden.[188]

113 Die **Einordnung der Tatbestandsmerkmale** als rechtsbegründend, rechtsvernichtend oder rechtshemmend ergibt sich dabei jeweils aus der Qualifizierung des materiellen Rechts. Dagegen bilden die rechtshindernden Merkmale keine eigene materiellrechtliche Kategorie, sondern nur eine aus Zweckmäßigkeit vorgenommene Zusammenfassung all der Beweislastsondernormen, bei denen rechtsbegründende Tatbestandsmerkmale abweichend von der Grundregel der Beweislastverteilung dem Anspruchsgegner zum Beweis zugewiesen sind.[189]

114 **c) Sprachliche und satzbaumäßige Formulierung.** Die praktisch wichtigste Hilfe bei der Ermittlung der Beweislastverteilung durch den Gesetzgeber bildet die sprachliche und satzbaumäßige Formulierung der Normen. Diese gesetzgeberischen Möglichkeiten lassen sich letztlich darauf zurückführen, dass ein sprachlich bedingtes Regel-Ausnahme-Schema entsteht. Dadurch gibt das Gesetz Anhaltspunkte für die Strukturierung des Tatbestands in die zunächst vom Anspruchsteller zu beweisenden Merkmale (Mindesttatbestand) und weitere zur Beweislast des Anspruchsgegners stehende Merkmale (Ausnahmemerkmale). Typische Beispiele für eine mögliche besondere Beweislastverteilung sind deshalb Satzeinleitungen wie: „Dies gilt nicht, wenn" oder „Diese Vorschrift findet keine Anwendung" oder „die Rechtsfolge tritt nicht ein, wenn" oder „Die Rechtsfolge beschränkt sich" oder „Abs. 1 gilt nicht, wenn" oder „Der Anspruch entfällt, wenn" (vgl. zB §§ 280 Abs. 1 S. 2, 815, 817 S. 2, 827 S. 2, 831 Abs. 1, 832 Abs. 1, 935 Abs. 1, 937 Abs. 2 BGB u. ö.). Eine andere Möglichkeit des Gesetzgebers besteht darin, anstelle eines neuen Satzes an den Hauptsatz einen Nebensatz anzuhängen, dessen Inhalt konditional untergeordnet wird. Beispiele dafür sind: „es sei denn, dass" oder „sofern nicht" oder „außer wenn" oder „ohne dass" oder „ausgenommen" (vgl. zB §§ 145, 178, 179 Abs. 3, 932 Abs. 1 BGB u. ö.).

115 Dass solche und weitere sprachliche Besonderheiten des Gesetzes für die Verteilung der Beweislast von Bedeutung sind, ist im Grundsatz allgemein anerkannt.[190] Wie bei jeder Gesetzesauslegung nach dem Wortlaut kann aber auch hier die Fassung des Gesetzes **Zweifelsfälle nicht ausschließen.** Soweit die sprachliche und satzbaumäßige Gestaltung des Gesetzes das Verhältnis von rechtsbegründenden und rechtshindernden Normmerkmalen betrifft (s. Rn. 113), ermöglicht sie erst die Aufteilung der Beweislast zwischen den Parteien, die insoweit vom materiellen Recht nicht vorgegeben ist (s. Rn. 113). Die vor allem von *Rosenberg* geprägte und bis heute herrschende sog. Normentheorie hatte gerade insoweit eine abweichende Auffassung vertreten. Die erforderlichen Korrekturen an der Normentheorie bei den rechtshindernden Normmerkmalen sowie bei der Methode

---

[187] Eine Aufzählung weiterer ausdrücklicher Beweislastnormen findet sich bei *Prütting* Gegenwartsprobleme S. 292 f.

[188] Im einzelnen vgl. *Prütting* Gegenwartsprobleme S. 265 ff., 278 ff.; in der Sache übereinstimmend *Leipold* S. 45 f.; *Stein/Jonas/Leipold* Rn. 40 ff. („stillschweigendes Gesetzesrecht"); *E. Schmidt* JuS 2003, 1007, 1010; aA *Friedl,* Beweislastverteilung unter Berücksichtigung des Effizienzkriteriums, 2003, S. 10 ff.

[189] Vgl. dazu *Leipold* S. 38 ff.; zur Beibehaltung des Begriffs der rechtshindernden Merkmale aus Gründen der Zweckmäßigkeit vgl. *Musielak* Grundlagen S. 298 ff.; *Prütting* Gegenwartsprobleme S. 282 ff., 288.

[190] *Rosenberg* S. 126 ff.; *Stein/Jonas/Leipold* Rn. 61 jeweils m. weit. Nachw.

der Rechtsanwendung (s. Rn. 104) ändern freilich nichts an den sachgerechten Ergebnissen, zu denen diese Auffassung schon immer gelangt ist. Es erscheint daher auch heute noch gerechtfertigt, die Normentheorie in einer modifizierten Form anzuerkennen (sog. **modifizierte Normentheorie**).[191]

d) Analogie. Eine weitere Möglichkeit, die Beweislastverteilung zu ermitteln, besteht in der analogen Anwendung gesetzlicher Beweislastregeln. Von besonderer Bedeutung war früher die Analogie von § 282 BGB aF auf die positive Forderungsverletzung. Nunmehr hat § 280 Abs. 1 Satz 2 BGB nF die ausdrückliche Beeislastnorm des § 282 aF in eine satzbaumäßig gestaltete Beweislastnorm umgewandelt, dabei aber deren Anwendungsbereich auf alle Fälle der Pflichtverletzung im Schuldverhältnis ausgedehnt. Insoweit ist die bisher allgemein angenommene Analogie[192] gegenstandslos, ohne dass sich im Ergebnis Wesentliches geändert hätte. Schon bisher war die Beweislastverteilung dem Vertragsinhalt und dem Leistungsumfang angepasst gewesen.[193] Auch im Übrigen hatte die bisherige Rechtsprechung[194] und Literatur[195] im Wesentlichen ein Ergebnis vertreten, wie es § 280 nunmehr übernommen hat. Dabei wurde insbesondere der Gedanke des Verantwortungs- und Gefahrenbereichs herangezogen, der sich nach neuem Recht in § 309 Nr. 12a BGB fortgesetzt hat. Die Rechtsprechung hatte allerdings in zwei Bereichen Ausnahmen von der Beweislastverteilung für das Vertretenmüssen des Schuldners gemacht, im Arzthaftungsprozess[196] und im Arbeitsrecht.[197] Die arbeitsrechtliche Rechtsprechung hat der Gesetzgeber in § 619a BGB nunmehr ausdrücklich in den Gesetzestext übernommen, für das Arzthaftungsrecht gilt nach dem Wortlaut von § 280 BGB nF eine abweichende Beweislastverteilung.[198]Dies erscheint bereits aus bisheriger Sicht unproblematisch, wo der Schaden im Arzthaftungsprozess durch ein mangelhaftes technisches Geräte verursacht wurde[199] oder der Fehler im Bereich organisatorischer und technischer Vorkehrungen der ärztlichen Behandlung liegt.[200] Im Übrigen stellt die wortlautgetreue Anwendung von § 280 BGB aber eine grundsätzliche Veränderung der Beweislast dar, auch wenn sich diese im praktischen Ergebnis oft nicht auswirken mag.[201] 116

e) Sinngerechte Auslegung des materiellen Rechts und sachliche Gründe der Beweislastverteilung. Über die bisher genannten Normen und Kriterien der Beweislastverteilung hinaus bedarf es zur Feststellung zweifelhafter Beweislastfragen einer sinngerechten Auslegung der Wertungen des materiellen Rechts und der für die Beweislastverteilung maßgeblichen sachlichen Gründe. Solche sachlichen Gründe gibt es in großer Zahl. Dazu zählen auch Einwirkungen des Verfassungsrechts auf die Beweislast.[202] Von besonderer Bedeutung sind insbesondere die Beweisnähe, die Durchsetzung und der Schutz von Grundrechten, der soziale Schutzgedanke, die mit der Wahrung des Besitzstandes und mit dem Rechtsfrieden verknüpfte Angreiferstellung, die Prozessverhütung, die Waffengleichheit der Parteien, das Gebot der Schaffung und Sicherung von Beweismitteln sowie der allgemeine Verkehrsschutz.[203] Von herausragender Bedeutung innerhalb der genannten Sachgründe ist das Angreiferprinzip in seiner Verknüpfung mit der Wahrung des Besitzstandes und des Rechtsfriedens, allerdings eingeschränkt durch das Gebot ausgleichender Gerechtigkeit, Zumutbarkeit und Waffengleichheit. Daneben ist der grundsätzliche Gedanke zu erwähnen, wonach auch die Beweislastverteilung den Normzweck der jeweiligen materiellen Norm sichern und erhalten soll. 117

Letztlich lässt sich das geltende Recht unter Heranziehung aller für die Beweislast relevanten Gesichtspunkte nach seiner Struktur in **verschiedene Wertungsschichten** aufteilen.[204] Dahinter 118

---

[191] Vgl. *Prütting* Gegenwartsprobleme S. 352; zustimmend *Baumgärtel,* Beweislastpraxis im Privatrecht, S. 108ff., 120f.

[192] Vgl. 2. Aufl. § 286 Rn. 114.

[193] Vgl. *Rosenberg/Schwab/Gottwald* § 117 II 4; *Musielak* AcP 176, 465; *Rosenberg* S. 360ff.; grundlegend *Raape* AcP 147 (1942), 218; differenzierend vor allem *Stoll,* FS v. Hippel, S. 517; *ders.* AcP 176 (1976), 145ff.; *Reinecke* S. 150ff.

[194] Vgl. BGHZ 8, 241; 23, 288; 27, 236; 28, 251; 66, 53.

[195] Vgl. *Prölss* S. 72ff.; *ders.* VersR 1964, 901; ferner *Musielak* AcP 176 (1976), S. 465.

[196] BGH VersR 1967, 663; NJW 1969, 553; MDR 1977, 828; NJW 1980, 1333; vgl. dazu ferner BVerfG NJW 1979, 1925.

[197] BAG NJW 1998, 1011; BGHZ 111, 80.

[198] Vgl. *Katzenmeier* VersR 2002, 1066; *Deutsch* JZ 2002, 588.

[199] BGH NJW 1978, 584 (Narkosegerät); ferner BGH VersR 1975, 952; 1978, 764.

[200] BGH VersR 1991, 467; ebenso schon BGH VersR 1991, 310.

[201] So *Palandt/Heinrichs,* BGB, 66. Aufl. 2007, § 280 Rn. 42.

[202] Dazu *Schlemmer/Schulte,* Beweislast und Grundgesetz, 1997, S. 37ff.

[203] Im einzelnen vgl. *Prütting* Gegenwartsprobleme S. 257ff.

[204] Dieser Gedanke findet sich erstmals bei *Leipold* AcP 179, 504; vgl. ferner *Stein/Jonas/Leipold* Rn. 47; *Prütting* Gegenwartsprobleme S. 285ff.; *E. Schmidt* JuS 2003, 1007, 1010ff.

steht der Gedanke, dass bereits im materiellen Recht eine Aufteilung zwischen Regeltatbestand und Ausnahmetatbestand, zwischen Recht und Gegenrecht oder (im öffentlichen Recht) zwischen Grundverhältnis und Sonderverhältnis[205] vorhanden ist. Einwirkungen kann auch der objektive Gehalt der Grundrechte haben.[206]

119 **f) Richterliche Rechtsfortbildung.** Wie in jedem anderen Normbereich ist es denkbar, dass abstrakt-generelle Beweislastregelungen im Wege richterlicher Rechtsfortbildung geschaffen werden. Dies setzt allerdings voraus, dass die allgemeinen Anforderungen an eine richterliche Rechtsfortbildung vorliegen. Ausgeschlossen ist deshalb insbesondere die Behauptung einer Beweislastumkehr im Einzelfall[207] ohne nähere Prüfung der Voraussetzungen für richterliche Rechtsfortbildung (im Einzelnen s. Rn. 123).

120 **g) Kriterien ohne Bedeutung für die Beweislastverteilung.** Anerkannt ist, dass die **prozessuale Parteirolle** ohne Bedeutung für die Beweislastverteilung ist.[208] Es tritt daher keine Änderung der Beweislastverteilung ein, wenn der Anspruchsteller statt der Erhebung einer eigenen Leistungsklage durch eine negative Feststellungsklage des Anspruchsgegners zum Beklagten wird. Ebenso ist ohne Bedeutung für die Beweislastverteilung die Frage der jeweils geltenden **Verfahrensmaximen** (Verhandlungsmaxime – Untersuchungsmaxime). Ferner verändern unterschiedliche **Verfahrensarten** (Streitverfahren, Urkundenverfahren, einstweiliger Rechtsschutz) nicht die Beweislastverteilung.

121 Ebenso ist es **ausgeschlossen,** Beweislastverteilungsregeln unmittelbar aus bestimmten **Prinzipien** zu entnehmen.[209] Daher ist es abzulehnen, eine Beweislastverteilung nach freiem richterlichen Ermessen zu behaupten oder sie im Einzelfall nach Billigkeit und ähnlichen Gesichtspunkten vorzunehmen. Ebenso wenig kann die konkrete Wahrscheinlichkeit des Einzelfalles oder die abstrakte Wahrscheinlichkeit eines tatsächlichen Geschehens als Grundlage einer Beweislastnorm dienen. Dagegen kann der Gesetzgeber eine normative Regelung schaffen, die inhaltlich mit den Gesichtspunkten der Wahrscheinlichkeit übereinstimmt. Auch der häufig genannte Gesichtspunkt der Beweislastverteilung nach Gefahrenbereichen kann nicht Gegenstand einer eigenständigen Beweislastgrundregel sein,[210] ebensowenig lässt sich die Beweislast durch eine ökonomische Analyse des Rechts ermitteln.[211]

122 **Abzulehnen** ist schließlich der Gedanke, die **negative Formulierung** eines Tatbestandsmerkmals sei für die Beweislastverteilung ausschlaggebend. Der sich in dieser früher vertretenen Auffassung spiegelnde Satz, wonach Negatives nicht zu beweisen sei, kann nicht aufrechterhalten werden. Daran ändert auch die bis heute zu beobachtende Tendenz des Gesetzgebers nichts, den Beweis von Negativem möglichst zu vermeiden.[212]

123 **5. Beweislastumkehr. a) Bedeutung.** Höchst problematisch sind die mit dem Phänomen der Beweislastumkehr zusammenhängenden Fragen. Versteht man (wie häufig) unter einer Beweislastumkehr diejenige Situation, bei der der Richter die Beweislastverteilung abweichend von der gesetzlichen Ausgangslage vornimmt, so ist Beweislastumkehr nichts anderes als eine **Abweichung vom Gesetz** und damit methodisch ein Problem der richterlichen Rechtsfortbildung. Eine Beweislastumkehr kann deshalb nur **in seltenen Fallgruppen** in Betracht kommen. Dabei bedarf es einer generellen Regelbildung und es ist darzulegen, warum eine Abweichung vom Gesetzestext zwingend notwendig erscheint. Eine Beweislastumkehr im Einzelfall, also aus Gründen der Gerechtigkeit oder der Billigkeit des einzelnen Prozesses ist in jedem Falle abzulehnen.

124 **b) Fallgruppen aus der Rechtsprechung.[213] aa) Arzthaftung.** Anerkannt ist eine Beweislastumkehr im Bereich der Arzthaftung für den Nachweis der Kausalität, wenn dem Arzt schuldhaft ein grober Behandlungsfehler unterlaufen ist.[214] Darüber hinaus ist eine Beweislastumkehr zu be-

---

205 Vgl. *Berg,* Die verwaltungsrechtliche Entscheidung bei ungewissem Sachverhalt, 1980, S. 231.

206 Vgl. BVerfGE 97, 169, 179 (zur Auslegung von § 23 KSchG).

207 BGH NJW 2004, 2011, 2013.

208 BGH NJW 2001, 2096, 2098.

209 So aber *Reinecke* S. 34 ff.; *Wahrendorf* S. 65 ff.; *Prölss* S. 65 ff.

210 Zu diesen abzulehnenden Prinzipien für eine Beweislastverteilung vgl. *Prütting* Gegenwartsprobleme S. 181 ff., 190 ff., 213 ff.

211 So aber *Friedl,* Beweislastverteilung unter Berücksichtigung des Effizienzkriterium, 2003, der die Verantwortung des Gesetzgebers für eine abstrakte Risikoverteilung verkennt.

212 Vgl. *Rosenberg* S. 333 ff.; *Stein/Jonas/Leipold* Rn. 60; *Prütting* Gegenwartsprobleme S. 253 f., 259.

213 Zu den Einzelheiten der Beweislastverteilung s. Rn. 140 ff.

214 BGH NJW 2004, 2011 = JZ 2004, 1029 m. Anm. *Katzenmeier;* BGHZ 85, 212; BGH NJW 1969, 553; 1970, 1231; 1978, 1683 und 2338.

jahen, wenn die geforderte ärztliche Dokumentation fehlt, lückenhaft oder sonst unzulänglich ist.[215] S. Rn. 144.

bb) Produkthaftung. Anerkannt ist seit der grundlegenden Entscheidung des BGH im Hühnerpestfall,[216] dass der Nachweis für das Nichtvorliegen des Verschuldens entgegen § 823 Abs. 1 BGB dem Hersteller obliegt, wenn bei bestimmungsgemäßer Verwendung eines Industrieprodukts eine Person oder Sache dadurch geschädigt wird, dass das Produkt fehlerhaft hergestellt war. Diese auf einer Reihe von Sachgründen aufbauende und mit der Analogie zu § 836 BGB begründete Beweislastumkehr im Wege richterlicher Rechtsfortbildung dürfte im Grundsatz heute bereits gewohnheitsrechtlich anerkannt sein. Eine weitergehende Beweislastumkehr hat der BGH in der Limonadenflaschenentscheidung nicht vorgenommen.[217] Dort wurden nur die Anforderungen bezüglich der Verpflichtung zur Erhebung und Sicherung von Daten über den Zustand des Produkts verstärkt (Gedanke der Beweisvereitelung). S. Rn. 156. 125

cc) Allgemeine Berufshaftung. Über die Arzthaftung hinaus hat die Rechtsprechung eine Beweislastumkehr in vielen weiteren Fällen bejaht, in denen Berufspflichten grob verletzt werden, die zum Schutz von Körper und Gesundheit anderer bestehen. Dies soll zB für einen Bademeister gelten,[218] ebenso für Krankenhauspersonal.[219] 126

dd) Verletzung von Aufklärungs- und Beratungspflichten. Im Falle der Verletzung vertraglicher Aufklärungs- und Beratungspflichten soll nach der Rechtsprechung der Beweis dafür, dass ein Schaden auch bei pflichtgemäßem Verhalten eingetreten wäre, weil sich der Geschädigte über den Hinweis hinweggesetzt hätte, entgegen der allgemeinen Regel vom Verletzer geführt werden.[220] 127

c) Beurteilung. Die Heranziehung des Gedankens der Beweislastumkehr ist auf seltene Fälle beschränkt, in denen nach anerkannten methodischen Grundlagen eine Abweichung vom Gesetz und damit eine richterliche Rechtsfortbildung erforderlich erscheint.[221] Die Rechtsprechung hat eine solche Rechtsfortbildung im Falle der Produzentenhaftung vorbildlich begründet, nicht aber in anderen Fällen. Im Ergebnis wird man auch der von der Rechtsprechung im Bereich der Arzthaftung und der sonstigen Berufshaftung vorgenommenen Beweislastumkehr zustimmen können. Keinesfalls kommt eine Beweislastumkehr aber aus Gerechtigkeits- oder Billigkeitsgründen im Einzelfall in Betracht, immer setzt sie eine neue generelle Regelbildung voraus. 128

6. Beweislast und Beweiserleichterungen, insbes. die Aufklärungspflicht der nichtbeweisbelasteten Partei. Von besonderer Bedeutung im Zusammenhang mit der Verteilung der Beweislast ist der Gesichtspunkt der Beweiserleichterung. Insbesondere immer dann, wenn eine Partei in Beweisnot ist, wird die Frage gestellt, ob und inwieweit ihr Beweiserleichterungen zukommen können. Typische Formen solcher Beweiserleichterungen sind die Schadensschätzung gemäß § 287, andere Bereiche der Beweismaßreduzierung sowie der Anscheinsbeweis.[222] Aber auch gesetzliche Vermutungen sowie diejenigen Beweislastnormen, die die Beweislast abweichend von der Grundregel verteilen und schließlich Veränderungen des materiellen Rechts mit beweisvermindernder Wirkung kann man hierher zählen. Die eigentliche Problematik der Beweiserleichterungen besteht darin, dass die einzelnen Instrumentarien trotz teilweise vergleichbarer Zweckrichtung im Grundsatz und in der Rechtsanwendung streng zu trennen sind. Ferner ist zu beachten, dass gerade dieser Bereich der Beweiserleichterungen in besonderer Weise der Gefahr unterliegt, durch Überdehnung der einzelnen Instrumentarien zum gewünschten Prozessergebnis zu gelangen. Ebenso wenig kann es anerkannt werden, wenn die Rechtssprechung eine Verknüpfung verschiedenartiger Beweiserleichterungen vornimmt („Beweiserleichterungen bis hin zu Beweislastumkehr").[223] Diese Formel der Rechtsprechung suggeriert eine Beliebigkeit oder ein freies Ermessen des Richters bei der Auswahl und Anwendung der jeweiligen Beweiserleichterungen, das in dieser 129

---

[215] BGH NJW 1983, 333; 1984, 1403; 1978, 2337; umfassend *Wendt,* Die ärztliche Dokumentation, 2001.

[216] BGHZ 51, 91 = NJW 1969, 269.

[217] BGH NJW 1988, 2611; vgl. dazu *Prütting,* Karlsruher Forum 1989, S. 13.

[218] BGH NJW 1962, 959.

[219] BGH NJW 1971, 241.

[220] BGHZ 61, 118; 89, 95; BGH NJW 1990, 1659; 1990 2461; 1992, 228.

[221] Wie hier *Baumgärtel,* Beweislastpraxis im Privatrecht, Rn. 450; in der Sache übereinstimmend auch *Musielak/Foerste* Rn. 34 ff.

[222] Im einzelnen vgl. hierzu *Prütting,* Karlsruher Forum 1989, S. 11 ff.

[223] BGH NJW 1996, 315; NJW 1988, 2611 und 2949; BGHZ 99, 391 = NJW 1987, 1482; NJW 1986, 59; BGHZ 85, 212; BGHZ 72, 132 = NJW 1978, 2337.

Form nicht existiert.[224] Es ist daher sehr erfreulich, dass der BGH neuerdings bewusst von dieser Formel Abstand genommen hat.[225]

130 Zum weiteren Bereich der Beweiserleichterungen ist auch der Versuch zu zählen, den Bereich der Beweislosigkeit dadurch zurückzudrängen, dass der Gegner der beweisbelasteten Partei zur Aufklärung des Sachverhalts herangezogen wird. Diese **Aufklärungspflicht der nichtbeweisbelasteten Partei** hat *Stürner* zu einer umfassenden prozessualen Pflicht analog §§ 138, 423, 445, 448, 372a, 656 entwickelt.[226] Diese Pflicht soll alle möglichen und zumutbaren Aufklärungsbeiträge der nicht beweisbelasteten Partei umfassen, insbesondere Urkundenvorlegung, Auskünfte und Besichtigung von Augenscheinsgegenständen. Unabhängig davon, dass es auf Grund materiellrechtlicher Sonderverbindungen der Parteien vielerlei Verpflichtungen zur Beratung, Information und Auskunft oder Aufklärung im geltenden Recht gibt,[227] ist eine solche allgemeine prozessuale Aufklärungspflicht abzulehnen.[228] Zum Wesen einer kontradiktorischen Verfahrensgestaltung gehört es, dass die nicht beweisbelastete Partei weder zur Sachverhaltsaufklärung beitragen muss noch Nachteile aus einem verbliebenen non liquet zu tragen hat. Keine Partei ist verpflichtet, bei der Ermittlung des Sachverhalts die Sache ihres Gegners zu betreiben.[229] Im Übrigen passen in das System rein materiellrechtlicher Informationspflichten der Parteien auch die §§ 254, 422 ZPO. Demgegenüber ist die von *Stürner* genannte Analogiebasis sehr schmal, zumal § 138 eine prozessuale Aufklärungspflicht der nicht beweisbelasteten Partei sicherlich nicht stützt, da er nur im Rahmen des jeweils erforderlichen eigenen Vortrags relevant wird. Nicht zu erkennen ist auch die für eine Analogie erforderliche Gesetzeslücke, was der Gesetzgeber mit der Schaffung der Ausnahmeregelung in § 142 noch einmal bestätigt hat. Entscheidend für die Ablehnung einer generellen prozessualen Aufklärungspflicht der nicht beweisbelasteten Partei ist aber ihre Wirkung. Die Anerkennung einer solchen Pflicht würde faktisch die vom Gesetzgeber geschaffene Risikoverteilung im Wege der objektiven Beweislast weithin aushöhlen. Dies wird von den Befürwortern einer prozessualen Aufklärungspflicht verkannt.

131 Eine zunehmend wachsende Rolle im Rahmen der Beweiserleichterungen kommt nach der st. Rspr. des BGH dem Institut der sog. **sekundären Behauptungs- und Beweislast** zu.[230] Danach obliegt der nicht beweisbelasteten Partei eine gesteigerte Substantiierungslast, wenn die beweisbelastete Partei die maßgeblichen Tatsachen nicht kennt, weil sie außerhalb des Geschehensablaufs steht. Allerdings setzt diese sekundäre Behauptungs- und Beweislast voraus, dass die beweisbelastete Partei zunächst abstrakt ihrer bestehenden Behauptungslast durch eine pauschale Darstellung nachkommt. Diese sekundäre Behauptungs- und Beweislast beruht also letztlich auf § 138 Abs. 2. Da sie von der jeweiligen konkreten Prozesssituation abhängig ist und die Verteilung der objektiven Beweislast unberührt lässt, handelt es sich bei ihr um einen Sonderfall der konkreten Behauptungs- und Beweislast (s. dazu näher o. Rn. 103 und u. Rn. 134). Von den Befürwortern einer prozessualen Aufklärungspflicht der nicht beweisbelasteten Partei wird in diesem Zusammenhang in der Regel verkannt, dass sich eine solche Pflicht nicht auf das Instrument der sekundären Behauptungs- und Beweislast stützen kann. Hier werden abstrakte und konkrete Behauptungs- und Beweislast verwechselt (s. o. Rn. 103 und u. Rn. 134).

132 **7. Vermutungen.** Es ist heute anerkannt, dass die widerlegbaren gesetzlichen Vermutungen (vgl. § 292) die Beweislastverteilung regeln, weil die jeweilige Vermutung dem an sich Beweisbe-

---

[224] Zu Recht ablehnend daher auch *Laumen* NJW 2002, 3739.

[225] BGH NJW 2004, 2011, 2012ff.

[226] *Stürner,* Die Aufklärungspflicht der Parteien des Zivilprozesses, 1976, S. 92ff.; nunmehr nochmals *ders.,* FS Vollkommer, 2006, S. 201; zustimmend *Katzenmeier* JZ 2002, 533; *Musielak/Stadler* §138 Rn. 11; *Schlosser* JZ 1991, 599; *Waterstraat* ZZP 118, 2005, 459; *Peters,* FS Schwab, 1990, S. 399.

[227] Zu Auskunftsansprüchen nach Bürgerlichem Recht vgl. insbes. *Lorenz* JuS 1995, 569; aus Schweizer Sicht vgl. *Affolter,* Die Durchsetzung von Informationspflichten im Zivilprozeß, Bern 1994; zuletzt *Osterloh-Konrad,* Der allgemeine vorbereitende Informationsanspruch, 2007, S. 27ff., 49ff.; *Lang,* Die Aufklärungspflicht der Parteien des Zivilprozesses vor dem Hintergrund der europäischen Rechtsvereinheitlichung, 1999, S. 49ff. m. weit. Nachw.

[228] So auch die Rechtsprechung, vgl. BGH NJW 2007, 155; NJW 1990, 3151 = ZZP 104 (1991), 203 m. Anm. *Stürner* = JZ 1991, 630 (dazu *Schlosser* JZ 1991, 599); BGH, NJW 1992, 1817 = BGHZ 116, 47. Nach *Schlosser* NJW 1992, 3275, ist diese Rechtsprechung aus verfassungsrechtlichen Gründen tendenziell überholt. Allerdings hat die Entscheidung des BVerfG, auf die sich *Schlosser* beruft (NJW 1992, 1875), ebenfalls einen materiellrechtliche Ansatz gewählt.

[229] *Brehm,* Bindung des Richters an den Parteivortrag und Grenzen freier Verhandlungswürdigung, 1982, S. 83; *Arens* ZZP 96 (1983), 4; *Rosenberg/Schwab/Gottwald* § 117 VI 3; *Stein/Jonas/Leipold* § 138 Rn. 22; *Prütting* Gegenwartsprobleme S. 137ff. Vgl. ferner oben § 284 Rn. 17.

[230] BGH NJW 1983, 687; NJW 1987, 2008; NJW 1990, 3151; NJW 1993, 1010; NJW 1995, 3311; NJW 1999, 714 und 1404; NJW 2007, 155.

lasteten zugute kommt und der Vermutungsgegner insofern die Beweislast für diejenigen Tatsachen trägt, die den Beweis des Gegenteils und damit die Entkräftung der Vermutung ergeben sollen.

Die Einordnung der Vermutungen als Beweislastregeln kann sich jedoch nur auf die gesetzlichen Vermutungen beziehen, soweit diese **widerlegbar** sind. Nicht hierher gehören die unwiderlegbaren Vermutungen (s. § 292 Rn. 4) und die sog. tatsächlichen Vermutungen (s. § 292 Rn. 7). Zu weiteren Einzelheiten der gesetzlichen Vermutungen s. § 292 Rn. 11 ff. In der Praxis wird der Begriff der Vermutung oft sehr undifferenziert verwendet. Davor ist nachdrücklich zu warnen (vgl. § 292 Rn. 2, 7, 26). 133

8. Behauptungslast. Von der Beweislast zu trennen und ihr sachlich vorgeschaltet ist die Frage nach der Behauptungslast (oder Darlegungslast). Durch die Behauptungslast wird die Frage geregelt, welche konkreten Tatsachenbehauptungen eine Partei aufstellen muss, um die abstrakten Tatbestandsvoraussetzungen einer begehrten Rechtsfolge zu erhalten. Dies zeigt, dass die Behauptungslast eng mit der Verhandlungsmaxime verbunden ist. Nur dort, wo es Sache der Parteien ist, den Lebenssachverhalt vorzutragen, obliegt ihnen eine echte Last, Behauptungen aufzustellen. Soweit die behauptungsbelastete Partei Behauptungen nicht aufstellt, muss dies zu ihrem Nachteil ausschlagen. Ohne Behauptungen kann dementsprechend das Gericht weder eine Beweisaufnahme anordnen noch einen nicht behaupteten Sachverhalt im Urteil zugrunde legen. Dies zeigt sich besonders deutlich bei der Säumnis des Beklagten. Dort wird bei nicht vollständig erfüllter Behauptungslast durch den Kläger die Klage abgewiesen, obwohl die Gegenpartei säumig ist (§ 331 Abs. 2). 134

Die Behauptungslast folgt in allen wesentlichen Fragen der Beweislast. Insbesondere deckt sich ihre Verteilung mit der Beweislastverteilung. Da die Beweislastverteilung nach allgemeiner Auffassung also zugleich eine Regelung über die Behauptungslast enthält, sind Beweislastnormen in Wahrheit immer zugleich auch Behauptungslastnormen. In der Praxis sind die Auswirkungen der Behauptungslast erheblich geringer als die der Beweislast, weil das Gericht die Parteien auf fehlende Behauptungen hinzuweisen hat (vgl. § 139). 135

Von der Behauptungslast streng **zu trennen** ist die Verpflichtung der Parteien, je nach der konkreten Situation des Prozesses ihre Behauptungen näher zu konkretisieren bzw. zu substantiieren **(Substantiierungslast; konkrete Behauptungslast; sekundäre Behauptungslast;** dazu s. o. Rn. 103). Diese Substantiierungslast kann im Verlauf des Prozesses zwischen den Parteien hinund herwechseln, sie ist also nicht mit der abstrakten Behauptungslast und der abstrakten Beweislast, sondern mit der konkreten Beweisführungslast zu vergleichen (s. Rn. 103). Heute wird sie deshalb oft auch als **sekundäre Behauptungslast** bezeichnet (s. Rn. 103). Zu dem Problem, ob es eine Behauptungslast für offenkundige Tatsachen und für gesetzliche Vermutungen gibt, s. § 291 Rn. 13 und § 292 Rn. 20, 21. Im Einzelnen hängt der Umfang der Substantiierungslast von der Prozesssituation und den Darlegungen der Gegenseite ab. Hat zunächst der darlegungspflichtige Anspruchsteller Tatsachenbehauptungen vorgetragen, so genügt im Normalfall für den nicht beweisbelasteten Gegner ein einfaches Bestreiten.[231] In welchem Umfang die nicht darlegungsbelastete Partei ihren Sachvortrag über das einfache Bestreiten hinaus substantiieren muss, lässt sich nur aus dem Wechselspiel von Vortrag und Gegenvortrag bestimmen, wobei die Ergänzung und Aufgliederung des Sachvortrags bei jeweils hinreichendem Gegenvortrag immer zunächst Sache der darlegungs- und beweisbelasteten Partei ist. Eine darüber hinausgehende Substantiierungslast trifft die nicht beweisbelastete Partei ausnahmsweise dann, wenn der an sich beweisbelastete Gegner außerhalb des von ihm darzulegenden Geschehensablaufs steht und die maßgebenden Tatsachen nicht näher kennt, während sie der anderen Partei bekannt sind und ihr somit ergänzende Angaben zuzumuten sind.[232] 136

9. Rechtsnatur der Beweislastnormen. Bis heute ist die theoretische Grundfrage umstritten, ob die Beweislastnormen dem Prozessrecht[233] zuzuordnen sind oder dem Rechtsgebiet, dessen tatsächliche Voraussetzungen unklar geblieben sind, also in aller Regel dem materiellen Recht.[234] Darüber hinaus gibt es Auffassungen, die die Beweislastnormen dem sog. materiellen Justizrecht oder einem ähnlichen Zwischenbereich zuweisen.[235] Trotz dieses theoretischen Streits ist in der Entscheidung praktischer Fragen anerkannt, dass die Beweislastnormen wegen ihres engen sachlichen Zusammenhangs so zu behandeln sind wie die Normen, deren Anwendung unklar geblieben ist. Dies gilt nach einhelliger Ansicht für die Rechtswahl bei internationaler oder intertemporaler 137

---

[231] Vgl. BGH NJW 1999, 1404, 1405; BGH NJW 1995, 3311; BGH NJW 1993, 1782.

[232] BGH NJW 1999, 1404, 1406; BGH NJW 1995, 3311; BGH NJW 1990, 3151; BGH NJW 1997, 128.

[233] *Bernhardt* S. 229; *ders.* JR 1966, 325; *Theuerkauf* MDR 1962, 449; *Peters* MDR 1949, 67.

[234] *Rosenberg/Schwab/Gottwald* § 117 III 1; *Musielak* Grundlagen S. 30; *Prütting* Gegenwartsprobleme S. 175 ff.

[235] Vgl. *Wahrendorf* S. 30; *Baumgärtel/Wahrendorf,* FS Rammos, 1979, S. 44; *Goldschmidt,* FS Brunner, 1914, S. 114.

Fallgestaltung, es ist ebenso für die Abgrenzung und Gesetzgebungszuständigkeit bei Bundes- und Landesrecht, für die Rügepflicht im Rahmen der Revision und für die Zulässigkeit von Beweislastverträgen anerkannt.[236]

138 Aber auch die **theoretische Grundfrage** muss im gleichen Sinne einer Zugehörigkeit der Beweislastnormen zum Recht der jeweils anzuwendenden Materie entschieden werden. Allein dieses Ergebnis entspricht dem Wesen der Beweislastnorm als einer Ergänzungsnorm des jeweils unklar gebliebenen Rechtssatzes. Mit diesem Rechtssatz ist die Beweislast eng verknüpft und sie zieht aus ihm ihre wesentlichen Wertungen und Abwägungen. Nur so lässt sich auch erklären, warum die zum materiellen Recht hinzutretenden Beweislastnormen den sachlichen Inhalt der richterlichen Entscheidung bestimmen, nicht aber das Verfahren zur Gewinnung einer Entscheidung. Die durch die Beweislast geregelte Risikoverteilung bei Unklarheit der tatsächlichen Grundlagen kann sich auch in der Sache nur aus dem Recht der jeweils anzuwendenden Materie ergeben. Es wäre mit der dienenden Funktion des Prozessrechts unvereinbar, wenn bei Auftreten eines non liquet rein prozessuale Regelungen die Risikozuteilung und damit den materiellen Ausgang des Prozesses bestimmen würden.

139 Damit ist festzustellen, dass aus theoretischer wie aus praktischer Sicht die Beweislastnormen Teil des Rechts der jeweils anzuwendenden Materie sind.

140 **10. Einzelfälle.** Entsprechend ihrer Funktion und Wirkungsweise sind Probleme und Fragen der Beweislast im geltenden Recht unübersehbar vielfältig. Eine umfassende Hilfe für Beweislastfragen kann deshalb nur eine beweislastmäßige Kommentierung aller geltenden Gesetze erbringen. Zumindest in den großen Kommentaren privatrechtlicher Gesetze ist es weitgehend üblich, am Ende der jeweiligen Kommentierung Hinweise zur Beweislastverteilung zu geben. Eine rein beweislastmäßige Kommentierung privatrechtlicher Gesetze enthält darüber hinaus das Werk von *Baumgärtel,* Handbuch der Beweislast im Privatrecht.[237] Im Folgenden kann nur auf besonders wichtige und umstrittene Beweislastprobleme hingewiesen werden.

141 **a) Allgemeine Geschäftsbedingungen.** Das Nichteingreifen der §§ 305 ff. BGB wegen Vorliegens einer Individualvereinbarung (vgl. § 305 Abs. 1 S. 3) muss der Verwender von AGB beweisen. Dieser Grundsatz gilt auch bei notariell beurkundeten Verträgen.[238] Die tatsächlichen Voraussetzungen des Vorliegens der Generalklausel (§ 307 BGB) muss der Kunde beweisen. Dagegen kann es für die rechtliche Bewertung im Hinblick auf § 307 BGB, ob eine Wirksamkeit oder Unwirksamkeit von Allgemeinen Geschäftsbedingungen vorliegt, keine Beweislastentscheidung geben. Bei dieser rechtlichen Bewertung muss der Richter eine Entscheidung treffen. Die Konkretisierung der Angemessenheit durch § 307 Abs. 2 BGB stellt eine gesetzliche Auslegungsregel dar, nicht eine Beweislastregelung. Im Rahmen der Bewertung einzelner Klauseln sind für die Fragen der Beweislast insbesondere § 309 Nr. 5 BGB (Pauschalierung von Schadensersatzansprüchen) und § 309 Nr. 12 BGB (Vereinbarungen über die Beweislast) sowie § 308 Nr. 5, 6 BGB von hervorgehobener Bedeutung.[239]

142 **b) Anwaltshaftung.** Die einzelnen Fragen der Beweislastverteilung im Rahmen der Anwaltshaftung sind nach allgemeiner Vertrags- und Deliktsregeln sowie nach § 280 BGB zu entscheiden. Die Untersuchung von *Lange*[240] hat das gesamte Spektrum möglicher Einzelfragen systematisiert.

143 **c) Arbeitsrecht.** Zum Bereich des Arbeitsrechts hat sich eine umfangreiche und weitgehend von den übrigen Rechtsgebieten losgelöste Rechtsprechung über die Beweislastverteilung entwickelt. Ausgangspunkt ist aber auch hier die Grundregel. Darüber hinaus gibt es verschiedene Beweislastsonderregeln, zB §§ 611 a Abs. 1 Satz 3, 619 a BGB, § 1 Abs. 2 Satz 4 und § 1 Abs. 3 Satz 3 KSchG. Im Übrigen trägt der Anspruchsteller eines Arbeitsvertrages die Beweislast für den wirksamen Vertragsschluss, für den Vertragsinhalt einschließlich der Höhe des Entgelts und der Behauptung einer Nettolohn-Vereinbarung sowie für die behauptete Beendigung des Vertrags. Für die Dauer eines befristeten Arbeitsvertrages trägt die Beweislast, wer sich auf die frühere Vetragsbeendigung beruft.[241] Die Voraussetzungen einer Haftung des Arbeitnehmers muss der Arbeitgeber be-

---

[236] Vgl. insbesondere *Stein/Jonas/Leipold* Rn. 55; *Prütting* Gegenwartsprobleme S. 176 ff.; für das Landesrecht *Rosenberg* S. 85; für das internationale Prozeßrecht *Coester-Waltjen* Rn. 368 ff.

[237] Bd. 1 (zu BGB I und II), 2. Aufl. 1991; Bd. 2 (zu BGB III, IV, V), 2. Aufl. 1999; Bd. 3 (zu AGBG und UWG), 1987; Bd. 4 (zu AbzG, CMR, BinSchG, HGB), 1988; Bd. 5 (zum Versicherungsrecht), 1993.

[238] BGHZ 74, 204, 209 = NJW 1979, 1406; BGH NJW 1977, 624; *Prütting* Gegenwartsprobleme S. 349; aA *Schippel/Brambring* DNotZ 1977, 159 und NJW 1979, 1802.

[239] Im Einzelnen zur identischen Rechtslage nach früherem AGBG s. *Baumgärtel/Hohmann,* Bd. 3, § 11 AGBG. Ferner s. u. Rn. 160.

[240] *Lange,* Die Beweislast im Anwaltshaftungsprozeß, 2002, S. 69 ff.

[241] BAG NJW 1995, 2941.

weisen. § 280 Abs. 1 S. 2 BGB ist hier nicht anwendbar (§ 619a). Die Voraussetzungen einer wirksamen Kündigung durch den Arbeitgeber nach § 626 BGB hat dieser zu beweisen. Dagegen muss der Arbeitnehmer im Rahmen seiner Kündigungsschutzklage das Bestehen eines Arbeitsverhältnisses, das Vorliegen der Kündigung und die persönlichen Voraussetzungen des § 1 KSchG beweisen. Erst dann greifen die ausdrücklichen Beweislastregeln in Abs. 2 und Abs. 3.[242] In besonderer Weise hat das BVerfG im Arbeitsrecht den grundrechtswahrenden Einfluss auf die Beweislast betont.[243]

d) Arzthaftung. Die Beweislastverteilung im Arzthaftpflichtprozess ist im Wesentlichen richterrechtlich ausgeformt.[244] Im Ausgangspunkt gilt freilich auch hier die Grundregel der Beweislastverteilung, wonach der geschädigte Patient als Anspruchsteller zunächst Schaden und schädigende Handlung nachweisen muss. Dies gilt trotz der nicht vollständigen Beherrschbarkeit der Vorgänge im menschlichen Körper wegen der Neufassung von § 280 Abs. 1 S. 2 BGB nicht für die Frage des Verschuldens. Ferner kehrt sich die Beweislast bezüglich der Kausalität um, wenn dem Arzt ein grober Behandlungsfehler unterlaufen ist.[245] Weiterhin wurde eine Beweislastumkehr für das Verschulden bei voll beherrschbaren Risiken bejaht. Hierbei handelt es sich also um die Organisation und Koordination der ärztlichen Behandlung und insbesondere um die Anwendung technisch-apparativer Hilfsmittel.[246] Diese Rechtsprechung ist durch die Neufassung von § 280 Abs. 1 S. 2 BGB vom Gesetzgeber übernommen worden. Schließlich wird von der Rechtsprechung eine Beweislastumkehr bezüglich Kausalität und Verschulden bejaht, wenn der Arzt seine Verpflichtung zur ordnungsgemäßen Dokumentation verletzt oder wenn er in erheblichem Umfang gebotene Diagnose- und Kontrollbefunde nicht erhoben hat.[247] 144

e) Aufklärungs- und Beratungspflichten. Im Grundsatz liegt die Beweislast für eine unterbliebene oder ungenügende Aufklärung oder Beratung beim Geschädigten.[248] Dagegen kehrt sich nach der Rechtsprechung die Beweislast um, wenn die Verletzung von Aufklärungs- und Beratungspflichten feststeht und über die Kausalität des eingetretenen Schadens gestritten wird. Hier muss der Verletzer den Beweis dafür tragen, dass ein Schaden auch bei pflichtgemäßem Verhalten eingetreten wäre, weil der Geschädigte sich über den Hinweis hinweggesetzt hätte (vgl. oben Rn. 127). 145

f) Berufshaftung. Die Rechtsprechung hat für den Bereich ärztlicher Tätigkeit (s. Rn. 144) und darüber hinaus für viele andere Berufe eine Umkehr der Beweislast bejaht, soweit Berufspflichten grob verletzt werden, die zum Schutz von Körper und Gesundheit anderer bestehen (s. Rn. 126). 146

g) Darlehen. Beim Streit um die Rückzahlung aus einem Darlehensvertrag trägt nach allgemeinen Regeln der Gläubiger als Anspruchsteller die Beweislast für das Vorliegen eines Darlehensvertrages und die Auszahlung der Valuta.[249] Soweit der Gläubiger zB mit Hilfe eines Schuldscheins den ihm obliegenden Beweis führen konnte, ist der Versuch des Schuldners, das Nichtvorliegen des Darlehensvertrages zu beweisen, ein Gegenbeweis. Diese Gegenbeweisführung ändert nichts an der grundsätzlichen Beweislast des Gläubigers.[250] 147

h) Ehrenschutz. Der in seiner Ehre oder sonst in seinem allgemeinen Persönlichkeitsrecht Verletzte muss nach allgemeinen Regeln Verletzungshandlung und Verletzungserfolg beweisen. Darüber hinaus obliegt ihm auch der Beweis der Rechtswidrigkeit des Eingriffs in das allgemeine Persönlichkeitsrecht. Soweit die Wahrheit einer Behauptung im Streit ist, muss sich jedoch der Verletzer entlasten, wenn es sich um üble Nachrede handelt (vgl. § 186 StGB), es sei denn, er handelte in Wahrnehmung berechtigter Interessen (§ 193 StGB).[251] Stützt der Verletzte sein Verlangen nicht auf § 823, sondern verlangt er Widerruf, so soll § 186 StGB nach der Rechtsprechung des BGH nicht anzuwenden sein.[252] Diese Rechtsprechung ist abzulehnen. Dies gilt vor allem deshalb, 148

---

[242] Zu weiteren Einzelheiten vgl. *Germelmann/Matthes/Prütting* § 58 ArbGG Rn. 91.

[243] BVerfG NJW 1994, 647; NJW 1998, 1475; NZA 2000, 110.

[244] Vgl. *Katzenmeier,* Arzthaftung, 2002, S. 417 ff.; *Jorzig* MDR 2001, 481; *Laumen* NJW 2002, 3739, 3743.

[245] BGH NJW 2004, 2011 = JZ 2004, 1029 m. Anm. *Katzenmeier;* BGH NJW 1956, 1835; 1959, 1583; 1967, 1508; 1968, 1185; 1968, 2291; 1970, 1230; 1983, 2080; 1995, 778; 1997, 798.

[246] Vgl. BGHZ 72, 137; 58, 217; BGH VersR 1989, 701; BGH NJW 1991, 1540.

[247] BGHZ 85, 212, 217; BGH NJW 1987, 1482; VersR 1978, 1022; BGH NJW 1996, 779; 1996, 1589; 1998, 1780; 1999, 860; 1999, 862; 1999, 3408. Umfassend dazu *Wendt,* Die ärztliche Dokumentation, 2001.

[248] BGH NJW 1987, 1322; 1995, 2842; 1996, 2571.

[249] BGH NJW 2001, 2096.

[250] Vgl. BGH MDR 1978, 296; NJW 1968, 2571; WM 1976, 974.

[251] BGH NJW 1996, 1131; NJW 1985, 1621.

[252] BGHZ 37, 187 = NJW 1962, 1438; BGHZ 69, 181 = NJW 1977, 1681.

weil das BVerfG dem Widerspruchspflichtigen den Hinweis erlaubt hat, er gebe seinen Widerruf in Erfüllung des gegen ihn ergangenen rechtskräftigen Urteils ab.[253]

149 **i) Erfüllung.** Die Behauptung, eine bestehende Schuld sei erfüllt worden, ist eine rechtsvernichtende Einwendung. Nach allgemeinen Regeln trägt dafür der Schuldner die Beweislast. Diese Beweislastverteilung gilt in gleicher Weise, wenn eine auf der Nichterfüllung beruhende weitere Rechtsfolge (wie zB Schadensersatz, Rücktritt) geltend gemacht wird.[254] Eine ausdrückliche Umkehr der Beweislast sieht § 363 BGB vor, soweit eine Leistung als Erfüllung angenommen wurde.

150 **j) Kaufrecht.** Zur Beweislast für Sachmängel beim Verbrauchsgüterkauf vgl. *Gsell* JuS 2005, 967; zur Beweislast bei Fehlern in Standardsoftware vgl. *Zahrnt* NJW 2002, 1531.

151 **k) Kausalität.** Der Nachweis der Kausalität ist nach allgemeinen Regeln ein rechtsbegründendes Tatbestandsmerkmal. Es ist daher vom geschädigten Anspruchsteller zu beweisen (zu den Ausnahmen im Bereich der Arzthaftung s. Rn. 144). Eine generelle Umkehrung der Beweislast in der Kausalfrage oder eine Beweislastumkehr im Einzelfall kommt nicht in Betracht.[255] Beweiserleichterungen für den Kausalitätsnachweis ergeben sich aber durch ein geringeres Beweismaß (s. Rn. 47) und speziell im Rahmen der haftungsausfüllenden Kausalität durch § 287.

152 **l) Minderjährigkeit.** Fragen der Geschäftsfähigkeit gehören an sich zu den Voraussetzungen für das Bestehen von vertraglichen Ansprüchen. Aus dem Sinn und Zweck der §§ 104ff. BGB sowie aus der sprachlichen Gestaltung von § 104 BGB, der die Geschäftsunfähigkeit als einen Ausnahmetatbestand regelt, wird allgemein entnommen, dass Minderjährigkeit und damit fehlende oder beschränkte Geschäftsfähigkeit ein rechtshinderndes Merkmal ist, das deshalb vom Anspruchsgegner zu beweisen ist, der sich auf die fehlende Geschäftsfähigkeit beruft.

153 **m) Negative Tatsachen.** Es gibt keinen Satz, wonach negative Tatsachen einem Beweis verschlossen seien und deshalb in jedem Fall das positive Gegenteil von der Gegenseite zu beweisen sei (s. Rn. 122).

154 **n) Nichtigkeit und Anfechtbarkeit.** Die Nichtigkeit von Rechtsgeschäften und wohl ebenso die Anfechtbarkeit lassen sich materiellrechtlich als Anspruchsvoraussetzungen verstehen. Es ist aber seit langem anerkannt, dass die Einzelnen in Betracht kommenden Tatbestände nach ihrem Sinn und Zweck sowie nach ihrer systematischen Stellung im Allgemeinen Teil des BGB insgesamt dem Bereich der rechtshindernden Normen zuzuweisen sind. Daher trägt die Beweislast derjenige, der sich auf die Anfechtbarkeit oder die Nichtigkeit eines Rechtsgeschäftes beruft.[256]

155 **o) Positive Forderungsverletzung.** Die Beweislastverteilung für die positive Forderungsverletzung ließ sich vor 2002 nur durch eine Analogie zu den Normen der Unmöglichkeit und des Verzugs ermitteln. Ohne wesentliche Änderung des praktischen Ergebnisses hat hier § 280 BGB nF die Haftung und die Beweislastverteilung auf eine gesetzliche Basis gestellt (vgl. Abs. 1 S. 2). Das bedeutet, dass für die Vertragsverletzung, die Kausalität und den Schaden der geschädigte Anspruchsteller die Beweislast trägt, während für das Verschulden der Schuldner beweisbelastet ist (im Einzelnen s. Rn. 116); zum Falle der Arzthaftung s. Rn. 144.

156 **p) Produkthaftung.** Soweit sich ein Schadensersatzanspruch aus Produkthaftung auf § 823 Abs. 1 BGB stützt, hat der Geschädigte nach allgemeinen Regeln seinen Schaden, die schädigende Handlung und die Rechtsgutverletzung sowie die Kausalität nachzuweisen. Die Rechtsprechung hat jedoch für das Verschulden eine Beweislastumkehr vorgenommen,[257] ebenso für die Pflichtwidrigkeit.[258] Eine Entscheidung des BGH („geborstene Limonadenflasche")[259] hat allerdings die Frage aufgeworfen, ob die Rechtsprechung im Rahmen der Produkthaftung über die Beweislastumkehr für das Verschulden hinaus auch für das Vorliegen und die Verursachung des Produktfehlers als solchem die Beweislast umgekehrt hat. Eine derart weitgehende Beweislastumkehr wäre abzulehnen, ist in Wahrheit aber auch nicht Gegenstand der Entscheidung. Vielmehr wurde dort die Verletzung einer Nebenpflicht des Produzenten zur Erhebung und Sicherung von Daten über den Zustand des Produkts angenommen.[260] Daher beruht die Entscheidung letztlich wohl auf dem

---

[253] BVerfGE 28, 1, 10; Vgl. dazu *Leipold* ZZP 84 (1971), 150, 153. Die Rechtsprechung des BGH wird abgelehnt von *Schlosser* JZ 1963, 309; für einen eingeschränkten Widerruf *Helle* NJW 1962, 1813.

[254] BGHZ 69, 368; 86, 267.

[255] Abweichend *Hofmann,* Die Umkehrung der Beweislast der Kausalfrage, 1972.

[256] Vgl. *Stein/Jonas/Leipold* Rn. 66 m. weit. Nachw.

[257] Grundlegend BGHZ 51, 91; vgl. weiter BGHZ 80, 195; zur Beweislastumkehr s. auch Rn. 125.

[258] BGH NJW 1996, 2507.

[259] BGHZ 104, 323 = NJW 1988, 2611.

[260] Ebenso BGH NJW 1993, 528; NJW 1995, 2162.

Gesichtspunkt der Beweisvereitelung (dazu näher Rn. 80ff.; ferner Rn. 125). Die Rspr. zur Produkthaftung gilt nicht für Konstruktions- und Fabrikationsfehler, sondern auch für Instruktionsmängel.[261]

q) Rechtsgeschäft (Abschluss und Inhalt). Wer aus einem bestehenden Rechtsgeschäft Rechte ableitet, muss nach den allgemeinen Regeln den wirksamen Abschluss sowie den behaupteten Inhalt des Rechtsgeschäfts beweisen. Trotz dieses im Grundsatz klaren Ausgangspunktes ist es seit jeher umstritten, ob Teil dieser Beweislast auch die Unbedingtheit des Vertragsschlusses oder die Vereinbarung anderer Nebenabreden ist. Insbesondere für den Fall der aufschiebenden Bedingung streiten sich hier die sog. Leugnungstheorie (die Unbedingtheit des Vertragsschlusses ist Teil der Klagebegründung) und die sog. Einwendungstheorie (die Bedingung ist eine rechtshindernde Einwendung).[262] Zu folgen ist der von der hM und der Rechtsprechung vertretenen Leugnungstheorie.[263] Soweit dagegen eine spätere Vertragsaufhebung, eine auflösende Bedingung, die nachträgliche Hinzufügung einer Bedingung oder eine nachträgliche Stundung behauptet wird, liegt eine Einwendung vor, die den einmal entstandenen Anspruch aufschieben oder vernichten soll. Solche Einwendungen sind daher vom Anspruchsgegner zu beweisen. Zum Sonderfall der Vernichtung eines schriftlichen Antrags nach Mikroverfilmung und dadurch bedingter Unmöglichkeit des Beweises der Echtheit einer Unterschrift vgl. BGH ZIP 2000, 2329. 157

r) Sportunfall. Die Beweislastverteilung bei der Haftung für Sportunfälle ist nach den allgemeinen Regeln des Deliktsrechts vorzunehmen. Insbesondere muss der geschädigte Anspruchsteller das Vorliegen einer Regelwidrigkeit beweisen.[264] Dies gilt auch für das Verschulden des Schädigers.[265] Eine die Beweislast nicht berührende Frage ist es, inwieweit bei Sportunfällen der Anscheinsbeweis in Betracht kommt (s. Rn. 73). 158

s) Umwelthaftung. Durch das Umwelthaftungsgesetz ist eine verschuldensunabhängige Gefährdungshaftung geschaffen worden. Für die Kausalität im Hinblick auf den eingetretenen Schaden stellt § 6 Abs. 1 UmwelthaftungsG eine gesetzliche Vermutung auf und kehrt somit die Beweislast zu Lasten des möglichen Schädigers um. Soweit die Gefährdungshaftung des UmwelthaftungsG nicht eingreift und eine Beseitigungs-, Unterlassungs- oder Schadensersatzklage erhoben wird, sind die in § 906 BGB und dem Bundesimmissionenschutzgesetz enthaltenen Wertungen zu beachten.[266] Dies ist seit der Kupolofen-Entscheidung des BGH anerkannt.[267] 159

t) Verschulden. Im Rahmen der Beweislastverteilung für das Verschulden ist streng zu unterscheiden, ob es sich um vertragliche oder deliktische Ansprüche handelt. Im Vertragsrecht sieht § 280 Abs. 1 S. 2 BGB eine ausdrückliche Regelung vor. Im Rahmen unerlaubter Handlungen ist das Verschulden Teil der Anspruchsvoraussetzungen und grundsätzlich vom geschädigten Anspruchsteller zu beweisen. Eine Analogie zu § 280 ist im Deliktsrecht ausgeschlossen. Zu den Besonderheiten im Rahmen der Arzthaftung s. Rn. 144; zur Produkthaftung s. Rn. 156. 160

VIII. Beweisverträge und Beweislastverträge

Parteivereinbarungen mit beweisrechtlichem Inhalt sind in sehr unterschiedlicher Form denkbar. Zu trennen sind insbesondere Vereinbarungen über die Beweisbedürftigkeit von Tatsachen, Beweismittelverträge, Vereinbarungen über die Beweiswürdigung und Beweislastverträge.[268] 161

Eine Regelung über die Zulässigkeit solcher Verträge im Zivilprozess fehlt. Abzugrenzen ist deshalb danach, ob es sich um echte Prozessverträge mit einer unmittelbaren Hauptwirkung auf prozessualem Gebiet oder um materiellrechtliche Verträge handelt.[269] Im Bereich echter Prozessverträge dürfte die prozessuale Dispositionsmöglichkeit der Parteien für die Zulässigkeit von ausschlaggebender Bedeutung sein. 162

---

[261] BGH NJW 1992, 560 (Kindertee).

[262] Zu den Nachweisen im Einzelnen vgl. *Baumgärtel/Laumen,* Bd. 1, § 158 Rn. 4ff.

[263] BGH NJW 2002, 2862; NJW 1985, 497; *Baumgärtel/Laumen* (Fn. 262); *Reinecke* JZ 1977, 164f.; aA insbesondere *Rosenberg* S. 262ff.

[264] BGHZ 63, 146; BGH VersR 1975, 156; vgl. ferner *Scheffen* NJW 1990, 2663.

[265] AA OLG München NJW 1970, 2297.

[266] Im einzelnen vgl. *Baumgärtel,* Bd. 2, § 906 Rn. 2ff.

[267] BGHZ 92, 143.

[268] Vgl. dazu grundlegend *Wagner,* Prozeßverträge, 1998, S. 608ff.; *Eickmann,* Beweisverträge im Zivilprozeß, 1987, S. 31ff.

[269] Vgl. zu dieser Frage grundlegend *Schiedermair,* Vereinbarungen im Zivilprozeß, 1935, S. 22ff.; *Baumgärtel,* Wesen und Begriff der Prozeßhandlung einer Partei im Zivilprozeß, 1957, S. 184ff.; *Wagner,* Prozeßverträge, 1998, S. 11ff., 48ff.

163 **1. Vereinbarungen über die Beweisbedürftigkeit.** Die Beweisbedürftigkeit einer Tatsachenbehauptung ist insbesondere abhängig vom Bestreiten durch die Gegenpartei[270] und wird vor allem durch ein Geständnis (§ 288) beseitigt. Sie unterliegt also der Disposition der Parteien und kann damit in zulässiger Weise durch Parteivereinbarung geregelt werden. Darüber hinaus ist es für die Parteien möglich, durch materiellrechtliche Feststellungsverträge die Beweisbedürftigkeit zu beeinflussen.[271] Auch die bindende Wirkung von Schiedsgutachten ist in diesem Zusammenhang von Bedeutung.[272]

164 **2. Beweismittelverträge.** Im Rahmen des Verhandlungsgrundsatzes obliegt den Parteien auch die Benennung von Beweismitteln. Insoweit ist es zulässig, dass die Parteien durch Vereinbarung etwa eine Beschränkung auf bestimmte Beweismittel vorsehen (zB Beweisführung allein durch den Urkundenbeweis). Für den (von Amts wegen nicht zulässigen) Zeugenbeweis führt dies unstreitig zum Ausschluss dieses Beweismittels im Prozess. Aber auch für die übrigen Beweismittel sind solche Vereinbarungen zulässig.[273] Nach hM vermögen sie freilich das Gericht insoweit nicht zu binden, als dieses die jeweiligen Beweismittel dennoch von Amts wegen beiziehen kann.[274] Auch das schwierige Problem der Sicherung der Vertraulichkeit von Mediationsverfahren lässt sich wohl durch Beweismittelverträge und andere Prozessverträge am ehesten lösen.[275]

165 **3. Vereinbarungen über die Beweiswürdigung.** Vereinbarungen, durch die die Parteien dem Gericht eine bestimmte Beweiswürdigung oder ein bestimmtes Beweiswürdigungsergebnis vorschreiben wollen, sind mit dem zwingenden Grundsatz des § 286 nicht vereinbar und daher nach allgemeiner Auffassung unzulässig und nichtig.[276]

166 **4. Beweislastverträge.** Beweislastverträge werden regelmäßig als zulässig angesehen.[277] Im Einzelnen ist freilich zu unterscheiden, ob sich die Regelung über die jeweilige Unklarheit auf ein Normmerkmal des materiellen Rechts oder des Prozessrechts bezieht. Denn Beweislastnormen sind nach ihrer Rechtsnatur Teil derjenigen Materie, deren tatsächliche Voraussetzungen unklar geblieben sind (s. Rn. 136). Bei exakter Betrachtung sind also Beweislastverträge als zulässig anzusehen, soweit sie sich auf materiellrechtliche Tatbestandsmerkmale beziehen (und diese der Disposition der Parteien unterliegen), weil es sich dabei um materiellrechtliche Verträge handelt. Bei Beweislastvereinbarungen über prozessuale Normen ist dagegen nach den Dispositionsmöglichkeiten der Parteien im Prozess im Einzelnen abzugrenzen.

167 **5. Beweislast in Allgemeinen Geschäftsbedingungen.** Soweit Vereinbarungen über die Beweislastverteilung in Allgemeinen Geschäftsbedingungen enthalten sind, ist vor allem § 309 Nr. 12 BGB zu beachten. Danach sind Vertragsbestimmungen in Allgemeinen Geschäftsbedingungen verboten, die die gesetzlich festgelegte oder auf Richterrecht beruhende Beweislastverteilung zum Nachteil des Kunden verändern. Im Einzelnen legt Nr. 12a fest, dass dem Kunden die Beweislast für Umstände nicht auferlegt werden darf, die im Verantwortungsbereich des Verwenders liegen. Diese Regelung trägt dem bereits in § 282 BGB enthaltenen Gedanken Rechnung. Darüber hinaus sieht Nr. 12b vor, dass eine Bestätigung von Tatsachen durch den Kunden unzulässig ist, wenn dadurch eine Verschiebung der Beweislast die Folge wäre. Allerdings soll Nr. 12b nicht für gesondert unterschriebene Empfangsbekenntnisse gelten. Die Regelung von Nr. 12b zeigt, dass es hier nicht um eine Änderung der abstrakten Beweislast geht, sondern dass die konkrete Beweisführungslast angesprochen ist. Über die Einzelheiten von § 309 Nr. 12 BGB hinaus sind nach weithin anerkannter Auffassung Klauseln unzulässig, die dem Vertragspartner des Verwenders die Beweisführung erschweren oder unmöglich machen.[278] Neben § 309 Nr. 12 BGB ist auch § 309 Nr. 5b BGB zu beachten, der eine Pauschalierung von Schadensersatzansprüchen des Verwenders von Allgemeinen Geschäftsbedingungen unter gewissen Umständen für unzulässig erklärt. Darüber hinaus gilt es schließlich, § 308 Nr. 5 und Nr. 6 BGB zu beachten. Denn auch die dort geregelten Erklärungsfiktionen und die Zugangsfiktionen haben unmittelbare Bedeutung für die jeweilige konkrete

---

[270] S. § 284 Rn. 13 und § 288 Rn. 1ff.

[271] *Wagner,* Prozeßverträge, 1998, S. 610ff.

[272] *Wagner,* Prozeßverträge, 1998, S. 655ff.

[273] Vgl. *Schlosser,* Einverständliches Parteihandeln im Zivilprozeß, 1968, S. 24ff., 68ff.; *Stein/Jonas/Leipold* Rn. 133; *Wagner,* Prozeßverträge, 1998, S. 683ff.

[274] *Stein/Jonas/Leipold* Rn. 133; weitergehend *Schlosser* (Fn. 273) nach dessen Ansicht das Gericht generell gebunden ist; aA *Rosenberg/Schwab/Gottwald* § 115 I 3, wonach solche Verträge insgesamt unzulässig sind.

[275] *Wagner* NJW 2001, 1398.

[276] Vgl. *Stein/Jonas/Leipold* Rn. 20, 132; *Rosenberg/Schwab/Gottwald* § 115 I 3. Zu Einschränkungen vgl. *Wagner,* Prozeßverträge, S. 692ff.

[277] Vgl. insbesondere *Baumgärtel,* FS Fasching, 1988, S. 67ff.

[278] Vgl. dazu *Baumgärtel/Hohmann,* Band 3, § 11 Nr. 15 Rn. 5 m. weit. Nachw.

Beweisführungslast und sind damit Klauselverbote, die einen Eingriff in das gesetzliche Gefüge der Beweislastverteilung verhindern sollen.[279]

§ 287 Schadensermittlung; Höhe der Forderung

(1) [1]Ist unter den Parteien streitig, ob ein Schaden entstanden sei und wie hoch sich der Schaden oder ein zu ersetzendes Interesse belaufe, so entscheidet hierüber das Gericht unter Würdigung aller Umstände nach freier Überzeugung. [2]Ob und inwieweit eine beantragte Beweisaufnahme oder von Amts wegen die Begutachtung durch Sachverständige anzuordnen sei, bleibt dem Ermessen des Gerichts überlassen. [3]Das Gericht kann den Beweisführer über den Schaden oder das Interesse vernehmen; die Vorschriften des § 452 Abs. 1 Satz 1, Abs. 2 bis 4 gelten entsprechend.

(2) Die Vorschriften des Absatzes 1 Satz 1, 2 sind bei vermögensrechtlichen Streitigkeiten auch in anderen Fällen entsprechend anzuwenden, soweit unter den Parteien die Höhe einer Forderung streitig ist und die vollständige Aufklärung aller hierfür maßgebenden Umstände mit Schwierigkeiten verbunden ist, die zu der Bedeutung des streitigen Teiles der Forderung in keinem Verhältnis stehen.

Schrifttum: *Arens,* Dogmatik und Praxis der Schadensschätzung, ZZP 88 (1975), 1; *Gottwald,* Schadenszurechnung und Schadensschätzung, 1979; *Greger,* Beweis und Wahrscheinlichkeit, 1978; *ders.,* Der Streit um den Schaden, NZV 1994, 11; *Großerichter,* Hypothetischer Geschehensverlauf und Schadensfeststellung, 2001; *Hainmüller,* Der Anscheinsbeweis und die Fahrlässigkeitstat im heutigen deutschen Schadensersatzprozeß, 1966; *Hanau,* Die Kausalität der Pflichtwidrigkeit, 1971; *Henckel,* Grenzen richterlicher Schadensschätzung, JuS 1975, 221; *v. Hoyningen-Huene/Boemke,* Beweisfragen bei Berufsfortkommensschäden, NJW 1994, 1757; *Klauser,* Möglichkeit und Grenze richterlicher Schadensschätzung, JZ 1968, 167; *Prölss,* Beweiserleichterungen im Schadensersatzprozeß, 1966; *Stoll,* Haftungsverlagerung durch beweisrechtliche Mittel, AcP 176 (1976), 145; *Walter,* Freie Beweiswürdigung, 1979.

Übersicht

I. Normzweck

§ 287 steht in einem sehr engen Kontext zu § 286. Er will die normalen Darlegungs- und Beweisanforderungen insbesondere im Falle der Entstehung und der Höhe eines Schadens in mehrfacher Hinsicht ermäßigen und so verhindern, dass materiell berechtigte Schadensersatzansprüche an prozessualen Anforderungen scheitern. 1

Hintergrund dieses Normzweckes ist, dass der Schadensersatzprozess des gemeinen Rechts wegen seiner vom Geschädigten verlangten lückenlosen Nachweise nach formellen Beweisregeln verrufen war.[1] Der Gesetzgeber wollte durch § 287 eine umfassende Abhilfe bezüglich dieser Schwierigkeiten schaffen. So fanden sich Vorläufer der heutigen Norm bereits in der Mitte des 19. Jahrhunderts 2

[279] Vgl. dazu *Lutz,* AGB-Kontrolle im Handelsverkehr unter Berücksichtigung der Klauselverbote, 1991, S. 76 ff.; *Bennemann,* Fiktionen und Beweislastregelungen in Allgemeinen Geschäftsbedingungen, 1987; *Rastätter* NJW 1991, 392; *Stübing* NJW 1978, 1606.

[1] Vgl. dazu *Gottwald* S. 1, 38 f.

in den Prozessordnungen mehrerer deutscher Länder[2] und fanden über die einzelnen Vorentwürfe zur CPO dann auch Eingang in unser Gesetz. Dabei betonte die damalige Gesetzesbegründung, dass eine Norm, die nur die Höhe des Schadens dem gerichtlichen Ermessen überweise, nicht ausreiche, sondern dass auch die Existenz des Schadens einer solchen Norm zu unterstellen sei. Allerdings wolle die Norm nicht die materielle Ersatzpflicht als solche in Zweifel ziehen, vielmehr seien die Tatsachen, die eine Ersatzpflicht begründen, nach allgemeinen Regeln zu beweisen. Die Entscheidung, ob ein Kausalnexus vorhanden sei, unterliege aber dem freien Ermessen des Gerichts.[3]

3 Damit ist ein **zentraler Aspekt** und Problemschwerpunkt von § 287 gekennzeichnet. Die Norm ermächtigt nicht dazu, Schadensersatzansprüche nach reiner Billigkeit ohne materiellrechtliche Grundlage zuzusprechen. Es geht nur darum, **für das Beweismaß und das Beweisverfahren Erleichterungen** zu schaffen, ohne dass einerseits eine Beschränkung allein auf die Schadenshöhe vorgenommen wäre, ohne dass aber auch abschließend geklärt wäre, wie das „ob" des Schadens in § 287 vom Bereich des § 286 im Einzelnen abzugrenzen sei (zu den einzelnen Abweichungen der Norm von § 286 s. Rn. 8ff., 17). Diese Frage ist bis heute umstritten und berührt Grundsatzprobleme des Beweismaßes. Zu Recht sieht die hM in § 287 eine Beweismaßsenkung gegenüber § 286 (s. u. Rn. 17). Nicht zu folgen ist demgegenüber der neuerdings vertretenen Auffassung, § 287 sei gänzlich oder weitgehend funktionslos und damit überflüssig.[4] Richtig ist aber, dass der schwierigste Problembereich des § 287, die Aufteilung der unterschiedlichen Aspekte der Kausalität zwischen den Beweisanforderungen gemäß § 286 und § 287, seine zentrale Bedeutung teilweise verliert, wenn man anerkennt, dass bereits nach allgemeinen Regeln das Beweismaß in der Kausalfrage nicht den strengen Beweisanforderungen des § 286 unterliegt (s. § 286 Rn. 47). Als Besonderheiten bleiben in § 287 aber die Erleichterungen beim Beweisverfahren, die Ausdehnung der Norm auf die Fälle gemäß Abs. 2 und insbesondere die Beweismaßreduzierung im Bereich der Schadenshöhe. Hier sind insbesondere Beweiserleichterungen erforderlich, soweit in der Schadensberechnung ein besonderer Ermessensspielraum enthalten ist (wie zB beim Schmerzensgeld) oder es sich um eine hypothetische Schadensberechnung handelt (wie zB beim entgangenen Gewinn gemäß § 252 BGB). Aber auch in allen anderen Fällen, in denen einer Beweiserhebung über die Schadenshöhe besondere Schwierigkeiten entgegenstehen oder der Beweis einen unverhältnismäßigen Aufwand erfordern würde, kann § 287 herangezogen werden. Der Richter darf hierbei also in Kauf nehmen, dass seine richterliche Schätzung keine exakte Schadensberechnung ist und deshalb mit der (möglicherweise nur fiktiv vorhandenen) wirklichen Schadenshöhe nicht übereinstimmen muss.[5]

4 Neben § 287 kennt das deutsche Recht auch andere Möglichkeiten, Beträge nach Ermessen festzusetzen oder frei zu schätzen.[6] Einen noch **weitergehenden richterlichen Spielraum** räumt das Gesetz dem Richter ein, wenn es vorsieht, dass eine bestimmte Summe nach Billigkeit festzulegen ist, wie dies zB die §§ 315 Abs. 3 S. 2, 319 Abs. 1 S. 2, 343 BGB vorsehen.[7] Im letzteren Fall liegt keine Frage der Beweiswürdigung im engeren Sinn mehr vor, sondern ein Akt materieller Rechtsgestaltung.

II. Die Schadensermittlung gemäß Abs. 1

5 **1. Anwendungsbereich.** § 287 gilt für alle Fälle, in denen Schadensersatz verlangt wird. Seine Anwendung ist unabhängig davon, ob dieses Verlangen auf Vertrag, auf unerlaubte Handlung oder auf Gefährdungshaftung gestützt wird. Keine Bedeutung hat es ferner, ob Schadensersatz wegen eigenem oder fremdem Handeln zu leisten ist. § 287 Abs. 1 gilt auch für Ansprüche auf Entschädigung (zB §§ 253 Abs. 1, 2, 651f Abs. 2 BGB), ferner für Ansprüche aus Aufopferung oder Enteignung.[8] Ferner ist § 287 für eine Entschädigung nach dem Bundesentschädigungsgesetz anzuwenden,[9] weiterhin bei der Verletzung eines vertraglich eingeräumten KFZ-Vertriebsrechts,[10] bei der Ermittlung entgangenen Gewinns aus Spekulationsgeschäften,[11] sowie bei Entschädigung für Nutzungsausfall wegen Beschädigung von KFZ.[12]

---

[2] Vgl. dazu *Gottwald* S. 37ff. m. weit. Nachw.
[3] Entwurf der CPO von 1871, S. 266f.
[4] AK-ZPO/*Rüßmann* Rn. 5; *Gottwald* S. 78ff., 214ff., 218.
[5] Vgl. BGH NJW 1964, 589; BAG NJW 1963, 926.
[6] Zu den einzelnen Fällen vgl. *Prütting,* Gegenwartsprobleme der Beweislast, S. 141.
[7] *Gottwald* S. 226; zu weiteren solchen Normen vgl. *Prütting* S. 141.
[8] BGHZ 29, 95; 29, 217; 39, 219.
[9] BGH LM BEG § 31 Nr. 33.
[10] BGH NJW 2001, 821.
[11] BGH NZG 2002, 682.
[12] BGH NJW 2005, 277 = EWiR 2005, 533 m. Anm. *Medicus.*

Voraussetzung von § 287 Abs. 1 ist aber das Verlangen, dass ein entstandener Schaden ausgeglichen wird. Daher ist die Norm nicht anzuwenden bei Ansprüchen auf Minderung (etwa im Falle von §§ 437 Nr. 2, 441 BGB),[13] für Ansprüche auf Bereicherungsausgleich,[14] für den Anspruch auf Vertragsstrafe oder für die Festsetzung einer Sicherheit. Zum Sonderfall des Abs. 2 bei einem Streit allein über die Höhe der Forderung s. u. Rn. 19 ff. 6

2. Entstehung des Schadens. Entgegen dem insoweit ungenauen Wortlaut der Norm meint Abs. 1 nicht alle Elemente der Rechtsbegründung; im Einzelnen ist vielmehr zu trennen: 7

a) Konkreter Haftungsgrund. Die konkrete Tatbestandsverwirklichung einer Norm, also das rechtswidrige Tun oder Unterlassen, sowie die eventuell erforderlichen Verschuldenselemente sind als sog. konkreter Haftungsgrund nach den allgemeinen Regeln des Beweisrechts und insbesondere nach den Grundsätzen des § 286 zu beweisen. 8

b) Haftungsbegründende Kausalität. Hauptschwierigkeit der Norm ist die Einordnung der Kausalität in das System. Die hierbei auftretenden schwierigen und bis heute nicht endgültig gelösten Abgrenzungsfragen können nicht durch Radikallösungen beseitigt werden. Hilfreich ist hier weder die Leugnung aller Unterschiede zwischen § 286 und § 287[15] noch die Zuweisung aller Kausalfragen zum Anwendungsbereich von § 286.[16] In Rspr. und Lit. wird zu dieser Frage weitgehend nach haftungsbegründender und haftungsausfüllender Kausalität getrennt.[17] Allerdings sind die Einzelheiten dieser Trennung streitig. 9

Soweit eine Frage der haftungsbegründenden Kausalität gegeben ist, also im Rahmen der Feststellung, ob ein bestimmtes (nach § 286 bewiesenes) Ereignis den Geschädigten auch tatsächlich **betroffen** hat, gelten die allgemeinen Beweisregeln und die Grundsätze des § 286. Schwierigkeiten bereitet allerdings die Frage, wieweit das von der Rechtsprechung[18] verlangte bloße Betroffensein als Haftungsgrund auszudehnen ist. Als Grundsatz muss hier gelten, dass in jedem Falle der Zusammenhang zwischen der Handlung des Schädigers und dem dadurch entstandenen Eingriff in ein absolutes Recht, ein Rechtsgut oder das Vermögen des Geschädigten zur Frage der haftungsbegründenden Kausalität gehört.[19] Im Einzelnen bedeutet dies im Falle von **Vertragsverletzungen,** dass § 286 auch den Zusammenhang der Vertragsverletzung mit der Beeinträchtigung eines Rechtsgutes umfasst, während alle weiteren Schadensfolgen dem § 287 unterstehen.[20] Auch bei **Deliktsansprüchen** ist der Kausalzusammenhang zwischen dem Verhalten des Schädigers und der ersten Rechtsgutverletzung Teil der haftungsbegründenden Kausalität. Die Rechtsprechung ist in diesen Fällen schwankend.[21] Soweit dort das Betroffensein als reine Verletzungsgefahr, also als blanke Gefährdung eines Rechtsguts ausgelegt wird, ist der Bereich der haftungsbegründenden Kausalität zu eng gefasst. 10

Wegen der Unsicherheiten der Rechtsprechung wird in der Literatur eine Differenzierung nach verschiedenen Haftungstatbeständen vorgeschlagen.[22] Danach soll bei Eingriffstatbeständen (zB § 823 Abs. 1 BGB) die Entstehung des konkreten Schadens Teil des Haftungsgrundes sein, im Falle der Verletzung von Verhaltenspflichten (zB Vertragsverletzung, Amtspflichtverletzung) soll dagegen die Pflichtverletzung als solche für den Haftungsgrund genügen. Noch weiter gehen *Hanau* und *Gottwald* in ihrer Ansicht. Beide wollen als Haftungsgrund die reine Verletzungs- oder Gefährdungshandlung ansehen.[23] Nach dieser Auffassung würde letztlich jede Kausalfrage dem Bereich des § 287 zugewiesen. 11

Der Streit um die Aufspaltung von haftungsbegründender und haftungsausfüllender Kausalität verliert wie dargestellt allerdings teilweise an Brisanz, wenn man anerkennt, dass für den Nachweis von Kausalfragen auch im Rahmen von § 286 Beweiserleichterungen generell zu bejahen sind (s. § 286 Rn. 47). Im Hinblick auf § 287 Abs. 1 S. 2 und 3 wird dadurch die Unterscheidung freilich nicht bedeutungslos. 12

c) Haftungsausfüllende Kausalität. Der kausale Zusammenhang zwischen dem (nach § 286 bewiesenen) Haftungsgrund und dem entstandenen Vermögensschaden und ebenso der Verur- 13

---

[13] BGH WM 1971, 1382.
[14] BGH GRUR 1962, 261.
[15] AK-ZPO/*Rüßmann* Rn. 3 ff.; *Gottwald* S. 78 ff.
[16] *Prölss* S. 53 ff.; *Wahrendorf,* Die Prinzipien der Beweislast im Haftungsrecht, 1976, S. 47 ff.
[17] BGH NJW 2004, 777; NJW 2003, 116; NJW 1998, 3417; NJW 1987, 705.
[18] Vgl. BGHZ 4, 196; BGH NJW 1970, 1970; BGHZ 58, 80; BGH NJW 1983, 998.
[19] *Rosenberg/Schwab/Gottwald* § 116 II 3.
[20] Wie hier insbesondere *Stein/Jonas/Leipold* Rn. 15; *Rosenberg/Schwab/Gottwald* § 116 II 3; ebenso BGH NJW 1993, 3073, 3076.
[21] Vgl. dazu *Arens* ZZP 88 (1975), 20 ff.; *Gottwald* S. 250 ff.
[22] *Arens* ZZP 88, 20 ff.; aA *Stoll* AcP 176, 187; *Rosenberg/Schwab/Gottwald* § 116 II 3.
[23] Vgl. *Hanau* S. 117 ff., 135 ff.; *Gottwald* S. 78 ff.; aA BGH NJW 2004, 777.

sachung aller Folgeschäden,[24] die erst nach der ersten Verletzungshandlung und dem sie auslösenden Erfolg entstanden sind, werden als Teil der haftungsausfüllenden Kausalität heute fast allgemein § 287 Abs. 1 zugeordnet. Gegen die Unterstellung der sog. Folgeschäden unter § 287 sind in der Literatur verschiedentlich Bedenken erhoben worden.[25] Dem kann jedenfalls dort nicht zugestimmt werden, wo es sich um die Beurteilung hypothetischer Kausalverläufe handelt.[26] Aber auch darüber hinaus spricht in diesem Bereich die Rechtsklarheit der Abgrenzung für die Rechtsprechung.

14 **d) Grenzen der Schätzung.** Unabhängig von den Abgrenzungsschwierigkeiten im Einzelnen ist also anzuerkennen, dass der konkrete Haftungsgrund und die haftungsbegründende Kausalität nicht der richterlichen Schadensschätzung gemäß § 287 unterstellt sind. Darüber hinaus kommt eine Anwendung von § 287 dann nicht in Betracht, wenn die jeweiligen Grundlagentatsachen für eine Ausübung des richterlichen Ermessens nicht schlüssig dargelegt sind.[27] Der BGH spricht von den sog. Ausgangs- bzw. Anknüpfungstatsachen. Weiterhin ist eine richterliche Schadensschätzung unzulässig, wenn sie aus Mangel an Anhaltspunkten keinen ausreichenden Realitätsbezug hätte, im Ergebnis mangels greifbarer Anhaltspunkte also völlig in der Luft hängen würde.[28] Allerdings stellt die Rspr. an die Darlegung der Voraussetzungen für die Schätzung wettbewerblicher Schäden wegen der praktischen Beweisschwierigkeiten keine hohen Anforderungen.[29] Auch darüber hinaus muss bei Feststehen von Haftungsgrund und Schadenseintritt jedenfalls ein geschätzter Mindestschaden gewährt werden. Wird ein Anspruch auf entgangenen Gewinn geltend gemacht, so muss nach § 252 BGB iVm. § 287 eine Prognoseentscheidung entsprechend dem gewöhnlichen Verlauf der Dinge getroffen werden. Für konkrete Anhaltspunkte dürfen hierbei keine zu hohen Anforderungen gestellt werden.[30]

15 Schließlich ist § 287 auch nicht für die **Feststellung des Mitverschuldens** anwendbar. Die Voraussetzungen des Mitverschuldens sind Teil des Haftungsgrundes und unterliegen daher der Feststellung nach § 286.[31]

16 **3. Höhe des Schadens.** Nach dem Wortlaut des Gesetzes und einhelliger Auffassung ist die Höhe des Schadens gemäß § 287 Abs. 1 festzustellen. Darunter fallen der Geldwert des beschädigten oder zerstörten Gegenstandes sowie der Betrag des entgangenen Gewinns oder die sonstige billige Entschädigung. Hierher zählen aber auch alle Tatsachen, die im Einzelfalle der Wertberechnung zugrunde zu legen sind. Dagegen ist es eine von § 287 zu trennende Frage des materiellen Rechts, nach welcher Berechnungsmethode ein Schaden zu berechnen ist, ferner ob Naturalersatz oder Geld zu leisten ist oder ob Schadensersatz zB als Rente zu leisten ist.[32]

17 **4. Die Entscheidung des Gerichts. a) Die Würdigung aller Umstände nach freiem Ermessen.** Das Gesetz fordert den Richter auf, „unter Würdigung aller Umstände" zu entscheiden. Dies ist eine Selbstverständlichkeit. Darüber hinaus soll das Gericht „nach freier Überzeugung" entscheiden. Darin liegt trotz der parallelen Formulierung zu § 286 Abs. 1 eine bedeutsame Abweichung zum Regelfall. In § 287 fehlt der Hinweis, dass das Gericht zu entscheiden habe, „ob eine tatsächliche Behauptung für wahr oder für nicht wahr zu erachten sei". Dieser bewusste Unterschied der beiden eng zusammenhängenden Normen der §§ 286, 287 ist dahin zu verstehen, dass entgegen den strengen Anforderungen an das Regelbeweismaß des § 286 **in § 287 eine Beweismaßreduzierung auf die überwiegende Wahrscheinlichkeit** anzunehmen ist.[33] Diese Frage der Beweismaßreduzierung ist vom Ermessen des Gerichts gemäß Satz 2 zu unterscheiden.[34]

---

[24] Vgl. BGHZ 4, 192; BGH VersR 1974, 782; BGH NJW 1992, 3298; 1993, 201; 1993, 734.

[25] *Hainmüller* S. 140 ff.; *Stoll* AcP 176, 193; *Arens* ZZP 88 (1975), 42; *Gottwald* S. 73 ff.

[26] Im Einzelnen vgl. *Großerichter* S. 53 ff., 64 ff.

[27] Vgl. BGH NJW 1988, 3016.

[28] Vgl. BGHZ 91, 256; BGH NJW 1987, 909 f.; NJW-RR 1993, 795; NJW 1994, 663, 665; 1995, 1023; OLG Köln MDR 2006, 890.

[29] BGH NJW 1992, 2753.

[30] BGHZ NJW 1998, 1633; NZV 1998, 279. Zum Verhältnis von § 252 BGB und § 287 vgl. *v. Hoyningen-Huene/Boemke* NJW 1994, 1760 f.

[31] *Rosenberg/Schwab/Gottwald* § 116 II 5; vgl. ferner BGH MDR 1968, 492. Nach *Greger* S. 194 f. soll für eine quantitative Bestimmung der Haftungsanteile § 287 analoge Anwendung finden; so wohl auch BGH NJW 1993, 2674.

[32] *Prölss* S. 60; *Gottwald* S. 124, 183; *Rosenberg/Schwab/Gottwald* § 116 II 2.

[33] BGH MDR 2006, 1392, 1393; BGH NJW 1992, 2694, 2695; 1993, 734; aus der Literatur vgl. *v. Hoyningen-Huene/Boemke* NJW 1994, 1759 m. weit. Nachw.

[34] Zur Reduzierung des Beweismaßes vgl. BGH NJW 1972, 1515 f.; NJW 1991, 1412; MDR 1992, 900; *Klauser* JZ 1968, 170; eine Differenzierung zwischen Schadenshöhe und haftungsausfüllender Kausalität nimmt *Stein/Jonas/Leipold* Rn. 30 a an. Auch bei der Schätzung im Steuerrecht handelt es sich um eine Beweismaßreduzierung, so *Gombert,* Die Schätzung der Besteuerungsgrundlagen nach § 162 AO, 2001, S. 98 ff.

b) Verfahren. Zu den Besonderheiten des Beweisverfahrens und dem dabei eingeräumten Ermessen gemäß Satz 2 s. Rn. 23. Zur Regelung des Sachverständigenbeweises gemäß Satz 2 s. Rn. 24. Zur Regelung der Parteivernehmung gemäß Satz 3 s. Rn. 25. 18

III. Die Erweiterung der Norm gemäß Abs. 2

Abs. 2 bringt eine Ausdehnung des Anwendungsbereichs von § 287 auf alle vermögensrechtlichen Streitigkeiten über den Bereich der Schadensermittlung hinaus. Abs. 2 umfasst jeden Anspruch, der auf Zahlung von Geld oder Leistung vertretbarer Sachen gerichtet ist. Voraussetzung ist allein, dass die Höhe der jeweiligen Forderung streitig ist und deren vollständige Aufklärung mit Schwierigkeiten verbunden ist, die zu der Bedeutung des streitigen Teiles der Forderung in keinem Verhältnis stehen.[35] 19

Abs. 2 betrifft nur Streitigkeiten über die Höhe der jeweiligen Forderung. Die Abgrenzungsprobleme des Abs. 1 können hier also nicht auftreten.[36] Abs. 2 verweist lediglich auf die Sätze 1 und 2 des Abs. 1 und nimmt daher die besondere Regelung der Parteivernehmung (Satz 3) aus. 20

Im Einzelnen kommt eine Schätzung nach Abs. 2 in Betracht beim Streit um die Höhe des Verkehrswertes eines Grundstücks,[37] beim Streit um die Höhe der Beleihbarkeit eines Grundstücks,[38] bei der Ermittlung von Einkünften einer Person im Rahmen der Gewährung von Unterhalt[39] sowie bei der Anpassung eines Vergleichs wegen Wegfalls der Geschäftsgrundlage.[40] 21

IV. Das Verfahren

Neben der richterlichen Befugnis zur Schadensschätzung und damit der Abänderung des Regelbeweismaßes enthält § 287 auch Besonderheiten für den sonstigen Verfahrensablauf. Solche Besonderheiten sind allerdings streng auf die im Gesetzestext genannten Einzelheiten zu beschränken. Weitergehende Abänderungen des Verfahrens sind nicht anzuerkennen. So stellt § 287 weder eine Beschränkung des Verhandlungsgrundsatzes dar, noch befreit er von der Pflicht, rechtliches Gehör zu gewähren.[41] 22

1. Beweisaufnahme nach Ermessen. Abs. 1 S. 2 weist dem Gericht die Befugnis zu, Beweisaufnahmen nach seinem Ermessen anzuordnen. Das Gericht kann daher über alle dem § 287 zugewiesenen Fragen entscheiden, selbst wenn es eine volle Überzeugung von jedem Einzelpunkt noch nicht erzielt hat, ohne dass die von den Parteien angebotenen Beweise vollständig erhoben worden wären. Damit ist das allgemeine Gebot der Erschöpfung der Beweisanträge eingeschränkt.[42] Dieses Ermessen des Gerichts ist von der Beweismaßfrage zu unterscheiden. Die Ermessenszuweisung an den Richter und damit die Möglichkeit der Beweisantizipation wird manchmal abgelehnt.[43] Solche Auffassungen sind zu eng. Ausreichende Gründe dafür, den Gesetzeswortlaut so weitgehend einzuschränken, sind nicht ersichtlich.[44] Eine andere Frage ist es, wenn verlangt wird, dass Beweisanträge durch das Gericht nicht willkürlich zurückgewiesen werden. Dies ist im Grunde eine Selbstverständlichkeit und ergibt sich aus der Tatsache, dass auch jede Ermessensentscheidung Begrenzungen unterliegt. 23

2. Sachverständigenbeweis. Abs. 1 S. 2 bringt eine besondere Ermessenseinräumung des Gerichts im Rahmen der Erhebung des Sachverständigenbeweises. Vorausgesetzt wird in dieser Norm, dass das Gericht auch von Amts wegen befugt ist, den Sachverständigenbeweis zu erheben (§ 144 Abs. 1). Die besondere Befugnis des Gerichts, nach seinem Ermessen von einem Sachverständigengutachten abzusehen, reicht aber darüber hinaus. Das Gericht darf also zB dem Urteil eines Sachverständigen folgen und kann nicht gezwungen werden, ein weiteres Gegengutachten ein- 24

---

[35] Vgl. BGH JR 1961, 500.

[36] Vgl. zur weitergehenden Anwendung der Norm BAG AP Nr. 16 zu § 5 TVG und dazu krit. *Leipold* SAE 1980, 221.

[37] BayObLGE 87, 14, 16.

[38] OLG Köln VersR 1983, 378, 379.

[39] BGH NJW-RR 1993, 898, 900.

[40] OLG Köln NJW 1994, 3236, 3237.

[41] Vgl. *Gottwald* S. 227 f.; *Klauser* JZ 1968, S. 169 ff.

[42] BGH NJW 1991, 1412; 1996, 2501, 2502.

[43] Vgl. OLG Köln JurBüro 1969, 645; *Grunsky,* Grundlagen des Verfahrensrechts, S. 456; *Musielak/Foerste* Rn. 6.

[44] Wie hier *Gottwald* S. 230.

zuholen.[45] Soweit spezielles Fachwissen erforderlich ist, darf der Richter sich aber auch im Falle des § 287 nicht mit dem bloßen „Eindruck" einer Person in der mündlichen Verhandlung begnügen.[46]

25 **3. Parteivernehmung.** Abs. 1 S. 3 enthält eine besondere Form der Parteivernehmung gemäß § 448. Festgelegt wird hier nicht die sonst bestehende Subsidiarität der Parteivernehmung. Diese besondere Regelung bezieht sich allein auf den Schadensprozess des Abs. 1. Sie ist nur im Rahmen der Schadenshöhe anzuwenden. Inhaltlich umfasst diese Parteivernehmung zwei verschiedene Aspekte, nämlich die Feststellung der einzelnen Merkmale, aus denen sich die Schadenshöhe abschätzen lässt, aber ebenso die Abgabe einer Schadensschätzung durch die betroffene Partei selbst. Unstreitig ist das Gericht bei Heranziehung einer solchen Parteivernehmung aber in seiner Würdigung der Aussage frei (§ 286 Abs. 1).

26 Soweit erforderlich kommt auch in diesem Falle eine Beeidigung der vernommenen Partei in Betracht (vgl. § 287 Abs. 1 S. 3 iVm. § 452).

27 **4. Bezifferter Antrag.** Soweit eine Schätzung der Schadenshöhe durch das Gericht in Betracht kommt, wird die Partei im Einzelfalle keinen exakt bezifferten Antrag stellen müssen. Dies ist insbesondere im Falle des Anspruchs auf **Schmerzensgeld** anerkannt.[47] Zu verlangen ist allerdings, dass der Schaden der **Größenordnung** nach angegeben wird.[48] Zur Ermittlung der Beiträge für ein Schmerzensgeld gibt es aktuelle und sehr hilfreiche Tabellen und weitere Veröffentlichungen.[49]

28 **5. Substantiierung der Parteibehauptungen.** Die Berechtigung des Gerichts, die haftungsausfüllende Kausalität und die Schadenshöhe wegen der sonst bestehenden Darlegungs- und Beweisschwierigkeiten zu schätzen, erzwingt auf der Seite der Parteien die Berechtigung, die von § 287 erfassten Angaben nur in einem eingeschränkten Maße substantiieren zu müssen. Gewisse Mindestanforderungen an die Angabe tatsächlicher Momente, die als Grundlage der Schätzung dienen können, sind allerdings zu verlangen.[50] Darüber hinaus verlangt die Rechtsprechung zu Recht, dass sich die Parteien in zumutbarem Umfang um eine genaue Substantiierung bemühen.[51] Eine Ablehnung der richterlichen Schätzung und Entscheidung nach Beweislastgrundsätzen kommt also nur dann in Betracht, wenn dem Richter greifbare Anhaltspunkte als Grundlage seiner Entscheidung gänzlich fehlen und damit das richterliche Ermessen „völlig in der Luft schweben" würde.[52]

29 Die anerkannte Erleichterung der Substantiierung durch die Partei ändert freilich nichts an der grundsätzlich weiterhin bestehenden Behauptungslast.[53] Erleichtert werden also vom Gesetz die konkreten Behauptungen des Einzelfalles und die genaue Spezifizierung des Schadens; nicht erleichtert wird die weiter bestehende Behauptungslast, dass ein bestimmter Schaden von einer ungefähr anzugebenden Höhe entstanden sei.

30 **6. Versäumnisverfahren.** Im Falle der Säumnis des Klägers ist eine Entscheidung nach § 287 ausgeschlossen. Im Falle der Säumnis des Beklagten gilt dies gemäß § 331 jedenfalls für alle Fragen der Schadensentstehung. Denn eine vom Kläger in schlüssiger Weise vorgebrachte Schadensentstehung gilt gemäß § 331 als zugestanden und ist damit der Beweiswürdigung entzogen. Dagegen ist im Rahmen von Fragen der Schadenshöhe zu unterscheiden. Soweit der Kläger einzelne Tatsachen zur Bestimmung der Schadenshöhe vorgetragen hat, gelten auch diese als zugestanden und bedürfen keiner richterlichen Beweiswürdigung. Das Gleiche gilt, soweit vom Kläger eine genau bestimmte Schadenshöhe bezeichnet ist. Wurde dagegen die Bestimmung der Schadenshöhe in zulässiger Weise in das Ermessen des Gerichts gestellt, so bedarf es auch hier einer Schätzung der Anspruchshöhe im Versäumnisurteil. Dies setzt freilich voraus, dass das Gericht auf Grund der vom Kläger vorgetragenen Tatsachen ohne weitere Beweiserhebung eine eigenständige Schätzung vornehmen kann.

---

[45] Vgl. BGH VersR 1971, 441; VersR 1968, 971; BGH NZV 1989, 465 m. Anm. *E. Hofmann*; vgl. auch BGH NJW 1996, 2501.

[46] BGH NJW 1995, 1619.

[47] Vgl. dazu *Prütting/Gielen* NZV 1989, 329f. Zu den Einzelheiten des unbestimmten Antrags s. § 253 Rn. 116ff.

[48] BGH NJW 1982, 340; 1983, 332; VersR 1984, 538. Vgl. dazu *Röttger* NJW 1994, 368.

[49] *Hacks/Ring/Böhm,* Schmerzensgeldbeträge, 24. Aufl. 2006; *Slizyk,* Schmerzensgeldtabelle, 4. Aufl. 2001; *Schneider/Biebrach,* Schmerzensgeld, 1994; vgl. ferner *Scheffen* NZV 1994, 417; *Hempfing,* Ärztliche Fehler – Schmerzensgeldtabellen, 1989; *Kuntz,* Schmerzensgeld, Loseblatt, 1981ff.; *Musielak,* VersR 1982, 613.

[50] BGHZ 77, 19; BGH NJW 1992, 2694, 2695f.

[51] BGH NJW 1981, 1454.

[52] BGH NJW 1964, 589; 1970, 1971; 1984, 2216; 1987, 909.

[53] Zur Abgrenzung von Behauptungslast und Substantiierungslast vgl. § 286 Rn. 130, 132.

7. Beweislast. Die Anwendung von § 287 lässt die objektive Beweislast unberührt.[54] Hat also ein Gericht trotz Anwendung der Beweiserleichterungen des § 287 eine ausreichende Schadensschätzung nicht vornehmen können und bleibt daher ein non liquet bestehen, so ist eine Beweislastentscheidung nach den allgemeinen Regeln zu treffen. Davon unberührt ist die Feststellung, dass eine Beweiserleichterung, wie sie § 287 für die Schadensfeststellung vorsieht, nicht selten das Entstehen eines non liquet verhindert und somit die Zahl der Beweislastentscheidungen verringert.[55] 31

Keinesfalls kommt eine **Umkehr der Beweislast** in der Kausalfrage in Betracht, wie sie von einigen Autoren vertreten worden ist.[56] Der Vorgang der richterlichen Schadensschätzung ist Teil der Beweiswürdigung und damit von der Beweislastfrage streng zu trennen. Dementsprechend kommt eine Beweislastumkehr nur bei Vorliegen einer besonders zu bewertenden materiellrechtlichen Risikoverteilung in Betracht. Aus § 287 lässt sich dafür nichts herleiten. 32

8. Urteil. Im Urteil bedarf es konkreter Angaben über die tatsächlichen Grundlagen der Schätzung und ihrer Verwertung durch den Richter.[57] Tatsächliche Einzelheiten der Schadensberechnung sind aber in den Entscheidungsgründen ebenso entbehrlich wie die genaue Substantiierung durch die Parteien. 33

Streitig ist, ob bei einem Schadensersatzprozess im Rahmen des Anwendungsbereichs des § 287 ein **Grundurteil** gemäß § 304 in Betracht kommt. Dies ist zu bejahen, wenn der konkrete Haftungsgrund nachgewiesen ist und die Entstehung eines Vermögensschadens zumindest wahrscheinlich ist.[58] Nach neuester Rspr. des BGH darf das Gericht auch ein Teilurteil über einen nach § 287 geschätzten Mindestschaden erlassen und zugleich ein Sachverständigengutachten über die Höhe des den Mindestschaden übersteigenden Betrag einholen.[59] 34

9. Rechtsmittel. Entsprechend den allgemeinen Unterschieden zwischen der Überprüfung einer Entscheidung in der Berufung und in der Revision kann auch eine Entscheidung gemäß § 287 unterschiedlich nachgeprüft werden. Sowohl die Schadensschätzung wie auch die Anwendung des richterlichen Ermessens beim Beweisverfahren unterliegen in der Berufungsinstanz der vollständigen Nachprüfung. Das bedeutet, dass das Berufungsgericht seine eigene Überzeugung und seine eigene Ermessensentscheidung an die Stelle der Auffassung des erstinstanzlichen Gerichts setzen darf. Dagegen kann das Revisionsgericht den Vorgang der Beweiswürdigung nicht überprüfen. Eine Überprüfung der Ausübung des richterlichen Ermessens kommt nur insoweit in Betracht, als eine ermessensfehlerhafte Entscheidung vorliegt. Dies bedeutet, dass das Revisionsgericht überprüfen darf, ob die Entscheidung sich der Ermesseneinräumung und der Grenzen der Ermessensausübung bewusst war und ob sie diese Ermessensgrenzen überschritten hat. In keinem Falle kann das Revisionsgericht eine eigene Ermessensentscheidung an die Stelle der Vorinstanz setzen.[60] 35

V. Rechtspolitische Hinweise

Angesichts der großen Bedeutung richterlicher Schadensermittlung und Schadensschätzung muss der Gesetzgeber dringend aufgefordert werden, § 287 neu zu fassen. Notwendig wäre eine sprachlich und inhaltlich klarere Norm. In diesem Rahmen sollte Berücksichtigung finden, dass dem Richter eine Schätzung erlaubt ist über die haftungsausfüllende Kausalität und die Höhe des Schadens. Diese Schätzung setzt nur eine überwiegende Wahrscheinlichkeit voraus. Ausgedehnt werden sollte der Bereich des § 287 auf Nebenansprüche, die dem Grunde nach bewiesen sind sowie auf alle Bagatellbeträge. Es kann aus prozessökonomischen Gründen nicht hingenommen werden, dass eine strikte Beweisführung und eine richterliche Überzeugungsbildung nach § 286 verlangt wird, wenn im Rahmen einer Klage von Euro 10 000,– und mehr ein Posten von Euro 100,– bestritten ist, wenn der Beweis eines Anspruchs in dreistelliger Höhe ein Sachverständigengutachten erfordern würde, das allein ein Mehrfaches der verlangten Summe kostet oder wenn für den Beweis einer Bagatellforderung die Anreise eines Zeugen aus weiter Ferne veranlasst wird. Angesichts einer Norm wie § 495 a sollte der Gesetzgeber den Mut haben, jedenfalls im Bereich unter Euro 1000,– 36

[54] BGH MDR 2006, 1392, 1393; BGHZ 54, 45, 55; BGH NJW 1986, 246; 1987, 909; 1991, 1412; MDR 1992, 906.

[55] Vgl. *Gottwald* S. 231 ff.; *Prütting,* Gegenwartsprobleme der Beweislast, S. 141.

[56] Vgl. *E. Hofmann,* Die Umkehr der Beweislast in der Kausalfrage, 1972, S. 101; *Wahrendorf,* Die Prinzipien der Beweislast im Haftungsrecht, 1976, S. 46, 78.

[57] Vgl. BGHZ 6, 63; BGH VersR 1965, 239.

[58] Zu den Einzelheiten vgl. *Gottwald* S. 335 f.

[59] BGH NJW 1996, 1478 = JZ 1996, 1188 m. abl Anm. *Müller.*

[60] Vgl. BGH NJW 1982, 1765; BGH NJW-RR 1993, 795; umfassend *Behrens,* Die Nachprüfung zivilrichterlicher Ermessensentscheidungen, 1979, S. 43 ff.

dem Richter das Recht zur Betragsschätzung einzuräumen. Die zum 1. 1. 2002 vorgenommene Korrektur der amtlichen Überschrift ist in diesem Zusammenhang nicht hilfreich.

§ 288 Gerichtliches Geständnis

(1) Die von einer Partei behaupteten Tatsachen bedürfen insoweit keines Beweises, als sie im Laufe des Rechtsstreits von dem Gegner bei einer mündlichen Verhandlung oder zum Protokoll eines beauftragten oder ersuchten Richters zugestanden sind.

(2) Zur Wirksamkeit des gerichtlichen Geständnisses ist dessen Annahme nicht erforderlich.

Schrifttum: *Baumgärtel,* Wesen und Begriff der Prozeßhandlung einer Partei im Zivilprozeß, 2. Aufl. 1972; *Baur,* Vereinbarungen der Parteien über präjudizielle Rechtsverhältnisse im Zivilprozeß, FS Bötticher, 1969, S. 1; *Bernhardt,* Wahrheitspflicht und Geständnis im Zivilprozeß, JZ 1963, 245; *Brehm,* Die Bindung des Richters an den Parteivortrag und Grenzen freier Verhandlungswürdigung, 1982; *Cahn,* Prozessuale Dispositionsfreiheit und zwingendes materielles Recht, AcP 198 (1998), 35; *Häsemeyer,* Parteivereinbarungen über präjudizielle Rechtsverhältnisse – zur Fragwürdigkeit der Parteidisposition als Grundlage, ZZP 85 (1972), 207; *Olzen,* Die Wahrheitspflicht der Parteien im Zivilprozeß, ZZP 98 (1986), 403; *Orfanides,* Berücksichtigung von Willensmängeln im Zivilprozeß, 1982; *ders.,* Das vorweggenommene Geständnis, FS Baumgärtel, 1990, S. 427; *ders.,* Probleme des gerichtlichen Geständnisses, NJW 1990, 3174; *Pawlowski,* Keine Bindung an Geständnisse im Zivilprozeß?, MDR 1997, 7; *Scherer,* Zweifel des Gerichts an der Wahrheit unstreitiger Tatsachenbehauptungen, DRiZ 1996, 58; *Schmidt,* Teilbarkeit und Unteilbarkeit des Geständnisses im Zivilprozeß, 1972; *E. Schneider,* Das Geständnis im Zivilprozeß, MDR 1991, 297; *Wolf,* Geständnis zu eigenen Lasten und zu Lasten Dritter, FS Nakamura, 1996, S. 685; *Würthwein,* Umfang und Grenzen des Parteieinflusses auf die Urteilsgrundlagen im Zivilprozeß, 1977.

Übersicht

I. Normzweck

1 Den Grundsätzen des Zivilprozesses entspricht es, dass die Parteien für die Beibringung des Tatsachenstoffes verantwortlich sind (sog. Beibringungsgrundsatz oder Verhandlungsmaxime). Nur auf dieser Grundlage ist es verständlich, dass das Gesetz in den §§ 288 ff. die Möglichkeit zulässt, dass eine Partei vor Gericht **bindende** Erklärungen darüber abgibt, dass eine vom Prozessgegner behauptete und für sie ungünstige Tatsache wahr sei. Als Folge eines solchen gerichtlichen Geständnisses entscheidet die Partei zugleich über die **Beweisbedürftigkeit** einer Tatsache. Liegt nämlich ein Geständnis vor, so ist die zugestandene Tatsache ohne weiteres als Urteilsgrundlage anzusehen und zu verwerten. Einer Beweisaufnahme zur Gewinnung der richterlichen Überzeugung bedarf es nicht mehr.

2 Allerdings ist diese Wirkung des Geständnisses keine Besonderheit. Die ZPO kennt eine Reihe von Möglichkeiten, wie durch das Verhalten der Parteien über die Beweisbedürftigkeit entschieden werden kann. So entfällt die Beweisbedürftigkeit auch im Falle des Nichtbestreitens von Behauptungen gemäß § 138 Abs. 3 und im Falle der Terminsversäumnis durch den Beklagten mit der Folge der Geständnisfiktion gemäß § 331 Abs. 1. Darüber hinaus bedürfen offenkundige Tatsachen (§ 291) und vermutete Tatsachen (§ 292) keines Beweises. Über alle diese genannten Rechtswir-

kungen geht das gerichtliche Geständnis aber insofern hinaus, als es auch die Partei selbst an ihr Wort bindet (vgl. § 290).

Die eigentliche **Problematik** der §§ 288ff. liegt angesichts der Bindungswirkung gegenüber Gericht und Parteien darin, dass ein Geständnis möglicherweise auch Tatsachen betreffen kann, die die Partei nicht kennt oder deren Gegenteil die Partei für wahr hält. Auch in solchen Fällen muss nach der gesetzlichen Regelung eine Bindung eintreten. Dies bedeutet, dass den Parteien mit Hilfe des Geständnisses eine **Dispositionsmöglichkeit über die Tatsachengrundlagen** des Prozesses gegeben ist. Eine schwierige und bis heute stark umstrittene Frage ist es, in welchem Umfang diese Dispositionsmöglichkeit über den Tatsachenstoff den Parteien zugestanden werden kann. Denn dass die Dispositionsmöglichkeiten der Parteien nicht unbeschränkt sein können, zeigt schon die im Gesetz ebenfalls verankerte Wahrheitspflicht (§ 138 Abs. 1) und der Grundsatz der freien richterlichen Beweiswürdigung (§ 286 Abs. 1). Zwischen diesen unterschiedlichen Grundsätzen des Zivilprozesses bestehen Wertungswidersprüche.[1] Während hier eine Auffassung den Parteien wirkliche Dispositionsmöglichkeiten über die tatsächlichen Grundlagen generell abspricht[2] und damit die besonderen Möglichkeiten des Geständnisrechts weitgehend beseitigt, bejaht die hM und die Rechtsprechung[3] eine solche Dispositionsmöglichkeit, allerdings im Einzelfall mit ganz unterschiedlichen Einschränkungen. Keinen Ausweg aus diesem Meinungsstreit stellt es dar, dem Geständnis eine im Gesetz nicht vorgesehene eigenständige Bedeutung zuzuweisen wie zB ihm die Beweiskraft einer Vermutung (§ 292) zu geben.[4] Dies mag de lege ferenda ein sinnvoller Vorschlag sein, es wird dabei aber ebenso wie von der Meinung, die jegliche Dispositionsmöglichkeit der Parteien leugnet, übersehen, dass der Gesetzgeber in den §§ 288ff. eine gewisse Dispositionsfreiheit unzweifelhaft gewollt und auch verwirklicht hat. Insoweit ist für eine Veränderung des gesetzlichen Willens keine ausreichende Grundlage gegeben. Vor allem lässt sich die Wahrheitspflicht des § 138 Abs. 1 nicht gegen das Geständnis bewusst unwahrer Behauptungen ausspielen, weil die Wahrheitspflicht nur bewusst unwahre Behauptungen **zugunsten** des Behauptenden verbietet,[5] während das Geständnis sich immer nur auf (aus der Sicht des Gestehenden) **ungünstige** Tatsachen bezieht. 3

Im Ergebnis wird man daher das Rechtsinstitut des gerichtlichen Geständnisses im Rahmen der gesetzlichen Vorgaben als eine besondere Form der Parteidisposition und der Parteiverantwortung für den tatsächlichen Streitstoff anerkennen und ernst nehmen müssen. Dies schließt nicht aus, die Dispositionsmöglichkeiten im Einzelfall einzuschränken, so insbesondere bei unmöglichen oder offenkundig unwahren Behauptungen (§ 291).[6] 4

II. Begriff und Abgrenzungen

1. Begriff. Ein Geständnis iSd. § 288 liegt dann vor, wenn eine Partei die ihr ungünstigen gegnerischen Tatsachenbehauptungen in einer mündlichen Verhandlung oder einer dieser gleichgestellten Gelegenheit zugesteht. Es handelt sich also um ein Einverständnis damit, dass die Tatsachen zur Urteilsgrundlage gemacht werden.[7] In der Wirkung werden die Tatsachenbehauptungen im weiteren Prozess als wahr unterstellt. Durch die einschränkende Widerrufsmöglichkeit des § 290 ist das Geständnis mit nicht unerheblicher Bindungswirkung ausgestattet. 5

Das Geständnis ist eine **Prozesshandlung.**[8] Zu seiner Wirksamkeit sind die allgemeinen Voraussetzungen für Prozesshandlungen zu beachten. In inhaltlicher Hinsicht ist das Geständnis keine Willenserklärung im zivilrechtlichen Sinne, Rechtsfolgen sollen nämlich durch die Erklärung selbst nicht ausgelöst werden. Wenn es die Angabe enthält, die Behauptung sei wahr, stellt es eine Wissenserklärung dar,[9] sowie gleichzeitig das Zuerkennengeben, an die Erklärung gebunden sein zu wollen. Dass es darüber hinaus auch eine Wollenserklärung enthalten kann, wurde bereits deutlich (Rn. 3f.). 6

---

[1] Vgl. dazu AK-ZPO/*Rüßmann* Vor § 288 Rn. 1.

[2] *Bernhardt* JZ 1963, 245; *Häsemeyer* ZZP 85 (1972), 222; *Orfanides,* Berücksichtigung von Willensmängeln im Zivilprozeß, S. 92ff.; *Schmidt* S. 107ff., 148ff.; *Scherer* DRiZ 1996, 58; AK-ZPO/*E. Schmidt* § 138 Rn. 64ff. sowie weitgehend auch AK-ZPO/*Rüßmann* Vor § 288 Rn. 4f.

[3] BGHZ 37, 154; BGH VersR 1970, 826; *Rosenberg/Schwab/Gottwald* § 114 I 1a; *Stein/Jonas/Leipold* Rn. 23; *Baumbach/Lauterbach/Hartmann* Vor § 288 Rn. 3; *Thomas/Putzo/Reichold* Rn. 7; *Brehm* S. 21ff.; *Würthwein* S. 48ff., 98ff.; *Pawlowski* MDR 1997, 7; grundlegend nunmehr *Stickelbrock,* Die Kollision von Prozeßmaximen im Scheidungsverbundverfahren, 1996, S. 181ff.

[4] So aber AK-ZPO/*Rüßmann* Vor § 288 Rn. 5.

[5] Wie hier auch *Stein/Jonas/Leipold* Rn. 23; ferner s. § 138 Rn. 13 (abweichend).

[6] S. Rn. 36.

[7] BGH NJW 1962, 1390, 1391.

[8] BGH NJW 1987, 1947, 1948; NJW 1992, 3106, 3107; *Rosenberg/Schwab/Gottwald* § 114 I 1g.

[9] *Wieczorek* Anm. A II; *Rosenberg/Schwab/Gottwald* § 114 I 1g.

7 **2. Abgrenzungen.** In der Wirkung nimmt das Geständnis einzelnen Tatsachen nur die Beweisbedürftigkeit; weitere unmittelbare Auswirkungen auf den geltend gemachten Anspruch entfaltet das Geständnis nicht. Insoweit unterscheidet es sich von anderen Prozesshandlungen, die die Parteien im Rahmen ihrer Verhandlungsmaxime vornehmen können.

8 **a) Anerkenntnis.** Mittels eines Anerkenntnisses nach § 307 erkennt eine Partei den gegen sie geltend gemachten Anspruch ganz oder zum Teil an. Damit erklärt die Partei, dass der geltend gemachte prozessuale Anspruch bestehe und die aufgestellte Rechtsbehauptung richtig sei.[10] Gleichzeitig wird dem Richter die Prüfung, ob sich diese Rechtsfolge aus den vorgetragenen Tatsachen ergibt, abgeschnitten.[11] Demgegenüber beinhaltet das Geständnis nur die Feststellung, dass eine behauptete **Tatsache** wahr ist. Es erstreckt sich also nur auf die materielle Seite, nicht auf den prozessualen Anspruch.[12]

9 **b) Verzicht.** Ein Klageverzicht liegt vor, wenn der Kläger erklärt, der geltend gemachte Anspruch bestehe nicht. Es handelt sich dabei um das Gegenstück zum Anerkenntnis.[13] Gegenstand des Verzichts ist ebenfalls der prozessuale Anspruch, wodurch sich in gleicher Weise der Unterschied zum Geständnis zeigt, das sich nur auf Tatsachen bezieht. Zudem richtet sich die Vorschrift des § 306 an den Kläger, während sich die Wirkungen des § 288 gegenüber dem Gegner der beweisbelasteten Partei entfalten.

10 **c) Nichtbestrittene Behauptungen.** § 138 Abs. 3 **fingiert** auf der Grundlage des Verhaltens der Partei hinsichtlich bestimmter, nicht bestrittener Tatsachen eine **Geständniswirkung** (vgl. in ähnlicher Weise auch § 331 Abs. 1). Dennoch bestehen wesentliche Unterschiede zu einem Geständnis iSd. § 288. Zu letzterem bedarf es insbesondere einer ausdrücklichen Erklärung der gestehenden Partei.[14] Nur ausnahmsweise kann bei Fehlen einer solchen förmlichen Erklärung dem Nichtbestreiten die Geständniswirkungen des § 288 zugebilligt werden, nämlich dann, wenn weitere Umstände in dem Verhalten der nichtbestreitenden Partei die Abgabe eines Geständnisses nahelegen.[15] Im Gegensatz zur Geständnisfiktion des § 138 Abs. 3 entfaltet das echte Geständnis ferner eine Bindungswirkung. Während die nach § 138 Abs. 3 zugestandenen Tatsachen bis zum Schluss der mündlichen Verhandlung noch bestritten werden können[16] – es sei denn die Verspätungsregeln greifen durch – und damit die tatsächlichen Behauptungen wieder beweisbedürftig werden, kann ein Geständnis iSd. § 288 nur unter den strengen Voraussetzungen des § 290 widerrufen werden.

11 **d) Offenkundige Tatsachen.** Nach § 291 sind diejenigen Tatsachen nicht beweisbedürftig, die offenkundig sind. Als offenkundig werden aber nur solche Tatsachen angesehen, die ohne bewusste Prozesshandlung der Parteien entweder einer beliebig großen Anzahl von Menschen privat bekannt oder ohne weiteres zuverlässig wahrnehmbar sind,[17] oder das erkennende Gericht die Tatsachen selbst amtlich wahrgenommen hat.[18] Die nach § 288 als wahr zu behandelnden Tatsachen bedürfen demgegenüber einer Prozesshandlung der Partei, um ihnen die Beweisbedürftigkeit zu entziehen. Ohne einen derartigen willensgesteuerten Akt kann das Gericht nicht von einer Beweisaufnahme absehen.

12 **e) Vermutungen.** Soweit das Gesetz eine Vermutung für das Vorhandensein von Tatsachen (oder von Rechten) aufstellt, bedürfen auch diese vermuteten Tatsachen keines Beweises (§ 292). Allerdings ist hier durch die Gegenpartei der Beweis des Gegenteils zulässig.[19] Eine Bindung des Gerichts oder der Parteien (wie im Falle des § 288) ist hier nicht möglich. Gesetzliche Vermutungen verändern also allein die Beweislast.

13 **f) Außergerichtliches Geständnis.** Zum außergerichtlichen Geständnis s. Rn. 38.

III. Anwendungsbereich

14 Das gerichtliche Geständnis ist nur in einem Verfahren mit Verhandlungsmaxime möglich (s. Rn. 1). Gilt in einem Verfahren oder einer besonderen Verfahrensart der Untersuchungsgrundsatz,

---

[10] S. § 307 Rn. 1, 4.
[11] *Stein/Jonas/Leipold* Rn. 7.
[12] *Zöller/Greger* Rn. 1a und 2.
[13] S. § 306 Rn. 1.
[14] BGH NJW 1983, 1496, 1497; NJW 1991, 1683; *Zöller/Greger* Rn. 3.
[15] BVerfG NJW 2001, 1565; BGH NJW 1983, 1496, 1497; NJW 1991, 1683; NJW 1994, 3109; *Zöller/Greger* Rn. 3.
[16] *Schneider* MDR 1968, 813 und MDR 1991, 298.
[17] Sog. allgemeinkundige Tatsachen; vgl. § 291 Rn. 5.
[18] Sog. gerichtskundige Tatsachen; vgl. § 291 Rn. 9.
[19] Zu den Einzelheiten s. § 292 Rn. 5, 22ff.

so greifen die Regeln über das gerichtliche Geständnis nicht ein. Dies ergibt sich insbesondere aus der gesetzlichen Anordnung in Ehesachen (§ 617)[20] sowie in Kindschaftssachen (§ 640 Abs. 1).[21] Ebenso besteht keine Parteidisposition hinsichtlich der Tatsachen, die einer **Amtsprüfung** unterliegen, zB die Prozessvoraussetzungen. Hinsichtlich dieser Tatumstände wäre die Parteibestimmung der Wahrheit unerträglich.[22] Werden in diesen Verfahren gleichwohl „Geständnisse" abgegeben, so sind diese Erklärungen im Rahmen der Beweiswürdigung als Indiz für die Wahrheit des Erklärten zu werten.[23] Ausgeschlossen ist ein Geständnis schließlich im Verfahren zur Klauselerteilung nach §§ 726 ff. (vgl. *Joswig* Rpfleger 1991 144).

Außerhalb des Zivilprozesses gelten die Normen über das Geständnis im **arbeitsgerichtlichen** 15 **Urteilsverfahren** (§ 46 Abs. 2 ArbGG; vgl. ferner § 54 Abs. 2 S. 2 ArbGG), nicht aber im **arbeitsgerichtlichen Beschlussverfahren** und im **Verwaltungsprozess** wegen des dort geltenden Untersuchungsgrundsatzes.

IV. Voraussetzungen

1. Tatsachen. Die dem § 288 zugrunde liegende Erklärung muss sich auf Tatsachen beziehen. 16 Tatsachen sind die dem verhandelten Einzelfall angehörigen, konkreten, nach Zeit und Raum bestimmten Geschehnisse oder Zustände der Außenwelt oder des menschlichen Seelenlebens.[24] Der Bereich der **inneren Tatsachen** zählt deshalb ebenfalls zu den im Rahmen des § 288 beachtlichen Tatsachen;[25] allerdings bedarf es einer Erklärung dieser Tatsachen.[26]

Auch **juristische Tatsachen** können solche iSd. § 288 sein.[27] Juristische Tatsachen liegen bei- 17 spielsweise dann vor, wenn Tatsachenbehauptungen mit juristischen Begriffen eingekleidet werden.[28] Dementsprechend werden auch einzelne Tatsachenkomplexe einem prozessualen Geständnis zugänglich sein, auch wenn sie in ihrer Zusammenfassung ein Rechtsverhältnis ausmachen.[29] In diesem Sinne kann man sagen, dass auch präjudizielle Rechtsverhältnisse Gegenstand eines Geständnisses sein können.[30]

Damit ist die weitere Frage aufgeworfen, ob den Geständnisregeln auch solche **Parteivereinba-** 18 **rungen** offen stehen, die sich unmittelbar auf eine Rechtsfolge beziehen, die für den geltend gemachten Anspruch präjudiziell ist. Diese Frage ist zu bejahen.[31] Die Begründung leitet sich bereits daraus her, dass auch die präjudizielle Rechtsfolge sich als ein Tatsachenkomplex in seiner juristischen Zusammenfassung erfassen lässt.[32] Die Gegenauffassung, die ein Geständnis zulässt, weil anderenfalls auch eine Zwischenfeststellungsklage über das Bestehen des präjudiziellen Rechtsverhältnisses oder ein Anerkenntnis möglich wäre, führt mit einer unnötig komplizierten Überlegung zum selben Ergebnis.[33]

Werturteilen kommt dagegen kein Tatsachenwert zu; demgemäß entfaltet sich die Bindungs- 19 wirkung des § 288 nicht.[34] Ebenso ist ein Geständnis von Erfahrungssätzen[35] oder Einzelelementen der Beweiswürdigung[36] nicht möglich.

2. Ungünstige Tatsachen. Die Tatsache muss dem Zugestehenden ungünstig und vom be- 20 weisbelasteten Gegner behauptet sein (zur Behauptung der Tatsachen s. Rn. 25 ff.). Dies ergibt sich daraus, dass § 288 eine Tatsachenbehauptung der beweisbelasteten Partei und damit eine ihr günsti-

[20] Vgl. auch OLG Stuttgart NJW 1985, 207.
[21] Vgl. *Stickelbrock,* Die Kollision von Prozeßmaximen im Scheidungsverbundverfahren, 1996, S. 175 ff.
[22] Ebenso *Stein/Jonas/Leipold* Rn. 17.
[23] *Baumbach/Lauterbach/Hartmann* Rn. 9; *Stein/Jonas/Leipold* Rn. 18.
[24] BGH DRiZ 1974, 27; *Stein/Jonas/Leipold* § 284 Rn. 9; im Einzelnen § 284 Rn. 41.
[25] BGH NJW 1981, 1562, 1563 zur Willensrichtung.
[26] *Stein/Jonas/Leipold* Rn. 7.
[27] BGH NJW-RR 2006, 281, 282; NJW-RR 2003, 1578, 1579; *Stein/Jonas/Leipold* Rn. 6; *Baumbach/Lauterbach/Hartmann* Rn. 3.
[28] BGH LM BGB § 260 Nr. 1; § 675 Nr. 50; BGH NJW-RR 2006, 281; OLG Koblenz NJW-RR 1993, 571; *Henke* ZZP 81 (1968), 196, 219 mit umfangreichen Beispielen.
[29] BGH NJW 1984, 1865, 1866 für das Zustehen einer Forderung; BGH JZ 1987, 150; *Zöller/Greger* Rn. 1 a.
[30] BGH MDR 2003, 1433; BAG NJW 1966, 1299, 1300.
[31] *Baumbach/Lauterbach/Hartmann* Rn. 3; *Thomas/Putzo/Reichold* Rn. 1; *Stein/Jonas/Leipold* Rn. 8.
[32] So auch *Rosenberg/Schwab/Gottwald* § 114 I 1 a sowie *Musielak/Huber* Rn. 3, 4.
[33] Vgl. *Zeiss* § 55 II, Rn. 409; *Baur,* FS Bötticher, 1969, S. 1, 10; wohl auch *Stein/Jonas/Leipold* Rn. 8; dagegen *Häsemeyer* ZZP 85 (1972), 207, 214, der eine Disposition über präjudizielle Rechtsverhältnisse generell für unzulässig hält.
[34] BGHZ 8, 235, 238; BGH ZIP 1995, 819, 825; *Thomas/Putzo/Reichold* Rn. 1.
[35] *Stein/Jonas/Leipold* Rn. 7; *Rosenberg/Schwab/Gottwald* § 114 I 1 a.
[36] *Stein/Jonas/Leipold* Rn. 7; *Wieczorek* Anm. A II b 1.

ge Behauptung voraussetzt, die deshalb grundsätzlich beweisbedürftig wäre und deren Beweisbedürftigkeit nun durch ein Geständnis der Gegenseite entfällt. Ungünstig iSd. § 288 ist sie ihm also nur dann, wenn die andere Partei die Beweislast für diese Tatsache trägt.[37] Im Einzelnen muss also unterschieden werden:

21 **a) Zugestehen durch Prozessgegner.** Die beweisbelastete Partei behauptet eine ihr günstige und deshalb dem Gegner ungünstige Tatsache. Dies ist der soeben beschriebene Normalfall. Der Gegner kann die Tatsachenbehauptung zugestehen.

22 **b) Freie Beweiswürdigung.** Die beweisbelastete Partei behauptet eine ihr selbst ungünstige Tatsache. Damit kann sie ihrer Behauptungs- und Beweisführungslast nicht entsprechen. Ein „Geständnis" der Gegenseite kommt nicht in Betracht. Die Aussage der beweisbelasteten Partei steht der freien Beweiswürdigung des Richters offen (§ 286 Abs. 1).

23 **c) Behauptungslast.** Die beweisbelastete Partei kommt ihrer Behauptungslast nicht nach. Nur der Gegner behauptet die ihm ungünstige Tatsache. Diese Behauptung des Gegners kann er selbst nach dem Wortlaut des Gesetzes und nach der hM[38] nicht zugestehen. Auch hier steht diese Behauptung aber der richterlichen Beweiswürdigung offen.

24 **d) Geständnis.** Macht allerdings im Falle c) die beweisbelastete Partei sich die Ausführungen des Gegners in der mündlichen Verhandlung zu eigen, so ist nunmehr ein Geständnis zu bejahen und die Wirkungen der §§ 288, 290 treten ein.[39] Diese Situation wird als **vorweggenommenes** Geständnis bezeichnet.[40]

25 **3. Erklärung.** Das Geständnis erfordert eine Erklärung der zugestehenden Partei bei einer mündlichen Verhandlung oder zu Protokoll eines Beauftragten oder ersuchten Richters (vgl. §§ 361, 362). § 288 verlangt die einseitige Erklärung gegenüber dem Gericht. Eine Annahme durch den Gegner ist nach § 288 Abs. 2 nicht erforderlich. Das gerichtliche Geständnis muss im Laufe des Rechtsstreits abgegeben werden. Die Bezugnahme auf ein Geständnis in einem anderen Rechtsstreit reicht nicht aus.[41] Das Geständnis kann in jedem Termin bis zum Schluss der mündlichen Verhandlung erklärt werden. Wegen der Einseitigkeit der Erklärung ist auch die Anwesenheit des Gegners nicht erforderlich.[42]

26 Wesentlich für die Wirksamkeit des Geständnisses ist seine **Mündlichkeit.** Es muss in der mündlichen Verhandlung erklärt werden.[43] Ein schriftliches Geständnis kann nur beim schriftlichen Verfahren nach § 128 oder im Falle der Entscheidung nach Lage der Akten (§§ 251 a, 331 a) Wirksamkeit entfalten. Häufig wird sich das Zugestehen bereits in vorbereitenden Schriftsätzen befinden; in diesem Falle muss zumindest eine Bezugnahme nach § 137 Abs. 3 auf diese Schriftsätze in der mündlichen Verhandlung erfolgen.[44]

27 Erklärt werden kann das Geständnis zunächst von der Partei selbst. Dies gilt sowohl im Parteiprozess als auch im Anwaltsprozess – dort, wenn die Partei neben dem Prozessbevollmächtigten erscheint und entsprechende Erklärungen abgibt.[45] Dabei ist unbeachtlich, dass die Erklärung im Widerspruch zum anwaltlichen Verhalten steht.[46] Umstritten ist die Frage, ob auch Erklärungen einer Partei im Rahmen ihrer Vernehmung nach §§ 445 ff. als Geständnis gewertet werden können. Die Rechtsprechung hat hierzu mehrfach ihre Auffassung gewechselt. In jüngster Zeit hat sich zu Recht die Auffassung durchgesetzt, dass Erklärungen im Rahmen der **Parteivernehmung kein Geständnis** enthalten.[47] Denn das Geständnis ist kein Beweismittel, sondern Parteivortrag. Dagegen setzt die Parteivernehmung als ein Beweismittel voraus, dass die Vernehmung sich nur auf streitige und damit gerade nicht zugestandene Tatsachen bezieht. Dies gilt nicht für die Anhörung der Partei

---

[37] *Stein/Jonas/Leipold* Rn. 9; *Rosenberg/Schwab/Gottwald* § 114 I 1 b.

[38] BGH MDR 1990, 324; NJW-RR 1994, 1405; *Stein/Jonas/Leipold* Rn. 9; aA *Orfanides,* FS Baumgärtel, S. 437.

[39] BGH NJW 1978, 885; MDR 1990, 324; NJW-RR 1994, 1405; *Rosenberg/Schwab/Gottwald* § 114 I 1 b; *Jauernig* § 44 I; *E. Schneider* MDR 1991, 298.

[40] Vgl. dazu im Einzelnen *Orfanides,* FS Baumgärtel, S. 427 ff.

[41] *Stein/Jonas/Leipold* Rn. 11.

[42] *Stein/Jonas/Leipold* Rn. 14.

[43] *Zöller/Greger* Rn. 5; zweifelhaft OLG Köln, NJW-RR 1993, 573.

[44] Wobei nach BGH NJW-RR 1990, 1150, 1151 auch eine stillschweigende Bezugnahme ausreichen soll.

[45] *Zöller/Greger* Rn. 5; aA *Wieczorek* Anm. B III a; *Rosenberg/Schwab/Gottwald* § 114 I 1 c.

[46] BayObLG MDR 1976, 234.

[47] BGHZ 129, 108 = NJW 1995, 1432 = JR 1996, 65 m. Anm. *Preuß* = LM Nr. 11 m. Anm. *Wax; Orfanides,* NJW 1990, 3174; *Vollkommer/Schwaiger,* EWiR § 445 ZPO Nr. 1/95, S. 621; *Stein/Jonas/Leipold* Rn. 12; *Zöller/Greger* Rn. 3 b; *Musielak/Huber* Rn. 7; *Thomas/Putzo/Reichold* Rn. 4; kritisch *Hülsmann* NJW 1997, 617; aA BGHZ 8, 235; *Baumbach/Lauterbach/Hartmann* Rn. 4; *Rosenberg/Schwab/Gottwald* § 124 I 3.

nach § 141.[48] Außerhalb der Parteivernehmung bleibt die Partei auch im Anwaltsprozess Herr des Verfahrens. Dieser Grundsatz wird u. a. in der Möglichkeit der Partei, in dieser Prozessform das Wort zu erhalten (§ 137 Abs. 4), sichtbar. Demgemäß kann sie auch den Prozessstoff weiter bestimmen. Zudem sieht § 85 Abs. 1 S. 2 gerade eine eingeschränkte Wirkung eines Geständnisses des Prozessbevollmächtigten vor.

Die Geständniserklärung als **Prozesshandlung** kann auch von einem Streitgenossen für seinen Prozess oder vom Nebenintervenienten bzw. Streitgehilfen abgegeben werden, wenn dieser sich dadurch nicht in Widerspruch zur Hauptpartei setzt.[49] 28

Nach § 160 Abs. 3 Nr. 3 ist das gerichtliche Geständnis im **Protokoll** festzustellen. Wird das Geständnis vor einem beauftragten oder ersuchten Richter abgegeben, so ist die Aufnahme in das Protokoll eine Wirksamkeitsvoraussetzung.[50] 29

In inhaltlicher Hinsicht ist nicht erforderlich, dass der Begriff des Geständnisses ausdrücklich verwandt wird.[51] Allerdings genügt ein **bloßes Schweigen** auf die gegnerische Behauptung nicht.[52] Vielmehr muss sich der Inhalt des Geständnisses mittels Auslegung aus dem von der Partei Vorgetragenen ermitteln lassen.[53] Dabei sind allerdings die Gesamtumstände des Parteivorbringens zu beachten.[54] Ebenso muss im Wege der Auslegung der Umfang des Geständnisses ermittelt werden.[55] In jedem Fall erforderlich ist aber ein zumindest konkludent zum Ausdruck gebrachter **Geständniswille** der Partei.[56] So liegt ein konkludentes Geständnis vor, wenn der Beklagte eine Abweisung der Klage allein wegen einer unbedingten Aufrechnung beantragt.[57] 30

Das Geständnis ist **bedingungsfeindlich.**[58] Insbesondere kann seine Wirkung nicht nur auf eine Instanz beschränkt werden (vgl. § 535; dazu unten Rn. 38). 31

V. Wirkung

1. Grundsatz. Mit dem Geständnis gibt die Partei eine Wahrheitserklärung ab. Damit steht jedoch nicht fest, dass die Partei von der Wahrheit ihrer Erklärung überzeugt ist, noch dass sie die Rechtsfolgen will. Vielmehr beschränkt sich die Wirkung des § 288 darauf, dass die betreffende Tatsache vom Gericht als wahr zu behandeln ist. Das Gericht ist also von der Prüfung der Wahrheit ausgeschlossen[59] und insoweit in seinem Recht auf freie Beweiswürdigung gemäß § 286 beschränkt. Allerdings geht die Geständniswirkung nicht so weit, dass der Erfahrung widersprechende Tatsachen als wahr behandelt werden müssen.[60] In diesem Falle ist vielmehr das Geständnis unbeachtlich. 32

Weiter kann die gestehende Partei sich nur im Wege des § 290 von ihrer Erklärung lösen. Demgegenüber besteht für den Gegner die Möglichkeit, die ihm günstige Behauptung selbst wieder zurückzunehmen,[61] mit der Folge, dass die Geständniswirkung entfällt. 33

Die Wirkung beschränkt sich auf den laufenden Prozess, dort aber auf alle Instanzen (vgl. § 535). Daran ändert auch eine Säumnis in 2. Instanz nichts.[62] Bei einer Änderung des Streitgegenstandes, beispielsweise im Wege einer Klageänderung, enden allerdings die Geständniswirkungen.[63] Dies folgt aus dem Zweck des Geständnisses, in einem bestimmten Verfahren bestimmten Tatsachen die Beweisbedürftigkeit zu nehmen; von diesem voluntativen Akt ist keine nachträgliche Änderung des 34

---

[48] LG Arnsberg MDR 2003, 1198, aA BGH NJW-RR 2006, 672.

[49] Vgl. dazu § 67; ferner BGH NJW 1976, 292, 293 f.; OLG Hamm NJW 1955, 873, 875, beide Entscheidungen insbesondere zum Widerruf des Geständnisses; *Zöller/Greger* Rn. 5; *Rosenberg/Schwab/Gottwald* § 114 I 1 c.

[50] Vgl. § 288 Abs. 1; *Thomas/Putzo/Reichold* § 160 Rn. 5.

[51] BGH NJW 1991, 1683; 1983, 1496, 1497; *Stein/Jonas/Leipold* Rn. 10; *E. Schneider* MDR 1991, 297.

[52] BVerfG NJW 2001, 1565; BGH NJW 1991, 1683; 1987, 1947, 1948; *Thomas/Putzo/Reichold* Rn. 3.

[53] *Stein/Jonas/Leipold* Rn. 10; *Rosenberg/Schwab/Gottwald* § 114 I 1 d.

[54] BGH NJW 1983, 1496, 1497; NJW 2001, 2550, 2551.

[55] S. insbesondere § 289 Abs. 2.

[56] BVerfG NJW 2001, 1565; BGH NJW 1991, 1683; NJW 1994, 3109.

[57] BGH NJW-RR 1996, 699.

[58] BGH NJW-RR 2003, 1145, 1146; *Musielak/Huber* Rn. 6; vgl. allgemein zur Zulässigkeit von bedingten Prozeßhandlungen: *Baumgärtel,* Wesen und Begriff der Prozeßhandlung einer Partei im Zivilprozeß, S. 119 ff., zu bedingten Geständnis S. 136; *Baumbach/Lauterbach/Hartmann* Rn. 6; *Wieczorek* Anm. B II a 3; *Zöller/Greger* Rn. 5; aA *Rosenberg/Schwab/Gottwald* § 114 I 1 d.

[59] *Stein/Jonas/Leipold* Rn. 19; BGH NJW-RR 2005, 1297.

[60] *Stein/Jonas/Leipold* Rn. 21.

[61] *Stein/Jonas/Leipold* Rn. 19.

[62] OLG Düsseldorf MDR 2000, 1211.

[63] Ebenso *Zöller/Greger* Rn. 6; *Stein/Jonas/Leipold* Rn. 20; vorsichtig BGH NJW 1962, 1390, 1391.

Streitgegenstandes mitumfasst. An das Geständnis ist neben der Partei auch die Streithelferin gebunden.[64] Für den Umfang der Bindung der Streithelferin gelten in gleicher Weise die Rn. 35 ff.

35 **2. Bewusst unwahres Geständnis.** Auch ein bewusst unwahres Geständnis entfaltet die Wirkung des § 288.[65] Es handelt sich dabei nicht um einen Verstoß gegen die Wahrheitspflicht.[66] § 138 verbietet nämlich nur bewusst unwahre Behauptungen zu eigenen Gunsten, kann also durch das Zugestehen ungünstiger unwahrer Behauptungen nicht verletzt werden (s. Rn. 3). Gleiches muss auch für ein erkennbar unwahres Geständnis gelten.[67] Auch hier steht die Dispositionsbefugnis der Parteien im Vordergrund. Etwas anderes gilt nur dann, wenn das bewusst unwahre Geständnis im kollusiven Zusammenwirken mit dem Gegner abgegeben wird.[68]

36 **3. Keine Bindung.** Die Grenze der Geständnismöglichkeit ist dort zu ziehen, wo eine Behauptung **unmöglicher Tatsachen** vorliegt oder wo die Unwahrheit der behaupteten Tatsache **offenkundig** ist iSv. § 291.[69] Den Fällen der Unmöglichkeit und der Offenkundigkeit kann aber nicht gleichgestellt werden, wenn der Richter auf Grund bereits vorliegender Beweismittel und sonstiger Erkenntnisse aus der mündlichen Verhandlung vom Gegenteil der zugestandenen Tatsache überzeugt ist. Im Gegensatz zu § 291 ist hier die richterliche Überzeugung nämlich durch eine Beweisführung entstanden, die das Geständnis gemäß § 288 Abs. 1 nunmehr obsolet macht. Keine Bindung besteht beim betrügerischen Zusammenwirken der Parteien zum Nachteil einer Streithelferin.[70]

37 Die Wirkung des Geständnisses tritt dann nicht ein, wenn bei gemeinschaftlicher Vertretung mehrerer für eine prozessunfähige Partei nur ein Vertreterteil die entsprechende Erklärung abgibt.[71] Von dem Grundsatz einer besonders angeordneten gemeinschaftlichen Vertretung kann gerade wegen der starken Bindungswirkung des Geständnisses (§ 290) nicht abgesehen werden.

VI. Außergerichtliches Geständnis

38 Unter einem außergerichtlichen Geständnis versteht man ein Zugestehen außerhalb der mündlichen Verhandlung. Darunter wird auch das Geständnis in einem anderen Rechtsstreit[72] oder von einer nicht prozess- oder postulationsfähigen Partei[73] gefasst. Ein solches Geständnis entfaltet nicht die Wirkungen des § 288. Vielmehr wird es im Rahmen der Beweiswürdigung als Indiz für die Wahrheit der von der Partei erklärten Tatsache gewertet.[74] Seine Wirkung beschränkt sich daher auf eine bloße Erkenntnisquelle der Beweiswürdigung.[75] Wegen Fehlens der Geständniswirkung, insbesondere der Bindungswirkung, kann das außergerichtliche Geständnis nach freier richterlicher Würdigung allein durch den Nachweis des Irrtums etc. beseitigt werden.[76] Zum gerichtlichen Geständnis wird es aber dann, wenn es vom Gestehenden in den Prozess eingeführt wird.[77]

VII. Nachprüfung in der höheren Distanz

39 Ein in der ersten Instanz abgegebenes Geständnis wirkt auch in der Berufungsinstanz (§ 535) und in der Revisionsinstanz (§ 555). Allerdings ist die Frage, ob überhaupt ein Geständnis gem. § 288 vorliegt, in der Berufung und ebenso in der Revision uneingeschränkt überprüfbar.[78]

---

[64] OLG Schleswig NJW-RR 2000, 356.

[65] BGHZ 37, 154, 155; *Stein/Jonas/Leipold* Rn. 23; *Thomas/Putzo/Reichold* Rn. 7; *Rosenberg/Schwab/Gottwald* § 114 I 1 f.; *Brehm,* Die Bindung des Richters, S. 23; *Schneider* MDR 1975, 445; aA *Wieczorek* Anm. A I b 2; *Olzen* ZZP 98, 416 ff.; *Scherer* DRiZ 1996, 58.

[66] So aber *Baur* Rn. 43; *Orfanides,* Die Berücksichtigung von Willensmängeln im Zivilprozeß, S. 92 ff.; *Olzen* ZZP 98 (1985), 403, 419.

[67] So zu Recht *Schneider* MDR 1975, 445; aA BGH VersR 1970, 826, 827.

[68] BGHZ 57, 156; BGH VersR 1970, 826, 827; OLG Frankfurt VersR 1978, 260; OLG Schleswig MDR 1999, 1152; *Stein/Jonas/Leipold* Rn. 23; *E. Schneider* MDR 1991, 299.

[69] BGH VersR 1970, 827; NJW 1979, 2089; OLG Schleswig MDR 1999, 1152; *Stein/Jonas/Leipold* Rn. 21 f.; ferner s. § 291 Rn. 3 ff., 18.

[70] OLG Schleswig NJW-RR 2000, 356.

[71] BGH NJW 1987, 1947, 1958.

[72] BGH NJW-RR 2004, 1001; NJW 1994, 3165, 3167; BAG NJW 1996, 1299, 1300; *Zöller/Greger* Rn. 4; *Stein/Jonas/Leipold* Rn. 24.

[73] *Rosenberg/Schwab/Gottwald* § 114 I 1 h.

[74] BGH FamRZ 1985, 271, 273, NJW-RR 2004, 1001; *Stein/Jonas/Leipold* Rn. 24; *Thomas/Putzo/Reichold* Rn. 8; *Wieczorek* Anm. D 2 a; *Rosenberg/Schwab/Gottwald* § 114 I 1 h.

[75] *Zöller/Greger* Rn. 4.

[76] *Stein/Jonas/Leipold* § 290 Rn. 9.

[77] BGH NJW-RR 2005, 1297.

[78] BGH NJW 2001, 2550, 2551; BGH NJW-RR 1999, 1113; BGH NJW-RR 2005, 1297, 1298.

§ 289 Zusätze beim Geständnis

(1) Die Wirksamkeit des gerichtlichen Geständnisses wird dadurch nicht beeinträchtigt, dass ihm eine Behauptung hinzugefügt wird, die ein selbständiges Angriffs- oder Verteidigungsmittel enthält.

(2) Inwiefern eine vor Gericht erfolgte einräumende Erklärung ungeachtet anderer zusätzlicher oder einschränkender Behauptungen als ein Geständnis anzusehen sei, bestimmt sich nach der Beschaffenheit des einzelnen Falles.

Schrifttum: *Schmidt,* Teilbarkeit und Unteilbarkeit des Geständnisses im Zivilprozeß, 1972.

I. Normzweck

Die Vorschrift regelt die Wirkung eines **modifizierten Geständnisses.** Zudem stellt sie klar, dass ein Geständnis als teilbar anzusehen ist. 1

II. Selbstständige Angriffs- und Verteidigungsmittel zum Geständnis (Abs. 1)

Nach Abs. 1 wird die Wirksamkeit eines Geständnisses nicht durch die Hinzufügung selbstständiger Angriffs- und Verteidigungsmittel[1] beeinträchtigt. Dies bedeutet bei einer Erklärung, die sich aus einem Geständnisteil und einem neuen Behaupten oder Bestreiten zusammensetzt, können beide Tatbestände getrennt für sich im Prozess verwertet werden.[2] Die vom Geständnis getrennt zu behandelnden Tatsachen werden also nicht von der Wirkung des § 288 umfasst, so dass diese Tatsachen bei Bestreiten des Gegners beweisbedürftig sind.[3] 2

III. Zusätzliche Behauptungen zum Geständnis (Abs. 2)

Die Wirksamkeit eines Geständnisses wird ferner nicht dadurch beeinträchtigt, dass zusätzliche oder einschränkende tatsächliche Behauptungen bezüglich desselben Tatbestandes vorgetragen werden. Für diesen Fall sieht die Regelung des § 289 Abs. 2 vor, dass im Wege der Auslegung[4] zu klären ist, welche einzelnen Tatsachen zugestanden sind und damit die Geständniswirkung entfalten. Als Ergebnis dieser Auslegung lässt sich ebenfalls feststellen, welche Tatsachen als bestritten anzusehen sind. 3

Ein Fall des sog. **qualifizierten Geständnisses** liegt bei dem Hinzufügen von Tatsachen dann vor, wenn die Einschränkungen oder Zusätze von der sie vorbringenden Partei zu beweisen sind.[5] Demgegenüber wird der Vortrag von Tatsachen, die der Gegner der vortragenden Partei zu beweisen hat, als sog. **motiviertes Leugnen** bezeichnet.[6] Sowohl im Falle des qualifizierten Geständnisses als auch in dem des sog. motivierten Leugnens nimmt § 289 keinen Einfluss auf die Beweislastverteilung.[7] Es gelten vielmehr die allgemeinen Regeln.[8] 4

§ 290 Widerruf des Geständnisses

[1] Der Widerruf hat auf die Wirksamkeit des gerichtlichen Geständnisses nur dann Einfluss, wenn die widerrufende Partei beweist, dass das Geständnis der Wahrheit nicht entspreche und durch einen Irrtum veranlasst sei. [2] In diesem Falle verliert das Geständnis seine Wirksamkeit.

I. Normzweck

Die Vorschrift des § 290 verdeutlicht die Bindungswirkung des gerichtlichen Geständnisses. Ein Widerruf durch den Zugestehenden und damit das Rückgängigmachen des Verlustes der Beweisbedürftigkeit von Tatsachen ist **nur** unter den dort aufgeführten engen Voraussetzungen möglich. 1

---

[1] Zum Begriff s. § 146 Rn. 2f. und § 296 Rn. 39ff.
[2] *Stein/Jonas/Leipold* Rn. 1.
[3] *Zöller/Greger* Rn. 2; *Wieczorek* Anm. B.
[4] *Stein/Jonas/Leipold* Rn. 3; *Rosenberg/Schwab/Gottwald* § 114 I 1 d.
[5] *Stein/Jonas/Leipold* Rn. 4.
[6] *Stein/Jonas/Leipold* Rn. 4.
[7] *Stein/Jonas/Leipold* Rn. 4; *Wieczorek* Anm. B.
[8] S. dazu § 286 Rn. 108ff.

Wegen des Wesens als Prozesshandlung entfällt auch die Möglichkeit einer Anfechtung des Geständnisses nach materiellem Recht.[1] Allerdings erscheint es zulässig, die Zurücknahme des Geständnisses mit Zustimmung des Gegners zuzulassen.[2]

2 Darüber hinaus erfüllt die Regelung noch die Funktion einer **Sanktionsnorm** für den Fall der Verletzung der Wahrheitspflicht durch die Parteien.[3]

3 § 290 bezieht sich nur auf das gerichtliche Geständnis. Ein Widerruf des **außergerichtlichen Geständnisses** (dazu § 288 Rn. 38) ist unabhängig von den Voraussetzungen des § 290 möglich. Ebenso kann ein gerichtliches Geständnis des Prozessbevollmächtigten von der anwesenden Partei sofort, ohne die Nachweise des § 290, widerrufen werden (§ 85 Abs. 1 S. 2). Gleiches gilt für den Vortrag des Beistandes (§ 90 Abs. 2).

II. Voraussetzungen

4 **1. Nachweis der Unwahrheit.** Erforderlich für den Widerruf des Geständnisses ist zunächst der Nachweis der Unwahrheit der behaupteten Tatsache. Dafür trifft die widerrufende Partei die volle Beweislast für die negative Tatsache der Unwirksamkeit einer Prozesshandlung. Da die Vorschrift des § 290 die Anordnung der Beweislastverteilung enthält,[4] können sich in materiellen Vorschriften befindliche Beweislastanordnungen bzw. Beweiserleichterungen nicht auf die in § 290 festgeschriebene Beweislastanordnung auswirken.[5]

5 **2. Veranlassung des Geständnisses durch Irrtum.** Zusätzlich hat die widerrufende Partei den Nachweis zu erbringen, dass das Geständnis durch Irrtum veranlasst sei. Unter einem Irrtum ist die unbewusste Unkenntnis des wirklichen Sachverhalts zu verstehen.[6] Die Art des Irrtums, mit Ausnahme des Motivirrtums,[7] ist für den Widerruf gleichgültig. Insbesondere ist es unerheblich, ob es sich um einen Tatsachen- oder einen Rechtsirrtum sowie um einen verschuldeten oder entschuldbaren Irrtum handelt.[8]

6 Gerade wegen des Moments der unbewussten Unkenntnis im Irrtum entfällt die Möglichkeit des Widerrufs eines bewusst unwahren Geständnisses.[9] Vielmehr wird die erklärende Partei an diese ihr ungünstige Tatsache gebunden und kann sich davon nicht mehr in rechtlich zulässiger Weise lösen. Ihr Verhalten wird demgemäß durch § 290 sanktioniert.[10]

7 Der Irrtum muss in der Person desjenigen vorgelegen haben, der das Geständnis abgegeben hat. Dies ergibt sich aus einer analogen Anwendung des § 166 BGB.[11] Praktisch muss der Irrtum beispielsweise in der Person der Partei oder ihres gesetzlichen oder bevollmächtigten Vertreters bestanden haben. Beim Irrtum in der Person des Vertreters ist allerdings nur ein solcher beachtlich, der sich auf die zugestandene Tatsache selbst, nicht auf die Parteiinformation bezieht.[12]

8 **3. Zeitpunkt.** In zeitlicher Hinsicht bestehen keine Beschränkungen für den Widerruf des Geständnisses. Insbesondere kann er auch in der Berufungsinstanz erfolgen.[13]

III. Folge

9 Das Geständnis verliert seine Wirksamkeit durch den Widerruf. Diese Folge tritt ex tunc ein. Die der Beweisbedürftigkeit enthobenen Tatsachen müssen nunmehr im Wege der Beweisaufnahme zur Überzeugung des Gerichts geklärt werden.

---

[1] *Zöller/Greger* Rn. 4.

[2] So auch *Stein/Jonas/Leipold* Rn. 1; *Zöller/Greger* Rn. 1.

[3] BGHZ 37, 154, 155; s. dazu Rn. 5 ff.

[4] § 290 ist also ein Beispiel für ausdrückliche Normen der Beweislastverteilung im Prozeßrecht, vgl. § 286 Rn. 135.

[5] Im Ergebnis ebenso OLG Frankfurt MDR 1982, 329.

[6] *Zöller/Greger* Rn. 2.

[7] BGHZ 37, 154 = NJW 1962, 1395; *Baumbach/Lauterbach/Hartmann* Rn. 7; *Zöller/Greger* Rn. 2.

[8] BGHZ 37, 154; RGZ 11, 408; *Stein/Jonas/Leipold* Rn. 4; *Zöller/Greger* Rn. 2; *Thomas/Putzo/Reichold* Rn. 2; vgl. auch *Deubner* JuS 2000, 274.

[9] *Musielak/Huber* Rn. 2; *Thomas/Putzo/Reichold* Rn. 2; vgl. ferner § 288 Rn. 35.

[10] BGHZ 37, 154, 155.

[11] Einheitliche Meinung: RGZ 146, 353; *Stein/Jonas/Leipold* Rn. 5; *Zöller/Greger* Rn. 2; *Baumbach/Lauterbach/Hartmann* Rn. 7; *Thomas/Putzo/Reichold* Rn. 2; *Rosenberg/Schwab/Gottwald* § 114 I 1 f.

[12] RGZ 146, 353; *Stein/Jonas/Leipold* Rn. 5; *Zöller/Greger* Rn. 2.

[13] OLG Hamm NJW 1955, 873; *Stein/Jonas/Leipold* Rn. 6.

§ 291 Offenkundige Tatsachen

Tatsachen, die bei dem Gericht offenkundig sind, bedürfen keines Beweises.

Schrifttum: *Hergenröder,* Zivilprozessuale Grundlagen richterlicher Rechtsfortbildung, 1995, S. 327 ff., 376 ff.; *Lipp,* Das private Wissen des Richters, 1995; *Oberheim,* Beweiserleichterungen im Zivilprozeß, JuS 1996, 636; *Pantle,* Beweiserhebung über offenkundige Tatsachen, MDR 1993, 1166; *Schmidt-Hieber,* Richtermacht und Parteiherrschaft über offenkundige Tatsachen, Diss. Freiburg 1975; *Stein,* Das private Wissen des Richters, 1893, S. 138 ff.; *Stickelbrock,* Die Kollision von Prozeßmaximen im Scheidungsverbundverfahren, 1996; *Walter,* Freie Beweiswürdigung, 1979, S. 264 ff.

I. Normzweck

Die Offenkundigkeit einer Tatsache lässt die Beweisbedürftigkeit entfallen. Offenkundige Tatsachen können daher Urteilsgrundlage sein, ohne dass es zu einer Beweisführung, zu einer richterlichen Beweiswürdigung (§ 286 Abs. 1) oder zu einer Beweislastfrage kommt. Damit steht § 291 in einem engen Zusammenhang mit nichtbestrittenen Behauptungen (§ 138 Abs. 3), mit dem Geständnis (§ 288) und mit vermuteten Tatsachen (§ 292). In allen diesen Fällen fehlt die Beweisbedürftigkeit und wird damit jeweils ein Beweisverfahren und eine Beweiswürdigung überflüssig. 1

Bei dem in § 291 enthaltenen Grundsatz handelt es sich um einen allgemeinen Rechtsgedanken, der im gesamten deutschen Verfahrensrecht Geltung beansprucht.[1] Während die Wirkung von § 291 (also der Wegfall der Beweisbedürftigkeit) entsprechend der gesetzlichen Anordnung eindeutig und unbestritten ist, ist die eigentliche Streitfrage zu § 291 seit langem in der Frage zu sehen, in welcher Form solche Tatsachen in den Prozess eingeführt werden und insbesondere, ob es für sie eine Behauptungslast der Parteien gibt (s. Rn. 13). 2

II. Offenkundigkeit der Tatsachen

1. Begriff. § 291 bezieht sich ausschließlich auf **Tatsachen,** er gilt nicht für Erfahrungssätze und Rechtssätze. Zwar werden gerade auch Erfahrungssätze und Rechtssätze nach ihrer Natur nicht selten offenkundig sein, sie stehen dennoch in keinerlei Verbindung zu § 291.[2] Gerade im Falle der Feststellung allgemeiner Erfahrungssätze bedarf es daher einer gewissen Vorsicht und der Einhaltung beweisrechtlicher Mindeststandards.[3] 3

Der **Begriff der Tatsache** ist auch in § 291 gekennzeichnet durch konkrete, nach Raum und Zeit bestimmte, vergangene oder gegenwärtige Geschehen oder Zustände der Außenwelt und des menschlichen Lebens unter Einschluss aller seiner inneren Vorgänge.[4] Offenkundig oder notorisch sind solche Tatsachen, wenn sie aus der Sicht des Gerichts entweder zu den sog. allgemeinkundigen Tatsachen (s. Rn. 5 ff.) oder zu den sog. gerichtskundigen Tatschen (s. Rn. 9 ff.) gehören.[5] Der Begriff der Offenkundigkeit (Notorietät) ist kein spezifischer Rechtsbegriff.[6] Die Einstufung von Tatsachen als allgemeinbekannt ist vollkommen unabhängig davon, ob die Tatsachen jemals in einem gerichtlichen Verfahren Erwähnung gefunden haben. 4

2. Allgemeinkundige Tatsachen. Eine Tatsache ist allgemeinkundig, wenn sie generell oder in einem bestimmten Bereich einer beliebig großen Zahl von Personen bekannt ist oder zumindest wahrnehmbar ist. Es kommt also nicht darauf an, dass die Tatsache jedermann gegenwärtig ist. Es genügt, dass man sich aus einer allgemein zugänglichen und zuverlässigen Quelle ohne besondere Fachkenntnis über die Tatsache sicher unterrichten kann.[7] Das gilt auch für das Gericht. Die besondere Behandlung solcher allgemeinkundigen Tatsachen liegt also darin, dass es nicht auf eine individuelle Wahrnehmung und die Unsicherheiten ankommt, die im Rahmen menschlicher Beobachtung und Wiedergabe entstehen können. 5

---

[1] Zum Strafprozeß vgl. § 244 Abs. 3 S. 2; zu den öffentlichrechtlichen Verfahrensordnungen vgl. BSG NJW 1979, 1063; BVerwG NVwZ 1983, 99; *Kopp* VwGO § 96 Rn. 22 ff.; zum Arbeitsgerichtsprozeß vgl. *Germelmann/Matthes/Prütting* § 58 ArbGG Rn. 41.

[2] Vgl. für die Erfahrungssätze einerseits § 284 Rn. 44 ff. und für Rechtssätze andererseits § 293.

[3] Vgl. *Pantle* MDR 1993, 1166 ff.; *Müller* JR 1992, 8 ff.; ferner oben § 284 Rn. 44, 46.

[4] Im einzelnen vgl. § 284 Rn. 41 und § 288 Rn. 16. Zum besonderen Bereich der sog. Rechtsfortbildungstatsachen s. Rn. 20 und § 284 Rn. 48.

[5] Gegen diese Unterscheidung zu Unrecht *Walter* S. 279.

[6] *Stein* S. 138.

[7] Vgl. BGHSt 6, 292 = NJW 1954, 1656.

6 Typische **Informationsquellen** für allgemeinkundige Tatsachen sind insbesondere jedermann zugängliche wissenschaftliche Nachschlagewerke, Zeitungen, Zeitschriften, Rundfunk, Fernsehen, Fahrpläne, Kalender usw.

7 Als **Beispiele** für allgemeinkundige Tatsachen kann man die Ereignisse des Zeitgeschehens, die Kalenderdaten, beliebige Ortsentfernungen, Börsenkurse, allgemeine Vorgänge des politischen und des Wirtschaftslebens, Unglücksfälle, geographische Lagen und örtliche Zustände (zB ein bestimmter Straßenverlauf, eine Bebauungsweise, das Vorhandensein einer Ampelanlage) nennen. So ist etwa der in der Fachpresse veröffentlichte statistische monatliche Indexstand der Lebenshaltungskosten eine offenkundige Tatsache,[8] ebenso die Zahlenangaben statistischer Jahrbücher.[9]

8 Insgesamt bedarf es jedoch für den Richter bei der Annehme einer Tatsache als allgemeinkundig **großer Zurückhaltung.** Allgemeinkundig sind insbesondere Tatsachenbehauptungen nicht etwa deshalb, weil sie sehr wahrscheinlich sind. Gerade weil die Allgemeinkundigkeit ein förmliches Beweisverfahren zur Tatsachenermittlung unnötig macht, muss der Richter sorgfältig prüfen, ob die behauptete Tatsache wirklich für eine beliebig große Zahl von Personen ohne weiteres wahrnehmbar wäre. Nicht allgemeinkundig ist deshalb zB der individuelle Zugang eines Briefes, selbst wenn er nachweislich als Einschreiben aufgegeben wurde und die Wahrscheinlichkeit seines Verlustes deshalb minimal ist.[10] Nicht allgemeinkundig ist auch das individuell erreichte Stadium bestimmter Bauarbeiten.[11] Dagegen darf ein Gericht ohne Beweiserhebung davon ausgehen, dass die Vornahme rechtlich relevanter Handlungen durch magische oder übersinnliche Kräfte, mit Hilfe der Parapsychologie und durch vergleichbare Phänomene nicht möglich ist.[12]

9 **3. Gerichtskundige Tatsachen.** Eine Tatsache ist gerichtskundig, wenn sie das erkennende Gericht in amtlicher Eigenschaft selbst wahrgenommen hat und die Tatsache dem Gericht nunmehr noch bekannt ist oder durch eine Nachprüfung in den Akten wiederum bekanntgemacht werden kann. Dagegen reicht es für die Gerichtskundigkeit nicht aus, wenn das Gericht die Tatsache niemals positiv gekannt hat, diese also nur aktenkundig ist und deshalb vom Gericht nunmehr erstmalig festgestellt werden müsste.[13] Entscheidend ist in allen Fällen die **amtliche Kenntnis** des Gerichts, das private Wissen des Richters[14] kommt im Falle gerichtskundiger Tatsachen nicht in Betracht.[15]

10 **Beispiele** sind die richterlichen Kenntnisse aus früherer amtlicher Tätigkeit,[16] aus früheren dienstlichen Mitteilungen von dritter Seite, aus früheren Prozessen[17] oder aus der Kenntnis öffentlicher Register.

11 Auf die Gerichtskundigkeit als Unterfall der Offenkundigkeit wird auch in vielen **anderen gesetzlichen Bereichen** abgestellt, so zB in § 727 Abs. 1 und Abs. 2, § 2356 Abs. 3 BGB, § 29 Abs. 1 GBO, §§ 71 Abs. 2, 147 Abs. 2, 164, 177 ZVG.

12 Soweit Gerichtskundigkeit zu bejahen ist, ist es ohne Bedeutung, ob das amtliche Wissen aus einer früheren zivilrechtlichen Angelegenheit herrührt oder ob es aus der Strafgerichtsbarkeit, der freiwilligen Gerichtsbarkeit oder anderen Bereichen der Gerichtsbarkeit und der Justizverwaltung herrührt.[18]

III. Verfahren

13 **1. Behauptungslast.** Das schwierigste und bis heute nicht abschließend geklärte Problem in § 291 ist, ob für offenkundige Tatsachen eine Behauptungslast der Parteien besteht oder ob das Gericht solche Tatsachen von sich aus in den Prozess einführen darf. Grundsätzlich ist unter der

---

[8] BGH NJW 1992, 2088.

[9] BGH WM 1993, 1725.

[10] Vgl. dazu *Prütting,* Gegenwartsprobleme der Beweislast, 1983, S. 103 ff.; KG Rpfleger 1974, 121.

[11] AA KG JR 1970, 28.

[12] BGH NJW 1978, 1207; LG Aachen MDR 1989, 63; LG Kassel NJW 1985, 1642.

[13] Sehr streitig; wie hier *Baumbach/Lauterbach/Hartmann* Rn. 5; B; *Stein/Jonas/Leipold* Rn. 5 (der freilich insoweit noch strenger entscheidet, als eine Feststellung aus den Akten in keinem Fall in Betracht komme); ähnlich eng auch *Zöller/Greger* Rn. 1; *Rosenberg/Schwab/Gottwald* § 114 I 3 b; *Musielak/Huber* Rn. 2; aA BGHSt 6, 292 = NJW 1954, 1656; *Thomas/Putzo/Reichold* Rn. 2 (wonach es genüge, daß das Gericht sich die Kenntnis notfalls auch erstmalig aus den Akten erwerben kann); wie hier im Ergebnis wohl auch AK-ZPO/*Rüßmann* Rn. 3 (der auf Kenntnis oder *erneute* Kenntnisverschaffung abstellt).

[14] Im einzelnen dazu *Stein* S. 138 ff.; *Lipp* S. 61 ff.

[15] Sehr mißverständlich (und nur im Ergebnis richtig) BGH MDR 1990, 899 („Meister-Kaffee"); dazu auch OLG München MDR 1992, 365; *Pantle* MDR 1993, 1166; ein bestimmtes Verständnis vom Inhalt einer Werbeaussage kann nicht eine gerichtskundige Tatsache sein.

[16] Vgl. BGH NJW-RR 1988, 173; OLG Karlsruhe MDR 1989, 363; *Konzen* JR 1978, 405.

[17] Vgl. *Konzen* JR 1978, 405; BGH NJW 1998, 3498, 3499.

[18] *Stein/Jonas/Leipold* Rn. 5; vgl. nunmehr auch *Stickelbrock* S. 143 ff.

Geltung der Verhandlungsmaxime davon auszugehen, dass die Parteien diejenigen tatsächlichen Behauptungen, für die sie die objektive Beweislast tragen, auch in den Prozess einführen (Behauptungslast) und den Beweis antreten müssen (Beweisführungslast oder subjektive Beweislast).[19] Ist aber wie in § 291 eine Beweisführung kraft Gesetzes entbehrlich, so könnte es nahe liegen, nach allgemeinen Regeln zumindest eine Einführung der Tatsachen in den Prozess zu verlangen, also aus § 291 im Grunde einen Umkehrschluss zu ziehen.[20] Freilich ließe sich angesichts der engen Verknüpfung von Behauptungslast und Beweisführungslast im gesamten Zivilprozess[21] auch geltend machen, mit der Beweisbedürftigkeit sei zugleich die Behauptungslast entfallen (Analogieschluss).[22] Denn da der Gesetzgeber bei der Verteilung von Behauptungs- und Beweislast immer nur die Beweislast ausdrücklich genannt und geregelt hat, liegt es näher, eine unterschiedliche Behandlung beider Bereiche nur dort zu bejahen, wo der Gesetzgeber Behauptungs- und Beweislast getrennt angesprochen und normiert hat. Weiterhin sollte es nicht zweifelhaft sein, dass eine offenkundige Tatsache selbst dann vom Gericht zu berücksichtigen ist, wenn die durch sie begünstigte Partei ausnahmsweise diese Tatsache nicht kennt, sie also gar nicht behaupten kann.[23] Von ausschlaggebender Bedeutung für die Beantwortung der Frage ist insbesondere, dass die Auffassung, die das Bestehen der Behauptungslast bejaht, die Möglichkeit und Gefahr beinhaltet, dass die Parteien durch unterlassene Behauptungen der richterlichen Urteilsgrundlage offenkundige Tatsachen entziehen. Nun ist zwar die Verhandlungsmaxime mit einer gewissen Parteidisposition über den Tatsachenstoff verbunden (s. § 288 Rn. 1), aber der Umfang dieser Dispositionsfreiheit hat Grenzen, wie sich insbesondere im Rahmen des Geständnisses zeigt: Eine Dispositionsmöglichkeit muss dort ausscheiden, wo unmögliche oder offenkundige Tatsachen dem Geständnis entgegenstehen (s. § 288 Rn. 3, 4, 35). Diese (im Rahmen des Geständnisses weithin anerkannte) Wertung muss auch im Rahmen von § 291 (und ebenso bei § 138 Abs. 3) Geltung haben. Anderenfalls würde ein unverständlicher Wertungswiderspruch entstehen. Das bedeutet also, dass das Gericht offenkundige Tatsachen auch ohne Behauptung durch die Parteien zum Gegenstand des Prozesses machen darf.

2. Rechtliches Gehör. Offenkundige Tatsachen müssen wie alle Urteilsgrundlagen zum Gegenstand der mündlichen Verhandlung gemacht werden. Dies verlangt bereits der Grundsatz des rechtlichen Gehörs (Art. 103 Abs. 1 GG).[24] Dieser Grundsatz gilt insbesondere im Hinblick auf die Möglichkeit des Gerichts, offenkundige Tatsachen auch ohne eine Behauptung durch die Parteien in den Prozess einzubringen. Ausnahmen, die insbesondere die Rechtsprechung manchmal von diesem Grundsatz behauptet,[25] sind nicht anzuerkennen. Zu berücksichtigen ist lediglich, dass das rechtliche Gehör die Möglichkeit der Parteien zu einer Äußerung über die Grundlagen der Entscheidung sichern will. Die Parteien sollen die Möglichkeit haben, auf die jeweilige gerichtliche Situation sachgemäß durch tatsächliche und rechtliche Äußerungen zu reagieren. Sie sollen vor Überraschungsentscheidungen geschützt sein (§ 278 Abs. 3). Berücksichtigt man dies alles, so ist einzuräumen, dass eine **ausdrückliche** Erörterung offenkundiger Tatsachen in der mündlichen Verhandlung dort entbehrlich ist, wo absolute Sicherheit darüber besteht, dass sowohl das Gericht wie auch beide Parteien von der offenkundigen Tatsache konkrete Kenntnis haben. Dieser Bereich ist eng zu ziehen, er darf für Versäumnisse des Gerichts im Rahmen der mündlichen Verhandlung nicht genutzt werden.[26] 14

3. Feststellung der Offenkundigkeit. Über die Offenkundigkeit einer Tatsache entscheidet das Kollegialgericht notfalls durch Mehrheitsbeschluss.[27] Die Kenntnis einer Minderheit des Ge- 15

---

[19] S. § 286 Rn. 98, 131.

[20] So etwa BAG NJW 1977, 695; *Baumbach/Lauterbach/Hartmann* Rn. 7; *Musielak,* Die Grundlagen der Beweislast im Zivilprozeß, 1975, S. 55; *Grunsky,* Grundlagen des Verfahrensrechts, 2. Aufl. 1974, S. 418f.

[21] *Prütting,* Gegenwartsprobleme der Beweislast, 1983, S. 46.

[22] So *Musielak/Huber* Rn. 4 mit Fn. 7; *Rosenberg/Schwab/Gottwald* § 114 I 3 vor a; *Jauernig* § 49 VII 3; *Bernhardt,* Festg. Rosenberg, 1949, S. 22ff.; *Brüggemann,* Judex statutor und judex investigator, 1968, S. 337ff.; *Zettel,* Der Beibringungsgrundsatz, 1977, S. 111; *Prütting,* Gegenwartsprobleme der Beweislast, 1983, S. 46; *Stickelbrock* S. 145f.

[23] Für den Fall der Vermutungen überzeugend *Leipold,* Beweislastregeln und gesetzliche Vermutungen, 1966, S. 89. Im Falle der Rechtsvermutungen ist dies sogar allgM, vgl. *Prütting,* Gegenwartsprobleme der Beweislast, 1983, S. 47.

[24] BVerfGE 10, 177 = NJW 1960, 31; BVerfGE 15, 217; 32, 197; 48, 209; BGH WM 1993, 1725; BGHZ 31, 45 = NJW 1959, 2213; BSG NJW 1973, 392; MDR 1975, 965; *Waldner,* Der Anspruch auf rechtliches Gehör, 1989, Rn. 82f.; *Stein/Jonas/Leipold* Rn. 12; *Thomas/Putzo/Reichold* Rn. 4; *Musielak/Huber* Rn. 4; AK-ZPO/*Rüßmann* Rn. 4.

[25] Vgl. insbesondere BSG NJW 1979, 1063; ferner BGHZ 31, 45; *Eickmann* Rpfleger 1982, 452.

[26] So richtig AK-ZPO/*Rüßmann* Rn. 4.

[27] BGH VersR 1960, 511; *Rosenberg/Schwab/Gottwald* § 114 I 3c; *Stein/Jonas/Leipold* Rn. 3; aA *A. Blomeyer* § 67 II a; *Wieczorek* Anm. A III b 3c.

richts genügt nicht.[28] Umgekehrt kann aber nicht verlangt werden, dass über den entscheidenden Spruchkörper hinaus das gesamte Gericht, dem der Spruchkörper zugehört, das entsprechende Wissen besitzt.[29]

16 **4. Instanzenzug.** Die Bejahung der Offenkundigkeit einer Tatsache gilt immer nur für die betreffende Instanz. Es kann also eine Tatsache, die das erstinstanzliche Gericht für offenkundig gehalten hat, durch das Berufungsgericht als nicht offenkundig angesehen werden und umgekehrt. In diesem Fall muss diejenige Instanz, die die Offenkundigkeit verneint, über die behauptete Tatsache Beweis erheben. Insbesondere ist das Berufungsgericht nicht an die Auffassung des erstinstanzlichen Gerichts über die Offenkundigkeit gebunden.

17 Eine Ausnahme gilt für das **Revisionsgericht.** Es ist an die im Berufungsurteil enthaltene Feststellung der Offenkundigkeit einer Tatsache gebunden, weil es generell an tatsächliche Feststellungen gebunden ist (s. § 561 Rn. 8). Für das Revisionsgericht kann § 291 allerdings insoweit Bedeutung erlangen, als es in Ausnahmefällen selbst tatsächliche Feststellungen zu treffen hat.[30] Die richterliche Bewertung des rechtlichen Inhalts dieses Begriffs und die richtige Anwendung ist eine Rechtsfrage, die der Nachprüfung in der Revisionsinstanz offensteht.

IV. Rechtsfolgen

18 Entsprechend dem Wortlaut von § 291 lässt die Offenkundigkeit einer Tatsache ihre Beweisbedürftigkeit entfallen. Dies bedeutet im Einzelnen, dass weder ein Beweisverfahren noch eine richterliche Beweiswürdigung stattfindet und dass für diese Tatsache auch nicht die Regeln über die subjektive und die objektive Beweislast in Betracht kommen. Aus der Sicht der Parteien kann eine offenkundige Tatsache nicht wirksam bestritten werden. Über sie oder ihr Gegenteil ist auch ein Geständnis iSv. § 288 nicht möglich (s. § 288 Rn. 36). Schließlich ändert auch der Fall der Versäumnis des Beklagten (§ 331 Abs. 1 S. 1) nichts an der Offenkundigkeit und Verwertbarkeit der Tatsache.

19 Allerdings ist der **Beweis des Gegenteils** (dass also das Gericht zu Unrecht die Offenkundigkeit einer Tatsache bejaht hat bzw. dass die angeblich offenkundige Tatsache nicht besteht) im Einzelfall immer eröffnet.[31] Wird ein solcher Gegenbeweis von der Gegenpartei geführt, so ist zu unterscheiden: Trägt die beweisführende Gegenpartei die Beweislast, so muss sie zur Überzeugung des Gerichts nachweisen, dass die offenkundige Tatsache unwahr sei. Trägt die Partei dagegen die Beweislast nicht und bekämpft sie gleichwohl im Einzelfall die behauptete Offenkundigkeit einer Tatsache, so genügt es, dass sie zur Überzeugung des Gerichts die Offenkundigkeit als solche mit Erfolg bestreitet. Ein weitergehendes Beweisziel muss die Partei nicht verfolgen. Vielmehr ist es im nunmehr notwendigerweise anstehenden Beweisverfahren Sache der beweisbelasteten Partei, den Inhalt der angeblich offenkundigen Tatsache zu beweisen. Dies zeigt, dass die Offenkundigkeit einer Tatsache nichts an der gesetzlichen Beweislastverteilung ändert (im Gegensatz zur Vermutung, vgl. § 292 Rn. 22).

V. Rechtsfortbildungstatsachen

20 Einen Sonderfall der Ermittlung und Heranziehung von Tatsachen stellt es dar, wenn insbesondere Revisionsgerichte zur Fortbildung des Rechts Tatsachen heranziehen wollen oder müssen, die noch nicht Gegenstand des Prozesses in den Tatsacheninstanzen waren. Solche sog. Rechtsfortbildungstatsachen dienen also der Gewinnung eines neuen Obersatzes und müssen deshalb von der normalen Tatsachengrundlage getrennt werden, die den Untersatz im Rahmen einer Subsumtion ausfüllt.[32] Dass im Ergebnis die Heranziehung solcher Rechtsfortbildungstatsachen erforderlich werden kann und dass deshalb ihre Ermittlung und Verwertung gerade auch in der Revisionsinstanz möglich sein muss, kann nicht zweifelhaft sein. Im hier bestehenden Zusammenhang ist darauf

---

[28] *Rosenberg/Schwab/Gottwald* § 114 I 3.

[29] So zu Recht *Walter* S. 280 (iVm. S. 265).

[30] Zu diesen Ausnahmen vgl. *Gottwald,* Die Revisionsinstanz als Tatsacheninstanz, 1975, passim; ferner s. § 561 Rn. 25 ff.; zu dem Sonderfall der Rechtsfortbildungstatsachen s. Rn. 20.

[31] BGH BB 1991, 1524; *Stein/Jonas/Leipold* Rn. 7; *Oberheim* JuS 1996, 639.

[32] Auf diese Frage hat wohl erstmals *Seiter,* FS Baur 1981, S. 573 ff. aufmerksam gemacht. Vgl. zu dieser noch nicht ausreichend behandelten Problematik ferner *Eicher* SGb. 1986, 501 f.; *Prütting,* FS zur 600-Jahr-Feier der Universität zu Köln, 1988, S. 318; *E. Schmidt,* FS Wassermann, 1985, S. 807 ff.; *ders.,* FS Keller, 1989, S. 661 ff.; *Hirte* ZZP 104 (1991), 47 f.; *Hergenröder* S. 376 ff.; *G. Schneider,* Die Heranziehung und prozeßrechtliche Behandlung sog. Rechtsfortbildungstatsachen durch die Gerichte, Diss. jur. Köln 1993; *Danner,* Justitielle Risikoverteilung durch Richter und Sachverständige im Prozeß, Diss. jur. Bremen 1999, S. 293 ff.

hinzuweisen, dass gerade solchen Rechtsfortbildungstatsachen mit zB statistischem Inhalt nicht selten Offenkundigkeit zukommen wird. Sie sind deshalb auch in der Revisionsinstanz ohne Beweiserhebung unmittelbar heranzuziehen. Allerdings ist auch hier die Gewährung rechtlichen Gehörs unabdingbar.[33]

§ 292 Gesetzliche Vermutungen

[1]Stellt das Gesetz für das Vorhandensein einer Tatsache eine Vermutung auf, so ist der Beweis des Gegenteils zulässig, sofern nicht das Gesetz ein anderes vorschreibt. [2]Dieser Beweis kann auch durch den Antrag auf Parteivernehmung nach § 445 geführt werden.

Schrifttum: *Allner,* Die tatsächliche Vermutung mit besonderer Berücksichtigung der GEMA-Vermutung, 1993; *Baumgärtel,* Die Bedeutung der sog. tatsächlichen Vermutung im Zivilprozeß, FS Schwab, 1990, S. 43; *ders.,* Beweislastpraxis im Privatrecht, 1996, S. 221; *Donau,* Die Bedeutung von Fiktionen, Vermutungen und Auslegungsregeln im summarischen Prozeß, ZZP 67 (1954), 451; *v. Dörnberg,* Die Kausalitätsvermutung im deutschen Umweltrecht, 2002; *Gruber,* Die tatsächliche Vermutung der Wiederholungsgefahr als Beweiserleichterung, WRP 1991, 368; *Guggenbühl,* Die gesetzlichen Vermutungen des Privatrechts und ihre Wirkungen im Zivilprozeß, 1990; *Holzhammer,* Die einfache Vermutung im Zivilprozeß, FS Kralik, 1986, S. 205; *Ittner,* Die Vermutungen des GWB, 1998; *Leipold,* Beweislastregeln und gesetzliche Vermutungen, insbesondere bei Verweisungen zwischen verschiedenen Rechtsgebieten, 1966; *Lieb,* Vermutungen, Beweislastverteilung und Klarstellungsobliegenheiten im Arbeitskampf, FS Herschel, 1982, S. 223; *Medicus,* Ist Schweigen Gold?, Zur Widerlegung der Rechtsvermutungen aus §§ 891, 1006 BGB, FS Baur, 1981, S. 63; *Musielak,* Die Grundlagen der Beweislast im Zivilprozeß, 1975, S. 60ff.; *Pohlmann,* Die Marktbeherrschungsvermutungen des GWB im Zivilprozeß, ZHR 164, 2000, 589; *Prütting,* Gegenwartsprobleme der Beweislast, 1983, S. 48ff.; *ders.,* Beweiserleichterung für den Geschädigten – Möglichkeiten und Grenzen, Karlsruher Forum 1989, S. 3ff.; *ders.,* Die Vermutungen im Kartellrecht, FS Vieregge, 1995, S. 733; *ders.,* Die Vermutung vorherrschender Meinungsmacht, in: *Prütting,* Marktmacht und Konzentrationskontrolle auf dem Fernsehmarkt, 2000, S. 115ff.; *Rosenberg,* Die Beweislast auf der Grundlage des Bürgerlichen Gesetzbuchs und der Zivilprozeßordnung, 5. Aufl. 1965, S. 199ff.; *Roßnagel,* Die Sicherheitsvermutung des Signaturgesetzes, NJW 1998, 3312; *Stecher,* Die Ursachenvermutung des Umwelthaftungs- und des Gentechnikgesetzes, 1995.

I. Normzweck

§ 292 ist bereits nach seinem Wortlaut nur auf die gesetzlichen Vermutungen bezogen (s. Rn. 5, 11). Die Norm stellt klar, dass solche gesetzlich verankerten Vermutungen grundsätzlich **widerlegbar** sind, soweit nicht das Gesetz ausdrücklich etwas anderes anordnet. Die **unwiderlegbaren** gesetzlichen Vermutungen sind heute allerdings im Gesetz nur äußerst selten anzutreffen (s. Rn. 4). Die Vermutungswirkung gesetzlicher Vermutungen schafft zugunsten der jeweiligen Partei faktisch die gerichtliche Feststellung von Tatsachenbehauptungen, lässt somit für diese Behauptungen die Beweisbedürftigkeit entfallen. Insoweit steht § 292 in einer Linie mit den nichtbestrittenen Behauptungen (§ 138 Abs. 3), dem Geständnis (§ 288) und den offenkundigen Tatsachen (§ 291), die alle die Beweisbedürftigkeit behaupteter Tatsachen entbehrlich machen. 1

Soweit das Gesetz im Einzelfall eine Vermutung ausdrücklich regelt, ergeben sich dadurch heute meist keine schwerwiegenden Probleme. Die eigentliche Rechtsunsicherheit und Problematik der Vermutungen ist dort zu finden, wo insbesondere die Rechtsprechung ohne jede gesetzliche Anordnung das Bestehen sog. tatsächlicher Vermutungen geltend macht (s. Rn. 7, 26f.). Die Einordnung dieser sog. tatsächlichen Vermutungen in das Beweisrecht ist höchst zweifelhaft. 2

II. Arten der Vermutungen und Abgrenzung

Der Vermutungsbegriff bedarf einer sorgfältigen Unterscheidung je nach seiner Grundlage. Zu trennen sind hier die **gesetzlichen** Vermutungen (s. Rn. 4f.) von denen auf **vertraglicher Basis** bestehenden Vermutungen (s. Rn. 6) und den aus der reinen Wahrscheinlichkeit entnommenen sog. **tatsächlichen** Vermutungen (s. Rn. 7, 26f.). Ferner müssen die Vermutungen abgetrennt werden von den **Fiktionen** (s. Rn. 8f.) und den **Auslegungsregeln** (s. Rn. 10). 3

---

[33] So *Prütting,* FS zur 600-Jahr-Feier der Universität zu Köln, 1988, S. 323 aE; *Hergenröder* S. 408ff.; ferner s. Rn. 14.

4 **1. Unwiderlegbare gesetzliche Vermutungen.** Nicht unter § 292 fallen diejenigen im Gesetz niedergelegten Vermutungen, die kraft ausdrücklicher gesetzlicher Anordnung als unwiderlegbare Vermutungen ausgestaltet sind (praesumtiones iuris et de iure). Die unwiderlegbaren Vermutungen haben nach anerkannter Auffassung keine Beweis- oder Beweislastwirkung, sondern sie sind Normen mit einer rein materiellen Rechtsfolge.[1] Das wichtigste Beispiel im modernen Zivilrecht ist § 1566 Abs. 1 und Abs. 2 BGB. Bei der unwiderlegbaren Vermutung wird durch die Normierung der Vermutungsbasis neben der Vermutung ein zweiter Tatbestand für die konkrete Rechtsfolge aufgestellt. Die Vermutungsbasis muss bewiesen werden, die Vermutung tritt dann ohne jede Möglichkeit eines Gegenbeweises ein. Die zwingende Gleichstellung von Vermutungsbasis und Inhalt der Vermutung mag häufig der Lebenswirklichkeit entsprechen. Entscheidend für das gesetzgeberische Motiv unwiderlegbarer Vermutungen ist allerdings, dass das Vermutungsergebnis auch dann gewollt ist, wenn die Vermutung im Einzelfall einmal nicht dem tatsächlichen Geschehen entspricht. Darin liegt auch ihre Abgrenzung zur Fiktion (s. Rn. 8f.).

5 **2. Widerlegbare gesetzliche Vermutungen.** Sie sind die allein in § 292 angesprochenen Regelungen. Ihre beiden Kennzeichen bestehen darin, dass der Gesetzgeber die Vermutungswirkung ausdrücklich vorgesehen hat und dass deshalb die vermutete Tatsache selbst keines Beweises bedarf. Andererseits liegt es im Wesen dieser Vermutungen iSv. § 292, dass sie widerlegbar sind, dass also die Gegenpartei gegen die Vermutung den Beweis des Gegenteils führen kann (praesumtiones iuris). Eine manchmal auftretende terminologische Unsicherheit beruht darauf, dass Gegenstand der gesetzlich vorgesehenen Vermutungen selbst wiederum eine Tatsache sein kann (sog. gesetzliche Tatsachenvermutungen) oder dass dies eine Rechtsposition sein kann (sog. gesetzliche Rechtsvermutungen). Es ist heute anerkannt, dass die gesetzlichen Tatsachen- und Rechtsvermutungen nach ihrer Struktur und Wirkung im Wesentlichen gleich sind.[2] Beide fallen unter die Anordnung von § 292 S. 1 und beide beinhalten letztlich eine besondere Verteilung der Beweislast (s. Rn. 25).

6 **3. Vertraglich vereinbarte Vermutungen.** Neben den auf gesetzlicher Grundlage beruhenden Vermutungen sind auch solche möglich, die von den Parteien vertraglich vereinbart wurden, sei es in Individualverträgen oder in allgemeinen Geschäftsbedingungen. Solche Vermutungen fallen **nicht** unter § 292. Ihre Zulässigkeit und ihre Wirkungen sind analog den vertraglichen Beweislastvereinbarungen zu beurteilen (s. § 286 Rn. 166). Soweit solche vertraglich vereinbarten Vermutungen in allgemeinen Geschäftsbedingungen enthalten sind, ist § 309 Nr. 12 BGB zu beachten.[3]

7 **4. Tatsächliche Vermutungen.** Von den bisher genannten, auf gesetzlicher oder vertraglicher Grundlage beruhenden Vermutungen sind die sog. tatsächlichen Vermutungen (auch unechte Vermutungen genannt; praesumtiones facti) streng abzutrennen. Diese tatsächlichen Vermutungen fallen **nicht** unter § 292.[4] Entsprechend ihrer fehlenden Absicherung im Gesetz oder im Vertrag ist sowohl ihre Rechtsgrundlage wie ihre Wirkungsweise höchst ungesichert (im Einzelnen s. Rn. 26f.). Historisch gesehen sind die tatsächlichen Vermutungen ein Relikt der Präsumtionen des gemeinen Rechts. Diese wollten ursprünglich nur die Beweiswürdigung reglementieren, mussten aber mit ihrer Verfestigung zu Rechtssätzen zwangsläufig Einfluss auf die Beweislast erlangen.[5] Nach der Ablösung des gemeinen Rechts waren die Präsumtionen ihrer rechtlichen Grundlage beraubt, haben sich aber in manchen Fällen dem Inhalt nach bis heute erhalten.

8 **5. Fiktionen.** In den Rechtswirkungen stimmen die Fiktionen mit den unwiderlegbaren gesetzlichen Vermutungen überein. Auch sie sind unwiderlegbar und deshalb in Wahrheit rein materiellrechtliche Rechtssätze.[6] Auch sie können deshalb nicht unter § 292 fallen. Der Unterschied der Fiktionen zu den unwiderlegbaren gesetzlichen Vermutungen liegt in der gesetzgeberischen Absicht. Anders als bei der Vermutung will der Gesetzgeber bei der Fiktion im Ergebnis eine Gleichsetzung zweier Tatbestände erreichen, obwohl klar ist, dass die vorgenommene Gleichsetzung der Lebenswirklichkeit nicht entspricht.

9 Der Gesetzgeber bedient sich der Fiktion in zahlreichen Fällen (vgl. zB §§ 108 Abs. 2 S. 2, 119 Abs. 2, 177 Abs. 2 S. 2, 812 Abs. 2, 1923 Abs. 2 BGB; früher insbesondere § 1589 Abs. 2 BGB). In der Regel wird das Bestehen einer Fiktion durch das Wort „gelten" deutlich gemacht.

---

[1] *Leipold* S. 104; *Musielak* S. 82; *Prütting* Gegenwartsprobleme S. 49.

[2] *Leipold* S. 76ff.; *Musielak* S. 61.

[3] Vgl. dazu *Baumgärtel,* FS Fasching, 1988, S. 67ff.; *Bennemann,* Fiktionen und Beweislastregelungen in Allgemeinen Geschäftsbedingungen, 1987.

[4] Allein *Bruns* S. 255, will zu Unrecht die tatsächlichen Vermutungen den gesetzlichen iSv. § 292 gleichstellen. Neuerdings will *Hirtz* MDR 1988, 182, 185, die tatsächlichen Vermutungen analog zu § 292 behandeln.

[5] Vgl. *Prütting* Gegenwartsprobleme S. 50 m. Nachw. zum älteren Schrifttum.

[6] Im einzelnen vgl. *Larenz,* Methodenlehre der Rechtswissenschaft, 5. Aufl. 1983, S. 251ff. m. weit. Nachw.; *Leipold* S. 68; *Musielak* S. 83; *Prütting* Gegenwartsprobleme S. 49.

6. Auslegungsregeln. Abzutrennen von den Vermutungen sind schließlich die sog. Auslegungsregeln. Dies sind Normen, nach denen ein bestimmter Gesetzesinhalt „im Zweifel" gelten soll. Durch diese Normen wird ein bestimmter gesetzlicher Inhalt klargestellt, es handelt sich also um Rechtsregeln. Auf tatsächliche Behauptungen sind sie nicht bezogen. Deshalb können sie auch keinesfalls unter § 292 fallen. 10

III. Begriff und Fälle der widerlegbaren gesetzlichen Vermutungen

1. Vermutungen iSv. § 292. Wie gesehen umfasst § 292 nur die auf einer **gesetzlichen Grundlage** beruhenden „gesetzlichen Vermutungen", soweit sie **widerlegbar** sind. Dagegen macht es keinen Unterschied, ob Inhalt dieser gesetzlich angeordneten Vermutungen eine Tatsache oder ein Recht ist. Typisches Beispiel einer gesetzlichen Tatsachenvermutung ist § 938 BGB („hat jemand eine Sache am Anfang und am Ende eines Zeitraums im Eigenbesitze gehabt, so wird vermutet, dass sein Eigenbesitz auch in der Zwischenzeit bestanden habe"). Eine gesetzliche Rechtsvermutung enthält dagegen zB § 1006 Abs. 1 S. 1 BGB („zugunsten des Besitzers einer beweglichen Sache wird vermutet, dass er Eigentümer der Sache sei"). 11

2. Beispiele. Im Einzelnen sind hier folgende Normen zu nennen:[7] 12

a) Gesetzliche Tatsachenvermutungen: §§ 363, 685 Abs. 2, 938, 1117 Abs. 3, 1213 Abs. 2, 1253 Abs. 2, 1377 Abs. 3, 1600 m S. 1, 1600 o Abs. 2 S. 1, 1625, 2009, 2270 Abs. 2 BGB. 13

b) Gesetzliche Rechtsvermutungen: §§ 891, 921, 1006, 1138, 1155, 1360 b, 1362, 1380 Abs. 1 S. 2, 1620, 1964, 2255 S. 2, 2365 BGB. 14

c) Vermutungen im Kartellrecht. Eine **Sonderstellung** nehmen die Vermutungen im Kartellrecht ein, denen neben einer Beweislastfunktion auch die Wirkung von „Aufgreifkriterien" für die Kartellbehörden zugesprochen wird.[8] Manchmal wird auch gesagt, die Vermutungen bezeichneten „konkret typische wettbewerbliche Gefährdungslagen".[9] Im bis 31. 12. 1998 geltenden Gesetz fanden sich solche speziellen kartellrechtlichen Vermutungen in den §§ 22 Abs. 3, 23 a Abs. 1 und Abs. 2, §§ 23 Abs. 3, 24 Abs. 1, 26 Abs. 5 GWB. Im seit 1. 1. 1999 geltenden GWB (in der Fassung vom 15. Juli 2005) sind solche Vermutungen in den §§ 19 Abs. 3, 20 Abs. 2 GWB enthalten. Im Kartellrecht wird nahezu allgemein davon ausgegangen, dass diese Vermutungen im Unterschied zu den Vermutungen des BGB ihre Wirkung erst entfalten, wenn das Gericht nach der ihm obliegenden Würdigung des Verfahrensergebnisses nicht ausschließen kann, dass durch den beabsichtigten Zusammenschluss eine überragende Marktstellung entstehen oder sich verstärken würde.[10] Eine nähere Prüfung der verschiedenen kartellrechtlichen Vermutungen zeigt, dass sie in keinen Fall als eigenständige materiellrechtliche Positionen gedeutet werden können. Die Vermutungen des Kartellrechts haben auch keine beweiserzeugende Wirkung. Es handelt sich bei ihnen weder um Regeln der Beweiswürdigung noch um Konkretisierungen des Anscheinsbeweises oder um eine Form der Beweismaßveränderung. In keinem Fall sind gesetzliche Vermutungen mit dem Hinweis des Aufgreifkriteriums richtig umschrieben. Im Ergebnis bleibt daher festzuhalten, dass die kartellrechtlichen Vermutungen normale gesetzliche Vermutungen darstellen, die der Regelung des § 292 ZPO unterliegen. Das bedeutet, dass durch die kartellrechtlichen Vermutungen ausschließlich die Frage der objektiven Beweislast angesprochen ist. An der Amtsermittlungspflicht und der Frage der richterlichen Beweiswürdigung ändert sich nichts. Erst wenn zum Abschluss eines Verfahrens eine tatsächliche Unklarheit geblieben ist, treten die Vermutungen wie objektive Beweislastnormen ein und regeln die Frage, zu wessen Nachteil die verbleibende Unklarheit ausschlägt.[11] 15

Den kartellrechtlichen Vermutungen ähnlich sind die Vermutungen im Rundfunkrecht, vgl. § 26 Abs. 2 Rundfunkstaatsvertrag; dazu im Einzelnen *Prütting,* 2000; *Trute,* in: *Hahn/Vesting,* Beck'scher Kommentar zum Rundfunkstaatsvertrag, 2003, § 26 Rn. 35 ff. 16

---

[7] Zu weiteren Beispielen aus dem Zivil- und Arbeitsrecht vgl. *Prütting* Gegenwartsprobleme S. 293.

[8] Vgl. *Pohlmann* ZHR 164, 2000, 589 ff.; *Prütting,* FS Vieregge, S. 733 ff.; *Ittner* S. 19 ff., 129 ff.; *Heinrich,* Die verfassungswidrige Beweislastnorm – Zugleich ein Beitrag zu den Vermutungen des § 22 Abs. 3 GWB, Diss. jur. Münster 1984; *Markert* BB 1986, 717 und 1660; *ders.* AG 1986, 170; *Knöpfle* NJW 1988, 1116; *Gäbelein* ZHR 147 (1983), 574; *Schmalenbach,* Die qualifizierte Oligopolvermutung in § 23 a Abs. 2 GWB, 1987; *Fischer,* Die ökonomische Funktionsfähigkeit der qualifizierten Oligopolvermutung des § 23 a Abs. 2 GWB, Diss. Frankfurt 1988.

[9] Vgl. zB Ausschußbericht v. 21. 2. 1980 zum Entwurf der 4. Kartellrechtsnovelle, BT-Drucks. 8/3690 S. 26.

[10] BGH NJW 1987, 1822; DB 1986, 1765; vgl. *Braun,* Die Marktbeherrschungsvermutungen und die Amtsuntersuchungspflicht des Bundeskartellamts, 1986, S. 186 ff.; *Schwintowski,* Die Abwägungsklausel in der Fusionskontrolle, 1983, S. 110; ferner die Nachw. (Fn. 8).

[11] Dazu näher *Prütting,* FS Vieregge, S. 733 ff., 744 f.; nunmehr umfassend *Pohlmann* ZHR 164, 2000, 589 ff.

17 **d) Vermutungen im UmwelthaftungsG und GentechnikG.** Echte gesetzliche Vermutungen enthalten nunmehr auch das UmwelthaftungsG und das GentechnikG, vgl. §§ 6, 7 UmweltHG, § 34 GenTG.[12]

18 **e) Keine Vermutung: Sicherheitsvermutung SignaturG.** Keine Vermutung iS von § 292 ist die Sicherheitsvermutung des neuen SignaturG, das seit 1. 8. 1997 in Kraft ist (BGBl. I 1870). Durch die dortige Regelung soll die Beweiswürdigung iS eines vorläufigen erbrachten Beweises beeinflusst werden.[13]

19 **3. Abweichende Begriffsverwendung.** Nicht hierher gehören Normen, die das Wort „vermuten" in Wahrheit in einem anderen Zusammenhang benutzen. Als Beispiel seien die §§ 611 a Abs. 1 S. 3, 612 Abs. 3 S. 3 BGB oder § 102 StPO genannt. Dort ist das Wort „vermuten" iSv. „annehmen" oder „für möglich halten" verwendet.[14] Es erfüllt daher eine gänzlich andere Funktion der Beweismaßsenkung (s. § 286 Rn. 41 f.). Umgekehrt wird manchmal sehr unglücklich auch von Vermutung gesprochen, wenn eine Tatsachenbehauptung als erwiesen angesehen wird (vgl. in diesem Sinn zuletzt OLG Karlsruhe ZIP 1991, 925 in Leitsatz 2 und dazu S. 928).

IV. Rechtsfolgen

20 **1. Behauptung und Beweis der Vermutungsbasis.** Die vom Gesetzgeber vorgesehenen Vermutungen setzen in aller Regel das Vorliegen einer bestimmten anderen Tatsache (der Vermutungsbasis) voraus. Für diese Vermutungsbasis ist unbestritten, dass sie von der Partei behauptet und im Falle des Bestreitens durch die Gegenseite auch bewiesen werden muss. Insoweit gelten also sowohl für die Behauptungslast wie für die Beweisführung und für die Beweislast die allgemeinen Regeln. Umgekehrt kann die Partei, zu deren Lasten eine gesetzliche Vermutung eingreift, nicht nur den Beweis des Gegenteils gegen diese Vermutung führen (s. Rn. 23), sondern sie kann auch nach allgemeinen Regeln einen Gegenbeweis gegen die Vermutungsbasis erbringen. Es genügt in diesem Falle also die Erschütterung der Überzeugung des Richters vom Vorliegen der Vermutungsbasis.

21 **2. Behauptung der Vermutung.** Ebenso wie im Falle der offenkundigen Tatsachen (s. § 291 Rn. 2, 13) ist auch für vermutete Tatsachen streitig, ob für sie eine Behauptungslast besteht. Anders als im Falle der offenkundigen Tatsachen wird dies hier aber nur selten angenommen.[15] Dem kann nicht gefolgt werden. Der Eintritt einer vom Gesetzgeber vorgesehenen Vermutung kann nicht von der Behauptung des Vermutungsinhalts durch die Partei abhängen. Vermutungswirkungen sollen unstreitig zB auch eintreten, wenn die begünstigte Partei die vermutete Tatsache nicht kennt oder nicht kennen kann.[16] Dementsprechend ist es für gesetzliche **Rechts**vermutungen heute wohl allgemeine Meinung, dass eine Behauptungslast nicht besteht.[17]

22 **3. Beweisbedürftigkeit.** Die zentrale Wirkung der gesetzlichen Vermutungen besteht darin, dass die vermutete Tatsache oder das vermutete Recht für das Gericht nunmehr feststeht und keines Beweises bedarf. Für eine richterliche Beweiswürdigung (§ 286 Abs. 1) ist also keinerlei Raum mehr.[18] Die Folge ist, dass die vermutete Tatsache oder die einem vermuteten Recht zugrunde liegenden Tatsachen ebenso wie die nichtbestrittenen Tatsachen (§ 138 Abs. 3), die zugestandenen Tatsachen (§ 288) und die offenkundigen Tatsachen (§ 291) nicht mehr **beweisbedürftig** sind.

23 **4. Beweis des Gegenteils.** Die fehlende Beweisbedürftigkeit einer kraft Gesetzes vermuteten Tatsache hindert aber den Gegner, zu dessen Lasten die Vermutung wirkt, nicht, den Beweis des Gegenteils zu führen. Dies ist der Kern der Regelung von § 292 und führt dazu, dass die widerlegbaren gesetzlichen Vermutungen streng von den unwiderlegbaren Vermutungen zu trennen sind (s. Rn. 4 f.). Allerdings setzt die Entkräftung der widerlegbaren Vermutungen unstreitig voraus, dass der Gegner den **vollen Beweis des Nichtvorliegens** der vermuteten Tatsache führt. Der Beweis gegen eine Vermutung ist also kein Gegenbeweis, sondern ein Hauptbeweis (s. § 284 Rn. 20). Für die Widerlegung einer Vermutung reicht es also weder, dass der Richter in seiner Überzeugung

---

[12] Vgl. *Stecher,* Die Ursachenvermutungen des Umwelthaftungs- und Gentechnikgesetzes, 1995; *Sauter,* Beweiserleichterungen und Auskunftsansprüche im Umwelthaftungsrecht, 1996; *Klimeck,* Beweiserleichterungen im Umwelthaftungsrecht, 1998; zuletzt *v. Dörnberg,* 2002; vgl. dazu BGH JZ 1998, 358 mit Anm. *Hager.*

[13] Im einzelnen dazu *Roßnagel* NJW 1998, 3312.

[14] Vgl. BGH MDR 1995, 738.

[15] *Musielak* S. 55 m. weit. Nachw.

[16] *Rosenberg/Schwab/Gottwald* § 114 I 4 a; *Leipold* S. 89; *Rosenberg* S. 218; *Grunsky,* Grundlagen des Verfahrensrechts, 2. Aufl. 1974, S. 419; *Stein/Jonas/Leipold* Rn. 13; *Thomas/Putzo/Reichold* Rn. 3; *Musielak/Huber* Rn. 4.

[17] *Prütting* Gegenwartsprobleme S. 47 m. weit. Nachw.

[18] BGH MDR 1959, 114.

unsicher geworden ist noch dass eine gewisse Wahrscheinlichkeit für das Gegenteil der Vermutung spricht. Erst wenn der Richter vom Gegenteil der vermuteten Tatsache voll überzeugt ist, ist die Vermutung widerlegt.

Der **Beweis des Gegenteils** einer Vermutung folgt im Übrigen den **allgemeinen Regeln.** 24
Der Gegner muss also das Gegenteil der vermuteten Tatsache behaupten[19] und mit Hilfe aller anerkannten Beweismittel auch beweisen. Dass dabei auch der Antrag auf Parteivernehmung nach § 445 möglich ist, wie dies § 292 S. 2 ausdrücklich sagt, hat nur klarstellende Bedeutung und ist auch ohne den Hinweis in Satz 2 anzuerkennen. Hingewiesen wird durch Satz 2 ausdrücklich darauf, dass § 445 Abs. 2 nicht eingreift.[20] Ebenso sind im Rahmen der Parteivernehmung die §§ 447, 448 anwendbar.

Da im Falle von **gesetzlichen Rechtsvermutungen** das Vorliegen der dem Recht zugrunde- 25
liegenden Tatsachen vermutet wird, bedarf es zu einer Widerlegung in diesem Falle des Nachweises, dass gerade alle diejenigen Tatsachen nicht vorliegen, aus denen sich das vermutete Recht ergeben könnte.

Anerkannt ist heute, dass die gesetzlichen Vermutungen keine Beweisregeln sind.[21] Die in jedem 26
Falle bestehende Möglichkeit der Führung eines Beweises des Gegenteils spricht vielmehr dafür, dass gesetzliche Vermutungen **die Beweislast umkehren.** Gesetzliche Vermutungen sind also besondere Normen der Beweislastverteilung (heute wohl unbestritten).

V. Die sog. tatsächlichen Vermutungen

Streng zu trennen von den gesetzlichen Vermutungen des § 292 sind die in der Praxis immer 27
wieder bemühten sog. tatsächlichen Vermutungen (praesumtiones facti; manchmal auch natürliche oder unechte[22] Vermutungen genannt). Ihr Kennzeichen besteht darin, dass sie dem Gesetz unbekannt sind, dass ihnen also jegliche normative Grundlage fehlt.[23] Manchmal sind solche tatsächlichen Vermutungen ein historisches Relikt der Präsumtionen des gemeinen Rechts. Teilweise werden sie aber von der Rechtspraxis auch entwickelt, um eine Beweisführung zu erleichtern oder eine gesetzliche Beweislastverteilung abzuändern.[24] Dabei kommt es manchmal zur Behauptung von tatsächlichen Vermutungen, die schon in sich wenig einleuchtend sind.[25] An solchen Beispielen zeigt sich, wie gefährlich eine Argumentation mit Hilfe dieser Denkfigur sein kann. Entgegen der Rspr. (vgl. BGH NJW 1991, 2021) sind zB DIN-Normen keine unter § 292 fallenden gesetzlichen Vermutungen, ebenso nicht Unfallverhütungsvorschriften (vgl. aber OLG Saarbrücken NJW 1993, 3077). Ihre Wirkung als schriftlich fixiertes Erfahrungswissen ergibt sich vielmehr aus den Regeln des Anscheinsbeweises.

Im Einzelnen werden mit der Heranziehung sog. tatsächlicher Vermutungen eine ganze Reihe 28
von sehr unterschiedlichen Beweiserleichterungen legitimiert. Eine nähere Betrachtung der einzelnen Fälle zeigt, dass es jedenfalls unzulässig wäre, wollte man mit Hilfe von tatsächlichen Vermutungen die gesetzliche Beweislastverteilung verändern.[26] Im Rahmen des weiten Feldes der Beweiswürdigung und insbesondere der Beweisführung mit Hilfe des Anscheinsbeweises (s. § 286 Rn. 48 ff.) sowie unter Heranziehung von Indizien (s. § 284 Rn. 24 f.) kann den tatsächlichen Vermutungen aber eine Bedeutung in der Praxis nicht abgesprochen werden.[27] Dennoch bleibt ge-

---

[19] BAG ZIP 1998, 1809, 1810 f.

[20] Vgl. BGH NJW 1988, 2741.

[21] Vgl. im einzelnen *Prütting* Gegenwartsprobleme S. 49 f.

[22] BSGE 19, 54.

[23] AA *Bruns* ZPR S. 255, der sie unter § 292 einreihen will. Unrichtig auch *E. Schneider* MDR 2001, 246.

[24] Im einzelnen dazu ausführlich *Prütting* Gegenwartsprobleme S. 50 ff. und *Baumgärtel,* FS Schwab, 1990, S. 43 ff.; aus der neuesten Rspr. vgl. insbes. die berühmten „Gema-Vermutungen", BGHZ 95, 274 = NJW 1986, 1244; dazu *Allner,* Die tatsächliche Vermutung mit besonderer Berücksichtigung der GEMA-Vermutung, 1993; BGHZ 95, 285 = NJW 1986, 1247; BGH NJW 1986, 1249; BGH NJW 1992, 240 (vermutete Kausalität bei erwiesenem Verschulden des Anwalts); BGH ZIP 1993, 458 (für Folgen eines Wettbewerbsverstoßes spricht keine tatsächliche Vermutung, aber es gelten Beweiserleichterungen!); BVerwG ZIP 1999, 202 (Vermutung der Nutzung von Erlangtem); BGH EWiR 2003, 7 (Anm. *Freitag*) für die Vermutung einer verwerflichen Gesinnung bei grobem Mißverhältnis; vgl. dazu auch BGH NJW 2003, 283.

[25] Vgl. OLG Hamm GRUR 1988, 717 („Es spricht eine tatsächliche Vermutung dafür, daß alles, was geschluckt wird, als Lebensmittel anzusehen ist"); sehr zweifelhaft auch BGH GRUR 1973, 79; DB 1983, 1606; GRUR 1986, 321.

[26] *Baumgärtel,* FS Schwab, 1990, S. 51; *Prütting* Gegenwartsprobleme S. 54 f.; *Stein/Jonas/Leipold* Rn. 6.

[27] Dies betonen *Baumgärtel* (Fn. 26) und *Leipold* (Fn. 26) zu Recht. Als Anscheinsbeweis werden tatsächliche Vermutungen neuerdings auch vom BGH ausdrücklich bezeichnet, vgl. BGH NJW 1993, 3259; offengelassen in BGH NJW 2001, 1127, 1128.

gen sie einzuwenden, dass sie schon durch ihre uneinheitliche Verwendung in besonderem Maße Missverständnissen ausgesetzt sind. Soweit sie in gesetzlich zulässiger Weise im Rahmen des Anscheinsbeweises und des Beweises durch Indizien herangezogen werden könnten, dürften sie als eine besondere Kategorie überflüssig sein. Die Praxis sollte daher auf die Argumentation mit tatsächlichen Vermutungen verzichten.[28] Überall dort, wo tatsächliche Vermutungen mit einer gewissen Berechtigung geltend gemacht worden sind, reicht es aus, wenn der Richter im Rahmen seiner Beweiswürdigung auf den Inhalt dieser Vermutung als Teil der Lebenserfahrung hinweist.

§ 292 a (weggefallen)

1 § 292 a wurde neu geschaffen und in die ZPO eingefügt durch das FormvorschriftenAnpG vom 13. 7. 2001 (BGBl. I S. 1542). Die Norm war am 1. 8. 2001 in Kraft getreten. Mit der Norm sollte der Anschein der Echtheit einer in elektronischer Form vorliegenden Willenserklärung beweismäßig erfasst werden. Die Norm ist durch das Justizkommunikationsgesetz vom 22. 3. 2005 aufgehoben worden und der Sache nach in § 371 a neu eingefügt worden.

§ 293 Fremdes Recht; Gewohnheitsrecht; Statuten

1 Das in einem anderen Staat geltende Recht, die Gewohnheitsrechte und Statuten bedürfen des Beweises nur insofern, als sie dem Gericht unbekannt sind. 2 Bei Ermittlung dieser Rechtsnormen ist das Gericht auf die von den Parteien beigebrachten Nachweise nicht beschränkt; es ist befugt, auch andere Erkenntnisquellen zu benutzen und zum Zwecke einer solchen Benutzung das Erforderliche anzuordnen.

Schrifttum: *Arens,* Prozessuale Probleme bei der Anwendung ausländischen Rechts im deutschen Zivilprozeß, FS Zajtay, 1982, S. 7; *v. Bar,* Internationales Privatrecht, Bd. I, 1987, S. 323 ff.; *Bendref,* Gerichtliche Beweisbeschlüsse zum ausländischen und internationalen Privatrecht, MDR 1983, 892; *Brauksiepe,* Die Anwendung ausländischen Rechts im Zivilprozeß, Diss. Bonn 1965; *Broggini,* Die Maxime „iura novit curia" und das ausländische Recht, AcP 155 (1956), S. 469; *Buchholz,* Zur richterlichen Rechtsfindung in internationalen Familiensachen, FS Hauß, 1978, S. 15; *Coester-Waltjen,* Internationales Beweisrecht, 1983; *dies.,* Internationales Prozeßrecht, Lexikon des Rechts, Zivilverfahrensrecht, 1989, S. 127; *Dölle,* Über die Anwendung fremden Rechts, Jahrbuch 56 der Max-Planck-Gesellschaft, S. 34; *ders.,* Bemerkungen zu § 293, FS Nikisch, 1958, S. 185; *Fastrich,* Revisibilität der Ermittlung ausländischen Rechts, ZZP 97 (1984), 423; *Ferid,* Internationales Privatrecht, 3. Aufl. 1986, S. 154 ff.; *Firsching,* Die Anwendung ausländischen Rechts, DRiZ 1968, 278; *Flessner,* Fakultatives Kollisionsrecht, RabelsZ 34 (1970), 547; *Geimer,* Internationales Zivilprozeßrecht, 5. Aufl. 2005, S. 803 ff.; *Geisler,* Zur Ermittlung ausländischen Rechts durch Beweis im Prozeß, ZZP 91, 176; *Gottwald,* Zur Revisibilität ausländischen Rechts, IPRax 1988, 210; *Gruber,* Die Anwendung ausländischen Rechts durch deutsche Gesetze, ZRP 1992, 6; *Hanisch,* Exteritoriale Wirkung eines allgemeinen Veräußerungsverbots, IPRax 1993, 69; *Heldrich,* Probleme bei der Ermittlung ausländischen Rechts in der gerichtlichen Praxis, FS Nakamura, 1996, S. 243; *Hetger,* Sachverständige für ausländisches und internationales Privatrecht, DNotZ 1983, 723, DNotZ 1985, 269, DNotZ 1988, 425; DNotZ 1994, 88, DNotZ 2003, 310; *ders.,* Die Ermittlung ausländischen Rechts, FamRZ 1995, 654 = DRiZ 1995, 267; *v. Hofmann/Thon,* Internationales Privatrecht, 8. Aufl. 2005; *Huzel,* Zur Zulässigkeit eines Auflagenbeschlusses im Rahmen des § 293 ZPO, IPRax 1990, 77; *Jansen/Michaels,* Die Auslegung und Fortbildung ausländischen Rechts, ZZP 116, 2003, 3; *Jastrow,* Zur Ermittlung ausländischen Rechts: Was leistet das Londoner Auskunftsübereinkommen in der Praxis, IPRax 2004, 402; *Kegel,* Zur Organisation der Ermittlung ausländischen Privatrechts, FS Nipperdey, Bd. 1, 1965, S. 453; *Kerameus,* Revisibilität ausländischen Rechts, ZZP 99 (1986), 166; *Kindl,* Ausländisches Recht vor deutschen Gerichten, ZZP 111 (1998) 177; *Koehler,* Die Feststellung ausländischen Rechts im Prozeß, Ein Beitrag zur Auslegung des § 293 ZPO, JR 1951, 549; *Kralik,* Iura novit curia und das ausländische Recht, Zeitschrift für Rechtsvergleichung 1962, 75; *Krause,* Ausländisches Recht und deutscher Zivilprozeß, Diss. Konstanz 1990; *Kreuzer,* Einheitsrecht als Ersatzrecht – Zur Frage der Nichtermittelbarkeit fremden Rechts, NJW 1983, 1943; *Kropholler,* Internationales Privatrecht, 1990, §§ 56 ff.; *Küster,* Zur richterlichen Ermessensausübung bei der Ermittlung ausländischen Rechts, RIW 1998, 275; *Lindacher,* Zur Mitwirkung der Parteien bei der Ermittlung ausländischen Rechts, FS Schumann, 2001, S. 283; *ders.,* Zur Anwendung ausländischen Rechts, FS Beys, Bd. II, 2003, S. 909; *Linke,* Internationales Zivilprozeßrecht, 4. Aufl. 2006, S. 124 ff.; *Luther,* Kollisions- und Fremdenrechtsanwendung in der Gerichtspraxis, RabelsZ 37 (1973), S. 660; *ders.,* Zum Rechtsschutz der Ausländer in der deutschen Rechtspflege, FS Bosch, 1976, S. 559; *Mankowski,* Privatgutachten über ausländisches Recht – Erstattungsfähigkeit der Kosten, MDR 2001, 194; *Mankowski/Kerfack,* Arrest, einstweilige Verfügung und die Anwendung ausländischen Rechts, IPRax 1990, 372; *Mansel,* Vollstreckung eines französischen Garantieurteils, IPRax 1995, 362; *D. Müller,* Die Anwendung ausländischen Rechts im internationalen Privatrecht, 1968,

[28] Vgl. *Musielak* S. 156 f.; *Prütting* Gegenwartsprobleme S. 57 f.

S. 66ff.; *K. Müller,* Zur Nichtfeststellbarkeit des kollisionsrechtlich berufenen ausländischen Rechts, NJW 1981, 481; *Nagel,* Sachverständigenbeweis im Rahmen internationaler Rechtshilfe, IPRax 1981, 47; *Nagel/Gottwald,* Internationales Zivilprozeßrecht, 6. Aufl. 2007, S. 503ff.; *Neuhaus,* Grundbegriffe des internationalen Privatrechts, 2. Aufl. 1976, S. 335ff.; *Oestmann,* Die Grenzen richterlicher Rechtskenntnis, in: Colloquia Academica, Mainz 1999, S. 37ff.; *Otto,* Der verunglückte § 293 ZPO und die Ermittlung ausländischen Rechts durch Beweiserhebung, IPRax 1995, 299; *Peters,* Der sog. Freibeweis im Zivilprozeß, 1962; *Pfeiffer,* Die revisionsgerichtliche Kontrolle der Anwendung ausländischen Rechts, NJW 2002, 3306; *Prütting,* Ermittlung und Anwendung von ausländischem Recht in Japan und Deutschland, FS Ishikawa, 2001, S. 397; *Raape/Sturm,* Internationales Privatrecht, Bd. 1, 6. Aufl. 1977, S. 302ff.; *Riezler,* Internationales Zivilprozeßrecht und prozessuales Fremdenrecht, 1949, S. 491ff.; *Samtleben,* Der unfähige Gutachter und die ausländische Rechtspraxis, NJW 1992, 3057; *Schack,* Internationales Zivilverfahrensrecht, 2. Aufl. 1996, S. 243ff.; *ders.,* Subrogation und Prozeßstandschaft, Ermittlung ausländischen Rechts im einstweiligen Verfügungsverfahren, IPRax 1995, 158; *Schellack,* Selbstermittlung oder ausländische Auskunft unter dem europäischen Rechtsauskunftsübereinkommen, 1998; *Schilken,* Zur Rechtsnatur der Ermittlung ausländischen Rechts nach § 293 ZPO, FS Schumann, 2001, S. 373; *Schnitzer,* Die Anwendung einheimischen oder fremden Rechtes auf internationale Tatbestände, Zeitschrift für Rechtsvergleichung 1969, 81; *Schütze,* Deutsches Internationales Zivilprozeßrecht, 2. Aufl. 2005, S. 141ff.; *ders.,* Ausländisches Recht als beweisbedürftige Tatsache, NJW 1965, 1652; *ders.,* Zur Revisibilität ausländischen Rechts, NJW 1970, 1584; *ders.,* EG-Recht im deutschen Zivilprozeß, EWS 1990, 49; *ders.,* Feststellung und Revisibilität europäischen Rechts im deutschen Zivilprozeß, in: Wege zu einem europäischen Zivilprozeßrecht, 1992, S. 93ff.; *Soergel/Kegel* Bd. 8, vor Art. 7 Rn. 114ff.; *Sommerlad/Schrey,* Die Ermittlung ausländischen Rechts im Zivilprozeß und die Folgen der Nichtermittlung, NJW 1991, 1377; *Spickhoff,* Fremdes Recht vor inländischen Gerichten: Rechts- oder Tatfrage, ZZP 112 (1999), 265; *ders.,* Die neue Sachverständigenhaftung und die Ermittlung ausländischen Rechts, FS Heldrich, 2005; *Stein,* Das private Wissen des Richters, 1893, S. 174ff.; *Steindorff,* Das Offenlassen der Rechtswahl im IPR und die Nachprüfung ausländischen Rechts durch das Revisionsgericht, JZ 1963, 200; *Sturm,* Fakultatives Kollisionsrecht: Notwendigkeit und Grenzen, FS Zweigert, 1981, S. 329; *Szászy,* International civil procedure, 1967, S. 487ff.; *Wengler,* Der deutsche Richter vor unaufklärbarem und unbestimmtem ausländischen Recht, JR 1983, 221; *Zajtay,* Grundfragen der Anwendung ausländischen Rechts im Zivilprozeß, Zeitschrift für Rechtsvergleichung 1971, 271.

Schrifttum zum Europäischen Übereinkommen v. 7. 6. 1968: s. Rn. 35.

Übersicht

I. Übersicht und Normzweck

1 **1. Gesetzessystematik.** Während §§ 288 bis 292 die Beweisbedürftigkeit von tatsächlichem Parteivorbringen ausschließen, handelt es sich im Falle des § 293 um eine Art umgekehrten Regelungsfall. Hier wird ausnahmsweise ein Teilbereich der rechtlichen Urteilsgrundlagen dem Beweisrecht unterstellt, obgleich Rechtsfragen grundsätzlich nicht beweisfähig und beweisbedürftig sind.[1] Dementsprechend **bleiben** die nach § 293 ermittelten ausländischen Rechtsnormen für den deutschen Richter **Rechtssätze,** sie werden nicht zu Tatsachen.[2] Obgleich im Anwendungsbereich von § 293 also beweisrechtliche Fragen von Bedeutung sind, ist die Norm innerhalb der Regeln über das allgemeine Beweisrecht (§§ 284 bis 294) dennoch ein Fremdkörper. Die Ermittlung und Anwendung ausländischen Rechts durch den deutschen Richter ist seit langem ein anerkanntes Kapitel des internationalen Zivilprozessrechts.[3] Dementsprechend wird § 293 heute in allen Darstellungen zu diesem Spezialgebiet eingehend behandelt.[4]

2 **2. Iura novit curia. a) Grundsatz.** Der Grundsatz des deutschen Rechtes für die Rechtsfrage lautet, dass der Richter das Recht kennen (bzw. selbstständig feststellen), auslegen und anwenden muss. Die Parteien haben darauf keinen bestimmenden Einfluss. Dies ist der zentrale Inhalt der hergebrachten Rechtsregel: „iura novit curia".[5] Ergänzend kann man als vergleichbare Regel noch den Satz: „da mihi facta, dabo tibi ius" heranziehen.

3 **b) Ausnahme.** § 293 macht von dieser Regel eine Ausnahme, indem er für drei bestimmte Bereiche, nämlich für das ausländische Recht, das Gewohnheitsrecht und statuarisches Recht (zu den Einzelheiten s. Rn. 17ff.) die Möglichkeit einer Beweiserhebung vorsieht. Aus § 293 lässt sich im Umkehrschluss aber auch entnehmen, welche Bereiche des Rechts der Richter ohne jede Möglichkeit einer Beweisaufnahme kennen muss (dazu Rn. 7ff.).

4 **c) Folgerungen.** Die Rechtsermittlung obliegt dem Richter also selbstständig und in vollem Umfange, soweit der Grundsatz des „iura novit curia" gilt, also insbesondere in dem weiten Bereich des deutschen Gesetzesrechts. Dies bedeutet für das Gericht im Einzelnen, dass es entweder die genaue Kenntnis vom anzuwendenden Recht hat oder dass es dieses Recht ermitteln muss, sei es durch Studium von Literatur und Rechtsprechung oder durch Informationen von Kollegen, wissenschaftlichen Mitarbeitern oder anderen Fachleuten. Diese Art der richterlichen Information über die Rechtslage ist ein **interner Vorgang** und hat keinerlei Verbindung zu einem Beweisverfahren. Daraus folgt insbesondere, dass der Richter bei seinen Bemühungen um die Feststellung des anzuwendenden Rechts weder seine Rechtsquellen aufdecken muss noch den Parteien rechtliches Gehör zu gewähren hat oder eine sonstige Verfahrensbeteiligung der Parteien veranlasst wäre.

5 Eine weitere wichtige Folgerung aus der alleinigen richterlichen Verantwortung für das anzuwendende Recht ist der in jedem Einzelfall bestehende **Entscheidungszwang.**[6] Dieser Entscheidungszwang besteht sowohl bei der Feststellung wie bei der Auslegung und der Anwendung des Rechts. Ein non liquet kann es hierbei im Ergebnis also nicht geben.[7] Schließlich ist aus dem Sinn und Zweck der richterlichen Verantwortung für das anzuwendende Recht das Verbot jeglicher

[1] Sehr kritisch zu § 293 de lege ferenda *Gruber* ZRP 1992, 7; ferner *Otto* IPRax 1995, 299, 300; *Kindl* ZZP 111 (1998), 203.

[2] Aus deutscher Sicht dazu *Schilken,* FS Schuman, S. 373, 374ff.; *Spickhoff* ZZP 112 (1999), 265, 286ff. Dies wird in der angelsächsischen und französischen Lehre anders gesehen, vgl. *Coester-Waltjen* Rn. 54ff., 61ff.

[3] Vgl. dazu Schlußanh.: Internationales Zivilprozeßrecht, insbes. A Rn. 41f. und die dort sowie bei Rn. 40 genannten Weiterverweisungen.

[4] Vgl. dazu die allgemeinen Schrifttumshinweise, insbesondere die Werke von *Geimer, Linke, Nagel-Gottwald, Schack, Schütze.* Im Handbuch des Internationalen Zivilverfahrensrechts, herausgegeben vom Max-Planck-Institut für internationales und ausländisches Privatrecht, ist dagegen der einschlägige Band II 3 noch nicht erschienen.

[5] Zur historischen Entwicklung vgl. *Oestmann* S. 37, 48ff.

[6] Vgl. dazu *Schumann* ZZP 81 (1968), 79; *Prütting* Gegenwartsprobleme der Beweislast, 1983, S. 122f.

[7] Zur Problematik des non liquet im Bereich von § 293 s. Rn. 59ff.

Beweisaufnahme über die Rechtslage zu entnehmen. Der Richter darf also nicht ein Sachverständigengutachten oder eine amtliche Auskunft über den Inhalt von inländischem Gesetzesrecht anfordern.

d) Mitwirkung der Parteien. Unabhängig von der Feststellungs- und Entscheidungspflicht des Richters über die Rechtslage **dürfen** sich die Parteien zu allen Rechtsfragen (Rechtsgeltung, Rechtsinhalt, Auslegung, Anwendung) äußern. Jedoch besteht zu einer solchen Äußerung **keinerlei Verpflichtung.** Die Parteien haben aber keinen Anspruch auf eine umfassende Diskussion der Rechtslage, also auf das sog. Rechtsgespräch (s. Vorauflage § 278 Rn. 34 ff.). Umgekehrt kann der Richter die Parteien nicht zur Rechtsermittlung heranziehen und verpflichten. Allenfalls mag bei besonders schwierigen Rechtsfragen eine (unverbindliche) Anregung an die Parteien in Betracht kommen, eventuell ein Rechtsgutachten einzuholen. Ein solches freiwillig eingeholtes Rechtsgutachten könnte der Richter zu seiner Information heranziehen. Es hat eine vergleichbare Bedeutung wie eine rechtliche Äußerung der Partei oder ihres Anwalts. Legt die Partei zum ausländischen Recht ein Privatgutachten vor, um ihre Klage schlüssig zu machen, kann sie eine Kostenerstattung nach allgemeinen Grundsätzen (§ 91) verlangen.[8] 6

3. Umfang richterlicher Rechtskenntnis. Entsprechend dem dargelegten Grundsatz der richterlichen Rechtskenntnis und seiner Ausnahme in § 293 sind insbesondere drei große Bereiche zu nennen, für die die richterliche Verpflichtung zur Rechtskenntnis ohne Einschränkung gilt: 7

a) Inländisches Gesetzesrecht. Das inländische Gesetzesrecht im materiellen Sinn stellt den wichtigsten Bereich dar. Dazu gehören alle Gesetze und Rechtsverordnungen, die in der Bundesrepublik Deutschland, in einem einzelnen Bundesland[9] oder in einem lokalen Bereich gelten. Dabei bedeutet Kenntnis oder Feststellung des geltenden inländischen Gesetzesrechts nicht nur die Kenntnis des Gesetzeswortlauts, sondern auch Kenntnis der Auslegung der Normen durch Rechtsprechung und Lehre sowie richterliche Rechtsfortbildung. Zum inländischen Gesetzesrecht gehört auch der Bereich des **internationalen Privatrechts** und des **internationalen Verfahrensrechts.**[10] Entgegen dem insoweit irreführenden Namen handelt es sich bei beiden Bereichen um einen Teil der nationalen Rechtsordnung. Zu den Fragen des Rechts der ehem. DDR und der neuen Bundesländer s. Rn. 21; zum Bereich der Satzungen s. Rn. 19. 8

b) Recht der Europäischen Gemeinschaften. Das Recht der Europäischen Gemeinschaften steht unstreitig dem inländischen Gesetzesrecht gleich. Der Richter muss also auch in diesem Bereich das Recht kennen oder ohne Anwendung von § 293 intern ermitteln.[11] Das Gleiche gilt für völkerrechtliche Verträge zwischen dem Mitgliedsstaaten der EU, insbes. das EuGVÜ (Brüsseler Übereinkommen) vom 27. 9, 1968. Davon zu trennen ist die Frage einer Verpflichtung des deutschen Richters zur Vorlage von Rechtsfragen an den EuGH gemäß Art. 234 EGV (dem früheren Art. 177 EWG-Vertrag). Das dort geregelte Vorlageverfahren weist keine Berührungspunkte zu § 293 auf. 9

c) Völkerrecht. Der vollen Verantwortung bezüglich der Rechtskenntnis unterliegt schließlich auch das Völkerrecht, das sind die in das innerstaatliche Recht transformierten Normen des Völkervertragsrechts (vgl. Art. 59 Abs. 2 GG) sowie die allgemeinen Regeln des Völkerrechts und insbesondere des Völkergewohnheitsrechts (vgl. Art. 25 S. 1 GG). Soweit sich in einem Rechtsstreit Zweifel ergeben, ob eine bestimmte Regel des Völkerrechts Bestandteil des deutschen Rechts ist, muss das Gericht darüber allerdings eine Entscheidung des BVerfG einholen (vgl. Art. 100 Abs. 2 GG).[12] 10

4. Bedeutung der Vorschrift. § 293 erfasst also einen gegenüber dem inländischen Gesetzesrecht, dem Recht der Europäischen Gemeinschaften und dem Völkerrecht engen Ausnahmebereich, von dem heute in der Praxis allein das ausländische Recht Bedeutung hat. 11

---

[8] *Mankowski* MDR 2001, 194.

[9] Dies ist auch für Landesrecht und lokal geltendes Recht weithin anerkannt; abweichend allerdings *Baumbach/Lauterbach/Hartmann* Rn. 2, der die richterliche Rechtskenntnis nur auf das im eigenen Bundesland oder im eigenen Gerichtsbezirk geltende Recht beschränken will.

[10] Ein lediglich „fakultatives Kollisionsrecht“, wie es *Flessner* RabelsZ 34 (1970), 547 ff., behauptet hat, ist abzulehnen.

[11] Eine Differenzierung will das OLG München vornehmen (EuR 1988, 409); dagegen *Nicolaysen* EuR 1988, 411 und *Schütze* EWS 1990, 50. Zum ganzen insbes. *Schütze,* in: Wege zu einem europ. Zivilprozeßrecht, S. 93 ff.; *Schellack* S. 92 ff.

[12] Vgl. BVerfGE 15, 33; 23, 317; *Maunz/Dürig* Art. 100 GG Rn. 45; Bonner Kommentar/*Stern* Art. 100 GG Rn. 240.

12 Freilich ist im Bereich von § 293 nach allgemeiner Auffassung das anzuwendende Recht **von Amts wegen** festzustellen.[13] Eine Parteidisposition, wie sie die Verhandlungsmaxime bei Tatsachen ermöglicht, gibt es weder bei der Feststellung noch bei der Auslegung und Anwendung des ausländischen Rechts. Dies zeigt sich zB sehr deutlich im Falle eines Versäumnisverfahrens (s. Rn. 55). Allein für den Weg der Feststellung gelten gewisse Regeln des Beweisrechts (s. Rn. 23 ff.; 47 ff.).

13 Der Sinn des § 293 ist es somit, dem Richter dort eine Hilfestellung zu geben, wo das Gesetz von ihm die Rechtskenntnis und die eigenständige Ermittlungsmöglichkeit von Recht nicht mehr erwarten kann. Dabei enthält allerdings § 293 eine Typisierung dieser Bereiche, an die das Gericht gebunden ist. Es wäre also unzulässig, § 293 analog zB auf Fragen des deutschen Steuerrechts anzuwenden, weil dieses dem Richter möglicherweise vergleichbar unklar wie ausländisches Recht sein könnte (im Einzelnen s. Rn. 22).

14 Trotz der Anwendung beweisrechtlicher Vorschriften im Bereich von § 293 handelt es sich beim ausländischen Recht aber nicht um Tatsachenstoff, sondern um Rechtsnormen (s. Rn. 1). Es wird auch im eigentlichen Sinne nicht ein Beweis geführt. Denn einer Beweisführung sind streng genommen nur Tatsachen zugänglich.[14] Die fehlende Beweisqualität des ausländischen Rechts zeigt sich daran, dass es dafür weder eine Behauptungslast der Parteien noch eine objektive Beweislast gibt, ferner dass die Heranziehung von Beweismitteln im Rahmen von § 293 nur insoweit in Betracht kommt, als dem Richter im konkreten Fall die Rechtskenntnisse fehlen; schließlich ist über ausländisches Recht weder ein Geständnis noch eine sonstige Parteidisposition möglich (im Einzelnen s. Rn. 12, 55). Am deutlichsten zeigt sich die Qualität des ausländischen Rechts als einer dem normalen Beweis nicht zugänglichen Rechtsfrage im non liquet-Fall. Denn im Gegensatz zum tatsächlichen Bereich kann bei endgültiger Unklarheit über eine bestimmte Rechtsfrage des ausländischen Rechts eine Entscheidung nach den Regeln der objektiven Beweislast nicht eingreifen; zu diesem Problem im Einzelnen s. Rn. 57 ff. Soweit im Rahmen von § 293 die richterliche Rechtskenntnis mit Hilfe beweisrechtlicher Instrumentarien gesichert wird, gelten nach hM die Regeln über den **Freibeweis** (s. Rn. 23 ff., 47 ff.). Diese Auffassung bedarf freilich einer gewissen Modifikation (s. Rn. 49).

II. Anwendungsbereich der Norm

15 § 293 gilt im gesamten zivilprozessualen Verfahren, also zB auch im Rahmen des neuen Schiedsverfahrens gemäß § 495 a oder im Urkundenprozess.[15] Nach § 495 a kann nur das Verfahren nach billigem Ermessen bestimmt werden, nicht das materielle Recht (unstreitig), um das es bei § 293 geht. Die Beweismittelbeschränkungen des Urkundenprozesses beziehen sich nicht auf von Amts wegen zu beachtende Fragen und nur auf Tatsachenbehauptungen. § 293 bringt darüber hinaus einen **allgemeinen Grundsatz des deutschen Rechts** zum Ausdruck, der in weiten Bereichen des Verfahrensrechts gilt. So ist § 293 im arbeitsgerichtlichen Verfahren entsprechend anzuwenden,[16] ebenso im verwaltungsgerichtlichen Verfahren.[17] Auch im Rahmen der Schiedsgerichtsbarkeit, soweit sie dem deutschen Verfahrensrecht untersteht, gilt § 293.[18] Dagegen wird die Anwendung von § 293 im Bereich der freiwilligen Gerichtsbarkeit abgelehnt.[19]

III. Umfang der Ermittlungen

16 **1. Dem Gericht unbekannt.** Die Ermittlungen im Rahmen von § 293 beziehen sich nur auf Rechtssätze, die dem erkennenden Gericht unbekannt sind (Satz 1). Insoweit besteht für die Rechtsermittlung kein Ermessensspielraum. Ist dem Richter ausnahmsweise das ausländische Recht bekannt, so muss er es zur Entscheidung heranziehen. Ist ihm das ausländische Recht unbekannt, so muss er ebenfalls zwingend Ermittlungen iSv. § 293 aufnehmen. Ein Ermessensspielraum steht dem Richter allein für die Art und die Mittel der Rechtsermittlung im Einzelnen zu.[20] Die Anforderun-

---

[13] BGH NJW-RR 2002, 1359, 1360; BGHZ 77, 32 = NJW 1980, 2022; BGH NJW-RR 1986, 484; *Linke* Rn. 269; *Schack* Rn. 626.

[14] Vgl. § 359 Nr. 1; aus der Literatur vgl. *Baumbach/Lauterbach/Hartmann* Rn. 6; *Schack* Rn. 625; aA *Rödig,* Die Theorie des gerichtlichen Erkenntnisverfahrens, 1973, S. 112 ff.

[15] BGH NJW-RR 1997, 1154.

[16] *Germelmann/Matthes/Prütting* ArbGG Einl. Rn. 188 und § 58 Rn. 11 ff.

[17] BVerwG NVwZ 1985, 411; DVBl. 1989, 267; NJW 1989, 3107.

[18] Vgl. *Aden* RIW 1984, 934; *Schütze/Tscherning/Wais* Rn. 604.

[19] Vgl. OLG Köln Rpfleger 1988, 66 f.; LG Frankenthal Rpfleger 1981, 324; *Zöller/Geimer* Rn. 23.

[20] BGH NJW-RR 2002, 1359, 1360; *Fastrich* ZZP 97 (1984), 425; *Huzel* IPRax 1990, 78; *Küster* RIW 1998, 275.

gen an das Gericht sind umso größer, je detaillierter und kontroverser die Parteien eine ausländische Rechtspraxis vertragen.[21]

2. Ausländisches Recht. Es handelt sich um alle diejenigen Rechtssätze, die nicht im Geltungsbereich des Grundgesetzes geltendes Recht darstellen. Die Rechtsgeltung ist im formellen Sinn zu bestimmen, auf eine sachliche Übereinstimmung des ausländischen Rechts mit deutschem Recht kommt es dagegen nicht an.[22] Zum Recht der Europäischen Gemeinschaften und zum Völkerrecht s. Rn. 9f. Das internationale Privatrecht und das internationale Prozessrecht sind deutsches Recht, nicht jedoch die ausländischen Rechtsnormen, auf die durch deutsches Kollisionsrecht verwiesen wird. Zum ausländischen Recht gehören ferner von ausländischen Gerichten aufgestellte Regelungen.[23] 17

3. Gewohnheitsrecht. § 293 nennt ausdrücklich das Gewohnheitsrecht als Gegenstand richterlicher Ermittlung. Dabei handelt es sich um Rechtsnormen, die (nach einer Definition des BVerfG) „nicht durch förmliche Setzung, sondern durch längere tatsächliche Übung entstanden sind, die eine dauernde und ständige, gleichmäßige und allgemeine sein muss und von den beteiligten Rechtsgenossen als verbindliche Rechtsnorm anerkannt wird".[24] Das geltende Recht erkennt in Art. 20 Abs. 3 GG, Art. 2 EGBGB und § 12 EGZPO auch heute die prinzipielle Zulässigkeit und die mit dem Gesetzesrecht gleichrangige Geltungskraft des Gewohnheitsrechts an. Ein Unterfall von begrenzter räumlicher Wirkung ist die **Observanz,** die ebenfalls unter § 293 gerechnet werden muss. 18

4. Statuarisches Recht. Unsicherheit besteht darüber, wie der in § 293 genannte Begriff der Statuten im Sinne einer modernen Rechtsquellenlehre zu verstehen ist. Aus moderner Sicht muss es sich jedenfalls um **Rechtsnormen** handeln, privatrechtliche Rechtsgrundlagen wie Verträge, Allgemeine Geschäftsbedingungen oder Vereinssatzungen fallen nicht unter § 293.[25] Innerhalb öffentlich-rechtlicher Rechtsnormen ist dagegen streitig, ob der Begriff heute weitgehend gegenstandslos ist[26] oder ob wesentlicher Inhalt des statuarischen Rechtes heute alle diejenigen Rechtsnormen sind, die öffentlichrechtliche Körperschaften im Rahmen ihrer Selbstverwaltung erlassen, insbesondere also Satzungen und Anstaltsordnungen.[27] Ein historisches Verständnis von § 293 spricht wohl für die Auffassung von *Leipold.* Der im Begriff der Statuten angesprochene Gedanke von Rechtsnormen, die auf Grund einer gewissen Autonomie erlassen werden, führt bei objektiver Gesetzesauslegung aber dazu, dass der hM zuzustimmen ist. 19

Nicht direkt unter § 293 fallen **Erfahrungssätze, Verkehrssitten** und **Handelsbräuche.**[28] Diese sind keine Normen und sie werden auch nicht dadurch zu Rechtssätzen, dass das Gesetz auf sie verweist. Wie oben (§ 284 Rn. 44) aber dargestellt, können sie aber im Ergebnis wie die Normen des § 293 behandelt werden.[29] Eine Sonderstellung nehmen die in Tarifverträgen enthaltenen Tarifnormen ein. Sie sind zwar durch Einigung privatrechtlicher Rechtssubjekte zustande gekommen, sind aber gleichwohl vom Gesetzgeber im Tarifvertragsgesetz mit Rechtsnormqualität ausgestattet worden. Man wird daher Tarifnormen unter § 293 subsumieren können.[30] Im Arbeitsrecht sind weitere Ausnahmen anerkannt.[31] 20

5. Recht der ehem. DDR und der neuen Bundesländer. Unabhängig von der politischen Qualifizierung der früheren DDR war alles Recht, das bis zum 2. 10. 1990 im Bereich dieses Staates galt, iSv. § 293 ausländisches Recht, denn es beinhaltete verbindliche Normen, die nicht im Geltungsbereich des Grundgesetzes Anwendung fanden. Dagegen hat sich die Rechtslage seit dem 3. 10. 1990 insoweit grundsätzlich gewandelt. Auch soweit im Gebiet der neuen Bundesländer Rechtsnormen fortgelten, die mit ehem. DDR-Recht identisch sind oder neue Rechtsnormen erlassen werden, handelt es sich nunmehr ausschließlich um Normen im Geltungsbereich des Grundgesetzes. § 293 erzwingt insoweit eine formelle Abgrenzung von inländischem und ausländischem 21

---

[21] BGH NJW-RR 2002, 1359, 1360; BGHZ 118, 151, 164.
[22] BGH NJW 1959, 1873; RIW 1978, 618.
[23] Vgl. *Gernhuber* FamRZ 1983, 1072; *Zöller/Geimer* Rn. 2.
[24] BVerfGE 22, 121.
[25] BayObLG MDR 1977, 491; *Baumbach/Lauterbach/Hartmann* Rn. 2; *Musielak/Huber* Rn. 3.
[26] So *Stein/Jonas/Leipold* Rn. 30.
[27] So die hM.; vgl. *Zöller/Geimer* Rn. 4; *Baumbach/Lauterbach/Hartmann* Rn. 2; *Thomas/Putzo/Reichold* Rn. 3; *Musielak/Huber* Rn. 3.
[28] Dazu vgl. § 284 Rn. 43ff.
[29] So auch *Oestmann* JZ 2003, 285, 287ff.
[30] BAGE 4, 39; 39, 328.
[31] Vgl. *Germelmann/Matthes/Prütting* § 58 ArbGG Rn. 14.

Recht. Das bedeutet, dass der Richter nunmehr über Rechtsnormen im Bereich der neuen Bundesländer keine Ermittlungen in der Form des Beweises mehr vornehmen darf.

22 **6. Weitere Rechtsnormen?** Über die in § 293 genannten Rechtsnormen hinaus wird manchmal die Frage gestellt, ob eine Ermittlung von Rechtsnormen in der Form des Beweises in schwierigen Ausnahmefällen zulässig sei.[32] Dies ist auch bei sehr speziellen und selten angewendeten Rechtsnormen **abzulehnen.** Insbesondere ist die Anwendung von § 293 auch in allen Bereichen des **Steuerrechts** nicht möglich.[33] Die Einzige anzuerkennende Ausnahme wird man bei **nicht mehr geltendem Recht** machen dürfen. Hier kommt eine analoge Heranziehung von § 293 in Betracht.[34]

IV. Art der Ermittlungen

23 Ohne Bindung an feste Regeln kann und muss das Gericht sich aller ihm zugänglicher Erkenntnisquellen bedienen, um das ausländische Recht sicher ermitteln zu können. Dies wird üblicherweise mit dem Hinweis auf die Möglichkeit des **Freibeweises** umschrieben.[35] Im Einzelnen kommen insbesondere folgende Arten der Ermittlung in Betracht:

24 **1. Gerichtsinterne Ermittlung.** Der erkennende Richter kann alle ausländischen Rechtskenntnisse, über die er verfügt oder die er sich durch interne Literaturstudien verschafft, im Prozess ohne weiteres verwenden. Er hat also die Möglichkeit, bei der Anwendung des ausländischen Rechtes in gleicher Weise vorzugehen wie bei der Anwendung von deutschem Gesetzesrecht. Soweit sich der Richter durch Literaturstudium oder durch Auskünfte ihm bekannter Praktiker oder Wissenschaftler im In- und Ausland seine Kenntnisse über das anzuwendende ausländische Recht beschafft, handelt es sich **nicht um ein Beweisverfahren** nach der ZPO, sondern um einen rein internen Vorgang des Gerichts. Mag es für diese Form der rein internen Ermittlung des geltenden Rechts heute auch viele wertvolle Literaturquellen geben,[36] so ist doch davor zu warnen, wenn das Gericht ohne eigene ausreichende Spezialkenntnisse allzu schnell von der Einholung eines durch die Partei beantragten Sachverständigengutachtens absieht. Trotz des dem Richter bei der Rechtsermittlung insoweit zustehenden Ermessens kann im Einzelfall eine solche Ablehnung ermessensfehlerhaft sein.[37]

25 Manchmal wird auch die **Mithilfe der Parteien** als Erkenntnismöglichkeit genannt.[38] Dabei handelt es sich um einen Unterfall der internen Ermittlungen des Gerichts. Denn das Gericht behält die Verantwortung für die Ermittlung der Rechtslage. Es kann und muss solches Parteivorbringen frei würdigen. Zu den Einzelheiten dieses Verfahrens s. Rn. 26.

26 **2. Ermittlung im formlosen Verfahren.** Wie sich aus Satz 2 ergibt, kann neben der rein internen (also im Grunde privaten) Ermittlung der erkennende Richter auch innerhalb des laufenden Verfahrens Erkenntnisquellen aller Art in einer formlosen Weise heranziehen. Der Richter kann in diesem Bereich von Amts wegen tätig werden und er ist nicht auf die Beweismittel der ZPO beschränkt. Er kann also formlos um die Vorlage von Akten ersuchen oder Auskünfte von verschiedenen Stellen erbitten. Dazu gehören Auskünfte von Privatpersonen, von in- und ausländischen Behörden, insbesondere von in- und ausländischen Botschaften und Konsulaten oder auch von Ministerien. Freilich wird ein solches formloses Verfahren wohl nur im Falle von eher einfach gelagerten und kurz und eindeutig zu beantwortenden Rechtsfragen sinnvoll sein. Bei allen schwierigen und komplexeren Fragestellungen wird es dagegen erforderlich werden, echte Sachverständigengutachten einzuholen. Zwar können auch die dafür geeigneten Stellen (zB rechtswissenschaftliche Universitätsinstitute, Max-Planck-Institute) um Auskünfte in formloser Weise nachgesucht werden. Aber auch hier gilt, dass in allen schwierigen Fragestellungen das Problem durch eine formlose Kurzauskunft nicht zu bewältigen ist. Formlos möglich ist im Rahmen des Freibeweises auch die Verwendung eines Gutachtens, das in einer anderen Sache erstattet worden war. Bei einem solchen Vorgehen des Gerichts können freilich verschiedene Schwierigkeiten auftreten (Probleme der

---

[32] *Stein/Jonas/Leipold* Rn. 13.

[33] Vgl. *Tipke* NJW 1976, 2200; *Nickl* NJW 1989, 2093.

[34] *Rosenberg/Schwab/Gottwald* § 113 III; *Stein/Jonas/Leipold* Rn. 13; *Musielak/Huber* Rn. 3.

[35] Vgl. *Schilken* FS Schumann, S. 376 ff.

[36] Von besonderer Bedeutung sind hier die seit 1965 jährlich veröffentlichten Gutachten zum internationalen und ausländischen Privatrecht, hrsg. von *Ferid/Kegel/Zweigert* im Auftrag des Deutschen Rates für IPR; ferner die Loseblattsammlungen von *Bergmann/Ferid,* Internationales Ehe- und Kindschaftsrecht (Loseblattsammlung), sowie von *Ferid/Firsching,* Internationales Erbrecht (Loseblattsammlung).

[37] Vgl. BGHZ 78, 335; BGH NJW 1984, 2764.

[38] Vgl. *Schütze* S. 117; *Schack* Rn. 630; ferner allgemein *Stein/Jonas/Leipold* Rn. 47 ff.

Übertragung auf ein anderes Verfahren; Änderung der Rechtslage; haftungsrechtliche Absicherung). Es dürfte daher ein nobile officium für das Gericht sein, sich bei unveröffentlichten Gutachten der Zustimmung des Gutachters im Einzelfall zu versichern.[39]

Die Möglichkeit, Ermittlungen über ausländisches Recht in einem formlosen Verfahren anzustellen, ist durch das Europäische Übereinkommen v. 7. 6. 1968 betreffend Auskünfte über das ausländische Recht[40] erweitert worden. Zum Text dieses Übereinkommens und zu den Einzelheiten s. Rn. 33 ff. Nach dem Vorbild des Europäischen Übereinkommens ist neuerdings auch der deutsch-marokkanische Rechtshilfe- und Rechtsauskunftsvertrag v. 29. 10. 1985[41] ausgestaltet. 27

Die Möglichkeit, in einem formlosen Verfahren Auskünfte über das ausländische Recht einzuholen, überschneidet sich mit der Möglichkeit, einen förmlichen Sachverständigenbeweis über die konkrete Rechtsfrage nach den Regeln der ZPO zu erheben. Deshalb sind bereits Zweifel geäußert worden, ob ein formloses Verfahren heute noch zulässig ist.[42] Zu diesem Problem s. Rn. 31. 28

3. Förmliches Beweisverfahren, insbesondere durch Sachverständigengutachten. Neben den bisher aufgezählten Möglichkeiten steht dem Gericht auch der Weg offen, einen Sachverständigen mit der Erstattung eines Gutachtens über die Rechtsfrage zu beauftragen. Wählt der Richter diesen Weg, so ist er an die Regeln des Sachverständigenbeweises nach der ZPO gebunden.[43] Dies bedeutet freilich die Notwendigkeit eines Beweisbeschlusses, die Auswahl des Sachverständigen durch das Prozessgericht (§ 404) sowie die Möglichkeit, das Erscheinen des Sachverständigen in der mündlichen Verhandlung anzuordnen (§ 411 Abs. 3) und den Parteien damit die Möglichkeit zu geben, dem Sachverständigen Fragen stellen zu können (§§ 402, 397 Abs. 1). 29

Als Sachverständige kommen in erster Linie Wissenschaftler in Betracht, die an rechtswissenschaftlichen Universitätsinstituten oder an Max-Planck-Instituten tätig sind.[44] Bei der Auswahl von Sachverständigen durch das Gericht kann auch die Ortsnähe berücksichtigt werden. Naheliegend ist es wohl auch, einen inländischen Sachverständigen zu beauftragen, dem die Akten übersandt werden können und dem das Gericht auch ohne Sprachprobleme erläutern kann, auf welches spezielle Problem der Rechtsanwendung es ankommt.[45] Zu beachten hat der Richter allerdings, dass die Einschaltung eines wissenschaftlichen Instituts zur Ermittlung des ausländischen Rechts dann nicht ausreicht, wenn es im konkreten Fall entscheidend auf die ausländische Rechtspraxis ankommt und der Gutachter nicht über spezielle Kenntnisse derselben verfügt, vielmehr allein auf die Auswertung der ihm zugänglichen Literatur angewiesen ist.[46] 30

4. Die Problematik der richterlichen Verfahrenswahl. Die Wahl des Richters bei der Ermittlung ausländischen Rechts wirft schwierige Fragen auf. Denn er kann und muss sich zwischen der (formlosen) Einholung von Rechtsauskünften und der (förmlichen) Anordnung der Einholung eines Sachverständigengutachtens entscheiden. Diesen beiden unterschiedlichen Möglichkeiten kann man nicht entgehen, indem man auch die offizielle Einholung eines Rechtsgutachtens als ein formloses Verfahren ansieht, das keinen Sachverständigenbeweis iSd. §§ 402 ff. darstellt.[47] Auch wenn es sich bei § 293 nicht um den Beweis von Tatsachen handelt, so kann doch nicht geleugnet werden, dass das Gericht sich nach seinem Ermessen den Regeln des Beweisverfahrens der ZPO zur Ermittlung von Rechtsnormen unterwerfen kann. Tut es dies, indem ein Sachverständigengutachten eingeholt wird, so lässt sich die Anwendung der §§ 402 ff nicht bestreiten.[48] Die eigentliche Problematik liegt vielmehr darin, dass dem Richter bei der Ermittlung des Rechts ein Ermessen zusteht. Er kann also die Normen des Beweisrechts und hier insbesondere die Vorschrift, dass das per- 31

---

[39] *Mansel* IPRax 1995, 365.

[40] Europäisches Übereinkommen v. 7. 6. 1968 (BGBl. 1974 II S. 938), in Kraft seit dem 19. 3. 1975 (BGBl. II S. 300) mit AusfG v. 5. 7. 1974 (BGBl. I S. 1433). Zur Literatur s. Rn. 35.

[41] BGBl. 1988 II S. 1054; vgl. dazu Denkschrift, BT-Drucks. 11/2026 S. 10 ff.

[42] Vgl. *Stein/Jonas/Leipold* Rn. 44.

[43] BGH NJW 1975, 2142, 2143; BGH NJW 1994, 2959; aA *Linke* Rn. 276; *Schack* Rn. 635; diff. *Arens,* FS Zajtay, S. 7 ff.; *Stein/Jonas/Leipold* Rn. 43 ff.

[44] Vgl. die Zusammenstellung solcher Sachverständigen durch *Hetger* in DNotZ 1983, 723, DNotZ 1985, 269, DNotZ 1988, 425, DNotZ 1994, 88, DNotZ 2003, 310; ebenso Beilage zu AnwBl. 1994, Heft 12. Ausgangspunkt war eine erste Zusammenstellung in DNotZ 1974, 133 gewesen. Freilich ist gegenüber solchen unvollständigen und teilweise wohl auch einseitigen Aufzählungen eine gewisse Vorsicht geboten; vgl. etwa die Kritik bei *Schütze* S. 118 Fn. 170 (diese Kritik bezieht sich mit Recht auf die Zusammenstellung aus dem Jahre 1983); *Schack* Rn. 633.

[45] Vgl. *Kegel,* FS Nipperdey, S. 467.

[46] BGH NJW-RR 1991, 1211. Vgl. zur umfassenden Ermittlungspflicht des Gerichts auch BGH WM 1992, 1510, 1511 f. Kritisch *Samtleben* NJW 1992, 3057.

[47] So aber *Linke* Rn. 276.

[48] Insofern richtig BGH NJW 1975, 2142. Ebenso BGH MDR 1994, 939 = NJW 1994, 2959.

sönliche Erscheinen des Sachverständigen angeordnet werden kann und die Parteien ihm Fragen stellen können (§§ 411 Abs. 3, 402, 397 Abs. 1), ohne weiteres dadurch unterlaufen, dass er von dem Sachverständigen nur eine formlose Auskunft einholt. Nimmt man die auch vom BGH betonten verfahrensrechtlichen Garantien ernst, so könnte dies also zu der Konsequenz führen, formlose Auskünfte nicht für zulässig zu erachten, um eine Umgehung der Beweisvorschriften zu vermeiden. Dies würde freilich die von § 293 gewollte freie Wahl des Richters bei der Rechtsermittlung in unzulässiger Weise einengen. Besonders deutlich wird das im Falle der Einholung von Auskünften nach dem Europäischen Übereinkommen vom 7. 6. 1968 (s. Rn. 33). Denn dort ist in § 4 des Ausführungsgesetzes ein ausdrückliches Verbot enthalten, den Auskunftgeber vor Gericht zu laden. Auch sonst würde die Möglichkeit, einen ausländischen Sachverständigen vor Gericht zu laden, größte Probleme aufwerfen. Dies zeigt, dass die Normen des Sachverständigenbeweises (§§ 402 ff.) das formlose Verfahren zur Ermittlung von Auskünften nicht ihrerseits verdrängen dürfen.

32 Im **Ergebnis** gestattet also § 293 unverändert eine Wahl des Richters zwischen formlosem und förmlichem Beweisverfahren. Das Ermessen des Richters bei der Auswahl des Verfahrens muss trotz gewisser Gefahren für die rechtsstaatlichen Garantien erhalten bleiben. Eine Trennung zwischen formlosem und förmlichem Beweisverfahren ist daher ausschließlich danach möglich, welchen Weg das Gericht selbst eingeschlagen hat.[49]

V. Das Europäische Übereinkommen betreffend Auskünfte über ausländisches Recht v. 7. 6. 1968 (Londoner Übereinkommen)

(BGBl. 1974 II S. 937)

33 1. Text des Übereinkommens

Präambel

Die Mitgliedstaaten des Europarats, die dieses Übereinkommen unterzeichnen –

in der Erwägung, dass es das Ziel des Europarats ist, eine engere Verbindung zwischen seinen Mitgliedern herbeizuführen,

in der Überzeugung, dass die Einrichtung eines Systems zwischenstaatlicher Hilfe, das den Gerichten die Beschaffung von Auskünften über ausländisches Recht erleichtern soll, dazu beitragen wird, dieses Ziel zu erreichen –

haben folgendes vereinbart:

Art. 1. Anwendungsbereich des Übereinkommens. *(1) Die Vertragsparteien verpflichten sich, einander gemäß den Bestimmungen dieses Übereinkommens Auskünfte über ihr Zivil- und Handelsrecht, ihr Verfahrensrecht auf diesen Gebieten und über ihre Gerichtsverfassung zu erteilen.*

(2) [1] Zwei oder mehr Vertragsparteien können jedoch vereinbaren, den Anwendungsbereich dieses Übereinkommens untereinander auf andere als die im vorstehenden Absatz angeführten Rechtsgebiete zu erstrecken. [2] Eine solche Vereinbarung ist dem Generalsekretär des Europarats im Wortlaut mitzuteilen.

Art. 2. Staatliche Verbindungsstellen. *(1) [1] Zur Ausführung dieses Übereinkommens errichtet oder bestimmt jede Vertragspartei eine einzige Stelle (im Folgenden als „Empfangsstelle" bezeichnet), welche die Aufgabe hat:*

a) Auskunftsersuchen im Sinne des Artikels 1 Abs. 1 entgegenzunehmen, die von einer anderen Vertragspartei eingehen;

b) zu derartigen Ersuchen das Weitere gemäß Artikel 6 zu veranlassen.

[2] Diese Stelle kann entweder ein Ministerium oder eine andere staatliche Stelle sein.

(2) [1] Jeder Vertragspartei steht es frei, eine oder mehrere Stellen (im Folgenden als „Übermittlungsstelle" bezeichnet) zu errichten oder zu bestimmen, welche die von ihren Gerichten ausgehenden Auskunftsersuchen entgegenzunehmen und der zuständigen ausländischen Empfangsstelle zu übermitteln haben. [2] Die Aufgabe der Übermittlungsstelle kann auch der Empfangsstelle übertragen werden.

(3) Jede Vertragspartei teilt dem Generalsekretär des Europarats Bezeichnung und Anschrift ihrer Empfangsstelle und gegebenenfalls ihrer Übermittlungsstelle oder ihrer Übermittlungsstellen mit.

---

[49] Wie hier *Arens,* FS Zajtay, S. 11; ähnlich wohl auch *Schack* Rn. 636 aE; aA *Schilken,* FS Schumann, S. 376 ff. (immer Fall des Freibeweises); *Stein/Jonas/Leipold* Rn. 44, der nach dem sachlichen Inhalt der gerichtlichen Anfrage abgrenzen will; ebenso *Kindl* ZZP 111 (1998), 188. Auch dies schließt freilich nicht aus, daß der Richter den sachlichen Inhalt seiner Anfrage so formuliert, wie er den Verfahrensweg einschlagen will.

Art. 3. Zur Stellung von Auskunftsersuchen berechtigte Behörden. *(1) [1] Ein Auskunftsersuchen muss von einem Gericht ausgehen, auch wenn es nicht vom Gericht selbst abgefasst worden ist. [2] Das Ersuchen darf nur für ein bereits anhängiges Verfahren gestellt werden.*

(2) Jede Vertragspartei, die keine Übermittlungsstelle errichtet oder bestimmt hat, kann durch eine an den Generalsekretär des Europarats gerichtete Erklärung anzeigen, welche ihrer Behörden sie als Gericht im Sinne des vorstehenden Absatzes ansieht.

(3) [1] Zwei oder mehr Vertragsparteien können vereinbaren, die Anwendung dieses Übereinkommens untereinander auf Ersuchen zu erstrecken, die von anderen Behörden als Gerichten ausgehen. [2] Eine solche Vereinbarung ist dem Generalsekretär des Europarats im Wortlaut mitzuteilen.

Art. 4. Inhalt des Auskunftsersuchens. *(1) [1] Im Auskunftsersuchen sind das Gericht, von dem das Ersuchen ausgeht, und die Art der Rechtssache zu bezeichnen. [2] Die Punkte, zu denen Auskunft über das Recht des ersuchten Staates gewünscht wird, und für den Fall, dass im ersuchten Staat mehrere Rechtssysteme bestehen, das System, auf das sich die gewünschte Auskunft beziehen soll, sind möglichst genau anzugeben.*

(2) Das Ersuchen hat eine Darstellung des Sachverhalts mit den Angaben zu enthalten, die zum Verständnis des Ersuchens und zu seiner richtigen und genauen Beantwortung erforderlich sind; Schriftstücke können in Abschrift beigefügt werden, wenn dies zum besseren Verständnis des Ersuchens notwendig ist.

(3) Zur Ergänzung kann im Ersuchen Auskunft auch zu Punkten erbeten werden, die andere als die in Artikel 1 Abs. 1 angeführten Rechtsgebiete betreffen, sofern diese Punkte mit denen im Zusammenhang stehen, auf die sich das Ersuchen in erster Linie bezieht.

(4) Ist das Ersuchen nicht von einem Gericht abgefasst, so ist ihm die gerichtliche Entscheidung beizufügen, durch die es genehmigt worden ist.

Art. 5. Übermittlung des Auskunftsersuchens. *Das Auskunftsersuchen ist von einer Übermittlungsstelle oder, falls eine solche nicht besteht, vom Gericht, von dem das Ersuchen ausgeht, unmittelbar der Empfangsstelle des ersuchten Staates zu übermitteln.*

Art. 6. Zur Beantwortung von Auskunftsersuchen zuständige Stellen. *(1) Die Empfangsstelle, bei der ein Auskunftsersuchen eingegangen ist, kann das Ersuchen entweder selbst beantworten oder es an eine andere staatliche oder an eine öffentliche Stelle zur Beantwortung weiterleiten.*

(2) Die Empfangsstelle kann das Ersuchen in geeigneten Fällen oder aus Gründen der Verwaltungsorganisation auch an eine private Stelle oder an eine geeignete rechtskundige Person zur Beantwortung weiterleiten.

(3) Ist bei Anwendung des vorstehenden Absatzes mit Kosten zu rechnen, so hat die Empfangsstelle vor der Weiterleitung des Ersuchens der Behörde, von der das Ersuchen ausgeht, die private Stelle oder die rechtskundige Person anzuzeigen, an die das Ersuchen weitergeleitet werden soll; in diesem Falle gibt die Empfangsstelle der Behörde möglichst genau die Höhe der voraussichtlichen Kosten an und ersucht um ihre Zustimmung.

Art. 7. Inhalt der Antwort. *[1] Zweck der Antwort ist es, das Gericht, von dem das Ersuchen ausgeht, in objektiver und unparteiischer Weise über das Recht des ersuchten Staates zu unterrichten. [2] Die Antwort hat, je nach den Umständen des Falles, in der Mitteilung des Wortlauts der einschlägigen Gesetze und Verordnungen sowie in der Mitteilung von einschlägigen Gerichtsentscheidungen zu bestehen. [3] Ihr sind, soweit dies zur gehörigen Unterrichtung des ersuchenden Gerichts für erforderlich gehalten wird, ergänzende Unterlagen wie Auszüge aus dem Schrifttum und aus den Gesetzesmaterialien anzuschließen. [4] Erforderlichenfalls können der Antwort erläuternde Bemerkungen beigefügt werden.*

Art. 8. Wirkungen der Antwort. *Die in der Antwort enthaltenen Auskünfte binden das Gericht, von dem das Ersuchen ausgeht, nicht.*

Art. 9. Übermittlung der Antwort. *Die Antwort ist von der Empfangsstelle, wenn die Übermittlungsstelle das Ersuchen übermittelt hat, dieser Stelle oder, wenn sich das Gericht unmittelbar an die Empfangsstelle gewandt hat, dem Gericht zu übermitteln.*

Art. 10. Pflicht zur Beantwortung. *(1) Vorbehaltlich des Artikels 11 ist die Empfangsstelle, bei der ein Auskunftsersuchen eingegangen ist, verpflichtet, zu dem Ersuchen das Weitere gemäß Artikel 6 zu veranlassen.*

(2) Beantwortet die Empfangsstelle das Ersuchen nicht selbst, so hat sie vor allem darüber zu wachen, dass es unter Beachtung des Artikels 12 erledigt wird.

Art. 11. Ausnahmen von der Pflicht zur Beantwortung. *Der ersuchte Staat kann es ablehnen, zu einem Auskunftsersuchen das Weitere zu veranlassen, wenn durch die Rechtssache, für die das Ersuchen gestellt worden ist, seine Interessen berührt werden oder wenn er die Beantwortung für geeignet hält, seine Hoheitsrechte oder seine Sicherheit zu gefährden.*

Art. 12. Frist für die Beantwortung. *[1] Ein Auskunftsersuchen ist so schnell wie möglich zu beantworten. [2] Nimmt die Beantwortung längere Zeit in Anspruch, so hat die Empfangsstelle die ausländische Behörde, die sich an sie gewandt hat, entsprechend zu unterrichten und dabei nach Möglichkeit den Zeitpunkt anzugeben, zu dem die Antwort voraussichtlich übermittelt werden kann.*

Art. 13. Ergänzende Angaben. *(1) Die Empfangsstelle sowie die gemäß Artikel 6 mit der Beantwortung beauftragte Stelle oder Person können von der Behörde, von der das Ersuchen ausgeht, die ergänzenden Angaben verlangen, die sie für die Beantwortung für erforderlich halten.*

(2) Das Ersuchen um ergänzende Angaben ist von der Empfangsstelle auf dem Wege zu übermitteln, den Artikel 9 für die Übermittlung der Antwort vorsieht.

Art. 14. Sprachen. *(1) [1] Das Auskunftsersuchen und seine Anlagen müssen in der Sprache oder in einer der Amtssprachen des ersuchten Staates abgefasst oder von einer Übersetzung in diese Sprache begleitet sein. [2] Die Antwort wird in der Sprache des ersuchten Staates abgefasst.*

(2) Zwei oder mehr Vertragsparteien können jedoch vereinbaren, untereinander von den Bestimmungen des vorstehenden Absatzes abzuweichen.

Art. 15. Kosten. *(1) Mit Ausnahme der in Artikel 6 Abs. 3 angeführten Kosten, die der ersuchende Staat zu zahlen hat, dürfen für die Antwort Gebühren oder Auslagen irgendwelcher Art nicht erhoben werden.*

(2) Zwei oder mehr Vertragsparteien können jedoch vereinbaren, untereinander von den Bestimmungen des vorstehenden Absatzes abzuweichen.

Art. 16. Bundesstaaten. *In Bundesstaaten können die Aufgaben der Empfangsstelle, mit Ausnahme der in Artikel 2 Abs. 1 Buchstabe a vorgesehenen, aus Gründen des Verfassungsrechts anderen staatlichen Stellen übertragen werden.*

Art. 17. Inkrafttreten des Übereinkommens. *(1) [1] Dieses Übereinkommen liegt für die Mitgliedstaaten des Europarats zur Unterzeichnung auf. [2] Es bedarf der Ratifikation oder der Annahme. [3] Die Ratifikations- oder Annahmeurkunden werden beim Generalsekretär des Europarats hinterlegt.*

(2) Dieses Übereinkommen tritt drei Monate nach Hinterlegung der dritten Ratifikations- oder Annahmeurkunde in Kraft.

(3) Es tritt für jeden Unterzeichnerstaat, der es später ratifiziert oder annimmt, drei Monate nach der Hinterlegung seiner Ratifikations- oder Annahmeurkunde in Kraft.

Art. 18. Beitritt eines Staates, der nicht Mitglied des Europarats ist. *(1) Nach Inkrafttreten dieses Übereinkommens kann das Ministerkomitee des Europarats jeden Staat, der nicht Mitglied des Europarats ist, einladen, diesem Übereinkommen beizutreten.*

(2) Der Beitritt erfolgt durch Hinterlegung einer Beitrittsurkunde beim Generalsekretär des Europarats und wird drei Monate nach ihrer Hinterlegung wirksam.

Art. 19. Örtlicher Geltungsbereich des Übereinkommens. *(1) Jede Vertragspartei kann bei der Unterzeichnung oder bei der Hinterlegung ihrer Ratifikations-, Annahme- oder Beitrittsurkunde das Hoheitsgebiet oder die Hoheitsgebiete bezeichnen, für das oder für die dieses Übereinkommen gelten soll.*

(2) Jede Vertragspartei kann bei der Hinterlegung ihrer Ratifikations-, Annahme- oder Beitrittsurkunde oder jederzeit danach durch eine an den Generalsekretär des Europarats gerichtete Erklärung dieses Übereinkommen auf jedes weitere in der Erklärung bezeichnete Hoheitsgebiet erstrecken, dessen internationale Beziehungen sie wahrnimmt oder für das sie berechtigt ist, Vereinbarungen zu treffen.

(3) Jede nach dem vorstehenden Absatz abgegebene Erklärung kann für jedes darin bezeichnete Hoheitsgebiet gemäß Artikel 20 zurückgenommen werden.

Art. 20. Geltungsdauer des Übereinkommens und Kündigung. *(1) Dieses Übereinkommen bleibt auf unbegrenzte Zeit in Kraft.*

(2) Jede Vertragspartei kann dieses Übereinkommen durch eine an den Generalsekretär des Europarats gerichtete Notifikation für sich selbst kündigen.

(3) Die Kündigung wird sechs Monate nach Eingang der Notifikation beim Generalsekretär wirksam.

Art. 21. Aufgaben des Generalsekretärs des Europarats. *Der Generalsekretär des Europarats notifiziert den Mitgliedstaaten des Rats und jedem Staat, der diesem Übereinkommen beigetreten ist:*

a) jede Unterzeichnung;

b) jede Hinterlegung einer Ratifikations-, Annahme- oder Beitrittsurkunde;

c) jeden Zeitpunkt des Inkrafttretens dieses Übereinkommens nach seinem Artikel 17;

d) jede nach Artikel 1 Abs. 2, Artikel 2 Abs. 3, Artikel 3 Abs. 2 und Artikel 19 Abs. 2 und 3 eingegangene Erklärung;

e) jede nach Artikel 20 eingegangene Notifikation und den Zeitpunkt, zu dem die Kündigung wirksam wird.

Zu Urkund dessen haben die hierzu gehörig befugten Unterzeichneten dieses Übereinkommen unterschrieben.

Geschehen zu London, am 7. Juni 1968 in englischer und französischer Sprache, wobei jeder Wortlaut gleichermaßen verbindlich ist, in einer Urschrift, die im Archiv des Europarats hinterlegt wird. Der Generalsekretär des Europarats übermittelt jedem Staat, der das Übereinkommen unterzeichnet hat oder ihm beigetreten ist, beglaubigte Abschriften.

2. Gesetz zur Ausführung des Europäischen Übereinkommens betreffend Auskünfte über ausländisches Recht und seines Zusatzprotokolls (Ausland-Rechtsauskunftsgesetz – AuRAG). 34

Vom 5. 7. 1974 (BGBl. I S. 1433, 1975 I S. 698)

(FNA 187-3)

I. Ausgehende Ersuchen

§ 1 [Auskunftsersuchen]. *[1] Hat ein Gericht in einem anhängigen Verfahren ausländisches Recht einer der Vertragsparteien anzuwenden, so kann es eine Auskunft nach den Vorschriften des Übereinkommens vom 7. Juni 1968 (BGBl. 1974 II S. 937) einholen. [2] Das Gericht kann die Abfassung des Ersuchens auch den Parteien oder Beteiligten überlassen; in diesem Fall ist dem Auskunftsersuchen des Gerichts die gerichtliche Genehmigung des Ersuchens beizufügen. [3] Das Auskunftsersuchen ist von dem Gericht der Übermittlungsstelle vorzulegen.*

§ 2 [Mitteilung über Kosten]. *[1] Eine Mitteilung des anderen Vertragsstaats, dass für die Erledigung des Ersuchens mit Kosten zu rechnen ist (Artikel 6 Abs. 3 des Übereinkommens), leitet die Übermittlungsstelle dem ersuchenden Gericht zu. [2] Das Gericht teilt der Übermittlungsstelle mit, ob das Ersuchen aufrechterhalten wird.*

§ 3 [Kosten]. *[1] Werden für die Erledigung eines Auskunftsersuchens von einem anderen Vertragsstaat Kosten erhoben, sind die Kosten nach Eingang der Antwort von der Übermittlungsstelle dem anderen Vertragsstaat zu erstatten. [2] Das ersuchende Gericht übermittelt den Kostenbetrag der Übermittlungsstelle.*

§ 4 [Vernehmung von Personen]. *Die Vernehmung einer Person, die ein Auskunftsersuchen in einem anderen Vertragsstaat bearbeitet hat, ist zum Zwecke der Erläuterung oder Ergänzung der Antwort unzulässig.*

II. Eingehende Ersuchen

§ 5 [Ersuchen bei Bundes- und Landesrecht]. *[1] Bezieht sich ein Auskunftsersuchen auf Landesrecht, leitet es die Empfangsstelle an die von der Regierung des Landes bestimmte Stelle zur Beantwortung weiter. [2] Bezieht sich ein Auskunftsersuchen auf Bundesrecht und auf Landesrecht, soll es die Empfangsstelle an die von der Regierung des Landes bestimmte Stelle zur einheitlichen Beantwortung weiterleiten. [3] Gilt Landesrecht in mehreren Ländern gleich lautend, so kann die Beantwortung der Stelle eines der Länder übertragen werden.*

§ 6 [Weiterleitung des Ersuchens]. *(1) [1] Die Empfangsstelle kann ein Auskunftsersuchen an einen Rechtsanwalt, einen Notar, einen beamteten Professor der Rechte oder einen Richter mit deren Zustimmung zur schriftlichen Beantwortung weiterleiten (Artikel 6 Abs. 2 des Übereinkommens). [2] Einem Richter darf die Beantwortung des Auskunftsersuchens nur übertragen werden, wenn auch seine oberste Dienstbehörde zustimmt.*

(2) [1] Auf das Verhältnis der nach Absatz 1 bestellten Person zur Empfangsstelle finden die Vorschriften der §§ 407, 407a, 408, 409, 411 Abs. 1, 2 und des § 412 Abs. 1 der Zivilprozessordnung entsprechende

Anwendung. ²Die nach Absatz 1 bestellte Person ist wie ein Sachverständiger nach dem Gesetz über die Entschädigung von Zeugen und Sachverständigen zu entschädigen. ³In den Fällen der §§ 409, 411 Abs. 2 der Zivilprozessordnung und des § 16 des Gesetzes über die Entschädigung von Zeugen und Sachverständigen ist das Amtsgericht am Sitz der Empfangsstelle zuständig.

§ 7 [Auskunft von privater Stelle oder rechtskundiger Person]. *¹Wird die Auskunft von einer privaten Stelle oder rechtskundigen Person erteilt (Artikel 6 Abs. 2 des Übereinkommens, § 6), obliegt die Entschädigung dieser Stelle oder Person der Empfangsstelle. ²Die Empfangsstelle nimmt die Zahlungen des ersuchenden Staates entgegen. ³Die Kostenrechnung ist der Empfangsstelle mit der Auskunft zu übersenden.*

§ 8 [Von der Landesregierung bestimmte Auskunftsstelle]. *¹Leitet die Empfangsstelle ein Ersuchen an eine von der Landesregierung bestimmte Stelle weiter, so nimmt diese die Aufgaben und Befugnisse der Empfangsstelle nach den §§ 6, 7 Satz 1, 3 wahr. ²In den Fällen des § 6 Abs. 2 Satz 3 ist das Amtsgericht am Sitz der von der Landesregierung bestimmten Stelle zuständig. ³Die von der Landesregierung bestimmte Stelle übermittelt die Antwort der Empfangsstelle. ⁴Hatte die von der Landesregierung bestimmte Stelle die Beantwortung übertragen (Artikel 6 des Übereinkommens, § 6), übermittelt die Empfangsstelle die Zahlungen des ersuchenden Staates dieser Stelle.*

III. Sonstige Bestimmungen

§ 9 [Wahrnehmung der Aufgaben]. *(1) Die Aufgaben der Empfangsstelle im Sinne des Artikels 2 Abs. 1 des Übereinkommens nimmt der Bundesminister der Justiz wahr.*

(2) ¹Die Aufgaben der Übermittlungsstelle im Sinne des Artikels 2 Abs. 2 des Übereinkommens nimmt für Ersuchen, die vom Bundesverfassungsgericht oder von Bundesgerichten ausgehen, der Bundesminister der Justiz wahr. ²Im Übrigen nehmen die von den Landesregierungen bestimmten Stellen diese Aufgaben wahr. ³In jedem Land kann nur eine Übermittlungsstelle eingerichtet werden.

(3) ¹Der Bundesminister der Justiz wird ermächtigt, durch Rechtsverordnung, die der Zustimmung des Bundesrates bedarf, eine andere Empfangsstelle zu bestimmen, wenn dies aus Gründen der Verwaltungsvereinfachung oder zur leichteren Ausführung des Übereinkommens notwendig erscheint. ²Er wird ferner ermächtigt, durch Rechtsverordnung, die nicht der Zustimmung des Bundesrates bedarf, aus den in Satz 1 genannten Gründen eine andere Übermittlungsstelle für Ersuchen zu bestimmen, die vom Bundesverfassungsgericht oder von Bundesgerichten ausgehen.

§ 10 [Anwendungsbereich]. *Die Vorschriften dieses Gesetzes, mit Ausnahme von § 1 Satz 2, sind auf Auskünfte nach Kapitel I des Zusatzprotokolls vom 15. März 1978 (BGBl. 1987 II S. 58) zu dem Übereinkommen entsprechend anzuwenden.*

§ 11 *(gegenstandslos)*

§ 12 [Inkrafttreten]. *(1) Dieses Gesetz tritt gleichzeitig mit dem Europäischen Übereinkommen vom 7. Juni 1968 betreffend Auskünfte über ausländisches Recht in Kraft.*

(2) Der Tag, an dem dieses Gesetz in Kraft tritt, ist im Bundesgesetzblatt bekanntzugeben.

35 **3. Schrifttum.** Denkschrift und Entwurf der Bundesregierung zum Zustimmungsgesetz mit Begründung, BT-Drucks. 7/992 und 993; *Jastrow,* Zur Ermittlung ausländischen Rechts: Was leistet das Londoner Auskunftsübereinkommen in der Praxis, IPRax 2004, 402; *Nagel/Gottwald,* Internationales Zivilprozessrecht, 6. Aufl. 2007, S. 504; *Otto,* Die gerichtliche Praxis und ihre Erfahrungen mit dem Europäischen Übereinkommen v. 7. 6. 1968 betreffend Auskünfte über ausländisches Recht, FS Firsching, 1985, S. 209; *ders.,* Das Europ. Übereinkommen vom 7. 6. 1968 betreffend Auskünfte über ausländisches Recht in der deutsch-italienischen Rechtspraxis, Jahrbuch für Italien. Recht, 1991, S. 139 ff.; *Schellack,* Selbstermittlung oder ausländische Auskunft unter dem europäischen Rechtsauskunftsübereinkommen, 1998; *A. Wolf,* Das Europäische Übereinkommen v. 7. 6. 1968 betreffend Auskünfte über ausländisches Recht, NJW 1975, 1583; *Wollny,* Auskünfte über ausländisches Recht, DRiZ 1984, 479.

36 **4. Inkrafttreten.** Das Europäische Übereinkommen v. 7. 6. 1968 (BGBl. 1974 II S. 938) ist für die Bundesrepublik Deutschland am 19. 3. 1975 in Kraft getreten (BGBl. 1975 II S. 300). Hinzu tritt das Ausführungsgesetz v. 5. 7. 1974 (BGBl. 1974 I S. 1433; zuletzt geändert durch Rechtspflege-Vereinfachungsgesetz v. 17. 12. 1990, BGBl. I S. 2847).

37 **5. Geltungsbereich. a) Mitgliedsstaaten.** Das Übereinkommen ist bisher für folgende Staaten in Kraft getreten: Belgien, Bulgarien, Costa Rica, Dänemark, Estland, Finnland, Frankreich, Grie-

chenland, Großbritannien, Island, Italien, Liechtenstein, Luxemburg, Malta, Niederlande, Norwegen, Österreich, Polen, Portugal, Rumänien, Russland, Schweden, Schweiz, Slowenien, Spanien, Türkei, Ukraine, Ungarn, Weißrussland, Zypern.

b) Sachlicher Geltungsbereich. Das Übereinkommen betrifft Rechtsauskünfte auf dem Gebiet des Zivil- und Handelsrechts sowie des dazu gehörenden Verfahrensrechts und des Gerichtsverfassungsrechts (Art. 1 Abs. 1). Eine Erstreckung des Anwendungsbereichs auf andere Rechtsgebiete können die Vertragsparteien vereinbaren (Art. 1 Abs. 2). Durch das Straßburger Zusatzprotokoll vom 15. 3. 1978 wurde der Anwendungsbereich des Übereinkommens auf Auskünfte über Straf-, Strafverfahrens- und Strafvollzugsrecht ausgedehnt. Die Bundesrepublik Deutschland hat dem Zusatzprotokoll mit der Maßgabe zugestimmt, dass dessen Kapitel II für Deutschland nicht verbindlich ist (Gesetz vom 21. 1. 1987, BGBl. II S. 58). 38

6. Verfahren. a) Berechtigung für ein Auskunftsersuchen. Nur Gerichte sind berechtigt, ein Auskunftsersuchen in einem bereits anhängigen Verfahren zu stellen (Art. 3 Abs. 1). Wird ein solches Ersuchen von einem Dritten abgefasst, so muss ihm die gerichtliche Genehmigung für dieses Ersuchen beigefügt sein (Art. 4 Abs. 4). Der Begriff des Gerichts ist umfassend zu verstehen. Auch ein Strafgericht oder ein Verwaltungsgericht kann das Ersuchen stellen, wenn sich sein Inhalt auf eine Materie bezieht, die dem Übereinkommen unterfällt. Die Entscheidung, ob ein Auskunftsersuchen gestellt wird, trifft der erkennende Richter im Rahmen von § 293 nach seinem Ermessen. 39

b) Inhalt des Auskunftsersuchens. Das Auskunftsersuchen muss das anfragende Gericht, die genaue Bezeichnung des Verfahrens, wichtige Hinweise zum Sachverhalt des Verfahrens und eine genaue Beschreibung der Rechtsfrage, über die die Auskunft gewünscht wird, enthalten (Art. 4). Das Ersuchen (einschließlich eventueller Anlagen) muss in der Sprache des ersuchten Staates abgefasst oder von einer Übersetzung dieser Sprache begleitet sein (Art. 14 Abs. 1). 40

c) Übermittlung des Auskunftsersuchens. In jedem Vertragsstaat existiert eine besondere Stelle zur Behandlung eingehender Ersuchen (Empfangsstelle) und für ausgehende Ersuchen (Übermittlungsstelle). In Deutschland ist als Empfangsstelle ausschließlich der Bundesminister der Justiz vorgesehen (§ 9 Abs. 1 AusfG). Als Übermittlungsstelle kommen der Bundesminister der Justiz für die Ersuchen, die vom BVerfG und den Bundesgerichten ausgehen, im Übrigen die Justizminister und Senatoren der Länder in Betracht (§ 9 Abs. 2 AusfG, § 48 Abs. 1 ZRHO). 41

d) Beantwortung des Auskunftsersuchens. Die Empfangsstelle des jeweils ersuchten Staates beantwortet das Ersuchen entweder selbst oder leitet es an eine andere staatliche Stelle oder sogar an private Stellen und Personen weiter (Art. 6). In Deutschland ist die Beantwortung auch durch Rechtsanwälte, Notare und beamtete Professoren möglich, durch Richter nur mit Zustimmung ihrer obersten Dienstbehörde (§ 6 Abs. 1 AusfG). Die Antwort, die in der Sprache des ersuchten Staates abgefasst wird (Art. 14 Abs. 1 S. 2), soll das ersuchende Gericht in objektiver und unparteiischer Weise über die Rechtslage unterrichten (Art. 7). Dazu kommt eine Kopie der einschlägigen Gesetze und Verordnungen sowie der in Betracht kommenden Gerichtsentscheidungen, ferner Auszüge aus dem Schrifttum oder aus Gesetzesmaterialien in Frage. Möglich ist auch die Hinzufügung von Erläuterungen. Darin zeigt sich, dass es bei dem Übereinkommen um die Stellung und Beantwortung abstrakter Rechtsfragen geht, nicht um die Erstellung vollständiger Gutachten zu einem konkreten Fall. 42

Das Übereinkommen betont ausdrücklich, dass die ersuchende Stelle an die Auskunft nicht gebunden ist (Art. 8). Dies ist aus der Sicht des deutschen Rechts nur eine Klarstellung und entspricht der Rechtslage in § 293. 43

Grundsätzlich unzulässig ist es, eine Person, die das Auskunftsersuchen in einem anderen Vertragsstaat bearbeitet hat, persönlich zu laden und in der mündlichen Verhandlung zu vernehmen (§ 4 AusfG). 44

e) Kosten. Die Anfrage ist kostenfrei, soweit die ersuchte Stelle oder eine weitere damit befasste staatliche Stelle die Beantwortung vornimmt (Art. 6 Abs. 1). Kosten entstehen freilich, soweit eine Anfrage an private Stellen oder Personen weitergeleitet wird. In diesem Fall fragt die Übermittlungsstelle beim ersuchenden Gericht zunächst an, ob das Ersuchen aufrechterhalten wird (§ 2 AusfG). 45

7. Beurteilung. Der praktische Nutzen des Übereinkommens wird in Deutschland häufig sehr kritisch beurteilt.[50] Dem entspricht es, dass die Zahl der Ersuchen durch deutsche Gerichte relativ 46

---

[50] Vgl. *Hüßtege* IPRax 2002, 293; *Schellack,* S. 121 ff.; *Wengler* JR 1983, 226; *Ferid* S. 156; *Kegel* S. 320; *Schack* Rn. 632; *Hetger* DNotZ 1994, 88; positiver wird das Übereinkommen beurteilt von *Linke* Rn. 277 f.; *Stein/Jonas/Leipold* Rn. 81; *Jastrow,* IPRax 2004, 402.

gering ist.[51] Pro Jahr gibt es insgesamt zwischen 20 und 50 Anfragen. Entscheidend für die kritische Beurteilung dürfte sein, dass das Übereinkommen nur die Antwort auf abstrakte Rechtsfragen vorsieht und nicht die Möglichkeit vollständiger Gutachten auf Grund der Übersendung der gesamten Akten ermöglicht. Künftig wird die Einrichtung eines europ. Informationszentrums vorgeschlagen.[52]

VI. Verfahren

47 **1. Pflichten des Gerichts.** Das Gericht erforscht das ausländische Recht von Amts wegen und muss es ebenso wie deutsches Recht von Amts wegen anwenden. Es sind also insoweit weder Behauptungen der Parteien noch Beweisantritte erforderlich. Es besteht auch keinerlei Ermessensspielraum für das Gericht bei der Frage, **ob** ausländisches Recht heranzuziehen ist. Selbst ein übereinstimmender Parteivortrag oder die Tatsache, dass sich keine der Parteien auf die Anwendbarkeit ausländischen Rechts beruft, ändert nichts an der bestehenden Verpflichtung des Gerichts.[53] Davon zu unterscheiden ist die Tatsache, dass die Parteien unter Umständen vertraglich eine wirksame Rechtswahl getroffen haben, die das Gericht bindet.

48 Von der Rechtsanwendung auch des ausländischen Rechts von Amts wegen zu unterscheiden ist die Frage, ob das Gericht auch die zugrundeliegenden Tatsachen ohne Parteivortrag ermitteln und in den Prozess einführen darf. Unter der Geltung der Verhandlungsmaxime ist dies abzulehnen.[54] Eine Ausnahme besteht hier aber in dem wichtigen Bereich der Ehe-, Familien- und Kindschaftssachen, in denen der Untersuchungsgrundsatz gilt (vgl. § 616, 617, 640 Abs. 1).

49 Im Gegensatz zu der Frage, ob das Gericht ausländisches Recht anzuwenden hat, steht ihm bei der Frage, **wie** dieses Recht zu ermitteln ist, ein Ermessen zu.[55] Es gibt keinen zwingenden Vorrang und keine Reihenfolge zwischen den verschiedenen Arten der Ermittlung (s. Rn. 23 ff., 32). Eine Verpflichtung besteht nur insoweit, als das Gericht alle zur Verfügung stehenden Erkenntnismöglichkeiten ausschöpfen muss, bis es eine sichere Rechtserkenntnis gewonnen hat.[56] Die Möglichkeit des Gerichts, zwischen den verschiedenen Arten der Ermittlung frei zu wählen, wird häufig als eine Form des Freibeweises bezeichnet. Damit wird zum Ausdruck gebracht, dass das Gericht bei der Ermittlung im Rahmen von § 293 nicht an die Regeln des Beweisverfahrens der ZPO gebunden ist. Da es sich aber bei den Rechtsermittlungen um eine Wahl zwischen einer rein internen Information des Richters, einem formlosen Verfahren oder einem förmlichen Beweisverfahren handelt, ist bei genauer Sicht der Dinge die Bezeichnung als Freibeweis nicht korrekt.

50 Im Rahmen seiner Ermittlungen kann das Gericht Informationen und ihm angebotene Beweise der Parteien verwerten. Freilich ist es in keinem Fall an den Vortrag der Parteien gebunden. Es ist also zulässig, angebotene Beweise wegen bereits vorhandener eigener Kenntnis oder anderer Informationsquellen abzulehnen. Die in der Rspr. des BAG[57] anzutreffende These, dass das Gericht eigene Prüfungen beenden kann, wenn beide Parteien übereinstimmend den Inhalt von ausländischem Recht vortragen, ist nur insofern richtig, als das Gericht aus diesem Parteivortrag nach seinem Ermessen eine eigene Überzeugung entwickeln kann. Zu dem Problem, dass das Gericht das anzuwendende Recht nicht ermitteln kann, s. Rn. 59 ff.

51 **2. Mitwirkung der Parteien.** Die Parteien sind zur Mitwirkung bei der Ermittlung ausländischen Rechts berechtigt, aber nicht verpflichtet. Die Unterstützung der Parteien ist keine eigenständige Erkenntnismöglichkeit, sondern ein Unterfall der internen Rechtsermittlung durch das Gericht (s. Rn. 24). Das Recht der Parteien auf Äußerung zur Rechtsauffassung und die damit korrespondierende Pflicht des Gerichts, solche Äußerungen zur Kenntnis zu nehmen und in Erwägung zu ziehen, ist selbstverständlicher Inhalt des Gebots des rechtlichen Gehörs (Art. 103 Abs. 1 GG). Darüber hinaus muss das Gericht sein Ermessen der Ermittlung (s. Rn. 31 67) unter Berücksichtigung der Beträge der Parteien ausüben.[58]

52 Problematisch ist es, ob und in welchen Fällen dieser Berechtigung der Parteien zur Mitwirkung eine **Pflicht zur Mitwirkung** korrespondiert. Eine solche Pflicht wird zwar häufig behauptet, regelmäßig aber ohne hinzuzufügen, welchen genauen Inhalt diese Pflicht haben soll und welche

---

[51] *Otto,* FS Firsching, 1985, S. 220 ff. Eine genaue statistische Übersicht findet sich bei *Schellack* S. 270 ff.
[52] *Schellack* S. 252.
[53] AA *Flessner* RabelsZ 34 (1970), 566 ff.
[54] *Rosenberg/Schwab/Gottwald* § 78 V 2.
[55] BGH NJW-RR 2002, 1359, 1360, NJW 1991, 1419; im einzelnen *Sommerlad/Schrey* NJW 1991, 1379 f.
[56] BGH NJW 1961, 410; 1963, 253; 1966, 298; 1976, 1589; 1991, 1418.
[57] BAG NJW 1975, 2160; 1979, 1120; vgl. dazu ablehnend *Luther,* FS Bosch, S. 568.
[58] BGH NJW 1992, 2026, 2029; dazu *Hanisch* IPRax 1993, 69, 71.

Sanktion ihre Nichterfüllung nach sich ziehen könnte.[59] Die Formel, wonach die Parteien das Gericht „nach ihren Kräften unterstützen müssen", findet sich auch in der Rechtsprechung.[60] Alle diese Aussagen vermögen nicht zu überzeugen. Zunächst kann es nicht zweifelhaft sein, dass es sich hier keinesfalls um eine echte Pflicht, sondern allenfalls um eine Last handeln kann.[61] Weiterhin ist es unstreitig, dass es im Rahmen der Ermittlung des Rechts, auch des ausländischen Rechts, keine objektive Beweislast gibt. Auch § 293 stellt keine Beweislastnorm dar. Dies bedeutet, dass der Partei bei fehlender Mitwirkung kein zwangsläufiger Rechtsnachteil droht. Davon abzutrennen ist es, dass eine Partei, die die Anwendung der lex fori verhindern möchte, ein natürliches Interesse daran haben wird, das Gericht bei der Ermittlung des anzuwendenden ausländischen Rechts behilflich zu sein. Als eine Pflicht oder eine echte Last der Partei kann dies nicht bezeichnet werden.

Daher ist es auch unzulässig, wenn das Gericht einen „Auflagenbeschluss" dahin erlässt, dass den **53** Parteien aufgegeben wird, Vorbringen zum ausländischen Recht durch ein Gutachten zu substantiieren.[62] Ein solcher **Auflagenbeschluss** findet weder in § 273 noch in § 293 eine ausreichende Rechtsgrundlage.[63]

3. Rechtliches Gehör. Der Anspruch auf rechtliches Gehör umfasst grundsätzlich auch den Be- **54** reich der Ermittlung und Anwendung des Rechts. Zwar besteht für die Parteien kein Anspruch, dass das Gericht mit den Parteien über jede Einzelheit der Rechtsanwendung diskutiert („kein Rechtsgespräch").[64] Aber das Gericht muss den Parteien besonders bei der Anwendung von ausländischem Recht Hinweise geben, so dass den Parteien die Möglichkeit geschaffen wird, sich selbst dazu äußern zu können. Dies bedeutet im Falle von § 293, dass das Gericht das Ergebnis seiner Ermittlungen über ausländisches Recht mitzuteilen hat. Anderenfalls bestünde die Gefahr, dass die Parteien durch eine Rechtsanwendung des Gerichts überrascht werden. Dies wäre ein Verstoß gegen § 139 Abs. 2.

4. Versäumnisverfahren. Das Wesen der in § 293 genannten Rechtsmaterien zeigt sich sehr **55** deutlich im Falle eines Versäumnisverfahrens. Hier ist es zu Recht anerkannt, dass bei Säumnis des Beklagten die Geständnisfiktion gemäß § 331 Abs. 1 ausschließlich Tatsachenbehauptungen betrifft. Demgegenüber bleiben ausländisches Recht, Gewohnheitsrecht und Statuten trotz der Vorschrift des § 293 Rechtsnormen und können deshalb vom Gericht im Falle einer Säumnis nicht als wahr unterstellt werden.[65] Ebenso wenig kann es ausreichen, dass die erschienene Partei lediglich Beweis für den behaupteten Inhalt des ausländischen Rechts anbietet. Die gegenteilige Auffassung hat allein das OLG München vertreten,[66] ohne zu erkennen, dass es im entschiedenen Fall zwischen den vorgebrachten tatsächlichen Behauptungen des Klägers und den nach Meinung des Klägers daraus zu ziehenden Rechtsfolgerungen hätte trennen können und müssen (vgl. dazu § 331 Rn. 13).

5. Vorläufiger Rechtsschutz. Auch im Verfahren des Arrestes, der einstweiligen Verfügung **56** und der einstweiligen Anordnung ist anerkannt, das das Gericht ausländisches Recht nach den allgemeinen Kollisionsregeln anwenden muss. Dies führt freilich zu einem praktischen Problem. Die besondere Eilbedürftigkeit des vorläufigen Rechtsschutzes erschwert die Möglichkeit erheblich, ausländisches Recht festzustellen. Zur **Lösung** des Problems werden **verschiedene Wege** vorgeschlagen. Eine Auffassung will dem durch eine erhebliche Beschränkung der gerichtlichen Ermittlungspflichten auf präsente Erkenntnisquellen begegnen und im Übrigen dem Antragsteller eine Darlegung und Glaubhaftmachung des ausländischen Rechtes auferlegen.[67] Im Ergebnis wird hierdurch dem Antragsteller also eine echte Beweislast auferlegt. Dies widerspricht dem Grundsatz der Rechtsermittlung und Rechtsanwendung durch das Gericht und ist daher abzulehnen. Eine weitere Lösungsmöglichkeit besteht darin, in allen Fällen, in denen das ausländische Recht nicht sofort er-

---

[59] *Stein/Jonas/Leipold* Rn. 47; *v. Bar* Rn. 373; *Geimer* Rn. 2588; *Fastrich* ZZP 97 (1984), 426.

[60] BGH NJW 1976, 1583.

[61] Dazu insbesondere *Lent* ZZP 67 (1954), 344; *Henckel* S. 14 ff.; *Konzen,* Rechtsverhältnisse zwischen Prozeßparteien, 1976, 57 ff.; *Stürner,* Die Aufklärungspflicht der Parteien des Zivilprozesses, 1976, S. 71 ff.; *Prütting,* Gegenwartsprobleme der Beweislast, 1983, S. 30 ff.

[62] So OLG Frankfurt MDR 1983, 410; vgl. dazu im einzelnen *Huzel* IPRax 1990, 80 ff.

[63] Für § 273 wie hier *Huzel* IPRax 1990, 80; im Falle von § 293 meint *Huzel* allerdings, ein solcher Beschluß sei zulässig, wenn er als Auflagenbeschluß nach § 293 „bezeichnet werde" und einen Hinweis auf die Folgen bei Nichterfüllung enthalte. Das überzeugt nicht, insbesondere gibt es solche direkten Folgen einer Nichterfüllung nicht.

[64] Vgl. im einzelnen Vorauflage § 278 Rn. 35 ff.

[65] *Baumbach/Lauterbach/Hartmann* Rn. 13; *Stein/Jonas/Leipold* Rn. 54; *Zöller/Geimer* Rn. 18; *Linke* Rn. 272; *Schack* Rn. 626.

[66] OLG München NJW 1976, 489 m. abl. Anm. *Küppers.*

[67] OLG Frankfurt NJW 1969, 911; OLG Hamm AWD 1970, 31; *Nagel/Gottwald* S. 376 (als letzter Ausweg); *Schütze* S. 186; *Geimer* Rn. 2593.

mittelt werden kann, auf dem Weg der lex fori generell auf das deutsche Recht zurückzugreifen.[68] Auch diese Lösung ist problematisch, weil der Rückgriff auf die lex fori voraussetzt, dass das ausländische Recht nicht zu ermitteln ist. Ein genereller Rückgriff auf die lex fori würde also ungerechtfertigt die Pflicht des Gerichts zur Rechtsermittlung außer Kraft setzen. Eine dritte Auffassung sucht die Lösung des Problems darin, dass die Rechtsprüfung im Verfahren des vorläufigen Rechtsschutzes in Form einer summarischen Schlüssigkeitsprüfung durchgeführt wird, die die wahre materielle Rechtslage weitgehend offenlässt. Da in einem solchen Fall die Richtigkeitsgewähr der Entscheidung erheblich reduziert ist, soll eine Abwägung der Interessen von Antragsteller und Antragsgegner hinzutreten.[69] Der Vorzug dieser Lösung liegt darin, dass den Besonderheiten des vorläufigen Rechtsschutzes in hervorgehobenem Umfang Rechnung getragen wird. Andererseits liegt die Problematik einer die materielle Rechtslage weitgehend offen lassenden Entscheidung auf der Hand. Letztlich wird man eine perfekte Lösung des Problems bei Eilentscheidungen nicht finden können. Es liegt daher nahe, dass der Richter im Falle eines Antrags auf einstweiligen Rechtsschutz grundsätzlich ebenso verfährt wie im normalen streitigen Verfahren. Er muss also zunächst alle Möglichkeiten ergreifen, das anzuwendende Recht kurzfristig zu ermitteln. Allein auf präsente Quellen oder eine sofortige Anwendung der lex fori darf er sich nicht zurückziehen. Lässt sich trotz aller Bemühungen eine kurzfristige Rechtsermittlung nicht realisieren, so muss eine Abwägung der Eilbedürftigkeit des konkreten Falles und der Interessen von Antragsteller und Antragsgegner hinzutreten, die dem Richter eine Entscheidung darüber ermöglicht, ob eher eine Verzögerung des Verfahrens zur Ermittlung des ausländischen Rechts oder der schnell realisierbare Rückgriff auf das deutsche Recht angebracht ist.[70]

VII. Auslegung und Anwendung des fremden Rechts

57 **1. Die Rechtsanwendung.** Der deutsche Richter darf die Anwendung ausländischen Rechts nicht nach dem reinen Gesetzeswortlaut oder nach eigenem Verständnis vornehmen, sondern er muss dies unter voller Berücksichtigung von Lehre und Rechtsprechung des fremden Staates tun.[71] Dabei kommt der Heranziehung der ausländischen Rechtsprechung eine zentrale Bedeutung zu.[72] Dies entspricht dem Gebot, dass auch der deutsche Richter soweit möglich die ausländische **Rechtswirklichkeit** seiner Entscheidung zugrunde legen muss.

58 **2. Auslegung und Rechtsfortbildung.** Soweit allerdings die ausländische Rechtspraxis für einen besonderen Fall keine Hilfe bei der Auslegung und Anwendung des fremden Rechtes gibt, kann und muss auch der deutsche Richter selbstständig eine Auslegung vornehmen. Sogar Lücken kann der deutsche Richter rechtsfortbildend schließen.[73] Die Erlaubnis zur Rechtsfortbildung fremden Rechts mag zunächst als eine allzu kühne Idee erscheinen, aber auch hier muss der bei der Auslegung des fremden Rechts genannte Grundsatz der Beachtung der Rechtswirklichkeit gelten. Hinzu kommt, dass die Grenze zwischen der Auslegung und der Fortbildung von Recht fließend ist und sich nicht immer eindeutig bestimmen lässt. Freilich ist in solchen Fällen Zurückhaltung und große Behutsamkeit erforderlich. Sowohl die Auslegung wie die Fortbildung des fremden Rechts setzen ein Vorgehen im Geiste der ausländischen Rechtsordnung voraus. Es ist nicht zulässig, dass der Richter im Mantel der Rechtsfortbildung deutsche Rechtsvorstellungen in das ausländische Recht transformiert.

59 **3. Nichtermittelbarkeit des ausländischen Rechts.** Trotz aller Bemühungen des Gerichts wird es sich im Einzelfall nicht verhindern lassen, dass das zur Entscheidung berufene ausländische Recht nicht zu ermitteln ist.[74] Während den Ausweg aus einem solchen non liquet in der Tat-

---

[68] MünchKommBGB/*Sonnenberger* Einl. zum IPR Rn. 449.

[69] So insbesondere *Leipold,* Grundlagen des einstweiligen Rechtsschutzes, 1971, S. 83 ff., 164 ff.; *Stein/Jonas/Leipold* Rn. 56; *Schack* IPRax 1995, 158, 161.

[70] Die hier vertretene Auffassung weicht also von den bisher dargestellten Meinungen ab, wenngleich sie der Lösung von *Stein/Jonas/Leipold* Rn. 56, und *Linke* Rn. 273 nahesteht. Ähnlich dem hier vertretenen Lösungsweg nunmehr auch *Mankowski/Kerfack* IPRax 1990, 373 ff.; *Kindl* ZZP 111 (1998), 185; *Schack* IPRax 1995, 158, 161; vgl. ferner *Sommerlad/Schrey* NJW 1991, 1381 f.

[71] BGH NJW-RR 2002, 1359, 1360; BGH MDR 2003, 1128.

[72] BGH RIW 1982, 199 und 435; NJW 1976, 1589; *Schack* Rn. 628; *Stein/Jonas/Leipold* Rn. 58; *Zöller/Geimer* Rn. 24; abw. *Siehr* NJW 1991, 2198; wohl auch *Jansen/Michaels* ZZP 116, 2003, 3, 19 ff.

[73] BGH ZIP 2001, 675 = IPRax 2002, 302 m. Anm. *Hüßtege,* IPRax 2002, 292; *Zöller/Geimer* Rn. 26; *Schack* Rn. 628; *Kindl* ZZP 111 (1998), 181; *Jansen/Michaels* ZZP 116, 2003, 3, 19 ff.; aA *Wengler* JR 1983, 225; *Stein/Jonas/Leipold* Rn. 58.

[74] Vgl. dazu insbes. *Prütting* FS Ishikawa, S. 404 ff.; *Kreuzer* NJW 1983, 1943; *K. Müller* NJW 1981, 481; *Wengler* JR 1983, 221.

frage die Beweislastnormen weisen, besteht im Rahmen der Rechtsfrage ein Entscheidungszwang (s. Rn. 5). Das bedeutet, dass der Richter grundsätzlich nicht im Stadium des Zweifelns verbleiben darf, sondern dass er sich zu einer eindeutigen Rechtsauffassung durchringen muss. Eine Beweislastentscheidung in der Rechtsfrage gibt es nicht. Dies gilt auch für alle in § 293 genannten Rechtsbereiche.[75] Das ist heute nicht mehr ernsthaft bestritten. Damit stellt sich allerdings zwingend die weitere Frage, nach welchen Regeln der Richter **bei verbliebenen Unklarheiten über das ausländische Recht** entscheiden muss. Diese Frage ist bis heute sehr unklar und streitig geblieben.

Insbesondere nach der Meinung der **Rechtsprechung** ist in einem solchen Fall auf die **lex fori** zurückzugreifen und somit deutsches Recht anwendbar.[76] Für diese Lösung haben sich auch die Gesetzgeber unserer Nachbarstaaten Österreich und Schweiz entschieden. So lautet § 4 Abs. 2 des österreichischen IPR-Gesetzes v. 15. 6. 1978: „Kann das fremde Recht trotz eingehendem Bemühen innerhalb angemessener Frist nicht ermittelt werden, so ist das österreichische Recht anzuwenden". Ähnlich formuliert Art. 16 Abs. 2 des schweizerischen IPR-Gesetzes v. 18. 12. 1987: „Ist der Inhalt des anzuwendenden ausländischen Rechts nicht feststellbar, so ist schweizerisches Recht anzuwenden". 60

Eine vor allem in der **Literatur** vertretene Auffassung will die Lösung unter Heranziehung verwandter Rechtsordnungen ermitteln.[77] 61

Eine **dritte Auffassung** versucht die Lösung in eventuell vorhandenem internationalem Einheitsrecht[78] oder in allgemeinen Rechtsgrundsätzen[79] zu finden. Dabei wird als Anknüpfungspunkt auch der Hinweis auf Art. 1 Abs. 2 des schweizerischen ZGB herangezogen. 62

Ein **vierter Lösungsvorschlag** besteht darin, einen Wechsel des anzuwendenden Rechts durch eine kollisionsrechtliche Hilfsanknüpfung zu erreichen.[80] 63

Schließlich wird auch die Auffassung vertreten, es seien alle denkbaren Ersatzlösungen je nach dem Einzelfall heranzuziehen, ohne dass einer von ihnen der Vorrang gebühre.[81] 64

Eine in jedem Fall befriedigende Lösung wird es für dieses Problem nicht geben. Zu bedenken ist insbesondere, dass alle vorgeschlagenen Wege nur **Notlösungen** darstellen können, weil jeweils eine richterliche Entscheidung auf der Basis der höchst vagen Hoffnung gesucht wird, der im konkreten Fall herangezogene Rechtsgedanke gleiche dem eigentlich anzuwendenden Rechtssatz. Im Ergebnis wird man einräumen müssen, dass nicht in jedem Einzelfall der gleiche Lösungsweg der angemessenste ist. Nahe liegt es für den Fall, dass ausländisches Recht teilweise ermittelt werden konnte, die offengebliebene Rechtsfrage anhand des im Übrigen ermittelten ausländischen Rechts nach Art einer Gesetzeslücke zu schließen.[82] Soweit die Ermittlungen bezüglich des anzuwendenden Rechts für eine solche Lösung nicht genügend hergeben, muss jedoch eine der übrigen Ersatzlösungen gewählt werden. In diesem Falle dürfte als am ehesten vertretbare Reihenfolge der Ersatzlösungen zunächst die Suche nach einem eventuell vorhandenen internationalen Einheitsrecht zu empfehlen sein. Nächstbester Weg ist die Heranziehung verwandter Rechtsordnungen. Erst an dritter Stelle sollte der Rückgriff auf das deutsche Recht stehen. 65

De lege ferenda ist freilich nicht zu bezweifeln, dass eine Norm, wie sie das österreichische und das schweizerische Recht kennen, die einzig wirklich praktikable Lösung wäre. Sie bedürfte freilich auch im deutschen Recht einer eindeutigen Normierung. Ohne eine solche muss der Richter den Rechtsstreit nach dem anwendbaren Recht entscheiden. Fragen der Praktikabilität können dabei erst an letzter Stelle berücksichtigt werden. Bemerkenswert erscheint, dass der Gesetzgeber durch die am 1. 6. 1999 in Kraft getretene Neuregelung im Bereich des internationalen Deliktsrechts eine zeitlich beschränkte prozessuale Option des Verletzten eingeführt hat (vgl. Art. 40 Abs. 1 EGBGB). Durch diese Regelung wird in Deliktsfällen das anwendbare Recht im Prozess frühzeitig festgelegt und damit die Gefahr ausgeschlossen, dass der Inhalt verschiedener Rechtsordnungen durch das Gericht nach § 293 zu ermitteln ist.[83] 66

---

[75] OGH NJW 1951, 73; BGH NJW 1961, 410; *Prütting* Gegenwartsprobleme der Beweislast, 1983, S. 122 f.; *ders.* FS Ishikawa, S. 406 ff. Nicht überzeugend deshalb BGH NJW 1993, 1073, 1074 wonach § 293 nur die Beweisführungslast, nicht aber die objektive Beweislast ausschließe.

[76] BGHZ 69, 387 = NJW 1978, 496; BGH NJW 1982, 1215; zust. *Sommerlad/Schrey* NJW 1991, 1383.

[77] Vgl. *Schack* Rn. 641; *Stein/Jonas/Leipold* Rn. 63 m. weit. Nachw.; *Schütze* S. 121.

[78] *Kreuzer* NJW 1983, 1947.

[79] *Broggini* AcP 155 (1956), 483; *Kötz* RabelsZ 34 (1970), 671 ff.

[80] *K. Müller* NJW 1981, 484; *Kreuzer* NJW 1983, 1946.

[81] *Linke* Rn. 280.

[82] In diesem Sinne auch *Stoll* IPRax 1984, 5.

[83] Vgl. dann die Hinweise von *Lorenz* NJW 1999, 2215, 2217.

VIII. Gesetzesverstöße und Rechtsmittel

67 **1. Verletzung der Ermittlungspflicht.** Verletzt der Richter die ihm durch § 293 auferlegten Pflichten zur Ermittlung des anzuwendenden Rechts, so liegt ein Verfahrensfehler vor.[84] Der Verstoß gegen § 293 stellt den Fall einer Gesetzesverletzung dar. Damit ist jedenfalls in der Berufung[85] und selbst in der Revisionsinstanz die hinreichende Ermittlung des ausländischen Rechts noch nachprüfbar. Allerdings steht die Art der Ermittlungen im Einzelfall im Ermessen des Gerichts und kann daher in der Revisionsinstanz nicht mehr überprüft werden. Der Verzicht des Gerichts auf sachverständigen Rat ohne eigene hinreichende Spezialkenntnisse ist allerdings ermessensfehlerhaft und damit angreifbar.[86] Die Verfahrensrüge, das Gericht habe das ausländische Recht fehlerhaft ermittelt, ist auch in der Revision voll nachprüfbar.[87]

68 **2. Rechtsverletzung durch unrichtige Anwendung des ausländischen Rechts.** Streng zu trennen von dem Verfahrensfehler durch Verstoß gegen § 293 ist der materiell-rechtliche Fehler durch eine unrichtige Anwendung des ausländischen Rechts. Hier schließt die eindeutige gesetzliche Regelung (§§ 545, 560) die Möglichkeit einer Überprüfung in der Revisionsinstanz aus.[88] Damit sind die Feststellungen der Instanzgerichte im Zivilprozess für das Revisionsgericht bindend.[89] Anders ist die Rechtslage gemäß § 73 Abs. 1 ArbGG im arbeitsgerichtlichen Verfahren.[90] Eine abweichende Auffassung wird auch für das Verfahren der freiwilligen Gerichtsbarkeit vertreten.[91]

69 **3. Rechtsmittel.** In der Berufungsinstanz sind Verstöße gegen das Verfahren des § 293 ebenso wie Fehler bei der Anwendung des materiellen Rechts angreifbar (s. o. Rn. 67). Allerdings kann ein Auflagenbeschluss, mit dem das Gericht der Partei insbesondere die Beibringung eines Gutachtens über das ausländische Recht überträgt, nicht selbstständig angefochten werden. Hier kommt nur eine Anfechtung zusammen mit dem Endurteil in Betracht.[92] In der Revisionsinstanz[93] sind die dargestellten Einschränkungen bei der Nachprüfung der Ausübung des Ermessens durch den Tatrichter sowie der Anwendung des materiellen ausländischen Rechts zu beachten (s. Rn. 67, 68; zum Ermessen s. Rn. 49). Abzutrennen von den genannten Rechtsverletzungen im Rahmen von § 293 ist die Vorfrage, ob ausländisches Recht heranzuziehen ist. Dies ist eine voll revisible Frage des IPR (s. Rn. 17). Eine Überprüfung dieser Frage kann in der Revisionsinstanz nur offen bleiben, wenn die Anwendung des deutschen und des ausländischen Rechts nicht zu unterschiedlichen Ergebnissen führt (BGH NJW 1991, 2214).

IX. Kosten und Gebühren

70 **1. Gebühren des Gerichts.** Gerichtliches Handeln iS von § 293 löst keine eigene Gerichtsgebühr aus. Die Gebühren für ein Sachverständigengutachten oder andere erforderliche Aufwendungen sind aber nach den allgemeinen Regeln des Kostenverzeichnisses von den Parteien zu tragen. Das Ersuchen um eine Auskunft nach dem Europäischen Übereinkommen v. 7. 6. 1968 ist allerdings gebührenfrei (s. Rn. 45). Soweit im Rahmen dieses Ersuchens weitere Auslagen entstehen, zB die Kosten für die Übersetzung des Auskunftsersuchens der Antwort des ersuchten Staates, sind diese aber von den Parteien zu erheben.

71 **2. Beweisgebühr des Rechtsanwalts.** Die früher vom Rechtsanwalt in diesen Fällen verdiente zusätzliche Beweisgebühr ist durch das RVG ersatzlos entfallen.

72 **3. Parteigutachten.** Hat die Partei ein privates Parteigutachten über das ausländische Recht beigebracht, so trägt sie die Kosten selbst dann, wenn das Gericht die Einholung des Gutachtens

---

[84] BGH NJW-RR 2002, 1359, 1360.

[85] OLG Saarbrücken NJW 2002, 1209.

[86] Zu Ermessensfehlern vgl. BGHZ 118, 151, 162; BGH NJW 1988, 648; 1991, 1418; BVerwG NJW 1989, 3107; BGH NJW 1995, 1032; BGH NJW-RR 1995, 766.

[87] BGH NJW 2002, 3335.

[88] BGH NJW 1992, 2026, 2029; dazu *Hanisch* IPRax 1993, 69, 71.

[89] Eine Folge dieser Bindung ist es, daß in der Revisionsinstanz ausnahmsweise sogar die Frage offenbleiben kann, welches sachliche Recht auf das streitige Rechtsverhältnis anzuwenden ist, wenn im Einzelfall die Anwendung deutschen oder ausländischen Rechts nicht zu verschiedenen Ergebnissen führt, BGH DB 1991, 699.

[90] *Germelmann/Matthes/Prütting* ArbGG, 3. Aufl. 1999, Einl. Rn. 188.

[91] BGHZ 44, 121 = NJW 1965, 2052.

[92] OLG Frankfurt MDR 1983, 410.

[93] Im einzelnen dazu § 545 Rn. 12ff.; ferner *Fastrich* ZZP 97 (1984), 423; *Gottwald* IPRax 1988, 210; *Kerameus* ZZP 99 (1986), 166; *Schütze* NJW 1970, 1585; *Steindorff* JZ 1963, 200.

angeregt hat. Allerdings stellen solche Gutachterkosten sog. notwendige Kosten zu einer zweckentsprechenden Rechtsverfolgung iSv. § 91 dar. Die Partei kann diese im Falle ihres Obsiegens also vom Gegner erstattet verlangen.

4. Unrichtige Sachbehandlung. Hat das Gericht im Rahmen seiner Rechtsermittlung eine unrichtige Sachbehandlung vorgenommen, hat es zB ein Gutachten über eine Rechtsmaterie eingeholt, die nicht unter § 293 fällt, so dürfen Kosten gemäß § 21 GKG nicht erhoben werden.[94] 73

§ 294 Glaubhaftmachung

(1) Wer eine tatsächliche Behauptung glaubhaft zu machen hat, kann sich aller Beweismittel bedienen, auch zur Versicherung an Eides Statt zugelassen werden.

(2) Eine Beweisaufnahme, die nicht sofort erfolgen kann, ist unstatthaft.

Schrifttum: *Baur,* Studien zum einstweiligen Rechtsschutz, 1967; *ders.,* Arrest und einstweilige Verfügung in ihrem heutigen Anwendungsbereich, BB 1964, 607; *Bender,* Das Beweismaß, FS *Fritz Baur,* 1981, S. 247; *Hirtz,* Darlegungs- und Glaubhaftmachungslast im einstweiligen Rechtsschutz; NJW 1986, 110; *Leipold,* Grundlagen des einstweiligen Rechtsschutzes, 1971; *Prütting,* Gegenwartsprobleme der Beweislast, 1983; *Scherer,* Das Beweismaß bei der Glaubhaftmachung, 1996.

I. Normzweck

Der Gesetzgeber hat in § 294 eine besondere Form der Beweisführung geregelt, die in ihren Einzelheiten sowohl auf das Verfahren im Rahmen der Beweisaufnahme als auch auf die Erzielung des Beweisergebnisses, also auf die freie richterliche Beweiswürdigung einwirkt. Aus dem letzteren Gesichtspunkt resultiert sicherlich auch die Einordnung dieser Norm in die allgemeinen Vorschriften des Beweisrechts (§§ 284 bis 294). Innerhalb dieser allgemeinen Grundlagen des Beweises ist § 294 freilich sehr unglücklich eingeordnet. Denn er gehört sachlich unmittelbar zu den §§ 286, 287. 1

Im Einzelnen enthält § 294 Anordnungen, wie diese besondere Art der Beweisführung zu erfolgen hat. Vor allem aber ergibt sich aus der Norm, dass an die Glaubhaftmachung einer tatsächlichen Behauptung geringere Anforderungen zu stellen sind als an den Beweis der Tatsache im Rahmen des § 286. Man hat deshalb früher die Glaubhaftmachung als eine „semiplena probatio“ bezeichnet. Wenn auch heute solche Vorstellungen wie die Führung eines „halben“ Beweises überholt sind, so findet doch die Frage nach der erfolgreichen Führung eines Beweises nunmehr ihre Fortsetzung in der Diskussion um den Grad der Wahrscheinlichkeit, der erreicht sein muss.[1] Zwar hat sich bei dieser Diskussion gezeigt, dass eine genaue Zahlenangabe der erforderlichen Wahrscheinlichkeit nicht möglich und praktisch nicht hilfreich ist, dennoch kann in dem weiten Spektrum von der extrem hohen Wahrscheinlichkeit über die hohe Wahrscheinlichkeit, die überwiegende Wahrscheinlichkeit und die geringe Wahrscheinlichkeit bezüglich des Beweismaßes der Glaubhaftmachung aus heutiger Sicht eine bestimmte Abstufung zugewiesen werden, nämlich die überwiegende Wahrscheinlichkeit (s. Rn. 24). Dies ergibt sich bereits daraus, dass einerseits für die Glaubhaftmachung eine sehr hohe Wahrscheinlichkeit (vergleichbar dem Beweismaß des § 286 Abs. 1) nicht verlangt werden kann, dass aber andererseits ein Richter, der das Gegenteil der behaupteten Tatsache für wahrscheinlicher hält als die Behauptung („geringe Wahrscheinlichkeit“), im eigentlichen Sinne des Wortes die behauptete Tatsache nicht für glaubhaft ansehen wird. 2

§ 294 und die gesetzlichen Anordnungen einer Glaubhaftmachung im Einzelfall verdeutlichen im Übrigen, dass es ein absolutes und immer gleich bleibendes Beweismaß im deutschen Recht nicht gibt.[2] 3

II. Anwendungsbereich

1. Grundsatz. Eine Glaubhaftmachung nach § 294 ist nur in den Fällen zulässig, in denen eine gesetzliche Regelung sie ausdrücklich vorschreibt. Für solche gesetzlichen Anordnungen lassen sich aber keine besonderen Prinzipien benennen.[3] Allenfalls fällt auf, dass der Gesetzgeber die Glaubhaftmachung besonders häufig im Rahmen des einstweiligen Rechtsschutzes vorsieht. Eine Gruppenbildung nach einer gesetzgeberischen Intention oder nach inhaltlichen Vorgaben hinsichtlich 4

---

[94] *Nickl* NJW 1989, 2093 f.

[1] Dazu im einzelnen § 286 Rn. 28 ff.; *Prütting* S. 59 ff. m. weit. Nachw.

[2] Im einzelnen dazu *Prütting* S. 87 ff.

[3] *Stein/Jonas/Leipold* Rn. 3.

Verfahren und Anspruch muss aber scheitern.[4] Die Glaubhaftmachung ist deshalb generell als besondere Art der Beweisführung anzusehen. Diese kann sowohl in der ZPO selbst als auch in den Regeln des materiellen Rechts angeordnet werden. Die gesetzlichen Regelungen sind abschließend. Einer analogen Anwendung sind die Vorschriften nicht zugänglich.[5] Die Anwendung des § 294 auf andere Fälle der Beweisführung ist wegen der abschließenden Fassung des § 294 ausgeschlossen.

5 Die gesetzliche Anordnung der Glaubhaftmachung kann in verschiedenen Formen erfolgen: Zum einen wird die Glaubhaftmachung iSd. § 294 gesetzlich **gefordert.** Dann bedarf es der präsenten Beweismittel nach § 294 Abs. 2. Zum anderen findet sich im Gesetz aber auch eine Formulierung, wonach die Glaubhaftmachung „für genügend" erklärt wird (zB § 104 Abs. 2). In diesem Falle ist die Form der Beweisführung nach § 294 ausreichend, aber nicht die einzig mögliche. Vielmehr kann auch das förmliche Beweisverfahren[6] angewendet werden. Hier kommt es dann auf die Präsenz des Beweismittels nicht an.[7]

6 **2. Anordnung der Glaubhaftmachung im Verfahrensrecht. a) Normen der ZPO.** Folgende **Vorschriften** der ZPO **lassen eine Glaubhaftmachung** als Form der Beweisführung **zu:** §§ 44 Abs. 2, 44 Abs. 4, 71 Abs. 1 S. 2, 104 Abs. 2 S. 1, 118 Abs. 2 S. 1; 224 Abs. 2, 227 Abs. 3, 236 Abs. 2, 251 a Abs. 2 S. 4, 270 Abs. 2 S. 2, 296 Abs. 4, 299 Abs. 2, 357 Abs. 2, 367 Abs. 2, 381 Abs. 1 S. 2, 386 Abs. 1, 386 Abs. 2, 406 Abs. 2, 406 Abs. 3, 424 Nr. 5, 430, 435, 441 Abs. 4, 487 Nr. 4, 494 Abs. 1, 511 Abs. 3, 531 Abs. 2 S. 2, 533 S. 3, 589 Abs. 2, 605 Abs. 2, 620 a Abs. 2 S. 3, 707 Abs. 1 S. 2, 714 Abs. 2, 719 Abs. 1 S. 2, 765 a Abs. 2, 769 Abs. 1 S. 2, 805 Abs. 4, 807 Abs. 2, 813 a Abs. 5 S. 2, 815 Abs. 2, 900 Abs. 4, 903, 914 Abs. 1, 920 Abs. 2, 980, 985, 986 Abs. 1, 986 Abs. 2, 996 Abs. 2, 1007 Nr. 2, 1010 Abs. 1, 1010 Abs. 2.

7 **b) Normen der FGG.** Auch das **FGG** sieht die Anordnung der Glaubhaftmachung vor, s. §§ 15 Abs. 2, 22 Abs. 2 S. 1, 34 Abs. 1 S. 1, 78 Abs. 1 S. 1, 85, 92, 156 Abs. 1 S. 2 FGG.

8 **c) Normen der ArbGG.** Zur Glaubhaftmachung im Bereich der **Arbeitsgerichtsbarkeit** vgl. *Germelmann/Matthes/Prütting* § 58 ArbGG Rn. 61, 63.

9 **d) Andere Verfahrensordnungen.** Auch in allen anderen Verfahrensordnungen finden sich Vorschriften zur Glaubhaftmachung.[8]

10 **3. Anordnung der Glaubhaftmachung in den Vorschriften des materiellen Rechts.** Ebenso finden sich im **BGB** einige Normen, die die Glaubhaftmachung anordnen. Auch dort entfaltet die Glaubhaftmachung dieselbe Wirkung wie in der ZPO; § 294 gilt hier also in gleicher Weise.[9] Es handelt sich um folgende Fälle: §§ 611 a Abs. 1 S. 3,[10] 612 Abs. 3, 885 Abs. 1 S. 2, 899 Abs. 2 S. 2, 1615 o Abs. 3, 1786 Abs. 1 Nr. 1, 1953 Abs. 3 S. 2, 1994 Abs. 2 S. 1, 2010, 2081 Abs. 2 S. 2, 2146 Abs. 2, 2228, 2264, 2384 Abs. 2 BGB.

11 Aber auch andere materiell-rechtliche Vorschriften enthalten die Anordnung der Glaubhaftmachung, zB: §§ 4, Abs. 2 S. 3, 7 BerHG; § 17 Abs. 3 S. 3 KSchG; §§ 142 Abs. 2 S. 2, 147 Abs. 1 S. 2, 258 Abs. 2 S. 4, 265 Abs. 3 S. 2 AktG.

III. Verfahren

12 **1. Tatsächliche Behauptung und Beweisbedürftigkeit.** Nur tatsächliche Behauptungen können glaubhaft gemacht werden. Der Begriff der tatsächlichen Behauptung ist dabei in gleicher Weise zu verstehen wie in § 288.[11] Grundsätzlich bedarf es einer Glaubhaftmachung dann, wenn die von der beweisbelasteten Partei aufgestellten tatsächlichen Behauptungen **bestritten** sind. Erst dann liegt die Beweisbedürftigkeit dieser Tatsachen vor. In einzelnen gesetzlich angeordneten Fällen müssen tatsächliche Behauptungen jedoch bereits unabhängig von ihrer Beweisbedürftigkeit glaubhaft gemacht werden, s. zB das Verfahren des Arrestes, § 920 Abs. 2, und der einstweiligen Verfügung, §§ 935, 936, 920 Abs. 2. Dies ergibt sich daraus, dass in derartigen Fällen regelmäßig die Verfahren ohne Gehör des Gegners sowie ohne mündliche Verhandlung stattfinden. Auch hier

---

[4] S. die Versuche von *Peters,* Der sog. Freibeweis im Zivilprozeß, S. 68 ff.

[5] BGH VersR 1973, 186, 187.

[6] S. § 284 Rn. 80.

[7] *Stein/Jonas/Leipold* Rn. 2.

[8] Vgl. *Prütting* S. 80.

[9] RGZ 35, 123, 125.

[10] Zu § 611 a BGB ist dies im Einzelnen allerdings streitig; insbesondere gilt hier § 294 Abs. 2 nicht; vgl. zu diesen schwierigen Spezialproblemen MünchKommBGB/*Söllner* § 611 a Rn. 24 ff.; *Erman/Hanau* § 611 a BGB Rn. 13; *Prütting* S. 334 ff.

[11] S. § 288 Rn. 16 ff.

folgt die Beweislastverteilung den allgemeinen Regeln.[12] Keineswegs sind die Vorschriften, die eine Glaubhaftmachung anordnen, als Sondernormen der Beweislastverteilung anzusehen.[13]

Einer Glaubhaftmachung bedarf es also nach allgemeinen Grundsätzen wegen fehlender Beweisbedürftigkeit nicht, soweit ein Geständnis (§ 288), Offenkundigkeit (§ 291), eine gesetzliche Vermutung (§ 292) oder eine bindende Beweisregel (vgl. § 286 Abs. 2) vorliegen.[14] 13

2. Beweismittel. Zur Glaubhaftmachung sind alle Beweismittel zugelassen. Es handelt sich dabei zunächst um die im Rahmen des Strengbeweises vorgesehenen Beweismittel, nämlich den Beweis durch Augenschein (§§ 371ff.), den Zeugenbeweis (§§ 373ff.), den Beweis durch Sachverständige (§§ 402ff.), den Beweis durch Urkunden (§§ 415ff.) sowie den Beweis durch Parteivernehmung (§§ 445ff.). Zusätzlich gestattet § 294 auch die Versicherung an Eides Statt (dazu Rn. 18). Eine Besonderheit ergibt sich bei der Glaubhaftmachung allerdings aus § 294 Abs. 2, wonach eine Beweisaufnahme, die nicht sofort erfolgen kann, unstatthaft ist (s. Rn. 22). 14

a) Zeugen, Sachverständige. Die Vernehmung von Zeugen und Sachverständigen kann nur dann erfolgen, wenn diese im Rahmen einer mündlichen Verhandlung (die allerdings in Verfahren, die der Glaubhaftmachung zugänglich sind, oft nicht obligatorisch ist) von der beweisbelasteten Partei gestellt werden.[15] Das Gericht hat dabei das Wissen der Auskunftsperson ohne Rücksicht auf die Form der Beurkundung zu würdigen.[16] Eine Bindung an die für das Beweisaufnahmeverfahren sonst geltenden Formschriften besteht nicht.[17] Deshalb reicht zur Führung des Zeugenbeweises auch die Vorlage einer schriftlichen Zeugenaussage aus.[18] Wird ein Zeuge oder Sachverständiger vom Gericht vernommen, so ist selbst die Möglichkeit der Beeidigung nicht ausgeschlossen.[19] 15

b) Augenscheinsgegenstände, Urkunden. Augenscheinsgegenstände sowie Urkunden müssen sofort, dh. mit der Antragsschrift bzw. im Termin vorgelegt werden. Dies gilt ebenso für beizuziehende Akten, es sei denn, es handelt sich um Akten desselben Gerichts, die ohne Verzögerung beigezogen werden können.[20] Ein Beweisantritt durch Vorlegungsantrag nach §§ 421, 428 ist im Verfahren der Glaubhaftmachung unzulässig. 16

c) Parteivernehmung. Das Beweismittel der **Vernehmung der gegnerischen Partei** (§ 445 Abs. 1) ist im Verfahren der Glaubhaftmachung nur tauglich, wenn eine mündliche Verhandlung stattfindet und der Gegner anwesend ist. Hinsichtlich der Wertung der Aussageverweigerung gelten die allgemeinen Regeln.[21] Ebenso ist die Vernehmung der beweisbelasteten Partei nach §§ 447, 448 zulässig. 17

3. Eidesstattliche Versicherung. Neben den Beweismitteln des Strengbeweises sieht § 294 auch die eidesstattliche Versicherung als zur Glaubhaftmachung ausreichend an. Unter einer eidesstattlichen Versicherung ist eine mündliche oder schriftliche Erklärung zu verstehen, die sich sowohl auf eigene Handlungen und Wahrnehmungen als auch auf andere Tatsachen beziehen kann. Sie ersetzt den bei der Parteivernehmung möglichen Eid und setzt deshalb Eidesfähigkeit der Partei voraus.[22] Allerdings werden in inhaltlicher Hinsicht hohe Anforderungen an eine eidesstattliche Versicherung gestellt. So ist es nicht ausreichend, wenn die Partei nur auf die anwaltlichen Schriftsätze Bezug nimmt und die Richtigkeit deren Inhalts bestätigt.[23] Bedenken gegen solche Versicherungen ergeben sich daraus, dass sie sich nach dem Gesetzeswortlaut nur auf tatsächliche Behauptungen beziehen können, in den Schriftsätzen jedoch die Übergänge zwischen tatsächlichen Behauptungen und rechtlicher Würdigung regelmäßig fließend sind.[24] Es können deshalb leicht Zweifel an der Reichweite der eidesstattlichen Versicherung entstehen. Deshalb muss die Partei selbst ihre Wahrnehmung oder Handlung beschreiben, also eine eigene Sachdarstellung geben, und deren Richtigkeit an Eides statt versichern. Entspricht der Inhalt des Versicherten nicht der Wahrheit, so ist bei vorsätzlichem Handeln der Straftatbestand der falschen eidesstattlichen Versicherung (§ 156 StGB) erfüllt. 18

---

[12] *Stein/Jonas/Grunsky* § 920 Rn. 10.
[13] So aber *Hirtz* NJW 1986, 110, 112 für § 920 Abs. 2.
[14] *Stein/Jonas/Leipold* Rn. 5; *Baumbach/Lauterbach/Hartmann* Rn. 3.
[15] BGH NJW 1958, 712; *Stein/Jonas/Leipold* Rn. 11; AK-ZPO/*Rüßmann* Rn. 2.
[16] OLG München Rpfleger 1985, 457; *Baumbach/Lauterbach/Hartmann* Rn. 6.
[17] OLG Stuttgart Rpfleger 1964, 129; OLG München Rpfleger 1985, 457.
[18] *Stein/Jonas/Leipold* Rn. 12; *Baumbach/Lauterbach/Hartmann* Rn. 7.
[19] *Stein/Jonas/Leipold* Rn. 13.
[20] RG JW 1911, 217; *Stein/Jonas/Leipold* Rn. 14 Fn. 21.
[21] S. § 446 Rn. 3.
[22] *Baumbach/Lauterbach/Hartmann* Rn. 7.
[23] Ebenso *Zöller/Greger* Rn. 4.
[24] Vgl. BGH NJW 1988, 2045; OLG Düsseldorf MDR 1986, 152.

19 Eine Glaubhaftmachung mittels eidesstattlicher Versicherung ist **ausgeschlossen** in den Fällen der §§ 44 Abs. 2, 406 Abs. 3, 511 a Abs. 1 S. 2; nach § 386 Abs. 2 ist die Berufung auf den **Diensteid** statt einer eidesstattlichen Versicherung ausreichend.

20 Da dem Richter alle Erkenntnismöglichkeiten für die Glaubhaftmachung zur Verfügung stehen und § 294 in seiner Fassung nicht als abschließend angesehen werden kann, wird die **anwaltliche Versicherung** ebenfalls als zulässig angesehen.[25] Darunter ist die Versicherung als Richtigkeit einer Tatsache unter Berufung auf die standesrechtlichen Berufspflichten des Rechtsanwalts zu verstehen.[26] Regelmäßig kann es sich bei den versicherten Tatsachen allerdings nur um solche kanzleiinternen Vorgänge handeln, die der Rechtsanwalt in seiner spezifischen Funktion als Prozessbevollmächtigter wahrgenommen hat. Gesetzlich wird die anwaltliche Versicherung in § 104 Abs. 2 S. 2 gefordert.

21 Das BVerfG hat in einer Strafvollstreckungssache sogar die eigene schlichte Erklärung des Antragstellers als Mittel der Glaubhaftmachung zugelassen.[27] Diese Entscheidung durfte nicht verallgemeinerungsfähig sein.

22 **4. Präsente Beweismittel.** Nach § 294 Abs. 2 ist eine Beweisaufnahme unstatthaft, die nicht sofort erfolgen kann. Dies hat zur Folge, dass nur präsente Beweismittel in die Beweiswürdigung des Gerichts einfließen. Demgemäß ist eine Vertagung des Gerichts ebenso wenig zulässig wie eine Zeugenvernehmung durch den ersuchten Richter.[28] Die Parteien können auf die Einhaltung dieser Vorschrift nicht verzichten.[29] Unter Verstoß gegen § 294 Abs. 2 gewonnene Beweisergebnisse können nach BGH FamRZ 1989, 373 dann beachtet werden, wenn der Zweck des § 294 – die Vermeidung von Prozessverzögerungen – bereits zuvor verfehlt war. Allerdings ist diese erschwerende Regelung der Glaubhaftmachung nur dann anzuwenden, wenn die Glaubhaftmachung als mögliche Beweisführung gesetzlich gefordert und nicht nur zugelassen wird.[30] In den Zulassungsfällen kann die Partei mittels ihrer Beweisanträge auch die Durchführung des förmlichen Beweisverfahrens durchsetzen. § 294 Abs. 2 ist nicht anzuwenden im Falle des § 611 a Abs. 1 S. 3 BGB.[31]

23 **5. Stellung des Gegners.** In den Fällen der für eine Partei gesetzlich zugelassenen Glaubhaftmachung kann auch der Gegner sich auf diese Art der Beweisführung beschränken.[32] Demgemäß kann der Gegner sein Bestreiten glaubhaft machen iSd. § 294, wobei auch für ihn in den Fällen der geforderten Glaubhaftmachung Abs. 2 eingreift. Andererseits wird er auch zur eidesstattlichen Versicherung zugelassen.

IV. Rechtsfolgen

24 **1. Beweismaß.** Grundsätzlich bedarf es zum Nachweis einer Tatsache der vollen richterlichen Überzeugung.[33] Bei der Glaubhaftmachung allerdings wirkt sich die besondere Art der Beweisführung auch in dieser Hinsicht aus. Die Glaubhaftmachung erstrebt die Begründung eines geringeren Grades von Wahrscheinlichkeit beim Richter.[34] Sie stellt also gegenüber dem Regelbeweismaß eine Abstufung dar.[35] Hier ist der Nachweis einer Tatsache bereits dann erbracht, wenn ihr Vorliegen **überwiegend wahrscheinlich** ist.[36] Praktisch bedeutet die Formel der überwiegenden Wahrscheinlichkeit, dass etwas mehr **für** das Vorliegen der Tatsache spricht als gegen sie.[37] Diese Ab-

---

[25] OLG Köln MDR 1986, 152; *Zöller/Greger* Rn. 5; *Thomas/Putzo/Reichold* Rn. 1; *Stein/Jonas/Leipold* Rn. 17, der dieser allerdings einen geringeren Beweiswert zumißt.

[26] OLG München Rpfleger 1985, 457.

[27] BVerfG NJW-RR 1994, 316.

[28] *Wieczorek* Anm. B I und B I a.

[29] RGZ 136, 275, 280; zust. für das Wiedereinsetzungsverfahren BGH FamRZ 1989, 373; *Wieczorek* Anm. B 1 a.

[30] ZB „kann verlangen" in § 118 Abs. 2 S. 1; ferner (Fn. 38).

[31] S. (Fn. 10).

[32] OLG Köln KTS 1988, 553, 554; *Baumbach/Lauterbach/Hartmann* Rn. 3; *Stein/Jonas/Leipold* Rn. 18; *Zöller/Greger* Rn. 2.

[33] S. § 286 Rn. 40.

[34] S. § 286 Rn. 41; *Rosenberg/Schwab/Gottwald* § 112 II 2; *Thomas/Putzo/Reichold* Rn. 1; *Musielak/Huber* Rn. 3.

[35] Im einzelnen s. § 286 Rn. 37, 41 ff.

[36] S. Rn. 2; BGH NJW 1998, 1870; NJW 1996, 1682; BGH VersR 1976, 928; MDR 1983, 749; *Stein/Jonas/Leipold* Rn. 6; *Baumbach/Lauterbach/Hartmann* Rn. 1; *Musielak/Huber* Rn. 3; etwas differenzierend nach den konkreten Umständen *Zöller/Greger* Rn. 1; *Prütting* S. 80 Fn. 122; aA *Gottwald,* Schadenszurechnung und Schadensschätzung, S. 217; *Leipold,* Grundlagen des einstweiligen Rechtsschutzes, S. 98, für den Fall der materiellakzessorischen Verfügung. Wie hier grundsätzlich auch *Scherer* S. 75 ff. (mit einer Ausnahme bei de facto endgültigen Entscheidungen).

[37] *Prütting* S. 74 mit Beispiel; vgl. ferner den Gesetzestext in §§ 42 Abs. 2, 331 Abs. 1 S. 2 Lastenausgleichsgesetz (Legaldefinition).

senkung des Beweismaßes auf die überwiegende Wahrscheinlichkeit greift auch dann Platz, wenn eine Glaubhaftmachung nicht gesetzlich gefordert ist, sondern nur zugelassen wird.[38] Wählt der Beweisbelastete in diesem Falle nichtpräsente Beweismittel, so reicht gleichwohl die Erzeugung der überwiegenden Wahrscheinlichkeit aus.

Die Diskussion um Fragen des Beweismaßes ist bisher in der Literatur regelmäßig im Zusammenhang mit § 286 und dem vollen Beweis geführt worden. Nunmehr hat sich die Untersuchung von *Scherer* speziell dem Beweismaß bei der Glaubhaftmachung in einer eigenständigen Untersuchung zugewendet.[39] Auch *Scherer* kommt zu dem hier vertretenen Ergebnis, dass die Glaubhaftmachung die Anforderungen an das Beweismaß reduziert und zwar auf die einfache überwiegende Wahrscheinlichkeit. Jedoch sieht sie von diesem Grundsatz eine Ausnahme. In denjenigen Fällen, in denen die richterliche Entscheidung de facto zu einer zumindest partiell endgültigen Befriedigung des Gläubigers führt, ist der volle Beweis iS von § 286 zu erbringen. Begründet wird diese Differenzierung mit dem unterschiedlichen Zweck, zu dem die Glaubhaftmachung eingesetzt wird. Das Ergebnis ist freilich insofern problematisch, als in all denjenigen Fällen, in denen der Vollbeweis verlangt wird, schon nach der grammatischen Auslegung ein „Glaubhaftmachen" verlassen worden ist. Es ist sinnlos, eine richterliche Überzeugung von der Wahrheit einer Tatsachenbehauptung als eine Form des Glaubhaftmachens zu deklarieren. Soweit im Einzelfall das Verlangen nach einem vollen richterlichen Beweis zu erheben wäre, müsste man darin eine richterrechtliche Rechtsfortbildung sehen. Dafür bedürfte es besonderer Gründe im Einzelfall. Die von *Scherer* herangezogene Trennung rein vorläufiger Entscheidungen von endgültigen Entscheidungen reicht hierfür nicht aus. 25

2. Beweiswürdigung. Der Richter wird durch die Glaubhaftmachung in seiner Würdigung nicht eingeschränkt.[40] Ebenso wie im Rahmen des Vollbeweises (§ 286) hat er anhand der ihm vorliegenden Glaubhaftmachungsmittel seine Überzeugung frei festzustellen. Insoweit entscheidet das Gericht auch frei über die Echtheit und den Beweiswert von eidesstattlichen Versicherungen oder anderen schriftlichen Aussagen oder Urkunden.[41] 26

3. Begründungspflicht. Das Gericht hat im Urteil die Gründe anzuführen, aus denen es die Glaubhaftmachung ableitet.[42] Zwar gilt die Vorschrift des § 286 Abs. 1 S. 2 nicht im Rahmen der Glaubhaftmachung,[43] jedoch muss hier der Gedanke des im Rechtsstaatsprinzip wurzelnden Anspruchs auf effektiven Rechtsschutz berücksichtigt werden, damit die beweisbelastete Partei ihr Rechtsmittel in ausreichendem Maße begründen kann.[44] In der Revisionsinstanz ist die Würdigung der Glaubhaftmachungsmittel nicht mehr nachprüfbar.[45] 27

§ 295 Verfahrensrügen

(1) Die Verletzung einer das Verfahren und insbesondere die Form einer Prozesshandlung betreffenden Vorschrift kann nicht mehr gerügt werden, wenn die Partei auf die Befolgung der Vorschrift verzichtet, oder wenn sie bei der nächsten mündlichen Verhandlung, die auf Grund des betreffenden Verfahrens stattgefunden hat oder in der darauf Bezug genommen ist, den Mangel nicht gerügt hat, obgleich sie erschienen und ihr der Mangel bekannt war oder bekannt sein musste.

(2) Die vorstehende Bestimmung ist nicht anzuwenden, wenn Vorschriften verletzt sind, auf deren Befolgung eine Partei wirksam nicht verzichten kann.

Schrifttum: *Baumgärtel,* Wesen und Begriff der Prozeßhandlung einer Partei im Zivilprozeß, 2. Aufl. 1972; *Bischof,* Heilung durch rügelose Einlassung im schriftlichen Verfahren gemäß § 128 Abs. 2 und Abs. 3 ZPO, NJW 1985, 1143; *Gaul,* Nochmals: Das Zuständigkeitsverhältnis der Zivilkammer zur Kammer für Handelssachen, JZ 1984, 563; *Hagen,* Formzwang und Formzweck im Zivilprozeß, JZ 1972, 505; *Hellwig,* Zur Systematik des zivilprozeßrechtlichen Vertrages, 1968; *Herr,* Das Zuständigkeitsverhältnis der Zivilkammer zur Kammer für Handelssachen, JZ 1984, 318; *Kondring,* Die Heilung von Zustellungsfehlern im internationalen Zivilrechtsver-

[38] Vgl. zB §§ 104 Abs. 2, 118 Abs. 2 S. 1, 227 Abs. 3, 528 Abs. 2.
[39] *Scherer* insb. S. 75 ff.
[40] *Wieczorek* Anm. A III; *Zöller/Greger* Rn. 6.
[41] *Stein/Jonas/Leipold* Rn. 12; *Baumbach/Lauterbach/Hartmann* Rn. 6, 7, 8; *Thomas/Putzo/Reichold* Rn. 2.
[42] *Baumbach/Lauterbach/Hartmann* Rn. 3; *Stein/Jonas/Leipold* Rn. 7; aA *Wieczorek* Anm. A III.
[43] AA *Stein/Jonas/Leipold* Rn. 7, der eine entsprechende Anwendung vorschlägt.
[44] Ebenso im Ergebnis *Stein/Jonas/Leipold* Rn. 7 Fn. 9. Zurückhaltender etwa AK-ZPO/*Rüßmann* Rn. 4 („nobile officium").
[45] RGZ 136, 282; *Stein/Jonas/Leipold* Rn. 7; *Baumbach/Lauterbach/Hartmann* Rn. 3.

kehr, 1995; *Müller,* Beweisaufnahme vor dem beauftragten Richter, DRiZ 1977, 305; *Rasehorn,* Der Einzelrichter in Zivilsachen – verfassungs- und praxisgemäß, NJW 1977, 789; *Schlosser,* Einverständliches Parteihandeln im Zivilprozeß, 1968; *Schneider,* Die Stellung des beauftragten Richters im Verhältnis zum Prozeßgericht, DRiZ 1977, 13; *Schultze,* Der Streit um die Übertragung der Beweisaufnahme auf den beauftragten Richter, NJW 1977, 409; *Seidel,* Die fehlerhafte Einzelrichterübertragung nach § 348 ZPO und ihre Anfechtung, ZZP 99 (1986), 64; *Vollkommer,* Formenstrenge und prozessuale Billigkeit, 1973; *Waldner,* Der Anspruch auf rechtliches Gehör, 1989; *Werner/Pastor,* Der Grundsatz „Unmittelbarkeit der Beweisaufnahme" nach Änderung der ZPO, NJW 1975, 329.

Übersicht

I. Normzweck

1 Grundsätzlich sind Sachentscheidungen wegen der Verletzung von Verfahrensvorschriften aufhebbar (s. §§ 529 Abs. 2, 531 Abs. 2 Nr. 2, 546, 547, 551 Abs. 2 Nr. 2b). Im Einzelfall entfällt jedoch die Möglichkeit, sich auf die Fehlerhaftigkeit der Entscheidung zu berufen, wenn der Verfahrensfehler durch einen Rügeverzicht geheilt ist. § 295 dient damit der zügigen Prozessbeendigung. Weiterhin werden durch die Vorschrift des § 295 die verzichtbaren von den unverzichtbaren Verfahrensvorschriften abgegrenzt. Schließlich verdeutlicht § 295, dass Sachentscheidungen zu wichtigen Teilen auch formell korrekt ergehen müssen. Soweit ein Rügeverzicht nach § 295 zu bejahen ist, gilt dieser auch in der Rechtsmittelinstanz (§§ 534, 556).

II. Verfahrensfehler

2 Die Vorschrift des § 295 greift bei der Verletzung einer das Verfahren betreffenden Rechtsvorschrift, insbesondere der Verletzung einer Formvorschrift bezüglich einer Prozesshandlung, ein. Verfahrensvorschriften sind alle den äußeren Ablauf eines Prozesses betreffenden Vorschriften. Es handelt sich beispielsweise um die Vorschriften der Klageeinreichung (§ 253), der Zustellung (§§ 166ff., § 271) und der Fristen (§§ 274, 283), der Ladung (§§ 274, 377), der Protokollierung (§§ 159, 160), des Beweisverfahrens (§§ 355ff.), des Urteilserlasses und seiner Verkündung (§§ 311ff.). Diese Vorschriften betreffen sowohl Partei- als auch Gerichtshandlungen. Zu den Verfahrensvorschriften zählen aber nicht diejenigen, die den **Inhalt** der Partei- oder Gerichtshandlungen[1] sowie auch aller übrigen mitwirkenden Personen[2] näher bestimmen, beispielsweise §§ 139, 308.

3 Jedoch sind die Vorschriften über das Verfahren **nicht allein der ZPO** und anderen Verfahrensgesetzen zu entnehmen. Vielmehr haben auch diejenigen materiell-rechtlichen Vorschriften Beachtung zu finden, die besondere Anordnungen hinsichtlich des Verfahrens treffen, beispielsweise § 1994 Abs. 2 BGB, der eine Glaubhaftmachung in bestimmten Fällen ausreichen lässt. Auch verfassungsrechtliche Vorschriften nehmen Einfluss auf das zivilprozessuale Verfahren. Insbesondere der Anspruch auf rechtliches Gehör nach Art. 103 Abs. 1 GG stellt eine solche das gerichtliche Verfahren betreffende Vorschrift dar.[3]

---

1 *Rosenberg/Schwab/Gottwald* § 68 I 1.
2 *Baumbach/Lauterbach/Hartmann* Rn. 3; *Wieczorek* A III.
3 *Rosenberg/Schwab/Gottwald* § 85 V 1; *Waldner* Rn. 452.

Von einem Verfahrensfehler ist also immer dann zu sprechen, wenn die normierten Vorschriften betreffend das Verfahren verletzt werden. Ausreichend ist dabei jedwede Verletzung unabhängig von einem Verschulden. 4

III. Verzichtbarkeit

1. Grundsatz. Die Möglichkeit des Rügeverzichts nach § 295 besteht nicht uneingeschränkt: Nach Abs. 2 kann es zu einem Verzicht auf die Rüge des Verfahrensfehlers nur dann kommen, wenn es sich bei der das Verfahren anordnenden Vorschrift um eine solche handelt, auf deren Befolgung die Partei wirksam verzichten kann. 5

a) Schutz privater Interessen. Die Frage der Verzichtbarkeit wird allgemein davon abhängig gemacht, ob eine Verfahrensvorschrift allein dem Schutz der privaten Interessen der Partei dient. Nur in diesem Falle könne ein wirksamer Verzicht erfolgen.[4] Fraglich bleibt dabei aber, wann die Verfahrensvorschriften derartige private Interessen betreffen. Da es sich bei den Verfahrensvorschriften insgesamt um öffentlich-rechtliche Normen handelt,[5] bereitet die gleichzeitige Zuordnung privater Interessen Schwierigkeiten. 6

b) Grundlagen des Prozessrechts. Das OLG Köln[6] beurteilt die Möglichkeit des Parteiverzichts danach, ob die zu verzichtenden Verfahrensvorschriften die Grundlagen des Prozessrechts betreffen oder nicht. Da aber auch jede Bestimmung der Grundlagen des Prozessrechts fehlt, kann dieses Kriterium nicht als aussagekräftig zur Unterscheidung zwischen verzichtbaren und unverzichtbaren Verfahrensvorschriften herangezogen werden. 7

c) Zwingende öffentlich-rechtliche Vorschriften. Der BGH[7] differenziert danach, ob zwingende öffentlich-rechtliche Vorschriften betroffen sind. Da zu den öffentlich-rechtlichen Vorschriften das gesamte Prozessrecht zählt, ist das entscheidende Abgrenzungskriterium die Frage, ob die betreffende Vorschrift zwingenden Charakter hat. Dies allein ist allerdings wenig tauglich, da lediglich das Gegenteil der Verzichtbarkeit mit einem anderen Wort ausgedrückt wird. 8

d) Parteiherrschaft. Ansatzpunkt für die Verzichtbarkeit ist vielmehr die Parteiherrschaft.[8] Im Grundsatz beinhaltet die Dispositionsbefugnis der Parteien, dass sie über den Streitgegenstand des anhängig zu machenden oder anhängigen Prozesses verfügen können.[9] Davon wird jedoch zunächst nicht die Disposition über das gerichtliche Verfahren erfasst. Diese Verfahrensvorschriften bewirken nämlich, dass die dem Gericht obliegende Rechtsschutzaufgabe gleich bleibend und für den Betroffenen vorhersehbar durchgeführt werden kann. Die Erfüllung dieser Aufgabe durch die Gerichte liegt dabei im öffentlichen Interesse.[10] Eine Disposition über derartige Vorschriften kann deshalb nur dann und nur insoweit möglich sein, als das Funktionieren des Rechtsschutzes nicht in Frage gestellt wird.[11] Dafür lässt sich auch anführen, dass die Dispositionsmaxime gerade dem Rechtsschutz dienen soll; sie findet deshalb ihre Grenze in seinem Funktionieren.[12] 9

e) Ergebnis. Im **Ergebnis** können deshalb nur diejenigen Verfahrensvorschriften als verzichtbar angesehen werden, die für das Funktionieren des Rechtsschutzes nicht unerlässliche Voraussetzung sind. Unerlässlich sind insbesondere diejenigen Vorschriften, die die verfassungsrechtlichen Anforderungen an ein gerichtliches Verfahren konkretisieren. Es handelt sich um die Unabhängigkeit des Richters (Art. 97 Abs. 1 GG), den Anspruch auf den gesetzlichen Richter (Art. 101 Abs. 1 S. 2 GG), die Möglichkeit der Äußerung der Parteien vor Gericht (Art. 103 Abs. 1 GG) sowie die Notwendigkeit einer gleich bleibenden, nach denselben Regeln funktionierenden Gestaltung des Verfahrens (auf dem Rechtsstaatsprinzip gemäß Art. 20 Abs. 3 GG und dem Gleichheitssatz gemäß Art. 3 Abs. 1 GG beruhend). Sobald Vorschriften der ZPO sich auf solche verfassungsrechtlichen Anforderungen zurückführen lassen, sind sie demgemäß nicht verzichtbar. Generell bedeutet dies Unverzichtbarkeit beispielsweise der **Grundaussagen** über die sachliche und örtliche Zuständigkeit der Gerichte, die Prozessvertretung der Parteien vor den Gerichten des höheren Rechtszuges, über den äußeren Verfahrensablauf von der Klageerhebung über die Beweisaufnahme bis zum Urteil. Ausnahmen gelten nur insoweit, als die ZPO selbst die Disposition der Parteien über bestimmte Verfahrensregeln zugelassen hat, beispielsweise Gerichtsstandsvereinbarungen (§§ 38 ff.), die Ent- 10

---

[4] *Stein/Jonas/Leipold* Rn. 4; AK-ZPO/*Deppe/Hilgenberg* Rn. 1; *Thomas/Putzo/Reichold* Rn. 3; *Zöller/Greger* Rn. 2.
[5] Vgl. nur *Stein/Jonas/Schumann,* 20. Aufl., Einl. Rn. 95.
[6] OLGZ 1985, 320.
[7] BGHZ 86, 43 = NJW 1983, 672.
[8] *Hagen* JZ 1972, 505, 509; vgl. auch im Ansatz BGH NJW 1987, 1200, 1201.
[9] *Rosenberg/Schwab/Gottwald* § 77 I 1.
[10] *Hellwig* S. 87.
[11] *Baumgärtel* S. 189.
[12] *Baumgärtel* S. 189.

scheidung ohne mündliche Verhandlung (§ 128 Abs. 2) sowie die Alleinentscheidung des Vorsitzenden der Kammer für Handelssachen (§ 349 Abs. 3).

11 **f) Vorgehen von Amts wegen.** Zusätzlich muss eine Unverzichtbarkeit der Verfahrensvorschriften angenommen werden, wenn die ZPO selbst ein Vorgehen des Gerichts **von Amts wegen** anordnet. Sobald das Gericht von Amts wegen tätig wird, haben die Parteien (unbeschadet gesetzlicher Ausnahmen) keinerlei Dispositionsbefugnisse mehr. Es handelt sich beispielsweise um die Prüfung der Prozessvoraussetzungen (§ 56), die gerichtliche Zustellung (§§ 208ff., 270) sowie die Ladungen (§§ 214ff.).

12 **2. Einzelfälle.** Verstöße gegen Verfahrensvorschriften können sowohl durch den Richter als auch durch die Parteien begangen werden. Im Folgenden werden einzelne Fallgruppen beider Arten der Verfahrensverstöße dargestellt.

13 **a) Verfahrensgrundsätze.** Verstöße gegen **Verfahrensgrundsätze.** Große Bedeutung für die Durchführung eines rechtsstaatlichen Verfahrens haben die Verfahrensgrundsätze. Verfahrensvorschriften, die darauf beruhen, können nur dann als verzichtbar angesehen werden, wenn gewährleistet ist, dass das Verfahren trotzdem den verfassungsrechtlichen Regeln entspricht.

14 So stellt sich ein Verstoß gegen die **Dispositionsmaxime** (Beispiel: Verstoß gegen § 308) als unverzichtbar dar,[13] da ansonsten die Gleichförmigkeit des zivilprozessualen Verfahrens nicht gewährleistet werden kann.

15 Gleiches muss für den **Verhandlungsgrundsatz** gelten.[14] Beim **Grundsatz der Mündlichkeit** sieht die ZPO selbst weitgehende Verzichtsmöglichkeiten vor. Neben den Einzelfällen, in denen gerichtliche Beschlüsse ohne Anhörung der Parteien ergehen können (zB § 248 Abs. 2), ermöglicht § 128 Abs. 2 die Durchführung des schriftlichen Verfahrens mit Zustimmung der Partei. Damit besteht zwar nicht mehr unmittelbar die Möglichkeit für das Gericht, durch schnelle Klärung von Lücken oder Widersprüchen ein Ergebnis zu erzielen.[15] Diese Zweckmäßigkeitsgesichtspunkte müssen jedoch zurücktreten, wenn die Parteien ausdrücklich darauf verzichten.

16 Eingeschränkte Verzichtsmöglichkeiten bestehen dagegen beim **Grundsatz der Öffentlichkeit.** Dieser dient der Kontrolle des Prozessablaufs durch die Allgemeinheit[16] und damit der Kontrolle der dritten Gewalt. Das Prinzip der Öffentlichkeit stellt sich deshalb als Bestandteil des Rechtsstaatsprinzips dar. Insoweit ist eine Verzichtbarkeit abzulehnen.[17] Soweit das Prinzip der Öffentlichkeit allerdings mit dem Prinzip der Mündlichkeit verknüpft ist, ist ein Verzicht im gleichen Umfange möglich wie bei der Mündlichkeit. In der Zustimmung zum schriftlichen Verfahren liegt deshalb auch ein zulässiger Verzicht auf die Verfahrensöffentlichkeit.

17 Umstritten ist die Verzichtbarkeit beim **Grundsatz der Unmittelbarkeit.** Die Rechtsprechung[18] lässt eine Verzichtbarkeit auf diesen Grundsatz zu. Sie stützt dies allein auf die Zweckmäßigkeitsgesichtspunkte der umfassenden und gründlichen Aufklärung des Sachverhalts und einer Beschleunigung des Verfahrens. Zudem sei der Grundsatz von der ZPO selbst nicht lückenlos durchgesetzt (vgl. § 309; im Bereich der Beweisaufnahme nunmehr § 375 Abs. 1a). Auch sei im Bereich der Beweisaufnahme grundsätzlich Raum für die Parteidisposition.[19] Beispielsweise könnten sich die Parteien damit einverstanden erklären, dass Protokolle über die Vernehmung von Zeugen aus früheren Verfahren vorgelegt und als Beweisurkunden verwandt werden dürften.[20] Dieses Ergebnis wird auch von einem großen Teil der Literatur geteilt.[21]

18 Demgegenüber vertritt die Gegenauffassung die Unverzichtbarkeit dieses Grundsatzes.[22] Dieser Grundsatz diene der möglichst wirklichkeitsgetreuen Sachverhaltsrekonstruktion,[23] weshalb eine Disposition der Partei in dieser Hinsicht nicht möglich sei.

---

[13] Vgl. auch RGZ 110, 150, 151; 156, 372, 376.

[14] So auch *Stein/Jonas/Leipold* Rn. 6.

[15] Vgl. *Stein/Jonas/Leipold* § 128 Rn. 6.

[16] *Stein/Jonas/Leipold* Vor § 128 Rn. 114.

[17] RGZ 157, 341, 347; *Stein/Jonas/Leipold* Vor § 128 Rn. 130.

[18] BGHZ 40, 179, 183f. = NJW 1964, 108; BGHZ 86, 104, 115 = NJW 1983, 1793; BGH NJW 1979, 2518; BGH DVBl. 1992, 1219; BGH NJW-RR 1997, 506; SchlHOLG MDR 1999, 761; OLG Köln NJW 1976, 2218; OLG Düsseldorf NJW 1977, 2320; OLG Köln MDR 1978, 321; vgl. *Seidel* ZZP 99 (1986), 64, 75.

[19] BGH NJW 1979, 2518.

[20] BGHZ 86, 104, 115 = NJW 1983, 1793.

[21] *Stein/Jonas/Leipold* Rn. 17; *Wieczorek* Anm. B II b 2; AK-ZPO/*Deppe/Hilgenberg* Rn. 5; *Baumbach/Lauterbach/Hartmann* Rn. 53 m. weit. Nachw.; *Zöller/Greger* Rn. 3; *Schultze* NJW 1977, 409, 411; *Rasehorn* NJW 1977, 789, 792.

[22] OLG Düsseldorf NJW 1976, 1103, 1105; OLG Köln NJW 1976, 1102; AK-ZPO/*Rüßmann* § 355 Rn. 5; *Schneider* DRiZ 1977, 301; *Werner/Pastor* NJW 1975, 329; vgl. auch *Müller* DRiZ 1977, 305.

[23] OLG Düsseldorf NJW 1976, 1103, 1105.

Der Gegenauffassung ist zuzustimmen. Der **Grundsatz der Unmittelbarkeit** ist als **unverzichtbar** anzusehen. Es handelt sich bei § 355, der diesen Grundsatz festschreibt, um eine Regelung zur Aufteilung der Kompetenzen von Prozessgericht und einzelnen Mitgliedern. Grundsätzlich stehen Vorschriften der Kompetenzaufteilung als ausschließlich an die Tätigkeit des Gerichts gerichtete Vorschriften nicht zur Disposition der Parteien. Eine Ausnahme besteht dann, wenn die ZPO die Disposition ausdrücklich zulässt, so zB bei § 349 Abs. 3. Eine derartige Zulassung liegt beim Grundsatz der Unmittelbarkeit jedoch nicht vor. Deshalb muss in diesem Fall bereits aus systematischen Gründen die Verzichtbarkeit abgelehnt werden. Dagegen kann die Unverzichtbarkeit nicht aus Art. 101 Abs. 1 S. 2 GG hergeleitet werden,[24] da auch bei einer Übertragung der Beweisaufnahme auf den Einzelrichter der gesetzliche Richter letztendlich zur Entscheidung berufen ist, die lediglich auf einem Verfahrensfehler beruht. 19

Gegen eine Unverzichtbarkeit spricht insbesondere nicht der allgemeine Einwand, in weiten Bereichen der Beweisaufnahme hätten die Parteien Raum für Dispositionen. Ein solches Recht haben die Parteien in diesem Verfahrensabschnitt nur auf Grund von besonderen Vorschriften der ZPO, die ausdrücklich eine Disposition der Parteien anordnen, zB §§ 391, 399. Dass der Grundsatz der Unmittelbarkeit vom Gesetzgeber selbst neuerdings in bedenklicher Weise eingeschränkt wird (vgl. § 375 Abs. 1 a), ändert daran nichts. 20

Schließlich stellt sich der **Grundsatz der Bestimmtheit** als wesentlicher Pfeiler der Rechtssicherheit dar (§ 253 Abs. 2 Nr. 2). Nur auf Grund eines bestimmten Anspruchs lässt sich sein Umfang und die Rechtskraft des erstrebten Urteils feststellen.[25] Deshalb kann auf die Bestimmtheit nicht verzichtet werden. 21

b) Gesetzlicher Richter. Der **Grundsatz des gesetzlichen Richters.** Der Grundsatz des gesetzlichen Richters selbst (Art. 101 Abs. 1 S. 2 GG) stellt ein sog. Verfahrensgrundrecht dar, auf das wirksam durch die Parteien nicht verzichtet werden kann.[26] Die Parteien können sich ihres grundrechtlichen Schutzes nicht begeben. Gleiches gilt für diejenigen Verfahrensvorschriften, die sich aus diesem Verfassungsgebot ableiten lassen, also die Normen über die ordnungsgemäße Besetzung der Gerichte (vgl. §§ 22, 75, 122, 132, 139, 192 GVG),[27] die Voraussetzungen für das Richteramt (§§ 5 ff. DRiG) sowie die Ausschließung und Ablehnung vom Richteramt (§§ 41, 42).[28] Die Zuständigkeit des Gerichts ist ebenso unverzichtbar[29] mit Ausnahme der Fälle, in denen die ZPO eine Parteivereinbarung vorsieht (§§ 38 ff.). Gleiches gilt auch für die funktionelle Zuständigkeit und die Geschäftsverteilung, zB für das Verhältnis von Zivilkammer zur Kammer für Handelssachen.[30] 22

c) Zulässigkeit des Rechtswegs. Verfahrensverstöße gegen die Zulässigkeit des Rechtswegs stellen sich als unverzichtbar dar.[31] Mit Hilfe dieser Regeln soll die Justizförmigkeit des gerichtlichen Verfahrens gewährleistet werden. Es würde ein Verstoß gegen das Rechtsstaatsprinzip bedeuten, könnte der Rechtsweg frei nach Parteiinteressen gewählt werden. 23

d) Beteiligte. Die Normen über die **am Rechtsstreit Beteiligten.** Alle Vorschriften, die sich auf die Prozessbeteiligten beziehen, also die Partei- und Prozessfähigkeit (§§ 50, 51), die Prozessführungsbefugnis, die Streitgenossenschaft (§§ 59 ff.) etc. stellen Vorschriften zur Einhaltung eines gleichmäßigen und einheitlichen Verfahrens dar. Sie sind deshalb aus dem Rechtsstaatsprinzip abzuleiten und als unverzichtbar einzuordnen.[32] Gleiches gilt für die Verfahrensvorschriften bei Beteiligung Dritter am Verfahren, also bei der Streitverkündung (§§ 72 ff.) und der Nebenintervention (§§ 66 ff.).[33] Eine Ausnahme besteht lediglich hinsichtlich des Inhalts der Streitverkündungsschrift.[34] 24

e) Gang des Verfahrens. Die Normen über den **Gang des Verfahrens** von der Anhängigkeit bis zum Urteil. Im Bereich der Vorschriften über die **Zustellungen, Ladungen, Termine und Fristen** sieht die ZPO in weiten Bereichen selbst die Möglichkeit der Verzichtbarkeit vor. Für die 25

---

[24] So aber *Schneider* DRiZ 1977, 13, 16.

[25] *Stein/Jonas/Schumann* § 253 Rn. 172.

[26] BGH NJW 1993, 600, 601; OLG Köln NJW-RR 1995, 512; vgl. auch BGHZ 6, 178, 181; *Gaul* JZ 1984, 563, 564.

[27] BAG MDR 1984, 347.

[28] OLG Frankfurt NJW 1976, 1545.

[29] *Wieczorek* Anm. B II a 1; aA *Stein/Jonas/Leipold* Rn. 8; *Zöller/Greger* Rn. 4.

[30] Vorsichtig *Gaul* JZ 1984, 563, 564; aA *Herr* JZ 1984, 318, 319, der die Verzichtbarkeit aus der Möglichkeit einer „außerordentlichen" Beschwerde bei einer Verweisung unter Verkennung der Zuständigkeitsgrenzen ableitet.

[31] *Wieczorek* Anm. B II a 1.

[32] *Wieczorek* Anm. B II a 1; *Stein/Jonas/Leipold* Rn. 9.

[33] *Wieczorek* Anm. B II a 2; aA RGZ 163, 361, 364; *Stein/Jonas/Leipold* Rn. 10.

[34] BGH NJW 1976, 292, 293.

Zustellungsmängel greift § 187 ein. Hinsichtlich der Fristen bietet § 224 einen Ansatzpunkt. Mit Hilfe dieser Vorschriften soll einerseits die Kenntnisnahme des Prozessstoffes durch die Beteiligten und andererseits die zügige Prozessführung erreicht werden. Dies ist bereits erfüllt, wenn der Prozess unter Beteiligung der Parteien durchgeführt werden kann. Weitergehende Ziele, insbesondere die Justizförmigkeit des Verfahrens, beabsichtigen sie nicht. Damit sind diese Vorschriften verzichtbar.[35] Anders verhält es sich mit Verfahrensmängeln hinsichtlich Notfristen.[36] Diese Sonderart der Fristen nimmt die ZPO aus allen Erleichterungen zugunsten der Parteien aus, so zB § 187 S. 2, 224 Abs. 1. Da diese Frist vornehmlich bei der Rechtsmitteleinlegung eingreift (vgl. zB §§ 516, 552), dient sie der Rechtssicherheit und damit der Gleichförmigkeit der Verfahren und ist deshalb unverzichtbar. In der Folge sind auch die Verfahrensmängel, die hinsichtlich der Zustellungen bei Notfristen auftreten, unverzichtbar.[37] Gleiches gilt für Formmängel bei an Notfristen gebundenen Rechtsbehelfen.[38]

26 **Verfahrensfehler hinsichtlich des Protokolls** sind nicht verzichtbar. Nach § 164 Abs. 1 besteht vielmehr die jederzeitige Berichtigungsmöglichkeit. Davon und aus § 165 muss man ferner einen Zwang zur Berichtigung entnehmen. Dann ist aber eine Heilung ausgeschlossen. Unterbleibt eine Protokollierung entgegen der Vorschrift des § 161, so kann darin auch ein Verstoß gegen Art. 103 Abs. 1 GG liegen, der unverzichtbar ist.[39]

27 Bei den Regelungen bis zum Urteil sind zunächst die Vorschriften über die **Prozessvoraussetzungen** als unverzichtbar anzusehen.[40] Dies ergibt sich bereits daraus, dass sie einer Prüfung von Amts wegen unterliegen.[41] Zusätzlich dienen sie ausschließlich der Justizförmigkeit des Verfahrens. Wird zB in der Klageschrift oder in einem anderen bestimmenden Schriftsatz in unzulässiger Weise auf andere Texte Bezug genommen, so ist eine Heilung nach § 295 nicht möglich, sondern nur eine wirksame Neuvornahme (s. Rn. 44; vgl. dazu *Lange* NJW 1989, 438). Im Einzelnen ist etwa eine Klageschrift ohne Unterschrift nicht nach § 295 heilbar.[42]

28 Bei den **Regeln über die Klageänderung** sieht § 267 eine Sondervorschrift der Heilung vor, so dass ein Verzicht der Parteien in diesem Umfang möglich ist.

29 Die **Vorschriften über das Urteil** sind dagegen insgesamt unverzichtbar, da diese Regelungen ihre Grundlage in der Rechtssicherheit haben.

30 Verfahrensmängel, die im Zusammenhang mit der Übertragung der **Streitsache auf den Einzelrichter** nach §§ 348, 348a erfolgen, sei es die unzulässige Übertragung nach Durchführung des Haupttermins[43] oder eine Entscheidung der Kammer trotz Übertragung auf den Einzelrichter,[44] sind unverzichtbar. In gleicher Weise unverzichtbar ist die fehlerhafte Übertragung des Rechtsstreits auf den Einzelrichter allein zur Durchführung einer Beweisaufnahme (soweit dies nicht durch den neuen § 375 Abs. 1a legitimiert ist).[45] Es handelt sich auch hierbei wieder um Zuständigkeitsregelungen, die das Gericht betreffen, auf die die Parteien jedoch keinen Einfluss haben.

31 **f) Rechtliches Gehör.** Beim **Grundsatz des rechtlichen Gehörs** ist eine differenzierte Betrachtung erforderlich. Nimmt eine Partei die ihr eingeräumten Möglichkeiten zur Äußerung nicht wahr, so bedarf es keines Zurückgreifens auf § 295, da der Partei in der erforderlichen Weise bereits rechtliches Gehör gewährt wurde.[46] Problematisch sind die Fälle, in denen der Partei die Äußerungsmöglichkeit nicht eingeräumt wurde und sie diesen Verstoß trotz zufälliger Kenntnis nicht rügt.[47] Ein solcher Rügeverzicht soll nach § 295 zu behandeln sein.[48] Diese Ansicht ist abzulehnen.

---

[35] RGZ 37, 378; BGHZ 10, 94, 95 = NJW 1953, 1217; BGHZ 65, 114, 116 = NJW 1976, 108; BGHZ 70, 384, 386 = NJW 1978, 1325; BGH NJW 1976, 2263; 1987, 771; *Stein/Jonas/Leipold* Rn. 12; *Wieczorek* B II b 2.

[36] *Stein/Jonas/Leipold* Rn. 12; *Wieczorek* Anm. B II a 2; OLG Düsseldorf NJW-RR 1986, 799.

[37] BGH NJW 1952, 934.

[38] LG Hamburg NJW 1986, 1998; aA BAG NJW 1986, 3224.

[39] BGH NJW 1987, 1200; aA BVerwG NJW 1988, 579.

[40] *Stein/Jonas/Leipold* Rn. 14; *Musielak/Huber* Rn. 3; *Zöller/Greger* Rn. 4; *Thomas/Putzo/Reichold* Rn. 3.

[41] Zu den Ausnahmen iSd. § 296 Abs. 3 vgl. § 296 Rn. 148 ff.

[42] AA OLG Köln NJW-RR 1997, 1291, wo allerdings korrekt darauf hingewiesen, daß die Unterschrift durch Nachholung, der Fehler also durch eine mangelfreie Wiederholung der Prozeßhandlung korrigiert werden kann (vgl. dazu Rn. 44).

[43] OLG Schleswig NJW 1988, 69 f.

[44] BGH NJW 2001, 1357; BGH NJW 1993, 600; für die Streitwertfestsetzung OLG Koblenz MDR 1986, 151.

[45] Vgl. im einzelnen Rn. 17 (Grundsatz der Unmittelbarkeit).

[46] Ebenso *Waldner* Rn. 455; *Zöller/Greger* Rn. 5.

[47] Vgl. Beispiel bei *Waldner* Rn. 455.

[48] *Waldner* Rn. 454.

Es handelt sich bei Art. 103 GG um ein grundrechtsgleiches Recht, für das dieselben Grundsätze gelten wie für Grundrechte. Die Verletzung von Art. 103 GG ist deshalb ein unverzichtbarer Verfahrensfehler.[49] Dementsprechend kommt auch eine Anwendung des § 295 nicht in Betracht.[50]

IV. Voraussetzungen der Heilung

1. Verzicht. a) Rügeausschluss. Die Partei ist mit der **Rüge eines Verfahrensmangels ausgeschlossen,** wenn sie auf die Befolgung der Verfahrensvorschrift wirksam verzichtet hat. Von der Möglichkeit eines Verzicht kann die Partei erst Gebrauch machen, wenn ein Verfahrensverstoß vorliegt. Ein vorheriger Verzicht auf Verfahrensrügen ist von § 295 nicht erfasst.[51] 32

Der Verzicht kann ausdrücklich oder durch schlüssige Handlung erklärt werden.[52] Ein „ausdrücklicher Verzichtswille" der Partei muss nicht vorhanden sein.[53] Vielmehr ist der Rügeverzicht bereits dann anzunehmen, wenn die Partei trotz Kenntnis oder fahrlässiger Nichtkenntnis sich zu einem Verfahrensfehler nicht in der nächsten mündlichen Verhandlung äußert. 33

Es handelt sich beim Verzicht um eine einseitige prozessuale Erklärung,[54] die keiner Annahme durch den Prozessgegner bedarf.[55] Der Verzicht ist unwiderruflich.[56] 34

Wirksam wird der Verzicht, wenn er in der nächsten mündlichen Verhandlung nach dem Verfahrensverstoß ausdrücklich oder konkludent erklärt wird.[57] 35

b) Rechtliches Gehör. Grundsätzlich ist § 295 zwar auf ein Verfahren mit mündlicher Verhandlung zugeschnitten. Allerdings bestehen gegen die Übertragung dieser Regeln in das **schriftliche Verfahren** nach § 128 Abs. 2 keine Bedenken.[58] Insbesondere kann ein Verzicht iSd. § 295 schriftlich erklärt werden. 36

2. Unterlassen rechtzeitiger Rüge. a) Nächste mündliche Verhandlung. Ein Verfahrensmangel wird nach § 295 auch dann geheilt, wenn in der auf den Verfahrensverstoß folgenden **nächsten mündlichen Verhandlung** der Mangel nicht gerügt wird. Diese erforderliche Rüge stellt eine einseitige prozessuale, gegenüber dem Gericht abzugebende Willenserklärung dar,[59] die ausdrücklich oder durch schlüssiges Verhalten erfolgen kann. Eine Annahme der Erklärung durch den Gegner ist nicht erforderlich, so dass ein Verlust des Rügerechts auch dann eintreten kann, wenn **der Gegner** im Termin nicht erscheint oder nicht verhandelt.[60] Da das Gesetz den (auch konkludent möglichen) Verzicht dem bloßen Unterlassen einer Rüge gleichstellt, kommt es auf eine (im Einzelfall schwer durchführbare) Unterscheidung beider Fallgestaltungen nicht an. 37

In zeitlicher Hinsicht muss die Rüge zur Entfaltung von Wirkungen in der **nächsten** auf den Verfahrensverstoß folgenden mündlichen Verhandlung erklärt werden. Unter der mündlichen Verhandlung ist dabei eine Parteiverhandlung zu verstehen.[61] Diese muss zwar nicht notwendig in der Sache stattfinden, jedoch reicht eine separate Beweisaufnahme nicht aus.[62] Gleichgültig ist dagegen der Zeitpunkt der Geltendmachung innerhalb der mündlichen Verhandlung: Jedenfalls bis zu deren Schluss muss die Rüge vorgebracht worden sein.[63] Hat die berechtigte Partei einmal gerügt, so braucht die Rüge in späteren Terminen nicht wiederholt zu werden. 38

Wird die Rüge in einem Schriftsatz oder vor dem ersuchten oder beauftragten Richter unterlassen, so bewirkt dies keinen Rügeverlust.[64] Erscheint die zur Rüge berechtigte Partei in dem maßgeblichen Termin nicht[65] oder verhandelt sie nicht (§§ 333, 220 Abs. 2),[66] so wird auch dadurch kein Verlust der Rüge bewirkt. 39

---

[49] Offenlassend BGH NJW 1965, 459.
[50] RGZ 93, 152, 155; *Stein/Jonas/Leipold* Rn. 6.
[51] *Stein/Jonas/Leipold* Rn. 21; *Baumgärtel* S. 270; *Schlosser* S. 47.
[52] *Stein/Jonas/Leipold* Rn. 21; AK-ZPO/*Deppe/Hilgenberg* Rn. 6; *Wieczorek* Anm. C I a.
[53] BGHZ 25, 66, 71 = NJW 1957, 1517; aA *Wieczorek* Anm. C I a.
[54] *Wieczorek* Anm. C I a.
[55] *Stein/Jonas/Leipold* Rn. 21.
[56] *Stein/Jonas/Leipold* Rn. 21; *Wieczorek* Anm. C I a.
[57] *Thomas/Putzo/Reichold* Rn. 4; *Wieczorek* Anm. C I a.
[58] Vgl. *Bischof* NJW 1985, 1143.
[59] *Wieczorek* Anm. C II a.
[60] *Stein/Jonas/Leipold* Rn. 26.
[61] *Stein/Jonas/Leipold* Rn. 25.
[62] *Stein/Jonas/Leipold* Rn. 25; *Wieczorek* Anm. C II d.
[63] *Wieczorek* Anm. C II a.
[64] *Stein/Jonas/Leipold* Rn. 25.
[65] RGZ 47, 399; *Stein/Jonas/Leipold* Rn. 26; *Wieczorek* Anm. C II d 2.
[66] RG JW 1900, 185; *Stein/Jonas/Leipold* Rn. 26; *Wieczorek* Anm. C II d 2.

40 Der Verlust des Rügerechts tritt dann ein, wenn die zur Rüge berechtigte Partei den Mangel kannte bzw. ihn jedenfalls bei Anwendung der erforderlichen Sorgfalt hätte kennen müssen (Fahrlässigkeit iSd. § 276 BGB).[67] Dabei ist keine Kenntnis gerichtsinterner Vorgänge erforderlich.[68] Rügt die berechtigte Partei einen Verstoß erst in einem späteren Termin, so hat sie zur Erhaltung ihres Rügerechts darzutun und nachzuweisen, dass sie die Unkenntnis des Mangels nicht verschuldet hat.[69] Zur Erhaltung der prozessualen Waffengleichheit bedarf es bei einer nicht anwaltlich vertretenen Partei auch im Bereich des § 295 eines gerichtlichen Hinweises nach § 139.[70] Eine derartige Hinweispflicht gegenüber der anwaltlich vertretenen Partei erscheint nicht zwingend geboten.[71]

41 **b) Schriftliches Verfahren nach § 128 Abs. 2 oder 3.** Sofern es sich um ein schriftliches Verfahren nach § 128 Abs. 2 oder 3 handelt, liegt ein Rügeverlust vor, wenn die betroffene Partei nach einem Verfahrensmangel einen Schriftsatz einreicht, ohne den Mangel zu rügen.[72] Dagegen bewirkt das Nichtschreiben innerhalb der eingeräumten Schriftsatzfrist keinen Rügeverzicht.[73]

42 **3. Heilung durch Zweckerreichung?** Neben der Heilung von Verfahrensmängeln über § 295 kann auch daran gedacht werden, insbesondere Formfehler dann zu heilen, wenn der gesetzgeberische Zweck der Formvorschrift durch die Prozesshandlung unter Formverstoß offenbar erreicht wird.[74] Der praktische Eingriffsbereich dieser Heilungsmöglichkeit liegt insbesondere bei Mängeln der Klageschrift nach §§ 129, 130. Die Heilung tritt mit der den Formmangel nicht beanstandenden gerichtlichen Entscheidung ein.[75]

43 Bedenken gegen diese Ansicht bestehen insoweit, als sie für den Bereich der verzichtbaren Rügen neben § 295 keinen eigenen Anwendungsbereich hat, da bereits ein Verzicht oder die Nichtrüge in der **nächsten** mündlichen Verhandlung die Heilung eintreten lässt. Sofern es sich jedoch um unverzichtbare Rügen iSd. § 295 Abs. 2 handelt, bedeutet eine Heilung durch Zweckerreichung im Wege der billigenden gerichtlichen Entscheidung ein Unterlaufen dieser Vorschrift. Unverzichtbar sind die Verfahrensvorschriften nur deshalb, weil sie erforderlich sind, um das Funktionieren des Rechtsschutzes nicht in Frage zu stellen. Eine Nichtbeachtung durch das Gericht stellt einen Verstoß gegen das Rechtsstaatsprinzip (Art. 20 Abs. 3 GG) dar. Eine Heilung durch Zweckerreichung ist deshalb abzulehnen.[76]

V. Wirkung

44 Mit dem Verzicht oder der Nichtrüge ist der Verfahrensfehler **rückwirkend** als geheilt zu betrachten.[77] Dies gilt auch in der Berufungs- und Revisionsinstanz.[78] Eine Ausnahme gilt jedoch für diejenigen Verfahrensfehler, die eine nachträgliche **Ergänzung** des mangelhaften Aktes erfordern, beispielsweise bei Mängeln am notwendigen Inhalt der Klageschrift. Diese Mängel heilen in dem Zeitpunkt, in dem die Ergänzung stattfindet, dh. also ex nunc.[79] Obwohl auch in diesen Fällen von einer „Heilung" gesprochen wird, handelt es sich nicht um eine Anwendung von § 295, sondern um die Beseitigung eines fehlerhaften Aktes durch erneutes (fehlerfreies) Handeln.

---

[67] BGHZ 8, 383, 386 = NJW 1953, 702; *Stein/Jonas/Leipold* Rn. 27; *Wieczorek* Anm. C II d 3; *Thomas/Putzo/Reichold* Rn. 5 iVm. § 95 Rn. 2; *Zöller/Greger* Rn. 9.

[68] BAG NJW 1960, 1542; *Wieczorek* Anm. C II d 3; *Stein/Jonas/Leipold* Rn. 28.

[69] *Wieczorek* Anm. C II d 3; *Stein/Jonas/Leipold* Rn. 28.

[70] BGH NJW 1958, 104, bei Überraschungseffekt der Entscheidung; *Stein/Jonas/Leipold* Rn. 28; AK-ZPO/*Deppe/Hilgenberg* Rn. 6; *Zöller/Greger* Rn. 9.

[71] Weitergehend BGH NJW 1960, 766, 767; BGH NJW 1958, 104; wie hier *Zöller/Greger* Rn. 9; *Musielak/Huber* Rn. 6.

[72] *Baumbach/Lauterbach/Hartmann* Rn. 8; *Bischof* NJW 1985, 1143, 1144; aA *Thomas/Putzo/Reichold* Rn. 6; *Stein/Jonas/Leipold* Rn. 31.

[73] *Wieczorek* Anm. C II b; *Bischof* NJW 1985, 1143, 1144.

[74] So *Vollkommer* S. 385 ff.; vgl. *Thomas/Putzo/Reichold* Rn. 8 (kritisch).

[75] *Vollkommer* S. 378.

[76] Zustimmend *Musielak/Huber* Rn. 8.

[77] *Stein/Jonas/Leipold* Rn. 32; *Wieczorek* Anm. C III; *Zöller/Greger* Rn. 10; AK-ZPO/*Deppe/Hilgenberg* Rn. 8.

[78] *Stein/Jonas/Leipold* Rn. 32.

[79] *Stein/Jonas/Leipold* Rn. 32; vgl. auch BGH NJW 1984, 926 für den Zeitpunkt der Heilung von Zustellungsmängeln der Klageschrift unter Heranziehung von § 295 und § 187.

§ 296 Zurückweisung verspäteten Vorbringens

(1) Angriffs- und Verteidigungsmittel, die erst nach Ablauf einer hierfür gesetzten Frist (§ 273 Abs. 2 Nr. 1 und, soweit die Fristsetzung gegenüber einer Partei ergeht, 5, § 275 Abs. 1 Satz 1, Abs. 3, 4, § 276 Abs. 1 Satz 2, Abs. 3, § 277) vorgebracht werden, sind nur zuzulassen, wenn nach der freien Überzeugung des Gerichts ihre Zulassung die Erledigung des Rechtsstreits nicht verzögern würde oder wenn die Partei die Verspätung genügend entschuldigt.

(2) Angriffs- und Verteidigungsmittel, die entgegen § 282 Abs. 1 nicht rechtzeitig vorgebracht oder entgegen § 282 Abs. 2 nicht rechtzeitig mitgeteilt werden, können zurückgewiesen werden, wenn ihre Zulassung nach der freien Überzeugung des Gerichts die Erledigung des Rechtsstreits verzögern würde und die Verspätung auf grober Nachlässigkeit beruht.

(3) Verspätete Rügen, die die Zulässigkeit der Klage betreffen und auf die der Beklagte verzichten kann, sind nur zuzulassen, wenn der Beklagte die Verspätung genügend entschuldigt.

(4) In den Fällen der Absätze 1 und 3 ist der Entschuldigungsgrund auf Verlangen des Gerichts glaubhaft zu machen.

Schrifttum: *Baur,* Wege zur Konzentration der mündlichen Verhandlung im Prozeß, in: Beiträge zur Gerichtsverfassung und zum Zivilprozeßrecht, 1983, S. 223; *Bender/Belz/Wax,* Das Verfahren nach der Vereinfachungsnovelle und vor dem Familiengericht, 1977; *Bender,* Mehr Rechtsstaat durch Verfahrensvereinfachung, in: FS Rudolf Wassermann, 1985, S. 629; *Bettermann,* Hundert Jahre Zivilprozeßordnung – das Schicksal einer liberalen Kodifikation, ZZP 91 (1978), 365; *Birk,* Verfahrensvereinfachung – Abbau des Rechtsstaats?, AnwBl. 1984, 169; *ders.,* Wer führt den Zivilprozeß – der Anwalt oder der Richter?, NJW 1985, 1489; *Bischof,* Streitfragen der Vereinfachungsnovelle, NJW 1977, 1897; *ders.,* Der Zivilprozeß nach der Vereinfachungsnovelle, 1980; *Borgmann,* Präklusion bei Prozeßverzögerung nach verspätetem Vorbringen (Haftpflichtfragen), AnwBl. 1983, 212, 274, 313; *dies.,* Neue Rechtsprechung zu den Präklusionsvorschriften der ZPO, AnwBl. 1989, 284; *Damrau/Schellhammer,* Die Behandlung verspätet vorgebrachter Angriffs- und Verteidigungsmittel im Gutachten, JuS 1984, 203; *Dengler,* Verfassungsmäßigkeit des § 528 III ZPO, NJW 1980, 163; *Deubner,* Zurückweisung verspäteten Vorbringens und Anspruch auf rechtliches Gehör – BayVerfGH, NJW 1977, 243, JuS 1977, 583; *ders.,* Zurückweisung verspäteten Vorbringens nach der Vereinfachungsnovelle, NJW 1977, 921; *ders.,* Berufungszwang durch Verfahrensbeschleunigung, NJW 1978, 355; *ders.,* Die Praxis der Zurückweisung verspäteten Vorbringens, NJW 1979, 337; *ders.,* Die Zurückweisung fristwidrigen Vorbringens im frühen ersten Termin, NJW 1983, 1026; *ders.,* Das Ende der Zurückweisung verspäteten Vorbringens im frühen ersten Termin, NJW 1985, 1140; *ders.,* Zurückweisung verspäteten Vorbringens als Rechtsmißbrauch, NJW 1987, 465; *ders.,* Das unbewältigte Gesetz – Neue Entscheidungen zur Zurückweisung verspäteten Vorbringens, NJW 1987, 1583; *ders.,* Gedanken zur richterlichen Verfahrensbeschleunigungspflicht, FS Lüke, 1997, S. 51; *Fastrich,* Heilung der Verspätungsfolgen des § 296 ZPO durch Versäumnis?, NJW 1979, 2598; *Fey,* Die Behandlung verspäteten Vorbringens, DRiZ 1978, 180; *Franke,* Rechtliches Gehör und Präklusion – Zur Rechtsprechung des Bundesverfassungsgerichts, NJW 1986, 3049; *Franzki,* Das Gesetz zur Vereinfachung und Beschleunigung gerichtlicher Verfahren (Vereinfachungsnovelle), DRiZ 1977, 161; *ders.,* Die Vereinfachungsnovelle und ihre bisherige Bewährung in der Verfahrenswirklichkeit, NJW 1979, 9; *Fuhrmann,* Die Zurückweisung schuldhaft verspäteter und verzögernder Angriffs- und Verteidigungsmittel im Zivilprozeß, 1987; *Greger,* Rechtstatsächliche Erkenntnis zu den Auswirkungen der Vereinfachungsnovelle in der Praxis, ZZP 100 (1987), 377; *Grunsky,* Die Straffung des Verfahrens durch die Vereinfachungsnovelle, JZ 1977, 201; *ders.,* Taktik im Zivilprozeß, 3. Aufl. 1985; *Gounalakis,* Die Flucht vor Präklusion bei verspätetem Vorbringen im Zivilprozeß, 1995; *dies.,* Flucht in die Widerklage – Eine wirksame Umgehung der Präklusionsvorschriften?, MDR 1997, 216; *Habermann,* Die Flucht in die Widerklage zur Umgehung der Verspätungspräklusion, 2003; *Hartmann,* Anwaltsprobleme nach der Vereinfachungsnovelle, AnwBl. 1977, 90; *ders.,* Ein Jahr Vereinfachungsnovelle, NJW 1978, 1457; *Hensen,* Der Parteivortrag „im Termin" – verspätet, aber beachtlich, NJW 1984, 1672; *Hermisson,* Die Rechtsprechung des BGH und des BVerfG zur Zurückweisung von verspätetem Vorbringen im Zivilprozeß, NJW 1983, 2229; *Hirtz,* Zum Ausschluß des Parteivorbringens bei nicht rechtzeitiger Vorlage eines Schriftsatzes, NJW 1981, 2234; *Hölzer,* Die Zurückweisung verspäteten Vorbringens, JurBüro 1990, 1533; *Kallweit,* Die Prozeßförderungspflicht der Parteien und die Präklusion verspäteten Vorbringens im Zivilprozeß nach der Vereinfachungsnovelle vom 3. 12. 1976, 1983; *Kinne,* Zur Zurückweisung verspäteten Vorbringens im Zivilprozeß, DRiZ 1985, 15; *Knöringer,* Der Begriff der Verzögerung nach der Vereinfachungnovelle, NJW 1977, 2336; *Köster,* Die Beschleunigung der Zivilprozesse und die Entlastung der Zivilgerichte in der Gesetzgebung von 1879 bis 1993, 2 Bände, 1995; *Kramer,* Neuerungen im Versäumnisverfahren nach der Vereinfachungsnovelle, NJW 1977, 1657; *Lampenscherf,* Verfassungswidrigkeit des § 528 Abs. 3 ZPO nF, MDR 1978, 365; *Lange,* Die Zurückweisung verspäteten Vorbringens im ersten Termin, DRiZ 1980, 408; *ders.,* Der frühe erste Termin als Vorbereitungstermin, NJW 1986, 1728; *ders.,* Zurückweisung verspäteten Vorbringens im Vorbereitungstermin, NJW 1986, 3043; *ders.,* Verspätetes Vorbringen im „Durchlauftermin", NJW 1988, 1644; *Leipold,* Prozeßförderungspflicht der Parteien und richterliche Verantwortung, ZZP 93 (1980), 237; *ders.,* Auf der Suche nach dem richtigen Maß bei der Zurückweisung verspäteten Vorbringens, ZZP 97 (1984), 395; *Lüke,* Die Zurückweisung verspäteten Vorbringens im Zivilprozeß, JuS 1981, 503; *ders.,* Die Zurückweisung verspäteten Vorbringens nach der Vereinfachungsnovelle zur ZPO, in: Recht und Gesetz im Dialog, Saarbrücker Verträge, 1982; *Mackh,* Präklusion verspäteten Vorbringens im Zivilprozeß, 1991; *Mayer,* Übergabe von Schriftsätzen im Verhandlungstermin, NJW 1985, 937; *Mertins,* Fluchtwege zur Vermeidung der Zurückweisung wegen Verspätung und ihre Abwehr, DRiZ 1985, 344; *ders.,* 10 Jahre Vereinfachungsnovelle – Versuch einer Bilanz –, DRiZ 1988, 91; *Mischke,* Zurückweisung verspäteten Vorbringens über die in § 296 ZPO aufgezählten Fälle hinaus, NJW 1981, 564; *Nottebaum,* Die Zurückweisung verspäteten Vorbringens nach der Vereinfachungsnovelle, Diss. Bochum 1984; *Otto,* Die Präklusion, Ein Beitrag zum Prozeßrecht, 1970; *ders.,* Die BGH-Rechtsprechung zur Präklusion verspäteten Vorbringens, 50 Jahre BGH, Bd. III, 2000, S. 161; *Overath,* Prozeßbeschleunigung durch Verspätung?, DRiZ 1980, 253; *Pieper,* Eiljustiz statt materieller Richtigkeit? Zu den Grenzen einer Präklusion verspäteten Vorbringens im Zivilprozeß, in: FS Rudolf Wassermann, 1985, S. 773; *Prütting,* Internationale Zuständigkeit kraft rügeloser Einlassung, MDR 1980, 368; *Prütting/Weth,* Teilurteil zur Verhinderung der Flucht in die Widerklage?, ZZP 98 (1985), 131; *Putzo,* Die Vereinfachungsnovelle, NJW 1977, 1; *ders.,* Die Vereinfachungsnovelle aus praktischer Sicht, AnwBl. 1977, 429; *Rauter,* Zielkonflikte zwischen Schnelligkeit und Gründlichkeit bei der Rechtsgewährung im Zivilprozeß, DRiZ 1987, 354; *Recken,* Verständige Prozeßbeschleunigung, DRiZ 1980, 336; *Rixecker,* Vermeintliche Randprobleme der Beschleunigung des Zivilprozesses, NJW 1984, 2135; *Rudolph,* Beschleunigung des Zivilprozesses, FS aus Anlaß des 10jährigen Bestehens der Deutschen Richterakademie in Trier, 1983, S. 151; *Schafft/Schmidt,* Verspätungsfolgen, MDR 2001, 436; *Schenkel,* Neue Angriffs- und Verteidigungsmittel im Sinne der prozeßrechtlichen Präklusionsvorschriften, MDR 2004, 790; *Schmitz,* Anmerkungen zur Beschleunigungsnovelle zur ZPO aus anwaltlicher Sicht, AnwBl. 1979, 4; *E. Schneider,* Die Vereinfachungsnovelle zur Zivilprozeßordnung 1977, MDR 1977, 1, 89; *ders.,* Beiträge zum neuen Zivilprozeßrecht, MDR 1977, 793, 881, 969 und MDR 1978, 1, 89; *ders.,* Zur Auslegung des § 528 Abs. 3 ZPO, MDR 1978, 969; *ders.,* Nichtzulassung verspäteten Vorbringens gegen den Willen beider Parteien?, NJW 1979, 2506; *ders.,* Strapaziertes Verspätungsrecht, MDR 1982, 902; *ders.,* Die Belehrung über Verspätungsfolgen, MDR 1985, 287; *ders.,* Verzögerungsrecht, MDR 1986, 896; *Schröder,* Schiedsvertragskündigung und Zulässigkeitsrüge – Zur Auslegung der §§ 282, 296, 528, 529 ZPO, ZZP 91 (1978), 302; *Schumann,* Keine Präklusion im Beschwerdeverfahren: Das Bundesverfassungsgericht als Bundesgerichtshof, NJW 1982, 1609; *ders.,* Bundesverfassungsgericht, Grundgesetz und Zivilprozeß, ZZP 96 (1983), 137; *ders.,* Die materiellrechtsfreundliche Auslegung des Prozeßgesetzes, FS Karl Larenz zum 80. Geburtstag, 1983, S. 571; *Schwarz,* Die Präklusion verspäteten Vorbringens in der ersten Instanz (§ 296 ZPO), JA 1984, 458; *Spahn,* Die Zurückweisung verspäteten Vorbringens im Zivilprozeß, Jura 1985, 633; *von Stosch,* Prozeßförderung durch das Mittel der Präklusion im österreichischen und deutschen Recht, 2000; *Strohs,* Die Zurückweisung verspäteten Vorbringens nach § 296 Abs. 1 und 2 ZPO in der Fassung der Vereinfachungsnovelle, JA 1981, 457; *Waldner,* Präklusion im Zivilprozeß und rechtliches Gehör, NJW 1984, 2925; *Werner,* Die Nachholung nicht präkludierten Parteivorbringens, FS zur Wiedererrichtung des OLG in Jena, 1994, S. 215; *Weth,* Die Zurückweisung verspäteten Vorbringens im Zivilprozeß, 1988; *Wolf,* Die Berücksichtigung verspäteten Vorbringens in der Berufungsinstanz, ZZP 94 (1981), 310.

Übersicht

I. Normzweck

1. Grundsatz. Die Vorschriften über die Zurückweisung verspäteten Vorbringens (neben § 296 auch die Vorschriften der Berufungsinstanz, §§ 530, 531, 532 nF, früher entsprechend §§ 527, 528, 529) sind durch das Gesetz zur Vereinfachung und Beschleunigung gerichtlicher Verfahren (Vereinfachungsnovelle) vom 3. 12. 1976[1] neu gestaltet und wesentlich verschärft worden.[2] Die genannten Vorschriften wurden zu Recht als Schwerpunkt bzw. **Kernstück der Vereinfachungsnovelle** bezeichnet.[3] Das Ziel der Vereinfachungsnovelle war ein Dreifaches: Beschleunigung des einzelnen Prozesses, Beschleunigung der Prozesse insgesamt und damit Entlastung der Zivilgerichte. Das Berufungsrecht ist durch das ZPO-Reformgesetz seit 2002 nochmals erheblich umgestaltet worden (vgl. §§ 530, 531, 532). 1

Die **Beschleunigung des einzelnen Prozesses** sollte dadurch erreicht werden, dass die Präklusionsvorschriften ein „tropfenweises" Vorbringen verhindern.[4] Die böswillige Partei soll nicht durch ständig neues Vorbringen, das gehört und berücksichtigt werden muss, das Ende des Verfahrens wesentlich hinausschieben können. Das kann nunmehr dadurch verhindert werden, dass den Parteien durch die Präklusionsvorschriften ihr Vorbringen abgeschnitten wird. 2

Über den Einzelfall hinaus ist es Ziel der Präklusionsvorschriften, **„generalpräventiv"** auf die Parteien einzuwirken. Die Sanktion der Präklusion soll die Parteien generell zu rechtzeitigem und vollständigem Vorbringen anhalten, um das Verfahren möglichst zügig in einem Haupttermin abzuschließen.[5] So wird verhindert, dass das Gericht immer wieder erneut die Akten durcharbeiten muss und dadurch viel Zeit verliert.[6] 3

---

[1] BGBl. I 1976 S. 3281.
[2] Vgl. *Leipold* ZZP 97 (1984), 395.
[3] *Putzo* NJW 1977, 1, 4; *Zawar* JuS 1977, 273, 274.
[4] RegE eines Gesetzes zur Vereinfachung und Beschleunigung gerichtlicher Verfahren (Vereinfachungsnovelle), BT-Drucks. 7/2729 S. 38.
[5] RegE (Fn. 4) S. 35, 83.
[6] RegE (Fn. 4) S. 33.

4 Schließlich soll der säumige Schuldner nicht durch eine unübersehbar lange Prozessdauer eingeladen werden, es auch in aussichtslosen Fällen auf einen Prozess ankommen zu lassen, nur um einen Zahlungsaufschub zu erreichen. Die zügige Prozesserledigung soll vielmehr vor solchen Prozessen abschrecken, die lediglich dem Zeitgewinn dienen.[7] Bei den Gerichten soll dadurch Arbeitskapazität freigesetzt werden, die diese in die Lage versetzt, „den gestiegenen Anforderungen der Rechtspflege besser gerecht zu werden".[8]

5 Insgesamt gesehen soll also die Überlastung der Rechtspflegeorgane, die vielfach zu langer Verfahrensdauer führt und dadurch die Rechtsschutzfunktion des Prozesses gefährdet und das Vertrauen in die Rechtspflege untergräbt, durch ein **konzentriertes und zügiges Verfahren** beseitigt werden.[9]

6 **2. Gesetzeslage vor der Vereinfachungsnovelle.** Auch **vor Änderung der ZPO** durch die Vereinfachungsnovelle war eine Zurückweisung verspäteten Vorbringens möglich. Die Zurückweisungsvorschriften (§§ 274 Abs. 3, 279, 279a S. 2, 283 Abs. 2, 528, 529, 531 aF) wurden aber in der Praxis nicht angewandt und waren nach verbreiteter Auffassung nicht geeignet, die Verfahrensbeschleunigung zu fördern.

7 **3. Anwendungsbereich.** Die Norm des § 296 gilt im gesamten zivilprozessualen Erkenntnisverfahren. Sie setzt freilich im Regelfalle Elemente der Mündlichkeit oder in anderen Fällen besondere Verweisungsnormen voraus.[10] Daher kommt § 296 zB nicht im Falle einer Entscheidung nach Aktenlage (§§ 251a, 331a) in Betracht. Ebenso wenig gilt § 296 im Beschwerdeverfahren (vgl. § 570). Besondere Normen sind im Versäumnisverfahren (§ 340 Abs. 3 Satz 3), im Berufungsrechtszug (§§ 530–532) und im Bereich der besonderen Verfahrensarten zu beachten.[11] So gelten in Ehe-, Familien- und Kindschaftsverfahren die §§ 615, 640. Im Mahnverfahren gilt § 296 Abs. 1 im Falle von § 697 Abs. 3, 700 Abs. 5, nicht jedoch § 697 Abs. 1.[12] Außerhalb gesetzlicher Anordnungen kommt eine analoge Anwendung von § 296 nicht in Betracht.[13] Anzuwenden ist nach allgemeinen Regeln § 296 aber im Verfahren des Arrestes und der einstweiligen Verfügung, sofern eine mündliche Verhandlung stattfindet.[14] Auch im Urkundenprozess ist die Anwendung von § 296 möglich.[15] Eine besondere Regelung gilt im arbeitsgerichtlichen Verfahren. Dort ist § 296 Abs. 1 wegen § 46 Abs. 2 Satz 2 ArbGG ausgeschlossen. Zu beachten sind aber § 56 Abs. 2 und § 61a Abs. 5 ArbGG.

8 **4. Praktische Relevanz.** Die neugestalteten Vorschriften zur Zurückweisung sind demgegenüber von erheblicher **praktischer Relevanz,** soweit sie die Gerichte anzuwenden bereit sind. Das zeigt schon die Vielzahl der veröffentlichten Entscheidungen in den Jahren nach 1976. Rechtstatsächliche Untersuchungen über die Wirkungen der Zurückweisungsvorschriften gibt es nicht.[16] Es gibt allerdings Untersuchungen zur Wirksamkeit der ZPO-Vereinfachungsnovelle insgesamt. Sie zeigen, dass die Verfahrensdauer durch die Novelle verkürzt werden konnte.[17] Für den Zustand der Gerichte aber gilt auch heute, was der Gesetzgeber 1974 zum Ausgangspunkt seiner Überlegungen gemacht hat: „Eine ständige wachsende Zahl von Prozessen hat zu einer Überlastung der Rechtswegeorgane, besonders bei den Landgerichten in erster Instanz und bei Mahnabteilungen vieler Amtsgerichte, geführt. Eine vielfach zu lange Verfahrensdauer gefährdet die Rechtsschutzfunktion des Prozesses und untergräbt das Vertrauen in die Rechtspflege".[18]

---

[7] RegE (Fn. 4) S. 33.

[8] RegE (Fn. 4) S. 33.

[9] RegE (Fn. 4) S. 1, 32f.

[10] *Zöller/Greger* Rn. 7; *Musielak/Huber* Rn. 2.

[11] S. Rn. 67.

[12] *Zöller/Greger* Rn. 6.

[13] S. Rn. 27, 66; ferner *Musielak/Huber* Rn. 2.

[14] *Irmen,* Die Zurückweisung verspäteten Vorbringens im einstweiligen Verfügungs- und Arrestverfahren, Diss. Köln 1990, S. 89ff.; *E. Schneider* MDR 1988, 1024f.; *Zöller/Greger* Rn. 7; LG Aachen NJW-RR 1997, 380.

[15] Zur Präklusion nach dem Übergang vom Urkundenprozeß in das Normalverfahren vgl. SächsVerfGH NJW 1998, 3266.

[16] Soweit ersichtlich, ist die einzige Untersuchung, die sich mit der Wirkung einzelner Verfahrensmerkmale auf die Prozeßdauer befaßt, die Studie von *Böhm,* Evaluationsforschung mit der Survivalanalyse, Frankfurt 1989. Vgl. dort S. 13 zum Untersuchungsgegenstand anderer Studien. Die Untersuchung von *Böhm* befaßt sich allerdings nicht mit der Wirkung der Zurückweisungsvorschriften auf die Prozeßdauer, vgl. S. 123ff.

[17] *Walchshöfer* ZZP 94 (1981) 179; *Rottleuthner/Rottleuthner/Lutter* DRiZ 1987, 139; *Greger* ZZP 100 (1987), 377, 384; vgl. auch *Mertins* DRiZ 1988, 91.

[18] RegE (Fn. 4) S. 1.

Wie in dieser schwierigen Lage der Zivilgerichte Abhilfe geschaffen werden kann, ist heftig umstritten und Gegenstand einer kaum noch zu überblickenden Zahl von Stellungnahmen und Vorschlägen.[19] An diesen Schwierigkeiten haben jedenfalls die späteren Novellierungen, also das Rechtspflege-Vereinfachungsgesetz vom 17. 12. 1990 (BGBl. I 2847) sowie das Gesetz zur Entlastung der Rechtspflege vom 11. 1. 1993 (BGBl. I 50) nichts ändern können. 9

II. Verfassungsmäßigkeit

Das BVerfG hat in zahlreichen Entscheidungen[20] die Zurückweisungsvorschriften und ihre Anwendung überprüft. Die Verfassungsmäßigkeit der Präklusionsvorschriften hat das Gericht bisher stets bejaht. Prüfungsmaßstab waren der Anspruch auf rechtliches Gehör (Art. 103 Abs. 1 GG), das Gebot der gleichmäßigen Behandlung der Parteien im Prozess (aus Art. 3 Abs. 1 GG) sowie das Willkürverbot (ebenfalls aus Art. 3 Abs. 1 GG). Wegen der grundlegenden Bedeutung werden diese Rechtsprechung des BVerfG und weitere in der Literatur aufgeworfene Fragen (Gebot materielle Gerechtigkeit zu verwirklichen, Übermaßverbot) näher behandelt. 10

1. Der Anspruch auf rechtliches Gehör (Art. 103 Abs. 1 GG). a) Inhalt. Art. 103 Abs. 1 GG gibt den Beteiligten eines gerichtlichen Verfahrens das Recht, sich zu dem für die Entscheidung erheblichen Sachverhalt zu äußern; dementsprechend haben die Gerichte das Vorbringen der Parteien zur Kenntnis zu nehmen und in Erwägung zu ziehen.[21] Maßgebend ist der Gedanke, dass die Partei Gelegenheit haben muss, durch einen sachlich fundierten Vortrag die Willensbildung des Gerichts zu beeinflussen.[22] In dem Zusammenspiel von Äußern und Gehörtwerden verwirklicht sich die für ein rechtsstaatliches Verfahren zentrale prozessuale Befugnis, die Art. 103 Abs. 1 GG gewährleistet.[23] Die Zurückweisungvorschriften bezwecken dagegen, das Gericht von seiner Verpflichtung zur Prüfung der Richtigkeit des Parteivorbringens sowie von seiner Verpflichtung, die Entscheidung unter Zugrundelegung des Vorgebrachten zu treffen, zu befreien. Die Zurückweisungvorschriften gestatten dem Gericht also, Parteivorbringen **nicht in Erwägung zu ziehen.** Die Verpflichtung des Gerichts, verspätetes Vorbringen der Parteien zur Kenntnis zu nehmen, lassen die Zurückweisungsvorschriften allerdings unberührt. Diese Kenntnisnahme ist vielmehr erforderlich, um überhaupt feststellen zu können, ob die Voraussetzungen der Zurückweisung vorliegen.[24] Zurückweisung ohne Kenntnisnahme sehen die Zurückweisungsvorschriften nicht vor. Das Gericht muss das verspätete Vorbringen daraufhin überprüfen, ob es erheblich ist oder ob es sich um streitiges Vorbringen handelt. Allein mit dieser Überprüfung hat das Gericht das Vorbringen noch nicht in Erwägung gezogen. Das ist erst dann der Fall, wenn das Gericht das verspätete Parteivorbringen auf seine Richtigkeit geprüft und, falls diese bejaht wird, unter Zugrundelegung des Vorgebrachten entschieden hat.[25] 11

Dass das Gericht bei Anwendung der Präklusionsvorschriften **Parteivorbringen** nicht in Erwägung ziehen muss, ist eine Begrenzung des Anspruchs der Partei auf rechtliches Gehör. Diese Begrenzung durch den Gesetzgeber im Interesse der Verfahrensbeschleunigung ist zulässig.[26] Die nähere Ausgestaltung des rechtlichen Gehörs muss nach st. Rspr. des BVerfG den einzelnen Verfahrensordnungen vorbehalten bleiben.[27] Art. 103 Abs. 1 GG gewährt deshalb keinen Schutz gegen 12

[19] Zur Literatur über die Vereinfachungsnovelle vgl. die Angaben bei § 272; die Literatur der Jahre vor Erlaß des Rechtspflege-Vereinfachungsgesetze vom 17. 12. 1990 findet sich in der 1. Auflage § 296 Fn. 13. Umfassende Nachweise bis 1994 enthält nunmehr die Arbeit von *Köster* in Bd. 2, S. 979 ff.

[20] BVerfGE 51, 188 = NJW 1980, 277; BVerfGE 54, 117 = NJW 1980, 1737; BVerfGE 55, 72 = NJW 1981, 271; BVerfGE 59, 330 = NJW 1982, 1635; BVerfGE 60, 1 = NJW 1982, 1453; BVerfGE 62, 249 = NJW 1983, 1307; BVerfGE 63, 177 = NJW 1983, 2187; BVerfGE 66, 260; BVerfGE 67, 39 = NJW 1984, 2203; BVerfGE 69, 126 = NJW 1985, 1149; BVerfGE 69, 145 = NJW 1985, 1150; BVerfGE 69, 141 = NJW 1986, 833; BVerfGE 69, 248 = NJW 1985, 3005; BVerfGE 70, 215 = NJW 1987, 485; BVerfG NJW 1987, 1621; BVerfGE 75, 183 = NJW 1987, 2003; BVerfGE 75, 302 = NJW 1987, 2733; BVerfG NJW 1989, 705; 1989, 706; 1989, 3213; BVerfGE 81, 97 = NJW 1990, 566; BVerfG NJW 1991, 2275; NJW 1992, 299, 678, 679, 680 und 2556; NJW 1993, 1319; NJW-RR 1995, 377; NJW 1995, 1417; NJW 1998, 2044; NJW 2000, 945.

[21] St. Rspr.; vgl. nur BVerfG NJW 1983, 2762, 2763; BVerfGE 59, 330 = NJW 1982, 1635; BVerfGE 60, 1 = NJW 1982, 1453; BVerfGE 66, 260; BVerfGE 69, 145 = NJW 1985, 1150; BVerfGE 69, 141 = NJW 1986, 833.

[22] BVerfGE 49, 212, 215.

[23] BVerfG NJW 1983, 2762, 2763.

[24] BVerfG NJW 1987, 485.

[25] *Deubner* NJW 1980, 263, 264; *Deubner* NJW 1976, 2113.

[26] Vgl. nur BVerfGE 69, 145, 149 = NJW 1985, 1150; NJW 2000, 945, 946 (st. Rspr.).

[27] BVerfGE 66, 263; BVerfGE 60, 1, 5 = NJW 1982, 1453; BVerfGE 69, 145, 148 = NJW 1985, 1150.

Entscheidungen, die den Sachverhalt aus Gründen des formellen oder materiellen Rechts – soweit dieses selbst verfassungsmäßig ist – ganz oder teilweise unberücksichtigt lassen.[28]

13 **Präklusionsvorschriften** sind dann **verfassungsgemäß,** wenn die Partei ausreichend Gelegenheit hatte, sich in allen für sie wichtigen Punkten zu äußern, dies aber aus von ihr vertretbaren Gründen versäumt hat[29] oder – wie das Gericht auch formuliert hat – wenn die Partei Gelegenheit zu ihrem Sachvortrag hatte, „diese aber schuldhaft ungenutzt verstreichen ließ".[30] Ein Verschulden der Partei liegt nur dann vor, wenn sie gegen ihre Prozessförderungspflicht verstoßen hat.[31] Zurückweisung ohne vorwerfbares Verhalten der präkludierten Partei ist mit Art. 103 Abs. 1 GG nicht vereinbar.[32] Über ein Verschulden hinaus ist – darauf hat das BVerfG gerade in jüngster Zeit besonders hingewiesen – weitere Voraussetzung der Vereinbarkeit von Zurückweisungsvorschriften mit Art. 103 Abs. 1 GG, dass das Verschulden der Partei sich auf das Verfahren auswirkt. Das Verschulden der Partei muss also kausal für eine Verzögerung des Verfahrens in dem Sinne sein, dass es die **alleinige Ursache** für die Verzögerung ist. Das BVerfG hat insoweit formuliert: „Diese Vorschriften[33] dürfen aber andererseits auch nicht dazu benutzt werden, verspätetes Vorbringen auszuschließen, wenn ohne jeden Aufwand erkennbar ist, dass die Pflichtwidrigkeit – die Verspätung allein – nicht kausal für eine Verzögerung ist. In diesen Fällen ist die Präklusion rechtsmissbräuchlich, denn sie dient erkennbar nicht dem mit ihr verfolgten Zweck", der Abwehr pflichtwidriger Verfahrensverzögerungen.[34]

14 Schließlich haben die Zurückweisungsvorschriften strengen Ausnahmecharakter, da sie sich zwangsläufig nachteilig auf das Bemühen um eine materiell richtige Entscheidung auswirken und einschneidende Folgen nach sich ziehen können.[35]

15 **b) Folgen für die Zurückweisung verspäteten Vorbringens**

aa) Aus dem soeben Gesagten folgt, dass Vorbringen nicht zurückgewiesen werden darf, wenn die Verzögerung auch auf einem Fehlverhalten des Richters, nämlich der **Verletzung seiner Prozessförderungs- und Fürsorgepflicht** gegenüber den Parteien beruht.[36] Solches Fehlverhalten liegt bei unzulänglicher richterlicher Verfahrensleitung vor, etwa wenn eine Fristsetzung nach § 275 Abs. 1 S. 1 in sich widersprüchlich ist[37] oder wenn das Gericht Vorbringen des Klägers zurückweist, obwohl es unterlassen wurde, eine erforderliche Erklärung des Beklagten herbeizuführen.[38] Ebenso ist eine Zurückweisung von Vorbringen ausgeschlossen, wenn das Gericht erkennbar eine zur Streitentscheidung geeignete Terminsvorbereitung nicht getroffen und über 50 Sachen auf 9.00 Uhr terminiert hat.[39] Gleiches gilt, wenn ein Gericht einen Termin sehenden Auges so plant, dass die aus Zeitgründen für erforderlich erachtete, grundsätzlich im Rahmen eines Termins ohne weiteres durchführbare Beweisaufnahme unterbleiben muss.[40]

---

[28] BVerfGE 69, 248, 253 = NJW 1985, 3005; BVerfGE 69, 141, 144 = NJW 1985, 833; BVerfGE 66, 260, 263; BVerfGE 60, 1, 5 = NJW 1982, 1453; BVerfGE 62, 249, 254 = NJW 1983, 1307; BVerfGE 69, 145, 149 = NJW 1985, 1150; BVerfGE 54, 117, 123 = NJW 1980, 1737; BVerfGE 51, 188, 191 = NJW 1980, 277.

[29] Vgl. nur BVerfGE 54, 117, 123 = NJW 1980, 1737; BVerfGE 69, 126, 137 = NJW 1985, 1149; BVerfGE 69, 145, 149 = NJW 1985, 1150. Zusammenfassend *Zuck* NJW 2005, 3753, 3756.

[30] BVerfGE 75, 183, 191 = NJW 1987, 2003; BVerfGE 55, 72, 94 = NJW 1981, 271; BVerfGE 54, 117, 124 = NJW 1980, 1737; vgl. auch BVerfG NJW 1989, 706; NJW 2000, 945, 946.

[31] BVerfG NJW 1989, 706; 1987, 1621; BVerfGE 67, 39, 41 = NJW 1984, 2203.

[32] BVerfGE 75, 183, 191 = NJW 1987, 2003; BVerfG NJW 1992, 678; BayVerfGH NJW-RR 1992, 895; BVerfG NJW-RR 1995, 377.

[33] Gemeint sind die Präklusionsvorschriften.

[34] BVerfGE 75, 302, 316 = NJW 1987, 2733. Vgl. auch BVerfGE 75, 302, 317 („Es ist keineswegs ohne weiteres erkennbar, daß ihre Pflichtwidrigkeit nicht kausal für eine eintretende Verzögerung gewesen wäre"); BVerfG NJW 1989, 706 („Führt nicht ausschließlich die Verspätung, sondern daneben mitwirkend eine unzulängliche Verfahrensleitung oder eine Verletzung der gerichtlichen Fürsorgepflicht zur Annahme einer Verzögerung, stellt die Präklusion einen Verstoß gegen Art. 103 Abs. 1 GG dar"). Vgl. weiter BVerfGE 63, 177, 180 = NJW 1983, 2187; BVerfGE 51, 188, 191 = NJW 1980, 277; BVerfG NJW 1995, 1417; *Leipold* ZZP 93 (1980), 237, 253.

[35] BVerfGE 59, 330, 334 = NJW 1982, 1635; BVerfGE 66, 260, 264; BVerfGE 60, 1, 6 = NJW 1982, 1453; BVerfGE 67, 39, 41 = NJW 1984, 2203; BVerfGE 69, 127, 134 = NJW 1985, 1149; BVerfGE 69, 145, 149 = NJW 1985, 1150; BVerfG NJW 1987, 1621; BVerfGE 75, 302, 312 = NJW 1987, 2733; NJW 2000, 945, 946. Vgl. ferner BayVerfGH NJW 1990, 502.

[36] BVerfGE 75, 183, 188 = NJW 1987, 2003; BVerfG NJW 1992, 299 und 680; BayVerfGH NJW-RR 1992, 895; BVerfG NJW-RR 1995, 377; NJW 2000, 945, 946; vgl. dazu auch BGH NJW 1989, 717, 718.

[37] BVerfGE 60, 1, 6 = NJW 1982, 1453.

[38] BVerfGE 51, 188, 192 = NJW 1980, 277, BVerfG NJW 1989, 705.

[39] BVerfGE 69, 126, 139 = NJW 1985, 1149.

[40] BVerfG NJW 1989, 706; vgl. dazu auch OLG Hamm MDR 1989, 1003.

bb) § 531 Abs. 1 (der dem früheren § 528 Abs. 3 entspricht) stellt **keine Ausnahme** von dem Grundsatz dar, dass das Verschulden der Partei allein kausal für die Verzögerung sein muss. § 531 Abs. 1 ist daher mit Art. 103 Abs. 1 GG vereinbar.[41] Zwar kann nach § 531 Abs. 1 Vorbringen selbst dann zurückgewiesen werden, wenn die Partei in 2. Instanz ihrer Prozessförderungspflicht genügt hat, sie also kein Verschulden trifft. Voraussetzung ist aber, dass die Partei in 1. Instanz zu Recht zurückgewiesen worden ist. Nur wenn in 1. Instanz die Partei die Gelegenheit zur Stellungnahme schuldhaft ungenutzt verstreichen ließ, bleibt also ihr Vorbringen in der Berufungsinstanz ausgeschlossen.[42] 16

Auch § 531 Abs. 1 setzt also Verschulden der Partei voraus. Das Berufungsgericht muss prüfen, ob in 1. Instanz ein solches Verschulden vorlag. Eine dort schuldlos unterlassene Entschuldigung kann in 2. Instanz nachgeholt werden, da ansonsten eine mit Art. 103 Abs. 1 GG nicht vereinbare Zurückweisung ohne Verschulden möglich wäre.[43] 17

cc) Dass **§ 296 Abs. 3** eine Zurückweisung der Zulässigkeitsrügen zulässt, ohne dass das Gericht im Einzelfall eine Verzögerung des Verfahrens prüft, ist mit Art. 103 Abs. 1 GG vereinbar. Hier durfte der Gesetzgeber stillschweigend davon ausgehen, dass das verspätete Vorbringen von Zulässigkeitsrügen regelmäßig zu einer Verfahrensverzögerung führt. Bei Zulassung verspäteter Zulässigkeitsrügen (§ 296 Abs. 3 spricht die Rügen der §§ 110ff., 269 Abs. 4, 1032 an) müsste nämlich die Begründetheitsprüfung abgebrochen und die Zulässigkeit der Klage geklärt werden. Das Verfahren würde dadurch regelmäßig verlängert. 18

Das gleiche Ergebnis ließe sich erzielen, wenn man mit dem BGH annehmen wollte, das Gesetz gehe von einem **Verzicht** des Beklagten auf die verzichtbare Rüge aus „wenn diese überhaupt nicht oder ohne genügende Entschuldigung nicht vor der ersten Verhandlung zur Hauptsache (§ 296 Abs. 3) vorgebracht wurde".[44] 19

dd) Der Anspruch auf rechtliches Gehör wirkt nicht auf die Verteilung der Beweislast ein.[45] Die hM[46] geht zu Recht davon aus, dass die verspätete Partei die Behauptungs- und Beweislast für ihr Nichtverschulden im Falle von Abs. 1 und Abs. 3 trägt. Entgegen der Auffassung von *Weth*[47] führt das nicht dazu, dass im Falle des non liquet eine Zurückweisung erfolgen muss, obwohl ein Verschulden der Partei nicht feststeht. Zu einem non liquet wird es regelmäßig nicht kommen. Die Partei muss nämlich – auf Verlangen des Gerichts – ihren Entschuldigungsgrund lediglich **glaubhaft** machen; sie muss nicht vollen Beweis erbringen. Für die Glaubhaftmachung genügt eine eidesstattliche Versicherung der verspäteten Partei (§ 294 Abs. 1). Eine Entschuldigung wird daher der Partei nur dann nicht gelingen können, wenn sie ihrer Behauptungs- oder Beweisführungslast nicht nachkommt oder wenn das Gericht der eidesstattlichen Versicherung der Partei nicht glaubt. In einem solchen Ausnahmefall stünde das Verschulden zur Überzeugung des Gerichts fest. 20

ee) Prozessuale Hinweis-, Aufklärungs- und Erörterungspflichten fallen **grundsätzlich** nicht in den Schutzbereich des Art. 103 Abs. 1 GG.[48] Ausnahmsweise fordert der Anspruch auf rechtliches Gehör aber Hinweise des Gerichts, um Überraschungsentscheidungen zu vermeiden.[49] 21

Ist ein solcher Hinweis des Gerichts erforderlich, müssen die Tatsachen berücksichtigt werden, die auf Grund des Hinweises von den Parteien vorgetragen werden. Eine Zurückweisung des neuen, durch den Hinweis veranlassten Tatsachenvorbringens wäre ein Verstoß gegen Art. 103 Abs. 1 GG.[50] 22

---

[41] Vgl. nur BVerfGE 55, 72 = NJW 1981, 271 sowie *Weth* S. 16ff. m. weit. Nachw.; aA OLG Düsseldorf NJW 1979, 1719; *Lampenscherf* MDR 1978, 365, 367; *Leipold* ZZP 93 (1980), 237, 253; *Stein/Jonas/Leipold* Vor § 128 Rn. 34.

[42] Vgl. dazu BVerfGE 55, 72, 94f. = NJW 1981, 271.

[43] BVerfGE 75, 183, 191 = NJW 1987, 2003; BVerfG NJW 1986, 134.

[44] BGH NJW 1985, 743, 744.

[45] AA *Weth* S. 27ff.; *Fuhrmann* S. 111ff.

[46] *Prütting* Gegenwartsprobleme der Beweislast, 1983, S. 41; *Zöller/Greger* Rn. 34; *Rosenberg/Schwab/Gottwald* § 69 II 1b; *Musielak/Huber* Rn. 24; *Baumbach/Lauterbach/Hartmann* § 528 Rn. 23; *Thomas/Putzo/Reichold* Rn. 28; *Kallweit* Prozeßförderungspflicht S. 69f.; LG Frankfurt NJW 1979, 2111, 2112; vgl. auch RegE zur Vereinfachungsnovelle BT-Drucks. 7/2729; aA *Stein/Jonas/Leipold* Rn. 88, danach trägt die Partei die Behauptungs-, nicht aber die volle Beweislast; ebenso *Bender/Belz/Wax* Rn. 80; vgl. auch *Deubner* JuS 1977, 583, 586.

[47] *Weth* S. 27ff.

[48] BVerfG BB 1984, 1118, 1119; ZIP 1984, 1278, 1279; NJW 1980, 1093; vgl. auch *Waldner,* Der Anspruch auf rechtliches Gehör, 1989, Rn. 197ff.

[49] Zu den Einzelheiten vgl. *Waldner* (Fn. 48) Rn. 207ff.; *Weth* S. 32ff.

[50] Vgl. *Baumbach/Lauterbach/Hartmann* Rn. 23 und *Weth* S. 33ff.

23 **ff)** Aus Art. 103 Abs. 1 GG folgt weiter die Verpflichtung des Gerichts, auf die beabsichtigte Zurückweisung hinzuweisen.[51] Nach erfolgtem Hinweis muss das Gericht der Partei Gelegenheit geben, die Tatsachen zur Entschuldigung vorzutragen und ggf. zu beweisen.[52]

24 **c) Überprüfung der fehlerhaften Zurückweisung durch das Bundesverfassungsgericht (Kognitionsgrenzen).**[53] In seiner Entscheidung vom 5. 5. 1987[54] hat das BVerfG die lange Zeit ausdrücklich offengelassene Frage, ob die fehlerhafte Anwendung einer einfachrechtlichen Präklusionsvorschrift **stets** eine Verletzung des Anspruchs auf Gewährung rechtlichen Gehörs darstellt, entschieden.[55] Es hat die Frage verneint.

25 **aa)** Ausgangspunkt der Überlegungen des BVerfG in der genannten Entscheidung war, dass die Zurückweisungsvorschriften strengen Ausnahmecharakter haben. Daher müsse die verfassungsrechtliche Überprüfung über eine bloße Willkürkontrolle hinausgehen. Allerdings weist das BVerfG auf die ihm auferlegten Kognitionsgrenzen hin, wonach nur die Verletzung spezifischen Verfassungsrechts geprüft werde, wobei sich Unterschiede hinsichtlich der Prüfungsintensität nur daraus ergeben, dass die angewandten einfachrechtlichen Normen unterschiedliche Grundrechtsrelevanz haben. Je weiter diese Normen in den Schutzbereich von Grundrechten eingreifen oder – auf der anderen Seite – den Schutzbereich von Grundrechten sichern, desto intensiver ist die verfassungsgerichtliche Kontrolle der Normanwendung. Das BVerfG fährt dann wörtlich fort: „Präklusionsvorschriften schränken die Möglichkeit zur Wahrnehmung des Anspruchs auf rechtliches Gehör im Prozess ein und bewegen sich damit **regelmäßig** im grundsrechtsrelevanten Bereich. Daraus folgt zwangsläufig, dass bei ihrer Anwendung die Schwelle der Grundrechtsverletzung eher erreicht werden kann als dies üblicherweise bei der Anwendung einfachen Rechts der Fall ist."[56] Allerdings könne man bei den vielfältigen Möglichkeiten falscher Rechtsanwendung im Präklusionsrecht nicht ernsthaft vertreten, die fehlerhafte Anwendung einer einfach-rechtlichen Präklusionsvorschrift stelle *stets* eine Verletzung des Art. 103 Abs. 1 GG dar. Wer das vertrete, betrachte die Präklusionsvorschriften als äußerste verfassungsrechtliche Grenze für die Beschränkung des Rechts aus Art. 103 Abs. 1 GG und erhebe sie damit zuletzt selbst auf die Ebene des Verfassungsrechts.

26 **bb)** Konkrete Anhaltspunkte darüber, welche Verstöße verfassungsrechtlich relevant sind und welche nicht, lassen sich dem Urteil schwerlich entnehmen. Im Folgenden sollen die Kognitionsgrenzen des BVerfG so bestimmt werden, dass eine praktische Handhabung der auf Art. 103 Abs. 1 GG gestützten Verfassungsbeschwerde möglich wird.

27 Die Bestimmung des **Schutzbereichs** des Art. 103 Abs. 1 GG hat vom Wortlaut auszugehen. Danach gilt Art. 103 Abs. 1 GG unbeschränkt und unbeschränkbar.[57] Insbesondere sieht diese Vorschrift nicht eine zeitliche Begrenzung darin vor, dass die Partei nur bis zu einem bestimmten Zeitpunkt im Verfahren einen Anspruch auf rechtliches Gehör hat, dieser aber nach Verstreichen der Frist erlischt. Es ist daher jede Zurückweisung von Vorbringen ein Eingriff in den Schutzbereich des Art. 103 Abs. 1 GG. Andere Auslegungsprinzipien, die entgegen dem Wortlaut für eine Einengung des Schutzbereichs sprechen, sind nicht ersichtlich. Gegen eine solche Einengung spricht auch der Grundsatz der größtmöglichen Grundrechtseffektivität, nach dem „bei mehreren möglichen Auslegungen im Zweifel die zu wählen ist, die der Grundrechtsnorm die stärkste Wirkung verleiht.[58] Da jede Zurückweisung ein Eingriff in den Schutzbereich des Art. 103 Abs. 1 GG ist und diese Vorschrift keinen Schrankenvorbehalt hat, kommt eine Beschränkung nur auf Grund **immanenter Grundrechtsschranken** in Betracht. Solche Schranken sind hier die Rechtssicherheit und der Grundsatz des effektiven Rechtsschutzes, die verlangen, dass prozessuale Regeln den Anspruch

---

[51] Ganz hM., BGH NJW 1989, 717, 718; OLG Karlsruhe NJW 1979, 879; OLG Bamberg NJW-RR 1998, 1607; *Maunz/Dürig/Schmidt-Aßmann* Art. 103 Rn. 131; *Bischof* Rn. 169, *Bender/Belz/Wax* Rn. 79; *Hermisson* NJW 1985, 2558; *Kinne* DRiZ 1985, 15; *Mertins* DRiZ 1985, 344; 346; *Zöller/Gummer* § 527 Rn. 25; *Thomas/Putzo/Reichold* Rn. 42; aA OLG Düsseldorf MDR 1985, 417. Nach *Stein/Jonas/Leipold* Rn. 123 ist ein Hinweis nur erforderlich, wenn für das Gericht erkennbar ist, daß die Partei die Möglichkeit einer Zurückweisung übersehen hat.

[52] BGH NJW 1986, 3193, 3194; *Weth* S. 36 m. weit. Nachw.

[53] Kognition bedeutet Überprüfungsbefugnis und Überprüfungspflicht zugleich, *Schumann* ZZP 98 (1985), 200, 203.

[54] BVerfGE 75, 302 = NJW 1987, 2733 m. Anm. *Deubner* = JZ 1988, 90 m. Anm. *Leipold;* vgl. auch BayVerfGH 1989, 215.

[55] Vgl. zuletzt ferner BVerfG, NJW 1989, 3212; 1990, 566 und 2373; 1991, 2275; NJW 1992, 299.

[56] BVerfGE 75, 302, 314 = NJW 1987, 2733.

[57] *Maunz/Dürig/Schmidt-Aßmann* Art. 103 Abs. 1 Rn. 14.

[58] BVerfGE 59, 330, 334 = NJW 1982, 1635.

auf rechtliches Gehör begrenzen. Andernfalls könnte ein Verfahren nie zum Abschluss kommen, wenn nur eine Partei dies dadurch verhindert, dass sie sich immer wieder zu Wort meldet. Rechtsschutz in angemessener Zeit könnte nicht erreicht werden, Rechtsbeständigkeit würde nicht eintreten.[59] Die „Beschränkungszuständigkeit“[60] steht bei immanenten Grundrechtsschranken dem Gesetzgeber zu, dh. eine Zurückweisung bedarf als Eingriff in den Schutzbereich des Art. 103 Abs. 1 GG einer gesetzlichen Grundlage.[61] Dies ist zB in dem neuen § 411 Abs. 4 korrekt geschehen. Eine **Zurückweisung in analoger Anwendung** verstößt, da im Gesetz gerade nicht vorgesehen, gegen Art. 103 Abs. 1 GG.[62] Zu den Einzelheiten vgl. Rn. 67.

Mit der Feststellung der Beschränkbarkeit des Art. 103 Abs. 1 GG ergibt sich weiter die Frage nach deren Umfang. Wohl unstreitig müssen die Zurückweisungsvorschriften sicherstellen, dass die Partei ausreichend Gelegenheit hatte, sich in allen für sie wichtigen Punkten zu äußern, diese Gelegenheit aber schuldhaft ungenutzt verstreichen ließ und dass das Verschulden der Partei sich auf das Verfahren ausgewirkt hat in dem Sinne, dass es alleinige Ursache für die Verzögerung des Verfahrens ist. Damit ist der **Kernbereich** des Art. 103 umschrieben,[63] in den weder durch Gesetz noch durch Anwendung des Gesetzes eingegriffen werden darf. **28**

Um festzustellen, ob im Einzelfall ein Eingriff in den Kernbereich vorliegt, ist daher zu prüfen: **29**
- ob die Partei Gelegenheit hatte, sich zu äußern;
- ob die Partei diese Gelegenheit schuldhaft ungenutzt verstreichen ließ;
- ob ohne weiteres erkennbar ist, dass die Pflichtwidrigkeit der Partei nicht kausal für die eintretende Verzögerung gewesen ist.[64]

Bei dieser Überprüfung geht das **BVerfG** von den Feststellungen des angegriffenen Urteils aus. Dem Gericht selbst ist es verwehrt, seinerseits aus den Umständen des Einzelfalles abzuleiten, ob die Voraussetzungen der Zurückweisung, etwa die Voraussetzungen der groben Nachlässigkeit vorliegen. Diese einfachrechtliche Wertung vorzunehmen, ist Sache der zuständigen Fachgerichte.[65] Enthalten die Urteile der Fachgerichte keine Feststellungen bzw. keine Andeutungen, aus denen sich entnehmen lässt, dass einzelne Zurückweisungsvoraussetzungen geprüft und bejaht wurden, ist das angegriffene Urteil aufzuheben.[66] Enthält das Urteil ausreichende Feststellungen zur Zurückweisung, bleibt es dabei, dass die Auslegung einfachen Rechts grundsätzlich Sache der Fachgerichte ist und nur auf Willkür hin überprüft wird.[67] So ist die Ausfüllung der Begriffe Verzögerung und grobe Nachlässigkeit ein Subsumtionsvorgang, der der Nachprüfung durch das BVerfG entzogen ist,[68] ebenso ob die Verzögerung nach der absoluten oder nach der relativen Theorie zu beurteilen ist. Der absolute Verzögerungsbegriff ist mit dem Anspruch auf rechtliches Gehör vereinbar.[69] Das BVerfG prüft nur auf Fehler hin, die auf einer grundsätzlich unrichtigen Anschauung von der Bedeutung des Anspruchs auf rechtliches Gehör beruhen. Sie liegt vor, wenn bestimmte Begriffe des § 296 so ausgelegt oder § 296 so angewendet wurden, dass in den Kernbereich des Art. 103 Abs. 1 GG eingegriffen wird. **30**

Bei alldem ist Ausgangspunkt für die verfassungsrechtliche Prüfung der Zurückweisung verspäteten Vorbringens Art. 103 Abs. 1 GG. Es findet entgegen der Auffassung von *Leipold*[70] nicht eine zweistufige Prüfung statt, bei der das BVerfG zunächst überprüft, ob das Fachgericht sich an das Gesetz gehalten hat, um dann in einer zweiten Stufe die so festgestellte Rechtsverletzung zu gewichten, dh. sie auf ihre Verfassungsrelevanz zu untersuchen. **31**

---

[59] Vgl. dazu *Maunz/Dürig/Schmidt-Aßmann* Art. 103 Abs. 1 Rn. 17.

[60] Zum Begriff v. *Schnapp* JuS 1978, 729, 733.

[61] Vgl. dazu *Maunz/Dürig/Schmidt-Aßmann* Art. 103 Abs. 1 Rn. 19; warum allerdings die Normierung der Schranken nur „vorrangig“ und nicht ausschließlich eine Sache des Gesetzgebers sein soll, leuchtet nicht recht ein.

[62] Ganz hM; vgl. BVerfGE 59, 330, 333 = NJW 1982, 1635; BVerfGE 61, 14, 17; BGHZ 86, 218, 224; *Stein/Jonas/Leipold* Rn. 18ff. sowie *Weth* S. 23 m. weit. Nachw.; aA *Fuhrmann* S. 142ff., 183; *Mischke* NJW 1981, 564; *Stein/Jonas/Grunsky* § 570 Rn. 1; *Waldner* NJW 1984, 2925, 2927; *Waldner* ZZP 98 (1985), 213 und 452; *Waldner* (Fn. 48) Rn. 266.

[63] Vgl. auch *Maunz/Dürig/Schmidt-Aßmann* Art. 103 Abs. 1 Rn. 129, der von der *verfassungsrechtlichen Grundlinie* spricht, auf der sich gesetzliche Präklusionsvorschriften halten müßten.

[64] BVerfGE 75, 302, 316 = NJW 1987, 2733; NJW 2000, 945, 946.

[65] BVerfG NJW 1987, 1621.

[66] Vgl. BVerfG NJW 1987, 1621; BayVerfGH NJW-RR 1992, 895; BVerfG NJW 1992, 2556.

[67] Vgl. BVerfGE 75, 302, 314 = NJW 1987, 2733.

[68] BVerfGE 69, 126, 138 = NJW 1985, 1149; BVerfGE 75, 302, 315 = NJW 1987, 2733; vgl. auch BVerfG NJW 1980, 277.

[69] BVerfGE 75, 302, 315 = NJW 1987, 2733.

[70] *Leipold* JZ 1988, 93.

32 **2. Der allgemeine Gleichheitssatz (Art. 3 Abs. 1 GG).** Er gewährleistet im Zivilverfahren die Gleichwertigkeit der prozessualen Stellung der Parteien vor dem Richter und gebietet Gleichheit der Rechtsanwendung durch den Richter im Interesse materialer Gerechtigkeit (prozessuale Waffengleichheit).[71] Daneben kommt in ihm ein Willkürverbot als fundamentales Rechtsprinzip zum Ausdruck.[72]

33 **a) Prozessuale Waffengleichheit.** Sie meint, dass die Parteien ohne Rücksicht auf ihre Stellung als Angreifer oder Gegner oder ein etwa außerprozessual bestehendes Über- und Unterordnungsverhältnis im gerichtlichen Verfahren die gleiche Rechtsstellung haben.[73] Bedenken gegen die Vereinbarkeit der Zurückweisungsvorschriften mit dem Gebot der prozessualen Waffengleichheit sind lediglich im Hinblick auf § 528 Abs. 3 aF erhoben worden.[74] Das BVerfG hat sich mit der Kritik gegen § 528 Abs. 3 aF sehr eingehend auseinandergesetzt und die Verfassungsmäßigkeit der Vorschrift bejaht.[75] Durch § 528 Abs. 3 einerseits und § 528 Abs. 1 und 2 aF andererseits würden nicht etwa verschiedene Normadressaten ungleich behandelt. Die von der säumigen Partei verspätet geltend gemachten Angriffs- und Verteidigungsmittel würden je nach dem Zeitpunkt, in dem sie vorgebracht werden, in der Berufungsinstanz ein unterschiedliches Schicksal erleiden. Das sei verfassungsrechtlich unbedenklich.[76] Im Übrigen könne § 528 Abs. 3 aF auch nicht als evident unsachlich und damit als willkürlich bezeichnet werden.[77] Der geltend gemachte Wertungswiderspruch wurde durch das ZPO-Reformgesetz 2002 beseitigt. Damit hat sich die Diskussion erledigt.[78]

34 **b) Prozessuales Willkürverbot.** Das prozessuale Willkürverbot ist verletzt, wenn bei verständiger Würdigung der das Grundgesetz beherrschenden Gedanken die gesetzliche Regelung oder deren Anwendung nicht mehr verständlich ist und sich daher der Schluss aufdrängt, dass die Norm oder ihre Anwendung auf sachfremden Erwägungen beruht.[79] Bei den Zurückweisungsvorschriften ist ein Verstoß gegen „das Grundgesetz beherrschende Gedanken" nicht ersichtlich. Sie verstoßen nicht gegen das prozessuale Willkürverbot. Wohl aber kann das für die Anwendung dieser Vorschriften im Einzelfall zutreffen.[80]

35 **3. Das Rechtsstaatsprinzip. a) Das Gebot, materielle Gerechtigkeit zu verwirklichen.** Das Gebot, materielle Gerechtigkeit zu verwirklichen, ist ein rechtsstaatliches Grundgebot.[81] Die Idee der materiellen Gerechtigkeit ist Bestandteil des Rechtsstaatsprinzips.[82] Die Zurückweisungsvorschriften beschränken die Möglichkeit der Rechtsverfolgung und Rechtsverteidigung und wirken sich damit nachteilig auf das Bemühen um eine materiell richtige Entscheidung aus. Diese Auswirkung ist als zulässig anzusehen.[83] Unzulässig wäre es allerdings, wenn der Richter – wie *Hartmann*[84] dies behauptet – durch die Zurückweisungsvorschriften gezwungen werden könnte, „sehenden Auges Unrecht zu sprechen". Die Zurückweisungsvorschriften führen aber nicht zu diesem Ergebnis, da sie nur angewendet werden dürfen, wenn Ungewissheit über den Ausgang des Prozesses besteht; sie führen also nie zu einer gewiss ungerechten, sondern immer nur zu einer möglicherweise ungerechten Entscheidung.[85]

36 Die verfassungsrechtliche Zulässigkeit von Normen, die sich – wie die Zurückweisungsvorschriften – nachteilig auf das Bemühen um eine materiell richtige Entscheidung auswirken können, folgt daraus, dass bei einem Konflikt zwischen materieller Gerechtigkeit einerseits sowie Rechtssicherheit und effektivem Rechtsschutz andererseits dem Gesetzgeber die Entscheidung obliegt, welches Rechtsgut hinter dem anderen zurückstehen muss. Es ist seine Aufgabe, den Widerstreit bald nach der Seite der Rechtssicherheit, bald nach der Seite der materiellen Gerechtigkeit hin zu entschei-

---

[71] BVerfGE 69, 248, 254 = NJW 1985, 3005; vgl. auch BVerfGE 54, 117, 124 f. = NJW 1980, 1737.
[72] BVerfGE 55, 72, 89 = NJW 1981, 271.
[73] *Schumann* ZZP 96 (1983), 137, 158 Fn. 83 m. weit. Nachw.
[74] OLG Düsseldorf NJW 1987, 1719; *Lampenscherf* MDR 1978, 365, 366; vgl. auch OLG Hamm MDR 1979, 148.
[75] BVerfGE 55, 72 = NJW 1981, 271; ebenso BGH NJW 1980, 1102, 1104; BGHZ 76, 133, 138 = NJW 1980, 945; OLG München MDR 1978, 1028; vgl. auch *Weth* S. 42 m. weit. Nachw.
[76] BVerfGE 55, 72, 89 = NJW 1981, 271.
[77] BVerfGE 55, 72, 90 = NJW 1981, 271.
[78] *Brinkmann* ZZP 119, 501.
[79] St. Rspr.; vgl. nur BVerfGE 42, 64, 73; BVerfGE 55, 72, 90 = NJW 1981, 271.
[80] Vgl. insoweit BVerfGE 54, 117, 124 = NJW 1980, 1737; BVerfGE 69, 248, 254 = NJW 1985, 3005.
[81] BVerfGE 60, 253, 268.
[82] BVerfGE 7, 89, 92; BVerfGE 49, 148, 164 m. weit. Nachw.
[83] St. Rspr.; vgl. nur BVerfG NJW 1989, 706; BVerfGE 69, 126, 135 = NJW 1985, 1149; BVerfGE 55, 72, 94 = NJW 1981, 271; BGHZ 76, 133, 136 = NJW 1980, 945; BGHZ 75, 135, 142 = NJW 1979, 1988.
[84] *Baumbach/Lauterbach/Hartmann* Rn. 5.
[85] Wie hier auch *Weth* S. 51.

den. Geschieht dies ohne Willkür, so kann die gesetzgeberische Entscheidung aus Verfassungsgründen nicht beanstandet werden.[86] Der Vorwurf der Willkür kann nicht schon dann erhoben werden, wenn man im konkreten Fall feststellen könnte, es sei angemessener oder richtiger gewesen, nicht den vom Gesetzgeber gewählten Grundsatz höher zu bewerten.[87] Der Gesetzgeber kann vielmehr stets eines der beiden Prinzipien (Rechtssicherheit oder materielle Gerechtigkeit) als Grund für seine Regelung anführen und jedes von ihnen stellt einen vernünftigen, sich aus der Natur der Sache ergebenden einleuchtenden Grund für die gewählte Regelung dar.[88]

In den Zurückweisungsvorschriften hat der Gesetzgeber sich ohne Willkür, also in verfassungsrechtlich zulässiger Weise für die Rechtssicherheit und den effektiven Rechtsschutz entschieden. Die Zurückweisungsvorschriften dienen beiden Geboten, indem sie ein geordnetes und zügiges Verfahren und damit Rechtsschutz in angemessener Zeit gewährleisten. Die mögliche Beeinträchtigung der materiellen Gerechtigkeit für die nachlässige Partei muss hingenommen werden.[89] 37

b) Übermaßverbot. Ein Verstoß der Zurückweisungsvorschriften gegen das Übermaßverbot ist wiederholt von *Deubner* behauptet worden.[90] Die Zurückweisung verspäteten Vorbringens sei ein Eingriff in den grundrechtlich geschützten Bereich der betroffenen Partei, da zu ihren Lasten eine unrichtige Entscheidung in Kauf genommen werde. Ziel dieses Eingriffs sei die Beschleunigung des Verfahrensablaufs, in dem verhindert werde, dass das Verfahren durch die Verspätung in die Länge gezogen werde. Zur Erreichung dieses Zieles sei die Zurückweisung nur erforderlich, wenn die Verspätung des Vorbringens für die Verzögerung der Erledigung des Rechtsstreits ursächlich sei, wenn also bei rechtzeitigem Vorbringen schneller entschieden worden wäre. Das Verhältnismäßigkeitsprinzip setze damit die absolute Theorie außer Kraft. Die Erforderlichkeit der Zurückweisung könne allerdings nicht mehr bestritten werden, wenn bei rechtzeitigem Vorbringen schneller entschieden worden wäre. In diesem Fall scheitere die Bejahung der Verhältnismäßigkeit aber daran, dass Mittel (die Inkaufnahme der unrichtigen Entscheidung) und Zweck (die Verkürzung des Verfahrens) nicht in einem vernünftigen Verhältnis zueinander stünden. So stünde es in keinem Verhältnis, dem Kläger eine Forderung von DM 21 000 abzuerkennen, um einen Prozess um längstens $^1/_4$ Jahr abzukürzen und dem Gericht eine Beweiserhebung zu ersparen, die es ja auch sonst hätte durchführen müssen.[91] 38

Die Auffassung *Deubners* ist abzulehnen. Er verkennt die Ziele der Zurückweisungsvorschriften und kommt daher zu unrichtigen Ergebnissen. Ziel der Zurückweisungsvorschriften ist nämlich nicht nur die Beschleunigung des Einzelfalles, sondern auch die Beschleunigung der Prozesse insgesamt und die Entlastung der Zivilgerichte.[92] Die Zurückweisungsvorschriften sind **geeignet,** dieses Ziel zu erreichen,[93] allerdings nur unter Anwendung der sog. absoluten Theorie.[94] Die Zurückweisung verspäteten Vorbringens ist darüber hinaus auch **erforderlich,** da weniger einschneidende Maßnahmen, die offensichtlich in gleicher Weise wie die Zurückweisungsvorschriften geeignet sind, die genannten Ziele zu erreichen, nicht ersichtlich sind.[95] Schließlich liegt auch Verhältnismäßigkeit im Sinne des Übermaßverbotes vor. Der Eingriff der Zurückweisungsvorschriften in die Rechtsstellung der Parteien steht nämlich durchaus in einem vernünftigen Verhältnis zum angestrebten Ziel, wenn man dieses Ziel nicht, wie *Deubner,* in unzulässiger Weise verengt. Die Zurückweisungsvorschriften verstoßen also nicht gegen das Übermaßverbot. 39

III. Die Zurückweisung nach Abs. 1

1. Angriffs- und Verteidigungsmittel. Der Begriff der Angriffs- und Verteidigungsmittel ist terminologisch an sich sehr weit und wie in den §§ 146, 282 zu verstehen (s. § 282 Rn. 6). Er erfasst also alles tatsächliche und rechtliche Vorbringen, das der Durchsetzung oder Abwehr des geltend gemachten Anspruchs dient. Im Hinblick auf die Besonderheiten von § 296 sind hier freilich 40

---

[86] BVerfGE 3, 225, 237; 15, 313, 319; 35, 41, 47; 25, 269, 290; 60, 253, 268; 22, 322, 328 f. Vgl. auch BVerfGE 2, 380, 403; *Maunz/Dürig/Herzog* Art. 20 Kap. VII Rn. 61; *von Münch/Schnapp* Art. 20 Rn. 26, nach dessen Ansicht de facto dem Grundsatz der Rechtssicherheit durchweg der Vorrang eingeräumt wird.

[87] BVerfGE 15, 313, 319.

[88] BVerfGE 15, 313, 319.

[89] Insoweit überzeugend *Baumbach/Lauterbach/Hartmann* Rn. 5 m. weit. Nachw.

[90] *Deubner* NJW 1983, 1026, 1028 ff.; *ders.* NJW 1985, 1140, 1142; *ders.* NJW 1989, 1238.

[91] Vgl. dazu *Deubner* NJW 1983, 1026, 1028 ff.; *ders.* NJW 1985, 1140, 1142.

[92] Vgl. dazu Rn. 1 ff.

[93] Dies dürfte unbestritten sein, soweit man § 296 dem Gesetzestext entsprechend anwendet.

[94] Die relative Theorie ist kaum geeignet, die Partei zu rechtzeitigem Vorbringen anzuhalten. Vgl. dazu Rn. 75 ff.

[95] Vgl. insoweit *Weth* S. 63.

Einschränkungen erforderlich (im Einzelnen s. u. Rn. 41 ff.). Letztlich erfasst § 296 nur die **Tatsachenbehauptungen, Bestreitungen, Beweismittel** und **Beweiseinreden** zur Begründung (Angriffsmittel) bzw. Abwehr (Verteidigungsmittel) der Klage. Diese Beschreibung ist abschließend. Alle übrigen Parteihandlungen sind **keine** Angriffs- bzw. Verteidigungsmittel und können daher nicht nach § 296 zurückgewiesen werden.

41 **a) Parteihandlungen, die nicht Angriffs- bzw. Verteidigungsmittel sind. aa) Verfahrensbestimmende Anträge (Sachanträge)** sind keine Angriffs- und Verteidigungsmittel, sie stellen vielmehr den Angriff bzw. die Verteidigung selbst dar. Als Beispiele für den Angriff seien **Klage,**[96] **Widerklage,**[97] **Klageänderung,**[98] **Klageerweiterung,**[99] **Berufungsantrag** und **Anschlussberufungsantrag** genannt. Beispiele für die Verteidigung sind der **Klageabweisungsantrag** und der **Antrag auf Verwerfung** oder **Zurückweisung eines Rechtsmittels.**

42 Bei den Tatsachen- und Beweismitteln, die zur Begründung dieser Anträge vorgebracht werden, handelt es sich um Angriffs- bzw. Verteidigungsmittel. Werden sie zugleich mit dem verfahrensbestimmenden Antrag zu dessen Begründung vorgetragen, können sie – mangels Verspätung – nicht zurückgewiesen werden. Eine Zurückweisung ist allerdings dann möglich, wenn diese Angriffs- und Verteidigungsmittel von dem verfahrensbestimmenden Antrag getrennt und verspätet vorgebracht werden.

43 **bb)** Auch **Prozessanträge** fallen grundsätzlich nicht unter den Begriff der Angriffs- und Verteidigungsmittel. Eine Ausnahme[100] macht hier der sog. **Beweisantrag;** er ist Angriffs- und Verteidigungsmittel und kann als verspätet zurückgewiesen werden. Im Übrigen unterliegen die Prozessanträge nicht der Zurückweisung. Beispiele für Prozessanträge: die Anträge auf Verlängerung oder Verkürzung von Fristen (§§ 224 Abs. 2, 551 Abs. 2), Vertagung (§ 227) sowie Aussetzung (§ 246 Abs. 1).

44 **cc) Kein** Angriffs- bzw. Verteidigungsmittel ist das **Zugestehen von gegnerischen Tatsachenbehauptungen (Geständnis).** Voraussetzung des Geständnisses ist, dass die Tatsache dem Zugestehenden ungünstig ist.[101] Ein solches Zugestehen ungünstiger Tatsachen dient aber nicht der Begründung bzw. Abwehr der Klage; es dient also nicht dem Angriff bzw. der Verteidigung. Das Zugestehen ist daher nicht unter den Begriff der Angriffs- bzw. Verteidigungsmittel zu fassen.[102]

45 Auch **unstreitiges Vorbringen** fällt im Ergebnis nicht unter den Begriff des Angriffs- oder Verteidigungsmittels. Zwar kann unstreitiges Vorbringen an sich den allgemeinen Begriff des Angriff- oder Verteidigungsmittels erfüllen (s. § 282 Rn. 6). Bei näherer Betrachtung erwächst die Unstreitigkeit aber aus einem aus Angriffs- bzw. Verteidigungsmitteln und Zugestehen zusammengesetzten Vorbringen. Es kann nach ganz hM[103] nicht als verspätet zurückgewiesen werden.

46 **dd)** Weiterhin gehören auch **Rechtsausführungen** (Ausführungen zum Inhalt des geltenden Rechts) nach ganz hM[104] nicht zu den Angriffs- und Verteidigungsmitteln. Die Parteien müssen keine Rechtsausführungen machen, denn: jura novit curia. Rechtsausführungen können daher niemals verspätet sein. Das gilt auch für Rechtsausführungen zu den in § 293 genannten Statuten, Gewohnheitsrechten und zum **ausländischen Recht.** Sie können nicht verspätet sein, da bezüg-

---

[96] BGH NJW-RR 1996, 961.

[97] St. Rspr.; vgl. nur BGHZ 83, 371, 377 = NJW 1982, 1708; BGH NJW 1995, 1223.

[98] Vgl. nur BGHZ 83, 371, 377 = NJW 1982, 1708.

[99] Vgl. nur BGH NJW 2001, 1210, 1211; BGHZ 83, 371, 377 = NJW 1982, 1708.

[100] Von einer echten Ausnahme könnte man allerdings nur dann sprechen, wenn es zur Beweisführung eines Beweisantrages bedarf. Davon geht die hM aus (vgl. nur *Thomas/Putzo/Reichold* Vor § 284 Rn. 2 und § 284 Rn. 2). Hält man einen solchen Antrag nicht für erforderlich (so *Rosenberg/Schwab/Gottwald* § 112 VI; *Weth* S. 86 f.; vgl. auch *Blomeyer* § 30 II 1 b; BVerfGE 66, 260, 264, das von einem Beweisantrag als „formloser Anregung" spricht), kann die Beweisführung also ohne Antrag durch Benennung des Beweismittels und des genauen Beweisthemas erfolgen, gilt der Grundsatz, dass Prozessanträge keine Angriffs- und Verteidigungsmittel sind, ohne Ausnahme. Folgt man dieser Auffassung, dann unterliegt allein das Beweismittel als Angriffs- bzw. Verteidigungsmittel der Zurückweisung.

[101] *Rosenberg/Schwab/Gottwald* § 114 I 1 b.

[102] *Leipold* ZZP 102 (1989), 488; *Weth* S. 83; vgl. auch *M. Wolf* ZZP 94 (1981), 310, 326; OLG Köln WRP 1983, 242.

[103] Vgl. nur BVerfGE 55, 72, 84 ff. = NJW 1981, 271; BGHZ 76, 133, 141 = NJW 1980, 945; OLG Karlsruhe MDR 2005, 412, 413; *Rosenberg/Schwab/Gottwald* § 139 IV 2 c; *M. Wolf* ZZP 94 (1981), 310, 326; *Leipold* ZZP 102 (1989), 488; aA. *Dengler* NJW 1980, 163, 164; *Grunsky* JZ 1977, 201, 206.

[104] Vgl. nur *Thomas/Putzo/Reichold* § 146 Rn. 2; *Zöller/Greger* § 282 Rn. 2 b; *Stein/Jonas/Leipold* Rn. 42 (der allerdings für § 293 eine Ausnahme zulassen will); *E. Schneider* MDR 2002, 685.

lich des Inhalts des ausländischen Rechts[105] sowie für den Inhalt von Gewohnheitsrecht und Statuten[106] der Untersuchungsgrundsatz gilt; im Einzelnen vgl. § 293 Rn. 17 ff.

ee) Unter den Begriff der **Berufungsgründe** (§ 520 Abs. 3 Nr. 2 1. Halbs.) fallen sowohl Rechtsausführungen als auch Angriffs- und Verteidigungsmittel.[107] Berufungsgründe können also auch aus Angriffs- und Verteidigungsmitteln bestehen; sie sind aber keine Angriffs- und Verteidigungsmittel. 47

ff) Angriffs- und Verteidigungsmittel gehören zu den Erwirkungshandlungen, sind also solche Parteihandlungen, die das Gericht oder ein Gerichtsorgan zu einer bestimmten Entscheidung veranlassen sollen und den Stoff zu deren Begründung liefern. Neben den Erwirkungshandlungen fallen unter den Begriff der Parteihandlungen auch die Bewirkungshandlungen. Bewirkungshandlungen lösen unmittelbar, dh. ohne die Vermittlung durch eine gerichtliche Tätigkeit, prozessuale Wirkungen aus und schaffen eine bestimmte Prozesslage. Bewirkungshandlungen sind auf ihre Wirksamkeit hin zu prüfen. Je nach dem Ausgang dieser Prüfung sind sie im weiteren Prozess beachtlich oder unbeachtlich. Da die Wirksamkeit und damit die Beachtlichkeit der Bewirkungshandlungen ohne gerichtliche Entscheidungen eintritt, ist für eine Zurückweisung, die ja gerichtliche Entscheidung ist, kein Raum. Bewirkungshandlungen sind also **keine** Angriffs- und Verteidigungsmittel. Als Beispiele für Bewirkungshandlungen seien hier genannt die Rücknahme der Klage (§ 269), des Einspruchs (§ 346) oder eines Rechtsmittels (§§ 516, 565), wohl auch Verzicht (§ 306) und Anerkenntnis (§ 307). 48

b) Einzelne Angriffs- und Verteidigungsmittel. aa) Angriffs- und Verteidigungsmittel sind nicht nur die Tatsachenbehauptungen, Bestreitungen und Beweiseinreden zur Begründetheit, sondern auch die diejenigen zur Zulässigkeit der Klage (sog. Zulässigkeitsrügen).[108] Die **Zulässigkeitsrügen** umfassen sowohl die Angriffs- und Verteidigungsmittel des Beklagten als auch die Angriffs- und Verteidigungsmittel des Klägers[109] zur Zulässigkeit der Klage. Soweit für die Zulässigkeitsrügen nicht die Sonderregeln der §§ 296 Abs. 3, 533 gelten, und soweit es sich nicht um unverzichtbare Rügen handelt, unterfallen sie § 296 Abs. 1.[110] 49

bb) Auch **Verfahrensrügen** sind Angriffs- und Verteidigungsmittel. Sie haben aber in §§ 295, 529 Abs. 2 und 557 Abs. 3 eine abschließende Regelung gefunden. § 296 ist auf sie nicht anwendbar.[111] 50

cc) Bei der **Aufrechnung** ist zwischen Erklärung der Aufrechnung und der Geltendmachung der erklärten Aufrechnung zu unterscheiden. Die Aufrechnungserklärung ist ein privatrechtliches Gestaltungsgeschäft, dessen Zulässigkeit, Voraussetzungen und Wirkungen allein das BGB regelt.[112] Die Geltendmachung der (vorprozessualen) Aufrechnung im Prozess ist eine Prozesshandlung,[113] nämlich die Tatsachenbehauptung des Beklagten, dass die Aufrechnung erklärt sei; sie ist also Verteidigungsmittel.[114] Gleiches gilt für die **Prozessaufrechnung.** Mit ihr nimmt die Partei im Prozess ein materielles Rechtsgeschäft vor, auf dessen Vornahme sie sich zugleich in Form einer Prozesshandlung beruft.[115] 51

dd) Die **Anfechtungserklärung** ist kein Verteidigungsmittel. Wohl aber handelt es sich bei der Tatsachenbehauptung, dass die Anfechtung erklärt ist,[116] um ein Verteidigungsmittel. 52

ee) Für **Gestaltungsrechte** lässt sich allgemein formulieren: Es ist zwischen der Ausübung der Gestaltungsrechte und ihrer Geltendmachung im Prozess zu unterscheiden. Bei der Geltendmachung handelt es sich um die Tatsachenbehauptung, dass das Gestaltungsrecht ausgeübt worden ist. Nur sie ist Verteidigungsmittel. 53

---

[105] BGHZ 77, 32, 38 m. weit. Nachw.; BGH NJW 1988, 647.
[106] *Stein/Jonas/Leipold* § 293 Rn. 33; *Thomas/Putzo/Reichold* § 293 Rn. 4.
[107] Vgl. *Thomas/Putzo/Reichold* § 519 Rn. 21.
[108] Das läßt sich bereits aus § 296 Abs. 3 entnehmen.
[109] *Schröder* ZZP 91, 302, 310; *Weth* S. 76 f.; aA *Rosenberg/Schwab/Gottwald* § 96 V 1 Fn. 12; *Baumbach/Lauterbach/Hartmann* § 529 Rn. 3.
[110] Vgl. dazu Rn. 152 ff.; BGH MDR 2006, 767, 768.
[111] Wohl unstreitig, vgl. *Musielak/Huber* Rn. 6; *Weth* S. 80.
[112] *Rosenberg/Schwab/Gottwald* § 105 I 1.
[113] *Rosenberg/Schwab/Gottwald* § 105 I 1.
[114] Ganz hM; vgl. nur BGHZ 91, 293, 303 = NJW 1984, 1964; aA *Hermisson* NJW 1983, 2229, 2230, der in der Aufrechnung einen selbständigen Angriff sieht.
[115] HM; vgl. nur *Rosenberg/Schwab/Gottwald* § 105 II 1.
[116] Vgl. BAG BB 1984, 345; *Stein/Jonas/Leipold* Rn. 30.

54 **ff)** Ähnliches gilt für die **Einreden des bürgerlichen Rechts.** Hier ist die Tatsachenbehauptung, dass sie ausgeübt worden sind, Verteidigungsmittel. Wird dabei die Einrede im Prozess selbst vorgebracht und ist der zugrunde liegende Sachverhalt unstrittig, so dass die Zulassung der Einrede keine Beweisaufnahme auslösen kann, kommt eine Präklusion nicht in Betracht.[117]

55 **c) Selbstständige und unselbstständige Angriffs- und Verteidigungsmittel.** Es lassen sich selbstständige und unselbstständige Angriffs- und Verteidigungsmittel unterscheiden. **Selbstständig** sind Angriffs- und Verteidigungsmittel, wenn sie den vollständigen Tatbestand einer mit selbstständiger Wirkung ausgestatteten Rechtsnorm bilden und daher für sich allein einen Klagegrund, eine Einrede, eine Replik enthalten (zB die Behauptung eines Vertragsschlusses, der Notwehr, des Verstoßes gegen die guten Sitten, der Aufrechnung, der Verwirkung usw.).[118] **Unselbstständig** sind Angriffs- und Verteidigungsmittel, wenn sie bloß ein einzelnes Tatbestandselement einer Rechtsnorm darstellen (zB das Verschulden in § 823 Abs. 1 BGB).[119]

56 Der Unterschied ist im Rahmen der Zurückweisungsvorschriften ohne Bedeutung, diese beziehen sich sowohl auf selbstständige als auch auf unselbstständige Angriffs- und Verteidigungsmittel.[120] Soweit der BGH im Urteil vom 24. 10. 1984[121] formuliert, die Zurückweisungsvorschriften seien nur auf unselbstständige Angriffs- und Verteidigungsmittel anwendbar, handelt es sich um einen rein sprachlichen Missgriff.[122] Der BGH selbst wendet nämlich die Zurückweisungsvorschriften auf selbstständige Angriffs- und Verteidigungsmittel an.[123]

d) Hat eine Partei im Laufe des Verfahrens materiellrechtliche Anspruchsvoraussetzung erst geschaffen (zB Vorlage einer neuen Schlussrechnung), so soll dies nach einer Entscheidung des BGH[124]) kein Angriffsmittel sein. Dem kann nicht zugestimmt werden.[125]

57 **2. Das Vorbringen von Angriffs- und Verteidigungsmitteln.** Nur bereits vorgebrachte Angriffs- und Verteidigungsmittel unterliegen der Zurückweisung; eine Ausschließung mit etwaigem Vorbringen gibt es nicht.[126] Wann Angriffs- und Verteidigungsmittel vorgebracht sind, lässt sich nicht einheitlich beantworten. Die ZPO gebraucht den Begriff des Vorbringens im Rahmen der Zurückweisungsvorschriften in drei verschiedenen Bedeutungen.[127] Gemäß §§ 340 Abs. 3, 530 bedeutet Vorbringen das Geltendmachen von Angriffs- und Verteidigungsmitteln in Schriftsätzen. Nach §§ 296 Abs. 1, 530, 532 sind vorgebracht solche Angriffs- und Verteidigungsmittel, die nach Ablauf einer Frist entweder in einem Schriftsatz oder in der mündlichen Verhandlung geltend gemacht werden. Gemäß §§ 296 Abs. 2, 530 bezieht sich Vorbringen auf Angriffs- und Verteidigungsmittel, die in der mündlichen Verhandlung geltend gemacht werden. In Schriftsätzen geltend gemachte Angriffs- und Verteidigungsmittel sind nach dem Wortlaut dieser Vorschriften „mitgeteilt".

58 **3. Verspätete Angriffs- und Verteidigungsmittel.** Verspätung ist ein Verstoß gegen die **Prozessförderungspflicht.**[128] Prozessförderungspflicht ist die Verpflichtung der Parteien, sowohl mit genügendem Inhalt als auch rechtzeitig vorzutragen; sie gliedert sich in eine allgemeine und eine besondere. Als **allgemeine Prozessförderungspflicht** wird die sich aus § 282 ergebende Verpflichtung der Partei bezeichnet, ihr Vorbringen in dem nach der Prozesslage angezeigten Zeitpunkt und Umfang in das Verfahren einzuführen.[129] Die **besondere**[130] **(spezielle)**[131] **Prozessförderungspflicht** ist die Verpflichtung der Parteien, innerhalb der in § 296 Abs. 1 genannten Fristen in dem in § 277 Abs. 1 genannten Umfang vorzutragen. Die Verletzung der allgemeinen Prozessförderungspflicht wird durch § 296 Abs. 2 sanktioniert. Bei Verletzung der besonderen Prozessför-

---

[117] OLG Karlsruhe MDR 2005, 412, 413.
[118] *Rosenberg/Schwab/Gottwald* § 64 I 3.
[119] *Rosenberg/Schwab/Gottwald* § 64 I 3.
[120] Vgl. *Weth* S. 74 ff.
[121] NJW 1985, 3079.
[122] Der BGH wollte eigentlich den Angriff (selbst) von Angriffs- und Verteidigungsmittel abgrenzen.
[123] BGHZ 91, 293, 304 = NJW 1984, 1964.
[124] BGH, MDR 2004, 148.
[125] Wie hier zu Recht *Schenkel* MDR 2004, 790.
[126] RGZ 132, 330, 338; *Rosenberg/Schwab/Gottwald* § 69 II 4.
[127] *Weth* S. 119 f.
[128] Der Begriff wird zu Recht von *Leipold* ZZP 93 (1980), 237 kritisiert. Der Prozeß als solcher sei eigentlich gar nicht förderungswürdig. Da der Begriff sich allerdings allgemein eingebürgert hat, wird er hier verwendet.
[129] RegE zur Vereinfachungsnovelle, BT-Drucks. 7/2729 S. 37; *Leipold* ZZP 93 (1980), 237, 239.
[130] Vgl. RegE zur Vereinfachungsnovelle, BT-Drucks. 7/2729 S. 38; dort wird von besonderen Fällen der Prozeßförderungspflicht gesprochen. Das BVerfG (BVerfGE 69, 126, 129) spricht davon, die Vereinfachungsnovelle habe den Parteien allgemeine und besondere Prozeßförderungspflichten auferlegt.
[131] *Bender/Belz/Wax* Rn. 57 sprechen von spezieller Prozeßförderungspflicht.

derungspflicht kommt eine Zurückweisung gemäß § 296 Abs. 1 in Betracht. Voraussetzung einer Verletzung dieser Pflicht ist, dass das Gericht seinen Verpflichtungen ordnungsgemäß nachgekommen ist, etwa eine der in § 296 Abs. 1 genannten Fristen wirksam gesetzt hat.[132] Bei unwirksam gesetzter Frist ist ein Verstoß gegen die besondere Prozessförderungspflicht nicht möglich.[133] Es kommt dann allenfalls ein Verstoß gegen die allgemeine Prozessförderungspflicht in Betracht, wenn die Voraussetzungen des § 282 vorliegen.

a) Der rechtzeitige Vortrag. Im Einzelnen nennt § 296 Abs. 1 folgende Fristen: 59

aa) § 273 Abs. 2 Nr. 1. Diese Frist kann den Parteien zur Ergänzung oder Erläuterung ihrer 60
vorbereitenden Schriftsätze sowie zur Vorlegung von Urkunden und von anderen zur Niederlegung bei Gericht geeigneten Gegenständen, insbesondere zur Erklärung über bestimmte klärungsbedürftige Punkte gesetzt werden. Im Gegensatz zu den übrigen Fristen des Abs. 1, die Stellungnahmen zum bisherigen Gesamtvorbringen des Gegners betreffen, wird im Rahmen des § 273 Abs. 2 Nr. 1 das vom Fristzwang erfasste Vorbringen durch das Gericht konkretisiert.[134] Die allgemeine Aufforderung, zu einem Schriftsatz des Gegners Stellung zu nehmen, stellt keine wirksame Fristsetzung iSd. § 273 Abs. 2 Nr. 1 dar; es ist vielmehr die Aufforderung zur Erklärung über **bestimmte** klärungsbedürftige **Einzelpunkte** erforderlich.[135]

bb) Gemäß § 273 Abs. 2 Nr. 5 kann das Gericht gegenüber beiden Parteien Anordnungen nach 61
§ 142 (Urkundenvorlage) und § 144 (Anordnung des Augenscheins sowie einer Begutachtung durch Sachverständige) anordnen. Die Einfügung dieser Frist in § 296 Abs. 1 stellt also eine Folgeänderung im Hinblick auf die Neueinfügung von § 273 Abs. 2 Nr. 5 dar. Da Anordnungen nach den §§ 142, 144 möglicherweise auch gegen Dritte ergehen können, ist in § 296 Abs. 1 die Einschränkung gemacht, dass die Fristsetzung gegenüber der Partei erfolgt sein muss. Veranlasst war die Gesetzesänderung durch das ZPO-Reformgesetz vom 27. 7. 2001.

cc) § 275 Abs. 1 S. 1. Nach dieser Vorschrift kann dem **Beklagten** zur Vorbereitung des frü- 62
hen ersten Termins eine Frist zur Klageerwiderung gesetzt werden.

dd) Gemäß § 275 Abs. 3 setzt das Gericht dem **Beklagten** im frühen ersten Termin eine Frist 63
zur Klageerwiderung, wenn er noch nicht oder nicht ausreichend auf die Klage erwidert hat und ihm noch keine Frist nach § 275 Abs. 1 S. 1 gesetzt war.

ee) Gemäß § 275 Abs. 4 kann dem **Kläger** im frühen ersten Termin oder nach dem Eingang 64
der Klageerwiderung eine Frist zur schriftlichen Stellungnahme auf die Klageerwiderung gesetzt werden.

ff) § 276 Abs. 3. Nach dieser Vorschrift kann dem **Kläger** im schriftlichen Vorverfahren eine 65
Frist zur schriftlichen Stellungnahme auf die Klageerwiderung gesetzt werden.

gg) § 277 sieht eine Fristsetzung nicht vor. Die Erwähnung dieser Vorschrift im Rahmen des 66
§ 296 Abs. 1 bringt zum Ausdruck, dass es nicht ausreicht, wenn Schriftsätze innerhalb der gesetzten Frist eingehen. Es ist vielmehr auch erforderlich, dass die Schriftsätze den nach § 277 Abs. 1 und 4 genügenden Inhalt haben[136] (vgl. im Einzelnen dazu Rn. 68 ff.).

hh) Über die in § 296 Abs. 1 **genannten Fristen hinaus** kommt eine Zurückweisung nach 67
§ 296 Abs. 1 auch bei Versäumung anderer Fristen in Betracht. Das ist aber nur dann möglich, wenn das Gesetz § 296 Abs. 1 für entsprechend anwendbar erklärt,[137] wie in den §§ 340 Abs. 3 S. 3, 411 Abs. 4, 530, 697 Abs. 3 S. 2, 700 Abs. 5 iVm. §§ 697 Abs. 3 S. 2. Ohne eine solche ausdrückliche Verweisung kommt eine Zurückweisung gemäß § 296 Abs. 1 nicht in Betracht. Eine analoge Anwendung des § 296 Abs. 1, etwa im Fall des § 697 Abs. 1 S. 1[138] oder im Falle der §§ 356, 379[139] ist ausgeschlossen.[140] Keine Frage der analogen Anwendung ist es freilich, ob § 296 grundsätzlich im Bereich besonderer Verfahrensarten anwendbar ist. Das ist grundsätzlich zu bejahen, insbes. gilt dies auch für den **einstweiligen Rechtsschutz.**[141]

---

[132] Vgl. Rn. 69 ff.
[133] Vgl. nur BGH NJW 1986, 133; BGHZ 86, 218, 222.
[134] *Deubner* NJW 1977, 921, 922.
[135] *Stein/Jonas/Leipold* § 273 Rn. 21; siehe auch § 273 Rn. 18 ff.
[136] Vgl. die Begründung des RegE der Vereinfachungsnovelle, BT-Drucks. 7/2729 S. 38 und 71.
[137] Vgl. statt aller *Thomas/Putzo/Reichold* Rn. 25; *Musielak/Huber* Rn. 2, 10.
[138] Ganz hM; vgl. nur BGH NJW 1982, 1533; *Stein/Jonas/Leipold* Rn. 25; *Zimmermann* Rn. 7; aA *Mischke* NJW 1981, 564 f.; *Kramer* NJW 1977, 1411, 1414.
[139] Vgl. OLG Hamm NJW-RR 1995, 1151. Davon zu trennen ist die in BGH NJW 1998, 761 entschiedene Frage, ob § 296 Abs. 2 in Betracht kommt.
[140] Zum Ausschluß der analogen Anwendung der Zurückweisungsvorschriften allgemein vgl. Rn. 26.
[141] Zu den Nachweisen s. oben Rn. 7.

68 **b) Wirksame Fristsetzung und Belehrung.** Ein Verstoß gegen die besondere Prozessförderungspflicht ist nur möglich, wenn das Gericht eine der oben genannten Fristen wirksam gesetzt[142] und über die Folgen einer Fristversäumung ordnungsgemäß belehrt hat.[143]

69 **aa) Eine wirksame Fristsetzung** hat folgende Voraussetzungen:
- Schon zu Beginn der Frist muss über Anfang und Ende der jeweiligen Frist Gewissheit bestehen.[144]
- Die Dauer der Frist muss angemessen sein.[145] Eine vom Gesetz vorgesehene Mindestfrist (§§ 276 Abs. 1 S. 2, 275 Abs. 1 S. 1, 275 Abs. 3) muss eingehalten werden. Unter Umständen ist eine Verlängerung der Frist über die Mindestfrist hinaus erforderlich.[146] Die Länge der Frist richtet sich nach den Umständen des Einzelfalles, insbesondere nach Umfang des Streitstoffes und dessen Schwierigkeitsgrad.[147] Das Gericht sollte insoweit großzügig verfahren und Fristen nicht zu knapp setzen.
- Der Beklagte muss ordnungsgemäß belehrt werden (§§ 276 Abs. 2, 277 Abs. 2).[148]
- Die fristsetzende Verfügung muss vom zuständigen Richter unterzeichnet und nicht nur paraphiert sein (§§ 329 Abs. 1 S. 2, 317 Abs. 2 S. 1).[149]
- Die fristsetzende Verfügung muss zugestellt werden (§ 329 Abs. 2 S. 2). Die Zustellung ist so zu bewirken, dass eine beglaubigte Abschrift der Verfügung übergeben wird (§§ 329 Abs. 1 S. 2, 317 Abs. 3, 173).[150] Hat die Partei einen Prozessbevollmächtigten bestellt, muss die Zustellung an diesen bewirkt werden (§ 172).[151] Ein Zustellungsmangel kann (abweichend von § 187 S. 2 aF) nunmehr gemäß § 189 geheilt werden.[152]
- Eine Frist zur schriftlichen Stellungnahme auf die Klageerwiderung (§ 276 Abs. 3) darf erst nach Eingang der Klageerwiderung gesetzt werden.[153] Dabei muss die Klageerwiderung spätestens zugleich mit der Fristsetzung zugestellt werden (OLG Nürnberg MDR 1991, 357).

70 **bb) Ordnungsgemäße Belehrung.** Eine Frist ist nicht wirksam gesetzt, wenn die in §§ 277 Abs. 2, 276 Abs. 2 geforderte Belehrung unterbleibt oder nicht ordnungsgemäß ist.[154] Zur ordnungsgemäßen Belehrung reicht es nicht aus, dass dem Beklagten lediglich formularmäßig der Wortlaut des § 296 Abs. 1 mitgeteilt wird.[155] Es ist vielmehr erforderlich, dem Beklagten „sinnfällig vor Augen zu führen und ihm völlig klar zu machen, dass er sich gegen die Klage grundsätzlich nur innerhalb der gesetzten Frist verteidigen kann, dass ihm bei Versäumung dieser Frist im Allgemeinen jegliche Verteidigung angeschnitten und er den Prozess völlig verlieren wird".[156] Die von *Bender*[157] vorgeschlagene Belehrung erfüllt diese Voraussetzungen. Sie lautet: „Achtung! Die Versäumung der Frist kann dazu führen, dass Sie den Prozess verlieren, obwohl Sie im Recht sind".

71 Die Belehrung gemäß §§ 277 Abs. 2, 276 Abs. 2 hat auch dann zu erfolgen, wenn der Beklagte bei Zustellung der Fristbestimmung bereits durch einen Rechtsanwalt vertreten ist.[158] Hier reicht allerdings ein Hinweis auf die gesetzlichen Vorschriften, die das Gericht bei Fristablauf anzuwenden gedenkt, aus.[159] Eine Belehrung in den vom Gesetz nicht vorgesehenen Fällen ist zwar ratsam, aber

---

[142] BGH NJW 1986, 133; BGHZ 86, 218, 222; BGH NJW 1990, 2389; vgl. auch BVerfGE 60, 1, 7 = NJW 1982, 1453; BGH NJW 1981, 1217.
[143] BGHZ 88, 180, 184 = NJW 1983, 2507; BGH NJW 1991, 2773; OLG Düsseldorf NJW 1978, 2203.
[144] BVerfGE 60, 1, 7; BGHZ 76, 236, 240 = NJW 1980, 1167, vgl. auch OLG Düsseldorf, NJW 1984, 1567.
[145] Wohl unstreitig; vgl. BGH NJW 1994, 736 m. weit. Nachw. Zu Recht weist *Stein/Jonas/Leipold* Rn. 35, darauf hin, daß die unangemessene Frist sich nicht erst auf das Verschulden der Partei auswirkt. Die Angemessenheit ist Wirksamkeitsvoraussetzung.
[146] Vgl. *Thomas/Putzo/Reichold* § 275 Rn. 6; *Stein/Jonas/Leipold* § 275 Rn. 7; *Franzki* NJW 1979, 9, 10.
[147] *Stein/Jonas/Leipold* § 275 Rn. 7; OLG München MDR 1980, 147.
[148] Vgl. dazu Rn. 70.
[149] Vgl. nur BGHZ 76, 236, 241 = NJW 1980, 1167; BGH WM 1982, 1281, 1282; BGH NJW 1991, 2774 f.
[150] Vgl. nur BGH NJW 1989, 227, 228; BGHZ 76, 236, 241 = NJW 1980, 1167; BGH NJW 1980, 1960; WM 1982, 1281, 1282.
[151] OLG Düsseldorf NJW-RR 1986, 799, 800.
[152] *Zöller/Stöber* § 189 Rn. 17; zur früheren Rechtslage vgl. BGH NJW 1989, 227.
[153] BGHZ 76, 236, 240 = NJW 1980, 1167.
[154] BGHZ 86, 218, 222; BGH NJW 1986, 133; NJW 1991, 2773.
[155] BGHZ 86, 218, 225 f.; BGH NJW 1986, 133; NJW 1991, 2773.
[156] BGHZ 86, 218, 225 f.; BGH NJW 1986, 133.
[157] *Bender/Belz/Wax* Rn. 66.
[158] BGHZ 88, 180, 183 = NJW 1983, 2507; OLG Düsseldorf NJW 1978, 2203 f.; OLG Hamm MDR 1981, 764.
[159] BGH NJW 1991, 493; OLG Hamm NJW 1984, 1566.

nicht erforderlich.[160] Unterbleibt eine solche Belehrung, liegt darin kein Verstoß gegen Art. 103 Abs. 1 GG.[161]

72 **c) Der inhaltlich genügende Vortrag.** Zu Recht ist darauf hingewiesen worden, dass § 296 Abs. 1 sein Ziel, die Parteien anzuhalten, ihre Angriffs- und Verteidigungsmittel rechtzeitig und umfassend vorzutragen,[162] nicht erreichen kann, wenn zur Wahrung der dort genannten Fristen „der Eingang irgendeines Schriftsatzes mit beliebigem Inhalt genügte".[163] Um solche Schriftsätze zu vermeiden, bestimmen daher §§ 277 Abs. 1, 282 Abs. 1, dass Angriffs- und Verteidigungsmittel vorzubringen sind, soweit es einer sorgfältigen und auf Förderung des Verfahrens bedachten Prozessführung entspricht. Diese Formel ist als inhaltsleere Generalklausel, die keine eigenständigen Bewertungskriterien zu liefern vermöge, bezeichnet worden.[164] Dem ist insoweit zuzustimmen, als diese Formel im Einzelfall weder der Partei bei Entscheidung der Frage hilft, was sie vortragen muss, noch dem Gericht Wegweiser ist zur Beantwortung der Frage, was hätte vorgetragen werden müssen. Der Formulierung des Gesetzes lässt sich lediglich entnehmen, dass die Prozessförderungspflicht nicht statisch ist, sondern sich je nach Ablauf des Prozesses ändert.[165] Weitere genauere Kriterien müssen aus der historischen und teleologischen Auslegung der Zurückweisungsvorschriften gewonnen werden (vgl. dazu und zur Definition der inhaltlichen Anforderungen an das Parteivorbringen, § 282 Rn. 8ff.). Als Beispiel sei der Fall eines rechtzeitig und konkret benannten Zeugen angeführt, dessen ladungsfähige Anschrift fehlt. Hier kommt nur eine Zurücküberweisung nach § 356, nicht aber nach § 296 in Betracht.[166] Ebenso ist es, wenn ein Auslagenvorschuss nicht in der Frist des § 379 bezahlt worden ist.[167]

73 **d) Die hierfür gesetzte Frist.** Wie oben (Rn. 60) näher dargelegt, bedarf es bei der Frist des § 273 Abs. 2 Nr. 1 einer näheren Konkretisierung durch das Gericht und insbesondere einer Aufforderung zur Erklärung über Einzelpunkte (vgl. auch § 273 Rn. 18ff.). Aber auch bei anderen Fristen ist eine Konkretisierung durch das Gericht möglich. Soweit solche näheren gerichtlichen Konkretisierungen erfolgt sind, ist eine Zurückweisung verspäteten Vorbringens nach § 296 nur möglich, wenn der verspätete Vortrag gerade diejenigen Einzelpunkte betrifft, die das Gericht im Rahmen seiner Fristsetzung konkretisiert hat. Eine darüber hinausgehende Präklusion kommt nicht in Betracht. Dies ist bereits dem Wortlaut der gesetzlichen Formulierung in Abs. 1 („hierfür") zu entnehmen.

74 **4. Die Verzögerung.** Wann eine Verzögerung des Rechtsstreits vorliegt, war höchst umstritten. Inzwischen hat sich die absolute Theorie gegenüber der relativen Theorie durchgesetzt.

75 **a) Die relative Theorie**[168] wird von einem Teil der Oberlandesgerichte[169] sowie von Teilen der Literatur[170] vertreten. Nach ihr wird die Verzögerung durch einen Vergleich der Prozessdauer bei rechtzeitigem und bei verspätetem Vorbringen bestimmt.[171] Ausgangspunkt ist dabei diejenige Dauer, die der gesamte Rechtsstreit in einer Instanz haben wird, wenn das verspätete Vorbringen noch Berücksichtigung findet **(voraussichtliche Verfahrensdauer).** Diese Dauer wird verglichen mit derjenigen, hypothetisch zu bestimmenden Gesamtdauer, die das Verfahren gehabt hätte, wenn die Partei ihren verspäteten Vortrag rechtzeitig vorgebracht hätte **(hypothetische Verfahrensdauer).** Ist die hypothetische Verfahrensdauer kürzer als die voraussichtliche Verfahrensdauer, so ist eine Verzögerung des Rechtsstreits anzunehmen[172] Eine Verzögerung liegt also vor, wenn bei rechtzeitigem Vorbringen die Instanzbeendigung früher eingetreten wäre.[173] **Kumulativ** zu den genannten Voraussetzungen müssen auch die Voraussetzungen der absoluten Theorie vorliegen. Auf die Not-

[160] OLG Düsseldorf MDR 1985, 417; ebenso *Kallweit* Prozeßförderungspflicht S. 80; vgl. *Thomas/Putzo/Reichold* Rn. 31f.; *Zöller/Greger* § 277 Rn. 1a.

[161] BVerfGE 75, 302, 318 = NJW 1987, 2733; OLG Düsseldorf MDR 1985, 417.

[162] Vgl. RegE zur Vereinfachungsnovelle, BT-Drucks. 7/2729 S. 37, 38.

[163] *Bender/Belz/Wax* Rn. 64.

[164] *Hahn,* Kooperationsmaxime im Zivilprozeß?, S. 161.

[165] *Musielak/Foerste* § 282 Rn. 3; *Weth* S. 137.

[166] BGH NJW 1993, 1926.

[167] OLG Hamm NJW-RR 1995, 1151.

[168] Man spricht auch vom hypothetischen, relativen oder kausalen Verzögerungsbegriff bzw. von Gesamtdauerbetrachtung.

[169] OLG Frankfurt NJW 1979, 375; OLG Frankfurt NJW 1979, 1715; OLG Hamburg NJW 1979, 1717; OLG Hamm NJW 1979, 1717; OLG Hamm MDR 1979, 765; OLG Hamm NJW-RR 1995, 126.

[170] Vgl. nur *Rosenberg/Schwab/Gottwald* § 69 II 1a (bis zur 14. Aufl.; abweichend nunmehr die 15. Aufl.); *Fuhrmann* S. 75ff. m. weit. Nachw.; *Kallweit* S. 43ff.

[171] *Rosenberg/Schwab* § 69 II 1a (bis zur 14. Aufl.); *Fuhrmann* S. 75ff.

[172] *Kallweit* S. 48.

[173] OLG Frankfurt NJW 1979, 375.

wendigkeit dieser Ergänzung hat *Kallweit*[174] hingewiesen. Ohne diese Ergänzung könnte verspätetes Vorbringen zurückgewiesen werden, obwohl der Prozess bei Zulassung des verspäteten Vorbringens nicht länger dauern würde als er bei Zurückweisung des Vorbringens dauert.[175] Die Auffassung *Kallweits* ist von *Schwarz*[176] als **kumulative Theorie** bezeichnet worden. Es handelt sich aber hier nicht um eine eigenständige Theorie, sondern lediglich um eine Klarstellung zur relativen Theorie.

76 Die relative Theorie ist **nicht** deshalb **zwingend geboten,** weil nur sie verfassungsrechtlichen Vorgaben genügte;[177] auch eine Zurückweisung unter Anwendung der absoluten Theorie ist aus Sicht des Verfassungsrechts zulässig.[178] Es trifft auch nicht zu, dass die relative Theorie eine **Überbeschleunigung**[179] vermeidet,[180] während die absolute Theorie eine solche zur Folge hat. Beide Theorien können zur Überbeschleunigung führen.[181]

77 **Gegen die relative Theorie** spricht ihre mangelnde Praktikabilität. Die hypothetische Verfahrensdauer kann nämlich wegen der „Vielzahl der Einflussfaktoren"[182] nicht auch nur einigermaßen verlässlich bestimmt werden.[183] Das ist auch der Grund, warum sich der BGH – wie jüngst wieder ausgeführt[184] – für die absolute Theorie entschieden hat. Andernfalls wären mit Unsicherheiten und Schwierigkeiten verbundene Feststellungen über innere Vorgänge und den mutmaßlichen Geschehensablauf erforderlich. Es sei aber nicht Sinn der Präklusionsvorschriften, das Gericht mit derartigen Feststellungen und Erwägungen zu belasten.[185] Die relative Theorie ist darüber hinaus deshalb abzulehnen, weil die verspätete Partei es in der Hand hat, durch geschicktes Vorbringen bereits die Feststellung der Verzögerung auszuschließen und damit der Zurückweisung jedenfalls zu entgehen.[186] Die prozesstaktisch geschickte Partei muss also bei Anwendung der relativen Theorie **nicht** mit der Zurückweisung ihres verspäteten Vorbringens rechnen. Nur wenn die Partei die Zurückweisung ihres verspäteten Vorbringens befürchten muss, ist aber das Ziel der Zurückweisungsvorschriften zu erreichen,[187] nämlich die tropfenweise Information des Gerichts zu verhindern und die Parteien dazu anzuhalten, ihre Angriffs- und Verteidigungsmittel rechtzeitig und umfassend vorzutragen, um den Prozess zu beschleunigen.[188]

78 **b) Die absolute Theorie.**[189] Sie ist ganz herrschend und wird in weiten Teilen der Literatur,[190] vom BGH[191] sowie von einem Teil der Oberlandesgerichte[192] vertreten. Sie muss freilich unter Beachtung der Entscheidungen des BVerfG angewendet werden (s. Rn. 80–83).

---

[174] *Kallweit* S. 48 ff. mit Hinweis auf *Leipold* ZZP 93 (1980) 237, 251 und *Knöringer* NJW 1977, 2336, 2338.

[175] Vgl. dazu das Beispiel bei *Weth* S. 212.

[176] *Schwarz* JA 1984, 458, 460.

[177] AA etwa OLG Hamm MDR 1978, 765; *Pieper* S. 773, 777; *Waldner* ZZP 98 (1985), 451, 455.

[178] Vgl. dazu Rn. 78 ff.

[179] Eine Überbeschleunigung liegt vor, wenn der Rechtsstreit infolge der Zurückweisung verspäteten Vorbringens schneller entschieden wird als er bei rechtzeitigem und folglich zu berücksichtigendem Vorbringen entschieden worden wäre. Vgl. nur *Kallweit* S. 44 ff.

[180] Siehe nur *Bronsch* JR 1980, 112.

[181] Vgl. im einzelnen *Weth* S. 216 ff.

[182] Vgl. BGHZ 86, 198, 202.

[183] *Weth* S. 224 ff.; das wird auch von einem Teil der Vertreter der relativen Theorie eingeräumt. Vgl. *Kallweit* S. 57; *Bronsch* JR 1980, 112, 113.

[184] BGH NJW 1989, 719, 720. Deshalb geht zB der Hinweis von *Fuhrmann* S. 99, die grundlegende Entscheidung des BGH sei zu einem relativ frühen Zeitpunkt ergangen, ins Leere (wie *Fuhrmann* aber *Leipold* ZZP 102 (1989) 488).

[185] BGH NJW 1989, 719, 720.

[186] Vgl. dazu im einzelnen *Weth* S. 226 ff.

[187] Vgl. RegE eines Gesetzes zur Vereinfachung und Beschleunigung gerichtlicher Verfahren, BT-Drucks. 7/2729 S. 38.

[188] RegE (Fn. 4), S. 37, 38; Bericht des Rechtsausschusses, BT-Drucks. 7/5250 S. 4.

[189] Es wird auch von Restdauerbetrachtung oder vom realen Verzögerungsbegriff gesprochen.

[190] Vgl. nur *Musielak/Huber* Rn. 13; *Rosenberg/Schwab/Gottwald* § 69 II 1 a; *Baumbach/Lauterbach/Hartmann* Rn. 40, 41, 42; *Thomas/Putzo/Reichold* Rn. 14; *Jauernig* § 28 III 2; *Schellhammer* Rn. 462; *Weth* S. 207 m. weit. Nachw.; weitgehend wohl auch *Stein/Jonas/Leipold* Rn. 49 ff., der aber durch das BVerfG eine starke Modifizierung sieht, vgl. Rn. 58; *Deubner,* früher ein Verfechter der absoluten Theorie (vgl. NJW 1977, 921, 923 und NJW 1979, 337, 339 f.) hat seine Auffassung geändert und vertritt nunmehr eine besondere Theorie (vgl. dazu Rn. 87).

[191] St. Rspr.; BGHZ 75, 139, 141 = NJW 1979, 1988 m. Anm. *E. Schneider*; BGHZ 76, 133, 135 = NJW 1980, 945 m. Anm. *E. Schneider;* BGHZ 76, 236, 239 = NJW 1980, 1167; BGH NJW 1980, 1960; BGHZ 83, 310, 313 = NJW 1982, 1535; BGHZ 86, 31, 34 = NJW 1983, 575; BGHZ 86, 198, 202 = NJW 1983, 1495; BGH NJW 1989, 719, 720.

[192] OLG Celle NJW 1979, 377; OLG Hamm NJW 1979, 824, 825; OLG Hamm NJW 1989, 895; OLG Stuttgart NJW 1984, 2538, 2539; OLG München NJW 1990, 1371.

Nach dieser Theorie kommt es für die **Feststellung einer Verzögerung** allein darauf an, ob der Rechtsstreit bei Zulassung des verspäteten Vorbringens länger dauern würde als bei dessen Zurückweisung. Ob bei rechzeitigem Vorbringen der Rechtsstreit ebenso lange gedauert hätte wie er bei Zulassung des verspäteten Vorbringens dauern würde, ist unerheblich. Die Praktikabilität der absoluten Theorie ist nie bestritten worden. Bei ihr wird in aller Regel die sofortige Beendigung des Rechtsstreits bei Zurückweisung des verspäteten Vorbringens dem Erfordernis mindestens eines weiteren Termins bei Zulassung des verspäteten Vorbringens entgegenstehen. Die Verzögerung kann in diesem Fall unproblematisch bejaht werden. 79

Allein die absolute Theorie entspricht Sinn und Zweck der Zurückweisungsvorschriften.[193] Dagegen ist jedoch eingewendet worden, eine Zurückweisung auf der Basis der absoluten Theorie sei **verfassungswidrig.** Zur Begründung haben sich *Deubner*[194] und *Waldner*[195] auf das Urteil des BVerfG vom 30. 1. 1985[196] bezogen. Durch diese Entscheidung sei die absolute Theorie außer Kraft gesetzt und die Überbeschleunigung abgeschafft worden;[197] das BVerfG habe damit die Gesamtdauerbetrachtung (also die relative Theorie) als Gebot der Verfassung festgeschrieben.[198] 80

Dem hat das BVerfG im Urteil vom 5. 5. 1987[199] widersprochen und den absoluten Verzögerungsbegriff für „grundsätzlich mit dem Anspruch auf rechtliches Gehör vereinbar" gehalten. Verspätetes Vorbringen dürfe jedoch nicht ausgeschlossen werden, wenn offenkundig sei, dass dieselbe Verzögerung auch bei rechtzeitigem Vortrag eingetreten wäre.[200] Dieses Urteil ist dahin verstanden worden, dass das BVerfG zwar den absoluten Verzögerungsbegriff „im großen ganzen" anerkannt, ihn aber relativiert habe.[201] *Borgmann* spricht daher vom **relativierten absoluten Verzögerungsbegriff.**[202] Nach Auffassung von *Leipold* hat das BVerfG eine Zwischenlösung[203] gefunden. Es sei in Zukunft zwar vom absoluten Verzögerungsbegriff auszugehen. Es müsse aber dann eine Ausnahme zugunsten des relativen Verzögerungsbegriffs gemacht werden, wenn für das Gericht nach seiner freien Überzeugung eindeutig erkennbar sei, dass bei rechtzeitigem Vortrag das Verfahren ebenso lange gedauert hätte.[204] 81

Entgegen der Auffassung von *Borgmann* und *Leipold* ändert sich durch die Entscheidung des BVerfG nichts an der Feststellung der Verzögerung. Sie wird nach der absoluten Theorie bestimmt, ohne dass der absolute Verzögerungsbegriff relativiert[205] oder in Ausnahmefällen durch den relativen Verzögerungsbegriff ersetzt werden müsste.[206] Die Entscheidung des BVerfG vom 5. 5. 1987 betrifft vielmehr die Kausalität zwischen Verspätung und Verzögerung und gerade nicht die Ausfüllung des Begriffs der Verzögerung, die, wie das BVerfG ausdrücklich betont, den Fachgerichten zugewiesen ist.[207] Bezüglich der Kausalität führt das BVerfG aus: „Diese Vorschriften[208] dürfen aber andererseits auch nicht dazu benutzt werden, verspätetes Vorbringen auszuschließen, wenn ohne jeden Aufwand erkennbar ist, dass die Pflichtwidrigkeit – die Verspätung allein – nicht kausal für eine Verzögerung ist. In diesen Fällen ist die Präklusion rechtsmissbräuchlich, denn sie dient erkennbar nicht dem mit ihr verfolgten Zweck".[209] 82

Die Kausalität zwischen Verspätung und Verzögerung ist neben der Verzögerung zusätzliche Voraussetzung der Zurückweisung. Nur wenn die Verletzung der Prozessförderungspflicht **alleinige**[210] Ursache für die Verzögerung ist, darf die Zurückweisung erfolgen.[211] Sind für die Verzöge- 83

---

[193] Vgl. dazu Rn. 1 aE.
[194] NJW 1985, 1140, 1143.
[195] ZZP 98 (1985), 451, 455.
[196] BVerfGE 69, 126 = NJW 1985, 1149.
[197] *Deubner* NJW 1985, 1140, 1143.
[198] *Waldner* ZZP 98 (1985), 451, 455.
[199] BVerfGE 75, 302 = NJW 1987, 2733.
[200] BVerfGE 75, 302 = NJW 1987, 2733.
[201] *Borgmann* AnwBl. 1989, 284, 286; vgl. auch OLG Frankfurt NJW 1989, 722, 723.
[202] So *Borgmann* AnwBl. 1989, 284, 286.
[203] Für eine solche Zwischenlösung jetzt auch *Zöller/Greger* Rn. 22; *Stein/Jonas/Leipold* Rn. 58 (obgleich in Rn. 53 weiterhin die absolute Theorie vertreten wird).
[204] So aber *Leipold* JZ 1988, 93, 95; vgl. auch *Leipold* ZZP 97 (1984), 395, 408f.; *Stein/Jonas/Leipold* Rn. 60ff.
[205] *Borgmann* AnwBl. 1989, 284, 286.
[206] *Leipold* JZ 1988, 93, 95.
[207] BVerfGE 75, 302, 315 = NJW 1987, 2733; vgl. jetzt ebenso BVerfG NJW 1995, 1417, 1418.
[208] Gemeint sind die Zurückweisungsvorschriften.
[209] BVerfGE 75, 302, 316 = NJW 1987, 2733; vgl. auch BVerfG NJW 1989, 706.
[210] Vgl. näher Rn. 118.
[211] Unstr. vgl. BGH NJW 1983, 2030, 2031; KG NJW 1979, 1369; OLG Köln NJW 1980, 2421, 2422; *Weth* S. 261 m. weit. Nachw.

rung auch Fehler des Gerichts oder Dritter ursächlich oder mitursächlich, oder ist die Verletzung der Prozessförderungspflicht überhaupt nicht Ursache für die Verzögerung, ist eine Zurückweisung des verspäteten Vorbringens nicht statthaft.[212]

84 Um die Praktikabilität der Zurückweisungsvorschriften zu erhalten, ist es wichtig, die Kausalitätsgesichtspunkte nicht in den Verzögerungsbegriff zu integrieren. Dies tut die relative Theorie mit der Folge, dass sie nicht praktikabel und nicht geeignet ist, Verfahrensbeschleunigung zu erreichen. **Für die Feststellung der Verzögerung** muss es vielmehr bei der leicht handhabbaren[213] **absoluten Theorie** verbleiben.

85 **c) Weitere Theorien.** Bei der sog. **kumulativen Theorie** handelt es sich, wie gezeigt,[214] nicht um eine eigenständige Theorie, sondern lediglich um eine Ergänzung der relativen Theorie. Auch die von *M. Wolf* entwickelte **normative Theorie**[215] ist letztlich ein Unterfall der relativen Theorie. Die Frage, ob eine Verzögerung vorliegt, soll nach dieser Theorie nicht nur am konkreten Fall überprüft werden. Es kommt nicht nur darauf an, ob mit Zulassung des verspäteten Vorbringens der Prozess im konkreten Fall länger dauern würde als ohne dieses. Vielmehr müsse sich der Verzögerungsbegriff auch am gesetzlichen Leitbild des Prozessablaufs orientieren. Die Zurückweisung verspäteten Vorbringens dürfe nicht zu einer Überbeschleunigung führen, die bei einer Prozessführung nach dem gesetzlichen Leitbild nicht eintreten würde. Mit dem Leitbild des gesetzlichen Prozessablaufs werde auch nicht eine hypothetische Betrachtung eingeführt wie beim hypothetischen Verzögerungsbegriff. Es gehe vielmehr um eine normative Sicht und damit um einen normativen Verzögerungsbegriff.

86 Dagegen ist einzuwenden, dass *Wolf* entgegen eigener Auffassung nicht mehr auf dem Boden der absoluten Theorie steht, sondern genau wie bei der relativen Theorie die voraussichtliche Verfahrensdauer bei Zulassung des verspäteten Vorbringens mit der hypothetischen Verfahrensdauer, nämlich der Gesamtdauer des Prozesses bei ordnungsgemäßem Vorbringen, vergleicht. Es wird lediglich die hypothetische Verfahrensdauer etwas anders bestimmt als von den anderen Vertretern der relativen Theorie.[216] Es wird hier nicht gefragt, wie lange der Prozess gedauert hätte, wenn die Partei rechtzeitig vorgebracht hätte; gefragt wird vielmehr, wie lange der Prozess nach dem gesetzlichen Leitbild gedauert hätte. Bis auf diesen Unterschied weist die Theorie von *Wolf* aber alle Merkmale der relativen Theorie auf. Sie ist ebenso wenig praktikabel, da auch die Dauer nach dem gesetzlichen Leitbild nicht verlässlich bestimmt werden kann.

87 *Deubner,* früher ein Verfechter der absoluten Theorie,[217] vertritt nunmehr eine **Sondertheorie,** die nach eigener Aussage von der Zurückweisung verspäteten Vorbringens „wenig übrig"[218] lässt. Nach seiner Auffassung verstößt die Zurückweisung verspäteten Vorbringens nur dann nicht gegen das **Übermaßverbot,** wenn das Gericht die mangelnde Erfolgsträchtigkeit des verspäteten Vorbringens sicher erkennen kann und die Zurückweisung sich im Ergebnis darauf beschränkt, dem Gericht die ihm sonst verwehrte, vorweggenommene Beweiswürdigkeit zu gestatten.[219] Mit dieser Auffassung lässt *Deubner* von den Zurückweisungsvorschriften nicht nur „wenig übrig"; Ergebnis dieser Auffassung ist vielmehr die Unanwendbarkeit der Zurückweisungsvorschriften. Sichere Erkenntnis des Gerichts über die mangelnde Erfolgsträchtigkeit des verspäteten Vorbringens kann nur dann vorliegen, wenn dieses Tatsachenvorbringen bewiesen ist oder des Beweises nicht bedarf. In diesem Fall ist aber die Sache entscheidungsreif. Zu einer Verzögerung des Verfahrens und zu einer Zurückweisung kommt es nicht. Im Übrigen kann und darf sich durch eine vorweggenommene Beweiswürdigung, die dem Richter aus gutem Grunde generell verwehrt ist,[220] gerade noch keine sichere Erkenntnis ergeben. Andernfalls läge ein Verstoß gegen Art. 103 Abs. 1 GG vor. Die Auffassung *Deubners* ist daher abzulehnen. Die Zurückweisung verspäteten Vorbringens unter Anwendung der absoluten Theorie verstößt im Übrigen entgegen *Deubner* nicht gegen das **Übermaßverbot.**[221]

---

[212] Vgl. dazu im einzelnen Rn. 119ff.
[213] Auch der Bundesminister der Justiz führte insoweit aus, der absolute Verzögerungsbegriff ermögliche einfache und klare Feststellungen (BVerfGE 75, 302, 306).
[214] Vgl. Rn. 75.
[215] JZ 1983, 312; vgl. auch *M. Wolf* JZ 1987, 418.
[216] Das wird in der Lit. allerdings wohl anders gesehen, vgl. *Stein/Jonas/Leipold* Rn. 55 mit Fn. 67.
[217] Vgl. NJW 1977, 921, 923; 1979, 337, 339f.
[218] *Deubner* NJW 1985, 1140, 1143.
[219] *Deubner* NJW 1985, 1140, 1143; *ders.* NJW 1989, 1238.
[220] Vgl. § 284 Rn. 99.
[221] Vgl. dazu Rn. 38f.

d) Verzögerung und früher erster Termin. Wie die Verzögerung im Verfahren mit frühem ersten Termin zu bestimmen ist, ist höchst streitig. Selbst der BGH vertritt keine einheitliche Linie. 88

aa) Nach wohl herrschender Auffassung,[222] die auch vom BGH[223] – mit Ausnahme des VI. Senats[224] – vertreten wird, liegt eine Verzögerung vor, wenn durch die Zulassung verspäteten Vorbringens eine sonst mögliche Entscheidung im frühen ersten Termin verhindert wird. Der absolute Verzögerungsbegriff gilt nach hM also auch im Verfahren mit frühem ersten Termin ohne Abwandlung.[225] 89

Auch der frühe erste Termin – so die hM – sei nach dem Willen des Gesetzgebers ein vollwertiger Termin zur mündlichen Verhandlung, der nicht allein das weitere Verfahren vorbereiten, sondern in geeigneten Fällen bereits zu einem streitigen Urteil führen solle. § 296 Abs. 1 stelle durch die Bezugnahme auf § 275 Abs. 1 S. 1 daher ausdrücklich klar, dass verspätetes Vorbringen auch dann zurückzuweisen sei, wenn die zur Vorbereitung des frühen ersten Termins gesetzte Klageerwiderungsfrist unentschuldigt und prozessverzögernd versäumt werde. Es widerspreche der Beschleunigungstendenz des Gesetzgebers, wenn man die drohende Verzögerung ausschließlich an der unbeeinträchtigten Durchführbarkeit eines verspäteten Haupttermins messen würde. Es bestehe daher kein Anlass, den Verzögerungsbegriff je nach der vom Gericht gewählten Verfahrensart unterschiedlich auszulegen.[226] 90

bb) Die Gegenauffassung[227] bezieht den Haupttermin mit in die Betrachtung ein. Eine Zurückweisung kommt nach ihr erst dann in Betracht, wenn bei Zulassung des fristwidrigen Vorbringens die Ansetzung des Haupttermins verzögert wird. 91

Dass auf den Haupttermin abzustellen sei, ergebe sich daraus, dass nach der Regelvorstellung des Gesetzes dem frühen ersten Termin ein Haupttermin folge, der frühe erste Termin sei noch gar nicht auf eine endgültige Erledigung des Prozesses angelegt.[228]

cc) Vermittelnde Positionen. Positionen, die zwischen den genannten Auffassungen liegen, vertreten der VI. Senat des BGH, die Oberlandesgerichte Hamm und Stuttgart sowie *Hermisson.* Nach Auffassung des OLG Stuttgart[229] und *Hermisson*[230] dient der frühe erste Termin in erster Linie der Vorbereitung des Haupttermins. Könne dieses Ziel trotz der Fristversäumung erreicht werden, nehme der Rechtsstreit einen zeitlich vorgesehenen Ablauf und eine Verzögerung komme nicht in Betracht. Etwas anderes gelte nur, wenn bereits der frühe erste Termin vom Gericht umfassend vorbereitet sei, dass er die Funktion des Haupttermins erfülle. Das müsse allerdings den Parteien deutlich gemacht werden. Sei das aber geschehen, komme auch im frühen ersten Termin eine Zurückweisung in Betracht. 92

Nach Auffassung des OLG Hamm[231] kommt eine Zurückweisung im frühen Termin dann in Betracht, wenn die Sache zur Erledigung im frühen ersten Termin geeignet sei, also bei einfachen Sachen, die keiner umfangreichen Sachaufklärung bedürfen oder die nur einzelne Beweiserhebungen von geringem Umfang erfordern. 93

Auch der **VI. Senat des BGH**[232] argumentiert mit der Funktion des frühen ersten Termins. Er diene in erster Linie der Vorbereitung des Haupttermins. In einfach gelagerten Fällen könne er auch schon für eine abschließende Erledigung des Prozesses geplant und geeignet sein. In einem schon nach dem Klagevorbringen offensichtlich schwierigen und komplizierten Arzthaftungsprozess 94

---

[222] Vgl. nur OLG Karlsruhe NJW 1983, 403; OLG Hamm NJW 1987, 1207; OLG Hamm NJW-RR 1995, 958; LG Berlin NJW 1979, 374; LG Aachen MDR 1978, 850, 851; *Baumbach/Lauterbach/Hartmann* Rn. 47 und § 272 Rn. 5; *Zöller/Greger* Rn. 5; *Thomas/Putzo/Reichold* Rn. 17; *Musielak/Huber* Rn. 19.

[223] BGH (VII. Senat) BGHZ 86, 31, 37 = NJW 1983, 575; BGH (VII. Senat) BGHZ 88, 180, 182 = NJW 1983, 2507; BGH (X. Senat) NJW 1987, 499; BGH (VII. Senat) NJW-RR 2005, 1296.

[224] BGHZ 98, 368 = NJW 1987, 500.

[225] BGHZ 86, 31, 34 ff. = NJW 1983, 575.

[226] BGHZ 86, 31, 36 ff. = NJW 1983, 575; BGHZ 88, 180, 182 f. = NJW 1983, 2507.

[227] OLG Karlsruhe NJW 1980, 296; OLG Saarbrücken MDR 1979, 1030; OLG München NJW 1983, 402; *Stein/Jonas/Leipold* Rn. 67 (in der 20. Aufl.; nunmehr hebt *Leipold* stärker auf die „vermittelnde" Ansicht des BVerfG ab, vgl. 21. Aufl. Rn. 67, 67 a, 67 b; *Leipold* ZZP 97 (1984), 401 ff.; *Deubner* NJW 1977, 921, 923; *Deubner* NJW 1979, 337, 340; *Deubner* NJW 1983, 1027 f.; vgl. auch OLG Frankfurt NJW 1989, 722, 723.

[228] Vgl. insbesondere OLG München NJW 1983, 402; *Rosenberg/Schwab/Gottwald* § 69 II 1 (bis zur 14. Aufl.).

[229] Mitgeteilt bei BGH in BGHZ 86, 31, 32 f. = NJW 1983, 575. Auch die Auffassung von *Lange* geht wohl in diese Richtung, vgl. *Lange* NJW 1988, 1644, 1645; NJW 1986, 3043, 3045.

[230] NJW 1983, 2229, 2231.

[231] NJW 1983, 401.

[232] BGHZ 98, 368, 369 ff. = NJW 1987, 500; vgl. auch OLG Frankfurt NJW 1989, 722.

werde das freilich kaum jemals möglich sein. Vielmehr werde der frühe erste Termin hier meistens schon der Sache nach ein sog. Durchlauftermin sein, in dem es darum gehe, mit den Parteien den Streitstoff zu erörtern und ihn zu ordnen, Unklarheiten nach Möglichkeit zu beseitigen und diejenigen Maßnahmen vorzubereiten, die einen abschließenden Haupttermin ermöglichen könnten. Handele es sich um einen solchen Durchlauftermin, sei es ein Missbrauch der Regelung des § 296 Abs. 1, wenn ein Beklagter mit einem zwar verspäteten, aber im Termin vorliegenden Sachvortrag nicht mehr gehört werde. Das sei auch verfassungsrechtlich nicht zulässig. Der BGH beruft sich insoweit auf die Entscheidung des BVerfG vom 30. 1. 1985.[233]

95 **dd) Der Beschluss des BVerfG v. 30. 1. 1985.**[234] In dieser Entscheidung hat das BVerfG klargestellt, dass die Zurückweisung verspäteten Vorbringens im frühen ersten Termin gegen Art. 103 Abs. 1 GG verstößt, wenn es sich erkennbar um einen **Durchlauftermin** handelt. Das BVerfG beschreibt den **Durchlauftermin** als einen Termin, **bei dem für die Verfahrensbeteiligten erkennbar eine abschließende streitige Verhandlung einschließlich Beweisaufnahme nicht durchgeführt werden kann.** Das Instanzgericht habe bei Ansetzung eines solchen Termins eine zur Streitentscheidung geeignete Verfahrensvorbereitung für den frühen ersten Termin erkennbar nicht getroffen. Werde trotzdem verspätetes Vorbringen zurückgewiesen, so liege darin ein Missbrauch einer Präklusionsvorschrift, die gleichzeitig eine Verletzung des Anspruchs der Partei auf rechtliches Gehör darstelle.[235]

96 Die Entscheidung des BVerfG ist missverstanden worden. Sie hat weder die absolute Theorie außer Kraft gesetzt, wie *Deubner* und *Waldner* vermutet haben,[236] noch lassen sich die Ergebnisse des VI. Senats im Urteil v. 21. 10. 1986[237] auf die Entscheidung des BVerfG stützen. Der VI. Senat hat nämlich völlig übersehen, dass nach Auffassung des BVerfG Grund für den Missbrauch der Präklusionsvorschrift und damit den Verstoß gegen Art. 103 Abs. 1 GG ein **Fehlverhalten des Gerichts** ist. Wenn das Gericht – wie geschehen – 50 Sachen auf 9.00 Uhr terminiert, dann hat es erkennbar eine zur Streitentscheidung geeignete Vorbereitung nicht getroffen. Es hat seine Prozessförderungspflicht verletzt. Das zur Bejahung des Rechtsmissbrauchs erforderliche Fehlverhalten des Gerichts liegt beim Durchlauftermin darin, dass ein Termin angesetzt wird, den die ZPO nicht vorsieht. Es darf nämlich nach der geltenden ZPO keinen Termin zur mündlichen Verhandlung geben, bei dem von vornherein für die Verfahrensbeteiligten erkennbar eine abschließende streitige Verhandlung einschließlich Beweisaufnahme ausgeschlossen ist.

97 Gegenüber der hier vertretenen Auffassung ist nach Ansicht des VI. Senats des BGH ein Durchlauftermin durchaus von der ZPO vorgesehen. Der VI. Senat[238] kommt zu diesem Ergebnis, weil er den Begriff des Durchlauftermins falsch auffasst. Er versteht nämlich – das ergibt sich aus dem Gesamtzusammenhang des Urteils – unter Durchlauftermin jeden Termin, auf den ein weiterer Termin zur mündlichen Verhandlung folgt. Durchlauftermin ist also auch der vom Gericht ordnungsgemäß angesetzte und vorbereitete Termin. Auch bei einem solchen, ohne jedes Fehlverhalten des Gerichts angesetzten Termin soll die Zurückweisung, die das Gesetz ausdrücklich vorsieht, rechtsmissbräuchlich sein. Der VI. Senat erklärt also, wie *Lange* treffend formuliert, die Anwendung des Gesetzes als rechtsmissbräuchlich und daher rechtswidrig;[239] er macht aus einer im Gesetz ausdrücklich gebilligten Vorgehensweise des Gerichts den Fall des Rechtsmissbrauchs. Die Auffassung des VI. Senats ist daher abzulehnen.

98 **ee) Stellungnahme zum Theorienstreit.** Der frühe erste Termin hat, anders als die Gegenfassung es darstellt,[240] nicht nur vorbereitende Funktion. Der frühe erste Termin soll nach dem Entwurf der Bundesregierung zur Vereinfachungsnovelle[241] „eine echte mündliche Verhandlung sein ... Er ermöglicht danach zunächst ein Ausscheiden der nicht echt streitigen Sachen ... In den echt streitigen Sachen soll er zur Eingrenzung und Erörterung des entscheidungserheblichen Streitstoffs und, wenn Entscheidungsreife herbeigeführt werden kann, auch bereits zu einer Streitentscheidung führen". Auch der Bundesrat hat sich in seiner Stellungnahme zum Regierungsentwurf mit der Funktion des frühen ersten Termins befasst und Änderungen verlangt, um den unzutreffenden Eindruck zu vermeiden, der frühe erste Termin sei, ebenso wie das schriftliche Vorverfahren, nichts

[233] BVerfGE 69, 126 = NJW 1985, 1149.
[234] BVerfGE 69, 126 = NJW 1985, 1149.
[235] BVerfGE 69, 126, 139 = NJW 1985, 1149; ebenso nunmehr BVerfG NJW 1992, 299.
[236] Vgl. dazu Rn. 80.
[237] Diese Entscheidung ist unter Rn. 94 dargestellt.
[238] BGHZ 98, 368 = NJW 1987, 500.
[239] *Lange* NJW 1988, 1644, 1645.
[240] Vgl. Rn. 91 ff.
[241] BT-Drucks. 7/2729 S. 35 u. S. 69 f.

anderes als eine Möglichkeit den Haupttermin vorzubereiten. Es sei vielmehr so, dass in einem frühen Termin der Rechtsstreit abgeschlossen werden könne und vielfach auch abgeschlossen werde.[242] Das Gesetz ist dann mit den vom Bundesrat gewünschten Änderungen in Kraft getreten.

Die Materialien belegen, dass es nicht die Regelvorstellung des Gesetzes ist, dass dem frühen ersten Termin ein Haupttermin folgt. Der frühe erste Termin ist vielmehr auf die endgültige Erledigung des Prozesses ohne Haupttermin angelegt.[243] Nur wenn diese nicht zu erreichen ist, dient er der Vorbereitung des Haupttermins. Die Funktion einer endgültigen Erledigung des Prozesses kann der frühe erste Termin nur erfüllen, wenn zur Bestimmung der Verzögerung nicht auf den Haupttermin abgestellt wird. Stellte man nämlich darauf ab, ob der Haupttermin in gleicher Weise wie bei rechtzeitigem Vorbringen durchgeführt werden kann, wird eine Verzögerung – schon wegen der Vorbereitungspflicht des Gerichts – in aller Regel nicht eintreten können. Dieser wird daher stattfinden müssen. Der streitentscheidenden Funktion des frühen ersten Termins kann nicht genügt werden. Es ist also der hM zu folgen. Zur Bestimmung der Verzögerung ist auch im frühen Termin auf die Verzögerung des Verfahrens und nicht auf die Verzögerung des Haupttermins abzustellen. Die Gegenauffassung ist somit ebenso abzulehnen wie die vom OLG Stuttgart und von *Hermisson* vertretene vermittelnde Auffassung, weil diese Auffassungen zu Unrecht von der Vorbereitungsfunktion des frühen ersten Termins ausgehen. Die Auffassung, dass eine Zurückweisung verspäteten Vorbringens nur bei einfachen Sachen möglich sei, findet keinerlei Anhaltspunkt im Gesetz. Sie würde auch zu erheblichen Rechtsunsicherheiten führen. Auch diese Auffassung ist daher abzulehnen. 99

ff) Die Bedeutung des Durchlauftermins. Von dem Grundsatz, dass eine Zurückweisung im frühen ersten Termin erfolgen darf, ist dann eine Ausnahme zu machen, wenn der Termin eindeutig erkennbar nur als **Durchlauftermin** abgehalten wird.[244] Von einem Durchlauftermin kann aber nicht schon dann gesprochen werden, wenn auf einen Termin ein weiterer Termin zur mündlichen Verhandlung folgt.[245] 100

Von einem **Durchlauftermin** kann vielmehr nur gesprochen werden, wenn ein Fehlverhalten des Gerichts vorliegt.[246] Dies ist genau dann der Fall, wenn von vorneherein für die Verfahrensbeteiligten erkennbar eine abschließende streitige Verhandlung einschließlich Beweisaufnahme ausgeschlossen ist.[247] Das triff zu, wenn das Gericht etwa 50 Sachen auf 9.00 Uhr terminiert,[248] wenn das Gericht einen Termin sehenden Auges so plant, dass er für die für erforderlich erachtete Beweisaufnahme nicht ausreicht[249] oder wenn die Zeitspanne zwischen Fristablauf und Termin für eine zur Streitentscheidung geeignete Verfahrensvorbereitung zu kurz ist, also wenn eine Klageerwiderungsfrist erst ein oder zwei Tage vor der mündlichen Verhandlung abläuft, nicht aber wenn zwischen Ablauf der Klageerwiderungsfrist und frühem ersten Termin acht Tage liegen.[250] Bei Beurteilung der Frage, ob ein Durchlauftermin vorliegt oder nicht, muss auf den Zeitpunkt der Anberaumung des Termins abgestellt werden. Es darf nicht darauf abgestellt werden, ob der Termin zur Streitentscheidung geführt hat oder nicht. Sind zu einem Termin die Parteien persönlich geladen und werden sie im Termin umfassend angehört, liegt ein Durchlauftermin nicht vor.[251] 101

e) Verzögerung durch Einräumung einer Frist gemäß § 283. Eine Verzögerung tritt nach ganz hM[252] durch Einräumung einer Frist gemäß § 283 nicht ein. Die hM hält der Gegenauffassung[253] zu Recht vor, dass die nachgeholte Erklärung erst der Vorbereitung der vom Gericht zu 102

---

[242] BT-Drucks. 7/2729 S. 129.

[243] Vgl. *Leipold* ZZP 97 (1984), 395, 401 ff.; *Stein/Jonas/Leipold* § 272 Rn. 6 und § 275 Rn. 2 f.

[244] Vgl. BVerfGE 69, 126 = NJW 1985, 1149; BVerfG NJW 1992, 299; BGHZ 86, 31, 39 = NJW 1983, 575; s. auch BGH NJW 1987, 499; OLG Karlsruhe NJW 1984, 618, 619; OLG Frankfurt NJW 1987, 506 und NJW-RR 1993, 62; OLG Hamm NJW-RR 1995, 958. Gegen das BVerfG nunmehr *Waldner* (Fn. 42) Rn. 262: Art. 103 GG sei hier nicht verletzt.

[245] So versteht der VI. Senat des BGH den Begriff Durchlauftermin, vgl. Rn. 100.

[246] Wie hier *Zöller/Greger* Rn. 5; *Weth* S. 242.

[247] BVerfGE 69, 126, 139 = NJW 1985, 1149.

[248] BVerfGE 69, 126, 139 = NJW 1985, 1149.

[249] BVerfG NJW 1989, 706; vgl. hierzu OLG Hamm NJW-RR 1988, 895.

[250] BGHZ 86, 31, 39 = NJW 1983, 575.

[251] Vgl. OLG Hamm NJW-RR 1995, 958.

[252] BGH WM 1985, 264, 267; BGHZ 94, 195, 213 = NJW 1985, 1539; OLG Schleswig NJW 1986, 856; OLG München MDR 1980, 148; KG NJW 1983, 580; OLG Düsseldorf MDR 1985, 417; NJW 1987, 507, 508; OLG Frankfurt NJW 1987, 1089; OLG Karlsruhe MDR 1987, 241; OLG Köln VersR 1989, 278; OLG Brandenburg NJW-RR 1998, 498; *Mayer* NJW 1985, 937, 939; *Hensen* NJW 1984, 1672; *Thomas/Putzo/Reichold* § 283 Rn. 1; *Stein/Jonas/Leipold* § 283 Rn. 6; vgl. auch BVerfG NJW 1989, 705.

[253] OLG Stuttgart NJW 1984, 2538; *Baumbach/Lauterbach/Hartmann* § 283 Rn. 2 m. weit. Nachw.

treffenden Entscheidung diene, ob der Rechtsstreit durch die Berücksichtigung des verspäteten Vorbringens verzögert werde. Das sei nicht der Fall, wenn der Gegner den Vortrag nicht bestreite.[254] Allein die Einräumung einer Erklärungsfrist bedeute also noch keine Verzögerung des Rechtsstreits iSd. § 296.[255] Die durch ein verspätet mitgeteiltes Vorbringen überraschte Partei kann aber das Gericht nicht dadurch zur Zurückweisung des gegnerischen Vorbringens zwingen, dass sie einen Antrag gemäß § 283 nicht stellt. Zu einer Erklärung auf das gegnerische Vorbringen ist die Partei gemäß § 138 Abs. 2 gezwungen.[256] Davon unabhängig ändert es aber nichts an der bestehenden Verspätung, wenn der Gegner die Möglichkeit erhält, sich gemäß § 283 noch zu äußern.

103 **f) Die Voraussetzungen der Verzögerung im Einzelnen. aa)** Nur **erhebliches Vorbringen** kann den Prozess verzögern. Nicht erhebliches Vorbringen bleibt einfach unbeachtet. Soweit erhebliches Vorbringen **unstreitig** ist, kann ebenfalls eine unmittelbare Verzögerung des Rechtsstreits nicht eintreten. Obgleich unstreitiges Vorbringen terminologisch unter den Begriff der Angriffs- oder Verteidigungsmittel fällt, wird es also von § 296 nicht erfasst. Zurückgewiesen werden kann daher nur **streitiges Vorbringen.**[257]

104 **bb)** Das verspätet vorgebrachte streitige Vorbringen muss zu einer **Verlängerung des Verfahrens** führen. Sie ist – wie dargestellt[258] – nach der absoluten Theorie zu ermitteln. Ob eine Verzögerung vorliegt, muss das Gericht grundsätzlich **im letzten Termin zur mündlichen Verhandlung prüfen.**[259] Voraussetzung der Prüfung ist also die Entscheidungsreife des Rechtsstreits.[260] Enthält ein vorbereitender Schriftsatz verspätetes Vorbringen, muss die Frage der Verzögerung sowohl im letzten Termin zur mündlichen Verhandlung als auch beim Eingang dieses Schriftsatzes geprüft werden. Letzteres ist erforderlich um festzustellen, ob die Verzögerung durch vorbereitende Maßnahmen des Gerichts ausgeglichen werden kann.[261] Ausnahmsweise, nämlich beim nachgelassenen Schriftsatz, wird nicht in der mündlichen Verhandlung, sondern beim Eingang des nachgelassenen Schriftsatzes geprüft, ob das verspätete Vorbringen verzögert.[262]

105 **cc)** Bei Bestimmung der Verzögerung ist nicht nur darauf abzustellen, ob ein verspätetes Angriffs- oder Verteidigungsmittel für sich allein zu einer Verlängerung des Verfahrens führt. Eine Verzögerung ist auch dann zu bejahen, wenn sich durch die Zulassung des verspäteten Angriffs- oder Verteidigungsmittels die Notwendigkeit weiterer Maßnahmen ergibt und dadurch eine Verfahrensverlängerung eintritt (sog. **mittelbare Verzögerung**). Dabei genügt es, dass das verspätete Vorbringen für die entstandene Verzögerung ursächlich war.[263] Eine Verzögerung ist daher zu bejahen, wenn ein Zeuge zwar präsent ist und deshalb vernommen werden könnte, seine Vernehmung aber bei einer der verspäteten Partei günstigen Aussage die Vernehmung nicht präsenter Gegenzeugen erforderlich machen würde.[264] Eine Verzögerung ist ebenfalls zu bejahen, wenn zwar alle verspätet angetretenen Beweise ohne Verzögerung erhoben werden könnten, im Falle der Beweisführung aber Folgebeweise erhoben werden müssten und zur Erhebung dieser Folgebeweise ein neuer Termin zur mündlichen Verhandlung anberaumt werden müsste.[265]

106 **dd) Die Verzögerung muss nicht erheblich sein.** Das OLG Stuttgart[266] hat insoweit zu Recht ausgeführt, es komme nicht darauf an, ob die Verzögerung völlig unerheblich oder kaum erheblich sei und ob das Ausmaß des Verschuldens der Fristüberschreitung und der Verzögerung wie die Schwere der Präklusionsfolgen die Zurückweisung als im Rahmen der Verhältnismäßigkeit gerechtfertigt erscheinen lasse. Diese Abwägung habe der Gesetzgeber bereits getroffen. Die Ge-

---

[254] BGH WM 1985, 264, 267; KG NJW 1983, 580; OLG Düsseldorf MDR 1985, 417.
[255] BGH WM 1985, 264, 267; OLG München MDR 1980, 148.
[256] Vgl. nur BVerfG 51, 188, 192 = NJW 1980, 277; BVerfG NJW 1989, 705; BGHZ 94, 195, 214 = NJW 1985, 1539; OLG Hamm NJW-RR 1994, 958; OLG Naumburg NJW-RR 1994, 704.
[257] Vgl. Rn. 44, 45.
[258] Vgl. Rn. 78ff.
[259] *Stein/Jonas/Leipold* Rn. 48; *Weth* S. 260.
[260] Vgl. BGH NJW-RR 1999, 787.
[261] Das dürfte nunmehr unstreitig sein, vgl. nur BVerfGE 81, 264 = NJW 1990, 2373; BVerfG WM 1994, 512; NJW-RR 1995, 377.
[262] Vgl. *Stein/Jonas/Leipold* Rn. 58, 101.
[263] BGHZ 83, 310, 312 = NJW 1982, 1535; BGHZ 86, 198, 201f. = NJW 1983, 1495; *Kallweit* S. 58f.; *Zöller/Greger* Rn. 25; *Musielak/Huber* Rn. 17; *Baumbach/Lauterbach/Hartmann* Rn. 7; *Thomas/Putzo/Reichold* Rn. 12; aA *Stein/Jonas/Leipold* Rn. 68f. für mittelbare Verzögerungen.
[264] BGHZ 83, 310, 312 = NJW 1982, 1535.
[265] BGHZ 86, 198, 201f. = NJW 1983, 1495; vgl. auch OLG Hamm MDR 1986, 766.
[266] NJW 1984, 2538, 2539; ebenso *Weth* S. 255f.; vgl. auch OLG München MDR 1989, 919.

genauffassung[267] ist in der Terminologie uneinheitlich, hat sich aber im Ergebnis durchgesetzt. Sie reicht von der Aussage, die Verzögerung dürfe nicht ganz geringfügig[268] oder nicht völlig unerheblich[269] sein bis zur Feststellung, sie müsse von einigem Gewicht sein und an der voraussichtlichen Prozessdauer gemessen werden.[270]

Zu einer ganz geringfügigen Verzögerung wird es bei Anwendung der absoluten Theorie allerdings nicht kommen, weil eine Verzögerung nach dieser Theorie immer nur dann zu bejahen ist, wenn die Berücksichtigung verspäteten Vorbringens einen weiteren Termin zur mündlichen Verhandlung erforderlich machen würde.[271] Für die Auffassung, die Verzögerung müsse von einiger Erheblichkeit sein und an der Prozessdauer, die das Verfahren bei rechtzeitigem Vorbringen gehabt hätte, gemessen werden, findet sich im Übrigen weder im Wortlaut der ZPO noch in den Gesetzesmaterialien eine Stütze. Der Gesetzgeber hat vielmehr die Zurückweisung nicht vom Vorliegen einer erheblichen Verzögerung abhängig gemacht. Dazu war der Gesetzgeber auch nicht durch den Grundsatz der Verhältnismäßigkeit verpflichtet.[272] Müsste nämlich die Erheblichkeit anhand der hypothetischen Prozessdauer bestimmt werden, hätte die Partei es in der Hand, durch Aufblähen ihres Vorbringens ihre Verspätung als nicht erheblich erscheinen zu lassen. Das vom Gesetzgeber mit den Zurückweisungsvorschriften angestrebte Ziel wäre dann nicht mehr zu erreichen.[273] 107

ee) Verzögerung des **gesamten Rechtsstreits** ist nach Auffassung des BGH[274] Voraussetzung der Zurückweisung. Solange der Rechtsstreit nicht für die Instanz **im ganzen** entschieden sei und das Urteil nicht im ganzen Rechtsfrieden stiften könne, verzögere eine Verspätung erheblichen Vorbringens die Erledigung des Rechtsstreits nicht. Nur wenn der ganze Rechtsstreit bei Außerachtlassen des verspäteten Vorbringens beendet werden könne, erscheine es gerechtfertigt, dieses nicht mehr zuzulassen.[275] In einem Rechtsstreit, in dem Klage und Widerklage erhoben sind, dürfen daher verspätete Angriffs- und Verteidigungsmittel nicht durch ein allein die Klage oder Widerklage betreffendes Teilurteil zurückgewiesen werden.[276] Zurückweisung darf vielmehr nur erfolgen, wenn gleichzeitig über Klage und Widerklage (also den Prozess im ganzen) entschieden werden kann. Die Rechtsprechung des BGH eröffnet für den Beklagten die Möglichkeit der Flucht in die Widerklage, für den Kläger die Möglichkeit der Flucht in die Klageerweiterung. 108

Bei der sog. **Flucht in die Widerklage** benutzt der Beklagte die Widerklage als „Zurückweisungsschutzantrag".[277] Der Beklagte kann nämlich, wenn er mit der Zurückweisung seines Vorbringens rechnen muss, die Widerklage – notfalls im letzten Termin zur mündlichen Verhandlung – erheben und so erreichen, dass bis zur Entscheidungsreife der Widerklage sein verspätetes Vorbringen nicht zurückgewiesen werden darf. Die Flucht in die Widerklage ist ein sicherer Fluchtweg. Er kann, anders als bei der Flucht in die Säumnis bzw. Berufung,[278] nicht von der Gegenpartei beeinflusst werden. Die verspätete Partei kann daher im Voraus sehr genau abschätzen, inwieweit ihr verspätetes Vorbringen durch die Flucht in die Widerklage gerettet werden kann.[279] 109

Die in Rn. 108 geschilderte Auffassung des BGH ist hart kritisiert worden. Seine Auffassung ist weder auf die Auslegung der Zurückweisungsvorschriften noch auf § 301 zu stützen. Eine Zurückweisung verspäteten Vorbringens ist nicht nur dann möglich, wenn der Rechtsstreit insgesamt entscheidungsreif ist. Eine Verzögerung liegt vielmehr schon dann vor, wenn der Rechtsstreit teil- 110

---

[267] OLG Hamburg NJW 1979, 1717, 1719; OLG Frankfurt NJW 1979, 375; *Fuhrmann* S. 109; *Kallweit* S. 59; *Baumbach/Lauterbach/Hartmann* Rn. 43; *Bender/Belz/Wax* Rn. 75; *Deubner* NJW 1983, 1026; *Zöller/Greger* Rn. 18 § 527 Rn. 19 sowie die unter Fn. 51 Genannten.

[268] *Rosenberg/Schwab/Gottwald* § 69 II 1 a.

[269] *Mayer* NJW 1985, 937, 940.

[270] OLG Hamburg NJW 1979, 1717, 1719; *Kallweit* S. 59; *Fuhrmann* S. 110.

[271] *Weth* S. 254; vgl. auch OLG München MDR 1981, 1025.

[272] So aber *Kallweit* S. 59; *Fuhrmann* S. 110.

[273] Vgl. *Weth* S. 255 f.

[274] BGHZ 77, 306, 308 = NJW 1980, 2355; BGH NJW 1981, 1217; 1985, 3079; 1995, 1223 (dazu *Deubner* JuS 1995, 532); BGH NJW-RR 1999, 787; OLG Brandenburg NJW-RR 1998, 498; ihm folgend die hM in der Literatur: AK-ZPO/*Deppe/Hilgenberg* Rn. 16; *Thomas/Putzo/Reichold* Rn. 12; *Fuhrmann* S. 103; *Kallweit* S. 62 f.; vgl. auch *Stein/Jonas/Leipold* Rn. 54, der eine Zurückweisung nur dann für ausgeschlossen hält, wenn das verspätete Vorbringen auch für denjenigen Anspruch relevant ist, hinsichtlich dessen die Voraussetzungen einer Zurückweisung nicht gegeben sind; *Mertins* DRiZ 1985, 344; aA *Prütting/Weth* ZZP 98 (1985), 131 ff.; *Baumbach/Lauterbach/Hartmann* Rn. 49; *Gounalakis* MDR 1997, 220.

[275] BGHZ 77, 306, 308 = NJW 1980, 2355.

[276] BGHZ 77, 306, 308 = NJW 1980, 2355; BGH NJW 1981, 1217; 1989, 2821, 2823.

[277] *Deubner* NJW 1980, 2356; im einzelnen nunmehr *Gounalakis* Rn. 34 ff.; *dies.* MDR 1997, 216; *Habermann* S. 7 ff.

[278] Vgl. dazu Rn. 115 ff.

[279] Vgl. dazu *Prütting/Weth* ZZP 98 (1985), 131, 138.

weise erledigt werden kann. Es muss Entscheidungsreife vorliegen. Ob Entscheidungsreife für den Erlass eines Teilurteils, Grundurteils oder eines den gesamten Rechtsstreit abschließenden Urteils vorliegt, ist ohne Bedeutung.[280] Der BGH hat im Urteil vom 23. 4. 1986[281] seine kritisierte Rechtsprechung aufrechterhalten, allerdings angedeutet, dass eine Zurückweisung verspäteten Vorbringens durch Teilurteil möglicherweise in Betracht komme, „wenn die Erweiterung der Widerklage rechtsmissbräuchlich wäre, insbesondere nur den Sinn haben könnte, der Verspätungsfolgen zu entgehen".

111 Bei der **Flucht in die Klageerweiterung** (Klageänderung) erhöht der Kläger den mit der Klage geltend gemachten Betrag. Die Klageerweiterung ist der Angriff selbst, der nicht zurückgewiesen werden kann. Auch das Vorbringen, das die Klageerweiterung stützt und mit ihr vorgetragen wird, ist nicht verspätet und kann daher ebenfalls nicht zurückgewiesen werden. Da Teilurteil nicht ergehen darf, kann auch das verspätete Vorbringen zum ursprünglich eingeklagten Betrag nicht zurückgewiesen werden.[282] Auch für die Flucht in die Klageerweiterung findet sich im Gesetz keine Rechtfertigung. Sie ist aus denselben Gründen wie die Flucht in die Widerklage[283] abzulehnen.[284]

112 **g) Parteihandlungen, die zur Beseitigung der Verzögerung führen (Fluchtwege).** Das Gericht muss die Partei darauf hinweisen, dass es die Zurückweisung des verspäteten Vorbringens beabsichtigt.[285] Kann die Partei auf diesen Hinweis hin ihre Verspätung nicht entschuldigen, bleiben ihr verschiedene Auswege: die Flucht in die Säumnis,[286] die Flucht in die Berufung,[287] die Flucht in die Widerklage[288] und die Flucht in die Klageerweiterung.[289] Denkbar wäre weiterhin eine Flucht in die Klagerücknahme, wobei allerdings dieser Fluchtweg ab dem Beginn der mündlichen Verhandlung von der Zustimmung des Beklagten abhängig ist (§ 269 Abs. 1). Darüber hinaus ist mit einer Klagerücknahme zwingend die Übernahme der Prozesskosten verbunden. Schließlich kann sich ein weiterer Fluchtweg dann ergeben, wenn eine Güteverhandlung nach neuem Recht durchgeführt wird und scheitert (vgl. § 278 Abs. 2). Wird nämlich anschließend gemäß § 279 Abs. 1 Satz 2 ein Termin zur mündlichen Verhandlung bestimmt, so kann bis zu diesem Zeitpunkt jede Partei gefahrlos Tatsachenvortrag einbringen.[290]

113 **aa) Die Flucht in die Säumnis.**[291] Zur Vermeidung einer endgültigen Zurückweisung ihres verspäteten Vorbringens erscheint die zurückweisungsbedrohte Partei nicht im Termin zur mündlichen Verhandlung oder verhandelt nicht; gegen sie ergeht Versäumnisurteil (§§ 330, 331). Gegen dieses Versäumnisurteil legt die Partei Einspruch ein (§ 338). Aufgrund des zulässigen Einspruchs wird Termin zur mündlichen Verhandlung anberaumt (§ 341 a). Der Prozess wird in die Lage zurückversetzt, in der er sich vor Eintritt der Versäumnis befand (§ 342). Damit werden alle früheren Prozesshandlungen oder Unterlassungen wieder erheblich.[292] Verspätete Angriffs- und Verteidigungsmittel, die im Zeitpunkt der Terminssäumnis verspätet waren, **bleiben verspätet.** Hieran ändert die Flucht in die Säumnis nichts. Ihr Vorteil liegt aber darin, dass das Gericht verpflichtet ist, bei der Vorbereitung des Einspruchstermins alles Zumutbare zu tun, um die Folgen der Fristversäumung auszugleichen, so dass im Einspruchstermin ggf. die verspäteten Angriffs- und Verteidigungsmittel berücksichtigt werden können und so eine Verzögerung der Erledigung des Rechtsstreits vermieden wird.

114 Die Flucht in die Säumnis ist allerdings ein sehr gefährlicher Ausweg. Sie wird auf Grund der Grenzen der Vorbereitungspflicht des Gerichts dann nicht zum Erfolg führen, wenn die verspätete Partei zeitaufwändige Beweismittel (etwa Sachverständigengutachten) anbietet. Schließlich kann die Gegenpartei die Zulassung des verspäteten Vorbringens verhindern, indem sie ihrerseits umfänglich (Gegen-)Beweis anbietet. Es kommt dann zur sog. mittelbaren Verzögerung.[293] Vor der Flucht in

---

[280] Vgl. *Prütting/Weth* ZZP 98 (1985), 131 ff. So auch LG Fulda NJW 1989, 3290; aA *Habermann* S. 53 ff.
[281] NJW 1986, 2257, 2258.
[282] BGH NJW 1986, 2257.
[283] Vgl. Rn. 109.
[284] *Gounalakis* S. 55 ff.; *Weth* S. 258.
[285] Vgl. Rn. 23.
[286] Dazu Rn. 113.
[287] Dazu Rn. 115.
[288] Dazu Rn. 109.
[289] Dazu Rn. 111.
[290] *Musielak/Huber* § 296 Rn. 44.
[291] Im einzelnen dazu § 340 Rn. 23 ff.; nunmehr näher dazu *Gounalakis* S. 76 ff.
[292] BGH NJW 2002, 290, 291.
[293] Vgl. dazu Rn. 105.

die Säumnis ist daher zu warnen.[294] Dennoch hat die Rspr. die Auffassung vertreten, dass der Anwalt auch ohne spezielle Weisung seiner Partei bei drohender Präklusion diesen Weg beschreiten muss.[295]

bb) Die Flucht in die Berufung. Die Partei führt in 1. Instanz ihr zurückweisungsbedrohtes Vorbringen nicht in den Prozess ein oder lässt schon eingeführtes Vorbringen wieder fallen.[296] Daraufhin ergeht ein Urteil zu ihren Ungunsten. Dagegen legt die Partei Berufung ein und trägt nun in der Berufungsbegründung umfassend, also unter Einschluss der verspäteten Angriffs- und Verteidigungsmittel vor. Dieses Vorbringen kann nicht gemäß § 531 Abs. 1 ausgeschlossen werden, da § 531 Abs. 1 nur auf im ersten Rechtszug zurückgewiesenes Vorbringen, nicht aber analog auf neues Vorbringen anzuwenden ist. Neues Vorbringen ist vielmehr nach §§ 530, 531 Abs. 2 zu beurteilen, wonach jedenfalls im Falle der §§ 530, 531 Abs. 2 Nr. 3 Voraussetzung der Zurückweisung verspäteter Angriffs- und Verteidigungsmittel ist, dass deren Zulassung den Berufungsrechtszug verzögert. 115

Die Flucht in die Berufung ist aus den gleichen Gründen wie die Flucht in die Säumnis ein äußerst gefährlicher Fluchtweg.[297] Darüber hinaus hat der Gesetzgeber seit 1. 1. 2002 neues Vorbringen in der Berufungsinstanz durch § 531 Abs. 2 weitgehend ausgeschlossen. Daher ist dieser Fluchtweg nunmehr im Wesentlichen verschlossen.[298] 116

h) Die freie Überzeugung des Gerichts. Der Gesetzgeber hat die Feststellung der Präklusionsvoraussetzungen in die freie Überzeugung des Gerichts gestellt, um langwierige Beweisaufnahmen zu verhindern, die dem Ziel einer Beschleunigung des Verfahrens zuwiderlaufen würden.[299] Was im Einzelnen unter der freien Überzeugung des Gerichts zu verstehen ist, wird unten[300] im Einzelnen behandelt. 117

5. Die kausale Verknüpfung zwischen Verspätung und Verzögerung. Verspätetes Vorbringen darf unstreitig nicht zurückgewiesen werden, wenn für die Verzögerung nicht nur das Verhalten der Partei, sondern auch ein Fehler des Gerichts ursächlich ist. Nur dann, wenn die Verletzung der Prozessförderungspflicht durch die Partei alleinige Ursache der Verzögerung ist, darf eine Zurückweisung verspäteten Vorbringens erfolgen.[301] Das ist heute allgemein anerkannt.[302] 118

a) Die Verursachung der Verzögerung durch das Gericht. aa) Verletzung der Vorbereitungspflicht. Das Gericht hat die Verzögerung mitverursacht, wenn es seine Vorbereitungspflicht verletzt. Das ist der Fall, wenn das Gericht bei der Vorbereitung des Termins zur mündlichen Verhandlung nicht alles ihm Zumutbare getan hat, um eine Verzögerung des Rechtsstreits zu verhindern.[303] Die Verpflichtung des Gerichts ergibt sich aus § 273 Abs. 1. 119

Zumutbar ist es, die Verspätung eines Parteivorbringens durch Anordnungen auszugleichen, die im normalen Geschäftsgang möglich sind.[304] Nicht zumutbar ist es, Eilanordnungen zu treffen[305] oder den Termin zur mündlichen Verhandlung so weit hinauszuschieben, dass in diesem Termin verspätetes Vorbringen in vollem Umfang berücksichtigt werden kann. Letzteres scheitert an § 272 Abs. 3, wonach die mündliche Verhandlung so früh wie möglich stattfinden soll.[306] Der Termin zur mündlichen Verhandlung muss nicht so weit hinausgeschoben werden, dass ein Sachverständigen- 120

---

[294] Zu den Einzelheiten der Flucht in die Säumnis vgl. Rn. 113 und § 340 Rn. 23 ff., sowie *Prütting/Weth* ZZP 98 (1985), 131, 134 ff.

[295] BGH NJW 2002, 290.

[296] Vgl. *Gounalakis* S. 105 ff.; *Weth* S. 98 ff.

[297] Zu den Einzelheiten der Flucht in die Berufung vgl. *Gounalakis* S. 105 ff.; *Prütting/Weth* ZZP 98 (1985), 131, 137 f.

[298] So auch *Habermann* S. 149.

[299] RegE eines Gesetzes zur Vereinfachung und Beschleunigung gerichtlicher Verfahren (Vereinfachungsnovelle), BT-Drucks. 7/2729 S. 75.

[300] Vgl. Rn. 174.

[301] Vgl. Rn. 13 sowie BGH NJW 1989, 717, 718; 1983, 2030, 2031; KG NJW 1979, 1369; OLG Köln NJW 1980, 2421, 2422; OLG Oldenburg NJW 1980, 295: *Borgmann* AnwBl. 1983, 313, 314; *Bischof* Rn. 169; *Deubner* NJW 1980, 296; *Stein/Jonas/Leipold* Rn. 71 und § 273 Rn. 6.

[302] *Deubner,* FS Lüke, S. 51.

[303] St. Rspr.; BGHZ 75, 138, 142 = NJW 1979, 1988; BGH NJW 1980, 1102, 1103; 1981, 286; 1984, 1964 f.; *Strohs* JA 1981, 457, 461; *Hermisson* NJW 1983, 2229, 2232; *Thomas/Putzo/Reichold* § 273 Rn. 4; *Stein/Jonas/Leipold* Rn. 71; *Kallweit* Prozeßförderungspfllicht S. 77 f.

[304] BGH NJW 1980, 1102, 1104; 1991, 1181.

[305] BGH NJW 1980, 1102, 1104; *Thomas/Putzo/Reichold* § 273 Rn. 5; *Stein/Jonas/Leipold* § 273 Rn. 6.

[306] BGH NJW 1981, 286; *Stein/Jonas/Leipold* Rn. 72; *Deubner* NJW 1980, 295; aA OLG Hamm NJW 1979, 293, 294.

gutachten eingeholt werden kann.[307] Eine umfangreiche Beweisaufnahme, bei der zahlreiche Zeugen gehört werden sollen oder bei der ein Streitstoff von erheblichem Ausmaß geklärt werden müsste, ist nicht zumutbar.[308] Stets zumutbar sind hingegen vorbereitende Maßnahmen, wenn es sich um einfache und klar angegrenzte Streitpunkte handelt, die sich durch Vernehmung weniger greifbarer Zeugen im Rahmen der mündlichen Verhandlung ohne unzumutbaren zeitlichen Aufwand klären lassen.[309] Nicht zumutbar ist es hingegen, verspätete Beweisantritte dadurch auszugleichen, dass ein zusätzlicher Tag zur mündlichen Verhandlung anberaumt wird, so dass die Beweisaufnahme noch durchgeführt werden kann. Dieser Auffassung des OLG Celle[310] ist zuzustimmen; sie widerspricht auch nicht der Entscheidung des BVerfG vom 26. 8. 1988.[311] Auch die Terminierung auf einen anderen Tag als den nächstmöglichen[312] ist nicht ohne weiteres zumutbar. Über den nächsten Termin, in dem für die konkrete Sache ca. eine Stunde Zeit zur Verfügung steht, muss der Richter nicht hinausgehen. Soweit die Verpflichtung des Gerichts, verspätete Beweisantritte auszugleichen, **nach** der Terminierung entsteht, kann es die Terminslage am Verhandlungstag im Einzelfall – das hat das BVerfG ausdrücklich hervorgehoben – ausschließen, Beweisanordnungen zum Ausgleich der sonst eintretenden Verzögerung zu treffen.[313] Die Entscheidung des BVerfG betraf allerdings den Fall, dass nach Eingang des verspäteten Vorbringens terminiert worden ist und nachdem genau bekannt war, welchen Umfang die erforderliche Beweisaufnahme haben würde. Es ging um die Vernehmung von sechs Zeugen zu „einem eng eingegrenzten Beweisthema“. Schließlich hatte das Gericht die verspätete Partei aufgefordert, Ferienantrag zu stellen und nach dessen Eingang den Rechtsstreit zur Feriensache erklärt. Im Termin, der ca. **sieben** Monate nach der Terminierung stattfand, führte das Gericht eine Beweisaufnahme nicht durch, da die an sich gebotene Beweisaufnahme durch Vernehmung von fünf Zeugen nicht der Terminslage entspreche.[314]

121 Angesichts der mitgeteilten Besonderheiten dieses Falles (Aufforderung zum Ferienantrag, eng begrenztes Beweisthema, Termin nach sieben Monaten usw.) drängt sich der Eindruck eines unfairen Verhaltens des Gerichts auf. Die Entscheidung des BVerfG war im konkreten Fall also sicherlich richtig. Wenn das BVerfG im genannten Fall den Rechtssatz aufgestellt hat, rechtsstaatlicher Verfahrenshandhabung laufe es zuwider, einen Termin sehenden Auges so zu planen, dass aus Zeitgründen die für erforderlich erachtete (grundsätzlich im Rahmen eines Termins ohne weiteres durchführbare) Beweisaufnahme unterbleiben muss, so ist dem keine Abweichung von der bisher hM zu entnehmen. Der Gesamtzusammenhang des Urteils ergibt vielmehr, dass sich die Entscheidung im Rahmen der hM hält.[315] Es darf, wenn abzusehen ist, dass eine Vernehmung weniger Zeugen zu einem eng begrenzten Thema erforderlich, aber auch ausreichend ist, nicht so terminiert werden, dass eine solche Beweisaufnahme im Termin nicht möglich ist.

122 Wenn die Verfahrensverzögerung nicht durch Maßnahmen des Gerichts verhindert werden kann, muss das Gericht bei der Partei anheimgeben, selbst die Verfahrensverzögerung zu verhindern. So muss der Partei Gelegenheit gegeben werden, Zeugen zum Termin zu stellen, wenn diese nicht geladen werden können.[316] Diese Verpflichtung trifft das Gericht allerdings nur dann, wenn durch die Vernehmung der Zeugen der Verhandlungstermin nicht „in unzumutbarer Weise gesprengt“ würde.[317]

123 **bb) Verletzung von Hinweis- und Aufklärungspflichten (§ 139).** Verletzt das Gericht seine Pflichten aus § 139 und weist die Partei nicht oder nicht rechtzeitig zB auf die Ergänzungsbedürftigkeit ihres Tatsachenvorbringens hin, ist dieser Fehler mitursächlich für die Verzögerung, die dann entsteht, wenn die Partei Vorbringen auf Grund des verspäteten Hinweises in den Prozess einführt. Eine Zurückweisung des neuen Vorbringens ist nicht zulässig.[318]

---

[307] BGH NJW 1981, 286.

[308] BGH NJW 1980, 1102, 1103; WM 1985, 819; NJW 1984, 1964, 1967; OLG Köln ZIP 1985, 436; OLG Düsseldorf WRP 1983, 412; *Thomas/Putzo/Reichold* § 273 Rn. 4; *Stein/Jonas/Leipold* § 273 Rn. 7; aA *Kallweit* Prozeßförderungspflicht S. 78; *Deubner* NJW 1979, 337, 341.

[309] BGH NJW 1984, 1964f.; 1991, 1181.

[310] OLG Celle MDR 1989, 1003.

[311] BVerfG NJW 1989, 706.

[312] Vgl. OLG Celle MDR 1989, 1003, 1004.

[313] BVerfG NJW 1989, 706.

[314] BVerfG NJW 1989, 706.

[315] Vgl. dazu Rn. 120.

[316] BGH NJW 1980, 1848, 1849; *Stein/Jonas/Leipold* Rn. 73.

[317] Vgl. BGH NJW 1980, 1848, 1849.

[318] OLG Celle NJW-RR 1998, 499; OLG Bamberg NJW-RR 1998, 1607. Vgl. dazu *Stürner,* Die richterliche Aufklärung im Zivilprozeß, Rn. 34; *Deubner* NJW 1977, 921, 925; *Zöller/Greger* § 273 Rn. 1; *Stein/Jonas/Leipold* Rn. 73; *Schellhammer* Rn. 531. Für die Frage der Einholung eines Sachverständigen-Gutachtens auch BGH NJW 1991, 493.

Hat das Gericht des ersten Rechtszuges seine Hinweis- und Aufklärungspflichten verletzt und dadurch die Verspätungsfolgen in 2. Instanz mitzuverantworten, ist das Berufungsgericht verpflichtet, die Verfahrensfehler des Gerichts 1. Instanz dadurch auszugleichen, dass es die Sache entweder gemäß § 538 zurückverweist oder seinerseits durch sachdienliche Hinweise und eine entsprechende Verfahrensgestaltung die Folgen der Fehler aus 1. Instanz behebt.[319] 124

Bei **ordnungsgemäßem** Hinweis des Gerichts muss ein Tatsachenvorbringen, das auf Grund des Hinweises neu in den Prozess eingeführt wird, aber nicht in jedem Falle berücksichtigt werden.[320] Vielmehr kann das auf Grund des Hinweises eingeführte Vorbringen als verspätet zurückgewiesen werden, soweit die Partei vor diesem Hinweis ihre Prozessförderungspflicht verletzt hat.[321] Eine Ausnahme gilt für den Fall, dass ein Hinweis zur Vermeidung einer Überraschungsentscheidung gegeben werden muss. Das auf Grund dieses Hinweises neu eingeführte Vorbringen muss immer berücksichtigt werden.[322] 125

cc) Senkung der Prozessförderungspflicht der Parteien. Das Gericht kann durch sein Verhalten die Prozessförderungspflicht der Parteien senken. Stellt sich später, etwa in der 2. Instanz, heraus, das die Partei zwar ihrer (gesenkten) Prozessförderungspflicht genügt hat, trotzdem aber nicht alle für die Entscheidung des Prozesses erforderlichen Angriffs- und Verteidigungsmittel vorgetragen hat, kann es zu einer Verzögerung des Verfahrens kommen, wenn die Partei nunmehr neue Angriffs- und Verteidigungsmittel vorträgt. Diese Verzögerung beruht dann aber nicht auf einem Fehlverhalten der Partei, sondern darauf, dass das Gericht fälschlicherweise die Prozessförderungspflicht der Partei gesenkt hat. 126

Eine Senkung der Prozessförderungspflicht tritt ein, wenn das Gericht der Partei deutlich zu verstehen gibt, dass ihr Vortrag zum Prozesssieg ausreicht. Das kann durch Mitteilung in der mündlichen Verhandlung geschehen oder durch obsiegendes Urteil, mit dem das Gericht zum Ausdruck bringt, dass ihm das Vorbringen der Partei ausgereicht hat, dass die Partei ihrer Prozessförderungspflicht genügt hat. Diese Senkung der Anforderungen an die Prozessförderungspflicht wirkt in der Berufungsinstanz fort. Die obsiegende Partei muss daher in dieser Instanz grundsätzlich keine weiteren, über den Vortrag 1. Instanz hinausgehenden Angriffs- oder Verteidigungsmittel vorbringen.[323] Etwas anderes gilt nur dann, wenn entweder der Gegner neue Angriffs- oder Verteidigungsmittel vorbringt oder wenn das Berufungsgericht die Partei zu Recht darauf hinweist, dass weiteres Vorbringen erforderlich ist.[324] 127

Auch bei einer **unwirksamen Fristverlängerung**[325] ändert das Gericht die Prozessförderungspflicht der Parteien. Sie muss nicht bis zum Ende der ursprünglich gesetzten Frist vorbringen. Ihr Vorbringen ist vielmehr bis zum Ablauf der verlängerten Frist rechtzeitig, dh. die Partei kann ohne Verstoß gegen die Prozessförderungspflicht bis zu diesem Zeitpunkt vortragen.[326] 128

b) Die Verursachung der Verzögerung durch Dritte. Eine Zurückweisung verspäteten Vorbringens ist auch dann zulässig, wenn ein Dritter die Verzögerung des Rechtsstreits mitverursacht hat.[327] Verzögerungen, die auf Gründen beruhen, die dem Prozess allgemein und unabhängig davon innewohnen, ob Angriffs- oder Verteidigungsmittel rechtzeitig vorgebracht sind, können der verspätet vortragenden Partei nicht angelastet werden.[328] Ein solcher Fall liegt nach Auffassung des BGH vor, wenn ein Zeuge trotz ordnungsgemäßer Ladung ohne hinreichenden Grund nicht erscheint. Die dann durch die erneute Ladung des Zeugen eintretende Verzögerung beruht nach Auffassung des BGH nicht mehr auf dem Verhalten des Klägers, sondern auf dem Nichterscheinen des Zeugen. Der Prozess befinde sich in der Lage, die auch bei rechtzeitigem Beweisantritt bestan- 129

---

[319] BGH NJW 1989, 717, 718.

[320] OLG Köln MDR 1985, 772; *Franzki* NJW 1979, 9, 12; *Bischof* NJW 1977, 1897, 1902; *Rosenberg/Schwab/Gottwald* § 78 III 1 d; aA *Hermisson* NJW 1983, 2229, 2230.

[321] *Weth* S. 264; aA *Fuhrmann* S. 167, der verkennt, daß, wenn die von ihm vertretene Auffassung richtig wäre, die Partei geradezu zu nachlässigem Vortrag angeregt würde. Sie könne in Ruhe den Hinweis des Gerichts abwarten und dann vortragen. Dieser Vortrag könne dann – jedenfalls nach der Ansicht *Fuhrmanns* – nicht zurückgewiesen werden.

[322] Vgl. Rn. 22.

[323] BGH NJW 1981, 1378; 1982, 581, 582; *Thomas/Putzo/Reichold* § 282 Rn. 1; vgl. auch BVerfGE 62, 249, 254 = NJW 1983, 1307.

[324] BGH NJW 1981, 1378; 1982, 581, 582.

[325] Vgl. dazu BGH NJW 1983, 2030.

[326] *Baumbach/Lauterbach/Hartmann* § 528 Rn. 14.

[327] Vgl. BGH NJW 1982, 2559, 2561; 1989, 719, 720; zu Recht differenzierend *Stein/Jonas/Leipold* Rn. 76 f. danach, ob das Verhalten Dritter einen Zusammenhang mit der Parteiverspätung aufweist (dazu sogleich näher im Text).

[328] BGH NJW 1989, 719, 720.

den hätte; das durch die Verspätung begründete Risiko habe sich nicht verwirklicht. Es sei daher eine Zurückweisung des verspäteten Vorbringens nicht zulässig.[329] Die Auffassung des BGH ist hart kritisiert worden.[330] Sie könne weder rechtsmethodisch noch logisch noch vom Ergebnis her überzeugen.[331] Sie beziehe das Parteiverschulden nicht lediglich auf das Vorbringen, sondern auch auf dessen zukünftige Auswirkungen und verkenne, dass sich das Verschulden nur auf die Verspätung beziehe und dass für die Verzögerung Ursächlichkeit genüge.[332]

130 Entgegen dieser Kritik befasst sich der BGH nicht mit dem Verschulden der Partei, sondern ausschließlich mit der Frage des Kausalzusammenhangs zwischen Verspätung und Verzögerung.[333] Zu Recht geht der BGH davon aus, dass die Verletzung der Prozessförderungspflicht für die Verzögerung kausal sein muss und dass diese Kausalität im Falle des ordnungsgemäß geladenen Zeugen, der nicht erscheint, nicht vorliegt.[334]

131 Ein solcher Kausalzusammenhang besteht allerdings dann, wenn ein Beweisangebot so spät in den Prozess eingeführt wird, dass der Zeuge nicht mehr ordnungsgemäß geladen werden kann. Insoweit hat der BGH zu Recht entschieden, dass beim Ausbleiben eines Zeugen, der keine Ladung erhalten hat, weil die Partei ihn stellen wollte, das Ausbleiben allein in den Risikobereich der Partei falle. In diesem Fall ist eine Zurückweisung des verspäteten Parteivorbringens möglich, wenn der Zeuge im Termin nicht erscheint.[335]

132 **6. Der Verschuldensmaßstab.**[336] Für einen Ausschluss verspäteten Vorbringens nach § 296 Abs. 1 reicht einfaches Verschulden (also leichte Fahrlässigkeit) der Partei aus.[337] Es liegt vor, wenn die Partei nicht diejenige prozessuale Sorgfalt entwickelt, zu der sie nach der konkreten prozessualen Situation **und** auf Grund ihrer persönlichen Verhältnisse in der Lage war.[338] Gleiches gilt für den gesetzlichen Vertreter. Typischerweise unverschuldet ist die Erkrankung einer Partei.[339]

133 Für den die Partei vertretenden Rechtsanwalt ist ein Verschulden zu bejahen, wenn nicht die übliche Sorgfalt aufgewendet wurde, die ein ordentlicher Anwalt aufzubringen hat, und wenn die Beachtung dieser Sorgfalt im Einzelfall auch zumutbar war.[340] Das Verschulden des Prozessbevollmächtigten sowie des gesetzlichen Vertreters ist der Partei zuzurechnen (§§ 85 Abs. 2, 51 Abs. 2).[341]

IV. Die Zurückweisung nach Abs. 2

134 § 296 Abs. 2 weist gegenüber Abs. 1 Besonderheiten auf, so den von Abs. 1 abweichenden Verschuldensmaßstab, die Bestimmung der Verspätung sowie die Tatsache, dass die Zurückweisung scheinbar in das Ermessen des Gerichts gestellt ist.

135 Die **Voraussetzungen der Zurückweisung** nach Abs. 2 sind:
– **Angriffs- und Verteidigungsmittel** (dazu Rn. 40 ff.) müssen
– **verspätet vorgebracht oder mitgeteilt sein** (dazu Rn. 136 ff.).
– Die Zulassung des verspäteten Vorbringens muss den Prozess **verzögern** (dazu Rn. 74 ff.).
– Die Verspätung (also die Verletzung der Prozessförderungspflicht) muss die **alleinige Ursache** für die Verzögerung sein (dazu Rn. 118 ff.).
– Die Verspätung muss **verschuldet** sein im Sinne grober Nachlässigkeit (dazu Rn. 148).

136 **1. Die Verspätung.** Sie liegt vor, wenn die Partei gegen ihre **allgemeine Prozessförderungspflicht**[342] verstoßen hat, wenn sie also nicht ihrer sich aus § 282 ergebenden Verpflichtung genügt hat, rechtzeitig (dazu Rn. 137 ff.) und mit genügendem Inhalt (dazu Rn. 147 ff.) vorzutragen.

---

329 BGH NJW 1982, 2559, 2561; 1987, 1949; 1989, 719, 720; vgl. auch *Prütting/Weth* ZZP 98 (1985), 131, 136.

330 OLG Köln ZIP 1984, 759, 760 f.; OLG Düsseldorf MDR 1988, 975; *Deubner* NJW 1982, 2561.

331 OLG Köln ZIP 1984, 759, 760 f.; *E. Schneider* MDR 1984, 726; *ders.* MDR 1986, 1019.

332 OLG Köln ZIP 1984, 759, 760 f.; *E. Schneider* MDR 1984, 726.

333 BGH NJW 1986, 2319, 2320.

334 Vgl. *Prütting/Weth* ZZP 98 (1985), 131, 136 Fn. 23.

335 BGH NJW 1989, 719, 720; OLG Düsseldorf MDR 1988, 975.

336 Zur Frage der Feststellung des Verschuldens vgl. Rn. 168 f., 175 f.

337 Bericht und Antrag des Rechtsausschusses zum RegE der Vereinfachungsnovelle, BT-Drucks. 7/5250 S. 9; OLG Hamm NJW-RR 1992, 122.

338 Vgl. dazu auch *Stein/Jonas/Leipold* Rn. 85; *Deubner* NJW 1977, 921, 924.

339 OLG Hamm NJW-RR 1992, 122.

340 *Weth* S. 271.

341 Zur verfassungsrechtlichen Zulässigkeit dieser Zurechnung vgl. BVerfGE 60, 253, 266 ff.

342 Vgl. dazu Rn. 58 ff.

a) Der rechtzeitige Vortrag. § 296 Abs. 2 sieht die Zurückweisung solcher Angriffs- und Verteidigungsmittel vor, die entgegen § 282 Abs. 1 nicht rechtzeitig vorgebracht oder entgegen § 282 Abs. 2 nicht rechtzeitig mitgeteilt worden sind. Was unter rechtzeitig zu verstehen ist, ergibt sich also aus § 282 Abs. 1 bzw. § 282 Abs. 2. **137**

aa) Rechtzeitig ist ein Vorbringen **gemäß § 282 Abs. 1,** wenn die Partei ihre Angriffs- und Verteidigungsmittel in der mündlichen Verhandlung so zeitig vorbringt, wie es nach der Prozesslage einer sorgfältigen und auf Förderung des Verfahrens bedachten Prozessführung entspricht. Damit ist § 282 Abs. 1 nur anwendbar, wenn innerhalb einer Instanz mehrere Verhandlungstermine stattgefunden haben und das Vorbringen nicht bereits im ersten Termin erfolgt ist.[343] Es muss also das erforderliche[344] Vorbringen im ersten Termin zur mündlichen Verhandlung erfolgen.[345] Nicht erforderlich ist aber, dass eine Partei ihre Angriffs- und Verteidigungsmittel stets zu Beginn der mündlichen Verhandlung vorträgt.[346] Es kann vielmehr in einem Termin zur mündlichen Verhandlung bis zu dessen Ende ohne einen Verstoß gegen § 282 Abs. 1 vorgetragen werden.[347] **138**

bb) Rechtzeitig gemäß § 282 Abs. 2. Nach dieser Vorschrift sind bestimmte Angriffs- und Verteidigungsmittel vor der mündlichen Verhandlung mitzuteilen. Es handelt sich dabei um solche Angriffs- und Verteidigungsmittel, auf die der Gegner voraussichtlich ohne vorhergehende Erkundigung keine Erklärung abgeben kann. Sie sind rechtzeitig iSd. § 282 Abs. 2, wenn sie **so zeitig vor der mündlichen Verhandlung** mitgeteilt sind, dass der Gegner erforderliche Erkundigungen noch einzuziehen vermag (vgl. § 132). **139**

Um die Frage zu klären, ob die Partei rechtzeitig iSd. § 282 Abs. 2 vorgetragen hat, muss das Gericht, wenn der Gegner sich zu Recht[348] nicht äußert, prüfen, ob die Partei aus ihrer damaligen Sicht davon ausgehen durfte, dass der Gegner sich zu ihrem Vorbringen ohne Erkundigung äußern kann.[349] Abzustellen ist dabei auf den ordentlich vorbereiteten, mit dem Sachverhalt vertrauten Gegner. Bei ihm wird die Partei in aller Regel davon ausgehen können, dass er zu Angriffs- und Verteidigungsmitteln, die schon in der vorprozessualen Korrespondenz streitig waren, Stellung nehmen kann. Wenn dagegen erstmals umfangreiche Ausführungen zB zu schwierigen technischen oder medizinischen Fragen gemacht werden, wird man nicht davon ausgehen dürfen, dass der Gegner sich dazu ohne Erkundigungen erklären kann.[350] **140**

Entgegen der Auffassung von *Leipold*[351] ist die Partei nicht schon dann zur Mitteilung ihrer Angriffs- und Verteidigungsmittel verpflichtet, wenn nach dem bisherigen Prozessgeschehen anzunehmen ist, dass sich der Anwalt erst noch um Informationen seitens seiner Partei bemühen muss. Eine so weite Mitteilungspflicht würde den nachlässigen Anwalt in besonderer Weise schützen. Eine Mitteilungspflicht der Partei besteht vielmehr nur dann, wenn solche Erklärungen des gegnerischen Anwalts notwendig werden, die dieser auch bei sorgfältiger Vorbereitung und Besprechung zwischen Anwalt und Mandant nicht geben kann, ohne nochmals mit dem Mandanten gesprochen zu haben.[352] **141**

Rechtzeitig sind Angriffs- und Verteidigungsmittel dann mitgeteilt, wenn eine **Frist von drei Wochen** vom Eingang des Schriftsatzes bei Gericht bis zur mündlichen Verhandlung gewahrt ist.[353] Nur wenn besondere Umstände vorliegen, wird eine längere Frist erforderlich sein; insoweit wird das Gericht in jedem Einzelfall prüfen müssen.[354] Andererseits führt die Nichteinhaltung des § 132 Abs. 1 noch nicht automatisch zu einer Präklusionsmöglichkeit.[355] **142**

---

343 BGH NJW 1987, 260; NJW 1992, 1965; NJW-RR 2005, 1007; *Deubner* NJW 1985, 1140 f., NJW 1987, 1585 und JuS 1992, 776.

344 Was jeweils erforderlich ist, also welche inhaltlichen Anforderungen an das Vorbringen zu stellen sind, ist in § 282 Rn. 8 ff. dargestellt. Den Parteien verbleiben dabei Spielräume; vgl. ein schönes Beispiel in OLG Düsseldorf NJW-RR 1992, 959.

345 Vgl. *Stein/Jonas/Leipold* § 282 Rn. 12; *Zöller/Greger* § 282 Rn. 1, 3; *Bischof* Zivilprozeß Rn. 170; vgl. auch *Deubner* NJW 1979, 337, 338; *Thomas/Putzo/Reichold* § 282 Rn. 1, 2.

346 So aber *Kallweit* S. 130.

347 Vgl. *Stein/Jonas/Leipold* § 282 Rn. 12; *Bischof* Zivilprozeß Rn. 170; *Zöller/Greger* § 282 Rn. 1, 3; vgl. auch *Deubner* NJW 1979, 337, 338.

348 Wenn der Gegner sich zum Vorbringen der Partei nicht äußert, obwohl er das erkennbar tun könnte, wird das Vorbringen der Partei unstreitig; die Frage der Verspätung stellt sich dann nicht mehr, vgl. Rn. 45.

349 Vgl. *Kallweit* S. 131; vgl. auch BGH NJW 1982, 1533, 1534.

350 Entscheidend sind die konkreten Umstände, vgl. *Stein/Jonas/Leipold* § 282 Rn. 27; *Weth* S. 194.

351 *Stein/Jonas/Leipold* § 282 Rn. 27.

352 Die dargelegte Differenz ist nach der Auffassung von *Leipold* gering, vgl. *Stein/Jonas/Leipold* § 282 Rn. 27 mit Fn. 29.

353 Vgl. BGH NJW 1982, 1533, 1534.

354 Vgl. *Kallweit* S. 132.

355 BGH NJW 1997, 2244.

143 Liegt ein Verstoß gegen § 282 Abs. 2 vor und kann sich der Gegner in der mündlichen Verhandlung zum Vorbringen der Partei nicht äußern, kann dennoch eine Zurückweisung nicht im Termin zur mündlichen Verhandlung, sondern erst dann erfolgen, wenn sich der Gegner in einem nachgelassenen Schriftsatz (§ 283) zum verspäteten Vorbringen geäußert hat.[356]

144 Aus der Tatsache, dass der Gegner notfalls immer noch in einem nachgelassenen Schriftsatz zum verspäteten Vorbringen Stellung nehmen kann, folgt nicht, wie *Deubner*[357] meint, dass der Gegner in seinen Erklärungsmöglichkeiten niemals eingeschränkt und daher § 282 Abs. 2 auch nie anwendbar ist. *Deubner* verkennt nämlich, dass es Zweck des § 282 Abs. 2 ist, dem Gegner eine sachgerechte mündliche Verhandlung zu ermöglichen.[358] Eine solche sachgemäße mündliche Verhandlung setzt aber voraus, dass der Gegner sich **in der mündlichen Verhandlung** äußern und erklären kann. Verkannt wird hier auch der Ausnahmecharakter des § 283. Die Auffassung *Deubners* ist daher abzulehnen.

145 § 282 Abs. 2 fordert nicht, dass neues Vorbringen so rechtzeitig schriftsätzlich angekündigt wird, dass das Gericht noch vorbereitende Maßnahmen nach § 273 treffen kann. Auch das ergibt sich aus dem Zweck des § 282 Abs. 2, der, wie ausgeführt, dem Gegner eine sachgemäße mündliche Verhandlung ermöglichen will, nicht aber dem Zweck dient, dem Richter die rechtzeitige Terminsvorbereitung zu ermöglichen.[359]

146 § 282 Abs. 2 gilt uneingeschränkt nur für den **Anwaltsprozess,**[360] da dort die mündliche Verhandlung durch Schriftsätze vorbereitet wird (§ 129). Im Parteiprozess muss die mündliche Verhandlung nur ausnahmsweise, auf Anordnung des Gerichts, durch Schriftsätze oder durch zu Protokoll der Geschäftsstelle abzugebende Erklärung vorbereitet werden. Für diesen Ausnahmefall ist § 282 Abs. 2 auch im Parteiprozess anwendbar,[361] im Übrigen gilt er aber dort nicht.[362]

147 **b) Der inhaltlich genügende Vortrag.** Die inhaltlichen Anforderungen an den Vortrag sind unabhängig davon, ob die Partei innerhalb einer Frist (§ 296 Abs. 1) oder rechtzeitig iSd. § 282 (§ 296 Abs. 2) vortragen muss. Es kann daher auf die obigen Ausführungen verwiesen werden.[363] Sind die nach § 282 Abs. 2 zu beachtenden Fristen gewahrt, kommt eine Zurückweisung dieses rechtzeitigen Vertrags wegen inhaltlicher Mängel nicht in Betracht.[364]

148 **2. Grobe Nachlässigkeit.** Die Verspätung ist infolge grober Nachlässigkeit eingetreten, wenn die Partei, ihr Prozessbevollmächtigter oder ihr gesetzlicher Vertreter die ihr obliegende Sorgfaltspflicht in ungewöhnlich großem Umfang verletzt hat und dasjenige unbeachtet gelassen hat, was jedem Prozessbeteiligten hätte einleuchten müssen.[365]

149 **3. Freigestellte Zurückweisung.** Zu der Frage, ob bei Vorliegen der Voraussetzungen des § 296 Abs. 2 das Gericht das verspätete Vorbringen zurückweisen muss oder ob ihm Ermessen eingeräumt ist, vgl. Rn. 179f.

V. Die Zurückweisung von Zulässigkeitsrügen nach Abs. 3

150 Gemäß § 296 Abs. 3 sind **verzichtbare** Zulässigkeitsrügen zurückzuweisen, wenn der Beklagte sie **verspätet** vorbringt und die Verspätung nicht **genügend entschuldigt.** Eine Verzögerung des Verfahrens ist vom Gericht nicht zu prüfen.[366]

151 **1. Zulässigkeitsrügen.** Zulässigkeitsrügen gehören zu den Angriffs- bzw. Verteidigungsmitteln. Sie sind Tatsachenbehauptungen und Beweismittel zur Zulässigkeit der Klage.[367] Zu trennen ist, ob das Vorbringen zur Zulässigkeit durch den Kläger oder den Beklagten erfolgt.

---

[356] Vgl. dazu Rn. 102; BGH WM 1985, 264, 267; BGHZ 94, 195, 213f. = NJW 1985, 1539; OLG Schleswig NJW 1986, 856; *Stein/Jonas/Leipold* Rn. 101 und § 282 Rn. 30.

[357] NJW 1986, 857; 1985, 1140f.; 1981, 2255; entgegen der nunmehr vertretenen Auffassung hat *Deubner* noch in NJW 1979, 337, 338 die Auffassung vertreten, daß die Möglichkeit, die Stellungnahme in einem nachgelassenen Schriftsatz gem. § 283 nachzuholen, nichts an der Tatsache ändere, daß das Vorbringen verspätet sei.

[358] BGH NJW 1989, 716, 717.

[359] BGH NJW 1988, 716, 717; BGH NJW 1999, 2446.

[360] BGH NJW 1997, 2244; *Stein/Jonas/Leipold* § 282 Rn. 22; *Thomas/Putzo/Reichold* § 282 Rn. 3; *Zöller/Greger* § 282 Rn. 4.

[361] *Stein/Jonas/Leipold* § 282 Rn. 22; *Thomas/Putzo/Reichold* § 282 Rn. 3; *Zöller/Greger* § 282 Rn. 4.

[362] BVerfG NJW 1989, 707.

[363] Vgl. Rn. 72 sowie § 282 Rn. 8ff.

[364] BGH NJW 1997, 2244.

[365] BGH NJW 1983, 2030, 2031; 1987, 501, 502; OLG Düsseldorf NJW 1982, 1888, 1889; OLG Köln ZIP 1984, 759; *Stein/Jonas/Leipold* Rn. 105; vgl. auch BVerfGE 69, 126, 137 = NJW 1985, 1149.

[366] Vgl. Rn. 18.

[367] Vgl. Rn. 49.

a) Zulässigkeitsrügen des Klägers. Die Zulässigkeitsrügen des Klägers sind diejenigen Tatsachen und Beweismittel, die der Kläger zur Rechtfertigung der Zulässigkeit der Klage in den Prozess einführt. Sie haben keine besondere gesetzliche Regelung erfahren und unterliegen den allgemeinen Zurückweisungsvorschriften der §§ 296 Abs. 1 und 2, 530, 531.[368] 152

b) Zulässigkeitsrügen des Beklagten. Die Zulässigkeitsrügen des Beklagten sind die Tatsachenbehauptungen und Beweismittel, die der Beklagte in den Prozess einführt, um die Unzulässigkeit der Klage darzutun und ggf. zu beweisen. Sie unterliegen, soweit sie verzichtbar sind, der Zurückweisung gemäß § 296 Abs. 3. Soweit sie von Amts wegen zu berücksichtigen sind, können sie nicht als verspätet zurückgewiesen werden. 153

2. Verzichtbare Rügen. Verzichtbar sind die Rügen der **fehlenden Ausländersicherheit (§§ 110 ff.),**[369] der **fehlenden Kostenerstattung (§ 269 Abs. 4)**[370] und der **Schiedsklausel (§ 1032).**[371] Auch die **Zuständigkeitsrüge** ist gemäß § 39 (bzw. Art. 24 EuGVVO) verzichtbar, soweit nicht § 40 Abs. 2 entgegensteht.[372] 154

a) § 39 als lex specialis. Die Auffassung, **§ 39** gehe **als Spezialvorschrift** § 296 Abs. 3 vor,[373] trifft nur dann zu, wenn der Beklagte sich rügelos zur Hauptsache eingelassen hat. In diesem Fall ist er, ohne dass es auf sein Verschulden ankäme, mit der Zuständigkeitsrüge ausgeschlossen.[374] Nach § 296 Abs. 3 könnte hingegen die Rüge auch noch nach Einlassung zur Hauptsache geltend gemacht werden, wenn der Beklagte dartun könnte, dass er die Rüge ohne sein Verschulden nicht vorher vorgebracht hat. 155

§ 39 behandelt allerdings nicht den Fall, dass die Zuständigkeitsrüge **vor** der mündlichen Verhandlung innerhalb einer gesetzten Klageerwiderungsfrist geltend gemacht werden muss; insoweit ist § 296 Abs. 3 iVm. § 282 Abs. 3 einschlägig. § 39 ist nicht zu entnehmen, dass der Beklagte jedenfalls bis zur mündlichen Verhandlung mit der Geltendmachung der Unzuständigkeit warten darf.[375] Versäumt es der Beklagte, innerhalb der Klageerwiderungsfrist die Unzuständigkeit geltend zu machen, und liegen auch im Übrigen die Voraussetzungen der §§ 296 Abs. 3, 282 Abs. 3 vor, weist das Gericht die Zuständigkeitsrüge als verspätet zurück. Sie gilt dann als nicht in den Prozess eingeführt. Wenn dann zur Hauptsache verhandelt wird, tritt die Wirkung des § 39 ein; die Zuständigkeit des Gerichts ist dadurch begründet. Es ist also der hM zu folgen, dass die verspätet geltend gemachte Zuständigkeitsrüge in den Anwendungsbereich des § 296 Abs. 3 fällt.[376] Auch die Rüge der **internationalen Zuständigkeit** ist eine verzichtbare Zulässigkeitsrüge (Art. 24, 26 EuGVVO), soweit nicht eine ausschließliche Zuständigkeit gemäß Art. 22 EuGVVO gegeben ist.[377] Liegt ein Fall der ausschließlichen Zuständigkeit nicht vor, wird das Gericht eines Vertragsstaates zuständig, wenn sich der Beklagte vor ihm auf das Verfahren einlässt, es sei denn, er lässt sich lediglich ein, um den Mangel der internationalen Zuständigkeit geltend zu machen. Die Frage, bis zu welchem Zeitpunkt die Einrede der Unzuständigkeit zulässig ist, richtet sich nach dem innerstaatlichen Recht.[378] Wenn der Beklagte sich daher einlässt, sei es zur Hauptsache, sei es zu anderen 156

[368] *Baumbach/Lauterbach/Hartmann* § 529 Rn. 3.

[369] Unstr.; vgl. BGH WM 1990, 374; NJW 1981, 2646; MDR 2006, 767, 768; OLG Hamburg RIW 1983, 124.

[370] Unstr.; vgl. *Thomas/Putzo/Reichold* Rn. 41; *Rosenberg/Schwab/Gottwald* § 96 IV.

[371] Unstr.; vgl. BGH NJW 2001, 2176; BGH NJW-RR 1988, 1526 f.; OLG Frankfurt MDR 1982, 329; *Thomas/Putzo/Reichold* Rn. 41; *Rosenberg/Schwab/Gottwald* § 96 IV. Die Vereinbarung einer Schlichtungsklausel ist ebenfalls eine verzichtbare Zulässigkeitsrüge, OLG Oldenburg MDR 1987, 414.

[372] HM; vgl. *Stein/Jonas/Leipold* § 39 Rn. 13 und § 282 Rn. 37; *Baumbach/Lauterbach/Hartmann* § 39 Rn. 1; *Thomas/Putzo/Reichold* Rn. 41. Der Gesetzgeber der Vereinfachungsnovelle ging wohl davon aus, daß die Zuständigkeitsrüge verzichtbar ist; vgl. BT-Drucks. 7/2729 S. 74. AA OLG Frankfurt OLGZ 1983, 99.

[373] OLG Frankfurt OLGZ 1983, 99; *Thomas/Putzo/Reichold* Rn. 41; *Zöller/Vollkommer* § 39 Rn. 5; *Kallweit* S. 143.

[374] *Stein/Jonas/Bork* § 39 Rn. 14; *Rosenberg/Schwab/Gottwald* § 37 II 2; *Grunsky* JZ 1977, 201, 206; im amtsgerichtlichen Verfahren ist Voraussetzung, daß der Beklagte gem. § 504 rechtzeitig belehrt wurde.

[375] *Stein/Jonas/Leipold* Rn. 117; *Stein/Jonas/Bork* § 39 Rn. 14; *Grunsky* JZ 1977, 201, 206; aA OLG Frankfurt OLGZ 1983, 99; *Zöller/Vollkommer* § 39 Rn. 5.

[376] *Stein/Jonas/Bork* § 39 Rn. 14 und *Stein/Jonas/Leipold* § 282 Rn. 37; *Baumbach/Lauterbach/Hartmann* § 39 Rn. 1; vgl. auch *Rosenberg/Schwab/Gottwald* § 96 V 1; *Hartmann* AnwBl. 1977, 90, 93; *Bender/Belz/Wax* Rn. 61; *Bischof* Rn. 173; für Inlandsfälle offengelassen vom BGH NJW 1997, 2244. Im Amtsgerichtsverfahren ist ein Ausschluß verspäteten Vorbringens gemäß § 296 Abs. 3 nur möglich, wenn gemäß § 504 belehrt worden ist, vgl. *Stein/Jonas/Leipold* aaO; *Grunsky* JZ 1977, 201, 203, Fn. 33.

[377] OLG Köln NJW 1988, 2182; *Prütting* MDR 1980, 368; *Geimer/Schütze* Bd. I 1 § 97 XXIII.

[378] *Bülow/Böckstiegel/Geimer/Schütze/Auer,* Internationaler Rechtsverkehr, Stand Jan. 1998, B I 1 e (606) Art. 18 Rn. 16; *Stein/Jonas/Leipold* Rn. 117 a; aA BGH NJW 1997, 2244.

Verfahrensrügen,[379] ohne dass er die internationale Zuständigkeit rügt, kann diese Rüge, wenn sie später erfolgt, gemäß § 296 Abs. 3 iVm. § 282 Abs. 3 zurückgewiesen werden.[380]

157 **b) Rüge der fehlenden Prozessvollmacht.** Auf die Rüge der fehlenden Prozessvollmacht gemäß § 88 Abs. 1 ist § 296 Abs. 3 nicht anwendbar.[381] Dagegen spricht der klare Wortlaut des § 88, nach dem der Mangel der Vollmacht in jeder Lage des Rechtsstreits gerügt werden kann.

158 **c) Kammer für Handelssachen.** Auf den Verweisungsantrag des Beklagten, den Rechtsstreit gemäß § 98 Abs. 1 GVG an die Kammer für Handelssachen zu übertragen, ist § 296 Abs. 3 nach der ausdrücklichen Anordnung des § 101 Abs. 1 Satz 3 GVG analog anzuwenden. Damit hat sich die bisherige Streitfrage[382] zu diesem Thema erledigt.[383]

159 **d) Erste und zweite Instanz.** In erster Instanz können nur die hier aufgeführten Rügen gemäß § 296 Abs. 3 als verspätet zurückgewiesen werden. In zweiter Instanz ist der Bereich der Zulässigkeitsrügen, die als verspätet zurückgewiesen werden können, größer.[384]

160 **3. Die Verspätung.** In welchen Fällen Zulässigkeitsrügen verspätet sind, ergibt sich aus § 282 Abs. 3. Nach dieser Vorschrift muss der Beklagte sämtliche ihm zur Verfügung stehenden Zulässigkeitsrügen gleichzeitig und vor seiner Verhandlung zur Hauptsache bzw., wenn eine Frist gemäß § 275 Abs. 1 S. 1 oder § 276 Abs. 1 S. 2 zur Klageerwiderung gesetzt ist, innerhalb dieser Frist vorbringen. Der Beklagte muss also alle ihm bekannten Tatsachen und Beweismittel zur Unzulässigkeit der Klage vortragen.[385] Es dürfen nicht bestimmte Zulässigkeitsrügen zunächst einmal zurückgehalten werden.[386]

161 Dass der Beklagte seine Zulässigkeitsrügen vor seiner Verhandlung zur Hauptsache vortragen muss, bedeutet, dass er die Zulässigkeitsrügen vortragen muss, bevor er zur entscheidenden Streitsache selbst Stellung nimmt.[387] Bringt der Beklagte innerhalb der ihm gesetzten Frist bzw. vor seiner Verhandlung zur Hauptsache Zulässigkeitsrügen überhaupt nicht oder nur mit ungenügendem Inhalt vor, sind die Zulässigkeitsrügen verspätet, wenn sie dann nachträglich in den Prozess eingeführt werden.[388] Anders als bei den Angriffs- und Verteidigungsmitteln zur Begründetheit der Klage kommt es bei den Zulässigkeitsrügen nicht darauf an, ob die Klage schlüssig ist oder nicht. Die Prozessförderungspflicht ist insoweit unabhängig vom Vorbringen des Klägers.[389] Sie wird vielmehr schon dann ausgelöst, wenn Klage erhoben ist.

162 **4. Der Verschuldensmaßstab.** Für die Zurückweisung gemäß § 296 Abs. 3 reicht ebenso wie im Rahmen des § 296 Abs. 1 einfaches Verschulden aus. Es kann hier auf die Ausführungen zu § 296 Abs. 1 verwiesen werden (vgl. Rn. 130f.).

VI. Die Feststellung der Zurückweisungsvoraussetzungen

163 **1. Das Anliegen des Gesetzgebers.** Der Feststellung der Präklusionsvoraussetzungen hat der Gesetzgeber besondere Aufmerksamkeit geschenkt. Aus den Gesetzesmaterialien ergibt sich, dass vor allem eine langwierige Beweisaufnahme über diese Voraussetzungen verhindert werden sollte.[390] Nur wenn § 296 so ausgelegt werden kann und wird, dass langwierige Beweisaufnahmen über die Voraussetzungen der Zurückweisung vermieden werden, können die Ziele der Vereinfachungsnovelle erreicht werden.

164 **2. Die Behauptungslast. a) Vorliegen von Angriffs- oder Verteidigungsmitteln.** Für das Vorliegen von Angriffs- oder Verteidigungsmitteln trägt die Partei nicht die Behauptungslast. Ob es sich bei einem Vorbringen um Angriffs- oder Verteidigungsmittel handelt, ist reine Rechtsfrage, die vom Gericht zu entscheiden ist.

---

[379] *Bülow/Böckstiegel/Geimer/Schütze/Auer,* (Fn. 378) Art. 18 Rn. 21.

[380] AA OLG Köln NJW 1988, 2182.

[381] *Stein/Jonas/Leipold* Rn. 119; *Kallweit* S. 143, Fn. 6; aA LG Münster MDR 1980, 853, 854; *Thomas/Putzo/Reichold* Rn. 41; *Baumbach/Lauterbach/Hartmann* § 88 Rn. 7; *Zöller/Greger* Rn. 8a.

[382] Zur Rechtslage vor 1991 vgl. die Nachweise in der 1. Auflage Fn. 357.

[383] Wie hier *Stein/Jonas/Leipold* § 282 Rn. 35.

[384] Vgl. dazu *Weth* S. 115f.

[385] BGH NJW 1985, 743, 744; *Schröder* ZZP 91 (1978), 302, 305; *Thomas/Putzo/Reichold* § 282 Rn. 6, 10; *Zöller/Greger* § 282 Rn. 5–7; *Stein/Jonas/Leipold* § 282 Rn. 37.

[386] Vgl. OLG Frankfurt MDR 1982, 329.

[387] *Stein/Jonas/Leipold* § 282 Rn. 38 und § 39 Rn. 5.

[388] Vgl. *Stein/Jonas/Leipold* Rn. 115 und § 282 Rn. 44.

[389] BGH NJW 1985, 743, 744.

[390] RegE eines Gesetzes zur Vereinfachung und Beschleunigung gerichtlicher Verfahren (Vereinfachungsnovelle) BT-Drucks. 7/2729 S. 75.

b) Verletzung der Prozessförderungspflicht. Die Tatsachen, die erforderlich sind, um festzustellen, ob die Partei ihre Prozessförderungspflicht verletzt hat, muss das Gericht in den Prozess einbringen. Die Partei trägt insoweit nicht die Behauptungslast. Dieses Ergebnis ergibt sich zunächst aus dem Wortlaut des § 296 Abs. 1, „wenn die Partei die Verspätung genügend entschuldigt“. Zu Recht ist darauf hingewiesen worden, dass die Formulierung des § 296 Abs. 1 keinen Sinn ergeben würde, wenn die Partei auch die Behauptungslast für die Tatsachenvoraussetzungen der anderen Tatbestandsmerkmale tragen würde. Dann würde es sich nämlich erübrigen, ausdrücklich hervorzuheben, dass die Partei sich entschuldigen, also bezüglich des Verschuldens aktiv tätig werden muss.[391] Für die Tatbestandsvoraussetzungen der Zurückweisung gilt also – mit Ausnahme des Verschuldens – das, was allgemein für Normen gilt, aus denen sich prozessuale Befugnisse des Gerichts ableiten. Bei Unklarheiten über die tatsächlichen Grundlagen darf das Gericht von seiner Befugnis keinen Gebrauch machen. Das darf nur geschehen, wenn die tatsächlichen Voraussetzungen zu seiner Überzeugung feststehen.[392] Die Partei trägt also nicht die Beweislast und – da die Behauptungslast der Beweislast folgt –,[393] auch nicht die Behauptungslast. 165

c) Feststellung der Verzögerung. Die Feststellung der Verzögerung hat nach der freien Überzeugung des Gerichts zu erfolgen. Das Tatbestandsmerkmal „nach der freien Überzeugung des Gerichts“ bezieht sich nach dem Wortlaut nur auf die Verzögerung und nicht auf das Verschulden. Andernfalls müsste diese Formulierung vor dem ersten Wenn stehen.[394] Das angesprochene Tatbestandsmerkmal wirkt auf das **Beweismaß**[395] ein, nicht auf die Behauptungs- und Beweislast der verspäteten Partei. 166

Die Behauptungslast für die tatsächlichen Grundlagen der Prognoseentscheidung zur Verzögerung trägt die Partei aus den soeben[396] angesprochenen Gründen nicht. Gleiches gilt auch für die tatsächlichen Voraussetzungen der Kausalität zwischen Verspätung und Verzögerung. 167

d) Entschuldigung der Verspätung. Gemäß §§ 296 Abs. 1 und 3 **muss die Partei ihre Verspätung entschuldigen.** Sie trägt also die **Behauptungslast** für die Tatsachen, aus denen sich ergibt, dass sie ein Verschulden an der Verspätung nicht trifft.[397] Das ergibt sich aus dem Gesetzeswortlaut (Abs. 4) und aus der Übereinstimmung von Behauptungslast und Beweislast.[398] Die Entschuldigung kann unter bestimmten Umständen noch in der Berufungsinstanz nachgeholt werden.[399] 168

Besonders umstritten ist, ob die Partei bei Abs. 2 auch die Behauptungslast bezüglich derjenigen Tatsachen trägt, aus denen sich ergibt, dass ihr grobe Nachlässigkeit nicht zur Last fällt. Nach richtiger Auffassung trägt die Partei die Behauptungslast insoweit nicht.[400] Die Gegenmeinung geht davon aus, dass auch hier die Partei die Behauptungslast trage,[401] wobei häufig übersehen wird, dass die Entscheidungen zur Gegenmeinung sich auf § 528 Abs. 2 beziehen. Unabhängig davon verkennt diese Gegenmeinung, dass jedenfalls in § 296 Abs. 2 nach Wortlaut und Systematik die verspätete Partei die Behauptungslast nicht zu tragen hat. Die dagegen angeführten historischen Erwägungen[402] vermögen nicht zu überzeugen. Soweit die Gesetzesmaterialien ein anderes Ergebnis nahezulegen scheinen, ist offenbar dem Gesetzgeber selbst ein Missverständnis unterlaufen.[403] Dem Ergebnis, wonach die Partei keine Darlegungslast trifft, widerspricht es nicht, dass das Gericht auf Grund der Prozessgeschichte und der entstandenen Verzögerungen unter Umständen vorläufig von einer groben Nachlässigkeit überzeugt sein kann und sein darf. Dann ist es allerdings Aufgabe der Partei, im Wege des **Gegenbeweises** Tatsachen zu behaupten und zu beweisen, die die (vorläufige) Überzeugung des Gerichts erschüttern (nicht: endgültig widerlegen). 169

---

[391] *Weth* S. 278.
[392] Vgl. *Prütting* (Fn. 46) S. 41.
[393] Vgl. *Prütting* (Fn. 46) S. 45 f. m. weit. Nachw.
[394] *Stein/Jonas/Leipold* Rn. 89; vgl. auch *Weth* S. 276.
[395] Vgl. dazu Rn. 171 ff.
[396] Vgl. Rn. 165.
[397] Vgl. Rn. 20.
[398] Vgl. Rn. 172.
[399] Vgl. Rn. 170.
[400] OLG Saarbrücken MDR 1979, 1030; *Prütting* (Fn. 46) S. 41; *Bischof* Rn. 172; *Zöller/Gummer* § 528 Rn. 28; *Kallweit* S. 70; *Schwarz* JA 1984, 462.
[401] BGH NJW 1982, 2559, 2561; WM 1984, 1620, 1622; 1985, 264, 267; OLG Köln OLGZ 1985, 488, 489; OLG Köln ZIP 1985, 436, 437; *Thomas/Putzo/Reichold* Rn. 37; *Zöller/Greger* Rn. 34.
[402] *Weth* S. 277.
[403] Wie im Grunde auch bei *Weth* S. 277 deutlich wird.

170 **e) Zurückweisung verspäteten Vorbringens.** Eine Zurückweisung verspäteten Vorbringens darf nur erfolgen, wenn das Gericht auf die beabsichtigte Zurückweisung hingewiesen hat.[404] Zu Recht hat insoweit der BGH[405] ausgeführt, die Feststellung der für das Verschulden notwendigen Tatsachen setze voraus, dass das Gericht der Partei Gelegenheit gebe, sich zu den Gründen für den verspäteten Vortrag zu äußern.

171 **3. Beweislast und Beweismaß. a) Grundsatz.** Ob es sich beim Vorbringen um Angriffs- und Verteidigungsmittel handelt, ist eine Rechtsfrage. Die Partei trägt insoweit nicht die Beweislast.

172 **b) Behauptungs- und Beweislast.** Da Behauptungs- und Beweislast in aller Regel nicht auseinanderfallen,[406] trägt die Partei in den Fällen, in denen sie die Behauptungslast nicht trägt, auch die Beweislast nicht. Die Partei trägt also für die **Verletzung der Prozessförderungspflicht,** für die **Verzögerung** sowie für die **kausale Verknüpfung zwischen Verspätung und Verzögerung nicht die Beweislast.**

173 **c) Regelbeweismaß.** Für die **Verletzung der Prozessförderungspflicht** und die **kausale Verknüpfung zwischen Verspätung und Verzögerung** gilt das **Regelbeweismaß.** Das Gericht darf von seiner Befugnis zur Zurückweisung also nur Gebrauch machen, wenn die tatsächlichen Voraussetzungen der Verletzung der Prozessförderungspflicht bzw. der kausalen Verknüpfung zwischen Verspätung und Verzögerung zu seiner Überzeugung feststehen.[407]

174 Die Feststellung der Verzögerung ist nach dem Wortlaut des Gesetzes in die freie Überzeugung des Gerichts gestellt;[408] sie ist Prognoseentscheidung, die sich auf tatsächliche Grundlagen stützt.[409] Im Rahmen der absoluten Theorie muss das Gericht nämlich prognostizieren, wie lange das Verfahren bei Zurückweisung des verspäteten Vorbringens dauert und wie lange es bei Zulassung des Vorbringens dauert. Im Rahmen dieser Prognose hat das Gericht einen weiten Spielraum, der zugunsten der verspäteten Partei auszunutzen ist. Das folgt daraus, dass der Gesetzgeber die Feststellung der Verzögerung in die freie Überzeugung des Gerichts gestellt hat, um zu erreichen, dass das Ziel einer materiell gerechten Entscheidungsfindung nicht stärker als im Interesse der Verfahrenskonzentration notwendig eingeschränkt werde.[410]

175 **d) Verschulden.** Für das Verschulden trägt die Partei im Falle des Abs. 1 und des Abs. 3 die subjektive und die objektive Beweislast,[411] nicht aber für die grobe Nachlässigkeit in Abs. 2 (vgl. Rn. 167). Aus **§ 296 Abs. 4** ergibt sich, dass bezüglich des einfachen Verschuldens das Beweismaß gesenkt ist. Es gilt hier nicht das Regelbeweismaß, sondern die Glaubhaftmachung, dh. es muss eine überwiegende Wahrscheinlichkeit für die Behauptungen der Partei sprechen. Die Entschuldigungsgründe müssen in den Fällen des § 296 Abs. 1 und 3 nur auf Verlangen des Gerichts vorgetragen und glaubhaft gemacht werden.

176 Die tatsächlichen Voraussetzungen der groben Nachlässigkeit müssen zur vollen Überzeugung des Gerichts feststehen. Hier gilt das Regelbeweismaß; Glaubhaftmachung reicht nicht aus.[412]

VII. Die Entscheidung über die Zurückweisung, ihre Wirkung und ihre Anfechtung

177 **1. Der Ausspruch der Zurückweisung.** Die Zurückweisung verspäteten Vorbringens ist in den Entscheidungsgründen des Urteils auszusprechen;[413] sie erfolgt nicht in einem besonderen Beschluss.[414] Bei dem Urteil muss es sich nicht um ein instanzabschließendes Urteil handeln. Es kann vielmehr auch in einem Teilurteil, Grundurteil oder Vorbehaltsurteil die Zurückweisung aus-

---

404 Vgl. Rn. 23.
405 NJW 1989, 717, 718.
406 *Prütting* (Fn. 46) S. 44 ff.
407 Vgl. *Weth* S. 281.
408 Vgl. dazu Rn. 166.
409 Vgl. dazu Rn. 167 und 165.
410 BT-Drucks. 7/5250 S. 4; vgl. dazu auch *Weth* S. 221 ff.
411 Vgl. dazu Rn. 20 und 167.
412 *Stein/Jonas/Leipold* Rn. 108; *Weth* S. 282.
413 Unstr.; vgl. *Thomas/Putzo/Reichold* Rn. 43; *Stein/Jonas/Leipold* Rn. 124.
414 Unstr.; vgl. *Stein/Jonas/Leipold* Rn. 124; *Rosenberg/Schwab/Gottwald* § 69 II 6.

gesprochen werden.[415] In den Entscheidungsgründen müssen die Tatsachen, die die gesetzlichen Voraussetzungen für die Zurückweisung erfüllen, angegeben werden.[416]

2. Die notwendige Zurückweisung des Abs. 1 und 3. Gemäß § 296 Abs. 1 und 3 muss das Gericht verspätetes Vorbringen zurückweisen, wenn die Tatbestandsvoraussetzungen der genannten Vorschriften erfüllt sind. Eine Zurückweisung kann auch nicht durch übereinstimmende Erklärung der Parteien vermieden werden.[417] Selbst wenn beide Parteien übereinstimmend vom Gericht verlangen, von der Anwendung des Verspätungsrechts abzusehen, muss eine Zurückweisung erfolgen.[418] **178**

3. Die freigestellte Zurückweisung des Abs. 2. Nach dem Wortlaut des § 296 Abs. 2 steht die Zurückweisung im Ermessen des Gerichts. Nach ganz hM[419] steht dem Gericht auch tatsächlich ein Ermessen zu. **179**

Diese Auffassung ist abzulehnen.[420] Würde man dem Gericht Ermessen einräumen, wäre das Gebot der prozessualen Waffengleichheit nicht gewahrt, da der Richter in gleicher Situation einmal zurückweisen darf und ein andermal die Zurückweisung unterlassen kann. Auch ist nicht zu erkennen, welche das Ermessen leitenden Erwägungen der Richter noch anstellen sollte.[421] Für ein Ermessen ist also im Rahmen des § 296 Abs. 2 kein Raum, da sich für eine unterschiedliche Ausübung des Ermessens keine tragfähigen Argumente finden lassen. § 296 Abs. 2 ist daher so auszulegen, dass im Falle des Vorliegens seiner Tatbestandsvoraussetzungen eine Zurückweisung erfolgen muss.[422] Der Wortlaut ist also nur im Sinne der Einräumung einer Rechtsmacht zu verstehen. **180**

4. Die Wirkung der Zurückweisung. Zurückgewiesenes Vorbringen bleibt bei der Entscheidung unberücksichtigt. Das zurückgewiesene Vorbringen wird darüber hinaus von der negativen Wirkung (der Präklusionswirkung) der materiellen Rechtskraft erfasst.[423] Das ist, worauf zu Recht hingewiesen worden ist, Voraussetzung dafür, dass die Zurückweisungsvorschriften ihren Zweck erfüllen können.[424] **181**

5. Die Anfechtung der unterlassenen Zurückweisung. In den Fällen des § 296 Abs. 1 und 2 kann die Partei die Zurückweisung des verspäteten gegnerischen Vorbringens unstreitig nicht erzwingen. Die Zulassung verspäteten Vorbringens ist unanfechtbar; eine Nachholung der Zurückweisung ist nicht möglich,[425] weil sonst ein in der Sache vorsätzlich falsches Urteil ergehen würde.[426] Die rechtswidrige Zulassung verspäteten Vorbringens beseitigt – worauf *Deubner*[427] zu Recht hingewiesen hat – die Zurückweisungsvoraussetzung der drohenden Verzögerung und heilt sich damit selbst. **182**

Anders ist es bei den Zulässigkeitsrügen des Beklagten (§ 296 Abs. 3). Hier ist die Zulassung verspäteten Vorbringens anfechtbar.[428] **183**

§ 296 a Vorbringen nach Schluss der mündlichen Verhandlung

[1]Nach Schluss der mündlichen Verhandlung, auf die das Urteil ergeht, können Angriffs- und Verteidigungsmittel nicht mehr vorgebracht werden. [2]§ 139 Abs. 5, §§ 156, 283 bleiben unberührt.

---

[415] Sehr streitig; vgl. Rn. 110.

[416] BGH NJW-RR 1996, 961; *Thomas/Putzo/Reichold* Rn. 43; *Baumbach/Lauterbach/Hartmann* § 527 Rn. 6. Vgl. auch BVerfG NJW 1987, 1621.

[417] So aber *Bettermann* ZZP 91 (1978), 365, 383 f.; *E. Schneider* NJW 1979, 2506; vgl. auch *Stein/Jonas/Leipold* Rn. 91, 112.

[418] *Lange* DRiZ 1980, 408, 413; *Weth* S. 287.

[419] Vgl. nur BGH WM 1982, 1281, 1282; BGH NJW 1981, 1218; *Musielak/Huber* Rn. 26; *Schafft/Schmidt* MDR 2001, 439.

[420] *Stickelbrock,* Inhalt und Grenzen richterlichen Ermessens, 2002, S. 520 ff.; *Weth* S. 291 ff.

[421] *Leipold* (ZZP 102 (1989), 487) meint, hier könnten Abstufungen innerhalb der groben Nachlässigkeit und das Gewicht des Vorbringens Berücksichtigung finden. Das überzeugt nicht. Bei aller begrifflichen Unschärfe ist zB eine Kategorie „leichterer" grober Nachlässigkeit nicht anzuerkennen.

[422] *Weth* S. 293.

[423] *Lüke,* Recht und Gesetz im Dialog, S. 32.

[424] *Lüke* (Fn. 423) S. 32.

[425] Vgl. nur BGH MDR 2006, 1306 = ZZP 119, 497 m. Anm. *Brinkmann,* NJW 1981, 928; 1981, 2255; 1983, 2030; 1985, 743; BAG MDR 1983, 1053, 1054; OLG Köln NJW 1980, 2361.

[426] *Bender/Belz/Wax* Rn. 85.

[427] NJW 1981, 929, 930.

[428] BGH NJW 1985, 743; *Thomas/Putzo/Reichold* Rn. 39; *Stein/Jonas/Leipold* Rn. 130.

I. Normzweck

1 § 296a ist mit der Vereinfachungsnovelle[1] in die ZPO eingefügt worden. Er ersetzt §§ 278 Abs. 1, 283 Abs. 1 aF, wonach Angriffs- und Verteidigungsmittel bzw. Beweismittel und Beweiseinreden „bis zum Schluss der mündlichen Verhandlung, auf die das Urteil ergeht", geltend gemacht werden konnten. § 296a ergänzt § 296, der die Zurückweisung von Vorbringen, das zwar verspätet, aber vor Schluss der mündlichen Verhandlung in den Prozess eingeführt wird, zum Gegenstand hat. Die Vorschrift des § 296a **unterstreicht,**[2] so die Vorstellung des Gesetzgebers, die Bedeutung der Prozessförderungspflicht, also der Verpflichtung, rechtzeitig und mit genügendem Inhalt vorzutragen.[3]

II. Verfassungsmäßigkeit

2 Die Voraussetzungen für die Anwendung des § 296a gewährleisten die Möglichkeit umfassenden Vorbringens aller Verfahrensbeteiligten. § 296a ist daher mit Art. 103 Abs. 1 GG vereinbar; er begegnet keinen verfassungsrechtlichen Bedenken.[4]

III. Anwendungsbereich

3 § 296a gilt **im Verfahren mit obligatorischer mündlicher Verhandlung**[5] sowie **im schriftlichen Verfahren** nach § 128 Abs. 2.[6] Im Verfahren nach der Zivilprozessordnung mit **fakultativer mündlicher Verhandlung** (so das Beschwerdeverfahren nach § 567 iVm. § 128 Abs. 4) ist § 296a anwendbar, wenn eine mündliche Verhandlung stattgefunden hat.[7] Für diese Auffassung spricht insoweit der eindeutige Wortlaut des § 296a. Schließlich gibt es in der ZPO keine Vorschrift, die die Anwendung des § 296a ausschließen würde. Anders ist es bei § 296. Die Anwendung dieser Vorschrift ist im Beschwerdeverfahren durch § 571 Abs. 2, 3 ausgeschlossen. In anderen (nicht von der Zivilprozessordnung geregelten) Verfahren ist § 296a nur anwendbar, wenn die anderen Verfahrensordnungen § 296a ausdrücklich für anwendbar erklären.[8] Das ergibt sich daraus, dass § 296a als Präklusionsnorm nicht analog angewandt werden darf.[9]

IV. Der Schluss der mündlichen Verhandlung

4 Der Schluss der mündlichen Verhandlung muss nicht ausdrücklich durch das Gericht verkündet werden. Wenn das Gericht den letzten Termin zur mündlichen Verhandlung beendet, ohne eine Vertagung auszusprechen oder einen neuen Verhandlungstermin anzuberaumen, müssen die Parteien davon ausgehen, dass die mündliche Verhandlung geschlossen ist.[10] Hat das Gericht einen Termin zur Verkündung einer Entscheidung anberaumt und wird in dem Termin ein Beweisbeschluss verkündet, zeigt sich im Nachhinein, dass die mündliche Verhandlung nicht geschlossen war. Das „Urteil" iS des § 296a, das nach Schluss der mündlichen Verhandlung ergeht, muss ein volles Endurteil sein, ein Teilurteil oder ein Zwischenurteil genügt nicht.[11]

V. Vorbringen vor Schluss der mündlichen Verhandlung

5 Gemäß § 296a können – abgesehen von den Ausnahmefällen der §§ 156, 283 – Angriffs- und Verteidigungsmittel[12] nach Schluss der mündlichen Verhandlung nicht mehr vorgebracht werden. Damit setzt § 296a den äußersten Zeitpunkt für Parteivorbringen fest. Daraus kann aber nicht ge-

---

[1] Gesetz zur Vereinfachung und Beschleunigung gerichtlicher Verfahren (Vereinfachungsnovelle), BGBl. 1976 I S. 3281.

[2] RegE eines Gesetzes zur Vereinfachung und Beschleunigung gerichtlicher Verfahren (Vereinfachungsnovelle), BT-Drucks. 7/2729 S. 76.

[3] Vgl. dazu § 282 Rn. 8ff. und § 296 Rn. 58.

[4] BVerfGE 69, 248, 253 = NJW 1985, 3005; BVerfG NJW-RR 1993, 636.

[5] Unstr. vgl. nur *Stein/Jonas/Leipold* Rn. 6; *Baumbach/Lauterbach/Hartmann* Rn. 4; *Musielak/Huber* Rn. 2.

[6] *Stein/Jonas/Leipold* Rn. 6; *Musielak/Huber* Rn. 2.

[7] *Baumbach/Lauterbach/Hartmann* Rn. 4; *Musielak/Huber* Rn. 2; aA OLG München OLGZ 1981, 489, 491 = MDR 1981, 1025; *Stein/Jonas/Leipold* § 296 Rn. 8.

[8] Vgl. BVerfGE 63, 80, 86 = NJW 1983, 2017.

[9] Vgl. dazu § 296 Rn. 27.

[10] *Stein/Jonas/Leipold* Rn. 8.

[11] OLG Köln OLGZ 1993, 128.

[12] Zu diesen Begriffen vgl. § 296 Rn. 40ff.

schlossen werden, dass Angriffs- und Verteidigungsmittel bis zu diesem Zeitpunkt ohne weiteres vorgetragen werden können. Das ist nicht der Fall; vielmehr sind insoweit die Präklusionsvorschriften des § 296 iVm. §§ 282, 277 zu beachten.

VI. Vorbringen nach Schluss der mündlichen Verhandlung

1. Tatsachenvorbringen. Tatsachenvorbringen, das nach Schluss der Letzten mündlichen Verhandlung in den Prozess eingeführt wird, **muss** das Gericht ausnahmsweise berücksichtigen, wenn der Partei eine Frist gemäß § 139 Abs. 5 oder § 283 gesetzt worden ist und die Partei den nachgelassenen Schriftsatz fristgerecht eingereicht hat. Einen nicht fristgerecht eingereichten Schriftsatz kann das Gericht berücksichtigen.[13] Ist eine Frist nach §§ 139 Abs. 5, 283 nicht gesetzt worden, muss das Gericht das nach Schluss der mündlichen Verhandlung Vorgebrachte zur Kenntnis nehmen und daraufhin überprüfen, ob es Veranlassung gibt, die mündliche Verhandlung wiederzueröffnen (§ 156).[14] Dabei ist das Gericht nach st. Rspr. des BGH zur Wiedereröffnung nur verpflichtet, wenn sich aus dem neuen Vorbringen ergibt, dass die bisherige Verhandlung lückenhaft war und in der Letzten mündlichen Verhandlung bei sachgemäßem Vorgehen Veranlassung zur Ausübung des Fragerechts bestanden hätte, ferner wenn durch andere Fehler oder Versäumnisse des Gerichts eine vollständige und sachgerechte Erklärung der Parteien unterblieben ist.[15] Dagegen ist die Wiedereröffnung der mündlichen Verhandlung nicht geboten, wenn diese ohne Verfahrensfehler geschlossen wurde und eine Partei in unzulässiger Weise entgegen dem § 296a neue Angriffs- oder Verteidigungsmittel nachreicht, die ihrerseits aufklärungsbedürftig wären.[16] Ist das nicht der Fall, sind die nach Schluss der mündlichen Verhandlung vorgebrachten Angriffs- und Verteidigungsmittel unberücksichtigt zu lassen.[17] Der Schriftsatz, in dem solches Vorbringen enthalten ist, bleibt im Original dennoch bei den Akten und ist der Gegenpartei in Kopie zu übersenden.[18] 6

2. Anträge. Anträge, die nach Schluss der mündlichen Verhandlung vorgebracht werden, sind nicht von § 296a erfasst, da diese Vorschrift nur auf Angriffs- und Verteidigungsmittel anwendbar ist.[19] 7

3. Rechtsausführungen. Reine Rechtsausführungen fallen nicht unter § 296a, weil sie nicht zu den Angriffs- und Verteidigungsmitteln gehören.[20] Allerdings wäre es ein Verstoß gegen Art. 103 Abs. 1 GG, wenn das Gericht **neue** Rechtsausführungen (also solche, von denen erkennbar bis zum Schluss der mündlichen Verhandlung weder Gericht noch Parteien ausgingen) einer Partei zur Kenntnis nähme und eventuell berücksichtigte, ohne dass die Gegenseite Gelegenheit zur Stellungnahme hatte. In einem solchen Fall dürfte ferner regelmäßig ein Verstoß gegen § 139 Abs. 2 vorliegen. Daher gilt auch für Rechtsausführungen in einem nicht nachgelassenen Schriftsatz, dass sie das Gericht nur daraufhin überprüfen darf, ob ausnahmsweise Veranlassung zur Wiedereröffnung der mündlichen Verhandlung (§ 156) besteht.[21] 8

4. In zweiter Instanz. Vorbringen, das nach § 296a in erster Instanz unberücksichtigt geblieben ist, kann in **zweiter Instanz** nicht nach § 531 Abs. 1 zurückgewiesen werden. Solches Vorbringen gilt nämlich als in erster Instanz nicht vorgebracht und ist daher in zweiter Instanz als neues Vorbringen gemäß §§ 530, 531 Abs. 2 zu beurteilen.[22] 9

5. Verfahrensmangel. Berücksichtigt das Gericht entgegen § 296a Vorbringen, das nach Schluss der mündlichen Verhandlung in den Prozess eingeführt wurde, obwohl weder eine Frist nach §§ 139 Abs. 5, 283 gesetzt noch die mündliche Verhandlung wiedereröffnet wurde, liegt ein **wesentlicher Mangel** iSd. § 538 Abs. 2 Nr. 1 vor.[23] 10

---

[13] Zu den Einzelheiten vgl. § 283 Rn. 20.

[14] Vgl. eingehend *Fischer* NJW 1994, 1315; *Baumbach/Lauterbach/Hartmann* Rn. 5; zu den Einzelheiten der Wiedereröffnung vgl. § 156 Rn. 3 ff.

[15] BGH NJW 1993, 134; BGH NJW 1986, 1867.

[16] BGH NJW 1993, 134; ferner vgl. § 156 Rn. 9.

[17] BGH NJW 1979, 2109, 2110; OLG Düsseldorf NJW 1987, 507, 508; vgl. BayVerfGH NJW 1984, 1026.

[18] So zu Recht *Fischer* NJW 1994, 1315, 1320 (mit den Nachweisen auch zur Gegenauffassung); *Stein/Jonas/Leipold* Rn. 12; aA Voraufl.

[19] BGH NJW 2000, 2512; vgl. dazu § 296 Rn. 41; ausführlich *Schur* ZZP 114, 319, 321 ff.; zur Frage, was mit nach Schluß der mündlichen Verhandlung vorgebrachten Anträgen geschieht, vgl. § 156 Rn. 9, 10 sowie § 297 Rn. 5; ferner *Fischer* NJW 1994, 1315, 1316 m. weit. Nachw.; *Schur* ZZP 114, 319, 324 ff.; *Walchshöfer* NJW 1972, 1028, 1030; OLG München OLGZ 1981, 441 = NJW 1981, 1106.

[20] Vgl. § 296 Rn. 46; *Fischer* NJW 1994, 1315, 1316 f.; aA *E. Schneider* MDR 1986, 904.

[21] Vgl. dazu § 283 Rn. 7; wie hier im Ergebnis auch *E. Schneider* MDR 1986, 905.

[22] BGH NJW 1979, 2109, 2110.

[23] Vgl. OLG Düsseldorf DRiZ 1988, 416.

§ 297 Form der Antragstellung

(1) ¹Die Anträge sind aus den vorbereitenden Schriftsätzen zu verlesen. ²Soweit sie darin nicht enthalten sind, müssen sie aus einer dem Protokoll als Anlage beizufügenden Schrift verlesen werden. ³Der Vorsitzende kann auch gestatten, dass die Anträge zu Protokoll erklärt werden.

(2) Die Verlesung kann dadurch ersetzt werden, dass die Parteien auf die Schriftsätze Bezug nehmen, die die Anträge enthalten.

Schrifttum: *Beuermann,* Erledigung der Hauptsache im schriftlichen Vorverfahren, DRiZ 1978, 311; *Kirchner,* Erneute Stellung der Anträge bei Richterwechsel (§ 137 Abs. 1 ZPO)?, NJW 1971, 2158; *Münzberg,* Die Einreden des Zurückbehaltungsrechts und des nicht erfüllten Vertrags im Prozeß, NJW 1961, 540; *Schlicht,* Antrag auf Klageabweisung oder Zurückweisung des Rechtsmittels als Sachantrag iS von § 32 BRAGO?, NJW 1970, 1630.

I. Normzweck

1 § 297 trägt dazu bei, dass die Parteien durch ihren Vortrag den Gegenstand des streitigen Prozesses bestimmen. Mittels der von ihnen gestellten Anträge wird einerseits der Streitgegenstand umgrenzt (s. Vor §§ 253ff. Rn. 31ff.) und andererseits für das Gericht der Urteilsinhalt beschränkt (§ 308 Abs. 1). § 297 stellt dazu förmliche Voraussetzungen auf, die bei der Antragstellung zu beachten sind. Erkennbar geht die Vorschrift der Erforderlichkeit von der Antragstellung im Prozess aus, so dass eine Entscheidung des Gerichts ohne gestellte Parteianträge nicht ergehen darf (Argument aus § 308).

2 Das Verlangen des Gesetzes, den Antrag zu verlesen, beugt der Gefahr vor, dass die Anträge in der mündlichen Verhandlung unbewusst vom Text der Schriftsätze abweichen.

II. Anwendungsbereich

3 Die Parteien können im Prozess sog. Sachanträge und sog. Prozessanträge stellen. Zu den Sachanträgen sind diejenigen Anträge zu zählen, die den Inhalt, Gegenstand und Wirkung der erbetenen Sachentscheidung betreffen.[1] Prozessanträge hingegen beziehen sich nur auf das zu beobachtende Verfahren.[2] Die Regelung des **§ 297 erfasst nur die Sachanträge,**[3] da allein durch diese die Bestimmung des Streitgegenstandes erfolgt.

4 Demgemäß müssen die Förmlichkeiten des § 297 zB nicht bei den Anträgen auf Vertagung, Verweisung oder bezüglich des Beweisverfahrens beachtet werden.

5 Für die Klageanträge (vgl. § 137 Abs. 1) ist jedoch die Einhaltung der Förmlichkeiten des § 297 Voraussetzung für ein wirksames Vorliegen. So ist beispielsweise die Form des § 297 zu beachten bei der Klageänderung (§ 263) oder der Antragsänderung nach § 264,[4] bei der Erledigterklärung nach § 91a,[5] der Widerklage,[6] der in der mündlichen Verhandlung erklärten Klagerücknahme (§ 269),[7] ferner bei den Anträgen im Rechtsmittelverfahren[8] oder auch bei solchen zur Vollstreckbarkeit.[9]

6 Problematisch ist die Einordnung des Antrags des Klagegegners auf Klageabweisung sowie insgesamt des rein negativen Antrags. Ursprünglich wurden diese Anträge nicht als Sachanträge angesehen, da die Abweisung der Klage von Amts wegen zu erfolgen habe, wenn die Klage unbegründet sei.[10] Eine Einordnung des Antrags auf Klageabweisung als Sachantrag ist jedoch geboten: Zwar wird durch einen solchen Antrag nicht der Streitgegenstand bestimmt, wohl aber Inhalt und Wir-

---

[1] *Rosenberg/Schwab/Gottwald* § 64 I 1.

[2] *Rosenberg/Schwab/Gottwald* § 64 I 1.

[3] BGH NJW 1965, 397; BAG NJW 2003, 1548f.; *Stein/Jonas/Leipold* Rn. 3; *Zöller/Greger* Rn. 1; *Rosenberg/Schwab/Gottwald* § 64 I 1.

[4] BGH NJW-RR 1997, 1486; *Stein/Jonas/Leipold* Rn. 4, 17; *Baumbach/Lauterbach/Hartmann* Rn. 7.

[5] *Zöller/Greger* Rn. 1; *Beuermann* DRiZ 1978, 311, 312; aA *Stein/Jonas/Leipold* Rn. 4, der die Erledigungserklärung als priviligierte Klagerücknahme ansieht, bei der keine Entscheidung in der Sache erfolge.

[6] BGH MDR 1992, 899.

[7] *Stein/Jonas/Leipold* Rn. 5.

[8] *Stein/Jonas/Leipold* Rn. 5; *Thomas/Putzo/Reichold* Rn. 1.

[9] *Thomas/Putzo/Reichold* Rn. 1; *Zöller/Greger* Rn. 1.

[10] Nicht ganz eindeutig BGH NJW 1965, 397; KG Rpfleger 1970, 443; OLG Hamm NJW 1972, 773; *Thomas/Putzo/Reichold* Rn. 2; AK-ZPO/*Deppe/Hilgenberg* Rn. 1; *Münzberg* NJW 1961, 540, 541; *Schlicht* NJW 1970, 1630, 1631.

kung der erbetenen Sachentscheidung. Auch ist das Gericht nach § 308 an diesen rein negativen Antrag gebunden. Zudem stellt sich die Klageabweisung nicht als das Verfahren betreffend dar. Der Abweisungsantrag ist deshalb als Sachantrag iSd. § 297 anzusehen.[11] Folglich sind bei diesen Anträgen die Förmlichkeiten des § 297 zu beachten. Andernfalls entsteht für den Beklagten die Gefahr, wegen seines Nichtverhandelns als säumig iSd. § 333[12] angesehen zu werden. Die Folge wäre ein Versäumnisurteil zu seinen Lasten.[13]

III. Verfahren

1. Verlesung. Eine wirksame Antragstellung im Prozess kann nach § 297 Abs. 1 zunächst durch die Verlesung der Anträge aus den vorbereiteten Schriftsätzen (s. §§ 129, 496) erfolgen. Die Verlesung hat sowohl im Partei- als auch im Anwaltsprozess stattzufinden. Das Erfordernis der schriftlichen Vorbereitung der Anträge wird ihrer Bedeutung für die Bestimmung des Streitgegenstandes gerecht und soll Fehler bei der Antragstellung verhindern. 7

Diese Verlesung erfolgt grundsätzlich aus den vorbereiteten Schriftsätzen. Soweit Anträge darin nicht oder nicht vollständig enthalten sind, müssen sie aus einer dem Protokoll als Anlage beizufügenden Schrift verlesen werden. Allerdings ist bei einer wesentlichen Änderung des schriftsätzlichen Antrags durch Anfertigung einer handschriftlichen Anlage im Termin der Zeitpunkt der Änderung sowie deren Urheber kenntlich zu machen.[14] Zeitpunkt der Verlesung der Anträge ist die mündliche Verhandlung. Ausreichend ist die einmalige Verlesung; dies gilt auch bei Verhandlungen, die sich über mehrere Tage erstrecken.[15] Ebenso bedarf es keiner erneuten Antragstellung, wenn ein Richterwechsel eingetreten ist.[16] 8

2. Bezugnahme. Die Verlesung der Anträge kann dadurch ersetzt werden, dass die Parteien auf die in den Schriftsätzen enthaltenen Anträge Bezug nehmen, Abs. 2. Wegen der zentralen Bedeutung von Sachanträgen ist in aller Regel eine ausdrückliche Bezugnahme erforderlich.[17] Ob die Parteien von einer Bezugnahme Gebrauch machen, steht ihnen frei. Eine Genehmigung durch das Gericht ist nicht erforderlich.[18] 9

Eine Verlesung der Anträge kann jedoch insoweit nicht ersetzt werden, als sich diese aus einer Schrift als Anlage zum Protokoll ergeben.[19] Weder die gegnerische Partei noch das Gericht könnte im Termin zur mündlichen Verhandlung in diesem Falle Kenntnis vom Antrag nehmen. Damit wäre der Sinn der Antragstellung erheblich beeinträchtigt. 10

3. Erklärung zu Protokoll. Nach § 297 Abs. 1 S. 3 kann der Vorsitzende gestatten, dass die Anträge zu Protokoll erklärt werden. In diesem Falle werden die Anträge lediglich mündlich, ohne schriftliche Grundlage, formuliert. Diese Durchbrechung der ansonsten in § 297 geforderten Schriftlichkeit lässt sich damit rechtfertigen, dass der Schutz der Parteien durch die mit der Protokollierung verbundenen Förmlichkeiten, insbesondere der Verlesung und Genehmigung durch die Parteien (§ 162 Abs. 1), gewahrt ist. Demgemäß ordnet § 160 Abs. 5 an, dass die Aufnahme in das Protokoll der Aufnahme in eine Schrift, welche Anlage zum Protokoll ist, gleichsteht. 11

Die Gestattung der mündlichen Antragstellung steht im Ermessen des Vorsitzenden. Er hat dabei neben Zweckmäßigkeitsgesichtspunkten beispielsweise auch die Interessen der nicht anwaltlich vertretenen Partei zu berücksichtigen.[20] So kann etwa eine schriftlich eingelegte und begründete Anschlussberufung durch mündliche Erklärung zu Protokoll erweitert werden.[21] 12

4. Sonstiges. Besonderheiten bestehen im schriftlichen Verfahren (s. § 128 Rn. 33, 43) sowie bei der Entscheidung nach Lage der Akten (s. § 251 a Rn. 6, 10, 11, § 331 a Rn. 5 f.). Da in beiden Fällen keine mündliche Verhandlung erfolgt, ist es für die Wirksamkeit der Antragstellung aus- 13

---

[11] Ebenso OLG Karlsruhe MDR 1993, 1246; OLG Hamm MDR 1992, 308; KG NJW 1970, 617; *Baumbach/Lauterbach/Hartmann* Rn. 7; *Rosenberg/Schwab/Gottwald* § 64 I 1. Abweichend: für eine Einordnung als Sachantrag im weiteren Sinne, dh. ohne die Notwendigkeit der Beachtung der Förmlichkeiten des § 297: BGHZ 52, 385, 389; *Stein/Jonas/Leipold* Rn. 7.

[12] Zum Begriff des Nichtverhandelns s. § 333 Rn. 4 ff.; vgl. auch BGH NJW 1974, 2322.

[13] AA *Stein/Jonas/Leipold* Rn. 7, der ausreichen läßt, wenn sich aus dem Vorbringen des Beklagten ohne Antragstellung ergibt, daß er sich gegen eine Verurteilung wendet.

[14] OLG Köln NJW 1973, 1848; *Zöller/Greger* Rn. 4.

[15] BGH NJW 1974, 2322; *Wieczorek* Anm. A I.

[16] *Kirchner* NJW 1971, 2258; aA BAG NJW 1971, 1332; *Wieczorek* Anm. A I.

[17] BAG NJW 2003, 1548 f.

[18] *Zöller/Greger* Rn. 5; *Baumbach/Lauterbach/Hartmann* Rn. 13.

[19] AA *Baumbach/Lauterbach/Hartmann* Rn. 13; *Stein/Jonas/Leipold* Rn. 13.

[20] *Stein/Jonas/Leipold* Rn. 14.

[21] BGH NJW 1993, 269.

reichend, dass die die Anträge enthaltenden Schriftsätze eingereicht werden.[22] Gleiches gilt bei den Verfahren, in denen die Durchführung einer mündlichen Verhandlung im Ermessen des Gerichts steht, s. zB §§ 921, 937 Abs. 2.

14 Die Antragstellung ist in das Protokoll aufzunehmen (§ 160 Abs. 3 Nr. 2). Fehlt die Protokollierung, so hat das Gericht keine Sachentscheidungsbefugnis (Argument aus §§ 165, 308).[23]

IV. Mängel

15 Wird ein Antrag in der mündlichen Verhandlung nicht gestellt, so kann über die Streitsache keine Sachentscheidung ergehen (§ 308). Die Folge ist bei Fehlen des Antrags einer Partei ein Versäumnisurteil nach §§ 333, 330, 331. Stellen beide Parteien keine Anträge, so muss von Amts wegen das Ruhen des Verfahrens angeordnet werden (§ 251). Trifft das Gericht dennoch eine Sachentscheidung, so ist diese im Wege der Berufung (§§ 511 ff.) oder der Revision (§§ 542 ff.) rechtsmittelfähig.

16 Ist ein Antrag zwar gestellt, fehlt aber die Einhaltung der Förmlichkeiten des § 297, so ist die Heilung dieses Mangels nach § 295 möglich.[24] Dies ergibt sich bereits daraus, dass die Parteien auf die Durchführung einer mündlichen Verhandlung verzichten können (vgl. § 128 Abs. 2). Die Heilung des Mangels kann auch erst in der Rechtsmittelinstanz erfolgen, wenn in der Unterinstanz über einen iSd. § 297 fehlerhaften Antrag entschieden wurde und dieser Antrag in der Rechtsmittelinstanz aufrechterhalten wird.[25]

§ 298 Aktenausdruck

(1) Von einem elektronischen Dokument (§§ 130 a, 130 b) kann ein Ausdruck für die Akten gefertigt werden.

(2) Der Ausdruck muss den Vermerk enthalten,

1. welches Ergebnis die Integritätsprüfung des Dokuments ausweist,
2. wen die Signaturprüfung als Inhaber der Signatur ausweist,
3. welchen Zeitpunkt die Signaturprüfung für die Anbringung der Signatur ausweist.

(3) Das elektronische Dokument ist mindestens bis zum rechtskräftigen Abschluss des Verfahrens zu speichern.

Schrifttum: Siehe § 298 a.

I. Entstehungsgeschichte und Normzweck

1 Die Vorschrift des § 298 wurde durch Art. 1 Nr. 21 des Justizkommunikationsgesetzes (JKomG), das am 29. 3. 2005 verkündet wurde und am 1. 4. 2005 in Kraft trat,[1] in die ZPO eingefügt. Die Verfahrensordnungen der Verwaltungs-, Sozial- und Finanzgerichtsbarkeit enthalten in § 55 b Abs. 4 S. 2 VwGO, § 52 b Abs. 4 S. 2 FGO und § 65 b Abs. 4 S. 2 SGG vergleichbare Regelungen.

2 Ziel des JKomG war es, der elektronischen Vorgangsbearbeitung in den Verfahren der streitigen Gerichtsbarkeit weiter den Weg zu bereiten. Zuvor waren bereits das am 1. 8. 2001 in Kraft getretene Gesetz zur Anpassung der Formvorschriften des Privatrechts und anderer Vorschriften an den modernen Geschäftsverkehr (FormVorAnpG)[2] und das am 1. 7. 2002 in Kraft getretene Gesetz zur Reform des Verfahrens bei Zustellungen im gerichtlichen Verfahren (ZustRG)[3] in Kraft getreten, um dem elektronischen Rechtsverkehr zwischen den Gerichten und den Verfahrensbeteiligten eine rechtliche Grundlage zu geben. Eine erste Umsetzung dieser neuen Möglichkeiten erfolgte bei den Zivilsenaten des BGH durch die Verordnung über den elektronischen Rechtsverkehr beim BGH vom 26. 11. 2001.[4]

---

[22] *Stein/Jonas/Leipold* Rn. 16.
[23] *Zöller/Greger* Rn. 7.
[24] *Stein/Jonas/Leipold* Rn. 20 f.; *Zöller/Greger* Rn. 7.
[25] BGH FamRZ 1981, 944; OLG Frankfurt FamRZ 1982, 809, 812; *Stein/Jonas/Leipold* Rn. 20.
[1] BGBl. I 2005 S. 837.
[2] BGBl. I 2001 S. 1542.
[3] BGBl. I 2001 S. 1206.
[4] BGBl. I 2001 S. 3225.

Die Norm des § 298 erlaubt in Übereinstimmung mit der Zielvorgabe des JKomG den binnenjustiziellen Medientransfer eines bei Gericht eingegangenen (§ 130a) oder im Gericht erstellten (§ 130b) elektronischen Dokuments in die Papierform. Dadurch können Abstimmungsschwierigkeiten vermieden werden, wenn ein Prozessbeteiligter nicht über einen elektronischen Zugang verfügt, ein anderer jedoch den elektronischen Zugang nutzt.[5] Die Vorschrift enthält ergänzende Regelungen betreffend die Form des Medientransfers (Abs. 2), sowie die Anordnung einer Mindestspeicherdauer für das elektronische Original, von dem ein Aktenauszug gefertigt wurde (Abs. 3). Durch die Speicherpflicht soll ein Beweisverlust vermieden werden. 3

Die Vorschrift des § 298a ergänzt die in § 298 getroffene Regelung, indem sie die Umwandlung von Schriftstücken in Papierform in elektronische Dokumente bis hin zu einer elektronisch geführten Akte ermöglicht. 4

II. Der Aktenausdruck (Abs. 1)

Die Vorschrift des § 298 Abs. 1 stellt es in das Ermessen des Gerichts, von einem elektronischen Dokument (§§ 130a, 130b) einen Aktenausdruck anzufertigen. Tatsächlich wird bis zu einer weitgehenden Etablierung der elektronischen Prozessführung in der Regel eine gebundene Entscheidung des Gerichts anzunehmen sein, da ansonsten der in der Gesetzesbegründung benannte Zielkonflikt zwischen Prozessparteien, die über einen elektronischen Zugang verfügen und solchen, die es nicht tun, nicht vermieden werden kann. Dies gilt insbesondere für den Ausdruck **aus den Akten** durch das Gericht, der nach allgemeiner Ansicht[6] – entgegen dem engeren Wortlaut – auch von § 298 erfasst ist. Dies ergibt sich schon aus der Gesetzesbegründung, aber auch aus § 317 Abs. 3 S. 2 ZPO, der die herkömmliche Zustellung eines Entscheidungsausdrucks ermöglicht.[7] Der Aktenausdruck **für die** Akten ist nach allgemeinen für Schriftstücke geltenden Aufbewahrungsbestimmungen zu behandeln.[8] 5

Ausfertigungen, Auszüge und Abschriften eines als elektronisches Dokument (§ 130b) vorliegenden **Urteils** können nach § 317 Abs. 3, der auf §298 verweist, in die Papierform überführt werden. Zusätzlich zu dem Transfervermerk ist in diesem Fall allerdings noch ein Ausfertigungsvermerk des Urkundsbeamten notwendig. 6

III. Die Form des Medientransfers (Abs. 2)

Die Norm des § 298 Abs. 2 regelt die Formerfordernisse für die Erstellung eines Aktenauszuges im Sinne des Abs. 1. Zwingend erforderlich ist ein sog. **Transfervermerk** auf dem Aktenauszug. Der Transfervermerk muss laut der Gesetzesbegründung aus wirtschaftlichen Gründen maschinell erstellt werden, weshalb das Gesetz auf die handschriftliche Unterzeichnung des Vermerks verzichtet.[9] Die Vorschrift des § 317 Abs. 4 ist zusätzlich zu beachten, wenn es um die Ausfertigung eines Urteils geht. Der Transfervermerk muss folgenden Anforderungen genügen: 7

1. Ergebnis der Integritätsprüfung (Abs. 2 Nr. 1). Zunächst ist das Ergebnis der Integritätsprüfung zu dokumentieren. Das Ergebnis der Integritätsprüfung stellt nach Ansicht des Gesetzgebers eine wesentliche Information aus dem elektronischen Original dar, die zur Beurteilung seiner Integrität, der Authentität und der Gültigkeit der Signatur erforderlich ist.[10] Die Prüfung der Integrität des Dokuments soll durch einen automatisierten „Abgleich der so genannten Hash-Werte zum Zeitpunkt des Signierens und zum Zeitpunkt des Ausdrucks für die Akte“ erfolgen. Es ist *Hartmann*[11] zuzugeben, dass die Nr. 1 der Vorschrift des § 298 Abs. 2 dadurch für einen Laien im Bereich der elektronischen Signatur[12] nicht verständlicher wird. 8

2. Ergebnis der Signaturprüfung (Abs. 2 Nr. 2). Der Transfervermerk muss weiter eine Angabe dazu enthalten, war der Signaturschlüssel-Inhaber im Sinne von § 2 Nr. 9 Signaturgesetz (SigG) des mit dem Dokument verbundenen Signaturschlüssels ist.[13] Die Signaturprüfung bezieht sich auf die nach den §§ 130a Abs. 1 S. 3, 130b Hs. 2 erforderliche qualifizierte elektronische Signatur nach § 2 Nr. 3 iVm. Nr. 2 SigG. Zum Begriff der qualifizierten Signatur vgl. § 130a Rn. 4. 9

---

[5] BT-Drucks. 15/4067 S. 32.
[6] HK-ZPO/*Saenger* Rn. 2; *Musielak/Huber* Rn. 2; *Viefhues* NJW 2005, 1009, 1012.
[7] *Viefhues* NJW 2005, 1009, 1012.
[8] BT-Drucks. 15/4067 S. 32.
[9] BT-Drucks. 15/4067 S. 32.
[10] Vgl. zum Folgenden BT-Drucks. 15/4952 S. 48.
[11] *Baumbach/Lauterbach/Hartmann* Rn. 2, 5.
[12] Instruktiv dazu *Rossnagel/Fischer/Dieskau* MMR 2004, 133 ff.; *Viefhues* NJW 2005, 1009 ff.
[13] BT-Drucks. 15/4067 S. 32.

10 **3. Der Zeitpunkt der Anbringung der Signatur (Abs. 2 Nr. 3).** Schließlich muss der Vermerk eine Angabe dazu enthalten, wenn der Verantwortliche das elektronische Dokument mit der qualifizierten elektronischen Signatur versehen hat. Die vorangestellten Anforderungen entsprechen weitgehend den Formerfordernissen, die für die behördliche Beglaubigung von Ausdrucken öffentlicher elektronischer Dokumente gemäß § 33 Abs. 5 VwVfG gelten. Der dort vorgesehene behördliche Beglaubigungsvermerk entspricht dem Transfervermerk des § 298. Im Gegensatz zur Regelung des VwVfG wurde allerdings zur Vereinfachung auf das Erfordernis eines Attribut-Zertifikats verzichtet.[14]

11 **4. Rechtsfolgen eines mangelhaften Transfervermerks.** Die ZPO enthält keine Regelung zu den Folgen eines Verstoßes gegen die in § 298 Abs. 2 enthaltenen Formerfordernisse. Nach Ansicht des Gesetzgebers soll dies im Einzelnen der Rechtsprechung überlassen bleiben, die für die Rechtsfolgen eines mangelhaften Ausfertigungsvermerks und einer unrichtigen Ausfertigung bereits eine vergleichbare Leistung erbracht hat.[15] Die zur Vorschrift des § 317 entwickelten Grundsätze führen bei fehlerhafter Ausfertigung regelmäßig zur Sanktion der Unwirksamkeit der Zustellung,[16] vgl. § 317 Rn. 12f. Dabei kann es aber im Hinblick auf den Beeiswert eines nach § 298 gefertigten Aktenauszuges nicht bleiben. So wird man der Ausfertigung einer gerichtlichen (Original-)Urkunde nach § 130b, die den Erfordernissen des § 298 Abs. 2 nicht genügt, die Beweiskraft nach § 416a absprechen müssen.[17]

IV. Die Mindestspeicherdauer (Abs. 3)

12 Die Speicherpflicht des elektronischen Originals bis zum rechtskräftigen Abschluss des Verfahrens, die Abs. 3 anordnet, korrespondiert mit der Aufbewahrungspflicht für das eingescannte Papieroriginal gemäß § 298a Abs. 2 S. 1. Sie dient der Vereinfachung der Feststellung der Identität zwischen elektronischem Original und Aktenausdruck. Die Vorschrift des § 298 Abs. 3 bezieht sich nur auf solche Verfahren, in denen das Gericht noch keine elektronischen Akten führt, aber dennoch elektronische Dokumente vorhanden sind, deren Originale bei einem Transfer erhalten bleiben müssen.[18] Die Speicherpflicht gilt dementsprechend auch nur für originäre elektronische Dokumente im Sinne des §198 Abs. 1 – von einem Schriftstück in Papierform abgeleitete Dokumente werden nicht erfasst.[19]

13 Nach dem rechtskräftigen Abschluss des Verfahrens gilt das Schriftgutaufbewahrungsgesetz (SchrAG). Der endgültige Abschluss des Verfahrens im Sinne des § 298 ist weder mit der formellen Rechtskraft noch mit der ersten von mehreren Entscheidungen in einem umfangreichen Verfahren gleichzusetzen. Auch das Kostenfestsetzungsverfahren soll noch zum Verfahren im Sinne des § 298 gehören.[20]

§ 298a Elektronische Akte

(1) ¹Die Prozessakten können elektronisch geführt werden. ²Die Bundesregierung und die Landesregierungen bestimmen für ihren Bereich durch Rechtsverordnung den Zeitpunkt, von dem an elektronische Akten geführt werden sowie die hierfür geltenden organisatorisch-technischen Rahmenbedingungen für die Bildung, Führung und Aufbewahrung der elektronischen Akten. ³Die Landesregierungen können die Ermächtigung durch Rechtsverordnung auf die Landesjustizverwaltungen übertragen. ⁴Die Zulassung der elektronischen Akte kann auf einzelne Gerichte oder Verfahren beschränkt werden.

(2) ¹In Papierform eingereichte Schrifttücke und sonstige Unterlagen sollen zur Ersetzung der Urschrift in ein elektronisches Dokument übertragen werden. ²Die Unterlagen sind, sofern sie in Papierform benötigt werden, mindestens bis zum rechtskräftigen Abschluss des Verfahrens aufzubewahren.

(3) Das elektronische Dokument muss den Vermerk enthalten, wann und durch wen die Unterlagen in ein elektronisches Dokument übertragen worden sind.

---

[14] BT-Drucks. 15/4067 S. 32.
[15] BT-Drucks. 15/4067 S. 32.
[16] Vgl. nur BGH NJW 2001, 1653, 1654; BGH NJW-RR 1993, 956; BGH NJW 1991, 1116.
[17] So auch *Baumbach/Lauterbach/Hartmann* Rn. 3, 4; *Musielak/Huber* § 416a Rn. 3.
[18] *Viefhues* NJW 2005, 1009, 1012.
[19] BT-Drucks. 15/4067 S. 32.
[20] *Baumbach/Lauterbach/Hartmann* Rn. 8.

Schrifttum: *Becker,* Elektronische Dokumente als Beweismittel im Zivilprozess, 2004; *Berger,* Beweisführung mit elektronischen Dokumenten, NJW 2005, 1016; *Britz,* Urkundenbeweis und Elektroniktechnologie, 1996; *Czeguhn,* Beweiswert und Bestandskraft digitaler Dokumente im Zivilprozess, JuS 2004, 124; *Dästner,* Neue Formvorschriften im Prozessrecht, NJW 2002, 3469; *Englisch,* Elektronisch gestützte Beweisführung im Zivilprozess, 1999; *Gassen,* Digitale Signaturen in der Praxis, 2003; *Gilles,* Zivilgerichtsverfahren, Teletechnik und E-Prozessrecht, ZZP 118, 2005, 399; *Gottwald,* Auswirkungen des elektronischen Rechtsverkehrs auf Parteivortrag und richterliche Sachbearbeitung im Zivilprozess, Festg. Vollkommer, 2006, S. 259; *Hähnchen,* Elektronische Akten bei Gericht – Chancen und Hindernisse, NJW 2005, 2257 ff.; *Jungermann,* Der Beweiswert elektronischer Signaturen, 2002; *Musielak,* Zur Sachverhaltsklärung im Zivilprozess, Festg. Vollkommer, 2006, S. 237; *Roßnagel,* Das neue Recht elektronischer Signaturen, NJW 2001, 1817; *Schemmann,* Die Beweiswirkung elektronischer Signaturen und die Kodifizierung des Anscheinsbeweises in § 371 a Abs. 1 Satz 2 ZPO, ZZP 118, 2005, 161; *Stadler,* Der Zivilprozess und neue Formen der Informationstechnik, ZZP 111 (2002), S. 413; *Suermann,* Schöne neue Welt: die elektronische Akte, DRiZ 2001, 291 ff.; *Viefhues,* Das Gesetz über die Verwendung elektronischer Kommunikationsformen in der Justiz, NJW 2005, 1009 ff.

I. Entstehungsgesichte und Normzweck

In derselben Weise wie die Vorschrift des § 298 geht die Norm des § 298 a auf das JKomG zurück; vgl. § 298 Rn. 1 ff. Die Arbeits-, Verwaltungs-, Finanz- und Sozialgerichtsverfahrensordnungen enthalten in § 46 d ArbGG, § 55 b VwGO, § 52 b FGO, § 65 b SGG vergleichbare Regelungen. 1

§ 298 a bildet die Ermächtigungsgrundlage für die Führung einer elektronischen Prozessakte durch das Gericht. Damit ist ein weiterer Schritt getan worden, um die rechtlichen Voraussetzungen der ZPO, die bisher an zahlreichen Stellen das Vorhandensein einer körperlichen Akte voraussetzte,[1] auf die Digitalisierung der Justizarbeit umzustellen. Sie wird ergänzt durch die Regelung der Akteneinsicht nach § 299 Abs. 3 und die Vorschriften der §§ 317 Abs. 3 und 5. Basis dieser Regelung sind die §§ 130 a, 130 b, die den Parteien und dem Gericht die elektronische Form generell eröffnen. Die Führung der elektronischen Akte nach § 298 a ist ähnlich wie viele weitere Gesetzesänderungen im Rahmen des JKomG letztlich eine Folge dieser neuen elektronischen Form. Auch zur beweisrechtlichen Bedeutung der neuen Formvorschriften hatte der Gesetzgeber zunächst in dem neu geschaffenen § 292 a[2] einen Anscheinsbeweis normiert. Die Norm ist nun in erweiterter Form in § 371 a übernommen worden. Ferner ergibt sich aus § 371 Abs. 1 S. 2, dass elektronische Dokumente eine Form des Augenscheins darstellen. 2

II. Die elektronische Akte (Abs. 1)

§ 298 a Abs. 1 enthält lediglich die Erlaubnis zur Führung einer elektronischen Akte und ordnet gleichzeitig an, dass Näheres durch Verordnungen des Bundes und der Länder geregelt werden muss bzw. kann. Letzteres betrifft insbesondere die Frage, in welchen Verfahren und bei welchen Gerichten eine elektronische Aktenführung eröffnet werden wird. Den Landesregierungen wurde die Möglichkeit eingeräumt, die Verordnungsermächtigung auf die jeweils (sachnäheren) Landesjustizverwaltungen zu Übertragen (vgl. § 130 a Abs. 2). Die Landesregierung des Landes Hamburg hat von dieser Möglichkeit mit der Verordnung vom 1. 8. 2006[3] bereits Gebrauch gemacht. 3

III. Der Transfer in die elektronische Form (Abs. 2)

1. Übertragungspflicht (Abs. 2 S. 1). Um eine doppelte Aktenführung zu vermeiden, sollen in Papierform eingereichte Schriftstücke *während* des laufenden Verfahrens gemäß § 298 a Abs. 2 S. 1 in ein elektronisches Dokument übertragen werden. Damit wird dem Umstand Rechnung getragen, dass auch nach einer Umstellung auf elektronische Aktenführung noch für einen unabsehbaren Zeitraum mit Eingängen in Papierform gerechnet werden muss.[4] Für die Übertragung einer Prozessakte *nach* rechtskräftigem Abschluss des Verfahrens gilt § 299 a.[5] 4

Formell betrachtet ist § 298 a eine Ermessensnorm.[6] Angesichts des Regelungsziels, eine möglichst einheitliche Akte in *einem* Medium zu schaffen, wird man die Sollvorschrift des § 298 a jedoch als Muster-Vorschrift verstehen müssen. Dies gilt jedenfalls, soweit sich die eingereichten Unterlagen wegen ihrer besonderen Art oder ihres Umfangs zur Übertragung in die elektronische 5

---

[1] *Gilles* ZZP 118, 399 ff.; *Suermann* DRiZ 2001, 291, 292.
[2] Vgl. dazu die Erläuterung in MünchKomm/Aktualisierungsband, 2002, § 292 a.
[3] Hamburgisches GVBl. 2006, S. 455.
[4] Vgl. *Viefhues* NJW 2005, 1009, 1013.
[5] BT-Drucks. 15/4067 S. 33.
[6] *Baumbach/Lauterbach/Hartmann* Rn. 5.

Form eignen.[7] Die Transferpflicht bezieht sich sowohl auf Schriftstücke als auch auf sonstige Unterlagen wie Pläne und Zeichnungen, nicht jedoch auf die Akten der Vorinstanz.[8]

6 **2. Aufbewahrungspflicht (Abs. 2 S. 2).** Mit der Transferpflicht korrespondiert eine Aufbewahrungspflicht für übertragene Schriftstücke, die bis zum rechtskräftigen Abschluss des Verfahrens benötigt werden, etwa weil zwischen Papieroriginal und dem elektronischen „Original" eine Diskrepanz im Beweiswert besteht. In Anbetracht der gravierenden Wirkung, die der Verlust eines Originals bei vorangegangener unzureichender Transformation in eine elektronisches Dokument haben kann, wird es dem Urkundsbeamten aufgegeben sein, in Zweifelsfällen das Original bis zum rechtskräftigen Abschluss des Verfahrens aufzubewahren.[9] Damit ist jedoch der Führung von Hybridakten notwendigerweise Tür und Tor geöffnet.[10]

7 Hier stellt sich die Frage, warum der Gesetzgeber nicht eine Regelung derart getroffen hat, dass alle in Schriftform eingereichten Prozesserklärungen eingescannt werden und dann umgehend an den Absender returniert werden müssen. Sollte dann – was praktisch selten vorkommt – Streit über die Echtheit oder den Beweiswert von Schriftstücken entstehen, so läge das Original jedenfalls noch vor, wenn die Partei, in deren Interesse es steht, die Echtheit einer Urkunde nachzuweisen, dieses aufbewahrt hat. Die neue Regelung verpflichtet demgegenüber das Gericht in Zweifelsfällen zur Aufbewahrung. Deswegen wird auch der von *Viefhues* vorgeschlagene Weg, die eingescannten Dokumente umgehend an den Absender zurückzugeben,[11] aufgrund der Formulierung der Vorschrift des § 298 a Abs. 2 S. 2 bedauerlicherweise nicht oder nur teilweise gangbar sein. Bei einer anders lautenden Regelung würde sich auch nicht die vom Gesetz ausgesparte Frage stellen, wer letztlich zuständig dafür ist, über die Aufbewahrungsvoraussetzungen nach § 298 a Abs. 2 S. 2 zu entscheiden.[12]

8 Nach rechtskräftigem Abschluss des Verfahrens sollten die eingereichten Unterlagen an die jeweilige Partei zurückgereicht werden.[13] Die Vorschrift regelt lediglich eine Mindestaufbewahrungsdauer.[14] Zur Bestimmung des Zeitpunkts des rechtskräftigen Abschluss des Verfahrens vgl. § 298 Rn. 12 f.

9 **3. Wirkung der Ersetzung.** Fragen wirft insbesondere die Wirkung der Übertragung nach § 298 a Abs. 2 S. 1 auf, wenn dem Papieroriginal Beweiswert zukommt. In den Fällen, in denen das Papieroriginal gemäß § 298 a Abs. 2 S. 2 aufbewahrt wird, stellt sich dieses Problem naturgemäß nicht, da zu Beweiszwecken auf das Papieroriginal zurückgegriffen werden kann. Bei einer unbedenklichen Übertragbarkeit des Papieroriginals wird man allerdings nunmehr in Abkehr von der bisherigen gesetzlichen Konzeption, nach der ein identischer Beweiswert von Bilddatei und Original gemäß § 420 nie gegeben war,[15] davon ausgehen müssen, dass entweder das elektronische Dokument ein (weiteres) „Original" ist oder dem Original im Beweiswert gleichgestellt wird.[16] Dies ergibt sich im Umkehrschluss aus der Regelung des § 298 Abs. 2 S. 2 nach der nur dann das Papieroriginal aufbewahrt werden muss, wenn Zweifel am Beweiswert der elektronischen Übertragung bestehen.

III. Transfervermerk (Abs. 3)

10 **Regelung.** Das elektronische Dokument muss gemäß § 298 a Abs. 3 einen Transfervermerk enthalten. Auf die ausdrückliche Feststellung der Identität zwischen Papieroriginal und elektronischem Abbild im Transfervermerk wurde im Hinblick auf die Aufbewahrungspflicht für das Papieroriginal gemäß Abs. 2 im Interesse der Vereinfachung justizieller Verfahrensabläufe verzichtet.[17]

11 **2. Person des Übertragenden.** Aus dem Vermerk muss sich zunächst die für den Ausdruck verantwortliche Person ergeben. Auf das Erfordernis einer elektronischen Signatur durch den Verantwortlichen wurde verzichtet, da der Vermerk – anders als ein gerichtliches Dokument nach § 130 b – als gerichtsinterne Information keine Außenwirkung hat.[18]

---

[7] BT-Drucks. 15/4067 S. 33.
[8] BT-Drucks. 15/4067 S. 33.
[9] So auch *Baumbach/Lauterbach/Hartmann* Rn. 6.
[10] Kritisch auch *Viefhues* NJW 2005, 1009, 1013.
[11] *Viefhues* NJW 2005, 1009, 1013.
[12] Vgl. *Baumbach/Lauterbach/Hartmann* Rn. 6 mit Verweis auf § 26 DRiG; *Viefhues* NJW 2005, 1009, 1013.
[13] Vgl. BT-Drucks. 15/4067 S. 33.
[14] BT-Drucks. 15/4952 S. 48.
[15] HK-ZPO/*Saenger* Rn. 3; *Viefhues* NJW 2005, 1009, 1013.
[16] AA *Viefhues* NJW 2005, 1009, 1013.
[17] BT-Drucks. 15/4067 S. 33.
[18] Vgl. BT-Drucks. 15/4067 S. 33.

3. Zeitpunkt der Übertragung. Ferner muss der Übertragung vermerkt werden. 12

4. Kritik an der Regelung. Die Anforderungen an den Transfervermerk werden kritisch gesehen. Dabei wird insbesondere auf das Fehlen des Erfordernis einer qualifizierten Signatur und der ausdrücklichen Bestätigung der Identität zwischen Papier- und elektronischem „Original" bzw. auf die Erschwerung der maschinellen Umsetzung des Datentransfers abgestellt.[19] 13

§ 299 Akteneinsicht; Abschriften

(1) Die Parteien können die Prozessakten einsehen und sich aus ihnen durch die Geschäftsstelle Ausfertigungen, Auszüge und Abschriften erteilen lassen.

(2) Dritten Personen kann der Vorstand des Gerichts ohne Einwilligung der Parteien die Einsicht der Akten nur gestatten, wenn ein rechtliches Interesse glaubhaft gemacht wird.

(3) [1]Werden die Prozessakten elektronisch geführt, gewährt die Geschäftsstelle Akteneinsicht durch Erteilung eines Aktenausdrucks, durch Wiedergabe auf einem Bildschirm oder Übermittlung von elektronischen Dokumenten. [2]Nach dem Ermessen des Vorsitzenden kann Bevollmächtigten, die Mitglied einer Rechtsanwaltskammer sind, der elektronische Zugriff auf den Inhalt der Akten gestattet werden. [3]Bei einem elektronischen Zugriff auf den Inhalt der Akten ist sicherzustellen, dass der Zugriff nur durch den Bevollmächtigten erfolgt. [4]Für die Übermittlung ist die Gesamtheit der Dokumente mit einer qualifizierten elektronischen Signatur zu versehen und gegen unbefugte Kenntnisnahme zu schützen.

(4) Die Entwürfe zu Urteilen, Beschlüssen und Verfügungen, die zu ihrer Vorbereitung gelieferten Arbeiten sowie die Dokumente, die Abstimmungen betreffen, werden weder vorgelegt noch abschriftlich mitgeteilt.

Schrifttum: *Dörner,* Verfassungsrechtliche Grenzen der Übersendung von Arbeitsgerichtsakten an Arbeitsämter und Sozialgerichte, NZA 1989, 950; *Haertlein,* Die Erteilung von Abschriften gerichtlicher Entscheidungen an wissenschaftlich Interessierte und die Erhebung von Kosten, ZZP 114, 2001, S. 441; *Hirte,* Mitteilung und Publikation von Gerichtsentscheidungen, NJW 1988, 1698; *Holch,* Zur Einsicht in Gerichtsakten durch Behörden und Gerichte, ZZP 87, (1974), 14; *ders.,* Prozeßkostenhilfe – auf Kosten des Persönlichkeitsschutzes, NJW 1981, 151; *Jessnitzer,* Abschriften gerichtlicher Entscheidungen für Sachverständige, Rpfleger 1974, 423; *Keller,* Die Akteneinsicht Dritter zu Forschungszwecken, NJW 2004, 413; *Liebscher,* Datenschutz bei der Datenübermittlung im Zivilverfahren, 1994; *Lüke,* Abschlußschreiben und Schutzschrift bei Unterlassungsverfügungen, FS Jahr, 1994, S. 293; *Marly,* Akteneinsicht in arbeitsgerichtliche Schutzschriften vor Anhängigkeit eines Verfahrens, BB 1989, 770; *Pardey,* Informationelles Selbstbestimmungsrecht und Akteneinsicht, NJW 1989, 1647; *Pawlita,* Die Wahrnehmung des Akteneinsichtsrechts im gerichtlichen und behördlichen Verfahren durch Überlassung der Akten in die Rechtsanwaltskanzlei, AnwBl. 1986, 1; *Pentz,* Kein Akteneinsichtsrecht im Prozeßkostenhilfeverfahren, NJW 1983, 1073; *Prütting,* Datenschutz und Zivilverfahrensrecht in Deutschland, ZZP 106 (1993), 427; *Schneider,* Rechtliches Gehör bei Selbstablehnung des Richters, JR 1977, 270; *ders.,* Akteneinsicht durch Aktenüberlassung, MDR 1984, 108; *Simotta,* Datenschutz und Zivilverfahrensrecht in Österreich, ZZP 106 (1993), 469; *Uhlenbruck,* Das Auskunfts- und Akteneinsichtsrecht im Konkurs- und Vergleichsverfahren, KTS 1989, 527; *Wagner,* Datenschutz im Zivilprozeß, ZZP 108 (1995), 193; *Waldner,* Der Anspruch auf rechtliches Gehör, 1989; *Wassermann,* Zur Bedeutung, zum Inhalt und zum Umfang des Rechts auf Gehör (Art. 103 Abs. 1 GG), DRiZ 1984, 425; *Werner,* Beginn und Ende der Stellung als Prozeßpartei am Beispiel des § 299, FS Kim, 1995, S. 311.

I. Normzweck und Spezialvorschriften

Die Vorschrift trifft eine Regelung zur **Einsicht in die Prozessakten.** Grundsätzlich stellt sich die Akteneinsicht als Institut im Vorfeld des verfassungsrechtlich geschützten Anspruchs auf rechtliches Gehör (Art. 103 Abs. 1 GG) dar.[1] Den Beteiligten eines gerichtlichen Verfahrens ist Einsicht in die der Entscheidung zugrundeliegenden Akten zu gewähren. Die Nichtgewährung dieses Informationsrechts bedeutet einen Verstoß gegen Art. 103 Abs. 1 GG.[2] Das Verfahren der Ein- 1

---

[19] HK-ZPO/*Saenger* Rn. 4; *Zöller/Greger;* Rn. 2; *Viefhues* NJW 2005, 1009, 1013.

[1] BVerfGE 18, 399, 405; 63, 45, 60; *Schmidt-Aßmann,* in: *Maunz/Dürig* Art. 103 Abs. 1 GG Rn. 74: *Waldner,* Der Anspruch auf rechtliches Gehör, Rn. 56; *Wassermann* DRiZ 1984, 425, 427.

[2] *Waldner* (Fn. 1) Rn. 56.

sichtnahme ist dem § 299 zu entnehmen. Ein förmlicher Antrag der Parteien ist nicht erforderlich.[3] Daher geht durch ein Gesuch um Akteneinsicht das Recht der Richterablehnung nicht verloren.[4]

2 Dagegen kann das **Einsichtsrecht des Dritten** nach Abs. 2 nicht als Recht im Vorfeld des Art. 103 Abs. 1 GG angesehen werden, da für diese Personen keine Prozessbeteiligung besteht. § 299 Abs. 2 räumt nur einen Anspruch ein, dessen Gewährung in das Ermessen des Gerichts gestellt wird.

3 Neben der allgemeinen Ausgestaltung des Rechts auf Akteneinsicht enthält die ZPO noch **einzelne Spezialvorschriften** für die Einsichtnahme, beispielsweise die Akteneinsicht in Gerichtsvollzieherakten (§ 760), in das Schuldnerverzeichnis (§§ 915b ff.) und für das Aufgebotsverfahren (§§ 996 Abs. 2, 1001, 1016, 1022 Abs. 2, 1023), ferner § 42 ZVG in der Zwangsversteigerung. Ebenso wie für den Zivilprozess treffen die anderen Verfahrensordnungen Regelungen zur Akteneinsicht: § 78 FGO, § 100 VwGO, § 147 StPO, §§ 34, 78 FGG und § 120 SGG enthalten im Wesentlichen dieselben Regelungen wie § 299. § 46 Abs. 2 ArbGG verweist auf § 299. Ähnliches gilt für eine Einsicht in Behördenakten. So besteht nach § 49 OWiG ein Recht auf Einsicht in die OWiG-Akten, nach § 31, 99 Abs. 3 PatG in die Akten des Deutschen Patentamtes und schließlich nach § 72 GWB in die Akten des Kartellamtes. Allgemein regelt § 29 VwVfG die Einsicht in die Behördenakten. Zu unterscheiden von diesen Normen der Akteneinsicht durch Personen ist der Bereich der Rechts- und Amtshilfe (vgl. Art. 35 GG, §§ 156ff. GVG; s. Rn. 20).

Schließlich kennt auch das Insolvenzrecht eine größere Zahl gesetzlicher Regelungen zur Einsicht in die gerichtlichen Insolvenzakten (§§ 66, 153, 154, 175, 188, 234 InsO). Diese einzelnen Normen erschöpfen jedoch das insolvenzrechtliche Akteneinsichtsrecht nicht. Daher gilt entsprechend der Verweisung des § 4 InsO die Norm des § 299 entsprechend.[5]

II. Gegenstand der Akteneinsicht

4 Die Akteneinsicht erstreckt sich **auf die Prozessakten.** Das sind diejenigen Akten, die bei einem Prozessgericht für einen Rechtsstreit anzulegen sind. Die Führung und Verwahrung dieser Akten richtet sich nach der Aktenordnung vom 28. 4. 1934.[6] Bestandteile der Prozessakten sind die bei Gericht eingereichten Schriftsätze und deren Anlagen (§ 133 Abs. 1), die gerichtlichen Protokolle (§§ 159, 160), die Urschriften der Beschlüsse und Urteile, ebenso die Urschriften der Verfügungen, die Urkunden über die Zustellungen und amtlichen Schriftstücke. Soweit **Prozessakten elektronisch** geführt werden, richtet sich die Einsicht nach dem neu eingefügten Abs. 3. Zu den Einzelheiten elektronischer Akten vgl. § 298a.

5 Auch die Beiakten zählen zu den Prozessakten. Sie unterliegen der Akteneinsicht. Dieser Grundsatz bedarf hinsichtlich der Akten des **Prozesskostenhilfeverfahrens** einer Einschränkung. Da der Antragsgegner im Prozesskostenhilfeverfahren im Falle des § 118 zu den Erfolgsaussichten der Klage Stellung nehmen kann, steht ihm nach § 299 das Recht zu, die sich darauf erstreckenden Akten einzusehen.[7] Anders verhält es sich mit der Erklärung über die persönlichen und wirtschaftlichen Verhältnisse. Der Antragsgegner hat kein Anhörungsrecht bei der gerichtlichen Prüfung der persönlichen und wirtschaftlichen Verhältnisse des Antragstellers.[8] Deshalb überwiegt hier das schutzwürdige Interesse des Antragstellers, diesen sensiblen Bereich seiner Intimsphäre nicht preiszugeben, so dass die Einsicht in diese Aktenteile versagt werden muss.[9] Dies ist nunmehr durch § 117 Abs. 2 Satz 2 klargestellt. Dagegen sind die von den Parteien eingereichten Beweisurkunden (vgl. § 142) nicht zu den Prozessakten zu zählen.[10] Diese Urkunden sind nach Abschluss des Prozesses wieder an die Parteien zurückzugeben. Vom Akteneinsichtsrecht mit umfasst ist allerdings die Prozessvollmacht.

---

[3] OLG Köln NJW-RR 1986, 1124, 1125.

[4] BayObLG EWiR 2000, 937 (m. Anm. *Vollkommer*).

[5] Zu den schwierigen Fragen der Akteneinsicht im Insolvenzrecht vgl. BGH ZIP 2006, 1154; OLG Köln ZIP 1999, 1449 = NZG 1999, 1013 mit Anm. *Eckhardt;* Frankfurter KommInsO/*Wimmer* § 4 Rn. 49ff.; *Kübler/Prütting* § 4 InsO Rn. 19; *Uhlenbruck,* § 4 InsO Rn. 25ff.; MünchKommInsO/*Ganter* § 4 Rn. 57ff.; *Gerhardt,* in: *Jaeger/Henckel/Gerhardt* § 4 InsO Rn. 18ff.; *Heil,* Akteneinsicht und Auskunft im Konkurs, 1995; *Holzer* ZIP 1998, 1333; *Pape* ZIP 1997, 1367; *Uhlenbruck* KTS 1989, 527.

[6] Amtliche Sonderveröffentlichung der DJ 1934, Nr. 6.

[7] *Holch* NJW 1981, 151, 153.

[8] *Holch* NJW 1981, 151, 154; *Pentz* NJW 1983, 1037.

[9] BVerfG NJW 1991, 2078; BGHZ 89, 65, 69; *Stein/Jonas/Leipold* Rn. 18; *Holch* NJW 1981, 151, 154; *Pentz* NJW 1983, 1037; *Zöller/Greger* Rn. 4; aA OLG Köln OLGZ 1983, 312.

[10] RG JW 1905, 438 Nr. 19; OLG Stuttgart BB 1962, 614; *Schneider* MDR 1984, 108, 109.

Ähnlich wie die von den Parteien vorgelegten Urkunden werden auch die Akten der Behörden und anderer Gerichte nicht Bestandteil der Prozessakten. Es besteht kein Recht auf Akteneinsicht nach § 299.[11] Sofern diese Akten jedoch bei der Entscheidung Verwertung finden sollen, können die Parteien verlangen, dass ihnen diese Akten zur Kenntnisnahme vorgelegt werden. Dieses Informationsrecht folgt dann unmittelbar aus Art. 103 Abs. 1 GG. Das Recht zur Kenntnisnahme besteht allerdings nur dann, wenn die Ursprungsbehörde oder das dritte Gericht mit der Akteneinsicht einverstanden ist.[12] Fehlt das Einverständnis der überlassenden Stelle, so ist dem entscheidenden Gericht die Verwertung dieser Akten nicht möglich.[13] Da die Informationsrechte der Parteien beschnitten sind, würde eine Entscheidung auf der Grundlage der der Einsicht entzogenen Akten einen Verstoß gegen Art. 103 Abs. 1 GG darstellen. Das entscheidende Gericht kann sich nicht über das fehlende Einverständnis der überlassenden Stelle hinwegsetzen.[14] Die Wahrung öffentlicher Interessen steht nur der Behörde oder dem anderen Gericht zu und unterliegt nicht einer Nachprüfung durch das entscheidende Gericht. 6

Das Akteneinsichtsrecht bezieht sich nicht auf **Entwürfe zu Urteilen,** Beschlüssen und Verfügungen sowie die weiter in Abs. 4 aufgeführten Schriftstücke. Es handelt sich dabei um innere Vorgänge des Gerichts. Die Parteien haben kein Recht zur Stellungnahme. Verändert hat sich in Rechtsprechung und Literatur die Auffassung zu der Frage, ob dienstliche Äußerungen und Selbstanzeigen im Rahmen der Prüfung der Befangenheit als rein interne Angelegenheiten des Gerichts anzusehen sind. Das muss nunmehr entgegen der früher hM verneint werden.[15] Damit ist insoweit ein Einsichtsrecht zu bejahen. Ebenfalls zulässig ist die Einsicht in ein Sachverständigengutachten, das im Insolvenzeröffnungsverfahren erstattet wurde.[16] Ein solches Gutachten ist kein Entwurf iS von Abs. 4. 7

Eine Vorenthaltung des Einsichtsrechts, etwa zur Wahrung von Geschäfts- oder Betriebsgeheimnissen, ist nach § 299 Abs. 1 nicht vorgesehen. Da es sich bei der Akteneinsicht um eine besondere Ausprägung des Grundsatzes des rechtlichen Gehörs handelt,[17] wäre eine solche Verweigerung der Einsicht eine Verletzung von Art. 103 Abs. 1 GG.[18] 8

III. Rechte der Parteien (Abs. 1)

1. Einsichtsrecht. Das Recht auf Einsicht in die Prozessakten steht den Parteien zu. Unter dem Begriff der Partei sind zunächst diejenigen zu verstehen, die als behauptete Träger des streitigen Rechts einen Prozess darüber führen (formeller Parteibegriff).[19] Partei ist auch, wer über ein fremdes Recht im eigenen Namen einen Rechtsstreit führt, also im Falle der gesetzlichen und gewillkürten Prozessstandschaft (s. Vor §§ 50 ff. Rn. 41 ff.). Die Stellung als Partei iSd. § 299 endet nicht mit Abschluss des Prozesses und Eintritt der Rechtskraft.[20] Insbesondere werden die Betroffenen nicht zu Dritten iSd. § 299 Abs. 2. In Bezug auf den geführten Prozess verbleiben sie in der Parteistellung mit der Folge des Akteneinsichtsrechts. 9

Unter dem Begriff der Partei iSd. § 299 ist ebenso der Streithelfer (§§ 66 ff.) zu fassen. Obgleich er nicht Partei des Verfahrens wird,[21] kann er Prozesshandlungen mit der Wirkung vornehmen, als ob die Hauptpartei selbst gehandelt hätte (§ 67). Daher steht auch ihm das Informationsrecht in Form der Akteneinsicht zu.[22] Gleiches gilt für den Streitverkündeten, der dem Prozess beitritt (vgl. § 74), während bis zum Zeitpunkt des Beitritts auf diese Person Abs. 1 nicht anwendbar ist.[23] Das Einsichtsrecht kann auch im Anwaltsprozess von der Partei selbst oder durch ihren Bevollmächtigten (§ 79) wahrgenommen werden. Umstritten ist die Ausdehnung des Parteibegriffs in der Zwangsvollstreckung auf Gläubiger, die das Verfahren selbst nicht betreiben (vgl. dazu LG Mönchengladbach NJW 1989, 3164 m. weit. Nachw.). 10

[11] BGH NJW 1952, 305, 306.
[12] *Zöller/Greger* Rn. 3; *Schneider* MDR 1984, 108, 109.
[13] BGH NJW 1952, 305, 306.
[14] BGH NJW 1952, 305, 306.
[15] BVerfG NJW 1993, 2229; *Stein/Jonas/Leipold* Rn. 5; *Zöller/Greger* Rn. 4.
[16] OLG Celle ZInsO 2002, 73; aA AG Potsdam ZInsO 2001, 447 ff.
[17] Vgl. *Kübler/Prütting* § 5 InsO Rn. 30; siehe auch BVerfGE 18, 405; 63, 60.
[18] *Prütting* ZZP 106 (1993), 456; *Liebscher* S. 74 f.
[19] *Rosenberg/Schwab/Gottwald* § 40 I; s. Vor §§ 50 ff. Rn. 2.
[20] So aber *Wieczorek* Anm. A I; abweichend auch *Werner,* FS Kim, S. 319.
[21] *Rosenberg/Schwab/Gottwald* § 50 IV 1; s. § 67 Rn. 2.
[22] *Zöller/Greger* Rn. 2; AK-ZPO/*Deppe/Hilgenberg* Rn. 3; *Baumbach/Lauterbach/Hartmann* Rn. 19.
[23] Undifferenziert *Zöller/Greger* Rn. 2; AK-ZPO/*Deppe/Hilgenberg* Rn. 3.

11 Die Akteneinsicht erfolgt grundsätzlich in den Räumen des Gerichts, regelmäßig in der Geschäftsstelle.[24] Auf diesen örtlichen Bereich beschränkt sich das Recht der Parteien. Insbesondere können sie nicht verlangen, die Prozessakten an einem anderen Ort einzusehen oder ihre Versendung in die Wohnung vornehmen zu lassen. Begründet wird dies mit unabwendbaren praktischen Bedürfnissen, beispielsweise der Gefahr des Verlustes von Aktenteilen oder der Erschwernis des Geschäftsablaufes.[25] Ein derartiges Recht steht auch dem Prozessbevollmächtigten (Anwalt) der Partei nicht zu.[26] Auch dieser hat die Akten bei der Geschäftsstelle einzusehen. Allerdings obliegt es dem pflichtgemäßen Ermessen des Vorsitzenden des Prozessgerichts, auf einen Antrag des Bevollmächtigten eine Versendung der Prozessakten an diesen zuzulassen.[27] Bei seiner Ermessensentscheidung hat der Vorsitzende alle für eine Versagung oder Gestattung der Aktenüberlassung zu beachtenden Umstände zu berücksichtigen.[28] Ein Hinweis auf eine „anderweitige übliche Praxis“[29] oder auf die Zulässigkeit nur in „besonderen Ausnahmefällen“[30] rechtfertigt eine Ablehnung des Antrags noch nicht. Als Grund dürfte aber die gerichtsbekannte Unzuverlässigkeit des beantragenden Anwalts ausreichen.[31] Für eine großzügige Handhabung der Praxis sprechen sich aus: OLG Hamm ZIP 1990, 1369; LAG Hamm NJW 1974, 1920; *Pawlita* AnwBl. 1986, 1, 7; *Schneider* MDR 1984, 108, 110.

12 Für die Akteneinsicht haben sich die Parteien in zeitlicher Hinsicht an die Geschäftszeiten der jeweiligen verwahrenden Stelle sowie an eventuelle besondere Zeitangaben zu halten. Es stellt keine unüberwindbare Erschwerung des Rechts auf Gehör dar, nur zu bestimmten Zeiten auf die Akten Zugriff nehmen zu können.[32] Bei der Akteneinsicht können sich die Parteien Notizen über den Akteninhalt machen sowie Aktenteile abschreiben.[33] Zu den Besonderheiten bei elektronischer Aktenführung s. Abs. 3 iVm. § 298a.

13 **2. Erteilung von Ausfertigungen, Auszügen und Abschriften.** Die Parteien können sich von der Geschäftsstelle Ausfertigungen, Auszüge und Abschriften erteilen lassen. Erforderlich ist dazu ein Antrag an die zuständige Geschäftsstelle. Die Partei muss kein besonderes rechtliches Interesse für ihren Antrag darlegen. Vielmehr steht ihr das Recht auf Ausfertigungen und anderes bereits wegen ihrer Parteistellung zu, um ihr die zum Prozessbetrieb notwendigen Unterlagen zu sichern. Dieses Recht ist unbeschränkt und nicht beschränkbar.[34] Demgemäß hat die Geschäftsstelle die Unterlagen dem Antrag der Partei gemäß zu fertigen. Eine Verweigerung einer bestimmten Form der Ausfertigung unter Hinweis auf ein fehlendes Interesse ist nicht zulässig, ebenso nicht die mengenmäßige Begrenzung der Unterlagen auf ein Stück.[35] Die heute zur Verfügung stehenden Techniken lassen es gerechtfertigt erscheinen, dem Verlangen der Partei selbst nach einer größeren Anzahl von Abschriften etc. Folge zu leisten.[36] Insbesondere kann in diesem Falle nicht von einem Rechtsmissbrauch der Parteien gesprochen werden.[37]

14 Die Anfertigung der Ausfertigungen etc. kann von der vorherigen Zahlung eines Geldbetrages zur Deckung der Schreibauslagen bzw. Kopien abhängig gemacht werden (Kostenverzeichnis zum GKG, Nr. 9000, § 17 GKG). Anderes gilt nur, wenn der Partei Prozesskostenhilfe bewilligt wurde. Dagegen ist die blanke Akteneinsicht kostenfrei; zur Aktenversendung vgl. KV Nr. 9003.

15 **3. Rechtsbehelfe. a) Rechtsbehelfe gegen die Ablehnung der Einsichtnahme.** Wird die Einsichtnahme nach Abs. 1 vom Urkundsbeamten der Geschäftsstelle abgelehnt, so steht der Partei gegen diese Entscheidung zunächst die Erinnerung nach § 573 Abs. 1 zu.[38] Über die Erinnerung

---

[24] BGH NJW 1961, 559.

[25] BGH NJW 1961, 559; OLG Hamm NJW 1990, 843; *Pawlita* AnwBl. 1986, 1, 3.

[26] BGH NJW 1961, 559; MDR 1973, 580; OLG Stuttgart AnwBl. 1958, 95; OLG Schleswig Rpfleger 1976, 108.

[27] BGH NJW 1961, 559; MDR 1973, 580; OLG Schleswig Rpfleger 1976, 108, 109; OLG Hamm NJW 1990, 843; LAG Hamm NJW 1974, 1920.

[28] LAG Hamm NJW 1974, 1980.

[29] OLG Stuttgart AnwBl. 1958, 95.

[30] LAG Hamm NJW 1974, 1920.

[31] *Schneider* MDR 1984, 108, 110.

[32] *Pawlita* AnwBl. 1986, 1, 5.

[33] *Baumbach/Lauterbach/Hartmann* Rn. 20; *Wieczorek* Anm. B I a.

[34] *Stein/Jonas/Leipold* Rn. 15.

[35] Einschränkend *Stein/Jonas/Leipold* Rn. 15; *Baumbach/Lauterbach/Hartmann* Rn. 20; wie hier *Wieczorek* Anm. 3 I b.

[36] *Wieczorek* Anm. 3 I b.

[37] So aber *Baumbach/Lauterbach/Hartmann* Rn. 20.

[38] *Zöller/Greger* Rn. 5a; *Baumbach/Lauterbach/Hartmann* Rn. 22; aA *Thomas/Putzo/Reichold* Rn. 1 (für eine richterliche Entscheidung; dazu Rn. 16).

entscheidet das Prozessgericht (§ 573 Abs. 1); gegen dessen Entscheidung ist nach §§ 567ff. die Beschwerde zulässig.[39] Diese Beschwerde richtet sich nach den allgemeinen Regeln.

Lehnt der Vorsitzende des Prozessgerichts den Antrag auf Übersendung der Akten an einen Rechtsanwalt ab, so ist streitig, welches Rechtsmittel Anwendung findet. Teilweise wird in analoger Anwendung des § 140 die Überprüfung der Ablehnung durch das Prozessgericht vorgeschlagen. Allerdings bestehe die Möglichkeit der Anfechtung nur zusammen mit dem Endurteil.[40] Bedenken dagegen ergeben sich daraus, dass in der Ablehnung dieses Antrags keine prozessleitende Verfügung oder eine damit vergleichbare Handlung gesehen werden kann. Der Vorsitzende wird ausschließlich außerhalb der mündlichen Verhandlung tätig, was nicht mehr von § 140 erfasst wird.[41] Richtigerweise ist gegen die Entscheidung des Vorsitzenden die Beschwerde nach §§ 567ff. zuzulassen.[42] 16

Bei einem Verstoß gegen § 299 besteht auch die Möglichkeit, die Anfechtung der Endentscheidung auf diesen Verstoß unter dem Gesichtspunkt der Verletzung des rechtlichen Gehörs zu stützen.[43] 17

b) Rechtsbehelfe gegen die Ablehnung der Anfertigung von Ausfertigungen etc. Auch gegen die ablehnende Entscheidung der Geschäftsstelle zur Anfertigung von Ausfertigungen etc. ist die Erinnerung nach § 573 Abs. 1 gegeben. Die Entscheidung ergeht durch das Prozessgericht. Gegen dessen ablehnende Entscheidung steht der belasteten Partei die Beschwerde nach §§ 573 Abs. 2, 567ff. zu. 18

IV. Rechte Dritter (Abs. 2)

1. Einsichtgewährung ohne Einwilligung der Parteien. Die Einsichtnahme in Akten des laufenden Verfahrens für andere Personen als Parteien ist nur unter den engen Voraussetzungen des Abs. 2 möglich. Es muss sich zunächst um Dritte iSd. § 299 handeln. Dritter ist jeder, der nicht Partei iSd. Abs. 1 ist.[44] 19

Etwas anderes gilt für **Behörden.** § 299 will nur die Akteneinsicht Privater regeln, während die Einsichtnahme von Behörden bereits über Art. 35 GG im Wege der Amtshilfe gestattet ist.[45] § 299 Abs. 2 würde demgegenüber eine Einschränkung der Einsichtsmöglichkeiten der Behörde bedeuten, die sich nicht mit dem Grundgesetz vereinbaren ließe.[46] Das bedeutet freilich keine schrankenlosen Einsichtsrechte von Behörden und Gerichten. Hier sind verfassungsrechtliche Grenzen zu beachten.[47] 20

Diese Dritten müssen ein **rechtliches Interesse** an der Einsichtnahme glaubhaft machen. Für die Glaubhaftmachung gelten die Regeln des § 294 (s. § 294 Rn. 12ff.). Der Begriff des rechtlichen Interesses ist für § 299 unter Berücksichtigung der Interessenlage aller betroffenen Personen besonders zu ermitteln.[48] Als Voraussetzung für das Vorliegen ist jedenfalls ein auf Rechtsnormen beruhendes oder durch solche geregeltes, gegenwärtig bestehendes Verhältnis einer Person zu einer anderen oder zu einer Sache zu fordern.[49] Bloße wirtschaftliche oder gesellschaftliche Interessen reichen nicht aus, ebenso wenig bloße Neugier am Prozessgeschehen.[50] Als rechtliches Interesse ist deshalb anzuerkennen, wenn Rechte des Antragstellers durch den Akteninhalt auch nur mittelbar berührt werden können.[51] Das ist zu bejahen, wenn sich deutliche Anhaltspunkte für einen eigenen Anspruch des Dritten ergeben.[52] 21

---

[39] *Stein/Jonas/Leipold* Rn. 31.
[40] BGH MDR 1973, 580.
[41] OLG Schleswig Rpfleger 1976, 108.
[42] Ebenso OLG Brandenburg MDR 2000, 1210; OLG Schleswig Rpfleger 1976, 108; *Stein/Jonas/Leipold* Rn. 31.
[43] OLG Celle Rpfleger 1982, 388; *Stein/Jonas/Leipold* Rn. 32.
[44] *Stein/Jonas/Leipold* Rn. 20; *Thomas/Putzo/Reichold* Rn. 3; *Zöller/Greger* Rn. 6.
[45] BGH NJW 1969, 1303; *Dörner* NZA 1989, 952; *Thomas/Putzo/Reichold* Rn. 5; *Zöller/Greger* Rn. 8; *Holch* ZZP 87 (1974), 14, 17; aA *Stein/Jonas/Leipold* Rn. 27, der Behörden auch als Dritte iSd. § 299 versteht.
[46] *Holch* ZZP 87 (1974), 14, 18.
[47] Vgl. OLG Köln FamRZ 1995, 751; *Dörner* NZA 1989, 953ff.
[48] BGHZ 4, 323, 325; KG MDR 1976, 585; *Hirte* NJW 1988, 1700f.
[49] BGHZ 4, 323, 325; OLG Hamm NJW 1997, 1489.
[50] KG NJW 1988, 1738; 1989, 534; *Zöller/Greger* Rn. 6.
[51] KG MDR 1976, 585; OLG Hamm NJW 1989, 533; *Zöller/Greger* Rn. 6; *Baumbach/Lauterbach/Hartmann* Rn. 24.
[52] BGH ZIP 2006, 1154; OLG Celle ZIP 2006, 1465; OLG Hamburg NJW-RR 2002, 139; zu eng wohl OLG Brandenburg, ZIP 2000, 1541; AG Göttingen ZIP 2005, 1841; zum ganzen *Pape* ZIP 2004, 598.

22 Erkennt man die mittelbare Intessenberührung als ausreichend an, so ist Antrag auf Einsichtnahme zu Forschungszwecken für Wissenschaftler oder Fachverbände nach pflichtgemäßem Ermessen positiv zu bescheiden.[53] Ebenso wird man ein rechtliches Interesse bei einem Sachverständigen bejahen müssen, der sich über den Ausgang eines Rechtsstreites informieren will, an dem er beteiligt war.[54] Schließlich besteht auch ein berechtigtes Informationsbedürfnis eines Rechtssuchenden über eine gerichtliche Entscheidung, der ein ähnlicher Rechtsfall wie die eigene Angelegenheit zugrunde liegt.[55]

23 Wird ein derartiges Interesse glaubhaft gemacht, so kann ohne Einwilligung der Parteien den nicht am Prozess Beteiligten die Einsicht in die Prozessakten gewährt werden. Allerdings wird kein **Anspruch** des Dritten begründet.[56] Die Entscheidung hat vielmehr nach **pflichtgemäßem Ermessen** zu ergehen.[57]

24 Entscheidende Stelle ist der „Vorstand des Gerichts". Gemeint ist damit der Behördenleiter des Gerichts. Dies ist bei Amtsgerichten der mit der Dienstaufsicht betraute Richter, während bei großen Amtsgerichten, Landgerichten und höheren Gerichten der Präsident des Gerichts diese Aufgabe wahrnimmt. Es handelt sich bei der Einsichtgewährung an Dritte um Aufgaben der Justizverwaltung.[58]

25 Die der Einsicht unterliegenden Akten sind dahin zu untersuchen, ob durch die Kenntnisnahme Dritter schutzwürdige Interessen der Parteien verletzt werden können. In diesen Fällen ist bei der Ermessensentscheidung das Geheimhaltungsbedürfnis der Parteien mit dem Informationsbedürfnis des Dritten abzuwägen. Bei besonderem Parteiinteresse können sodann Namen geschwärzt oder besonders geheimhaltungsbedürftige Aktenteile vor der Einsichtnahme aus den Akten entnommen werden. Auch ergeben sich Besonderheiten bei denjenigen Prozessakten, die für Verfahren angelegt worden sind, die kraft gesetzgeberischer Wertung bereits unter Ausschluss der Öffentlichkeit stattfinden, beispielsweise in Familien- und Kindschaftssachen. In diesen Verfahren besteht ein erhöhtes Interesse der Parteien an der Nichtzugänglichmachung des Akteninhalts, welches bei der Abwägung beachtet werden muss.

26 Das Recht der Dritten umfasst nach Abs. 2 nur die Einsicht in die Prozessakten, nicht aber die weitergehenden Rechte auf Anfertigung von Ausfertigungen etc. durch die Geschäftsstelle. Zunächst wird man die Möglichkeit der eigenen Abschriften durch Dritte wie bei der Akteneinsicht durch die Parteien zulassen müssen, da immerhin ein rechtliches Interesse begründet ist. Weiterhin enthält Abs. 2 auch kein Verbot der Erteilung von Abschriften, Ausfertigungen etc., so dass auf Antrag des Dritten durch eine Entscheidung des Vorstands des Gerichts auch die Möglichkeit in Ausnahmefällen begründet werden kann.[59]

27 **2. Einsichtsgewährung mit Einwilligung der Parteien.** Sind die am Verfahren beteiligten Parteien mit der Einsichtnahme Dritter in die Prozessakten einverstanden, so bedarf es nicht der Glaubhaftmachung eines rechtlichen Interesses. Allerdings besteht auch in diesem Falle kein Anspruch des Dritten auf Einsichtnahme, sondern der Vorstand des Gerichts entscheidet nach pflichtgemäßem Ermessen.[60] Für die Art der Einsichtgewährung gelten dieselben Grundsätze wie bei Fehlen der Einwilligung.

28 **3. Rechtsbehelfe.** Da die Einsichtgewährung durch den Vorstand des Gerichts als Maßnahme der Justizverwaltung zu qualifizieren ist (s. Rn. 24), steht dem durch eine Ablehnung des betroffenen Dritten die Möglichkeit des Antrags auf gerichtliche Entscheidung nach § 23 EGGVG offen.[61] Das Verfahren richtet sich sodann nach §§ 24 ff. EGGVG. Auch die in die Akteneinsicht nicht einwilligende Partei kann gegen die Gestattung der Einsicht durch den Gerichtsvorstand eine gerichtliche Entscheidung nach § 23 EGGVG beantragen.[62]

---

[53] Vorsichtig KG MDR 1976, 585; zustimmend *Stein/Jonas/Leipold* Rn. 21 a; *Zöller/Greger* Rn. 6; *Keller* NJW 2004, 413; *Haertlein* ZZP 114, 441, 443 ff.

[54] *Jessnitzer* Rpfleger 1974, 423, 424.

[55] OLG München OLGZ 1984, 477, 478.

[56] *Stein/Jonas/Leipold* Rn. 20.

[57] KG MDR 1976, 585; NJW 1988, 1738; 1989, 534.

[58] KG NJW 1988, 1738; 1989, 534; *Hirte* NJW 1988, 1699; *Stein/Jonas/Leipold* Rn. 20.

[59] Für den Spezialfall des Sachverständigen als Dritten: *Jessnitzer* Rpfleger 1974, 423, 424; insgesamt zustimmend *Stein/Jonas/Leipold* Rn. 25 mit Fn. 68; *Baumbach/Lauterbach/Hartmann* Rn. 26.

[60] *Stein/Jonas/Leipold* Rn. 24; *Baumbach/Lauterbach/Hartmann* Rn. 23; *Wieczorek* Anm. C III.

[61] OLG Karlsruhe AnwBl. 1926, 224; KG MDR 1976, 585 und NJW 1988, 1738; *Stein/Jonas/Leipold* Rn. 33; *Zöller/Greger* Rn. 6; *Wieczorek* Anm. C 3b.

[62] *Stein/Jonas/Leipold* Rn. 33.

V. Vorprozessuale Akteneinsicht?

Ein schwieriges Problem stellt die Frage der **Einsicht in sog. Schutzschriften** dar, die als vorbeugende Maßnahme im Rahmen des einstweiligen Rechtsschutzes zunehmend Bedeutung gewinnen (insbesondere im Wettbewerbsrecht, aber auch zum Beispiel im Arbeitsrecht). In solchen Fällen ist vor Einreichung eines Verfügungsantrags mangels eines bestehenden Prozeßrechtsverhältnisses[63] weder § 299 Abs. 1 noch Abs. 2 anwendbar. Es wird aber vertreten, in dieser Situation § 299 Abs. 1 analog heranzuziehen.[64] Dem kann freilich nicht zugestimmt werden. Ein solches Einsichtsrecht vor Beginn eines Prozesses ist mit dem Rechtsgedanken von § 299 nicht zu vereinbaren und würde die Chancen- und Waffengleichheit im Hinblick auf ein mögliches späteres Verfahren verletzen.[65] 29

VI. Akteneinsicht und Datenschutz

1. Grundlagen. Zwar kennt das Grundgesetz kein ausdrücklich verbürgtes Grundrecht auf Datenschutz. Bekanntlich hat aber das BVerfG in seinem berühmten Volkszählungs-Urteil vom Dezember 1983[66] aus Art. 2 Abs. 1 in Verb. mit Art. 1 GG und dem dort verankerten allgemeinen Persönlichkeitsrecht ein verfassungsrechtlich garantiertes Recht auf informationelle Selbstbestimmung hergeleitet. Unzweifelhaft wirkt dieses Grundrecht auch auf alle relevanten Vorgänge gerichtlicher Verfahren ein. Daher erfasst das Bundesdatenschutzgesetz aus dem Jahre 1990 in § 2 Abs. 1 neben allen dort genannten öffentlichen Stellen und Behörden ausdrücklich auch die Organe der Rechtspflege (vgl. ferner § 1 Abs. 2 Nr. 2 sowie § 2 Abs. 2 BDSG). Daraus ergibt sich zwingend, dass das Recht auf Akteneinsicht im Verfahren datenschutzrechtliche Fragen aufwirft. § 299 und der Datenschutz bedürfen also einer Harmonisierung.[67] 30

2. Akteneinsicht durch die Parteien. Die Gewährung von Akteneinsicht an die Parteien gemäß § 299 Abs. 1 kann zur Übermittlung personenbezogener Daten führen. Allerdings ist das Akteneinsichtsrecht der Parteien ein Teil der Rechtspflege im engeren Sinn und Bestandteil des verfassungsrechtlich geschützten Rechts auf das rechtliche Gehör. Da das rechtliche Gehör einschränkungslos gewährleistet ist, kommt eine Beschränkung der Akteneinsicht wegen datenschutzrechtlicher Erwägungen nicht in Betracht.[68] 31

3. Akteneinsicht durch Dritte. Nach Abs. 2 wird die Akteneinsicht an Dritte nur unter engen Voraussetzungen gewährt. Die Gewährung durch das Gericht steht in dessen Ermessen. Bereits daraus ergibt sich, dass bei einer Akteneinsicht Dritter in jedem konkreten Einzelfall sorgfältig zu prüfen ist, ob durch eine Kenntnisnahme Dritter schutzwürdige Interessen der Parteien verletzt sein könnten. Es sind also die Datenschutzrechte der Parteien mit dem Informationsbedürfnis des Dritten abzuwägen (s. Rn. 25). Insgesamt kann § 299 Abs. 2 als eine bereichspezifische Regelung gelten, die für ihren Anwendungsbereich die allgemeinen Datenschutzgesetze verdrängt (vgl. § 1 Abs. 4 BDSG 1990). Entscheidend ist in allen Fällen die sorgfältige Abwägung der unterschiedlichen Interessen des Einzelfalles.[69] 32

4. Regelung bei Behörden und Gerichten. Die größten Schwierigkeiten haben sich in der Vergangenheit bei der Frage ergeben, wie die Gewährung von Akteneinsicht im Rahmen der Rechts- und Amtshilfe an Behörden und Gerichte datenschutzrechtlich zu beurteilen ist. Da insoweit § 299 Abs. 2 nicht einschlägig ist (s. Rn. 20), war die Weitergabe von Daten zunächst nur in den „Anordnungen über Mitteilungen in Zivilsachen (MiZi)" näher geregelt. Als reine interne Verwaltungsanordnung genügte diese Regelung jedoch nicht den Anforderungen des BVerfG, wonach Beschränkungen des Rechts auf informationelle Selbstbestimmung nur auf gesetzlicher Grundlage zulässig sind.[70] Abhilfe hat hier der Gesetzgeber durch das Justizmitteilungsgesetz vom 33

---

[63] Allein die Einreichung einer Schutzschrift begründet ein Prozeßrechtsverhältnis unzweifelhaft nicht, vgl. *Marly* BB 1989, 770 mwN.

[64] *May,* Die Schutzschrift im Arrest- und Einstweiligen-Verfügungs-Verfahren, 1983, S. 99 f.; *Marly* BB 1989, 772; wohl auch *Willikonsky* BB 1987, 2015.

[65] Vgl. *Prütting* ZZP 106 (1993), 458; wie hier nun auch *Krahe,* Die Schutzschrift, 1991, S. 184 ff.; *Lüke,* FS Jahr, S. 299 f.; *Zöller/Greger* Rn. 6 a.

[66] BVerfG v. 15. 12. 1983, BVerfGE 65, 1 = NJW 1984, 419.

[67] Zum folgenden *Prütting* ZZP 106 (1993), 425 ff., 455 ff.; *Liebscher* S. 104 ff.; *Pardey* NJW 1989, 1647; *Wagner* ZZP 108 (1995), 193.

[68] *Prütting* ZZP 106 (1993), 456; ebenso *Stein/Jonas/Leipold* Rn. 1 a sowie Rn. 9 mit Fn. 14; aA *Wagner* ZZP 108 (1995), 217 f.

[69] Vgl. dazu *Liebscher* S. 104 ff.; *Pardey* NJW 1989, 1647; *Wagner* ZZP 108 (1995), 207 f.; *Prütting* ZZP 105 (1993), 457.

[70] BVerfGE, 1 ff.

18. 6. 1997 (BGBl. I 1430; berichtigt 2779; geändert 2970) geschaffen. Durch dieses am 1. 6. 1998 in Kraft getretene Gesetz ist in das EGGVG ein neuer Abschnitt eingefügt worden, durch den in den §§ 12–22 Fragen des Datenschutzes und des Schutzes des Persönlichkeitsrechts mit den Regeln der Rechts- und Amtshilfe in Einklang gebracht worden sind. Im Einzelnen sind dort bestimmte Übermittlungsgründe vorgesehen (§§ 13–17 EGGVG), es ist die Datenübermittlung auf das unbedingt erforderliche Maß beschränkt (§ 18 Abs. 1 EGGVG) und zugleich festgelegt, dass die Daten grundsätzlich nur zu dem der Übermittlung zugrunde liegenden Zweck verwendet werden dürfen (§ 19 Abs. 1 EGGVG). Ferner sind Auskunftsansprüche der betroffenen Personen und die Fragen einer gerichtlichen Überprüfung geregelt (§§ 21, 22 EGGVG).

34 Durch eine allgemeine Verfügung vom 29. 4. 1998 ist im Übrigen die „Anordnung über Mitteilungen in Zivilsachen (MiZi)" neu gefasst und mit Wirkung vom 1. Juni 1998 ebenfalls in Kraft gesetzt worden.[71] Damit ist in formelle Hinsicht seit dem 1. 6. 1998 jedenfalls eine verfassungsgemäße Rechtslage vorhanden. Die Gewährung von Akteneinsicht im Einzelfall ist nunmehr nach den §§ 13, 15, 17 EGGVG im Einzelnen zu prüfen.[72]

§ 299 a Datenträgerarchiv

[1] Sind die Prozessakten zur Ersetzung der Urschrift auf einem Bildträger nach ordnungsgemäßen Grundsätzen verkleinert wiedergegeben worden und liegt der schriftliche Nachweis darüber vor, dass die Wiedergabe mit der Urschrift übereinstimmt, so können Ausfertigungen, Auszüge und Abschriften von dem Bild- oder Datenträger erteilt werden. [2] Auf der Urschrift anzubringende Vermerke werden in diesem Fall bei dem Nachweis angebracht.

Schrifttum: *Heuer,* Beweiswert von Mikrokopien bei vernichteten Originalunterlagen, NJW 1982, 1505.

I. Normzweck

1 Die Vorschrift ist seit der Vereinfachungsnovelle von 1976 in der ZPO enthalten. Sinn der Regelung ist es, der Justizverwaltung Erleichterungen für die **Aufbewahrung der Akten** zu schaffen. Durch die Möglichkeit der Mikroverfilmung sind die Justizverwaltungen von der Notwendigkeit befreit, Originalakten oder deren Teile aufzubewahren.[1] Eine Ermächtigung zur Mikroverfilmung von Originalakten sowie dieser Art der Aufbewahrung enthält § 299 a nicht.[2] Sie beinhaltet lediglich die Klarstellung, dass die ZPO einer Aufbewahrung in mikroverfilmter Form nicht entgegensteht.[3] Einzelregelungen über die Art und Weise der Aufbewahrung werden von den Justizverwaltungen getroffen. Einschlägig ist dabei die Aktenordnung mit den bundes- und landesrechtlichen Ergänzungsvorschriften.[4] Das Verfahren der Mikroverfilmung hat seine Regelung in der bundeseinheitlichen Richtlinie für die Mikroverfilmung von Schriftgut in der Rechtspflege und Justizverwaltung vom 10. 3. 1976[5] gefunden.

2 § 299 a enthält auch keine Ermächtigung, die Aktenaufbewahrung abweichend von den genannten Regelungen zu treffen. Insbesondere kann eine Mikroverfilmung bereits vor Beendigung eines konkreten Verfahrens nicht auf § 299 a gestützt werden. Während des laufenden Verfahrens müssen vielmehr die Akten im Original vorliegen. Generell zur Möglichkeit einer elektronischen Aktenführung vgl. § 298 a.

II. Verfahren der Mikroverfilmung

3 § 299 a spricht nur von der verkleinerten Wiedergabe der Urschrift auf einem Bildträger. Darunter ist die Mikroverfilmung zu verstehen, während andere Techniken wie beispielsweise die Aufnahme auf ein Videoband oder die Übertragung auf Computer-Disketten nicht dazu zählen. Die **Anpassung der ZPO an die neuen Techniken** ist bisher noch nicht erfolgt.

---

[71] Abgedruckt als Beilage zu NJW Heft 38/1998 und als Beilage zum BAnZ Nr. 138/98.

[72] Vgl. im einzelnen *Wolf* §§ 12 ff. EGGVG; zu den Gesetzesmaterialien vgl. BTag-Drucks. 13/4709 und 7489.

[1] BT-Drucks. 7/2729 S. 76.

[2] AA *Zöller/Greger* Rn. 1; AK-ZPO/*Deppe/Hilgenberg* Rn. 1; *Musielak/Huber* Rn. 1.

[3] *Stein/Jonas/Leipold* Rn. 1.

[4] Vgl. die Aufstellung in *Piller/Hermann,* Justizverwaltungsvorschriften, 2001, Aktenwesen und Geschäftsgang.

[5] Abgedruckt in: Die Justiz 1976, 231.

Verfilmt werden die Prozessakten. Der Begriff der Prozessakten ist iSd. § 299 zu verstehen (s. § 299 Rn. 4ff.). Hinsichtlich derjenigen Urkunden und Unterlagen, die nach Beendigung des Prozesses an die Partei zurückzugeben sind (vgl. zB § 142), ist von einer Verfilmung abzusehen.[6] Es handelt sich dabei nicht um aufbewahrungspflichtiges Schriftgut im Sinne der Aktenordnung. 4

Die Mikroverfilmung hat nach ordnungsgemäßen Grundsätzen zu erfolgen. Darüber trifft die Richtlinie für die Mikroverfilmung von Schriftgut in der Rechtspflege und Justizverwaltung[7] abschließende Regelungen. Insbesondere beinhaltet die Richtlinie Vorschriften über die Beschaffenheit des Films, über die Filmkontrolle sowie über die Aufbewahrung des Films. 5

Mit der Mikroverfilmung ist ein schriftlicher Nachweis über die Übereinstimmung der Wiedergabe mit der Urschrift anzufertigen. Dieser Nachweis ist im Original aufzubewahren. Eine davon gefertigte und aufbewahrte Mikroverfilmung reicht dagegen nicht aus.[8] Die Art der Originalaufbewahrung steht der Justizverwaltung frei; die feste Verbindung mit dem Mikrofilm wird gerade nicht gefordert. Ausreichend ist die anhand äußerer Kriterien mögliche Zuordnung von Mikrofilm und schriftlichem Nachweis. 6

Dieser Nachweis stellt zudem den Ersatz der Urschrift dar für die dort anzubringenden Vermerke (§ 299a S. 2). Es handelt sich dabei beispielsweise um den Vermerk der Erteilung einer Ausfertigung (§ 734) oder den Vermerk der Tatbestandsberichtigung (§ 320 Abs. 4 S. 5). Nach Vernichtung der Urschrift sind diese Vermerke auf dem schriftlichen Nachweis anzubringen. 7

Nach Fertigung des Mikrofilms sowie nach Anfertigung des schriftlichen Nachweises sind die Originalunterlagen zu vernichten. 8

III. Akteneinsicht

Durch die Möglichkeit der Mikroverfilmung von Prozessakten und deren Aufbewahrung in dieser Form wird das Recht der Parteien auf Akteneinsicht (§ 299) nicht eingeschränkt. Zur Einsichtnahme in den Film sind Lesegeräte zur Verfügung zu stellen, deren Aufstellung in den Geschäftsstellen erfolgt. Die Einsichtnahme regelt sich nach den Vorschriften über die Einsichtnahme in Schriftgut.[9] 9

IV. Erteilung von Ausfertigungen und Abschriften

Die grundsätzliche Möglichkeit der Erteilung von Ausfertigungen und Abschriften von Mikrofilmen besteht nur dann, wenn keine Sicherheitsverfilmung, sondern eine Ersatzverfilmung vorgenommen wurde. Anderenfalls können nur Ausfertigungen und Abschriften von den Originalakten verlangt werden[10] (§ 299 Abs. 1). Über den Personenkreis der Berechtigten enthält § 299a keine Hinweise. Da die Vorschrift lediglich eine besondere Art der Aktenverwahrung vorsieht, muss hinsichtlich des Kreises der Berechtigten die allgemeine Vorschrift des § 299 eingreifen. Danach können Ausfertigungen etc. nur von den Parteien verlangt werden, während Dritten dieses Recht nicht zusteht (Argument aus § 299 Abs. 2). 10

Für Inhalt und Form der Ausfertigungen gelten die allgemeinen Regeln, § 170. Die Ausfertigungen etc. selbst können durch eine Rückvergrößerung (Kopie) hergestellt werden oder auch durch eine manuell erstellte Abschrift.[11] Bedenken bestehen für die Herstellung eines Filmduplikats. Dieses Duplikat erfüllt nicht die Voraussetzungen, die an eine Ausfertigung oder eine Abschrift gestellt werden.[12] Weder ist das Filmduplikat eine amtlich erstellte Abschrift noch eine Zweitschrift, die auch in Form einer Fotokopie ergehen könnte.[13] Allenfalls für die Erstellung eines Auszuges könnte eine Filmkopie ausreichen. Hierbei ergibt sich aber das Problem, dass der Empfänger diesen Auszug nur mit Hilfe eines Lesegerätes lesen kann, so dass für ihn der mit der Erteilung verfolgte Zweck möglicherweise nicht erreicht werden kann. Etwas anderes muss jedoch dann gelten, wenn der Antragsteller der Herstellung eines Filmduplikats zustimmt.[14] Die Erteilung der Ausfertigung etc. erfolgt auf Antrag. Für die Rechtsbehelfe des Antragstellers gegen eine Antragsablehnung gelten die allgemeinen Vorschriften (vgl. § 299). 11

---

[6] *Stein/Jonas/Leipold* Rn. 6; *Zöller/Greger* Rn. 5.
[7] Vom 10. 3. 1976, Die Justiz 1976, 231.
[8] BT-Drucks. 7/2729 S. 76.
[9] Siehe Ziffer 11 der Richtlinie über die Mikroverfilmung.
[10] BT-Drucks. 7/2729 S. 76; *Stein/Jonas/Leipold* Rn. 8.
[11] *Stein/Jonas/Leipold* Rn. 8.
[12] *Stein/Jonas/Leipold* Rn. 8.
[13] Vgl. dazu § 170 Rn. 3ff.
[14] Wie hier *Zöller/Greger* Rn. 4.

Titel 2. Urteil

Vorbemerkung zu den §§ 300ff.

Schrifttum (vgl. auch die Nachweise in der Vorauflage): *Arnold,* Das Grundurteil, 1996; *Bank,* Berichtigung einer Parteibezeichnung im Mahnbescheid, JurBüro 1981, 175; *Balzer,* Das Urteil im Zivilprozess, 2003; *Batsch,* Zur materiellen Rechtskraft bei Teilklagen und zur Repräsentationswirkung des Klageantrages, ZZP 99 (1986), 254; *Baumgärtel,* Die Kriterien zur Abgrenzung von Parteiberichtigung und Parteiwechsel, FS Schnorr von Carolsfeld, 1973, S. 19; *Becker,* Andreas, Die Voraussetzungen für den Erlass eines Grundurteils nach § 304 Abs. 1 ZPO, Diss. Augsburg 1983; *Behringer,* Streitgegenstand und Bindungswirkung im Urkundenprozess, 2007; *Bernhardt,* Die Aufklärung des Sachverhalts im Zivilprozess, Festg. *Rosenberg,* 1949, S. 9; *Bettermann,* Zwischenurteil über materiellrechtliche Vorfragen, ZZP 79 (1966), 392; *Bilda,* Zur Bindungswirkung von Urkundenvorbehaltsurteilen, NJW 1983, 142; *Blomeyer, Karl,* Zur Lehre vom Tatbestand im Zivilurteil, Die Rechtsgerichtspraxis im deutschen Rechtsleben, Band 6, 1929, S. 309; *Bock,* Wie lautet der Urteilsspruch, wenn aus einer Verbindung von Leistungs- und Feststellungsklage ein Grundurteil ergehen soll?, DRiZ 1956, 57; *Bötticher,* Das Grundurteil gem. § 304 ZPO mit Höchstgrenze, JZ 1960, 240; *Braun,* Verletzung des Rechts auf Gehör und Urteilskorrektur im Zivilprozeß, NJW 1981, 425; *Brüggemann, Dieter,* Judex statutor und judex investigator – Untersuchungen zur Abgrenzung zwischen Richtermacht und Parteienfreiheit im gegenwärtigen deutschen Zivilprozeß, 1968; *Brüggemann, Jürgen,* Die richterliche Begründungspflicht: Verfassungsrechtliche Mindestanforderungen an die Begründung gerichtlicher Entscheidungen, 1971; *Bull,* Erlebnisse mit Berichtigungsbeschlüssen, Rpfleger 1957, 401; *ders.,* Stiefkind Rubrum, Rpfleger 1959, 82; *Diemer,* Richterwechsel im sozialgerichtlichen Verfahren, SGb 1977, 375; *Döllerer,* Die Bezugnahme auf Schriftstücke im Zivilurteil (§ 313 Abs. 2 ZPO), DRiZ 1964, 158; *Draeger,* Probleme des nichtverkündeten Urteils, MDR 1963, 808; *Erman/Baumfalk,* Das Urteil im Zivil- und im Strafprozeß: Bedeutung, Entstehung, Inhalt, JA 1982, 459; *Fenn,* Anschlussberufung, Beschwer und unbezifferter Klageantrag, ZZP 89 (1976), 120; *Fischer,* Bezugnahme – insbesondere pauschale Bezugnahme – in Tatbeständen und Schriftstücken im Zivilprozeß sowie damit zusammenhängende Fragen, 1994; *Förschler,* Praktische Einführung in den Zivilprozeß, 5. Aufl. 1992; *Förster,* Die Verkündung des Zivilurteils, DRiZ 1960, 184; *Friedrich,* Probleme der Teilklage, Kölner Diss., 1995; *Furtner,* Das Urteil im Zivilprozeß, 5. Aufl. 1985; *Furtner,* Das Anerkenntnis im vorläufigen Verfahren, DRiZ 1960, 399; *ders.,* Das Urteil im Zivilprozeß, 5. Aufl. 1985; *Gäbelein,* Zur Abänderbarkeit von Entscheidungen, JZ 1955, 260; *Gast,* Vom juristischen Stil, BB 1987, 1; *Götz,* Urteilsmängel und innerprozessuale Bindungswirkung, Diss. Berlin 1956; *ders.,* Die innerprozeßuale Bindungswirkung von Urteilen im Zivil-, Arbeits- und Verwaltungsprozeßrecht, JZ 1959, 681; *Gottwald,* Richterliche Entscheidung und rationale Argumentation, ZZP 98 (1985), 113; *Groh,* Mathematik im Recht – § 184 GVG und die Mathematisierung gerichtlicher Entscheidungen, MDR 1984, 195; *Grunsky,* Prozeß- und Sachurteil, ZZP 80 (1967), 55; *Gündner,* Die Abänderlichkeit formell rechtskräftiger Beschlüsse der streitigen Zivilgerichtsbarkeit, Diss. Gießen 1935; *Hanack,* Teilurteil und Rechtsmittelsumme, ZZP 72, (1959), 350; *Harthun,* Ist das Vorlesen der Urteilsformel im Sitzen eine ordnungswidrige Ausführung eines Amtsgeschäftes, die nach § 26 II des Deutschen Richtergesetzes vorgehalten werden kann?, SGb 1980, 56; *Hartmann,* Das Urteil nach der Vereinfachungsnovelle, JR 1977, 181; *Hattenhauer,* Die Kritik des Zivilurteils. Eine Anleitung für Studenten, 1970; *Hein,* Das wirkungslose Urteil, 1995; *Hirté,* „Richterwechsel" nach Urteilsverkündung, JR 1985, 138; *Hörle,* Berichtigung der Bezeichnung der beklagten Partei in Urteilen nach § 319 ZPO, ZZP 44 (1914), 65; *Huber, Michael,* Grundfragen des Tatbestandes im Zivilurteil, JuS 1984, 615, 786, 950; *ders.,* Grundfragen der Entscheidungsgründe im Zivilurteil, JuS 1987, 213, 296, 464, 545; *ders.,* Das Zivilurteil, 2. Aufl. 2003; *Jäger,* Zwischenstreitverfahren nach den §§ 280, 303 ZPO, 2002; *Hunn,* Die Berichtigung des Urteilstatbestandes, ArbuR 1957, 335; *Jasper,* Die Sprache des Urteils, MDR 1966, 198; *Jauernig,* Das fehlerhafte Zivilurteil, 1958; *ders.,* Muß die Urteilsformel bei der Verkündung eines Zivilurteils stets schriftlich vorliegen?, NJW 1986, 117; *ders,* Teilurteil und Teilklage, Festg. f. BGH, Bd. III, 2000, S. 311; *Johlen,* Nochmals – Die Korrektur eines gegen § 308 I ZPO verstoßenden Urteils, NJW 1967, 1262; *Jülicher,* Erlaß eines Vorbehaltsurteils bei Anrufung des Bundesverfassungsgerichts nach Art. 100 I GG, ZZP 86 (1973), 197; *Keller,* Das Verfahren nach § 304 ZPO – Grund- und Schlussurteil, JA 2007, 433; *Kempf,* Zur Problematik des Musterprozesses, ZZP 73 (1960), 342; *Kion, Hans-Jürgen,* Eventualverhältnisse im Zivilprozess, Diss. Berlin 1971; *Kisch,* Unwirksame Urteile, LZ 1923, 625; *Kischel,* Die Begründung, 2003; *Klette,* Die rechtliche Behandlung von Verstößen gegen das Gebot „ne ultra petita", ZZP 82 (1969), 93; *Knöpfel,* Der Antrag auf Erlaß eines Anerkenntnisurteils (§ 307 ZPO), ZZP 68 (1955), 450; *Köbl,* Obiter Dicta – Ansätze einer Rechtfertigung, JZ 1976, 752; *König,* Rechenfehler in Anerkennungsurteilen, MDR 1989, 706; *Kötz,* Über den Stil höchstrichterlicher Entscheidungen. Eine vergleichende Studie, DRiZ 1974, 146, 183; *Kuhn,* Wolfgang, Der Aufrechnungseinwand in Verfahren nach § 304 ZPO, Diss. Frankfurt 1957; *Lent,* Die rein prozessuale Bedeutung des Anerkenntnisses, Festg. Rosenberg, 1949, S. 123; *Lepke,* Die Kostenentscheidung im arbeitsgerichtlichen Verfahren nach dem Erlass eines Teilurteils, JR 1968, 411; *ders.,* Zur Beschwer als Rechtsmittelvoraussetzung beim arbeitsgerichtlichen Anerkenntnis- und Verzichtsurteil, DB 1980, 974; *Lindacher,* Divergenzen zwischen Urteilstenor und Entscheidungsgründen, ZZP 88 (1975), 64; *Lohner, Josef,* Die Aufteilung eines einheitlichen Rechtsstreits durch ein Grundurteil nach § 304 ZPO bei einer Mehrheit von Klagegründen innerhalb eines Streitgegenstandes, Diss. Regensburg 1985; *de Lousanoff,* Zur Zulässigkeit des Teilurteils gem. § 301 ZPO, 1978; *Lücke,* Begründungszwang und Verfassung, 1987; *Lüke/Zawar,* Durchblick: Die Fehlerhaftigkeit von Rechtsakten, JuS 1970, 205, 495; *Mager,* Verfahrensbeschleunigung durch Vorbehaltsurteile bzgl. der Aufrechnung, JZ 1969, 548; *Matzke,* Zur Bestandskraft eines amtsgerichtlichen Zivilurteils vor Absetzung des verkündeten Urteils, AnwBl. 1981, 11; *Maurer,* Versäumnisurteil und Abänderungsklage, FamRZ 1989, 445; *Melissinos,* Die Bindung des Gerichts an die Parteianträge nach § 308 ZPO, 1982; *Mes,* Materiellrechtliche Teilleistung und prozessuales Teilanerkenntnis, ZZP 85 (1972), 334; *du Mesnil de Rochemont,* Die Notwendigkeit eines bestimmten Antrags bei der Unterlassungsverfügung im Wettbewerbsprozeß und die Bindung des Gerichts an einen solchen Antrag, 1993; *Mosler,* Verhinderung des Einzelrichters an der vollständigen Abfassung des bereits verkündeten Urteils, DJZ 1905, 351; *Mühl,* Die Lehre von Gutachten und Urteil, 1979; *Müller-Graff,* Zur Geschichte der Formel „Im Namen des Volkes", ZZP 88 (1975), 442; *Müller/Heydn,* Der sinnlose Schlagabtausch zwischen den Instanzen auf den Prüfstand: Für eine Abschaffung der Tatbestandsberichtigung, NJW 2005, 1750; *Mummenhoff,* Prozessuales Anerkenntnis neben Klageabweisungsantrag, ZZP 86 (1973), 293; *Musielak,* Die Bindung des Gerichts an die Anträge der Parteien im Zivilprozeß, FS K. H. Schwab, 1990, S. 349; *ders.,* Zum Teilurteil im Zivilprozeß, FS Gerhard Lüke, 1997, S. 561; *Naundorf,* Der verfristete Tatbestandsberichtigungsantrag, MDR 2004, 1273; *Ohr,* Streitiges Urteil trotz Anerkenntnis?, NJW 1955, 251; *Osterloh,* Die Berichtigung gerichtlicher Entscheidungen, Diss. München 1970; *Pawlowski,* Die bestimmte Angabe des Gegenstands und des Grundes bei Teilklagen, ZZP 78 (1965), 307; *Peter,* Arnold, Das Ergänzungsurteil, Diss. Leipzig 1914; *Proske,* Die Urteilsberichtigung gem. § 319 ZPO, 2002; *Prütting/Weth,* Teilurteil zur Verhinderung der Flucht in die Widerklage?, ZZP 98 (1985), 131; *Pukall,* Der Zivilprozeß in der gerichtlichen Praxis, 5. Aufl. 1992; *Raabe,* Die neuen Vorschriften über das Zivilurteil in der Praxis, DRiZ 1979, 135; *Reinicke, Dietrich,* Zwischenurteil in der Revisionsinstanz, NJW 1967, 513; *Reinicke, G u. D.,* Zum Grundurteil bei Schadensersatzklagen, NJW 1951, 93; *Rimmelspacher,* Zur Prüfung von Amts wegen im Zivilprozeß, 1966; *Ritter, Susanne,* Zur Unterlassungsklage: Urteilstenor und Klageantrag, 1994; *Robertz,* Probleme beim Erlaß des Teilurteils, Kölner Diss., 1994; *Rödig,* Die Theorie des gerichtlichen Erkenntnisverfahrens, 1973; *Rössler,* Teilurteile und Zwischenurteile im finanzgerichtlichen Verfahren, BB 1984, 204; *Roidl,* Teilleistung, Teilanerkenntnis, Teilerledigung, NJW 1968, 1965; *Roth,* Teilurteil und Verweisung im Falle eines mehrfach begründeten Klageanspruchs, MDR 1967, 15; *Rothweiler,* Die Eventualaufrechnung und ihre prozeßuale Behandlung, Diss. Frankfurt 1972; *Sattelmacher-Sirp,* Bericht, Gutachten und Urteil, 32. Aufl. 1994; *Siegburg,* Einführung in die Urteils- und Relationstechnik, 5. Aufl. 1998; *Sprotte,* Der „Sachverhalt" im Zivilprozeß, ZZP 64 (1950), 46; *Scheld,* Zur Fassung des Tenors im Grundurteil, DRiZ 1953, 222; *Schellhammer,* Die Arbeitsmethode des Zivilrichters, 12. Aufl. 1997; *ders.,* Die Relationstechnik oder: Wie findet und formuliert man das Urteil im Zivilprozeß?, Jura 1987, 169; *Schilken,* Zum Handlungsspielraum der Parteien beim prozessualen Anerkenntnis, ZZP 90 (1977), 157; *ders.,* Die Abgrenzung zwischen Grund- und Betragsverfahren, ZZP 95 (1982), 45; *Schlosser,* Gestaltungsklage und Gestaltungsurteil im System der Rechtsschutzformen, Jura 1986, 130; *B. Schmidt,* Richterwegfall und Richterwechsel im Zivilprozess, Diss. Hannover, 1993; *Schmidt, Holger,* Innenbindungswirkung, formelle und materielle Rechtskraft, Rpfleger 1974, 177; *Schmitt,* Teilweise Klageabweisung und Beschwer bei Grundurteilen, NJW 1968, 1127; *Schmitz, Wolfgang,* Teilurteil ade?, NJW 2000, 3622; *Schneider, Egon,* Zur Zulässigkeit und ihrer Begründung im Urteil, MDR 1965, 632; *ders.,* Die Parteibezeichnung im Urteil, MDR 1966, 811; *ders.,* Die Korrektur eines gegen § 308 Abs. 1 ZPO verstoßenden Urteils, NJW 1967, 23; *ders.,* Die Urteilsformel, MDR 1967, 94; *ders.,* Der Streitwert bei Verstoß gegen § 308 I ZPO, MDR 1971, 437; *ders.,* Die Zulässigkeit des Teilurteils, MDR 1976, 93; *ders.,* Die Selbständigkeit des Höheverfahrens beim Grundurteil, JurBüro 1976, 1137; *ders.,* Nochmals: Tatbestand und Entscheidungsgründe des Zivilurteils nach neuem Recht, JuS 1978, 334; *ders.,* Probleme des Grundurteils in der Praxis, MDR 1978, 705, 793; *ders.,* Inhaltsforderungen an die Urteilsbegründung, MDR 1981, 462; *ders.,* Problemfälle aus der Prozesspraxis – Ermäßigung der Urteilsgebühr durch Verzicht auf Tatbestand und Entscheidungsgründe, MDR 1985, 906; *ders.,* Problemfälle aus der Prozeßpraxis: Der Beginn der Rechtsmittelfrist bei Urteilsberichtigung, MDR 1986, 377; *ders.,* Problemfälle aus der Prozeßpraxis: Revision bei verzögerter Urteilsabsetzung, MDR 1988, 640; *Schneider, Ralf,* Rechtsschutzmöglichkeiten gegen formelle Verlautbarungsmängel beim zivilprozessualen Urteil unter besonderer Berücksichtigung der Gruppe der Nichturteile, 1999; *Schneider/van den Hövel,* Die Tenorierung im Zivilprozess, 3. Aufl. 2004; *Scholz, Bettina,* Das unzulässige Teilurteil – Eine Zusammenstellung der häufigsten Verfahrensfehler, Bonner Diss. 1998; *Schriever,* Anerkenntnis – Vorbehaltsurteile im Urkundenprozess, MDR 1979, 24; *Schubert,* Klageantrag und Streitgegenstand bei Unterlassungsklagen, ZZP 85 (1972), 29; *Schumacher,* Die unrichtige Wiedergabe des Parteivorbringens als offenbare berichtigungsfähige Unrichtigkeit, NJW 1969, 967; *Schumann,* Fehlurteil und Rechtskraft, FS Bötticher, 1969, S. 289; *Schwab,* Die Bedeutung der Entscheidungsgründe, FS Bötticher, 1969, S. 321; *v. Seuffert,* Die Bezeichnung der Parteien im Urteil, SeuffBl. 71, 637; *Steffens,* Unterhaltsurteil in Textbausteinen, DRiZ 1985, 297; *Steines,* Noch einmal: Wert und Unwert der Relationstechnik, JuS 1972, 520; *ders.,* Tatbestand und Entscheidungsgründe des Zivilurteils nach neuem Recht, JuS 1978, 34; *ders.,* Nochmals: Tatbestand und Entscheidungsgründe des Zivilurteils nach neuem Recht, JuS 1978, 614; *Stöber,* Notwendigkeit einer Tatbestandsberichtigung zur Vorbereitung der Berufung, MDR 2006, 5; *Stürner,* Die Bindungswirkung des Vorbehaltsurteils im Urkundenprozeß, ZZP 85 (1972), 424; *Thomas, Bernd,* Zur Doppelnatur von Klageanerkenntnis und Klageverzicht, ZZP 89 (1976), 80; *Thomas, Heinz,* Die Fehlkonstruktion des neuen § 308a ZPO, NJW 1964, 1945; *Tiedemann,* Die Rechtskraft von Vorbehaltsurteilen, Überlegungen zum Begriff der formellen Rechtskraft, ZZP 93 (1980), 23; *Tiedtke,* Die innerprozessuale Bindungswirkung von Urteilen der Obersten Bundesgerichte, 1976; *ders.,* Das unzulässige Zwischenurteil, ZZP 89 (1976), 64; *Türpe,* Probleme des Grundurteils, insbesondere seine Tenorierung, MDR 1968, 453, 627; *Vollkommer,* Richterwechsel nach dem Schluss der mündlichen Verhandlung im Zivilprozess, NJW 1968, 1309; *Volmer,* Richterwechsel im schriftlichen Urteilsverfahren, NJW 1970, 1300; *Wach,* Urteilsnichtigkeit, RheinZ 3 (1911), 373; *Wach/Kern,* Der Tatsachenstoff im Berufungsverfahren, NJW 2006,1315; *Waldner,* Aktuelle Probleme des rechtlichen Gehörs im Zivilprozeß, Diss. Erlangen 1983; *ders.,* Der Anspruch auf rechtliches Gehör, 1989; *Weitzel,* Tatbestand und Entscheidungsqualität, 1990; *Wennrich,* Berichtigung und Zurücknahme von Verfügungen und Urteilen, Deutsche Steuer-Zeitung A 1955, 149; *Werner,* Rechtskraft und Innenbindung zivilprozessualer Beschlüsse im Erkenntnis- und summarischen Verfahren, 1983; *Wiesemann,* Die Berichtigung gerichtlicher Entscheidungen im Zivilprozeß, Diss. Mainz 1974; *Wittmann,* Urteilsformel und Beschwer bei Grundurteilen, NJW 1967, 2387; *Wolf,* Das Anerkenntnis im Prozeßrecht, 1969; *Wolff,* Verurteilungsvorbehalte, ZZP 64 (1951), 97; *Wolter,* Die Urteilsberichtigung nach § 319 ZPO, 1999; *Womelsdorf,* Die Fassung des Tenors im Zivilurteil, JuS 1983, 855; *Würthwein,* Umfang und Grenzen des Parteieinflusses auf die Urteilsgrundlagen im Zivilprozeß, 1977; *Ziemssen,* Über die dispositive Natur von Verzicht und Anerkenntnis, Diss. Tübingen 1908.

I. Arten gerichtlicher Entscheidungen

1 Entscheidungen, die von den zur Ausübung der richterlichen Tätigkeit bestellten Organen des Staates im Rahmen eines zivilprozessualen Verfahrens erlassen werden, ergehen entweder in der Form des Urteils, des Beschlusses oder der Verfügung (vgl. § 160 Abs. 3 Nr. 6). Durch **Verfügungen** werden im Regelfall die den Prozessbetrieb bestimmenden Anordnungen getroffen, die vom Vorsitzenden oder vom beauftragen oder ersuchten Richter erlassen werden (vgl. § 329 Abs. 2). Die Entscheidungen des Gerichts (Kollegium oder Einzelrichter) ergehen entweder in der Form des Urteils oder des Beschlusses. Den **Urteilen,** für die eine besondere formale Gestaltung vorgeschrieben ist (vgl. §§ 313 bis 313b und die Erl. zu diesen Vorschriften), muss stets eine mündliche Verhandlung vorangehen, wenn nicht ausnahmsweise ein schriftliches Verfahren zulässig ist (vgl. § 128 Abs. 2 und 3). In einer Reihe von Fällen hängt die Form der Entscheidung davon ab, ob das Gericht von einer mündlichen Verhandlung absieht; in diesem Fall ergeht ein **Beschluss** (vgl. § 128 Abs. 4), sonst ein Urteil (§§ 522 Abs. 1 S. 3, 922 Abs. 1, 936). Jedoch lässt sich die Unterscheidung zwischen Urteilen und Beschlüssen nicht danach vornehmen, ob eine mündliche Verhandlung durchgeführt wurde oder nicht, denn Beschlüsse können auch aufgrund einer mündlichen Verhandlung ergehen (vgl. § 329 Abs. 1 S. 1), wie beispielsweise Beweisbeschlüsse. Für Urteile und Beschlüsse gelten unterschiedliche Regelungen über ihren Inhalt, ihre Form, ihre Anfechtbarkeit und ihre Verbindlichkeit für das erlassende Gericht (vgl. dazu die Erl. zu § 329); dies lässt es praktisch sehr wichtig sein, zwischen diesen beiden Entscheidungsformen zu differenzieren.

II. Arten von Urteilen

2 Die Einteilung der Urteile kann nach unterschiedlichen Gesichtspunkten vorgenommen werden. Wird lediglich über prozessuale Fragen entschieden, dann handelt es sich um ein **Prozessurteil,** während ein **Sachurteil** eine gerichtliche Erkenntnis über den (sachlichen) Streitgegenstand enthält.[1] Je nachdem, ob die Entscheidung aufgrund der Säumnis einer Partei ergeht oder aufgrund einer mündlichen Verhandlung, in der beide Parteien vertreten sind, handelt es sich um ein **streitiges** (kontradiktorisches) **Urteil** oder ein **Versäumnisurteil.** Sieht man auf die Art der Klage, über die entschieden wird, so kann man bei ihr stattgebenden Urteilen[2] zwischen **Leistungs-, Feststellungs-** und **Gestaltungsurteilen** unterscheiden.[3] Erledigt das Urteil den Rechtsstreit abschließend für die Instanz, dann stellt es ein **Endurteil** dar; im Gegensatz dazu wird durch ein **Zwischenurteil** über eine prozessuale Frage entschieden, von deren Erledigung der Fortgang des Verfahrens abhängt (vgl. § 303 und die Erl. zu dieser Vorschrift sowie § 280 Abs. 2), eine Besonderheit stellt das Zwischenurteil über den Grund dar (§ 304), das eine Entscheidung in der Sache trifft. Ein Endurteil, durch das lediglich über einen Teil des Rechtsstreits befunden wird, bezeichnet man als **Teilurteil** (vgl. auch § 301 Rn. 1), sonst spricht man von einem **Vollendurteil.** Es können nicht nur unbedingte, sondern auch **bedingte Urteile** erlassen werden. Die Bedingung kann auflösend oder aufschiebend ausfallen. Aufschiebend bedingt wird der Beklagte verurteilt, der nach § 510b zur Zahlung einer Entschädigung verpflichtet wird, wenn er nicht eine bestimmte Handlung innerhalb einer vom Gericht festgesetzten Frist vorgenommen hat, zu der er (unbedingt) verurteilt worden ist. Auflösend bedingt sind die Vorbehaltsurteile, die eine Verurteilung des Beklagten unter dem Vorbehalt aussprechen, dass über Einwendungen von ihm noch in derselben Instanz entschieden wird (vgl. § 302 und § 599). Schließlich sind als auflösend bedingte Urteile auch diejenigen anzusehen, die vor der Rechtskraft einer im selben Verfahren nach § 280 Abs. 2 oder § 304 erlassenen Entscheidung ergehen. Es ist offensichtlich, dass es zwischen diesen hier dargestellten (üblichen Vorschlägen folgenden) Einteilungen mannigfaltige Kombinationen geben kann.

---

[1] Vgl. *Grunsky* ZZP 80 (1967), 55f. m. weit. Nachw.

[2] AK-ZPO/*Fenge* Vor § 300 Rn. 4 weist zu Recht darauf hin, dass bei einem abweisenden Urteil diese Unterscheidung nicht zutrifft.

[3] Anders *Rödig,* Die Theorie des gerichtlichen Erkenntnisverfahrens, 1973, S. 65ff., 104, der diese Einteilung verwirft, weil sie Inhalt und Wirkungen des Urteils verwechsle; vgl. dazu *Röhl* ZZP 88 (1975), 350, 351; *Grunsky* JZ 1974, 750, 751.

III. Fehlerhafte Entscheidungen

Da nur Erkenntnisakte der Gerichte als Urteile angesehen werden können, fehlt der **Willensäußerung einer anderen Institution** ein begriffsbestimmendes Merkmal des Urteils, so dass es schon deshalb nicht ein „Urteil" darstellen kann,[4] auch wenn es sonst alle übrigen Merkmale aufweist.[5] Eine derartige Entscheidung kann folglich auch nicht die Wirkungen eines Urteils entfalten. Hat ein Gericht, dh. ein zur Rechtsprechung berufenes staatliches Organ, ein Urteil erlassen,[6] dann ist grundsätzlich von der Wirksamkeit dieses Erkenntnisaktes auszugehen.[7] Deshalb ist ein Urteil, an dem ein nicht mehr amtierender Richter mitwirkt, kein Scheinurteil, denn es wurde von einem (wenn auch nicht vorschriftsmäßig besetzten) Gericht erlassen (vgl. § 579 Abs. 1 Nr. 1).[8] Jedoch wird das Urteil als solches erst existent, wenn es **verkündet** oder wenn es in den Fällen des § 310 Abs. 3 zugestellt worden ist. Vor diesem Zeitpunkt handelt es sich lediglich um einen Urteilsentwurf, dem nicht die Wirkungen eines Urteils zukommen können.[9] 3

Sonst entfalten die durch Verkündung oder Zustellung existent gewordenen Urteile regelmäßig selbst dann Wirkungen, wenn bei ihrem Zustandekommen erhebliche Fehler begangen worden sind oder wenn sie **inhaltliche Mängel** erheblicher Art aufweisen.[10] Dass die ZPO von der Wirksamkeit solcher Urteile ausgeht, wenn sie nicht erfolgreich angefochten werden, lässt sich der Regelung über die Wiederaufnahme des Verfahrens entnehmen, nach der Urteile, die unter schwersten Verfahrensverstößen zustande gekommen sind, als wirksam behandelt werden und mit der Nichtigkeitsklage beseitigt werden müssen.[11] Nur ausnahmsweise ist die **Wirkung** eines existenten Urteils **aufgehoben** oder gemindert. Wirkungslos ist eine gerichtliche Entscheidung, die gegen eine Person ergeht, die nicht der deutschen Gerichtsbarkeit unterliegt[12] oder die nicht (mehr) existiert,[13] die eine dem deutschen Recht nicht bekannte[14] oder verbotene Rechtsfolge[15] ausspricht. Schließlich kann einem Urteil keine Wirkung zukommen, das außerhalb eines Urteilsverfahrens ergangen ist, etwa weil überhaupt keine Klage erhoben,[16] die Klage wirksam zurückgenommen[17] oder das Verfahren bereits durch Vergleich beendet worden ist.[18] Dagegen steht es der Wirksamkeit 4

---

[4] *Jauernig,* Fehlerhaftes Zivilurteil, S. 6 ff., 14; *Braun* JuS 1986, 363, 365 f.; *Lüke* ZZP 108 (1995), 427, 439; *Schönke/Kuchinke* § 73 III; *Grunsky* Grundlagen § 45 (S. 460).

[5] Da es sich also nicht um ein „Urteil" handelt, sollte es auch nicht als Erscheinungsform eines „fehlerhaften Urteils" angesehen werden. Üblich ist es, von einem „Scheinurteil" zu sprechen (vgl. die in Fn. 4 zitierten).

[6] Der Richter, der als Leiter einer Referendar-Arbeitsgemeinschaft zu Übungszwecken ein „Urteil" erlässt oder der am Stammtisch einen Bekannten zu einer Runde „verurteilt", handelt nicht als staatliches Organ in Ausübung der Rechtspflege und ist deshalb nicht als „Gericht" anzusehen; seine Willensäußerung ist deshalb auch kein Urteil; vgl. *Rosenberg/Schwab/Gottwald* § 62 Rn. 13.

[7] Vgl. BGHZ 57, 108, 110 = NJW 1971, 2226; *Grunsky* (Fn. 4) S. 459.

[8] *Jauernig* DtZ 1993, 173; *R. Schneider* S. 83; aA BezG Leipzig DtZ 1993, 27.

[9] BGH NJW 1985, 1782; 1783 = LM § 160 Nr. 6; BGH NJW 1996, 1969, 1970 = JZ 1996, 978 m. zust. Anm. v. *Braun;* OLG Zweibrücken OLGZ 1987, 371, 372; OLG Frankfurt/M MDR 1991, 63; 1999, 1192; OLG Brandenburg MDR 1999, 563, 564; NJW-RR 2002, 356; FamRZ 2004, 384, 386.

[10] BGHZ (GS) 14, 39, 44 = NJW 1954, 1281; BGH VersR 1987, 1195; NJW 1989, 1156, 1157; OLG Frankfurt MDR 1980, 320; *Fenge* (Fn. 2) Rn. 15.

[11] *Jauernig* § 60 IV. So wird zB ein während der Unterbrechung des Rechtsstreits erlassenes Versäumnisurteil, das zugestellt und nicht angefochten worden ist, rechtskräftig und erhält dadurch volle Wirksamkeit (OLG Köln NJW-RR 1988, 701).

[12] *Thomas/Putzo/Reichold* Rn. 15; *Rosenberg/Schwab/Gottwald* § 62 Rn. 22; aA *Zimmermann* Rn. 2; *Hein* S. 195 ff., 205.

[13] OLG Hamm NJW-RR 1986, 739; *Zöller/Vollkommer* Rn. 17; *Jauernig* § 60 III; vgl. aber auch BGH NJW 1980, 784 (Rechtsscheinshaftung für BGB-Gesellschafter, der unter der Firma einer nicht existierenden KG auftritt und gegen diese ein Urteil ergehen lässt).

[14] OLG Oldenburg MDR 1989, 268; *Baumbach/Lauterbach/Hartmann* Rn. 15 m. weit. Nachw.; vgl. auch AG Lübeck Rpfleger 1982, 109.

[15] Dies gilt allerdings nicht ausnahmslos. Wird das Verbot später aufgehoben, dann erlangt das Urteil mit der Aufhebung seine materiell-rechtliche Wirkung; vgl. *Jauernig* (Fn. 4) S. 178 f.

[16] BGH NJW-RR 2006, 565, 566; BayObLG NJW-RR 2000, 671, 672 (wirkungslose Beschwerdeeinlegung wegen fehlenden Antrags); LG Tübingen JZ 1982, 474; LAG Frankfurt BB 1982, 1924, 1925. Schon aus diesem Grund kann das Zivilurteil eines Strafgerichts keine Wirkungen haben (so *Jauernig* [Fn. 4] S. 172 f.), so dass es nicht auf die Frage ankommt, ob das Strafgericht über die erforderliche Gerichtsbarkeit verfügt (verneinend *Baumbach/Lauterbach/Hartmann* Rn. 14; bejahend *Rosenberg/Schwab/Gottwald* § 62 Rn. 22).

[17] LG Itzehoe NJW-RR 1994, 1216; *Jauernig* (Fn. 4) S. 153 f.; *Zöller/Vollkommer* Rn. 18; *Rosenberg/Schwab/Gottwald* § 62 Rn. 27; aA *Blomeyer* § 81 III 2 a; *Bötticher* AcP 158 (1959/1960), 262, 267. Zur Frage der Wirkungslosigkeit eines Gestaltungsurteils, das nicht zwischen den richtigen (prozessführungsbefugten) Parteien ergeht, vgl. *Jauernig* ZZP 101 (1988), 361, 370 ff. m. Nachw.

[18] OLG Stuttgart NJW-RR 1987, 128.

eines Urteils nicht entgegen, dass die ordnungsgemäß erhobene Klage und die Ladung zur mündlichen Verhandlung dem Beklagten nicht zugestellt werden und er deshalb keine Kenntnis von dem Verfahren hat.[19] Die Wirkungslosigkeit (Nichtigkeit) eines Urteils ist also auf seltene Ausnahmefälle beschränkt, wobei noch im Interesse der Rechtssicherheit verlangt werden muss, dass der zur Wirkungslosigkeit führende Fehler offenkundig ist.[20]

5 In seiner **Wirkung gemindert** ist ein Urteil, das in sich so widersprüchlich ist, dass es nicht in Rechtskraft erwachsen kann, wohl aber einen vollstreckungsfähigen Inhalt aufweist, zB ein Urteil, das den Beklagten zur Zahlung von Euro 1000,– mit der Begründung verurteilt, dass dem Kläger ein entsprechender Anspruch aus einem von zwei zwischen den Parteien zustande gekommenen Verträgen zustehe, wobei offengelassen wird, aus welchem Vertrag sich die Verpflichtung ergibt.[21] Lässt sich einem Teilurteil nicht entnehmen, über welche von verschiedenen Einzelforderungen oder über welche Teilbeträge das Gericht entschieden hat, dann ist ein solches Urteil nicht der materiellen Rechtskraft fähig.[22] Ist jedoch das Urteil so widersprüchlich, dass aus ihm auch im Wege der Auslegung keine wirksame Rechtsfolge abgeleitet werden kann, dann ist es im ganzen wirkungslos.[23] Dagegen ist eine gerichtliche Entscheidung, die den Beklagten zu einer tatsächlich unmöglichen Leistung verurteilt, wirksam.[24]

6 Auch ein „wirkungsloses" Urteil erzeugt **Rechtswirkungen.** Es bindet das erlassende Gericht (vgl. § 318 Rn. 6)[25] und ist der formellen Rechtskraft fähig, beendet also die Instanz.[26] Ein Kostenerstattungsanspruch der siegreichen Partei entsteht, sofern nicht der Mangel des Urteils auch den Kostenausspruch umfasst.[27] Gegen ein wirkungsloses Urteil kann ein **Rechtsmittel** eingelegt werden.[28] Ist das Urteil formell rechtskräftig geworden, dann können die Parteien des alten Prozesses den Rechtsstreit erneuern, da dem wirkungslosen Urteil die materielle Rechtskraft fehlt.[29] Nach hM kann die Wirkungslosigkeit des Urteils auch zum Gegenstand einer **Feststellungsklage** (§ 256) gemacht werden;[30] dieser Auffassung ist zuzustimmen, wenn im Einzelfall das Feststellungsinteresse bejaht werden kann.

§ 300 Endurteil

(1) Ist der Rechtsstreit zur Endentscheidung reif, so hat das Gericht sie durch Endurteil zu erlassen.

(2) Das gleiche gilt, wenn von mehreren zum Zwecke gleichzeitiger Verhandlung und Entscheidung verbundenen Prozessen nur der eine zur Endentscheidung reif ist.

I. Normzweck

1 Die Vorschrift spricht die Verpflichtung des Gerichts aus, den Rechtsstreit zu entscheiden, wenn er dazu reif ist.[1] Dieses Gebot enthält zwei wesentliche Elemente: Zum einen den Rechtsstreit zur Entscheidungsreife (vgl. zum Begriff Rn. 2f.) zu bringen, weil er erst dann durch Urteil abgeschlossen werden darf,[2] zum anderen den entscheidungsreifen Prozess durch ein Urteil zu beenden und nicht

---

[19] KG NJW-RR 1987, 1215, 1216.

[20] BGHZ 127, 74, 79 = NJW 1994, 2832; BGH MDR 2007, 600, 601; OLG Düsseldorf MDR 1988, 881.

[21] *Jauernig* (Fn. 4) S. 190; *Blomeyer* § 81 III 2b.

[22] BGHZ 124, 164, 166 = NJW 1994, 460; OLG Brandenburg MDR 2000, 227, 228.

[23] BGHZ 5, 240, 244f. = NJW 1952, 818; *Jauernig* (Fn. 4) S. 189f.

[24] *Jauernig* (Fn. 4) S. 177; *Zöller/Vollkommer* Rn. 16. Eine andere Frage ist es allerdings, ob der Kläger Klage auf eine unmögliche Leistung erheben darf; dies ist zu verneinen, wenn die Unmöglichkeit feststeht (vgl. BGH NJW 1983, 1780; BGHZ 97, 178, 181 = NJW 1986, 1676 m. weit. Nachw.); der Kläger muss dann vielmehr auf Schadensersatz klagen (*Zöller/Vollkommer* aaO).

[25] *Zöller/Vollkommer* Rn. 19; *Thomas/Putzo/Reichold* Rn. 19.

[26] *Jauernig* (Fn. 4) S. 143, 188; aA *Schönke/Kuchinke* § 73 III aE; *Lüke* Rn. 342; *Vollkommer* MDR 1992, 642.

[27] *Rosenberg/Schwab/Gottwald* § 62 Rn. 21; *Zöller/Vollkommer* (Fn. 25).

[28] BGH NJW 1996, 1970 (Fn. 9); 1999, 1192; BayObLG NJW-RR 2000, 671, 672; KG Rpfleger 1982, 304; OLG Koblenz GRUR 1989, 75; OLG Frankfurt/M (Fn. 9); OLGZ 1994, 77, 78; OLG Köln ZIP 1994, 958; LG Itzehoe (Fn. 17).

[29] *Jauernig* (Fn. 4) S. 188; *Thomas/Putzo/Reichold* Rn. 19; *Rosenberg/Schwab/Gottwald* § 62 IV 1; aA *Vollkommer* (Fn. 26).

[30] BGHZ 29, 223, 230 = NJW 1959, 723; OLG Düsseldorf NJW 1986, 1763; *Baumbach/Lauterbach/Hartmann* Rn. 18; *Zöller/Vollkommer* Rn. 19, *Rosenberg/Schwab/Gottwald* (Fn. 29); aA *Jauernig* (Fn. 4); *Lüke/Zawar* JuS 1970, 205, 212 Fn. 98.

[1] BGHZ 17, 118, 121; BAGE 3, 52, 54; *Blomeyer* NJW 1977, 557, 558.

[2] RG DR 1939, 879.

etwa die Entscheidung dann noch weiter offen zu lassen. Für den Richter besteht einerseits das Gebot, möglichst sorgfältig und umfassend die tatsächlichen Grundlagen des Urteils zu klären sowie die in Betracht zu ziehenden Rechtssätze präzise und richtig darauf anzuwenden, andererseits wird dem Richter aufgegeben, möglichst rasch und ohne vermeidbare Verzögerung den Rechtsstreit durch ein Urteil zu entscheiden. Da beide Gebote unterschiedlichen Interessen dienen, nämlich der richtigen Rechtserkenntnis und der zügigen Rechtsdurchsetzung, ergibt sich hieraus für den Richter ein Spannungsverhältnis,[3] innerhalb dessen er nach einem möglichst optimalen Kompromiss suchen muss.

II. Entscheidungsreifer Prozess

1. Begriff der Entscheidungsreife. Ein Rechtsstreit ist zur Entscheidung reif, sobald das Gericht darüber zu befinden vermag, ob der Klage stattzugeben ist oder sie als unzulässig oder als unbegründet abgewiesen werden muss.[4] Dies setzt voraus, dass der entscheidungserhebliche **Tatsachenstoff**[5] hinreichend **geklärt** worden ist, dh. die zulässigen Beweise hinsichtlich der beweisbedürftigen Tatsachen vom Gericht erhoben und gewürdigt wurden, um darauf das Urteil zu stützen (vgl. Rn. 3).[6] Zwar muss das Gericht nicht jede theoretisch denkbare Möglichkeit einer Sachaufklärung nutzen,[7] jedoch ist es verpflichtet, die Sache mit den Parteien erschöpfend zu erörtern und ihnen Gelegenheit zu geben, sich über alle erheblichen Tatsachen vollständig zu erklären (§ 139).[8] Der verfassungsrechtlich verankerte Anspruch auf rechtliches Gehör (Art. 103 Abs. 1 GG) gebietet dem Gericht jedoch nur, den Parteien eine angemessene Möglichkeit einzuräumen, sich zu relevanten Punkten zu äußern,[9] ändert aber nichts daran, dass die Beschaffung des entscheidungserheblichen Tatsachenstoffs bei Geltung der **Verhandlungsmaxime** in die Verantwortung der Parteien gegeben worden ist; hierauf hat das Gericht bei der Durchführung des Rechtsstreits Rücksicht zu nehmen, wenn es sich nicht dem Vorwurf einer Überaktivität und einer unzulässigen Einschränkung des Aufgabenbereichs der die Parteien vertretenden Rechtsanwälte aussetzen will.[10] 2

Die Entscheidungsreife tritt also grundsätzlich nur ein, wenn die tatsächlichen Grundlagen aller Angriffs- und Verteidigungsmittel in dem oben dargestellten Sinn geklärt wurden, es sei denn, dass sie als verspätet zurückzuweisen sind (§§ 296, 296a, 527ff.). Deshalb ist es nicht zulässig, den Beklagten zur Zahlung einer bestimmten Geldsumme abzüglich eines erst noch zu ermittelnden Betrages zu verurteilen, weil dann noch nicht der gesamte Streitstoff geklärt und der Rechtsstreit zur Entscheidung reif ist.[11] Nur in den Fällen des § 302 und des § 599 darf ein **Urteil unter Vorbehalt** einer weiteren Entscheidung oder der vom Beklagten geltend gemachten Rechte ergehen (vgl. auch Vor §§ 300ff. Rn. 2). Eine Verurteilung unter dem Vorbehalt der beschränkten Haftung des Erben ist nach § 305 (vgl. die Erl. zu dieser Vorschrift) zulässig. 3

2. Einzelfälle. Stellt das Gericht fest, dass eine Prozessvoraussetzung (endgültig[12]) fehlt, dann hat es die Klage durch **Prozessurteil** (vgl. Vor §§ 300ff. Rn. 2) abzuweisen, ohne dass auf die Frage der Begründetheit der Klage einzugehen ist (vgl. aber auch u. Rn. 6).[13] Stützt der Kläger sein **Klagebegehren auf verschiedene rechtliche Gründe** (zB Herausgabeanspruch als Eigentümer und Rückgabeanspruch als Verleiher), dann ist der Rechtsstreit zur Entscheidung reif, wenn das Gericht die tatsächlichen Voraussetzungen eines dieser Gründe festgestellt hat; andere können dann offen bleiben.[14] Dies gilt jedoch nur, wenn die verschiedenen Rechtsgründe gleichwertig für den Kläger sind, dh. zu einer gleichen Rechtslage für ihn führen. Verleiht einer der verschiedenen Rechtsgründe dem Kläger eine bessere Rechtsposition zB in der Zwangsvollstreckung,[15] dann muss das 4

---

[3] AK-ZPO/*Fenge* Rn. 2.

[4] *Fenge* (Fn. 3) Rn. 7; *Rosenberg/Schwab/Gottwald* § 59 Rn. 8.

[5] Vgl. *Musielak/Stadler* BwR Rn. 14f.

[6] Vgl. *Zöller/Vollkommer* Rn. 2.

[7] *Fenge* (Fn. 3) Rn. 4.

[8] BayObLGZ 1948–1951, 70, 72; *Stein/Jonas/Leipold* § 139 Rn. 26, 35.

[9] Vgl. *Stein/Jonas/Leipold* vor § 128 Rn. 30ff.; *Musielak/Musielak* Einl. Rn. 28, jeweils m. Nachw.

[10] *Birk* NJW 1985, 1489; gegen ihn *Brinkmann* NJW 1985, 2460; vgl. auch *Fenge* (Fn. 3) Rn. 5.

[11] RG Gruchot 45 (1901), 94; *Baumbach/Lauterbach/Hartmann* Rn. 5.

[12] Maßgebender Zeitpunkt ist der Schluss der letzten mündliche Verhandlung (*Baumbach/Lauterbach/Hartmann* Vor § 253 Rn. 16; *Rosenberg/Schwab/Gottwald* § 131 Rn. 38). Kann ein Mangel noch behoben werden, ist dem Kläger dazu Gelegenheit zu geben (vgl. BGH NJW 1981, 2462, 2463 = LM § 253 Nr. 65; BGH NJW 1983, 684, 685 = LM § 51 Nr. 12; Rn. 2f.). Zur örtlichen oder sachlichen Unzuständigkeit vgl. § 281.

[13] BGH LM § 268 aF Nr. 1; BGH NJW 1962, 633, 635f.; 1983, 684, 685; BGH NJW-RR 1986, 1041 = LM UWG § 13 Nr. 42; *Stein/Jonas/Brehm* Einl. Rn. 265, jeweils m. weit. Nachw.

[14] *Rosenberg/Schwab/Gottwald* § 59 Rn. 8.

[15] Dies ist beispielsweise nach §§ 850d, 850f Abs. 2 der Fall; vgl. *Hoffmann* NJW 1973, 1113; *Baumbach/Lauterbach/Hartmann* Rn. 10.

Gericht klären, ob dieser dem Kläger zusteht. Kann eine Klage aufgrund mehrerer **Einwendungen** des Beklagten abgewiesen werden, dann kann der Richter ebenfalls wählen, auf welche er das klageabweisende Urteil stützt, und von einer Prüfung der anderen absehen.[16] Eine Ausnahme muss jedoch gemacht werden, wenn der Beklagte in erster Linie Klageabweisung beantragt und nur für den Fall, dass das Gericht die klageweise geltend gemachte Forderung für bestehend erachtet, mit einer **Gegenforderung aufrechnet.** Dann darf das Gericht die Frage, ob die Klageforderung existiert, nicht mit der Begründung offen lassen, auch wenn die Forderung bestehe, sei sie durch Aufrechnung erloschen und deshalb die Klage abzuweisen,[17] sondern ist an die vom Beklagten vorgegebene Reihenfolge gebunden, muss also zunächst feststellen, ob dem Kläger eine Forderung gegen den Beklagten zusteht; nur wenn diese Frage zu bejahen ist, kommt es auf die Wirksamkeit der Aufrechnung an, sonst ist die Klage unabhängig davon abzuweisen.[18] Die Verpflichtung des Gerichts, in dieser Reihenfolge vorzugehen, ergibt sich zwar nicht aus § 308 Abs. 1, weil diese Vorschrift nicht auf den Abweisungsantrag des Beklagten und damit eventualiter verbundenen Erklärungen des Beklagten bezogen ist (vgl. § 308 Rn. 5), wohl aber aus der im Interesse der Parteien und auch aus prozessökonomischen Gründen anzuerkennenden Notwendigkeit, nicht offen zu lassen, ob die Gegenforderung durch Aufrechnung erloschen ist.[19] Stellt der Kläger **Haupt- und Hilfsanträge,** dann darf das Gericht den Hilfsantrag nur dann prüfen, wenn es den Hauptantrag für unbegründet hält (vgl. § 308 Rn. 15). Beantragt beispielsweise der Kläger, den Beklagten für den Fall, dass diesem die Lieferung bestimmter Gegenstände nicht zumutbar sei, zur Zahlung einer bestimmten Geldsumme zu verurteilen, dann muss das Gericht zunächst die Zumutbarkeitsfrage entscheiden und darf nur dann, wenn es diese Frage verneint, darüber befinden, ob dem hilfsweise gestellten Antrag, den Beklagten zur Zahlung zu verurteilen, stattzugeben ist.[20] Ist der Kläger danach mit dem Hilfsantrag erfolgreich, dann muss die Klage im übrigen (wegen des Hauptantrages) abgewiesen werden. Beruft sich der Kläger hilfsweise auf einen die Sachdarstellung zum Hauptantrag ausschließenden Sachverhalt (Auskunftsanspruch aus eigenem, hilfsweise aus abgetretenem Recht), dann sollen nach Auffassung des OLG Köln[21] aus prozessökonomischen Gründen von einer zeit- und kostenaufwändigen Klärung abgesehen werden dürfen und eine Alternativentscheidung zulässig sein, wenn die Beantwortung der Frage, welcher Sachverhalt zutrifft, keinen Einfluss auf die Entscheidung haben kann.

5 **3. Pflicht zur Entscheidung.** Sobald ein Rechtsstreit zur Entscheidung reif ist, muss das Gericht ihn auch durch Endurteil abschließen (vgl. auch o. Rn. 1), soweit er nicht durch Klagerücknahme, Vergleich oder übereinstimmende Erledigungserklärung ohne Urteil beendet wird. Dementsprechend ist es nicht zulässig, nach einer mündlichen Verhandlung das schriftliche Verfahren anzuordnen, wenn der Rechtsstreit aufgrund dieser Verhandlung bereits zur Endentscheidung reif ist.[22] Stellt das Gericht die Unzulässigkeit der Klage fest, dann darf es grundsätzlich nicht den Rechtsstreit zur Heilung der Zulässigkeitsmängel aussetzen, sondern hat die Klage durch **Prozessurteil** abzuweisen.[23] Aus Gründen der **Prozessökonomie** wird man jedoch dann von einer (sofortigen) Abweisung der Klage als unzulässig abzusehen haben, wenn absehbar ist, dass die bestehenden Mängel kurzfristig behoben sein werden.[24] Ein Richter, der die Erledigung eines Rechtsstreits verzögert und entgegen § 300 Abs. 1 ein Urteil bei Entscheidungsreife nicht erlässt, kann sich wegen Verletzung einer Amtspflicht schadensersatzpflichtig machen.[25]

III. Endurteil

6 Ein Endurteil (zum Begriff vgl. Vor §§ 300 ff. Rn. 2), das bei Entscheidungsreife nach § 300 zu erlassen ist, kann sowohl ein Prozessurteil als auch ein Sachurteil sein. Ist eine Klage nicht zulässig,

[16] *Zöller/Vollkommer* Rn. 4; *Thomas/Putzo/Reichold* Rn. 2; *Wieczorek* Anm. C III b; *Rosenberg/Schwab/Gottwald* (Fn. 14) aA *Grunsky* Grundlagen § 46 I 1, § 47 V 1 c.

[17] So die früher insbesondere von *Stölzel,* Schulung für die civilistische Praxis, II. Teil, 5. Aufl. 1914, S. 518 ff.; *ders.* AcP 95 (1904), 1, vertretene sog. Klageabweisungstheorie.

[18] So die heute allg. vertretene Beweiserhebungstheorie vgl. nur BGH NJW 1974, 2000, 2002; 1988, 3210; BAG AP § 322 Nr. 7; *Musielak/Stadler* § 145 Rn. 22; *Grunsky* Grundlagen § 15 III.

[19] Nach Auffassung von *Grunsky* (Fn. 18) soll das Gericht jedoch bei einer unbedingt erklärten Aufrechnung berechtigt sein, die Klage wegen dieser Aufrechnung abzuweisen, ohne auf ein sonstiges Verteidigungsvorbringen des Beklagten einzugehen; ebenso *Schreiber* JA 1980, 344, 346; aA *Rosenberg/Schwab/Gottwald* § 102 Rn. 22.

[20] BGH LM Nr. 1.

[21] NJW-RR 1987, 505.

[22] BGHZ 17, 118, 120 f.; BAGE 3, 52, 54.

[23] RGZ 18, 383, 384 f.

[24] Vgl. *Wieczorek* Anm. C I b 1.

[25] Vgl. *Blomeyer* NJW 1977, 557; AK-ZPO/*Fenge* Rn. 8.

weil Prozessvoraussetzungen nicht erfüllt sind, dann ist sie durch Prozessurteil abzuweisen. Auf die Frage nach der Begründetheit kann es dann nicht ankommen. Dies gilt gleichermaßen in Fällen, in denen für die Entscheidung über die Zulässigkeit tatsächliche Zweifel auch erheblicher Art zu klären sind, während der durch die Klage geltend gemachte Anspruch offensichtlich nicht besteht; das Gericht darf dann nicht die Zulässigkeit offen lassen und die Klage als unbegründet abweisen.[26] Gegenüber abweichenden Auffassungen[27] ist an dem **Vorrang der Zulässigkeitsprüfung** festzuhalten, weil die Prozessvoraussetzungen nicht etwa lediglich einer „dialektischen Denk- und Erkenntnismethode"[28] dienen, sondern ihnen wichtige Schutzfunktionen zukommen, die im Interesse der Gerechtigkeit eingehalten werden müssen.[29] Lediglich in wenigen **Ausnahmefällen** darf von dieser Reihenfolge abgewichen und ein Urteil in der Sache erlassen werden, wenn einzelne Prozessvoraussetzungen ungeklärt sind. So ergibt sich aus dem Zweck der Rechtsschutzvoraussetzungen (Klagbarkeit, Rechtsschutzfähigkeit, Rechtsschutzbedürfnis), dass ihre Erfüllung dahingestellt bleiben kann, wenn das Gericht die Klage als unbegründet abzuweisen vermag und die dafür erforderlichen Voraussetzungen feststehen.[30]

IV. Prozessverbindung (Abs. 2)

Durch die Verbindung mehrerer Rechtsstreite soll die Entscheidung des einzelnen Prozesses nicht verzögert werden. Deshalb bestimmt § 300 Abs. 2, dass in dem Fall, dass einer der verbundenen Rechtsstreite zur Endentscheidung reif ist, insoweit ein Endurteil zu erlassen ist. Es handelt sich hierbei um ein Voll-Endurteil, nicht etwa um ein Teilurteil iSv. § 301.[31] Deshalb steht dem Gericht auch kein Beurteilungsspielraum hinsichtlich dieser Erledigung zu, wie dies nach § 301 Abs. 2 bei einem Teilurteil der Fall ist (vgl. § 301 Rn. 21).[32] Sind alle verbundenen Rechtsstreite zur Entscheidung reif, dann muss allerdings das Gericht über sie in einem einheitlichen Urteil befinden und nicht in getrennten Entscheidungen.[33] Eine objektive Klagenhäufung (§ 260) fällt dagegen nicht unter die Vorschrift des § 300 Abs. 2; hierfür gilt vielmehr § 301 mit der Möglichkeit des Erlasses eines Teilurteils (vgl. § 301 Rn. 4). 7

V. Kosten

1. Gericht. Eine (zusätzliche) Urteilsgebühr entsteht nicht. Vielmehr werden die Kosten dafür durch die Gebühren für das Verfahren im Allgemeinen mit abgegolten (vgl. zB KV Nr. 1210, 1220, 1230). Eine Ermäßigung ergibt sich bei Anerkenntnis- und Verzichtsurteilen sowie bei Urteilen, die nach § 313a Abs. 2 keinen Tatbestand und keine Entscheidungsgründe enthalten (KV 1211 Nr. 2). 8

2. Rechtsanwalt. Die Tätigkeit des Rechtsanwalts im Zivilprozess. wird durch die in Nr. 3100ff. VV RVG aufgeführten Gebühren abgegolten.[34] Danach ist zwischen der Verfahrensgebühr und der Terminsgebühr zu unterscheiden. Die Verfahrensgebühr (Nr. 3100, 3101 VV RVG) entsteht für das „Betreiben des Geschäfts einschließlich der Information" (vgl. Vorbem. 3 Abs. 2 VV RVG). Was im Einzelnen dazu gehört, wird in § 19 RVG beschrieben. Es werden alle innerprozessualen Handlungen erfasst, für die kein eigener Gebührentatbestand gilt (zB die Beweisaufnahme, prozessuale Anträge, Erklärungen zum Rechtsmittelverzicht). Die Terminsgebühr (Nr. 3104, 3105 VV RVG) fällt bereits bei Vertretung in einem Gerichtstermin an. Auf die Stellung von Anträgen oder streitiges Verhandeln kommt es nicht an. Für Berufungsverfahren ist die Verfahrensgebühr in Nr. 3200 VV RVG und die Terminsgebühr in Nr. 3202 VV RVG geregelt. In Revisionsverfahren fallen Verfahrensgebühren gemäß Nr. 3206, 3208 VV RVG und Terminsgebühren gemäß Nr. 3210 VV RVG an. 9

---

[26] BGH NJW 2000, 738; 2000, 3718, 3719f.; *Rosenberg/Schwab/Gottwald* § 93 Rn. 2, 46f.; *Jauernig,* FS Schiedermair, 1976, S. 289.

[27] *Rimmelspacher* S. 109ff.; *Lindacher* NJW 1967, 1389; *ders.* ZZP 90 (1977), 131, 144f.; *Grunsky* Grundlagen § 34 III m. Einschränkungen.

[28] So *Sauer,* Die Reihenfolge der Prüfung von Zulässigkeit und Begründetheit einer Klage in Zivilprozessen, 1974, S. 112.

[29] *Stein/Jonas/Schumann,* 20. Aufl. 1977, Einl. Rn. 326 m. überzeugender Begründung.

[30] *Schumann* (Fn. 29) Rn. 327, 333f.; *Stein/Jonas/Brehm* Einl. Rn. 267, 273 (ebenso bei Fällen, in denen Unklarheit über Einhaltung der Klagefrist oder der Rechtskraftwirkung eines Urteils besteht); *Musielak/Foerste* Vor § 253 Rn. 13; *Gottwald* NJW 1974, 2241, jeweils m. weit. Nachw.

[31] *Schneider* MDR 1974, 7, 8; *Zöller/Vollkommer* Rn. 6.

[32] *Schneider* (Fn. 31); *Stein/Jonas/Leipold* Rn. 28.

[33] RGZ 49, 401, 402; *Stein/Jonas/Leipold* Rn. 28 Fn. 35.

[34] Vgl. *Musielak/Grandel* § 300 Rn. 13.

§ 301 Teilurteil

(1) Ist von mehreren in einer Klage geltend gemachten Ansprüchen nur der eine oder ist nur ein Teil eines Anspruches oder bei erhobener Widerklage nur die Klage oder die Widerklage zur Endentscheidung reif, so hat das Gericht sie durch Endurteil (Teilurteil) zu erlassen. Über einen Teil eines einheitlichen Anspruchs, der nach Grund und Höhe streitig ist, kann durch Teilurteil nur entschieden werden, wenn zugleich ein Grundurteil über den restlichen Teil des Anspruchs ergeht.

(2) Der Erlass eines Teilurteils kann unterbleiben, wenn es das Gericht nach Lage der Sache nicht für angemessen erachtet.

Übersicht

I. Normzweck und Bedeutung

1 In der Begründung des Entwurfs der Zivilprozessordnung[1] wird zu den Teilurteilen folgendes ausgeführt: „Sie charakterisieren sich als Endurtheile über einen quantiativen Theil des Streitgegenstandes, der vor anderen Theilen des letzteren spruchreif geworden ist, und gewähren neben der Beschränkung und Vereinfachung des noch zu verhandelnden und zu entscheidenden Prozessstoffs den Vortheil, dass der zur Endentscheidung reife Theil des Streitgegenstandes im Interesse der obsiegenden Partei einer baldigen exekutivischen Erledigung zugeführt wird. Zur Sicherung dieses Vortheils ist die sofortige Anfechtung der Theilurtheile mittels der gegen Endurtheile statthaften Rechtsmittel zugelassen." **Vereinfachung der Entscheidung** und **Beschleunigung** in der Durchsetzung von Rechten der obsiegenden Partei sind also die Ziele, die der Gesetzgeber mit der Regelung des § 301 verfolgt.[2] In der Praxis der Gerichte wird von der Möglichkeit, ein Teilurteil zu erlassen, recht wenig Gebrauch gemacht.[3] Dies hat die Kommission zur Vorbereitung einer Reform der Zivilgerichtsbarkeit zu dem Vorschlag veranlasst, die Regelung des § 301 Abs. 2, die dem Gericht ein Ermessen einräumt, einzuschränken und nur einzelne Ausnahmegründe aufzuzählen, in denen entscheidungsreife Teile eines Rechtsstreits nicht durch Teilurteil zu erledigen sind.[4] Die Kommission für das Zivilprozessrecht hat sich diesem Vorschlag nicht angeschlossen, weil schwer vorstellbar sei, wie der Erlass eines Teilurteils gegen das Gericht durchgesetzt werden solle, und weil eine Nachprüfung im Rechtsmittelwege den Beschleunigungseffekt in sein Gegenteil verkehren würde.[5] Durch Gesetz zur Beschleunigung fälliger Zahlungen vom 30. März 2000 (BGBl. I S. 330) ist dem Absatz 1 ein neuer Satz 2 angefügt worden, durch den die entsprechende Rechtsprechung des BGH gesetzlich festgeschrieben werden soll (vgl. u. Rn. 4).

2 **Teilurteile** sind im Rahmen des Zivilprozesses grundsätzlich in jeder Prozessart **zulässig.**[6] Sie können als Leistungs-, Gestaltungs- oder Feststellungsurteil (vgl. Vor §§ 300 ff. Rn. 2) ergehen;

[1] Mat. II 1 S. 283.
[2] Vgl. BGHZ 77, 306, 310 = NJW 1980, 2355; OLG Oldenburg VersR 1986, 926 f.; *Baumbach/Lauterbach/Hartmann* Rn. 2; *Zöller/Vollkommer* Rn. 1a.
[3] *de Lousanoff* S. 11; *Prütting* ZZP 94 (1981), 103; AK-ZPO/*Fenge* Rn. 2 ff.; *Rosenberg/Schwab/Gottwald* § 59 Rn. 12.
[4] Bericht 1961 S. 255.
[5] Bericht 1977 S. 101.
[6] Vgl. *Wieczorek* Anm. A III a; *Fenge* (Fn. 3) Rn. 19; *Stein/Jonas/Leipold* Rn. 3.

ebenso sind sie als bedingte Urteile oder Vorbehaltsurteile möglich.[7] Wird ein Teil des Rechtsstreites durch Teilurteil entschieden, dann muss die Verhandlung über den noch vorbehaltenen Rest fortgesetzt werden,[8] wobei auch noch weitere Teilurteile möglich bleiben, soweit die Voraussetzungen dafür erfüllt sind. Das Urteil, das über den verbleibenden Rest entscheidet und den Rechtsstreit insgesamt und endgültig für die Instanz abschließt, wird als **Schlussurteil** bezeichnet.

II. Anwendungsbereich

In Verfahren der **Freiwilligen Gerichtsbarkeit** ist § 301 entsprechend anzuwenden.[9] Nach 3
§ 46 Abs. 2 ArbGG iVm. § 495 gilt § 301 im **arbeitsgerichtlichen** Urteilsverfahren entsprechend.[10] Ebenso kann § 301 im arbeitsgerichtlichen Beschlussverfahren analog angewendet werden, wenn nur ein Teil des Verfahrensgegenstandes zur Entscheidung reif ist.[11] Teilentscheidungen können aufgrund einer entsprechenden Anwendung des § 301 auch in **patentgerichtlichen Beschwerdeverfahren** erlassen werden.[12]

III. Voraussetzungen für den Erlass eines Teilurteils

1. Abgrenzbarkeit des Gegenstandes. Selbstverständliche Voraussetzung für jedes Teilurteil 4
bildet die Möglichkeit, dass sich ein Rechtsstreit in abgrenzbare Teile zerlegen lässt, so dass für jeden Teil ein selbständiges Urteil in Betracht kommen kann. Dagegen steht einem Teilurteil nicht entgegen, dass die Entscheidung über verschiedene in einer Klage geltend gemachte Ansprüche von derselben Rechtsfrage abhängt.[13] Keine Schwierigkeiten bereitet das Erfordernis der Teilbarkeit bei dem im Gesetzestext als Beispiel ausdrücklich genannten Fall der Klage und Widerklage, weil beiden unterschiedliche Streitgegenstände zugrunde liegen. Gleiches gilt bei der **objektiven Klagenhäufung** (§ 260),[14] die sich ebenfalls auf eine Mehrheit von Streitgegenständen bezieht, und bei der **einfachen Streitgenossenschaft,**[15] bei der nur mehrere Prozesse zur gemeinschaftlichen Verhandlung und Beweisaufnahme zusammengefasst werden und die deshalb einer getrennten Entscheidung durch Teilurteil regelmäßig zugänglich sind, wenn nicht eine Abhängigkeit zwischen dem durch Teilurteil erfassten Streitstoff und der Entscheidung über den restlichen Verfahrensgegenstand besteht (vgl. Rn. 7); eine solche Abhängigkeit ergibt sich zB bei Klagen mehrerer gleichrangiger Unterhaltsberechtigter, wenn der Beklagte Unterhaltsverpflichtete nicht ausreichend leistungsfähig ist und deshalb eine Aufteilung der verfügbaren Mittel unter den Klägern vorgenommen werden muss[16] oder wenn über einen Teil des Unterhalts entschieden werden soll, jedoch die Entscheidung über den restlichen Unterhalt für denselben Zeitraum offen bleiben muss.[17] Wird eine Amtshaftungsklage gegen einen Beamten mit der Klage gegen den Dienstherrn verbunden und ist die Frage, ob den Dienstherrn eine Ersatzpflicht trifft, noch nicht entscheidungsreif, dann darf die Amtshaftungsklage nicht durch Teilurteil abgewiesen werden, weil die Entscheidung hierüber für den durch Teilurteil entschieden Amtshaftungsanspruch präjudiziell ist.[18] Die Gefahr widersprüchlicher Entscheidungen und damit die Unzulässigkeit eines Teilurteil ergibt sich, wenn mehrere Ärzte als einfache Streitgenossen wegen Fehler bei einer Operation verklagt werden und ein Teilurteil nicht alle für die Durchführung der Operation verantwortlichen Ärzte erfasst und deshalb bei Entscheidung über deren Haftung die gleiche Haftungsfrage erneut zu beantworten ist.[19] Wird während des laufenden Prozesses das Insolvenzverfahren über das Vermögen eines von mehreren einfachen Streitgenossen eröffnet, dann kann gegenüber den anderen Streitgenossen ein Teilurteil auch dann erlassen werden, wenn nicht ausgeschlossen werden kann, dass eine vom Teilurteil abwei-

[7] *Stein/Jonas/Leipold* Rn. 9.

[8] RGZ 49, 401, 402f.

[9] Vgl. BGH NJW 1958, 1540; 1984, 120; 1984, 1543; 1983, 38, 39; BayObLG, Der Wohnungseigentümer 1982, 136; WoM 1994, 152, 153; OLG Zweibrücken NJW-RR 1994, 1525, 1527; *Grunsky* Grundlagen § 46 I 2.

[10] LAG Berlin DB 1978, 1088.

[11] LAG Berlin DB 1978, 1088; 1988, 1860; *Stein/Jonas/Leipold* Rn. 21.

[12] BPatG GRUR 1991, 828.

[13] BGHZ 157, 133 = NJW 2004, 1662, 1664f.

[14] BGH NJW 1984, 615; 1993, 2173; *Zöller/Vollkommer* Rn. 3f.

[15] Vgl. BGH (Fn. 14); BGH NJW 1988, 2113; OLG Hamm NJW-RR 1996, 1083; OLG Bremen VersR 1996, 748, 749.

[16] OLG Frankfurt/M FamRZ 1987, 1275.

[17] OLG Brandenburg FamRZ 1997, 504; OLG Koblenz FamRZ 1998, 755; zur Unzulässigkeit sog. „horizontaler" Teilurteile in Unterhaltssachen vgl. OLG Schleswig FamRZ 1988, 1293.

[18] BGH MDR 2004, 898.

[19] OLG Karlsruhe NJW-RR 2005, 798.

chende Entscheidung in dem später aufzunehmenden Verfahren ergeht; denn die durch das Insolvenzverfahren bewirkte Unterbrechung führt zu einer faktischen Trennung der Verfahren, weil nicht absehbar ist, wie lange die Unterbrechung dauert. Es würde dem Rechtsschutzanspruch der übrigen Streitgenossen widersprechen, sie bis zum ungewissen Zeitpunkt der Wiederaufnahme warten zu lassen.[20] Das Gleiche gilt im Falle der Unterbrechung des Verfahrens infolge des Todes einer Partei, wenn keine Anhaltspunkte dafür gegeben sind, dass das Verfahren alsbald mit den Erben der verstorbenen Partei fortgesetzt werden kann.[21] Die **Heilung der Unzulässigkeit** eines Teilurteils (Teilurteil gegen nur einen von zwei Gesamtschuldnern) kann nachträglich eingetreten, wenn nach Erlass des Urteils die Klage gegen den anderen Gesamtschuldner zurückgenommen wird und dadurch eine abweichende Entscheidung in demselben Verfahren ausgeschlossen ist.[22]

5 Bei einer **notwendigen Streitgenossenschaft** muss einheitlich über die Klage entschieden werden, so dass grundsätzlich nicht in Betracht kommen kann, ein Teilurteil nur gegen einen der Streitgenossen zu erlassen und die Entscheidung im übrigen einem Schlussurteil vorzubehalten.[23] Nur wenn die anderen (notwendigen) Streitgenossen erklärt haben, zu der mit der Klage begehrten Leistung verpflichtet und bereit zu sein, ist ein Teilurteil gegen einen von mehreren notwendigen Streitgenossen zulässig.[24] Durch Teilurteil kann nicht über eine **Berufung** befunden werden, mit der ein Unterhaltsberechtigter die Erhöhung des in erster Instanz zugesprochenen Unterhalts begehrt und der Unterhaltsverpflichtete mit einer Anschlussberufung seine Verurteilung anficht.[25] Erfüllt die Berufung hinsichtlich eines abgrenzbaren Teils die Voraussetzungen des **§ 522 Abs. 2,** dann kann das Gericht insoweit durch Beschluss zurückweisen.[26]

6 Gegenstand eines Teilurteils kann auch der **Teil eines einheitlichen Streitgegenstandes** (§ 301 Abs. 1: „Teil eines Anspruchs") sein, wenn er sich derart individualisieren und abgrenzen lässt, dass er einer gesonderten rechtlichen und tatsächlichen Beurteilung fähig ist,[27] dagegen nicht einzelne Elemente einer Schadensersatzforderung, die sich nicht verselbständigen lassen, wie dies zB für Zeiten einer Erwerbsunfähigkeit zutrifft, die die Grundlage für die Berechnung eines dem Kläger entstandenen Schadens bilden.[28] Bei einem Schmerzensgeldanspruch kann sich das Teilurteil auf Verletzungsfolgen beschränken, die bis zum Zeitpunkt der Abfassung der Klageschrift aufgetreten sind; über ein weiteres Schmerzensgeld für spätere Verletzungsfolgen, die noch nicht feststehen, kann durch Schlussurteil befunden werden.[29] Stützt der Kläger seinen (einheitlichen) Klageantrag auf **mehrere Klagegründe,** dh. Tatsachen, aus denen er sein behauptetes Recht herleitet, dann ist ein Teilurteil über einen dieser Klagegründe nicht zulässig.[30] Ebenso wenig kann durch Teilurteil ausgesprochen werden, dass eine von mehreren konkurrierenden **Anspruchsgrundlagen** dem Kläger nicht zusteht,[31] dass also beispielsweise eine Klage auf Schadensersatz insoweit abgewiesen wird, als sie auf Vertrag gestützt wird, während eine Ersatzpflicht aufgrund einer anderen Rechtsgrundlage offen bleibt. Unselbständige Rechnungsposten eines einheitlichen Anspruchs können Gegenstand eines Teilurteils sein, wenn sie ziffernmäßig oder auf andere Weise bestimmt und individualisiert sind.[32] Ist allerdings der Anspruch auch dem Grunde nach streitig, dann kann ein ziffernmäßig oder sonst wie bestimmter individualisierter Teil durch Teilurteil nur zugesprochen werden, wenn zugleich ein Grundurteil über die restlichen Anspruchsteile ergeht (Abs. 1 S. 2; vgl. auch § 304 Rn. 26);[33] denn über den Grund des Anspruchs muss einheitlich entschieden werden, weil er

---

[20] BGH NJW-RR 2003, 1002, 1003. Das Gericht weist darauf hin, dass etwas anders gelten kann, wenn Anhaltspunkte dafür gegeben sind, dass das unterbrochene Verfahren bald fortgesetzt wird.

[21] BGH NJW 2007, 156, 157 f.

[22] KG MDR 2005, 291.

[23] BGH NJW 1962, 1722 = LM § 62 Nr. 10; BGH NJW 1991, 101; BGHZ 131, 376, 381 f. = NJW 1996, 1060; RGZ 132, 349, 351; RG JW 1912, 147; *Stein/Jonas/Leipold* Rn. 10 (unter Hinweis darauf, dass bei einer prozessrechtlich notwendigen Streitgenossenschaft die Abweisung der Klage als unzulässig für und gegen einen Streitgenossen möglich ist).

[24] BGH NJW 1962, 1723 (Fn. 23); *Thomas/Putzo/Reichold* Rn. 2; *Stein/Jonas/Leipold* (Rn. 10).

[25] BGH NJW 1999, 1718, 1719 m. weit. Nachw. = LM Nr. 61 m. Anm. v. *Musielak.*

[26] OLG Rostock NJW 2003, 2754.

[27] BGH NJW 1984, 615; 1992, 1769, 1770; 1999, 1638; *Schönke/Kuchinke* § 74 I 4 d.

[28] BGH NJW-RR 1989, 1149; vgl. auch LG Frankfurt NJW 1989, 1935, zur Unzulässigkeit eines Teilurteils, das einzelne Mängelpositionen eines einheitlichen Minderungsanspruches wegen eines Reisemangels betrifft.

[29] BGH MDR 2004, 701; OLG Koblenz VRS 77, 427, 432.

[30] BGH NJW 1961, 72; 1971, 564; RGZ 165, 374, 383.

[31] BGH NJW 1984, 615 m. weit. Nachw.; BAG DB 1988, 2212; OLG Frankfurt WM 1986, 1144, 1150; vgl. auch BGH NJW 1961, 72; *Linnenbaum* JR 1984, 114, 115.

[32] BGH NJW 1992, 1769, 1770; 2000, 958, 959.

[33] BGHZ 107, 236, 242 = NJW 1989, 2821; BGH NJW 1991, 2082, 2083; 1992, 511; 1992, 1769, 1770; 1996, 395; OLG Hamm VersR 1996, 645, 646.

nicht teilbar iSv. § 301 Abs. 1 ist.[34] Werden bei der Berechnung der Klageforderung Einzelposten nur sachlich bestimmt, dagegen nicht ziffernmäßig festgelegt, dann kann das Gericht aus der Gesamtrechnung nicht einzelne Posten herausnehmen und sie zum Gegenstand eines Teilurteils machen.[35] Macht der Kläger einen Zahlungsanspruch geltend, der sich aus mehreren bezifferten Einzelposten zusammensetzt und teilt das Gericht das Klagebegehren lediglich nach Zeitabschnitten auf, so lässt sich sowohl eine teilweise Klageabweisung als auch eine Entscheidung über den Grund nur dann ausreichend individualisieren, wenn die geltend gemachten Einzelposten entweder im Urteil oder im Parteivorbringen bestimmten Zeitabschnitten zugeordnet werden.[36] Durch Teilurteil kann auch festgestellt werden, dass ein Arbeitsverhältnis nicht vor einem bestimmten Termin beendet worden ist; die Beantwortung der Frage des genauen Auflösungszeitpunktes darf dann dem Schlussurteil überlassen bleiben.[37] Wurde ein bestimmter Betrag als Mindestschaden vom Richter geschätzt (§ 287) und muss wegen der Höhe des diesen Betrag übersteigenden Schadens ein Sachverständigengutachten eingeholt werden, dann kann durch Teilurteil dem Kläger der Betrag in Höhe des Mindestschadens zuerkannt werden, wenn der Richter davon überzeugt ist, dass durch die Beweiserhebung kein Schaden festgestellt werden wird, der unter dem Betrag des geschätzten Mindestschadens liegt.[38]

Ein Teilurteil ist immer nur dann zulässig, wenn es dazu führt, dass der von ihm **erfasste Teil** 7
für das weitere Verfahren in der jeweiligen Instanz **ausscheidet** und die Entscheidung über ihn durch die Fortsetzung des Verfahrens in der Instanz nicht mehr beeinflusst werden kann.[39] Diese Voraussetzung wird nicht erfüllt und ein Teilurteil ist deshalb nicht zulässig, wenn lediglich feststeht, dass der Kläger einen bestimmten Betrag als Mindestschaden zu beanspruchen hat, jedoch die Aufteilung auf einzelne Posten der vom Kläger vorgenommenen Schadensberechnung nicht möglich ist;[40] in diesem Fall bleiben die **einzelnen Schadenspositionen** weiterhin im Streit und müssen berücksichtigt werden, wenn über die noch offene Frage des dem Kläger entstandenen Gesamtschadens entschieden werden soll.[41] Klagt ein Unternehmer eine aus zahlreichen streitigen Positionen und unter Berücksichtigung von Abschlagszahlungen errechnete restliche Werklohnforderung ein, so kann das Gericht nicht durch Teilurteil die Klage hinsichtlich einzelner als nicht bestehend festgestellter Positionen abweisen, wenn diese Positionen zusammen mit den noch im Streit befindlichen Faktoren herangezogen werden müssen, um die dem Kläger zustehende Forderung zu berechnen.[42] Die Frage der Abgrenzbarkeit von Teilen des Streitgegenstandes hängt auch von der Regelung des materiellen Rechts ab.[43] So hat der BGH die Zulässigkeit eines Teilurteils hinsichtlich von **Teilen eines Abfindungsanspruches,** der einem ausscheidenden **Personengesellschafter** zusteht, davon abhängig gemacht, ob es statthaft ist, einen derartigen Anspruch vor seiner endgültigen Feststellung zu einem bestimmten Teil geltend zu machen.[44] Dies hat der BGH bejaht, wenn zweifelsfrei geklärt ist, dass der ausscheidende Gesellschafter jedenfalls ein Guthaben in einer bestimmten Höhe zu beanspruchen habe; dann sei es ihm unbenommen, sein Guthaben in dieser Höhe schon vor der endgültigen Abrechnung zu fordern, so dass auch ein entsprechendes Teilurteil ergehen kann.

2. Entscheidungsreife. Ebenso selbstverständlich wie die Abgrenzbarkeit ein notwendiges Er- 8
fordernis für ein Teilurteil darstellt, bildet die Entscheidungsreife des Teiles, über den durch Teilurteil entschieden wird, eine weitere Voraussetzung; denn das Teilurteil ist ein Endurteil und lässt deshalb gleichermaßen wie jedes andere Endurteil auch (vgl. § 300 Abs. 1) erforderlich sein, dass der Rechtsstreit, soweit über ihn abschließend entschieden wird, zur Entscheidung reif ist. Der Begriff der Entscheidungsreife in § 301 Abs. 1 ist im gleichen Sinne wie bei § 300 zu verstehen (vgl. § 300 Rn. 2f.), dh. der Sachverhalt muss in tatsächlicher und rechtlicher Hinsicht hinreichend geklärt sein. Trifft dies allerdings für den gesamten Rechtsstreit zu, dann darf kein Teilurteil, sondern

---

[34] BGH NJW 1992, 511; 1992, 1769, 1770.

[35] *de Lousanoff* S. 62; AK-ZPO/*Fenge* Rn. 9.

[36] BGHZ 108, 256, 259 = NJW 1989, 2745, 2746.

[37] BAG NJW 1991, 3170.

[38] BGH NJW 1996, 1478 = JZ 1996, 1188 m. abl. Anm. v. G. *Müller.*

[39] BAG NZA 2006, 1062, 1063; OLG Hamburg MDR 1957, 747, 748; OLG Düsseldorf NJW 1970, 2217, 2218; OLG Hamburg FamRZ 1991, 445, 446; OLG Stuttgart NJW-RR 1999, 141.

[40] RG HRR 1932, 553; vgl. auch RGZ 66, 396, 398; OLG Frankfurt MDR 1975, 321, 322.

[41] Es lässt sich allerdings die Unzulässigkeit eines Teilurteils auch mit der fehlenden Entscheidungsreife begründen, so *de Lousanoff* S. 47 ff., 51.

[42] OLG Zweibrücken MDR 1982, 1026.

[43] *de Lousanoff* S. 61 meint sogar, dass sich insoweit Schwierigkeiten nur aus dem materiellen Recht ergeben könnten.

[44] BGH BB 1961, 348.

muss ein Vollurteil erlassen werden. Beantragt der Kläger die Zahlung eines Schmerzensgeldes und daneben die Feststellung, dass der Beklagte auch zum Ersatz noch weiterer Schäden verpflichtet sei, dann darf das Gericht nicht durch Teilurteil einen Schmerzensgeldanspruch für einen bestimmten Zeitraum mit der Begründung zusprechen, für die Zeit danach stehe noch nicht fest, welcher Schaden dem Kläger erwachse; vielmehr ist in diesem Fall die Klage insgesamt entscheidungsreif: soweit ein Schaden für die Zukunft nicht feststeht, muss ein Zahlungsantrag als zur Zeit unbegründet abgewiesen und zugleich dem Feststellungsantrag stattgegeben werden.[45] Ist die Höhe des dem Kläger entstandenen Schadens streitig, dann kann dem Kläger durch Teilurteil ein Betrag als Mindestschaden zugesprochen und wegen der restlichen Klageforderung ein Sachverständigengutachten eingeholt werden, wenn feststeht, dass die vom Sachverständigen vorzunehmenden Klärungen nicht dazu führen können, den durch Teilurteil zuerkannten Mindestschaden in Frage zu stellen.[46] Hält das Berufungsgericht in einem Rechtsstreit gegen mehrere Beklagte eine Wiederholung der vom erstinstanzlichen Gericht durchgeführten Zeugenvernehmung zu einem Beweisthema für erforderlich, die für die Entscheidung gegen alle Beklagte von Bedeutung ist, dann darf es nicht diese Beweisaufnahme auf ein Prozessrechtsverhältnis beschränken und gleichzeitig über andere vorab durch Teilurteil entscheiden. Denn ein solches Teilurteil wäre mangels Entscheidungsreife des erhobenen Anspruchs unzulässig. Beweise sind wegen der Einheitlichkeit des Verfahrens nur einmal zu erheben und einheitlich frei zu würdigen, so dass unterschiedliche Ergebnisse gegen einzelne Streitgenossen ausgeschlossen sind.[47] Nur wenn das Berufungsgericht die Beweisaufnahme nicht wiederholt, kann es durch Teilurteil gegenüber einem Streitgenossen entscheiden, muss dann aber erkennen lassen, dass es die Frage einer Wiederholung der Beweisaufnahme geprüft und verneint hat.[48]

9 **3. Unabhängigkeit.** Als eine weitere (ungeschriebene) Voraussetzung für den Erlass eines Teilurteils wird von der hM verlangt, das Teilurteil müsse unabhängig von der Entscheidung über den restlichen Verfahrensgegenstand sein.[49] Eine derartige Unabhängigkeit soll die **Gefahr eines Widerspruchs** zwischen dem Teilurteil und dem Schlussurteil **ausschließen.**[50] Der hM ist entgegenzuhalten, dass sie den Inhalt der Begriffe der Unabhängigkeit und Widerspruchsfreiheit wenig präzise beschreibt und insbesondere eine Abgrenzung zu den übrigen Voraussetzungen eines Teilurteils versäumt. In den Fällen, in denen die Unzulässigkeit eines Teilurteils damit begründet wird, dass die Teilentscheidung davon abhängt, wie der Streit über den verbleibenden Prozessstoff ausgeht und deshalb die Gefahr der Widersprüchlichkeit nicht ausgeschlossen werden könnte, fehlt es regelmäßig an einer ausreichenden Abgrenzbarkeit und Entscheidungsreife des Teiles, über den durch Teilurteil befunden worden ist.[51] Denn wenn verlangt wird, dass nur solche Teile gegenüber dem Rest hinreichend abgegrenzt sind, die aufgrund des Teilurteils aus dem Verfahren ausscheiden und nicht mehr die weitere Fortsetzung des Verfahrens beeinflussen (vgl. Rn. 7), dann garantiert bereits dieses Merkmal regelmäßig die Unabhängigkeit und Widerspruchsfreiheit beider Entscheidungen. Da sich also bereits aus den übrigen Voraussetzungen eines Teilurteils ergibt, was die hM mit der von ihr verlangten Unabhängigkeit der durch Teilurteil getroffenen Entscheidung von dem Streit über den Rest anstrebt, kann das Merkmal der Unabhängigkeit nicht als eine zusätzliche Voraussetzung für den Erlass eines Teilurteils angesehen werden. Die Entscheidungsreife des abgrenzbaren und vom Teilurteil erfassten Gegenstandes ist nur zu bejahen, wenn die durch das Teilurteil getroffene Entscheidung durch das über den Rest ergehende Schlussurteil „nicht mehr berührt werden kann",[52] dh. wenn für

---

[45] OLG Celle VersR 1973, 60, 61. Anders dagegen, wenn zwei Schmerzensgeldansprüche aus verschiedenen Unfällen geltend gemacht werden und nur einer von ihnen zur Entscheidung reif ist; vgl. OLG Oldenburg VersR 1986, 926.

[46] BGH (Fn. 38).

[47] BGH NJW-RR 2003. 1002; LG Köln MDR 2001, 232 m. Anm. v. *E. Schneider.*

[48] BGH NJW-RR 1992, 253, 254.

[49] BGH NJW 1987, 441; 1992, 511; 1993, 2773; 1994, 932; 1997, 1709, 1710; 1997, 2184 f.; 1999, 1035; BGHZ 107, 236, 242 = NJW 1989, 2821; OLG Köln NJW-RR 1992, 892, 893; OLG München NJW-RR 1995, 575; OLG Frankfurt NJW 1982, 1543; OLG Stuttgart FamRZ 1984, 273; OLG Schleswig FamRZ 1988, 1293, 1294; OLG Hamm NJW-RR 1989, 827; OLG Naumburg NJOZ 2007, 1776, 1781; *Baumbach/Lauterbach/Hartmann* Rn. 6; *Zöller/Vollkommer* Rn. 7.

[50] St. Rspr. Vgl. nur BGH NJW 1991, 570 f.; 1997, 1709, 1710; 2000, 800, 801; 2000, 2512, 2513; FamRZ 2002 1097; OLG Düsseldorf MDR 1985, 942; 1990, 930; vgl. auch BAG DB 1971, 344.

[51] Dies hat *de Lousanoff* S. 16 ff., 38 ff., 41 ff., 85 ff. in einer eingehenden Auseinandersetzung mit der höchstrichterlichen Rechtsprechung nachgewiesen; zustimmend *Lohner* S. 84.

[52] So eine weitere häufig in der Rechtsprechung gebrauchte Formulierung; vgl. OGHZ 3, 20, 24; BGH LM BGB § 843 Nr. 5; BGH NJW 1960, 339; KG OLGZ 1978, 463, 465; OLG Frankfurt NJW 1982, 1543; OLG Hamburg FamRZ 1984, 1235; OLG Zweibrücken FamRZ 1981, 483, 484; OLG Stuttgart NJW-RR 1999, 141.

die Entscheidung im Schlussurteil keine Fragen erheblich werden, die bereits im Teilurteil aufgeworfen und entschieden worden sind.[53]

10 Dementsprechend darf durch Teilurteil nicht einem **Feststellungsantrag** stattgegeben werden, wenn erst die durch Schlussurteil über den verbleibenden Rest zu treffende Entscheidung ergibt, ob dem Kläger ein Feststellungsinteresse zusteht und der Feststellungsantrag zulässig ist.[54] Werden im Falle einer objektiven Klagenhäufung eines Leistungsbegehren und eines Feststellungsanspruchs beide aus demselben tatsächlichen Geschehen hergeleitet, dann darf grundsätzlich nicht durch Teilurteil gesondert über einen Anspruch oder nur einen Teil der Ansprüche entschieden werden.[55] Etwas anderes gilt nur wenn auszuschließen ist, dass durch das Schlussurteil, mit dem über den Leistungsanspruch befunden wird, eine vom Teilurteil, das dem Antrag des Klägers auf Feststellung stattgegeben hat, abweichende Entscheidung getroffen wird.[56]

11 Wird die Klage auf einen Vertrag gestützt, dessen wirksames Zustandekommen der Beklagte bestreitet, dann kann dem Kläger durch Teilurteil ein Teil der Klageforderung nur in Verbindung mit einem **Grundurteil** (§ 304) zuerkannt werden, damit die sowohl für das Teilurteil als auch für das Schlussurteil bedeutsame Frage nach der Wirksamkeit des Vertrages durch das Grundurteil verbindlich entschieden wird und nicht erneut zum Gegenstand der weiteren Verhandlung gemacht werden muss.[57] Denn ein Teil eines einheitlichen Anspruchs, dessen Grund streitig ist, darf nur dann durch Teilurteil zugesprochen werden, wenn zugleich ein Grundurteil ergeht, das über den Streit zum Grund abschließend befindet (Abs. 1 S. 2; vgl. auch Rn. 1, 4).[58] Dem Kläger kann nicht durch Teilurteil ein die Höchstgrenze der Gefährdungshaftung überschreitender Betrag zugesprochen werden, wenn noch offen bleibt, ob der Beklagte überhaupt aus einem anderen Rechtsgrund haftet, der einen höheren Schadensersatzanspruch rechtfertigt.[59] Erhebt der Vermieter Klage auf Räumung sämtlicher von einem Mieter gemieteten Räume, für die verschiedene Mietverträge geschlossen worden sind, dann kann durch Teilurteil hinsichtlich des einzelnen Mietverhältnisses entschieden werden.[60] Bestimmt sich der Unterhalt für verschiedene Zeiträume nach denselben Tatsachen- und Rechtsfragen, dann kann nicht durch Teilurteil über einen der Zeiträume entschieden werden, weil entweder die entscheidungserheblichen Tatsachen- und Rechtsfragen geklärt sind und dann ein Urteil über den gesamten Rechtsstreit zu ergehen hat oder aber weil die Entscheidungsreife hinsichtlich der einzelnen Einzelzeiträume noch nicht besteht.[61]

IV. Einzelfragen

12 **1. Haupt- und Hilfsanträge.** Werden vom Kläger mehrere Ansprüche im Eventualverhältnis geltend gemacht (eventuelle Klagenhäufung), dann hält es die hM für zulässig, den Hauptantrag durch Teilurteil abzuweisen und die Verhandlung über den Hilfsantrag fortzusetzen.[62] Dem widerspricht eine Gegenauffassung[63] insbesondere mit dem Hinweis auf die Gefahr der Widersprüchlichkeit, die sich dadurch ergebe, dass auf die Berufung des mit dem Hauptantrag abgewiesenen Klägers das Berufungsgericht nach dem Hauptantrag erkennen könne, während das erstinstanzliche Gericht dem Hilfsantrag entspreche. Ob dieser Befürchtung praktische Bedeutung zukommt, wird unter-

---

[53] BAG NZA 2006, 1062, 1063; OLG Frankfurt/M MDR 1998, 1053; OLG Stuttgart NJW-RR 1999, 141 vgl. dazu auch *Jauernig*, Festg. f. BGH, Bd. III, S. 312 ff.; *Musielak*, FS Lüke, S. 561.

[54] RGZ 151, 381, 383 f.; *de Lousanoff* S. 19 ff.; *Zöller/Vollkommer* Rn. 7.

[55] BGH NJW 2001, 155 m. weit. Nachw. BGH NJW 2000, 800, 801, weist darauf hin, dass die Gefahr eines Widerspruchs zwischen Teil- und Schlussurteil auch bei unstreitigem Haftungsgrund besteht, weil nicht auszuschließen sei, dass im weiteren Verfahren ein solcher Streit entsteht. *Schmitz* NJW 2000, 3622, will einem solchen Fall mit einem Grundurteil helfen, auch wenn derzeit der Haftungsgrund unstreitig sei.

[56] OLG Koblenz NJW-RR 1988, 532.

[57] OLG Köln NJW-RR 1992, 908, 909; MDR 1997, 491; OLG Hamm JMBlNRW 1965, 279, 280; *de Lousanoff* S. 34 ff.; vgl. auch BGH NJW 1997, 2184 f.; OLG Düsseldorf MDR 1985, 942.

[58] BGHZ 107, 236, 242 = NJW 1989, 2821; BGH NJW 1995, 2106; 1996, 395; 2001, 760; OLG Frankfurt NJW-RR 1988, 640 hält in diesem Fall auch ein Teil-Grundurteil für zulässig.

[59] OLG München VersR 1960, 1002.

[60] BezG Cottbus DtZ 1992, 361.

[61] OLG Nürnberg MDR 2003,219 (allerdings nennt das Gericht die Gefahr einander widersprechender Entscheidungen als entscheidenden Grund).

[62] BGHZ 56, 79 = NJW 1971, 1316; BGH MDR 1972, 603 (auch für Verfahren nach dem BEG); BGH WM 1986, 237, 238; BGH NJW 1992, 2080, 2081 (zu der in diesem Fall bestehenden Besonderheit, dass zwei selbständige nebeneinanderbestehende Klagegründe zugleich wechselseitig im Eventualverhältnis geltend gemacht werden, vgl. *Voit* WuB VII A 1.92); 1995, 2361; *Kion* S. 165 ff.; *Grunsky* Grundlagen § 7 II 2; *Schneider* MDR 1976, 93, 94.

[63] *Zöller/Vollkommer* Rn. 8; *de Lousanoff* S. 135 f.; *Bülow* DNotZ 1971, 376, 377.

schiedlich eingeschätzt;[64] auszuschließen ist eine solche Gefahr jedoch nicht.[65] Letztlich löst sich jedoch die Widersprüchlichkeit der Entscheidungen auf, weil das dem Hilfsantrag stattgebende Urteil in seiner Wirksamkeit auflösend bedingt davon abhängt, ob der Hauptantrag rechtskräftig abgewiesen wird.[66] Deshalb lassen sich gegen die hM durchgreifende rechtliche Bedenken nicht geltend machen.[67] Allerdings dürften **praktische Gründe** gegen den Erlass eines den Hauptanspruch abweisenden Teilurteils sprechen. Denn der Kläger, der nicht abzuschätzen vermag, ob er mit seinem Hilfsanspruch Erfolg haben wird, dürfte dazu neigen, gegen das Teilurteil ein Rechtsmittel einzulegen, um zu vermeiden, dass im Falle einer Abweisung des Hilfsanspruches die Verfolgung seines Hauptantrages wegen Ablaufs der Rechtsmittelfrist nicht mehr möglich ist.[68] Deshalb fördert die Abweisung des Hauptanspruchs durch Teilurteil die Einlegung von Rechtsmitteln, auf die zumindest der Kläger wohl überwiegend dann verzichten wird, wenn das Gericht seinem Hilfsanspruch stattgibt. Diese Erwägungen sollte das Gericht berücksichtigen, wenn es darüber entscheidet, ob in diesen Fällen ein Teilurteil erlassen werden soll. Der genannte Gesichtspunkt entfällt und die Abweisung des Hauptanspruches durch Teilurteil ist unbedenklich, wenn es nicht mehr mit Rechtsmitteln angefochten werden kann.[69]

13 **2. Gegenrechte.** Gegenrechte, die der Beklagte gegen die Klageforderung geltend macht, können bewirken, dass ein Teilurteil über Teile der Klageforderung nicht zulässig ist. So darf nicht aufgrund einer vom Beklagten erklärten **Aufrechnung** ein Teil der Klageforderung durch Teilurteil abgewiesen werden, wenn der Verpflichtungsgrund, aus dem der Beklagte die zur Aufrechnung gestellte Forderung herleitet, im Verfahren über den restlichen Rechtsstreit noch streitig bleibt und die Möglichkeit nicht ausgeschlossen werden kann, dass dieser Verpflichtungsgrund nicht besteht.[70] Wird gegenüber einem einheitlichen Anspruch teilweise mit einer Gegenforderung aufgerechnet, die noch nicht entscheidungsreif ist, dann darf durch Teilurteil nur entschieden werden, wenn gleichzeitig ein Vorbehaltsurteil nach § 302 erlassen wird.[71] Übersteigen die vom Beklagten zur Aufrechnung gestellten Gegenforderungen die (unstreitige) Klageforderung, dann ist ein Teilurteil unzulässig, das Teile der Klageforderung wegen der Aufrechnung mit einzelnen Gegenforderungen abweist.[72] Denn wird gegen das Teilurteil Berufung eingelegt, dann kann das Berufungsgericht nicht über die Klageforderung entscheiden, wenn es entgegen dem erstinstanzlichen Gericht das Bestehen der Gegenforderungen verneint; denn dafür ist es erforderlich, zunächst zu klären, ob Gegenforderungen einer den Forderungsrest (über den das erstinstanzliche Gericht noch zu entscheiden hat) übersteigenden Höhe bestehen, wenn sich der Beklagte weiterhin wie in der ersten Instanz auf die Aufrechnung mit allen Gegenforderungen beruft.[73] Wird mit mehreren Klageforderungen und mit mehreren Gegenforderungen wechselseitig aufgerechnet, dann ist ebenfalls der Erlass eines Teilurteils unzulässig, das dem Kläger einen unstreitig die Summe der zur Aufrechnung gestellten Gegenforderungen übersteigenden Betrag zuspricht, weil sich die Entscheidung über die zunächst als bestehend unterstellten Gegenforderungen im Schlussurteil auf die Reihenfolge der Tilgung der Klageforderungen auswirken kann.[74] Ebenso ist ein Teilurteil über einen Teil der Klageforderung unzulässig, wenn der Beklagte mit einer die gesamte Klageforderung übersteigenden Gegenforderung aufrechnet und beide Forderungen der Höhe nach streitig sind.[75] Beruft sich der Beklagte gegenüber der Forderung des Klägers auf **Verjährung** und macht er außerdem Gegenansprüche aus demselben Rechtsverhältnis teils durch Widerklage, teils im Wege der Eventualaufrechnung geltend, dann darf nicht die Klage durch Teilurteil wegen Verjährung abgewiesen werden. Beurteilt nämlich das Berufungsgericht die Frage der Verjährung anders, dann kommt es auf die vom Beklagten geltend gemachten Gegenansprüche an, über die das erstinstanzliche Gericht nicht entschieden

---

[64] Verneinend BGHZ 56, 79, 81 = NJW 1971, 1316, 1317; *Blomeyer* § 84 III; dagegen mit beachtlichen Gründen OLG Düsseldorf NJW 1972, 1474, 1475.

[65] Es sei denn, die Entscheidung über den Hilfsanspruch wird nach § 148 bis zur Rechtskraft des Teilurteils ausgesetzt; dies wird vorgeschlagen von *Brox,* Zur Problematik von Haupt- und Hilfsanspruch, in: Recht im Wandel, FS 150 Jahre Carl Heymanns Verlag, 1965, S. 121, 128; *Stein/Jonas/Leipold* Rn. 12.

[66] BGH NJW 1995, 2361; *Kion* S. 167 f.; *Rosenberg/Schwab/Gottwald* § 96 Rn. 40; Hk-ZPO/*Saenger* Rn. 8.

[67] *Jauernig,* Festg. f. BGH, Bd. III, S. 321 ff.

[68] *de Lousanoff* S. 135; *U. Gottwald* JA 1997, 573, 574 f.

[69] BGH NJW 1956, 1154 = LM Nr. 6. Da in einem solchen Fall auch die Gefahr einer Widersprüchlichkeit auszuschließen ist, stimmen dem auch Vertreter der Gegenauffassung zu; vgl. *de Lousanoff* S. 135 f.

[70] Vgl. OLG Düsseldorf NJW 1970, 2217.

[71] BGH NJW 1996, 395; OLG Köln VersR 1997, 623, 625.

[72] Vgl. OLG Düsseldorf NJW 1972, 1474,

[73] Vgl. *de Lousanoff* S. 103 ff.

[74] BGH NJW 2000, 958, 959; *Vollkommer* EWiR § 301 ZPO 1/2000, 1081.

[75] OLG Frankfurt MDR 1975, 321; OLG Hamm NJW-RR 1989, 827, 828; *Zöller/Vollkommer* Rn. 9.

hat.[76] Das Gericht kann jedoch ein Grundurteil unter Vorbehalt der Aufrechnung (vgl. § 304 Rn. 20) mit einem Teilurteil über den Teil der Klageforderung verbinden, der durch die erklärte Aufrechnung keinesfalls berührt wird.[77]

Bei einem **Leistungsverweigerungsrecht** nach § 320 BGB muss berücksichtigt werden, dass ein solches Recht über die Sicherung des Anspruchs hinaus bezweckt, Druck auf den Vertragspartner auszuüben, die ihm obliegende Leistung zu erbringen. Deshalb muss bei einem Teilurteil der zugesprochene Betrag so bemessen werden, dass der verbleibende Rest ausreicht, um der Druckfunktion des Leistungsverweigerungsrechts zu genügen [78] Verlangt der Kläger nach fristloser Kündigung eines Mietverhältnisses wegen Zahlungsverzuges Räumung und Zahlung des rückständigen Mietzinses, dann ist der Erlass eines Teilurteils über den Räumungsanspruch nicht zulässig, wenn der Beklagte ein Leistungsverweigerungsrecht geltend macht, weil das Leistungsverweigerungsrecht den Verzug und damit auch das Recht zur Kündigung ausschließt. Deshalb ist eine Entscheidungsreife erst zu bejahen, wenn auch die Frage des Bestehens des Leistungsverweigerungsrechts geklärt ist.[79] 14

Eine **Widerklage** kann durch Teilurteil abgewiesen werden, wenn das Gericht feststellt, dass die damit geltend gemachten Ansprüche unbegründet sind; daran ändert auch nichts, wenn der Beklagte gleichzeitig hilfsweise mit denselben Ansprüchen gegen die Klageforderung aufrechnet. Dadurch wird die Entscheidungsreife über die Widerklage nicht verhindert, weil das Gericht nach § 318 an seine Entscheidung gebunden ist (vgl. dazu u. Rn. 19) und deshalb auch im Schlussurteil hinsichtlich der Gegenforderung nicht anders entscheiden darf als im Teilurteil.[80] Die Hilfsaufrechnung des Beklagten muss allerdings bei Abweisung der Widerklage nicht in jedem Fall als unwirksam angesehen werden; wird die Widerklage zB abgewiesen, weil die Gegenforderung des Beklagten verjährt ist, dann kann aufgrund der vom materiellen Recht zugelassenen Aufrechnung mit verjährten Forderungen (vgl. §§ 390 S. 2, 479, 639 Abs. 1 BGB) die Aufrechnung des Beklagten Erfolg haben.[81] Die Entscheidung des Teilurteils, dass die vom Beklagten geltend gemachte Forderung als selbständig durchsetzbares Recht nicht besteht, bleibt dadurch unberührt. Rechnet der Beklagte gegenüber der Klageforderung hilfsweise mit einer Gegenforderung auf und macht er diese Gegenforderung des weiteren auch im Wege der Widerklage geltend, dann kann nicht über die Widerklage durch Teilurteil befunden werden, wenn das Gericht die der Widerklage zugrundeliegende Forderung für begründet hält. Denn die erklärte Eventualaufrechnung muss auch vorrangig berücksichtigt werden, weil von ihr sowohl die Entscheidung über die Klage als auch über die Widerklage abhängt.[82] Verlangt der Kläger Zahlung einer Werklohnforderung und der Beklagte widerklagend Ersatz von Schäden wegen einer mangelhaften Herstellung des Werkes, dann muss die Frage der Abnahme des Werkes sowohl für die Fälligkeit der Werklohnforderung (§ 641 Abs. 1 BGB) als auch für den Beginn der Verjährung der Schadensersatzansprüche (§ 638 BGB) geklärt werden. Deshalb ist die Widerklage nicht entscheidungsreif und kann folglich nicht zum Gegenstand eines Teilurteils gemacht werden, wenn die Möglichkeit besteht, dass neue, im weiteren Verfahren gewonnene Erkenntnisse zu einer abweichenden Beurteilung der Abnahme des Werkes führen können.[83] Ein Teilurteil über Klage und Widerklage darf nicht ergehen, wenn beide darauf gerichtet sind, die Einwilligung der Gegenpartei zur Auszahlung ein und desselben Betrages herbeizuführen, weil mit einer Verurteilung auf die Klage (oder Widerklage) zur Einwilligung in die Auszahlung eine entsprechende Verurteilung auf die Widerklage (oder Klage) durch Schlussurteil nicht zu vereinbaren wäre.[84] Rechnet der Kläger gegenüber der Widerklageforderung mit einem Teil der Klageforderung auf, dann kann über die Widerklage nicht durch Teilurteil entschieden werden, weil dann nicht auszuschließen ist, dass über den Teil der Klageforderung, mit dem aufgerechnet worden ist, anders entschieden wird als über den restlichen Teil.[85] Begehren Unterhaltsberechtigter und Unterhaltsverpflichteter mit Klage und Widerklage die Abänderung des Unterhaltstitels für denselben Zeitraum, der eine die Erhöhung, der andere die Herabsetzung des Unterhalts, dann ist es nicht zulässig durch ein Teilurteil über Klage oder Widerklage zu entscheiden,[86] und zwar nicht wegen der möglichen Wider- 15

---

[76] Vgl. OLG Düsseldorf NJW 1973, 1928; *de Lousanoff* S. 111 ff., 115.
[77] BGH NJW-RR 1999, 858.
[78] BGH NJW 1992, 1632.
[79] Vgl. LG Bonn NJW-RR 1990, 19.
[80] BGH LM Nr. 22 = WM 1971, 1366.
[81] BGH (Fn. 80); *de Lousanoff* S. 99 ff., 102.
[82] OLG Düsseldorf NJW-RR 1995, 575, 576.
[83] BGH NJW 1997, 453, 455.
[84] BGH NJW-RR 1992, 1339, 1340.
[85] BGH NJW-RR 1994, 379, 380.
[86] BGH NJW 1987, 441; vgl. auch OLG Zweibrücken FamRZ 1993, 440, 441.

sprüchlichkeit, sondern weil bei richtiger Verfahrensweise auch über die andere Klage entschieden werden kann und muss.[87]

16 **3. Anschlussrechtsmittel.** Über eine Anschlussberufung (§ 524) oder eine Anschlussrevision (§ 554) kann nicht vor Entscheidung über das Hauptrechtsmittel durch Teilurteil vorweg befunden werden, weil dann noch die Möglichkeit besteht, dass das Hauptrechtsmittel als unzulässig verworfen oder mit Einwilligung des Gegners zurückgenommen wird und dadurch das Anschlussrechtsmittel seine Wirkung verliert (§§ 524 Abs. 4, 554 Abs. 4).[88] Dies gilt auch, wenn das Anschlussrechtsmittel unheilbar unzulässig ist.[89] Anders stellt sich die Rechtslage jedoch dar, wenn bereits über einen Teil des (zulässigen) Hauptrechtsmittels durch Teilurteil entschieden worden ist. Da dann das Anschlussrechtsmittel nicht mehr wegen Unzulässigkeit oder Rücknahme des Hauptrechtsmittels seine Wirkung verlieren kann. darf über die Anschlussberufung durch Teilurteil befunden werden.[90]

17 **4. Verspätetes Vorbringen.** Die Meinungsverschiedenheiten über die Frage, ob durch Teilurteil Angriffs- oder Verteidigungsmittel als verspätet zurückgewiesen werden, dürfen deren Berücksichtigung im zeitlichen Rahmen des restlichen, dem Schlussurteil vorbehaltenen Rechtsstreits ohne dessen Verzögerung möglich ist,[91] haben ausschließlich ihren Grund in der Anwendung und Auslegung der §§ 296, 530, 531 (vgl. die Erl. zu diesen Vorschriften). Aus § 301 lassen sich keine Argumente für eine Lösung ableiten.

18 **5. Scheidungssachen (Verfahrensverbund).** Scheidungs- und Folgesachen sind nach § 623 grundsätzlich zusammen zu verhandeln und zu entscheiden (§ 629; vgl. aber auch §§ 627, 628). Ein Teilurteil ist deshalb insoweit unzulässig. In der **Rechtsmittelinstanz** besteht der Verfahrensverbund jedoch nur dann, wenn das Rechtsmittelgericht auch mit dem Scheidungsausspruch materiell befasst wird. Ist vom Rechtsmittelgericht eine Sachentscheidung nur über eine Folgesache zu treffen, finden die Regeln des Verfahrensverbundes keine Anwendung.[92] Werden Klage auf Feststellung vom Nichtbestehen der Ehe und Scheidungsantrag unzulässigerweise verbunden (vgl. § 610 Abs. 2, § 632), dann kann die Feststellungsklage durch Teilurteil abgewiesen werden und der Prozess über den dann allein den Gegenstand des Rechtsstreits bildenden Scheidungsantrag fortgesetzt werden.[93] Außerhalb des Verfahrensverbundes sind Teilentscheidungen zulässig, wenn die dafür erforderlichen Voraussetzungen erfüllt sind. Dies gilt auch für Verfahren über den **Versorgungsausgleich**[94] dagegen nicht im Rahmen einer Klage auf **Zugewinnausgleich.**[95]

V. Rechtswirkungen eines Teilurteils

19 **1. Verhältnis der Teile zueinander.** Ein Teilurteil trennt den Rechtsstreit in zwei selbständige Verfahren, die nach Erlass des Urteils so zueinander stehen, als wären von vornherein beide Teile isoliert eingeklagt worden.[96] Für jedes Urteil, das Teilurteil und das Schlussurteil, ist dementsprechend die Frage seiner Anfechtbarkeit gesondert zu beantworten (vgl. dazu u. Rn. 20), und jedes Urteil wird auch selbständig **rechtskräftig.**[97] Ergibt sich jedoch aus dem Urteil nicht mit hinreichender Deutlichkeit, in welchem Umfang über verschiedene zur Klage gestellte Ansprüche dem Grunde oder der Höhe nach entschieden worden ist, dann kann das Teilurteil eine Rechtskraftwirkung, die einer erneuten Klage wegen einzelner dieser Ansprüche entgegensteht, nicht entfalten.[98] Enthält der Tenor entgegen den Ausführungen in der Begründung des Urteils keinen Ausspruch über eine Klageabweisung für den nicht zugesprochenen Teil der Klageforderung, dann ist die Ent-

---

[87] *Jauernig,* Festg. f. BGH, Bd. III, S. 316 f.

[88] BGH NJW 1994, 2235, 2236 BAG AP Nr. 2; OLG Koblenz NJW-RR 1989, 960; *Prütting/Weth* ZZP 98 (1985), 131, 144.

[89] BGH NJW 1994, 2235, 2236; zT abw. *Rimmelspacher,* FS Odersky, 1996, S. 623, 635 ff.

[90] OLG Celle NJW-RR 1986, 357.

[91] Verneinend BGHZ 77, 306, 308 f. = NJW 1980, 2355; BGH DtZ 1993, 211; aA *Prütting/Weth* ZZP 98 (1985), 131, 146; *Deubner* NJW 1980, 2356.

[92] BGH FamRZ 1983, 38, 39; OLG München FamRZ 1980, 279.

[93] OLG Düsseldorf FamRZ 1989, 648.

[94] BGH (Fn. 92); BGH NJW 1984, 1543.

[95] OLG Hamm FamRZ 2004, 1393.

[96] BGH NJW 1977, 1152; 1996, 1060, 1062; OLG Düsseldorf NJW 1972, 1474; OLG Zweibrücken MDR 1982, 1026; *Stein/Jonas/Leipold* Rn. 2.

[97] BGH MDR 1981, 216; BGH VersR 1986, 1210; NJW 1992, 511, 512; MDR 1996, 1176; OLG München FamRZ 1980, 279.

[98] BGHZ 124, 164, 166 = NJW 1994, 460; OLG Brandenburg MDR 2000, 227, 228; vgl. auch BAGE 30, 189 zur Möglichkeit einer Klarstellung durch Parteierklärungen.

scheidung über diesen Teil dem Schlussurteil zu treffen.[99] Die innerprozessuale **Bindungswirkung,** die sich für das Teilurteil als Endurteil (vgl. Rn. 1, 8) aus § 318 herleitet,[100] bewirkt, dass das Gericht beim Schlussurteil die Entscheidung des Teilurteils beachten muss und nicht von ihr abweichen darf (vgl. § 318 Rn. 5).[101]

2. Anfechtbarkeit. Aus der Selbständigkeit des Teilurteils (vgl. o. Rn. 7, 19) ergibt sich zwangsläufig, dass die Zulässigkeitsvoraussetzungen für ein Rechtsmittel gegen das Teilurteil unabhängig von denen gegen das Schlussurteil ermittelt werden müssen. Durch die Teilung kann deshalb die sonst erreichte Berufungssumme (§ 511 Abs. 2 Nr. 1 unterschritten werden deshalb und eine Berufung unzulässig sein (vgl. hierzu auch Rn. 23).[102] Dies gilt auch dann, wenn die Voraussetzungen für den Erlass eines Teilurteils nicht erfüllt werden und deshalb das Teilurteil als unzulässig angesehen werden muss.[103] Der Auffassung, dass eine unzulässige Verfahrenstrennung die Rechtsmittelfähigkeit der in den einzelnen Verfahrensteilen ergangenen Urteile unberührt lasse und deshalb die Summe aller vom Kläger geltend gemachten Ansprüche insoweit maßgebend sein müsse,[104] kann nicht gefolgt werden.[105] Die Unzulässigkeit eines in der Tatsacheninstanz erlassenen Teilurteils kann in der **Revisionsinstanz** grundsätzlich nur nach einer **Verfahrensrüge** des Beschwerten (§ 551 Abs. 3 Nr. 2b) berücksichtigt werden.[106] Ausnahmsweise kann jedoch der Erlass eines Teilurteils einen von Amts wegen zu berücksichtigenden Mangel der Urteilsfindung darstellen. Der BGH hat dies für den Fall bejaht, dass über eine unselbständige Anschlussberufung durch Teilurteil vor Entscheidung über die Hauptberufung befunden worden ist (vgl. dazu Rn. 16),[107] oder dass bei einer notwendigen Streitgenossenschaft ein Teilurteil gegen einen Streitgenossen erlassen worden ist (vgl. dazu Rn. 5).[108] Ebenso bedarf es in Ehesachen[109] einer solchen Verfahrensrüge nicht. In geeigneten Fällen kann die Unzulässigkeit eines Teilurteils wegen nicht ausreichender Abgrenzbarkeit seines Gegenstandes und der deshalb bestehenden Gefahr der Widersprüchlichkeit in der Berufungsinstanz dadurch beseitigt werden, dass über eine Vorfrage ein Zwischenfeststellungsurteil gemäß § 256 Abs. 2 erlassen wird.[110] 20

Die Nachprüfung durch das Rechtsmittelgericht erstreckt sich nicht darauf, ob der **Erlass eines Teilurteils** nach Lage der Sache für **angemessen** zu erachten war;[111] die Entscheidung dieser Frage obliegt allein dem Richter, der das Teilurteil erlässt (vgl. dazu Rn. 23). Ebenso wenig kann ein Teilurteil mit der Begründung angefochten werden, es wären noch weitere Teile entscheidungsreif gewesen und das erlassende Gericht hätte auch diese Teile in das Teilurteil miteinbeziehen müssen. Eine Partei kann auch nicht ein Rechtsmittel dagegen einlegen, dass das Gericht trotz Entscheidungsreife eines Teiles des Rechtsstreites von einem **Teilurteil abgesehen** hat.[112] Das Gleiche gilt, wenn das Gericht von dem Erlass eines Teilurteils absieht und die Aussetzung des Verfahrens ausspricht.[113] 21

Wird ein Teilurteil angefochten, dann beschränkt sich die **Überprüfung** des Rechtsmittelgerichts **auf den vom Teilurteil erfassten Teil** des Rechtsstreits; der beim unteren Gericht weiterhin anhängig gebliebene Teil steht grundsätzlich nicht zur Entscheidung des Rechtsmittelgerichts.[114] Dieser Grundsatz wird jedoch in einer Reihe von Fällen durchbrochen. So wird das Rechtsmittelgericht für befugt gehalten, den vom unteren Gericht noch nicht entschiedenen Teil des Streitgegenstandes an sich zu ziehen wenn beide Parteien das Rechtsmittelgericht um Entscheidung des gesamten Rechtsstreites 22

---

[99] BGH NJW-RR 2002, 136.

[100] BGH NJW 1971, 1840, 1841; *Götz* JZ 1959, 681; *Schneider* MDR 1976, 93; *de Lousanoff* S. 16f.

[101] Vgl. *Musielak,* FS Lüke, S. 564ff.

[102] BGH NJW 1977, 1152; LM § 147 Nr. 6; BGH NJW 1989, 2757; 1996, 3216 = LM Nr. 54 m. Anm. v. *Reischl;* BGH NJW 2000, 217, 218.

[103] BGH NJW 1996, 3216, 3217; aA *Jauernig* (Fn. 87) S. 327.

[104] BGH NJW 1995, 3120.

[105] BGH (Fn. 103); *Reischl* (Fn. 102) Bl. 3f.

[106] BGHZ 16, 71, 74 = NJW 1955, 337; BGH BB 1991, 1005; NJW 1991, 2082, 2083; *Thomas/Putzo/Reichold* Rn. 6; zweifelnd jedoch BGH NJW 2003, 2380, 2381 vgl. auch BGH NJW-RR 1994, 379, 381.

[107] BGHZ (Fn. 106) S. 74 unter Hinweis auf RGZ 159, 295; vgl. auch BGH LM § 322 Nr. 21.

[108] BGH NJW 1962, 1722; 1991, 101 m. weit. Nachw.

[109] RGZ 107, 350; *Thomas/Putzo/Reichold* Rn. 6; *Stein/Jonas/Leipold* Rn. 13; *Zöller/Vollkommer* Rn. 13.

[110] BGH NJW-RR 2003, 303, 304.

[111] OLG Düsseldorf NJW 1974, 2010; OLG Köln MDR 1977, 938, 939; *Baumbach/Lauterbach/Hartmann* Rn. 34; *de Lousanoff* S. 139; aA OLG Naumburg NJOZ 2007, 1776, 1781 (Überprüfung auf Ermessensfehler); AK-ZPO/*Fenge* Rn. 22.

[112] *Stein/Jonas/Leipold* Rn. 16; *Rosenberg/Schwab/Gottwald* § 59 Rn. 22.

[113] OLG Naumburg NJOZ 2007, 1776, 1781.

[114] BGHZ 30, 213, 214ff. = NJW 1959, 1824; BGH NJW 1984, 120, 121. BGHZ 97, 280, 281 = NJW 1986, 2108; OLG Frankfurt JR 1984, 290.

angehen oder ein solches Einverständnis infolge Rügeverzichts anzunehmen ist.[115] Ebenfalls soll das Rechtsmittelgericht im Falle der Häufung von (Inzident)- Feststellungsklage und davon abhängiger Leistungsklage, im Falle der Stufenklage und schließlich im Falle der Häufung von Unterlassungs- und Schadensersatzklage insbesondere auf dem Gebiet des gewerblichen Rechtsschutzes berechtigt sein, zugleich den in der unteren Instanz anhängig gebliebenen Anspruch auf Leistung, auf Leistung des nach der Rechnungslegung Geschuldeten oder auf Leistung von Schadensersatz mit abzuweisen, wenn es den vom Gericht der unteren Instanz durch Teilurteil zuerkannten Feststellungsanspruch, vorbereitenden Rechnungslegungsanspruch oder Unterlassungsanspruch abweist.[116] Erweist sich das vom erstinstanzlichen Gericht erlassene **Teilurteil** als **unzulässig,** dann kann das Berufungsgericht den beim erstinstanzlichen Gericht anhängig gebliebenen Klageantrag an sich zu ziehen und über ihn zu entscheiden, um den Verfahrensverstoß auszuräumen.[117] Der Grundsatz, dass das höhere Gericht den im unteren Rechtszug anhängig gebliebenen Teil nicht an sich ziehen darf, hat dann hinter der aus § 538 Abs. 1 abzuleitenden Regel zurückzutreten, dass bei Verfahrensverstößen des Erstgerichts das Berufungsgericht unter Beseitigung des Verstoßes selbst entscheiden darf.[118] Ergibt sich die Unzulässigkeit des Teilurteils aus einem Mangel der Abgrenzbarkeit entscheidungsreifer Teile, so dass die Gefahr widersprechender Entscheidungen im Teil- und Schlussurteil besteht, dann wird der Verfahrensfehler geheilt, wenn das Rechtsmittelgericht die gegen das Teilurteil und das Schlussurteil eingelegten zulässigen Rechtsmittel zur gemeinsamen Verhandlung und Entscheidung verbindet, weil dann feststeht, dass sich die vorher bestehende Gefahr widersprüchlicher Entscheidungen nicht verwirklichen kann.[119]

VI. Angemessenheit eines Teilurteils (Abs. 2)

23 Die in § 300 Abs. 1 ausgesprochene Verpflichtung des Gerichts, bei Entscheidungsreife des Prozesses ihn durch Enturteil abzuschließen (§ 300 Rn. 5), wird in § 301 Abs. 1 für entscheidungsreife (abgrenzbare) Teile des Rechtsstreits wiederholt. Die Vorschrift des § 301 Abs. 2 modifiziert jedoch diese Verpflichtung dahingehend, dass das Gericht von dem Erlass eines Teilurteils trotz Erfüllung der dafür erforderlichen Voraussetzungen absehen kann, wenn es ein solches Teilurteil nach Lage der Sache nicht für angemessen erachtet. Im Schrifttum wird die Ansicht vertreten, das Gericht dürfe kein Teilurteil erlassen, wenn den Parteien durch Aufspaltung des aus einem prozessualen Anspruch bestehenden Prozessstoffs die Möglichkeit eines Rechtsmittels genommen würde.[120] Dieser Auffassung ist zugegeben, dass das Gericht die **Auswirkungen** eines Teilurteils **auf die Zulässigkeit von Rechtsmitteln** durchaus berücksichtigen muss und dass hierin ein triftiger Grund gefunden werden kann, der gegen den Erlass eines Teilurteils spricht.[121] Jedoch ist dies nur ein Gesichtspunkt unter verschiedenen, die für oder gegen den Erlass eines Teilurteils angeführt werden können (zB das Interesse einer Partei, möglichst rasch einen vollstreckbaren Titel zu erhalten[122]), und kann allein nicht den Ausschlag gegen die Entscheidung durch Teilurteil geben.[123] Die Kommission für das Zivilprozessrecht hat gegen eine Änderung des § 301 Abs. 2 und gegen eine Einschränkung des danach bestehenden Beurteilungsspielraums die überzeugende Begründung angeführt, dass dann eine im Rechtsmittelwege mögliche Nachprüfung den mit einem Teilurteil verbundenen Beschleunigungseffekt in sein Gegenteil verkehre (vgl. auch Rn. 1).[124] Da also der Erlass eines Teilurteils von einer vorhergehenden Abwägung verschiedener Gesichtspunkte abhängt, muss sich das **Gericht** auch darüber **bewusst** sein, dass die von ihm erlassene **Entscheidung ein Teilurteil iSv. § 301 darstellt;** deshalb kann nicht ein unvollständiges Vollurteil in ein Teilurteil umgedeutet werden.[125] Vielmehr ist es erforderlich, dass der Wille des Gerichts, über

---

[115] BGHZ 97, 280, 282 = NJW 1986, 2108; OLG Frankfurt JR 1984, 290, jeweils m. weit. Nachw. auch zur Gegenauffassung; OLG Düsseldorf VersR 1989, 705; aA BGH NJW 1984, 120, 121.

[116] BGH NJW 1959, 1827, 1828 m. weit. Nachw.; vgl. auch *Mattern* JZ 1960, 385, 386 ff.; ablehnend *Schwab* NJW 1959, 1824, 1827; AK-ZPO/*Fenge* Rn. 22

[117] BGH NJW 1992, 511, 512; NJW-RR 1994, 379, 380; OLG Hamm VersR 1992, 832, 833; 1996, 645, 646; 1997, 623, 625; OLG Köln FamRZ 1992, 832, 833; VersR 1997, 623, 625; OLG Düsseldorf NJW-RR 1997, 659, 660, jeweils m. weit. Nachw.

[118] Vgl. *Musielak* (Fn. 101) S. 578 f.

[119] BGH NJW 1991, 3036.

[120] *de Lousanoff* S. 148 ff., 152; vgl. auch *Hanack* ZZP 72 (1959), 350, 353 ff., 358 f.

[121] Im Schrifttum wird von einem „nobile officium" des Gerichts gesprochen; vgl. *Rosenberg/Schwab/Gottwald* § 59 Rn. 26; *Zöller/Vollkommer* Rn. 12. Der BGH (NJW 1989, 2757, 2758) sieht hierin keinen Grund, der gegen die Aufteilung in ein Teilurteil und in ein Schlussurteil spricht.

[122] AK-ZPO/*Fenge* Rn. 11.

[123] BGH MDR 1998, 179.

[124] Bericht 1977 S. 101.

[125] BGH NJW 1984, 1543, 1544; *Baumbach/Lauterbach/Hartmann* Rn. 33; aA LG Bonn NJW 1973, 1375; *Fenge* (Fn. 121) Rn. 18.

einen abtrennbaren Teil der Streitgegenstandes zu befinden, in der Entscheidung selbst oder mindestens in den Begleitumständen hinreichend zum Ausdruck kommt.[126] Andernfalls ist nur die Ergänzung des Urteils nach § 321 Betracht zu ziehen.

Der in § 301 getroffenen Regelung gehen in verschiedenen Fällen **spezielle Vorschriften** vor, nach denen der Erlass eines Teilurteils zwingend vorgeschrieben ist. So muss bei einer Stufenklage (§ 254) zunächst über den Anspruch auf Rechnungslegung durch Teilurteil entschieden werden, ehe über die weiteren Anträge des Klägers zu befinden ist.[127] Ebenso muss aufgrund eines entsprechenden Antrags der Gegenpartei bei einem Teilverzicht oder einem Teilanerkenntnis ein Teilurteil ergehen.[128] Schließlich muss bei Säumnis eines einfachen Streitgenossen gegen ihn ein Versäumnisurteil erlassen werden, wenn die Voraussetzungen nach §§ 330ff. dafür erfüllt sind.[129] 24

VII. Kosten

1. Kostenausspruch. Regelmäßig wird im Teilurteil nicht über die Kosten entschieden, sondern diese Entscheidung dem Schlussurteil vorbehalten.[130] Das Schlussurteil stellt hinsichtlich der Entscheidung über die Kosten des Rechtsstreits lediglich eine notwendige Ergänzung des keinen Kostenausspruchs enthaltenden Teilurteils dar und bildet infolgedessen in diesem Umfang mit dem Teilurteil ein einheitliches, untrennbares Ganzes.[131] Daraus folgt, dass eine zulässige Revision gegen das Teilurteil auch die Revision gegen die darauf bezogene Kostenentscheidung des Schlussurteils statthaft werden lässt.[132] Die Kostenentscheidung im Schlussurteil kann grundsätzlich selbständig angefochten werden.[133] Steht bei Erlass des Teilurteils bereits fest, wer bestimmte Kosten zu ersetzen hat, und kann ausgeschlossen werden, dass die im Schlussurteil zu treffende Kostenentscheidung Auswirkung auf diese Kosten hat, dann kann das Gericht bereits im Teilurteil über solche Kosten befinden.[134] Diese Möglichkeit kann sich insbesondere bei Teilurteilen gegen einen Streitgenossen ergeben.[135] 25

2. Gebühren. Ein Teilurteil stellt ein Endurteil dar (vgl. Rn. 1, 8) und ist gebührenrechtlich entsprechend zu behandeln (vgl. § 300 Rn. 8f.). 26

§ 302 Vorbehaltsurteil

(1) Hat der Beklagte die Aufrechnung einer Gegenforderung geltend gemacht, so kann, wenn nur die Verhandlung über die Forderung zur Entscheidung reif ist, diese unter Vorbehalt der Entscheidung über die Aufrechnung ergehen.

(2) Enthält das Urteil keinen Vorbehalt, so kann die Ergänzung des Urteils nach Vorschrift des § 321 beantragt werden.

(3) Das Urteil, das unter Vorbehalt der Entscheidung über die Aufrechnung ergeht, ist in Betreff der Rechtsmittel und der Zwangsvollstreckung als Endurteil anzusehen.

(4) [1]In Betreff der Aufrechnung, über welche die Entscheidung vorbehalten ist, bleibt der Rechtsstreit anhängig. [2]Soweit sich in dem weiteren Verfahren ergibt, dass der Anspruch des Klägers unbegründet war, ist das frühere Urteil aufzuheben, der Kläger mit dem Anspruch abzuweisen und über die Kosten anderweit zu entscheiden. [3]Der Kläger ist zum Ersatz des Schadens verpflichtet, der dem Beklagten durch die Vollstreckung des Urteils oder durch eine zur Abwendung der Vollstreckung gemachte Leistung entstanden ist. [4]Der Beklagte kann den Anspruch auf Schadensersatz in dem anhängigen Rechtsstreit geltend machen; wird der Anspruch geltend gemacht, so ist er als zur Zeit der Zahlung oder Leistung rechtshängig geworden anzusehen.

---

[126] BGH NJW 2002, 1115, 1116.
[127] BGHZ 10, 385, 386; BGH MDR 1964, 665; OLG Hamm NJW-RR 1990, 709.
[128] *Zöller/Vollkommer* Rn. 10; *Fenge* (Fn. 122) Rn. 14; *Stein/Jonas/Leipold* Rn. 17.
[129] *U. Gottwald* JA 1997, 573, 575; *Thomas/Putzo/Reichold* Rn. 4; *Rosenberg/Schwab/Gottwald* § 59 Rn. 23.
[130] BayObLG WoM 1994, 152, 154; OLG Frankfurt ZZP 69 (1956) 440, 441; *Schneider,* Kostenentscheidung im Zivilurteil, 2. Aufl. 1977, S. 72, 214f.; *Fenge* (Fn. 122) Rn. 20; aA LAG Berlin MDR 1978, 345; *Lepke* JR 1968, 411.
[131] BGH NJW 1993, 1063, 1066.
[132] BGH NJW 1987, 2997.
[133] Vgl. BGHZ 29, 126, 127 = NJW 1959, 578; BGH VersR 1969, 1039 (LS); NJW 1993, 1063, 1066; OLG Frankfurt MDR 1977, 143.
[134] OLG Düsseldorf NJW 1970, 568.
[135] Vgl. BGH NJW 1960, 484 = LM Nr. 11; OLG München NJW 1969, 1123; *Fenge* (Fn. 121) Rn. 20; *Schneider* (Fn. 129) S. 215ff.; *ders.* MDR 1987, 723, 725.

Übersicht

I. Normzweck

1 Der Gesetzgeber bezweckt mit der Regelung des § 302, der **Prozessverschleppung** durch missbräuchliche Aufrechnungserklärungen **entgegenzutreten.**[1] Aber nicht nur derartigen Missbräuchen kann durch Erlass eines Vorbehaltsurteils begegnet werden, sondern das Gericht kann ganz allgemein von dieser Möglichkeit Gebrauch machen, um ein Urteil über eine entscheidungsreife Klage unabhängig von der geltend gemachten Aufrechnung zu erlassen. Wenn diese Regelung als ein Mittel zur Prozessbeschleunigung aufgefasst wird,[2] dann gilt dies nur für den durch das Vorbehaltsurteil abgeschlossenen Teil des Prozesses, nicht dagegen für den gesamten Rechtsstreit, der erst nach Entscheidung über die zur Aufrechnung gestellte Forderung beendet wird (vgl. Rn. 12). Der **Kläger erhält** auf diese Weise **rascher** einen **Vollstreckungstitel** (§ 302 Abs. 3), der allerdings mit dem Risiko eines Schadensersatzanspruches verbunden ist, wenn die Aufrechnung zum Erlöschen der Klageforderung geführt hat (§ 302 Abs. 4 S. 3). Der gleiche Gedanke, der bei §§ 300, 301 das Gericht verpflichtet sein lässt, einen Rechtsstreit oder Teile davon, die zur Entscheidung reif sind, durch Endurteil abzuschließen (vgl. § 300 Rn. 1, § 301 Rn. 23), kehrt in § 302 wieder und wird hier noch verstärkt; denn bei Berücksichtigung der Aufrechnungserklärung ist die Klage nicht entscheidungsreif, dennoch wird das Gericht berechtigt, in erster Linie im Interesse des Klägers ein (Vorbehalts-)Urteil zu erlassen.

II. Voraussetzungen für den Erlass eines Vorbehaltsurteils

2 **1. Entscheidungsreife der Klage.** Gelangt das Gericht zu der Erkenntnis, dass die Klageforderung ohne Rücksicht auf die vom Beklagten geltend gemachte Aufrechnung nicht besteht, dann ist die Klage abzuweisen und die Frage nach dem Bestehen der Gegenforderung stellt sich nicht. Deshalb kommt es für den Erlass eines Vorbehaltsurteils nicht allein darauf an, dass die Klage entscheidungsreif ist, sondern dass der Richter sie für begründet hält, wenn man von der Aufrechnung absieht.[3] Folglich müssen alle vom Beklagten gegen die Klage erhobenen Einwendungen mit Ausnahme der Aufrechnung vom Gericht als nicht bestehend oder nicht erheblich gewertet worden sein. Ist die Klageforderung sowohl dem Grunde als auch der Höhe nach streitig, und ergibt sich eine „Entscheidungsreife" im Sinne der vorstehenden Ausführungen nur hinsichtlich des Grundes, dann können die in §§ 302 und 304 getroffenen Regelungen miteinander verknüpft werden, und ein Vorbehaltsurteil kann dem Grunde nach ergehen (vgl. auch § 304 Rn. 20).[4] Die Voraussetzungen für ein Vorbehaltsurteil müssen jedoch erfüllt sein.[5]

3 **2. Rechtlicher Zusammenhang.** Entgegen § 302 aF bildet das Fehlen eines rechtlichen Zusammenhangs zwischen Klageforderung und der zur Aufrechnung gestellten Gegenforderung keine Voraussetzung mehr für den Erlass des Vorbehaltsurteils. Die Gesetzesänderung[6] ist mit dem Hinweis auf Werklohnprozesse begründet worden, in denen sich der Besteller nicht selten gegenüber

---

[1] Mat. II 1 S. 216, 283.

[2] *Mager* JZ 1969, 548; *Zöller/Vollkommer* Rn. 1.

[3] AK-ZPO/*Fenge* Rn. 6; *Stein/Jonas/Leipold* Rn. 7.

[4] BGH LM § 304 Nr. 6; BGHZ 11, 63, 64f. = NJW 1954, 73; BGH VersR 1959, 515; *Thomas/Putzo/Reichold* Rn. 3; *Fenge* (Fn. 3) Rn. 8.

[5] BGH LM § 304 Nr. 6; RGZ 170, 281, 283; *Fenge* (Fn. 3) Rn. 8.

[6] Durch Gesetz zur Beschleunigung fälliger Zahlungen vom 30. März 2000 (BGBl. I S. 330) mit Wirkung vom 1. Mai 2000.

dem Werklohnanspruch des Unternehmers auf eine Aufrechnung mit Gegenforderungen aus dem Werkvertrag beruft und in denen der rechtliche Zusammenhang zwischen beiden Forderungen den Erlass eines Vorbehaltsurteils verhindern würde. Deshalb will der Gesetzgeber durch den Verzicht auf das Erfordernis des rechtlichen Zusammenhanges eine schnellere, wenn auch vorläufige Titulierung erreichen.[7] Nach Auffassung des BGH[8] bietet jedoch auch die Neufassung des § 302 Abs. 1 regelmäßig keine Grundlage für den Erlass eines Vorbehaltsurteils, wenn der Besteller mit Ansprüchen auf Ersatz von Mängelbeseitigungskosten und Fertigstellungsmehrkosten gegen den Werklohnanspruch des Unternehmers aufrechne. Zwar geht der BGH entgegen abweichender Meinungen[9] davon aus, dass sich diese gegenseitigen Forderungen in als einer unter § 302 fallenden Aufrechnungslage gegenüber ständen und nicht lediglich in einem von dieser Vorschrift nicht erfassten Verrechnungsverhältnis, dennoch meint das Gericht, dass in einem solchen Fall regelmäßig der Erlass eines Vorbehaltsurteil ausgeschlossen sei. Denn dem Besteller stehe dann ein Leistungsverweigerungsrecht nach § 320 Abs. 1 BGB wegen der mangelhaften oder nicht fertig gestellten Leistung des Unternehmers zu. Es sei jedoch nicht hinnehmbar, wenn trotz dieses Leistungsverweigerungsrechts dem Werkunternehmer die rechtliche Möglichkeit verschafft werde, mit Hilfe eines Vorbehaltsurteils seine Werklohnforderung ohne Erbringung der vertragsgerechten Gegenleistung durchzusetzen. Nur in Ausnahmefällen komme deshalb ein Vorbehaltsurteil in Betracht, wenn der Besteller Ansprüche gegen den Unternehmer wegen eines vertragswidrigen Verhaltens geltend mache. Als solche Ausnahmefälle nennt das Gericht Sachverhalte, in denen auf der Grundlage des gesamten Streitstoffes insbesondere auf Grund eines überzeugenden Privatgutachtens oder des Ergebnisses eines selbstständigen Beweisverfahrens der Richter davon ausgehen könne, dass dem Besteller wahrscheinlich keine oder allenfalls eine geringe Gegenforderung zustehe.

3. Fehlende Entscheidungsreife der Gegenforderung. Ein Vorbehaltsurteil ist nicht zulässig, wenn im Zeitpunkt seines Erlasses das Gericht auch über die Gegenforderung entscheiden kann und deshalb diese Entscheidung nicht einem Nachverfahren vorbehalten werden muss.[10] Steht also bereits nach dem Vortrag des Beklagten fest, dass sein Aufrechnungseinwand ins Leere geht oder hat das Gericht festgestellt, dass die insoweit vom Beklagten vorgetragenen Behauptungen nicht zutreffen, dann ist der Beklagte bei Begründetheit der Klage nach dem Antrag des Klägers zu verurteilen, wie im umgekehrten Fall die Klage abzuweisen ist, wenn das Gericht erkennt, dass die Klageforderung durch Aufrechnung erloschen ist. Erst recht kommt kein Vorbehaltsurteil in Betracht, wenn die Aufrechnung (noch) nicht erklärt worden ist, sondern lediglich angekündigt wurde.[11] Ob und in welchem Umfang das Gericht vor Erlass des Vorbehaltsurteils den Aufrechnungseinwand prüfen muss, ist streitig. Während eine Meinung die **„Zulässigkeit" der Aufrechnung** vor Erlass eines Vorbehaltsurteils prüfen will,[12] wobei allerdings der Begriff der Zulässigkeit nicht immer im selben Sinn verstanden wird,[13] tritt eine Gegenauffassung dafür ein, diese Prüfung dem Nachverfahren vorzubehalten, und will nur ein Vorbehaltsurteil ausschließen, wenn die Entscheidungsreife des Aufrechnungseinwandes bereits ohne weitere Prüfung feststeht.[14] Nach dem Zweck des § 302, der darauf gerichtet ist, eine Prozessverschleppung durch den Aufrechnungseinwand des Beklagten zu verhindern (vgl. Rn. 1), wird man in das Ermessen des Gerichts zu stellen haben, ob zeitraubende Prüfungen im Zusammenhang mit der zur Aufrechnung gestellten Gegenforderung vor einer Entscheidung über die Klageforderung vorgenommen oder in ein Nachverfahren verlagert werden. Die Entscheidung reiner Rechtsfragen kann jedoch in diesem Sinne nicht als zeitraubend angesehen werden.[15] Deshalb entspricht es nicht dem Sinn der in § 302 getroffenen Regelung, solche Fragen 4

[7] Vgl. Beschlussempfehlung und Bericht des Rechtsausschusses des Dt. BTag v. 21. 2. 2000 (BT-Drucks. 14/2552, S. 14f., zu Art. 2 Abs. 4 Nr. 2).

[8] BGHZ 165, 134 = NJW 2006, 698.

[9] OLG Celle NJW-RR 2005, 654 m. weit Nachw.; vgl. auch OLG München NJW-RR 2003, 863; OLG Koblenz MDR 2002,715.

[10] BGHZ 25, 360, 366 = NJW 1958, 18; BGHZ 35, 248, 250 = NJW 1961, 1721; *Rietschel* LM Nr. 9/19; *Thomas/Putzo/Reichold* Rn. 4; *Stein/Jonas/Leipold* Rn. 8.

[11] BGH NJW 1988, 2542, 2543.

[12] BGHZ 35 (Fn. 10); RGZ 144, 116, 118; *Baumbach/Lauterbach/Hartmann* Rn. 8.

[13] Die Zulässigkeit kann „prozessual" aufgefasst und danach gefragt werden, ob – die Richtigkeit des Vortrages des Beklagten unterstellt – die Aufrechnung nach materiellem Recht zu bejahen ist (so *Seuffert/Walsmann,* ZPO, 12. Auflage 1932, § 145 Anm. 4b iVm. § 302 Anm. 2b); dieser Begriff kann aber auch rein materiell verstanden und darauf abgestellt werden, ob nach materiellem Recht die Aufrechnung zugelassen ist (so *Rietschel* – Fn. 10). Im ersten Fall kommt es nur auf eine rechtliche Prüfung, im zweiten Fall auch auf tatsächliche Voraussetzungen an.

[14] *Böttcher* JZ 1962, 213.

[15] So wohl auch BGH (Fn. 11) mit recht unklar gehaltenen Ausführungen; aA AK-ZPO/*Fenge* Rn. 11.

zunächst offen zu lassen und sie nach einem Vorbehaltsurteil zu entscheiden. Das Gericht ist deshalb verpflichtet, vor Erlass eines Vorbehaltsurteils in die **Prüfung der Erheblichkeit des Aufrechnungseinwandes** einzutreten. Ergibt diese Prüfung, dass bereits nach dem Vortrag des Beklagten die Aufrechnung nicht wirksam sein kann, dann steht die Entscheidungsreife der Gegenforderung fest und der Erlass eines Vorbehaltsurteils verbietet sich somit. Gelangt dagegen das Gericht zu der Erkenntnis, dass noch tatsächliche Feststellungen getroffen werden müssen, dann kann es sie einem Nachverfahren vorbehalten. Das Gericht ist aber auch dann nicht gehindert, bereits im Vorbehaltsurteil einzelne (streitige) Punkte mitzuentscheiden, die für die Aufrechnung bedeutsam sind und andere offen zu lassen, die noch weiterer (tatsächlicher) Klärung bedürfen. Für diese Vorgehensweise kann nicht zuletzt auch sprechen, dass dadurch die Vergleichsbereitschaft der Parteien gefördert wird, wenn sie die verbindliche[16] Auffassung des Gerichts zu einzelnen zwischen ihnen streitigen Fragen kennen.

5 Die Wirksamkeit der Aufrechnung richtet sich grundsätzlich nach den Vorschriften des materiellen Rechts. **Vertragliche Aufrechnungsverbote,** die das Ziel verfolgen, eine Aufrechnung mit bestrittenen oder nicht rechtskräftig festgestellten Forderungen zu vermeiden, um die rasche Durchsetzung der Hauptforderung zu gewährleisten, stehen einer Verurteilung unter Vorbehalt der Entscheidung über die Aufrechnung nicht entgegen, denn der Kläger erhält in diesem Fall ein vollstreckbares Urteil über die Hauptforderung und der mit dem Aufrechnungsverbot verbundenen Absicht wird folglich entsprochen.[17] Streitig ist die Frage, ob der Beklagte im ordentlichen Verfahren auch mit einer Gegenforderung aufrechnen darf, die unter eine **Schiedsklausel** fällt, wenn sich der Kläger auf die Schiedsvereinbarung beruft. Dies ist zu verneinen, weil die Vereinbarung der Parteien beachtet werden muss, nach der über die Forderung gerade nicht vom staatlichen Gericht, sondern vom Schiedsgericht entschieden werden soll.[18] Dagegen ist die Aufrechnung mit Gegenforderungen, die zur Zuständigkeit der **Familiengerichte** gehören, wie Unterhalts- und Zugewinnausgleichsforderungen in Verfahren der streitigen Zivilgerichtsbarkeit zulässig, so dass auch insoweit ein Vorbehaltsurteil ergehen kann[19] (zur Aufrechnung mit rechtswegfremden Forderungen vgl. § 322 Rn. 205). Macht der Kläger einen **Teilbetrag** einer Forderung geltend, dann muss er hinnehmen, dass der Beklagte eine Gegenforderung gerade gegen diesen Teilbetrag zur Aufrechnung stellt. Er kann den Beklagten mit der Aufrechnung nicht auf den nicht eingeklagten Teil der Gesamtforderung verweisen. Für eine Aufrechnung im Rechtsstreit über einen Teilanspruch ist nur dann kein Raum, wenn eine Partei sie bereits vorher hinsichtlich eines anderen Teiles erklärt hat oder wenn der Kläger in der Klageschrift sie dadurch vornimmt, dass er die Gegenforderung von seinem Gesamtanspruch absetzt und diesen Teil nicht mehr einklagt. Dann ist die zur Aufrechnung benutzte Gegenforderung verbraucht und kann vom Beklagten nicht seinerseits zur Aufrechnung verwandt werden.[20]

III. Vorbehaltsurteil

6 **1. Rechtsnatur.** Wie § 302 Abs. 3 ausdrücklich klarstellt, ist das Vorbehaltsurteil hinsichtlich der Anfechtbarkeit und der Zwangsvollstreckung als Endurteil anzusehen. Sein Bestand ist jedoch von dem Ausgang des Nachverfahrens abhängig. Es wird deshalb von der hM als ein auflösend bedingtes Endurteil angesehen,[21] während andere hierin ein Zwischenurteil eigener Art erblicken.[22] Diese unterschiedliche Bewertung findet ihre Ursache darin, dass das Vorbehaltsurteil sowohl Elemente eines Zwischenurteils als auch solche eines Endurteils enthält.[23]

7 **2. Ermessensentscheidung des Gerichts.** Auch wenn die Voraussetzungen für den Erlass eines Vorbehaltsurteils erfüllt sind, ist das Gericht nicht verpflichtet, ein solches Urteil zu erlas-

[16] Das Gericht ist auch insoweit nach § 318 an seine Feststellungen gebunden; vgl. BGHZ 35, 248, 250 ff. = NJW 1961, 1721; s. auch Rn. 9.

[17] OLG München VersR 1982, 884; vgl. auch AK-ZPO/*Fenge* Rn. 14.

[18] So auch BGHZ 38, 254, 257 f. = NJW 1963, 243; *Fischer* LM § 274 Abs. 2 Ziff. 3 Nr. 2; *Rosenberg/Schwab/Gottwald* § 176 Rn. 5; aA BGHZ 23, 17, 23 ff. = NJW 1957, 591.

[19] OLG München FamRZ 1985, 84, 85; OLG Stuttgart FamRZ 1979, 717, 718; OLG Düsseldorf FamRZ 1987, 705, 706 (allerdings mit der Einschränkung, dass in Fällen, in denen der Rechtsstreit über die Gegenforderung bereits bei dem Familiengericht anhängig ist, das Nachverfahren bis zur rechtskräftigen Entscheidung des Familiengerichts ausgesetzt werden muss).

[20] BGH WM 1975, 795. Zur Frage der Zulässigkeit einer Gegenaufrechnung des Klägers mit dem von ihm nicht eingeklagten Teil vgl. *Musielak* GK ZPO Rn. 307 aE m. Nachw.

[21] BGHZ 69, 270, 272 = NJW 1978, 43 (zu § 599); BGH NJW 1988, 2542, 2543; *Stein/Jonas/Leipold* Rn. 11; *Thomas/Putzo/Reichold* Rn. 1.

[22] *Rosenberg/Schwab/Gottwald* § 59 Rn. 79.

[23] *Blomeyer* § 85 III; vgl. auch *Rosenberg/Schwab/Gottwald* (Fn. 22).

sen.[24] Vielmehr hat es nach seinem nicht nachprüfbaren (vgl. u. Rn. 11) Ermessen darüber zu befinden, ob vor Entscheidung über die zur Aufrechnung gestellte Gegenforderung ein die Klage zusprechendes Urteil nach § 302 Abs. 1 bei Beachtung des Zwecks der Vorschrift den Interessen beider Parteien gerecht wird[25] und auch dem Ziel dient, den Rechtsstreit der Parteien zügig zu einem (endgültig) abschließenden Urteil zu bringen. Weder müssen die Parteien den Erlass eines Vorbehaltsurteils ausdrücklich beantragen,[26] noch können sie durch eine Vereinbarung ein solches Urteil ausschließen.[27]

3. Tenor. In der Urteilsformel muss ausdrücklich der Vorbehalt nach § 302 Abs. 1 aufgenommen werden,[28] wobei die Forderung, um deren Aufrechnung es geht, möglichst genau (auch durch Bezugnahme auf den Tatbestand) zu bezeichnen ist.[29] Enthält der Urteilstenor nicht den Vorbehalt, dann kann die Ergänzung des Urteils nach **§ 321** innerhalb der in dieser Vorschrift vorgesehenen Frist beantragt werden (§ 302 Abs. 2). Ergibt sich aus dem Tatbestand und den Entscheidungsgründen, dass es nur versehentlich unterblieben ist, den Vorbehalt in die Urteilsformel einzufügen, dann kann eine Berichtigung nach **§ 319** vorgenommen werden.[30] Der Tenor eines Vorbehaltsurteils muss auch eine Entscheidung über die Kosten und über die vorläufige Vollstreckbarkeit enthalten.[31] 8

4. Bindungswirkung und Rechtskraft. Das Gericht ist nach § 318 an das Vorbehaltsurteil gebunden.[32] Es kann also das Bestehen der Klageforderung nur noch wegen der Aufrechnung verneinen, über deren Wirksamkeit noch zu entscheiden ist. Die Bindung des Gerichts erstreckt sich auch auf den Ausspruch über die Zulässigkeit der Aufrechnung, soweit darüber im Vorbehaltsurteil befunden worden ist (vgl. Rn. 4).[33] Da der Bestand des Vorbehaltsurteils von dem Ausgang des Nachverfahrens abhängt (vgl. Rn. 12), entspricht es üblicher Anschauung, diesem Urteil eine materielle Rechtskraft abzusprechen,[34] ihm aber formelle Rechtskraft zuzuerkennen.[35] Praktische Bedeutung kommt der Frage nach der Rechtskraft von Vorbehaltsurteilen im Rahmen ihrer Vollstreckung zu (vgl. dazu die folgenden Ausführungen). 9

5. Vollstreckbarkeit. Das Vorbehaltsurteil ist wie ein Endurteil vollstreckbar (§ 302 Abs. 3). Nach § 707 Abs. 1 S. 1 kann der Beklagte beantragen, dass die Vollstreckung aus einem Vorbehaltsurteil während des Nachverfahrens einstweilen eingestellt oder nur gegen Sicherheitsleistung durchgeführt wird; dies gilt auch für Vorbehaltsurteile, die unanfechtbar geworden sind.[36] Ein Vorbehaltsurteil, das nicht mehr angefochten werden kann, ist ohne Sicherheitsleistung zu vollstrecken,[37] denn es steht einem (formell) rechtskräftigen Endurteil gleich (§§ 704 Abs. 1, 705),[38] und eine vom Kläger geleistete Sicherheit ist ihm zurückzugeben,[39] es sei denn, dass eine Sicherheitsleistung nach § 707 angeordnet wird. 10

6. Anfechtbarkeit. Auch hinsichtlich der Rechtsmittel ist das Vorbehaltsurteil wie ein anderes Endurteil zu behandeln (§ 302 Abs. 3). Die Anfechtungsmöglichkeit ist auf den durch das Vorbehaltsurteil erfassten Streitstoff beschränkt.[40] Hat das Gericht bereits die Zulässigkeit der Aufrechnung im Vorbehaltsurteil bejaht, dann kann sich der Kläger dagegen mit einem Rechtsmittel wen- 11

---

[24] BGH LM HGB § 355 Nr. 12; WM 1965, 827, 828; RGZ 97, 30, 32; OLG Hamm MDR 1975, 1029; *Baumbach/Lauterbach/Hartmann* Rn. 9; *Thomas/Putzo/Reichold* Rn. 6.

[25] Zutreffend weist *Fenge* (Fn. 17) Rn. 4 darauf hin, dass dem Interesse des Klägers an einer raschen Entscheidung seiner sonst entscheidungsreifen Klage grundsätzlich Vorrang gebührt.

[26] BGH WM 1965, 827, 828.

[27] BGH LM HGB § 355 Nr. 12.

[28] BGH NJW 1981, 393, 394; *Thomas/Putzo/Reichold* Rn. 6.

[29] *Schroer* JA 1997, 873, 875; Hk-ZPO/*Saenger* Rn. 5.

[30] *Fenge* (Fn. 17) Rn. 19; *Baumbach/Lauterbach/Hartmann* Rn. 10.

[31] BGH MDR 1988, 227, 228 (zur Kostenentscheidung); *Huber,* Zivilurteil, Rn. 234, 263 f.

[32] RGZ 159, 173, 176; *Zöller/Vollkommer* Rn. 7; *Stein/Jonas/Leipold* Rn. 15; *Thomas/Putzo/Reichold* Rn. 7; aA *Bötticher* JZ 1962, 213.

[33] BGHZ 35, 248, 250 ff. = NJW 1961, 1721; BGH WM 1965, 1250, 1251; BGH NJW 1979, 1046; *Zöller/Vollkommer* Rn. 7.

[34] BGH NJW 1967, 566; RGZ 159, 173, 175; *Baumbach/Lauterbach/Hartmann* Rn. 9; *Thomas/Putzo/Reichold* Rn. 11; *Stein/Jonas/Leipold* Rn. 12; aA *Grunsky,* Grundlagen § 46 II 5.

[35] BGH (Fn. 33); BGHZ 69, 270, 272 = NJW 1978, 43 (zur vergleichbaren Regelung des § 599); *Rosenberg/Schwab/Gottwald* § 59 Rn. 74; aA *Tiedemann* ZZP 93 (1980), 23, 29 ff. (allerdings von einem von der hM abweichenden Rechtskraftbegriff ausgehend).

[36] BGH NJW 1967, 566.

[37] BGH BB 1977, 1571, 1572; AK-ZPO/*Fenge* Rn. 26.

[38] AA *Tiedemann* (Fn. 35).

[39] RGZ 47, 364, 365 f.; *Zöller/Vollkommer* Rn. 9.

[40] BGH LM Nr. 4 = ZZP 67 (1954) 302; *Thomas/Putzo/Reichold* Rn. 10.

den.[41] Da die **Frage der Zweckmäßigkeit** eines Vorbehaltsurteils nur von dem das Urteil erlassenden Gericht zu entscheiden ist (vgl. Rn. 7), kann sie nicht vom Rechtsmittelgericht überprüft werden.[42] Stellt das Berufungsgericht fest, dass die **Voraussetzungen** für den Erlass **eines Vorbehaltsurteils** nicht erfüllt sind (vgl. Rn. 2ff.), dann kann es die Sache an das erstinstanzliche Gericht zurückverweisen, wenn die Voraussetzungen einen des § 538 Abs. 2 S. 1 Nr. 1 erfüllt sind; andernfalls hat es selbst zu entscheiden (§ 538 Abs. 1). Denn die Trennung des Streitstoffes in einen Teil, der beim erstinstanzlichen Gericht bleibt und den Gegenstand des Nachverfahrens bildet (vgl. Rn. 12), und den anderen Teil, der vom Vorverfahren erfasst und durch das Rechtsmittel in die Berufungsinstanz gebracht wird, tritt nur ein, wenn die verfahrensrechtlichen Voraussetzungen für den Erlass eines Vorbehaltsurteils erfüllt sind; fehlt es an diesen Voraussetzungen, dann gelangt mit der Berufung gegen das Vorbehaltsurteil der gesamte Streitstoff, auch soweit die Entscheidung vorbehalten worden war, in die Berufungsinstanz, und das Berufungsgericht ist somit nicht gehindert, auch über die zur Aufrechnung gestellte und in dem Vorbehaltsurteil noch nicht behandelte Gegenforderung sachlich zu entscheiden.[43]

IV. Nachverfahren

12 **1. Gegenstand.** Nach Erlass des Vorbehaltsurteils bleibt der Rechtsstreit hinsichtlich der zur Aufrechnung gestellten Gegenforderung weiterhin bei dem Gericht anhängig, das das Vorbehaltsurteil gefällt hat (§ 302 Abs. 4 S. 1). Das Nachverfahren ist also die Fortsetzung des bisherigen Rechtsstreits und bildet mit dem Vorbehaltsverfahren eine prozessuale Einheit.[44] Da der Bestand des Vorbehaltsurteils vom Ergebnis des Nachverfahrens abhängig ist (vgl. Rn. 6), bleibt auch das Vorbehaltsverfahren zumindest bis zum rechtskräftigen Abschluss des Nachverfahrens anhängig.[45] Dies gilt aber auch umgekehrt, wenn das Schlussurteil vor dem Vorbehaltsurteil rechtskräftig wird. Hat das (rechtskräftige) Schlussurteil das Vorbehaltsurteil dadurch bestätigt, dass es die Aufrechnung verneint und den Vorbehalt aufgehoben hat und wird danach das Vorbehaltsurteil in der Rechtsmittelinstanz aufgehoben, weil die Klageforderung als nicht bestehend angesehen wird, dann verliert dadurch das Schlussurteil ohne weiteres seine Wirkung.[46]

13 Das Nachverfahren ist grundsätzlich auf die Entscheidung über die (vorbehaltene) Aufrechnung beschränkt. Bei dieser Entscheidung ist das Gericht **an das Vorbehaltsurteil gebunden** (vgl. Rn. 9). Neues Vorbringen gegen die Klageforderung ist grundsätzlich ausgeschlossen.[47] Jedoch sind Klageänderung und Klageerweiterung sowie Widerklage zulässig.[48] Der Beklagte kann nicht mit einer neuen, nicht vom Vorbehalt umfassten Gegenforderung im Nachverfahren aufrechnen.[49]

14 **2. Beginn und Beendigung.** Der Beginn des Nachverfahrens ist von der Unanfechtbarkeit des Vorbehaltsurteils nicht abhängig. Der Verhandlungstermin ist von Amts wegen anzuberaumen (§ 216), wobei die Ladungsfrist nach § 217, dagegen nicht die Einlassungsfrist nach § 274 Abs. 3 zu beachten ist.[50] Das Nachverfahren schließt mit einem Endurteil, das entweder das Vorbehaltsurteil aufhebt und die Klage abweist, wenn das Erlöschen der Klageforderung durch Aufrechnung festgestellt wird, oder das das Vorbehaltsurteil unter Aufhebung des Vorbehalts aufrechterhält, wenn die Wirksamkeit der Aufrechnung verneint wird. In jedem Fall ist über die Kosten zu entscheiden, und zwar bei einer erfolgreichen Aufrechnung über die Kosten des gesamten Rechtsstreits, die dem Kläger aufzuerlegen sind, im Falle einer erfolglosen Aufrechnung über die Kosten des Nachverfahrens, die dann den Beklagten treffen.[51] Mit Verkündung des Schlussurteils, das das Vorbehaltsurteil aufhebt, tritt die vorläufige Vollstreckbarkeit des Vorbehaltsurteils außer Kraft (§ 717 Abs. 1).[52]

---

[41] BGHZ 35, 248, 249ff. = NJW 1961, 1721; BGH NJW 1979, 1046.
[42] BGH WM 1965, 827, 828; *Rosenberg/Schwab/Gottwald* § 59 Rn. 78.
[43] BGHZ 25, 360, 369 = NJW 1958, 18; OLG Karlsruhe NJW-RR 1987, 254; *Stein/Jonas/Leipold* Rn. 18.
[44] BGH NJW 1981, 393, 394.
[45] AK-ZPO/*Fenge* Rn. 21.
[46] *Mattern* JZ 1960, 385, 386; *Zöller/Vollkommer* Rn. 15; *Grunsky* Grundlagen § 46 II 5.
[47] *Baumbach/Lauterbach/Hartmann* Rn. 12; *Blomeyer* § 85 II 3. Für Zulassung neuen Vorbringens in den Grenzen des § 767 Abs. 2: AK-ZPO/*Fenge* Rn. 24.
[48] BGHZ 37, 131, 134ff. = NJW 1962, 1249; *Thomas/Putzo/Reichold* Rn. 12; *Stein/Jonas/Leipold* Rn. 24; *Rosenberg/Schwab/Gottwald* § 59 Rn. 83; aA zur Widerklage KG OLGRspr. 23, 84; OLG Hamburg OLGRspr. 43, 141.
[49] BGH WM 1971, 130, 131; OLG München MDR 1975, 324 . Zur Frage, ob der Kläger gegen die zur Aufrechnung gestellte Forderung seinerseits mit einer Forderung, die ihm gegen den Beklagten zusteht, aufrechnen kann, vgl. *Braun* ZZP 89 (1976), 93, 97ff., 107f.
[50] *Zöller/Vollkommer* Rn. 10; *Baumbach/Lauterbach/Hartmann* Rn. 12.
[51] *Huber* (Fn. 31) Rn. 234; *Stein/Jonas/Leipold* Rn. 27.
[52] *Rosenberg/Schwab/Gottwald* § 59 Rn. 85.

3. Versäumnisurteil. Da das Nachverfahren auf das dem Beklagten vorbehaltene Verteidigungsmittel der Aufrechnung beschränkt wird, übernimmt er in diesem Verfahren die Rolle des Angreifenden und der Kläger die des Angegriffenen. Daraus zieht die hM für die Säumnis einer Partei die Folgerung, dass beim Ausbleiben des Klägers in entsprechender Anwendung des § 331 das Vorbringen des Beklagten hinsichtlich der Gegenforderung als zugestanden gilt und deshalb das Vorbehaltsurteil aufzuheben ist, wenn sich aufgrund dieses Vorbringens die Aufrechnung mit der Gegenforderung ergibt; ist dagegen der Beklagte säumig, dann bleibt sein Aufrechnungseinwand erfolglos und das Vorbehaltsurteil ist für vorbehaltlos zu erklären.[53] 15

4. Schadensersatzanspruch des Beklagten nach § 302 Abs. 4 S. 3. Durch die Vollstreckung aus einem Vorbehaltsurteil geht der Kläger das Risiko ein, dass er bei Aufhebung des Urteils zum Ersatz des Schadens verpflichtet ist, der dem Beklagten durch die Vollstreckung des Urteils oder durch eine zur Abwendung der Vollstreckung gemachte Leistung entstanden ist. Ebenso wie bei der vergleichbaren Vorschrift des § 717 Abs. 2 (vgl. Rn. 9 zu dieser Vorschrift) handelt es sich auch bei der Vorschrift des § 302 Abs. 4 S. 3 um eine materiell-rechtliche Regelung, die einen bürgerlich-rechtlichen **Ersatzanspruch** begründet.[54] § 717 Abs. 3 ist nicht entsprechend anwendbar.[55] Dieser Anspruch entsteht **verschuldensunabhängig** bei Aufhebung oder Abänderung des vorläufig vollstreckbaren Vorbehaltsurteils[56] und umfasst den vollen Ersatz des Schadens, der dem Schuldner adäquat kausal durch die Vollstreckung des Urteils oder durch eine Leistung zur Abwendung der Zwangsvollstreckung (Erfüllung, Sicherheitsleistung einschließlich der zur Beschaffung einer Sicherheit erforderlichen Aufwendungen, Kosten zur Aufbringung der Urteilssumme, Hinterlegung) entstanden ist.[57] Der **immaterielle Schaden,** den der Beklagte dadurch erlitten hat, dass er aufgrund eines Vorbehaltsurteils zur Erzwingung der Leistung einer Offenbarungsversicherung in Haft genommen worden ist, ist dagegen nicht zu ersetzen.[58] 16

Der **Schadensersatzanspruch** kann in demselben Verfahren durch Inzidentantrag – auch noch in der Revisionsinstanz – **geltend gemacht** werden (§ 302 Abs. 4 S. 4 Halbs. 1).[59] In diesem Fall gilt der Anspruch als zur Zeit der Zahlung oder Leistung rechtshängig geworden (§ 302 Abs. 4 S. 4 Halbs. 2). Der Beklagte kann jedoch den Schadensersatzanspruch auch durch eine förmliche Widerklage oder in einem neuen Prozess durchsetzen.[60] Gegenüber einem mit Inzidentantrag oder Widerklage im anhängigen Prozess geltend gemachten Schadensersatzanspruch kann der Kläger aufrechnen.[61] 17

V. Gebühren

Das Verfahren vor und nach Erlass des Vorbehaltsurteils gilt gebührenrechtlich als eine Angelegenheit iSd. § 15 Abs. 2 S. 1 RVG und bildet eine einheitliche Kosteninstanz (§ 35 GKG). Eine Urteilsgebühr entsteht nicht (§ 300 Rn. 8). 18

§ 303 Zwischenurteil

Ist ein Zwischenstreit zur Entscheidung reif, so kann die Entscheidung durch Zwischenurteil ergehen.

I. Entstehung und Zweck der Vorschrift

Der Gesetzgeber hat das Zwischenurteil dahingehend charakterisiert, dass es das Endurteil vorbereite und einen antizipierten Bestandteil der Endentscheidung darstelle.[1] Allerdings bezog sich diese Begründung auf eine gesetzliche Regelung, die auch ein Zwischenurteil über ein „selbständiges Angriffs- oder Verteidigungsmittel" vorsah. Durch die Verordnung über das Verfahren in bürgerli- 1

---

[53] *Zöller/Vollkommer* Rn. 13; *Thomas/Putzo/Reichold* Rn. 13.

[54] *Rosenberg/Gaul/Schilken* § 15 III 4 iVm. V 2b.

[55] *Thomas/Putzo/Reichold* Rn. 17; *Zöller/Vollkommer* Rn. 14; *Rosenberg/Schwab/Gottwald* § 59 Rn. 86.

[56] *Stein/Jonas/Leipold* Rn. 28; *Thomas/Putzo/Reichold* Rn. 17; *Schönke/Kuchinke* § 74 I 4e; aA *Baumbach/Lauterbach/Hartmann* Rn. 17: aufschiebend bedingt mit der Beitreibungs- oder Abwendungsleistung; dagegen zutreffend *Rosenberg/Gaul/Schilken* § 15 III 2a: diese Maßnahmen bilden nur das Schadensereignis.

[57] *Rosenberg/Gaul/Schilken* § 15 III 4 m. weit. Nachw.

[58] OLG Hamburg MDR 1965, 202.

[59] RGZ 27, 41, 44; 34, 384, 385.

[60] Vgl. *Rosenberg/Gaul/Schilken* § 15 III 6a.

[61] BGH NJW 1980, 2527.

[1] Mat. II 1 S. 284. Zur Entstehungsgeschichte: *Bettermann* ZZP 79 (1966), 392, 393ff.

chen Rechtsstreitigkeiten vom 13. Februar 1924 (RGBl. I S. 135) ist dann die heutige Fassung des § 303 hergestellt worden. Die **Gesetzesänderung** wurde damit begründet, dass Zwischenurteile über selbständige Angriffs- oder Verteidigungsmittel das Verfahren verzögerten und daher unzweckmäßig seien.[2] Ein Zwischenurteil nach § 303 darf somit nur prozessuale, nicht den Streitgegenstand selbst betreffende Fragen entscheiden.[3] Durch eine derartige Vorabentscheidung, die das Gericht gem. § 318 bindet (vgl. Rn. 5), soll eine Konzentration des Rechtsstreits auf die noch offengebliebenen Punkte sowie eine bessere Übersichtlichkeit über den Streitstoff[4] herbeigeführt und dadurch eine Arbeitserleichterung für Gerichte und Parteien geschaffen werden.[5] Das Zwischenurteil nach § 303 kann jedoch nicht selbständig angefochten werden, sondern ist nur zusammen mit dem Endurteil zu überprüfen (vgl. Rn. 7); dies und die erhebliche Begrenzung des Prozessstoffes, der Gegenstand eines Zwischenurteils nach § 303 sein kann, schränken die praktische Bedeutung dieser Regelung wesentlich ein.

II. Zwischenstreiturteil nach § 303

2 **1. Begriff und Abgrenzung.** Zwischenurteile lassen sich am besten dadurch charakterisieren, dass man sie gegenüber Endurteilen abgrenzt. Während das Endurteil eine für die Instanz endgültige Entscheidung über den Streitgegenstand oder zumindest über Teile davon (Teilurteil) enthält, ergeht das Zwischenurteil zu Vorfragen, die im Prozess auftreten und geklärt werden müssen, die sich aber nicht unmittelbar auf den Streitgegenstand selbst beziehen. Allerdings trifft diese Beschreibung des Zwischenurteils nicht auf das Grundurteil nach § 304 zu, bei dem es sich um ein Zwischenurteil besonderer Art handelt (vgl. dazu § 304 Rn. 5). Während sonst Zwischenurteile stets einen Zwischenstreit entscheiden – und man es deshalb auch als „Zwischenstreiturteil" bezeichnen kann[6] – gilt dies nicht für das Grundurteil, das eine Vorabentscheidung über den Grund des vom Kläger geltend gemachten Anspruchs enthält. Ein **Zwischenstreit** erfasst stets Fragen, bei denen es um den Fortgang des Verfahrens geht, weist also durchweg einen verfahrensrechtlichen Charakter auf.[7] Zwischenstreite können nicht nur zwischen den **Parteien,** sondern auch zwischen den Parteien und Dritten entstehen (Beispiel: Zwischenstreit über die Zulassung einer Nebenintervention, vgl. § 71). Zwischenurteile, die den Zwischenstreit mit einem **Dritten** entscheiden, schaffen jedoch keinen „antizipierten Bestandteil der Endentscheidung" (vgl. Rn. 1), keine Elemente des Endurteils,[8] wie dies durch Zwischenurteile über einen Zwischenstreit zwischen den Parteien geschieht. Nicht nur dadurch, sondern auch durch Sonderregeln, die das Gesetz enthält (vgl. §§ 71, 135, 372a, 387 und 402) unterscheiden sich die Zwischenurteile gegen Dritte von anderen, die unter § 303 fallen. Auch die abgesonderte Verhandlung über die Zulässigkeit der Klage stellt einen Zwischenstreit zwischen den Parteien dar, zu dem ein Zwischenurteil ergehen kann. Jedoch besteht zu den Zwischenurteilen nach § 303 dadurch ein Unterschied, dass für das Zwischenurteil über die Zulässigkeit der Klage durch § 280 Abs. 2 eine eigene Regelung getroffen wurde. Danach lässt sich das **Zwischenurteil,** für das (nur) die Vorschrift des **§ 303** gilt, als eine Entscheidung über Fragen **definieren,** die den Fortgang des Verfahrens, nicht jedoch die Zulässigkeit der Klage betreffen.[9] Keine Zwischenurteile sind dementsprechend das Vorbehaltsurteil nach § 302, da es auflösend bedingt über den Klageanspruch entscheidet (vgl. § 302 Rn. 6), und das Urteil, das aufgrund einer Zwischenfeststellungsklage nach § 256 Abs. 2 ergeht, da dadurch abschließend über eine zusätzlich erhobene Klage befunden wird (vgl. § 256 Rn. 75).

3 **2. Einzelfälle.** Durch Zwischenurteil können entschieden werden: Ein Zwischenstreit zwischen den Parteien aus Anlass einer Beweisaufnahme vor dem ersuchten oder beauftragten Richter, wenn das Prozessgericht zu entscheiden hat und die **Beweisaufnahme vor** dem **ersuchten oder beauftragten Richter** fortgesetzt werden soll (vgl. § 366 Rn. 4);[10] ein Streit über die Pflicht zur **Vorlage von Urkunden** (§§ 142, 422, 423) oder über ihre **Echtheit** (§§ 440ff.);[11] ein Streit

---

[2] *Volkmar,* Verordnung über das Verfahren in bürgerlichen Rechtsstreitigkeiten, 1924, S. 124.

[3] *Tiedke* ZZP 89 (1976), 64f.; *Grunsky* Grundlagen § 46 II 2 (S. 468); *Rosenberg/Schwab/Gottwald* § 59 Rn. 34.

[4] BAGE 9, 319, 324 = NJW 1960, 2211.

[5] *Rosenberg/Schwab/Gottwald* § 59 Rn. 28; AK-ZPO/*Fenge* Rn. 1.

[6] So *Rosenberg/Schwab/Gottwald* § 59 Rn. 30; *Blomeyer* § 83 III.

[7] Vgl. RG JW 1932, 650, 651; *Reinicke* NJW 1967, 513, 515; *Tiedke* (Fn. 3) S. 64; *Linnenbaum* JR 1984, 114, 115.

[8] *Stein/Jonas/Leipold* Rn. 3.

[9] Hk-ZPO/*Saenger* Rn. 1f.

[10] *Rosenberg/Schwab/Gottwald* § 59Rn. 32.

[11] Mat. II 1 S. 283; *Baumbach/Lauterbach/Hartmann* Rn. 8; *Zöller/Vollkommer* Rn. 6; Hk-ZPO/*Saenger* Rn. 3.

über die Zulassung oder Verneinung einer **Klageänderung** (§§ 263, 264)[12] oder den **Widerruf eines Geständnisses** (§ 290);[13] der Streit über die **Zulässigkeit eines Rechtsmittels,**[14] eines Einspruchs gegen ein Versäumnisurteil (§§ 338, 341)[15] oder eines Antrages auf **Wiedereinsetzung** (§ 238 Abs. 1 S. 2).[16] Streitigkeiten über die **Unwirksamkeit eines Prozessvergleichs** und über die sich daraus ergebende Folge der Fortsetzung des Rechtsstreits können ebenfalls durch Zwischenurteil entschieden werden [17] Dagegen ist die Entscheidung, dass der Rechtsstreit durch einen wirksamen Prozessvergleich erledigt wurde, durch ein Endurteil und nicht durch ein Zwischenurteil nach § 303 zu treffen.[18] Auch über die **Unterbrechung des Verfahrens** (§§ 239 ff.) kann durch Zwischenurteil befunden werden.[19] Wird **dagegen** über einen **Parteiwechsel** durch Zwischenurteil entschieden, dann handelt es sich nicht um ein solches nach § 303, sondern um eines nach **§ 280 Abs. 2;**[20] das Gleiche gilt, wenn ein Antrag des Beklagten auf **Sicherheitsleistung** des ausländischen Klägers (§ 110) durch Zwischenurteil abgelehnt wird;[21] oder wenn die Entscheidung, dass die **Wiederaufnahmeklage** zulässig (und begründet) ist, durch Zwischenurteil getroffen wird.[22]

3. Verfahren. Ein Zwischenurteil nach § 303 kann nur in Betracht kommen, wenn der Rechtsstreit insgesamt noch nicht entscheidungsreif ist, weil sonst durch Endurteil zu entscheiden ist (vgl. § 300 Rn. 5).[23] Aber auch wenn diese Voraussetzung erfüllt wird und ein Zwischenstreit zur Entscheidung reif ist, steht es im Ermessen des Gerichts, ob es von der Möglichkeit des § 303 Gebrauch machen will.[24] Abgesehen vom schriftlichen Verfahren (§ 128 Abs. 2, 3) muss dem Zwischenurteil stets eine mündliche Verhandlung vorausgehen.[25] Üblicherweise wird ein Zwischenurteil in der Überschrift als solches bezeichnet; zwingend ist dies jedoch nicht, weil es nicht auf die Bezeichnung, sondern auf den Inhalt des Urteils ankommt (vgl. auch Rn. 7). Da ein Zwischenurteil **keine Kostenentscheidung** enthält[26] und seiner Rechtsnatur nach ein Feststellungsurteil darstellt,[27] weist es keinen vollstreckbaren Inhalt auf, so dass ein Ausspruch über die **Vollstreckbarkeit** nicht in Betracht kommen kann. 4

4. Wirkung. Ein (zulässiges) Zwischenurteil bindet das es erlassende Gericht nach § 318 an die darin enthaltene Entscheidung. Dies gilt nicht, wenn das Zwischenurteil nicht ergehen durfte, weil die dafür zu erfüllenden Voraussetzungen nicht gegeben waren.[28] Die Bindungswirkung eines (zulässigen) Zwischenurteils ist grundsätzlich die gleiche, wie sie auch andere Urteile entfalten (vgl. § 318 Rn. 4f.).[29] Dies bedeutet, dass ein späteres Vorbringen zu dem durch das Zwischenurteil entschiedenen Punkt und eine darauf bezogene erneute Prüfung und Entscheidung durch das Gericht ausgeschlossen sind. Das Gericht kann jedoch solche Tatsachen berücksichtigen, die es nach Erlass des Zwischenurteil ist eingetreten sind (vgl. § 318 Rn. 6).[30] 5

---

[12] *Rosenberg/Schwab/Gottwald* (Fn. 10).

[13] *Thomas/Putzo/Reichold* Rn. 2.

[14] BGH NJW 1987, 3264, 3265; BAG AP § 212a Nr. 1 m. zust. Anm. von *Zeuner.*

[15] *Demharter* NJW 1986, 2754.

[16] BGH FamRZ 1993, 1191; *Rosenberg/Schwab/Gottwald* (Fn. 10).

[17] OLG Karlsruhe JW 1932, 115; *Baumbach/Lauterbach/Hartmann* Rn. 6; *Thomas/Putzo/Reichold* Rn. 2; *Rosenberg/Schwab/Gottwald* § 129 Rn. 51; *Stein/Jonas/Leipold* Rn. 5 auch zur Gegenauffassung.

[18] BGH NJW 1996, 3345, 3346; vgl. auch BAG NJW 1967, 647: kein Zwischenurteil, sondern Teilurteil, wenn über Wirksamkeit des Vergleichs aufgrund einer Zwischenfeststellungsklage entschieden wird.

[19] BGHR Anfechtbarkeit 1.

[20] BGH NJW 1981, 989; *Roth* NJW 1988, 2977, 2984; *Thomas/Putzo/Reichold* Rn. 3, § 280 Rn. 3; *Rosenberg/Schwab/Gottwald* § 42 Rn. 28; aA *Franz* MDR 1981, 977, 978 (§ 303); wiederum anders AK-ZPO/*Fenge* Rn. 21 (Urteil ist nach § 304 analog anfechtbar).

[21] BGHZ 102, 232, 234 = NJW 1988, 1733; BGH NJW-RR 1990, 378; das die Sicherheitsleistung anordnende Zwischenurteil wird dagegen von der hM (vgl. *Musielak/Foerste* § 110 Rn. 9; *Zöller/Herget* § 110 Rn. 5 m. weit. Nachw. auch zur Gegenauffassung) als eines nach § 303 angesehen; aA OLG Bremen NJW 1982, 2737 (ebenfalls § 280).

[22] BGH NJW 1979, 427, 428; 1993, 1928, 1929; *Zöller/Greger* § 590 Rn. 4, § 591 Rn. 3; *Thomas/Putzo/Reichold* § 589 Rn. 1 aA (Urteil nach § 303); *Baumbach/Lauterbach/Hartmann* § 589 Rn. 4.

[23] *Thomas/Putzo/Reichold* Rn. 2.

[24] *Baumbach/Lauterbach/Hartmann* Rn. 9; *Grunsky* Grundlagen § 46 II 2.

[25] AK-ZPO/*Fenge* Rn. 13.

[26] *Huber,* Zivilurteil, Rn. 233.

[27] *Baumbach/Lauterbach/Hartmann* Rn. 1; *Zöller/Vollkommer* Rn. 9.

[28] BGHZ 3, 244, 247 = NJW 1952, 25; BGHZ 8, 383, 385 = NJW 1953, 702; *Schönke* NJW 1953, 702; *Tiedke* (Fn. 3) S. 73f.; *Thomas/Putzo/Reichold* Rn. 6.

[29] BGH FamRZ 1993, 1191.

[30] *Stein/Jonas/Leipold* Rn. 7.

6 **5. Anwendungsbereich.** § 303 gilt entsprechend im **arbeitsgerichtlichen Verfahren.**[31] Die Vorschrift ist ebenfalls in Verfahren der **Freiwilligen Gerichtsbarkeit** anwendbar.[32] Auch im **Beschwerdeverfahren** kann das Gericht eine Zwischenentscheidung in entsprechender Anwendung des § 303 treffen.[33] So kann in patentgerichtlichen Beschwerde- und Rechtsbeschwerdeverfahren über einen den Fortgang des Verfahrens betreffenden Zwischenstreit durch ein für die Instanz bindenden Zwischenbeschluss befunden werden.[34]

7 **6. Anfechtbarkeit.** Zwischenurteile nach § 303 sind nicht selbständig anfechtbar; ihre Nachprüfung durch die nächst höhere Instanz kann nur durch ein Rechtsmittel gegen das Endurteil erreicht werden. Gleiches gilt auch, wenn ein Zwischenurteil erlassen wird, das überhaupt nicht ergehen durfte, weil ein Zwischenstreit iSv. § 303 (vgl. Rn. 2f.) durch das Urteil nicht entschieden wurde.[35] Es ist jedoch darauf zu achten, ob die als Zwischenurteil bezeichnete Entscheidung ihrem Inhalt nach ein (Teil-)Endurteil darstellt; wenn dies der Fall ist, dann ist nicht die Bezeichnung oder die Ansicht des erlassenden Gerichts maßgebend, sondern das Urteil kann wie jede andere Endentscheidung auch mit dem dafür zulässigen Rechtsmittel angefochten werden.[36] Aus diesem Grunde kann eine „Zwischenurteil" genannte Entscheidung, durch die der Antrag auf Wiedereinsetzung wegen Versäumung der Rechtsmittelfrist abgelehnt wird, selbständig angefochten werden, weil es einem Endurteil gleichkommt.[37] Ein Zwischenurteil, das einer Person die Aufnahme eines nach § 240 unterbrochenen Rechtsstreits versagt, kann wie ein Endurteil angefochten werden.[38]

III. Gebühren

8 Durch ein Zwischenurteil nach § 303 entstehen keine besonderen Gebühren des Gerichts (vgl. § 300 Rn. 8). Für das Beschwerdeverfahren (vgl. Rn. 6) gilt KV 1812 oder 1810 (für Beschwerden nach § 71 Abs. 2).[39] Auch Rechtsanwaltsgebühren fallen grundsätzlich nicht an, denn Zwischenstreite gehören gebührenrechtlich zum Rechtszug (vgl. § 19 Abs. 1 Nr. 3 RVG). Nur wenn der Rechtsanwalt nicht als Prozessbevollmächtigter bestellt worden ist, erhält er die Gebühr nach Nr. 3403 VV RVG.[40]

§ 304 Zwischenurteil über den Grund

(1) Ist ein Anspruch nach Grund und Betrag streitig, so kann das Gericht über den Grund vorab entscheiden.

(2) Das Urteil ist in Betreff der Rechtsmittel als Endurteil anzusehen; das Gericht kann jedoch, wenn der Anspruch für begründet erklärt ist, auf Antrag anordnen, dass über den Betrag zu verhandeln sei.

Übersicht

[31] Vgl. BAG DB 1974, 1728 (zum arbeitsgerichtlichen Beschlussverfahren); BAG NJW 1976, 774 (zum Grundzwischenurteil; vgl. dazu § 304 Rn. 3); *Stein/Jonas/Leipold* Rn. 10.

[32] *Grunsky* Grundlagen § 46 II 2.

[33] Vgl. OLG Düsseldorf OLGZ 1979, 454; *Zöller/Vollkommer* Rn. 2.

[34] BGHZ 47, 132 = NJW 1967, 2116; BPatG GRUR 1978, 533.

[35] BGHZ 8, 383, 385 = NJW 1953, 702; BGH VersR 1985, 44, 45; NJW 1994, 1651, 1652; *Tiedke* (Fn. 3) S. 74f.

[36] BGHZ 8, 383, 384 = NJW 1953, 702; BGH NJW 1994, 1651, 1652; 1996, 3345, 3346; NJW-RR 2006, 288; 2006, 565; *Deubner* JuS 1997, 253, 255; vgl. *Gottwald* ZZP 92 (1979), 364.

[37] BAGE 2, 228, 230 = NJW 1956, 240; BAG AP § 232 Nr. 5; im Ergebnis ebenso BGHZ 47, 289 = NJW 1967, 1566; BGH VersR 1979, 960; 1979, 619; vgl. auch § 238 Rn. 15.

[38] BGH MDR 2004, 1312; NJW 2005, 290, 291; NJW-RR 2006, 288.

[39] *Musielak/Wolst* Rn. 8.

[40] *Musielak/Grandel* Rn. 8.

I. Normzweck

Der Gesetzgeber wollte erreichen, dass durch die Vorschrift des § 304 „das Verfahren in zweckmäßiger Weise vereinfacht wird und weitläufige, kostspielige, vielfach unnützige Liquidationen vermieden werden können".[1] Denn streiten die Parteien sowohl über den Grund als auch über den Betrag eines Anspruches, dann werden möglicherweise **zeit- und kostenaufwändige** Beweisaufnahmen über den Betrag überflüssig, wenn das die Klage zusprechende Urteil über den Grund in der Rechtsmittelinstanz aufgehoben und die Klage abgewiesen wird.[2] Deshalb soll nach Meinung des Gesetzgebers das Gericht, das ein Grundurteil erlässt, im Regelfall die Rechtskraft dieses Urteils abwarten, ehe die Verhandlung über den Betrag des Anspruchs fortgesetzt wird (vgl. auch Rn. 32).[3] Die Vorschrift verfolgt also prozesswirtschaftliche Zwecke.[4] Die durch das Grundurteil bewirkte Aufteilung des Prozessstoffes nach Grund und Betrag gliedert das Verfahren und fördert die **Konzentration der Verhandlung** auf die jeweiligen Streitpunkte (vgl. auch § 303 Rn. 1). Der Erlass eines Grundurteils kann sich auch deshalb empfehlen, weil den Parteien auf diese Weise die Rechtsauffassung des Gerichts über den Grund des Anspruchs mitgeteilt wird und dadurch die **Vergleichsbereitschaft** der Parteien **gefördert** werden kann.[5] Jedoch darf nicht verkannt werden, dass möglichen Vorteilen einer Vorabentscheidung über den Grund auch **erhebliche Nachteile** gegenüberstehen können. So können die **Kosten** des Rechtsstreits für den Beklagten durch eine Trennung wesentlich erhöht werden, und zwar dann, wenn die Klageforderung bei einem hohen Gegenstandswert dem Grunde nach im Rechtsmittelverfahren letztlich bestätigt wird, sich im Betragsverfahren dann aber herausstellt, dass die Höhe der Klageforderung nur einen Teil des vom Kläger geltend gemachten Anspruchs ausmacht; in diesem Fall hat der Beklagte die gesamten Kosten des Grundverfahrens zu tragen und nicht nur einen Teil wie bei einer einheitlichen Entscheidung über Grund und Betrag.[6] Eine Vorabentscheidung über den Grund kann auch die **Gesamtdauer des Prozesses verlängern,** insbesondere dann, wenn die im Grund- und Betragsverfahren jeweils unterliegende Partei Rechtsmittel einlegt.[7] Für den Kläger kann sich nachteilig auswirken, dass er länger auf ein (vorläufig) vollstreckbares Urteil warten muss, denn das Grundurteil weist keinen vollstreckungsfähigen Inhalt auf (vgl. Rn. 5, 11). Alle diese Gesichtspunkte wird das Gericht zu berücksichtigen haben, wenn es im Einzelfall entscheiden muss, ob es ein Grundurteil erlassen soll. 1

II. Anwendungsbereich

1. Verfahren der Freiwilligen Gerichtsbarkeit. Die Vorschrift des § 304 findet in Verfahren der Freiwilligen Gerichtsbarkeit entsprechende Anwendung, so dass in Fällen, in denen ein Anspruch nach Grund und Betrag streitig ist, eine Zwischenentscheidung über den Grund erlassen werden kann.[8] So kann in einem Verfahren oder in Landwirtschaftssachen, auf das das FGG sinngemäß anzuwenden ist, soweit das LwVG keine Sonderregeln enthält (§ 9 LwVG), über den Grund des Anspruchs vorab entschieden werden.[9] 2

---

[1] Mat. II 1 S. 284 f. (zu § 266). Zur Entstehungsgeschichte vgl. *Becker* S. 12 ff.; *Arnold* S. 5 ff.
[2] BGH NJW 1991, 1896.
[3] Mat. (Fn. 1).
[4] BGH NJW-RR 1991, 599, 600; 1993, 91; *Keller* JA 2007, 433.
[5] BGH NJW 1968, 1968 = LM Nr. 28; *Schilken* ZZP 95 (1982), 45, 46 f.; *Schneider* JurBüro 1976, 1137, 1140; zurückhaltender *Arnold* S. 68 f.
[6] Vgl. *Schilken* (Fn. 5) S. 47; *Stein/Jonas/Leipold* Rn. 1; *Becker* S. 27 f.
[7] *Schneider* (Fn. 5); *Becker* S. 31. *Pawlowski* ZZP 78 (1965), 307, 319.
[8] BayObLG NZM 2002, 564, 567; OLG Düsseldorf NJW 1970, 1137.
[9] BGH MDR 1956, 404, 406 f. m. weit. Nachw.

3 **2. Arbeitsgerichtliches Verfahren.** Unter gleichen Voraussetzungen wie im Zivilprozess kann auch im Arbeitsgerichtsprozess ein Grundurteil ergehen (§ 46 Abs. 2 ArbGG iVm. § 495; § 64 Abs. 6 ArbGG iVm. 525, § 72 Abs. 5 ArbGG iVm. § 555), jedoch ist nach § 61 Abs. 3 ArbGG das Grundurteil nicht selbständig anfechtbar, so dass es insoweit einem Zwischenurteil nach § 303 entspricht.[10] Demgemäß können Mängel des Grundurteils erst mit einem gegen das Schlussurteil gerichteten Rechtsmittel geltend gemacht werden (vgl. § 303 Rn. 7).[11]

4 **3. Grundurteil im Strafprozess über vermögensrechtliche Ansprüche des Verletzten.** Nach § 406 Abs. 1 S. 2 StPO kann in einem strafprozessualen Adhäsionsverfahren gegen den Angeklagten ein Grundurteil ergehen, durch das ein vom Verletzten geltend gemachter vermögensrechtlicher Anspruch dem Grunde nach bejaht wird. Die Verhandlung über den Betrag findet nach § 406 Abs. 3 S. 4 StPO vor dem zuständigen Zivilgericht statt.[12] Im Interesse der Verfahrensökonomie muss jedoch der Strafrichter bemüht sein, auch über den Betrag zu entscheiden, wenn sich nicht besondere Schwierigkeiten ergeben, die gerade im Betragsverfahren aufgeworfen werden.[13] § 406 Abs. 3 S. 4 StPO verweist auf § 304 Abs. 2; hieraus ergibt sich zumindest indirekt, dass ein Antrag des Verletzten erforderlich ist, damit das Verfahren über den Betrag durchgeführt wird.[14] Durch § 406 Abs. 1 S. 2 StPO wird das strafprozessuale Grundurteil in seiner Bindungswirkung einem nach § 304 erlassenen Grundurteil gleichgestellt (zur Bindungswirkung vgl. Rn. 12).

III. Grundurteil

5 **1. Rechtsnatur.** Das Grundurteil ist ein **Zwischenurteil** besonderer Art.[15] Durch dieses Urteil wird im Unterschied zum Teilurteil nicht über einen (selbständigen) Teil des Streitgegenstandes entschieden (vgl. § 301 Rn. 4 ff.), sondern über einen Bestandteil der Endentscheidung, die es vorbereitet.[16] Die Besonderheit dieses Urteils besteht darin, dass es nicht – wie andere Zwischenurteile, die zwischen den Parteien ergehen – eine prozessuale Vorfrage klärt (vgl. § 303 Rn. 2 f.), sondern einen materiell-rechtlichen Inhalt aufweist. Es handelt sich also bei dem Grundurteil um ein materiell-rechtliches Zwischenurteil, das es seit der Änderung des § 303 im Jahre 1924 sonst in der ZPO nicht mehr gibt (vgl. § 303 Rn. 1). Das Grundurteil hat wie andere Zwischenurteile auch (vgl. § 303 Rn. 4) einen feststellenden Charakter und ähnelt in seinem Inhalt einem Endurteil, das die Verpflichtung des Beklagten zum Ersatz eines ziffernmäßig nicht bestimmten Schadens ausspricht.[17] Auch mit einem Endurteil, das eine Klage auf Feststellung des Nichtbestehens einer nicht bezifferten Forderung abweist, lässt sich das Grundurteil vergleichen.[18] Jedoch besteht in beiden Fällen der entscheidende Unterschied zum Grundurteil darin, dass dem Grundurteil als Zwischenurteil ein Endurteil folgt, in dem über die zunächst noch offengelassene Höhe des als bestehend festgestellten Anspruchs entschieden wird. Da das Grundurteil das **Endurteil** über den Betrag **vorbereitet,** muss sein Inhalt auch konkreter gefasst sein als ein Endurteil, das die Verpflichtung des Beklagten feststellt, jedweden durch einen Unfall verursachten Schaden zu ersetzen, auch wenn sich im Zeitpunkt des Urteils dieser Schaden noch überhaupt nicht übersehen lässt. Die **Umdeutung** eines (unzulässigen) Grundurteils in ein Teilendurteil auf Feststellung kann im Einzelfall in Betracht gezogen werden,[19] wobei jedoch in der Rechtsmittelinstanz darauf zu achten ist, dass nicht das Verbot der reformatio in peius entgegensteht.[20] Umgekehrt kommt auch die Umdeutung einer irrtümlich als Teilurteil bezeichneten Entscheidung in ein Grundurteil in Betracht.[21]

6 **2. Voraussetzungen. a) Gegenstand.** Der Erlass eines Grundurteils setzt voraus, dass der durch die Klage geltend gemachte Anspruch auf Zahlung von **Geld** oder die Leistung **vertretbarer Sachen** (§ 91 BGB) gerichtet ist, weil nur dann eine Aufteilung nach Grund und Betrag in Frage kommt.[22] **Schuldbefreiungsansprüche** können dann Gegenstand eines Grundurteils sein, wenn

---

[10] BAG NJW 1976, 774, 775. Zu den Gründen für diese unterschiedliche Regelung: *Becker* S. 17 f.
[11] BAG (Fn. 10); *Stein/Jonas/Leipold* Rn. 58.
[12] BGH NJW 2002, 3560.
[13] BGH NJW 2002, 3560
[14] *Stein/Jonas/Leipold* Rn. 62 unter Hinweis auf die Begründung des Gesetzentwurfs (BT-Drucks. 10/5305, S. 16).
[15] BGH NJW 1998, 1709; *Keller* JA 2007, 433; *Zöller/Vollkommer* Rn. 1; AK-ZPO/*Fenge* Rn. 1.
[16] *Rosenberg/Schwab/Gottwald* § 59 Rn. 42; *Blomeyer* § 83 V 4 a.
[17] *Schneider* JurBüro 1976, 1137; *Blomeyer* § 83 V 4.
[18] BGH NJW 1986, 2508.
[19] Vgl. BGHZ 7, 331, 333 f. = NJW 1953, 184; BGH NJW 1969, 2241; BGH NJW-RR 1992, 531; OLG Frankfurt VersR 1984, 168.
[20] BGH NJW 1984, 2213, 2214.
[21] BGH NJW 1991, 489.
[22] BGH NJW 1984, 2213; 1991, 1048; 1991, 1896; NJW-RR 1994, 319; *Furtner* S. 315 m. weit. Nachw.

es sich um eine Schuld handelt, die selbst Gegenstand eines Grundurteils sein kann, also es um die Befreiung von einer Verpflichtung zur Zahlung von Geld oder Leistung vertretbarer Sachen in bestimmter Höhe geht.[23] Eine Entscheidung über den Grund ist auch bei einer Klage auf Einwilligung in die Auszahlung eines hinterlegten Betrages zulässig.[24] Ein Grundurteil kann ebenfalls ergehen, wenn der Kläger auf Feststellung der Verpflichtung zur Leistung eines bezifferten Betrages klagt,[25] dagegen nicht bei einer unbezifferten Feststellungsklage;[26] jedoch kann es genügen, dass der vom Kläger geltend gemachte Anspruch in seinem Antrag zusammen mit den Angaben über Gegenstand und Grund des Anspruchs so genau gekennzeichnet ist, dass der Betrag durch richterliches Ermessen festgestellt werden kann.[27] Bei einem **Bürgschaftsanspruch** gehört zum Anspruchsgrund nicht nur die Feststellung des Bestandes und Inhalts des Bürgschaftsvertrages, sondern auch des Bestandes der Hauptverbindlichkeit dem Grunde nach.[28] Umfasst das Klagebegehren mehrere **selbständige Ansprüche,** dann darf ein einheitliches Grundurteil nur ergehen, wenn feststeht, dass jeder der Ansprüche dem Grunde nach gerechtfertigt ist.[29] Eine Entscheidung durch Grundurteil über einen nur hilfsweise geltend gemachten Anspruch darf nur ergehen, wenn feststeht, dass die vorrangig erhobene Forderung nicht geeignet ist, den Klageanspruch in vollem Umfang abzudecken.[30] Wird mit der Klage nur einen Teil eines Zahlungsanspruchs geltend gemacht und erhebt daraufhin der Beklagte Widerklage auf Feststellung, dass er nicht mehr als die Klageforderung schulde, dann kann über die Klage durch Grundurteil nur entschieden werden, wenn zugleich mit einem Endurteil über die Widerklage befunden.[31]

b) Bestreiten von Grund und Betrag. Ausdrücklich wird in § 304 Abs. 1 als Voraussetzung für ein Grundurteil genannt, dass ein Anspruch nach Grund und Betrag streitig ist. Es ist daher unzulässig, ein Grundurteil zu erlassen, wenn die Parteien nur über die Höhe des Anspruchs streiten oder wenn umgekehrt die Höhe feststeht und sich der Streit der Parteien darum dreht, ob der Beklagte zur Leistung verpflichtet ist.[32] Ist ein ziffernmäßig bestimmter Teil der Klageforderung entscheidungsreif, dann darf nicht ein Grundurteil über die Gesamtforderung ergehen, sondern es kann ein (zusprechendes) Teilurteil mit einem (Teil-)Grundurteil verbunden werden (vgl. auch Rn. 11).[33] Macht der Kläger einen der Höhe nach bis zum Ende des Rechtsstreits **nicht bezifferten Anspruch** geltend, dann kann ein Grundurteil nicht ergehen, weil es dann an einem Betrag fehlt, über den gestritten wird. Dies gilt indes nicht bei einem der Höhe nach in das Ermessen des Gerichts gestellten Schmerzensgeldanspruch, weil der Betrag zum Streitgegenstand gehört und folglich der Anspruch der Höhe nach streitig sein kann.[34] Wegen der Geständnisfiktion nach § 331 Abs. 1 S. 1 besteht im Falle der **Säumnis des Beklagten** kein Streit über Grund und Höhe des Klageanspruchs, so dass deshalb ein Versäumnisurteil nicht auf den Grund des Anspruchs beschränkt werden darf; dies gilt auch in dem Fall, in dem der Kläger zulässigerweise einen unbezifferten Klageantrag gestellt hat, weil dann das Gericht nach seinem Ermessen die Höhe des Anspruchs festzusetzen hat.[35] 7

c) Entscheidungsreife des Grundes. Ein Grundurteil darf nur erlassen werden, wenn der Rechtsstreit hinsichtlich des Grundes zur Entscheidung reif ist, dies aber hinsichtlich des Betrages nicht der Fall ist, denn besteht **Entscheidungsreife** auch bezüglich der **Höhe** des Anspruchs, dann muss nach § 300 Abs. 1 ein umfassendes Endurteil ergehen und darf sich die Entscheidung des Gerichts nicht nur auf den Grund beschränken (vgl. § 300 Rn. 5). Deshalb wäre es nicht zulässig, den Anspruch des Klägers dem Grunde nach ganz oder teilweise für nicht gerechtfertigt zu erklären, weil dann insoweit eine Entscheidung über die Höhe nicht mehr aussteht, sondern die Klage abzuweisen ist. Aus dem gleichen Grund muss das Gericht auch vor Erlass eines Grundurteils klären, 8

---

[23] BGH NJW 1975, 1968 f.; 1990, 1366, 1367; 2001, 155, 156; aA AK-ZPO/*Fenge* Rn. 6 wegen der nach § 887 Abs. 2 gegebenen Möglichkeit.

[24] RG JW 1912, 400; *Zöller/Vollkommer* Rn. 3; *Arnold* S. 161.

[25] BGH NJW 1994, 3295, 3296; 2000, 1572; BAG NJW 1971, 774 (LS); *Thomas/Putzo/Reichold* Rn. 2.

[26] BGH NJW-RR 1994, 319; NJW 1993, 1641, 1642; 2000, 664, 665; 2000, 1572; 2001, 155; OLG Hamm VersR 1992, 208, 209.

[27] RGZ 93, 152, 154; *Stein/Jonas/Leipold* Rn. 5.

[28] BGH NJW 1990, 1366, 1367.

[29] BGHZ 89, 383, 388 = NJW 1984, 1226; BGH (Fn. 28).

[30] BGH MDR 1998, 400.

[31] BGH NJW 2002, 1806.

[32] BGH NJW-RR 1989, 1149.

[33] OLG Frankfurt NJW-RR 1988, 640.

[34] BGH NJW 2006, 2110, 2111 m. Nachw.

[35] OLG Stuttgart MDR 1960, 930; OLG Koblenz MDR 1979, 587 f.; *Zöller/Vollkommer* Rn. 17; *Stein/Jonas/Leipold* Rn. 11; aA *Bergenroth* NJW 1953, 51.

ob die Prozessvoraussetzungen erfüllt sind,[36] weil eine unzulässige Klage durch Prozessurteil abgewiesen werden muss, also zur Entscheidung reif ist (vgl. § 300 Rn. 4). Ein Grundurteil hat stets auszusprechen, dass der vom Kläger geltend gemachte **Anspruch ganz oder teilweise besteht.**[37] Das Gericht darf dabei seine Entscheidung über den Grund auch alternativ auf verschiedene Anspruchsgrundlage stützen, wenn nur alle in Betracht kommenden Anspruchsgrundlagen den geltend gemachten Anspruch rechtfertigen und inhaltlich dieselben Anspruchspositionen betreffen.[38] Die Entscheidungsreife bezüglich des Grundes ist zu bejahen, wenn alle dafür maßgebenden Punkte geprüft und nur noch die im Betragsverfahren zu beantwortenden Fragen offen sind (vgl. zur Abgrenzung u. Rn. 15ff.),[39] wobei zumindest wahrscheinlich sein muss, dass der Anspruch in irgendeiner Höhe besteht (vgl. auch Rn. 16).[40] Weist der beweisführungsbelastete Kläger rechtserhebliche Tatsachen, deren Feststellung aufgrund einer entsprechenden Vereinbarung zwischen den Parteien einem Schiedsgutachter übertragen wurde, nicht durch Vorlage eines Schiedsgutachtens nach, dann darf kein Grundurteil gefällt werden, sondern die Klage ist (als zur Zeit unbegründet) abzuweisen.[41] Hat der Beklagte erhebliche Einwendungen gegen den Klagegrund unentschuldigt so spät vorgebracht, dass sie nicht ohne Verzögerung des Grundurteils berücksichtigt werden können, dann dürfen sie als verspätet zurückgewiesen werden (§§ 296, 527, 528).[42] Wird dem Beklagten durch Beschluss das Recht eingeräumt, zu einer bislang nicht schlüssigen Gegenforderung, die in ihrer Höhe die Klageforderung übersteigt, ergänzend vorzutragen, dann muss vom Erlass eines Grundurteils abgesehen werden.[43] Denn in einem solchen Fall kann nicht mit hinreichender Wahrscheinlichkeit davon ausgegangen werden, das im Betragsverfahren noch etwas übrig bleibt (vgl. Rn. 16).

9 **d) Aufteilbarkeit.** Schließlich muss noch hinzukommen, dass eine **Aufteilung** des Rechtsstreits durch Grundurteil **möglich und sinnvoll** erscheint. Nicht sinnvoll und deshalb unzulässig ist ein Grundurteil, wenn die Tatsachen für Grund und Höhe annähernd dieselben sind oder in einem so engen Zusammenhang stehen, dass der Erlass einer Grundentscheidung unzweckmäßig und verwirrend wäre.[44] In diesem Fall bildet das Grundurteil keine echte Vorentscheidung des Rechtsstreits und vermag nicht den Zweck, dem es dient (vgl. Rn. 1), zu erreichen, den Rechtsstreit durch Konzentration auf bestimmte Fragen zu vereinfachen und möglicherweise überflüssige Beweisaufnahmen zu vermeiden.[45] Die **Grenze** zu den Fällen, in denen eine Trennung nach Grund und Betrag nicht nur sinnwidrig, sondern nicht vollziehbar erscheint, verläuft **fließend.** Wenn bereits das materielle Recht Elemente von Grund und Betrag so miteinander verknüpft, dass sie nicht voneinander getrennt werden können, kann selbstverständlich ein Grundurteil nicht in Betracht kommen. So wird die Zulässigkeit eines Grundurteils in **Unterhaltsprozessen** mit der Begründung verneint, dass sich in der Regel die Gesichtspunkte, die für Grund und Höhe maßgebend sind, überschneiden, weil die Leistungsfähigkeit des Verpflichteten und die Bedürftigkeit des Berechtigten gleichermaßen für die Entstehung und den Umfang eines Unterhaltsanspruches bedeutsam sind.[46] Streitig ist die Frage, ob in einem Grundurteil eine das **Mitverschulden** des Geschädigten berücksichtigende **Quotierung eines Schmerzensgeldanspruches** ausgesprochen werden darf;[47] dies wird mit der Begründung verneint, dass es ein „an sich angemessenes" Schmerzensgeld nicht gäbe, auf das sich eine im Grundurteil bestimmte Quote beziehen könnte, vielmehr müsste bei einem mitwirkenden Verschulden des Verletzten das angemessene Schmerzensgeld in einem Geldbetrag ausgedrückt werden.[48] Dieser (ablehnenden) Auffassung ist zuzustimmen (vgl. aber auch u. Rn. 23). Nicht zu überzeugen vermag der Vorschlag, zwar auf eine endgültige Quotierung des Schmerzensgeldanspruches im Grundurteil zu verzichten, wohl aber in diesem Urteil die Höhe der beiderseitigen Verantwortung von Schädiger und Geschädigtem in Form einer Quote

---

[36] BGH NJW 1990, 1366, 1367; *Zöller/Vollkommer* Rn. 2; *Thomas/Putzo/Reichold* Rn. 5.
[37] BGHZ 95, 10f. = NJW 1985, 1959; *Stein/Jonas/Leipold* Rn. 9; vgl. auch Mat. II 1 S. 284 (zu § 266).
[38] BGH NJW 2001, 224, 225 m. Nachw.
[39] BGH NJW-RR 1993, 1116; 1999, 212, 213; AK-ZPO/*Fenge* Rn. 11; *Rosenberg/Schwab/Gottwald* § 59 Rn. 47.
[40] BGH NJW-RR 2005, 928; 2005, 1008, 1009.
[41] BGH NJW-RR 1988.
[42] BGH MDR 1980, 50, 51; BGHZ 77, 306, 309f. = NJW 1980, 2355.
[43] BGH NJW-RR 2005, 1008, 1009.
[44] BGH VersR 1979, 25; 1992, 1087, 1992, 1465; NJW-RR 1993, 91; OLG Hamm VersR 1994, 301; NVZ 1995, 403; OLG Köln MDR 1995, 411, 412; OLG Karlsruhe FamRZ 1994, 1121, 1122; *Lohner* S. 8.
[45] BGH MDR 1974, 558; VersR 1979, 281, 282.
[46] OLG Düsseldorf FamRZ 1980, 1012; LG Köln (Fn. 44); OLG Schleswig FamRZ 1999, 27; *Lohner* S. 10.
[47] So OLG Bremen NJW 1966, 781; OLG Nürnberg NJW 1967, 1516; OLG Düsseldorf VersR 1969, 643, 644; *Schneider* JurBüro 1966, 87f.
[48] OLG Hamburg MDR 1964, 514; OLG Düsseldorf VersR 1975, 1052, 1053; 1983, 1039; vgl. auch BGH JR 1984, 501 m. Anm. von *Lindacher; Bergerfurth* Rn. 404.

festzulegen und dabei darauf hinzuweisen, dass es sich nicht um eine endgültige Quotierung des Schmerzensgeldanspruches handelt.[49] Ein solches Vorgehen könnte nicht verhindern, dass auch im Betragsverfahren erneut die Frage des beiderseitigen Verschuldens aufgegriffen werden muss, weil die Höhe des Schmerzensgeldes auch davon abhängt, in welchem Verhältnis das beiderseitige Verschulden zu den anderen Faktoren steht, die ebenfalls für die Bemessung des Schmerzensgeldes maßgebend sind. Bei einem Ausgleichsanspruch des Handelsvertreters nach **§ 89 b HGB** wird regelmäßig ein Grundurteil nicht in Betracht kommen können, weil ein Ausgleichsanspruch dem Grunde nach nur bejaht werden kann, wenn sämtliche Voraussetzungen dieser Vorschrift vom Richter festgestellt worden sind;[50] in diesem Fall dürfte jedoch regelmäßig auch die Frage nach der Höhe des Ausgleichsanspruchs geklärt und der gesamte Rechtsstreit zur Entscheidung reif sein. Dagegen lässt ein **Bereicherungsanspruch** eine Trennung nach Grund und Betrag zu, so dass bei ihm ein Grundurteil grundsätzlich zulässig ist.[51]

3. Erlass. Sind die vorstehend (Rn. 6 bis 9) genannten Voraussetzungen erfüllt, ist also ein Grundurteil zulässig, dann steht sein Erlass im Ermessen des Gerichts, das insoweit nicht nachprüfbar ist (vgl. Rn. 14 aE).[52] Ein Grundurteil kann auch in der **Berufungsinstanz** ergehen, und zwar selbst dann, wenn das erstinstanzliche Gericht der Klage in vollem Umfang stattgegeben hat und mit der Berufung sowohl die Entscheidung über den Grund als auch die über die Höhe des Anspruchs zur Nachprüfung gestellt werden.[53] In diesem Fall hat sich das Berufungsgericht auf den Ausspruch zu beschränken, dass die Klage dem Grunde nach gerechtfertigt sei, und nicht die Berufung teilweise, dh. soweit sie sich gegen den Grund des Anspruchs richtet, zurückzuweisen. Wenn das erstinstanzliche Gericht durch Teilurteil erkannt hat, kann das Berufungsgericht hinsichtlich dieses Teiles ein Grundurteil erlassen.[54] Auch ist die Verbindung von Grundurteil und Teilurteil zulässig.[55] Ebenso kann ein Grundurteil in der **Revisionsinstanz** ergehen.[56] 10

Die **Urteilsformel** eines Grundurteils lautet üblicherweise: „Der Klageanspruch (die Klage) wird dem Grunde nach für gerechtfertigt erklärt (oder: ist gerechtfertigt)".[57] Vorbehalte und Beschränkungen der richterlichen Erkenntnis (vgl. dazu Rn. 17) sollten zweckmäßigerweise ausdrücklich in die Urteilsformel aufgenommen werden.[58] Gelangt das Gericht zu dem Ergebnis, dass der Klageanspruch nur zum Teil dem Grunde nach besteht und erlässt es ein entsprechendes Grundurteil, dann hat es im übrigen die Klage durch Teilurteil abzuweisen und darf dies nicht dem Endurteil vorbehalten, weil hinsichtlich des unbegründeten Teiles der Rechtsstreit zur Entscheidung reif ist.[59] Über **Kosten** (vgl. auch Rn. 36) und vorläufige **Vollstreckbarkeit** ist nicht im Grundurteil, sondern erst im Endurteil zu erkennen.[60] 11

4. Wirkung. Das Grundurteil bindet das erlassende Gericht nach § 318 in gleicher Weise wie andere Zwischenurteile auch (vgl. § 303 Rn. 5),[61] wobei der **Umfang dieser Bindung** dem der materiellen Rechtskraft entspricht.[62] Die Bindung hängt davon ab, dass das Grundurteil einen zulässigen Inhalt aufweist.[63] Feststellungen über die Höhe des Anspruchs sind im Grundurteil unzulässig 12

---

[49] OLG Celle NJW 1968, 1785, 1786; OLG Köln VersR 1975, 543, 544; MünchKomm/*Stein* § 847 Rn. 38. Für Zusprechen eines angemessenen Schmerzensgeldes unter Berücksichtigung des Mithaftungsanteils des Verletzten im Grundurteil *Thomas/Putzo/Reichold* Rn. 17; *Zöller/Vollkommer* Rn. 14.

[50] BGH NJW 1967, 2153, 2154 = LM HGB § 89 a Nr. 28; BGH NJW 1982, 1757, 1758; 1996, 848, 849. WM 1986, 532.

[51] BGHZ 53, 17, 23 = LM Nr. 31; *Baumbach/Lauterbach/Hartmann* Rn. 4 *Zöller/Vollkommer* Rn. 3; aA OLG Celle ZZP 80 (1967), 145, 146, m. abl. Anm. von *Walchshöfer.*

[52] Vgl. BGH VersR 1985, 154, 155; BayObLG BayVBl. 1995, 411, 413; *Schilken* ZZP 95 (1982), 45, 53; *Thomas/Putzo/Reichold* Rn. 15; einschr. *Arnold* S. 215 ff., 249 ff.

[53] BGH VersR 1979, 25.

[54] BGHZ 77, 88, 89.

[55] Vgl. OLG Frankfurt NJW-RR 1988, 640; § 301 Rn. 11.

[56] BGH NJW-RR 1994, 1171, 1173; NJW 1995, 1093, 1095; *Stein/Jonas/Leipold* Rn. 10 m. weit. Nachw.

[57] *Keller* JA 2006, 433, 438 f., 2388; *Zimmermann* Rn. 10; Hk-ZPO/*Saenger* Rn. 14; *Tempel* Bd. I Muster 86 Rn. 21 (S. 318 f.) m. weit. Vorschlägen.

[58] BGH NJW-RR 1996, 700, 701; vgl. die Vorschläge von *G.* u. *D. Reinicke* NJW 1951, 93; *Türpe* MDR 1968, 453, 627; *Wittmann* (Fn. 56) S. 2388 ff.; *Furtner* S. 317 ff. Es reicht jedoch aus, wenn sich die Einschränkungen aus den Entscheidungsgründen ergeben; vgl. BGH NJW 2006, 2010, 2111 m. Nachw. Zur Tenorierung eines Grundurteils, das in der Berufungsinstanz nach einem zusprechenden Endurteil der 1. Instanz ergeht, vgl. o. Rn. 10.

[59] OLG Koblenz VRS 68, 179, 182; vgl. auch BGH NJW 1959, 1918, 1919 = LM Nr. 12.

[60] *Huber,* Zivilurteil Rn. 233.

[61] BGH NJW-RR 1987, 1196, 1197.

[62] BGH NJW 2002, 3748, 3749.

[63] BGH NJW 1961, 1465, 1466; MDR 1964, 214, 215; *Stein/Jonas/Leipold* Rn. 50; *Zimmermann* Rn. 15.

und können dementsprechend das Gericht nicht binden.[64] Obwohl ein Grundurteil nur bei einer zulässigen Klage ergehen darf (vgl. Rn. 8), bleiben Prozessvoraussetzungen, soweit auf sie nicht wirksam verzichtet worden ist, im Verfahren über den Betrag des Anspruches weiterhin selbständig zu prüfen.[65] Die durch das Grundurteil bewirkte Bindung des Gerichts reicht stets nur so weit, wie das Gericht eine bindende Entscheidung von Streitpunkten treffen will.[66] Dabei ist nicht allein die Urteilsformel maßgeblich, sondern es müssen auch zu ihrer Erläuterung die Entscheidungsgründe mitherangezogen werden.[67] Hat das Gericht bestimmte im Grundurteil zu entscheidende Fragen unrichtigerweise offengelassen, dann müssen sie im Betragsverfahren geklärt und im Endurteil entschieden werden;[68] die bindende Wirkung einer solchen (inkorrekten) Entscheidung beschränkt sich dann auf das, was vom Gericht festgestellt worden ist.[69] Zur Bindung bei Ablehnung einzelner (konkurrierender) Klagegründe vgl. Rn. 14.

13 **5. Anfechtung.** Der Gesetzgeber hat das Grundurteil ausdrücklich für anfechtbar erklärt (§ 304 Abs. 2 1. Halbs.). Wird es nicht angefochten, dann erwächst es in formelle Rechtskraft, nicht jedoch in materielle,[70] weil das Gericht nicht durch das Grundurteil gehindert wird, die Klage abzuweisen, wenn sich im Betragsverfahren herausstellt, dass der Beklagte dem Kläger nichts schuldet, etwa weil in einem Schadensersatzprozess entgegen der Annahme des Gerichts bei Erlass des Grundurteils kein Schaden des Klägers festgestellt werden kann (vgl. Rn. 33).[71] Zur **Prüfung des Rechtsmittelgerichts** stehen die Zulässigkeit des Grundurteils, dh. die Erfüllung aller dafür notwendigen Voraussetzungen (vgl. Rn. 6ff.), und die inhaltliche Richtigkeit. Ob die Voraussetzungen für den Erlass eines Grundurteils im Einzelfall erfüllt werden, ist vom Rechtsmittelgericht von Amts wegen zu prüfen.[72] Wurde in der ersten Instanz ein Grundurteil erlassen, obwohl die Höhe unstreitig war, also ein Endurteil wegen Entscheidungsreife des gesamten Rechtsstreits ergehen musste (§ 300 Abs. 1), dann liegt darin ein Verfahrensmangel; das **Berufungsgericht hat** in einem solchen Fall auch **über** den **Betrag zu entscheiden** (§ 538 Abs. 1).[73] Im umgekehrten Fall, in dem also der Grund unstreitig ist und nur über die Betragshöhe gestritten wird, das erstinstanzliche Gericht aber unzulässigerweise (vgl. Rn. 7) dennoch ein Grundurteil erlassen hat, wird das Berufungsgericht regelmäßig nach § 538 Abs. 2 Nr. 1[74] auf Antrag einer Partei die Sache an das Gericht des ersten Rechtszuges zurückverweisen, weil der Streit über den Betrag noch nicht entscheidungsreif ist (vgl. § 538 Rn. 59). Wird Berufung gegen die Abweisung einer nach Grund und Betrag streitigen Klage eingelegt, dann hat das Berufungsgericht über den Grund selbst zu befinden, wenn es die Erwägungen nicht für zutreffend hält, die das erstinstanzliche Gericht für die Abweisung der Klage dem Grunde nach genannt hat. Hält es die Klage dem Grunde nach für gerechtfertigt, dann ist dies durch Grundurteil festzustellen, und es kommt nur hinsichtlich des Betrages eine Zurückweisung in Betracht, wenn insoweit die Voraussetzungen für eine Zurückverweisung erfüllt werden (vgl. § 538 Abs. 2).[75] Das Berufungsgericht kann eine Materie des Betragsverfahrens immer dann an sich ziehen und über sie entscheiden, wenn die Parteien den vom erstinstanzlichen Gericht ausgeklammerten Komplex zum Gegenstand des Berufungsverfahrens gemacht haben und die Entscheidung hierüber sachdienlich ist.[76]

14 Macht der Kläger einen Anspruch auf Ersatz eines Schadens geltend, der sich aus **mehreren Schadensposten** zusammensetzt, die keine selbständigen Forderungen darstellen, und ist aus dem Grundurteil nicht klar ersichtlich, dass die Entscheidung, ob einzelne Posten der Klageforderung dem Grunde nach gerechtfertigt sind, dem Betragsverfahren überlassen wird (vgl. dazu Rn. 22), so ist der Beklagte hinsichtlich der Schadensposten, bei denen er den ursächlichen Zusammenhang be-

---

[64] BGHZ 10, 361, 362 = NJW 1953, 1867; BGH VersR 1960, 248; MDR 1964, 214; NJW-RR 2005, 1157, 1158; 2007, 138, 139; *Schilken* ZZP 95 (1982), 45, 64; aA *Tiedtke* ZZP 89 (1976), 64, 77, 79.

[65] RG DR 1940, 2187, 2188; *Stein/Jonas/Leipold* Rn. 49.

[66] BGH WM 1968, 1380, 1382; MDR (Fn. 62); NJW 1985, 496; vgl. auch, OLG Stuttgart NJW-RR 1996, 1085; OLG Hamm NJW-RR 1993, 693.

[67] BGH NJW 2002, 3748, 3749; 2004, 2526, 2527; NJW-RR 1997, 188; 2005, 1157, 1158.

[68] *Tiedtke* ZZP 89 (1976), 64, 76 m. weit. Nachw.

[69] BGHZ 35, 248, 252f. = NJW 1961, 1721; BGH NJW (Fn. 62).

[70] BGH NJW-RR 1987, 1196, 1197.

[71] BGH VersR 1965, 1173, 1174; *Schwab*, FS Bötticher, 1969, S. 321, 339.

[72] BGH NJW 1982, 1757, 1759; 1996, 848, 849; 2003, 2380, 2381; MDR 1998, 400.

[73] BGH NJW 1986, 182; OLG Frankfurt MDR 1986, 945; OLG Koblenz MDR 1992, 805; *Zöller/Gummer/Heßler* § 538 Rn. 43.

[74] Es handelt sich dann nicht um einen Fall des § 538 Abs. 2 Nr. 4, weil diese Vorschrift voraussetzt, dass in der 1. Instanz sowohl über Grund als auch über den Betrag gestritten wird (vgl. § 538 Rn. 54).

[75] BGH NJW 1991, 1893 m. weit. Nachw.

[76] BGH NJW 1993, 1793, 1794.

streitet, beschwert und kann deshalb Rechtsmittel einlegen.[77] Werden mit der Klage zwei selbständige **Ansprüche im Eventualverhältnis** geltend gemacht und wird der Hauptanspruch abgewiesen, der Hilfsanspruch dagegen (ganz oder teilweise) dem Grunde nach für gerechtfertigt erklärt (vgl. Rn. 27), dann hat das Revisionsgericht, wenn es auf die Revision des Klägers die Abweisung des Hauptanspruchs aufhebt und die Sache insoweit an das Berufungsgericht zurückverweist, die unangefochtene Berufungsentscheidung über den Hilfsanspruch bestehen zu lassen. Kommt jedoch das Berufungsgericht bei erneuter Prüfung zu dem Ergebnis, dass der Hauptanspruch begründet sei, so hat es in dem Urteil, das diesem Anspruch stattgibt, gleichzeitig das Grundurteil, mit dem über den Hilfsanspruch entschieden wurde, aufzuheben.[78] Stützt der Kläger seinen **Klageanspruch wahlweise auf mehrere Anspruchsgrundlagen** und **verneint das Gericht** im Grundurteil **einzelne** dieser **Anspruchsgrundlagen** (vgl. Rn. 28), dann ist die Frage streitig, ob und unter welchen Voraussetzungen der **Kläger beschwert** ist und ein Rechtsmittel gegen das Grundurteil einlegen kann. Der Meinungsstreit wird wesentlich dadurch beeinflusst, dass unterschiedliche Ansichten hinsichtlich der **Bindung an** die eine Anspruchsgrundlage verneinende **Entscheidung** im Betrags- und Rechtsmittelverfahren vertreten werden. Wer eine solche Bindung ausschließt, muss eine Beschwer des Klägers allein wegen der Ablehnung einzelner Anspruchsgrundlagen ebenfalls verneinen, weil der Kläger nicht daran gehindert ist, im späteren Verfahren auf diese Anspruchsgrundlagen zurückzugreifen.[79] Da jedoch das Grundurteil dazu dienen soll, durch Entscheidung von Vorfragen das Betragsverfahren zu entlasten (vgl. Rn. 1) und dieses Ziel nur erreicht werden kann, wenn das Gericht nicht erneut auf bereits geprüfte und abgelehnte Rechtsgrundlagen im späteren Verfahren zurückzugreifen hat,[80] muss eine Bindung des Gerichts und dementsprechend auch eine Beschwer des Klägers angenommen werden, wenn im Grundurteil einzelne (kumulativ geltend gemachte) Klagegründe ausgeschieden werden, auch wenn die anderen Klagegründe das Begehren des Klägers voll rechtfertigen.[81] Dagegen kann vom Rechtsmittelgericht nicht überprüft werden, ob der Erlass eines **Grundurteils zweckmäßig** gewesen ist; insoweit steht dem erlassenden Gericht ein nicht nachprüfbares Ermessen zu.[82]

IV. Abgrenzung des Grund- und Betragsverfahrens

1. Grundsatz. Bei der Frage, was im Grundverfahren zu klären und im Grundurteil zu entscheiden ist und was dem Betragsverfahren und damit dem Endurteil vorbehalten bleiben kann, ist von dem Grundsatz auszugehen, dass alle anspruchsbegründenden Tatsachen festgestellt und alle dagegen vorgebrachten Einwendungen und Einreden ausgeschlossen werden müssen, bevor ein Grundurteil ergehen darf.[83] Die **Rechtsprechung** führt allerdings diesen Grundsatz nicht strikt durch, weil sie die Vorteile eines Grundurteils wesentlich höher bewertet als dessen Nachteile (vgl. Rn. 1) und weil sie deshalb bei der Abgrenzung zwischen dem Grund- und Betragsverfahren nicht allein formale Erwägungen maßgebend sein lassen möchte, sondern insbesondere aus **prozesswirtschaftlichen Gesichtspunkten** einzelne zum Grund des Anspruchs gehörende Fragen im Grundverfahren ausklammert und ihre Klärung dem Betragsverfahren überlässt (vgl. dazu Rn. 18ff.).[84] 15

Es wird also in erster Linie darauf gesehen, dass im **Betragsverfahren** voraussichtlich noch **etwas „übrigbleibt"** und dem Kläger also etwas zugesprochen werden kann.[85] Denn nach Meinung des BGH könne es dem Kläger nicht zugemutet werden, dass eine Klage schließlich im Betragsverfahren aus Gründen insgesamt abgewiesen werde, die im Grundverfahren ausgeklammert wurden, wie es ebenso wenig für den Beklagten zumutbar sei, dass er, wenn er in einem solchen 16

---

[77] BGH NJW 1968, 1968.

[78] BGHZ 106, 219, 221 = NJW 1989, 1486.

[79] Eine solche Bindung wird abgelehnt von *Bötticher* JZ 1960, 240, 241; ihm folgend *Schilken* ZZP 95 (1982), 45, 52f.; ebenso wohl auch AK-ZPO/*Fenge* Rn. 23 (Verwerfung eines konkurrierenden Anspruchsgrundes ohne betragsmäßige Festlegung stets als bloßes obiter dictum zu werten).

[80] *Grunsky* Grundlagen § 46 II 4a.

[81] BGH NJW 1959, 1918, 1919; *Grunsky* (Fn. 79); *ders.* ZZP 84 (1971), 116, 120; *Götz* JZ 1959, 681, 687f.; *Blomeyer* § 83 V 4c. Die Rechtsprechung ist jedoch recht unterschiedlich; vgl. dazu die Darstellung von *Lohner* S. 56ff.; differenzierend *Zöller/Vollkommer* Rn. 11.

[82] BGH WM 1975, 141, 142; *Thomas/Putzo/Reichold* Rn. 22; *Zöller/Vollkommer* Rn. 17.

[83] Vgl. BGHZ 80, 222, 224 = NJW 1981, 1953; *Thomas/Putzo/Reichold* Rn. 6f.; *Stein/Jonas/Leipold* Rn. 12ff.

[84] BGH NJW 1968, 1968; 1978, 544; 1989, 2745; VersR 2006, 76, 79.

[85] Vgl. BGHZ 110, 196, 201 = NJW 1990, 1106; BGH NJW-RR 2005, 928; 2005, 1008, 1009; aA *Grunsky* Grundlagen § 46 II 4a, der die Aufteilung zwischen Grund und Betrag gerade nicht davon abhängig sein lassen will, dass voraussichtlich etwas im Betragsverfahren übrig bleibt, sondern allein Erwägungen der Praktikabilität für entscheidend erklärt.

Fall erfolglos gegen das Grundurteil ein Rechtsmittel eingelegt hatte, die Kosten des Rechtsmittelverfahrens zu tragen hätte, obwohl schließlich die Klage abgewiesen würde (vgl. auch Rn. 1).[86] Deshalb wird gefordert, dass ein klägerischer (Teil-)Erfolg im Betragsverfahren zumindest mit hinreichender oder auch mit hoher Wahrscheinlichkeit erwartet werden müsse (vgl. auch Rn. 19).[87] Für eine solche mehr an **pragmatischen** als an rechtlichen **Erwägungen** orientierte Handhabung lässt sich anführen, dass die Abgrenzung zwischen Grund und Betrag aufgrund des materiellen Rechts häufig erhebliche Schwierigkeiten bereitet. Denn wie sich am Beispiel eines Schadensersatzanspruches zeigen lässt, gehört auch der „Betrag" zum anspruchsbegründenden Tatbestand, weil der Schaden als Voraussetzung eines Schadensersatzanspruches nur bejaht werden kann, wenn er in einer bestimmten Höhe festgestellt wird.[88] Wegen dieser **Verklammerung von Grund und Betrag** im Tatbestand des materiell-rechtlichen Anspruchs lassen sich auch häufig Gegenrechte des Beklagten nicht eindeutig nur auf den Grund oder nur auf die Höhe eines Anspruches beziehen.[89] Je mehr man sich jedoch von genauen (und formalen) Kriterien bei der **Abgrenzung von Grund und Betrag** entfernt und flexiblen Lösungen nach Praktikabilitätserwägungen zuneigt, desto weniger lassen sich allgemein gültige Gesichtspunkte finden, die eine sichere Entscheidung für die Zuordnung zum Grund- oder Betragsverfahren ermöglichen. **Orientierungspunkte** müssen auf jeden Fall aber bleiben, dass nicht über einzelne materiell-rechtliche Angriffs- und Verteidigungsmittel durch Grundurteil entschieden werden darf,[90] weil dies nach § 303 (vgl. Rn. 1 zu dieser Vorschrift) nicht zulässig ist, und dass stets das Grundurteil einer echten Vorentscheidung des Prozesses dient,[91] weil sonst dem durch § 304 verfolgten Zweck nicht entsprochen wird.

17 Es müssen also alle die Fragen im Grundverfahren entschieden werden, von denen nicht die Höhe des Anspruchs abhängt, und es dürfen nur solche auch für den Grund erheblichen Punkte im **Grundverfahren ausgeklammert** und zur Entscheidung in das Betragsverfahren verwiesen werden, die die Höhe des Anspruches beeinflussen. Punkte, die den Grund betreffen, aber im Grundurteil nicht entschieden werden, sondern die das Gericht dem Endurteil vorbehält, sind im Grundurteil kenntlich zu machen. Dies geschieht am besten im Urteilstenor selbst (vgl. Rn. 11), zumindest aber in den Urteilsgründen.[92] Wegen der Bindungswirkung des Grundurteils (vgl. Rn. 12) muss darauf geachtet werden, dass sich aus ihm eindeutig ergibt, inwieweit es den Streit entschieden hat und was dem Betragsverfahren vorbehalten bleibt.[93]

18 **2. Einzelfragen.** Wird über die Aktiv- oder Passivlegitimation **(Sachlegitimation)** einer Partei gestritten, dann ist eine Klärung im Grundverfahren vorzunehmen.[94] Macht beispielsweise der Beklagte geltend, der Kläger habe vor Beginn des Rechtsstreits die Klageforderung abgetreten oder sie sei kraft Gesetzes etwa nach § 116 SGB X auf einen anderen übergegangen, dann muss diese Einwendung im Grundverfahren geklärt werden, weil davon abhängt, ob dem Kläger überhaupt eine Forderung zusteht.[95] Dies gilt nur dann nicht, wenn der **Forderungsübergang** auf einen anderen **nur Teile der Klageforderung** betrifft, also in jedem Fall auch bei Richtigkeit der entsprechenden Behauptung des Beklagten dem Kläger ein Rest der Forderung gebührt; dann bezieht sich der Einwand des Beklagten (auch) auf die Höhe der Klageforderung und kann deshalb im Betragsverfahren geklärt werden.[96]

19 Dass jedoch auf jeden Fall dem Kläger ein **Forderungsrest** bleibt, die Klage also erfolgreich sein wird, soll – wie bereits ausgeführt (Rn. 16.) – im Grundverfahren „mit hinreichender **Wahrscheinlichkeit**"[97] oder mit „hoher Wahrscheinlichkeit"[98] festgestellt werden Angesichts der Un-

---

[86] BGH MDR 1980, 925.

[87] BGH NJW 1994, 3297; 1996, 848, 849; NJW-RR 2005, 928; 2005, 1008, 1009; 2007, 305, 306; BayObLG NZM 2002, 564, 567; weniger weitgehend BGH NJW 2001, 224, 225 „zumindest wahrscheinlich ist, dass der Anspruch in irgendeiner Höhe besteht"; ebenso BGH NJW 2004, 2526, 2527; vgl. auch *Arnold* S. 182 ff. m. Nachw.

[88] Vgl. BGH NJW 2002, 1806; *Wagemeyer* ZZP 74 (1961), 281 f.; *Kuhn* S. 45 f.

[89] Vgl. *Becker* S. 70.

[90] BGH NJW 1962, 1618.

[91] BGH MDR 1980, 925.

[92] BGH VersR 1967, 1002, 1004; OLG Köln OLGZ 1976, 87 f.; *Stein/Jonas/Leipold* Rn. 15.

[93] BGH NJW-RR 1987, 1277, 1278; NJW 1999, 2440, 2441; BayObLG NVwZ 1995, 928, 930.

[94] BGH NJW 1956, 1236; VersR 1968, 69, 70; OLG München NJW 1953, 348; *Schilken* ZZP 95 (1982), 45, 59; *Rosenberg/Schwab/Gottwald* § 59 Rn. 49.

[95] Vgl. BGH (Fn. 93); NJW-RR 1988, 66; OLG Bremen ZZP 65 (1952) 281, 282.

[96] BGH NJW 1956, 1236; VersR 1967, 1002, 1003; NJW-RR 2007, 305, 306; BayObLG MDR 1966, 422; *Thomas/Putzo/Reichold* Rn. 7; AK-ZPO/*Fenge* Rn. 19; *Stein/Jonas/Leipold* Rn. 20; aA *Zöller/Vollkommer* Rn. 7 a; *Rosenberg/Schwab/Gottwald* § 59 Rn. 50; ablehnend auch *Schilken* (Fn. 93) S. 59 f.

[97] So BGH VersR 1967, 1002, 1003; vgl. auch. NJW-RR 2005, 1008, 1009: „wahrscheinlich ist, dass der Anspruch in irgend einer Höhe besteht."

[98] So BGH NJW- RR 2005, 928; 2007, 305, 306.

möglichkeit, Wahrscheinlichkeitswerte in diesen Fällen exakt zu messen, ist es müßig, über den Grad der Wahrscheinlichkeit zu streiten, der bei Erlass eines Grundurteils hinsichtlich des Bestehens eines Anspruchs verlangt werden muss. Die Ansicht, es dürfe ein Grundurteil nur ergehen, wenn dem Kläger ein Forderungsrest zustehe, so dass ein ihm günstiges Endurteil nicht an seiner fehlenden Sachlegitimation scheiterte, will offensichtlich die den Interessen der Parteien zuwiderlaufende Kostenentscheidung vermeiden, die es geben kann, wenn nach einem Grundurteil die Klage schließlich durch Endurteil abgewiesen wird (vgl. dazu Rn. 1, 16); jedoch dürfen deshalb nicht die Anforderungen an die Wahrscheinlichkeit in die Nähe eines vollen Beweises gerückt werden, weil sonst gerade die kostspieligen und zeitraubenden Beweisaufnahmen durchgeführt werden müssten, die durch ein Grundurteil zunächst vermieden werden sollen (vgl. Rn. 1). Dementsprechend wird man nur verlangen können, dass der Richter vor Erlass eines Grundurteils aufgrund einer summarischen Prüfung im Grundverfahren erwägen muss, ob **triftige Gründe für die Möglichkeit** sprechen, dass die **Klage** deshalb **abzuweisen** ist, weil dem Kläger nichts zusteht. Gibt es solche Gründe, dann ist von einem Grundurteil abzusehen.

Nach der zum 1. Mai 2000 in Kraft getretenen Änderung des § 302 (vgl. § 302 Rn. 3) bildet die **Inkonnexität** von Klage- und Gegenforderung keine Voraussetzung für den Erlass eines Vorbehaltsurteils. Deshalb kann in jedem Fall einer Aufrechnung die Entscheidung über die Aufrechnung dem Nachverfahren vorbehalten bleiben. Bei einer solchen Konstellation wird die Regelung des § 304 mit der des § 302 in der Weise kombiniert, dass nur über den Grund der Klageforderung entschieden wird und dem weiteren Verfahren überlassen bleibt, über den Betrag der Klageforderung und über die Gegenforderung zu befinden. Der BGH vertritt die Auffassung, dass eine derartige Verbindung von Grund- und Vorbehaltsurteil nur in Betracht komme, wenn das Gericht damit rechne, dass das Urteil im Nachverfahren abgeändert werden müsse. Gehe das Gericht dagegen davon aus, dass die zur Aufrechnung gestellte Forderung niedriger ausfalle als die Klageforderung, dann könne es allein ein Grundurteil erlassen, in dem der Vorbehalt hinsichtlich der Aufrechnung in den Entscheidungsgründen aufzunehmen sei, während bei der Kombinationen von Grund- und Vorbehaltsurteil der Vorbehalt in dem Urteilstenor enthalten sein müsse[99] Nach Auffassung des BGH muss also der Richter bei einer Aufrechnung des Beklagten in einer – wenn auch nur summarischen – Prüfung feststellen, ob trotz der Aufrechnung voraussichtlich ein Rest der Klageforderung übrig bleibt,[100] weil davon abhängt, ob allein ein Grundurteil ergehen kann. 20

Die Frage, ob der Vertrag, aus dem der Kläger seine Forderung ableitet, infolge einer **Anfechtung** unwirksam geworden ist, muss im Grundverfahren geklärt werden.[101] Das Gleiche gilt, wenn sich der Beklagte auf das Erlöschen der Klageforderung infolge **Erfüllung** oder eines Erfüllungssurrogates beruft (zur Aufrechnung vgl. die vorstehenden Ausführungen in Rn. 20).[102] Aber auch in diesen Fällen kann die Entscheidung über die Einrede dem Betragsverfahren vorbehalten bleiben, wenn aufgrund der Erfüllung oder des Erfüllungssurrogates nur ein Teil der Klageforderung zum Erlöschen gebracht wird und ein Rest bestehen bleibt (vgl. Rn. 19f.). Ebenso ist im Grundverfahren über die Befugnis des Schuldners zu befinden, anstelle der geschuldeten Leistung eine andere zu erbringen.[103] 21

Die **Kausalität,** und zwar sowohl die haftungsbegründende als auch die haftungsausfüllende, gehören im Prinzip zum Grund des Anspruchs.[104] Jedoch muss im Grundverfahren der Ursachenzusammenhang zwischen der begangenen Verletzung und dem eingetretenen Schaden nur insoweit geklärt werden, dass (irgendein) Schaden auf die Verletzung zurückzuführen ist.[105] Aufgrund der zu beachtenden prozesswirtschaftlichen Erwägungen (Rn. 15.) kommt es darauf an, ob das Grundurteil auch ohne Feststellungen über die Schadensentstehung zu einer Vorentscheidung des Rechtsstreits führt.[106] Der BGH meint, dies hänge davon ab, ob wenigstens die Wahrscheinlichkeit eines aus dem geltend gemachten Haftungsgrund resultierenden Schadens feststeht, so dass sich das Grundurteil nicht im Nachhinein, wenn die haftungsausfüllende Kausalität im Betragsverfahren verneint werden müsste, lediglich als ein die Erledigung des Rechtsstreits verzögernder und verteuernder Umweg erweise.[107] Wird ein Schadensersatzanspruch geltend gemacht, der auf demselben tatsächli- 22

---

[99] BGH NJW 2005, 1935, 1936.

[100] Ebenso *Thomas/Putzo/Reichold* Rn. 7; aA *Zöller/Vollkommer* Rn. 8.

[101] *Rosenberg/Schwab/Gottwald* § 59 Rn. 51

[102] *Zöller/Vollkommer* Rn. 8; *Rosenberg/Schwab/Gottwald* (Fn. 100).

[103] BGH NJW 1972, 1202 = LM Nr. 33; *Thomas/Putzo/Reichold* Rn. 6.

[104] BGH VersR 1980, 867, 868, weist darauf hin, dass es darauf ankäme, ob das Grundurteil zu einer echten Vorentscheidung führe; ob die haftungsausfüllende Kausalität im Grundurteil abzuhandeln sei, hänge im wesentlichen von der Natur des geltend gemachten Anspruchs ab; vgl. auch BGH NJW-RR 1991, 599, 600.

[105] *Stein/Jonas/Leipold* Rn. 17.

[106] BGH VersR 1980, 867, 868.

[107] BGH NJW-RR 1991, 599, 600.

chen und rechtlichen Grund beruht und der zum Zwecke der Berechnung in Einzelposten aufgegliedert ist, dann kann im Betragsverfahren die Prüfung vorbehalten werden, ob und inwieweit die einzelnen Schadensposten ursächlich auf die schadenstiftende Handlung zurückzuführen sind.[108] Werden dagegen Einzelposten eines geltend gemachten Gesamtschadens auf rechtlich selbständige Ansprüche gestützt, dann muss die Ursächlichkeit des schädigenden Ereignisses für jeden Einzelanspruch im Grundverfahren geklärt werden.[109]

23 Die Frage eines **mitwirkenden Verschuldens** des Klägers darf nur dann dem Betragsverfahren vorbehalten bleiben, wenn (aufgrund einer summarischen Prüfung) davon ausgegangen werden kann,[110] dass trotz des Mitverschuldens ein Anspruch des Klägers gegen den Beklagten bestehen bleibt, also das Mitverschulden nicht zu einem völligen Wegfall der Haftung des Beklagten führen kann.[111] Dies gilt allerdings dann nicht, wenn sich der Einwand des Mitverschuldens nicht vom Grund der Haftung trennen lässt, weil sich beides aus einem einheitlich zu würdigenden Schadensereignis ableitet.[112] Ebenso darf die Frage des Mitverschuldens im Grundverfahren nicht offengelassen werden, wenn ungeklärt ist, auf welche von zwei Ursachen, die weder hinsichtlich ihrer Auswirkungen noch hinsichtlich eines möglichen Mitverschuldens gleichwertig sind, der Schaden des Klägers zurückzuführen ist.[113] Über einen unbezifferten Feststellungsantrag darf nicht durch Grundurteil entschieden werden, wenn über den Mitverschuldensanteil erst im Betragsverfahren befunden werden soll.[114]

24 Über den Einwand, die **Klageforderung** sei **gepfändet** und es sei deshalb nicht an den Kläger zu leisten, soll nach hM im Betragsverfahren entschieden werden können. Für diese Auffassung spricht die Erwägung, dass die Feststellung der (streitigen) Forderung dem Grunde nach auch dem Vollstreckungsgläubiger zugute kommt und dass dadurch der Beklagte zu einer Zahlung, die ihm durch eine wirksame Pfändung verboten ist (vgl. § 829 Abs. 1 S. 1), (noch) nicht verurteilt wird.[115] Bei einer **Verjährungseinrede** kommt es darauf an, ob durch sie die gesamte Klageforderung erfasst wird oder ob sie sich nur gegen einen Teil des Klageanspruchs richtet und zu erwarten ist, dass dem Kläger aus dem übrigen Teil im Nachverfahren ein Betrag zuzusprechen sein wird; im zweiten Fall ist es dem Gericht gestattet, erst im Betragsverfahren über die Verjährungseinrede zu befinden.[116] Da die Einrede des **Zurückbehaltungsrechts** den Grund des Klageanspruchs nicht berührt, ist sie im Betragsverfahren zu erledigen;[117] gleiches gilt für die Einrede des nicht erfüllten Vertrages **(§§ 320, 322 BGB).**[118]

25 Ist bei einer Schadensersatzklage streitig, ob dem Kläger ein **Schaden entstanden** ist, dann soll nach hM vor Erlass eines Grundurteils festgestellt werden, dass ein zu ersetzender Schaden mit hoher Wahrscheinlichkeit entstanden ist.[119] Allerdings wird dieser Grad von Wahrscheinlichkeit nach Ansicht des BGH erreicht, wenn nach der Lebenserfahrung anzunehmen ist, dass aus einem Schadensereignis für den Geschädigten unvermeidbare Kosten entstehen.[120] Entsprechend dem mit einem Grundurteil verfolgten Zweck wird man jedoch auch bei angemessener Berücksichtigung der Parteiinteressen (vgl. Rn. 1) keine zu hohen Anforderungen an eine derartige Feststellung stellen

---

[108] BGH NJW 1961, 1465, 1466; 1968, 1968; 1989, 2745; BGH VersR 1988, 38; NJW-RR 2007, 305, 306; OLG Düsseldorf ZMR 2002, 41, 42.

[109] BGH NJW 1961, 1465, 1466; WM 1968, 1380, 1382.

[110] Auch in diesem Fall wird man anstelle hoher Wahrscheinlichkeit (vgl. *Schilken* ZZP 95 (1982) 45, 50 m. Nachw.) triftige Gründe für diese Annahme genügen lassen können (vgl. Rn. 19).

[111] BGHZ 76, 397, 400 = NJW 1980, 1579; BGHZ 110, 196, 202 = NJW 1990, 1106; BGH NJW 1999, 2440, 2441; VersR 2006, 76, 79; BayObLG NVwZ 1995, 1139, 1141; OLG Köln OLGZ 1976, 87, 91; OLG Schleswig VersR 1980, 656; *Stein/Jonas/Leipold* Rn. 23; *Rosenberg/Schwab/Gottwald* § 59 Rn. 54.

[112] BGH NJW 1981, 287; vgl. auch BGH NJW 1997, 3176 (kein Grundurteil über unbezifferten Feststellungsantrag, wenn über Mitverursacherungsanteil erst im Betragsverfahren entschieden werden soll).

[113] BGH NJW 1979, 1933, 1935.

[114] BGH NJW 1997, 3176; 2000, 1572, 1573.

[115] RG JW 1938, 821, 822; RGZ 170, 281, 283; *Thomas/Putzo/Reichold* Rn. 10; *Zöller/Vollkommer* Rn. 7a; *Stein/Jonas/Leipold* Rn. 28.

[116] BGH NJW 1968, 2105f.; MDR 1974, 558; *Baumbach/Lauterbach/Hartmann* Rn. 18; *Thomas/Putzo/Reichold* Rn. 8; aA *Grunsky* Grundlagen § 46 II 4a.

[117] BGH NJW 1984, 2213f.; RGZ 123, 6, 7; *Stein/Jonas/Leipold* Rn. 28; *Rosenberg/Schwab/Gottwald* § 59 Rn. 51.

[118] *Thomas/Putzo/Reichold* Rn. 10.

[119] BGHZ 18, 107, 109 = NJW 1955, 1358; BGH NJW 1966, 1858, 1861; 1977, 1538, 1539; *Zöller/Vollkommer* Rn. 6.

[120] BGH NJW 1966, 1858, 1861; BGH NJW-RR 1991, 599, 560: es muss wenigstens die Wahrscheinlichkeit eines aus dem geltend gemachten Haftungsgrund resultierenden Schadens feststehen vgl. auch; BGH NJW-RR 1991, 599, 600.

dürfen und sich regelmäßig damit begnügen, dass **triftige Anhaltspunkte** im Grundverfahren ermittelt werden, die für das Entstehen eines Schadens sprechen (vgl. Rn. 19).[121] Macht der bei Abschluss des Vertrages durch unrichtige Angaben des Verkäufers getäuschte Käufer einen Schadensersatzanspruch wegen Verschuldens bei Vertragsschluss geltend, dann gehört es zum Grund des Anspruchs und kann nicht dem Betragsverfahren überlassen bleiben, ob der Getäuschte vom Abschluss des Vertrages gänzlich abgesehen hätte oder ob es ihm gelungen wäre, einen günstigeren Preis durchzusetzen.[122] Zum Grund des Anspruchs gehört an sich auch die Frage, ob ein dem Kläger entstandener Schaden durch **Vorteile auszugleichen** ist, jedoch kann diese Frage auch im Betragsverfahren entschieden werden, wenn bei Erlass des Grundurteils davon auszugehen ist, dass der Kläger etwas zu beanspruchen hat.[123] Ob Schadensersatz in Form einer **Rentenzahlung oder** in einem **Kapitalbetrag** zu leisten ist, kann im Betragsverfahren entschieden werden.[124] Die Frage nach dem Beginn und dem Ende einer Rente gehört grundsätzlich zum Grund des Anspruchs, jedoch wird aus Zweckmäßigkeitsgründen auch eine Ausnahme zugelassen und die Festsetzung der **Rentendauer** in das Betragsverfahren übernommen.[125]

3. Mehrere Ansprüche oder Begründungen. Macht der Kläger mit seiner Klage mehrere prozessuale Ansprüche geltend (Fall der objektiven Klagenhäufung, § 260), dann kann hinsichtlich jedes (prozessualen) Anspruchs ein Grundurteil ergehen, wenn die Voraussetzungen dafür erfüllt werden, und zwar sowohl die des § 304 (vgl. Rn. 6 ff.) als auch die des § 301 (vgl. § 301 Rn. 4 ff.), denn es handelt sich dabei um ein **Teilurteil über den Grund.**[126] Selbstverständlich kann auch ein Grundurteil ergehen, das alle prozessualen Ansprüche dem Grunde nach für gerechtfertigt erklärt.[127] Steht fest, dass einzelne Ansprüche nicht begründet sind, dann kann das Gericht ein klageabweisendes Endurteil (Teilurteil) mit einem Teilurteil über den Grund verbinden (vgl. Rn. 11).[128] Dagegen ist es nicht zulässig, ein einheitliches Grundurteil über einen Gesamtanspruch zu erlassen, der sich aus einer Vielzahl von prozessualen Teilansprüchen zusammensetzt, wenn noch nicht feststeht, welche von mehreren in der Klage zusammengefassten Teilansprüchen dem Grunde nach gerechtfertigt sind.[129] 26

In Fällen, in denen der Kläger mehrere Ansprüche im **Eventualverhältnis** geltend macht, kann durch Teilurteil der Hauptantrag abgewiesen und durch Grundurteil über den Hilfsantrag befunden werden (vgl. auch § 301 Rn. 12), wenn feststeht, dass der Hauptantrag nicht begründet ist.[130] Dagegen ist es nicht zulässig, gleichzeitig alternativ den Hauptantrag und den Hilfsantrag dem Grunde nach für gerechtfertigt zu erklären, denn die alternative Zuerkennung beider Ansprüche lässt den Umfang der möglichen Rechtskraftwirkung des Grundurteils im Unklaren.[131] 27

Lässt sich ein prozessualer Anspruch auf mehrere rechtliche Begründungen stützen (**konkurrierende Anspruchsgrundlagen** nach materiellem Recht), dann wird nach ganz überwiegender Auffassung das Gericht für verpflichtet gehalten, im Grundurteil sämtliche Anspruchsgrundlagen abzuhandeln.[132] Eine Ausnahme wird nur insoweit zugelassen, wenn außer Zweifel steht, dass der 28

---

[121] AA *Grunsky* Grundlagen § 46 II 4 a. Fn. 55: Schaden muss bei Erlass eines Grundurteils noch nicht feststehen.

[122] BGH NJW 1977, 1538, 1539.

[123] RGZ 103, 406, 408; RGZ JW 1928, 109; 1936, 654 f.; *Stein/Jonas/Leipold* Rn. 26; *Zöller/Vollkommer* Rn. 8.

[124] BGHZ 59, 139, 147 = NJW 1972, 1943; BGH VersR 1976, 987 f.; *Baumbach/Lauterbach/Hartmann* Rn. 15; *Stein/Jonas/Leipold* Rn. 27.

[125] BGHZ 11, 181, 183 = NJW 1954, 716; BGH VersR 1955, 485; 1967, 1002, 1004; *Stein/Jonas/Leipold* Rn. 27; *Thomas/Putzo/Reichold* Rn. 6; *Rosenberg/Schwab* § 58 Rn. 55.

[126] *Keller* JA 2007, 433, 435; *Stein/Jonas/Leipold* Rn. 37; *Zöller/Vollkommer* Rn. 12; *Schilken* ZZP 95 (1982), 45, 55, jeweils m. weit. Nachw.; aA AK-ZPO/*Fenge* Rn. 13; offengelassen von BGH NJW-RR 1992, 1053; vgl. dazu auch *Arnold* S. 125 ff.

[127] BGH NJW-RR 1991, 533, 534.

[128] BGHZ 89, 383, 388 = NJW 1984, 1226; BGH NJW 1993, 1779, 1782. Vgl. auch BGHZ 7, 331, 334 (Grundurteil verbunden mit einem Teilendurteil auf Feststellung bei Klage auf Zahlung eines bezifferten Betrages als Ersatz des bisher entstandenen Schadens und auf Feststellung der Verpflichtung des Bekl. zum Ersatz eines weiterhin entstehenden Schadens).

[129] BGHZ (Fn. 127); BGH NJW 2001, 224, 225. Dies gilt nur dann nicht, wenn es nur um die Frage geht, ob die Ursächlichkeit des schadensstiftenden Ereignisses hinsichtlich aller Schadensposten zu bejahen ist (vgl. dazu Rn. 22); vgl. auch BGH NJW-RR 2007, 305, 306: Hinsichtlich eines Gesamtanspruchs, der sich aus mehreren Einzelpositionen zusammensetzt, kann ein Grundurteil ergehen, wenn der geltend gemachte Gesamtanspruch auf denselben tatsächlichen und rechtlichen Grund beruht und das Gericht diesen festgestellt hat.

[130] BGH NJW-RR 1992, 920; NJW 1998, 1140; MDR 1975, 1007 (insoweit nicht abgedruckt in NJW 1975, 2012); *Stein/Jonas/Leipold* Rn. 39.

[131] BGH NJW 1969, 2241; *Rosenberg/Schwab/Gottwald* § 59 Rn. 57; vgl. auch BGH WM 1986, 617, 618.

[132] BGHZ 72, 34, 36 = NJW 1978, 1920; BGHZ 77, 306, 309 = NJW 1980, 2355; BGH VersR 1984, 38; *Schilken* (Fn. 125) S. 52; *Pawlowski* ZZP 78 (1965), 307, 310; *Stein/Jonas/Leipold* Rn. 32; *Zöller/Vollkommer* Rn. 10.

Anspruch des Klägers allein durch eine der in Betracht zu ziehenden Rechtsgrundlagen in voller Höhe gerechtfertigt wird und deshalb den andern keine Bedeutung zukommt.[133] Geht dagegen eine Norm in ihrer Rechtsfolgenanordnung weiter (wie beispielsweise ein Anspruch aus § 823 Abs. 1 BGB im Vergleich zu Ansprüchen aus dem StVG wegen der dort geltenden Haftungsbegrenzung), dann wird es als unzulässig angesehen, im Grundurteil die weniger weitreichende Anspruchsgrundlage zu bejahen, ohne die weitergehende im Urteilstenor oder doch zumindest eindeutig in den Urteilsgründen[134] für unbegründet zu erklären.[135] Nach anderer Auffassung soll es jedoch nicht zulässig sein, im Grundurteil einen Klagegrund zu bejahen und einen anderen zu verneinen, weil dadurch das Grundurteil den Charakter eines in der ZPO nicht mehr vorgesehenen Zwischenurteils über einzelne Angriffsmittel (vgl. § 303 Rn. 1) erhielte.[136] Vielmehr soll in solchen Fällen ein ziffernmäßig bestimmtes Teilendurteil hinsichtlich des nicht begründeten Teils des Klageanspruchs in Verbindung mit einem Grundurteil über den Rest erlassen werden (Beispiel: Klage auf Zahlung von Euro 700 000,– Schadensersatz, die auf Gefährdungshaftung und unerlaubte Handlung gestützt wird; Abweisung der Klage durch Teilendurteil wegen fehlenden Verschuldens des Beklagten, soweit Euro 300 000,– überschritten werde, § 12 Abs. 1 Nr. 3 StVG, und Grundurteil über den Anspruch aus Gefährdungshaftung).[137]

29 Die Diskussion dieser Fragen leidet darunter, dass nicht sorgfältig genug zwischen den **verschiedenen vorkommenden Fällen** unterschieden wird: Macht der Kläger einen **Anspruch** geltend, der **in vollem Umfang nur aufgrund einer Anspruchsgrundlage** (Beispiel: § 823 Abs. 1 BGB) zugesprochen werden kann, dagegen nicht aufgrund einer anderen ebenfalls in Betracht zu ziehenden (Beispiel: §§ 7 Abs. 1, 12 Abs. 1 StVG), dann kann ein Grundurteil nur erlassen werden, wenn das Gericht geprüft hat, ob die weiterreichende und den Klageantrag in vollem Umfang deckende Anspruchsgrundlage dem Grunde nach gerechtfertigt ist. Gelangt das Gericht zu einem negativen Ergebnis, dann ist der Rechtsstreit teilweise entscheidungsreif, so dass mit dem Teilurteil über den Grund ein Teil-Endurteil verbunden werden muss, das die Klage in einer bestimmten (die Grenze der dem Grunde nach bejahten Vorschrift übersteigenden) Höhe abweist;[138] bei einem positiven Ergebnis kann dagegen vom Gericht offengelassen werden, ob auch die weniger weitgehende Anspruchsgrundlage dem Grunde nach besteht, insoweit ist also der oben dargestellten hM zuzustimmen.

30 **Bleibt** die **Klage** dem Betrage nach **innerhalb der Höchstgrenzen der** in Betracht kommenden **Anspruchsgrundlagen** (Beispiel: Der Kläger macht als Folge eines Verkehrsunfalls einen Sachschaden von Euro 20 000,– geltend), dann braucht nicht entschieden zu werden, ob der Anspruch dem Grunde nach auch aus dem Gesichtspunkt der weiterreichenden Norm (im Beispiel nach dem Deliktsrecht) gerechtfertigt ist. Denn insoweit besteht zwischen einem Endurteil und einem Grundurteil kein Unterschied. Ebenso wenig wie das Gericht bei einem Endurteil alle in Betracht kommenden Rechtsgrundlagen prüfen muss, sondern sich damit begnügen kann, das zusprechende Urteil auf eine von mehreren konkurrierenden Anspruchsgrundlagen zu stützen (vgl. § 300 Rn. 4; die dort genannte Einschränkung in Fällen, in denen eine Rechtsnorm dem Kläger eine bessere Rechtsposition verleiht, gilt allerdings auch bei einem Grundurteil), muss es dies bei einem Grundurteil tun.[139] Wollte man das Gericht für verpflichtet halten, auch dann über die Frage des Verschuldens im Grundverfahren eine Beweisaufnahme durchzuführen, wenn offensichtlich der Klageanspruch dem Grunde nach aus Gefährdungshaftung gerechtfertigt ist, dann würde man geradezu dem Zweck des § 304 zuwiderhandeln, der darauf gerichtet ist, das Verfahren insbesondere auch dadurch zu vereinfachen, dass vermeidbare Beweisaufnahmen unterbleiben (vgl. Rn. 1).

31 Das Gericht ist allerdings auch nicht gehindert, **einzelne der konkurrierenden Anspruchsgrundlagen** im Grundurteil zu **verneinen,** wenn es zu dem Ergebnis gelangt, dass der Anspruch des Klägers dem Grunde nach nicht auf alle geprüften Rechtsgrundlagen gestützt werden kann.[140] Ein abweisendes Teilendurteil kommt nicht in Betracht, wenn die zu bejahenden Rechtsgrundla-

---

[133] BGH NJW 1970, 608 BGHZ 72, 34, 36 = NJW 1978, 1920; BGH NJW 2001,224, 225; OLG München VersR 1992, 375 (LS); ; *Furtner* S. 324; *Rosenberg/Schwab/Gottwald* § 59 IV Rn. 56.

[134] Vgl. BGH LM Nr. 5; NJW 1959, 1918, 1919; RGZ 131, 343, 347; *Furtner* S. 325; *Zöller/Vollkommer* Rn. 10; *Blomeyer* § 83 V 4b.

[135] BGHZ 72, 34, 36 = NJW 1978, 1920; *Furtner* S. 325; *Zöller/Vollkommer* Rn. 10.

[136] *Bötticher* JZ 1960, 240; *Schilken* (Fn. 125) S. 52f.; *Stein/Jonas/Leipold* Rn. 34.

[137] *Stein/Jonas/Leipold* Rn. 35.

[138] Der Tenor dieses Teil-Endurteils und Teil-Grundurteils kann lauten: „Der Klageanspruch wird bis zu einem Höchstbetrag von Euro 300 000,– dem Grunde nach für gerechtfertigt erklärt. Im übrigen wird die Klage abgewiesen"; vgl. *Türpe* MDR 1968, 453, 455; *Furtner* S. 327.

[139] *Türpe* (Fn. 137); *Lohner* S. 20, 31f.

[140] *Thomas/Putzo/Reichold* Rn. 14; *Furtner* S. 324; *Grunsky* Grundlagen § 46 II 4a; *Schönke/Kuchinke* § 74 I 4c.

gen den Klageanspruch in vollem Umfang rechtfertigen können. Kann dem Kläger von zwei Ansprüchen, die sich inhaltlich voneinander unterscheiden, nur der eine oder andere zustehen, weil die Voraussetzungen dieser Ansprüche sich gegenseitig ausschließen, dann darf im Grundverfahren nicht offen bleiben, welcher dieser Ansprüche zu verneinen ist.[141]

V. Betragsverfahren

1. Durchführung des Verfahrens. Wird das die Klage zusprechende Urteil über den Grund in der Rechtsmittelinstanz aufgehoben und die Klage abgewiesen, dann wird eine Entscheidung über den Betrag überflüssig und damit auch eine insoweit erforderliche Beweisaufnahme; aus diesem Grunde ist der Gesetzgeber davon ausgegangen, dass im **Regelfall** die Rechtskraft des Grundurteils abzuwarten ist, ehe die Verhandlung über den Betrag des Anspruchs fortgesetzt wird (vgl. Rn. 1). Nach Verkündung eines Grundurteils tritt ein tatsächlicher Stillstand des Verfahrens ein, der bis zur Rechtskraft dieses Urteils andauert, sofern nicht das Gericht auf Antrag einer Partei Termin zur mündlichen Verhandlung über den Betrag anberaumt (§ 304 Abs. 2. Halbs. 2.).[142] Nach Eintritt der (formellen) Rechtskraft des Grundurteils hat das Gericht von Amts wegen Termin zur Verhandlung über den Betrag des Anspruchs zu bestimmen.[143] Lehnt das Gericht den **Antrag einer Partei** nach § 304 Abs. 2. Halbs. 2 ab, vor Rechtskraft eines ergangenen Grundurteils über den Betrag zu verhandeln, dann ist gegen diese Entscheidung in entsprechender Anwendung des § 252 die sofortige **Beschwerde** zulässig.[144] Dagegen ist im umgekehrten Fall, dass das Gericht dem Antrag auf Durchführung des Betragsverfahrens vor formeller Rechtskraft des Grundurteils stattgibt, kein Rechtsmittel möglich.[145] 32

2. Umfang der Prüfung. Im Betragsverfahren sind alle die Fragen zu entscheiden, die durch das Grundurteil deshalb offengelassen worden sind, weil sie für die Höhe des Anspruchs maßgebend sind (vgl. Rn. 15ff.). Bei dieser Entscheidung ist die Bindungswirkung des Grundurteils zu beachten(vgl. Rn. 12).[146] Gelangt jedoch das Gericht im Betragsverfahren zu dem Ergebnis, dass entgegen seiner Annahme bei Erlass des Grundurteils kein dem Kläger zuzusprechender Betrag festgestellt werden kann, dann muss die Klage abgewiesen werden.[147] Im Nachverfahren über den Betrag dürfen solche Einwendungen nicht mehr berücksichtigt werden, die sich auf die durch das Grundurteil erledigten Streitpunkte beziehen,[148] wobei es nicht darauf ankommt, ob die Partei diese Einwendungen bei Erlass des Grundurteils kannte.[149] Nur **neue** nach Schluss der letzten mündlichen Verhandlung vor dem Grundurteil entstandene **Einwendungen** sind im Betragsverfahren zu beachten;[150] es gelten insoweit die gleichen Grundsätze wie im Rahmen des § 767 Abs. 2. Ergeben sich **Wiederaufnahmegründe** gegen das Grundurteil, so sind sie im Betragsverfahren geltend zu machen.[151] 33

3. Verhältnis des Endurteils zum Grundurteil. Hat das Gericht im Grundurteil die Entscheidung über einzelne (konkurrierende) **Anspruchsgrundlagen offengelassen,** dann kann im Betragsverfahren auf diese Anspruchsgrundlagen zurückgegriffen werden, ohne dass es darauf ankommt, ob das Gericht verpflichtet gewesen wäre, auch über die offen gelassene Anspruchsgrundlage im Grundurteil zu entscheiden (vgl. dazu Rn. 28), denn die bindende Wirkung des Grundurteils ist auf die vom Gericht getroffenen Feststellungen beschränkt (vgl. Rn. 12).[152] Wird der 34

---

[141] BGH NJW 1964, 2414, 2415.

[142] BGH NJW 1979, 2307; *Zöller/Vollkommer* Rn. 19.

[143] BGH (Fn. 141); *Rosenberg/Schwab/Gottwald* § 59 Rn. 64. Wird gegen das (rechtskräftige) Grundurteil Verfassungsbeschwerde eingelegt, dann muss deshalb nicht das Betragsverfahren ausgesetzt werden (OLG Nürnberg NJW-RR 1990, 767).

[144] OLG Köln NJW 1956, 555; KG MDR 1971, 588; *Zöller/Vollkommer* Rn. 19; *Stein/Jonas/Leipold* Rn. 46.

[145] OLG München NJW 1974, 1514; aA *Stein/Jonas/Leipold* Rn. 46.

[146] BGH NJW-RR 1997, 188, 189; NJW 2004, 2526, 2527.

[147] BGH VersR 1965, 1173, 1174; 1968, 1380; BGH NJW 1989, 2117; BSG NJW 1991, 380.

[148] BGH NJW 1965, 1763; BGH VersR 1968, 69, 70; OLG Köln VersR 1968, 380, 381; OLG Hamm NJW-RR 1993, 693; *Schilken* ZZP 95 (1982), 45, 64; *Stein/Jonas/Leipold* Rn. 51.

[149] RGZ 64, 228; 138, 212, 213f.; aA für den Fall des nachträglich bekannt gewordenen Verlustes der Aktivlegitimation infolge Rechtsübergangs auf einen Dritten OLG Oldenburg VRS 6, 125, 126; dagegen *Schneider* MDR 1978, 793, 794.

[150] BGH NJW 1965, 1763; RGZ 121, 180, 182f.; *Schilken* ZZP 95 (1982), 45, 64; *Stein/Jonas/Leipold* Rn. 51.

[151] BGH LM § 578 Nr. 6 = NJW 1963, 587 (nur LS); *Wilts* NJW 1963, 1532; AK-ZPO/*Fenge* Rn. 24; vgl. auch BGH NJW 1959, 1918, 1919.

[152] BGH ZZP 67 (1954), 295, 296 = LM § 318 Nr. 2; *Lohner* S. 45f., 53; *Furtner* S. 324; aA *Götz* JZ 1959, 681, 687.

Klageantrag im Betragsverfahren erweitert, dann erstreckt sich die Bindungswirkung des Grundurteils nur auf den Umfang des Anspruchs, wie er zur Zeit der letzten mündlichen Verhandlung im Grundverfahren anhängig war; im übrigen muss der Anspruch dem Grunde nach neu geprüft werden.[153] Das Grundurteil steht einer Klageänderung im Betragsverfahren nicht entgegen.[154] Bei Säumnis des Klägers im Betragsverfahren muss die Klage trotz des Grundurteils abgewiesen werden (§§ 330, 347 Abs. 1). Ist der Beklagte säumig, ist das Gericht bei Erlass des Versäumnisurteils an seine Feststellungen im Grundurteil gebunden.[155]

35 Da das Betragsverfahren bereits vor (formeller) Rechtskraft des Grundurteils begonnen werden kann (vgl. Rn. 32), besteht die Möglichkeit, dass rechtskräftig über den Betrag durch Endurteil entschieden wird, bevor das Grundurteil unanfechtbar geworden ist. Wird in einem solchen Fall das Grundurteil rechtskräftig aufgehoben, dann fällt damit auch das Endurteil weg, denn es ist vom Bestand des Grundurteils abhängig, dh. die Aufrechterhaltung des Grundurteils stellt eine **auflösende Bedingung** für das Endurteil dar.[156] Aus diesem Grund ist das **Endurteil,** auch wenn es formell rechtskräftig geworden ist, in der Zwangsvollstreckung als **vorläufig vollstreckbar** zu behandeln[157] und die aus ihm vollstreckende Partei ist in entsprechender Anwendung des § 717 Abs. 2 zum **Schadensersatz** verpflichtet, wenn das Endurteil infolge der Aufhebung des Grundurteils wegfällt.[158] Der Wegfall des Endurteils bei rechtskräftiger Aufhebung des Grundurteils kann durch einen deklaratorisch wirkenden Beschluss des Gerichts festgestellt werden, das das Endurteil erlassen hat.[159]

VI. Kosten

36 **1. Kostenentscheidung.** Im Grundurteil ist über die Kosten nicht zu entscheiden, weil bei seinem Erlass noch nicht feststeht, in welchem Umfang der Kläger obsiegt; vielmehr ist die Kostenentscheidung dem Endurteil vorzubehalten.[160] Bleibt aber ein **Rechtsmittel** gegen das Grundurteil ohne Erfolg, dann steht nach der zwingenden Vorschrift des § 97 Abs. 1 endgültig fest, dass der unterlegene Rechtsmittelkläger die Kosten des Rechtsmittelverfahrens zu tragen hat.[161] Deshalb ist in diesem Urteil und nicht erst im Endurteil über die Kosten des Rechtsmittelverfahrens zu befinden.[162]

37 **2. Gebühren.** Die Zusammenfassung von Grund- und Betragsverfahren in eine Instanz gilt auch bezüglich der **Anwaltsgebühren**. Es handelt sich nicht um einen Fall des § 21 bs. 1 RVG, wenn die Berufung gegen ein Grundurteil zurückgewiesen und sodann vor dem Erstgericht zur Höhe verhandelt wird.[163] Auch in Bezug auf Gerichtsgebühren ist von einer Instanz auszugehen (vgl. auch § 300 Rn. 8).

§ 305 Urteil unter Vorbehalt erbrechtlich beschränkter Haftung

(1) Durch die Geltendmachung der dem Erben nach den §§ 2014, 2015 des Bürgerlichen Gesetzbuchs zustehenden Einreden wird eine unter dem Vorbehalt der beschränkten Haftung ergehende Verurteilung des Erben nicht ausgeschlossen.

(2) Das Gleiche gilt für die Geltendmachung der Einreden, die im Falle der fortgesetzten Gütergemeinschaft dem überlebenden Ehegatten nach dem § 1489 Abs. 2 und den §§ 2014, 2015 des Bürgerlichen Gesetzbuchs zustehen.

---

[153] BGHZ 35, 223, 227; 37, 131, 135; BGHZ 37, 131, 135 = NJW 1962, 1249; BGH NJW 1985, 496; BayObLGZ 1992, 5, 8; OLG Hamm EWiR § 635 BGB 1/90, 1191 (Sonnenschein); OLG Stuttgart NJW-RR 1996, 1085, jeweils m. weit. Nachw.

[154] OLG Nürnberg VersR 1968, 1196; OLG Stuttgart NJW-RR 1996, 1085; *Stein/Jonas/Leipold* Rn. 54.

[155] *Zöller/Vollkommer* Rn. 25.

[156] BGH NJW 2006, 3496, 3497 [15]; *Schiedermeier* JuS 1961, 212, 214f.; *Stein/Jonas/Leipold* Rn. 55; *Rosenberg/Schwab/Gottwald* § 59 Rn. 68; *Goldschmidt,* Der Prozess als Rechtslage, 1925, S. 483.

[157] *Stein/Jonas/Leipold* Rn. 55; zur Vollstreckbarkeit des (bedingten) Endurteils und zu dem zu dieser Frage geführten Meinungsstreit: *Schiedermeier* JuS 1961, 212, S. 215f.

[158] *Baumbach/Lauterbach/Hartmann* Rn. 31; *Rosenberg/Schwab/Gottwald* § 59 Rn. 69.

[159] Vgl. *Stein/Jonas/Leipold* Rn. 55.

[160] BGHZ 20, 397, 399 = NJW 1956, 1235; *Thomas/Putzo/Reichold* Rn. 19.

[161] Diese Kostenlast ist unabhängig davon, wie das Betragsverfahren ausgeht, so dass der erfolglose Rechtsmittelkläger auch dann die Kosten des Rechtsmittelverfahrens tragen muss, wenn die Klage im Betragsverfahren ganz oder teilweise abgewiesen wird; vgl. OLG Schleswig Rpfleger 1962, 430; *Becker* S. 27 m. weit. Nachw.

[162] BGH (Fn. 159); OLG Oldenburg JurBüro 1992, 492; *Stein/Jonas/Bork* § 97 Rn. 3; aA RGZ 121, 77; OLG Frankfurt NJW-RR 1988, 1213.

[163] BGH MDR 2004, 1024; *Zöller/Herget* Rn. 28.

I. Normzweck

Vor der Annahme der Erbschaft kann ein Anspruch, der sich gegen den Nachlass richtet, nicht gegen den Erben gerichtlich geltend gemacht werden (§ 1958 BGB). Stirbt der Erblasser während eines gegen ihn geführten Prozesses, wird das Verfahren unterbrochen (§ 239 Abs. 1); vor der Annahme der Erbschaft ist der Erbe zur Fortsetzung des Rechtsstreits nicht verpflichtet (§ 239 Abs. 5). Will ein Nachlassgläubiger vor der Annahme der Erbschaft seinen gegen den Nachlass gerichteten Anspruch geltend machen, dann muss er die Bestellung eines Nachlasspflegers nach § 1961 BGB (Prozesspflegschaft[1]) beantragen. Mit der Annahme der Erbschaft endet dieser Schutz des vorläufigen Erben, und Nachlassgläubiger können gegen ihn gerichtlich vorgehen. Das BGB gewährt aber dem Erben auch noch nach Annahme der Erbschaft eine gewisse Zeit, um sich einen Überblick über die Aktiva und Passiva des Nachlasses zu verschaffen und sich darüber schlüssig zu werden, ob er Maßnahmen zur Beschränkung seiner Haftung einleiten soll (vgl. §§ 1975, 1990 BGB). Denn der beschränkbar haftende Erbe (vgl. § 2016 BGB), ist berechtigt, die Berichtigung von Nachlassverbindlichkeiten zeitweilig durch die sog. Dreimonatseinrede nach § 2014 BGB oder die Einrede des Aufgebotsverfahrens nach § 2015 BGB zu verweigern.[2] Die durch die Novelle von 1898 eingefügte Vorschrift des **§ 305 Abs. 1** zieht aus dieser Rechtslage Folgerungen für das Prozessrecht, indem sie klarstellt, dass die Einreden nach §§ 2014, 2015 BGB nicht eine Klage gegen den Erben ausschließen, wohl aber eine unbeschränkte Verurteilung, wenn sich der Erbe darauf beruft, dass er zur Zeit die Berichtigung von Nachlassverbindlichkeiten verweigern darf (vgl. Rn. 3). Neben der Möglichkeit über die Einrede sachlich zu entscheiden, kann sich das Gericht gem. § 305 Abs. 1 darauf beschränken, dem Erben vorzubehalten, sich auf die Haftungsbeschränkung im Zwangsvollstreckungsverfahren zu berufen (vgl. § 780).[3] Damit werden die **Interessen des Klägers** an einer zügigen Rechtsdurchsetzung und die **Interessen des Beklagten,** den Zugriff von Nachlassgläubigern auf den Nachlass während einer Übergangszeit abzuwehren, angemessen berücksichtigt. Denn das unter dem Vorbehalt der beschränkten Haftung ergehende Urteil bildet zwar einen Vollstreckungstitel, der jedoch nur die Rechtsgrundlage für sichernde Maßnahmen bildet (vgl. Rn. 6). 1

Unter den in § 1489 Abs. 2 BGB genannten Voraussetzungen kann der überlebende Ehegatte wegen seiner persönlichen Haftung die gleichen Haftungsbeschränkungen geltend machen wie ein Erbe und folglich auch die Einreden nach §§ 2014, 2015 BGB erheben. Dementsprechend wird dem Ehegatten durch **§ 305 Abs. 2** eine gleiche prozessuale Behandlung wie einem Erben gewährt. 2

II. Verurteilung unter Vorbehalt

1. Voraussetzungen. Da die Einreden nach §§ 2014, 2015 BGB nach § 2016 Abs. 1 BGB **nur** dem **beschränkbar haftenden Erben** zustehen (vgl. auch Rn. 1), kann eine Verurteilung unter Vorbehalt der Haftungsbeschränkung nach § 305 auch nur in Betracht kommen, wenn nicht feststeht, dass der Beklagte das Recht zur Haftungsbeschränkung verloren hat; ist dies der Fall, dann muss er vorbehaltslos verurteilt werden.[4] Das Gericht ist jedoch nicht verpflichtet, der Frage nach einer Haftungsbeschränkung des Erben nachzugehen und aufzuklären, ob die Haftung des Beklagten beschränkbar ist.[5] Selbst wenn der Beklagte einwendet, die Klage sei wegen bereits bestehender Erschöpfung des Nachlasses abzuweisen oder er könne lediglich dazu verurteilt werden, den Nachlass im Wege der Zwangsvollstreckung herauszugeben, darf das Gericht die Entscheidung über die Beschränkung der Haftung und ihre Folgen dem Zwangsvollstreckungsverfahren überlassen und sich mit dem Ausspruch eines Vorbehalts iSv. § 305 Abs. 1 begnügen.[6] Dies gilt jedoch dann nicht, wenn sich der Kläger auf eine persönliche, unbeschränkbare Haftung des Erben wegen der Fortführung eines zum Nachlass gehörenden Handelsgeschäfts beruft **(§ 27 iVm. § 25 HGB),** weil dem Vollstreckungsverfahren die Prüfung, ob der Verurteilte tatsächlich nur beschränkt haftet, lediglich dann überlassen werden kann, wenn er als Erbe des Schuldners verurteilt wird und nicht wegen einer kraft Gesetzes eintretenden Übernahme der Geschäftsverbindlichkeiten des Erblassers.[7] 3

---

[1] Vgl. *Siegltrum,* Sicherungs- und Prozesspflegschaft (§§ 1960, 1961 BGB), 1986, S. 80ff.

[2] Vgl. MünchKommBGB/*Siegmann* § 2014 Rn. 2, § 2015 Rn. 2; *Musielak,* Examenskurs BGB, 2007, Rn. 658ff.

[3] BGH LM BGB § 1975 Nr. 1 = NJW 1954, 635.

[4] AK-ZPO/*Fenge* Rn. 5.

[5] *Fenge* (Fn. 4) Rn. 6; *Baumbach/Lauterbach/Hartmann* Rn. 5.

[6] BGH NJW 1954, 635.

[7] RGZ 88, 218, 219f.

4 Der Erbe muss die **Einrede** nach § 2014 BGB oder § 2015 BGB **geltend machen,** wenn das Gericht sie berücksichtigen und ihn unter Vorbehalt der beschränkten Haftung verurteilen soll.[8] Dagegen ist ein förmlicher Antrag auf Aufnahme eines entsprechenden Vorbehalts in das Urteil nicht erforderlich.[9] Die Einrede kann grundsätzlich nur bis zum Schluss der letzten Tatsachenverhandlung erhoben werden,[10] im Fall eines schriftlichen Verfahrens bis zu dem vom Gericht nach § 128 Abs. 2 S. 2 zu bestimmenden Zeitpunkt.[11] War in der Tatsacheninstanz die Erhebung der Einrede noch nicht möglich, weil der Erbfall erst nach Einlegung der Revision eintrat, dann kann ausnahmsweise auch noch in der **Revisionsinstanz** die Einrede vorgebracht werden.[12] Eine derartige auf Zweckmäßigkeitserwägungen gegründete Durchbrechung des Grundsatzes, dass ein auf eine neue Tatsache gegründetes Verteidigungsmittel in der Revisionsinstanz ausgeschlossen ist, kann jedoch dann nicht zugelassen werden, wenn es dem Erben nur darum geht, den Vorbehalt seiner beschränkten Haftung in das Urteil aufnehmen zu lassen, ohne die Aufhebung oder die sachliche Nachprüfung des Berufungsurteils zu begehren; in einem solchen Fall ist dem Erben die Einrede in der Revisionsinstanz verwehrt und er wird darauf verwiesen, seine beschränkte Haftung durch eine Vollstreckungsabwehrklage (§ 767) geltend zu machen.[13] Ist der **Beklagte säumig,** dann kann ein Vorbehalt nach § 305 Abs. 1 nur in das Urteil aufgenommen werden, wenn der Kläger einen darauf gerichteten Antrag stellt.[14]

5 **2. Tenor.** Der Vorbehalt der beschränkten Haftung ist in die Urteilsformel aufzunehmen,[15] zB in der Formulierung: Dem Beklagten wird vorbehalten, die Beschränkung seiner Haftung auf den Nachlass geltend zu machen.[16] Die Verurteilung des Beklagten lediglich mit dem Zusatz „als Erbe" zu versehen, kann nicht als Vorbehalt iSv. § 305 aufgefasst werden.[17] Hat das Gericht zwar den **Vorbehalt nicht ausdrücklich in die Urteilsformel eingefügt,** lässt aber die Begründung eindeutig erkennen, dass dem Beklagten die Beschränkung seiner Haftung als Erbe vorbehalten bleiben soll, dann ist dies als ausreichend anzusehen.[18] Wurde in der Tatsacheninstanz die vom Beklagten geltend gemachte Einrede übergangen, dann kann das Revisionsgericht den Vorbehalt auch ohne darauf gerichtete Revisionsrüge nachholen.[19] Ein **versehentlich unterbliebener Vorbehalt** kann in entsprechender Anwendung des § 321 noch nachträglich in das Urteil eingefügt werden;[20] auch ist in diesem Fall die Einlegung eines Rechtsmittels möglich (vgl. auch § 321 Rn. 12).[21]

6 **3. Wirkung.** Der im Urteil ausgesprochene Vorbehalt der beschränkten Haftung des Beklagten gibt dem Erben das Recht zu verlangen, dass die Zwangsvollstreckung für die Dauer der in den §§ 2014, 2015 BGB bestimmten Fristen auf solche Maßregeln beschränkt wird, die zur Vollziehung eines Arrestes zulässig sind (vgl. § 782 und die Erl. zu dieser Vorschrift). Berücksichtigt wird jedoch die Beschränkung der Erbenhaftung in der Zwangsvollstreckung nur, wenn der Erbe entsprechende Einwendungen erhebt (§ 781), die er im Wege der Vollstreckungsabwehrklage geltend machen muss (§ 785 iVm. §§ 767, 769, 770).[22]

III. Kosten

7 Hat der Kläger die vorbehaltslose Verurteilung des Beklagten beantragt und hat das Gericht einen Vorbehalt nach § 305 in das Urteil aufgenommen, dann hat jede Partei teils obsiegt, teils ist sie unterlegen, so dass die **Kostenentscheidung nach § 92** zu treffen ist.[23] Erkennt aber der Erbe den

---

[8] *Zöller/Vollkommer* Rn. 3; *Stein/Jonas/Leipold* Rn. 3; *Furtner* S. 195.
[9] BGH NJW 1964, 2298, 2300; 1983, 2378, 2379.
[10] Vgl. BGH NJW 1962, 1250; *Furtner* S. 196.
[11] *Thomas/Putzo/Reichold* § 780 Rn. 6 iVm. § 128 Rn. 33; *Furtner* S. 196.
[12] BGHZ 17, 69, 72f. = NJW 1955, 788; *Furtner* S. 196; vgl. auch RG DR 1944, 292, 294: Einrede in der Revisionsinstanz zulässig, weil erst in diesem Zeitpunkt Nachlassverwaltung aufgehoben wurde.
[13] BGHZ 54, 204, 206f. = NJW 1970, 1742.
[14] *Zöller/Vollkommer* Rn. 3; *Thomas/Putzo/Reichold* Rn. 2.
[15] *Stein/Jonas/Leipold* Rn. 3; Hk-ZPO/*Saenger* Rn. 4.
[16] AK-ZPO/*Fenge* Rn. 2; *Zimmermann* Rn. 1.
[17] RG JW 1911, 948; *Furtner* S. 196.
[18] KG OLGRspr. 7, 134; *Furtner* S. 196.
[19] BGH NJW 1983, 2378, 2379; AK-ZPO/*Fenge* Rn. 2.
[20] OLG Schleswig MDR 2005, 350; *E. Wolff* ZZP 64 (1951), 97, 105; *Stein/Jonas/Leipold* Rn. 3; *Thomas/Putzo/Reichold* Rn. 2; vgl. auch OLG Düsseldorf NJW 1970, 1689, 1690 (Vorbehalt der beschränkten Haftung im Ergänzungsurteil, durch das die Aufnahme eines ausgesetzten Rechtsstreits durch den Erben einer verstorbenen Partei nach Verkündung des Endurteils, aber vor Einlegung eines Rechtsmittels erklärt wird).
[21] *Zöller/Vollkommer* Rn. 3; *Thomas/Putzo/Reichold* Rn. 2.
[22] Vgl. *Rosenberg/Gaul/Schilken* § 21 II 4 c.
[23] *Baumbach/Lauterbach/Hartmann* Rn. 5; *Thomas/Putzo/Reichold* Rn. 2; aA OLG Hamburg MDR 1960, 150.

geltend gemachten Anspruch unter Vorbehalt der beschränkten Haftung sofort an, dann fallen dem Kläger die Prozesskosten zur Last (§ 93).[24] Der Erbe kann seine Haftung für die Prozesskosten nur insoweit auf den Nachlass beschränken, als diese bereits in der Person des Erblassers entstanden waren.[25] Die Beschränkung der Erbenhaftung darf nur dann in einen Kostenfestsetzungsbeschluss aufgenommen werden, wenn ein solcher Vorbehalt bereits im Urteil enthalten ist.[26] Für die Kosten, die durch die Prozessführung des Erben als Prozesspartei entstehen, haftet er stets persönlich mit seinem gesamten Vermögen, also ohne die Möglichkeit einer Beschränkung.[27]

§ 305 a Urteil unter Vorbehalt seerechtlich beschränkter Haftung

(1) [1]Unterliegt der in der Klage geltend gemachte Anspruch der Haftungsbeschränkung nach § 486 Abs. 1 oder 3, §§ 487 bis 487 d des Handelsgesetzbuchs und macht der Beklagte geltend, dass

1. aus demselben Ereignis weitere Ansprüche, für die er die Haftung beschränken kann, entstanden sind und

2. die Summe der Ansprüche die Haftungshöchstbeträge übersteigt, die für diese Ansprüche in Artikel 6 oder 7 des Haftungsbeschränkungsübereinkommens (§ 486 Abs. 1 des Handelsgesetzbuchs) oder in den §§ 487, 487 a oder 487 c des Handelsgesetzbuchs bestimmt sind,

so kann das Gericht das Recht auf Beschränkung der Haftung bei der Entscheidung unberücksichtigt lassen, wenn die Erledigung des Rechtsstreits wegen Ungewissheit über Grund oder Betrag der weiteren Ansprüche nach der freien Überzeugung des Gerichts nicht unwesentlich erschwert wäre. [2]Das Gleiche gilt, wenn der in der Klage geltend gemachte Anspruch der Haftungsbeschränkung nach den §§ 4 bis 5 m des Binnenschifffahrtsgesetzes unterliegt und der Beklagte geltend macht, dass aus demselben Ereignis weitere Ansprüche entstanden sind, für die er die Haftung beschränken kann und die in ihrer Summe die für sie in den §§ 5 e bis 5 k des Binnenschifffahrtsgesetzes bestimmten Haftungshöchstbeträge übersteigen.

(2) Lässt das Gericht das Recht auf Beschränkung der Haftung unberücksichtigt, so ergeht das Urteil

1. im Falle des Absatzes 1 Satz 1 unter dem Vorbehalt, dass der Beklagte das Recht auf Beschränkung der Haftung geltend machen kann, wenn ein Fonds nach dem Haftungsbeschränkungsübereinkommen errichtet worden ist oder bei Geltendmachung des Rechts auf Beschränkung der Haftung errichtet wird,

2. im Falle des Absatzes 1 Satz 2 unter dem Vorbehalt, dass der Beklagte das Recht auf Beschränkung der Haftung geltend machen kann, wenn ein Fonds nach § 5 d des Binnenschifffahrtsgesetzes errichtet worden ist oder bei Geltendmachung des Rechts auf Beschränkung der Haftung errichtet wird.

I. Entstehung und Zweck der Vorschrift

§ 305 a wurde durch das Zweite Seerechtsänderungsgesetz vom 25. Juli 1986 (BGBl. I S. 1120) 1
in die ZPO eingefügt und trat am 1. September 1987 in Kraft. Die § 305 nachgebildete Vorschrift bezieht sich auf die in §§ 486 bis 487 d HGB enthaltene Regelung, die ebenfalls durch das Zweite Seerechtsänderungsgesetz geschaffen wurde und die auf das Übereinkommen vom 19. November 1976 über die Beschränkung der Haftung für Seeforderungen (BGBl. 1986 II S. 786), sog. Haftungsbeschränkungsübereinkommen, und auf das Internationale Übereinkommen vom 29. November 1969 über die zivilrechtliche Haftung für Ölverschmutzungsschäden (BGBl. 1975 II S. 301), sog. Ölhaftungsübereinkommen, zurückgeht. Nach diesen Übereinkommen kann unter den darin genannten Voraussetzungen die Haftung auf Höchstbeträge beschränkt werden. Ergeben sich aus demselben Ereignis mehrere Ansprüche, die in ihrer Summe die Höchstbeträge übersteigen, dann sind sie anteilig zu berichtigen. Die Festsetzung des auf einen einzelnen Anspruch entfallenden An-

---

[24] Vgl. OLG Köln ZZP 71 (1958), 247; KG OLGRspr. 3, 131; *Zöller/Vollkommer* Rn. 3; *Baumbach/Lauterbach/Hartmann* Rn. 5; AK-ZPO/*Fenge* Rn. 7; aA OLG Celle NJW 1961, 81.

[25] RG JW 1912, 46; OLG Köln NJW 1952, 1145.

[26] KG MDR 1976, 584; OLG Hamm MDR 1982, 855.

[27] KG (Fn. 26) S. 585; OLG Frankfurt Rpfleger 1977, 372 f.; *Rosenberg/Gaul/Schilken* § 21 II 4 b; *Furtner* S. 197.

teils setzt hiernach die Feststellung des Gesamtbetrages aller Ansprüche voraus, die aus demselben Ereignis entstanden sind und für die der Schuldner die Haftung beschränken kann. Ein Gericht, bei dem ein Rechtsstreit wegen eines der Haftungsbeschränkung unterliegenden Anspruchs anhängig ist, muss folglich dann den Gesamtbetrag aller aus demselben Ereignis entstandenen Ansprüche ermitteln, für die der Schuldner seine Haftung beschränken kann. Daraus kann sich dann die Notwendigkeit ergeben, in **umfangreiche und zeitraubende Klärungen von Rechts- und Tatfragen** einzutreten, wobei die dann getroffene Entscheidung des Gerichts keine bindende Wirkung gegenüber den am Rechtsstreit nicht beteiligten Gläubigern aufweist. Die **Gefahr widersprechender Gerichtsentscheidungen** lässt sich deshalb nicht ausschließen. **Um** solche **Schwierigkeiten** zu **vermeiden,** bestimmt § 305a Abs. 1 S. 1, dass vom Gericht das Recht des Beklagten auf Beschränkung der Haftung bei seiner Entscheidung unberücksichtigt bleiben darf, wenn die Erledigung des Rechtsstreits wegen Ungewissheit über Grund oder Betrag der weiteren Ansprüche nicht unwesentlich erschwert wäre.[1] Das Urteil ergeht dann unter dem im Gesetz genannten **Vorbehalt der Haftungsbeschränkung** (vgl. Rn. 5).

2 Durch das Gesetz zur Änderung der Haftungsbeschränkung in der Binnenschifffahrt vom 25. August 1998 (BGBl. I S. 2489) ist das Straßburger Übereinkommen vom 4. November 1988 über die Beschränkung der Haftung in der Binnenschifffahrt (CLNI) in das deutsche Recht übernommen worden. Das auf dem bisherigen System der dinglich-beschränkten Haftung des Schiffseigners aufbauende Recht wurde an das neu eingeführte System der summenmäßig beschränkten, persönliche Haftung angepasst. Diese neue Regelung ließ die Schaffung der verfahrensmäßigen Voraussetzungen für die Durchführung der Haftungsbeschränkung erforderlich sein. Demgemäß ist mit Wirkung vom 1. September 1998 § 305a entsprechend ergänzt und eine der bisher nur auf das Seerecht bezogenen Haftungsbeschränkung vergleichbare Vorschrift für die Binnenschifffahrt in die ZPO aufgenommen worden.

II. Verurteilung unter Vorbehalt

3 **1. Voraussetzungen für den Vorbehalt seerechtlicher Haftungsbeschränkung im Urteil.** Der Beklagte muss geltend machen, dass die in Abs. 1 S. 1 Nr. 1 und 2 genannten Voraussetzungen erfüllt werden, dass also aus demselben Ereignis weitere Ansprüche entstanden sind, für die eine Haftungsbeschränkung nach §§ 486ff. HGB (vgl. Rn. 1) gilt, und dass die Summe der Ansprüche die Haftungshöchstbeträge übersteigt. Sind diese **anderen Ansprüche nach Grund oder Betrag ungewiss** und würde die deshalb notwendige **Klärung im anhängigen Prozess** seine Entscheidung **„nicht unerheblich erschweren",** dann kann das Gericht von einer solchen Klärung absehen und das Urteil unter dem Vorbehalt einer Haftungsbeschränkung erlassen. Die amtliche Begründung[2] macht deutlich, dass der Gesetzgeber eine „nicht unwesentliche Erschwerung" insbesondere darin gesehen hat, dass Beweis darüber erhoben werden muss, ob und in welcher Höhe die einzelnen Ansprüche begründet sind, um den Gesamtbetrag der Ansprüche feststellen und die auf den Kläger entfallende Quote ermitteln zu können. Die Entscheidung, ob von der durch § 305a in diesen Fällen eröffneten Möglichkeit Gebrauch gemacht wird, ist in die **„freie Überzeugung"** des Gerichts gestellt; mit dieser Formulierung wollte der Gesetzgeber dem erkennenden Gericht einen weitgezogenen Ermessensspielraum einräumen.[2] **Keine Voraussetzung** für einen Vorbehalt der Haftungsbeschränkung bildet dagegen, dass der Beklagte einen **Fonds** im Sinne des Art. 11 des Haftungsbeschränkungsübereinkommens (vgl. Rn. 1) errichtet hat (vgl. § 487e Abs. 2 S. 1 HGB). Erst wenn aufgrund eines Urteils nach § 305a Vollstreckungsmaßnahmen eingeleitet werden, kommt es für die Haftungsbeschränkung auf die Errichtung eines Fonds an (vgl. § 786a und die Erl. zu dieser Vorschrift).[3] **Ebenso wenig** ist ein **förmlicher Antrag** auf Aufnahme eines Vorbehalts in das Urteil erforderlich.[4] Das Gericht wird jedoch die Parteien entsprechend unterrichten, wenn es erwägt, von der Möglichkeit des § 305a Gebrauch zu machen.[5]

---

[1] Amtl. Begr. BT-Drucks. 10/3852 S. 13, 36.

[2] AaO (Fn. 1).

[3] Art. 10 Abs. 1 S. 2 Haftungsbeschränkungsübereinkommen hat zwar die Möglichkeit eröffnet, dass ein Vertragsstaat im innerstaatlichen Recht eine Haftungsbeschränkung von der Fondserrichtung abhängig macht, aber der deutsche Gesetzgeber hat davon in § 305a nur in eingeschränktem Umfang Gebrauch gemacht, indem darauf abgestellt wird, dass der Fonds bei Geltendmachen des Rechts auf Beschränkung der Haftung errichtet wird; vgl. auch Amtl. Begr. (Fn. 1) S. 35f.

[4] *Stein/Jonas/Leipold* Rn. 6.

[5] Vgl. Amtl. Begr. (Fn. 1), in der ausdrücklich eine solche Pflicht des Gerichts unter Hinweis auf den Anspruch auf rechtliches Gehör (Art. 103 Abs. 1 GG) betont wird.

2. Voraussetzungen für den Vorbehalt binnenschifffahrtsrechtlicher Haftungsbeschränkung im Urteil. Das Gericht kann auch in Streitigkeiten über binnenschifffahrtsrechtliche Forderungen das Recht auf Haftungsbeschränkung unter den in Satz 1 genannten Voraussetzungen (vgl. Rn. 3) unberücksichtigt lassen, wenn der streitbefangene Anspruch der Haftungsbeschränkung unterliegt, der Beklagte die Entstehung weiterer derartiger Ansprüche aus demselben Ereignis behauptet und diese Ansprüche insgesamt die einschlägigen binnenschifffahrtsrechtlichen Haftungshöchstbeträge überschreitet.[6] 4

3. Tenor und Wirkung. Der Vorbehalt der beschränkten Haftung ist in die Urteilsformel aufzunehmen.[7] In gleicher Weise wie bei einem Urteil nach § 305 kann sich jedoch der Beklagte auf die Beschränkung der Haftung in der Zwangsvollstreckung auch dann berufen, wenn sich der Vorbehalt eindeutig (nur) aus der Begründung des Urteils ergibt (vgl. § 305 Rn. 5). Bei der Formulierung des Vorbehalts empfiehlt sich die Übernahme des Gesetzeswortlautes.[8] Nur wenn sich der Vorbehalt aus dem Urteil ergibt, kann die Haftungsbeschränkung in der Zwangsvollstreckung geltend gemacht werden (§ 786a Abs. 1 iVm. § 780 Abs. 1). Jedoch wird die Haftungsbeschränkung auch dann nur berücksichtigt, wenn der Schuldner Einwendungen gegen die Vollstreckung erhebt (§ 786a Abs. 1 iVm. § 781; vgl. im Einzelnen die Erl. zu § 786a). 5

§ 306 Verzicht

Verzichtet der Kläger bei der mündlichen Verhandlung auf den geltend gemachten Anspruch, so ist er auf Grund des Verzichts mit dem Anspruch abzuweisen, wenn der Beklagte die Abweisung beantragt.

I. Allgemeines

Der Verzicht stellt das prozessuale Gegenstück des in der Praxis ungleich wichtigeren Anerkenntnisses dar. Deshalb sind viele Fragen, die sich hinsichtlich des Verzichts ergeben, im entsprechenden Sinn zu entscheiden wie bei einem Anerkenntnis. Es kann deshalb auf die Erläuterungen des Anerkenntnisses weitgehend Bezug genommen werden. Dies gilt beispielsweise für die **Rechtsnatur** des Verzichts als reine Prozesshandlung, deren Wirksamkeit alleine nach dem Prozessrecht zu beurteilen ist (vgl. § 307 Rn. 4), für den **Zeitpunkt** und die **Form** der Erklärung, die grundsätzlich in der mündlichen Verhandlung gegenüber dem Prozessgericht abzugeben ist (vgl. § 307 Rn. 14), für die **Protokollierung** nach § 160 Abs. 3 Nr. 1, bei der es sich nicht um eine Wirksamkeitsvoraussetzung handelt (vgl. § 307 Rn. 15) und für die Möglichkeit eines **Widerrufs oder** einer **Anfechtung** eines Verzichts, die grundsätzlich ausgeschlossen ist (vgl. § 307 Rn. 20f.). Ebenso wenig wie das Anerkenntnis beendet die Erklärung des Verzichts den Rechtsstreit, sondern schafft lediglich die Grundlage für das Verzichtsurteil, durch das der Prozess abgeschlossen wird (vgl. § 307 Rn. 1). 1

Durch den Verzicht erklärt der Kläger, dass der von ihm gegen den Beklagten geltend gemachte Anspruch nicht bestehe, dass folglich sein Antrag unberechtigt und die eigene Rechtsbehauptung unrichtig sei.[1] Im Gegensatz dazu zieht der Kläger bei der **Klagerücknahme** (§ 269) lediglich sein Rechtsschutzgesuch zurück, ohne jedoch seine Rechtsbehauptung aufzugeben. Vom Verzicht unterscheidet sich die (einseitige) **Erledigungserklärung** des Klägers dadurch, dass bei ihr auf ein nach Erhebung der Klage eingetretenes Ereignis hingewiesen wird, das die zunächst begründete Klage hat erfolglos werden lassen, so dass ein Aufrechterhalten des Klagebegehrens zwecklos sei. Bei der (einseitigen) Erledigungserklärung ist es ohne weiteres zulässig und auch häufig empfehlenswert, den ursprünglichen Klageantrag hilfsweise für den Fall aufrechtzuerhalten, dass sich die Annahme einer Erledigung der Hauptsache als falsch erweisen sollte (vgl. § 91a Rn. 80). Im Zweifel ist durch Auslegung zu ermitteln, welche Bedeutung der Erklärung des Klägers zukommt, wobei nicht allein der vom Kläger verwendete Begriff „Verzicht" ausschlaggebend sein kann.[2] Bei der Abgrenzung gegenüber der Erledigungserklärung kann als Orientierungspunkt dienen, ob der Kläger verlangt, dem Beklagten die Kosten aufzuerlegen.[3] 2

---

[6] Vgl. Amtl. Begr. BT-Drucks. 13/8446, S. 50.
[7] *Thomas/Putzo/Reichold* Rn. 4.
[8] Vgl. *Baumbach/Lauterbach/Hartmann* Rn. 3; *Thomas/Putzo/Reichold* Rn. 4.
[1] *Musielak,* GK ZPO, Rn. 247.
[2] *Stein/Jonas/Leipold* Rn. 2.
[3] *Zöller/Vollkommer* Rn. 1.

3 Der Verzicht kann auch auf **Teile des Klageanspruchs** beschränkt werden; dies setzt jedoch voraus, dass es sich um selbständige und abtrennbare Teile des Streitgegenstandes handelt, die zum Gegenstand eines Teilurteils gemacht werden können (vgl. § 307 Rn. 12). In Verfahren der **Freiwilligen Gerichtsbarkeit** und in **arbeitsgerichtlichen Verfahren** kann ein Verzicht in gleicher Weise erklärt werden wie ein Anerkenntnis (vgl. § 307 Rn. 2f.).

II. Wirksamkeitsvoraussetzungen

4 Der Kläger kann nur wirksam auf den von ihm geltend gemachten Anspruch verzichten, soweit er **dispositionsbefugt** ist (vgl. § 307 Rn. 16). Im Gegensatz zum Anerkenntnis kann ein Verzicht auch in Ehe- und Kindschaftssachen erklärt werden (vgl. §§ 617, 640). So ist insbesondere ein Verzicht auch bei einem Scheidungsantrag zulässig.[4] Der Verzicht darf nicht im Widerspruch zu zwingenden Vorschriften des materiellen Rechts stehen; deshalb kann der Kläger nicht wirksam auf einen Unterhalt für die Zukunft verzichten, weil dies durch § 1614 Abs. 1 BGB ausgeschlossen ist (vgl. auch § 307 Rn. 17). Der Verzicht ist als Prozesshandlung (vgl. Rn. 1) in seiner Wirksamkeit davon abhängig, dass alle **Prozesshandlungsvoraussetzungen** erfüllt sind (vgl. § 307 Rn. 6). Seiner Erklärung dürfen keine **Bedingungen** hinzugefügt werden (vgl. § 307 Rn. 7). Dagegen steht der Wirksamkeit eines Verzichts nicht entgegen, dass sich der Kläger gegenüber dem Beklagten verpflichtet hat, streitig zu verhandeln und etwa den Rechtsstreit als Musterprozess zu führen, weil dem Interesse des Gerichts, auf einem einfachen Weg zu einer Entscheidung zu gelangen, Vorrang eingeräumt werden muss und deshalb der Verzicht trotz der entgegenstehenden Vereinbarung der Parteien zu beachten ist (vgl. dazu § 307 Rn. 18f.).[5]

III. Gerichtliche Entscheidung

5 **1. Prüfung durch das Gericht.** Das Gericht hat in gleicher Weise wie bei einem Anerkenntnis (vgl. § 307 Rn. 22) zu prüfen, ob der Verzicht wirksam erklärt worden ist (vgl. Rn. 4). Kommt das Gericht zu einem negativen Ergebnis, dann kann es den Streit der Parteien darüber durch ein Zwischenurteil nach § 303 entscheiden, dagegen nicht den Antrag des Beklagten auf Erlass eines Verzichtsurteils durch Beschluss zurückweisen, weil es sich bei diesem Antrag lediglich um die Wiederholung seines Sachantrages handelt, über den durch Endurteil zu entscheiden ist (vgl. § 307 Rn. 25).

6 **2. Antrag des Beklagten.** Bei der Frage, was zu geschehen hat, wenn der Beklagte nach einem Verzicht des Klägers keinen Antrag auf Verzichtsurteil stellt, ist zu unterscheiden: Hält der Beklagte an seinem Antrag auf Klageabweisung fest, dann hat das Gericht ein Verzichtsurteil zu erlassen, auch wenn der Beklagte nicht ausdrücklich ein Verzichtsurteil beantragt[6] oder wenn er sogar ausdrücklich ein kontradiktorisches Urteil verlangt; denn ein Antrag auf Erlass eines Verzichtsurteils bildet keine zwingende Voraussetzung für ein solches Urteil. An dieser Rechtslage hat sich durch Streichung des Antragserfordernisses in § 307 durch das ZPO-RG nichts geändert. Vielmehr genügt es, dass der Beklagte die Abweisung der Klage fordert. Hält jedoch der Beklagte nicht seinen Antrag auf Klageabweisung aufrecht, dann darf kein Verzichtsurteil erlassen werden,[7] weil in diesem Fall § 306 anders als sonst (vgl. § 308 Rn. 5) die Abweisung der Klage von einem entsprechenden Antrag des Beklagten abhängig macht. In diesem Fall, in dem also beide Parteien keine Sachanträge (mehr) stellen, dürfte regelmäßig anstelle der auch möglichen Entscheidung nach Lage der Akten (§ 251 a Abs. 2) die Anordnung des Ruhens des Verfahrens (§ 251 a Abs. 3 iVm. § 251) die richtige Reaktion des Gerichts auf das Verhalten der Parteien sein, denn wenn der Beklagte auf einen Verzicht des Klägers kein klageabweisendes Urteil beantragt, wollen offenbar beide Parteien den Prozess nicht mehr weiter betreiben.[8] Dagegen kann nicht eine (beiderseitig erklärte) Erledigung der Hauptsache angenommen werden,[9] weil ein Kläger, der auf seinen Klageanspruch verzichtet, nicht die Erledigung der Hauptsache erklärt (vgl. Rn. 2).[10]

---

[4] BGHZ 97, 304, 308 = NJW 1986, 2046; OLG Karlsruhe FamRZ 1980, 1121, 1123; vgl. auch die Erl. zu § 617.

[5] Im gleichen Sinn AK-ZPO/*Fenge* Rn. 15; aA die wohl hM vgl. *Stein/Jonas/Leipold* Rn. 9 und die in § 307 Fn. 54 Zitierten.

[6] BGHZ 49, 214, 216f. = NJW 1968, 503; BGHZ 76, 50, 53 = NJW 1980, 838; *Stein/Jonas/Leipold* Rn. 14; *Thomas/Putzo/Reichold* Rn. 3.

[7] AK-ZPO/*Fenge* Rn. 16.

[8] Vgl. OLG Düsseldorf FamRZ 1986, 485, 486.

[9] So aber OLG Braunschweig FamRZ 1956, 57; OLG Düsseldorf NJW 1957, 1641, 1642; ähnlich auch *Fenge* (Fn. 7).

[10] *Stein/Jonas/Leipold* Rn. 14 Fn. 20.

IV. Gebühren und Kosten

7 **1. Kostenentscheidung.** Die Kosten sind stets nach § 91 dem Kläger aufzuerlegen. Der Auffassung, § 93 sei sinngemäß auf den Kläger anzuwenden, wenn dieser sofort nach dem Zeitpunkt, in dem seine bis dahin objektiv begründete Klage unbegründet wurde, sein Begehren darauf beschränkt, dem Beklagten die Kosten aufzuerlegen,[11] kann nicht zugestimmt werden.[12] Eine für den Kläger billige Lösung ergibt sich in derartigen Fällen, wenn dieser die Klage zurücknimmt (vgl. § 269 Abs. 3 S. 3) oder wenn er die Hauptsache für erledigt erklärt und Ersatz seiner Kosten aufgrund materiell-rechtlicher Ansprüche verlangt. Dem Beklagten ist auch dann nicht ein Teil der Kosten aufzuerlegen, wenn er keinen Antrag auf Verzichtsurteil stellt, sondern eine materiellrechtlich begründete Klageabweisung verlangt.

8 **2. Gerichtskosten, Rechtsanwaltsgebühren.** Durch das Verzichtsurteil entstehen keine Gerichtskosten (vgl. § 300 Rn. 8). Die Verfahrensgebühr ermäßigt sich (KV Nr. 1211 Nr. 2, 1222 Nr. 2, 1232 Nr. 2). Der Prozessbevollmächtigte erhält die volle Verfahrens- und Terminsgebühr (Nr. 3100, 3104 VV RVG).

§ 307 Anerkenntnis

Erkennt eine Partei den gegen sie geltend gemachten Anspruch bei der mündlichen Verhandlung ganz oder zum Teil an, so ist sie auf Antrag dem Anerkenntnis gemäß zu verurteilen. Einer mündlichen Verhandlung bedarf es insoweit nicht.

Übersicht

I. Allgemeines

1 Das gerichtliche Anerkenntnis ist die gegenüber dem Prozessgericht vom Beklagten abgegebene einseitige Erklärung, dass der vom Kläger geltend gemachte prozessuale Anspruch ganz oder zum Teil bestehe.[1] Es ist das **Gegenstück zum Klageverzicht** (vgl. § 306). Beiden ist gemeinsam, dass durch sie (allerdings beschränkbar auf Teile; vgl. Rn. 12) jede Möglichkeit und Aussicht auf einen prozessualen Sieg aufgegeben wird.[2] Vom **Geständnis** unterscheidet sich das Anerkenntnis da-

[11] BPatG GRUR 1986, 811; OLG Frankfurt WRP 1982, 422 (bei Erhebung der Verjährungseinrede durch den Bekl.); NJW-RR 1994, 62; LG Hamburg NJW-RR 1987, 381, 382; *Baumbach/Lauterbach/Hartmann* Rn. 3, § 93 Rn. 109.

[12] OLG Hamm MDR 1982, 676; OLG Koblenz WRP 1983, 171; 1986, 298; AK-ZPO/*Fenge* Rn. 19 m. weit. Nachw.

[1] Vgl. BGHZ 10, 333, 335 = NJW 1953, 1830; BGH NJW 1981, 686; *Stein/Jonas/Leipold* Rn. 1; *Rosenberg/Schwab/Gottwald* § 131 Rn. 39.

[2] *Goldschmidt,* Zivilprozess, 2. Aufl. 1932, S. 104.

durch, dass jenes nur auf Tatsachen bezogen ist (vgl. die Erl. zu § 288). Das Anerkenntnis als reine Prozesshandlung (vgl. dazu Rn. 4) unterscheidet sich grundlegend nach Rechtsnatur, Voraussetzungen und Wirkungen vom **privatrechtlichen Anerkenntnis.**[3] Das prozessuale Anerkenntnis des Beklagten beendet den Rechtsstreit noch nicht, sondern schafft lediglich die Grundlage für ein Anerkenntnisurteil, durch das erst der Prozess abgeschlossen wird.[4] Seine Basis findet es in der Dispositionsbefugnis der Prozessparteien; soweit diese Dispositionsbefugnis reicht (vgl. Rn. 8), wird das Gericht verpflichtet, entsprechend dem Anerkenntnis ohne rechtliche und tatsächliche Prüfung (vgl. Rn. 22) ein Urteil zu erlassen.

II. Anwendungsbereich

2 **1. Verfahren der Freiwilligen Gerichtsbarkeit.** Während die hM die Anwendung des § 307 in allen Verfahren der Freiwilligen Gerichtsbarkeit ausschließen will,[5] befürwortet eine Gegenauffassung eine entsprechende Anwendung in echten Streitsachen.[6]

3 **2. Arbeitsgerichtliches Verfahren, Adhäsionsverfahren.** Im arbeitsgerichtlichen Verfahren ist § 307 entsprechend anwendbar (§ 46 Abs. 2 ArbGG iVm. § 495);[7] nach § 55 Abs. 1 Nr. 3 ArbGG entscheidet der Vorsitzende allein ohne Hinzuziehung der ehrenamtlichen Richter, wobei die Entscheidung auch ohne mündliche Verhandlung getroffen werden kann (§ 55 Abs. 2 ArbGG). Im Beschlussverfahren ist das Gericht ebenfalls an ein Anerkenntnis gebunden und hat eine Anerkenntnisentscheidung zu erlassen, soweit die Beteiligten über das streitige Recht verfügungsbefugt sind.[8] Dagegen findet § 307 in Adhäsionsverfahren (§§ 403 ff. StPO) keine Anwendung.[9]

III. Rechtsnatur des Anerkenntnisses

4 Das prozessuale Anerkenntnis ist reine Prozesshandlung.[10] Als (einseitiger) **Dispositionsakt über prozessuale Rechte** stellt es eine Bewirkungshandlung dar, durch das die Grundlage für das zu erlassende Anerkennungsurteil geschaffen wird.[11] Das prozessuale Anerkenntnis enthält keine materiell-rechtliche Komponente.[12] Wird mit dem prozessrechtlichen Anerkenntnis auch eine materiell-rechtliche Erklärung verbunden, dann müssen beide in ihrer Wirkung getrennt voneinander beurteilt werden.[13] Insbesondere ist das prozessuale Anerkenntnis gegenüber dem Gericht zu erklären und richtet sich in seiner Wirksamkeit allein nach dem Prozessrecht (vgl. Rn. 5 ff.), während ein mit ihm verbundenes materiell-rechtliches Rechtsgeschäft nach den dafür geltenden materiellrechtlichen Vorschriften zu beurteilen ist und gegenüber der Gegenpartei vorgenommen werden muss, wenn es sich um eine an diese gerichtete empfangsbedürftige Willenserklärung handelt.[14]

IV. Erklärung des Anerkenntnisses

5 **1. Anforderungen. a) Inhalt der Erklärung.** Das Anerkenntnis muss nicht ausdrücklich, sondern kann auch **konkludent** abgegeben werden, wenn nur eindeutig der Wille des Beklagten erkennbar wird, den vom Kläger gegen ihn erhobenen Anspruch für begründet zu erklären und sich diesem Anspruch zu unterwerfen.[15] Der wirkliche Wille des Beklagten ist mit Mitteln der **Auslegung** festzustellen.[16] Ein Beklagter, der vorbehaltlos die Klageforderung erfüllt, aber weiter-

---

[3] Vgl. *Rosenberg/Schwab/Gottwald* § 131 Rn. 67; zu den (prozessualen) Wirkungen eines außergerichtlich erklärten Anerkenntnisses vgl. LG Leipzig NJW-RR 1997, 571; s. auch Rn. 14.

[4] BGHZ 10, 333, 334 = NJW 1953, 1830; *Schwab,* FS Schnorr v. Carolsfeld, 1973, S. 445, 454; *Schilken* ZZP 90 (1977), 157, 164 ff., 170; aA *Wolf* S. 19 ff.

[5] BayObLG WuM 1996, 661, 662; *Keidel/Kuntze/Winkler/Mayer-Holz* vor §§ 8–18 Rn. 4; *Bassenge/Herbst/Roth* Einl. Rn. 53.

[6] *Habscheid,* Freiwillige Gerichtsbarkeit, 7. Aufl. 1983, FG § 22 II 2 (S, 167), IV 2 (S. 172) m. Nachw.

[7] *Lepke* DB 1980, 974; *Stein/Jonas/Leipold* Rn. 52. Für das Berufungs- und Revisionsverfahren vgl. § 64 Abs. 6 ArbGG iVm. § 523 und § 72 Abs. 5 ArbGG iVm. § 577.

[8] *Lepke* (Fn. 7); *Grunsky* § 80 ArbGG Rn. 30 m. weit. Nachw.; *Stein/Jonas/Leipold* Rn. 52.

[9] BGH NJW 1991, 1244.

[10] BGHZ 80, 389, 391 = NJW 1981, 2193; BGH NJW 1981, 686; 1984, 1465, 1466; BGHZ 107, 142, 147 = NJW 1989, 1934; BPatG GRUR 1994, 278, 280; *Rosenberg/Schwab/Gottwald* § 131 Rn. 66; *Musielak,* GK ZPO, Rn. 240.

[11] *Rosenberg/Schwab/Gottwald* § 131 Rn. 39.

[12] Vgl. *Henckel* JZ 1987, 359.

[13] BGHZ 80, 389, 391 = NJW 1981, 2193.

[14] Vgl. *Stein/Jonas/Leipold* Rn. 12.

[15] BGH NJW 1985, 2713, 2716; vgl. auch BGH NJW 2006, 217, 218 [23]: Anerkenntnis auf Grund einer Rechtsmittelbeschränkung.

[16] OLG Schleswig VersR 1980, 726.

hin Abweisung der Klage beantragt, erkennt nicht an; auf diesen Fall ist § 307 Abs. 1 auch nicht entsprechend anwendbar.[17]

b) Prozesshandlungsvoraussetzungen. Das Anerkenntnis als Prozesshandlung ist in seiner Wirksamkeit davon abhängig, dass alle Prozesshandlungsvoraussetzungen erfüllt sind; dies bedeutet insbesondere, dass im Anwaltsprozess das Anerkenntnis vom Prozessbevollmächtigten erklärt werden muss.[18] Die Prozessvollmacht ermächtigt regelmäßig auch zur Erklärung eines Anerkenntnisses (§ 81), sie kann aber auch diese Befugnis ausschließen (§ 83 Abs. 1). Dagegen ist die Wirksamkeit eines prozessualen Anerkenntnisses von materiell-rechtlichen Gültigkeitsvoraussetzungen, die für die anerkannte Rechtsfolge gelten, unabhängig, wie zB von vormundschaftsgerichtlichen Genehmigungen.[19] 6

c) Unbedingtheit. Der Erklärung des Anerkenntnisses darf keine Bedingung zugefügt werden.[20] Ein **Kostenvorbehalt** (Anerkenntnis „unter Verwahrung gegen die Kosten") ist jedoch nicht als Bedingung in diesem Sinne anzusehen und deshalb zulässig, denn es handelt sich dabei lediglich um einen Hinweis des Beklagten auf die Kostenvorschrift des § 93, die das Gericht von Amts wegen zu prüfen hat. Zulässig ist auch ein Anerkenntnis unter dem Vorbehalt der **Aufrechnung mit einer Gegenforderung**[21] oder unter dem **Vorbehalt der Rechte im Urkundenprozess.**[22] Es hat dann ein Anerkenntnisvorbehaltsurteil nach § 302 oder § 599 zu ergehen. Denn hinsichtlich der Grundlagen dieses Urteils wird das Anerkenntnis vom Beklagten uneingeschränkt abgegeben; der Vorbehalt bezieht sich auf die im Nachverfahren durch das Schlussurteil zu entscheidenden Rechte des Beklagten. Wollte man ein Anerkenntnisurteil in diesen Fällen deshalb ablehnen, weil sich der Beklagte dem gegen ihn geltend gemachten prozessualen Anspruch nicht vollständig unterwirft,[23] dann würde man ihm ohne zwingenden Grund die Möglichkeit nehmen, einen für ihn kostengünstigen Weg zu wählen. Ein Anerkenntnisurteil kann auch unter **Vorbehalt beschränkter Haftung** in den Fällen der **§§ 305 und 305 a** ergehen.[24] 7

d) Dispositionsbefugnis. Da das Anerkenntnis auch nur soweit reichen kann wie die Dispositionsbefugnis der Parteien (vgl. Rn. 16), sind alle die einer Prüfung des Gerichts vorbehaltenen Gegenstände einem Anerkenntnis nicht zugänglich;[25] deshalb können auch auf solche Gegenstände bezogene Vorbehalte und Einschränkungen eines Anerkenntnisses seine Wirksamkeit im übrigen nicht in Frage stellen. Wird also ein Anerkenntnis unter dem **Vorbehalt** erklärt, dass die **Prozessvoraussetzungen erfüllt** sind, dann wird damit eine Selbstverständlichkeit zum Ausdruck gebracht, weil das Anerkenntnisurteil als Sachurteil nur ergehen darf, wenn die Prozessvoraussetzungen bestehen. Deshalb ist es zulässig, in erster Linie Klageabweisung für den Fall zu beantragen, dass eine von Amts wegen zu beachtende Prozessvoraussetzung nicht erfüllt ist, etwa die Zuständigkeit des Gerichts,[26] und hilfsweise für den Fall, dass die Klage deshalb nicht abgewiesen wird, den geltend gemachten Klageanspruch anzuerkennen.[27] Ebenso kann der Beklagte einen durch Feststellungsklage geltend gemachten Anspruch unter dem Vorbehalt anerkennen, dass das Rechtsschutzinteresse des Klägers für die Feststellungsklage zu bejahen ist (vgl. Rn. 22).[28] 8

e) Hinzufügung von Einschränkungen. Da ein Anerkenntnis bewirkt, dass das Gericht den anerkannten Anspruch ungeprüft seinem Urteil zugrunde zu legen hat (vgl. Rn. 22), kann es sich nicht um ein „Anerkenntnis" iSv. § 307 handeln, wenn der Beklagte zwar erklärt, er erkenne den gegen ihn erhobenen Klageanspruch an, zugleich aber **materiell-rechtliche Einwendungen oder Einreden** geltend macht, die sich gegen den Bestand oder die Durchsetzbarkeit des „aner- 9

[17] BGH NJW 1981, 686.

[18] BGH NJW 1988, 210 (zur gleichen Frage beim Klageverzicht); *Zöller/Vollkommer* Rn. 3; *Stein/Jonas/Leipold* Rn. 16.

[19] BGH LM § 306 Nr. 1 (zur gleichen Frage bei § 306); BGH (Fn. 15); *Zimmermann* Rn. 5; aA *Häsemeyer* ZZP 85 (1972), 207, 227.

[20] BGH NJW 1985, 2713, 2716; OLG Düsseldorf MDR 1989, 825.

[21] *Schilken* ZZP 90 (1977), 157, 180 f.; *Stein/Jonas/Leipold* Rn. 4; AK-ZPO/*Fenge* Rn. 7, § 302 Rn. 9; *Grunsky* Grundlagen § 10 I; *Furtner* S. 186 will § 307 entsprechend anwenden.

[22] OLG München MDR 1963, 603; OLG Düsseldorf NJW-RR 1999, 68, 69; *Schwarz* JR 1995, 1 m. weit. Nachw.; *Schilken* (Fn. 21), S. 179 f.; *Schopp* ZZP 69 (1956), 1; *Schriever* MDR 1979, 24; *Künkel* NJW 1963, 1041, 1042 f.; *Stein/Jonas/Leipold* (Fn. 21).

[23] So LG Hannover NJW-RR 1987, 384; *Baumbach/Lauterbach/Hartmann* Rn. 4.

[24] *Schilken* (Fn. 21) S. 179; *Thomas/Putzo/Reichold* Rn. 3; *Stein/Jonas/Leipold* Rn. 5.

[25] OLG Nürnberg NJW 1989, 842.

[26] BGH JZ 1976, 607, 609 m. Anm. v. *Mummenhoff.*

[27] Vgl. *Mummenhoff* ZZP 86 (1973), 293, 299 ff.; *Stein/Jonas/Leipold* Rn. 7; *Zöller/Vollkommer* Rn. 9; AK-ZPO/*Fenge* Rn. 6; *Thomas/Putzo/Reichold* Rn. 3; aA *Baumbach/Lauterbach/Hartmann* Rn. 7.

[28] OLG Karlsruhe WRP 1979, 223; OLG Hamm WRP 1992, 252, 253.

kannten" Anspruchs richten; in diesem Fall wird das Gericht gerade nicht durch die Erklärung des Beklagten einer rechtlichen Prüfung enthoben, sondern muss sich mit dem materiell-rechtlichen Einwand auseinandersetzen (zur Aufrechnung mit einer Gegenforderung vgl. aber Rn. 7).[29] Dies gilt auch, wenn der Beklagte gegenüber dem Antrag des Klägers auf uneingeschränkte Verurteilung „anerkennt", er schulde nur Zug um Zug oder erst zu einem späteren Zeitpunkt.

10 Die Frage, welche **rechtlichen Folgen** sich aus einem solchen „eingeschränkten Anerkenntnis" ergeben, wird unterschiedlich beantwortet. So wird verlangt, dass sich der Kläger in seinem Antrag der Einschränkung anpasst, also zB eine Verurteilung Zug um Zug begehren muss, wenn ein Anerkenntnisurteil ergehen soll;[30] anderenfalls sei das „Anerkenntnis" als Geständnis der zugrunde liegenden Tatsachen zu bewerten.[31] Nach anderer Auffassung[32] soll danach unterschieden werden, ob der Einwand des Beklagten begründet ist; ist dies zu bejahen, dann soll er gemäß dem Anerkenntnis verurteilt und im übrigen die Klage abgewiesen werden, anderenfalls ist eine uneingeschränkte Verurteilung des Beklagten auszusprechen.[33] Hierbei wird davon ausgegangen, dass das Gericht die anerkannte Rechtsfolge seinem Urteil ungeprüft zugrunde zu legen hat. Getragen wird diese Annahme von der Auffassung, dass **„eingeschränkte Anerkenntnisse", die** sich nicht auf den prozessualen Anspruch im ganzen oder abgrenzbare Teile davon beziehen, sondern den Grund des Anspruchs ganz oder teilweise oder präjudizielle Rechtsverhältnisse, also **einzelne Elemente des Klageanspruchs, betreffen,** das Gericht dergestalt binden, dass es diese Elemente ungeprüft in sein Urteil zu übernehmen hat.[34] Dieser Auffassung kann jedoch auch nicht mit der Einschränkung zugestimmt werden, dass es sich dabei um Elemente handeln muss, die Gegenstand einer selbständigen Leistungs- oder Feststellungsklage sein können.[35]

11 Die von der hM zugelassene Möglichkeit, Anerkenntnisse unter den beschriebenen Einschränkungen zu erklären, hat den praktischen Vorteil, die Arbeit des Gerichts durch die dann entfallende rechtliche Prüfung der anerkannten Rechtsfolge zu erleichtern. Sie begegnet aber den dogmatischen Bedenken, dass sie damit den Parteien die Befugnis einräumt, einzelne Urteilselemente anzuerkennen und sie dadurch der richterlichen Prüfung zu entziehen. Eine solche **Einschränkung der richterlichen Kompetenz zur rechtlichen Prüfung** wird nicht durch die Vorschrift des § 307 gerechtfertigt. Diese Vorschrift bewirkt nur, dass das Gericht den anerkannten Anspruch als existent zu behandeln hat, soweit es sich dabei um eine zulässige Rechtsfolge handelt (vgl. Rn. 17, 22); deshalb entfällt insoweit auch jede rechtliche Prüfung. Ist jedoch der Anspruch nicht anerkannt und muss folglich das Gericht in eine rechtliche Klärung der Frage eintreten, ob dieser Anspruch besteht, dann kann diese rechtliche Beurteilung nicht teilweise durch „Anerkenntnisse" bestimmter rechtlicher Elemente eingeschränkt werden. Nur soweit präjudizielle Rechtsverhältnisse zum Gegenstand einer Zwischenfeststellungsklage erhoben werden, ist ein Anerkenntnis möglich.

12 Hieraus folgt, dass ein vom Kläger geltend gemachter **Anspruch** nicht **dem Grunde nach anerkannt,** seinem Betrag nach aber bestritten werden kann. Ein derartiges „Anerkenntnis" wirkt als Geständnis der zugrunde liegenden Tatsachen. In einem solchen Fall kann nicht etwa ein Grundurteil nach § 304 ergehen,[36] weil Voraussetzung dafür stets ist, dass sowohl Grund als auch Betrag

---

[29] *Schilken* ZZP 90 (1997), 157, S. 182.

[30] BGH NJW-RR 2005, 1005, 1006; OLG Düsseldorf MDR 1990, 59; *Zöller/Vollkommer* Rn. 8; *Baumbach/Lauterbach/Hartmann* Rn. 4; Hk-ZPO/*Saenger* Rn. 3.

[31] *Schönke/Kuchinke* § 50 I 1.

[32] *Stein/Jonas/Leipold* Rn. 6.

[33] BGHZ 107, 142, 146f. = NJW 1989, 1934. Das Gericht verneint zwar in diesem Fall ein Anerkenntnisurteil iSv. § 307, meint aber, die Entscheidungsgrundlage des Urteils bilde das Anerkenntnis. Im wesentlichen zustimmend *Schilken* ZZP 103 (1990), 213.

[34] So *Schilken* ZZP 90 (1977), 157, 175ff., 184; *Arens* ZZP 83 (1970), 356, 361; *Thomas/Putzo/Reichold* Rn. 2; *Rosenberg/Schwab/Gottwald* § 131 Rn. 43 (§ 307 analog); ähnlich auch *Baur,* FS Bötticher, 1969, S. 1, 10; *Wolf* S. 64f.; *Würthwein* S. 131ff.; *Grunsky* Grundlagen § 3 II, § 10 I; unklar BGH NJW 1986, 2948, 2949 („Das Bestehen eines sachenrechtlichen präjudiziellen Rechtsverhältnisses wie des (Vorbehalts-)Eigentums könnte auch Gegenstand einer Feststellungsklage und damit eines Anerkenntnisses gem. § 307 ZPO sein"; hierbei bleibt offen, ob die Erhebung der Feststellungsklage eine Voraussetzung für das Anerkenntnis bildet – dann wäre der Auffassung zuzustimmen; vgl. Rn. 11 aE – oder ob die (theoretische) Möglichkeit dafür ausreichen soll); dagegen bejaht BGHZ 107, 142, 147 (Fn. 33), die Bindung des Beklagten an sein unter Einschränkungen abgegebenes Anerkenntnis, ohne zusätzliche Voraussetzungen dafür aufzustellen; aA *Baumbach/Lauterbach/Hartmann* Rn. 6; gegen die Zulässigkeit den Richter bindender Parteivereinbarungen über präjudizielle Rechtsverhältnisse *Häsemeyer* ZZP 85 (1972), 207, 228.

[35] So *Stein/Jonas/Leipold* Rn. 8.

[36] Dafür aber LG Mannheim MDR 1992, 898, 899; *Zöller/Vollkommer* Rn. 7, *Rosenberg/Schwab/Gottwald* § 131 Rn. 42.

streitig sind (vgl. § 304 Rn. 7) und das „Anerkenntnis" den Grund aus dem Streit der Parteien herausnimmt.[37] § 307 Abs. 1 stellt ausdrücklich klar, dass **Teile des Klageanspruchs** zum Gegenstand eines Anerkenntnisses gemacht werden können;[38] jedoch müssen hinsichtlich eines solchen Teiles die Voraussetzungen für den Erlass eines Teilurteils erfüllt werden (vgl. § 301 Rn. 4ff.).

Erkennt der Beklagte einen vom Kläger **hilfsweise geltend gemachten Anspruch** an, dann kann nur dann ein Anerkenntnisurteil ergehen, wenn der Hauptantrag abgewiesen worden ist und deshalb das Gericht über den Hilfsantrag zu entscheiden hat.[39] 13

2. Zeitpunkt und Form. Das Anerkenntnis kann in jeder Instanz, also auch in der Revisionsinstanz[40] abgegeben werden. In dem durch das 1. JuMoG eingefügten Satz 2 wird nunmehr bestimmt, dass es einer mündlichen Verhandlung für den Erlass eines Anerkenntnisurteils nicht bedarf. Durch diese Regelung wird ein sich bisher in der Praxis häufig stellendes Problem behoben, das entstanden war, weil nach der früheren Regelung ein Anerkenntnisurteil ohne mündliche Verhandlung außerhalb des schriftlichen Verfahrens nur ergehen durfte, wenn der Beklagte das Anerkenntnis im schriftlichen Vorverfahren abgegeben hatte. Wurde das Anerkenntnis jedoch nach Beendigung des schriftlichen Vorverfahrens erklärt, konnte ein Anerkenntnisurteil nicht mehr ohne mündliche Verhandlung erlassen werden, obwohl die Parteien dann regelmäßig kein Interesse an einer mündlichen Verhandlung hatten. Das Anerkenntnis muss **gegenüber dem Prozessgericht** abgegeben werden; eine Erklärung gegenüber dem beauftragten oder ersuchten Richter genügt nicht.[41] Im schriftlichen Vorverfahren (vgl. Rn. 28) und im schriftlichen Verfahren nach § 128 Abs. 2 und 3 ist es schriftlich zu erklären. Bei einer Entscheidung nach Lage der Akten (§§ 251a, 331a) genügt ebenfalls ein schriftliches Anerkenntnis. **Zwischen den Instanzen** kann ein Anerkenntnis keine Wirkungen entfalten, weil das ergangene Urteil das erlassende Gericht nach § 318 bindet und deshalb eine neue Entscheidung aufgrund des Anerkenntnisses erst nach Aufhebung des Urteils durch die nächsthöhere Instanz möglich wird.[42] 14

3. Protokollierung. Nach § 160 Abs. 3 Nr. 1 ist das in der mündlichen Verhandlung abgegebene Anerkenntnis im Protokoll festzustellen. Das Anerkenntnis ist jedoch als einseitige Prozesshandlung (vgl. Rn. 4) in seiner Wirksamkeit nicht von der Protokollierung abhängig.[43] Entsteht in diesem Fall Streit, ob ein Anerkenntnis abgegeben worden ist und welchen Inhalt es aufweist, dann muss ggf. eine Klärung im Wege der Beweisaufnahme vorgenommen werden.[44] Divergieren die Angaben im Tatbestand des Urteils und im Sitzungsprotokoll über den Inhalt des Anerkenntnisses, dann ist grundsätzlich die Wiedergabe im Protokoll maßgebend (vgl. die Erl. zu § 314).[45] 15

V. Unwirksamkeit und Beseitigung des Anerkenntnisses

1. Unwirksamkeit des Anerkenntnisses. a) Fehlende Dispositionsbefugnis. Der Beklagte kann nur wirksam den gegen ihn geltend gemachten Anspruch anerkennen, soweit er dispositionsbefugt ist (vgl. auch Rn. 8). In **Ehe- und Kindschaftssachen** kann ein Anerkenntnisurteil nicht ergehen (§§ 617, 640). Dementsprechend kann die Anerkennung der Vaterschaft im Prozess (§ 641c) nicht zur Grundlage eines Anerkenntnisurteils gemacht werden;[46] ebenso kann ein Anspruch auf Getrenntleben nicht anerkannt werden, weil die Klage auf Feststellung des Rechts zum Getrenntleben als Gegenstück der Herstellungsklage zu den Ehesachen gehört.[47] Es ist stets zu prüfen, ob das materielle Recht der anerkennenden Partei die Verfügung über den anzuerkennenden Anspruch zugesteht; ist dies zu verneinen, dann ist wegen fehlender Dispositionsbefugnis ein Anerkenntnis ausgeschlossen.[48] Wegen fehlender Verfügungsbefugnis kann zB in einem Rechtsstreit über die Erklärung der **Erbunwürdigkeit** nach § 2342 BGB der Klageanspruch nicht anerkannt 16

---

[37] So auch *Schilken* (Fn. 34) S. 181f.; *Stein/Jonas/Leipold* Rn. 9.

[38] Die dagegen aus § 266 BGB hergeleiteten Bedenken (vgl. *Mes* ZZP 85 (1972), 334, 338ff., 346f.; *Roidl* NJW 1968, 1865, 1866) sind nicht durchschlagend; vgl. AK-ZPO/*Fenge* Rn. 9.

[39] OLG Zweibrücken OLGZ 1987, 371, 373; *Stein/Jonas/Leipold* Rn. 14.

[40] BGHZ 10, 333, 334 = NJW 1953, 1830; Hk-ZPO/*Saenger* Rn. 4; *Blomeyer* § 62 II 1.

[41] OLG Brandenburg MDR 1999, 504; *Thomas/Putzo/Reichold* Rn. 4.

[42] *Rosenberg/Schwab/Gottwald* § 131 Rn. 50.

[43] BGH NJW 1984, 1465; OLG Karlsruhe FamRZ 1984, 401, 402; OLG Frankfurt NJW-RR 1988, 574, 575; OLG Karlsruhe NJW 1989, 1468; OLG Düsseldorf NJW 1991, 1492, 1493; aA OLG Düsseldorf FamRZ 1983, 721, 723.

[44] BGH (Fn. 43) S. 1466.

[45] Vgl. OLG Stuttgart FamRZ 1985, 607, 609.

[46] OLG Hamm Rpfleger 1987, 414; FamRZ 1988, 854.

[47] OLG Frankfurt FamRZ 1984, 1123.

[48] OLG Koblenz NJW RR 2000, 529, 530; *Rosenberg/Schwab/Gottwald* § 131 Rn. 46f.

werden.[49] Der Testamentsvollstrecker kann wirksam seine Verpflichtung anerkennen, an einem bestimmten Tag sein Amt niederzulegen. Hat jedoch der Erblasser für diesen Fall die Fortsetzung der **Testamentsvollstreckung** bestimmt, dann ist es der Verfügungsbefugnis des Testamentsvollstreckers entzogen, die Testamentsvollstreckung als solche zu beenden; ein entsprechendes Anerkenntnis ist deshalb nicht wirksam.[50]

17 **b) Von der Rechtsordnung ausgeschlossene Ansprüche.** Die Wirksamkeit eines Anerkenntnisses ist ausgeschlossen, wenn der Anspruch des Klägers auf eine verbotene Rechtsfolge gerichtet ist oder im Widerspruch zum ordre public (Art. 6 EGBGB) steht.[51] Ein Anerkenntnisurteil darf auch nicht ergehen, wenn die anerkannte Rechtsfolge den guten Sitten zuwiderläuft (§ 138 BGB).[52]

18 **c) Entgegenstehende Vereinbarung der Parteien.** Nach hM ist ein Anerkenntnis auch unwirksam, wenn der Beklagte sich gegenüber dem Kläger verpflichtet hat, den Anspruch des Klägers nicht anzuerkennen, sondern darüber streitig zu verhandeln, etwa um den Rechtsstreit als Musterprozess zu führen,[53] und sich der Kläger gegenüber dem Gericht auf diese Vereinbarung beruft.[54] Gegen die Auffassung, dass derartige Prozessverträge gültig sind und einem Anerkenntnis des Beklagten entgegengesetzt werden können, ergeben sich jedoch Bedenken, weil hierdurch Interessen der Rechtspflege verletzt werden. Zutreffend hat der BGH[55] zu der Frage, ob der Kläger trotz des Anerkenntnisses eine Entscheidung aufgrund streitiger Verhandlung verlangen kann (vgl. Rn. 23f.), ausgeführt, dass der Zweck des Prozesses nicht darin bestehen könne, eine Entscheidung über Rechtsfragen herbeizuführen, deren Erörterung nicht geboten sei, um dem Anspruch des Klägers gerecht zu werden. Zeit und Kräfte des staatlichen Gerichts dürften vom einzelnen nur insoweit in Anspruch genommen werden, als er des Rechtsschutzes bedürfe. Ein solches Bedürfnis sei jedoch dann nicht anzuerkennen, wenn der Kläger auch auf einem kürzeren und billigeren Weg zu seinem Ziel gelangen könne, wie das beim Anerkenntnisurteil der Fall sei.

19 Das besondere Interesse an der **Durchführung eines Musterprozesses** wird damit begründet, dass dieser gerade dazu dienen solle, eine über den Streitgegenstand hinausgehende streiterledigende Wirkung zu entfalten, weil die Parteien von seinem Ausgang eine maßgebliche Erkenntnis für die Entscheidung künftiger gleicher oder ähnlicher Rechtsstreitigkeiten ableiten wollten und durch das „Musterurteil" erreicht würde, weitere Prozesse zu vermeiden, also den Rechtsfrieden in Zukunft zu bewahren.[56] Jedoch vermögen diese Argumente nicht zu überzeugen. Der einem „Musterurteil" zugeschriebene Effekt zur künftigen Wahrung des Rechtsfriedens zwischen den Parteien kann nur eintreten, wenn beide Parteien diesem Urteil exemplarische Bedeutung beimessen, es also für ihre Rechtsbeziehungen als richtungsweisenden Spruch anerkennen. Dies setzt voraus, dass die Übereinstimmung der Parteien, den einzelnen Rechtsstreit als Musterprozess zu führen, nicht nur zu Beginn dieses Rechtsstreits besteht, sondern bis zum Erlass des Urteils, weil sonst die Bereitschaft fehlt, dieses Urteil über den zu entscheidenden Einzelfall hinaus als richtungsweisend und maßgebend für ihre Rechtsbeziehung zueinander zu akzeptieren. Wenn der Beklagte aus irgendwelchen Gründen ein „Musterurteil" nicht will, und es durch Anerkenntnis vermeidet, kann das Ziel des Musterprozesses nicht mehr erreicht werden. Den Beklagten dennoch an einem solchen Musterprozess festzuhalten, erscheint sinnlos. Ein berechtigtes Interesse des Klägers kann deshalb auch nicht an einer streitigen Entscheidung anerkannt werden. Dies gilt auch dann, wenn der Kläger beabsichtigt, das Urteil ebenfalls gegenüber Dritten zu verwenden, weil stets als unsicher angesehen werden muss, ob Dritte bereit sein werden, die Entscheidung in einem Verfahren, an dem sie nicht beteiligt gewesen waren, als einen für sie maßgebenden Spruch anzuerkennen. Das Interesse des Gerichts, auf einem einfachen Weg den Rechtsstreit zu beenden und ohne zusätzlichen Aufwand an Zeit und Arbeit das Anerkenntnis des Beklagten seiner Entscheidung zugrunde zu legen, ver-

---

[49] Sehr str.; wie hier: LG Aachen NJW-RR 1988, 263; *Blomeyer* MDR 1977, 674, 675; *ders.* § 62 III; *Zöller/Vollkommer* vor § 306 Rn. 11; MünchKommBGB/*Helms* § 2342 Rn. 8; aA LG Köln NJW 1977, 1783; *Bamberger/Roth/Müller-Christmann* § 2342 BGB Rn. 4; *Jauernig/Stürner* § 2342 Rn. 1; *Palandt/Edenhofer* § 2342 BGB Rn. 3; AnwK-BGB/*Kroiß* § 2342 Rn. 9; differenzierend (nach Drittbetroffenheit) KG NJW-RR 1989, 455.

[50] RGZ 156, 70, 75f.

[51] BGHZ 10, 333, 335 = NJW 1953, 1830; *Thomas/Putzo/Reichold* Rn. 6; *Zöller/Vollkommer* Vor § 306 Rn. 10.

[52] *Kohte* NJW 1985, 2217, 2227; *Orfanides,* Die Berücksichtigung von Willensmängeln im Zivilprozess, 1982, S. 57; *Würthwein* S. 115.

[53] Zum MusterProzess vgl. *Kempf* ZZP 73 (1960), 342, *Arens,* Jb.f. Rechtssoziologie und Rechtstheorie, Bd. 4 (1976), 344; *Hirte* ZZP 104 (1991), 12, 55f.

[54] *Schilken* ZZP 90 (1977), 157, 173; *Lindacher* JA 1984, 404, 406; *Wolf* S. 51; *Stein/Jonas/Leipold* Rn. 26.

[55] BGH (Fn. 40) S. 336.

[56] *Kempf* (Fn. 53) S. 358.

dient deshalb Vorrang. Eine Vereinbarung der Parteien, über den vom Kläger geltend gemachten Anspruch streitig zu verhandeln, kann folglich einem Anerkenntnisurteil nicht entgegenstehen.[57]

2. Widerruf und Anfechtung. Ein Anerkenntnis kann widerrufen werden, wenn es auf einem Restitutionsgrund iSv. § 580 beruht, der dazu führte, dass ein Urteil, das aufgrund des Anerkenntnisses erlassen würde, mit einer Wiederaufnahmeklage zu beseitigen wäre.[58] In einem solchen Fall kann der Widerruf mit der Berufung gegen das ergangene Anerkenntnisurteil geltend gemacht werden.[59] Betrifft das Anerkenntnis eine Leistung, die nach § 323 abänderbar ist, dann soll aufgrund einer entsprechenden Anwendung dieser Vorschrift bei einer wesentlichen Veränderung der Verhältnisse der Widerruf des Anerkenntnisses zugelassen werden.[60] Dagegen ist in anderen Fällen ein Anerkenntnis nicht durch Widerruf zu beseitigen, auch nicht, wenn sich der Beklagte darauf berufen kann, dass er sich bei seiner Erklärung in einem Irrtum befunden habe. Eine **analoge Anwendung des § 290,** die für diesen Fall empfohlen wird,[61] ist wegen fehlender Ähnlichkeit beider Tatbestände abzulehnen.[62] Auf die in § 290 vorausgesetzte Unrichtigkeit der einem Anerkenntnis zugrunde liegenden Tatsachen kommt es bei § 307 gerade nicht an. Enthält jedoch das Anerkenntnis **offensichtliche Unrichtigkeiten** wie Schreibfehler oder Rechenfehler, dann können diese aufgrund des Rechtsgedankens des § 319 berichtigt werden.[63] 20

Das Anerkenntnis als reine Prozesshandlung (vgl. Rn. 4) kann auch nicht bei **Täuschung oder Irrtum** des Anerkennenden in analoger Anwendung der §§ 119, 123 BGB angefochten werden.[64] Die entsprechende Übertragung der Regeln des materiellen Rechts über Willenserklärungen auf Prozesshandlungen scheitert an den grundsätzlichen Unterschieden, die insoweit zwischen materiellem Recht und Prozessrecht bestehen.[65] 21

VI. Gerichtliche Entscheidung

1. Prüfung durch das Gericht. Das materielle Verfügungsrecht der Parteien über den Streitgegenstand und die davon abhängige Dispositionsmaxime bewirken, dass die im Anerkenntnis liegende Erklärung des Beklagten, der vom Kläger geltend gemachte Anspruch bestehe zu Recht, das Gericht insoweit der Prüfung des Streitstoffes in tatsächlicher und rechtlicher Hinsicht enthebt.[66] Jedoch darf das Gericht den anerkannten Anspruch seinem Urteil nur dann zugrunde legen, wenn er eine **Rechtsfolge** zum Inhalt hat, **die das geltende Recht zulässt;** ein Anspruch, der mit dem zwingenden Recht unvereinbar ist, kann ebenso wenig anerkannt werden wie ein **Recht, das** nicht der **Parteidisposition unterliegt** (vgl. Rn. 16).[67] Das Gericht hat vor Erlass eines Anerkenntnisurteils zu prüfen, ob diese Wirksamkeitsvoraussetzungen erfüllt werden.[68] Ferner kommt es 22

---

[57] Ablehnend auch AK-ZPO/*Fenge* Rn. 12.

[58] BGHZ 80, 389, 394 = NJW 1981, 2193; BGH NJW 1993, 1717, 1718; 1997, 252; 2002, 436, 438; FamRZ 1994, 300, 302; OLG Düsseldorf NJW-RR 1988, 574, 575; OLG Karlsruhe NJW-RR 1989, 1468; KG NJW-RR 1995, 958; OLG Celle OLGR 1995, 106, 107; OLG Saarbrücken NJW-RR 1997, 252; OLG Düsseldorf NJW-RR 1999, 1514.

[59] BGHZ 80, 390 (Fn. 58).

[60] BGH NJW 2002, 436, 438; OLG Bamberg NJW-RR 1993, 1219, 1221; OLG Schleswig NJW-RR 1993, 1416; OLG München FamRZ 1992, 698; OLG Koblenz FamRZ 1998, 915, 916; *Staudigl* FamRZ 1980, 221; *Stein/Jonas/Leipold* Rn. 43; *Zöller/Vollkommer* vor § 306 Rn. 6; *Thomas/Putzo/Reichold* Rn. 8; einschr. OLG Karlsruhe NJW-RR 1989, 1468, 1469 (nur wenn aufgrund eines den gesamten Anspruch des Gegners umfassenden Anerkenntnisses ein Urteil bereits ergangen ist).

[61] OLG Nürnberg MDR 1963, 419; LG Heidelberg FamRZ 1965, 452 (in dem Fall, dass ein Anerkenntnis zugleich ein Geständnis enthält); *Schreiber* JR 1982, 107, 108; *Westermann* JuS 1964, 169, 177 Fn. 34; *Orfanides* (Fn. 52) S. 81, weit. Nachw S. 78f. Fn. 205. Für freie Widerruflichkeit bis zum Antrag des Klägers *Schönke/Kuchinke* § 50 I 4.

[62] BGHZ 80, 394 (Fn. 58); OLG Düsseldorf (Fn. 58); OLG Hamm FamRZ 1993, 78; OLG Schleswig (Fn. 60); OLG München (Fn. 60) *Zöller/Vollkommer* vor § 306 Rn. 6; *Stein/Jonas/Leipold* Rn. 43; *Blomeyer* § 62 IV 2a; *Rosenberg/Schwab/Gottwald* § 131 Rn. 63.

[63] OLG Karlsruhe MDR 1974, 588, 589; *König* MDR 1989, 706; *Stein/Jonas/Leipold* Rn. 43; *Blomeyer* § 62 IV 2a.

[64] BGHZ 80, 392 (Fn. 58) S. 392; OLG Hamm MDR 1987, 592; FamRZ 1993, 78; OLG Düsseldorf (Fn. 58) S. 574; OLG Schleswig (Fn. 60); OLG München (Fn. 60); *K. H. Schwab,* FS Baumgärtel, 1990, S. 503, 505f.; *Stein/Jonas/Leipold* Rn. 43; aA *Arens,* Willensmängel bei Parteihandlungen im Zivilprozess, 1968, S. 205ff., 222; *Orfanides* (Fn. 52) S. 45ff., 74.

[65] Vgl. *Stein/Jonas/Leipold* Vor § 128 Rn. 228ff.; *Musielak/Musielak* Einl. Rn. 59ff.

[66] BGH BGHZ 10, 333, 335; BGH NJW 1993, 1717, 1718; OLG Karlsruhe WRP 1979, 223, 224; OLG Hamm VersR 1990, 1025; OLG Düsseldorf NJW-RR 1999, 68, 69f.; *Zöller/Vollkommer* Rn. 4; *Furtner* S. 184.

[67] Vgl. *Rosenberg/Schwab/Gottwald* § 131 Rn. 47.

[68] BGH BGHZ 10, 333, 335.

für die Wirksamkeit eines Anerkenntnisses als Prozesshandlung darauf an, dass die **Prozesshandlungsvoraussetzungen** verwirklicht sind (vgl. Rn. 6); auch insoweit hat das Gericht von Amts wegen Feststellungen zu treffen.[69] Schließlich ist ein Anerkenntnisurteil als Sachurteil davon abhängig, dass die **Prozessvoraussetzungen** gegeben sind; auch insoweit obliegt dem Gericht eine Prüfungspflicht von Amts wegen. Eine **Ausnahme** ist hinsichtlich der **Rechtsschutzvoraussetzungen** (Klagbarkeit, Rechtsschutzfähigkeit, Rechtsschutzbedürfnis, Feststellungsinteresse bei der Feststellungsklage) zuzulassen. Wegen ihres besonderen Charakters als „bedingte Sachurteilsvoraussetzungen"[70] hat das Gericht diese Voraussetzungen nicht zu prüfen, wenn der Beklagte nicht ausdrücklich eine Prüfung dadurch verlangt, dass er sein Anerkenntnis von der Erfüllung dieser Voraussetzungen abhängig macht (vgl. Rn. 8).[71]

23 **2. Antrag des Klägers.** Nachdem durch das ZPO-RG das zuvor bestehende Antragserfordernis für eine Verurteilung des Beklagten gemäß seinem Anerkenntnis beseitigt worden ist, wurde die zuvor ganz herrschend vertretende Meinung nunmehr auch gesetzlich bestätigt, dass für ein Anerkenntnisurteil ein speziell darauf gerichteter Antrag des Klägers nicht erforderlich ist.[72] Es ist lediglich nur notwendig, dass der Kläger einen Sachantrag stellt, damit eine Verurteilung des Beklagten gemäß dem Anerkenntnis vom Gericht ausgesprochen werden darf. Bleibt das Anerkenntnis inhaltlich hinter dem Sachantrag des Klägers zurück, dann kommt es darauf an, ob der anerkannte Teil zum Gegenstand eines Teilurteils gemacht werden kann (§ 301 Rn. 3ff.). Ist dies zu bejahen, dann hat ein Teilanerkenntnisurteil zu ergehen, während über den Rest nach streitiger Verhandlung durch kontradiktorisches Urteil zu entscheiden ist (vgl. auch Rn. 12). Dagegen darf kein Anerkenntnisurteil ergehen, wenn Antrag des Klägers und Anerkenntnis inhaltlich nicht übereinstimmen. Deshalb kann der Kläger dem Anerkenntnis des Beklagten dadurch die Wirkung nehmen, dass er seinen Klageantrag nachträglich ändert und zB anstelle Feststellung eine Leistung fordert.[73] Stellt das Gericht fest, dass das Anerkenntnis nicht wirksam erklärt wurde, dann kann es dies durch ein Zwischenurteil nach § 303 aussprechen.[74] Hat der Kläger in der Klageschrift vorsorglich einen (entbehrlichen) Antrag auf Erlass eines Anerkenntnisurteils gestellt, dann verlangt sein Anspruch auf rechtliches Gehör, dass er über ein Anerkenntnis des Beklagten informiert wird, um sich über die Wirksamkeit oder Reichweite zu äußern oder einen weitergehenden, vom Anerkenntnis nicht erfassten Sachantrag zu stellen.[75]

24 **3. Anerkenntnisurteil.** Nach § 313b Abs. 1 S. 2 ist ein Anerkenntnisurteil als solches zu bezeichnen. Es kann in abgekürzter Form ergehen (vgl. § 313b Rn. 5f.). Das Urteil ist ohne Sicherheitsleistung für vorläufig vollstreckbar zu erklären (§ 708 Nr. 1) und kann vor schriftlicher Abfassung der Urteilsformel verkündet werden (§ 311 Abs. 2 S. 3).

VII. Rechtsmittel gegen das Anerkenntnisurteil

25 Gegen das Anerkenntnisurteil können die gleichen Rechtsmittel wie gegen andere Urteile eingelegt werden, also Berufung oder Revision. Die Meinungsverschiedenheit hinsichtlich der Frage, ob ein **Rechtsmittel des Beklagten** zulässig ist, wenn er seinem Anerkenntnis gemäß verurteilt wird,[76] beruht auf den unterschiedlichen Ansichten darüber, ob auch der Beklagte als Rechtsmittelführer formell durch das Urteil beschwert sein muss. Da jedoch der Beklagte nach einem Anerkenntnisurteil regelmäßig nur dann ein Rechtsmittel einlegen wird, weil er die Wirksamkeit des Anerkenntnisses bestreitet, und eine formelle Beschwer zu bejahen ist, wenn der Beklagte verurteilt wird, obwohl das Anerkenntnis keine Gültigkeit hat, dürfte dieser Meinungsstreit kaum praktische Bedeutung haben. Stellt das Rechtsmittelgericht fest, dass das Anerkenntnis wirksam erklärt worden ist, dann hat es das Rechtsmittel zurückzuweisen, ohne dass es den ursprünglichen Streitstoff prüfen darf.[77] Stellt das Berufungsgericht die Unwirksamkeit des Anerkenntnisses fest, dann hat es in analoger Anwendung des § 538 Abs. 2 S. 1 Nr. 6 die Sache an das erstinstanzliche Gericht zurückzuver-

---

[69] OLG Hamm MDR 1990, 637, 638; KG FamRZ 1988, 310.

[70] *Stein/Jonas/Schumann* Vor § 253 Rn. 129f.

[71] LG Koblenz MDR 1961, 605 (hinsichtlich Rechtsschutzbedürfnis); *Münzberg* JuS 1971, 344, 345; *Stein/Jonas/Leipold* Rn. 34; aA BGH FamRZ 1974, 246 (hinsichtlich des Feststellungsinteresses ohne allerdings auf die Gegenmeinung einzugehen); *Mummenhoff* ZZP 86 (1973), 293, 304 (hinsichtlich des Rechtsschutzinteresses).

[72] Vgl. Amtl. Begr. (BT-Drucks. 14/4722) S. 84.

[73] OLG Frankfurt/M MDR 1978, 583; *Zöller/Vollkommer* § 307 Rn. 5.

[74] *Baumbach/Lauterbach/Hartmann* Rn. 18; *Rosenberg/Schwab/Gottwald* § 131 Rn. 59.

[75] BGH NJW 2004, 2019, 2021.

[76] Bejahend BGH LM § 263 Nr. 5; BGH NJW 1992, 1513, 1514; OLG Karlsruhe MDR 1982, 417, 418; KG OLGZ 1978, 114, 115; verneinend *Jauernig* § 72 V m. weit. Nachw.; vgl. auch Vor §§ 511ff. Rn. 22.

[77] KG (Fn. 76).

weisen.[78] Nach § 99 Abs. 2 kann die im Anerkenntnisurteil getroffene **Kostenentscheidung** mit der sofortigen Beschwerde angefochten werden. Diese Vorschrift findet auch Anwendung, wenn die Voraussetzungen des § 307 nicht erfüllt worden sind, das Gericht aber dennoch ein Anerkenntnisurteil erlassen hat.[79]

VIII. Anerkenntnis im schriftlichen Vorverfahren

Bisher war eine auf das Anerkenntnis im schriftlichen Vorverfahren bezogene Regelung in § 307 26
Abs. 2 getroffen worden. Diese Vorschrift ist als entbehrlich durch das 1. JuMoG aufgehoben worden, nachdem in dem durch dieses Gesetz eingefügten Satz 2 bestimmt wird, dass es für den Erlass eines Anerkenntnisurteils der mündlichen Verhandlung nicht bedarf (vgl. Rn. 14), und diese Bestimmung die Fälle des bisherigen § 307 Abs. 2 umfasst. Im schriftlichen Vorverfahren kann der Beklagte auf eine Aufforderung nach § 276 Abs. 1 S. 1 den Anspruch des Klägers ganz oder teilweise anerkennen. Hinsichtlich der rechtlichen Folgen eines solchen Anerkenntnisses ergeben sich keine Unterschiede zu dem im späteren Verfahren insbesondere in der mündlichen Verhandlung erklärten.[80] Daraus folgt, dass nicht notwendigerweise das Anerkenntnis in der Frist des § 276 Abs. 1 S. 1 abgegeben werden muss,[81] was nunmehr auch durch Satz 2 klargestellt wird, und dass das Anerkenntnis auch bestehen bleibt, wenn kein Anerkenntnisurteil im schriftlichen Vorverfahren ergeht, sondern mündlich verhandelt wird.[82] Der Erlass des Anerkenntnisurteils im schriftlichen Vorverfahren ist unabhängig von einem darauf gerichteten Antrag des Klägers; es gilt insoweit das Gleiche wie in der mündlichen Verhandlung (Rn. 23). Im amtsgerichtlichen Verfahren ist der Beklagte nach § 499 mit der Aufforderung nach § 276 über die Folgen eines schriftlich abgegebenen Anerkenntnisses zu belehren.

IX. Kosten

1. Allgemeines. Der Beklagte, der nicht durch sein Verhalten zur Erhebung der Klage Veranlas- 27
sung gegeben hat und der **sofort** den Anspruch des Klägers **anerkennt,** braucht die Kosten des Rechtsstreits nicht zu tragen; diese fallen vielmehr dem Kläger zur Last (vgl. § 93 und die Erl. zu dieser Vorschrift). Das im frühen ersten Termin abgegebene Anerkenntnis ist stets als sofortiges iSv. § 93 zu werten.[83] Erfährt der Beklagte von einem gegen ihn ergangenen Versäumnisurteil, dann kann er mit dem Einspruch den Klageantrag „sofort" iSv. § 93 anerkennen.[84] Das Anerkenntnis ist auch dann als sofortiges zu werten, wenn der Beklagte erst anerkennt, sobald bei einer zunächst nicht schlüssigen Klage der Mangel beseitigt wird[85] oder nachdem der Kläger ein berechtigtes Zurückbehaltungsrecht des Beklagten berücksichtigt hat.[86] Einem sofortigen Anerkenntnis steht auch nicht entgegen, dass der Beklagte zunächst im schriftlichen Vorverfahren innerhalb der Frist des § 276 Abs. 1 S. 1 eine Verteidigungsanzeige abgibt, jedoch keinen Sachantrag[87] ankündigt und noch innerhalb der Frist zur Klageerwiderung anerkennt.[88] Bei einem Anerkenntnisurteil auf **Räumung von Wohnraum** ist § 93b Abs. 3 zu beachten. Erkennt **nach Erledigung der Hauptsache** eine Partei ihre von der Gegenpartei geltend gemachte Kostentragungspflicht an, so sind ihr ohne weitere Sachprüfung die Kosten des Rechtsstreits aufzuerlegen.[89] Wird zwischen den Parteien streitig darüber verhandelt, ob ein Anerkenntnis vom Beklagten wirksam abgegeben worden ist und gelangt das Gericht zu dem Ergebnis, dass diese Frage bejaht werden muss, dann sind die dadurch entstandenen Mehrkosten der Partei aufzuerlegen, die sich auf die Unwirksamkeit des Anerkenntnisses berufen hat.[90]

---

[78] OLG München MDR 1991, 795; KG NJW-RR 1995, 958.
[79] OLG Düsseldorf MDR 1990, 59.
[80] BGH NJW 1993, 1717, 1718.
[81] Ob dies anders in Bezug auf das Erfordernis der Sofortigkeit nach § 93 beurteilt werden muss, ist streitig; bejahend; OLG Zweibrücken NJW-RR 2002, 138; *Bohlander* NJW 1997, 35; aA OLG Bamberg NJW-RR 1996, 392, 393; OLG Nürnberg NJW 2002, 2254, 2255 m. weit Nachw.; vgl. dazu auch *Meiski* NJW 1993, 1904.
[82] BGH NJW 1993, 1717, 1718.
[83] OLG Frankfurt NJW-RR 1990, 1535.
[84] OLG Köln FamRZ 1992, 831 (LS).
[85] OLG Bremen NJW 2005, 228, 229.
[86] BGH NJW-RR 2005,1005, 1006.
[87] Sind bereits die Sachanträge gestellt worden, fehlt es an der erforderlichen Sofortigheit, OLG Köln MDR 2006, 266.
[88] BGH NJW 2006, 2490, 2491; OLG Brandenburg MDR 2005, 1310; *Vossler* NJW 2006, 1035; *Deubner* JuS 2006, 1072, 1074.
[89] BGH JZ 1985, 853; BAG NJW 1988, 990.
[90] BGHZ 10, 333, 339f.

28 **2. Gebühren des Gerichts und des Rechtsanwalts.** Ein Anerkenntnisurteil lässt **keine Gebühr** entstehen (vgl. § 300 Rn. 8). Die Verfahrensgebühr ermäßigt sich bei einem Anerkenntnisurteil in gleicher Weise wie bei einem Verzichtsurteil (vgl. dazu § 306 Rn. 8). Das Gleiche gilt für die Rechtsanwaltsgebühren (vgl. ebenfalls § 306 Rn. 8). Ergeht das Anerkenntnisurteil ohne mündliche Verhandlung, dann verdient der Rechtsanwalt eine Terminsgebühr von 1,2. Dies ergibt sich aus Nr. 3109 Abs. 1 Nr. 1 VV RVG, dessen Text auf der Grundlage der durch das 1. JuMoG vorgenommenen Gesetzesänderung (vgl. Rn. 14) berichtigend auszulegen ist.[91]

§ 308 Bindung an die Parteianträge

(1) [1]Das Gericht ist nicht befugt, einer Partei etwas zuzusprechen, was nicht beantragt ist. [2]Dies gilt insbesondere von Früchten, Zinsen und anderen Nebenforderungen.

(2) Über die Verpflichtung, die Prozesskosten zu tragen, hat das Gericht auch ohne Antrag zu erkennen.

Übersicht

I. Normzweck

1 Der Satz „ne eat iudex ultra petita partium", der Vorbild für die Vorschrift des **§ 308 Abs. 1** gewesen war,[1] ist nicht etwa nur als eine technische Regel aufzufassen, sondern beschreibt die Verteilung der Verantwortlichkeit im Zivilprozess zwischen Gericht und Parteien.[2] Dementsprechend ist auch § 308 Abs. 1 als Ausdruck des Prinzips der **Parteifreiheit** und **Parteiverantwortung** zu begreifen, auf das Dispositionsmaxime und Verhandlungsgrundsatz zurückzuführen sind.[3] Wer § 308 Abs. 1 die Funktion zuerkennt, richterliche Entscheidungsmacht zu begrenzen und sie vom Willen der Parteien abhängig zu machen, um insbesondere den Bürger vor einer Benachteiligung durch Richterspruch zu schützen,[4] betont damit nur einen Aspekt im Verhältnis des Gerichts zu den Parteien, zu dessen Konkretisierung diese Vorschrift beiträgt. Es entspricht dem Rechtsschutzzweck des Zivilprozesses, es den Parteien zu überlassen, durch ihre Anträge das „Streitprogramm" zu bestimmen[5] und dem Gericht dadurch auch die Grenzen für seine Entscheidung zu setzen.[6] Da § 308 Abs. 1 primär Bedeutung für den Antrag des Klägers zukommt (vgl. Rn. 5) und von diesem

[91] OLG Stuttgart MDR 2005, 1259.

[1] Mat. II 1 S. 285 (zu § 269).

[2] Eingehend dazu unter Berücksichtigung der historischen und rechtstheoretischen Grundlagen AK-ZPO/*Fenge* Rn. 1 ff.

[3] *Stein/Jonas/Leipold* vor § 128 Rn. 138 f. Der Inhalt der Begriffe „Dispositionsmaxime" und „Verhandlungsgrundsatz" hat im Laufe der Zeit einen Wandel erfahren. Deshalb wurde die heute in § 308 Abs. 1 enthaltene Vorschrift in der Begründung des Gesetzentwurfs als Ausdruck der Verhandlungsmaxime gesehen (Mat., Fn. 1), während es heutigem Verständnis entspricht, sie als Folge der Dispositionsmaxime aufzufassen; vgl. *Melissinos* S. 74.

[4] So *Fenge* (Fn. 2) Rn. 1, 3; s. auch *Melissinos* S. 73 ff.

[5] Genauer: durch den Antrag des Klägers, nicht auch durch den des Beklagten, vgl. *Grunsky* Grundlagen S. 58 und u. Rn. 5.

[6] Vgl. Bericht 1961 S. 174 ff.; *Batsch* ZZP 86 (1973), 254 f.; *Jauernig* § 24 III.

Antrag wiederum der **Streitgegenstand** bestimmt wird,[7] liegt es nahe, aus § 308 Abs. 1 die Bindung des Gerichts an den Streitgegenstand abzuleiten.[8] Es muss jedoch bezweifelt werden, dass es das Verständnis der Vorschrift erleichtert, zu ihrem Bezugspunkt den Streitgegenstand zu wählen, weil dies nur noch die zusätzliche Schwierigkeit schafft, diesen Begriff zu bestimmen (vgl. auch Rn. 6). Die praktische Bedeutung des § 308 Abs. 1 besteht jedenfalls in dem an das Gericht gerichtete Verbot, mehr oder anderes zuzusprechen, als es die Parteien verlangen, wobei es allerdings einer Klärung bedarf, was als „mehr" oder „anderes" gegenüber einem gestellten Antrag aufzufassen ist (vgl. dazu Rn. 7ff.). **Satz 2** des § 308 Abs. 1 enthält eine überflüssige Klarstellung, die lediglich mit Rücksicht auf eine abweichende Regelung im zuvor geltenden preußischen Recht getroffen wurde.[9] **§ 308 Abs. 2** stellt eine von der Regel des Absatzes 1 abweichende Ausnahme dar, die sich durch das öffentliche Interesse an einem Kostenausspruch erklärt (vgl. dazu Rn. 23ff.).

II. Anwendungsbereich

1. Zivilprozess. Die Vorschrift des § 308 Abs. 1 gilt für alle Verfahrensarten,[10] auch im selb- 2
ständigen Beweisverfahren[11] und im **schiedsgerichtlichen Verfahren,**[12] wobei allerdings vorbehaltlich anderweitiger Vereinbarungen der Parteien im Schiedsvertrag ihre Anträge nicht ausdrücklich gestellt werden müssen, sondern aus der Gesamtheit des von ihnen vorgetragenen Streitstoffes abgeleitet werden können.[13] Da auch im **Kostenfestsetzungsverfahren** § 308 anzuwenden ist, wird durch die von den Parteien gestellten Anträge der festzusetzende Betrag begrenzt.[14] In Verfahren auf Erlass einer **einstweiligen Verfügung** ergehen die Anordnungen des Gerichts regelmäßig nur auf Antrag; jedoch hat der Antrag lediglich das Rechtsschutzziel zu beschreiben und muss nicht eine bestimmte Maßnahme nennen. Denn es ist nach § 938 Abs. 1 in das freie Ermessen des Gerichts gestellt, welche Anordnungen zur Erreichung des Zwecks erforderlich sind. Diese Befugnis schafft für das Gericht eine freiere Stellung gegenüber der sonst bestehenden Bindung des § 308 Abs. 1 (zu Einzelheiten vgl. die Erl. zu § 938). Im **Arrestgesuch** muss der Antragsteller eine bestimmten Antrag stellen, an den das Gericht gebunden ist (vgl. die Erl. zu § 920).[15] Soweit eine Entscheidung über die **vorläufige Vollstreckbarkeit** eines Urteils von Amts wegen getroffen wird (§§ 708, 709), ist der Antrag einer Partei überflüssig und vermag schon deshalb das Gericht nicht zu binden. Aber auch in Fällen, in denen ein Antrag auf vorläufige Vollstreckbarkeit erforderlich ist (§§ 710 bis 712, 714), wird die Frage nach einer Anwendung des § 308 Abs. 1 kaum praktische Bedeutung erlangen können, weil das Gericht nur die Wahl hat, dem Antrag stattzugeben oder ihn abzulehnen.[16] Wenn auch die Verhängung eines **Zwangsgeldes nach § 888** von einem Antrag des Gläubigers abhängig gemacht ist, so braucht doch in diesem Antrag weder das Zwangsmittel noch dessen Höhe bezeichnet zu werden; daraus folgt, dass es keinen Verstoß gegen § 308 Abs. 1 bedeutet, wenn das Gericht einen Antrag des Gläubigers auf Androhung eines Zwangsgeldes als Antrag auf Festsetzung des Zwangsgeldes iSv. § 888 Abs. 1 wertet, bei dem eine vorherige Androhung nicht vorgesehen ist und deshalb auch ein darauf gerichteter Antrag das Gericht nicht binden kann.[17] Die Anordnung der ersatzweise zu verhängenden Ordnungshaft (§ 890 Abs. 1 S. 1) ist von Amts wegen zu treffen, ohne dass es insoweit auf einen Antrag des Gläubigers ankommt.[18] **Ausnahmen von § 308 Abs. 1** enthalten neben Absatz 2 dieser Vorschrift noch § 308a und § 641h sowie § 9 Nr. 3 und 4 UKlaG. Nach § 106 Abs. 1 SachenRBerG darf das Gericht bei der Entscheidung über eine Vertragsgestaltungsklage nach § 104 SachenRBerG auch vom Klageantrag abweichende Rechte und Pflichten der Parteien feststellen; bestimmte in der Vorschrift genannte Feststellungen sind allerdings von einer Zustimmung der Parteien abhängig.

2. Arbeitsgerichtliches Verfahren. In dem ebenfalls vom Dispositionsgrundsatz beherrschten 3
Arbeitsgerichtsprozess muss der Kläger in gleicher Weise wie in Verfahren vor den ordentlichen

---

[7] Zumindest nach den prozessualen Streitgegenstandstheorien vgl. Vor §§ 253ff. Rn. 32.
[8] *Melissinos* S. 71; zust. *Grunsky* ZZP 96 (1983), 395, 396.
[9] Mat. (Fn. 1).
[10] *Zöller/Vollkommer* Rn. 1; *Baumbach/Lauterbach/Hartmann* Rn. 3.
[11] OLG Frankfurt NJW 1990, 1023.
[12] *Rosenberg/Schwab/Gottwald* § 179 Rn. 2; *Blomeyer* § 126 I 5.
[13] RGZ 149, 45, 49; *Schönke/Kuchinke* § 88 I.
[14] OLG Hamm JurBüro 1969, 769; OLG Stuttgart Rpfleger 1973, 220; OLG Braunschweig Rpfleger 1977, 176, 177; OLG Zweibrücken Rpfleger 1981, 455; OLG München JurBüro 1995, 427.
[15] *Stein/Jonas/Grunsky* § 920 Rn. 6; § 922 Rn. 4.
[16] Hierauf verweist *Baur,* Studien zum einstweiligen Rechtsschutz, 1967, S. 66.
[17] OLG Köln MDR 1982, 589; NJW-RR 1995, 1405, 1406; *Musielak/Lackmann* § 888 Rn. 10; *Melissinos* S. 146 Fn. 12.
[18] BGH NJW-RR 1992, 1453.

Gerichten einen bestimmten Antrag stellen, an den das Gericht gebunden ist; § 308 findet nach § 46 Abs. 2 ArbGG iVm. § 495 Abs. 1 Anwendung.[19] Das gleiche gilt für das Beschlussverfahren (§§ 2a, 80 ff. ArbGG).[20]

4 **3. Verfahren der Freiwilligen Gerichtsbarkeit.** In Verfahren der Freiwilligen Gerichtsbarkeit, die von Amts wegen eingeleitet und durchgeführt werden, wie beispielsweise das Verfahren auf Gewährung von Rechtsschutz gegen pflichtwidriges Elternverhalten gem. **§ 1666 BGB** oder das Verfahren zur Einziehung eines unrichtigen Erbscheines durch das Nachlassgericht nach **§ 2361 Abs. 1 BGB,** kann Anträgen nur die Bedeutung einer Anregung an das Gericht zukommen und durch sie keine Bindung des Richters herbeigeführt werden.[21] Auch im **Hausratsteilungsverfahren** nach der Hausratsverordnung bedeuten Anträge der Parteien, ihnen bestimmte Gegenstände zuzuteilen, bloße Vorschläge, an die das Gericht nicht gebunden ist (vgl. § 2 HausratsVO).[22] Das Verfahren über den öffentlich-rechtlichen **Versorgungsausgleich** ist ebenfalls ein Amtsverfahren der Freiwilligen Gerichtsbarkeit, in dem weder im ersten Rechtszug[23] noch in der zweiten Instanz[24] das Gericht an die Anträge der Beteiligten gebunden ist. Auch in Verfahren über den schuldrechtlichen Versorgungsausgleich (§ 1587 f BGB) findet § 308 Abs. 1 keine Anwendung; zwar wird der schuldrechtliche Versorgungsausgleich anders als der öffentlich-rechtliche nur auf Antrag durchgeführt, jedoch handelt es sich dabei nicht um einen Sachantrag, sondern lediglich um eine Verfahrensvoraussetzung, die aus praktischen Gründen geschaffen worden ist.[25] In Verfahren in **Wohnungseigentumssachen** – soweit es nach dem WEG-AnglG übergangsweise noch nicht der ZPO unterfällt – bestimmt dagegen der Antragsteller durch seinen Antrag den Verfahrensgegenstand mit der Folge, dass das Gericht ihm nicht mehr oder etwas anderes zusprechen darf, als er begehrt.[26] Durch § 43 Abs. 2 WEG wird dem Gericht jedoch ein Ermessensspielraum eingeräumt, soweit sich nicht die Regelung aus dem Gesetz, einer Vereinbarung oder einem Beschluss der Wohnungseigentümer ergibt. Einstweilige Anordnungen während der Dauer des Verfahrens können ohne entsprechenden Antrag von Amts wegen getroffen werden (§ 44 Abs. 3 S. 1 WEG). Nur in **Verfahren der Beschlussanfechtung** ist der Richter in seiner Entscheidungsbefugnis auf die innerhalb der Ausschlussfrist des § 23 Abs. 4 WEG gestellten Sachanträge beschränkt; dies folgt aus der Funktion, die der Vorschrift des § 23 Abs. 4 WEG im Beschlussanfechtungsverfahren zukommt.[27] In echten **Antragssachen** der Freiwilligen Gerichtsbarkeit, in denen die Einleitung des Verfahrens von der Stellung eines Antrages abhängt und eine amtswegige Verfahrenseröffnung ausgeschlossen ist, und in den (privatrechtlichen und öffentlich-rechtlichen) **Streitsachen** der Freiwilligen Gerichtsbarkeit darf das Gericht nicht über den Antrag hinausgehen, ist also nicht freier gestellt als im Zivilprozess.[28] Besonders streng ist die Bindung des Gerichts an den Antrag im **Erbscheinsverfahren,** in dem eine inhaltliche Deckung zwischen Antrag und erteiltem Erbschein bestehen muss, also der Erbschein auch nicht hinter dem Antrag zurückbleiben darf.[29]

III. Bindung des Gerichts an die Anträge der Parteien

5 **1. Klageantrag und Abweisungsantrag.** Bezugspunkt der Vorschrift des § 308 Abs. 1 S. 1 ist trotz des insoweit wesentlich weiter gefassten Wortlauts der Sachantrag des Klägers, der damit angibt, was er aufgrund des von ihm geltend gemachten Rechts vom Beklagten begehrt (vgl. § 253 Abs. 2 Nr. 2).[30] Es bedeutet deshalb eine Verletzung des § 308 Abs. 1, wenn das Gericht dem Kläger einen prozessualen Anspruch aberkennt, den er nicht (mehr) zur Entscheidung gestellt hat.[31]

---

[19] *Grunsky* § 46 ArbGG Rn. 5. Für das Berufungs- und Revisionsverfahren vgl. § 64 Abs. 6 ArbGG iVm. § 525 und § 72 Abs. 5 ArbGG iVm. § 555.

[20] BAG AP BetrVG § 76 Nr. 15 (Bl. 241), BetrVG 1972 § 20 Nr. 1; BAG MDR 1973, 794; BAG DB 1989, 2439; *Grunsky* § 80 ArbGG Rn. 25 m. weit. Nachw.

[21] *Habscheid* FG § 18 I 1, II 1; *Zimmermann,* Praktikum der Freiwilligen Gerichtsbarkeit, 5. Aufl. 1998, S. 65; *Grunsky* Grundlagen S. 63.

[22] BGH NJW 1992, 821, 825.

[23] BGHZ 85, 180, 189 = NJW 1983, 173.

[24] BGHZ 92, 5, 8 f. = NJW 1984, 2879; OLG Frankfurt FamRZ 1983, 1041, 1042; *Bassenge/Herbst/Roth* § 23 Rn. 14; *Keidel/Kuntze/Winkler/Sternall* § 23 Rn. 2.

[25] Vgl. OLG Düsseldorf FamRZ 1985, 720.

[26] BGH NJW 1993, 593; BayObLG MDR 1990, 157; *Palandt/Bassenge* § 43 WEG Rn. 13.

[27] BayObLG Rpfleger 1974, 268 m. weit. Nachw.

[28] *Keidel/Kuntze/Winkler/Schmidt* § 12 Rn. 23; *Melissinos* S. 42; *Grunsky* Grundlagen S. 57; *Habscheid* (Fn. 21) § 18 II 2, 3.

[29] *Brehm,* Freiwillige Gerichtsbarkeit, 3. Aufl. 2002, Rn. 560; *Deubner* JuS 1961, 34; aA *Grunsky* Grundlagen S. 59.

[30] Vgl. *Musielak,* FS K. H. Schwab, S. 349, 350 f.

[31] BGH NJW 1991, 1683, 1684; OLG Köln OLGR 1996, 7.

Der Antrag des Beklagten auf Abweisung der Klage ist dagegen keine zwingende Voraussetzung für eine entsprechende Entscheidung des Gerichts, wie sich insbesondere aus § 331 Abs. 2. Halbs. 2 ergibt. Dass Entscheidungen zugunsten des Beklagten auch ohne seinen Antrag zulässig sind, folgt zwingend aus der kontradiktorischen Stellung der Parteien zueinander. Weil nur der Kläger mit seinem Antrag Erfolg haben kann, wenn und insoweit das von ihm geltend gemachte Recht von dem an Gesetz und Recht gebundenen Richter (Art. 20 Abs. 3 GG) festgestellt wird, somit ein weitergehender Antrag abgewiesen werden muss, kann es auch insoweit auf den Antrag des Beklagten nicht ankommen. Etwas anderes gilt nur in Fällen, in denen das Gesetz die Abweisung des Klageantrages aufgrund einer besonderen Konstellation von einem darauf gerichteten Antrag des Beklagten abhängig macht wie im Falle der Säumnis des Klägers (§ 330) oder bei einem Verzicht des Klägers auf den von ihm geltend gemachten Anspruch (§ 306).

2. Wortlaut und Auslegung von Anträgen. Entscheidend kann nicht der bloße Wortlaut 6
eines Antrages sein, sondern der durch ihn verkörperte Wille.[32] Dementsprechend ist nicht nur darauf zu sehen, ob der Antrag für sich allein betrachtet einen eindeutigen Sinn ergibt, sondern es ist auch die dem Antrag beigegebene Begründung zu berücksichtigen.[33] Aus diesem untrennbaren Zusammenhang von **Antrag und Begründung** ergibt sich zwingend die Beachtlichkeit des vom Kläger dargestellten Sachverhalts, auf den er seinen Klageantrag stützt, für das Verständnis und auch die inhaltliche Begrenzung seines Klagebegehrens; wie das Gericht den Klageantrag zu verstehen hat, darf also nicht allein dem bloßen Wortlaut des Antrages entnommen werden, sondern hierfür ist auch die Sachverhaltsschilderung des Klägers maßgebend.[34] Auf diese Weise wird zugleich dem Anliegen Rechnung getragen, das mit dem Vorschlag verfolgt wird, die durch § 308 Abs. 1 bewirkte Bindung des Gerichts auf den Streitgegenstand zu beziehen (vgl. auch Rn. 1).[35] Eines solchen Austausches des Bezugspunktes der Vorschrift bedarf es nicht, um eine sinnvolle Begrenzung der Bindung des Gerichts an den Klageantrag zu erreichen. Ergibt im Einzelfall der Vortrag des Klägers, dass der von ihm formulierte Klageantrag unklar oder missverständlich gefasst ist und deshalb im Wege der Auslegung korrigiert werden müsste, dann hat der Richter zunächst regelmäßig nach **§ 139 Abs. 1** den Kläger auf die Notwendigkeit einer Berichtigung hinzuweisen und ihm es zu überlassen, dem Klageantrag die richtige Fassung zu geben; denn eine derartige Aufklärung muss stets – soweit sie möglich ist – der selbständigen Auslegung durch das Gericht vorgehen.[36]

3. Bindungswirkung. a) Quantitative Grenzen. Dass die Vorschrift des § 308 Abs. 1 dem 7
Gericht verbietet, die durch den Klageantrag gezogenen Grenzen in quantitativer Hinsicht zu überschreiten, und dem Kläger mehr zuzusprechen, als er beantragt hat, kann nach dem Wortlaut und der Entstehungsgeschichte der Vorschrift (vgl. Rn. 1) nicht zweifelhaft sein. Allerdings kann sich die Frage stellen, ob nicht auch durch einen quantitativ genau bestimmten Klageantrag im Einzelfall nur der **zugrundeliegende Anspruch** in seiner Gesamtheit geltend gemacht werden soll, der Kläger also die **genannte Höhe des Anspruchs** lediglich **als** einen **Mindestbetrag** verstanden wissen will und die genaue Höhe des geltend gemachten Anspruchs dem Ermessen des Gerichts überlässt. Ist eine solche Willensrichtung des Klägers aufgrund seines Vorbringens anzunehmen, dann liegt die sich ergebende Problematik nicht in der Vorschrift des § 308 Abs. 1, sondern im Bestimmtheitserfordernis des § 253 Abs. 2 Nr. 2 (vgl. auch Rn. 16).[37] Einer derartigen Auslegung gegenüber ist jedoch größte Zurückhaltung geboten, weil ihr regelmäßig der Wortlaut des Antrages, die Angabe eines bestimmten Betrages nämlich, entgegensteht. Nur wenn die Auslegung von Klageantrag und Sachverhaltsdarstellung des Klägers deutlich macht, dass die ziffernmäßig bestimmte Höhe der Klageforderung den zugrundeliegenden Anspruch nicht quantitativ begrenzen, sondern nur qualitativ individualisieren soll und dem Gericht überlassen wird, den vom Kläger zu beanspruchenden Betrag in seiner Höhe zB nach § 287 festzustellen, ist Raum für eine solche Interpretation des Klageantrages.[38] Das Gericht wird in solchen Fällen jedoch stets durch Ausübung seines Fragerechts nach § 139 Abs. 1 Zweifel zu klären haben. Verlangt der Kläger die Verurteilung des Beklagten zur Zahlung einer bestimmten Summe, die sich aus einzelnen **unselbständigen Rechnungsposten** zusammensetzt, dann ist das Gericht befugt, diese Rechnungsposten der Höhe

[32] BGH NJW 1988, 128; 2006 1062; OLG Frankfurt MDR 1977, 56; OLG Nürnberg FamRZ 1982, 1102, 1103; *Stein/Jonas/Leipold* Rn. 3.

[33] BGH WM 1980, 343; OLG Hamm MDR 2001, 470,471.

[34] BGH NJW 1994, 788, 790 (insoweit nicht in BGHZ 124, 128 abgedruckt); BAG NZA 1993, 561, 562; OLG Düsseldorf MDR 2004,1257.

[35] *Melissinos* S. 69 ff.; zust. *Grunsky* ZZP 96 (1983), 395, 396.

[36] *Stein/Jonas/Leipold* Vor § 128 Rn. 250.

[37] Vgl. *Batsch* ZZP 86 (1973), 254, 270 ff.

[38] *Batsch* (Fn. 37) S. 276; Hk-ZPO/*Saenger* Rn. 3; vgl. auch *Fenn* ZZP 89 (1976), 121, 134.

nach zu verschieben und auch über den bei einzelnen Posten genannten Betrag hinauszugehen, sofern nur die beantragte Summe nicht überschritten wird.[39] Dies gilt insbesondere bei der Bemessung des Vorsorgeunterhalts im Verhältnis zum Elementarunterhalt des geschiedenen Ehegatten, bei denen es sich um unselbständige Teile des Gesamtunterhaltsanspruch handelt.[40] Dagegen darf das Gericht nicht einen Zahlungsanspruch, der auf eine konkrete Rechtsverletzung gestützt wird, mit Beträgen ausfüllen, die den noch nicht bezifferten Zahlungsanspruch einer Stufenklage entnommen werden.[41] Ebenso ist es dem Gericht verwehrt, dem Kläger über den beantragten Betrag hinaus mehr zuzusprechen, weil die vom Kläger genannte Summe auf einem Rechenfehler beruht und ihm ein höherer Betrag zusteht.[42] Wird Klage auf Schadensersatz erhoben und beantragt, bestimmte monatliche Rentenbeträge zuzusprechen, dann darf das Gericht dem Kläger nicht einen höheren monatlichen Rentenbetrag zuerkennen; ebenso darf es sich nicht über die durch den Klageantrag vorgenommene Zuordnung einzelner Rentenbeträge zu bestimmten Zeitabschnitten in der Weise hinwegsetzen, dass es eine Zuvielforderung für einzelne Monate durch andere Monate ausfüllt.[43] Beantragt der Kläger den Erlass eines Versäumnisurteils, dann darf das Gericht die Klage nicht durch kontradiktorisches Urteil zusprechen.[44]

8 Dass der **Richter nicht** durch § 308 Abs. 1 daran **gehindert** ist, hinter dem Antrag des Klägers zurückzubleiben und ihm **weniger zuzusprechen,** als er beantragt hat, entspricht allgemeiner Meinung. Diese Auffassung mit dem Wortlaut des § 308 Abs. 1 S. 1 zu rechtfertigen und darauf abzustellen, dass nur verboten sei, einer Partei mehr „zuzusprechen", als sie beantragt, nicht jedoch, ihr das abzuerkennen, worauf sie keinen Anspruch hat, erscheint etwas zu vordergründig.[45] Da es nicht entscheidend auf den Antrag des Beklagten ankommt (vgl. Rn. 5), kann es auch nicht als ausschlaggebend angesehen werden, dass der Wille des Beklagten regelmäßig dahin gehen wird, eine Verurteilung in einem geringeren Umfang, als sie vom Kläger beantragt worden ist, zu erreichen, wenn eine Klageabweisung nicht möglich ist. Der richtige Ansatzpunkt ist vielmehr in der Willensrichtung des Klägers und in der auf Lebenserfahrung beruhenden Erkenntnis zu finden, dass der Kläger sich mit einem hinter seinem Antrag zurückbleibenden Minus zufrieden gibt, wenn sein Klageantrag nicht in vollem Umfang erfolgreich sein kann. Dementsprechend ist der Klageantrag im Regelfall nicht nur auf die Verurteilung des Beklagten im Sinne eines „alles oder nichts" gerichtet, sondern auch auf eine Verurteilung auf ein Weniger, wenn ein Mehr nicht erreichbar ist.[46] Dies ist im allgemeinen so eindeutig, dass Zweifel nicht aufkommen können und der Richter auch nicht verpflichtet ist, entsprechende Fragen an den Kläger zu stellen. Wenn jedoch ausnahmsweise einmal der Kläger ausdrücklich erklärt, er wünsche nur die volle Verurteilung des Beklagten und lehne jede Einschränkung insoweit ab, dann muss dieser Wille des Klägers beachtet werden.[47]

9 **b) Aliud.** Soweit die Dispositionsmaxime gilt, darf der Richter dem Kläger nichts anderes zusprechen, als dieser beantragt hat. Da dem Kläger aber andererseits – wie ausgeführt – weniger zuerkannt werden kann, als er durch seinen Antrag begehrt, ergibt sich die Notwendigkeit einer **Abgrenzung des aliud vom minus.**[48] Diese Abgrenzung kann durchaus Schwierigkeiten bereiten, beispielsweise, wenn entschieden werden soll, ob in dem Antrag auf Wiederherstellung (§ 249 Abs. 1 BGB) als Minus das Geltendmachen eines Geldersatzanspruches (§ 251 BGB) enthalten ist[49] oder ob ein solcher Anspruch im Vergleich zum Wiederherstellungsanspruch als aliud aufgefasst werden muss.[50] Gleiche Schwierigkeiten entstehen zB, wenn die Frage beantwortet werden soll, ob

---

[39] BGH NJW-RR 1990, 997, 998; die vom Gericht genannte Voraussetzung eines einheitlichen Streitgegenstandes bewirkt hier keine zusätzliche Einschränkung (vgl. dazu Rn. 1).

[40] BGH NJW-RR 1989, 386, 387; OLG Koblenz FamRZ 1989, 59, 61; *Wosgien* FamRZ 1987, 1102, 1104.

[41] BGH (Fn. 39).

[42] BGH NJW-RR 2002, 255, 257.

[43] BGH NJW-RR 1990, 380.

[44] LAG Mainz NZA 1997, 1071.

[45] Kritisch auch AK-ZPO/*Fenge* Rn. 6.

[46] *Musielak,* FS K.H. Schwab, S. 349, 352 ff., allerdings nicht etwa in dem Sinn, dass der Kläger für diesen Fall seinen Antrag einschränkt; vielmehr beantragt er durchaus mehr, akzeptiert lediglich wie bei Abweisung eines Hauptantrages und Obsiegen mit einem Hilfsantrag das Weniger, weil er mehr nicht erhalten kann. Dementsprechend muss die Klage dann auch teilweise abgewiesen werden und ist der Kläger durch das (weniger zusprechende) Urteil beschwert.

[47] So auch *Fenge* (Fn. 45) Rn. 7; *ders.* JR 1974, 68, 69 (zu einer Zug-um-Zug-Verurteilung entgegen dem ausdrücklichen Willen des Klägers); *Baumbach/Lauterbach/Hartmann* Rn. 7; einschränkend *Stein/Jonas/Leipold* Rn. 10; Hk-ZPO/*Saenger* Rn. 6 (nur bei berechtigtem Interesse des Klägers).

[48] Vgl. dazu *Musielak* (Fn. 46) S. 354 f.

[49] RG JW 1936, 1997.

[50] So *Melissinos* S. 127; *Rosenberg/Schwab/Gottwald* § 131 Rn. 10; *Thomas/Putzo/Reichold* Rn. 2.

ein nachbarrechtlicher Ausgleichsanspruch nach § 906 Abs. 2 S. 2 BGB gegenüber einem vom Kläger geltend gemachten Schadensersatzanspruch als „aliud" oder als „minus" zu werten ist.[51] Im Schrifttum wird vorgeschlagen, diese Abgrenzung nicht nach objektiven Kriterien vorzunehmen, sondern dabei auf den Willen des Klägers abzustellen,[52] wobei allerdings nur der erkennbar zum Ausdruck gebrachte Wille maßgebend sein soll.[53] Bei der Frage, was noch vom Antrag des Klägers umfasst und abgedeckt wird, auf dessen Wille zu sehen, ist zutreffend. Jedoch muss in jedem Fall verlangt werden, dass sich dieser Wille im Wege der Auslegung aus dem Vortrag des Klägers erschließen lässt (vgl. Rn. 6). Hierbei ist zu berücksichtigen, dass auch in einem Hauptantrag unausgesprochen ein **auf ein aliud gerichteter Hilfsantrag** enthalten sein kann.[54] Der Richter wird stets im Zweifelsfall durch entsprechende Fragen, zu denen er nach § 139 Abs. 1 verpflichtet ist, eine Klärung herbeizuführen suchen. Korrigiert darauf der Kläger seinen Antrag, dann kommt es für die Frage, ob es sich dabei um eine Klageänderung handelt, entscheidend darauf an, ob lediglich ein missverständlich gefasster Antrag verdeutlicht wird oder ob der Kläger sein ursprüngliches Klageziel wechselt. Unbedenklich als ein Minus, das vom Klageantrag umfasst und regelmäßig auch vom Kläger für den Fall gewollt ist, dass sein Klageantrag keinen vollen Erfolg hat (vgl. Rn. 8), ist es aufzufassen, wenn bei Geldansprüchen und bei Ansprüchen auf Leistung einer Gattungssache, deren Größenordnungen angegeben sind, ein **niedrigerer Betrag**, als beantragt, vom Gericht zuerkannt wird (Rn. 8). In anderen Fällen wird entgegen wesentlich großzügigerer Tendenzen in der Rechtsprechung (vgl. Rn. 11) bei Abweichungen vom Klageantrag ein aliud anzunehmen sein, auf das ohne vorherige Klageänderung nicht erkannt werden darf, es sei denn, dass im Wege der Auslegung ein entsprechender (stillschweigender) Hilfsantrag des Klägers festgestellt werden kann.

Gleiche Grundsätze gelten auch in Fällen, in denen der Kläger einen **„falschen" Antrag** stellt, 10
weil er entweder die Rechtslage unrichtig beurteilt oder die tatsächlichen Grundlagen seines Klagebegehrens falsch einschätzt, also bestimmte Tatsachen als bestehend ansieht, die das Gericht nicht festgestellt hat. Auch wenn er mit einem geänderten Antrag, der der richtigen Rechts- oder Sachlage Rechnung tragen würde, Erfolg hätte, darf das Gericht dann nicht etwa den sachwidrigen Antrag ignorieren und dem Kläger das zuerkennen, was ihm zusteht, sondern es bleibt auch in einem derartigen Fall an den Antrag des Klägers gebunden. Das Gericht hat vielmehr im Rahmen seiner Aufklärungspflicht nach § 139 den Kläger auf seinen Irrtum hinzuweisen und ihm Gelegenheit zu geben, einen sachgerechten Antrag zu stellen.[55]

c) Einzelfälle. Zu der Frage, in welchen Fällen dem Gericht gestattet ist, dem Kläger etwas an- 11
deres zuzusprechen, als er ausdrücklich beantragt hat, weil das ihm Zuerkannte als Minus vom Klageantrag mitumfasst ist oder sich zumindest ein stillschweigend gestellter Hilfsantrag darauf richtet, gibt es eine reiche Kasuistik. So wird überwiegend das Gericht für befugt gehalten, auch bei einem Antrag des Klägers auf uneingeschränkte Verurteilung des Beklagten eine **Zug-um-Zug-Verurteilung** auszusprechen.[56] In einem Antrag auf Verurteilung des Beklagten zu einer Leistung soll als Weniger der Antrag auf **Feststellung** des Rechtsverhältnisses enthalten sein, das die Voraussetzung für die begehrte Leistung bildet, so dass auch ohne ausdrücklichen Antrag des Klägers ein entsprechendes Feststellungsurteil zulässig sein soll.[57] Dementsprechend bedeutet die Feststellung, dass der Verurteilte zur Leistung verpflichtet ist, ein Weniger gegenüber der beantragten Verurteilung zur Leistung.[58] Die Feststellung eines **Leistungsverweigerungsrechtes** wird als Weniger gegenüber der beantragten Feststellung angesehen, nichts zu schulden.[59] Anstelle der Abweisung einer negativen Feststellungsklage als unbegründet, kann das Gericht auch das Gegenteil positiv feststel-

---

[51] Als „Weniger" angesehen von OLG Stuttgart NJW 1989, 1224; offengelassen von BGH NJW 1990, 1910, 1911 (das Gericht äußert allerdings Bedenken, aaO S. 1912 unter II); als aliud gewertet von BGH NJW 1993, 925, 928 (insoweit nicht in BGHZ 120, 239 abgedruckt); vgl. auch *Gerlach* JZ 1990, 980, 982.

[52] *Melissinos* S. 119; *Fenge* (Fn. 45) Rn. 8.

[53] So *Fenge* (Fn. 45); gegen eine „Motivforschung" in diesen Fällen auch *Grunsky* ZZP 96 (1983), 395, 398.

[54] BAGE 7, 256, 259.

[55] *Melissinos* S. 97 ff., 105 ff., auch zu der sich hier stellenden Frage nach den sich aus der richterlichen Pflicht zur Unparteilichkeit ergebenden Grenzen; vgl. auch § 139 Rn. 40 ff.

[56] BGH NJW 1951, 517, 518; BGHZ 27, 241, 249; 107, 142, 147 = NJW 1989, 1934; BGHZ 117, 1, 3 = NJW 1992, 1172, 1173; OLG Kiel JW 1933, 1537 (auch entgegen einer ausdrücklichen Ablehnung des Klägers); ebenso OLG Hamburg MDR 1957, 169; *Schneider* MDR 1964, 732, dagegen *Fenge* JR 1974, 68, 69; AK-ZPO/*Fenge* Rn. 7 (nicht gegen den Willen des Klägers).

[57] BGH NJW 1984, 2295 f. m. Anm. von *Dunz;* BGHZ 118, 70, 81 f. = NJW 1992, 1834; OLG Köln FamRZ 1986, 577, 578; *Zöller/Vollkommer* Rn. 4. Dies gilt jedoch nicht für ein Zwischenfeststellungsurteil, vgl. Rn. 12.

[58] OLG Köln (Fn. 57).

[59] BGH NJW 1983, 392, 393.

len.[60] Beantragt der Kläger bei einer **Vollstreckungsabwehrklage** die Zwangsvollstreckung aus einem Urteil für unzulässig zu erklären, dann kann das Gericht als Minus aussprechen, dass die Vollstreckung nur teilweise unzulässig sei (vgl. auch Rn. 2).[61] Stellt der Kläger den Antrag auf Feststellung, dass sein Arbeitsverhältnis durch eine **fristlose Entlassung** nicht beendet worden sei, dann kann darin ein Hilfsantrag enthalten sein, die Folgen einer in der fristlosen Entlassung liegenden **befristeten Kündigung** auszusprechen.[62] Wird rückständige und künftige Miete eingeklagt, dann kann das Gericht die **im Laufe des Verfahrens fällig gewordenen Beträge** bei der Entscheidung in einer Summe zusammenfassen und den Beklagten entsprechend verurteilen.[63] Beantragt der Kläger, den Beklagten von einem bestimmten Zeitpunkt an zur Zahlung eines höheren als ursprünglich vereinbarten Erbbauzinses zu verurteilen, dann bedeutet es gegenüber diesem Antrag ein Weniger, wenn das Gericht die Verpflichtung des Beklagten ausspricht, den erhöhten Betrag erst von einem späteren Zeitpunkt an zu entrichten.[64] Wird bei einer **Grenzscheidungsklage** nach § 920 BGB vom Kläger der Antrag auf Festsetzung eines bestimmten Grenzverlaufs gestellt, dann ist es dem Richter gestattet, auch eine andere Grenzlinie festzulegen, wobei jedoch dem Kläger nicht mehr zugesprochen werden darf als er mit seinem (bestimmten) Antrag begehrt.[65] Zulässig soll die **Verurteilung zur Hinterlegung statt** der verlangten Verurteilung **zur Zahlung** sein, weil die Hinterlegung als das Mindere gegenüber der Zahlung aufgefasst werden müsse und deshalb von dem Klageantrag auf Zahlung mitumfasst werde.[66] Das gleiche soll für die **Freistellung von einer Verbindlichkeit** gelten, zu der der Beklagte statt der vom Kläger beantragten Leistung des auf die Verbindlichkeit entfallenden Betrages verurteilt wird.[67] Richtet sich der Klageantrag gegen wesentliche Lärm- oder Geruchsbelästigungen, dann ist der Richter befugt, (nicht beantragte) Grenzwerte zu bestimmen.[68]

12 Als Verletzung des § 308 Abs. 1, weil **als aliud** vom Klageantrag nicht mehr umfasst, sind **gewertet** worden: Die Feststellung einer Verpflichtung des Beklagten zur Zahlung einer **Rente** in bestimmter Höhe, unabhängig vom Arbeitsverdienst des Klägers, wenn dieser die Feststellung der Verpflichtung der Zahlung zwar zu einem höheren Betrag beantragte, dies aber davon abhängig machen wollte, dass er einen entsprechenden Arbeitsverdienst nicht haben werde,[69] die Zubilligung einer Kapitalabfindung statt einer begehrten Rentenzahlung oder umgekehrt,[70] die Verurteilung des Beklagten zur **Leistung eines Gegenstandes statt** der beantragten **Zahlung seines Wertes,**[71] die Verurteilung zur Zahlung eines Geldbetrages in inländischer Währung bei einem Antrag auf Zahlung in ausländischer Währung,[72] die Verurteilung zur **Übereignung statt** zu der beantragten **Herausgabe,**[73] zur **Auflassung statt** zur begehrten **Grundbuchberichtigung**[74] oder die Einwilligung in die Entfernung einer falschen Signatur auf einem Ölgemälde anstelle der beantragten Einwilligung in die Kennzeichnung des Bildes als Fälschung.[75] Begehrt der Kläger die Feststellung, dass der Beklagte wegen einer falschen Beratung über steuerliche Belastungen durch die Errichtung eines Wohnhauses verpflichtet sei, ihm als Schadensersatzbetrag den Unterschiedbetrag zwischen den Mieteinnahmen und den von ihm zu leistenden Aufwendungen zu ersetzen, dann verletzt die Entscheidung des Gerichts § 308, die feststellt, dass der Beklagte zur Zahlung der infolge des Umzugs dem Kläger erwachsenden Aufwendungen insbesondere der Umzugskosten verpflichtet sei.[76] Ein **Zwischenfeststellungsurteil** darf nur auf Grund eines entsprechenden Antrag der Partei erlassen werden.[77] Wird die Räumung des Mietobjektes zu einem bestimmten Zeitpunkt beantragt, dann darf der Richter nicht ohne einen entsprechenden Antrag des Klägers den Beklagten zur

---

[60] BAG WM 1988, 1514, 1516.
[61] BGH NJW-RR 1987, 59, 60; Vgl. RG JW 1904, 58, 59.
[62] BAGE 7, 256, 259.
[63] BGH ZIP 1986, 583, 586.
[64] BGH NJW 1985, 2524, 2525.
[65] BGH NJW 1965, 37.
[66] RGZ 79, 275, 276; *Zöller/Vollkommer* Rn. 4.
[67] OLG Frankfurt FamRZ 1990, 49, 50; vgl. auch BGH NJW 1994, 944, 945.
[68] BGH WM 1993, 1478, 1479.
[69] RG JW 1932, 1208, 1209 f.
[70] BGH NJW 1998, 3411; RGZ 136, 373, 375; *Schreiber* Jura 1988, 190, 192.
[71] RG WarnR 1914 Nr. 173.
[72] BGH WM 1993, 2011.
[73] *Pukall* Rn. 791.
[74] *Schreiber* Jura 1988, 190, 192.
[75] BGHZ 107, 384, 394 = NJW 1990, 1986.
[76] BGH NJW 1994, 442.
[77] BGH MDR 2005, 645.

Räumung zu einem späteren Zeitpunkt verurteilen.[78] Die Verurteilung des beklagten Mieters zur Duldung bestimmter (nicht beantragter) Umbaumaßnahmen widerspricht § 308 Abs. 1, wenn der Kläger die Verurteilung zur Duldung umfassender Umbauten fordert.[79] Beantragt der Kläger, den Beklagten zum Abschluss eines Vertrages mit einer bestimmten Laufzeit zu verurteilen, dann darf das Gericht nicht eine kürzere Laufzeit gegen den Willen des Klägers festsetzen, weil die kürzere Laufzeit den Inhalt der vom Kläger gewollten Willenserklärung verändert und zu einem aliud werden lässt.[80]

Beschreibt der Kläger in seinem Antrag eine zu unterlassende Handlung durch die Angabe bestimmter Merkmale, dann geht das Gericht in unzulässiger Weise über den Antrag hinaus, wenn es einzelne Merkmale der Beschreibung weglässt und damit die von ihm **verbotene Handlung allgemeiner kennzeichnet,** als sie vom Kläger begehrt wird.[81] Denn **bei Unterlassungsklagen** kommt dem Antrag zur Individualisierung des Klagebegehrens wegen der Vielzahl möglicher Ansprüche besondere Bedeutung zu.[82] Richtet sich eine Unterlassungsklage gegen die Veröffentlichung eines Testberichts über ein im Antrag des Klägers namentlich bezeichnetes Produkt, dann verstößt es gegen § 308 Abs. 1, wenn das Gericht das Verbot von sich aus auf ein nunmehr unter einer anderen Bezeichnung auf dem Markt befindliches Produkt bezieht.[83] Das Verbot der Werbung mit einer bestimmten Zeitungsanzeige darf vom Gericht nicht darauf gestützt werden, dass der Verkehr durch bestimmte in der Anzeige enthaltenen Angaben irre geführt werde, wenn der Kläger seinen Unterlassungsantrag nicht auf diese, sondern auf andere in der Anzeige enthaltenen Angaben stützt, weil dann ein von der Klage abweichender Lebenssachverhalt und damit auch ein anderer Streitgegenstand der Entscheidung zu Grunde gelegt wird.[84] Denn der Streitgegenstand wird durch Antrag und zu Grunde liegenden Lebenssachverhalt bestimmt (Vgl. Vor § 253 Rn. 33), und deshalb muss bei der Frage, was der Kläger mit seiner Klage begehrt, stets auch auf dem Klagegrund (Lebenssachverhalt) gesehen werden. Zu Recht hat es deshalb der BGH für unzulässig erklärt, dass vom Gericht bestimmte geschäftliche Tätigkeiten verboten werden, deren Unterlassung vom Kläger mit einer anderen tatsächlichen Begründung beantragt wird,[85] oder dass die Verurteilung auf ein von mehreren dem Kläger zustehenden Schutzrechten gestützt wird, wenn sich der Kläger in seiner Klage auf ein anderer Schutzrecht beruft.[86] Stellt der Kläger einen zu engen Antrag, dann darf das Gericht nicht etwa mit der Begründung, dass das vom Kläger begehrte Unterlassungsgebot auch alle nicht ausdrücklich bezeichneten Verletzungshandlungen umfasse, die in ihrem Kern der im klägerischen Antrag genannten Handlung entsprechen, über die vom Klageantrag gezogene Grenze hinausgehen,[87] sondern der Richter muss – wie auch sonst bei sachwidrigen Anträgen (vgl. Rn. 10) – dem Kläger durch entsprechende Hinweise (§ 139) Gelegenheit geben, das von ihm Gewollte zu erklären, also seinen Antrag zu präzisieren, möglicherweise auch zu erweitern.[88] Nur bei einem solchen Vorgehen werden die Interessen beider Parteien angemessen berücksichtigt. Dementsprechend kann es nicht als zulässig angesehen werden, den Beklagten zu verurteilen, bestimmte Handlungen (zB das Starten und Landen von Flugzeugen) zu einer bestimmten Zeit gänzlich zu unterlassen, wenn der Kläger den Antrag gestellt hat, dem Beklagten zu untersagen, Geräusche zu verursachen, die einen bestimmten Schallpegel übersteigen.[89] 13

Kann der Beklagte mit Rücksicht auf die zwischen ihm und dem Kläger bestehende Wettbewerbslage nach Treu und Glauben verlangen, dass er einer **Auskunftspflicht** dadurch nachkommt, 14

[78] LG Bonn WoM 1993, 464.
[79] LG Köln WoM 1993, 40, 41.
[80] OLG Köln MDR 1992, 613.
[81] OLG Karlsruhe GRUR 1982, 169, 171; vgl. auch BGH GRUR 2006, 960, 961 (unzulässige Abweichung vom Klageantrag durch Abwandlung der Verletzungsform); OLG Koblenz NJW-RR 1998, 23, 24 (zur vergleichbaren Problematik beim Gegendarstellungsanspruch).
[82] Vgl. BGH NJW 2003, 3406, 3408; 2005, 2550, 2551; *Schubert* ZZP 85 (1972), 29, 41 ff., 51; *Ritter* S. 150 ff.; für Entbehrlichkeit eines bestimmten Antrags bei Unterlassungsverfügungen *du Mesnil de Rochemont* aaO; *v. Hoyningen-Huene* AP BetrVG 1972 § 23 Nr. 5 (Bl. 1326 R).
[83] BGH NJW 2001, 157, 158 f.
[84] BGH NJW 2001, 1791, 1792; GRUR 2006, 960, 961.
[85] BGH NJW 2003, 2317, 2318.
[86] BGH MDR 2001, 949.
[87] In diesem Sinn aber die sog. Kerntheorie vgl. BGHZ 5, 189, 193 f. = LM WZG § 24 Nr. 4 (LS) m. Anm. v. *Lindenmaier;* BGH GRUR 1954, 70, 72; 1961, 288, 290; weit. Nachw. bei *Ritter* S. 68 Fn. 174; gegen die Kerntheorie: *Schubert* (Fn. 82); *Melissinos* S. 154 ff.; *Ritter* S. 106 f.; *Borck* WRP 1979, 180, 184 f. Umgekehrt sieht der BGH (NJW 1999, 2193) in einem zu weit gefaßten Unterlassungsantrag eine Verallgemeinerung, die die konkrete Verletzungsform als ein Minus mitumfaßt.
[88] Vgl. *Melissinos* S. 156 f.; *Ritter* S. 151 f.
[89] BGHZ 69, 118, 120 f. = NJW 1977, 1920.

dass er die von ihm zu gebenden Informationen nicht dem Kläger, sondern einer zu Berufsverschwiegenheit verpflichteten **Vertrauensperson** mitteilt, dann wird das Gericht für berechtigt gehalten, den Beklagten auch ohne einen entsprechenden Antrag des Klägers zu verurteilen, seiner Auskunftspflicht in dieser Form nachzukommen.[90] Da es rechtlich einen Unterschied bedeutet, ob ein Handlungs-, Unterlassungs- oder Duldungsanspruch einschränkungslos für alle denkbaren Fälle oder nur in bestimmten von weiteren Umständen abhängigen Einzelfällen besteht, darf die Verurteilung des Beklagten zur Duldung des Betretens seines Grundstücks unter bestimmten Vorgaben und Einschränkungen nicht ausgesprochen werden, wenn der Kläger die uneingeschränkte Duldung fordert.[91] Gegen § 308 Abs. 1 verstößt es, wenn das Gericht in einem Streit über die Entfernung eines Abmahnungsschreibens aus den Personalakten den beklagten Arbeitgeber ohne entsprechenden Antrag für berechtigt erklärt, den klagenden Arbeitnehmer erneut schriftlich abzumahnen.[92]

15 **d) Rechtsgrundlage.** In der **rechtlichen Bewertung** der von den Parteien vorgetragenen Tatsachen ist das **Gericht frei.** Der Kläger kann vom Gericht nicht verlangen, seine Klage nur unter bestimmten rechtlichen Gesichtspunkten zu prüfen, unter anderen dagegen nicht.[93] Hieran ändert auch nichts, dass der Beklagte mit einer derartigen Beschränkung einverstanden ist.[94] Etwas anderes gilt nur, wenn das materielle Recht die Möglichkeit für den Kläger schafft, ein bestimmtes **Rechtsschutzziel** auf unterschiedlichen Wegen und **unter verschiedenen Voraussetzungen** zu erreichen; in solchen Fällen muss es dem Kläger gestattet sein, eine Wahl zu treffen, und beispielsweise einen Herausgabeanspruch nicht auf Eigentum, sondern allein auf Besitz zu stützen, um sonst mögliche Einwendungen des Beklagten auszuschließen (vgl. § 986 BGB einerseits und § 863 BGB andererseits).[95] Irrt der Kläger über die Rechtsgrundlagen eines von ihm geltend gemachten Anspruchs und berechnet er deshalb einen Gebührenanspruch falsch, dann ist das Gericht nur an die **Höhe der Klageforderung,** dagegen nicht an die vom Kläger **vorgenommene Berechnung** gebunden; deshalb ist das Gericht auch nicht gehindert, andere Gebührensätze und einen anderen Streitwert, als vom Kläger genannt, seiner Entscheidung zugrunde zu legen.[96]

16 **4. Kein oder unbezifferter Antrag.** Dass der Kläger anders als der Beklagte (vgl. Rn. 5) nur Erfolg haben kann, wenn er einen Sachantrag stellt, folgt sowohl aus § 253 Abs. 2 Nr. 2 als auch aus § 308 Abs. 1. Stellt der Kläger keinen Sachantrag, dann darf der Beklagte nicht verurteilt werden;[97] die Klage darf dann aber auch nicht durch kontradiktorisches Urteil abgewiesen werden, weil § 308 auch verletzt wird, wenn dem Kläger ein Anspruch aberkannt wird, den er nicht geltend macht.[98] Wird vom Kläger einseitig die Hauptsache für erledigt erklärt und dementsprechend nicht mehr die Verurteilung des Beklagten begehrt, dann ist in dem Fall, dass sich die Hauptsache nicht erledigte, zu prüfen, ob der Kläger nicht stillschweigend den Antrag auf Verurteilung des Beklagten hilfsweise aufrechterhalten hat (vgl. § 91a Rn. 80, aber auch Rn. 85ff., 94). Ist aber ausnahmsweise ein **unbezifferter Antrag** zulässig, weil die ziffernmäßige Feststellung einer Forderung entscheidend von der Ausübung des richterlichen Ermessens oder einer richterlichen Schätzung abhängig ist (vgl. § 253 Rn. 122f.), dann kann sich die Frage nach einer Bindung des Gerichts nur stellen, wenn der Kläger in der Begründung seiner Klage einen von ihm für angemessen gehaltenen Betrag nennt. In solchen Fällen will aber der Kläger regelmäßig die von ihm bezeichnete Höhe seines Anspruchs lediglich als Mindestbetrag verstanden wissen und die vom Gericht vorzunehmende Schätzung nicht begrenzen. Dementsprechend kann es auch nicht die Vor-

---

[90] BGH LM BGB § 260 Nr. 6; BGH GRUR 1978, 52, 53.

[91] BAG EzA BetrVG § 40 Nr. 67.

[92] BAG NJW 1995, 1374f.

[93] BAG AP Nr. 2; DB 1991, 549, 550; OLG Köln MDR 1970, 686; 1984, 151; OLG Hamm WRP 1987, 396, 398; *Zöller/Greger* § 253 Rn. 12; *Zöller/Vollkommer* Einl. Rn. 84; *Thomas/Putzo/Reichold* Rn. 4; *Stein/Jonas/Schumann,* 20. Aufl. 1977, Einl. Rn. 297; *Stein/Jonas/Leipold* Rn. 4; *Kion* S. 120; *M. Huber* JuS 1987, 464; aA *Würthwein* S. 153f.; *Walchshöfer* AP BGB § 615 Nr. 30 (Bl. 563); *Lüke* in der 2. Aufl. dieses Kommentars, vor § 253 Rn. 36. Die ebenfalls eine andere Ansicht vertretende Rechtsprechung des RG beruht auf einem überholten Streitgegenstandbegriff; vgl. *Stein/Jonas/Schumann* (Fn. 93) Rn. 297 Fn. 142.

[94] BGH NJW 1958, 1968; BGH LM BGB § 125 Nr. 29. Demgegenüber wird im Schrifttum die Auffassung vertreten, dass die Parteien durch Vereinbarungen über Rechtsfragen die richterliche Rechtsanwendung beschränken könnten; vgl. *Schlosser,* Einverständliches Parteihandeln im Zivilprozess, 1968, S. 33ff., 96ff.; *Grunsky* Grundlagen S. 22f.; *Würthwein* S. 106ff.; 128ff.; dagegen *Rosenberg/Schwab/Gottwald* § 77 Rn. 9; *Schumann* (Fn. 93) Rn. 297.

[95] Vgl. *Schumann* (Fn. 93) Rn. 296; *Melissinos* S. 88ff.; *Zöller/Vollkommer* Einl. Rn. 84 m. weit. Nachw.

[96] OLG Nürnberg JurBüro 1975, 771, 772.

[97] BGH NJW 2004, 2019, 2021; BAGE 23, 146, 148 = NJW 1971, 1332.

[98] BGH NJW 1991, 1683, 1684; OLG Köln FamRZ 1995, 888.

schrift des § 308 Abs. 1 verletzen, wenn das Gericht auch im erheblichen Umfang die Schätzung des Klägers überschreitet.[99]

5. Hilfsantrag. Stellt der Kläger für den Fall, dass er mit seinem Hauptantrag nicht durchdringt, einen Hilfsantrag (eventuelle Klagenhäufung), dann ist das Gericht an die vom Kläger vorgegebene Reihenfolge gebunden, darf also erst über den Hilfsantrag entscheiden, nachdem es die Unzulässigkeit oder Unbegründetheit des Hauptantrages festgestellt hat.[100] Gleiches gilt selbstverständlich, wenn noch weitere Hilfsanträge eventualiter hinzugefügt werden.[101] Der Kläger kann die Entscheidung über den Hilfsantrag auch davon abhängig machen, dass sein Hauptantrag erfolgreich ist.[102] In allen diesen Fällen verletzt das Gericht die Vorschrift des § 308 Abs. 1, wenn es die vom Kläger vorgegebene Eventualstellung des Hilfsantrages nicht beachtet. Dagegen sind Eventualbegründungen im Rahmen eines einheitlichen Streitgegenstandes für das Gericht nicht verbindlich.[103] Stützt der Kläger sein Klagebegehren auf mehrere hilfsweise gestaffelte Begründungen, dann kann sich das Gericht über die vom Kläger genannte Reihenfolge hinwegsetzen.[104] **17**

IV. Rechtsfolgen einer Verletzung des § 308 Abs. 1

1. Rechtsmittel. Die Verletzung der Vorschrift des § 308 Abs. 1 bewirkt nicht die Nichtigkeit der darauf beruhenden gerichtlichen Entscheidung, sondern nur ihre Anfechtbarkeit.[105] Das Rechtsmittel muss allerdings zulässig sein. Dies gilt auch in Fällen, in denen das Gericht dem Kläger etwas anderes zuerkannt hat, als er beantragte.[106] Ist ein Urteil, das § 308 Abs. 1 verletzt, nicht anfechtbar, dann kommt für die durch die Entscheidung beschwerte Partei eine **Rüge nach § 321 a** in Betracht, weil regelmäßig mit einem Verstoß gegen § 308 Abs. 1 eine Verletzung des Anspruchs auf rechtliches Gehör verbunden sein wird (vgl. Rn. 22). **18**

§ 308 Abs. 1 regelt den Inhalt der gerichtlichen Entscheidung, enthält also materielles Prozessrecht[107] und stellt folglich keine das Verfahren betreffende Vorschrift iSv. **§ 295 Abs. 1** dar. Dies bedeutet, dass ein Verstoß gegen § 308 Abs. 1 vom Rechtsmittelgericht von Amts wegen zu beachten ist und es auch in der Revisionsinstanz auf eine Rüge nicht ankommt (vgl. § 557 Abs. 3).[108] Hat das erstinstanzliche Gericht die Vorschrift des § 308 Abs. 1 verletzt und ist deshalb das Urteil aufzuheben (vgl. Rn. 20), dann wird das Berufungsgericht regelmäßig die Sache an das Gericht des ersten Rechtszuges zurückverweisen.[109] **19**

2. Urteilsergänzung. Nicht zu überzeugen vermag der Vorschlag, bei einer versehentlichen Missachtung des Klageantrages sei anstelle einer Korrektur des Urteils im Wege eines Rechtsmittels eine Urteilsergänzung in entsprechender Anwendung des § 321 vorzunehmen.[110] Gegen diesen Vorschlag spricht vor allem, dass die für eine Analogie erforderliche Ähnlichkeit des (ungeregelten) Tatbestandes einer versehentlichen Verletzung des § 308 Abs. 1 mit dem im § 321 geregelten nicht **20**

---

[99] BGHZ 132, 341, 351 = NJW 1996, 2425; BGH JR 1997, 154, 157 m. Anm. v. *Probst;* OLG Celle NJW 1977, 343; *Fenn* ZZP 89 (1976), 121, 134; *Batsch* ZZP 86 (1973), 254, 272; *Melissinos* S. 151 f.; aA *Röttger* NJW 1994, 368; *Dunz* NJW 1984, 1734, 1736 f., der eine Beschränkung des Gerichts im Sinne einer Faustregel „etwa 20% nach oben" annimmt; ähnlich OLG Düsseldorf NJW-RR 1995, 955: Spannbreite von 20% nach oben und unten; dagegen OLG München NJW 1986, 3089, 3090. Das Gericht verlangt bei einem unbezifferten Schmerzensgeldantrag eine Begrenzung nach oben; zust. *Gerstenberg* NJW 1988, 1352, 1356.

[100] BGH MDR 1975, 1007, 1008; WM 1978, 194, 195; NJW-RR 1989, 650; BAGE 5, 98, 100; OLG Zweibrücken OLGZ 1987, 371, 373; *Kion* S. 23, 163; *Melissinos* S. 174.

[101] BGH WM 1978, 194, 195; *Melissinos* S. 175.

[102] *Kion* S. 163.

[103] OLG Köln MDR 1970, 686; *Kion* S. 108 ff.; *Schreiber* JA 1980, 344, 346.

[104] Dies soll nur dann nicht gelten, wenn die eventuellen Vorbringen rechtlich nicht gleichwertig sind und zu unterschiedlichen Urteilswirkungen führen können, so *Rosenberg/Schwab/Gottwald* § 65 Rn. 38; *Kion* S. 112 ff.; vgl. auch BGHZ 14, 363, 364 = NJW 1954, 1802.

[105] OLG Hamm MDR 1985, 241; Hk-ZPO/*Saenger* Rn. 8; *Thomas/Putzo/Reichold* Rn. 5; *Musielak,* FS K. H. Schwab, S. 349, 359 ff.

[106] *Musielak* (Fn. 105); *Rosenberg/Schwab/Gottwald* § 131 Rn. 8; aA *Jauernig,* Fehlerhaftes Zivilurteil, S. 157, der die Wirkungslosigkeit eines solchen Urteils annimmt.

[107] BGH LM Nr. 7; RGZ 110, 150, 151; 156, 372, 376; BAGE 23, 146, 148 = NJW 1971, 1332; *Baumbach/Lauterbach/Hartmann* Rn. 13; *Melissinos* S. 43.

[108] BGH NJW-RR 1989, 1087; 1991, 1346, 1347; 2002, 540; NJW 1993, 925, 928; BAG DB 1989, 2439; NZA 1994, 260, 261; NJW 2004, 386, 387; RGZ 157, 23; OLG Stuttgart NJW-RR 1992, 432, 433; *Zöller/Vollkommer* Rn. 6; *Stein/Jonas/Leipold* Rn. 11.

[109] OLG Köln JurBüro 1970, 177; MDR 2002, 717; *Baumbach/Lauterbach/Hartmann* Rn. 14; Hk-ZPO/*Saenger* Rn. 8.

[110] *Klette* ZZP 82 (1969), 93, 104 ff.; *Waldner,* Diss. S. 294; *Rosenberg/Schwab/Gottwald* § 131 Rn. 9; *Zöller/Vollkommer* Rn. 6; AK-ZPO/*Fenge* Rn. 11; Hk-ZPO/*Saenger* Rn. 8; vgl. dazu auch *Musielak* S. 361 f.

zu erkennen ist. Beide Tatbestände stimmen nur darin überein, dass ein Parteiantrag durch das Gericht bei seiner Entscheidung irrtümlich nicht richtig berücksichtigt wurde. Ein bedeutsamer Unterschied besteht jedoch darin, dass in den Fällen des § 321 die erlassene Entscheidung in ihrem Kern richtig ausfällt und deshalb als solche Bestand hat (vgl. § 321 Rn. 12); sie ist nur ergänzungsbedürftig, weil über einen erhobenen Anspruch ganz oder teilweise nicht entschieden wurde und deshalb diese Entscheidung zusätzlich zu der bestehen bleibenden nachzuholen ist. Dagegen muss bei einem Verstoß gegen § 308 Abs. 1 das Urteil insgesamt als fehlerhaft aufgehoben und durch ein neues richtiges ersetzt werden. Dies ist ganz offensichtlich, wenn das Gericht ein aliud zuerkannt hat, aber auch bei einem Überschreiten des Klageantrages handelt es sich um die Ersetzung der erlassenen durch eine neue Entscheidung. Ein solcher Vorgang hat schon im Hinblick auf die Vorschrift des § 318 und die darin ausgesprochene Bindung des Gerichts an die eigene Entscheidung eine völlig andere rechtliche Qualität als die Hinzufügung eines vergessenen Teiles zu einem anderen, der als solcher nicht zu beanstanden ist. Es geht also in den Fällen der Verletzung des § 308 Abs. 1 nicht wie bei § 321 um das Nachholen etwas versehentlich Unterbliebenen und um die Ergänzung eines als richtig bestehen bleibenden Teiles, sondern um die Kassation einer falschen Entscheidung und ihrer Ersetzung durch eine richtige.

21 **3. Klageänderung oder Klageerweiterung in der Rechtsmittelinstanz.** Hat das erstinstanzliche Gericht dem Kläger mehr oder etwas anderes zugesprochen, als er beantragt hat und legt der Beklagte gegen das Urteil Berufung ein, dann stellt sich die Frage, ob der Antrag des Klägers (Berufungsbeklagten) auf Zurückweisung der Berufung inzidenter eine Klageänderung oder Klageerweiterung iSv. § 264 Nr. 2 (iVm. § 525) enthält, die auf das ihm durch das angefochtene Urteil Zugesprochene gerichtet ist. Diese Frage wird von der hM bejaht,[111] während eine Gegenauffassung meint, dass der Kläger in der Berufungsinstanz in diesem Sinne seine Klage nur ändern oder erweitern kann, wenn er eine **Anschlussberufung** einlegt.[112] Begründet wird die Notwendigkeit einer Anschlussberufung damit, dass sich der Abweisungsantrag des Klägers (Berufungsbeklagten) nur gegen den durch die Berufung vorgenommenen Angriff des Beklagten richtet, nicht aber eine Verstärkung der prozessualen Stellung des Klägers zum Ziele haben könne. Dies ist aber eine zu formale Bewertung des vom Kläger geltend gemachten Begehrens. Dieser will seine durch das angefochtene Urteil erworbene Rechtsposition behalten und bringt dies auch durch seinen Abweisungsantrag zum Ausdruck. Nur wenn es der Anschlussberufung bedürfte, um dieses Ziel zu erreichen, müsste auf ihre Einlegung bestanden werden. Dies ist jedoch nicht der Fall. Der Kläger und Berufungsbeklagte will nicht mehr erreichen als die Verwerfung oder Zurückweisung der Hauptberufung; hierfür ist jedoch eine Berufungsanschließung für ihn nicht erforderlich. Unabhängig von diesem Meinungsstreit sind jedoch in jedem Fall die Grenzen für eine Klageänderung zu beachten, die durch die Vorschrift des § 533 gezogen werden. Ergibt sich aus dem Vorbringen des Berufungsbeklagten, dass er die von seinem Antrag in der ersten Instanz abweichende Verurteilung des Berufungsklägers nicht will, dann verbietet sich selbstverständlich die sonst vorzunehmende Auslegung seines Abweisungsantrages im Sinne einer Klageänderung oder Klageerweiterung und das angefochtene Urteil muss wegen Verstoßes gegen § 308 Abs. 1 aufgehoben werden.[113] Da es in der **Revisionsinstanz** nicht zulässig ist, neue Ansprüche im Wege der Klageänderung oder der Klageerweiterung zu erheben, wird es regelmäßig nicht möglich sein, den Antrag auf Zurückweisung der Revision dahingehend auszulegen, dass der Revisionsbeklagte seine Klage ändert oder erweitert, um den ihm zugesprochenen Vorteil, der über den von ihm in der Berufungsinstanz gestellten Antrag hinausgeht, zu behalten.[114] Nur wenn die Tatsachen, die einer solchen Klageänderung oder Klageerweiterung zugrunde liegen, bereits in einer der Tatsacheninstanzen festgestellt worden sind, kommt eine entsprechende Auslegung des Zurückweisungsantrages in Betracht und kann der vom Berufungsgericht begangene Verstoß gegen § 308 Abs. 1 in der Revisionsinstanz auf diese Weise geheilt werden.[115]

22 **4. Rechtskräftige Entscheidung.** Die Frage, ob ein rechtskräftiges Urteil, das § 308 Abs. 1 verletzt, mit Mitteln des Zivilprozessrechts nachträglich korrigiert werden kann, ist bisher im Schrifttum sehr kontrovers erörtert worden. Allen Vorschlägen, die dazu gemacht werden, ist das durchaus anzu-

---

[111] BGHZ 63, 353, 358 = NJW 1975, 388; BGHZ 111, 158, 161 = NJW 1990, 1910; BGH WM 1964, 385, 386; FamRZ 1981, 944, 945; 1986, 661, 662; NJW 1979, 2250; 1987, 1554, 1555, 1772; 1999, 61, 62; 2006, 1062; NJW-RR 1990, 997, 998; 1991, 1125, 1127; BAG NJW 1995, 1374, 1375; RGZ 157, 23, 24; OLG Hamm WRP 1987, 396, 399; *Zöller/Vollkommer* Rn. 7; *Musielak* (Fn. 105) S. 363 m. weit. Nachw.

[112] RGZ 110, 150, 151 f.; *Melissinos* S. 173.

[113] Vgl. OLG Stuttgart WRP 1973, 608, 610.

[114] BGH NJW 1993, 925, 928; 2003, 2317, 2319; NJW-RR 1989, 1087; 2002, 540; MDR 2005, 645, 646.

[115] BGH NJW 1991, 1683, 1684; *Walchshöfer* AP BGB § 615 Nr. 30; vgl. auch *Rosenberg/Schwab/Gottwald* § 143 Rn. 3.

erkennende Bestreben gemeinsam, den begangenen Fehler im Rahmen der zivilgerichtlichen Selbstkontrolle zu beheben, um den sonst zu beschreitenden Weg einer Verfassungsbeschwerde zu vermeiden. Denn regelmäßig liegt in einem Verstoß gegen § 308 Abs. 1 zugleich eine **Verletzung des Anspruchs auf rechtliches Gehör** (Art. 103 Abs. 1 GG),[116] weil sich der Beklagte nicht zu den rechtlichen Erwägungen und den ihnen zugrundeliegenden Tatsachen äußern konnte, auf die sich der vom Klageantrag nicht umfasste Teil des Urteilsspruchs stützt (Rn. 18).[117] Bietet jedoch das Zivilprozessrecht eine tragfähige Lösung, um die Verletzung des Anspruchs auf rechtliches Gehör durch die Zivilgerichte selbst zu heilen, dann muss diese Möglichkeit auch genutzt und darf nicht zu einer Verfassungsbeschwerde gegriffen werden.[118] Eine solche Lösung ermöglicht nunmehr die Anhörungsrüge gemäß § 321 a; sie eröffnet ein Weg für die betroffene Partei, um sich auch gegen rechtskräftig gewordene Entscheidungen, wehren zu können, durch die § 308 Abs. 1 verletzt worden ist (vgl. dazu die Erl. zu § 321 a). Demgegenüber verlieren anderer Vorschläge für eine Korrektur eines gegen § 308 Abs. 1 verstoßenden rechtskräftigen Urteils ihre praktische Bedeutung, zumal sie auch in der Sache nicht zu überzeugen vermögen (vgl. dazu die Stellungnahme in der Vorauflage Rn. 19 ff.).

V. Entscheidung über Prozesskosten (Abs. 2)

1. Entscheidung von Amts wegen. Der Gesetzgeber hat die für die Entscheidung über die Prozesskosten getroffene Ausnahme vom Grundsatz der Bindung an die Parteianträge mit der „besonderen Natur" der Prozesskosten gerechtfertigt.[119] Hinter dieser Regelung steht das öffentliche Interesse an einer Beantwortung der Frage, welche Partei zu welcher Quote die entstandenen Prozesskosten zu tragen hat. Dementsprechend hat das Gericht in jeder Instanz ohne Bindung an etwa gestellte Anträge von Amts wegen über die Kosten zu entscheiden und bei einer Teilung die Quoten genau zu bestimmen.[120] Allerdings gilt dies nur für die **Kostengrundentscheidung;** in dem darauf aufbauenden Kostenfestsetzungsverfahren (§§ 103, 104) ist § 308 Abs. 1 zu beachten (vgl. Rn. 2). Über die Kostenpflicht hat das Gericht von Amts wegen auch in Fällen der Gerichtskostenfreiheit[121] und der Bewilligung von Prozesskostenhilfe[122] zu befinden. Wird vom Kläger eine Forderung geltend gemacht, die Gegenstand eines selbständigen Beweisverfahrens gewesen ist, dann muss im Urteil von Amts wegen über die Kosten der selbständigen Beweiserhebung befunden werden.[123] 23

Auch das Rechtsmittelgericht hat ohne Rücksicht auf Parteianträge und das Verbot der reformatio in peius[124] über die Pflicht zur Kostentragung zu erkennen und kann dabei den Kostenausspruch der unteren Instanz ändern; jedoch ist Voraussetzung für eine solche Änderung die Zulässigkeit des eingelegten Rechtsmittels.[125] Die Kostenentscheidung der Vorinstanz kann auch zum Nachteil eines nicht mehr am Rechtsstreit Beteiligten, der das Urteil der Vorinstanz nicht angefochten hat, geändert werden.[126] Ist ein Rechtsmittel gegen ein den Grund des Anspruchs für gerechtfertigt erklärendes Urteil ohne Erfolg geblieben, dann darf die Entscheidung über die Kosten des Rechtsmittelverfahrens nicht dem Schlussurteil über das Betragsverfahren vorbehalten bleiben.[127] Über die Verpflichtung, Prozesskosten zu tragen, darf das Rechtsmittelgericht nur entscheiden, wenn es mit dem Rechtsstreit in der Sache befasst ist oder war. Da das Revisionsgericht auf die Nichtzulassungsbeschwerde zunächst keine inhaltliche Überprüfung des angefochtenen Urteils vornimmt und lediglich die Frage, ob die Zulassungsgründe des § 543 Abs. 2 S. 1 verwirklicht werden, zu entscheiden hat, kann mit der (erfolglosen) Nichtzulassungsbeschwerde eine Abänderung des Kostenausspruches im Berufungsurteil nicht erreicht werden.[128] 24

---

[116] BAGE 23, 146, 151 = NJW 1971, 1332; *Klette* (Fn. 110) S. 94; *Schneider* MDR 1979, 617, 620; *Rosenberg/Schwab/Gottwald* § 131 Rn. 6 I 1 b; *Waldner* Diss. S. 294; Anspruch auf rechtl. Gehör Rn. 553; *Melissinos* S. 15 f.

[117] Vgl. BVerfGE 9, 89, 95 f.; 28, 378, 384 f.

[118] Vgl. nur BVerfG NJW 2003, 1924, 1926 ff.

[119] Mat. II 1 S. 285 (zu § 269).

[120] OLG Hamm WRP 1981, 111.

[121] *Baumbach/Lauterbach/Hartmann* Rn. 15 unter Hinweis auf OVG Koblenz Rpfleger 1983, 124; *Zöller/Vollkommer* Rn. 8.

[122] *Baumbach/Lauterbach/Hartmann* Rn. 15.

[123] OLG Düsseldorf MDR 1994, 201.

[124] Ganz hM; vgl. nur BGHZ 92, 137, 139; BGH NJW 1993, 1260, 1261 BAG AP § 705 BGB Nr. 1 = BB 1975, 231; OLG Frankfurt FamRZ 1987, 62, 66; *Musielak,* FS K. H. Schwab, S. 349, 356 f.; Hk-ZPO/*Saenger* Rn. 10 m. weit. Nachw.; *Stein/Jonas/Leipold* Rn. 13; aA LG Köln WoM 1989, 470; *Kirchner* NJW 1972, 2295.

[125] BAG (Fn. 124); *Baumbach/Lauterbach/Hartmann* Rn. 18; aA BayObLG ZZP 55 (1930) 424 m. abl. Anm. v. *Kraemer.*

[126] BGH NJW 1981, 2360; OLG Düsseldorf VersR 1981, 537 (jeweils nur LS).

[127] BGHZ 20, 397, 399 = LM § 97 Nr. 9 m. Anm. *Hauß;* aA RGZ 121, 77, 78.

[128] BGH NJW 2004, 2598.

25 **2. Ausnahmen.** Die Pflicht des Gerichts, stets eine Kostenentscheidung von Amts wegen zu treffen, besteht in einer Reihe von Ausnahmefällen nicht. Hebt das Rechtsmittelgericht das angefochtene Urteil auf und verweist es die Sache zur anderweitigen Entscheidung an die Vorinstanz zurück, dann kann es von einer Kostenentscheidung absehen und sie der unteren Instanz überlassen.[129] Nach § 98 sind bei einem Vergleich die Kosten als gegeneinander aufgehoben anzusehen, wenn die Parteien nichts anderes vereinbaren. Greift die Kostenfolge des **§ 98** ein, dann hat das Gericht keine Entscheidung über die Kostentragungspflicht zu treffen, weil eine deklaratorische Wiederholung der gesetzlichen Entscheidung durch das Gericht überflüssig ist und sich die Vorschrift des § 308 Abs. 2 nicht auf rein deklaratorische Aussprüche bezieht.[130] Nur wenn die Parteien über die Kostenfolge streiten und eine gerichtliche Entscheidung beantragen oder wenn die Rechtslage für den Kostenbeamten nicht überschaubar erscheint, wird das Gericht einen Beschluss über die Kostentragung erlassen.[131] Dagegen gilt keine Ausnahme für die Fälle der **beiderseitigen Erledigungserklärung;** das Gericht hat vielmehr von Amts wegen durch Beschluss (§ 91 a Abs. 1) über die Kosten zu entscheiden.[132] Denn dass § 308 Abs. 2 nicht anzuwenden ist, wenn nicht mehr über die Hauptsache entschieden werden muss, sondern nur eine (isolierte) Kostenentscheidung übrigbleibt, kann nach dem Zweck der Regelung (vgl. Rn. 23) nicht angenommen werden.[133] Nur wenn die Frage der Kostentragung zur Hauptsache erhoben wird, also der Kläger beispielsweise die ihm entstandenen Prozesskosten auf der Grundlage eines Schadensersatzanspruches vom Beklagten ersetzt verlangt, handelt es sich um einen unter Absatz 1, nicht unter Absatz 2 des § 308 zu subsumierenden Fall. Der Beschluss des Revisionsgerichts über die Wiedereinsetzung des Berufungsklägers in den vorigen Stand wegen Versäumung der Berufungsfrist bedarf keiner Kostenentscheidung, vielmehr umfasst die vom OLG zu erlassende Kostenentscheidung in der Hauptsache auch die **Kosten des Beschwerdeverfahrens.**[134] Ebenso ist in der Beschwerdeentscheidung, mit der eine einstweilige Anordnung nach § 769 wieder aufgehoben wird, nicht über die Kosten des Beschwerdeverfahrens zu entscheiden.[135]

26 **3. Verstoß gegen § 308 Abs. 2.** Wird entgegen § 308 Abs. 2 vom Gericht versehentlich nicht über die Verpflichtung entschieden, wer zu welcher Quote die Prozesskosten zu tragen hat, dann muss nach § 321 innerhalb der in dieser Vorschrift genannten Frist ein Antrag auf Ergänzung des Urteils gestellt werden.[136] Nach Ablauf dieser Frist besteht keine Änderungsmöglichkeit;[137] insbesondere können die Prozesskosten dann nicht von einer Partei zum Gegenstand eines neuen Rechtsstreits gemacht werden.[138] Hat das Gericht bewusst von einer Kostenentscheidung abgesehen, dann ist eine Urteilsergänzung nach § 321 ausgeschlossen und es kommt nur eine Nachholung der Kostenentscheidung durch das Gericht der nächsten Instanz aufgrund eines Rechtsmittels in Betracht. § 99 Abs. 1 steht der Anfechtung des Urteils allein wegen der unterlassenen Kostenentscheidung nicht entgegen, weil diese Vorschrift voraussetzt, dass überhaupt eine Kostenentscheidung getroffen worden ist.[139]

§ 308 a Entscheidung ohne Antrag in Mietsachen

(1) [1]Erachtet das Gericht in einer Streitigkeit zwischen dem Vermieter und dem Mieter oder dem Mieter und dem Untermieter wegen Räumung von Wohnraum den Räumungsanspruch für unbegründet, weil der Mieter nach den §§ 574 bis 574 b in des Bürgerlichen Gesetzbuchs eine Fortsetzung des Mietverhältnisses verlangen kann, so hat es in dem Urteil auch ohne Antrag auszusprechen, für welche Dauer und unter welchen

---

[129] *Zöller/Vollkommer* Rn. 8 unter Hinweis auf BGH VersR 1979, 443 (zum Wiedereinsetzungsverfahren).

[130] *Bergerfurth* NJW 1972, 1840, 1841; aA OLG Köln JurBüro 1983, 1882.

[131] *Bergerfurth* (Fn. 130); zust. *Thomas/Putzo/Reichold* § 98 Rn. 11. Zur Entscheidung über Kosten der Streitverkündung vgl. OLG Köln JurBüro 1983, 1882.

[132] *Thomas/Putzo/Reichold* § 91 a Rn. 26; AK-ZPO/*Röhl* § 91 a Rn. 26; *Musielak/Wolst* § 91 a Rn. 20; *Zöller/Vollkommer* § 91 a Rn. 22; aA KG FamRZ 1994, 1608; *Wieczorek* Anm. E II (§ 308 Abs. 2 gilt nicht); ebenso *Leonardy* NJW 1969, 1887.

[133] So auch OLG Köln JurBüro 1983, 1882.

[134] BGH VersR 1979, 443.

[135] LG Frankfurt Rpfleger 1985, 208.

[136] OLG Celle JurBüro 1976, 1254, 1255; Hk-ZPO/*Saenger* Rn. 10; *Zöller/Vollkommer* Rn. 8, § 321 Rn. 2f.

[137] *Zöller/Vollkommer* Rn. 8.

[138] RGZ 22, 421, 423 f.; Hk-ZPO/*Saenger* Rn. 10.

[139] BGH NJW 1959, 291 f.; OLG Hamm FamRZ 1981, 189, 190; KG Rpfleger 1981, 318; OLG Bremen Rpfleger 1985, 160; *Musielak/Wolst* § 99 Rn. 2.

Änderungen der Vertragsbedingungen das Mietverhältnis fortgesetzt wird. ²Vor dem Ausspruch sind die Parteien zu hören.

(2) Der Ausspruch ist selbständig anfechtbar.

I. Normzweck

Die vom Gesetzgeber als zentrale Schutznormen des sozialen Mietrechts gedachten Vorschriften der §§ 574 bis 574b BGB[1] geben dem Mieter unter bestimmten Voraussetzungen das Recht, vom Vermieter die Fortsetzung des Mietverhältnisses zu verlangen. Durch das zweite Gesetz zur Änderung mietrechtlicher Vorschriften vom 14. 7. 1964 (BGBl. I S. 457), durch das diese Regelung in wesentlichen Punkten geändert und ergänzt worden ist, wurde § 308a in die ZPO eingefügt, um den Parteien bei der Abweisung der Räumungsklage Klarheit darüber zu verschaffen, wie lange und unter welchen Bedingungen sich das Mietverhältnis fortsetzt.[2] Dem Gesetzgeber war im Interesse des Rechtsfriedens[3] so sehr an einer Klärung dieser rechtlichen Verhältnisse gelegen, dass er sie abweichend von § 308 Abs. 1 nicht von einem entsprechenden Antrag einer Partei abhängig machen wollte, sondern eine Entscheidung des Gerichts von Amts wegen vorgeschrieben hat. § 308a kann als **Ausprägung des sozialen Zivilprozessrechts** verstanden werden, durch das dafür Sorge getragen wird, die auf sozialen Erwägungen beruhenden Bestimmungen des materiellen Rechts in der Praxis durchzusetzen. Aufgrund dieser Vorschrift hat der Richter ohne ein entsprechendes Rechtsfolgebegehren ein privates Rechtsverhältnis zu gestalten.[4] 1

II. Ausspruch über eine Mietfortsetzung

1. Voraussetzungen. § 308a Abs. 1 ist in Rechtsstreitigkeiten anwendbar, die zwischen Vermieter und Mieter oder Mieter und Untermieter über die Räumung (Herausgabe) von Wohnraum geführt werden. Auch in den Fällen des **§ 574c BGB** ist § 308a zu beachten,[5] dagegen nicht, wenn es um die Fortsetzung befristeter Mietverhältnisse gem. § 575 BGB geht; in diesen Fällen muss der Mieter durch Klage oder Widerklage einen Anspruch auf Verlängerung geltend machen.[6] Hat ein Mieter der Kündigung des Vermieters nach § 574 BGB widersprochen und ist zwischen beiden eine Einigung über die Fortsetzung des Vertrages nicht zu erzielen, ohne dass der Vermieter Räumungsklage erhebt, dann kann der **Mieter auf Fortsetzung klagen;** in einem solchen Rechtsstreit ist § 308a Abs. 1 entsprechend anzuwenden, wenn der Mieter keinen zeitlich genau bestimmten Antrag stellt.[7] Die Frage, ob und von welcher Dauer das Gericht eine Mietfortsetzung auszusprechen hat, muss aufgrund der §§ 574 bis 574b BGB beantwortet werden. Die sich aus **§ 721** ergebende Möglichkeit, in einem Räumungsurteil dem Schuldner eine Räumungsfrist bis zu einem Jahr zu gewähren, steht einer Entscheidung nach § 308a Abs. 1, die eine Fortsetzung des Mietverhältnisses für ein Jahr oder eine kürzere Dauer ausspricht, nicht entgegen, denn die Voraussetzungen und Rechtswirkungen beider Entscheidungen sind unterschiedlich (vgl. auch die Erl. zu § 721). 2

Da die Entscheidung nach § 308a Abs. 1 in erster Linie die Interessen des Mieters schützen soll (vgl. Rn. 1), ist gegen seinen Willen die Fortsetzung des Mietverhältnisses durch das Gericht nicht auszusprechen.[8] Gibt der Mieter zu erkennen, dass er auf eine Fortsetzung des Mietverhältnisses überhaupt keinen Wert legt oder wünscht er nur die Verlängerung für einen bestimmten Zeitraum, dann hat sich das Gericht nicht darüber hinwegzusetzen und ihm mehr zu gewähren, als er erstrebt.[9] Deshalb ist das Gericht gehalten, durch Ausübung seines Fragerechts (§ 139) den **Willen des Mieters** zu erforschen, wenn dieser nicht eindeutig feststeht (vgl. auch Rn. 6). 3

2. Inhalt. Durch den Ausspruch über Dauer und Bedingungen der Fortsetzung eines Mietverhältnisses gestaltet der Richter im Rahmen einer ihm übertragenen Ordnungsfunktion[10] durch sein Urteil das zwischen den Parteien bestehende Mietverhältnis neu. Dies lässt eine möglichst präzise 4

---

[1] MünchKommBGB/*Häublein* § 574 Rn. 1.

[2] So die amtliche Begründung des Gesetzentwurfs (BT-Drucks. IV/806 S. 13 zu Art. II Nr. 2). Durch das MietRefG vom 19. 6. 2001 (BGBl. I S. 1149) wurde die Paragraphenfolge im BGB geändert und deshalb auch eine entsprechende Korrektur des § 308a erforderlich.

[3] Amtliche Begründung (Fn. 2).

[4] *Stein/Jonas/Leipold* Rn. 10; *Zöller/Vollkommer* Rn. 1.

[5] *Hoffmann* MDR 1965, 170, 174 (zu § 574c aF); Hk-ZPO/*Saenger* Rn. 2.

[6] AG Münster WoM 1988, 364; *Bamberger/Roth/Hannappel* § 575 Rn. 40 m. weit. Nachw.

[7] *Zöller/Vollkommer* Rn. 2; Hk-ZPO/*Saenger* Rn. 2.

[8] Vgl. *Stein/Jonas/Leipold* Rn. 8.

[9] *Zöller/Vollkommer* Rn. 3; Hk-ZPO/*Saenger* Rn. 3; aA AK-ZPO/*Fenge* Rn. 13.

[10] *Mohnen,* FS Nipperdey, 1965, S. 605, 617 Fn. 13.

Angabe der durch das Urteil geschaffenen Regelungen im **Tenor** erforderlich sein.[11] Regelmäßig ist für die Fortsetzung des Mietverhältnisses ein genau bestimmter Zeitraum anzugeben, wobei es sich empfiehlt, das Datum zu nennen, zu dem das Mietverhältnis endet.[12] Nur, wenn ungewiss ist, wann voraussichtlich die Umstände entfallen, wegen derer der Mieter die Fortsetzung des Mietverhältnisses verlangen kann, darf im Urteil angeordnet werden, dass das Mietverhältnis auf unbestimmte Zeit fortgesetzt wird (vgl. § 574a Abs. 2 S. 2 BGB).[13] Die vom Gericht geänderten Bedingungen, zB die Miethöhe,[14] zu denen das Mietverhältnis fortgesetzt wird, müssen stets genau im Tenor bezeichnet werden. Das Urteil ist ohne Sicherheitsleistung für vorläufig vollstreckbar zu erklären (§ 708 Nr. 7).

5 **3. Urteilsergänzung.** Hat das Gericht irrtümlich über die Fortsetzung des Mietverhältnisses nicht entschieden, obwohl die Voraussetzungen dafür erfüllt sind, dann ist in entsprechender Anwendung des § 321 das Urteil zu ergänzen.[15] Allerdings ist hierfür ein Antrag innerhalb der in § 321 Abs. 2 vorgeschriebenen Frist erforderlich.

III. Verfahren

6 **1. Rechtliches Gehör.** Wenn in **Absatz 1 S. 2** ausdrücklich die Verpflichtung des Gerichts erwähnt wird, die Parteien vor einem Ausspruch über die Fortsetzung des Mietverhältnisses zu hören, dann wird damit nicht lediglich deklaratorisch und deshalb überflüssig[16] ein sich aus Art. 103 Abs. 1 GG ergebender Anspruch wiederholt, sondern es soll damit offensichtlich zum Ausdruck gebracht werden, dass die Parteien vom Gericht auf die Möglichkeit des Verlängerungsanspruches hingewiesen und zum Vortrag der dafür erforderlichen Tatsachen aufgefordert werden sollen.[17] Denn die tatsächlichen Voraussetzungen, unter denen eine Verlängerung des Mietverhältnisses vom Gericht zu bestimmen ist, werden nicht von Amts wegen ermittelt, sondern müssen von den Parteien dargelegt und im Streitfall bewiesen werden. Denn es gilt der Verhandlungsgrundsatz und nicht etwa der Untersuchungsgrundsatz.[18]

7 **2. Versäumnisverfahren.** Auch im Versäumnisurteil kann eine Entscheidung nach § 308a Abs. 1 ausgesprochen werden, wenn der vom Gericht zu beachtende Tatsachenstoff die dafür erforderlichen Voraussetzungen ergibt.[19] Jedoch ist hierbei zu beachten, dass die Entscheidung über die Fortsetzung eines Mietverhältnisses nicht gegen den Willen der durch sie begünstigten Partei ergehen darf (vgl. Rn. 3). Ergeben sich insoweit Zweifel, dann darf das Gericht kein Versäumnisurteil erlassen, sondern muss die nicht erschienene Partei hören, um ihren Willen zu erforschen.

8 **3. Widerklage des Mieters.** Die in § 308a Abs. 1 getroffene Regelung macht eine Widerklage des Mieters, mit der er die Fortsetzung des Mietverhältnisses anstrebt, entbehrlich. Deshalb ist es nur konsequent, ein Rechtsschutzinteresse des Mieters an einer solchen Klage zu verneinen.[20]

IV. Anfechtung des Ausspruches (Abs. 2)

9 Der Ausspruch über die Fortsetzung des Mietverhältnisses kann von den Parteien isoliert, also ohne Einlegung eines Rechtsmittels gegen die übrige Entscheidung, angefochten werden, und zwar mit dem Rechtsmittel, das gegen das Urteil gegeben ist. Ist kein **Rechtsmittel statthaft,** dann entfällt die Möglichkeit einer Anfechtung nach § 308a Abs. 2. Da eine Entscheidung über die Fortsetzung des Mietverhältnisses nicht von einem Antrag abhängig ist, ist für ihre Anfechtung auch nur eine **materielle Beschwer** erforderlich.[21]

V. Kosten

10 Für Räumungsprozesse schafft § 93b eine kostenrechtliche Sonderregelung.

---

[11] *Fenge* (Fn. 9) Rn. 12.
[12] *Thomas/Putzo/Reichold* Rn. 3.
[13] AG Friedberg WoM 1993, 675; Hk-ZPO/*Saenger* Rn. 3; aA *Baumbach/Lauterbach/Hartmann* Rn. 4.
[14] LG Aurich WoM 1992, 609, 610; vgl. auch AG Heidenheim WoM 1992, 436, 437.
[15] *Stein/Jonas/Leipold* Rn. 13; *Zöller/Vollkommer* Rn. 4.
[16] So *Thomas/Putzo/Reichold* Rn. 5.
[17] *Stein/Jonas/Leipold* Rn. 9.
[18] *Thomas/Putzo/Reichold* Rn. 7; *Fenge* (Fn. 9) Rn. 10.
[19] Vgl. *Zöller/Vollkommer* Rn. 5; *Stein/Jonas/Leipold* Rn. 14f.
[20] Str.; wie hier *Bamberger/Roth/Hannappel* § 574a Rn. 17; *Staudinger/Rolfs* § 574a Rn. 10; aA MünchKommBGB/*Häublein* §§ 574a Rn. 9; *Thomas/Putzo/Reichold* Rn. 8; *Stein/Jonas/Leipold* Rn. 10 Fn. 6; Hk-ZPO/*Saenger* Rn. 7.
[21] *Zöller/Vollkommer* Rn. 6; *Thomas/Putzo/Reichold* Rn. 9; *Stein/Jonas/Leipold* Rn. 19.

§ 309 Erkennende Richter

Das Urteil kann nur von denjenigen Richtern gefällt werden, welche der dem Urteil zugrunde liegenden Verhandlung beigewohnt haben.

I. Normzweck

Die Vorschrift des § 309 knüpft an die Grundsätze der **Unmittelbarkeit** und der **Mündlichkeit** 1
des Zivilprozessualen Verfahrens an[1] und präzisiert die verfassungsrechtlich fundierte **Garantie des gesetzlichen Richters** (Art. 101 Abs. 1 S. 2 GG).[2] Nur die Richter, die an der für das Urteil allein maßgeblichen mündlichen Verhandlung teilgenommen haben, dürfen den Rechtsstreit entscheiden.[3] Durch diese Vorschrift wird somit geklärt, wer bei einer Änderung in der Besetzung der Richterbank der gesetzliche Richter ist; zugleich ist aber auch damit eine Einschränkung des Grundsatzes der Unmittelbarkeit verbunden, denn es wird nicht verlangt, dass die das Urteil fällenden Richter an der gesamten Verhandlung des Rechtsstreits teilgenommen haben müssen, sondern nur an der letzten mündlichen Verhandlung, die dem Urteil voranging (vgl. Rn. 4). Da § 309 folglich als eine Konkretisierung verfassungsrechtlicher Garantien und grundlegender Verfahrensmaximen aufzufassen ist, stellt diese Vorschrift eine strikt zu beachtende, unverzichtbare Regelung dar (vgl. u. Rn. 14).[4]

II. Anwendungsbereich

1. Freiwillige Gerichtsbarkeit. In Verfahren der Freiwilligen Gerichtsbarkeit gilt grundsätzlich 2
nicht das Prinzip der Mündlichkeit, und die Grundlage der gerichtlichen Entscheidung bildet folglich auch nicht die mündliche Verhandlung. Deshalb kann § 309 in Verfahren nach dem FGG nicht angewendet werden.[5] Jedoch müssen bei einem Wechsel in der Besetzung des Gerichts nach Abschluss einer Beweisaufnahme durch förmliche Vernehmung von Zeugen gem. § 15 FGG die Aussagen und der persönliche Eindruck des vernehmenden Richters aktenkundig gemacht worden sein, wenn sie von dem neu hinzutretenden Richter verwertet werden sollen (vgl. auch § 355 Rn. 5 ff.).[6]

2. Arbeitsgerichtliches Verfahren. § 309 gilt in arbeitsgerichtlichen Verfahren entsprechend 3
(vgl. § 46 Abs. 2 S. 1 ArbGG iVm. § 495, § 64 Abs. 6 ArbGG iVm. § 525, § 72 Abs. 5 ArbGG iVm. § 555).[7] § 55 ArbGG ordnet für bestimmte in dieser Vorschrift genannte Fälle an, dass der Vorsitzende allein, also ohne Hinzuziehung der ehrenamtlichen Richter, entscheidet.

III. Dem Urteil zugrundeliegende Verhandlung

1. Schlussverhandlung. Die dem Urteil zugrundeliegende Verhandlung, der nach § 309 die 4
das Urteil fällenden Richter beiwohnen müssen, ist die letzte mündliche Verhandlung, die dem Erlass des Urteils vorausgeht, also die Schlussverhandlung.[8] Es ist somit nicht erforderlich, dass die Richter, die das Urteil sprechen, auch an den vorher stattfindenden Verhandlungsterminen teilgenommen haben.[9]

2. Schriftliches Verfahren. Die Vorschrift des § 309 setzt voraus, dass dem Urteil eine münd- 5
liche Verhandlung vorausgeht. In Fällen, in denen es zugelassen wird, dass das Gericht ohne mündliche Verhandlung entscheidet (§ 128 Abs. 2 und 3), kann deshalb nicht § 309 angewendet wer-

---

[1] Vgl. Mat. II 1 S. 125, 286 (zu § 270); BGHZ 11, 27, 30 = NJW 1954, 266; BGHZ 61, 369, 370 = NJW 1974, 143; OLG Köln NJW 1977, 1159; *Auernhammer* ZZP 67 (1954), 256, 260.

[2] *Stein/Jonas/Leipold* Rn. 1; vgl. auch OLG Köln (Fn. 1).

[3] BGHZ 61, 370 (Fn. 1).

[4] OLG Stuttgart ZZP 68 (1955), 94.

[5] BayObLGZ 1964, 433, 440; 1982, 384, 387 f.; BayObLG NJW-RR 1991, 140 f.; OLG Köln FamRZ 1992, 200; NZM 2004, 305; *Baumbach/Lauterbach/Hartmann* Rn. 3; *Zimmermann,* Praktikum der Freiwilligen Gerichtsbarkeit, 5. Aufl. 1998, S. 16.

[6] BayObLG (Fn. 5); *Zimmermann* (Fn. 5).

[7] BAG MDR 2003, 47, 48; *Stein/Jonas/Leipold* Rn. 20.

[8] BGH (Fn. 1); BGH NJW 1981, 1273, 1274; *Vollkommer* NJW 1968, 1309, 1310.

[9] *B. Schmidt,* S. 24 ff. m. weit. Nachw.; aA *Kirchner* NJW 1971, 2158 (Gesamtzahl der im Verfahren einer Instanz stattgefundenen Verhandlungstermine als Verhandlung iSv. § 309); Bad.-Württ. VGH JZ 1985, 852 (Verhandlung iSv. § 112 VwGO auch ein dem letzten Verhandlungstermin vorausgehender Termin, an dem die mündliche Verhandlung nicht geschlossen, sondern lediglich vertagt wurde), jedoch ohne Auseinandersetzung mit der gegenteiligen hM; zust. *Gusy* JuS 1990, 712, 713.

den.[10] Dies gilt auch, wenn bereits eine **mündliche Verhandlung stattgefunden** hat, bevor die Parteien ihr Einverständnis zum schriftlichen Verfahren erteilt haben (§ 128 Abs. 2).[11] Es ist allerdings die Einschränkung zu machen, dass ein nur mündlich vorgetragenes, nicht in den Akten festgehaltenes Parteivorbringen bei einem Richterwechsel nicht berücksichtigt werden darf.[12] Die Partei, die die Berücksichtigung dieses Vorbringens wünscht, muss also ihren mündlichen Vortrag in einem Schriftsatz wiederholen.

6 **3. Entscheidung nach Lage der Akten.** Ebenso wenig wie im schriftlichen Verfahren (vgl. Rn. 5) ist § 309 zu beachten ist, wenn das Gericht auf der Grundlage des § 251 a oder § 331 a ein Urteil nach Lage der Akten erlässt.[13] Zwar muss im Unterschied zu einer Entscheidung im schriftlichen Verfahren bei einem Urteil nach Lage der Akten gemäß § 251 a eine mündliche Verhandlung vorausgehen und es muss der in dieser mündlichen Verhandlung vorgetragene Prozessstoff bei Erlass des Urteils berücksichtigt werden (vgl. § 251 a Rn. 11), jedoch ist dann auch der Inhalt der Gerichtsakten einschließlich von Schriftsätzen der Parteien heranzuziehen, die nach der mündlichen Verhandlung dem Gegner zugestellt oder nach § 270 mitgeteilt worden sind.[14]

IV. Fällung des Urteils

7 **1. Entscheidung über das Urteil.** Ein Urteil wird dadurch „gefällt", dass eine verbindliche Entscheidung über seinen Inhalt getroffen wird. Dieser Entscheidung muss grundsätzlich eine streitige mündliche Verhandlung vorausgehen (Ausnahmen: §§ 128 Abs. 2, 3, 251 a, 330, 331, 331 a), und nur der in dieser Verhandlung mündlich vorgetragene Prozessstoff darf im Urteil Berücksichtigung finden (vgl. zu dieser aus dem Grundsatz der Mündlichkeit folgenden Regel und auch zu ihren Grenzen § 128 Rn. 5 ff.). Bei **Kollegialgerichten** wird die Entscheidung über das Urteil in geheimer **Beratung** und **Abstimmung** nach den in §§ 192 ff. GVG enthaltenen Vorschriften vollzogen; ein Einzelrichter fällt das Urteil dadurch, dass er einen entsprechenden Entschluss fasst.[15] Das Urteil wird sodann **schriftlich niedergelegt,** stellt aber bis zu seiner Verkündung (vgl. § 310 und die Erl. zu dieser Vorschrift) nur einen gerichtsinternen Entwurf dar, der noch abgeändert werden kann (vgl. dazu Rn. 8). Der **Urteilsverkündung** folgt die Herstellung der Urteilsurkunde (vgl. §§ 313 ff.), sofern nicht das Urteil bei seiner Verkündung bereits in vollständiger Form abgefasst sein muss (vgl. § 310 Abs. 2).

8 **2. Abänderung der Entscheidung.** Der gerichtsinterne Urteilsentwurf, als der jede Entscheidung über den Inhalt des Urteils bis zur Verkündung anzusehen ist (vgl. Rn. 7), kann nach denselben Regeln, wie sie für die ursprüngliche Entscheidung gelten, abgeändert werden.[16] Dies bedeutet, dass auch dieselben Richter, die die abzuändernde Entscheidung gefasst haben, an ihrer Korrektur mitwirken müssen. Hat zwischenzeitlich ein **Richterwechsel** stattgefunden oder ist ein Richter an der erneuten Beschlussfassung verhindert, dann kann eine Änderung nur aufgrund einer erneuten mündlichen Verhandlung vorgenommen werden.[17] Da für Urteile, die im **schriftlichen Verfahren** oder **nach Lage der Akten** ergehen, § 309 nicht gilt (vgl. Rn. 5 f.), ist in diesen Fällen eine Änderung des Urteilsentwurfs ohne erneute mündliche Verhandlung auch dann zulässig, wenn die Richter gewechselt haben und deshalb das Kollegium, das die Abänderung beschließt, nicht mehr identisch mit dem ursprünglichen ist.[18]

9 **3. Der Verhandlung beiwohnende Richter.** Das Urteil darf nur von den Richtern gefällt werden, die der letzten mündlichen Verhandlung beigewohnt, dh. an ihr ununterbrochen teilgenommen haben.[19] Verlässt ein Richter auch nur kurzfristig diese Verhandlung, so hat er ihr

---

[10] BGHZ 11, 27, 29 ff. = NJW 1954, 266; BGH FamRZ 1957, 370, 371; MDR 1968, 314; BayObLGZ 1964, 433, 440; *Vollkommer* NJW 1968, 1309, 1311 Fn. 16; *Krause* MDR 1982, 184, 186; *B. Schmidt* S. 149 f. m. weit. Nachw.

[11] BGH NJW-RR 1992, 1065 = LM Nr. 2 m. Anm. v. *Wax; Hk-ZPO/Saenger* Rn. 6; *Rosenberg/Schwab/Gottwald* § 79 Rn. 81; aA *Auernhammer* ZZP 67 (1954), 256, 261.

[12] BGH (Fn. 11); *Stein/Jonas/Leipold* § 128 Rn. 96; *Musielak/Stadler* § 128 Rn. 19.

[13] RGZ 132, 330, 336; 149, 158, 159 f.; *Stein/Jonas/Leipold* Rn. 17; *Zöller/Vollkommer* Rn. 6; *Zöller/Greger* § 251 a Rn. 9; *Musielak/Stadler* Rn. 2; *Thomas/Putzo/Reichold* Rn. 2; aA *Auernhammer* (Fn. 11) S. 260 ff.; *Blomeyer* § 55 III 1.

[14] Vgl. BGH NJW 2002, 301, 302; *Stein/Jonas/Roth* § 251 a Rn. 7 ff.

[15] *Vollkommer* NJW 1968, 1309, 1311.

[16] BGHZ 61, 369, 370 = NJW 1974, 143; BGH NJW 2002, 1426, 1427; *Stein/Jonas/Leipold* Rn. 13; *Zöller/Vollkommer* Rn. 3.

[17] BGH (Fn. 16); *Vollkommer* (Fn. 15) S. 1312; *Stein/Jonas/Leipold* Rn. 13.

[18] BFH NJW 1964, 1591.

[19] BAG NJW 1958, 924 = AP § 164 Nr. 1 m. Anm v. *Lukes; Savaete* AuR 1959, 93.

nicht „beigewohnt" iSv. § 309, auch wenn er sich später über den Gang der Verhandlung informiert.[20]

V. Verhinderung und Wechsel von Richtern

Welche Rechtsfolgen sich für das in einem Zivilprozess zu erlassende Urteil ergeben, wenn ein Mitglied des zur Entscheidung berufenen Kollegiums oder der mit der Sache befasste Einzelrichter ausscheidet und an seine Stelle nach dem Geschäftsverteilungsplan ein anderer Richter tritt **(Richterwechsel)** oder wenn ein solcher Richter an der Ausübung seiner Tätigkeit beispielsweise durch Erkrankung oder Urlaub verhindert ist, ohne jedoch aus dem Spruchkörper auszuscheiden **(Richterverhinderung),**[21] ist im Wesentlichen an der Vorschrift des § 309 zu messen. Hierbei sind folgende Fälle zu unterscheiden: **10**

Der Wechsel oder die Verhinderung tritt **vor der letzten mündlichen Verhandlung** ein. Für diesen Fall ergeben sich aus § 309 keine Konsequenzen, da nach dieser Vorschrift nur verlangt wird, dass die das Urteil fällenden Richter an der Schlussverhandlung teilnehmen (vgl. o. Rn. 4). Der Richterwechsel zwingt weder zur Erneuerung der Parteianträge (vgl. § 137 Rn. 4)[22] noch zur Wiederholung einer Beweisaufnahme (vgl. § 355 Rn. 6). **11**

Der Wechsel oder die Verhinderung tritt **nach der letzten mündlichen Verhandlung** und vor Fällung des Urteils ein. In diesem Fall muss die Verhandlung wiedereröffnet werden (§ 156 Abs. 2 Nr. 3), damit der Vorschrift des § 309 entsprochen wird. Dabei bleiben bindende Prozesslagen wie beispielsweise Rügeverzicht (§ 295), eingetretene Verspätungsfolgen und Geständnisse weiterhin bestehen und das bisherige Parteivorbringen wirksam.[23] Bei einer **Übertragung** des Rechtsstreits von der Zivilkammer **auf** den **Einzelrichter gem.** § 348 a Abs. 1, ist in jedem Fall vor dessen Entscheidung vor ihm mündlich zu verhandeln.[24] Bei einer Rückgabe vom Einzelrichter an die Kammer (§ 348 a Abs. 2) muss ebenfalls eine Schlussverhandlung vor der Kammer stattfinden, bevor der Rechtsstreit durch Urteil entschieden wird.[25] **12**

Der Wechsel oder die Verhinderung von Richtern tritt **nach Fällung des Urteils** und vor seiner Verkündung ein. Dieser Fall wird durch § 309 nicht erfasst und es brauchen deshalb auch nicht dieselben Richter, die das Urteil gefällt haben, an seiner Verkündung teilzunehmen (vgl. auch § 310 Rn. 7).[26] Die Entscheidung über die Wiedereröffnung des Verfahrens wegen eines nach Beratung und Abstimmung über das Urteil eingehenden Schriftsatzes haben die Richter zu treffen, die an der letzten mündlichen Verhandlung und an dem Urteil mitgewirkt haben. Ist einer dieser Richter verhindert, dann haben die übrigen Richter allein ohne Zuziehung eines Vertreters in entsprechender Anwendung des § 320 Abs. 4 S, 2 und 3 zu entscheiden.[27] Für die Frage, welche Rechtsfolgen sich aus einer Verhinderung oder aus einem Wechsel von Richtern nach der Verkündung und vor Unterzeichnung des Urteils ergeben, ist § 315 maßgebend (vgl. die Erl. zu dieser Vorschrift). **13**

VI. Rechtsfolgen eines Verstoßes gegen § 309

Ein Urteil, das unter Verletzung des § 309 gefällt wurde, ist wirksam, aber anfechtbar.[28] Der Verstoß gegen § 309 stellt einen wesentlichen Verfahrensmangel iSv. § 538 Abs. 2 S. 1 Nr. 1 dar[29] sowie einen absoluten Revisions- und Nichtigkeitsgrund (§§ 547 Nr. 1, 579 Abs. 1 Nr. 1).[30] In der Revisionsinstanz ist jedoch eine vom erstinstanzlichen Gericht begangene Verletzung des § 309 nur dann zu beachten, wenn auch das Urteil der zweiten Instanz davon beeinflusst sein kann.[31] Nach Rechtswegerschöpfung, wozu auch eine Rüge nach § 321 a gehört, kann eine Verfassungsbe- **14**

---

[20] BAG (Fn. 19).

[21] *Vollkommer* NJW 1968, 1309, 1310.

[22] *Kirchner* NJW 1971, 2158; *Baumbach/Lauterbach/Hartmann* Rn. 4; *Zöller/Vollkommer* Rn. 1; aA BAG NJW 1971, 1332.

[23] *Stein/Jonas/Leipold* Rn. 14; *Zöller/Vollkommer* Rn. 4; *Rosenberg/Schwab/Gottwald* § 60 Rn. 1.

[24] OLG Köln NJW 1977, 1159.

[25] *Zöller/Greger* § 348 a Rn. 10.

[26] BGHZ 61, 370 (Fn. 16); BGH NJW 2002. 1426, 1428; LAG Frankfurt LAGE § 311 Nr. 1; *Vollkommer* NJW 1968, 1309, 1311.

[27] BGH NJW 2002, 1426. Das Gericht lässt es offen, ob gleich zu entscheiden ist, wenn nicht der Gesamtspruchkörper eines Kollegialgericht, sondern ein Einzelrichter oder ein Richter am AG über die Wiedereröffnung zu entscheiden hat.

[28] *Baumbach/Lauterbach/Hartmann* Rn. 6; Hk-ZPO/*Saenger* Rn. 7.

[29] OLG München MDR 1955, 426; OLG Köln NJW 1977, 1159; *Thomas/Putzo/Reichold* Rn. 3.

[30] BAG NJW 1971, 1332; *Stein/Jonas/Leipold* Rn. 2, 15; AK-ZPO/*Wassermann* Rn. 9.

[31] Vgl. BGH FamRZ 1986, 898.

schwerde wegen Verletzung des Art. 101 Abs. 1 S. 2 GG[32] oder wegen Missachtung des Anspruchs auf rechtliches Gehör (Art. 103 Abs. 1 GG)[33] in Betracht kommen.

§ 310 Termin der Urteilsverkündung

(1) [1]Das Urteil wird in dem Termin, in dem die mündliche Verhandlung geschlossen wird, oder in einem sofort anzuberaumenden Termin verkündet. [2]Dieser wird nur dann über drei Wochen hinaus angesetzt, wenn wichtige Gründe, insbesondere der Umfang oder die Schwierigkeit der Sache, dies erfordern.

(2) Wird das Urteil nicht in dem Termin, in dem die mündliche Verhandlung geschlossen wird, verkündet, so muss es bei der Verkündung in vollständiger Form abgefasst sein.

(3) Bei einem Anerkenntnisurteil und einem Versäumnisurteil, die nach §§ 307, 331 Abs. 3 ohne mündliche Verhandlung ergehen, wird die Verkündung durch die Zustellung des Urteils ersetzt. Dasselbe gilt bei einem Urteil, das den Einspruch gegen ein Versäumnisurteil verwirft (§ 341 Abs. 2).

I. Normzweck

1 Bis zu seiner Verkündung stellt das Urteil nur einen gerichtsinternen Entwurf dar, der noch abgeändert werden kann (vgl. § 309 Rn. 7f.). Erst mit der Verkündung wird das Urteil als gerichtliche Entscheidung existent und bindend (vgl. § 318 und die Erl. zu dieser Vorschrift). Die Regelung des § 310 Abs. 1 beruht auf dem Grundsatz, dass ein Urteil sofort nach Schluss der mündlichen Verhandlung zu verkünden ist.[1] Hierfür spricht nach Auffassung des Gesetzgebers „nicht allein die Rücksicht auf Raschheit des Verfahrens, sondern auch der Umstand, dass eine Garantie für die Güte des Urteils darin zu finden ist, dass die richterliche Berathschlagung der Verhandlung thunlichst schnell folgt".[1] Da jedoch Schwierigkeit und Umfang eines Urteils eine längere Bearbeitungszeit erfordern können, lässt es das Gesetz zu, das Urteil in einem besonderen Termin zu verkünden. Die Verkündung wird bei Anerkenntnis- und Versäumnisurteilen, die im schriftlichen Vorverfahren ergehen, durch Zustellung der Urteile ersetzt (§ 310 Abs. 3).

II. Anwendungsbereich

2 **1. Verfahren der Freiwilligen Gerichtsbarkeit.** Für die Bekanntmachung gerichtlicher Entscheidungen in Verfahren der Freiwilligen Gerichtsbarkeit ist durch § 16 FGG eine Regelung geschaffen worden. Für die Bekanntmachung isoliert beim Familiengericht anhängiger Sachen der Freiwilligen Gerichtsbarkeit gilt § 329 Abs. 1 S. 2, in dem auf § 310 Abs. 1 verwiesen wird (vgl. § 329 Rn. 13).[2]

3 **2. Arbeitsgerichtliches Verfahren.** In Abweichung von § 310 Abs. 1 bestimmt § 60 Abs. 1 ArbGG, dass Urteile grundsätzlich am Schluss der mündlichen Verhandlung verkündet werden sollen und dass ein besonderer Verkündungstermin nur unter engen Voraussetzungen zulässig ist; diese Vorschrift gilt für Urteile der zweiten Instanz entsprechend (§ 69 Abs. 1 S. 2 ArbGG). Für Urteile in der Revisionsinstanz enthält das Arbeitsgerichtsgesetz keine Bestimmungen über die Verkündung, so dass § 310 Abs. 1 und 2 entsprechend anwendbar sind (§ 72 Abs. 5 ArbGG iVm. § 555).[3] Nach § 60 Abs. 3 S. 1 ArbGG ist die Wirksamkeit der Verkündung nicht von der Anwesenheit der ehrenamtlichen Richter abhängig. Wird ein von der Kammer gefälltes Urteil ohne Zuziehung der ehrenamtlichen Richter verkündet, so ist die Urteilsformel vorher von dem Vorsitzenden und den ehrenamtlichen Richtern zu unterschreiben (§ 60 Abs. 3 S. 2 ArbGG). § 60 Abs. 4 S. 2 ArbGG stimmt wörtlich mit § 310 Abs. 2 überein; diese Vorschrift gilt auch im Berufungsverfahren (§ 69 Abs. 1 S. 2 ArbGG). Durch das Anhörungsrügengesetz ist § 72b in das ArbGG eingeführt worden, durch den die betroffene Partei das Recht erhält, eine sofortige Beschwerde einzulegen, wenn das Endurteil eines Landesarbeitsgerichts nicht innerhalb der Fünfmonatsfrist vollständig abgefasst und mit denen Unterschriften sämtlicher Mitglieder der Kammer versehen der Geschäftsstelle übergeben worden ist.

---

[32] *Zimmermann* Rn. 3; *Thomas/Putzo/Reichold* Rn. 3; vgl. auch BVerfGE 4, 412 = NJW 1956, 545; BVerfGE 17, 294 = NJW 1964, 1020.
[33] Vgl. *Gusy* JuS 1990, 712.
[1] Mat. II 1 S. 286 (zu § 271).
[2] Vgl. *Keidel/Kuntze/Winkler/Schmidt* § 16 Rn. 75.
[3] *Stein/Jonas/Leipold* Rn. 30.

III. Verkündung des Urteils

4 **1. Zeitpunkt und Ort.** Das Urteil soll möglichst rasch verkündet werden (vgl. Rn. 1); dies spricht für eine Verkündung in dem Termin, in dem die mündliche Verhandlung geschlossen wird (man spricht dann von einem „Stuhlurteil"). Der Richter wird allerdings die **Vorteile** einer Verkündung im unmittelbaren Anschluss an die mündliche Verhandlung gegen die **Gefahr** abzuwägen haben, bei diesem Verfahren wichtige Gesichtspunkte zu übersehen, die ihn zu einer abweichenden Entscheidung veranlassen würden. Es ist in das Ermessen des Richters gestellt, ob er sich für ein **Stuhlurteil** entscheidet oder zunächst noch seine Entscheidung hinausschiebt, um sie überdenken zu können. Zuzustimmen ist der Auffassung, die Entscheidung, welche Alternative gewählt wird, nicht zu einer Routinefrage werden zu lassen, sondern sie aufgrund der Besonderheiten des jeweiligen Rechtsstreits zu entscheiden.[4]

5 Wird das Urteil in einem **besonderen Termin** verkündet, dann ist dieser sofort, dh. in dem Termin, in dem die mündliche Verhandlung geschlossen wird, anzuberaumen. Dieser Termin kann aber wie jeder andere auch von Amts wegen verlegt oder vertagt werden (§ 227). Der Termin muss nicht zur Verkündung eines „Urteils" angesetzt werden, vielmehr genügt es, dass eine „Entscheidung" angekündigt wird. Die Parteien müssen in einem solchen Fall mit dem Erlass eines Urteils rechnen.[5] Das in der Gerichtspraxis vorkommende Verfahren, das Urteil in einem gewissen zeitlichen Abstand vom Schluss der mündlichen Verhandlung zu verkünden, zB am späten Nachmittag, wenn am Vormittag die mündliche Verhandlung geschlossen worden ist,[6] ist nur dann mit der Vorschrift des § 310 vereinbar, wenn das Gericht den Zeitpunkt der Verkündung in der mündlichen Verhandlung nennt, weil es sich dann nicht etwa um eine Verkündung am Schluss der mündlichen Verhandlung, sondern um einen besonderen Termin zur Verkündung handelt. Die Vorschriften über die Verkündung in einem besonderen Termin können auch nicht dadurch umgangen werden, dass eine mündliche Verhandlung unterbrochen und am nächsten Tag mit der Verkündung des Urteils fortgesetzt wird.[7] Der Verkündungstermin darf nach § 310 Abs. 1 S. 2 nur dann über 3 Wochen hinaus angesetzt werden, wenn wichtige Gründe dies erfordern. Als solche wichtigen Gründe werden im Gesetz insbesondere der Umfang oder die Schwierigkeit der Sache genannt. Auch die Überlastung des Gerichts kann als Grund in Betracht kommen,[8] wobei zu berücksichtigen ist, dass nach § 310 Abs. 2 das **Urteil** bei der Verkündung **in vollständiger Form,** dh. entsprechend den §§ 313 bis 313b, abgefasst sein muss (vgl. Rn. 8). Wird die Frist des § 310 Abs. 1 S. 2 erheblich überschritten, dann kann in analoger Anwendung des § 252 **Beschwerde** eingelegt werden.[9] Auch eine Dienstaufsichtsbeschwerde kommt dann in Betracht.[10]

6 Die Verkündung ist stets in einer **öffentlichen Sitzung** vorzunehmen (§ 173 GVG). Soweit die Öffentlichkeit gewahrt ist, kann die Verkündung auch im Arbeitszimmer des Vorsitzenden oder im Beratungszimmer vollzogen werden.[11] Diesen Anforderungen wird jedoch nicht genügt, wenn das Gericht lediglich ankündigt, die Entscheidung im Laufe des Tages zu verkünden und nur auf Anfrage eines Beteiligten Ort (regelmäßig das Dienst- oder Beratungszimmer) und genauen Zeitpunkt nennt, weil sonst von einem konkludent erklärten Verzicht auf Teilnahme ausgegangen werde.[12]

7 **2. Durchführung.** Der Vorsitzende verkündet das Urteil (§ 136 Abs. 4). Wird das Urteil in dem Termin verkündet, in dem die mündliche Verhandlung geschlossen wird, so müssen die anderen Mitglieder des Prozessgerichts bei der Verkündung anwesend sein; dabei muss es sich jedoch nicht um dieselben Richter handeln, die das Urteil gefällt haben (vgl. § 309 Rn. 13). Bei einer Verkündung des Urteils in einem **besonderen Termin** ist die Anwesenheit der anderen Mitglieder des Prozessgerichts nicht erforderlich (§ 311 Abs. 4). Die Wirksamkeit der Verkündung eines Urteils ist von der Anwesenheit der Parteien nicht abhängig (§ 312 Abs. 1 S. 1). Im Regelfall wird

---

[4] AK-ZPO/*Wassermann* Rn. 5, der zutreffend darauf hinweist, dass es bei sorgfältiger Vorbereitung insbesondere dann, wenn die mündliche Verhandlung keine neuen Gesichtspunkte erbracht hat, durchaus möglich ist, der Absicht des Gesetzgebers zu entsprechen und das Urteil rasch zu verkünden.

[5] BGH VersR 1983, 1082.

[6] Vgl. *Fischer* DRiZ 1994, 95, 97.

[7] Vgl. OLG Frankfurt AnwBl. 1987, 235 = NJW-RR 1988, 128. BGH NJW 2004, 1666, weist darauf hin, dass es nicht zu beanstanden sei, wenn das Gericht nicht im unmittelbaren Anschluss an die mündliche Verhandlung, sondern erst nach zwischenzeitlicher Verhandlung anderer Sachen und Wiederaufruf der früheren das Urteil verkündet. Allerdings darf dann nicht zuvor die mündliche Verhandlung geschlossen werden.

[8] BVerfG NJW-RR 1993, 253.

[9] *Zöller/Vollkommer* Rn. 4; *Stein/Jonas/Leipold* Rn. 8; Hk-ZPO/*Saenger* Rn. 4.

[10] Vgl. BVerfG NJW 1989, 3148.

[11] AK-ZPO/*Wassermann* Rn. 3;

[12] Von einem solchen Verfahren in der Praxis berichtet *Fischer* (Fn. 6).

das Urteil durch Verlesen der Urteilsformel verkündet (vgl. § 311 Abs. 2 S. 1; vgl. § 311 Rn. 4). Die Verlesung der Urteilsformel kann durch eine Bezugnahme auf sie ersetzt werden, wenn in dem Verkündungstermin von den Parteien niemand erschienen ist (§ 311 Abs. 2 S. 2). Die Verkündung des Urteils ist im **Protokoll** festzustellen (§ 160 Abs. 3 Nr. 7; vgl. auch § 311 Rn. 4). Der Verkündungsvermerk des Urkundsbeamten der Geschäftsstelle nach § 315 Abs. 3 ersetzt das Verkündungsprotokoll nicht (vgl. § 315 Rn. 11).[13] Enthält das Protokoll die Feststellung, „anliegendes Urteil" sei verkündet worden, dann wird auch dann, wenn die ihm beigefügte Anlage mit der Urteilsformel erst geraume Zeit nach der Sitzung hergestellt worden ist, dadurch Beweis erbracht, dass das Urteil auf der Grundlage einer schriftlich fixierten Urteilsformel verkündet worden ist.[14] Wird im Protokoll nicht vermerkt, ob die Verkündung durch Verlesen der Urteilsformel (§ 311 Abs. 2 S. 1) oder durch Bezugnahme (§ 311 Abs. 4 S. 2) vorgenommen worden ist, so hindert das nicht die Wirksamkeit der Verkündung.[15] Im Verkündungstermin darf nur die Entscheidung verkündet, dagegen nicht verhandelt oder Beweis erhoben werden; folglich kann auch kein Versäumnisurteil gegen eine nicht erschienene Partei ergehen.

8 **3. § 310 Abs. 2.** Das in einem besonderen Termin verkündete Urteil muss schriftlich in einer den §§ 313 bis 313b entsprechenden Form niedergelegt und unterschrieben sein. Ein Diktat der Urteilsbegründung in Stenogramm oder auf Tonband genügt nicht, weil es sich dann nur um einen Entwurf des Urteils handelt.[16] Ist einer Partei **bis zum Ablauf der Rechtsmittelfrist** (vgl. §§ 517, 548) das Urteil in vollständiger Form **nicht zugestellt** worden und legt die Partei vorsorglich ein Rechtsmittel ein, dann sind bei späterer Rücknahme die Kosten des Rechtsmittels nach § 21 GKG niederzuschlagen; denn in diesem Fall handelt es sich um eine unrichtige Sachbehandlung, die für die Entstehung der Gerichtskosten ursächlich ist, weil die vollständige Fassung des Gerichts nicht so rechtzeitig hergestellt und der Partei mitgeteilt worden ist, dass sie sich über die Erfolgsaussicht ihres Rechtsmittels schlüssig werden konnte.[17] Das Verfahren des ersten Rechtszuges leidet an einem wesentlichen Mangel und das Berufungsgericht hat unter Aufhebung des Urteils regelmäßig die Sache an das Gericht des ersten Rechtszuges zurückzuverweisen, wenn die **vollständige Fassung** des erstinstanzlichen Urteils **erst kurze Zeit vor Ablauf der Fünfmonatsfrist des § 517** zugestellt wird.[18] Der wesentliche Verfahrensmangel besteht in einem solchen Fall darin, dass sonst die Parteien in die Zwangslage versetzt werden, mit Rücksicht auf den Ablauf der Rechtsmittelfrist ein Rechtsmittel einlegen zu müssen, ohne die Urteilsgründe zu kennen.[19] Aus den gleichen Gründen ist ein **Revisionsgrund** iSv. § 547 Nr. 6 darin zu sehen, wenn ein Berufungsurteil erst nach Ablauf der Fünfmonatsfrist des § 548 zur Geschäftsstelle gelangt (vgl. auch § 315 Rn. 14).[20] Die nach § 315 vorgeschriebenen Unterschriften können jedoch auch noch später nachgeholt werden (vgl. § 315 Rn. 13).[21] Der Anspruch auf rechtliches Gehör wird jedoch nicht verletzt, wenn ein Urteil erst nach Ablauf der Fünfmonatsfrist (§§ 517, 548) abgesetzt wird.[22]

IV. Zustellung statt Verkündung (§ 310 Abs. 3)

9 **1. Zuzustellende Urteile.** Die im schriftlichen Vorverfahren (§ 276) ergehenden Anerkenntnisurteile (§ 307 S. 2) und Versäumnisurteile gegen den Beklagten (§ 331 Abs. 3) sind nach § 310 Abs. 3 den Parteien (nur) zuzustellen; die Zustellung ersetzt also die in anderen Fällen stets vorgeschriebene Verkündung. Das Gleiche gilt für Entscheidungen, durch die der Einspruch gegen ein Versäumnisurteil als unzulässig verworfen wird (§ 341 Abs. 1). Eine solche durch Urteil zu erlassende Entscheidung kann nach § 341 Abs. 2 ohne mündliche Verhandlung ergehen, müsste aber nach § 310 Abs. 1 in einer mündlichen Verhandlung verkündet werden. Dies erscheint umständlich und überflüssig und wird nunmehr durch die Vorschrift des § 310 Abs. 3 S. 2 vermieden, die durch

---

[13] OLG Frankfurt NJW-RR 1995, 511; OLG Brandenburg NJW-RR 2002, 356, 357.

[14] BGH NJW 1985, 1782.

[15] BGH NJW 1994, 3358.

[16] OLG München OLGZ 1985, 491, 492 (zur gleichen Regelung in § 8 GKG aF).

[17] OLG München NJW 1975, 836 f.; *Wassermann* (Fn. 10) Rn. 8; vgl. auch BGH MDR 1987, 300, 301 (insoweit nicht in NJW 1987, 2446 – Fn. 19 – abgedruckt).

[18] So BGH NJW 1986, 2958; 1991, 1547 (zu dem vergleichbaren Fall der verspäteten Zustellung eines Berufungsurteils).

[19] BGH (Fn. 18).

[20] GmS-OGB NJW 1993, 2603 (zu § 138 Nr. 6 VwGO); BGH NJW 1987, 2446, 2447; MDR 2004, 1194; BAG MDR 1994, 202; NJW 1996, 870; BSG MDR 1994, 614; BVerwG NJW 1994, 273; BFH NJW 1994, 1752.

[21] BGHZ 18, 350, 354; RGZ 150, 147, 148.

[22] BVerfG NJW 1996, 3203.

das 1. JuMoG in das Gesetz eingeführt worden ist. Unter die Regelung des § 310 Abs. 3 fallen nicht Urteile, die im **schriftlichen Verfahren** nach § 128 Abs. 2 und 3 ergehen; diese Urteile müssen verkündet werden.[23] Eine Ausnahme ist jedoch für ein im Verfahren nach § 128 Abs. 2 erlassenes Anerkenntnisurteil zu machen, denn ein solches Urteil ergeht ohne mündliche Verhandlung und ist folglich zuzustellen. Die vorher bestehende Beschränkung auf Anerkenntnisurteile des schriflichen Vorverfahren ist durch die Änderung des § 307 entfallen.[24] **Urteile,** die nach **Lage der Akten** erlassen werden (§§ 251 a, 331 a) müssen verkündet werden, wobei allerdings in Abweichung von § 310 Abs. 1 eine sofortige Verkündung unzulässig ist, sondern frühestens in 2 Wochen vorgenommen werden darf (§§ 251 a Abs. 2 S. 2, 331 a S. 2). Die nach § 310 Abs. 3 zuzustellenden Urteile müssen **vollständig abgefasst** werden, wobei jedoch die abgekürzte Form des § 313 b gewählt werden kann; es genügt also nicht die Mitteilung der Urteilsformel.[25]

2. Wirkung. Mit der Zustellung wird das Urteil wie sonst durch seine Verkündung (vgl. Rn. 1) existent und für das Gericht bindend (vgl. § 318 Rn. 7). Da die Zustellung nach § 310 Abs. 3 zugleich die Zustellung iSv. § 317 ersetzt (§ 317 Abs. 1 S. 2), werden dadurch die **Rechtsmittel- und Einspruchsfristen** (§§ 339, 517, 548) **in Lauf gesetzt.** Allerdings sollen nach hM diese Fristen erst in dem Zeitpunkt beginnen, in dem auch der zweiten Partei das Urteil zugestellt wurde, wenn dies nicht gegenüber beiden Parteien gleichzeitig geschieht.[26] Bei einer notwendigen Streitgenossenschaft (§ 62) ist die Zustellung des Urteils iSv. § 310 Abs. 3 erst dann vollzogen, wenn es alle Streitgenossen im Wege der Zustellung erhalten haben, bei einer einfachen Streitgenossenschaft (§§ 59, 60) genügt dagegen die Zustellung an den einzelnen Streitgenossen, um das Urteil ihm gegenüber wirksam werden zu lassen.[27] 10

V. Rechtsfolgen von Verstößen gegen § 310

1. Fehler bei der Verkündung. Entgegen der Rechtsprechung des RG, nach der jedes Urteil, das nicht ordnungsgemäß verkündet wurde, als nicht erlassen, also als ein Nichturteil betrachtet werden musste,[28] will der BGH ein **„Nichturteil"** („wirkungsloses" Urteil, vgl. Vor §§ 300 ff. Rn. 4 ff.) nur dann annehmen, wenn bei seiner Verlautbarung Formvorschriften verletzt worden sind, die als unerlässlich angesehen werden müssen.[29] Als einen minder schweren Verfahrensverstoß und nicht als Ursache für ein „wirkungsloses" Urteil wertet es der BGH, wenn das Urteil nicht von der Kammer, die es fällte, sondern von einer anderen desselben Zivilgerichts verkündet wird.[30] Ebenso führt es nicht zur Nichtigkeit des Urteils, wenn ein Einzelrichter bei der Zivilkammer ein von der Kammer gefälltes Urteil verkündet[31] oder umgekehrt ein Urteil des Einzelrichters ohne seine Beteiligung von der Kammer verkündet wird.[32] Zu den Mindestanforderungen, die an die Verlautbarung eines Urteils und damit an dessen Existentwerden zu stellen sind, zählt nicht die Vorschrift des § 311 Abs. 2 S. 1, nach der das Urteil durch Vorlesung der Urteilsformel verkündet wird, so dass eine Bezugnahme auf die Urteilsformel einen minder schweren Verfahrensmangel darstellt.[33] Dementsprechend ist es auch unschädlich, wenn im Protokoll die Art der Verlautbarung nicht angegeben wird.[34] Ein unter Verstoß gegen die Vorschriften über die Anberaumung und Bekanntgabe des Verkündungstermins verkündetes Urteil ist kein wirkungsloses Urteil und kann die Grundlage einer Sachentscheidung des Revisionsgerichts bilden.[35] So ist insbesondere eine Verletzung der Vorschrift des § 310 Abs. 1 S. 2, nach der nur aus wichtigem Grund der Verkündungs- 11

---

[23] OLG Frankfurt FamRZ 1978, 430; MDR 1980, 320; OLG Koblenz GRUR 1989, 75; *Thomas/Putzo/Reichold* Rn. 1.

[24] So auch *Zöller/Vollkommer* Rn. 6.

[25] *Stein/Jonas/Leipold* Rn. 21.

[26] BGHZ 32, 370, 371; BGH VersR 1961, 251; NJW 1994, 3359, 3360; 1996, 1969, 1970; OLG Nürnberg NJW 1978, 832; *Zugehör* NJW 1992, 2261; Hk-ZPO/*Saenger* Rn. 7; gegen diese Ansicht mit beachtenswerten Gründen *Schneider* NJW 1978, 833; ebenso LG Bückeburg NJW-RR 1986, 1508.

[27] *Stein/Jonas/Leipold* Rn. 23; *Baumbach/Lauterbach/Hartmann* Rn. 12; AK-ZPO/*Wassermann* Rn. 9.

[28] RG JW 1915, 592; RGZ 90, 295, 296; 133, 215, 218; 135, 118, 120; RG JW 1936, 1903; 3313; 1937, 1664. Einen Überblick über die Entwicklung dieser Rechtsprechung gibt GSZ BGHZ 14, 39, 40 f. = NJW 1954, 1281.

[29] Grundlegend die Entscheidung des BGH (Fn. 28).

[30] BGHZ 41, 249, 253 = NJW 1964, 1568 (Zivilkammer statt Kammer für Baulandsachen); LAG Frankfurt BB 1988, 568 (LS).

[31] *Jauernig,* Fehlerhaftes Zivilurteil, S. 39 f.

[32] OLG Düsseldorf MDR 1977, 144.

[33] BGH NJW 1985, 1782.

[34] BGH NJW 1994, 3358.

[35] BGH (Fn. 28) S. 52 f.; vgl. auch BGHZ 10, 327, 331 f. = LM Nr. 1 (LS) m. Anm. v. *Johannsen.*

termin über 3 Wochen hinaus angesetzt werden darf (vgl. Rn. 5), als ein Verfahrensfehler zu werten, der die Wirksamkeit des Urteils nicht berührt.[36] Gleiches gilt, wenn entgegen der Vorschrift des § 310 Abs. 2 das Urteil im Zeitpunkt der Verkündung noch nicht in vollständiger Form abgefasst ist (vgl. dazu Rn. 8).[37] Wird ein zu verkündendes Urteil fälschlicherweise nur zugestellt, dann bewirkt dieser Verfahrensmangel nicht die Nichtigkeit des Urteils, weil die Entscheidung – wenn auch in fehlerhafter Form – verlautbart worden ist.[38] Allerdings muss die Zustellung für die Parteien erkennbar anstelle der Verkündung durchgeführt worden sein. Wird das Urteil in der irrtümlichen Annahme, es sei bereits verkündet, zugestellt (vgl. § 317 Abs. 1), dann ist es nicht verlautbart und deshalb nicht als existent anzusehen.[39] Wird die Verkündung nicht im Protokoll festgehalten (vgl. Rn. 7), dann muss davon ausgegangen werden, dass die Verkündung nicht stattgefunden hat und dass es sich folglich nicht um ein wirksames Urteil, sondern lediglich um einen unverbindlichen Urteilsentwurf handelt.[40] Die fehlende Protokollierung kann jedoch nachgeholt und damit das Urteil wirksam gemacht werden.[41]

12 **2. Fehler bei der Zustellung (Absatz 3).** Wird ein nach § 310 Abs. 3 zuzustellendes Urteil irrtümlich verkündet, dann ist in gleicher Weise wie im umgekehrten Fall (vgl. Rn. 11) dieses Urteil als existent und wirksam zu betrachten.[42] Bei einer Verletzung von Formvorschriften, die für die Zustellung gelten, muss differenziert werden: Handelt es sich um solche Vorschriften, die als wesentlich für die Verlautbarung angesehen werden müssen, dann führt dies zur **Unwirksamkeit der Verlautbarung** und damit zur Nichtexistenz des Urteils.[43] Als derartige schwere Fehler werden beispielsweise gewertet, wenn der Urkundsbeamte der Geschäftsstelle bei der Zustellung überhaupt nicht mitgewirkt hat.[44] oder wenn die zugestellte Ausfertigung nicht mit der Urschrift übereinstimmt.[45] Fehlt dagegen der Ausfertigungs- oder Beglaubigungsvermerk[46] oder das Empfangsbekenntnis des Anwalts,[47] obwohl in beiden Fällen unstreitig ist, dass die Übergabe vorgenommen wurde, oder wird anstelle einer beglaubigten Abschrift nur eine nicht beglaubigte zugestellt,[48] dann wird dadurch nicht das Existentwerden des Urteils verhindert, wohl aber die Wirksamkeit der Zustellung (vgl. § 317 Rn. 12).

13 **3. Rechtsmittel.** Werden so schwerwiegende Verstöße bei der Verkündung oder der sie ersetzenden Zustellung des Urteils begangen, dass ein **Urteil nicht existent** werden kann (vgl. Rn. 12), dann steht die Entscheidung des Gerichts noch aus und der Rechtsstreit bleibt folglich auch noch in der Instanz anhängig. Es wäre deshalb nur folgerichtig, ein Rechtsmittel gegen ein derartiges Nichturteil auszuschließen und nur die Möglichkeit zuzulassen, gegen die Untätigkeit des Gerichts vorzugehen. Jedoch muss berücksichtigt werden, dass die Abgrenzung von Fällen, in denen die Mindestanforderungen an die Verlautbarung von Urteilen nicht eingehalten worden sind und deshalb ein Urteil nicht existent wurde, und Fällen, in denen nur minder schwere Fehler begangen wurden, die der Wirksamkeit des Urteils nicht entgegenstehen, häufig recht schwierig und zweifelhaft ist. Deshalb wird es mit Recht zugelassen, dass auch gegen ein Nichturteil ein Rechtsmittel eingelegt wird, wenn nur durch das Nichturteil der äußere Schein einer gültigen gerichtlichen Entscheidung geschaffen wird.[49] Allerdings werden durch die äußerlich gesetzmäßig erfolgte

---

[36] Vgl. BGH NJW 1989, 1156, 1157;1999, 143, 144; RG JW 1938, 692, 693; OLG Hamm FamRZ 1997, 1166 (LS).

[37] BGH NJW 1988, 2046; 1999, 143, 144; OLG Frankfurt MDR 1998, 124; *Stein/Jonas/Leipold* Rn. 9.

[38] BGH NJW 2004, 2019, 2020; BAG NJW 1966, 175 = AP § 128 Nr. 4 m. Anm. *Pohle;* OLG Schleswig SchlHA 1979, 21; OLG Frankfurt MDR 1980, 320; NJW-RR 1995, 511; OLG Köln Rpfleger 1982, 113 (zur gleichen Frage bei zu verkündenden Beschlüssen); aA OLG Koblenz GRUR 1989, 75.

[39] BGH VersR 1984, 1192, 1193; OLG Frankfurt/M. NJW-RR 1995, 511; OLG Brandenburg NJW-RR 2002, 356; *Stein/Jonas/Leipold* Rn. 26; *R. Schneider* S. 97.

[40] OLG Zweibrücken FamRZ 1992, 972, 973; OLG Brandenburg MDR 1999, 563, 564; NJW-RR 2002, 356, 357.

[41] OLG Zweibrücken (Fn. 40); vgl. auch BGH NJW 1958, 1237.

[42] OLG München IPRax 1988, 164, 165 f.; *Stein/Jonas/Leipold* Rn. 27; *Jauernig* (Fn. 31) S. 69 AK-ZPO/Wassermann

[43] BGHZ 41, 337, 339 = NJW 1964, 1523.

[44] *Baumbach/Lauterbach/Hartmann* Rn. 13.

[45] OLG Hamm NJW-RR 1995, 186, 187; Hk-ZPO/*Saenger* Rn. 10.

[46] BGHZ 15, 142, 143 f. = NJW 1955, 142.

[47] BGHZ 41, 337, 339 = NJW 1994, 1523; *Johannsen* LM Nr. 8.

[48] *Stein/Jonas/Leipold* Rn. 24.

[49] BGHZ 10, 346, 349 = NJW 1954, 34; BGH NJW 1964, 248; BGH VersR 1984, 1192, 1193; NJW 1995, 404; 1996, 1969, 1970 = JZ 1996, 978 m. zust. Anm. *v. Braun;* OLG Frankfurt MDR 1991, 63; NJW-RR 1995, 511 f. OLG Zweibrücken OLGZ 1987, 371, 372; OLG Brandenburg NJW-RR 1996, 766, 767; FamRZ 2004, 384, 386; *Fischer* DRiZ 1994, 95, 98.

Zustellung des Nichturteils die **Rechtsmittelfristen** nicht in Lauf gesetzt.[50] Dagegen beginnt die Fünfmonatsfrist des § 517, wenn ein existentes Urteil fehlerhaft, jedoch wirksam verkündet wird, weil die Vorschrift des § 517 keine mangelfreie, sondern lediglich eine wirksame Verkündung voraussetzt.[51] Schwere Mängel bei der Verlautbarung des Urteils, die seine Existenz ausschließen, müssen von Amts wegen berücksichtigt werden und werden nicht durch Unterlassen einer Rüge geheilt (§ 295 Abs. 2).[52] Die an wesentlichen Mängeln leidende Verkündung oder die sie ersetzende Zustellung des Urteils kann jedoch nachgeholt werden;[53] dies gilt jedoch ohne Rückwirkung.[54] Weniger gravierende Verlautbarungsmängel machen das (wirksame) Urteil anfechtbar. Jedoch kann eine Anfechtung nur dann Erfolg haben, wenn der Mangel (rechtzeitig) gerügt wird und wenn das Urteil auf diesem Fehler beruhen kann;[55] an der zweiten Voraussetzung wird es meist fehlen.

§ 311 Form der Urteilsverkündung

(1) Das Urteil ergeht im Namen des Volkes.

(2) [1]Das Urteil wird durch Vorlesung der Urteilsformel verkündet. [2]Die Vorlesung der Urteilsformel kann durch eine Bezugnahme auf die Urteilsformel ersetzt werden, wenn bei der Verkündung von den Parteien niemand erschienen ist. [3]Versäumnisurteile, Urteile die auf Grund eines Anerkenntnisses erlassen werden, sowie Urteile, welche die Folge der Zurücknahme der Klage oder des Verzichts auf den Klageanspruch aussprechen, können verkündet werden, auch wenn die Urteilsformel noch nicht schriftlich abgefasst ist.

(3) Die Entscheidungsgründe werden, wenn es für angemessen erachtet wird, durch Vorlesung der Gründe oder durch mündliche Mitteilung des wesentlichen Inhalts verkündet.

(4) [1]Wird das Urteil nicht in dem Termin verkündet, in dem die mündliche Verhandlung geschlossen wird, so kann es der Vorsitzende in Abwesenheit der anderen Mitglieder des Prozessgerichts verkünden.

I. Allgemeines

1. Normzweck. Absatz 1 wurde durch das Gesetz zur Wiederherstellung der Rechtseinheit auf dem Gebiete der Gerichtsverfassung, der bürgerlichen Rechtspflege, des Strafverfahrens und des Kostenrechts vom 12. 9. 1950 (BGBl. S. 455) eingefügt, um der sich nach 1945 entwickelnden Vielfalt von Urteilspräambeln in den einzelnen Bundesländern entgegenzuwirken.[1] Durch die gewählte Fassung, die ihr Vorbild in der preußischen Verfassung von 1920 findet, soll die demokratische und republikanische Neuordnung betont werden; sie findet ihre Entsprechung in Art. 20 Abs. 2 GG, also in dem dort ausgesprochenen Prinzip, dass alle Staatsgewalt vom Volk ausgeht.[2] Die Vorschrift, dass die Verkündung des Urteils durch Vorlesung der Urteilsformel geschieht (**Absatz 2** S. 1), soll das Gericht veranlassen, die Formel vor Verkündung schriftlich zu fixieren, um auf diese Weise eine Garantie für die Übereinstimmung des verkündeten Urteils mit der später in vollständiger Form auszufertigenden Entscheidung zu schaffen.[3] Aus praktischen Gründen werden in Absatz 2 S. 2 und 3 Ausnahmen von dieser Regel zugelassen. Die Mitteilung der Entscheidungsgründe bei der Verkündung **(Absatz 3)** hat der Gesetzgeber in das Ermessen des Vorsitzenden gestellt, weil er sie nicht für so wichtig hielt, dass sie zwingend vorgeschrieben werden müsste.[3] **Absatz 4** wurde durch die Vereinfachungsnovelle 1976 eingefügt, um die Verkündung des Urteils zu vereinfachen und zu erleichtern. Der bisherige S. 2 wurde durch das ZPO-RG als neuer S. 2 in Absatz 2 eingefügt und die darin ausgesprochene Ausnahme auf das sog. Stuhlurteil (vgl. § 310 Rn. 4) ausgedehnt. 1

---

[50] BGH VersR 1984, 1192, 1193; KG ZZP 54 (1929), 465, 467; aA *de Boor* ZZP 54 (1929), 469, 474.

[51] BGH NJW-RR 1994, 127 m. weit. Nachw.; vgl. auch BGH NJW-RR 2004, 1651, 1652 (zur Zustellung einer von der Originalfassung abweichenden Ausfertigung).

[52] RGZ 90, 295, 296; 133, 215, 218; BFH BB 1993, 1000 (LS); OLG Zweibrücken FamRZ 1992, 972, 973.

[53] BGHZ 32, 370, 374 = NJW 1960, 1763 (auch zu der Frage, welche Rechtsfolgen es hat, wenn vor Nachholung ein Rechtsmittel eingelegt wird); OLG Celle MDR 1949, 619, 620.

[54] *Stein/Jonas/Leipold* Rn. 3, 25.

[55] BGHZ 14, 52 (Fn. 28); BGHZ 41, 254 (Fn. 30); BAG NJW 1966, 175 (Fn. 38); OLG Düsseldorf MDR 1977, 144; *Thomas/Putzo/Reichold* Rn. 5.

[1] Vgl. dazu und zur geschichtlichen Entwicklung dieser Präambel *Müller-Graff* ZZP 88 (1975), 442 ff., 448 f.

[2] *Müller-Graff* (Fn. 1) S. 449; *Kroitzsch* NJW 1994, 1032, 1033.

[3] Mat. II 1 S. 287 (zu § 272).

2 **2. Anwendungsbereich.** In **arbeitsgerichtlichen Verfahren** hat der Vorsitzende (vgl. § 310 Rn. 3) abweichend von § 311 Abs. 3 nach § 60 Abs. 2 ArbGG bei Verkündung des Urteils den wesentlichen Inhalt der Entscheidung mitzuteilen. Nur wenn beide Parteien abwesend sind, genügt die Bezugnahme auf die unterschriebene Urteilsformel. Diese Regelung gilt für Berufungsverfahren entsprechend (§ 69 Abs. 1 S. 2 ArbGG). Für die Verkündung von Urteilen des Bundesarbeitsgerichts gilt dagegen § 311 (§ 72 Abs. 5 ArbGG iVm. § 555). Die Bekanntmachung von gerichtlichen Entscheidungen in Verfahren der **Freiwilligen Gerichtsbarkeit** ist nach der in § 16 FGG getroffenen Regelung vorzunehmen.

II. Überschrift des Urteils (Abs. 1)

3 § 311 Abs. 1 gehört zu den Vorschriften, die die äußere Gestaltung eines Urteils regeln. Das Urteil muss danach die Überschrift „Im Namen des Volkes" enthalten, um dadurch auf den Träger der Gerichtshoheit zu verweisen (vgl. auch Rn. 1). Wenn somit dieser Einleitungsformel durchaus Bedeutung zuzumessen ist, führt doch ihr Fehlen nicht zur Unwirksamkeit des Urteils und vermag auch nicht eine Anfechtung zu rechtfertigen.[4]

III. Verkündung des Urteils

4 **1. Urteilsformel.** Bei der Verkündung von Zivilurteilen ist zwingend nur die Bekanntgabe der Urteilsformel (§ 313 Abs. 1 Nr. 4) vorgeschrieben, dagegen nicht die übrigen Teile des Urteils, auch nicht der Entscheidungsgründe (vgl. Rn. 6). Das Gesetz unterscheidet zwischen **drei verschiedenen Verkündungsformen:** 1. Die Vorlesung der schriftlich abgefassten Urteilsformel als Regelform (§ 311 Abs. 2 S. 1), 2. anstelle der Vorlesung der Urteilsformel eine Bezugnahme darauf, wenn die Voraussetzungen des § 311 Abs. 2 S. 2 erfüllt sind und schließlich 3. die Mitteilung der Urteilsformel ohne vorherige schriftliche Abfassung, also ohne Verlesen, bei Versäumnisurteilen, Verzichts- und Anerkenntnisurteilen sowie Urteilen, die die Folgen der Zurücknahme der Klage aussprechen (vgl. § 269 Rn. 35) nach § 311 Abs. 2 S. 3, wobei diese Vorschrift auf Entscheidungen entsprechend anwendbar ist, die nach Rücknahme des Einspruchs (§ 346) oder eines Rechtsmittels (§§ 516 Abs. 3, 565) ergehen.[5] Nach § 136 Abs. 4 ist die Verkündung der Urteile dem **Vorsitzenden übertragen** (vgl. auch § 310 Rn. 7). Er muss jedoch nicht stets persönlich die Urteilsformel verlesen, sondern kann dies auch einem anderen Mitglied des Prozessgerichts oder dem Protokollführer übertragen, der dann in Anwesenheit des Vorsitzenden die Verlesung übernimmt.[6] Die Verkündung des Urteils muss stets **öffentlich** geschehen (§ 173 Abs. 1 GVG; vgl. dazu auch § 310 Rn. 6). Sie ist im **Protokoll** festzustellen (§ 160 Abs. 3 Nr. 7; vgl. auch § 310 Rn. 7), jedoch muss nicht auch die Form der Verkündung im Protokoll ausgewiesen werden (vgl. § 310 Rn. 11).[7] Der Nachweis, dass das Urteil verkündet worden ist, kann nur durch das Protokoll geführt werden (vgl. § 165),[8] jedoch kann ein Protokoll, das eine tatsächlich vorgenommene Verkündung nicht ausweist, berichtigt werden (§ 164; vgl. auch § 310 Rn. 11).

5 Nur in den **Fällen des Absatzes 2 S. 3** braucht die Urteilsformel bei der Verkündung noch nicht schriftlich niedergelegt zu sein; hier genügt eine **bloße mündliche Mitteilung. Sonst** muss stets vorher die Urteilsformel **schriftlich abgefasst** werden;[9] dies folgt nicht nur aus dem Wortlaut der Vorschrift, insbesondere aus den Begriffen „Vorlesung" in Absatz 1 S. 1 und „Bezugnahme" in Absatz 2 S. 2, sondern auch aus dem damit verfolgten Zweck, durch eine schriftliche Fixierung der Urteilsformel eine Garantie für die Übereinstimmung des verkündeten und später ausgefertigten Urteils zu schaffen (vgl. Rn. 1). Nicht erforderlich ist jedoch, dass das Urteil bereits bei der Verkündung unterschrieben ist.[10] Die nach **Absatz 2 S. 2** mögliche Bezugnahme auf die Urteilsformel muss nicht notwendigerweise mündlich, sondern kann auch durch einen Protokollvermerk, als sog. „stumme Verkündung", geschehen.[11] Diese Form der Verkündung setzt voraus, dass von den Parteien niemand erschienen ist, dh. sich beim Aufruf der Sache niemand gemeldet hat.

---

[4] AllgM; vgl. LG Dortmund WuM 1995, 548; *Stein/Jonas/Leipold* Rn. 1.

[5] Hk-ZPO/*Saenger* Rn. 5; *Thomas/Putzo/Reichold* Rn. 3; *Zimmermann* Rn. 2.

[6] *Stein/Jonas/Leipold* Rn. 4.

[7] BGH NJW 1985, 1782, 1783; *Jauernig* NJW 1986, 117.

[8] Vgl. BGH VersR 1989, 604; 1990, 637 f.; NJW-RR 2004, 1651, 1652; OLG Zweibrücken OLGZ 1987, 371, 372; OLG Frankfurt MDR 1991, 63.

[9] BGHZ 10, 327, 329 = NJW 1953, 1829; BGH (Fn. 8); *Zöller/Vollkommer* Rn. 2; *Blomeyer* § 81 I 2 a. Ein Stenogramm reicht aus; vgl. BGH NJW 1999, 794.

[10] BGHZ 10 (Fn. 9); *Baumbach/Lauterbach/Hartmann* Rn. 5.

[11] *Jauernig* NJW 1986, 117, 118; *Thomas/Putzo/Reichold* Rn. 5.

2. Entscheidungsgründe. Die Entscheidungsgründe brauchen nicht zusammen mit der Urteilsformel verkündet zu werden. Absatz 3 stellt es in das Ermessen des zur Verkündung berufenen Vorsitzenden (§ 136 Abs. 4), ob er es für angemessen erachtet, die Entscheidungsgründe bekannt zu geben. Im Regelfall sollte jedoch der Vorsitzende bei Anwesenheit der Parteien den wesentlichen Inhalt der Entscheidungsgründe mitteilen. Ergibt sich ein Widerspruch zwischen den mündlich vorgetragenen Entscheidungsgründen und dem schriftlich abgefassten Urteil, so ist dies unschädlich; es gilt nur die schriftliche Fassung.[12] 6

IV. Rechtsfolgen von Verstößen gegen § 311

Die Vorschrift, dass bei Verkündung des Urteils durch Vorlesung der Urteilsformel (Absatz 2 S. 1) oder durch Bezugnahme (Absatz 2 S. 2) die Formel schriftlich vorliegen muss, gehört zu den wesentlichen Formerfordernissen für die Verlautbarung eines Urteils, deren Verletzung das Existentwerden des Urteils verhindert und die Entscheidung weiterhin lediglich einen Urteilsentwurf sein lässt;[13] hierbei kann nicht zwischen der Vorschrift des Absatzes 2 S. 1 und S. 2 unterschieden werden.[14] Wird ein nach § 311 Abs. 2 S. 1 durch Vorlesung der Urteilsformel zu verkündendes Urteil in der Form des Absatzes 2 S. 2, also durch Bezugnahme auf die Urteilsformel verkündet, dann führt dieser Verfahrensverstoß nicht zur Unwirksamkeit des Urteils.[15] 7

§ 312 Anwesenheit der Parteien

(1) [1]Die Wirksamkeit der Verkündung eines Urteils ist von der Anwesenheit der Parteien nicht abhängig. [2]Die Verkündung gilt auch derjenigen Partei gegenüber als bewirkt, die den Termin versäumt hat.

(2) Die Befugnis einer Partei, auf Grund eines verkündeten Urteils das Verfahren fortzusetzen oder von dem Urteil in anderer Weise Gebrauch zu machen, ist von der Zustellung an den Gegner nicht abhängig, soweit nicht dieses Gesetz ein anderes bestimmt.

I. Wirksamkeit der Verkündung (Abs. 1)

Die Vorschrift des Absatzes 1 ist damit begründet worden, dass zwar alles, was aufgrund einer mündlichen Verhandlung angeordnet werde, auch mündlich eröffnet werden müsste und dementsprechend auch Urteile verkündet werden müssten, um nach außen rechtliche Existenz zu erlangen, dass aber die Anwesenheit der Parteien bei der Verkündung nicht zwingend geboten wäre.[1] Vielmehr könnte von den Parteien erwartet werden, dass sie die im Anschluss an die mündliche Verhandlung vorgenommene Verkündung abwarten oder sich nach dem verkündeten Ergebnis erkundigen, wenn die Verkündung in einem besonderen Termin (vgl. § 310 Abs. 1) stattfindet, an dem sie selbst nicht teilnehmen können. Die **Möglichkeit,** von dem Urteil **Kenntnis zu erlangen,** bildet **keine Wirksamkeitsvoraussetzung;** deshalb kommt es nicht darauf an, ob eine Partei überhaupt in der Lage war, etwas von dem Inhalt des Urteils zu erfahren. Fehler bei der Bekanntgabe des Verkündungstermins sind ohne Einfluss auf die Wirksamkeit der Verkündung (vgl. § 310 Rn. 11). 1

Für Entscheidungen in Verfahren der **Freiwilligen Gerichtsbarkeit** gilt § 312 nicht.[2] Dagegen ist in **arbeitsgerichtlichen Verfahren** § 312 entsprechend anwendbar (§ 46 Abs. 2 ArbGG iVm. § 495), so dass in diesen Verfahren die Wirksamkeit der Verkündung eines Urteils von der Anwesenheit der Parteien nicht abhängt.[3] 2

---

[12] *Baumbach/Lauterbach/Hartmann* Rn. 7; *Zöller/Vollkommer* Rn. 4.

[13] Zu den insoweit zu stellenden Anforderungen: BGHZ 14, 39, 45 f. = NJW 1954, 1281; vgl. auch Vor §§ 300 ff. Rn. 3; § 310 Rn. 11. Zu der Frage, ob eine anstelle der Verkündung vollzogene Zustellung des Urteils das Wirksamwerden der Entscheidung herbeizuführen vermag, vgl. § 310 Rn. 11 m. Fn. 38.

[14] BGH (Fn. 7); *Rosenberg/Schwab/Gottwald* § 62 Rn. 14; aA *Jauernig* NJW 1986, 117 f., der nur im Falle des Absatz 4 S. 2 aF (jetzt Abs. 2 S. 2) bei Fehlen einer schriftlich niedergelegten Urteilsformel eine wirksame Verkündung ausschließt, sie dagegen bejaht, wenn entgegen Absatz 2 S. 1 die Urteilsformel ohne schriftliche Fixierung mündlich mitgeteilt wird; zust. *R. Schneider* S. 109 ff.

[15] BGH (Fn. 7); *Jauernig* (Fn. 14); vgl. auch § 310 Rn. 7, 11.

[1] Mat. II 1 S. 287 (zu § 273).

[2] BayObLG NJW 1970, 1550, 1551.

[3] *Grunsky* § 60 ArbGG Rn. 1, 7.

II. Entbehrlichkeit der Zustellung (Abs. 2)

3 Mit der Verkündung wird das Urteil als gerichtliche Entscheidung existent (vgl. § 310 Rn. 1), ohne dass es dafür auf die Zustellung ankommt; dies wird durch § 312 Abs. 2 klargestellt. Diese Regelung ist insbesondere für die Fortsetzung des Verfahrens in derselben Instanz bedeutsam.[4] In einer Reihe von Fällen, die im Gesetz ausdrücklich genannt sind, wird der **Eintritt bestimmter Rechtswirkungen** von einer Zustellung des Urteils abhängig gemacht, und zwar ist die Zustellung bedeutsam für den Beginn der Einspruchsfrist gegen ein Versäumnisurteil (§ 339), für den Beginn von Rechtsmittelfristen (§§ 517, 548, 569, 575), für den Beginn der Fristen, die für den Antrag auf Urteilsberichtigung (§ 320 Abs. 2 S. 1) oder Urteilsergänzung (§ 321 Abs. 2) laufen, sowie für die Zwangsvollstreckung aus Urteilen (§ 750).

§ 313 Form und Inhalt des Urteils

(1) Das Urteil enthält:

1. die Bezeichnung der Parteien, ihrer gesetzlichen Vertreter und der Prozessbevollmächtigten;
2. die Bezeichnung des Gerichts und die Namen der Richter, die bei der Entscheidung mitgewirkt haben;
3. den Tag, an dem die mündliche Verhandlung geschlossen worden ist;
4. die Urteilsformel;
5. den Tatbestand;
6. die Entscheidungsgründe.

(2) [1]Im Tatbestand sollen die erhobenen Ansprüche und die dazu vorgebrachten Angriffs- und Verteidigungsmittel unter Hervorhebung der gestellten Anträge nur ihrem wesentlichen Inhalt nach knapp dargestellt werden. [2]Wegen der Einzelheiten des Sach- und Streitstandes soll auf Schriftsätze, Protokolle und andere Unterlagen verwiesen werden.

(3) Die Entscheidungsgründe enthalten eine kurze Zusammenfassung der Erwägungen, auf denen die Entscheidung in tatsächlicher und rechtlicher Hinsicht beruht.

I. Allgemeines

1 **1. Zweck der Vorschrift.** § 313 bestimmt zusammen mit § 311 Abs. 1 und § 315 Abs. 1, wie ein Zivilurteil äußerlich zu gestalten ist. Die in § 313 genannten Bestandteile bilden den wesentlichen Inhalt des Urteils;[1] ihr Fehlen bewirkt jedoch nicht eine Nichtigkeit der Entscheidung (vgl. dazu Rn. 16ff.). Diese Vorschrift gilt für alle erstinstanzlichen Urteile (zu den verschiedenen Urteilsarten vgl. Vor §§ 300ff. Rn. 2); allerdings sind zusätzlich noch die abweichenden Regelungen der §§ 313a und § 313b zu beachten. Für Berufungsurteile ergeben sich aus § 540 und für Revisionsurteile aus § 564 wichtige und weitreichende Besonderheiten (vgl. die Erl zu diesen Vorschriften).

2 **2. Anwendungsbereich.** Da in Verfahren der **Freiwilligen Gerichtsbarkeit** regelmäßig in Beschlussform entschieden wird und § 313 für Beschlüsse nicht gilt (vgl. § 329 Rn. 2),[2] muss diese Vorschrift bei der Entscheidung von Sachen der Freiwilligen Gerichtsbarkeit nicht beachtet werden. Soweit jedoch Entscheidungen in Verfahren der Freiwilligen Gerichtsbarkeit zu begründen sind, empfiehlt sich eine Trennung zwischen Tenor und Gründen.[3] Der besseren Übersichtlichkeit dient es, wenn sich der Richter beim Aufbau der Gründe an dem Schema des § 313 orientiert und zwischen Sachverhaltsdarstellung und rechtlicher Bewertung unterscheidet. Werden Familiensachen der Freiwilligen Gerichtsbarkeit im Verbund durch Urteile entschieden (§§ 623, 629), ist § 313 anzuwenden.[4*]

3 Das Urteil in **arbeitsgerichtlichen Verfahren** ist entsprechend der Vorschrift des § 313 aufzubauen (§ 46 Abs. 2 ArbGG iVm. § 495).[5] Außerdem ist in das arbeitsgerichtliche Urteil noch eine

---

[4] Mat. (Fn. 1).
[1] BGH VersR 1980, 744.
[2] BGHZ 39, 333, 346 = NJW 1963, 2272; *Huber* JuS 1984, 950, 952; *Zöller/Vollkommer* Rn. 1.
[3] *Keidel/Kuntze/Winkler/Mayer-Holz* vor §§ 8 bis 18 Rn. 18.
[4*] *Keidel/Kuntze/Winkler/Mayer- Holz* § 25 Rn. 16.
[5] Vgl. *Lorenz* BB 1977, 1000, 1003; *Grunsky* JZ 1978, 81, 86; *Barwasser* ArbuR 1978, 138, 141; *Hamann* JA 1987, 536, 545.

Festsetzung des Wertes des Streitgegenstandes (§ 61 Abs. 1 ArbGG) und eine Rechtsmittelbelehrung (§ 9 Abs. 5 ArbGG) aufzunehmen. Für das Beschlussverfahren ist § 313 nicht ausdrücklich für anwendbar erklärt worden; der Beschluss muss also nicht die gleichen Bestandteile wie ein Urteil aufweisen.[6] Jedoch verweist § 84 ArbGG auf § 60 ArbGG; hieraus ergibt sich, dass ein Beschluss neben der Entscheidungsformel einen Tatbestand, Entscheidungsgründe und die Unterschrift des Vorsitzenden zu enthalten hat (vgl. § 60 Abs. 4 ArbGG).[7]

II. Aufbau und Inhalt des Urteils

1. Die Funktion des Urteils. In erster Linie dient das Urteil dem Zweck, den anhängigen Rechtsstreit zu entscheiden. Man kann es als Antwort auf die Frage sehen, die der Kläger durch seine Klage dem Gericht vorlegt, wobei jedoch auch die Möglichkeit der Verweigerung einer sachlichen Antwort besteht, wenn die Klage zB wegen Fehlens einer Prozessvoraussetzung als unzulässig abgewiesen wird. Entsprechend diesem Zweck muss das Urteil den Parteien nicht nur eine klare Entscheidung ihres Streits mitteilen, sondern diese Entscheidung auch in einer Weise begründen, dass die **Erwägungen** und Gedanken **des Gerichts** für die Parteien **einsichtig** und **nachvollziehbar** werden. Da die Parteien die tatsächlichen Grundlagen ihres Streits und die Prozessgeschichte in aller Regel gut kennen, kann die **Darstellung des Tatbestandes** knapp gehalten und durch Bezugnahme auf den Akteninhalt ergänzt werden (vgl. dazu im Einzelnen Rn. 10ff.). § 313 Abs. 2 schafft dafür die rechtliche Grundlage. Dies gilt auch für die Abfassung der **Entscheidungsgründe,** die nach § 313 Abs. 3 nur eine kurze Zusammenfassung der Erwägungen enthalten müssen, auf denen die Entscheidung in tatsächlicher und rechtlicher Hinsicht beruht. Jedoch darf diese Kürze nicht auf Kosten der Verständlichkeit gehen. Ohne Zweifel ist nicht zu verlangen, dass das Gericht in seinem Urteil zu auftretenden Rechtsfragen umfassend Stellung nimmt und die im Schrifttum dazu geführten Meinungsstreitigkeiten erschöpfend behandelt,[8] jedoch muss erkennbar sein, wie das Gericht zu der von ihm getroffenen Entscheidung gelangt ist. Dies ist nicht nur aus verfassungsrechtlichen Gründen geboten, sondern dient in besonderem Maße der Herstellung eines angemessenen Verhältnisses zwischen Gericht und Bürgern in einem demokratischen Staat.[9] An der Aufgabe des Urteils, den Rechtsstreit in einer für die Parteien verständlichen Weise zu entscheiden, müssen sich auch die Anforderungen orientieren, die an **Stil** und **Sprache** des Urteils zu stellen sind.[10] Wenn auch keineswegs verlangt werden kann, dass auf jede Fachterminologie verzichtet wird, weil juristische Begriffe einen bestimmten Inhalt haben und deshalb nicht ohne weiteres ersetzt werden können, sollte der Richter doch stets bemüht sein, dort wo es möglich ist, Sprachbarrieren abzubauen und seine Entscheidung auch für einen Nichtjuristen verständlich zu machen.[11] Zu hohe Anforderungen sind allerdings nicht zu stellen, denn der Richter darf davon ausgehen, dass die Partei durch ihren Prozessbevollmächtigten beraten wird, der ihr auch dabei zu helfen hat, die gerichtliche Entscheidung in Einzelheiten der Begründung zu verstehen. Werden Urteile in Versform abgefasst,[12] so ist dies nur dann zu beanstanden, wenn dadurch der berechtigte Eindruck erweckt wird, der Richter habe die zu entscheidende Rechtssache nicht mit dem erforderlichen Ernst behandelt.[13] 4

Ein Urteil, das der Aufgabe gerecht wird, die Entscheidung des Gerichts für die Parteien verständlich und einsichtig darzustellen, entspricht damit auch der weiteren Forderung, dem **Rechtsmittelgericht** die **Überprüfung** der Entscheidung in formeller und materieller Hinsicht zu **ermöglichen.**[14] Die Regelung des Berufungsrecht durch das ZPO-RG, nach der das Berufungsgericht in erster Linie auf der Grundlage der erstinstanzlichen Tatsachenfeststellung eine Fehlerkontrolle und Fehlerkorrektur vorzunehmen hat (vgl. insbesondere § 529 Abs. 1 Nr. 1), misst dieser Funktion des erstinstanzlichen Urteils eine besondere Bedeutung zu. Zugleich vollzieht der Richter bei der Abfassung des Urteils eine wichtige **Selbstkontrolle** der von ihm vorgenommenen tatsächlichen und rechtlichen Würdigung.[15] 5

---

[6] *Lorenz* (Fn. 5).
[7] *Stein/Jonas/Leipold* Rn. 72.
[8] *Baumbach/Lauterbach/Hartmann* Rn. 45.
[9] AK-ZPO/*Wassermann* Rn. 4f.
[10] Vgl. *Wassermann* ZRP 1981, 257, 260; *Gast* BB 1987, 1; *Putzo* NJW 1987, 1426.
[11] Vgl. *Lüke* NJW 1995, 1067.
[12] Vgl. *Beaumont* NJW 1990, 1969
[13] OLG Karlsruhe NJW 1990, 2009.
[14] *Zöller/Vollkommer* Rn. 2; Hk-ZPO/*Saenger* Rn. 2.
[15] *Putzo* NJW 1977, 1, 5; *Huber* JuS 1987, 296; *Wassermann* (Fn. 9) Rn. 5.

6 **2. Die einzelnen Bestandteile.** Zivilurteile werden überschrieben mit „Im Namen des Volkes“ (§ 311 Abs. 1). Häufig wird darunter die Bezeichnung „Urteil“ gesetzt, obwohl dies nur für Versäumnis-, Anerkenntnis- und Verzichtsurteile vorgeschrieben wird (§ 313b Abs. 1 S. 2) und deshalb eine solche Kennzeichnung nicht erforderlich ist.[16] Es folgt dann der Urteilskopf (sog. Rubrum, auch Urteilseingang genannt), der die in § 313 Abs. 1 Nr. 1 bis 3 genannten Angaben zusammenfasst. Es schließen sich dann die Urteilsformel (sog. Tenor), der Tatbestand und die Entscheidungsgründe an (§ 313 Abs. 1 Nr. 4 bis 6). Das Urteil ist von den Richtern, die bei der Entscheidung mitgewirkt haben, zu unterschreiben (§ 315 Abs. 1 S. 1). Üblicherweise werden in der Praxis der Gerichte neben diesen gesetzlich vorgeschriebenen Bestandteilen eines Zivilurteils noch das Aktenzeichen und der Gegenstand des Rechtsstreits hinzugefügt.[17]

7 **3. Das Rubrum (Abs. 1 Nr. 1 bis 3).** Nach Absatz 1 Nr. 1 sind im Urteil die **Parteien** zu bezeichnen, und zwar die Parteien, die am Schluss der mündlichen Verhandlung den Prozess führen.[18] Die Bezeichnung der Parteien ist so genau vorzunehmen, dass keine Zweifel aufkommen können, wer gemeint ist;[19] also sind in jedem Fall Name und Vorname, möglicherweise auch der Beruf zu nennen, wenn dies zur besseren Identifizierung beiträgt. Bei Gesellschaften ist die Rechtsform anzugeben.[20] Die Angabe der genauen Anschrift ist wegen der Zustellung des Urteils (§ 317 Abs. 1) und zur Vermeidung von Schwierigkeiten bei der Zwangsvollstreckung notwendig. Hinzuzufügen ist die Parteirolle (Kläger, Beklagter). Hat die Partei einen **gesetzlichen Vertreter,** ist auch er namentlich zu bezeichnen. Ebenso ist der **Prozessbevollmächtigte** der Partei zu nennen. Ist eine Person im Rechtsstreit als Prozessbevollmächtigter aufgetreten, ohne den von ihr verlangten Nachweis einer Bevollmächtigung zu erbringen, dann ist sie nicht als Prozessbevollmächtigter zu bezeichnen, sondern im Rubrum zu vermerken, dass sie als Vertreter der Partei gehandelt hat.[21]

8 Die **Bezeichnung des Gerichts** und die **Namen der Richter,** die bei der Entscheidung mitgewirkt haben (Absatz 1 Nr. 2), sind so genau anzugeben, dass zweifelsfrei feststeht, wer das Urteil gefällt hat. Es ist nicht nur das Gericht (zB Amtsgericht oder Landgericht), sondern auch der Spruchkörper (zB 1. Zivilkammer) zu nennen.[22] Die Namen der Richter müssen sich mit denen decken, die das Urteil unterschrieben haben (§ 315 Abs. 1). Die Unterschriften können die fehlende Namensangabe im Rubrum ersetzen, wenn kein Zweifel bestehen kann, dass die unterzeichnenden Richter auch diejenigen sind, die bei der Entscheidung mitgewirkt haben.[23] Die nach Absatz 1 Nr. 3 vorgeschriebene **Angabe des Tages,** an dem die **mündliche Verhandlung geschlossen** worden ist, hat insbesondere Bedeutung wegen der Präklusionswirkung (§§ 323 Abs. 2, 296a, 767 Abs. 2).[24] Im **schriftlichen Verfahren** (§ 128 Abs. 2) entspricht der nach § 128 Abs. 2 S. 2 vom Gericht zu bestimmende Termin dem Schluss der mündlichen Verhandlung und ist demzufolge im Urteil zu nennen. Bei einer **Entscheidung nach Lage der Akten** (§§ 251a, 331a) ist der Tag des versäumten Termins anzugeben.[25]

9 **4. Der Tenor (Abs. 1 Nr. 4).** Der Tenor (die Urteilsformel) enthält den imperativen Ausspruch des Gerichts als den eigentlichen Akt rechtsprechender Gewalt, der die Grundlage für die Rechtskraftwirkung des Urteils bildet.[26] Weil sich in erster Linie aus der Urteilsformel der Umfang der Rechtskraft ergibt[27] und durch sie bei einem Leistungsurteil die maßgebende Voraussetzung für die Zwangsvollstreckung geschaffen wird, muss sie so formuliert werden, dass die Parteien und die Organe der Zwangsvollstreckung ihr zweifelsfrei entnehmen können, was sie zu tun oder zu unterlassen haben und welche Rechtswirkungen sich aus ihr ergeben.[28] Die Urteilsformel muss also **aus**

---

[16] OLG Oldenburg MDR 1991, 159.

[17] *Furtner* S. 9; *Tempel/Theimer,* Mustertexte zum Zivilprozess Bd. I, 6. Aufl. 2006, § 4 I 3 (S. 287).

[18] Vgl. *Stein/Jonas/Leipold* Rn. 9.

[19] OLG Hamburg GRUR 1981, 90, 91; KG OLGRspr. 27, 85, 86; *Schneider* MDR 1966, 811.

[20] Zur Berichtigung des Rubrums bei einer Klage durch die Gesellschafter statt der BGB-Gesellschaft vgl. BGH NJW 2003, 1043; NZG 2006, 16 = JuS 2006, 268 *(K. Schmidt).*

[21] OLG Köln MDR 1971, 54; *Stein/Jonas/Leipold* Rn. 14.

[22] *Huber* Rn. 164.

[23] BGH FamRZ 1977, 124; vgl. auch Rn. 16.

[24] *Furtner* S. 8; *Stein/Jonas/Leipold* Rn. 16; *Thomas/Putzo/Reichold* Rn. 7; vgl. auch OLG Düsseldorf NJW 1987, 507, 508.

[25] *Musielak/Stadler* § 251a Rn. 3.

[26] RGZ 85, 17, 21.

[27] BGHZ 34, 337, 339 = NJW 1961, 917; vgl. auch § 322 Rn. 80 ff.

[28] BGH NJW 1992, 1691, 1692 (zum Tenor einer Verurteilung zum Unterlassen); OLG München IPrax 1988, 291, 293; *Womelsdorf* JuS 1983, 855; *Schroer* JA 1997, 318 (zur Urteilsformel bei Teil-, Schluss- und Grundurteilen); vgl. auch *Wallisch/Spinner* JuS 2000, 64, 377; aA *Sutschet* ZZP 119 (2006), 279, 280: Zur Auslegung des Tenors sind Tatbestand und Entscheidungsgründe heranzuziehen.

sich selbst heraus verständlich sein, ohne dass dazu auf den Tatbestand oder die Entscheidungsgründe zurückgegriffen werden muss.[29] Allerdings darf in der Urteilsformel **auf Anlagen** zum Urteil **Bezug genommen** werden, wenn dadurch anders nicht zu beschreibende Gegenstände wie zB Konstruktionszeichnungen und Computerprogramme bezeichnet werden sollen.[30] Bei einer Verurteilung zur Zahlung von Zinsen genügt es nicht, wenn nur ein variabler Zinssatz (zB Liborsatz) genannt wird.[31] Schuldet der Beklagte dem Kläger die Zahlung eines Geldbetrages in einer fremden Währung, dann ist bei Verurteilung des Beklagten die Zahlungspflicht in dieser Währung festzulegen.[32] Wenn auch nach geltendem Recht nicht mehr vorgeschrieben wird, dass die Urteilsformel äußerlich vom Tatbestand und von den Entscheidungsgründen zu sondern ist, muss sie schon deshalb von den anderen Teilen des Urteils deutlich abgesetzt werden, um der Forderung nach einer klaren und unmissverständlichen Fassung des Tenors zu genügen.[33] **Im Regelfall enthält** der **Urteilstenor** die Entscheidung zur Hauptsache einschließlich etwaiger Nebenforderungen sowie Anordnungen über die Tragung der Kosten des Rechtsstreits und über die vorläufige Vollstreckbarkeit.[34] § 9 **UklaG** enthält eine Sonderregelung für den Tenor von Urteilen, die über Unterlassungs- und Widerrufsansprüche nach § 1 UKlaG entscheiden. Die Urteilsformel wird durch die Parteianträge begrenzt (vgl. § 308 und die Erl. zu dieser Vorschrift).

10 **5. Der Tatbestand (Abs. 1 Nr. 5, Abs. 2).**[35] Der Tatbestand eines Zivilurteils umfasst „eine gedrängte Darstellung des Sach- und Streitstandes auf Grundlage der mündlichen Vorträge der Parteien unter Hervorhebung der gestellten Anträge." Diese vor Änderung durch die Vereinfachungsnovelle 1976 in § 313 Abs. 1 Nr. 3 aF enthaltene Begriffsbeschreibung trifft auch noch nach geltendem Recht zu. Auch die neue Regelung des Berufungsrecht durch das ZPO-RG (vgl. insbesondere § 529 Abs. 1 Nr. 1) hat daran nichts geändert.[36] In § 313 Abs. 2 wird ausdrücklich betont, dass die Darstellung des Tatbestandes knapp gehalten und auf den wesentlichen Inhalt beschränkt werden soll. Dieses Gebot einer knappen Fassung, die insbesondere auch durch die Bezugnahme auf Schriftsätze, Protokolle und andere Unterlagen erreicht werden kann (Absatz 2 S. 2), lässt sich durch die Erwägung rechtfertigen, dass die Parteien über die tatsächlichen Grundlagen ihres Streits im allgemeinen gut informiert sind und deshalb keine umfassende Unterrichtung benötigen (vgl. auch Rn. 4). Die Knappheit der Sachverhaltsdarstellung darf jedoch nicht so weit gehen, dass der Sachverhalt unverständlich wird;[37] vielmehr muss der wesentliche **Kern des Rechtsstreits** trotz aller Kürze **verständlich wiedergegeben** werden. Nur Überflüssiges und Nebensächliches ist wegzulassen und (wichtige) Einzelheiten durch Bezugnahme kenntlich zu machen.[38] Dass die Herstellung eines solchen Konzentrats der wesentlichen tatsächlichen Grundlagen des Urteils eine intensive und durchaus auch zeitaufwändige Beschäftigung mit dem Tatsachenstoff erforderlich sein lässt, ist offensichtlich. Dennoch kann nicht im Interesse der Entlastung des Gerichts auf diese Arbeit verzichtet werden, weil sie eine unabdingbare Voraussetzung für eine richtige Entscheidung des Rechtsstreits darstellt. Nur wer den Tatsachenstoff in allen Einzelheiten erfasst, kann ihn auch zutreffend würdigen und ihn zur Basis einer rechtlichen Entscheidung machen. Wenn aber diese Leistung vom Richter erbracht werden muss, kann von ihm schon im Hinblick auf die Beurkundungsfunktion (vgl. § 314 und die Erl. zu dieser Vorschrift) des Tatbestandes verlangt werden, dass er das Ergebnis im Urteil schriftlich wiedergibt.

11 Im Tatbestand des Urteils müssen in jedem Fall die von den Parteien erhobenen **Ansprüche** und die dazu vorgebrachten **Angriffs- und Verteidigungsmittel**[39] dargestellt und die gestellten

[29] Anders jedoch beim klageabweisenden Urteil, vgl. *Huber,* Zivilurteil Rn. 189.

[30] BGHZ 94, 276, 291 = NJW 1986, 192; BGH NJW-RR 1989, 1086; BGHZ 142, 388, 392 ff. = NJW 2000, 2207 (Video-Mitschnitt); OLG Frankfurt NJW-RR 1996, 750.

[31] OLG Frankfurt NJW-RR 1992, 684, 685.

[32] *Stein/Jonas/Leipold* Rn. 24.

[33] *Baumbach/Lauterbach/Hartmann* Rn. 11.

[34] *Womelsdorf* (Fn. 28) mit zahlreichen Beispielen für die Fassung des Tenors; vgl. dazu auch *Schneider* MDR 1967, 94 ff.; *Furtner* S. 113 ff.

[35] Eingehend zum Tatbestand des Zivilurteils: *Huber* JuS 1984, 615, 786, 950; *Furtner* S. 381 ff.; AG Frankfurt/M NJW 2002, 2328

[36] *Huber* (Fn. 35) S. 615; *Stein/Jonas/Leipold* Rn. 28.

[37] *Huber* (Fn. 35) S. 786; *Schultz* MDR 1978, 282, 283; *Bauer* JA 1980, 685, 687; AK-ZPO/*Wassermann* Rn. 27; aA *Franzki* NJW 1979, 9, 13; *Stanicki* DRiZ 1983, 264, 270; *Baumbach/Lauterbach/Hartmann* Rn. 15: Es genügt Verständlichkeit aufgrund der Kenntnis der mündlichen Verhandlung.

[38] Zur Gefahr und zu den Folgen einer (bewußten oder unbewußten) Verfälschung des entscheidungserheblichen Tatsachenstoffs durch den Richter bei Abfassung des Tatbestandes vgl. *Weitzel* S. 20 ff.

[39] Dazu gehören auch unerledigte Beweisantritte; *Weitzel* JuS 1990, 923, 924; vgl. auch *Puhle* JuS 1990, 296; Hk-ZPO/*Saenger* Rn. 18.

Anträge mitgeteilt werden (Absatz 2 S. 1). Außerdem muss der Tatbestand ausweisen, welches Vorbringen der Parteien unstreitig ist und über welches die Parteien streiten.[40] Über die **Prozessgeschichte,** dh. prozessuale Ereignisse während des Rechtsstreits, wie ein Wechsel der Parteien, Erlass eines Vorbehalts-, Grund- oder Versäumnisurteils, die Anordnung und Durchführung einer Beweiserhebung, ist nur unter Beschränkung auf die wesentlichen Punkte im Tatbestand zu berichten, während wegen der Einzelheiten auf die Akten Bezug zu nehmen ist.[41] Insbesondere ist hinsichtlich der Beweisergebnisse auf die Protokolle zu verweisen.[42] Bei allen Angaben im Tatbestand ist vom Stand zum Schluss der mündlichen Verhandlung auszugehen.[43]

12 In der Darstellung ist eine bestimmte **Reihenfolge** üblich geworden, und zwar wird mit dem unstreitigen Sachverhalt begonnen, sodann das streitige Vorbringen des Klägers, anschließend sein Antrag wiedergegeben, sodann der Antrag des Beklagten, an den sich das vom Kläger bestrittene Vorbringen des Beklagten anschließt; es folgen dann Erwiderungen des Klägers und eventuell darauf bezogene Antworten des Beklagten; den Schluss bildet die Prozessgeschichte.[44] Dieser Aufbau eines Tatbestandes dient der besseren Übersichtlichkeit und Verständlichkeit und sollte im Regelfall von jedem Verfasser eines Urteils beachtet werden.

13 Die ausdrücklich durch § 313 Abs. 2 S. 2 betonte Möglichkeit der **Verweisung auf Schriftsätze,** Protokolle und andere Unterlagen, soweit sie sich nicht auf den wesentlichen Inhalt der erhobenen Ansprüche und der dazu vorgebrachten Angriffs- und Verteidigungsmittel beziehen (Abs. 2 S. 1), ist zur Entlastung des Tatbestandes intensiv zu nutzen (zu den Grenzen vgl. Rn. 10). Allerdings ist nur eine konkrete Verweisung, die eindeutig erkennen lässt, welche Schriftstücke gemeint sind, sinnvoll. Eine Pauschalverweisung „auf die Akten" ist völlig nichtssagend und sollte deshalb unterbleiben.[45] Verweisungen auf **frühere Entscheidungen** sind zulässig, sofern sie zwischen den Parteien ergangen und ihnen durch Zustellung bekannt geworden sind oder, wenn sie andere Parteien betrafen, Gegenstand der mündlichen Verhandlung waren.[46]

14 **6. Die Entscheidungsgründe (Abs. 1 Nr. 6, Abs. 3).** Die **Parteien,** für die das Urteil in erster Linie bestimmt ist (vgl. Rn. 4), haben einen verfassungsrechtlich fundierten Anspruch[47] darauf, über die den Spruch des Richters tragenden Gründe in einer Weise unterrichtet zu werden, die es ihnen ermöglicht, die maßgebenden Erwägungen zu verstehen[48] und nachvollziehen zu können.[49] Dieser Anspruch und auch die Notwendigkeit, die rechtliche Würdigung dem **Rechtsmittelgericht** so zu vermitteln, dass dieses in der Lage ist, das Urteil auf seine Richtigkeit zu überprüfen, sind bei dem in § 313 Abs. 3 ausgesprochenen Gebot zu berücksichtigen, die Entscheidungsgründe kurz zu fassen. Keinesfalls reichen stichwortartige Hinweise im Sinne einer „Erinnerungsstütze"[50] aus, die nur für denjenigen verständlich sind, der an der mündlichen Verhandlung teilgenommen hat. Die Kürze der Entscheidungsgründe darf nicht auf Kosten ihrer Verständlichkeit gehen. Deshalb ist als „kurze Zusammenfassung der Erwägungen, auf denen die Entscheidung in tatsächlicher und rechtlicher Hinsicht beruht", iSv. § 313 Abs. 3 eine Darstellung zu verstehen, die alles das weglässt, was nicht erforderlich ist, um die getroffene Entscheidung hinreichend zu rechtfertigen. Die gebotene Kürze der Entscheidungsgründe verlangt also auf das Wesentliche be-

---

[40] *Baur* JA 1980, 685, 687; *Erman/Baumfalk* JA 1982, 459, 465; *Hartmann* JR 1977, 181, 184.

[41] *Furtner* S. 392.

[42] *Stein/Jonas/Leipold* Rn. 42; *Zöller/Vollkommer* Rn. 18.

[43] BGH NJW-RR 1990, 1269; *Huber* JuS 1984, 786.

[44] Eingehende Hinweise über die Gestaltung des Tatbestandes finden sich in einschlägigen Erläuterungswerken, vgl. zB *Zimmermann,* Klage, Gutachten und Urteil, 18. Aufl. 2003; *Sirp/Schuschke,* Bericht Gutachten und Urteil, 33. Auflage 2003; *Schellhammer,* Arbeitsmethode des Zivilrichters, 15. Aufl. 2005; vgl. auch *Fischer* JuS 2005, 904. Wegen sprachlicher Besonderheiten (Fachausdrücke, Tempus, Modus) ist ebenfalls auf diese Schriften zu verweisen.

[45] BGH LM § 295 Nr. 9; OLG Hamburg NJW 1988, 2678; OLG Oldenburg NJW 1989, 1165; LG München NJW 1990, 1488, 1489; *Baur* JA 1980, 685, 687; *Berg* JuS 1984, 363, 364 f.; *Schwöbbermeyer* NJW 1990, 1451, 1452 f.; Hk-ZPO/*Saenger* Rn. 15; AK-ZPO/*Wassermann* Rn. 29; einschr. *Fischer* S. 24 ff. und JuS 1995, 535, 536; 2005, 904, 906; *Balzer* NJW 1995, 2448, 2452; aA *Huber* JuS 1984, 786, 787; 1987, 213, 214; *Schneider* MDR 1978, 1, 4; *Weitzel* S. 51 f.

[46] BGH VersR 1978, 961; BGH NJW 1991, 789; vgl. auch BAG NJW 1989, 1627.

[47] Vgl. dazu OLG Saarbrücken FamRZ 1993, 1098, 1099; *Lücke* S. 111 ff.; *Kischel* S. 63 ff., 177 ff.; *Gottwald* ZZP 98 (1985), 113, 114 f.; s. auch EGMR NJW 1999, 2429.

[48] Allerdings ergeben sich hier Grenzen für den juristischen Laien, die der Richter trotz aller Bemühungen um Verständlichkeit nicht zu überwinden vermag; er darf deshalb regelmäßig voraussetzen, dass die Partei juristischen Rat einzuholen vermag, wenn sie Verständnisschwierigkeiten hat; *Kischel* S. 347 ff., vgl. auch Rn. 4 aE.

[49] Vgl. Bericht der Kommission für das Zivilprozessrecht, 1977, S. 103; OLG Köln FamRZ 2005, 1921.

[50] So *Hartmann* JR 1977, 181, 185, der aber andererseits verlangt, dass die Gründe so präzise und ausführlich sein müssen, dass die höhere Instanz das Urteil überprüfen kann.

schränkte, präzis gefasste Ausführungen[51] nicht dagegen eine Lückenhaftigkeit in der Argumentation.[52] So kann beispielsweise ein Computerausdruck nicht eine übersichtliche und für die Parteien verständliche Darstellung der Berechnung des Unterhaltsanspruchs ersetzen.[53]

Wenn sich auch das Gericht nicht mit jedem Vorbringen der Parteien in den Entscheidungsgründen auseinandersetzen muss, so hat es doch zu den **wesentlichen Tatsachenbehauptungen** Stellung zu nehmen. Tut er dies nicht, so lässt dies auf die Nichtberücksichtigung des Vortrages schließen, so dass eine Verletzung des Anspruchs auf rechtliches Gehör anzunehmen ist, sofern der unberücksichtigt gebliebene Vortrag nicht nach dem Rechtsstandpunkt des Gerichts unerheblich oder offensichtlich unsubstantiiert war.[54] Insbesondere ist eine sorgfältige Würdigung der erhobenen **Beweise** erforderlich und sind die Gründe anzugeben, die für die richterliche Überzeugung leitend gewesen sind (§ 286 Abs. 1 S. 2).[55] Die **Rechtsgrundlagen,** auf die das Gericht seine Entscheidung stützt, sind zu zitieren,[56] dagegen ist die Wiedergabe des Gesetzeswortlautes ebenso entbehrlich wie umfangreiche Zitate der Rechtsprechung und des Schrifttums.[57] Nur wenn der Richter von einer gefestigten Rechtsauffassung abweicht, kann erwartet werden, dass er sich mit ihr auseinandersetzt und die Gründe für die abweichende Ansicht mitteilt.[58] Sonst bleibt es grundsätzlich dem pflichtgemäßen Ermessen des Gerichts überlassen, darüber zu befinden, in welchem Umfang Rechtsprechung und Literatur bei der Entscheidung heranzuziehen sind.[59] Auf Entscheidungen, die den Parteien bekannt sind (vgl. Rn. 13)[60] oder die gleichzeitig zwischen den Parteien ergehen,[61] kann Bezug genommen werden. Allerdings können pauschale Verweisungen auf das Vorbringen in einer anderen Instanz oder auf Ausführungen in einem anderen Urteil die Begründung nicht ersetzen.[62] 15

III. Verstöße gegen § 313 und die sich daraus ergebenden Rechtsfolgen

1. Fehler beim Rubrum. Wird im Urteilskopf eine Partei, ihr gesetzlicher Vertreter oder Prozessbevollmächtigter falsch bezeichnet, dann stellt dies einen wesentlichen Mangel iSv. § 538 Abs. 2 S. 1 Nr. 1 dar,[63] wenn es sich dabei nicht um eine offenbare Unrichtigkeit handelt, die nach § 319 berichtigt werden kann (vgl. dort Rn. 8). Sind nicht die **Namen der Richter,** die bei der Entscheidung mitgewirkt haben, angegeben, dann ersetzen die Unterschriften die fehlende Namensangabe, wenn kein Zweifel bestehen kann, dass die unterzeichnenden Richter diejenigen sind, die bei der Entscheidung mitgewirkt haben; insoweit kann von einer stillschweigenden Verweisung des Urteils auf die Unterschriften ausgegangen werden, (vgl. o. Rn. 8).[64] Ist das Urteil von einem Richter mitunterschrieben worden, der an der Beschlussfassung und an dem Erlass des Urteils nicht beteiligt war, und enthält auch das Rubrum die unrichtige Angabe, dass dieser Richter an dem Erlass des Urteils mitgewirkt habe, so können diese Mängel dadurch beseitigt werden, dass die Unterschrift des Richters gestrichen und die unrichtige Angabe über die Mitwirkung dieses Richters im Wege der Berichtigung nach § 319 richtiggestellt wird (vgl. auch § 319 Rn. 13).[65] Wird der **Tag,** an dem die **mündliche Verhandlung geschlossen** worden ist, im Urteil nicht richtig wiedergegeben, dann läuft unabhängig von der Möglichkeit, das Urteil nach § 319 zu berichtigen, die 16

---

[51] Vgl. *Meyke* DRiZ 1990, 58.

[52] *Lücke* S. 161 ff. will dagegen eine von ihm aufgrund des § 313 Abs. 3 angenommene reduzierte Begründungspflicht verfassungsrechtlich dadurch kompensieren, dass die wesentlichen Gründe der Entscheidung vom Gericht mit den Parteien in der mündlichen Verhandlung erörtert und im Protokoll festgehalten werden.

[53] OLG Zweibrücken FamRZ 2004, 1735.

[54] Vgl. BVerfGE 27, 248, 251 f.; 28, 378, 384; 40, 101, 104 f.; 51, 126, 129; 54, 86, 91 f.; BVerfG NJW 1994, 2279; NJW-RR 1995, 1033; vgl. auch BGH NJW-RR 1997, 688, 689; *Kischel* S. 381 ff.; s. auch OLG Schleswig MDR 2007, 423: Besorgnis der Befangenheit wegen einseitiger Bezugnahme auf die Argumentation einer Parteien in den Entscheidungsgründen.

[55] BGH NJW-RR 1988, 524; OLG Köln OLGR 1998, 56, 57; *Berg* JuS 1984, 363; 365; *Erman/Baumfalk* JA 1982, 459, 467; *Hartmann* NJW 1978, 1457, 1461 f.; *Schneider* MDR 1978, 1, 2 f.

[56] *Hartmann* Rpfleger 1977, 1, 5; *Huber* JuS 1987, 296, 297; aA *Zöller/Vollkommer* Rn. 19; Hk-ZPO/*Saenger* Rn. 27.

[57] *May* DRiZ 1989, 458.

[58] Vgl. BVerfG NJW 1992, 2556, 2557; 1995, 2911; *Deubner* JuS 1996, 240, 242 f. m. weit. Nachw.

[59] BVerfG NJW 1987, 2499.

[60] BGHZ 39, 333, 346 = NJW 1963, 2272; BGH VersR 1978, 961.

[61] BGH NJW 1971, 39.

[62] OLG Frankfurt FamRZ 1993, 717; OLG Hamm NJW-RR 1992, 631.

[63] OLG Hamburg GRUR 1981, 90, 91.

[64] BGH FamRZ 1977, 124; AK-ZPO/*Wassermann* Rn. 17.

[65] BGHZ 18, 350, 354 f. = NJW 1955, 1919.

Rechtsmittelfrist nach §§ 517, 548 mit der Zustellung des in vollständiger Form abgefassten Urteils.[66]

17 **2. Fehler beim Tenor.** Offenbare Unrichtigkeiten in der Urteilsformel können nach § 319 berichtigt und Lücken im Tenor, die durch eine versehentlich unterbliebene Entscheidung über Haupt- oder Nebenansprüche oder über Kosten entstanden sind, nach § 321 ergänzt werden (vgl. die Erl. zu diesen Vorschriften). Unklarheiten und Widersprüche in der Urteilsformel sind nach Möglichkeit durch Auslegung mit Hilfe des übrigen Urteilsinhalts zu beseitigen.[67] Weicht jedoch der Urteilstenor von den Entscheidungsgründen ab, dann ist allein er maßgebend, weil er allein den rechtskraftfähigen Spruch des Richters darstellt (vgl. auch Rn. 9).[68] Ist aber ein Tenor in sich so widersprüchlich und unbestimmt, dass sein Inhalt auch im Wege der Auslegung nicht festgestellt werden kann, dann ist das Urteil unwirksam und keiner Rechtskraft fähig (vgl. auch Vor §§ 300 ff. Rn. 5).[69]

18 **3. Fehler beim Tatbestand.** Enthält das Urteil entgegen der Vorschrift des § 313 Abs. 1 Nr. 5 keinen Tatbestand,[70] ohne dass dies aufgrund spezieller Regelungen (§§ 313 a, 313 b, 525, 540, 555 Abs. 1) gestattet ist, dann ist es mit einem wesentlichen Verfahrensmangel behaftet und vom Rechtsmittelgericht aufzuheben (§§ 538 Abs. 2 S. 1 Nr. 1, 562).[71] Dieser Mangel ist von Amts wegen zu beachten.[72] Gleiches gilt, wenn zwar der Tatbestand nicht vollständig fehlt, aber so lückenhaft oder widersprüchlich gefasst ist, dass er keine brauchbaren tatsächlichen Grundlagen für die rechtliche Beurteilung bietet.[73] Das Revisionsgericht kann jedoch in einem solchen Fall von einer Zurückweisung absehen, wenn die Parteien nur um Rechtsfragen streiten und das Berufungsurteil hinreichende tatsächliche Angaben enthält, um diese Rechtsfragen beurteilen zu können.[74] Unrichtigkeiten und Widersprüche im Tatbestand können nach § 320 berichtigt werden (vgl. die Erl. zu dieser Vorschrift).

19 **4. Fehler bei den Entscheidungsgründen.** In gleicher Weise wie Mängel in der Darstellung des Tatbestandes zur Aufhebung des Urteils durch das Rechtsmittelgericht führen (vgl. Rn. 18), können Fehler bei Abfassung der Entscheidungsgründe die Berufung und die Revision begründen. Fehlen die Entscheidungsgründe völlig (vgl. aber §§ 313 a, 313 b, 495 a, 525, 540, 555, 564), dann ist das Urteil mit einem wesentlichen Verfahrensmangel behaftet, der die Berufung (§ 538 Abs. 2 S. 1 Nr. 1) oder die Revision (§ 547 Nr. 6) begründet.[75] Der fehlenden Begründung des Urteils ist der Fall gleichzusetzen, dass die Entscheidungsgründe unverständlich und verworren oder so lückenhaft sind, dass die rechtlichen Erwägungen des Gerichts nicht nachvollzogen werden können.[76]

---

[66] BGH VersR 1980, 744.

[67] BGHZ 34, 337, 339 = NJW 1961, 917; BGH NJW 1972, 2268; OLG Köln NJW 1985, 274 (vgl. aber auch Rn. 9 zu Fn. 28 f.).

[68] BGH NJW 1997, 3447, 3448 (zumindest bei Widersprüchlichkeit der Entscheidungsgründe); 2003, 140, 141; OLG Hamburg OLGRspr. 35, 73; OLG Celle OLGZ 1979, 194, 196; *Schneider* MDR 1967, 94, 95; *Zöller/Vollkommer*- Rn. 8; aA *Lindacher* ZZP 88 (1975), 64, 72 f. (nur Vorrang der Formel, wenn vor Eintritt der Rechtskraft allein diese der Partei verlautbart worden ist, sonst Vorrang der Gründe).

[69] BGHZ 5, 240, 246 = NJW 1952, 818.

[70] Dieser Fall ist zu unterscheiden von einer Zusammenfassung des Tatbestandes und der Entscheidungsgründe. Zwar ist wegen der besseren Übersichtlichkeit und wegen der in §§ 314 und 320 getroffenen Regelungen eine äußere Trennung dringend zu empfehlen, sie ist aber nicht zwingend geboten; allerdings muss deutlich sein, was zum Tatsachenstoff gehört und was zu den rechtlichen Wertungen des Gerichts (so auch *Huber* JuS 1987, 213; *Stanicki* DRiZ 1983, 264, 270; *Rosenberg/Schwab/Gottwald* § 60 II 2 e; *Schönke/Kuchinke* § 74 II). Vgl. auch BGH NJW 1982, 447: Keine Aufhebung des Berufungsurteils in der Revisionsinstanz, wenn sich der Sach- und Streitstand in ausreichendem Umfang aus den Entscheidungsgründen ergibt; ebenso BGH NJW 1983, 1901; 1983, 2250.

[71] BGH NJW 1991, 3038, 3039; 1999, 1720; NJW-RR 1990, 1758; 1994, 362; 1997, 1486; 2003, 1145, 1146; 2004, 494; 2004, 1567 (mit dem Hinweis darauf, dass ein solches Urteil vom Revisionsgericht auch dann aufzuheben ist, wenn es mangels Überschreiten der Beschwersumme nicht revisibel ist; jetzt bedeutsam in Bezug auf die Wertgrenze des § 26 Nr. 8 EGZPO); BAG NJW 2003, 918; NZA 2004, 564, 565.

[72] BGHZ 40, 84, 87 = NJW 1963, 2070; BGHZ 73, 248, 252 = NJW 1979, 927; BAG NJW 1988, 843; *Stein/Jonas/Leipold* Rn. 57.

[73] BGH NJW 1981, 1848; BGH NJW-RR 1990, 1758; OLG Frankfurt OLGZ 1984, 179, 180; *Thomas/Putzo/Reichold* Rn. 26.

[74] BGH (Fn. 73); vgl. auch BGH NJW 1983, 1901; 1987, 1481. In einem solchen Fall hat das BAG (NJW 1981, 2078) die Bezugnahme im Urteil des Berufungsgerichts auf den Tatbestand des Urteils erster Instanz für zulässig gehalten, weil in der Berufungsinstanz keine neuen Tatsachen vorgetragen worden waren; offengelassen von BGH NJW 1985, 1784, 1785.

[75] OLG Schleswig NJWE-FER 2000, 240.

[76] Vgl. BGHZ 32, 17, 24 = NJW 1960, 866; BGHZ 39, 333, 338 = NJW 1963, 2272; BGH GRUR 1967, 543, 546 1970, 258, 259; BVerwG NJW 2003, 1753 f.

Das Urteil muss auch aufgehoben werden, wenn in den Entscheidungsgründen von einem anderen Sach- und Streitstand ausgegangen wird als von dem, der sich aus dem Tatbestand ergibt, und wenn eine am richtigen Sach- und Streitstand orientierte Beurteilung zu einem anderen rechtlichen Ergebnis geführt hätte.[77]

§ 313 a Weglassen von Tatbestand und Entscheidungsgründen

(1) [1]Des Tatbestandes bedarf es nicht, wenn ein Rechtsmittel gegen das Urteil unzweifelhaft nicht zulässig ist. [2]In diesem Fall bedarf es auch keiner Entscheidungsgründe, wenn die Parteien auf sie verzichten oder wenn ihr wesentlicher Inhalt in das Protokoll aufgenommen worden ist.

(2) [1]Wird das Urteil in dem Termin, in dem die mündliche Verhandlung geschlossen worden ist, verkündet, so bedarf es des Tatbestandes und der Entscheidungsgründe nicht, wenn beide Parteien auf Rechtsmittel gegen das Urteil verzichten. [2]Ist das Urteil nur für eine Partei anfechtbar, so genügt es, wenn diese verzichtet.

(3) Der Verzicht nach Absatz 1 oder 2 kann bereits vor der Verkündung des Urteils erfolgen; er muss spätestens binnen einer Woche nach dem Schluss der mündlichen Verhandlung gegenüber dem Gericht erklärt sein.

(4) Die Absätze 1 bis 3 finden keine Anwendung:

1. in Ehesachen, mit Ausnahme der eine Scheidung aussprechenden Entscheidungen;
2. in Lebenspartnerschaftssachen nach § 661 Abs. 1 Nr. 2 und 3;
3. in Kindschaftssachen;
4. im Falle der Verurteilung zu künftig fällig werdenden wiederkehrenden Leistungen;
5. wenn zu erwarten ist, dass das Urteil im Ausland geltend gemacht werden wird.

(5) Soll ein ohne Tatbestand und Entscheidungsgründe hergestelltes Urteil im Ausland geltend gemacht werden, so gelten die Vorschriften über die Vervollständigung von Versäumnis- und Anerkenntnisurteilen entsprechend.

I. Allgemeines

1. Normzweck. § 313 a ist durch die Vereinfachungsnovelle 1976 in das Gesetz eingefügt worden. Der Gesetzgeber hat sich damit eine Entlastung der Gerichte versprochen.[1] In der Praxis hat sich jedoch gezeigt, dass die Parteien zwar oftmals kein Interesse an der Zusammenfassung und Schilderung des ihnen bekannten Sachverhalts haben, jedoch auf die Darstellung der Entscheidungsgründe Wert legen. Um diesen unterschiedlichen Interessen Rechnung zu tragen, wurde Abs. 1 durch das Rechtspflege-Entlastungsgesetz 1993 geändert.[2] Durch das ZPO-RG ist die Vorschrift neu gefasst worden. Danach darf das Gericht bei unanfechtbaren Entscheidungen die Entscheidungsgründe nicht nur wie zuvor bei einem Verzicht der Parteien, sondern auch dann weglassen, wenn der wesentliche Inhalt der Entscheidungsgründe in das Protokoll aufgenommen worden ist. Diese in Abs. 1 getroffene Regelung wird in Abs. 2 dahingehend ergänzt, dass das Gericht generell bei einem sog. Stuhlurteil von der Darstellung des Tatbestandes und der Entscheidungsgründe absehen darf, wenn das Urteil aufgrund eines Verzichts auf Rechtsmittel unanfechtbar ist. Die in Abs. 4 genannten Ausnahmen betreffen Fälle, in denen entweder ein öffentliches Interesse an der schriftlichen Urteilsbegründung besteht (Nr. 1 bis 3) oder in denen aus anderen Gründen an den Entscheidungsgründe festgehalten werden muss (vgl. Rn. 7). 1

2. Anwendungsbereich. § 313 a gilt für Urteile aller Instanzen, jedoch nicht für Versäumnis-, Anerkenntnis- und Verzichtsurteile, weil insoweit § 313 b eine Sonderregelung enthält. Für Berufungsurteile ist § 540 zu beachten, der für die Gestaltung des Tatbestandes und der Entscheidungsgründe eine von § 313 a abweichende Regelung schafft. Ebenso trifft § 564 für Revisionsurteile eine spezielle Regelung, die § 313 a vorgeht. Im Arbeitsgerichtsprozess ist § 313 a Abs. 1 auf Urteile entsprechend anwendbar, dagegen nicht im Beschlussverfahren, weil § 84 ArbGG iVm. § 60 Abs. 4 ArbGG ohne Ausnahmemöglichkeit eine schriftliche Abfassung der Begründung vorschreibt.[3] In Verfahren der **Freiwilligen Gerichtsbarkeit** ist § 313 a nicht anwendbar. Dies gilt auch für die 2

---

[77] BGHR Tatbestandswidrigkeit 1.
[1] BT-Drucks. 7/2729 S. 78.
[2] Amtliche Begründung des Gesetzentwurfs (BT-Drucks. 12/1217 S. 22).
[3] *Lorenz* BB 1977, 1000, 1003; *Baumbach/Lauterbach/Hartmann* Rn. 3; *Stein/Jonas/Leipold* Rn. 20; aA *Grunsky* § 84 ArbGG Rn. 2.

Entscheidung über den Versorgungsausgleich im Verbundurteil (§§ 623, 629 Abs. 1), weil durch § 53b Abs. 3 FGG eine Begründung vorgeschrieben wird.[4]

II. Erlass eines Urteils in abgekürzter Form (Abs. 1)

3 **1. Weglassen des Tatbestandes (Abs. 1 S. 1, Abs. 2).** Im Interesse einer Entlastung des Richters und der Kanzlei (vgl. Rn. 1) wird dem Gericht freigestellt, das Urteil ohne Tatbestand zu erlassen, wenn es zweifelfrei unanfechtbar ist (vgl. Rn. 6). In diesem Fall kommt der Beurkundungsfunktion des Tatbestandes (§ 314 Abs. 1) regelmäßig keine Bedeutung zu.

4 **2. Weglassen der Entscheidungsgründe (Abs. 1 S. 2, Abs. 2).** In drei Fällen darf das Gericht auf die Wiedergabe der Entscheidungsgründe im Urteil zu verzichten: (1) Das Urteil ist unanfechtbar und die Parteien verzichten auf die Entscheidungsgründe (Abs. 1 S. 2 Alt. 1); (2) Das Urteil ist unanfechtbar und das Gericht nimmt den wesentlichen Inhalt der Entscheidungsgründe in das Protokoll auf (Abs. 1 S. 2 Alt. 2); (3) Das Urteil wird in dem Termin, in dem die mündliche Verhandlung geschlossen worden ist, verkündet (sog. Stuhlurteil) und jede Partei, die das Urteil anfechten kann, verzichtet auf Rechtsmittel (Abs. 2). Hinzu kommt noch als negative Voraussetzung, dass es sich nicht um einen der in Abs. 4 genannten Fälle handelt. Der **Verzicht der Parteien** auf die Entscheidungsgründe des in ihrem Rechtsstreit ergangenen Urteils stellt eine **Prozesshandlung** dar,[5] deren Wirksamkeit davon abhängt, dass die Prozesshandlungsvoraussetzungen erfüllt werden; insbesondere bedeutet dies im Anwaltsprozess, dass die Erklärung vom Prozessbevollmächtigten abgegeben werden muss.[6] Der Verzicht, der bereits vor Verkündung des Urteils ausgesprochen werden kann, muss nicht mündlich zu Protokoll, sondern kann auch schriftlich gegenüber dem Gericht erklärt werden, wie die ausdrücklich im Gesetz zugelassene Möglichkeit zeigt, nach Schluss der mündlichen Verhandlung zu verzichten. Der einmal wirksam erklärte Verzicht kann nicht mehr durch Widerruf beseitigt werden.[7] Überwiegend wird die Auffassung vertreten, dass der Verzicht nicht von einer **Bedingung** abhängig gemacht werden kann. Dieser Ansicht ist nur insoweit zuzustimmen, als es sich um eine außerprozessuale Bedingung handelt; dagegen können Parteiprozesshandlungen mit einer innerprozessualen Bedingung verbunden werden.[8] Dementsprechend ist es als zulässig anzusehen, dass eine Partei den Verzicht nur für den Fall ihres Obsiegens oder ihres Unterliegens erklärt.[9] In der Erklärung, auf Tatbestand und Entscheidungsgründe verzichten zu wollen, kann zugleich ein Rechtsmittelverzicht liegen.[10] Stets muss jedoch vom Gericht festgestellt werden, ob ein solcher Verzicht dem wirklichen Wille des Erklärenden entspricht.[11]

5 Die in § 313a Abs. 3 genannte **Frist von einer Woche** nach Schluss der mündlichen Verhandlung soll einerseits den Parteien ausreichend Gelegenheit geben, mit ihren Rechtsanwälten die Frage eines Verzichts zu besprechen, andererseits bleibt dem Richter auch noch genügend Zeit, um die Urteilsbegründung innerhalb der durch § 315 bestimmten Frist zu fertigen, falls der Verzicht nicht erklärt wird.[12] Es entspricht der Zweckrichtung des § 313a, einen Verzicht, der nach Ablauf der Frist erklärt wurde, nicht für unwirksam anzusehen,[13] sondern das Gericht auch dann für berechtigt zu halten, nach § 313a Abs. 1 und 2 zu verfahren, wenn das Urteil noch nicht in vollständiger Form abgefasst worden ist und somit das Ziel dieser Vorschrift (vgl. Rn. 1) erreicht werden kann.[14] Im **schriftlichen Verfahren** (§ 128 Abs. 2) beginnt die Frist mit dem nach § 128 Abs. 2 S. 2 zu bestimmenden Zeitpunkt.[15]

6 **3. Inhalt des Urteils.** Fallen bei einer nach § 313a erlassenen Entscheidung der Tatbestand und die Entscheidungsgründe völlig weg, dann können sich Schwierigkeiten bei der **Bestimmung des**

---

[4] OLG Hamm NJW 1979, 434; OLG Stuttgart FamRZ 1983, 81, 82; *Keidel/Kuntze/Winkler/Weber* § 53b Rn. 11; *Habscheid* FG § 51 II C 4a (S. 401); offengelassen von BGH NJW 1981, 2816.

[5] OLG Frankfurt NJW 1989, 841; *Huber* JuS 1984, 615, 616.

[6] *Hartmann* JR 1977, 181, 186; *Schneider* MDR 1985, 906.

[7] OLG Frankfurt NJW 1989, 841.

[8] *Musielak,* GK ZPO, Rn. 160.

[9] *Stein/Jonas/Leipold* Rn. 12; Hk-ZPO/*Saenger* Rn. 8; aA *Huber* JuS 1984, 615, 616; gegen Bedingungen allgemein: *Baumbach/Lauterbach/Hartmann* Rn. 9.

[10] OLG Hamm MDR 1989, 919; JurBüro 1996, 96, 97; OLG Brandenburg NJW-RR 1995, 1212f.; aA (nur bei besonderen Anhaltspunkten) OLG Hamm NJW-RR 1995, 1213f.; OLG Schleswig MDR 1997, 1154; abl. auch *Zöller/Vollkommer* Rn. 6: im Regelfall kein Rechtsmittelverzicht.

[11] Vgl. BAG NJW 2006, 1995, 1996; OLG Hamm NJW-RR 2000. 212.

[12] Amtl. Begr. des ZPO-RG (BT-Drucks. 14/4722, S. 85).

[13] So aber *Baumbach/Lauterbach/Hartmann* Rn. 16.

[14] LAG Köln NZA 2006, 878 (LS); *Schneider* MDR 1985, 906; *Stein/Jonas/Leipold* Rn. 13; *Zöller/Vollkommer* Rn. 6; Hk-ZPO/*Saenger* Rn. 8.

[15] *Schneider* (Fn. 14).

Streitgegenstandes ergeben, wenn beispielsweise später die Grenzen der Rechtskraft des Urteils ermittelt werden sollen. Bei den Gesetzesberatungen ist darauf hingewiesen worden, dass § 313a nicht verbiete, trotz des Verzichts der Parteien, Tatbestand und Entscheidungsgründe dann in das Urteil aufzunehmen, wenn das Gericht dies für notwendig erachtet, um den Umfang der Rechtskraft etwa bei einer erklärten Aufrechnung erkennbar zu machen.[16] Regelmäßig wird jedoch auch in Fällen, in denen die Individualisierung des Streitgegenstandes Schwierigkeiten bereiten kann, ein Tatbestand und Entscheidungsgründe in vollständiger Form nicht erforderlich sein. Vielmehr dürfte es genügen, durch erläuternde Zusätze in der Urteilsformel oder in einer kurzen Begründung zur Konkretisierung des Streitgegenstandes beizutragen.[17]

III. Ausnahmen (Abs. 4)

An einer schriftlichen Urteilsbegründung in Entscheidungen, die in Ehesachen, mit Ausnahme der eine Scheidung aussprechenden Urteile (Nr. 1), in Lebenspartnerschaftssachen nach § 661 Abs. 1 Nr. 2 und 3 (Nr. 2) und in Kindschaftssachen (Nr. 3) ergehen, besteht ein öffentliches Interesse (vgl. Rn. 1). Dass die Entscheidung über den **Versorgungsausgleich,** die in einem Verbundurteil getroffen wird, begründet werden muss, schreibt § 53b Abs. 3 FGG vor (vgl. Rn. 2). Urteile, die eine Verurteilung zu künftig fällig werdenden wiederkehrenden Leistungen aussprechen, können nach § 323 abgeändert werden, wenn sich die für die Verurteilung maßgebenden Verhältnisse wesentlich geändert haben. Um eine solche Veränderung feststellen zu können, muss eine schriftliche Begründung des Urteils vorliegen; dies ist der Grund für die Vorschrift der Nummer 4.[18] Schließlich regelt Nr. 5 als weitere Ausnahme vom Verzicht auf schriftliche Urteilsbegründung die Fälle, in denen zu erwarten ist, dass es auf eine Vollstreckung oder Anerkennung des Urteils im **Ausland** ankommen wird. In solchen Fällen ist im internationalen Rechtsverkehr regelmäßig ein vollständig begründetes Urteil erforderlich. Durch Nr. 5 werden auch solche Scheidungsurteile erfasst, an denen ein Ausländer beteiligt ist, selbst wenn dieser zusätzlich die deutsche Staatsangehörigkeit besitzen sollte.[19] Die Möglichkeit einer nachträglichen Vervollständigung des Urteils, wenn es im Rechtsverkehr mit dem Ausland benötigt wird, schafft Abs. 5. 7

IV. Verstoß gegen § 313a

Wird ein Urteil ohne Tatbestand und Entscheidungsgründe erlassen, obwohl die Voraussetzungen der Abs. 1 oder 2 nicht erfüllt sind oder dies nach Absatz 4 ausgeschlossen wird, dann handelt es sich um einen schweren Verfahrensverstoß, der zwar nicht die Nichtigkeit,[20] wohl aber die Anfechtbarkeit des Urteils begründet (vgl. dazu § 313 Rn. 18f.). Der umgekehrte Fall, dass also ein Urteil in vollständiger Form ergeht, obwohl eine abgekürzte Form zulässig wäre, stellt dagegen keinen Verstoß gegen § 313a dar, denn diese Vorschrift zwingt nicht das Gericht, auf Tatbestand und Entscheidungsgründe zu verzichten, sondern stellt diese Möglichkeit in das Ermessen der Richter.[21] 8

V. Kosten

1. Gericht. Um einen Anreiz für die Parteien zu schaffen, auf ein Rechtsmittel zu verzichten, werden die Gebühren bei einem Urteil, das nach § 313a Abs. 2 keinen Tatbestand und keine Entscheidungsgründe enthalten muss, vermindert (vgl. KV Nr. 1211 Nr. 2, 1222 Nr. 2, 1223, 1311 Nr. 2, 1322 Nr. 2, 1323, 1411, 1415). Eine entsprechende Privilegierung ist für den Verzicht nach Abs. 1 nicht vorgesehen. Der Gesetzgeber war der Auffassung, dass dies nicht erforderlich sei, weil sich dieser Verzicht nicht auf ein Rechtsmittel, sondern lediglich auf die Entscheidungsgründe bezöge.[22] 9

2. Rechtsanwalt. Für die Erklärung des Verzichts erhält der Rechtsanwalt nur dann eine Gebühr, wenn er nicht zum Prozessbevollmächtigten bestellt ist und nur den Auftrag erledigt, den Verzicht durch Schriftsatz zu erklären. Da es sich dabei regelmäßig um ein Schreiben einfacher Art handeln dürfte, fallen drei Zehntel der vollen Gebühr an (VV Nr. 3403). Sonst ist eine solche Er- 10

[16] Bericht des Rechtsausschusses (BT-Drucks. 7/5250 S. 5) zur früheren Fassung des Gesetzes. Diese Erwägungen haben weiterhin Bestand.
[17] *Huber* JuS 1987, 213, 216; Hk-ZPO/*Saenger* Rn. 9.
[18] BT-Drucks. 7/2729 S. 78.
[19] BT-Drucks. (Fn. 18).
[20] BGH NJW 1988, 2046.
[21] *Stein/Jonas/Leipold* Rn. 14.
[22] Amtl. Begr. des ZPO-RG (Fn. 12).

klärung durch die Verfahrensgebühr abgegolten. Dies gilt auch für die Vervollständigung des Urteils gemäß § 313a Abs. 5 (§ 19 Abs. 1 S. 2 Nr. 8 RVG).

§ 313b Versäumnis-, Anerkenntnis- und Verzichtsurteil

(1) [1]Wird durch Versäumnisurteil, Anerkenntnisurteil oder Verzichtsurteil erkannt, so bedarf es nicht des Tatbestandes und der Entscheidungsgründe. [2]Das Urteil ist als Versäumnis-, Anerkenntnis- oder Verzichtsurteil zu bezeichnen.

(2) [1]Das Urteil kann in abgekürzter Form nach Absatz 1 auf die bei den Akten befindliche Urschrift oder Abschrift der Klage oder auf ein damit zu verbindendes Blatt gesetzt werden. [2]Die Namen der Richter braucht das Urteil nicht zu enthalten. [3]Die Bezeichnung der Parteien, ihrer gesetzlichen Vertreter und der Prozessbevollmächtigten sind in das Urteil nur aufzunehmen, soweit von den Angaben der Klageschrift abgewichen wird. [4]Wird nach dem Antrag des Klägers erkannt, so kann in der Urteilsformel auf die Klageschrift Bezug genommen werden. [5]Wird das Urteil auf ein Blatt gesetzt, das mit der Klageschrift verbunden wird, so soll die Verbindungsstelle mit dem Gerichtssiegel versehen oder die Verbindung mit Schnur und Siegel bewirkt werden.

(3) Absatz 1 ist nicht anzuwenden, wenn zu erwarten ist, dass das Versäumnisurteil oder das Anerkenntnisurteil im Ausland geltend gemacht werden soll.

(4) Absatz 2 ist nicht anzuwenden, wenn die Prozessakten elektronisch geführt werden.

I. Allgemeines

1 **1. Normzweck. § 313b Abs. 1 und 2** geht auf die Vereinfachungsnovelle 1976 zurück und entspricht in seinem Inhalt weitgehend dem früheren § 313 Abs. 3. Abweichend vom früheren Recht ist die in § 313b getroffene Regelung auf Verzichtsurteile und auf solche Versäumnisurteile erstreckt worden, die gegen den Kläger ergehen. Damit sollte der erhebliche Entlastungseffekt, den der § 313 Abs. 3 aF mit sich gebracht hat, auf alle hierfür geeignete Urteilsformen ausgedehnt werden.[1] **Absatz 3** ist durch das Gesetz zur Ausführung zwischenstaatlicher Anerkennungs- und Vollstreckungsverträge in Zivil- und Handelssachen vom 30. 5. 1988 eingefügt worden (vgl. dazu Rn. 8). Durch das JKomG ist schließlich mit Wirkung vom 1. 4. 2005 Abs. 4 dem § 313b angefügt worden (vgl. dazu Rn. 6).

2 **2. Anwendungsbereich.** § 313b ist auch auf Urteile anzuwenden, die im arbeitsgerichtlichen Verfahren ergehen,[2] dagegen nicht auf Entscheidungen im Beschlussverfahren, weil insoweit eine Verweisung auf § 313b fehlt.[3]

II. Urteile in abgekürzter Form

3 **1. Voraussetzungen.** Die Vorschrift des § 313b findet nur auf (echte) Versäumnisurteile Anwendung, also auf Urteile, die nach §§ 330ff. aufgrund der Säumnis einer Partei ergehen,[4] dagegen nicht auf (kontradiktorische) Urteile, die gegen einen Säumigen, aber ohne Rücksicht auf die Säumnis, erlassen werden.[5] Anerkenntnisurteile (§ 307) und Verzichtsurteile (§ 306) bedürfen ebenfalls nicht des Tatbestandes und der Entscheidungsgründe. § 313b gilt für die genannten Urteile in allen Instanzen, auch wenn sie als Teilurteile ergehen.[6]

4 **2. Ermessensentscheidung des Gerichts.** Ob das Gericht von der Möglichkeit des § 313b Abs. 1 Gebrauch macht und ein Versäumnis-, Anerkenntnis- oder Verzichtsurteil ohne Tatbestand und Entscheidungsgründe erlässt, ist vorbehaltlich der Vorschrift des Absatzes 3 in sein Ermessen gestellt.[7] Das Gericht wird bei seiner Entscheidung insbesondere zu berücksichtigen haben, ob allein aufgrund des Tenors der **rechtskraftfähige Inhalt** des Urteils **hinreichend bestimmt** wird;[8]

---

[1] BT-Drucks. 7/2729 S. 78.

[2] *Grunsky* § 60 ArbGG Rn. 1; *Stein/Jonas/Leipold* Rn. 27.

[3] *Leipold* (Fn. 2). Im Beschlussverfahren gibt es keine Versäumnisentscheidungen, vgl. *Grunsky* § 83 ArbGG Rn. 8. Zu der parallelen Frage im Rahmen des § 313a vgl. Rn. 2 zu dieser Vorschrift.

[4] BGH NJW-RR 1991, 225; OLG Frankfurt OLGZ 1984, 179, 180; *Zöller/Vollkommer* Rn. 1.

[5] Zu dieser Unterscheidung: *Musielak,* GK ZPO, Rn. 167, 175 aE, 179.

[6] *Stein/Jonas/Leipold* Rn. 4, 5.

[7] OLG Brandenburg FamRZ 2004, 651; *Zöller/Vollkommer* Rn. 2.

[8] Vgl. *Maurer* FamRZ 1989, 455 (zu den besonderen Fragen bei Abänderung eines solchen Urteils nach § 323).

insoweit ergeben sich gleiche Fragen wie bei § 313a (vgl. Rn. 6 zu dieser Vorschrift). Streiten die Parteien beim Anerkenntnisurteil über die Kostentragung (vgl. § 93) und muss deshalb mit einer **Beschwerde nach § 99 Abs. 2** gerechnet werden, dann muss dem Urteil zumindest eine kurze Begründung beigefügt werden, um dem Beschwerdegericht eine Überprüfung zu ermöglichen.[9]

3. Inhalt. Zusätzlich zu den sonst vorgeschriebenen Bestandteilen eines Zivilurteils (vgl. § 313 Rn. 6) muss nach § 313b Abs. 1 S. 2 das Urteil als Versäumnis-, Anerkenntnis- oder Verzichtsurteil bezeichnet werden; allerdings ist dies nur erforderlich, wenn das Gericht nach § 313b verfährt.[10] Dies bedeutet im einzelnen, dass nach Absatz 1 S. 1 Tatbestand und Entscheidungsgründe und nach Absatz 2 noch weitere Angaben (vgl. Rn. 6) fehlen können. 5

III. Absatz 2

Durch Absatz 2 wird zugelassen, dass das Urteil auf die bei den Akten befindliche Urschrift oder Abschrift der Klage oder auf ein damit zu verbindendes Blatt gesetzt wird. In diesem Fall brauchen abweichend von § 313 Abs. 1 Nr. 2 nicht die Namen der Richter, die bei der Entscheidung mitgewirkt haben, angegeben werden (Absatz 2 S. 2), wohl aber ihre Unterschriften (§ 315 Abs. 1). Die Bezeichnung der Parteien, ihrer gesetzlichen Vertreter und der Prozessbevollmächtigten (§ 313 Abs. 1 Nr. 1) müssen nur dann in das Urteil aufgenommen werden, wenn von den Angaben der Klageschrift abgewichen wird (Absatz 2 S. 3). Wird nach dem Antrag des Klägers erkannt, dann kann in der Urteilsformel auf die Klageschrift Bezug genommen werden (zB durch die Formel: „Es wird nach Klageantrag erkannt"); wird dagegen nicht dem Klageantrag entsprochen, dann ist eine vollständige Urteilsformel notwendig.[11] Durch **Abs. 4** wird jedoch die **nach Abs. 2 vorgesehene Möglichkeit der Vereinfachung** bei elektronischer Aktenführung (§ 298a) **ausgeschlossen,** da eine solche Verbindung von Klage und Urteil unzweckmäßig erscheint und es zudem keinen wesentlichen Aufwand verursacht, das Urteil auf der Grundlage der in der elektronischen Klageschrift enthaltenen Daten als neues elektronisches Dokument anzulegen.[12] 6

IV. Verstöße gegen § 313b

Wird ein Urteil ohne Tatbestand oder Entscheidungsgründe erlassen, obwohl die Voraussetzungen des § 313b Abs. 1 S. 1 nicht erfüllt sind, dann ist dieses Urteil mit einem wesentlichen Verfahrensmangel behaftet und vom Rechtsmittelgericht aufzuheben (vgl. § 313 Rn. 18f.); die Berufungsfrist wird durch ein solches Urteil nicht in Lauf gesetzt.[13] Fehlt die Bezeichnung als Versäumnisurteil, Anerkenntnisurteil oder Verzichtsurteil (§ 313b Abs. 1 S. 2), dann kann dieser Mangel kein Rechtsmittel begründen, wenn die Parteien erkennen können, dass es sich um ein derartiges Urteil handelt.[14] Wenn allerdings die fehlende Bezeichnung bei einer Partei zu einem von ihr nicht zu vertretenden Irrtum[15] über das zulässige Rechtsmittel führt, dann dürfen ihr dadurch, dass sie ein falsches Rechtsmittel wählt, keine Nachteile entstehen.[16] Wegen anderer Fehler im Urteil vgl. § 313 Rn. 16ff. 7

V. Rechtsverkehr mit dem Ausland

Ist beim Erlass des Urteils zu erwarten, dass es im Rechtsverkehr mit dem Ausland verwendet wird, dann hat das Gericht von einer abgekürzten Fassung abzusehen (§ 313 b Abs. 3), weil hierfür regelmäßig Tatbestand und Entscheidungsgründe erforderlich sind (vgl. auch § 313a Rn. 7). § 30 AVAG gibt einer Partei für den Anwendungsbereich dieses Gesetzes (vgl. § 1 Abs. 1 AVAG) einen Rechtsanspruch auf Vervollständigung eines nach § 313b in verkürzter Form abgefassten Urteils, wenn die Partei es in einem anderen Vertrags- oder Mitgliedsstaat geltend machen will. Zur Vervollständigung des Urteils sind der Tatbestand und die Entscheidungsgründe nachträglich abzufassen 8

---

[9] OLG Bremen NJW 1971, 1185 (zu § 313 Abs. 3 aF); OLG Brandenburg NJW-RR 2000, 517; FamRZ 2004, 651; AK-ZPO/*Wassermann* Rn. 2.

[10] BGH FamRZ 1988, 945.

[11] *Wassermann* (Fn. 9) Rn. 4.

[12] Vgl. Amtl. Begr. des JKomG (BT-Drucks. 15/4067, S. 33).

[13] BGH NJW-RR 1991, 255.

[14] Str., wie hier OLG Düsseldorf MDR 1985, 678, 679; *Stein/Jonas/Leipold* Rn. 11; aA *Zöller/Vollkommer* Rn. 6 (Bezeichnung bei abgekürztem Urteil unverzichtbar); ebenso wohl AK-ZPO/*Wassermann* Rn. 4.

[15] Vgl. OLG Düsseldorf (Fn. 14): Keine Wiedereinsetzung in den vorigen Stand wegen Versäumung der Einspruchsfrist bei einem Versäumnisurteil, das als solches nicht bezeichnet ist, wenn sich die Partei im Anwaltsprozess nicht durch einen Rechtsanwalt vertreten lässt.

[16] OLG Hamm NJW-RR 1995, 186; OLG Köln VersR 1998, 387; *Stein/Jonas/Leipold* Rn. 11.

(vgl. § 30 Abs. 2 AVAG). § 320 gilt entsprechend, wobei bei Entscheidung über einen Antrag auf Berichtigung auch solche Richtern mitwirken können, die bei dem Urteil oder der nachträglichen Anfertigung des Tatbestands nicht mitgewirkt haben (§ 30 Absatz 3 AVAG).[17]

VI. Kosten

9 Durch den Erlass eines Versäumnis-, Anerkenntnis- und Verzichtsurteils entsteht keine Urteilsgebühr; dies gilt auch, wenn das Urteil abweichend von § 313b eine ungekürzte Fassung erhält. Keine Gerichtsgebühren (jedoch Auslagen) werden erhoben, wenn das Urteil für den Rechtsverkehr mit dem Ausland vervollständigt wird.

§ 314 Beweiskraft des Tatbestandes

[1]Der Tatbestand des Urteils liefert Beweis für das mündliche Parteivorbringen. [2]Der Beweis kann nur durch das Sitzungsprotokoll entkräftet werden.

I. Allgemeines

1 **1. Normzweck.** § 314 verleiht dem Tatbestand (zum Begriff vgl. Rn. 3) **Beurkundungsfunktion** und weist ihm eine Beweiskraft zu, die über die hinausgeht, die ihm als öffentliche Urkunde zukäme (vgl. §§ 415, 418). Der Richter hat die durch § 314 S. 1 bewiesenen Tatsachen dem Urteil zugrunde zu legen, ohne dass es darauf ankommt, ob er von ihrer Richtigkeit überzeugt ist; es handelt sich folglich bei dieser Vorschrift um eine **Beweisregel** iSv. § 286 Abs. 2.[1] Die Möglichkeit eines Gegenbeweises wird durch § 314 S. 2 eingeschränkt. Allerdings ist eine Berichtigung des Tatbestandes nach § 320 zulässig (vgl. dazu die Erl. zu dieser Vorschrift und Rn. 7).

2 **2. Anwendungsbereich.** Wird über Familiensachen, für die sich das Verfahren nach den Vorschriften des **FGG** bestimmt (§ 621a Abs. 1), durch Verbundurteil (§§ 623, 629) entschieden, dann gilt für den Tatbestand eines derartigen Urteils § 314. Auf Urteile, die im **arbeitsgerichtlichen Verfahren** ergehen, findet § 314 entsprechende Anwendung (§ 46 Abs. 2 ArbGG iVm. § 495).[2]

II. Beweiskraft des Tatbestandes

3 **1. Begriff des Tatbestandes.** Im Sinne des § 313 Abs. 1 Nr. 5, Abs. 2 ist als Tatbestand eines Zivilurteils eine auch äußerlich von den übrigen Bestandteilen, insbesondere von den Entscheidungsgründen, abgesetzte Darstellung des Sach- und Streitstandes auf Grundlage der mündlichen Vorträge der Parteien unter Hervorhebung der gestellten Anträge zu verstehen (§ 313 Rn. 10). Die Vorschrift des § 314 bezieht sich jedoch nicht nur auf diesen formellen Tatbestandsbegriff, sondern umfasst auch Tatbestandsfeststellungen, die sich in den Entscheidungsgründen finden.[3] Bestandteil des Tatbestandes und damit von der Beweisregel des § 314 umfasst sind ebenfalls die in ihm enthaltenen Verweisungen auf Schriftsätze, Protokolle und andere Unterlagen, die wegen Einzelheiten des Sach- und Streitstandes vorgenommen werden (§ 313 Abs. 2 S. 2).[4] Solche Verweisungen werden aber durch (abweichende) Ausführungen im Tatbestand selbst aufgehoben und korrigiert, so dass bei einem Widerspruch zwischen der Darstellung im Tatbestand selbst und Ausführungen in Unterlagen, auf die verwiesen wird, stets die Darstellung im Tatbestand maßgebend ist.[5] Der BGH geht davon aus, dass durch die Stellung der Anträge und anschließendes Verhandeln der gesamte bis zum Termin anfallende Akteninhalt zum Gegenstand der mündlichen Verhandlung gemacht werde, so dass auch die Beweiskraft des § 314 diesen Akteninhalt umfasst, sofern sich nicht aus dem Tatbestand oder dem Verhandlungsprotokoll etwas Gegenteiliges ergibt.[6] Wird wegen des Tatbestandes eines Berufungsurteils auf ein in demselben Rechtsstreit zuvor ergangenes Revisions-

---

[17] Vgl. zum Verfahren *Musielak/Lackmann* § 30 AVAG Rn. 3 (Anh. 3).

[1] *Musielak/Stadler* BwR Rn. 42, 187.

[2] *Grunsky* § 60 ArbGG Rn. 1.

[3] BGHZ 119, 300, 301 = NJW 1993, 55; BGH NJW; 1999, 641, 642; 2000, 3007; 2003, 2158, 2159; (st. Rspr.); *Grunsky* JuS 1972, 29, 34; *Stein/Jonas/Leipold* Rn. 2; aA *Schneider* MDR 1978, 1, 2.

[4] BGH NJW 1983, 885, 886; 2004, 3777, 3778; *Huber* JuS 1984, 615, 616.

[5] BGH NJW 1999, 1339; 2002, 3478, 3480; *Stein/Jonas/Leipold* Rn. 3, 14; AK-ZPO/*Wassermann* Rn. 2; Hk-ZPO/*Saenger* Rn. 3.

[6] BGH NJW 1992, 2148, 2149; 1999, 1339; zust. *Oehlers* NJW 1994, 721; abl. *Schumann* NJW 1993, 2786; *Fischer* DRiZ 1994, 461.

urteil Bezug genommen, dann wird dadurch die Tatbestandsdarstellung im Revisionsurteil zu dem vom Berufungsgericht festgestellten Tatbestand erhoben, dem die Beweiskraft des § 314 zukommt.[7]

2. Beweis. § 314 S. 1 beschränkt den durch den Tatbestand des Urteils erbrachten Beweis ausdrücklich auf das mündliche Parteivorbringen. Somit ist davon auszugehen, dass die Parteien dasjenige in der mündlichen Verhandlung vorgetragen haben, was der Tatbestand ausweist. Bisher nahm die Rechtsprechung an, dass der Urteilstatbestand auf Grund des § 314 auch eine negative Beweiskraft aufweist, dass die Parteien also das nicht vorgetragen hätten, was durch ihn nicht wiedergegeben wird.[8] Von dieser Auffassung ist nunmehr BGH mit dem zutreffenden Hinweis abgerückt, dass eine vollständige Wiedergabe des Parteivorbringens im Urteilstatbestand im Hinblick auf die gesetzliche Regelung (§ 313 Abs. 2) nicht erwartet werden könne.[9] Allein mit dem Hinweis auf die negative Beweiskraft des Urteilstatbestandes könne mithin ein Parteivorbringen, das sich aus den vorbereitenden Schriftsätzen ergebe, in den Rechtsmittelverfahren nicht unberücksichtigt bleiben. Zum mündlichen Parteivorbringen gehören auch die in der mündlichen Verhandlung von den Parteien abgegebenen (prozessualen) Erklärungen wie ein Anerkenntnis, Geständnis, Verzicht[10] oder die Erklärung zu einem Parteiwechsel[11] sowie die gestellten Anträge. Da jedoch solche Erklärungen und Anträge nach § 160 Abs. 3 Nr. 1 bis 3 im Protokoll festzuhalten sind, kann es insoweit zu Widersprüchen zwischen Tatbestand und Protokoll kommen. In diesem Fall ist das Protokoll maßgebend (Rn. 6). Dagegen umfasst die Beweiskraft des Tatbestandes nach § 314 nicht sonstige in ihm enthaltene Angaben wie beispielsweise Mitteilungen über prozessuale Ereignisse oder Feststellungen von Beweisergebnissen (vgl. § 313 Rn. 11)[12] oder die Wiedergabe einer Rechtsauffassung des Gerichts;[13] insoweit besitzt der Tatbestand nur die Beweiskraft einer öffentlichen Urkunde (vgl. § 418).[14] Ist die Entscheidung im **schriftlichen Verfahren** (§ 128 Abs. 2) oder nach **Lage der Akten** (§§ 251 a, 331 a) ergangen, dann kann die Beweisregel des § 314 nur auf das Parteivorbringen angewendet werden, das Gegenstand einer früheren mündlichen Verhandlung gewesen ist.[15] Wird im Tatbestand ein Tatsachenvortrag der Parteien als unstreitig bezeichnet, dann hat zwar das Berufungsgericht davon auszugehen, dass in erster Instanz das entsprechende Vorbringen nicht bestritten wurde, das Berufungsgericht ist aber nicht gehindert, neues davon abweichendes Tatsachenvorbringen der Parteien zu prüfen; sofern dessen Berücksichtigung zulässig ist (§ 529 Abs. 1 Nr. 2).[16] 4

Durch den Tatbestand des Urteils können nur solche tatsächlichen Angaben bewiesen werden, die sich aus ihm widerspruchsfrei ergeben. Enthält der Tatbestand verschiedene miteinander nicht zu vereinbarende Feststellungen, dann ist er insoweit ungeeignet, für das mündliche Parteivorbringen Beweis zu liefern.[17] Dies gilt grundsätzlich auch dann, wenn sich die **Widersprüche** aus tatsächlichen Angaben in den Entscheidungsgründen ergeben,[18] weil solche Angaben zum Tatbestand iSv. § 314 S. 1 zu rechnen sind (vgl. o. Rn. 3).[19] Jedoch ist darauf zu sehen, ob es sich bei den Ausführungen in den Entscheidungsgründen um die Darstellung eines tatsächlichen Vorbringens der Parteien handelt oder ob das im Tatbestand wiedergegebene Parteivorbringen in den Entscheidungsgründen gewertet wird; Fehlinterpretationen eines im Tatbestand wiedergegebenen Parteivorbringens lassen die Beweiskraft der Darstellung im Tatbestand unberührt. Zeigen sich Widersprüche zwischen ausdrücklichen Feststellungen im Tatbestand und den in Bezug genommenen Schriftsätzen (§ 313 Abs. 2 S. 2), dann geht der Tatbestand vor.[20] 5

---

[7] BAG NJW 1989, 1627, 1628.

[8] BGH NJW 1983, 885, 886; NJW-RR 1990, 1269.

[9] BGHZ 158, 269, 280 ff. = NJW 2004, 1876, BGHZ 158, 295, 309 f. = 2004, 2152, 2155 f.; zust. *Gaier* NJW 2004, 2041, 2044; *Zöller/Vollkommer* Rn. 4; krit. *Wach/Kern* NJW 2006, 1315, 1319 f.

[10] OLG Köln ZIP 1985, 436, 437 (zum Geständnis); OLG Düsseldorf NJW 1991, 1492 (zum Anerkenntnis und Verzicht).

[11] BVerwG NJW 1988, 1228.

[12] BGH NJW 1983, 2030, 2032; RGZ 149, 312, 316; OLG Celle NJW 1970, 53, 54; *Baumbach/Lauterbach/Hartmann* Rn. 5.

[13] BGH NJW-RR 1990, 813.

[14] BGH (Fn. 12); RG (Fn. 12).

[15] BGH WarnR 1972, 200, 201; *Zöller/Vollkommer* Rn. 1; Hk-ZPO/*Saenger* Rn. 4 .

[16] BGH NJW-RR 1992, 1214: NJW 2001, 448, 449 (jeweils zu § 525 aF).

[17] BGH NJW-RR 1989, 306, 307; 1994, 1340, 1341; NJW 1993, 2530, 2531; 2000, 3006, 3007: BAG NJW 2004, 1061 f.

[18] Entgegen dieser Auffassung wird häufig von dem Vorrang des (formellen) Tatbestandes ausgegangen; vgl. BGH NJW 1989, 898; BAGE 24, 95, 96 = AP § 9 BUrlG Nr. 2; *Baumbach/Lauterbach/Hartmann* Rn. 8; *Stein/Jonas/Leipold* Rn. 2; AK-ZPO/*Wassermann* Rn. 2.

[19] BGH NJW 1992, 1107, 1108; 1993, 2530, 2531; 1999, 641, 642.

[20] BGHZ 140, 335,339 = NJW 1999, 1339; BGH NJW 2002, 3478, 3480; FamRZ 2007, 721 (LS).

III. Entkräftung des Beweises

6 **1. Sitzungsprotokoll.** Ergeben sich Widersprüche zwischen der Darstellung des mündlichen Parteivorbringens im Tatbestand und im Sitzungsprotokoll, dann gehen die Angaben im Protokoll vor und sind allein maßgebend.[21] Allerdings ist dafür erforderlich, dass es sich um solche Angaben handelt, die nach § 160 Abs. 3 Nr. 1 bis 3 in das Protokoll aufzunehmen und nach § 162 von den Parteien zu genehmigen sind, also soweit die beurkundende Wirkung des Protokolls reicht.[22] Ist das Protokoll lückenhaft und enthält keine Angaben über bestimmte Vorgänge, die im Tatbestand beschrieben werden, dann ist ein Widerspruch zwischen beiden auszuschließen; es gilt dann der Tatbestand.[23] Es sind also stets ausdrückliche Feststellungen im Protokoll erforderlich, um den nach § 314 S. 1 durch den Tatbestand erbrachten Beweis zu entkräften.[24]

7 **2. Andere Beweise.** Die durch § 314 aufgestellte Beweisregel (vgl. Rn. 1) beschränkt die Möglichkeit einer Entkräftung des durch den Tatbestand eines Urteils erbrachten Beweises auf das Sitzungsprotokoll. Es ist folglich ausgeschlossen, durch andere Beweise die Angaben im Tatbestand zu widerlegen. Auch die ausdrückliche Erklärung der Gegenpartei, dass die Darstellung im Tatbestand nicht zutrifft, ist unerheblich.[25] Nur durch eine **Berichtigung des Tatbestandes** nach § 320 kann erreicht werden, dass Unrichtigkeiten, Auslassungen oder Widersprüche korrigiert werden (vgl. die Erl. zu § 320).[26]

§ 315 Unterschrift der Richter

(1) [1]Das Urteil ist von den Richtern, die bei der Entscheidung mitgewirkt haben, zu unterschreiben. [2]Ist ein Richter verhindert, seine Unterschrift beizufügen, so wird dies unter Angabe des Verhinderungsgrundes von dem Vorsitzenden und bei dessen Verhinderung von dem ältesten beisitzenden Richter unter dem Urteil vermerkt.

(2) [1]Ein Urteil, das in dem Termin, in dem die mündliche Verhandlung geschlossen wird, verkündet wird, ist vor Ablauf von drei Wochen, vom Tage der Verkündung an gerechnet, vollständig abgefasst der Geschäftsstelle zu übermitteln. [2]Kann dies ausnahmsweise nicht geschehen, so ist innerhalb dieser Frist das von den Richtern unterschriebene Urteil ohne Tatbestand und Entscheidungsgründe der Geschäftsstelle zu übermitteln. [3]In diesem Falle sind Tatbestand und Entscheidungsgründe alsbald nachträglich anzufertigen, von den Richtern besonders zu unterschreiben und der Geschäftsstelle zu übermitteln.

(3) [1]Der Urkundsbeamte der Geschäftsstelle hat auf dem Urteil den Tag der Verkündung oder der Zustellung nach § 310 Abs. 3 zu vermerken und diesen Vermerk zu unterschreiben. [2]Werden die Prozessakten elektronisch geführt, hat der Urkundsbeamte der Geschäftsstelle den Vermerk in einem gesonderten Dokument festzuhalten. [3]Das Dokument ist mit dem Urteil untrennbar zu verbinden.

I. Allgemeines

1 **1. Normzweck.** Die durch **Absatz 1** vorgeschriebene Unterzeichnung des Urteils durch die bei der Entscheidung mitwirkenden Richter bezweckt einmal eine interne Kontrolle, durch die überprüft wird, ob die schriftliche Fassung des Urteils mit der von den Richtern beschlossenen Entscheidung übereinstimmt, zum anderen wird durch die Unterschriften auch nach außen erkennbar gemacht, dass die von den Richtern unterschriebene Fassung mit dem von ihnen gefällten Urteil identisch ist.[1] Die Vorschrift des **Absatzes 2** entspricht der in § 310 Abs. 2 iVm. Abs. 1 getroffenen Regelung (vgl. dazu § 310 Rn. 1). Neben der Erwägung, dass die Abfassung des Urteils möglichst rasch der mündlichen Verhandlung folgen soll, ist auch das Interesse der Parteien zu berücksichtigen, bald die vollständige Fassung des Urteils zu erhalten, um die Gründe des Gerichts für die von ihm ge-

---

[21] BGH VersR 1984, 946, 947; NJW 1993, 3067; BFH NJWE-FER 2000, 163; *Thomas/Putzo/Reichold* Rn. 3.

[22] BGH NJW 1991, 2084, 2085; OLG Düsseldorf OLGZ 1966, 178, 179; *Stein/Jonas/Leipold* Rn. 12.

[23] OLG Düsseldorf NJW 1991, 1492, 1493; *Zöller/Vollkommer* Rn. 3.

[24] RG JW 1927, 1931; RG HRR 1933 Nr. 252 (LS); *Huber* JuS 1984, 615, 616; *Thomas/Putzo/Reichold* Rn. 3.

[25] OLG Frankfurt HRR 1932 Nr. 2310; Hk-ZPO/*Saenger* Rn. 12.

[26] BGH NJW 1993, 1851, 1852; OLG Karlsruhe NJW-RR 2003, 778, 779.

[1] Mat. II 1 S. 288 (zu § 276).

troffene Entscheidung kennen zu lernen und überprüfen zu können, insbesondere um sich darüber schlüssig zu werden, ob ein Rechtsmittel gegen das Urteil eingelegt werden soll. Durch **Absatz 3** wird eine (zusätzliche) Kontrolle erreicht, dass die Vorschrift des § 310 beachtet und das Urteil verkündet oder anstelle der Verkündung zugestellt worden ist. Durch das JKomG sind die S. 2 und 3 in Abs. 3 eingefügt worden, um den elektronischen Verkündungsvermerk zuzulassen.

2. Anwendungsbereich. § 315 gilt auch für Verbundurteile (§ 629), durch die über Familien- 2
sachen entschieden wird und für die sich das Verfahren nach dem **FGG** bestimmt (§ 621 a Abs. 1). Sonst ist die Vorschrift in Verfahren der Freiwilligen Gerichtsbarkeit nicht anzuwenden. Allerdings sind Verfügungen und Beschlüsse, die in diesen Verfahren ergehen, ebenfalls zu unterschreiben, weil nur die Unterschrift Echtheit und Herkunft der Entscheidung verbürgt.[2]

In **arbeitsgerichtlichen Verfahren** gelten Vorschriften, die zum Teil von § 315 abweichen. So 3
sind Urteile der Arbeitsgerichte nur vom Vorsitzenden zu unterschreiben (§ 60 Abs. 4 S. 1 ArbGG). Wird jedoch ein von der Kammer gefälltes Urteil ohne Zuziehung der ehrenamtlichen Richter verkündet – was nach § 60 Abs. 3 S. 1 ArbGG zulässig ist (vgl. auch § 310 Rn. 3) – dann ist die Urteilsformel vorher von dem Vorsitzenden und den ehrenamtlichen Richtern zu unterzeichnen (§ 60 Abs. 3 S. 2 ArbGG). Urteile des Landesarbeitsgerichts und des Bundesarbeitsgerichts müssen dagegen von sämtlichen Mitgliedern des Kollegiums unterschrieben werden (§§ 69 Abs. 1 S. 1, 75 Abs. 2 ArbGG). § 315 Abs. 2 wird durch § 60 Abs. 4 S. 3 und 4 ArbGG ersetzt, wobei der einzige Unterschied zwischen beiden Regelungen darin besteht, dass im arbeitsgerichtlichen Verfahren die Unterschrift des Vorsitzenden genügt. Nach § 69 Abs. 1 S. 2 ArbGG ist § 60 Abs. 4 S. 3 und 4 ArbGG im Berufungsverfahren entsprechend mit der Maßgabe anzuwenden, dass die Frist für die Übermittlung des vollständig abgefassten Urteils vier Wochen beträgt. In Revisionsverfahren gilt dagegen § 315 Abs. 2 entsprechend (§ 72 Abs. 5 ArbGG iVm. § 555).

II. Unterzeichnung des Urteils

1. Unterschrift. Zu unterzeichnen ist die Urschrift des Urteils, das den in §§ 313 bis 313 b be- 4
schriebenen Inhalt aufweisen muss. Eine solche Urschrift stellt es nicht dar, wenn lediglich ein Formblatt mit **Textbausteinen** und allgemeinen auf eine Vielzahl von Fällen abgestellten Anweisungen an die Kanzlei zur Erstellung des Rubrums vorhanden ist, so dass auch die Unterschrift des Richters einen solchen Entwurf nicht zu einem „Urteil" iSv. § 315 machen kann.[3] Nur wenn der aus Textbausteinen bestehende Wortlaut des Urteils in eine endgültige Fassung gebracht worden ist, die der Richter kontrolliert, und durch seine Unterschrift bezeugt wird, dass diese Fassung seinem Willen entspricht, ist den nach § 315 zu stellenden Anforderungen genügt.[4] Zu unterschreiben ist die Urschrift des Urteils selbst, und zwar von sämtlichen Richtern, die das Urteil gefällt haben (vgl. § 309 Rn. 7). Es genügt also nicht, dass die auf der Urschrift fehlenden Unterschriften auf einer Kopie nachgeholt werden.[5] Die Unterzeichnung des Sitzungsprotokolls durch sämtliche Richter entspricht auch dann nicht den nach § 315 Abs. 1 zu stellenden Anforderungen, wenn das Urteil eine Anlage zum Protokoll bildet.[6] Zu unterzeichnen ist das Urteil handschriftlich mit dem Nachnamen des Richters. Entsprechend den an die wirksame Unterzeichnung bestimmender Schriftsätze zu stellenden Anforderungen ist zu verlangen, dass es sich um einen die Identität des Unterschreibenden ausreichend kennzeichnenden Schriftzug handelt, der sich nicht nur als Namenskürzel (Paraphe) darstellt, sondern charakteristische Merkmale einer Unterschrift mit vollem Namen aufweist und die Nachahmung durch einen Dritten zumindest erschwert; es reicht jedoch aus, dass jemand, der den Namen des Unterzeichnenden kennt, den Namen aus dem Schriftbild herauslesen kann.[7] Da zur Unterzeichnung die Richter berufen und verpflichtet sind, die bei der Entscheidung mitgewirkt haben, muss auch ein überstimmter Richter die Unterschrift leisten,[8] denn er bringt damit nicht zum Ausdruck, dass er die Entscheidung persönlich auch für zutreffend

---

[2] Streitig ist die Frage, ob bei kollegialgerichtlichen Entscheidungen die Unterschrift des Vorsitzenden genügt; vgl. *Keidel/Kuntze/Winkler/Meyer-Holz* vor §§ 8–18 Rn. 19; s. auch § 329 Rn. 3.

[3] OLG Celle NJW-RR 1990, 123; FamRZ 1990, 419; vgl. auch OLG Düsseldorf Rpfleger 1994, 75.

[4] OLG Celle FamRZ 1990, 419; OLG Köln MDR 1990, 346.

[5] RG JW 1912, 542, 543.

[6] AA *Stein/Jonas/Leipold* Rn. 2; *Baumbach/Lauterbach/Hartmann* Rn. 4: Es reicht aus, wenn das Protokoll, das das Urteil in vollständiger Form enthält, von sämtlichen Richtern unterschrieben wird.

[7] BGH NJW 1988, 713 (zur parallelen Frage der Unterzeichnung durch den Urkundsbeamten der Geschäftsstelle); 1994, 55; VersR 1997, 988, 989 (zur Unterschrift des Anwalts); MDR 2007, 451 (zu den Anforderungen an eine Unterschrift im Rahmen der §§ 416, 440 Abs. 2); KG NJW 1988, 2807; OLG Oldenburg NJW 1988, 2812; LAG Köln BB 1988, 768; *Fischer* DRiZ 1994, 95.

[8] AllgM; vgl. *Thomas/Putzo/Reichold* Rn. 1; *Zöller/Vollkommer* Rn. 1.

hält (vgl. Rn. 1). Richter, die das Urteil nicht gefällt haben, aber bei der Verkündung anwesend waren (vgl. § 310 Rn. 7), haben das Urteil nicht zu unterzeichnen.[9]

5 **2. Verhinderung.** Ist ein Richter, der das Urteil gefällt hat und der es deshalb nach Absatz 1 S. 1 zu unterzeichnen hat, an seiner Unterschrift verhindert, dann ist zu unterscheiden: Handelt es sich bei dem **verhinderten Richter** um einen **allein entscheidenden,** dann muss ein bereits verkündetes Urteil ohne Unterschrift ausgefertigt und zugestellt werden.[10] Dies gilt selbst dann, wenn nur die Urteilsformel bei der Verkündung schriftlich abgefasst war (vgl. § 310 Abs. 1 S. 1 iVm. § 311 Abs. 2 S. 1) und der Verhinderungsgrund dazu führt, dass Tatbestand und Entscheidungsgründe nicht mehr gefertigt werden können (vgl § 317 Rn. 8).[11] Dass ein anderer Richter diese Aufgabe übernimmt, ist unzulässig.[12] Gehört der verhinderte Richter einem **Kollegium** an, dann ist wegen der fehlenden Unterschrift nach Absatz 1 S. 2 zu verfahren. Sind alle Richter des Kollegiums an der Unterschriftsleistung verhindert, dann gilt das Gleiche wie bei der Verhinderung des Einzelrichters.[13]

6 Eine Verhinderung des Richters an der Unterschriftsleistung ist anzunehmen, wenn zwingende tatsächliche oder rechtliche Gründe der Unterzeichnung des Urteils entgegenstehen, dagegen nicht, wenn der Richter die Unterschrift verweigert.[14] Als **triftige Verhinderungsgründe** tatsächlicher Art kommen beispielsweise Tod, Krankheit oder Urlaub[15] in Betracht. Der Verhinderungsgrund muss dazu führen, dass der Richter für längere Zeit nicht in der Lage ist, das Urteil zu unterzeichnen; bei einer kurzfristigen Verhinderung ist die Unterschrift nachzuholen und nicht nach Absatz 1 S. 2 zu ersetzen.[16] Wie lange die Verhinderung dauern muss, lässt sich nicht allgemein feststellen; einen Orientierungspunkt bietet die Dreiwochenfrist des § 315 Abs. 2 S. 1 und des § 310 Abs. 1 S. 2. Ist der Richter an einen anderen Spruchkörper desselben Gerichts[17] oder zur Staatsanwaltschaft[18] versetzt worden, dann ergibt dies allein noch nicht einen Grund für einen Verzicht auf seine Unterschrift. Bei einer Versetzung an ein anderes Gericht ist der Richter nicht rechtlich, möglicherweise aber tatsächlich verhindert, seine Unterschrift zu leisten.[19] Dagegen stellt es einen Verhinderungsgrund rechtlicher Art dar, wenn der Richter nicht mehr im aktiven Richterdienst tätig ist, also aus dem Richterdienst entlassen oder in den Ruhestand versetzt worden ist, weil die Unterschrift unter einem Urteil als eine richterliche Amtshandlung nur von einer mit entsprechender öffentlicher Gewalt ausgestatteten Person vorgenommen werden darf.[20]

7 **3. Vermerk über die Verhinderung.** Der bei Verhinderung eines Richters an seiner Unterschriftsleistung nach Absatz 1 S. 2 auf das Urteil zu setzende Vermerk muss die Tatsache der Verhinderung und den Grund dafür angeben, wobei die Mitteilung des Verhinderungsgrundes zugleich stillschweigend auch die Tatsache der Verhinderung enthalten kann.[21] Es genügt, wenn die Art der Verhinderung (zB wegen Krankheit) genannt wird, detaillierte Angaben (zB um welche Krankheit es sich handelt), sind nicht erforderlich.[22] Denn eine **Nachprüfung,** ob tatsächlich der Richter an einer Unterzeichnung des Urteils verhindert war, wird vom Rechtsmittelgericht nicht vorgenommen.[23] Dies gilt allerdings nicht, wenn der Verhinderungsgrund nicht im Vermerk angegeben wird; in diesem Fall muss das Rechtsmittelgericht prüfen, ob ein ausreichender Rechtsgrund für die Er-

---

[9] OLG München HRR 1940 Nr. 1310.

[10] *Fischer* DRiZ 1994, 95, 96 m. Nachw. Zur Anfechtbarkeit eines solchen Urteils vgl. Rn. 13.

[11] *Stein/Jonas/Leipold* Rn. 9. Zur Anfechtbarkeit eines solchen Urteils vgl. § 313 Rn. 18f.

[12] OLG München (Fn. 9); OLG Koblenz VersR 1981, 688.

[13] BGH VersR 1992, 1155; *Schmidt* JR 1993, 457, 458.

[14] BGH NJW 1977, 765. Zusätze zur Unterschrift, in denen der unterzeichnende Richter zB Verfahrensfehler rügt, jedoch nicht in Abrede stellt, dass die schriftliche Fassung des Urteils mit der von der Mehrheit der Richter beschlossenen übereinstimmt, hindern nicht die Wirksamkeit der Unterschrift; vgl. BGHSt. 26, 92, 93 = NJW 1975, 1177.

[15] Vgl. BGH VersR 1981, 576; 1984, 287.

[16] Vgl. BGH NJW 1977, 765.

[17] BayObLG VRS 64, 209, 210f.; *Vollkommer* Rpfleger 1976, 258, 259, vgl. auch BFH NJW 2003, 3440.

[18] BGH MDR 1993, 9.

[19] *Stein/Jonas/Leipold* Rn. 6; aA OLG Stuttgart OLGZ 1976, 241, 243 (rechtlicher Hinderungsgrund); BGH VersR 1981, 552, 553, stellt nur allgemein fest, dass die Versetzung eines Richters ein Verhinderungsgrund sein kann.

[20] BayObLG NJW 1967, 1578; OLG Stuttgart (Fn. 19); OLG München OLGZ 1980, 465, 467f.; aA *Vollkommer* NJW 1968, 1309, 1310.

[21] BGH NJW 1961, 782.

[22] BGH NJW 1961, 782; *Fischer* DRiZ 1994, 95, 96.

[23] BGH NJW 1961, 782 mit dem zutreffenden Hinweis, dass die Rechtssicherheit gefährdet wäre, wenn der Bestand des Urteils davon abhinge, ob auch das höhere Gericht den Verhinderungsgrund anerkennt; BGH NJW 1980, 1849, 1850; *Stein/Jonas/Leipold* Rn. 7.

setzung der Unterschrift zu bejahen ist.[24] Zweckmäßig ist es, wenn der Vorsitzende oder bei dessen Verhinderung der „älteste beisitzende Richter", dh. der dienstälteste,[25] den Verhinderungsvermerk unterschreibt, um jeden Zweifel über die Herkunft des Vermerks auszuschließen.[26] Jedoch ist eine solche Unterschrift keine Gültigkeitsvoraussetzung. Ergibt sich aus der Anordnung und der Fassung des Vermerks zweifelsfrei, dass ihn der Vorsitzende oder der dienstälteste Richter gefertigt hat, dann ist dies nicht zu beanstanden.[27] In der Praxis ist es üblich, den Vermerk unter die Unterschrift des Vorsitzenden zu setzen und ihn mit den Worten „zugleich für den …" zu beginnen.[28]

III. Übermittlung des Urteils an die Geschäftsstelle (Abs. 2)

1. Das Urteil. Die Vorschrift des § 315 Abs. 2 betrifft nur sog. Stuhlurteile, also Urteile, die entsprechend dem in § 310 Abs. 1 S. 1 vorausgesetzten Regelfall in dem Termin verkündet werden, in dem die mündliche Verhandlung geschlossen wird (vgl. § 310 Rn. 1, 4). Urteile, die in einem besonderen Termin verkündet werden, müssen nach § 310 Abs. 2 bei der Verkündung in vollständiger Form abgefasst sein (vgl. § 310 Rn. 8). Nur die ohne mündliche Verhandlung ergehenden Anerkenntnisurteile (§ 307 S. 2) und Versäumnisurteile gegen den Beklagten (§ 331 Abs. 3) sowie Urteile, durch die der Einspruch gegen ein Versäumnisurteil verworfen wird (§ 341 Abs. 2), sind nach § 310 Abs. 3 den Parteien anstelle einer Verkündung in vollständig abgefasster Form zuzustellen (vgl. § 310 Rn. 9). 8

2. Übermittlung der vollständigen Fassung. Die in Absatz 2 S. 1 genannte Frist von drei Wochen, in der das vollständig abgefasste Urteil, dh. entsprechend den §§ 313 bis 313 b, der Geschäftsstelle (§ 153 GVG) zu übermitteln ist, entspricht der Frist des § 310 Abs. 1 S. 2 (vgl. auch Rn. 1). In gleicher Weise wie in den Fällen des § 310 muss auch im Rahmen des § 315 Abs. 2 berücksichtigt werden, dass die Einhaltung der Dreiwochenfrist aus zwingenden Gründen nicht möglich ist. § 310 Abs. 1 S. 2 nennt als solche Gründe den Umfang oder die Schwierigkeit der Sache; dies gilt in gleicher Weise für § 315 Abs. 2 S. 2. Auch die Überlastung des Gerichts kann als Grund in Betracht kommen (vgl. § 310 Rn. 5). 9

3. Ausnahme des Abs. 2 S. 2 und 3. Kann bei Urteilen, die einen Tatbestand und Entscheidungsgründe enthalten müssen (zu den Ausnahmen vgl. §§ 313 a, 313 b und die Erl. zu diesen Vorschriften), die Dreiwochenfrist aus zwingenden Gründen (vgl. o. Rn. 9) nicht eingehalten werden, dann muss innerhalb dieser Frist das von den Richtern nach § 315 Abs. 1 zu unterschreibende Urteil ohne Tatbestand und Entscheidungsgründe, aber sonst in einer alle Bestandteile eines Urteils (vgl. § 313 Rn. 6) aufweisenden Form der Geschäftsstelle übergeben werden. In diesem Fall sind Tatbestand und Entscheidungsgründe „alsbald" nachträglich anzufertigen, von den entscheidenden Richtern zu unterschreiben und der Geschäftsstelle zu übergeben. Zur Konkretisierung des Begriffs „alsbald" ist auf die in §§ 517, 548 zum Ausdruck kommende gesetzliche Wertung zurückzugreifen und die Zeit für die nachträgliche Abfassung des bei Verkündung unvollständigen Urteils auf längstens fünf Monate zu begrenzen. Wird diese zeitliche Grenze überschritten, dann wird dadurch ein absoluter Revisionsgrund iSd. § 547 Nr. 6 geschaffen (vgl. Rn. 14).[29] 10

IV. Vermerk der Verkündung oder Zustellung (Abs. 3)

Der Urkundsbeamte der Geschäftsstelle, der nicht notwendig mit demjenigen identisch sein muss, der bei der Verkündung des Urteils anwesend war,[30] hat auf der Urschrift jedes Urteils den Tag der Verkündung, der sich aus dem Protokoll ergibt (§ 160 Abs. 3 Nr. 7), oder in den Fällen des § 310 Abs. 3 den Tag der die Verkündung ersetzenden Zustellung (vgl. § 310 Rn. 9) zu vermerken und diesen Vermerk zu unterschreiben. An diese Unterschrift sind die gleichen Anforderungen wie an die eines Richters (vgl. Rn. 4) zu stellen.[31] Der Nachweis der ordnungsgemäßen förmlichen Verkündung des Urteils (§ 311) kann nur durch das Verkündungsprotokoll (§ 160 Abs. 3 Nr. 7) erbracht werden (§ 311 Rn. 7). Der Verkündungsvermerk des Urkundsbeamten der 11

---

[24] BGH NJW 1979, 663; 1980, 1849, 1850.

[25] *Schmidt* JR 1993, 457; *Baumbach/Lauterbach/Hartmann* Rn. 5; *Zöller/Vollkommer* Rn. 1; Hk-ZPO/*Saenger* AK-ZPO/*Wassermann* Rn. 5; aA *Stein/Jonas/Leipold* Rn. 7 Fn. 9: nach Lebensjahren ältester Richter. Jedoch entscheidet das Lebensalter nur bei gleichem Dienstalter, vgl. auch § 21 f Abs. 2, § 197 GVG.

[26] *Fischer* DRiZ 1994, 95, 96.

[27] BGH NJW 1961, 782; VersR 1984, 287.

[28] BGH NJW 1961, 782; *Fischer* DRiZ 1994, 95, 96.

[29] GmS-OGB NJW 1993, 2603.

[30] *Zimmermann* Rn. 9; AK-ZPO/*Wassermann* Rn. 6.

[31] BGH NJW 1988, 713.

Geschäftsstelle gem. § 315 Abs. 3 ersetzt das Verkündungsprotokoll nicht.[32] Werden die Prozessakten elektronisch geführt, dann sind Abs. 3 S. 2 und 3 zu beachten. Für die Form des elektronischen Verkündungsvermerks gilt § 130b. Dies bedeutet, dass der Urkundsbeamte der Geschäftsstelle in dem elektronischen Dokument seinen Namen anzugeben und das Dokument mit einer qualifizierten elektronischen Signatur (vgl. § 2 SigG) zu versehen hat.[33]

V. Rechtsfolgen von Verstößen gegen § 315

12 **1. Mängel bei der Unterschrift.** Ein Urteil, das entgegen der Vorschrift des § 315 Abs. 1 S. 1 von einem an der Entscheidung mitwirkenden Richter nicht unterschrieben worden ist und das auch keinen die Unterschrift ersetzenden Vermerk iSv. Absatz 1 S. 2 trägt, wird von manchen lediglich als Urteilsentwurf gewertet.[34] Ebenso wird entschieden, wenn der die Unterschrift ersetzende Vermerk nicht den zu stellenden Anforderungen (vgl. Rn. 7) genügt, beispielsweise nicht den Verhinderungsgrund angibt.[35] Handelt es sich jedoch lediglich um einen Urteilsentwurf, dann kann er nicht wirksam zugestellt werden und auch nicht die Rechtsmittelfristen in Lauf setzen.[36] Dieser Auffassung kann zumindest im Ausgangspunkt nicht zugestimmt werden. Das Urteil wird mit seiner Verkündung von einem Entwurf zu einer bindenden Entscheidung (vgl. § 310 Rn. 1). Fehler bei der Herstellung der schriftlichen Fassung können das existentgewordene Urteil nicht wieder in den Zustand eines Entwurfs zurückführen.[37] Eine völlig andere Frage ist es dagegen, ob eine die Unterschrift der Richter nicht aufweisende Urteilsausfertigung wirksam zugestellt werden kann; diese Frage muss verneint werden (vgl. auch § 317 Rn. 4, 12), so dass aus diesem Grunde die Rechtsmittelfristen nicht laufen.[38] Da es für die Frage, ob das Urteil rechtswirksam zugestellt worden ist, auf die Ausfertigung ankommt,[39] muss allerdings anders entschieden werden, wenn in der Ausfertigung abweichend vom Original mit den im Rubrum genannten Namen der Richter übereinstimmende Unterschriften angegeben werden. In diesem Fall ist die Zustellung wirksam.[40] Sofern nach § 310 Abs. 3 die Zustellung die Verkündung des Urteils ersetzt, führen fehlende Unterschriften oder sie nach § 315 Abs. 1 S. 2 ersetzende Vermerke zur Unwirksamkeit der Zustellung und verhindert dadurch auch das Existentwerden des Urteils (vgl. § 310 Rn. 12).[41]

13 Das Fehlen der erforderlichen Unterschriften oder sie ersetzender Vermerke iSv. Absatz 1 S. 2 stellt einen wesentlichen Verfahrensmangel nach § 538 Abs. 2 S. 1 Nr. 1[42] und einen absoluten Revisionsgrund nach § 547 Nr. 6 [43] dar. Die Unterschrift kann jedoch nachträglich auch noch nach Einlegung eines Rechtsmittels geleistet werden,[44] allerdings nur innerhalb der für die Einlegung eines Rechtsmittels längsten Frist von fünf Monaten nach der Verkündung (§ 517 Halbs. 2, § 548 Halbs. 2); danach ist eine rechtswirksame Nachholung der Unterschrift ausgeschlos-

---

[32] OLG Frankfurt NJW-RR 1995, 511; OLG Brandenburg MDR 1999, 563, 564.

[33] Vgl. BT-Drucks. 15/4067, S. 33f.

[34] BGH NJW 1977, 765; 1980, 1849, 1850; OLG Stuttgart DAVorm. 1974 Sp. 141, 142; OLG Koblenz VersR 1981, 688; OLG Köln NJW 1988, 2805 (zur gleichen Frage bei Beschlüssen); *Jauernig* § 58 II 6 (außer der verkündeten Formel); aA dagegen BGHZ 137, 49, 52f. = NJW 1998, 609; BGH NJW 1989, 1156; WM 1998, 932, 933; NJW-RR 2007, 141, 142; vgl. auch BFH BB 1996, 997.

[35] BGH NJW 1980, 1849, 1850; VersR 1984, 586.

[36] BGH NJW 1980, 1849 1850; VersR 1984, 586; LAG Köln BB 1988, 768; aA OLG Frankfurt MDR 1979, 678 (für den Fall, dass bei einer Ersatzunterschrift der Verhinderungsgrund nicht angegeben wird).

[37] So auch BGH NJW 1989, 1849, 1157; NJW-RR 1998, 1065; OLG Stuttgart NJW-RR 1989, 1534f.; *Thomas/Putzo/Reichold* Rn. 2; Hk-ZPO/*Saenger* Rn. 10; *Zöller/Vollkommer* Rn. 3; im Ergebnis ebenso BGH NJW 1989, 1156, 1157; 1998, 609, 610; OLG Koblenz (Fn. 34) bejaht zwar die Existenz des Urteils, will aber dennoch darin nur einen Urteilsentwurf sehen.

[38] BGH NJW 1961, 782; VersR 1978, 138; FamRZ 1982, 482; NJW-RR 1987, 377; OLG Nürnberg MDR 1967, 311; OLG Hamm MDR 1989, 465; OLG Stuttgart (Fn. 37); *Baumbach/Lauterbach/Hartmann* Rn. 8; AK-ZPO/*Wassermann* Rn. 4.

[39] BGH NJW 2001, 1653, 1654; OLG Frankfurt NJW 1983, 2395, 2396; *Thomas/Putzo/Reichold* Rn. 3; *Stein/Jonas/Leipold* Rn. 15.

[40] OLG Frankfurt MDR 1979, 678; *Stein/Jonas/Leipold* Rn. 16; vgl. auch § 317 Rn. 12.

[41] *Zöller/Vollkommer* Rn. 3; Hk-ZPO/*Saenger* Rn. 10;. Nach Auffassung von *Stein/Jonas/Leipold* § 310 Rn. 24 ist danach zu differenzieren, ob die Urschrift nicht unterzeichnet wird (dann trotz Zustellung kein wirksames Urteil) oder nur die Ausfertigung keine Unterschriften aufweist.

[42] OLG Koblenz VersR 1981, 688; *Thomas/Putzo/Reichold* Rn. 2; *Zöller/Gummer/Heßler* § 538 Rn. 29.

[43] BGH NJW-RR 2007, 141, 143; Hk-ZPO/*Saenger* Rn. 10. Die Anwendung des § 547 Nr. 6 auf diesen Fall ist gerechtfertigt, weil wegen der fehlenden Unterschrift nicht feststeht, dass die Gründe der schriftlichen Urteilsfassung für die getroffene Entscheidung maßgebend waren (vgl. Rn. 1).

[44] BGHZ 18, 350, 354ff. = NJW 1955, 1919; BGHZ 137, 53 (Fn. 34); BGH NJW-RR 1998, 1065; 2003, 3057; OLG Frankfurt NJW 1983, 2395, 2396; *Thomas/Putzo/Reichold* Rn. 2.

sen.[45] Der Mangel der Unterschrift ist folglich in Fällen, in denen die Unterschrift noch beigebracht werden kann, dadurch zu beseitigen, dass das Rechtsmittelgericht die Nachholung der Unterschrift veranlasst.[46] Der BGH hat deshalb zu Recht die Zulassung der Revision wegen des Fehlens der Unterschrift eines Richters abgelehnt.[47] Nur wenn die nachträgliche Unterzeichnung des Urteils nicht möglich ist, muss das Urteil auf ein Rechtsmittel hin aufgehoben werden. Die Frist des § 517 Halbs. 2 und des § 548 Halbs. 2 gilt nicht in Fällen, in denen überhaupt kein Urteil existent wurde, zB bei fehlender Unterschrift unter Urteilen, die anstelle einer Verkündung nach § 310 Abs. 3 zuzustellen sind (vgl. Rn. 12 aE); jedoch kann auch dann ein Rechtsmittel eingelegt werden (vgl. § 310 Rn. 13). Hat ein Richter das Urteil unterzeichnet, der es nicht gefällt hat, dann ist dessen Unterschrift zu streichen und durch die des bei der Entscheidung mitwirkenden Richters zu ersetzen;[48] dieses Verfahren kann mit einer Berichtigung des Urteils verbunden werden, bei der eine unrichtige Angabe im Kopf des Urteils über die Person des mitwirkenden Richters korrigiert wird (vgl. § 319 Rn. 10).[49]

2. Nicht rechtzeitige Übergabe des Urteils an die Geschäftsstelle (Abs. 2). Bei der Vor- 14
schrift des § 315 Abs. 2 S. 1, nach der das Urteil vor Ablauf von drei Wochen nach seiner Verkündung vollständig abgefasst der Geschäftsstelle zu übergeben ist, handelt es sich um eine reine Ordnungsvorschrift,[50] deren Verletzung ohne Rechtsfolgen bleibt. Wird jedoch das Urteil nicht innerhalb von fünf Monaten nach seiner Verkündung in vollständiger Form der Geschäftsstelle übergeben und folglich innerhalb dieses Zeitraums den Parteien auch nicht zugestellt, dann ist das Urteil aufzuheben, wenn ein Rechtsmittel eingelegt wird (vgl. dazu auch o. Rn. 10, § 310 Rn. 8).[51]

3. Mängel beim Verkündungs- oder Zustellungsvermerk (Abs. 3). Enthält ein Urteil 15
keinen Verkündungs- oder Zustellungsvermerk, dann berührt dies nicht die Wirksamkeit der Entscheidung und kann auch nicht eine wirksame Zustellung hindern (vgl. auch § 310 Rn. 12).[52] Dass das Urteil verkündet worden ist, kann dem Protokoll entnommen werden (§ 160 Abs. 3 Nr. 7). Umgekehrt wird jedoch durch einen Verkündungsvermerk auf dem Urteil nicht dessen Verkündung bewiesen, denn nach § 165 S. 1 iVm. § 160 Abs. 3 Nr. 7 kann dies nur durch das Protokoll geschehen.[53]

§ 316 (weggefallen)

§ 317 Urteilszustellung und -ausfertigung

(1) [1]Die Urteile werden den Parteien, verkündete Versäumnisurteile nur der unterliegenden Partei zugestellt. [2]Eine Zustellung nach § 310 Abs. 3 genügt. [3]Auf übereinstimmenden Antrag der Parteien kann der Vorsitzende die Zustellung verkündeter Urteile bis zum Ablauf von fünf Monaten nach der Verkündung hinausschieben.

(2) [1]Solange das Urteil nicht verkündet und nicht unterschrieben ist, dürfen von ihm Ausfertigungen, Auszüge und Abschriften nicht erteilt werden. [2]Die von einer Partei beantragte Ausfertigung eines Urteils erfolgt ohne Tatbestand und Entscheidungsgründe; dies gilt nicht, wenn die Partei eine vollständige Ausfertigung beantragt.

---

[45] BGH NJW 2006, 1881, 1882; NJW-RR 2007, 141, 142.

[46] RGZ 150, 147, 148; *Baumbach/Lauterbach/Hartmann* Rn. 8; AK-ZPO/*Wassermann* Rn. 4.

[47] BGH NJW 2003, 3057.

[48] BGH NJW 1989, 1156, 1157; FamRZ 1989, 734f.; NJW-RR 1998, 1065; OLG Düsseldorf NJW-RR 1995, 636, 637.

[49] BGHZ 18, 354 (Fn. 44); OLG Düsseldorf (Fn. 48).

[50] Vgl. BGH NJW 1984, 2828 m. weit. Nachw.; *Stein/Jonas/Leipold* Rn. 19.

[51] GmS-OGB (Fn. 29); BGH NJW 1987, 2446 m. weit. Nachw.; BGH MDR 1988, 567, 568; NJW 1991, 1547; BAG NZA 1993, 1150; NJW 1996, 870; 2000, 2835 (Überschreiten der Fünfmonatsfrist, wenn der letzte Tag dieser Frist auf einen Sonnabend, Sonntag oder Feiertag fällt und das Urteil am folgenden Werktag vollständig abgefasst wird); vgl. auch BVerfG NJW 1996, 3203 (keine Verletzung des Anspruchs auf rechtliches Gehör bei Überschreiten der Fünfmonatsfrist); BayVerfGH NJW 1991, 2413 (kein Verstoß gegen Willkürverbot, wenn ein Urteil erst acht Monate nach seiner Verkündung zugestellt wird).

[52] BGHZ 8, 303, 308; BGH VersR 1987, 680 (zum fehlenden Verkündungsvermerk auf der zugestellten Ausfertigung).

[53] BGH VersR 1989, 604; LM § 160 Nr. 10; OLG Zweibrücken OLGZ 1987, 371, 372; OLG Frankfurt NJW-RR 1995, 511.

(3) Ausfertigungen, Auszüge und Abschriften eines als elektronisches Dokument (§ 130b) vorliegenden Urteils können von einem Urteilsausdruck gemäß § 298 erteilt werden

(4) Die Ausfertigung und Auszüge der Urteile sind von dem Urkundsbeamten der Geschäftsstelle zu unterschreiben und mit dem Gerichtssiegel zu versehen.

(5) [1]Ausfertigungen, Auszüge und Abschriften eines in Papierform vorliegenden Urteils können durch Telekopie oder als elektronisches Dokument (§ 130b) erteilt werden. [2]Die Telekopie hat eine Wiedergabe der Unterschrift des Urkundsbeamten der Geschäftsstelle sowie des Gerichtssiegels zu enthalten. [3]Das elektronisches Dokument ist mit einer qualifizierten elektronischen Signatur des Urkundsbeamten der Geschäftsstelle zu versehen.

(6) [1]Ist das Urteil nach § 313b Abs. 2 in abgekürzter Form hergestellt, so erfolgt die Ausfertigung in gleicher Weise unter Benutzung einer beglaubigten Abschrift der Klageschrift oder in der Weise, dass das Urteil durch Aufnahme der in § 313 Abs. 1 Nr. 1 bis 4 bezeichneten Angaben vervollständigt wird. [2]Die Abschrift der Klageschrift kann durch den Urkundsbeamten der Geschäftsstelle oder durch den Rechtsanwalt des Klägers beglaubigt werden.

I. Allgemeines

1 **1. Normzweck.** Durch die Vereinfachungsnovelle 1976 wurde § 317 Abs. 1 dahingehend geändert, dass **Urteile** nicht mehr auf Betreiben der Parteien, sondern **von Amts wegen zuzustellen** sind. Der Gesetzgeber hat sich für eine Amtszustellung entschieden, weil sie zu einer Straffung und Beschleunigung des Verfahrens führt; die Rechtsmittelfristen werden hierdurch im allgemeinen früher in Lauf gesetzt, Urteile, die nicht angefochten werden, erlangen früher Rechtskraft.[1] Außerdem haben die Parteien bei Geltung der Parteizustellung häufig geglaubt, es werde von Amts wegen zugestellt und deshalb die Zustellung unterlassen; dies führte zur Enttäuschung und Verärgerung, wenn sie nach einiger Zeit erfuhren, dass das Urteil noch nicht rechtskräftig geworden war.[2] Weil es dem Gesetzgeber in Bezug auf ein **verkündetes Versäumnisurteil** als ein unnötiger Aufwand erschien, auch der nichtunterliegenden Partei das Urteil von Amts wegen zuzustellen, ist in diesem Fall die Amtszustellung auf die unterliegende Partei beschränkt worden.[3] Die Amtszustellung soll jedoch den Parteien nicht die Möglichkeit nehmen, nach einem Urteil zunächst Vergleichsverhandlungen zu führen, ehe sie sich entschließen, ein Rechtsmittel einzulegen. Durch **Absatz 1 S. 3** ist deshalb vorgesehen, dass die Parteien durch übereinstimmenden Antrag eine Verlängerung der Berufungs- und der Revisionsfrist herbeiführen können.[4] Von Amts wegen sind nur vollständige Ausfertigungen des Urteils zu erteilen und zuzustellen. Nur die von einer Partei beantragte Ausfertigung des Urteils kann Tatbestand und Entscheidungsgründe weglassen, wenn die Partei nicht eine vollständige Fassung beantragt **(Abs. 2 S. 2).** Die Absätze 3 und 5 sind durch das JKomG mit Wirkung vom 1. 4. 2005 eingefügt worden (vgl. Rn. 11). Die bisherigen Absätze 3 und 4 wurden zu Absätze 4 und 6

2 **2. Geltungsbereich.** § 317 gilt grundsätzlich nicht für den Bereich der **Freiwilligen Gerichtsbarkeit.** Nach § 16 Abs. 2 FGG sind gerichtliche Entscheidungen durch Zustellung nach den für die Zustellung von Amts wegen geltenden Vorschriften der ZPO bekannt zu machen, wenn mit der Bekanntmachung der Lauf einer Frist beginnt (vgl. aber auch § 16 Abs. 3 FGG). Nur wenn über Familiensachen, für die sich das Verfahren nach den Vorschriften des FGG bestimmt (§ 621a Abs. 1), durch Verbundurteil (§§ 623, 629) entschieden wird, ist auf dieses Urteil § 317 anwendbar.[5] Urteile, die im **arbeitsgerichtlichen Verfahren** ergehen, werden in allen Instanzen von Amts wegen innerhalb von drei Wochen seit Übergabe an die Geschäftsstelle zugestellt (§ 50 Abs. 1, § 64 Abs. 7, § 72 Abs. 6 ArbGG). Diese Regelung gilt für das Beschlussverfahren entsprechend (§ 80 Abs. 2, § 87 Abs. 2, § 92 Abs. 2 ArbGG). Durch § 50 Abs. 1 S. 2 ArbGG wird § 317 Abs. 1 S. 3 ausdrücklich ausgeschlossen, so dass keine Möglichkeit besteht, auf übereinstimmenden Antrag der Parteien die Zustellung bis fünf Monate nach Urteilsverkündung hinauszuschieben. Es soll dadurch erreicht werden, dass die Rechtsmittelfristen auf jeden Fall schnell zu laufen beginnen.[6]

---

[1] Amtliche Begründung (BT-Drucks. 7/2729, S. 43).
[2] Bericht der Kommission zur Verbreitung einer Reform der Zivilgerichtsbarkeit, 1961, S. 259.
[3] Begründung (Fn. 1) S. 79.
[4] Begründung (Fn. 1); Bericht und Antrag des Rechtsausschusses (BT-Drucks. 7/5250, S. 10, 40).
[5] *Zimmermann,* Praktikum der Freiwilligen Gerichtsbarkeit, 5. Aufl. 1998, S. 164.
[6] *Grunsky* § 50 ArbGG Rn. 2.

Die durch § 50 Abs. 1 S. 1 ArbGG vorgeschriebene Amtszustellung betrifft auch Versäumnisurteile, die folglich beiden Parteien zugestellt werden müssen; die durch § 317 Abs. 1 S. 1 insoweit gemachte Einschränkung gilt für Urteile der Arbeitsgerichte nicht.[7]

II. Zustellung von Urteilen

1. Von Amts wegen und durch die Parteien. Grundsätzlich muss jedes Urteil von Amts wegen zugestellt werden (§ 166 Abs. 2); lediglich für verkündete Versäumnisurteile gilt eine Ausnahme hinsichtlich der Zustellung an die obsiegende Partei (§ 317 Abs. 1 S. 1). Nur die Amtszustellung setzt **Rechtsmittelfristen** in Lauf;[8] dies gilt auch für Einspruchsfristen bei Versäumnisurteilen.[9] Jedoch beginnen bei einem Anerkenntnisurteil und einem Versäumnisurteil, die nach §§ 307 S. 2, 331 Abs. 3 ohne mündliche Verhandlung ergehen, sowie bei einem Urteil, das den Einspruch gegen ein Versäumnisurteil verwirft (§ 341 Abs. 2), und die sämtlich nach § 310 Abs. 3 anstelle einer Verkündung zuzustellen sind, die Rechtsmittel- und Einspruchsfristen nach hM erst in dem Zeitpunkt, in dem auch der zweiten Partei das Urteil zugestellt wurde, wenn dies nicht gegenüber beiden Parteien gleichzeitig geschieht (vgl. § 310 Rn. 10). Für das **Verfahren der Zustellung** von Amts wegen gelten die §§ 166ff. Für die Bewirkung der Zustellung hat die Geschäftsstelle Sorge zu tragen (§ 168 Abs. 1). Eine **Parteizustellung** genügt für die Zwangsvollstreckung (§ 750 Abs. 1 S. 2); ist jedoch das Urteil von Amts wegen zugestellt worden, dann ist dies für die Zwangsvollstreckung ausreichend und es bedarf dafür nicht einer nochmaligen Zustellung im Parteibetrieb.[10] Das Gleiche gilt für die Anordnung einer einstweiligen Verfügung durch Urteil.[11] 3

2. Ausfertigung. Zuzustellen ist das Urteil (Absatz 1 S. 1). Jedoch bleibt das Original des Urteils bei den Akten; den Parteien ist eine Ausfertigung des Urteils zu übergeben. Ausfertigung ist die **amtliche Abschrift** (oder Kopie) **des vollständigen Urteils** einschließlich des Tatbestandes und der Entscheidungsgründe.[12] Die Ausfertigung muss auch die **Unterschriften** der Richter wiedergeben (vgl. § 315 Rn. 12), und zwar in einer Weise, dass der Ausfertigung entnommen werden kann, ob die Urschrift entsprechend der Vorschrift des § 315 Abs. 1 von den bei der Entscheidung mitwirkenden Richtern unterzeichnet worden ist.[13] Dafür genügt nicht, dass die Namen der Richter, die an dem Urteil mitgewirkt haben, nur in Klammern angegeben sind, ohne dass darauf hingewiesen wird, ob sie das Urteil unterschrieben haben.[14] Dies kann beispielsweise durch den Zusatz „gez." geschehen, jedoch auch dadurch, dass die Richternamen in Maschinenschrift ohne Klammern in der Ausfertigung angegeben werden.[15] Ist ein Richter an der Unterzeichnung des Urteils verhindert und wird deshalb nach § 315 Abs. 1 S. 2 der Verhinderungsgrund unter dem Urteil vermerkt und der Vermerk vom Vorsitzenden unterschrieben (vgl. § 315 Rn. 7), dann muss die Ausfertigung diesen Vermerk und die Unterschrift des Vorsitzenden wiedergeben.[16] Wird als Ausfertigung eine **Kopie der Urschrift** des Urteils verwendet, dann kommt es auf die Lesbarkeit der Unterschriften nicht an, wenn nur die Ablichtung erkennen lässt, dass die Urschrift handschriftlich von den beteiligten Richtern unterzeichnet wurde.[17] Gibt die von Amts wegen zuzustellende **Ausfertigung** das Urteil **nicht wortgetreu und vollständig** einschließlich der erforderlichen Unterschriften wieder, dann ist die Zustellung nicht wirksam, so dass die Rechtsmittelfristen nicht beginnen können (vgl. §§ 517, 548). Allerdings sind unbedeutende Abweichungen der Ausfertigung von 4

---

[7] *Grunsky* § 50 ArbGG Rn. 1.

[8] *Bischof* NJW 1980, 2235; *Rosenberg/Schwab/Gottwald* § 72 Rn. 10.

[9] *Bischof* (Fn. 8).

[10] *Stein/Jonas/Leipold* Rn. 7 m. weit. Nachw.; ebenso für § 750 Abs. 3 OLG Düsseldorf JurBüro 1987, 239 m. abl. Anm. *Mümmler;* vgl. auch *Musielak/Lackmann* § 750 Rn. 18 und die Erl. zu § 750.

[11] BGH NJW 1990, 122, 124; OLG Celle FamRZ 1988, 542f.; OLG Oldenburg FamRZ 1989, 879f.; JurBüro 1992, 495; OLG Koblenz FamRZ 1991, 589; aA OLG Koblenz FamRZ 1988, 920.

[12] BGH FamRZ 1990, 1227; OLG Hamm MDR 1989, 465; LG Stade Rpfleger 1987, 253; *Putzo* NJW 1977, 1, 6.

[13] BGH NJW 1978, 217; VersR 1980, 741, 742; BGH (Fn. 12); OLG Stuttgart DAVorm. 1974, Sp. 141, 142, jeweils m. weit. Nachw.

[14] BGH NJW 1975, 781; FamRZ 1982, 482; NJW-RR 1987, 377; VersR 1994, 1495; BGH (Fn. 12); *Hornung* Rpfleger 1987, 225, 228 m. weit. Nachw.

[15] BGH VersR 1981, 61, 62; 1981, 576; 1994, 1495; BGH (Fn. 12) weist darauf hin, dass es unschädlich sei, wenn der Name des Richters auf der zugestellten Ausfertigung maschinenschriftlich zwischen Binde- oder Trennungsstrichen unter dem Urteil wiedergegeben wird, weil dadurch nicht Zweifel verursacht werden können, ob der erkennende Richter unterschrieben hat.

[16] BGH VersR 1981, 576; OLG Hamm (Fn. 12).

[17] BGH VersR 1983, 874.

der Urschrift kein Hinderungsgrund für die Wirksamkeit der Urteilszustellung.[18] Als bedeutende Abweichung von der Urschrift, die eine Zustellung des Urteils fehlerhaft sein lässt, ist es anzusehen, wenn Mängel der Ausfertigung geeignet sind, die Entschließung der Parteien über die Einlegung von Rechtsmitteln zu beeinflussen.[19]

5 Die **von** einer **Partei beantragte Ausfertigung** eines Urteils erfolgt vorbehaltlich eines Antrags der Partei auf vollständige Ausfertigung ohne Tatbestand und Entscheidungsgründe (Absatz 2 S. 2), muss jedoch alle übrigen Bestandteile eines Urteils (vgl. § 313 Rn. 6) einschließlich der Unterschriften aufweisen. Liegt der Geschäftsstelle nur ein Urteil ohne Tatbestand und Entscheidungsgründe vor (§ 315 Abs. 2 S. 2), dann kann das Urteil nur **im Parteibetrieb,** nicht von Amts wegen **zugestellt** werden, weil bei der Amtszustellung eine Ausfertigung des Urteils in ungekürzter Form erforderlich ist, sofern nicht das Urteil nach § 313b Abs. 2 in abgekürzter Form hergestellt wird (vgl. dazu Rn. 10). Bei der Zustellung im Parteibetrieb kann auch eine beglaubigte Abschrift des Urteils übergeben werden.[20]

6 **3. Adressat.** Das Urteil ist regelmäßig beiden Parteien,[21] bei einer Streitgenossenschaft jedem Streitgenossen, zuzustellen. Eine Ausnahme gilt nur für das verkündete Versäumnisurteil, das nur der unterliegenden Partei zugestellt werden muss (vgl. auch Rn. 1). Dem einfachen (anders dem streitgenössischen[22]) **Streithelfer** ist das Urteil nicht von Amts wegen zuzustellen.[23] Einer am **Versorgungsausgleich beteiligten Versicherungsanstalt** braucht ein Urteil auch nur dann einmal zugestellt zu werden, wenn das Versicherungskonto sowohl für den Berechtigten als auch für den Verpflichteten bei dieser Anstalt geführt wird.[24] Ist eine gesetzlich vorgeschriebene **Beiladung unterblieben,** dann muss das Urteil auch demjenigen zugestellt werden, der hätte beigeladen werden müssen.[25] Wird eine Partei durch einen **Prozessbevollmächtigten** vertreten, dann ist an diesen zuzustellen (§ 172 Abs. 1). Etwas anderes gilt aber dann, wenn der Prozessbevollmächtigte wegen Fehlens oder wegen Nichtbeibringens einer Prozessvollmacht vom Gericht zurückgewiesen worden ist. Dann scheidet dieser als Zustellungsempfänger aus und das Urteil ist an die Partei persönlich zuzustellen.[26]

7 **4. Antrag auf Hinausschieben der Zustellung.** Die Zustellung verkündeter Urteile kann nach Abs. 1 S. 3 hinausgeschoben werden, wenn dies beide Parteien beantragen. Nach der Zweckrichtung dieser Regelung (vgl. Rn. 1) wird man den Vorsitzenden für verpflichtet halten, einem übereinstimmenden **Antrag** der Parteien zu entsprechen.[27] Der Antrag ist eine Prozesshandlung, so dass es für seine Wirksamkeit auf die Erfüllung der Prozesshandlungsvoraussetzungen ankommt; folglich muss im Anwaltsprozess der Antrag vom Prozessbevollmächtigten gestellt werden.[28] Der Antrag kann auch außerhalb der mündlichen Verhandlung nach Urteilsverkündung formlos an das Gericht gerichtet werden und bedarf keiner Begründung.[29] Haben die Parteien unterschiedliche Wünsche zum Zeitraum geäußert, um den die Zustellung hinausgeschoben werden soll, dann ist die erforderliche Übereinstimmung hinsichtlich der kürzeren **Frist** anzunehmen und von dieser auszugehen.[30] Eine nachträgliche Verlängerung der Frist bis zum Ablauf von fünf Monaten nach der Verkündung ist zulässig.[31] Die Entscheidung wird vom Vorsitzenden durch Verfügung getroffen,[32] die den Parteien formlos mitzuteilen ist (§ 329 Abs. 2 S. 1). Gegen eine ablehnende Entscheidung können die Parteien sofortige Beschwerde einlegen.[33] Die Regelung des § 317 Abs. 1 S. 3 gilt nicht in Ehesachen (§ 618), in Familiensachen (§ 621c) und in Kindschaftssachen (§ 640 Abs. 1).

---

[18] Vgl. BGHZ 67, 284, 287 ff. = NJW 1977, 297; BGH VersR 1982, 70; 1985, 551; 2002, 464; NJW 2001, 1653 OLG Naumburg MDR 2000, 601; AK-ZPO/*Wassermann* Rn. 4.

[19] BGH FamRZ 2003, 620, 621.

[20] *Stein/Jonas/Leipold* Rn. 20 m. weit. Nachw.

[21] *Hartmann* JR 1977, 181, 187; *Thomas/Putzo/Reichold* Rn. 1.

[22] BGHZ 89, 121, 125 = NJW 1984, 353.

[23] BGH NJW 1986, 257.

[24] OLG Zweibrücken FamRZ 1980, 813 (LS).

[25] BGHZ 89, 121, 125 = NJW 1984, 353 zu § 640e.

[26] OLG Zweibrücken MDR 1982, 586; *Stein/Jonas/Leipold* Rn. 8 Fn. 9.

[27] *Hartmann* JR 1977, 181, 187; *Putzo* NJW 1977, 1, 6; *Stein/Jonas/Leipold* Rn. 9; AK-ZPO/*Wassermann* Rn. 2.

[28] *Hartmann* JR 1977, 181, 187; *Wassermann* (Fn. 27).

[29] *Franzki* DRiZ 1977, 161, 167; *Baumbach/Lauterbach/Hartmann* Rn. 5.

[30] *Zöller/Vollkommer* Rn. 2; *Wassermann* (Fn. 27).

[31] *Baumbach/Lauterbach/Hartmann* Rn. 5.

[32] AK-ZPO/*Wassermann* Rn. 2; *Zöller/Vollkommer* Rn. 2.

[33] *Baumbach/Lauterbach/Hartmann* Rn. 6; *Zöller/Vollkommer* Rn. 2.

III. Aufgaben der Geschäftsstelle

8 Die Herstellung der Ausfertigung (zum Begriff vgl. Rn. 4) und das Bewirken der Zustellung sind nach § 168 Abs. 1 Aufgaben des Urkundsbeamten der **Geschäftsstelle** (§ 153 GVG). Es muss sich jedoch nicht notwendigerweise um die Geschäftsstelle des erkennenden Gerichts handeln; auch der Urkundsbeamte der Geschäftsstelle eines anderen Gerichts ist zur **Erteilung einer Ausfertigung** befugt, wenn ihm die Urschrift des Urteils vorliegt.[34] Nach § 317 Abs. 2 S. 1 dürfen Ausfertigungen, Auszüge und Abschriften des Urteils erst erteilt werden, wenn das **Urteil verkündet und unterschrieben** (§ 315 Abs. 1) worden ist. Durch diese Vorschrift soll verhindert werden, dass ein noch unverbindlicher Entwurf, um den es sich vor Verkündung handelt (vgl. § 310 Rn. 1), nach außen bekannt gemacht wird und sich dabei den Anschein einer (für das erkennende Gericht nicht mehr änderbaren) Entscheidung gibt.[35] Ergibt sich aus der zugestellten Urteilsausfertigung, dass der Ausfertigungsvermerk vor der Verkündung des Urteils angebracht wurde, dann ist die Zustellung unwirksam.[36] Abweichend von der Vorschrift des § 317 Abs. 2 S. 1 muss die Geschäftsstelle von einem nicht unterschriebenen Urteil Ausfertigungen erteilen und sie zustellen, wenn das Urteil von einem allein entscheidenden Richter gefällt wurde und dieser an der Unterschriftsleistung verhindert ist (vgl. § 315 Rn. 5).[37] Ein solches Urteil ist allerdings fehlerhaft und auf ein Rechtsmittel hin aufzuheben, wenn die Unterschrift nicht nachgeholt werden kann (vgl. § 315 Rn. 13).

9 Ausfertigungen und Auszüge der Urteile sind vom **Urkundsbeamten** der Geschäftsstelle zu **unterschreiben** (vgl. § 315 Rn. 11) und mit dem Gerichtssiegel zu versehen (§ 317 Abs. 4). Für den **Ausfertigungsvermerk** ist ein bestimmter Wortlaut nicht vorgeschrieben.[38] Jedoch muss aus dem Vermerk hervorgehen, dass die in der Ausfertigung wiedergegebenen Teile der Urschrift mit dieser gleichlautend sind.[39] Der Name des Urkundsbeamten der Geschäftsstelle braucht im Ausfertigungsvermerk nicht mitgeteilt zu werden, sondern kann durch die Formel „gez. Unterschrift" ersetzt werden; es muss aber hinreichend erkennbar sein, dass ein Urkundsbeamter den Ausfertigungsvermerk unterzeichnet hat.[40] Das ist nicht der Fall, wenn der Name des Urkundsbeamten nur in Klammern gesetzt ist und ein Hinweis fehlt, ob sich darüber oder daneben auch dessen Unterschrift befindet.[41] In der Praxis ist die Fassung üblich: „Für den Gleichlaut der Ausfertigung mit der Urschrift, gez. NN als Urkundsbeamter der Geschäftsstelle". Eine Angabe des Datums braucht der Ausfertigungsvermerk nicht zu enthalten.[42] Finden sich in der vom Urkundsbeamten erteilten Ausfertigung **Unrichtigkeiten,** dann können sie entsprechend § 319 von ihm berichtigt werden.[43]

IV. Abgekürzte Ausfertigung (Abs. 6)

10 Ausfertigungen von Versäumnis-, Anerkenntnis- und Verzichtsurteilen, die nach § 313b Abs. 2 in abgekürzter Form hergestellt worden sind, können zwei verschiedene Fassungen erhalten:

– Die Ausfertigung kann auf eine beglaubigte Abschrift der Klageschrift oder auf ein damit zu verbindendes Blatt gesetzt werden, oder
– es wird das nach § 313b Abs. 2 abgekürzte Urteil um die in § 313 Abs. 1 Nr. 1 bis 4 bezeichneten Angaben vervollständigt, dh. es wird ein Urteil hergestellt, das alle Bestandteile eines solchen (vgl. § 313 Rn. 6) enthält, also einschließlich der Unterschriften, mit Ausnahme des Tatbestandes und der Entscheidungsgründe.[44]

V. Elektronisches Dokument

11 Die Absätze 3 und 5 sind durch das JKomG. eingefügt worden und treffen zusätzliche Regelungen, um den Anforderungen zu genügen, die sich aus der elektronischen Aktenbearbeitung ergeben. Durch **Abs. 3** wird die Übertragung eines **elektronischen Originalurteils in** eine **Papierausfertigung** geregelt. Die für den Papierausdruck geltende Form richtet sich zum einen nach

---

[34] BAG AP Nr. 1.
[35] BGHZ 8, 303, 307 = NJW 1953, 622; RGZ 140, 348, 350; *Draeger* MDR 1963, 808.
[36] BGH NJW-RR 1993, 956.
[37] *Matzke* AnwBl. 1981, 11; vgl. auch § 315 Fn. 10.
[38] BGHZ 55, 251, 253 = NJW 1971, 659.
[39] BGH LM Nr. 6; BGH (Fn. 36); OLG Stuttgart RzW 1964, 329, 330; LG Berlin Rpfleger 1979, 111; *Hornung* Rpfleger 1987, 225, 229.
[40] BGH VersR 1971, 470; BGH NJW 1975, 781.
[41] BGH VersR 1964, 848, 849; 1974, 1129; 1994, 1495, 1496; NJW 1975, 781.
[42] BGH VersR 1985, 503; *Hornung* Rpfleger 1987, 225, 229.
[43] BGH NJW-RR 1993, 1213, 1214.
[44] *Stein/Jonas/Leipold* Rn. 21 ff.; AK-ZPO/*Wassermann* Rn. 5.

§ 298 Abs. 2 und zum anderen nach § 317 Abs. 4. Dies bedeutet, dass die auf diese Weise hergestellten Ausfertigungen und Auszüge zunächst den Vermerk gemäß § 298 Abs. 2 erhalten müssen und dass sie sodann der Urkundsbeamte der Geschäftsstelle zu unterschreiben und mit dem Gerichtssiegel zu versehen hat. Diese Möglichkeit ist bedeutsam für Parteien, mit denen nicht elektronisch kommunizieren werden kann.[45] Die in dem neuen **Abs. 5** getroffene Regelung bezieht sich einmal auf die **Erteilung von elektronischen Ausfertigungen,** Auszügen und Abschriften eines konventionell **in Papierform verfassten Urteils.** Solche Ausfertigungen und Abschriften sind vom Urkundsbeamten der Geschäftsstelle qualifiziert zu signieren, um die Identität mit dem Papieroriginal zu bescheinigen. Die qualifizierte elektronische Signatur ersetzt zugleich das auf der Papierausfertigung vorgesehene Gerichtssiegel. Zum anderen regelt Abs. 5 die **Erteilung von Urteilsausfertigungen per Telekopie,** insbesondere durch Computerfax. Für diese Übermittlungsart gelten grundsätzlich die gleichen Formerfordernisse wie bei der Papierausfertigung, da beim Empfänger eine körperliche Urkunde erstellt wird. Für diese Übertragungsform reicht die Wiedergabe der Unterschrift des Urkundsbeamten sowie des Gerichtssiegels auf der beim Empfänger erstellten Ausfertigung aus. Im Bericht des Rechtsausschusses des Deutschen Bundestages wird ausdrücklich darauf hingewiesen, dass diese Vorschrift damit den Formerfordernissen für bestimmende Schriftsätze entspricht, die per Telekopie dem Gericht übermittelt werden.[46] Wird dagegen das **Urteil zugleich als elektronisches Dokument erstellt,** dann bedarf es hierfür keiner Sonderregelung in § 317. Weil das Urteil dann mit einer qualifizierten elektronischen Signatur des Richters versehen ist, kann sich der Empfänger des ihm elektronisch übermittelten Urteils durch Prüfung der Signatur Sicherheit verschaffen, dass das Urteil mit dem Original übereinstimmt.[47] Durch Zustellung papiergebundener Urteile per Computerfax oder per elektronischer Übermittlung werden zeitaufwändige Postabläufe und Portokosten gespart.[48]

VI. Rechtsfolgen von Verstößen gegen § 317

12 Wird entgegen § 317 Abs. 1 iVm. § 166 Abs. 2 ein **Urteil nicht von Amts wegen zugestellt,** dann beginnen nicht die Rechtsmittel- und Einspruchsfristen zu laufen (vgl. Rn. 3); eine Zustellung im Parteibetrieb ändert daran nichts.[49] Die mit Verkündung des Urteils laufenden Fünfmonatsfristen des § 517 Halbs. 2 und des § 548 Halbs. 2 müssen jedoch beachtet werden.[50] Die Zustellung ist nur wirksam, wenn die **Ausfertigung in allen wesentlichen Teilen mit** dem (vollständigen) **Urteil übereinstimmt** (vgl. Rn. 4).[51] Es ist dabei von dem Grundsatz auszugehen, dass die Ausfertigung erkennen lassen muss, ob alle wesentlichen Verfahrensregeln beim Zustandekommen des Urteils beachtet wurden.[52] Lässt dies die Ausfertigung zu, dann hindern kleine Fehler in ihr die Wirksamkeit der Zustellung nicht.[53] Es muss gefragt werden, ob es sich um Fehler handelt, die – wären sie bei einer Urteilsabfassung unterlaufen – gem. § 319 hätten korrigiert werden können, ohne dass eine neue Rechtsmittelfrist in Lauf gesetzt worden wäre (vgl. dazu § 319 Rn. 19f.); ist diese Frage zu bejahen, dann ist die Zustellung wirksam, weil sich ein in der Ausfertigung enthaltener Mangel auf die Urteilszustellung nicht schwerwiegender auswirken kann, als wenn dieser Fehler bereits in der Urteilsurschrift vorhanden ist.[54] Dagegen ist die Zustellung an einen als Terminsvertreter anzusehenden Unterbevollmächtigten an Stelle des Prozessbevollmächtigten (vgl. Rn. 6) unwirksam und setzt die Rechtsmittelfristen nicht in Lauf.[55] Die **Zustellung** ist **bei folgenden Mängeln** der Ausfertigung als **wirksam** angesehen worden: Das Urteil ist nicht als Versäumnisurteil bezeichnet worden (vgl. § 313b Abs. 1 S. 2);[56] im Rubrum werden die Namen der Prozessbevollmächtigten der Parteien vertauscht;[57] es fehlen im Urteilskopf die Bezeichnung des Gerichts[58]

---

[45] *Viefhus* NJW 2005, 1009, 1014.
[46] BT-Drucks. 15/4952, S. 48.
[47] Vgl Amtl. Begr. des JkomG (BT-Drucks. 15/4067, S. 34).
[48] Bericht (Fn. 46); *Viefhus* NJW 2005, 1009, 1014.
[49] *Hartmann* JR 1977, 181, 187.
[50] Vgl. BGH NJW-RR 2004, 1651, 1652 (auch zur Möglichkeit einer Wiedereinsetzung in den vorigen Stand).
[51] BGH NJW 2001, 1653, 1654; FamRZ 2007, 372.
[52] BGHZ 67, 284, 288 = NJW 1977, 297.
[53] BGH VersR 1980, 771, 772; 1982, 70; 1985, 551; BGHR § 170 Abs. 1 – Urteilsausfertigung 1 (Name des Beklagten nicht lesbar); BGH (Fn. 51).
[54] BGHZ 67, 286f. (Fn. 52); BGH VersR 1982, 70; NJW-RR 2006, 1570, 1571.
[55] BGH MDR 2007, 479, 480.
[56] OLG Düsseldorf MDR 1985, 678, 679; vgl. auch § 313b Rn. 7.
[57] OLG Frankfurt VersR 1978, 545.
[58] BGH VersR 1985, 551.

oder die Angabe des Tages, an dem die mündliche Verhandlung geschlossen worden ist;[59] es wird im Tenor weggelassen, dass die Klage teilweise abgewiesen wird;[60] es sind Teile der Gründe unleserlich;[61] ein fälschlich mit „Beschluss" überschriebenes Urteil wird an den Prozessbevollmächtigten zugestellt, in dem Empfangsbekenntnis aber die Zustellung eines Urteils bestätigt;[62] das Urteil wird von einem Richter unterschrieben, der auch im Urteilskopf als mitwirkender Richter genannt wird, obwohl er an der Entscheidung nicht beteiligt war.[63] Lässt jedoch die Urteilsausfertigung nicht erkennen, ob das Urteil unterzeichnet worden ist, dann ist die Zustellung nicht wirksam (vgl. dazu Rn. 4; § 315 Rn. 12).

Da ein Urteil vor Verkündung lediglich einen unverbindlichen Entwurf darstellt (vgl. § 310 **13**
Rn. 1), können vor der Verkündung **entgegen § 317 Abs. 1 S. 1 erteilte Ausfertigungen** auch nicht wirksam zugestellt werden.[64] Unterlaufen dem Urkundsbeamten der Geschäftsstelle bei Herstellung der Ausfertigung **Fehler,** dann kann er sie in entsprechender Anwendung des § 319 **nachträglich berichtigen;**[65] lehnt er dies ab, dann ist die Entscheidung des Prozessgerichts nach § 576 Abs. 1 nachzusuchen. Fehlt ein Ausfertigungsvermerk völlig[66] oder lässt er nicht erkennen, dass die Übereinstimmung der Ausfertigung mit der Urschrift bestätigt wird[67] oder ist der Ausfertigungsvermerk nicht unterschrieben (vgl. Rn. 9),[68] dann verhindern diese Mängel die Wirksamkeit der Zustellung. Dagegen wird die Wirksamkeit der Zustellung nicht dadurch in Frage gestellt, dass sich die Geschäftsstelle des Gerichts die zugestellte Ausfertigung zurückgeben lässt.[69]

§ 318 Bindung des Gerichts

Das Gericht ist an die Entscheidung, die in dem von ihm erlassenen End- und Zwischenurteilen enthalten ist, gebunden.

I. Normzweck

Mit der Verkündung oder der sie ersetzenden Zustellung (§ 310 Abs. 3) des Urteils wird die Ent- **1**
scheidung des Gerichts existent (vgl. § 310 Rn. 1) und damit der Rechtsstreit nach außen erkennbar von dem entscheidenden Gericht ganz oder zu einem bestimmten Teil abgeschlossen. Es erscheint als eine Selbstverständlichkeit, dass der richterliche Spruch und die ihn tragenden Gründe (vgl. Rn. 3) nicht mehr einseitig vom erkennenden Gericht aufgehoben oder geändert werden können (Aufhebungs- und Änderungsverbot; vgl. dazu Rn. 4). Die Autorität, die den Gerichten als Träger hoheitlicher Gewalt im Interesse der Erfüllung der ihnen zugewiesenen Aufgaben zukommen muss, und das Vertrauen, dass der Staatsbürger der Rechtsprechung entgegenbringt, verlangen jedoch nicht nur, dass abschließende Entscheidungen des Gerichts einen definitiven Charakter besitzen und allenfalls durch eine höhere Instanz aufgrund einer erneuten Verhandlung des Rechtsstreits korrigiert werden können, sondern gebieten auch, dass die gefällte Entscheidung im weiteren Verfahren derselben Instanz vom erkennenden Gericht beachtet wird (Abweichungsverbot; vgl. dazu Rn. 5). Diese Erwägungen treffen sowohl auf Endurteile zu, durch die ein entscheidungsreifer Prozess im Ganzen oder in abgrenzbaren Teilen entschieden wird (vgl. § 300 Rn. 1, § 301 Rn. 1f.), als auch auf Zwischenurteile, die regelmäßig dazu dienen, verfahrensrechtliche Vorfragen zu klären (vgl. § 303 Rn. 1f.). Die durch § 319 und § 320 geschaffenen Möglichkeiten einer Berichtigung des Urteils betreffen offensichtliche Unrichtigkeiten und bedeuten lediglich eine technische Korrektur, die den in § 318 ausgesprochenen Grundsatz der Bindung des Gerichts an die eigene Entscheidung im Kern unberührt lassen (vgl. Rn. 6). Bei einer aufgrund des § 321 vorgenommenen Ergänzung des Urteils bindet die zunächst erlassene Entscheidung das Gericht; § 318 wird also in-

---

[59] BGH VersR 1980, 744.

[60] BGHZ 67, 284f., 290. In diesem Fall konnte der Kläger aus der Urteilsformel erkennen, dass er nur teilweise obsiegt hatte. Ebenso BGH VersR 1982, 70 (zum Weglassen eines Teils der Kostenentscheidung).

[61] BGH VersR 1980, 771, 772 (für einen mit dem Rechtsstreit Vertrauten bleiben die Gründe aber insgesamt verständlich).

[62] OLG Brandenburg VersR 1997, 1375 (LS).

[63] BGHZ 18, 350, 354f. = NJW 1955, 1919.

[64] BGH NJW-RR 1993, 956.

[65] BGH NJW-RR 1993, 1213, 1214.

[66] BGH VersR 1962, 218; 1994, 1495, 1496; NJW 1963, 1307, 1309; RGZ 159, 25, 27; 164, 52, 56.

[67] *Stein/Jonas/Leipold* Rn. 27 m. weit. Nachw.

[68] BGH VersR 1964, 848, 849; VersR 1974, 1129f.; BGHZ 100, 234, 237f. = NJW 1987, 2868; BGH NJW 1991, 1116.

[69] OLG Brandenburg VersR 1997, 1375 (LS); FamRZ 2005, 123.

soweit nicht eingeschränkt. Das Ergänzungsurteil schließt lediglich eine Entscheidungslücke, korrigiert jedoch nicht den Inhalt des ersten Urteils (vgl. die Erl. zu § 321). Zu den Ausnahmen von der Bindung des Gerichts an das von ihm erlassene Urteil vgl. Rn. 6.

II. Anwendungsbereich

2 § 318 ist nicht in Verfahren der **Freiwilligen Gerichtsbarkeit** anzuwenden; in ihnen gilt vielmehr gerade umgekehrt der Grundsatz einer Abänderbarkeit der Entscheidung im Regelfall, während die Bindung des Gerichts die Ausnahme darstellt (vgl. § 18 FGG).[1] Diese Divergenz zwischen der streitigen und der Freiwilligen Gerichtsbarkeit erklärt sich aus unterschiedlichen Funktionen und Zielen beider Bereiche, die auch noch in vielen anderen Regelungen zum Ausdruck kommt.[2] Soweit allerdings über Angelegenheiten der Freiwilligen Gerichtsbarkeit durch Verbundurteil im Zivilprozess mitentschieden wird (vgl. §§ 623, 629 iVm. §§ 621 Abs. 1, 621 a Abs. 1), erfasst die sich aus § 318 für dieses Urteil ergebende Bindung auch die Entscheidung der Fragen, die dem Bereich der Freiwilligen Gerichtsbarkeit angehören. Für Urteile, die in **arbeitsgerichtlichen Verfahren** ergehen, gilt § 318 entsprechend (§ 46 Abs. 2 ArbGG iVm. § 495, § 64 Abs. 6 ArbGG iVm. § 525, § 72 Abs. 5 ArbGG iVm. § 555).[3] Erlässt ein **Strafgericht** ein **Teil- oder Grundurteil über vermögensrechtliche Ansprüche** des Verletzten gegen den Angeklagten (vgl. dazu § 304 Rn. 4), dann bindet dieses Urteil das Zivilgericht, das über den weiteren Teil oder den Betrag des Anspruchs entscheidet (§ 406 Abs. 1 S. 2. Halbs. 2 StPO iVm. § 318).[4]

III. Bindungswirkung

3 **1. Gegenstand.** § 318 bezieht die Bindung des Gerichts auf die „Entscheidung, die in den von ihm erlassenen End- und Zwischenurteilen enthalten ist". Hieraus folgt einmal, dass nicht das Urteil insgesamt einschließlich des Tatbestandes und der Entscheidungsgründe von der Bindungswirkung umfasst wird.[5] Allerdings ergeben die in den §§ 319 und 320 getroffenen Regelungen, dass nach Erlass des Urteils eine Änderung auch dieser Teile grundsätzlich ausgeschlossen ist und nur zur Berichtigung von Unrichtigkeiten innerhalb enger Grenzen zugelassen wird. Die den Gegenstand der Bindungswirkung bildende „Entscheidung" ist der im Tenor enthaltene Ausspruch des Gerichts (§ 313 Rn. 9), wobei jedoch die Urteilsgründe zur genauen Feststellung der Bedeutung und Tragweite der Urteilsformel heranzuziehen sind.[6] Dies gilt im besonderen Maße für Vorbehaltsurteile (§ 302), durch die bereits über die Zulässigkeit der Aufrechnung oder über einzelne sie betreffende streitige Punkte entschieden wird. Der im Tenor auszusprechende Vorbehalt (vgl. § 302 Rn. 8) wird in seinem Inhalt und Umfang durch die Entscheidungsgründe konkretisiert und insoweit auch verbindlich (vgl. § 302 Rn. 4, 9). Ebenso müssen bei einem Grundurteil (§ 304) die Entscheidungsgründe darüber Aufschluss geben, inwieweit das Gericht eine (bindende) Entscheidung von Streitpunkten treffen wollte (vgl. § 304 Rn. 12). Im **Umfang** entspricht die **prozessuale Bindungswirkung** des § 318 der materiellen Rechtskraft;[7] für die Bestimmung ihrer Grenzen gelten gleiche Grundsätze (vgl. die Erl. zu § 322). So erwächst die Verurteilung zur Auskunftserteilung und Rechnungslegung bei einer Stufenklage insoweit nicht in Rechtskraft, wie darin bereits der Hauptanspruch dem Grunde nach bejaht wird, und folglich besteht auch insoweit keine Bindungswirkung.[8] Insbesondere besteht regelmäßig keine Bindung des Gerichts an die von ihm geäußerte **Rechtsauffassung.** Etwas anderes kann jedoch dann gelten, wenn die geäußerte Rechtsauffassung den Inhalt der Entscheidung bestimmt. Über die Bindung an diesen Inhalt (Rn. 4 f.) kann sich auch eine Verpflichtung zum Festhalten an der geäußerten Rechtsauffassung ergeben.[9]

4 **2. Inhalt. a) Aufhebungs- und Änderungsverbot.** Die Bindung des Gerichts an das von ihm gefällte Urteil schafft einmal eine Sperre, die verhindert, dass das Gericht die Entscheidung aufhebt oder ändert.[10] Neue Erkenntnisse des Gerichts, die dazu führen, die Entscheidung für falsch zu halten,

---

[1] *Habscheid* FG § 27 I 1, II 2.
[2] Vgl. *Habscheid* FG § 4 III.
[3] *Grunsky* Grundlagen § 50.
[4] Vgl. BT-Drucks. 10/5305 S. 16; *Stein/Jonas/Leipold* Rn. 14; *Böttcher* JR 1987, 133, 138.
[5] GmS-OGB BGHZ 60, 392, 396 = NJW 1973, 1273; BGH FamRZ 1989, 849.
[6] BGH NJW 1967, 1231; 2002, 3478, 3479; MDR 1969, 643.
[7] BGHZ 51, 131, 138 = NJW 1969, 1253; BGH NJW 1967, 1231; 1991, 1116, 1117; 1994, 1222 f.; OLG Hamm NJW-RR 1993, 693; *Götz* JZ 1959, 681, 685 f.; *Schmidt* Rpfleger 1974, 177, 181; *Werner* S. 33 f.
[8] BGH WM 1987, 773.
[9] Vgl. BSG NJW 1993, 3346; BFH NJW 1995, 216.
[10] FG Berlin EFG 1988, 88 (Nr. 89); *Lüke* JuS 2000, 1042, 1043; *Thomas/Putzo/Reichold* Rn. 3; Hk-ZPO/*Saenger* Rn. 3.

sind demgegenüber unerheblich.[11] Verwehrt ist dem Gericht auch, sein Urteil nachträglich zu erläutern, um Unklarheiten auszuräumen.[12] Eine bei Fällung des Urteils (§ 309 Rn. 7) versehentlich unterbliebene Entscheidung über einen Anspruch darf nicht bei der schriftlichen Urteilsabfassung „nachgeschoben" werden; vielmehr kommt nur eine Ergänzung des Urteils nach § 321 in Betracht.[13]

b) Abweichungsverbot. Lässt sich das Aufhebungs- und Änderungsverbot als negative Wirkung der Bindung des Gerichts an seine Entscheidung begreifen,[14] so erscheint als positive Seite dieser Bindung das sich hieraus abzuleitende Gebot an das Gericht, sein Urteil im weiteren Verfahren zu beachten und nicht innerhalb derselben Instanz abzuweichen, wenn weitere Entscheidungen zu treffen sind.[15] So muss das Gericht bei seinem Schlussurteil die in einem Vorbehaltsurteil (vgl. § 302 Rn. 9) getroffene Entscheidung berücksichtigen; das gleiche gilt bei Zwischenurteilen nach §§ 303 und 304, soweit sie einen zulässigen Inhalt aufweisen (vgl. § 303 Rn. 5, § 304 Rn. 12). § 318 ist auch auf Teilurteile anzuwenden. Dies bedeutet, dass die im **Teilurteil** getroffene Entscheidung vom Gericht bei seinem Schlussurteil berücksichtigt werden muss (vgl. § 301 Rn. 19).[16] Gegen die Anwendung des § 318 auf Teilurteile spricht nicht, dass ein Teilurteil den Prozess in zwei voneinander unabhängige Teile spaltet, deren Selbständigkeit betont und so gewertet wird, als wenn von vornherein zwei verschiedene Verfahren anhängig gewesen wären (§ 301 Rn. 19). Diese Verselbständigung der einzelnen Teile kann nicht soweit gehen, dass sich Teil- und Schlussurteil zueinander verhalten, wie die Urteile in verschiedenen Verfahren, bei denen sich eine Bindung des Gerichts nur aus der Präjudizialität der einen Entscheidung für die andere ergibt (vgl. § 322 Rn. 50). Denn bei einem Teilurteil darf nicht außer Acht gelassen werden, dass der Rechtsstreit zunächst als ein einheitliches Verfahren begann und erst durch eine Entscheidung des Gerichts aufgespalten worden ist. Der Zweck des § 318, der darauf gerichtet ist, das Vertrauen der Parteien zu schützen, dass der Richter die von ihm gefällte Entscheidung im weiteren Verfahren derselben Instanz beachten wird (Rn. 1), verlangt die Ausdehnung des Abweichungsverbotes auch auf Teilurteile und verhindert, dass ein einheitlich begonnener Rechtsstreit allein aufgrund einer Trennung durch Teilurteil unterschiedlich entschieden werden kann.[17] Das Berufungsgericht, das ein **Grundurteil** erlassen hat, darf sich mit diesem nicht in Widerspruch setzen, wenn die Sache infolge eines Rechtsmittels wieder bei ihm anfällt.[18] Das Berufungsgericht, das sein erstinstanzliches Urteil aufhebt und die Sache zurückverweist, ist an seine der Aufhebung des erstinstanzlichen Urteils zugrundeliegende Rechtsauffassung auch selbst gebunden, wenn die Sache erneut in die Berufungsinstanz gelangt; diese Bindung folgt aus einer sinngemäßen Anwendung des § 563 Abs. 2.[19] Eine Gesetzesänderung nach Erlass der Entscheidung vermag ebenso wenig von dem Abweichungsverbot zu befreien[20] wie die Einwilligung der Parteien,[21] weil § 318 nicht nur den Interessen der Parteien dient, sondern auch Ziele verfolgt, die nicht zur Disposition der Parteien stehen (vgl. Rn. 1). 5

3. Ausnahmen. Nur soweit § 319 und § 320 eine Abänderung der Entscheidung ermöglichen (vgl. die Erl. zu diesen Vorschriften), stellen sie Ausnahmen vom Änderungsverbot des § 318 dar. Weniger eine Ausnahme als vielmehr eine Konkretisierung oder Modifizierung des Aufhebungs- und Änderungsverbotes bedeutet es, dass eine **Wiedereinsetzung in den vorigen Stand** (§ 233) dazu führen kann, dass Urteile, die ein Rechtsmittel wegen nicht fristgemäßer Einlegung oder Begründung verwarfen, aufgehoben werden[22] oder dass ein Versäumnisurteil auf Einspruch (§§ 338, 342) durch eine neue Entscheidung ersetzt wird (§ 343). § 318 steht nicht dem Erlass eines die Entscheidung in der Hauptsache ergänzenden Urteils entgegen, durch das der Streit über die **Auf-** 6

---

[11] RG JW 1906, 474, 475; RAG JW 1932, 969; *Saenger* (Fn. 10).

[12] *Stein/Jonas/Leipold* Rn. 10.

[13] RAG JW 1932, 969; *Zöller/Vollkommer* Rn. 10.

[14] *Schmidt* Rpfleger 1974, 177, 178.

[15] FG Berlin EFG 1988, 88 (Nr. 89); *Jauernig* MDR 1982, 286; *Götz* JZ 1959, 681, 682; *Thomas/Putzo/Reichold* Rn. 4.

[16] BGH NJW 1967, 1231; 1971, 1840, 1841; OLG Düsseldorf NJW-RR 2001, 522, 523; *de Lousanoff* S. 16 ff.; Hk-ZPO/*Saenger* Rn. 4; AK-ZPO/*Fenge* § 301 Rn. 21.

[17] Vgl. *Musielak,* FS G. Lüke, S. 565 ff.

[18] BGH MDR 1987, 841, 842.

[19] BGH NJW 1992, 2831, 2832 (zu § 565 Abs. 2 aF).

[20] *Baumbach/Lauterbach/Hartmann* Rn. 8; *Zöller/Vollkommer* Rn. 11; aA *Götz* JZ 1959, 681, 689 f. (für rückwirkende Gesetzesänderungen).

[21] OLG Bamberg OLGZ 3, 143, 144 f.; KG OLGZ 17, 321; *Schulte* GRUR 1975, 573; *Zöller/Vollkommer* Rn. 10; *Thomas/Putzo/Reichold* Rn. 5; aA *Schlosser,* Einverständliches Parteihandeln im Zivilprozess, 1968, S. 17 f.; AK-ZPO/*Fenge* Rn. 10.

[22] KG NJW 1967, 1865, 1866; *Zöller/Vollkommer* Rn. 4; *Stein/Jonas/Leipold* Rn. 6; *Rosenberg/Schwab/Gottwald* § 61 Rn. 5.

nahme eines Verfahrens entschieden wird, das durch den Tod einer Partei nach Fällung des Urteils in der Hauptsache und vor Einlegung eines Rechtsmittels unterbrochen worden ist (§ 239).[23] Wie durch § 302 Abs. 4 S. 2 ausdrücklich klargestellt wird, hat das Gericht ein **Vorbehaltsurteil** aufzuheben, wenn sich im Nachverfahren zeigt, dass der Anspruch des Klägers infolge der vom Beklagten erklärten Aufrechnung unbegründet war (vgl. § 302 Rn. 14); zur Bindung an das Vorbehaltsurteil im Urkunden- und Wechselprozess vgl. § 600 Rn. 12ff. Durch § 321a wird für die **Gehörsrüge** eine Regelung getroffen, die das Gericht von der Bindung an seine Entscheidung insoweit freistellt, als dies zur Erfüllung des Anspruchs auf rechtliches Gehör geboten ist (vgl. die Erl. zu dieser Vorschrift). Eine Freistellung von der Bindung an die eigene Entscheidung ist auch in Fällen zuzulassen, in denen das Gericht auf Grund einer Gegenvorstellung zur Heilung von Grundrechtsverstößen außerhalb des Anwendungsbereichs des § 321a die erlassene Entscheidung korrigiert gibt (vgl. § 321a Rn. 14). Die Bindungswirkung eines zulässigen **Zwischenurteils** ist grundsätzlich die gleiche wie die anderer Urteile.[24] Da die Zwischenurteile des § 303 prozessuale Vorfragen entscheiden, wie sie sich im Zeitpunkt der Fällung des Zwischenurteils ergeben, steht die Bindungswirkung dieses Urteils einer neuen Entscheidung nicht entgegen, durch die solche Tatsachen im späteren Verfahren berücksichtigt werden, die nach Erlass des Zwischenurteils eingetreten sind und die dafür maßgebenden Verhältnisse ändern (vgl. § 303 Rn. 5). Gleiches gilt für Zwischenurteile nach § 280 Abs. 2.[25] Schließlich ermöglichen die §§ 927, 936 in Ausnahme zu § 318 die Aufhebung und Änderung von Entscheidungen, die einen Arrest oder eine einstweilige Verfügung anordnen, wegen veränderter Umstände.[26] Dagegen ist die Auffassung abzulehnen, dass ein **wirkungsloses Urteil** (vgl. Vor §§ 300ff. Rn. 5f.) das Gericht nicht binden könne.[27] Richtig ist nur, dass ein derartiges Urteil das Gericht nicht in derselben Instanz bei Fortsetzung des Verfahrens im Sinne eines Abweichungsverbotes (vgl. Rn. 5) festlegt; ist das Urteil verkündet oder in den Fällen des § 310 Abs. 3 zugestellt worden, und wurde es damit existent, dann darf es das erkennende Gericht nicht mehr einseitig korrigieren oder widerrufen, es gilt also die negative Seite der Bindungswirkung, das Aufhebungs- und Änderungsverbot (vgl. Rn. 4).[28]

7 **4. Zeitliche Grenzen der Bindung.** Die Bindungswirkung des § 318 tritt in dem Zeitpunkt ein, in dem das Urteil aus dem internen Bereich des Gerichts nach außen in Erscheinung tritt und existent wird. Dies ist der Zeitpunkt der **Verkündung;** vorher stellt das Urteil nur einen gerichtsinternen Entwurf dar, der noch abgeändert werden kann (vgl. § 310 Rn. 1). In den Fällen des § 310 Abs. 3 wird die Verkündung **durch** die **Zustellung** des Urteils **ersetzt** und folglich tritt die Bindung des Gerichts an ein nach § 307 Abs. 2 erlassenes Anerkenntnisurteil mit der Zustellung dieses Urteils an eine Partei ein.[29] Nicht gefolgt kann der Auffassung werden, dass die nach § 310 Abs. 3 zuzustellenden Urteile bereits schon vorher existent werden können, und zwar wenn sie (ohne Zustellung) aus dem inneren Bereich des Gerichts gelangen.[30] Diese Auffassung berücksichtigt nicht ausreichend, dass Urteile entweder durch Verkündung oder durch Zustellung verlautbart werden. Deshalb kann ein Urteil auch nur auf einem dieser beiden Wege den internen Bereich des Gerichts als nach außen erkennbare Entscheidung verlassen.[31] Beide Formen sind insoweit für das Existentwerden gleichwertig; deshalb wird ein zu verkündendes Urteil durch Zustellung existent und bindend sowie umgekehrt ein zuzustellendes Urteil durch seine Verkündung (vgl. auch § 310 Rn. 11f.). Nichts anderes gilt auch für **Versäumnisurteile,** die **nach § 331 Abs. 3** ergehen. Dass nach der in § 331 Abs. 3 S. 1 getroffenen Regelung die Übergabe eines solchen Urteils an die Geschäftsstelle bewirkt, dass es trotz eingehender Verteidigungsanzeige des Beklagten zu erlassen ist, macht es in diesem Zeitpunkt noch nicht zu einer existenten Entscheidung.[32] Die **Bindung endet** mit der Aufhebung des Urteils durch das nächsthöhere Gericht.[33]

---

[23] RG (Vereinig. ZS) RGZ 68, 247, 256.

[24] BGH FamRZ 1993, 1191.

[25] *Stein/Jonas/Leipold* Rn. 7; *Thomas/Putzo/Reichold* Rn. 1.

[26] OLG München NJW-RR 1987, 761, 762.

[27] *Schönke/Kuchinke* § 73 III aE.

[28] *Jauernig,* Fehlerhaftes Zivilurteil, S. 143; *Blomeyer* § 81 III 2; *Rosenberg/Schwab/Gottwald* § 62 Rn. 21.

[29] *Stein/Jonas/Leipold* Rn. 1; *Blomeyer* § 81 I 2b; aA *Jauernig* § 58 I 2b (erst mit Zustellung an die letzte Partei).

[30] So *Schneider* NJW 1978, 833; ebenso LG Bückeburg NJW-RR 1986, 1508.

[31] *Jauernig,* Fehlerhaftes Zivilurteil, S. 16f., 42f.

[32] AA LG Stuttgart AnwBl. 1981, 197, 198; *Rau* MDR 2001, 794, 795; *Baumbach/Lauterbach/Hartmann* Rn. 4 Hk-ZPO/*Saenger* Rn. 6.

[33] BGHZ 106, 219, 221 = NJW 1989, 1186.

5. Gericht. Die Bindung des § 318 trifft das erkennende Gericht, also den Spruchkörper, der das Urteil in der Instanz gefällt hat. Ein Wechsel auf der Richterbank ändert nichts an dieser Bindung.[34] Entscheidungen des Einzelrichters (§§ 348, 348 a, 526) binden das Kollegium und umgekehrt.[35] 8

§ 319 Berichtigung des Urteils

(1) Schreibfehler, Rechnungsfehler und ähnliche offenbare Unrichtigkeiten, die in dem Urteil vorkommen, sind jederzeit von dem Gericht auch von Amts wegen zu berichtigen.

(2) [1]Der Beschluss, der eine Berichtigung ausspricht, wird auf dem Urteil und den Ausfertigungen vermerkt. [2]Erfolgt der Berichtigungsbeschluss in der Form des §130 b, ist er in eine im gesonderten elektronischen Dokument festzuhalten. [3]Das Dokument ist mit dem Urteil untrennbar zu verbinden.

(3) Gegen den Beschluss, durch den der Antrag auf Berichtigung zurückgewiesen wird, findet kein Rechtsmittel, gegen den Beschluss, der eine Berichtigung ausspricht, findet sofortige Beschwerde statt.

Übersicht

I. Allgemeines

1. Normzweck. Der Gesetzgeber wollte durch § 319 ein einfaches und rasches Verfahren schaffen, um Berichtigungen von Schreibfehlern, Rechenfehlern und ähnlichen offenbaren Unrichtigkeiten zu ermöglichen.[1] Eine solche Berichtigung dient dazu, das vom Gericht wirklich Gewollte zum Ausdruck zu bringen[2] und eine Verfälschung des Rechtsspruchs durch technische Fehlleistungen und banale Irrtümer zu vermeiden.[3] Die Beschränkung der Korrektur auf offenbare Unrichtigkeiten verhindert, dass ein Urteil nachträglich vom Gericht abweichend von der gefällten Entscheidung und entgegen der Bindung des § 318 inhaltlich verändert werden kann.[4] Deshalb ist es unbedenklich, dass eine Berichtigung auch von Amts wegen zugelassen ist. Die S. 2 und 3 sind durch das JKomG in Abs. 2 eingefügt worden, um die Berichtigung auf elektronischen Wege zu regeln (vgl. Rn. 18). 1

2. Anwendungsbereich. Da durch § 319 ein allgemeiner Rechtsgedanke zum Ausdruck kommt,[5] ist diese Vorschrift auch entsprechend im Rahmen anderer Verfahrensordnungen anwendbar, so auch im Geltungsbereich des **FGG.**[6] Abweichend von § 319 Abs. 3 wird jedoch in Verfahren der Freiwilligen Gerichtsbarkeit auch gegen die eine Berichtigung ablehnende Entscheidung ein Rechtsmittel zugelassen.[7] Schreibfehler, Rechenfehler und ähnliche offenbare Unrichtig- 2

---

[34] *Thomas/Putzo/Reichold* Rn. 1; *Stein/Jonas/Leipold* Rn. 2.
[35] KG JW 1925, 1799; *Saenger* (Fn. 32) Rn. 7.
[1] Mat. II 1 S. 288 (zu § 280).
[2] OLG Hamm MDR 1977, 760.
[3] BVerfG NJW 1992, 1496; BAG NZA 2006, 439, 440.
[4] BGH NJW-RR 1995, 765, 766.
[5] BGHZ 106, 370, 372 = NJW 1989, 1281; BayObLG OLGZ 1948–51, 342, 344; 68, 190, 193; OLG Hamm (Fn. 2).
[6] BGH (Fn. 5); BayObLG (Fn. 5); BayObLG NJW-RR 1989, 720 (zum WEG); BayObLG FamRZ 1989, 1348 (zum Erbscheinverfahren); OLG Düsseldorf OLGZ 1970, 126, 127.
[7] OLG Düsseldorf (Fn. 6); OLG Frankfurt OLGZ 1979, 390; *Habscheid* FG § 27 II 1 a; *Jansen* § 18 Rn. 37; aA (wie ZPO) *Keidel/Kuntze/Winkler/Schmidt* § 18 Rn. 61.

keiten in **arbeitsgerichtlichen Urteilen** sind ebenfalls in entsprechender Anwendung des § 319 korrigierbar (§ 46 Abs. 2 ArbGG iVm. § 495, § 64 Abs. 6 ArbGG iVm. § 525, § 72 Abs. 5 ArbGG iVm. § 555).[8] Fehlt die nach § 61 Abs. 1 ArbGG vorzunehmende Festsetzung des Streitwertes im Urteil, hat aber das Gericht den Streitwert festgesetzt und nur versehentlich in die Entscheidung nicht aufgenommen, dann ist das Urteil nach § 319 zu berichtigen, wenn sich die Unrichtigkeit aus dem Zusammenhang des Urteils selbst oder zumindest aus den Vorgängen bei Erlass oder Verkündung des Urteils ohne weiteres erkennen lässt.[9] Der Beschluss nach § 319 wird vom Vorsitzenden allein erlassen (§§ 53 Abs. 1, 64 Abs. 7, 72 Abs. 6 ArbGG). Ist die Zulassung der Revision nach § 72 Abs. 1 ArbGG vom Landesarbeitsgericht beschlossen, aber versehentlich nicht in das Urteil eingefügt worden, dann kommt eine Berichtigung nach § 319 nur in Betracht, wenn diese Unrichtigkeit offenbar ist, sich beispielsweise aus dem Sitzungsprotokoll ergibt (vgl. auch Rn. 7).[10]

3 § 319 ist entsprechend auf **andere gerichtliche Entscheidungen** anwendbar, wie beispielsweise auf Mahnbescheide,[11] Vollstreckungsbescheide,[12] Kostenfestsetzungsbeschlüsse [13] und Verweisungsbeschlüsse.[14] Auch ein Tatbestandsberichtigungsbeschluss nach § 320 kann aufgrund des § 319 korrigiert werden.[15] Für die Berichtigung von **Schiedssprüchen** gilt § 1058 Nr. 1, wobei auf die zu § 319 entwickelten Grundsätze zurückgriffen werden kann.[16] Die Protokollberichtigung vollzieht sich nach § 164. **Prozessvergleiche** können nicht in entsprechender Anwendung des § 319 korrigiert werden.[17] Sind die Erklärungen der Parteien nicht richtig in den Vergleich aufgenommen worden, dann ist das Protokoll, in dem der Vergleich festzustellen ist (§ 160 Abs. 3 Nr. 1), nach Maßgabe des § 164 zu berichtigen.[18] Wurden aber die Erklärungen der Parteien richtig beurkundet und ist ihnen dabei nur ein gemeinsamer Rechenfehler unterlaufen, dann kann dieser Fehler nicht auf der Grundlage des § 319 berichtigt werden;[19] vielmehr sind die Mittel des materiellen Rechts (zB Korrektur gemäß § 313 BGB) anzuwenden. Sind die Voraussetzungen des § 319 nicht erfüllt, dann ist zu prüfen, ob eine Berichtigung oder Ergänzung des Urteils auf der Grundlage der §§ 320, 321 in Betracht kommt (vgl. die Erl. zu diesen Vorschriften). Ergeben sich Zweifel über den Inhalt und die Tragweite einer Urteilsformel, die sich nicht im Wege der Berichtigung oder Ergänzung des Urteils ausräumen lassen, dann kann eine **Klage auf Feststellung** des Urteilsinhabers zulässig sein.[20] Für die Anwendung des § 319 auf notarielle Urkunden spricht sich das OLG Frankfurt[21] aus.

II. Berichtigung offenbarer Unrichtigkeiten (Abs. 1)

4 **1. Unrichtigkeit.** Unrichtig iSv. § 319 Abs. 1 ist eine Erklärung, wenn das Gewollte in ihr nicht zutreffend zum Ausdruck gebracht wird; der Fehler muss also bei der **Verlautbarung des Willens,** nicht bei dessen Bildung unterlaufen sein.[22] § 319 Abs. 1 bietet deshalb nach hM keine Möglichkeit, eine falsche Willensbildung des Gerichts nachträglich zu korrigieren. Demgegenüber

---

8 *Stein/Jonas/Leipold* Rn. 21.

9 BAG MDR 1960, 959 = AP Nr. 11 m. weit. Nachw.

10 BAG DB 1988, 136; *Grunsky* § 72 ArbGG Rn. 21 jeweils m. weit. Nachw.

11 BGH NJW 1984, 242; LG Essen JurBüro 1976, 684; LAG Frankfurt MDR 1974, 77, 78; *Bank* JurBüro 1981, 175, 176; vgl. auch OLG München Rpfleger 1990, 281: keine Berichtigung der Parteibezeichnung im Mahnbescheid durch das Gericht, sondern durch den Antragsteller.

12 OLG Frankfurt NJW-RR 1990, 767; LG Koblenz Rpfleger 1972, 458 m. Anm. von *Petermann; Bank* (Fn. 11); LG Münster JurBüro 1988, 1728, 1729.

13 OLG Düsseldorf BB 1988, 368.

14 OLG Stuttgart MDR 2004, 1377.

15 BGH NJW-RR 1988, 407, 408; OLG Hamm MDR 1977, 760. Zur Anwendung des § 319 auf Beschlüsse und Verfügungen vgl. § 329 Rn. 13.

16 *Musielak/Voit* § 1058 Rn. 2.

17 OLG Hamm Rpfleger 1979, 29, 30; *Stein/Jonas/Leipold* Rn. 2; *Zöller/Vollkommer* Rn. 3; aA OLG Hamm MDR 1983, 410; *Baumbach/Lauterbach/Hartmann* Rn. 3 (für entsprechende Anwendung); vgl. auch BayVerfGH NJW 2005, 1347.

18 *Stein/Jonas/Leipold* Rn. 2; *Zöller/Vollkommer* Rn. 3.

19 OLG Frankfurt MDR 1986, 152, 153

20 BGH NJW 1972, 2268; vgl. auch BGHZ 152, 166 = NJW 2003, 515.

21 NJW-RR 1997, 566.

22 BGH NJW 1985, 742; BAG AP BGB § 616 Nr. 45; OLG Celle JurBüro 1967, 839; OLG Hamm MDR 1970, 1018; 1975, 764, 765; KG NJW 1975, 2107; OLG Düsseldorf NJW 1973, 1132; OLG Frankfurt OLGZ 1979, 390; OLG Schleswig SchlHA 1980, 213; OLG München NJW-RR 1986, 1447; OLG Frankfurt NJW-RR 1989, 640; OLG Köln FamRZ 1997, 570, 571; OLG Zweibrücken MDR 1994, 831, 832 (auch Berichtigung von Ungenauigkeiten, die auf offensichtlicher Gedankenlosigkeit beruhen: Hinterlegungsstelle des LG statt des AG); OLG Oldenburg MDR 2000, 1211; *Weitzel* S. 76; *Braun* NJW 1981, 425, 427; *ders.* JuS 1986, 364, 366; *Pruskowski* NJW 1979, 931, 932.

wird eingewendet, dass auch die im Gesetz ausdrücklich genannten Rechenfehler Denkfehler darstellten[23] und deshalb die Abgrenzung zwischen Verlautbarungsmängeln, die berichtigt werden dürfen, und **Willensbildungsmängeln,** bei denen eine Anwendung des § 319 Abs. 1 ausgeschlossen sei, zumindest dann nicht strikt durchgeführt werden müsste, wenn eine Korrektur offensichtlicher Fehler erforderlich wäre, um ein gerechtes Ergebnis zu erreichen.[24] So verlockend auch die Lösung erscheint, offensichtliche Unrichtigkeiten auf einem raschen und unkomplizierten Weg zu beseitigen (vgl. Rn. 1), muss sie doch als unvereinbar mit der Bindungswirkung des Urteils (§ 318) und seiner Rechtskraft abgelehnt werden. Nur zur Behebung formaler (technischer) Mängel, die dem geäußerten Willen des erkennenden Gerichtes widersprechen, darf eine Berichtigung nach § 319 vorgenommen werden. Bei Schreib- und Rechenfehlern ist ein derartiger Widerspruch zu dem vom Gericht Gewollten unzweifelhaft vorhanden, auch wenn Rechenfehler möglicherweise bereits bei der Willensbildung vorgekommen sind und sie beeinflussten.[25]

Unerheblich ist es, ob die Unrichtigkeit auf einem (ausschließlichen) Versehen des Gerichts beruht oder auf einen **Fehler einer Partei** zurückzuführen ist.[26] Die Gegenauffassung, die eine Anwendung des § 319 verneint, wenn das Gericht durch falsche Angaben der Parteien zur Unrichtigkeit veranlasst worden ist,[27] findet im Gesetz keine Stütze und berücksichtigt auch nicht, dass die Übernahme des Fehlers in die Entscheidung des Gerichts ihn letztlich zu einem eigenen Versehen des Gerichts werden lässt. 5

Rechenfehler iSv. Absatz 1 sind nicht nur Verstöße gegen die Regeln der Grundrechenarten,[28] sondern auch sonstige Versehen innerhalb einer Berechnung wie das Übersehen oder Verwechseln von Rechnungsposten.[29] 6

2. Offenbar. Eine nach § 319 zu berichtigende Unrichtigkeit muss „offenbar" sein. Dieser Anforderung wird jedenfalls dann entsprochen, wenn sich bereits unmittelbar aus dem Urteil selbst die Unrichtigkeit feststellen lässt.[30] Man wird es darüber hinaus aber auch genügen lassen können, dass das Versehen durch die Vorgänge bei Erlass und Verkündung des Urteils evident gemacht wird.[31] Nicht erforderlich ist, dass die Unrichtigkeit auf den ersten Blick erkennbar ist; so sind auch Rechenfehler offenbar, die erst nach sorgfältigem Nachrechnen festgestellt werden können.[32] Jedoch genügt nicht, dass sich die Unrichtigkeit nur aus gerichtsintern gebliebenen Vorgängen erschließen lässt, die für Außenstehende nicht ersichtlich sind.[33] Wenn auch nicht zu verlangen ist, dass jeder beliebige Dritte in der Lage sein muss, den Fehler festzustellen,[34] so muss doch zumindest für die Parteien aufgrund der ihnen ohne weiteres zugänglichen **Informationsquellen** (Prozessakten einschließlich der Sitzungsproto- 7

---

[23] OLG Hamm MDR 1986, 594; LAG München MDR 1985, 170, 171.

[24] In diesem oder ähnlichem Sinn OLG Hamm (Fn. 23); LAG München (Fn. 23); OLG Frankfurt NJW 1970, 436, 437; OLG Köln MDR 1980, 761, 762 m. abl. Anm. von *Schneider;* OLG Braunschweig NJW-RR 1994, 34, 35; OLG Bamberg FamRZ 2000, 38; *Baumbach/Lauterbach/Hartmann* Rn. 8; offengelassen von BGHZ 127, 74, 78f. = NJW 1994, 2832 = LM Nr. 19 m. Anm. v. *Heinrich.*

[25] *Lüke* JuS 1986, 553, 555, weist zutreffend darauf hin, dass durch Rechenfehler meist schon die eindeutige Intention des Beratungsergebnisses unzutreffend wiedergegeben wird und dass deshalb Rechenfehler zu den Verlautbarungsmängeln gezählt werden können.

[26] OLG Hamm Rpfleger 1959, 280, 281 m. abl. Anm. von *Bull;* OLG Düsseldorf OLGZ 1970, 126, 128; OLG Hamm JurBüro 1989, 693; LG Hamburg MDR 1957, 621; OLG Hamm JurBüro 1989, 693; LAG Frankfurt MDR 1974, 77, 78; LAG München MDR 1985, 170, 171; LG Bonn JurBüro 1991, 125; *Petermann* Rpfleger 1973, 153, 156.

[27] KG OLGZ 13, 152, 153, *Bull* Rpfleger 1957, 401.

[28] Vgl. OLG Hamm NJW-RR 1987, 187, 188; OLG Zweibrücken FamRZ 1985, 614.

[29] OLG Hamm MDR 1975, 764, 765; OLG Düsseldorf FamRZ 1982, 1093; vgl. auch *König* MDR 1989, 706, 707.

[30] Hierbei wollen stehen bleiben: RAG JW 1931, 1291, 1292 m. abl. Anm. von *Jonas;* OLG Düsseldorf NJW 1973, 1132.

[31] BGH (st. Rspr.); vgl. BGHZ 20, 188, 192 = NJW 1956, 830; BGHZ 78, 22 = NJW 1980, 2813; BGH NJW 1958, 1917; 1985, 742; FamRZ 1994, 1520, 1521; NJW-RR 2002, 712, 713; BAG NJW 2002, 1142; NZA 2006, 439, 440; BFH DB 1984, 2602; OLG Hamm MDR 1975, 764, 765; JurBüro 1989, 693; OLG Celle JurBüro 1976, 1254; OLG München NJW-RR 1986, 1447; *Thomas/Putzo/Reichold* Rn. 4; Hk-ZPO/*Saenger* Rn. 5; *Rosenberg/Schwab/Gottwald* § 61 Rn. 10.

[32] BGH NJW 1995, 1033; OLG Hamburg MDR 1978, 583; *Zöller/Vollkommer* Rn. 5; zur offenbaren Unrichtigkeit infolge eines Eingabefehlers bei Verwendung von Computerprogrammen vgl. OLG Bamberg NJW-RR 1998, 1620; OLG Karlsruhe MDR 2003, 523; OLG Saarbrücken MDR 2005, 47.

[33] BGHZ 78, 22 (Fn. 31); BGH NJW 1985, 742; BAG NJW 1987, 1221f.; OLG München NJW-RR 1986, 1447; *Wolter* S. 39ff.

[34] So jedoch wohl BGH NJW 1985, 742; BAG NJW 1960, 1635 = AP Nr. 4; *Braun* JuS 1986, 364, 366; AK-ZPO/*Wassermann* Rn. 4. Jedoch wird durchweg nicht präzisiert, auf welche Erkenntnisquellen der Dritte zurückgreifen darf.

kolle, sachkundiger Rat ihrer Prozessbevollmächtigten oder anderer Rechtskundiger) nachvollziehbar sein, dass das Urteil eine Unrichtigkeit aufweist. Maßstab für die Offenkundigkeit des Fehlers sind also nicht die Erkenntnismöglichkeiten irgendeines Betrachters, sondern eines am Verfahren Beteiligten, wobei insbesondere bei Vorgängen, die nur Rechtskundigen begreiflich sind, ein entsprechender sachkundiger Rat vorausgesetzt werden darf.[35] Allerdings genügt grundsätzlich nicht, dass nur die beteiligten Richter in der Lage sind, den Fehler festzustellen.[36] Ob aus rechtsstaatlichen Gründen bei Fehlen einer Begründung eine Ausnahme zugelassen werden kann, wenn sich nur durch Bekanntgabe des Beratungsergebnisses der Widerspruch zwischen dem gewollten und dem verkündeten Urteil feststellen lässt, hat der BGH zwar offen gelassen, jedoch deutlich gemacht, dass er zu einer solchen Auffassung neigt.[37] Zur Feststellung der Unrichtigkeit kann auf gleichzeitig verkündete Parallelentscheidungen,[38] allgemein zugängliche Aufzeichnungen wie Steuertabellen[39] und Tabellen über Kaufpreisschwund[40] sowie auf öffentliche Register[41] zurückgegriffen werden.

8 **3. Einzelfälle.** Nach § 319 können grundsätzlich Fehler im **Rubrum** wie die unrichtige Bezeichnung der Richter,[42] der Prozessbevollmächtigten[43] und der Parteien[44] berichtigt werden; Voraussetzungen für die Berichtigung der Angaben über die Partei ist jedoch, dass die Identität gewahrt bleibt.[45] Ebenso können die unrichtige Bezeichnung eines gesetzlichen Vertreters der Partei[46] oder

---

[35] Ähnlich, wenn auch durchaus mit Differenzierungen: BGHZ 78, 22, 23 = NJW 1980, 2813: für einen anderen (nicht an der Fällung des Urteils beteiligten) Richter ohne weiteres erkennbar; ebenso BAG AP Nr. 17; RGZ 129, 155, 161: den Parteien beim Lesen des Urteils von vornherein ersichtlich; OLG Düsseldorf BB 1977, 471, 472: für einen Rechtskundigen offenbar; OLG Hamburg MDR 1978, 583: für einen mit dem Streitstoff Vertrauten zu erkennen; *Geissler* NJW 1956, 344, 345: für die Parteien ohne weiteres erkennbar; vgl auch *Proske* S. 77; aA *Runge* BB 1977, 472; *Zöller/Vollkommer* Rn. 5.

[36] BAG NJW 2002, 1142; LG Wiesbaden MDR 2001, 771; aA *Paulus* ZZP 71 (1958), 188, 205 f.

[37] BGH NJW-RR 2002, 712, 713

[38] BGHZ 78, 22, 23 = NJW 1980, 2813.

[39] BFH DB 1984, 2602.

[40] OLG Düsseldorf FamRZ 1997, 1407.

[41] LAG München MDR 1985, 170, 171; LG Stuttgart Rpfleger 1996, 166; *Proske* S. 79; *Zöller/Vollkommer* Rn. 5.

[42] Vgl. BGHZ 18, 350, 354 = NJW 1955, 1919; RGZ 90, 173, 174.

[43] *Zöller/Vollkommer* Rn. 14.

[44] BGH NJW-RR 2004, 501; BAG BB 1978, 453 = AP Nr. 18; NJW 2002, 459, 461; OLG Hamm Rpfleger 1959, 280; OLG Düsseldorf MDR 1977, 144; OLG Koblenz WRP 1980, 576, 577; KG NJW-RR 1987, 954; OLG Frankfurt NJW-RR 1990, 767; MDR 2004, 49; LAG München MDR 1985, 170, 171; LG Düsseldorf MDR 1957, 749; LG Köln MDR 1988, 150. Wird jedoch die Berichtigung der Parteibezeichnung vor Erlass des Urteils vorgenommen, dann handelt es sich um eine prozessleitende Verfügung, nicht um einen Berichtigungsbeschluss gemäß § 319, BAG NZA 2004, 452, 454.

[45] AllgM vgl. *Vollkommer* MDR 1992, 642; *Derleder* JurBüro 1995, 11, 12 u. die in Fn. 44 zitierten Entscheidungen. Jedoch ist die Beachtung dieser Voraussetzung im Einzelfall nicht immer einfach. Eine Berichtigung nach § 319 wurde für zulässig gehalten: Ergänzend einer bisher im Rubrum genannten (im Handelsregister nicht eingetragenen) Firma durch Hinzufügen des Namens ihres Inhabers (KG JR 1950, 602); an die Stelle der (nicht mehr existierenden) Firma eines Einzelkaufmanns wird sein Name gesetzt (OLG Hamburg OLGZ 23, 172); Änderung einer als Handelsgesellschaft bezeichneten Firma in die Firma eines Einzelkaufmanns (RGZ 99, 270, 271; OLG Köln NJW 1964, 2424); Korrektur der Firmenbezeichnung, wenn eine Handelsgesellschaft vor Klageerhebung ihre Rechtsform änderte und unter der früheren Firma den Prozess führte (OLG Düsseldorf VersR 1977, 260); BGHZ 113, 228 = NJW 1991, 1834: anstelle der Beklagten wird im Rubrum versehentlich ihr Ehemann genannt; anstelle der im Rubrum genannten KG, die sich im Gründungsstadium befindet, werden die Namen der (persönlich haftenden) Gründungsgesellschafter gesetzt (OLG Hamm WM 1975, 46); der persönlich in Anspruch genommene Insolvenzverwalter wird im Rubrum irrtümlich in seiner Funktion als Amtswalter bezeichnet, obwohl sich aus dem Urteil eindeutig die persönlichen Inanspruchnahme ergibt (OLG Frankfurt/M MDR 2004, 49). Der BGH (NJW 2003, 1043; NZG 2006, 16 = JuS 2006, 268 *[K. Schmidt];* NJW-RR 2007, 305, 306) spricht sich nach Änderung der Rechtsprechung zur Parteifähigkeit der Gesellschaft bürgerlichen Rechts für eine Rubrumsberichtigung aus, durch die anstelle des Gesellschafters die Gesellschaft gesetzt wird; ebenso OLG Köln NJW-RR 2003, 431. Eine Berichtigung wurde dagegen abgelehnt: statt der „derzeit 50 nicht bekannten Personen" sollen in das Rubrum die Namen von 12 Personen eingesetzt werden (OLG Düsseldorf OLGZ 1983, 351; vgl. aber auch *Raeschke-Kessler* NJW 1981, 663, 665); anstelle einer KG, die bereits bei Klageerhebung in eine BGB-Gesellschaft umgewandelt worden war, sollen die einzelnen Gesellschafter genannt werden (OLG Nürnberg JurBüro 1980, 144); an die Stelle einer (nicht existierenden) GmbH soll eine natürliche Person gesetzt werden, die nach § 11 Abs. 2 GmbHG persönlich haftet (LG Hamburg NJW 1956, 1761); Austausch des irrtümlich als Partei genannten Zustellungsempfängers durch denjenigen, gegen den die Klage gerichtet werden soll (OLG Stuttgart NJW-RR 1999, 217). Stets ist darauf zu achten, dass nicht ein bisher am Verfahren nicht Beteiligter unter Verletzung seines Anspruchs auf rechtliches Gehör durch eine Änderung der Parteibezeichnung betroffen wird; vgl. OLG Zweibrücken NJW-RR 1998, 666; *Baumgärtel,* FS Schnorr v. Carolsfeld, S. 19, 31 ff.; *Jauernig* ZZP 86 (1973), 459, 460 f.

[46] LAG München MDR 1985, 170, 171; *Wolter* S. 48.

das irrtümliche Weglassen des Tages der letzten mündlichen Verhandlung[47] nach § 319 korrigiert werden.

Berichtigungsfähig nach § 319 ist auch die **Urteilsformel,**[48] wobei es keine Grenze für eine Änderung bildet, dass die Korrektur den Tenor in sein Gegenteil verkehrt[49] und dadurch ein Rechtsmittel statthaft oder nicht statthaft wird.[50] Ergibt sich aus den Urteilsgründen, dass über einen bestimmten Anspruch befunden worden ist, ohne dass dies im Tenor zum Ausdruck gebracht wird, dann handelt es sich um eine aus dem Urteil selbst ersichtliche und damit offenbare Unrichtigkeit, die nach § 319 korrigiert werden kann.[51] Gleiches gilt, wenn die **Kostenentscheidung in der Urteilsformel** fehlt, aber in den Gründen behandelt wird[52] oder bei der Verkündung des Urteils mitverkündet wird.[53] Dagegen handelt es sich nicht um eine nach § 319 korrigierbare Unrichtigkeit, wenn das Gericht die Kosten deshalb falsch berechnet, weil es übersehen hat, dass eine Widerklage zurückgenommen wurde,[54] denn in einem solchen Fall liegt der Fehler in der Willensbildung, nicht in der Willensäußerung (vgl. Rn. 4). Hat das Gericht irrtümlich versäumt, eine Kostenentscheidung insgesamt oder hinsichtlich bestimmter Teile zu treffen, dann kann nur § 321 Anwendung finden (vgl. die Erl. zu dieser Vorschrift), dagegen nicht § 319.[55] 9

Sehr streitig ist die Frage, ob die **durch** eine **nachträgliche Änderung des Streitwerts unrichtig gewordene Kostenquote** in entsprechender Anwendung des § 319 berichtigt werden kann. Für eine solche Analogie werden im wesentlichen Billigkeitserwägungen angestellt[56] und nicht berücksichtigt, dass es an der für eine solche Analogie erforderlichen Ähnlichkeit zwischen dem in § 319 geregelten Tatbestand und den Fällen einer nachträglich korrigierten Streitwertberechnung fehlt. Denn die über die Kosten getroffene Entscheidung beruht nicht auf einem Fehler bei der Verlautbarung, sondern war zunächst auf der Grundlage der (falschen) Streitwertberechnung richtig. Die Korrektur des Streitwertes hat nachträglich die Grundlage der Kostenberechnung verändert. Wollte man in einem solchen Fall § 319 als ein Mittel zur Anpassung an veränderte Umstände benutzen, dann müsste man sich über den Normzweck der Vorschrift hinwegsetzen und unbeachtet lassen, dass es bei § 319 darum geht, Unrichtigkeiten zu korrigieren, die im Widerspruch zu dem vom Gericht Gewollten stehen (Rn. 1). Die Anwendung des § 319 in Fällen einer nachträglichen Korrektur des Streitwertes muss deshalb abgelehnt werden.[57] Dies gilt auch für den Fall, dass der Streitwert bereits geändert worden ist, der Rechtspfleger jedoch versehentlich im Kostenfestsetzungsbeschluss den früheren (inzwischen geänderten) Streitwert zugrunde legt. Zwar ist dann die Kostenberechnung von vornherein falsch, jedoch handelt es sich dabei um einen Willensbildungsfehler, der – wie ausgeführt (vgl. o. Rn. 4) – nicht nach § 319 korrigierbar ist.[58] Wiederum einen anderen Fall stellt es dar, wenn bei der Berechnung der Kosten irrtümlich von einer falschen Quote ausgegangen wird, zB in der Kostengrundentscheidung eine Quote von $^1/_{16}$ genannt wird, der Rechtspfleger versehentlich jedoch die Kosten einer Quote von $^1/_6$ berechnet; dann handelt es sich um einen Rechenfehler, der nach § 319 Abs. 1 korrigiert werden kann.[59] Der zweite Fall unterscheidet sich von dem zuvor dargestellten dadurch, dass der Rechtspfleger die richtige Kostengrundentscheidung berücksichtigen will, bei Übertragung der sich daraus ergebenden Größe jedoch irrt und deshalb die Kosten falsch berechnet. 10

---

[47] BGH VersR 1980, 744.

[48] BGH NJW 1964, 1858; NJW-RR 1990, 893; 1991, 1278; *Braun* NJW 1981, 425, 427, *ders.* JuS 1986, 364, 366; vgl. auch BGH ZIP 1993, 622, 624 (zur offenbaren Unrichtigkeit des Tenors).

[49] BAG NJW 2002, 1142; Hk-ZPO/*Saenger* Rn. 11.

[50] RG JW 1927, 1638; KG JW 1932, 188, 189; *Lindacher* ZZP 88 (1975), 64, 66; *Braun* (Fn. 48); *Stein/Jonas/Leipold* Rn. 9.

[51] BGH NJW 1964, 1858; NJW-RR 1990, 893; 1991, 1278; OLG Stuttgart FamRZ 1984, 402, 403; *Zöller/Vollkommer* Rn. 15; *Schönke/Kuchinke* § 75 I 1 a; aA BAG NJW 1959, 1942: Korrektur nur über § 321.

[52] BGH VersR 1982, 70; OLG München MDR 2003, 522; LAG Bremen MDR 1996, 1069.

[53] OLG Hamm NJW-RR 1986, 1444.

[54] *Schneider* MDR 1980, 762; *Thomas/Putzo/Reichold* Rn. 3; *Zöller/Vollkommer* Rn. 15; aA OLG Köln MDR 1980, 761, 762.

[55] Vgl. OLG Hamm MDR 1970, 1018; 2000, 1149, 1150; KG JurBüro 1981, 614, 615; OLG München MDR 2003, 522.

[56] OLG Hamm MDR 1986, 594; 2001, 1186; OLG Düsseldorf NJW-RR 1992, 1407; 2002, 211, 212; *Zöller/Vollkommer* Rn. 15; bedenklich OLG Köln NJW-RR 2000, 142 (Korrektur einer Kostenentscheidung, die auf einem irrtümlich falsch angesetzten Streitwert beruht); differenzierend *Proske* S. 118 (nur zulässig wenn die Anpassung des Kostenausspruches ohne neue richterliche Wertung vorgenommen werden kann).

[57] So auch BGH MDR 1977, 925; KG NJW 1975, 2107; OLG Düsseldorf NJW-RR 1992, 1532 f.; OLG Köln FamRZ 1994, 56; OLG Stuttgart MDR 2001, 892, 893; LG Frankfurt NJW-RR 1998, 67; *Thomas/Putzo/Reichold* Rn. 3; *Zimmermann* Rn. 4; *Musielak/Wolst* § 91 Rn. 43; *Wolter* S. 79 ff.

[58] AA OLG München JurBüro 1993, 680; Hk-ZPO/*Saenger* Rn. 12.

[59] OLG München JurBüro 1992, 247.

11 Gleiche Grundsätze, wie sie für eine Korrektur der Kostenentscheidung gelten, sind auch bei der Berichtigung von Fehlern in der **Vollstreckbarkeitserklärung** anzuwenden; dies bedeutet, dass eine verfehlte Entscheidung über die Vollstreckbarkeit nur dann nach § 319 als offenbare Unrichtigkeit berücksichtigt werden kann, wenn sich aus den Gründen zweifelsfrei entnehmen lässt, dass der im Tenor enthaltene Ausspruch über die Vollstreckbarkeit nicht dem Willen der Richter entspricht[60] oder wenn ausweislich des Protokolls (§ 160 Abs. 3 Nr. 6) die schriftlich abgefasste Urteilsformel irrtümlich von der mündlich verkündeten abweicht.[61]

12 Hat das Gericht versehentlich im Urteil nicht ausgesprochen, dass ein **Rechtsmittel zugelassen** wird, dann kann das Urteil entsprechend berichtigt werden, wenn die Voraussetzungen dafür erfüllt werden, es sich also insoweit um eine offenbare Unrichtigkeit handelt (vgl. Rn. 4, 7).[62] Es muss also die Entscheidung über die Rechtsmittelzulassung zumindest aus den Vorgängen bei Erlass des Urteils oder seiner Verkündung nach außen hervorgetreten und damit erkennbar geworden sein.[63] Ebenso kann im umgekehrten Fall eine versehentlich im Urteil ausgesprochene, aber nicht gewollte Rechtsmittelzulassung korrigiert werden.[64] Auch eine Parteiverwechslung in der Revisionszulassung (die Revision wird für den Beklagten, nicht – wie gewollt – für den Kläger zugelassen) kann als offenbare Unrichtigkeit nach § 319 beseitigt werden.[65] Dagegen kann eine bewusste Nichtzulassung nicht später nach § 319 berichtigt werden, und zwar auch dann nicht, wenn die Richter das Rechtsmittel nicht ausschließen wollten, jedoch wegen eines Irrtums über den Wert der Beschwer eine Zulassung für überflüssig ansahen.[66]

13 Ist das Urteil versehentlich nicht unterschrieben worden, dann kann die **Unterschrift** nachgeholt werden (vgl. § 315 Rn. 13); eine Berichtigung nach § 319 kommt folglich in diesem Fall nicht in Betracht. Ist dagegen das Urteil von einem Richter unterzeichnet worden, der an seiner Fällung nicht mitgewirkt hat, dann kann die Unterschrift im Wege der Berichtigung gestrichen und diese Korrektur auch mit der Änderung einer unrichtigen Angabe im Kopf des Urteils über die Person des mitwirkenden Richters verbunden werden (vgl. § 315 Rn. 13).[67]

III. Berichtigungsverfahren

14 **1. Zuständigkeit.** Grundsätzlich ist die Berichtigung nach § 319 von dem Gericht vorzunehmen, das das zu korrigierende Urteil erlassen hat.[68] Jedoch ist es nicht erforderlich, dass der Spruchkörper in derselben Besetzung wie bei der Urteilsfällung über die Berichtigung entscheidet.[69] Hat der Einzelrichter das Urteil gefällt, dann ist nur er und nicht das Kollegium zur Berichtigung berufen.[70] Ist das Urteil angefochten worden, dann kann auch das Rechtsmittelgericht die Berichtigung offenbarer Unrichtigkeiten vornehmen, solange es mit dem Rechtsstreit befasst ist.[71] Fehler, die bei der Herstellung einer Ausfertigung verursacht worden sind, sind vom Urkundsbeamten der Geschäftsstelle (formlos) zu korrigieren (vgl. § 317 Rn. 12).[72]

15 **2. Einleitung des Verfahrens.** Stellt das Gericht eine offenbare Unrichtigkeit in einem von ihm erlassenen Urteil fest, dann ist es nicht nur berechtigt, sondern verpflichtet, **von Amts wegen**

---

[60] OLG Celle NJW 1955, 1843, 1844; OLG Düsseldorf BB 1977, 471, 472 m. abl. Anm. von *Runge; Stein/Jonas/Leipold* Rn. 9 m. weit. Nachw.

[61] Dies kann in den Fällen des § 311 Abs. 2 S. 3 vorkommen, weil im Zeitpunkt der Verkündung anders als im Regelfall eine schriftlich abgefasste Urteilsformel nicht vorliegen muss (vgl. § 311 Rn. 4).

[62] BGHZ 20, 188, 194 = NJW 1956, 830; BGHZ 78, 22 = NJW 1980, 2813; BGH NJW 1958, 1917; 2004, 779; 2004, 2389; 2005, 156; BAG NJW 1987, 1221; 1996, 674; *Prütting,* Die Zulassung der Revision, 1977, S. 267 f.; *Rosenberg/Schwab/Gottwald* § 61 Rn. 12.

[63] BGH NJW 2004, 779; 2004, 2389; 2005, 156; LG Mainz NJW-RR 2002, 1654.

[64] RAG JW 1930, 1528 f. m. zust. Anm. von *Jonas; Stein/Jonas/Leipold* Rn. 22.

[65] BGH VersR 1981, 548, 549.

[66] BGH FamRZ 2004, 530; BAG AP Nr. 1; RAG JW 1931, 1291, 1292; Hk-ZPO/*Saenger* Rn. 13; zweifelnd *Pohle* in seiner Anm. zur BAG-Entscheidung unter Hinweis auf Billigkeitserwägungen; ähnlich auch *Jonas* JW 1931, 1292; aA *Vollkommer/Schwaiger* EzA § 72 ArbGG 1979 Nr. 20 (S. 15); vgl. auch BAG ZIP 1993, 1573.

[67] BGH NJW 2003, 3057; OLG Düsseldorf NJW-RR 1995, 636.

[68] KG JurBüro 1981, 614, 615.

[69] AllgM; BGHZ 20, 188, 192 = NJW 1956, 830; BGHZ 78, 22, 23 NJW 1980, 2813; BGH NJW 1972, 2268, 2269; 1985, 742; KG (Fn. 68); OLG München NJW-RR 1986, 1447.

[70] *Thomas/Putzo/Reichold* Rn. 5; *Baumbach/Lauterbach/Hartmann* Rn. 27.

[71] BGH NJW 1964, 1858; NJW-RR 1991, 1278; BAG AP Nr. 13 = NJW 1964, 1874; BayObLG FamRZ 1992, 1326, 1328; OLG Frankfurt JurBüro 1976, 953, 958; *Schneider* MDR 1973, 449; *Stein/Jonas/Leipold* Rn. 10. Nach Beendigung des Rechtsmittelverfahrens bleibt das Rechtsmittelgericht für die Berichtigung seines Urteils zuständig, vgl. OLG Düsseldorf NJW-RR 1991, 1471.

[72] LG Stuttgart ZZP 69 (1956), 222, 223; KG OLGZ 17, 155; *Hörle* ZZP 44 (1914), 65.

die Berichtigung nach § 319 vorzunehmen.[73] **Anträge auf Berichtigung,** die in Anwaltsprozessen ergangene Urteile betreffen, müssen von einem Rechtsanwalt gestellt werden,[74] jedoch kann ein von der Partei selbst eingereichter Antrag das Gericht veranlassen, von Amts wegen das Berichtigungsverfahren durchzuführen. Nach hM soll ein Antrag der Partei auf Berichtigung eines Urteils unzulässig sein, wenn sich der Antrag als Rechtsmissbrauch darstellt oder das Antragsrecht verwirkt ist.[75] Da jedoch das Gericht in den Fällen des § 319 verpflichtet ist, von Amts wegen eine Urteilsberichtigung vorzunehmen, kann es nur darauf ankommen, ob ausnahmsweise dann von einer Berichtigung abgesehen werden muss, wenn sie zu groben Unbilligkeiten führt. Dass sich aus einer grundsätzlich stets gebotenen Korrektur offenbarer Unrichtigkeiten derartige Konsequenzen ergeben können, lässt sich zwar nicht generell ausschließen, dürfte jedoch nur selten vorkommen.[76]

3. Entscheidung. Die Entscheidung über die Berichtigung ergeht durch Beschluss, wobei eine mündliche Verhandlung freigestellt ist (§ 128 Abs. 4). Eine Anhörung der Parteien ist nur dann nicht erforderlich, wenn es sich um die Berichtigung reiner Formalien wie zB Schreib- und Rechenfehler handelt, deren Korrektur nicht zu einem Eingriff in die Rechtsstellung der Beteiligten führen kann.[77] Der eine Berichtigung aussprechende Beschluss ist beiden Parteien von Amts wegen zuzustellen (§ 329 Abs. 3), während für die ablehnende Entscheidung eine formlose Übersendung genügt.[78] Der Beschluss, der eine Berichtigung ausspricht, wird auf dem Urteil und den Ausfertigungen vermerkt (Absatz 2 S. 2).[79] Jedoch bildet die Anbringung des Berichtigungsvermerks für die Wirksamkeit des Berichtigungsbeschlusses keine Voraussetzung.[80] 16

4. Zeitpunkt. Der Berichtigungsbeschluss ist an keine Frist gebunden[81] und auch noch nach Rechtskraft des Urteils zulässig.[82] Die Berichtigung des Urteils (auch durch das untere Gericht[83]) wird nicht dadurch verhindert, dass eine Partei ein Rechtsmittel einlegt (vgl. auch Rn. 19).[84] 17

5. Elektronisches Dokument. Durch Abs. 2 S. 2 wird klargestellt, dass der **Berichtigungsbeschluss** auch **als elektronisches Dokument** ergehen kann und dass in diesem Fall die Berichtigung in einen gesonderten Dokument und nicht durch Veränderung des gespeicherten Originalurteils vorzunehmen ist. Der elektronische Beschluss ist von den Richtern in der durch § 130b vorgeschriebenen Form zu signieren und bei einer elektronischen Aktenführung mit dem elektronischen Protokoll in untrennbar Weise zu verbinden. Wird die Akte in Papierform geführt, dann kann der Beschluss per E-Mail den Parteien mitgeteilt werden. In einem solchen Falle ist der Berichtigungsbeschluss gemäß § 298 auszudrucken, mit einem Transfervermerk zu versehen, zu den Akten zu nehmen und gemäß Abs. 2 S. 1 auf dem Urteil zu vermerken.[85] 18

IV. Wirkung der Berichtigung

1. Verhältnis zum unberichtigten Urteil. Mit Erlass des Berichtigungsbeschlusses tritt an die Stelle der bisherigen Fassung des Urteils die berichtigte, und zwar rückwirkend bezogen auf den Zeitpunkt der Verkündung oder der sie nach § 310 Abs. 3 ersetzenden Zustellung der Entscheidung.[86] Die Neufassung ist dann so zu behandeln, als hätte sie von Anfang an gegolten.[87] In gleicher Weise wie vor Erlass des Berichtigungsbeschlusses für alle mit einem Urteil verbundenen 19

[73] OLG Hamm NJW-RR 1987, 187, 188.
[74] *Thomas/Putzo/Reichold* Rn. 5; *Zöller/Vollkommer* Rn. 21, Hk-ZPO/*Saenger* Rn. 15.
[75] BSG NJW 1966, 125, 126; OLG München OLGZ 1983, 368, 369; OLG Hamm NJW-RR 1987, 187, 189; OLG Brandenburg NJW-RR 2000, 1522, 1523; *Zöller/Vollkommer* Rn. 21.
[76] Der vom OLG München (Fn. 75) entschiedene Fall erfüllt mE diese Voraussetzung nicht.
[77] BVerfGE 34, 1, 7f.; vgl. auch BVerfG RdL 1988, 157.
[78] *Stein/Jonas/Leipold* Rn. 12.
[79] Vgl. LG Hannover JurBüro 1970, 886, 887: In erkennbarer Weise amtlich verbunden.
[80] BVerwG NJW 1975, 1795, 1796.
[81] BGH VersR 1981, 548, 549.
[82] RG DR 1943, 249, 250; OLG Hamm NJW-RR 1987, 187, 188; OLG München OLGZ 1983, 368, 369; OLG Brandenburg NJW-RR 2000, 1522; *Braun* JuS 1986, 364, 366; *Schneider* MDR 1984, 461; aA *Lindacher* ZZP 88 (1975), 64, 71, wenn eine Änderung zu Lasten einer gutgläubigen Partei vorgenommen werden soll.
[83] BGHZ 18, 350, 353ff. = NJW 1955, 1919; zweifelnd *Rosenberg/Schwab/Gottwald* § 61 I Rn. 15 Fn. 20.
[84] BGHZ 18, 350, S. 356f.; BGH NJW 2003, 3057; BayObLGZ 1968, 190, 194; OLG Hamm NJW-RR 1987, 187, 188; OLG München OLGZ 1983, 368, 369; OLG Brandenburg NJW-RR 2000, 1522; AK-ZPO/*Wassermann* Rn. 14; *Thomas/Putzo/Reichold* Rn. 5.
[85] Amtl. Begr. des JKomG (BT-Drucks. 15/4067, S. 34).
[86] BGHZ 89, 184, 186 = NJW 1984, 1041; BGH NJW 1985, 742; OLG Hamm Rpfleger 1976, 146; BayObLG BayVBl. 1987, 92; OLG Saarbrücken NJWE-FER 2000, 44.
[87] BGH NJW 1985, 742; RGZ 90, 228, 231; OLG Koblenz WRP 1980, 576, 577.

Rechtswirkungen die bisherige Fassung des Urteils maßgebend ist, tritt also danach mit rückwirkender Kraft die neue Fassung an die Stelle der alten. Dies bedeutet, dass mit Zustellung der bisherigen Fassung der Lauf der **Rechtsmittelfristen** beginnt und auf sie grundsätzlich die Berichtigung des Urteils keinen Einfluss nimmt (vgl. aber auch Rn. 20),[88] dass sich die Zulässigkeit eines Rechtsmittels nach der Berichtigung ausschließlich nach der korrigierten Fassung richtet, dass also ein zunächst zulässiges Rechtsmittel aufgrund der Berichtigung unzulässig werden kann und umgekehrt[89] und dass schließlich das Gleiche auch für die Zwangsvollstreckung gilt, dass also eine aufgrund der Berichtigung unzulässig werdende Zwangsvollstreckung gegebenenfalls auf einen Rechtsbehelf des Schuldners hin einzustellen ist.[90]

20 Von dem Grundsatz, dass mit Zustellung der unkorrigierten Fassung des Urteils die Rechtsmittelfristen beginnen und dass mit Erlass des Berichtigungsbeschlusses neue Rechtsmittelfristen nicht in Lauf gesetzt werden, ist eine **Ausnahme** zuzulassen, wenn der Inhalt des Urteils in seiner vorherigen, der Zustellung zugrunde liegenden Fassung nicht deutlich genug formuliert war, um den Parteien die Grundlage für ihr weiteres prozessuales Handeln zu bieten, insbesondere für ihre Entscheidung über die Frage der Notwendigkeit und Möglichkeit eines Rechtsmittels.[91] Denn der Irrtum eines Gerichts darf sich nicht dahingehend auswirken, dass die Rechtsmittelmöglichkeit einer Partei beeinträchtigt oder gar vereitelt wird.[92] Allerdings ist zu berücksichtigen, dass im Regelfall wegen der in § 319 Abs. 1 vorausgesetzten Offensichtlichkeit des Fehlers die Partei den richtigen Inhalt des Urteils zu erkennen vermag und deshalb auch in der Lage ist, sich über die Einlegung eines Rechtsmittels schlüssig zu werden. Nur wenn die Berichtigung des Urteils hinsichtlich eines Rechtsmittels eine neue, für die Partei nicht voraussehbare Situation schafft, muss auch von dem Zeitpunkt der Zustellung des Berichtigungsbeschlusses die Frist für die Einlegung eines Rechtsmittels gegen das berichtigte Urteil neu beginnen. Dies ist insbesondere der Fall, wenn bei einer Rechtsmittelzulassung irrtümlich der Zulassungsausspruch fehlt[93] oder die Parteien verwechselt wurden,[94] ebenso wenn bei einer Mehrheit von Klägern und Beklagten eine Verwechslung vorkommt und sich erst aus der Berichtigung des Urteils ergibt, welche Partei beschwert ist,[95] ferner wenn sich eine Beschwer der betroffenen Partei erst durch Aufklärung eines Rechenfehlers ergibt, der zwar den Gründen des Urteils entnommen werden kann, sich aber erst bei genauer Überprüfung und Saldierung zahlreicher Einzelposten erschließt.[96] Wird dem Beklagten mit dem Urteil ein Beschluss zugestellt, der den auf einen höheren Betrag lautenden Urteilstenor wegen offenbarer Unrichtigkeit auf einen niedrigeren Betrag berichtigt, und wird erst durch die spätere Aufhebung des Berichtigungsbeschlusses[97] klargestellt, dass der Beklagte entsprechend der ursprünglichen Fassung des Tenors zur Zahlung eines höheren Betrages verurteilt worden ist, so beginnt hinsichtlich dieser höheren Beschwer der Lauf der Rechtsmittelfrist mit der Zustellung des Aufhebungsbeschlusses.[98]

21 **2. Zulässigkeit von Rechtsmitteln.** Die Frage, ob eine Partei anstelle eines Antrages auf Berichtigung auch ein Rechtsmittel mit dem Ziel einer entsprechenden Korrektur des Urteils einlegen kann, ist streitig. Gegen die Zulässigkeit eines entsprechenden Rechtsmittels könnte sprechen, dass § 319 einen einfacheren, rascheren und billigeren Weg weist und dass deshalb das Rechtsschutzin-

---

[88] BGHZ 89, 184, 186 (Fn. 86); BGHZ 113, 228, 230 = NJW 1991, 1834; BGH NJW 1986, 935, 936; 1995, 1033; 2003, 2991, 2992; NJW-RR 1995, 574; 2001, 211; 2004, 712, 713; MDR 1970, 757, 758; 1991, 523; VersR 1981, 548, 549; 1989, 530 f.; FamRZ 1990, 988; OLG Hamm FamRZ 1992, 1452. Dies gilt auch in dem Fall, dass später das berichtigte Urteil nochmals zugestellt wird, vgl. BGH NJW-RR 1993, 1213 f. Zur Verfassungsmäßigkeit vgl. BVerfG NJW 2001, 142.

[89] BGH NJW 1993, 1399, 1400; BayObLGZ 1968, 190, 194; LG Bochum ZZP 97 (1984), 215; *Stein/Jonas/Leipold* Rn. 13 f.

[90] RGZ 90, 228, 231; OLG Koblenz WRP 1980, 576, 577; *Baumbach/Lauterbach/Hartmann* Rn. 33.

[91] BVerfG NJW-RR 1996, 183, 184; BGHZ 17, 149, 151; 67, 284, 287 = NJW 1977, 297; BGHZ 89, 184, 186 = NJW 1984, 1041; BGH NJW 1986, 935, 936; 1995, 1033; 1998, 3280; 1999, 646, 647; NJW-RR 1992, 251; 1993, 1213, 1214; 2001, 211; 2004, 712, 713; VersR 1981, 548, 549; 1989, 530 f.; FamRZ 1990, 988; BFH BB 1974, 1330; OLG Stuttgart FamRZ 1984, 402, 403; OLG Schleswig SchlHA 1985, 105; LAG Bremen LAGE § 127 Nr. 14 m. Anm. *Schneider; Stein/Jonas/Leipold* Rn. 14; *Zöller/Vollkommer* Rn. 25.

[92] BGHZ 113, 231 (Fn. 88); BGH NJW 1995, 1033; 1998, 3280; 1999, 646, 647.

[93] RAG ARS 39, 193, 196; LAG Zweibrücken ARS 43, 83, 84 f.

[94] BGH VersR 1981, 548, 549; MDR 1991, 523; BGHZ 113, 228, 231 = NJW 1991, 1834; OLG Düsseldorf MDR 1990, 930; vgl. dazu *Vollkommer* MDR 1992, 642.

[95] BGHZ 17, 149, 152; OLG Karlsruhe Justiz 1989, 188, 189.

[96] BGH NJW 1995, 1033 f.; vgl. auch OLG Brandenburg MDR 2005, 123.

[97] Für die Berichtigung eines nach § 319 korrigierten Urteils gilt diese Vorschrift in gleicher Weise wie sonst, denn durch die vorgenommene Berichtigung wird die berichtigte Fassung zum „Urteil" iSv. § 319 Abs. 1, und es finden deshalb für eine Korrektur die gleichen Regeln wie in anderen Fällen einer Urteilsberichtigung Anwendung.

[98] BGH NJW 1986, 935.

teresse einer Partei an einem Rechtsmittel verneint werden muss.[99] Da jedoch bereits mit Zustellung des unberichtigten Urteils der Lauf von Rechtsmittelfristen beginnt (vgl. Rn. 19) und die Partei nicht durchweg mit Sicherheit zu erkennen vermag, ob die Voraussetzungen einer Berichtigung nach § 319 erfüllt sind, wird man immer dann ein Rechtsmittel für zulässig halten können, wenn es sich nicht zweifelsfrei um offensichtliche Unrichtigkeiten des Urteils handelt, die gem. § 319 korrigiert werden können.[100] Allerdings kann die auch von Amts wegen nach Einlegung eines Rechtsmittels mögliche Berichtigung des Urteils dazu führen, dass für den Rechtsmittelführer rückwirkend (vgl. Rn. 19) die Beschwer entfällt und deshalb sein Rechtsmittel kostenpflichtig verworfen wird.[101] Ob in einem solchen Fall eine Erledigungserklärung hinsichtlich des Rechtsmittels in Betracht kommen kann, wird unterschiedlich beurteilt.[102]

3. Fehlerhafte Berichtigungsbeschlüsse. Die Bindung des Rechtsmittelgerichts an einen Be- 22
richtigungsbeschluss (vgl. §§ 512, § 557 Abs. 2) soll nach hM entfallen, wenn der Beschluss in Wirklichkeit keine Berichtigung nach § 319 zum Gegenstand hat, also ohne gesetzliche Grundlage ergangen ist.[103] So wird ein Berichtigungsbeschluss deshalb für unwirksam und unbeachtlich angesehen, weil er Willensbildungsfehler korrigiert (vgl. Rn. 4),[104] weil die Unrichtigkeit nicht als offenbar iSv. § 319 angesehen werden könne (vgl. Rn. 7)[105] oder weil der Berichtigungsbeschluss keine näheren Erläuterungen darüber enthält, inwiefern eine offenbare Unrichtigkeit gegeben ist.[106] Auch wenn man diese Auffassung auf Fälle der Zulassung von Rechtsmitteln beschränken wollte,[107] begegnet sie erheblichen Bedenken. Fehlerhafte Berichtigungsbeschlüsse sind nur in seltenen Ausnahmefällen als nichtig anzusehen (vgl. Vor §§ 300ff. Rn. 3f.); ein Berichtigungsbeschluss, der nicht den durch § 319 Abs. 1 aufgestellten Voraussetzungen entspricht, ist regelmäßig wirksam und muss zur Beseitigung seiner Wirksamkeit nach § 319 Abs. 3 von der betroffenen Partei angefochten werden (vgl. dazu Rn. 23). Unterbleibt die Anfechtung, dann muss der Berichtigungsbeschluss auch vom Rechtsmittelgericht als wirksam und verbindlich seiner Entscheidung zugrunde gelegt werden.[108]

V. Rechtsmittel

1. Gegen Berichtigungsbeschlüsse. Nach § 319 Abs. 3 findet gegen den Beschluss, der eine 23
Berichtigung ausspricht, sofortige Beschwerde statt. Dies gilt auch dann, wenn der Berichtigungsbeschluss nur die **Kostenentscheidung** betrifft.[109] Die Vorschrift des § 319 Abs. 3 wird durch

---

[99] OLG Zweibrücken FamRZ 1985, 614; *Sprung,* Konkurrenz von Rechtsbehelfen im zivilgerichtlichen Verfahren, 1966, S. 72.

[100] OLG Karlsruhe MDR 2003, 523; *Zöller/Vollkommer* Rn. 2; Hk-ZPO/*Saenger* Rn. 27; großzügiger dagegen: *Stein/Jonas/Leipold* Rn. 13 (Wahlmöglichkeit für Partei); *Thomas/Putzo/Reichold* Rn. 1 (auch Rechtsmittel, wenn sich Fehler auf Tenor oder die Identität der Partei bezieht); vgl. auch BGH MDR 1978, 307, 308.

[101] BGHZ 127, 74, 81f. = NJW 1994, 2832 = LM Nr. 19 m. Anm. v. *Heinrich; Saenger* (Fn. 100); aA *Lindacher* ZZP 88 (1975), 64, 67ff., 73; vgl auch LG Frankfurt/M. NJW-RR 2002, 213 (zum Gegenstandsloswerden eines Einspruchs gegen ein Versäumnisurteil).

[102] Vgl. *Heinrich* (Fn. 101) Bl. 5f.; *Wolter* S. 130ff. Für Anwendung des § 91a Abs. 1 S. 1 bei beiderseitiger Erledigungserklärung LG Bochum ZZP 97 (1984), 215 m. insoweit zust. Anm. v. *Waldner; Stein/Jonas/Leipold* Rn. 13; Hk-ZPO/*Saenger* Rn. 27. Der BGH (Fn. 101) hat die entsprechende Anwendung des § 91a abgelehnt, wenn die ursprüngliche Partei den Prozess gegen den Rechtsmittelführer nicht aufgenommen hat; abl. *Pfeiffer* EWiR 1/94, 1149, 1150.

[103] BGHZ 20, 188, 190ff.; BGH NJW 1958, 1917; 1985, 742; NJW-RR 1988, 407, 408; OLG Hamm Rpfleger 1960, 298, 299; LG Hamburg NJW 1956, 1761 (keine Bindung des Vollstreckungsgerichts an fehlerhaften Berichtigungsbeschluss; ebenso LG Koblenz Rpfleger 1972, 458 m. zust. Anm. von *Petermann*; *Pruskowski* NJW 1979, 931, 932 aE; *Thomas/Putzo/Reichold* Rn. 9; Hk-ZPO/*Saenger* Rn. 24; einschr. BGHZ 127, 74, 79 = NJW 1994, 2832 = LM Nr. 19 m. Anm. v. *Heinrich.*

[104] BGH NJW 1985, 742; BAG AP Nr. 1;OLG Köln NJW 1960, 1471; aA BGHZ 127, 74, 79 = NJW 1994, 2832 = LM Nr. 19 m. Anm. v. *Heinrich.*

[105] BGHZ 20 188, 190ff.; BGH NJW 1958, 1917; NJW-RR 1988, 407, 408; BAG AP Nr. 4, 20.

[106] BAG AP Nr. 14.

[107] Nach Auffassung von *Stein/Jonas/Leipold* Rn. 16 handelt es sich um eine Sonderrechtsprechung zur nachträglich herbeigeführten Zulässigkeit von Rechtsmitteln, die nicht auf sonstige Berichtigungsbeschlüsse ausgedehnt werden sollte.

[108] So auch RGZ 110, 427, 429; RG JW 1928, 709, 710; 1930, 1001; *Jonas* JW 1931, 1291; 1936, 103; *Pohle* in Anm. zu BAG AP Nr. 1 und 2; *Grunsky* Anm. zu BAG AP Nr. 15; *ders.* § 72 ArbGG Rn. 21; *Stein/Jonas/Leipold* Rn. 15f.; *Rosenberg/Schwab/Gottwald* § 61 Rn. 14.

[109] § 99 steht nicht entgegen; vgl. BayObLG NJW-RR 1997, 57; OLG Hamburg MDR 1957, 753; *Rosenberg/Schwab/Gottwald* § 61 Rn. 16; vgl. aber OLG Karlsruhe NJW-RR 2000, 730: § 99 steht Anfechtung entgegen, wenn nicht die Voraussetzungen der Berichtigung gemäß § 319 in Frage gestellt werden sollen, sondern die sachlichen Grundlagen der Kostenentscheidung.

§ 567 Abs. 1 eingeschränkt. Danach sind Berichtigungsbeschlüsse der Oberlandesgerichte und der Landgerichte in Berufungs- und Beschwerdeverfahren grundsätzlich nicht anfechtbar, es sei denn, dass die Rechtsbeschwerde zugelassen worden ist (§ 574).[110]

24 **2. Gegen die eine Berichtigung ablehnenden Beschlüsse.** § 319 Abs. 3 schließt ein Rechtsmittel gegen den Beschluss, durch den der Antrag auf Berichtigung zurückgewiesen wird, ausdrücklich aus. Hiervon sind in der Rechtsprechung der Instanzgerichte Ausnahmen dann zugelassen worden, wenn das Gericht aus formalen Gründen eine Überprüfung des Urteils auf offenbare Unrichtigkeiten abgelehnte[111] oder, wenn die Ablehnung unter Verkennung des Begriffs der offenbaren Unrichtigkeit ausgesprochen wurde (vgl. auch Rn. 23).[112] Solche Ausnahmen sind nach Änderung des Beschwerderechts durch das ZPO-RG nicht mehr zuzulassen.[113] Bei Verletzung des Anspruchs auf rechtliches Gehör kann jedoch ein Gehörsrüge nach § 321 a erhoben werden.

VI. Kosten

25 Die Kosten des Berichtigungsbeschlusses sind Kosten des Rechtsstreits und durch die Gebühren abgegolten, die das Gericht und der Rechtsanwalt für den Rechtsstreit erhalten Ist der Anwalt nicht Prozessbevollmächtigter, erhält er die Gebühren nach Nr. 3403 VV RVG.

§ 320 Berichtigung des Tatbestandes

(1) Enthält der Tatbestand des Urteils Unrichtigkeiten, die nicht unter die Vorschriften des vorstehenden Paragraphen fallen, Auslassungen, Dunkelheiten oder Widersprüche, so kann die Berichtigung binnen einer zweiwöchigen Frist durch Einreichung eines Schriftsatzes beantragt werden.

(2) [1]Die Frist beginnt mit der Zustellung des in vollständiger Form abgefassten Urteils. [2]Der Antrag kann schon vor dem Beginn der Frist gestellt werden. [3]Die Berichtigung des Tatbestandes ist ausgeschlossen, wenn sie nicht binnen drei Monaten seit der Verkündung des Urteils beantragt wird.

(3) Über den Antrag ist mündlich zu verhandeln, wenn eine Partei dies beantragt.

(4) [1]Das Gericht entscheidet ohne Beweisaufnahme. [2]Bei der Entscheidung wirken nur diejenigen Richter mit, die bei dem Urteil mitgewirkt haben. [3]Ist ein Richter verhindert, so gibt bei Stimmengleichheit die Stimme des Vorsitzenden und bei dessen Verhinderung die Stimme des ältesten Richters den Ausschlag. [4]Eine Anfechtung des Beschlusses findet nicht statt. [5]Der Beschluss, der eine Berichtigung ausspricht, wird auf dem Urteil und den Ausfertigungen vermerkt. [6]Erfolgt der Berichtungsbeschluss in der Form des § 130 b, ist er in einem gesonderten elektronischen Dokument festzuhalten. [7]Das Dokument ist mit dem Urteil untrennbar zu verbinden.

(5) Die Berichtigung des Tatbestandes hat eine Änderung des übrigen Teils des Urteils nicht zur Folge.

I. Allgemeines

1 **1. Normzweck.** Durch das Berichtigungsverfahren nach § 320 wird den Parteien ein Mittel zur Verfügung gestellt, nachträglich den richtigen Inhalt ihres Vorbringens in den Tatbestand des Urteils aufnehmen zu lassen.[1] Bedeutung kann eine derartige Korrektur des Tatbestandes insbesondere wegen der nach § 97 Abs. 2 und § 531 erheblichen Feststellung neuen Vorbringens, wegen der durch §§ 529, 559 gezogenen Grenze für die tatsächlichen Grundlagen, auf die das Rechtsmittelgericht seine Entscheidung zu stützen hat, und auch wegen der Möglichkeit haben, eine Ergänzung des Urteils nach § 321 herbeiführen zu können (vgl. dazu § 321 Rn. 7).[2] Denn der Tatbestand eines Urteils liefert nach § 314 S. 1 Beweis für das mündliche Parteivorbringen; kann dieser Beweis nicht durch das Sitzungsprotokoll entkräftet werden (§ 314 S. 2), dann muss der Richter aufgrund der **Beweisregel des § 314 S. 1** von der Richtigkeit der im Tatbestand des Urteils enthaltenen

---

[110] *Zöller/Vollkommer* Rn. 26; *Thomas/Putzo/Reichold* Rn. 9; Hk-ZPO/*Saenger* Rn. 25.
[111] KG NJW 1975, 2107; OLG Hamm NJW-RR 1987, 187; OLG Frankfurt OLGZ 1990, 75, 76.
[112] OLG Nürnberg JurBüro 1980, 144; LAG München MDR 1985, 170; LG Bonn JurBüro 1991.
[113] BGH NJW-RR 2004, 1654, 1655; *Zöller/Vollkommer* Rn. 27.
[1] Mat. II 1 S. 289 (zu § 281).
[2] BGH NJW 1956, 1480; NJW-RR 1988, 407, 408; *Hunn* ArbuR 1957, 335; *Fischer* S. 85 ff.; *Schumann* NJW 1993, 2786, 2787.

tatsächlichen Angaben ausgehen, wenn eine Berichtigung nach § 320 nicht vorgenommen wird (vgl. § 314 Rn. 1).[3] Deshalb ist auch die Einlegung eines Rechtsmittels mit dem Ziel, eine Berichtigung des Tatbestandes zu erreichen, stets erfolglos.[4]

2. Anwendungsbereich. a) Verfahren der Freiwilligen Gerichtsbarkeit. Die Vorschrift des § 320 ist entsprechend in Verfahren der Freiwilligen Gerichtsbarkeit anzuwenden.[5] Die zweiwöchige Antragsfrist gilt jedoch nur bei der Ergänzung von Entscheidungen, die der sofortigen Beschwerde unterliegen.[6] Eine mündliche Verhandlung (§ 320 Abs. 3 S. 1) findet nicht statt.[7] Gegen den die Berichtigung zulassenden oder aus sachlichen Gründen ablehnenden Beschluss ist ein Rechtsmittel nicht statthaft;[8] nur wenn der Berichtigungsantrag ohne sachliche Prüfung als unzulässig verworfen wird, ist die Entscheidung anfechtbar (vgl. auch Rn. 11).[9] 2

b) Arbeitsgerichtliches Verfahren. § 320 gilt entsprechend für Urteile der Arbeitsgerichte (§ 46 Abs. 2 ArbGG iVm. § 495) und der Landesarbeitsgerichte (§ 64 Abs. 6 ArbGG iVm. § 525).[10] Im arbeitsgerichtlichen Beschlussverfahren (§§ 80ff. ArbGG) ist ebenfalls eine Tatbestandsberichtigung zulässig.[11] 3

II. Tatbestandsberichtigung

1. Zu berichtigende Tatbestandsmängel. Ausdrücklich ist in Absatz 1 klargestellt, dass solche Unrichtigkeiten im Tatbestand, die von der Vorschrift des § 319 erfasst werden, nicht Gegenstand eines Berichtigungsverfahrens nach § 320 sein können. Dementsprechend sind Schreibfehler, Rechenfehler und **offenbare Verlautbarungsmängel** (vgl. § 319 Rn. 4) nur nach § 319 zu korrigieren.[12] Da die Korrektur von Unrichtigkeiten im Tatbestand nur wegen der Beweisregel des § 314 S. 1 erforderlich ist (vgl. Rn. 1), kann sich das Berichtigungsverfahren des § 320 auch nur auf solche Angaben im Tatbestand beziehen, für die diese Beweisregel gilt (vgl. § 314 Rn. 4).[13] Nicht gefolgt werden kann deshalb der Ansicht, dass eine nichtprotokollierte, aber im Tatbestand oder in den Entscheidungsgründen des Urteils wiedergegebene **Zeugenaussage** oder Bekundung eines Sachverständigen nach § 320 berichtigt werden könnte.[14] Im Berichtigungsverfahren nach § 320 gibt es keinen Beweis für die Unrichtigkeit von Angaben im Tatbestand; man würde deshalb eine Partei dadurch schlechter stellen, wenn man sie auch hinsichtlich solcher Tatsachen, die nicht von der Beweisregel des § 314 S. 1 erfasst werden und die deshalb durch Gegenbeweis zu widerlegen sind, auf eine Tatbestandsberichtigung nach § 320 verwiese. Da eine pauschale Verweisung auf die Akten oder auf die Schriftsätze der Parteien im Tatbestand zu unterbleiben hat (vgl. § 313 Rn. 13), kann ein Berichtigungsantrag, der eine darauf zielende Korrektur zu erreichen versucht, keinen Erfolg haben.[15] Auch Rechtsausführungen der Parteien, die in den Tatbestand eines Urteils aufgenommen worden sind, können regelmäßig nicht gem. § 320 korrigiert werden.[16] Neues Vorbringen einer Partei, das in einem nach Schluss der mündlichen Verhandlung nachgereichten, aber nicht nach § 283 nachgelassenen Schriftsatz enthalten ist, gehört nicht zum prozessual wirksamen Parteivortrag und ist deshalb nicht in den Tatbestand des Urteils aufzunehmen, so dass eine darauf bezogene Tatbestandsberichtigung nicht in Betracht kommen 4

---

[3] BGH NJW 1983, 2030, 2032; BAG AP KSchG § 7 Nr. 2. Vgl. dazu auch *Müller/Heydn* NJW 2005, 1750, die sich für die Abschaffung der §§ 314, 320, aussprechen.

[4] BAG AP BGB Nr. 611 (Persönlichkeitsrecht); OLG Karlsruhe NJW-RR 2003, 778, 779; OLG Stuttgart NJW 1969, 2055, 2056; OLG München BauR 1984, 637, 639.

[5] OLG Celle RdL 1955, 333; BayObLGZ 1965, 137, 139; 1988, 356; BayObLG MDR 1989, 650 (jedenfalls für Beschlüsse des Beschwerdegerichts); ebenso OLG Hamm NJW 1967, 1619; OLG Köln NZM 2004, 305; *Keidel/Kuntze/Winkler/Schmidt* § 18 FGG Rn. 65 *Stein/Jonas/Leipold* Rn. 5; aA OLG München RzW 1953, 199.

[6] *Keidel/Kuntze/Winkler/Schmidt* (Fn. 5) Rn. 66; *Bumiller/Winkler* § 18 Rn. 5.

[7] BayObLGZ 1988, 356.

[8] BayObLGZ 1965, 137, 139f.; OLG Hamm NJW 1967, 1619.

[9] OLG Hamm NJW 1967, 1619.

[10] *Grunsky* § 46 ArbGG Rn. 31.

[11] BAG AP ArbGG § 92 Nr. 7, BAG AP ArbGG § 81 Nr. 6, jeweils m. zust. Anm. von *Pohle*.

[12] *Thomas/Putzo/Reichold* Rn. 1; *Zöller/Vollkommer* Rn. 3.

[13] BGH NJW 1956, 1480; BGH NJW 1983, 2030, 2032; BAGE 38, 316; KG NJW 1966, 601; OLG Stuttgart NJW 1973, 1049; LAG Köln MDR 1985, 171; *Furtner* S. 413; *Thomas/Putzo/Reichold* Rn. 1; aA *Weitzel* S. 80ff.

[14] RGZ 149, 312, 317f. (dem RG ist nur darin zuzustimmen, dass solche Angaben nicht zum Gegenstand eines Beweises im Berichtigungsverfahren gemacht werden können); OLG Celle NJW 1970, 53f.; *Stein/Jonas/Leipold* Rn. 3; *Zöller/Vollkommer* Rn. 4; *Rosenberg/Schwab/Gottwald* § 61 Rn. 18.

[15] OLG Oldenburg NJW 1989, 1165; *Fischer* S. 117.

[16] FG Hamburg MDR 1996, 852.

kann.[17] Das Gleiche gilt für Tatsachen, die das Gericht deshalb nicht in den Tatbestand aufgenommen hat, weil es sie für unerheblich hält.[18]

5 Aus der Deckungsgleichheit der Anwendungsbereiche des § 314 S. 1 und des § 320 Abs. 1 folgt, dass der **Begriff des Tatbestandes** in beiden Vorschriften identisch ist,[19] dass also nicht nur der formelle Tatbestandsbegriff im Sinne einer äußerlich von den übrigen Bestandteilen insbesondere von den Entscheidungsgründen abgesetzten Darstellung des Sach- und Streitstandes gemeint ist, sondern dass auch Tatbestandsfeststellungen erfasst werden, die sich in den Entscheidungsgründen finden (vgl. § 314 Rn. 3).[20] Ist die Entscheidung im schriftlichen Verfahren (§ 128 Abs. 2) oder nach Lage der Akten (§§ 251 a, 331 a) ergangen, dann bezieht sich die Beweisregel des § 314 nur auf das Parteivorbringen, das Gegenstand einer früheren mündlichen Verhandlung gewesen ist (vgl. § 314 Rn. 4), und folglich kann auch § 320 nur insoweit angewendet werden.[21] Unrichtigkeiten im Tatbestand, die durch die **Sitzungsniederschrift widerlegt** werden, bedürfen nicht einer Berichtigung nach § 320, weil dann die Angaben im Protokoll allein maßgebend sind (vgl. § 314 Rn. 6).[22] Nach hM kommt auch bei **Revisionsurteilen** eine Berichtigung des Tatbestandes nicht in Betracht, weil dieser nur dazu dient, die Entscheidungsgründe verständlich zu machen und darüber hinaus keine selbständige Bedeutung aufweist.[23] Dies gilt auch für Ausführungen in den Entscheidungsgründen eines tatbestandslosen Berufungsurteils (vgl. § 540).[24]

6 **2. Antrag.** Das Verfahren auf Berichtigung des Tatbestandes nach § 320 wird nur auf Antrag einer Partei eingeleitet. Der Antrag ist schriftlich, im Amtsgerichtsprozess auch zu Protokoll des Urkundsbeamten der Geschäftsstelle zu stellen (§ 496) und muss im Anwaltsprozess von einem Rechtsanwalt eingereicht werden (§ 78). Der Antrag muss angeben, in welchen Punkten der Tatbestand unrichtig ist und berichtigt werden muss; die unsubstantiierte Behauptung der Lückenhaftigkeit des Tatbestandes genügt nicht.[25] Eine über den Antrag hinausgehende Berichtigung des Tatbestandes ist in entsprechender Anwendung des § 263 zulässig, wenn der Beklagte einwilligt oder das Gericht dies für sachdienlich hält.[26] Eine Tatbestandsberichtigung ist auch bei Urteilen zulässig, die nicht mit einem Rechtsmittel angefochten werden können. Wegen der stets zu berücksichtigenden Möglichkeit einer Verfassungsbeschwerde besteht für einen entsprechenden Antrag ein Rechtsschutzinteresse.[27]

7 **3. Frist.** Die Berichtigung des Tatbestandes muss innerhalb einer Frist von **zwei Wochen** beantragt werden, die mit der Zustellung des in vollständiger Form abgefassten Urteils beginnt (Absatz 1, Absatz 2 S. 1). Der Antrag kann auch schon vor Beginn dieser Frist gestellt werden (Absatz 2 S. 2). Die Antragsfrist kann nicht verlängert werden (§ 224 Abs. 2); eine Wiedereinsetzung in den vorigen Stand kann nicht gewährt werden, da es sich bei der Frist des § 320 Abs. 1 nicht um eine Notfrist handelt. Die Berichtigung des Tatbestandes ist ausgeschlossen, wenn sie nicht binnen **drei Monaten** seit der Verkündung des Urteils beantragt wird (Absatz 2 S. 3); in den Fällen des § 310 Abs. 3 beginnt diese Frist mit der Zustellung des Urteils. Die Dreimonatsfrist läuft unabhängig davon, ob das Urteil in vollständiger Fassung zugestellt worden ist. Eine Berichtigung nach § 320 ist deshalb auch dann ausgeschlossen, wenn innerhalb dieser Frist das Urteil nicht vollständig abgefasst und zugestellt wurde.[28] Eine Wiedereinsetzung in den vorigen Stand kommt auch in diesem Fall

---

[17] OLG Köln NJW-RR 1991, 1536.

[18] AG Frankfurt/M. NJW 2002, 2328. Zur Behandlung solcher Tatsachen in der Berufungsinstanz vgl. *Barth* NJW 2002, 1702, 1703.

[19] BAG VersR 1979, 93, 94; AK-ZPO/*Wassermann* Rn. 2.

[20] BGH WM 1962, 1289, 1290; VersR 1974, 1021; NJW 1993, 1851, 1852; 1994, 517, 519; 1997, 1931; BAG (Fn. 19); OLG München BauR 1984, 637; 639; LAG Hamm LAGE BGB § 613 a Nr. 10 m. Anm. *Schneider, Hunn* ArbuR 1957, 335; *Zöller/Vollkommer* Rn. 4; *Rosenberg/Schwab/Gottwald* § 61 I 3 b.

[21] Vgl. BFH BB 1983, 755; KG NJW 1966, 601 f.

[22] RGZ 13, 418, 423 f.; 162, 337, 340; RG WarnR 1908 Nr. 413; *Baumbach/Lauterbach/Hartmann* Rn. 5; aA *Stein/Jonas/Leipold* Rn. 2 unter Hinweis auf denkbare Zweifel an einem Widerspruch zwischen Protokoll und Tatbestand; bei Zweifeln – aber auch nur dann – wird man allerdings eine Berichtigung nach § 320 zulassen müssen.

[23] BGH NJW 1956, 1480; 1999, 796; GRUR 2004, 271; BAG AP Nr. 4; BVerwG MDR 1960, 609 (nur LS); BFH NJW 2003, 3440; OLG Köln MDR 1988, 870; *Stein/Jonas/Leipold* Rn. 1; Hk-ZPO/*Saenger* Rn. 6; Ausnahmen: Parteivorbringen nach § 551 Abs. 3 Nr. 2 b und in der Revisionsinstanz abgegebene Parteierklärungen; vgl. BGHR-Revisionsurteil 1.

[24] OLG Köln MDR 1988, 870 (zu § 543 Abs. 1 aF).

[25] LAG Bremen DB 1997, 1088.

[26] *Hunn* ArbuR 1957, 335, 337; *Baumbach/Lauterbach/Hartmann* Rn. 6; *Stein/Jonas/Leipold* Rn. 6.

[27] OLG Oldenburg NJW 2003, 149; *Rößler* NJW 2004, 266; *Stein/Jonas/Leipold* Rn. 2; aA BFH NJW 2003, 3440 (bezogen auf Revisionsurteile).

[28] OLG Hamburg NJW-RR 2005, 653; aA KG NJW-RR 2001, 1296.

nicht in Betracht;[29] vielmehr muss die Partei ein Rechtsmittel einlegen, das jedoch nur dann Erfolg hat, wenn ein rechtzeitig berichtigter Tatbestand zu einer anderen Entscheidung geführt hätte.[30] Wird ein Urteil so spät zugestellt, dass der Partei wegen der Dreimonatsfrist die zweiwöchige Antragsfrist des § 320 Abs. 2 nicht in voller Länge zur Verfügung steht, dann ist die Partei verpflichtet, alles ihr Zumutbare zu tun, um in der verbleibenden Zeit den Berichtigungsantrag zu stellen; nur wenn ihr dies nicht möglich ist, kann ein deshalb eingelegtes Rechtsmittel Erfolg haben.[31]

4. Gericht. Die Entscheidung über den Berichtigungsantrag ist von denjenigen Richtern zu treffen, die das Urteil gefällt haben (Absatz 4 S. 2). Ist ein Richter verhindert, dann entscheidet der Spruchkörper abweichend von §§ 75, 105, 122, 192 GVG in der verbleibenden Zusammensetzung. Bei Stimmengleichheit gibt dann die Stimme des Vorsitzenden und bei dessen Verhinderung die Stimme des „ältesten", dh dienstältesten, Richters (vgl. § 315 Rn. 7) den Ausschlag (Absatz 4 S. 3). Ist der Vorsitzende einer Kammer für Handelssachen verhindert, dann entscheiden die Handelsrichter allein.[32] Eine Berichtigung des Tatbestandes ist nicht möglich, wenn sämtliche Richter, die bei der Entscheidung mitgewirkt haben, verhindert sind;[33] dies kann insbesondere bei Urteilen des Einzelrichters vorkommen, der allein für die Berichtigung seiner Entscheidung zuständig ist[34] oder bei einer alle Mitglieder des Kollegiums umfassenden Richterablehnung.[35] In diesem Fall kann die Partei ein Rechtsmittel einlegen, wobei die Beweiskraft des Tatbestandes entsprechend § 529 Abs. 1 Nr. 1 eingeschränkt werden muss, damit dem Anspruch der betroffenen Partei auf rechtliches Gehör genügt wird.[36] Um ein Berichtigungsverfahren nach Möglichkeit nicht an der Verhinderung der mitwirkenden Richter scheitern zu lassen, wird vorgeschlagen, den Begriff der Verhinderung enger als bei § 315 Abs. 1 auszulegen.[37] Diesem Vorschlag kann nicht gefolgt werden. Weder in der Bedeutung der Amtshandlungen noch in den Folgen, die sich ergeben, wenn sie nicht vorgenommen werden, besteht zwischen der Unterzeichnung eines Urteils und der Mitwirkung an einem Berichtigungsbeschluss ein Unterschied. In beiden Fällen kann nur ein zwingender tatsächlicher oder rechtlicher Grund als ausreichende Verhinderung anerkannt werden; um eine weitere oder engere Auslegung von Begriffen kann es dabei nicht gehen. Was als triftiger Verhinderungsgrund iSv. § 315 Abs. 1 anzusehen ist (vgl. dazu Rn. 6 zu dieser Vorschrift), muss in gleicher Weise auch im Rahmen des § 320 Abs. 4 ausreichen und umgekehrt.[38] 8

5. Verhandlung. Nach dem durch das 1. JuModG geänderten Abs. 3 ist über den Antrag auf Tatbestandsberichtigung nur dann mündlich zu verhandeln, wenn dies eine Partei beantragt. Der Gesetzgeber ging davon aus, dass das Berichtigungsverfahren effizienter gestaltet werde, wenn das Gericht, ohne die Zustimmung der Parteien einholen zu müssen, schriftlich entscheiden könnte.[39] Ungeregelt ist die Frage geblieben, ob dem Antrag der Partei auf mündliche Verhandlung auch dann zu entsprechen ist, wenn der Antrag offensichtlich unzulässig ist, insbesondere wenn die Fristen des Abs. 2 nicht eingehalten werden. Die mündliche Verhandlung hat den Sinn, den Parteien die Möglichkeit einzuräumen, zu der Frage der Unrichtigkeit des Tatbestandes Stellung zu nehmen. Wenn jedoch wegen der Unzulässigkeit des Antrags über diese Frage überhaupt nicht verhandelt wird, gibt es keinen triftigen Grund, dennoch eine mündliche Verhandlung anzuberaumen.[40] Die Entscheidung über den Berichtigungsantrag ergeht ohne Beweisaufnahme (Absatz 4 S. 1). Maßgeblich für die Entscheidung 9

---

[29] BGHZ 32, 17, 27f. = NJW 1960, 866; OLG Hamburg (Fn. 28); *Fischer* LM § 551 Ziff. 7 Nr. 4; *Zöller/Vollkommer* Rn. 8; aA *Blomeyer* JR 1955, 184.

[30] BGH LM Nr. 1; BGH (Fn. 29) S. 28; BAG NJW 1957, 1165, 1166; BAG AP Nr. 1; AK-ZPO/*Wassermann* Rn. 4; *Rosenberg/Schwab/Gottwald* § 61 Rn. 20; krit. *Schneider* MDR 1988, 640.

[31] BAG NJW 1962, 1413, 1414 = AP BGB § 626 Druckkündigung Nr. 8 m. abl. Anm. von *Herschel*.

[32] *Hirte* JR 1985, 138, 139; *Zöller/Vollkommer* Rn. 12; vgl. auch OVG Münster ZMR 1955, 223 (bei Verhinderung der Berufsrichter entscheiden die verbleibenden ehrenamtlichen Richter).

[33] BAG AP Nr. 2; OLG Hamm NJW 1967, 1619; *Hirte* (Fn. 32) S. 138; *Freymuth* ZZP 45 (1915), 443; *Schmidt* JR 1993, 458.

[34] *Freymuth* (Fn. 33) S. 445f.

[35] Die Ablehnung eines Richters und seine Selbstablehnung sind auch im Verfahren der Tatbestandsberichtigung zulässig (BGH NJW 1963, 46). Bei der Entscheidung über das Ablehnungsgesuch, das sämtliche am Urteil mitwirkende Richter betrifft, fehlt es nicht deshalb am Rechtsschutzinteresse, weil bei seinem Erfolg die Tatbestandsberichtigung unmöglich wird (*Stein/Jonas/Leipold* Rn. 13; aA OLG Frankfurt MDR 1979, 940; *Baumbach/Lauterbach/Hartmann* Rn. 12; *Zöller/Vollkommer* Rn. 12).

[36] BVerfG NJW 2005, 657, 658; *Crückeberg* MDR 2003, 199, 200; *Zöller/Vollkommer* Rn. 12.

[37] *Hirte* JR 1985, 138, 140; *Rößler* NJW 2004, 266, 267; *Zöller/Vollkommer* Rn. 12; Hk-ZPO/*Saenger* Rn. 12.

[38] So auch *Schmidt* JR 1993, 458f.; vgl auch BFH NJW 2003, 3440; *Rößler* NJW 2004, 266, 267 (jeweils zum Fall des Ausscheidens eines Richters aus dem Richterkollegium).

[39] BT-Drucks. 15/1508 S. 18.

[40] So auch BGH NJW 1999, 796 (zu § 320 Abs. 3 aF); *Naundorf* MDR 2004, 1273; aA OLG Düsseldorf NJW-RR 2004, 1723.

sind allein die persönlichen Erinnerungen der mitwirkenden Richter (vgl. Rn. 8),[41] die dabei auf das Sitzungsprotokoll oder persönliche Aufzeichnungen zurückgreifen dürfen.[42] Da kein Beweis erhoben wird, bleibt auch ein Geständnis ohne bindende Wirkung.[43] Dementsprechend sind die §§ 330 ff. bei Säumnis einer Partei nicht anwendbar; vielmehr ist unabhängig von der Anwesenheit einer oder beider Parteien über den Antrag auf Berichtigung zu entscheiden.[44]

10 **6. Entscheidung.** Die Entscheidung über den Berichtigungsantrag, sowohl die ihm stattgebende als auch die ihn zurückweisende, ergeht stets durch Beschluss. Eine **Begründung** eines ablehnenden Beschlusses ist schon deshalb erforderlich, damit der Antragsteller zu erkennen vermag, ob das Gericht den Antrag sachlich geprüft hat, weil andernfalls eine Beschwerde statthaft ist (vgl. Rn. 11).[45] Das Gericht hat dem Antrag stattzugeben, wenn es zu berichtigende Tatbestandsmängel feststellt (vgl. Rn. 4 f.). Dies gilt auch, wenn das Urteil bereits rechtskräftig geworden ist. Insbesondere kann dann die Berichtigung nicht wegen eines fehlenden Rechtsschutzbedürfnisses abgelehnt werden, weil ein solches schon im Hinblick auf die Wiederaufnahme des Verfahrens, wegen möglicher Nachprozesse (§§ 323, 767) und wegen einer in Betracht kommenden Verfassungsbeschwerde gegen das Urteil stets zu bejahen ist.[46] Der Beschluss über die Berichtigung des Tatbestandes lässt auch dann die übrigen Teile des Urteils unberührt, wenn aufgrund der dadurch vorgenommenen Korrektur die tatsächlichen Grundlagen die Entscheidung nicht mehr tragen (vgl. Absatz 5). Nur im Wege eines Rechtsmittels oder einer Ergänzung nach § 321 können aus der Tatbestandsberichtigung Folgerungen für das Urteil insgesamt gezogen werden. Dem Berichtigungsbeschluss kommt **rückwirkende Kraft** zu; bei einer Tatbestandsberichtigung muss also das Urteil so behandelt werden, als hätte es von vornherein einen Tatbestand in der berichtigten Fassung aufgewiesen.[47] Der Beschluss, der eine Berichtigung ausspricht, ist auf der Urschrift des Urteils und den Ausfertigungen zu vermerken (Absatz 4 S. 5; vgl. auch § 319 Rn. 16).Wird die Form des § 130 b gewählt, ist Abs. 4 S. 6 und 7 zu beachten (vgl. dazu § 319 Rn. 18).

III. Rechtsmittel

11 Eine Anfechtung des Beschlusses, mit dem über einen Antrag auf Berichtigung des Tatbestandes entschieden wird, ist grundsätzlich nicht statthaft (Absatz 4 S. 4). Denn die Entscheidung über die Berichtigung kann allein von den Richtern getroffen werden, die bei dem Urteil mitgewirkt haben (vgl. Rn. 8), und folglich kann nicht das Gericht einer höheren Instanz auf Anfechtung diese Entscheidung fällen.[48] Aus dem gleichen Grund ist es ausgeschlossen, dass im Rahmen der Anfechtung des Urteils der Beschluss, der über einen Berichtigungsantrag befunden hat, vom Rechtsmittelgericht überprüft wird. Diese Erwägungen treffen jedoch dann nicht zu, wenn das Gericht einen Berichtigungsantrag ohne jede sachliche Prüfung aus formalen Gründen zurückweist; zu Recht lässt die hM in diesem Fall eine **Anfechtung mittels sofortiger Beschwerde** zu.[49] Das gleiche muss gelten, wenn der Beschluss unter Verletzung wichtiger Vorschriften über das Verfahren der Berichtigung zustande kam, beispielsweise ein Richter mitgewirkt hat, der nicht das Urteil fällte,[50] oder wenn die Berichtigung ohne Antrag oder unter Missachtung des gestellten Antrages beschlossen wird.[51] Das Beschwerdegericht kann aber – wie ausgeführt – über den Berichtigungsantrag sachlich nicht entscheiden und muss deshalb nach Aufhebung des angefochtenen Beschlusses die Sache zur weiteren Entscheidung zurückverweisen (§ 572 Abs. 3).[52] Offenbare **Unrichtigkeiten in einem Berichtigungsbeschluss** können nach **§ 319** beseitigt werden.[53] Dagegen ist eine Korrektur die-

---

[41] BGH NJW 2002, 1426, 1428.

[42] BGH NJW 1963, 46; LAG Köln MDR 1985, 171, 172; *Hunn* ArbuR 1953, 335, 337.

[43] RG SeuffA 58 Nr. 200; OLG Schleswig JR 1952, 29; *Stein/Jonas/Leipold* Rn. 12.

[44] *Hunn* (Fn. 42); *Baumbach/Lauterbach/Hartmann* Rn. 9; *Zöller/Vollkommer* Rn. 11.

[45] *Hirte* JR 1985, 138, 140 (auch bei stattgebenden Beschlüssen); *Baumbach/Lauterbach/Hartmann* Rn. 10; *Stein/Jonas/Leipold* Rn. 16.

[46] OLG Oldenburg NJW 2003, 149; *Rößler* NJW 2004, 266, 267; *Stein/Jonas/Leipold* Rn. 2; *Zöller/Vollkommer* Rn. 10; aA BFH NJW 2003, 3440, allerdings bezogen auf Revsionsurteile (vgl. dazu Rn. 5).

[47] RGZ 29, 403, 405 f.; *Wiesemann* S. 199 f. m. weit. Nachw.

[48] BayObLG 1965, 137, 139 f.

[49] BVerfG NJW 2005, 657, 658; OLG Düsseldorf NJW 1963, 2032; NJW-RR 2004, 1723; OLG Hamm NJW 1967, 1619; *Crückeberg* MDR 2003, 199, 200; AK-ZPO/*Wassermann* Rn. 8; *Thomas/Putzo/Reichold* Rn. 6; *Stein/Jonas/Leipold* Rn. 16; *Rosenberg/Schwab/Gottwald* § 61 Rn. 22.

[50] OLG Düsseldorf NJW 1963, 2032; OLG Hamm NJW 1967, 1619; *Hirte* JR 1985, 138, 139 f.

[51] *Baumbach/Lauterbach/Hartmann* Rn. 14.

[52] OVG Lüneburg DVBl. 1959, 788, 789 (zu § 575 aF); Hk-ZPO/*Saenger* Rn. 15.

[53] BGH NJW-RR 1988, 407, 408.

ses Beschlusses nach **§ 320** nicht zulässig, weil sonst das Berichtigungsverfahren über die insbesondere auch im Interesse der Rechtssicherheit kurz gehaltenen Fristen verlängert und der Weg zu einer endlosen Kette von Tatbestandsberichtigungsanträgen geöffnet werden könnte.[54]

IV. Kosten

Das Verfahren der Tatbestandsberichtigung gehört kostenrechtlich zu der Instanz, deren Urteil berichtigt werden soll; deshalb ist die Tätigkeit des Gerichts und der Rechtsanwälte durch die Gebühren abgegolten, die sie für die Instanz erhalten haben (vgl. zu der parallelen Frage bei § 319 Rn. 25 zu dieser Vorschrift). 12

§ 321 Ergänzung des Urteils

(1) Wenn ein nach dem ursprünglich festgestellten oder nachträglich berichtigten Tatbestand von einer Partei geltend gemachter Haupt- oder Nebenanspruch oder wenn der Kostenpunkt bei der Endentscheidung ganz oder teilweise übergangen ist, so ist auf Antrag das Urteil durch nachträgliche Entscheidung zu ergänzen.

(2) Die nachträgliche Entscheidung muss binnen einer zweiwöchigen Frist, die mit der Zustellung des Urteils beginnt, durch Einreichung eines Schriftsatzes beantragt werden.

(3) [1]Auf den Antrag ist ein Termin zur mündlichen Verhandlung anzuberaumen. [2]Dem Gegner des Antragstellers ist mit der Ladung zu diesem Termin der den Antrag enthaltende Schriftsatz zuzustellen.

(4) Die mündliche Verhandlung hat nur den nicht erledigten Teil des Rechtsstreits zum Gegenstand.

Übersicht

I. Allgemeines

1. Normzweck. Lässt das Gericht einen im Prozess geltend gemachten Anspruch ganz oder teilweise in seinem Urteil unentschieden, dann handelt es sich der Sache nach um ein Teilurteil, dem zur vollständigen Streitentscheidung notwendigerweise noch ein weiteres Urteil folgen muss, das den Spruch des Gerichts zu dem bisher unentschieden gebliebenen Teil enthält. Der Erlass eines Teilurteils verlangt jedoch die Abwägung verschiedener Gesichtspunkte; deshalb ist es ausgeschlossen, ein unvollständiges Vollurteil in ein Teilurteil iSv. § 301 umzudeuten (§ 301 Rn. 23). Daher ist in § 321 ein Verfahren vorgesehen worden, mit dem die Entscheidungslücke geschlossen werden kann. Dass die Urteilsergänzung in § 321 von einem Parteiantrag abhängig gemacht wird, der zudem noch an eine kurze Frist gebunden ist, lässt deutlich sein, dass der Gesetzgeber die Urteilsergänzung nach § 321 in gleicher Weise wie die Regelung der §§ 319 und 320 als ein Instrument zur Korrektur von Irrtümern begriffen hat. Dabei wird die inhaltliche Verschiedenheit der in diesen Vorschriften geregelten Fälle nicht angemessen berücksichtigt. Denn bei § 321 geht es nicht um die Beseitigung von Unrichtigkeiten, die das Urteil des Gerichts aufweist, sondern um eine **Entscheidungslücke,**[1] die geschlossen werden muss, wenn dem Rechtsschutzbegehren des Klägers voll- 1

[54] BGH (Fn. 53).
[1] Vgl. BGH NJW 1980, 840, 841; AK-ZPO/*Wassermann* Rn. 1.

ständig entsprochen werden soll. Demgemäß erscheint es wesentlich sachgerechter, die Ergänzung des Urteils durch ein weiteres nicht von einem besonderen Antrag abhängig zu machen, sondern sie von Amts wegen zuzulassen; allerdings ist dies wegen der gegensätzlichen Entscheidung des Gesetzgebers de lege lata nicht möglich.[2] Auch dass nach Ablauf der Frist des Absatzes 2 die Rechtshängigkeit des übergangenen Anspruchs entfällt (vgl. Rn. 10 aE), ist eine Konsequenz, die sich nur mit diesem Antragserfordernis rechtfertigen lässt.

2 **2. Anwendungsbereich.** Enthalten Vorbehaltsurteile (§§ 302, 599) keinen Vorbehalt, dann kann die Ergänzung des Urteils nach der Vorschrift des § 321 beantragt werden (§§ 302 Abs. 2, 599 Abs. 2). Ebenso sind nach § 716 die Vorschriften des § 321 anzuwenden, wenn ein Urteil keine Entscheidung über die vorläufige Vollstreckbarkeit aufweist. Schließlich kann in Fällen des § 721, wenn der Antrag auf Gewährung einer angemessenen Räumungsfrist bei der Räumung von Wohnraum übergangen worden ist, das Urteil nach § 321 ergänzt werden (§ 721 Abs. 1 S. 3). Darüber hinaus ist § 321 auch ohne ausdrückliche Verweisung im Gesetz immer dann anzuwenden, wenn das Gericht **versehentlich** eine **Nebenentscheidung nicht getroffen** hat, zu deren Erlass es verpflichtet ist. So kann beispielsweise eine Frist nach § 255,[3] ein Vorbehalt beschränkter Haftung des Erben nach § 305 (vgl. Rn. 5 zu dieser Vorschrift),[4] eine Entscheidung über die Fortsetzung eines Mietverhältnisses nach § 308 a (vgl. Rn. 5 zu dieser Vorschrift) oder eine Lösungssumme nach § 923[5] in entsprechender Anwendung des § 321 ergänzend vom Gericht angeordnet werden.[6] Zur Frage einer Ergänzung von Beschlüssen vgl. § 329 Rn. 14.

3 In Verfahren der **Freiwilligen Gerichtsbarkeit** ist bei Übergehen von Sachanträgen eine Ergänzung in entsprechender Anwendung des § 321 zulässig, soweit sie nicht aufgrund des § 18 FGG vorgenommen wird.[7] Werden Entscheidungen ergänzt, die der sofortigen Beschwerde unterliegen, dann muss die Zweiwochenfrist des § 321 Abs. 2 gewahrt werden.[8] Dies gilt beispielsweise auch für isolierte Kostenentscheidungen, die nach § 20 a Abs. 2 FGG anfechtbar sind.[9] Der Ergänzungsbeschluss setzt gem. dem analog anzuwendenden § 518 die Rechtsmittelfrist gegen den ergänzten Beschluss erneut in Lauf (vgl. auch Rn. 14).[10] Im **arbeitsgerichtlichen Urteils- und Beschlussverfahren** kann § 321 zur Ergänzung von Entscheidungen herangezogen werden.[11] So lässt sich zB eine unterlassene Streitwertfestsetzung (§ 61 Abs. 1 ArbGG) aufgrund des § 321 nachholen.[12]

II. Voraussetzungen der Urteilsergänzung

4 **1. Unvollständiges Urteil.** Eine Urteilsergänzung nach § 321 kommt in Betracht, wenn die Entscheidung des Gerichts eine Lücke aufweist, wenn also das Gericht entgegen seiner Absicht über einen Haupt- oder Nebenanspruch oder über den Kostenpunkt nicht befunden hat (vgl. Rn. 1). Eine derartige **Entscheidungslücke** muss sich aus dem Urteil ergeben, so dass die Partei sie **zu erkennen** vermag.[13] Bei einem Vollendurteil (vgl. Vor §§ 300 ff. Rn. 2) wird sich regelmäßig verhältnismäßig einfach feststellen lassen, dass die gerichtliche Entscheidung unvollständig ist; aber auch bei einem Teilurteil (vgl. § 301 Rn. 1) kann eine ergänzungsbedürftige Unvollständigkeit vorkommen, wenn ersichtlich über einen größeren Teil des Rechtsstreites entschieden werden sollte, als es in Wirklichkeit geschehen ist.

5 **2. Übergehen eines Anspruchs.** Gegenstand einer Urteilsergänzung kann nur ein (prozessualer) **Anspruch** oder Teile davon sein, dh. ein von einer Partei in den Prozess eingeführtes, in einen bestimmten Antrag gekleidetes Begehren, über das im Urteil entschieden werden muss.[14] Werden

---

[2] Die Kommission für das Zivilprozessrecht hat vorgeschlagen, eine Ergänzung des Urteils von Amts wegen vorzusehen, jedoch diesen Vorschlag mit der entsprechenden Regelung in § 319 begründet, die sich nach Ansicht der Kommission in ihrer Zielsetzung nicht von der des § 321 unterscheide; vgl. Bericht 1977 S. 106.

[3] BGH NJW-RR 1996, 1238; *Zöller/Vollkommer* Rn. 3; *Thomas/Putzo/Reichold* § 255 Rn. 5

[4] OLG Schleswig MDR 2005, 350.

[5] BGH (Fn. 3); OLG Hamburg NJW 1958, 1145 m. zust. Anm. *Lent.*

[6] Weitere Fälle bei *Stein/Jonas/Leipold* Rn. 10.

[7] BayObLG JurBüro 1989, 212; NZM 2002, 708; OLG Hamm OLGZ 1983, 423, 426; *Keidel/Kuntze/Winkler/Schmidt* § 18 Rn. 67.

[8] *Keidel/Kuntze/Winkler/Schmidt* (Fn. 7); *Bumiller/Winkler* § 18 Rn. 5.

[9] OLG Frankfurt JurBüro 1981, 1742, 1743.

[10] BayObLGZ 1961, 90, 91.

[11] BAGE 3, 21, 23 = AP § 319 Nr. 1; BAGE 4, 268, 270 = AP ArbGG § 81 Nr. 2; *Stein/Jonas/Leipold* Rn. 23.

[12] BAGE 3 (Fn. 11); *Boldt* RdA 1949, 49, 50.

[13] Vgl. BGH NJW-RR 1996, 1238.

[14] BGH WM 1956, 1155, 1156; *Blomeyer* § 87 III 1.

dagegen tatsächliche oder rechtliche Ausführungen, die zur Begründung eines Sachantrages oder zur Verteidigung gegen ihn vorgetragen werden, Einwendungen, Einreden oder ein Bestreiten **(Angriffs- und Verteidigungsmittel)** übergangen, dann kommt nur eine Anfechtung des Urteils im Rechtsmittelverfahren, dagegen nicht eine Urteilsergänzung in Betracht (vgl. auch Rn. 12).[15] Deshalb kann das Urteil nach § 321 nicht ergänzt werden, wenn das Gericht einen Aufrechnungseinwand des Beklagten nicht berücksichtigt.[16] oder wenn es ein Zurückbehaltungsrecht des Beklagten nach § 273 BGB übergeht.[17] Ist über einen **Hilfsantrag** nicht entschieden worden, dann hängt eine Urteilsergänzung davon ab, ob der Hauptantrag als unbegründet abgewiesen worden ist, weil nur dann über den Hilfsantrag befunden werden musste (vgl. § 300 Rn. 4).

Die unterlassene Entscheidung muss auf einem **Versehen des Gerichts** beruhen.[18] Ein Anspruch oder der Kostenpunkt ist nicht „übergangen" iSv. § 321 Abs. 1, wenn das Gericht willentlich von einer Entscheidung Abstand genommen hat, auch wenn sich das Gericht dabei in einem Rechtsirrtum befunden hat,[19] beispielsweise von einer Entscheidung absah, weil es irrtümlich annahm, dass ein Streitgegenstand noch in der Vorinstanz anhängig wäre.[20] Ein **Anspruch** ist auch nicht übergangen, wenn er **in** den **Urteilsgründen** abgehandelt wird und nur die ihn betreffende Entscheidung im Tenor versehentlich unterblieben ist; in diesem Fall ist das Urteil nach § 319 zu berichtigen (vgl. Rn. 9 zu dieser Vorschrift).[21] Auch im umgekehrten Fall (zu der im Tenor enthaltenen Entscheidung finden sich in den Urteilsgründen keine Ausführungen) ist eine Urteilsergänzung nicht zulässig; vielmehr kommen nur eine Urteilsberichtigung nach § 319 und die Einlegung eines Rechtsmittels in Betracht.[22] **6**

Wie ausdrücklich in Absatz 1 festgestellt wird, muss der übergangene Anspruch nach dem ursprünglich festgestellten oder nachträglich berichtigten Tatbestand von einer Partei geltend gemacht worden sein. Hat also das Gericht versehentlich im Tatbestand den Anspruch nicht aufgenommen, dann muss einer Urteilsergänzung eine **Berichtigung des Tatbestandes** nach § 320 vorangehen, wobei die Partei den Antrag auf Berichtigung mit dem auf Urteilsergänzung verbinden kann.[23] Dem Vorschlag, § 321 entsprechend anzuwenden, wenn das Gericht **versehentlich mehr zuspricht,** als beantragt worden ist,[24] kann nicht zugestimmt werden. Eine Ähnlichkeit beider Tatbestände als Voraussetzung für die empfohlene Analogie besteht nicht (vgl. § 308 Rn. 20). **7**

3. Übergehen des Kostenpunktes. Eine Ergänzung des Urteils kommt nur in Betracht, wenn eine zwingend zu treffende Kostenentscheidung versehentlich unterblieben ist,[25] dagegen nicht, wenn sie in das gerichtliche Ermessen gestellt wird, wie beispielsweise eine Verteilung der Kosten in Fällen der Streitgenossenschaft nach § 100 Abs. 2.[26] Eine Entscheidung über die Kosten des Rechtsstreits umfasst nicht die Kosten der **Nebenintervention.** Über diese Kosten muss deshalb ausdrücklich entschieden und diese Entscheidung nachgeholt werden, wenn dies formgerecht innerhalb der zweiwöchigen Frist des § 321 Abs. 2 beantragt wird.[27] § 321 kann analog auf einen nach **§ 91 a** ergangenen Beschluss angewendet werden, wenn das Gericht irrtümlich über die Kosten der Säumnis nicht nach § 344 entschieden hat.[28] Eine versehentlich unterlassene Kostenent- **8**

---

15 BGH (Fn. 14); BGH NJW-RR 1996, 1238; OLG Frankfurt NJW-RR 1989, 640; LAG Rheinland-Pfalz MDR 2000, 228; *Furtner* S. 467; *Thomas/Putzo/Reichold* Rn. 2; *Zöller/Vollkommer* Rn. 4.

16 OLG Frankfurt (Fn. 15). Die entsprechende Anwendung des § 321, um nicht den Weg einer Verfassungsbeschwerde beschreiten zu müssen (so AG Paderborn MDR 2000, 1272; zust. *E. Schneider* MDR 2000, 1453), wird jetzt durch § 321 a entbehrlich.

17 BGH NJW 2003, 1463; *Thomas/Putzo/Reichold* Rn. 2; *Rosenberg/Schwab/Gottwald* § 61 Rn. 24; aA *Zöller/Vollkommer* Rn. 3; *Baumbach/Lauterbach/Hartmann* Rn. 16; Hk-ZPO/*Saenger* Rn. 5.

18 BGH NJW 2002,1500, 1501; vgl. auch BVerfG NJW-RR 2000, 1664.

19 BGH LM § 253 Nr. 7; BGH NJW 1980, 840, 841; OLG Celle NdsRpfl. 1952, 151; OLG Hamm FamRZ 1981, 189, 190; Hess. LSG MDR 1981, 1052; *Musielak,* FS K. H. Schwab, S. 349, 358.

20 RGZ 105, 236, 242.

21 BGH NJW 1964, 1858; VersR 1982, 70; *Stein/Jonas/Leipold* Rn. 7; *Furtner* S. 466 f.; aA BAGE 8, 20, 23 = NJW 1959, 1942; *Blomeyer* § 87 III 1; diff. *Lindacher* ZZP 88 (1975), 64, 66 ff.

22 BAG AP § 67 ArbGG Nr. 1 m. zust. Anm. von *Baumgärtel; Thomas/Putzo/Reichold* Rn. 2.

23 BGH NJW-RR 2005, 790, 791; BayObLG WuM 1997, 399.

24 So *Klette* ZZP 82 (1969), 93, 104 ff.; *Waldner* Gehör Rn. 553; zust. *Zöller/Vollkommer* § 308 Rn. 6; *Rosenberg/Schwab/Gottwald* § 61 Rn. 30, § 133 Rn. 9; vgl. dazu auch *Musielak* (Fn. 19) S. 361 f.

25 BGH NJW 2006, 1351, 1352; OLG Celle Rpfleger 1969, 170.

26 RG WarnR 1931 Nr. 227.

27 BGH MDR 2005, 526 (auch noch nach Rechtskraft); LG Itzehoe AnwBl. 1985, 215; vgl. auch BGH NJW 1975, 218.

28 Vgl. OLG Stuttgart Justiz 1984, 19. Voraussetzung ist allerdings, dass nicht die Kostenentscheidung vom Gericht rechtsirrtümlich anders gewollt war; vgl. *Schneider* MDR 1980, 762; Rn. 6.

scheidung kann nur im Wege des Ergänzungsurteils nach § 321 nachgeholt werden, dagegen nicht vom Rechtspfleger im Rahmen des Kostenfestsetzungsverfahrens.[29]

9 **4. Rechtsmittelzulassung.** Fehlt im Urteil auf Grund eines Versehens des Gerichts eine Entscheidung über die Zulassung eines Rechtsmittels, dann muss unterschieden werden: Das Gericht hat positiv über die Zulassung entschieden, versehentlich wurde jedoch diese Entscheidung nicht im Urteil wiedergegebenen, dann kommt eine Berichtigung nach § 319 in Betracht (vgl. § 319 Rn. 12). Das Gericht geht irrtümlich davon aus, dass eine Zulassung nicht erforderlich sei; weil es den Wert der Beschwer (vgl. § 511 Abs. 2) falsch berechnet. Dieser Fall ist gleich zu behandeln wie eine fehlerhafte Bewertung der Zulassungsgründe. In beiden Fällen handelt es sich um Fehler des Gerichts, die durch eine Urteilsergänzung nicht korrigiert werden können, weil die Entscheidung über die Rechtsmittelzulassung nicht übergangen, sondern in einem negativen Sinn getroffen worden ist (vgl. Rn. 6). Von einer negativen Entscheidung geht die überwiegende Auffassung auch in dem Fall aus, dass vom Gericht vergessen worden ist, über die Zulassung eines Rechtsmittels zu befinden, weil es keines ausdrücklichen Ausspruchs bedürfe und ein Schweigen hinsichtlich der Rechtsmittelzulassung im Sinne einer Nichtzulassung zu deuten sei.[30] Hierbei wird jedoch nicht ausreichend berücksichtigt, das im letzten Fall das Schweigen des Gerichts über die Zulassung eines Rechtsmittels auf einem Versehen beruht und nicht von einem entsprechenden Willen des Gerichts getragen ist. Mit dem Hinweis auf die Ähnlichkeit eines solchen Versehens mit dem Übergehen der Kostenentscheidung lässt sich durchaus die Auffassung vertreten, dass die vergessene Zulassung eines Rechtsmittels mit Hilfe einer entsprechenden Anwendung des § 321 korrigiert werden kann.[31]

III. Antrag auf Urteilsergänzung

10 **1. Form.** Der zwingend vorgeschriebene Antrag – eine Urteilsergänzung von Amts wegen ist nicht zulässig (vgl. auch Rn. 1 aE)[32] – ist schriftlich, im Amtsgerichtsprozess auch zu Protokoll des Urkundsbeamten der Geschäftsstelle (§ 496), zu stellen und an das Gericht, das das zu ergänzende Urteil erlassen hat, zu richten. Ist das Urteil im Anwaltsprozess ergangen (§ 78), dann muss der Antrag von einem Rechtsanwalt unterzeichnet werden.[33] Dem Gegner des Antragstellers ist nach Absatz 3 S. 2 mit der Ladung zur mündlichen Verhandlung (vgl. dazu Rn. 13) der den Antrag enthaltende Schriftsatz (in den Fällen des § 496 das Protokoll) zuzustellen. Mit dem Antrag auf Urteilsergänzung kann ein Antrag auf einstweilige **Einstellung der Zwangsvollstreckung** verbunden werden, über den in entsprechender Anwendung der §§ 707, 719, 721 zu entscheiden ist.[34]

11 **2. Frist.** Der Antrag auf Urteilsergänzung kann nur innerhalb einer Frist von zwei Wochen gestellt werden, die mit Zustellung des Urteils beginnt; eine Wiedereinsetzung in den vorigen Stand ist nicht zulässig (vgl. zu der parallelen Frage bei § 320 Rn. 7 zu dieser Vorschrift).[35] Die Zustellung des Urteils in abgekürzter Form setzt die Zweiwochenfrist nur dann in Lauf, wenn sich aus dieser Fassung die Ergänzungsbedürftigkeit der Entscheidung ergibt.[36] Muss der Ergänzung des Urteils eine **Tatbestandsberichtigung** nach § 320 vorausgehen, dann beginnt die Frist des § 321 Abs. 2 erst mit Zustellung des Berichtigungsbeschlusses.[37] Hat das Gericht die Entscheidung über die Kosten übergangen, die durch eine **Streithilfe** verursacht worden sind (§ 101 Abs. 1), dann läuft die Frist, innerhalb derer der Streithelfer in diesem Punkt die Ergänzung des Urteils beantragen kann, jedenfalls bei einem noch nicht rechtskräftigen Urteil, erst ab Zustellung des Urteils an ihn.[38] Wird

---

[29] OLG Koblenz NJW-RR 1992, 892; JurBüro 1992, 631 m. abl. Anm. v. *Mümmler;* ZEV 1997, 253; OLG Köln Rpfleger 1993, 37 m. weit. Nachw.; aA *Musielak/Wolst* § 100 Rn. 4.

[30] BGH NJW 1966, 931, 932; 1981, 2755 m. weit. Nachw. (beide Entscheidungen zum früheren Revisionsrecht); BGH MDR 2002, 1449, 1450; NJW 2004, 779; LG Mainz NJW-RR 2002, 1654; *Greger* NJW 2002, 3049, 3050; *Zöller/Gummer* § 543 Rn. 18.

[31] *Stackmann* NJW 2002, 781, 782; *Zöller/Vollkommer* Rn. 5; *Baumbach/Lauterbach/Hartmann* Rn. 14; aA *Musielak/Ball* § 543 Rn. 15.

[32] Dies gilt auch für die von Amts wegen zu treffende Kostenentscheidung (vgl. § 308 Abs. 2); OLG Celle JurBüro 1976, 1254, 1255; LG Essen NJW 1970, 1688. Abweichend hiervon will LAG Hamm MDR 1972, 900, von Amts wegen eine Kostenentscheidung durch Ergänzungsurteil treffen, wenn bei Erlass eines Teilurteils die Kostenentscheidung zurückgestellt wurde und sich dann der noch zu entscheidende Teil durch Vergleich erledigt.

[33] *Thomas/Putzo/Reichold* Rn. 4.

[34] LG Hannover MDR 1980, 408.

[35] BGH NJW 1980, 785, 786; 1980, 1636 Hk-ZPO/*Saenger* Rn. 10; aA *Zöller/Vollkommer* Rn. 6; *Walter* FamRZ 1979, 663, 673 (für Fälle des § 621 d).

[36] OLG Hamburg MDR 1962, 313; *Stein/Jonas/Leipold* Rn. 13; *Zöller/Vollkommer* Rn. 7.

[37] BGH NJW 1982, 1821, 1822 m. weit. Nachw. auch zur Gegenauffassung.

[38] BGH NJW 1975, 218; jedenfalls bei einem noch nicht rechtskräftigen Urteil; OLG Köln NJW 1960, 2150; OLGZ 1992, 244 f. (auch bei einem rechtskräftigen Urteil); LG Heidelberg MDR 1963, 224.

der Antrag auf Urteilsergänzung wegen eines übergangenen Anspruchs **nicht fristgerecht** gestellt, dann muss und kann die betroffene Partei diesen Anspruch mit einer neuen Klage geltend machen, weil mit Ablauf der Frist des § 321 Abs. 2 die **Rechtshängigkeit** hinsichtlich dieses Anspruchs **endet.**[39] Umgekehrt erlischt die Rechtshängigkeit des übergangenen Anspruchs nicht, solange die Frist des § 321 Abs. 2 nicht läuft. Deshalb kann ein Nebenintervenient, dem das Urteil nicht zugestellt worden ist, auch noch nach dessen Rechtskraft eine Urteilsergänzung erreichen.[40]

3. Verhältnis zu Rechtsmitteln. Ein Rechtsmittel kann nur erfolgreich eingelegt werden, wenn das anzufechtende Urteil inhaltlich falsch ist. Entscheidet das Gericht über geltend gemachte Ansprüche ganz oder teilweise nicht, dann stellt das gefällte Urteil eine Teilentscheidung dar, die als solche inhaltlich nicht fehlerhaft ist, so dass wegen des übergangenen Anspruchs ein Rechtsmittel keinen Erfolg haben kann.[41] Wird aber aus anderen Gründen das Urteil angefochten, dann kann die Partei den übergangenen Anspruch **in der Berufungsinstanz** als neuen Anspruch durch **Klageänderung** (§ 263) oder durch Erweiterung des Klageantrages (§ 264 Nr. 2) geltend machen.[42] Etwas anderes gilt jedoch, wenn im Urteil versehentlich Nebenentscheidungen nicht getroffen worden sind (vgl. Rn. 2), beispielsweise wenn nicht über die vorläufige Vollstreckbarkeit oder über die Kosten entschieden oder ein erforderlicher Vorbehalt versehentlich nicht ausgesprochen wurde. In diesem Fall ist das Urteil inhaltlich falsch und kann deshalb auch angefochten werden;[43] wegen der Anfechtung der Kostenentscheidung ist allerdings § 99 zu beachten (vgl. die Erl. zu dieser Vorschrift). Beruht dagegen die falsche Nebenentscheidung auf einer verfehlten Rechtsauffassung des Gerichts, dann kommt niemals eine Ergänzung nach § 321, sondern nur ein Rechtsmittel in Betracht[44] (vgl. Rn. 6). 12

IV. Verfahren

1. Mündliche Verhandlung. Das Ergänzungsurteil stellt eine selbständige Entscheidung dar, nicht etwa einen Teil des (unvollständigen) Ersturteils.[45] Folglich muss dem Ergänzungsurteil im Regelfall (sofern nicht die Voraussetzungen für ein schriftliches Verfahren erfüllt sind, § 128 Abs. 2, 3[46]) eine mündliche Verhandlung vorausgehen; dies wird durch Absatz 3 S. 1 ausdrücklich angeordnet. In der mündlichen Verhandlung wird sowohl über die Zulässigkeit einer Ergänzung aufgrund des § 321 als auch über den nicht erledigten Anspruch selbst befunden; insoweit gelten gleiche Regeln wie für jede andere mündliche Verhandlung auch. Insbesondere sind die erforderlichen Beweise zu erheben. Da das Ergänzungsurteil aufgrund einer völlig selbständigen, neuen mündlichen Verhandlung ergeht, muss es **nicht von denselben Richtern** gefällt werden, die das zu ergänzende Urteil erlassen haben.[47] 13

2. Entscheidung. Die Entscheidung über den übergangenen Haupt- oder Nebenanspruch oder über den Kostenpunkt ergeht durch ein selbständiges (Schluss-)Urteil (vgl. Rn. 12), das allen Anforderungen insbesondere hinsichtlich seines Inhalts und Aufbaus zu genügen hat, die auch sonst durch Urteile zu erfüllen sind. In ihm muss ein selbständiger **Kostenausspruch** und eine Entscheidung über die **Vollstreckbarkeit** enthalten sein.[48] Im Falle der Säumnis einer Partei kann es auch als **Versäumnisurteil** ergehen.[49] Das Ergänzungsurteil steht zum Ersturteil im gleichen Verhältnis wie ein Teilurteil des § 301 zum Schlussurteil (vgl. § 301 Rn. 19);[50] folglich hat das Gericht beim 14

---

[39] BGH LM § 322 Nr. 54 (insoweit nicht in NJW 1966, 446 abgedruckt); BGH NJW 1991, 1683, 1684; NJW-RR 2005, 790, 791; BAGE 8, 20, 23 = NJW 1959, 1942; OLG Düsseldorf OLGZ 1966, 178, 179; OLG Oldenburg MDR 1986, 62; OLG München JurBüro 1987, 1555 (zur gleichen Frage bei Kostenfestsetzungsbeschlüssen); AG Castrop-Rauxel ZMR 1993, 228, 229.

[40] BGH NJW-RR 2005, 295.

[41] AllgM m. zT unterschiedlichen Begründungen; vgl. BAG AP BGB § 611 (Haftung des Arbeitnehmers) Nr. 24; BAG NJW 1994, 1428, 1429 m. weit. Nachw.; OLG Zweibrücken FamRZ 1994, 972, ZMR 1999, 663.

[42] BGH NJW-RR 2005, 790, 791; *Stein/Jonas/Leipold* Rn. 14; *Furtner* S. 467; *Rosenberg/Schwab/Gottwald* § 61 Rn. 28 Allerdings setzt dies voraus, dass die Frist des § 321 Abs. 2 abgelaufen und damit die Rechtshängigkeit des Anspruchs in der 1. Instanz erloschen ist (vgl. Rn. 11).

[43] BGH NJW-RR 1996, 1238; NJW 2006, 1351, 1352; OLG Schleswig MDR 2005, 350, OLG Bamberg FamRZ 1990, 184; *Thomas/Putzo/Reichold* Rn. 3; *Zöller/Vollkommer* Rn. 2; *Stein/Jonas/Leipold* Rn. 15; *Furtner* S. 467; aA *Wolff* ZZP 64 (1951), 97, 106f. (wegen Fehlens eines Rechtsschutzbedürfnisses).

[44] BGH NJW 2002, 1500, 1501; OLG Nürnberg NJW 1989, 642.

[45] *Thomas/Putzo/Reichold* Rn. 6.

[46] BGH NJW 1980, 576, 577; *Furtner* S. 468.

[47] *Klette* ZZP 82 (1969), 93, 123f.; *Zöller/Vollkommer* Rn. 10.

[48] Vgl. *Anders/Gehle,* Antrag und Entscheidung im Zivilprozess, 3. Aufl. 2000, Teil A „Ergänzungsurteil"; *Furtner* S. 468.

[49] *Zöller/Vollkommer* Rn. 10; *Stein/Jonas/Leipold* Rn. 18.

[50] RGZ 68, 301, 302; RG JR 1927, 687; *Furtner* S. 468.

Schlussurteil die Entscheidung des Ersturteils zu beachten und darf nicht von ihr abweichen (vgl. § 318 Rn. 5). Das Ergänzungsurteil kann auch wie jedes andere nach den Vorschriften der §§ 319 bis 321 berichtigt und ergänzt werden.

V. Rechtsmittel und Kosten

15 **1. Anfechtung des Ergänzungsurteils.** Als selbständiges Urteil (vgl. Rn. 14) ist die nach § 321 ergehende Entscheidung, und zwar sowohl die, die eine Ergänzung ausspricht, als auch die, die eine solche ablehnt, selbständig mit den normalen Rechtsmitteln (Berufung oder Revision) anfechtbar, sofern die dafür erforderlichen Voraussetzungen erfüllt werden.[51] Entscheidet das Gericht fälschlicherweise durch Beschluss, dann kann nach dem Grundsatz der Meistbegünstigung sofortige Beschwerde erhoben werden, wenn gegen ein entsprechendes Urteil ein Rechtsmittel statthaft wäre.[52] Statthaftigkeit und Zulässigkeit des Rechtsmittels beurteilen sich grundsätzlich allein nach dem aufgrund des § 321 erlassenen Urteils; dies gilt gleichermaßen für die Rechtsmittelfristen (§§ 517, 548) wie für den Wert der Beschwer oder eine erforderliche Rechtsmittelzulassung (§§ 511, 543).[53] In gleicher Weise wie es zugelassen wird, isoliert die im Schlussurteil enthaltene **Kostenentscheidung** mit Rechtsmitteln anzugreifen, wenn gleichzeitig das Teilurteil angefochten wird (vgl. § 301 Rn. 25), muss dies auch für das Ergänzungsurteil gelten, das im gleichen Verhältnis zum Ersturteil steht (vgl. Rn. 14); folglich kann wegen der im Ergänzungsurteil enthaltenen Kostenentscheidung allein ein Rechtsmittel eingelegt werden, wenn auch das Ersturteil angefochten wird.[54] Ebenso ist zu verfahren, wenn das Urteil nach § 321 lediglich den Ausspruch über die **Vollstreckbarkeit** ergänzt und deshalb mit dem ergänzten Urteil derart zusammenhängt, dass es für die Anfechtung als Bestandteil dieses Urteils zu behandeln ist.[55] Zu beachten ist, dass nach § 517 die Berufungsfrist und aufgrund einer entsprechenden Anwendung dieser Vorschrift auch die Revisionsfrist (vgl. § 517 Rn. 2) mit der Zustellung des Ergänzungsurteils neu beginnt, wenn diese Fristen noch nicht im Zeitpunkt der Zustellung des Ergänzungsurteils abgelaufen waren. Die Selbständigkeit des Ergänzungsurteils gegenüber dem Ersturteil bewirkt auch, dass ein Rechtsmittel gegen eines von beiden die Entscheidung des anderen unberührt lässt. Wird aber **gegen beide Urteile** ein **Rechtsmittel** eingelegt, dann sind beide Rechtsmittelverfahren miteinander zu verbinden (§ 518 S. 2).

16 **2. Kosten.** Kostenrechtlich sind Ergänzungsurteil und Ersturteil wie Teilurteil und Schlussurteil zu behandeln (vgl. § 301 Rn. 26). Dies bedeutet, dass die **Gebühren** für jedes Teilurteil gesondert zu berechnen sind (§ 36 Abs. 1 GKG), dass jedoch die Summe der Gebühren für beide Urteile zusammen nicht die Gebühren übersteigen darf, die anfielen, wenn ein Urteil über den Gesamtbetrag beider Teile erginge (§§ 35, 36 Abs. 2 GKG). Umfasst das Ergänzungsurteil nur **Nebenforderungen** oder den Kostenpunkt, so bleiben sie bei der Streitwertberechnung unberücksichtigt (§ 43 Abs. 1 GKG).[56] Nach § 19 Abs. 1 Nr. 6 RVG gehört zum Rechtszug auch die Ergänzung einer Entscheidung, so dass die **Tätigkeit des Anwalts** im Ergänzungsverfahren durch die Gebühren abgegolten sind, die er im Erstprozess erhält. Nur wenn der Rechtsanwalt lediglich im Urteilsergänzungsverfahren als Prozessbevollmächtigter auftritt, hat er Anspruch auf die Gebühren nach Nr. 3403 VV, die sich nach dem Wert des übergangenen Anspruchs berechnen. Schon aus diesem Grunde, aber auch wegen der Auslagen der Parteien, muss das Ergänzungsurteil einen Kostenausspruch enthalten (vgl. auch Rn. 14).[57]

§ 321a Abhilfe bei Verletzung des Anspruchs auf rechtliches Gehör

(1) [1]Auf die Rüge der durch die Entscheidung beschwerten Partei ist das Verfahren fortzuführen, wenn

1. ein Rechtsmittel oder ein anderer Rechtsbehelf gegen die Entscheidung nicht gegeben ist und

2. das Gericht den Anspruch dieser Partei auf rechtliches Gehör in entscheidungserheblicher Weise verletzt hat.

---

[51] BGH NJW 1980, 840; 2000, 3008; AK-ZPO/*Wassermann* Rn. 7 f.

[52] BGH WM 1982, 491; OLG Zweibrücken NJW-RR 1998, 508; LG Bielefeld MDR 1987, 941.

[53] BGH NJW 1980, 840; BGH ZIP 1984, 1107, 1113; *Stein/Jonas/Leipold* Rn. 20.

[54] BGH ZIP 1984, 1107, 1113; RGZ 68, 301, 302; HRR 1937 Nr. 1554; 249; *Furtner* S. 469; *Rosenberg/Schwab/Gottwald* § 61 Rn. 26.

[55] RGZ 151, 304, 310; *Stein/Jonas/Leipold* Rn. 21.

[56] Hk-ZPO/*Saenger* Rn. 16.

[57] *Furtner* S. 468.

[2] Gegen eine der Endentscheidung vorausgehende Entscheidung findet die Rüge nicht statt.

(2) [1] Die Rüge ist innerhalb einer Notfrist von zwei Wochen nach Kenntnis von der Verletzung des rechtlichen Gehörs zu erheben; der Zeitpunkt der Kenntniserlangung ist glaubhaft zu machen. [2] Nach Ablauf eines Jahres seit Bekanntgabe der angegriffenen Entscheidung kann die Rüge nicht mehr erhoben werden. [3] Formlos mitgeteilte Entscheidungen gelten mit dem dritten Tage nach Aufgabe zur Post als bekannt gegeben. [4] Die Rüge ist schriftlich bei dem Gericht zu erheben, dessen Entscheidung angegriffen wird. [5] Die Rüge muss die angegriffene Entscheidung bezeichnen und das Vorliegen der in Absatz 1 Satz 1 Nr. 2 genannten Voraussetzungen darlegen.

(3) Dem Gegner ist, soweit erforderlich, Gelegenheit zur Stellungnahme zu geben.

(4) [1] Das Gericht hat von Amts wegen zu prüfen, ob die Rüge an sich statthaft und ob sie in der gesetzlichen Form und Frist erhoben ist. [2] Mangelt es an einem dieser Erfordernisse, so ist die Rüge als unzulässig zu verwerfen. [3] Ist die Rüge unbegründet, weist das Gericht sie zurück. [4] Die Entscheidung ergeht durch unanfechtbaren Beschluss. [5] Der Beschluss soll kurz begründet werden.

(5) [1] Ist die Rüge begründet, so hilft ihr das Gericht ab, indem es das Verfahren fortführt, soweit dies auf Grund der Rüge geboten ist. [2] Das Verfahren wird in die Lage zurückversetzt, in der es sich vor dem Schluss der mündlichen Verhandlung befand. [3] § 343 gilt entsprechend. [4] In schriftlichen Verfahren tritt an die Stelle des Schlusses der mündlichen Verhandlung der Zeitpunkt, bis zu dem Schriftsätze eingereicht werden können.

Schrifttum: *Bloching/Kettinger,* Verfahrensgrundrechte im Zivilprozess – Nun endlich das Comeback der außerordentlichen Beschwerde?, NJW 2005,860; *dies.,* Das Anhörungsrügengesetz in der zivilprozessualen Praxis, es JR 2005, 441; *Braun,* Die Korrektur von Gehörsverletzungen im Zivilprozess, JR 2005, 1; *Desens,* Die subsidiäre Verfassungsbeschwerde und ihr Verhältnis zu fachgerichtlichen Anhörungsrügen, NJW 2006, 1243; *Huber,* Anhörungsrüge bei Verletzung des Anspruchs auf rechtliches Gehör, JuS 2005, 109; *Gravenhorst,* Anhörungsrügengesetz und Arbeitsgerichtsverfahren, NZA 2005, 24; *Kettinger,* Die Verletzung von Verfahrensgrundrechten – Verfahrensgrundrechten – Die Flucht des Gesetzgebers vor seiner Verantwortung, ZRP 2006, 152; *ders.,* Die Statthaftigkeit der Anhörungsrüge (§ 321 a ZPO), Jura 2007, 161; *Müller, H.-F.,* Abhilfemöglichkeiten bei der Verletzung des Anspruchs auf rechtliches Gehör nach der ZPO-Reform, NJW 2002, 2743; *Petry,* Anhörungsrüge und Selbstbindung des Gerichts an die Abhilfeentscheidung, MDR 2007, 497; *Polep/Rensen,* Die Gehörsrüge (§ 321 a ZPO), 2004; *Rensen,* Die Gehörsrüge nach In-Kraft-Treten des Anhörungsrügengesetzes, MDR 2005, 181; *ders.,* Beginn der Rügefrist gemäß § 321 a Abs. 2 S. 1 ZPO, MDR 2007, 695; *Sangmeister,* „Oefters totgesagt bringt langes Leben" – Doch noch ein kleiner Hoffnungsschimmer für die Anhörungsrüge, NJW 2007, 2363; *Schnabel,* Die Anhörungsrüge nach § 321 a ZPO, 2007; *U. Schmidt,* Abhilfeverfahren gemäß § 321 a ZPO nF – Selbstkorrektur der Gerichte bei Verfahrensverletzungen, MDR 2002, 915; *Schneider,* Gehörsrüge des § 321 a ZPO – Anhörungsrüge, Ausnahmeberufung, Ausnahmebeschwerde, Willkürverbot, MDR 2006, 969; *Seer/Thulfaut,* Die neue Anhörungsrüge als außerordentlicher Rechtsbehelf im Steuerprozess, BB 2005, 1085; *Treber,* Neuerungen durch das Anhörungsrügengesetz, NJW 2005, 97; *Vollkommer,* Zur Einführung der Gehörsrüge in den Zivilprozess, FS Schumann, 2001, S. 510; *ders.,* Erste praktische Erfahrungen mit der neuen Gehörsrüge gemäß § 321 a ZPO, FS Musielak, 2004, S. 619; *ders.,* Bundesverfassungsgericht, Justizgewährleistung durch das Grundgesetz, Verfahrensgrundrechte und Zivilprozess, speziell: Das Plenum des Bundesverfassungsgerichts als Ersatzgesetzgeber, FS Gerhardt, 2004, 1023; *Zuck,* Rechtliches Gehör im Zivilprozess – Die anwaltlichen Sorgfaltspflichten nach dem In-Kraft-Treten des Anhörungsrügengesetzes, NJW 2005, 1226, *ders.,* Wann verletzt ein Verstoß gegen ZPO-Vorschriften zugleich den Grundsatz des rechtlichen Gehörs?, NJW 2005, 3753.

Übersicht

I. Allgemeines

1 **1. Normzweck.** Bereits durch das ZPO-RG ist mit § 321 a eine Rechtsgrundlage geschaffen worden, um in Fällen einer Verletzung des Anspruchs auf rechtliches Gehör den Fachgerichten die Selbstkorrektur unanfechtbarer Urteile zu ermöglichen. Nach dem ausdrücklichen Wortlaut dieser Vorschrift war sie nur auf Urteile des erstinstanzlichen Gerichts beschränkt; eine analoge Anwendung auf andere Fälle war sehr umstritten. Durch das **Anhörungsrügengesetz** wurde mit Wirkung vom 1. Januar 2005 § 321 a neu gefasst und die Anhörungsrüge auf alle unanfechtbaren Entscheidungen ausgedehnt.[1] Diese gesetzgeberische Maßnahme wurde auf Grund des Plenarbeschlusses des BVerfG vom 30. April 2003[2] erforderlich, der dem Gesetzgeber aufgab, eine Regelung zu schaffen, die sicherstellt, dass entscheidungserhebliche Verstöße gegen den Anspruch auf rechtliches Gehör auch bei unanfechtbaren Entscheidungen durch die Fachgerichte beseitigt werden können. Die bisherigen Lösungen der Praxis, die für solche Fälle außerhalb des Geltungsbereichs des § 321 a aF außerordentliche Rechtsbehelfe entwickelt hatte, genügten nach Auffassung des BVerfG nicht den verfassungsrechtlichen Anforderungen an die Rechtsmittelklarheit. Die nunmehr geltende Regelung setzt voraus, dass Anhörungsverstöße zunächst im vorhandenen Rechtsmittelzug korrigiert werden und dass nur dann, wenn ein Rechtsmittel oder Rechtsbehelf nicht gegeben ist, als eigenständiger Rechtsbehelf die Anhörungsrüge eingreift (vgl. Rn. 5f.).[3] Die geltende Regelung findet auch Anwendung auf Entscheidungen, die vor ihrem Inkrafttreten ergangen sind, wobei die Frist des Abs. 2 zu beachten ist.[4]

2 **2. Anwendungsbereich.** Die Anhörungsrüge des § 321 a findet auf alle unanfechtbaren Entscheidungen Anwendung, gleichgültig ob sie im Hauptsacheverfahren oder in Nebenverfahren wie zB in PKH-Verfahren oder in Verfahren auf einstweiligen Rechtsschutz ergehen. Unerheblich ist auch die Form der Entscheidung. Rügefähig sind somit die unanfechtbaren Urteile aller Instanzen, ebenso unanfechtbare Beschlüsse.[5] Somit unterliegt auch der (unanfechtbare) **Beschluss** über die Zurückweisung der Berufung **nach § 522 Abs. 2** einer Selbstkorrektur des Gerichts nach § 321 a.[6] Eine Ausnahme gilt nur für die der Endentscheidung vorausgehenden (unanfechtbaren) Entscheidungen wie z. B. Beweisbeschlüsse und unanfechtbare Zwischenurteile (vgl. § 303 Rn. 7). Solche **Zwischenentscheidungen** werden nach der ausdrücklichen Bestimmung des Abs. 1 S. 2 von der **Rügemöglichkeit ausgenommen.** Zu den unanfechtbaren Zwischenentscheidungen zählen auch **Verweisungsbeschlüsse** (§ 281 Abs. 2 S. 2). Die Ausnahmen, die bisher von der Rechtsprechung hinsichtlich der Bindungswirkung zugelassen werden, wenn ein solcher Beschluss unter Verletzung des Anspruchs auf rechtliches Gehör ergangen ist, bleiben durch die in § 321 a Abs. 1 S. 2 getroffene Reglung und durch den darin bestimmten Ausschluss der Rüge bei Zwischenentscheidungen unberührt.[7]

3 Durch das Anhörungsrügengesetz ist § 78 a in das **ArbGG** eingefügt worden, der im Wesentlichen § 321 a entspricht. Ausdrücklich ist in § 72 a Abs. 2 S. 2 Nr. 3 ArbGG die entscheidungserhebliche Verletzung des Anspruchs auf rechtliches Gehör als ein Grund für die Nichtzulassungsbeschwerde aufgenommen worden. Der ebenfalls durch das Anhörungsrügengesetz in das FGG eingefügte § 29 a weicht von § 321 a dadurch ab, dass Voraussetzung für eine Rüge auch das Fehlen einer anderen Abänderungsmöglichkeit bildet. Dadurch wird darauf Rücksicht genommen, dass in Verfahren der Freiwilligen Gerichtsbarkeit neben Änderungen nach § 18 Abs. 1 FGG weitere Änderungsmöglichkeiten materiellrechtlicher und verfahrensrechtliches Art bestehen, die ausgeschöpft werden müssen, bevor eine Rüge erhoben werden darf.[8]

4 **3. Rechtsnatur der Anhörungsrüge.** Bei der Rüge nach § 321 a handelt es sich um einen Rechtsbehelf eigener Art, durch den das Gericht von der Bindungswirkung des § 318 (vgl. § 318 Rn. 4ff.) sowie von der formellen und materiellen Rechtskraft freigestellt wird, wenn sich die Rüge als begründet erweist (vgl. Absatz 5 S. 1). Die Anhörungsrüge ist kein Rechtsmittel, denn sie weist weder einen Suspensiveffekt noch einen Devolutiveffekt auf. Die rechtskrafthemmende Wirkung,

---

[1] Zur Enstehungsgeschichte vgl. *Treber* NJW 2005, 97f.

[2] BVerfGE 107, 395 = NJW 2003,1924; vgl. dazu *Vollkommer,* FS Gerhardt, 2004, S. 1023.

[3] Amtl. Begr. des Anhörungsrügengesetz (BT-Drucks. 15/3706) S. 13; vgl. auch BVerfG NJW 2007, 2242, 2243.

[4] BVerfG NJW 2005, 3059; BGH NJW 2005, 1432.

[5] Dass diese Regelung weiterhin im Titel „Urteil“ des zweiten Buchs Abschnitt 1(Verfahren vor den Landgerichten) zu finden ist, erscheint deshalb systematisch verfehlt und lässt sich nur aus der Entstehungsgeschichte erklären.

[6] *Treber* NJW 2005, 97, 98; *Zöller/Vollkommer* Rn. 5; Hk-ZPO/*Wöstmann* § 522 Rn. 17.

[7] So ausdrücklich die Amtl. Begr. (Fn. 3) S. 16; vgl. auch *Stein/Jonas/Leipold* vor § 128 Rn. 102; *Zöller/Vollkommer* Rn. 5.

[8] *Treber* NJW 2005, 97, 100.

die der Anhörungsrüge durch § 705 aF beigelegt worden ist, hat der Gesetzgeber ausdrücklich aufgegeben. Die Rüge wirkt nunmehr rechtskraftdurchbrechend,[9] und ihr ist damit eine prozessuale Funktion wie der Wiedereinsetzung in den vorigen Stand oder der Wiederaufnahme eingeräumt.[10]

II. Zulässigkeit der Anhörungsrüge

1. Unanfechtbarkeit der Entscheidung. Nach der gesetzgeberischen Konzeption sind Gehörsverletzungen von der betroffenen Partei grundsätzlich im allgemeinen Rechtsmittelsystem zu verfolgen (Rn. 1). Eine Anhörungsrüge ist deshalb nur statthaft, wenn die Verletzung des Anspruchs auf rechtliches Gehör nicht mit einem Rechtsmittel oder Rechtsbehelf geltend gemacht werden kann. Da nach der nunmehr einheitlichen Rechtsprechung des BGH eine Verletzung des Anspruchs auf rechtliches Gehör die Zulassung zur Sicherung einer einheitlichen Rechtsprechung gebietet,[11] hat die betroffene Partei mit der Nichtzulassungsbeschwerde (§ 544) die Gehörsverletzung des Berufungsgerichts geltend zu machen.[12] Hat das Berufungsgericht den Anspruch auf rechtliches Gehör in entscheidungserheblicher Weise verletzt, dann kann das Revisionsgericht in dem der Nichtzulassungsbeschwerde stattgebenden Beschluss das angefochtene Urteil aufheben und den Rechtsstreit zur erneuten Verhandlung und Entscheidung an das Berufungsgericht zurückverweisen (§ 544 Abs. 7). In Fällen, in denen eine Rechtsbeschwerde im Gesetz vorgesehen ist, ergibt sich ihre Zulässigkeit bei Verletzung des Anspruchs auf rechtliches Gehör ebenfalls unter dem Gesichtspunkt der Sicherung einer einheitlichen Rechtsprechung (§ 574 Abs. 1 Nr. 1 iVm. Abs. 2 Nr. 2). Ist dagegen die Rechtsbeschwerde von einer Zulassung abhängig, dann kann die betroffene Partei bei einer Ablehnung der Zulassung die Gehörsverletzung gemäß § 321 a rügen.[13] 5

2. Einschränkungen des Subsidiaritätsgrundsatzes. Die betroffene Partei ist also grundsätzlich gehalten, einen Verstoß gegen das Grundrecht auf rechtliches Gehör im Rahmen eines Rechtsmittel- oder Rechtsbehelfsverfahrens geltend zu machen. Nur wenn ein Rechtsmittel oder Rechtsbehelf nicht statthaft ist oder die Partei erst nach Ablauf der dafür geltenden Fristen von dem Gehörverstoß Kenntnis erlangt,[14] ist die Anhörungsrüge zulässig. Dieser Grundsatz bedarf jedoch noch einschränkender Präzisierungen. Ist zB eine Berufung ohne Zulassung zulässig, weil die Wertgrenze des § 511 Abs. 2 Nr. 1 überschritten wird, dann stellt sich die Frage, ob eine Gehörsverletzung in jedem Fall im Wege der Berufung geltend zu machen ist oder ob die Anhörungsrüge statthaft ist, wenn die betroffene Partei nur einen Teil ihrer Beschwer mit der Rüge verfolgen will, der unterhalb der Wertgrenze des § 511 Abs. 2 Nr. 1 bleibt. Da die Partei ihre **Rüge auf einen abgrenzbaren Teil des Streitgegenstandes beschränken** kann,[15] muss ihr auch gestattet sein, von einer Berufung abzusehen und die Gehörsverletzung hinsichtlich eines unter der Wertgrenze liegenden Teiles mit der Anhörungsrüge zu verfolgen.[16] Hinsichtlich der erforderlichen Abgrenzbarkeit des Gegenstandes einer Anhörungsrüge gelten die gleichen Anforderungen wie für den Erlass eines Teilurteils gemäß § 301 (vgl. § 301 Rn. 4). 6

Streitig ist, wie verfahren werden soll, wenn eine Entscheidung für die betroffene Partei nicht selbstständig anfechtbar ist, jedoch die **Gegenpartei ein Rechtsmittel eingelegt** hat. Dazu wird die Auffassung vertreten, die Subsidiarität der Anhörungsrüge verlange die Anschließung nach §§ 524, 554, 567 Abs. 3, 574 Abs. 4 und das Verfahren sei gemäß § 321 a Abs. 4 und 5 in der unteren Instanz fortzusetzen, wenn die Anschließung ihre Wirkung verliere.[17] Nach anderer Auffassung soll die Rüge zwar auch im Wege der Anschließung, aber als eigenständiger Rechtsbehelf mit dem ihm eigenen Frist- und Formerfordernissen erhoben werden und entgegen §§ 524 Abs. 4, 554 Abs. 4, 567 Abs. 3 S. 2, 574 Abs. 4 S. 3 ihre Wirkung behalten, so dass auch dann vom Rechtsmittelgericht über die Rüge zu entscheiden sei, wenn zB die Hauptberufung zurückgenommen wird.[18] Gegen beide Vorschläge spricht, dass sie sich in Widerspruch zu den im Gesetz getroffenen Regelungen über die Anhörungsrüge und über die Anschlussrechtsmittel setzen. Die Rüge ist nicht bei dem Rechtsmittelgericht, sondern bei dem Gericht zu erheben, dessen Gehörsverletzung gerügt 7

---

[9] BGH NJW 2005, 1432.
[10] Amtl. Begr. (Fn. 3) S. 14.
[11] BGH NJW 2004, 2222, 2223.
[12] BGH NJW 2005, 1950, 1951; 2005, 2710, 2711; OLG Frankfurt NJW-RR 2005, 1591. Zu dem insoweit zu beachtenden Darlegungserfordernis bei der Nichtzulassungsbeschwerde vgl. BAG NJW 2005, 1214.
[13] AA *Zöller/Vollkommer* Rn. 4 (außerordentliche Beschwerde).
[14] *Thomas/Putzo/Reichold* Rn. 2.
[15] *Zöller/Vollkommer* Rn. 15.
[16] *Kettinger* Jura 2007, 161, 163; *Hannich/Meyer-Seitz/Engers* Rn. 23.
[17] *Thomas/Putzo/Reichold* Rn. 2 a.
[18] *Zöller/Vollkommer* Rn. 4.

wird. Nur über das Anschlussrechtsmittel ist von dem Rechtsmittelgericht und nur von diesem zu entscheiden. Beide Entscheidungswege dürfen nicht miteinander vermengt werden. Deshalb bleibt nur die Alternative, die Gehörsverletzung mit dem Anschlussrechtsmittel beim Rechtsmittelgericht oder mit der Anhörungsrüge beim iudex a quo zu verfolgen. Insoweit ist jedoch der betroffenen Partei die Wahl zu überlassen. Denn ein Anschlussrechtsmittel stellt wegen seiner Abhängigkeit vom Hauptrechtsmittel für die betroffene Partei keinen gleichwertigen Rechtsbehelf zur Anhörungsrüge dar.[19] Werden in demselben Rechtsstreit Berufung und Anhörungsrüge eingelegt, dann hat das Berufungsgericht das Verfahren bis zur Entscheidung über die Anhörungsrüge in entsprechender Anwendung des § 148 auszusetzen. [20]

8 **3. Beschwer.** Die Rüge ist nur zulässig, wenn die Partei durch die Entscheidung, die den Anspruch auf rechtliches Gehör verletzt hat, beschwert ist (Abs. 1 S. 1: „durch die Entscheidung beschwerten Partei“). Eine Beschwer ist anzunehmen, wenn die Partei durch die Entscheidung benachteiligt wird. Dies ist der Fall, wenn die Entscheidung hinter dem zurückbleibt, was die Partei im Verfahren begehrt hat.[21] Auf einen bestimmten Umfang oder Wert der Beschwer kommt es dagegen nicht an.[22] Neben der Beschwer hängt die Zulässigkeit der Rüge von der substantiierten Behauptung ab, dass die Partei in ihrem Anspruch auf rechtliches Gehör in entscheidungserheblicher Weise verletzt worden ist (vgl. Rn. 9). Ob diese Behauptung zutrifft, stellt eine Frage ihrer Begründetheit dar (vgl. Rn. 13).

9 **4. Form und Frist.** Nach Abs. 2 S. 4 ist die **Rüge schriftlich zu erheben.** Adressat ist das Gericht, dessen Gehörsverletzung gerügt wird. Ist dieses Gericht ein LG, dann besteht Anwaltszwang (§ 78 Abs. 1 S. 1).[23] Im amtsgerichtlichen Verfahren kann auch die Rüge durch Erklärung zu Protokoll (§ 496) angebracht werden.[24] Um die Zulässigkeit der Rüge prüfen zu können, muss die Rügeschrift neben der Bezeichnung des Prozesses, dessen Fortführung begehrt wird, insbesondere **substantiiert darlegen,** worin die **Verletzung des Anspruchs auf rechtliches Gehör** (zum Begriff vgl. Rn. 12) erblickt wird und weshalb eine Verletzung als entscheidungserheblich (vgl. Rn. 13) aufzufassen ist (Abs. 2 S. 5).[25] Wird mit der Rüge geltend gemacht, das Gericht habe einen rechtlichen Hinweis unterlassen, ist darzulegen, inwiefern darin eine Gehörsverletzung liegt. Wird gerügt, dass das Gericht Ausführungen der Parteien nicht berücksichtigt habe, muss die beschwerte Partei den angeblich übergangenen Sachvortrag bezeichnen und darlegen, dass er entscheidungserheblich ist.[26] Eine Anhörungsrüge gegen ein Urteil des Revisionsgerichts in Bezug auf den Tatsachenvortrag der Parteien muss darlegen, dass die übergangenen Tatsachen nach § 559 berücksichtigungsfähig waren.[27] Die ausdrückliche Bezeichnung als Rügeschrift ist nicht erforderlich; vielmehr genügt, dass sich aus ihrem Inhalt das sich mit § 321 a zu verfolgende Begehren ergibt.

10 Die Rügeschrift muss innerhalb einer **Notfrist von zwei Wochen** eingereicht werden. Diese Frist beginnt nunmehr nicht mehr wie nach § 321 a Abs. 2 S. 3 aF mit der Zustellung des in vollständiger Form abgefassten Urteils, sondern im Zeitpunkt der Kenntniserlangung von der Verletzung des rechtlichen Gehörs. Allerdings dürfte im Regelfall zumindest bei schriftlich begründeten Entscheidungen der Zeitpunkt der Kenntniserlangung mit dem der Zustellung (Bekanntgabe) der Entscheidung zusammenfallen. Vorbild für diese Fristenregelung sind die entsprechenden Bestimmungen für die Wiedereinsetzung (§§ 234, 236 Abs. 2 S. 1) und für die Wiederaufnahme des Verfahrens (§ 586 Abs. 2 S. 1).[28] Deshalb kann bei Auslegung des Abs. 2 S. 1 auf diese Vorschriften zurückgegriffen werden. Dies gilt insbesondere für den Begriff der Kenntniserlangung. Danach ist davon auszugehen, dass die Partei die erforderliche Kenntnis erlangt hat, wenn ihr sämtliche Tatsachen bekannt sind, die vorhanden sein müssen, um einen entsprechenden Schluss auf die Gehörsverletzung zu ziehen. Dass ihr auch die zutreffende rechtliche Einordnung dieser Tatsachen gelingt, dass sie also weiß, die ihr bekannt ge-

---

[19] *H-F. Müller* NJW 2002, 2743, 2744; *U Schmidt* MDR 2002, 915, 916.

[20] *Greger* NJW 2002, 3049, 3051; *H-F. Müller* (Fn. 19); *U. Schmidt* (Fn. 19); Hk-ZPO/*Saenger* Rn. 4.

[21] Vgl. *Musielak,* GK ZPO, Rn. 503.

[22] *Zöller/Vollkommer* Rn. 6.

[23] BGH NJW 2005, 2017.

[24] *Vollkommer,* FS Musielak, S. 619, 624; *Baumbach/Lauterbach/Hartmann* Rn. 27; aA *U. Schmidt* MDR 2002, 915, 916.

[25] Vgl. BAG NJW 2005, 2638, 2639; *Huber* Zivilurteil Rn. 42. Das OVG Lüneburg (NJW 2006, 3018) geht auf Grund der bundesverfassungsgerichtlichen Rechtsprechung davon aus, dass eine Vermutung für die Berücksichtigung des entscheidungserheblichen Vorbringens der Beteiligten bestehe, zu deren Widerlegung es der Darlegung besonderer Umstände im Einzelfall bedürfe. Gegen eine Überspannung der formalen Anforderungen an die Darstellung der Gehörsverletzung zu Recht *Vollkommer* (Fn. 24) S. 628 f.; vgl. dazu auch *Sangmeister* NJW 2007, 2363, 2366 f., der insoweit einen großzügigen Standpunkt empfiehlt.

[26] BAG NJW 2006, 2346.

[27] BAG NJW 2006, 1614.

[28] Amtl. Begr. (Fn. 3) S. 16.

wordenen Tatsachen begründen ein Rügerecht nach § 321 a, ist dagegen notwendig.[29] Grundsätzlich genügt ein Kennenmüssen der Gehörsverletzung nicht,[30] es sei denn, dass sich die Partei oder ihr Vertreter bewusst der Kenntnisnahme verschließt.[31] In Bezug auf die Glaubhaftmachung gelten gleiche Anforderungen wie bei dem Antrag auf Wiedereinsetzung gemäß § 236 Abs. 2 (vgl. § 236 Rn. 12ff.). Aus Gründen der Rechtssicherheit ist als äußerster Zeitpunkt für die Erhebung der Rüge in Abs. 2 S. 2 eine Jahresfrist genannt, die mit der Bekanntgabe der angegriffenen Entscheidung beginnt. Für formlos mitgeteilte Entscheidungen bestimmt Abs. 2 S. 3 den Zeitpunkt der für die Jahresfrist des Abs. 2 S. 2 bedeutsamen Bekanntgabe („mit dem dritten Tag nach Aufgabe zur Post").[32] Während es sich bei der Zweiwochenfrist um eine Notfrist handelt, bei der eine Wiedereinsetzung zulässig ist (§ 233), stellt die **Jahresfrist** eine **Ausschlussfrist** dar, die nicht verändert werden kann und bei der auch eine Wiedereinsetzung ausgeschlossen ist.

5. Korrektur auf Grund der §§ 319 bis 321. Eine negative Voraussetzung für eine Anhö- 11
rungsrüge bildet es, dass der Fehler des Gerichts nicht nach §§ 319 bis 321 berichtigt werden kann. Soweit diese Regelungen greifen, gehen sie als speziellere Regelungen einer Anhörungsrüge vor.[33] Allerdings dürften sich die Anwendungsbereiche dieser Vorschriften mit dem des § 321 a nur selten überschneiden. Die Berichtigung einer offenbaren Unrichtigkeit nach § 319 und des Tatbestandes nach § 320 lassen den Inhalt der gerichtlichen Entscheidung unberührt, während es bei § 321 a darum geht, die erlassene Entscheidung aufzuheben und durch Fortführung des Prozesses eine neue Entscheidung zu finden. Auch im Fall des § 321 bleibt das Urteil in seinem Bestand gewahrt und muss lediglich ergänzt werden; also auch insoweit geht es nicht um die Beseitigung von Unrichtigkeiten der getroffenen Entscheidung, sondern um die Ausfüllung einer Entscheidungslücke (§ 321 Rn. 1, 4), wenn auch in der Nichtberücksichtigung eines Anspruchs der Partei zugleich auch eine Gehörsverletzung liegen kann. Nur wenn durch eine Urteilsergänzung dem Anspruch auf rechtliches Gehör nicht genügt wird, kann ergänzend auf § 321 a zurückgegriffen werden.

III. Begründetheit der Anhörungsrüge

1. Verletzung des Anspruchs auf rechtliches Gehör. Die Rüge ist begründet, wenn das 12
Gericht durch seine Entscheidung den Anspruch der Partei auf rechtliches Gehör in entscheidungserheblicher Weise verletzt hat. **Der Begriff des rechtlichen Gehörs** iSv. § 321 a Abs. 1 S. 1 Nr. 2 darf nicht eng ausgelegt werden. Für eine großzügige Interpretation spricht insbesondere, dass sich verschiedene das Prozessrecht prägende Verfassungsprinzipien, wie zB der Anspruch auf ein faires Verfahren und in gewisser Weise sogar auch der Grundsatz der Waffengleichheit durchaus auf den Anspruch auf rechtliches Gehör des Artikels 103 Abs. 1 GG zurückführen lassen.[34] Die Rechtsprechung des BVerfG zu Art. 103 GG, durch die das Recht auf Gehör sehr weit ausgedehnt wird,[35] bestätigt eine solche großzügige Anwendung des Rügerechts. Streitig ist die Frage, ob sich der Begriff des rechtlichen Gehörs iSv. § 321 a allein am Normgehalt des Art. 103 Abs. 1 GG zu orientieren hat oder ob auch solche Anhörungsfälle erfasst werden, die über die grundgesetzliche Mindestgarantie hinausgehen und sich aus einfachgesetzlichen Vorschriften der ZPO ableiten. Im Interesse der Rechtssicherheit ist dem Zivilverfahrensrecht ein einheitlichen Begriff des rechtlichen Gehörs zu Grunde zu legen und eine Anhörungsrüge zuzulassen, wenn einer Partei die ihr nach der ZPO zugebilligte Anhörung verweigert wird, ohne dass es darauf ankommt, ob darin zugleich ein Verstoß gegen das Grundrecht des Art. 103 Abs. 1 GG zu finden ist.[36] Wegen der Vielzahl der in Betracht kommenden Möglichkeiten, in denen eine Partei rechtliches Gehör beanspruchen kann [37] und deshalb auch eine Verletzung dieses Anspruchs in Betracht kommt, wird zur besseren Strukturierung und Übersichtlichkeit die Bildung von Fallgruppen vorgeschlagen, in denen typische Verstöße gegen den Anspruch auf rechtliches Gehör zusammengefasst werden.[38] So wird zwischen

---

[29] BGH NJW 1993, 1596; 1995, 332, 333 (beide Entscheidungen zu § 586).

[30] BVerfG NJW 2007, 2242, 2244 m. zust. Anm. v. *Schnabel,* BAG NJW 2006, 2346, *Rensen* MDR 2007, 695, 696f.

[31] BAG (Fn. 30) (zu der parallelen Vorschrift des § 78 a ArbGG).

[32] BVerfG (Fn. 30).

[33] *Baumbach/Lauterbach/Hartmann* Rn. 5ff.; *Rosenberg/Schwab/Gottwald* § 61 Rn. 35: Fehlen eines Rechtsschutzbedürfnis für Rüge.

[34] Vgl. *Stein/Jonas/Leipold* Vor § 128 Rn. 14, 113ff.; *Musielak/Musielak* Einl. Rn. 28ff.; einschr. dagegen *Zuck* NJW 2005, 1226, 1228.

[35] *Schumann,* FG BGH, S. 3, 18.

[36] So auch *Sangmeister* NJW 2007, 2363, 2366; *Zöller/Vollkommer* Rn. 3 a; Hk-ZPO/*Saenger* Rn. 5; aA *Zuck* NJW 2005, 1226; 2005, 3752.

[37] Vgl. *Leipold* vor § 128 Rn. 42ff.

[38] *Vollkommer* (Fn. 24) S. 632ff.; *Zöller/Vollkommer* Rn. 8ff.

Pannenfällen, in denen die Gehörsverletzung auf einem Versehen beruht,[39] **Präklusionsfällen,** bei denen das Gericht durch eine verfehlte Anwendung der einschlägigen Vorschriften das Äußerungsrecht einer Partei verkürzt oder ausschließt,[40] **Hinweisfällen,** die sich dadurch charakterisieren lassen, dass durch Unterlassen gebotener richterlicher Hinweise eine Partei benachteiligt wird, und sog. **Unrichtigkeitfällen** unterschieden, in denen das Vorbringen einer Partei vom Gericht nicht erfasst oder grob missverstanden wird.[41] Dass sich eine versehentliche Missachtung des rechtlichen Gehörs wie in den Pannenfällen einfach und wirksam auf dem durch § 321 a geöffneten Weg korrigieren lässt, dürfte nicht zweifelhaft sein. Wesentlich skeptischer ist dagegen die Erfolgsaussicht einer Anhörungsrüge zu beurteilen, wenn unterschiedliche Auffassungen zwischen Gericht und Partei zur Gehörsverletzung führen, weil dann regelmäßig davon ausgegangen werden muss, dass der Richter an seiner Meinung festhalten wird.[42]

13 **2. Entscheidungserhebliche Gehörsverletzung.** Die Verletzung des Anspruchs auf rechtliches Gehör muss entscheidungserheblich sein. Von einer Entscheidungserheblichkeit ist immer dann auszugehen, wenn nicht ausgeschlossen werden kann, dass das Gericht ohne die Verletzung des Anspruchs auf rechtliches Gehör zu einer anderen Entscheidung gekommen wäre, die die betroffene Partei besser gestellt hätte als die erlassene.[43] **Die Frage, ob sich aus der Gehörsverletzung nachteilige Wirkungen für die Partei ergeben, ist bereits im Rahmen der Zulässigkeitsprüfung zu entscheiden.** Denn die Beschwer, die eine Voraussetzung für die Zulässigkeit der Rüge bildet, muss sich in einem Nachteil ausdrücken, für den die Gehörsverletzung ursächlich sein kann (vgl. auch Rn. 8).[44] Allerdings ist für die Zulässigkeit der Rüge insoweit nur eine Prognose erforderlich, nach der eine günstigere Entscheidung erwartet werden kann. Ob diese Annahme tatsächlich zutrifft, ist dagegen eine Frage der Begründetheit der Rüge. Hat zB das Gericht unzulässigerweise einen Beweisantrag übergangen, dann ist die Entscheidungserheblichkeit des Verstoßes zu bejahen, weil nicht auszuschließen ist, dass die Beweiserhebung zu einem Ergebnis gelangt, das die Rechtslage für die Partei verbessert.[45] Nur wenn von vornherein feststeht, dass die Gehörsverletzung keinerlei nachteilige Wirkungen für die betroffene Partei hat, fehlt es bereits an der erforderlichen Beschwer und damit an der Zulässigkeit der Rüge. Ist dagegen die Entscheidungserheblichkeit in dem beschriebenen Sinn zu bejahen, dann muss von der Begründetheit der Rüge ausgegangen werden. Über die Auswirkungen der Gehörsverletzung auf die Entscheidung im Einzelnen ist innerhalb des sich anschließenden Verfahrens zu befinden (Rn. 16).[46]

14 **3. Verletzung anderer Verfahrensgrundrechte.** Trotz einer weiten Auslegung des Begriffs des rechtlichen Gehörs iSv. § 321 a (vgl. Rn. 12) können nicht alle Verletzungen von Verfahrensgrundrechten durch diese Vorschrift erfasst werden.[47] Es stellt sich folglich die Frage, wie mit Grundrechtsverletzungen durch gerichtliche Entscheidungen umzugehen ist, die nicht als Verletzung des Anspruchs auf rechtliches Gehör aufgefasst werden können. Dazu ist zunächst einmal festzuhalten, dass eine **analoge Anwendung des § 321 a auf Fälle anderer Grundrechtsverletzungen ausgeschlossen** werden muss.[48] Denn die Beschränkung dieser Vorschrift auf Gehörsverletzungen stellt eine bewusste und ausdrücklich begründete Entscheidung des Gesetzgebers dar, wie die Amtliche Begründung des Entwurfs des Anhörungsrügengesetzes ausweist.[49] Dies muss bei der Rechtsanwendung berücksichtigt werden. Soweit nicht durch die ZPO rechtliche Möglichkeiten geschaffen worden sind, um Grundrechtsverletzungen in unanfechtbaren Entscheidungen

---

[39] Vgl. *Schumann* NJW 1985, 1134, 1135ff.; *Vollkommer,* FS Schumann, 2001, S. 507, 520ff.

[40] Vgl. dazu BGH NJW 2005, 2624; BayVerfGH NJW-RR 2005, 1730 (zur Gewährung rechtlichen Gehörs bei Ankündigung eines Schriftsatzes).

[41] Vgl. dazu *Zöller/Vollkommer* Rn. 10f.; s. auch *Zuck* NJW 2005, 3753, 3755f.

[42] Dies ist auch der durchaus berechtigte Grund für die Kritik an der vom Gesetzgeber gewählten Zuständigkeit für die Entscheidung über die Anhörungsrüge; vgl. *Gravenhorst* MDR 2003, 887, 888; *Huber* JuS 2005, 109, 111; *Nassall* ZPR 2004, 164, 167; *Rensen* JZ 2005, 196, 197; *Sangmeister* NJW 2007, 2363, 2364; *Zimmermann* Rn. 6; s. auch Beschlüsse des 65. DJT, Abt. Verfahrensrecht (7.1), NJW 2004, 3241.

[43] Amtl. Begründung (Fn. 3) S. 16; BGH NJW 2005, 2624, 2625; NJW-RR 2006, 428.

[44] *Hannich/Meyer-Seitz/Engers* Rn. 44; *Zöller/Vollkommer* Rn. 13; vgl. auch BGH NJW 2006, 3786; aA *U. Schmidt* MDR 2002, 915, 916.

[45] *Zuck* NJW 2005, 1226, 1228; *Zöller/Vollkommer* Rn. 12.

[46] *Zöller/Vollkommer* Rn. 12 aE.

[47] AA OVG Lüneburg NJW 2006, 2506, 2507.

[48] BFH NJW 2005, 2639, 2640; 2006, 861; OVG Frankfurt/Oder NVwZ 2005, 11; *Pukall* Rn. 1066; *Zöller/Vollkommer* Rn. 3a; *Stein/Jonas/Leipold* Vor § 128 Rn. 93 m. weit. Nachw. (zu § 321 a aF); aA BGH NJW 2006, 1978; *Gravenhorst* NZA 2005, 24, 27; *Jauernig* § 29 III 3.

[49] Amtl. Begr. (Fn. 3) S. 14 (A II 4). Zu Recht bezeichnet *Kettinger* ZPR 2006, 152, 153, diese Zurückhaltung des Gesetzgebers als äußerst bedenklich.

korrigieren zu können, wie dies zB durch die Nichtigkeitsklage gemäß § 579 Abs. 1 Nr. 1 bei einer Verletzung des Anspruchs auf den gesetzlichen Richter (Art. 101 Abs. 1 S. 2 GG) ermöglicht wird, ist die Rechtslage ungeklärt. Dies gilt auch für die Frage, ob man in solchen Fällen die betroffene Partei für verpflichtet halten muss, wegen des Grundsatzes der Subsidiarität der Verfassungsbeschwerde zunächst mit außerordentlichen Rechtsbehelfen den Grundrechtsverstoß zu rügen. In einer nach Inkrafttreten des Anhörungsrügengesetzes ergangenen Entscheidung hat das BVerfG festgestellt: „Das Erfordernis, vor Erhebung der Verfassungsbeschwerde alle nach Lage der Sache sonst zur Verfügung stehenden Rechtsbehelfe zu ergreifen, um die Verfassungsverletzung auszuräumen; umfasst auch diejenigen Rechtsbehelfe, deren Zulässigkeit in der bisherigen fachgerichtlichen Rechtsprechung nicht eindeutig geklärt ist. Auch bei solchen Rechtsbehelfen muss dem Vorrang des Verfahrens vor den Fachgerichten Rechnung getragen werden“.[50] Zu diesem Rechtsbehelfen zählt die **Gegenvorstellung,** deren Statthaftigkeit auch bei Geltung des § 321 a bejaht wird.[51] Ganz in diesem Sinn hat der Gesetzgeber in der Begründung des Anhörungsrügengesetzes erklärt, dass die bisher zur Anwendung gekommenen außerordentlichen Rechtsbehelfe wie die außerordentliche Beschwerde oder die Gegenvorstellung durch die von ihm getroffene Regelung nicht ausgeschlossen werden sollten.[52] Alles dies spricht dafür, bei Verletzungen von Verfahrensgrundrechten außerhalb des Anwendungsbereichs des § 321 a im Hinblick auf den sich aus § 90 Abs. 1 S. 1 BVerfGG ableitenden Subsidiaritätsgrundsatzes zunächst eine Gegenvorstellung für erforderlich zu halten, um eine Abhilfe durch das Fachgericht zu erreichen.[53] Die durch § 318 geschaffene Bindung des Gerichts an seiner Entscheidung steht einer Abänderung zur Heilung von Grundrechtsverstößen nicht entgegen, weil die Entscheidung auf eine Verfassungsbeschwerde hin aufzuheben wäre und damit letztlich keine Bestandskraft entfalten kann.[54] Allerdings versagt die Möglichkeit einer fachgerichtlichen Abänderung bei rechtskräftigen Entscheidungen, weil der Gegenvorstellung anders als der Gehörsrüge keine die Rechtskraft durchbrechende Wirkung zukommt.[55] Zweifelhaft ist, ob die Gegenvorstellung in Bezug auf die Verfassungsbeschwerde fristwahrend wirkt. Zumindest für den Anwendungsbereich der Anhörungsrüge hat das BVerfG eine fristwahrende Eigenschaft der Gegenvorstellung verneint, weil sie nach dem Wortlaut des Gesetzes weder als Rechtsmittel noch als Gehörsrüge angesehen werden könne und weil für den Bereich der Verletzung des Anspruchs auf rechtliches Gehör durch § 321 a eine abschließende Regelung getroffen worden sei.[56] Die beschriebenen Zweifel und Unzulänglichkeiten führen letztlich zu einer Rechtslage, die das BVerfG in Bezug auf Gehörsverletzungen veranlasst hat, eine gesetzliche Regelung zur Beseitigung der Rechtsmittelunklarheit zu verlangen. Es ist deshalb dringend erforderlich, § 321 a zu ergänzen und zu erweitern, damit auch bei Verletzung anderer Verfahrensgrundrechte eine fachgerichtliche Korrektur auf einer gesicherten Rechtsgrundlage möglich ist. Hält man in der Zwischenzeit trotz des insoweit festzustellenden Fehlens an Rechtsmittelklarheit[57] eine Gegenvorstellung als geeignetes und erforderliches Mittel zum Geltendmachen von Grundrechtsverletzungen außerhalb des Anwendungsbereichs des § 321 a, dann ist hinsichtlich der zu beachtenden Form und Fristen eine Parallele zur Gehörsrüge herzustellen (vgl. dazu Rn. 9f.). Dies bedeutet insbesondere, dass die Gegenvorstellung gegen unanfechtbare Entscheidungen innerhalb einer Notfrist von zwei Wochen nach Kenntnis von der Verletzung des Verfahrensgrundrechts zu erheben ist.[58]

IV. Entscheidung des Gerichts

Das Gericht entscheidet in seiner regulären **Besetzung** und nicht in der, in der die angegriffene 15
Entscheidung gefällt worden ist; § 320 Abs. 4 S. 2 ist nicht entsprechend anzuwenden.[59] **In einem ersten Verfahrensschritt** wird von Amts wegen die **Zulässigkeit der Rüge,** dh. ihre Statthaf-

[50] BVerfG NJW 2005, 3059; vgl. auch BVerfG NJW 2002, 3387; HessStGH NJW 2005, 2219; OLG Frankfurt NJW-RR 2005, 1591.

[51] BSG NJW 2006, 860; BFG NJW 2006, 861; OLG Hamm MDR 2007, 483.

[52] Amtl. Begr. (Fn. 3) S. 14 (A II 4); krit. dazu zu Recht *Nassall* ZPR 2004, 164, 168.

[53] *Rensen* MDR 2005, 181, 183, spricht sich für die vorsorgliche Einlegung außerordentlicher Rechtsbehelfe aus. Dass die Verletzung von Verfahrensgrundrechten mit einer Gegenvorstellung geltend gemacht werden kann, hat auch der BFH festgestellt; vgl. BFH NJW 2006, 861; 2006, 861, 863.

[54] BGH NJW 2002, 1577 m. weit. Nachw.

[55] OLG Köln MDR 2005, 1070.

[56] BVerfG NJW 2006, 2907, 2908.

[57] Aus diesem Grunde wird die Zulässigkeit einer Gegenvorstellung verneint, so OVG Lüneburg NJW 2005, 2171; *Desens* NJW 2006, 1243.

[58] OLG Dresden NJW 2006, 851; *Zimmermann* § 567 Rn. 6. Dagegen spricht sich der BFH (NJW 2006, 861) gegen eine Fristgebundenheit der Gegenvorstellung aus.

[59] BGH NJW-RR 2006, 63, 64.

tigkeit sowie die Beachtung der vorgeschriebenen Form und Frist, geprüft. Entspricht die Rüge diesen Erfordernissen nicht, so ist sie durch einen unanfechtbaren Beschluss (vgl. Rn. 17) als unzulässig zu verwerfen (Abs. 4 S. 2). In diesem Fall ist die Anhörung des Gegners nicht erforderlich (Abs. 3) und kann deshalb unterbleiben.[60] Das Gleiche gilt, wenn sich für den Richter ohne weiteres ergibt, dass die Rüge unbegründet ist.[61] In allen anderen Fällen muss der Gegenpartei Gelegenheit gegeben werden, zur Rüge Stellung zu nehmen, wie dies ihr Anspruch auf rechtliches Gehör verlangt.[62]

16 Bejaht **das Gericht** die Zulässigkeit der Rüge, dann **prüft** es von Amts wegen **in einem zweiten Verfahrensschritt die Begründetheit.**[63] Stellt das Gericht die Verletzung des Anspruchs auf rechtliches Gehör fest, deren Einfluss auf die Entscheidung nicht auszuschließen ist (vgl. Rn. 13), dann hat das Gericht das Verfahren fortzuführen (Abs. 5 S. 1), und zwar in der bisherigen Verfahrensart, beispielsweise im schriftlichen Verfahren (§ 128 Abs. 2); eine förmliche Entscheidung über die Fortsetzung des Rechtsstreits ist nicht zu treffen.[64] Entsprechend dem Gebot der Rechtssicherheit und dem Rechtsgedanken des § 318 ist die Entscheidung, der Anhörungsrüge einer Partei gemäß § 321a Abs. 5 S. 1 abzuhelfen und das Verfahren fortzusetzen, für das Gericht bindend.[65] Der Prozess wird nur in dem Umfang fortgesetzt, soweit dies auf Grund der Rüge geboten ist. Dies bedeutet, dass im **Fortsetzungsverfahren** nur noch über den (abgrenzbaren) Teil des Streitgegenstandes verhandelt wird, der von der Anhörungsrüge in einer entscheidungsrechtlichen Weise betroffen ist. Wenn zB bei der Fortführung des Prozesses nach einer erfolgreichen Rüge ein übergangener Beweisantrag ausgeführt wird und das Ergebnis der neuen Beweisaufnahme Anlass für einen weiteren, bisher noch nicht gestellten Beweisantrag gibt, dann muss dieser Beweis erhoben werden. Andererseits ist jedoch ausgeschlossen, dass der Gegner der die Rüge einlegenden Partei sein Vorbringen zu solchen Streitpunkten ergänzt, mit denen er im bisherigen Verfahren unterlegen ist und die mit dem Fehler des Gerichts nichts zu tun haben·[66] Es ergibt sich insoweit eine Parallele zum Versäumnisverfahren (vgl. § 342). In dem neu zu verhandelnden Teil des Rechtsstreits ist das Gericht in seiner Entscheidung frei; das Verbot der reformatio in peius gilt nicht.[67] Nach dem gemäß Abs. 5 S. 3 entsprechend anwendbaren § 343 hat das Gericht in der neuen Entscheidung auszusprechen, ob die bisherige Entscheidung aufrechterhalten wird. Ist dies nicht der Fall, dann ist die bisherige Entscheidung aufzuheben und über den Rechtsstreit neu zu befinden, soweit dies durch die Rüge gerechtfertigt ist.

17 Erweist sich die Rüge als unbegründet, dann ist sie durch einen unanfechtbaren Beschluss [68]zurückzuweisen. Eine mündliche Verhandlung ist nicht erforderlich (§ 128 Abs. 4). Die Entscheidung des Gerichts soll „kurz" begründet werden, wobei die Kürze nicht auf Kosten der Verständlichkeit gehen darf, denn die betroffene Partei hat grundsätzlich ein Recht darauf, zu erfahren, aus welchen Gründen die Rüge zurückgewiesen wird (vgl. § 313 Rn. 10). Wird die Rüge im Revisionsverfahren erhoben und erachtet sie das Gericht nicht für durchgreifend, dann ist gemäß § 564 eine Begründung entbehrlich.[69] Die Gehörsrüge gegen die Entscheidung über eine Nichtzulassungsbeschwerde kann nicht dazu eingelegt werden, eine Begründungsergänzung herbeizuführen.[70]

V. Gebühren und Kosten

18 **1. Gerichtskosten.** Wird die Rüge in vollem Umfang verworfen oder zurückgewiesen wird, dann entsteht für das Verfahren. nach KV Nr. 1700, 2500 eine Festgebühr von 50 Euro. Hat die Rüge auch nur teilweise Erfolg, entfällt die Gebühr.

19 **2. Rechtsanwaltsgebühren.** Für den Prozessbevollmächtigten gehört das Rügeverfahren zum Rechtszug (§ 19 Abs. 1 Nr. 5 RVG). War der Anwalt nicht Prozessbevollmächtigter, erhält er gem. Nr. 3330 VV RVG eine 0,5 Verfahrensgebühr.

---

[60] *Huber,* Zivilurteil Rn. 43; *Baumbach/Lauterbach/Hartmann* Rn. 40.
[61] *Thomas/Putzo/Reichold* Rn. 10.
[62] Hk-ZPO/*Saenger* Rn. 11.
[63] Vgl. dazu die eingehende Fallanalyse auf der Grundlage der bisher bekannt gewordenen Rechtsprechung von *Vollkommer* (Fn. 24) S. 632 ff.
[64] *Huber,* Zivilurteil, Rn. 43; *Baumbach/Lauterbach/Hartmann* Rn. 54.
[65] RhPfVerfG MDR 2007, 544; *Petry* MDR 2007, 497, 498.
[66] Vgl. zur Vorgängerregelung BT-Drucks. 15/1508, S. 19.
[67] *Zöller/Vollkommer* Rn. 18; *Thomas/Putzo/Reichold* Rn. 15.
[68] Die Erhebung einer Verfassungsbeschwerde bleibt der betroffenen Partei unbenommen; vgl. dazu. *Zuck* NJW 2005, 1226, 1228.
[69] BGH NJW 2005, 1432, 1433; krit. *Zuck* (Fn. 57) S. 1228; aA *Sangmeister* NJW 2007, 2363, 2365.
[70] BGH FamRZ 2006, 408.

§ 322 Materielle Rechtskraft

(1) Urteile sind der Rechtskraft nur insoweit fähig, als über den durch die Klage oder durch die Widerklage erhobenen Anspruch entschieden ist.

(2) Hat der Beklagte die Aufrechnung einer Gegenforderung geltend gemacht, so ist die Entscheidung, dass die Gegenforderung nicht besteht, bis zur Höhe des Betrages, für den die Aufrechnung geltend gemacht worden ist, der Rechtskraft fähig.

Schrifttum: Allgemeines, Rechtskrafttheorien: *J. Blomeyer,* Zum Streit über Natur und Wirkungsweise der materiellen Rechtskraft, JR 1968, 407; *Braun,* Rechtskraft und Rechtskraftbeschränkung im Zivilprozeß, JuS 1986, 364; *Gaul,* Rechtskraftlehre seit Savigny, FS Flume, 1978, S. 443; *ders.,* Die „Bindung" an die Tatbestandswirkung des Urteils, FS Zeuner, 1994, S. 317; *ders.,* Rechtskraft und Verwirkung, FS Henckel, 1995, S. 235; *ders.,* Die Ausübung privater Gestaltungsrechte nach rechtskräftigem Verfahrensabschluß, GedS Knobbe-Keuk, 1997, S. 135; *ders.,* Die Rechtskraft im Lichte des Dialogs der österreichischen und deutschen Prozeßrechtslehre, ÖJZ 2003, 861; *W. Habscheid,* Zur materiellen Rechtskraft des Unzuständigkeitsentscheids, FS Nakamura, 1996, S. 203; *Homfeldt,* Die Beachtung der Rechtskraft im Zivilprozeß von Amts wegen, 2001; *Koussoulis,* Beiträge zur modernen Rechtskraftlehre, 1986; *Kuttner,* Die privatrechtlichen Nebenwirkungen der Zivilurteile, 1908; *Lenenbach,* Die Behandlung von Unvereinbarkeiten zwischen rechtskräftigen Zivilurteilen, 1997; *Martens,* Rechtskraft und materielles Recht, ZZP 79 (1966), 404; *Musielak,* Einige Gedanken zur materiellen Rechtskraft, FS Nakamura, 1996, S. 423; *Pohle,* Gedanken über das Wesen der Rechtskraft, GedS für Calamandrei, Bd. II, 1958, S. 377; *Schindler,* Rechtskraft und Innenbindung von Beschlüssen nach der ZPO-Reform, 2006; *Schumann,* Fehlurteil und Rechtskraft, FS Bötticher, 1969, S. 289; *Schwab,* Der Streitgegenstand im Zivilprozeß, 1954.

Objektive Grenzen der Rechtskraft: *Arens,* Zur Problematik von non-liquet-Entscheidungen, FS Müller-Freienfels, 1986, S. 13; *Bader,* Zur Tragweite der Entscheidung über die Art des Anspruchs bei Verurteilungen im Zivilprozeß, 1966; *Batschari/Durst,* Wirkung des Synallagmas auf die materielle Rechtskraft?, NJW 1995, 1650; *Bub,* Streitgegenstand und Rechtskraft bei Zahlungsklagen des Käufers wegen Sachmängeln, 2001; *Deppert,* Rechtskraftwirkung und Bemessung der Beschwer einer Entscheidung über die einseitige Erledigungserklärung des Klägers, FS J. Wenzel, 2005, S. 23; *Dieckmann,* Zur Rechtskraftwirkung eines Zug-um-Zug-Urteils, GedS für *Arens,* 1993, S. 43; *Dietrich,* Zur materiellen Rechtskraft eines klagabweisenden Urteils, ZZP 83 (1970), 201; *ders.,* Die Wirkung des Versäumnisurteils gegen den Kläger, ZZP 84 (1971), 419; *Doderer,* Auswirkungen materieller Rechtskraft auf Einwendungen und Einreden, NJW 1991, 878; *Dütz,* Rechtskraftgrenzen im arbeitsgerichtlichen Beschlußverfahren, FS Kehrmann, 1997, S. 349; *G. Fischer,* Objektive Grenzen der Rechtskraft im internationalen Zivilprozeßrecht, FS Henckel, 1995, S. 199; *Foerste,* Zur Rechtskraft in Ausgleichszusammenhängen, ZZP 108 (1995), 167; *Gaul,* Materielle Rechtskraft, Vollstreckungsabwehr und zivilrechtliche Ausgleichsansprüche, JuS 1962, 1; *ders.,* Der Einfluss rückwirkender Gestaltungsurteile auf vorangegangene Leistungsurteile, FS Nakamura, 1996, S. 137; *Grosch,* Rechtswandel und Rechtskraft bei Unterlassungsurteilen, 2002; *Habscheid,* Die Präklusionswirkung des rechtskräftigen Urteils, AcP 152 (1952/53), 169; *ders.,* Zur materiellen Rechtskraft des Unzuständigkeitsentscheids, FS Nakamura, 1996, S. 203; *Hau,* Zur Rechtskraftwirkung des klagabweisenden Versäumnisurteils, JuS 2003, 1157; *Henckel,* Prozeßrecht und materielles Recht, 1970; *Holtermüller,* Streitgegenstand, Rechtskraft und Präklusion im arbeitsgerichtlichen Kündigungsschutzverfahren, 2000; *Just,* Umfang der Rechtskraft eines Versäumnisurteils gegen den Berufungskläger, NJW 2003, 2289; *Kappel,* Die Klageabweisung „zurzeit", 1999; *Kocher,* Feststellungswirkungen von Unterlassungs- und Schadensersatzurteilen, ZZP 117 (2004), 487; *Lipp,* Doppelzahlung und Rechtskraft, FS Pawlowski, 1996, S. 359; *Mädrich,* Rechtskraftprobleme bei Klagen aus dem Eigentum, MDR 1982, 455; *Münzberg,* Die materielle Rechtskraft deutscher Vollstreckungsbescheide, FS Mitsopoulos, 1993, S. 909; *Musielak,* Der rechtskräftig entschiedene Lebenssachverhalt, NJW 2000, 3593; *ders.,* Rechtskraftprobleme bei Nachforderungsklagen, FS Schumann, 2001, S. 295; *Otte,* Umfassende Streitentscheidung durch Beachtung von Sachzusammenhängen, 1998; *Otto,* Die Präklusion, 1970; *ders.,* Die inner- und außerprozessuale Präklusion im Fall der Vollstreckungsgegenklage, FS Henckel, 1995, S. 615; *Peetz,* Die materiellrechtliche Einordnung der Rechtsfolge und die materielle Rechtskraft der Sachentscheidung im Zivilprozeß, 1976; *Petzold,* Die Rechtskraft der Rentenurteile des § 258 ZPO und ihre Abänderung nach § 323 ZPO, 1992; *Piepenbrock,* Bindungswirkung von Feststellungsurteilen im Schadenersatzprozeß, MDR 1998, 201; *Reischl,* Die objektiven Grenzen der Rechtskraft im Zivilprozess, 2002; *Rimmelspacher,* Materiellrechtlicher Anspruch und Streitgegenstandsprobleme im Zivilprozeß, 1970; *Ritter,* Die Bestimmung der objektiven Rechtskraftgrenzen in rechtsvergleichender Sicht, ZZP 87 (1974), 138; *Reuschle,* Das Nacheinander von Entscheidungen, 1998; *Rüßmann,* Die Bindungswirkungen rechtskräftiger Unterlassungsurteile, FS Lüke, 1997, S. 675; *ders.,* Die Streitgegenstandslehre und die Rechtsprechung des EuGH, ZZP 111 (1998), 399; *Schlosser,* Urteilswirkungen und rechtliches Gehör, JZ 1967, 431; *B. Schmidt,* Die Grenzen der Rechtskraft eines klageabweisenden Versäumnisurteils, ProzRB 2004, 44; *Schwab,* Die Bedeutung der Entscheidungsgründe, FS Bötticher 1969, S. 321; *Siemon,* Rechtskraftwirkung des die Berufung des Klägers zurückweisenden Versäumnisurteils, MDR 2004, 301; *Spellenberg,* Prozeßführung oder Urteil – Rechtsvergleichendes zu Grundlagen der Rechtskraft, FS Henckel, 1995, S. 841; *Stürner,* Rechtskraft in Europa, FS Schütze, 1999, S. 913; *Teplitzky,* Streitgegenstand und materielle Rechtskraft im wettbewerbsrechtlichen Unterlassungsprozeß, GRUR 1998, 320; *Tiedemann,* Die Rechtskraft von Vorbehaltsurteilen, ZZP 93 (1980), 23; *Tiedtke,* Zur Rechtskraft eines die negative Feststellungsklage abweisenden Urteils, NJW 1990, 1697; *Vollkommer,* Neuere Tendenzen im Streit um die „geminderte" Rechtskraft des Vollstreckungsbescheids, FS Gaul, 1997, S. 759; *Zeuner,* Die objektiven Grenzen der Rechtskraft im Rahmen rechtlicher Sinnzusammenhänge, 1959; *ders.,* Beobachtungen und Gedanken zur Behandlung von Fragen der Rechtskraft, Festg. 50 Jahre BGH, Bd. 3, 2000, S. 337.

Zeitliche Grenzen der Rechtskraft: *Gaul,* Die Ausübung privater Gestaltungsrechte nach rechtskräftigem Verfahrensabschluss, GedS für Knobbe-Keuk, 1997, S. 135; *Heiderhoff,* Der entschiedene Lebenssachverhalt und die Rechtskraftsperre bei klageabweisenden Urteilen, ZZP 118 (2005), 185; *Leipold,* Zur zeitlichen Dimension der materiellen Rechtskraft, Keio Law Rev. 1990 (No. 6), S. 277; *ders.,* Einige Bemerkungen zu den zeitlichen Grenzen der Rechtskraft, FS Mitsopoulos, 1993, S. 797; *Oetker,* Die materielle Rechtskraft und ihre zeitlichen Grenzen bei einer Änderung der Rechtslage, ZZP 115 (2002), 3; *Rimmelspacher,* Materielle Rechtskraft und Gestaltungsrechte, JuS 2004, 560; *Stangel,* Die Präklusion der Anfechtung durch die Rechtskraft, 1996; *Weinzierl,* Die Präklusion von Gestaltungsrechten durch § 767 Abs. 2 ZPO, 1997; *Würthwein,* Neue wissenschaftliche Erkenntnisse und materielle Rechtskraft, ZZP 112 (1999), 447.

Rechtskraft bei Teilklagen: *Batsch,* Zur materiellen Rechtskraft bei „Teilklagen" und zur Repräsentationswirkung des Klageantrags, ZZP 86 (1973), 254; *Beinert,* Der Umfang der Rechtskraft bei Teilklagen, 2000; *Brötel,* Rechtskraft gegen den siegreichen Kläger?, JuS 2003, 429; *Elzer,* Rechtskraft von Teilklagen, JuS 2001, 224; *Fenge,* Über Chancen und Risiken einer Teilklage im Zivilprozeß, FS Pieper, 1998, S. 31; *Habscheid,* Probleme der Teilklage, FamRZ 1962, 352; *Jauernig,* Teilurteil und Teilklage, Festg. 50 Jahre BGH, Bd. 3, 2000, S. 311; *Kuschmann,* Die materielle Rechtskraft bei verdeckten Teilklagen, FS Schiedermair, 1976, S. 351; *Leipold,* Teilklagen und Rechtskraft, FS Zeuner, 1994, S. 431; *ders.,* Die Bindungswirkungen rechtskräftiger Unterlassungsurteile, FS Lüke, 1997, S. 675; *Lindacher,* Individualisierte und nicht individualisierte Teilklagen, ZZP 76 (1963), 451; *Marburger,* Rechtskraft und Präklusion bei der Teilklage im Zivilprozeß, GedS für Knobbe-Keuk, 1997, S. 187; *Musielak,* Rechtskraftproblem bei Nachforderungsklagen, FS Schumann, 2001, S. 296; *Schulte,* Zur Rechtskrafterstreckung bei Teilklagen, 1999; *Zeiss,* Rechtskrafterstreckung bei Teilklagen, NJW 1968, 1305.

Rechtskraft bei Aufrechnung: *Braun,* Die Aufrechnung des Klägers im Prozeß, ZZP 89 (1976), 93; *Brückner,* Die Klägeraufrechnung im Prozess, 2006; *Foerste,* Lücken der Rechtskraft zivilgerichtlicher Entscheidungen über Aufrechnung, NJW 1993, 1183; *Niklas,* Die Klägeraufrechnung, MDR 1987, 96; *Oertmann,* Die Aufrechnung im deutschen Zivilprozeßrecht, 1916 (Neudruck 1969); *Tiedtke,* Aufrechnung und Rechtskraft, NJW 1992, 1473; *Zeuner,* Zur Bemessung der Rechtskraft in Fällen der Aufrechnung, JuS 1987, 354.

Durchbrechung der Rechtskraft: *Braun,* Rechtskraft und Restitution. Erster Teil: Der Rechtsbehelf gem. § 826 BGB gegen rechtskräftige Urteile, 1979; Zweiter Teil: Die Grundlagen des geltenden Restitutionsrechts, 1985; *ders.,* Rechtskraft und Rechtskraftdurchbrechung von Titeln über sittenwidrige Ratenkreditverträge, 1986; *ders.,* Rechtskraftdurchbrechung bei rechtskräftigen Vollstreckungsbescheiden, ZIP 1987, 687; *Gaul,* Möglichkeiten und Grenzen der Rechtskraftdurchbrechung, 1986; *Hönn,* Dogmatische Kontrolle oder Verweigerung – Zur Rechtskraftdurchbrechung über § 826 BGB, FS Lüke, 1997, S. 265; *Klados,* § 826 BGB – Ein legitimes Mittel zur Durchbrechung der Rechtskraft?, JuS 1997, 705; *Kohte,* Rechtsschutz gegen die Vollstreckung des wucherähnlichen Rechtsgeschäfts nach § 826 BGB, NJW 1985, 2217; *Lukes,* Die Vollstreckungsabwehrklage bei sittenwidrig erschlichenen und ausgenutzten Urteilen, ZZP 72 (1959), 99; *Mühlhausen,* Grenzen der Vollstreckung aus sittenwidrigen Ratenkreditverträgen, MDR 1995, 770; *Prütting/Weth,* Rechtskraftdurchbrechung bei unrichtigen Titeln, 2. Aufl. 1994; *Spellenberg,* Rechtskraft und Gerechtigkeit, JuS 1979, 554; *Thumm,* Die Klage aus § 826 BGB gegen rechtskräftige Urteile, 1959; *Walker,* Beseitigung und Durchbrechung der Rechtskraft, Festg. 50 Jahre BGH, Bd. 3, 2000, S. 367; *Wesser,* Abwehr sittenwidrigen Titelmißbrauchs, ZZP 113 (2000), 161; *Willingmann,* Rechtskraftdurchbrechung von Vollstreckungsbescheiden, VuR 1996, 263; *Wüstenberg,* Die Durchbrechung der Rechtskraft eines Urteils durch auf § 826 BGB gestützte Klage, AnwBl 2003, 141.

Bindung anderer Gerichte und Behörden, Präjudizienwirkung: *Bettermann,* Über die Bindung der Verwaltung an zivilgerichtliche Urteile, FS Baur 1981, S. 273; *Bötticher,* Die Bindung der Gerichte an Entscheidungen anderer Gerichte, FS zum 100jährigen Bestehen des Deutschen Juristentages, 1960, S. 523; *Haaf,* Die Fernwirkungen gerichtlicher und behördlicher Entscheidungen, 1984; *M. Huber,* Modernisierung der Justiz?, ZRP 2003, 268, 271; *Kuttner,* Die privatrechtlichen Nebenwirkungen der Zivilurteile, 1908; *Niklisch,* Die Bindung der Gerichte an gestaltende Gerichtsentscheidungen und Verwaltungsakte, 1965; *Ströbele,* Die Bindung der ordentlichen Gerichte an Entscheidungen der Patentbehörden, 1975; *G. Vollkommer,* Bindungswirkung des rechtskräftigen Strafurteils im nachfolgenden Schadenersatzprozess des Geschädigten, ZIP 2003, 2061.

Übersicht

I. Begriff und Wirkungsweise der materiellen Rechtskraft

1 **1. Begriff.** In Urteilsform erlassene Entscheidungen sind für das Gericht selbst bindend (§ 318), können aber von den Parteien durch Rechtsmittel oder andere Rechtsbehelfe angefochten werden. Unterliegt ein Urteil keinem befristeten Rechtsmittel mehr, so ist es nach der gesetzlichen Definition in § 705 formell rechtskräftig.[1] Diese formelle oder äußere Rechtskraft ist Voraussetzung dafür, dass die Entscheidung für die Parteien, insbesondere in weiteren Verfahren eine inhaltliche Bindungswirkung entfaltet.[2] Materielle Rechtskraft bedeutet mithin, dass der Inhalt der Entscheidung für die Parteien[3] und ein neu angerufenes Gericht maßgeblich ist, soweit es in einem späteren Verfahren um dieselbe Rechtsfolge geht.[4] Dadurch soll verhindert werden, dass über denselben Streitgegenstand ein weiterer Rechtsstreit geführt und darüber erneut oder abweichend entschieden wird. In diesem – näher zu erläuternden Rahmen – wird durch die materielle Rechtskraft jede neue Verhandlung und sachliche Entscheidung ausgeschlossen.[5]

2 **2. Zweck der materiellen Rechtskraft. a)** Die materielle Rechtskraft sichert den **inhaltlichen Bestand** einer formell endgültigen Entscheidung in weiteren Verfahren,[6] damit aber auch die Maßgeblichkeit der Entscheidung für die Parteien ohne erneute Inanspruchnahme eines Gerichts. Die materielle Rechtskraft ist danach nicht nur ein Gebot bloßer Zweckmäßigkeit, sondern notwendige Folge des Rechtsstaatsprinzips.[7] Der Rechtsfrieden in einem Staat ist nur gesichert, wenn Sachentscheidungen eines Gerichts grundsätzlich eine dauernde innere Bestandskraft entfalten können und damit dem Streit der Parteien nicht nur in dem laufenden Verfahren, sondern darüber hinaus grundsätzlich ein Ende bereitet wird.[8]

3 **b)** Die materielle Rechtskraft will zugleich die Gerichte vor einer wiederholten Beschäftigung mit der gleichen Streitsache schützen, die im Allgemeinen nutzlos ist und die andere Partei und die

---

[1] *Stein/Jonas/Leipold* Rn. 3.
[2] *Baumbach/Lauterbach/Hartmann* Einf. §§ 322–327 Rn. 2; *Rosenberg/Schwab/Gottwald* § 148 Rn. 3; *Zöller/Vollkommer* Vor § 322 Rn. 6.
[3] *Rosenberg/Schwab/Gottwald* §§ 148 Rn. 2, § 150 Rn. 1 f.; *Koussoulis* S. 34 ff.; *Stein/Jonas/Leipold* Rn. 34 ff.
[4] *Thomas/Putzo/Reichold* Rn. 1.
[5] *Rosenberg/Schwab/Gottwald* § 150 Rn. 5 f., 10 ff.
[6] *Rosenberg/Schwab/Gottwald* §§ 148 Rn. 2, § 150 Rn. 1 f.
[7] *Schwab/Gottwald,* Verfassung und Zivilprozeß, 1984, S. 28 f.
[8] *Thomas/Putzo/Reichold* Rn. 1; vgl. *Stein/Jonas/Leipold* Rn. 30 ff.

Allgemeinheit unnötig belastet. Sie trägt damit dazu bei, die **Funktionsfähigkeit der Gerichte** zu erhalten.

c) Auch die Autorität des Gerichts bleibt langfristig nur gewährleistet, wenn eine einmal **getroffene Entscheidung** über das konkrete Verfahren hinaus für alle Beteiligten **verbindlich** ist. Dieser Zweck wird erreicht, indem jede neue Verhandlung und Sachentscheidung eines bereits entschiedenen Streites zu unterbleiben haben. Ohne diese Bindung würden die Gerichte zwar regelmäßig eine einmal getroffene Entscheidung bestätigen, sodass vernünftige Parteien einen Streit ohnedies kaum neu aufrollen würden. Der Staat muss indes auch vor der Unvernunft und Rechthaberei einer unterlegenen Partei schützen. 4

d) Selbst in Zweifelsfällen oder in Fällen unrichtiger Entscheidung hat die obsiegende Partei grundsätzlich ein Recht darauf, dass die in einem ordnungsgemäßen Verfahren ergangene Entscheidung respektiert wird. Auch in diesen Fällen muss der Streit ein prozessuales Ende haben. Zweck der Rechtskraft ist es daher nicht primär, Macht gegenüber einer evtl. zu Unrecht unterlegenen Partei auszuüben,[9] sondern der obsiegenden Partei die Vorteile einer in einem mit größtmöglichen **Rechtsschutzgarantien** ausgestalteten Verfahren zu sichern.[10] Dies ist aber nur möglich, wenn die Richtigkeit der Entscheidung im Einzelfall zurückzutreten hat bzw. außerhalb der vorgesehenen Durchbrechungen der Rechtskraft im Regelfall von einem neu angerufenen Gericht, auch in Fällen eindeutiger Fehlurteile, nicht mehr in Frage gestellt werden darf. Dies gilt unabhängig davon, ob die unterlegene Partei prozessuale Chancen nicht genutzt und insoweit verwirkt hat[11] oder ob das Gericht Tatsachenvortrag und rechtliche Argumente unrichtig gewürdigt hat. 5

3. Rechtfertigung der Rechtskraft. Vor allem in früheren Jahrzehnten hat sich das Schrifttum intensiv mit der Frage beschäftigt, wie die Bindungswirkung eines formell rechtskräftigen Urteils auch in Fällen unrichtiger Entscheidung sachgerecht und widerspruchsfrei erklärt werden kann. 6

a) Materiell-rechtliche Rechtskrafttheorie. Die Bindung an ein rechtskräftiges Urteil erklärt sich zwanglos, wenn man mit älteren Autoren annimmt, das Urteil begründe das darin festgestellte Recht neu: Das richtige Urteil schaffe einen zusätzlichen Tatbestand für die darin ausgesprochene Rechtsfolge; ein falsches Urteil bringe ein zuvor bestehendes anderweitiges Recht zum Erlöschen.[12] Die common-law-Länder folgen noch immer dieser Ansicht und nehmen in Anlehnung an die Konsumtionswirkung der römischen litis contestatio an, der ursprüngliche Anspruch gehe mit Urteilserlass unter und verschmelze mit dem Anspruch aus dem Urteil *(„merger")*.[13] Im deutschen Recht sind diese Ansichten weitgehend aufgegeben worden.[14] Nach hM bestehen Parteirechte und -pflichten rechtsverbindlich bereits vor und unabhängig von ihrer gerichtlichen Feststellung.[15] 7

Die materiell-rechtliche Theorie hat allerdings eine moderne prozessuale Gestalt durch *Pohle* erhalten: Nach ihm schafft das rechtskräftige Urteil eine **unwiderlegliche Vermutung** für seine Richtigkeit und das Bestehen der darin festgelegten Rechtsfolge.[16] Diese Lehre wird der Realität stärker gerecht. Denn sie behauptet nicht, richterliche Urteile seien immer richtig. Indes enthält eine unwiderlegliche Vermutung in Form einer Beweislastnorm[17] letztlich eine Änderung des materiellen Rechts.[18] Eine derartige Änderung ist aber entbehrlich, um die Feststellungs- und Bindungswirkung der materiellen Rechtskraft zu erklären. 8

b) Prozessuale Rechtskrafttheorie. Nach ganz hM hat ein rechtskräftiges Urteil keine direkte Wirkung auf das materielle Recht. Die materielle Rechtskraft bindet lediglich jedes erneut angerufene Gericht an die einmal getroffene Entscheidung. Nach ursprünglicher Ansicht sollte dem Richter lediglich verboten sein, in einem neuen Prozess abweichend zu entscheiden **(Bindungstheorie).** Dagegen sollte der Richter – bei entsprechendem Rechtsschutzinteresse – befugt sein, eine 9

---

[9] So aus soziologischer Sicht: *Luhmann,* Legitimation durch Verfahren, 3. Aufl. 1978, S. 116 ff.

[10] BGHZ 37, 113, 121 = NJW 1962, 1291; *Schumann,* FS Bötticher, 1969, S. 289, 319 f.

[11] So *Henckel,* Prozeßrecht und materielles Recht, 1970, S. 93 ff.; krit. *Gaul,* FS Henckel, 1995, S. 235, 254 ff.

[12] *Kohler,* Prozeß als Rechtsverhältnis, S. 74, 111 f.; *ders.,* FS Klein, 1914, S. 1; *Pagenstecher,* Zur Lehre von der materiellen Rechtskraft, 1905, S. 305 ff.; krit. *Schumann* (Fn. 10) S. 289, 308 ff.; vgl. *Stein/Jonas/Leipold* Rn. 23 f.

[13] *James/Hazard/Leubsdorf,* Civil Procedure, 5th ed. 2002, § 11.3; Restatement (Second) of Judgments, 1982, §§ 17 (a), 18; *Spencer/Bower-Turner,* The Doctrine of Res Judicata, 2 d ed. 1969, no 433; Halsbury's Law of England, Vol. 26, 4th ed. 1979, Judgments, para 551.

[14] Vgl. *Zöller/Vollkommer* Vor § 322 Rn. 16.

[15] Vgl. *Baumbach/Lauterbach/Hartmann* Einf. §§ 322–327 Rn. 9; *Rosenberg/Schwab/Gottwald* § 150 Rn. 5, 7 ff.; *Jauernig* § 62 II 3 e.

[16] *Pohle,* GedS für Calamandrei, 1957, S. 377; *ders.,* österrJBl 1957, 133; zustimmend *J. Blomeyer* JR 1968, 407; vgl. auch *Martens* ZZP 79 (1966), 405; *Stein/Jonas/Leipold* Rn. 25.

[17] Vgl. *Musielak/Stadler* BewR Rn. 244 ff.; *Prütting,* Gegenwartsprobleme der Beweislast, 1983, S. 48 ff.

[18] Vgl. *Zöller/Vollkommer* Vor § 322 Rn. 16; *Koussoulis* S. 25.

Entscheidung gleichen Inhalts zu wiederholen.[19] Die neuere Lehre nimmt dagegen überwiegend an, dass ein derartiges Rechtsschutzinteresse nicht besteht und das Gericht deshalb an jeder neuen Verhandlung, Beweiserhebung und Entscheidung des rechtskräftig beschiedenen Streitgegenstandes gehindert ist. In diesem Sinne gilt ein Verbot des „ne bis in idem" **(Ne-bis-in-idem-Lehre).**[20] Mit Hilfe dieser Lehre sollen sich selbst die Fälle einer notwendigen Zweittitulierung lösen lassen.[21]

10 **c) Ne-bis-in-idem-Lehre.** Die Ne-bis-in-idem-Lehre hat im Einzelnen folgenden Inhalt:

aa) Bei (seltener) **Identität des Streitgegenstandes** von neuem und früherem Prozess ist die neue Klage unzulässig. Identität besteht, wenn die gleiche Klage ein zweites Mal erhoben wird, aber auch wenn mit der zweiten Klage die Feststellung des genauen (kontradiktorischen Gegenteils gefordert wird. In beiden Fällen steht die Rechtskraft des ersten Urteils einer neuen Sachverhandlung und -entscheidung als **negative Prozessvoraussetzung** entgegen (s. Rn. 38 ff.).[22] Diese Wirkung tritt grundsätzlich in allen Fällen ein, auch wenn das erste Urteil unter Verstoß gegen prozessuale Regeln, etwa eine entgegenstehende Rechtshängigkeit (§ 261 Abs. 3 Nr. 1), ergangen ist oder sachlich offensichtlich fehlerhaft ist.[23] Nach hM entfällt die Rechtskraft jedoch als negative Prozessvoraussetzung, wenn ausnahmsweise ein schutzwürdiges Interesse am erneuten Erlass eines Titels besteht (s. Rn. 46 bis 49).[24]

11 **bb)** In den meisten Fällen bildet der Streitgegenstand des früheren Verfahrens jedoch nur eine **Vorfrage** für die Entscheidung des neuen Prozesses. Hier muss der Richter Bestand und Inhalt der früheren Entscheidung beachten und sie unverändert seiner neuen Entscheidung zugrunde legen. Diese **Bindung** des späteren Gerichts **an präjudizielle frühere Entscheidungen** verhindert nicht eine Entscheidung zur neuen Hauptsache, wohl aber eine neue Sachverhandlung und -entscheidung der präjudiziellen Vorfrage. Sie entspricht daher nicht nur der Bindungslehre, sondern auch dem Ne bis in idem-Grundsatz.[25]

12 **d) Bewertung.** Mit Hilfe der Rechtskrafttheorien lassen sich keine praktischen Fragen über den Umfang der Rechtskraft oder ihre Wirkung im Einzelnen lösen. Keine der Theorien ist mit dem geltenden Recht unvereinbar.[26] Ihr Anliegen ist vielmehr, die Folgen der Rechtskraft, die ihr nach Gesetz und Recht zugeschrieben werden, anschaulich und rechtstheoretisch richtig zu erklären.[27] Die Stärke, aber zugleich Schwäche der prozessualen Rechtskraftlehre liegt darin, dass sie keine Aussage über die Richtigkeit des Urteils und bei seiner objektiven Unrichtigkeit über das Fortbestehen der früheren Rechtslage macht,[28] die Parteien in diesem Fall also mit einer Art doppelten Rechtsordnung leben lässt.[29] Da das Verbot erneuter Verhandlung Parteien und Gericht nicht daran hindern kann, sich über die Richtigkeit eines Urteils Gedanken zu machen, können materielle Rechtskrafttheorien immerhin anschaulicher erklären, warum der Rückgriff auf das „frühere" materielle Recht ausgeschlossen ist. Der prozessualen Theorie fällt es dagegen leichter, in Fällen erfolgreicher Wiederaufnahme auf das ursprüngliche materielle Recht zurückzugreifen.

13 Das prozessuale Verbot einer erneuten Sachverhandlung, Beweiserhebung und Sachentscheidung (ne bis in idem) wird der Stellung einer richterlichen Entscheidung in unserer Rechtsordnung am besten gerecht. Das Verbot verhindert unnötige und im Ergebnis auch nutzlose Arbeit für das neu angerufene Gericht. Die Ne-bis-in-idem-Lehre erklärt damit die rein **prozessualen Wirkungen** der materiellen Rechtskraft für weitere Streitigkeiten ohne Widersprüche.

14 Ein erheblicher Mangel der Ne-bis-in-idem-Lehre liegt aber in ihrem Verzicht darauf, die Stellung der Parteien gegenüber der rechtskräftigen Entscheidung plausibel und anschaulich zu erklä-

---

[19] So heute: *Grunsky* § 47 III 2; vgl. *Gaul,* FS Weber, 1979, S. 162; *ders.,* FS Flume, 1978, S. 443, 492; *Ule* § 59 I 1.

[20] BGHZ 93, 287, 289 = NJW 1985, 1711, 1712; BGHZ 157, 47, 50 = NJW 2004, 1252, 1253; *Bötticher,* Kritische Beiträge, S. 139 ff.; *Rosenberg/Schwab/Gottwald* § 150 Rn. 6, 8; *Baumbach/Lauterbach/Hartmann* Einf. §§ 322–327 Rn. 11; *Thomas/Putzo/Reichold* Rn. 7; *Musielak/Musielak* Rn. 5.

[21] Vgl. *Koussoulis* S. 209 ff.; s. Rn. 44 bis 46.

[22] BGHZ 36, 365, 367 = NJW 1962, 1109; BGH NJW 1995, 1757; BGHZ 157, 47, 50 = NJW 2004, 1252, 1253; *Koussoulis* S. 203 ff.; *Bötticher* S. 220 ff.; *Rosenberg/Schwab/Gottwald* § 150 Rn. 10 ff.; *Baumbach/Lauterbach/Hartmann* Einf. §§ 322–327 Rn. 12; *Stein/Jonas/Leipold* Rn. 39; *Thomas/Putzo/Reichold* Rn. 11, 13; *Zöller/Vollkommer* Vor § 322 Rn. 19, 21.

[23] *Baumbach/Lauterbach/Hartmann* Einf. §§ 322–327 Rn. 12.

[24] Vgl. *Zöller/Vollkommer* Vor § 322 Rn. 20 a.

[25] BGH NJW 1983, 2032; 1985, 2535; *Rosenberg/Schwab/Gottwald* § 150 Rn. 15; *Thomas/Putzo/Reichold* Rn. 9; *Zöller/Vollkommer* Vor § 322 Rn. 19; für Kombination *Schilken* Rn. 1011.

[26] So zutreffend *Grunsky* § 47 III 1; vgl. *Neuner* ZZP 54 (1929), 217, 224 ff.

[27] Vgl. *Stein/Jonas/Leipold* Rn. 26–29; *Blomeyer* § 88 III 3.

[28] Vgl. *Rosenberg/Schwab/Gottwald* § 150 Rn. 8.

[29] Vgl. *Blomeyer* § 88 III 3.

ren. Diese **Bindung der Parteien** soll sich nur mittelbar als Reflex und Rückwirkung der Bindung des Gerichts an die frühere Entscheidung ergeben.[30] Auf diese Weise kommt zu wenig zum Ausdruck, dass das Urteil gegenüber den Parteien ergeht und die Rechtslage für diese verbindlich feststellt.[31] Die Bindung der Parteien, die in den § 121 VwGO, § 141 Abs. 1 SGG, § 110 Abs. 1 FGO expressis verbis angeordnet ist, gilt wegen der gleichen Interessenlage auch im Zivilprozess.[32] Das Verbot des ne bis in idem ist daher nur die prozessuale Folge der **primären positiven Bindung der Parteien** und Gerichte an die materielle Rechtskraft der früheren Entscheidung.[33] Diese Bindung gilt für den entschiedenen Streitgegenstand, aber auch soweit dieser vorgreifliche Bedeutung in einem weiteren Verfahren hat. Ohne positive Bindungswirkung wäre die Präjudizialwirkung nur schwer zu erklären. Denn es genügt nicht, dass das Gericht über die rechtskräftig entschiedene Vorfrage nicht mehr verhandelt, es muss die frühere Entscheidung aktiv seinem neuen Urteile zugrunde legen. Bindungslehre und Lehre vom Wiederholungsverbot sind daher keine selbstständigen Alternativen, sondern betonen lediglich einander in Wahrheit ergänzende prozessuale Wirkungen der materiellen Rechtskraft.

e) Rechtsschöpfungslehre. Als weitere Rechtskraftlehre wird teilweise die Ansicht präsentiert, 15
dass erst der Richter durch sein Urteil die für den konkreten Einzelfall anwendbare Rechtsnorm schaffe.[34] Tatsächlich wird vielfach prozessiert, weil die Rechtslage vor dem Prozess unklar und klärungsbedürftig ist. Jede juristische Methodenlehre betont heute (in unterschiedlichem Maße), dass die gerichtliche Entscheidung in solchen Fällen Rechte und Pflichten der Beteiligten konkretisiert, jedenfalls soweit das materielle Recht Beurteilungs-, Bewertungs- und Ermessensspielräume eröffnet.[35] Eine direkte Einwirkung des Urteils auf die Rechtsstellung der Parteien kann daher nicht geleugnet werden.[36] Dennoch ist es verfehlt, aus dem schöpferischen „Erkenntnis"-Anteil der richterlichen Rechtsfindung auf die Art der Urteilsgeltung zu schließen. Auch Grundsatzentscheidungen, die die Praxis verändern, ergehen mit dem Anspruch, dass dieses Erkenntnis idealiter der bereits geltenden Rechtslage in dem zu beurteilenden Zeitpunkt entsprochen hat. Zudem kann (und muss) jeder noch so schöpferische Akt richterlicher Kognition in ein deduktives Begründungsmodell eingeordnet werden.[37] Das Prozessrecht bleibt deshalb frei, die Rechtskraftwirkungen nach prozessualen Kriterien zu bestimmen. Auch die richterliche Konkretisierung des Rechts kann nach dem Maßstab einer idealen Deduktion fehlerhaft sein. Deshalb ist es auch bei Anerkennung von Richterrecht sinnvoll, von der Möglichkeit von Fehlurteilen auszugehen.[38] Dass die prozessuale Rechtskrafttheorie in diesem Fall vom Fortbestand des undurchsetzbaren materiellen Rechts „an sich" ausgeht[39] ist keine spezielle Schwäche dieser Lehre. Sie teilt diese mit jeder menschlichen Erkenntnis. Menschliche Handlungen, insbesondere Entscheidungen jeder Art können stets nur an Erkanntes, an eine begrenzte Erfahrung, nicht aber an die „objektive" Natur der Dinge anknüpfen.

4. Abgrenzung zu anderen Urteilswirkungen. a) Innerprozessuale Bindungswirkung. 16
Voraussetzung für jede Rechtskraftwirkung ist, dass eine gerichtliche Entscheidung wirksam erlassen (§§ 310, 329) und dass das Gericht an seine eigene Entscheidung gebunden ist (§ 318). Soweit eine derartige Innenbindung nicht besteht, das Gericht seine Entscheidung also selbst ergänzen, abändern oder ganz aufheben kann, zB bei einstweiligen Anordnungen gem. § 620b, scheidet auch eine Rechtskraftbindung eines späteren Gerichts und der Parteien aus.[40] Solange eine abänderbare Entscheidung allerdings Bestand hat, ist sie auch von anderen Gerichten und den Parteien zu beachten. Ihre Maßgeblichkeit steht somit lediglich unter dem Vorbehalt besserer Erkenntnis des Ausgangsgerichts.

b) Formelle Rechtskraft. Weitere Voraussetzung der materiellen Rechtskraft ist die Endgül- 17
tigkeit der Entscheidung im laufenden Verfahren, dh. der Eintritt der formellen Rechtskraft gem. § 705. Solange eine Entscheidung auf befristetes Rechtsmittel oder Rechtsbehelf der Parteien auf-

---

[30] *Gaul,* FS Weber, 1979, S. 155; *ders.,* FS Flume, 1978, S. 443, 524; s. a. *Lüke,* FS Schiedermair, 1976, S. 377.

[31] *Häsemeyer* AcP 188 (1988), 140, 162.

[32] Vgl. den aufgehobenen § 83 Abs. 2 S. 2 ZPO-DDR (idF vom 29. 6. 1990).

[33] *Rosenberg/Schwab/Gottwald* § 150 Rn. 9; vgl. auch *Schwab* JuS 1976, 69, 74.

[34] Vgl. *Baumbach/Lauterbach/Hartmann* Einf. §§ 322–327 Rn. 8.

[35] Vgl. *Engisch,* Einführung in das juristische Denken, 10. Aufl. 2005, S. 108ff., 177ff.; *Larenz/Canaris,* Methodenlehre der Rechtswissenschaft, 3. Aufl. 1995, S. 133ff., 187ff.; *Pawlowski,* Einführung in die Juristische Methodenlehre, 2. Aufl. 2000, Rn. 145ff.; krit. *Picker* JZ 1988, 1ff., 70ff.

[36] So zu Recht *Stein/Jonas/Leipold* Rn. 34–37; *Martens* ZZP 79 (1966), 404, 419; auch *Lüke* (Fn. 30) S. 377, 386.

[37] *Koch/Rüßmann,* Juristische Begründungslehre, 1982, §§ 12ff.

[38] *Stein/Jonas/Leipold* Rn. 38.

[39] Vgl. *Blomeyer* § 88 III 3 („Gefühlsargumente").

[40] Vgl. *Blomeyer* § 88 I 1; *Brehm,* Freiwillige Gerichtsbarkeit, 3. Aufl. 2002, Rn. 456.

gehoben werden kann, geht von ihr auch keine inhaltliche Bindung und damit keine materielle Rechtskraftwirkung aus.[41]

18 **c) Bindungswirkung gem. § 11 UKlaG.** Diese Wirkung, die Urteilen auf Verbandsklage nach § 11 UKlaG hinzukommt, ist der materiellen Rechtskraft näher verwandt.[42] Wie die materielle Rechtskraft wirkt sie in künftigen Verfahren zwischen anderen Parteien. Da sie sich nicht auf das Unterlassungsgebot, sondern ein tragendes Urteilselement bezieht, weicht sie freilich von der üblichen Rechtskraftwirkung ab.[43] Der Gesetzgeber glaubt zudem, eine von Amts wegen zu berücksichtigende Rechtskraftwirkung inter omnes steht mit der Garantie rechtlichen Gehörs (Art. 103 I GG) nicht in Einklang und hat sich deshalb für die Einrede-Lösung entschieden. Es handelt sich somit um einen besonders gestalteten Fall der Rechtskrafterstreckung.[44]

19 **d) Gestaltungswirkung.** Während die materielle Rechtskraft grundsätzlich eine vorprozessuale Rechtslage bindend festschreibt, führen Gestaltungsurteile mit Eintritt der formellen Rechtskraft eine **Rechtsänderung** herbei,[45] zB die Scheidung von Eheleuten (§ 1564 S. 2 BGB), die Auflösung einer offenen Handelsgesellschaft (§ 133 HGB) oder die Unzulässigkeit einer Zwangsvollstreckung (§ 771). Die Umgestaltung der Rechtslage ist von jedermann zu beachten. Neben ihr kommt auch Gestaltungsurteilen eine materielle Rechtskraftwirkung zu. Durch sie wird zwischen den Parteien des Prozesses bindend festgestellt, dass der Gestaltungsgrund im maßgebenden Zeitpunkt vorlag,[46] zB die Voraussetzungen des § 1587 b BGB für eine Übertragung oder Begründung von Rentenanwartschaften im Rahmen des Versorgungsausgleichs bei der Ehescheidung gegeben waren.

20 **e) Tatbestandswirkung.** Knüpft das materielle oder das Prozessrecht Rechtswirkungen an die Existenz einer rechtskräftigen oder einer vorläufig vollstreckbaren Entscheidung, so spricht man von einer Tatbestandswirkung.[47] Diese kann den unterschiedlichsten Inhalt haben. Von der Gestaltungswirkung unterscheidet sich die Tatbestandswirkung darin, dass die Entscheidung nicht darauf gerichtet ist oder sein muss, um sie herbeizuführen. Beispiele finden sich etwa in den §§ 218 Abs. 1 S. 1, 283, 775 Abs. 1 Nr. 4, 864 Abs. 2, 1973 Abs. 2 S. 3, 1991 Abs. 3 BGB; §§ 302 Abs. 4, 717 Abs. 2 und 3.

21 **f) Vollstreckbarkeit.** Durch den Eintritt der formellen Rechtskraft wird zugleich die **endgültige** Vollstreckbarkeit des Urteils herbeigeführt (§ 704 Abs. 1). Die Vollstreckbarkeit besagt, dass der Berechtigte den im Urteil festgestellten Anspruch mit staatlicher Hilfe im Wege der Zwangsvollstreckung durchsetzen kann.[48] Die Vollstreckbarkeit wird im deutschen Recht Urteilen (vorläufig) häufig schon mit ihrem Erlass verliehen (§§ 708 ff.). Umgekehrt fehlt rechtskräftigen Gestaltungsurteilen, klagabweisenden Urteilen oder Leistungsurteilen nach § 888 Abs. 2 die Vollstreckbarkeit in der Hauptsache.

22 **g) Interventionswirkung.** Erfasst die Rechtskraft Dritte (s. §§ 325 ff.), so sind diese wie die Parteien nur an die Entscheidung über den prozessualen Anspruch gebunden. Dagegen hat die Interventionswirkung des rechtskräftigen Urteils zu Lasten des Nebenintervenienten (§ 68) oder des Streitverkündungsempfängers (§ 74) einen weiteren Umfang. Da diese Personen am ersten Verfahren teilgenommen haben oder daran hätten teilnehmen können, können sie in einem weiteren Prozess mit der früheren Hauptpartei nicht vorbringen, dass der erste Prozess falsch entschieden worden ist. Diese Bindungswirkung reicht mithin weiter als die Rechtskraft und umfasst alle tatsächlichen und rechtlichen Feststellungen, auf denen die Entscheidung beruht.[49] Einzelheiten s. § 68 u. § 325 a.

23 **h) Präjudizienwirkung.** Schließlich tragen Urteile vor allem der Obergerichte über den Einzelfall hinaus zur Auslegung und Fortentwicklung des Rechts bei. Ihnen kommt damit eine informelle Leitbildfunktion zu. Man kann auch von einer abstrakten Urteilskraft (weil über den Einzelfall hinausreichend) sprechen. Zweifelhaft ist dagegen, ein Urteil in unserer Rechtsordnung als Rechtsquelle

---

[41] *Rosenberg/Schwab/Gottwald* § 148 Rn. 3; *Stein/Jonas/Leipold* Rn. 9; *Thomas/Putzo/Reichold* Rn. 1; *Zöller/Vollkommer* Vor § 322 Rn. 6; vgl. BGH NJW 2005, 3724, 3725.

[42] Vgl. *Basedow* AcP 182 (1982), 335, 345 ff.; *Gaul,* FS Beitzke, 1979, S. 997.

[43] *Palandt/Bassenge* § 11 UKlaG Rn. 3.

[44] *Erman/Roloff* § 11 UKlaG Rn. 2; *Palandt/Bassenge* § 11 UKlaG Rn. 2; *Staudinger/Schlosser* (2006) § 11 UKlaG Rn. 4.

[45] *Stein/Jonas/Leipold* Rn. 13. FG-Beschlüsse haben freilich häufig eine Gestaltungswirkung bereits vor Eintritt der Rechtskraft (vgl. §§ 16 Abs. 1, 24 Abs. 1 FGG). Die Gestaltungswirkung kann daher nicht mit der Rechtskraftwirkung gleichgesetzt werden.

[46] *Rosenberg/Schwab/Gottwald* § 91 Rn. 15; *Stein/Jonas/Leipold* Rn. 65 ff., 121; s. Rn. 178 f.

[47] *Rosenberg/Schwab/Gottwald* § 148 Rn. 6 ff.; *Stein/Jonas/Leipold* Rn. 16, 17; *Zöller/Vollkommer* Vor § 322 Rn. 5; *Gaul,* FS Zeuner, 1994, S. 317 ff.

[48] Vgl. *Rosenberg/Schwab/Gottwald* § 148 Rn. 4; *Stein/Jonas/Leipold* Rn. 15.

[49] BGHZ 8, 72, 82 = NJW 1953, 420, 422; BGHZ 16, 217, 229 (in NJW 1955, 625, 627 nicht abgedruckt); *Lüke* Rn. 453; *Rosenberg/Schwab/Gottwald* § 50 Rn. 56 ff.; *Häsemeyer* ZZP 84 (1971), 179.

einzuordnen.[50] Denn von § 31 BVerfGG abgesehen sind später entscheidende Gerichte nicht von Rechts wegen an die Leitgedanken früherer Entscheidungen gebunden.[51] Anders als im common law[52] herrscht im deutschen Recht daher kein System formeller Präjudizienbindung.[53]

II. Voraussetzungen der materiellen Rechtskraft im Einzelnen

1. Formelle Rechtskraft. Materiell rechtskräftig werden Entscheidungen erst mit dem Eintritt der formellen Rechtskraft. Diese ist Voraussetzung für eine Bindung später angerufener Gerichte.[54] Wird ein Gericht angerufen, solange ein präjudizieller Streit noch bei einem anderen Gericht anhängig ist, so kann es die Vorfrage selbstständig entscheiden. Es kann aber auch, um Divergenzen zu verhindern, seinen eigenen Prozess zunächst aussetzen (§ 148). Frei abänderbare Entscheidungen (vgl. § 620b; § 18 FGG) erwachsen zwar nicht in materielle Rechtskraft. Ihre Existenz ist aber bis zu ihrer tatsächlichen Abänderung für andere Behörden und die Parteien zu beachten und insoweit ebenfalls maßgeblich. 24

2. Rechtskraftfähigkeit. Nicht alle gerichtlichen Entscheidungen sind materieller Rechtskraft fähig. 25

a) In Rechtskraft erwachsen. aa) Endurteile aller Art, soweit sie eine Rechtslage feststellen.[55] Dies gilt gleichermaßen für stattgebende wie für klageabweisende Urteile. Der Inhalt der Entscheidung ist ohne Belang, ebenso das vorangegangene Verfahren. Rechtskraft entfalten daher Versäumnisurteile[56] sowie Anerkenntnis- und Verzichtsurteile.[57] Auch Gestaltungsurteile haben materielle Rechtskraftwirkung (s. o. Rn. 19).[58] Urteile, die in einem von beiden Parteien betriebenen **Scheinprozess** ergehen, werden ebenfalls rechtskräftig.[59] Das Urteil wird selbst dann rechtskräftig, wenn es unter Verstoß gegen eine anderweitige Rechtshängigkeit ergeht.[60] All dies gilt generell auch für ausländische Urteile (s. u. Rn. 49). 26

bb) Prozessurteile. Sie stellen rechtskräftig fest, dass die Rechtsverfolgung wegen des Fehlens einer bestimmten Prozessvoraussetzung oder eines Prozesshindernisses unzulässig ist.[61] Auch insoweit besteht ein Bedürfnis, eine weitere Klage zu verhindern. Die Rechtskraft von Prozessurteilen lässt sich auch auf der Grundlage der materiellen Rechtskrafttheorie begründen, denn nach dieser Theorie gestaltet das Prozessurteil eine prozessuale Rechtsfolge und legt diese maßgeblich für Gericht und Parteien fest.[62] In materielle Rechtskraft erwachsen auch Urteile, durch die ein Rechtsmittel oder ein Einspruch verworfen[63] wird. 27

cc) Zwischenurteile. Sie werden nur rechtskräftig, soweit sie Dritten gegenüber Rechte und Pflichten endgültig festlegen, zB nach den §§ 71, 135, 387, 402.[64] Zwischenurteilen gegenüber den Parteien (zB nach den §§ 280, 304) kommt dagegen nur eine innerprozessuale Bindungswirkung, zu.[65] 28

dd) Beschlüsse. Sie sind der materiellen Rechtskraft fähig, soweit sie in formelle Rechtskraft erwachsen und inhaltlich eine rechtskraftfähige Entscheidung enthalten.[66] Dies gilt in der Regel für 29

---

[50] So *Stein/Jonas/Leipold* Rn. 18.

[51] Zur Bindungswirkung verfassungsgerichtlicher Entscheidungen s. *Rosenberg/Schwab/Gottwald* § 17 Rn. 4, § 148 Rn. 10ff.; *Endemann,* FS G. Müller, 1970, S. 21; *Maunz/Schmidt-Bleibtreu/Klein/Bethge* BVerfGG, 2004, § 31 Rn. 76ff., 94ff.; *Pestalozza,* Verfassungsprozeßrecht, 3. Aufl. 1991, § 20 Rn. 90ff.; s. Rn. 72.

[52] Zur „Stare decisis"-Doktrin in den USA s. *James/Hazard/Leubsdorf,* Civil Procedure, 5th ed. 2002, § 11.6.

[53] Vgl. *Rosenberg/Schwab/Gottwald* § 148 Rn. 10f.; *W. Lüke,* in: *Kroeschell,* Recht und Verfahren, 1993, S. 73; *Blaurock* (Hrsg.), Die Bedeutung von Präjudizien im deutschen und französischen Recht, 1985; *Diedrich,* Präjudizien im Zivilrecht, 2003, S. 204ff., 307ff., 345ff.

[54] *Stein/Jonas/Leipold* Rn. 9, 52; *Zöller/Vollkommer* Vor § 322 Rn. 6.

[55] *Stein/Jonas/Leipold* Rn. 56; *Zöller/Vollkommer* Vor § 322 Rn. 8.

[56] BGHZ 35, 338 = NJW 1961, 1969; BGHZ 153, 239, 241 = NJW 2003, 1044.

[57] *Stein/Jonas/Leipold* Rn. 61; *Zöller/Vollkommer* Vor § 322 Rn. 8.

[58] *Rosenberg/Schwab/Gottwald* § 91 Rn. 15; *Stein/Jonas/Leipold* Rn. 65 bis 67; *Zöller/Vollkommer* Rn. 5; *Dölle* ZZP 62 (1941), 281; aA *Lent* ZZP 61 (1939), 279.

[59] *Stein/Jonas/Leipold* Rn. 265.

[60] BGH BB 1952, 116.

[61] OLG Brandenburg NJW-RR 2000, 1735, 1736; *Rosenberg/Schwab/Gottwald* § 151 Rn. 4ff.; *Stein/Jonas/Leipold* Rn. 62; *Zöller/Vollkommer* Rn. 1; *Habscheid,* FS Nakamura, 1996, S. 203, 208; *Schilken* Rn. 1016.

[62] So zu Recht *Stein/Jonas/Leipold* Rn. 27.

[63] *Baumbach/Lauterbach/Hartmann* Rn. 5; *Stein/Jonas/Leipold* Rn. 63; *Thomas/Putzo/Reichold* Rn. 3.

[64] *Baumbach/Lauterbach/Hartmann* Rn. 8; *Stein/Jonas/Leipold* Rn. 59; *Thomas/Putzo/Reichold* Rn. 3.

[65] *Stein/Jonas/Leipold* Rn. 58.

[66] *Stein/Jonas/Leipold* Rn. 60; *Werner* S. 84ff.; *Schindler* S. 169ff., 211ff.

urteilsvertretende Beschlüsse, insbesondere solche die ein Rechtsmittel oder einen Rechtsbehelf als unzulässig verwerfen oder als (offensichtlich) unbegründet zurückweisen.[67] Einzelheiten s. § 329.

30 **ee) Musterbescheide.** Obwohl der Musterbescheid nach dem KapMuG nur das Vorliegen oder Nichtvorliegen einzelner anspruchsbegründender oder -ausschließender Voraussetzungen feststellt oder eine vorgreifliche Rechtsfrage klärt (§ 1 Abs. 1 S. 1, 2 KapMuG) soll er nach § 16 Abs. 1 Satz 2 KapMuG Rechtskraftwirkung haben (s. u. § 325 a Rn. 2).

31 **ff) Vollstreckungsbescheide.** Dass ein Beschluss ohne oder nur nach begrenzter Schlüssigkeitsprüfung ergangen ist, ändert nichts an seiner grundsätzlichen Rechtskraftwirkung. Ein unterschiedlicher Umfang der Bindung wäre sicherlich möglich; der Gesetzgeber hat den Vollstreckungsbescheid aber in § 700 ohne Einschränkung einem Versäumnisurteil gleichgestellt. Der Vollstreckungsbescheid erwächst daher im gewöhnlichen Umfang in materielle Rechtskraft.[68] Eine generelle Beschränkung seiner Rechtskraftwirkung ist nicht gerechtfertigt. Das Gesetz sieht für den Vollstreckungsbescheid auch kein Verfahren nachträglicher Schlüssigkeitsprüfung oder einer erleichterten Wiederaufnahme vor. Die Vollstreckung aus einem rechtskräftigen Vollstreckungsbescheid kann daher nur durch Klage nach § 826 BGB abgewehrt werden (s. Rn. 219 ff.).

32 **gg) Schiedssprüche.** Sie entscheiden endgültig über den dem Schiedsgericht unterbreiteten Streitgegenstand und erwachsen daher in materielle Rechtskraft (§ 1055 ZPO).[69] Allerdings ist diese Wirkung nach hM vor rechtskräftiger Vollstreckbarerklärung nur auf Einrede und nicht von Amts wegen zu beachten.[70]

33 **hh) Arrest- und Verfügungsurteile** werden ebenfalls rechtskräftig. Das summarische Verfahren zu ihrem Erlass (vgl. § 920: Glaubhaftmachung) schließt die Maßgeblichkeit der Entscheidung für die Zukunft nicht aus. Jedoch entscheiden diese Urteile nur über Ansprüche auf vorläufige Sicherung (oder Erfüllung), nicht dagegen über den eigentlichen Hauptsacheanspruch. Aufgrund der Rechtskraft eines klagabweisenden Arresturteils kann ein Gesuch bei unveränderter Sachlage nicht zulässig wiederholt werden.[71] Ein Urteil, das den Erlass einer einstweiligen Verfügung ablehnt, weil ein Verfügungsanspruch nicht besteht, hat dagegen keine Rechtskraftwirkung gegenüber einer Klage im ordentlichen Verfahren.[72]

34 **ii) Ausländische Entscheidungen** werden rechtskräftig entsprechend dem ausländischen Prozessrecht. Wirkung im Inland entfalten sie aber nur, wenn sie im Inland (in der Regel formlos) anerkannt werden.[73] Näheres s. § 328.

35 **b) Nicht in Rechtskraft erwachsen. aa) Prozessuale Zwischenentscheidungen,** die nicht zu dem erhobenen Anspruch ergehen, zB Zwischenurteile zwischen den Parteien gem. §§ 280, 303, oder Urteile der Rechtsmittelgerichte, in denen das Urteil der Vorinstanz aufgehoben und der Rechtsstreit zur neuen (Verhandlung und) Entscheidung zurückverwiesen wird (§§ 539, 565)[74] oder ein damit verbundenes Verweisungsurteil (§ 281) der höheren Instanz.

36 **bb)** Sachentscheidungen, die nicht endgültig über einen Anspruch befinden, wie **Vorbehaltsurteile** (§§ 302, 599)[75] oder **Grundurteile** (§ 304).[76] Von diesen Urteilen geht zwar eine innerprozessuale Bindungswirkung für das weitere Verfahren aus. Da sie aber auch im praktischen Ergebnis revidiert werden können, ist ihr Inhalt für Gericht und Parteien noch nicht endgültig maßgebend. Urteile unter **Vorbehalt der Haftungsbeschränkung** (§ 305) befinden dagegen endgültig über die Begründetheit des Anspruchs und sind daher der Rechtskraft fähig.

37 **cc) Prozessvergleiche** (§ 794 Abs. 1 Nr. 5). Sie enthalten keine gerichtliche Entscheidung. Als reine Parteivereinbarung unterliegen sie materiell-rechtlich der freien Abänderbarkeit durch die

---

[67] BGH NJW 1981, 1962; *Rosenberg/Schwab/Gottwald* § 151 Rn. 2 f.; *Baumbach/Hartmann* Rn. 4; *Thomas/Putzo/Reichold* Rn. 3; *Zöller/Vollkommer* Vor § 322 Rn. 9.

[68] BGHZ 101, 380, 382 = NJW 1987, 3256; BGHZ 103, 44, 46 = NJW 1988, 971; *Rosenberg/Schwab/Gottwald* § 151 Rn. 1; *Stein/Jonas/Leipold* Rn. 70 bis 73; vgl. *Vollkommer,* FS Gaul, 1997, S. 759.

[69] *Rosenberg/Schwab/Gottwald* § 179 Rn. 31 ff.; *Stein/Jonas/Schlosser* § 1055 Rn. 1 f., 5 ff.

[70] *Stein/Jonas/Schlosser* § 1055 Rn. 5; 2. Aufl. § 1055 Rn. 8; aA *Musielak/Voit* § 1055 Rn. 5; *Rosenberg/Schwab/Gottwald* § 179 Rn. 33; *Schwab/Walter,* Schiedsgerichtsbarkeit, 7. Aufl., Kap. 21 Rn. 6.

[71] *Stein/Jonas/Grunsky* Vor § 916 Rn. 14.

[72] *Rosenberg/Schwab/Gottwald* § 151 Rn. 3; *Stein/Jonas/Grunsky* Vor § 916 Rn. 13.

[73] BGHZ 73, 378, 387 (in NJW 1979, 1105 nicht abgedruckt); *Stein/Jonas/Leipold* Rn. 48; *Zöller/Vollkommer* Vor § 322 Rn. 13.

[74] BGH BB 1973, 868; *Zöller/Vollkommer* Vor § 322 Rn. 8; *Schilken* Rn. 1015.

[75] Vgl. BGH NJW 1988, 1468 = JR 1988, 330 m. Anm. *Bilda; Tiedemann* ZZP 93 (1980), 23; *Schilken* Rn. 1015.

[76] BGH VersR 1965, 1173; *Schilken* Rn. 1015.

Parteien, sodass von ihnen keine Rechtskraftbindung ausgehen kann.[77] Etwas anderes gilt für Urteile, die auf der Grundlage eines Vergleichs ergehen, oder für Schiedssprüche auf der Grundlage eines Parteivergleichs (§ 1053 Abs. 1 S. 2).

III. Wirkungen der materiellen Rechtskraft

1. Negative Prozessvoraussetzung bei Identität des Streitgegenstandes. a) Aus dem **Verbot des ne bis in idem** (s. Rn. 10f.) folgt, dass über denselben Streitgegenstand nicht neu verhandelt und sachlich entschieden werden darf. Wird dieser dennoch erneut zur Entscheidung eines Gerichts gestellt, so ist die neue Klage wegen Fehlens einer Prozessvoraussetzung von Amts wegen als unzulässig abzuweisen.[78] Ob über den Streitgegenstand bereits entschieden worden ist, hat das Gericht stets von Amts wegen zu prüfen.[79] 38

Ist der Klageantrag in beiden Verfahren identisch, so ist die Feststellung der Identität des Streitgegenstandes problemlos. Bei Abweichungen sprachlicher Art (zB bei **Unterlassungsklagen**) ist der Klageantrag auszulegen.[80] Soll mit der neuen Klage sachlich letztlich dasselbe wie mit der ersten Klage erreicht werden, sind beide Anträge also im Kern identisch,[81] so ist die zweite Klage als unzulässig abzuweisen (sog. **Kerntheorie**).[82] Unzulässig ist die zweite Klage auch, soweit mit ihr nur ein Teil des früheren Streitgegenstandes geltend gemacht wird, der neue Antrag also quantitativ gegenüber dem früheren zurückbleibt.[83] Dagegen reicht die Rechtskraft in der Regel nicht weiter als der ursprünglich gestellte Antrag (s. Rn. 112f.). 39

Die Abweisung der Klage auf Feststellung einer künftigen Ersatzpflicht schließt eine weitere derartige Feststellungsklage aus, die auf den gleichen (wenn auch nicht im Detail identischen) Lebenssachverhalt gestützt wird.[84] Ist eine Schadensersatzklage auf Naturalrestitution (§ 249 S. 1 BGB) wegen Fehlens eines Ersatzanspruchs abgewiesen worden, so ist der Kläger durch die Rechtskraft dieser Entscheidung nach hM gehindert, wegen des gleichen Vorfalls eine Klage auf Geldersatz zu erheben.[85] Da die Anträge inhaltlich auf ein unterschiedliches Ziel gerichtet sind, über den Grund des Anspruchs als Vorfrage aber ohne Zwischenfeststellungsurteil (§ 256 Abs. 2) nicht rechtskräftig entschieden worden ist, lässt sich dieses sicherlich nicht unbillige Ergebnis nach geltendem Recht aber nicht begründen.[86] 40

b) Nach einhelliger Meinung ist auch eine auf das **kontradiktorische Gegenteil** gerichtete Klage unzulässig.[87] 41

aa) Die Frage nach dem Gegenteil lässt sich allerdings nur im Verhältnis von positiver und negativer **Feststellungsklage**[88] oder von Feststellungs- und Leistungsklage eindeutig beantworten.[89] Auch dann ist das Gegenteil nicht vom Wortlaut, sondern vom Sinn her zu beurteilen. Wird im ersten Prozess festgestellt, dass der Kläger Eigentümer eines Grundstücks oder Erbe ist, so ist eine zweite Klage des Beklagten auf Feststellung seines Eigentums oder seines Erbrechts durch die Rechtskraft ausgeschlossen.[90] 42

---

[77] BGHZ 86, 184, 186 = NJW 1983, 996, 997; BGH NJW-RR 1986, 22; *Zöller/Vollkommer* Vor § 322 Rn. 9a; *Frische* S. 13ff.

[78] BGH NJW 1989, 2133, 2134 (in Revisionsinstanz); BGHZ 123, 30, 32 = MDR 1993, 966; BGH NJW 1995, 1757; BGHZ 157, 47, 50 = NJW 2004, 1252, 1253 = JR 2005, 67 *(Zeuner);* BGH Report 2006, 742; *Rosenberg/Schwab/Gottwald* § 150 Rn. 10f.; *Stein/Jonas/Leipold* Rn. 39, 199; *Schilken* Rn. 1027.

[79] BGHZ 36, 365, 367 = NJW 1962, 1109 (m. abl. Anm. *Brox* S. 1203); vgl. *Homfeldt,* passim.

[80] *Rosenberg/Schwab/Gottwald* § 153 Rn. 2; *Baumbach/Lauterbach/Hartmann* Rn. 10f.

[81] Näher zur „Kerntheorie": BGHZ 5, 189, 193f. = NJW 1952, 665 (L); *Schubert* ZZP 85 (1972), 33; *Baumbach/Lauterbach/Hartmann* Rn. 67 (Unterlassungsanspruch); *Ahrens/Ahrens,* Wettbewerbsprozess, 5. Aufl. 2004, Kap. 36 Rn. 46ff., 71.

[82] Vgl. BGH NJW-RR 1987, 683 = MDR 1987, 492 (Klage des Hauptschuldners gegen den Gläubiger (1) den Bürgen aus der Bürgschaft zu entlassen und die Bürgschaftsurkunde zurückzugeben und (2) die Inanspruchnahme des Bürgen zu unterlassen).

[83] *Stein/Jonas/Leipold* Rn. 196.

[84] BGH NJW 1993, 3204, 3205.

[85] BGH NJW 1991, 2014; *Henckel* S. 198; *Zöller/Vollkommer* Vor § 322 Rn. 21, 29.

[86] Zu Recht abl.: BAG AP Nr. 6 *(Pohle); Rosenberg,* FS R. Schmidt, 1932, S. 256.

[87] BGHZ 123, 137, 139 = NJW 1993, 2684; BGH NJW 1995, 1757; BGH NJW 1996, 395, 396; *Rosenberg/Schwab/Gottwald* § 150 Rn. 10, § 153 Rn. 3ff.; *Stein/Jonas/Leipold* Rn. 197; *Zöller/Vollkommer* Vor § 322 Rn. 21.

[88] RG ZZP 59 (1935), 424, 427f.; *Rosenberg/Schwab/Gottwald* § 153 Rn. 4; *Baumbach/Lauterbach/Hartmann* Rn. 39.

[89] *Zöller/Vollkommer* Vor § 322 Rn. 21; vgl. *Rimmelspacher* S. 180f.

[90] *Stein/Jonas/Leipold* Rn. 197; *Jauernig* § 63 II; *Zeiss/Schreiber* Rn. 571; *Henckel* S. 176.

43 **bb)** Bei **Leistungsklagen** lässt sich ein logisch exaktes Gegenteil dagegen nicht bestimmen.[91] Nach allgemeiner Ansicht hindert die Verurteilung des Beklagten zur Herausgabe einer Sache (§ 985 BGB) bei unveränderter Sachlage eine neue Herausgabeklage des Beklagten,[92] die Verurteilung zur Einwilligung in eine Grundbuchberichtigung (§ 894 BGB) oder in die Auszahlung eines hinterlegten Betrages (§ 13 Abs. 2 Nr. 2 HinterlO) eine entgegen gesetzte Klage des Beklagten auf Einwilligung gegenüber dem Kläger.[93] Die rechtskräftige Verurteilung zur Auflassung hindert das Begehren auf Rückauflassung wegen eines vor dem Präklusionszeitpunkt verwirklichten Sachverhalt.[94] Die Abweisung einer Klage auf Grundbuchberichtigung hindert eine erneute Berichtigungsklage aus demselben Sachverhalt.[95] Logisch handelt es sich freilich nur um einen besonders offenkundigen Fall miteinander **sachlich unvereinbarer Klagen.** *Blomeyer* spricht von einer echten Disjunktion:[96] Aus dem Bejahen der einen Alternative folge zwingend das Verneinen der anderen.

44 **cc)** Von manchen Autoren werden dieser Gruppe auch Fälle sog. **unechter Präjudizialität** zugeordnet. Danach darf ein früherer Beklagter nicht die zuerkannte ursprüngliche Leistung als (von Anfang an) ungerechtfertigte Bereicherung[97] zurückfordern. Die Rechtskraft des ersten Urteils schließt jedoch nur aus, im zweiten Prozess das seinerzeitige Fehlen eines Rechtsgrundes geltend zu machen. Die Rückforderung ist mit der Rechtskraft des ersten Urteils sachlich unvereinbar und scheitert daher an der **Präjudizialität** des ersten Urteils.[98] Die Klage ist daher zulässig, aber unbegründet.[99] Lediglich ein Wegfall des Rechtsgrundes auf Grund von Tatsachen, die nach Schluss der letzten Tatsachenverhandlung im ersten Prozess entstanden sind, kann geltend gemacht werden.[100] Gleiches gilt, wenn einer Klage auf Grundbuchberichtigung rechtskräftig stattgegeben und anschließend vom früheren Beklagten auf Feststellung seines Eigentums an dem Grundstück geklagt wird.[101] Ebenso verhält es sich, wenn der Kläger aus einem gegenseitigen Vertrag zunächst die Leistung rechtskräftig einklagt und dann auf Nichtbestehen des Rechts auf die Gegenleistung klagt. Falls man hier überhaupt eine Rechtskraftbindung bejahen will (s. Rn. 56), so kommt nur ein Fall von Präjudizialität im weiteren Sinne, keinesfalls aber ein Fall des kontradiktorischen Gegenteils in Betracht.[102]

45 Eine Rückforderung wegen Anfechtung oder Rücktritt wird gleichfalls durch die Rechtskraft ausgeschlossen, wenn die Ausübung dieser Gestaltungsrechte bereits im Erstprozess vorgebracht, aber nicht berücksichtigt oder zurückgewiesen worden war.[103] Indes setzt der Anspruch im Zweitprozess in diesen Fällen voraus, dass der im Erstprozess zuerkannte Anspruch nicht besteht. Konstruktiv hat der Streitgegenstand des Erstprozesses daher nur vorgreifliche (präjudizielle) Bedeutung.[104]

46 **c)** Der Grundsatz der Einmaligkeit staatlichen Rechtsschutzes wird aber **durchbrochen,** wenn die Partei andernfalls ihr Recht nicht verwirklichen kann.

47 **aa)** Eine neue Klage ist daher ausnahmsweise zulässig, wenn die Partei keine zur Rechtsverfolgung noch erforderliche **Ausfertigung** der Entscheidung mehr besitzt und eine neue Ausfertigung (ggf. nach Neuanfertigung der Urschrift) nicht hergestellt werden kann.[105] Dies gilt also nur, wenn der Akteninhalt nicht mehr rekonstruiert werden kann. In solchen Fällen kann (und muss bei Gestaltungsurteilen) auf Feststellung des Inhalts des verlorenen Urteils[106] geklagt oder der ursprüngliche Klageantrag wiederholt werden. Soweit im neuen Verfahren der frühere Entscheidungsinhalt ermittelt werden kann, besteht die inhaltliche Rechtskraftbindung fort; andernfalls kann der Rechtsstreit neu frei entschieden werden.

---

[91] BGHZ 123, 137, 140 = NJW 1993, 2684.
[92] *Henckel* S. 177.
[93] BGHZ 35, 165, 171 = NJW 1961, 1457; *Stein/Jonas/Leipold* Rn. 197; *Henckel* S. 179ff.
[94] BGH NJW 1995, 967.
[95] *Musielak,* FS Nakamura, 1996, S. 423, 432f.; aA wohl BGH NJW 1976, 1095.
[96] *Blomeyer* § 89 V 3.
[97] BGH NJW 1995, 967; BGH NJW 2000, 2022, 2023 = ZZP 114 (2001), 211, 212 *(Piekenbrock/Siegmann); Rosenberg/Schwab/Gottwald* § 153 Rn. 5; *Thomas/Putzo/Reichold* Rn. 11.
[98] BGH LM Nr. 10 = NJW 1953, 745 (LS); BGHZ 131, 82, 87f. = NJW 1996, 58; *Zöller/Vollkommer* Vor § 322 Rn. 25; *Blomeyer* § 89 V 2; *Zeiss/Schreiber* Rn. 560; *Gaul* JuS 1962, 1, 7; *Koussoulis* S. 231; vgl. *Stein/Jonas/Leipold* Rn. 266f.; *Reischl* S. 210.
[99] *Musielak/Musielak* Rn. 22; aA *Zimmermann* Rn. 10; *Koussoulis* S. 231f. („unechte Präjudizialität").
[100] BGHZ 83, 278, 280 = NJW 1982, 1147, 1148; BGH NJW 1984, 126; s. Rn. 141ff.
[101] Vgl. *Rosenberg/Schwab/Gottwald* § 153 Rn. 5.
[102] AA *Koussoulis* S. 232f.
[103] *Rosenberg/Schwab/Gottwald* § 153 Rn. 4; s. Rn. 153ff.
[104] *Zöller/Vollkommer* Vor § 322 Rn. 25; *Zeuner* S. 14, 55; s. auch Rn. 51f., 103f.
[105] BGH NJW 1957, 1111; *Rosenberg/Schwab/Gottwald* § 150 Rn. 13.
[106] BGHZ 4, 321 = NJW 1952, 705; *Stein/Jonas/Leipold* Rn. 201; *Musielak* Rn. 9.

bb) Als weitere Ausnahme vom Wiederholungsverbot ist eine zweite Klage zulässig, wenn zwar ein rechtskräftiges Leistungsurteil vorliegt, aber zB wegen § 197 Abs. 2 BGB eine neue Feststellungsklage erforderlich ist, um die – sonst drohende – **Verjährung** nach § 204 Abs. 1 Nr. 1 BGB zu hemmen.[107] Dies gilt nicht, wenn eine einfachere Möglichkeit der Verjährungshemmung zur Verfügung steht.[108] 48

cc) Schließlich wird eine Ausnahme vom Wiederholungsverbot teilweise auch gegenüber rechtskräftigen **ausländischen Entscheidungen** zugestanden. Problemlos ist dies, soweit das ausländische Urteil im Inland nicht anerkannt werden kann. Denn dann entfaltet es im Inland auch keine Bindungswirkung und steht einer neuen Inlandsklage nicht entgegen.[109] Ist das ausländische Urteil dagegen im Inland anzuerkennen, so hindert seine materielle Rechtskraft grundsätzlich die neue Inlandsklage.[110] Soweit eine Vollstreckbarerklärung im Inland aber nur mittels Vollstreckungsklage nach § 722 zu erreichen ist, hat die Rechtsprechung auch eine neue Leistungsklage mit dem Ziel, ein gleichlautendes Urteil zu erlassen, zugelassen.[111] Da der praktische Unterschied zwischen beiden Klagen gering ist, ist dies aus prozessökonomischen Gründen hinzunehmen (s. § 722 Rn. 41). Für die große Mehrzahl der Fälle, in denen ein ausländisches Urteil in einem einfacheren Klauselerteilungsverfahren oder einem fakultativen Beschlussverfahren für vollstreckbar erklärt werden kann, besteht dagegen für die erneute Leistungsklage kein praktisches Bedürfnis;[112] die Klage ist wegen der Rechtskraft des ausländischen Urteils ausnahmslos unzulässig. In Zweifelsfällen ist stets erst der Weg der Vollstreckbarerklärung auszuschöpfen. 49

2. Bindungswirkung bei Präjudizialität. a) Wesentlich häufiger hat die materielle Rechtskraft nur die Bedeutung einer **Vorfrage**: Der rechtskräftig festgestellte Anspruch bildet nach materiellem Recht eine Voraussetzung für die Entscheidung über den Gegenstand des Zweitprozesses. Besteht eine solche Präjudizialität für die jeweiligen materiellen Ansprüche, so ist die Zweitentscheidung auf der rechtskräftigen Erstentscheidung aufzubauen.[113] Die Rechtskraft der Erstentscheidung hindert den Richter, die Vorfrage neu selbstständig zu beurteilen; das Wiederholungsverbot des ne bis in idem zwingt ihn auch hier, Bestehen und Wirkung der Vorentscheidung ohne sachliche Prüfung zu beachten.[114] Damit ist jede selbstständige Verhandlung, Beweisaufnahme oder Entscheidung über das rechtskräftig festgestellte Tatbestandsmerkmal unzulässig.[115] 50

b) Fälle der Präjudizialität können in allen Bereichen des materiellen Rechts auftreten. Ob ein echter Fall der Vorfrage gegeben ist, ergibt sich stets ohne weiteres aus der jeweiligen Anspruchsnorm. Lediglich zur Verdeutlichung sollen einige markante Einzelfälle aufgeführt werden: Die rechtskräftige Feststellung des Eigentums für eine nachfolgende Herausgabeklage (§ 985 BGB), die Verurteilung zu einer Leistung für spätere Klagen auf Schadensersatz wegen Nichterfüllung, Verzug[116] oder Zahlung einer Vertragsstrafe (§§ 339ff. BGB), die Feststellung des Bestehens eines Mietverhältnisses für die nachfolgende Mietzinsklage.[117] Präjudiziell ist das Leistungsurteil für den nachfolgenden Bereicherungsprozess auf Herausgabe des zur Erfüllung Geleisteten,[118] die Abweisung einer Schadensersatzklage für einen Amtshaftungsprozess wegen des (angeblich) erlittenen Schadens,[119] die Feststellung der Vaterschaft (§ 1600d BGB) für die nachfolgende Unterhaltsklage. Die Verurteilung zur Unterlassung hat dagegen keine Feststellungswirkung für einen nachfolgenden Schadenersatzprozess und umgekehrt.[120] 51

---

[107] BGHZ 93, 287 = NJW 1985, 1711, 1712 (dazu *Olzen* JR 1986, 56); *Rosenberg/Schwab/Gottwald* § 150 Rn. 13; *Stein/Jonas/Leipold* Rn. 202 (Fn. 263).

[108] Vgl. BGH NJW-RR 2003, 1076, 1077.

[109] *Stein/Jonas/Leipold* Rn. 203; *Martiny* in Hdb. IZVR III/1 Kap. I Rn. 339, 343; *Nagel/Gottwald* § 11 Rn. 218.

[110] *Nagel/Gottwald* § 11 Rn. 20, 116; *Stein/Jonas/Leipold* Rn. 203.

[111] BGH NJW 1964, 617; 1964, 1626 = LM § 328 Nr. 13; BGH NJW 1973, 498, 499 (aE); BGH NJW 1987, 1146; OLG Düsseldorf FamRZ 1989, 97.

[112] Ebenso *Thomas/Putzo/Hüßtege* §§ 722, 723 Rn. 6.

[113] *Zöller/Vollkommer* Vor § 322 Rn. 24.

[114] BGHZ 78, 130 = NJW 1980, 2811; BGH NJW 1983, 2032; 1985, 2535; 1989, 393, 394; *Stein/Jonas/Leipold* Rn. 204; *Rosenberg/Schwab/Gottwald* § 150 Rn. 15; *Koussoulis* S. 235ff.

[115] BGH NJW 1985, 2535; *Thomas/Putzo/Reichold* Rn. 9; *Rosenberg/Schwab/Gottwald* § 150 Rn. 15; *Schellhammer* Rn. 878; *Zeiss/Schreiber* Rn. 560; aA wohl BGH NJW 1983, 2032 (Verbot abweichender Entscheidung).

[116] *Stein/Jonas/Leipold* Rn. 205; *Schellhammer* Rn. 878.

[117] BGH NJW 2004, 294, 295.

[118] BGHZ 83, 278, 280 = NJW 1982, 1147, 1148; BGH LM Nr. 10; *Zöller/Vollkommer* Vor § 322 Rn. 25; *Gaul* JuS 1962, 1, 7; s. Rn. 41.

[119] BGH NJW 1993, 3204.

[120] BGHZ 150, 377 = NJW-RR 2002, 1617, 1618 = JZ 2003, 423 *(Schlosser)*; *Ahrens/Ahrens*, Wettbewerbsprozess, 5. Aufl. 2004, Kap. 36 Rn. 127ff.

52 **3. Bindungswirkung im Rahmen zwingender Sinnzusammenhänge.** Ein Bedürfnis nach Rechtskraftbindung besteht nicht selten über die Fälle echter, in der Rechtsnorm ausgewiesener Vorfragen hinaus, um sachlich gänzlich unvereinbare Entscheidungen zwischen denselben Parteien zu vermeiden. Einigkeit besteht freilich nur, dass es solche Fälle überhaupt gibt.[121] Dagegen ist streitig, wie diese Fälle dogmatisch zu lösen sind und in welchen konkreten Einzelfällen tatsächlich eine Bindungswirkung besteht.

53 Ausgelöst hat *Zeuner* diese Diskussion durch seine Lehre, dass entgegen der erklärten Absicht des Gesetzgebers ähnlich wie zuvor im gemeinen Recht[122] die Rechtskraftwirkung nicht auf den Urteilstenor beschränkt sein darf, sondern auf materielle Ausgleichs- oder Austauschzusammenhänge erstreckt werden müsse, um Unrecht zu vermeiden.[123] Seine Untersuchung hat das Bewusstsein für derartige Sinnzusammenhänge allgemein geschärft. Im Ergebnis haben seine Thesen dagegen nur teilweise Zustimmung gefunden.[124] Überwiegend hält man das Kriterium des „Sinnzusammenhangs" allein für zu unbestimmt und will es bei der gesetzlichen Lösung belassen.[125] Manche meinen, Abhilfe sei im Einzelfall nur dadurch möglich, dass die Berufung auf widersprechende Rechte im Zweitprozess als unzulässiger Rechtsmissbrauch beurteilt werde.[126] Die hL versucht, in einigen besonders drängenden Fällen den Begriff der Präjudizialität in einem weiteren Sinn zu verstehen.[127]

54 Der zutreffende Kern all dieser Überlegungen ist, dass eine Partei nur ein Recht auf **ein** Gerichtsverfahren hat: An die Entscheidung zu aktuellen Streitpunkten des Erstverfahrens sollten die Parteien daher bei unveränderter Sachlage auch im Zweitprozess gebunden sein. Eine Bindung an den in beiden Verfahren identischen „wirtschaftlichen Wert"[128] oder die identische „Rechtsposition"[129] ist letztlich einer prozessualen Präklusion im Sinne des anglo-amerikanischen **„issue preclusion"** oder **„collateral estopel"** vergleichbar.[130] Ein solcher Ansatz lässt sich aber nur schwer mit dem Wortlaut des § 322 Abs. 1 vereinbaren, könnte aber mit einer teleologischen Reduktion gerechtfertigt werden.[131] Allerdings bringt die Formel von der Rechtskraftbindung im Rahmen von Ausgleichs- oder Sinnzusammenhängen, wenn man sie weit auslegt, die Gefahr mit sich, die Parteien in überraschender Weise zu binden. Allen Tendenzen, die Rechtskraftbindung weit zu fassen, liegt zudem die Idee zugrunde, durch konsistente Entscheidungen werde die Autorität der Gerichte unabhängig von deren Richtigkeit am meisten gefördert. Das Gegenteil erscheint einleuchtender. Jedes Gericht wird in einem Folgeverfahren sinnvollerweise die Vorprozessakten gem. § 273 Abs. 2 Nr. 2 beiziehen und von einer überzeugenden Erstbeurteilung auch bloßer Urteilselemente nicht ohne plausiblen Grund abweichen. Es scheint daher angemessener, darauf zu bauen, dass die Rechtsbindung der Gerichte (Art. 20 Abs. 3 GG) generell ausreicht, die rechtlich vorgegebenen Sinnzusammenhänge zu wahren.[132] Ergibt das zweite Verfahren dagegen, dass im ersten Verfahren klare objektive Sach- oder Rechtsfehler unterlaufen sind, so erweist sich das Fehlen einer Bindung eher als Vorteil, weil die Rechtskraft sonst nur in engen Grenzen durchbrochen werden kann (s. Rn. 207 ff.), das Fortschreiben als objektiv falsch erkannter Entscheidungen aber nur das bereits geschehene Unrecht weiter verstärken würde.

55 Eine Bindungswirkung über Fälle echter Präjudizialität hinaus ist deshalb nur in Grenzbereichen anzuerkennen, die bei wertender Betrachtung Fällen unstreitiger Bindung gleichstehen.[133] Da die Feststellung einer vertraglichen Unterlassungspflicht für den nachfolgenden Schadensersatzanspruch vorgreiflich ist (s. o. Fn. 116), ist eine Rechtskraftwirkung auch des deliktischen oder negatorischen Unterlassungsurteils für die Schadensersatzklage anzuerkennen. Konstruktiv ist zwar im zweiten Fall noch über kein Tatbestandsmerkmal des § 823 BGB entschieden; dennoch muss die im ersten Prozess festgelegte Verhaltenspflicht auch für die Schadensersatzpflicht maßgebend

---

[121] Vgl. *Stein/Jonas/Leipold* Rn. 212; *Schlosser* Bd. 1 Rn. 225, 226.
[122] Vgl. *Kerameus* AcP 167 (1967), 241.
[123] *Zeuner,* Grenzen der Rechtskraft, S. 42 ff.
[124] Jüngst von *Foerste* ZZP 108 (1995), 167 ff.; früher von *Blomeyer* § 89 V 4; *Grunsky* § 47 IV 2 b; ansatzweise auch *Schlosser* I Rn. 225, 226 („Rechtskraftbindung von Urteilselementen zur Vermeidung von Unrechtssteigerungen"); *Bruns* Rn. 233; *Zeiss/Schreiber* Rn. 574; *Henckel* S. 175 ff.
[125] BGH NJW 2003, 3058, 3059; *Zöller/Vollkommer* Vor § 322 Rn. 36.
[126] *Jauernig* § 63 III 2; *Lüke* Rn. 365.
[127] So vor allem *Stein/Jonas/Leipold* Rn. 219, 220; vgl. *Koussoulis* S. 229 ff.
[128] Vgl. *Henckel* S. 171 ff.
[129] Vgl. *Rimmelspacher* S. 202 ff., 259 ff.
[130] Dafür *Bruns* Rn. 237 a; vgl. *Schack,* Einführung in das US-amerikanische Zivilprozeßrecht, 2. Aufl. 1995, S. 73 f.
[131] So *Foerste* ZZP 108 (1995), 167, 176 ff.
[132] So auch *Stein/Jonas/Leipold* Rn. 217.
[133] Gegen jede Erweiterung: *Musielak/Musielak* Rn. 27; *ders.,* FS Nakamura, 1996, S. 423, 429.

sein.[134] Wird über einen Anspruch auf Grundbuchberichtigung (§ 894 BGB) entschieden, so wird zugleich die Eigentumslage rechtskräftig festgestellt, da die Eintragung im Grundbuch keinen anderen Zweck verfolgt und sachlich daher als Verfahren zur Feststellung des Eigentums anzusehen ist.[135]

Wird jedoch über einen Anspruch aus einem gegenseitigen Vertrag positiv entschieden, so steht die Gültigkeit des Vertrages für den Folgeprozess über den Gegenanspruch grundsätzlich nicht fest.[136] Der Beklagte des Erstverfahrens konnte durch Erhebung der Einrede des nichterfüllten Vertrages seine Verurteilung grundsätzlich auf eine Zug-um-Zug-Leistung beschränken (§§ 320, 322 BGB) und damit eine einheitliche Entscheidung erzwingen. Soweit er auf diesen Schutz (im Prozess oder durch Vereinbarung einer Vorleistungspflicht) verzichtet, muss er auch die Konsequenzen der ersten Fehlentscheidung tragen. Auch sonst ist dabei zu bleiben, dass ein Urteil keinerlei präjudizielles Rechtsverhältnis (Vorfrage) rechtskräftig feststellt (s. Rn. 101 ff.). Wer an einer derartigen Feststellung interessiert ist, kann Zwischenfeststellungsklage nach § 256 Abs. 2 erheben. Wird daher rechtskräftig ein Darlehenszins zugesprochen, so steht für die spätere Klage auf Rückzahlung des Kapitals nicht bindend fest, dass überhaupt ein Darlehensvertrag geschlossen und das Darlehen ausbezahlt wurde.[137] Das Urteil über eine Herausgabeklage stellt nicht zugleich das Bestehen des Eigentums fest.[138] 56

4. Die Amtsprüfung der Rechtskraft. Die materielle Rechtskraft dient nicht nur dem Schutz der begünstigten Parteien, sondern zugleich der Sicherung der staatlichen Rechtsordnung und der Entlastung der Gerichte. Die Rechtskraft ist daher sowohl bei Identität der Streitgegenstandes wie bei Präjudizialität in allen Instanzen von Amts wegen zu beachten.[139] Die Tatsache einer rechtskräftigen Vorentscheidung kann von den Parteien, jedem Drittbeteiligten, aber auch von dem Gericht selbst in den Prozess eingeführt werden.[140] Aufgrund des Wiederholungsverbots (ne bis in idem) hat das Gericht die Rechtskraftfrage vor einer neuen Sachverhandlung (und -entscheidung) zu klären und darf sie nicht dahingestellt sein lassen. Ist die Rechtskraftfrage jedoch im Einzelfall schwierig zu klären, bedarf es aber für eine neue, gleichlautende Entscheidung keines besonderen Verfahrens, so kann sie aus Gründen der Prozessökonomie offen bleiben.[141] Dies gilt nicht nur in Fällen eindeutiger Unbegründetheit einer Klage,[142] sondern auch in anderen evidenten Fällen, in denen die Rechtskraftfrage für das weitere Verfahren und den Entscheidungsinhalt im Ergebnis irrelevant ist. 57

5. Keine Parteidisposition. a) Grundsatz. Da die Rechtskraft auch im öffentlichen Interesse liegt, unterliegt sie nicht der Parteidisposition. Die Parteien können daher weder auf die formelle noch auf die materielle Rechtskraft einer Entscheidung verzichten, sodass der Rechtsweg neu eröffnet würde[143] (wohl aber auf den zuerkannten materiellen Anspruch)[144] noch einer Entscheidung die Rechtskraftwirkung vertraglich verleihen.[145] 58

b) Ausländische Entscheidungen. Dies gilt grundsätzlich auch für **ausländische,** im Inland anzuerkennende Entscheidungen.[146] Soweit der Kläger jedoch zur Vollstreckung auf eine Klage nach § 722 angewiesen ist, sollte eine neue Leistungsklage zugelassen werden (s. Rn. 49). 59

---

[134] *Stein/Jonas/Leipold* Rn. 219; *Henckel* S. 174 f.; *Zeuner* S. 59; *ders.,* JuS 1966, 147, 149; *Zöller/Vollkommer* Vor § 322 Rn. 27; *Schilken* Rn. 1031; aA *Schwab,* FS Bötticher, 1969, S. 321, 333/34; *Ahrens/Ahrens* Kap. 36 Rn. 127 ff., 145 ff.; s. aber BGHZ 150, 377 = JZ 2003, 423.

[135] RGZ 158, 140, 143; *Mädrich* MDR 1982, 455; *Stein/Jonas/Leipold* Rn. 92, 220; *Rosenberg/Schwab/Gottwald* § 152 Rn. 29, § 153 Rn. 5; *Staudinger/Gursky* (2002) § 894 Rn. 151; *Zeuner* S. 143 ff.; aA BGH WM 2000, 320, 321; BGH MDR 2002, 393, 394 = NJW-RR 2002, 516; *Zöller/Vollkommer* Vor § 322 Rn. 36; *Musielak/Musielak* Rn. 24; *ders.,* FS Nakamura, 1996, S. 423, 431.

[136] *Rosenberg/Schwab/Gottwald* § 153 Rn. 10; *Stein/Jonas/Leipold* Rn. 217; *Thomas/Putzo/Reichold* Rn. 29; *Zöller/Vollkommer* Vor § 322 Rn. 28, 36; *Lüke* Rn. 362, 365; auch *Jauernig* § 63 III 2 (aber für Mißbrauchseinwand); *Rimmelspacher* S. 195 ff., 218 ff.; *Batschari/Durst* NJW 1995, 1650; aA *Blomeyer* § 89 V 4 a; *Bruns* Rn. 234; *Grunsky* § 47 IV 2 b (Fn. 147); *Henckel* S. 198 ff.; *Zeuner* S. 75; s. Rn. 96.

[137] *Zöller/Vollkommer* Vor § 322 Rn. 28; aA *Zeiss/Schreiber* Rn. 574; *Henckel* S. 175; *Zeuner* S. 54.

[138] *Stein/Jonas/Leipold* Rn. 91; *Thomas/Putzo/Reichold* § 322 Rn. 29.

[139] BGH NJW 1993, 3204, 3205; *Rosenberg/Schwab/Gottwald* § 150 Rn. 17, 19; *Stein/Jonas/Leipold* Rn. 221; *Gaul,* FS Flume, 1978, S. 443.

[140] *Stein/Jonas/Leipold* Rn. 221; *Grunsky* § 47 III 4 (aE).

[141] *Grunsky* § 47 III 2.

[142] Hierfür *Stein/Jonas/Leipold* Rn. 199 (Fn. 258), 221 (Fn. 309).

[143] BGH NJW 1984, 126, 127; 1985, 2535, 2536; FamRZ 1990, 280, 281; *Stein/Jonas/Leipold* Rn. 222; *Zöller/Vollkommer* Vor § 322 Rn. 20; *Rosenberg/Schwab/Gottwald* § 150 Rn. 17 f.; *Grunsky* § 47 III 4; aA *Schlosser,* Einverständliches Handeln im Zivilprozeß, 1968, S. 12 ff.

[144] *Stein/Jonas/Leipold* Rn. 222.

[145] *Rosenberg/Schwab/Gottwald* § 150 Rn. 17.

[146] *Staudinger/Spellenberg* § 328 Rn. 274; aA *Stein/Jonas/Roth* § 328 Rn. 13.

60 **c) Musterprozessabrede.** Unzulässig ist, die Rechtskraft im prozessualen Sinne durch vertragliche Vereinbarung zu erstrecken.[147] Jedoch können die Parteien eine **Musterprozessabrede**[148] treffen oder sonst vereinbaren, dass die rechtskräftige Entscheidung über eine (Teil-)Forderung auch für andere (Teil-)Forderungen maßgeblich sein soll. Eine derartige Vereinbarung beseitigt Unsicherheiten der Rechtsverwirklichung und ist daher als Vergleich (§ 779 Abs. 2 BGB) unbedenklich und zulässig.

61 **d) Rechtskraft eines Schiedsspruchs.** Auch die Rechtskraft eines Schiedsspruchs (§ 1055) ist – anders als die Schiedsabrede selbst (§ 1032 Abs. 1) – von Amts wegen zu beachten und zwar auch vor der Vollstreckbarerklärung durch ein staatliches Gericht.[149] Da das Schiedsgericht auf Grund der Ermächtigung der Parteien tätig wurde, können diese aber den Schiedsspruch selbst stets einvernehmlich aufheben und dadurch seine Rechtskraftwirkung beseitigen.[150]

62 **6. Maßgebliches Prozessrecht.** Bei ausländischen Entscheidungen bestimmt das Prozessrecht des Entscheidungsstaates über den Eintritt der formellen Rechtskraft und über den Umfang der materiellen Rechtskraft. Eine weitere Frage ist aber, ob der ausländischen Entscheidung im Inland die gleichen oder andere (engere oder gar weitere) materielle Rechtskraftwirkungen beigelegt werden. Dies hängt davon ab, in welcher Weise ein ausländisches Urteil anerkannt wird; s. dazu näher bei § 328 Rn. 3 ff., 144 ff.

63 **7. Kollision rechtskräftiger Entscheidungen. a) Allgemein.** Wird die Rechtskraft in einem späteren Prozess zu Unrecht nicht beachtet, so ist das zweite Urteil fehlerhaft. Der Mangel ist durch Rechtsmittel geltend zu machen. Wird dies versäumt, so wird das zweite Urteil trotz seines Mangels voll rechtskräftig. Bei Identität der Streitgegenstände kann das zweite Urteil jedoch durch Restitutionsklage gem. § 580 Nr. 7 a beseitigt werden. Streitig ist, welches Urteil Vorrang hat, solange die Wiederaufnahmeklage nicht erfolgreich abgeschlossen ist, oder wenn die Fristen für eine Klageerhebung (§ 586 Abs. 2) abgelaufen sind. Teilweise wird angenommen, in solchen Fällen entfalte das jüngere Urteil volle Rechtskraft.[151] Die heute überwiegende Meinung nimmt jedoch an, die Rechtskraft des älteren Urteils gehe stets vor.[152] Manche meinen, im Fall der Urteilskollision sei die Frist des § 586 Abs. 2 nicht anzuwenden; die Restitutionsklage könne also unbefristet erhoben werden.[153] Andere vertreten die Ansicht, nach Fristablauf könne das spätere Urteil zwar nicht mehr formell aufgehoben, seine Vollstreckung aber durch Vollstreckungsgegenklage nach § 767 abgewehrt,[154] eine bereits beigetriebene Leistung könne nach § 812 Abs. 1 S. 1 BGB zurückverlangt[155] werden.

64 Ergeht zuerst ein Leistungsurteil und anschließend ein rückwirkendes Gestaltungsurteil, so wird das Leistungsurteil nicht automatisch wirkungslos; die Rechtsänderung durch das Gestaltungsurteil ist als neue Einwendung gegen das Leistungsurteil mittels Vollstreckungsgegenklage gem. § 767 geltend zu machen. Zulässig ist auch eine Kondiktion nunmehr rechtsgrundloser Leistungen.[156]

65 Wird ein Abstammungsurteil (als Feststellungsurteil) im Wiederaufnahmeverfahren nach § 641 i aufgehoben, so kann auch das zuvor erlassene Unterhaltsurteil analog § 641 i beseitigt werden.[157]

66 **b) Ausländische Urteile.** Verstößt ein ausländisches Urteil gegen die Rechtskraft eines inländischen Urteils, so wird es im Inland unabhängig von der zeitlichen Reihenfolge der Entscheidungen nicht anerkannt (§ 328 Abs. 1 Nr. 3; Art. 34 Nr. 3 EuGVO).[158] Sind widersprechende ausländische

---

[147] AK-ZPO/*Wassermann* § 325 Rn. 2; *Rosenberg/Schwab/Gottwald* § 150 Rn. 17; *Dütz* BB 1978, 214; *Jauernig* ZZP 64 (1951), 285.

[148] Vgl. *Arens* JbRSoz. 4 (1976), 344; *Lindacher* JA 1984, 404.

[149] *Gaul,* FS Sandrock, S. 285, 321; *Schwab/Walter* Kap. 21 Rn. 6; *Musielak/Voit* § 1055 Rn. 5; *Rosenberg/Schwab/Gottwald* § 179 Rn. 33; aA BGHZ 41, 104, 107 = NJW 1964, 1129, 1130; MünchKomm/*Münch* § 1055 Rn. 6, 8 (nur auf Einrede); *Stein/Jonas/Schlosser* § 1055 Rn. 6 (nur Verpflichtung inhaltlich gleich zu entscheiden).

[150] *Stein/Jonas/Schlosser* (Fn. 149); *Stein/Jonas/Leipold* Rn. 223; aA *Schwab/Walter* Kap. 21 Rn. 7.

[151] RGZ 52, 216, 218; *Stein/Jonas/Leipold* Rn. 226; *Zeiss* Rn. 346; *Reuschle* S. 116 ff.

[152] BGH NJW 1981, 1517, 1518; BAG ZIP 1986, 459; *Thomas/Putzo/Reichold* § 261 Rn. 15; *Rosenberg/Schwab/Gottwald* § 97 Rn. 29; *Gaul* Rechtskraftdurchbrechung S. 34 f.; *Lenenbach* S. 59 ff. (zweites Urteil ohne materielle Rechtskraft); *Musielak/Musielak* Rn. 15; auch *Zöller/Vollkommer* Vor § 322 Rn. 78 (mit wenig einleuchtender Differenzierung).

[153] *Lenenbach* S. 78, 83 f., 91.

[154] *Thomas/Putzo/Reichold* § 261 Rn. 15; *Rosenberg/Schwab/Gottwald* § 97 Rn. 29; *Baumbach/Lauterbach/Hartmann* § 261 Rn. 26.

[155] *Thumm* S. 63.

[156] *Gaul,* FS Nakamura, 1996, S. 137, 162 ff.; *Lenenbach* S. 92 ff.; *Reuschle* S. 129 f.

[157] *Lenenbach* S. 99 ff., 110.

[158] EuGHE 1988, 645 = NJW 1989, 663.

Urteile ergangen, so geht die ältere Entscheidung mit ihrer Rechtskraftwirkung vor; nur sie wird anerkannt (vgl. Art. 34 Nr. 4 EuGVO).[159]

8. Die Bindung anderer Staatsorgane. a) Keine Beschränkung auf die Zivilgerichtsbarkeit – Urteilswirkungen. Der Bindungswirkung einer Entscheidung gegenüber den Beteiligten entspricht die Bindung der Gerichte und Verwaltungsbehörden. Die ZPO enthält insoweit keine unmittelbare Regelung. Mag der historische Gesetzgeber mangels anderer Gerichtsbarkeiten zurzeit des Erlasses der ZPO auch primär an eine Bindung der Zivilgerichte gedacht haben,[160] so ist doch kein Grund ersichtlich, warum die Bindungswirkung auf die (streitigen) Zivilgerichte beschränkt sein sollte. Auch die Prozessordnungen für die anderen Rechtswege enthalten keinen Anhaltspunkt dafür, dass die Bindungswirkung auf die jeweilige Gerichtsbarkeit beschränkt wäre (vgl. § 121 VwGO; § 141 SGG; § 110 Abs. 1 S. 1 FGO). Soweit die Beteiligten daher durch Urteilswirkungen gebunden sind, sind auch die Gerichte aller Gerichtszweige und Verwaltungsbehörden gebunden.[161] Zweckmäßig ist es, nach einzelnen Urteilswirkungen zu unterscheiden. Danach ergibt sich folgendes: 67

aa) Die **Tatbestandswirkung** einer Entscheidung über Rechtsweggrenzen hinweg hängt von dem jeweiligen materiellen Tatbestand ab.[162] Knüpft dieser generell an eine rechtskräftige Entscheidung an, so ist sie im Zweifel zu bejahen. 68

bb) Stets zu beachten ist die **Gestaltungswirkung** bei der Beurteilung von Vorfragen. Welches Gericht die gestaltende Entscheidung erlassen hat, ist gleichgültig,[163] solange die Entscheidung nicht nichtig ist. 69

cc) Auch die Bindungswirkung der **materiellen Rechtskraft** hat grundsätzlich rechtswegübergreifende Geltung. Eine andere Lösung würde der Einheitlichkeit der Bundesrepublik Deutschland als ein Rechtspflegegebiet und der gleichberechtigten Verteilung der Rechtsprechungsaufgaben unter den Zweigen der Gerichtsbarkeit (vgl. § 17a GVG) nicht gerecht.[164] Eine Bindung entfällt dagegen, soweit sie der besonderen Funktion des jeweiligen Verfahrens widersprechen würde (s. Rn. 74f.). Soweit danach eine Bindungswirkung anzuerkennen ist, besteht sie in den gleichen objektiven und subjektiven Grenzen wie sonst auch.[165] Dritte sind auch über die Rechtsweggrenzen hinweg nur in dem sonst geltenden Umfang an die Rechtskraft gebunden. 70

b) Arbeitsgerichte. Für die Rechtskraft arbeitsgerichtlicher Urteile gelten die §§ 322ff. mit den dazu entwickelten Grundsätzen gem. § 46 Abs. 2 S. 1 ArbGG unmittelbar. Wie im Zivilprozess sind diese Regeln auch für Beschlüsse mit rechtskraftfähigem Inhalt entsprechend anzuwenden.[166] Entsprechend binden Entscheidungen in dem einen Rechtsweg innerhalb der Rechtskraftgrenzen die Gerichte des anderen.[167] Gerichtliche Entscheidungen in Tarifvertragsstreitigkeiten binden gem. § 9 TVG alle Gerichte und Schiedsgerichte. 71

c) Freiwillige Gerichtsbarkeit. aa) Zwischen den Organen der streitigen und der freiwilligen Gerichtsbarkeit besteht eine beiderseitige Bindung vor allem hinsichtlich von **Gestaltungsakten.**[168] Solange die Entscheidung besteht, ist jedes Staatsorgan an sie gebunden; außerhalb des jeweiligen Rechts(mittel)weges darf ihre Rechtmäßigkeit nicht überprüft werden.[169] 72

bb) Auch die **materielle Rechtskraft** der beiderseitigen Entscheidungen ist voll zu beachten. Problemlos ist dies für Entscheidungen mit inter omnes-Wirkung, zB nach § 640h.[170] In anderen Fällen sind die subjektiven Rechtskraftgrenzen besonders zu beachten. Da an FG-Verfahren häufig weitere Personen beteiligt sind, entfällt eine Rechtskraftbindung insgesamt, soweit der FG-Richter eine einheitliche Entscheidung auch gegenüber Beteiligten erlassen muss, denen gegenüber eine zivilgerichtliche Entscheidung nicht ergangen ist. Zwischen denselben Beteiligten ist die Rechtskraft- 73

---

[159] Vgl. *Kropholler* Art. 34 EuGVO Rn. 57; *Rauscher/Leible* Art. 34 EuGVO Rn. 49.

[160] Vgl. *Stein/Jonas/Leipold* Rn. 284.

[161] So zutreffend *Kopp/Schenke,* VwGO, 14. Aufl., § 121 Rn. 12; *Eyermann/Rennert,* 11. Aufl. 2000, § 121 Rn. 8; *Redeker/v. Oertzen,* VwGO, 12. Aufl., § 121 Rn. 9.

[162] *Stein/Jonas/Leipold* Rn. 285.

[163] *Stein/Jonas/Leipold* Rn. 286.

[164] Ebenso *Stein/Jonas/Leipold* Rn. 287; *Rosenberg/Schwab/Gottwald* § 9 Rn. 39; *Musielak/Musielak* Rn. 13.

[165] *Stein/Jonas/Leipold* Rn. 289.

[166] *Stein/Jonas/Leipold* Rn. 325; *Grunsky,* ArbGG, 7. Aufl. 1995, § 80 Rn. 50.

[167] *Stein/Jonas/Leipold* Rn. 292; *Rosenberg/Schwab/Gottwald* § 13 Rn. 10.

[168] *Baumbach/Lauterbach/Hartmann* Einf §§ 322–327 Rn. 21; *Keidel/Kuntze/Amelung* § 1 Rn. 28, 30; *Rosenberg/Schwab/Gottwald* § 11 Rn. 19f.; *Habscheid* FG § 29 I 2, II 1.

[169] *Nicklisch,* Die Bindung der Gerichte an gestaltende Gerichtsentscheidungen und Verwaltungsakte, 1965, S. 137ff.

[170] *Rosenberg/Schwab/Gottwald* § 11 Rn. 21.

bindung dagegen auch vom FG-Richter zu beachten.[171] Anzuerkennen ist auch die **Tatbestandswirkung** von Entscheidungen.[172]

74 **d) Strafgerichte. aa)** Die Strafgerichte sind an die **Gestaltungsakte** anderer Gerichte,[173] an Tatbestandswirkungen zivilgerichtlicher Urteile sowie an rechtskräftige Entscheidungen mit inter-omnes-Wirkung, zB eine Vaterschaftsfeststellung gem. § 1600 d Abs. 1 BGB,[174] gebunden. Da im Strafprozess jedoch die materielle Wahrheit erforscht werden soll, kann das Strafgericht darüber hinaus an Entscheidungen der Zivilgerichte, die Folge von Parteidispositionen sind, nicht gebunden sein.[175] Nach § 262 StPO kann der Strafrichter **zivilrechtliche Vorfragen** nach eigenem Prozessrecht entscheiden, aber auch die Untersuchung aussetzen und das Urteil des Zivilgerichts abwarten. Liegt bereits ein rechtskräftiges Zivilurteil vor, so ist er grundsätzlich nicht gebunden. Der Strafrichter darf indes nicht die Rechtskraft des Zivilurteils unmittelbar unterlaufen, soweit für das materielle Strafrecht sinngemäß die Zivilrechtslage maßgeblich ist. Wird zB eine Unterhaltsklage rechtskräftig abgewiesen, so darf der Beklagte nicht wegen Verletzung der Unterhaltspflicht gem. § 170 b StGB belangt werden.[176]

75 **bb)** Umgekehrt sind die Zivilgerichte ebenfalls an Gestaltungswirkung und Tatbestandswirkung (zB in § 581 Abs. 1) eines Strafurteils gebunden. Die materielle Rechtskraft des Strafurteils wirkt gegenüber dem Zivilrichter nur, soweit im Adhäsionsverfahren eine Entschädigung zugesprochen wird, § 406 Abs. 3 StPO. Entgegen der Rechtslage in vielen Staaten ist der Zivilrichter nach der ausdrücklichen Anordnung des § 14 Abs. 2 Nr. 1 EGZPO nicht an die tatsächlichen Feststellungen eines Strafurteils gebunden. Auch soweit in bürgerlichrechtlichen Normen auf die Begehung von Straftaten abgestellt wird (zB in §§ 2333 Nr. 3, 2335 Nr. 3, 2339 Abs. 1 Nr. 4 BGB), folgt aus dem in § 14 Abs. 2 Nr. 1 EGZPO festgelegten Prinzip, dass keine Bindung besteht.[177] Die Bindung des Zivilrichters an die nach einem rechtskräftigen Strafurteil erwiesenen Tatsachen, die der Entwurf eines JuMoG 2003 (in E § 415 a I) einführen wollte, ist nicht Gesetz geworden.[178] Das Zivilgericht hat daher stets selbstständig zu prüfen, ob der Beklagte eine unerlaubte Handlung iS der §§ 823 ff. BGB begangen hat, und kann dies selbst dann verneinen, wenn der Beklagte wegen der gleichen historischen Tat bereits rechtskräftig strafrechtlich verurteilt worden ist. Dementsprechend steht für das Zivilgericht auch im Rahmen des § 581 nur fest, dass jemand im Strafverfahren rechtskräftig verurteilt wurde; das Zivilgericht hat sich dagegen selbst davon zu überzeugen, ob die strafbare Handlung tatsächlich begangen wurde.[179]

76 **e) Verwaltungs-, Finanz- und Sozialgerichte.** Die ordentlichen Gerichte sind im Verhältnis zu den allgemeinen und besonderen Verwaltungsgerichten und diese umgekehrt im Verhältnis zu den ordentlichen Gerichten an die **Rechtskraft** der beiderseitigen Entscheidungen gebunden, auch wenn diese zwingende Rechtswegzuständigkeiten missachtet hat.[180] Werden diese beachtet, kommt eine Bindung vor allem hinsichtlich **präjudizieller Rechtsverhältnisse** im Rahmen ihrer subjektiven Rechtskraftgrenzen in Betracht.[181] Hat zB das Flurbereinigungsgericht festgestellt, dass ein Verwaltungsakt rechtmäßig ist, etwa die zuerkannte Abfindung den Grundsätzen des § 44 FlurbG entspricht, so ist das ordentliche Gericht hieran gebunden und kann keine Entschädigung wegen eines rechtswidrigen enteignungsgleichen Eingriffs zuerkennen.[182] Hat das Sozialgericht entschieden, ob ein Versicherungsfall (bei einem Arbeitsunfall) besteht und welche Leistungen von welchem Unfallversicherungsträger zu erbringen sind, so sind die ordentlichen Gerichte bei der Entscheidung über Ersatzansprüche nach den §§ 104 ff. SGB VII daran gebunden (§§ 108, 112 SGB VII). Ebenso ist das Zivilgericht an Entscheidungen gebunden, die Anfechtungs-, Verpflichtungs- oder Feststellungsklagen aus sachlichen Gründen abweisen.[183] Solange ein Verwaltungsge-

---

[171] *Keidel/Kuntze/Amelung* § 1 Rn. 30; *M. Reinicke,* Entscheidungen in der FG, LdR 18/90, S. 9/10.

[172] *Habscheid* FG § 29 II 4.

[173] BayVerfGHE 16, 64; *Stein/Jonas/Leipold* Rn. 303.

[174] Vgl. BGH NJW 1975, 1233; *Jauernig* § 4 IV.

[175] *Stein/Jonas/Leipold* Rn. 304.

[176] *Rosenberg/Schwab/Gottwald* § 10 Rn. 9.

[177] *Rosenberg/Schwab/Gottwald* § 10 Rn. 12; *Stein/Jonas/Leipold* Rn. 301; vgl. *Herrmann,* Zur Bindung des Zivilrichters an Strafurteile, Diss. Bonn 1985.

[178] Krit. *G. Vollkommer* ZIP 2003, 2061; *M. Huber* ZRP 2003, 268, 271.

[179] BGHZ 85, 32, 36 = NJW 1983, 230 = ZZP 97 (1984), 337 m. Anm. *Braun; Zöller/Vollkommer* Vor § 322 Rn. 12; *Rosenberg/Schwab/Gottwald* § 159 Rn. 20.

[180] BayVGH BayVBl. 1981, 754, 755.

[181] BGHZ 20, 379, 383 = NJW 1956, 1357.

[182] BGHZ 86, 226, 232 = NJW 1983, 1661, 1662; ähnlich BGHZ 77, 341 = NJW 1980, 2814 (Wirksamkeit eines Bebauungsplanes).

[183] BGHZ 90, 4, 12 = NJW 1984, 1172; BGHZ 95, 35 = NJW 1985, 3025, 3027 (Planfeststellungsbeschluß); BGHZ 95, 242 = NJW 1985, 2324 (Rechtmäßigkeit der Amtshandlung als Vorfrage der Amtshaftung); *Rosenberg/Schwab/Gottwald* § 14 Rn. 39.

richt nicht entschieden hat, dürfen die Zivilgerichte aber in Zivilprozesssachen kraft Zuweisung (zB gem. Art. 14 Abs. 3 GG) auch die öffentlichrechtlichen Vorfragen selbstständig beurteilen.[184]

Rechtskräftige Urteile binden nur die **Beteiligten.** Die Feststellung zwischen Privatparteien, wer Eigentümer eines Grundstücks ist, oder wer von zwei Prätendenten Erbe ist, hat keine Rechtskraftbindung gegenüber dem Staat und den Finanz- oder Verwaltungsgerichten bei der Heranziehung zu Steuern oder Beiträgen.[185] Indes ist in diesen Fällen von einer **Tatbestandswirkung** des Zivilurteils auszugehen.[186] Denn nach dem Sinn der Steuer- oder Beitragstatbestände soll bereits derjenige steuer- oder beitragspflichtig sein, dem ein steuerpflichtiger Erwerb oder ein beitragspflichtiges Recht zivilrechtlich zuerkannt wurde. 77

f) Verwaltungsbehörden. Gerichte und Verwaltungsbehörden sind gegenseitig an die Gestaltungs- und Tatbestandswirkungen ihrer Entscheidungen gebunden.[187] Entsprechend sind die Zivilgerichte an die Erteilung von Patenten und Gebrauchsmustern sowie an Entscheidungen der Patentgerichte im Erteilungs- und Nichtigkeitsverfahren gebunden.[188] Generell entscheiden die Gerichte und Verwaltungsbehörden unabhängig voneinander Vorfragen aus dem jeweilig anderen Zuständigkeitsbereich. Allerdings darf nur die Gültigkeit (Nichtigkeit) des Verwaltungsakts selbstständig geprüft werden; eine Entscheidung über die inhaltliche Rechtsmäßigkeit des Aktes (Anfechtbarkeit) darf nur im Widerspruchsverfahren bzw. auf Anfechtungsklage vor dem zuständigen Gericht ergehen; dazu ist das Verfahren vor dem anderen Gericht notfalls auszusetzen (§ 148; § 94 VwGO).[189] Eine Ausnahme gilt jedoch, soweit die Zivilgerichte gem. Art. 14 Abs. 3 S. 4 GG bei Amtshaftungsklagen oder Ansprüchen aus enteignungsgleichem Eingriff sinngemäß zuständig sind, Rechtmäßigkeit oder Unrechtmäßigkeit von Verwaltungsakten zu beurteilen. 78

g) Verfassungsgerichte. aa) Soweit ein Verfassungsgericht Streitigkeiten endgültig entscheidet, kommt seiner Entscheidung die übliche materielle Rechtskraftwirkung zu.[190] Wesentlicher ist, dass nach § 31 Abs. 1 BVerfGG alle Verfassungsorgane, Gerichte und Behörden an Entscheidungen des BVerfG gebunden sind. Für die Landesverfassungsgerichte gelten entsprechende Regeln.[191] Unstreitig erweitern diese Gesetze die Bindung in subjektiver Hinsicht. Streitig ist dagegen, ob sie der allgemeinen Rechtskraftbindung an den Subsumtionsschluss entspricht[192] oder darüber hinaus auch die tragenden Gründe der Entscheidung selbstständig erfasst, soweit sich diese auf die Auslegung oder Anwendung von Verfassungsnormen beziehen.[193] Das BVerfG geht jedenfalls davon aus, dass auch eine verfassungsmäßige Auslegung des einfachen Rechts nach § 31 Abs. 1 BVerfGG bindet; als verfassungswidrig angesehene Interpretationen dürfen danach nicht mehr als verfassungsgemäß angewandt werden.[194] 79

bb) Umgekehrt haben die Verfassungsgerichte die Gestaltungs- und die Tatbestandswirkung von Zivilurteilen zu beachten. Da am verfassungsgerichtlichen Verfahren in der Regel auch andere Parteien beteiligt sind, kommt eine Bindung an die materielle Rechtskraft kaum in Betracht.[195] Allerdings haben die Verfassungsgerichte soweit ersichtlich zivilrechtlich entschiedene Vorfragen bisher nicht selbstständig beurteilt. 80

---

[184] *Kissel/Mayer* § 13 GVG Rn. 46.

[185] *Zöller/Vollkommer* Vor § 322 Rn. 11; aA *Kissel/Mayer* § 13 GVG Rn. 44.

[186] *Stein/Jonas/Leipold* Rn. 299.

[187] *Baumbach/Lauterbach/Hartmann* Einf. §§ 322–327 Rn. 23; *Rosenberg/Schwab/Gottwald* § 14 Rn. 39, 41; *Ule* § 60.

[188] Vgl. *Ströbele,* Die Bindung der ordentlichen Gerichte an Entscheidungen der Patentbehörden, 1975; *Rosenberg/Schwab/Gottwald* § 12 Rn. 5.

[189] Vgl. *Rosenberg/Schwab/Gottwald* § 14 Rn. 35 f.; *Schmitt Glaeser/Horn,* Verwaltungsprozeßrecht, 15. Aufl. 2000, Rn. 74 f.

[190] BVerfGE 20, 56, 86 = NJW 1966, 1499; *Stein/Jonas/Leipold* Rn. 307; *Maunz/Schmidt-Bleibtreu/Klein/Bethge,* BVerfGG, 2004, § 31 Rn. 28 ff., 68 ff.

[191] § 23 Abs. 1 Bad.-Württ.StGHG; Art. 20 BayVerfGHG; § 29 I VerfGHG Brandenburg; § 8 Abs. 1 Brem.StGHG; § 15 Abs. 1 Hamb.VerfGG; § 43 Abs. 1 Hess.StGHG; § 28 Abs. 1 LVerfGG Mecklenburg-Vorpommern; § 19 Abs. 1 Nieders.StGHG; § 26 Abs. 1 Nordrh.Westf. VerfGHG; § 19 Abs. 2 Rh.-Pfälz.-VerfGHG; § 8 Saarl. VerfGHG; § 30 Abs. 1 LVerfGG Sachsen-Anhalt; § 14 Abs. 1 SächsVerfGHG; § 25 Abs. 1 ThürVerfGHG; vgl. *Schlaich/Korioth,* Das BVerfG, 6. Aufl. 2004, Rn. 475 ff.

[192] *Rosenberg/Schwab/Gottwald* § 17 Rn. 4.

[193] So das BVerfG in stRspr.: BVerfGE 1, 14, 37; BVerfGE 19, 377, 392 = NJW 1966, 723; BVerfGE 20, 56, 87 = NJW 1966, 1499; BVerfGE 40, 88, 93 = NJW 1975, 1355, 1356; vgl. auch BAG NJW 1984, 1985, 1987; *Maunz/Schmidt-Bleibtreu/Klein/Bethge* (Fn. 190) § 31 Rn. 96 ff.; aA *Schlaich/Korioth,* Das BVerfG, 6. Aufl. 2004, Rn. 485 ff.

[194] BVerfGE 40, 88, 93 = NJW 1975, 1355, 1356.

[195] *Stein/Jonas/Leipold* Rn. 319.

81 **h) Gerichtshof der Europäischen Gemeinschaften. aa)** Der EuGH und das zu seiner Entlastung errichtete erstinstanzliche Gericht sind gesetzliche Richter iSd Art. 101 Abs. 1 S. 2 GG.[196] Soweit diese Gerichte zivil- oder verwaltungsgerichtliche Entscheidungszuständigkeiten besitzen,[197] gelten die allgemeinen Regeln über die gegenseitige Beachtung von Gestaltungs-, Tatbestands- und materiellen Rechtskraftwirkungen.

82 **bb)** Soweit der EuGH Gemeinschaftsrecht im Wege der **Vorabentscheidung** auslegt (Art. 234 EGV nF, 150 EAGV, 41 EGKS V; Art. 2, 3 Auslegungsprotokoll zum EuGVÜ) sind seine Entscheidungen für das Ausgangsverfahren bindend.[198]

83 Die Vorabentscheidung hat jedoch **keine Allgemeinverbindlichkeit.**[199] Die Gerichte sind daher in anderen Verfahren nicht gehindert, dem EuGH die gleiche Auslegungsfrage erneut vorzulegen oder, soweit sie nicht vorlagepflichtig sind, die Frage abweichend zu entscheiden. Gleiches gilt auch, wenn der EuGH im Vorabentscheidungsverfahren eine Norm des Gemeinschaftsrechts für ungültig erklärt hat.

IV. Objektive Grenzen der Rechtskraft

84 **1. Gründe für die Festlegung der Rechtskraftgrenzen.** Nach § 322 Abs. 1 sind Urteile „der Rechtskraft nur insoweit fähig, als über den durch die Klage oder durch die Widerklage erhobenen Anspruch entschieden ist". Mit dieser Formulierung wollte der Gesetzgeber die Rechtskraft begrenzen und die Lehre *von Savignys*[200] ablehnen, wonach auch „Präjudizialpunkte" in Rechtskraft erwachsen, und erst recht die Ansicht *Windscheids,*[201] dass sogar Tatsachenfeststellungen in materielle Rechtskraft erwachsen.[202] Rechtskräftig wird danach nur die Entscheidung über den (prozessualen) Anspruch selbst. Feststellungen zu präjudiziellen Rechtsverhältnissen erwachsen nicht in Rechtskraft.[203] Abweichende Rechtskraftkonzeptionen des Auslandes (zB estoppel- oder issue preclusion-Wirkungen)[204] hat der Gesetzgeber nicht erwogen.

85 Rechtskraftgrenzen sind nicht von der Natur der Sache vorgegeben. Ihre Festlegung im Einzelnen ist Sache des Gesetzgebers. Für eine weite Rechtskraftbindung spricht, dass dadurch Ansprüche innerhalb rechtlicher Sinnzusammenhänge einheitlich festgelegt und bereits durch eine Entscheidung relativ umfassend Rechtsgewissheit und Rechtsfrieden geschaffen werden. Der Gesetzgeber hat dagegen zu Recht befürchtet, dass eine weitgehende Bindung für die Parteien letztlich eher überraschende und ungünstige Folgen hätte, oder – um dies zu vermeiden – die ebenfalls negative Folge, den Prozessstoff des ersten Prozesses aufzublähen und die rasche Erledigung von Rechtsstreitigkeiten zu behindern.[205]

86 **2. Die „Entscheidung" als Gegenstand der Rechtskraft.** Rechtskräftig wird die vom Gericht tatsächlich getroffene Entscheidung als solche, oder, wie *Schwab* formuliert hat, der Subsumtionsschluss als Ganzes, nicht seine Glieder.[206]

87 **a) Die Urteilsformel.** Worüber das Gericht entschieden hat, ergibt sich in erster Linie aus der Entscheidung selbst. Primär ist insoweit die **Urteilsformel** maßgebend,[207] wobei die betroffenen Parteien aus dem Rubrum zu ergänzen sind. Wird der Beklagte antragsgemäß zur Zahlung von 1000 Euro verurteilt, so genügt diese Formel jedoch allein nicht, um den konkreten Entscheidungsgegenstand zu bestimmen. Soweit erforderlich sind deshalb Tatbestand und Entscheidungsgründe zur näheren Individualisierung und Auslegung heranzuziehen.[208] Bei Bedarf, nicht nur bei Bezugnahmen im Urteil, ist auf das Parteivorbringen zurückzugreifen.[209]

---

[196] BVerfGE 73, 339, 366f. = NJW 1987, 577, 578 (dazu *Vedder* S. 526) = JZ 1987, 236 m. Anm. *Rupp;* BVerfG JZ 1988, 191 m. Anm. *Rupp*; vgl. *Kalbe* RIW 1987, 455; *Stein,* FS Zeidler, Bd. II, 1987, S. 1711.

[197] Vgl. *Rosenberg/Schwab/Gottwald* § 18 Rn. 5ff., 10ff.

[198] EuGHE 1977, 163, 183; EuGHE 1986, 947, 952; BGH NJW 1994, 2607, 2608; *Rosenberg/Schwab/Gottwald* § 18 Rn. 36; *Herrmann* Hdb. IZVR I Kap. I Rn. 101; *Everling,* Das Vorabentscheidungsverfahren vor dem EuGH, 1986, S. 62.

[199] *Kropholler* Einl. Rn. 38; *Rosenberg/Schwab/Gottwald* § 18 Rn. 36; *Herrmann* Hdb. IZVR I Kap. I Rn. 102ff.

[200] *v. Savigny,* System des heutigen römischen Rechts, Bd. 6, 1847, §§ 291ff.

[201] *Windscheid,* Lehrbuch des Pandektenrechts, Bd. I, 1. Aufl. 1867, § 130, 5b.

[202] So ausdrücklich Begründung des Entwurfs zur ZPO: *Hahn* S. 290ff.

[203] BGHZ 43, 144, 145 = NJW 1965, 693; BGHZ 124, 86, 95 = NJW 1994, 453, 454.

[204] Vgl. *Spellenberg,* FS Henckel, 1995, S. 841, 847ff.; *Tiedtke Smith* DRiZ 1995, 94.

[205] Vgl. *Stein/Jonas/Leipold* Rn. 75ff.

[206] *Schwab* Streitgegst. S. 148; *Rosenberg/Schwab/Gottwald* § 152 Rn. 7, 8ff.; ebenso *Stein/Jonas/Leipold* Rn. 79; *Schilken* Rn. 1020; BGH NJW 1993, 3204, 3205 („Rechtsfolge, die den Entscheidungssatz bildet").

[207] BGH NJW 1983, 2032; *Thomas/Putzo/Reichold* Rn. 17.

[208] BGHZ 34, 337, 339 = NJW 1961, 917; BGHZ 36, 365, 367 = NJW 1962, 1109; *Blomeyer* § 89 I 2; *Stein/Jonas/Leipold* Rn. 179, 184.

[209] BGH NJW 1983, 2032; BGH WM 1985, 1408; *Stein/Jonas/Leipold* Rn. 179.

aa) Vor allem bei **klagabweisenden Urteilen** und Versäumnisurteilen ist der Formel nicht anzusehen, worüber überhaupt und ob nur über einen Teil oder über den gesamten Streitgegenstand entschieden wurde. Hier ist der entscheidende Abweisungsgrund aus den Entscheidungsgründen,[210] bei **Versäumnisurteilen** der rechtfertigende Grund aus der Klageschrift zu entnehmen. 88

bb) Hat das Gericht über einen Anspruch nur in den Gründen entschieden, ohne dass diese durch die Entscheidungsformel gedeckt wären, so ist auch über diesen Anspruch rechtskräftig entschieden. Soweit erforderlich, kann und muss dann die Formel nach § 319 ohne Befristung berichtigt werden.[211] 89

cc) Hat das Gericht (nach seinem Ermessen) bewusst nur über einen Teil des Streitgegenstandes entschieden, so liegt ein **Teilurteil** (§ 301) vor. Dessen Rechtskraft beschränkt sich auf den entschiedenen Teil. Hat das Gericht dagegen unbewusst keine Entscheidung über einen Anspruch erlassen, so liegt insoweit keine Entscheidung vor. Die Parteien können dann innerhalb von zwei Wochen ab Urteilszustellung eine Ergänzung des Urteils gem. § 321 verlangen.[212] Näheres s. dort. 90

dd) Hat das Gericht über einen Anspruch entschieden, der ihm nicht zur Entscheidung unterbreitet war, so ist die Entscheidung zwar fehlerhaft, aber wirksam und rechtskraftfähig.[213] Der Fehler kann nur durch Rechtsmittel gerügt werden; er ist kein Wiederaufnahmegrund (vgl. §§ 579, 580). Allerdings soll dies nur gelten, wenn ein gewisser Zusammenhang mit Klage oder Widerklage besteht[214] und das Gericht zB versehentlich quantitativ über den Klageantrag hinausgeht[215] oder unverlangt Zinsen zuspricht. Entscheidet dagegen ein Gericht, ohne dass eine Klage bei ihm anhängig war, oder überschreitet es bewusst die Grenzen der erhobenen Klage, so ist das erlassene Urteil wirkungslos und nicht rechtskraftfähig.[216] 91

b) Der Subsumtionsschluss und seine Elemente. Die Rechtskraftbindung bezieht sich nur auf die Entscheidung des Gerichts über den prozessualen Anspruch. Die einzelnen Elemente des Subsumtionsschlusses erwachsen dagegen nicht „in absolute Rechtskraft“,[217] auch nicht, soweit es sich um Kernfragen des früheren Prozesses handelt. 92

aa) Juristischer Obersatz. Nicht rechtskräftig werden danach Ausführungen zum juristischen Obersatz des Subsumtionsschlusses. Weder die Beteiligten noch die Gerichte sind an Erwägungen über die Geltung, Auslegung und konkrete Anwendbarkeit von Rechtsnormen, also die rechtliche Einordnung des Prozessstoffs gebunden.[218] Das deutsche Recht kennt keine Präjudizienwirkung (s. Rn. 23): Weder sind die Instanzgerichte in anderen Fällen an tragende Entscheidungsgründe der obersten Bundesgerichte (oder gar an deren obiter dicta) noch sind die obersten Gerichte an ihre eigenen Rechtsansichten gebunden. Dies gilt auch für sog. Grundsatzentscheidungen oder Urteile in Musterprozessen (Serienverfahren) (s. aber Rn. 60). Die Rechtskraft hindert daher nicht eine Klage, mit der aus dem gleichen Sachverhalt andere, mit dem ersten Urteil sachlich unvereinbare Ansprüche geltend gemacht werden.[219] Das Vertrauen in die Kontinuität der Rechtsprechung wird und kann insoweit nicht geschützt werden. Eine Bindung der Gerichte besteht nur im laufenden Verfahren gem. §§ 563 Abs. 2, 566 Abs. 8 S. 3 bei Zurückverweisung an die Aufhebungsgründe, nicht dagegen an Hinweise für die weitere Sachbehandlung oder andere obiter dicta.[220] 93

bb) Rechtliche Qualifikation. Auch wenn grundsätzlich keine Bindung an den rechtlichen Obersatz für Folgeverfahren besteht, so ist doch zweifelhaft, ob die Entscheidung über die Art des Anspruchs nicht doch bindend erfolgt, soweit hiervon bestimmte Folgen für die Erfüllung oder Vollstreckung des Anspruchs abhängen, zB für das Aufrechnungsverbot gegen Ansprüche aus vorsätzlich unerlaubter Handlung (§ 393 BGB) oder ein Vollstreckungsprivileg wegen solcher Ansprüche nach § 850f. Abs. 2, für die Haftung im Innenverhältnis (§ 1441 Nr. 1 BGB), für die Unpfändbarkeit bestimmter Bezüge (§ 850a) oder den verringerten Pfändungsschutz gegenüber Unterhaltsansprüchen (§ 850d).[221] Die Lösung dieser Fragen ist vor allem als Folge der Rechtskraft- 94

---

210 BGH NJW 1993, 3204, 3205.
211 *Stein/Jonas/Leipold* Rn. 188.
212 *Stein/Jonas/Leipold* Rn. 189.
213 *Thomas/Putzo/Reichold* Rn. 21.
214 *Stein/Jonas/Leipold* Rn. 190.
215 BGHZ 34, 337, 339f. = NJW 1961, 917; BGH WM 1985, 1408; aA *Schönke/Kuchinke* § 75 III 1c.
216 *Stein/Jonas/Leipold* Rn. 191, 192; aA wohl *Musielak/Musielak* § 308 Rn. 19.
217 *Rosenberg/Schwab/Gottwald* § 152 Rn. 10; *Schwab,* FS Bötticher, 1969, S. 321, 323, 325.
218 *Stein/Jonas/Leipold* Rn. 81; *Jauernig* § 63 III 4; *Schwab* Streitgegst. S. 146; *ders,* FS Bötticher, 1969, S. 321, 330.
219 *Thomas/Putzo/Reichold* Rn. 20.
220 Vgl. *Fischer,* FS Mühl, 1981, S. 139.
221 Weitere Fälle bei *Bader* S. 25ff.

lehre *Zeuners* zweifelhaft geworden. *Bader* meint, über die Art des Anspruchs werde ausnahmsweise rechtskräftig entschieden, soweit es für die Entscheidung gerade auf die Art des Anspruchs ankomme. Werde etwa einer Klage wegen vorsätzlicher unerlaubter Handlung trotz Aufrechnung des Beklagten wegen § 393 BGB stattgegeben, so erwachse die rechtliche Qualifikation in Rechtskraft, freilich nur als Bestandteil der rechtskräftig festgestellten Rechtsfolge und nicht selbstständig. Auch bei Entscheidungen eines sachlich nur begrenzt zuständigen Gerichts nehme die Qualifikation an der Rechtskraft insoweit teil.[222]

95 Dass diese **Bindung nur im Rahmen des Subsumtionsschlusses**[223] bestehen kann, zeigt folgendes Beispiel: Wird einer Schadensersatzklage wegen vorsätzlicher unerlaubter Handlung rechtskräftig stattgegeben, rechnet der Beklagte aber nun nachträglich auf und erhebt Vollstreckungsgegenklage, so besteht keine Bindung an die Qualifikation als vorsätzliche unerlaubte Handlung.[224] Denn eine Ersatzpflicht nach § 823 BGB entsteht bereits aus (leicht) fahrlässigem Verhalten: Die Feststellung der Schuldform war für die Erstentscheidung irrelevant. Hat das erste Gericht der Klage etwa nur aus positiver Vertragsverletzung oder aus fahrlässiger unerlaubter Handlung stattgegeben, so kann der Kläger die auf eine Aufrechnung gestützte Vollstreckungsgegenklage immer noch ohne weiteres abwehren, wenn er nachweist, dass sein Anspruch auf einer vorsätzlich unerlaubten Handlung beruht (§ 393 BGB).[225] Es zeigt sich also, dass die Lösung dieser Fälle den allgemeinen Rechtskraftgrenzen entsprechen muss. Soweit eine Partei ein besonderes Interesse an der rechtskraftfähigen Qualifizierung eines Anspruchs hat, kann sie diese mittels (Zwischen-)Feststellungsklage rechtskräftig klären lassen.[226] Andernfalls erfolgt die Einordnung des Anspruchs nur innerhalb der Entscheidungsgründe und erwächst daher nicht selbstständig in Rechtskraft.[227] Soweit erforderlich kann daher über die rechtliche Qualifikation neu und abweichend entschieden werden.

96 *Leipold* meint, die rechtliche Qualifikation sei auch in Fällen der Präjudizialität relevant und bindend: Ein rechtskräftiges Leistungsurteil aus Vertrag sei präjudiziell für eine Schadensersatzklage wegen Nichterfüllung des Vertrages. Die rechtliche Einordnung als vertragliche Leistungspflicht habe daher teil an der Rechtskraftbindung, weil diese sonst wertlos sei.[228] Dem ist nicht zuzustimmen. Denn das Bestehen eines gegenseitigen Vertrages als die beiden Verfahren gemeinsame Vorfrage ist nicht rechtskräftig festgestellt. Wird eine Klage auf Rückzahlung eines Darlehens mangels Fälligkeit abgewiesen, so ist das Gericht im zweiten Prozess frei, vom Fehlen eines Darlehensvertrages auszugehen.[229] Lehnt man eine Rechtskraftbindung in materiellen Sinn- oder Ausgleichszusammenhängen ab, so muss es dabei auch in solchen Fällen bleiben, in denen die Bindung vielleicht subjektiv wünschenswert erscheint.

97 **cc) Tatsächliche Feststellungen.** Aufgrund des Wiederholungsverbots ist ein zweites Gericht gehindert, den relevanten Prozessstoff der ersten Entscheidung abweichend zu würdigen oder neue Tatsachen hinsichtlich des damaligen Lebenssachverhalts zu berücksichtigen. Insoweit wird der damalige Prozessstoff bestandsfest.[230] Zu den Konsequenzen dieser Präklusionswirkung im Einzelnen s. Rn. 139 ff. Diese Feststellungen sind aber nur innerhalb der Entscheidung über den damaligen Streitgegenstand bindend. Darüber hinaus sind tatsächliche Feststellungen bloße Vorfragen; sie erwachsen daher nicht in (absolute) Rechtskraft,[231] gleichgültig ob sie im Tatbestand oder in den Entscheidungsgründen erfolgen oder Folge der Parteidisposition (§ 138 Abs. 3) oder richterlicher Beweiswürdigung (§§ 286, 287) sind.

98 Wird zB eine Kaufpreisklage wegen Minderung teilweise abgewiesen, so steht die Tatsache des Vertragsschlusses nicht fest; ein zweiter Prozess auf Ersatz von Verzugsschaden (§ 286 BGB) kann daher wegen Dissens beim Vertragsschluss abgewiesen werden. Wird eine Kaufpreisklage wegen Anfechtung wegen arglistiger Täuschung abgewiesen, so steht die Tatsache der Täuschung nicht für einen darauf aufbauenden Schadensersatzanspruch bindend fest.[232] Das Gericht kann daher den Be-

---

[222] *Bader* S. 57 f., 61 f., 126.
[223] *Stein/Jonas/Leipold* Rn. 127 ff.; *Rosenberg/Schwab/Gottwald* § 152 Rn. 20.
[224] AA *Schwab,* FS Bötticher, 1969, S. 321, 323 (Präjudizialität).
[225] *Stein/Jonas/Leipold* Rn. 131.
[226] BGHZ 109, 275 = JZ 1990, 392 m. Anm. *Brehm* = NJW 1990, 834 m. Anm. *Link*; vgl. *Peetz* S. 123 ff.
[227] *Rosenberg/Schwab/Gottwald* § 152 Rn. 20; *Schilken* Rn. 1023 f.; *Bader* S. 84 ff., 105, 114; *Georgiades* S. 261 ff.; aA *Peetz* S. 161 ff. (für Bindung, soweit keine Rechtfertigungsalternative besteht); auch *Rimmelspacher* S. 277 (für §§ 850 f. Abs. 2).
[228] *Stein/Jonas/Leipold* Rn. 132.
[229] *Schwab,* FS Bötticher, 1969, S. 321, 334 f.
[230] BGH NJW 1995, 967; *Schwab,* FS Bötticher, 1969, S. 321, 325 f.
[231] BGH NJW 1995, 967; *Thomas/Putzo/Reichold* Rn. 19; *Schilken* Rn. 1022; *Schwab* Streitgegenstand S. 147; aA *Henckel* S. 212 f.; *Rimmelspacher* S. 197 ff.
[232] BGH NJW-RR 1988, 199, 200; *Stein/Jonas/Leipold* Rn. 84; *Rosenberg/Schwab/Gottwald* § 152 Rn. 12.

weis in einem Folgeprozess abweichend würdigen, aber auch die Parteien sind unter Beachtung der Wahrheitspflicht (§ 138 Abs. 1) frei, den Sachverhalt jetzt abweichend vorzutragen. Ob die festgestellten Tatsachen notwendig waren, um die Entscheidung zu tragen, oder ob sie auf alternativen Feststellungen beruhen könnte, ändert nichts daran, dass eine Bindung nicht besteht.[233]

Wird einer Ehelichkeitsanfechtungsklage stattgegeben, so ist nur der neue Status des Kindes rechtskräftig mit Wirkung inter omnes (§ 640h S. 1) festgestellt. Dagegen steht trotz der Beweiserhebung gem. § 372a nicht die Tatsache fest, dass der Ehemann der Mutter das Kind nicht gezeugt hat oder der einzig in dem Verfahren als Zeuge untersuchte Dritte Vater des Kindes ist. Im nachfolgenden Vaterschaftsfeststellungsprozess kann der Dritte deshalb geltend machen, dass das Kind doch vom Ehemann der Mutter abstammt und eine Beweisaufnahme über diese Frage verlangen.[234] 99

Bindungen an die Tatsachenfeststellungen gibt es grundsätzlich nur innerhalb des laufenden Verfahrens, etwa des Gerichts nach Erlass eines Vorbehalts- oder Grundurteils (§§ 302, 304) und des Revisionsgerichts nach § 561 Abs. 2 an die tatsächlichen Feststellungen des Berufungsgerichts. Nach dem neuen § 16 Abs. 1 S. 1 KapMuG sind die Prozessgerichte darüber hinausgehend an die im Musterbescheid getroffenen tatsächlichen Feststellungen gebunden. 100

dd) Präjudizielle Rechtsverhältnisse. Da sich die materielle Rechtskraft auf die Entscheidung über den prozessualen Anspruch beschränkt, erwächst die Beurteilung von Vorfragen oder vorgreiflichen Rechtsverhältnissen aller Art nicht selbstständig in Rechtskraft.[235] Etwas anderes gilt nur, soweit über die Vorfrage auf Zwischenfeststellungsklage (§ 256 Abs. 2) hin eine eigene Entscheidung ergangen ist. Hieran ist aus Gründen der Rechtsklarheit – teilweise entgegen der Ansicht *Zeuners* (s. Rn. 53ff.) – festzuhalten. Dies soll an Beispielen für einzelne Rechtsgebiete aufgezeigt werden: 101

(1) Schuldrecht. Das Urteil auf Leistung von Mietzins oder von Darlehenszinsen stellt nicht Bestehen (oder Nichtbestehen) des vertraglichen Grundverhältnisses rechtskräftig fest.[236] Entsprechendes gilt bei gegenseitigen Verträgen: Das Urteil auf Erbringung der vertraglichen Leistung bindet das Gericht im zweiten Prozess auf Gegenleistung nicht an die Beurteilung des Vertragsverhältnisses (s. Rn. 56).[237] Wird dagegen das Fortbestehen eines Mietverhältnisses rechtskräftig festgestellt, so kann dies im nachfolgenden Mietzinsprozess nicht mehr bestritten werden.[238] Wird der Klage auf Auflassung stattgegeben, so kann der Beklagte nicht neu auf Zustimmung zur Löschung der Auflassungsvormerkung klagen.[239] Wird eine Klage auf Zustimmung zur Auszahlung einer hinterlegten Summe abgewiesen, so steht nicht rechtskräftig fest, dass der Beklagte empfangsberechtigt ist.[240] Eine erfolgreiche Vollstreckungsgegenklage wegen Minderung hindert den Verkäufer nicht, sich gegenüber der Klage auf Rückzahlung des geleisteten Kaufpreisteils auf die Verjährung der Gewährleistungsrechte zu berufen.[241] Werden einer Gemeinschaft von Wohnungseigentümern Teilkosten für die Beseitigung von Baumängeln zugesprochen, so erwachsen Feststellungen, dass bestimmte mangelhafte Gebäudeteile im Sondereigentum stehen, nicht in Rechtskraft.[242] Ein Urteil, das eine Räumungsklage abweist, stellt nicht das Bestehen oder die Nichtbeendigung des Mietverhältnisses fest.[243] Werden Gesellschafter einer BGB-Gesellschaft zur Leistung verurteilt, so ist nicht rechtskräftig über die Erfüllungspflicht aus dem Privatvermögen entschieden.[244] Verneint das Urteil einen Anspruch auf Naturalrestitution, weil keine Ersatzpflicht besteht, so bleibt ein neuer Prozess auf Geldersatz zulässig.[245] Ein Unterlassungsurteil stellt die vertragliche Unterlassungs- 102

---

[233] AA *Henckel* S. 158, 170.

[234] BGHZ 83, 391 = FamRZ 1982, 692 = NJW 1982, 1652; BGHZ 92, 275 = NJW 1985, 386, 387; OLG Frankfurt NJW 1988, 832; aA *Stein/Jonas/Leipold* Rn. 86.

[235] BGHZ 93, 330, 335 = NJW 1985, 1340; BGHZ 94, 33 = NJW 1985, 2481, 2482; BGHZ 123, 137, 140 = NJW 1993, 2684, 2685; BGH NJW 1995, 2993; *Stein/Jonas/Leipold* Rn. 98ff.; *Zöller/Vollkommer* Vor § 322 Rn. 34; *Jauernig* § 63 III 2; *Rosenberg/Schwab/Gottwald* § 152 Rn. 13f.

[236] RGZ 70, 27; *Baumbach/Lauterbach/Hartmann* Rn. 72; *Stein/Jonas/Leipold* Rn. 90; *Zöller/Vollkommer* Vor § 322 Rn. 28; *Rosenberg/Schwab/Gottwald* § 152 Rn. 14; *Henckel* S. 175f.

[237] BGH NJW-RR 1986, 1066; *Baumbach/Lauterbach/Hartmann* Rn. 74; *Zöller/Vollkommer* Vor § 322 Rn. 28, 36; *Lüke* Rn. 365; *Schilken* Rn. 1031; aA *Zeuner* S. 75 und FS Bötticher, 1969, S. 418; *Henckel* S. 198ff.

[238] BGH NJW 2004, 294, 295.

[239] BGH NJW 1996, 395, 396.

[240] OLG Zweibrücken OLGZ 1980, 237, 238.

[241] Vgl. BGHZ 85, 367 = NJW 1983, 390, 391.

[242] BGH JR 1987, 458 m. Anm. *Zeiss* = NJW-RR 1987, 525.

[243] BGHZ 43, 144 = NJW 1965, 693; *Stein/Jonas/Leipold* Rn. 90; *Rosenberg/Schwab/Gottwald* § 152 Rn. 14; *Henckel* S. 190.

[244] BGH ZIP 1990, 610.

[245] BAG AP Nr. 6; aA *Baumbach/Lauterbach/Hartmann* Rn. 62; *Henckel* S. 198; *Rimmelspacher* S. 269ff.; *Zöller/Vollkommer* Vor § 322 Rn. 29.

pflicht ab der letzten Tatsachenverhandlung, nicht für die Zeit zuvor fest, auch nicht das Zustandekommen oder das Fortbestehen des zugrundeliegenden Vertrages.[246] Auch das auf Delikt oder § 1004 BGB gestützte Unterlassungsurteil stellt die Unterlassungspflicht für den nachfolgenden Schadensersatzanspruch bindend fest (s. Rn. 55). Die Abweisung eines Schadenersatzanspruchs wegen einer Schutzrechtsverletzung hat aber umgekehrt keine Feststellungswirkung für einen nachfolgenden Unterlassungsprozess.[247]

103 Als besonderen Fall der Rechtskrafterstreckung sieht § 11 UKlaG dagegen ausdrücklich vor, dass sich Dritte nach einem Unterlassungsurteil auf die Unwirksamkeit der verwendeten AGB berufen können.[248]

104 **(2) Sachenrecht.** Durch Entscheidung über eine Herausgabeklage (§ 985 BGB) wird das Eigentum weder rechtskräftig zuerkannt noch aberkannt.[249] Das Urteil auf Herausgabe eines Schuldscheins stellt nicht fest, dass dem Beklagten keine Forderung zusteht.[250] Das Urteil auf Herausgabe eines Sparbuchs stellt nicht fest, wem die Sparbuchforderung zusteht.[251] Ein Herausgabeurteil stellt zwar nicht die Eigentumslage, wohl aber die Vindikationslage für einen nachfolgenden Prozess fest. Für jeden an die Vindikationslage anknüpfenden Anspruch steht fest, dass dem Herausgabepflichtigen kein Recht zur Verweigerung der Herausgabe zustand. Dies gilt nicht nur ab dem Zeitpunkt der Letzten mündlichen Tatsachenverhandlung, sondern bereits ab Rechtshängigkeit des Vorprozesses, es sei denn, es wäre im Vorprozess eine Veränderung in diesem Zeitraum behauptet und festgestellt worden.[252] Für die Zeit vorher besteht keine Rechtskraftbindung.[253] Die Rechtskraft eines die Herausgabeklage abweisenden Urteils schließt den Anspruch auf Nutzungsersatz aus.[254] Das Urteil auf Grundbuchberichtigung (§ 894 BGB) stellt sinngemäß auch das Bestehen des dinglichen Rechts fest.[255] Wird eine Klage auf Unterlassung einer Wegbenutzung abgewiesen, so steht nicht der Umfang des Wegerechts abschließend fest. Eine Feststellungsklage, dass der Beklagte kein eine Bebauung des Grundstücks hinderndes Recht hat, scheitert daher nicht an der Rechtskraft.[256] Die Abweisung einer Hypothekenklage auf Duldung der Zwangsvollstreckung (§ 1147 BGB) bindet im Verfahren um Erteilung einer Löschungsbewilligung.[257] Wird dagegen eine Klage auf Abgabe einer Löschungsbewilligung für eine Hypothek abgewiesen, so steht nicht fest, dass die zugrundeliegende Forderung besteht.[258] Wird ein Anspruch auf Löschungsbewilligung für eine Auflassungsvormerkung wegen Bestehens des Auflassungsanspruchs abgewiesen, so ist der Auflassungsanspruch selbst nicht bindend bejaht.[259] Wird eine Klage auf Rückübertragung einer Grundschuld abgewiesen, so steht für die nachfolgende Klage auf Duldung der Zwangsvollstreckung die Berechtigung an der Grundschuld rechtskräftig fest.[260]

105 **(3) Familienrecht.** Wird Unterhalt für einen festen Zeitraum eingeklagt, so wird nicht über die generelle Unterhaltspflicht dem Grunde nach bindend entschieden.[261] Wird eine Vergütung nach § 1361 b BGB für einen bestimmten Zeitraum zugesprochen, so steht weder die Vergütungspflicht schlechthin[262] noch gar die für die Vergütungspflicht vorgreifliche Unterhaltspflicht fest. Wird in einem Urteil über Kindesunterhalt dem Unterhaltsbedarf des Kindes anteiliges Kindergeld zugeschlagen, so ist rechtskräftig auch über den Kindergeldausgleich zwischen den Eltern entschieden.[263]

---

246 BGHZ 42, 340, 346 ff. = NJW 1965, 689, 690 f.; BGHZ 52, 2, 4 = NJW 1969, 1117, 1118.

247 BGHZ 150, 377, 383 = NJW-RR 2002, 1617 = JZ 2003, 423, 425 *(Schlosser)*.

248 Vgl. *Erman/Roloff* § 11 UKlaG Rn. 2; *Rosenberg/Schwab/Gottwald* § 47 Rn. 8; *Wolf/Horn/Lindacher* § 21 AGBG Rn. 3.

249 *Stein/Jonas/Leipold* Rn. 91; *Thomas/Putzo/Reichold* Rn. 29; *Zöller/Vollkommer* Vor § 322 Rn. 36; *Rosenberg/Schwab/Gottwald* § 152 Rn. 14; *Henckel* S. 183 f.; aA *Reischl* S. 194 ff., 202 ff.

250 BGH NJW 1961, 1457; *Baumbach/Lauterbach/Hartmann* Rn. 63; *Henckel* S. 179 f.

251 BGH NJW 1972, 2268 = LM § 256 Nr. 101; *Stein/Jonas/Leipold* Rn. 91.

252 BGH NJW 2006, 63, 64.

253 BGH NJW 1983, 164 = LM Nr. 95; BGH NJW 1985, 1553; *Rosenberg/Schwab/Gottwald* § 152 Rn. 14; *Hackspiel* NJW 1986, 1148; *Schilken* Rn. 1031.

254 BGH NJW 1981, 1517 (dazu *Braun* NJW 1982, 148).

255 *Stein/Jonas/Leipold* Rn. 92; aA BGH WM 2000, 320, 321; BGH MDR 2002, 393, 394 = NJW-RR 2002, 516, 517; s. Rn. 51.

256 AA BGH NJW 1965, 42.

257 RG JW 1921, 1245; *Henckel* S. 185.

258 BGH LM Nr. 16; BGH ZZP 68 (1955), 100; *Stein/Jonas/Leipold* Rn. 92; aA wohl *Rimmelspacher* S. 274 ff.

259 BGH NJW 1969, 1479; dazu *J. Blomeyer* NJW 1970, 179; *Rosenberg/Schwab/Gottwald* § 152 Rn. 14.

260 BGH JZ 1964, 257 = LM Nr. 47; *Henckel* S. 186 ff.; *Rimmelspacher* S. 295 ff.

261 *Zöller/Vollkommer* Vor § 322 Rn. 28.

262 Vgl. *Gottwald* FamRZ 1988, 410.

263 BGH NJW 1988, 2375 f.

Wird eine Unterhaltsklage wegen nicht nachgewiesener Vaterschaft abgewiesen, so kann sie unter formgerechtem Nachweis neu erhoben werden.[264] Eine Vaterschaftsanfechtungsklage, die mangels ausreichender Zweifel an der Vaterschaft abgewiesen wurde, kann nicht gestützt auf denselben Lebensverhalt, lediglich ergänzt um Einzelheiten oder Beweismittel, wiederholt werden.[265]

(4) Erbrecht. Das Urteil auf Auskunft gegen den Erbschaftsbesitzer wirkt keine Rechtskraft für das Erbrecht des Klägers.[266] Wird eine Klage auf Grundbuchberichtigung gegen einen Testamentserben abgewiesen, so steht nicht zugleich die Wirksamkeit des Testaments rechtskräftig fest.[267] 106

(5) Handelsrecht, Wettbewerbsrecht. Ein Urteil auf Mitwirkung an der Auseinandersetzung einer Gesellschaft stellt nicht das Bestehen des Gesellschaftsvertrages fest.[268] Ein Urteil, das eine vorbeugende Unterlassungsklage (mangels Erstbegehungsgefahr) als unbegründet abweist, steht der Geltendmachung eines späteren, auf eine konkrete Wettbewerbsverletzung gestützten Unterlassungsanspruchs nicht entgegen.[269] Von der inzidenten Bejahung einer Schutzrechtsverletzung im Schadenersatzprozess geht keine Feststellungswirkung für den Unterlassungsprozess aus und umgekehrt.[270] 107

(6) Arbeitsrecht. Klagt ein Arbeitnehmer erfolgreich auf Feststellung der Unwirksamkeit einer Kündigung und auf Weiterbeschäftigung, so steht damit nicht fest, dass der Arbeitnehmer zur Arbeit verpflichtet und der Arbeitgeber den Lohn wegen Annahmeverzugs bezahlen muss.[271] Wird einer Kündigungsschutzklage stattgegeben, so kann der Arbeitgeber eine neue Kündigung (Wiederholungskündigung oder Trotzkündigung) nicht auf die zur Rechtfertigung der ersten Kündigung vorgebrachten Gründe stützen.[272] 108

(7) Prozessrecht. Bei einer **Stufenklage** (§ 254) wirkt das Teilurteil auf Rechnungslegung oder Auskunft keine Rechtskraft für den als Vorfrage bejahten Anspruchsgrund (Leistungspflicht).[273] Die bloße Abweisung der Klage auf Rechnungslegung hindert nicht, die Hauptforderung anderweitig zu ermitteln und einzuklagen.[274] Das Urteil auf **Drittwiderspruchsklage** (§ 771) stellt nicht Bestehen oder Nichtbestehen des die Veräußerung hindernden Rechts, zB des Eigentums, fest.[275] Wird die Klage abgewiesen, so steht die Rechtmäßigkeit der Vollstreckung aber für eine spätere Bereicherungs- oder Schadensersatzklage fest.[276] Wird einer **Vollstreckungsgegenklage** (§ 767) stattgegeben, so wird der Grund für die Vollstreckungsabwehr nicht rechtskräftig festgestellt; wird die Klage gegen einen Prozessvergleich abgewiesen, so ist rechtskräftig nur entschieden, dass wegen des titulierten Anspruchs weiterhin vollstreckt werden kann, nicht aber das Bestehen des materiellen Anspruchs festgestellt.[277] Wird die Vollstreckungsgegenklage dagegen mit einer Aufrechnung begründet, so ist § 322 Abs. 2 analog anzuwenden.[278] Wird eine Vollstreckungsgegenklage abgewiesen, so ist der Kläger gehindert Schadensersatz wegen ungerechtfertigter Vollstreckung zu verlangen.[279] Wird durch ein Zwischenurteil nach § 280 Abs. 2 S. 1 die sachliche Zuständigkeit des Erfüllungsorts (§ 29) oder des Erbrechts (§ 34) bejaht, so stehen weder Erfüllungsort noch Erbrecht fest.[280] Die rechtskräftige Ablehnung einer Vollstreckbarerklärung eines ausländischen Urteils auf Klage nach § 722 hindert nicht die Anerkennung dieses Urteils nach § 328 auf Feststellungsklage.[281] 109

---

[264] OLG Stuttgart FamRZ 2003, 1121 *(Reischl)*.
[265] BGH FamRZ 1998, 955; BGH FamRZ 2003, 155.
[266] *Stein/Jonas/Leipold* Rn. 94.
[267] BGH NJW 1976, 1095 = FamRZ 1976, 146 m. Anm. *Schwab* S. 268.
[268] RGZ 144, 61; *Stein/Jonas/Leipold* Rn. 91.
[269] BGH NJW 1990, 2469.
[270] BGH NJW-RR 2002, 1617, 1618.
[271] BAG NJW 1986, 1832; *Zöller/Vollkommer* Vor § 322 Rn. 36; *Rosenberg/Schwab/Gottwald* § 152 Rn. 14; aA BAG SAE 1979, 284 m. Anm. *Kuchinke*.
[272] BAG MDR 1994, 595.
[273] BGH NJW 1969, 880 = JZ 1970, 226 m. Anm. *Grunsky* = JR 1970, 185 m. Anm. *Baumgärtel;* BGH NJW 1985, 862; *Baumbach/Lauterbach/Hartmann* Rn. 64; aA BGH WM 1975, 1086; *Henckel* S. 194; *Rimmelspacher* S. 284 ff.; *Zeuner* S. 162.
[274] *Henckel* S. 194.
[275] RGZ 70, 25; *Stein/Jonas/Leipold* Rn. 93.
[276] RGZ 70, 25, 27 f.; *Henckel* S. 226.
[277] BGH FamRZ 1984, 878.
[278] BGHZ 48, 357 = NJW 1968, 156; *Stein/Jonas/Leipold* Rn. 177; s. Rn. 194.
[279] BGH NJW 1960, 1460 = ZZP 74 (1961), 190 m. Anm. *Zeuner*.
[280] *Stein/Jonas/Leipold* Rn. 94.
[281] BGH NJW 1987, 1146; *Thomas/Putzo/Reichold* Rn. 12.

110 **(8) Einreden, Gegenrechte.** Da die Entscheidung nur über den Streitgegenstand ergeht, erwächst das Urteil über Gegenansprüche, Einwendungen oder Einreden des Beklagten nicht selbstständig in Rechtskraft, soweit der Beklagte nicht Widerklage (auch Zwischenfeststellungswiderklage) erhoben hatte.[282] Dies gilt selbst bei einer Zug-um-Zug-Verurteilung, bei der der Gegenanspruch in der Urteilsformel mit enthalten ist. Allerdings ist bindend festgestellt, dass der Klageanspruch nur eingeschränkt besteht, sodass der Kläger nicht in einem Zweitprozess uneingeschränkte Leistung verlangen kann.[283] Setzt ein Käufer der Kaufpreisklage die Einrede ausstehender Gewährleistung entgegen (§ 320 BGB), so entscheidet das Urteil nicht rechtskräftig über das Bestehen des Gewährleistungsanspruchs. Es besteht also keine Bindung, wenn der Beklagte im Folgeprozess Rückzahlung seiner Anzahlung oder weitergehenden Schadensersatz verlangt.[284] Wurde der Kaufpreisklage stattgegeben, so kann der Käufer jedoch nicht in einem neuen Verfahren Rückzahlung wegen Rücktritts oder Minderung verlangen; diesem Begehren steht die Rechtskraft des ersten Urteils entgegen.[285] Die Rechtskraft ist aber auch insoweit auf den abgeurteilten Teil begrenzt (s. Rn. 115 ff.). Kann der Käufer mittels Vollstreckungsgegenklage die weitere Vollstreckung einer titulierten Kaufpreisforderung wegen Minderung als Folge eines nachträglich erkannten Mangels abwehren, so steht für eine Klage auf Rückerstattung der bereits geleisteten Teile des Kaufpreises nicht fest, dass die Minderung rechtzeitig erfolgte.[286]

111 Eine gesetzliche Ausnahme besteht nach § 322 Abs. 2 für die Aufrechnung (s. Rn. 194 ff.).

112 **3. Begrenzung der Rechtskraft auf den „erhobenen Anspruch". a) Umfang.** Nach dem ausdrücklichen Wortlaut des § 322 Abs. 1 bezieht sich der **Umfang der materiellen Rechtskraft** auf den durch Klage und Widerklage zur Entscheidung des Gerichts gestellten Anspruch. Nach dem Sinnzusammenhang dieser Regel besteht heute weitgehend Einigkeit, dass damit nicht ein materiell-rechtlicher Anspruch (iSd. § 194 Abs. 1 BGB), sondern der **prozessuale Anspruch** iSd. Streitgegenstandes (§ 253 Abs. 2 Nr. 2) gemeint ist.[287] Dies bedeutet zunächst, dass es gleichgültig ist, ob eine Rechtsfolge auf einem materiellen Anspruch oder auf einer Anspruchsnormenkonkurrenz beruht. Der Streitgegenstand ist insoweit vom materiellen Recht gelöst und umfasst grundsätzlich alle konkurrierenden Ansprüche.[288]

113 **b) Antrag und Sachverhalt.** Schon hieraus folgt, dass der Streitgegenstand primär von dem **Antrag** auf Leistung, Feststellung oder Gestaltung bestimmt wird. Das deutsche Recht kennt keine merger-Wirkung; über Ansprüche aus einem bestimmten **Sachverhalt** wird deshalb grundsätzlich nur entschieden, soweit die Anträge der Parteien reichen. Innerhalb dieser Grenzen erstreckt sich die Entscheidung aber auf den gesamten Lebenssachverhalt. Ob der Streitgegenstand insoweit primär durch den Antrag[289] oder durch Antrag und Sachverhalt als gleichwertige Elemente[290] bestimmt wird, kann insoweit offen bleiben. Denn in aller Regel bedarf es eines Sachverhalts, um den Streitgegenstand näher zu individualisieren und von anderen „Ansprüchen" mit gleichem Antrag zu unterscheiden. Der Sachverhalt (und seine Abgrenzung) ist deshalb unverzichtbar: Ob zur Auslegung des Antrags (so die eingliedrige Theorie) oder zur Festlegung des Streitgegenstands (so die zweigliedrige Lehre) erscheint vorwiegend als Formulierungsfrage, ohne dass die eine oder andere Formel den Ausschlag für die Abgrenzung des Streitgegenstandes in Grenzfällen geben würde.

114 **c) Streitgegenstand und Urteilsgegenstand.** Da das Gericht über den prozessualen Anspruch entscheidet, sind Streitgegenstand und Urteilsgegenstand grundsätzlich identisch. Für die Rechtskraft gilt daher kein anderer Streitgegenstandsbegriff als für Klagehäufung, Klageänderung und Rechtshängigkeit.[291] Der Kläger kann die Entscheidung des Gerichts weder auf einen von mehre-

---

282 *Baumbach/Lauterbach/Hartmann* Rn. 19; *Stein/Jonas/Leipold* Rn. 95; *Rosenberg/Schwab/Gottwald* § 152 Rn. 15; *Schilken* Rn. 1025.

283 BGHZ 117, 1, 3 = NJW 1992, 1172/73; *Stein/Jonas/Leipold* Rn. 95; *Rosenberg/Schwab/Gottwald* § 152 Rn. 15; vgl. *Dieckmann,* GedS für Arens, 1993, S. 43.

284 RGZ 69, 385; *Stein/Jonas/Leipold* Rn. 96; aA *Henckel* S. 215 ff.

285 *Stein/Jonas/Leipold* Rn. 96; *Zeuner* S. 99.

286 Vgl. BGHZ 85, 367 = NJW 1983, 390 = LM BGB § 465 Nr. 5; *Stein/Jonas/Leipold* Rn. 97.

287 BGHZ 117, 1, 5 = NJW 1992, 1172, 1173; BGH NJW 1995, 1614; *Baumbach/Lauterbach/Hartmann* Rn. 15; *Stein/Jonas/Leipold* Rn. 100; *Zöller/Vollkommer* Vor § 322 Rn. 30, 35, 37; *Rosenberg/Schwab/Gottwald* § 152 Rn. 2 f., 5.

288 BGH NJW-RR 2006, 1502, 1503.

289 So *Schwab* Streitgegenstand S. 183 ff.; *Rosenberg/Schwab* (bis 14. Aufl.) § 96 III 3, IV 1.

290 So BGHZ 117, 1, 5 = NJW 1992, 1172, 1173; BGH NJW 2001, 157, 158; BGHZ 154, 342, 347 = MDR 2003, 1126; BGH Report 2006, 742, 743; *Rosenberg/Schwab/Gottwald* § 92 Rn. 10, 22; *Thomas/Putzo/Reichold* Einl. II 15 f., 24 f.; *Zöller/Vollkommer* Einl. Rn. 72, 86.

291 BGH NJW 1981, 2306; 1983, 391; *Zöller/Vollkommer* Vor § 322 Rn. 38, 39; *Jauernig* §§ 37 VII 3, 63 III 6; aA *Stein/Jonas/Leipold* Rn. 103 ff.; vgl. *Rosenberg/Schwab/Gottwald* § 92 Rn. 2 ff.

ren konkurrierenden materiellen Ansprüchen beschränken noch ihm eine bestimmte Prüfungsreihenfolge vorschreiben. Hieraus folgt, dass der Urteilsgegenstand generell nicht enger gefasst sein kann als der Streitgegenstand.[292]

Entscheidet das Gericht freilich über einen nicht gestellten Antrag, so verstößt das Urteil zwar gegen § 308 Abs. 1 ZPO. Wird dieser Fehler aber nicht im Rechtsmittelverfahren korrigiert, so erwächst die Entscheidung auch über diesen „Antrag" in Rechtskraft und zwar gleichgültig, ob der Anspruch zuerkannt oder aberkannt wird. Ein klagabweisendes Urteil entscheidet im Zweifel aber nur über den Antrag, auch wenn in den Gründen Ansprüche des Klägers weitergehend verneint werden.[293] 115

Eine Beschränkung der Rechtskraft auf die rechtlichen Schlussfolgerungen aus dem **vorgetragenen Tatsachenkomplex**[294] ist nicht geboten, soweit dadurch ein erneuter Prozess über denselben Lebenssachverhalt ermöglicht werden soll. Die Regeln über Klageänderung, Rechtshängigkeit und Rechtskraft wollen vielmehr einheitlich zur Konzentration der Prozesse beitragen. Dagegen wird für eine Differenzierung zwischen Rechtshängigkeit und Rechtskraft angeführt, ein Abschneiden anderer (der Partei möglicherweise unbekannter) Erwerbsgründe bei dinglichen Rechten oder anderer Gestaltungsgründe bei einer Gestaltungsklage sei unbillig.[295] Gerade diese unterschiedliche Behandlung führt aber zu Zufälligkeiten je nach Dauer des ersten Verfahrens und nach dem Vortrag des Klägers und erschwert auch für die Parteien unnötig die Beurteilung des Prozessrisikos. Unzuträglichkeiten sind durch die generelle Begrenzung des Streitgegenstandes zu vermeiden. 116

Nicht die vorgetragenen Tatsachen begrenzen den Streit- und Urteilsgegenstand, sondern die prozessuale Wertung, ob bestimmte Ansprüche oder Tatsachenkomplexe zwingend Gegenstand eines Verfahrens sein sollen oder auch selbstständig zur Entscheidung gestellt werden können.[296] Welche Verfahrensmaxime zur Aufklärung des Sachverhalts gilt (reine Verhandlungsmaxime, beschränkte Amtsermittlung oder voller Untersuchungsgrundsatz), beeinflusst nur die Verantwortung von Parteien und Gericht, nicht aber den Umfang der Rechtskraft.[297] Freilich ist eine Formel, die den Interessen der Beteiligten in allen Fallgruppen gerecht wird, kaum zu finden. Das Kriterium der **„Einheit des Lebenssachverhaltes"**[298] ist wohl am nahe liegendsten; es ist aber ungenau und kann leicht überdehnt werden. Auch bei allgemein gefasstem Unterlassungsantrag wird stets nur über einen einheitlichen Lebenssachverhalt nicht über andere (ggf. gleichartige Verletzungshandlungen) entschieden.[299] Das Kriterium des einheitlichen Verfügungsgegenstandes im Sinne des Zessionsrechts[300] ist dagegen technisch exakt und insoweit kalkulierbar; es zwingt aber zu einer Prozesskonzentration über das billigerweise gebotene Maß hinaus.[301] Beide Kriterien bieten aber wertvolle Indizien für eine Abgrenzung. 117

d) Prozessualer Anspruch. Auszugehen ist deshalb davon, dass konkurrierende materielle Ansprüche grundsätzlich nur einen **prozessualen Anspruch,** den Streit- und Urteilsgegenstand bilden. Die Rechtskraft erfasst diesen Anspruch, gleichgültig ob der dazu gehörige Prozessstoff dem Gericht bekannt war oder nicht.[302] Denn andernfalls könnten die Parteien Streitgegenstand und Rechtskraft durch geschickte Gestaltung ihres Vortrages beschränken. Die prozessuale Selbstständigkeit konkurrierender Ansprüche (und Sachverhalte) ist danach die zu begründende Ausnahme.[303] Sie muss freilich der Verkehrsanschauung und praktischen Bedürfnissen folgen. 118

aa) Eine erste Ausnahme besteht im Verhältnis von **Kausalanspruch** und bestärkenden **abstrakten Ansprüchen** aus Wechsel, Scheck oder abstraktem Schuldversprechen. Trotz gleichen Antrags folgt hier aus der selbstständigen Abtretbarkeit und den unterschiedlichen Prozessarten, dass von verschiedenen Streitgegenständen auszugehen ist[304] und sich die Rechtskraft auf den dem Gericht unterbreiteten Sachverhalt beschränkt.[305] 119

---

[292] *Henckel* S. 153.
[293] BGH VersR 1999, 904, 905.
[294] So BGH MDR 1995, 953, 954; *Stein/Jonas/Leipold* Rn. 103 ff.
[295] *Stein/Jonas/Leipold* Rn. 106.
[296] So zutreffend *Blomeyer* § 89 III 3.
[297] *Rimmelspacher* S. 209 ff.; aA *Jauernig,* Verhandlungsmaxime, Inquisitionsmaxime und Streitgegenstand, 1967.
[298] BGHZ 154, 342, 348 f. = NJW 2003, 2317, 2318; BGH NJW 2007, 83, 84.
[299] BGH JZ 2006, 1180 = BGHReport 2006, 742, 743 (krit. *Vollkommer*); BGH JZ 2006, 1178; krit. *Teplitzky* WRP 2007, 1; *Ahrens* JZ 2006, 1184.
[300] *Henckel* Parteilehre 1961, S. 255 ff., 272 ff.
[301] *Blomeyer* § 89 III 2 c; in der Sache auch BGH NJW 1981, 2306.
[302] BGH NJW 1990, 1795, 1796; BGH NJW 2000, 3492, 3493; *Rosenberg/Schwab/Gottwald* § 152 Rn. 4 f.; *Musielak* Rn. 18.
[303] Zutreffend *Blomeyer* § 89 III 3.
[304] *Blomeyer* § 89 III 3 a.
[305] So im Ergebnis auch *Schwab* Streitgegenstand S. 157.

120 **bb)** Eine weitere Ausnahme besteht, soweit die **Entscheidungskompetenz** des Gerichts, zB im Vertrags- bzw. Deliktsgerichtsstand in europäischen Fällen (Art. 5 Nr. 1, 3 EuGVO), **beschränkt** ist. Während der BGH für nationale Fälle inzwischen eine Zuständigkeit kraft Sachzusammenhangs anerkennt,[306] wird sie vom EuGH bisher verneint.[307] Den Betroffenen muss daher die Möglichkeit offen stehen, den „fremden" materiellen Anspruch in einem weiteren Verfahren vor dem zuständigen Gericht einzuklagen oder einzuwenden.[308]

121 **cc)** Weitere Beschränkungen des Streit- und Urteilsgegenstandes beruhen auf einer „billigen" Bewertung der Parteiinteressen, nicht dagegen darauf, dass sich die **konkurrierenden Sachverhalte** „ihrem Wesen nach" unterscheiden würden.[309] Aus diesem Grunde bilden unterschiedliche Streitgegenstände: Der vertragliche Leistungsanspruch und der konkurrierende Bereicherungsanspruch;[310] der Anspruch aus eigenem und aus abgetretenem Recht;[311] der possessorische (§ 861 BGB) und der petitorische Herausgabeanspruch (§ 985 BGB; arg. § 863 BGB);[312] sowie der Anspruch aus vertraglicher Verpflichtung und aus Vermögensübernahme,[313] aber auch der Anspruch auf Leistung in Euro und die entsprechende Fremdwährungsforderung.[314] Alle diese Vorgänge werden im Verkehr als selbstständige Sachverhalte gewertet, sodass ein Zwang, sie dem Gericht in einem Verfahren zu unterbreiten, zu überraschenden und damit unbilligen Ergebnissen führen würde.

122 **e) Entscheidung über begehrte Rechtsfolge.** Die Entscheidung ergeht stets über die begehrte Rechtsfolge, nicht über einzelne materielle Ansprüche. Übersieht das Gericht einen materiellen Anspruch, so ist dies von der belasteten Partei durch Rechtsmittel geltend zu machen. Soweit dieses nicht oder nicht mehr zulässig eingelegt werden kann, ist der Anspruch rechtskräftig aberkannt,[315] und zwar gleichgültig, ob er im ersten Verfahren erörtert wurde oder nicht. In gleicher Weise befindet das Urteil über alle denkbaren Einwendungen des Beklagten. Auch das Übersehen von Teilen des vorgetragenen Sachverhalts führt nicht zu einer Einschränkung der Rechtskraft.[316]

123 **f) Entscheidung bei beschränkter Kompetenz.** Spart das Gericht bewusst entscheidungsrelevante rechtliche Gesichtspunkte aus seiner Entscheidung aus, so ist dagegen anders zu entscheiden. Allerdings muss sich das Gericht (zutreffend oder unzutreffend) rechtlich gehindert gesehen haben, über den Anspruch zu entscheiden, sei es wegen seiner Vorstellungen vom Streitgegenstand oder wegen der Beschränkung seiner Entscheidungskompetenz.[317] Hat das Gericht dagegen eine Prüfung aus anderen Rechtsfehlern bewusst unterlassen, so ist die Rechtskraftwirkung nicht beschränkt.

124 **4. Rechtskraft bei Teilentscheidungen. a)** § 301 ZPO ermächtigt das Gericht, nach seinem Ermessen Teilurteile zu erlassen. Durch ein **Teilurteil** entscheidet das Gericht in keiner Weise über den restlichen Streitgegenstand; das Teilurteil bewirkt daher keine Rechtskraft für die weiteren Ansprüche, Anspruchsteile oder die Widerklage,[318] selbst wenn der Anspruchsgrund in dem Urteil generell ohne Beschränkung auf den abgeurteilten Teil bejaht oder verneint worden ist.[319] Es verhält sich nicht anders wie bei einem auf Teilklage ergehenden Urteil[320] (s. Rn. 127 ff.). Eine weitergehende Rechtskraftwirkung kann nur durch ein Zwischenurteil über den Haftungsgrund gem. § 304 herbeigeführt werden.[321]

125 Ergeht ein Teilurteil fehlerhafterweise in einer die weitere Entscheidung präjudizierenden Weise, so entsteht gleichwohl kein Rechtskraftkonflikt,[322] auch wenn Widersprüche zwischen Teil- und

---

[306] BGHZ 153, 173 = JZ 2003, 687 *(Mankowski)*.
[307] EuGHE 1988, 5565 = NJW 1988, 3088; BGH MDR 2005, 587 = EWiR Art. 5 EuGVÜ 2/05 *(Kröll)*.
[308] *Schwab* Streitgegenstand S. 154 ff.; *Rimmelspacher* S. 237 ff.; s. auch Art. 5 EuGVO Rn. 8, 37.
[309] So aber BGH NJW 1981, 2306.
[310] *Blomeyer* § 89 III 3 c.
[311] BGH NJW 2005, 2004; BGH NJW-RR 2006, 275; *Blomeyer* § 89 III 3 c; aA BGH MDR 1976, 136 = ZZP 89 (1976), 330 m. Anm. *Greger* auch BGH NJW 1989, 2133, 2134 (abl. *Schilken* NJW 1991, 281).
[312] *Georgiades* S. 260.
[313] BGH NJW 1981, 2306 = LM Nr. 90.
[314] OLG Koblenz RIW 1989, 387.
[315] *Jauernig* § 63 III 6; *Lüke* Rn. 361; *Rosenberg/Schwab/Gottwald* § 152 Rn. 5; *Schwab* Streitgegenstand S. 151 f.
[316] *Schwab* Streitgegenstand S. 153 f.
[317] *Zöller/Vollkommer* Vor § 322 Rn. 42.
[318] BGH NJW 1967, 1231; BGH NJW 1994, 3165; *Stein/Jonas/Leipold* Rn. 155; *Thomas/Putzo/Reichold* Rn. 22; *Zöller/Vollkommer* Vor § 322 Rn. 46.
[319] BGH NJW 1981, 1045.
[320] Vgl. BGHZ 93, 330 = NJW 1985, 1340, 1341.
[321] AA *Musielak/Musielak* Rn. 75.
[322] *Zöller/Vollkommer* § 301 Rn. 1, 7.

Schlussurteil unerwünscht sind. Eine Bindung entsteht aber, soweit das Teilurteil für die Widerklage vorgreiflich ist.[323] Kann einem Teilurteil nicht entnommen werden, welche Einzelpositionen tituliert werden sollten, so entfaltet es keine materielle Rechtskraft.[324]

b) Hat das Gericht versehentlich nur über einen Teil der anhängigen Klageanträge entschieden, so fehlt für den Rest jede rechtskraftfähige Entscheidung. Die Parteien können gem. § 321 eine **Urteilsergänzung** verlangen. Mit Ablauf der Frist des § 321 Abs. 2 erlischt die Rechtshängigkeit; ein nicht verbeschiedener Anspruch kann daher danach wieder neu eingeklagt werden.[325] 126

5. Rechtskraft bei Teilklagen. Nach hM bestimmt der Streitgegenstand auch über den Umfang der materiellen Rechtskraft bei Teilklagen. Denn die Wirkungen einer gerichtlichen Entscheidung können nur in dem zur Entscheidung gestellten Rahmen eintreten. Gleichwohl ist der Umfang eines auf Teilklage hin ergangenen Urteils streitig. 127

a) Fast einhellig beurteilt wird der Fall einer der **Teilklage stattgebenden Entscheidung.** Hier ist weitgehend anerkannt, dass sich die Rechtskraft auf den abgeurteilten Teil beschränkt. Über den Restbetrag ist weder positiv noch negativ entschieden,[326] sofern der geltend gemachte Anspruch teilbar war.[327] *Leipold* meint freilich, ein der Teilklage stattgebendes Urteil enthalte zugleich die rechtskraftfähige Feststellung des Anspruchsgrundes für die gesamte Forderung.[328] Diese Ansicht ist aber mit dem Dispositionsgrundsatz deutscher Prägung nicht vereinbar. Der Kläger könnte mit kleinstem Kosteneinsatz ein „Grundurteil" über die ganze Forderung erstreiten. Solange der Kläger bewusst und zulässigerweise eine Teilklage erhebt, besteht kein Anlass ihm dem Grunde nach mehr zuzusprechen. Ein Teilurteil über Zinsen stellt daher nicht den Hauptanspruch dem Grunde nach fest. War nur ein streitiger „Spitzenbetrag" einer Unterhaltsforderung eingeklagt, so stellt ein stattgebendes Urteil deshalb nicht rechtskräftig fest, dass der Unterhaltsanspruch im Umfang des freiwillig bezahlten „Sockelbetrages" tatsächlich besteht.[329] Entsprechend ist das Gericht nicht gehindert, eine weitere Klage über weitere Teilforderungen abweichend von der ersten Entscheidung zu beurteilen und die neue Klage ganz (oder teilweise) abzuweisen. 128

b) Zweifelhaft ist die Rechtskraftwirkung eines die Teilklage (teilweise) **abweisenden** Urteils. Dieses Urteil darf nur ergehen, wenn das Gericht dazu den Anspruch geprüft und vollständig (bzw. teilweise) verneint hat. Es liegt dann der Schluss nahe, dass dem Kläger überhaupt keine (oder doch keine höhere) Forderung zustehen kann. Das vollständige oder teilweise Aberkennen der Teilforderung hat daher nach verbreiteter Ansicht in der Literatur **Rechtskraftwirkung für die gesamte Forderung:** Diese sei rechtskräftig aberkannt.[330] Manche meinen gar, in einer Nachforderung liege die Behauptung eines kontradiktorischen Gegenteils zu dem (teilweise) klagabweisenden Urteil.[331] Zum gleichen Ergebnis gelangt das amerikanische Recht mit der Doktrin von „merger" und dem damit verbundenen Verbot, die Klage aufzuspalten, also Teilklagen zu erheben.[332] Einen derartigen Zwang, die ganze Forderung in einer Klage geltend zu machen, kennt das deutsche Recht aber nicht. Darüber hinaus bestimmt sich das Kostenrisiko des Prozesses (Gerichts- und Anwaltsgebühren) nach dem (Kosten-)Streitwert. Mit diesem deutschen Gesamtsystem wäre es unvereinbar, die Rechtskraft eines die Teilklage abweisenden Urteils (bzw. eines stattgebenden Urteils auf negative Teilfeststellungsklage) auf die gesamte Forderung zu erstrecken. Für eine **offene Teilklage** ist diese Ansicht in der Praxis seit jeher anerkannt.[333] 129

c) Streitig ist dagegen, ob die gleichen Grundsätze auch bei einer sog. **verdeckten Teilklage** gelten, dh., wenn die erste Klage nicht als Teilklage bezeichnet oder doch erkennbar war. 130

aa) Die Rechtsprechung hat für besondere Fälle die Ansicht vertreten, dass die Rechtskraft eines Urteils bei unveränderter Sachlage **Nachforderungen** ausschließe, wenn der Kläger ausdrücklich 131

---

[323] OLG Frankfurt VersR 1970, 217; *Zöller/Vollkommer* Vor § 322 Rn. 46.

[324] OLG Hamm ZMR 1998, 341.

[325] BGH LM Nr. 54; KG Rpfleger 1980, 159; *Baumbach/Lauterbach/Hartmann* § 321 Rn. 8; *Zöller/Vollkommer* § 321 Rn. 8.

[326] BGHZ 34, 337 = NJW 1961, 917, 918; BGH NJW 1997, 3019, 3020; *Lüke* Rn. 360; *Schellhammer* Rn. 857; *Schulte* S. 90 ff., 96.

[327] BGH MDR 1995, 89.

[328] FS Zeuner, 1994, S. 431, 445 ff.

[329] BGHZ 93, 330 = NJW 1985, 1340 = JR 1985, 464 m. Anm. *Wax.*

[330] So *Zeiss/Schreiber* Rn. 580 f.; *Bruns* Rn. 235 b; *Schlosser* I Rn. 223; dafür auch *Lüke* Rn. 360 aE; *Leipold,* FS Zeuner, 1994, S. 431, 439 ff.; *Musielak* Rn. 71, 73 ff.; *Schulte* S. 83 ff., 94 ff.

[331] So *Jauernig* § 63 II (S. 238) und JZ 1997, 1127 f.

[332] Vgl. *Casad,* Res judicata, 1976, p. 61, 63; *Engelmann/Pilger* S. 62 f.

[333] BGHZ 85, 367, 373 = NJW 1983, 390, 391; *Stein/Jonas/Leipold* Rn. 150 ff.; *Thomas/Putzo/Reichold* Rn. 26.

oder sinngemäß seinen gesamten Anspruch ohne Vorbehalt zur Entscheidung des Gerichts gestellt hatte.[334] Beschränkt man dagegen die Rechtskraft auf den Streitgegenstand des Prozesses, so sind Nachforderungen aus prozessualen Gründen weder ausgeschlossen, wenn der ersten Klage stattgegeben, noch wenn sie ganz oder teilweise abgewiesen wurde.[335] Ein Aberkennen des weitergehenden Anspruchs bei (teilweiser) Klagabweisung[336] ist aus den gleichen Gründen wie bei der offenen Teilklage abzulehnen.

132 **bb)** Für **teilbare Ansprüche** hat der BGH diese Grundsätze nun ebenfalls anerkannt und sich von der früheren Entscheidung BGHZ 34, 337 als Sonderfall distanziert. Danach ergreift die Rechtskraft nur den geltend gemachten (Teil-)Anspruch. Ein Vorbehalt darüber hinausgehender Ansprüche müsse nicht erklärt werden.[337] Die Begründung ergibt sich wiederum daraus, dass die Rechtskraft des Urteils durch den Streitgegenstand des Prozesses begrenzt ist. Unabhängig davon, ob man diesen nur durch den gestellten Antrag oder durch Antrag und Sachverhalt bestimmt, der Antrag begrenzt in jedem Fall den Streitgegenstand[338] und damit den Umfang der materiellen Rechtskraft, gleichgültig ob der eingeklagte Anspruch materiell „einheitlich" oder quantitativ oder qualitativ teilbar war.[339] Was nicht zur Entscheidung des Erstgerichts gestellt wurde, ist damit auch mittelbar weder zu- noch aberkannt. Das BAG hat deshalb zu Recht entschieden, dass bei Eingruppierungsstreitigkeiten die Rechtskraft des auf Klage auf Zahlung der Vergütung für die nächsthöhere Tarifgruppe ergangenen Urteils eine neue Klage auf Eingruppierung in eine noch höhere Tarifgruppe nicht ausschließt.[340] Es verhält sich nicht anders wie bei einem eine offene Teilklage abweisenden Urteil.

133 **cc)** Auch die konkludente Erklärung im Erstprozess, den gesamten Anspruch einzuklagen, kann keine Auswirkung auf den Umfang der Rechtskraft haben, da das Gericht nicht über diese Erklärung, sondern nur über den gestellten Antrag entscheidet. Eine solche Erklärung kann aber materielle Wirkungen haben und unter Umständen als Verzicht, Erlassangebot[341] oder als Verwirkung gewürdigt werden.[342] Das bloße Geltendmachen des Schadens zu einem bestimmten Stichtag[343] hat aber nicht einen derartigen materiell-rechtlichen Erklärungswert. Gewinnen kann der Kläger einen Zweitprozess in jedem Fall nur, wenn er wirklich einen höheren als den im Ersturteil zuerkannten Anspruch nachweisen kann.

134 **dd)** Gegen die freie Nachforderung auch bei verdeckter Teilklage wird neuerdings eingewandt, sie sei mit der Gleichbehandlung der Parteien nicht vereinbar. Denn der Beklagte sei der zweiten Klage ausgeliefert, ohne sie durch negative Feststellungswiderklage abwehren zu können; auch seine Kostenbelastung erhöhe sich. Die Nachforderung sei daher durch eine rechtskraftfremde Präklusion des Klägers (analog § 767 Abs. 3 und § 145 PatG) einzuschränken, wenn er seinen Mehranspruch schuldhaft nicht im Erstprozess geltend gemacht hat.[344]

Diese Analogie überzeugt freilich nicht. Denn für den Normalfall einer primären Rechtsverfolgung kennt die ZPO gerade keine rechtskraftfremde Präklusion; die ZPO sieht nirgends vor, dass ein Anspruch durch fahrlässige Nichtverfolgung verloren geht. In den Grenzen der Verjährung ist daher eine Nachforderung zulässig.

135 **ee)** Die Lehre von der freien Nachforderung gerät allerdings bei **Unterhaltsurteilen** oder anderen Urteilen auf wiederkehrende Leistungen in Schwierigkeiten. Denn hier wird zum Schutz des Schuldners angenommen, eine freie Nachforderung sei nur bei offenen Teilklagen zulässig, ansonsten könne eine Erhöhung des Unterhalts nur unter den Voraussetzungen der Abänderungsklage nach § 323 verlangt werden. Diese Besonderheiten ergeben sich aber aus der speziellen gesetzlichen Regelung des § 323 (s. dort Rn. 20): der Abänderbarkeit nur bei wesentlichen Änderungen der tat-

---

334 BGHZ 34, 337 = NJW 1961, 917; OLG Celle WM 1988, 353; offengelassen in BGHZ 36, 365 = NJW 1962, 1109 (m. Anm. *Brox* S. 1203) = JZ 1963, 117 m. Anm. *Blomeyer;* LG Göttingen WM 1987, 447; vgl. *Zöller/Vollkommer* Vor § 322 Rn. 48.

335 *Stein/Jonas/Leipold* Rn. 156 bis 163; *Rosenberg/Schwab/Gottwald* § 153 Rn. 14ff.; *Schellhammer* Rn. 857; *Schilken* Rn. 1029.

336 Hierfür *Jauernig* § 63 II u. JZ 1997, 1127f.

337 BGHZ 93, 330, 334 = NJW 1985, 1340; BGH NJW 1994, 3165/66; BGHZ 135, 178 = NJW 1997, 1990 = JZ 1997, 1126 (m. abl. Anm. *Jauernig*) = ZZP 110 (1997), 499 (m. Anm. *Windel*); BGH NJW 1997, 3019, 3020; für Zugewinnausgleich OLG Düsseldorf FamRZ 1998, 916 m. Anm. *Ludwig* FamRZ 1999, 384.

338 *Kuschmann,* FS Schiedermair, 1976, S. 350, 365.

339 *Schwab* Streitgegst. S. 139ff.; *Kuschmann* (Fn. 338) S. 351, 375.

340 BAG MDR 1972, 83 m. Anm. *Zeuner.*

341 BGH NJW 1979, 720; *Zöller/Vollkommer* Vor § 322 Rn. 48, 51; *Rosenberg/Schwab/Gottwald* § 153 Rn. 18.

342 *Kuschmann* (Fn. 338) S. 350, 369.

343 Vgl. OLG Celle WM 1988, 353, 354.4.

344 *Marburger,* Gedächtnisschr. für Knobbe-Keuk, 1997, S. 187, 196ff.; aA *Jauernig* § 63 II (S. 238).

sächlichen oder rechtlichen Verhältnisse und der Abänderbarkeit erst ab Klageerhebung. Alle diese Regeln dürfen nicht durch eine einfache Nachforderung umgangen werden.[345] Für andere Ansprüche kann dagegen aus § 323 nichts hergeleitet werden.[346]

ff) Eine Besonderheit ergibt sich auch bei **Schmerzensgeldklagen** mit zulässigerweise **unbestimmtem Antrag**, bei dem die Höhe des Ersatzes in das Ermessen des Gerichts gestellt wird. 136
Hier soll der Kläger – sofern er nicht ausdrücklich Teilklage erhoben hat – seinen gesamten prozessualen Anspruch zur Entscheidung gestellt haben und deshalb mit Nachforderungen ausgeschlossen sein.[347] Etwas anderes soll nur hinsichtlich nachträglich eintretender Verletzungsfolgen gelten, mit deren Eintritt nicht oder nicht ernstlich zu rechnen war.[348] Ein Bedürfnis für diese Beschränkung besteht jedoch nicht. Der „unbestimmte" Antrag ist immerhin durch die geforderte Angabe einer Größenordnung bestimmt. Nur hierüber und nicht über eine konkludente Erklärung, dass mit der Klage der gesamte Anspruch geltend gemacht wird, wird im Ersturteil entschieden. Sofern der Kläger aber nicht einen neuen Sachverhalt nachweisen kann, dürfte eine Nachforderung in der Regel unbegründet sein; die Rechtskraft der Erstentscheidung hindert die Nachforderung dagegen nicht.

V. Subjektive Grenzen der Rechtskraft

1. Bindung der Parteien. Das Urteil bindet grundsätzlich nur die Parteien des Rechtsstreits. 137
Ist zweifelhaft, wer Partei des Rechtsstreits war, so bestimmt sich die Parteieigenschaft für die Wirkungen des Urteils nicht anders als für das zugrundeliegende Verfahren. Eine etwa unzutreffende Vorstellung des Gerichts von der betroffenen Person ändert nichts daran, dass das Urteil Rechtskraft ausschließlich zwischen den tatsächlich durch Auslegung der Klageschrift bestimmten Prozessparteien entfaltet.[349]

2. Bindung Dritter. Dritte sind an das Urteil nur in den gesetzlich vorgesehenen Fällen gebunden (s. Erl. zu §§ 325 bis 327). 138

VI. Zeitliche Grenzen der Rechtskraft und Präklusion

1. Der Präklusionszeitpunkt. a) Allgemeine zeitliche Grenze der Rechtskraft. Im Prozess kann die tatsächliche Grundlage des Streites der Parteien nur bis zu dem Zeitpunkt vor der Beschlussfassung des Gerichts geklärt werden, bis zu dem die Parteien Angriffs- und Verteidigungsmittel vorbringen können (vgl. § 296a). Die Entscheidung des Gerichts stellt daher die Sach- und Rechtslage für diesen historischen Zeitpunkt fest.[350] Maßgebender Präklusionszeitpunkt ist grundsätzlich der Schluss der letzten mündlichen Tatsachenverhandlung.[351] Dieser zeitliche Bezugspunkt für die materielle Rechtskraft steht nicht unmittelbar im Gesetz; er wird aber in § 767 Abs. 2 für das Endurteil sinngemäß vorausgesetzt. Dort ist geregelt, dass eine Vollstreckungsgegenklage nur auf „neue" Gründe, dh. nach diesem Zeitpunkt entstandene Tatsachen gestützt werden kann. Der Grundsatz gilt aber allgemein als **zeitliche Grenze der Rechtskraft,**[352] und zwar für sämtliche relevanten Tatsachen und für beide Parteien gleichermaßen. Im schriftlichen Verfahren (§ 128) gilt der vom Gericht bestimmte entsprechende Zeitpunkt. Berücksichtigt das Revisionsgericht ausnahmsweise (vgl. § 559 Abs. 1) neue Tatsachen, so verschiebt sich die Rechtskraftgrenze auf den Schluss der mündlichen Revisionsverhandlung.[353] Ansonsten ist der Schluss der letzten mündlichen Verhandlung in der Berufungsinstanz entscheidend. 139

b) Rechtskraftwirkung in die Vergangenheit. Diese zeitliche Begrenzung des Prozessstoffs bedeutet dagegen nicht, dass die rechtskräftigen Feststellungen des Urteils nur auf diesen Präklusionszeitpunkt bezogen sein müssen. Bedeutung hat die Frage nach dem **Anfangszeitpunkt** der 140

---

[345] Vgl. LAG Düsseldorf (4. 1. 05 – 6 Sa 1539/04); *Stein/Jonas/Leipold* § 323 Rn. 4.

[346] *Batsch* ZZP 86 (1973), 254, 290; *Kuschmann* (Fn. 336) S. 351, 372 ff.; *Stein/Jonas/Leipold* Rn. 163; *Rosenberg/Schwab/Gottwald* § 153 Rn. 13.

[347] BGH VersR 1995, 471, 472; BGH ZIP 1997, 1803, 1805; OLG Schleswig MDR 2001, 1116; *Kuschmann* (Fn. 338) S. 351, 375; *Stein/Jonas/Leipold* Rn. 161; *Zöller/Vollkommer* Vor § 322 Rn. 49.

[348] BGH NJW 1995, 1614; BGH NJW 1998, 1786; *Rosenberg/Schwab/Gottwald* § 153 Rn. 17; *Zöller/Vollkommer* Vor § 322 Rn. 49; vgl. OLG Schleswig MDR 2002, 1068.

[349] OLG Nürnberg OLGZ 1987, 482, 486.

[350] BGHZ 94, 29, 33 = NJW 1985, 2481, 2482; BGH NJW 1988, 2300, 2301; *Grosch*, S. 389.

[351] BGHZ 83, 278, 280 = NJW 1982, 1147, 1148; BGH NJW 1984, 126, 127; BGH NJW 1985, 2825, 2826; *Stein/Jonas/Leipold* Rn. 237; *Rosenberg/Schwab/Gottwald* § 154 Rn. 1.

[352] BGHZ 157, 47, 52 = NJW 2004, 1252, 1253; *Stein/Jonas/Leipold* Rn. 236; *Zöller/Vollkommer* Vor § 322 Rn. 53; vgl. BGH NJW 2000, 2022, 2023.

[353] *Rosenberg/Schwab/Gottwald* § 154 Rn. 1.

rechtskräftigen Feststellung vor allem für die präjudizielle Wirkung der Rechtskraft. Grundsätzlich kann die Rechtskraft entsprechend dem Streitgegenstand auch in die Vergangenheit erstreckt werden,[354] etwa wenn (zum Nachweis gegenüber einem Rentenversicherungsträger) auf Klage festgestellt wird, dass zwischen den Parteien während eines vergangenen Zeitraums ein Arbeitsverhältnis bestand. Im Allgemeinen entscheidet ein Urteil aber nicht über die Sach- und Rechtslage in der Vergangenheit, sondern nur über die Lage zurzeit der letzten mündlichen Tatsachenverhandlung. Gleichwohl legt der BGH Leistungsurteile dahin aus, dass deren „Feststellungswirkung" stets auf den Zeitpunkt der Klageerhebung bezogen ist.[355] Andere wollen die rechtskräftigen Feststellungen sogar stets auf den Zeitpunkt der Entstehung des Anspruchs zurückbeziehen.[356] Damit das Gericht einer Klage, etwa einer Unterlassungsklage, stattgeben kann, muss die Unterlassungspflicht aber nur im Präklusionszeitpunkt bestehen. Da die Entscheidungsgründe nicht in Rechtskraft erwachsen, kann das Gericht auch nicht durch unterschiedliche Begründung die Rechtskraftgrenzen seiner Entscheidung in die Vergangenheit verschieben und dadurch einen besonderen Anfangszeitpunkt für die Rechtskraftwirkung festlegen.[357] Zulässig ist dagegen, neben dem Leistungsantrag **zusätzlich** einen **Feststellungsantrag** für einen Zeitraum in der Vergangenheit zu stellen. Wird einer Herausgabeklage stattgegeben, so ist somit nicht bindend festgestellt, dass die Vindikationslage schon vor dem Präklusionszeitpunkt bestand. Die Präklusion bezieht sich auch nicht auf den Zeitpunkt der Rechtshängigkeit.[358] Entscheidend ist stets nur die Sach- und Rechtslage während der letzten Tatsachenverhandlung, nicht die am Beginn eines Verfahrens. Wird eine Klage abgewiesen, so steht daher nicht rechtskräftig fest, aus welchem in der Vergangenheit liegenden Grund der Anspruch erloschen ist.[359]

141 **c) Rechtskraftwirkung in die Zukunft.** Umgekehrt beruhen vor allem Unterhaltsurteile für künftig wiederkehrende Leistungen, aber auch Unterlassungsurteile für die Zukunft[360] nicht nur auf den Feststellungen zu den tatsächlichen Verhältnissen im Präklusionszeitpunkt, sondern zusätzlich auf einer Zukunftsprognose auf Grund der in diesem Zeitpunkt erkennbaren zukünftigen Entwicklung der Sachlage. Insoweit greift die Rechtskraft in die Zukunft. Weicht die tatsächliche Entwicklung von der festgestellten Prognose des Gerichts ab, so muss die betroffene Partei die „neue" Sachlage geltend machen können. Streitig ist, ob diese Möglichkeit die allgemeinen Rechtskraft- und Präklusionsregeln bestätigt oder ob darin ein Angriff auf die Richtigkeit und Rechtskraft des ersten Urteils liegt. In jedem Fall kann die abweichende tatsächliche Entwicklung nur mittels Abänderungsklage geltend gemacht werden (s. § 323 Rn. 3, 19ff.).[361] Der Wegfall einer Unterlassungspflicht infolge einer Gesetzesänderung ist dagegen durch Vollstreckungsabwehrklage geltend zu machen.[362]

142 **2. Präklusion von Alttatsachen durch Rechtskraft. a) Allgemein.** Aus den objektiven und zeitlichen Grenzen der materiellen Rechtskraft folgt, dass eine Partei weder eine Vollstreckungsgegenklage (§ 767) noch eine negative Feststellungsklage oder eine neue Leistungsklage auf Tatsachen oder Beweismittel stützen kann, die zu einer abweichenden Beurteilung führen würden, welche zurzeit des ersten Verfahrens objektiv vorhanden und erkennbar waren, aber nicht vorgetragen wurden, sofern sie bei natürlicher Anschauung zum Lebenssachverhalt des Vorprozesses gehören.[363] Wird etwa eine Klage auf Zugewinn abgewiesen, weil der Kläger den Zugewinn erzielt habe, so kann dieser im Zweitprozess nicht einwenden, der andere Ehegatte habe doch den Zugewinn erzielt.[364] Noch weniger kann eine Partei in einem neuen Verfahren eine Würdigung vom Erstgericht übersehener, bereits vorgebrachter Behauptungen und Beweisindizien oder deren abweichende Würdigung erreichen.[365] Diese Folgerungen ergeben sich zwanglos aus der Einmaligkeit des Rechtsschutzes und dem Zweck der materiellen Rechtskraft, die Maßgeblichkeit der Entscheidung über den Streitgegenstand für Parteien und Gericht sicherzustellen. Könnte eine Partei den Prozess mit Hilfe von neu vorgetragenen Alttatsachen wieder aufrollen, so gäbe es keine materielle Rechts-

---

[354] Vgl. *Jauernig* § 63 V; *Hackspiel* NJW 1986, 1148.
[355] BGHZ 42, 340 = NJW 1965, 689, 690.
[356] Hierfür *Stein/Jonas/Leipold* Rn. 261; *Zeuner* JuS 1966, 150, 151; aA zutreffend *Rimmelspacher* S. 283.
[357] *Musielak/Musielak* Rn. 37; aA *Stein/Jonas/Leipold* Rn. 260.
[358] AA wohl BGH NJW 1985, 1553.
[359] *Rüßmann* JuS 1988, 182, 183 gegen BAG NJW 1986, 3104.
[360] Vgl. BGHZ 133, 316, 323 = NJW 1997, 1702.
[361] BGHZ 82, 246, 250 = NJW 1982, 578, 579.
[362] BGHZ 133, 316, 333 = NJW 1997, 1702.
[363] BGHZ 131, 82, 83 = NJW 1996, 57; BGHZ 157, 47, 51 = NJW 2004, 1252, 1253 = JR 2005, 67 *(Zeuner); Otto* S. 88ff.; *Gaul,* FS Henckel, 1995, S. 235, 254.
[364] AG Northeim FamRZ 2004, 958.
[365] *Stein/Jonas/Leipold* Rn. 228; *Georgiades* S. 266ff.

kraft. Die Präklusion von Alttatsachen ist daher kein Institut neben der materiellen Rechtskraft, sondern nur die notwendige Kehrseite der Maßgeblichkeit der Entscheidung.

Ob die Parteien die neu vorgebrachten Alttatsachen vorwerfbar zurückgehalten, von ihnen erst nachträglich erfahren oder ihre Relevanz erst nachträglich erkannt haben, ist gleichgültig. Es handelt sich daher um eine **objektive Präklusion durch Rechtskraft.** Sie tritt ein ohne Rücksicht auf Billigkeit oder Treu und Glauben.[366] **143**

Problematisch wird die Abgrenzung von Alt- und Neutatsachen, weil nach Ansicht der Rechtsprechung auch solche Tatsachen präkludiert werden, die noch nicht eingetreten waren, deren **Eintritt** aber **vorhersehbar** war und die daher bei der Erstentscheidung hätten berücksichtigt werden können.[367] Eine derart weitreichende Zuweisung des Risikos, einen nur prognostisch erfassbaren Streitstoff zutreffend zu bewerten, könnte zur Verfahrenskonzentration sinnvoll sein, folgt aber nicht aus „dem Wesen der Rechtskraft" und ist aus Gründen der Rechtsklarheit abzulehnen. **144**

Beispiele: Wird im Erstprozess festgestellt, dass der Beklagte den (gesamten) künftigen Unfallschaden des Klägers ersetzen muss, so kann der Beklagte gegenüber der nachfolgenden Leistungsklage keine Tatsachen einwenden, aus denen sich ein Mitverschulden des Klägers an der Schadensentstehung ergibt.[368] Gleiches gilt für Tatsachen zum Mitverschulden zur späteren Schadensminderung (§ 254 Abs. 2 BGB), soweit diese während des Erstprozesses bereits vorlagen.[369] Wem Schmerzensgeld wegen bekannter, noch nicht voll ausgeheilter Verletzungen zugesprochen wurde, kann weiteres Schmerzensgeld verlangen, wenn sich ein mögliches, aber nicht sicher voraussehbares Risiko realisiert, das bei der Erstbemessung des Schmerzensgeldes nicht berücksichtigt werden konnte.[370] Wird eine Neuwertentschädigung für ein Kraftfahrzeug zuerkannt, so kann diese nicht zurückverlangt werden, wenn sie prognosewidrig nicht zur Wiederbeschaffung verwendet wird.[371] Ist die Klage auf Zahlung einer abgetretenen Forderung rechtskräftig wegen Unwirksamkeit der Abtretung abgewiesen worden, so soll eine neue Klage nicht auf eine weitere Abtretung gestützt werden können, die bereits zum Präklusionszeitpunkt vorlag.[372] Freilich ist zweifelhaft, ob die zweite Abtretung wirklich vom Streitgegenstand des ersten Prozesses erfasst war (s. Rn. 121). **145**

b) Umfang. Für den **Umfang der Rechtskraftpräklusion** kommt es nicht allein auf den Prozessstoff an, der im ersten Verfahren tatsächlich vorgetragen wurde. Denn das Gericht entscheidet stets über den gesamten prozessualen Anspruch und nicht nur über den dazu von den Parteien tatsächlich vorgetragenen Sachverhalt.[373] Für eine Unterscheidung zwischen Rechtskraftpräklusion der dem Gericht bekannten Tatsachen und objektiver Präklusion des vorhanden, nicht vorgebrachten Prozessstoffs,[374] besteht kein praktisches Bedürfnis. Stets entscheidet das Gericht „unter Berücksichtigung des gesamten Inhalts der Verhandlungen" (§ 286 Abs. 1 S. 1), bezieht also das allgemeine Erfahrungswissen, offenkundige Einzeltatsachen, Ergebnisse richterlicher Sachaufklärung und Beweisergebnisse mit in sein Urteil ein. Rechtlich ergeht die **Entscheidung** somit stets **auch über nicht** oder „negativ" **Vorgetragenes im Rahmen eines einheitlichen Lebenssachverhalts.**[375] Die Rechtskraft hindert aber jede Partei daran, einen unschlüssigen oder sonst unzureichenden Vortrag in einem zweiten Verfahren zu ergänzen und dieses mit dem Ziel abweichender Feststellungen und rechtlicher Schlussfolgerungen zu betreiben. Präkludiert sind damit sämtliche Alttatsachen, die zu einem abweichenden Urteil über den damaligen Streitgegenstand führen würden. Wird ein Factoringkunde zur Leistung eines Abschlusssaldos verurteilt, so ist er durch die Rechtskraft gehindert, einen abweichenden Saldo zu seinen Gunsten zu behaupten; eine dennoch erhobene Klage ist unbegründet.[376] Wird die Klage auf Zahlung von Zugewinnausgleich abgewiesen, weil der andere Ehegatte Zugewinnausgleich verlangen kann, so kann die Partei nicht in einem zweiten Verfahren eine andere Ausgleichsrechnung aufmachen, sondern kann endgültig keinen Zugewinnausgleich verlangen.[377] Wird eine auf einen ärztlichen Behandlungsfehler gestützte Schadenersatz- **146**

---

[366] BGHZ 157, 47, 51 = NJW 2004, 1252, 1253 = JR 2005, 67 *(Zeuner); Gaul,* FS Henckel, 1995, S. 235, 256.
[367] BGH NJW 1980, 2754; BGH NJW 1988, 2300, 2301.
[368] BGH NJW 1962, 243.
[369] BGH NJW 1989, 105.
[370] BGH NJW 1995, 1614.
[371] BGH NJW 1986, 2645, 2646.
[372] BGH MDR 1976, 136 = ZZP 89 (1976), 330 m. abl. Anm. *Greger; Zöller/Vollkommer* Vor § 322 Rn. 57; *Flieger* MDR 1978, 534.
[373] BGH NJW 1993, 3204; *Musielak/Musielak* Rn. 32ff.; *Georgiades* S. 267ff.; *Otto* S. 90ff.
[374] *Habscheid,* Der Streitgegenstand im Zivilprozeß, 1956, S. 291ff.; *ders.* AcP 152 (1952/53), 169.
[375] BGH NJW 1995, 967.
[376] BGHZ 123, 137, 141 = NJW 1993, 2684; *Musielak/Musielak* Rn. 17.
[377] OLG Düsseldorf FamRZ 1998, 916 m. Anm. *Ludwig* FamRZ 1999, 384.

klage abgewiesen, kann sie nicht gestützt auf die Rüge eines weiteren Fehlers innerhalb derselben Behandlung wiederholt werden.[378]

147 **c) Innerhalb des Streitgegenstandes.** Wie sich die Rechtskraft nur auf die Entscheidung über den Streitgegenstand als solchen bezieht, kann sich auch die Präklusionswirkung **nur innerhalb des Streitgegenstandes** auswirken.[379] Neues Vorbringen, das nicht den (rechtlich relevanten) Prozessstoff des ersten Verfahrens betrifft, wird durch die Rechtskraft nicht abgeschnitten.[380] Wird eine Klage aus einer Bürgschaft von 1980 rechtskräftig abgewiesen, so ist der Kläger nicht gehindert, aus einer Bürgschaft aus dem Jahre 1985 erneut auf Leistung zu klagen.[381] Die Abweisung einer auf eine außerordentliche Kündigung gestützten Räumungsklage hindert nicht eine erneute, auf eine neue Kündigung gestützte Räumungsklage.[382] Bei einer Teilklage tritt keine Rechtskrafterstreckung und damit keine Präklusion für andere Anspruchsteile ein.[383] Die Präklusion von Alttatsachen ist Bestandteil der Rechtskraftwirkung, Kehrseite der Maßgeblichkeit der Entscheidung. Es ist daher weder dogmatisch erforderlich noch praktisch sinnvoll, die Präklusionswirkung von der Rechtskraftwirkung zu trennen.[384]

148 Nicht zu folgen ist freilich der früher verwendeten Formel, tatsächliches Vorbringen sei ausgeschlossen, wenn es im **Widerspruch zu Feststellungen des ersten Urteils** stehe. Denn diese Formulierung ist gleichzeitig zu weit und zu eng. Zu eng ist sie, weil es nicht auf die realen Feststellungen in dem Urteil ankommt. Der Umfang der Rechtskraft- und Präklusionswirkung hängt weder von der Sorgfalt des Gerichts beim Abfassen der Entscheidung noch davon ab, ob das Urteil überhaupt Feststellungen enthält. Anerkenntnis- und Versäumnisurteile ohne Entscheidungsgründe (§ 313b) haben dieselbe Präklusionswirkung wie streitige Urteile. Zu weit ist die Formel, weil Feststellungen stets nur relativ innerhalb des Streitgegenstandes binden,[385] also innerhalb der objektiven Rechtskraftgrenzen. Beiläufige Feststellungen binden überhaupt nicht. Ausgeschlossen in einem zweiten Prozess sind alle Alttatsachen, die zu einem abweichenden Urteil über den Tatsachenkomplex des früheren Streitgegenstandes führen würden.[386] Außerhalb der Grenzen des Streitgegenstandes besteht dagegen keinerlei Präklusion, auch wenn mit der neuen Klage ein wirtschaftlich identisches Ziel verfolgt wird und sich die Tatsachen im Einzelnen partiell überschneiden. Insoweit sind widersprüchliche Feststellungen rechtlich durchaus zulässig.

149 **d) Einheit von Streit- und Urteilsgegenstand.** Nach § 322 Abs. 1 entscheidet das Urteil über den „erhobenen Anspruch", also über den Streitgegenstand. Hält man dementsprechend an der **Einheit von Streit- und Urteilsgegenstand** fest, so erstreckt sich die Rechtskraftpräklusion auf alle Tatsachen, die zu dem zur Entscheidung gestellten Streitgegenstand gehört hätten. Wie der „Tatsachenkomplex" oder „Lebenssachverhalt", der einen Streitgegenstand ausmacht, abzugrenzen ist, ist eine Frage der sachgerechten Abgrenzung des Streitgegenstandes. Diese Abgrenzungsversuche haben freilich nur zu sehr allgemeinen Aussagen geführt, wonach sich der eine Sachverhalt vom anderen „seinem Wesen nach" unterscheiden müsse.[387] Eine solche Formel verweist sicherlich auf die lebensmäßige Sicht der Parteien und die allgemeine Verkehrsauffassung. Sie bleibt aber ein vager Maßstab, sodass in Grenzfällen nicht ohne eine gewisse Dezision auszukommen ist. Angesichts dieses Abstellens auf (relativ unpräzise) Verkehrsanschauungen erscheint es umso weniger überzeugend, zwischen Streitgegenstand und Urteilsgegenstand zu unterscheiden mit der Konsequenz, dass dann für beide Begriffe unterschiedliche „Lebenssachverhalte" bestimmt werden müssten.

150 **3. Neue Tatsachen im Folgeprozess.** Aus der zeitlichen Rechtskraftgrenze folgt, dass jede Partei gestützt auf neue Tatsachen in einem neuen Prozess eine Änderung der Rechtslage zu ihren Gunsten geltend machen und das Gericht folglich neu abweichend entscheiden kann.[388] Dass eine

---

[378] OLG Saarbrücken MDR 2000, 1318.

[379] Vgl. BGH NJW 1986, 1046, 1047; BGHZ 117, 1, 5 ff. = NJW 1992, 1172.

[380] *Rosenberg/Schwab/Gottwald* § 154 Rn. 7; *Schwab* Streitgegst. S. 167; vgl. BGHZ 157, 47, 50 f. = NJW 2004, 1252 f.

[381] *Rosenberg/Schwab/Gottwald* § 154 Rn. 10.

[382] BGH NJW 1998, 374 = LM § 553 BGB Nr. 16 (m. Anm. *Gottwald/Pfaller*).

[383] Vgl. *Otto* S. 110 ff.

[384] *Stein/Jonas/Leipold* Rn. 234 (Fn. 340); *Thomas/Putzo/Reichold* Rn. 36, 39; *Schwab* Streitgegenstand S. 169; aA *Habscheid* AcP 152 (1952/53), 169; *ders.* Streitgegenstand, 1956, S. 291.

[385] *Rosenberg/Schwab/Gottwald* § 154 Rn. 6.

[386] BGHZ 117, 1, 6 f. = NJW 1992, 1172; BGHZ 123, 137, 141 = NJW 1993, 2684; BGH NJW 1995, 1757.

[387] BGH NJW 1981, 2306.

[388] BGHZ 37, 375, 377 = NJW 1962, 1862; BGH NJW 1984, 126, 127; BAGE 35, 1 = AP ArbGG 1979 § 80 Nr. 2.

die Rechtslage ändernde Tatsache schon früher hätte geschaffen werden können, ist für die Frage der Präklusion grundsätzlich ohne Bedeutung.[389]

a) Anderer Streitgegenstand. Soweit das neue Verfahren von vornherein einen **anderen Streitgegenstand** hat, kann dies nicht anders sein; es entfällt aber auch eine etwaige präjudizielle Rechtskraftwirkung. 151

b) Eintritt neuer Ereignisse. Neue Tatsachen gestatten eine neue Klage aber auch dann, wenn sie zum Streitgegenstand des Vorprozesses gehört hätten, sofern sie schon damals vorgelegen hätten.[390] Allerdings ist es unnötig, deshalb zwischen den zeitlichen Grenzen der Rechtskraft und den Grenzen des Streitgegenstandes im Vorprozess zu unterscheiden. Denn unstreitig besteht für identische Streitgegenstände das Verbot des ne bis in idem. Der Eintritt eines neuen Ereignisses nach dem Präklusionszeitpunkt führt mithin stets zu einem neuen Streitgegenstand, auch wenn die gleiche Tatsache, wäre sie früher eingetreten, dem früheren Sachverhalt zuzurechnen gewesen wäre. Dies gilt auch, wenn zwischen den alten und den neuen Tatsachen eine Art „Fortsetzungszusammenhang" besteht.[391] Bei einem Urteil auf künftige Leistung muss das neue Ereignis freilich von der der Vorentscheidung zugrunde gelegten Prognose abweichen. 152

c) Beispiele. Wird eine Schadensersatz- oder Schmerzensgeldklage rechtskräftig abgewiesen, so kann sie auf Grund objektiv nachträglich eingetretener Unfall-(Spät-)Folgen neu erhoben werden.[392] Wird eine Herausgabeklage (§ 985 BGB) rechtskräftig abgewiesen, so kann sie wiederholt werden, wenn nachträglich ein Eigentumsübergang durch Übereignung, Erbfolge, Ersitzung usf. stattgefunden hat.[393] Wird eine Klage auf Feststellung einer Wegedienstbarkeit abgewiesen, weil ein öffentlicher Weg bestehe, so kann neu geklagt werden, wenn das Verwaltungsgericht die Öffentlichkeit des Wegs anschließend rechtskräftig verneint.[394] Wird eine Räumungsklage auf Grund einer bestimmten Kündigung abgesehen, so kann Räumung gestützt auf eine neue Kündigung zulässigerweise neu begehrt werden.[395] Wird eine Klage mangels Fälligkeit der Forderung abgewiesen, so kann diese nach **Eintritt der Fälligkeit** neu eingeklagt werden.[396] Wird eine Honorarklage eines Architekten mangels prüffähiger Schlussrechnung abgewiesen, so kann sie nach Erteilung einer solchen Schlussrechnung wiederholt werden.[397] Wird eine Klage aus abgetretener Forderung wegen Unwirksamkeit der Abtretung rechtskräftig abgewiesen, so kann sie auf Grund einer neuen, späteren Zession erfolgreich wiederholt werden.[398] Ob die Zession bereits während des ersten Prozesses hätte erklärt werden können, ist gleichgültig. Wird eine Unterhaltsklage mangels Bedürftigkeit abgewiesen, so kann Unterhalt für die Zukunft wegen neu eingetretener Bedürftigkeit verlangt werden.[399] Zulässig wird auch eine neue Amtshaftungsklage gegen den Staat oder einen Notar, wenn die anderweitige Ersatzmöglichkeit (§ 839 Abs. 1 S. 2 BGB; § 19 Abs. 1 S. 2 BNotO) erst nach Schluss der Verhandlung des Erstprozesses verneint wurde.[400] Wird eine behördliche Genehmigung für einen rechtskräftig zuerkannten Anspruch nicht erteilt, so kann der Gläubiger neu anderweitige Leistung verlangen.[401] Auch Leistungen, die auf ein rechtskräftiges Urteil erbracht werden, können kondiziert werden, wenn sich der dem Urteil zugrundeliegende Sachverhalt nachträglich ändert.[402] Ist festgestellt worden, dass eine Gewerkschaft nicht tarifzuständig ist, so kann sie nach einer Satzungsänderung erneut eine Entscheidung über ihre Tarifzuständigkeit verlangen.[403] 153

d) Entscheidungserhebliches Tatbestandsmerkmal. Die neue Tatsache muss sich freilich auf ein für das Ersturteil **entscheidungserhebliches Tatbestandsmerkmal** beziehen. Dabei ist von den Entscheidungsgründen des rechtskräftigen Urteils auszugehen und zu prüfen, ob die neu entstandene Tatsache das Urteil über ein Tatbestandsmerkmal des Subsumtionsschlusses beein- 154

---

[389] BGH NJW 1983, 126; 1962, 915 = LM Nr. 39; BGHZ 94, 29, 34 = NJW 1985, 2481, 2482 = JZ 1985, 750 m. Anm. *Arens; Stein/Jonas/Leipold* Rn. 244.
[390] Vgl. *Stein/Jonas/Leipold* Rn. 238; aA *Reuschle* S. 24.
[391] BGH NJW 1998, 374 (dazu *Gottwald/Pfaller* LM § 553 BGB Nr. 16).
[392] BGHZ 18, 149, 167 = NJW 1955, 1675; BGH NJW 1980, 2754; 1988, 2300, 2301; *Zöller/Vollkommer* Vor § 322 Rn. 57.
[393] *Rosenberg/Schwab/Gottwald* § 154 Rn. 1f.
[394] BGH NJW 1995, 2993 = JZ 1996, 423 m. Anm. *Braun; Reuschle* S. 46ff.; krit. *Lüke* JuS 1996, 392.
[395] BVerfG NJW 2003, 3759; BGHZ 43, 144, 145 = NJW 1965, 479; BGH NJW 1998, 374.
[396] *Walchshöfer,* FS Schwab, 1990, S. 521; *Musielak,* FS Nakamura, 1996,S. 423, 438ff.
[397] BGHZ 127, 254, 259 = NJW 1995, 399; BGH NJW-RR 2001, 310.
[398] BGH NJW 1986, 1046 = WuB VII A § 322 ZPO 1.86 *(Messer).*
[399] BGH FamRZ 1990, 863.
[400] BGHZ 37, 375 = NJW 1962, 1862; *Zöller/Vollkommer* Vor § 322 Rn. 57; *Reuschle* S. 39ff., 60ff.
[401] BGH NJW 1963, 49.
[402] BGH NJW 1984, 126.
[403] BAG NJW 1987, 514.

flusst.[404] Da die Rechtskraft von Amts wegen zu beachten ist, ist auch diese Prüfung von Amts wegen vorzunehmen.[405]

155 Der Neueintritt einer nur beiläufigen, nicht entscheidungserheblichen Tatsache genügt dagegen nicht. Für klagabweisende Urteile möchte die **Lehre von den sog. alternativen Abweisungsgründen** insoweit weitergehen. Danach soll die Rechtskraft bereits weichen, wenn die neue Tatsache zwar nach den Entscheidungsgründen des Ersturteils irrelevant ist, aber relevant wäre, wenn die Klage aus einem anderen, nach dem gesetzlichen Tatbestand denkbaren, Grund abgewiesen worden wäre.[406] Zur Begründung wird vorgebracht, unter mehreren Abweisungsgründen dürfe das Gericht frei wählen; erkenne der Kläger daher im ersten Verfahren, dass eine Anspruchsvoraussetzung fehle, so könne man nicht von ihm verlangen, dass er um den konkreten Abweisungsgrund kämpfe. Die Rechtskraftbindung darf indes nicht nachträglich durch hypothetische Erwägungen in Frage gestellt werden. Nur wenn das Erstgericht seine Entscheidung tatsächlich alternativ begründet und zulässiger- oder unzulässigerweise offen gelassen hat, warum eine Klage abgewiesen wurde, genügt der Eintritt einer neuen Tatsache hinsichtlich einer der Alternativen.[407]

156 **e) Fälligkeit des geltend gemachten Anspruchs.** Schwierigkeiten macht auch die Zweitklage mit der Begründung, der Anspruch sei **inzwischen fällig** geworden. Hat das Erstgericht die Klage uneingeschränkt abgewiesen, so bleibt der Kläger hieran gebunden. Die behauptete Neutatsache ist nicht entscheidungsrelevant. Anders verhält es sich nur, wenn die Klage nach den Ausführungen in den Gründen als nur zurzeit unbegründet abgewiesen wurde.[408] In diesem Fall darf das Gericht die Zweitklage nicht abweisen, weil der Anspruch bereits zurzeit der Erstentscheidung dem Grunde nach nicht bestanden habe. Dagegen ist das Zweitgericht frei, den Fälligkeitszeitpunkt abweichend von der Erstentscheidung zu beurteilen,[409] weitere Anspruchsvoraussetzungen zu verneinen oder neue Einwendungen des Beklagten zu bejahen.

157 **f) Nachträgliches Erlöschen des Anspruchs.** Geht ein rechtskräftig zuerkannter Anspruch nachträglich unter (durch Erfüllung, Erlass, Unmöglichkeit usf.), so kann dies der Unterlegene durch Vollstreckungsgegenklage (§ 767) oder negative Feststellungsklage (§ 256) geltend machen. Jedoch hat das Gericht das Ersturteil zu beachten und darf nur darüber entscheiden, ob der Anspruch nachträglich erloschen ist.[410]

158 **g) Nachträgliche Änderung der Rechtslage.** Diese kann ebenfalls die Rechtskraftsperre beseitigen. Denn der Schluss der Tatsachenverhandlung bildet auch für die objektive Rechtslage die zeitliche Grenze der Rechtskraftpräklusion. Will das neue Gesetz ausnahmsweise auch bereits rechtskräftig abgeurteilte Sachverhalte der Vergangenheit erfassen, so entfällt die Rechtskraftpräklusion.[411] Erst recht entfällt sie, wenn sich bei Urteilen über künftig fällig werdende Leistungen (§ 258) die Rechtslage vor Eintritt der Fälligkeit ändert.[412] Denn die Entscheidung kann nur auf der Grundlage des geltenden Rechts ergehen und darf nicht auf einer rechtlichen Zukunftsprognose aufbauen.

159 Eine bloße **Änderung der Rechtsprechung** lässt rechtskräftige Urteile dagegen aus Gründen der Rechtssicherheit unberührt.[413] Wird eine Norm nachträglich für verfassungswidrig erklärt, so wird in die Bestandskraft rechtskräftiger Zivilurteile nicht eingegriffen. Lediglich eine noch bevorstehende Vollstreckung kann mittels Vollstreckungsgegenklage abgewendet werden (§ 79 Abs. 2 BVerfGG).[414]

160 **4. Nachträgliche Ausübung von Gestaltungsrechten. a)** Ein Urteil entscheidet über die darin ausgesprochene Rechtsfolge für den Zeitpunkt der letzten mündlichen Verhandlung. Ein erst **nachher entstandenes Gestaltungsrecht** kann deshalb zweifellos von beiden Parteien uneingeschränkt geltend gemacht und zum Anlass eines neuen Prozesses genommen werden.[415] Eine solche Sachlage wird aber nur selten bestehen.

---

[404] BGH NJW 1981, 2306; BGH NJW 1984, 126, 127.

[405] BGHZ 82, 246, 247 = NJW 1982, 578; BGH NJW 1984, 126, 127.

[406] *Henckel* S. 152 ff., 170; *Rimmelspacher* S. 255 ff.

[407] *Zöller/Vollkommer* Vor § 322 Rn. 59.

[408] BGHZ 35, 338, 340 f. = NJW 1961, 1969; BGHZ 143, 169, 172 = NJW 2000, 590, 591; *Zöller/Vollkommer* Vor § 322 Rn. 56; *Heiderhoff* ZZP 118 (2005), 185, 192 f.; teilweise aA *Kappel* S. 50 ff., 91 ff.; s. o. Rn. 153.

[409] *Zöller/Vollkommer* Vor § 322 Rn. 58.

[410] *Zöller/Vollkommer* Vor § 322 Rn. 60.

[411] *Stein/Jonas/Leipold* Rn. 258; *Jauernig* § 63 V; *Habscheid* ZZP 78 (1965), 401, 419 f.; vgl. auch *Gaul,* Grundlagen des Wiederaufnahmerechts, 1956, S. 203 ff.

[412] *Stein/Jonas/Leipold* Rn. 259; *Habscheid* ZZP 78 (1965), 401, 445 ff.

[413] RGZ 125, 162; *Stein/Jonas/Leipold* Rn. 256; *Jauernig* § 73 V.

[414] Vgl. *Gaul* (Fn. 411) S. 211 ff.

[415] *Rosenberg/Schwab/Gottwald* § 154 Rn. 1.

b) Regelmäßig geht es vielmehr darum, ob ein bereits während des Erstprozesses objektiv **bestehendes Gestaltungsrecht** noch **nachträglich ausgeübt** werden kann. Da das Gestaltungsrecht in aller Regel eine Vorfrage innerhalb des Streitgegenstandes des Erstprozesses betraf, ist es durch das Ersturteil keinesfalls rechtskräftig aberkannt (s. Rn. 101). Präkludiert durch die Rechtskraft des Urteils sind ebenfalls nur die bis zur letzten Verhandlung eingetretenen Tatsachen. Die Rechtsgestaltung tritt aber erst mit der Ausübung des Gestaltungsrechts ein; sie ist deshalb eine „neue" Tatsache und nach allgemeinen Rechtskraftregeln nicht präkludiert. 161

aa) Die ganz überwiegende Ansicht im Schrifttum will an dieser Lösung selbst dann festhalten, wenn die Partei die Rechtslage zu ihren Gunsten rechtzeitig hätte umgestalten können.[416] 162

bb) Die Rechtsprechung und ein Teil des Schrifttums meinen dagegen, anders als sonst sei bei gesetzlichen Gestaltungsrechten nicht auf den Zeitpunkt der Ausübung, sondern auf den ihres objektiven Entstehens und der Befugnis zur Ausübung abzustellen. Die gestaltungsberechtigte Partei habe danach nicht die – nach materiellem Recht bestehende – Möglichkeit, frei darüber zu entscheiden, wann sie die Gestaltungsfolge herbeiführen wolle. Übe sie ihr Gestaltungsrecht nicht rechtzeitig aus, so könne sie es später nicht mehr geltend machen.[417] Diese Präklusion tritt nur ein, wenn ein bestehendes Gestaltungsrecht nicht ausgeübt wird. Zeichnet sich nur eine künftige Aufrechnungslage, etwa bei der Klage auf Feststellung oder Leistung einer künftigen Forderung ab, so kann der Beklagte dagegen nicht aufrechnen und braucht sich sein Recht auch nicht besonders vorzubehalten.[418] Der Grund für die Sonderbehandlung der Gestaltungsrechte liegt in der Erwägung, es widerspreche dem Prozesszweck einer endgültigen Streitbereinigung, also dem Sinn der materiellen Rechtskraft, wenn eine Partei den rechtskräftig abgeschlossenen Streit durch Ausübung eines schon vorher ausübbaren Gestaltungsrechts wieder aufrollen und eine erneute Entscheidung erzwingen könnte. Zur Begründung wird ferner ausgeführt, für die Verspätungs-Präklusion nach den §§ 296, 521 II, 530, 531 komme es ebenfalls nur auf das objektive Bestehen von Gestaltungsmöglichkeiten, nicht auf deren Ausübbarkeit oder Ausübung an. Wer ein Gestaltungsrecht im laufenden Verfahren verspätet ausübe, dürfe aber nicht schlechter gestellt sein als derjenige, der davon erst nach Abschluss des Verfahrens Gebrauch mache.[419] Da die Rechtskraftgrenzen auch sonst nicht von subjektiven Momenten abhängig seien, komme es schließlich nicht darauf an, ob der Berechtigte während des Erstprozesses Kenntnis von seinem Gestaltungsrecht hatte.[420] Eine Gegenausnahme soll freilich für Rechte gelten, deren Hauptzweck es sei, dem Berechtigten auch die Freiheit der Wahl des Ausübungszeitpunkts einzuräumen.[421] Unter Übernahme dieser Argumentation hat der BGH deshalb die nachträgliche Ausübung eines vertraglichen Optionsrechts zugelassen.[422] 163

cc) Nach einer vermittelnden Ansicht soll der Konzentrationsgrundsatz zwar für den Ausschluss nicht ausgeübter Gestaltungsrechte sprechen, diese Präklusion aber nur gerechtfertigt sein, wenn die Ausübung schuldhaft unterlassen wurde.[423] 164

dd) Stellungnahme. Die Ausübung materieller Rechte darf durch prozessuale Regeln nur soweit eingeschränkt und verkürzt werden, als dies aus Gründen prozessualer Gerechtigkeit zwingend erforderlich ist. Ein Ausschluss nicht ausgeübter Gestaltungsrechte folgt nicht aus den allgemeinen Regeln über die Rechtskraftpräklusion, sondern kann allenfalls in erweiternder Auslegung aus Gründen der Prozessbeschleunigung und zur Verhinderung von Schikane seitens des Ausübungsberechtigten gerechtfertigt werden. Die hM überschätzt freilich die Lust der Parteien am Prozessieren: Im Gegenteil wird sich kaum eine Partei verurteilen lassen, obgleich sie dies durch Ausübung eines ihr bekannten und liquiden Gestaltungsrechts vermeiden könnte. Wägt man die Interessen der Beteiligten gegeneinander ab, so kann vertraglich eingeräumten Gestaltungsrechten ebenfalls kein größeres Gewicht beigemessen werden als gesetzlichen. Es überzeugt nicht, dem Optionsberechtigten 165

---

[416] So *Stein/Jonas/Leipold* Rn. 245, 246; *Thomas/Putzo/Hüßtege* § 767 Rn. 22; *Lüke* Rn. 591; *Baur/Stürner/Bruns* Rn. 45.14; *Brox/Walker* Zwangsvollstreckungsrecht, Rn. 1343ff.; *Grunsky* § 47 V 1b; *Schellhammer* Rn. 233, 861f.

[417] BGHZ 34, 274, 279 = NJW 1961, 1067 = ZZP 74 (1961), 298 m. Anm. *Schwab*; BGHZ 38, 122, 123 = NJW 1963, 244; BGHZ 131, 82, 88 = NJW 1996, 57; BGHZ 157, 47, 52f. = NJW 2004, 1252, 1253f. = JR 2005, 67 *(Zeuner)*; BGH NJW-RR 2006, 229, 230 = ZZP 119 (2006), 225 *(Münzberg)*; *Baumbach/Lauterbach/Hartmann* § 767 Rn. 52f.; *Zöller/Vollkommer* Vor § 322 Rn. 62.

[418] BGHZ 103, 362, 366f. = NJW 1988, 2542 = WuB VII A § 322 ZPO 2.88 *(Huff)*.

[419] *Zöller/Vollkommer* Vor § 322 Rn. 64.

[420] *Zöller/Vollkommer* Vor § 322 Rn. 64; *Schlosser* I Rn. 239.

[421] *Zöller/Vollkommer* Vor § 322 Rn. 67.

[422] BGHZ 94, 29, 34 = NJW 1985, 2481 = JZ 1985, 750 m. Anm. *Arens*.

[423] OLG Stuttgart NJW 1955, 1562; *Mohrbutter* Handbuch § 9 VII; *Rosenberg/Schwab/Gottwald* § 154 Rn. 3.

eine zeitliche Wahlfreiheit zuzubilligen, dem arglistig Getäuschten dagegen den Schutz durch die Frist des § 124 BGB zu entziehen oder ihn gar mit der Anfechtung völlig auszuschließen, wenn er die Täuschung erst nach Ende des ersten Prozesses entdeckt. Alle materiellen Fristen wollen dem Berechtigten eine gewisse Überlegungs- und Entscheidungsfreiheit sichern; ein bloßer Nebenzweck ist dies in keinem Falle. Deshalb können für gesetzliche Gestaltungsrechte keine anderen Präklusionsregeln als sonst gelten: Die Rechtskraft des Ersturteils hindert daher nicht die materiellrechtlich weiterhin zulässige Ausübung eines Gestaltungsrechts.[424]

166 Anders zu beurteilen ist ausschließlich die **Prozessaufrechnung.** Von der Rechtskraft wird sie an sich nur erfasst, wenn sie bereits erklärt wurde (§ 322 Abs. 2). Der § 296 Abs. 2 zeigt aber, dass eine bewusst verzögerte Aufrechnung zurückgewiesen werden und damit sinngemäß auch nicht mehr zur Rechtfertigung einer Vollstreckungsgegenklage verwendet werden kann. Diese gesetzliche Wertung ist konsequent fortzuführen. Da der Aufrechnungsgläubiger seine Forderung selbstständig einklagen kann, erleidet er durch den Ausschluss der Aufrechnung regelmäßig keinen endgültigen Rechtsverlust; die nachträgliche Erklärung der Aufrechnung ist daher grundsätzlich nicht möglich. Würde durch den Ausschluss der Aufrechnung aber ein vollständiger Rechtsverlust eintreten, etwa bei nachträglicher Insolvenz des Urteilsgläubigers, so ist eine Aufrechnung auch nachträglich als „sachdienlich" zuzulassen.[425]

167 **5. Rechtskraftfremde Präklusion.** Ein Ausschluss vorhandener, im Erstprozess nicht vorgetragener Tatsachen findet in einigen Fällen kraft gesetzlicher Anordnung auch über die Rechtskraftgrenzen hinaus statt.

168 **a)** Nach §§ 767 Abs. 2, 796 Abs. 2 ist eine Partei nach hM mit Einwendungen endgültig ausgeschlossen, die sie durch **Einspruch** gegen ein Versäumnisurteil oder einen Vollstreckungsbescheid hätte geltend machen können.[426] Da sich die Rechtskraft des Versäumnisurteils auf den Zeitpunkt der zugrunde liegenden Tatsachenverhandlung, die des Vollstreckungsbescheids auf den Zeitpunkt seines Erlasses bezieht, ist dieser Ausschluss von Einwendungen, die noch später bis zum Ablauf der Einspruchsfrist entstehen, rechtskraftfremd. Gleiches gilt für § 323 Abs. 2. Rechtskraftfremd ist die dortige Präklusion zusätzlich, soweit auf die Möglichkeit einer Klageerweiterung abgestellt wird (s. § 323 Rn. 81 ff.).

169 **b)** Rechtskraftfremd ist auch eine Präklusion, die Tatsachenvorbringen über die Grenzen der Streitgegenstandes hinaus abschneidet und dadurch die Parteien zwingt, alle zur Rechtfertigung eines Angriffs oder einer Verteidigung objektiv vorhandenen Tatsachen ohne Rücksicht auf Grenzen des Streitgegenstandes bzw. des Lebenssachverhalts in einem Verfahren vorzubringen.[427] Solange nicht alle derartigen Tatsachen zur Rechtfertigung oder Widerlegung eines Antrags einen „globalen" Streitgegenstand bilden, ist diese Möglichkeit grundsätzlich denkbar. Eine allgemeine Regel dieses Inhalts gibt es jedoch nicht. Gegenwärtig gibt es nur zwei Sonderfälle, in denen eine **streitgegenstandsübergreifende Präklusion** vorgesehen ist: § 767 Abs. 3 und § 145 PatG nF (= § 54 PatG aF). Für § 145 PatG geht aus dem Wortlaut eindeutig hervor, dass eine weitere Klage wegen eines anderen Patentes dann zulässig ist, wenn der Kläger „ohne sein Verschulden nicht in der Lage war, auch dieses Patent in dem früheren Rechtsstreit geltend zu machen". Es handelt sich also um eine subjektive, verschuldensabhängige Präklusion. Bei unbefangenem Lesen scheint § 767 Abs. 3 gleiches anzuordnen. Denn ausgeschlossen soll der Kläger dort mit allen Einwendungen werden, die er „geltend zu machen imstande war". Der BGH meinte freilich, diese Wendung sei in einem rein zeitlich-objektiven Sinn zu verstehen.[428] Die nachfolgende (fehlerhafte) Verbindung dieser Präklusion mit dem zeitlichen Umfang der Rechtskraft zeigt aber, dass diese Auslegung wenig überzeugend ist. Zur Sicherung der Bestandskraft eines Urteils ist eine objektive Rechtskraftpräklusion erforderlich. Über den Streitgegenstand hinaus darf eine Partei in ihrer Rechtsverfolgung jedoch nur eingeschränkt werden, wenn sie dem Konzentrationsgebot entsprechend hätte tatsächlich handeln können.[429]

---

[424] Besonders eingehend *Gaul,* GedS für Knobbe-Keuk, 1997, S. 135, 138 ff.; *Rosenberg/Gaul/Schilken* § 40 V 2 b bb; ebenso *Musielak/Musielak* Rn. 41; *Heiderhoff* ZZP 118 (2005), 185, 190 ff.

[425] So *Rosenberg/Gaul/Schilken* § 40 V 2 b aa; ähnlich *Blomeyer* Vollstreckungsverfahren § 33 IV 2 a; *Jauernig* ZwVollstr § 12 II; *Rimmelspacher* Kreditsicherungsrecht, 2. Aufl. 1987, Rn. 32 ff.

[426] BGH NJW 1982, 1812; *Thomas/Putzo/Hüßtege* § 796 Rn. 2; *Baur/Stürner/Bruns* Rn. 45.14; *Rosenberg/Gaul/Schilken* § 40 V 3 b; aA *Stein/Jonas/Münzberg* § 767 Rn. 40; *Otto* S. 69 ff.

[427] Vgl. BGHZ 45, 329 = NJW 1966, 1509 = LM Nr. 56 m. Anm. *Johannsen.*

[428] BGHZ 61, 25 = NJW 1973, 1328 = ZZP 87 (1974), 447 m. krit. Anm. *Münzberg;* vgl. auch BGH WM 1985, 703.

[429] Für subjektive Präklusion: *Zöller/Vollkommer* Vor § 322 Rn. 70; *Rosenberg/Gaul/Schilken* § 40 IX 1; *Otto* S. 73 ff.

Die **„Bündelungsgebote“**[430] verfolgen den Zweck, in **einem** Verfahren abschließend zu klären, ob ein Verfahren rechtlich zulässig ist oder nicht. Aus den beiden gesetzlichen Einzelbestimmungen lässt sich kein entsprechender allgemeiner Rechtsgedanke ableiten. Auch eine Pflicht, alle **bekannten** Tatsachenkomplexe gleichzeitig vorzubringen, besteht nicht.[431] Ein durch eine objektive Präklusion bewehrtes allgemeines Konzentrationsgebot besteht vielmehr nur innerhalb der Streitgegenstandsgrenzen. 170

VII. Rechtskraftwirkung bei einzelnen Urteilsarten

Die bisherigen Rechtskraftgrundsätze gelten für alle Klage- und Urteilsarten. Welche Rechtskraftwirkung von der einzelnen Entscheidung ausgeht, ist durch Ermittlung des Streit- und Urteilsgegenstandes, durch Auslegung der Entscheidung, notfalls unter Rückgriff auf das Parteivorbringen zu bestimmen.[432] Dabei entstehen bei den verschiedenen Urteilsarten typische Auslegungs- und Abgrenzungsfragen, die nachfolgend dargestellt werden sollen. 171

1. Prozessurteil. a) Negatives Prozessurteil. Negative Prozessurteile erwachsen in formelle und materielle Rechtskraft (s. Rn. 27). Die Rechtskraft beschränkt sich auf das konkrete Rechtsschutzbegehren; sie bezieht sich nur auf denselben Streitgegenstand und auf die konkret verneinte Art und Weise der Rechtsverfolgung.[433] Wird ein Rechtsmittel rechtskräftig verworfen, so kann es nicht, gestützt auf denselben Sachverhalt, zulässig wiederholt werden.[434] Eine neue Klage wird deshalb durch die Rechtskraft des Prozessurteils nicht gehindert, wenn sie einen anderen Inhalt hat oder wenn der frühere Fehler behoben wird.[435] War die Klage wegen Unzuständigkeit des Gerichts, wegen fehlender Parteifähigkeit des Beklagten usw. abgewiesen worden, so kann sie zulässigerweise vor dem zuständigen Gericht, gegen den parteifähigen (inzwischen gewordenen) Beklagten usw. wiederholt werden. Wird die Klage wegen Prozessunfähigkeit des Klägers abgewiesen, so ist das Gericht an diese Beurteilung bei der Klage des gesetzlichen Vertreters gebunden.[436] 172

Prozessurteile können auch **präjudizielle Bedeutung** haben, jedoch erwachsen ihre Entscheidungsgründe wiederum nicht in selbstständige Rechtskraft. War eine Klage wegen fehlenden Rechtsschutzbedürfnisses abgewiesen worden, so erwächst die diesem Urteil zugrundeliegende Beurteilung von materiellen Vorfragen nicht in Rechtskraft.[437] Wird eine Klage auf **Einrede des Schiedsvertrages** (§ 1032 Abs. 1) rechtskräftig abgewiesen, so soll nach verbreiteter Ansicht auch die Wirksamkeit des Schiedsvertrages bindend festgestellt sein.[438] Da es sich dabei um eine bloße Vorfrage handelt, ist dem nicht zuzustimmen. Die Annahme einer erweiterten Rechtskraftwirkung ist auch unnötig, um unbillige Ergebnisse zu vermeiden. Denn der Beklagte, der zunächst die Einrede des Schiedsvertrages erhebt, später aber selbst auf Aufhebung wegen Fehlen des Schiedsvertrages klagt (§ 1059 Abs. 2 Nr. 1 a) oder mit diesem Grund die Vollstreckbarerklärung abwehren will (§ 1060 Abs. 2), handelt eindeutig widersprüchlich und unterliegt der Arglisteinrede (§ 242 BGB).[439] 173

b) Bejahung der Zulässigkeit. Teilweise wird die Ansicht vertreten, jedes Sachurteil enthalte die konkludente, rechtskraftfähige Feststellung der Zulässigkeit der Klage. Werde eine Klage etwa mangels Fälligkeit abgewiesen, so dürfe die Zulässigkeit der Zweitklage nach Eintritt der Fälligkeit und sonst unveränderter Sachlage nicht verneint werden.[440] Für das Unterstellen einer solchen rechtskraftfähigen Feststellung besteht aber kein großes Bedürfnis; im Gegenteil spricht der Schutzzweck der meisten Prozessvoraussetzungen eher gegen eine solche Bindung über das laufende Verfahren hinaus.[441] 174

---

[430] Vgl. *Geißler* NJW 1985, 1865, 1868.

[431] *Stein/Jonas/Leipold* Rn. 235; s. Rn. 171.

[432] BGH WM 1985, 1408; *Rosenberg/Schwab/Gottwald* § 152 Rn. 22 ff.

[433] BGH NJW 1985, 2535; aA BGHZ 98, 263 = NJW 1987, 592, 594 (gegen eine materielle Rechtskraft – in obiter dictum).

[434] BGH MDR 1981, 1007 = LM Nr. 89.

[435] *Stein/Jonas/Leipold* Rn. 136, 137; *Blomeyer* § 89 II 2; *Rosenberg/Schwab/Gottwald* § 151 Rn. 6; für Bindung trotz Veränderung des Streitgegenstandes *Rimmelspacher* S. 307 ff.

[436] *Rimmelspacher* S. 305.

[437] *Dunz* NJW 1985, 2536 gegen BGH NJW 1985, 2535.

[438] RGZ 40, 401, 404; *Stein/Jonas/Leipold* Rn. 143; *Blomeyer* § 89 V 3 (Disjunktion); *Zeuner* S. 3, 72 ff. (Sachzusammenhang).

[439] BGHZ 50, 191 = NJW 1968, 1928; OLG München MDR 1981, 766; *Stein/Jonas/Schlosser* § 1027 a Rn. 12, 21; *Rosenberg/Schwab/Gottwald* § 174 Rn. 37; *Schwab* Streitgegenstand S. 42.

[440] So *Stein/Jonas/Leipold* Rn. 145; wie hier *Musielak/Musielak* Rn. 45.

[441] Zustimmend für Nichtigkeitsgründe des § 579 Abs. 1 *Kappel* S. 115 ff.

175 **c) Abweisung als unzulässig und unbegründet.** Wird eine Klage aus beiden Gründen abgewiesen, so soll das Urteil nach verbreiteter Ansicht keine Rechtskraft entfalten, weder zur Zulässigkeit noch zur Begründetheit.[442] Dem ist nicht zu folgen. Denn der Entscheidungsgehalt des Urteils ist durch Auslegung zu ermitteln. Hat das Gericht die Zulässigkeit der Klage danach eindeutig verneint, so sind die Ausführungen zur Unbegründetheit bloße obiter dicta und erwachsen nicht in Rechtskraft.[443] Hat das Gericht die Zulässigkeit dagegen wirklich „offen" gelassen, so erwächst die Entscheidung als Sachurteil in Rechtskraft. Denn die Zulässigkeit einer Klage wird in der Regel nur inzident dadurch bejaht, dass das Gericht ohne weitere Ausführungen zur Sache entscheidet. Unterlässt das Gericht fehlerhaft, zweifelhafte Zulässigkeitsfragen zu verbescheiden, so bleibt das Urteil trotzdem bindendes Sachurteil und erwächst als solches in Rechtskraft.[444] Es überzeugt daher nicht, jede Rechtskraftwirkung zu leugnen, wenn das Gericht die Zulässigkeitsfrage zwar erkennt, aber offen lässt, ihm also nur ein minder schwerer Fehler unterlaufen ist.

176 **2. Urteil auf Leistungsklage. a)** Ein **stattgebendes** Urteil stellt das Bestehen der Leistungspflicht fest, enthält also ein Feststellungsurteil.[445] Die Rechtskraft umfasst aber nicht die Vorfrage des Grundes der Leistungspflicht (s. Rn. 101 ff.). Ein **Unterlassungsurteil** untersagt nicht nur die konkret beanstandete Verletzungsform, sondern auch alle gleichartigen Verhaltensweisen, die vom Sinn des Unterlassungsgebots erfasst sind (sog. **Kerntheorie**).[446] Trotz seiner Wirkung in die Zukunft unterliegt es nicht der Abänderungsklage (s. u. § 323 Rn. 18). Die Zuerkennung des Auskunftsanspruchs bei einer Stufenklage stellt aber nicht den Rechtsgrund für den Zahlungsanspruch fest.[447]

177 **b)** Ein **klagabweisendes streitiges Urteil** erkennt den behaupteten Anspruch schlechthin ab. Das klagabweisende Urteil stellt zugleich das Nichtbestehen der Leistungspflicht fest, ist insoweit also ein Feststellungsurteil.[448] Zur Bestimmung des Umfangs der Rechtskraft sind Tatbestand und Entscheidungsgründe einschließlich des Parteivorbringens heranzuziehen.[449] Aus welchem Grunde die Klage abgewiesen wurde, ist innerhalb der Grenzen des Streitgegenstandes irrelevant.[450] Die Klage kann nicht unter eingehender Darlegung des Sachverhalts wiederholt werden.[451] Hat das Gericht bei der Subsumtion eine dem Kläger günstige materielle Anspruchsgrundlage übersehen, so kann die Klage nicht auf diese gestützt wiederholt werden. Gleiches gilt, wenn der Sachvortrag unvollständig oder undeutlich erfolgte, sodass das Gericht den Anspruch gar nicht in Erwägung ziehen musste. Wird eine **Stufenklage** vollständig abgewiesen, so sind nicht nur der Auskunftsanspruch, sondern auch sämtliche verfolgten Hauptansprüche aberkannt.[452]

178 Für die Präklusionswirkung entscheidend ist weiter der **tatsächliche Abweisungsgrund.**[453] Nach diesem bestimmt sich, ob eine neue Tatsache von der Rechtskraftpräklusion erfasst ist oder nicht (s. Rn. 154 f.). Wurde eine Klage als verfrüht abgewiesen, so kann sie nach Eintritt der Fälligkeit wiederholt werden. War dagegen der Bestand des Anspruchs verneint worden, so kann nicht mit der Behauptung nunmehr eingetretener Fälligkeit neu geklagt werden.

179 **c) Anerkenntnis- und Verzichtsurteil** (§§ 306, 307) werden ohne Sachprüfung und in der Regel ohne Tatbestand und Entscheidungsgründe erlassen (§ 313 b). Für die Auslegung des Urteils und die Bestimmung seiner Rechtskraftwirkung sind daher nur das Klagevorbringen und die Anerkenntnis- bzw. Verzichtserklärung maßgebend.[454]

180 **d)** Bei einem **Versäumnisurteil gegen den Beklagten,** das ebenfalls in verkürzter Form nach § 313 b erlassen wird, ist entsprechend § 331 Abs. 1 S. 1 auf das tatsächliche Vorbringen des Klägers zurückzugreifen.[455]

---

[442] BAGE 19, 146, 149 f. = NJW 1967, 648; *Stein/Jonas/Leipold* Rn. 148; *Jauernig* JZ 1955, 237.

[443] BGHZ 11, 222, 225 = NJW 1954, 310, 311; BGH NJW 1967, 648; auch *Stein/Jonas/Leipold* Rn. 149; vgl. *Rosenberg/Schwab/Gottwald* § 93 Rn. 46.

[444] *Musielak/Musielak* Rn. 46.

[445] BGHZ 42, 340, 348 f. = NJW 1965, 689, 691.

[446] BGHZ 5, 189, 193 = NJW 1952, 665; *Ahrens/Ahrens,* Wettbewerbsprozess, 5. Aufl. 2004, Kap. 36 Rn. 46 ff., 71 ff.; *Rüßmann,* FS Lüke, 1997, S. 675, 684 ff.; vgl. OLG Frankfurt WRP 1984, 211.

[447] OLG Karlsruhe MDR 1992, 804.

[448] BGH NJW 1993, 3204, 3205; *Stein/Jonas/Leipold* Rn. 114.

[449] BVerfG NJW 2003, 3759; BGHZ 117, 1, 5 = NJW 1992, 1172; BGH NJW 1995, 1757.

[450] Vgl. BGH NJW 1990, 1795; OLG Saarbrücken MDR 2000, 1317; *Dietrich* ZZP 83 (1970), 201 ff.

[451] LG Stendal MDR 2004, 1140.

[452] BGH FamRZ 1990, 863, 864.

[453] *Blomeyer* § 89 IV 1.

[454] RGZ 147, 29, 30; *Rosenberg/Schwab/Gottwald* § 152 Rn. 31.

[455] BGH NJW 1972, 2269; 1983, 2032; WM 1987, 579; *Rosenberg/Schwab/Gottwald* § 152 Rn. 32.

e) Schwieriger zu bestimmen ist der Umfang der Rechtskraft eines **Versäumnisurteils gegen den Kläger** (§ 330). Auch dieses ergeht unabhängig vom vorgetragenen Sach- und Streitstand ohne jede Sachprüfung, lediglich auf Grund der Säumnis des Klägers. Teilweise wird dieses Urteil daher Entscheidungen gleichgestellt, die den Abweisungsgrund völlig offen lassen. Die Rechtskraft des Urteils weiche dann auf Grund jeder neuen Tatsache zu einem hypothetisch denkbaren Abweisungsgrund.[456] Die hM meint dagegen, mit der Säumnis des Klägers trete ein Anspruchsverzicht oder eine -verwirkung ein; der Eintritt einer neuen Tatsache ermögliche daher in keinem Fall ein Wiederaufrollen des Verfahrens, selbst wenn das Versäumnisurteil in zweiter Instanz ergangen ist.[457] Sinn des Versäumnisurteils ist es, die Klage aus jedem Grunde abzuerkennen. Deshalb ist dieser Ansicht im Ansatz zuzustimmen. Dies ändert aber nichts an den zeitlichen Rechtskraftgrenzen.[458] Ob die behauptete neue entscheidende Tatsache wirklich neu ist, ist notfalls durch Beweisaufnahme zu klären. Beruft sich ein Mieter gegenüber der Räumungsklage des Vermieters auf den Bestand des Mietvertrages und lässt dieser daraufhin ein Versäumnisurteil gegen sich ergehen, so schließt dessen Rechtskraft daher nicht eine neue Räumungsklage wegen einer späteren Beendigung des Mietverhältnisses aus. 181

Ist eine Klage in erster Instanz als zurzeit unbegründet abgewiesen worden und ergeht gegen den Kläger und Berufungskläger Versäumnisurteil in zweiter Instanz, so wird nach § 539 Abs. 1 lediglich die Berufung durch Versäumnisurteil zurückgewiesen, nicht aber das Urteil erster Instanz „verbösert". Die Rechtskraft des Versäumnisurteils hindert den Kläger daher nicht, seinen Anspruch nach Eintritt der Fälligkeit einzuklagen.[459] 182

3. Feststellungsurteil. a) Das **positive Feststellungsurteil** stellt das Bestehen des behaupteten Rechtsverhältnisses fest, die Klagabweisung das Nichtbestehen.[460] Das Urteil, das auf einseitigen Klägerantrag eine Erledigung der Hauptsache feststellt, schließt damit zugleich eine neue Klage wegen des erledigten Anspruchs aus.[461] Nach verbreiteter Ansicht soll dem Urteil aber keine Präjudizialwirkung zukommen, so dass für Folgeansprüche weiterhin bestritten werden kann, dass die erledigte Forderung zuvor bestanden hat.[462] Aber diese Ansicht zwingt den Kläger, neben dem Antrag auf Feststellung der Erledigung noch einen Zwischenfeststellungsantrag auf Feststellung des (ursprünglichen) Bestehens der Forderung zu stellen.[463] Dies erscheint aber als unnötig förmlich. 183

b) Das **negative Feststellungsurteil** stellt das Nichtbestehen des Rechtsverhältnisses fest. Wird eine negative Feststellungsklage sachlich abgewiesen, so hängt die Rechtskraftwirkung von den Entscheidungsgründen ab.[464] 184

aa) War mit der Klage die Negation eines konkreten Anspruchs begehrt worden, so steht bei Klagabweisung das Bestehen des Anspruchs fest;[465] das Urteil stellt den Anspruch auch für das Verjährungsrecht (§ 197 Nr. 3 BGB) rechtskräftig fest.[466] Häufiger wird aber die negative Feststellung eines noch nicht näher bezifferten Anspruchs betrieben. Wird diese Klage rechtskräftig abgewiesen, so steht positiv nur fest, dass (wie bei einem Grundurteil) ein Anspruch dem Grunde nach besteht. Wird etwa eine Klage auf Nichtbestehen einer Zugewinnausgleichsforderung (§ 1378 BGB) sachlich abgewiesen, so steht positiv fest, dass ein Ausgleichsanspruch dem Grunde nach besteht.[467] Ein derartiges Urteil entfaltet nicht die verjährungsrechtliche Folge des § 197 I Nr. 3 BGB.[468] Wie bei einem Grundurteil kann eine nachfolgende Leistungsklage auf Zahlung eines bestimmten Ausgleichs immer noch abgewiesen werden. 185

---

[456] *Stein/Jonas/Leipold* Rn. 254; *Zeuner* S. 35; *ders.* JZ 1962, 497.

[457] BGHZ 35, 338, 341 = NJW 1961, 1969; BGHZ 153, 239, 242 ff. = NJW 2003, 1044; wohl auch *Zöller/Vollkommer* Vor § 322 Rn. 56; krit. *B. Schmidt* ProzRB 2004, 44, 46.

[458] Ebenso *Musielak/Musielak* Rn. 54; *Dietrich* ZZP 84 (1971), 419, 436 ff.; *Heiderhoff* ZZP 118 (2005), 185, 194 ff.

[459] *Just* NJW 2003, 2289; *Heiderhoff* ZZP 118 (2005), 185, 200 ff.; *Deubner* JuS 2003, 892, 894; *Siemon* MDR 2004, 301, 307; aA BGHZ 153, 239 = NJW 2003, 1044.

[460] *Stein/Jonas/Leipold* Rn. 116.

[461] *Rosenberg/Schwab/Gottwald* § 130 Rn. 39; ebenso *Deppert,* FS Wenzel, 2005, S. 23, 33.

[462] *Deppert,* FS Wenzel, 2005, S. 23, 33; *Grunsky,* FS Schwab, 1990, S. 165, 178 f.; aA *Stein/Jonas/Bork* § 91 a Rn. 54.

[463] Hierfür ausdrücklich *Deppert,* FS Wenzel, 2005, S. 23, 34.

[464] RGZ 90, 290, 292.

[465] BGH NJW 1972, 1043; 1983, 2032, 2033; WM 1985, 1408; *Stein/Jonas/Leipold* Rn. 117; *Rosenberg/Schwab/Gottwald* § 152 Rn. 26.

[466] BGH NJW 1972, 1042 = LM BGB § 209 Nr. 23; BGHZ 72, 23, 31 = NJW 1978, 1975; *Rosenberg/Schwab/Gottwald* § 152 Rn. 26.

[467] BGH NJW 1975, 1320 = JR 1976, 18, 19 m. Anm. *Schubert;* BGH NJW 1986, 2508 = FamRZ 1986, 565 = JR 1986, 414 m. Anm. *Schubert*; *Stein/Jonas/Leipold* Rn. 119.

[468] BGH NJW 1972, 1043, 1044.

186 **bb)** Besonders zweifelhaft ist die Rechtskraft einer **non-liquet-Entscheidung.** Kann der Kläger einer positiven Feststellungsklage sein Recht nicht ausreichend nachweisen, so wird die Klage abgewiesen: Das Urteil stellt rechtskräftig fest, dass das Recht nicht besteht (s. Rn. 183). Wird eine **negative Feststellungsklage** abgewiesen, weil der Kläger weder das Nichtbestehen des Rechts noch der Beklagte das Bestehen des Rechts beweisen konnte, so nimmt der BGH an, dass gleichwohl das kontradiktorische Gegenteil des Nichtbestehens, also das Bestehen des Rechts in Rechtskraft erwachse. Die Ausführungen des Gerichts, es sei nicht vom Bestehen des Rechts bzw. der Forderung überzeugt, nähmen nicht an der Rechtskraft teil.[469] Bei richtigem Vorgehen dürfte freilich ein derartiges Urteil nicht ergehen. Denn die Beweislastverteilung verändert sich nicht mit der Parteirolle.[470] Grundsätzlich hat ein fehlerhaftes Urteil freilich die gleiche Rechtskraftwirkung wie ein sachlich richtiges.[471] Dennoch überzeugt nicht, einem Urteil im Wege des logischen Gegenschlusses eine größere Wirkung beizumessen, als das Gericht dies erklärtermaßen wollte. Einem Urteil, das sich fehlerhafterweise weder für ein „Nein" noch für ein „Ja" entscheidet, kann nicht lediglich als Folge der formalen Klagabweisung die Bedeutung „Ja" zugesprochen werden. Eine solche Entscheidung hat vielmehr einen relativ unbestimmten Inhalt, sodass ihr nur eine beschränkte Rechtskraftwirkung zukommen kann.[472]

187 **c)** Im **Kündigungsschutzprozess** ist Streitgegenstand nach hM die Auflösung des Arbeitsverhältnisses durch die **konkrete Kündigung.** Wird eine Klage gem. § 4 S. 1 KSchG rechtskräftig abgewiesen, so steht fest, dass das Arbeitsverhältnis durch die Kündigung aufgelöst ist.[473] Wird der Klage stattgegeben, so erwächst in Rechtskraft, dass das Arbeitsverhältnis bis zum Kündigungszeitpunkt besteht und durch die Kündigung nicht aufgelöst worden ist. Ob das Arbeitsverhältnis wirklich fortbesteht oder anderweitig beendet wurde, sagt das Urteil dagegen nicht.[474] Der Arbeitnehmer kann daher die Kündigungsschutzklage mit der allgemeinen Klage auf Feststellung des Fortbestands des Arbeitsverhältnisses verbinden.[475] Soweit das Arbeitsverhältnis auf Antrag nach § 9 KSchG gegen Abfindung aufgelöst wird, gelten für die Auflösung die Rechtskraftregeln der Gestaltungsklage.

188 **4. Gestaltungsurteil. a)** Wird einer Gestaltungsklage **stattgegeben,** so tritt die begehrte Änderung der Rechtslage (meist mit Eintritt der formellen Rechtskraft) ein, zB die Scheidung der Ehe gem. § 1564 S. 2 BGB. Bei Teilklagen beschränkt sich die Gestaltungswirkung auf den eingeklagten Teil.[476] Neben diese Gestaltungswirkung tritt nach heute ganz einhelliger Ansicht die materielle Rechtskraft. Das Urteil stellt fest, dass zurzeit der letzten mündlichen Verhandlung ein Recht des Klägers zur Umgestaltung der Rechtslage bestand.[477] Wird einer Vollstreckungsgegenklage stattgegeben, so steht fest, dass aus dem Titel keine Leistung mehr verlangt werden darf. Über die Vorfrage, dass und warum der Anspruch erloschen ist, wird dagegen nicht rechtskräftig entschieden.[478] Die Rechtskraft des Gestaltungsurteils schließt jedoch Schadensersatz- und Bereicherungsansprüche aus, die auf der Behauptung rechtswidriger Umgestaltung der Rechtslage aufbauen.[479]

189 **b)** Wird eine Gestaltungsklage **abgewiesen,** so wird zugleich festgestellt, dass ein Gestaltungsgrund zurzeit der letzten Tatsachenverhandlung nicht vorlag. Allerdings gilt diese Feststellung nur im Rahmen des Streitgegenstandes. Wird eine Vollstreckungsgegenklage abgewiesen, so steht fest, dass dem Titel die Vollstreckbarkeit aus bis zur letzten Verhandlung vorliegenden Tatsachen nicht mehr genommen werden kann.[480] Wurde eine Ehenichtigkeitsklage abgewiesen, so ist daher keine Partei gehindert, Eheaufhebung oder Ehescheidung zu verlangen. Diese Lösung führt auch bei generalklauselartigen Gestaltungsrechten aus „wichtigem Grund" (zB nach den §§ 133, 140 HGB) zu sachgerechten Ergebnissen. Streitgegenstand ist hier die Auflösbarkeit der Gesellschaft bzw. die

---

[469] BGH NJW 1983, 2032 = JZ 1983, 394 m. Anm. *Messer* = JR 1983, 372 m. abl. Anm. *Waldner;* BGH NJW 1986, 2508 = JZ 1986, 1031; zustimmend *Arens,* FS Müller-Freienfels, 1983, S. 13, 22 ff.; *Habscheid* NJW 1988, 2641; *Kapp* MDR 1988, 710; auch *Musielak/Musielak* Rn. 62.

[470] *Rosenberg/Schwab/Gottwald* § 114 Rn. 37 f.; *Prütting* Beweislast S. 189; *Rosenberg* Beweislast S. 173 ff.

[471] So zu Recht *Arens* (Fn. 469) S. 13, 25; hierauf stellt auch *Musielak/Musielak* Rn. 62 ab.

[472] OLG Hamm NJW-RR 1986, 1123; *Künzl* JR 1987, 57; *Lepp* NJW 1988, 806; *Tiedtke* NJW 1983, 2011; JZ 1986, 1031, 1034 und NJW 1990, 1697; *Waldner* JR 1983, 372; *Walter* ZBJV 123 (1987), 553, 560 ff.

[473] *v. Hoyningen/Huene/Linck,* KSchG, 13. Aufl. 2002, § 4 Rn. 25.

[474] BAG NZA 1987, 273 (dazu *Schwerdtner* 263); *Schaub* § 136 III 1; *Herschel/Löwisch* § 4 Rn. 55.

[475] BAG MDR 2003, 521.

[476] Zur Minderung: BGHZ 85, 367 = NJW 1983, 390, 391; *Gottwald* JuS 1986, 715, 718.

[477] *Stein/Jonas/Leipold* Rn. 67, 121; *Blomeyer* § 94 IV; *Rosenberg/Schwab/Gottwald* § 91 Rn. 15; *Arens* Streitgegenstand S. 39 ff.

[478] BGH BB 1985, 14; *Henckel* ZZP 108 (1995), 257, 259; aA unten *K. Schmidt* § 767 Rn. 96.

[479] *Stein/Jonas/Leipold* Rn. 66.

[480] BGH FamRZ 1984, 878; BGH WM 1985, 703; OLG Düsseldorf NJW-RR 1992, 1216.

Ausschließbarkeit eines Gesellschafters zum Präklusionszeitpunkt. Wird die Klage abgewiesen, so sind nicht vorgetragene Ausschließungsgründe ohne weiteres von der Rechtskraftpräklusion erfasst. Einer analogen Anwendung der Regeln über rechtskraftfremde Präklusion (s. Rn. 167 ff.)[481] bedarf es daher nicht. Das abweisende Urteil schließt freilich Schadensersatzansprüche gegen den Gesellschafter wegen seines Verhaltens nicht aus, da diese einen anderen Streitgegenstand bilden, über den in keiner Weise entschieden worden ist.

c) Besondere Schwierigkeiten bereitet der Umfang der Rechtskraft bei **Statusurteilen.** 190

aa) Wird einer **Vaterschaftsanfechtungsklage** (gem. § 640 Abs. 2 Nr. 2 iVm. §§ 1599 ff. BGB) rechtskräftig stattgegeben, so steht fest, dass das Kind kein leibliches Kind des Ehemannes der Mutter ist. Dieses Urteil hat nach § 640 h S. 1 inter-omnes-Wirkung. Ein als Erzeuger in einem weiteren Prozess in Anspruch Genommener kann deshalb anders als bei der früheren Ehelichkeitsanfechtungsklage[482] nicht mehr geltend machen, das Kind stamme doch vom Ehemann der Mutter ab.[483] Ist eine Klage des Mannes auf Feststellung der Unwirksamkeit einer Anerkennung der Vaterschaft rechtskräftig abgewiesen worden, so wird das Bestehen der Vaterschaft festgestellt. Nach § 640 h S. 1 hat das Urteil wiederum inter-omnes-Wirkung. Es hindert daher auch einen anderen Anfechtungsberechtigten, selbst neu Anfechtungsklage zu erheben.[484] 191

bb) Besonders problematisch ist die Rechtskraft von **non-liquet-Entscheidungen** in Statussachen (s. dazu im Einzelnen § 640 h). Vielfach wird die Ansicht vertreten, das Gericht müsse eindeutige Feststellungen, notfalls mit Hilfe von Beweislastgrundsätzen treffen, sodass es kein besonderes non-liquet-Urteil gebe. Geht man jedoch davon aus, dass Urteile in Statussachen nach Möglichkeit der wahren Sachlage entsprechen sollen, so kann man aus der Klageabweisung nicht in jedem Fall folgern, das Gegenteil des abgewiesenen Klagebegehrens sei festgestellt. Kann das Gericht etwa auf Vaterschaftsfeststellungsklage des Kindes seine Zweifel an der Vaterschaft des Mannes nicht überwinden und weist die Klage ab, so geht es zu weit, dem Urteil den Inhalt beizulegen, dass der Mann tatsächlich nicht Vater des Kindes ist. Gleiches gilt, wenn der Mann negative Feststellungsklage erhoben hat und das Gericht die Vaterschaft nicht ausreichend klären kann. Die Beschränkung der Rechtskraftwirkung entspricht hier dem Interesse an der Ermittlung der Wahrheit und praktischen Bedürfnissen.[485] 192

5. Rechtskraft des Vollstreckungsbescheids. S. o. Rn. 31 und u. Rn. 235. 193

VIII. Rechtskraft bei der Aufrechnung

1. Die Ausnahmeregel des § 322 Abs. 2. Entscheidungen über Vorfragen (präjudizielle Rechtsverhältnisse) und Einwendungen des Beklagten erwachsen wie die Entscheidungsgründe insgesamt generell nicht in Rechtskraft (s. Rn. 101 ff.). § 322 Abs. 2 sieht hiervon eine Ausnahme für die Aufrechnung durch den Beklagten vor. Die Regelung gilt auch für Streitverfahren der freiwilligen Gerichtsbarkeit.[486] Eine Aufrechnung (§§ 387 ff. BGB) liegt nur vor, wenn voneinander unabhängige Forderungen durch Aufrechnungserklärung (§ 388 S. 1 BGB), bei ausländischem Schuldstatut auch kraft Gesetzes, mit Eintritt der Aufrechnungslage erlöschen. Eine analoge Anwendung auf andere Verrechnungsformen scheidet aus. Nicht erfasst sind daher Verrechnungen[487] oder Saldierungen innerhalb eines Schuldverhältnisses[488] oder kraft besonderer vertraglicher Vereinbarung. Keine Rechtskraftwirkung entsteht auch, wenn der Beklagte nur ein Zurückbehaltungsrecht geltend macht: Wird er dennoch uneingeschränkt verurteilt, so ist ihm seine Gegenforderung nicht rechtskräftig aberkannt.[489] Ob der Beklagte die Aufrechnung im Prozess oder bereits vorher außerhalb des Verfahrens erklärt, ist für die Rechtskraftwirkung gleichgültig.[490] 194

2. Die Aufrechnung des Beklagten. a) Allgemein. Würde das Urteil nicht rechtskräftig über die Aufrechnungsforderung entscheiden, so könnte sie der Beklagte in einem zweiten Prozess 195

---

[481] Hierfür *Blomeyer* § 89 VII.

[482] BGHZ 83, 391, 394 = NJW 1982, 1652; BGHZ 92, 275 = NJW 1985, 386 = JZ 1985, 338 m. Anm. *Braun* = ZZP 99 (1986), 98 m. Anm. *Deneke; Zöller/Philippi* § 640 h Rn. 4; aA *Stein/Jonas/Leipold* Rn. 86.

[483] *Musielak/Musielak* Rn. 66.

[484] AK-ZPO/*Künkel* § 640 h Rn. 11; *Soergel/Gaul* § 16001 BGB Rn. 9; *Stein/Jonas/Leipold* Rn. 122; aA OLG Düsseldorf NJW 1980, 2760 = FamRZ 1980, 831.

[485] So *Zöller/Philippi* § 640 h Rn. 12; aA AK-ZPO/*Künkel* § 640 h Rn. 10.

[486] OLG Stuttgart NJW-RR 1989, 841.

[487] BGH NJW-RR 2000, 285; BGH NJW 2002, 900.

[488] BGH NJW-RR 2004, 1715, 1716.

[489] *Zöller/Vollkommer* Rn. 15; *Blomeyer* § 89 VI 1; s. Rn. 103.

[490] *Stein/Jonas/Leipold* Rn. 167.

frei einklagen. Wurde der Beklagte trotz Aufrechnung verurteilt, könnte er behaupten, seine Forderung bestehe doch. Wurde die Klage wegen der Aufrechnung abgewiesen, so könnte er behaupten, die Klageforderung habe nicht bestanden; seine Forderung sei daher nicht erloschen. Diese Möglichkeiten sollen dem Beklagten durch § 322 Abs. 2 abgeschnitten werden.[491]

196 **b) Erfolglose Aufrechnung.** Der Wortlaut des § 322 Abs. 2 erfasst nur den Fall der **erfolglosen Aufrechnung.** Hier ist die Gegenforderung des Beklagten bis zur Höhe der Aufrechnung rechtskräftig aberkannt.[492] Dieser Fall liegt auch vor, wenn im Urteil die Durchsetzbarkeit der Forderung (§ 390 S. 1 BGB) oder ihre Gegenseitigkeit verneint, also dargelegt wird, dass die Aufrechnungsforderung einem Dritten zusteht.[493]

197 Nach heute einhelliger Meinung gilt § 322 Abs. 2 auch für den Fall, dass sich der Beklagte mit der **Aufrechnung erfolgreich** verteidigte und die Aufrechnungsforderung daher nicht mehr besteht. Die Abweisung der Klage stellt dann rechtskräftig fest, dass Klageforderung und Aufrechnungsforderung bestanden und in Höhe der Aufrechnung erloschen sind.[494]

198 In beiden Fällen ergibt sich die Rechtskraftwirkung aus den Entscheidungsgründen; in der **Urteilsformel** braucht die Aufrechnung nicht erwähnt zu werden.[495]

199 Nach Ansicht des BGH wird über die Gegenforderung dagegen nicht rechtskraftfähig entschieden, wenn die Klage abgewiesen wird, weil sich der Beklagte darauf beruft, der Kläger habe mit der Klageforderung bereits in einem anderen anhängigen Verfahren aufgerechnet. Das andere Gericht soll daher frei sein, das Bestehen der Aufrechnungsforderung oder der Aufrechnungsvoraussetzungen zu verneinen.[496] Die erste Klage wurde indes abgewiesen, weil Klageforderung und Gegenforderung bestanden und durch Aufrechnung erloschen sind. Dass der Beklagte nicht aufgerechnet, sondern sich mit der vom Kläger erklärten Aufrechnung verteidigt hat, ändert hieran nichts und kann daher keinen Unterschied für die Rechtskraft ausmachen. Es ist deshalb auch in diesem Fall von der rechtskräftigen Feststellung des Nichtmehrbestehens beider Forderungen auszugehen.[497]

200 **c) Begründetheit der Aufrechnung.** Eine rechtskräftige Entscheidung über die zur Aufrechnung gestellte Forderung ergeht nur, wenn das Gericht über die **Begründetheit der Aufrechnung** entscheidet. Wird die Klage abgewiesen, weil die Klageforderung nicht besteht, so fehlt es an jeder Entscheidung über die Gegenforderung.[498] Entgegen der früher vertretenen Klagabweisungstheorie darf das Gericht nicht offen lassen, ob die Klageforderung besteht und die Klage jedenfalls wegen der Aufrechnung abweisen. Ein solches Urteil erkennt zwar die Klageforderung rechtskräftig ab, lässt aber offen, ob die Gegenforderung noch besteht.[499] Hierüber müsste auf neue Klage hin entschieden werden, sodass durch die vorschnelle Abweisung im ersten Verfahren nichts gewonnen wird.

201 Verneint das Gericht die Klageforderung und bejaht zusätzlich die zur Aufrechnung gestellte Gegenforderung, so ist der Bestand der Gegenforderung nicht festgestellt, weil die entsprechenden Ausführungen reine obiter dicta sind.[500] Keine rechtskraftfähige Entscheidung ergeht auch, wenn sich ein Bürge darauf beruft, die Forderung des Gläubigers gegen den Hauptschuldner sei durch dessen Aufrechnung erloschen.[501]

202 **d) Unzulässigkeit der Aufrechnung.** Keine rechtskraftfähige Entscheidung über die Gegenforderung ergeht, wenn das Gericht die **Aufrechnung** materiell-rechtlich (§§ 390, 393 ff. BGB; vertragliches Aufrechnungsverbot) oder prozessual (§§ 296, 527, 528) als **unzulässig** ansieht.[502] Gibt das Gericht in einem solchen Fall der Klage unter Zurückweisung der Aufrechnung statt, so soll dem Urteil eine besondere Rechtskraftwirkung zukommen: Es soll feststellen, dass die Aufrech–

---

491 *Blomeyer* § 89 VI 2.
492 *Zöller/Vollkommer* Rn. 17; *Schilken* Rn. 1025.
493 *Baumbach/Lauterbach/Hartmann* Rn. 21 f.
494 RGZ 161, 167; BGHZ 36, 316, 319 = NJW 1962, 907; *Stein/Jonas/Leipold* Rn. 169; *Zöller/Vollkommer* Rn. 21; *Musielak* JuS 1994, 817, 825; *Rosenberg/Schwab/Gottwald* § 152 Rn. 16.
495 *Stein/Jonas/Leipold* Rn. 174.
496 BGHZ 89, 349, 352 = NJW 1984, 1356, 1357 = JR 1984, 330 m. Anm. *Haase;* zustimmend *Thomas/Putzo/Reichold* Rn. 44; *Zöller/Vollkommer* Rn. 24; *Reinicke/Tiedtke* NJW 1984, 2790 (aber für Einrede nach § 242 BGB); *Niklas* MDR 1987, 96, 99.
497 *Musielak/Musielak* Rn. 79 ff.; *Stein/Jonas/Leipold* Rn. 178; *Braun* ZZP 89 (1976), 93; *Niklas* MDR 1987, 96; *Zeuner* JuS 1987, 354; *Brückner* S. 64 ff., 186 ff.
498 *Zöller/Vollkommer* Rn. 20.
499 *Stein/Jonas/Leipold* Rn. 170; gegen jede Rechtskraftwirkung wohl *Zöller/Vollkommer* Rn. 21.
500 *Zöller/Vollkommer* Rn. 22.
501 BGH NJW 1973, 146; *Thomas/Putzo/Reichold* Rn. 44.
502 BGH NJW 2001, 3616; *Zöller/Vollkommer* Rn. 18; *Jauernig* § 63 III 3; *Schilken* Rn. 1025.

nungsforderung nicht verbraucht wurde.[503] Eine solche Feststellung hat aber nur geringen praktischen Nutzen. Denn über das Bestehen der Gegenforderung ist damit keinesfalls entschieden.

Das Gericht darf der Klage auch nicht stattgeben und dabei die Zulässigkeit der Aufrechnung mit der Begründung **offen lassen,** die Aufrechnung sei entweder unzulässig oder jedenfalls unbegründet. Denn ein derartiges Urteil hat keine Rechtskraftwirkung hinsichtlich des Nichtbestehens der Aufrechnungsforderung.[504] Die Zulässigkeit der Aufrechnung darf nur dahingestellt bleiben, wenn das Nichtbestehen der Aufrechnungsforderung bereits rechtskräftig feststeht.[505] Hat das Gericht die Klage wegen der Aufrechnung abgewiesen, ohne deren Zulässigkeit trotz begründeten Anlasses zu prüfen, so ändert dieser Fehler dagegen nichts an der Rechtskraft der Entscheidung. Wird eine Aufrechnung in den Entscheidungsgründen zugleich für unzulässig und für unbegründet erklärt, so sind die Ausführungen zur Begründetheit unverbindliche obiter dicta; die Gegenforderung ist dadurch nicht rechtskräftig aberkannt.[506] 203

e) Teilbetrag. Rechtskräftig wird die Entscheidung über das Nicht- oder Nichtmehrbestehen der Gegenforderung nur bis zur Höhe des tatsächlich zur Aufrechnung verwendeten **Teilbetrages.** Wurde der Klage trotz Aufrechnung stattgegeben, so ist eine höhere Gegenforderung deshalb nicht vollständig rechtskräftig aberkannt, auch wenn die gesamte Gegenforderung in den Entscheidungsgründen verneint wird. Die Regeln über die Rechtskraft bei Teilklagen (s. Rn. 127ff.) sind voll anwendbar.[507] 204

f) Rechtswegfremde Gegenforderung. Rechnet der Beklagte mit einer rechtswegfremden Gegenforderung auf, so darf das ordentliche Gericht über die Aufrechnung nach hM nur befinden, wenn die Gegenforderung unstreitig oder bereits rechtskräftig festgestellt ist. Andernfalls hat es den Rechtsstreit nach § 148, § 94 VwGO auszusetzen und die rechtskräftige Entscheidung des zuständigen Gerichts abzuwarten.[508] Dies gilt auch im Verhältnis zur Arbeitsgerichtsbarkeit. Das Urteil erwächst aber auch dann in Rechtskraft, wenn das Zivilgericht zu Unrecht über eine streitige rechtswegfremde Gegenforderung entscheidet. Denn dieser Fehler führt nicht zur Nichtigkeit des Urteils.[509] 205

3. Die Aufrechnung des Klägers. § 322 Abs. 2 regelt die Folgen einer Aufrechnung durch den Beklagten. Soweit der Kläger bei einer Widerklage eine Beklagtenrolle einnimmt, gilt selbstverständlich nichts anderes. Die Regel ist aber auch entsprechend anzuwenden, wenn der Kläger gestützt auf eine eigene Aufrechnung negative Feststellungsklage erhebt oder wenn er eine Vollstreckungsgegenklage (§ 767) mit einer Aufrechnung begründet.[510] Der bloße Wechsel der Parteirollen ändert nichts an dem Bedürfnis, eine rechtskräftige Entscheidung über die Gegenforderung zu erhalten. Gleiches gilt in dem Fall, dass der Kläger in einem anderen Verfahren aufgerechnet hat und sich der Beklagte in dem anhängigen Verfahren durch Hinweis auf diese Aufrechnung verteidigt (s. Rn. 199). 206

IX. Durchbrechung der Rechtskraft

1. Generelle Bindung an unrichtige Entscheidungen. a) Die materielle Rechtskraft soll zu Rechtsfrieden und Rechtssicherheit beitragen. Mit diesem **Zweck** ist es unvereinbar, die Richtigkeit oder Unrichtigkeit eines Urteils in einem weiteren Verfahren nochmals zu überprüfen.[511] Worauf der Mangel beruhen kann, auf fehlerhafter Tatsachenfeststellung oder fehlerhafter Rechtsanwendung, oder auf beidem, ist gleichgültig.[512] Die Möglichkeit und das Risiko einer unrichtigen Entscheidung trägt deshalb grundsätzlich die betroffene Partei. 207

b) Erlässt ein Gericht ein Urteil nur zum **Scherz,** so entsteht nur der bloße Anschein einer Entscheidung. Diese ist ohne jede rechtliche Wirkung und nichtig. Haben die Parteien dagegen einen **Scheinprozess** geführt, so berührt dies nicht die Gültigkeit und materielle Rechtskraft des ergan- 208

---

503 *Blomeyer* § 89 VI 2b.
504 BGH WM 1988, 1322, 1323; *Stein/Jonas/Leipold* Rn. 171; *Zöller/Vollkommer* Rn. 19.
505 BGH WM 1964, 451.
506 BGH NJW 1984, 128, 129 = LM Nr. 98; *Baumbach/Lauterbach/Hartmann* Rn. 24; *Stein/Jonas/Leipold* Rn. 172.
507 OLG Celle AnwBl. 1984, 311; *Baumbach/Lauterbach/Hartmann* Rn. 22; *Stein/Jonas/Leipold* Rn. 173.
508 BVerwGE 77, 19, 24ff. = NJW 1987, 2530, 2532.
509 *Stein/Jonas/Leipold* Rn. 176.
510 BGHZ 48, 357 = NJW 1968, 156; *Stein/Jonas/Leipold* Rn. 177; *Thomas/Putzo/Reichold* Rn. 44; *Zöller/Vollkommer* Rn. 24; *Niklas* MDR 1987, 96, 99.
511 BGH NJW 1985, 2535; *Zöller/Vollkommer* Vor § 322 Rn. 71.
512 *Stein/Jonas/Leipold* Rn. 263.

genen Urteils.[513] Eine Möglichkeit, die Rechtskraft des Urteils auf einseitigen Antrag zu beseitigen, besteht nicht. Die Parteien können ihre Beziehungen jedoch vertraglich neu und abweichend regeln.

209 **2. Gesetzliche Durchbrechungen der Rechtskraft.** Rechtsfrieden und Sicherheit werden indes nicht mit jedem formell rechtskräftigen Abschluss eines Verfahrens erreicht. Denn es gibt viele Fälle, in denen dieser Abschluss anderen Gerechtigkeitsgeboten deutlich widerspricht: In solchen Fällen erscheint es berechtigt und geboten, die Maßgeblichkeit einer Entscheidung wieder zu beseitigen.

210 **a)** Relativ unproblematisch ist die **Wiedereinsetzung in den vorigen Stand** gegen die schuldlose Versäumung von Rechtsmittel- und Einspruchsfristen gem. §§ 233 ff., da die Rechtskraft hier nur in einem zeitlich eng begrenzten Rahmen (§ 234) wieder beseitigt wird.[514]

211 **b)** Zwingend geboten ist die Abhilfe bei positiven oder negativen **Kompetenzkonflikten** (§ 36 Nr. 5, 6), um widersprechende Entscheidungen oder eine Rechtsschutzverweigerung zu verhindern.

212 **c)** Ein Gebot der Billigkeit ist es auch, rechtskräftige Verurteilungen zu zukünftig wiederkehrenden Leistungen, die auf überholten Zukunftsprognosen beruhen, an die Wirklichkeit anzupassen. Hierzu dienen die **Abänderungsklage** (§ 323) und die **Nachforderungsklage** nach § 324.

213 **d)** Die Rechtskraft eines unrichtigen Urteils ist im Allgemeinen hinzunehmen, da jedem Erkenntnisverfahren immanente Grenzen innewohnen. Ergibt sich jedoch, dass das Verfahren selbst grob fehlerhaft war oder das Urteil sachlich offensichtlich an einem schweren Mangel leidet, so ist es ein Gebot der Gerechtigkeit, die Rechtskraft zurücktreten zu lassen. Die Regeln über das **Wiederaufnahmeverfahren** (§§ 578 ff., 641 i) ermöglichen daher, auf Klage bei Nachweis eines Nichtigkeits- oder Restitutionsgrundes ein rechtskräftiges Urteil aufzuheben und in der Sache neu zu verhandeln und zu entscheiden (§ 590).

214 **e)** Schließlich entfällt die Rechtskraft von Gesetzes wegen, wenn eine rechtskräftige gerichtliche Entscheidung auf erfolgreiche **Verfassungsbeschwerde** (Art. 93 Abs. 1 Nr. 4 a GG; § 90 BVerfGG) hin gem. § 95 Abs. 2 BVerfGG aufgehoben wird.[515] Zu einer Kassation rechtskräftiger Entscheidungen auf Verfassungsbeschwerde sind auch die Landesverfassungsgerichte in Bayern,[516] Hessen, im Saarland sowie in den neuen Bundesländern Brandenburg, Mecklenburg-Vorpommern, Sachsen und Thüringen befugt.[517] Dagegen lässt eine erfolgreiche **Menschenrechtsbeschwerde** nach Art. 25 EMRK die Rechtskraft einer beanstandeten Entscheidung unmittelbar unberührt.

215 **3. Ausgleichsansprüche und Vollstreckungsabwehr trotz Rechtskraft? a) Ungerechtfertigte Bereicherung. aa)** Die zur Erfüllung eines rechtskräftigen Titels erbrachte Leistung kann nicht als ungerechtfertigte Bereicherung (§ 812 Abs. 1 S. 1 BGB) zurückverlangt werden. Denn mit Eintritt der materiellen Rechtskraft steht der Bestand des Anspruchs und damit das Vorliegen eines Rechtsgrundes unbestreitbar fest.[518] Auch der Titel selbst kann daher nicht als Bereicherung herausverlangt werden. Dies gilt freilich nicht, wenn sich der Sachverhalt vor der Leistung geändert hat (s. Rn. 153).

216 **bb)** Hatte der Beklagte eine Schuld bereits vor der letzten Tatsachenverhandlung erfüllt und wird gleichwohl zur erneuten Leistung verurteilt, so gilt für die Leistung auf das Urteil das eben Gesagte. Aber auch die **frühere Leistung** kann nicht wegen Nichteintritts des bezweckten Leistungserfolges (§ 812 Abs. 1 S. 2, 2. Fall BGB) zurückgefordert werden. Denn die Rechtskraft des Urteils präkludiert den Erfüllungseinwand, unabhängig davon, ob die Partei die Erfüllung in dem zugrundeliegenden Verfahren behauptet hatte oder nicht,[519] etwa weil sie erst nachträglich die frühere Zahlung feststellt.[520] Wird nachträglich eine Quittung gefunden, so kann aber ggf. Restitutionsklage nach § 580 Nr. 7 b erhoben werden.

217 **b) Vertragliche und deliktische Ansprüche.** Im Erwirken eines neuen Vollstreckungstitels trotz erfolgter Leistung liegt auch keine **Pflichtverletzung.** Denn der Nachweis eines Schadens

---

[513] *Stein/Jonas/Leipold* Rn. 265.
[514] Vgl. BGH NJW 1987, 327.
[515] Vgl. *Rosenberg/Schwab/Gottwald* § 17 Rn. 27.
[516] BayVerfGH NJW 1975, 301 und 302.
[517] Vgl. *Rosenberg/Schwab/Gottwald* § 17 Rn. 28.
[518] *Stein/Jonas/Leipold* Rn. 266; *Blomeyer* § 90 III; *Gaul* JuS 1962, 1, 7 f.
[519] *Stein/Jonas/Leipold* Rn. 267; *Blomeyer* § 90 III 1; *Rosenberg/Schwab/Gottwald* § 161 Rn. 1; *Zeiss/Schreiber* Rn. 619; aA OLG Frankfurt NJW 1961, 1479; *Zeuner* S. 96 (bei unterlassenem Erfüllungseinwand); *Henckel* S. 215.
[520] So im Fall LG Hannover NJW 1979, 221 (dazu *Spellenberg* JuS 1979, 554).

wäre nur möglich, wenn entgegen der Bindungswirkung der materiellen Rechtskraft die Richtigkeit der Entscheidung überprüft werden könnte.[521] Aus dem gleichen Grunde scheiden **deliktische Ansprüche** (§§ 823 ff. BGB) grundsätzlich aus. Auch bei ihnen kann der Eintritt eines Schadens wegen der Bindungswirkung der materiellen Rechtskraft nicht nachgewiesen werden. Die Rechtsprechung lässt eine Durchbrechung der Rechtskraft jedoch in den Fällen des § 826 BGB zu (s. Rn. 219 ff.).

c) Schließlich soll auch mittels **Vollstreckungsgegenklage** (§ 767) die Abwehr einer Vollstreckung aus sittenwidrig erschlichenen oder ausgenutzten Urteilen möglich sein. In beiden Fällen entstehe die exceptio doli (§§ 826, 853 BGB) iSd. § 767 Abs. 2 erst nach der letzten Tatsachenverhandlung.[522] Ein stattgebendes Urteil erkläre nur die Vollstreckung des Titels für unzulässig, greife aber nicht in dessen Bestand und damit nicht in die materielle Rechtskraft ein. Schon die Annahme, die mit Urteilserlass analog § 853 BGB entstehende Einrede sei eine neue Tatsache, ist aber reichlich konstruiert. Das tatsächliche Bestehen der exceptio doli setzt aber in jedem Fall voraus, dass die Unrichtigkeit des angegriffenen Urteils nachgewiesen werden kann. Dieser Nachweis ist jedoch durch die materielle Rechtskraft verschlossen.[523] 218

4. Die Schadensersatzklage nach § 826 BGB. Das Erschleichen oder das Gebrauchmachen von einem ersichtlich unrichtigen Urteil kann als vorsätzliche unerlaubte Handlung iSd. § 826 BGB angesehen werden. Die Frage ist jedoch, ob das Prozessrecht die Abwehr gegen evident unrichtige Urteile abschließend anderweitig regelt und dadurch einen Rückgriff auf das Schadensersatzrecht ausschließt. 219

a) Restitutionsklage als abschließende Regelung. Die Fälle, in denen die Rechtskraft durchbrochen werden kann, sind an sich in der Zivilprozessordnung enumerativ aufgezählt. Die sachliche Unrichtigkeit eines Urteils ist dabei nach § 580 generell kein Grund, ein rechtskräftiges Urteil auf Restitutionsklage wieder aufzuheben. Das Gesetz fordert wesentlich strenger, dass ein Beteiligter wegen einer Straftat, zB wegen Prozessbetrugs verurteilt oder eine entscheidungserhebliche Urkunde aufgefunden werden muss. Der Gesetzgeber wollte also ersichtlich nicht alle unrichtigen, ungerechten Urteile beseitigt wissen, sondern nur solche, bei denen die Urteilsgrundlage mit besonders hoher Beweiskraft erschüttert ist.[524] Praktischen Bedürfnissen, die Restitutionsgründe zu erweitern, ist der Gesetzgeber 1943 mit der Einbeziehung der falschen uneidlichen Zeugen- und Sachverständigenaussage in § 580 Nr. 3 und 1970 durch Einführung des § 641 i nachgekommen. Darüber hinaus hat er aber an den gesetzlichen Tatbeständen festgehalten und Vorschläge zur Erweiterung der Restitutionsgründe, zB im ZPO-Entwurf von 1931 (E § 546 Nr. 6 und 7)[525] nicht aufgegriffen. Daraus wird abgeleitet, dass das Wiederaufnahmerecht keine Wertungslücken aufweise. Es laufe daher auf eine unzulässige Umgehung der strengen Einzelvoraussetzungen des Restitutionsverfahrens hinaus, wenn ein Urteil unter Berufung auf die Generalklausel des § 826 BGB formlos mit der Behauptung der Sittenwidrigkeit seines Erwirkens oder seiner künftigen Vollstreckung erneut in Frage gestellt und im praktischen Ergebnis beseitigt werden könne. Soweit ein Bedürfnis, fehlerhafte Entscheidungen zu beseitigen entstehe, sei zwar eine Einzelanalogie zu den gesetzlichen Restitutionstatbeständen zulässig; darüber hinaus seien aber weitere Eingriffe in die Rechtskraft ausgeschlossen.[526] 220

b) Klage nach § 826 BGB als Quasirestitution. Die Rechtsprechung hat sich von dieser Kritik nicht abhalten lassen, eine Schadenersatzklage nach § 826 BGB in besonders schwerwiegenden Fällen und unter eng begrenzten Voraussetzungen zuzulassen, wenn der Gerechtigkeit der Vorrang vor den Erfordernissen des Rechtsfriedens gebührt. Dies könne der Fall sein, wenn das Urteil (1) vom Gegner erschlichen worden ist,[527] oder (2) wenn die Vollstreckung des Urteils in Kenntnis seiner Unrichtigkeit wegen der Umstände des Einzelfalles sittenwidrig wäre.[528] 221

---

521 *Stein/Jonas/Leipold* Rn. 267; *Zeiss/Schreiber* Rn. 620; *Gaul* JuS 1962, 1, 11; aA OLG Frankfurt NJW 1961, 1479.

522 So *Lukes* ZZP 72 (1959), 99; *Schönke/Kuchinke* § 75 II 7 c.

523 *Jauernig* § 64 II; *Rosenberg/Gaul/Schilken* § 40 V 1 c; *Rosenberg/Schwab/Gottwald* § 161 Rn. 3; *Zeiss/Schreiber* Rn. 619; *Gaul* JuS 1962, 1, 5 ff.

524 *Gaul,* Die Grundlagen des Wiederaufnahmerechts, 1956, S. 76 ff., 83; krit. *Braun* I S. 273 ff.

525 Entwurf einer Zivilprozeßordnung 1931, S. 124 f. m. Begr. S. 370 f.

526 *Gaul* (Fn. 522) S. 99 ff.; *ders.,* Rechtskraftdurchbrechung, S. 39 ff.; *ders.* JZ 1964, 515; *Henckel* S. 104 ff.; *Baumbach/Lauterbach/Hartmann* Einf. §§ 322–327 Rn. 30 f.; abl. *Blomeyer* § 107 II; *Jauernig* § 64 II; krit. *Lüke* Rn. 370; *Bamberger/Roth/Spindler* § 826 BGB Rn. 104.

527 BGH NJW 1963, 1606; BGHZ 153, 189, 198 = NJW 2003, 1326, 1328; *Soergel/Hönn* (13. Aufl.) § 826 BGB Rn. 224.

528 BGH DStR 1999, 1083; *Soergel/Hönn* (13. Aufl.) § 826 BGB Rn. 226.

222 Die Rspr. hat lange behauptet, Restitutionsklage und Klage aus § 826 BGB verfolgten unterschiedliche Ziele und schlössen einander daher nicht aus. Die Schadensersatzklage ziele nur auf vermögensrechtlichen Ausgleich für die Folgen des unrichtigen Urteils, lasse dessen Bestand und damit die materielle Rechtskraft aber unberührt.[529] Diese Unterscheidung hat zwar bei Gestaltungsurteilen praktische Bedeutung, vermag aber für Leistungsurteile nicht zu überzeugen. In jedem Fall kann der Kläger nur dann nachweisen, dass ihm durch das erste Urteil ein „Schaden" entsteht, wenn das Gericht die Richtigkeit des ersten Urteils entgegen der Rechtskraftbindung überprüft.[530] Literatur und Praxis gehen daher heute einhellig davon aus, dass die Zubilligung eines Schadensersatzes nach § 826 BGB gegenüber einem rechtskräftigen Urteil zur Durchbrechung von dessen Rechtskraft führt.[531]

223 Für die **Praxis** war stets entscheidend, dass die Rechtskraft zwar dem Rechtsfrieden dient, Rechtssicherheit und Rechtsfrieden aber selbst leiden, wenn sie bewusst rechtswidrig ausgenutzt werden, um die materielle Rechtslage missachten zu können.[532] Die Rechtskraft müsse daher weichen, wenn sie ausgenützt werde, um dem Unrecht den Stempel des Rechts zu geben.[533] Insoweit kann das prozessuale Rechtsschutzsystem keine Autonomie gegenüber dem materiellen Recht beanspruchen.[534] Die gerichtliche Praxis zeigt, dass trotz systematischer Bedenken in jedem Rechtsgebiet eine flexible Generalklausel nicht entbehrt werden kann, um evidentes Unrecht zu verhindern und um Rechtsmissbrauch abzuwehren, gerade dann, wenn gefestigte Tatbestände versagen.[535] Auch eine Einbindung in § 580 würde an diesem Bedürfnis wenig ändern. Entscheidend ist, dass die Gerichte derartige Generalklauseln sachgerecht und maßvoll anwenden. Dass die Gerichte von dem scharfen Instrument des § 826 BGB nur sehr zurückhaltend Gebrauch gemacht haben, lässt sich aber kaum bestreiten. Die Schadensersatzklage aus § 826 BGB gegen rechtskräftige Entscheidungen ist daher im Grundsatz als gesicherte richterliche Rechtsfortbildung anzuerkennen.[536] Der gegen diese Rechtsprechung jüngst erhobene Vorwurf der Verfassungswidrigkeit[537] ist nicht stichhaltig. Denn es kann der Rechtsprechung nicht verwehrt sein, die Reichweite geltender Rechtsnormen, wie der des § 826 BGB, anhand praktischer Bedürfnisse über die Vorstellungen des Gesetzgebers hinaus auszudehnen. Im Gegenteil könnte man daran denken, ob nicht der durch § 826 BGB gewährleistete Schutz gegen den Missbrauch rechtskräftiger Entscheidungen gerade von der Verfassung geboten ist.

224 **c) Verhältnis von Schadensersatz- und Restitutionsklage.** Nach Ansicht der Rechtsprechung ist die Klage aus § 826 BGB **nicht subsidiär** gegenüber der Restitutionsklage, sondern steht als selbstständiger zweiter Weg zur Abwehr grob fehlerhafter Entscheidungen wahlweise neben ihr offen.[538] Die Klage nach § 826 BGB soll dazu dienen, einen Missbrauch formaler Rechtspositionen abzuwehren, wenn andere Wege versagen.[539] Sie muss deshalb zulässig sein, auch wenn die Frist des § 586 Abs. 2 S. 2 bereits abgelaufen ist oder die Voraussetzungen des § 581 Abs. 1 nicht vorliegen.[540] Weder muss der Beklagte strafrechtlich verurteilt worden sein oder aus den in § 581 Abs. 1 genannten Gründen nicht verurteilt werden können, noch muss sein Verhalten überhaupt einen Straftatbestand erfüllen.[541] Indes kann der Tatbestand des § 826 BGB regelmäßig nur bejaht werden, soweit die Entscheidung nicht zweifelsfrei auf Restitutionsklage aufgehoben werden könnte.

---

529 RGZ 46, 75, 79; 75, 213, 216; 78, 389, 393; 88, 290, 293; vgl. *Staudinger/Oechsler* § 826 BGB Rn. 473.

530 Vgl. *Zeiss/Schreiber* Rn. 615.

531 *Stein/Jonas/Leipold* Rn. 271; *Braun,* Rechtskraft und Rechtskraftdurchbrechung, S. 32 ff.; RGRK/*Steffen* § 826 BGB Rn. 75.

532 BGHZ 101, 380, 383 = NJW 1987, 3256; BGH NJW 1993, 3204, 3205; RGRK/*Steffen* § 826 BGB Rn. 75.

533 RGZ 78, 389, 393; BGHZ 40, 130, 133 = NJW 1964, 349; RGRK/*Steffen* § 826 BGB Rn. 75; *Gadow* ZZP 61 (1939), 313, 318; krit. *Staudinger/Oechsler* § 826 BGB Rn. 473.

534 *Hönn,* FS G. Lüke, 1997, S. 265.

535 *Stein/Jonas/Leipold* Rn. 270 f.; *Zöller/Vollkommer* Vor § 322 Rn. 76; *Zöller/Greger* Vor § 578 Rn. 17; RGRK/*Steffen* § 826 BGB Rn. 75; AnwK-BGB/*Katzenmeier* § 826 Rn. 65; *Grunsky* ZIP 1986, 1361; *Braun* I S. 128 ff.; *Geißler* NJW 1987, 166; *Kohte* NJW 1985, 2217; *Musielak* JA 1982, 7, 12; vgl. *Hönn* Jura 1989, 240, 242.

536 MünchKommBGB/*Wagner* § 826 Rn. 129; RGRK/*Steffen* § 826 BGB Rn. 99; *Soergel/Hönn* (13. Aufl.) § 826 BGB Rn. 218; *Braun* I S. 296 ff.; krit. *Gaul,* FS Henckel, 1995, S. 235, 265; *Staudinger/Oechsler* § 826 BGB Rn. 479 f.; *Erman/Schiemann* § 826 BGB Rn. 45.

537 Dafür *Prütting/Weth* Rn. 280 ff., 309; auch *Schrameck,* Umfang der materiellen Rechtskraft bei Vollstreckungsbescheiden, 1990.

538 BGHZ 50, 115, 120 = NJW 1968, 1275.

539 *Bruns* Rn. 298; *Stein/Jonas/Leipold* Rn. 273; vgl. dagegen *Braun* I S. 223 ff.

540 BGHZ 50, 115, 120 f. = NJW 1968, 1275; RGRK/*Steffen* § 826 BGB Rn. 75; *Staudinger/Oechsler* § 826 BGB Rn. 483.

541 BGHZ 50, 115, 122 ff. = NJW 1968, 1275; aA BGH NJW 1964, 1672; OLG Celle NJW 1966, 2020.

Sie sollte daher nur zu Randkorrekturen des Restitutionsrechts zugelassen werden.[542] Auch die Rechtsprechung übt bei der Beseitigung der Rechtskraftgrenzen letztlich Zurückhaltung und bejaht den Tatbestand des § 826 BGB nur, wenn der Verstoß gegen die materielle Gerechtigkeit sonst untragbar wäre.[543] Um stets einen „Notbehelf für äußerste Fälle" zur Verfügung zu haben, lehnt sie aber § 826 BGB einschränkende Klagevoraussetzungen ab und stellt stattdessen strenge Anforderungen an den Klagevortrag (s. Rn. 231).

d) Materielle Anspruchsvoraussetzungen. Voraussetzung für einen Schadensersatzanspruch gegenüber einer rechtskräftigen Entscheidung ist, dass der Beklagte eine falsche Entscheidung vorsätzlich durch eine sittenwidrige Manipulation herbeigeführt hat oder dass er ein nicht erschlichenes Urteil in Kenntnis seiner Unrichtigkeit nachträglich sittenwidrig ausnützt.[544] 225

aa) In beiden Fällen muss die angegriffene **Entscheidung sachlich unrichtig** sein. Es kommt nicht darauf an, wie das Gericht seinerzeit ohne Manipulation entschieden hätte, sondern wie aus heutiger Sicht objektiv zu entscheiden wäre.[545] Im Falle der Erschleichung des Titels muss die Unrichtigkeit auf einem sittenwidrigen Verhalten des Beklagten beruhen. Dieser muss das Gericht und/oder den Gegner getäuscht, unzulässigen Druck auf sie ausgeübt oder sonst in vorwerfbarer Weise Verfahrensmöglichkeiten genutzt haben, um zu dem Titel zu gelangen. Regelmäßig muss die unrichtige Entscheidung daher auf eine *Verfälschung des Sachverhalts* oder auf unrichtigen Vortrag zu Prozessvoraussetzungen zurückzuführen sein. Da die Klage nach § 826 BGB kein zusätzliches Rechtsmittel bildet, kann die rein rechtliche Fehlerhaftigkeit nur ausnahmsweise genügen, etwa wenn die Entscheidung nicht auf einer gerichtlichen Prüfung der Rechtslage[546] oder auf einer kausalen Einflussnahme auf die rechtliche Würdigung des Gerichts beruht. Regelmäßig muss die Partei aber das Risiko der rein rechtlichen Fehlbeurteilung tragen.[547] In jedem Fall muss die sachliche Unrichtigkeit des Urteils offensichtlich sein, also nach Überprüfung eindeutig feststehen.[548] 226

bb) Kenntnis der Unrichtigkeit. Eine vorsätzliche Schädigung liegt nur vor, wenn der Beklagte die Unrichtigkeit der Entscheidung positiv kennt. Die Kenntnis eines Parteivertreters ist dem Beklagten entgegen den Regeln des sonstigen Deliktsrechts ohne Entlastungsbeweis zuzurechnen.[549] In Fällen der Urteilserschleichung ist diese Kenntnis problemlos. Im Fall der missbräuchlichen Ausnutzung eines nicht erschlichenen Urteils hat die genaue Kenntnis seiner Unrichtigkeit aber besondere Bedeutung. Zweifel an der Richtigkeit des Titels, etwa wegen Kenntnis von Verfahrensmängeln, genügen nicht. Für eine missbräuchliche Ausnutzung genügt aber, dass der Titelgläubiger die Kenntnis der Unrichtigkeit erst nach Eintritt der Rechtskraft eindeutig erkennt.[550] Ein vorsätzliches Handeln scheidet aus, solange der Gläubiger redlicherweise glauben konnte, in berechtigter Weise zu handeln.[551] 227

cc) Sittenwidrige Schädigung. Damit der Gebrauch eines als unrichtig erkannten Urteils zu einer sittenwidrigen Schädigung führt, müssen **besondere Umstände** hinzukommen. Im Fall der **Urteilserschleichung** liegen sie in dem unlauteren Verhalten des Beklagten, etwa im Vortrag wider besseres Wissen, im Verfälschen von Beweismitteln, im Anwenden von Zwang gegenüber einem Beteiligten oder im Erschleichen der öffentlichen Zustellung der Klage.[552] Das bloße Verwerten eines als unrichtig erkannten, aber nicht erschlichenen Titels ist dagegen nicht ohne weiteres sittenwidrig, sondern kann nur angenommen werden, wenn dies in besonderer Weise unerträglich wäre.[553] In Grenzfällen kann es auch sittenwidrig sein, ein lediglich evident rechtlich **fehlerhaftes Urteil aus-** 228

---

542 Vgl. *Bruns* Rn. 298; *Zeiss/Schreiber* Rn. 617; *Thumm* S. 69; für Erweiterung der Restitutionsregeln dagegen *Gaul,* Rechtskraftdurchbrechung, S. 43.

543 RGRK/*Steffen* § 826 BGB Rn. 75.

544 BGHZ 50, 115, 117 = NJW 1968, 1275 (krit. dazu *Zeiss* JuS 1969, 362; *Baumgärtel/Scherf* JZ 1970, 316); eingehend RGRK/*Steffen* § 826 BGB Rn. 75 ff., 79 ff.; *Staudinger/Oechsler* § 826 BGB Rn. 496 ff., 503 ff.

545 RGRK/*Steffen* § 826 BGB Rn. 77; *Staudinger/Oechsler* § 826 BGB Rn. 489 ff.; AnwK-BGB/*Katzenmeier* § 826 Rn. 66.

546 BGHZ 101, 380, 384 = NJW 1987, 3256; vgl. *Bamberger/Roth/Spindler* § 826 BGB Rn. 106.

547 RGRK/*Steffen* § 826 BGB Rn. 80; *Staudinger/Oechsler* § 826 BGB Rn. 491.

548 BGHZ 40, 130 = NJW 1964, 349; RGRK/*Steffen* § 826 BGB Rn. 81; *Staudinger/Oechsler* § 826 BGB Rn. 489.

549 *Braun* I S. 239 ff.; *ders.* Rechtskraftdurchbrechung S. 35.

550 BGH MDR 1983, 43; RGRK/*Steffen* § 826 BGB Rn. 82; krit. *Staudinger/Oechsler* § 826 BGB Rn. 503 ff.

551 BGHZ 101, 380, 388 = NJW 1987, 3256.

552 Einzelfälle bei RGRK/*Steffen* § 826 BGB Rn. 76; *Staudinger/Oechsler* § 826 BGB Rn. 498 ff.; *Bamberger/Roth/Spindler* § 826 BGB Rn. 107 f.; krit. *Wüstenberg* AnwBl 2003, 141.

553 BGHZ 13, 71 = NJW 1954, 880; BGH NJW 1986, 2047, 2049; BGH FamRZ 1987, 368, 369; BGHZ 101, 380 = NJW 1987, 3256, 3257; BGH NJW 1987, 3266, 3267; BGH NJW 1993, 3204, 3205; RGRK/*Steffen* § 826 BGB Rn. 83; *Soergel/Hönn* § 826 BGB Rn. 226; krit. *Staudinger/Oechsler* § 826 BGB Rn. 503 ff.

zunützen,[554] etwa einen unrichtig gewordenen Unterhaltstitel trotz Abweisung einer Abänderungsklage auf Dauer zu vollstrecken.[555]

229 **e) Missbrauch sonstiger Titel.** Diese Grundsätze gelten entsprechend beim Missbrauch sonstiger Titel, etwa bei einem erschlichenen Prozessvergleich, einer einstweiligen Verfügung, einem Kosten- oder Gebührenfestsetzungsbeschluss oder einem Schiedsspruch.[556]

230 **f) Prozessuale Fragen. aa) Ziel des Anspruchs und Klageantrag.** Mit der Klage kann nicht die formelle Aufhebung der fehlerhaften Entscheidung, sondern Naturalrestitution (§ 249 BGB) durch Unterlassung der Zwangsvollstreckung und Herausgabe des Titels[557] oder Schadensersatz durch Wiederherstellung des früheren Zustandes oder Ersatz in Geld verlangt werden, soweit eine Vollstreckung erfolgt ist.[558] Das Klageziel ist also, die vermögensrechtlichen Folgen einer rechtskräftigen Rechtsstellung zu neutralisieren.[559] Eine Unzulässigerklärung der Vollstreckung des Titels entsprechend § 767 kann nicht verlangt werden.[560] Da das Urteil nicht aufgehoben wird, bleibt seine Gestaltungswirkung unberührt.[561] Der Einwand sittenwidrigen Verhaltens kann auch **einredeweise** (§ 853 BGB) geltend gemacht werden, wenn das erschlichene Urteil in einem Folgeprozess präjudiziell ist.[562]

231 **bb) Darlegungs- und Beweispflicht.** Der Kläger hat sämtliche Voraussetzungen seines Schadenersatzanspruchs darzulegen und zu beweisen. Soweit diese Voraussetzungen nicht evident sind, sind an die Substantiierungspflicht des Klägers hinsichtlich aller Anspruchsvoraussetzungen hohe Anforderungen zu stellen.[563] Dieser Darlegungspflicht genügt der Kläger bei Klagen gegen streitige Urteile nicht, wenn er die offenbare Unrichtigkeit des Urteils nur aus dem im Wesentlichen gleichen Streitstoff wie im Vorprozess abzuleiten sucht und diesen Vortrag lediglich durch ergänzende Behauptungen und neue Beweisanträge zu untermauern versucht. Das neue Vorbringen muss die Sachlage vielmehr wesentlich verändern.[564] Eine offensichtliche Unrichtigkeit des Urteils kann der Kläger zudem in der Regel nur durch sichere Beweismittel, nicht aber durch Zeugen- oder Parteivernehmung zu bloßen Beweisindizien nachweisen.[565] Dadurch soll verhindert werden, dass der Kläger den früheren Rechtsstreit wieder voll aufrollen kann.[566]

232 **cc) Versäumung von Rechtsbehelfen.** Der Vorwurf missbräuchlichen Verhaltens gegenüber dem Beklagten kann entfallen, wenn es der Kläger versäumt hat, gegen die Entscheidung mit Klagen nach § 323 oder § 767 vorzugehen.[567] Aber es kommt doch auf die Umstände des Einzelfalls an. Denn ein fahrlässiges Verhalten des Klägers schließt weder die evidente Unrichtigkeit der Erstentscheidung noch das sittenwidrige Herbeiführen oder Ausnützen des Urteils durch den Beklagten aus. Weder § 839 Abs. 3 BGB noch § 582 kann daher analog angewandt werden.[568] Entsprechend § 254 BGB kann der Anspruch aber ausgeschlossen oder gemindert sein, wenn der Geschädigte nach Kenntnis des Mangels bzw. nach Beendigung seiner Zwangssituation rechtliche Schritte unterlassen hat, die jeder Verständige ergriffen hätte.[569]

---

[554] BGH NJW 1983, 2317 = ZZP 97 (1984), 337 m. Anm. *Braun;* MünchKommBGB/*Wagner* § 826 Rn. 131; enger OLG Frankfurt FLF 1984, 171; LG Traunstein FLF 1984, 172; krit. *Bamberger/Roth/Spindler* § 826 BGB Rn. 109.

[555] Vgl. *Vollkommer/Steindl* FamRZ 1989, 1208/09; *Soergel/Hönn* § 826 BGB Rn. 226; *Bamberger/Roth/Spindler* § 826 BGB Rn. 110.

[556] *Soergel/Hönn* (13. Aufl.) § 826 BGB Rn. 236; *Bamberger/Roth/Spindler* § 826 BGB Rn. 108; MünchKommBGB/*Wagner* § 826 BGB Rn. 137; *Staudinger/Oechsler* § 826 BGB Rn. 541 ff.; *Palandt/Sprau* § 826 Rn. 47 (nicht bei Prozessvergleich).

[557] BGHZ 13, 71, 72 = NJW 1954, 880; BGHZ 50, 115, 119 = NJW 1968, 1275; BGH NJW 1983, 2317; BGH NJW 1988, 972; BAG JZ 1973, 563; BSG NJW 1987, 2039.

[558] BGH NJW 1986, 1752.

[559] *Grunsky* § 47 III 3.

[560] BGHZ 26, 391, 394 = NJW 1958, 826.

[561] Krit. *Jauernig* § 64 III.

[562] BGHZ 42, 194, 204 = NJW 1964, 2350, 2353; BGH JZ 1979, 531, 533; RGRK/*Steffen* § 826 BGB Rn. 78; *Soergel/Hönn* (13. Aufl.) § 826 BGB Rn. 228; *Zöller/Vollkommer* Vor § 322 Rn. 75; *Braun* I S. 302.

[563] Vgl. *Baumgärtel/Strieder,* Hdb. der Beweislast, Bd. 1, 2. Aufl. 1991, § 826 BGB Rn. 8 ff.; RGRK/*Steffen* § 826 BGB Rn. 84; *Staudinger/Oechsler* § 826 BGB Rn. 492.

[564] BGHZ 40, 130, 134 = NJW 1964, 349; BGH NJW 1979, 1046, 1047 f.; *Staudinger/Oechsler* § 826 BGB Rn. 492.

[565] Vgl. *Baumgärtel/Strieder* § 826 BGB Rn. 10.

[566] Vgl. AK-ZPO/*Greulich* Vor § 578 Rn. 23; *Jauernig* § 64 II (S. 238).

[567] *Soergel/Hönn* (13. Aufl.) § 826 Rn. 227.

[568] RGRK/*Steffen* § 826 BGB Rn. 78; aA OLG Bamberg NJW 1960, 1062, 1063; krit. *Staudinger/Oechsler* § 826 BGB Rn. 484.

[569] AnwK-BGB/*Katzenmeier* § 826 Rn. 70.

5. Die Abwehr rechtskräftiger Vollstreckungsbescheide. Die Klage nach § 826 BGB ist gegen jede Art rechtskräftigen Titels und damit auch gegen Vollstreckungsbescheide eröffnet.[570] Vor allem bei Vollstreckungsbescheiden war in den letzten Jahren zweifelhaft, ob die Rechtskraft nicht unter erleichterten Voraussetzungen zu durchbrechen ist. 233

a) Allgemein. Während mit der Schadensersatzklage nach § 826 BGB sonst Gerechtigkeit für besonders gelagerte Einzelfälle verlangt wurde, hatten die Gerichte ab 1985 zahlreiche Klagen zu bewältigen, in denen sich private Darlehensnehmer gegen rechtskräftige Vollstreckungsbescheide (§ 700) gegenüber Teilzahlungsbanken zur Wehr setzten. Sie machten sämtlich geltend, der Titel sei zu Unrecht ergangen; durch seine Vollstreckung würden sie sittenwidrig geschädigt.[571] Denn die Banken hätten die Vollstreckungsbescheide erwirkt, obwohl sie wussten, dass die zugrundeliegenden Ratenkreditverträge anfänglich oder nach der geänderten Rechtsprechung[572] als wucherähnliche Geschäfte sittenwidrig und nichtig waren.[573] Die Besonderheit dieser Fälle liegt darin, dass Mahnbescheide auf einseitigen Antrag ohne jede Sachprüfung erlassen werden (§ 692 Abs. 1 Nr. 2), und der Vollstreckungsbescheid nach Ablauf der Widerspruchsfrist wiederum auf einseitigen Antrag ergeht (§ 699 Abs. 1) und nach Ablauf der Einspruchsfrist (§ 339) rechtskräftig wird, ohne dass der Kläger sein Begehren näher begründen müsste und ohne dass das Gericht wie beim Versäumnisurteil gegen den Beklagten (§ 331 Abs. 1, 2) wenigstens die Schlüssigkeit des Vortrags geprüft hätte.[574] Der Antragsgegner konnte zwar eine gerichtliche Prüfung durch Widerspruch oder Einspruch erzwingen und wurde darauf auch im amtlichen Vordruck hingewiesen.[575] Freilich haben die Banken nicht selten Druck ausgeübt, auf einen Rechtsbehelf zu verzichten oder den eingelegten Rechtsbehelf zurückzunehmen. 234

b) Rechtskraftwirkung eines Vollstreckungsbescheides. Bei dieser Sachlage meinte das OLG Stuttgart, durch bloßes Sichverschweigen dürfe der Schuldner nicht endgültig mit seinen Einwendungen abgeschnitten werden. Zumindest sei ihm in Anlehnung an § 826 BGB ein Antrag auf Nachholung der Schlüssigkeitsprüfung zuzubilligen.[576] Das OLG Köln hat den Vollstreckungsbescheid wegen der fehlenden richterlichen Kontrolle gar dem Prozessvergleich oder der vollstreckbaren Urkunde gleichgestellt und ihm entgegen den §§ 700 Abs. 1, 796 Abs. 1 jede Rechtskraftwirkung abgesprochen. Der Betroffene könne seine Einwendungen daher uneingeschränkt mittels Vollstreckungsgegenklage (§ 767) geltend machen.[577] *Braun* trat dafür ein, auf der Grundlage des § 580 Nr. 7b gegen Vollstreckungsbescheide eine „Ergebnisfehlerrestitution" zuzulassen.[578] Schließlich wurde aus der verminderten Rechtskraft des Vollstreckungsbescheids abgeleitet, die Klage aus § 826 BGB sei unter leichteren Kautelen zuzulassen.[579] 235

In den letzten Jahren war die Rspr. häufiger mit der Titulierung von Forderungen aus sittenwidrigen Bürgschaftsverträgen[580] und aus unverbindlichen Partnerschaftsvermittlungen (vgl. § 656 BGB) befasst und hat insoweit die gleichen Grundsätze angewandt.[581] 236

c) Rechtsprechung des BGH. Der **BGH** hat zwar bekräftigt, dass dem Vollstreckungsbescheid die gesetzlich vorgesehene **volle materielle Rechtskraft** zukommmt,[582] die Klage aus § 826 BGB gegen Titel aus Ratenkreditverträgen aber im Wege der Typenbildung praktisch erleichtert. Danach kann der Schuldner nicht ohne weiteres behaupten, dass er nie etwas schuldete oder die 237

---

570 BGH ZIP 1998, 1731; BGH NJW 2005, 2991 = ZZP 119 (2006), 211 *(M. Stürner)*; RGRK/*Steffen* § 826 BGB Rn. 85; *Staudinger/Oechsler* § 826 BGB Rn. 515ff.; *Soergel/Hönn* § 826 BGB Rn. 229.

571 Vgl. *Braun*, Rechtskraft und Rechtskraftdurchbrechung, S. 1 m. zahlr. Nachw.

572 Vgl. BGH NJW 1987, 944.

573 Vgl. *Kohte* NJW 1985, 2217; *Bamberg*, Die mißbräuchliche Titulierung von Ratenkreditschulden mit Hilfe des Mahnverfahrens, 1987, S. 32ff.; *Schmelz*, Der Verbraucherkredit, 1989, Rn. 625ff.

574 Vgl. *Braun* (Fn. 571) S. 79ff.

575 Vgl. *Münzberg* JZ 1987, 477f.

576 OLG Stuttgart NJW 1985, 2272; OLG Stuttgart JZ 1986, 1116 m. Anm. *Braun*; *Bender* JZ 1987, 503; *W. Gottwald* EWiR § 826 BGB 7/85; abl. *Braun* (Fn. 571) S. 95; *Prütting/Weth* Rn. 34ff.

577 OLG Köln NJW 1986, 1350; ebenso *Bamberg* (Fn. 573) S. 152ff.; abl. *Braun* (Fn. 571) S. 94; *Prütting/Weth* Rn. 58f., 89; *Münzberg* JZ 1987, 477, 480ff.; *Grunsky* JZ 1986, 626.

578 *Braun* (Fn. 571) S. 45ff., 100f.; *ders.* JZ 1986, 1118f.

579 *Zöller/Vollkommer* § 700 Rn. 16; *Kohte* NJW 1985, 2217, 2227ff.; vgl. auch *Braun* JZ 1987, 789.

580 Vgl. AnwK-BGB/*Katzenmeier* § 826 BGB Rn. 67; *Palandt/Sprau* § 826 BGB Rn. 48.

581 OLG Stuttgart NJW 1994, 330; *Willingmann* VuR 1996, 263; *Bamberger/Roth/Spindler* § 826 BGB Rn. 116; *Soergel/Hönn* (13. Aufl.) § 826 BGB Rn. 235.

582 BGHZ 101, 380, 382f. = NJW 1987, 3256 = JZ 1988, 44 m. krit. Anm. *Braun*; (zustimmend *Grunsky* WM 1987, 1353); BGH NJW 1987, 3259 = JZ 1988, 47 m. Anm. *Braun*; BGHZ 103, 44 = NJW 1988, 971, 972; weitere Rspr. bei *Prütting/Weth* Rn. 29, 30; zuletzt *Schrameck* (Fn. 535); zu abweichenden Vorschlägen de lege ferenda vgl. *Vollkommer*, Erlanger FS Schwab, 1990, S. 229ff.

Schuld vor Ablauf der Einspruchsfrist gegen den Vollstreckungsbescheid erfüllt habe (arg. § 796 Abs. 2). Den Vollstreckungsbescheid kann er nur mit der Klage nach § 826 BGB mit den folgenden Besonderheiten abwehren:

238 **aa)** Da der Vollstreckungsbescheid ohne richterliche Prüfung erlassen wird, genügt es, dass er nach Ansicht des **jetzt** entscheidenden Gerichts rechtlich fehlerhaft und daher materiell **unrichtig** ist.[583]

239 **bb)** Um **vorsätzlich** zu schädigen, muss der Antragsgegner die Unrichtigkeit des Titels kennen. Für die Abwehr einer künftigen Vollstreckung genügt aber die Belehrung durch das angerufene Gericht. Für die Zeit vorher kommt es darauf an, ob die Bank ihr Verhalten redlicherweise als zulässig ansehen konnte. Dies ist nicht der Fall, wenn sie in Kenntnis der Rechtsprechung einen unschlüssigen Anspruch im Mahnverfahren verfolgte.[584] Werden durch unrichtigen Vollstreckungsbescheid titulierte (angebliche) Forderungen an ein Factoring-Inkassounternehmen abgetreten, so bleibt die Vollstreckung zulässig, weil das Inkassounternehmen das Mahnverfahren nicht missbraucht hat.[585]

240 **cc)** Die **Sittenwidrigkeit der Schädigung** will der BGH nach Fallgruppen erfassen. Ein besonderer Umstand könne die eindeutige und so schwerwiegende Unrichtigkeit sein, dass jede Vollstreckung aus dem Titel schlechthin unerträglich sei.[586] Die Sittenwidrigkeit könne sich aber auch aus der Wahl des Mahnverfahrens nach Kenntnis der Rechtsprechung zu wucherähnlichen Geschäften ergeben. Der Gläubiger müsse dabei nicht besonders auf den Schuldner eingewirkt haben. Es genüge, wenn er nicht damit habe rechnen können, bei einer Schlüssigkeitsprüfung im Klageverfahren ein Versäumnisurteil zu erlangen.[587] Bei Beteiligung geschäftserfahrener Personen genüge dagegen die Wahl des Mahnverfahrens nicht, um die Vollstreckung eines unrichtigen Vollstreckungsbescheids als sittenwidrig zu qualifizieren, da das Mahnverfahren sonst seine Funktion verlieren würde.[588] Von einer geschäftserfahrenen Partei, etwa einem selbstständigen Architekten, wird erwartet, dass er gegen einen materiell unrichtigen Vollstreckungsbescheid rechtzeitig vorgeht.[589] An der Sittenwidrigkeit fehlt es, soweit der Bank auch bei Nichtigkeit des Darlehensvertrages Ansprüche gegen den Ratenkreditnehmer zustehen.[590] Auch genügt nicht, dass der Gläubiger aus einem nicht erschlichenen Titel über einen angemessenen Betrag hinaus vollstreckt.[591]

241 **dd)** Dem Kläger schadet es nicht, dass er den Vollstreckungsbescheid trotz formularmäßiger Belehrung über seine Rechte rechtskräftig werden lässt, sofern er die Rechtsbehelfsfristen nicht trotz rechtzeitiger anwaltlicher Beratung verstreichen lässt.[592] Durch das frühere Verbraucherkreditgesetz von 1990 wurde freilich das Mahnverfahren für höher verzinsliche Kredite ausgeschlossen (§ 688 Abs. 3). Die Rechtskraft des Vollstreckungsbescheids verliert dadurch in vielen Fällen ihre besondere Härte.[593]

§ 323 Abänderungsklage

(1) Tritt im Falle der Verurteilung zu künftig fällig werdenden wiederkehrenden Leistungen eine wesentliche Änderung derjenigen Verhältnisse ein, die für die Verurteilung zur Entrichtung der Leistungen, für die Bestimmung der Höhe der Leistungen oder der Dauer ihrer Entrichtung maßgebend waren, so ist jeder Teil berechtigt, im Wege der Klage eine entsprechende Abänderung des Urteils zu verlangen.

(2) Die Klage ist nur insoweit zulässig, als die Gründe, auf die sie gestützt wird, erst nach dem Schluss der mündlichen Verhandlung, in der eine Erweiterung des Klageantrages oder die Geltendmachung von Einwendungen spätestens hätte erfolgen müssen, entstanden sind und durch Einspruch nicht mehr geltend gemacht werden können.

---

583 BGHZ 101, 380, 384 = NJW 1987, 3256, 3257; BGHZ 103, 44 = NJW 1988, 971, 972; krit. *Geißler* DGVZ 1989, 129; *Deneke/Stoll* JuS 1989, 796.

584 BGHZ 101, 380, 388 = NJW 1987, 3256, 3257 f.; BGH ZIP 1989, 286.

585 BGH NJW 2005, 2991 = ZZP 119 (2006), 211 *(M. Stürner)*.

586 BGHZ 101, 380, 386 = NJW 1987, 3256, 3257 f.; OLG Bremen NJW 1986, 1499.

587 BGHZ 101, 380, 387 f. = NJW 1987, 3256, 3258; krit. *Hönn* Jura 1989, 240, 244; *Deneke/Stoll* JuS 1989, 796, 798 f.

588 BGHZ 103, 44, 50 = NJW 1988, 971, 972 f.; vgl. *Soergel/Hönn* (13. Aufl.) § 826 Rn. 231.

589 BGH ZIP 1998, 1731, 1732.

590 BGH WM 1989, 169 = ZIP 1989, 286.

591 BGH ZIP 1990, 1319, 1320.

592 BGH NJW 1987, 3259, 3260; krit. *Jauernig* § 64 II.

593 Vgl. *Soergel/Hönn* (13. Aufl.) § 826 BGB Rn. 229; *Staudinger/Oechsler* § 826 BGB Rn. 518; krit. zur gesetzl. Lösung *Schmelz/Klute* ZIP 1989, 1509, 1524.

(3) Das Urteil darf nur für die Zeit nach Erhebung der Klage abgeändert werden. Dies gilt nicht, soweit die Abänderung nach § 1360a Abs. 3, § 1361 Abs. 4 Satz 4, § 1585b Abs. 2, § 1613 Abs. 1 des Bürgerlichen Gesetzbuchs zu einem früheren Zeitpunkt verlangt werden kann.

(4) Die vorstehenden Vorschriften sind auf die Schuldtitel des § 794 Abs. 1 Nr. 1, 2a und 5, soweit darin Leistungen der im Absatz 1 bezeichneten Art übernommen oder festgesetzt worden sind, entsprechend anzuwenden.

(5) Schuldtitel auf Unterhaltszahlungen, deren Abänderung nach § 655 statthaft ist, können nach den vorstehenden Vorschriften nur abgeändert werden, wenn eine Anpassung nach § 655 zu einem Unterhaltsbetrag führen würde, der wesentlich von dem Betrag abweicht, der der Entwicklung der besonderen Verhältnisse der Parteien Rechnung trägt.

Schrifttum: Allgemeines: *Becker/Eberhard,* Zur Möglichkeit der Anpassung rechtskräftig titulierter Verzugsschadenszinsen ... an ein verändertes Zinsniveau, DZWir 1993, 183; *Beunings,* Die Änderung der Rechtsprechung zur Bemessung des nachehelichen Unterhalts als Abänderungsgrund i. S. von § 323 ZPO, NJW 2003, 568; *Bieder,* Zur Bedeutung des Merkmals der „wesentlichen Veränderung der Verhältnisse" nach § 323 I ZPO, FamRZ 2000, 649; *Braun,* Grundfragen der Abänderungsklage, 1994; *ders.,* Das Rückwirkungsverbot des § 323 III ZPO – ein Verstoß gegen grundlegende Prinzipien unseres Rechts, JuS 1993, 353; *ders.,* Die „Änderung" der für die Verurteilung maßgeblichen Verhältnisse, FamRZ 1994, 1145; *ders.,* Zinstitel und Abänderungsklage, ZZP 108 (1995), 319; *Brudermüller,* Billigkeitskorrekturen bei der Abänderungsklage (§ 323 ZPO) in Unterhaltssachen, FS Rolland, 1999, S. 45; *ders.,* Änderung der Verhältnisse und Präklusion bei fiktiven Verhältnissen, FS Groß, 2004, S. 17; *Göppinger/Wax/Vogel,* Unterhaltsrecht, 8. Aufl. 2003; *Gottwald,* Abänderungsklage, Unterhaltsanspruch und materielle Rechtskraft, FS Schwab, 1990, S. 151; *ders.,* Probleme der Abänderungsklage in Unterhaltssachen, FamRZ 1992, 1374; *Graba,* Die Abänderung von Unterhaltstiteln, 3. Aufl. 2004; *ders.,* Die Abänderung von Unterhaltstiteln bei fingierten Verhältnissen, FamRZ 2002, 6; *Grosch,* Rechtswandel und Rechtskraft bei Unterlassungsurteilen (Kap. 6), 2002, S. 332; *Hahne,* Probleme der Abänderungsklage in Unterhaltssachen, FamRZ 1983, 1189; *Heiß/Born,* Unterhaltsrecht, Kap. 23 (Stand 2000); *Hoppenz,* Zum Verhältnis von Rechtsmittelverfahren und Abänderungsklage, FamRZ 1986, 226; *Johannsen/Henrich/Brudermüller,* Eherecht, 4. Aufl. 2003; *Klauser,* Abänderung von Unterhaltstiteln, MDR 1981, 711 u. DAVorm 1982, 125; *Klein,* Neuer Tatsachenvortrag im Abänderungsverfahren, FPR 2002, 600; *ders.,* Präklusion bei mehreren aufeinander folgenden Abänderungsprozessen, FuR 1998, 6; *Knoche/Biersack,* Abänderungsklagen nach § 323 ZPO auf Grund geänderter Rechtsprechung, MDR 2005, 12; *Luthin/Margraf,* Handbuch des Unterhaltsrechts, 10. Aufl. 2004; *Maurer,* Abänderung von Unterhaltsurteilen ab Zugang eines Prozeßkostenhilfegesuchs beim Abänderungsgegner?, FamRZ 1988, 445; *ders.,* Versäumnisurteil und Abänderungsklage, FamRZ 1989, 445; *Moritz,* Probleme der Abänderungsklage gemäß § 323 ZPO, 1998; *Niklas,* Nachschieben von „ursprünglichen Änderungen" des § 323 Abs. 2 ZPO?, FamRZ 1987, 869; *ders.,* Das Erfordernis der „wesentlichen" Änderung der Verhältnisse in § 323 I ZPO, 1988; *Otto,* Die Präklusion, 1970, S. 118ff.; *Petzoldt,* Die Rechtskraft der Rentenurteile des § 258 ZPO und ihre Abänderung nach § 323 ZPO, 1993; *Rahm/Künkel/Stollenwerk,* Handbuch des Familiengerichtsverfahrens (Stand 2004), Teil IV 4.34; *Riegner,* Probleme der internationalen Zuständigkeit und des anwendbaren Rechts bei der Abänderung deutscher Unterhaltstitel nach dem Wegzug des Unterhaltsberechtigten ins EU-Ausland, FamRZ 2005, 1799; *H. Roth,* Richterliche Prognoseentscheidung, Rechtskraftwirkung und materielle Gerechtigkeit im Fall der Abänderungsklage nach § 323 ZPO, NJW 1988, 1233; *Schwab/Maurer/Borth,* Handbuch des Scheidungsrechts (Teil I), 5. Aufl. 2004; *Schwartz,* Das Billigkeitsurteil des § 829 BGB, 1904, S. 67ff.; *Soyka,* Die Abänderungsklage im Unterhaltsrecht, 2. Aufl. 2004; *Spangenberg,* Der Verfahrensgegenstand der Unterhaltsabänderungsklage, DAVorm 1984, 797; *ders.,* Die Einzelfallgerechtigkeit und § 323 ZPO, DAVorm 1984, 977; *Thalmann,* Die Abänderungsklage nach § 323 ZPO, FS Henrich, 2000, S. 607; *Tintelnot,* Unterhaltsausgleich nach verheimlichter Besserstellung versus Rechtskraft, FamRZ 1988, 242; *Wendl/Staudigl/Thalmann,* Das Unterhaltsrecht in der familienrichterlichen Praxis, 6. Aufl. 2004, (§ 8), S. 1132ff.

Verhältnis zur Vollstreckungsgegenklage: *Flieger,* Das Verhältnis des § 620b ZPO zu §§ 323, 767 ZPO, MDR 1980, 803; *Graba,* Die Vollstreckungsgegenklage bei Unterhaltsvergleich und Unterhaltsurteil, NJW 1989, 481; *Hoppenz,* Zum Vorrang der Abänderungsklage vor der Vollstreckungsabwehrklage, FamRZ 1987, 1097; *Jakoby,* Das Verhältnis der Abänderungsklage gem. § 323 ZPO zur Vollstreckungsgegenklage gem. § 767 ZPO, 1991; *Köhler,* Das Verhältnis der Abänderungsklage zur Vollstreckungsgegenklage, FamRZ 1980, 1088; *Meister,* Zum Verhältnis von Abänderungs-, Vollstreckungsabwehr- und Zusatz-(Nachforderungs-)Klage, FamRZ 1980 864.

Verhältnis zur Zusatzklage: *Brox,* Erhöhung wiederkehrender Leistungen durch Abänderungs- oder Zusatzklage, NJW 1961, 853; *Grasmeher,* Die Lehre von der Zusatzklage und § 323 ZPO, FamRZ 1961, 241; *Pentz,* Abänderungsklage oder Zusatzklage bei vollstreckbaren Urkunden, FamRZ 1956, 271; *Weber,* Der Umfang der Rechtskraft bei Abänderungs- und Nachforderungsklagen, FamRZ 1955, 232.

Abänderung von Vergleichen, vollstreckbaren Urkunden etc.: *Bergmann,* Neues aus dem Familienrecht (Abänderbarkeit von Prozeßvergleichen), AnwBl 1983, 122; *Deisenhofer/Göhlich,* Rückwirkende Abänderung gerichtlicher Unterhaltsvergleiche, FamRZ 1984, 229; *Finger,* Vollstreckbare Urkunden und Abänderungsklage nach § 323 ZPO, MDR 1971, 350; *Flieger,* Das Verhältnis des § 620 ZPO zu §§ 323, 767 ZPO,

MDR 1980, 803; *Gabius,* Rückwirkende Abänderbarkeit im Unterhaltsrecht, NJW 1976, 313; *Graba,* Die Abänderung von Unterhaltsvergleich und Unterhaltsurteil, NJW 1988, 2343; *ders.,* Zur Abänderung der Jugendamtsurkunde, FamRZ 2005, 678; *Hassold,* Die Abänderung einstweiliger Anordnungen in Ehesachen, FamRZ 1981, 1036; *Pentz,* Abänderungsklage oder Zusatzklage bei vollstreckbaren Urkunden, FamRZ 1956, 271.

Vereinfachte Abänderung von Unterhaltstiteln Minderjähriger: *Gerhardt,* Das neue Kindschaftsunterhaltsgesetz – Verfahrensrechtliche Änderungen, FuR 1998, 145; *Rühl/Greßmann,* Kindesunterhaltsgesetz, 1998; *Schumacher/Grün,* Das neue Unterhaltsrecht minderjähriger Kinder, FamRZ 1998, 778; *Strauß,* Probleme des Kindesunterhaltsgesetzes in der gerichtlichen Praxis, FamRZ 1998, 993; *Weber,* Das Gesetz zur Vereinheitlichung des Unterhaltsrechts minderjähriger Kinder, NJW 1998, 1992.

Abänderung des Versorgungsausgleichs: *Dörr,* Zur Abänderung von Versorgungsausgleichsentscheidungen nach § 10a VAHRG, NJW 1988, 97; *ders.,* Abänderungsverfahren nach § 10a VAHRG, FPR 2007, 130; *Hahne,* Die Abänderung rechtskräftiger Versorgungsausgleichsentscheidungen gem. § 10a VAHRG nF, FamRZ 1987, 217; *dies.,* Die Abänderung von Altfällen, FamRZ 1987, 429; *v. Hornhardt,* Versorgungsausgleich und nacheheliches Unterhaltsrecht, FamRZ 1979, 655; *Ruland,* Das Gesetz über weitere Maßnahmen auf dem Gebiet des Versorgungsausgleichs, NJW 1987, 345, 349; *Johannsen/Henrich/Hahne,* Eherecht (§ 10a VAHRG), 4. Aufl. 2004; *Wagenitz,* Abschied von der Rechtskraft – zur Abänderbarkeit rechtskräftiger Entscheidungen über den Versorgungsausgleich, JR 1987, 53.

Abänderung ausländischer Titel: *Georgiades,* Die Abänderung ausländischer Urteile im Inland, FS Zepos, Bd. II, 1973, S. 189; *Hausmann/Jayme,* Zur Abänderung österreichischer Unterhaltstitel in Deutschland, ZBlJugR 1979, 280 u. 295; *Henrich,* Die Abänderungsklage gegen ausländische Unterhaltsurteile, IPRax 1982, 140; *Hohloch,* Die Abänderung ausländischer Unterhaltstitel im Inland, DuEFR 2000, 193; *Kartzke,* Abänderung von Unterhaltsentscheidungen und neues internationales Unterhaltsrecht, NJW 1988, 104; *Kropholler,* Die Abänderung von Unterhaltstiteln in Fällen mit Auslandsberührung, ZBlJugR 1977, 105; *Leipold,* Das anwendbare Recht bei der Abänderungsklage gegen ausländische Urteile, FS Nagel, 1987, S. 189; *Musger,* Zur „Abänderung“ von Unterhaltstiteln in Sachverhalten mit Auslandsberührung, IPRax 1992, 108; *Schlosser,* Zur Abänderung ausländischer Unterhaltsentscheidungen, IPRax 1981, 120; *Siehr,* Ausländische Unterhaltsentscheidung und ihre Abänderung im Inland wegen veränderter Verhältnisse, FS Bosch 1976, S. 927; *Spellenberg,* Abänderung ausländischer Unterhaltsurteile und Statut der Rechtskraft, IPRax 1984, 304; *Stankewitsch,* Kollisionsrechtliche Probleme bei der Abänderung von DDR-Urteilen auf Geschiedenenunterhalt, IPRax 1994, 103.

Übersicht

I. Allgemeines

1. Zweck. Die Abänderungsklage wurde durch die Novelle von 1898 eingeführt, mit der die CPO an das BGB angepasst wurde. Man wollte damals ausdrücklich Klagen auf künftig wiederkehrende Leistungen zulassen (§ 258) und zugleich materiell-rechtliche Sondertatbestände, die eine Abänderung und Anpassung solcher Leistungspflichten wegen veränderter Umstände vorsahen, verallgemeinern und die Abänderbarkeit für alle Verpflichtungen zu wiederkehrenden Leistungen einführen. Der Gesetzgeber sah eine Notwendigkeit dazu, weil das Gericht über die künftige Leistungspflicht nicht auf Grund eines abgeschlossenen Sachverhalts, sondern (auch) auf Grund einer 1

Prognose über die künftigen Tatsachen (wie Leistungsfähigkeit und Bedürftigkeit) entscheidet. Weicht das reale Geschehen später wesentlich von dieser Prognose ab (weil sich die Verhältnisse ändern oder entgegen der Prognose nicht ändern), so muss die betroffene Partei dies aus Gründen der materiellen Gerechtigkeit[1] geltend machen können. Dies gilt vor allem für die Abänderung von Unterhaltstiteln nach Schadens- oder Familienrecht gem. den §§ 843 ff. BGB, §§ 5 Abs. 2, 6, 8 HPflG, §§ 10, 11, 13 StVG, §§ 35, 36, 38 LuftVG sowie §§ 1360, 1361, 1569 ff., 1602, 1603 BGB. Insoweit ist die Klage ein Anwendungsfall der Anpassung des Schuldverhältnisses wegen Veränderung der Geschäftsgrundlage (§ 313 BGB) im Zivilprozessrecht.[2]

2 Der Regierungsentwurf eines Familienverfahrensgesetzes[3] will die Abänderungsklage gegen Unterhaltsentscheidungen in E §§ 238 u. 240, gegen Vergleiche und Urkunden in E § 239 neu regeln.

3 **2. Rechtsnatur. a)** Die Abänderungsklage ist eine **prozessuale Gestaltungsklage,**[4] weil mit ihrer Hilfe ein Titel über eine wiederkehrende Leistungspflicht geändert werden soll. Sie ist die **einzige prozessuale Möglichkeit**, nachträgliche Veränderungen der Sachlage, dh. Falsifizierungen der richterlichen Zukunftsprognose geltend zu machen (Einzelh. s. Rn. 11 ff.). Der Abänderungsanspruch kann daher nicht einredeweise eingewandt werden.[5] Das Gestaltungsklagerecht ist nicht selbstständig abtretbar[6] und unterliegt nicht der Verjährung nach den §§ 194 ff. BGB.[7] Jedoch gestattet § 323 Abs. 3 S. 1 im Ansatz nur eine Änderung ab dem Zeitpunkt der Klageerhebung (s. Rn. 104 ff.).

4 **b)** Die Abänderungsklage ist nach hM nicht nur prozessuale Gestaltungsklage, sondern hat in Bezug auf den neu geltend gemachten Unterhaltsanspruchs die gleiche Rechtsnatur wie die Klage des Vorprozesse, ist also **zugleich Leistungs- oder Feststellungsklage.**[8] Tatsächlich sind Parteien der Abänderungsklage die Parteien des Vorprozesses, sofern kein Wechsel in der Prozessführungsbefugnis stattfand. Die Beweislast für den Unterhaltsanspruch ändert sich im Abänderungsprozess nicht. Auch der Rechtsweg bleibt unverändert. Die Verjährung des Anspruchs auf Erhöhung der wiederkehrenden Leistungen richtet sich nach den für den materiellen Anspruch bestehenden Vorschriften.[9] Indes bildet die Abänderungsklage keine Fortsetzung des früheren Verfahrens. Zuständig ist daher nicht das Gericht des Vorprozesses, sondern das nach allgemeinen Regeln im Zeitpunkt der Klageerhebung zuständige Gericht (s. Rn. 60).

5 **c)** Nach hM enthält § 323 eine rein prozessuale Regelung der clausula rebus sic stantibus **ohne materiellen Gehalt.**[10] Soweit § 323 die Notwendigkeit einer Abänderungsklage, also das Rechtsschutzmittel festlegt, ist dem zuzustimmen. Der Inhalt der Bestimmung erschöpft sich darin jedoch nicht. Denn er legt zugleich fest, unter welchen Umständen eine Anpassung des Unterhaltsanspruchs verlangt werden kann. Nach dem heutigen Stand der Lehre von der Geschäftsgrundlage könnte eine solche Anpassung sicherlich auch ohne die Regelung in § 323 verlangt werden. Dies ändert aber nichts daran, dass § 323 die Abänderungsvoraussetzungen explizit festlegt. Insoweit hat die Regelung daher materiell-rechtlichen Gehalt.[11]

6 **3. Streitgegenstand und Rechtskraft. a)** Die hM sieht in der Abänderungsklage einen dem Wiederaufnahmeverfahren verwandten Rechtsbehelf und nimmt daher an, dass Erstprozess und Abänderungsklage den **gleichen Streitgegenstand** haben.[12] Jedoch wird mit der Abänderungsklage keine rückwirkende Aufhebung des Ersturteils begehrt. Dem Gericht wird weder der gleiche

---

[1] *Roth* NJW 1988, 1233, 1234.

[2] BGHZ 34, 110, 115 f. = FamRZ 1961, 263; BGH FamRZ 1979, 694 = NJW 1979, 1656; BGHZ 78, 130, 136 = FamRZ 1980, 1099; OLG Hamm FamRZ 1983, 1039, 1040 = NJW 1984, 315; OLG Köln FamRZ 1987, 846, 847.

[3] BR-Drucks. 309/07 v. 10. 5. 07.

[4] BGH FamRZ 2005, 1479; *Rosenberg/Schwab/Gottwald* § 157 Rn. 2; *Zöller/Vollkommer* Rn. 2; *Grosch* S. 360; *Graba* Rn. 231; *Göppinger/Wax/Vogel* Rn. 2348.

[5] *Baumbach/Lauterbach/Hartmann* Rn. 40; *Stein/Jonas/Leipold* Rn. 35; aA RGZ 149, 144.

[6] *Stein/Jonas/Leipold* Rn. 35.

[7] *Brox* NJW 1961, 853, 856; *Stein/Jonas/Leipold* Rn. 35; aA RGZ 86, 181 und 384; offengelassen in BGHZ 34, 110, 119 = FamRZ 1961, 263.

[8] BGH FamRZ 2001, 1440, 1441; *Rosenberg/Schwab/Gottwald* § 157 Rn. 2; *Thomas/Putzo/Reichold* Rn. 1; *Zöller/Vollkommer* Rn. 2; *Musielak/Musielak* Rn. 2.

[9] RGZ 108, 39; RG JW 1934, 1112; zum Verjährungsbeginn vgl. *Weimar* JR 1965, 220.

[10] BGH NJW-RR 2001, 937; *Baumbach/Lauterbach/Hartmann* Rn. 1; *Rosenberg/Schwab/Gottwald* § 157 Rn. 2; *Stein/Jonas/Leipold* Rn. 2.

[11] *Knecht* S. 24; *Niklas,* Das Erfordernis der „wesentlichen Änderung", S. 87 ff.; *Tintelnot* FamRZ 1988, 242, 245; *Gottwald,* FS Schwab, 1990, S. 151, 152 f.

[12] BGH FamRZ 1980, 1099; 1987, 395, 397; *Graba* Rn. 229; *Soyka* Rn. 6; *Johannsen/Henrich/Brudermüller* § 323 Rn. 4; *Stein/Jonas/Leipold* Rn. 34; *Zöller/Vollkommer* Rn. 30.

Antrag noch der gleiche Sachverhalt wie im Vorprozess unterbreitet. Nach den allgemeinen Regeln hat die Abänderungsklage daher einen anderen Streitgegenstand als der Vorprozess[13] (s. Rn. 101). Es ist zwar durchaus möglich, für Unterhaltsabänderungen einen anderen, der Kerntheorie des EuGH entsprechenden Streitgegenstandsbegriff zu verwenden.[14] Danach haben aber lediglich gegenläufige Abänderungsklagen denselben Streitgegenstand (s. u. Rn. 10). Eine neue Abänderungsklage ist aber nur zulässig, wenn sich der bisherige Sachverhalt wesentlich geändert hat.

b) Die Vorstellung von der Rechtsnatur und dem Streitgegenstand der Abänderungsklage wirkt sich unmittelbar aus in dem Streit über ihr **Verhältnis zur Rechtskraft.** Nach hM entscheidet das Gericht bei einer Klage auf künftig fällig werdende wiederkehrende Leistungen über einen einheitlichen Anspruch.[15] Die Rechtskraft des Urteils erfasst daher auch die richterliche Prognose über die zukünftigen Tatsachen, unabhängig von ihrer Richtigkeit.[16] Die Parteien wären danach durch die Rechtskraft der Entscheidung präkludiert, spätere Änderungen der Sachlage geltend zu machen. Dies sei aber aus Gründen der Billigkeit geboten. § 323 ermöglicht danach gleichsam regelwidrig eine Durchbrechung der Rechtskraft **(Billigkeitstheorie).**[17] Zur Begründung dieser Ansicht verweist man auf die Stellung der Norm nach § 322 und auf ihre Entstehungsgeschichte.[18] 7

Eine Spielart dieser Lehre ist die sog. **Aktualisierungstheorie.** Sie billigt den Ausgangspunkt der Billigkeitstheorie, betont aber, dass Ziel der Klage nicht einfach ist, einen Prognosefehler in „billiger" Weise zu korrigieren, sondern ein Rentenurteil nach den Regeln der Geschäftsgrundlage so abzuändern, wie die Parteien die Verpflichtung redlicherweise bei Kenntnis der wirklichen Verhältnisse geregelt hätten.[19] In den praktischen Ergebnissen nähert sich diese Ansicht vielfach der Gegenmeinung. 8

c) Die Billigkeitstheorie vermag nicht zu überzeugen. Denn die Abänderungsklage kann auch nach der hM bereits vor Rechtskraft eines Urteils erhoben werden. § 323 gestattet in solchen Fällen zwar eine Änderung der Entscheidung entgegen § 318; eine Rechtskraftdurchbrechung scheidet aber zwangsläufig aus.[20] Begehren auf Unterhaltserhöhung unterliegen zudem stets der Abänderungsklage (s. Rn. 20), auch wenn die Mehrforderung niemals zuvor geltend gemacht wurde und ihrer Geltendmachung daher keine Rechtskraftwirkung entgegenstehen kann. Schließlich steht die Abänderungsklage in Einklang mit den zeitlichen Grenzen der Rechtskraft.[21] Urteile wirken danach stets nach Maßgabe des im Zeitpunkt der letzten mündlichen Tatsachenverhandlung objektiv vorliegenden Sachverhalts. Nur mit diesem sind die Parteien in weiteren Verfahren durch die Rechtskraft präkludiert (s. § 322 Rn. 139 ff., 142 ff.). Über nachträglich eintretende Tatsachen ist nicht rechtskräftig entschieden und kann sinnvollerweise auch nicht entschieden sein. Eine Notwendigkeit für ein „Mehr an Rechtskraft" bei Unterhaltsansprüchen besteht nicht (s. Rn. 91 ff.). Verändern sich daher die Verhältnisse abweichend von der richterlichen Prognose, so hindert die Rechtskraft der Vorentscheidung nicht, auf Grund des neuen Sachverhalts eine neue Entscheidung herbeizuführen. Das Abänderungsurteil durchbricht nicht die Rechtskraft, sondern steht in Einklang mit ihr **(Bestätigungstheorie).**[22] Geändert wird nur (ähnlich wie bei der Vollstreckungsgegenklage) der aus praktischen Gründen fortbestehende Titel und gleichzeitig wird im Umfang der Änderung dessen Vollstreckungsfähigkeit beendet.[23] Zum gleichen Ergebnis gelangt *Braun,* wenn er meint, die Verkürzung des rechtlichen Gehörs bei der Verurteilung „im Voraus" müsse durch Nachholung des Gehörs und freie Beurteilung für die Zukunft ausgeglichen werden.[24] Der Inhalt 9

[13] *Rosenberg/Schwab/Gottwald* § 157 Rn. 4.

[14] Vgl. *Gottwald,* Symposium Schwab, 2000 S. 85, 91 ff.

[15] BGHZ 82, 246, 250 = NJW 1982, 259; BGH FamRZ 1987, 368 = NJW-RR 1987, 642; *Stein/Jonas/Leipold* Rn. 1.

[16] *Otto* S. 120.

[17] BGH FamRZ 2001, 1364, 1365 = NJW-RR 2001, 937, 938; BGH FamRZ 2005, 101, 102 und 1479; *Stein/Jonas/Leipold* Rn. 1, 2; *Zöller/Vollkommer* Rn. 2; *Graba* Rn. 50; *Soyka* Rn. 54.

[18] *Brox* NJW 1961, 853, 854.

[19] *Graba* Rn. 53 ff.

[20] Vgl. *Blomeyer* § 87 IV 1.

[21] Vgl. OLG Hamm FamRZ 1997, 890/91 (dort zur Rechtfertigung der angeblichen Rechtskraftdurchbrechung).

[22] *Blomeyer* § 87 IV 1; *Bruns* Rn. 240 c; *Gottwald,* FS Schwab, 1990, S. 151, 161 ff.; *Grosch,* Rechtswandel, S. 389; *Oertmann* AcP 109 (1912), 265, 270, 284 ff.; *Rosenberg/Schwab/Gottwald* § 157 Rn. 4; *Wendl/Staudigl/Thalmann* § 8 Rn. 140; *Schwartz* S. 67 ff.; *Tintelnot* FamRZ 1988, 242, 245. Im Ergebnis ähnlich *Braun,* Rechtskraft und Restitution, 2. Teil, 1985, S. 294 ff., wonach „Vorausentscheidungen" eine Rechtskraft geringerer Intensität zukomme.

[23] *Oertmann* AcP 109 (1912), 265, 270 f.; *Grosch* S. 357 f., 360.

[24] *Braun* FamRZ 1993, 1145, 1151.

des § 323 besteht somit darin, die Art und Weise festzulegen, wie die Änderung der Sachlage prozessual geltend zu machen ist, und das Abänderungsbegehren zusätzlichen, rechtskraftfremden Beschränkungen zu unterwerfen.[25]

10 **d) Gegenläufige Abänderungsklagen** gegen den gleichen Unterhaltstitel haben denselben Streitgegenstand;[26] die Rechtshängigkeit der ersten Klage sperrt daher die zweite (§ 261 Abs. 3 Nr. 1), nicht aber eine Widerklage. Zwar ist dies mit dem sonst üblichen Streitgegenstandsbegriff, der durch Antrag und Sachverhalt definiert ist, nicht vereinbar. Der Zweck dieses besonderen Streitgegenstandsbegriff, der auf ein einheitliches Unterhaltsverhältnis abstellt[27] und sich (wie der EuGH) stärker an Sinnzusammenhängen orientiert, ist aber zu billigen. Denn er vermeidet widersprüchliche Entscheidungen, weil der Gegner sein gegenläufiges Abänderungsbegehren durch Widerklage im Erstverfahren geltend machen muss, will er der Präklusion nach § 323 Abs. 2 entgehen.[28]

II. Der Anwendungsbereich der Abänderungsklage

11 **1. Verurteilung zu künftig wiederkehrenden Leistungen.** Der Abänderungsklage unterliegen Verurteilungen zu künftig wiederkehrenden Leistungen (§ 258), sei es auf Zahlung von Unterhalt oder von Schadenersatz.[29] Auch ein Urteil auf Zahlung von Verzugszinsen zählt hierzu.[30] Die Art des Urteils ist gleichgültig. Abänderbar sind auch Anerkenntnis-[31] und Versäumnisurteile (s. Rn. 68), gegen die ein Einspruch nicht oder nicht mehr zulässig ist,[32] Vollstreckungsbescheide (§ 700 Abs. 1) sowie Abänderungsurteile.[33] Nach hM muss das Urteil nicht rechtskräftig, aber vollstreckbar sein[34] (s. Rn. 40). Klagabweisende Urteile können nicht nach § 323 abgeändert werden (s. Rn. 31 f.), wohl aber Urteile, die eine Klage nur teilweise abweisen.[35] **Schiedssprüche** stehen Urteilen gleich (§ 1055). Die **Zulässigkeit** der Klage hängt nicht davon ab, ob dem Titel inländisches oder ausländisches Sachrecht zugrunde liegt.[36] Auch ausländische Urteile (s. u. Rn. 127 ff.) und Entscheidungen der früheren DDR können abgeändert werden.

12 **2. Anwendungsbereich des Abs. 4. a) Prozessvergleiche, Unterhaltstitel im vereinfachten Verfahren und vollstreckbare Urkunden** (§ 794 Abs. 1 Nr. 1, 2 a und 5) unterliegen der Abänderungsklage gem. § 323 Abs. 4. Gleiches gilt für eine gerichtlich bestätigte Einigung nach §§ 46, 83 ZPO-DDR.[37] Zu den vollstreckbaren Urkunden gehören auch die **Jugendamtsurkunden gem.** § 59, 60 SGB VIII[38] bzw. Urkunden des Organs der Jugendhilfe nach § 55 Abs. 3 DDR-FGB.[39] Sinngemäß gilt Abs. 4 auch für die Abänderung von **Anwaltsvergleichen** des § 796 a.[40] Eine Einbeziehung von Schiedssprüchen mit vereinbartem Inhalt (§ 1053 Abs. 1 S. 2)[41] ist entbehrlich, da § 1053 Abs. 2 S. 2 diesem Schiedsspruch die vollen Wirkungen eines Schiedsspruchs zur Sache beilegt, ihn also über § 1055 einem rechtskräftigen Urteil gleichstellt. Zur Abänderung von Prozessvergleichen im einzelnen Rn. 86, 102, 118 f.

13 **b)** Nicht titulierte Unterhaltsvereinbarungen unterliegen nicht der Abänderungsklage.[42] Stellt der Schuldner seine Zahlungen ganz oder teilweise ein, muss der Gläubiger Leistungsklage nach § 258 erheben.[43] **Außergerichtliche Vergleiche** unterliegen nur dann der Abänderungsklage, wenn die

---

[25] *Grosch* S. 356, 359; *Schwartz* S. 88; krit. *Tintelnot* FamRZ 1988, 242, 245.

[26] BGH FamRZ 1997, 488; BGHZ 136, 374, 377 = FamRZ 1998, 99, 100; *Johannsen/Henrich/Brudermüller* Rn. 4; *Rosenberg/Schwab/Gottwald* § 157 Rn. 5; *Luthin/Margraf* Rn. 7244.

[27] *Stein/Jonas/Leipold* Rn. 35 a; *Zölller/Vollkommer* Rn. 30.

[28] BGHZ 136, 274 = FamRZ 1998, 99, 100; *Graba* Rn. 218.

[29] BGH FamRZ 2004, 1712, 1713.

[30] BGHZ 100, 211 = NJW 1987, 3266 = WuB VII A. § 323 2.87 *(Braun)* (dazu *Münzberg* JuS 1988, 345 f.); OLG Karlsruhe NJW 1990, 1738; vgl. *Kahlert* NJW 1990, 1715, 1716.

[31] BGH NJW 1981, 2195.

[32] OLG Hamm FamRZ 1984, 1123; *Baumbach/Lauterbach/Hartmann* Rn. 9; *Stein/Jonas/Leipold* Rn. 8.

[33] OLG Hamm FamRZ 1980, 1126; OLG Düsseldorf FamRZ 1981, 59; OLG Karlsruhe FamRZ 1987, 395.

[34] *Johannsen/Henrich/Brudermüller* Rn. 53; *Rosenberg/Schwab/Gottwald* § 157 Rn. 31.

[35] *Graba* Rn. 80.

[36] Vgl. OLG Karlsruhe FamRZ 1989, 1310.

[37] BGH FamRZ 1994, 562, 563; BGHZ 128, 320 = NJW 1995, 1395, 1396.

[38] BGH FamRZ 1984, 997 = NJW 1985, 64; BGH FamRZ 2003, 304, 305 f.; OLG Thüringen FamRZ 1997, 1016, 1017; OLG Dresden FamRZ 1998, 767.

[39] *Stein/Jonas/Leipold* Rn. 53.

[40] *Luthin/Margraf* Rn. 7308.

[41] Hierfür *Stein/Jonas/Leipold* Rn. 53.

[42] OLG Bamberg FamRZ 2001, 922.

[43] *Soyka* Rn. 13, 186; *Göppinger/Wax/Vogel* Rn. 2389.

Parteien dies besonders vereinbart haben.[44] Auf die früheren **Schiedsvergleiche** (§ 1044a aF) ist § 323 Abs. 4 analog anzuwenden.[45]

3. Entsprechende Anwendung. Entsprechend anwendbar ist § 323 auf andere Entscheidungen, wenn sie auf einer Zukunftsprognose beruhen. Abgeändert werden können danach: **Feststellungsurteile,** wenn die Feststellung auf einer Prognose beruht und eine Änderung eintritt.[46] Hierher gehört ein Urteil, das eine Unterhaltspflicht auf negative Feststellungsklage gegen eine Unterhaltsanordnung feststellt.[47] Schließlich ist § 323 zur Schließung von Rechtsschutzlücken heranzuziehen, um Titel, die in anderen Verfahren erlassen worden sind, bei Veränderung wesentlicher Umstände anzupassen.[48] 14

4. Nicht der Abänderungsklage unterliegen. a) Nicht mehr vollstreckungsfähige Titel. Ist der titulierte Anspruch bereits vollständig vollstreckt, so kann der Betrag nur noch mit Bereicherungsklage zurückgefordert werden.[49] 15

b) Urteile auf Kapitalabfindung. Urteile auf **Kapitalabfindung** (gemäß §§ 843 Abs. 3, 844 Abs. 2 BGB, § 8 Abs. 2 HPflG). Diese beruhen zwar auch auf einer Zukunftsprognose; hat der Verletzte jedoch zulässigerweise die Kapitalabfindung gewählt, so soll dadurch die Angelegenheit endgültig erledigt werden; erweist sich die der Kapitalberechnung zugrundeliegende Prognose als unzutreffend, so kann daher weder eine Erhöhung noch eine Verminderung der Leistung begehrt werden.[50] 16

Nicht abänderungsfähig sind ferner Urteile auf Zahlung einer Überbau- oder Notwegrente, weil die §§ 912 Abs. 2 S. 2, 917 Abs. 2 S. 2 BGB für die Höhe auf die Zeit der Entstehung der Rentenpflicht abstellen.[51] 17

c) Unterlassungsurteile. Ein Unterlassungsurteil beruht auf einem gegenwärtigen Anspruch; das Gericht urteilt nicht auf Grund einer Prognose, ob das beanstandete Verhalten auch in Zukunft rechtswidrig sein wird.[52] Da das Unterlassungsurteil aber praktisch in die Zukunft wirkt, könnte man an eine analoge Anwendung des § 323 denken.[53] Nach hM fallen Unterlassungsurteile jedoch nicht unter § 323.[54] Ein Erlöschen des Anspruchs ist mit Vollstreckungsabwehrklage (§ 767) geltend zu machen.[55] **Einstweilige Anordnungen** und **einstweilige Verfügung** (s. Rn. 57ff.). 18

III. Das Verhältnis von Leistungsklage und Abänderungsklage

1. Obsiegendes Ersturteil. Der im Vorprozess voll obsiegende Kläger kann einen höheren Rentenbetrag wegen veränderter Umstände nur mittels Abänderungsklage verlangen.[56] Entsprechend kann der Beklagte des Erstprozesses eine Verminderung seiner Leistungspflicht ebenfalls nur durch Abänderungsklage geltend machen (s. Rn. 38). Der Rechtsanwalt muss daher vor Erhebung einer Unterhaltsklage prüfen, ob der Anspruch bereits tituliert ist und dann grds. nur eine Abänderungsklage in Betracht kommt.[57] 19

2. Zusatzklage. a) Nach der Lehre von der Zusatzklage[58] kann der Unterhaltsgläubiger **Nachforderungen** durch Erstklage geltend machen, soweit der später eingeklagte Betrag nicht Gegenstand des Vorprozesses war. Dagegen leitet die hM aus der rechtskraftübersteigenden Präklusionsre- 20

[44] BGH FamRZ 1960, 60; BayObLG DNotZ 1980, 94, 96 (für Leibrenten); OLG Köln FamRZ 1986, 1018; abl. *Graba* Rn. 64.

[45] *Stein/Jonas/Leipold* Rn. 53; *Zöller/Vollkommer* Rn. 7.

[46] RGZ 150, 247, 253; *Baumbach/Lauterbach/Hartmann* Rn. 79; *Musielak/Musielak* Rn. 7; *Rosenberg/Schwab/Gottwald* § 157 Rn. 9; *Rahm/Künkel/Stollenwerk* IV 763.2; differenzierend *Stein/Jonas/Leipold* Rn. 13; aA *Oertmann* AcP 109 (1912), 265, 300f.

[47] OLG Hamm FamRZ 1994, 387.

[48] BGHZ 28, 330, 337 = NJW 1959, 292 (Leistungsfestsetzungen des Entschuldungsamtes).

[49] KG FamRZ 1988, 310, 311.

[50] BGHZ 79, 187, 191 = NJW 1981, 818; *Soyka* Rn. 36; *Rosenberg/Schwab/Gottwald* § 157 Rn. 10; *Stein/Jonas/Leipold* Rn. 7; aA *Baumbach/Lauterbach/Hartmann* Rn. 79; *Zöller/Vollkommer* Rn. 28.

[51] *Musielak/Musielak* Rn. 9.

[52] Vgl. *Grosch* S. 364f.

[53] Hierfür *Völp* GRUR 1984, 486.

[54] *Stein/Jonas/Leipold* Rn. 14; *Ahrens/Ahrens* Wettbewerbsprozess, 5. Aufl. 2005, Kap. 36, Rn. 172ff.; aA *Thomas/Putzo/Reichold* Rn. 14; *Grosch* Rechtswandel S. 390.

[55] *Rüßmann,* FS Lüke, 1997, S. 675, 692ff.; *Musielak/Musielak* Rn. 5; *Zöller/Vollkommer* Rn. 29; aA *Grosch* S. 375.

[56] BGHZ 82, 246, 252 = FamRZ 1982, 259; BGH FamRZ 1985, 690; BGH JR 1987, 461, 462 *(von Olshausen);* OLG Hamm FamRZ 1996, 1085; *Graba* Rn. 86.

[57] BGH WM 1998, 1542.

[58] OLG Koblenz FamRZ 1954, 253; LG Aachen FamRZ 1956, 24; LG Koblenz FamRZ 1957, 141; *Bosch* FamRZ 1955, 331 und 1956, 25; *Habscheid* 1957, 60 und 62; vgl. *Braun* S. 55ff.

gelung des § 323 Abs. 2 und dem Sinn und Zweck der Abänderungsklage ab, dass ein Unterhaltskläger **keine** sog. **verdeckte Teilklage** erheben kann. Dementsprechend sind Nachforderungen nur unter den Voraussetzungen des § 323 zulässig,[59] gleichgültig ob der verlangte Mehrbetrag Gegenstand des Vorprozesses war[60] oder eine entgegenstehende Rechtskraftwirkung besteht.[61] Eine Nachforderung ist aber im Rahmen von § 323 zulässig, wenn aus anderen Gründen eine Abänderungssituation besteht.[62] Ist eine Wertsicherungsklausel unwirksam beurkundet, so kann eine entsprechende Erhöhung des Unterhalts nur mittels Abänderungsklage verlangt werden.[63]

21 **b)** Trotz § 323 Abs. 2 ist der Unterhaltsgläubiger aber nicht verpflichtet, den gesamten Unterhaltsanspruch gerichtlich einzuklagen. Hat er ausdrücklich oder nach den Umständen für den Beklagten erkennbar nur eine Teilklage erhoben **(offene Teilklage),** so kann er nicht titulierte Teile durch einfache Leistungsklage geltend machen.[64] Wird Unterhalt über einen freiwillig bezahlten Betrag hinaus begehrt, so liegt erkennbar lediglich eine Teilklage vor.[65] Die Abänderungsklage ist erst zulässig, nachdem der volle Unterhalt tituliert worden ist.[66] Im Zweifel wird allerdings vermutet, dass der Gesamtunterhaltsanspruch und nicht nur ein Teilbetrag geltend gemacht wurde.[67] Im Rahmen einer durch Rücknahme des Hauptrechtsmittels erledigten unselbstständigen Anschlussberufung kann ein Teilklagevorbehalt nicht mehr erklärt werden.[68]

22 Eine **Titelergänzungsklage** (nicht eine Abänderungsklage) kommt in Betracht, wenn der Schuldner im Vorprozess nur ein Teilanerkenntnis abgegeben hatte und entsprechend verurteilt worden war.[69]

23 **c)** Wurde Unterhalt nur **zeitlich begrenzt** geltend gemacht, so ist diese Klage als (offene) Teilklage anzusehen, wenn sich nicht aus den Umständen des Einzelfalles anderes ergibt.[70]

24 **d)** War im Erstprozess nur ein **Spitzenbetrag über einen freiwillig geleisteten** Grund- oder **Sockelbetrag** eingeklagt und zugesprochen worden, so enthält dieses Urteil keine rechtskräftige Feststellung, dass der Unterhaltsanspruch auch im Umfang der freiwilligen Zahlung besteht. Leistet der Schuldner nicht mehr freiwillig, so kann der Gläubiger daher den Grundbetrag nur durch einfache Leistungsklage geltend machen.[71] Er hat dabei aber die Anspruchsgrundlagen neu zu beweisen und ist allen Einwendungen des Beklagten ausgesetzt.[72] Eine Abänderungsklage muss erst erhoben werden, wenn sich die Verhältnisse derart ändern, dass der titulierte Betrag berührt wird.[73] Vorher kann der Schuldner nur seine freiwilligen Leistungen einstellen oder negative Feststellungsklage erheben, dass er den titulierten Betrag nicht schuldet.[74]

25 **e)** Auch **Sonderbedarf gem.** §§ 1585 b Abs. 1, 1613 Abs. 2 BGB kann im Wege der Zusatzklage, also einer einfachen Leistungsklage (auf einmalige Zahlung) geltend gemacht werden.[75] Fällt Sonderbedarf von einem bestimmten Zeitpunkt an jedoch regelmäßig wiederkehrend an, so ist er durch Abänderungsklage durchzusetzen.[76]

---

[59] BGHZ 34, 110 = FamRZ 1961, 263; BGHZ 93, 330 = FamRZ 1985, 371 = NJW 1985, 1340; BGHZ 94, 145 = FamRZ 1985, 690 = NJW 1985, 1701; BGH FamRZ 1987, 368; vgl. *Luthin/Margraf* Rn. 7298.

[60] BGH FamRZ 1985, 690; LAG Düsseldorf (4. 1. 05 – 6 Sa 1539/04); OLG Koblenz FamRZ 1986, 489; *Zöller/Vollkommer* Rn. 19; aA *Roth* NJW 1988, 1233, 1236.

[61] BGHZ 98, 353 = FamRZ 1987, 259 = NJW 1987, 1201 = JR 1987, 461 *(von Olshausen); Johannsen/Henrich/Brudermüller* Rn. 16.

[62] BGH FamRZ 1985, 690; 1987, 259, 262; BGH FamRZ 1987, 456, 459 = NJW 1987, 1551.

[63] AG Charlottenburg FamRZ 1993, 1105.

[64] BGHZ 94, 145 = FamRZ 1985, 690; vgl. BGH FamRZ 1994, 1095; OLG Hamm FamRZ 1998, 766; *Gottwald* FamRZ 1992, 1374, 1376 ff.; *Musielak/Musielak* Rn. 19; *Soyka* Rn. 17.

[65] BGH FamRZ 1995, 729; OLG Hamm FamRZ 1996, 219; OLG Hamm FamRZ 1997, 619.

[66] BGHZ 93, 330, 337 = NJW 1985, 1340 = FamRZ 1985, 371; BGHZ 136, 374 = FamRZ 1998, 99, 100 = NJW 1998, 161, 162.

[67] BGH FamRZ 1984, 374 = NJW 1984, 1458; BGH FamRZ 1984, 772 = LM Nr. 39 (krit. *Spangenberg* DAVorm. 1984, 977); BGH FamRZ 1985, 690; 1990, 863; OLG Karlsruhe FamRZ 1995, 1498.

[68] OLG Hamm FamRZ 1990, 299, 300.

[69] OLG Naumburg FamRZ 2003, 618, 619.

[70] OLG Koblenz FamRZ 1986, 489; *Göppinger/Wax/Vogel* Rn. 2431; *Luthin/Margraf* Rn. 7246.

[71] BGHZ 93, 330 = FamRZ 1985, 371 = NJW 1985, 1340; BGH FamRZ 1985, 582 = NJW 1985, 1343 = LM Nr. 42; *Roth* NJW 1988, 1233, 1235; *Graba* Rn. 95; *Luthin/Margraf* Rn. 7247.

[72] Vgl. *Hahne* FamRZ 1983, 1189, 1190.

[73] BGH FamRZ 1993, 945; *Johannsen/Henrich/Brudermüller* Rn. 17; *Gerber* FamRZ 1997, 230; *Musielak/Musielak* Rn. 25.

[74] Vgl. *Roth* NJW 1988, 1233, 1235; *Heiß/Born* Kap. 23 Rn. 39.

[75] OLG Düsseldorf FamRZ 1981, 76; *Göppinger/Wax/Vogel* Rn. 2376; *Soyka* Rn. 21; MünchKommBGB/*Born* § 1613 Rn. 64; *Graba* Rn. 92; *Rahm/Künkel/Stollenwerk* IV 768.

[76] OLG Düsseldorf FamRZ 1981, 75; *Rahm/Künkel/Stollenwerk* IV 767; krit. *Roth* NJW 1988, 1233, 1236.

f) Nach hM ist ein **Vorsorgebedarf** (gemäß §§ 1361 Abs. 1 S. 2, 1578 Abs. 3 BGB) nicht als Sonderbedarf anzusehen. Vorsorgeunterhalt kann daher mit der einfachen Nachforderungsklage nur geltend gemacht werden, wenn die Erstklage ausdrücklich auf den Elementarunterhalt begrenzt war.[77] Andernfalls ist Abänderungsklage zu erheben.[78] Bestand bei Erlass des Ersttitels bereits ein Anspruch auf Vorsorgeunterhalt, wurde er aber (kalkulatorisch) nicht berücksichtigt, so scheitert eine Abänderungsklage an § 323 Abs. 2.[79] Ändern sich die Verhältnisse jedoch anderweitig, so kann im Rahmen der zulässigen Abänderungsklage auch der Vorsorgeunterhalt mit Wirkung für die Zukunft verlangt werden.[80] Ist man freilich zu dieser Billigkeitskorrektur bereit, so erscheint es nicht gerechtfertigt, den unaufmerksamen Unterhaltsgläubiger auf zunächst unabsehbare Zeit zu einem Verzicht auf den Aufbau einer Altersversorgung zu zwingen und sie ihm erst zu ermöglichen, wenn zufälligerweise eine andere Abänderung erforderlich wird.[81] 26

Auch Kosten eines Betreuers für ein volljähriges behindertes Kind können nicht einfach nachgefordert werden.[82] 27

g) Unabhängig von einer Titulierung können die Parteien den Unterhaltsanspruch jederzeit **vertraglich abweichend regeln.** Hat der Schuldner daher in einer außergerichtlichen Vereinbarung höhere Leistungen zugesagt, so kann sie der Berechtigte durch einfache Leistungsklage unbeschränkt geltend machen.[83] Nach der Gegenmeinung ist der höhere Unterhalt auch in diesem Fall durch Abänderungsklage geltend zu machen, § 323 Abs. 3 S. 1 sei aber nicht anzuwenden,[84] so dass sich die Ergebnisse nicht unterscheiden. 28

h) Eine Erstklage ist auch zulässig, wenn einer **vollstreckbaren Urkunde** nur eine einseitige Verpflichtung des Schuldners zugrunde liegt. Der Gläubiger ist dann nicht gehindert, höheren Unterhalt durch einfache Leistungsklage zu verlangen.[85] Nach Ansicht des BGH kann der Gläubiger in diesem Fall zwischen Erst- und Abänderungsklage wählen (s. u. Rn. 103).[86] Nach der Gegenmeinung gibt die Urkunde meist eine Unterhaltsvereinbarung wieder; sie kann dann nur nach den Regeln über den Wegfall der Geschäftsgrundlage im Wege der Abänderungsklage geändert werden.[87] Aus einer Jugendamtsurkunde ergibt sich aber idR keine Vereinbarung. Hat sich der Schuldner aber einseitig nur teilweise verpflichtet, so muss dem Berechtigten die Zusatzklage offen stehen.[88] 29

Der Schuldner, der Herabsetzung seiner Verpflichtung begehrt, muss stets Abänderungsklage erheben; eine einseitige „Abänderung" in einer neuen Jugendamtsurkunde ist unwirksam.[89] 30

3. Klageabweisendes Ersturteil. a) Ist eine Unterhaltsklage mangels Schadens oder Bedürftigkeit bzw. Leistungsfähigkeit abgewiesen worden, so will eine Ansicht auch in diesen Fällen § 323 anwenden.[90] Es könne keinen Unterschied machen, ob im Vorverfahren eine Minimalrente oder gar kein Unterhalt zugesprochen worden sei.[91] Andernfalls komme man zu schwierigen Abgrenzungen bei Teilabweisungen und Urteilen über einen freiwillig geleisteten Betrag hinaus.[92] 31

b) Die hM stellt zu Recht darauf ab, ob dem Urteil eine **Prognose** zugrunde liegt, die sich als unrichtig erwiesen hat.[93] Ist danach die Erstklage wegen fehlenden Schadens abgewiesen worden, so ist neue einfache Leistungsklage zu erheben.[94] Aber auch bei Abweisung mangels Bedürftigkeit oder Leistungsfähigkeit geht es nicht um Festlegungen der Unterhaltshöhe für die Zukunft und 32

---

[77] BGHZ 94, 145 = FamRZ 1985, 690 = NJW 1985, 1701; *Heiß/Born* Kap. 23 Rn. 31, 44.

[78] BGH FamRZ 1982, 255 = NJW 1982, 1873.

[79] OLG Hamm FamRZ 1984, 393; *Gröning* FamRZ 1984, 736, 737; *Heiß/Born* Kap. 23 Rn. 44.

[80] Vgl. BGHZ 95, 145 = FamRZ 1985, 690 = NJW 1985, 1701; BGH FamRZ 1985, 691 = NJW 1985, 2029 = LM Nr. 44.

[81] *Spangenberg* DAVorm. 1984, 797, 801; vgl. *Johannsen/Henrich/Brudermüller* Rn. 23.

[82] AG Westerstede FamRZ 2003, 552 (m. Anm. *Bienwald* S. 886).

[83] OLG Hamm FamRZ 1981, 957; OLG Celle FamRZ 1981, 1201; *Künkel* DAVorm. 1982, 217, 230; *Klauser* DAVorm. 1982, 125, 131. Zur vergleichsweisen Herabsetzung s. Rn. 32.

[84] *Graba* Rn. 415.

[85] OLG Hamm FamRZ 2000, 908; OLG Brandenburg FamRZ 2002, 676, 677.

[86] BGH FamRZ 1980, 342, 343; BGH FamRZ 1989, 172, 174; BGH FamRZ 2004, 24; vgl. *Graba* FamRZ 2005, 678, 679.

[87] So *Johannsen/Henrich/Brudermüller* Rn. 139 ff.

[88] *Graba* FamRZ 2005, 678, 679; aA OLG Köln FamRZ 2001, 1716 (formale Abänderungsklage).

[89] AG Halle-Saalekreis FamRZ 2005, 284.

[90] RGZ 108, 413, 414; 162, 279, 281; KG FamRZ 1980, 892; OLG Karlsruhe FamRZ 1980, 1125 und 1981, 388.

[91] *Klauser* DAVorm. 1982, 125, 127 f.

[92] *Hahne* FamRZ 1983, 1189, 1190; *Wax* FamRZ 1982, 347 f.; *Zöller/Vollkommer* Rn. 22.

[93] *Roth* NJW 1988, 1233, 1235, 1238.

[94] Vgl. *Luthin/Margraf* Rn. 7245; *Rosenberg/Schwab/Gottwald* § 157 Rn. 12.

damit um keine Korrektur einer Prognose. Entsprechend dem Wortlaut von § 323 Abs. 1 scheidet daher die Abänderungsklage aus und ist neue Erstklage zu erheben.[95] Dies gilt auch bei einem Versäumnisurteil gegen den Kläger.[96] Dagegen ist § 323 anwendbar, nachdem ein Unterhaltstitel im Wege einer ersten Abänderungsklage aberkannt wurde und neu Unterhalt verlangt wird,[97] oder wenn Unterhalt nur zeitlich beschränkt zugesprochen war.[98]

33 **4. Streitgegenstandsänderung.** Abänderungsklage ist nur zu erheben, solange der mit der zweiten Klage geltend gemachte Anspruch mit dem der Erstklage dem Grunde nach identisch ist.

34 **a)** Diese Gleichheit besteht zwischen dem **Unterhaltsanspruch eines Minderjährigen und dem des volljährigen Kindes** gegen seine Eltern. Da das Kind an eine vom Elternteil nach § 1629 Abs. 3 BGB erstrittene Entscheidung oder einen Prozessvergleich gebunden ist und daraus einen eigenen vollstreckbaren Anspruch erlangt, muss das Verlangen nach Erhöhung oder Ermäßigung vor oder nach Volljährigkeit des Kindes stets durch Abänderungsklage geltend gemacht werden.[99] Liegt dagegen ein Scheidungsfolgenvergleich alten Rechts vor, so ist ein Änderungsverlangen nach Volljährigkeit im Wege der Erstklage zwischen dem Verpflichteten und dem Unterhaltsberechtigten zu verfolgen.[100]

35 **b)** Dagegen sind **Getrenntlebendenunterhalt** und **Geschiedenenunterhalt** nach hM unterschiedliche Ansprüche.[101] Nach Ansicht des BGH kann aus § 620f keine abweichende allgemein gültige Regel abgeleitet werden.[102] Auch zwischen dem Anspruch auf Haushaltsgeld (§§ 1360, 1360a BGB) und dem Anspruch auf Getrenntlebenunterhalt (§ 1361 BGB) besteht keine Identität, sodass neue Erstklage zu erheben ist.[103]

36 **5. Fehlerhafte Klage.** Eine positive Abänderungsklage kann stets in eine einfache Leistungsklage umgedeutet werden.[104] Eine (unzulässige) Leistungsklage kann in eine Abänderungsklage umgedeutet werden, wenn der entsprechende Parteiwille erkennbar ist und kein schutzwürdiges Interesse des Gegners entgegensteht.[105] Allerdings muss die Klage um die für § 323 erforderlichen Angaben ergänzt werden.[106] Entsprechend ist ein Übergang von der unzulässigen Leistungsklage zur Abänderungsklage sachdienlich.[107] Wird eine Abänderungsklage zu Unrecht als Erstklage behandelt, so liegt darin ein Verfahrensfehler iSd. § 539.[108]

IV. Abgrenzung zu anderen Rechtsbehelfen

37 **1. Abänderungsklage und Vollstreckungsabwehrklage. a) Anwendungsbereiche.** Mit der Abänderungsklage sind nachträgliche Veränderungen des anspruchsbegründenden Tatbestandes, mit der Vollstreckungsabwehrklage (endgültig) rechtsvernichtende oder rechtshemmende Einwendungen zur Beseitigung der Vollstreckbarkeit des bisherigen Titels geltend zu machen.[109] Beide Klagen schließen sich gegenseitig aus; nach hM berühren oder überschneiden sich ihre Anwen-

[95] BGHZ 82, 246 = FamRZ 1982, 259 = NJW 1982, 578; BGH FamRZ 1982, 479 = NJW 1982, 1284; BGH FamRZ 1984, 353; BGH FamRZ 1984, 1001 = NJW 1985, 552; BGH FamRZ 1985, 376 = LM Nr. 41; BGH FamRZ 1987, 616, 617; OLG Hamm NJW-RR 1995, 578; OLG Stuttgart FamRZ 2003, 1121 *(Reischl); Graba* Rn. 78; differenzierend: *Göppinger/Wax/Vogel* Rn. 2386.

[96] *Musielak/Musielak* Rn. 29.

[97] BGH FamRZ 1984, 353, 354; BGH FamRZ 1985, 376 = LM Nr. 41; OLG Zweibrücken FamRZ 1992, 974; *Musielak/Musielak* Rn. 21.

[98] BGH FamRZ 1984, 353, 355; OLG Köln FamRZ 1987, 616, 617 (Wegfall der Verwirkung); OLG Frankfurt FamRZ 1989, 83; *Otto* S. 122; vgl. *Hahne* FamRZ 1983, 1190.

[99] BGH FamRZ 1984, 682 = NJW 1984, 1613; OLG Hamm FamRZ 1983, 208 *(Bosch);* KG FamRZ 1983, 746; OLG Köln FamRZ 2000, 1043; aA OLG Hamm FamRZ 1983, 206.

[100] BGH FamRZ 1982, 587; OLG Bamberg FamRZ 1988, 1083.

[101] BGH FamRZ 1982, 465 = NJW 1982, 655; BGH FamRZ 1984, 353, 354; *Graba* Rn. 229a; *Göppinger/Wax/Vogel* Rn. 2378.

[102] BGH FamRZ 1981, 242, 243 (krit. *Mutschler*); aA *Scheld* Rpfleger 1988, 321.

[103] OLG München FamRZ 1981, 450.

[104] BGH FamRZ 1983, 892 = NJW 1983, 2300; BGH FamRZ 1988, 1039, 1040.

[105] BGH FamRZ 1992, 298, 299; BGH FamRZ 2004, 1712, 1713; OLG Hamm FamRZ 1993, 1102; AG Hamburg-Altona FamRZ 1992, 82.

[106] Vgl. BGH FamRZ 1992, 1060, 1061; aA OLG Zweibrücken FamRZ 1992, 974 (Erfordernisse des § 323 müssen sogleich erfüllt sein).

[107] BGH FamRZ 2001, 1140, 1141; OLG Zweibrücken FamRZ 1997, 837.

[108] OLG Zweibrücken FamRZ 1982, 415.

[109] BGHZ 163, 187 = FamRZ 2005, 1479 = ZZP 119 (2006), 109 *(Hau);* OLG Bamberg FamRZ 1980, 617; *Thomas/Putzo/Reichold* Rn. 2; *Graba* Rn. 148ff., 157.

dungsbereiche nicht.[110] Der Kläger hat auch kein Wahlrecht zwischen beiden Klagen.[111] Beide Klagearten sind dennoch nicht eindeutig zu trennen, weil Verminderungen der Leistungspflicht den anspruchsbegründenden Tatbestand betreffen, gleichzeitig aber zu einer Einwendung für den Schuldner führen.[112] Die Abgrenzungsformel bedarf daher der Präzisierung auf Grund der besonderen Natur der Abänderungsklage. Änderungen im Rahmen der Prognose der künftigen Verhältnisse sind danach mit Abänderungsklage geltend zu machen,[113] Änderungen die den Unterhaltsanspruch endgültig ganz oder teilweise vermindern dagegen mit Vollstreckungsgegenklage.[114] Da die Einordnung dennoch zweifelhaft sein kann, lässt die Rechtsprechung eine hilfsweise Klagehäufung zu, sofern für beide Klagen der gleiche Gerichtsstand besteht.[115] Treffen Einwendungen und Abänderungsgründe zusammen, so ist auch eine gewöhnliche Klagehäufung zulässig. Zweifelhaft ist lediglich, ob der Kläger bei unterschiedlichen Gerichtsständen zwei Prozesse führen muss,[116] oder ob auf Abänderungsklage auch Einwendungen nach § 767[117] bzw. auf Vollstreckungsabwehrklage auch Abänderungsgründe[118] berücksichtigt werden können. Da gegenläufige Entwicklungen nur auf Abänderungsklage beachtet werden können, erscheint es sachgerecht, dieser im Zweifel den Vorrang einzuräumen. Freilich sollte dann § 323 Abs. 3 einheitlich im Wege teleologischer Reduktion nicht angewandt werden.[119]

b) Abänderungsklage. Mit der Abänderungsklage sind alle Tatsachen geltend zu machen, 38
die die Prognose über die künftige Unterhaltspflicht beeinflussen, zB Änderungen der Leistungsfähigkeit,[120] etwa infolge Arbeitslosigkeit, der Wegfall der Bedürftigkeit, ein anderweitiger Wegfall der Geschäftsgrundlage oder Änderungen des Zinsniveaus bei Verurteilung zu Kapitalzinsen.[121] Zweckmäßig erscheint es daher, auch Einwendungen und Herabsetzungsbegehren nach §§ 1579, 1611 BGB[122] oder eine Unterhaltsbegrenzung nach § 1573 Abs. 5 BGB[123] der Abänderungsklage zuzuordnen. Ein nach der Unterhaltstitulierung einsetzender Rentenbezug ist ebenfalls nur mittels Abänderungsklage geltend zu machen. Denn der Wegfall bzw. die Anpassung des Anspruchs auf Altersvorsorgeunterhalt haben primär Auswirkung auf den laufenden Unterhaltsbedarf.[124] Soweit der Berechtigte ungekürzten Unterhalt für Zeiträume bezogen hat, für die er Rentennachzahlungen erhält, bedarf es ebenfalls nicht der Vollstreckungsabwehrklage. Der Unterhaltsschuldner hat vielmehr in Höhe der Überzahlung einen Erstattungsanspruch nach § 242 BGB.[125]

c) Vollstreckungsabwehrklage. Mit Vollstreckungsabwehrklage geltend zu machen sind 39
dagegen Tatsachen ohne unmittelbare Auswirkung auf die Zukunftsprognose. Hierher gehört der Einwand der Erfüllung, der Aufrechnung oder Stundung,[126] auch das teilweise oder vollständige Erlöschen des Unterhaltsanspruchs durch einen außergerichtlichen oder einen Prozessvergleich,[127] durch Tod, Verjährung,[128] Wechsel der Kindergeldberechtigung[129] oder Wiederverheiratung des Berechtigten,[130] die fehlende Vollstreckungsfähigkeit[131] und der Einwand der

[110] BGH FamRZ 1989, 159; OLG Frankfurt FamRZ 1993, 811; *Rosenberg/Schwab/Gottwald* § 157 Rn. 16; *Zöller/Vollkommer* Rn. 15; vgl. *Braun* S. 25 ff.; aA *Jakoby* S. 228 ff.

[111] BGH FamRZ 1988, 1156, 1157; BGHZ 163, 187 = FamRZ 2005, 1479; *Jakoby* S. 233 ff.; *Stein/Jonas/Leipold* Rn. 44; aA *Baumbach/Lauterbach/Hartmann* Rn. 4; *Meister* FamRZ 1980, 864.

[112] BGHZ 70, 151 = FamRZ 1978, 178; OLG Zweibrücken FamRZ 1993, 440; *Johannsen/Henrich/Brudermüller* Rn. 6; *Wendl/Staudigl/Thalmann* § 8 Rn. 148.

[113] OLG Bamberg FamRZ 1980, 617; OLG Karlsruhe FamRZ 1988, 195, 197; *Braun* S. 37 ff.; *Soyka* Rn. 27; *Rosenberg/Schwab/Gottwald* § 157 Rn. 18; vgl. *Münzberg* JuS 1988, 345, 346; krit. *Johannsen/Henrich/Brudermüller* Rn. 7.

[114] BGH FamRZ 1979, 573, 575 (m. Anm. *Baumgärtel* S. 791); OLG Düsseldorf FamRZ 1980, 793; *Graba* Rn. 157 f.

[115] *Johannsen/Henrich/Brudermüller* Rn. 14.

[116] So wohl BGH FamRZ 1991, 1175.

[117] So BGH FamRZ 2001, 282; *Klauser* DAVorm. 1982, 125, 130.

[118] *Baumgärtel* FamRZ 1979, 791.

[119] Vgl. *Gottwald* FamRZ 1992, 1374, 1378; *Jakoby* S. 244, 252 f.

[120] OLG Zweibrücken FamRZ 1993, 440, 441; *Johannsen/Henrich/Brudermüller* Rn. 7.

[121] BGHZ 100, 211 = NJW 1987, 3266; dazu *Münzberg* JuS 1988, 345, 346.

[122] BGH FamRZ 1990, 1095; *Johannsen/Henrich/Brudermüller* Rn. 8; aA *Stein/Jonas/Leipold* Rn. 45.

[123] BGH FamRZ 2000, 1499, 1501.

[124] BGHZ 163, 187 = FamRZ 2005, 1479, 1480 f. = NJW 2005, 2313 = ZZP 119 (2006), 109 *(Hau)*.

[125] BGHZ 163, 187 = FamRZ 2005, 1479, 1481; krit *Hau* ZZP 119 (2006), 113, 116 f.

[126] *Blomeyer* § 87 IV 5 b; *Luthin/Margraf* Rn. 7072 ff., 7255.

[127] AA für Verzicht *Graba* Rn. 168 ff.

[128] *Johannsen/Henrich/Brudermüller* Rn. 10; aA *Graba* Rn. 165.

[129] BGHZ 70, 151 = FamRZ 1978, 177; *Musielak/Musielak* Rn. 17; aA *Graba* Rn. 174 f.

[130] *Stein/Jonas/Leipold* Rn. 45; *Graba* Rn. 161.

[131] BGHZ 165, 223, 228 = FamRZ 2006, 261, 262.

Verwirkung.[132] Dieser kommt etwa in Betracht, wenn ein Unterhaltstitel trotz (längeren) Wegfalls der Leistungsfähigkeit zunächst nicht geändert wird, der Gläubiger aber später nach Besserung der Verhältnisse wegen der formell titulierten Rückstände vollstreckt.[133] Erlangt ein Ehegatte bei der Scheidung rückwirkend eine Versorgungsausgleichsrente, so handelt es sich für die Vergangenheit um einen der Erfüllung gleichartigen Vorgang; der rückwirkende Wegfall der Bedürftigkeit und Leistungspflicht ist daher mit Vollstreckungsabwehrklage geltend zu machen (s. aber Rn. 37).[134]

40 **2. Abänderungsklage und Rechtsmittel. a)** Soweit ein zulässiges Rechtsmittel eingelegt worden ist, hat jede Partei ihre Abänderungsgründe in dem Rechtsmittelverfahren vorzubringen. Eine selbstständige Abänderungsklage neben dem laufenden Rechtsmittelverfahren ist unzulässig.[135] Dagegen hat jede Partei nach hM zu Recht die **Wahl, ob** sie selbst **Rechtsmittel** einlegen **oder Abänderungsklage** erheben will.[136] Zur Begründung wird auf § 323 Abs. 2 hingewiesen, wonach die nach dem Schluss der mündlichen Verhandlung der Instanz entstandenen Gründe durch Abänderungsklage geltend gemacht werden können.

41 Gegen diese Lösung wurde eingewandt, eine Abänderungsklage könne nur gegen ein rechtskräftiges Urteil erhoben werden, zumal ihr zuvor die Rechtshängigkeit der Erstklage entgegenstehe. Hiergegen spricht jedoch, dass der Abänderungsberechtigte im Revisionsverfahren keine neuen Tatsachen vorbringen kann und ihm sonst durch die §§ 559 und 323 Abs. 3 eine Rechtsschutzlücke entstehen würde.[137] Der Abänderungsberechtigte muss aber auch die Wahl zwischen Berufung und Abänderungsklage haben. Hat er freilich in erster Instanz voll obsiegt, so fehlt es an einer Beschwer für die Berufung. Auch bei einer Verurteilung nach vollem Anerkenntnis kann eine spätere Änderung der Verhältnisse nur durch Abänderungsklage geltend gemacht werden.[138] Bei einem (teilweise) Unterliegen in erster Instanz muss die Partei dagegen frei entscheiden können, ob sie ihr bisheriges Rechtsschutzziel weiter verfolgt und ihre Klage zusätzlich in zweiter Instanz erweitert, oder ob sie nur den inzwischen eingetretenen Abänderungsgrund geltend machen will.[139]

42 **b)** Hat der Abänderungsberechtigte selbst Berufung eingelegt, so hat er den Abänderungsgrund noch **im Berufungsverfahren** durch Klageerweiterung geltend zu machen.[140] Dies gilt auch, wenn ein Elternteil neben dem Ehegattenunterhalt Kindesunterhalt verlangt (§ 1629 Abs. 3 BGB) und Berufung nur wegen des eigenen Unterhalts eingelegt hat; Auswirkungen von Veränderungen auf den Kindesunterhalt sind im laufenden Berufungsverfahren geltend zu machen.[141] Ist der Abänderungsgrund nach Ablauf der Berufungsbegründungsfrist entstanden, so kann er noch bis zum Schluss der mündlichen Verhandlung in der Berufungsinstanz geltend gemacht werden.[142] Eine Abänderungsklage ist insoweit unzulässig.[143]

43 **c)** Hat die Gegenseite Berufung eingelegt, so ist der Abänderungsberechtigte verpflichtet, den Abänderungsgrund durch **Anschlussberufung** (§ 524) geltend zu machen.[144] Damit über Unterhalt stets nach dem aktuellen Stand von Leistungsfähigkeit und Bedürftigkeit unterschieden werden kann, ist die Anschlussberufung im Rahmen der Abänderungsklage nach § 524 Abs. 2 S. 3[145] nicht befristet. Dennoch besteht die Gefahr, dass die Anschlussberufung durch Rücknahme oder Verwer-

---

[132] BGH FamRZ 1991, 1175; OLG Köln FamRZ 2001, 1717; OLG Koblenz FamRZ 2004, 1656; aA *Graba* Rn. 162.

[133] *Klauser* DAVorm. 1982, 125, 128.

[134] BGHZ 83, 278, 281 = FamRZ 1982, 470 = NJW 1982, 1147; BGH FamRZ 1988, 1156, 1157; 1989, 159; 1990, 1095; *Rosenberg/Schwab/Gottwald* § 157 Rn. 17; aA OLG Karlsruhe FamRZ 1988, 195, 197; *Hoppenz* FamRZ 1987, 1097; krit. *Johannsen/Henrich/Brudermüller* Rn. 11.

[135] BGHZ 96, 205 = FamRZ 1986, 43 = NJW 1986, 383; BGH NJW 1993, 1795; OLG Hamm FamRZ 1996, 1088.

[136] KG FamRZ 1990, 1122, 1123; OLG Köln FamRZ 1997, 507; OLG Rostock FamRZ 2002, 673, 674; *Göppinger/Wax/Vogel* Rn. 2352; *Wendl/Staudigl/Thalmann* § 8 Rn. 153; *Rosenberg/Schwab/Gottwald* § 157 Rn. 21; *Graba* Rn. 207, 327.

[137] Ebenso *Graba* Rn. 207.

[138] OLG Karlsruhe FamRZ 1989, 645.

[139] Vgl. BGH FamRZ 1986, 43, 44.

[140] *Johannsen/Henrich/Brudermüller* Rn. 111.

[141] *Johannsen/Henrich/Brudermüller* Rn. 113.

[142] OLG Hamburg FamRZ 1984, 706; OLG Koblenz FamRZ 1988, 1072.

[143] *Eckert* MDR 1986, 542; *Göppinger/Wax/Vogel* Rn. 2352; *Hahne* FamRZ 1983, 1189, 1193; *Heiß/Born* Kap. 23 Rn. 259; aA KG FamRZ 1990, 1122, 1123 (keine Pflicht zur Klageerweiterung in der Berufungsinstanz).

[144] BGHZ 96, 205 = FamRZ 1986, 43 = NJW 1986, 383; BGHZ 136, 374, 378 = FamRZ 1998, 99, 100 = NJW 1998, 161; OLG Köln FamRZ 1997, 507; *Graba* Rn. 327; *Zöller/Vollkommer* Rn. 34; aA OLG Karlsruhe FamRZ 1984, 1247.

[145] Eingefügt durch das JuMoG vom 24. 8. 2004 (BGBl. I S. 2198).

fung des Hauptrechtsmittels wirkungslos wird (§ 524 Abs. 4) und der Abänderungsberechtigte dann wegen § 323 Abs. 3 Nachteile erleidet. Manche meinen daher, dass der Abänderungsberechtigte die Wahl zwischen der eigenen Abänderungsklage und der Anschlussberufung haben müsse;[146] divergierende Entscheidungen seien durch Aussetzung des Abänderungsverfahrens nach § 148 zu vermeiden.[147]

Der BGH hat indes zu Recht an der Pflicht zur Anschlussberufung festgehalten. Denn § 323 Abs. 3 ist für die Abänderungsklage nicht essentiell, sondern beruht lediglich auf Überlegungen der Zweckmäßigkeit und des Vertrauensschutzes. Wird daher ein (nach Abschluss der ersten Instanz entstandener)[148] Abänderungsgrund durch Anschlussrechtsmittel geltend gemacht, so entfällt der Vertrauensschutz zugunsten des Gegners. Wird die Anschließung nachträglich wirkungslos, so geht von ihr eine **„Vorwirkung" des Abänderungsbegehrens** aus.[149] Es muss sich freilich um eine Änderung nach dem erstinstanzlichen Urteil handeln.[150] Wird alsbald (innerhalb der Sechsmonatsfrist des § 204 Abs. 2 S. 1 BGB)[151] anstelle der Anschlussberufung eine neue Abänderungsklage erhoben, so kann der bisherige Titel rückwirkend auf den Zeitpunkt der wirkungslos gewordenen Rechtsmittelanschließung abgeändert werden. Diese Lösung vermeidet unnötige Abänderungsklagen und zugleich Unzuträglichkeiten, die sich ergäben, wenn für die Parteien bei der nächsten Abänderungsklage unterschiedliche Präklusionszeitpunkte gelten würden.[152] 44

d) Wird Abänderungsklage erhoben, bevor Berufung oder Revision eingelegt wird, so ist die Abänderungsklage bis zum rechtskräftigen Abschluss des Vorprozesses gem. § 148 **auszusetzen.**[153] 45

e) Wird eine Berufung als unzulässig verworfen, so ist der Schluss der letzten mündlichen Verhandlung erster Instanz der für § 323 Abs. 2 maßgebende Präklusionszeitpunkt.[154] Wird die **Berufung** mit oder ohne Einwilligung des Rechtsmittelbeklagten **zurückgenommen,** so ist das Verfahren ebenfalls rückwirkend in erster Instanz abgeschlossen worden; für den Präklusionszeitpunkt des § 323 Abs. 2 ist daher auf den Schluss der mündlichen Verhandlung erster Instanz abzustellen,[155] bei **Klagerücknahme** auf die letzte Tatsachenverhandlung des etwaigen Vorprozesses. Vorbringen, das in einem Prozesskostenhilfeantrag zur Durchführung einer Anschlussberufung enthalten war, ist nicht präkludiert, wenn die Hauptberufung zurückgenommen wurde.[156] Aus § 323 Abs. 2 folgt nicht, dass die Parteien ein bereits eingeleitetes Klage- oder Rechtsmittelverfahren auch durchführen müssen; die in den §§ 269, 516, 565 eingeräumte Dispositionsbefugnis (Rechtsmittel) muss Kläger wie Beklagtem gleichermaßen vielmehr ohne die Gefahr eines Rechtsverlustes erhalten bleiben. 46

f) Auch der Beklagte muss einen zu seinen Gunsten entstehenden Abänderungsgrund im Laufe des Verfahrens geltend machen (s. o. Rn. 10). Je nach dem Ausmaß dieses Grundes kann es genügen, ihn als Verteidigungsmittel gegen die gegenläufige Abänderungsklage vorzubringen. Sofern dies nicht ausreicht, um den Grund voll zu berücksichtigen, muss der Beklagte **Widerklage** erheben; andernfalls ist er später mit dem Abänderungsgrund nach § 323 Abs. 2 präkludiert.[157] 47

3. Abänderungsklage und vereinfachtes Verfahren über den Unterhalt Minderjähriger. 48
a) Unterhalt in dynamisierter Form. Das KindesunterhaltsG hat zum 1. 7. 1998 Kindern gegen ihre Eltern einen Unterhalt in dynamisierter Form zuerkannt, und zwar in der Form eines Vomhundertsatzes eines durch Rechtsverordnung festgelegten Regelbetrages (§ 1612 a Abs. 1 BGB). Der Minderjährige kann seinen Unterhalt in dynamisierter Form oder, wie bisher, als festen Betrag

---

[146] *Eckert* MDR 1986, 542, 544; *Heiß/Born* Kap. 23 Rn. 93, 260; *Hoppenz* FamRZ 1986, 226.

[147] OLG Hamm FamRZ 1987, 733; *Eckert* MDR 1986, 542.

[148] OLG Hamm FamRZ 2001, 557, 558.

[149] BGHZ 103, 393 = FamRZ 1988, 601 = NJW 1988, 1734 = JR 1989, 110 (Anm. *Gottwald*); *Baumbach/Lauterbach/Hartmann* Rn. 61; *Thomas/Putzo/Reichold* Rn. 20; *Zöller/Vollkommer* Rn. 34; *Graba* Rn. 328, 412 f.; krit. *Hoppenz* FamRZ 1986, 226; aA OLG Köln FamRZ 1997, 507, 508.

[150] OLG Hamm FamRZ 2001, 557 f.

[151] Vgl. BGHZ 103, 393, 398 = FamRZ 1988, 601, 602; *Luthin/Margraf* Rn. 7264; *Rahm/Künkel/Stollenwerk* IV 760. *Göppinger/Wax/Vogel* Rn. 2352 und *Graba* Rn. 413 wollen in Analogie zur Rechtsmittelfrist nur eine Monatsfrist einräumen. Zur Vorbereitung einer neuen Klage räumt das Gesetz aber bewusst die längere Frist ein.

[152] Vgl. *Klauser* DAVorm. 1982, 125, 128.

[153] *Boetzkes* S. 84 ff.

[154] OLG Düsseldorf FamRZ 1984, 493.

[155] BGHZ 96, 205, 209 = FamRZ 1986, 43, 44; BGH FamRZ 1988, 493 f.; OLG Köln FamRZ 1997, 507; *Rahm/Künkel/Stollenwerk* IV 774; aA OLG Zweibrücken FamRZ 1989, 304 (abl. Anm. *Gottwald*); AG Charlottenburg FamRZ 1987, 732 (abl. Anm. *Gottwald*); *Johannsen/Henrich/Brudermüller* Rn. 114.

[156] OLG Köln FamRZ 1996, 355.

[157] BGHZ 136, 324 = FamRZ 1998, 100; *Graba* Rn. 218.

geltend machen. Das KindUG hat gleichzeitig das vereinfachte Verfahren zur Abänderung von Unterhaltstiteln (§§ 641l ff. aF) ersatzlos aufgehoben und durch ein neues vereinfachtes Verfahren über den Unterhalt Minderjähriger nach den §§ 645 bis 660 ersetzt. Der Unterhalt wird in Form des Vomhundertsatzes des Regelbetrages tenoriert; mit dem Vorrücken in eine andere Altersstufe der Regelbeträge oder mit einer Änderung der Regelbeträge durch Rechtsverordnung ändert sich der Unterhaltstitel automatisch, ohne neue gerichtliche Entscheidung. Da die Regelbeträge gem. § 1612a Abs. 4 BGB alle zwei Jahre neu festgesetzt werden, fehlt einer Abänderungsklage, die nur die Anpassung des Kindesunterhalts an die allgemeine wirtschaftliche Entwicklung zum Ziel hat, das Rechtsschutzbedürfnis;[158] eine dennoch erhobene Klage ist unzulässig.

49 **b) Festsetzungsbeschlüsse über den Unterhalt Minderjähriger im vereinfachten Verfahren.** Festsetzungsbeschlüsse über den Unterhalt Minderjähriger im vereinfachten Verfahren nach § 649 Abs. 1 S. 1 unterliegen gem. § 652 der sofortigen Beschwerde, soweit der Unterhaltsverpflichtete Einwendungen nach § 648 Abs. 1 geltend macht.[159] Andere Einwendungen können mit der Abänderungsklage gem. § 654 erhoben werden (s. u. Rn. 50). Eine allgemeine Abänderungsklage ist insoweit unzulässig. Gegen Festsetzungsbeschlüsse gem. § 650 ist nach § 651 Antrag auf streitiges Verfahren nach § 651 zu stellen;[160] Abänderungsklage kann erst danach erhoben werden.[161]

50 **c) Abänderungsklage gem. § 654.** Abänderungsklage mit dem Ziel einer Erhöhung oder Verminderung der Unterhaltspflicht entsprechend den individuellen Verhältnissen der Parteien kann erst gegen den rechtskräftigen Festsetzungsbeschluss gem. **§ 654** erhoben werden. Dieses Verfahren hat Vorrang vor der allgemeinen Abänderungsklage des § 323.[162] Da im vereinfachten Verfahren nur die formellen Angaben des § 646, nicht aber die individuelle Leistungsfähigkeit und Bedürftigkeit geprüft werden, unterliegt die Abänderung der Unterhaltsfestsetzung im vereinfachten Verfahren nicht den Beschränkungen des § 323. Die Abänderungsklage hat hier als sog. **Korrekturklage** nach dem Willen des Gesetzgebers die Funktion einer Erstklage auf Unterhalt.[163] Eine Abänderung ist daher auch rückwirkend zulässig. Doch muss eine Klage auf Herabsetzung des Unterhalts binnen eines Monats nach Rechtskraft der Unterhaltsfestsetzung erhoben werden; andernfalls ist nach § 654 Abs. 2 S. 1 eine Herabsetzung erst ab Klageerhebung zulässig. Eine Klage des Kindes auf höheren Unterhalt wahrt aber bis zur Beendigung dieses Verfahrens die Monatsfrist für die Herabsetzungsklage, § 654 Abs. 2 S. 2.

51 **d) Abänderung des Urteils auf Festsetzung und Unterhalt im Vaterschaftsfeststellungsverfahren gem. § 653.** Entsprechendes gilt für die Abänderung des Urteils auf Festsetzung und Unterhalt im Vaterschaftsfeststellungsverfahren gem. § 653, da in diesem Verfahren zwar das Kind geringeren Unterhalt als den Regelbetrag verlangen, eine Herabsetzung oder Erhöhung aber aus sonstigen Gründen nicht verlangt werden kann, § 653 Abs. 1 S. 2, 3. Deshalb kann nach § 654 auch in diesem Fall Abänderung ohne die Beschränkungen des § 323 verlangt werden.

52 **e) Vereinfachte Abänderung von Unterhaltstiteln nach § 655.** Diese Bestimmung sieht eine vereinfachte Abänderung von Unterhaltstiteln für Kinder jeder Art (Urteil, Beschluss, Urkunde) vor, soweit es um anzurechnende kindbezogene Leistungen (also von Kindergeld oder seinen Surrogaten) geht. Diese Leistungen werden im Unterhaltstitel auch für die Zukunft mit einem festen Betrag berücksichtigt. Ändert sich der maßgebende Betrag aus Gründen, die in einem früheren Klage- oder vereinfachten Festsetzungsverfahren nicht geltend gemacht werden konnten, so ist für die Anpassung in § 655 ein vereinfachtes Abänderungsverfahren vorgesehen.[164]

53 **f) Abänderungsklage gem. § 656.** Führt die (vereinfachte) Abänderung nach § 655 zu einem Unterhaltsbetrag, der wesentlich von der Entwicklung der besonderen Verhältnisse der Parteien abweicht, so kann jede von ihnen durch Klage gem. § 656 innerhalb eines Monats nach Zustellung des Abänderungsbeschlusses Abänderung dieses Beschlusses verlangen.[165]

54 **g) Allgemeine Abänderungsklage.** Das vereinfachte Abänderungsverfahren nach § 655 hat grundsätzlich **Vorrang vor** § 323.[166] Ist eine Abänderungsklage nach § 323 oder § 654 bereits anhängig, wenn das Verfahren nach § 655 eingeleitet wird, so kann dieses bis zur Erledigung der Ab-

[158] *Stein/Jonas/Leipold* Rn. 67b.
[159] *Rühl/Greßmann* Rn. 253, 263.
[160] *Rühl/Greßmann* Rn. 257ff.
[161] *Gebhardt* FuR 1998, 145, 147.
[162] OLG Karlsruhe FamRZ 2003, 1673.
[163] BGH NJW-RR 2003, 433, 434; OLG Hamm FamRZ 2004, 1588; *Stein/Jonas/Leipold* Rn. 67d; *Johannsen/Henrich/Brudermüller* Rn. 135; vgl. *Gebhardt* FuR 1998, 145, 147; *Graba* Rn. 200.
[164] *Rühl/Greßmann* Rn. 271; *Stein/Jonas/Leipold* Rn. 67e; *Graba* Rn. 201ff.
[165] *Stein/Jonas/Leipold* Rn. 67f.; *Graba* Rn. 204.
[166] OLG Hamm FamRZ 2002, 1051.

änderungsklage ausgesetzt werden, § 655 Abs. 4. Die **allgemeine Abänderungsklage** ist nach § 323 Abs. 5 nur zulässig, wenn die vereinfachte Anpassung zu einem Unterhaltsbetrag führen würde, der wesentlich von dem Betrag abweicht, der der Entwicklung der besonderen Verhältnisse der Parteien Rechnung trägt.[167] Eine **wesentliche Abweichung** ist wie nach bisherigem Recht gegeben, wenn die Differenz zwischen vereinfachter und individueller Anpassung etwa 50% beträgt.[168] Dieser Prozentsatz ist nicht auf Grund des im vereinfachten Verfahren insgesamt geschuldeten Betrages zu bestimmen; vielmehr sind die Steigerungssätze zwischen allgemeiner und individueller Anpassung miteinander zu vergleichen.[169] Die Neufassung von § 1612b Abs. 5 BGB hat nicht zu einer wesentlichen Änderung der Verhältnisse geführt.[170]

Soweit § 323 Abs. 5 die allgemeine Abänderungsklage zulässt, steht dem Berechtigten durchaus 55
auch das vereinfachte Verfahren zur **Wahl.**[171] Ist bereits individuelle Abänderungsklage erhoben, so ist das vereinfachte Verfahren nach § 645 Abs. 2 jedoch nunmehr unzulässig.

h) Übergangs- und Altfälle. Nach bisherigem Recht ergangene Titel konnten im **verein-** 56
fachten Verfahren nach Art. 5 § 3, 5 KindUG iVm. § 654 dynamisiert werden.[172] Diese Möglichkeit ist gem. Art. 8 Abs. 2 KindUG zum 1. 7. 2003 entfallen. Seither können noch nicht umgestellte Titel nur mit der allgemeinen Abänderungsklage nach § 323 abgeändert werden.[173]

4. Einstweiliger Rechtsschutz und Abänderungsklage. a) Die Abänderung einer **einst-** 57
weiligen Anordnung kann nur durch Antrag nach § 620b erreicht werden;[174] gleiches gilt für einen im Anordnungsverfahren geschlossenen vorläufigen Prozessvergleich.[175] Eine einstweilige Anordnung auf Zahlung von Unterhalt (§ 620 Nr. 4 oder Nr. 6) wirkt auch über den Zeitpunkt der Rechtskraft des Scheidungsurteils hinaus fort (§ 620f). Diese Wirkung kann ebenfalls nicht durch Abänderungsklage beseitigt werden, weil diese eine hier nicht bestehende Präklusionswirkung voraussetzt.[176] Der Gläubiger kann daher einfache Leistungsklage, der Schuldner negative Feststellungsklage oder Vollstreckungsabwehrklage erheben.[177] Wird die negative Feststellungsklage abgewiesen, so muss bei einer Änderung der Verhältnisse Abänderungsklage erhoben werden.[178]

b) War Unterhalt durch **einstweilige Verfügung** (§§ 935, 940) zuerkannt worden, so waren 58
Veränderungen ausschließlich im Aufhebungsverfahren (§§ 927, 936) geltend zu machen.[179] Die einstweilige Anordnung nach § 644 verdrängt jetzt freilich diese Möglichkeit. Veränderungen der Sachlage sind nunmehr durch Antrag auf Abänderung gem. §§ 644 S. 2, 620b geltend zu machen. Da die einstweilige Anordnung bereits auf der Grundlage bloßer Glaubhaftmachung (§ 620a Abs. 2 S. 3) ergeht, ist es der betroffenen Partei nicht verwehrt, sich auf die Unrichtigkeit der Anordnungsprognose ohne Beschränkung durch § 323 Abs. 3 S. 1 zu berufen.[180]

c) Umgekehrt kann eine **Abänderung eines ordentlichen Titels** einschließlich eines endgül- 59
tigen Prozessvergleichs nur durch Klage nach § 323, nicht durch vorherige einstweilige Verfügung oder einstweilige Anordnung erreicht werden.[181] Hat der Unterhaltsschuldner Abänderungsklage erhoben, so kann er analog § 769 einstweilige **Einstellung der Zwangsvollstreckung** (s. u. Rn. 117), der Unterhaltsgläubiger für die Zeit bis zum rechtskräftigen Verfahrensabschluss zusätz-

---

[167] OLG Naumburg FamRZ 2002, 183; *Stein/Jonas/Leipold* Rn. 67 g; vgl. auch OLG Nürnberg FamRZ 2002, 184.

[168] OLG Hamburg FamRZ 1985, 729; OLG Hamm FamRZ 2002, 1051; *Luthin/Margraf* Rn. 7270; aA *Baumbach/Lauterbach/Hartmann* Rn. 81 (10%, allerdings bezogen auf den Gesamtbetrag); für zusätzliche absolute Mindestdifferenz *Stein/Jonas/Leipold* Rn. 66.

[169] OLG Hamburg FamRZ 1985, 729.

[170] OLG Nürnberg FamRZ 2002, 1265; MünchKommBGB/*Born* § 1612b Rn. 114.

[171] Zum bisherigen Recht vgl. BGH FamRZ 1982, 915, 916 = LM Nr. 30; *Derleder/Lenze* FamRZ 1989, 558, 559.

[172] Vgl. BGH NJW-RR 2003, 433.

[173] OLG Naumburg FamRZ 2005, 1756; MünchKommBGB/*Born* § 1612a Rn. 83.

[174] BGH FamRZ 1983, 355, 356 = NJW 1983, 1330, 1331; BGH FamRZ 1983, 892, 893 = NJW 1983, 2200; OLG Düsseldorf FamRZ 1981, 295.

[175] BGH FamRZ 1983, 892, 893; OLG Düsseldorf FamRZ 1985, 86; *Flieger* MDR 1980, 803.

[176] *Weychardt* DAVorm. 1984, 337, 350.

[177] OLG Düsseldorf FamRZ 1980, 1044; OLG Bremen FamRZ 2000, 1165; OLG Brandenburg FamRZ 2002, 1497; *Johannsen/Henrich/Brudermüller* Rn. 26; *Luthin/Margraf* Rn. 7252.

[178] OLG Hamm FamRZ 2000, 544.

[179] OLG Zweibrücken FamRZ 1983, 415; *Rosenberg/Schwab/Gottwald* § 157 Rn. 8; *Stein/Jonas/Leipold* Rn. 15.

[180] Vgl. BGH FamRZ 1983, 892, 893; OLG Düsseldorf FamRZ 1985, 86, 87.

[181] OLG Zweibrücken FamRZ 1980, 69; OLG Hamm FamRZ 1980, 608; *Klauser* DAVorm. 1982, 125, 131.

lichen Unterhalt durch **einstweilige Anordnung** oder **einstweilige Verfügung** verlangen, je nachdem ob bereits eine Ehesache anhängig oder in einer Ehesache ein Antrag auf Prozesskostenhilfe gestellt ist.[182]

V. Prozessvoraussetzungen der Abänderungsklage

60 **1. Allgemeine Prozessvoraussetzungen. a)** Die gerichtliche **Zuständigkeit** bestimmt sich nach den allgemeinen Regeln, ist also vom Gericht neu zu prüfen. Eine Fortdauer der Zuständigkeit des früheren Prozessgerichts, wie sie in § 767 Abs. 1 vorgesehen ist, wäre sachgerecht,[183] wird aber mangels entsprechender gesetzlicher Regelung überwiegend abgelehnt.[184] Für Verfahren, die die gesetzliche Unterhaltspflicht eines Elternteils gegenüber einem minderjährigen Kind, die durch Ehe begründete Unterhaltspflicht oder Ansprüche eines nichtehelichen Elternteils betreffen, ist die Zuständigkeit nach § 642 zu beachten. Die sachliche Zuständigkeit bestimmt sich nach den §§ 23 Nr. 1, 71 Abs. 1 GVG iVm. § 9 sowie nach § 23b Nr. 5, 6 und 13 GVG (Familiengerichte). Bei einer Abänderungsklage gegen mehrere Berechtigte kommt auch eine Gerichtsstandsbestimmung nach § 36 Abs. 1 Nr. 3 in Betracht.[185]

61 **b)** Das **vorausgegangene** Verfahren muss abgeschlossen sein. Während eines anhängigen Abänderungsverfahrens kann keine gegenläufige Abänderungsklage selbstständig erhoben werden; der Gegner kann und muss vielmehr Abänderungswiderklage erheben (s. o. Rn. 10).[186] Während eines anhängigen Rechtsmittelverfahrens ist eine neue Abänderungsklage unzulässig (s. Rn. 40ff.).

62 **c) Parteien** der Abänderungsklage sind die Parteien der abzuändernden Vorentscheidung oder diejenigen, auf die sich deren Rechtskraft erstreckt.[187] Während des Getrenntlebens oder der Anhängigkeit einer Ehesache kann ein Unterhaltsanspruch minderjähriger Kinder gegen einen Elternteil nach § 1629 Abs. 3 BGB nur durch den anderen Elternteil im eigenen Namen geltend gemacht werden. Dies gilt auch für die isolierte Unterhaltsklage und die Abänderungsklage.[188] Nach Abschluss des Eheverfahrens ist dagegen das Kind richtige Partei einer Abänderungsklage, selbst wenn das von dem Elternteil erstrittene Urteil noch nicht auf das Kind umgeschrieben wurde.[189] Tritt die Volljährigkeit des Kindes während des Unterhaltsverfahrens ein, so endet ebenfalls die Prozessstandschaft und das Kind tritt selbst in den Rechtsstreit ein[190] bzw. ist richtige Partei für eine Abänderungsklage.

63 Klageberechtigt (aktiv und passiv) sind auch **Rechtsnachfolger,** etwa der Sozialhilfeträger (§§ 93, 94 SGB XII),[191] der Träger der Ausbildungsförderung (§ 37 Abs. 1 BAföG), das Land bei der Unterhaltsvorschussleistung (§ 7 UnterhVG) oder die Sozialversicherung (§ 116 SGB X). Haben die Eltern vor Inkrafttreten des 1. EheRG einen Prozessvergleich über den Kindesunterhalt geschlossen, so ist nach einer Ansicht das nicht am Vergleich beteiligte Kind nicht abänderungsbefugt.[192] Sachgerechter erscheint, dem Kind eine Abänderungsbefugnis dann zu geben, wenn ihm durch den Vergleich eigene Rechte iS eines echten Vertrages zugunsten Dritter verschafft worden sind.[193] Im Rahmen des UNUÜ 1956 (Art. 8) kann die Klage im Namen des Unterhaltsberechtigten auch von der Empfangsstelle erhoben werden.

64 **d)** Benötigt der Kläger Auskunft über die Grundlagen des Unterhaltsanspruchs, so kann er im Rahmen des § 643 die **Einholung von Auskünften durch** das **Gericht** beantragen; er kann aber

---

[182] *Klauser* DAVorm. 1982, 125, 131.

[183] *Geimer* RIW 1975, 84; *Stein/Jonas/Leipold* Rn. 68.

[184] BGH FamRZ 1979, 573; *Graba* Rn. 211; *Baumbach/Lauterbach/Hartmann* Rn. 43; *Zöller/Vollkommer* Rn. 37.

[185] BayObLG FamRZ 2001, 295.

[186] BGHZ 136, 274 = FamRZ 1998, 99, 100; *Johannsen/Henrich/Brudermüller* Rn. 108.

[187] BGH FamRZ 1982, 587 = NJW 1983, 684; OLG Brandenburg FamRZ 2004, 552, 553; *Göppinger/Wax/Vogel* Rn. 2360.

[188] KG FamRZ 1988, 313, 314; *Stein/Jonas/Leipold* Rn. 33; *Luthin/Margraf* Rn. 7278.

[189] BGH FamRZ 1983, 806 = NJW 1983, 1976; OLG Brandenburg FamRZ 2002, 1270; MünchKomm-BGB/*Huber* § 1629 Rn. 108.

[190] BGH FamRZ 1983, 474, 475 = NJW 1983, 2084, 2085.

[191] Vgl. OLG Karlsruhe FamRZ 2005, 1756 = NJW-RR 2005, 1020; *Luthin/Margraf* Rn. 7279ff. Dieser kann den Prozess aber durch Rückübertragung unter Kostenübernahme (§ 94 V SGB XII) dem unmittelbar Unterhaltsberechtigten überlassen; vgl. *Göppinger/Wax/Vogel* Rn. 2368; *Johannsen/Henrich/Brudermüller* Rn. 41; *Graba* Rn. 224ff.

[192] OLG Celle NJW 1974, 504; OLG Hamm FamRZ 1981, 589, 590; OLG Hamburg FamRZ 1982, 322; *Waechter* FamRZ 1976, 253.

[193] OLG Bamberg FamRZ 1979, 1059, 1060; *Heil* NJW 1969, 1909, 1910; *Stein/Jonas/Leipold* Rn. 33; vgl. BGH FamRZ 1982, 587 = NJW 1983, 684.

weiterhin auch **Abänderungs-Stufenklage** (§§ 254, 323) erheben.[194] Eine gewöhnliche Leistungs-Stufenklage ist in der Leistungsstufe unzulässig.[195]

2. Besondere Prozessvoraussetzungen. a) Die abzuändernde Entscheidung muss künftig fällig werdende wiederkehrende Leistungen betreffen (§ 258); rechtskräftig muss sie nicht (s. Rn. 36f.), eine Vollstreckung aus ihr aber noch zulässig sein.[196] 65

b) Der Kläger muss eine **wesentliche Änderung** der tatsächlichen Verhältnisse seit dem durch § 323 Abs. 2 bestimmten Präklusionszeitpunkt **behaupten.** Wird eine solche Änderung nur unzureichend vorgetragen, so ist die Klage unzulässig.[197] Diese Voraussetzung soll in E-FamFG § 238 Abs. 1 S. 2 für Unterhaltssachen ausdrücklich festgeschrieben werden. Nach verbreiteter Ansicht darf die geltend gemachte Änderung im Präklusionszeitpunkt noch nicht vorhersehbar gewesen sein (s. Rn. 84).[198] Um Rechtschutzlücken zu vermeiden, kann es aber nur darauf ankommen, von welchen Verhältnissen das Gericht des Vorprozesses ausgegangen ist.[199] 66

c) Ist der Unterhaltsanspruch tituliert, so besteht ein **Rechtsschutzbedürfnis** für eine Abänderungsklage auf Leistung höheren Unterhalts auch dann, wenn der Verpflichtete die verlangte Erhöhung freiwillig bezahlt.[200] 67

d) Gegen ein **Versäumnisurteil** kann Abänderungsklage zulässigerweise nur erhoben werden, wenn ein Einspruch nicht oder nicht mehr zulässig ist, dh. die Änderung erst nach dem Ablauf der Einspruchsfrist entstanden ist.[201] 68

VI. Begründetheit der Abänderungsklage

1. Wesentliche Änderung der Verhältnisse. a) Nach § 323 Abs. 1 müssen sich die Verhältnisse, die für die Verurteilung, für die Höhe oder die Dauer der Leistung maßgebend waren, wesentlich geändert haben. Die **Änderung** muss **tatsächlicher Art** sein; eine abweichende Bewertung unveränderter Verhältnisse genügt nicht.[202] 69

Einer Tatsachenänderung gleichzustellen ist eine **Änderung der Rechtslage** einschließlich einer neuen verfassungskonformen Auslegung[203] und eine Änderung der höchstrichterlichen Rechtsprechung (s. u. Rn. 74). Ändert sich bei nachehelichem Unterhalt nur der anwendbare Unterhaltstatbestand, so kann allein deswegen keine Abänderungsklage erhoben werden.[204] Die Einführung der Vermutung des § 1610a BGB durch Gesetz vom 15. 1. 1991 ist ebenfalls kein Abänderungsgrund.[205] Die nachträgliche wesentliche Änderung berechtigt sinngemäß auch zum **Widerruf eines** entgegenstehenden **Anerkenntnisses.**[206] 70

b) Die **Einführung des Euro** als neuer Währung zum 1. 1. 1999 bzw. zum 1. 1. 2002 hatte eine automatische Umrechnung aller Geldschulden zu dem festgesetzten Umrechnungskurs zur Folge. Nach der Euro-Verordnung II der EU[207] besteht Identität zwischen der Euro-Währung und der bisherigen nationalen Währungseinheit. Abänderungsklage kann und braucht daher wegen der Euro-Einführung nicht erhoben zu werden. 71

c) Abänderungsgründe sind: Arbeitslosigkeit, zumindest wenn es dem Unterhaltspflichtigen trotz pflichtgemäßer Bemühungen in angemessener Zeit nicht gelingt, eine neue Stellung zu fin- 72

---

[194] BGH FamRZ 1984, 1211, 1212 = NJW 1985, 195; BGH FamRZ 1986, 560, 561; OLG Hamburg FamRZ 1983, 626; OLG Köln FamRZ 1983, 1047f.; OLG München FamRZ 1989, 284.

[195] AA OLG Hamburg FamRZ 1982, 935.

[196] KG FamRZ 1988, 310, 311; *Musielak/Musielak* Rn. 26.

[197] BGH FamRZ 1984, 353, 355; OLG Köln FamRZ 1997, 1091, 1092; *Rosenberg/Schwab/Gottwald* § 157 Rn. 22; *Wendl/Staudigl/Thalmann* § 8 Rn. 157; *Soyka* Rn. 50; *Rahm/Künkel/Stollenwerk* IV 758.

[198] OLG Frankfurt FamRZ 1978, 715; OLG Stuttgart FamRZ 1980, 397; OLG Köln FamRZ 1980, 398; KG FamRZ 1983, 291, 292.

[199] *Rosenberg/Schwab/Gottwald* § 157 Rn. 23; ebenso OLG Karlsruhe FamRZ 2004, 1052.

[200] OLG Zweibrücken FamRZ 1997, 620; vgl. auch *Göppinger/Wax/Vogel* Rn. 2351.

[201] BGH FamRZ 1982, 792, 793 = NJW 1982, 1812; OLG Hamm FamRZ 1997, 433; *Graba* Rn. 311; *Rahm/Künkel/Stollenwerk* IV 761.

[202] OLG Hamm FamRZ 1983, 1039, 1040 = NJW 1984, 315; *Heiß/Born* Kap. 23 Rn. 181, 185; *Rosenberg/Schwab/Gottwald* § 157 Rn. 23f.; s. aber Rn. 64.

[203] BGHZ 70, 151 = FamRZ 1978, 178 = NJW 1978, 753; BGH FamRZ 1983, 569 = NJW 1983, 1548 = LM Nr. 34; BGH FamRZ 1990, 1091, 1093f.

[204] BGH FamRZ 1984, 353, 354.

[205] OLG Bamberg FamRZ 1992, 185.

[206] OLG Bamberg FamRZ 1993, 1093, 1096; vgl. OLG München FamRZ 1992, 698, 699.

[207] VO Nr. 1103/97 des Rates vom 20. 6. 1997, Art. 3, 4, ABl. EG Nr. L 162/1; vgl. ferner EuroEG vom 15. 6. 1998, BGBl. I, S. 1242; *Schneider* DB 1998, 1449; *Hartenfels* MittRhNotK 1998, 165.

den.[208] Steigerung des Einkommens bzw. der Lebenshaltungskosten,[209] des Bedarfs des Unterhaltsberechtigten,[210] das Hineinwachsen in eine höhere Altersgruppe nach den Unterhaltstabellen,[211] sonstige tatsächliche Veränderungen, die in **Änderungen von Leitlinien** oder Tabellen zum Ausdruck kommen,[212] Veränderungen des Preisindexes, wenn der Bedarf des geschiedenen Ehegatten danach festgelegt wurde,[213] erhebliche Veränderungen der Lebenshaltungskosten bzw. der Kursverfall der ausländischen Währung,[214] Geburt eines weiteren Kindes,[215] die Nichtehelicherklärung eines Kindes für den Ehegattenunterhalt,[216] Bezug einer Versorgungsausgleichsrente,[217] neu entstehende Ausschluss- oder Herabsetzungsgründe gem. § 1579 BGB,[218] der Wegfall der Leistungsfähigkeit,[219] erwartungswidrig fortbestehende oder wieder auflebende Bedürftigkeit,[220] die Adoption eines minderjährigen Kindes.[221]

73 Die **Änderung der** Bedarfssätze in **Unterhaltsrichtlinien,** etwa in der Düsseldorfer Tabelle, ist zwar als solche kein veränderter tatsächlicher Umstand, sie trägt aber der generellen Veränderung der Lebenshaltungskosten und der Einkommensverhältnisse Rechnung und rechtfertigt daher als Ausdruck der veränderten tatsächlichen Verhältnisse die Abänderungsklage.[222]

74 Eine **Gesetzesänderung,** eine gleich zu stellende **verfassungskonforme Auslegung** eines Gesetzes oder eine **Änderung der höchstrichterlichen Rechtsprechung** rechtfertigen eine Abänderungsklage, wenn dadurch die der Entscheidung zugrundeliegende Sach- und Rechtslage verändert wird.[223] Etwas anderes soll insoweit bei Vergleichen gelten.[224] In § 238 Abs. 1 S. 2 E-FamFG wird klar gestellt, dass auch eine Veränderung der rechtlichen Verhältnisse eine Abänderung rechtfertigt.

75 Eine wesentliche Änderung der Sachlage ist auch bei **Prognosefehlern** des Erstgerichts anzunehmen. In dem unveränderten Anhalten eines Zustandes, von dessen alsbaldigem Wegfall das Erstgericht ausging, kann daher eine wesentliche Änderung zu sehen sein:[225] Der Arbeitslose bleibt arbeitslos, findet entgegen der zu optimistischen Prognose des Gerichts keine[226] oder nur eine Arbeit, mit der er das fiktiv unterstellte Einkommen nicht erzielen kann.[227] Eine Behinderung oder Erkrankung bleibt unverändert – die vom Gericht erwartete Besserung tritt nicht ein. Vermögenswerte bleiben unveräußerlich – die vom Gericht unterstellte Verkäuflichkeit erweist sich als Trug.[228] Das Gericht findet eine Befristung des Unterhalts nach § 1573 Abs. 5 BGB nunmehr als angemessen.[229] Solche Fehlprognosen (in Form ausdrücklicher Feststellung oder bloßer Beweislastentscheidung) dürfen nicht bindenden Feststellungen bereits **vergangener** Tatsachen gleichgestellt

---

[208] OLG Karlsruhe FamRZ 1983, 931, 932; KG FamRZ 1984, 1245 = NJW 1985, 869.

[209] BGH FamRZ 1990, 269, 271; OLG Zweibrücken FamRZ 1994, 1534.

[210] OLG Hamburg FamRZ 1983, 211.

[211] OLG Hamburg FamRZ 1985, 885; OLG Koblenz FamRZ 1986, 1029; OLG Hamm FamRZ 1989, 885; 1987, 91; OLG Oldenburg FamRZ 1993, 1475.

[212] BGH FamRZ 1995, 221, 222; OLG Hamburg FamRZ 1989, 885; OLG Hamm FamRZ 2004, 1885; *Grosch* S. 349 ff.; *Graba* Rn. 279 f.; *Göppinger/Wax/Vogel* Rn. 2405.

[213] OLG Stuttgart FamRZ 1985, 491.

[214] BGH FamRZ 1992, 1060, 1062; OLG Celle FamRZ 1993, 103.

[215] *Luthin/Margraf* Rn. 7288.

[216] OLG Nürnberg FamRZ 1996, 1090.

[217] BGH FamRZ 1990, 269, 270; 1989, 159; OLG Karlsruhe FamRZ 1988, 195, 196; s. Rn. 31 f.

[218] KG FamRZ 1990, 187.

[219] OLG Karlsruhe FamRZ 1992, 199.

[220] OLG Karlsruhe FamRZ 1992, 938.

[221] OLG Hamm FamRZ 1992, 321.

[222] BGH NJW 1995, 534 = FamRZ 1995, 221, 222 = LM § 323 ZPO Nr. 72 *(Wax);* OLG Karlsruhe FamRZ 2004, 1052; vgl. *Graba* Rn. 279, 320; *Luthin/Margraf* Rn. 7289.

[223] BGHZ 148, 368, 376 = FamRZ 2001, 1687 *(Gottwald)* = JR 2002, 414 *(Soyka);* BGHZ 153, 372 = NJW 2003, 1796, 1798; OLG Hamm FamRZ 2003, 50; OLG Köln FamRZ 2003, 460; OLG Thüringen FamRZ 2004, 211; *Beunings* NJW 2003, 568; *Graba* Rn. 277 f.; *Soyka* Rn. 75; *Rahm/Künkel/Stollenwerk* IV Rn. 772; *Rosenberg/Schwab/Gottwald* § 157 Rn. 25; krit. *Grosch* S. 361 ff.; *Johannsen/Henrich/Brudermüller* Rn. 74; vgl. *Knoche/Biersack* MDR 2005, 12 ff.

[224] BGH FamRZ 1983, 569, 573; *Johannsen/Henrich/Brudermüller* Rn. 74.

[225] Ebenso OLG Koblenz FamRZ 2002, 471, 472; *Graba* FamRZ 2002, 6, 11; *Brudermüller* FS Gross, 2004, S. 17 ff.; *Heiß/Born* Kap. 23 Rn. 239.

[226] OLG Frankfurt FamRZ 1995, 735;OLG Hamm FamRZ 1995, 1217; *Graba* Rn. 369.

[227] OLG Koblenz FamRZ 2002, 471, 472; *Luthin/Margraf* Rn. 7288; *Johannsen/Henrich/Brudermüller* Rn. 70; *Brudermüller,* FS Rolland, 1999, S. 45, 61.

[228] AA OLG Düsseldorf FamRZ 1989, 1207 m. Anm. *Vollkommer/Steindl* (für Abhilfe mittels § 826 BGB); dagegen *Spangenberg* DAVorm. 1984, 797, 800.

[229] OLG Düsseldorf FamRZ 1996, 1416.

werden.[230] Auch sich stetig fortentwickelnde Vorgänge, wie sich verschlimmernde chronische Krankheiten können bei wesentlichen Änderungen den Charakter neuer Tatsachen annehmen.[231]

d) Keine Abänderungsgründe sind der Eintritt der Volljährigkeit des Unterhaltsberechtigten;[232] nicht erfüllte einseitige Erwartungen an die Einkommensentwicklung;[233] der Übergang vom Getrenntlebenden- zum Geschiedenenunterhalt;[234] mangels Identität des Streitgegenstandes muss nach hM neu geklagt werden (s. Rn. 35). 76

e) Ist ein **Versäumnisurteil** gegen den Beklagten abzuändern, so hat das Abstellen auf den Klägervortrag, der nach § 331 als zugestanden gilt, den Nachteil, dass die säumige Partei bei geringem Sachvortrag des Klägers jederzeit Abänderungsklage erheben kann.[235] Ein Beklagter könnte bei unrichtigem Sachvortrag des Klägers niemals ein Versäumnisurteil hinnehmen, da er sonst an diesen Vortrag gebunden wäre.[236] Dennoch sollte aus Gründen der Rechtssicherheit nicht auf die seinerzeit objektiv tatsächlich vorliegenden Umstände,[237] sondern auf die Urteilsgrundlage, dh. auf den entscheidungserheblichen (schlüssigen) Vortrag des Klägers im Vorprozess abgestellt werden.[238] Diese Lösung entspricht der allgemeinen Rechtskraftregel des § 322 Abs. 1 und § 323 Abs. 1, wonach es auf die Verhältnisse ankommt, die für die Verurteilung maßgeblich waren. Entscheidet man anders, so müsste man im Abänderungsverfahren nicht nur über die Änderung der Verhältnisse, sondern auch über die seinerzeitige Prozessgrundlage streiten. 77

Bei der Abänderungsklage gegen ein **Anerkenntnisurteil** ist dies freilich unvermeidbar, da es ohne Rücksicht auf den Vortrag der Parteien ergangen ist.[239] Ist die frühere Tatsachengrundlage nicht zu klären, ist wie bei einer Erstklage vorzugehen.[240] 78

f) Die **Änderung** der Verhältnisse muss (auch bei Vergleichen und vollstreckbaren Urkunden)[241] **wesentlich** sein. Sie ist es, wenn die Änderung nach materiellem Recht zu einer erheblich abweichenden Beurteilung des Bestands, der Höhe oder der Dauer des Anspruchs führt.[242] Das Erfordernis konkretisiert daher den Anpassungsanspruch wegen veränderter Verhältnisse; es ist materiellrechtlicher, nicht prozessualer Natur.[243] Unwesentlich sind kurzfristige Einkommens- oder Bedarfsschwankungen[244] oder eine Abänderung für einen sehr kurzen Zeitraum.[245] Ein Selbstständiger hat (materiell-rechtlich) Unterhalt nach seinem jährlichen Durchschnittseinkommen zu leisten. Anhaltende Arbeitslosigkeit ist daher stets beachtlich, da sich ihre Dauer vorab nicht bestimmen lässt.[246] 79

Wesentlich ist nach der Praxis eine Änderung, die in etwa (nicht mindestens) 10% des Unterhaltsanspruchs beträgt.[247] Dies gilt grundsätzlich auch bei der Berücksichtigung von Steuererstattungsansprüchen oder -nachforderungen. Diese sind in das durchschnittliche Nettoeinkommen einzubeziehen und über einen entsprechenden Zeitraum zu verteilen.[248] Die **10%-Grenze** darf aber keinesfalls starr angewandt werden; vielmehr sind die Verhältnisse des Einzelfalles umfassend zu würdigen. Mithin kann die „Opfergrenze", vor allem bei beengten wirtschaftlichen Verhältnissen, 80

---

[230] Zustimmend *Johannsen/Henrich/Brudermüller* Rn. 70f.; *Brudermüller,* FS Rolland, 1999, S. 45, 49.
[231] BGH FamRZ 1984, 353, 355; *Spangenberg* DAVorm. 1984, 797, 800.
[232] OLG Hamburg FamRZ 1983, 211.
[233] OLG Bamberg FamRZ 1984, 301.
[234] BGH FamRZ 1981, 242, 243; *Graba* Rn. 229a; *Luthin/Margraf* Rn. 7276.
[235] OLG Karlsruhe FamRZ 1983, 624; OLG Hamm FamRZ 1984, 1123, 1125; OLG Hamm FamRZ 1987, 1286.
[236] *Spangenberg* DAVorm. 1984, 797, 798.
[237] Hierfür OLG Oldenburg FamRZ 1990, 188; OLG Hamm FamRZ 1990, 773; AG Moers FamRZ 2001, 1234; *Luthin/Margraf* Rn. 7291; *Rahm/Künkel/Stollenwerk* IV 774.2.
[238] OLG Karlsruhe FamRZ 2000, 907; OLG Köln FamRZ 2002, 471; *Graba* FamRZ 2002, 6, 8; *Heiß/Born* Kap. 23 Rn. 238; *Soyka* Rn. 64; *Göppinger/Wax/Vogel* Rn. 2303; zum Versäumnisurteil gegen den Kläger s.o. Rn. 31.
[239] Vgl. OLG Hamm FamRZ 1992, 1201; OLG Bamberg FamRZ 2001, 556; vgl. *Johannsen/Henrich/Brudermüller* Rn. 81, 104; *Heiß/Born* Kap. 23 Rn. 174, 241; *Luthin/Margraf* Rn. 7292; *Göppinger/Wax/Vogel* Rn. 2381; gegen Bindungswirkung: *Rahm/Künkel/Stollenwerk* IV 762.
[240] *Musielak/Musielak* Rn. 30.
[241] *Graba* Rn. 307; vgl. OLG Bamberg FamRZ 2001, 555.
[242] BGH FamRZ 1984, 353, 355; 1987, 456, 458; *Braun* S. 264; *Rosenberg/Schwab/Gottwald* § 157 Rn. 23.
[243] Eingehend *Niklas,* Das Erfordernis der „wesentlichen" Änderung, 1988, S. 15ff., 87ff.; *Braun* S. 258ff.
[244] BGH FamRZ 1996, 345 (m. Anm. *Luther* S. 328); *Niklas* (Fn. 240) S. 129ff.; s. aber *Graba* Rn. 303.
[245] AG Landstuhl FamRZ 2001, 557.
[246] *Niklas* (Fn. 240) S. 132ff.; aA LG Karlsruhe FamRZ 1978, 219 = NJW 1977, 540.
[247] OLG Hamburg FamRZ 1983, 211; KG FamRZ 1983, 293; *Graba* NJW 1988, 2343, 2346; *Niklas* (Fn. 240) S. 31ff.; *Wendl/Staudigl/Thalmann* § 8 Rn. 158; *Luthin/Margraf* Rn. 7293.
[248] BGH FamRZ 1980, 984, 985 = NJW 1980, 2251; BGH FamRZ 1984, 1211, 1212 = NJW 1985, 195; s. Rn. 66.

deutlich unter dieser Schwelle liegen.[249] Hat das Gericht auf erste Abänderungsklage eine wesentliche Änderung verneint, so ist bei einer weiteren Abänderungsklage für das Maß der Änderung auf den Ausgangstitel abzustellen.[250]

81 **2. Nachträgliche Änderung. a)** Nach § 323 Abs. 2 ist die **Abänderungsklage** nur **zulässig,** soweit die Gründe, auf die sie gestützt wird, erst nach der letzten Tatsachenverhandlung des Vorprozesses entstanden sind, zB die nachträgliche (rückwirkende) Bewilligung einer Erwerbsunfähigkeitsrente.[251] Eine Verhandlung nur über die Kosten des Rechtsstreits genügt nicht.[252] War ein Versäumnisurteil ergangen, so sind alle Gründe präkludiert, die durch Einspruch (§ 338) hätten geltend gemacht werden können.[253] Fiktive Feststellungen gem. § 331 Abs. 1 S. 1 (zB der Leistungsfähigkeit) schließen aber nicht aus, sich später auf neu, nur hypothetisch kausale Umstände zu berufen.[254] Wurde zu Lasten des Verpflichteten fiktives Einkommen zugrundegelegt, so kommt eine Abänderungsklage in Betracht, wenn sich die Umstände für die fiktive Zurechnung nach § 242 BGB wesentlich geändert haben.[255] Soweit die Abänderungsklage kein rechtskräftiges Urteil voraussetzt oder auf die Zulässigkeit des Einspruchs abstellt, handelt es sich somit um eine rechtskraftfremde Präklusion.[256]

82 Nach hM soll die Präklusionsregelung des § 323 Abs. 2 **nur für den Abänderungskläger** gelten; der Beklagte sei dagegen nicht gehindert, sich mit alten, bisher nicht vorgebrachten Tatsachen zu verteidigen (s. u. Rn. 97).[257] Aber diese Ansicht missachtet die gebotene Gleichheit der Parteien. Die Rechtskraftpräklusion muss daher beide Parteien gleich treffen. Die Präklusion nach Abs. 2 trifft daher auch den Beklagten. Er muss daher in einem ersten Abänderungsverfahren **Widerklage** erheben, damit er nicht in einem zweiten Abänderungsverfahren mit Gründen präkludiert ist, die bereits zurzeit des ersten Verfahrens vorlagen.[258]

83 § 323 Abs. 2 verlangt von den Parteien, Einspruch gegen ein Versäumnisurteil einzulegen, nicht dagegen ihr Begehren durch Rechtsmittel weiter zu verfolgen. Insoweit hat jede Partei die **freie Wahl** zwischen Abänderungsklage und Rechtsmittel (s. Rn. 40). Wird keine Berufung eingelegt, so ist deshalb keine Partei mit Abänderungsgründen präkludiert, die zwischen dem Schluss der erstinstanzlichen Tatsachenverhandlung und dem Ablauf der Berufungsfrist entstanden sind. Ebenso ist auf den Schluss der mündlichen Verhandlung erster Instanz abzustellen, wenn die Berufung unzulässig ist, einseitig oder einvernehmlich oder in einem Prozessvergleich zurückgenommen wurde (s. Rn. 46). Wird gegen ein **Verbundurteil** Berufung eingelegt, so ist nur dann auf den Zeitpunkt der Berufungsverhandlung abzustellen, wenn die Unterhaltssache mit der Berufung verfolgt wurde.[259] Im schriftlichen Verfahren ist nach § 128 Abs. 2 S. 2 auf den Zeitpunkt abzustellen, bis zu dem Schriftsätze eingereicht werden konnten.[260] Bei mehrfacher Abänderung ist primär auf den Zeitpunkt der letzten Tatsachenverhandlung für das letzte Abänderungsurteil abzustellen.[261] Auf die letzte Tatsachenverhandlung früherer Verfahren kann es aber ankommen, soweit dort festgestellte Umstände durch den neueren Titel nicht berührt wurden. Im Übrigen entsteht ein Abänderungsanspruch für jede Partei nur auf Grund solcher Umstände, die in einem laufenden Verfahren nicht nach § 264 Nr. 2 durch zulässige Erweiterung des Klageantrags oder durch Widerklage hätten geltend gemacht werden können. § 323 Abs. 2 enthält insoweit eine streitgegenstandsübergreifende, rechtskraftfremde Präklusionsregelung.[262] Diese **Wirkung** tritt ein, unabhängig von der Parteistellung oder Zielrichtung des vorherigen Verfahrens.[263] Sie unterliegt (wie die Rechtskraft) nicht der Parteidisposition.[264]

---

[249] BGH FamRZ 1986, 790, 791 = NJW 1986, 2055, 2056; OLG Stuttgart FamRZ 2000, 377; OLG Hamm FamRZ 2004, 1051 u. 1885; vgl. *Göppinger/Wax/Vogel* Rn. 2413.
[250] *Spangenberg* DAVorm. 1984, 977, 978.
[251] BGHZ 136, 374, 375 = FamRZ 1998, 99; BGH FamRZ 2001, 905, 906.
[252] OLG Köln FamRZ 1996, 354 f.
[253] BGH FamRZ 1982, 792, 793; OLG Hamm FamRZ 1997, 433; *Graba* Rn. 311; *Luthin/Margraf* Rn. 7294.
[254] OLG Hamm FamRZ 1990, 772.
[255] OLG Hamm FamRZ 1997, 891.
[256] *Otto,* Präklusion, S. 121.
[257] BGH FamRZ 2000, 1499, 1500; *Johannsen/Henrich/Brudermüller* Rn. 96; *Luthin/Margraf* Rn. 7296.
[258] *Stein/Jonas/Leipold* Rn. 27; *Graba* Rn. 310.
[259] OLG Köln FamRZ 1997, 507.
[260] *Rosenberg/Schwab/Gottwald* § 157 Rn. 27.
[261] BGHZ 136, 374 = FamRZ 1998, 99, 100 = NJW 1998, 161, 162; dazu *Klein* FuR 1998, 6; aA OLG Hamm NJW-RR 1998, 222.
[262] *Otto* Präklusion, S. 123.
[263] BGHZ 136, 374 = FamRZ 1998, 99, 100 = NJW 1998, 161, 162.
[264] BGHZ 136, 374 = FamRZ 1998, 99, 100 = NJW 1998, 161, 162; *Luthin/Margraf* Rn. 7297.

b) Fraglich ist, ob durch § 323 Abs. 2 auch solche Gründe präkludiert sind, die zwar nach dem maßgeblichen Zeitpunkt entstanden sind, in diesem jedoch bereits **vorhersehbar** waren,[265] etwa das künftige Erreichen einer höheren Lebensaltersstufe nach der Unterhaltstabelle, eine ungünstige steuerliche Einordnung nach der Scheidung,[266] künftige bereits feststehende Rentenerhöhungen, die bevorstehende Geburt eines weiteren Kindes, der Eintritt der Volljährigkeit, der Beginn oder Abschluss einer Ausbildung, der Wegfall von Betreuungsunterhalt[267] usf. Bei seiner Prognose über die künftige Leistungspflicht (§ 258) soll und kann das Gericht sicherlich der bereits voraussehbaren Entwicklung Rechnung tragen, um den Parteien sonst in rascher Folge notwendige Abänderungsklagen zu ersparen. Hat die Partei nicht die nötige Voraussicht, so kann sie die Änderung erst geltend machen, sobald sie „wesentlich" ist. Sie ist aber nicht durch § 323 Abs. 2 präkludiert. Denn danach werden Änderungsgründe nur ausgeschlossen, die vor dem maßgeblichen Zeitpunkt objektiv „entstanden sind".[268] Für eine darüber hinausgehende rechtskraftfremde Präklusion fehlt jede Gesetzesgrundlage. Ein Abänderungskläger ist daher nicht prozessual gehindert, sich auf eine nunmehr eingetretene, während des Vorprozesses aber voraussehbare Erwerbsunfähigkeit, eine voraussichtliche Erwerbslosigkeit, eine bereits geplante Geschäftsaufgabe etc. zu berufen.[269] Die schlechte Ertragslage eines Unternehmens zurzeit des Erstprozesses schließt die Berufung auf eine erst danach eingetretene tatsächliche Verminderung des Einkommens nicht aus.[270] In solchen Fällen kann es geboten sein, im materiellen Recht Billigkeitskorrekturen vorzunehmen, zB durch Annahme fiktiver Leistungsfähigkeit oder Verwirkung. Diese dürfen aber nicht zu Fragen der Zulässigkeit einer Abänderungsklage gemacht werden. 84

c) Hat der Erstrichter vergangene Ereignisse nicht berücksichtigt, weil sie **typischerweise** erst **später feststellbar** sind, so müssen die Parteien befugt sein, auch diese nachträglich vorzubringen.[271] Ist etwa bei Selbstständigen oder Gesellschaftern das Einkommen nur mit zeitlicher Verzögerung feststellbar, so müssen Abweichungen gegenüber der dem Urteil zugrundeliegenden Prognose, insbesondere aus der Zeit zwischen dem Tag der letzten Tatsachenverhandlung und dem Tag der tatsächlichen Einkommensfeststellung auch später vorgebracht werden können.[272] Stellt man zur Vereinfachung zunächst auf das „Ist-Einkommen" etc. während eines bestimmten Zeitraums ab, so sind nachträgliche Einkünfte oder Schulden, Steuerrückzahlungen oder -nachforderungen als neue Veränderungen des laufenden Einkommens zu behandeln und daher nicht präkludiert, auch wenn sie sich nominell auf einen früheren Zeitraum beziehen.[273] 85

d) Die Präklusion des § 323 Abs. 2 gilt nicht für **nicht rechtskraftfähige Titel,** die in § 323 Abs. 4 aufgeführt sind. § 323 Abs. 4 verweist zwar auf alle „vorstehenden Vorschriften" und damit auch auf Abs. 2, sodass eine Geltung der Präklusionsregel nahe läge.[274] Dennoch geht die hM zu Recht davon aus, dass die Präklusionsvorschrift auf nicht rechtskraftfähige Titel nicht passt und daher nicht anwendbar ist.[275] § 323 Abs. 2 gilt dagegen, sobald ein nicht rechtskraftfähiger Titel durch Urteil abgeändert worden ist.[276] Von der Abweisung einer Abänderungsklage gegen einen Prozessvergleich geht dagegen keine Präklusionswirkung aus.[277] **Prozessvergleiche** und **vollstreckbare Urkunden** sind danach nach Voraussetzung und Umfang wie private Rechtsgeschäfte nach den Grundsätzen über die Veränderung oder den Wegfall der Geschäftsgrundlage (§ 313 BGB) abän- 86

---

265 Hierfür BGH FamRZ 2000, 1499, 1501; BGH FamRZ 2001, 905, 906; OLG Stuttgart FamRZ 1980, 397; OLG Köln FamRZ 1980, 398; KG FamRZ 1983, 291, 292.

266 Vgl. BGH FamRZ 1992, 162, 163; OLG Frankfurt FamRZ 1978, 715; OLG Düsseldorf FamRZ 1988, 1085; KG FamRZ 1990, 1122 (m. Anm. *Diener* FamRZ 1991, 211).

267 BGH NJW 2004, 3106, 3108.

268 Vgl. OLG Köln FamRZ 2000, 38; OLG Hamm FamRZ 2003, 460; OLG Karlsruhe FamRZ 2004, 1052.

269 BGH FamRZ 1982, 792, 793; OLG Bamberg FamRZ 1990, 187; *Graba* Rn. 314, 366; *Soyka* Rn. 103; *Braun* S. 242; aA OLG Frankfurt FamRZ 1981, 1100.

270 OLG Hamm FamRZ 1996, 1077.

271 Diese Fallgruppe ist von der bloßen nachträglichen Veränderung der Beweislage (*Johannsen/Henrich/Brudermüller* Rn. 98) zu unterscheiden.

272 *Graba* NJW 1988, 2343, 2349 u. Rn. 319, 362; *Heiß/Born* Kap. 23 Rn. 252; *Spangenberg* DAVorm. 1984, 797, 799 f.; aA OLG Düsseldorf FamRZ 1979, 803; OLG Stuttgart FamRZ 1980, 1125.

273 Für Steuererstattung: BGH FamRZ 1984, 1211 = NJW 1985, 195; krit. zur Anwendung der 10%-Grenze in diesen Fällen *Klauser* DAVorm. 1982, 125, 129 (s. Rn. 80).

274 Dafür OLG München FamRZ 1980, 922; OLG Köln FamRZ 1982, 713; *Wenger* NJW 1967, 1741, 1742.

275 BGHZ 85, 64 = FamRZ 1983, 22, 25 = NJW 1983, 228; OLG Thüringen FamRZ 1997, 1016, 1017; OLG Köln FamRZ 2000, 905; OLG Karlsruhe FamRZ 2005, 816, 817; *Graba* Rn. 330; *Johannsen/Henrich/Brudermüller* Rn. 124.

276 BGH FamRZ 1988, 493 = NJW 1988, 2473; OLG Koblenz FamRZ 2000, 907; *Graba* Rn. 331.

277 BGH FamRZ 1995, 221, 223.

derbar.[278] (E-FamFG § 239 Abs. 2 verweist für die Abänderbarkeit ausdrücklich auf die Vorschriften des BGB.) Ein großer Unterschied ergibt sich hieraus aber nicht. Denn ein Wegfall der Geschäftsgrundlage setzt voraus, dass Änderungen nach Vergleichsabschluss eingetreten sind. Freilich können Überzahlungen auf einen Prozessvergleich, die sich aus einer Veränderung der Verhältnisse ergeben, auch ohne Abänderungsklage nach Bereicherungsrecht zurückgefordert werden.[279]

87 **Vollstreckbare Urkunden** müssen nicht auf einer vertraglichen Einigung beruhen, sondern können eine einseitige Schuldverpflichtung enthalten. Auch in diesem Fall kann eine Abänderung nur mittels Abänderungsklage (nach den Regeln des § 313 BGB)[280] und nicht durch eine einseitige Abänderungsurkunde erreicht werden.[281] Da die Urkunde ein deklaratorisches Schuldanerkenntnis enthält, sind dem Schuldner zugleich Einwendungen abgeschnitten, die er im Zeitpunkt seiner Erklärung kannte bzw. mit denen er rechnen musste.[282]

88 **e)** Soweit eine Präklusionswirkung besteht, kann der Abänderungskläger die Zulässigkeit der Abänderungsklage nicht auf **vorher eingetretene Umstände** stützen. Damit ist aber nicht endgültig darüber entschieden, ob solche Umstände dennoch bei der Entscheidung über eine zulässig erhobene Abänderungsklage berücksichtigt werden können. Nach Ansicht des BGH ist dies zulässig, soweit das Vorbringen nicht in Widerspruch zur Rechtskraft der Vorentscheidung steht oder das Ergebnis sonst untragbar wäre.[283] Einzelheiten s. Rn. 95 ff.

89 **f) Beweislast.** Der Abänderungskläger hat die Tatsachen, die eine Abänderung rechtfertigen, darzulegen und zu beweisen.[284] Er genügt seiner Darlegungslast nicht, wenn er nur für einen von mehreren maßgeblichen Bemessungsfaktoren eine wesentliche Änderung darlegt.[285] Nachzuweisen ist vielmehr, dass sich die maßgebenden Verhältnisse insgesamt geändert haben.[286] Erst wenn dieser Beweis geführt ist, gelten für die sonstigen Anspruchsvoraussetzungen die allgemeinen Beweislastregeln.[287] In Unterhaltsstreitigkeiten zwischen Verwandten, Ehegatten und nichtehelichen Elternteilen ist dieser Nachweis nunmehr durch die **Auskunftspflicht gegenüber dem Gericht** nach § 643 erleichtert. Zur Erleichterung seiner Beweisführung kann der Abänderungskläger im Wege der Stufenklage (§ 254) zunächst auf Auskunft klagen (s. Rn. 64). Soweit der Beklagte im Abänderungsprozess eine Aufrechterhaltung des bestehenden Titels unter Berufung auf eine andere Anspruchsgrundlage erstrebt, obliegt dem Abänderungskläger insoweit aber kein Negativbeweis, vielmehr trifft den Beklagten die Beweislast für den neuen anspruchsbegründenden Sachverhalt.[288] Auch wenn sich die Umstände eindeutig geändert haben, bleibt es im Abänderungsverfahren bei den allgemeinen Beweislastregeln.[289]

90 *Braun* meint, § 323 Abs. 2 widerspreche dem Anspruch auf rechtliches Gehör nach Art. 103 Abs. 1 GG, soweit die Abänderungsklage den Nachweis der früheren objektiven Verhältnisse voraussetze. Eine verfassungskonforme Auslegung bestehe darin, § 323 Abs. 2 auf den Ausschluss rückwirkender Urteilskorrekturen zu beschränken; frei von den Beschränkungen könne stets Abänderung für die Zukunft verlangt werden.[290] Die Notwendigkeit für eine derartige Auslegung besteht freilich nicht, wenn man, wie hier vertreten, stets eine freie Neubeurteilung aus Anlass einer wesentlichen Änderung zulässt (s. u. Rn. 91 ff., 100 f.).

91 **3. Die „entsprechende" Abänderung. a) Bindung an frühere Entscheidungsgrundlagen.** Ist die Abänderungsklage zulässig und eine wesentliche tatsächliche Änderung nachgewiesen,

---

[278] BGHZ 85, 64, 73 = FamRZ 1983, 22, 24; BGH FamRZ 2001, 1140, 1142; BGH NJW 2004, 3106, 3107; OLG Köln FamRZ 2005, 1755; *Graba* Rn. 333; *Johannsen/Henrich/Brudermüller* Rn. 127 ff.; vgl. *Graba* FamRZ 2005, 678, 682 f.

[279] OLG Köln FamRZ 1988, 1185.

[280] OLG Hamm FamRZ 2003, 1025, 1026; aA (nach derzeitiger Rechtslage) OLG München FamRZ 2002, 1271, 1272.

[281] BGH NJW 2003, 3770, 3771; AG Aachen FamRZ 2003, 461; AG Halle-Saalekreis FamRZ 2005, 284; *Zöller/Vollkommer* Rn. 47.

[282] OLG Köln FamRZ 2000, 905, 906.

[283] BGHZ 98, 353 = FamRZ 1987, 259, 261 ff. = JR 1987, 461, 462 m. Anm. *von Olshausen* = NJW 1987, 1201.

[284] BGHZ 98, 353 = FamRZ 1987, 259, 260; BGH FamRZ 2004, 1179, 1180; OLG Hamburg FamRZ 1993, 1475; OLG Hamm FamRZ 1996, 1219, 1220; OLG Brandenburg FamRZ 2005, 815, 816.

[285] OLG Düsseldorf FamRZ 1981, 587; OLG Frankfurt FamRZ 1985, 303, 304.

[286] BGH FamRZ 1985, 53, 56; OLG Hamburg FamRZ 1989, 885, 886.

[287] OLG Brandenburg FamRZ 2005, 815, 816; *Baumgärtel/Pruskowski,* Handbuch der Beweislast im Privatrecht, Bd. 2, 2. Aufl. 1999, Vor §§ 1601 ff. Rn. 11.

[288] BGH FamRZ 1990, 496; OLG Brandenburg FamRZ 2004, 552, 553; OLG Zweibrücken FamRZ 2004, 1884; *Johannsen/Henrich/Brudermüller* Rn. 91.

[289] Vgl. *Heiß/Born* Kap. 23 Rn. 220 ff.; *Klauser* MDR 1982, 529, 535.

[290] *Braun* S. 230 ff.

so ist str., ob das Gericht das frühere Urteil frei an die tatsächliche neue materielle Rechtslage anpassen, den Unterhaltsbetrag also neu frei festsetzen kann,[291] oder ob nur eine entsprechende Anpassung im Hinblick auf die neuen veränderten Umstände in Betracht kommt.[292]

Nach **hM** gestattet § 323 eine Rechtskraftdurchbrechung nur hinsichtlich der neuen Veränderungen. Die Feststellungen des abzuändernden Urteils, die nicht von Änderungen betroffen sind, sollen daher für das neu angerufene Gericht bindend sein.[293] Die **Rechtskraftbindung** besteht konsequenterweise danach auch, wenn die frühere Bewertung oder Feststellung falsch ist.[294] Danach ist der Unterhaltstitel unter Wahrung der bisherigen Entscheidungsgrundlagen an die veränderten Verhältnisse anzupassen.[295] Diese Anpassung unter Wahrung der bisherigen Grundlagen soll in E-FamFG § 238 Abs. 4 ausdrücklich festgeschrieben werden. 92

Der Umfang der Bindungswirkung ist wie bei jeder Rechtskraftwirkung im Wege der **Auslegung** des abzuändernden Urteils zu ermitteln.[296] Bindend sind danach nur solche Umstände, die der Erstrichter tatsächlich festgestellt hat und die für seine Entscheidung erheblich waren,[297] zB Feststellungen zu den Einkommensverhältnissen, zur Arbeitsfähigkeit, zur Bedürftigkeit, zu weiteren Unterhaltspflichtigen oder -berechtigten. Bei einem Anerkenntnisurteil sind die damaligen feststellbaren Lebensverhältnisse bindend.[298] Soweit sich die tatsächlichen Grundlagen der Vorentscheidung nicht feststellen lassen, kann freilich keine Bindung bestehen.[299] 93

b) Bloße Rechtsansicht. Keine Bindung besteht dagegen an die bloße Rechtsansicht des Erstrichters. Der Abänderungsrichter ist daher nicht gehindert, Rechtsfehler des Erstgerichts zu korrigieren.[300] Entsprechend hat auch der BGH eine Bindung an die quasi-normativen Unterhaltsrichtlinien oder -tabellen der Oberlandesgerichte abgelehnt.[301] Auch eine Bindung an die Unterhaltsquote besteht nicht, wenn das Gericht keine Feststellungen über die ehelichen Lebensverhältnisse der Parteien getroffen hat.[302] 94

c) Ausnahmen von der Bindung. Auch nach hM ist aber zweifelhaft, ob § 323 Abs. 2 uneingeschränkt anwendbar ist, wenn der **Kläger** mit seiner ersten Unterhaltsklage oder Abänderungsklage **voll erfolgreich** war, im Urteil gleichwohl nicht sein gesamter, berücksichtigungsfähiger Bedarf beachtet wurde, etwa weil er – aus welchen Gründen auch immer – nicht seinen vollen Bedarf geltend gemacht hat (s. Rn. 19ff.). Da er durch das erste Urteil nicht beschwert war, darf ihm in solchen Fällen nicht die Möglichkeit abgeschnitten werden, für die Zukunft vollen Unterhalt zu verlangen. Liegen in solchen Fällen die Voraussetzungen einer Abänderungsklage vor, so muss der Abänderungskläger nun seinen vollen Unterhalt, zB zusätzlich bisher nicht verlangten Vorsorgebedarf geltend machen können.[303] Eine Klageabweisung wegen fehlender Bedürftigkeit soll auch nach Ansicht des BGH keine Rechtskraftwirkung für die Zukunft haben, also die Geltendmachung von Unterhalt für die Zeit nach der letzten mündlichen Tatsachenverhandlung nicht ausschließen.[304] 95

Dennoch hält die Rechtsprechung als Grundsatz daran fest, dass die Rechtskraftpräklusion die Parteien der Abänderungsklage generell hindert, sich neu auf Tatsachen zu berufen, die im Präklu- 96

---

[291] So OLG Hamburg FamRZ 1978, 935; OLG Frankfurt FamRZ 1979, 238; OLG Oldenburg DAVorm. 1979, 479; *Arzt* FamRZ 1966, 395; *Mutschler* JR 1980, 25; weit. Nachw. bei *Braun,* Rechtskraft und Restitution, 2. Teil, 1985, S. 264f. (Fn. 165); krit. zur hM auch *Musielak/Musielak* Rn. 41.

[292] Dafür BGH FamRZ 1990, 280, 281; BGH FamRZ 1994, 1100, 1101; BGH FamRZ 2001, 1364, 1365; BGH FamRZ 2003, 848, 850; *Luthin/Margraf* Rn. 7299; *Göppinger/Wax/Vogel* Rn. 2414.

[293] *Johannsen/Henrich/Brudermüller* Rn. 80; *Rahm/Künkel/Stollenwerk* IV 775.

[294] BGH FamRZ 2001, 1364, 1365 = NJW-RR 2001, 937, 938; *Johannsen/Henrich/Brudermüller* Rn. 83; *Luthin/Margraf* Rn. 7300; *Soyka* Rn. 115; *Göppinger/Wax/Vogel* Rn. 2410, 2414; vgl. OLG Hamm FamRZ 1997, 889; aA *Spangenberg* DAVorm. 1984, 797.

[295] BGH FamRZ 1984, 374, 375; OLG Hamm FamRZ 1997, 889.

[296] BGH FamRZ 1990, 280, 281; OLG Düsseldorf FamRZ 1985, 1276, 1278; *Hahne* FamRZ 1983, 1189, 1193.

[297] BGH FamRZ 1984, 374, 375 = NJW 1984, 1458; gegen eine Bindung an Beweislast-Feststellungen KG FamRZ 1991, 219.

[298] OLG Karlsruhe NJW-RR 1984, 69; OLG Hamm FamRZ 1997, 890; *Johannsen/Henrich/Brudermüller* Rn. 81; aA OLG Bamberg FamRZ 1986, 702.

[299] Vgl. BGH FamRZ 2001, 1140, 1142; *Luthin/Margraf* Rn. 7302.

[300] BGH FamRZ 1984, 374 = NJW 1984, 1458; *Spangenberg* DAVorm. 1984, 797, 802.

[301] BGH FamRZ 1984, 374, 375 = NJW 1984, 1458; 1987, 257, 258; BGH FamRZ 1994, 1100, 1101f.; *Stein/Jonas/Leipold* Rn. 71.

[302] BGH FamRZ 1985, 374, 375; 1987, 257, 258.

[303] BGHZ 98, 353, 357 = FamRZ 1987, 259 = JR 1987, 461, 462 m. Anm. *von Olshausen*; BGHZ 136, 374 = FamRZ 1998, 99, 101 = NJW 1998, 161, 162; vgl. auch OLG Hamm FamRZ 1998, 173 m. Anm. *Luthin*; zustimmend *Spangenberg* DAVorm. 1984, 797; *Johannsen/Henrich/Brudermüller* Rn. 84; *Graba* Rn. 371 (Fehlerberichtigung durch verdeckte Zusatzklage); vgl. *Soyka* Rn. 118.

[304] BGHZ 82, 246, 252 = FamRZ 1982, 259; BGH FamRZ 1990, 863.

sionszeitpunkt eingetreten, aber nicht Gegenstand des Vorprozesses und der richterlichen Beurteilung waren. Eine ganz oder teilweise unterlegene Partei könne gestützt auf solche nicht vorgetragenen Tatsachen **keine „Korrektur" des früheren Urteils** erreichen. Nach hM fordert die durch § 323 anerkannte Billigkeit nicht, dass der Kläger auch solche Tatsachen geltend machen kann.[305]

97 Dagegen soll sich der **Abänderungsbeklagte** (entgegen der allgemeinen Rechtskraftpräklusion, s. § 322 Rn. 138) ohne Verstoß gegen die Bindungswirkung des abzuändernden Urteils zu dessen Verteidigung gegen das Abänderungsbegehren auf unveränderte Umstände berufen können, die im früheren Verfahren nicht vorgetragen worden sind und daher nicht Gegenstand der gerichtlichen Beurteilung waren.[306] Dies widerspricht aber der Gleichheit der Parteien im Prozess (s. o. Rn. 82).[307]

98 **d) Untragbares Ergebnis.** Darüber hinaus lässt der BGH Ausnahmen von der Bindungswirkung zu, „wenn auf Grund einer ganz ungewöhnlichen Entwicklung der früher außer acht gelassene [Umstand] ein solches Gewicht gewonnen hatte, dass seine (weitere) Nichtberücksichtigung zu einem **untragbaren Ergebnis** führen würde, sodass auch aus der Sicht des Gerichts, das die abzuändernde Entscheidung erlassen hat, diesem Umstand Bedeutung eingeräumt werden müsste".[308] Zulässig sei es auch, gleichgebliebene Umstände im Zusammenhang mit anderen veränderten Umständen anders zu gewichten.[309] Neuestens lässt der BGH die Berücksichtigung eines von der Gegenseite betrügerisch **verschwiegenen Umstandes** zu, sofern das Verschweigen über den Präklusionszeitpunkt fortwirkte.[310] Ferner wird eine Neufestsetzung zugelassen, wenn sich die für die Verurteilung maßgebenden Verhältnisse nicht mehr feststellen lassen[311] oder wenn der nacheheliche Unterhaltsanspruch nunmehr auf eine andere Anspruchsgrundlage gestützt wird.[312]

99 E-FamFG § 238 Abs. 2 will eine Berücksichtigung „alter" Gründe dann zulassen, wenn ihre Nichtberücksichtigung insb. im Hinblick auf das Verhalten des Antragsgegners grob unbillig wäre.

100 **e) Kritik und eigene Ansicht.** Diese unterschiedliche Bindungswirkung je nach dem Ergebnis des vorhergehenden Verfahrens, der betroffenen Partei und dem Ziel der neuen Abänderungsklage vermag nicht zu überzeugen.[313] Viele Tatsachengerichte haben angenommen, eine bloße Anpassung an veränderte Umstände sei wegen oft gegenläufiger Entwicklungen und deren Verbindung mit dem früheren Zustand gar nicht sinnvoll möglich. Bei einer wesentlichen Veränderung der Sachlage müsste daher die Rentenhöhe umfassend neu wie bei ihrer erstmaligen Festsetzung bestimmt werden.[314] *Graba* spricht insoweit von einer stillschweigenden Fehlerberichtigung durch Gesamtwürdigung.[315] Hierfür sprechen aber nicht nur rein praktische Überlegungen. Präklusionen dienen der sachgerechten Prozessführung. Sie müssen daher klar und voraussehbar sein, gleichgültig ob es sich um Rechtskraft- oder um rechtskraftfremde Präklusion handelt. Diesen Anforderungen wird das von der hM vertretene System der Bindungswirkung mit Billigkeitsausnahmen nicht gerecht. Eine Reform ist daher weiterhin geboten, sollte sich aber nicht darauf beschränken, nur die anerkannten Billigkeitsausnahmen festzuschreiben.

101 Eine klare Lösung erreicht man nur, wenn man das von der hM für § 323 vertretene „Mehr an Rechtskraft" zurücknimmt und auf zulässige Abänderungsklage eine freie Annexkorrektur zulässt.[316] Diese Lösung hat keineswegs die Schwäche einer auf Treu und Glauben gestützten Kompromisslösung. Sie entspricht vielmehr den allgemeinen Rechtskraftgrenzen. Denn entgegen der hM besteht innerhalb einer zulässigen Abänderungsklage **keine Rechtskraftbindung** gegenüber der abzuändernden Entscheidung. Mit der Abänderungsklage wird nicht nur ein neuer Antrag, son-

---

[305] BGHZ 98, 353 = FamRZ 1987, 259, 263 = NJW 1987, 1201 = JR 1987, 461, 463 m. Anm. *von Olshausen;* krit. *Gottwald* FamRZ 1992, 1374, 1378 f.; *Grosch* S. 356 (rechtskraftfremde Präklusion).

[306] BGHZ 98, 353 = FamRZ 1987, 259, 263 = NJW 1987, 1201 = JR 1987, 461, 463 m. Anm. *von Olshausen;* BGH FamRZ 2000, 1499, 1500; BGH FamRZ 2001, 1364, 1365; *Soyka* Rn. 110.

[307] Ebenso *Graba* Rn. 377.

[308] BGH FamRZ 1983, 260, 261 = NJW 1983, 1118 = LM Nr. 32; *Johannsen/Henrich/Brudermüller* Rn. 83; *Brudermüller,* FS Rolland, 1999, S. 45, 61.

[309] BGH FamRZ 1984, 374 = NJW 1984, 1458; *Graba* NJW 1988, 2343, 2346; *ders.* Rn. 372 f., 375.

[310] BGH FamRZ 1990, 1095; ebenso OLG Koblenz FamRZ 1998, 565; *Thomas/Putzo/Reichold* Rn. 32; *Musielak/Musielak* Rn. 33; *Graba* Rn. 367; *Soyka* Rn. 105; *Göppinger/Wax/Vogel* Rn. 2400.

[311] OLG Hamm FamRZ 1994, 763.

[312] Vgl. OLG Hamm FamRZ 1992, 842.

[313] Ebenso *von Olshausen* JR 1987, 464; *Graba* NJW 1988, 2343, 2349 f.; *ders.* Rn. 375 ff.

[314] OLG Frankfurt FamRZ 1979, 238; OLG Hamburg FamRZ 1979, 936.

[315] *Graba* Rn. 370.

[316] Dafür *Graba* NJW 1988, 2343, 2349 f. u. *ders.* Rn. 285 f. Für Anpassung von „Dauerurteilen" an veränderte Einsichten als „Ergebnisfehlerrestitution" auch *Braun* (Fn. 288) S. 264 ff.; *ders.,* Abänderungsklage, S. 241 f.

dern zugleich ein neuer Sachverhalt zur Entscheidung des Gerichts gestellt. Die Abänderungsklage hat daher in jedem Fall einen neuen Streitgegenstand; der Abänderungsprozess ist keine Fortsetzung des früheren Prozesses und auch nicht funktional einem Rechtsbehelfs- oder Wiederaufnahmeverfahren vergleichbar (s. Rn. 6).[317] Soweit es um Leistung für die Zukunft geht, besteht eine partielle Antragsidentität allenfalls hinsichtlich des bereits abgeurteilten Betrages, nicht aber für Leistungserhöhungen. In jedem Fall liegt der Abänderungsklage aber ein neuer Sachverhalt zugrunde, über den noch nicht entschieden worden ist und auch nach den allgemeinen Regeln über die zeitlichen Grenzen der Rechtskraft keine bindende Vorentscheidung vorliegen kann. Hat die Abänderungsklage aber einen **neuen Streitgegenstand,** so entfällt jede Rechtskraftbindung (s. Rn. 9). Die bisherige Entscheidung ist daher nur Vergleichsmaßstab für das Abänderungsurteil, enthält aber selbst kein vorgreifliches Rechtsverhältnis. Die hM bejaht den Grundsatz der Wahrung der Grundlagen des abzuändernden Urteils[318] dagegen nicht zuletzt, um eine erneute Beweisaufnahme zu bereits streitig entschiedenen Fragen ablehnen zu können. Nach allgemeinen Rechtskraftregeln besteht aber keine Bindung an einzelne tatsächliche Feststellungen einer vorgreiflichen Entscheidung (s. § 322 Rn. 97ff.). Ein zwingendes Gegenargument für eine Sonderlösung zu § 323 folgt hieraus nicht. Denn soweit es um die Unterhaltshöhe geht, besteht nach § 287 Abs. 2 ein ausreichendes Beweiserhebungsermessen. Das Gericht der Abänderungsklage ist daher durch die Rechtskraft nicht gehindert, sich selbst ein Urteil über den geltend gemachten Anspruch zu bilden und dabei erkannte Fehler ab dem Zeitpunkt der zulässigen Abänderung zu korrigieren. Selbst wenn man entgegen den sonstigen Regeln Klagen auf künftige Leistung eine weitergehende Rechtskraftwirkung beimessen wollte, so wäre es doch nicht berechtigt, dem von einer objektiven Fehlentscheidung Begünstigten einen Bestandsschutz ad infinitum zu gewährleisten, also je nachdem den Verpflichteten auf Dauer zu unrealistischen Zahlungen zu verpflichten oder dem Unterhaltsgläubiger sachgerechten Unterhalt vorzuenthalten.[319] Sobald sich vielmehr die Verhältnisse wesentlich verändert haben und eine Partei daher Abänderung begehren kann, muss dieser Bestandsschutz gegenüber einer **Annexkorrektur** durch freie Neubeurteilung zurücktreten. Wer eine Berichtigung gegen die Rechtskraft nach Treu und Glauben zulässt,[320] kommt in den meisten Fällen praktisch zum gleichen Ergebnis.

f) Abänderung von Prozessvergleichen und vollstreckbaren Urkunden. Besonderheiten gelten für die Abänderung von Prozessvergleichen und vollstreckbaren Urkunden. Auch bei ihnen ist die Abänderungsklage der einzig zulässige Rechtsbehelf, um Veränderungen der wirtschaftlichen Verhältnisse geltend zu machen.[321] Doch ist bei derartigen rechtsgeschäftlichen Unterhaltsvereinbarungen primär der Parteiwille dafür maßgebend, auf welchen Grundlagen die Unterhaltsbemessung aufbaut oder in welcher Weise abgeändert werden soll.[322] So kann etwa vereinbart werden, dass der Unterhalt bei einer Änderung der Verhältnisse neu festgesetzt werden soll.[323] Ansonsten erfolgt eine Änderung nur bei Änderungen der für die Unterhaltsbemessung vereinbarten Faktoren (subjektive Geschäftsgrundlage; s. o. Rn. 86) unter Wahrung der Vergleichsgrundlage.[324] Diese Veränderung gegenüber den vertraglichen Bemessungsgrundlagen ist nach der Rechtsprechung stets nachzuweisen.[325] Stets ist bei der **Fixierung der Vergleichsgrundlage** besonders darauf zu achten, dass bestimmte Umstände nicht generell, sondern nur in bestimmten Grenzen als irrelevant angesehen werden. Andernfalls können der Partei hieraus unter Umständen irrevisible Nachteile erwachsen. Sind keine besonderen Vergleichsgrundlagen fixiert worden, so sollte auf die objektive Sachlage zurzeit des Vergleichsschlusses abgestellt werden. Dementsprechend können die Parteien in einem Prozessvergleich auch festlegen, ab wann eine Abänderung des Vergleichs verlangt werden kann. Sie können sogar vereinbaren, dass der Unterhalt bei wesentlichen Änderungen vollständig neu berechnet werden soll, und dadurch die Ansicht, wonach kraft Gesetzes nur eine verhältnismäßige Anpassung zulässig sei, ausschalten.[326] Sind die Vergleichsgrundlagen nicht mehr feststellbar, so ist der Anspruch nach den jetzt gegebenen Verhältnissen neu zu berechnen.[327] Ist der Vergleich nach 102

[317] So bereits *Sydow/Busch* ZPO, 14. Aufl. 1913, Anm. 4.
[318] Vgl. *Wendl/Staudigl/Thalmann* § 8 Rn. 138f., 162.
[319] Vgl. *Braun* FamRZ 1994, 1145, 1146f.
[320] So *Graba* Rn. 251, 378ff.; *Gottwald* FamRZ 1992, 1374, 1379f.
[321] OLG Celle FamRZ 1992, 582.
[322] OLG Hamm FamRZ 1992, 1322.
[323] OLG Zweibrücken FamRZ 2004, 1884.
[324] BGH FamRZ 1980, 771 = NJW 1980, 2081; OLG Koblenz FamRZ 1997, 1079; OLG Bamberg FamRZ 2001, 555; AG Gifhorn FamRZ 2002, 1576; krit. *Gottwald* FamRZ 1992, 1374, 1381.
[325] BGH FamRZ 1986, 790 = NJW 1986, 2054; KG FamRZ 1988, 1171.
[326] OLG Zweibrücken FamRZ 1992, 839; *Künkel* DAVorm. 1982, 217, 230.
[327] BGH FamRZ 2001, 1140, 1142; OLG Hamm FamRZ 1995, 891; *Göppinger/Wax/Vogel* Rn. 2426, 2435.

Anfechtung wegen arglistiger Täuschung rückwirkend unwirksam, so ist das alte Verfahren fortzusetzen; eine Abänderungsklage scheidet aus.[328]

103 Hat der Unterhaltsverpflichtete in einer **vollstreckbaren Urkunde** eine bestimmte Unterhaltsrente versprochen, so steht dem regelmäßig keine Bindung des Berechtigten gegenüber. Der Berechtigte hat daher zwar die Möglichkeit, eine etwaige Erhöhung seines Anspruchs durch Abänderungsklage geltend zu machen, es ist ihm aber auch nicht verwehrt, seinen Anspruch ohne Bindung an den bisherigen Titel durch Erstklage zu realisieren.[329] Der Verpflichtete kann den Wegfall seiner Pflicht auch ohne wesentliche Änderung geltend machen.[330]

104 **4. Zeitpunkt der Abänderung. a) Generelle zeitliche Schranke.** Nach § 323 Abs. 3 S. 1 darf das Urteil nur für die Zeit nach Erhebung der Abänderungsklage (§ 253 Abs. 1) geändert werden.[331] Diese Regel ist nicht notwendige Folge der Rechtskraft des Urteils auf künftige wiederkehrende Leistungen (s. Rn. 9, 95 f.). Die nicht parteidispositive Regelung[332] ist vielmehr aus Gründen des Vertrauensschutzes für den Beklagten und aus der (wenig überzeugenden) Befürchtung eingeführt worden, eine rückwirkende Feststellung des Zeitpunkts der Veränderung der Verhältnisse bereite erhebliche praktische Schwierigkeiten.[333] In dieser Verschärfung der von einem Urteil nach allgemeinen Regeln ausgehenden Bindungswirkung liegt eine der wesentlichen Besonderheiten des § 323.[334]

105 **b) Rückwirkung.** Diese generelle Zeitschranke stand lange Zeit im Widerspruch zur Regelung des materiellen Rechts (§§ 1613 Abs. 1, 1585 b Abs. 2, 1360 a Abs. 3, 1361 Abs. 4 S. 4 BGB), wonach **Unterhalt** in Grenzen auch **für die Vergangenheit** verlangt werden kann. Diesen Widerspruch hat das KindUG zum 1. 7. 1998 beseitigt. Nach dem in Abs. 3 neu eingefügten Satz 2 ist eine **rückwirkende Abänderung** auch für die Zeit vor Klageerhebung zulässig, soweit nach BGB Unterhalt für die Vergangenheit verlangt werden kann. Das Prozessrecht folgt nunmehr dem materiellen Recht.[335] **Familienunterhalt**, **Ehegattenunterhalt** (bei bestehender Ehe oder bei Getrenntleben) sowie **Verwandtenunterhalt** kann danach rückwirkend verlangt werden (a) ab Verzug des Verpflichteten,[336] (b) ab Rechtshängigkeit oder (c) ab dem Zeitpunkt, zu dem der Verpflichtete zur Auskunft über seine Einkünfte und sein Vermögen für Unterhaltszwecke aufgefordert wurde (§ 1613 Abs. 1 BGB).[337] In diesen Fällen kann die Abänderung zudem rückwirkend zum Ersten des Monats verlangt werden, in den das maßgebende Ereignis fällt, sofern der Unterhaltsanspruch zu diesem Zeitpunkt dem Grunde nach bereits bestand, § 1613 Abs. 1 S. 2 BGB. Die bisherigen Unbilligkeiten, die sich ergeben, wenn der Verpflichtete seine Auskunfts- und Informationspflicht nicht erfüllt hat, sind damit teilweise beseitigt. Auch eine Stufenklage ist in diesen Fällen u U entbehrlich. Ungelöst bleibt aber der Fall, dass der ahnungslose Berechtigte keinen Anlass sieht, Auskunft zu verlangen.

106 Für den **nachehelichen Ehegattenunterhalt** ist § 1613 Abs. 1 BGB dagegen nicht anwendbar. Hier ist eine Rückwirkung nach § 1585 b Abs. 2 BGB nur – taggenau – auf den Zeitpunkt des Verzugseintritts (oder der Rechtshängigkeit) zulässig.[338] Gleiches gilt, soweit **Unterhalt als Schadenersatz** verlangt wird.[339] Da der frühere Ehegatte häufig gleichzeitig wegen nachehelichen Unterhalts und wegen Kindesunterhalt (im Namen der Kinder, §§ 1629 Abs. 1 S. 3, 1671 BGB) Klage erheben wird, ist diese unterschiedliche Regelung zu bedauern.

107 Die nichteheliche Mutter oder der Vater können aus Anlass der Geburt Unterhalt für die Vergangenheit nach § 1615l Abs. 3 S. 4 BGB gemäß § 1613 Abs. 2 BGB verlangen, soweit der Unterhalt nicht geltend gemacht werden konnte. Gegen den Vater kann daher Unterhalt auch für den Zeitraum vor Feststellung oder Anerkennung der Vaterschaft verlangt werden.[340]

---

[328] *Musielak/Musielak* Rn. 47.

[329] BGH FamRZ 1984, 997; BGH NJW 2003, 3770, 3771; OLG Karlsruhe FamRZ 2003, 1675, 1676; *Graba* Rn. 105; aA *Johannsen/Henrich/Brudermüller* Rn. 139 f.

[330] OLG Nürnberg FamRZ 2004, 1053.

[331] BGH FamRZ 2004, 1712, 1714.

[332] OLG Dresden FamRZ 1996, 1089; *Graba* Rn. 411; anders wohl KG FamRZ 1995, 892, 893.

[333] BGH NJW 1982, 1050; BGH FamRZ 1983, 995 = NJW 1983, 2317 = ZZP 97 (1984), 337 m. Anm. *Braun;* BGHZ 96, 205, 211 = NJW 1986, 383; vgl. *Graba* Rn. 407 ff.

[334] Zutreffend *Schwartz* S. 88 f.; vgl. *Braun* S. 83 ff.

[335] *Weber* NJW 1998, 1992, 2001.

[336] Vgl. OLG Köln FamRZ 2005, 534, 575.

[337] Vgl. OLG Köln FamRZ 2003, 1960.

[338] *Graba* Rn. 420 a; aA *Schwab/Maurer/Borth* I 1061.

[339] BGH FamRZ 2004, 1712, 1714.

[340] MünchKomm/*Born* § 1615l Rn. 41; für ergänzende Anwendung von § 1613 Abs. 1 BGB *Staudinger/Engler* (2000) § 1615l Rn. 28.

Diese Rückwirkungsregeln gelten sämtlich nur für Klagen auf Unterhaltserhöhung. Für ein **Herabsetzungsverlangen des Schuldners** bleibt es dagegen (unter Verstoß gegen die Gleichheit der Parteien)[341] bei der Zeitsperre des § 323 Abs. 3 S. 1.[342] Der Schuldner kann sich nicht rückwirkend gegen Nachforderungen aus einem dynamisierten Titel wenden. Auch die Folgen einer bewussten Verheimlichung eigenen Einkommens durch den Unterhaltsberechtigten hat der Gesetzgeber nicht geregelt. Die Rechtsprechung hat insoweit anerkannt, dass im Verschweigen von Einkünften eine Pflichtverletzung des Unterhaltsschuldverhältnisses liegt, so dass der Unterhaltsschuldner dadurch verursachte Überzahlungen als Schadenersatz auch ohne Änderung des bisherigen Titels zurückverlangen kann.[343] *Graba* möchte § 323 Abs. 3 S. 2 insoweit analog zu Gunsten des Zahlungspflichtigen anwenden, als dieser wegen Überzahlungen ab dem Monatsersten der Aufforderung zur Auskunft einen Erstattungsanspruch hat.[344] § 323 Abs. 3 S. 1 wird dadurch praktisch unterlaufen. Dieses Ergebnis ist zu billigen. Es zeigt aber, dass § 323 weiterhin reformbedürftig ist.[345] Der Entwurf eines FamFG verspricht insoweit in E § 238 Abs. 3 S. 3 Abhilfe. 108

c) Zunächst unzulässige Abänderungsklage. Soweit die zeitliche Schranke derzeit vorgesehen ist, gilt folgendes: (1) Ist eine **Abänderungsklage zunächst** unschlüssig oder **unzulässig**, so darf nur auf den Zeitpunkt abgeändert werden, in dem der Mangel beseitigt wird.[346] Wird eine unzulässige Leistungsklage nach dem Willen des Klägers in eine Abänderungsklage umgedeutet, kann auf den Zeitpunkt der ursprünglichen Klageerhebung abgeändert werden.[347] Wird die Abänderungsklage als Stufenklage erhoben, so wird der unbezifferte Leistungsantrag bereits mit Klageerhebung rechtshängig, sodass die Abänderung ab diesem Zeitpunkt erfolgen kann.[348] Anders ist es dagegen, wenn zunächst isoliert auf Auskunft geklagt wird.[349] Ein Antrag auf eine § 323 Abs. 3 widersprechende Änderung ist unzulässig.[350] Wird eine Klage erweitert, so kommt es insoweit auf den Zeitpunkt wirksamer Erweiterung (§ 261 Abs. 2) an.[351] 109

(2) Eine **Rückwirkung** der Abänderung auf den Zeitpunkt der Einreichung der Klage entsprechend § 167 wird abgelehnt.[352] Nach hM scheidet auch eine Vorwirkung ab **Stellung eines Prozesskostenhilfeantrags** bzw. ab dessen Mitteilung an den Abänderungsgegner aus.[353] Da der Antragsteller die Möglichkeit habe, gem. § 14 Nr. 3 GKG nF ohne Zahlung des Gerichtskostenvorschusses eine alsbaldige Zustellung seiner Klage bereits vor Gewährung von Prozesskostenhilfe zu erreichen, liege hierin keine Unbilligkeit.[354] In den von § 323 Abs. 3 S. 1 erfassten Fällen kann höherer Unterhalt freilich ab Verzug verlangt werden, so dass es auf den Zugang des PKH-Gesuchs nicht mehr ankommt.[355] Relevant bleibt die Frage aber bei Herabsetzungsbegehren. Gewiss besteht in isolierten Unterhaltssachen kein Anwaltszwang, doch hat der nicht vertretene Kläger von dieser Möglichkeit regelmäßig keine Kenntnis. Auch widerspricht es dem Grundsatz der Chancengleichheit, eine arme Partei für die Fertigung einer Klageschrift an die Rechtsantragsstelle des Amtsgerichts zu verweisen und ihr entgegen dem Ziel der §§ 114 ff. letztlich doch ein Kostenrisiko aufzuerlegen. Eine Vorwirkung erscheint daher geboten.[356] 110

d) Verstoß gegen die Auskunfts- und Informationspflicht. Darüber hinaus sind in der Praxis Fallgruppen anerkannt, in denen das **Rückwirkungsverbot** als grob **unbillig** erscheint und deshalb teleologisch zu reduzieren ist. Für sie will künftig auch E-FamFG § 238 Abs. 3 S. 5 Abhilfe schaffen. 111

---

341 *Johannsen/Henrich/Brudermüller* Rn. 117.

342 *Gebhardt* FuR 1998, 145, 148; *Luthin/Margraf* Rn. 7302; *Göppinger/Wax/Vogel* Rn. 2418; für rückwirkende Herabsetzung ab „negativer" Mahnung *Schwab/Maurer/Borth* I 1061.

343 OLG Karlsruhe NJW-RR 2004, 145.

344 *Graba* Rn. 420 b.

345 Ebenso *Brudermüller,* FS Rolland, 1999, S. 45, 65.

346 OLG Hamburg FamRZ 1985, 93, 94; OLG Frankfurt FamRZ 1985, 303, 304.

347 OLG Hamm FamRZ 1993, 1102, 1103; *Stein/Jonas/Leipold* Rn. 36; *Heiß/Born* Kap. 23 Rn. 548.

348 BGH FamRZ 1986, 560; OLG Hamburg FamRZ 1983, 626; OLG Köln FamRZ 1983, 1047; *Göppinger/Wax* Rn. 2418.

349 OLG Zweibrücken FamRZ 1981, 1189.

350 BGH FamRZ 1984, 374, 375; *Graba* NJW 1988, 2343, 2348; *ders.* Rn. 398, 411; *Soyka* Rn. 122.

351 *Göppinger/Wax/Vogel* Rn. 2419.

352 OLG Hamm FamRZ 1986, 386; *Graba* Rn. 402; auch *Maurer* FamRZ 1988, 445, 448.

353 BGH FamRZ 1982, 365 = NJW 1982, 1050; BGH FamRZ 1984, 355; OLG Nürnberg FamRZ 1985, 1152 = NJW 1987, 265; OLG Köln FamRZ 1988, 834; OLG Bamberg FamRZ 1993, 96; OLG Dresden FamRZ 1998, 566; *Soyka* Rn. 129; *Kalthoener/Büttner/Wrobel-Sachs,* Prozeßkostenhilfe und Beratungshilfe, 4. Aufl., Rn. 108; *Wax* FamRZ 1985, 10, 18; *Johannsen/Henrich/Brudermüller* Rn. 119.

354 Vgl. BGH FamRZ 1982, 365 = NJW 1982, 1050; *Stein/Jonas/Leipold* Rn. 36.

355 *Schwab/Maurer/Borth* I 1061.

356 *Schwab/Maurer/Borth* I 1061; *Rosenberg/Schwab/Gottwald* § 157 Rn. 29, 33; *Zöller/Philippi* § 117 Rn. 3.

112 Der erste Fall betrifft die Vorwirkung der unwirksam gewordenen Anschlussberufung (s. o. Rn. 44).[357]

113 Im zweiten Fall geht es um die rückwirkende Minderung oder den Wegfall der Bedürftigkeit durch die Zahlung einer Rente aus dem Versorgungsausgleich (s. o. Rn. 38).[358]

114 Unbilligkeiten ergeben sich aus weiterhin bei einem **Verstoß** des Unterhaltsberechtigten **gegen** seine **Auskunfts- und Informationspflicht,** weil der Gesetzgeber die Zeitschranke für Herabsetzungsbegehren nicht eingeschränkt hat (s. o. Rn. 108). Die hM hilft dem Benachteiligten mit Hilfe einer Schadensersatzklage aus § 826 BGB wegen sittenwidriger Ausnützung eines rechtskräftigen Vollstreckungstitels.[359] *Braun* meinte, § 323 Abs. 3 sei auf stufenlos verlaufende Änderungen zu beschränken, die Geltendmachung punktueller Ereignisse unterliegt dagegen nicht dem Rückwirkungsverbot.[360] Für eine entsprechende Unterscheidung bietet § 323 Abs. 3 aber kaum ausreichende Anhaltspunkte. *Jakoby* und *Braun* wollten § 323 Abs. 3 in allen Fällen nicht anwenden, in denen grundlegende Abänderungstatsachen in der Sphäre des Gegners eingetreten sind.[361] Dem ist im Ansatz zuzustimmen. § 323 Abs. 3 S. 1 ist daher in diesen Fällen „teleologisch zu reduzieren" und eine Abänderung auf den Zeitpunkt zuzulassen, bei dem bei pflichtgemäßer Information Abänderungsklage hätte erhoben werden können.[362]

115 Schließlich kommt eine teleologische Reduktion in Betracht, wenn der Berechtigte wegen **Stillstands der Rechtspflege** oder höherer Gewalt an einer früheren Klageerhebung gehindert war.[363]

116 Unbilligkeiten ergeben sich auch, wenn der Schuldner in der Hoffnung auf eine einvernehmliche Regelung zunächst von der Erhebung der Abänderungsklage abgesehen hat. Soweit kein Verstoß des Gläubigers gegen seine Auskunftspflicht vorliegt, hat der Schuldner diese Unbilligkeit als Konsequenz des Abs. 3 S. 1 jedoch (de lege lata) hinzunehmen.[364]

117 **e) Kritik.** Nach dem neu gefassten Wortlaut des § 323 Abs. 4 gilt die Zeitschranke des Abs. 3 mit ihrer neuen Auflockerung auch für alle **Unterhaltstitel,** die **in einem vereinfachten Verfahren ergangen** sind oder ergehen. Diese Titel können also nach § 323 Abs. 3 S. 2 auch rückwirkend erhöht werden.

118 **f) Nicht rechtskraftfähige Leistungstitel.** Die Neufassung des Abs. 4 verweist nach wie vor auch für **Prozessvergleiche** und **vollstreckbare Urkunden** auf Abs. 3. An dem schon bisher bestehenden Problem hat sich also nichts geändert. Nach der einen Ansicht entspricht diese Verweisung dem bindenden Willen des Gesetzgebers,[365] rechtfertigt sich aber auch aus dem gebotenen Vertrauensschutz für den Prozessgegner[366] und aus der gebotenen Gleichbehandlung zwischen den verschiedenen Titeln über künftige wiederkehrende Leistungen.[367]

119 Der Große Senat des BGH hielt § 323 Abs. 3 dagegen für alle in Abs. 4 genannten Titel zu Recht nicht für anwendbar.[368] Dies gilt auch, soweit eine frühere Abänderungsklage abgewiesen wurde.[369] (Wird im Vergleich nur die vorinstanzliche Entscheidung bestätigt, so bleibt es dagegen bei der Schranke des Abs. 3 S. 1.[370]) Zur Begründung wird darauf verwiesen, dass es bei diesen Titeln an einem schutzwürdigen Vertrauenstatbestand fehle, dass die Regelung des § 323 Abs. 4 nicht die sachliche Grundlage für die Abänderungsklage bilde, gerichtliche und außergerichtliche Vergleiche gleichbehandelt werden müssten und die Parteien die Möglichkeit hätten, die Anwendbar-

---

[357] *Graba* Rn. 412 f.

[358] BGH FamRZ 2005, 1479, 1481; *Graba* Rn. 414.

[359] Vgl. BGH FamRZ 1986, 450 = NJW 1986, 1751; BGH FamRZ 1986, 794 = NJW 1986, 2047; *Johannsen/Henrich/Brudermüller* Rn. 109; zu Recht weitergehend *Hoppenz* FamRZ 1989, 337; krit. *Braun* S. 140 ff.

[360] *Braun* S. 158 ff.; ablehn. *Graba* Rn. 409.

[361] *Jakoby* S. 249, 251 f.; *Braun* S. 172.

[362] *Gottwald* FamRZ 1992, 1374, 1375 f.; auch *Hoppenz* FamRZ 1989, 337, 338; *Brudermüller,* FS Rolland, 1999, S. 45, 57 ff.; *Graba* Rn. 420; *Soyka* Rn. 132.

[363] *Graba* Rn. 418.

[364] Vgl. *Johannsen/Henrich/Brudermüller* Rn. 109; krit. *Brudermüller,* FS Rolland, 1999, S. 45, 59 f.

[365] BGH FamRZ 1982, 480; KG FamRZ 1978, 933; OLG Frankfurt FamRZ 1979, 963; OLG Köln FamRZ 1982, 713; OLG Hamm FamRZ 1982, 950; *Deisenhöfer/Göhlich* FamRZ 1984, 229 f.

[366] Vgl. *Deisenhöfer/Göhlich* FamRZ 1984, 229, 230.

[367] *Otto* Präklusion S. 125.

[368] BGHZ 85, 64 = FamRZ 1983, 22 = NJW 1983, 228 = ZZP 96 (1983), 254 *(Grunsky)* = JR 1983, 198 *(Schreiber);* BGH FamRZ 1990, 989; BGH NJW 1992, 364; OLG Brandenburg FamRZ 2004, 210; OLG Nürnberg FamRZ 2004, 212 (Jugendamtsurkunde); OLG Karlsruhe FamRZ 2005, 816, 817; *Rosenberg/Schwab/Gottwald* § 157 Rn. 39; *Stein/Jonas/Leipold* Rn. 58; *Zöller/Vollkommer* Rn. 46.

[369] OLG Karlsruhe FamRZ 1995, 893; OLG Koblenz FamRZ 1998, 765.

[370] BGH FamRZ 1990, 269.

keit von § 323 Abs. 3 zu vereinbaren.[371] Angesichts der Systemwidrigkeit dieser Bestimmung ist dieser Rat freilich zweifelhaft. Um den gebotenen Vertrauensschutz für den Gegner zu gewährleisten, bedarf es keines Klagezwangs, es genügt die Vereinbarung einer qualifizierten Mahnung, ab deren Zugang eine Abänderung begehrt werden kann.[372] Fehlt es an klaren Absprachen, so ist eine rückwirkende Abänderung auch aus materiell-rechtlichen Gründen (Wegfall der Bereicherung, Vertrauenstatbestand oder Verwirkung) beschränkt.[373] Bei einer Gesetzesänderung oder einer gleichwertigen Änderung der Rechtsprechung kann Abänderung erst ab der Änderung verlangt werden.[374] Der Entwurf eines FamFG (§ 239 Abs. 2) unterstellt die Abänderung von Vergleich und vollstreckbaren Urkunden allein den BGB-Vorschriften.

Aus der Ansicht des BGH folgt, dass eine Rückforderung überzahlten Unterhalts ab Wegfall der **120** Vergleichsgrundlage nach Bereicherungsrecht auch ohne Erhebung einer Abänderungsklage oder einer Vollstreckungsgegenklage zulässig ist.[375]

VII. Entscheidung

1. Urteil. a) Ein stattgebendes Urteil ändert die Vorentscheidung ab und fasst die Leistungs- **121** pflicht zweckmäßigerweise neu. Wird die Zahlungspflicht beseitigt oder herabgesetzt, so ist der bisherige Titel ab dem Änderungszeitpunkt, nicht aber rückwirkend aufzuheben, da er für die Vollstreckung etwaiger Rückstände benötigt wird.[376] Die **Urteilsformel** lautet demgemäß zum Beispiel: „Unter Abänderung des ... wird der Beklagte verurteilt, an den Kläger ab ... monatlich im Voraus ... Euro zu bezahlen." In geeigneten Fällen können auch zeitlich begrenzte oder gestaffelte Abänderungsentscheidungen ergehen.[377]

b) Wird durch Abänderungsklage Erhöhung der Leistung begehrt und gleichzeitig durch Wider- **122** klage Ermäßigung oder Wegfall des Titels für den gleichen Zeitraum, so ist ein nur der Klage oder der Widerklage stattgebendes **Teilurteil** unzulässig,[378] da ein Widerspruch zwischen Teil- und Schlussurteil nicht auszuschließen ist.[379] Gleiches gilt für gegenläufige Berufungen beider Seiten.[380] Werden die gegenläufigen Begehren in getrennten Verfahren geltend gemacht, so ist analog § 654 Abs. 3 eine Prozessverbindung anzuordnen, damit eine einheitliche Entscheidung ergehen kann.[381]

c) Will der Unterhaltsschuldner und Abänderungskläger, der den Wegfall seiner Zahlungspflicht **123** geltend macht, eine **Kostenbelastung nach** sofortigem **Anerkenntnis** (§ 93) vermeiden, so muss er den Unterhaltsgläubiger zuvor außergerichtlich vergeblich zum Verzicht auf den Titel aufgefordert haben.[382]

d) Das Abänderungsurteil ist nach §§ 708 ff. für **vorläufig vollstreckbar** zu erklären.[383] Ist das **124** Erhöhungsbegehren erfolgreich, so ist § 708 Nr. 8 und § 711 anzuwenden. Setzt das Urteil die Unterhaltspflicht herab, gilt nach hM § 708 Nr. 8.[384]

2. Einstweilige Einstellung der Zwangsvollstreckung. Auf Abänderungsklage kann die **125** Zwangsvollstreckung aus dem abzuändernden Titel analog § 769 einstweilen eingestellt werden.[385] Teilweise wird eine Einstellung schon vor Zustellung der Abänderungsklage zugelassen.[386] Eine Einstellung sollte aber nur in dem Umfang möglich sein, in dem die Zwangsvollstreckung nach Abänderung (oder auf Vollstreckungsgegenklage) endgültig verhindert werden kann. Das Rechts-

---

[371] Vgl. OLG Koblenz FamRZ 2001, 1231; *Graba* Rn. 63, 421 ff.

[372] AG Stuttgart FamRZ 2000, 1379.

[373] Vgl. BGH FamRZ 2003, 518, 519 f.; OLG Hamm FamRZ 1999, 1163; OLG Brandenburg FamRZ 2004, 210; *Graba* NJW 1988, 2343, 2348; *ders.* Rn. 425.

[374] BGH FamRZ 2003, 848, 851 f.

[375] OLG Köln FamRZ 1988, 1185. Zur Rückforderung nach § 826 BGB s. OLG Nürnberg FamRZ 2003, 1025.

[376] Vgl. OLG Hamburg FamRZ 1982, 321; *Rosenberg/Schwab/Gottwald* § 157 Rn. 42; *Musielak/Musielak* Rn. 34; *Stein/Jonas/Leipold* Rn. 76.

[377] BGH FamRZ 1982, 792, 794.

[378] BGH FamRZ 1987, 151 = NJW 1987, 441; OLG Zweibrücken FamRZ 1988, 420.

[379] BGH FamRZ 1983, 38; BGH FamRZ 1987, 151; *Rosenberg/Schwab/Gottwald* § 59 Rn. 15.

[380] OLG Koblenz FamRZ 1989, 770.

[381] OLG Zweibrücken FamRZ 1988, 420 (stellt auf § 643 a aF ab).

[382] OLG Brandenburg FamRZ 2005, 536; s. aber OLG Brandenburg FamRZ 2003, 1577.

[383] Vgl. *Furtner* NJW 1961, 1052; *Scheffler* FamRZ 1986, 532; *Zöller/Vollkommer* Rn. 41.

[384] *Stein/Jonas/Leipold* Rn. 76; *Zöller/Herget* § 708 Rn. 10; aA *Scheffler* FamRZ 1986, 532 (§ 708 Nr. 11).

[385] BGH FamRZ 1986, 793, 794; OLG Zweibrücken FamRZ 2002, 556; *Graba* Rn. 451; vgl. OLG Köln FamRZ 1987, 963, 964.

[386] KG FamRZ 1988, 313; aA OLG Köln FamRZ 1987, 963, 964 (ab Rechtshängigkeit).

schutzinteresse für eine einstweilige Einstellung fehlt, soweit die Leistungspflicht bereits durch ein vorläufig vollstreckbares Abänderungsurteil ermäßigt wurde, da bereits dann der ursprüngliche Titel nicht mehr vollstreckbar ist.[387] Die Entscheidung ist entsprechend § 707 Abs. 2 S. 2 nicht anfechtbar.[388]

126 **3. Folgen der Abänderung.** Wird das bisherige Leistungsurteil rückwirkend auf den nach § 323 Abs. 3 maßgebenden Zeitpunkt zugunsten des Unterhaltsverpflichteten geändert, so kann dieser das zu viel Geleistete nach Bereicherungsrecht zurückverlangen.[389]

VIII. Abänderung ausländischer Unterhaltstitel

127 **1. Abänderbarkeit anerkennungsfähiger Entscheidungen. a)** Eine Abänderung einer ausländischen Entscheidung kommt nur bei deren (inzidenter) Anerkennung in Betracht;[390] andernfalls kann der Berechtigte neu Leistungsklage erheben.[391] Auf Abänderungsklage prüft das Gericht inzident,[392] ob die Anerkennungsvoraussetzungen bestehen. Die Abänderung setzt keine vorherige Vollstreckbarerklärung der abzuändernden Entscheidung im Inland voraus;[393] in dieser liegt aber inzident eine Anerkennung.[394] Ist die Unterhaltsentscheidung als Nebenentscheidung eines Eheurteils getroffen worden, so unterliegt sie selbst zwar nicht dem förmlichen Anerkennungsverfahren nach Art. 7 § 1 FamRÄndG; die Unterhaltsentscheidung kann ihrerseits aber nur inzident anerkannt werden, wenn das Scheidungsurteil eines Drittstaats zuvor förmlich anerkannt worden ist (s. § 328 Rn. 177, 205 ff.). Scheidungen aus EU-Mitgliedsstaaten (ohne Dänemark) sind nunmehr nach Art. 21 Abs. 2 EheGVO („Brüssel IIa“) formlos anzuerkennen. Ist das Urteil anzuerkennen, so ist die Abänderungsklage gegen diese Entscheidung im gleichen Umfang wie gegen eine inländische Entscheidung der ausschließliche Rechtsbehelf, um eine Veränderung der Sachlage geltend zu machen (selbst wenn ein älteres deutsches Urteil vorliegt).[395]

128 **b)** Durch die Anerkennung erhält der ausländische Titel **Inlandswirkung** und kann daher – bezogen auf diese – im Inland abgeändert werden. Ein völkerrechtlich unzulässiger Eingriff in die Souveränität des Urteilsstaates liegt darin nicht.[396] Diese Abänderung entfaltet Rechtswirkung unmittelbar nur im Inland.[397] Jeder ausländische Staat entscheidet wiederum selbstständig über die Anerkennung dieser Abänderung.[398]

129 **c)** Ob **Abänderungsklage im Inland** zu erheben ist, richtet sich nach deutschem Prozessrecht (lex fori-Prinzip). Ohne Bedeutung ist, dass es nach dem Recht des Erststaates oder dem anzuwendenden Unterhaltsstatut keiner Abänderungsklage bedarf.[399]

130 **d)** Der **Abänderbarkeit** steht nicht entgegen, dass **nach dem Recht des Urteilsstaates** eine Abänderung nicht vorgesehen ist.[400] Dies gilt unabhängig davon, welcher Anerkennungstheorie man folgt. Wird die ausländische Entscheidung durch die Anerkennung einer deutschen gleichgestellt, so unterliegt sie auch der Abänderungsklage.[401] Erstreckt man – zutreffend – ihre Wirkungen durch Anerkennung ins Inland, so unterliegen diese wiederum inländischen prozessualen Abänderungsregeln. Die Abänderbarkeit im Inland hängt daher, auch wenn man darin einen Eingriff in die Rechtskraft sehen wollte, nicht davon ab, ob nach dem Recht des Urteilsstaates eine Rechtskraft-

---

[387] OLG Zweibrücken FamRZ 1986, 376; s. o. Rn. 113.

[388] Vgl. *Zöller/Herget* § 707 Rn. 22.

[389] OLG Zweibrücken FamRZ 1995, 175; *Graba* Rn. 450.

[390] BGH FamRZ 1983, 806 = NJW 1983, 1976 = LM Nr. 35 = IPRax 1984, 320 (dazu *Spellenberg* S. 304); OLG Hamm FamRZ 1993, 189, 190; OLG Köln FamRZ 2005, 534; *Heiß/Henrich* (Stand 1998), Kap. 31 Rn. 76; *Rahm/Künkel/Breuer* VIII 246; *Göppinger/Wax/Linke* Rn. 3303; vgl. *Baumann,* Die Anerkennung und Vollstreckung ausländischer Entscheidungen in Unterhaltssachen, 1989.

[391] *Siehr,* FS Bosch, 1976, S. 927, 940.

[392] BGH NJW 1983, 1976 = IPRax 1984, 320; *Rahm/Künkel/Breuer* VIII 246.

[393] OLG Hamm FamRZ 1988, 968; *Johannsen/Henrich/Brudermüller* Rn. 59.

[394] AG Kerpen FamRZ 1997, 436.

[395] OLG Köln IPRax 1988, 30 (dazu *Henrich* 21); OLG Hamm FamRZ 1993, 438, 439.

[396] Vgl. BGH FamRZ 1983, 806, 807 = NJW 1983, 1976; OLG Hamm FamRZ 1988, 986; *Rahm/Künkel/Breuer* VIII 246.

[397] OLG Düsseldorf FamRZ 1982, 631.

[398] Vgl. OLG Köln IPRax 1988, 30; *Stein/Jonas/Leipold* Rn. 17.

[399] BGH FamRZ 1992, 298 = NJW 1992, 438; *Göppinger/Wax/Linke* Rn. 3304.

[400] *Johannsen/Henrich/Brudermüller* Rn. 59; *Göppinger/Wax/Linke* Rn. 3304; offen gelassen von BGH FamRZ 1992, 1060, 1062; OLG Nürnberg FamRZ 1996, 353; OLG Köln FamRZ 2005, 534 = NJW-RR 2005, 876 (zu einem österreichischen Titel); vgl. *Graba* Rn. 433.

[401] *Matscher,* FS Schima, 1969, S. 409.

durchbrechung vorliegt und diese zulässig ist.[402] Da inzwischen wohl fast alle Rechtsordnungen eine prinzipielle Abänderbarkeit von Unterhaltsentscheidungen kennen,[403] hat die Frage zudem kaum praktische Bedeutung. Ein derartiges im ausländischen Recht enthaltenes Abänderungsverbot widerspricht dem deutschen ordre public und ist daher unbeachtlich.[404]

e) Die **internationale Zuständigkeit** für eine Abänderungsklage gegen eine ausländische Entscheidung folgt aus den Art. 2 oder 5 Nr. 2 EuGVO/EuGVÜ/LugÜ, wenn der Beklagte seinen Wohnsitz in einem der Mitglieds- bzw. Vertragsstaaten hat; ansonsten ergibt sie sich aus der entsprechenden Anwendung der §§ 12ff., insbesondere den §§ 23a und 35a[405] (vgl. § 621 Abs. 2 S. 2). Eine Gerichtstandsvereinbarung (Art. 23 EuGVO) ist zulässig und zu beachten.[406] **131**

Soll auf Abänderung eines deutschen Urteils gegen einen inzwischen im Ausland lebenden Unterhaltsberechtigten geklagt werden, so muss die internationale Zuständigkeit der deutschen Gerichte gegenüber dem Beklagten nach allgemeinen Regeln bestehen; ein besonderer Gerichtsstand der Abänderungsklage am Ort des Erstgerichts ist nicht vorgesehen.[407] **132**

f) Für die Abänderung rechtskräftiger **Urteile der** früheren **DDR** gilt ebenfalls § 323 (s. Vorafl.) **133**

g) Wird die Vollstreckbarerklärung einer ausländischen Unterhaltsentscheidung im Inland betrieben, so können zulässige Abänderungsgründe (§ 323 Abs. 2) aus prozessökonomischen Gründen als **Einwendung gegen eine Vollstreckungsklage** geltend gemacht werden[408] (s. § 722 Rn. 48). Im Anwendungsbereich des § 10 Abs. 2 S. 2 AUG 1986 (Text s. Schlussanh.) ist eine Abänderung rechtskräftiger Entscheidungen ebenfalls nach Maßgabe des § 323 ZPO, also unter Beachtung der sich daraus ergebenden Schranken, zulässig. Im Klauselerteilungsverfahren können Abänderungsgründe dagegen nicht beachtet werden. § 14 AVAG gestattet nur Einwendungen zu erheben, die unter § 767 fallen, nicht aber Abänderungsgründe.[409] Entsprechendes gilt für die Vollstreckbarerklärung im fakultativen Beschlussverfahren. **134**

2. Das für die Abänderung maßgebliche Recht. a) Nach Art. 18 Abs. 6 Nr. 1 und 2 EGBGB nF sowie Art. 10 Nr. 1 und 2 des Haager Übereinkommens über das auf Unterhaltspflichten anzuwendende Recht von 1973 (BGBl. 1986 II S. 837) bestimmt das **Unterhaltsstatut,** ob, in welchem Ausmaß und von wem der Berechtigte Unterhalt verlangen kann, sowie wer zur Einleitung des Unterhaltsverfahrens berechtigt ist, und welche Fristen für die Einleitung gelten. Das Unterhaltsstatut regelt daher, in welcher Weise sich Veränderungen der beiderseitigen Verhältnisse auf Ob und Ausmaß des Unterhalts auswirken.[410] Die Abänderungsklage des § 323 ist mithin nur der prozessuale Rahmen, innerhalb dessen der durch das materielle Recht vorgegebene Unterhaltsanspruch durchzusetzen ist.[411] Hierfür spricht auch, dass die meisten Rechtsordnungen die Frage der Abänderbarkeit materiell-rechtlich beurteilen.[412] Aus der nur „entsprechenden Abänderbarkeit" soll (kaum zwingend) folgen, dass die neue Entscheidung wieder zur Zahlung in der vom Erstgericht bestimmten Währung zu verurteilen hat.[413] **135**

b) Aus der prozessualen Natur der Abänderungsklage folgt dagegen nicht, dass die **lex fori** (also materielles deutsches Recht) auch über das Ausmaß der Abänderbarkeit entscheiden würde.[414] Diese Lösung vereinfacht dem angerufenen Gericht zwar die Arbeit, da die Abänderbarkeit nach ausländischem Recht nicht geprüft werden muss; sie widerspricht aber den Kollisionsnormen des deutschen Rechts. **136**

---

402 *Henrich* IPRax 1982, 141; *Heiß/Henrich* (Stand 1998), Kap. 31 Rn. 77; aA *Georgiades,* FS Zepos, Bd. II, 1973, S. 206.

403 *Kartzke* NJW 1988, 104, 106; Ländernachw. bei *Henrich* IPRax 1982, 141.

404 KG FamRZ 1993, 976, 978; OLG Nürnberg FamRZ 1996, 353, 354.

405 BayObLGZ 1985, 19; AG Charlottenburg IPRax 1984, 219 *(Henrich); Göppinger/Wax/Linke* Rn. 3216ff.; *Zöller/Vollkommer* § 23a Rn. 3; vgl. AG München IPRax 1990, 60.

406 *Riegner* FamRZ 2005, 1799, 1800.

407 Vgl. *Gottwald* FamRZ 1996, 1087.

408 *Zöller/Geimer* § 722 Rn. 107; aA *Göppinger/Wax/Linke* Rn. 3304.

409 BGH FamRZ 1990, 504, 506; KG FamRZ 1990, 1376 (m. Anm. *Gottwald*); OLG Köln FamRZ 2001, 177; *Wolff* Hdb. IZVR III/2 Kap. IV, 1984, Rn. 458ff.; *Johannsen/Henrich/Brudermüller* Rn. 62; *Graba* Rn. 434.

410 Vgl. KG FamRZ 1993, 976, 978; *Riegner* FamRZ 2005, 1799, 1802.

411 OLG Köln IPRax 1989, 53; KG FamRZ 1993, 976, 978; MünchKommBGB/*Siehr* Art. 18 EGBGB Anh. I Rn. 319; *Schlosser* IPRax 1981, 120; vgl. OLG Karlsruhe FamRZ 1989, 1310 (Prozeßvergleich aus Kroatien); KG FamRZ 1994, 759 (polnischer Unterhaltstitel). Vgl. *Johannsen/Henrich/Brudermüller* Rn. 60.

412 Vgl. *Siehr,* FS Bosch, 1976, S. 927ff.

413 So AG Hamburg-Altona FamRZ 1992, 82, 85.

414 So aber LG Essen DAVorm. 1968, 173; *Leipold,* FS Nagel, 1987, S. 189, 202, 208; zutreffend (insoweit) OLG Karlsruhe FamRZ 1989, 1210; offen gelassen in BGH FamRZ 1992, 1060, 1062.

137 **c) Nicht** notwendig anwendbar ist schließlich das **Sachstatut, das das Gericht** in der abzuändernden Entscheidung **angewandt hat.**[415] Denn die prozessualen Wirkungen einer Entscheidung, insbesondere der Umfang ihrer Rechtskraft ist nicht kollisionsrechtlich, sondern nach dem Prozessrecht des Entscheidungsstaates zu bestimmen (s. § 328 Rn. 144ff., 154f.).[416] Somit bestimmt die lex fori die Rechtsschutzform, in der eine Abänderung der ausländischen Entscheidung verlangt werden kann, das Unterhaltsstatut aber das Ausmaß der Abänderbarkeit.[417] Da § 323 mit seinen „materiellen" Abänderungsvoraussetzungen die im BGB (von § 1612a BGB abgesehen) fehlende Regelung der Anpassungsvoraussetzungen von Unterhaltsrenten nach deutschem Recht festlegt, ist eine kumulative Anwendung von Unterhaltsstatut und der Einzelvoraussetzungen des § 323[418] nicht sachgerecht und abzulehnen, weil eine derartige „Doppelqualifikation" die Beteiligten unnötig beschwert.

138 **d)** Für die Abänderbarkeit ist **das neu zu bestimmende Unterhaltsstatut** maßgebend. Da das Unterhaltsstatut im Interesse der Beteiligten (teilweise) wandelbar ausgestaltet ist, darf es nicht durch die Rechtskraft einer ausländischen Vorentscheidung „versteinert" werden. Hat daher nach dem Erlass der ausländischen Entscheidung auf Grund tatsächlicher Veränderungen ein Statutenwechsel stattgefunden, so steht die Rechtskraft der abzuändernden Entscheidung der Neubestimmung des Unterhaltsstatuts nicht entgegen.[419] Bei Entscheidungen über Nachehelichenunterhalt scheidet aber nach Art. 18 Abs. 4 EGBGB bzw. Art. 8 Abs. 1 UStA 1973 ein Statutenwechsel aus; die Änderung muss daher nach dem Scheidungsstatut erfolgen.

139 **3. Rückwirkende Abänderung?** Während die Abänderbarkeit nach dem Unterhaltsstatut bereits eindeutig hM ist, gehen die Ansichten stark darüber auseinander, ob das Unterhaltsstatut auch das zeitliche Ausmaß der Abänderung bestimmt. Nicht wenige meinen, § 323 Abs. 3 gewähre einen besonderen prozessualen Vertrauensschutz unabhängig vom Unterhaltsanspruch und sei daher auch für die Abänderung ausländischer Urteile maßgebend.[420] Ob und in welchem Ausmaß ein Berechtigter rückwirkend Unterhalt verlangen oder seine Unterhaltspflicht herabsetzen kann, ist aber eine Frage, die primär das Unterhaltsrecht selbst regelt. Jedes Unterhaltsrecht legt insoweit auch fest, in welchem Maße dem Gegner eines Unterhaltsschuldverhältnisses Vertrauensschutz gewährt wird. Hierauf hat sich der Unterhaltsschuldner einzustellen. Für einen darüber hinausreichenden prozessualen Vertrauensschutz besteht kein Anlass. Im Gegenteil würde er dazu führen, dass nach dem Unterhaltsstatut bestehende Unterhaltsansprüche entgegen der auch in Zivilsachen bestehenden Rechtsschutzgarantie[421] nicht durchsetzbar wären. Nachdem § 323 Abs. 3 S. 2 eine rückwirkende Abänderung aber nunmehr zulässt, soweit nach deutschem Unterhaltsrecht Unterhalt für die Vergangenheit verlangt werden kann, sollte die entsprechende Anwendung auf ausländische Entscheidungen dazu führen, dass diese ebenfalls rückwirkend abgeändert werden können, soweit das ausländische Unterhaltsstatut Unterhaltsansprüche für die Vergangenheit zulässt. Entscheidend ist somit, welchen Anpassungsanspruch das ausländische Unterhaltsstatut gibt bzw. in welchem Umfang es eine rückwirkende Abänderung zulässt.[422] Auch wer § 323 Abs. 3 rein prozessual qualifiziert, sollte die Berufung auf eine späte Klageerhebung als missbräuchlich behandeln, wenn der Beklagte die Auslandszustellung vorwerfbar vereitelt oder verzögert hat.[423]

140 Soweit die Praxis bisher § 323 Abs. 3 (S. 1) bei der Abänderung ausländischer Urteile anwandte, blieb es dem Unterhaltsberechtigten unbenommen, Rückstände in seinem Heimatstaat einzuklagen und aus diesem Titel im Inland zu vollstrecken.[424]

141 Im Anwendungsbereich des § 10 Abs. 2 S. 2 AUG 1986 gilt nichts anderes. Danach kann eine ausländische rechtskräftige Entscheidung nur nach Maßgabe des § 323 abgeändert werden. Festge-

---

[415] So aber BGH FamRZ 1983, 806, 807 = NJW 1983, 1976 = IPRax 1984, 320 (dazu *Spellenberg* 304); OLG Köln IPRax 1988, 31 u. 1989, 53.

[416] So *Spellenberg* IPRax 1984, 304, 308.

[417] So auch *Kartzke* NJW 1988, 104, 106; MünchKommBGB/*Siehr* Art. 18 EGBGB Anh. I Rn. 320; aA *Stein/Jonas/Leipold* Rn. 17; *Rahm/Künkel/Breuer* VIII 248 (anders aber 330f.).

[418] Dafür LG Hamburg DAVorm. 1971, 210, 211; *Stein/Jonas/Leipold* Rn. 17.

[419] OLG Köln FamRZ 2005, 534, 535; *Göppinger/Wax/Linke* Rn. 3309; *Rahm/Künkel/Breuer* VIII 331; *Siehr,* FS Bosch, 1976, S. 927, 957; MünchKommBGB/*Siehr* Art. 18 EGBGB Anh. I Rn. 320.

[420] So OLG Köln IPRax 1989, 53 (Anm. *Henrich*); OLG Düsseldorf FamRZ 1993, 346, 348; AG Hamburg-Altona FamRZ 1992, 82 (m. Anm. *Gottwald*); *Leipold,* FS Nagel, 1987, S. 189, 206; *Rahm/Künkel/Breuer* VIII 248 (1989); *Baumann* IPRax 1990, 28, 31; *Graba* Rn. 443f.

[421] Vgl. BVerfGE 107, 395 = NJW 2003, 1924; *Rosenberg/Schwab/Gottwald* § 3 Rn. 1ff.

[422] *Jayme/Hausmann* ZblJugR 1979, 290, 298; *Kropholler* ZblJugR 1977, 105, 112; MünchKommBGB/*Siehr* Art. 18 EGBGB Anh. I Rn. 325; *Staudinger/Kropholler* Vor Art. 18 Rn. 134ff.; *Gottwald,* FS Schwab, 1990, S. 151, 158f.

[423] Vgl. OLG Bamberg FamRZ 1997, 1341, 1342.

[424] *Gottwald* FamRZ 1992, 86.

legt ist damit nur, dass eine Inzidentabänderung im Rahmen des Vollstreckbarerklärungsverfahrens unzulässig ist. Dagegen kann aus dieser Regelung keine Entscheidung für das anwendbare Abänderungsstatut entnommen werden.

IX. Abänderung von Versorgungsausgleichsentscheidungen

Versorgungsausgleichsentscheidungen begründen meist in rechtsgestaltender Weise Versorgungsansprüche oder -anwartschaften; es handelt sich daher insoweit nicht bzw. nur mittelbar um Entscheidungen über künftige wiederkehrende Leistungen. Aber auch soweit derartige im Rahmen eines schuldrechtlichen Versorgungsausgleichs angeordnet worden sind, richtet sich eine nachträgliche Korrektur von Versorgungsausgleichsentscheidungen nicht mehr nach § 323. In § 10 a VAHRG (eingefügt durch Gesetz vom 8. 12. 1986, BGBl. I, S. 2317)[425] hat der Gesetzgeber vielmehr eine abschließende Sonderregelung über die Abänderung von Entscheidungen über den Versorgungsausgleich im fG-Verfahren erlassen. Das Verfahren soll gerade auch dazu dienen, Fehler der Früheren zu korrigieren. Eine Bindung an unveränderte Grundlagen der früheren Entscheidung besteht daher nicht.[426] Zur näheren Erl. wird auf das eingangs nachgewiesene Spezialschrifttum verwiesen. 142

§ 324 Nachforderungsklage zur Sicherheitsleistung

Ist bei einer nach den §§ 843 bis 845 oder §§ 1569 bis 1586 b des Bürgerlichen Gesetzbuchs erfolgten Verurteilung zur Entrichtung einer Geldrente nicht auf Sicherheitsleistung erkannt, so kann der Berechtigte gleichwohl Sicherheitsleistung verlangen, wenn sich die Vermögensverhältnisse des Verpflichteten erheblich verschlechtert haben; unter der gleichen Voraussetzung kann er eine Erhöhung der in dem Urteil bestimmten Sicherheit verlangen.

I. Pflicht zur Sicherheitsleistung bei Geldrenten

Wer eine Schadensersatzrente wegen Verminderung der Erwerbsfähigkeit des Verletzten (§ 843 BGB), Tötung eines Unterhaltsverpflichteten (§ 844 BGB) oder Tötung, Verletzung oder Freiheitsberaubung eines Dienstverpflichteten oder Handlungsgehilfen (§§ 618 Abs. 3, 845 BGB; 62 Abs. 3 HGB) zu leisten hat, hat dem Verletzten nach § 843 Abs. 2 S. 2 BGB „nach den Umständen" Sicherheit zu leisten, wenn eine Gefährdung des Rentenanspruchs zu besorgen ist. Die gleiche Pflicht besteht bei der Verpflichtung zur Zahlung von Geldrenten aus Gefährdungshaftung nach den §§ 8 Abs. 2 HPflG, 38 Abs. 2 LuftVG, 13 Abs. 2 StVG, 30 Abs. 2 AtomG. Beim Geschiedenenunterhalt besteht eine Pflicht zur Sicherheitsleistung, sofern die laufende Unterhaltszahlung gefährdet ist und der Verpflichtete durch die Verpflichtung nicht unbillig belastet wird (§ 1585 a Abs. 1 BGB). 1

II. Recht auf Nachforderung von Sicherheitsleistung

Beim Erlass eines derartigen Rentenurteils bedarf es für die Entscheidung über Ob, Art und Umfang der Sicherheitsleistung einer Prognose über die künftige Gefährdung des Rentenanspruchs oder über die Unbilligkeit der Sicherheitsleistung. Schon der Rentenberechtigte selbst wird, bevor er einen Antrag auf Sicherheitsleistung stellt, eine solche Prognose anstellen. Erweist sich die Prognose des Gerichtes später als falsch, so wäre es ebenso wie beim Hauptanspruch selbst unbillig, den Rentenberechtigten dieses nachträgliche Gefährdungsrisiko als Folge der rechtskräftigen Vorentscheidung voll tragen zu lassen. § 324 gewährt dem Rentengläubiger daher das Recht, durch selbstständige Klage Sicherheitsleistung nachzufordern oder eine Erhöhung der bereits bestimmten Sicherheit zu verlangen. § 324 regelt dieses Recht nur für die deliktische Schadensrente und den Geschiedenenunterhalt. Eine wortgleiche Regelung enthalten § 8 Abs. 3 HPflG, § 38 Abs. 3 S. 1 LuftVG, § 13 Abs. 3 StVG und § 30 Abs. 3 AtomG für die jeweilige Gefährdungshaftung. 2

III. Voraussetzungen der Nachforderung

1. Rentenurteil. Im Vorprozess muss ein Urteil auf Zahlung einer Geldrente auf Grund der genannten gesetzlichen Tatbestände ergangen sein. Ob der Kläger im Vorprozess Sicherheitsleistung beantragt hatte, ob sein Antrag abgelehnt oder ihm ganz oder teilweise stattgegeben worden war, ist 3

---

[425] Vgl. *Johannsen/Henrich/Hahne,* Eherecht, 4. Aufl. 2003, § 10 a VAHRG (S. 923 ff.); *Kemnade,* FS Henrich, 2000, S. 341.

[426] BGH FamRZ 1989, 264; vgl. BGH FamRZ 1996, 93, 94; BGH FamRZ 1996, 282.

gleichgültig.[1] Soweit die Unterhaltsrente auf Grund einstweiliger Anordnung gem. § 620 Nr. 6 bezahlt wird, erfolgt die Nachforderung von Sicherheitsleistung jedoch nicht durch Klage, sondern durch Antrag auf Änderung des Beschlusses gem. § 620b; bei einer Leistungsverfügung (§§ 935, 940) kommt eine Abänderung wegen veränderter Umstände nach den §§ 936, 927 in Betracht.

4 Bei anderweitig titulierten Rentenansprüchen kann Sicherheitsleistung – sachlich wenig einleuchtend – nicht nachgefordert werden. Lediglich nach § 38 Abs. 3 S. 2 LuftVG stehen Prozessvergleiche und vollstreckbare Urkunden den Rentenurteilen gleich. Die Parteien können das Recht zur Nachforderung in diesen Titeln aber sonst ausdrücklich vereinbaren.[2]

5 **2. Nachträgliche Verschlechterung.** Das Nachforderungsrecht entsteht nur bei einer nachträglichen erheblichen Verschlechterung der Vermögensverhältnisse. Die Behauptung dieser Verschlechterung ist wie bei § 323 besondere Prozessvoraussetzung. Ob die Verschlechterung tatsächlich vorliegt, ist eine Frage der Begründetheit.[3] Versuche, die Vollstreckung des Urteils wesentlich zu erschweren, wie Verschwendung oder Verlegung von Wohnsitz oder Vermögen ins Ausland (vgl. § 917) genügen nicht, solange das Vermögen unverändert bleibt.[4] Die Verschlechterung muss **objektiv** nach der letzten Tatsachenverhandlung des Vorprozesses eintreten; es genügt nicht, wenn der Berechtigte nachträglich Kenntnis davon erlangt oder die Umstände erst nachträglich beweisen kann. Wird eine geleistete Sicherheit bei unveränderter Vermögenslage unzureichend, so ist sie nach § 240 BGB zu ergänzen. Rechtskräftig muss das erste Urteil nicht sein; wie bei der Abänderungsklage (s. § 323 Rn. 40) kann der Berechtigte zwischen Rechtsmittel und Nachforderungsklage frei wählen.

6 **3. Änderung pro futuro.** Ein stattgebendes Urteil hebt das frühere Urteil in rechtsgestaltender Weise hinsichtlich der Sicherheitsleistung auf und wirkt als neues Leistungsurteil für die Zukunft.[5] Die Höhe der Sicherheitsleistung darf deshalb nur nach den nach Eintritt der Rechtskraft bzw. vorläufigen Vollstreckbarkeit fällig werdenden Raten der Hauptforderung bemessen werden.[6]

7 **4. Selbständiges Verfahren.** Die Nachforderungsklage ist ein selbstständiges Verfahren. Für die Zuständigkeit gelten die allgemeinen Regeln. Die Prozessvollmacht des Vorprozesses genügt nicht.

IV. Herabsetzung einer Sicherheitsleistung

8 Verbessert sich die Vermögenslage des Verpflichteten, so sind § 324 und die entsprechenden Sondertatbestände zu seinen Gunsten analog mit dem Ziel der Herabsetzung oder vollständigen Rückforderung der Sicherheitsleistung anzuwenden.[7]

§ 325 Subjektive Rechtskraftwirkung

(1) Das rechtskräftige Urteil wirkt für und gegen die Parteien und die Personen, die nach dem Eintritt der Rechtshängigkeit Rechtsnachfolger der Parteien geworden sind oder den Besitz der in Streit befangenen Sache in solcher Weise erlangt haben, dass eine der Parteien oder ihr Rechtsnachfolger mittelbarer Besitzer geworden ist.

(2) Die Vorschriften des bürgerlichen Rechts zugunsten derjenigen, die Rechte von einem Nichtberechtigten herleiten, gelten entsprechend.

(3) [1]Betrifft das Urteil einen Anspruch aus einer eingetragenen Reallast, Hypothek, Grundschuld oder Rentenschuld, so wirkt es im Falle einer Veräußerung des belasteten Grundstücks in Ansehung des Grundstücks gegen den Rechtsnachfolger auch dann, wenn dieser die Rechtshängigkeit nicht gekannt hat. [2]Gegen den Ersteher eines im Wege der Zwangsversteigerung veräußerten Grundstücks wirkt das Urteil nur dann, wenn die Rechtshängigkeit spätestens im Versteigerungstermin vor der Aufforderung zur Abgabe von Geboten angemeldet worden ist.

---

[1] *Stein/Jonas/Leipold* Rn. 2.
[2] *Stein/Jonas/Leipold* Rn. 2.
[3] *Thomas/Putzo/Reichold* Rn. 1; aA wohl *Baumbach/Lauterbach/Hartmann* Rn. 3.
[4] *Stein/Jonas/Leipold* Rn. 3; aA *Musielak/Musielak* Rn. 3.
[5] *Thomas/Putzo/Reichold* Rn. 1.
[6] *Baumbach/Lauterbach/Hartmann* Rn. 4; *Stein/Jonas/Leipold* Rn. 7.
[7] *Baumbach/Lauterbach/Hartmann* Rn. 3; *Stein/Jonas/Leipold* Rn. 4; *Zöller/Vollkommer* Rn. 2; aA *Johannsen/Henrich/Büttner* Eherecht, 4. Aufl. 2003, § 1585a BGB Rn. 9; MünchKommBGB/*Maurer* § 1585a Rn. 8 (Vollstreckungsgegenklage erforderlich).

(4) Betrifft das Urteil einen Anspruch aus einer eingetragenen Schiffshypothek, so gilt Absatz 3 Satz 1 entsprechend.

Schrifttum: *Berger,* Die subjektiven Grenzen der Rechtskraft bei der Prozeßstandschaft, 1992; *Bettermann,* Die Vollstreckung des Zivilurteils in den Grenzen seiner Rechtskraft, 1948; *Beys,* Die subjektiven Grenzen der Rechtskraft und die staatsrechtliche Wirkung des Urteils, FS Schwab, 1990, S. 61; *A. Blomeyer,* Rechtskrafterstreckung infolge zivilrechtlicher Abhängigkeit, ZZP 75 (1962), 1; *Blume,* Die subjektiven Grenzen der Rechtskraft im Rahmen des § 325 II ZPO, 1999; *Brehm,* Die Klage des Zedenten nach der Sicherungsabtretung, KTS 1985, 1; *Bürgers,* Rechtskrafterstreckung und materielle Abhängigkeit, 1993; *Calavros,* Urteilswirkungen zu Lasten Dritter, 1978; *Claus,* Die vertragliche Erstreckung der Rechtskraft, 1973; *Fenge,* Rechtskrafterstreckung bei revokatorischen Ansprüchen aus Verstößen gegen die Verfügungsbeschränkungen der Zugewinngemeinschaft, FS Wahl, 1973, S. 475; *ders.,* Rechtskrafterstreckung und Streitgenossenschaft zwischen Hauptschuldner und Bürgen, NJW 1971, 1920; *Gaul,* Der Einwendungsausschluß in bezug auf den Schuldtitel nach § 2 AnfG als Problem der Gläubigeranfechtung und der Urteilswirkungen gegenüber Dritten, FS Schwab, 1990, S. 111; *Gerhardt,* Der Haftpflichtprozeß gegen Kraftfahrzeug-Versicherung und Versicherten, FS Henckel, 1995, S. 273; *Gottwald,* Bindungswirkungen gerichtlicher Entscheidungen in der Kraftfahrzeug-Haftpflichtversicherung, FS Mitsopoulos, 1993, S. 487; *ders.,* Präjudizialwirkung der Rechtskraft zugunsten Dritter?, FS Musielak, 2004, S. 183; *Gottwald/Adolphsen,* Zur Prozeßführung des Versicherers bei gestellten Verkehrsunfällen, NZV 1995, 129; *Grosch,* Rechtswandel und Rechtskraft bei Unterlassungsurteilen (Kap. 5), 2002, S. 217; *Häsemeyer,* Drittinteressen im Zivilprozeß, ZZP 101 (1988), 385; *Heintzmann,* Die Prozeßführungsbefugnis, 1970, S. 83 ff., 98 ff.; *Höfle,* Prozessuale Besonderheiten im Haftpflichtprozess, r+s 2002, 397; *Höhne,* Begrenzung und Bindungswirkung der Entscheidung im Deckungsprozeß, VersR 1987, 1167; *Hofmann,* Zur subjektiven Reichweite der materiellen Rechtskraft bei einem Forderungsübergang nach § 116 SGB X, VersR 2003, 288; *Huber,* Rechtskrafterstreckung bei Urteilen über präjudizielle Rechtsverhältnisse, JuS 1972, 621; *Jauernig,* Subjektive Grenzen der Rechtskraft und Recht auf rechtliches Gehör, ZZP 101 (1988), 361; *Jox,* Die Bindung an Gerichtsentscheidungen über präjudizielle Rechtsverhältnisse, 1991; *Keilbar,* Bindungswirkungen rechtskräftiger Entscheidungen über Versicherungs-, Haftpflicht- und Drittanspruch in der Kraftfahrzeug-Haftpflichtversicherung, ZVersWiss 1970, 441; *Koch,* Prozeßführung im öffentlichen Interesse, 1983; *Koussoulis,* Beiträge zur modernen Rechtskraftlehre, 1986; *Krause,* Rechtskrafterstreckung im kollektiven Arbeitsrecht, 1996; *Lickleder,* Die Eintragung eines Rechtshängigkeitsvermerks im Grundbuch, ZZP 114 (2001), 195; *W. Lüke,* Die Beteiligung Dritter im Zivilprozeß, 1993; *Marotzke,* Urteilswirkungen gegen Dritte und rechtliches Gehör, ZZP 100 (1987), 164; *Martens,* Rechtskraft und materielles Recht, ZZP 79 (1966), 404; *von Olshausen,* Rechtskraftwirkung von Urteilen über Gegenforderungen bei der Forderungszession, JZ 1976, 85; *ders.,* Der Schutz des guten Glaubens an die Nicht-Rechtshängigkeit, JZ 1988, 584; *Otte,* Umfassende Streitentscheidung durch Beachtung von Sachzusammenhängen, 1998, S. 63; *W. Peters,* Die Bindungswirkung von Haftpflichtfeststellungen im Deckungsverhältnis, 1985; *Prütting,* Prozessuale Koordinierung von kollektivem und Individualarbeitsrecht, RdA 1991, 257; *Rapp,* Urteilswirkungen gegenüber Dritten, in Zivilprozeßrecht, Arbeitsrecht, Kolloquium zu Ehren von A. Staehelin, 1997, S. 31; *Reiff,* Zivilprozessuale Probleme der Haftpflichtversicherung insb. bei gestellten Verkehrsunfällen, VersR 1990, 113; *Schack,* Drittwirkung der Rechtskraft?, NJW 1988, 865; *Schilken,* Veränderungen der Passivlegitimation im Zivilprozeß, 1987; *Schwab,* Rechtskrafterstreckung auf Dritte und Drittwirkung der Rechtskraft, ZZP 77 (1964), 124; *ders.,* Die prozeßrechtlichen Probleme des § 407 II BGB, Gedächtnisschr. für Bruns 1980, S. 181; *ders.,* Zur Drittwirkung der Rechtskraft, FS Walder, 1994, S. 261; *Sinaniotis,* Prozeßstandschaft und Rechtskraft, ZZP 79 (1966), 78; *Stucken,* Einseitige Rechtskraftwirkung von Urteilen im deutschen Zivilprozeß, 1990; *Tiedtke Smith,* Einseitige präjudizielle Rechtskraftwirkung zugunsten Dritter im US-amerikanischen Zivilprozessrecht, DRiZ 1995, 94; *Zeuner,* Rechtliches Gehör, materielles Recht und Urteilswirkungen, 1974; *ders.,* Verfahrensrechtliche Folgen des Betriebsübergangs nach § 613 a ZPO, FS Schwab, 1990, S. 575.

Übersicht

I. Subjektive Rechtskraftwirkungen

1 **1. Rechtskraftwirkung inter partes.** Im Allgemeinen bewirkt ein Urteil materielle Rechtskraft gem. § 322 nur zwischen den Prozessparteien, § 325 Abs. 1. Diese Beschränkung ist sachgerecht. Denn nur die Parteien sind Herren über den Gegenstand des Zivilprozesses. Sie beeinflussen den Gang des Verfahrens und den Inhalt der Entscheidung, indem sie den Streitgegenstand bestimmen, die Tatsachen behaupten, beibringen und ihre Feststellung betreiben. Grundsätzlich ist nur den Parteien rechtliches Gehör im Verfahren zu gewähren.[1]

2 **2. Rechtskrafterstreckung auf Dritte.** Nur in Ausnahmefällen erfasst die Rechtskraft auch Dritte, wenn hierfür ein besonderer Rechtfertigungsgrund vorliegt. Teilweise wurde versucht, alle diese Fälle einheitlich als Rechtskrafterstreckung kraft zivilrechtlicher Abhängigkeit zu erklären. So meinte *Bettermann,* die Rechtskraft erstrecke sich dann auf Dritte, wenn die Parteien eine entspre-

[1] Vgl. *Marotzke* ZZP 100 (1987), 164; *Schack* NJW 1988, 865, 872; *Stucken* S. 31 ff.; *Zeuner,* Rechtliches Gehör, S. 9 ff.

chende Wirkung für und gegen den Dritten auch durch Rechtsgeschäft herbeiführen könnten.[2] Ähnlich vertritt *A. Blomeyer* die Ansicht, ein Dritter müsse ein Urteil über ein präjudizielles Rechtsverhältnis im Rahmen der Zumutbarkeit stets gegen sich gelten lassen. Zumutbar sei die Bindung, wenn die Rechtskraft zugunsten des Dritten wirke oder wenn die vom Urteil abhängige Rechtslage des Dritten erst nach Eintritt der Rechtskraft begründet werde.[3] Neuerdings meint *Foerste,* eine Partei sei an das Prozessergebnis auch in einem zweiten Prozess gebunden, an dem sie als Mitglied einer parteiunfähigen Gesamthandsgemeinschaft beteiligt sei.[4] Soweit die Partei Einzelprozessführungsbefugnis für die Gesamthand besitzt, sieht bereits das Gesetz eine Bindung vor (s. u. Rn. 46), soweit nicht, ist eine Bindung der anderen Gesamthänder dagegen kaum zu rechtfertigen.

Die hM folgt diesen einheitlichen Ansätzen nicht. Sie wendet ein, dass zwischen einer privaten Willensbetätigung durch Verfügung und einem richterlichen Erkenntnis ein erheblicher struktureller Unterschied liege. Eine gewisse materiellrechtliche Abhängigkeit sei daher zwar ein notwendiger, aber kein hinreichender Grund für eine Rechtskrafterstreckung.[5] Diese sei daher nur in den vom Gesetz vorgesehenen Fällen anzuerkennen.[6] 3

Nur diese Ansicht entspricht der gesetzlichen Entscheidung in § 325. Zwar besteht ein gewisses öffentliches Interesse daran zu verhindern, dass die Gerichte mehrfach mit einem Streit befasst werden und dadurch in die Gefahr geraten, widersprechende Entscheidungen zu erlassen. Das Interesse Dritter, nicht an die Folgen eines zwischen anderen Parteien geführten Prozesses gebunden zu werden, hat für das Gesetz aber Vorrang. Daher beschränkt sich die Rechtskraft grundsätzlich auf die Parteien. Diese Grundentscheidung hat Rückwirkung auf die Prozessführung: Soweit keine Bindungen bestehen, sind die Verfahren grundsätzlich unabhängig voneinander durchzuführen. Doch kann es zweckmäßig sein, ein „Folgeverfahren" zunächst gem. § 148 auszusetzen.[7] 4

Soweit ein gesteigertes Bedürfnis für eine Rechtskrafterstreckung besteht, ist diese gesetzlich besonders angeordnet. In diesem Sinne bestimmt § 325 Abs. 1, dass die Rechtskraft auch die Rechtsnachfolger der Parteien erfasst. Weitere Regelungen enthalten die §§ 326, 327 sowie Sondervorschriften in der ZPO und in anderen Gesetzen. Diese Regeln gelten auch in Streitsachen der freiwilligen Gerichtsbarkeit, insbesondere Wohnungseigentumssachen.[8] Die Rechtskraftbindung Dritter tritt kraft Gesetzes ein. Sie unterliegt nicht der Disposition der Prozessparteien und braucht nicht besonders beantragt zu werden.[9] Die Rechtskraftbindung des Rechtsnachfolgers führt aber nicht zu einer Prozessstandschaft des Vorgängers für ein Verfassungsbeschwerdeverfahren.[10] 5

3. Rechtskraftwirkung inter omnes. a) Kindschaftssachen. Für Entscheidungen in Kindschaftssachen ordnet das Gesetz ausdrücklich eine Rechtskraftbindung von jedermann an, ohne Rücksicht auf eine Beteiligung am Rechtsstreit: Ein Urteil, das das Bestehen eines Eltern-Kind-Verhältnisses oder der elterlichen Sorge feststellt oder über die Anfechtung der Vaterschaft entscheidet, wirkt nach Maßgabe des § 640h für und gegen alle. Freilich überdeckt diese Regel unterschiedliche Wirkungen: Aus der materiell-rechtlichen Selbstständigkeit eines Rechtsverhältnisses gegenüber der Einwirkung Dritter[11] folgt, dass die Beteiligten dieses Rechtsverhältnis ohne Mitwirkung Dritter umgestalten können, also beliebige Dritte diese Gestaltung hinzunehmen haben. Die generelle Beachtlichkeit einer Rechtsgestaltung hätte also keiner besonderen Anordnung bedurft. Davon ist aber die Bindung an die Rechtmäßigkeit dieser Gestaltung inter partes sowie gegenüber konkret betroffenen Dritten infolge einer echten Rechtskrafterstreckung zu unterscheiden.[12] In den genannten Fällen sind somit alle Betroffenen an Inhalt und Rechtmäßigkeit der Gestaltung bzw. Feststellung gebunden. 6

b) Aktienrechtliches Spruchverfahren. Entscheidungen im Spruchverfahren über die Abfindung ausscheidender Aktionäre bzw. die sonstigen von § 1 SpruchG erfassten Ansprüche wirken nach § 13 S. 2 SpruchG für und gegen alle, nicht nur die Anteilsinhaber, die sich am Verfahren beteiligen oder durch den gerichtlich bestellten gemeinsamen Vertreter (§ 6 SpruchG) vertreten wer- 7

---

[2] *Bettermann* S. 79 ff.; zust. *Häsemeyer* ZZP 101 (1988), 385, 403 f.; vgl. auch *von Olshausen* JZ 1976, 85, 87 ff.; *Zöller/Vollkommer* Rn. 42; abl. *Schilken* S. 80.

[3] *A. Blomeyer* § 91 II 2, 3; *ders.* ZZP 75 (1962), 1, 10 ff.

[4] *Foerste* ZZP 108 (1995), 167, 188 ff.

[5] BGH NJW-RR 2005, 338, 339; *Schack* NJW 1988, 865, 868.

[6] *Baumbach/Lauterbach/Hartmann* Rn. 19; *Musielak/Musielak* Rn. 3; *Stein/Jonas/Leipold* Rn. 92 ff.; vgl. auch BGHZ 3, 385, 388 = NJW 1952, 178; BGH NJW 1984, 126, 127.

[7] Vgl. BGH WM 1986, 955.

[8] BayObLG MDR 1980, 142.

[9] AA *Bürgers* S. 138 ff.

[10] BVerfGE 25, 256, 262 f. (in NJW 1969, 1161 insoweit nicht abgedruckt).

[11] Vgl. *Blomeyer* ZZP 75 (1962), 1, 13; *Häsemeyer* ZZP 101 (1988), 385, 397 f.

[12] Vgl. *Calavros* S. 114 ff.; *Dimaras* S. 59 ff.

den, sofern auch für und gegen diejenigen, die das ursprüngliche Angebot auf Ausgleich, Zuzahlung oder Abfindung ohne Vorbehalt angenommen haben.[13] Das Gesetz will dadurch erreichen, dass alle Betroffenen im Ergebnis gleiche Zahlungen erhalten. Soweit der Verpflichtete nicht freiwillig leistet, ist das Gericht bei der nachfolgenden Leistungsklage nach § 16 SpruchG ebenfalls gebunden.

8 **4. Drittwirkung der Rechtskraft.** Dritte haben Rechtsgestaltungen durch Rechtsverhältnisse zwischen anderen Parteien vielfach hinzunehmen. Die Lehren von der „absoluten Geltung relativer Feststellungen" oder von der „Drittwirkung der Rechtskraft"[14] versuchen, diesen Befund als eine prozessuale Rechtskraftwirkung zu erklären. Danach erfasse die Drittwirkung jedermann, der das Bestehen des zwischen den Parteien entschiedenen Rechtsverhältnisses anzuerkennen habe.[15] Von einer Rechtskrafterstreckung unterscheide sich die Drittwirkung dadurch, dass der Dritte nicht gehindert sei, das Recht im Widerspruch zu den Feststellungen der Entscheidung für sich selbst in Anspruch zu nehmen. Die Drittwirkung schneide lediglich die Behauptung ab, dass der Rechtsstreit zwischen den seinerzeitigen Parteien unrichtig entschieden sei. Im Ergebnis bedeutet damit die Drittwirkung der Rechtskraft, dass ein Dritter stets gebunden ist, wenn der in einem Vorprozess entschiedene Streit für seine eigene Rechtsstellung präjudizielle Bedeutung hat.

Eine solche Bindungswirkung widerspricht jedoch § 325. Sowohl nach seinem Wortlaut wie nach der darin zum Ausdruck kommenden Wertentscheidung wirkt die Rechtskraft grundsätzlich nur zwischen den Parteien eines Rechtsstreits. Dem Urteil kommt daher nur relative, personell begrenzte Bindungswirkung zu. Ein Dritter ist an die ohne seine Mitwirkung zustande gekommene Entscheidung dagegen regelmäßig nicht gebunden.[16] Dass die Rechtsstellung des Dritten von Dispositionen der Parteien abhängig ist, ist allein noch kein Grund, ihn an die Rechtskraft einer hoheitlichen Entscheidung über dieses Parteiverhältnis zu binden (s. Rn. 3). Ein rechtskräftiges Urteil soll aber nur die binden, denen rechtliches Gehör im Verfahren gewährt wurde (vgl. Art. 103 Abs. 1 GG). Eine generelle Drittwirkung führt sicherlich vielfach zu brauchbaren Lösungen. Der Gesetzgeber hat sich aber gerade gegen eine Bindung entschieden. Auch die neuerliche Untersuchung von *Koussoulis*[17] macht lediglich deutlich, dass es sinnvoll ist, zwischen unmittelbarer Rechtskraftwirkung gegenüber Dritten und evtl. weiterreichenden Drittwirkungen für präjudizielle Rechtsverhältnisse zu unterscheiden.[18]

9 Auch eine **Drittwirkung** präjudizieller Feststellungen **zugunsten Dritter,** die im US-Prozessrecht akzeptiert wird,[19] scheidet aus, weil sonst das Streitrisiko zwischen den Parteien im Zivilprozess ungleich verteilt wäre. Es genügt, dass die Entscheidung in einem Parallelprozess informatorisch ohne Bindungswirkung berücksichtigt werden kann.[20]

10 Eine (rechtskräftige) Entscheidung zwischen dritten Personen kann aber als solche **Tatbestandswirkung** für das Rechtsverhältnis zwischen den Parteien haben, dh., das materielle Recht kann Rechtsfolgen an die Existenz des Urteils anknüpfen.[21] Etwa kann der Bürge vom Hauptschuldner Befreiung verlangen, sobald der Gläubiger gegen den Bürgen ein vollstreckbares Urteil erwirkt hat (§ 775 Abs. 1 Nr. 4 BGB).[22]

11 **5. Staatsrechtliche Drittwirkung der Entscheidung.** In jüngster Zeit wird sogar noch weitergehend die Ansicht vertreten, jede gerichtliche Entscheidung habe eine staatsrechtliche Wirkung erga omnes, freilich sei diese Wirkung jenseits der Rechtskraftbindung der Parteien und ihrer Rechtsnachfolger widerleglich. Wer eine abweichende tatsächliche oder rechtliche Beurteilung begehre, trage hierfür die Beweislast.[23] Diese Lehre geht von der treffenden Beobachtung aus, dass die Parteien sich häufig auch auf nur im weiteren Sinne vorgreifliche Entscheidungen beziehen und die

---

[13] Vgl. *Fritzsche/Dreier/Verfürth,* SpruchG, 2004, § 13 Rn. 6 ff.; *Wilske,* in: Kölner Komm zum SpruchG 2005, § 13 Rn. 8 ff.

[14] *Schwab* ZZP 77 (1964), 124, 160; *ders.,* FS Walder, 1994, S. 261; zustimmend *Koussoulis* S. 117 ff.; *Martens* ZZP 79 (1966), 404, 428 f.; *Waldner* S. 236 f.; vgl. auch OLG Frankfurt NJW-RR 1988, 206.

[15] *Koussoulis* S. 139 f.

[16] BGH NJW 1996, 395, 396; BGH MDR 2005, 344; *Bettermann* ZZP 90 (1977), 121, 128 f.; *ders.,* FS Baur, 1981, S. 273, 290; *Schilken* Rn. 1043; *Calavros* S. 173 ff.; *Huber* JuS 1972, 621, 622, 625; *Otte* S. 64 ff.; *Schack* NJW 1988, 865, 872; *Stein/Jonas/Leipold* Rn. 80 ff.; *Zöller/Vollkommer* Rn. 2; vgl. BGHZ 3, 385, 388 = NJW 1952, 178.

[17] *Koussoulis* S. 163 ff.

[18] Vgl. *Stein/Jonas/Leipold* Rn. 80: *Rosenberg/Schwab/Gottwald* § 155 Rn. 34 f.

[19] Vgl. J. *Görtz,* Die subjektiven Grenzen der Rechtskraft US-amerikanischer Urteile, 2005.

[20] *Gottwald,* FS Musielak, 2004, S. 183, 191 ff.; aA *Musielak/Musielak* Rn. 3.

[21] Vgl. BSG MDR 1988, 82.

[22] *Musielak/Musielak* Rn. 4.

[23] So *Beys,* FS Schwab, 1990, S. 61, 70 ff.

Gerichte diese (mit den Prozessakten) beiziehen und die früheren Feststellungen informatorisch zur Kenntnis nehmen (s. § 322 Rn. 54). Eine rechtliche Bindungswirkung kann hieraus aber nicht abgeleitet werden. Denn die mit der Widerlegungspflicht verbundene Beweislastverschiebung ist mit der rechtlichen Selbstständigkeit der Prozesse und der gesetzlich vorgegebenen abstrakten Festlegung der Beweislastverteilung nicht vereinbar.

II. Rechtskraftwirkung für und gegen die Parteien

Nach § 325 Abs. 1 wirkt das Urteil primär inter partes, und zwar nach Maßgabe des § 322. Parteien sind die im Urteil als solche bezeichneten Personen (formeller Parteibegriff).[24] Ob die Parteien an dem rechtskräftig festgestellten Rechtsverhältnis beteiligt sind, ist ohne Bedeutung. Einfache Streitgenossen untereinander bindet die Entscheidung nicht.[25] Werden Gesamtschuldner gemeinsam verklagt, so tritt nach § 425 Abs. 2 BGB keine Rechtskraftbindung zwischen ihnen ein (s. Rn. 83). 12

III. Rechtskrafterstreckung auf den Rechtsnachfolger

1. Umfang der Rechtskrafterstreckung. a) Gem. § 325 Abs. 1 erstreckt sich die Rechtskraft weiter auf Personen, (1) die nach Eintritt der Rechtshängigkeit **Rechtsnachfolger** der Parteien geworden sind oder (2) den Besitz der in Streit befangenen Sache in qualifizierter Weise erlangt haben. Bei einer Rechtsnachfolge während der Rechtshängigkeit ist diese Regelung notwendige Folge davon, dass der Rechtsvorgänger nach § 265 weiter prozessführungsbefugt bleibt. Im Interesse der Rechtssicherheit und Prozesswirtschaftlichkeit muss ein rechtskräftiges Urteil das streitige Rechtsverhältnis auch gegenüber dem Rechtsnachfolger endgültig klären. Der Vorgänger kann nicht den Prozessgegner durch Veräußerung der Streitsache um seinen Prozesserfolg bringen. Handelt die Partei nach Erlass des Urteils durch den **Strohmann,** um die Rechtskraft zu unterlaufen, so ist dieses Verhalten missbräuchlich; der Strohmann hat die Rechtskraftwirkung ebenfalls hinzunehmen.[26] 13

b) Ist der Prozess im Zeitpunkt der Rechtsnachfolge bereits rechtskräftig abgeschlossen, so folgt die **Rechtskraftbindung** aus der materiell-rechtlichen Rechtsnachfolge. Der Gegenstand wird gleichsam mit dem Prozessergebnis belastet erworben. Die Bindung tritt daher ohne Verstoß gegen Art. 103 Abs. 1 GG ohne Anhörung des betroffenen Dritten ein.[27] 14

c) Umfang der Rechtskrafterstreckung. Das rechtskräftige Urteil wirkt für und gegen den Rechtsnachfolger bezüglich der Hauptsache. Auf Nebenforderungen und die Kosten erstreckt sich die Wirkung des § 325 Abs. 1 nur, wenn auch insoweit Rechtsnachfolge nach materiellem Recht eingetreten ist.[28] 15

Soweit die Rechtskraft wirkt, ist eine Zweitklage für oder gegen den gebundenen Dritten unzulässig. Die Möglichkeit der Titelumschreibung nach § 727 genügt dem Rechtsschutzbedürfnis. Kann die Rechtsnachfolge dagegen nicht einfach nachgewiesen werden und müsste Klage auf Erteilung einer Vollstreckungsklausel nach § 731 erhoben werden, lässt die Rechtsprechung auch eine zweite Leistungsklage zu.[29] 16

2. Rechtsnachfolge. Rechtsnachfolger ist, wer den streitbefangenen Gegenstand anstelle der Partei erwirbt.[30] Streitbefangen ist ein Gegenstand, wenn die Sachlegitimation des Klägers oder Beklagten auf der rechtlichen Beziehung zum Gegenstand beruht (Einzelh. s. § 265 Rn. 16ff.). 17

§ 325 erfasst sowohl die Gesamt- als auch die Einzelrechtsnachfolge. Die Nachfolge kann durch Rechtsgeschäft, Gesetz oder Hoheitsakt, auf abgeleitete oder originäre Weise eingetreten sein. Erfasst ist nicht nur die Nachfolge in das volle, sondern auch in ein gemindertes Recht des Vorgängers. Der Besitz- oder Buchnachfolger ist daher Rechtsnachfolger iSd. § 325 Abs. 1 (s. Rn. 30ff.). 18

Vollstreckbar ist eine für und gegen den Rechtsnachfolger bindende Entscheidung erst mit Erteilung einer entsprechenden Vollstreckungsklausel nach § 727. Solange der Titel nicht umgeschrieben ist, kann der Schuldner gem. § 407 Abs. 1 BGB an den Titelgläubiger leisten; diese Möglichkeit wird durch § 325 nicht beseitigt.[31] 19

---

[24] BGH NJW 1984, 126, 127; BGHZ 124, 86, 95 = NJW 1994, 453, 454.
[25] RGZ 119, 163, 169; *Thomas/Putzo/Reichold* Rn. 1; *Rosenberg/Schwab/Gottwald* § 48 Rn. 21.
[26] BGHZ 123, 30 = NJW 1993, 2942, 2943; *Musielak/Musielak* Rn. 5.
[27] Vgl. *Jauernig* ZZP 101 (1988), 361, 375f.
[28] *Baumbach/Lauterbach/Hartmann* Rn. 33; *Stein/Jonas/Leipold* Rn. 18; aA *Zöller/Vollkommer* Rn. 1.
[29] OLG Koblenz FamRZ 2000, 900.
[30] *Baumbach/Lauterbach/Hartmann* Rn. 6; *Rosenberg/Schwab/Gottwald* § 155 Rn. 8; *Zöller/Vollkommer* Rn. 13.
[31] BGHZ 86, 337 = NJW 1983, 886, 887 = LM Nr. 15.

20 **3. Gesamtrechtsnachfolge. a)** Bei **natürlichen Personen** tritt Gesamtrechtsnachfolge mit dem Erbfall ein. Der Erbe erwirbt nach §§ 1922, 1967 BGB die gesamte Rechtsstellung des Erblassers. Jedes Urteil, das für oder gegen diesen ergangen ist, wirkt für und gegen den Erben in seiner Eigenschaft als Erbe.[32] Nicht gebunden ist der Erbe dagegen mit seinem Eigenvermögen. Sein eigener Miteigentumsanteil wird etwa von einem rechtskräftigen Urteil über einen anderen durch Erbfall erworbenen Miteigentumsanteil nicht betroffen. Allerdings haftet der Erbe für Nachlassverbindlichkeiten grundsätzlich auch mit seinem persönlichen Vermögen.

21 Eine vor dem Erbfall vom Erben erworbene Rechtsstellung wird durch die Gesamtnachfolge grundsätzlich nicht berührt.[33] Erwirbt der Erbe etwa vor dem Erbfall vom Erblasser Eigentum an einem nicht streitbefangenen Gegenstand, so wirkt die Rechtskraft eines Urteils, das dem Erblasser das Eigentum im Verhältnis zu einem Dritten rechtskräftig aberkennt, nicht zu Lasten des Erben. War der Erblasser freilich als deliktischer Besitzer dem Dritten wegen der Eigentumsentziehung schadensersatzpflichtig (§§ 992, 823, 249 BGB), so geht diese Pflicht auf den Erben als Gesamtrechtsnachfolger über. In diesem Fall soll es dem Erben nach § 242 BGB (Arglisteinrede) verwehrt sein, sich auf seinen vor Eintritt der Rechtshängigkeit erfolgten gutgläubigen Eigentumserwerb zu berufen, solange kein Fall beschränkter Erbenhaftung vorliegt.[34]

22 **b)** Bei **Gesellschaften** oder **juristischen Personen** liegt Gesamtrechtsnachfolge vor, wenn diese ohne Liquidation erlöschen,[35] so bei Übernahme einer OHG durch einen Gesellschafter auf Grund Vertrages oder Ausschließung des Mitgesellschafters.[36] Sie besteht weiter im Fall der Umwandlung von Kapitalgesellschaften nach dem Umwandlungsgesetz,[37] bei Verschmelzung von Aktiengesellschaften untereinander oder mit einer KGaA oder einer GmbH, §§ 339 ff., 354 ff. AktG,[38] oder wenn ein Vereinsvermögen nach § 46 BGB an den Fiskus fällt.[39] Keine Gesamtrechtsnachfolge liegt dagegen im Ein- und Austritt eines Gesellschafters, solange dadurch die Identität der fortbestehenden Gesellschaft nicht verändert wird. Die Rechtskraft erstreckt sich aber nur auf den Rechtsnachfolger; ein vom Rechtsnachfolger erstrittenes Urteil bindet nicht den Rechtsvorgänger.[40]

23 Auch beim Eintritt **fortgesetzter Gütergemeinschaft** bleibt die Identität der Gesamthandsgemeinschaft gewahrt, nur deren Mitglieder wechseln.[41] Da zur Vollstreckung in das Gesamtgut ein Titel gegen den überlebenden Ehegatten genügt (§ 745 Abs. 1), ist es unnötig, die Abkömmlinge als Gesamtrechtsnachfolger (hinsichtlich ihres Anteils am Gesamtgut) anzusehen.[42]

24 **c) Partei kraft Amtes.** Dem Gesamtrechtsnachfolger steht die Partei kraft Amtes gleich.[43] Eine rechtskräftige Entscheidung gegenüber dem Erben bleibt für und gegen den Nachlassverwalter (§ 1984 BGB) verbindlich. Soweit Parteien kraft Amtes (Insolvenzverwalter, Zwangsverwalter, Nachlassverwalter, Testamentsvollstrecker) schon während des Rechtsstreits bestellt werden, gelten die §§ 240 ff.

25 Wird ein Insolvenzverfahren aufgehoben, so wird der bisherige Insolvenzschuldner Rechtsnachfolger des Insolvenzverwalters und ist an die für oder gegen den Verwalter ergangenen Entscheidungen gebunden.[44] Ist eine Klage des Insolvenzverwalters abgewiesen worden, so kann der (frühere) Insolvenzschuldner den Anspruch freilich noch mit der Behauptung verfolgen, dieser habe nicht der Verfügung des Verwalters unterstanden, sondern sei Teil seines insolvenzfreien Vermögens.[45]

26 **4. Einzelrechtsnachfolge. a) Voller Rechtsübergang.** Einzelrechtsnachfolger ist jeder, auf den die streitbefangene Sache oder der geltend gemachte Anspruch übergeht. Der Übergang kann auf Rechtsgeschäft (Abtretung, § 398 BGB, Vertragsübernahme[46] oder Eigentumsübertragung, §§ 873, 929 ff. BGB) auf Gesetz (zB auf § 566 BGB (s. Rn. 32) oder auf cessio legis, etwa nach

---

[32] *Rosenberg/Schwab/Gottwald* § 155 Rn. 7; *Zöller/Vollkommer* Rn. 14.
[33] BGH MDR 1956, 542 (m. Anm. *Bötticher*) = LM Nr. 6; *Baumbach/Lauterbach/Hartmann* Rn. 26.
[34] *Wieczorek* Anm. C I d 2.
[35] Vgl. *Thomas/Putzo/Hüßtege* § 239 Rn. 3.
[36] BGH NJW 1971, 1844; *Schilken* S. 47; *Zöller/Vollkommer* Rn. 15; MünchKommHGB/*K. Schmidt* § 145 Rn. 33.
[37] *Zöller/Vollkommer* Rn. 16; vgl. *Thomas/Putzo/Hüßtege* § 239 Rn. 3; MünchKommHGB/*K. Schmidt* § 145 Rn. 35.
[38] Vgl. BayObLG NJW 1967, 52.
[39] *Palandt/Heinrichs* § 47 BGB Rn. 1 a.
[40] BGH NJW-RR 2006, 1628, 1629 (Rn. 9).
[41] MünchKommBGB/*Kanzleiter* § 1483 Rn. 9.
[42] AA anscheinend *Zöller/Vollkommer* Rn. 15.
[43] *Heintzmann* S. 88; *Stein/Jonas/Leipold* Rn. 26.
[44] BGHZ 88, 331, 334 = NJW 1984, 739; OLG Celle NJW-RR 1988, 447, 448.
[45] *Jaeger/Henckel* § 6 KO Rn. 83 ff.; MünchKommInsO/*Schumacher* § 85 Rn. 17.
[46] *Schilken* S. 40.

§ 67 VVG, § 774 BGB, § 426 Abs. 2 BGB) oder einem Hoheitsakt (Zuschlag in der Zwangsversteigerung, § 90 ZVG, oder Enteignung) beruhen.

b) Partielle Nachfolge. Auch die partielle Nachfolge in das Recht des Vorgängers ist Einzelrechtsnachfolge.[47] Ein Urteil gegenüber dem Eigentümer wirkt für und gegen einen Pfandgläubiger, Hypothekengläubiger, Nießbraucher oder Pfändungspfandgläubiger,[48] wenn diese ihr Recht nach Beginn des Streits um das Eigentum erworben haben. Dagegen kann eine nachträgliche Entscheidung ein bereits entstandenes Pfandrecht nicht beeinträchtigen. Wird während eines Prozesses um die Wiederbestellung einer versehentlich gelöschten Hypothek eine Zwangshypothek eingetragen, so muss deren Gläubiger ein gegen den Eigentümer ergehendes ungünstiges Urteil als dessen Rechtsnachfolger hinnehmen.[49] Auch der Erwerber eines Anwartschaftsrechts ist beschränkter Rechtsnachfolger, sofern das bedingte Rechtsgeschäft selbst nach Rechtshängigkeit des Prozesses vorgenommen wurde.[50] Der Vollstreckungsgläubiger ist aber nicht an ein im Verhältnis Mitschuldner-Schuldner ergangenes Urteil über die vertragliche Gegenleistung gebunden.[51] 27

Die Entscheidung zwischen einem versorgungsberechtigten Arbeitnehmer und dem Versorgungsschuldner (Arbeitgeber oder Pensions-Sicherungs-Verein) wirkt auch für und gegen die Hinterbliebenen.[52] 28

c) Buchrecht. Als Rechtsnachfolge zu behandeln ist auch die Nachfolge in ein bloßes Buchrecht.[53] Wer auf Grund eines nichtigen Erwerbsgeschäfts im Grundbuch eingetragen wird, ist somit an die Entscheidung gegenüber dem gebunden, von dem er seine Berechtigung ableitet. 29

d) Besitzerwerb. Entsprechendes gilt für den Besitzerwerb. Erfasst ist sowohl die Nachfolge in den Eigenbesitz[54] als auch in den Fremdbesitz[55] an der streitbefangenen Sache, sei es als unmittelbarer oder mittelbarer Besitzer. Der **Besitznachfolger** ist also an Entscheidungen zur Zustandshaftung (nicht zur Verhaltensstörung) gegenüber dem Besitzvorgänger gebunden.[56] § 325 Abs. 1, 2. Halbs. bestimmt weiter, dass der Besitzer an die Rechtskraft gebunden ist, wenn er Besitzmittler für eine der Parteien oder ihren Rechtsnachfolger geworden ist. Diese Alternative ist aber unnötig, da sie schon vom Tatbestand der Rechtsnachfolge erfasst ist.[57] Der Besitzer muss aber seinen Besitz von der Partei ableiten. Der Erwerber des mittelbaren (übergeordneten) Besitzes ist dagegen an ein Urteil gegenüber dem unmittelbaren Besitzer nicht gebunden.[58] 30

Die Besitznachfolge hat eigenständige Bedeutung, wenn jemand den Besitz an der Streitsache kraft vertraglicher Abrede erwirbt. Eine rechtskräftige Entscheidung gegenüber dem Vermieter, Verpächter oder Verleiher wirkt daher für und gegen den Mieter, Pächter oder Entleiher. Wird ein Mieter zur Räumung verurteilt, so ist daran auch die nach Scheidung in der Wohnung verbliebene Ehefrau gebunden.[59] Fällt dagegen die Besitznachfolge mit der Belastung der Streitsache zusammen, wie bei der Übergabe an den Pfandgläubiger oder Nießbraucher, so führt bereits die Bestellung des beschränkten Rechts zur Rechtskrafterstreckung (s. Rn. 27). Der Besitznachfolger ist an Entscheidungen über petitorische und possessorische Klagen gebunden.[60] 31

Nicht gebunden ist der Besitzer dagegen, wenn er den Besitz nicht als Rechtsnachfolger des Beklagten erlangt, oder wenn es sich um einen Herausgabetitel über Hausrat zur einstweiligen Nutzung handelt.[61] 32

Auf den Besitzdiener (§ 855 BGB) erstreckt sich die Rechtskraft nicht.[62] Ein Urteil gegenüber dem Besitzer wirkt ohne weiteres für und gegen den Besitzdiener; zur Vollstreckung bedarf es keiner besonderen Vollstreckungsklausel. 33

---

[47] RGZ 82, 35, 38; *Rosenberg/Schwab/Gottwald* § 155 Rn. 7 f.; *Schilken* S. 68 f.; *Zöller/Vollkommer* Rn. 20.

[48] BGHZ 86, 337, 339 = NJW 1983, 886, 887; OLG Frankfurt NJW 1983, 2266; *Schilken* S. 46; *Zöller/Vollkommer* Rn. 18.

[49] *Blomeyer* § 92 III 1 b, c; *Zöller/Vollkommer* Rn. 20.

[50] *Stein/Jonas/Leipold* Rn. 22; *Zöller/Vollkommer* Rn. 19.

[51] BGH JZ 1996, 524 m. abl. Anm. *Brehm*.

[52] BAG FamRZ 1991, 57, 58.

[53] RGZ 82, 35, 38; *Rosenberg/Schwab/Gottwald* § 155 Rn. 8; vgl. *Schilken* S. 69 ff.

[54] RGZ 121, 379, 381 f.; BGH NJW 1981, 1517, 1518 (dazu krit. *Braun* NJW 1982, 149); *Stein/Jonas/Leipold* Rn. 19.

[55] *Baumbach/Lauterbach/Hartmann* Rn. 6; *Schilken* S. 72 f.

[56] *Schilken* S. 61 ff., 65 ff.; *Staudinger/Gursky* (1999), § 1004 Rn. 131.

[57] *Hellwig* S. 246 ff., 332 ff.; *Rosenberg/Schwab/Gottwald* § 155 Rn. 8; aA *Schilken* S. 70 f.

[58] *Schilken* S. 73.

[59] LG Münster MDR 1973, 934.

[60] RGZ 82, 35, 38; *Wieczorek* Anm. C I b 3.

[61] OLG Hamm FamRZ 1987, 509.

[62] *Baumbach/Lauterbach/Hartmann* Rn. 6; *Stein/Jonas/Leipold* Rn. 28; *Zöller/Vollkommer* Rn. 22.

34 **5. Schuldnachfolge. a) Grundsatz.** Aus dem Wortsinn des Begriffs „Rechtsnachfolger", aber auch aus dem Zweck der §§ 265, 325 folgt, dass Schuldnachfolge nicht der Rechtsnachfolge gleichzustellen ist und daher grundsätzlich keine Rechtskrafterstreckung auf den Schuldnachfolger eintritt.[63] Eine Ausnahme besteht jedoch gegenüber dem Gesamtrechtsnachfolger (s. Rn. 20 ff.) und in den Fällen, in denen die Schuldnachfolge nur durch den Erwerb des belasteten dinglichen Rechts eintritt.[64]

35 **b) Befreiende Schuldübernahme.** Die befreiende Schuldübernahme (§§ 414, 415 BGB) führt nicht zur Rechtskrafterstreckung.[65] Ein Schutz des Gläubigers erscheint auch überflüssig, da er selbst den Schuldner und Beklagten von der Verbindlichkeit freigestellt hat. Eine anhängige Klage muss er daher zurücknehmen oder die Erledigung der Hauptsache erklären. Eine nach Schuldübernahme ergehende Entscheidung wirkt in keinem Fall für oder gegen den Übernehmer.

36 **c) Kumulative Schuldübernahme.** Das Gleiche gilt für die kumulative Schuldübernahme,[66] bei der der Übernehmer eine gesamtschuldnerische Haftung übernimmt. § 425 Abs. 2 BGB schließt eine Rechtskrafterstreckung auf einen anderen Gesamtschuldner ausdrücklich aus. Jedoch kann sich eine Bindung des Schuldmitübernehmers aus dem materiellen Recht ergeben, wenn die Schuld entsprechend dem Prozessergebnis übernommen wird.[67] Eine solche Auslegung wird regelmäßig geboten sein, wenn die Schuldübernahme in Kenntnis der Rechtskraft erfolgt.[68] Im Ergebnis besteht dann vielfach kein praktischer Unterschied zur Annahme einer Rechtskrafterstreckung.

37 **d) Vermögensübernahme.** Auch bei der Übernahme eines Handelsgeschäfts mit Firma (§ 25 HGB), beim Erbschaftskauf (§§ 2371, 2382 BGB) und der früheren Vermögensübernahme (§ 419 BGB aF) erstreckt sich die Rechtskraft nicht auf den neuen Vermögensinhaber. Da der Übernehmer neben dem bisherigen Schuldner haftet, schließt § 425 Abs. 2 BGB grundsätzlich eine Rechtskrafterstreckung aus.[69] Erfolgt die Übernahme nach Rechtskraft, so kann nach § 729 auch gegen den Vermögens- und Firmenübernehmer vollstreckt werden. Ein Rückschluss auf die Rechtskraftbindung ist daraus nicht möglich.[70] Der Übernehmer ist in solchen Fällen aber regelmäßig materiellrechtlich gebunden (s. Rn. 34).

38 **e) Betriebsübergang.** Bei einem Betriebsübergang gem. § 613 a BGB wirkt eine rechtskräftige Entscheidung gegenüber dem alten Arbeitgeber dagegen auch für und gegen den neuen Betriebsinhaber.[71] Anders als bei der Schuldübernahme oder der Vermögensübernahme kommt es infolge des Betriebsübergangs zu einer vollständigen Vertragsübernahme (s. Rn. 26). Daher ist der Arbeitnehmer davor zu schützen, dass er nach dem Betriebsübergang erneut mit dem neuen Arbeitgeber prozessieren muss.

39 Ebenso wirkt ein Urteil bei Mietprozessen bei **Veräußerung des vermieteten Grundstücks** gem. § 566 BGB gegen den Erwerber.[72]

40 **f) Anfechtung.** Wer nach Anfechtung gem. §§ 119 ff. BGB ein Recht zurückerwirbt, rückt wieder in seine alte Rechtsstellung ein. Er ist daher nicht Nachfolger des Zwischenberechtigten.[73] Ebenso wird der Schuldner nicht Rechtsnachfolger des Pfändungspfandgläubigers, der nach § 843 auf die durch die Pfändung erworbenen Rechte verzichtet. Wer ein Recht dagegen mit Eintritt einer aufschiebenden[74] bzw. auflösenden[75] Bedingung oder Eintritt eines Termins[76] erwirbt, ist Rechtsnachfolger des bedingt bzw. befristet Veräußernden.

---

[63] BGHZ 61, 140, 142 = NJW 1973, 1700 f.; *Stein/Jonas/Schumann* § 265 Rn. 6; *Stein/Jonas/Leipold* Rn. 29; *Thomas/Putzo/Reichold* § 265 Rn. 10; aA *Blomeyer* § 93 II; *Calavros* S. 63; *Zöller/Vollkommer* Rn. 24 ff.

[64] *Blomeyer* § 47 I 3; *Rosenberg/Schwab/Gottwald* § 155 Rn. 16; *Zöller/Vollkommer* Rn. 23.

[65] BGHZ 61, 140, 142 ff. = NJW 1973, 1700 = JR 1974, 157 m. Anm. *Zeiss*; BGH LM § 265 Nr. 14; BGH ZZP 88 (1975), 325 m. Anm. *Henckel; Schilken* S. 32 ff., 47 f.; *Stein/Jonas/Leipold* Rn. 30; aA für Schuldübernahme nach Rechtskraft *Blomeyer* ZZP 75 (1962), 1, 21 f.; vgl. *Ahrens* GRUR 1996, 518, 521; s. Rn. 34.

[66] BGH WM 1974, 395; *Schilken* S. 41; *Musielak/Musielak* Rn. 9.

[67] BGH NJW 1981, 47; *Schack* NJW 1988, 865, 869.

[68] *Rosenberg/Schwab/Gottwald* § 155 Rn. 18.

[69] Zu § 419 BGB: BGH WM 1970, 1291; *Schack* NJW 1988, 865, 869.

[70] *Stein/Jonas/Leipold* Rn. 30; vgl. *Hüffer* ZZP 85 (1972), 229, 236.

[71] BAG NJW 1977, 1119 = AP Nr. 1 (m. Anm. *Leipold*) = SAE 1977, 220 (m. Anm. *Grunsky*); LAG Bremen BB 1982, 927; *Stein/Jonas/Leipold* Rn. 31; *Zöller/Vollkommer* Rn. 26; aA *Schilken* S. 42; krit. *Zeuner,* FS Schwab, 1990, S. 575, 585 ff.

[72] BGH WM 1965, 680; *Staudinger/Emmerich* (2003), § 566 BGB Rn. 63.

[73] *Wieczorek* Anm. C I b 4.

[74] Vgl. *Baumbach/Lauterbach/Hartmann* Rn. 23; *Zöller/Vollkommer* Rn. 19.

[75] *Pohle,* FS Lehmann, 1956, S. 738, 759; *Rosenberg/Schwab/Gottwald* § 99 Rn. 15; aA *Stein/Jonas/Leipold* Rn. 24; *Wieczorek* Anm. C I b 4.

[76] *Zöller/Vollkommer* Rn. 18; aA *Stein/Jonas/Leipold* Rn. 24.

g) Organ einer juristischen Person. Eine neu zum Organ einer juristischen Person bestellte Person ist nicht Rechtsnachfolger ihres Amtsvorgängers.[77] Der Ersteher eines zwangsverwalteten Grundstücks ist nicht Rechtsnachfolger des früheren Zwangsverwalters.[78] 41

6. Zeitpunkt der Rechtsnachfolge. a) Nach § 325 Abs. 1 erstreckt sich die Rechtskraft einer Entscheidung nur auf den Rechtsnachfolger **nach Rechtshängigkeit.** Eine spätere Zeitgrenze besteht nicht, sodass der Erwerb auch nach Rechtskraft stattfinden kann.[79] 42

Der Rechtsübergang muss nach Rechtshängigkeit vollzogen sein. Der Erwerber ist also gebunden, wenn der letzte Teilakt des Rechtsübergangs nach Rechtshängigkeit erfolgt. Bei der aufschiebend bedingter Veräußerung (§ 158 Abs. 1 BGB) tritt die Rechtsnachfolge nicht bereits mit der bedingten Verfügung, sondern erst mit Eintritt der Bedingung ein.[80] Deshalb muss der Erwerber alle Entscheidungen aus Verfahren gegen sich gelten lassen, die bis zum Eintritt der Bedingung rechtshängig geworden sind. 43

b) Für und gegen den Rechtsnachfolger **vor Rechtshängigkeit** wirkt ein rechtskräftiges Urteil grundsätzlich nicht. Denn der Vorgänger war in diesem Fall bereits bei Prozessbeginn nicht mehr Rechtsinhaber und auch nicht prozessführungsbefugt. Eine Entscheidung zwischen dem Verletzten und dem Schadensersatzpflichtigen wirkt daher nicht zugunsten des Sozialversicherungsträgers, auf den die Schadenersatzansprüche nach § 116 SGB X bereits im Zeitpunkt des Unfalls, also vor Rechtshängigkeit, übergegangen waren. Der Rechtsnachfolger kann eine Bindung auch nicht durch Genehmigung der Prozessführung des Verletzten herbeiführen.[81] 44

Ausnahmsweise sieht das Gesetz zum Schutze des Schuldners in den §§ 407 Abs. 2, 408, 412, 413 BGB, § 372 Abs. 2 HGB, § 55 Abs. 4 S. 1 MarkenG vor, dass ein rechtskräftiges Urteil **gegen,** nicht aber zugunsten des **Rechtsnachfolgers vor Rechtshängigkeit** wirkt.[82] § 407 Abs. 2 BGB will nach Wortlaut und Zweck allein den Schuldner schützen, der den Zedenten bei Klageerhebung in Unkenntnis der Abtretung für seinen Gläubiger hält. Der Schutz tritt ein, wenn dem Schuldner die Abtretung bei Eintritt der Rechtshängigkeit nicht bekannt war. Wird die Abtretung im Laufe des Prozesses aufgedeckt, so steht es dem Schuldner frei, sich auf den Schutz zu berufen oder nicht.[83] Wirkt das Urteil gegen den Zessionar, so kann der Schuldner, der inzwischen Kenntnis von der Abtretung hat, dennoch nicht befreiend an den Altgläubiger leisten. Insoweit soll allein § 407 Abs. 1 BGB gelten, der aber wegen der Kenntnis nicht helfe. Der Schuldner könne auch nicht nach § 767 Abs. 2 gegen das Urteil vorgehen, sondern allenfalls zugunsten beider Gläubiger hinterlegen.[84] Diese Lösung entwertet freilich den Schutz nach § 407 Abs. 2 BGB erheblich. 45

IV. Rechtskrafterstreckung bei Prozessstandschaft

1. Gesetzliche Prozessstandschaft. In Fällen gesetzlicher Prozessstandschaft ist ein Urteil im Interesse des Prozessgegners für den Rechtsträger verbindlich, wenn die Prozessführungsbefugnis primär eingeräumt wird, um die Interessen des Rechtsträgers wahrzunehmen.[85] Dies ist anzunehmen, wenn der Prozessstandschafter materiell über die von ihm wahrgenommenen Rechte verfügen kann oder wenn der Rechtsträger von der eigenen Prozessführung ganz ausgeschlossen ist.[86] Andernfalls könnte im zweiten Fall eine rechtskräftige Entscheidung gegen den Rechtsträger nicht ergehen. Bei der Prozessstandschaft des einen Elternteils für Unterhaltsansprüche des Kindes ordnet § 1629 Abs. 3 S. 2 BGB eine Bindung des Kindes ausdrücklich an. 46

Darf der gesetzliche Prozessstandschafter dagegen primär eigene Interessen verfolgen, so ist weder der Rechtsträger an die gegenüber dem Prozessführungsbefugten ergangenen Entscheidungen noch der Prozessführungsbefugte an die gegenüber dem Rechtsträger ergangenen gebunden. Beide sollen 47

---

[77] BGH MDR 1958, 319 = LM Nr. 10.

[78] BGH LM § 265 Nr. 2.

[79] Vgl. BGH MDR 1959, 737.

[80] *Pohle* (Fn. 73) S. 738, 761; *Rosenberg/Schwab/Gottwald* § 99 Rn. 15; *Musielak/Musielak* Rn. 8; *Zöller/Vollkommer* Rn. 19; aA *Stein/Jonas/Leipold* Rn. 22.

[81] BGH MDR 1964, 588; VersR 1964, 767.

[82] BGHZ 35, 165 = NJW 1961, 1457; BGHZ 52, 150, 152 = NJW 1969, 1479; BGHZ 64, 122, 127 = NJW 1975, 1121, 1122; *Baumbach/Lauterbach/Hartmann* Rn. 21; *J. Blomeyer* NJW 1970, 179, 180; *Thomas/Putzo/Reichold* Rn. 2; aA *Hellwig* S. 403 f.; *Schwab,* GedS für Bruns, 1980, S. 181, 187 ff.; vgl. *Stucken* S. 43 ff., 136 ff.

[83] BGHZ 52, 150, 154 = NJW 1969, 1479; *Staudinger/Busche* § 407 BGB Rn. 28; aA *von Olshausen* JZ 1976, 85; *Schwab* (Fn. 77) S. 181, 192.

[84] BGH WM 2000, 2457, 2458; vgl. MünchKommBGB/*Roth* § 407 Rn. 26; *Staudinger/Busche* (2005), § 407 BGB Rn. 23.

[85] *Stein/Jonas/Leipold* Rn. 54.

[86] BGHZ 79, 245, 248 = NJW 1981, 1097; *Rosenberg/Schwab/Gottwald* § 46 Rn. 58; *Sinaniotis* ZZP 79 (1966), 78, 91 ff.; vgl. *Heintzmann* ZZP 92 (1979), 61, 66 ff.

vielmehr jeweils unabhängig voneinander ihre Interessen verfolgen können. Dem Dritten wird dementsprechend die mehrfache Prozessführung in den Fällen der §§ 1368, 1428, 1455 Nr. 8 BGB zugemutet.[87] Ebenso verhält es sich in den Fällen der §§ 744 Abs. 2, 732, 1011, 2039 BGB.[88]

48 **a)** Bei Prozessführung durch eine **Partei kraft Amtes** muss der Rechtsträger entsprechend ein Urteil (im Rahmen des verwalteten Vermögens) für und gegen sich gelten lassen.[89] Dies gilt von Entscheidungen gegenüber dem Insolvenzverwalter (§ 80 InsO),[90] dem Nachlassverwalter (§§ 1984 Abs. 1, 1985 Abs. 1 BGB) und dem Zwangsverwalter (§ 152 ZVG). Die Rechtskrafterstreckung auf den Erben bei Testamentsvollstreckung wird in § 327 eigens erwähnt.

49 Umgekehrt ist die Partei kraft Amtes an die vor Amtsbeginn gegenüber dem Rechtsträger ergangenen Entscheidungen gebunden (s. Rn. 24).[91] Bei Wechsel in der Person des Amtswalters ist der neue Verwalter ohne weiteres an die Entscheidungen gegen seinen Vorgänger gebunden,[92] da der einzelne Verwalter überhaupt keine „neue“ Partei ist. Gleiches gilt für Wechsel in der Person eines gesetzlichen Vertreters.

50 **b)** Bei der **ehelichen Gütergemeinschaft** erstreckt sich die Rechtskraft eines Urteils, das gegenüber dem Alleinverwalter des Gesamtgutes erlassen worden ist, nach § 1422 BGB hinsichtlich des Gesamtgutes auch auf den anderen Ehegatten.[93] Das Gleiche gilt für ein Urteil, das im Rahmen des Notverwaltungsrechts nach § 1429 S. 2 BGB ergeht.[94]

51 **c)** § 1629 Abs. 3 S. 1 BGB bestimmt, dass ein Elternteil **Unterhaltsansprüche des Kindes** während des Getrenntlebens oder bei Anhängigkeit einer Ehesache nur im eigenen Namen geltend machen kann; nach § 1629 Abs. 3 S. 2 BGB hat eine in diesem Verfahren ergangene gerichtliche Entscheidung oder ein Prozessvergleich Wirkung für und gegen das Kind.[95]

52 **d)** Schaltet eine **Rechtsschutzversicherung** ein selbstständiges Schadenabwicklungsunternehmen in die Leistungsbearbeitung ein, so können Ansprüche auf eine Versicherungsleistung aus dem Vertrag über die Rechtsschutzversicherung nach § 158l Abs. 2 S. 1 VVG nur gegen das Schadenabwicklungsunternehmen geltend gemacht werden. Nach § 158l Abs. 2 S. 2 VVG wirkt der Titel für und gegen den Rechtsschutzversicherer.

53 **e)** Nach **§ 10 Abs. 2 UrhG** gelten Herausgeber, hilfsweise der Verleger als ermächtigt, Rechte eines anonymen Urhebers als Prozessstandschafter geltend zu machen.[96] Da diese Prozessstandschaft fremdnützig ist, ist der Urheber an die ergehende Entscheidung gebunden.

54 **f)** Nach § 760 Abs. 2 HGB wirkt eine Entscheidung, die ein Schiffsgläubiger gegen den Ausrüster oder den Kapitän erstreitet, Rechtskraft auch gegenüber dem Schiffseigentümer. Nach § 110b Abs. 2 S. 1 VAG wirkt ein gegen einen Hauptbevollmächtigten von Lloyd's im Inland ergangenes Urteil auch für und gegen die beteiligten Einzelversicherer; nach Art. 14 (2. Halbs.) EGVVG wirkt ein gegen ein Syndikat oder einen von diesem benannten Versicherer erzielter Titel für und gegen alle am Versicherungsvertrag beteiligten Einzelversicherer von Lloyd's. Nach § 25 HAG vom 14. 3. 1951 sowie §§ 14, 15 Gesetz über Mindestarbeitsbedingungen vom 11. 1. 1952 wirkt ein wegen Lohnnachzahlung durch das Land erstrittenes Urteil für und gegen den Heimarbeiter.[97]

55 **2. Gewillkürte Prozessstandschaft.** Bei gewillkürter Prozessstandschaft erstreckt sich die Rechtskraft stets auf den am Prozess unbeteiligten Rechtsträger.[98] Dieser muss sich am Prozessergebnis festhalten lassen, da er dem Rechtsfremden selbst die Prozessführungsbefugnis eingeräumt hat. Kein entsprechender Fall liegt jedoch vor, wenn die Partei den Rechtsstreit geführt hat, ohne sich auf eine objektiv vorliegende Ermächtigung zu berufen,[99] es sei denn, die Prozessstandschaft sei für die Beteiligten offenkundig.

---

87 *Heintzmann* S. 86; *Rosenberg/Schwab/Gottwald* § 46 Rn. 59, 60.

88 *Heintzmann* S. 86; *Rosenberg/Schwab/Gottwald* § 46 Rn. 61.

89 *Schack* NJW 1988, 865, 867.

90 FK-InsO/*App* § 85 Rn. 13; MünchKommInsO/*Schumacher* § 85 Rn. 17.

91 *Heintzmann* S. 87; MünchKommInsO/*Schumacher* § 85 Rn. 16.

92 *Heintzmann* S. 87.

93 *Rosenberg/Schwab/Gottwald* § 46 Rn. 60; *Sinaniotis* ZZP 79 (1966), 78, 95 f.; *Thomas/Putzo/Reichold* Rn. 4.

94 *Musielak* Rn. 21.

95 MünchKommBGB/*Huber* § 1629 Rn. 106; *Palandt/Diederichsen* § 1629 BGB Rn. 38; *Rosenberg/Schwab/Gottwald* § 46 Rn. 57; *Schwab/Maurer/Borth,* Handbuch des Scheidungsrechts, 5. Aufl. 2004, Teil I Rn. 536.

96 *Wandtke/Bullinger,* Urheberrecht, 2002, § 10 Rn. 38.

97 Vgl. *Henckel* S. 122 ff.

98 BGHZ 78, 1, 7 f. = NJW 1980, 2461, 2463; BGH FamRZ 1988, 834, 835; *Häsemeyer* ZZP 101 (1988), 385, 404; *Rosenberg/Schwab/Gottwald* § 46 Rn. 62; *Schack* NJW 1988, 865, 869; vgl. *Heintzmann* ZZP 92 (1979), 61, 69 f.

99 BGH LM Nr. 4.

3. Inkassozession. Im Fall der Inkassozession wirkt ein Urteil in einem Rechtsstreit des Zessionars (Treuhänders) für und gegen den Zedenten (Treugeber).[100] Denn wie bei der gewillkürten Prozessstandschaft wird in diesen Fällen die Forderung im Fremdinteresse beigetrieben. Der Treuhänder handelt zwar rechtlich im eigenen Namen, wirtschaftlich aber als mittelbarer Vertreter für den Treugeber mit dessen Willen. 56

V. Rechtskraftbindung Dritter kraft Gesetzes

1. Statussachen. In Statussachen ordnet das Gesetz z. T. eine Rechtskraftbindung für und gegen jedermann an (s. Rn. 6). 57

2. Gesellschaftsrecht. Im Gesellschaftsrecht verbindet das Gesetz eine Rechtskraftwirkung für und gegen alle betroffenen Dritten bei den Anfechtungs- und Nichtigkeitsklagen gem. §§ 248, 249, 252 AktG, nach § 75 Abs. 2 GmbHG und nach den §§ 51 Abs. 5, 96, 111 Abs. 2, 113 Abs. 1, S. 2, 114 Abs. 3 GenG. Soweit eine Minderheit von Aktionären Schadenersatzansprüche der Gesellschaft gegen Gründer oder gegen Vorstand und Aufsichtsrat wegen pflichtwidriger Geschäftsführung nach § 147 AktG einklagen kann, wirkt ein positives wie ein negatives Urteil für und gegen die Gesellschaft und die übrigen Aktionäre (§ 148 Abs. 5 AktG). Dagegen schafft „Konzernverbundenheit" keine Rechtskraft für oder gegen nicht am Rechtsstreit beteiligte Unternehmen.[101] Die rechtskräftige Feststellung, dass ein GmbH-Gesellschafter seine Einlage nicht bezahlt habe, wirkt nach Kaduzierung seines Anteils (§ 21 GmbHG) nicht gegen Mitgesellschafter, der auf Zahlung des Fehlbetrages nach § 24 GmbHG in Anspruch genommen wird.[102] 58

3. Feststellungen zur Tabelle, Drittschuldnerklage. Feststellungen zur Tabelle wirken gegenüber dem Insolvenzverwalter und allen Insolvenzgläubigern, § 178 Abs. 3 InsO.[103] Gegen den Schuldner wirkt die Feststellung nur, wenn er nicht widersprochen hatte (vgl. §§ 184, 201 Abs. 2 InsO). Ist auf Widerspruch des Insolvenzverwalters oder eines Gläubigers festgestellt, dass die angemeldete Forderung nicht besteht, so wirkt dieses Urteil auch zugunsten des Insolvenzschuldners, selbst wenn dieser der Forderung nicht widersprochen hatte.[104] Nach dem neuen Insolvenzrecht wird die soziale Rechtfertigung einer Kündigung zudem durch den Insolvenzverwalter in einem Beschlussverfahren bindend mit Wirkung für den Kündigungsschutzprozess des einzelnen Arbeitnehmers festgestellt (§ 127 Abs. 1 S. 1 InsO). 59

Bei der **Drittschuldnerklage** erfasst die Rechtskraft gem. § 856 Abs. 4 ZPO sämtliche Pfändungsgläubiger. 60

4. Kfz-Haftpflichtversicherung. Für die Kfz-Haftpflichtversicherung bestimmt § 3 Nr. 8 PflVG, dass ein klagabweisendes Sachurteil (auf Leistungs- oder Feststellungsklage) zwischen dem Geschädigten und dem Versicherer zugunsten des Versicherungsnehmers, ein Urteil zwischen dem Geschädigten und dem Versicherungsnehmer zugunsten des Versicherers wirkt. Dies gilt auch, wenn Versicherer und Versicherungsnehmer gleichzeitig verklagt worden sind.[105] Durch diese Regelung soll erreicht werden, dass der Versicherer nur die tatsächliche Haftpflichtschuld erfüllen muss. Von einem Prozessvergleich geht keine entsprechende Bindungswirkung aus. Ob der Vergleich Erlasswirkung zugunsten der anderen Gesamtschuldner haben soll, ist durch Auslegung zu ermitteln.[106] 61

Nach hM ist die Bindungswirkung des § 3 Nr. 8 PflVG ein Fall der Rechtskrafterstreckung auf Dritte.[107] In einem obiter dictum hat der BGH sogar von einer sog. Drittwirkung der Rechtskraft unter Gesamtschuldnern gesprochen.[108] Jedoch ist nicht das Urteil selbst, sondern sind die darin enthaltenen Feststellungen verbindlich. Die Haftpflichtfrage ist im Prozess des Geschädigten bloße Vorfrage. Mithin handelt es sich um eine **besondere Feststellungswirkung** des Haftpflichturteils auf den Deckungsprozess.[109] 62

---

[100] *Thomas/Putzo/Reichold* Rn. 4; vgl. RGZ 88, 290, 293; aA *Stein/Jonas/Leipold* Rn. 53 (Bindung nur nach Rückübertragung).

[101] BPatG GRUR 1985, 126.

[102] BGH NJW-RR 2005, 338 = MDR 2005, 344 = NZI 2005, 183.

[103] BGHZ 3, 385, 390 = NJW 1952, 178.

[104] BGH WM 1958, 696, 697; aA MünchKommInsO/*Schumacher* § 178 Rn. 71, § 183 Rn. 6.

[105] BGH VersR 1981, 1156 = NJW 1982, 999; BGH NJW 1982, 996, 997; vgl. *Höfle* r+s 2002, 397, 399; *Reiff* VersR 1990, 113, 116.

[106] BGH NJW-RR 1986, 22.

[107] BGH VersR 1979, 841; 1981, 1156 = NJW 1982, 999; *Blomeyer* § 93 III 1 a; *Bruck/Möller/Johannsen,* VVG, 8. Aufl., Bd. V/1 a, 1983, Anm. B 37; *Prölss/Martin/Knappmann,* VVG, 27. Aufl. 2004, § 3 Nr. 8 PflVG Rn. 1; *Rosenberg/Schwab/Gottwald* § 155 Rn. 25.

[108] BGH FamRZ 1987, 368, 369.

[109] *Gaul,* FS Beitzke, 1990, S. 997, 1029; *Gottwald,* FS Mitsopoulos, 1993, S. 487, 492 ff.; *Keilbar* ZVersWiss 59 (1970), 444 (Fn. 12), 446 (Fn. 26).

63 **a)** Die Bindungswirkung nach § 3 Nr. 8 PflVG besteht nur im **Verhältnis des Versicherungsnehmers** (und der Mitversicherten)[110] **zu dem Versicherer** und umgekehrt. Sie hindert den Geschädigten dagegen nicht, nach rechtskräftiger Abweisung seiner Klage gegen den Halter des schädigenden Kraftfahrzeugs (den Versicherungsnehmer) den mitversicherten Fahrer oder wegen dessen Haftung den Versicherer zu verklagen.[111] § 3 Nr. 8 PflVG greift ebenfalls nicht ein, wenn die Leistungspflicht des Versicherers oder des Versicherungsnehmers rechtskräftig festgestellt wird und erst dann zwischen dem Geschädigten und dem anderen Gesamtschuldner entschieden wird, dass dem Geschädigten kein oder nur ein geringer Anspruch zusteht.[112]

64 **b)** Wird eine **Direktklage des Geschädigten** gegen die Versicherung abgewiesen, weil der Schadensfall nicht versichert sei, so ist weder der Geschädigte gehindert, den Versicherungsnehmer in Anspruch zu nehmen noch dieser, gegen die Versicherung auf Deckung zu klagen.[113] Ein **klageabweisendes Urteil im Deckungsprozess** des Versicherungsnehmers hat ebenfalls keine Wirkung zu Lasten der Direktklage des Geschädigten.[114]

65 **c)** Für **zuerkennendes Urteil im Haftpflicht- oder Direktklageprozess** ordnet das Gesetz keine Bindungswirkung zu Lasten der Versicherung bzw. des Versicherungsnehmers an. Die Wirkungen des Urteils zu Lasten des Versicherers oder Versicherungsnehmers erstrecken sich nicht auf den jeweils anderen (vgl. § 3 Nr. 1, 2 PflVG, § 425 Abs. 2 BGB).[115] Infolge der vertraglichen Deckungszusage, mit anderen Worten nach der Natur des Haftpflichtverhältnisses, hat die stattgebende Entscheidung gegen den Versicherungsnehmer jedoch **Bindungswirkung für den Deckungsprozess** gegen den Versicherer auf Grund der vertraglichen Deckungszusage.[116] Die Versicherung soll dem Versicherungsnehmer ja gerade Schutz in den Fällen bieten, in denen er zum Schadensersatz verpflichtet ist. Diese Wirkung kann jedoch nicht als vereinbarte Rechtskrafterstreckung qualifiziert werden. Denn sie besteht nicht in allen Fällen und wirkt nur im Innenverhältnis zwischen Versicherungsnehmer und Versicherer, nicht dagegen zugunsten des Geschädigten.[117]

66 **d)** Ein zuerkennendes (Teil-)Urteil gegen den Versicherungsnehmer hat **keine Präklusionswirkung zu Lasten des Geschädigten** (s. § 322 Rn. 129). Der Geschädigte ist daher nicht gehindert, seinen weiteren Schaden gegen den Versicherer geltend zu machen.[118]

67 **5. Aus materiell-rechtlichen Gründen notwendige Streitgenossenschaft.** Wird gegen einzelne aus materiell-rechtlichen Gründen notwendige Streitgenossen (unzulässigerweise) ein Teilurteil erlassen, so wird dieses zwar gegen die Betroffenen rechtskräftig, hat aber keine materielle Rechtskraftwirkung gegen die anderen notwendigen Streitgenossen.[119]

VI. Rechtskraftwirkungen gegenüber Dritten infolge rechtlicher Abhängigkeit

68 **1. Allgemeines.** In zahlreichen Fällen hängen Ansprüche gegen mehrere Personen inhaltlich voneinander ab. Die Art dieser Abhängigkeit ist materiell-rechtlich unterschiedlich gestaltet. Gemeinsam ist allen nachfolgend zu behandelnden Fällen aber, dass sie nur dann reibungslos abgewickelt werden, wenn die voneinander abhängigen Ansprüche im gleichen Sinne beurteilt werden. Wie bereits dargelegt (s. Rn. 8f.) hat das Gesetz aber zum Schutz der jeweiligen Prozessparteien keine generelle Bindung an im weiteren Sinne vorgreifliche rechtskräftige Entscheidungen zwischen anderen Beteiligten angeordnet. Bindungswirkungen bestehen gleichwohl im Einzelfall, aber in unterschiedlicher Weise, die sich durchaus von einer vollen Rechtskrafterstreckung unterscheiden können.

---

[110] BGH NJW 1982, 996; *Gerhardt,* FS Henckel, 1995, S. 273, 276f.

[111] BGHZ 96, 18, 22 = NJW 1986, 1610, 1611 = LM PflVG § 3 Nr. 8, Nr. 52; OLG Bremen VersR 1984, 1084; *Gerhardt,* FS Henckel, 1995, S. 273, 277; *Höfle* r+s 2002, 397, 400.

[112] BGH NJW-RR 1986, 22.

[113] Vgl. *Höhne* VersR 1987, 1167, 1170; *Gerhardt,* FS Henckel, 1995, S. 273, 278.

[114] *Bruck/Möller/Johannsen* Anm. B 41; aA *Hofmann,* FS Sieg, 1976, S. 185, 200ff.

[115] BGH NJW 1971, 940; *Prölss/Martin/Knappmann* (Fn. 106) § 3 Nr. 8 PflVG Rn. 6; für Drittwirkung der Rechtskraft dagegen: *Bauerreiss,* FS Eichler, 1977, S. 27, 35ff.; *Koussoulis* S. 177.

[116] BGHZ 71, 339 = NJW 1978, 2154, 2156; BGHZ 117, 345, 350f. = NJW 1992, 1509, 1510; BGHZ 119, 276, 278f. = NJW 1993, 68; OLG Hamm VersR 1987, 88, 89; *Gottwald* (Fn. 109); *Prölss/Martin/Knappmann* (Fn. 105) § 149 VVG Rn. 29f., § 3 Nr. 8 PflVG Rn. 7; *Schack* NJW 1988, 865, 870f.; vgl. *Höhne* VersR 1987, 1167, 1169; *W. Peters* S. 71ff., 85ff.; *Reiff* VersR 1990, 113, 118f.; *Bayer* NVersZ 1998, 9, 11.

[117] *W. Peters* S. 76ff.; für Rechtskrafterstreckung dagegen *Hofmann* (Fn. 114) S. 196; für Drittwirkung der Rechtskraft: *Eichler,* Versicherungsrecht, 2. Aufl. 1976, S. 427f.

[118] *Keilbar* ZVersWiss 59 (1970), 441, 455.

[119] BGHZ 131, 376, 382 = NJW 1996, 1060.

2. Einwendungsausschluss des Gesellschafters. Gem. den §§ 129 Abs. 1, 161 Abs. 2 HGB bindet ein Urteil gegen die OHG bzw. KG auch deren Gesellschafter.[120] Einwendungen, die der Gesellschaft abgesprochen wurden, kann auch der Gesellschafter nicht mehr geltend machen. Nicht präkludiert ist lediglich ein Gesellschafter, der bereits vor Rechtshängigkeit der Klage gegen die Gesellschaft ausgeschieden war.[121] In allen Fällen kann sich der Gesellschafter auch auf Entscheidungen zugunsten der Gesellschaft berufen.[122] Die Rechtskraft von Entscheidungen gegen die Gesellschafter erstreckt sich dagegen nicht auf die Gesellschaft selbst.[123] Eine Ausnahme soll bestehen, wenn in einem Gesellschafterprozess rechtskräftig über die Grundlagen des Gesellschaftsverhältnisses entschieden wurde.[124] Denn eine solche Streitigkeit betrifft den Gesellschaftsvertrag und über diesen disponieren die Gesellschafter und nicht die Gesellschaft. Ebenso bindet ein Urteil, das einer von zwei Gesellschaftern gegen den anderen auf Feststellung seiner Gewinnbeteiligung erwirkt hat, die auf Auszahlung in Anspruch genommene Gesellschaft.[125] 69

Wird eine GmbH durch Gerichtsurteil aufgelöst (§ 61 GmbHG), so hat das Urteil nicht nur Gestaltungswirkung, sondern auch Rechtskraftwirkung gegenüber den nicht am Prozess beteiligten Gesellschaftern.[126] 70

Stellt ein Urteil die Gesellschafterstellung einer Partei gegenüber einem Mitgesellschafter fest, so hat dies keine Rechtskraftwirkung gegenüber der GmbH selbst.[127] 71

3. Bindung bei akzessorischer Haftung. a) Ein Bürge, Hypothekenschuldner oder Verpfänder einer beweglichen Sache kann sich auf eine **klagabweisende Entscheidung** im Verfahren des Gläubigers **gegen den Schuldner** berufen.[128] Für die Bürgschaftsschuld folgt dies aus § 768 Abs. 1 BGB, für die Haftung des Hypothekenschuldners aus § 1137 Abs. 1 BGB und für die des Verpfänders aus § 1211 Abs. 1 BGB. 72

b) Ein **Urteil zu Ungunsten des Primärschuldners** bzw. persönlichen Schuldners bindet dagegen nicht den Bürgen, Hypothekenschuldner oder Verpfänder.[129] Diese können uneingeschränkt Einwendungen gegen die Forderung erheben. Aus den §§ 768 Abs. 2, 1137 Abs. 2, 1211 Abs. 2 BGB ergibt sich, dass der Schuldner die Stellung des akzessorisch Haftenden nicht nachträglich verschlechtern kann.[130] Eine auf einen nachlässig geführten Rechtsstreit hin ergangene Entscheidung gegen den Hauptschuldner wirkt daher nicht zu Lasten des Bürgen oder des Eigentümers der belasteten bzw. verpfändeten Sache. Insoweit ist die Abhängigkeit der Bürgschaftsschuld bzw. der Haftung des Hypothekenschuldners oder Verpfänders durchbrochen.[131] 73

Im Ansatz gilt dies auch, wenn die Bürgschaft, Hypothek oder das Pfandrecht erst nach Rechtskraft des Urteils gegen den Schuldner begründet werden.[132] Die Auslegung der akzessorischen Verpflichtung wird hier meist ergeben, dass diese sich gerade auf die urteilsmäßig festgestellte Forderung bezieht. Entgegen der Gegenmeinung[133] ist dies aber keineswegs notwendig. Denkbar ist vielmehr auch, dass die akzessorische Schuld oder Haftung auch in diesem Fall (zB nach einem Versäumnisurteil gegen den Beklagten) vorbehaltlich einer erneuten Klärung der Haftungsfrage übernommen wird. 74

Ein **Prozessbürge** muss ein Urteil gegen den Primärschuldner nicht infolge einer Rechtskrafterstreckung, sondern nach dem Sinn seiner Bürgschaftserklärung gegen sich gelten lassen.[134] Der Sicherungszweck der Prozessbürgschaft wird nur erreicht, wenn der Ausgang des Rechtsstreits für den Bürgen verbindlich ist. 75

---

[120] BGHZ 64, 155, 156 = NJW 1975, 1280, 1281; BGHZ 73, 217, 224f. = NJW 1979, 1361, 1362; BGHZ 139, 214, 218 = NJW 1998, 2972, 2973; vgl. MünchKommHGB/*K. Schmidt* § 129 Rn. 13.

[121] BGHZ 44, 229 = NJW 1966, 499; MünchKommHGB/*K. Schmidt* § 129 Rn. 16.

[122] *Baumbach/Hopt* § 128 HGB Rn. 43; MünchKommHGB/*K. Schmidt* § 129 Rn. 16; *Zöller/Vollkommer* Rn. 35.

[123] *Baumbach/Hopt* § 128 HGB Rn. 44; MünchKommHGB/*K. Schmidt* § 129 Rn. 11.

[124] BGHZ 48, 175 = NJW 1967, 2159.

[125] *Zöller/Vollkommer* Rn. 36; vgl. *Huber* JuS 1972, 621, 627.

[126] *Musielak/Musielak* Rn. 16; *Zöller/Vollkommer* Rn. 37.

[127] OLG Düsseldorf ZIP 1994, 624.

[128] *Thomas/Putzo/Reichold* Rn. 5; Bürgschaft: BGH NJW-RR 2006, 1628, 1629; BGH NJW 1970, 279; Hypothek: *Palandt/Bassenge* § 1137 BGB Rn. 4; Pfandrecht: *Erman/Küchenhoff* § 1211 BGB Rn. 5.

[129] BGH NJW 1975, 1119, 1121; BGHZ 76, 222, 230f. = NJW 1980, 1461; BGHZ 107, 92, 95 = NJW 1989, 1276; BGH MDR 2005, 344, 345; *Stein/Jonas/Leipold* Rn. 96; aA OLG Frankfurt NJW-RR 1988, 206 (s. Rn. 63); *Schwab,* FS Walder, 1994, S. 261.

[130] *Huber* JuS 1972, 621, 627.

[131] AA *Baumbach/Lauterbach/Hartmann* Rn. 24.

[132] *Jauernig* ZZP 101 (1988), 361, 377f.; *Stein/Jonas/Leipold* Rn. 89; aA *Huber* JuS 1972, 621, 627 mwN.

[133] *Bettermann* S. 139, 141; *Blomeyer* § 93 III 1 u. ZZP 75 (1962), 1, 23; *Zöller/Vollkommer* Rn. 5, 34.

[134] BGH NJW 1975, 1119; MünchKommBGB/*Habersack* § 765 Rn. 120; *Palandt/Sprau* § 767 BGB Rn. 4.

76 Im Einzelfall kann in der Berufung auf die Unabhängigkeit der eigenen Haftung aber ein unbeachtlicher **Rechtsmissbrauch** des akzessorisch Verpflichteten liegen. So kann etwa ein Hypothekenschuldner nicht geltend machen, die persönliche Forderung des Gläubigers bestehe entgegen der rechtskräftigen Entscheidung gegenüber dem persönlichen Schuldner und früheren Grundstückseigentümer nicht, wenn dieser ihm das Eigentum übertragen hat, um dem neuen Eigentümer als Hypothekenschuldner das erneute Vorbringen von Einwänden zu ermöglichen, die dem Schuldner rechtskräftig aberkannt wurden und dadurch dem Gläubiger die Befriedigung seiner Forderung zu erschweren.[135]

77 **c)** Ein **Urteil des Gläubigers gegen den** (selbstschuldnerischen) **Bürgen** oder Hypothekenschuldner hat keine Rechtskraftwirkung für oder gegen den Hauptschuldner bzw. persönlichen Schuldner.[136] Insoweit fehlt es an einer den §§ 768 Abs. 1, 1137 Abs. 1 BGB entsprechenden Regelung. Vor allem wirkt eine Klagabweisung nicht zugunsten des Schuldners. Das Urteil des Gläubigers gegen den Bürgen hat aber Tatbestandswirkung für den Befreiungsanspruch nach § 775 Abs. 1 Nr. 4 BGB. Auch ein Urteil im Prozess des Pfandgläubigers gegen den Schuldner wirkt in den Fällen der §§ 1281, 1282 BGB weder für noch gegen den Gläubiger (Verpfänder) und umgekehrt.[137]

78 **4. Konkurrierende Gläubiger. a)** Die Rechtskraft des vom Drittschuldner gegen den Schuldner erstrittenen Urteils auf Vertragserfüllung bindet nicht den Vollstreckungsgläubiger, der den Anspruch des Schuldners aus ungerechtfertigter Bereicherung wegen Unwirksamkeit des Vertrages gepfändet hat.[138]

79 **b)** Bei einer **Widerspruchsklage** nach den § 878, § 115 Abs. 1 ZVG kann der widersprechende Gläubiger zwar auch den Bestand der titulierten Forderung eines konkurrierenden Gläubigers bestreiten. Ist dessen Titel jedoch rechtskräftig, so kann er sich nur auf Einwendungen berufen, die nicht durch § 767 Abs. 2 präkludiert sind, oder die eine Wiederaufnahme gestatten. Denn der bestreitende Gläubiger tritt insoweit in die Position des Schuldners ein.[139] Haben Gläubiger und Schuldner arglistig zusammengewirkt, so kann der widersprechende Gläubiger zusätzlich nach § 826 BGB vorgehen. Gleiches gilt für konkurrierende Vollstreckungsgläubiger bei der **Vorzugsklage** nach § 805 sowie in den Fällen, in denen der **Rechtsnachfolger des Vollstreckungsschuldners** den Vollstreckungszugriff abweisen will.[140]

80 **c)** Gleiches gilt für den Insolvenzgläubiger, der mit einem Widerspruch gegen eine titulierte Forderung nach § 179 Abs. 2 InsO vorgeht.[141]

81 **d)** Die Entscheidung in einem Rechtsstreit zwischen dem Insolvenzverwalter und einem Massegläubiger über den Rang einer Masseforderung nach § 209 InsO bindet nicht andere Massegläubiger.[142]

82 **5. Gläubigeranfechtung.** Bei der Gläubigeranfechtung nach §§ 1 ff. AnfG kann der Beklagte den rechtskräftig festgestellten Anspruch des Anfechtungsgläubigers gegen den Schuldner nur bestreiten, soweit der Schuldner Einwendungen nach § 767 Abs. 2 geltend machen könnte. Dies entspricht dem Zweck der Anfechtung, einen Zugriff auf den anfechtbaren Erwerb zu ermöglichen.[143] Da § 2 AnfG aber nur einen Titel des Gläubigers, nicht aber dessen Rechtskraft voraussetzt, handelt es sich lediglich um eine **Tatbestandswirkung,** nicht dagegen um einen Fall der Rechtskrafterstreckung.[144] Dies gilt auch für die Neufassung des AnfG durch das EGInsO.

83 **6. Gesamtschuldner, Gesamtgläubiger. a)** Eine Rechtskrafterstreckung auf einen anderen Gesamtschuldner, Gesamtgläubiger oder Mitgesellschafter einer BGB-Gesellschaft [145] besteht nicht.[146] Für die Gesamtschuld folgt dies aus § 425 Abs. 2 BGB,[147] für die Gesamtgläubigerschaft

---

[135] OLG Frankfurt NJW-RR 1988, 206.
[136] *Palandt/Sprau* § 767 BGB Rn. 4; *Zöller/Vollkommer* Rn. 5.
[137] RGZ 83, 116; *Sinaniotis* ZZP 79 (1966), 78, 95.
[138] BGH NJW 1996, 395, 396 = JZ 1996, 524 *(Brehm).*
[139] RGZ 153, 200, 204; BGHZ 63, 61, 62 = NJW 1974, 2284; *Rosenberg/Gaul/Schilken* § 59 IV 4; aA *Stein/Jonas/Münzberg* § 878 Rn. 23 ff.
[140] BGH NJW 1988, 828; *Musielak/Musielak* Rn. 17.
[141] *Blomeyer* ZZP 75 (1962), 1, 21; *Häsemeyer* AcP 188 (1988), 140, 154 f.; MünchKommInsO/*Schumacher* § 179 Rn. 33 ff.; *Zöller/Vollkommer* Rn. 31.
[142] RGZ 66, 326, 329; *Zöller/Vollkommer* Rn. 7.
[143] BGH NJW 1961, 1463, 1464; *Zöller/Vollkommer* Rn. 31; vgl. *Schack* NJW 1988, 865, 868.
[144] *Gaul,* FS Schwab, 1990, S. 111, 137 f.; *Hellwig* S. 89 f.; *Kuttner,* Die privatrechtlichen Nebenwirkungen des Zivilurteils, 1908, S. 40 ff.; *Schwab* ZZP 77 (1964), 124, 131; *Stein/Jonas/Leipold* Rn. 6.
[145] BGH NZBau 2000, 386, 387.
[146] BGH NJW 1984, 126, 127; *Zöller/Vollkommer* Rn. 9.
[147] BGH NJW-RR 1993, 1266, 1267; BGH NJW-RR 2006, 1628, 1629 (Rn. 11).

aus den §§ 429 Abs. 3, 425 BGB. Ein persönlicher Titel gegen einen Ehegatten wirkt auch beim Güterstand der Gütergemeinschaft mit gemeinschaftlicher Verwaltung des Gesamtgutes nicht gegen den anderen Ehegatten.[148] Bei Klageabweisung gegen einen Gesamtschuldner kann der Gläubiger daher erneut gegen den anderen vorgehen. Der andere kann seinerseits vom siegreichen Gesamtschuldner Ausgleich verlangen, ohne dass dem die Rechtskraft des Urteils gegenüber dem Gläubiger entgegensteht. Hat ein Gesamtgläubiger auf Leistung an alle geklagt und obsiegt, so soll das Urteil auch gegenüber den anderen Berechtigten wirken.[149] Für die Annahme einer solchen Rechtskrafterstreckung besteht aber kein praktisches Bedürfnis, da die anderen Berechtigten bei einer Leistung an alle ohnedies aus dem ersten Urteil Nutzen ziehen.[150] Abweichend hiervon soll die Entscheidung über ein Rentenstammrecht im Bereich der **betrieblichen Altersversorgung** Rechtskraft für und gegen einen Hinterbliebenen wirken,[151] gleichgültig, ob dieser Gesamtrechtsnachfolger (s. Rn. 16) ist.

b) Ein Urteil auf Klage für oder gegen einen **Miteigentümer** (§ 1011 BGB),[152] **Miterben** 84
(§ 2039 BGB)[153] oder einen **Gläubiger einer unteilbaren Leistung** (§ 432 BGB)[154] wirkt nicht gegenüber den anderen Berechtigten. Daran ändert sich nichts, wenn der Kläger Rechtsnachfolger des Nichtklägers wird.[155] § 432 Abs. 2 BGB bestimmt ausdrücklich, dass eine Tatsache in der Person eines Gläubigers nicht für und gegen die übrigen Gläubiger wirkt. Die Abweisung einer Klage eines Miteigentümers auf Löschung eines Nießbrauchs hindert daher nicht einen anderen Miteigentümer später erneut Löschungsklage zu erheben.[156]

7. Prätendentenstreit um ein Erbrecht. Das Urteil in einem Prätendentenstreit um ein 85
Erbrecht wirkt weder für und gegen einen Nachlassgläubiger[157] noch gegenüber einem Nachlassschuldner.[158] Die materiell-rechtliche Abhängigkeit allein rechtfertigt keine Rechtskrafterstreckung. Der Nachlassschuldner ist daher nicht gehindert, das Erbrecht des im Vorprozess siegreichen Prätendenten zu bestreiten. Ebenso kann der Nachlassgläubiger den unterlegenen Erbprätendenten weiterhin als Erbe in Anspruch nehmen.

8. Untermieter, Unterentleiher. Ein Räumungsurteil gegen den Hauptmieter wirkt nicht ge- 86
gen den (vor Rechtshängigkeit vorhandenen) Untermieter. Gleiches gilt für ein Herausgabeurteil gegen den Entleiher im Verhältnis zum Unterentleiher.[159] Der Untermieter(-entleiher) ist zwar von der Rechtsstellung des Mieters (Entleihers) nach den §§ 546 Abs. 2, 604 Abs. 4 BGB abhängig, aber zu seinem Schutz an eine Entscheidung nicht gebunden, an deren Zustandekommen er unbeteiligt war (arg. § 425 Abs. 2 BGB).[160] Der Untermieter kann die Beendigung des Hauptmietverhältnisses jedoch dann nicht bestreiten, wenn er als Rechtsnachfolger des Hauptmieters iSd. § 325 Abs. 1 anzusehen ist. Dies ist der Fall, wenn er den Besitz erst nach Rechtshängigkeit der Herausgabeklage erwirbt.[161]

9. Vertrag zugunsten Dritter. Beim Vertrag zugunsten Dritter wirkt ein Urteil zwischen dem 87
Versprechensempfänger und dem Versprechenden nicht für und gegen den Dritten.[162] Entgegen der hM ist aber ein der Klage des Versprechensempfängers stattgebendes Urteil über das Bestehen

---

[148] OLG Frankfurt FamRZ 1983, 172, 173.
[149] *Rosenberg/Schwab/Gottwald* § 46 Rn. 61.
[150] *Calavros* S. 57.
[151] BAG FamRZ 1991, 57, 58.
[152] RGZ 119, 163, 169; BGHZ 79, 245, 247 = NJW 1981, 1097; BGHZ 92, 351, 354 = NJW 1985, 385, 386; *Rosenberg/Schwab/Gottwald* § 46 Rn. 61. Für Rechtskraftbindung eines der Prozeßführung zustimmenden Miteigentümers, selbst wenn die Zustimmung im Prozeß nicht geltend gemacht wurde, BGH NJW 1985, 2825.
[153] BGH MDR 1996, 737, 738; MünchKommBGB/*Heldrich* § 2032 Rn. 36; *Palandt/Edenhofer* § 2039 Rn. 7; vgl. aber BGH NJW 1989, 2133.
[154] *Sinaniotis* ZZP 79 (1966), 78, 94; *Stein/Jonas/Leipold* Rn. 58; *Stucken* S. 170 ff.
[155] BGHZ 79, 245, 247 = NJW 1981, 1097.
[156] KG JW 1936, 3074.
[157] *Zöller/Vollkommer* Rn. 6; aA *Baumbach/Lauterbach/Hartmann* Rn. 26.
[158] *Stein/Jonas/Leipold* Rn. 99; aA *Blomeyer* ZZP 75 (1962), 1, 14 ff.; *Zöller/Vollkommer* Rn. 6, 42.
[159] *Koussoulis* S. 88 ff., 168 f.; *Palandt/Weidenkaff* § 546 Rn. 24; *Schilken* S. 81 ff.; *Musielak/Musielak* Rn. 18; *Stein/Jonas/Leipold* Rn. 91; aA *Baumbach/Lauterbach/Hartmann* Rn. 34; *Blomeyer* § 93 III 2 b; *Häsemeyer* ZZP 101 (1988), 385, 404; *Zöller/Vollkommer* Rn. 38.
[160] Vgl. BGH NJW 2001, 1355.
[161] *Schilken* S. 91 ff.
[162] BGHZ 3, 385 = NJW 1952, 178; *Soergel/Hadding* § 335 Rn. 13; *Thomas/Putzo/Reichold* Rn. 1; *Zöller/Vollkommer* Rn. 4.

des Vertrages auch für das Verhältnis des Versprechenden zum Dritten beachtlich.[163] Der Versprechende kann sich daher nicht darauf berufen, dass das Versprechen unwirksam ist. Diese Bindung ist freilich nicht Folge einer prozessualen Drittwirkung, sondern ergibt sich aus dem materiellen Recht. Mit Treu und Glauben (§ 242 BGB) wäre es unvereinbar und daher missbräuchlich, wenn der Versprechende sich etwa nach dem Tod des Versprechensempfängers erneut auf die Unwirksamkeit des Vertrages beruft, obwohl der Versprechensempfänger diese Frage hat gerichtlich klären lassen und daher sein Erbe einredefrei Erfüllung an den Dritten verlangen kann. Der Hinweis der Gegenmeinung auf die §§ 425 Abs. 2, 429 Abs. 3 BGB ist nicht stichhaltig, da der Versprechende beim Vertrag zugunsten Dritter nur an den Dritten leisten darf.

88 **10. Finanzierungsleasing.** Beim Finanzierungsleasing zeichnet sich der Leasinggeber üblicherweise von seiner Haftung frei unter gleichzeitiger Abtretung seiner Gewährleistungsansprüche gegen den Lieferanten an den Leasingnehmer. Wird der Lieferant nunmehr wegen eines Sachmangels rechtskräftig zur Rückerstattung nach Rücktritt verurteilt, so kann der Leasinggeber die Wirksamkeit des Rücktritts nicht bestreiten. Dies folgt aber nicht aus einer Rechtskraftwirkung, sondern aus dem materiellen Sinn der Abtretung der Gewährleistungsansprüche.[164]

89 **11. Finanzierter Abzahlungskauf.** Beim finanzierten Abzahlungskauf besteht dagegen keine entsprechende vertragliche Bindung des Darlehensgebers an das Schicksal des Kaufvertrages.[165] Wird eine Klage des Käufers gegen den Verkäufer auf Rückzahlung des Kaufpreises abgewiesen, so hat dieses Urteil keine Wirkung für die Wirksamkeit des Rückzahlungsanspruchs des Darlehensgebers.

VII. Rechtskrafterstreckung kraft Vereinbarung

90 **1. Rechtskraftvereinbarung.** Die subjektiven Grenzen der materiellen Rechtskraft sind der Disposition der Parteien entzogen. Daher kann die Rechtskraft nicht vertraglich auf Dritte erstreckt werden.[166] Die Parteien können deshalb nicht einer ausländischen Entscheidung oder einem Urteil in einem Musterprozess mittels Vereinbarung materielle Rechtskraftwirkung für ihr Rechtsverhältnis verleihen, um auf diese Weise eine neue Auseinandersetzung über den Streitgegenstand zu vermeiden.

91 **2. Materielle Dispositionsfreiheit.** Umgekehrt unterliegen rechtskräftig festgestellte Rechtsverhältnisse weiterhin der Dispositionsfreiheit der Parteien.[167] Die Parteien können daher rechtskräftig festgestellte oder verneinte Rechte vertraglich abändern, soweit sie über den Streitgegenstand verfügen können. Solche nachträglich entstandenen Umstände (vgl. §§ 322 Abs. 1, 767 Abs. 2) lassen die Rechtskraft der Entscheidung unberührt.

92 **3. Musterprozessabreden.** Da die Bestimmung einer Leistung nach materiellem Recht auch einem Dritten überlassen werden kann (vgl. § 317 BGB), ist es auch zulässig, die Leistung durch ein rechtskräftiges Urteil zwischen anderen Parteien bestimmen zu lassen.[168] So haftet etwa der Prozessbürge regelmäßig für die Forderung in ihrer rechtskräftig festgestellten Höhe (s. Rn. 75).

93 Dementsprechend ist es auch zulässig, dass die Parteien tatsächlich oder rechtlich gleichgelagerter Fälle verabreden, dass aus Kostengründen nur eine Klage erhoben oder nur in einem Verfahren der Instanzenzug ausgeschöpft wird.[169] Das Ergebnis dieses Musterprozesses soll dann kraft vertraglicher Abrede für den Inhalt der Leistungspflicht in den anderen Fällen maßgeblich sein.[170] Ist die Musterprozessabrede vorab in Allgemeinen Geschäftsbedingungen vereinbart worden, so kann sie aber nach § 307 BGB unwirksam sein, wenn sie den Vertragspartner des AGB-Verwenders in seiner Rechtsverfolgung unangemessen benachteiligt.[171]

---

[163] Vgl. *Huber* JuS 1972, 621, 627; *Wieczorek* Anm. B II a 1; im Ergebnis auch *Rosenberg/Schwab/Gottwald* § 155 Rn. 32.

[164] BGHZ 81, 298, 304f. = NJW 1982, 105, 106; BGHZ 114, 57, 62 = NJW 1991, 1746; *Schack* NJW 1988, 865, 871.

[165] BGHZ 91, 9, 17 = NJW 1984, 1755, 1757.

[166] *Jauernig* ZZP 64 (1951), 285, 305; *Koussoulis* S. 50; *Rosenberg/Schwab/Gottwald* § 150 Rn. 17.

[167] RGZ 46, 334, 336; *Koussoulis* S. 49.

[168] Vgl. auch *Claus,* Die vertragliche Erstreckung der Rechtskraft, Diss. Köln 1973.

[169] Vgl. *Koch* S. 141ff., 150ff.; *Lindacher* JA 1984, 404; ferner *Arens,* Jahrbuch für Rechtssoziologie, Bd. 4, 1976, S. 344. Nach § 93a Abs. 1 VwGO (idF vom 21. 12. 1990) kann das Gericht in Massenfällen Musterverfahren vorab durchführen und die übrigen Verfahren aussetzen.

[170] *Rosenberg/Schwab/Gottwald* § 47 Rn. 20; *Schilken* Rn. 1032; vgl. *Jacoby,* Der Musterprozessvertrag, 2000.

[171] BGHZ 92, 13 = NJW 1984, 2408.

VIII. Rechtskrafterstreckung bei Verbands- und Musterklagen s. § 325 a 94

IX. Schutz des gutgläubigen Erwerbers

1. Erwerb vom Nichtberechtigten trotz Rechtskraft. Die rechtskräftige Entscheidung wirkt nach § 325 Abs. 1 für und gegen den Rechtsnachfolger. Hat der Vorgänger den Prozess gewonnen, so kann sich der Rechtsnachfolger problemlos auf diese Entscheidung berufen.[172] Hat er dagegen den Prozess verloren, so wirkt die Entscheidung gegen ihn, dh. auch ihm gegenüber steht fest, dass er vom Nichtberechtigten erworben hat. Von dieser Bindung macht § 325 Abs. 2 eine Ausnahme zugunsten eines gutgläubigen Erwerbers. Mit dieser Regelung soll materielles und Prozessrecht miteinander in Einklang gebracht werden, nicht aber dem Dritten Schutz gegen nichtgewährtes rechtliches Gehör geboten werden.[173] § 325 Abs. 1 erfasst jedoch auch den originären Erwerb. Deshalb kann man nicht einfach sagen, der Erwerber sei gar nicht Rechtsnachfolger und § 325 Abs. 2 habe nur klarstellende Funktion.[174] 95

a) Grundvoraussetzung für § 325 Abs. 2 ist, dass das materielle Recht einen Erwerb vom Nichtberechtigten kraft guten oder öffentlichen Glaubens zulässt. Entsprechende Regelungen enthalten die §§ 135 Abs. 2, 405, 932ff., 936, 892f., 1032, 1138, 1155, 1207f., 1244, 1412, 1431, 2113 Abs. 3, 2129 Abs. 2, 2211 Abs. 2, 2366, 2368 Abs. 3, 2370 BGB, §§ 363f., 366 HGB, §§ 16, 17 WechselG, § 81 Abs. 1 S. 2 InsO bzw. § 7 KO. Keinen Schutz guten Glaubens gibt es bei der Gesamtrechtsnachfolge und bei der gewöhnlichen Forderungsabtretung. 96

b) § 325 Abs. 2 erfasst nur den Erwerb vom Nichtberechtigten.[175] Freilich ist dies wegen des unklaren Wortlauts der Vorschrift streitig. Jedoch will sie nicht einfach eine Rechtskrafterstreckung ausschließen, wenn der Erwerber hinsichtlich Rechtshängigkeit oder Rechtskraft gutgläubig ist. Hätte der Gesetzgeber dies gewollt, so hätte er es einfach anordnen können. Tatsächlich sollen aber die je nach Erwerbsobjekt stark divergierenden Regeln des materiellen Rechts über den Erwerb vom Nichtberechtigten entsprechend angewendet werden. Diese Differenzierung ergibt nur Sinn, wenn die Regelung den (einredefreien) **Erwerb vom Nichtberechtigten trotz Rechtshängigkeit bzw. Rechtskraft** sicherstellen will.[176] Geregelt wird also der Fall, dass das Urteil dem Rechtsvorgänger das Recht aberkannt hat. Damit erweist sich der Veräußerer (nachträglich) als Nichtberechtigter. Dies soll dem Erwerber aber nicht schaden, soweit ein gutgläubiger Erwerb möglich ist. Der Erwerber wird aber bereits dann als bösgläubig angesehen, wenn er hinsichtlich des anhängigen oder abgeschlossenen Verfahrens bösgläubig war. § 325 Abs. 2 erhöht damit (wohl eher theoretisch) die Anforderungen an den guten Glauben.[177] Ein gutgläubiger Erwerb tritt somit nur ein, wenn der Erwerber hinsichtlich des Rechts des Veräußerers und bzgl. der Rechtshängigkeit bzw. Rechtskraft gutgläubig war.[178] War er bösgläubig, so trifft ihn die Rechtskrafterstreckung und er kann damit nicht behaupten, er habe vom Berechtigten erworben.[179] 97

c) War der Erwerber zwar **materiell-rechtlich bösgläubig,** aber in Bezug auf die **Rechtshängigkeit** bzw. Rechtskraft **gutgläubig,** so erwirbt er materiell-rechtlich nicht, soll aber nach vereinzelter Ansicht nicht an die Rechtskraft gebunden sein.[180] Dem ist nicht zuzustimmen. Denn als Besitznachfolger ist der Erwerber nach § 325 Abs. 1 ohne Rücksicht auf die Kenntnis vom Prozess an die Rechtskraft gebunden. 98

d) Der von § 325 Abs. 2 zusätzlich geforderte **gute Glaube** muss sich im **Zeitpunkt** des Erwerbs auf die Rechtshängigkeit eines Prozesses oder auf das Vorliegen einer rechtskräftigen Entscheidung beziehen.[181] Aus der Verweisung auf das materielle Recht folgt, dass dieses auch darüber entscheidet, ob nur positive Kenntnis oder bereits grob fahrlässige Unkenntnis der Rechtshängigkeit die Gutgläubigkeit beseitigt.[182] 99

---

172 *Zöller/Vollkommer* Rn. 44.
173 Vgl. *Jauernig* ZZP 101 (1988), 361, 376.
174 So aber *Hellwig* S. 190ff.
175 *Blomeyer* § 92 III 2; *Calavros* S. 101ff.; *Rosenberg/Schwab/Gottwald* § 155 Rn. 11; *Stein/Jonas/Leipold* Rn. 38; aA *Baumbach/Lauterbach/Hartmann* Rn. 9; *Thomas/Putzo/Reichold* Rn. 8.
176 *Stein/Jonas/Leipold* Rn. 34 bis 38; vgl. *Lickleder* ZZP 114 (2001), 195, 202.
177 *Zöller/Vollkommer* Rn. 46.
178 BGHZ 4, 283, 285 = LM § 727 Nr. 1; *Jauernig* § 63 IV 2; *Stein/Jonas/Leipold* Rn. 36; aA wohl *Lickleder* ZZP 114 (2001), 195, 203f.
179 *Blomeyer* § 92 III 2; *Calavros* S. 101ff.
180 *Grunsky* § 47 VI 2 (S. 543).
181 RGZ 79, 165, 166; aA wohl *von Olshausen* JZ 1988, 584, 591.
182 *Baumbach/Lauterbach/Hartmann* Rn. 9; *Thomas/Putzo/Reichold* Rn. 8; *Zöller/Vollkommer* Rn. 46, aA *Pawlowski* JZ 1975, 681, 684.

100 **e)** Soweit eine Partei Gefahr läuft, einen Prozess über Grundstücksrechte wegen der Gefahr eines Erwerbs kraft öffentlichen Glaubens und Unkenntnis vom anhängigen Verfahren ergebnislos zu führen, besteht daher die Möglichkeit, die Rechtshängigkeit im Grundbuch einzutragen und dadurch die Gutgläubigkeit des Rechtsnachfolgers des Prozessgegners auszuschließen.[183] Die Eintragung des **Rechtshängigkeitsvermerks im Grundbuch** kann nach Bewilligung des Gegners, auf Grund einstweiliger Verfügung (§ 935) oder auch im Wege der Grundbuchberichtigung (§§ 19, 22, 29 GBO) erfolgen.[184]

101 **f)** Auf den **Erwerb vom Berechtigten** findet § 325 Abs. 2 keine Anwendung.[185] Es ist auch nicht ersichtlich, welcher praktische Schutz mit einer Anwendung verbunden wäre.

102 **g)** § 325 Abs. 2 regelt auch nicht den Fall, dass eine Partei den **Prozessgegner gutgläubig für sachlich legitimiert** hält. Eine Rechtskrafterstreckung auf den nicht am Verfahren beteiligten wahren Berechtigten tritt also ohne Rechtsnachfolge nicht ein. Etwas anderes gilt nur, soweit das materielle Recht ausnahmsweise die Gutgläubigkeit an eine bestimmte Rechtsstellung eines anderen schützt, wie in den §§ 405, 1058, 1245 BGB.[186]

103 **2. Vorrang eingetragener dinglicher Rechte.** Durch § 325 Abs. 3 S. 1 wird als Ausnahme zu § 325 Abs. 2 die Grundregel des § 325 Abs. 1 wieder hergestellt. Und zwar wirkt danach ein Urteil bezüglich bestimmter eingetragener dinglicher Rechte auch dann gegen den Grundstückserwerber, wenn dieser die Rechtshängigkeit nicht gekannt hat. § 325 Abs. 3 S. 1 geht von der Veräußerung des belasteten Grundstücks nach Rechtshängigkeit aus. Erwirbt jemand ein Grundstück bereits vor Rechtshängigkeit, so wirkt eine Entscheidung nicht mehr gegen ihn. Sodann muss ein Urteil über einen Anspruch aus einer eingetragenen Reallast (§§ 1105ff. BGB), Hypothek (§§ 1113ff. BGB), Grundschuld (§§ 1191ff. BGB) oder Rentenschuld (§§ 1199ff. BGB) ergangen sein. Dies gilt auch und gerade für die Fälle, in denen der konkrete Umfang des dinglichen Leistungsanspruchs nicht aus dem Grundbuch ersichtlich ist.[187] Nicht erfasst sind dagegen Entscheidungen, die Ansprüche aus sonstigen eingetragenen Rechten (zB aus Grunddienstbarkeiten) betreffen oder sich auf die durch die Hypothek gesicherte persönliche Forderung beziehen.[188]

104 Sachlich hat die Regelung allenfalls **klarstellende Funktion.** Denn auch nach materiellem Recht scheidet ein lastenfreier Erwerb bei eingetragenen Rechten ohnehin aus. Deshalb kann dem Rechtsnachfolger seine Gutgläubigkeit in Bezug auf die Rechtshängigkeit naturgemäß nichts nützen.[189] Insoweit ist § 325 Abs. 3 S. 1 überflüssig. Dass der Realgläubiger gegen den Grundstückserwerber nach Klauselerteilung gem. § 727 vollstrecken kann, auch wenn dieser hinsichtlich des Rechtsstreits gutgläubig war, folgt ebenfalls bereits aus § 325 Abs. 1. Ist das Grundstück im Rahmen der Zwangsvollstreckung bereits beschlagnahmt worden (§§ 20ff. ZVG), so hat die Veräußerung nach § 26 ZVG auf das Verfahren keinen Einfluss mehr. Die Vollstreckung wird gegen den Veräußerer fortgesetzt; einer Vollstreckungsklausel gegen den Erwerber bedarf es nicht.

105 Bei **vollstreckbaren Urkunden** (§ 794 Abs. 1 Nr. 5) ist § 325 Abs. 3 S. 1 unanwendbar. Etwas anderes gilt freilich, wenn sich der Schuldner des dinglichen Rechts der sofortigen Zwangsvollstreckung gegen den jeweiligen Eigentümer gem. § 800, wie meist, unterworfen hat und dies im Grundbuch eingetragen ist.

106 **3. Schutz des Erstehers in der Zwangsversteigerung. a)** Als echte Ausnahme vom Grundprinzip der §§ 325 Abs. 1, Abs. 3 S. 1 ordnet Abs. 3 S. 2 an, dass dem Ersteher in der Zwangsversteigerung selbst die Kenntnis von dem anhängigen Prozess nicht schadet. Dadurch soll der Ersteher vor Manipulationen und Täuschungen geschützt werden. Wer ein mit einer Hypothek, Grundschuld, Rentenschuld oder Reallast belastetes Grundstück durch Zwangsversteigerung erwirbt, muss eine rechtskräftige Entscheidung über Ansprüche aus diesen Rechten nur unter der zusätzlichen Voraussetzung gegen sich gelten lassen, dass die Rechtshängigkeit spätestens im Versteigerungstermin vor der Aufforderung zur Abgabe von Geboten (§ 66 ZVG) angemeldet worden ist. Diese Regelung entspricht der in § 54 ZVG vorgesehenen Pflicht des Gläubigers eine Kündigung eines entsprechenden Rechts oder andere Tatsachen zur vorzeitigen Fälligkeit bei Gericht anzu-

---

[183] OLG Stuttgart OLGZ 1979, 300, 302f. = MDR 1979, 853; OLG Schleswig FamRZ 1996, 175, 176; MünchKommBGB/*Wacke* § 892 Rn. 64; abl. *Lickleder* ZZP 114 (2001), 195.

[184] OLG Stuttgart NJW 1960, 1109 u. OLGZ 1979, 300, 305; OLG Zweibrücken NJW 1989, 1098; *Palandt/Bassenge* § 899 BGB Rn. 9ff.

[185] *Rosenberg/Schwab/Gottwald* § 155 Rn. 11; *Musielak* Rn. 25; aA *Baumbach/Lauterbach/Hartmann* Rn. 9; *Thomas/Putzo/Reichold* Rn. 8.

[186] *Baumbach/Lauterbach/Hartmann* Rn. 11; *Zöller/Vollkommer* Rn. 47.

[187] *Hellwig* S. 196f.

[188] BGH NJW 1960, 1348.

[189] *Stein/Jonas/Leipold* Rn. 44.

melden. Die Anmeldung ist auch dann erforderlich, wenn der Ersteher die Rechtshängigkeit kennt.[190]

Nach dem Wortlaut von § 325 Abs. 3 S. 2 besteht nur eine Pflicht, die Rechtshängigkeit zurzeit des Versteigerungstermins anzumelden. Nach wohl hM besteht daher keine Pflicht, wenn das **Grundstück erst nach Rechtskraft** der Entscheidung **zwangsversteigert** wird.[191] Da der Erwerber das Verfahren nicht mehr nach § 266 Abs. 1 übernehmen könne, wirke das Urteil auch ohne Anmeldung zu seinen Lasten. Der Zweck der Anmeldepflicht, den Ersteher vor Täuschungen zu bewahren, besteht freilich nicht minder, wenn der Rechtsstreit über das dingliche Recht bereits rechtskräftig entschieden ist.[192] 107

b) Für **eingetragene Schiffshypotheken** verweist § 325 Abs. 4 nur auf S. 1, nicht auch auf S. 2 des Abs. 3. Ob das Gesetz deshalb die Interessen des Erwerbers bei der Zwangsversteigerung von Schiffen geringer als die des Erstehers eines Grundstücks bewerten will, erscheint jedoch zweifelhaft. Denn nachdem 1940 das geringste Gebot und die entsprechenden Anmeldepflichten auch für die Versteigerung inländischer Schiffe eingeführt wurden, erscheint die fehlende Anpassung von § 325 Abs. 4 eher als Redaktionsversehen. § 325 Abs. 3 S. 2 ist daher analog anzuwenden.[193] Entsprechendes gilt für **Luftfahrzeuge,** da § 325 Abs. 4 nach § 99 LuftfzRG anwendbar ist. 108

§ 325 a Feststellungswirkung des Musterentscheids

Für die weitergehenden Wirkungen des Musterentscheids gelten die Vorschriften des Kapitalanleger-Musterverfahrensgesetzes.

Die Wirkungen des Musterentscheids regelt § 16 Kapitalanleger-Musterverfahrensgesetz (KapMuG) vom 16. 8. 2005 (BGBl. I S. 2437). Diese Bestimmung lautet:

§ 16 KapMuG Wirkung des Musterentscheids

(1) [1] Der Musterentscheid bindet die Prozessgerichte, deren Entscheidung von der im Musterverfahren getroffenen Feststellung oder der im Musterverfahren zu klärenden Rechtsfrage abhängt. [2] Der Beschluss ist der Rechtskraft insoweit fähig, als über den Streitgegenstand des Musterverfahrens entschieden ist. [3] Unbeschadet von Absatz 2 wirkt der Musterentscheid für und gegen alle Beigeladenen des Musterverfahrens unabhängig davon, ob der Beigeladene selbst alle Streitpunkte ausdrücklich geltend gemacht hat. [4] Dies gilt auch dann, wenn der Beigeladene seine Klage in der Hauptsache zurückgenommen hat. [5] Mit der Einreichung des rechtskräftigen Musterentscheids durch einen Beteiligten des Musterverfahrens wird das Verfahren in der Hauptsache wieder aufgenommen.

(2) Nach rechtskräftigem Abschluss des Musterverfahrens werden die Beigeladenen in ihren Rechtsstreiten gegenüber dem Gegner mit der Behauptung, dass die Hauptpartei das Musterverfahren mangelhaft geführt habe, nur insoweit gehört, als sie durch die Lage des Musterverfahrens zur Zeit ihrer Beiladung oder durch Erklärungen und Handlungen der Hauptpartei verhindert worden sind, Angriffs- oder Verteidigungsmittel geltend zu machen, oder als Angriffs- oder Verteidigungsmittel, die ihnen unbekannt waren, von der Hauptpartei absichtlich oder durch grobes Verschulden nicht geltend gemacht sind.

(3) Der Musterentscheid wirkt auch für und gegen die Beigeladenen, die dem Rechtsbeschwerdeverfahren nicht beigetreten sind.

Schrifttum: *Basedow,* Kollektiver Rechtsschutz und individuelle Rechte, AcP 182 (1982), 335; *Basedow/Hopt/Kötz/Baetge,* Die Bündelung gleichgerichteter Interessen im Prozeß, 1999; *Braun/Rotter,* Der Diskussionsentwurf zum KapMuG – Verbesserter Anlegerschutz?, BKR 2004, 296; *Duve/Pfitzner,* Braucht der Kapitalmarkt ein neues Gesetz für Massenverfahren?, BB 2005, 673; *Eichholtz,* Die US-amerikanischen Class Action und ihre deutschen Funktionsäquivalente, 2002; *Gebauer,* Zur Bindungswirkung des Musterentscheids nach dem Kapitalanleger-Musterverfahrensgesetz, ZZP 119 (2006), 159; *Gottwald,* Wege zum gleichen, effektiven Rechtsschutz in Mehrparteienstreitigkeiten, Armenopoulos 2006, 10; *Haß,* Die Gruppenklage, 1996; *Hess,* Der Regierungsentwurf für ein Kapitalanleger-Musterverfahrensgesetz – eine kritische Bestandsaufnahme, WM 2004, 2329; *ders.,* Musterverfahren im Kapitalmarktrecht, ZIP 2005, 1713; *Hess/Michailidou,* Das Gesetz über Musterverfahren zu Schadenersatzklagen von Kapitalanlegern, ZIP 2004, 1381; *Heß/Reuschle/Veil,* Kölner Kommentar zum KapMuG, 2006; *Koch,* Sammelklagen oder Musterverfahren, BRAK-Mitt. 2005, 159; *W. Lüke,* Der

---

[190] RGZ 122, 156, 158; *Zöller/Vollkommer* Rn. 49.

[191] *Stein/Jonas/Leipold* Rn. 46; *Thomas/Putzo/Reichold* Rn. 10.

[192] Ebenso *Blomeyer* § 78 IV 2b; *Mohrbutter,* Handbuch des Vollstreckungsrechts, 2. Aufl. 1974, § 34 I d; *Musielak* Rn. 29.

[193] So *Wieczorek* Anm. D III a.

Musterentscheid nach dem neuen Kapitalanleger-Musterverfahrensgesetz, ZZP 119 (2006), 131; *Micklitz/Stadler,* Das Verbandsklagerecht in der Informations- und Dienstleistungsgesellschaft, 2005; *Möllers/Weichert,* Das Kapitalanleger-Musterverfahrensgesetz, NJW 2005, 2737; *Reuschle,* Ein neuer Weg zur Bündelung und Durchsetzung gleichgerichteter Ansprüche, WM 2004, 2334; *ders.,* Das Kapitalanleger-Musterverfahrensgesetz, NZG 2004, 590; *Sessler,* Das Kapitalanleger-Musterverfahrensgesetz – eine Stellungnahme aus anwaltlicher Sicht, WM 2004, 2344; *Vorwerk/Wolf,* KapMuG, 2007; *Weigel,* Sammelklagen oder Musterverfahren – verfahrensrechtliche Konzepte zur effizienten Abwicklung von Massenklagen, BRAK-Mitt. 2005, 164.

I. Zweck des Kapitalanleger-Musterverfahrens

1 Die Zivilprozessordnung regelt konzeptionell die Rechtsverfolgung von Einzelansprüchen, stellt aber kein Kollektivverfahren zur Verfügung, wenn bei Streuschäden zwar ein hoher Gesamtschaden angerichtet wurde, die Verfolgung der Einzelschäden aber in keinem wirtschaftlichen Verhältnis zum erforderlichen Aufwand steht. Zur Übernahme der amerikanischen Sammelklage (class action gemäß Rule 23 FRCP), bei der ein Anwalt die Ansprüche der Gruppe der Geschädigten ohne Einzelbevollmächtigung (mit gerichtlicher Genehmigung) mit Wirkung für und gegen alle Gruppenmitglieder verfolgen kann, konnte sich der deutsche Gesetzgeber bisher nicht durchringen. Auch die Mehrheit der deutschen Autoren ist der Ansicht, dass das Handeln eines Anwalts als eine Art privaten Staatsanwalts bzw. der mit der class action verbundene Gruppenzwang mit der deutschen Rechtskultur nicht vereinbar sei. Gleich zwingende Gründe, die im Insolvenzrecht den Gruppenzwang rechtfertigten, lägen nicht vor.

2 Aktuelle Schadensfälle haben dem Gesetzgeber aber gezeigt, dass der Rechtsschutz von Anlegern auf dem Kapitalmarkt gegenüber Streuschäden durch unrichtige Börsenprospekte oder ad-hoc-Meldungen letztlich unbefriedigend und verbesserungsbedürftig war. Als versuchsweise Lösung hat der Gesetzgeber nicht die Sonderregeln der Verwaltungsgerichtsordnung für Massenverfahren (einheitlicher Bevollmächtigter für gleich interessierte Parteien; Durchführung einzelner Musterverfahren unter Aussetzung der übrigen) übernommen, sondern im Kapitalanleger-Musterverfahrensgesetz vom 16. 8. 2005 ein besonderes kollektives Musterverfahren zur einheitlichen Feststellung streitiger Tat- und/oder Rechtsfragen eingeführt. Dieses Musterverfahren setzt die privatautonome Erhebung von Einzelklagen voraus, ermöglicht aber auf Antrag von zehn Klägern die Einleitung eines Musterverfahrens vor dem Oberlandesgericht, dessen Ausgang für alle sachlich betroffenen Verfahren bindend ist. Damit diese in einem Sondergesetz angeordnete Bindungswirkung nicht vergessen und in anderen Staaten anerkannt wird, hat der Gesetzgeber hierauf in § 325 a ZPO verwiesen.

II. Feststellungswirkungen des Musterentscheids nach § 16 KapMuG

3 **1. Die Bindungswirkung des Musterentscheids.** Wer auf Schadenersatz wegen falscher, irreführender oder unterlassener öffentlicher Kapitalmarktinformationen oder auf Erfüllung aus einem Vertrag, der auf einem Angebot nach dem Wertpapiererwerbs- und Übernahmegesetz (in dem neuen ausschließlichen Gerichtsstand des § 32 b)[1] klagt (§ 1 Abs. 1 KapMuG), kann die Durchführung eines Musterverfahrens vor dem OLG beantragen (§§ 1 Abs. 1, 4 Abs. 1 KapMuG). Das Musterverfahren hat zum Ziel, das Vorliegen oder Nichtvorliegen einzelner anspruchsbegründenden oder anspruchsausschließenden Voraussetzungen festzustellen[2] oder eine Rechtsfrage vorab zu klären, wenn die Entscheidung des Rechtsstreits davon abhängt (§ 1 Abs. 1 S. 1 u. 2 KapMuG). Dieses Musterverfahren ist dem Verfahren nach § 93 a VwGO (idF von 1991) nachgebildet.[3] Es will den rechtspolitischen Forderungen nach einer Anspruchsbündelung für den Anlegerschutz Rechnung tragen.[4] Der Antragsteller hat in seinem Antrag darzulegen, dass dem Musterentscheid über den einzelnen Rechtsstreit hinaus für andere gleichgelagerte Rechtsstreitigkeiten Bedeutung zukommen kann (§ 1 Abs. 1 S. 3 KapMuG). Eine Entscheidung des OLG wird herbeigeführt, wenn innerhalb von vier Monaten mindestens neun weitere Musterfeststellungsanträge zu denselben Fragen eingehen (§ 4 Abs. 1 S. 1 Nr. 2 KapMuG). Im Musterverfahren findet dann (soweit erforderlich) eine Konzentration der Beweisaufnahme für alle Verfahren statt.[5] Die Hauptverfahren werden unterbrochen (§ 3 KapMuG) bzw. ausgesetzt (§ 7 KapMuG) und erst nach Abschluss des Musterverfahrens

---

[1] Dieser wirkt nicht in grenzüberschreitenden Fällen, s. *Reuschle* NZG 2004, 590, 592; *Plaßmeier* NZG 2005, 609, 614.

[2] Vgl. *Reuschle* NZG 2004, 590, 591.

[3] Vgl. *Hopt/Baetge,* in: *Basedow/Hopt/Kötz/Baetge,* S. 57 ff.; *Haß,* Gruppenklage, S. 337 ff.; *Stadler,* Referat, 62. DJT, Bd. II/1, 1998, I 40 ff.

[4] Vgl. *Fleischer,* Gutachten für den 64. DJT, 2002, F 115 ff.; *Hellwig,* Referat, 64. DJT, Verh. Bd. II/1, P 59, 62, sowie Beschluss, aaO, P 89.

[5] *Micklitz/Stadler* S. 1366.

fortgeführt (§ 16 Abs. 1 S. 5 KapMuG). Die Geltung des KapMuG ist zunächst auf fünf Jahre befristet (Art. 9 EG-KapMuG). Bei ihrer Entscheidung sind die Prozessgerichte an den Musterentscheid gebunden (§ 16 Abs. 1 S. 1 KapMuG). Diese Bindungswirkung entspricht der innerprozessualen Bindungswirkung der Entscheidung von Rechtsmittelgerichten (vgl. § 563 Abs. 2 ZPO) und nach dem früheren Rechtsentscheid in Mietsachen gem. § 541 Abs. 1 S. 5 ZPO aF.[6]

2. Die Rechtskraftwirkung des Musterentscheides. Nach § 16 Abs. 1 S. 2 KapMuG hat der Beschluss über den Musterentscheid zusätzlich Rechtskraftwirkung, soweit über den Streitgegenstand des Musterverfahrens entschieden ist. Nach Ansicht des Gesetzgebers hat das Musterverfahren einen eigenen Streitgegenstand, so dass dessen Entscheidung in Rechtskraft erwachsen könne.[7] Diese Wirkung sei im Gesetz klargestellt worden, um eine Anerkennung des Musterbescheids im Ausland nach Art. 32, 33ff. EuGVO bzw. Art. 25, 26ff. EuGVÜ/LugÜ sicherzustellen.[8] Art. 32 EuGVO bzw. Art. 25 EuGVÜ/LugÜ erfassen aber nach ihrem Sinn nicht Zwischenentscheidungen, die den weiteren Verfahrensfortgang betreffen,[9] auch nicht sonstige Entscheidungen über prozessuale Fragen, selbst wenn sie formell in materielle Rechtskraft erwachsen sollten.[10] Da der Musterbescheid kein Rechtsverhältnis zwischen den Parteien, sondern nur einzelne Anspruchselemente feststellt (ähnlich wie das Ergebnis einer selbstständigen Beweisaufnahme) oder zu einer vorgreiflichen Rechtsfrage ergeht, dürfte es sich nicht um eine anerkennungsfähige Entscheidung handeln.[11] 4

3. Interventionswirkung für und gegen die Beigeladenen. Nach § 16 Abs. 1 S. 3, Abs. 3 KapMuG wirkt der Musterentscheid für und gegen alle Beigeladenen (die Parteien der nach § 7 KapMuG ausgesetzten Verfahren).[12] Diese Wirkung ist der Interventionswirkung nach § 68 ZPO nachgebildet, soweit es um die Einrede der schlechten Prozessführung geht, und in Grenzen vergleichbar, da alle Beteiligten an die Musterfeststellungen des OLG in tatsächlicher und rechtlicher Art gebunden sind.[13] Die Wirkung unterscheidet sich aber deutlich von § 68 ZPO. Denn im Fall des § 68 entscheidet das Gericht durch Endurteil über einen Streit zwischen den Parteien. Dieses Urteil hat dann in einem Folgeprozess zwischen einer der Parteien und einem Dritten die Interventionswirkung, und zwar nur zu Lasten des Nebenintervenienten bzw. Streitverkündungsempfängers, nicht aber auch zu seinen Gunsten.[14] Der Musterentscheid ergeht aber nicht über Ansprüche zwischen den Musterverfahrensparteien in einer für die Beigeladenen vorgreiflichen Weise, sondern soll als solcher für und gegen die Parteien des Musterverfahrens und die Beigeladenen in den lediglich unterbrochenen bzw. ausgesetzten Hauptverfahren wirken. Während das Musterverfahren sonst § 93a VwGO nachgebildet ist,[15] hat der Gesetzgeber eine Rechtskrafterstreckung auf alle Beigeladenen entsprechend § 121 Nr. 2 VwGO nicht übernommen.[16] 5

Um jedem beigeladenen Kläger volles rechtliches Gehör zu gewähren,[17] kann jeder die Richtigkeit der Feststellungen des Musterbescheids gemäß § 16 Abs. 2 KapMuG bestreiten, wenn er behauptet, der Musterkläger habe das Musterverfahren mangelhaft geführt und (1) er sei durch die Lage des Musterverfahrens bei seiner Beiladung oder durch Prozesshandlungen des Musterklägers gehindert worden, Angriffs- und Verteidigungsmittel geltend zu machen, oder (2) der Musterkläger habe absichtlich oder durch grobes Verschulden Angriffs- und Verteidigungsmittel nicht vorgebracht, die ihm selbst unbekannt waren. 6

Diese Wirkung tritt für und gegen alle beigeladenen Kläger ein, unabhängig davon, ob sie sich am Musterverfahren beteiligt haben oder nicht. Sie tritt auch ein, wenn der Beigeladene seine Klage in der Hauptsache zurückgenommen hat (§ 16 Abs. 1 S. 4 KapMuG).[18] 7

---

[6] Vgl. *Willingmann,* Rechtsentscheid – Gerichte, Dogmatik und Rechtspolitik eines zivilprozessualen Vorlagemodells, 2000. Das Musterverfahren ist dem Rechtsentscheid nachgebildet, vgl. *Reuschle,* Sonderbeilage zu NZG 11/2004, S. 2; *Hess/Michailidou* ZIP 2004, 1381, 1384; *W. Lüke* ZZP 119 (2006), 131, 146f.

[7] Vgl. *Gebauer* ZZP 119 (2006), 159, 172 („sonderbarer Streitgegenstand").

[8] BR-Drucks. 2/05 vom 7. 1. 2005, S. 68f.

[9] *Kropholler* Art. 32 EuGVVO Rn. 24; *Rauscher/Leible* Art. 32 EuGVVO Rn. 8; *Schlosser* Art. 32 EuGVVO Rn. 7, 8.

[10] So *Geimer* IZPR Rn. 2788.

[11] Vgl. *W. Lüke* ZZP 119 (2006), 131, 148ff. (Tatsachenfeststellung als Gegenstand der Rechtskraft).

[12] *Hess/Michailidou* ZIP 2004, 1381, 1383; *Reuschle* WM 2004, 966, 977.

[13] *Reuschle* WM 2004, 2334, 2342.

[14] *Möllers/Weichert* NJW 2005, 2737, 2740; *Gebauer* ZZP 119 (2006), 159, 169ff.

[15] Vgl. dazu *Clausing,* in: *Schoch/Schmidt-Aßmann/Pietzner,* VwGO, 2004, § 121 Rn. 97ff., 105; *Kilian,* in: *Sodan/Ziekow,* VwGO, 2003, § 121 Rn. 102, 103.

[16] AA (für subjektive Rechtskrafterstreckung) *W. Lüke* ZZP 119 (2006), 131, 149ff., 155; *Gebauer* ZZP 119 (2006), 159, 173ff.

[17] *Micklitz/Stadler* S. 1232, 1365ff.

[18] *Reuschle* WM 2004, 2334, 2342.

8 Durch den Hinweis auf die Wirkungen des Musterentscheids in § 325 a soll sichergestellt sein, dass seine einer Interventionswirkung vergleichbare Wirkung auch im Ausland anerkannt werde, etwa wenn der beigeladene Kläger nach der Klagerücknahme im Inland neu im Ausland klagt.[19] Für EuGVO und EuGVÜ ist aber noch nie zweifelhaft gewesen, dass eine prozessuale Drittwirkung wie die Interventionswirkung im Ausland anerkannt wird (s. u. § 328 Rn. 161, Art. 33 EuGVO Rn. 3). Dies folgt auch sinngemäß aus Art. 65 Abs. 2 S. 2 EuGVO. Jedoch ist, wie dargelegt (s. o. Rn. 4) zweifelhaft, ob der Musterbescheid überhaupt eine anzuerkennende „Entscheidung" iS der europäischen Normen ist. Schließlich erscheint es irreführend, auf § 16 KapMuG gerade innerhalb von Regeln über die Rechtskrafterstreckung auf Dritte hinzuweisen, da eine Rechtskrafterstreckung weder intendiert ist noch tatsächlich vorliegt.

9 Die Wirkung des § 16 Abs. 1 S. 3, Abs. 2 KapMuG tritt nicht für und gegen Anspruchsinhaber ein, die gar keine Klage erhoben hatten,[20] denn diese gehören nicht zu den Beigeladenen und ein Urteil, das ein Gesamtgläubiger erstritten hat, wirkt nach § 425 Abs. 2 BGB weder für noch gegen andere Gesamtgläubiger. Soweit ihre Ansprüche der Regelverjährung (§ 195 BGB) unterliegen, werden sie zwar im Allgemeinen an der Erhebung einer verjährungshemmenden Klage interessiert sein. Vereinbaren Geschädigter und Schädiger aber ein Stillhalteabkommen i. S. des § 205 BGB, so können sie den Ausgang des Musterverfahrens ohne Bindungswirkung abwarten. Eine faktische Präjudizwirkung besteht freilich auch dann, solange „Parallelkläger" oder Beklagte einen abweichenden Vortrag nicht tatsächlich beweisen können.[21] Dass es nach Abschluss des ersten Musterverfahrens mit elf neuen Klägern zu einer Wiederholung des Musterverfahrens kommt,[22] ist daher eher unwahrscheinlich.

III. Sonstige Rechtskrafterstreckung auf Gruppenmitglieder?

10 **1. Keine class action.** Abgesehen von der vertraglichen Möglichkeit einer Musterprozessabrede (s. § 325 Rn. 83) kennt das deutsche Zivilprozessrecht außerhalb des KapMuG nicht die Möglichkeit, dass in Massenfällen zumindest die Haftungsgrundfrage auf Klage einzelner (repräsentativer) Gruppenangehöriger mit Wirkung für und gegen alle Geschädigten entschieden wird.[23] Die Parteien können zwar (vergleichsweise) vereinbaren, dass ihr Streit nach dem Ergebnis eines Musterverfahrens beigelegt werden soll; diese Vereinbarung führt aber nicht zu einer (nur durch Gesetz verfügbaren) Rechtskrafterstreckung.[24] Eine gesetzliche Prozessstandschaft eines Gruppenrepräsentanten für und gegen die Ansprüche der anderen Gruppenmitglieder wird im deutschen Recht nicht anerkannt. Dementsprechend wirkt ein Urteil weder für noch gegen den Rechtsträger, der am Verfahren nicht beteiligt war.[25] Ebenso wirkt ein Urteil gegenüber einem einfachen Streitgenossen nicht für oder gegen die anderen Streitgenossen.[26]

11 **2. Verbandsklagen.** Ebenso verneint das deutsche Recht unmittelbare Rechtskraftwirkungen des auf Verbandsklage (nach §§ 1 ff. UKlaG und §§ 3 ff., 8 Abs. 3 UWG) hin ergehenden Urteils auf andere Verbände oder gar Verbandsmitglieder.[27] Denn nach § 8 Abs. 3 UWG besitzt jeder klagebefugte Verband einen eigenen materiellen Unterlassungsanspruch, über den unabhängig von den Ansprüchen anderer Verbände entschieden wird.[28] Ist einer Unterlassungsklage bereits rechtskräftig stattgegeben worden, so entfällt das Rechtsschutzbedürfnis für eine Unterlassungsklage eines anderen Berechtigten nicht ohne weiteres. Eine weitere Klage kann aber nach § 8 Abs. 4 UWG missbräuchlich und dann unzulässig sein.[29]

12 **3. Drittwirkung kraft Einrede nach § 11 UKlaG.** Ein Urteil, das auf Verbandsklage hin die Verwendung einer Allgemeinen Geschäftsbedingung untersagt, hat eine besondere förmliche

[19] *Reuschle* WM 2004, 2334, 2342.
[20] *Micklitz/Stadler* S. 1232, 1365; *Koch* BRAK-Mitt. 2005, 159, 163.
[21] Vgl. *Heß* ZIP 2005, 1713, 1716.
[22] So *Micklitz/Stadler* S. 1367.
[23] *Koch*, Prozessführung im öffentlichen Interesse, 1983, S. 22 ff., 127 f., 293 ff.; *Hopt/Baetge,* Rechtsvergleichung und Reform des deutschen Rechts, in: *Basedow/Hopt/Kötz/Baetge,* S. 11, 44 ff.
[24] *v. Bar,* Gutachten für den 62. DJT, 1998, A 83; *Rosenberg/Schwab/Gottwald* § 47 Rn. 20; *Micklitz/Stadler* S. 1223.
[25] BGH LM Nr. 4.
[26] *Stein/Jonas/Leipold* Rn. 11; *Zöller/Vollkommer* Rn. 4.
[27] BGHZ 123, 30, 34 = NJW 1993, 2942; BGH GRUR 1994, 307, 308; *Micklitz/Stadler* S. 1222. Anders de lege ferenda *Hopt/Baetge,* in: *Basedow/Hopt/Kötz/Baetge,* S. 4 f., 42 f.
[28] *Ahrens/Ahrens,* Der Wettbewerbsprozess, 5. Aufl., Kap. 36 Rn. 40; *Baumbach/Hefermehl/Köhler,* Wettbewerbsrecht, 23. Aufl. 2004, § 8 Rn. 3.8 ff.; *Greger* ZZP 113 (2000), 399, 403 ff.
[29] *Ahrens/Ahrens* Kap. 36 Rn. 40; *Baumbach/Hefermehl/Köhler* § 8 Rn. 3.25.

Drittwirkung.[30] Jeder Vertragspartner des AGB-Verwenders kann sich mittels Einrede in einem beliebigen Individualprozess auf die Unwirksamkeit der beanstandeten Geschäftsbedingung berufen. Man muss deshalb annehmen, dass die im Unterlassungsurteil nur inzident festgestellte Rechtsunwirksamkeit der Allgemeinen Geschäftsbedingung abweichend von den allgemeinen Regeln (s. § 322 Rn. 101, 103) in Rechtskraft erwächst.[31] Von einer üblichen Rechtskraftwirkung unterscheidet sich die Drittwirkung aber dadurch, dass sie im Folgeprozess nicht von Amts wegen, sondern nur auf Einrede beachtet wird.[32]

§ 326 Rechtskraft bei Nacherbfolge

(1) Ein Urteil, das zwischen einem Vorerben und einem Dritten über einen gegen den Vorerben als Erben gerichteten Anspruch oder über einen der Nacherbfolge unterliegenden Gegenstand ergeht, wirkt, sofern es vor dem Eintritt der Nacherbfolge rechtskräftig wird, für den Nacherben.

(2) Ein Urteil, das zwischen einem Vorerben und einem Dritten über einen der Nacherbfolge unterliegenden Gegenstand ergeht, wirkt auch gegen den Nacherben, sofern der Vorerbe befugt ist, ohne Zustimmung des Nacherben über den Gegenstand zu verfügen.

1. Rechtskraftbindung des Nacherben. § 326 bindet den Nacherben an bestimmte gegenüber dem Vorerben ergangene rechtskräftige Entscheidungen. Denn die Interessen des Prozessgegners, aber auch des Nacherben erfordern eine endgültige Beilegung des Rechtsstreits. Deshalb ist es berechtigt, den Nacherben an die Rechtskraft der mit dem Vorerben geführten Prozesse zu binden.[1] Diese Bindung folgt nicht aus § 325. Denn der Nacherbe ist nicht Rechtsnachfolger des Vorerben,[2] sondern des Erblassers (§§ 2100, 2139 BGB). Das Gesetz schützt den Nacherben aber (eher zu weitgehend) dagegen, dass ihm durch die Prozessführung des Vorerben über dessen materielle Verfügungsbefugnis hinaus Rechte entzogen werden. Soweit der Nacherbe gebunden ist, kann für und gegen ihn eine Vollstreckungsklausel nach § 728 Abs. 1 erteilt werden. 1

Analog § 326 wird eine Rechtskraftbindung des endgültigen Erben an Entscheidungen vertreten, die auf befugte Klage des **vorläufigen Erben** (vgl. § 1959 Abs. 2 BGB) ergangen sind.[3] 2

An ein gegenüber dem Erblasser ergangenes Urteil ist der Nacherbe unmittelbar nach § 325 gebunden. Gleiches gilt, wenn der Erblasser den Prozess begonnen, aber erst der Vorerbe ihn beendet hat; insoweit gilt nicht § 326.[4] 3

2. Zeitpunkt der Nacherbfolge. Eine Rechtskraftbindung des Nacherben tritt nur ein, wenn die Entscheidung im Prozess mit dem Vorerben vor Eintritt der Nacherbfolge rechtskräftig wird. Tritt die Nacherbfolge bereits während der Rechtshängigkeit des Prozesses mit dem Vorerben ein, so gibt es keine Rechtskrafterstreckung. Klagt der Vorerbe oder wird er verklagt wegen eines Gegenstandes, über den er ohne Zustimmung des Nacherben nicht verfügen kann, so verliert er die Sachlegitimation (§ 2139 BGB). Die Klage wird – vorbehaltlich einer Haftung des Vorerben nach § 2145 BGB – abgewiesen, wenn sie der Kläger nicht für erledigt erklärt.[5] Aktivprozesse in Bezug auf Nachlassgegenstände, über die der Vorerbe verfügen kann, werden nach Maßgabe der §§ 242, 246 unterbrochen. Insoweit wird der Nacherbe prozessual als Rechtsnachfolger des Vorerben behandelt. 4

3. Prozesse und Nachlassverbindlichkeiten. Entscheidungen über einen gegen den Vorerben als Erben gerichteten Anspruch sind solche über Nachlassverbindlichkeiten (§§ 1967, 1968 BGB). Ihre Rechtskraft wirkt nach § 326 Abs. 1 nur für, nicht aber gegen den Nacherben.[6] Ein 5

[30] Vgl. *Hopt/Baetge* (Fn. 24) S. 41 f.; *Basedow* AcP 182 (1982), 342 ff.; *Lakkis,* Der kollektive Rechtsschutz des Verbrauchers in der Europäischen Union, 1997, S. 216 ff.

[31] Vgl. MünchKommBGB/*Micklitz* § 21 AGBG Rn. 6; *Staudinger/Schlosser,* 13. Bearb. 1998, § 21 AGBG Rn. 1; *Gaul,* FS Beitzke, 1979, S. 997, 1025 ff.; *Eichholtz,* S. 278 ff.

[32] MünchKommBGB/*Micklitz* § 21 AGBG Rn. 13; *Staudinger/Schlosser* § 21 AGBG Rn. 3.

[1] *Seuffert* ZZP 22 (1896), 322, 338.

[2] *Lange/Kuchinke,* Erbrecht, 5. Aufl. 2001, § 28 I 2a; aA *Hellwig,* Wesen und subjektive Begrenzung der Rechtskraft, 1901 (Neudruck 1967), S. 221 f.

[3] MünchKommBGB/*Leipold* § 1959 Rn. 12; *Stein/Jonas/Leipold* Rn. 2; *Stucken,* Einseitige Rechtskraftwirkung von Urteilen, 1990, S. 132 ff.; für Anwendung von § 325 *Musielak* Rn. 4.

[4] *Hellwig* (Fn. 2) S. 234.

[5] *Baumbach/Lauterbach/Hartmann* Rn. 5; MünchKommBGB/*Grunsky* § 2100 Rn. 22.

[6] *Hellwig* (Fn. 2) S. 227, 230 ff.; krit. MünchKommBGB/*Grunsky* § 2100 Rn. 23; *Staudinger/Behrends/Avenarius* § 2112 BGB Rn. 26.

teils günstiges, teils ungünstiges Urteil wirkt nur für den Nacherben, wenn über die günstige Entscheidung ein Teilurteil hätte ergehen können.[7]

6 **4. Prozesse über einen der Nacherbfolge unterliegenden Gegenstand.** Eine zugunsten des Vorerben ergehende Entscheidung über einen der Nacherbfolge unterliegenden Gegenstand wirkt nach § 326 Abs. 1 stets zugunsten des Nacherben. Zu seinen Lasten erstreckt sich die Rechtskraft nach § 326 Abs. 2 nur dann, wenn der Vorerbe ohne Zustimmung des Nacherben (nach den §§ 2112ff., 2136 BGB) über den Nachlassgegenstand verfügen konnte[8] oder wenn der Nacherbe der Verfügung oder der Prozessführung des Vorerben zugestimmt hat.[9] Entsprechendes gilt für Klagen auf Abgabe einer Willenserklärung und für Gestaltungsklagen.[10] Ist ein Urteil teils günstig, teils ungünstig, so wirkt nur der günstige Teil gegenüber dem Nacherben, sofern er trennbar ist. Ist eine Aufteilung nicht möglich, wirkt das Urteil insgesamt nicht zu Lasten des Nacherben.[11]

§ 327 Rechtskraft bei Testamentsvollstreckung

(1) Ein Urteil, das zwischen einem Testamentsvollstrecker und einem Dritten über ein der Verwaltung des Testamentsvollstreckers unterliegendes Recht ergeht, wirkt für und gegen den Erben.

(2) Das gleiche gilt von einem Urteil, das zwischen einem Testamentsvollstrecker und einem Dritten über einen gegen den Nachlass gerichteten Anspruch ergeht, wenn der Testamentsvollstrecker zur Führung des Rechtsstreits berechtigt ist.

Schrifttum: *Garlichs,* Passivprozesse des Testamentsvollstreckers, 1995; *Garlichs/Mankel,* Die passive Prozeßführungsbefugnis des Testamentsvollstreckers bei Teilverwaltung, MDR 1998, 511.

I. Allgemeines

1 **1. Prozessführung als Partei kraft Amtes.** Rechtskräftige Entscheidungen, die zwischen dem Testamentsvollstrecker als Amtsinhaber und einem Dritten ergangen sind, wirken nach § 327 für und gegen den Erben. Diese Regelung ist nicht nur überflüssig, wenn man den Testamentsvollstrecker mit der Mindermeinung als Vertreter des Erben ansieht, sondern auch vom Standpunkt der hM. Denn eine Rechtskrafterstreckung für und gegen den Rechtsinhaber findet ohne besondere gesetzliche Regelung auch in allen anderen Fällen von Parteien kraft Amtes statt (s. § 325 Rn. 40).[1]

2 **2. Persönliche Klagen.** Nicht erfasst von § 327 sind Entscheidungen, die der Testamentsvollstrecker für oder gegen seine eigene Person erwirkt, zB über seinen Status als Testamentsvollstrecker, auf Rechnungslegung (§ 218 BGB) oder auf Schadensersatz wegen Pflichtverletzung (§ 2219 BGB). Soweit in solchen Verfahren die Erbenstellung als Vorfrage, auch als selbstständige Feststellung zu beantworten ist, wirkt eine Entscheidung zwischen dem Testamentsvollstrecker und einem Miterben nicht für oder gegen die nicht beteiligten anderen Erben.[2] Zu den persönlichen Klagen gehören auch Ansprüche, die dem Testamentsvollstrecker persönlich, etwa als Vermächtnisnehmer, gegen den Nachlass zustehen.[3]

II. Prozesse des Testamentsvollstreckers

3 **1. Der Verwaltung des Testamentsvollstreckers unterliegende Rechte. a)** Für Aktivprozesse über die der Verwaltung des Testamentsvollstreckers unterliegenden Rechte ist nach § 2212 BGB nur der **Testamentsvollstrecker prozessführungsbefugt.** § 327 Abs. 1 ordnet daher an, dass entsprechende rechtskräftige Entscheidungen auch für und gegen den Erben wirken. Die Bestimmung erfasst alle Verfahren, die ein der Verwaltung des Testamentsvollstreckers unterliegendes Recht betreffen. Hierzu gehören Streitigkeiten über alle positiven Nachlassbestandteile einschl. der positiven Ansprüche des Nachlasses. Dazu gehören neben den Einzelansprüchen (vgl. § 2029 BGB) auch der Erbschaftsanspruch (§§ 2018ff. BGB)[4] oder ein zum Nachlass gehörendes Erbrecht des

---

[7] *Hellwig* (Fn. 2) S. 233; *Zöller/Vollkommer* Rn. 2.
[8] *Hellwig* (Fn. 2) S. 236ff.
[9] *Hellwig* (Fn. 2) S. 239; *Lange/Kuchinke* (Fn. 2) § 28 IV 10b; *Rosenberg/Schwab/Gottwald* § 155 Rn. 19.
[10] MünchKommBGB/*Grunsky* § 2100 Rn. 21.
[11] *Stein/Jonas/Leipold* Rn. 4; *Lange/Kuchinke* (Fn. 2) § 28 IV 10b.
[1] *Heintzmann,* Die Prozeßführungsbefugnis, 1970, S. 87f.; *Sinaniotis* ZZP 79 (1966), 78, 93; vgl. bereits *Seuffert* ZZP 22 (1896), 322, 339.
[2] *Löwisch* DRiZ 1971, 272, 273.
[3] *Lange/Kuchinke,* Erbrecht, 5. Aufl. 2001, § 31 VI 4e.
[4] *Kipp/Coing,* Erbrecht, 14. Aufl. 1990, § 71 I 3; *Lange/Kuchinke* (Fn. 3) § 31 VI 4c.

Erblassers.[5] Im Rahmen dieser Bindung kann eine Vollstreckungsklausel für und gegen den Erben erteilt werden (§ 728 Abs. 2). In welcher Parteirolle oder auf Grund welcher Klageart der Testamentsvollstrecker den Prozess führt, ist unerheblich. In Betracht kommt eine Leistungs- oder Feststellungsklage zugunsten des Nachlasses, eine negative Feststellungsklage des Dritten oder eine prozessuale Gestaltungsklage (vgl. insbesondere §§ 323, 767).[6]

b) Andere Prozesse. Unter das Prozessführungsrecht nach § 2212 BGB fällt dagegen **nicht** die Befugnis, feststellen zu lassen, wer Erbe oder ob ein Testament gültig ist, oder eine Verfügung des Erblassers anzufechten.[7] Auch Ansprüche, die dem Erben persönlich zustehen, ohne in den Nachlass zu fallen, zB nach § 2287 BGB, kann der Testamentsvollstrecker nicht nach § 2212 BGB geltend machen. Zulässig ist in diesem Fall aber eine Klage kraft gewillkürter Prozessstandschaft, wenn ein Eigeninteresse des Testamentsvollstreckers besteht.[8] Die Rechtskrafterstreckung ergibt sich dann aus den Regeln über die Prozessstandschaft (s. § 325 Rn. 55). 4

2. Ansprüche gegen den Nachlass. Entsprechend § 2213 Abs. 1 S. 2 BGB und § 748 Abs. 2 ist zu unterscheiden, ob der Testamentsvollstreckung die Verwaltung des gesamten Nachlasses oder nur die einzelner Nachlassgegenstände zusteht. 5

a) Untersteht dem Testamentsvollstrecker die **Verwaltung des gesamten Nachlasses,** so ist er nach § 2213 Abs. 1 S. 1 stets alternativ neben dem Erben passiv prozessführungsbefugt.[9] Eine Entscheidung, die wegen einer Nachlassverbindlichkeit (§§ 1967, 1968 BGB) gegenüber dem Testamentsvollstrecker ergeht, wirkt nach § 327 Abs. 2 für und gegen den Erben. Da Erbe und Testamentsvollstrecker konkurrierende Prozessführungsbefugnisse besitzen, bedurfte es insoweit tatsächlich einer besonderen Anordnung der Rechtskrafterstreckung.[10] Bei einem Wechsel im Amt des Testamentsvollstreckers ist der neue Amtsinhaber analog § 327 Abs. 2 an ein gegen den alten Amtsinhaber erwirktes Urteil gebunden.[11] 6

b) Steht dem Testamentsvollstrecker nur die **Verwaltung einzelner Nachlassgegenstände** oder von Teilen des Nachlasses zu, so ist die Leistungsklage wegen anderer Nachlassgegenstände nur gegen den Erben zu richten; der Testamentsvollstrecker ist insoweit zweifellos nicht prozessführungsbefugt. Nach hM ist aber auch eine Klage auf Leistung eines Gegenstandes, der der Verwaltung des Testamentsvollstreckers unterliegt oder auf Zahlung einer Geldforderung aus dem Nachlass in diesen Fällen entsprechend § 748 Abs. 2 (und § 2213 Abs. 1 S. 2 BGB) gegen den Erben zu richten. Der Testamentsvollstrecker ist wegen § 748 Abs. 2 dann zusätzlich auf Duldung der Zwangsvollstreckung zu verklagen (§ 2213 Abs. 3 BGB). Eine Rechtskrafterstreckung der in einem Verfahren ergehenden Entscheidung auf das andere Verfahren findet nicht statt.[12] 7

Zweifelhaft ist dieses Ergebnis freilich für Herausgabeansprüche wegen einzelner **Gegenstände, die der Verwaltung des Testamentsvollstreckers unterliegen.** Auch hier soll eine Leistungsklage gegen den Erben wegen § 748 Abs. 2 erforderlich sein. Zu überlegen wäre freilich, Prozessführungsbefugnis und materielle Verwaltungs- und Verfügungsbefugnis aneinander anzugleichen und sich in diesen Fällen mit einem Leistungstitel gegen den Verwalter (vgl. § 327 Abs. 2) zu begnügen. 8

c) Keine Prozessführungsbefugnis besitzt der Testamentsvollstrecker hinsichtlich des **Pflichtteilsanspruchs,** § 2213 Abs. 1 S. 3. Dieser ist zwar formell Nachlassverbindlichkeit, dient aber sachlich einer erbrechtlichen Beteiligung am Nachlass und ist daher allein gegenüber dem Erben geltend zu machen. Zur Vollstreckung in den Nachlass bedarf es aber zusätzlich eines Haftungstitels nach § 2213 Abs. 3 BGB. Wird der Testamentsvollstrecker danach zur Duldung der Zwangsvollstreckung in den von ihm verwalteten Nachlass verurteilt, so wirkt dieses Urteil nicht zu Lasten des Erben; umgekehrt wirkt ein Leistungsurteil gegen den Erben keine Rechtskraft im Duldungsprozess gegen den Testamentsvollstrecker.[13] 9

d) Andere als die in § 327 genannten Entscheidungen zwischen dem Testamentsvollstrecker und einem Dritten sind für und gegen den Erben unbeachtlich.[14] 10

---

[5] RG SeuffArch 74, 249.
[6] RG Gruchot 50, 387, 389f.; *Soergel/Damrau* § 2212 BGB Rn. 4.
[7] *Keßler* DRiZ 1965, 195, 196; *Lange/Kuchinke* (Fn. 3) § 31 VI 4c; MünchKommBGB/*Zimmermann* § 2212 BGB Rn. 10.
[8] Vgl. BGHZ 78, 1 = NJW 1980, 2461; *Lange/Kuchinke* (Fn. 3) § 31 VI 4e; *Tiedtke* JZ 1981, 429f.
[9] Vgl. BGHZ 104, 1 = NJW 1988, 1390 = FamRZ 1988, 616.
[10] *Sinaniotis* ZZP 79 (1966), 78, 93f.
[11] *Garlichs* Rn. 130f.
[12] Vgl. *Staudinger/Reimann* (2003) § 2213 BGB Rn. 13.
[13] MünchKommBGB/*Zimmermann* § 2213 BGB Rn. 11, 14.
[14] RG JW 1909, 52.

III. Prozesse des Erben

11 **1. Aktivprozesse des Erben.** Über ein der Verwaltung eines Testamentsvollstrecker unterliegendes Recht des Nachlasses ist der Erbe oder ein Erbprätendent[15] nicht prozessführungsbefugt (§ 2212 BGB).[16] Die erhobene Klage ist unzulässig. Ein dennoch ergangenes Sachurteil wirkt weder für noch gegen den Testamentsvollstrecker.[17] Jedoch kann der Testamentsvollstrecker den Erben zur Führung des Rechtsstreits ermächtigen.[18] Das erforderliche Eigeninteresse des Erben ist dann zu bejahen. In diesem Fall tritt eine Rechtskrafterstreckung nach allgemeinen Regeln (s. § 325 Rn. 55) ein.[19]

12 **2. Passivprozesse wegen Nachlassverbindlichkeiten.** Obwohl der Erbe neben dem Testamentsvollstrecker prozessführungsbefugt ist, wirken Urteile in einem Rechtsstreit mit dem Erben nur für, nicht aber gegen den Testamentsvollstrecker, auch nicht im Pflichtteilsprozess.[20] Dadurch soll erreicht werden, dass der Erbe auch nicht mittelbar über die Prozessführung in die Verwaltung des Testamentsvollstreckers eingreifen kann.[21] Aus dem gleichen Grund kann ein Dritter in den vom Testamentsvollstrecker verwalteten Nachlass nur vollstrecken, wenn er einen Titel gegen den Testamentsvollstrecker erstreitet (vgl. § 748).

13 Umgekehrt muss sich der Testamentsvollstrecker aber auf dem Erben günstige Entscheidungen berufen können. Denn andernfalls bestünde die Gefahr widersprüchlicher Entscheidungen gegenüber dem Erben, da eine Verurteilung des Testamentsvollstreckers in einem nachfolgenden Verfahren nach § 327 Abs. 2 zu Lasten des bereits rechtskräftig siegreichen Erben wirken würde. Mit der Entscheidung zugunsten des Erben muss daher feststehen, dass der Nachlass nicht haftet.

IV. Prozesse des Erblassers

14 Ein für oder gegen den Erblasser ergangenes Urteil wirkt gem. § 325 (nicht nur für und gegen den Erben, sondern auch) für und gegen den Testamentsvollstrecker.[22] Entsprechend kann nach § 749 eine vollstreckbare Ausfertigung erteilt werden.

§ 328 Anerkennung ausländischer Urteile

(1) Die Anerkennung des Urteils eines ausländischen Gerichts ist ausgeschlossen:

1. wenn die Gerichte des Staates, dem das ausländische Gericht angehört, nach den deutschen Gesetzen nicht zuständig sind;

2. wenn dem Beklagten, der sich auf das Verfahren nicht eingelassen hat und sich hierauf beruft, das verfahrenseinleitende Dokument nicht ordnungsmäßig oder nicht so rechtzeitig zugestellt worden ist, dass er sich verteidigen konnte;

3. wenn das Urteil mit einem hier erlassenen oder einem anzuerkennenden früheren ausländischen Urteil oder wenn das ihm zugrunde liegende Verfahren mit einem früher hier rechtshängig gewordenen Verfahren unvereinbar ist;

4. wenn die Anerkennung des Urteils zu einem Ergebnis führt, das mit wesentlichen Grundsätzen des deutschen Rechts offensichtlich unvereinbar ist, insbesondere wenn die Anerkennung mit den Grundrechten unvereinbar ist;

5. wenn die Gegenseitigkeit nicht verbürgt ist.

(2) Die Vorschrift der Nummer 5 steht der Anerkennung des Urteils nicht entgegen, wenn das Urteil einen nichtvermögensrechtlichen Anspruch betrifft und nach den deutschen Gesetzen ein Gerichtsstand im Inland nicht begründet war oder wenn es sich um eine Kindschaftssache (§ 640) oder um eine Lebenspartnerschaftssache im Sinne des § 661 Abs. 1 Nr. 1 und 2 handelt.

---

[15] Vgl. MünchKommBGB/*Zimmermann* § 2212 Rn. 20.

[16] Vorbehaltlich abweichender Regelung durch den Erblasser, BGHZ 31, 279, 283f. = NJW 1960, 523f.

[17] *Zöller/Vollkommer* Rn. 3.

[18] Vgl. BGHZ 38, 281ff. = NJW 1963, 297 m. Anm. *Nirk*; *Staudinger/Reimann* § 2212 BGB Rn. 5, 20.

[19] Vgl. *Erman/Hense* § 2212 BGB Rn. 4; *Lange/Kuchinke* (Fn. 3) § 31 VI 4f.; MünchKommBGB/*Zimmermann* § 2212 BGB Rn. 18, 19; *Rosenberg/Schwab/Gottwald* § 46 Rn. 62.

[20] Vgl. RGZ 56, 327, 330; 109, 166f.; *Lange/Kuchinke* (Fn. 3) § 31 VI 4i; MünchKommBGB/*Zimmermann* § 2213 BGB Rn. 7, 14; *Soergel/Damrau* § 2213 BGB Rn. 12; *Stein/Jonas/Leipold* Rn. 7f.

[21] *Garlichs* Rn. 133.

[22] *Heintzmann* (Fn. 1) S. 88; *Lange/Kuchinke* (Fn. 3) § 31 VI 4b.

I. Grundlagen der Anerkennung ausländischer Urteile

1. Anerkennungstheorien. Die Anerkennung und Vollstreckbarerklärung ausländischer Urteile und anderer Vollstreckungstitel zeigt zwar weltweit einheitliche Charakteristika. Diese beruhen aber nicht auf konkreten Regeln des allgemeinen Völkerrechts. Grundlage für die Anerkennung ausländischer Entscheidungen ist vielmehr das jeweilige nationale Recht. Dementsprechend besteht 1 keine generelle völkerrechtliche Pflicht, ausländische Entscheidungen anzuerkennen; Art und Ausmaß der Anerkennung liegt vielmehr im Ermessen des jeweiligen nationalen Gesetzgebers, der sie nach politischen Erwägungen, Handels- und Verkehrsbedürfnissen zulassen oder nicht zulassen kann.[1] Aus dem Justizgewährungsanspruch folgt aber die Pflicht, gerichtliche Entscheidungen über den persönlichen Status anzuerkennen.[2] Gleichwohl beruht die Anerkennung ausländischer Gerichtsentscheidungen etwa nach dem US-amerikanischen Recht auf dem völkerrechtlichen Grundsatz der comity.[3] In England beruht die Anerkennung ausländischer Urteile auf der „doctrin of obligation".[4] Die ausländische Entscheidung schafft danach die Verpflichtung, auch in anderen Ländern anerkannt und vollstreckt zu werden. In Deutschland hat man sich mit derartigen Theorien, warum eine ausländische Entscheidung anzuerkennen sei, nur wenig beschäftigt.[5] Jedoch war man sich stets bewusst, dass ausländische Entscheidungen auf anderen materiellen und verfahrensrechtlichen Grundlagen beruhen und deshalb nicht ohne weiteres wie inländische Entscheidungen behandelt werden können. Es stellt sich daher die Frage, wie man eine vollständige Überprüfung der ausländischen Entscheidung vermeiden, zugleich aber die Parteien im Inland vor „willkürlichen" Entscheidungen schützen kann.

2 Üblicherweise verbindet man zwei Bedeutungen mit dem Wort Anerkennung: (1) Allgemein bezeichnet es jegliches Vorgehen, wodurch ein Staat fremden Entscheidungen Inlandswirkungen beilegt. (2) Vielfach wird unter Anerkennung aber auch das Zulassen ausländischer Entscheidungen zur Vollstreckung im Inland verstanden. Dazu muss das ausländische Urteil zumindest gedanklich vorrangig im Inland anerkannt werden. Nur einer anerkannten ausländischen Entscheidung kann die Vollstreckbarkeit im Inland verliehen werden (s. Rn. 167).

3 **2. Wirkungserstreckung oder Gleichstellung. a)** Nach verbreiteter Ansicht werden ausländische Entscheidungen durch die Anerkennung inländischen **gleichgestellt.** In der Tat ist der Gleichbehandlungsgrundsatz in internationalen Beziehungen ein gesundes Rechtsprinzip. Bei der technischen Durchführung der Gleichstellung ergeben sich indes Schwierigkeiten. Denn gleichstellen kann man nur Entscheidungen mit wirklich gleichem Inhalt. Haben ausländische Entscheidungen dagegen einen Inhalt, den inländische Entscheidungen nicht haben (können), so müsste eine Gleichstellung ausscheiden. Dennoch besteht gerade bei im Inland unbekannten Statusentscheidungen ein Bedürfnis für deren Anerkennung. Stellt man daher dennoch gleich, so ergibt sich die Ungereimtheit, dass der Entscheidung evtl. in verschiedenen Staaten unterschiedliche Wirkungen beigelegt werden.[6]

4 **b)** Diese Schwierigkeiten vermeidet die überwiegend vertretene Lehre von der **Wirkungserstreckung.** Danach werden die Entscheidungswirkungen einer ausländischen Entscheidung durch die Anerkennung auf das Inland erstreckt.[7] Die Anerkennungsverträge gehen meist ausdrücklich von dieser Lehre aus. Sie gilt aber auch sonst, insbesondere für das autonome Recht. Die Wirkung der Anerkennung bestimmt sich danach, welche Wirkungen das fremde Forum nach seinem Recht seinem Urteil beilegt. Grundvoraussetzung der Anerkennung ist daher, dass die Entscheidung nach dem Recht des Entscheidungsstaates wirksam und nicht nichtig ist. Durch die Anerkennung erhält die ausländische Entscheidung nicht Wirkungen, die ihr nach dem Recht des Erststaates nicht zukommen,[8] zB kann ein Urteil, das eine Zahlvaterschaft feststellt, durch Anerkennung nicht zum Statusurteil werden.

5 Fraglich ist, ob im Inland auch Rechtskraftwirkungen nach ausländischem Recht anzuerkennen sind, die über die entsprechenden inländischen Vorstellungen hinausgehen. Nach der **Gleichstellungslehre** ist dies unzulässig; das eigene Recht begrenzt danach die anzuerkennenden Urteilswirkungen **(Kumulationstheorie).**[9] Freilich schafft man damit teilweise ohne Not internationale Disharmonien. Ebenso wie die Anwendung abweichenden Auslandsrechts grundsätzlich hingenommen wird, sollten deshalb auch abweichende ausländische Urteilswirkungen anerkannt werden,

---

[1] *Nagel/Gottwald* § 11 Rn. 102, § 14 Rn. 2.

[2] *Nagel/Gottwald* § 11 Rn. 103; *Zöller/Geimer* Rn. 2; krit. *Staudinger/Spellenberg* § 328 BGB Rn. 5.

[3] Hilton v. Guyot 159 U.S. 113 (1895); krit. *F. A. Mann,* Foreign Affairs in English Courts, 1986, pp. 134, 141.

[4] Schibsby v. Westenholz [1870] LR 6 QB 155, 159; *Cheshire/North/Fawcett,* Private International Law, 13th ed. 1999, p. 405.

[5] Vgl. *Martiny* Am.J. Comp.L 35 (1987), 721, 727 f.

[6] *Kropholler* § 60 V 1.

[7] *Kegel/Schurig* IPR § 22 V 1 a; *Martiny* Am. J. Comp. L 35 (1987), 721, 728; *Rosenberg/Schwab/Gottwald* § 156 Rn. 8; vgl. BGHZ 118, 312, 318 = NJW 1992, 3096, 3098; OLG Hamm FamRZ 1993, 213, 215.

[8] OLG Hamburg IPRspr. 1983 Nr. 184; *Stein/Jonas/Roth* Rn. 10.

[9] Dafür *Schack* IZPR Rn. 793 ff.; *Stein/Jonas/Roth* Rn. 8; *v. Bar/Mankowski,* IPR, Bd. I, 2. Aufl., § 5 Rn. 112 ff., 114.

solange diese nicht mit inländischen Gerechtigkeitsvorstellungen gänzlich unvereinbar sind. Dies ist aber nur der Fall, wenn die entsprechenden Urteilswirkungen im Inland vollständig unbekannt sind oder wenn sie gegen den inländischen ordre public verstoßen.[10] Diese Grenzen der Wirkungserstreckung sind im autonomen Recht (§ 328) dieselben wie nach Art. 33 EuGVO.[11]

Da das nationale Anerkennungsrecht somit letztlich darüber entscheidet, ob nach ausländischen Vorstellungen ergangene Entscheidungen im Inland wirken, kann es als eine Art „verstecktes" oder **sekundäres** Kollisionsrecht angesehen werden.[12] Diese Parallele darf aber für das geltende deutsche Recht nicht überbetont werden. Denn vom „ordre public"-Vorbehalt abgesehen sind die Anerkennungsvoraussetzungen rein prozessualer Art, ohne unmittelbaren Bezug zum Inhalt der ausländischen Entscheidung. Die Anerkennung erfolgt rein prozessual (nach § 328), ohne Rücksicht auf die kollisionsrechtlich ermittelte lex causae[13] (s. u. Rn. 154f.). 6

3. Art der Anerkennung. a) Grundsatz der automatischen Anerkennung. Ein ausländisches Urteil ist anerkannt, sobald es tatsächlich im Inland wirkt. In den meisten Fällen geschieht dies ex lege, ohne dass die Anerkennung in einem besonderen Verfahren gewährt werden müsste. Sofern die rechtlichen Anerkennungsvoraussetzungen erfüllt sind bzw. keine Anerkennungshindernisse vorliegen, hat das Urteil unmittelbare Inlandswirkung. Dieser **Grundsatz der automatischen Anerkennung** fremder Entscheidungen ist auch international weit verbreitet.[14] In Art. 33 Abs. 1 EuGVO ist er ausdrücklich niedergelegt. Er bedeutet, dass ausländische Entscheidungen ohne weiteres zu berücksichtigen sind, soweit ihr Inhalt als **Vorfrage** bei einer inländischen Rechtsanwendung zu beachten ist. Jedes mit einer solchen Vorfrage befasste Gericht und jede befasste Behörde, zB ein Standesbeamter, haben daher die Anerkennungs-Vorfrage selbstständig zu überprüfen. Nicht ex lege anerkannt wird dagegen die im Ausland bestehende Vollstreckungswirkung (s. Rn. 167); diese muss der ausländischen Entscheidung vielmehr konstitutiv neu verliehen werden. 7

b) Zeitpunkt der Anerkennung. Die Anerkennung erfolgt, sobald die Entscheidung erlassen worden ist und der Anerkennung keine Versagungsgründe entgegenstehen.[15] Irrelevant ist der Zeitpunkt, in dem eine Inlandsbeziehung hergestellt wird[16] oder die Anerkennungsvoraussetzungen im Inland geprüft, die Wirkungen der Anerkennung also aktualisiert werden. Über das Vorliegen der Anerkennungsvoraussetzungen entscheidet daher grundsätzlich der Präklusionszeitpunkt vor Erlass der ausländischen Entscheidung.[17] Die tatsächliche Beziehung des Beklagten zum Forum (Wohnsitz, Aufenthalt etc.) muss zu diesem Zeitpunkt gegeben sein. Hinsichtlich eines ordre public-Verstoßes ist aber auf den Zeitpunkt der Anerkennung abzustellen.[18] Zu prüfen ist die Anerkennung im Übrigen nach dem Verfahrensrecht im Zeitpunkt der Anerkennung.[19] Die Anerkennung tritt daher nur dann zu einem späteren Zeitpunkt ein, wenn die Anerkennungsvoraussetzungen erst später (durch Gesetzesänderung oder Rügeverzicht) eintreten. Werden die Anerkennungsvoraussetzungen gesetzlich erleichtert, so gelten die neuen Regeln. Ein Vertrauensschutz in die Nichtanerkennungsfähigkeit[20] ist grundsätzlich nicht anzuerkennen.[21] 8

c) Prüfung von Amts wegen. Nach autonomem deutschen Recht sind die Anerkennungsvoraussetzungen bei jeder gerichtlichen Prüfung der Anerkennungsfähigkeit von Amts wegen zu prüfen,[22] soweit sie nicht, wie nach § 328 Abs. 1 Nr. 2 nur auf Rüge relevant sind. Auch soweit Staatsinteressen betroffen sind, führt die Amtsprüfung nicht zur Geltung des Untersuchungsgrundsatzes.[23] Eine Bindung an Feststellungen des Erstrichters besteht grundsätzlich nicht (s. u. Rn. 74). 9

---

[10] *Kropholler* § 60 IV 2; vgl. auch EuGH NJW 1989, 665 = IPRax 1989, 159; aA *Schack* IPRax 1989, 139, 142.

[11] AA *Lenenbach* S. 152, 203.

[12] Vgl. *von Bar/Mankowski* § 5 Rn. 134, 136; *Kropholler* § 60 III 1 b; *Wengler* Rec. d. Cours 104 (1961 III), 443 ff.

[13] *Spieker-Döhmann* S. 44 ff.

[14] Anders der romanische Rechtskreis; hier ist auch die Anerkennung förmlich in einem Delibations- oder Exequaturverfahren auszusprechen; vgl. *Geimer* JZ 1977, 145.

[15] *Geimer/Schütze* I/2 § 186 I; *Martiny* Rn. 298 ff. Der spätere Wegfall der Voraussetzungen schadet nicht; vgl. *Pollinger,* Intertemporales Zivilprozeßrecht, Diss. München 1988, S. 208 ff.

[16] So aber *Schütze* NJW 1966, 1598, 1599.

[17] Vgl. KG FamRZ 1987, 603, 604 = NJW 1988, 649 *(Geimer).*

[18] *Stein/Jonas/Roth* Rn. 33.

[19] *Stein/Jonas/Roth* Rn. 31 f.

[20] Hierfür *Geimer* NJW 1988, 651; *Stein/Jonas/Roth* Rn. 35.

[21] BayObLG FamRZ 1975, 215 *(Geimer); Martiny* Rn. 232, 775; aA *Krzywon* StAZ 1989, 93, 102. Lediglich zwischenzeitlich eingetretene inländische Rechtswirkungen bleiben unberührt, vgl. *Pollinger* (Fn. 15) S. 217 f.

[22] *Rosenberg/Schwab/Gottwald* § 156 Rn. 46; *Staudinger/Spellenberg* Rn. 251 ff.

[23] AA *Staudinger/Spellenberg* Rn. 256 f. (für Immunität); *Geimer/Schütze* I/2 § 197 XXIII.

Im Rahmen der EuGVO (s. dort Art. 33 Rn. 5f.) werden Anerkennungshindernisse dagegen nur noch auf Rüge bzw. Beschwerde geprüft. Entscheidungen, die als Europäischer Vollstreckungstitel ausgefertigt sind, müssen stets anerkannt werden (s.u. Rn. 18).

10 **d) Formelle Anerkennungsverfahren.** In Zweifelsfällen kann dies bedeuten, dass unterschiedliche Entscheidungen über die Anerkennungsfähigkeit einer ausländischen Entscheidung im Inland ergehen, da Vorfragen an der Rechtskraftbindung im Allgemeinen nicht teilhaben (s. § 322 Rn. 94). Bei **Statusentscheidungen in Ehesachen** ist die damit verbundene Rechtsunsicherheit nur schwer akzeptabel. Art. 7 § 1 FamRÄndG 1961 (s. Rn. 177ff.) sieht deshalb ein formelles Anerkennungsverfahren für ausländische Entscheidungen aus Nicht-EU-Staaten und Dänemark vor, und zwar mit Bindungswirkung für alle Gerichte und Verwaltungsbehörden (Art. 7 § 1 Abs. 8 FamRÄndG).

11 Für **ausländische Adoptionen** sehen §§ 2, 4 Abs. 2 AdWirkG vom 5. 11. 2001[24] nunmehr vor, dass das Vormundschaftsgericht auf fakultativen Antrag eines Berechtigten mit Wirkung für und gegen alle feststellen kann, ob die ausländische Annahme als Kind anzuerkennen oder wirksam ist. Entspricht die ausländische Adoption nicht voll einer deutschen, kann sie auf Antrag in eine deutsche Adoption umgewandelt werden, wenn dies dem Kindeswohl entspricht (§ 3 AdWirkG).

12 **e) Positive Feststellung nach Art. 33 Abs. 2 EuGVO.** Soweit die Anerkennungsfähigkeit eines nach dem EuGVO/EuGVÜ/LugÜ anzuerkennenden Titels streitig ist, kann über die Frage nach Art. 33 Abs. 2 EuGVO, Art. 26 Abs. 2 EuGVÜ/LugÜ in einem der Vollstreckbarerklärung entsprechenden Verfahren eine **positive Feststellung** der Anerkennungsfähigkeit mit Wirkung zwischen den Parteien erlangt werden.[25]

13 **f) Feststellung nach Art. 21 Abs. 3 EheGVO.** Auch über die Anerkennung oder Nichtanerkennung einer europäischen Sorgerechtsentscheidung, die unter Art. 1 Abs. 2 EheGVO („Brüssel IIa") oder Art. 7 ESÜ fällt, kann nach Art. 21 Abs. 3 EheGVO bzw. § 7 Abs. 3 SorgeRÜAG eine gesonderte Feststellung begehrt werden.[26]

14 **g) Positive oder negative Feststellungsklage nach § 256 ZPO.** Entsteht in anderen Fällen Streit über die Anerkennungsfähigkeit eines ausländischen Urteils, so kann eine der betroffenen Parteien positive oder negative Feststellungsklage nach § 256 erheben.[27] Das Feststellungsinteresse für diese Klage besteht immer, da stets eine abstrakte Gefahr divergierender Entscheidungen besteht. Der Kläger muss nicht darlegen, dass in concreto die Gefahr einer abweichenden Entscheidung besteht.

II. Europäisches Recht und Anerkennungsverträge

15 Die Anerkennung richtet sich grundsätzlich nur dann nach § 328, wenn sie nicht in einer vorrangigen Rechtsnorm, einer EG-Verordnung oder einem Staatsvertrag geregelt ist.[28] Die Anerkennungs- und Vollstreckungsübereinkommen schließen einen Rückgriff auf § 328 nicht aus, soweit das autonome Recht die Anerkennung über das Vertragsrecht hinaus zulässt. Im Verhältnis zwischen Vertragsrecht und autonomem Recht sowie zwischen konkurrierenden Abkommen gilt daher das **Günstigkeitsprinzip.** Dieser **Vorrang der anerkennungsfreundlichsten Regelung** ist teilweise ausdrücklich vorgesehen, zB in Art. 23 HUVÜ 1973, in Art. II (3) deutsch-britisches Abkommen 1960, in Art. 22 deutsch-griechischer Vertrag 1961 sowie in Art. 23 Abs. 2 deutsch-spanischer Vertrag 1983; er gilt aber auch sonst, nicht nur in Unterhaltssachen,[29] als allgemeiner Grundsatz.[30] Für EuGVO, EuGVÜ/LugÜ gilt nichts Abweichendes. Aus Art. 69 EuGVO ergibt sich zwar ein Vorrang der EuGVO vor den dort aufgeführten bilateralen Verträgen; ein Rückgriff auf günstigeres autonomes Recht wird dadurch jedoch nicht untersagt.[31] Auf ein durch Art. 69 EuGVO verdrängtes Abkommen kann dagegen nicht rekurriert werden.[32] Auch darf nur auf eine

---

[24] BGBl. 2001, I S. 2950.

[25] Dazu näher *Kropholler* Art. 33 EuGVO Rn. 2–9.

[26] Vgl. OLG München FamRZ 1992, 1213.

[27] RGZ 167, 380f.; *Rosenberg/Schwab/Gottwald* § 156 Rn. 1; *Zöller/Geimer* Rn. 189f.

[28] OLG Hamm RIW 1978, 689.

[29] So *Heiß/Born/Henrich* Unterhaltsrecht (Stand 2001), Kap. 31 Rn. 59.

[30] BGH FamRZ 1987, 580, 582 = IPRax 1989, 104, 106 (dazu *Siehr* S. 93, 96); BayObLG FamRZ 1990, 897; JM Baden-Württemberg FamRZ 2001, 1015, 1016; *Majoros* RabelsZ 1982, 84, 95; *Rosenberg/Schwab/Gottwald* § 156 Rn. 26; *Stein/Jonas/Roth* Rn. 3.

[31] *Geimer/Schütze* Art. 32 EuGVO Rn. 24; *Koch* S. 182; *Kropholler* Art. 32 EuGVO Rn. 8; *Staudinger/Spellenberg* Rn. 40, 43; aA *Rahm/Künkel/Breuer* (2002) VIII 254.2; *Siehr,* FS Walder, 1994, S. 409, 416.

[32] BGH NJW 1993, 2688, 2689.

Regelungseinheit insgesamt abgestellt und dürfen nicht ihre Einzelvoraussetzungen kombiniert werden.[33] Zu beachten sind folgende Regelungen:

1. Europäisches Recht. a) Verordnung (EG) Nr. 44/2001 des Rates über die gerichtliche Zuständigkeit und die Anerkennung von Entscheidungen in Zivil- und Handelssachen vom 22. 12. 2000 (ABl EG 2001 Nr. L 12 S. 1) (EuGVO, „Brüssel I"). Die Verordnung ist im Schlussanhang erläutert. 16

b) Verordnung (EG) Nr. 2201/2003 des Rates über die Zuständigkeit und die Anerkennung und Vollstreckung von Entscheidungen in Ehesachen und in Verfahren betreffend die elterliche Verantwortung und zur Aufhebung der Verordnung (EG) Nr. 1347/2000 vom 27. 11. 2003 (ABl EG 2003 Nr. L 338 S. 1) (EheGVO, „Brüssel II a"). Die Verordnung ist im Schlussanhang erläutert. 17

c) Verordnung (EG) Nr. 805/2004 des Europäischen Parlaments und des Rates zur Einführung eines Europäischen Vollstreckungstitels für unbestrittene Forderungen vom 21. 4. 2004 (ABl EG 2004 Nr. L 143, 15). Gerichtliche Entscheidungen eines EU-Staates (ohne Dänemark) in Zivil- und Handelssachen über unbestrittene Forderungen (Art. 3 EuVTVO), die im Ursprungsstaat als Europäischer Vollstreckungstitel bestätigt wurden, sind in den anderen Mitgliedsstaaten anzuerkennen, ohne dass die Anerkennung angefochten werden kann (Art. 5 EuVTVO). (Entsprechend können sie ohne Vollstreckbarerklärung vollstreckt werden.) Der Europäische Vollstreckungstitel ist danach auch für die Anerkennung von Bedeutung. Denn die entsprechenden Entscheidungen sind vorbehaltlos anzuerkennen; die Anerkennung kann nicht aus den Gründen der Art. 34, 35 EuGVO versagt werden.[34] Eine entsprechende Kontrolle findet nur vor der Bestätigung als Europäischer Vollstreckungstitel im Ursprungsstaat statt. 18

d) Brüsseler EWG-Übereinkommen über die gerichtliche Zuständigkeit und die Vollstreckung gerichtlicher Entscheidungen in Zivil- und Handelssachen von 1968/1978/1989/1996. Dieses Übereinkommen gilt heute noch für die Gebiete der Mitgliedstaaten der EU, für die nach Art. 299 EGV kein Gemeinschaftsrecht gilt sowie für Altentscheidungen vor Inkrafttreten der EuGVO. Diese gilt auf vertraglicher Grundlage seit 1. 7. 2007 auch im Verhältnis zu Dänemark. 19

e) Luganer Übereinkommen über die gerichtliche Zuständigkeit und die Vollstreckung gerichtlicher Entscheidungen in Zivil- und Handelssachen vom 16. 9. 1988 (ABl EG Nr. L 319 vom 25. 11. 1988). Dieses „Parallel-Übereinkommen" enthält eine weitere revidierte Fassung des EuGVÜ. Es wurde zwischen den EU- und den EFTA-Staaten abgeschlossen und hat zum Ziel, die EFTA-Staaten in den Geltungsbereich des EuGVÜ einzubeziehen. Im Verhältnis zwischen den EU-Staaten bleibt es aber bei der Geltung des Brüsseler Übereinkommens (Art. 54b Luganer Übereinkommen). Das Übereinkommen ist (soweit erforderlich) im Schlussanhang erläutert. Das Übereinkommen gilt derzeit (Juni 2007) im Verhältnis zu Island, Norwegen und der Schweiz. 20

Ein Entwurf eines Übereinkommens der EU mit dem EFTA-Staaten zur Anpassung des Lugano-Übereinkommens an die EuGVO ist am 12. 10. 2006 vorgelegt worden.

2. Multilaterale Anerkennungsverträge. a) Haager Übereinkommen über die Anerkennung und Vollstreckung von Unterhaltsentscheidungen vom 2. 10. 1973 (BGBl. 1986 II S. 826). Das Übereinkommen ist im Schlussanh. erläutert. 21

b) Haager Übereinkommen über die Anerkennung und Vollstreckung von Entscheidungen auf dem Gebiet der Unterhaltspflicht gegenüber Kindern vom 15. 4. 1958 (BGBl. 1961 II S. 1006) mit AusfG vom 18. 7. 1961 (BGBl. I S. 1033). Zur Erl. s. Schlussanh. 22

c) New Yorker UN-Übereinkommen über die Geltendmachung von Unterhaltsansprüchen im Ausland vom 20. 6. 1956 (BGBl. 1959 II S. 150) mit ZustG vom 26. 2. 1959 (BGBl. 1959 II S. 149) idF vom 4. 3. 1971 (BGBl. 1971 II S. 105). Dieses Übereinkommen begründet eingehende Rechtshilfepflichten, um den titulierten oder untitulierten Unterhaltsanspruch eines ausländischen Gläubigers durchzusetzen. Das Übereinkommen enthält aber keine Regelung über die Voraussetzungen der Anerkennung ausländischer Unterhaltsentscheidungen. Da es im praktischen Ergebnis zu einer Anspruchsverwirklichung im Ausland führt, wird es im Länderschlüssel (s. Rn. 119 ff.) mit vermerkt. Zur Erläuterung s. Schlussanh. 23

d) Haager Übereinkommen über den Zivilprozess vom 1. 3. 1954 (BGBl. 1958 II S. 576) mit AusfG vom 18. 12. 1958 (BGBl. 1958 I S. 939). Nach Art. 18 ff. HZPÜ 1954 24

---

[33] *Staudinger/Spellenberg* § 328 BGB Rn. 42, 43.

[34] *Kropholler* EuZPR, Art. 5 EuVTVO Rn. 1, 3; *Wagner* IPRax 2005, 189, 199.

sind Kostenentscheidungen eines Vertragsstaates im anderen Vertragsstaat anzuerkennen und für vollstreckbar zu erklären. Im Einzelnen s. Schlussanh.

25 **e) Haager Übereinkommen über den Zivilprozess vom 17. 7. 1905 (RGBl. 1909, S. 409) mit AusfG vom 5. 4. 1909 (RGBl. 430).** Dieses Übereinkommen regelt ebenfalls bereits Anerkennung und Vollstreckung von Kostenentscheidungen. Es ist durch das insoweit inhaltsgleiche Übereinkommen von 1954 ersetzt worden; es gilt noch im Verhältnis zu Island.

26 **f) Übereinkommen über den Beförderungsvertrag im internationalen Straßengüterverkehr (CMR) vom 19. 5. 1956 (BGBl. 1961 II S. 1120), Art. 31.** S. Schlussanh.

27 **g) Übereinkommen über den internationalen Eisenbahnverkehr (COTIF) vom 9. 5. 1980 (BGBl. 1985 II S. 130),** Art. 18 § 1, mit Anhang A Einheitliche Rechtsvorschriften für den Vertrag über die internationale Eisenbahnbeförderung von Personen und Gepäck (CIV) und Anhang B Einheitliche Rechtsvorschriften für den Vertrag über die internationale Eisenbahnbeförderung von Gütern (CIM).

28 **h) Übereinkommen über die Haftung gegenüber Dritten auf dem Gebiet der Kernenergie vom 29. 7. 1960 (BGBl. 1976 II S. 308), Art. 13 (d).**

29 **i) Revidierte Rheinschifffahrtsakte vom 17. 10. 1868, Art. 40, idF vom 20. 11. 1963 (BGBl. 1966 II S. 560),** neu bekanntgemacht BGBl. II 1969, S. 547 mit § 21 des Gesetzes über das gerichtliche Verfahren in Binnenschifffahrts- und Rheinschifffahrtssachen vom 27. 9. 1952 (BGBl. I, S. 641) und

30 **j) Moselschifffahrtsabkommen vom 27. 10. 1956 (BGBl. II S. 1838), Art. 34 Abs. 3.**

31 **k)** Nicht gezeichnet hat die Bundesrepublik Deutschland das Haager Übereinkommen über die Anerkennung und Vollstreckung ausländischer Urteile in Zivil- und Handelssachen vom 1. 2. 1971 (Text in Rev.crit. 55 (1966), 329).

32 **3. Bilaterale Staatsverträge.** Daneben bestehen (im Schlussanh. soweit noch relevant erläuterte) Anerkennungs- und Vollstreckungsverträge zwischen der Bundesrepublik Deutschland und folgenden Staaten:

33 **a) Belgien.** Abkommen zwischen der Bundesrepublik Deutschland und dem Königreich Belgien über die gegenseitige Anerkennung und Vollstreckung von gerichtlichen Entscheidungen, Schiedssprüchen und öffentlichen Urkunden in Zivil- und Handelssachen vom 30. 6. 1958 (BGBl. 1959 II S. 766) mit AusfG vom 26. 6. 1959 (BGBl. I S. 425). Die EuGVO (Art. 69) hat das Abkommen weitgehend ersetzt.

34 **b) Griechenland.** Vertrag zwischen der Bundesrepublik Deutschland und dem Königreich Griechenland über die gegenseitige Anerkennung und Vollstreckung von gerichtlichen Entscheidungen, Vergleichen und öffentlichen Urkunden in Zivil- und Handelssachen vom 4. 11. 1961 (BGBl. 1963 II S. 110) mit AusfG vom 5. 2. 1963 (BGBl. I S. 129). Seit dem Beitritt Griechenlands zur EU am 1. 4. 1989 (BGBl. 1989 II S. 214) wurde der Vertrag weitgehend durch das EuGVÜ (Art. 55), nunmehr durch die EuGVO (Art. 69) ersetzt.

35 **c) Großbritannien.** Abkommen zwischen der Bundesrepublik Deutschland und dem Vereinigten Königreich Großbritannien und Nordirland über die gegenseitige Anerkennung und Vollstreckung von gerichtlichen Entscheidungen in Zivil- und Handelssachen vom 14. 7. 1960 (BGBl. 1961 II S. 302) mit AusfG vom 28. 3. 1961 (BGBl. I S. 301). Die EuGVO hat Vorrang (Art. 69).

36 **d) Israel.** Deutsch-israelischer Vertrag über die gegenseitige Anerkennung und Vollstreckung gerichtlicher Entscheidungen in Zivil- und Handelssachen vom 20. 7. 1977 (BGBl. 1980 II S. 925, 1531) mit AVAG jetzt vom 19. 2. 2001 (BGBl. I S. 288).

37 **e) Italien.** Deutsch-italienisches Abkommen über die Anerkennung und Vollstreckung gerichtlicher Entscheidungen in Zivil- und Handelssachen vom 9. 3. 1936 (RGBl. 1937 II S. 145) mit AusfVO vom 18. 5. 1937 (RGBl. 1937 II S. 143) idF vom 12. 9. 1950 (BGBl. I S. 455, 533). Die EuGVO hat Vorrang (Art. 69).

38 **f) Niederlande.** Vertrag zwischen der Bundesrepublik Deutschland und dem Königreich der Niederlande über die gegenseitige Anerkennung und Vollstreckung gerichtlicher Entscheidungen und anderer Schuldtitel in Zivil- und Handelssachen vom 30. 8. 1962 (BGBl. 1965 II S. 27) mit AusfG vom 15. 1. 1965 (BGBl. I S. 17). Die EuGVO hat Vorrang (Art. 69).

39 **g) Norwegen.** Deutsch-norwegischer Vertrag über die gegenseitige Anerkennung und Vollstreckung gerichtlicher Entscheidungen und anderer Schuldtitel in Zivil- und Handelssachen vom 17. 6. 1977 (BGBl. 1981 II S. 342) mit AusfG vom 10. 6. 1981 (BGBl. I S. 514), ersetzt durch das

AVAG vom 30. 5. 1988 (BGBl. I S. 662). Das Luganer GVÜ 1988 (Art. 55) hat seit dem 1. 3. 1995 Vorrang.

40 **h) Österreich.** Vertrag zwischen der Bundesrepublik Deutschland und der Republik Österreich über die gegenseitige Anerkennung und Vollstreckung von gerichtlichen Entscheidungen, Vergleichen und öffentlichen Urkunden in Zivil- und Handelssachen vom 6. 6. 1959 (BGBl. 1960 II S. 1246). Seit 1996 haben das Luganer GVÜ, seit 1999 das EuGVÜ (Art. 55), nunmehr die EuGVO (Art. 69) Vorrang.

41 **i) Schweiz.** Abkommen zwischen dem Deutschen Reich und der Schweizerischen Eidgenossenschaft über die gegenseitige Anerkennung und Vollstreckung von gerichtlichen Entscheidungen und Schiedssprüchen vom 2. 11. 1929 (RGBl. 1930 II S. 1066) mit AusfVO vom 23. 8. 1930 (RGBl. 1930 II S. 1209). Das Luganer GVÜ 1988 hat seit dem 1. 3. 1995 Vorrang.

42 **j) Spanien.** Vertrag zwischen der Bundesrepublik Deutschland und Spanien über die Anerkennung und Vollstreckung von gerichtlichen Entscheidungen und Vergleichen sowie vollstreckbaren öffentlichen Urkunden in Zivil- und Handelssachen vom 14. 11. 1983 (BGBl. 1987 II S. 35) Die EuGVO hat Vorrang (Art. 69).

43 **k) Türkei.** Nach § 15 S. 2 Nachlassabkommen zwischen dem Deutschen Reich und der Türkischen Republik (Anlage zu Art. 20 des Konsularvertrages vom 28. 5. 1929, RGBl. 1930 II S. 748; BGBl. 1952 II S. 608) sind Entscheidungen über Klagen, welche die Feststellung des Erbrechts, Erbschaftsansprüche, Ansprüche aus Vermächtnissen sowie Pflichtteilsansprüche zum Gegenstand haben, die vor dem gemäß § 15 S. 1 international zuständigen Gericht ergangen sind, im jeweils anderen Staat anzuerkennen.

44 **l) Tunesien.** Deutsch-tunesischer Vertrag über Rechtsschutz und Rechtshilfe, die Anerkennung und Vollstreckung gerichtlicher Entscheidungen in Zivil- und Handelssachen sowie über die Handelsschiedsgerichtsbarkeit vom 19. 7. 1966 (BGBl. 1969 II S. 889) mit AusfG vom 29. 4. 1969 (BGBl. I S. 333).

III. Anerkennungsfähige Entscheidungen

45 **1. Entscheidungen in Zivilsachen. a)** Obgleich § 328 nur vom „Urteil“ spricht, können Entscheidungen ausländischer Gerichte unabhängig von ihrer formalen Bezeichnung als Urteil, Beschluss usw., und unabhängig von ihrem (zusprechenden oder abweisenden)[35] Inhalt anerkannt werden, wenn es sich um eine **endgültige Entscheidung** über einen aus deutscher Sicht **zivilrechtlichen Streitgegenstand** (vgl. § 13 GVG) handelt.[36] Die Bezeichnung des ausländischen Spruchkörpers ist irrelevant; auch Akte einer Verwaltungsbehörde können daher Entscheidung in einer Zivilsache sein.[37] Anerkennungsfähig sind auch **Abänderungsurteile**, die eine inländische Entscheidung abändern,[38] Entscheidungen ausländischer Strafgerichte im Adhäsionsverfahren[39] und Entscheidungen privater, insbesondere geistlicher Gerichte, soweit sie im Ausgangsstaat mit staatlicher Ermächtigung tätig werden.[40] Auch Urteile mit vereinbartem Inhalt („consent judgment“) und ein class action settlement wegen der gerichtlichen Genehmigung werden anerkannt.[41] Haben private Ansprüche **pönalen Charakter,** so wird gelegentlich bezweifelt, ob eine Entscheidung in einer Zivilsache vorliegt. Ein US-amerikanisches Urteil, das zu punitive damages verurteilt, soll daher nicht anerkennungsfähig sein.[42] Dem ist nicht zu folgen. Die Anerkennung kann allenfalls auf Grund des ordre public-Vorbehalts (teilweise) abgewehrt werden (s. Rn. 98 ff.).

46 **b)** Nach hM sind **Prozessurteile** und andere Entscheidungen über rein prozessuale Fragen nicht anerkennungsfähig; von ihnen geht daher generell keine Bindungswirkung aus.[43] Wegen ihres prozessualen Gehalts können auch ausländische **Verbote gegen eine inländische Prozessführung**

---

[35] *Staudinger/Spellenberg* Rn. 188, 193.

[36] *Rosenberg/Schwab/Gottwald* § 156 Rn. 27; *Staudinger/Spellenberg* Rn. 185. Im Rahmen der Staatsverträge ist dagegen zT das Recht des Urteilsstaates maßgebend; vgl. BGHZ 65, 291 = NJW 1976, 478, 480; BGH NJW 1978, 1113; *Kropholler* § 60 II 4 b. Im Rahmen des europäischen Rechts entscheidet eine vertragsautonome Qualifikation (s. Vorbem. vor Art. 1 EuGVO Rn. 38 ff.).

[37] So für nordische Unterhaltstitel ausdrücklich Art. 62 EuGVO.

[38] *Martiny* Rn. 307; *Stein/Jonas/Roth* Rn. 62; *Staudinger/Spellenberg* Rn. 188.

[39] *Nagel/Gottwald* § 11 Rn. 34; *Stein/Jonas/Roth* Rn. 70; aA *Baumbach/Lauterbach/Hartmann* Rn. 9.

[40] *Stein/Jonas/Roth* Rn. 68.

[41] *Heß* JZ 2000, 373, 375, 377, 381.

[42] So *Schütze,* FS Nagel, 1987, S. 393, 397.

[43] BGH NJW 1985, 552, 553; *Geimer* WM 1986, 117, 122; *Staudinger/Spellenberg* Rn. 185, 193: *Zöller/Geimer* Rn. 33; s. aber Art. 33 EuGVO Rn. 4.

(anti-suit-injunction) nicht anerkannt werden.[44] Entsprechend haben ausländische Vollstreckungsakte[45] und **Exequaturentscheidungen**[46] in der Regel keinen anerkennungsfähigen Inhalt; ihre Wirkung ist auf den jeweiligen Anerkennungsstaat begrenzt (s. u. § 722 Rn. 22).

47 **c) Schiedssprüche** ausländischer Schiedsgerichte sind nicht nach § 328, sondern nach § 1061 Abs. 1 iVm. dem UNÜ 1958 sowie den anderen internationalen Übereinkommen anzuerkennen. Anders als bei gerichtlichen Entscheidungen halten viele eine Doppelexequatur von Schiedssprüchen für zulässig; manche freilich begrenzt auf den Fall, dass der Schiedsspruch nach ausländischem Verfahrensrecht in der Exequaturentscheidung aufgeht *(„merger")*[47] (s. § 722 Rn. 23). Bestätige der Heimatstaat durch Exequatur die Wirksamkeit des Schiedsspruchs, so liege darin eine anerkennungsfähige Entscheidung.[48] Das Exequatur eines Drittstaates sei dagegen auch bei Schiedssprüchen irrelevant.[49]

48 **d)** Entscheidungen der **freiwilligen Gerichtsbarkeit** sind nicht mehr in analoger Anwendung von § 328, sondern seit der Neuregelung durch das IPRG vom 25. 7. 1986 nach **§ 16 a FGG** anzuerkennen.[50] Diese Regelung stimmt inhaltlich weitgehend mit § 328 überein; lediglich auf das Erfordernis der Gegenseitigkeit wird in FG-Sachen generell verzichtet. Eine etwa erforderliche Abgrenzung richtet sich nach der inländischen lex fori.[51] Im Entwurf eines FamFG[52] findet sich die Anerkennung ausländischer Entscheidungen (ohne Ehesachen) in §§ 108 f.

49 Vorrangig zu beachten sind die **EheGVO,**[53] sowie an Staatsverträgen insbesondere das Haager Übereinkommen über die Zuständigkeit der Behörden und das anzuwendende Recht auf dem Gebiet des Schutzes von Minderjährigen **(MSA)** vom 5. 10. 1961 (BGBl. 1971 II S. 219)[54] und das Europäische Übereinkommen über die Anerkennung und Vollstreckung von Entscheidungen über das Sorgerecht für Kinder vom 20. 5. 1980 (**ESÜ** Art. 7 ff.; BGBl. 1990 II S. 220).[55] Nach Art. 60 beansprucht die EheGVO Vorrang vor MSA und ESÜ. **Ausländische Adoptionen** sind nach Art. 23 Abs. 1 des Haager Adoptionsübereinkommens vom 29. 5. 1993 (BGBl. II S. 1035) sowie § 2 AdWirkG anzuerkennen.[56]

50 **2. Entscheidungen ausländischer oder internationaler Gerichte. a)** Die Entscheidung eines **ausländischen Gerichts** liegt vor, wenn dies bei Erlass der Entscheidung einer fremden Staatsorganisation angehörte. Auf die völkerrechtliche Selbstständigkeit bzw. die Anerkennung des Staates durch die Bundesrepublik Deutschland kommt es nicht an.[57] Auch Botschaften und Konsulate fremder Staaten in Deutschland sind ausländische Behörden.[58]

51 **b)** Urteile **internationaler Gerichte,** deren Rechtsprechung sich die Bundesrepublik Deutschland völkerrechtlich unterworfen hat, stehen inländischen Entscheidungen gleich. Dies gilt für Entscheidungen des Gerichtshofs der Europäischen Gemeinschaft und des ihm beigeordneten erstinstanzlichen Gerichts, für das Oberste Rückerstattungsgericht, den Schiedsgerichtshof der Gemischten Kommission für das Londoner Abkommen über deutsche Auslandsschulden sowie für die Straßburger Zentralkommission in Rheinschifffahrtssachen und den Berufungsausschuss der Moselkommission in Moselschifffahrtssachen. Die Inlandswirkung von Entscheidungen dieser Gerichte ist in der Regel unmittelbar geregelt; auf § 328 kann aber auch für Regelungslücken nicht zurückgegriffen werden.[59]

---

[44] EuGHE 2004, I-3565 = IPRax 2004, 425 (dazu *Rauscher* S. 405); *Geimer* IZPR Rn. 2792; *Martiny* Hdb. IZVR Rn. 477; *Staudinger/Spellenberg* Rn. 190.

[45] BAG ZIP 1996, 2031, 2033 = NZA 1997, 334.

[46] *Borges* S. 353 ff.; *Kegel,* FS Müller-Freienfels, 1986, S. 384; *Martiny* Hdb. IZVR Rn. 372; *Rosenberg/Schwab/Gottwald* § 156 Rn. 3; *Staudinger/Spellenberg* Rn. 207; *Zöller/Geimer* Rn. 66; *Stein/Jonas/Roth* Rn. 62, 147; aA *Schütze* DIZPR, S. 134.

[47] BGH NJW 1984, 2765 (dazu *Schlosser* IPRax 1985, 141).

[48] *Borges* S. 23 ff., 36 ff.

[49] *Borges* S. 254 ff.; *Schlosser* IPRax 1985, 141, 143.

[50] Neben den FGG-Kommentaren vgl. *Geimer,* FS Ferid, 1988, S. 89; *Krefft,* Vollstreckung und Abänderung ausländischer Entscheidungen der freiwilligen Gerichtsbarkeit, 1993; *J. Richardi,* Die Anerkennung und Vollstreckung ausländischer Akte der freiwilligen Gerichtsbarkeit, 1991.

[51] *Kropholler* § 60 II 6; *Staudinger/Spellenberg* Rn. 176 f.

[52] Gesetzentwurf der BReg. v. 10. 5. 07, BR-Drucks. 309/07.

[53] *Staudinger/Kropholler,* 14. Bearb. 2003, Vorbem. zu Art. 19 EGBGB Rn. 2.

[54] Vgl. *Staudinger/Kropholler,* 14. Bearb. 2003, Vorbem. zu Art. 19 EGBGB Rn. 4, 26 ff.

[55] Vgl. *Staudinger/Pirrung,* 13. Bearb. 1994, Vorbem. zu Art. 19 EGBGB Rn. 767 ff.

[56] Vgl. *Wagner* FamRZ 2006, 744, 751.

[57] *Stein/Jonas/Roth* Rn. 76; *Staudinger/Spellenberg* Rn. 226 f.; vgl. OLG Hamm FamRZ 1996, 951.

[58] *Staudinger/Spellenberg* Rn. 232; s. aber u. Rn. 176, 180.

[59] *Nagel/Gottwald* § 11 Rn. 37.

Entscheidungen anderer internationaler Gerichte sind dagegen nach § 328 anzuerkennen, sofern sie in Vertragsstaaten staatlichen Urteilen gleichstehen.[60]

3. Entscheidungen der früheren DDR. Entscheidungen der früheren DDR galten auch vor der Herstellung der deutschen Einheit nicht als ausländische Urteile.[61] Sie wirkten daher ohne besondere Verfahren im Inland. Nach Art. 18 des Einigungsvertrages vom 31. 8. 1990 (BGBl. I, S. 889) bleiben Entscheidungen der Gerichte der DDR wirksam.[62] Da es sich aber um Urteile eines selbstständigen Völkerrechtssubjekts handelte, konnten Einwände gegen die Anerkennung von DDR-Entscheidungen in entsprechender Anwendung von § 328 im Vollstreckungsverfahren gemäß § 766 oder durch Feststellungsklage geltend gemacht werden.[63] Hieran hat der Einigungsvertrag nichts geändert. Denn nach dessen Art. 18 S. 2 bleibt die Überprüfung der Vereinbarkeit mit rechtsstaatlichen Grundsätzen vorbehalten. Soweit daher vor dem Beitritt festgestellt wurde, dass eine Ehe entgegen einem DDR-Urteil fortbesteht, erlangt das DDR-Urteil keine Wirksamkeit.[64] **52**

4. Bestandskraft der Entscheidungen. Obwohl § 328 dazu schweigt, leitet die hM aus § 723 Abs. 2 S. 1 ab, dass ausländische Urteile erst nach Eintritt der (formellen) Rechtskraft anzuerkennen sind.[65] Zumindest muss die ausländische Entscheidung eine gewisse Endgültigkeit und Bestandskraft erlangt haben und darf nach dem Heimatrecht nicht mehr allgemeinen Rechtsmitteln unterliegen.[66] Unter dieser Voraussetzung werden auch **Entscheidungen** anerkannt, die **in summarischen Verfahren** (Verfügungs-, Anordnungs- oder Arrestverfahren) ergangen sind.[67] Die Möglichkeit eines Wiederaufnahmeverfahrens, anderer außerordentlicher Rechtsbehelfe, etwa einer Verfassungsbeschwerde, nach Eintritt der Rechtskraft schließen die Anerkennung nicht aus. Auch auf die materielle Rechtskraft[68] oder eine Abänderbarkeit wegen veränderter Verhältnisse kommt es nicht an. **53**

5. Nichtbestandskräftige Entscheidungen. Da Rechtsmittelverfahren häufig lange dauern und die erstinstanzliche Entscheidung im Ursprungsland bis zu ihrer Aufhebung oft wirksam ist, entstehen daraus für die Beteiligten Unzuträglichkeiten. Nach einigen neueren Konventionen werden daher auch Entscheidungen, die noch Rechtsmitteln unterliegen,[69] sowie einstweilige Verfügungen oder einstweilige Anordnungen anerkannt. **54**

a) Nach Art. 32 EuGVO, Art. 21 EheGVO sowie Art. 25 EuGVÜ/LugÜ ist jegliche gerichtliche Entscheidung, also auch die nur **vorläufig vollstreckbare,** in den Vertragsstaaten anzuerkennen. Während der Rechtsmittelfristen können ausländische Entscheidungen zur Sicherungsvollstreckung zugelassen werden, Art. 47 Abs. 3 EuGVO.[70] Wegen des Versagungsgrundes des Art. 34 Nr. 2 EuGVO bzw. Art. 27 Nr. 2 LugÜ sind Entscheidungen des einstweiligen Rechtsschutzes jedoch nur anzuerkennen, wenn sie nicht in einem einseitigen Verfahren, sondern erst nach Anhörung des Gegners erlassen oder bestätigt worden sind.[71] Es erscheint freilich zweifelhaft, ob diese Einschränkung sachgerecht ist. **55**

b) Bei **ausländischen Unterhaltsentscheidungen,** die unter das Auslandsunterhaltsgesetz fallen (s. Schlussanh. Nr. C 2d), wird für die Vollstreckbarerklärung und damit auch für die Anerkennung auf das Rechtskrafterfordernis verzichtet (vgl. § 10 Abs. 2 AUG). Auch nach Art. 4 Abs. 2 HUVÜ 1973 sind vorläufig vollstreckbare Unterhaltsentscheidungen und einstweilige Maßnahmen bei Gegenseitigkeit anzuerkennen. **56**

---

[60] *Stein/Jonas/Roth* Rn. 80f.; *Zöller/Geimer* Rn. 85.

[61] BGHZ 84, 17 = NJW 1982, 1947 = IPRax 1983, 33; *Baumbach/Lauterbach/Hartmann* § 328 Einf. Rn. 1; *Rosenberg/Schwab/Gottwald* § 156 Rn. 25.

[62] Vgl. BGH NJW-RR 2001, 937; OLG Brandenburg FamRZ 1995, 503 u. 1998, 1134.

[63] BGHZ 84, 17, 19 = NJW 1982, 1947; BGH FamRZ 1997, 490; OLG Düsseldorf FamRZ 1996, 176, 177; *Stein/Jonas/Roth* Rn. 184; *Staudinger/Spellenberg* Rn. 62ff. Dies galt auch in Berlin (West); vgl. KG NJW 1977, 1964; 1979, 811.

[64] BGH NJW 1999, 493.

[65] RGZ 36, 381, 384; *Rosenberg/Schwab/Gottwald* § 156 Rn. 27; *Staudinger/Spellenberg* Rn. 198ff.

[66] *Zöller/Geimer* Rn. 70; *Staudinger/Spellenberg* Rn. 199.

[67] AG Hamburg IPRax 1986, 114 (einstweilige Unterhaltsanordnung eines marokkanischen Gerichts); AK-ZPO/*Koch* Rn. 24; *Staudinger/Spellenberg* Rn. 189; *Heiß/Born/Henrich,* Unterhaltsrecht, 5. Aufl. 1998, Kap. 31 Rn. 60; *Stein/Jonas/Roth* Rn. 63; enger *Thomas/Putzo/Hüßtege* Rn. 2 (nur bei Anordnung einer Geldzahlung); nur im Rahmen von Staatsverträgen: *Musielak/Musielak* Rn. 5.

[68] *Staudinger/Spellenberg* Rn. 211.

[69] Vgl. *Kerameus,* FS Wengler, Bd. 2, 1973, S. 383.

[70] Vgl. *Heß/Hub* IPRax 2003, 93.

[71] EuGHE 1980, 1553 = RIW 1980, 510 = IPRax 1981, 95 (dazu *Hausmann* S. 79); EuGHE 1984, 3971 = RIW 1985, 235 = IPRax 1985, 339 (dazu *Schlosser* S. 321).

57 **c)** Vorläufig vollstreckbare Entscheidungen sind auch im Rahmen des deutsch-österreichischen **Anerkennungs- und Vollstreckungsvertrages** von 1959 (Art. 1 Abs. 1, 5 Abs. 2, 8), des deutsch-belgischen Anerkennungs- und Vollstreckungsabkommens von 1958 (Art. 6 Abs. 2), nach dem deutsch-britischen Anerkennungs- und Vollstreckungsabkommen von 1960 (Art. 1 Abs. 3 S. 2), nach dem deutsch-griechischen Anerkennungs- und Vollstreckungsvertrag von 1961 (Art. 1 Abs. 1 S. 1), dem deutsch-niederländischen Anerkennungs- und Vollstreckungsvertrag von 1962 (Art. 1 Abs. 1 S. 1) anzuerkennen. Gleiches gilt für vorläufig vollstreckbare Erkenntnisse der Rheinschifffahrtsgerichte (Art. 40 Abs. 1 Revidierte Rheinschifffahrtsakte 1868).[72] Die anderen Spezialverträge schließen die Anerkennung und Vollstreckung nur vorläufig vollstreckbarer Entscheidungen teilweise ausdrücklich, teilweise sinngemäß aus.

58 Eine Besonderheit enthält Art. 27 Abs. 4 des deutsch-tunesischen Anerkennungs- und Vollstreckungsvertrages 1966. Danach werden einstweilige Anordnungen, die auf Geldleistungen lauten, auch vor Eintritt der Rechtskraft anerkannt.

59 **6. Prozessvergleiche, vollstreckbare Urkunden.** Prozessvergleiche und vollstreckbare Urkunden sind keine ausländischen Entscheidungen; sie können daher im engeren Sinne nicht nach § 328 anerkannt,[73] nach vielen Staatsverträgen aber für vollstreckbar erklärt werden (s. § 722 Rn. 10). Die in diesen Titeln enthaltenen Parteierklärungen haben wie andere private Willenserklärungen auch ohne Anerkennung unmittelbare Inlandswirkung, sofern sie wirksam abgegeben wurden. Wenn sie dennoch, etwa nach Art. 21 HUVÜ 1973 „wie Entscheidungen anzuerkennen“ sind, so ist dies im weiteren Sinne zu verstehen. Es ist also im Inland in jeder Hinsicht vom Bestand und der Wirksamkeit der ausländischen Verpflichtung auszugehen. Im formellen Sinne anerkennungsfähig sind dagegen gerichtliche Entscheidungen, die auf Grund eines Parteivergleichs ergangen sind.

IV. Voraussetzungen der Anerkennung

60 Eine gerichtliche Entscheidung hat nach der Lehre von der **automatischen Wirkungserstreckung** (s. Rn. 4) Inlandswirkung, wenn im konkreten Fall kein Anerkennungshindernis besteht. Die Anerkennungsvoraussetzungen des § 328 Abs. 1 Nr. 2 bis 4 sind durch das IPRG 1986 neu gefasst und an das EuGVÜ angepasst worden. § 328 formuliert die Anerkennungsvoraussetzungen ebenso wie Art. 34 EuGVO, Art. 22, 23 EheGVO, Art. 27 EuGVÜ/LugÜ als Versagungsgründe. Daraus kann aber keine Vermutung zugunsten oder zu Ungunsten der Anerkennung abgeleitet werden.[74] Die Anerkennungsvoraussetzungen sind – von § 328 Abs. 1 Nr. 2 abgesehen – von Amts wegen zu prüfen.[75] Sicherlich soll die Anerkennungszuständigkeit primär den Beklagten schützen; dennoch geht das Gesetz ersichtlich von einer Amtsprüfung aus.[76] Kann das Gericht ihr Bestehen nicht positiv feststellen, so trägt die Partei, die sich auf die inländische Entscheidung beruft, die **Beweislast.**[77] Bei Unaufklärbarkeit kann die Entscheidung nicht anerkannt werden.[78]

61 **1. Wirksamkeit der Entscheidung.** Die Entscheidung muss nach dem Recht des Entscheidungsstaates **wirksam** ergangen sein.[79] Nicht-Entscheidungen und nach ausländischem Recht nichtige Entscheidungen können nicht anerkannt werden.[80]

62 **2. Gerichtsbarkeit des ausländischen Staates.** Grundvoraussetzung der Anerkennung ist, dass die Parteien und der Streitgegenstand der Gerichtsbarkeit des Erststaates unterlag. Diese Voraussetzung ist generell nicht gesetzlich geregelt, aber in analoger Anwendung von § 328 Abs. 1 Nr. 1 zu bejahen.[81] Ein Urteil, das Normen des Völkerrechts über die Befreiung von der Gerichtsbarkeit eines Urteilsstaates verletzt, ist völkerrechtswidrig. Folglich kann eine Entscheidung nicht anerkannt werden, wenn sie trotz Bestehen der Immunität gegen die Bundesrepublik Deutschland, einen ausländischen Staat oder ein Staatsorgan, eine internationale Organisation, einen Diplomaten

---

[72] Vgl. *Matscher,* Vollstreckung im Auslandsverkehr von vorläufig vollstreckbaren Entscheidungen, ZZP 95 (1982), 170.

[73] *Geimer* IZPR Rn. 2226; *Martiny* Rn. 543 f.; aA (für analoge Anwendung) *Rahm/Künkel/Breuer* (2002) VIII 255.

[74] *Geimer/Schütze* I/2 § 194,3; *Zöller/Geimer* Rn. 184; *Kropholler* § 60 III 1 c.

[75] BGHZ 59, 116, 121 = NJW 1972, 1671 m. Anm. *Geimer* S. 2179; *Stein/Jonas/Roth* Rn. 30; differenzierend: *Zöller/Geimer* Rn. 182.

[76] AA *Geimer,* FS Nakamura, 1996, S. 169, 180.

[77] Vgl. *Stein/Jonas/Roth* Rn. 30; *Musielak/Musielak* Rn. 32.

[78] *Staudinger/Spellenberg* Rn. 265, 267 f.

[79] *Baumbach/Lauterbach/Hartmann* Rn. 12; *Geimer/Schütze* I/2 § 195 I.

[80] *Stein/Jonas/Roth* Rn. 64; *Staudinger/Spellenberg* Rn. 196.

[81] *Martiny* Rn. 554 bis 595; *Nagel/Gottwald* § 11 Rn. 39; *Staudinger/Spellenberg* Rn. 285 ff.; *Zöller/Geimer* Rn. 93; vgl. Art. III Abs. 1 c) Nr. 3 deutsch-brit. Abkommen.

oder Konsul (vgl. §§ 18ff. GVG) ergangen ist.[82] Wann Staatsunternehmen an der staatlichen Immunität teilhaben, ist im Einzelnen streitig.[83] Nach hM genießen rechtlich selbstständige juristische Personen des Privatrechts in der Bundesrepublik Deutschland keine Immunität. Andere wollen stattdessen oder ergänzend auf materielle Kriterien, wie die Aufgaben des Unternehmens und das Ausmaß staatlicher Kontroll- und Weisungsbefugnis abstellen. Die Gerichtsbarkeit fehlt nach dem völkerrechtlichen Grundsatz der begrenzten Staatsimmunität für hoheitliches Verhalten *(„acta iure imperii“);* ob der Verstoß unmittelbare deutsche Interessen beeinträchtigt, ist gleichgültig.[84] Immunität nach dem Recht des Entscheidungsstaates ist relevant, wenn ein Verstoß dort zur Nichtigkeit der Entscheidung führt[85] (s. Rn. 61). Vorrangig zu beachten ist das Europäische Übereinkommen vom 16. 5. 1972 über Staatenimmunität (BGBl. 1990 II S. 34).

3. Internationale (Anerkennungs-)Zuständigkeit. a) Damit ein ausländisches Urteil anerkannt werden kann, muss das ausländische Gericht nach deutschen Gesetzen (bei deren **spiegelbildlicher Anwendung**) international zuständig, also zur Sachentscheidung berufen gewesen sein.[86] Diese Prüfung dient als Grundkriterium dafür, ob im Erststaat ein faires Verfahren stattfand. War der Ausgangsstaat nach den vom Anerkennungsstaat akzeptierten Regeln international zuständig, so besteht eine gewisse Vermutung dafür, dass auch der übrige Verfahrensablauf vernünftigen Prozessstandards entsprochen hat.[87] Mit der Anerkennung der ausländischen Zuständigkeit wird zugleich akzeptiert, dass das ausländische Gericht den Fall nach seinem IPR beurteilt.[88] 63

Nach deutschem Recht wird nicht geprüft, ob der ausländische Staat nach seinem eigenen Recht international zuständig war, sondern ausschließlich, ob die Zuständigkeit nach deutschen Regeln (und einer Qualifikation nach deutschem Recht) gegeben wäre.[89] Soweit die Anerkennungszuständigkeit nicht durch Vollstreckungsverträge festgelegt ist, kommt den Regeln über die internationale Entscheidungszuständigkeit eine **doppelte Funktion** zu: Sie entscheiden nicht nur, wann der Anerkennungsstaat selbst Entscheidungen in Fällen mit Auslandsbeziehung erlässt, sondern auch, unter welchen Voraussetzungen ausländische Entscheidungen im Inland anerkannt werden. Die Entscheidung wird nur dann nicht anerkannt, wenn sich eine Entscheidungszuständigkeit des Ausgangsstaates in Anwendung der inländischen Regeln nicht begründen lässt. Ob das Ausgangsgericht eine dem deutschen Recht entsprechende Zuständigkeitsnorm angewandt hat, ist dagegen gleichgültig.[90] Hat sich das ausländische Gericht auf eine aus deutscher Sicht unbekannte bzw. exorbitante internationale Zuständigkeit gestützt, so scheidet eine Anerkennung nur aus, wenn hypothetisch keine andere deutsche Zuständigkeitsregel erfüllt ist.[91] 64

Diese Idee beruht im Ansatz auf einem gesunden Gleichbehandlungsdenken.[92] Sie erweist sich aber als problematisch, soweit der Anerkennungsstaat international übliche und sachgerechte Gerichtsstände nicht kennt, aber auch wenn er selbst sog. exorbitante Gerichtsstände in Anspruch nimmt. Im ersten Fall wird die Anerkennung der ausländischen Entscheidung wenig überzeugend versagt, im zweiten Fall wird die „Unbilligkeit“ des international exorbitanten Gerichtsstandes durch die Anerkennung der ausländischen Entscheidung weiter verstärkt. Der deutsche Gesetzgeber hat bei der Neuordnung durch das IPRG 1986 als allgemeine Regel am Spiegelbildprinzip festgehalten, weil es für den Anerkennungsrichter relativ einfach zu handhaben ist und sich ein abschließender internationaler Standard für die Ausübung der internationalen Zuständigkeit bisher nicht entwickelt hat. Da das deutsche Recht sehr breite Zuständigkeiten kennt, erweist sich die Prüfung häufig als überflüssig. Wollte man daher die richterliche Arbeit vereinfachen, so könnte man de lege ferenda auf das Erfordernis ganz verzichten und extreme Fälle über den ordre public (s. Rn. 110ff.) abwehren. De lege lata genügt aber nicht eine tolerable Zuständigkeit des Entscheidungsstaats; die Anerkennungszuständigkeit muss vielmehr positiv bestehen.[93] Die Anerkennung 65

---

[82] BGHZ 155, 279, 281 = NJW 2003, 3488, 3489.
[83] Vgl. OLG Frankfurt IPRax 1982, 71, 73 (dazu *Hausmann* S. 51); *R. Esser,* Klagen gegen ausländische Staaten, 1990, S. 164ff., 239ff.
[84] *Schütze* DIZPR S. 139.
[85] *Hausmann* IPRax 1982, 51, 54; *Stein/Jonas/Roth* Rn. 94.
[86] BGHZ 52, 30, 37 = NJW 1969, 1536; BayObLG FamRZ 2001, 1622; OLG Bamberg FamRZ 2000, 1289; *von Bar/Mankowski* § 5 Rn. 124; *Rosenberg/Schwab/Gottwald* § 156 Rn. 30; *Staudinger/Spellenberg* Rn. 291–364; *Schärtl* S. 26ff.
[87] *Martiny* Am.J. Comp.L 35 (1987), 721, 734.
[88] *von Bar/Mankowski* § 5 Rn. 134f.; s. Rn. 73, 102.
[89] LG München I RIW 1988, 738.
[90] RGZ 51, 136; *Rosenberg/Schwab/Gottwald* § 156 Rn. 30; *Kropholler* § 60 III 2.
[91] *Stein/Jonas/Roth* Rn. 86; vgl. dagegen *Schütze* WM 1979, 1174.
[92] Vgl. *Gottwald* ZZP 95 (1982), 3, 10f.; *Schärtl* S. 30.
[93] *Staudinger/Spellenberg* Rn. 294, 297.

von Entscheidungen in Ehesachen zwischen Ausländern hängt dagegen nach § 606a Abs. 2 nur von der Anerkennung in den Heimatstaaten,[94] nicht von der deutschen Anerkennungszuständigkeit ab (s. § 606a).

66 **b)** Unmittelbar wird die **Anerkennungszuständigkeit** in den Anerkennungs- und Vollstreckungsverträgen geregelt. Diese Verträge schließen meist gewisse exorbitante Gerichtsstände aus und enthalten darüber hinaus einen Katalog internationaler Entscheidungszuständigkeiten, der als Grundlage für eine Anerkennungszuständigkeit akzeptiert wird.

67 Die wichtigste Abweichung von § 328 Abs. 1 Nr. 1 enthalten **EuGVO/EuGVÜ/LugÜ** und **EheGVO.** Denn nach Art. 35 EuGVO, Art. 28 EuGVÜ/LugÜ sowie Art. 24 EheGVO darf bei der Anerkennung die internationale Zuständigkeit der Gerichte des Urteilsstaates grundsätzlich nicht nachgeprüft werden. Eine Ausnahme besteht nur für Entscheidungen in Versicherungssachen, Verbrauchersachen und Klagen mit ausschließlicher Zuständigkeit (Art. 8 bis 17, 22 EuGVO). Liegt ein derartiger Fall nicht vor, so hindern selbst krasse Verstöße gegen Zuständigkeitsregeln nicht die Anerkennung der Entscheidung eines anderen EU-Landes. Denn die Zuständigkeitsregeln sind nach Art. 35 Abs. 3, 2. Halbs. EuGVO bzw. Art. 24 S. 2 EheGVO nicht Bestandteil des ordre public. Hieran zeigt sich, dass EuGVO und EheGVO über eine bloße Anerkennungs- und Vollstreckungsregelung hinausgehen und ein partielles einheitliches europäisches Zivilprozessrecht für ein vereinigtes Rechtspflegegebiet enthalten. EuGVO und EuGVÜ/LugÜ gelten für alle Entscheidungen von Gerichten der EU-Staaten und EFTA-Staaten, gleichgültig ob sie ihre internationale Zuständigkeit auf diese Normen gestützt haben oder nicht. Selbst Entscheidungen, die in exorbitanten Gerichtsständen (Art. 3 EuGVO) gegenüber Angehörigen von Drittstaaten ergangen sind, sind in den anderen Vertragsstaaten ohne weiteres anzuerkennen (vgl. Art. 4, 72 EuGVO).[95]

68 **c)** Für die Anerkennungsfähigkeit kommt es nur darauf an, ob die Gerichte des Erststaates **international zuständig** waren, nicht dagegen, ob das konkrete Gericht nach deutschem Recht örtlich zuständig war.[96] Soweit die ZPO keine besonderen Regeln über die internationale Zuständigkeit enthält (wie in den §§ 606a, 640a Abs. 2, 648a), sind die Regeln über die örtliche Zuständigkeit (§§ 12ff.) entsprechend anzuwenden.[97]

69 Bei **Bundesstaaten** mit jeweils eigenen Gerichten der Teilstaaten (wie in den USA oder Kanada) genügt die internationale **Zuständigkeit des Gesamtstaates;** eine spiegelbildliche Zuständigkeit gerade des Teilstaates, der die Entscheidung erlassen hat, ist nicht erforderlich.[98] Dies gilt unabhängig davon, ob es sich um ein Urteil eines Bundesgerichts mit Sitz in dem betreffenden Bundesstaat oder um eine Entscheidung eines einzelstaatlichen Gerichts handelt.[99] Die Aufteilung der Zuständigkeiten im Gesamtstaat ist ein Internum des Urteilsstaates. Die Gegenansicht[100] möchte den Beklagten stärker vor einer zu weiten Gerichtspflichtigkeit im Ausland schützen, behindert aber letztlich den internationalen Rechtsverkehr. Man stelle sich nur vor, dass das Ausland umgekehrt auf das Einzelne deutsche Bundesland abstellen würde.

70 **d)** Die internationale Anerkennungszuständigkeit **fehlt** danach, wenn die Bundesrepublik selbst eine ausschließliche internationale Entscheidungszuständigkeit in Anspruch nimmt (zB nach den §§ 24, 29a, 40)[101] oder wenn nach deutschem Recht ein Drittstaat ausschließlich zuständig wäre, solange dieser keine ausschließliche Zuständigkeit für sich in Anspruch nimmt und die Zuständigkeit des Entscheidungsstaates akzeptiert.[102]

71 **e)** Die Anerkennungszuständigkeit kann auf **jede** zulässige **internationale Entscheidungszuständigkeit** gestützt werden (s. § 12 Rn. 89ff.). Vor allem der Gerichtsstand des Vermögens (§ 23),[103]

---

[94] Vgl. OLG Frankfurt NJW 1989, 3101 (Philippinen); *Staudinger/Spellenberg* Rn. 353ff.

[95] Krit. aus amerikanischer Sicht: *von Mehren* Rec. de Cours 1980 II 9, 99; *ders.* Columbia L. Rev. 81 (1981), 1044; *Juenger* 82 Mich. L. Rev. 1195, 1210 (1984).

[96] RGZ 75, 147, 148; 107, 308, 309; *Baumbach/Lauterbach/Hartmann* Rn. 16; *Stein/Jonas/Roth* Rn. 86; *Zöller/Geimer* Rn. 97; *v. Bar/Mankowski* IPR, Bd. 1, 2. Aufl., § 5 Rn. 122.

[97] BGHZ 94, 156 = NJW 1985, 2090; AK-ZPO/*Koch* Rn. 26; *von Bar/Mankowski* § 5 Rn. 166.

[98] BGHZ 141, 286, 292 = NJW 1999, 3198 = IPRax 2001, 230 (dazu *Haas* S. 195); OLG Hamm RIW 1997, 1039, 1040f. (m. Anm. *Schütze*); auch *Staudinger/Spellenberg* Rn. 321ff.; *v. Hoffmann/Hau* RIW 1998, 344, 350f.; *Schärtl* S. 35ff., 105ff., 270f.

[99] *v. Hoffmann/Hau* RIW 1998, 344, 351f.; für Bundesgerichte ebenso *Haas/Stangl* IPRax 1998, 452; differenzierend nach Art der jurisdiction *Stürner/Bormann* JZ 2000, 81, 87; *Coester-Waltjen* Liber amicorum Buxbaum, S. 101, 103ff.

[100] OLG Hamm RIW 1997, 960, 961 = IPRax 1998, 474 (dazu *Haas/Stangl* S. 452); *Sieg* IPRax 1996, 77, 79; *H. Roth* ZZP 112 (1999), 473, 384; *Wazlawik* IPRax 2002, 273; *Thomas/Putzo/Hüßtege* Rn. 20.

[101] OLG Hamm NJW 1976, 2079, 2080; *Baumbach/Lauterbach/Hartmann* Rn. 17.

[102] *Rosenberg/Schwab/Gottwald* § 156 Rn. 31; *Stein/Jonas/Roth* Rn. 84; *Zöller/Geimer* Rn. 120.

[103] OLG Hamm RIW 1997, 1039.

aber auch internationale Gerichtsstandsvereinbarungen (§§ 38, 40), Vereinbarungen des Erfüllungsortes (§ 29),[104] rügelose Einlassungen zur Hauptsache (§ 39)[105] oder die Verbundzuständigkeit (§ 621)[106] begründen eine internationale Anerkennungszuständigkeit und führen damit zu einer sehr großzügigen Bejahung der internationalen Zuständigkeit ausländischer Staaten.[107] Nach hM folgt die Bestimmung des Erfüllungsortes nach den für das Vertragsrecht maßgeblichen Kollisionsnormen des deutschen Rechts und nicht nach den Regeln, die das ausländische Gericht angewandt hat oder hätte anwenden sollen.[108] Auch die Alternative einer autonomen prozessualen Bestimmung des Erfüllungsortes,[109] wie sie jetzt in Art. 5 Nr. 1 b EuGVO vorgesehen ist, gilt nicht innerhalb von § 328. Streitig ist, ob bei der Prüfung der Anerkennungszuständigkeit auch die Zuständigkeitsregeln der EuGVO zu berücksichtigen sind.[110] Solange das autonome Recht am Spiegelbildprinzip festhält, sollte die Gerichtspflichtigkeit in Drittstaaten freilich nicht über die Regeln des autonomen Rechts hinaus erweitert werden.

Ob eine **rügelose Einlassung** vorlag, kann zwar nur unter Berücksichtigung des Prozessrechts 72
des Urteilsstaates beurteilt werden.[111] Dennoch kann es im Allgemeinen nicht darauf ankommen, ob die rügelose Einlassung für den Entscheidungsstaat die Zuständigkeit begründet hat.[112] Andernfalls wäre ihr Wert als Anerkennungszuständigkeit nur sehr begrenzt. Auf keinen Fall kommt es darauf an, ob der Beklagte eine Anerkennungszuständigkeit begründen wollte, da diese nicht der Parteidisposition unterliegt.[113] Erhebt der Beklagte die Einrede des Schiedsvertrages, so schließt dies ein nach dem Recht des Urteilsstaates erforderliches „stillschweigendes Akzeptieren" der Zuständigkeit aus. Hatte die Unzuständigkeitseinrede nach dem Recht des Urteilsstaates keine Erfolgsaussicht, so kann das Unterlassen der Rüge nicht als rügelose Einlassung gewertet werden.[114]

Nach deutschem Recht beruht die internationale Entscheidungszuständigkeit grundsätzlich auf 73
prozessualen Anknüpfungen, **nicht** auf der Anwendung des nach deutschem IPR anwendbaren Rechts (sog. **Gleichlaufprinzip**). Weisen die verschiedenen Anknüpfungen in unterschiedliche Staaten, so hat der Kläger die Wahl, in welchem Land er seinen Anspruch einklagt (vgl. § 35). Diese Wahl kann er legitimerweise an den prozessualen und materiellen Rechtsfolgen orientieren (sog. **forum shopping**).[115] Entsprechend hängt auch die „Anerkennungszuständigkeit" nicht davon ab, welches materielle Recht das ausländische Gericht angewandt hat.[116] Einzelne kollisionsrechtliche Vorbehalte (des früheren § 328 Abs. 1 Nr. 3) hat der Gesetzgeber mit dem IPRG 1986 aufgegeben. Die gesetzlichen Schranken internationaler Gerichtsstandsvereinbarungen[117] oder ordre public-Vorstellungen führen aber weiterhin in engem Rahmen dazu, zwingendes Inlandsrecht gegen ausländisches Recht durchzusetzen.

Der Schutzzweck des § 328 Abs. 1 Nr. 1 verlangt, dass die **Anerkennungszuständigkeit** des aus- 74
ländischen Gerichts tatsächlich besteht. Die Zuständigkeit ist daher grundsätzlich **ohne Bindung an** die **Feststellungen des ausländischen Gerichts** zu überprüfen, selbst soweit sich die Zuständigkeit aus sog. doppelrelevanten Tatsachen ableitet.[118] Dies gilt auch für Zwischenfeststellungsklagen.[119] Die

---

[104] Vgl. LG München I RIW 1988, 738.

[105] BGHZ 120, 334 = NJW 1993, 1073; OLG Hamm RIW 1987, 467, 468 f. Auf Belehrung, wie nach § 504, kommt es nicht an; OLG Frankfurt NJW 1979, 1787 = RIW 1979, 276 (m. Anm. *Geimer* S. 640); dazu *Prütting* MDR 1980, 368; *Schröder* NJW 1980, 473.

[106] *Staudinger/Spellenberg* Rn. 338 ff.

[107] AK-ZPO/*Koch* Rn. 26; *Zöller/Geimer* Rn. 99 f.

[108] *Martiny* Rn. 679. Für einzelne Abkommen kann sich jedoch Abweichendes ergeben; so für das deutsch-belgische Abkommen (Art. 3 Abs. 1 Nr. 5) (BGHZ 60, 344 = NJW 1973, 1552, 1554).

[109] Dafür *Lüderitz,* FS Zweigert, 1981, S. 233, 237 ff.; *Schack,* Der Erfüllungsort im deutschen, ausländischen und internationalen Privat- und Zivilprozeßrecht, 1985; *ders.,* FS Kegel, 1987, S. 505 ff.

[110] Dafür *Kern* ZZP 120 (2007), 31; ablehn. *Schärtl* IPRax 2006, 438.

[111] BGH NJW 1988, 653, 654.

[112] So aber BGHZ 120, 334 = NJW 1993, 1073 = JR 1994, 275 (m. Anm. *Winkler v. Mohrenfels*) = ZZP 107 (1994), 67 (m. Anm. *Schack*) = IPRax 1994, 204 (dazu *Geimer* S. 187); OLG Düsseldorf [1997] I. L. Pr. 460, 463; zust. *Musielak* Rn. 11.

[113] *Schack* ZZP 107 (1994), 75, 77 ff.

[114] BGH NJW 1988, 653, 654; OLG Hamm RIW 1987, 467, 469; *Rahm/Künkel/Breuer* VIII 257.

[115] Vgl. *von Bar/Mankowski* § 5 Rn. 156 ff.; *Kropholler,* FS Firsching, 1985, S. 165; *Siehr* ZfRV 1984, 124.

[116] *von Bar/Mankowski* § 5 Rn. 134 ff. Zur Lehre von der kollisionsrechtlichen Relativität der Rechtskraft s. Rn. 155, 157.

[117] Vgl. *Gottwald,* FS Firsching, 1985, S. 89; s. § 38 Rn. 25 ff. u. Art. 23 EuGVO Rn. 14 f., 52 ff.

[118] BGHZ 124, 237 = RIW 1994, 331 *(R. Jacob)* = IPRax 1995, 101 (dazu *Gottwald* S. 75); *Stein/Jonas/Roth* Rn. 95, 97; *Geimer,* FS Nakamura, 1996, S. 169, 182; *Thomas/Putzo/Hüßtege* Rn. 8 a; aA *Spickhoff* ZZP 108 (1995), 475 ff.; krit. auch *Koch* ZZP 108 (1995), 367.

[119] Vgl. *Fischer,* FS Henckel, 1995, S. 199, 211 f.

Parteien können neue Tatsachen- und Beweismittel vorbringen, um die Anerkennungszuständigkeit nachzuweisen oder zu bestreiten. Bloße Zuständigkeitsbehauptungen, die zum Erlass eines Versäumnisurteils geführt haben können, begründen daher keine Anerkennungszuständigkeit.[120] Wird entgegen einer ausschließlichen Zuständigkeitsvereinbarung Klage im Ausland erhoben und ein Versäumnisurteil erlassen, so ist der Beklagte nicht verpflichtet, die Derogation mittels Einspruch im dortigen Verfahren geltend zu machen.[121] Kann die Anerkennungszuständigkeit nicht nachgewiesen werden, wird die Entscheidung nicht anerkannt.[122]

75 Abweichend davon besteht eine **Bindung an** die **tatsächlichen Feststellungen** des ausländischen Gerichts überwiegend **nach** den **Anerkennungsverträgen,** so mit Belgien (Art. 5 Abs. 1 S. 2), Griechenland (Art. 5 Abs. 2), Israel (Art. 8 Abs. 2), den Niederlanden (Art. 5 Abs. 1 S. 2), Norwegen (Art. 9 Abs. 3 S. 1), Spanien (Art. 9 Abs. 2), nach dem Haager Unterhaltsvollstreckungs-Übereinkommen 1973 (Art. 9) sowie nach Art. 28 Abs. 2 EuGVÜ. Nach den Verträgen mit Griechenland (Art. 5 Abs. 2), Israel (Art. 8 Abs. 2) und den Niederlanden (Art. 5 Abs. 1 S. 2) erstreckt sich die Bindung sogar auf die **rechtlichen Feststellungen.**

76 Soweit keine ausschließliche Zuständigkeit in Betracht kommt, dient die Prüfung der Anerkennungszuständigkeit dem Schutz des Prozessgegners. Dieser kann daher im Anerkennungsverfahren auf die **Rüge** fehlender internationaler Anerkennungszuständigkeit **verzichten.** Mit der Rüge der Unzuständigkeit darf sich eine Partei zudem nicht in Widerspruch zu ihrem Verhalten vor dem ausländischen Gericht setzen.[123] Im Hinblick auf das Prorogationsverbot des § 40 Abs. 2 gilt dies jedoch nicht in Ehesachen.[124]

77 **f) Maßgebender Zeitpunkt** für das Vorliegen der Anerkennungszuständigkeit bzw. der entsprechenden Anknüpfungstatsachen ist der Zeitpunkt der Klageerhebung im Ausland.[125] Ein späterer Wegfall der die Zuständigkeit begründenden Tatsachen schadet entsprechend § 261 Abs. 3 Nr. 2 nicht.[126] Es genügt aber, wenn die Zuständigkeit nach den deutschen Normen später bis zum Zeitpunkt des Erlasses der ausländischen Entscheidung eingetreten ist,[127] oder wenn die in jenem Zeitpunkt bestehende ausländische Zuständigkeit im Inland erst im Zeitpunkt der Anerkennung akzeptiert wird.[128] Die ursprüngliche Nichtanerkennungsfähigkeit genießt keinen Vertrauensschutz (s. Rn. 8).

78 **4. Nichteinlassung des Beklagten.** Allgemeine Verfahrensmängel hindern nicht die Anerkennung einer ausländischen Entscheidung. Anders verhält es sich bei gravierenden Verstößen gegen das Recht auf rechtliches Gehör (Art. 103 Abs. 1 GG) bei der Einleitung des Verfahrens. Hat sich der Beklagte auf das ausländische Verfahren nicht eingelassen, ist die Entscheidung also in einem Versäumnisverfahren oder sonstigen einseitigen Verfahren ergangen, so scheidet eine Anerkennung aus, wenn dem Beklagten das verfahrenseinleitende Schriftstück nicht ordnungsgemäß oder nicht so rechtzeitig zugestellt worden ist, dass er sich sachgerecht verteidigen konnte (§ 328 Abs. 1 Nr. 2). Diese Regelung ist durch das IPRG 1986 neu gefasst und weitgehend wörtlich an Art. 27 Nr. 2 EuGVÜ angepasst worden.[129] Auf Entscheidungen über Ansprüche aus dem internationalen Eisenbahnverkehr ist sie nach Art. 18 § 1 COTIF (s. Rn. 27) sinngemäß nicht anwendbar.[130]

79 **a)** Diese Vorschrift soll nur den Beklagten schützen. Das Anerkennungshindernis wird deshalb nicht von Amts wegen beachtet, sondern (anders als Art. 27 Nr. 2 EuGVÜ) **nur auf** ausdrückliche **Rüge** durch den Beklagten. Der Schutz wird dem Beklagten unabhängig von seiner Staatsangehörigkeit zugebilligt. Er kann auf den Schutz ohne weiteres „verzichten". Sinngemäß tut er dies, wenn er selbst eine Anerkennung oder Vollstreckung des ausländischen Urteils betreibt. Der „Verzicht" auf die Rüge steht auch dem Rechtsnachfolger des Beklagten zu. In Ehesachen genügt, wenn der Ehegatte (zB durch Antrag auf isolierten Versorgungsausgleich) zum Ausdruck bringt,

---

[120] BGHZ 52, 30, 37 = NJW 1969, 1536; *Kegel/Schurig* § 22 V 1 c; *Stein/Jonas/Roth* Rn. 96.
[121] AA *Geimer,* FS Nakamura, 1996, S. 169, 177 f.
[122] *Staudinger/Spellenberg* Rn. 267.
[123] Vgl. *Stein/Jonas/Roth* Rn. 102; für Prüfung nur auf Rüge *Zöller/Geimer* Rn. 125.
[124] BayObLG FamRZ 1975, 582 *(Geimer);* BayObLG FamRZ 1992, 584, 585 f.; *Staudinger/Spellenberg* Rn. 316 f.
[125] *Zöller/Geimer* Rn. 124.
[126] BGHZ 141, 286, 291 = JZ 2000, 107; *Martiny* Hdb. IZVR Rn. 777; *Musielak/Musielak* Rn. 13; *Thomas/Putzo/Hüßtege* Rn. 8 b; aA *Stein/Jonas/Roth* Rn. 90 (anders 98).
[127] KG NJW 1988, 649 (*Geimer*); *Rosenberg/Schwab/Gottwald* § 156 Rn. 32; *Staudinger/Spellenberg* Rn. 307.
[128] BayObLG NJW 1988, 2178 (abl. Anm. *Geimer*); *Martiny* Hdb. IZVR Rn. 777.
[129] Vgl. *Gottwald* IPRax 1984, 57, 60.
[130] *Martiny* Hdb. IZVR III/2, Kap. II, Rn. 448, 469; *Stein/Jonas/Roth* Rn. 116.

dass er mit der Scheidung einverstanden ist.[131] Das Recht zur Rüge bzw. zum Verzicht darauf ist vererblich.[132]

b) Auf Rüge zu prüfen ist zunächst, ob dem Beklagten das **verfahrenseinleitende Dokument** ordnungsgemäß zugestellt worden ist. Welches Dokument zuzustellen ist, entscheidet das Prozessrecht des Erststaates. Einen bestimmten Antrag wie eine deutsche Klageschrift (§ 253 Abs. 2 Nr. 2) muss das Dokument nicht enthalten; es genügt, wenn der Beklagte über den Anlass der Klage und das Begehren des Klägers in allgemeiner Form informiert wird.[133] Nicht ordnungsgemäß zugestellte spätere Dokumente schließen, auch wenn sie eine Klageänderung oder -erweiterung enthalten, die Anerkennung nicht aus.[134] Die Gegenansicht verkennt, dass das verfahrenseinleitende Dokument im Ausland vielfach nur ungefähre Angaben zum Prozessgegenstand, aber keinen genauen Antrag enthalten muss. 80

Dieses einleitende Dokument muss nach dem Verfahrensrecht des Erststaates (einschließlich der dort geltenden zwischenstaatlichen Zustellungsregeln)[135] **ordnungsgemäß zugestellt** worden sein. Feststellungen des Erstgerichts zu dieser Frage binden das Anerkennungsgericht nicht (s. u. Rn. 92). Eine persönliche Zustellung ist zwar nicht erforderlich;[136] eine Zustellung an einen Vertreter ohne Vertretungsmacht genügt jedoch nicht.[137] Ob eine Zustellung auf dem Postweg genügt, ist streitig. Nicht ordnungsgemäß ist sie jedenfalls, soweit Deutschland der direkten Postzustellung vertraglich widersprochen hat.[138] 81

Danach kann auch eine **öffentliche Zustellung** ordnungsgemäß sein.[139] Bei fehlender Einlassung genügt diese aber nicht, selbst wenn sie nach dem Prozessrecht des Urteilsstaates und dem der Bundesrepublik Deutschland zulässig war.[140] Denn sie beweist zugleich prima facie, dass sich der Beklagte nicht verteidigen konnte. Ein Vorbehalt gegen öffentliche Zustellungen findet sich ausdrücklich in Art. 4 Abs. 3 deutsch-schweiz. Abkommen 1929 und in Art. 4 Abs. 3 deutsch-ital. Abkommen, sinngemäß aber auch in anderen Verträgen, die eine Anerkennung ausschließen, soweit dem Beklagten das verfahrenseinleitende Dokument überhaupt nicht zugegangen (Art. 5 Abs. 2 Nr. 2 deutsch-span. Vertrag 1983), der Beklagte von der Ladung nicht rechtzeitig Kenntnis nehmen konnte (Art. 2 Nr. 2b deutsch-österr. Vertrag) oder von dem Verfahren (ohne sein Verschulden) keine Kenntnis hatte (Art. 2 Nr. 2 HUVU 1958). Sie schließen damit eine Anerkennung nach öffentlicher Ladung ohne Einlassung aus. 82

Schwieriger verhält es sich, wenn für die Anerkennung von Versäumnisentscheidungen ausdrücklich auf die Zustellung nach dem Recht des Urteilsstaates abgestellt wird (so **Art. 6 HUVÜ 1973**). Da Art. 6 eine Zustellung „mit den wesentlichen Klagegründen" und zusätzlich eine ausreichende Frist zur Verteidigung verlangt, wird man davon ausgehen können, dass Urteile auf Grund „fiktiver Zustellung" weiterhin nicht anzuerkennen sind.[141] 83

c) Zustellungsmängel sind als **geheilt** anzusehen, wenn das Recht des Erststaates dies vorsieht, insbesondere weil der Beklagte das zuzustellende Schriftstück tatsächlich erhalten hat.[142] Eine Heilung direkt nach § 187 scheidet dagegen aus. Wohl aber kennen die meisten Rechtsordnungen einen vergleichbaren Rechtsgedanken. Nun sehen aber weder Art. 15 des Haager Zustellungsübereinkommens von 1965 noch die neue Europäische Zustellungsverordnung vom 29. 5. 2000 Heilungsmöglichkeiten vor. War danach zuzustellen, so soll daher eine Heilung mit tatsächlichem Zugang ausscheiden. Da das HZÜ ausschließliche Geltung beanspruche, soll es auch nicht darauf ankommen, ob das ausländische Verfahrensrecht eine § 187 entsprechende Regelung kennt.[143] ME 84

---

[131] OLG Bremen FamRZ 2004, 1975, 1976.

[132] AA zu § 328 Abs. 1 Nr. 2 aF KG FamRZ 1988, 641, 644; vgl. dagegen BGH FamRZ 1990, 1100 (der dieser Frage ausweicht).

[133] BGHZ 141, 286, 295 = NJW 1999, 3198, 3200; *Staudinger/Spellenberg* Rn. 390.

[134] BGH IPRax 1987, 236, 237; aA *Grunsky* IPRax 1987, 219; *Rahm/Künkel/Breuer* VIII 259.

[135] BGHZ 120, 305 = NJW 1993, 598, 600; BayObLG FamRZ 2000, 1170/71; *Rahm/Künkel/Breuer* VIII 259.1.

[136] *Martiny* Am.J. Comp. L 35 (1987), 721, 741.

[137] JM Baden-Württemberg FamRZ 2001, 1379, 1380; *Staudinger/Spellenberg* Rn. 373f.

[138] Vgl. OLG Düsseldorf IPRax 1997, 194 m. Anm. *Jayme.*

[139] *Rosenberg/Schwab/Gottwald* § 156 Rn. 34; *Staudinger/Spellenberg* Rn. 384, 392.

[140] KG FamRZ 1982, 382; vgl. *Krzywon* StAZ 1989, 93, 100 (ggf. ordre public-Verstoß).

[141] *Staudinger/Kropholler* Anh. III zu Art. 18 EGBGB Rn. 176.

[142] BayObLG FamRZ 1975, 215; *Rosenberg/Schwab/Gottwald* § 75 Rn. 17; *Zöller/Geimer* Rn. 135; aA (gegen eine Anwendung im Anerkennungsverfahren nach Art. 7 § 1 FamRÄndG) LJV Baden-Württemberg FamRZ 1990, 1015, 1018; KG FamRZ 1988, 641, 642f.; *Krzywon* StAZ 1989, 93, 100. Die Frage der Heilung bestimmt sich nach dem Recht des Urteilsstaates, EuGHE 1990, 2725 = EuZW 1990, 352.

[143] BGHZ 120, 305 = NJW 1993, 598, 600 = ZZP 106 (1993), 391 *(Schütze)* = JZ 1993, 620 *(Schack);* BGHZ 141, 286, 303 = JZ 2000, 107; JM Baden-Württemberg FamRZ 2001, 1015, 1017 *(Gottwald).*

geht diese Auslegung des HZÜ am Sinn des Rechtshilfevertrages vorbei. Denn das HZÜ regelt nur die Art und Weise der Zustellung und befasst sich in keiner Weise mit Folgen von Regelverstößen für die Anerkennung.[144] Auch ist es nicht berechtigt, eine nach dem Recht des Erststaats bejahte Heilungsmöglichkeit auf Grund der eigenen abweichenden Auslegung des HZÜ als irrelevant beiseite zu schieben. Eine Heilung sollte aber (analog Art. 31 Abs. 2 EGBGB) ausscheiden, wenn das autonome Recht des Landes des Zustellungsempfängers eine Heilung nicht vorsieht.[145]

85 **d)** Die Entscheidung ist gleichwohl nur dann anzuerkennen, wenn der Beklagte das Schriftstück so **rechtzeitig** erhalten hat, **dass** er sich **verteidigen** konnte. Hierüber befinden nicht das Prozessrecht des Erststaates, sondern die deutschen Vorstellungen. In der Praxis gibt es hier unterschiedliche Anforderungen.[146] Als Untergrenze sollte mindestens die in Deutschland geltende Einlassungsfrist (§ 274 Abs. 3 S. 1) von zwei Wochen gewahrt sein, aber darüber hinaus individuell verlangt werden, dass dem Beklagten ausreichend Zeit verblieben ist, sich vor dem Gericht des Urteilsstaates zu verteidigen.[147] Die Zustellung muss (wie zu Art. 27 Nr. 2 EuGVÜ) sowohl ordnungsgemäß als auch rechtzeitig erfolgt sein.[148] Eine Zustellung nach dem Verhandlungstermin ist idR nicht rechtzeitig.[149] Erfolgt die Terminsladung auf einen nicht existierenden Tag, so muss sich der Beklagte beim ausländischen Gericht nach dem richtigen Termin erkundigen; sonst kann er die Anerkennung des ergangenen Versäumnisurteils nicht verhindern.[150]

86 **e)** Nach Art. 2 lit. c) Nr. 2 des deutsch-niederl. Vertrages von 1962 darf die Anerkennung der ausländischen Entscheidung nicht versagt werden, wenn der Beklagte von dem gegen ihn laufenden Verfahren zwar **verspätet Kenntnis** erlangt, nach dem Recht des Erststaates sich aber noch rechtzeitig in das erstinstanzliche Verfahren hätte einschalten oder gegen eine ergangene Entscheidung Rechtsmittel einlegen können. Der Beklagte ist danach verpflichtet, sich in ein laufendes Verfahren, auch durch Einlegung von Rechtsbehelfen einzuschalten. Eine **Rechtsmittelobliegenheit** ist zwar in Art. 34 Nr. 2 EuGVO, nicht aber in Art. 27 Nr. 2 EuGVÜ, Art. 22 lit. b, 23 lit. b EheGVO und § 328 Abs. 1 Nr. 2 übernommen worden. Dennoch meint *Geimer,* sie entspreche einem allgemeinen Rechtsprinzip der internationalen Urteilsanerkennung. Den Beklagten treffe also die prozessuale Last, sich noch durch Rechtsmittel in ein ausländisches Verfahren einzuschalten.[151]

87 Regelmäßig dürfte diese Ansicht zu weit gehen. Denn die Anerkennung ist auch bei ordnungsgemäßer Zustellung zu versagen, wenn die Einlassungsfrist so knapp bemessen war, dass sich der Beklagte nicht verteidigen konnte. Würde man eine generelle Pflicht zur Einlegung von Rechtsbehelfen annehmen, so hätte diese Regel praktisch keine Bedeutung. Es kommt daher darauf an, ob der Beklagte bei Erhalt der den Erstprozess einleitenden Ladung ausreichend Zeit hatte, sich am erstinstanzlichen Verfahren zu beteiligen und den Erlass einer Versäumnisentscheidung zu verhindern.[152] Der Beklagte ist aber nicht verpflichtet, ein im Ausland zulässiges Rechtsmittel einzulegen.[153]

88 **f)** Ob die Ladung bzw. das verfahrenseinleitende Schriftstück nur in der **Gerichtssprache** des Erststaates oder in Übersetzung in die Sprache des Staates des Zustellungsortes bzw. verbunden mit einer derartigen **Übersetzung** übermittelt sein muss, richtet sich ebenfalls nach dem Zustellungsrecht des Erststaates. Im Anwendungsbereich des Haager Zustellungsübereinkommens 1965 bedarf es regelmäßig einer Übersetzung in die Amtssprache des ersuchten Zustellungsstaates, sofern der Empfänger das fremdsprachige Schriftstück nicht freiwillig annimmt (Art. 5 Abs. 2 und 3 HZÜ 1965). Von den Fällen der freiwilligen Empfangnahme (Art. 5 Abs. 2 HZÜ 1965) abgesehen, gehört deshalb in der Bundesrepublik eine Übersetzung in die deutsche Sprache zu den Erfordernissen einer ordnungsgemäßen Zustellung (§ 3 dtAusfGHZÜ vom 22. 12. 1977, BGBl. I, S. 3105).[154]

---

144 *Staudinger/Spellenberg* Rn. 400ff.; *Geimer* IZPR Rn. 2916, 2920; *Schack* IZVR Rn. 848; *Linke* IZPR Rn. 410.

145 *Wiehe* S. 135ff.

146 Vgl. BGHZ 141, 286 = NJW 1999, 3198, 3200; *Staudinger/Spellenberg* Rn. 393.

147 BGH NJW 1986, 2197 = IPRax 1986, 366 (dazu *Walter* S. 349); BayObLG FamRZ 2002, 1423, 1424; OLG Hamm IPRax 1988, 289 (m. Anm. *Geimer* S. 271 und *van Venrooy* IPRax 1989, 137).

148 BGHZ 120, 305 = NJW 1993, 598, 599 = JZ 1993, 618 *(Schack);* aA *Linke* IZPR Rn. 408.

149 BayObLG FamRZ 2000, 1170.

150 BGH NJW-RR 2002, 1151.

151 *Geimer* IZPR Rn. 2921; *Zöller/Geimer* Rn. 136, 137; *Völker* S. 220.

152 EuGHE 1981, 1593 = RIW 1981, 781; BGH RIW 1986, 303; vgl. BayObLG FamRZ 2000, 1170, 1171f.; *Stein/Jonas/Roth* Rn. 115; *Staudinger/Spellenberg* Rn. 406.

153 BGHZ 120, 305 = NJW 1993, 598, 600 = ZZP 106 (1993), 391 *(Schütze);* BGH NJW 1993, 2688, 2689; JM Baden-Württemberg FamRZ 2001, 1379, 1380; *Thomas/Putzo/Hüßtege* Rn. 11, 12a.

154 BGHZ 120, 305 = NJW 1993, 598, 599; BGHZ 141, 286 = NJW 1999, 3198, 3202.

Nach Art. 8 EuZVO kann der Empfänger die Annahme eines zuzustellenden Schriftstücks verweigern, wenn es nicht in der Amtssprache des Empfangsstaates oder einer Sprache des Übermittlungsstaates abgefasst ist, die der Empfänger versteht.

Allerdings darf der Beklagte die Einlassung gleichwohl nicht verweigern, wenn er die Relevanz 89
des fremdsprachigen Schriftstücks für das Gerichtsverfahren erkennen kann und es so **rechtzeitig** erhält, **dass** er sich ordnungsgemäß **verteidigen konnte,** also entweder selbst der Fremdsprache mächtig ist[155] oder ausreichend Zeit hatte, sich eine Übersetzung des Schriftstückes zu beschaffen.[156] Nach dem Sinn der Bestimmung wird man zusätzlich auch bei Kaufleuten von einer Einlassungspflicht ausgehen müssen, soweit sie die Sprache ihres Prozessgegners verstehen.[157] Denn auch dann sind sie in der Lage, sich ordnungsgemäß zu verteidigen.

g) Der Beklagte kann sich auf die nicht ordnungsgemäße oder nicht rechtzeitige Ladung nur be- 90
rufen, wenn er sich auf das Erstverfahren **nicht eingelassen** hat. Dazu ist nicht erforderlich, dass der Beklagte vor dem ausländischen Gericht persönlich oder durch einen Bevollmächtigten zur Hauptsache verhandelt hat. Eine Einlassung kann vielmehr auch in einem Bestreiten und Verhandeln über Prozessvoraussetzungen liegen.[158] Entscheidend ist allein, ob der Beklagte Gelegenheit hatte, sich zu verteidigen,[159] dh. ob seine Prozesshandlung im ausländischen Verfahren berücksichtigt wurde.[160] An einer Einlassung fehlt es, wenn der Beklagte lediglich den Zustellungsmangel rügt.[161] Eine Einlassung liegt jedoch vor, wenn der Anwalt des Beklagten dem Gericht oder dem Kläger mitteilt, er werde sich nicht verteidigen und es solle Versäumnisurteil ergehen.[162] Auch in völligem Schweigen kann eine Einlassung liegen, sofern eine Zuständigkeitsrüge nicht ausgeschlossen oder sinnlos war.[163]

Hat das ausländische Gericht dem Beklagten ohne sein Wissen oder gar gegen seinen Willen ei- 91
nen **Verfahrenspfleger** bzw. **Zwangsbevollmächtigten** bestellt, so liegt in dessen Handeln vor Gericht keine Einlassung iSd. § 328 Abs. 1 Nr. 2.[164] Der Verfahrensmangel kann aber nach § 187 geheilt sein, wenn der Verfahrenspfleger sich rechtzeitig mit „seiner“ Partei in Verbindung gesetzt hat, sodass diese sich tatsächlich verteidigen konnte.[165] Ob solche Kontakte voll dem jeweiligen Verfahrensrecht entsprechen, ist nicht entscheidend.

h) Rügt der Beklagte das Fehlen ordnungsgemäßer oder rechtzeitiger Zustellung, so hat das Ge- 92
richt des Anerkennungsstaates die Sachlage in eigener Verantwortung zu überprüfen; an Feststellungen des Erstrichters ist der Zweitrichter nicht gebunden.[166]

5. Kollision unvereinbarer Entscheidungen. Früher wurde die Frage des Vorrangs kollidie- 93
render Entscheidungen als Teil des ordre public behandelt.[167] Seit der Neufassung durch das IPRG 1986 ist die Frage in Anlehnung an Art. 27 Nr. 3 und 5 EuGVÜ (jetzt: Art. 34 Nr. 3 u. 4 EuGVO) gesondert geregelt. Diese Neuregelung steht teilweise mit den allgemeinen Rechtskraftgrundsätzen in Widerspruch.

a) Ergehen zwei inländische Urteile in der gleichen Sache, so geht nach überwiegender Ansicht 94
die Rechtskraft des älteren Urteils vor (s. § 322 Rn. 63). Für die Anerkennung ausländischer Urteile hat der Gesetzgeber dieses **Prioritätsprinzip** nur bei der Konkurrenz mehrerer ausländischer Entscheidungen beibehalten. Denn ein Urteil ist nicht anzuerkennen, wenn es „mit einem anzuerkennenden früheren ausländischen Urteil“ unvereinbar ist (§ 328 Abs. 1 Nr. 3).[168] Bei ausländi-

---

155 *Staudinger/Spellenberg* Rn. 398; aA BGHZ 120, 305 = NJW 1993, 598/599 = ZZP 106 (1993), 391 (krit. *Schütze*).

156 *Staudinger/Spellenberg* Rn. 397; aA *Musielak/Musielak* Rn. 17.

157 OLG Düsseldorf IPRax 1985, 289, 290 (dazu *Schumacher* S. 265, 268).

158 BGHZ 73, 381 = FamRZ 1979, 495; KG FamRZ 1987, 603, 606 = NJW 1988, 649, 650; *Baumbach/Lauterbach/Hartmann* Rn. 21; *Staudinger/Spellenberg* Rn. 407 u. Art. 22 EheGVO Rn. 54 ff.

159 AK-ZPO/*Koch* Rn. 30.

160 LJV Baden-Württemberg FamRZ 1990, 1015, 1018; *Staudinger/Spellenberg* Art. 22 EheGVO Rn. 58.

161 *Staudinger/Spellenberg* Art. 22 EheGVO Rn. 55.

162 *Zöller/Geimer* Rn. 139.

163 *Baumbach/Lauterbach/Hartmann* Rn. 22.

164 OLG Hamm FamRZ 1996, 178 u. 951, 952; *Stein/Jonas/Roth* Rn. 112; *Staudinger/Spellenberg* Rn. 374 u. Art. 22 EheGVO Rn. 59; *Zöller/Geimer* Rn. 136.

165 *Zöller/Geimer* Rn. 139.

166 EuGHE 1982, 2723 = IPRax 1985, 25; BGHZ 120, 305 = NJW 1993, 598, 599; *Staudinger/Spellenberg* Rn. 394; *Zöller/Geimer* Rn. 142.

167 BayObLGZ 1983, 21 = FamRZ 1983, 501 = IPRax 1983, 245.

168 Vgl. *Martiny* Hdb. IZVR Rn. 1138; *Staudinger/Spellenberg* Rn. 421 ff.; krit. *Kegel/Schurig* § 22 V 1 e (rechtspolitisch für Vorrang der jüngeren Entscheidung).

schen Parallelverfahren kommt es nicht auf den Zeitpunkt der Rechtshängigkeit, sondern auf den des Rechtskrafteintritts an.[169]

95 **b)** Dagegen haben **inländische Entscheidungen** nach § 328 Abs. 1 Nr. 3 bzw. Art. 27 Nr. 3 EuGVÜ **stets Vorrang** vor einer ausländischen Entscheidung, auch wenn die ausländische Rechtshängigkeit im Inland zu beachten gewesen wäre. Es überzeugt nicht, dass diese irreguläre, Verfahrensverstöße sanktionierende Regelung aus dem EuGVÜ in das autonome Recht übernommen wurde.[170] Jedoch ist sie geltendes Recht. Dem früheren ausländischen Urteil kann erst durch Restitutionsklage gegen das inländische Urteil (gem. § 580 Nr. 7a) Geltung verschafft werden.[171] § 328 Abs. 1 Nr. 3 rechtfertigt dagegen nicht, dass der Verstoß gegen die Rechtskraft des an sich anzuerkennenden ausländischen Urteils nicht korrigiert werden kann und darf. Nicht der Vorrangregel unterliegen ausländische Entscheidungen, die ausdrücklich (oder faktisch) ein inländisches Urteil abändern; ein solches ausländisches Abänderungsurteil ist stets anzuerkennen,[172] da es einen anderen Streitgegenstand hat (s. § 323 Rn. 6).

96 **c)** Systemkonform ist dagegen die weitere Regelung von § 328 Abs. 1 Nr. 3, wonach ein ausländisches Urteil nicht anzuerkennen ist, wenn dem ausländischen Verfahren eine **frühere Rechtshängigkeit im Inland** entgegenstand, aber (zu Unrecht) unbeachtet geblieben ist (s. § 261 Rn. 74f.).[173] Ob das ausländische Gericht Kenntnis vom inländischen Verfahren hatte, ist irrelevant. Vorrang hat nach dem Günstigkeitsprinzip freilich Art. 15 deutsch-belg. Abkommen, wonach die Rechtshängigkeit nur auf Antrag zu beachten ist.

97 **d)** Unvereinbar sind Urteile iS dieser Norm nicht nur bei identischem Streitgegenstand, sondern auch bei Kollision hinsichtlich präjudizieller Feststellungen.[174] Da die Norm dem EuGVÜ nachgebildet ist, sollte sie ebenso wie Art. 27 Nr. 3, 5 EuGVÜ bzw. heute Art. 34 Nr. 3, 4 EuGVO iS der Kernpunkttheorie des EuGH ausgelegt werden,[175] auch hinsichtlich der betroffenen Parteien. Unvereinbarkeit besteht jedoch nur bei Sachentscheidungen. Hat ein deutsches Gericht einer Partei Prozesskostenhilfe wegen fehlender Erfolgsaussicht versagt, so steht dies der Anerkennung einer ausländischen Entscheidung in der Sache selbst nicht entgegen.[176]

98 **6. Ordre public-Verstoß.** Der deutsche Richter darf eine anzuerkennende ausländische Entscheidung grundsätzlich nicht auf ihre Richtigkeit überprüfen. Deshalb darf er weder die tatsächlichen oder rechtlichen Feststellungen des Urteils nachprüfen noch das dem Urteil vorausgehende Verfahren überprüfen. Das **Verbot der révision au fond** ist für die Vollstreckbarerklärung in § 723 Abs. 1 ausdrücklich festgelegt. Es gilt aber über Art. 36 EuGVO bzw. Art. 29 EuGVÜ/LugÜ hinaus allgemein auch für die Anerkennung (vgl. Art. 26 EheGVO).[177] Fehler des ausländischen Urteils hinsichtlich der Tat- oder Rechtsfrage können deshalb in der Regel nur im Ausland auf Rechtsmittel beseitigt, nicht aber im Anerkennungs- und Vollstreckungsverfahren gerügt werden, um eine Inlandswirkung der ausländischen Entscheidung abzuwehren.[178]

99 **a) Ordre public international.** Von dem Verbot der révision au fond wird in allen Ländern eine Ausnahme zugunsten des ordre public international[179] gemacht. Widerspricht eine ausländische Entscheidung ernstlich grundlegenden Vorstellungen des Inlandes über Minimalanforderungen des Rechtsschutzes oder über die Grundwerte der Rechtsordnung, so kann sie nicht anerkannt werden. Neben den Ausmaßen der Abweichung vom deutschen Recht sind auch Umfang und Gewicht des Inlandsbezuges des Sachverhalts entscheidend.[180] Bei einer quantitativ teilbaren Entscheidung

---

[169] *Staudinger/Spellenberg* Rn. 423.

[170] Ebenso AK-ZPO/*Koch* Rn. 36; *Gottwald* IPRax 1984, 57, 60; *Zöller/Geimer* Rn. 146; auch *Kropholler* § 60 III 4; *Staudinger/Spellenberg* Rn. 425.

[171] *Rahm/Künkel/Breuer* VIII 260; *Staudinger/Spellenberg* Rn. 426; gegen eine Restitution de lege lata: *Lenenbach* S. 208.

[172] Vgl. OLG Köln IPRax 1988, 30 (m. Anm. *Henrich* S. 21); OLG München FamRZ 1993, 340; AG Gelsenkirchen FamRZ 1995, 1160; *Heiß/Born/Henrich* Unterhaltsrecht (Stand 2001), Kap. 31 Rn. 64; *Schack* IPRax 1986, 218, 220.

[173] OLG Frankfurt FamRZ 1997, 92, 93. Früher als ordre public-Verstoß angesehen; vgl. BayObLG FamRZ 1983, 501; OLG Hamm NJW 1976, 2079, 2080; *Schlosser,* FS Nagel, 1987, S. 352, 356 (für Unzuständigkeit iSv. § 328 Abs. 1 Nr. 1 ZPO).

[174] *Rosenberg/Schwab/Gottwald* § 156 Rn. 36; aA *Stein/Jonas/Roth* Rn. 119; vgl. aber *Zöller/Geimer* Rn. 149.

[175] OLG Hamm FamRZ 2001, 1015; *Lenenbach* S. 204; *Thomas/Putzo/Hüßtege* Rn. 14.

[176] BGHZ 88, 17 = NJW 1984, 568 = JZ 1983, 903 *(Kropholler); Zöller/Geimer* Rn. 150.

[177] BayObLG FamRZ 1993, 1469; *Völker* S. 223f.

[178] *Zöller/Geimer* Rn. 151; vgl. EuGHE 2000, 2973 = NJW 2000, 2185, 2186.

[179] Vgl. BGHZ 48, 327, 331 = NJW 1968, 354; krit. *Völker* S. 254ff.

[180] *Musielak/Musielak* Rn. 28.

kommt auch eine teilweise Anerkennung in Betracht[181] (s.u. Rn. 105). Die Gerichte der Bundesrepublik Deutschland wie die der anderen westlichen Länder haben hierzu in den letzten Jahrzehnten einen weiten, liberalen Standpunkt eingenommen.

Der Vorbehalt ist durch das IPRG 1986 übereinstimmend mit Art. 6 EGBGB sprachlich neu ge- 100
fasst, durch die ausdrückliche Bezugnahme auf die Grundrechte aber nicht sachlich verändert worden.[182] Ein Verstoß gegen fundamentale Rechtsprinzipien des deutschen Rechts liegt noch nicht vor, wenn das ausländische Urteil gegen ein deutsches **ius cogens** verstößt, es nicht oder falsch angewendet hat[183] oder wenn das ausländische Urteil einen Anspruch zuspricht, den es seiner Art nach im inländischen Recht nicht gibt.[184] Entsprechend genügt nicht ein einfacher Verstoß gegen den Inhalt eines deutschen Grundrechts; der ordre public ist vielmehr erst bei einer Verletzung elementarer Bestandteile oder Garantien eines Grundrechts tangiert.[185] Solche elementaren Prinzipien dienen im Privatrecht meist der Gerechtigkeit zwischen den Parteien, doch kommt auch der Schutz staatlicher Interessen in Betracht.[186]

b) Ergebniskontrolle. Beanstandet wird ausschließlich das **konkrete Ergebnis** der ausländi- 101
schen Entscheidung bzw. ihre Anerkennung. Der Grund der Beanstandung kann im ausländischen Recht oder in seiner fehlerhaften Anwendung liegen. Ob einzelne Erwägungen der Entscheidungsbegründung deutschen Vorstellungen widersprechen, ist irrelevant.[187] Bei der Prüfung eines ordre public-Verstoßes ist das Gericht **an die tatsächlichen Feststellungen des ausländischen Gerichts gebunden,** soweit diese nicht verfahrensrechtlich gegen den deutschen ordre public verstoßen.[188] Neue Tatsachen können daher nur vorgebracht werden, um nachzuweisen, dass die Anerkennung wegen veränderter Umstände jetzt gegen den ordre public verstößt. Bei Zweifeln über das Vorliegen der für den Verstoß relevanten Tatsachen ist die Entscheidung anzuerkennen.[189]

c) Kein kollisionsrechtlicher Vorbehalt. Die Ansichten, welche Normen zum grundlegen- 102
den Kern der deutschen Rechtsordnung gehören, haben sich in den letzten Jahrzehnten gewandelt. Vor allem im Bereich des Familienrechts sind sie liberaler geworden. Bei der Neufassung von § 328 durch das IPRG 1986 hat der Gesetzgeber deshalb den zwingenden Vorbehalt zugunsten einiger Kollisionsnormen des Familien- bzw. Personenstandsrechts (§ 328 Abs. 1 Nr. 3 aF) ersatzlos fallen gelassen und damit die Anerkennung wesentlich erleichtert. Da die Anerkennung somit nicht von der **Anwendung des „richtigen Rechts“** abhängt,[190] ist der Vorbehalt des Art. 27 Nr. 4 EuGVÜ in der Bundesrepublik Deutschland nicht mehr anzuwenden.[191] Willkürliche kollisionsrechtliche Anknüpfungen können aber weiterhin als ordre public-Verstoß angesehen werden.[192]

d) Materielle Rechtsverstöße. Materielle Rechtsverstöße, die als Verstoß gegen den ordre pub- 103
lic anzusehen sind, bestehen bei Urteilen über offensichtlich sittenwidrige oder wucherische Rechtsgeschäfte (vgl. §§ 138, 826 BGB) oder bei einem durch Prozessbetrug erstrittenen Urteil.[193] Wird ein Bürge nach anwendbarem ausländischem Recht zur Zahlung verurteilt, kann die Vollstreckbarerklärung nur bei besonders krasser Unterlegenheit versagt werden, wenn er sonst wehrloses Objekt einer Fremdbestimmung und auf unabsehbare Zeit auf das Existenzminimum verwiesen wurde.[194] Auch ein Schadensersatzurteil, das auf einem objektiv völlig unbestimmten, quasi rechtsstaatswidrigen Haftungstatbestand beruht, verstößt gegen den ordre public.[195] Gleiches soll bei Unbestimmtheit des Titels gelten.[196] Von praktischer Bedeutung ist, dass ausländische Urteile, die dem Kläger auf Grund zu-

---

[181] *Völker* S. 78ff., 91ff., 122ff.; vgl. auch *Bungert* ZIP 1993, 815.

[182] Vgl. BR-Drucks. 222/83, S. 88f.; *Gottwald* IPRax 1984, 57, 61; *Martiny* Am. J. Comp.L 35 (1987), 721, 745; *Rosenberg/Schwab/Gottwald* § 156 Rn. 38.

[183] BGHZ 73, 386 = NJW 1979, 1105 = FamRZ 1979, 495; *Stein/Jonas/Roth* Rn. 125.

[184] Vgl. *Anderson* I.C.L.Q. 42 (1993), 697.

[185] *R. Hofmann,* Grundrechte und grenzüberschreitende Sachverhalte, 1994, S. 172; *Völker* S. 61ff., 119ff.; vgl. EuGHE 2000, I-2973 = NJW 2000, 2185, 2186.

[186] *Staudinger/Spellenberg* Rn. 444.

[187] *Stein/Jonas/Roth* Rn. 127.

[188] BGHZ 118, 313, 320 = IPRax 1993, 310, 313f.; BGH RIW 1998, 626, 628; *Martiny* Rn. 1157f.; *Spickhoff* ZZP 108 (1995), 490; *Völker* S. 225ff.; für neues Vorbringen: *Rosenberg/Schwab/Gottwald* § 156 Rn. 46; *Staudinger/Spellenberg* Rn. 264; gegen eine Bindung *Stein/Jonas/Roth* Rn. 128.

[189] *Staudinger/Spellenberg* Rn. 265f. u. Art. 22 EheGVO Rn. 89ff., 105.

[190] Vgl. *Kropholler* § 60 III 1b; *Martiny* Am.J. Comp. L 35 (1987), 721, 746.

[191] *Zöller/Geimer* Rn. 163; *Völker* S. 168; unklar *Staudinger/Spellenberg* Rn. 538.

[192] *Gottwald* IPRax 1985, 57, 69; *v. Bar/Mankowski* § 5 Rn. 138.

[193] BGHZ 141, 286 = NJW 1999, 3198, 3202f.

[194] BGH ZIP 1999, 483.

[195] Vgl. *Bungert* ZIP 1994, 1905, 1911.

[196] AG Wiesbaden FamRZ 2006, 562.

lässiger Gerichtsstandswahl mehr oder unter erleichterten Voraussetzungen etwas zusprechen als ein inländisches Gericht **(„forum shopping“),** grundsätzlich anzuerkennen sind.[197]

104 Art. 40 Abs. 3 EGBGB begrenzt zwar die Haftung für **Auslandsdelikte,** schließt aber die Anerkennung weiterreichender ausländischer Urteile im Inland nicht aus.[198] Die Bejahung einer unbeschränkten Reederhaftung bei Eigenverschulden verstößt nicht gegen den deutschen ordre public.[199] Dagegen soll (wohl kaum zu Recht) eine Verurteilung zu Schadensersatz unter Verstoß gegen §§ 104f. SGB VII (früher: §§ 636, 637 RVO) gegen den deutschen ordre public verstoßen.[200] Anerkannt werden auch von Privaten erstrittene Schadensersatzurteile wegen Kartellrechtsverstößen.

105 Urteile über **punitive damages** verstoßen aber nach verbreiteter Ansicht gegen den deutschen ordre public, soweit der zuerkannte Ersatz den gewöhnlichen Differenzschaden zuzüglich Schmerzensgeld und Prozesskosten übersteigt.[201] Solche Verstöße sind nach diesem Maßstab weiterhin zu bejahen, auch wenn der U. S. Supreme Court nunmehr eine gewisse Verhältnismäßigkeit von Pflichtverletzung und Höhe des Strafschadensersatzes verlangt.[202] Ähnliches gilt für Urteile auf Ersatz von **treble damages,** zB nach dem US-amerikanischen RICO-Act.[203] Zu beachten ist freilich, dass auch das deutsche Recht im Bereich des gewerblichen Rechtsschutzes teilweise Ersatz jenseits des reinen Differenzschadens zuspricht.

106 Während der Termin- und der Differenzeinwand nicht termingeschäftsfähiger Inländer bisher zum deutschen ordre public gehörte, ist dies nach der Neufassung der §§ 53, 58, 61 BörsG vom 9. 9. 1998 (BGBl. I S. 2682) nur noch der Fall, wenn der nicht termingeschäftsfähige Anleger hinsichtlich der Risiken des **Börsentermingeschäfts** aufklärungsbedürftig war.[204] Abzulehnen ist die Ansicht, ein US-Schadensersatzurteil, das für das Vorliegen eines Produktfehlers (ähnlich wie § 3 Abs. 1b ProdHG) auf Verbrauchererwartungen abstelle, verstoße gegen den ordre public.[205]

107 Urteile, die eine reine **„Zahlvaterschaft“** feststellen und damit dem Ziel des § 1600o BGB widersprechen, sollen dem ordre public widersprechen,[206] ferner Unterhaltsurteile ohne „Selbstbehalt“, trotz des gesetzlichen Pfändungsschutzes.[207] Eine Vaterschaftsfeststellung ohne medizinische Untersuchung auf Grund der Aussage der Kindesmutter verstößt nicht gegen den ordre public;[208] anders ist es, wenn das Gericht wesentliche Einwände (Mehrverkehr; Zeugungsunfähigkeit) nicht beachtet hat.[209] Kein Verstoß liegt auch in der Pflicht, Unterhalt in Devisen zu bezahlen, solange die Höhe des Inlandsunterhalts dadurch nicht überschritten wird.[210] Ein **Scheidungsurteil** verstößt nicht gegen den ordre public, wenn es von einem falschen Trennungszeitpunkt ausgeht.[211] Auch schadet es nicht, wenn Druck auf den Ehegatten ausgeübt wurde, damit er der Scheidung zustimmt, wenn er selbst grundsätzlich zur Scheidung bereit war.[212] Eine talaq-Scheidung verstößt

---

[197] *Baumbach/Lauterbach/Hartmann* Rn. 38; vgl. *Staudinger/Spellenberg* Rn. 499 u. § 606a Rn. 4; *v. Bar/Mankowski* § 5 Rn. 164f.

[198] BGHZ 88, 17 = NJW 1984, 568, 569 = IPRax 1984, 202 (dazu *Roth* S. 183) = JZ 1983, 903 *(Kropholler);* BGHZ 118, 312 = NJW 1992, 3096, 3100; *Zekoll* Am. J. Comp. L 37 (1989), 301, 313ff.; *Völker* S. 172ff.; krit. *Schack* VersR 1984, 422.

[199] OLG Hamburg RIW 1995, 680.

[200] BGH ZZP 108 (1995), 241; abl. *Haas* ZZP 108 (1995), 219, 226ff.; *Basedow* IPRax 1994, 85.

[201] Vgl. BGHZ 118, 312 = NJW 1992, 3096; *Koch* NJW 1992, 3073; *Schack* ZZP 106 (1993), 104; *Bungert* ZIP 1993, 815; *Martiny* Rn. 507, 1046; *Schütze,* FS Nagel, S. 392, 399f.; *Stiefel/Stürner* VersR 1987, 829; *Thümmel* RIW 1988, 613; *Zekoll* (Fn. 198), 323ff.; *Rosengarten* S. 147ff., 181ff. (der nur eine Mehrfachverurteilung ausschließen will); *Völker* S. 185ff.; vgl. *Mörsdorf-Schulte,* Funktion und Dogmatik US-amerikanischer punitive damages, 1999.

[202] BMW of North America, Inc. v. Gore, 116 S. Ct. 1589 (1596); vgl. *Baumbach/Henckel* RIW 1997, 727; *Thiele* ZfRV 1997, 197; *Griessbach/Cordero* RIW 1998, 592.

[203] Vgl. *Bungert* ZIP 1994, 1905, 1910; *Witte,* Der US-amerikanische RICO-Act und deutsche Unternehmen, 1998; *Brockmeier,* Punitive damages, multiple damages und deutscher ordre public, 1999; *Zekoll/Rahlf* JZ 1999, 384.

[204] BGHZ 138, 331 = RIW 1998, 626 = ZIP 1998, 1024.

[205] So aber LG Berlin RIW 1989, 988; dazu *Heidenberger* RIW 1990, 804.

[206] AG Hamburg-Wandsbek DAVorm. 1982, 706.

[207] So AG Hamburg IPRax 1986, 178 m. krit. Anm. *Henrich;* zu weiteren Unterhaltsfällen vgl. *Rahm/Künkel/Breuer* VIII 263.

[208] BGH FamRZ 1997, 480, 492 (DDR-Urteil); BSG FamRZ 1997, 1010; OLG Hamm FamRZ 1993, 438; OLG Brandenburg FamRZ 1995, 503; OLG Düsseldorf FamRZ 1996, 176, 177; OLG Hamm FamRZ 2003, 1855.

[209] AG Würzburg FamRZ 1994, 1596; vgl. auch OLG Oldenburg FamRZ 1993, 1486.

[210] BGH NJW 1990, 2197 = ZZP 103 (1990), 471 m. Anm. *Geimer; Staudinger/Spellenberg* Rn. 507.

[211] BayObLG FamRZ 1993, 1469.

[212] BayObLG FamRZ 2001, 1622, 1623.

gegen den deutschen ordre public, wenn die Ehefrau an dem Verfahren nicht beteiligt wurde und sich auch nachträglich mit dem Verfahrensausgang nicht einverstanden erklärt.[213]

Andere meinen ein Unterhaltsurteil sei nur anzuerkennen, wenn auch die Statusentscheidung im Rahmen der Vorfragenprüfung anzuerkennen sei.[214] Soweit aber eine förmliche Anerkennung der Statusentscheidung nicht wie in Art. 7 § 1 FamRÄndG (demnächst: § 107 FamFG) vorgeschrieben ist, ist dem nicht zuzustimmen. § 328 lässt weder eine révision au fond zu noch enthält er einen kollisionsrechtlichen Vorbehalt. Die Anerkennung des Unterhaltsurteils kann daher allenfalls in Extremfällen am inländischen ordre public scheitern.[215] **108**

Urteile auf **class action** binden nach US-amerikanischem Recht alle Gruppenmitglieder, auch wenn sie sich am Verfahren nicht beteiligt haben oder beteiligen konnten. Soweit Deutsche davon ungewollt betroffen sind, dürfte diese Bindung dem deutschen ordre public widersprechen (s. u. Rn. 152).[216] **109**

e) Ausländische Verfahren. Die ordre public-Prüfung erstreckt sich – trotz des nur auf das „Ergebnis" abstellenden Gesetzeswortlauts – auch auf das ausländische Verfahren.[217] Danach ist die Anerkennung zu verweigern, wenn das Erstverfahren mit fundamentalen Verfahrensgrundsätzen des deutschen Prozessrechts unvereinbar ist.[218] Wiederum kommt es nicht darauf an, ob der ausländische Verfahrensgang in erheblichem Maße von dem deutschen Verfahren abweicht, sondern ausschließlich darauf, ob das konkrete ausländische Verfahren mit inländischen Gerechtigkeitsvorstellungen unvereinbar ist.[219] Die Praxis hat zu Recht einen großzügigen Standpunkt eingenommen. Danach müssen Verfahrensfehler soweit möglich grundsätzlich im Erstverfahren geltend gemacht werden. Andernfalls ist die Partei mit der Rüge im Anerkennungsverfahren präkludiert.[220] **110**

In Betracht kommt vor allem die **Verweigerung rechtlichen Gehörs** während des Verfahrens,[221] etwa durch die Nichtzulassung von Verteidigungsvorbringen ohne persönliches Erscheinen,[222] die arglistige Erschleichung der Zuständigkeit des ausländischen Gerichts,[223] Erwirken des Urteils durch **Betrug**[224] oder durch Täuschung des Gerichts,[225] etwa durch Falschaussagen oder die Vorlage gefälschter Urkunden,[226] die Entscheidung durch parteiische oder **nicht unabhängige Richter**[227] oder Fälle, in denen die Rechtskraft eines inländischen Urteils mittels § 826 BGB durchbrochen werden könnte. Das Fehlen einer Ladung zum Verhandlungstermin verstößt nicht gegen den ordre public.[228] Ein Unterhaltsurteil gegen einen nichtehelichen Vater kann dagegen nicht anerkannt werden, wenn das ausländische Gericht den Einwand des Mehrverkehrs und der Zeugungsunfähigkeit nicht berücksichtigt hat.[229] Nicht anerkannt wird auch eine sog. **antisuit injunction,** durch die einer Partei das Betreiben eines inländischen Verfahrens verboten wird.[230] **111**

---

213 OLG Stuttgart IPRax 2000, 427 (dazu *Rauscher* S. 391).

214 So OLG Hamm FamRZ 2004, 719 = IPRax 2004, 437 (dazu *Geimer* S. 419).

215 Ebenso OLG München FamRZ 2003, 462; *Baumann* S. 53, 56.

216 Vgl. *Nagel/Gottwald* § 11 Rn. 177; *Mark* EuZW 1994, 238, 241; *Greiner,* Die class action im amerikanischen Recht, 1998; aA *Völker* S. 183 f.

217 BGHZ 48, 327 = JZ 1968, 594 *(Wengler)* = ZZP 82 (1969), 149 *(Roth);* BGHZ 49, 50, 55 = NJW 1968, 357; BayObLG FamRZ 2000, 836, 837; *Rosenberg/Schwab/Gottwald* § 156 Rn. 40.

218 Vgl. BayObLGZ 1992, 118, 122 = FamRZ 1993, 452; *Zöller/Geimer* Rn. 155; *Völker* S. 94 ff.

219 *Staudinger/Spellenberg* Rn. 516 ff.

220 OLG Düsseldorf FamRZ 1999, 447; *Völker* S. 219 ff.; *Stein/Jonas/Roth* Rn. 131; gegen Präklusion, aber für entsprechende Konkretisierung des ordre public: *Staudinger/Spellenberg* Rn. 472 ff.; noch enger *Musielak/Musielak* Rn. 29.

221 KG NJW 1977, 1017; *Rosenberg/Schwab/Gottwald* § 156 Rn. 40; *Musielak/Musielak* Rn. 26; *Völker* S. 137 ff.; *Staudinger/Spellenberg* Rn. 523 ff.

222 EuGHE 2000, 1935 = NJW 2000, 1853, 1854 f.; BGHZ 144, 390 = NJW 2000, 3289 = JZ 2000, 1067 *(Gross).*

223 Begründung zum IPRG 1986, BR-Drucks. 222/83, S. 88.

224 Vgl. BGH NJW 1993, 1270, 1272; Art. 5 Nr. 2 HUVÜ 1973; Art. III (1) (c) (2) deutsch-brit. Abkommen 1960 (vgl. BGH NJW 1978, 1114, 1115); Art. 29 Abs. 1 Nr. 3 deutsch-tunes. Vertrag 1966; Art. 5 I Nr. 3 deutsch-israel. Vertrag 1977.

225 BGH IPRax 1987, 236, 237 (dazu *Grunsky* S. 219, 220); BGH NJW 2004, 2386, 2388; BSG IPRax 1998, 367, 368.

226 BGH FamRZ 1993, 452; BayObLG FamRZ 2000, 836, 837.

227 BGHZ 42, 194, 202 = NJW 1964, 2350, 2352; *Koch* S. 167; *Völker* S. 128 ff.; *Stein/Jonas/Roth* Rn. 140.

228 BGHZ 141, 286 = NJW 1999, 3198, 3200.

229 AG Würzburg FamRZ 1994, 1596.

230 *Nagel/Gottwald* § 5 Rn. 304, § 11 Rn. 28; *Staudinger/Spellenberg* Rn. 190; *Schack* Rn. 773; vgl. EuGHE 2004, I-3565 = IPRax 2004, 425 (dazu *Rauscher* S. 405); OLG Düsseldorf EuZW 1996, 351; *Krause* RIW 2004, 533.

112 **Nicht gegen den ordre public** verstoßen dagegen Verfahrensregelungen, die dem ausländischen Richter eine größere Freiheit als dem inländischen einräumen, ihm etwa gestatten, eine Partei wegen contempt of court vom weiteren Verfahren auszuschließen,[231] eine Vaterschaftsfeststellung ohne medizinische Untersuchung auf Grund der Aussage der Kindesmutter zu treffen,[232] endgültige Entscheidungen in einem summarischen Verfahren zu erlassen,[233] die dem Richter die Befugnis zur Abschätzung der Schadenssumme nach seinem Ermessen geben oder die den Begründungszwang gegenüber dem deutschen Recht reduzieren. Kein Verstoß liegt auch darin, dass das Urteil nur von Laienrichtern erlassen wurde[234] oder auf einem (unter Umständen umfangreichen) dem deutschen Prozessrecht unbekannten pretrial discovery-Verfahren beruht.[235] Denn auch das deutsche Recht erstrebt grundsätzlich die Feststellung der Wahrheit im Prozess und kennt dazu teils materielle, teils prozessuale Auskunftspflichten. Der Anerkennung steht auch nicht entgegen, dass das ausländische Prozessrecht keine Erstattung der Parteikosten vorsieht.[236] Das Fehlen von Entscheidungsgründen verstößt ebenfalls nicht (ohne weiteres) gegen den ordre public.[237]

113 **7. Gegenseitigkeit.** Der Gesetzgeber hat auch bei der Neufassung durch das IPRG 1986 an dem „politischen" Erfordernis der Gegenseitigkeit für vermögensrechtliche Streitigkeiten festgehalten. Dadurch sollen ausländische Staaten, die an einem reibungslosen Rechtsverkehr mit der Bundesrepublik Deutschland interessiert sind, an den Verhandlungstisch gebracht werden.[238] Eine solche Wirkung hat das Erfordernis in der Vergangenheit wohl nicht gehabt. In der Praxis führt es häufig zu Schwierigkeiten für konkrete Parteien, nicht selten für die eigenen Staatsangehörigen. Das Erfordernis erweist sich daher als Hindernis für die internationale Zusammenarbeit der Gerichte, als unüberwindbare Last für die betroffenen Parteien[239] und sollte aufgegeben werden. Verfassungswidrig ist es jedoch nicht.[240] Entgegen der Absicht des Gesetzgebers wirkt das Erfordernis auch nicht als Garantie für eine Mindestqualität ausländischer Urteile. Denn es entfällt ohne jede „materielle" Prüfung, wenn der ausländische Staat darauf formell verzichtet oder deutsche Entscheidungen anerkennt.[241]

114 **a)** Die Verbürgung der Gegenseitigkeit ist **von Amts wegen** festzustellen: zu beweisen ist sie von der Partei, die Anerkennung bzw. Vollstreckung erreichen will;[242] fehlt sie im Zeitpunkt der Anerkennung bzw. Vollstreckbarerklärung, so kann das ausländische Urteil nicht anerkannt werden.[243] Tritt die Gegenseitigkeit erst nach Erlass des ausländischen Urteils ein, so besteht kein Vertrauensschutz an einer Nichtanerkennung.[244] Ist die Entscheidung anerkannt bzw. für vollstreckbar erklärt, so behält sie ihre Inlandswirkung auch bei einem nachträglichen Wegfall der Gegenseitigkeit.[245]

115 **b)** Gegenseitigkeit besteht, wenn sie **„materiell"** gegeben ist. Es bedarf nach deutschem Recht also weder einer formellen bilateralen Vereinbarung noch einer positiven Feststellung der Gegenseitigkeit durch eine deutsche und/oder ausländische Behörde. Weder die Bundesregierung noch Landesjustizverwaltungen können das Fehlen der Gegenseitigkeit für die Gerichte bindend festlegen. Es genügt, dass das Ausland deutsche Entscheidungen in etwa unter gleichen Bedingungen anerkennt, unter denen die Bundesrepublik Deutschland ausländische Entscheidungen akzeptiert. Um zu praktikablen Ergebnissen zu gelangen, darf völlige Identität der Anerkennungsvoraussetzungen nicht gefordert werden. Es genügt vielmehr, dass wesentlich gleiche Bedingungen bestehen.[246] Im

---

[231] BGHZ 48, 327 = JZ 1968, 594 *(Wengler)* = ZZP 82 (1969), 149 *(Roth).*

[232] BGH NJW 1986, 2193, 2194 = IPRax 1987, 247, 249; vgl. OLG Hamm FamRZ 2006, 97 *(Gottwald).*

[233] BGHZ 53, 357 = NJW 1970, 1004 (dazu *Cohn* S. 1506); vgl. auch *Mann* IPRax 1984, 44.

[234] OLG Saarbrücken NJW 1988, 3100; dazu *Roth* IPRax 1989, 14, 17.

[235] BGHZ 118, 312 = NJW 1992, 3096 (dazu *Koch* S. 3073); aA LG Berlin RIW 1989, 988, 990; *Schütze* WM 1979, 1174, 1175; *ders.,* FS Stiefel, 1987, S. 697, 701 ff.; *Hök,* Discovery-proceedings als Anerkennungshindernis, 1993, S. 206 ff., 229 ff.; *Rosengarten* S. 137 ff.

[236] AA für unverhältnismäßig hohe Kosten *Schütze* WM 1979, 1174, 1175.

[237] LG Berlin RIW 1989, 988, 989; *Geimer/Schütze* I/2 § 198 VII 2; *Martiny* Rn. 1114; vgl. *Staudinger/Spellenberg* Rn. 208 f., 532.

[238] Vgl. *Pfeiffer* RabelsZ 55 (1991), 734, 736 ff., 744 f., 747 f.

[239] *L. von Bar,* IPR, Bd. II, 2. Aufl. 1889, S. 510 f.; *v. Bar/Mankowski* § 5 Rn. 60 f.; vgl. Stellungnahme des MPI, RabelsZ 47 (1983), 595, 674 ff.

[240] *Geimer/Schütze* I/2, § 239 V; *Martiny* Hdb. IZVR Rn. 1222 ff.; aA *Puttfarken* RIW 1976, 149.

[241] *Martiny* Am.J. Comp.L 35 (1987), 721, 749; *J. Schröder* S. 226, 237.

[242] BGHZ 141, 286, 301 = NJW 1999, 3198, 3202; aA *Pfeiffer* RabelsZ 55 (1991), 734, 751 ff.

[243] BGHZ 141, 286 = NJW 1999, 3198, 3202; *Rosenberg/Schwab/Gottwald* § 156 Rn. 41; *Stein/Jonas/Roth* Rn. 145.

[244] *Stein/Jonas/Roth* Rn. 35, 158.

[245] *Stein/Jonas/Roth* Rn. 158.

[246] BGHZ 42, 194 = NJW 1964, 2350; BGHZ 49, 50 = NJW 1968, 357; BGHZ 50,100 = NJW 1968, 1575 m. Anm. *Geimer* S. 2198; BGHZ 52, 251 = NJW 1969, 2090; BGHZ 53, 332 = NJW 1970, 1002;

Rahmen des Auslandsunterhaltsgesetzes (s. Schlussanh. Nr. C 2c) kann der Bundesminister der Justiz die Gegenseitigkeit durch Bekanntmachung förmlich feststellen.

c) Danach fehlt die Gegenseitigkeit, wenn der ausländische Staat deutsche Urteile vor einer Anerkennung auf ihre inhaltliche Rechtmäßigkeit überprüft, sie also einer **„révision au fond"** unterzieht.[247] Die Gegenseitigkeit muss nicht für sämtliche Entscheidungsarten gegeben sein, sondern kann auch partiell für einzelne Urteilsgattungen (streitige Urteile, Zahlungsurteile, Scheidungen) bestehen.[248] Eine **partielle Verbürgung** der Gegenseitigkeit nur für einzelne Urteilswirkungen scheidet dagegen aus.[249] Die Gegenseitigkeit fehlt daher, wenn deutsche Entscheidungen in dem betreffenden Land nicht für vollstreckbar erklärt werden. Sie fehlt partiell auch, soweit das Ausland einen bestimmten Gerichtsstand nicht oder nur intern, nicht aber als internationalen Gerichtsstand anerkennt.[250] Divergenzen hinsichtlich der Zuständigkeit schaden aber nur, wenn im Ausland nicht eine Ersatzzuständigkeit akzeptiert wird, die im konkreten Fall eingreift.[251] 116

d) Eine gesetzliche Vermutung für das Bestehen der Gegenseitigkeit besteht nicht.[252] Die Gegenseitigkeit muss vielmehr der **tatsächlichen Übung** entsprechen.[253] Eine solche Feststellung (gemäß § 293) macht in der Praxis erhebliche Schwierigkeiten, wenn mit dem betr. Land nur ein geringer Rechtsverkehr besteht, noch keine praktische Erfahrung mit der Handhabung neuer Gesetze vorliegt oder in einem Staat Bürgerkrieg herrscht.[254] In solchen Fällen ist davon auszugehen, dass die ausländischen Gerichte eine nach dem Gesetzesrecht gegebene Anerkennungsbereitschaft auch tatsächlich praktizieren; ein erster Anwendungsfall braucht nicht abgewartet zu werden.[255] Als ein Schritt in die richtige Richtung erscheint, die Gegenseitigkeit zu bejahen, wenn die Anerkennungsvoraussetzungen gleichwertig sind, wegen des Gegenseitigkeitserfordernisses bisher aber kein Anerkennungsfall vorgekommen ist.[256] 117

e) Ausnahmen vom Erfordernis der Gegenseitigkeit enthält § 328 Abs. 2. Das Erfordernis der Gegenseitigkeit entfällt danach stets in *Kindschaftssachen* (§ 640) und *Lebenspartnerschaftssachen* nach § 661 Abs. 1 Nr. 1 und 2. In anderen *nichtvermögensrechtlichen Streitigkeiten* entfällt es, falls ein inländischer Gerichtsstand (nach deutschen Gesetzen, insbesondere den §§ 12 ff.) nicht begründet war.[257] In diesen Fällen erschien es auch dem Gesetzgeber als unbillig, die Anerkennung von „politischen" Erwägungen abhängig zu machen. Für Ehesachen verzichtet Art. 7 § 1 Abs. 1 S. 2 FamRÄndG auf die Gegenseitigkeit als Anerkennungsvoraussetzung. Dieser Verzicht gilt jedoch nur für die anzuerkennende Statusentscheidung (s. künftig § 109 Abs. 4 FamFG). Dagegen entfällt das Erfordernis nicht, wenn die ausländische Entscheidung in Anwendung des nach deutschem IPR anwendbaren materiellen Rechts ergangen ist.[258] 118

f) Das nachfolgende **Staatenverzeichnis** gibt kurze Hinweise zur Verbürgung der Gegenseitigkeit bei der Anerkennung von Entscheidungen in vermögensrechtlichen Streitigkeiten für die wichtigsten Staaten. Angegeben werden zunächst die im Verhältnis zu dem jeweiligen Staat geltenden Anerkennungs- und Vollstreckungsverträge. In ihrem Rahmen ist die Gegenseitigkeit vertraglich gewährleistet; eine besondere Prüfung ist daher unnötig. Die nachfolgende Angabe „Ja" bedeutet, dass die Gegenseitigkeit allgemein verbürgt ist; die Angabe „Nein", dass die Gegenseitigkeit nicht verbürgt ist. Eingehendere Nachweise zu allen Staaten finden sich bei *Martiny,* Handbuch des Internationalen Zivilverfahrensrechts, Bd. III/1, 1984, und bei *Geimer/Schütze,* Internationale Urteilsanerkennung, Bd. I/2, 1984. Die Geltung des UN-Übereinkommens über die Geltendmachung von Unterhaltsansprüchen im Ausland (UNUÜ 1956) sowie Gegenseitigkeitsvereinbarungen nach dem Auslandsunterhaltsgesetz (AUG) sind informationshalber vermerkt. Neuere Entwicklungen sind stets zu beachten. 119

BGHZ 59, 116 = NJW 1972, 1671 m. Anm. *Geimer* S. 2179; BGH NJW 2001, 524 = IPRax 2001, 457 (dazu *Schütze* S. 441); OLG Köln FamRZ 1995, 306; *Nagel/Gottwald* § 11 Rn. 189; *Stein/Jonas/Roth* Rn. 154.

[247] *Rosenberg/Schwab/Gottwald* § 156 Rn. 41; *Stein/Jonas/Roth* Rn. 154.

[248] BGHZ 42, 194 = NJW 1964, 2350; *Nagel/Gottwald* § 11 Rn. 216; *Geimer* IZPR Rn. 2881; *Zöller/Geimer* Rn. 178; *Musielak/Musielak* Rn. 30.

[249] *Schütze* DIZPR S. 145.

[250] Vgl. BGHZ 52, 251 = NJW 1969, 2090.

[251] BGH RIW 1999, 1281, 1286.

[252] Vgl. Stellungnahme des MPI, RabelsZ 47 (1983), 595, 679.

[253] *Stein/Jonas/Roth* Rn. 156.

[254] Vgl. OLG Köln FamRZ 1995, 306, 307.

[255] BGHZ 49, 50 = NJW 1968, 357 (Syrien); *Böhmer* IPRax 1986, 216, 217; *Koch* S. 166; *Stein/Jonas/Roth* Rn. 156.

[256] So *Pfeiffer* RabelsZ 55 (1991), 734, 749 f.; *Nagel,* FS Waseda, 1988, S. 757, 763.

[257] Vgl. *Martiny* Rn. 1129 ff.

[258] BGH LM Nr. 14; *Stein/Jonas/Roth* Rn. 146.

120 **Abu Dhabi:** nein.
Ägypten: HZPÜ 1954; ja.[259]
Äthiopien: wohl ja.[260]
Afghanistan: nein.[261]
Albanien: nein (mangels Staatsvertrag).
Algerien: CIM/CIV; sonst zweifelhaft (da révision au fond);[262] UNUÜ 1956.
Andorra: keine Geltung des EuGVÜ; ja.[263]
Angola: ja (Art. 1094 ff. ZPGB; IPR-Vorbehalt für Angolaner).[264]
Antigua und Barbuda: ja.[265]
Argentinien: ja;[266] UNUÜ 1956.
Armenien: nein.[267]
Aserbeidschan: nein.
Australien: ja (für alle Einzelstaaten und Territorien);[268] HUVÜ 1973 (seit 1. 2. 2002); UNUÜ 1956.

121 **Bahamas:** ja.
Bahrain: ja.[269]
Bangladesh: ja (ohne Versäumnisurteile).[270]
Barbados: ja; UNUÜ 1956.
Belarus: nein; UNUÜ 1956.
Belgien: EuGVO; EheGVO; EuVTVO; deutsch-belgisches Abk. 1958; HUVÜ 1958; HZPÜ 1954; CMR; CIM/CIV; Revidierte Rheinschifffahrtsakte; ja; UNUÜ 1956.
Belize: ja.
Benin: (früher Dahome): nein.
Bermuda: partiell ja (wie Südafrika).[271]
Bhutan: nein.
Birma: (→ Myanmar).
Bolivien: ja (ohne dingliche Rechte in Bolivien).[272]
Bosnien-Herzegowina: HZPÜ 1954; CMR; CIM/CIV; ja;[273] UNUÜ 1956.
Botsuana: ja, für Zahlungsurteile.[274]
Brasilien: ja;[275] UNUÜ 1956.
Bulgarien: EuGVO; EheGVO; EuVTVO (seit 1. 1. 2007); CMR; CIM/CIV; sonst zweifelhaft (nach Art. 303 ZPO 1983 genügt faktische, förmlich festgestellte Gegenseitigkeit).[276]
Burkina Faso (früher Obervolta): wohl ja;[277] UNUÜ 1956.
Burundi: ja.

122 **Ceylon** (→ Sri Lanka).
Chile: ja,[278] UNUÜ 1956.

---

[259] OLG Frankfurt WM 1987, 276; *Schütze* AWD 1969, 437; vgl. aber *Martiny* Rn. 1310.
[260] Vgl. *Martiny* Rn. 1320; *Rahm/Künkel/Breuer* VIII 269; aA *Arnold* AWD 1968, 309; *Zöller/Geimer* Anh. IV.
[261] Vgl. *Krüger* IPRax 1985, 152.
[262] Vgl. *Rauscher,* in: *Geimer/Schütze,* Intern. Rechtsverkehr, S. 1004.6; *Martiny* Rn. 1312.
[263] Vgl. *Martiny* Rn. 1313; *Maus* RIW 1981, 151; aA *Zöller/Geimer* Anh. IV.
[264] *Rahm/Künkel/Breuer* VIII 269; aA *Zöller/Geimer* Anh. IV.
[265] *Schütze,* in: *Geimer/Schütze,* Intern. Rechtsverkehr, S. 1007.6 f.
[266] Vgl. *Martiny* Rn. 1317 ff.; *Weinberg* IPRax 1986, 316, 318; *Piltz,* in: *Geimer/Schütze,* Intern. Rechtsverkehr, S. 1009.11.
[267] *Schulze* WGO 1990, 11, 14.
[268] *Martiny* Rn. 1321 bis 1330; *Geimer/Schütze* I/2, S. 1789 ff.; *Patchett,* Recognition of Commercial Judgments and Awards in the Commonwealth, 1984; aA *Rahm/Künkel/Breuer* VIII 266, 269 (für Unterhaltsurteile über laufende Beträge; außerdem révision au fond).
[269] *Rahm/Künkel/Breuer* VIII 269.
[270] *Martiny* Rn. 1333; *Otto,* in: *Geimer/Schütze,* Intern. Rechtsverkehr, S. 1018.8.
[271] *Schütze,* in: *Geimer/Schütze,* Intern. Rechtsverkehr, S. 1020.8.
[272] Vgl. *Martiny* Rn. 1340.
[273] AA OLG Köln IPRax 1996, 268 (dazu *Schütze* S. 254).
[274] *Martiny* Rn. 1341; *Schütze* JR 1978, 54.
[275] Vgl. *Martiny* Rn. 1342; *Samtleben,* in: *Geimer/Schütze,* Intern. Rechtsverkehr, S. 1023.31.
[276] Vgl. *Martiny* Rn. 1343; *Cipev* WGO 1991, 109; für Gegenseitigkeit *Jessel/Holst,* in: *Geimer/Schütze,* Intern. Rechtsverkehr, S. 1025.12 f.
[277] *Martiny* Rn. 1453; aA *Geimer/Schütze* I/2, S. 1883.
[278] *Martiny* Rn. 1345; *Rahm/Künkel/Breuer* VIII 269.

China, Republik (Taiwan): ja;[279] UNUÜ 1956.

China, Volksrepublik: ja (vgl. § 204 ZPG 1991).[280]

Costa Rica: ja.[281]

Cuba: ja (ohne Versäumnisurteile und Urteile über Rechte an Grundstücken).[282]

Dänemark: EuGVÜ; EuGVO gemäß Übk. vom 19. 10. 2005 (ABl EG L 299/62); HUVÜ 1973; HZPÜ 1954; CMR; CIM/CIV; ja; UNUÜ 1956. 123

Dominica (Kleine Antillen): ja.

Dominikanische Republik: nein.

Ecuador: ja; UNUÜ 1956. 124

Elfenbeinküste: ja.[283]

El Salvador: ja (ohne Versäumnisurteile).[284]

Eritrea: wohl ja.[285]

Estland: EuGVO; EheGVO; EuVTVO; HUVÜ 1973; UNUÜ 1956 (seit 7. 2. 1997).

Fiji: ja, für Zahlungsurteile.[286] 125

Finnland: EuGVO; EheGVO; EuVTVO; HUVÜ 1973; HZPÜ 1954; CMR; CIM/CIV; UNUÜ 1956.

Frankreich: EuGVO; EheGVO; EuVTVO; HUVÜ 1973; HZPÜ 1954; CMR; CIM/CIV; Revidierte Rheinschifffahrtsakte; Moselschifffahrtsabkommen; ja; UNUÜ 1956.

Gabun: nein. 126

Gambia: ja.[287]

Georgien: ja.[288]

Ghana: wohl nein.[289]

Griechenland: EuGVO; EheGVO; EuVTVO; deutsch-griechischer Vertrag 1961; CMR; CIM/CIV; ja; UNUÜ 1956.

Großbritannien und Nordirland: EuGVO; EheGVO; EuVTVO; deutsch-britisches Abk. 1960; HUVÜ 1973; CMR; CIM/CIV; Revidierte Rheinschifffahrtsakte; ja; UNUÜ 1956.

Guatemala: ja (ohne Versäumnisurteile);[290] UNUÜ 1956.

Guinea: nein.[291]

Guyana: ja.[292]

Haiti: nein; aber UNUÜ 1956. 127

Honduras: ja (ohne Versäumnisurteile).

Hongkong: Das deutsch-britische Abk. 1960 gilt seit dem 1. 7. 1997, der Eingliederung in die VR China nicht mehr. Nach der weiter gültigen „Foreign Judgments (Reciprocal Enforcement) Ordinance" ist die Gegenseitigkeit verbürgt.[293]

Indien: ja (ohne Versäumnisurteile).[294] 128

Indonesien: nein.[295]

Irak: nein (mangels Feststellung der irakischen Regierung).[296]

Iran: CIM/CIV; wohl ja.[297]

Irland: EuGVO; EheGVO; EuVTVO; CIM/CIV; ja;[298] UNUÜ 1956.

---

279 *Geimer/Schütze* I/2, S. 1811; *Etgen/Jan,* in: *Geimer/Schütze,* Intern. Rechtsverkehr, S. 1028.7 f.

280 *Czernich* RIW 1995, 650; *Ma* IPRax 1997, 52, 56; *Schütze,* in: *Geimer/Schütze,* Intern. Rechtsverkehr, S. 1027.5 f.; krit. *Münzel* RIW 1997, 73; vgl. auch *Daentzer* ZZPInt 2 (1997), 367, 374 f.

281 Vgl. *Rissel,* in: *Geimer/Schütze,* Intern. Rechtsverkehr, S. 1030.4.

282 *Martiny* Rn. 1423.

283 S. aber *Martiny* Rn. 1354; *Geimer/Schütze* I/2, S. 1819.

284 *Martiny* Rn. 1355; *Geimer/Schütze* I/2, S. 1821.

285 *Rahm/Künkel/Breuer* VIII 269.

286 *Martiny* Rn. 1356; *Schütze,* in: *Geimer/Schütze,* Intern. Rechtsverkehr, S. 1038.7.

287 AA *Zöller/Geimer* Anh. IV.

288 *Knieper,* in: *Geimer/Schütze,* Intern. Rechtsverkehr, S. 1041.5.

289 *Rahm/Künkel/Breuer* VIII 269.

290 *Martiny* Rn. 1372.

291 *Rahm/Künkel/Breuer* VIII 269.

292 *Martiny* Rn. 1375; aA *Geimer/Schütze* I/2, S. 1838.

293 Vgl. *Luthra* RIW 1997, 625, 626 ff.

294 Vgl. *Phadnis/Otto* RIW 1994, 471; *Otto,* in: *Geimer/Schütze,* Intern. Rechtsverkehr, S. 1046.10.

295 Vgl. OLG Karlsruhe RIW 1997, 689; *Koh* I. C. L. Q. 45 (1996), 844, 847.

296 *Krüger* IPRax 1988, 180, 182.

297 Bejahend: *Martiny* Rn. 1387; *Bälz,* in: *Geimer/Schütze,* Intern. Rechtsverkehr, S. 1050.9; *Rahm/Künkel/Breuer* VIII 269 (s. aber VIII 154); *Wurmnest/Yassari* IPRax 2006, 217, 220.

298 Vgl. LG Limburg IPRspr. 1986 Nr. 176 = WM 1986, 627 = WuB VII A 1.86 *(Welter).*

Island: LugÜ 1988;[299] HZPÜ 1905.
Israel: deutsch-israelischer Vertrag 1977; HZPÜ 1954; ja; UNUÜ 1956.
Italien: EuGVO; EheGVO; EuVTVO; deutsch-italienisches Abk. 1936; HUVÜ 1973; HZPÜ 1954; CMR, CIM/CIV; ja; UNUÜ 1956.
129 **Jamaika:** ja.
Japan: HZPÜ 1954; ja.[300]
Jemen: wohl ja.[301]
Jordanien: ja.[302]
Jugoslawien (sog. Restjugoslawien: Serbien und Montenegro): HZPÜ 1954; CMR; CIM/CIV; ja;[303] UNUÜ 1956.
130 **Kambodscha:** nein.
Kamerum: ja (außerhalb von Jurisdiktionsprivilegien).[304]
Kanada: Rechtslage nach Provinzen und Territorien verschieden.[305]
Alberta: ja, für Zahlungsurteile; für Unterhalt nach § 1 Abs. 2 AUG (BGBl. I 1995, S. 25),
British Columbia: ja für Unterhalt nach § 1 Abs. 2 AUG (BGBl. 1989 I S. 372) und andere Zahlungsurteile,[306]
Manitoba: ja,[307] für gesetzlichen Unterhalt nach § 1 Abs. 2 AUG (BGBl. 1987 II S. 420).
New Brunswick: ja für Unterhalt gemäß § 1 Abs. 2 AUG (BGBl. 1988 I S. 1784) und andere Zahlungsurteile.
Newfoundland: ja für Unterhalt gemäß § 1 Abs. 2 AUG (BGBl. 1989 I S. 372) und andere Zahlungsurteile.
North West Territory: ja, für Zahlungsurteile; für Unterhalt gemäß § 1 Abs. 2 AUG (BGBl. 1993 I S. 2045).
Nova Scotia: ja, für Zahlungsurteile (ohne Versäumnisurteile).
Ontario: ja, für Zahlungsurteile (innerhalb von 6 Jahren); für Unterhalt gemäß § 1 Abs. 2 AUG (BGBl. 1989 I S. 1924).
Price Edward Island: ja, für Zahlungsurteile (ohne Versäumnisurteile); für Unterhalt gemäß § 1 Abs. 2 AUG (BGBl. 1991 I S. 883).
Quebec: ja (seit der Neufassung von Art. 3155, 3158 CC 1995).[308]
Saskatchewan: ja, für Zahlungsurteile; für Unterhalt gemäß § 1 Abs. 2 AUG (BGBl. 1990 I S. 472).
Yukon Territory: ja, für gesetzlichen Unterhalt nach § 1 Abs. 2 AUG[309] und andere Zahlungsurteile.
Kap Verde: ja;[310] UNUÜ 1956.
Kasachstan: nein;[311] UNUÜ 1956.
Katar: ja.[312]
Kenia: ja, für Zahlungsurteile (ohne Versäumnisurteile).[313]
Kirgisistan: nein.[314]
Kolumbien: ja;[315] UNUÜ 1956.
Kongo (Republik): wohl nein.

---

[299] Infolgedessen ist die Darstellung von *Stefánsson,* in: *Geimer/Schütze,* Intern. Rechtsverkehr, S. 1053.4 u. 6 überholt.
[300] *Menkhaus* RIW 1988, 189, 192; *Kono/Trunk* ZZP 102 (1989), 319; *Petersen,* in: *Geimer/Schütze,* Intern. Rechtsverkehr, S. 1058.11.
[301] *Rahm/Künkel/Breuer* VIII 269.
[302] *Martiny* Rn. 1396.
[303] Vgl. *Varady* RabelsZ 51 (1987), 632; *Lipowschek* RabelsZ 49 (1985), 426, 460; OLG Düsseldorf IPRax 1982, 152, 153 = FamRZ 1982, 631.
[304] *Rahm/Künkel/Breuer* VIII 269.
[305] Vgl. *Bachmann,* in: *Geimer/Schütze,* Intern. Rechtsverkehr, S. 1065.21 ff.
[306] BGH NJW 2001, 524, 525 = IPRax 2001, 457 (dazu *Schütze* S. 441).
[307] *Bachmann* (Fn. 301), S. 1065.28; aA *Stein/Jonas/Roth* Rn. 172.
[308] Vgl. *Glenn* RabelsZ 60 (1996), 262; *Nagel/Gottwald* § 14 Rn. 29.
[309] Vgl. BGBl. 1987 I S. 2381.
[310] *Martiny* Rn. 1413; vgl. *Hopffer Almada,* in: *Jayme,* Das Recht der lesophonen Länder, 2000, S. 49.
[311] *Bassin,* in: *Seiffert,* Anerkennung und Vollstreckung ausländischer Entscheidungen in Osteuropa, 1994, S. 51; *ders.* WiRO 1993, 338.
[312] *Krüger* RIW 1991, 1007, 1008.
[313] *Martiny* Rn. 1415 f.; *Schütze* JR 1985, 52, 54; vgl. *Rahm/Künkel/Breuer* VIII 269.
[314] *Martiny* Rn. 1507.
[315] *Martiny* Rn. 1418; *v. Bila,* in: *Geimer/Schütze,* Intern. Rechtsverkehr, S. 1070.12.

Kongo (Dem. Republik) (früher Zaire): ja.[316]
Korea, Republik (Südkorea): ja.[317]
Kroatien: ja (in Nachfolge Jugoslawiens);[318] UNUÜ 1956.
Kuba: nein.[319]
Kuwait: ja.
Laos: ungeklärt. 131
Lesotho: ja.
Lettland: EuGVO, EheGVO, EuVTVO.
Libanon: ja;[320] HZPÜ 1954; CIM/CIV.
Liberia: ja.[321]
Libyen: wohl ja.[322]
Liechtenstein: HUVÜ 1958; CIM/CIV; sonst nein (mangels Gegenrechtserklärung); das LugÜ gilt nicht.[323]
Litauen: EuGVO; EheGVO; EuVTVO; HUVÜ 1973 (seit 1. 10. 2003).
Luxemburg: EuGVO; EheGVO; EuVTVO; HUVÜ 1973; HZPÜ 1954; CMR; CIM/CIV; Moselschifffahrtsabkommen 1956; ja; UNUÜ 1956.
Madagaskar: ungeklärt.[324] 132
Malawi: ja.
Malaysia: ja, für Zahlungsurteile.[325]
Mali: nein.
Malta: EuGVO; EheGVO; EuVTVO.
Marokko: HZPÜ 1954; CIM/CIV; ja (ohne Unterhaltsurteile);[326] aber UNUÜ 1956.
Mauretanien: ja.[327]
Mauritius: ja.[328]
Mazedonien: ja (in Nachfolge Jugoslawiens); UNUÜ 1956.
Mexiko: ja;[329] UNUÜ 1956.
Moldawien: nein.
Monaco: Die EuGVO gilt nicht. Ja (außerhalb von Gerichtsstandsprivilegien);[330] aber UNUÜ 1956.
Mongolei: ja.[331]
Mosambik: ungeklärt.
Myanmar: ja (ohne Versäumnisurteile).
Nepal: ungeklärt. 133
Neuseeland: ja, für Zahlungsurteile;[332] UNUÜ 1956.
Nicaragua: ja.[333]
Niederlande: EuGVO; EheGVO; EuVTVO; deutsch-niederländischer Vertrag 1962; HUVÜ 1973; HZPÜ 1954; CMR; CIM/CIV; Revidierte Rheinschifffahrtsakte; ja; UNUÜ 1956.
Niger: nein (révision au fond); aber UNUÜ 1956.
Nigeria: ja, für Zahlungsurteile.
Norwegen: LugÜ; deutsch-norwegischer Vertrag 1977; HUVÜ 1973; HZPÜ 1954; CMR; CIM/CIV; ja;[334] UNUÜ 1956.

---

[316] *Martiny* Rn. 1573; *Rahm/Künkel/Breuer* VIII 269.
[317] *Martiny* Rn. 1421; *Stiller/Schleicher,* in: *Geimer/Schütze,* Intern. Rechtsverkehr, S. 1073 Rn. 56.62.
[318] *Rahm/Künkel/Breuer* VIII 269.
[319] *Rahm/Künkel/Breuer* VIII 269.
[320] *Staudinger/Spellenberg* §§ 606 ff. ZPO Rn. 249; *Geimer/Schütze* I/2, S. 1866; *Rahm/Künkel/Breuer* VIII 269.
[321] *Martiny* Rn. 1428; *Schütze* RIW 1987, 598, 599 f.
[322] *Staudinger/Spellenberg* §§ 606 ff. Rn. 249; *Geimer/Schütze* I/2, S. 1849; *Rahm/Künkel/Breuer* VIII 269.
[323] *Schütze* RIW 1976, 564; *ders.* IPRax 1984, 246.
[324] Vgl. *Martiny* Rn. 1432.
[325] *Schütze,* in: *Geimer/Schütze,* Intern. Rechtsverkehr, S. 1086.6
[326] *Martiny* Rn. 1438; *Rauscher,* in: *Geimer/Schütze,* Intern. Rechtsverkehr, S. 1088.7.
[327] *Krüger* RIW 1990, 988, 990; *Rahm/Künkel/Breuer* VIII 269.
[328] *Otto,* in: *Geimer/Schütze,* Intern. Rechtsverkehr, S. 1089.8.
[329] *Martiny* Rn. 1441; *Geimer/Schütze* I/2, S. 1876 f.; aber *v. Sachsen Gessaphe,* in: *Geimer/Schütze,* Intern. Rechtsverkehr, S. 1090.14 ff.
[330] Vgl. *Martiny* Rn. 1442.
[331] *Nelle,* in: *Geimer/Schütze,* Intern. Rechtsverkehr, S. 1092.6.
[332] *Martiny* Rn. 1447; *Schütze,* in: *Geimer/Schütze,* Intern. Rechtsverkehr, S. 1094.9.
[333] *Martiny* Rn. 1448; aA *Geimer/Schütze* I/2, S. 1878 f.
[334] *Zöller/Geimer* Anh. IV.

134 **Österreich:** EuGVO; EheGVO, EuVTVO; deutsch-österreichischer Vertrag 1959; HUVÜ 1958; HZPÜ 1954; CMR; CIM/CIV; ja; UNUÜ 1956.

Oman: wohl nein (révision au fond).[335]

135 **Pakistan:** wohl nein;[336] UNUÜ 1956.

Panama: ja (ohne Versäumnisurteile).[337]

Papua-Neuguinea: ja.

Paraguay: ja (ohne Versäumnisurteile).[338]

Peru: ja.[339]

Philippinen: nein (révision au fond möglich);[340] jedoch UNUÜ 1956.

Polen: EuGVO; EheGVO; EuVTVO; HUVÜ 1973; HZPÜ 1954; CMR; CIM/CIV; UNUÜ 1956.

Porto Rico: ja.[341]

Portugal: EuGVO; EheGVO; HUVÜ 1973; HZPÜ 1954; CMR; CIM/CIV; ja;[342] UNUÜ 1956.

136 **Ruanda:** ja.[343]

Rumänien: EuGVO; EheGVO; EuVTVO (seit 1. 1. 2007); HZPÜ 1954; CMR; CIM/CIV; ja;[344] UNUÜ 1956.

Russland: nein, mangels Staatsvertrag.[345]

137 **Salomonen:** ja.

Sambia: ja.

San Marino: die EuGVO gilt nicht; ja.[346]

Saudi-Arabien: nein.[347]

Schweden: EuGVO; EheGVO; EuVTVO; HUVÜ 1973; HZPÜ 1954; CMR; CIM/CIV; UNUÜ 1956.

Schweiz: LugÜ; deutsch-schweizerisches Abk. 1929; HUVÜ 1973; HZPÜ 1954; CMR; CIM/CIV; Revidierte Rheinschifffahrtsakte; infolge des „Schweizerprivilegs" (Art. 59 Abs. 1 BV) nur partiell;[348] UNUÜ 1956.

Senegal: ja (außerhalb von Jurisdiktionsprivilegien).[349]

Seychellen: ja.

Sierra Leone: ja.

Simbabwe: ja.

Singapur: ja.[350]

Slowakei: EuGVO; EheGVO; EuVTVO; HUVÜ 1973; ja; UNUÜ 1956.

Slowenien: EuGVO; EheGVO; EuVTVO; ja; UNUÜ 1956.

Somalia: nein.

Spanien: EuGVO; EheGVO; EuVTVO; deutsch-spanischer Vertrag 1983; HUVÜ 1973; HZPÜ 1954; CMR; CIM/CIV; ja; UNUÜ 1956.

Sri Lanka (Ceylon): ja;[351] UNUÜ 1956.

---

[335] *Schütze,* in: *Geimer/Schütze,* Intern. Rechtsverkehr, S. 1106.7.

[336] *Otto* IPRax 1997, 436; *ders.,* in: *Geimer/Schütze,* Intern. Rechtsverkehr, S. 1109.9; aA noch *Martiny* Rn. 1456.

[337] *Martiny* Rn. 1457; *Geimer/Schütze* I/2, S. 1884 f.

[338] *Rahm/Künkel/Breuer* VIII 269.

[339] AG Hamburg NJW-RR 1986, 374; *Samtleben* RabelsZ 1985, 486, 515; aA (nur partiell) *Martiny* Rn. 1460.

[340] Vgl. *Koh* I. C. L. Q. 45 (1996), 844, 851.

[341] LG Heilbronn IPRax 1991, 262.

[342] *Martiny* Rn. 1463; *Geimer/Schütze* I/2, S. 1889 ff.; *Arnold* AWD 1970, 550.

[343] *Schütze* JR 1986, 99; *Martiny* Rn. 1464.

[344] OLG Nürnberg FamRZ 1996, 353, 354; *Leonhardt* IPRax 1994, 156, 159.

[345] Vgl. *Trunk/Jarkov,* in: *Geimer/Schütze,* Intern. Rechtsverkehr, S. 1118.10 f.; *Steinbach,* Anerkennung und Vollstreckung ausländischer Urteile … in der Russischen Föderation, 2003, S. 24, 48 f., 71 ff.; *Gerasimchuk,* Die Anerkennung und Vollstreckung von zivilrechtlichen Urteilen im deutsch-russischen Rechtsverkehr, 2007.

[346] *Martiny* Rn. 1469; *Rahm/Künkel/Breuer* VIII 269 (nur rechtskräftige Entscheidungen).

[347] *Krüger* RIW 1990, 113.

[348] Vgl. *Stürner,* FS Schwab, 1990, S. 465, 472 ff.; *Schnyder,* in: *Geimer/Schütze,* Intern. Rechtsverkehr, S. 1121.7 f.

[349] *Martiny* Rn. 1474; *Schütze* RIW 1985, 777, 778.

[350] *Schütze* RIW 1982, 722; *ders.,* in: *Geimer/Schütze,* Intern. Rechtsverkehr, S. 1127.6; *Rahm/Künkel/Breuer* VIII 269 (nur eingeschränkt).

[351] *Martiny* Rn. 483; *Otto,* in: *Geimer/Schütze,* Intern. Rechtsverkehr, S. 1131.7.

Sudan: ja.[352]

Südafrika: ja, für Unterhaltsansprüche nach § 1 Abs. 2 AUG;[353] ja, für andere Zahlungsurteile (ausgenommen in Gerichtsständen des Erfüllungsortes und des Vermögens).[354]

Surinam: keine Fortgeltung des EuGVÜ; HUVÜ 1958; HZPÜ 1954; sonst nein (mangels Staatsvertrag); UNUÜ 1956.

Syrien: CIM/CIV; ja.[355]

Tadschikistan: nein. 138

Taiwan (→ China, Republik)

Tansania: ja.

Thailand: nein.[356]

Tonga: ja.

Togo: ja (außerhalb von Jurisdiktionsprivilegien).[357]

Tschad: nein (révision au fond).[358]

Tschechische Republik: EuGVO; EheGVO; EuVTVO; HUVÜ 1973; HZPÜ 1954; CMR; CIM/CIV; ja; UNUÜ 1956.

Türkei: HUVÜ 1973; für erbrechtliche Entscheidungen § 15 deutsch-türkisches Nachlassabkommen; HZPÜ 1954 (ergänzt durch Art. 3, 4 deutsch-türkisches Rechtsverkehrsabk. 1929); CIM/CIV; ja;[359] UNUÜ 1956.

Tunesien: deutsch-tunesischer Vertrag 1966; CIM/CIV; ja (sofern keine ausschließliche Zuständigkeit);[360] UNUÜ 1956.

Turkmenistan: nein.

Uganda: ja (für Zahlungsurteile).[361] 139

Ukraine: nein[362]; UNUÜ 1956 (seit 19. 10. 2006).

Ungarn: EuGVO; EheGVO; EuVTVO; HUVÜ 1958; HZPÜ 1954; CMR; CIM/CIV; UNUÜ 1956.

Uruguay: ja;[363] UNUÜ 1956.

Usbekistan: nein.

Vatikanstadt: die EuGVO gilt nicht; HZPÜ 1954; ja; UNUÜ 1956. 140

Venezuela: teilweise.[364]

Vereinigte Arabische Emirate: nein.[365]

Vereinigtes Königreich (→ Großbritannien)

Vereinigte Staaten von Amerika: Der deutsch-amerikanische Freundschaftsvertrag von 1954 enthält keine Regelung. Die Anerkennung und Vollstreckbarerklärung ausländischer Urteile ist – vom Seerecht abgesehen – Sache des Rechts der Einzelstaaten, mittelbar auch für die Bundesgerichte, die dort ihren Sitz haben.[366] Neuerdings meint *Schütze* wegen der nichterstattungsfähigen Kosten der Vollstreckbarerklärung in den USA fehle die Gegenseitigkeit für Titel unter 100 000 US $.[367]

Alabama: ja, für Zahlungsurteile.[368]

Alaska: ja, für Zahlungsurteile;[369] für Unterhalt gemäß § 1 Abs. 2 AUG (BGBl. I 1988, S. 1041).

---

352 *Rahm/Künkel/Breuer* VIII 269; aA *Schütze* RIW 1991, 818, 820.

353 S. BGBl. 1987 I S. 2381.

354 BGHZ 42, 194 = NJW 1964, 2350; BGHZ 52, 251 = NJW 1969, 2090; vgl. *Doser,* in: *Geimer/Schütze,* Intern. Rechtsverkehr, S. 1133.9.

355 BGHZ 49, 50 = NJW 1968, 357; vgl. OLG Hamm RIW 1987, 467; *Börner,* in: *Geimer/Schütze,* Intern. Rechtsverkehr, S. 1135.10.

356 *Koh* I. C. L. Q. 45 (1996), 844, 852; *Falder,* in: *Geimer/Schütze,* Intern. Rechtsverkehr, S. 1140.6.

357 *Martiny* Rn. 1495.

358 *Séid/Nabia* RabelsZ 55 (1991), 41, 64.

359 OLG Nürnberg IPRax 1984, 162; OLG Köln IPRax 1988, 30; *Henrich* IPRax 1991, 136; *Nomer,* FS Kitagawa, 1992, S. 771.

360 *Rauscher,* in: *Geimer/Schütze,* Intern. Rechtsverkehr, S. 1147.11.

361 *Knieper,* in: *Geimer/Schütze,* Intern. Rechtsverkehr, S. 1150.5.

362 Vgl. *Solotych,* in: *Geimer/Schütze,* Intern. Rechtsverkehr, S. 1152.10 ff.

363 *Martiny* Rn. 1508; *Geimer/Schütze* I/2, S. 1913; vgl. aber *Rahm/Künkel/Breuer* VIII 269.

364 Vgl. *Martiny* Rn. 1511; *Rahm/Künkel/Breuer* VIII 269 (nicht bei ausschließlicher Zuständigkeit in Venezuela).

365 *Bälz,* in: *Geimer/Schütze,* Intern. Rechtsverkehr, S. 1155.6 f.; *Krüger* IPRax 2005, 472.

366 Vgl. 304 U. S. 64, 58 S. Ct. 817 (1938); BGH RIW 1999, 1381, 1385 f.; *Brenscheidt* RIW 1976, 554; *Schütze* ZVglRWiss 98 (1999), 131.

367 *Schütze* ZVglRWiss. 98 (1999), 131, 138; zustim. *Zöller/Geimer* Anh. IV.

368 *Schütze* S. 34.

369 *Schütze* S. 35.

Arizona: ja;[370] für Unterhalt gemäß § 1 Abs. 2 AUG (BGBl. 1988 I S. 1784).
Arkansas: ja;[371] für Unterhalt gemäß § 1 Abs. 2 AUG (BGBl. 1988 I S. 1784).
California: ja;[372] für Unterhalt gemäß § 1 Abs. 2 AUG (BGBl. 1987 II S. 420).
Colorado: ja.[373]
Connecticut: ja; [374] für Unterhalt gemäß § 1 Abs. 2 AUG (BGBl. 1987 II S. 420).
Delaware: ja.[375]
District of Columbia: ja,[376] für Zahlungsurteile.
Florida: ja;[377] für Unterhalt gemäß § 1 Abs. 2 AUG (BGBl. 1988 I S. 1041).
Georgia: ja, für Zahlungsurteile;[378] für Unterhalt gemäß § 1 Abs. 2 AUG (BGBl. 1987 I S. 2381).
Hawaii: ja;[379] für Unterhalt gemäß § 1 Abs. 2 AUG (BGBl. 1988 I S. 1784).
Idaho: ja;[380] für Unterhalt gemäß § 1 Abs. 2 AUG (BGBl. 1987 I S. 2381).
Illinois: ja, für Zahlungsurteile;[381] für Unterhalt gemäß § 1 Abs. 2 AUG (BGBl. 1987 I S. 2381).
Indiana: ja;[382] für Unterhalt gemäß § 1 Abs. 2 AUG (BGBl. 1993 I S. 43).
Iowa: ja;[383] für Unterhalt gemäß § 1 Abs. 2 AUG (beschränkt auf Kindesunterhalt und Ehegattenunterhalt, soweit mit dem Kindesunterhalt geltend gemacht; BGBl. 1993 I S. 928).
Kansas; ja;[384] für Unterhalt gemäß § 1 Abs. 2 AUG (BGBl. 1993 I S. 928).
Kentucky: ja;[385] für Unterhalt gemäß § 1 Abs. 2 AUG (BGBl. 1991 I S. 1789).
Louisiana: ja;[386] für Unterhalt gemäß § 1 Abs. 2 AUG (BGBl. 1988 I S. 1784).
Maine: ja;[387] für Unterhalt gemäß § 1 Abs. 2 AUG (BGBl. 1997 I S. 155).
Maryland: ja, für Zahlungsurteile;[388] für Unterhalt gemäß § 1 Abs. 2 AUG (BGBl. 1987 I S. 2381).
Massachusetts: ja, für Zahlungsurteile;[389] für Unterhalt gemäß § 1 Abs. 2 AUG (BGBl. 1991 I S. 2000).
Michigan: ja, für Zahlungsurteile;[390] für Unterhalt gemäß § 1 Abs. 2 AUG (BGBl. 1988 I S. 1784).
Minnesota: ja;[391] für Unterhalt gemäß § 1 Abs. 2 AUG (BGBl. 1991 I S. 2000).
Mississippi: nein.[392]
Missouri: ja;[393] für Unterhalt gemäß § 1 Abs. 2 AUG (BGBl. 1993 I S. 928).
Montana: ja, für Unterhalt gemäß § 1 Abs. 2 AUG (BGBl. 1987 II S. 420); sonst nein.[394]
Nebraska: ja;[395] für Unterhalt gemäß § 1 Abs. 2 AUG (BGBl. 1996 I S. 1733).
Nevada: ja;[396] für Unterhalt gemäß § 1 Abs. 2 AUG (BGBl. 1989 I S. 1924).
New Hampshire: ja;[397] für Kindesunterhalt gemäß § 1 Abs. 2 AUG (BGBl. I 1996, S. 476).
New Jersey: ja (für 6 Jahre);[398] für Unterhalt gemäß § 1 Abs. 2 AUG (BGBl. 1988 I S. 351).

---

370 *Schütze* S. 38.
371 *Schütze* S. 40.
372 *Schütze* S. 42; vgl. *Dolzer* FamRZ 1980, 646; *Rünzi* DAVorm. 1978, 419.
373 *Martiny* Rn. 1523; *Schütze* S. 44.
374 *Schütze* S. 47.
375 *Schütze* S. 49.
376 *Schütze* S. 51.
377 *Schütze* S. 57.
378 *Schütze* S. 58.
379 *Schütze* S. 60.
380 *Schütze* S. 61.
381 *Schütze* S. 62.
382 *Schütze* S. 63.
383 *Schütze* S. 65.
384 *Schütze* S. 68.
385 *Schütze* S. 69.
386 *Schütze* S. 70.
387 *Schütze* S. 73.
388 *Schütze* S. 75.
389 LG Berlin RIW 1989, 988, 989; vgl. *Schütze* S. 77.
390 *Schütze* S. 81.
391 *Schütze* S. 86.
392 *Schütze* S. 89; *ders.*, in: *Geimer/Schütze,* Intern. Rechtsverkehr, S. 1157.18.
393 *Schütze* S. 91.
394 *Martiny* Rn. 1545; *Schütze* S. 92.
395 *Schütze* S. 93.
396 *Schütze* S. 96.
397 *Schütze* S. 99.
398 *Schütze* S. 101.

New Mexiko: ja,[399] für Unterhalt gemäß § 1 Abs. 2 AUG (BGBl. 1989 I S. 372).
New York: ja, für Zahlungsurteile;[400] für Unterhalt gemäß § 1 Abs. 2 AUG (BGBl. 1991 I S. 285).
North Carolina: ja, für Zahlungsurteile; für Unterhalt gemäß § 1 Abs. 2 AUG (BGBl. 1987 II S. 420).[401]
North Dakota: ja;[402] für Unterhalt gemäß § 1 Abs. 2 AUG (BGBl. 1987 II S. 420).
Ohio: ja, für Zahlungsurteile;[403] für Unterhalt gemäß § 1 Abs. 2 AUG (BGBl. 1989 I S. 1924).
Oklahoma: ja, für Zahlungsurteile;[404] für Unterhalt gemäß § 1 Abs. 2 AUG (BGBl. 1988 I S. 1784).
Oregon: ja, für Zahlungsurteile;[405] für Unterhalt gemäß § 1 Abs. 2 AUG (BGBl. 1987 II S. 420).
Pennsylvania: ja;[406] für Unterhalt gemäß § 1 Abs. 2 AUG (BGBl. 1989 I S. 372).
Puerto Rico: ja.
Rhode Island: ja;[407] für Unterhalt gemäß § 1 Abs. 2 AUG (BGBl. 1990 I S. 472).
South Carolina: ja.[408]
South Dakota: ja;[409] für Unterhalt gemäß § 1 Abs. 2 AUG (BGBl. 1987 I S. 2381).
Tennessee: ja;[410] für Unterhalt gemäß § 1 Abs. 2 AUG (BGBl. 1987 I S. 2381).
Texas: ja, für Zahlungsurteile;[411] für Unterhalt gemäß § 1 Abs. 2 AUG (BGBl. 1988 I S. 1784).
Utah: ja;[412] für Unterhalt gemäß § 1 Abs. 2 AUG (BGBl. 1993 I S. 928).
Vermont: ja; für Unterhalt gemäß § 1 Abs. 2 AUG (BGBl. 1989 I S. 372).
Virginia: ja;[413] für Kindesunterhalt und Ehegattenunterhalt verbunden mit Kindesunterhalt gemäß § 1 Abs. 2 AUG (BGBl. 1993 I S. 43).
Virgin Islands: ja.
Washington; ja;[414] für Unterhalt gemäß § 1 Abs. 2 AUG (BGBl. 1988 I S. 351).
West Virginia: ja;[415] für Unterhalt gemäß § 1 Abs. 2 AUG (BGBl. 1988 I S. 351).
Wisconsin: ja;[416] für Kindesunterhalt gemäß § 1 Abs. 2 AUG (BGBl. 1989 I S. 372).
Wyoming: ja;[417] für Unterhalt gemäß § 1 Abs. 2 AUG (BGBl. 1988 I S. 1041).

Vietnam: nein (mangels Staatsvertrag).[418]
Weißrußland: (→ Belarus).
Zaire (→ Kongo, Dem. Rep.) 141
Zentralafrikanische Republik: ja;[419] UNUÜ 1956.
Zypern: EuGVO; EheGVO; EuVTVO; UNUÜ 1956.

8. Materielle Einwendungen des Beklagten. a) Da die anzuerkennende Entscheidung nicht auf ihre Richtigkeit überprüft wird, kann der Beklagte Einwendungen gegen die **ursprüngliche Richtigkeit** des Titels nicht geltend machen. Nur soweit diese Einwendungen den deutschen ordre public betreffen (s. Rn. 98ff.), bilden sie eine Grundlage, um die Anerkennung abzuwehren. 142

b) Nachträgliche Einwendungen gegen die Richtigkeit des Titels sind in der Regel im Vollstreckbarerklärungsverfahren geltend zu machen (vgl. § 14 AVAG). Sie hindern aber nur die Vollstreckbarerklärung der ausländischen Entscheidung, nicht jedoch ihre isolierte Anerkennung. Gegenüber einem isolierten Antrag auf Feststellung der Anerkennung (§ 25 AVAG) können deshalb 143

---

399 *Schütze* S. 107.
400 *Schütze* S. 110.
401 *Schütze* S. 112; *Thümmel* IPRax 1986, 256; *Mockenhaupt* DAVorm. 1985, 1.
402 *Schütze* S. 113.
403 *Schütze* S. 115.
404 *Schütze* S. 117.
405 *Schütze* S. 120.
406 *Schütze* S. 121.
407 *Schütze* S. 128.
408 *Schütze* S. 130.
409 *Schütze* S. 133.
410 *Schütze* S. 134.
411 *Schütze* S. 137.
412 *Schütze* S. 140.
413 *Schütze* S. 144.
414 *Schütze* S. 149.
415 *Schütze* S. 151.
416 *Schütze* S. 153.
417 *Schütze* S. 157.
418 *Koh* I. C. L. Q. 435 (1996), 844, 854; aA *Rahm/Künkel/Breuer* VIII 269.
419 *Knieper,* in: *Geimer/Schütze,* Intern. Rechtsverkehr, S. 1180.5.

nachträgliche Einwendungen nicht geltend gemacht werden.[420] Wird die anerkannte Entscheidung im Ursprungsstaat nachträglich aufgehoben oder abgeändert, so kann nach § 29 AVAG eine entsprechende Aufhebung oder Abänderung der Anerkennungsentscheidung beantragt werden.

V. Anerkennungswirkungen

144 **1. Allgemeines. a) Wirkungserstreckung ausländischer Urteile.** Nach der Lehre von der Wirkungserstreckung ausländischer Urteile wird der objektive Inhalt und die subjektive Reichweite einer ausländischen Entscheidung in das Inland erstreckt. Maßgeblich für die anzuerkennenden Urteilswirkungen ist danach grundsätzlich das Recht des Urteilsstaates.[421] Anerkannt werden diejenigen Urteilswirkungen, die entsprechend einer Qualifikation nach deutschem Recht prozessrechtlicher Art sind.[422] Ob das Ausland diese Urteilswirkungen ebenfalls prozessual qualifiziert oder materiellrechtlich einordnet, ist dagegen gleichgültig. Durch die Anerkennung erhält die ausländische Entscheidung keine weiterreichenden Wirkungen, als sie nach ausländischem Recht hat. Die Wirkungserstreckung ist begrenzt: Zwar werden auch Urteilswirkungen anerkannt, die im Einzelnen weiter reichen als die deutscher Urteile;[423] nicht anerkannt werden jedoch Wirkungen, die dem deutschen Recht als solche unbekannt sind.[424] Entsprechend ist die Anerkennung teilbar.[425] Für den EuGVO/EuGVÜ/LugÜ-Bereich ist die Wirkungserstreckung unbegrenzt (s. u. Art. 33 EuGVO Rn. 2).

145 Andere wollen die ausländische Entscheidung durch die Anerkennung einer inländischen gleichstellen **(Gleichstellungstheorie).** Die ausländische Entscheidung soll keine anderen, zumindest keine weitergehenden Wirkungen haben als eine inländische **(Kumulationstheorie).** Bleiben die Wirkungen hinter denen eines inländischen Urteils zurück, so soll es dabei verbleiben.[426]

146 Hiergegen spricht freilich, dass eine Entscheidung nicht von Land zu Land unterschiedliche Wirkungen haben sollte. Das inländische Recht begrenzt daher die Wirkungserstreckung nur, soweit Entscheidungswirkungen dem deutschen Recht völlig unbekannt sind oder dem deutschen ordre public widersprechen.[427]

147 **b) Wirkungen in Drittstaat.** Wirkungen, die ein Drittstaat einer ausländischen Entscheidung zuerkennt, sind unbeachtlich.[428] Urteile von Staaten, deren Entscheidungen im Inland nicht anerkennungsfähig sind, können daher auch nicht auf dem Umweg über die Anerkennung in einem Drittstaat anerkannt werden. Denn die formelle Anerkennungs- oder Exequaturentscheidung hat keinen im Inland anerkennungsfähigen Inhalt. Hieraus ergibt sich das **Verbot der Doppelexequierung** (s. Rn. 46). Eine Ausnahme hiervon wird jedoch zugunsten ausländischer Schiedssprüche gemacht, die bei ihrer Vollstreckbarerklärung von dem ausländischen Gericht inhaltlich als eigene Entscheidungen wiederholt werden.[429]

148 **2. Anerkennung der materiellen Rechtskraft. a)** Anzuerkennen ist zunächst die materielle Rechtskraftwirkung der ausländischen Entscheidung.[430] Entsprechend dem ne bis in idem-Prinzip (s. § 322 Rn. 9ff.) darf daher die Richtigkeit der ausländischen Entscheidung nicht nachgeprüft werden **(Verbot der révision au fond)** (s. Rn. 98f.). Über den objektiven wie subjektiven Umfang der Rechtskraft entscheidet nach deutscher Ansicht das Prozessrecht des Urteilsstaates,[431] nicht das in der Entscheidung angewandte Sachrecht[432] oder die nach deutschem IPR neu zu bestimmende lex causae,[433] auch nicht das Recht des Anerkennungsstaates.[434] Das Recht des Entscheidungsstaates bestimmt ferner, in welchem Zeitpunkt die materielle Rechtskraft eingetreten

---

[420] Vgl. *Geimer/Schütze* Art. 26 Rn. 90.

[421] So bereits Art. 37 Abs. 1 E-EGBGB; vgl. *Meili,* Das internationale Civilprozeßrecht, 1906, S. 475.

[422] *Martiny* Rn. 373; *Stein/Jonas/Roth* Rn. 11; *Zöller/Geimer* Rn. 25.

[423] *Fischer,* FS Henckel, 1995, S. 199, 206ff.; aA *Müller* ZZP 79 (1966), 199, 203ff.; sowie die Gleichstellungs- oder Kumulationstheorie, vgl. *Schack* IPRax 1989, 139, 142.

[424] *Martiny* Rn. 379f.; s. o. Rn. 5.

[425] *Baumbach/Lauterbach/Hartmann* Rn. 2; *Martiny* Am. J. Comp. L S. 728; *Matscher,* FS Reimer, 1976, S. 35.

[426] *Schack* IZVR Rn. 793ff.; *Stein/Jonas/Roth* Rn. 8; *Spieker-Döhmann* S. 61ff., 70ff.

[427] *Staudinger/Spellenberg* Rn. 125; *Kropholler* IPR § 60 IV 2; *Nagel/Gottwald* § 11 Rn. 113f.

[428] *Martiny* Rn. 371.

[429] BGH NJW 1984, 2763, 2765; zustimmend *Schlosser* IPRax 1985, 141.

[430] *Rosenberg/Schwab/Gottwald* § 156 Rn. 2; vgl. *Staudinger/Spellenberg* Rn. 141ff., 147ff.

[431] OLG Karlsruhe FamRZ 1994, 1477, 1478; *Kropholler* IPR, § 60 IV 2; *Martiny* Rn. 375, 391; *Fischer,* FS Henckel, 1995, S. 199, 202ff.

[432] So *Staudinger/Spellenberg* Rn. 152ff.; *Spellenberg* IPRax 1984, 304, 306; *Müller* ZZP 79 (1966), 199, 207f.; abl. *Spieker-Döhmann* S. 59ff.

[433] *Martiny* Rn. 375; *Zöller/Geimer* Rn. 31; *Müller* ZZP 79 (1966), 199, 209ff.

[434] So *Matscher,* FS Schima, 1969, S. 265, 277ff.

ist.[435] Die Anerkennung der ausländischen Rechtskraft – unabhängig von den sonstigen nach § 328 zu beurteilenden Anerkennungsvoraussetzungen – sieht § 738a Abs. 2 HGB für Schadensersatzurteile nach Seeschiffskollisionen vor (s. § 722 Rn. 44).

b) Über die prozessuale Wirkung der anzuerkennenden materiellen Rechtskraft befindet aber das deutsche Prozessrecht. Bei **Identität des Streitgegenstandes** wirkt die materielle Rechtskraft daher grundsätzlich als negative Prozessvoraussetzung (s. § 322 Rn. 10, 38ff.).[436] Eine auf das gleiche Ziel wie ein anzuerkennendes Urteil gerichtete Klage im Inland ist grundsätzlich unzulässig.[437] Nur soweit dem ausländischen Urteil die inländische Vollstreckbarkeit nur auf Vollstreckungsklage nach § 722 verliehen werden kann, ist auch eine neue Leistungsklage zuzulassen[438] (s. § 722 Rn. 41). 149

c) Bildet der Streitgegenstand des früheren Verfahrens nur eine Vorfrage, so ist das Gericht an die **präjudizielle frühere Entscheidung** gebunden und muss sie unverändert seiner neuen Entscheidung zugrunde legen (s. § 322 Rn. 11, 50ff.). 150

aa) Rechtskraftwirkungen des ausländischen Prozessrechts werden im Inland nicht anerkannt, wenn sie dem inländischen Prozessrecht grundsätzlich unbekannt sind. Nach anglo-amerikanischem Recht bindet ein Urteil die Parteien nicht nur in Bezug auf die Entscheidung über den Streitgegenstand, sondern auch hinsichtlich aller im Erstprozess festgestellter **entscheidungserheblicher Tatsachen.** Eine derartige „issue estoppel-Wirkung" (s. § 322 Rn. 54) ist dem deutschen Recht fremd und nicht anzuerkennen.[439] Aus dem gleichen Grund nicht anzuerkennen ist auch eine allgemeine Rechtskraftbindung an die Entscheidungsgründe des ausländischen Urteils. 151

bb) Zweifelhafter ist dagegen, inwieweit von ausländischen Urteilen eine weitergehende Bindungswirkung kraft Präjudizialität als von deutschen Urteilen ausgehen kann. Nach den §§ 322 Abs. 1, 256 Abs. 2 entscheidet ein deutsches Urteil nicht rechtskräftig über **vorgreifliche Rechtsverhältnisse,** sofern diese nicht Gegenstand einer besonderen Feststellungsklage waren. Nach anglo-amerikanischem Prozessrecht ist dagegen die Entscheidung über Vorfragen, die tatsächlich Gegenstand eines früheren Verfahrens waren (collateral estoppel – issue preclusion), in allen späteren Prozessen bindend, und zwar in unterschiedlichem Maß auch mit Wirkung gegenüber Dritten.[440] Auch in Frankreich wird rechtskraftfähig über die vom Beklagten geltend gemachten Einwendungen entschieden.[441] Andererseits ist die objektive Rechtskraftpräklusion eingeschränkt.[442] Wie § 322 Abs. 2 für die Aufrechnung, aber auch die Lehre *Zeuners* von der Rechtskraftwirkung im Rahmen von Sinnzusammenhängen (s. § 322 Rn. 48ff.) zeigt, sind dem deutschen Prozessrecht weiterreichende Bindungswirkungen nicht generell unbekannt. Dies spricht dafür, die „collateral estoppel-Wirkungen" des amerikanischen Rechts, aber auch des französischen Rechts zumindest inter partes anzuerkennen.[443] 152

cc) Anzuerkennen ist eine Rechtskraftbindung hinsichtlich der zur **Aufrechnung** gestellten Gegenforderung, wie sie § 322 Abs. 2 kennt. Allerdings wird verlangt, dass in Bezug auf die verbeschiedene Gegenforderung die Anerkennungsvoraussetzungen selbstständig erfüllt sind. Die Anerkennung soll danach ausscheiden, wenn mit einer öffentlichrechtlichen Gegenforderung aufgerechnet wurde oder wenn der Erststaat für die Entscheidung über die Gegenforderung nicht international zuständig war (§ 328 Abs. 1 Nr. 1).[444] Ebenso wie bei einer Inlandsaufrechnung ist aber auch im internationalen Rechtsverkehr eine internationale Zuständigkeit für die Gegenforderung generell nicht zu fordern; die Unzuständigkeit kann sich daher nur aus ausdrücklichen prozessualen Aufrechnungsverboten ergeben.[445] 153

---

[435] *Martiny* Rn. 380.

[436] OLG München DAVorm. 1983, 246; *Rosenberg/Schwab/Gottwald* § 156 Rn. 10; *Spieker-Döhmann* S. 78ff. Warum diese Folge ein Argument für die Gleichstellungs- und gegen die Lehre von der Wirkungserstreckung sein soll (so *v. Bar/Mankowski* § 5 Rn. 113), ist nicht einsichtig.

[437] OLG Oldenburg NdsRpfl. 1984, 145; *Musielak/Musielak* Rn. 36f.; *Zöller/Geimer* Rn. 30; aA BGH NJW 1977, 498, 499; *Stein/Jonas/Roth* Rn. 13.

[438] Abl. *Spieker-Döhmann* S. 113ff., 168, 192ff.

[439] *Martiny* Rn. 358, 381; *Müller* ZZP 79 (1966), 199, 205; aA *Fischer,* FS Henckel, 1995, S. 199, 209f. (soweit im Erstverfahren voraussehbar).

[440] Vgl. *Schack,* Einführung in das US-amerikanische Zivilprozeßrecht, 3. Aufl. 2003, S. 74f.; *Engelmann-Pilger,* Die Grenzen der Rechtskraft des Zivilurteils im Recht der Vereinigten Staaten, 1974, S. 72ff., 116ff.

[441] *Kössinger* S. 100ff., 142ff., 146ff.

[442] *Kössinger* S. 104ff., 152ff.

[443] Vgl. *Musielak/Musielak* Rn. 35; *Götze* S. 111, 137f.; *Martiny* Rn. 382; *Fischer,* FS Henckel, 1995, S. 199, 208f.

[444] *Martiny* Rn. 383; *Zöller/Geimer* Rn. 32.

[445] Vgl. *Gottwald* IPRax 1986, 10.

154 **d)** Die Anerkennung der Wirkungen eines ausländischen Urteils hängt nicht davon ab, ob das ausländische Urteil nach dem nach deutschem IPR anwendbaren materiellen Recht ergangen ist. Mit der Aufhebung von § 328 Abs. 1 Nr. 3 aF durch das IPRG 1986 ist im autonomen deutschen Recht jedes Erfordernis **kollisionsrechtlicher Konformität** entfallen. Umgekehrt können die Anerkennungsvoraussetzungen nicht dadurch ersetzt werden, dass das deutsche IPR auf das Recht des Urteilsstaates verweist.[446]

155 Anders entscheidet die Lehre von der **kollisionsrechtlichen Relativität der Rechtskraft.** Sie will dem ausländischen Urteil nicht die Rechtskraftwirkungen des Urteilsstaates zuerkennen, sondern die nach der Rechtsordnung, die das Gericht seiner Entscheidung zugrunde gelegt hat. Ist nach dem deutschen IPR dagegen ein anderes Recht maßgebend, so soll die Rechtskraft einer selbstständigen Beurteilung des Rechtsverhältnisses nicht entgegenstehen.[447] Wie die lex causae-Theorie möchte die Lehre von der kollisionsrechtlichen Relativität der Rechtskraft Disharmonien vermeiden, die sich aus unterschiedlichen kollisionsrechtlichen Anknüpfungen in den einzelnen Ländern ergeben. Die Einheitlichkeit der Rechtsanwendung im Inland wird dabei freilich durch einen erheblichen Verlust an Rechtssicherheit erkauft. Gerade bei Gestaltungsurteilen, bei denen lex causae-Divergenzen auftreten können, würde diese Lehre dazu führen, dass einmal eingetretene Rechtsgestaltungen allein unter Berufung auf divergierendes Kollisionsrecht beiseite geschoben werden könnten. Der vom Gesetzgeber generell aufgegebene kollisionsrechtliche Vorbehalt sollte daher nicht auf diese Weise als Inhalt einer allgemeinen Theorie in das Anerkennungsrecht hinein interpretiert werden.[448]

156 **e)** Anzuerkennen im Inland ist auch eine **besondere Präklusionswirkung** des ausländischen Urteils, gleichgültig, ob diese als Teil der materiellen Rechtskraft (s. § 322 Rn. 139, 143) oder als eigenständige Wirkung daneben angesehen wird.[449]

157 **3. Anerkennung von Gestaltungswirkungen. a)** Neben der Rechtskraft- ist auch die **Gestaltungswirkung im Inland** anzuerkennen.[450] Die Gestaltungswirkung kann nicht einfach auf die Rechtskraftwirkung zurückgeführt werden.[451] Denn Gestaltungswirkungen treten vor allem in der freiwilligen Gerichtsbarkeit vielfach vor Rechtskraft einer Entscheidung ein (zB Bestellung oder Entlassung eines Betreuers oder Testamentsvollstreckers) und sind dann ggf. auch mit ihrer Anordnung im Ausland zu beachten. Nach der Lehre von der Wirkungserstreckung kommt es nicht darauf an, ob das anzuerkennende Urteil von demjenigen Staat erlassen wurde, dessen Rechtsordnung nach deutschem IPR anwendbar wäre. Ein Gleichlauf zwischen internationaler Zuständigkeit und anwendbarem Recht wird also nicht verlangt; der abweichenden lex causae-Theorie ist nicht zuzustimmen, weil sie zu Rechtsschutzlücken für die Betroffenen führen würde. Ebenso wenig wirkt die Gestaltungswirkung nur kollisionsrechtlich; sie wird nach § 328 anerkannt, ohne Rücksicht darauf, ob das nach den (materiellen) Kollisionsnormen maßgebliche Sachrecht dem anzuerkennenden Urteil diese Wirkung beilegt oder nicht (s. Rn. 154f.).[452]

158 **b)** Der Umfang der Gestaltungswirkung richtet sich nach dem **Recht des Urteilsstaates.** Gerade bei Gestaltungsurteilen ist von Belang, dass durch die Wirkungserstreckung im Inland keine stärkeren Wirkungen eintreten können, als sie im Ausgangsland beabsichtigt waren.[453] Anzuerkennen sind die Gestaltungswirkungen daher nach der vom Gericht angewandten lex causae.[454] Tritt die Gestaltungswirkung im Ausland erst mit Eintragung in ein Register ein, so kann die Statuswirkung im Inland auch erst nach der Eintragung anerkannt werden.[455]

159 **c)** Ist das Urteil anzuerkennen, so tritt seine Gestaltungswirkung im Inland uneingeschränkt ein, und zwar ohne Rücksicht auf die Haltung des Heimatstaates. Die **Anerkennung im Heimatstaat** ist daher nicht Voraussetzung für die Anerkennung einer Drittstaatentscheidung.[456] Eine **Entscheidung in Ehesachen** (aus Nicht-EU-Staaten) wird nach § 606a Abs. 2 auch dann anerkannt, wenn

---

[446] *Zöller/Geimer* Rn. 37.

[447] So *Hausmann,* Kollisionsrechtliche Schranken von Scheidungsurteilen, 1980, S. 183ff., 206f.; RGRK/*Wengler* S. 388f.; vgl. *Drobnig,* FS v. Caemmerer, 1978, S. 687, 693ff.

[448] Abl. auch *Geimer/Schütze* I/2 § 187 IV; *Kropholler* § 60 IV 3e; *Martiny* Rn. 390; *Müller* ZZP 79 (1966), 199, 215ff.; *Spieker-Döhmann* S. 75ff.; *Zöller/Geimer* Rn. 38.

[449] *Kropholler* § 60 IV 3b; *Martiny* Rn. 393; *Stein/Jonas/Roth* Rn. 18; *Zöller/Geimer* Rn. 43.

[450] *Rosenberg/Schwab/Gottwald* § 156 Rn. 2; *Stein/Jonas/Roth* Rn. 16; *Staudinger/Spellenberg* Rn. 133ff.

[451] So aber *Lakkis,* Gestaltungsakte im internationalen Rechtsverkehr, 2007.

[452] *Stein/Jonas/Roth* Rn. 16; *Staudinger/Spellenberg* Rn. 135; anders die Lehre von den kollisionsrechtlichen Schranken der Gestaltungskraft: *Hausmann* S. 204f.; *Süß,* Festg. Rosenberg, 1949, S. 229ff.

[453] *Zöller/Geimer* Rn. 48.

[454] *Staudinger/Spellenberg* Rn. 135, 137.

[455] BayObLG FamRZ 1977, 395; *Staudinger/Spellenberg* Rn. 136.

[456] Vgl. *Zöller/Geimer* Rn. 45.

das ausländische Gericht nach § 606a Abs. 1 nicht zuständig ist, seine Entscheidung in den Heimatstaaten der Ehegatten aber anerkannt wird.

4. Die Anerkennung von Drittwirkungen. a) Rechtskraft gegenüber Dritten. Eine Rechtskraftbindung Dritter richtet sich grundsätzlich nach dem Recht des Urteilsstaates.[457] In spiegelbildlicher Anwendung der §§ 325ff. ist sie im Inland anzuerkennen, wenn der Dritte Rechtsnachfolger der Partei ist oder wenn er in die Prozessführung durch die Partei eingewilligt hat. Ansonsten kann ein Dritter nur gebunden sein, wenn ihm im Verfahren wie einer Partei rechtliches Gehör (Art. 103 I GG) gewährt wurde, denn diese Garantie ist Teil des deutschen ordre public (§ 328 I Nr. 4). Ein Endurteil in einer US-amerikanischen class action oder eine gerichtliche Bestätigung einer vergleichsweisen Beendigung einer class action kann daher in Deutschland keine Wirkung gegenüber Mitgliedern der Gruppe beanspruchen, die tatsächlich nicht am Verfahren beteiligt waren.[458] Bindungen auf Grund materiellrechtlicher Abhängigkeit sind aber entsprechend der jeweiligen lex causae anzuerkennen. 160

b) Interventionswirkung. Auch für diese Wirkung ist das Recht des Entscheidungsstaates maßgebend.[459] Eine § 68 vergleichbare Interventionswirkung nach ausländischem Prozessrecht ist daher für einen Folgeprozess im Inland, aber auch bei der Anerkennung einer ausländischen Entscheidung, für die diese Interventionswirkung präjudiziell war, von Bedeutung. Nach Ansicht von *Geimer* ist die Interventionswirkung bereits anzuerkennen, wenn das Erstgericht international zuständig war und seine Entscheidung mit dem deutschen ordre public vereinbar ist. Dagegen verlangt die hM zu Recht, dass sämtliche Anerkennungsvoraussetzungen des § 328 gegeben sein müssen.[460] Keine Rolle spielt dabei § 328 Abs. 1 Nr. 2, weil eine Nebenintervention ohne Einlassung im Prozess nicht möglich ist. Im Übrigen überzeugt es aber nicht, eine einzelne Urteilswirkung anzuerkennen, solange die Entscheidung selbst nicht anerkennungsfähig ist. 161

c) Streitverkündungswirkung. Nach deutschem Recht tritt gegenüber einem Dritten, der sich am Prozess nicht beteiligt hat, gleichwohl die Interventionswirkung durch Streitverkündung ein (§§ 74 Abs. 3, 68). Soweit ausländische Rechte eine vergleichbare Wirkung kennen, wird diese ebenfalls im Inland beachtet, wenn das Urteil im Inland anerkannt werden kann. Für Entscheidungen von EU-Mitgliedsstaaten ist dies in Art. 65 Abs. 2 S. 2 EuGVO, für Entscheidungen von EFTA-Staaten in Art. V Abs. 2 S. 2 des Protokolls Nr. 1 zum Luganer GVÜ 1988 ausdrücklich vorgesehen. Abstriche von den Anerkennungsvoraussetzungen sind auch insoweit nicht zu machen.[461] Gegenüber dem Streitverkündungsempfänger braucht dagegen keine internationale Anerkennungszuständigkeit zu bestehen.[462] Anerkannt werden aber nur Urteilswirkungen. Nicht anerkennungsfähig sind daher vouching in-Wirkungen, die von einem Vergleich ausgehen. Wegen der funktionalen Vergleichbarkeit soll dies auch für ein consent judgment gelten, was freilich zweifelhaft erscheint.[463] 162

d) Garantieklageurteile. Urteile, die auf Grund einer selbstständigen Garantieklage ergehen, mit der sich der Beklagte gegen die Folgen eines verlorenen Rechtsstreits schützen kann,[464] sind im Inland anerkennungsfähig.[465] Zweifelhaft ist, inwieweit für den Erlass des Garantieurteils eine internationale Zuständigkeit des Erstgerichts gegenüber dem Dritten bestanden haben muss.[466] Unproblematisch sind die Fälle, in denen die Zuständigkeit für die Garantieklage auf Grund der Anhängigkeit des Hauptverfahrens besonders geregelt ist, wie in Art. 6 Nr. 2 EuGVO, EuGVÜ und LugÜ. Hier ist die Anerkennung in anderen Vertragsstaaten in Art. 65 Abs. 2 S. 1 EuGVO, Art. V Abs. 2 Protokoll zum EuGVÜ 1968 bzw. in Art. V Abs. 2 S. 1 Protokoll Nr. 1 zum Luganer GVÜ 1988 ausdrücklich festgelegt. Im Verhältnis zu anderen Staaten müssen aber für das Urteil gegenüber dem Dritten voll die Anerkennungsvoraussetzungen gegeben sein, insbesondere muss die Anerkennungszuständigkeit analog §§ 12ff. bestehen. Solange das autonome deutsche Prozessrecht keine Annexzuständigkeit bzw. Zuständigkeit kraft Sachzusammenhangs kennt, genügt der Sachzusammenhang mit dem Hauptprozess nicht.[467] Dementsprechend können Entscheidungen über Regressansprüche, die auf Grund von third- 163

---

457 *Staudinger/Spellenberg* Rn. 155ff.
458 *Nagel/Gottwald* IZPR § 11 Rn. 122; aA für England: *Dixon* I. C. L. Q. 46 (1997), 134.
459 *Rosenberg/Schwab/Gottwald* § 156 Rn. 2.
460 AK-ZPO/*Koch* Rn. 19; *Martiny* Rn. 397.
461 *Götze* S. 121ff., 144ff.; *Martiny* Rn. 400; *Stein/Jonas/Roth* Rn. 22ff.; aA *Zöller/Geimer* Rn. 52.
462 *Götze* S. 146ff., 166; *Schulz* S. 141ff.
463 *Götze* S. 138ff.
464 Vgl. *Martiny* Rn. 401.
465 *Martiny* Rn. 402; *Stein/Jonas/Roth* Rn. 25; *Zöller/Geimer* Rn. 53.
466 Hierfür BGH NJW 1970, 387 m. krit. Anm. *Geimer*.
467 *Martiny* Hdb. IZVR III/1 Rn. 703ff.; *Schack* IZVR Rn. 924; *Milleker* ZZP 84 (1971), 90; aA *Geimer* ZZP 85 (1972), 196; *Zöller/Geimer* Rn. 53.

party complaint (impleader) in den USA ergangen sind, nur nach allgemeinen Regeln anerkannt werden.[468] Notwendig ist auch, dass die Garantieklage dem Beklagten ordnungsgemäß zugestellt worden ist; andernfalls scheitert die Anerkennung ggf. an § 328 Abs. 1 Nr. 2.

164 **5. Anerkennung von Tatbestandswirkungen? a) Keine Wirkungserstreckung.** Vielfach wird angenommen, durch die Anerkennung könnten auch Tatbestandswirkungen einer ausländischen Entscheidung ins Inland erstreckt werden.[469] Tatbestandswirkungen hat ein ausländisches Urteil aber in der Regel nicht nach ausländischem Prozessrecht, sondern nach dem in dem neuen Rechtsstreit (nach unserem Kollisionsrecht) maßgeblichen materiellen Recht.[470] Die Wirkungserstreckung des ausländischen Urteils in das Inland ist somit als solche keine ausreichende Grundlage dafür, nach ausländischem materiellen Recht eintretende materielle Rechtsfolgen auch im Inland anzuerkennen.[471]

165 **b) Klageerhebung im Ausland/Verjährung im Inland.** Von praktischer Bedeutung ist die Frage, unter welchen Voraussetzungen eine Klageerhebung im Ausland die Verjährung im Inland hemmt (§ 204 I Nr. 1 BGB) bzw. ein rechtskräftiges ausländisches Urteil die Verjährungsfrist nach § 197 Abs. 1 Nr. 3 BGB verlängert. Nach der einen Ansicht genügt jede Klageerhebung im Ausland.[472] Nach der wohl hM löst das ausländische Urteil diese Wirkung nur aus, wenn es im Inland anerkannt werden kann.[473] *Geimer* vertritt eine Mittelmeinung. Er möchte § 328 Abs. 1 Nr. 1 analog anwenden, verlangt also, dass der Erststaat international zuständig war. Auf weitere Anforderungen will er dagegen verzichten, sodass es nicht auf eine ordnungsmäßige Ladung und den Inhalt der ausländischen Entscheidung ankommt. Er meint, selbst wenn ein Urteil als solches nicht anerkannt werden könne, so sei es doch sinnvoll, dem Kläger die Verlängerung der Verjährungsfrist durch die ausländische Klage zuzubilligen, damit er seine Klage vor einem deutschen Gericht wiederholen kann.[474] Entscheidend sollte sein, nach welcher Norm die Hemmung der Verjährungsfrist eintreten soll. Ist dies eine Norm eines Drittstaates, so kommt es darauf an, ob das ausländische Urteil nach dem (materiellen und/oder prozessualen) Recht des Drittstaates die Tatbestandswirkung auslöst.[475] Soweit es um deutsches Recht geht, ist daran festzuhalten, dass die Tatbestandswirkung nur von einem Urteil ausgelöst wird, das im Inland auch anerkannt werden kann.[476] Entsprechendes gilt für die Verjährungshemmung im Inland durch **Streitverkündung** im Ausland.[477]

166 Ist ein Urteil im Ausland vor einem **unzuständigen ausländischen Gericht** erhoben worden, so hat dies freilich ohne weiteres die Wirkung der Verjährungshemmung nach § 204 Abs. 2 S. 1 BGB, wenn die Klage innerhalb von sechs Monaten vor dem international zuständigen Gericht nachgeholt wird.[478]

167 **6. Vollstreckungswirkung. a)** Die Anerkennung hat nicht zur Folge, dass aus der ausländischen Entscheidung im Inland unmittelbar vollstreckt werden könnte. Vielmehr muss der ausländischen Entscheidung grundsätzlich die inländische Vollstreckbarkeit erst in rechtsgestaltender Weise verliehen werden[479] (s. § 722 Rn. 2, 5 ff.; Art. 38 ff. EuGVO; Art. 31 ff. EuGVÜ/LugÜ; Art. 28 ff. EheGVO). Vollstreckungsfolge ist auch die in § 894 vorgesehene Abgabe einer Willenserklärung. Die im Ausland eingetretene Wirkung wird daher nicht als Gestaltungswirkung ipso iure anerkannt (s. Rn. 157 f.), sondern erst nach Vollstreckbarerklärung.[480] Mit dieser tritt die Vollstreckungsfolge aber auch ein, wenn im Ausland Realvollstreckung erforderlich wäre.

168 **b)** Innerhalb der Europäischen Union (ohne Dänemark) ersetzt der **Europäische Vollstreckungstitel** dagegen das Exequaturverfahren. Bisher können nach der VO (EG) Nr. 805/2004 vom 21. 4. 2004 seit dem 21. 10. 2005 **Entscheidungen,** aber auch gerichtliche Vergleiche und öffentliche Urkunden **über unbestrittene Forderungen** als Europäischer Vollstreckungstitel aus-

---

[468] *Götze* S. 168 ff.; vgl. *Bernstein,* FS Ferid, 1978, S. 75; *Koch* ZVglRWiss. 85 (1986), 11, 51.
[469] Vgl. BayObLG FamRZ 1992, 584, 585.
[470] *Staudinger/Spellenberg* Rn. 160 ff.
[471] So *von Bar/Mankowski* § 5 Rn. 116; *Geimer/Schütze* I 2 § 190 II 4; *Linke,* FS Nagel, 1987, S. 209 ff.; *Müller* ZZP 79 (1966), 199, 241 ff.; vgl. auch *Ferid* GRUR Int. 1973, 472.
[472] So *Frank* IPRax 1983, 108.
[473] *von Bar/Mankowski* Rn. 384; *Martiny* Rn. 432; MünchKommBGB/*Spellenberg* Vor Art. 11 EGBGB Rn. 72.
[474] *Geimer* IZPR Rn. 2827.
[475] *von Bar/Mankowski* Rn. 384.
[476] *Martiny* Rn. 432.
[477] Vgl. eingehend *Taupitz* ZZP 102 (1989), 288; *Schulz* S. 141 ff.
[478] Vgl. LG Deggendorf IPRax 1983, 125 (dazu *Frank* S. 108, 111); *Geimer* IZPR Rn. 2828; aA *Stein/Jonas/Roth* Rn. 20.
[479] *Geimer/Schütze* I/2 § 191 II; *Kropholler* § 60 IV 3 f.; *Rosenberg/Schwab/Gottwald* § 156 Rn. 5.
[480] *Kallmann* S. 363 ff.; aA *Zöller/Geimer* § 722 Rn. 9 a.

gefertigt werden (Art. 1 EuVTVO). Ein so ausgefertigter Titel wird in den EU-Mitgliedsstaaten anerkannt und vollstreckt, ohne dass es einer Vollstreckbarerklärung bedarf und ohne dass die Anerkennung angefochten werden kann (Art. 5 EuVTVO).

Diese (im Anhang zu §§ 1079ff. erläuterte) Verordnung soll der erste Schritt zur vollständigen Abschaffung des Exequaturverfahrens innerhalb der EU sein. Weitere Verordnungen sollen daher in den nächsten Jahren folgen. 169

c) Auch **Entscheidungen über das Umgangsrecht** und die **Rückgabe eines Kindes** können nach entsprechender Bescheinigung durch den Richter des Ursprungsstaates nach den Art. 40ff. EheGVO (VO Nr. 2201/2003) in jedem anderen EU-Mitgliedsstaat (außer Dänemark) anerkannt und vollstreckt werden, ohne dass es einer Vollstreckbarerklärung bedarf und ohne dass die Anerkennung angefochten werden kann (Art. 41 Abs. 1, Art. 42 Abs. 1 EheGVO). Gleiches gilt nach Art. 19 der VO (EU) Nr. 1896/2006 (EuMahnVO) für den **Europäischen Mahnbescheid.** 170

7. Wirkung nicht anerkannter Urteile. a) Kann ein Urteil im Inland nicht anerkannt werden, oder ist es, soweit erforderlich, im Inland noch nicht förmlich anerkannt, so entfaltet es im Inland **keine Rechtswirkung**. Die ausländische Entscheidung steht dann einer erneuten Klage im Inland nicht entgegen. Auch die darauf beruhende (selbstständige) Kostenfestsetzung ist dann unbeachtlich. Die Parteien können über die Anerkennung nicht durch abweichende Vereinbarung disponieren.[481] Anders verhält es sich praktisch gesehen im Anwendungsbereich des EuGVO, da über Anerkennung und Vollstreckbarerklärung in erster Instanz auf der Grundlage der vorgelegten Urkunden entschieden wird (Art. 41, 53 EuGVO) und sämtliche Anerkennungshindernisse nur auf Rechtsbehelf gem. Art. 43 EuGVO geprüft werden. 171

b) Das nicht anerkannte ausländische Urteil ist aber kein völliges Nullum. Denn als solches bildet es eine **öffentliche Urkunde** iSd. §§ 415, 438.[482] Die Beweiskraft dieser Urkunde bezieht sich auf die Tatsache, dass ein Urteil ergangen ist, und begründet eine tatsächliche Vermutung für die Richtigkeit der Tatsachen, die darin festgestellt wurden.[483] Damit kann die Forderung im Inland im Urkundenprozess eingeklagt werden. 172

c) Ferner können die Parteien dem ausländischen Urteil keine Inlandswirkung kraft **vertraglicher Vereinbarung** beilegen; sie können aber vergleichsweise oder mittels Anerkenntnisses vereinbaren, dass sich ihre Rechte im Inland sachlich nach dem ausländischen Urteil richten sollen.[484] 173

8. Abwehr- oder Ausgleichsansprüche gegenüber ausländischen Urteilen. a) Abwehr der Rechtskraftwirkung nach § 826 BGB. Liegen die Voraussetzungen vor, unter denen gegen ein inländisches Urteil Schadensersatzklage nach § 826 BGB erhoben werden kann (s. § 322 Rn. 219ff.), so verstößt die Anerkennung einer ausländischen Entscheidung gegen den ordre public (s. Rn. 103) und scheitert daher an § 328 Abs. 1 Nr. 4. Die Nichtanerkennungsfähigkeit kann von jeder Seite, bei Bedarf auf negative Feststellungsklage bindend geklärt werden (s. Rn. 14). Ein Rückgriff auf § 826 BGB ist daher gegenüber ausländischen Urteilen in der Regel entbehrlich und unzulässig.[485] Die Lösung über die ordre public-Kontrolle versagt jedoch gegenüber Fällen der Zuständigkeitserschleichung vor Gerichten anderer EU-Staaten. *Schütze* meint deshalb, sie könne mit Hilfe von § 826 BGB einredeweise im Klauselerteilungsverfahren geltend gemacht werden.[486] Dem ist nicht zu folgen. Denn nach Art. 35 Abs. 3 EuGVO gehören die Zuständigkeitsregeln gerade nicht zum ordre public. Zudem fehlt es bei bloßer Zuständigkeitserschleichung meist an den Voraussetzungen des § 826 BGB, nämlich an einer **sachlich** unrichtigen Entscheidung (s. § 322 Rn. 226). 174

b) Rückforderung der im Ausland erbrachten Leistung. Eine Leistung, die auf ein ausländisches nicht anerkennungsfähiges Urteil erbracht wird, kann im Inland unter Umständen zurückgefordert werden. Das ausländische Urteil schafft keine Naturalobligation, sodass die Rückforderung nicht an § 814 BGB scheitert.[487] Denn die Rechtskraftwirkung des nicht anerkannten Urteils ist im Inland unbeachtlich; der inländische Richter kann daher frei überprüfen, ob die ausländische Entscheidung zutreffend ist oder nicht, und dem seinerzeitigen Beklagten daher ein Ausgleichsanspruch (s. § 322 Rn. 215ff.) zusteht.[488] 175

---

[481] *Martiny* Rn. 288ff.

[482] Vgl. RGZ 129, 387; *Rosenberg/Schwab/Gottwald* § 156 Rn. 9; *Stein/Jonas/Roth* Rn. 21; *Zöller/Geimer* Rn. 277.

[483] VG Stuttgart StAZ 1982, 246; *Baumbach/Lauterbach/Hartmann* Rn. 6.

[484] *Baumbach/Lauterbach/Hartmann* Rn. 6; *Stein/Jonas/Roth* Rn. 40.

[485] AA *Riezler* S. 523; *Stein/Jonas/Roth* Rn. 21.

[486] *Schütze* JR 1979, 184, 186.

[487] *Zöller/Geimer* Rn. 276; aA *Schack* IZVR Rn. 1029; gegen Rückforderung bei freiwilliger Leistung *Geimer* IZVR Rn. 3052.

[488] *Stein/Jonas/Roth* Rn. 39.

176 Zweifelhaft ist dagegen, ob ein Ausgleichsanspruch im Inland auch dann besteht, wenn die ausländische Entscheidung richtig ist, aber im Inland wegen eines materiellen ordre public-Verstoßes nicht anerkannt wird. Kann etwa ein in den USA zu punitive damages zu Recht Verurteilter im Inland Rückerstattung der über den realen Schaden hinaus bezahlten Summen verlangen? Das englische Blocking Statute, der Protecting of Trading Interests Act 1980 (sec. 6 (2)) billigt Bürgern des Vereinigten Königreichs einen entsprechenden Erstattungsanspruch *(„claw back")* zu. Für das deutsche Recht ist ein solcher Anspruch nicht anzuerkennen. Der deutsche ordre public hindert zwar die (volle) Anerkennung eines Urteils auf punitive damages im Inland (s. Rn. 105), er bildet aber keine positive Rechtsgrundlage dafür, einen deutschen Vorstellungen entsprechenden Zustand herbeizuführen.[489]

VI. Anerkennung ausländischer Eheurteile

Art. 7 FamRÄndG

§ 1 [Anerkennung ausländischer Entscheidungen in Ehesachen]

(1) ¹Entscheidungen, durch die im Ausland eine Ehe für nichtig erklärt, aufgehoben, dem Bande nach oder unter Aufrechterhaltung des Ehebandes geschieden oder durch die das Bestehen oder Nichtbestehen einer Ehe zwischen den Parteien festgestellt ist, werden nur anerkannt, wenn die Landesjustizverwaltung festgestellt hat, dass die Voraussetzungen für die Anerkennung vorliegen. ²Die Verbürgung der Gegenseitigkeit ist nicht Voraussetzung für die Anerkennung. ³Hat ein Gericht des Staates entschieden, dem beide Ehegatten zurzeit der Entscheidung angehört haben, so hängt die Anerkennung nicht von einer Feststellung der Landesjustizverwaltung ab.

(2) ¹Zuständig ist die Justizverwaltung des Landes, in dem ein Ehegatte seinen gewöhnlichen Aufenthalt hat. ²Hat keiner der Ehegatten seinen gewöhnlichen Aufenthalt im Inland, so ist die Justizverwaltung des Landes zuständig, in dem eine neue Ehe geschlossen werden soll; die Justizverwaltung kann den Nachweis verlangen, dass die Eheschließung angemeldet ist. ³Soweit eine Zuständigkeit nicht gegeben ist, ist die Justizverwaltung des Landes Berlin zuständig.

(2 a) ¹Die Landesregierungen können die den Landesjustizverwaltungen nach diesem Gesetz zustehenden Befugnisse durch Rechtsverordnung auf einen oder mehrere Präsidenten des Oberlandesgerichts übertragen. ²Die Landesregierungen können die Ermächtigung auf die Landesjustizverwaltungen übertragen.

(3) ¹Die Entscheidung ergeht auf Antrag. ²Den Antrag kann stellen, wer ein rechtliches Interesse an der Anerkennung glaubhaft macht.

(4) Lehnt die Landesjustizverwaltung den Antrag ab, so kann der Antragsteller die Entscheidung des Oberlandesgerichts beantragen.

(5) ¹Stellt die Landesjustizverwaltung fest, dass die Voraussetzungen für die Anerkennung vorliegen, so kann ein Ehegatte, der den Antrag nicht gestellt hat, die Entscheidung des Oberlandesgerichts beantragen. ²Die Entscheidung der Landesjustizverwaltung wird mit der Bekanntmachung an den Antragsteller wirksam. ³Die Landesjustizverwaltung kann jedoch in ihrer Entscheidung bestimmen, dass die Entscheidung erst nach Ablauf einer von ihr bestimmten Frist wirksam wird.

(6) ¹Das Oberlandesgericht entscheidet im Verfahren der freiwilligen Gerichtsbarkeit. ²Zuständig ist das Oberlandesgericht, in dessen Bezirk die Landesjustizverwaltung ihren Sitz hat. ³Der Antrag auf gerichtliche Entscheidung hat keine aufschiebende Wirkung. ⁴§ 21 Abs. 2, §§ 23, 24 Abs. 3, §§ 25, 28 Abs. 2, 3, § 30 Abs. 1 Satz 1 und § 199 Abs. 1 des Gesetzes über die Angelegenheiten der freiwilligen Gerichtsbarkeit gelten sinngemäß. ⁵Die Entscheidung des Oberlandesgerichts ist endgültig.

(7) Die vorstehenden Vorschriften sind sinngemäß anzuwenden, wenn die Feststellung begehrt wird, dass die Voraussetzungen für die Anerkennung einer Entscheidung nicht vorliegen.

(8) Die Feststellung, dass die Voraussetzungen für die Anerkennung vorliegen oder nicht vorliegen, ist für Gerichte und Verwaltungsbehörden bindend.

§ 2 [Kosten]

(1) Für die Feststellung, dass die Voraussetzungen für die Anerkennung einer ausländischen Entscheidung vorliegen oder nicht vorliegen (§ 1), wird eine Gebühr von 10 bis 310 Euro erhoben.

(2) ¹Für das Verfahren des Oberlandesgerichts werden Kosten nach der Kostenordnung erhoben. ²Weist das Oberlandesgericht den Antrag nach § 1 Abs. 4, 5, 7 zurück, so wird eine Gebühr von 10 bis 310 Euro erhoben. ³Wird der Antrag zurückgenommen, so wird nur die Hälfte dieser Gebühr erhoben. ⁴Die Gebühr wird vom Oberlandesgericht bestimmt. ⁵Hebt das Oberlandesgericht die Entscheidung der Verwaltungsbehörde auf und entscheidet es in der Sache selbst, so bestimmt es auch die von der Verwaltungsbehörde zu erhebende Gebühr.

---

[489] *Schack* IZVR Rn. 1032; aA *Zöller/Geimer* Rn. 276 b.

Schrifttum: *Andrae,* Internationales Familienrecht, 2. Aufl. 2006; *dies.,* Anerkennung ausländischer Entscheidungen in Ehe- und Lebenspartnerschaftssachen, in: Dauner-Lieb/Heidel/Ring, BGB, Bd. 1 AT und EGBGB, 2005, S. 2006; *Andrae/Heidrich,* Aktuelle Fragen zum Anwendungsbereich des Verfahrens nach Art. 7 § 1 FamRÄndG, FamRZ 2004, 1622; *dies.,* Anerkennung ausländischer Entscheidungen in Ehe- und Partnerschaftssachen, FPR 2004, 292; *Basedow,* Die Anerkennung von Auslandsscheidungen, 1980; *ders.,* Parallele Scheidungsverfahren im In- und Ausland, IPRax 1983, 278 (und 1984, 84); *Beule,* Die Anerkennung ausländischer Entscheidungen in Ehesachen, insbes. bei Privatscheidungen, StAZ 1979, 29; *ders.,* Ein Verstoß gegen das Scheidungsmonopol der deutschen Gerichte?, IPRax 1988, 150; *Bürgle,* Zur Konkurrenz von inländischen Scheidungsurteilen mit ausländischen Scheidungsverfahren und Urteilen, IPRax 1983, 281; *Dessauer,* Internationales Privatrecht, 1986; *Haecker,* Die Anerkennung ausländischer Entscheidungen in Ehesachen (Formularsammlung), 2. Aufl. 2000; *Hausmann,* Die kollisionsrechtlichen Schranken der Gestaltungskraft von Scheidungsurteilen, 1980; *Kegel,* Scheidungen von Ausländern im Inland, IPRax 1983, 22; *Kleinrahm/Partikel,* Die Anerkennung ausländischer Entscheidungen in Ehesachen, 2. Aufl. 1970; *Kotzur,* Kollisionsrechtliche Probleme christlich-islamischer Ehen, 1988; *Krzywon,* Die Anerkennung ausländischer Entscheidungen in Ehesachen, StAZ 1989, 93; *Lorbacher,* Zur Anerkennungsfähigkeit von Privatscheidungen ausländischer Ehegatten durch die Landesjustizverwaltung; FamRZ 1979, 771; *Lüderitz,* „Talaq" vor deutschen Gerichten, FS Baumgärtel, 1990, S. 333; *Otto,* Zur Anerkennung der in Drittstaaten ergangenen Ehescheidungsurteile, StAZ 1975, 183; *Piltz,* Internationales Scheidungsrecht, 1988; *Rahm/Künkel/Breuer,* Handbuch des Familiengerichtsverfahrens, 4. Aufl. (Stand 1997), Teil VIII 169 ff.; *Richter,* Anerkennung ausländischer Entscheidungen in Ehesachen, JR 1987, 98; *Richter/Krzywon,* Das Antragsrecht im Verfahren nach Art. 7 § 1 FamRÄndG, IPRax 1988, 349; *Schwenn,* Anerkennung ausländischer Eheurteile, in: *Beitzke,* Vorschläge und Gutachten zur Reform des deutschen Personen-, Familien- und Erbrechts, 1981, S. 134; *Staudinger/Spellenberg,* Internationales Verfahrensrecht in Ehesachen, 14. Bearb. 2005, S. 735 ff.

1. Formelles Anerkennungsverfahren in Ehesachen. a) Das allgemeine System der Inzidentanerkennung ex lege (s. Rn. 7) birgt die Gefahr der Geltung widersprechender Urteile mit sich. Diese Rechtsunsicherheit ist nach Ansicht des Gesetzgebers in Ehesachen nicht hinzunehmen. Um den ehelichen Status im Inland als Folge von Auslandsscheidungen rechtskraftfähig zu klären, hat der Gesetzgeber 1941 ein besonderes, **förmliches Feststellungsverfahren** eingeführt. Seit 1962 ist dieses einheitlich in Art. 7 FamRÄndG geregelt. Die Zuständigkeit der Landesjustizverwaltung (LJV) soll Schnelligkeit, Sachkundigkeit und Kostengünstigkeit des Verfahrens gewährleisten.[490] Mit der geplanten FGG-Reform soll Art. 7 FamRÄndG aufgehoben und eine inhaltlich unveränderte Regelung in die §§ 107, 109 FamFG aufgenommen werden. 177

Da die Anerkennung ausländischer Urteile sonst Aufgabe der Gerichte ist, ist die **Verfassungsmäßigkeit** dieser Regelung teilweise bestritten worden. Indes erfolgt die Statusänderung durch die ausländische Entscheidung; im Feststellungsverfahren vor der LJV wird lediglich über die Frage der Wirkungserstreckung dieser Entscheidung ins Inland entschieden. Da zudem eine Nachprüfung der Verwaltungsentscheidung durch die OLGs gemäß Art. 7 § 1 Abs. 4 FamRÄndG zulässig ist, liegt ein Verstoß gegen Art. 92 GG nicht vor.[491] 178

b) Art. 7 § 1 FamRÄndG enthält eine **verfahrensrechtliche Sonderregelung** gegenüber § 328.[492] EU-Recht und Staatsverträge sind aber vorrangig zu beachten. Deutschland hat zwar das Luxemburger CIEC-Übereinkommen über die Anerkennung von Entscheidungen in Ehesachen von 1967 bisher nicht ratifiziert und das Haager Übereinkommen über die Anerkennung von Entscheidungen von 1970 nicht gezeichnet.[493] 179

Mit dem Inkrafttreten der EG-Verordnung Nr. 1347/2000 vom 29. 5. 2000 über die Zuständigkeit und die Anerkennung und Vollstreckung von Entscheidungen in Ehesachen **(„Brüssel II")** am 1. 3. 2001, die mit Wirkung vom 1. 8. 2004 durch die VO (EG) Nr. 2201/2003 **(„Brüssel II a")** vom 27. 11. 2003 ersetzt wurde, hat das Verfahren nach dem FamRÄndG aber erheblich an Bedeutung verloren. Denn nach Art. 21 Abs. 1 u. 2 EheGVO (nF) werden alle Entscheidungen eines EU-Mitgliedsstaates (ohne Dänemark) auch für die Beischreibung in den Personenstandsbüchern ohne besonderes Verfahren anerkannt.[494] Das Verfahren gemäß Art. 7 § 1 FamRÄndG findet insoweit nicht mehr statt. Zweifel an der Anerkennungsfähigkeit sind im Feststellungsverfahren nach Art. 21 Abs. 3, 28 ff. EheGVO (nF) zu klären. Die VO (EG) Nr. 2201/2003 ist im Schlussanhang im Einzelnen erläutert. 180

---

[490] BGH FamRZ 1982, 1203, 1205; BayObLG NJW 1974, 1628, 1629; *Beule* StAZ 1979, 29, 30; *Habscheid* FamRZ 1973, 431, 432; *Kleinrahm/Partikel* S. 24 f.; *Richter* JR 1987, 98, 99.

[491] BGHZ 82, 34, 40 = FamRZ 1982, 44 = NJW 1982, 517 = IPRax 1983, 37 (dazu *Kegel* S. 23, 24); BayObLG FamRZ 1978, 243, 245; OLG Düsseldorf StAZ 1975, 189; *Beule* StAZ 1979, 29, 30; *Kleinrahm/Partikel* S. 57; *Martiny* Rn. 1682; *Staudinger/Spellenberg* Art. 7 § 1 FamRÄndG Rn. 8 ff.; *Stein/Jonas/Roth* Rn. 190.

[492] *Beule* StAZ 1979, 29, 32; *Kleinrahm/Partikel* S. 34, 100; *Martiny* Rn. 1684, 1697; *Stein/Jonas/Roth* Rn. 189.

[493] Vgl. zum Geltungsbereich *Jayme/Hausmann,* 13. Aufl. Fn. 1–3 vor Nr. 182.

[494] Vgl. *Helms* FamRZ 2001, 257; *Andrae/Heidrich* FamRZ 2004, 1622.

181 Die EG-Verordnungen haben auch die Regelung der **Anerkennungszuständigkeit** für Ehesachen **in** den meisten **bilateralen Staatsverträgen obsolet** gemacht, nämlich gemäß Art. 3 deutsch-schweizerischer Vertrag 1929, Art. 3 deutsch-italienisches Abkommen 1936, Art. 4 deutsch-belgisches Abkommen 1958, Art. 2 deutsch-griechischer Vertrag 1961 und Art. 8 deutsch-spanisches Abkommen 1983. Formal gelten noch Art. 3 deutsch-schweizerischer Vertrag 1929 und Art. 28 Abs. 1, 32 deutsch-tunesischer Vertrag. Da das autonome Recht die Anerkennungszuständigkeit in § 606a (idF des IPRG 1986) jedoch großzügiger regelt und ein Rückgriff auf das autonome Recht stets zulässig ist (s. Rn. 15), sind die vertraglichen Sonderregeln damit praktisch bedeutungslos.[495]

182 Die materiellen Anerkennungsvoraussetzungen richten sich somit nach § 328 Abs. 1 Nr. 1 bis 4.[496] Nach Art. 7 § 1 Abs. 1 S. 2 FamRÄndG entfällt lediglich das Erfordernis der Gegenseitigkeit (§ 328 Abs. 1 Nr. 5). Ansonsten bestehen gegenüber den allgemeinen **Anerkennungsvoraussetzungen** für Ehesachen keine Besonderheiten. Spezifische Relevanz hat allerdings der ordre public-Vorbehalt (§ 328 Abs. 1 Nr. 4). Die Anerkennung einer streitigen ausländischen Ehescheidung hängt nicht davon ab, ob im Ausland ein den §§ 623ff. entsprechendes Verbundverfahren stattgefunden hat.[497] Bei einverständlicher Scheidung im Ausland kommt es nicht darauf an, ob § 630 Abs. 1 entsprechende Angaben gemacht oder die in § 630 Abs. 3 aufgeführten vollstreckbaren Titel gleichzeitig errichtet wurden.[498]

183 **2. Anerkennungsfähige Entscheidungen. a) Entscheidungen in Ehesachen.** Dem Feststellungsverfahren unterliegen Entscheidungen, die eine Ehe für nichtig erklären, sie aufheben oder scheiden. Entsprechendes gilt für Feststellungen über Bestehen oder Nichtbestehen einer Ehe sowie Trennungen von Tisch und Bett (Scheidung unter Aufrechterhaltung des Ehebandes).[499] Anders als in § 328 Abs. 2 hat der Gesetzgeber **Lebenspartnerschaftssachen nicht** einbezogen; entsprechende Statusentscheidungen werden daher formlos anerkannt.[500]

184 Nicht unter Art. 7 § 1 FamRÄndG fallen klageabweisende Urteile. Da aber Feststellungsurteile einbezogen sind, wird auch ein klageabweisendes Urteil erfasst, sofern es zugleich das Bestehen (oder Nichtbestehen) einer Ehe rechtskräftig feststellt.[501]

185 Nicht unter Art. 7 § 1 FamRÄndG fallen Erkenntnisse, die zur Herstellung des ehelichen Lebens verurteilen, oder wonach die Ehe durch Tod oder Religionswechsel ipso iure beendet ist.[502]

186 Nicht dem Anerkennungsverfahren unterliegen ausländische Entscheidungen, die über den Bestand einer Ehe nur als Vorfrage entscheiden; sie sind inzident nach § 328 anzuerkennen.[503] Jedoch können Scheidungsfolgen nicht vor der Anerkennung der Scheidung selbst geltend gemacht werden.[504] Werden daher in einer Verbundentscheidung auch der nacheheliche Unterhalt, das Sorgerecht oder die Namensfrage geregelt, so können die Nebenentscheidungen auf selbstständige Prüfung im Inland erst anerkannt werden, wenn vorher die Anerkennung des ausländischen Eheurteils von der LJV bindend festgestellt worden ist (s. Rn. 199ff.).[505]

187 **b) Ausländische hoheitliche Entscheidung.** Dem Feststellungsverfahren unterliegen ausländische hoheitliche Entscheidungen; neben Gerichtsentscheidungen auch Beschlüsse von Verwaltungsbehörden oder sonstigen staatlichen Institutionen.[506] Entscheidungen **geistlicher Gerichte,** die mit staatlicher Ermächtigung tätig werden, stehen staatlichen Entscheidungen gleich.[507]

---

[495] *Rahm/Künkel/Breuer* VIII 175; aA *Krzywon* StAZ 1989, 93, 97.

[496] BayObLG FamRZ 2000, 836, 837; OLG Bamberg FamRZ 2000, 1289; *Staudinger/Spellenberg* Rn. 662.

[497] *Schwenn* S. 142ff.

[498] *Schwenn* S. 144f.

[499] BayObLG FamRZ 1990, 897, 898; vgl. *Staudinger/Spellenberg* Art. 7 § 1 FamRÄndG Rn. 42ff.

[500] *Staudinger/Spellenberg* Art. 7 § 1 FamRÄndG Rn. 30; *Wagner* IPRax 2001, 281, 288; aA *Andrae/Heidrich* FamRZ 2004, 1622, 1624 u. FPR 2004, 292; *Hausmann* FS Henrich, 2000, S. 241, 265.

[501] *Rosenberg/Schwab/Gottwald* § 156 Rn. 52; *Staudinger/Spellenberg* Art. 7 § 1 FamRÄndG Rn. 50; aA *Andrae/Heidrich* FamRZ 2004, 1622, 1628.

[502] *Martiny* Rn. 1683, 1687; *Staudinger/Spellenberg* Art. 7 § 1 FamRÄndG Rn. 41.

[503] BGH NJW 1975, 1072; KG FamRZ 1974, 146, 148; OLG Hamm IPRspr. 1980 Nr. 95; *Geimer* IZPR Rn. 2281; *Kleinrahm/Partikel* S. 82ff.; *Martiny* Rn. 1667, 1689; *Stein/Jonas/Roth* Rn. 200.

[504] BGHZ 64, 19 = NJW 1975, 1072 (m. Anm. *Geimer* S. 2141); BGH FamRZ 1982, 1203; *Kleinrahm/Partikel* S. 40, 90; *Staudinger/Spellenberg* Art. 7 § 1 FamRÄndG Rn. 53; *Zöller/Geimer* Rn. 230.

[505] *Beule* StAZ 1979, 29, 30; *Geimer* IZPR Rn. 2295; *Kleinrahm* StAZ 1969, 57, 58.

[506] *Baumbach/Lauterbach/Hartmann* Rn. 52; *Staudinger/Spellenberg* Art. 7 § 1 FamRÄndG Rn. 31; *Andrae/Heidrich* FamRZ 2004, 1622, 1623 u. FPR 2004, 292, 293; vgl. aber OLG Koblenz FamRZ 2005, 1692 (krit. *Gottwald*).

[507] *Kleinrahm/Partikel* S. 65, 140; *Martiny* Rn. 1686; *Richter* JR 1987, 98, 99; *Staudinger/Spellenberg* Art. 7 § 1 FamRÄndG Rn. 32; *Zöller/Geimer* Rn. 78, 235.

Die Entscheidungen müssen **formell rechtskräftig** sein. Eine Wiederaufnahmemöglichkeit im Ausland bleibt außer Betracht.[508] Wird die Entscheidung dagegen im Ursprungsland im Wiederaufnahmeverfahren aufgehoben, so entfällt die Grundlage für die Anerkennung.[509] Wird die Entscheidung im Ausland erst mit Registrierung oder einer anderen behördlichen Mitwirkung wirksam, so muss dieser Akt bewirkt worden sein, damit eine Wirkungserstreckung zugelassen werden kann.[510] Entscheidungen, die eine ipso iure eingetretene Statusänderung feststellen, fallen nicht unter das Entscheidungsmonopol der LJV.[511] 188

Anerkannt werden können nur **vollständig im Ausland ergangene** Entscheidungen. Durch Art. 17 Abs. 2 EGBGB (idF des IPRG 1986) hat der Gesetzgeber nunmehr ein eindeutiges **Scheidungsmonopol der** nationalen **Gerichte im Inland** festgelegt. Behördliche Entscheidungen, die etwa von einer inländischen Botschaft oder einem Konsulat des Heimatstaates oder von einem geistlichen Gericht auf Grund einer Ermächtigung durch den Heimatstaat auf dem Gebiet der Bundesrepublik vorgenommen werden, können daher nicht anerkannt werden, auch wenn sie nach Heimatrecht bzw. dem anwendbaren Recht wirksam sind. Solche Entscheidungen sind zwar ausländischer Art und unterliegen damit der (negativen) Feststellungskompetenz der LJV;[512] sie können aber nicht anerkannt werden.[513] Die früher vertretene Gegenansicht[514] kann de lege lata nicht aufrechterhalten werden. 189

c) DDR-Entscheidungen. Zu DDR-Entscheidungen s. Voraufl. Rn. 173. 190

d) Privatscheidungen. Auch Privatscheidungen sind anerkennungsfähig.[515] Nach überwiegender Ansicht unterliegen sie dem Feststellungsmonopol der LJV aber nur, wenn eine **ausländische Behörde** an ihrem Vollzug **mitgewirkt** hat. Während früher eine konstitutive Mitwirkung verlangt wurde,[516] begnügt sich die heute hM mit einer deklaratorischen Mitwirkung (zB einer Beurkundung oder Registrierung),[517] zumal sonst die Abgrenzung zur gerichtlichen Scheidung zweifelhaft würde.[518] Die Mitwirkung eines (ausländischen) geistlichen Gerichts genügt, wenn es mit staatlicher Ermächtigung tätig wurde.[519] 191

Bei reinen Privatscheidungen **ohne** konstitutive **behördliche Mitwirkung** fehlt es an einer ausländischen „Entscheidung". Nach dem Sinn und Zweck des Feststellungsverfahrens kann es aber auf eine marginale staatliche Mitwirkung nicht ankommen. Die Wirksamkeit der reinen Privatscheidung ist daher ebenfalls in dem Feststellungsverfahren vor der LJV zu beurteilen.[520] Ihre Anerkennung folgt aber nicht aus einer Analogie zu § 328, sondern aus ihrer kollisionsrechtlichen Wirksamkeit nach Art. 17, 14 EGBGB.[521] Lässt das danach anwendbare ausländische Scheidungsstatut die Privatscheidung zu, so wird diese auch anerkannt, wenn einer der Ehegatten Deutscher ist.[522] Jedoch kann der Anerkennung unter Umständen der deutsche ordre public entgegenstehen.[523] Ist deutsches Recht für die Scheidung maßgebend, kann die ausländische Privatscheidung nicht anerkannt werden.[524] 192

---

[508] OLG Düsseldorf StAZ 1975, 189; *Martiny* Rn. 1684.

[509] BGHZ 118, 319, 321 = NJW 1992, 3096, 3098; BayObLG FamRZ 1998, 1305.

[510] *Baumbach/Lauterbach/Hartmann* Rn. 52; *Kleinrahm/Partikel* S. 70 f.

[511] *Kleinrahm/Partikel* S. 79; *Martiny* Rn. 1683.

[512] *Staudinger/Spellenberg* Art. 7 § 1 FamRÄndG Rn. 34 f.

[513] *Lorbacher* FamRZ 1979, 771, 772; MünchKommBGB/*Winkler von Mohrenfels* Art. 17 EGBGB Rn. 86 ff.

[514] Vgl. *Gottwald* StAZ 1981, 82, 84; *Kegel* IPRax 1983, 22, 24.

[515] BGHZ 82, 34, 43 = NJW 1982, 517; JM Baden-Württemberg FamRZ 2001, 1018; BayObLG FamRZ 1994, 1263; OLG Frankfurt NJW 1990, 646; *Richter* JR 1987, 98, 99.

[516] Vgl. LG Stuttgart FamRZ 1968, 391; *Lorbacher* FamRZ 1979, 772.

[517] BGHZ 82, 34, 41 = NJW 1982, 517; BayObLG FamRZ 1994, 1263, 1264; BayObLG FamRZ 1998, 1594; OLG Celle FamRZ 1998, 757; *Palandt/Heldrich* Art. 17 EGBGB Rn. 36.

[518] Zur Rabbinatsscheidung vgl. BGH FamRZ 1994, 434 u. *Scheftelowitz* FamRZ 1995, 593.

[519] BayObLG FamRZ 1985, 75; *Staudinger/Spellenberg* Art. 7 § 1 FamRÄndG Rn. 32; vgl. *Martiny* Rn. 1762; zur Rabbinatscheidung in Israel vgl. *Scheftelowitz* FamRZ 1995, 593.

[520] *Andrae/Heidrich* FamRZ 2004, 1622, 1626 u. FPR 2004, 292, 293; *Martiny* Rn. 1753; *Rahm/Künkel/Breuer* VIII 170; *Richter* JR 1987, 98, 102; *Staudinger/Spellenberg* Art. 7 § 1 FamRÄndG Rn. 39 f.; krit. *Schack* Rn. 895 f.

[521] BGHZ 110, 267 = FamRZ 1990, 607, 609; BGH FamRZ 1994, 434, 435 = IPRax 1995, 111 (dazu *Henrich* S. 86); JM Baden-Württemberg FamRZ 2001, 1018; *Martiny* Rn. 1744; *Staudinger/Spellenberg* § 328 Rn. 504; *Zöller/Geimer* Rn. 236.

[522] OLG Frankfurt NJW 1985, 1293 = IPRax 1985, 48; *Richter* JR 1987, 98, 102.

[523] *Martiny* Rn. 1749; *Staudinger/Spellenberg* § 328 Rn. 564 ff.; vgl. OLG Koblenz FamRZ 1993, 563.

[524] BGHZ 110, 267 = NJW 1990, 2194 = FamRZ 1990, 607; BayObLG FamRZ 1994, 1263, 1264 f.; OLG Celle FamRZ 1998, 757. Zu Recht verneint für Vertragsscheidung von Thailändern in der Bonner Botschaft: *Staudinger/Spellenberg* Rn. 590.

193 **Inländische Privatscheidungen** verstoßen gegen das durch Art. 17 Abs. 2 EGBGB (idF des IPRG 1986) angeordnete Scheidungsmonopol der deutschen Gerichte. Sie sind daher im Inland ohne Wirkung auf den Bestand der Ehe.[525] Die zur früheren Rechtslage teilweise vertretene gegenteilige Ansicht lässt sich nicht mehr aufrechterhalten (s. Rn. 189). Nach Art. 7 § 1 Abs. 7 FamRÄndG kann aber begehrt werden, die Unwirksamkeit der inländischen Privatscheidung verbindlich festzustellen. Ein positiver Anerkennungsantrag ist zulässig, aber unbegründet.[526] Anerkannt werden kann dagegen eine Privatscheidung nach ausländischem Scheidungsstatut, wenn zwar eine Vorbereitungshandlung (zB Vollmachtserteilung) im Inland, der konstitutive Scheidungsakt aber im Ausland stattfand.[527] Eine talaq-Scheidung wird danach nicht anerkannt, wenn die Verstoßung im Inland erklärt wurde, selbst wenn die Scheidungswirkung erst nach Mitteilung an die zuständige Heimatbehörde und nach Ablauf einer Überlegungsfrist wirksam wird.[528]

194 **e) Entscheidungen des gemeinsamen Heimatstaates.** Nach Art. 7 § 1 Abs. 1 S. 3 FamRÄndG hängt die Anerkennung der Heimatstaatenentscheidung nicht von der Feststellung der LJV ab. Die Anerkennung erfolgt daher ipso iure und kann durch Gerichte und Behörden inzident erfolgen.[529] Ein fakultatives Feststellungsverfahren ist aber dennoch zulässig,[530] da sonst in Zweifelsfällen die Anerkennungsfähigkeit nur auf Feststellungsklage gemäß § 632[531] inter partes geklärt werden könnte. Das Verfahren ist notwendig, wenn zweifelhaft ist, ob es sich um eine Entscheidung des gemeinsamen Heimatstaats handelt.[532]

195 Das Feststellungsverfahren ist nur dann entbehrlich, wenn beide Ehegatten zZ des Erlasses der ausländischen Entscheidung gemeinsam die Staatsangehörigkeit des entscheidenden Staates besessen haben.[533] Auf Verwaltungs- oder Privatscheidungen ist die Ausnahmeregel wegen der gleichen Interessenlage analog anzuwenden: ein förmliches Feststellungsverfahren ist entbehrlich.[534] Der Wegfall des Feststellungsmonopols der LJV lässt aber die Anerkennungsvoraussetzungen nach § 328 Abs. 1 Nr. 1 bis 4 bzw. bei Privatscheidungen nach Art. 17, 14 EGBGB unberührt.[535]

196 Besitzt einer der Ehegatten die **deutsche Staatsangehörigkeit,** so muss ein Anerkennungsverfahren vor der LJV erfolgen. Dies gilt auch, wenn einer der Ehegatten neben der deutschen Staatsangehörigkeit die Staatsangehörigkeit des Entscheidungsstaates besitzt.[536] Vor Erlass des IPRG wurde häufig darauf abgestellt, ob die deutsche Staatsangehörigkeit die effektive war oder nicht.[537] Einen Vorrang der deutschen Staatsangehörigkeit hat der Gesetzgeber in Art. 5 Abs. 1 S. 2 EGBGB nur bei der Anwendung ausländischen Rechts angeordnet. Deshalb wird teilweise die Ansicht vertreten, für Art. 7 § 1 S. 3 FamRÄndG sei weiterhin auf die effektive Staatsangehörigkeit abzustellen.[538]

197 Besitzt einer der Ehegatten dagegen **mehrere ausländische Staatsbürgerschaften,** so kommt es analog Art. 5 Abs. 1 S. 1 EGBGB auf die gemeinsame effektive Staatsangehörigkeit an,[539] sofern man nicht Eheentscheidungen bei Mehrstaatern stets dem Feststellungsverfahren unterwerfen will.[540]

---

[525] LJV Baden-Württenberg IPRax 1988, 170, 171 und OLG Stuttgart IPRax 1988, 172 (dazu *Beule* S. 150); vgl. auch *Krzywon* StAZ 1989, 93, 104 f.

[526] *Staudinger/Spellenberg* Rn. 584; *Andrae/Heidrich* FamRZ 2004, 1622, 1626.

[527] BGHZ 82, 34 = FamRZ 1982, 46 = NJW 1982, 519; *Stein/Jonas/Roth* Rn. 193; *Staudinger/Spellenberg* Art. 7 § 1 FamRÄndG Rn. 37.

[528] BayObLG FamRZ 1985, 1258; OLG Stuttgart IPRax 1988, 172; vgl. *Staudinger/Spellenberg* Rn. 587 ff.

[529] BayObLG FamRZ 2002, 163; OLG Stuttgart FamRZ 2003, 1019; AG Weilburg FamRZ 2000, 169; *Staudinger/Spellenberg* Art. 7 § 1 FamRÄndG Rn. 55.

[530] BGHZ 112, 127 = NJW 1990, 3081; LJV Nordrhein-Westfalen IPRax 1986, 177, 179; *Andrae/Heidrich* FPR 2004, 292, 293; *Staudinger/Spellenberg* Art. 7 § 1 FamRÄndG Rn. 70; *Stein/Jonas/Roth* Rn. 209; aA OLG Frankfurt FamRZ 1971, 373; *Zöller/Geimer* Rn. 245.

[531] Vgl. *Staudinger/Spellenberg* Art. 7 § 1 FamRÄndG Rn. 71; *Andrae/Heidrich* FamRZ 2004, 1622, 1627.

[532] Präs. OLG Frankfurt IPRax 2000, 124.

[533] OLG Frankfurt NJW 1971, 1528, 1529; *Geimer* NJW 1971, 2138, 2139; *Kleinrahm/Partikel* S. 93 f.; *Stein/Jonas/Roth* Rn. 206.

[534] LJV Schleswig-Holstein StAZ 1976, 320; *Martiny* Rn. 1758; *Staudinger/Spellenberg* Art. 7 § 1 FamRÄndG Rn. 68; aA *Rahm/Künkel/Breuer* VIII 172; *Kleinrahm/Partikel* S. 92 f.; *Krzywon* StAZ 1989, 93, 95; *Stein/Jonas/Roth* Rn. 207.

[535] *Hausmann* S. 290; *Kleinrahm/Partikel* S. 95 f.; *Staudinger/Spellenberg* Art. 7 § 1 FamRÄndG Rn. 55.

[536] BayObLG FamRZ 1990, 897, 898; 1998, 1594; *Kleinrahm/Partikel* S. 94; *Stein/Jonas/Roth* Rn. 208.

[537] OLG Stuttgart FamRZ 1968, 390; dafür wohl auch BGH FamRZ 1982, 1203, 1204 = NJW 1983, 514, 515; BGH IPRax 1986, 382 = FamRZ 1986, 345, 346 (beide vor Erlaß des IPRG).

[538] *Staudinger/Spellenberg* Art. 7 § 1 FamRÄndG Rn. 63.

[539] *Staudinger/Spellenberg* Art. 7 § 1 FamRÄndG Rn. 66.

[540] *Richter* JR 1987, 98, 99; *Krzywon* StAZ 1989, 93, 95.

Heimatlose Ausländer, Flüchtlinge, Asylberechtigte und **Staatenlose** sind den Angehörigen des jeweiligen Aufenthaltsstaates gleichzustellen.[541] In Staaten mit unterschiedlichen Teilrechtsordnungen im Eherecht ist darauf abzustellen, ob die Entscheidung im gleichen Einzelstaat erging, in dem die Eheleute ihren Wohnsitz haben.[542] 198

3. Feststellungsmonopol der LJV bzw. des OLG-Präsidenten. a) Inhalt. Über die Anerkennung ausländischer Entscheidungen in Ehesachen hat ausschließlich die LJV zu entscheiden. Ihre positive oder negative Feststellung ist für alle inländischen Gerichte und Behörden verbindlich (Art. 7 § 1 Abs. 8 FamRÄndG). Überprüft werden kann sie nur im Verfahren vor dem OLG nach Art. 7 § 1 Abs. 4 FamRÄndG (s. Rn. 222ff.).[543] Auch vor Erlass des Bescheides der LJV ist eine Klage auf Feststellung der Anerkennungsfähigkeit der ausländischen Ehescheidung bzw. auf Feststellung, dass die betroffene Ehe nicht mehr oder noch besteht, unzulässig.[544] Das Verfahren kann nicht an die LJV verwiesen werden. Vor einer Entscheidung der LJV kann die ausländische Ehescheidung auch nicht lediglich als Vorfrage bejaht werden; Gerichte und Verwaltung müssen das ausländische Urteil vielmehr als nicht existent behandeln. Damit besitzt die LJV eine **ausschließliche Vorfragenkompetenz.**[545] 199

Eingeschränkt wird die Feststellungskompetenz der LJV nach der sog. **lex causae-Theorie.** 200 Nach dieser richtet sich die Inlandswirkung eines ausländischen Gestaltungsurteils nicht nach § 328, sondern nach der vom deutschen Recht berufenen lex causae (s. Rn. 8, 102, 154f.). Anerkannt werden kann die Gestaltungswirkung eines ausländischen Urteils danach nur, wenn die angeordnete Rechtsgestaltung nach dem nach dem deutschen IPR maßgebenden Recht wirksam ist. Diese Lehre vermeidet zwar hinkende Scheidungen. Doch hat der Gesetzgeber gerade auf einen kollisionsrechtlichen Vorbehalt verzichtet. Auch würde das Verfahren vor der LJV danach nur die prozessuale Inzidentanerkennung ausschließen, wenn es gerade auf die Rechtskraft der ausländischen Entscheidung ankommt. In anderen Fällen könnte die Änderung der materiellen Rechtslage auf Grund des Eheurteils inzident beurteilt werden. Mit dem Sinn und Zweck des Feststellungsverfahrens, aber auch mit der ausschließlich prozessualen Konzeption der Anerkennung ausländischer Ehescheidungen ist diese Lehre nicht vereinbar und daher abzulehnen.[546] Die Gestaltungswirkung des ausländischen Urteils richtet sich freilich nach der tatsächlich angewandten lex causae.[547]

Aus der Anerkennung des Scheidungsurteils eines Drittstaates folgt nicht notwendig die **Fähigkeit zur Wiederverheiratung.** Diese ist vielmehr selbstständig nach Art. 13 EGBGB zu beurteilen. Besteht sie nach Heimatrecht nicht, ist die inländische Eheschließung ggf. über Art. 13 Abs. 2 EGBGB zu ermöglichen.[548] 201

b) Auswirkungen auf gerichtliche Verfahren. Hat das inländische Verfahren den gleichen Streitgegenstand wie die im Ausland ergangene Entscheidung, so steht ihm ab der förmlichen Anerkennung die Rechtskraft als negative Prozessvoraussetzung entgegen. Da das Gericht diese aber nicht selbstständig berücksichtigen kann, führt das Entscheidungsmonopol der LJV zu einem **Verfahrenshindernis,** das im inländischen Verfahren von Amts wegen zu berücksichtigen ist.[549] Nach Ansicht des BGH hat ein Gericht sein Verfahren analog §§ 151ff. auszusetzen, wenn eine Partei dies beantragt und eine Frist für die Einleitung des Feststellungsverfahrens vor der LJV zu setzen. Wird kein Aussetzungsantrag gestellt, so hat das Gericht von Amts wegen nach § 148 über die Aussetzung zu entscheiden. Eine Aussetzung unterbleibt, wenn die Voraussetzungen für eine Anerkennung der ausländischen Entscheidung offensichtlich fehlen.[550] Hiergegen wurde zu Recht eingewandt, dass das Entscheidungsmonopol nicht von der tatsächlichen Antragstellung und auch nicht 202

---

[541] Art. 12 Genfer Flüchtlings-Abkommen 1951; Art. 12 UN-Übk. über die Rechtsstellung der Staatenlosen 1954; § 2 Abs. 1 AsylVfG 1993; *Martiny* Rn. 1701; *Staudinger/Spellenberg* Art. 7 § 1 FamRÄndG Rn. 64 (der Flüchtling soll sich aber auf sein Heimatrecht berufen dürfen).

[542] *Martiny* Rn. 1702; aA für US-Staaten: *Krzywon* StAZ 1989, 93, 95.

[543] *Baumbach/Lauterbach/Hartmann* Rn. 68; *Kleinrahm/Partikel* S. 41; *Martiny* Rn. 1666; *Zöller/Geimer* Rn. 222, 264.

[544] OLG Köln FamRZ 1998, 1303, 1304; *Rahm/Künkel/Breuer* VIII 169; *Staudinger/Spellenberg* Art. 7 § 1 FamRÄndG Rn. 12.

[545] BGH NJW 1983, 514, 515; OLG Köln IPRax 1999, 48; *Kleinrahm/Partikel* S. 39; *Zöller/Geimer* Rn. 225; *Staudinger/Spellenberg* Art. 7 § 1 FamRÄndG Rn. 13.

[546] Vgl. *Basedow* S. 55ff.; *Martiny* Rn. 1666; *Zöller/Geimer* Rn. 250.

[547] *Staudinger/Spellenberg* Rn. 135, 137.

[548] *Staudinger/Spellenberg* Rn. 138.

[549] BayObLG NJW 1974, 1628, 1629; *Geimer* IZPR Rn. 2279f.; *Martiny* Rn. 1673; *Stein/Jonas/Roth* Rn. 200; wohl auch *Hausmann* S. 305.

[550] BGH FamRZ 1982, 1203 = IPRax 1983, 292 (m. Anm. *Basedow* S. 278) = NJW 1983, 514; ähnlich OLG Köln FamRZ 1998, 1303 = IPRax 1999, 48; *Basedow/Bürgle* IPRax 1984, 83, 85.

davon abhängt, ob eine Anerkennung offensichtlich ausscheidet. Größere Rechtssicherheit erreicht man daher, wenn man die Aussetzung in allen Fällen der Vorgreiflichkeit als zwingend ansieht.[551] Ein inländisches Eheaufhebungsverfahren wegen Doppelehe (§§ 1306, 1314 Abs. 1 BGB) ist daher auszusetzen, bis endgültig über die Anerkennung der ausländischen Ehescheidung befunden wurde.[552]

203 Ist ein **Verfahren im Ausland anhängig,** eine ausländische Entscheidung noch nicht ergangen, so kann das Feststellungsverfahren nicht eingeleitet werden; für das inländische Verfahren besteht kein Prozesshindernis. Das befasste Gericht kann daher selbstständig entscheiden, ob die ausländische Entscheidung später voraussichtlich im Inland anerkannt werden kann.[553]

204 Die Vorfragenkompetenz der LJV hindert die Gerichte schließlich nicht daran, den Parteien **vorläufigen Rechtsschutz** zu gewähren.[554]

205 **c) Neben- und Folgeentscheidungen.** Neben- und Folgeentscheidungen unterliegen nicht dem Feststellungsverfahren. Die förmliche Anerkennung beschränkt sich auf die Statusentscheidung,[555] ohne etwaigen Schuldausspruch.[556] Folgeentscheidungen des Eheurteils können aber erst nach Anerkennung durch die LJA anerkannt werden.[557] Ein Verfahren auf Anerkennung oder Vollstreckbarerklärung der Folgeentscheidung ist jedoch abzuweisen und nicht auszusetzen, wenn die Folgeentscheidung selbst nicht nach § 328 anerkannt werden kann,[558] nach hM auch, wenn eine Anerkennung der vorgreiflichen Hauptentscheidung offensichtlich ausscheidet.[559]

206 Nach wohl hM ist das Feststellungsmonopol der LJV auch bei der Anerkennung von Folgeentscheidungen auf Grund von Staatsverträgen zu beachten. Da Art. 7 S. 1 des **Haager Minderjährigenschutzabkommens** (MSA) von 1961 anordnet, dass alle Schutzmaßnahmen eines ausländischen Staates im Inland anzuerkennen sind, nehmen viele an, die Anerkennung der Schutzmaßnahme könne nicht von der vorherigen förmlichen Anerkennung der Ehesache abhängig gemacht werden.[560] Die wohl hM betont dagegen, dass ein internationales Abkommen die Vorfragenproblematik nicht regele und es daher bei der allgemeinen innerstaatlichen Ordnung bleiben müsse.[561] Allzu große praktische Bedeutung hat die Streitfrage jedoch nicht, denn einstweilige Maßnahmen des deutschen Gerichts sind auch vor der Feststellung der LJV zulässig und Regelungen für die Zeit bis zur Scheidung sind selbstständig anzuerkennen.[562] Außerdem muss die Ehescheidung für die anzuerkennende Maßnahme wirklich vorgreiflich sein. Da das Sorgerecht auch ohne Ehescheidung entzogen oder anders verteilt werden kann, erscheint dies zweifelhaft.[563]

207 Das gleiche Problem stellt sich bei der Anerkennung von **Annex-Unterhaltsentscheidungen.** Für EuGVO bzw. EuGVÜ/LugÜ meinen manche, die Anerkennung einer **Unterhaltsentscheidung** habe hier selbstständig zu erfolgen.[564] Überwiegend wird aber aus Gründen der Rechtssicherheit und des innerstaatlichen Entscheidungseinklangs verlangt, dass zuvor ein bindender Bescheid der LJV über die Anerkennungsfähigkeit des Scheidungsurteils ergangen ist.[565] Handelt es sich um eine Unterhaltsentscheidung im Anwendungsbereich des Haager Übereinkommens über die Anerkennung und Vollstreckung von Unterhaltsentscheidungen **(HUVÜ) 1973,** so soll die Anerkennung der Annex-Unterhaltsentscheidung nach verbreiteter Ansicht unabhängig von deren

---

[551] *Staudinger/Spellenberg* Art. 7 § 1 FamRÄndG Rn. 16, 18; *Thomas/Putzo/Hüßtege* Rn. 25; *Andrae/Heidrich* FPR 2004, 292, 294.

[552] Vgl. *Basedow* StAZ 1977, 6; für Aussetzung unter Fristsetzung nach § 151: OLG Karlsruhe FamRZ 1991, 92, 93.

[553] OLG Düsseldorf MDR 1974, 1023; *Kleinrahm/Partikel* S. 109; *Martiny* Rn. 1665.

[554] *Martiny* Rn. 1664; *Staudinger/Spellenberg* Art. 7 § 1 FamRÄndG Rn. 24.

[555] *Martiny* Rn. 1670; *Staudinger/Spellenberg* Art. 7 § 1 FamRÄndG Rn. 42, 52.

[556] *Krzywon* StAZ 1989, 93, 96; vgl. aber BGH FamRZ 1976, 614.

[557] BGHZ 64, 19 = FamRZ 1975, 273; *Coester* IPRax 1996, 24, 25; *Staudinger/Spellenberg* Art. 7 § 1 FamRÄndG Rn. 18, 52f.

[558] *Schwenn* S. 134, 141.

[559] *Martiny* Rn. 1668; *Rahm/Künkel/Breuer* VIII 244.

[560] KG FamRZ 1974, 146, 149; OLG Köln FamRZ 1979, 718, 719; OLG Karlsruhe DAVorm. 1981, 166; OLG München DAVorm. 1982, 490; *Beitzke* ZfJ 1986, 477, 481; *Mitzkus,* Internationale Zuständigkeit im Vormundschafts-, Pflegschafts- und Sorgerecht, 1982, S. 353, 359ff.; MünchKommBGB/*Siehr* Art. 19 EGBGB Anh. Rn. 281, 293; *Rahm/Künkel/Paetzold* VIII 427; *Stein/Jonas/Roth* Rn. 191, 195.

[561] *Goerke* StAZ 1976, 267, 273; *Staudinger/Kropholler* Vor Art. 18 EGBGB Rn. 626f.; *Zöller/Geimer* Rn. 230.

[562] *Staudinger/Spellenberg* Art. 7 § 1 FamRÄndG Rn. 24.

[563] Vgl. OLG Frankfurt IPRax 1996, 38 (krit. *Coester* S. 24).

[564] *Hausmann* IPRax 1981, 5, 6; *Martiny* Rn. 1672; *Rahm/Künkel/Breuer* VIII 276.

[565] *Heiß/Born/Henrich* Unterhaltsrecht (Stand 2001), Kap. 32 Rn. 13; *Staudinger/Kropholler* Vor Art. 18 EGBGB Rn. 627; *Zöller/Geimer* Rn. 230.

förmlicher Anerkennung zulässig sein.[566] Schließlich ist zu beachten, dass Kindesunterhalt nicht von der Scheidung der Eltern abhängt, sodass eine entsprechende Regelung in einem Verbund-Urteil stets ohne Rücksicht auf die Ehescheidung anerkannt werden kann.[567]

4. Verwaltungsverfahren vor der LJV bzw. vor dem OLG-Präsidenten. a) Zuständigkeit. Sachlich zuständig für das Feststellungsverfahren ist die LJV. Diese schickt eine Abschrift eines jeden Antrages und Bescheides an die Zentralkartei, die im Bundesjustizministerium geführt wird.[568] 208

Örtlich zuständig ist nach Art. 7 § 1 Abs. 2 FamRÄndG die Justizverwaltung des Landes des gewöhnlichen Aufenthalts eines Ehegatten, hilfsweise die Justizverwaltung, in deren Bereich eine neue Ehe geschlossen werden soll, hilfsweise die Justizverwaltung des Landes Berlin. Die Zuständigkeit kann an den Aufenthaltsort des Antragstellers oder des Antragsgegners angeknüpft werden.[569] Bei unterschiedlichen Aufenthaltsorten in verschiedenen Bundesländern werden konkurrierende Zuständigkeiten begründet. Analog § 4 FGG schließt die Zuständigkeit der zuerst angerufenen Behörde die der anderen aus.[570] Erforderlich ist, dass die örtliche Zuständigkeit bei Antragstellung besteht; ihr späterer Wegfall ist unschädlich.[571] 209

Nach Art. 7 § 1 Abs. 2a FamRÄndG (vom 24. 6. 1994) können die Bundesländer die Zuständigkeit durch Rechtsverordnung von der LJV auf einen **Präsidenten des Oberlandesgerichts** übertragen. Von dieser Ermächtigung haben bislang Baden-Württemberg, Bayern (OLG München), Bremen, Hessen, Niedersachsen, Nordrhein-Westfalen (OLG Düsseldorf), Saarland, Sachsen (OLG Dresden) und Sachsen-Anhalt (OLG Naumburg) Gebrauch gemacht.[572] 210

b) Antrag. Der Antrag auf Anerkennung bzw. Nichtanerkennung (s. Abs. 7) kann formlos und unbefristet gestellt werden. Nach § 159f der Dienstanweisung für die Standesbeamten kann er auch beim Standesbeamten gestellt werden; dieser leitet ihn an die LJV weiter.[573] Der Antrag kann bis zur Wirksamkeit des Feststellungsbescheides zurückgenommen werden. Ein positiver Feststellungsantrag kann in einen negativen Feststellungsantrag geändert werden. Soweit ein Antrag gestellt werden kann, ist eine Feststellungsklage nach § 632 unzulässig.[574] 211

Streitig ist, ob das **Antragsrecht** unter besonderen Umständen **verwirkt** werden kann.[575] Hiergegen spricht, dass dann ein Gerichtsverfahren, das wegen des Feststellungsmonopols ausgesetzt wird, in der Schwebe bleibt.[576] Bedenklich erscheint auch, den staatlich garantierten Rechtsschutz ohne klare gesetzliche Grundlage einzuschränken. Zutreffender dürfte daher sein, die besonderen Umstände materiell-rechtlich zu deuten. Sieht das anwendbare ausländische Recht vor, dass eine Entscheidung unwirksam wird, wenn sie längere Zeit nicht geltend gemacht wird, so ist dies stets zu berücksichtigen. Darüber hinaus kann die Berufung auf eine ausländische Entscheidung im Einzelfall in Widerspruch zum eigenen Verhalten der Parteien (langjähriges Zusammenleben der Eheleute trotz Scheidung usw.) stehen und deshalb treuwidrig sein. In solchen Fällen ist die Berufung auf die ausländische Scheidung materiell verwirkt.[577] Umgekehrt kann auch die Berufung auf Anerkennungsversagungsgründe verwirkt sein, wenn ein Scheidungsurteil jahrelang hingenommen wird.[578] Nicht missbräuchlich ist es dagegen, sich gegen die Anerkennung einer ausländischen Scheidung zu wehren und gleichzeitig im Inland selbst die Scheidung zu betreiben, zumindest wenn die Inlandsscheidung zu günstigeren Rechtsfolgen führt.[579] 212

---

[566] *Heiß/Born/Henrich* (Fn. 76) Kap. 32 Rn. 17; *Geimer* IPRax 1992, 5, 9; *Martiny* Bd. III/2 Kap. II Rn. 358; *Rahm/Künkel/Breuer* VIII 276; *Staudinger/Kropholler* Anh. III zu Art. 18 EGBGB Rn. 156; s. Art. 3 HUVÜ 1973 Rn. 1.

[567] OLG Köln FamRZ 1979, 718; OLG München IPRax 1982, 490; *Baumann* IPRax 1990, 28, 29; *Rahm/Künkel/Breuer* VIII 174; *Zöller/Geimer* Rn. 230; aA OLG Hamm FamRZ 1989, 785 (für Polen) = IPRax 1990, 59 (m. Anm. *Henrich*); OLG Celle FamRZ 1990, 1390 = IPRax 1991, 62 (m. abl. Anm. *Henrich*).

[568] *Martiny* Rn. 1706.

[569] *Kleinrahm/Partikel* S. 169; *Martiny* Rn. 1707.

[570] *Kleinrahm/Partikel* S. 169.

[571] *Martiny* Rn. 1710, *Staudinger/Spellenberg* Art. 7 § 1 FamRÄndG Rn. 120.

[572] Vgl. *Staudinger/Spellenberg* Art. 7 § 1 FamRÄndG Rn. 114.

[573] Muster in StAZ 1981, 66f.

[574] *Andrae/Heidrich* FPR 2004, 292, 294.

[575] Dafür BayObLG FamRZ 1975, 700; 1985, 1258, 1259; OLG Düsseldorf FamRZ 1988, 198; dagegen *Zöller/Geimer* Rn. 253.

[576] *Staudinger/Spellenberg* Art. 7 § 1 FamRÄndG Rn. 141 ff.

[577] *Martiny* Rn. 1712; *Staudinger/Spellenberg* Art. 7 § 1 FamRÄndG Rn. 142; vgl. *Zöller/Geimer* Rn. 253.

[578] BayObLG FamRZ 2002, 1637; JM Baden-Württemberg FamRZ 1995, 1411; *Staudinger/Spellenberg* Art. 7 § 1 FamRÄndG Rn. 143.

[579] JM Baden-Württemberg FamRZ 2001, 1015, 1017.

213 c) **Antragsberechtigung.** Nach Art. 7 § 1 Abs. 3 S. 2 FamRÄndG ist jeder antragsberechtigt, der ein rechtliches Interesse an der Anerkennung glaubhaft machen kann.[580] Dieses rechtliche Interesse besteht für jeden der Ehegatten, für den Verlobten,[581] den Partner einer neuen Ehe, für Kinder, Erben eines der Eheleute,[582] die Verwaltungsbehörde (§ 1316 BGB) in Fällen der Eheaufhebungsklage,[583] sowie für Sozialversicherungsträger,[584] Finanzämter[585] und den Bundesbeauftragten für die Verteilung von Aussiedlern bzw. die Durchgangsstelle für Aussiedler,[586] solange die Vorfrage einer wirksamen Scheidung noch eine praktische Rolle spielt.[587] Gerichte und Standesbeamte haben dagegen kein eigenes Feststellungsinteresse.[588]

214 d) **Verwaltungsverfahren.** Das Verfahren unterliegt nicht den Verwaltungsverfahrensgesetzen der Länder, da die LJV insoweit nicht der Kontrolle der Verwaltungsgerichte unterliegt.[589] Es gelten deshalb nur allgemeine Grundsätze für das Verwaltungshandeln. Danach ist der Sachverhalt, unter Ausschöpfung der Beweismittel, von Amts wegen zu ermitteln.[590] Der **Untersuchungsgrundsatz** gilt hier (anders als sonst) auch für die Anerkennungsvoraussetzungen.[591] Dem Antragsteller kann die Beibringung von Unterlagen aufgegeben werden.[592] Zeugniszwang darf nicht geübt, ein Eid nicht abgenommen werden.[593] Den Beteiligten ist nach Art. 103 Abs. 1 GG bzw. Art. 20 Abs. 3 GG rechtliches Gehör zu gewähren.[594] Aus dem Rechtsstaatsprinzip folgt die Pflicht, ablehnende Bescheide zu begründen.[595]

215 e) **Bescheid.** Der Antrag kann als unzulässig oder als unbegründet zurückgewiesen werden. Die sachliche Zurückweisung eines Antrags darf nicht von Amts wegen mit der entgegengesetzten Feststellung verbunden werden.[596] Wird der Antrag als **unzulässig** zurückgewiesen, so hat der Bescheid keine Feststellungswirkung. Ein erneuter Antrag ist zulässig.[597]

216 Ob die Zurückweisung eines Antrags als unbegründet allgemeine Bindungswirkung gemäß Art. 7 § 1 Abs. 8 FamRÄndG hat, ist streitig. An sich wäre nur gerechtfertigt, wenn in dem Verfahren allen Beteiligten rechtliches Gehör gewährt werden könnte. Dies ist aber aus praktischen Gründen nicht möglich. Deshalb sollen nach einer Meinung andere Beteiligte stets einen neuen Anerkennungsantrag stellen, der bisherige Antragsteller dagegen nur eine Überprüfung durch das OLG beantragen können.[598] Hiergegen spricht freilich der Zweck des Verfahrens. Auch vor dem Erlass positiver Bescheide können nicht alle denkbaren Antragsberechtigte gehört werden. Deshalb ist eine allgemeine **Bindungswirkung** auch **ablehnender Bescheide** anzuerkennen; jeder Beteiligte kann aber unbefristet Antrag auf Entscheidung des OLG stellen (s. u. Rn. 222).[599]

217 Ist der Anerkennungsantrag **begründet,** so hat der Bescheid die **Feststellungswirkung,** dass die Voraussetzungen für die Anerkennung vorliegen (Art. 7 § 1 Abs. 5 S. 1 FamRÄndG). Die LJV darf die ausländische Entscheidung dabei weder ergänzen noch abändern. Der Bescheid wird wirksam für alle Beteiligten, wenn er dem Antragsteller zugeht (Art. 7 § 1 Abs. 5 S. 2 FamRÄndG). Von diesem Augenblick an ist auch die LJV an den Bescheid gebunden;[600] analog § 18 FGG bzw. § 48 VwVfG kann sie den Bescheid aber ändern, wenn neue Tatsachen eintreten oder nachträglich bekannt werden, die auf die Anerkennungsverfahren Auswirkungen haben können.[601]

---

580 Vgl. *Rahm/Künkel/Breuer* VIII 173; *Richter/Krzywon* IPRax 1988, 349; *Staudinger/Spellenberg* Art. 7 § 1 FamRÄndG Rn. 124–140.

581 *Kleinrahm/Partikel* S. 170 f.; *Martiny* Rn. 1717; *Richter* JR 1987, 98, 100; *Stein/Jonas/Roth* Rn. 220.

582 BGH FamRZ 1990, 1100; BayObLG FamRZ 1999, 1588; KG FamRZ 1988, 641, 642.

583 Vgl. *Staudinger/Spellenberg* Art. 7 § 1 FamRÄndG Rn. 136.

584 KG NJW 1970, 2169 = FamRZ 1970, 664; OLG Koblenz IPRax 1988, 359 (dazu *Richter/Krzywon* S. 349); *Martiny* Rn. 1719; *Richter* JR 1987, 98, 100.

585 *Geimer* NJW 1967, 1402; aA *Staudinger/Spellenberg* Art. 7 § 1 FamRÄndG Rn. 139.

586 *Krzywon* StAZ 1989, 93, 97.

587 Vgl. BayObLG FamRZ 2001, 1622.

588 *Staudinger/Spellenberg* Art. 7 § 1 FamRÄndG Rn. 135, 137; *Zöller/Geimer* Rn. 252.

589 *Martiny* Rn. 1720; *Staudinger/Spellenberg* Art. 7 § 1 FamRÄndG Rn. 145.

590 *Staudinger/Spellenberg* Art. 7 § 1 FamRÄndG Rn. 146; *Geimer* IZPR Rn. 3035.

591 *Staudinger/Spellenberg* (Fn. 101).

592 BayObLG FamRZ 1990, 897, 899; *Staudinger/Spellenberg* Art. 7 § 1 FamRÄndG Rn. 147.

593 *Staudinger/Spellenberg* Art. 7 § 1 FamRÄndG Rn. 148.

594 Vgl. *Staudinger/Spellenberg* Art. 7 § 1 FamRÄndG Rn. 150 ff.

595 *Martiny* Rn. 1722; *Geimer* IZPR Rn. 3041; *Staudinger/Spellenberg* Art. 7 § 1 FamRÄndG Rn. 169.

596 *Martiny* Rn. 1723; *Staudinger/Spellenberg* Art. 7 § 1 FamRÄndG Rn. 166; *Geimer* IZPR Rn. 3040.

597 BayObLG NJW 1978, 1628, 1630; *Staudinger/Spellenberg* Art 7 § 1 FamRÄndG Rn. 94.

598 OLG München NJW 1962, 2013; KG FamRZ 1969, 96.

599 *Staudinger/Spellenberg* Art. 7 § 1 FamRÄndG Rn. 96.

600 *Staudinger/Spellenberg* Art. 7 § 1 FamRÄndG Rn. 82 f.

601 BayObLGZ 1999, Nr. 47 = FamRZ 2000, 836, 837; *Staudinger/Spellenberg* Art. 7 § 1 FamRÄndG Rn. 85.

Der Anerkennungsbescheid hat keine konstitutive,[602] sondern als feststellender Akt nur **deklaratorische Wirkung.**[603] Die positive Feststellung wirkt daher auf den Zeitpunkt des Wirksamwerdens der Entscheidung zurück.[604] Nur wenn die Anerkennungsvoraussetzungen erst später durch eine nachträgliche Gesetzesänderung entstanden sind, wirkt die Feststellung lediglich auf den Zeitpunkt des Inkrafttretens dieser Regelung zurück.[605] 218

Entspricht die LJV dem Anerkennungsantrag, so sind alle **Gerichte und Verwaltungsbehörden** an den Bescheid nach Art. 7 § 1 Abs. 8 **gebunden.** Die positive Entscheidung führt zur Wirkungserstreckung der ausländischen Eheentscheidung (rückwirkend auf den Zeitpunkt des Eintritts der Gestaltungswirkung) auf das Inland;[606] das Vorfragenhindernis für die ex-lege-Anerkennung von Nebenentscheidungen[607] entfällt gleichzeitig. Wird die ausländische Entscheidung im Wiederaufnahmeverfahren aufgehoben, so entfällt die Wirkungserstreckung; der Bescheid wird gegenstandslos.[608] 219

Der Umfang der Bindungswirkung des Bescheides folgt den allgemeinen Rechtskraftgrundsätzen. Gerichte und Behörden sind nur an den Tenor des Bescheides gebunden, nicht an seine Gründe.[609] Stattgebende Bescheide werden auch im Allgemeinen nicht begründet. Neue Anträge des bisherigen Antragstellers oder eines anderen Antragsberechtigten auf Aufhebung des Bescheids und auf neue abweichende Feststellung sind (bei unveränderter Sachlage) unzulässig.[610] 220

f) Kosten. Für eine positive oder negative Sachentscheidung über die Anerkennung einer ausländischen Entscheidung wird nach Art. 7 § 2 Abs. 1 S. 1 FamRÄndG im Verwaltungsverfahren eine Gebühr in Höhe von 10 bis 310 Euro erhoben. 221

5. Das gerichtliche Verfahren. Gegen einen ablehnenden Bescheid der LJV kann der Antragsteller eine Entscheidung des OLG beantragen (Art. 7 § 1 Abs. 4 FamRÄndG). Stattdessen kann er die Entscheidung akzeptieren und etwa im Inland einen neuen Scheidungsantrag stellen. Wird dem Feststellungsantrag stattgegeben, so kann jedoch der Ehegatte, der keinen Antrag gestellt hatte, ebenfalls die Entscheidung des OLG beantragen (Art. 7 § 1 Abs. 5 S. 1 FamRÄndG). **Antragsberechtigt** ist der Antragsteller, dessen Antrag zurückgewiesen wurde, der Ehegatte, der den Antrag nicht gestellt hat, und jeder Dritte, der vor der LJV antragsberechtigt gewesen wäre, auch wenn er keinen Erstantrag gestellt hat.[611] Der Antragsgegner kann neben dem Antrag auf Aufhebung des anerkennenden Bescheids neu die Feststellung beantragen, dass die Anerkennungsvoraussetzungen nicht vorliegen.[612] 222

a) Streitsache der freiwilligen Gerichtsbarkeit. Der Antrag auf Überprüfung durch das OLG bildet in der Sache ein Rechtsmittel gegen einen Justizverwaltungsakt; es handelt sich daher um eine öffentlich-rechtliche Streitsache der freiwilligen Gerichtsbarkeit.[613] In dem Gerichtsverfahren steht dem Antragsteller die LJV als Antragsgegner gegenüber. Soweit das OLG in der Sache selbst entscheidet, handelt es sich sachlich um eine bürgerlich-rechtliche Streitigkeit.[614] 223

b) Zuständigkeit. Sachlich und örtlich **zuständig** ist das OLG, in dessen Bezirk die LJV, die über den Antrag entschieden hat, ihren Sitz hat. Nach Art. 7 § 1 Abs. 6 S. 4 FamRÄndG, § 30 Abs. 1 S. 1 FGG entscheidet ein Zivilsenat beim OLG (künftig gem. § 107 Abs. 7 FamFG). 224

c) Frist. Der Antrag an das OLG ist gesetzlich **nicht fristgebunden.** Dennoch wäre es treuwidrig, wenn der Antragsberechtigte die Entscheidung beliebig lange hinausschieben könnte. Eine **Verwirkung** des Antragsrechts kommt daher in Betracht.[615] Nach Art. 7 § 1 Abs. 6 S. 4 FamRÄndG iVm. § 21 Abs. 2 FGG ist der Antrag förmlich wie eine FG-Beschwerde einzulegen, 225

---

602 *Kleinrahm/Partikel* S. 38.

603 *Hausmann* S. 157; *Martiny* Rn. 1674; *Staudinger/Spellenberg* Art. 7 § 1 FamRÄndG Rn. 75 ff.

604 BGH NJW 1983, 514, 515; OLG Hamm FamRZ 1992, 673, 674; *Staudinger/Spellenberg* Art. 7 § 1 FamRÄndG Rn. 104; *Andrae/Heidrich* FamRZ 2004, 1622, 1623.

605 BayObLG FamRZ 1988, 860, 862 = NJW 1988, 2178 *(Geimer)*.

606 BGH FamRZ 1976, 614, 615.

607 BGH FamRZ 1982, 1203, 1205; *Rahm/Künkel/Breuer* VIII 174.

608 BayObLG FamRZ 1998, 1305, 1306; *Staudinger/Spellenberg* Art. 7 § 1 FamRÄndG Rn. 109.

609 *Kleinrahm* StAZ 1969, 57, 58; *Andrae/Heidrich* FamRZ 2004, 1622, 1623.

610 *Staudinger/Spellenberg* Art. 7 § 1 FamRÄndG Rn. 92 f.

611 OLG Koblenz IPRax 1988, 359 (zustimmend *Richter/Krzywon* S. 349, 351); KG FamRZ 2004, 275, 276; *Staudinger/Spellenberg* Art. 7 § 1 FamRÄndG Rn. 124 ff., 188 f.

612 BayObLG FamRZ 1993, 451.

613 *Kleinrahm/Partikel* S. 35, 176; *Martiny* Rn. 1731; *Staudinger/Spellenberg* Art. 7 § 1 FamRÄndG Rn. 177.

614 *Martiny* Rn. 1731.

615 BayObLG FamRZ 1985, 1259 u. FamRZ 1990, 897, 898; zweifelnd *Staudinger/Spellenberg* Art. 7 § 1 FamRÄndG Rn. 184.

kann also schriftlich oder zu Protokoll der Geschäftsstelle beim OLG (BayObLG) gestellt werden. Anwaltszwang besteht nicht. Der Antrag hat keine aufschiebende Wirkung (Art. 7 § 1 Abs. 6 S. 3 FamRÄndG). Stellt ein Ehegatte den Antrag an das OLG und nimmt darauf der andere Ehegatte seinen Anerkennungsantrag zurück, so ist die Erledigung des Verfahrens festzustellen.[616]

226 **d) Entscheidung des OLG.** Das OLG entscheidet als Tatsacheninstanz, sodass die Beteiligten neue Tatsachen und Beweismittel vorbringen können.[617] Eine mündliche Verhandlung (ohne Anwaltszwang) ist zulässig, aber nicht erforderlich.[618]

227 **e) Wirkung der Entscheidung.** Die Entscheidung des OLG ist endgültig und allgemein bindend (Art. 7 § 1 Abs. 8 FamRÄndG; künftig § 107 Abs. 9 FamFG). Will ein OLG von der früheren Entscheidung eines anderen OLG oder des BGH abweichen, so hat es die Sache dem **BGH** gemäß Art. 7 § 1 Abs. 6 S. 4 FamRÄndG iVm. § 28 Abs. 2, 3 FGG vorzulegen, auch wenn die gesetzliche Vorschrift inzwischen geändert wurde.[619]

228 **f) Kosten.** Für das Verfahren des OLG werden **Gerichtskosten** nach der Kostenordnung erhoben (Art. 7 § 2 Abs. 2 S. 1 FamRÄndG). Wird der Antrag zurückgewiesen, so wird eine Gebühr von 10 bis 310 € erhoben. Bei Rücknahme des Antrags fällt nur die Hälfte dieser Gebühr an. Die Gebühr bestimmt das OLG. Hebt das OLG die Verwaltungsentscheidung auf und entscheidet es in der Sache selbst, so bestimmt es zugleich die Verwaltungsgebühr (Art. 7 § 2 Abs. 2 S. 5 FamRÄndG). Ist der Antrag erfolgreich, so ist das Verfahren vor dem OLG gebührenfrei.[620]

229 Der Gegenstandswert für die **Anwaltsgebühren** richtet sich nach §§ 23, 33 RVG. Entsprechend § 23 Abs. 3 S. 2 RVG ist auf das Einkommen und das Vermögen beider Eheleute abzustellen.[621]

230 Die **Erstattung außergerichtlicher Kosten** und Gerichtskosten, für die nach der Kostenordnung gehaftet wird, richtet sich nach § 13a FGG. Grundsätzlich trägt danach jeder Beteiligte seine eigenen Kosten. Eine Kostenerstattung wird nur ausnahmsweise nach Billigkeit angeordnet, wenn ein Beteiligter dem anderen schuldhaft Kosten verursacht hat.[622]

§ 329 Beschlüsse und Verfügungen

(1) [1]Die auf Grund einer mündlichen Verhandlung ergehenden Beschlüsse des Gerichts müssen verkündet werden. [2]Die Vorschriften der §§ 309, 310 Abs. 1 und des § 311 Abs. 4 sind auf Beschlüsse des Gerichts, die Vorschriften des § 312 und des § 317 Abs. 2 Satz 1, Abs. 3 bis 5 auf Beschlüsse des Gerichts und auf Verfügungen des Vorsitzenden sowie eines beauftragten oder ersuchten Richters entsprechend anzuwenden.

(2) [1]Nicht verkündete Beschlüsse des Gerichts und nicht verkündete Verfügungen des Vorsitzenden oder eines beauftragten oder ersuchten Richters sind den Parteien formlos mitzuteilen. [2]Enthält die Entscheidung eine Terminsbestimmung oder setzt sie eine Frist in Lauf, so ist sie zuzustellen.

(3) Entscheidungen, die einen Vollstreckungstitel bilden oder die der sofortigen Beschwerde oder der Erinnerung nach § 573 Abs. 1 unterliegen, sind zuzustellen.

Schrifttum (vgl. auch die Nachweise Vor §§ 300ff.): *Bürger,* Die Wirkung der Zustellung von Beschlüssen gem. § 329 III ZPO, NJW 1967, 615; *Bull,* Erlebnisse mit Berichtigungsbeschlüssen, Rpfleger 1957, 401; *Ehrlein,* Die Begründungspflicht für erstinstanzliche zivilprozessuale Beschlüsse im Erkenntnisverfahren, Diss Tübingen 1987; *Fraga Novelle,* Die Wirkung der Beschlüsse im Zivilprozeßrecht, 2000; *Karstendiek,* „Erlaß" von Beschluss, Verfügung oder Bescheid, DRiZ 1977, 276; *Kischel,* Die Begründung, 2003; *Lüdemann,* Ist ein Gericht befugt, seine eigenen Beschlüsse und Verfügungen abzuändern, zu berichtigen und zu ergänzen?, Diss. Hamburg 1930; *Niemeyer,* Nochmals zur Wirkung der Zustellung von Beschlüssen nach § 329 III, NJW 1968, 285; *Osterloh,* Eilert, Die Berichtigung gerichtlicher Entscheidungen nach § 319 ZPO, Diss. München 1970; *Palowski,* Zum außerordentlichen Rechtsschutz gegen Urteile und Beschlüsse bei Verletzung des Rechtes auf Gehör nach Art. 103 Abs. 1 GG durch die Zivilgerichtsbarkeit, 1994; *Peters,* Die Bestandskraft von Beschlüssen – ein Problem auch nach der Reform der ZPO, FS Geimer, 2002, S. 811; *Rasehorn,* Die Unterschrift bei Beschlüssen von Kollegialgerichten (§ 329 ZPO), NJW 1957, 1866; *Reinberger,* Zur „formlosen Mitteilung" nach

---

[616] BayObLG FamRZ 1996, 110.
[617] *Staudinger/Spellenberg* Art. 7 § 1 FamRÄndG Rn. 195.
[618] *Staudinger/Spellenberg* Art. 7 § 1 FamRÄndG Rn. 197.
[619] KG FamRZ 1988, 641, 642; *Staudinger/Sepllenberg* Art. 7 § 1 FamRÄndG Rn. 205.
[620] OLG Düsseldorf FamRZ 1975, 584; *Martiny* Rn. 1742.
[621] *Staudinger/Sepllenberg* Art. 7 § 2 FamRÄndG Rn. 1.
[622] *Staudinger/Sepllenberg* Art. 7 § 2 FamRÄndG Rn. 2.

§ 329 Abs. 3 ZPO, DGWR 1942, 234; *Schmidt,* Holger, Die Gegenvorstellung im Erkenntnis- und summarischen Verfahren der ZPO, Diss. Bonn 1971; *ders.,* Innenbindungswirkung, formelle und materielle Rechtskraft, Rpfleger 1974, 177; *Werner,* Rechtskraft und Innenbindung zivilprozessualer Beschlüsse im Erkenntnis- und summarischen Verfahren, 1982; *Zwirner,* Formlose Mitteilung statt Zustellung, NJW 1954, 907.

I. Allgemeines

§ 329 enthält eine Regelung über die Verkündung und Zustellung von Beschlüssen und Verfügungen und erklärt insoweit einzelne Vorschriften über das Urteil für entsprechend anwendbar. Die sinngemäße Übertragung anderer Urteilsvorschriften auf Beschlüsse und Verfügungen wird im Gesetz nicht ausdrücklich entschieden und muss jeweils nach dem Normzweck der in Betracht kommenden Vorschriften vorgenommen werden (vgl. dazu Rn. 13f.). Die Antwort auf die Frage, in welcher Form, ob als Urteil, Beschluss oder Verfügung (vgl. dazu Vor §§ 300ff. Rn. 1), der Richter jeweils eine Entscheidung zu erlassen hat, muss im Einzelfall aus der gesetzlichen Regelung abgeleitet werden und lässt sich nicht nach allgemeinen sachlich zu begründenden Merkmalen finden.[1] 1

II. Inhalt und Aufbau von Beschlüssen

1. Äußere Gestaltung. Die Vorschriften über die formale Gestaltung eines Urteils (vgl. §§ 313 bis 313b) gelten nicht für Beschlüsse, deren äußere Form in das Ermessen des Gerichts gestellt ist.[2] Jedoch empfiehlt es sich, bei Beschlüssen, die zu begründen sind (vgl. Rn. 4), eine Trennung zwischen **Tenor** und **Gründen** vorzunehmen. Der Richter sollte sich im Interesse einer besseren Übersichtlichkeit beim Aufbau der Gründe an dem Schema des § 313 orientieren und zwischen Sachverhaltsdarstellung und rechtlicher Bewertung unterscheiden,[3] soweit nicht ein gesonderter **Tatbestand** entbehrlich ist, weil die der Entscheidung zugrunde liegenden Tatsachen ohne weiteres der rechtlichen Begründung entnommen werden können.[4] Beschlüsse, die der Rechtsbeschwerde unterliegen, müssen den rechtserheblichen Sachverhalt wiedergeben, weil das Rechtsbeschwerdegericht grundsätzlich von diesem Sachverhalt einschließlich der Parteianträge auszugehen hat.[5] In jedem Fall muss der Beschluss erkennen lassen, welche **Richter** ihn gefasst haben[6] und in welchem **Verfahren** er ergeht; es sind also die im Rubrum eines Urteils enthaltenen Angaben (vgl. § 313 Nr. 1 bis 3) im Wesentlichen auch bei einem Beschluss aufzuführen. Dass die Entscheidungsformel von den übrigen Teilen des Beschlusses deutlich abgesetzt sein muss, damit sie als solche erkennbar ist, stellt eine Selbstverständlichkeit dar. 2

Streitig ist die Frage, ob der Beschluss auch von allen mitwirkenden **Richtern unterschrieben** werden muss[7] oder ob es bei einem Kollegium genügt, dass der Vorsitzende allein unterzeichnet.[8] Wer meint, die Unterschrift solle nur das Zustandekommen des Beschlusses in verlässlicher Form beurkunden, der wird die Unterschrift des Vorsitzenden allein genügen lassen. Das zusätzliche Argument, dass in § 329 die Vorschrift des § 315 Abs. 1 nicht für anwendbar erklärt worden sei, wiegt allerdings nicht schwer, weil einerseits die Verweisungen in § 329 nicht als abschließend aufgefasst werden können und deshalb der Umkehrschluss, die nicht genannten Vorschriften über Urteile seien nicht auf Beschlüsse anwendbar, nicht zutrifft,[9] andererseits aus der Verweisung auf § 317 Abs. 2 S. 1 in § 329 durchaus gefolgert werden kann, dass Beschlüsse wie Urteile unterschrieben werden müssen. Entscheidend muss letztlich sein, dass die gleichen Gründe, die für die Unterzeichnung eines Urteils durch alle mitwirkenden Richter sprechen, nämlich die interne Kontrolle der Übereinstimmung der schriftlichen Fassung mit der von den Richtern beschlossenen Entscheidung und die nach außen wirkende Bekundung, dass die unterschriebene Fassung dem getroffenen Beschluss entspricht (vgl. § 315 Rn. 1), auch auf Beschlüsse zutreffen. Die Unterschrift unter dem Text ver- 3

[1] AK-ZPO/*Wassermann* Rn. 1; *Schönke/Kuchinke* § 73 I; *Rosenberg/Schwab/Gottwald* § 58 Rn. 5.

[2] *Huber* JuS 1984, 950, 952; *Schneider* MDR 1978, 89, 92; Hk-ZPO/Saenger Rn. 3; vgl. auch OLG Hamm MDR 1999, 316.

[3] AK-ZPO/*Wassermann* Rn. 6; *Stein/Jonas/Roth* Rn. 6.

[4] *Stanicki* DRiZ 1983, 264, 271, hält einen Tatbestand im Regelfall für entbehrlich.

[5] BGH NJW 2002, 2648; 2007, 2045; NJW-RR 2005, 78.

[6] BGH NJW-RR 1994, 1406; OLG Koblenz Rpfleger 1974, 260, 261.

[7] AG Bocholt MDR 1968, 423; *Rasehorn* NJW 1957, 1866f.; *Schneider* MDR 1989, 488; *Elzer* JuS 2004, 36, 37f.; *Rosenberg/Schwab/Gottwald* § 60 Rn. 49; AK-ZPO/*Wassermann* Rn. 7; *Stein/Jonas/Roth* Rn. 11.

[8] OLG Düsseldorf MDR 1980, 943; OLG Braunschweig JW 1928, 1873 (für Beweisbeschlüsse) m. zust. Anm. von *Fischer*; OLG Dresden JW 1928, 2734; *Zöller/Vollkommer* Rn. 36; *Thomas/Putzo/Reichold* Rn. 11; *Seidl* ZZP 99 (1986), 64, 66; Hk-ZPO/*Saenger* Rn. 5.

[9] *Schmidt* Rpfleger 1974, 177, 178.

bürgt die Herkunft des Beschlusses und trägt so zur gebotenen Sicherheit und Klarheit im Rechtsverkehr bei;[10] insoweit besteht kein Unterschied zwischen einem Urteil und einem Beschluss. Es stellt deshalb eine Wirksamkeitsvoraussetzung für Beschlüsse dar, gleichgültig ob sie verkündet werden müssen oder nicht, dass sie von allen mitwirkenden Richtern unterschrieben werden, sofern diese nicht an einer Unterzeichnung verhindert sind, und dass bei einer Verhinderung nach den Regeln des § 315 Abs. 1 der Grund der Verhinderung auf dem Beschluss zu vermerken ist (vgl. § 315 Rn. 5ff.).[11] Fehlende Unterschriften können wie bei einem Urteil (vgl. § 315 Rn. 13) mit Wirkung für die Zukunft nachgeholt werden.[12]

4 **2. Begründung.** Beschlüsse sind regelmäßig zu begründen.[13] Die Verpflichtung des Gerichts, seine durch Beschluss getroffene Entscheidung mit Gründen zu versehen, ergibt sich bei rechtsmittelfähigen Beschlüssen schon aus dem Anspruch auf rechtliches Gehör, der verlangt, dass die wesentlichen der Rechtsverfolgung und der Rechtsverteidigung dienenden Tatsachenbehauptungen des Betroffenen in den Entscheidungsgründen verarbeitet werden.[14] Das aus Art. 3 Abs. 1 GG folgende Willkürverbot verlangt darüber hinaus auch die Begründung unanfechtbarer Beschlüsse, wenn der Richter von dem eindeutigen Wortlaut einer Rechtsnorm abweicht und der Grund hierfür nicht schon aus den Besonderheiten des Falles folgt, die den Beteiligten bekannt oder für sie ohne weiteres erkennbar sind.[15] Auch wenn das Gericht von der Auslegung einer Norm des einfachen Rechts abweicht, die die höchstrichterliche Rechtsprechung ihr bislang gegeben hat, muss eine Rechtfertigung hierfür entweder den Entscheidungsgründen oder den übrigen Umständen des Falles entnommen werden können.[16] In anderen Fällen ist bei unanfechtbaren Beschlüssen zumindest verfassungsrechtlich eine Begründung nicht geboten.[17] Da eine Begründung jedoch auch der Selbstkontrolle des Gerichts dient, sollte der Richter unanfechtbare Beschlüsse stets mit einer kurzen Begründung versehen, wenn sie sich nicht aus dem Wortlaut des Beschlusses selbst ohne weiteres ableiten lässt, wie dies regelmäßig bei (nicht zu begründenden) Beweisbeschlüssen der Fall ist, oder wenn der Inhalt des Beschlusses den übereinstimmenden Anträgen der Parteien entspricht.[18] Eine Begründung anfechtbarer Beschlüsse ist ausnahmsweise entbehrlich, wenn die Gründe dafür unmittelbar dem Gesetz entnommen werden können.[19] Eine (erforderliche) Begründung des Beschlusses muss allerdings ebenso wenig wie die Entscheidungsgründe eines Urteils ausdrücklich zu allem Stellung nehmen, was von den Parteien vorgebracht wurde; es genügt vielmehr eine Auseinandersetzung mit den wesentlichen Tatsachenbehauptungen (vgl. § 313 Rn. 15).[20] Jedoch stellen formelhafte Wendungen, die nicht auf das Vorbringen der Parteien eingehen, keine ausreichende Begründung dar.[21] Nach einer verbreiteten Auffassung soll das Gericht eine fehlende Begründung nachholen können, allerdings müsste sie so rechtzeitig vorliegen, dass der Betroffene seine Rechte

---

[10] BGH WM 1986, 331, 332, der deshalb die Möglichkeit verwirft, dass der Richter auf andere Weise als durch seine Unterschrift den Beschluss billigt. Das Gericht weist zutreffend darauf hin, dass die Wirksamkeit richterlicher Entscheidungen wegen ihrer Bedeutung und Tragweite nach zweifelsfreien Maßstäben festgelegt werden muss; vgl. auch OLG Köln NJW 1988, 2805: gerichtliche Beschlüsse ohne Unterschrift sind nicht existent, sondern lediglich Entwürfe; ebenso OLG Köln Rpfleger 1991, 198.

[11] BGH NJW-RR 1994, 1406.

[12] BGHZ 137, 49, 52f. = NJW 1998, 609; aA OLG Stuttgart FamRZ 1999, 452 (für nur zuzustellende, nicht zu verkündende Beschlüsse).

[13] Zu anfechtbaren Beschlüssen: BGH NJW 1983, 123; FamRZ 1988, 943; BGH NJW 2002, 2648; NJW-RR 2005, 78; OLG Düsseldorf FamRZ 2002, 249; OLG Hamm MDR 1991, 452; FamRZ 1993, 719; OLG Köln NJW-RR 1987, 1152; 1991, 1280; VersR 1989, 518, 519; OLG München Rpfleger 1981, 157; OLG Köln NJW-RR 1987, 1152; OLG Köln VersR 1989, 518, 519; OLG Zweibrücken JurBüro 1988, 789; OLG Bamberg JurBüro 1992, 632; OLG Frankfurt MDR 1999, 504 (Begründung jeder abschließend belastenden Entscheidung); FamRZ 2006, 274, 275; KG MDR 1999, 1150 (zu Entscheidungen des Rechtspflegers); OLG Nürnberg MDR 2002, 893 (zum Streitwertbeschluss); LG Heilbronn Rpfleger 1993, 328; für Begründung auch unanfechtbarer Beschlüsse: AK-ZPO/*Wassermann* Rn. 4f.; *Stein/Jonas/Roth* Rn. 7.

[14] BVerfGE 47, 182, 189 = NJW 1978, 898; BVerfGE 54, 43, 46; 58, 353, 357 = NJW 1982, 30; BVerfG NJW 1991, 2757; EMGR NJW 1999, 2429; OLG Hamm NJW-RR 2000, 211. Zu weiteren verfassungsrechtlichen Erwägungen: *Lücke,* Begründungszwang und Verfassung, 1987, S. 104ff.

[15] BVerfG NJW 1987, 1619; 1993, 1909; 1994, 574; 1998, 3484.

[16] BVerfG NJW 1994, 574; 1998, 3484, 3485, jeweils m. weit. Nachw.

[17] BVerfG FamRZ 1989, 145; NJW 1994, 574; 1998, 3484, 3485; jeweils m. weit. Nachw.

[18] BGH FamRZ 1988, 943 (zum Verweisungsbeschluss gem. § 281); OLG Köln MDR 1989, 919, 920.. Eingehend zur Begründung unanfechtbar Entscheidungen *Kischel* S. 182ff.

[19] BayObLG NJW-RR 1991, 187, 188; OLG Frankfurt Rpfleger 1984, 477; KG NJW 1974, 2010; OLG Nürnberg OLGR 2001, 192.

[20] BGH NJW 1983, 123.

[21] BAG NJW 1994, 1815 (LS); OLG Hamm JurBüro 1991, 682 m. Anm. v. *Mümmler;* vgl. auch OLG Karlsruhe FamRZ 1991, 349.

in einem Rechtsmittelzug hinreichend wahrnehmen und das Rechtsmittelgericht die angefochtene Entscheidung sachgemäß überprüfen könne.[22] Ist dies nicht möglich, weil die Begründung völlig fehlt oder nicht rechtzeitig mitgeteilt wird, dann ist der Beschluss mangelhaft und muss auf ein Rechtsmittel hin aufgehoben werden; die Sache ist dann zur erneuten Entscheidung zurückzuverweisen.[23] Verzichten die Parteien auf die Begründung des Beschlusses, dann kann darin ein Rechtsmittelverzicht zu sehen sein, weil für eine Nachprüfung durch das Rechtsmittelgericht die Darstellung der Entscheidungsgründe regelmäßig unerlässlich ist (vgl. aber auch § 313a Rn. 4 aE).[24] Der Verzicht der Parteien allein auf die Begründung und nicht auch auf ein Rechtsmittel ändert nichts an der Begründungspflicht des Gerichts.[25]

III. Existent- und Wirksamwerden von Beschlüssen

1. Allgemeines. Ein Beschluss wird als gerichtliche Entscheidung **existent** und verlässt damit 5
das Stadium eines bloßen Entwurfs, wenn er mit Willen des Gerichts aus dessen innerem Bereich gelangt und nach außen als erlassener Beschluss erkennbar wird.[26] Vorher handelt es sich lediglich um einen unverbindlichen Entwurf, durch den noch nicht das Verfahren abgeschlossen ist; folglich muss das Gericht auch dann noch eingegangene Schriftsätze berücksichtigen, um dem Anspruch auf rechtliches Gehör zu genügen.[27] Vom Zeitpunkt des Existentwerdens an kann ein (beschwerdefähiger) Beschluss angefochten werden[28] und wird für das erlassende Gericht bindend (vgl. Rn. 10f.). Die **Wirksamkeit** des Beschlusses ist davon abhängig, dass er den Betroffenen mitgeteilt wird;[29] ist für diese Mitteilung eine besondere Form vorgeschrieben, dann muss sie eingehalten werden, damit der Beschluss wirksam werden kann. Eine Besonderheit gilt nach § 629d für Entscheidungen, die in Ehefolgesachen ergehen; sie werden vor Rechtskraft des Scheidungsausspruchs nicht wirksam.

2. Zu verkündende Beschlüsse. Überträgt man die Grundsätze über das Existent- und Wirk- 6
samwerden auf Beschlüsse, die verkündet werden müssen, dann ergibt sich folgendes: Der Beschluss wird mit seiner Verkündung existent; vorher stellt er lediglich einen gerichtsinternen Entwurf dar (vgl. zur gleichen Frage bei Urteilen § 310 Rn. 1). Ist eine Zustellung nicht vorgeschrieben (vgl. Rn. 7), dann wird der Beschluss zugleich mit der Verkündung wirksam; sonst tritt die Wirksamkeit mit der Zustellung ein.[30] **Zu verkünden** sind alle Beschlüsse, die aufgrund einer (notwendigen oder frei gestellten) mündlichen Verhandlung erlassen werden (Absatz 1 S. 1). Zu verkünden sind auch Beschlüsse im **schriftlichen Verfahren** (§ 128 Abs. 2 S. 2).[31] Für das Verfahren der Verkündung sind durch Absatz 1 S. 2 die Vorschriften des § 310 Abs. 1, des § 311 Abs. 4 und des § 312 für entsprechend anwendbar erklärt worden (vgl. die Erl. zu diesen Vorschriften). Der Beschluss und seine Verkündung sind im Protokoll festzustellen (§ 160 Abs. 3 Nr. 6, 7).

3. Zuzustellende Beschlüsse. Zuzustellen sind Beschlüsse, die eine **Terminsbestimmung** 7
enthalten (Absatz 2 S. 2). Eine Ausnahme gilt nach § 497 Abs. 1 für die Ladung des Klägers zum ersten Verhandlungstermin vor dem Amtsgericht. Nur Beschlüsse, die eine „echte" Frist in Lauf setzen, bei der es sich auch um eine richterliche handeln kann, sind zuzustellen.[32] Weil die Aussetzungsfrist nach **§ 614** keine derartige Frist darstellt, muss der Beschluss nicht nach § 329 Abs. 2 S. 2 zugestellt werden.[33] Nach Absatz 3 sind ferner Beschlüsse zuzustellen, die einen Vollstreckungstitel bilden oder die der sofortigen Beschwerde oder der Erinnerung nach § 573 Abs. 1 unterliegen. Die

---

[22] OLG Düsseldorf OLGZ 1972, 245, 246. Vgl. KG (Fn. 19); OLG Köln NJW-RR 1991, 1280; OLG Oldenburg Rpfleger 1980, 200, 201: spätestens in der Nichtabhilfeentscheidung; aA *Stein/Jonas/Roth* Rn. 9.

[23] OLG Düsseldorf Rpfleger 1985, 255; OLG Frankfurt Rpfleger 1984, 477; OLG Oldenburg (Fn. 22); *Zöller/Vollkommer* Rn. 24.

[24] OLG Hamm NJW-RR 1993, 827, 828.

[25] OLG Hamm NJW-RR 2000, 212.

[26] BGH FamRZ 1987, 921, 922; NJW-RR 2000, 877, 878; 2004, 1575; BayObLG Rpfleger 1981, 144, 145; OLG Koblenz NJW-RR 1986, 935; OLG Zweibrücken NJW-RR 1987, 576; OLG Köln NJW-RR 1992, 126, 127; FamRZ 1993, 1226; *Gerhardt* KTS 1979, 260, 262 (unter Hinweis auf die unterschiedliche Terminologie); *Peters* NJW 1990, 1832, 1833; Fraga Novelle S. 52.

[27] OLG Koblenz JurBüro 1991, 435, 436; OLG Zweibrücken NJW-RR 2002, 1015, 1016.

[28] BGH VersR 1974, 365; OLG Frankfurt NJW 1974, 1389; OLG Koblenz NJW-RR 1986, 935; *Schneider* NJW 1978, 833.

[29] BGH NJW 2005, 3724, 3725; BAG (GS) NJW 1980, 309, 310 (zur parallelen Frage bei Verfügungen); OLG Düsseldorf NJW-RR 1988, 319.

[30] *Schneider* NJW 1978, 833; *Zöller/Vollkommer* Rn. 20f.; AK-ZPO/*Wassermann* Rn. 11.

[31] *Baumbach/Lauterbach/Hartmann* Rn. 12; AK-ZPO/*Wassermann* Rn. 8; *Zöller/Vollkommer* Rn. 12.

[32] BGH NJW 1977, 717, 718.

[33] BGH (Fn. 32).

Pflicht zur Zustellung eines Beschlusses kann sich auch aus **speziellen Vorschriften** ergeben, so zB in Aufgebotsverfahren aus § 994 Abs. 2. Ebenfalls ist ein Beschluss zuzustellen, der ein Gebot oder Verbot an den Schuldner enthält (zB nach §§ 936, 938, 940).[34] Dass ein Beschluss nach Absatz 1 zu verkünden ist, ändert nichts an einer bestehenden Verpflichtung zur Zustellung; nur die Wirksamkeit des Beschlusses tritt in diesem Fall erst mit der Zustellung ein (vgl. Rn. 6). Von der Zustellung an beginnt der Lauf der Rechtsmittelfristen,[35] und zwar für jede Partei gesondert, wenn die Zustellung nicht gleichzeitig vorgenommen wird.[36] In manchen Fällen sind Beschlüsse sowohl zuzustellen als auch öffentlich bekannt zu machen (zB Beschluss zur Eröffnung des Insolvenzverfahrens, §§ 27, 8, 9 InsO).[37]

8 **4. Formlos mitzuteilende Beschlüsse.** Beschlüsse, die weder zu verkünden noch zuzustellen sind, müssen den Parteien vom Gericht mitgeteilt werden, ohne dass für diese Mitteilung eine Form eingehalten werden muss. Deshalb genügt auch eine telefonische Unterrichtung,[38] über die ein Aktenvermerk nicht vorgeschrieben ist, wohl aber empfehlenswert erscheint.[39] Gegebenenfalls muss sich das Gericht auf geeignete Weise (zB durch Versendung mittels Einschreiben mit Rückschein oder rückgabepflichtiger Empfangsbescheinigung) davon überzeugen, dass dem Adressaten rechtliches Gehör gewährt worden ist.[40] Auch bei formlos mitzuteilenden Beschlüssen ist zwischen ihrem Existent- und Wirksamwerden zu unterscheiden: Während diese Entscheidungen in gleicher Weise wie zuzustellende Beschlüsse existent werden, wenn sie den internen Geschäftsbereich des Gerichts verlassen, werden sie wirksam mit der (formlosen) Mitteilung an die Partei,[41] wobei darauf zu achten ist, ob die Wirksamkeit von der Mitteilung an beide Parteien abhängt.[42]

9 **5. Mängel.** Wird ein zu verkündender Beschluss nicht verkündet, sondern zugestellt, dann hindert dieser Verfahrensmangel das Wirksamwerden der Entscheidung nicht (vgl. zur gleichen Frage bei Urteilen § 310 Rn. 11).[43] Gleiches gilt im umgekehrten Fall, wenn also ein zuzustellender Beschluss fälschlicherweise verkündet wird (vgl. dazu auch § 310 Rn. 12). Fehler bei der Verkündung oder der Zustellung von Beschlüssen führen nur dann zur Unwirksamkeit der Entscheidung, wenn gegen solche Vorschriften verstoßen wird, die als wesentlich für die Verlautbarung angesehen werden müssen.[44] Wird ein zu verkündender oder zuzustellender Beschluss lediglich formlos mitgeteilt, dann wird er zwar existent, aber nicht wirksam, so dass ihm deshalb auch keine fristauslösende Wirkung zukommen kann.[45]

IV. Bindungswirkung und Rechtskraft

10 **1. Bindung des Gerichts an seinen Beschluss.** Auf die Frage, ob das Gericht einen existent gewordenen Beschluss nachträglich ändern darf oder ob in entsprechender Anwendung des § 318 eine Bindung des Gerichts an die von ihm getroffene Entscheidung bejaht werden muss, kann es nach gesetzlichen Regelung keine einheitliche Antwort geben. Vielmehr muss dabei zwischen verschiedenen Beschlüssen differenziert werden. In einer Reihe von Fällen wird **im Gesetz ausdrücklich über die Zulässigkeit einer Abänderung entschieden.** So besteht nach § 621 e Abs. 3 S. 2 iVm. § 318 eine Bindung des Gerichts an die in § 621 e Abs. 1 und 2 aufgeführten Entscheidungen. Ausdrücklich wird dem Gericht durch § 150 die Aufhebung der von ihm erlassenen Beschlüsse über eine Trennung, Verbindung oder Aussetzung des Verfahrens gestattet. Die Ände-

---

[34] BGH Rpfleger 1982, 305, 306.

[35] OLG Frankfurt NJW 1974, 1389.

[36] *Schneider* (Fn. 30); *Zöller/Vollkommer* Rn. 20.

[37] Vgl. BGH NJW 1998, 609, 610 (zu den Folgen dabei fehlender Unterschriften).

[38] BGHZ 14, 148, 152 = NJW 1954, 1604; BGH NJW-RR 2000, 877, 878; FamRZ 2004, 1368; BAG AP § 519 Nr. 28; OLG Hamm Rpfleger 1987, 251, 253; einschränkend OLG Hamm MDR 1968, 156, 157: erforderlich besondere Anhaltspunkte für Absicht einer formlosen Mitteilung; aA RGZ 144, 257, 258.

[39] OLG Hamm (Fn. 38); *Baumbach/Lauterbach/Hartmann* Rn. 27; AK-ZPO/*Wassermann* Rn. 9; aA *Zwirner* NJW 1954, 907 (Aktenvermerk erforderlich).

[40] BVerfG NJW 1991, 2757.

[41] BGH NJW 1987, 2379; NJW-RR 1995, 641; 2000, 877, 878; FamRZ 2004, 1368; aA RGZ 156, 385, 390 f.; 160, 307, 309 (bereits in dem Zeitpunkt, in dem die Entscheidung nach außen gelangt, zB zur Mitteilung an den Empfänger vom zuständigen Beamten in den Ausgang gegeben wird).

[42] So für den Verweisungsbeschluss nach § 281: BGH NJW-RR 1995, 641; *Zöller/Vollkommer* Rn. 22.

[43] OLG Schleswig SchlHA 1957, 158; OLG München MDR 1954, 424; 1962, 224; OLG Bremen FamRZ 1981, 1091; OLG Köln Rpfleger 1982, 113.

[44] LG Frankfurt Rpfleger 1976, 257: Ein auf Tonträger gesprochener Beschluss wird nicht ordnungsgemäß verkündet, wenn der Tonträger abgespielt und im Protokoll lediglich dies vermerkt wird; zumindest muss dann die Beschlussformel im Protokoll oder einer Anlage im Wortlaut wiedergegeben werden.

[45] BGH (Fn. 37) S. 611; OLG Köln NJW-RR 1998, 365.

rung eines Beweisbeschlusses ist durch § 360 geregelt. Durch das ZPO-RG ist eine generelle **Abhilfemöglichkeit des Untergerichts bei allen sofortigen Beschwerden** eingeführt worden (§ 572 Abs. 1 S. 1). Eine solche Abhilfe setzt allerdings voraus, dass die betroffene Partei eine sofortige Beschwerde gegen die Entscheidung eingelegt hat.[46] Folglich ist das Gericht nicht befugt, einen als falsch erkannten Beschluss von Amts wegen zu ändern. Eine solche Möglichkeit stände im Widerspruch zu der Bindungswirkung von Beschlüssen, die im Rahmen eines besonderen Verfahrens nach bestimmten Regeln anzufechten sind, wenn ihre Korrektur erreicht werden soll (vgl. Rn. 11). Deshalb muss schon im Interesse des Vertrauens der betroffenen Partei auf den Bestand der vom Gericht erlassenen Entscheidung die Abänderung davon abhängig gemacht werden, dass der Beschluss angefochten wird. Es genügt aber die Einlegung der sofortigen Beschwerde. Auf ihre Zulässigkeit kommt es dabei nicht an.[47]

Beschlüsse, die nach der gesetzlichen Regelung **im Rahmen eines besonderen Verfahrens** 11
nach bestimmten Regeln oder aufgrund eines besonderen befristeten Rechtsbehelfs angefochten werden können, sind grundsätzlich für das erlassende Gericht bindend. Hierunter fallen der Arrest (§§ 924ff.), die einstweilige Verfügung (§§ 936ff.), der Beschluss, durch den ein Schiedsspruch oder ein Schiedsvergleich in Form eines Schiedsspruches für vollstreckbar erklärt wird (§§ 1064 Abs. 2, 1065, 1053, 1060f.), der Mahnbescheid (§ 694 iVm. § 692 Abs. 1 Nr. 3)[48] und der Vollstreckungsbescheid (§ 700 iVm. §§ 338ff.). Der Beschluss, durch den Prozesskostenhilfe bewilligt worden ist, kann von dem Gericht nur unter den in § 124 genannten Voraussetzungen aufgehoben werden.[49] Der Verweisungsbeschluss nach § 281 darf nach seiner Verkündung von dem erlassenden Gericht nicht mehr geändert werden, da es sich für dieses Gericht um eine abschließende Entscheidung handelt, mit der seine Zuständigkeit endet.[50] Der Beschluss nach § 522 Abs. 2, durch den die Berufung zurückgewiesen wird, weist einen urteilsähnlichen Charakter auf und ist in gleicher Weise wie ein Urteil für das erlassene Gericht unabänderlich.[51] Wird bei Erlass eines unanfechtbaren Beschlusses der **Anspruch auf rechtliches Gehör verletzt,** dann kann die betroffene Partei den Rechtsverstoß mit der Anhörungsrüge gemäß § 321a geltend machen (§ 321a Rn. 2). Bei **Verstößen gegen andere Verfahrensgrundrechte** besteht diese Möglichkeit nicht und es kommt nur eine Gegenvorstellung in Betracht, die bei dem Gericht, das den Beschluss erlassen hat, innerhalb der Frist des § 321a Abs. 2 S. 1 zu erheben ist (vgl. dazu § 321a Rn. 14). Der BGH vertritt zu Recht die Auffassung, die Einschränkung der Bindung an die Entscheidung, die sich nach hM[52] aus einer entsprechenden Anwendung des § 318 auf urteilsähnliche Beschlüsse ergibt, sei in diesen Fällen gerechtfertigt, weil Entscheidungen, die unter Verletzung eines Verfahrensgrundrechts ergangen seien, auf eine Verfassungsbeschwerde hin aufzuheben wären und damit letztlich keine Bestandskraft entfalten könnten.[53]

2. Rechtskraft von Beschlüssen. Formell rechtskräftig (unanfechtbar) sind alle Beschlüsse, die 12
einer befristeten selbständigen Anfechtung unterworfen sind, nach Ablauf dieser Frist. Ebenso erlangen formelle Rechtskraft Beschlüsse, für die im Gesetz eine Anfechtung ausgeschlossen wird.[54] Beschlüsse sind auch der materiellen Rechtskraft fähig;[55] allerdings können sie nur dann **materielle Rechtskraft** erlangen, wenn ihnen formelle Rechtskraft und Bindungswirkung (vgl. o. Rn. 10f.) zukommen[56] und wenn sie einen rechtskraftfähigen Inhalt aufweisen, dh. wenn sich ihr Inhalt nicht lediglich auf das anhängige Verfahren bezieht, sondern eine Wirkung über den Prozess hinaus ent-

---

[46] *Rosenberg/Schwab/Gottwald* § 61 Rn. 51; Hk-ZPO/*Saenger* Rn. 21.

[47] *Gottwald* (Fn. 46); *Thomas/Putzo/Reichold* § 572 Rn. 2; weitergehend *Musielak/Ball* § 572 Rn. 4 (auch bei unstatthafter Beschwerde).

[48] *Thomas/Putzo/Reichold* Rn. 12; Hk-ZPO/*Saenger* Rn. 21; aA OLG Karlsruhe Rpfleger 1987, 422; *Vollkommer* Rpfleger 1975, 161, 165.

[49] OLG Hamm FamRZ 1986, 583.

[50] *Stein/Jonas/Leipold* Rn. 15 und § 281 Rn. 22.

[51] BGH MDR 2007, 600, 601; OLG München MDR 2003, 522; vgl. auch BAG NJW 2004, 174, 175.

[52] BGHR § 318 Wiedereinsetzung 1; BGH FamRZ 1989, 849 (Anwendbarkeit des § 318 auf Beschlüsse, die der formalen Rechtskraft fähig sind); BAG NJW 1971, 1823; BAG AP Nr. 2; BAG MDR 1984, 83; BPatG GRUR 1986, 54; OLG Düsseldorf MDR 1950, 491; OLG Hamburg MDR 1986, 244, 245; *Peters,* FS für Geimer, S. 817ff. Vgl. auch Mat. II 1 S. 288 (zu § 279): „Dass umgekehrt Beschlüsse und Verfügungen prozeßleitender Natur für das Gericht keine bindende Kraft haben, ist von dem Entwurf ... als selbstverständlich weggelassen".

[53] BGH NJW 2002, 1577 m. weit. Nachw.

[54] OLG München MDR 1954, 237; OLG Stuttgart JZ 1959, 445; *Stein/Jonas/Leipold* § 322 Rn. 3f.; Hk-ZPO/*Saenger* Rn. 22.

[55] BGH NJW 1981, 1962; NJW 1985, 1335, 1336; WM 1986, 331, 333; 1994, 992, 994; BAG NJW 1984, 1710; Fraga Novelle S. 75ff.

[56] *Werner* S. 34; *Rosenberg/Schwab/Gottwald* § 151 Rn. 2.

faltet.[57] Beispielsweise können Zurückweisungsbeschlüsse nach § 522 Abs. 2,[58] Kostenfestsetzungsbeschlüsse,[59] Vollstreckungsbescheide,[60] Beschlüsse in Verfahren nach §§ 23 ff. EGGVG,[61] Beschlüsse in Richterablehnungsverfahren,[62] Beschlüsse nach §§ 807, 900 Abs. 4[63] sowie nach § 887[64] und Beschlüsse im arbeitsgerichtlichen Beschlussverfahren[65] materielle Rechtskraft erlangen. Beschlüsse, durch die über die Gewährung von Prozesskostenhilfe entschieden wird, sind nach § 127 Abs. 2, 3 unter bestimmten, in diesen Vorschriften genannten Voraussetzungen mit der sofortigen Beschwerde anfechtbar und werden mit Ablauf der Beschwerdefrist folglich formell rechtskräftig. Der BGH[66] verneint jedoch die materielle Rechtskraftfähigkeit von Beschlüssen, durch die eine Prozesskostenhilfe versagt wird, weil den mit dem Rechtsinstitut der materiellen Rechtskraft verfolgten Zielen, vor allem der endgültigen Befriedigung eines kontradiktorischen Parteienstreit über denselben Streitgegenstand, in Verfahren auf Gewährung von Prozesskostenhilfe grundsätzlich keine Bedeutung zukommen könnte.

V. Entsprechende Anwendung von Urteilsvorschriften auf Beschlüsse

13 Die in § 329 ausgesprochene Verweisung auf bestimmte Vorschriften über Urteile bedeutet nicht, dass andere nicht genannte Bestimmungen unanwendbar sind (vgl. Rn. 3). Vielmehr muss darauf gesehen werden, ob Ähnlichkeiten zwischen Urteilen und Beschlüssen die analoge Anwendung noch weiterer Urteilsvorschriften rechtfertigen. Dass auch bei Beschlüssen, die auf Antrag einer Partei ergehen, das Gericht nicht befugt ist, bei einem Beschluss der Partei etwas zuzusprechen, was sie nicht beantragt hat, und dass dieser Grundsatz nicht für die Kostenentscheidung in Beschlüssen gilt, entspricht allgemeiner Meinung; die in den beiden Absätzen des **§ 308** ausgesprochenen Vorschriften gelten also auch entsprechend für Beschlüsse.[67] **§ 309** ist in § 329 Abs. 1 S. 2 ausdrücklich für entsprechend anwendbar erklärt; dies bedeutet, dass Beschlüsse, die aufgrund einer mündlichen Verhandlung ergehen, von denjenigen Richtern gefällt werden müssen, die an dieser Verhandlung teilgenommen haben. Der BGH verlangt zudem, dass nur diejenigen Richter mitwirken. dürfen, die dazu im Zeitpunkt des Erlasses nach der Geschäftsverteilung berufen sind.[68] Auch **§ 310 Abs. 1** gilt entsprechend für Beschlüsse, die zu verkünden sind (§ 329 Abs. 1); **§ 310 Abs. 2** findet dagegen keine Anwendung, weil die Anforderungen, die an die Form eines Urteils gestellt werden, grundsätzlich nicht bei Beschlüssen erfüllt werden müssen (vgl. dazu Rn. 2). Beschlüsse ergehen formal nicht im Namen des Volkes; **§ 311 Abs. 1** ist nicht entsprechend anwendbar. Ist ein Beschluss zu verkünden (vgl. § 329 Abs. 1 S. 1), dann wird entsprechend **§ 311 Abs. 2 S. 1** die Entscheidungsformel zu verlesen sein.[69] Ob eine Begründung des Beschlusses (vgl. o. Rn. 4) ebenfalls mitgeteilt wird, steht – wie bei Urteilen (vgl. § 311 Rn. 6) – im Ermessen des zur Verkündung berufenen Vorsitzenden (§ 136 Abs. 4). **§ 311 Abs. 4** und **§ 312** sind auf Beschlüsse entsprechend anzuwenden (§ 329 Abs. 1 S. 2). Für die äußere Gestaltung eines Beschlusses gibt es keine zwingenden Regeln, jedoch empfiehlt sich eine Orientierung an **§ 313** (vgl. o. Rn. 2). Da es dementsprechend in das Ermessen des Gerichts gestellt ist, ob ein Beschluss mit Tatbestand und Entscheidungsgründen versehen wird, bedarf es insoweit nicht einer Regelung, wie sie für Urteile in § 313a und § 313b getroffen worden ist. Deshalb ist es nicht zu beanstanden, wenn die Urschrift auf einen genau bezeichneten Teil des Akteninhalts („Einrücken wie rot") Bezug nimmt.[70] Auch die Beweisregel des **§ 314** setzt voraus, dass ein Tatbestand im Sinne des § 313 Abs. 1 Nr. 5 und Abs. 2 zwingend vorgeschrieben ist, weil sie sich nur dann rechtfertigen lässt (vgl.

---

[57] *Stein/Jonas/Leipold* § 322 Rn. 60 iVm. Rn. 52 ff.
[58] BGH NJW 1981, 1962 (zu § 519b aF); OLG München MDR 2003, 522.
[59] BGH NJW 1997, 743; OLG Hamburg MDR 1986, 244, 245; OLG München MDR 1987, 419; OLG Düsseldorf JurBüro 1996, 592; *Münzberg* JZ 1987, 477.
[60] BGHZ 101, 380, 382 = NJW 1987, 3256; BGH NJW-RR 1990, 179; 1993, 1013, 1014; OLG Hamm NJW-RR 1994, 1468; *Prütting/Weth,* Rechtskraftdurchbrechung bei unrichtigen Titeln, 1988, Rn. 22 ff., 49 ff. m. zahlr. Nachw.
[61] BGH WM 1994, 992, 994.
[62] BayObLGZ 1986, 366, 367.
[63] LAG Kassel Rpfleger 1991, 118.
[64] OLG Zweibrücken JurBüro 1996, 443.
[65] BAG NJW 1984, 1710); AP BetrVG 1972 § 19 Nr. 32 m. Anm. v. *Krause.*
[66] BGH NJW 2004, 1805, 1806; aA OLG Oldenburg MDR 2003, 1071.
[67] *Zöller/Vollkommer* Rn. 29; AK-ZPO/*Wassermann* Rn. 12.
[68] BGH MDR 2005, 410.
[69] Vgl. LG Frankfurt Rpfleger 1976, 257; *Zöller/Vollkommer* Rn. 32.
[70] OLG Hamm MDR 1999, 316; vgl. aber auch BGH VersR 2002, 464 zur Frage der Übereinstimmung der unterschriebenen, Kanzleianweisungen enthaltenen Urschrift mit der zuzustellen Ausfertigung.

§ 314 Rn. 1, 3); folglich gilt § 314 für Beschlüsse auch nicht entsprechend. Beschlüsse sind wie Urteile zu unterzeichnen; **§ 315 Abs. 1** ist entsprechend anwendbar (vgl. o. Rn. 3). Über die Zustellung von Beschlüssen enthält § 329 Vorschriften, die der für Urteile in **§ 317** getroffenen Regelung vorgehen; nur die in § 317 Abs. 2 S. 1 und Abs. 3 bis 5 getroffenen Bestimmungen sind auf Beschlüsse entsprechend anwendbar (§ 329 Abs. 1 S. 2). Demgemäß ist bei einer vollstreckbaren Ausfertigung des Beschlusses eine vollständige Wiedergabe der Urschrift erforderlich, weil § 317 Abs. 2 S. 2 nicht entsprechend angewendet werden darf.[71] Hinsichtlich der Frage, ob das Gericht an die von ihm erlassenen Beschlüsse gebunden ist, muss zwischen verschiedenen Arten von Beschlüssen unterschieden werden (vgl. dazu Rn. 10f.); **§ 318** kann nicht allgemein auf Beschlüsse angewendet werden. **§ 319** enthält einen allgemeinen Rechtsgedanken (vgl. Rn. 1f. zu dieser Vorschrift), der auch auf Beschlüsse zu übertragen ist.[72] Folglich können offenbare Unrichtigkeiten (vgl. § 319 Rn. 4ff.) in Beschlüssen von Amts wegen berichtigt werden. Da die Korrektur von Unrichtigkeiten im Tatbestand nach **§ 320** nur wegen der Beweisregel des § 314 S. 1 erforderlich ist (vgl. § 320 Rn. 1, 4) und § 314 für Beschlüsse nicht gilt, kommt auch eine entsprechende Anwendung des § 320 nicht in Betracht.[73]

Der in **§ 321** ausgesprochene Rechtsgedanke, dass versehentlich gelassene Entscheidungslücken nachträglich vom Gericht geschlossen werden können, lässt sich auch auf Beschlüsse übertragen. Deshalb wird eine entsprechende Anwendung dieser Vorschrift auf Beschlüsse zu Recht befürwortet.[74] Da jedoch für einen Beschluss ein Tatbestand nicht zwingend vorgeschrieben ist, kann eine Beschlussergänzung in analoger Anwendung des § 321 nicht davon abhängig gemacht werden, dass der übergangene Antrag im Tatbestand oder in den ihn ersetzenden Gründen des Beschlusses genannt wird; es genügt, dass sich aus den Akten (Schriftsätzen) ein Parteiantrag ergibt, der versehentlich ganz oder zum Teil vom Gericht bei seiner Entscheidung übergangen wurde. Auch die Ergänzung eines Beschlusses ist von einem entsprechenden Antrag abhängig zu machen. § 321 ist ebenfalls entsprechend anwendbar, wenn das Gericht versehentlich die **Kostenentscheidung** im Beschluss ganz oder teilweise unterlassen hat.[75] Hat eine Partei im Kostenfestsetzungsverfahren nicht innerhalb der durch § 321 Abs. 2 vorgeschriebenen Frist eine Ergänzung des Kostenfestsetzungsbeschlusses beantragt, dann ist sie nicht gehindert, die Kosten, über die versehentlich nicht entschieden worden ist, erneut zur Festsetzung anzumelden,[76] denn die Fristversäumung für einen Ergänzungsantrag bewirkt nicht einen Ausschluss der Partei mit ihrem Anspruch, über den das Gericht irrtümlich eine Entscheidung unterlassen hat (vgl. auch § 321 Rn. 11 aE). Die Frist des § 321 Abs. 2 beginnt bei formlos mitzuteilenden Beschlüssen in dem Zeitpunkt, in dem die Partei diese Mitteilung erhalten hat.[77] Da Beschlüsse auch der (formellen und materiellen) Rechtskraft fähig sind (vgl. dazu Rn. 12), können die **§§ 322 bis 328** entsprechende Anwendung finden. Entsprechend dem Rechtsgedanken des § 517 beginnt für fehlerhafte oder nicht zugestellte Beschlüsse spätestens mit Ablauf von fünf Monaten nach der formlosen Bekanntgabe des Beschlusses die Frist für die Einlegung der sofortigen Beschwerde.[78] 14

VI. Verfügungen

Durch Verfügungen werden im Regelfall die den Prozessbetrieb bestimmenden Anordnungen getroffen, die vom Vorsitzenden oder vom beauftragten oder ersuchten Richter erlassen werden. Die Verfügung wird – in gleicher Weise wie ein Beschluss (vgl. Rn. 5) – in dem Zeitpunkt recht- 15

---

[71] LG Stade Rpfleger 1987, 253.

[72] BVerfGE 29, 45, 50; BayObLG NJW-RR 1989, 720, 721; KG FamRZ 1975, 103, 104; OLG Hamm Rpfleger 1976, 146; OLG Hamm MDR 1977, 760; OLG Zweibrücken FamRZ 1982, 1030, 1031; OLG Nürnberg JurBüro 1980, 144, 145; OLG München Rpfleger 1992, 217; MDR 2003, 522; OLG Brandenburg FamRZ 2000, 1096.

[73] OLG Köln MDR 1976, 848; OLG Frankfurt MDR 2004, 901; AK-ZPO/Wassermann Rn. 12; aA *Zöller/Vollkommer* Rn. 40; *Stein/Jonas/Roth* Rn. 20 (wenn aufgrund einer vorausgehenden mündlichen Verhandlung entschieden wurde). Nur soweit § 314 ausnahmsweise aufgrund spezieller Regelungen anwendbar ist, muss demgemäß auch § 320 gelten; so auch BGHZ 65, 30, 35f. = NJW 1975, 1837.

[74] KG JW 1925, 808; OLG Stuttgart ZZP 69 (1956), 428; MDR 1999, 116, 117; OLG Nürnberg Rpfleger 1959, 63; OLG Düsseldorf JurBüro 1970, 780, 781; OLG Hamm Rpfleger 1973, 409, 410; OLG München AnwBl. 1978, 111; OLG Frankfurt JurBüro 1980, 778; OLG München JurBüro 1987, 1555, 1556; *Stein/Jonas/Roth* Rn. 19.

[75] OLG Nürnberg JurBüro 1981, 303; LG Münster MDR 1958, 175; LG Essen NJW 1970, 1688. KG Rpfleger 1980, 158, 159; OLG Hamm Rpfleger 1980, 482.

[76] KG Rpfleger 1980, 158, 159; OLG Hamm Rpfleger 1980, 482

[77] OLG Stuttgart (Fn. 74) S. 428f.; OLG München MDR 2003, 522.

[78] BayObLG NJW-RR 1992, 597, 1994, 856; vgl. auch OLG Hamm JurBüro 1992, 394.

lich **existent,** in dem sie den internen Bereich der Behörde verlässt und nach außen in Erscheinung tritt.[79] Auch hinsichtlich des **Wirksamwerdens** der Verfügung gilt das gleiche wie für Beschlüsse (vgl. Rn. 5, 8). Dementsprechend wird die Verfügung des Vorsitzenden, mit der er die Berufungsbegründungsfrist verlängert (§ 520 Abs. 2 S. 2, 3), wirksam, wenn dem Prozessbevollmächtigten der Partei dies durch die Geschäftsstelle des Gerichts fernmündlich mitgeteilt wird.[80] Die Mitteilung, dass die Berufungsbegründung nicht fristgerecht beim Gericht eingegangen sei, bei der es sich um eine zur Erfüllung der richterlichen Hinweispflicht gemäß § 139 Abs. 3 dienende Verfügung des Vorsitzenden handelt, muss zugestellt werden, weil sie die Frist des § 234 Abs. 1 in den Lauf setzt (§ 329 Abs. 2 S. 2).[81] Fristsetzende Verfügungen wie beispielsweise solche, durch die eine in § 296 Abs. 1 aufgeführte Präklusionsfrist gesetzt wird, bedürfen der **Zustellung** einer beglaubigten Abschrift der Verfügung (§ 329 Abs. 2 S. 2).[82] Solche Verfügungen wie auch andere, die den Parteien mitzuteilende Entscheidungen enthalten, müssen vom Vorsitzenden oder dem verfügenden Richter **unterzeichnet** werden; eine Paraphe genügt nicht.[83] Dagegen wird die Unterzeichnung mit einer Paraphe bei einer Terminsbestimmung für ausreichend gehalten, die allerdings charakteristische Merkmale aufweisen müsse, um zumindest innerhalb des Gerichts den Unterzeichner klar erkennbar sein zu lassen.[84] Verfügungen, die einer Partei eine günstige Rechtslage (beispielsweise durch Fristverlängerung) einräumen, können nicht mehr einseitig vom Verfügenden geändert werden.[85] Für andere Verfügungen gilt dagegen diese Beschränkung nicht; insbesondere ist **§ 318** nicht anwendbar.

16 **§ 308** Abs. 1 S. 1 bezieht sich auf den Sachantrag des Klägers (vgl. § 308 Rn. 5). Durch Verfügungen wird über derartige Anträge nicht entschieden, so dass § 308 auf Verfügungen nicht entsprechend anzuwenden ist. Soweit jedoch das Gesetz den Erlass einer Verfügung von einem Antrag der Partei abhängig macht, wird in gleicher Weise wie in § 308 Abs. 1 die Verteilung der Verantwortlichkeit hinsichtlich des betreffenden Gegenstandes zwischen Gericht und Parteien zum Ausdruck gebracht (vgl. § 308 Rn. 1). Dementsprechend wird man den Verfügenden für verpflichtet halten, den Antrag zu beachten und nicht mehr oder etwas anderes zu verfügen, als beantragt wurde. § 329 Abs. 1 S. 2 nimmt die Vorschrift des **§ 309** ausdrücklich von einer Anwendung auf Verfügungen aus. Verfügungen brauchen nicht verkündet zu werden. Werden sie dennoch verkündet, dann ist nach dem entsprechend anzuwendenden **§ 312** (§ 329 Abs. 1 S. 2) die Wirksamkeit der Verkündung nicht von der Anwesenheit der Parteien abhängig. Die übrigen Vorschriften über die Verkündung von Urteilen sind auf Verfügungen nicht entsprechend anzuwenden. **§ 317** Abs. 2 S. 1 und Abs. 3 bis 5 gilt sinngemäß auch für Verfügungen (§ 329 Abs. 1 S. 2); dies bedeutet insbesondere, dass vor einer Unterzeichnung der Verfügung (vgl. dazu o. Rn. 5) Abschriften nicht erteilt werden dürfen. **§ 319** (mit Ausnahme des Absatzes 3) ist auch auf Verfügungen anzuwenden. Dagegen kommt eine Anwendung der §§ 314, 320, 321 und 322 nicht in Betracht.

Titel 3. Versäumnisurteil

Schrifttum: *Beckmann,* Präjudizielle Wirkung eines Versäumnisurteils bei gleichzeitigem Erlaß eines unechten Versäumnisurteils?, MDR 1997, 614; *Bergerfurth,* Das Versäumnisurteil im schriftlichen Vorverfahren, JZ 1978, 298; *Boemke,* Das einspruchsverwerfende Versäumnisurteil, ZZP 106 (1993), 371; *Braun,* Die Berufung gegen das zweite Versäumnisurteil, ZZP 93 (1980), 433; *Dietrich,* Die Wirkung des Versäumnisurteils gegen den Kläger, ZZP 84 (1971), 419; *ders.,* Rechtskraft und neue Tatsachen, insbesondere beim Versäumnisurteil gegen

---

[79] BGHZ 4, 389, 399; BGH NJW 1982, 888, 889; 1990, 1797, NJW-RR 1994, 444 f.; BAG AP § 519 Nr. 28.

[80] BGH LM Nr. 2; BGHZ 14, 148, 152; BGH NJW 1990, 1797; BAG AP § 519 Nr. 28; LG Lübeck SchlHA 1982, 199, 200; *Müller* NJW 1990, 1778. Entgegen der Auffassung des RG (RGZ 156, 385, 390 f.; 160, 307, 309) und BGHZ 4, 389 (Fn. 79) tritt jedoch die Wirksamkeit dieser Frist nicht bereits in dem Zeitpunkt ein, in dem die Verfügung zur Versendung an den Empfänger von der Geschäftsstelle in den Postausgang gegeben wird, sondern erst, wenn die Partei die Mitteilung erhält (so auch BAG AP § 519 Nr. 27, 28; BAG (GS) NJW 1980, 309, 310); jedoch kann die Fristverlängerungsverfügung auch noch nach Fristablauf ergehen, wenn sie nur rechtzeitig beantragt wurde (BGH GSZ BGHZ 83, 217, 219 ff. = NJW 1982, 1651; BAG (GS) aaO).

[81] BGH VersR 1995, 317.

[82] BGHZ 76, 236, 238, 241 = NJW 1980, 1167; BGH NJW 1980, 1960; BGH NJW 1981, 1217; 1981, 2255; VersR 1983, 33; OLG Hamm BauR 1982, 93; OLG Düsseldorf NJW-RR 1986, 799, 800.

[83] BGHZ 76, 241 (Fn. 82); BGH VersR 1983, 33; BVerwG NJW 1994, 746; KG MDR 1981, 853; OLG Düsseldorf Rpfleger 1989, 276; LAG Hamm MDR 1982, 612; LAG Düsseldorf JurBüro 1989, 1443.

[84] BSG NJW 1992, 1188, 1189, vgl. auch OVG-Münster NJW 1991, 1628.

[85] AK-ZPO/*Wassermann* Rn. 13; *Zöller/Vollkommer* Rn. 44.

den Kläger, Diss. Freiburg 1969; *Donau,* Beschränkung des Einspruchs gegen Versäumnisurteile, MDR 1955, 22; *Fasching,* Die Rechtsbehelfe gegen Versäumnisurteile im deutschen und österreichischen Zivilprozeß, FS Baur, 1981, S. 387; *Furtner,* Das Versäumnisurteil im Rechtsmittelverfahren, JuS 1962, 253; *ders.*, Das Versäumnisurteil im ersten Rechtszug, MDR 1966, 551; *Gounalakis,* Sanktionslose Verspätung durch Eintritt in das Säumnisverfahren, DRiZ 1997, 294; *dies.*, Die Flucht von Präklusion bei verspätetem Vorbringen im Zivilprozeß, 1995; *Habel,* Kostenerstattung bei vorangegangenem Versäumnisurteil, NJW 1997, 2357; *Hartung,* Das anwaltliche Verbot des Versäumnisurteils, 1991; *Heinrich,* Säumnis im Zivil- und Arbeitsgerichtsprozeß, 2001; *Hölzer,* Das Versäumnisverfahren im Zivilprozeß, JurBüro 1991, 163; *Hövel,* Die Säumnis des Einspruchsführers nach verfristetem Einspruch gegen ein Versäumnisurteil, NJW 1997, 2864; *Hoyer,* Das technisch zweite Versäumnisurteil, 1980; *Just,* Umfang der Rechtskraft eines Versäumnisurteils gegen den Berufungskläger, NJW 2003, 2289; *Kargados,* Die Probleme des Versäumnisverfahrens, Eine rechtsvergleichende Untersuchung anläßlich des neuen griechischen Versäumnisverfahrens, 1970; *Kramer,* Neuerungen im Versäumnisverfahren nach der Vereinfachungsnovelle, NJW 1977, 1657; *Lehmann,* Die Berufung gegen das technisch zweite Versäumnisurteil, Diss. Köln 1989; *Linke,* Die Versäumnisentscheidung im deutschen, österreichischen, belgischen und englischen Recht, 1972; *Maurer,* Versäumnisurteil und Abänderungsklage, FamRZ 1989, 445; *Münzberg,* Die Wirkungen des Einspruchs im Versäumnisverfahren, 1959; *ders.*, Prozeßurteile im Versäumnisverfahren, AcP 159, 41; *ders.*, Zum Begriff des Versäumnisurteils, JuS 1963, 219; *Münzel,* Vorläufige Vollstreckbarkeit aufrechterhaltener Versäumnisurteile, NJW 1954, 1434; *Nierwetberg,* Die Behandlung materiellrechtlicher Einreden bei Beantragung des Versäumnisurteils gegen den Beklagten, ZZP 98 (1985), 442; *Prütting,* Das zweite Versäumnisurteil im technischen Sinn, JuS 1975, 150; *ders.*, Versäumnisurteile in Statusprozessen, ZZP 91 (1978), 197; *ders.*, Versäumnisverfahren, Lexikon des Rechts, Zivilverfahrensrecht, 2. Aufl. 1995, S. 420; *ders.*, Das Versäumnisverfahren im deutschen und europäischen Recht, Liber Amicorum Paul Meijknecht, 2000, S. 217; *Reinelt,* Darlegung und Nachweisung bei der Prorogation im Versäumnisverfahren nach § 331 Abs. 1 Satz 2 ZPO, NJW 1974, 2310; *Ritter/Schmidt,* Die Zulässigkeit eines Versäumnisurteils im schriftlichen Vorverfahren nach vorangegangenem Mahnverfahren, Diss. Marburg 1989; *Schima,* Die Versäumnis im Zivilprozeß, 1928; *E. Schneider,* Säumnis durch Nichtverhandeln, MDR 1992, 827; *ders.*, Versäumnisurteil wegen Verspätung des Anwalts, MDR 1998, 577; *Schubert,* Zur Rechtsgeschichte des Versäumnisverfahrens in der ZPO und zur weiteren Entwicklung bis zur Novelle von 1976, FS E. Schneider, 1997, S. 65; *Siemon,* Rechtskraftwirkung des die Berufung des Klägers zurückweisenden Versäumnisurteils, MDR 2004, 301; *Stadler/Jarsumbek,* Das Versäumnisverfahren gem. §§ 330ff. ZPO, insbesondere das zweite Versäumnisurteil, JuS 2006, 34 und 134; *Stahlhacke,* Probleme des zweiten Versäumnisurteils, Festschrift für E. Schneider 1997, S. 109; *Steinhauer,* Versäumnisurteile in Europa, 1996; *Steuerwald,* Das Versäumnisverfahren, 1938; *Stoffel-Strauch,* Versäumnisurteil gegen den Beklagten im schriftlichen Vorverfahren nach Verteidigungsanzeige, NJW 1997, 2372; *Taupitz,* Das Versäumnisurteil zwischen anwaltlicher Kollegialität und Mandantenrecht, FS Pawlowski, 1997, S. 443; *Zugehör,* Einspruch gegen ein Versäumnisurteil im schriftlichen (Vor-)Verfahren vor Zustellung?, NJW 1992, 2261.

§ 330 Versäumnisurteil gegen den Kläger

Erscheint der Kläger im Termin zur mündlichen Verhandlung nicht, so ist auf Antrag das Versäumnisurteil dahin zu erlassen, dass der Kläger mit der Klage abzuweisen sei.

Übersicht

I. Normzweck

1 **1. Die Mitwirkung der Parteien.** In den §§ 330ff. sind die Voraussetzungen und die Folgen der Versäumung eines Termins zur mündlichen Verhandlung durch eine Partei sowie die Versäumung der Frist zur Anzeige der Verteidigungsbereitschaft im schriftlichen Vorverfahren (vgl. §§ 276 Abs. 1 S. 1, 276 Abs. 2, 331 Abs. 3) im Einzelnen geregelt.[1] Grundlage dieser gesetzlichen Vorschriften sind die Verfahrensgrundsätze der Mündlichkeit und der Verhandlungsmaxime.[2] Sie setzen ein gewisses Maß der Mitwirkung durch die Parteien am Verfahren zwingend voraus und verlangen, dass dem Gericht oder der Gegenpartei Reaktionsmöglichkeiten bei Verweigerung der Mitwirkung zu Gebote stehen. Zwar gibt es nach der Konzeption des Gesetzes keine (in besonderer Weise sanktionierte) **Pflicht** der Verfahrensbeteiligten **zur Teilnahme** am Verfahren.[3] Jede Partei trägt aber die **prozessuale Last,** im Falle der Versäumung eines Termins zur mündlichen Verhandlung eine Sachentscheidung gegen sich hinnehmen zu müssen. Eine Ausgestaltung des Verfahrens, wonach auf Grund der Säumnis einer Partei eine Entscheidung auf der Basis einseitigen Parteiantrags und einseitigen Tatsachenvortrags zustande kommen kann, ist freilich im Allgemeinen nur in Verfahren möglich, die der **Verhandlungsmaxime** unterliegen.[4] Der verfassungsrechtliche Anspruch auf rechtliches Gehör (Art. 103 Abs. 1 GG) wird durch die Regeln über das Versäumnisverfahren nicht tangiert, da beide Parteien Gelegenheit zur Teilnahme am Verfahren hatten und gegen eine Versäumnisentscheidung Einspruch einlegen können.[5]

2 **2. Folgen der Terminsversäumung.** Das Gesetz knüpft an die Terminsversäumung ganz unterschiedliche Rechtsfolgen, je nach dem, ob der Kläger (§ 330) oder der Beklagte (§ 331) den Termin versäumt hat. In beiden Fällen steht der säumig gebliebenen Partei aber unter einheitlichen Voraussetzungen der Einspruch zu (§ 338), der den Rechtsstreit in die Lage zurückversetzt, in der er sich vor Eintritt der Versäumnis befand (§ 342). Damit können die wesentlichen Rechtsfolgen einer Säumnis beseitigt werden und das Verfahren kann in nicht unerheblichem Maße einer Verzögerung oder anderen taktischen Überlegungen[6] Vorschub leisten. In der Praxis haben sich die Auferlegung besonderer Kosten (§ 344), die Möglichkeit zur vorläufigen Vollstreckung ohne Sicherheitsleistung aus dem Versäumnisurteil (§ 708 Nr. 2) und die richterliche Befugnis zum Erlass eines Urteils nach Lage der Akten (§ 331a) statt eines Versäumnisurteils nicht als ausreichend erwiesen, Verzögerungen des Verfahrens zu vermeiden. Eine Präklusion wie im Falle des § 296 kommt bei Terminsversäumnissen nicht in Betracht. Dagegen hat das sog. zweite Versäumnisurteil im technischen Sinn (§ 345) echten Sanktionscharakter.[7]

3 **3. Rechtstatsachen.** Der Erlass von Versäumnisurteilen spielt in der Praxis der Zivilgerichtsbarkeit eine erhebliche Rolle. So sind ca. 20% der erstinstanzlichen Urteile Versäumnisentscheidungen. Dagegen gibt es in der Berufungsinstanz nur in ganz seltenen Fällen Versäumnisurteile. Trennt man die in 1. Instanz ergehenden Versäumnisurteile weiter danach, ob sie gegen den Kläger (§ 330) oder gegen den Beklagten (§ 331) ergehen, so zeigt sich, dass nahezu alle Versäumnisurteile gegen den Beklagten ergehen. Nur ca. 1% der erstinstanzlichen Versäumnisurteile ergehen gegen den Kläger.[8]

4 **4. Historie und Entwicklungstendenzen.** Fragen der Terminsversäumung haben im Zivilprozess eine lange historische Entwicklung. Zwar kannte das klassische römische Recht noch keine Möglichkeit, ein Sachurteil im Wege des Versäumnisurteils zu erlassen. Es entwickelte sich aber

---

[1] Zur Versäumung aller anderen Prozeßhandlungen vgl. §§ 230ff. und insbesondere § 230 Rn. 1ff.

[2] Zur Mündlichkeit vgl. § 128 Rn. 1ff.; zur Verhandlungsmaxime vgl. Einleitung 181ff.

[3] Die Abgrenzung von Pflicht und Last im Zivilprozeß hat die Wissenschaft seit langem beschäftigt; vgl. zur Diskussion vor allem *Bülow* AcP 62 (1879), 1, 11f., 27f.; *Goldschmidt,* Der Prozeß als Rechtslage, 1925, S. 252, 268ff., 325ff.; *Niese,* Doppelfunktionelle Prozeßhandlungen, 1950, S. 52ff., 63ff.; *Lent* ZZP 67 (1954), 344; *Henckel,* Prozeßrecht und materielles Recht, 1970, S. 14ff.; *Konzen,* Rechtsverhältnisse zwischen Prozeßparteien, 1976, S. 57ff.; *Stürner,* Die Aufklärungspflicht der Parteien des Zivilprozesses, 1976, S. 71ff.; *Prütting,* Gegenwartsprobleme der Beweislast, 1983, S. 30ff.

[4] Zum Anwendungsbereich s. Rn. 4ff.

[5] BVerfGE 36, 298, 301; *Schwab/Gottwald,* Verfassung und Zivilprozeß, 1984, S. 56; *Waldner,* Der Anspruch auf rechtliches Gehör, 1989, Rn. 340ff.

[6] Insbesondere durch die sog. „Flucht in die Säumnis" im Rahmen drohender Präklusion, vgl. § 296 Rn. 113f. und § 340 Rn. 23ff.

[7] Vgl. § 345 Rn. 4.

[8] Zu den Einzelheiten vgl. Statistisches Bundesamt, Fachserie 10, Reihe 2, Zivil- und Strafgerichte 1986, Stuttgart – Mainz 1988, S. 22ff.; für die Jahre 1982–1985 existiert nur eine Arbeitsunterlage des Statistischen Bundesamtes (erschienen 1987), vgl. dort S. 24ff.; für das Jahr 1981 und früher ist jeweils ein Band der Fachserie 10, Reihe 2 erschienen.

insbesondere in der nachklassischen Zeit Schritt für Schritt ein Versäumnisverfahren gegen den Beklagten. Von besonderer Bedeutung für die Rechtsentwicklung in Deutschland war die Entwicklung eines Versäumnisverfahrens im italienischen-kanonischen Prozess gewesen. Im Einzelnen war freilich die Entwicklung in den verschiedenen deutschen Landesrechten sehr unterschiedlich gewesen.[9] Ähnlich wie die sehr uneinheitliche historische Entwicklung führt auch eine rechtsvergleichende Betrachtung in Europa zu dem Ergebnis, dass es ein einheitliches System des Versäumnisverfahrens nicht gibt. So kennt beispielsweise das englische Recht auch ein Versäumnisverfahren bei der Versäumung einer Frist, das französische Recht lässt Versäumnisurteile nur gegen eine von Beginn des Prozesses an untätige Partei zu; das österreichische Recht verbindet das Versäumnisverfahren mit Möglichkeiten einer Präklusion von Vorbringen.[10] Zurzeit gibt es in Europa verschiedene Vorschläge und Entwicklungen, im Zivilprozessrecht einzelne Bereiche und darunter auch das Versäumnisverfahren zu vereinheitlichen.[11] Der deutsche Gesetzgeber plante im Jahr 2002 in Ergänzung des Versäumnisverfahrens die Schaffung eines Vorabурteils in Bausachen zur verbesserten Durchsetzung von Forderungen. Diese Regelung sollte in den §§ 347a–347f angefügt werden.[12]

II. Anwendungsbereich

Die §§ 330ff. sind Teil der Normen über das landgerichtliche Verfahren 1. Instanz. Sie gelten kraft Verweisung aber auch für das Verfahren vor den **Amtsgerichten** (§ 495) und im **arbeitsgerichtlichen Urteilsverfahren** (§ 46 Abs. 2 ArbGG, § 495 ZPO). Dagegen kennen Verfahren, die nicht der Verhandlungsmaxime unterliegen, sondern vom Untersuchungsgrundsatz beherrscht sind, regelmäßig kein Versäumnisverfahren. Nicht anwendbar sind die §§ 330ff. deshalb im arbeitsgerichtlichen Beschlussverfahren (vgl. § 83 Abs. 4 ArbGG) und im gesamten Verwaltungsprozessrecht (vgl. § 102 Abs. 2 VwGO, § 91 Abs. 2 FGO, § 110 Abs. 1 S. 2 SGG). 5

Das Zivilprozessrecht kennt nicht nur in 1. Instanz ein Versäumnisurteil, sondern auch in der **Berufungsinstanz** (§ 542) und in der **Revisionsinstanz** (§§ 557, 566). Erscheint in der Revisionsinstanz der Rechtsmittelkläger nicht, so ist gemäß § 557 unmittelbar § 330 anzuwenden. Erscheint die Revisionsbeklagte nicht, so gilt § 331 zwar ebenfalls. Zu beachten ist aber, dass das Gericht im Rahmen der rechtlichen Würdigung trotz § 331 frei bleibt (s. § 331 Rn. 10).[13] 6

In **Ehe-, Familien- und Kindschaftssachen** gibt es wegen des dort weithin geltenden Untersuchungsgrundsatzes nur in sehr begrenztem Umfang die Möglichkeit zum Erlass eines Versäumnisurteils (vgl. im Einzelnen die Regelungen in den §§ 612 Abs. 4, 632 Abs. 4, 640 Abs. 1). Dies gilt freilich nicht für die Familiensachen des § 23b Abs. 1 Nr. 5, 6 und 9 GVG. Soweit diese isoliert verhandelt und entschieden werden, gelten die §§ 330ff. uneingeschränkt. Im Verbund sind jedoch die Besonderheiten des § 629 Abs. 2 zu beachten. Vgl. dazu u. § 629 Rn. 7; ferner BGH NJW-RR 1995, 257; BGH FamRZ 1988, 945. 7

Im **schriftlichen Verfahren** gemäß § 128 Abs. 2 und 3 kommt ein Versäumnisurteil nicht in Betracht. Dies ist verfassungsrechtlich nicht zu beanstanden.[14] Zu den Besonderheiten des schriftlichen Vorverfahrens im Rahmen von § 276 ist allerdings die Sonderregelung des § 331 Abs. 3 zu beachten, vgl. § 331 Rn. 41ff. Möglich ist es auch, ein Versäumnisurteil als **Teilurteil** zu erlassen. Ist der Kläger säumig, so wird die Klage zwar in ihrer Gesamtheit durch echtes Versäumnisurteil abgewiesen. Eine teilweise Entscheidungsreife wäre hier nicht relevant. Ein Teilversäumnisurteil gegen den Kläger wäre aber denkbar, soweit der Kläger anwesend ist, jedoch nur über einen Teil des Klageanspruchs i. S. von § 33 verhandelt. Ist der Beklagte säumig, so ist es denkbar, dass im Rahmen der Schlüssigkeitsprüfung von § 331 teilweise ein echtes und teilweise ein unechtes Versäumnisurteil ergeht.[15] Ferner ist es möglich, ein **Versäumnis-Vorbehaltsurteil** zu erlassen (s. u. § 599 Rn. 3; wie hier OLG Naumburg NJW-RR 1995, 1987 m. weit. Nachw.). 8

Ausgeschlossen ist das Versäumnisverfahren in **Baulandsachen** (§ 227 Abs. 3 BauGB). 9

III. Der Begriff der Säumnis

Eine Säumnis setzt voraus, dass in einem ordnungsgemäß angeordneten Termin zur mündlichen Verhandlung die korrekt geladene Partei nicht erschienen ist oder nicht verhandelt. 10

---

[9] Im einzelnen zur historischen Entwicklung vgl. *Schubert,* FS E. Schneider, 1997, S. 65ff.; *Steinhauer* S. 22ff.
[10] Zur Rechtsvergleichung siehe *Steinhauer* S. 75ff.
[11] Vgl. dazu *Prütting,* Liber amicorum Paul Meijknecht, S. 217.
[12] Entwurf eines Forderungssicherungsgesetzes vom 1. 8. 2002, BT-Drucks. 14/9848.
[13] Vgl. BGH NJW 1992, 896, 897; NJW 1992, 1149.
[14] BVerfG NJW 1993, 2864.
[15] Im einzelnen dazu *Robertz,* Probleme beim Erlaß des Teilurteils, Diss. jur. Köln 1994, S. 4ff.

11 **1. Ordnungsgemäßer Termin.** Es muss sich um einen Termin zur obligatorischen mündlichen Verhandlung vor dem erkennenden Gericht handeln. Erkennendes Gericht ist das Prozessgericht oder der Einzelrichter, nicht jedoch der beauftragte (vgl. § 361) oder der ersuchte (vgl. § 362) Richter. Der Termin muss zu einer streitigen mündlichen Verhandlung anberaumt sein, ein reiner Gütetermin oder ein Verkündungstermin (§ 310) sowie ein Termin zur Verhandlung über Tatbestandsberichtigung (§ 320) oder zur Abgabe eidesstattlicher Versicherungen genügt nicht. Auch eine freigestellte mündliche Verhandlung genügt nicht, soweit nicht ausnahmsweise ein Arrest, eine einstweilige Verfügung oder die Vollstreckbarerklärung eines Schiedsspruchs, eines schiedsrichterlichen Vergleichs oder eines Anwaltsvergleichs gemäß § 796a betroffen ist (§§ 922 Abs. 1, 936, 1053, 1063, 796a). Ist ein Termin zur Beweisaufnahme vor dem Prozessgericht anberaumt, so wird er zum Verhandlungstermin im Sinne der Säumnisnormen mit der Beendigung der Beweisaufnahme.

12 Termin zur mündlichen Verhandlung in diesem Sinne ist jeder Termin, nicht nur der Erste (vgl. § 332). Allerdings darf das Verfahren nicht unterbrochen sein (§§ 239ff.).

13 **2. Ordnungsgemäße Ladung.** Der Termin muss verkündet (vgl. § 218) oder der Partei ordnungsgemäß bekanntgemacht worden sein. Zu diesem Termin muss die Partei und im Falle des Anwaltszwanges ihr Rechtsanwalt ordentlich geladen sein (§§ 214ff. ZPO), soweit dies nicht ausnahmsweise entbehrlich ist.[16] Ist eine Partei erschienen, hat jedoch nicht verhandelt (§ 333), so ist ein Mangel der Ladung unschädlich.

14 **3. Säumnis der Partei.** Es muss ein Aufruf zur Sache erfolgt sein (§ 220). Ein solcher Aufruf zur Sache allein im Gerichtssaal reicht je nach den Umständen nicht aus.[17] Ab diesem Aufruf bis zum Schluss des Termins darf sodann beim Amtsgericht weder die Partei noch ein Vertreter erschienen sein bzw. verhandelt haben (vgl. § 333). Beim Landgericht kann der Eintritt der Säumnis nur durch das Auftreten eines zugelassenen Anwalts als Prozessbevollmächtigten verhindert werden. Der Partei selbst fehlt insoweit die Postulationsfähigkeit,[18] sodass für sie vor dem Landgericht immer § 333 gilt. Ein nur teilweises Verhandeln führt in keinem Falle eine Säumnis herbei (§ 334).[19]

15 Zur Säumnis einer anwaltlich vertretenen Partei und zur Frage, unter welchen Voraussetzungen ein Versäumnisurteil gegen eine anwaltlich vertretene Partei nicht in Betracht kommt, vgl. § 337 Rn. 8ff.

16 Eine schriftliche oder mündliche Meldung der Partei **vor** dem Termin schließt die Säumnis nicht aus. Auch unverschuldetes Nichterscheinen hindert nicht die Säumnis. In diesem Falle ist das Gericht gemäß § 337 jedoch gehindert, ein Versäumnisurteil zu erlassen.

17 **4. Sachurteilsvoraussetzungen.** Unabhängig vom Begriff der Säumnis ist die Frage, ob die Voraussetzungen zum Erlass eines Sachurteils vorliegen. Diese werden jedoch im Rahmen der Folgen einer Säumnis geprüft.[20]

IV. Das Wesen eines Versäumnisurteils

18 Folge der Säumnis einer Partei ist unter gewissen Voraussetzungen der Erlass eines Versäumnisurteils, soweit kein besonderes Hindernis vorliegt. Allerdings kann auch bei Säumnis einer Partei ein Urteil ergehen, das in Wahrheit ein streitiges Endurteil ist und deshalb in der Praxis häufig als sog. **unechtes Versäumnisurteil** bezeichnet wird (zur Terminologie s. Rn. 22). Typisches Beispiel ist eine Entscheidung gegen die erschienene Partei. Im Einzelnen bestehen Unsicherheiten, wann ein **echtes Versäumnisurteil** vorliegt und was dementsprechend sein Wesen ausmacht.[21] Hier sind drei verschiedene Fallgestaltungen zu trennen:

19 **1. Urteil gegen die Gegenpartei.** Trotz Säumnis einer Partei ergeht ein **Urteil gegen die Gegenpartei, die erschienen war.** Es hat also zB der erschienene Kläger eine unzulässige oder eine unschlüssige Klage gegen den säumigen Beklagten erhoben. Das die Klage abweisende Urteil ist nach heute allgemeiner Auffassung ein kontradiktorisches Urteil (= unechtes Versäumnisurteil).

20 **2. Urteil gegen die säumige Partei.** Es ergeht ein Urteil gegen die säumige Partei, ohne dass das Urteil in Anwendung der §§ 330, 331 erlassen würde. So hat zB der säumige Kläger eine unzulässige Klage erhoben. Hier ergeht nach richtiger Auffassung ebenfalls ein streitiges Urteil, und zwar ein Prozessurteil, weil nicht die Säumnis, sondern allein eine fehlende Sachurteilsvoraussetzung

---

[16] S. § 335 Rn. 8.
[17] Vgl. BVerfGE 42, 364.
[18] Zur Postulationsfähigkeit s. § 78 Rn. 2.
[19] Vgl. BGHZ 63, 94.
[20] S. Rn. 22f.
[21] Dazu insbesondere *Münzberg* JuS 1963, 219; *Prütting* ZZP 91, 198.

Grundlage dieses Urteils gegen die säumige Partei ist.[22] Die Gegenauffassung[23] verkennt, dass selbst ein mit einem Versäumnisurteil inhaltlich übereinstimmendes streitiges Urteil keine Folgerung gerade aus der Versäumnissituation zieht. Dagegen ist es nicht erforderlich, dass das Versäumnisurteil in der Weise auf der Säumnis beruht, sodass bei Anwesenheit beider Parteien eine inhaltlich andere Entscheidung ergangen wäre. Dieses früher in der Rechtsprechung vorhandene Missverständnis, es müsse eine Kausalität von Urteilsinhalt und Säumnissituation vorliegen, ist heute wohl überwunden. Wird also in der Revisionsinstanz gegen den säumigen Revisionsbeklagten ein Urteil erlassen, so ist dies ein echtes Versäumnisurteil, weil es auf der Grundlage des § 331 (mit § 557) ergeht. Dass eine Fiktion des tatsächlichen klägerischen Vorbringens hier nicht in Betracht kommt und das Gericht in der Rechtsprüfung weiter frei ist, ändert daran nichts.

3. Echtes Versäumnisurteil. Ein echtes Versäumnisurteil liegt daher nur dann und immer dann vor, wenn es gegen die säumige Partei **und** auf der Grundlage der §§ 330, 331 (bzw. § 345) ergeht. 21

V. Terminologie

Die Trennung und die Bezeichnung von echten und unechten Versäumnisurteilen ist im Gesetz selbst nicht vorgesehen. Sie ist auch in der Sache höchst missverständlich.[24] Versäumnisurteile im Sinne des Gesetzes sind immer nur die sog. echten Versäumnisurteile. Unechte Versäumnisurteile sind in Wahrheit streitige Urteile, also kontradiktorische Urteile und als solche berufungsfähig (zu den Rechtsbehelfen siehe Rn. 37). Auf die jeweilige Bezeichnung durch das Gericht kommt es dabei nicht an. Entscheidend ist wie bereits dargestellt (siehe Rn. 21), ob das Versäumnisurteil gegen die säumige Partei und zusätzlich auf der Grundlage von Säumnisnormen ergangen ist. Mit *Grunsky*[25] sollte man bei unechten Versäumnisurteilen besser von „kontradiktorischen Urteilen im Versäumnisverfahren" sprechen. Hat das Gericht im Einzelfall eine falsche Beziehung des Urteils gewählt, so gilt für die Anfechtung der Grundsatz der Meistbegünstigung (siehe Rn. 37 und Vor §§ 511 ff. Rn. 47). 22

VI. Die Voraussetzungen des Versäumnisurteils gegen den Kläger

1. Vorliegen der Sachurteilsvoraussetzungen. Der Erlass eines Versäumnisurteils setzt zunächst das Vorliegen der Sachurteilsvoraussetzungen voraus. Diese sind wie bei jedem Sachurteil vom Gericht von Amts wegen zu prüfen. Soweit ausnahmsweise Parteivereinbarungen zur Zulässigkeit der Klage oder Rügeverzicht in Betracht kommen, dürften Mängel regelmäßig auf Grund der Einlassung des Beklagten zur Hauptsache geheilt sein. Bei Mängeln der Zuständigkeit käme in diesem Fall § 39 in Betracht, bei Mängeln der Klageerhebung tritt eine Heilung gemäß § 295 ein. 23

Soweit beim Gericht Zweifel über das Vorliegen von Sachurteilsvoraussetzungen verbleiben, trägt die Beweislast für das Vorhandensein der einzelnen Voraussetzungen wegen § 335 Abs. 1 Nr. 1 ausnahmsweise der erschienene Beklagte. 24

2. Säumnis des Klägers. Zu den Einzelheiten s. Rn. 10 ff. 25

3. Antrag des Beklagten. Der Erlass eines Versäumnisurteils gegen den Kläger setzt zwingend den Antrag des Beklagten auf Erlass des Versäumnisurteils voraus. In diesem Antrag ist zugleich eine Verhandlung zur Hauptsache zu sehen. Will der Beklagte statt dessen eine Prozessabweisung und damit ein kontradiktorisches Urteil erreichen, muss er dies ausdrücklich beantragen. Ein streitiges Sachurteil gegen den Kläger kann der Beklagte im Falle der Säumnis des Klägers nur nach Maßgabe von § 331 a erreichen. Beantragt der erschienene Beklagte ausdrücklich ein Versäumnisurteil, so ist der Erlass eines streitigen Sachurteils unzulässig (OLG Koblenz NJW-RR 1991, 1087). Wird eine Klage aus Versehen einer anderen Person als dem Beklagten zugestellt und erscheint diese Person im Termin zur mündlichen Verhandlung, so kann sie keinen wirksamen Antrag auf Erlass eines Versäumnisurteils stellen.[26] 26

Zweifel bestehen, ob der Antrag ausdrücklich als Säumnisantrag gestellt werden muss. Wenn insoweit Unklarheiten bestehen, will die Rechtsprechung und die hM aus dem normalen Sachantrag 27

---

[22] Ganz herrschende Auffassung, vgl. *Rosenberg/Schwab/Gottwald* § 107 II; *Stein/Jonas/Grunsky* Vor § 330 Rn. 23, 29; *Zöller/Herget* Vor § 330 Rn. 11; *Musielak/Stadler* vor § 330 Rn. 12.

[23] So *Baumbach/Lauterbach/Hartmann* Vor § 330 Rn. 11; *Blomeyer* Zivilprozeßrecht, 2. Aufl., § 54 III 2 a; *Schönke/Kuchinke* 9. Aufl., § 53 II 4. Unklar insofern auch BGHZ 37, 89 = NJW 1962, 1149.

[24] *Stein/Jonas/Grunsky* Vor § 330 Rn. 28; *Musielak/Stadler* Vor § 330 Rn. 11.

[25] *Stein/Jonas/Grunsky* Vor § 330 Rn. 28.

[26] OLG Hamm MDR 1991, 1201.

auf Klageabweisung auch das Vorhandensein eines Prozessantrags auf Erlass eines Versäumnisurteils stillschweigend entnehmen.[27] Dabei handelt es sich um ein Problem der Auslegung des Antrags. Es bestehen keine Bedenken, insoweit eine großzügige Auslegung vorzunehmen. Im Zweifelsfalle wird der Richter zunächst gemäß § 139 durch Nachfrage und Hinweise die Situation zu klären versuchen. Der Erlass eines Versäumnisurteils kommt jedenfalls nicht in Betracht, wenn der erschienene Beklagte ausdrücklich ein streitiges Urteil beantragt.[28]

28 Eine generelle Vereinbarung der Parteien, ein Versäumnisurteil nicht zu beantragen, ist nichtig und hindert den Antrag des Beklagten auf Erlass des Versäumnisurteils nicht.[29] Dagegen ist es möglich, für eine begrenzte Zeit, insbesondere für einen bestimmten Termin oder bis zu einem bestimmten Zeitpunkt des Termins durch Vereinbarung ein Versäumnisurteil auszuschließen.[30] Wird entgegen einer zulässigen Vereinbarung ein Versäumnisurteil beantragt oder erlassen, so ist dies wie ein Fall des § 337 („schuldlos säumige Partei") zu behandeln.[31]

29 **4. Besondere Hindernisse.** Ein Versäumnisurteil darf nicht ergehen, soweit eines der in den §§ 335, 337 aufgezählten Hindernisse vorliegt.

30 Zum Antrag auf Erlass des Versäumnisurteils gegen eine anwaltlich vertretene Partei vgl. § 337 Rn. 8ff.

VII. Die Entscheidung

31 **1. Entscheidungszwang.** Liegen die genannten Voraussetzungen für ein Versäumnisurteil gegen den Kläger vor, so ist dieses vom Gericht zwingend zu erlassen. Ein Ermessensspielraum steht dem Gericht nicht zu. Das gilt auch gegenüber einer anwaltlich vertretenen Partei, vgl. § 337 Rn. 23. Das erlassene Versäumnisurteil ist Sachurteil und Endurteil.

32 **2. Inhalt.** Das Urteil ist als Versäumnisurteil zu bezeichnen und mit dem in § 330 angeordneten Inhalt zu erlassen, dass der Kläger mit der Klage abgewiesen wird. In Ehe- und Kindschaftssachen sind hier die Besonderheiten der §§ 632 Abs. 4, 640 zu beachten. Ein weiterer Sonderfall findet sich in § 881. Eine Sachprüfung über die genannten Voraussetzungen des Versäumnisurteils gegen den Kläger hinaus findet nicht statt.

33 **3. Form und Verkündung.** Das Urteil wird durch Verlesung der Urteilsformel verkündet. Im Gegensatz zu streitigen Urteilen kann es verkündet werden, auch wenn die Urteilsformel noch nicht schriftlich abgefasst ist (§ 311 Abs. 2). Das Urteil ergeht in abgekürzter Form ohne Tatbestand und Entscheidungsgründe. Es ist in jedem Fall als Versäumnisurteil zu bezeichnen (§ 313b Abs. 1). Im Übrigen gelten die weiteren Formerleichterungen der §§ 313b Abs. 2, 317 Abs. 4. Zugleich mit der Zustellung des Urteils ist die Partei schriftlich auf den zulässigen Rechtsbehelf und seine Voraussetzungen hinzuweisen (vgl. § 338 Satz 2).

34 **4. Vorläufige Vollstreckbarkeit.** Das Versäumnisurteil ist gemäß § 708 Nr. 2 vorläufig vollstreckbar.

35 **5. Gebühren.** Für ein echtes Versäumnisurteil wird im Rahmen der Gerichtskosten eine eigene Urteilsgebühr nicht erhoben. Diese ist vielmehr durch die Prozessgebühr für das Verfahren im Allgemeinen mit abgegolten. Der Rechtsanwalt erhält für den Antrag auf Erlass eines Versäumnisurteils eine halbe Verhandlungsgebühr (Nr. 3105 VV zum RVG). Soweit aber bereits eine Terminsgebühr nach Nr. 3104 VV zum RVG entstanden ist, entstehen durch den Antrag auf Erlass des Versäumnisurteils auch hier keine weiteren Gebührentatbestände.

36 **6. Rechtskraft.** Wird gegen ein echtes Versäumnisurteil innerhalb der Frist des § 339 kein Einspruch eingelegt, so wird das Versäumnisurteil formell und materiell rechtskräftig.[32] Im Einzelnen s. u. Rn. 38f.

VIII. Rechtsbehelf und Rechtskraft

37 **1. Einspruch.** Gegen ein echtes Versäumnisurteil gemäß § 330 steht dem säumigen Kläger **allein der Einspruch** nach § 338 zu. Eine Anfechtung mit der **Berufung** gemäß §§ 511, 512 kommt **nicht** in Betracht (vgl. § 514 Abs. 1). In der gegenüber streitigen Urteilen abweichenden

---

[27] Vgl. BGHZ 37, 79 = NJW 1962, 1149; *Stein/Jonas/Grunsky* Vor § 330 Rn. 18.
[28] Vgl. dazu BGHZ 10, 333 = NJW 1953, 1830; BGHZ 49, 213 = NJW 1968, 503.
[29] *Stein/Jonas/Grunsky* Vor § 330 Rn. 21; *Thomas/Putzo/Reichold* Vor § 330 Rn. 10; *Baumbach/Lauterbach/Hartmann* Vor § 330 Rn. 9.
[30] *Stein/Jonas/Grunsky* Vor § 330 Rn. 21.
[31] *Stein/Jonas/Grunsky* Vor § 330 Rn. 21.
[32] *Musielak/Stadler* Vor § 330 Rn. 13.

Regelung des Ergreifens von Rechtsbehelfen ist ein besonders wichtiger Grund zu sehen, warum im Einzelnen zwischen den echten Versäumnisurteilen und den sog. unechten Versäumnisurteilen (= kontradiktorischen Urteilen) zu trennen ist. Für den Fall, dass nach Form oder Inhalt eine inkorrekte Entscheidung ergeht, kann nach dem anerkannten Grundsatz der Meistbegünstigung ausnahmsweise das der Form oder dem sachlichen Inhalt entsprechende Rechtsmittel wahlweise ergriffen werden. Zu den Einzelheiten vgl. vor § 511 Rn. 47, ferner § 331 Rn. 57. Ist ein Versäumnisurteil mit falscher Parteibezeichnung ergangen und handelt es sich dabei um eine offenbare Unrichtigkeit, so kann dies gemäß § 319 berichtigt werden. Der Scheinpartei steht dann kein Einspruch gegen das ursprünglich unrichtige Versäumnisurteil zu.[33] Im Falle einer Entscheidung, die teilweise auf Grund von Säumnis ergeht und teilweise die Klage als unschlüssig abweist, ist das Versäumnisurteil mit dem Einspruch und das abweisende „unechte" Versäumnisurteil mit der Berufung anfechtbar.[34]

2. Rechtskraft. Soweit ein Einspruch nicht eingelegt wird, erwächst das Versäumnisurteil in formelle und materielle Rechtskraft.[35] Die **volle materielle Rechtskraft** ist zwingende Folge des Entscheidungsinhalts von § 330, also der Sachabweisung (die früher im Gesetz vorgesehenen Ausnahmen der §§ 635, 638 hat der Gesetzgeber gestrichen). Soweit der Kläger neben dem Hauptantrag auch einen **Hilfsantrag** gestellt hatte, erstreckt sich die formelle und materielle Rechtskraft auch auf diesen Hilfsantrag, da bei Abweisung des Hauptantrags über den Hilfsantrag zwingend zu entscheiden ist. Wegen der Formerleichterungen des § 313 Abs. 1 und 2 ist zur Ermittlung des Umfangs der Rechtskraft in diesen Fällen die Klageschrift heranzuziehen. – Ein Sonderproblem entsteht dann, wenn trotz Rechtskraft des klageabweisenden Versäumnisurteils gem. § 330 der Kläger eine erneute Klage mit der Behauptung erhebt, im Erstprozess habe seinem Anspruch lediglich ein inzwischen behobenes vorübergehendes Hindernis entgegengestanden (zB die mangelnde Fälligkeit der Forderung). Auch hier sieht der BGH die zweite Klage wegen entgegenstehender materieller Rechtskraft als unzulässig an.[36] Das ist im Ergebnis richtig, weil das Versäumnisurteil nach § 330 allein auf Grund der Säumnis und nicht wegen Fehlens irgendeines Tatbestandsmerkmals als Sachurteil ergeht. Anders ist es freilich, wenn diese rechtskräftige Klageabweisung auf einem Versäumnisurteil des Berufungsgerichts beruht, mit dem die Berufung des Klägers gegen ein kontradiktorisches klageabweisendes Urteil der ersten Instanz zurückgewiesen wurde (§ 539 Abs. 1). Denn bei Zurückweisung eines Rechtsmittels wird nicht die isolierte Entscheidung des Rechtsmittelgerichts, sondern die vergeblich angefochtene erstinstanzliche Entscheidung materiell rechtskräftig.[37] 38

Die **Anfechtung eines rechtskräftigen Versäumnisurteils** folgt den allgemeinen Regeln. Das muss insbesondere auch gelten, soweit man gegen rechtskräftige Urteile eine Klage aus § 826 BGB für zulässig hält.[38] In der Praxis ergeben sich allerdings Probleme bei der Abänderungsklage gegen Versäumnisurteile.[39] 39

IX. Versäumnisurteil gegen eine ausländische Partei

Der Erlass eines Versäumnisurteils ist stets auch gegen eine ausländische Partei zulässig. Das ergibt sich neben allgemeinen Erwägungen auch aus § 339 Abs. 2. Besonderheiten sind nur für die Zustellung des Versäumnisurteils im Ausland und für die Bestimmung der Einspruchsfrist zu beachten (im Einzelnen s. § 339 Rn. 7ff.). Für die erforderliche Ladung der Partei im Ausland und für die Zustellung des verfahrenseinleitenden Schriftsatzes s. u. § 335 Rn. 6, 10. 40

§ 331 Versäumnisurteil gegen den Beklagten

(1) ¹Beantragt der Kläger gegen den im Termin zur mündlichen Verhandlung nicht erschienenen Beklagten das Versäumnisurteil, so ist das tatsächliche mündliche Vorbringen des Klägers als zugestanden anzunehmen. ²Dies gilt nicht für Vorbringen zur Zuständigkeit des Gerichts nach § 29 Abs. 2, § 38.

---

[33] OLG Koblenz NJW-RR 1997, 1352.
[34] Vgl. *Beckmann* MDR 1997, 614; ferner BGH MDR 1987, 39.
[35] Dies ist weithin anerkannt, vgl. BGH NJW 2003, 1044; BGHZ 35, 339; BGH NJW-RR 1987, 831; *Beckmann* MDR 1997, 614. Zu einer abweichenden Auffassung gelangt *Dietrich* ZZP 84 (1971), 419.
[36] BGH, NJW 2003, 1044.
[37] Zu Recht ablehnend gegen BGH, NJW 2003, 1044, daher *Deubner* JuS 2003, 894; *Greger* EWiR 2003, 441; *Hau* JuS 2003, 1157; *Just* NJW 2003, 2289; *Reischl* ZZP 116 (2003) S. 493; *Siemon* MDR 2004, 301.
[38] Wie hier OLG Hamm NJW 1991, 1361; aA zu Unrecht LG Köln NJW 1991, 2427; insoweit zu Recht ablehnend auch *Grün* NJW 1991, 2401.
[39] Dazu eingehend *Maurer* FamRZ 1989, 445; ferner § 323 Rn. 50, 55.

(2) Soweit es den Klageantrag rechtfertigt, ist nach dem Antrag zu erkennen; soweit dies nicht der Fall, ist die Klage abzuweisen.

(3) [1]Hat der Beklagte entgegen § 276 Abs. 1 Satz 1, Abs. 2 nicht rechtzeitig angezeigt, dass er sich gegen die Klage verteidigen wolle, so trifft auf Antrag des Klägers das Gericht die Entscheidung ohne mündliche Verhandlung; dies gilt nicht, wenn die Erklärung des Beklagten noch eingeht, bevor das von den Richtern unterschriebene Urteil der Geschäftsstelle übermittelt ist. [2]Der Antrag kann schon in der Klageschrift gestellt werden. [3]Eine Entscheidung ohne mündliche Verhandlung ist auch insoweit zulässig, als das Vorbringen des Klägers den Klageantrag in einer Nebenforderung nicht rechtfertig, sofern der Kläger vor der Entscheidung auf diese Möglichkeit hingewiesen worden ist.

Übersicht

I. Normzweck

1 § 331 ist in der Praxis die **zentrale Vorschrift** für den Erlass von Versäumnisurteilen.[1] Er beruht genau wie § 330 auf den Verfahrensgrundsätzen der Mündlichkeit und der Verhandlungsmaxime.[2] Allerdings hat die Vereinfachungsnovelle 1976 erstmals die Möglichkeit eines Versäumnisurteils im schriftlichen Vorverfahren gebracht (Abs. 3; s. Rn. 41 ff.). In der Praxis mag dieses Versäumnisurteil im schriftlichen Vorverfahren die Bedeutung des § 331 noch erhöhen, in der theoretischen Konzeption des Versäumnisverfahrens ist die Neuregelung freilich ein gewisser Fremdkörper.

2 Grundsätzlich kann der Kläger bei Säumnis des Beklagten zwischen verschiedenen Möglichkeiten **wählen.** Neben dem Antrag auf Erlass eines Versäumnisurteils kann er auch eine Entscheidung nach Lage der Akten beantragen (§ 331 a). Daneben kommt für den Fall, dass das angerufene Ge-

[1] Zur rechtstatsächlichen Situation vgl. § 330 Rn. 3.
[2] Vgl. § 330 Rn. 1.

richt nicht zuständig ist, auch bei Säumnis des Beklagten ein Antrag des Klägers auf Verweisung (bzw. Abgabe) an das zuständige Gericht in Betracht (vgl. §§ 281, 506, 696 Abs. 5). Schließlich kann der erschienene Kläger Vertagung der mündlichen Verhandlung beantragen. Allerdings steht eine solche Vertagung regelmäßig im Ermessen des Gerichts. Ein Anspruch auf Vertagung ist nur gegeben, soweit erhebliche Gründe im Sinne von § 227 Abs. 1 vorliegen oder wenn einer der Fälle des § 335 Abs. 1 Nr. 1 bis 3 oder § 337 vorliegt.

In seinen Rechtsfolgen stellt die gesetzgeberische **Konzeption** des § 331 nicht das Spiegelbild zu 3
§ 330 dar. Damit wird dem säumigen Beklagten ein etwas größerer richterlicher Schutz zuteil als dem säumigen Kläger. Dem Beklagten wird nicht unterstellt, dass seine Säumnis ein völliges Desinteresse am Verfahren bedeutet und damit unbedingt zu seiner Verurteilung führen muss. § 331 unterstellt vielmehr nur, dass der Beklagte in tatsächlicher Hinsicht dem Sachvortrag des Klägers nichts entgegensetzen will. Wie freilich die in jüngerer Zeit aufgetretenen Rechtsprobleme im Rahmen des § 345 gezeigt haben, wird die von § 331 vorgeschriebene Schlüssigkeitsprüfung in der Praxis oft viel zu sorglos gehandhabt.[3] Hinzu kommt, dass bei einer Säumnis des Beklagten in einem späteren Termin zur mündlichen Verhandlung das frühere Vorbringen sowie insbesondere alle Einwendungen und Einreden und auch die Ergebnisse etwaiger Beweisaufnahmen vom Gericht nicht zu beachten sind. Dadurch entsteht die Gefahr, dass sachlich offenkundig unrichtige Versäumnisurteile gegen den Beklagten erlassen werden.

II. Die Voraussetzungen des Versäumnisurteils gegen den Beklagten in der mündlichen Verhandlung

1. Sachurteilsvoraussetzungen. Die von Amts wegen zu prüfenden Sachurteilsvoraussetzun- 4
gen müssen vorliegen. Das Gericht prüft diese Voraussetzungen nach allgemeinen Grundsätzen, weil ohne sie ein Versäumnisurteil (also ein Sachurteil) nicht ergehen darf. Ergeben sich dabei Zweifel, so trägt die Beweislast für das Vorhandensein der Sachurteilsvoraussetzungen wegen § 335 Abs. 1 Nr. 1 der erschienene Kläger. Im Falle der Säumnis des Beklagten kommt eine Heilung von Mängeln gemäß § 295 oder ein Fall des § 39 nicht in Betracht. Ein Mangel der örtlichen, sachlichen oder internationalen Zuständigkeit kann auch nicht durch die Behauptung des erschienenen Klägers, es sei eine Vereinbarung des Erfüllungsorts oder des Gerichtsstands gemäß §§ 29 Abs. 2, 38 gegeben, überwunden werden. Dies stellt Abs. 1 S. 2 ausdrücklich klar. Behauptet der Kläger danach eine solche Vereinbarung, muss er das Gericht von seiner Behauptung überzeugen. Dafür kommt allerdings jedes Beweismittel in Betracht.[4]

2. Säumnis des Beklagten. Im Falle von § 331 Abs. 1 und Abs. 2 handelt es sich um eine 5
Säumnis im Termin zur mündlichen Verhandlung. Dafür gelten die gleichen Voraussetzungen wie beim säumigen Kläger, also insbesondere ordnungsgemäßer Termin und Ladung, Aufruf zur Sache und Nichterscheinen. Zu den Einzelheiten vgl. § 330 Rn. 10ff.

3. Antrag des Klägers. Der Kläger muss im Termin zur mündlichen Verhandlung den Antrag 6
auf Erlass eines Versäumnisurteils über den gesamten Anspruch oder über einen Teil des Anspruchs stellen. Dafür genügt es nicht, dass der Kläger bereits einen Antrag im schriftlichen Vorverfahren gestellt hat. Soweit im Rahmen des gestellten Antrags Unklarheiten bestehen, will die Rechtsprechung und die hM aus dem normalen Sachantrag notfalls auch stillschweigend das Vorhandensein eines Prozessantrags auf Erlass eines Versäumnisurteils entnehmen.[5] Dies ist im Einzelfall nicht unproblematisch. Richtig ist jedoch, dass eine großzügige Auslegung dessen, was der erschienene Kläger als Antrag vorträgt, geboten ist. In vielen Fällen wird der Richter durch Nachfragen gemäß § 139 noch vorhandene Unklarheiten beheben können. Keinesfalls kommt jedoch der Erlass eines Versäumnisurteils in Betracht, wenn der erschienene Kläger ausdrücklich ein streitiges Urteil beantragt.[6] Ebenso schließen Anträge auf Erlass eines Anerkenntnisurteils (vgl. § 307)[7] oder eines Verzichtsurteils (vgl. § 306) ein Versäumnisurteil aus. Umgekehrt ist der Erlass eines kontradiktorischen Sachurteils unzulässig, wenn die erschienene Partei ausdrücklich ein Versäumnisurteil beantragt hat (OLG Koblenz NJW-RR 1991, 1087).

---

[3] Zur Problematik vgl. § 345 Rn. 9f.

[4] *Reinelt* NJW 1974, 2310; OLG Karlsruhe MDR 2002, 1269; für den Urkundenprozess OLG Frankfurt MDR 1975, 232.

[5] Vgl. BGHZ 37, 79 = NJW 1962, 1149; *Stein/Jonas/Grunsky* Vor § 330 Rn. 18.

[6] Vgl. dazu BGHZ 10, 333 = NJW 1953, 1830; BGHZ 49, 213 = NJW 1968, 503.

[7] Die aber mangels eines wirksamen Anerkenntnisses im Termin durch den (nicht erschienenen) Beklagten kaum denkbar sind.

7 Soweit im Falle der Säumnis des Beklagten ein Antrag durch den Kläger nicht gestellt wird, muss das Gericht nach § 251 a verfahren. Das Gericht hat also auszuwählen, ob es eine Entscheidung nach Lage der Akten treffen will oder einen neuen Verhandlungstermin anberaumt. Auch die Anordnung des Ruhens des Verfahrens kommt in Betracht (§ 251 a Abs. 3).

8 **4. Besondere Hindernisse.** Bei Säumnis in der mündlichen Verhandlung ist ein Versäumnisurteil gegen den Beklagten in den Fällen des § 335 und des § 337 **unzulässig.** Zu den Einzelheiten s. dort. Zur Frage, ob der Erlass eines Versäumnisurteils wegen einer entgegenstehenden Parteivereinbarung unzulässig ist, vgl. § 330 Rn. 27.

9 Zum Antrag auf Erlass des Versäumnisurteils gegen eine anwaltlich vertretene Partei vgl. § 337 Rn. 8 ff.

10 **5. Schlüssigkeitsprüfung. a) Grundsatz.** Abs. 1 S. 1 enthält eine gesetzliche Fiktion („ist anzunehmen"). Fingiert wird das Geständnis des Beklagten, dass das tatsächliche mündliche Vorbringen des Klägers wahr ist.[8] Durch dieses Geständnis ist das tatsächliche Vorbringen des Klägers nicht mehr beweisbedürftig (vgl. § 288 Abs. 1) und muss vom Richter ungeprüft als wahr berücksichtigt werden. In der **rechtlichen Würdigung** bleibt das Gericht somit **frei.** Darüber hinaus ist das klägerische Vorbringen wie allgemein einer Auslegung zugänglich. Die Freiheit der rechtlichen Bewertung des Richters wird insbesondere durch Abs. 2 deutlich. Dieser verlangt eine Entscheidung des Gerichts danach, ob der zugrundeliegende klägerische Tatsachenvortrag den Klageantrag rechtfertigt. Der Richter muss also eine sog. **Schlüssigkeitsprüfung** vornehmen; dies ist nichts anderes als die einseitige Subsumtion allein des klägerischen Tatsachenvortrags unter die Rechtsnormen.

11 **b) Umfang der Geständnisfiktion.** Der Umfang dieser soeben beschriebenen Geständnisfiktion umfasst das gesamte tatsächliche mündliche Vorbringen des Klägers. Dabei spielt es keine Rolle, ob der Kläger einzelne Tatsachenbehauptungen vorgebracht hat oder diese zu Tatsachenkomplexen oder Gesamttatsachen zusammengefasst hat. Selbst rechtliches Vorbringen kann geständnisfähig sein, wenn sich unter dem vorgebrachten Rechtsbegriff in Wahrheit nur ein Tatsachenkomplex in seiner juristischen Zusammenfassung verbirgt. Dies gilt insbesondere für den Fall, dass der Kläger sein Tatsachenvorbringen in Rechtsbegriffe des täglichen Lebens wie zB Kauf, Schenkung oder Miete kleidet.[9] Die in verschiedenen Formen anzutreffende Vermischung von Rechts- und Tatfrage hindert weder deren logische Trennbarkeit noch die vom Gesetz vorgesehene Trennung beider Bereiche.[10] Unabhängig ist die Geständnisfiktion des tatsächlichen Vorbringens davon, wann und in welchem Zusammenhang die jeweiligen Tatsachen vom Kläger erstmals schriftlich vorgetragen wurden. Die Grenze bildet hier freilich § 335 Abs. 1 Nr. 3 für den Fall, dass das mündliche Vorbringen dem Beklagten nicht rechtzeitig vor dem Termin durch einen Schriftsatz mitgeteilt war. Im Übrigen ist das tatsächliche mündliche Vorbringen des Klägers auch hier auslegungsfähig und auslegungsbedürftig, wie dies allgemeinen Regeln entspricht. Dagegen unterliegt es in keinem Falle der richterlichen Beweiswürdigung, die durch die strikte Fiktion eines Geständnisses ausgeschlossen wird. Auf die richterliche Einschätzung, ob das tatsächliche mündliche Vorbringen des Klägers wahrscheinlich ist oder nicht, kommt es daher nicht an.[11] Damit ist auch die Anwendung von § 287 im Rahmen des Erlasses eines Versäumnisurteils ausgeschlossen. Das tatsächliche mündliche Vorbringen des Klägers muss nach allgemeinen Regeln dem Beklagten in der Klageschrift oder einem weiteren Schriftsatz mitgeteilt gewesen sein. Nicht erforderlich ist aber, dass in diesem Schriftsatz bereits eine Beweisantretung enthalten war. Eine solche ist bei Säumnis des Beklagten vielmehr gänzlich unerheblich. Die von der Geständnisfiktion umfassten Tatsachenbehauptungen betreffen auch den Bereich des internationalen Privatrechts, also die kollisionsrechtlichen Fragestellungen danach, welches materielle Recht anwendbar ist.

12 Soweit es um die Behandlung von **Einwendungen und Einreden des Beklagten** geht, entscheidet auch hier allein das jeweilige klägerische Vorbringen (im Einzelnen s. Rn. 15 ff.). Das gesamte schriftliche Vorbringen des Beklagten sowie sein mündliches Vorbringen in früheren Terminen und vor Gericht bereits erfolgte Beweisaufnahmen (vgl. dazu § 332) sind bei Säumnis des Beklagten nicht von Bedeutung. Sie dürfen nicht verwertet werden (s. Rn. 14). Bereits nach allgemeinen Regeln ist der Beklagte im Übrigen mit möglichen Einreden präkludiert (vgl. § 230).

---

[8] Vgl. zu einer ähnlichen Gesetzesregelung auch § 138 Abs. 3.

[9] Vgl. dazu *Rosenberg/Schwab/Gottwald* § 114 I 1 a; *Stein/Jonas/Leipold* § 288 Rn. 6. Im einzelnen s. § 288 Rn. 17 f.

[10] Vgl. näher *Henke,* Die Tatfrage, 1966, S. 138 ff.; *Prütting,* Die Zulassung der Revision, 1977, S. 191 ff., 196 ff.; *Frisch,* Revisionsrechtliche Probleme der Strafzumessung, 1971, S. 230 ff.; AK-ZPO/*Ankermann* § 550 Rn. 1 m. weit. Nachw.

[11] BAG NJW 2004, 3732; zur Grenze bei offenkundig unrichtigem Tatsachenvortrag s. Rn. 19 f.

Auf folgende Bereiche erstreckt sich dagegen die Geständnisfiktion nach den allgemeinen Geständnisgrundsätzen **nicht:** Nicht zugestanden werden können Erfahrungssätze (zB allgemeine Lebenserfahrung, Verkehrssitte, Handelsbräuche) und alle Rechtsfragen, also auch die Fragen der Anwendung ausländischen Rechts. Soweit im Rahmen der Anwendung ausländischen Rechts der Kläger Behauptungen über dessen Inhalt aufstellt, ist das Gericht also nicht von seiner Prüfung entbunden. § 293 ändert für das ausländische Recht nichts an dessen Qualität als Rechtsfrage (s. § 293 Rn. 1, 14). Neben Erfahrungssätzen und Rechtsfragen ist eine Geständnisfiktion generell ausgeschlossen, soweit ein Anerkenntnis oder ein Verzicht vorliegt (s. Rn. 6). Schließlich muss eine Geständnisfiktion entfallen, soweit das Gericht zur Prüfung von Amts wegen verpflichtet ist. Denn in einem solchen Fall wäre auch ein Geständnis durch den erschienenen Beklagten nicht möglich. Der Prüfung von Amts wegen unterfallen insbesondere die echten Prozessvoraussetzungen und die Sachurteilsvoraussetzungen (vgl. im Einzelnen § 335 Abs. 1 Nr. 1). Von den von Amts wegen zu prüfenden Sachurteilsvoraussetzungen, zu denen auch die sachliche, örtliche und internationale Zuständigkeit gehört, ist aber zu trennen die Behauptung von Tatsachen, die Merkmale der Zuständigkeit im Einzelnen begründen können. Diese Tatsachen stehen einem Geständnis offen, wobei allerdings § 331 Abs. 1 S. 2 die Geständnisfiktion für Vereinbarungen über den Erfüllungsort (§ 29 Abs. 2) und über den Gerichtsstand (§ 38) ausdrücklich ausnimmt.[12] Dem ist eine Prorogation nach Art. 17 EuGVÜ gleichzustellen. Dagegen ist eine Zuständigkeit infolge rügeloser Verhandlung gemäß § 39 oder Art. 18 EuGVÜ im Falle der Säumnis des Beklagten nicht denkbar. Besonders umstritten ist, ob es eine Geständnisfiktion auch für Tatsachen geben kann, die die **internationale Zuständigkeit** eines Gerichts begründen.[13] Dies ist zu bejahen. Von der Gegenauffassung wird manchmal übersehen, dass zwischen der Prüfung einer Sachurteilsvoraussetzung von Amts wegen und der Beschaffung von Tatsachen mit zuständigkeitsbegründender Bedeutung zu unterscheiden ist.[14] 13

c) Vorbringen in einem früheren Termin und Beweisaufnahme. Der Grundsatz der Einheit der mündlichen Verhandlung führt nach geltendem Recht[15] dazu, dass es **in jedem Termin** zur mündlichen Verhandlung im Falle einer Säumnis zum Erlass eines Versäumnisurteils kommen kann, nicht nur im ersten. Auch § 332 macht dies für spätere Termine und für eine Verhandlung nach dem Erlass eines Beweisbeschlusses deutlich. Da nun aber in jedem Termin zur mündlichen Verhandlung der gesamte Streitstoff den Gegenstand bildet, führt die Säumnis des Beklagten in einem späteren Zeitpunkt dazu, dass sein Vorbringen in früheren Terminen zur mündlichen Verhandlung und ebenso die aus einer bereits durchgeführten Beweisaufnahme gewonnene richterliche Überzeugung nunmehr keine Berücksichtigung finden können und dürfen. Dies muss selbst dann gelten, wenn das zu erlassende Versäumnisurteil gegen den Beklagten dem Stand der bisherigen Verhandlungs- und Beweisführung **widerspricht.** Die Gegenauffassung, wonach das Gericht im Falle der Säumnis des Beklagten ein Versäumnisurteil wegen der bisherigen Beweiserhebung und der daraus gewonnenen Überzeugung ablehnen darf, findet im geltenden Recht keinerlei Stütze.[16] 14

d) Einwendungen und Einreden des Beklagten. Für die rechtshindernden, rechtsvernichtenden und rechtshemmenden Einwendungen und Einreden des Beklagten gilt im Rahmen der von § 331 vorgeschriebenen Schlüssigkeitsprüfung im Grundsatz nichts anderes als für die rechtsbegründenden Tatsachenbehauptungen des Klägers. Soweit der Kläger in seinem tatsächlichen mündlichen Vorbringen solche Einwendungen oder Einreden **nicht** erwähnt oder ausdrücklich **verneint,** wird ihr Nichtvorliegen fingiert. Ein Vortrag durch den Beklagten in einem früheren Termin ist dementsprechend ohne Bedeutung für das Versäumnisverfahren (s. Rn. 12, 14 und § 332 Rn. 1 ff.). 15

Soweit der Kläger aber das Vorliegen **rechtshindernder und rechtsvernichtender Einwendungen** in seinem mündlichen Tatsachenvortrag nunmehr selbst geltend macht, sind diese Einwendungen vom Gericht zu berücksichtigen, da auch sie als Teil des Klägervortrags zum feststehenden Sachverhalt gehören. Trägt der Kläger zB also vor, der Beklagte habe durch Zahlung des Kaufpreises erfüllt, so ist der seiner Zahlungsklage zugrunde liegende Vortrag unschlüssig und 16

---

[12] Vgl. OLG Karlsruhe MDR 2002, 1269.

[13] Bejahend *Schröder,* Internationale Zuständigkeit, 1971, S. 265; *Piltz* NJW 1981, 1876; *Stein/Jonas/Grunsky* Rn. 8; verneinend *Geimer* IZPR Rn. 1494, 1526, 1822; *Geimer-Schütze,* Bd. I, 1983, S. 582, 634; *Kropholler,* Handbuch des internationalen Zivilverfahrensrechts Bd. I, Kap. III Rn. 218.

[14] Wie hier speziell im Hinblick auf Art. 20 EuGVÜ auch *Stein/Jonas/Grunsky* Rn. 8; aA *Schack,* Internationales Zivilverfahrensrecht, 2. Aufl., Rn. 386.

[15] De lege ferenda befürwortet *Jauernig* § 68 III, eine Beschränkung des Versäumnisverfahrens auf den ersten Termin zur mündlichen Verhandlung.

[16] AA *Weyers,* FS Esser, 1975, S. 193 ff., 210; ebenso nunmehr AK-ZPO/*E. Schmidt* § 138 Rn. 65; dagegen zu Recht *E. Schneider* DRiZ 1963, 342; *Stein/Jonas/Grunsky* Rn. 3.

die Klage durch kontradiktorisches Urteil abzuweisen. Trägt der Kläger aber vor, dass die (vom Beklagten vorprozessual behaupteten) Einwendungen aus tatsächlichen Gründen in Wahrheit nicht zuträfen, so unterliegt auch dieser Sachverhalt wiederum der Geständnisfiktion und die Klage ist schlüssig.

17 Besondere Probleme können auftreten, wenn der Kläger vorträgt, der Beklagte habe **aufgerechnet.** Auch dieser Vortrag ist vom Gericht im Rahmen seiner Schlüssigkeitsprüfung zu beachten. Behauptet also der Kläger, die vom Beklagten vorprozessual erklärte Aufrechnung könne keinen Erfolg haben, weil die Gegenforderung tatsächlich nicht bestehe, so wird das behauptete Nichtbestehen vom Gericht als gegeben angenommen und die Aufrechnung im Wege der Schlüssigkeitsprüfung abgelehnt. Das bedeutet, dass im Versäumnisurteil nicht nur die klägerische Forderung zuerkannt wird (ihre Schlüssigkeit im Übrigen vorausgesetzt), sondern dass auch über die Aufrechnungsforderung des Beklagten mit entschieden wird. Würde zB der Beklagte gegen das Versäumnisurteil keinen Einspruch einlegen, so wäre die Aufrechnungsforderung des Beklagten rechtskräftig aberkannt (vgl. § 322 Rn. 176 ff.).

18 Abweichendes vom Grundsatz der Geständnisfiktion gilt für das Geltendmachen von **echten Einreden**[17] nach bürgerlichem Recht (zB Verjährung gemäß § 222 Abs. 1 BGB; ferner etwa §§ 320, 348, 478, 771, 1000 BGB).[18] Die Berücksichtigung dieser Einreden verlangt, dass der Beklagte durch wirksame Willenserklärung sich auf die Einrede beruft.[19] Dies ist ihm bei Säumnis nicht möglich. Trägt also der Kläger in seinem mündlichen tatsächlichen Vorbringen Umstände vor, die den Tatbestand der eingetretenen Verjährung ergeben, kann dennoch diese Einrede mangels Geltendmachen nicht berücksichtigt werden und die Klage ist **nicht** unschlüssig. Anders wäre es nur, wenn der Kläger zusätzlich zu diesen Umständen vortrüge, der Beklagte habe sich ihm gegenüber bereits außerprozessual auf diese Einrede berufen.[20] Dagegen verlangt die Berücksichtigung der Einrede nicht, dass sie in der mündlichen Verhandlung vom Beklagten erhoben wird.[21] Streitig ist die Frage, ob eine Einrede bei Säumnis des Beklagten zu berücksichtigen ist, wenn diese schon in einem früheren Verhandlungstermin geltend gemacht worden war. Nach den oben Rn. 14 ausgeführten Grundsätzen muss selbst in diesem Fall die Kenntnis des Richters von der Ausübung der Einrede außer Betracht bleiben. Ein Versäumnisurteil gegen den Beklagten kann also ohne Berücksichtigung dieser Einrede ergehen.[22]

19 **e) Offenkundig unrichtige Tatsachenbehauptungen.** Grundsätzlich unterliegt der Kläger bei seinem mündlichen Tatsachenvortrag auch bei Säumnis des Beklagten der Wahrheitspflicht gemäß § 138 Abs. 1.[23] Andererseits führt die fiktive Geständniswirkung des § 331 Abs. 1 dazu, dass der Richter die tatsächlichen klägerischen Angaben nicht überprüft. Er muss sie noch nicht einmal für wahrscheinlich halten. Darin steckt allerdings kein Widerspruch zur Wahrheitspflicht. Denn die vom Gesetz vorgesehene Schlüssigkeitsprüfung gibt keinerlei Richtigkeitsgewähr im tatsächlichen Bereich. Sie ist vielmehr eine reine Rechtskontrolle.[24] Diese Rechtsprüfung kann also eine Richtigkeitsgewähr im tatsächlichen Bereich nicht erbringen. Dagegen ist die rechtliche Würdigung wie bei einem kontradiktorischen Urteil vorzunehmen (s. Rn. 10; ferner § 338 Rn. 2). Daraus folgt ua, dass eine Klage aus § 826 BGB gegen rechtskräftige Versäumnisurteile unter erleichterten Bedingungen (in diesem Sinn LG Köln NJW 1991, 2427) strikt abzulehnen ist.

20 Es ist aber anerkannt, dass eine Grenze der Geständniswirkung und damit der Schlüssigkeit dort zu ziehen ist, wo der Richter erkennt, dass es sich um **offenkundig unrichtige** klägerische Behauptungen handelt, zB weil das Behauptete unmöglich ist oder weil das Gegenteil offenkundig richtig ist.[25] Das Gleiche muss im Falle kollusiven Zusammenwirkens gelten. Dagegen kann nicht anerkannt werden, dass diese Ausnahmen von der Geständnisfiktion bei Offenkundigkeit (vgl. § 291) und Kollusion mit den Fällen gleichzustellen sind, in denen der Richter durch früheres Vorbringen des Beklagten oder eine frühere Beweisaufnahme bis zur Säumnis vom Gegenteil des klä-

---

[17] Dazu grundlegend *Jahr* JuS 1964, 125, 218, 293; ferner die umfassende Arbeit aus jüngster Zeit von *Roth,* Die Einrede des Bürgerlichen Rechts, 1988.

[18] Zu weiteren Einreden vgl. die Aufzählung bei *Roth* (Fn. 17) S. 39 ff.

[19] Dies gilt in gleicher Weise, wenn man diese „Berufung" auf die Einrede für die Ausübung eines Gestaltungsrechts hält; so *Jahr* JuS 1964, 293; *Nierwetberg* ZZP 98 (1985), 443.

[20] So auch OLG Düsseldorf NJW 1991, 2089; *Nierwetberg* ZZP 98 (1985), 443 f.; *Stein/Jonas/Leipold* Vor § 128 Rn. 81 und *Stein/Jonas/Grunsky* Rn. 14.

[21] OLG Düsseldorf NJW 1991, 2089.

[22] Wie hier *Rosenberg/Schwab/Gottwald* § 107 III 4 a; aA *Stein/Jonas/Grunsky* Rn. 14.

[23] So auch *Orfanides,* Die Berücksichtigung von Willensmängeln im Zivilprozeß, 1982, S. 92 ff.; im Grundsatz auch BGHZ 37, 155; aA *Rosenberg/Schwab/Gottwald* § 65 VIII 5.

[24] Vgl. näher *Prütting/Weth,* Rechtskraftdurchbrechung bei unrichtigen Titeln, 2. Aufl. 1994, Rn. 58 ff., 215.

[25] HM; vgl. BGHZ 37, 154; BGH NJW 1979, 2089; *Stein/Jonas/Grunsky* Rn. 5.

gerischen Vortrags überzeugt war.[26] Damit läge nämlich nicht eine enge und im Hinblick auf § 291 vertretbare Ausnahme von der Geständnisfiktion vor, sondern diese würde (jedenfalls bei Säumnis in einem späteren Termin) nahezu vollständig aufgehoben.

f) Besondere Urteilsformen und unbezifferter Klageantrag. Schwierigkeiten für den Erlass eines Versäumnisurteils können sich insbesondere bei unbezifferten Klageanträgen und bei einer Klagenhäufung ergeben. 21

Hat der Kläger in zulässiger Weise einen **unbezifferten Klageantrag,**[27] insbesondere eine Schmerzensgeldklage erhoben, so ist der Erlass eines Versäumnisurteils dennoch möglich. Das Gericht muss in diesem Fall einen bestimmten Geldbetrag in seiner Entscheidung festsetzen. Voraussetzung dafür ist freilich wie im Allgemeinen, dass der Kläger die tatsächlichen Grundlagen für die Feststellung des bestimmten Betrags vorgetragen und dass er die Höhe des festzusetzenden Betrags nach der Größenordnung angegeben hat.[28] 22

Im Falle einer vom Kläger erhobenen **Stufenklage** kann ein Versäumnisurteil immer nur über die erste Stufe ergehen. Eine Verhandlung und Entscheidung über die zweite Stufe ist unzulässig, solange nicht die erste Stufe erledigt ist.[29] 23

Im Übrigen ist es aber möglich, über **Haupt- und Hilfsanträge** auch im Falle der Säumnis des Beklagten zusammen zu entscheiden. Freilich können diese Anträge nicht auf Grund der Säumnissituation einheitlich begründet sein, da die Abweisung des Hauptantrages Voraussetzung für eine Entscheidung über den Hilfsantrag ist. Möglich ist es aber, den Hauptantrag durch ein streitiges Urteil (also ein sog. unechtes Versäumnisurteil) abzuweisen, soweit er unzulässig oder unschlüssig ist, und dem Hilfsantrag durch echtes Versäumnisurteil stattzugeben. 24

Ein **Grundurteil** gemäß § 304 ist als Versäumnisurteil unzulässig.[30] Im Falle des § 331 wird über den klägerischen Anspruch und nicht nur über einzelne präjudizielle Fragestellungen entschieden. 25

g) Verspäteter und neuer Tatsachenvortrag. Ein verspäteter Tatsachenvortrag des Klägers (vgl. §§ 132, 274 Abs. 3) kann zwar sein Vorbringen ebenfalls schlüssig machen, jedoch ist der Erlass eines Versäumnisurteils gemäß § 335 Abs. 1 Nr. 3 unzulässig. In einem solchen Falle ist es dem Gericht aber auch nicht möglich, ein kontradiktorisches Urteil (gegen den Kläger) zu erlassen. Denn die Klage ist zulässig und schlüssig. Vielmehr ist der Antrag auf Erlass eines Versäumnisurteils durch Beschluss zurückzuweisen (vgl. § 336 Abs. 1 S. 1). 26

Das gleiche gilt, wenn der Kläger mit seinem tatsächlichen mündlichen Vorbringen im Säumnistermin vollkommen neue oder vom Inhalt bisheriger Schriftsätze abweichende Tatsachenbehauptungen aufstellt. Solches Vorbringen kann zwar wiederum die Klage schlüssig machen und damit ein kontradiktorisches Urteil gegen den Kläger verhindern, wegen § 335 Abs. 1 Nr. 3 ist aber der Erlass eines echten Versäumnisurteils ausgeschlossen. Anders wäre es nur dann, wenn eine Klage bereits auf Grund des dem Beklagten rechtzeitig mitgeteilten Tatsachenvortrags schlüssig wäre und nunmehr weiterer verspäteter oder neuer Tatsachenvortrag hinzukommt, der an dieser von Anfang an gegebenen Schlüssigkeit nichts ändert. 27

h) Neuer Antrag. Denkbar ist es auch, dass der Kläger im Termin zur mündlichen Verhandlung eine Klageänderung oder eine zusätzliche neue Klage geltend macht. Auch diese Fälle erfasst § 335 Abs. 1 Nr. 3 ausdrücklich und verhindert damit, dass ein Versäumnisurteil gegen den Beklagten ergeht über einen Klageantrag, der ihm in dieser Form nicht oder nicht ausreichend bekannt ist. 28

III. Wirkung der Säumnis, Erledigung der Hauptsache und Entscheidung

1. Wirkung der Säumnis. Das Gericht prüft die Zulässigkeit der Klage, die Säumnis des Beklagten und das Vorhandensein eines Antrags des Klägers (s. Rn. 4ff.). Es stellt fest, ob dem Erlass eines Versäumnisurteils besondere Hindernisse entgegenstehen (s. Rn. 8). Im Falle von Unklarheiten, Mängeln und Hindernissen ist ein Hinweis an den Kläger gemäß § 139 erforderlich. Schließlich subsumiert das Gericht das tatsächliche mündliche Vorbringen des Klägers (s. Rn. 10) unter die Rechtsnormen und stellt fest, ob und inwieweit dieses Vorbringen den Klageantrag rechtfertigt. Soweit dies der Fall ist, ergeht ein Versäumnisurteil; soweit es nicht der Fall ist, ist die Klage (als unbegründet) abzuweisen (§ 331 Abs. 2). Auch hier bedarf es eines Hinweises nach § 139. Die abweisende Entscheidung ist ein kontradiktorisches Urteil, kein Versäumnisurteil (sog. „unechtes" Versäumnisurteil). 29

---

[26] So offenbar aber *Olzen* ZZP 98 (1985), 421.
[27] Vgl. § 253 Rn. 116ff.
[28] Vgl. *Prütting/Gielen* NZV 1989, 329 m. weit. Nachw.
[29] BGH NJW 1989, 2821.
[30] OLG Koblenz MDR 1979, 587; *Zöller/Herget* Rn. 11.

30 **2. Säumnis und Erledigung der Hauptsache.** Möglich ist es auch, dass der Kläger im Säumnistermin die Erledigung der Hauptsache geltend macht. Allerdings kann dies in keinem Fall eine beiderseitige Erledigung der Hauptsache iSv. § 91a sein. Denn der Beklagte kann wegen seiner Säumnis eine ausdrückliche Erklärung nicht abgeben, in seinem Nichterscheinen liegt aber auch nicht konkludent eine solche Erklärung. Schließlich ist es nicht möglich, dass der Kläger die Erledigungserklärung des Beklagten seinerseits behauptet. Einer solchen Behauptung des Klägers käme keine Geständnisfiktion iSv. § 331 Abs. 1 zu, weil die Erledigungserklärung nicht nur Tatsachenvortrag, sondern eine dem Gericht gegenüber vorzunehmende Prozesshandlung ist, die im Übrigen im Anwaltsprozess auch dem Anwaltszwang unterliegt.[31]

31 Dagegen kann der Kläger einseitig die Erledigung der Hauptsache erklären. Hierbei ist zu unterscheiden, ob der Kläger seine Erledigungserklärung bereits rechtzeitig schriftsätzlich mitgeteilt hat. In diesem Fall unterliegen die vom Kläger behaupteten Erledigungstatsachen der Geständnisfiktion, sodass das Gericht ein Versäumnisurteil erlassen kann. Dieses Urteil stellt die Erledigung der Hauptsache fest und legt dem Beklagten gemäß § 91 die Kosten auf. Falls dagegen die Erledigungserklärung des Klägers erstmals im Säumnistermin vorgebracht wird, ist ein Versäumnisurteil wegen § 335 Abs. 1 Nr. 3 entgegen der hM[32] an sich schwerlich als zulässig anzusehen. Die Erledigungserklärung ist ein neuer Sachantrag, der § 335 Abs. 1 Nr. 3 unterfällt. Es handelt sich dabei auch nicht um ein dem Kläger nur ungünstiges Vorbringen. Die hM und insbesondere die Praxis weisen allerdings auf den hierbei sehr wichtigen Gedanken der Prozessökonomie hin. Es ist zuzugeben, dass der säumige Schuldner, der kurz vor dem Termin einen Teilbetrag bezahlt, sehr leicht eine Prozessverzögerung bewirken kann.[33]

32 **3. Entscheidung bei Fehlen von Voraussetzungen. a) Unzulässigkeit der Klage.** Ist die Klage ohne Möglichkeit der Abhilfe **unzulässig,** so ergeht ein kontradiktorisches Urteil gegen den Kläger, dass die Klage (als unzulässig) abgewiesen wird.

33 **b) Keine Säumnis.** Ist der Beklagte in Wahrheit **nicht säumig** oder liegt eines der in § 335 genannten **Hindernisse** vor, so ist der Antrag auf Erlass des Versäumnisurteils durch Beschluss zurückzuweisen (vgl. § 336 Abs. 1).

34 **c) Vertagungsbeschluss.** Im Falle des § 337 ergeht ein **Vertagungsbeschluss,** der bezüglich der Anfechtung aber dem Zurückweisungsbeschluss iSd. § 336 gleichzustellen ist.[34]

35 **d) Klage unschlüssig.** Ist die Klage **unschlüssig,** ergeht ein kontradiktorisches Urteil gegen den Kläger, dass die Klage (als unbegründet) abgewiesen wird.

36 **4. Entscheidung bei Vorliegen aller Voraussetzungen.** Sind alle o. g. Voraussetzungen (Rn. 29) gegeben und liegt insbesondere Schlüssigkeit vor, ergeht ein echtes Versäumnisurteil gegen den Beklagten nach dem Klageantrag. Ist die Klage nur zum Teil schlüssig und im Übrigen nicht, kann auch ein Teilversäumnisurteil gemäß § 301 ergehen (s. § 330 Rn. 7). Zum Erlass eines Versäumnisurteils bei unbeziffertem Klageantrag und bei Klagenhäufung s. Rn. 22ff. Der Erlass eines Grundurteils als Versäumnisurteil kommt nicht in Betracht (s. Rn. 25 und § 347 Rn. 5ff.). Zum Erlass eines Zwischenurteils als Versäumnisurteil vgl. § 347 Rn. 8ff.

37 **5. Erlass der Entscheidung. a) Entscheidungszwang.** Liegen die genannten Voraussetzungen für ein Versäumnisurteil gegen den Beklagten vor, so ist dieses vom Gericht zwingend zu erlassen. Ein Ermessenspielraum steht dem Gericht nicht zu. Das gilt auch gegenüber einer anwaltlich vertretenen Partei, vgl. § 337 Rn. 23. Das erlassene Versäumnisurteil ist Sachurteil und Endurteil.

38 **b) Form und Verkündung.** Das Urteil wird durch Vorlesung der Urteilsformel verkündet. Im Gegensatz zu streitigen Urteilen kann es verkündet werden, auch wenn die Urteilsformel noch nicht schriftlich abgefasst ist (§ 311 Abs. 2). Das Urteil ergeht in abgekürzter Form ohne Tatbestand und Entscheidungsgründe. Es ist in jedem Fall als Versäumnisurteil zu bezeichnen (§ 313b Abs. 1). Ferner gelten die Formerleichterungen der §§ 313b Abs. 2, 317 Abs. 4. Zugleich mit der Zustellung des Urteils ist die Partei schriftlich auf den zulässigen Rechtsbehelf und seine Voraussetzungen hinzuweisen (vgl. § 338 Satz 2).

---

[31] *Mertins* DRiZ 1989, 288 (m. weit. Nachw. in Fn. 79).

[32] *Baumbach/Lauterbach/Hartmann* Rn. 9; *Zöller/Herget* Rn. 5; *Stein/Jonas/Grunsky* Rn. 37; AK-ZPO/*Pieper* § 335 Rn. 4; *Mertins* DRiZ 1989, 289; *Göppinger,* Die Erledigung des Rechtsstreits in der Hauptsache, 1958, S. 128f.; KG MDR 1999, 185.

[33] Verständnis für die hier vertretene Position trotz abweichender Auffassung bei *Stein/Jonas/Grunsky* Rn. 37, Fn. 38.

[34] OLG München MDR 1956, 684; OLG Nürnberg MDR 1963, 507; LAG Frankfurt NJW 1963, 2046; *Zöller/Herget* § 337 Rn. 4; *Stein/Jonas/Grunsky* § 337 Rn. 10; aA LAG Düsseldorf NJW 1961, 2371.

c) Vorläufige Vollstreckbarkeit und Rechtskraft. Das Versäumnisurteil ist gemäß § 708 Nr. 2 vorläufig vollstreckbar. Wird gegen das Versäumnisurteil innerhalb der Frist des § 339 kein Einspruch eingelegt, so wird es formell und materiell rechtskräftig (s. § 330 Rn. 38). 39

d) Gebühren. Es gilt hier das in § 330 Rn. 35 Gesagte entsprechend. 40

IV. Das Versäumnisurteil im schriftlichen Vorverfahren (Abs. 3)

1. Grundlagen. Durch die Vereinfachungsnovelle 1976 wurde in Abs. 3 ein Versäumnisverfahren auf schriftlicher Grundlage eingeführt. Dies ist in der Gesamtregelung des Versäumnisverfahrens im Grunde ein Fremdkörper. Die Basis eines solchen Versäumnisurteils ist das schriftliche Vorverfahren gemäß § 276. Hat der Vorsitzende gemäß § 272 Abs. 2 von den dort vorgesehenen beiden Verfahrensmöglichkeiten das sog. schriftliche Vorverfahren gewählt, so fordert er den Beklagten mit der Zustellung der Klage auf, binnen einer Notfrist von zwei Wochen nach Zustellung der Klageschrift dem Gericht schriftlich anzuzeigen, ob sich der Beklagte gegen die Klage verteidigen wolle. Wird diese Aufforderung vom Beklagten nicht befolgt, so kann das Gericht eine Entscheidung ohne mündliche Verhandlung treffen. Nach seinem Normzweck will Abs. 3 also bereits im schriftlichen Vorverfahren diejenigen Prozesse aussondern, die in Wahrheit nicht wirklich streitig sind, sondern nur durch bloße Passivität des Beklagten bedingt sind. 41

2. Voraussetzungen. a) Ordnungsgemäße Aufforderung und Belehrung. Der Erlass eines Versäumnisurteils im schriftlichen Vorverfahren setzt zunächst eine ordnungsgemäße Aufforderung an den Beklagten voraus, seine Verteidigungsabsicht innerhalb von zwei Wochen nach Zustellung der Klageschrift anzuzeigen. Zugleich muss der Beklagte gemäß § 276 Abs. 2 über die Folgen einer Versäumung der Frist und die Form seiner Anzeige belehrt werden.[35] Soweit diese Voraussetzungen nicht korrekt erfüllt sind, ist ein Versäumnisurteil gemäß § 335 Abs. 1 Nr. 4 ausgeschlossen. 42

b) Versäumung der Frist. Die Anzeige der Verteidigungsbereitschrift ist versäumt, wenn der Beklagte innerhalb der Notfrist von zwei Wochen nach Zustellung der Klageschrift schweigt oder erklärt, dass er sich nicht verteidigen wolle. Für die Anzeige der Verteidigungsbereitschaft genügt es, dass sich diese aus der Einreichung einer Klageerwiderungsschrift oder aus dem Antrag eines Rechtsanwalts auf Prozesskostenhilfe für den Beklagten ergibt. Hat der Beklagte einen Prozesskostenhilfeantrag bei nicht bestehendem Anwaltszwang persönlich eingereicht, so kommt der Erlass eines Versäumnisurteils jedenfalls aus dem Rechtsgedanken des § 337 nicht in Betracht.[36] Ist die Anzeige der Verteidigungsbereitschaft erfolgt, so kommt ein Urteil nach § 331 Abs. 3 nicht mehr in Betracht. Eine Rücknahme der Anzeige ist nicht möglich.[37] 43

Nach früherem Recht war der Erlass eines Versäumnisurteils in den Gerichtsferien nicht zulässig.[38] Seit der Abschaffung der Gerichtsferien durch Gesetz vom 28. 10. 1996 (BGBl. I 1546) ist der Fristablauf nicht mehr gehemmt, ein Versäumnisurteil also zulässig. 44

Auch nach Ablauf der Notfrist darf ein Versäumnisurteil nicht erlassen werden, wenn die Verteidigungsanzeige des Beklagten bei Gericht eingeht,[39] bevor das unterschriebene Urteil der Geschäftsstelle übergeben worden ist (§ 331 Abs. 3 S. 1 2. Halbs.). Dabei spielt es keine Rolle, aus welchem Grund die Frist ursprünglich versäumt worden war. 45

Darüber hinaus kann der Beklagte Wiedereinsetzung in den vorigen Stand beantragen, wenn er die Notfrist versäumt hat. Freilich bedarf es einer Wiedereinsetzung nicht, wenn die Erklärung der Verteidigungsabsicht vom Gericht noch zu berücksichtigen ist, weil das unterschriebene Urteil der Geschäftsstelle noch nicht übergeben wurde. Im Ergebnis beschränkt sich die Möglichkeit, einen Antrag auf Wiedereinsetzung zu stellen, daher auf den Zeitraum ab der Übergabe des Versäumnisurteils an die Geschäftsstelle bis zur Zustellung des Versäumnisurteils an den Beklagten.[40] 46

---

[35] Im einzelnen vgl. § 276 Rn. 12ff.

[36] *Stein/Jonas/Leipold* § 276 Rn. 43; *Zöller/Greger* § 276 Rn. 10; *Rosenberg/Schwab/Gottwald* § 107 IV 1 a; *Fischer* NJW 2004, 909; *Bergerfurth* JZ 1978, 299; *Hartmann* NJW 1978, 1460; *Franzki* DRiZ 1977, 163. Ferner s. § 276 Rn. 26f.

[37] Unrichtig *Stoffel/Strauch* NJW 1997, 2372. Auch ein Widerruf durch den Beklagten kommt nicht in Betracht, aA *Fischer* NJW 2004, 909. Allein der Kläger hat es daher in der Hand, von einem Antrag nach § 331 Abs. 3 Satz 1 abzusehen.

[38] Zur damaligen Rechtslage vgl. 1. Aufl. Rn. 44 mit Fn. 33.

[39] Nach KG MDR 1989, 1003 soll dabei der Briefeinwurf in den Gerichtsbriefkasten nicht ausreichen. Vielmehr muß der Schriftsatz bereits an die zuständige Abteilung der Geschäftsstelle weitergeleitet sein. Diese Auffassung ist praktikabel, aber schwerlich dem Gesetzestext zu entnehmen.

[40] *Unnützer* NJW 1978, 985.

47 **c) Sachurteilsvoraussetzungen.** Die Klage muss nach allgemeinen Regeln zulässig sein.

48 **d) Antrag des Klägers.** Der Kläger muss den Erlass eines Versäumnisurteils im schriftlichen Vorverfahren beantragt haben. Da ein solcher Antrag in diesem Stadium des Verfahrens nur schriftlich in Betracht kommt und er dem Beklagten zugestellt sein muss,[41] ist ein solcher Antrag nur in der Klageschrift selbst (vgl. § 331 Abs. 3 S. 2) oder in einem nachfolgenden Schriftsatz möglich. Der Antrag ist auf das schriftliche Vorverfahren beschränkt. Stellt der Kläger den Antrag nicht, ist Termin anzuberaumen. Ein Versäumnisurteil im schriftlichen Vorverfahren kommt dann nicht mehr in Betracht.[42] Die zumindest formlose Mitteilung des Antrags in einem späteren Schriftsatz an den Beklagten wird man im Übrigen nach allgemeinen Regeln verlangen müssen.[43]

49 **3. Entscheidung gegen den Beklagten.** Die Versäumung der Frist führt wie im Falle des § 331 Abs. 1 und 2 zu einer Geständnisfiktion und zur Schlüssigkeitsprüfung durch das Gericht. Ist die Schlüssigkeit gegeben, ergeht ein echtes Versäumnisurteil nach dem Klageantrag (s. Rn. 36). Soweit es an einer Voraussetzung zum Erlass eines Versäumnisurteils gegen den Beklagten fehlt, kommt ein Urteil im schriftlichen Vorverfahren gegen ihn nicht in Betracht. Ein sog. unechtes Versäumnisurteil (zur Terminologie s. § 330 Rn. 22) gegen den Beklagten ist also nicht möglich.

50 **4. Entscheidung gegen den Kläger.** Ein Urteil gegen den Kläger ist als echtes Versäumnisurteil im schriftlichen Vorverfahren nicht möglich, weil es an den gesetzlichen Voraussetzungen fehlt. Heftig umstritten ist aber, ob gegen den Kläger ein unechtes Versäumnisurteil (also ein kontradiktorisches Urteil) zulässig ist. Der Erlass eines solchen Urteils liegt an sich nahe, wenn die Klage unzulässig oder unschlüssig ist.[44] Allerdings ist zu beachten, dass das Gericht den Kläger auf eine solche Unzulässigkeit oder Unschlüssigkeit gemäß § 139 hinweisen muss.[45] Verlangt man aber einen solchen Hinweis des Gerichts im Termin zur mündlichen Verhandlung, so ist ein Urteil im schriftlichen Vorverfahren ausgeschlossen. Freilich ist nicht einzusehen, warum der erforderliche Hinweis in diesem Stadium des Verfahrens nicht auch schriftlich erfolgen können sollte. Die Gegenauffassung meint, insoweit gelte der Grundsatz der mündlichen Verhandlung und das schriftliche Vorverfahren sei funktional begrenzt.[46] Dies kann freilich für die hier allein erforderliche Gewährung rechtlichen Gehörs nicht anerkannt werden.[47] Der Streit um die Zulässigkeit eines unechten Versäumnisurteils im schriftlichen Vorverfahren hat den Gesetzgeber im Jahre 2004 veranlasst, § 331 Abs. 3 um einen Satz 3 zu ergänzen. Um etwaige Bedenken aus Art. 6 EMRK zu beseitigen, hat der Gesetzgeber nunmehr die hier schon früher vertretene Auffassung, dass ein unechtes Versäumnisurteil gegen den Kläger in Betracht kommt, insoweit für zulässig erklärt, als das Vorbringen des Klägers den Klageantrag in Bezug auf eine Nebenforderung nicht rechtfertigt. Diese Gesetzesänderung ist aus der hier vertretenen Sicht eine Selbstverständlichkeit. Freilich muss man einräumen, dass die Gesetzesänderung seit ihrem Inkrafttreten am 1. 9. 2004 insoweit einen Umkehrschluss erforderlich macht, als ein unechtes Versäumnisurteil gegen den Kläger nicht mehr zulässig sein kann, wenn es sich nicht auf eine Nebenforderung beschränkt. Auch soweit eine Nebenforderung gegeben ist, bedarf es eines Hinweises des Gerichts. Damit ist nach der Auffassung des Gesetzgebers die Möglichkeit gesichert, dass der Kläger in Reaktion auf den richterlichen Hinweis eine mündliche Verhandlung in jedem Falle verlangen kann.

51 **5. Verkündung und Zustellung.** Die Verkündung eines Versäumnisurteils im schriftlichen Vorverfahren wird abweichend von §§ 310, 311 Abs. 2, 128 Abs. 2 durch die Zustellung ersetzt (§ 310 Abs. 3). Deshalb ist abweichend von § 317 Abs. 1 S. 1 eine Zustellung an beide Parteien nötig. Somit wird auch die Einspruchsfrist des § 339 erst mit der Zustellung an beide Parteien in Gang gesetzt.[48] Wird allerdings trotz fehlender oder nicht wirksamer Zustellung durch die Erteilung einer

---

[41] Formlose Mitteilung genügt, wenn der Antrag nicht in der Klageschrift enthalten ist. § 270 Abs. 2 greift nicht ein, da es sich um keinen Sachantrag handelt.

[42] OLG München MDR 1983, 324.

[43] AA *Stein/Jonas/Leipold* § 276 Rn. 32; *Baumbach/Lauterbach/Hartmann* Rn. 20; KG NJW-RR 1994, 1344 (die keinerlei vorherige Mitteilung verlangen). Dagegen verlangen OLG München MDR 1980, 235 und *Geffert* NJW 1978, 1418 eine Zustellung des Antrags.

[44] So OLG Köln OLGZ 1989, 83; OLG Frankfurt MDR 1984, 322; OLG Celle NJW 1980, 2140; LG Berlin NJW-RR 1998, 1285; *Bischof* NJW 1977, 1898; *Hartmann* NJW 1978, 1462; *Heistermann* MDR 2001, 955 f.

[45] Vgl. *Rosenberg/Schwab/Gottwald* § 107 IV 2; *Stürner,* Die richterliche Aufklärung im Zivilprozeß, 1982, S. 54; *Kramer* NJW 1977, 1659.

[46] *Stein/Jonas/Grunsky* Rn. 66 ff.; *Heinrich* S. 28 ff.; abw. ferner OLG Köln MDR 2001, 954; OLG Nürnberg NJW 1980, 460; OLG Brandenburg NJW-RR 1999, 939; LAG Mainz DB 1997, 1576.

[47] Vgl. *Waldner,* Der Anspruch auf rechtliches Gehör, 1989, Rn. 341; *Geffert* NJW 1978, 1418. Dazu ferner BayVerfGH NJW 1991, 2078.

[48] BGH NJW 1994, 3359 m. weit. Nachw.; LG Kiel NJW-RR 1997, 1021.

vollstreckbaren Ausfertigung des Versäumnisurteils der Rechtsschein eines wirksamen Urteils geschaffen, so ist der Einspruch zulässig.[49]

6. Versäumnisurteil im schriftlichen Vorverfahren nach vorangegangenem Mahnverfahren. Nach Einleitung eines Verfahrens durch einen Mahnantrag und Widerspruch des Antragsgegners kann das Gericht ebenfalls ein schriftliches Vorverfahren gemäß § 697 Abs. 2 anordnen. Jedoch wurde bisher angenommen,[50] dass in diesem Verfahren dem Beklagten keine Frist zur Anzeige seiner Verteidigungsbereitschaft mehr zu setzen sei, weil er diese bereits durch Einlegung des Widerspruchs zum Ausdruck gebracht habe. Diese Ansicht wollte der Gesetzgeber durch das Rechtspflege-Vereinfachungsgesetz vom 17. 12. 1990 bewusst abändern (vgl. Begründung BT-Drucks. 11/3621, S. 48). Trotz der keinesfalls eindeutigen Neufassung des Normwortlauts von § 697 Abs. 2 ist daher nunmehr die Möglichkeit eines Versäumnisurteils im schriftlichen Verfahren nach Durchführung eines Mahnverfahrens zu bejahen.[51] Dagegen kommt nach Erlass eines Vollstreckungsbescheids und Einspruch dagegen ein Versäumnisurteil gemäß § 331 Abs. 3 nicht mehr in Betracht (§ 700 Abs. 4 S. 2).[52] 52

V. Rechtsbehelf

1. Einspruch. Gegen ein echtes Versäumnisurteil gemäß § 331 steht dem säumigen Beklagten allein der **Einspruch** nach § 338 zu. Eine Anfechtung mit der Berufung gemäß §§ 511, 512 kommt nicht in Betracht (vgl. § 514 Abs. 1). Soweit ein Einspruch nicht eingelegt wird, erwächst das Versäumnisurteil in formelle und materielle Rechtskraft (vgl. § 330 Rn. 36, 38). Zur Rechtsbehelfsbelehrung s. o. Rn. 38. Ist die säumige Partei anwaltlich vertreten, so muss der Anwalt auch ohne ausdrückliche Weisung der Partei Einspruch einlegen. Dies gilt vor allem dann, wenn der Anwalt durch eine „Flucht in die Säumnis“ (s. u. § 340 Rn. 23) das Versäumnisurteil bewusst ausgelöst hat.[53] 53

2. Berufung und Revision. Soweit ein kontradiktorisches Urteil gegen den erschienenen Kläger ergeht („unechtes Versäumnisurteil“), ist dagegen die Berufung bzw. Revision nach allgemeinen Regeln gegeben. Möglich ist auch der Erlass eines Teilversäumnisurteils und im Übrigen eines abweisenden kontradiktorischen Urteils (s. Rn. 36). In diesem Fall muss bezüglich der Rechtsbehelfe getrennt werden: dem durch Versäumnisurteil verurteilten Beklagten steht der Einspruch gemäß § 338 zu, dem durch streitiges Urteil verurteilten Kläger steht die Berufung offen. Beide Rechtsbehelfe sind nicht voneinander abhängig und vollkommen selbstständig zu verhandeln und zu entscheiden. 54

3. Sofortige Beschwerde. Wird der Antrag des Klägers auf Erlass eines Versäumnisurteils durch Beschluss zurückgewiesen, so steht ihm dagegen die sofortige Beschwerde gemäß § 336 Abs. 1 offen. 55

4. Gegen Vertagungsbeschluss. Ergeht ein Vertagungsbeschluss gemäß § 337, so ist dieser bezüglich der Anfechtung dem Zurückweisungsbeschluss des § 336 gleichzustellen. Damit ist auch in diesem Fall die sofortige Beschwerde gegeben (s. Rn. 34). 56

5. Meistbegünstigungsprinzip. Ergeht nach Form oder Inhalt eine inkorrekte Entscheidung, so kann diese nach dem anerkannten Grundsatz der Meistbegünstigung ausnahmsweise mit dem der Form oder dem sachlichen Inhalt entsprechenden Rechtsbehelf wahlweise angegriffen werden.[54] Zu den Einzelheiten vgl. Vor §§ 511 ff. Rn. 47. 57

§ 331 a Entscheidung nach Aktenlage

[1]Beim Ausbleiben einer Partei im Termin zur mündlichen Verhandlung kann der Gegner statt eines Versäumnisurteils eine Entscheidung nach Lage der Akten beantragen; dem Antrag ist zu entsprechen, wenn der Sachverhalt für eine derartige Entscheidung hinreichend geklärt erscheint. [2]§ 251 a Abs. 2 gilt entsprechend.

Schrifttum: *De Boor,* Die Entscheidung nach Lage der Akten, 1924.

---

[49] OLG Brandenburg NJW-RR 1996, 766; LG Kiel NJW-RR 1997, 1021; *Zugehör* NJW 1992, 2261.

[50] Vgl. ausführlich *Ritter/Schmidt,* Die Zulässigkeit eines Versäumnisurteils im schriftlichen Vorverfahren nach vorangegangenem Mahnverfahren, Diss. Marburg 1989, S. 48 ff.; aA OLG Celle NJW 1980, 2140.

[51] *Stein/Jonas/Grunsky* Rn. 51.

[52] OLG Nürnberg NJW-RR 1996, 58.

[53] BGH NJW 2002, 290.

[54] Vgl. zuletzt BGH NJW 1999, 583; ferner BGHZ 40, 265, 267 = NJW 1964, 1073; BGHZ 90, 1, 3 = NJW 1984, 1188; BGHZ 98, 362, 364 = NJW 1987, 442; BAG NZA 1992, 954.

I. Normzweck

1 **1. Verhältnis zum Versäumnisurteil und zu § 251 a.** Die 1924 in das Gesetz eingefügte Vorschrift hat systematisch ebenso wie § 251 a einen etwas unglücklichen Standort erhalten. Sowohl § 251 a als auch § 331 a haben freilich einen engen Anknüpfungspunkt zu den Versäumnisnormen, weil auch sie die Säumnis von Parteien voraussetzen. Im Ergebnis ist freilich die Entscheidung nach Lage der Akten kein Fall des Versäumnisurteils, sondern eine Alternative dazu. Dem Gegner einer säumigen Partei kann nämlich durch die Erlangung eines Versäumnisurteils uU nur ein geringer Erfolg beschieden sein. Dies gilt vor allem dann, wenn durch Einlegung eines Einspruchs die Wirkung des § 342 erzielt wird. Zu beachten ist dabei, dass der Einspruch des Säumigen nur äußerst geringe Voraussetzungen aufweist (vgl. § 338 Rn. 4 ff.). Zur Vollstreckung vgl. ferner § 719 Abs. 1. In dieser Situation bietet § 331 a eine alternative Möglichkeit der Sachentscheidung durch ein **kontradiktorisches Urteil,** also mit instanzbeendender Wirkung. Die Vorschrift des § 331 a ist damit ähnlich wie § 251 a eine Möglichkeit zur Verfahrensförderung und zur Beschleunigung trotz Säumnis von Parteien. In beiden Fällen ergeht eine Entscheidung ohne mündliche Verhandlung allein auf Grund der Aktenlage. Die Unterschiede zwischen § 251 a und § 331 a bestehen vor allem darin, dass im ersten Fall beide Parteien säumig sind und das Gericht eine Entscheidung nach seinem Ermessen erlassen kann, während im letzteren Falle nur eine Partei säumig ist und deren Gegner durch seinen Antrag das Gericht zum Erlass einer solchen Entscheidung verpflichten kann.

2 **2. Inhalt.** Entscheidung nach Lage der Akten bedeutet dabei, dass das Gericht eine streitige Entscheidung nach dem Verfahrensstand und dem Sach- und Streitstand erlässt, wie er sich aus den Akten ergibt. Dazu gehören auch alle Ergebnisse früherer Verhandlungen oder frühere Beweisaufnahmen. Liegt ein schriftliches Sachverständigengutachten vor und ist der Sachverständige erschienen, um das Gutachten nach § 411 Abs. 3 zu erläutern, so kann das Gericht den geladenen Sachverständigen mündlich anhören und sodann das Ergebnis dieser Beweisaufnahme bei der Aktenlageentscheidung verwerten.[1] Da Grundlage einer Entscheidung nach Lage der Akten nicht die mündliche Verhandlung, sondern ein schriftliches Verfahren ist, kommt hingegen eine Berücksichtigung mündlichen Vortrags im Termin, in dem der Antrag auf Entscheidung nach Lage der Akten gestellt wird, nicht in Betracht. Ebenso müssen als Grundlage der Entscheidung schriftsätzlich vorgetragene Behauptungen ausscheiden, wenn sie der Gegenpartei nicht rechtzeitig mitgeteilt worden waren (vgl. § 335 Abs. 1 Nr. 3).

3 **3. Abwägung durch die Partei.** Aus der Sicht der erschienenen Partei liegt es nahe, wegen der genannten Schwächen des Versäumnisurteils sorgfältig zu prüfen, ob nicht statt eines Antrags auf Erlass eines Versäumnisurteils eine Aktenlageentscheidung günstiger ist. Entscheidend dafür ist wohl die Beurteilung des aktuellen Sach- und Streitstandes.

4 **4. Bedeutung.** Die praktische Bedeutung der Entscheidung nach Lage der Akten ist bisher sehr gering.

II. Anwendungsbereich

5 Der Erlass einer Entscheidung nach Lage der Akten kommt über das landgerichtliche Verfahren erster Instanz hinaus auch vor den Amtsgerichten (§ 495) und im arbeitsgerichtlichen Urteilsverfahren (§ 46 Abs. 2 ArbGG, § 495) in Betracht. Ebenso ist § 331 a anwendbar in der Berufungsinstanz (§ 542 Abs. 3) und in der Revisionsinstanz (§ 557). In Ehesachen scheidet die Möglichkeit einer Aktenlageentscheidung wegen § 612 Abs. 4 aus, ebenso in Kindschaftssachen (§ 640 Abs. 1). Vgl. zum Anwendungsbereich ferner § 330 Rn. 4 ff.

III. Die Voraussetzungen der Entscheidung nach Lage der Akten

6 **1. Säumnis.** Es muss im Termin zur mündlichen Verhandlung eine Partei säumig sein (vgl. § 330 Rn. 10 ff.), unabhängig davon, ob dies der Kläger oder der Beklagte ist.

7 **2. Antrag.** Der Gegner der säumigen Partei muss den Antrag auf Entscheidung nach Lage der Akten stellen. Dieser Antrag ist ein Prozessantrag. Er ist nicht in dem allgemeinen Sachantrag (Klageantrag oder Antrag auf Klageabweisung) enthalten. Er kann daher auch im Säumnistermin gestellt werden und muss dem Gegner nicht mitgeteilt worden sein. Dementsprechend wird durch einen solchen Antrag keine Verhandlung zur Sache eingeleitet. Von der erschienenen Partei muss über den Antrag nach § 331 a hinaus keinerlei mündlicher Vortrag erfolgen. Grundlage der Entscheidung des Gerichts über den gestellten Antrag ist allein der Inhalt der Akten.

---

[1] BGH NJW 2002, 301.

Stellt der Gegner der säumigen Partei **keinen Antrag,** so muss das Gericht nach § 251 a vorgehen. Es muss sich also zwischen den dort vorgesehenen Möglichkeiten entscheiden, ob es einen neuen Termin anberaumen will, eine Entscheidung nach Lage der Akten treffen will oder das Ruhen des Verfahrens anordnet. 8

Der Antrag auf Erlass einer Aktenlageentscheidung kann auch nur einen **Teil des Streitgegenstandes** betreffen. Dementsprechend ist wie im Fall des Versäumnisurteils eine Entscheidung nach Lage der Akten auch als Teilurteil möglich.[2] Eine Beschränkung des Antrags in der Weise, dass zum Beispiel die Aktenlageentscheidung nur für den Fall eines Beweisbeschlusses beantragt wird, ist nicht zulässig.[3] Ebenso wenig wäre eine Antragsbeschränkung zulässig, wenn die Aktenlageentscheidung nur insoweit beantragt würde, als eine Entscheidung zugunsten des Antragstellers ergeht.[4] 9

Zulässig ist die Verknüpfung des Antrags auf Entscheidung nach Lage der Akten mit einem **Eventualantrag,** im Falle der Ablehnung des Hauptantrags (zB weil die Voraussetzungen des § 251 a Abs. 2 nicht vorliegen) ein Versäumnisurteil zu erlassen.[5] Möglich wäre ebenso ein Antrag auf Erlass eines Versäumnisurteils in Verbindung mit einem Eventualantrag, nach Lage der Akten zu entscheiden.[6] Eine Kumulation von Anträgen oder das Stellen beider Anträge wahlweise ist dagegen ausgeschlossen. Ein Eventualantrag in der Weise, dass das Gericht ein Versäumnisurteil für den Fall erlassen solle, dass die zunächst beantragte Sachentscheidung nach Lage der Akten zu einem für den Antragsteller ungünstigen Ergebnis kommt, ist nicht zulässig. Ebenso wenig wäre ein Eventualantrag auf Erlass eines Versäumnisurteils für den Fall zulässig, dass im Rahmen der Behandlung des Hauptantrags eine abschließende Sachentscheidung nicht möglich wäre. 10

3. Entscheidungsreife. Die Entscheidung nach Lage der Akten setzt voraus, dass „der Sachverhalt für eine derartige Entscheidung hinreichend geklärt erscheint". Das bedeutet also, dass das Gericht sich unter Zugrundelegen des vorhandenen Prozessstoffs in der Lage sieht, die beabsichtigte Entscheidung zu erlassen und zu begründen. Der Wortlaut des § 331 a macht allerdings im Vergleich zu § 300 Abs. 1 deutlich, dass das Gesetz dem Richter im Falle von § 331 a einen größeren Beurteilungsspielraum zuerkennt. Die Entscheidung des Gerichts darüber, ob letztlich Entscheidungsreife zu bejahen ist oder nicht, stellt dagegen keine Ermessensentscheidung dar.[7] Vielmehr handelt es sich bei der Bejahung oder Verneinung der Entscheidungsreife um eine Rechtsfrage, die das Gericht letztlich mit Ja oder Nein beantworten muss. 11

4. Die Voraussetzungen des § 251 a Abs. 2. Soweit die Entscheidung nach Lage der Akten ein Urteil ist (vgl. Rn. 13), sieht das Gesetz neben den bisher genannten Voraussetzungen in § 331 a Satz 2 vor, dass auch die Voraussetzungen des § 251 a Abs. 2 in entsprechender Anwendung vorliegen müssen. Dies bedeutet im Einzelnen: 12

a) Frühere mündliche Verhandlung. Es muss vorher zumindest eine mündliche Verhandlung in einem früheren Termin stattgefunden haben (§ 251 a Abs. 2 S. 1). Dabei muss es sich um eine frühere mündliche Verhandlung desselben Rechtsstreits in derselben Instanz unter Beteiligung derselben Parteien (oder eines Rechtsvorgängers) gehandelt haben.[8] Eine Klageänderung nach der früheren mündlichen Verhandlung schließt eine Entscheidung nach Lage der Akten aus.[9] Einer Entscheidung nach Lage der Akten steht es allerdings nicht entgegen, wenn die frühere mündliche Verhandlung vor dem Einzelrichter stattfand und der Antrag nunmehr vor der Kammer oder dem Senat gestellt wird. Gleiches gilt für einen Wechsel in der Zusammensetzung der Richterbank. Die frühere mündliche Verhandlung iSv. § 251 a Abs. 2 S. 1 muss notwendigerweise eine streitige Verhandlung gewesen sein. Ein Termin, in dem nur eine Partei erschienen oder vertreten war, reicht nicht aus.[10] 13

b) Verkündung und Mitteilung des Verkündungstermins (§ 251 a Abs. 2 S. 2 und 3). Ein Urteil nach Lage der Akten darf nicht in dem Termin verkündet werden, in dem es beantragt wurde. Vielmehr muss das Gericht einen besonderen Verkündungstermin bestimmen, der frühestens zwei Wochen nach dem Antragstermin liegt (Satz 2). Dabei ist der Verkündungstermin sofort durch Beschluss anzuberaumen (§ 310 Abs. 1 S. 1). Der festgesetzte Termin ist der säumigen Partei formlos 14

---

[2] S. § 331 Rn. 36.
[3] *Stein/Jonas/Grunsky* Rn. 3; *Baumbach/Lauterbach/Hartmann* Rn. 3; *Thomas/Putzo/Reichold* Rn. 2.
[4] *Stein/Jonas/Grunsky* Rn. 3.
[5] *Stein/Jonas/Grunsky* Rn. 3; *Baumbach/Lauterbach/Hartmann* Rn. 4; *Thomas/Putzo/Reichold* Rn. 2.
[6] So auch *Stein/Jonas/Grunsky* Rn. 3.
[7] AA *Stein/Jonas/Grunsky* Rn. 8; *Zöller/Herget* Rn. 2.
[8] Im einzelnen vgl. § 251 a Rn. 16.
[9] *Zöller/Greger* § 251 a Rn. 3; einschränkend OLG Düsseldorf NJW-RR 1994, 892.
[10] S. § 251 a Rn. 18.

mitzuteilen (Satz 3).[11] Eines besonderen Beschlusses zum Erlass einer Entscheidung nach Lage der Akten bedarf es nicht.[12]

15 **c) Entschuldigung.** Die säumige Partei hat die Möglichkeit, bis spätestens am siebenten Tag vor dem zur Verkündung bestimmten Termin ihre Säumnis **zu entschuldigen** (§ 251 a Abs. 2 S. 4). Sie kann damit die Verkündung des Urteils abwenden und die Ansetzung eines neuen Termins zur mündlichen Verhandlung verlangen. Voraussetzung dieser Abwendungsmöglichkeit ist, dass die säumige Partei glaubhaft macht (vgl. § 294), dass sie ohne ihr Verschulden ausgeblieben ist und zusätzlich die Verlegung des Termins ohne ihr Verschulden nicht rechtzeitig beantragen konnte.[13]

16 **5. Unzulässigkeit der Entscheidung.** Schließlich ist Voraussetzung einer Entscheidung nach Lage der Akten, dass die in § 335 Abs. 1 aufgezählten Gründe für eine Unzulässigkeit der Entscheidung nicht vorliegen. § 335 bezieht sich schon nach seinem Wortlaut neben Versäumnisurteilen ausdrücklich auch auf Entscheidungen nach Lage der Akten. Allerdings ist § 335 Abs. 1 nach seiner Regelung im Wesentlichen auf das Versäumnisverfahren zugeschnitten. So kann insbesondere § 335 Abs. 1 Nr. 4 nicht in Betracht kommen. Dagegen ist eine Anwendung der Nrn. 1, 2 und 3 möglich, freilich unter Beachtung der Tatsache, dass eine Entscheidung nach Lage der Akten nicht notwendigerweise ein Urteil in der Hauptsache sein muss, sondern dass auch andere Entscheidungen (zB ein Beweisbeschluss) in Betracht kommen. Zu weiteren Einzelheiten vgl. § 335 Rn. 23 ff.

IV. Entscheidung und Rechtsbehelfe

17 **1. Arten der Entscheidungen.** Eine Entscheidung nach Lage der Akten ergeht anstelle der normalen gerichtlichen Entscheidungen auf Grund mündlicher Verhandlung. Die Unterschiede liegen also im verfahrensmäßigen Vorgehen, nicht in der Art der Entscheidung. Das bedeutet, dass das Gericht auf Antrag des Gegners der säumigen Partei alle diejenigen Entscheidungen treffen kann, zu deren Erlass es auch sonst auf Grund mündlicher Verhandlung befugt wäre. In Betracht kommen also nicht nur Urteile, sondern zB auch ein Beweisbeschluss, ein Aufklärungsbeschluss oder ein Kostenbeschluss. Abhängig ist die Art der Entscheidung von der aktuellen Einschätzung des Sach- und Streitstandes durch das Gericht. Der Umfang der Entscheidungsreife (s. Rn. 10) ist also ausschlaggebend für die Entscheidung, die das Gericht erlassen wird.

18 Entsprechend dem Wortlaut von § 251 a Abs. 2 S. 1 gelten allerdings für diejenigen Entscheidungen, die nicht in Urteilsform ergehen, die oben dargelegten Voraussetzungen des § 331 a S. 2 iVm. § 251 a Abs. 2 nicht.

19 **2. Entscheidung bei unzulässiger oder unschlüssiger Klage.** Streit besteht darüber, wie das Gericht bei Säumnis einer Partei und Antrag des Gegners auf Entscheidung nach Lage der Akten zu entscheiden hat, wenn die Klage unzulässig oder unschlüssig ist. Hier sind folgende Fälle zu unterscheiden:

20 **a) Endurteil gegen den Kläger.** War der Kläger säumig und seine Klage ist unzulässig, so ergeht ein Endurteil, das die Klage als unzulässig abweist.

21 **b) Urteil nach Lage der Akten.** Ist im Falle der Säumnis des Beklagten die Klage unzulässig, so ergeht nach dem Wortlaut des § 331 a und der hM[14] ein Urteil gegen den Kläger nach Lage der Akten, obwohl er die Entscheidung beantragt hat. Nach der Gegenauffassung[15] wird die Klage durch streitiges Urteil abgewiesen, ohne dass dies eine Entscheidung nach Lage der Akten wäre (also ohne die Voraussetzungen des § 251 a Abs. 2). Im Ergebnis stimmt die Gegenauffassung jedoch mit der hM überein, weil auch nach der hM bei Erlass eines Urteils gegen die erschienene Partei die Voraussetzungen des § 251 a Abs. 2 nicht verlangt werden. Dies überzeugt jedoch nicht. Zwar wird man auch bei unzulässiger Klage eine Entscheidung nach Lage der Akten entsprechend dem Gesetzeswortlaut zulassen müssen. § 331 a Satz 2 und § 251 a Abs. 2 verlangen im Falle eines Urteils aber immer das Vorliegen der dort genannten Voraussetzungen.[16] Nach allgemeinen Grundsätzen ist vor Erlass dieser Entscheidung allerdings ein richterlicher Hinweis (§ 139) erforderlich.

22 **c) Urteil nach Lage der Akten gegen die jeweils erschienene Partei.** Ist im Falle der Säumnis des Klägers die Klage unschlüssig oder sind im Falle der Säumnis des Beklagten dessen

---

[11] Zu den Einzelheiten s. § 251 a Rn. 25 f.
[12] OLG Hamm NJW-RR 1995, 1151.
[13] Zu weiteren Einzelheiten, insbesondere zur Fristberechnung, s. § 251 a Rn. 27 ff.
[14] BGH NJW 1962, 1149 f.; *Zöller/Herget* Rn. 2; *Baumbach/Lauterbach/Hartmann* Rn. 7.
[15] *Stein/Jonas/Grunsky* Rn. 14.
[16] Wie hier *Thomas/Putzo/Reichold* Rn. 4; *Musielak/Stadler* Rn. 7.

Einwendungen unerheblich, so kann auch in diesen Fällen nach richterlichem Hinweis (§ 139) eine Entscheidung nach Lage der Akten gegen die jeweils erschienene Partei ergehen. Auch hier muss wie im Falle unzulässiger Klage gelten, dass ein solches Urteil die Erfordernisse des § 251 a Abs. 2 voraussetzt. Die hM verneint dies auch hier mit dem Hinweis auf die Parallele zum unechten Versäumnisurteil gegen die anwesende Partei im Falle des Antrags auf Erlass eines Versäumnisurteils.[17] Dabei wird übersehen, dass die Entscheidung nach Lage der Akten kontradiktorischer Natur ist und auf einer schriftlichen Grundlage ergeht. Dies lässt das Gesetz nach seinem klaren Wortlaut nur zu, wenn jedenfalls in einem früheren Termin mündlich verhandelt worden ist (§ 251 a Abs. 2 S. 1).

3. Entscheidung im Falle der §§ 335, 337. Eine Entscheidung nach Lage der Akten darf nicht ergehen, wenn ein Fall des § 335 Abs. 1 oder des § 337 vorliegt. In diesem Falle ist der Antrag auf Erlass einer Entscheidung nach Lage der Akten zurückzuweisen (§ 335 Abs. 1) bzw. die Verhandlung zu vertagen (§ 337). Zurückzuweisen ist der Antrag auf Entscheidung nach Lage der Akten ferner, wenn die Voraussetzungen des § 251 a Abs. 2 S. 1 nicht vorliegen oder wenn rechtzeitig ein Antrag nach § 251 a Abs. 2 S. 4 eingeht. In allen diesen Fällen ist der zurückweisende Beschluss unanfechtbar (vgl. § 336 Abs. 2). Das Gericht hat in diesen Fällen einen neuen Termin zur mündlichen Verhandlung auch ohne Antrag zu bestimmen. Zu dem neuen Termin ist die säumige Partei von Amts wegen zu laden. Eine Anordnung des Ruhens des Verfahrens kommt nicht in Betracht.[18] 23

4. Rechtsbehelfe. Urteile nach Lage der Akten sind mit den allgemeinen Rechtsmitteln (Berufung, Revision) anfechtbar. Wird dagegen ein Antrag auf Erlass einer Entscheidung nach Lage der Akten abgelehnt, so ist diese Ablehnung unanfechtbar (§ 336 Abs. 2). Ein Einspruch, wie er gegen Versäumnisurteile vorgesehen ist (§ 338), kommt in keinem Fall in Betracht. Nicht selbstständig anfechtbar ist ferner eine Anordnung des Gerichts, nach Lage der Akten zu entscheiden. Will die unterlegene Partei Verfahrensfehler bei der Anwendung von § 331 a rügen, so kann dies nur zusammen mit dem Rechtsmittel gegen die Entscheidung in der Hauptsache geschehen. 24

V. Gebühren

1. Gerichtsgebühren. Besondere Gebühren fallen in keinem Fall an. Die Gerichtskosten sind durch die Gebühren für das Verfahren im Allgemeinen abgedeckt. 25

2. Anwaltsgebühren. Tritt für die erschienene Partei ein Rechtsanwalt auf, so erhält er für den Antrag auf Entscheidung nach Lage der Akten die volle Terminsgebühr (1,2 Gebühren) gemäß Nr. 3104 VV zum RVG. 26

§ 332 Begriff des Verhandlungstermins

Als Verhandlungstermine im Sinne der vorstehenden Paragraphen sind auch diejenigen Termine anzusehen, auf welche die mündliche Verhandlung vertagt ist oder die zu ihrer Fortsetzung vor oder nach dem Erlass eines Beweisbeschlusses bestimmt sind.

I. Bedeutung und Begriffe des Verhandlungstermins

Aus § 332 ergibt sich, dass ein Versäumnisurteil und in gleicher Weise auch eine Entscheidung nach Lage der Akten[1] nicht nur im ersten Termin zur mündlichen Verhandlung ergehen kann, sondern auch in jedem späteren Termin zur (notwendigen) mündlichen Verhandlung. Das hat freilich zur Folge, dass alles, was in früheren Terminen vorgebracht worden war, durch die Säumnis im späteren Termin seine Bedeutung verliert und nunmehr nach § 330 (im Falle der Säumnis des Klägers) oder auch § 331 (im Falle der Säumnis des Beklagten) zu verfahren ist, obwohl dies in Widerspruch zum früheren Prozessgeschehen stehen mag. Damit wird durch § 332 letztlich der Grundsatz der Einheitlichkeit der mündlichen Verhandlung durchbrochen, indem die Säumnisfolge der §§ 330, 331 den Vorrang vor bereits gewonnenen Prozessergebnissen erhält. 1

Im Einzelnen gilt: Es sind im Falle der Säumnis alle Behauptungen der säumigen Partei, alle früheren Geständnisse, Anerkenntnisse, Verzichte des Gegners der säumigen Partei[2] und alle früheren Beweisaufnahmen **nicht** zu beachten. 2

---

[17] Zu den Nachw. s. Fn. 14.
[18] OLG Frankfurt NJW-RR 1998, 1288.
[1] BGH NJW 1964, 658; *Zöller/Herget* Rn. 1; *Stein/Jonas/Grunsky* Rn. 1.
[2] Dies gilt freilich nur insoweit, als nicht schon ein Teil gemäß den §§ 306, 307 in Form eines Teilurteils ergangen ist.

3 In **Ausnahmefällen** bleibt freilich das frühere Prozessgeschehen weiterhin voll beachtlich. Dies muss einmal gemäß § 318 für alle End- und Zwischenurteile gelten und ebenso für die Vorbehaltsurteile gemäß §§ 302, 599. Ein Grundurteil nach § 304 wird demgegenüber durch die Säumnis des Klägers unerheblich, da es der gemäß § 330 eintretenden Rechtswirkung entgegensteht. Weiterhin sind bereits früher eingetretene Heilungen von Verfahrensmängeln (§§ 39, 295) auch im Säumnisfalle wirksam und zu beachten.

II. Termin zur Beweisaufnahme

4 Ist ein Termin zur Beweisaufnahme und zugleich zur Fortsetzung der mündlichen Verhandlung iSv. § 370 bestimmt worden, so kann bei Säumnis einer Partei ein **Versäumnisurteil** erst **nach Erledigung der Beweisaufnahme,** also mit der Fortsetzung der mündlichen Verhandlung ergehen (§ 370 Abs. 1). Die Beweisaufnahme ist erledigt, wenn der Beweisbeschluss vollständig ausgeführt worden ist und das Gericht die Fortsetzung der mündlichen Verhandlung anordnet. Soll nach Abschluss der Beweiserhebung ein Versäumnisurteil ergehen, so darf auch dieses die Ergebnisse der vorangegangenen Beweiserhebung nicht berücksichtigen. Zum Fall der bewusst unwahren Behauptung der nicht säumigen Partei s. oben § 331 Rn. 19f.

5 Hat eine Partei im Termin zur mündlichen Verhandlung zunächst verhandelt, stellt sie dann aber nach Durchführung einer Beweiserhebung im gleichen Termin **keinen Antrag** mehr, so ist sie trotz § 333 nicht als säumig anzusehen. Ein Versäumnisurteil darf nicht erlassen werden, es kann allerdings ein streitiges Urteil ergehen.[3]

6 Einen **Sonderfall** stellt es dar, wenn der Termin zur mündlichen Verhandlung der sog. **Einspruchstermin** des § 341a ist. In diesem Termin kann bei Säumnis der Partei, die den Einspruch eingelegt hat, ein Versäumnisurteil gemäß § 345 ohne jede vorhergehende Beweisaufnahme erlassen werden, da das Gericht im Einspruchstermin zunächst über den Einspruch selbst verhandeln muss (vgl. §§ 341, 341a).

§ 333 Nichtverhandeln der erschienenen Partei

Als nicht erschienen ist auch die Partei anzusehen, die in dem Termin zwar erscheint, aber nicht verhandelt.

I. Begriff des Verhandelns

1 Eine Partei kann vor Gericht durch vielerlei Formen aktiven Verhaltens im Rahmen der Erörterung des Rechtsstreits iSv. § 333 verhandeln. Es kommt nicht darauf an, ob die aktive Beteiligung der Partei sich auf die Hauptsache bezieht, auch ein Verhandeln über die Zulässigkeit der Klage ist ausreichend. Unerheblich ist weiter, ob das Verhandeln auf den Tatsachenstoff oder die Rechtsfragen bezogen ist.

2 Liegt ein Verhandeln vor, so kommen die gesetzlichen Säumnisfolgen nicht in Betracht. Umgekehrt wird durch § 333 bei Erscheinen der Partei ohne ein Verhandeln eine Säumnis fingiert. Soweit nach der Auffassung des Gerichts ein Verhandeln der einen Seite vorliegt und die Gegenpartei dennoch eine Versäumnisentscheidung beantragt, oder soweit umgekehrt nach Auffassung des Gerichts ein Verhandeln nicht bejaht werden kann und die Gegenpartei ein kontradiktorisches Urteil beantragt, ist jeweils ein Hinweis des Gerichts gemäß § 139 erforderlich, dass die beantragte Entscheidung nicht ergehen kann.

3 Streitig ist, ob der Begriff des „Verhandelns" iSv. § 333 notwendigerweise das Stellen eines Antrags zur Hauptsache (also eines Sachantrags oder eines Prozessantrags auf Abweisung der Klage, s. Rn. 7f.) mit umfasst.[1] Dies ist zu bejahen,[2] und zwar in der Form des § 297. Dabei ist freilich zu beachten, dass eine Partei den Antrag auf Klageabweisung auch konkludent zum Ausdruck bringen kann.[3*] Es ist dann Aufgabe des Richters, gemäß § 139 auf die Form des § 297 hinzuwirken. Ferner genügt es, wenn bei mehreren Terminen zur mündlichen Verhandlung, in denen jeweils von bei-

[3] BGHZ 63, 94 = NJW 1974, 2322; OLG Hamm MDR 1974, 407; *Bassenge* JR 1975, 200; aA *E. Schneider* MDR 1992, 827.

[1] Bejahend *Zöller/Herget* Rn. 1; *Stein/Jonas/Grunsky* Rn. 7 („regelmäßig"); BAG NJW 2003, 1548; verneinend *Stein/Jonas/Leipold* § 297 Rn. 7; OLG Bamberg NJW-RR 1996, 317; offen gelassen in BGH NJW-RR 1986, 1252. Im einzelnen vgl. § 297 Rn. 6.

[2] BAG NJW 2003, 1548.

[3*] Darauf läuft die Auffassung von OLG Bamberg (NJW-RR 1996, 317) hinaus: Erforderlich sei eine Teilnahme am Prozeßgeschehen, die auf eine Entscheidung des Gerichts in der Sache gerichtet ist.

den Seiten verhandelt wird, der Antrag einmal gestellt worden ist (vgl. § 137 Abs. 1).[4] Das Unterbleiben einer erneuten Antragstellung im aktuellen Termin kann dann keine Versäumnisfolgen auslösen.

II. Nichtverhandeln

1. Grundsatz. Nichtverhandeln iSv. § 333 setzt die volle Verweigerung der Einlassung zur Sache voraus. Dies ist freilich nur möglich, wenn ein korrekter Termin und ein ordnungsgemäßer Aufruf der Sache gegeben ist.[5] Liegen die genannten Voraussetzungen vor, gilt eine Partei als nicht erschienen, wenn sie zwar anwesend ist, aber stumm bleibt; ferner wenn sie sich vor Beginn der Verhandlung wieder entfernt oder wenn sie aus anderen Gründen keinerlei aktive Beteiligung zeigt. Wegen § 220 Abs. 2 bleibt dem Säumigen bis zum Schluss des Termins immer die Möglichkeit, durch Verhandeln die Säumnis zu beenden und damit zugleich den Erlass eines Versäumnisurteils abzuwenden.[6] Haben die Partei oder ihr Anwalt zunächst verhandelt und verweigern sie innerhalb desselben Termins später jegliches Verhandeln, so gilt § 334 (siehe unten Rn. 11 f. und § 332 Rn. 5). Verhandeln setzt nach allgemeinen Regeln voraus, dass ein wirksames prozessuales Verhalten vorliegt. Ist daher zB eine Personenhandelsgesellschaft Partei, so setzt ein wirksamer Prozessantrag voraus, dass die vertretungsberechtigten Gesellschafter handeln und sich bei Gesamtvertretung nicht widersprechen.[7] 4

2. Anwaltszwang. In allen Verfahren mit Anwaltszwang (§ 78) liegt ein Nichtverhandeln vor, wenn die erschienene Partei nicht durch einen zur Rechtsanwaltschaft (§ 6 BRAO) zugelassenen Rechtsanwalt vertreten ist. Die Partei selbst kann wegen der fehlenden Postulationsfähigkeit im Rechtssinne nicht verhandeln. 5

3. Auftreten eines Rechtsanwalts. Tritt im Parteiprozess für die nicht erschienene Partei ein Rechtsanwalt auf, so ist dennoch ein Nichtverhandeln anzunehmen, wenn er keine Prozessvollmacht hat. Dagegen kann nach richtiger Auffassung das Auftreten eines ordnungsgemäß bevollmächtigten Rechtsanwalts nicht zur Anwendung von § 333 führen, wenn dieser ohne Robe (Berufstracht) auftritt. Zwar hatte das BVerfG im Jahre 1970 das Tragen einer Robe als vorkonstitutionelles Gewohnheitsrecht angesehen, soweit nicht Landesrecht bestand.[8] Diese Entscheidung ist aber überholt. Der Gesetzgeber hat in dem neuen § 59b Abs. 2 Nr. 6c BRAO im Jahre 1994 die Frage geregelt und die Entscheidung über das Tragen einer Robe der Satzungskompetenz der Rechtsanwaltschaft übertragen. Diese hat in ihrer am 11. 3. 1997 in Kraft getretenen BerufsO in § 20 die Frage für das anwaltliche Berufsrecht geregelt. Danach besteht beim Amtsgericht in Zivilsachen keine Pflicht zum Erscheinen in Robe, im Übrigen trägt der Rechtsanwalt vor Gericht „als Berufstracht die Robe, soweit das üblich ist". Soweit aber die Pflicht des § 20 BerufsO zum Tragen einer Robe reicht, ist weiterhin zu beachten, dass eine Pflicht aus der Sphäre des anwaltlichen Berufsrechts nur zu Sanktionen führen kann, die sich aus der BRAO ergeben (Rüge, anwaltsgerichtliches Verfahren mit der Rechtsfolge von Warnung, Verweis, Geldbuße, Verbot, Ausschließung aus der Anwaltschaft). Dagegen kann ein Verstoß gegen spezifisches anwaltliches Berufsrecht nicht zivilprozessuale Konsequenzen auslösen. Wo aber durch berufsrechtliche Regelungen eine Einwirkung auf das Prozessrecht vorgenommen werden soll, bedarf es hierfür einer Ermächtigung von gleichem Rang wie dem betroffenen Recht. Die BerufsO allein hat nicht die Kraft, die ZPO zu modifizieren. Dies hat das BVerfG in jüngster Zeit deutlich gemacht.[9] 6

4. Anträge. Die Stellung eines **Sachantrags** ist regelmäßig als ein Verhandeln anzusehen, da in einem Sachantrag in aller Regel zugleich eine tatsächliche oder rechtliche Stellungnahme, zB durch stillschweigenden Bezug auf früheres Vorbringen liegt (vgl. § 137 Abs. 3).[10] Freilich ist einzuräumen, dass die Stellung eines Antrags nicht ausnahmslos ein Verhandeln darstellen muss.[11] Eine Ausnahme vom Verhandeln durch Stellung eines Sachantrags wird allgemein angenommen, wenn sich 7

---

[4] AA bei Änderung der Besetzung des Spruchkörpers BAG NJW 1971, 1332; AK-ZPO/*Pieper* Rn. 3.

[5] Vgl. § 330 Rn. 11 ff. und § 220 Rn. 1 ff.; speziell zum Aufruf der Sache BVerfGE 42, 373 = NJW 1977, 1443.

[6] BGH BB 1993, 464 = NJW 1993, 861.

[7] Vgl. ArbG Düsseldorf NJW-RR 1992, 366.

[8] BVerfG NJW 1970, 851; vgl. zuletzt OLG Braunschweig AnwBl. 1995, 371.

[9] BVerfG v. 14. 12. 1999 zu § 13 BerufsO, NJW 2000, 347.

[10] BGH NJW 2004, 3484, 3486.

[11] Vgl. RGZ 132, 336; ferner *Zöller/Herget* Rn. 1; *Stein/Jonas/Grunsky* Rn. 7.

die Partei noch nicht schriftsätzlich geäußert hatte und im Termin ein Anwalt auftritt, der über den Gegenstand der Klage nicht unterrichtet ist und deshalb in der Sache nicht Stellung nehmen kann.[12]

8 Bei **Prozessanträgen** ist zu unterscheiden, ob die Partei damit eine Abweisung der Klage erreichen will (dann Verhandeln zu bejahen) oder ob es sich nur um einen Antrag handelt, der das Verfahren betrifft, ohne auf den Streitgegenstand bezogen zu sein. In solchen Fällen kann ein Verhandeln noch nicht angenommen werden. Das gilt beispielsweise für einen Antrag auf Vertagung, Aussetzung,[13] Trennung, Verbindung, Richterablehnung,[14] Prozesskostenhilfe,[15] u. ä.

9 Zum Fall eines Verhandelns **ohne Antrag** s. Rn. 3.

10 **5. Widerruf und Rücknahme.** Durch Widerruf oder Rücknahme von einmal wirksam gestellten Anträgen oder von anderem Vorbringen zur Sache kann die Fiktion der Säumnis iSv. § 333 nicht herbeigeführt werden. Anderenfalls bestünde die Gefahr einer missbräuchlichen Verfahrensverzögerung.[16]

III. Teilweises Verhandeln

11 Verhandelt eine Partei nur zu einigen Aspekten des Verfahrens, zu anderen aber nicht, so ist zu unterscheiden, ob es sich um ein unvollständiges Verhandeln iSd. § 334 handelt oder ob ein Verhandeln zu einem abtrennbaren Teil des Streitstoffs vorliegt. Im ersteren Fall eines unvollständigen Verhandelns gilt § 334. Eine Anwendung der Säumnisnormen iSv. §§ 330 ff. scheidet also aus (im Einzelnen s. § 334 Rn. 1 f.). Dagegen ist in allen Fällen, in denen sich das Verhandeln ausschließlich auf einen teilurteilsfähigen Teil des Verfahrens bezieht, im Übrigen der Erlass eines Teil-Versäumnisurteils möglich.[17] In Betracht kann dies insbesondere bei mehreren Ansprüchen oder bei Verhandeln allein über die Klage oder die Widerklage kommen (zum Teil – Versäumnisurteil s. auch § 330 Rn. 7).

12 Hat eine Partei oder ihr Rechtsanwalt in einem Termin zur mündlichen Verhandlung zur Hauptsache verhandelt oder Anträge gestellt oder hat sie sich an einer Beweiserhebung beteiligt, so ist eine Säumnis selbst dann zu verneinen, wenn im Anschluss an die Beweisaufnahme die mündliche Verhandlung gemäß § 370 fortgesetzt wird und die Partei oder ihr Rechtsanwalt nunmehr nicht mehr tätig wird (s. § 332 Rn. 5).

IV. Entscheidung des Gerichts

13 Liegt ein Nichtverhandeln iSv. § 333 vor, so ergeht Versäumnisurteil nach Antrag der verhandelnden Partei. Kommt das Gericht zum Ergebnis, dass ein Verhandeln entgegen dem Antrag der Gegenpartei vorliegt, so hat es den Antrag auf Erlass des Versäumnisurteils durch Beschluss zurückzuweisen (vgl. § 336 Abs. 1 S. 1). Dieser Beschluss ist mit der sofortigen Beschwerde anfechtbar (§ 336 Abs. 1 S. 1).

§ 334 Unvollständiges Verhandeln

Wenn eine Partei in dem Termin verhandelt, sich jedoch über Tatsachen, Urkunden oder Anträge auf Parteivernehmung nicht erklärt, so sind die Vorschriften dieses Titels nicht anzuwenden.

I. Unvollständiges und teilweises Verhandeln

1 Bei einem nicht vollständigen Verhandeln der Partei oder ihres Anwalts ist zu unterscheiden, ob sich das eingeschränkte Verhandeln auf einen einheitlichen Klageanspruch bezieht (unvollständiges Verhandeln) oder ob das Verhandeln lediglich auf einen Teil des Anspruchs oder einen von mehreren Ansprüchen oder nur auf die Klage oder die Widerklage Bezug nimmt, sodass über diesen Teil jeweils ein Teilurteil ergehen könnte (teilweises Verhandeln). § 334 stellt klar, dass im erstgenannten Fall des unvollständigen Verhandelns eine Säumnis nicht vorliegt und somit die Vorschriften

---

[12] OLG Düsseldorf MDR 1987, 852; OLG Zweibrücken OLGZ 83, 329; LG Tübingen NJW-RR 1987, 1212; aus der Lit. vgl. *Stein/Jonas/Grunsky* Rn. 7; *Thomas/Putzo/Reichold* Rn. 2.

[13] BGH NJW-RR 1986, 1252 = WM 1986, 1127.

[14] BGH NJW-RR 1986, 1252 = WM 1986, 1127.

[15] *Stein/Jonas/Grunsky* Rn. 8; *Musielak/Stadler* Rn. 3.

[16] OLG Hamm NJW 1974, 1097; OLG Frankfurt MDR 1982, 153; *Stein/Jonas/Grunsky* Rn. 8; *Zöller/Herget* Rn. 1.

[17] BGH NJW 2002, 145.

der §§ 330ff. nicht anzuwenden sind. Dagegen ist im Falle eines teilweisen Verhandelns über den Rest ein Teil-Versäumnisurteil möglich.[1] Zum Begriff des Verhandelns s. § 333 Rn. 1ff.

2 Durch ein unvollständiges Verhandeln werden die Säumnisfolgen nach § 334 generell abgewendet. Es spielt also keine Rolle, ob und warum sich eine Partei über einzelne Streitpunkte nicht erklärt hat. Auch in zeitlicher Hinsicht ist es nicht von Bedeutung, ob eine Partei während des gesamten Verhandlungstermins anwesend war und verhandelt hat. Für die Vermeidung der Säumnisfolgen genügt es, dass sie zu einem Teil des Termins anwesend war und verhandelt hat. So kann etwa gegen eine Partei ein Versäumnisurteil nicht erlassen werden, die im Anwaltsprozess zu Beginn der mündlichen Verhandlung vertreten war, wenn sie am Schluss dieser Verhandlung nicht mehr vertreten ist.[2]

II. Rechtsfolgen

3 Liegt ein unvollständiges Verhandeln iSv. § 334 vor, so kommt ein Versäumnisurteil nicht in Betracht. Allerdings kann das unvollständige Verhandeln nach anderen Vorschriften prozessuale Auswirkungen haben. In Betracht kommen etwa die gesetzlichen Regelungen der §§ 138 Abs. 3, 427, 439 Abs. 3, 446, 453, 454, 510. Auch eine Präklusion gemäß den §§ 296, 528 kommt in Betracht. Schließlich kann das Gericht ein unvollständiges Verhandeln der Partei im Rahmen seiner freien Beweiswürdigung berücksichtigen (§ 286).

§ 335 Unzulässigkeit einer Versäumnisentscheidung

(1) Der Antrag auf Erlaß eines Versäumnisurteils oder einer Entscheidung nach Lage der Akten ist zurückzuweisen:

1. **wenn die erschienene Partei die vom Gericht wegen eines von Amts wegen zu berücksichtigenden Umstandes erforderte Nachweisung nicht zu beschaffen vermag;**
2. **wenn die nicht erschienene Partei nicht ordnungsmäßig, insbesondere nicht rechtzeitig geladen war;**
3. **wenn der nicht erschienenen Partei ein tatsächliches mündliches Vorbringen oder ein Antrag nicht rechtzeitig mittels Schriftsatzes mitgeteilt war;**
4. **wenn im Falle des § 331 Abs. 3 dem Beklagten die Frist des § 276 Abs. 1 Satz 1 nicht mitgeteilt oder er nicht gemäß § 276 Abs. 2 belehrt worden ist.**

(2) Wird die Verhandlung vertagt, so ist die nicht erschienene Partei zu dem neuen Termin zu laden.

I. Normzweck

1 § 335 nennt vier wichtige Fälle, in denen der Antrag auf Erlass eines Versäumnisurteils (oder einer Entscheidung nach Lage der Akten) durch Beschluss als unzulässig zurückzuweisen ist. Freilich sind auch andere Gründe denkbar, so zB ein fehlender Antrag oder eine fehlende Säumnis.[1*] Zu beachten ist im Zusammenhang mit § 335 immer auch § 337, der ebenfalls zwei Fallgestaltungen enthält, in denen der Erlass eines Versäumnisurteils unzulässig ist. Als gesetzliche Folge ist dort die Vertagung vorgesehen. Zur Zulässigkeit eines Versäumnisurteils bei Säumnis einer anwaltlich vertretenen Partei vgl. § 337 Rn. 8ff.

2 Im Folgenden geht es immer um Voraussetzungen für ein Versäumnisurteil, die fehlen, aber noch herbeigeführt oder noch nachgeholt werden können. Anderenfalls käme je nach Sachlage ein unechtes Versäumnisurteil (also ein streitiges Urteil; zur Terminologie vgl. § 330 Rn. 22) in Betracht. Im Einzelnen sind die im Gesetz genannten vier Fälle von sehr unterschiedlicher Natur.

II. Zurückweisungsgründe

3 **1. Zulässigkeitsmängel (Nr. 1).** Die Nr. 1 betrifft zunächst alle von Amts wegen zu berücksichtigenden Umstände und regelt damit an sich etwas Selbstverständliches. Bei den Merkmalen, die von Amts wegen zu berücksichtigen sind, handelt es sich um alle Prozessvoraussetzungen im engeren Sinn und um alle Sachurteilsvoraussetzungen (s. Vor §§ 253ff. Rn. 1ff.) mit Ausnahme der

---

[1] BGH NJW 2002, 145.

[2] BGHZ 63, 94 = NJW 1974, 2322; OLG Hamm NJW 1974, 1097; OLG Celle MDR 1961, 61.

[1*] Zur analogen Anwendung von § 335 vgl. OLG Hamm NJW-RR 1991, 703; AG Ludwigslust NJW-RR 2002, 1293.

nur auf Einrede zu berücksichtigenden Rügen der Schiedsabrede (§ 1032 Abs. 1), der fehlenden Kostenerstattung (§ 269 Abs. 6) und der fehlenden Kostensicherheit (§§ 110 Abs. 1, 113). Hinzu kommen die besonderen Zulässigkeitsvoraussetzungen im Einzelfall, zB für den Erlass eines Versäumnisurteils oder für eine besondere Verfahrensart. Auch das Vorliegen der Prozesshandlungsvoraussetzungen gehört hierher.

4 Im konkreten Fall ist der Anwendungsbereich der Nr. 1 jedoch sehr klein, weil nur solche Umstände zu einer Zurückweisung des Antrags durch Beschluss führen, deren Mängel noch behebbar sind (s. Rn. 2). Steht dagegen fest, dass eine Prozessvoraussetzung im engeren Sinn, eine Sachurteilsvoraussetzung, eine besondere Zulässigkeitsvoraussetzung oder eine Prozesshandlungsvoraussetzung endgültig fehlt, so ergeht ein streitiges Endurteil (meistens ein Prozessurteil, das die Klage als unzulässig abweist). Einer Abweisung der Klage zB wegen fehlender Zuständigkeit kann die erschienene Partei entgehen, indem sie neben dem Antrag auf Erlass eines Versäumnisurteils hilfsweise die Verweisung nach § 281 beantragt.

5 Auf das Erfordernis eines fehlenden Nachweises muss das Gericht gemäß § 139 vor dem Erlass einer Entscheidung hinweisen. Einen Nachweis der genannten Merkmale kann das Gericht immer nur von der Partei verlangen, die die Beweislast trägt. Die Beweislast für die von Amts wegen zu berücksichtigenden Umstände trägt dabei jeweils die Partei, die ein ihr günstiges Sachurteil erstrebt und damit das Vorliegen aller Zulässigkeitsmerkmale behauptet.

Nicht unter Nr. 1 fällt das Vorliegen eines außergerichtlichen Vergleichs oder eines Klagerücknahmeversprechens des Klägers. Unabhängig davon, wie man solche Parteidispositionen nach ihrer Rechtsnatur einordnet,[2] kann ein außergerichtliches Klagerücknahmeversprechen nur auf Einrede des Beklagten im Prozess Berücksichtigung finden.[3] Daher kann § 335 Abs. 1 Nr. 1 nicht zutreffen.

6 **2. Keine ordnungsgemäße Ladung (Nr. 2).** Die Nr. 2 betrifft eine grundsätzliche Voraussetzung jeglicher Säumnis (s. § 330 Rn. 13), nämlich den Fall, dass eine Ladung erforderlich ist, dass sie aber entweder nicht erfolgt ist oder nicht ordnungsgemäß durchgeführt wurde (vgl. §§ 214ff.). Insbesondere gehört hierher eine Ladung, die nicht rechtzeitig ist (§§ 217, 239 Abs. 3, 604 Abs. 2), die unter Verletzung der Einlassungsfrist (§ 274 Abs. 3) erfolgt oder die nicht ordnungsgemäß zugestellt ist (§§ 166ff., 208ff., 497). Ist die Ladung an eine Partei im Ausland erforderlich, so ist insbes. Art. 15 HZÜ zu beachten (Aussetzungspflicht des Richters, wenn sich der ausländische Beklagte auf das Verfahren nicht eingelassen hat, bis die ordnungsgemäße Zustellung oder die tatsächliche Übergabe der Ladung festgestellt ist). Wenn das demnächst in Kraft tretende europ. Übereinkommen über die Zustellung gerichtlicher und außergerichtlicher Schriftstücke in Zivil- und Handelssachen vom 26. 5. 1997 zu beachten sein wird, gilt nach dessen Art. 19 weiterhin Art. 15 HZÜ auch im Bereich der Europäischen Union fort.

7 Die **Erforderlichkeit** einer Ladung ist nach allgemeinen Regeln zu prüfen (vgl. §§ 214ff.). Nicht erforderlich ist eine Ladung insbesondere in den Fällen der §§ 218, 331 Abs. 3, 497 Abs. 2.

8 **Erscheint eine Partei** trotz fehlender oder mangelhafter Ladung zum Termin, so kommt die Anwendung des § 335 Abs. 1 Nr. 2 nicht in Betracht. Im Falle ihres Verhandelns ergibt sich dies aus allgemeinen Regeln (fehlende Säumnis), aber auch bei Nichtverhandeln (§ 333) kann gegen sie ein Versäumnisurteil ergehen. Die Berufung auf die Mängel der Ladung ist nach § 335 Abs. 1 Nr. 2 hier nicht möglich. Zu prüfen bliebe allerdings § 337 (s. § 337 Rn. 2).

9 Für die Anwendung von Nr. 2 kommen immer nur Mängel bei der Ladung der säumigen Partei in Betracht. Fehler, die gegenüber der erschienenen und das Versäumnisurteil beantragenden Partei unterlaufen sind, finden im Rahmen von § 335 keine Berücksichtigung.

10 **3. Fehlende schriftsätzliche Mitteilung (Nr. 3).** Durch das Erfordernis von Nr. 3, wonach der nicht erschienenen Partei das tatsächliche mündliche Vorbringen und die Anträge rechtzeitig durch Schriftsatz mitgeteilt sein müssen, werden durch Säumnis ausgelöste Rechtsnachteile verhindert, mit denen die säumige Partei nicht rechnen musste. Damit schränkt die Nr. 3 die Säumniswirkung von § 331 Abs. 1 S. 1 (Geständnisfiktion) ein. Daraus folgt, dass die Nr. 3 nur im Rahmen von § 331, also nur beim Versäumnisurteil gegen den Beklagten anwendbar ist.[4] Darüber hinaus ist im Europäischen Wirtschaftsraum Art. 27 Nr. 2 EuGVÜ zu beachten, der für eine Anerkennung und Vollstreckung von Versäumnisurteilen die Rechtzeitigkeit und Ordnungsmäßigkeit der Zustellung des verfahrenseinleitenden Schriftsatzes verlangt.[5]

---

[2] Vgl. *Rosenberg/Schwab/Gottwald* § 131 VI.
[3] BGH NJW 1961, 460.
[4] HM; vgl. *Rosenberg/Schwab/Gottwald* § 107 Fn. 16; *Zöller/Herget* Rn. 4; *Stein/Jonas/Grunsky* Rn. 12.
[5] S. Schlußanhang B. 1. a) Art. 27 EuGVÜ Rn. 10; ferner *Stürner* JZ 1992, 325.

Nr. 3 ist nur auf **Sachanträge** anwendbar, nicht auf Prozessanträge.[6] Deshalb gilt die Nr. 3 auch nicht für den Antrag, vom Urkundenprozess gemäß § 596 Abstand zu nehmen.[7] Ebenso gilt die Nr. 3 nicht für den Antrag auf Erlass eines Versäumnisurteils selbst, da auch dies ein Prozessantrag ist. Eine Ausnahme gilt allerdings für den Antrag des Klägers auf ein Versäumnisurteil im schriftlichen Verfahren (§ 331 Abs. 3). Da dieser Antrag nur schriftlich gestellt werden kann, muss er dem Beklagten auch zugestellt sein.[8] 11

Die Nr. 3 bezieht sich nicht auf Tatsachen, die dem Kläger nachteilig sind oder die vom Gericht von Amts wegen zu prüfen sind. Dazu ist auch ein Vorbringen des Klägers zu rechnen, das zu einer Beschränkung des Antrags iSv. § 264 Nr. 2 führt.[9] Hierher gehört entgegen der hM allerdings nicht der Fall, dass der Kläger die Hauptsache im Termin für erledigt erklärt (im Einzelnen dazu s. § 331 Rn. 30f.). 12

Ob eine Mitteilung iSd. Nr. 3 rechtzeitig erfolgt ist, bestimmt sich nach den §§ 132, 226, 274 Abs. 3, 282 Abs. 1. Die Anwendung von § 282 Abs. 2 kommt bei Säumnis des Beklagten nicht in Betracht, weil er voraussetzt, dass eine Erklärung des erschienenen Gegners im Termin möglich ist. Eine solche Situation kann im Falle der Säumnis des Beklagten nicht entstehen. 13

4. Mängel beim schriftlichen Versäumnisverfahren (Nr. 4). Die Nr. 4 bezieht sich ausschließlich auf den Fall des Versäumnisurteils im schriftlichen Vorverfahren gemäß § 331 Abs. 3 (s. § 331 Rn. 41ff.). Dem steht es gleich, wenn dem schriftlichen Vorverfahren ein Mahnverfahren vorausgegangen war (vgl. § 697 Abs. 2; dazu ferner § 331 Rn. 52). Ein Versäumnisurteil kommt hier nicht Betracht, wenn gewisse vom Gericht zu beachtende Voraussetzungen fehlen. Im Einzelnen setzt § 335 Abs. 1 Nr. 4 voraus: 14

(1) die Wahl eines schriftlichen Vorverfahrens durch das Gericht (§§ 272 Abs. 2, 276); 15
(2) eine Aufforderung unter Fristsetzung an den Beklagten gemäß § 276 Abs. 1 Satz 1, und zwar durch Zustellung einer beglaubigten Ausfertigung der vom Vorsitzenden unterschriebenen Verfügung;[10]
(3) die gemäß § 276 Abs. 2 vorgeschriebene Belehrung an den Beklagten, die ebenfalls durch den Vorsitzenden erfolgen muss;
(4) die schriftliche Mitteilung des Antrags auf Versäumnisurteil durch den Kläger an den Beklagten (s. Rn. 11 und § 331 Rn. 48).

Zu den Rechtsfolgen im Falle des Vorliegens der in Nr. 4 genannten Mängel ist zu beachten, dass hier bei Versäumnissen durch das Gericht regelmäßig eine Nachholung von Amts wegen in Betracht kommt und daher eine Zurückweisung des Antrags zunächst auszuscheiden hat (s. Rn. 19). 16

III. Rechtsfolgen

In allen Fällen des § 335 Abs. 1 oder wenn aus anderen Gründen dem Antrag auf Erlass eines Versäumnisurteils nicht stattgegeben werden kann, bedarf es zunächst eines Hinweises an den Antragsteller, dass ein Hindernis vorliegt. Dieses Erfordernis ergibt sich aus dem Grundsatz des rechtlichen Gehörs (Art. 103 Abs. 1 GG). Für das weitere Verfahren kommt entgegen dem Wortlaut von § 335 Abs. 1 nicht in allen Fällen eine Zurückweisung des Antrags in Betracht. 17

1. Zurückweisung des Antrags. In den Fällen des § 335 Abs. 1 Nr. 1 bis 3 ist der Antrag auf Erlass eines Versäumnisurteils durch Beschluss zurückzuweisen. Dieser Beschluss muss verkündet werden. Gegen ihn findet die sofortige Beschwerde statt (§ 336 Abs. 1). Der Beschluss enthält keine Entscheidung zur Hauptsache. Ihm kommt daher auch keine materielle Rechtskraft zu. Vielmehr bleibt der geltend gemachte Streitgegenstand weiterhin rechtshängig. Nach Eintritt der (formellen) Rechtskraft des zurückweisenden Beschlusses setzt das Gericht von Amts wegen einen neuen Termin zur mündlichen Verhandlung fest und hat dazu beide Parteien zu laden. 18

2. Der Fall des § 335 Abs. 1 Nr. 4. Anders als in den Fällen der Nrn. 1 bis 3 liegen im Falle von Nr. 4 Versäumnisse durch das Gericht vor, die regelmäßig von Amts wegen nachgeholt werden können. Deshalb kommt hier eine Zurückweisung des klägerischen Antrags durch Beschluss nicht in Betracht. Vielmehr sind nunmehr ohne Entscheidung über den Antrag die fehlenden Maßnahmen nach § 276 nachzuholen. Eine Zurückweisung des klägerischen Antrags durch Be- 19

---

[6] *Stein/Jonas/Grunsky* Rn. 13; *Zöller/Herget* Rn. 4.

[7] AA *Zöller/Greger* § 596 Rn. 3; *Baumbach/Lauterbach/Hartmann* § 596 Rn. 9; *Stein/Jonas/Schlosser* § 596 Rn. 8; *Musielak/Voit* § 596 Rn. 2, die alle davon ausgehen, der Antrag nach § 596 sei ein Sachantrag.

[8] S. § 331 Rn. 48; aA KG NJW-RR 1994, 1344; *Stein/Jonas/Grunsky* Rn. 13; *Zöller/Herget* § 331 Rn. 12.

[9] Vgl. BGH NJW 1984, 2295.

[10] Vgl. *Stein/Jonas/Grunsky* Rn. 17.

schluss kommt nur dann in Betracht, wenn das Gericht durch Bestimmung eines Termins zur mündlichen Verhandlung seine eigene ursprüngliche Anordnung eines schriftlichen Vorverfahrens aufhebt. In diesem Fall ist das Verfahren nach § 276 beendet und ein Versäumnisurteil gemäß § 331 Abs. 3 kann in keinem Falle mehr erlassen werden.

20 **3. Vertagung.** Spricht das Gericht im Falle der Nrn. 1 bis 3 statt eines zurückweisenden Beschlusses eine Vertagung aus, so ist darin zugleich die inhaltliche Zurückweisung des Antrags auf Erlass eines Versäumnisurteils zu sehen.

21 In den Fällen der Nrn. 1 bis 3 kann aber auch die erschienene Partei statt eines Antrags auf Versäumnisurteil eine Vertagung verlangen.[11] Ist ein zurückweisender Beschluss ergangen und beantragt nunmehr die erschienene Partei Vertagung, so ist darin ein Verzicht auf die sofortige Beschwerde zu sehen. In diesem Fall muss eine Terminbestimmung von Amts wegen erfolgen.

22 Bestritten ist, wie zu verfahren ist, wenn nach Erlass eines zurückweisenden Beschlusses von der erschienenen Partei kein Antrag gestellt wird. Im Allgemeinen wird zu berücksichtigen sein, dass durch eine Vertagung von Amts wegen nicht der Beschwerdeentscheidung nach § 336 Abs. 1 vorgegriffen wird. Dies hat besondere Bedeutung im Hinblick auf § 336 Abs. 1 Satz 2.[12] Ist der Beschluss nach § 335 nicht angefochten oder auf die Beschwerde nach § 336 vom Beschwerdegericht bestätigt worden, so sind zum neuen Termin nunmehr beide Parteien zu laden (vgl. § 335 Abs. 2). Hier ist weder der Fall des § 218 noch des § 336 Abs. 1 Satz 2 gegeben.

IV. Entscheidung nach Lage der Akten

23 § 335 ist nach seinem Wortlaut auch auf eine Entscheidung nach Lage der Akten anzuwenden. Diese rechtspolitisch wenig glückliche Entscheidung[13] hat für Abs. 1 Nr. 1 bis 4 im Einzelnen folgende Bedeutung: Nr. 1 enthält zunächst die auch hier selbstverständliche Feststellung, dass eine Entscheidung nach Lage der Akten (also eine Entscheidung in der Hauptsache) nicht ergehen kann, wenn von Amts wegen zu berücksichtigende Umstände unklar sind. Dies gilt notwendigerweise für den Erlass eines Urteils. Da allerdings eine Entscheidung nach Lage der Akten zB auch ein Beweisbeschluss und ähnliches sein kann (s. § 331 a Rn. 13), kommt in solchen Fällen ein Zurückweisungsbeschluss nicht in Betracht. Hier tritt vielmehr der Beweisbeschluss an die Stelle des Zurückweisungsbeschlusses.

24 In den Fällen von Nr. 2 und Nr. 3 ist wie beim Antrag auf Erlass eines Versäumnisurteils zu verfahren. Dabei ist zu beachten, dass der Antrag der erschienenen Partei auf Entscheidung nach Lage der Akten ein Prozessantrag ist, der nicht unter die Nr. 3 fällt (s. § 331 a Rn. 5). Die Anwendung von § 335 Abs. 1 Nr. 4 ist im Falle einer Entscheidung nach Lage der Akten ausgeschlossen.

25 Wird der Antrag auf Entscheidung nach Lage der Akten gemäß Nrn. 1 bis 3 durch Beschluss zurückgewiesen, so ist dieser gemäß § 336 Abs. 2 unanfechtbar. Deshalb ist in diesem Falle unstreitig ein neuer Termin zur mündlichen Verhandlung von Amts wegen anzuberaumen. Dazu sind beide Parteien zu laden.

§ 336 Rechtsmittel bei Zurückweisung

(1) [1]Gegen den Beschluss, durch den der Antrag auf Erlass des Versäumnisurteils zurückgewiesen wird, findet sofortige Beschwerde statt. [2]Wird der Beschluss aufgehoben, so ist die nicht erschienene Partei zu dem neuen Termin nicht zu laden.

(2) Die Ablehnung eines Antrages auf Entscheidung nach Lage der Akten ist unanfechtbar.

I. Rechtsmittel nach Abs. 1

1 **1. Grund der Zurückweisung.** Abs. 1 betrifft die Zurückweisung des Antrags auf Erlass eines Versäumnisurteils. Eine solche Zurückweisung durch das Gericht kommt insbesondere dann in Betracht, wenn ein Fall des § 335 vorliegt. Aber auch, wenn dem Antrag auf Erlass eines Versäumnisurteils aus einem anderen Grund nicht stattgegeben werden kann, zB weil keine Säumnis vorliegt,

---

[11] Wie hier *Stein/Jonas/Grunsky* Rn. 23; eine engere Auffassung vertreten *Baumbach/Lauterbach/Hartmann* Rn. 9; *Thomas/Putzo/Reichold* Rn. 9 (Vertagung nur unter den Voraussetzungen des § 227).

[12] Vgl. § 336 Rn. 5; zu diesem Streit ferner *Zöller/Herget* Rn. 6; *Stein/Jonas/Grunsky* Rn. 24; *Musielak/Stadler* Rn. 8.

[13] Vgl. dazu *Stein/Jonas/Grunsky* Rn. 28.

ist auf den zurückweisenden Beschluss § 336 Abs. 1 anzuwenden.[1] Ebenso ist eine Vertagung gemäß § 337 sowie jede sonstige antragswidrige Vertagung durch das Gericht einem Zurückweisungsbeschluss iSv. § 336 Abs. 1 gleichzustellen.[2] Ist dagegen der Antrag auf Erlass eines Versäumnisurteils nicht durch Beschluss zurückgewiesen worden, sondern über die Klage durch Urteil entschieden, so kommt § 336 nicht in Betracht. Ein solches Urteil kann nur mit der Berufung oder der Revision angegriffen werden.

2. Sofortige Beschwerde. Gegen den Beschluss findet die sofortige Beschwerde statt. Sie ist in einer Frist von zwei Wochen ab der Verkündung zulässig (§ 577 Abs. 2). Der Fristbeginn richtet sich in jedem Falle nach der Verkündung, also auch dann, wenn der Beschluss in einem besonderen Termin verkündet worden ist[3] oder wenn ein Antrag auf Erlass eines Versäumnisurteils nur teilweise durch den Beschluss zurückgewiesen worden ist.[4] Die sofortige Beschwerde kann nur darauf gestützt werden, dass der Erlass eines Versäumnisurteils zu Unrecht abgelehnt worden sei. Hat die erschienene Partei nach Zurückweisung des Antrags auf ein Versäumnisurteil einen neuen Termin beantragt, so ist darin ein Verzicht auf die sofortige Beschwerde zu sehen.[5] Eine dennoch eingelegte Beschwerde wäre unzulässig. Soweit die Zurückweisung in zweiter Instanz erfolgt, ist § 567 Abs. 3 und 4 zu beachten. 2

3. Rechtsfolgen. a) Ruhen des Verfahrens. Nach hM steht dem Säumigen im Beschwerdeverfahren rechtliches Gehör nicht zu (KG MDR 1983, 412). Das ist problematisch, rechtfertigt sich aber wohl aus Abs. 1 S. 2 (s. Rn. 5). Bleibt die Beschwerde erfolglos, so tritt ein Ruhen des Verfahrens aus tatsächlichen Gründen ein. 3

b) Aufhebung des Beschlusses. Ist die sofortige Beschwerde begründet, so wird der angefochtene **Beschluss aufgehoben.** Allerdings kann das Beschwerdegericht nicht selbst das beantragte Versäumnisurteil erlassen. Eine Anfechtung der Entscheidung des Beschwerdegerichts durch die säumige Partei im Wege der weiteren Beschwerde ist nicht statthaft.[6] 4

c) Weiteres Verfahren nach Aufhebung des Zurückweisungsbeschlusses: Das Gericht, dessen Zurückweisungsbeschluss aufgehoben worden ist, hat nunmehr einen neuen Termin anzuberaumen und diesen der im früheren Termin erschienenen Partei von Amts wegen bekanntzumachen. Dagegen wird die damals säumige Partei nach der ausdrücklichen gesetzlichen Anordnung des § 336 Abs. 1 S. 2 zu dem neuen Termin nicht geladen. Mit dieser Vorschrift verfolgt der Gesetzgeber das Ziel, der früher nicht säumigen Partei eine (günstige) Prozesssituation wieder einzuräumen, die sie im damaligen Termin inne hatte. Die damals erschienene Partei hat nunmehr also die Möglichkeit, nochmals ein Versäumnisurteil zu beantragen.[7] 5

d) Erscheint im neuen Termin **der Beschwerdeführer nicht** oder beantragt er nunmehr kein Versäumnisurteil, so hat das Gericht nach § 251 a zu verfahren. Streitig ist allerdings, wie zu verfahren ist, wenn neben dem Beschwerdeführer auch die früher säumige und deshalb nicht geladene Partei zum neuen Termin erscheint. Konsequent wäre es in diesem Fall, wenn man dem Beschwerdeführer die prozessuale Möglichkeit, ein Versäumnisurteil zu beantragen und zu erhalten, auch hier bewahren würde. Das müsste bedeuten, dass man die nicht geladene Partei in diesem Fall nicht zur Verhandlung zulässt.[8] Die hM vertritt allerdings unter Hinweis auf Gesichtspunkte der Prozessökonomie die gegenteilige Auffassung.[9] Wegen der geringen Anforderungen an einen Einspruch und der in solchen Fällen regelmäßig zu erwartenden Einlegung dieses Rechtsbehelfs wird man der hM zustimmen müssen. Das kann freilich nicht gelten, wenn der Beschwerdeführer den Erlass eines zweiten Versäumnisurteils im technischen Sinn beantragt (§ 345). In einem solchen Fall 6

---

[1] OLG Nürnberg MDR 1963, 507; OLG München MDR 1956, 684; LAG Frankfurt NJW 1963, 2046; aA LAG Düsseldorf NJW 1961, 2371.

[2] OLG Nürnberg (Fn. 1); OLG München (Fn. 1); LAG Frankfurt (Fn. 1): *Zöller/Herget* § 337 Rn. 4; *Stein/Jonas/Grunsky* § 337 Rn. 10; *Rosenberg/Schwab/Gottwald* § 107 III 2b.

[3] AA LG Köln MDR 1985, 593; wie hier OLG Braunschweig MDR 1992, 292.

[4] *Stein/Jonas/Grunsky* Rn. 1.

[5] *Stein/Jonas/Grunsky* § 335 Rn. 24.

[6] KG MDR 1983, 412.

[7] Zur Anwendung von § 336 Abs. 1 S. 2 in der Rechtsmittelinstanz vgl. LAG Berlin v. 20. 9. 2006, 15 Sa 891/06.

[8] So *Rosenberg-Schwab* § 108 II 2c bis zur 14. Aufl.

[9] *Baumbach/Lauterbach/Hartmann* Rn. 4; *Stein/Jonas/Grunsky* Rn. 7; *Thomas/Putzo/Reichold* Rn. 1; *Zöller/Herget* Rn. 3; *Rosenberg/Schwab/Gottwald* § 107 III 2c; *Musielak/Stadler* Rn. 2; OLG Zweibrücken FamRZ 1997, 506; zustimmend aus verfassungsrechtlicher Sicht *Waldner,* Der Anspruch auf rechtliches Gehör, 1989, Rn. 282.

wäre ein weiterer Einspruch nicht mehr möglich (vgl. § 345), weswegen der Gesichtspunkt der Prozessökonomie dem Erlass eines Versäumnisurteils nicht im Wege steht.[10]

II. Rechtsmittel nach Abs. 2

7 Abs. 2 betrifft die Ablehnung des Antrags auf Erlass einer Entscheidung nach Lage der Akten. Dabei umfasst § 336 Abs. 2 sowohl die Fälle, in denen eine solche Entscheidung gemäß § 335 unzulässig ist, als auch die weiteren Fälle, in denen eine Aktenlageentscheidung wegen mangelnder Entscheidungsreife oder aus anderen Gründen nicht in Betracht kommt. In allen diesen Fällen ist die Entscheidung des Gerichts unanfechtbar. Das Gericht muss nunmehr von Amts wegen einen neuen Termin zur mündlichen Verhandlung anberaumen.

§ 337 Vertagung von Amts wegen

[1]Das Gericht vertagt die Verhandlung über den Antrag auf Erlass des Versäumnisurteils oder einer Entscheidung nach Lage der Akten, wenn es dafür hält, dass die von dem Vorsitzenden bestimmte Einlassungs- oder Ladungsfrist zu kurz bemessen oder dass die Partei ohne ihr Verschulden am Erscheinen verhindert ist. [2]Die nicht erschienene Partei ist zu dem neuen Termin zu laden.

Schrifttum: *Foerste,* Das Versäumnisurteil im Anwaltsprozeß zwischen Standesrecht und Grundgesetz, NJW 1993, 1309; *Hartung,* Das anwaltliche Verbot des Versäumnisurteils, 1991; *Taupitz,* Das Versäumnisurteil zwischen anwaltlicher Kollegialität und Mandantenrecht, FS Pawlowski, 1997, S. 443.

I. Normzweck

1 In sachlicher Übereinstimmung mit § 227 Abs. 1 Nr. 1 und teilweise darüber hinausgehend regelt § 337 zwei Fälle, in denen die mündliche Verhandlung von Amts wegen zu vertagen ist, obwohl ein Antrag auf Erlass eines Versäumnisurteils oder einer Entscheidung nach Lage der Akten von der erschienenen Partei gestellt wurde. Von besonderer Bedeutung ist dabei, dass das fehlende Verschulden der Partei (oder ihres Prozessbevollmächtigten) ein Vertagungsgrund ist. Dies zeigt, dass der Erlass eines Versäumnisurteils theoretisch meist auf einer **vorwerfbaren** Säumnis basiert. Dies muss notwendigerweise Auswirkungen für die Auslegung von § 514 Abs. 2 haben (s. § 514 Rn. 16, 20). In der Praxis kann § 337 freilich häufig keine wesentliche Bedeutung erlangen, weil dem Gericht nicht selten der Grund der Säumnis einer Partei unbekannt ist. Dementsprechend ist es anerkannt, dass ein entgegen § 337 erlassenes Versäumnisurteil wirksam ist und mit dem Einspruch angefochten werden muss (s. Rn. 25). Der Prüfung des Verschuldens einer Säumnis kommt nach Erlass eines Versäumnisurteils also nur im Rahmen von § 344 und von § 514 Abs. 2 Bedeutung zu.

II. Voraussetzungen der Vertagung

2 Den folgenden Voraussetzungen liegt jeweils zugrunde, dass ein Versäumnisurteil im Übrigen zulässig wäre. Andernfalls kommt die Anwendung von § 337 nicht in Betracht.

3 **1. Zu kurze richterliche Fristen.** Das Gesetz bezieht sich hierbei ausschließlich auf **richterliche** Einlassungs- oder Ladungsfristen (§§ 226, 239 Abs. 3, 274 Abs. 3 S. 3, 339 Abs. 2, 520 Abs. 2 S. 2, 555 Abs. 2). Dagegen kann sich § 337 **nicht** auf **gesetzliche** Fristen (vgl. §§ 217, 274 Abs. 3 S. 1 und 2) beziehen. Solche gesetzlichen Fristen können nicht „zu kurz bemessen" sein.[1] Die angesprochenen richterlichen Fristen sind insbesondere dann zu kurz bemessen, wenn iSv. § 227 ein erheblicher Grund zur Vertagung anzunehmen ist (s. § 227 Rn. 5 ff.).

4 **2. Schuldlose Säumnis.** Das Gesetz formuliert seit der Vereinfachungsnovelle 1976 in Übereinstimmung mit § 233 (Wiedereinsetzung), dass die Partei „ohne ihr Verschulden" säumig ist (subjektive Betrachtungsweise). Damit hat sich der Gesetzgeber bewusst von der früheren Gesetzeslage abgewendet, die auf das Vorliegen von Naturereignissen oder anderen unabwendbaren Zufällen abstellte (objektive Umstände). Allerdings hatte die Rechtsprechung schon vor 1977 Umstände

---

[10] Wie hier auch *Stein/Jonas/Grunsky* Rn. 8; aA *Musielak/Stadler* Rn. 2 Fn. 9; *Baumbach/Lauterbach/Hartmann* Rn. 4. Von den übrigen Vertretern der hM wird diese gerade im Hinblick auf die Prozeßökonomie notwendige Differenzierung nicht gesehen.

[1] *Stein/Jonas/Grunsky* Rn. 2.

des Einzelfalles mit berücksichtigt, sodass auch heute noch Rspr. und Lit. aus der Zeit vor 1977 in gewissem Umfang mit herangezogen werden können.[2] Grundsätzlich ist das Verschulden nach den gleichen Maßstäben wie bei § 233 zu bemessen.[3]

Im Einzelnen kommt ein Verschulden der Partei, ihres gesetzlichen Vertreters (§ 51 Abs. 2) oder ihres Prozessbevollmächtigten (§ 85 Abs. 2) in Betracht. Ein Verschulden ist beispielsweise zu **verneinen** im Falle von Verhinderungen wegen Krankheit, Unglücksfällen, Urlaub,[4] Haft, erheblicher Verkehrsbehinderung und ähnlichen Ereignissen;[5] ferner wenn über einen Prozesskostenhilfeantrag noch nicht entschieden ist[6] oder dieser unmittelbar vor dem Termin zurückgewiesen wurde.[7] Die unrichtige Zeitangabe in einer offiziellen gerichtlichen Verlautbarung schließt ebenfalls das Verschulden aus.[8] Besondere Schwierigkeiten bereitet immer wieder die Frage, ob die Partei oder ihr Rechtsanwalt im Hinblick auf mögliche Verkehrsprobleme eine gewisse „Reservezeit“ einplanen muss.[9] Dem kann nicht zugestimmt werden.[10] Einzuplanen ist die normale Fahrtzeit einschließlich vorhersehbarer Behinderungen (Kenntnis einer länger bestehenden Baustelle, täglicher Stau an bestimmten Stellen usw.). Nicht eingeplant werden müssen überraschende und unvorhersehbare Verkehrsbehinderungen (zB Unfall, unerwartetes Verkehrshindernis, Glatteis, Autopanne). Dies gilt auch im Flugverkehr.[11] Der Anwalt ist bei der Auswahl öffentlicher Verkehrsmittel frei. Die Verneinung eines vorwerfbaren Verschuldens setzt in solchen Fällen aber zusätzlich voraus, dass eine mögliche Benachrichtigung des Gerichts und andere zumutbare Vorkehrungen getroffen worden sind.[12] Da für die Frage des Verschuldens ein subjektiver Maßstab anzuwenden ist (siehe oben Rn. 4), hängt allerdings vieles vom jeweiligen Einzelfall ab.[13] So hat in dem viel diskutierten **Kölner Fall**[14] der Säumige keineswegs die normale Fahrtzeit eingeplant gehabt. Er hat vielmehr bereits bei Fahrtantritt seine Verspätung gekannt und nur auf eine gewisse Wartezeit des Gerichts (dazu siehe Rn. 22 f.) gehofft. Es kann jedoch nicht Sinn und Zweck einer Wartezeit sein, die normale Fahrtzeit nach einer zusätzlichen Frist zu kalkulieren, mit der gerade kleinere Verzögerungen bis zu 15 Minuten ausgeglichen werden sollen. Im Ergebnis hat der BGH einem Rechtsanwalt geholfen, der in eigener Sache dreimal säumig gewesen war, dem nun der Erlass eines zweiten Versäumnisurteils im technischen Sinn drohte und der eine Minute (!) vor Beginn des angesetzten Termins zum Gericht aufgebrochen war. Das überzeugt nicht.[15] Im schriftlichen Vorverfahren begründet ein Prozesskostenhilfeantrag innerhalb der Frist des § 276 Abs. 1 S. 1 die Verneinung des Verschuldens. Auch mangelnde Sprachkenntnisse der erschienenen Partei sind hierher zu rechnen, wenn die Partei aus diesem Grunde nicht verhandeln kann.[16] Wird der Termin verspätet aufgerufen und hat sich die ursprünglich anwesende Partei oder ihr Anwalt deswegen schon wieder entfernt, so wird man ein Verschulden nach Ablauf einer angemessenen Wartefrist verneinen müssen. Mehr als 30 Minuten Wartezeit können nicht verlangt werden. Zum umgekehrten Fall vgl. Rn. 22 f. Zum Fall anwaltlicher Vertretung des Säumigen s. Rn. 9 ff. 5

3. Versäumnis iSv. § 333. Grundsätzlich kommt eine Vertagung gemäß § 337 auch in Betracht, wenn die säumige Partei zwar erschienen war, aber nicht verhandelt hat und deswegen gemäß § 333 als nicht erschienen anzusehen ist.[17] Dies ergibt sich daraus, dass § 333 eine (unwiderlegbare) Fiktion darstellt. Freilich ist zu beachten, dass eine erschienene Partei sich in aller Regel nicht auf zu kurze richterliche Fristen oder Gründe für eine schuldlose Säumnis berufen kann, sodass die Anwendung von § 337 im Falle der erschienenen, aber nicht verhandelnden Partei in aller 6

---

[2] Vgl. *Braun* ZZP 93 (1980), 455 (Gesetzgeber habe Leitgedanken der Rechtsprechung aufgegriffen und in die ZPO übernommen).
[3] BGH, ZIP 2007, 885, 886.
[4] Vgl. LG Tübingen NJW-RR 1987, 1212.
[5] Vgl. dazu i. e. § 233 Rn. 37 ff.
[6] LG Münster MDR 1991, 160; vgl. auch OLG Rostock MDR 2002, 780.
[7] AA OLG Koblenz NJW-RR 1990, 382.
[8] OLG Celle MDR 1999, 1345.
[9] So etwa OLG Köln MDR 1998, 617; bei Flugreisen vgl. BGH, ZIP 2007, 885.
[10] BGH NJW 1999, 724; OLG Dresden NJW-RR 1996, 246.
[11] BGH ZIP 2007, 885.
[12] BGH ZIP 2007, 885, 887; NJW 2006, 448; BGH NJW 1999, 724; BGH VersR 1990, 1026; OLG Köln NJW-RR 1995, 1150; KG MDR 1999, 185; OLG Naumburg MDR 1999, 186; OLG Brandenburg NJW-RR 1998, 1678; LAG Köln MDR 1994, 1046; BAG MDR 1972, 360.
[13] Das zeigt wiederum sehr deutlich der Fall BGH NJW 2006, 448.
[14] OLG Köln MDR 1998, 617.
[15] AA *E. Schneider* MDR 1998, 577 und MDR 1999, 180; *Vollkommer* EWiR 1999, 237.
[16] Wie hier *Stein/Jonas/Grunsky* Rn. 9 a.
[17] AA OLG Hamm BB 1991, 164; *Baumbach/Lauterbach/Hartmann* Rn. 4.

Regel zu verneinen sein dürfte.[18] Eine Ausnahme wird man im Falle mangelnder Sprachkenntnisse der erschienenen Partei machen müssen (s. Rn. 5).

7 **4. Richterliche Überzeugung.** Nach dem Wortlaut des Gesetzes muss das Gericht „dafürhalten“, dass ein Vertagungsgrund des § 337 vorliegt. Dies ist unproblematisch zu bejahen im Falle von offenkundigen oder gerichtsbekannten Ereignissen. Darüber hinaus wird man nach der gesetzlichen Formulierung aber nicht ausschließlich die gesicherte richterliche Überzeugung iSv. § 286 verlangen dürfen. Insbesondere kommt im Termin eine Beweisführung nicht in Betracht. Letztlich muss für die richterliche Entscheidung also bereits eine überwiegende Wahrscheinlichkeit ausreichen.[19] Ist ein kurzfristig vor dem Termin mitgeteilter Hinderungsgrund dem Gericht noch nicht einmal glaubhaft gemacht und auch nicht mehr nachprüfbar, kommt eine Vertagung nicht in Betracht.

III. Versäumnisurteil gegen eine anwaltlich vertretene Partei

8 **1. Problemstellung.** Besondere Schwierigkeiten ergeben sich vor allem dann, wenn beide Parteien vor Gericht durch Rechtsanwälte vertreten sind und im Termin zur mündlichen Verhandlung eine Seite säumig ist. Auf unterschiedlichen rechtlichen Grundlagen ist hier seit langem die Frage umstritten, ob und unter welchen Bedingungen ein Rechtsanwalt gegen seinen Kollegen ein Versäumnisurteil beantragen darf. Dieses Problem wird (neben seiner berufsrechtlichen Seite) regelmäßig im Rahmen von § 337 diskutiert, weil im Falle einer eventuellen Berufspflicht des Rechtsanwalts, kein Versäumnisurteil gegen einen Kollegen zu beantragen, dem säumigen Gegner möglicherweise eine Art Vertrauensschutz zukommt. Er müsste bei Säumnis nicht mit dem Ergehen eines Versäumnisurteils rechnen und wäre deshalb möglicherweise in einer Situation, die man iS des § 337 als unverschuldet ansehen könnte.

9 Diese Problemskizze zeigt bereits, dass in solchen Fällen drei verschiedene Fragen zu beantworten sind: Zuerst gilt es zu prüfen, ob auch heute noch eine anwaltliche Berufspflicht existiert, gegen einen Kollegen unter gewissen Umständen kein Versäumnisurteil zu beantragen (dazu unten Rn. 11). Zweitens stellt sich die Frage, ob eine anwaltliche Berufspflicht (wenn sie denn bestünde) eine Regelung der ZPO zu verändern oder zu ergänzen vermag (dazu unten Rn. 15). Drittens bleibt schließlich die meist wenig beachtete Frage, ob bei Bejahung der beiden ersten Fragen der Normtext des § 337 so verstanden werden kann, dass eine „unverschuldete“ Säumnis anzunehmen ist (dazu unten Rn. 16).

10 **2. Bestehen einer anwaltlichen Berufspflicht? a) Frühere Auffassung.** Bis 1987 wurde weithin angenommen, dass es eine solche Pflicht des Anwalts gebe, aus kollegialen Gründen auf den Antrag zum Erlass eines Versäumnisurteils zu verzichten.[20] Diese Pflicht wurde als Teil des Standesrechts angesehen und stützte sich auf den früheren § 23 der Standesrichtlinien der Rechtsanwälte.[21] Der damalige § 23 lautete: „(1) Es ist unzulässig, gegen eine von einem Kollegen desselben Landgerichtsbezirks vertretene Partei ein Versäumnisurteil zu erwirken, wenn dies nicht rechtzeitig vorher angedroht ist. (2) Das Gleiche gilt, wenn ein Kollege aus einem anderen Landgerichtsbezirk sein Erscheinen im Termin angekündigt hat.“

11 **b) Die Entscheidungen des BVerfG von 1987.** Bei den Richtlinien, die gemäß dem früheren § 177 Abs. 2 Nr. 2 BRAO durch die BRAK „festgestellt“ wurden, handelte es sich zu keinem Zeitpunkt um echte Rechtsnormen. Das ist heute unstreitig. Vielmehr dienten die Richtlinien als Hilfsmittel bei der Auslegung und Konkretisierung des Gesetzestextes der BRAO und insbesondere bei der Generalklausel der anwaltlichen Berufspflichten nach § 43 BRAO. Allerdings wurden diese Richtlinien im Rahmen der früheren ehrengerichtlichen Rechtsprechung wie Rechtsnormen geprüft und angewendet, sodass ihnen bis 1987 durch die Praxis faktisch die Wirkung von Rechtsnormen zugewiesen wurde.[22] In seinen berühmten Entscheidungen vom 14. 7. 1987 hat das BVerfG ausgesprochen, dass diese Richtlinien als Hilfsmittel zur Auslegung und Konkretisierung

---

[18] Im Ergebnis ist daher dem OLG Hamm BB 1991, 164 zuzustimmen, daß die dort genannten Umstände keinen Fall des § 337 begründen.

[19] In der Sache wohl übereinstimmend *Zimmermann* Rn. 2, der freilich zu Unrecht von einer „Vermutung“ spricht; ebenso wohl auch *Baumbach/Lauterbach/Hartmann* Rn. 4, der eine Glaubhaftmachung ausreichen läßt.

[20] BGH NJW 1976, 196; BGH NJW 1978, 428; OLG München OLGZ 1988, 242; OLG München MDR 1979, 501; OLG Frankfurt AnwBl. 1980, 151.

[21] Diese Richtlinien nannten sich „Grundsätze des anwaltlichen Standesrechts“ und waren Richtlinien gemäß § 177 Abs. 2 Nr. 2 BRAO aF, festgestellt von der BRAK am 21. 6. 1973, Stand: 1. 2. 1987. Zur rechtlichen Entwicklung dieses früheren Standesrechts im einzelnen vgl. *Hartung* S. 11 ff.

[22] Vgl. dazu *Prütting* JZ 1989, 706.

der Generalklausel nicht mehr herangezogen werden können. Es hat festgestellt, dass die Richtlinien keine ausreichende Grundlage für die Einschränkungen der anwaltlichen Berufsausübung bilden können.[23] Daraufhin hat der BGH das Bestehen einer anwaltlichen Pflicht iS des früheren § 23 Richtlinien verneint.[24]

c) Fortgeltung nach 1987? Wie sehr die rechtliche Diskussion von Traditionen und Emotionen belastet war, zeigte sich nach 1987. Zur Rettung des vermeintlich notwendigen Standesrechts, gegen Kollegen kein Versäumnisurteil zu erwirken, wurde teils eine übergangsweise Fortgeltung behauptet, weil anderenfalls die Funktionsfähigkeit der Rechtspflege gefährdet sei.[25] Teilweise wurde sogar das Bestehen eines vorkonstitutionellen Gewohnheitsrechts in diesem Sinne behauptet.[26] Alle diese Überlegungen waren schon damals außerordentlich wenig überzeugend.[27] Sie sind jedenfalls seit der Neuregelung des anwaltlichen Berufsrechts und seit dem Erlass einer Satzung durch die satzungsgebende Versammlung der Rechtsanwaltschaft[28] gegenstandslos. 12

d) § 13 BerufsO. Nach § 59b Abs. 2 Nr. 5 und Nr. 8 BRAO ist seit 1994 die Satzungsversammlung der Anwaltschaft ermächtigt, die besonderen Berufspflichten gegenüber Rechtsuchenden sowie die besonderen Berufspflichten im Zusammenhang mit dem beruflichen Verhalten gegenüber anderen Mitgliedern der Rechtsanwaltskammer näher zu regeln und in einer Satzung niederzulegen. Davon hat die neue Berufsordnung in § 13 Gebrauch gemacht. Dieser lautete: „Der Rechtsanwalt darf bei anwaltlicher Vertretung der Gegenseite ein Versäumnisurteil nur erwirken, wenn er dies zuvor dem Gegenanwalt angekündigt hat; wenn es die Interessen des Mandanten erfordern, darf er den Antrag ohne Ankündigung stellen." Allerdings bestanden von Anfang an erhebliche verfassungsrechtliche Bedenken gegen die Satzungsnorm des § 13 BerufsO.[29] Es war daher nicht sehr überraschend, dass das BVerfG mit Urteil vom 14. 12. 1999 feststellte, dass die BRAO nicht zum Erlass von Satzungsrecht ermächtigt, das die Erwirkung eines Versäumnisurteils von einer vorherigen Ankündigung gegenüber dem gegnerischen Anwalt abhängig macht. Eine solche Regelung greift in das Grundrecht auf freie Berufsausübung des Rechtsanwalts ein. Für einen solchen Eingriff fehlt bereits die gemäß Art. 12 Abs. 2 GG erforderliche gesetzliche Grundlage. § 13 BerufsO ist deshalb durch die Ermächtigung in § 59b BRAO nicht gedeckt und daher nichtig.[30] Die Entscheidung des BVerfG stützt sich darauf, dass der Satzungsgeber die Reichweite der gesetzlichen Ermächtigung verkannt habe. Denn Ermächtigungsnormen, die einer mit Autonomie ausgestatteten Körperschaft Regelungsspielräume zur Bestimmung von Berufspflichten eröffnen, die sich über den Berufsstand hinaus auswirken, reichen nur so weit, wie der Gesetzgeber erkennbar selbst zu einer solchen Gestaltung des Rechts den Weg bereitet.[31] Insoweit verstößt die konkrete Regelung gegen den Vorbehalt des Gesetzes. Sie missachtet zugleich den Vorrang, der den zivilprozessualen Regelungen des Versäumnisverfahrens zukommt.[32] 13

e) Ergebnis. Ein anwaltliches Berufsrecht, wonach es dem Rechtsanwalt untersagt ist, bei anwaltlicher Vertretung der Gegenseite unter gewissen Umständen ein Versäumnisurteil zu erwirken, existiert nicht. 14

3. Einwirkungen auf den Zivilprozess? Mit der vom BVerfG[33] nunmehr entschiedenen Frage nach dem Bestehen eines anwaltlichen Berufsrechts, gegen eine anwaltlich vertretene Partei ein Versäumnisurteil zu beantragen, ist zugleich die weitere Frage beantwortet worden, ob eine solche Berufspflicht die ZPO verändern oder ergänzen könnte. Dies hat das BVerfG zu Recht verneint. Es muss bei dem Grundsatz bleiben, dass Pflichten aus der Sphäre des anwaltlichen Berufsrechts nur zu Sanktionen führen können, die sich aus der BRAO ergeben (Rüge, Anwaltsgerichtliches Verfahren 15

---

[23] BVerfGE 76, 171 = NJW 1988, 191; BVerfGE 76, 196 = NJW 1988, 194.

[24] BGH NJW 1991, 42; ebenso später auch BVerfG, NJW 1993, 121 f.

[25] *Hettinger* NJW 1991, 1161.

[26] *Feuerich* AnwBl. 1988, 508; *Hettinger* NJW 1991, 1161; *Zuck* BRAK-Mitt. 1991, 61; *Mennicke* MDR 1992, 221; Richtlinienausschuß der BRAK BRAK-Mitt. 1988, 13 und 1991, 34.

[27] Vgl. insbesondere *Hartung* S. 142 ff.; *Pietzcker* NJW 1988, 520; *Ring* DÖV 1989, 844; *Hanna,* Anwaltliches Standesrecht im Konflikt mit zivilrechtlichen Ansprüchen des Mandanten, 1988, S. 15 f.; *Sue,* Rechtsstaatliche Probleme des anwaltlichen Standesrechts, 1987, S. 59 f.; *Foerste* NJW 1993, 1309; *Taupitz,* FS Pawlowski, S. 443 ff.

[28] BRAO idF v. 2. 9. 1994 (BGBl. I 2278); BerufsO v. 10. 12. 1996, in Kraft seit 11. 3. 1997.

[29] *Zuck* NJW 1999, 3317, *Kleine-Cosack* BRAO, 3. Aufl. 1997, § 59b Rn. 24; *Musielak/Stadler* Rn. 4.

[30] BVerfGE 101, 312 = NJW 2000, 347 = BB 2000, 12 m. Anm. *Römermann* = EWiR 2000, 433 m. Anm. *Huff;* dazu ferner *Zuck* MDR 2000, 177.

[31] Vgl. BVerfGE 38, 373, 381 ff.; BVerfGE 101, 312 = NJW 2000, 347.

[32] Dem BVerfG zustimmend *Zuck* MDR 2000, 177; *Römermann* BB 2000, 12; *Kleine-Cosack* BRAO, 3. Aufl. 1997, § 59b Rn. 24; *Huff* EWiR 2000, 433.

[33] BVerfGE 101, 312 = NJW 2000, 347.

mit der Rechtsfolge von Warnung, Verweis, Geldbuße, Verbot, Ausschließung aus der Anwaltschaft). Dagegen kann ein Verstoß gegen spezifisches anwaltliches Berufsrecht nicht zivilprozessuale Konsequenzen auslösen, falls dies nicht der Gesetzgeber selbst angeordnet hat.

16 **4. Die unverschuldete Säumnis.** Angesichts des Fehlens einer wirksamen anwaltlichen Berufspflicht, gegen einen Kollegen kein Versäumnisurteil zu beantragen, und angesichts des Verbots, durch eine anwaltliche Berufspflicht Regelungen der ZPO zu verändern oder zu ergänzen, erscheint die weitere Frage wenig relevant, ob ein solches Berufsrecht, falls es existieren würde, in dem Sinne ausgelegt werden könnte, dass man iS des § 337 eine unverschuldete Säumnis annehmen könnte. Zurzeit kann dieser Frage wohl nur dann Bedeutung zukommen, wenn das Versprechen eines Rechtsanwalts vorliegt, ein Versäumnisurteil nicht zu beantragen.[34] In Wahrheit lässt sich aber § 337 auf solche Fallgestaltungen schon nach seinem Wortlaut nicht anwenden. Ein Rechtsanwalt vertraut ohne Verschulden ja gerade nicht darauf, dass er nicht säumig ist, sondern darauf, dass durch den Kollegen eine tatsächlich eingetretene Säumnis nicht dazu benützt wird, ein Versäumnisurteil zu beantragen.[35]

17 In Wahrheit lässt das Gesetz eine Verschuldensprüfung in § 337 nur unter der Voraussetzung einer bestehenden Verhinderung zu. Bereits diese ist aber nicht gegeben.[36] Denn keine Partei und kein Rechtsanwalt kann als Hinderungsgrund für ein Nichterscheinen geltend machen, man vertraue darauf, dass die Gegenseite kein Versäumnisurteil beantrage. Dies ist nämlich selbst noch kein Hindernis, sondern allenfalls eine Folgerung aus einem (andersartigen) Hindernis. Diese Überlegungen zeigen, dass die früher herrschende Auffassung zu § 337 schon immer eine klare Überdehnung des Gesetzeswortlauts darstellte.[37]

18 Wie wenig einleuchtend die früher vertretene Auffassung im Grunde schon immer war, zeigt der Fall des Versäumnisverfahrens ohne Anwaltszwang (also vor den Amtsgerichten). Hier konnte und kann der Rechtsanwalt der erschienenen Partei in der mündlichen Verhandlung sein Mandat niederlegen und die nunmehr nicht vertretene Partei kann selbst das Versäumnisurteil beantragten, ohne dass ein Verstoß gegen § 337 denkbar wäre.

19 Davon unberührt bleibt die vollkommen andere Frage, ob das ausdrückliche Versprechen eines Rechtsanwalts, ein Versäumnisurteil nicht zu beantragen, im Einzelfalle dazu führen kann und muss, dass ein davon abweichendes Verhalten unter dem Gesichtspunkt der Arglist zu würdigen ist. Mit der Anwendung von § 337 ist die Entscheidung über diese Frage jedenfalls nicht verknüpft.

20 **5. Ergebnis.** Derzeit existiert weder ein anwaltliches Berufsrecht, wonach der Antrag auf Erlass eines Versäumnisurteils gegen einen Kollegen unzulässig wäre, noch könnte, soweit ein solches Berufsrecht existieren würde, darin eine Verknüpfung zu § 337 gesehen werden. Insgesamt ist daher ein möglicher Verstoß gegen anwaltliche Berufspflichten strikt von der Anwendung der ZPO und der Wirksamkeit von Prozesshandlungen zu trennen. Beantragt daher ein Rechtsanwalt im Termin gegen die nicht erschienene und anwaltlich vertretene Gegenpartei den Erlass eines Versäumnisurteils, weigert sich das Gericht aber unter Hinweis auf Verletzung angeblicher anwaltlicher Pflichten, das beantragte Versäumnisurteil zu erlassen, so ist dieses Verhalten verfahrensfehlerhaft und gibt Anlass für einen Befangenheitsantrag.

21 **6. Wartepflicht.** Von den bisherigen Überlegungen abzutrennen ist die Frage, ob es nach geltender Rechtslage eine Wartepflicht des Gerichts und der erschienenen Gegenseite gibt, bevor gegen eine anwaltlich vertretene, aber säumige Partei ein Versäumnisurteil beantragt wird.[38] Teilweise wurden solche Wartepflichten von mindestens 15 Minuten als örtliche Gerichtsgebräuche angesehen, die es dem Richter verbieten, vor Ablauf dieser Zeitspanne ein Versäumnisurteil zu erlassen.[39] Aber auch aus der Sicht der Rechtsanwaltschaft wird man eine solche Mindestzeit des Abwartens als

---

[34] So *Foerste* NJW 1993, 1309.

[35] Unrichtig daher LG Mönchengladbach NJW-RR 1998, 1287, wo noch nicht einmal der Versuch einer Subsumtion unter das Tatbestandsmerkmal „ohne sein Verschulden verhindert" unternommen wird.

[36] So zutreffend *Musielak/Stadler* Rn. 4; *Heinrich* S. 37 ff.

[37] Dies räumt auch *Foerste* NJW 1993, 1309, ein. Er will allerdings § 337 analog anwenden, ohne zu erläutern, inwiefern eine Gesetzeslücke vorliegen könnte.

[38] Vgl. zur Wartepflicht BGH NJW 1999, 724 und 2120 (2122); LG Berlin MDR 1995, 1067; KG NJW 1987, 1339; LAG Düsseldorf NJW 1962, 365; OLG Stuttgart MDR 1985, 871; OLG Rostock MDR 1999, 626; *Chemnitz* AnwBl. 1983, 516; *Borgmann* BRAK-Mitt. 1999, 214.

[39] Zuletzt BGH NJW 1999, 724; LG Berlin MDR 1995, 1067; OLG Rostock MDR 1999, 626; ferner KG NJW 1987, 1338 f.; OLG Stuttgart MDR 1985, 871; *Zimmermann* Rn. 2 (15 bis 30 Minuten); AK-ZPO/*Pieper* Rn. 6 (15 Minuten). Das OLG München hält überzeugend 50 Minuten für eine eindeutig zu lange Frist (OLGZ 1988, 244). Das LG Mannheim hat überzeugend in einer aufgezwungenen Wartezeit von mehr als einer Stunde einen Befangenheitsgrund gesehen, LG Mannheim JR 1968, 342.

eine zur Erhaltung der Funktionsfähigkeit der Rechtspflege unerlässliche Berufspflicht ansehen müssen. Als absoluten **Mindestumfang einer Wartepflicht,** die in vielen Bereichen von Wirtschaft und Gesellschaft anerkannt ist, muss man 15 Minuten ansehen.

Diese Wartezeit von 15 Minuten kann man als gewohnheitsrechtlich verfestigt ansehen. Der BGH geht in seinem Urteil vom 19. 11. 1998 ganz selbstverständlich von einer solchen Wartepflicht aus.[40] Eine richterliche Verfestigung kann daher jedenfalls konstatiert werden. Beantragt der erschienene Rechtsanwalt vor Ablauf der 15 Minuten den Erlass eines Versäumnisurteils, so muss das Gericht mit einer Entscheidung abwarten. Wird ein Versäumnisurteil vorzeitig erlassen, so muss es nach allgemeinen Regeln mit dem Einspruch angefochten werden (s. Rn. 26 und § 338 Rn. 8). Die Besorgnis der Befangenheit rechtfertigt eine Verletzung der Wartepflicht aber noch nicht.[41] **22**

IV. Verfahren

1. Vertagung von Amts wegen. Liegt nach der Auffassung des Gerichts (dazu Rn. 8) einer der beiden in § 337 genannten Gründe vor, so vertagt es die mündliche Verhandlung **von Amts wegen.** Bei dieser Entscheidung steht dem Gericht **kein Ermessen** zu. Ebenso wie beim Vorliegen aller Voraussetzungen für ein Versäumnisurteil dieses zwingend zu erlassen ist (s. § 330 Rn. 31), so ist im Falle des § 337 der Erlass eines Versäumnisurteils zwingend abzulehnen. Dies hat der Gesetzgeber durch die Vereinfachungsnovelle 1976 besonders deutlich gemacht, indem er das bis dahin in § 337 enthaltene Wort „kann" beseitigt hat. **23**

2. Neue Terminierung. Das Gericht setzt einen **neuen Termin** an, der verkündet werden muss. Zu diesem Termin muss die nicht erschienene Partei von Amts wegen geladen werden (§ 337 S. 2). Der Vertagung kommt die gleiche Wirkung zu wie einer Zurückweisung des Antrags auf ein Versäumnisurteil. Daher kann der Vertagungsbeschluss mit der sofortigen Beschwerde gemäß § 336 Abs. 1 S. 1 angefochten werden (s. § 336 Rn. 1). In allen Fällen, in denen eine richterlich bestimmte Einlassungs- oder Ladungsfrist zu kurz bemessen war (s. Rn. 2), muss diese Frist vom Richter neu bestimmt werden. Bei der Einlassungsfrist beginnt sie aber nicht neu zu laufen, sondern sie läuft unverändert ab Zustellung der Klageschrift. **24**

3. Einspruch. Ist ein Versäumnisurteil entgegen den Voraussetzungen des § 337 erlassen worden, so ist es dennoch wirksam und kann nur durch Einspruch beseitigt werden. Besondere Auswirkungen hat die Fehlerhaftigkeit des Versäumnisurteils einmal im Rahmen von § 344. Der säumigen Partei sind die Kosten der Säumnis nicht aufzuerlegen, weil das Versäumnisurteil nicht in gesetzlicher Weise ergangen ist (s. § 344 Rn. 14). Darüber hinaus wirkt sich die Fehlerhaftigkeit des Versäumnisurteils dann aus, wenn es sich um ein zweites Versäumnisurteil im technischen Sinn handelt, gegen das Berufung eingelegt wurde (§ 514 Abs. 2). Dort muss das gesetzliche Merkmal, dass „der Fall der Versäumung nicht vorgelegen habe", iSv. § 337 interpretiert werden. Das bedeutet, dass ein entgegen den Voraussetzungen von § 337 erlassenes Versäumnisurteil mit der Berufung erfolgreich angegriffen werden kann (s. § 514 Rn. 16 ff.). **25**

V. Rechtsbehelf

Hat das Gericht die Verhandlung über den Antrag auf Erlass eines Versäumnisurteils vertagt, so kann diese Entscheidung mit **der sofortigen Beschwerde** gemäß § 336 Abs. 1 S. 1 angefochten werden (s. § 336 Rn. 1). Hat das Gericht entgegen § 337 ein erstes Versäumnisurteil im technischen Sinn erlassen, so steht der säumigen Partei dagegen der **Einspruch** zu (§ 338). Handelt es sich bei dem erlassenen Versäumnisurteil um ein zweites Versäumnisurteil im technischen Sinn, so kommt allein die **Berufung** gemäß § 514 Abs. 2 in Betracht. Die Berufung kann sich allerdings ausschließlich auf Gründe stützen, die den Erlass dieses angegriffenen zweiten Versäumnisurteils als fehlerhaft erscheinen lassen (zu den Einzelheiten s. § 345 Rn. 8 und § 514 Rn. 16 ff.). **26**

VI. Entscheidung nach Lage der Akten

Auch für die von der erschienenen Partei beantragte Entscheidung nach Lage der Akten gilt § 337 nach der gesetzlichen Anordnung ausdrücklich. Das bedeutet, dass das Gericht vor einer Entscheidung nach Lage der Akten neben § 331 a auch das Nichtvorliegen der beiden in § 337 ge- **27**

[40] BGH NJW 1999, 724; dazu auch *Vollkommer* EWiR 1999, 237 f.; ähnlich OLG Rostock MDR 1999, 626, das allerdings zu Unrecht im Falle des § 345 eine andere Wartezeit für richtig ansieht. Vgl. auch BGH NJW 1999, 2120 (2122) m. Anm. *Borgmann* BRAK-Mitt. 1999, 213 f.

[41] AA OLG Rostock, OLG-Report 2003, 195.

nannten Voraussetzungen zu prüfen hat. Im Übrigen gilt das oben zum Antrag auf Erlass eines Versäumnisurteils Ausgeführte.

§ 338 Einspruch

[1]Der Partei, gegen die ein Versäumnisurteil erlassen ist, steht gegen das Urteil der Einspruch zu. [2]Hierauf ist die Partei zugleich mit der Zustellung des Urteils schriftlich hinzuweisen; dabei sind das Gericht, bei dem der Einspruch einzulegen ist, und die einzuhaltende Frist und Form mitzuteilen.

Schrifttum: *Donau,* Beschränkung des Einspruchs gegen Versäumnisurteile, MDR 1955, 22; *Fasching,* Die Rechtsbehelfe gegen Versäumnisurteile im deutschen und österreichischen Zivilprozeß, FS Baur, 1981, S. 387; *Münzberg,* Die Wirkungen des Einspruchs im Versäumnisverfahren, 1959.

I. Normzweck

1 Die besondere Stellung, die das Versäumnisverfahren innerhalb eines normalen erstinstanzlichen (oder zweitinstanzlichen) Prozesses einnimmt, setzt auch das Vorhandensein besonderer Rechtsbehelfe voraus. Die in § 338 vorgesehene Möglichkeit des Einspruchs statt Berufung oder Revision ist für die Ausgestaltung des gesamten Versäumnisverfahrens und für seine praktische Bedeutung von prägendem Einfluss. Dies gilt vor allem deshalb, weil der Einspruch in seinen Voraussetzungen und seinen Wirkungen von den Rechtsmitteln der Berufung und der Revision stark **abweicht**[1] und weil ferner die Möglichkeit des Einspruchs alle anderen Rechtsbehelfe **ausschließt** (§§ 514 Abs. 1, 565). Soweit ein statthafter Einspruch nicht eingelegt wird, erwächst das Versäumnisurteil in formelle und materielle **Rechtskraft.**[2] Ergeht wegen teilweiser Unschlüssigkeit der Klage nur ein Teil-Versäumnisurteil und wird die Klage im Übrigen (streitig) abgewiesen, so ist strikt zwischen Einspruch gegen das Versäumnisurteil und Berufung gegen die Abweisung im Wege eines unechten (= streitigen) Versäumnisurteils zu trennen (s. o. § 330 Rn. 37).

2 Die geringen Voraussetzungen für die Erhebung eines Einspruchs und damit für die Beseitigung des Versäumnisurteils (vgl. § 342) verführen Gericht und Parteien in der Praxis manchmal dazu, Fragen der Terminsversäumnis sowie die Problematik der Schlüssigkeitsprüfung iSv. § 331 Abs. 2 nicht mit der gebotenen Sorgfalt zu beachten. Die Folge ist nicht allein die bemerkenswert hohe Zahl der erstinstanzlichen Versäumnisurteile (s. § 330 Rn. 3), sondern auch die schwierige Problematik des Umfangs der Prüfung vor Erlass eines zweiten Versäumnisurteils im technischen Sinn (§ 345). Hier taucht nämlich nicht selten die Frage auf, ob eine bereits bei Erlass des ersten Versäumnisurteils bestehende Unschlüssigkeit der Klage, die damals übersehen wurde, nunmehr noch Berücksichtigung finden kann (im Einzelnen s. § 345 Rn. 9 ff.). Auch der (strikt abzulehnende) Versuch, eine versäumte Schlüssigkeitsprüfung nach Rechtskraft des Versäumnisurteils unter erleichterten Bedingungen durch die Klage aus § 826 BGB auszugleichen,[3] hat hier seinen Ausgangspunkt.

II. Wesen des Einspruchs

3 **Der Einspruch ist kein Rechtsmittel.** Der (enge) Rechtsmittelbegriff der ZPO setzt nach anerkannter Auffassung den Devolutiveffekt und den Suspensiveffekt voraus (im Einzelnen s. vor § 511 Rn. 1 f.). Man bezeichnet den Einspruch daher als einen **Rechtsbehelf.**[4] Er bringt die Streitsache nicht in die höhere Instanz, hat also keinen Devolutiveffekt, und er führt auch nicht zu einer Überprüfung des Versäumnisurteils, sondern nur zur Beseitigung der Säumnis (vgl. § 342).[5] Dagegen hat der Einspruch Suspensiveffekt.[6] Das Wesen des Einspruchs hat erhebliche Auswirkungen auf seine Voraussetzungen. So ist für einen zulässigen Einspruch weder eine Begründung noch eine Entschuldigung der Versäumnis durch die Partei erforderlich (s. Rn. 12).

---

[1] Zu den Voraussetzungen im einzelnen s. Rn. 4 ff.; zu den Wirkungen Rn. 3, 18.

[2] BGH NJW 1961, 1969; *Münzberg,* Die Wirkungen des Einspruchs im Versäumnisverfahren, 1959, S. 19; ferner s. § 330 Rn. 35 f.

[3] So LG Köln NJW 1991, 2427.

[4] OLG Köln NJW-RR 1993, 1408.

[5] Zum Wesen und zur Rechtsnatur des Einspruchs vgl. *Bettermann* ZZP 88 (1975), 418 ff.; *Gilles,* Rechtsmittel im Zivilprozeß, 1972, S. 129 ff.; *Münzberg,* Die Wirkungen des Einspruchs im Versäumnisverfahren, 1959, S. 17 ff.; rechtsvergleichend insbesondere *Fasching,* FS Baur, 1981, S. 387 ff.

[6] Vgl. *Münzberg,* Die Wirkungen des Einspruchs im Versäumnisverfahren, 1959, S. 19 ff.

III. Voraussetzungen

1. Echtes Versäumnisurteil. Der Einspruch ist der spezielle und **ausschließliche Rechtsbehelf** gegen ein echtes Versäumnisurteil (s. § 330 Rn. 22, 37). Über die Verweisung des § 700 Abs. 1 kann mit dem Einspruch auch ein **Vollstreckungsbescheid** angefochten werden (zu den Einzelheiten s. § 700 Rn. 10ff.). Für die Anfechtung des Versäumnisurteils mit dem Einspruch ist es ohne Bedeutung, ob das Urteil im Hinblick auf §§ 335, 337 **fehlerhaft ergangen** ist oder ob ihm eine unrichtige Schlüssigkeitsprüfung zugrunde liegt.[7] Zu dem Sonderfall, dass das Urteil unrichtig bezeichnet ist, s. Rn. 8. 4

2. Säumige Partei. Der Einspruch ist der ausschließliche Rechtsbehelf der säumigen Partei gegen das Versäumnisurteil. Ergeht im Falle der Versäumnis ein Urteil gegen die erschienene Partei (also ein unechtes Versäumnisurteil; dazu § 330 Rn. 22), so kann dieses allein mit Berufung oder Revision angefochten werden. 5

3. Ausnahmen. Ausnahmsweise ist der Einspruch durch die säumige Partei gegen ein Versäumnisurteil nicht statthaft, wenn es sich um ein zweites Versäumnisurteil im technischen Sinn handelt (§ 345) oder wenn ein Versäumnisurteil im Verfahren über den Antrag auf Wiedereinsetzung ergangen ist (§ 238 Abs. 2 S. 2). 6

4. Unechtes Versäumnisurteil und Urteil nach Lage der Akten. Der Einspruch richtet sich ausschließlich gegen **echte** Versäumnisurteile. Daher ist er nicht statthaft gegen die sog. unechten Versäumnisurteile (s. § 330 Rn. 18ff., 22) und gegen Urteile nach Lage der Akten (vgl. § 331a), also gegen alle streitigen Entscheidungen. Gegen diese Entscheidungen ist nur Berufung oder Revision möglich. Soweit ein Urteil teilweise als streitiges und teilweise als Versäumnisurteil erlassen worden ist, richten sich die Rechtsbehelfe jeweils nach dem angefochtenen Teil. Will die unterlegene Partei das gesamte Urteil anfechten, so muss sie gegen die unterschiedlichen Teile getrennt Einspruch und Berufung oder Revision einlegen. Auch die Fristen für beide unterschiedlichen Rechtsbehelfe sind nach Beginn und Dauer jeweils streng zu trennen.[8] 7

5. Fehlerhafte Entscheidung. Ergeht ein Urteil auf Grund von Säumnisnormen und in der Form eines Versäumnisurteils, so ist es grundsätzlich mit dem Einspruch anfechtbar. Auf die Frage, ob das erlassene Versäumnisurteil in dieser Weise hätte ergehen dürfen, kommt es nicht an (s. Rn. 4). Vom inhaltlich fehlerhaften Versäumnisurteil zu trennen ist die Frage der Anfechtung eines Urteils, das nach seiner Bezeichnung unrichtig ergangen ist.[9] Dies ist insbesondere gegeben, wenn ein in Wahrheit streitiges Urteil als Versäumnisurteil bezeichnet wurde oder wenn beim Erlass eines Versäumnisurteils die Form und Bezeichnung als Versäumnisurteil unterblieben ist. In allen diesen Fällen der sog. Anfechtung von inkorrekten Entscheidungen ist heute der **Grundsatz der Meistbegünstigung** anerkannt.[10] Dies bedeutet im Einzelnen, dass die Partei sowohl den Rechtsbehelf ergreifen kann, der gegen die formal verkündete Entscheidung möglich ist als auch denjenigen, der gegen die der Sache nach gemeinte Entscheidung offensteht. Eine Ausnahme vom Grundsatz der Meistbegünstigung muss allerdings dann hingenommen werden, wenn nur die inkorrekte Entscheidung anfechtbar ist, gegen die korrekte Entscheidung aber ein Rechtsmittel bzw. der Einspruch nicht statthaft wäre.[11] 8

Legt die unterlegene Partei gegen eine als Endurteil bezeichnete, in Wahrheit aber inhaltlich als Versäumnisurteil anzusehende Entscheidung Berufung ein, so hat das Berufungsgericht auf die nach den obigen Grundsätzen zulässige Berufung hin die Sache von Amts wegen an das erstinstanzliche Gericht zur Durchführung des Einspruchsverfahrens abzugeben.[12] Dies gilt im umgekehrten Fall eines Einspruchs gegen ein inkorrektes Versäumnisurteil entsprechend. 9

Der Grundsatz der Meistbegünstigung gilt auch in den Fällen, in denen ein erstes Versäumnisurteil zu Unrecht als zweites Versäumnisurteil bezeichnet wird und umgekehrt. Auch hier ist jeweils Einspruch oder Berufung für die Partei möglich[13] und auch hier muss das Gericht die Sache von Amts we- 10

---

[7] Vgl. BGH NJW 1994, 665; BGH VersR 1973, 715; OLG Düsseldorf MDR 1985, 1034; OLG Zweibrücken NJW-RR 1997, 1087.

[8] BGH FamRZ 1986, 897; 1988, 945; BAG NJW 1966, 212.

[9] BGH NJW 1994, 665; BGH NJW 1997, 1448.

[10] *Jauernig,* Das fehlerhafte Zivilurteil, 1958, S. 87ff.; *Rosenberg/Schwab/Gottwald* § 135 II; *Stein/Jonas/Grunsky* Einl. Vor § 511 Rn. 37ff.; ferner s. Vor §§ 511ff. Rn. 47; speziell zum Versäumnisurteil vgl. BGH NJW 1997, 1448; OLG München FamRZ 1989, 1204; OLG Köln FamRZ 1995, 888; OLG Frankurt NJW-RR 1992, 1468; OLG Brandenburg NJW-RR 1998, 1286.

[11] BVerwG DÖV 1986, 248; *Rosenberg/Schwab/Gottwald* § 135 II 2a aE; *Stein/Jonas/Grunsky* Rn. 2.

[12] OLG München FamRZ 1989, 1204; zu einer Einschränkung vgl. ferner OLG Brandenburg NJW-RR 1998, 1286.

[13] OLG Köln MDR 1969, 225; OLG Frankfurt NJW-RR 1992, 1468.

gen an das im Falle der Anfechtung der korrekten Entscheidung funktionell zuständige Gericht abgeben. Einer zusätzlichen Einlegung des sachlich richtigen Rechtsbehelfs bedarf es dabei nicht.[14]

11 **6. Form, Frist, Zustellung, Belehrung.** Der Einspruch wird durch Einreichung eines Schriftsatzes beim Prozessgericht eingelegt (§ 340). Dieser Schriftsatz ist der Gegenpartei zuzustellen (§ 340 a). Die Frist zur Erhebung des Einspruchs beträgt zwei Wochen (§ 339). Erscheint die säumige Partei direkt nach Erlass des Versäumnisurteils vor dem Gericht, so kann sie, sofern die Erklärung des Einspruchs zu Protokoll zulässig ist,[15] den Einspruch mündlich einlegen und es kann, soweit die Gegenpartei noch anwesend ist, gemäß § 342 sogleich weiter verhandelt werden. Gegen ihren Willen kann die Gegenpartei in diesem Fall aber nicht zur sofortigen Verhandlung gezwungen werden. Nach dem 2005 neu eingefügten Satz 2 muss das Gericht über den zulässigen Rechtsbehelf, die Zuständigkeit, die Form und die Frist schriftlich hinweisen.

12 **7. Begründung.** § 340 Abs. 3 scheint es nahezulegen, dass der Einspruch einer Begründung bedarf. Dies ist entgegen dem Gesetzeswortlaut nach heute einhelliger Auffassung jedoch nicht der Fall. § 340 Abs. 3 konkretisiert nur die Prozessförderungspflicht der säumigen Partei. Eine Begründung ist jedoch **keine Zulässigkeitsvoraussetzung** für den Einspruch.[16]

IV. Verfahren

13 **1. Prüfung des Einspruchs.** Das Gericht prüft zunächst die Zulässigkeit des Einspruchs (§ 341). Über einen unzulässigen Einspruch kann es auf Grund mündlicher Verhandlung oder ohne mündliche Verhandlung entscheiden (vgl. § 341 Abs. 2).

14 **2. Einspruchstermin.** Hält das Gericht den Einspruch für zulässig, so muss es einen Einspruchstermin bestimmen und den Parteien bekannt geben (§ 341 a). Prüft es den Einspruch in der mündlichen Verhandlung, dann wird bei Feststellung der Zulässigkeit in diesem Termin sofort zur Hauptsache verhandelt.

15 **3. Beschränkung des Einspruchs.** Ein Versäumnisurteil kann auch nur teilweise angefochten werden (§ 340 Abs. 2 S. 2). Der Gesetzgeber hat damit (durch die Gesetzesänderung in der Vereinfachungsnovelle 1976) eine Auffassung bestätigt, die schon immer in Rspr. und Lit. vertreten worden war.[17] Die Beschränkung des Einspruchs kommt jedoch nur für einen teilurteilsfähigen Teil des Versäumnisurteils in Betracht. Eine solche Beschränkung des Einspruchs kann auch noch im Einspruchstermin erklärt werden.[18] Ist der Einspruch auf einen Teil des angefochtenen Versäumnisurteils beschränkt worden, so wird das Urteil im Übrigen mit dem Ablauf der Einspruchsfrist formell rechtskräftig.

16 Die Beschränkung des Einspruchs ist auch allein auf die Kosten möglich. Dies lässt sich dem fehlenden Rechtsmittelcharakter entnehmen. Insoweit gilt § 99 Abs. 1 nicht.[19]

17 **4. Rücknahme, Verzicht.** Die Partei, der der Einspruch zusteht oder die ihn eingelegt hat, kann nach allgemeinen Regeln (§§ 514, 515) auf den Einspruch verzichten oder ihn zurücknehmen (vgl. § 346).

18 **5. Wirkung des zulässigen Einspruchs.** Durch einen zulässigen Einspruch wird das Verfahren in die Lage zurückversetzt, in welcher es sich vor Eintritt der Versäumnis befand (§ 342). Es wird also ohne Rücksicht auf die inhaltliche Richtigkeit des Versäumnisurteils und den Grund der Versäumnis das Verfahren an der Stelle fortgesetzt, an der es beim Eintritt der Versäumnis gewesen war. Dagegen tritt ohne Vorliegen eines zulässigen Einspruchs formelle Rechtskraft ein.[20] Jedes andere Rechtsmittel ist ausgeschlossen (vgl. §§ 513 Abs. 1, 566). Selbst mit einer Klage gemäß § 826 BGB kann das rechtskräftige Versäumnisurteil nicht mehr angegriffen werden.[21]

---

[14] OLG Frankfurt NJW-RR 1992, 1468; aA OLG Nürnberg OLGZ 1982, 447.

[15] Der Einspruch zu Protokoll (der Geschäftsstelle) ist generell beim Amtsgericht zulässig (§§ 496, 129 a). Eine Erklärung des Einspruchs in der mündlichen Verhandlung zu Protokoll hat der BGH beim Landgericht in dem besonderen Fall zugelassen, daß mit der Erklärung auf eine bereits früher eingereichte Einspruchsschrift Bezug genommen wurde (BGHZ 105, 197 = NJW 1989, 530).

[16] BGH NJW-RR 1992, 957; BGHZ 75, 138 = NJW 1979, 1988; BGH NJW 1980, 1102; 1981, 928; BAG NJW 1978, 2215; OLG Köln NJW-RR 1993, 1408; OLG München NJW 1977, 1972; OLG Nürnberg NJW 1978, 2250; im einzelnen s. § 340 Rn. 10, 13.

[17] Vgl. OLG Celle NJW 1972, 1867; *Donau* MDR 1955, 22; *Münzberg,* Die Wirkungen des Einspruchs im Versäumnisverfahren, 1959, S. 100 f.

[18] *Donau* MDR 1955, 22; *Münzberg* (Fn. 17) S. 100.

[19] *Rosenberg/Schwab/Gottwald* § 107 V 2 b.

[20] BGH NJW 1961, 1969; *Münzberg* (Fn. 2); ferner s. § 330 Rn. 37.

[21] OLG Karlsruhe MDR 1990, 340; vgl. dazu § 330 Rn. 36; eindeutig abzulehnen deshalb LG Köln NJW 1991, 2427.

6. Entscheidung auf den Einspruch. Trotz der Wirkung des Einspruchs gemäß § 342 bleibt das Versäumnisurteil solange bestehen, bis ein neues Urteil an seine Stelle tritt oder das Versäumnisurteil durch eine sonstige Verfahrensbeendigung außer Kraft tritt. Das neue Urteil ergeht auf Grund einer neuen mündlichen Verhandlung und nimmt auf das zunächst erlassene Versäumnisurteil je nach seinem Inhalt Bezug (vgl. § 343). Für den Sonderfall, dass die säumige Partei, die den Einspruch eingelegt hat, im Einspruchstermin wiederum säumig ist, sieht das Gesetz den Erlass eines zweiten Versäumnisurteils im technischen Sinn vor (§ 345). 19

7. Kosten. Durch den Einspruch entsteht keine eigene Kostenfolge. Auch das Versäumnisverfahren im Übrigen bildet mit dem weitergehenden Verfahren eine Einheit. Soweit durch die Versäumnis besondere Kosten veranlasst worden sind, sind diese allerdings der säumigen Partei in jedem Falle aufzulegen (vgl. § 344). Für die Anfechtung einer Kostenentscheidung im Versäumnisurteil gilt § 99 Abs. 1 nicht (s. Rn. 16). 20

§ 339 Einspruchsfrist

(1) Die Einspruchsfrist beträgt zwei Wochen; sie ist eine Notfrist und beginnt mit der Zustellung des Versäumnisurteils.

(2) Muss die Zustellung im Ausland oder durch öffentliche Bekanntmachung erfolgen, so hat das Gericht die Einspruchsfrist im Versäumnisurteil oder nachträglich durch besonderen Beschluss zu bestimmen.

I. Einspruchsfrist

1. Wesen. Die Einspruchsfrist ist eine Notfrist (§ 223 Abs. 3). Sie kann daher weder verlängert noch abgekürzt werden (§ 224 Abs. 1 und Abs. 2), außer im Fall des § 339 Abs. 2. Im Falle der Fristversäumung kommt eine Wiedereinsetzung in Betracht (§ 233). Hierfür ist allein von Bedeutung, ob die Einspruchsfrist unverschuldet versäumt wurde. Früheres Verschulden vor Erlass des Versäumnisurteils ist ohne Bedeutung.[1] 1

2. Beginn und Dauer. Die Frist beträgt grundsätzlich zwei Wochen. Sie gilt auch für das Verfahren vor den Amtsgerichten sowie für den Einspruch gegen einen Vollstreckungsbescheid (dazu s. § 700 Rn. 11). Eine abweichende Regelung gilt allein vor den Arbeitsgerichten. Dort beträgt die Frist eine Woche (§ 59 ArbGG).[2] Die Frist beginnt mit der wirksamen Zustellung an die unterlegene Partei (§ 317 Abs. 1). Soweit das Gericht Kenntnis von der Bestellung eines Rechtsanwalts durch die säumige Partei hat, kommt eine Zustellung nur an diesen in Betracht (§ 176).[3] Die Berechnung der Frist richtet sich nach § 222. Im Falle von Zustellungsmängeln beginnt die Frist nicht zu laufen. Auch eine Heilung des Mangels nach § 187 kommt nicht in Betracht (§ 187 S. 2). Dagegen soll nach der Rspr. des BGH[4] die Frist bei Zustellung des Versäumnisurteils an eine prozessunfähige Partei trotz Verstoßes gegen § 171 zu laufen beginnen. Dies ist im Hinblick auf den Schutz des prozessunfähigen Zustellungsempfängers nicht unproblematisch.[5] Da diesem aber bis zu einer Frist von einem Monat ab einer späteren ordnungsgemäßen Zustellung an seinen gesetzlichen Vertreter die Erhebung einer Nichtigkeitsklage offensteht (vgl. § 579 Abs. 1 Nr. 4, 586 Abs. 1 und Abs. 3), wird man der Rspr. des BGH zustimmen müssen. 2

Die §§ 516, 552 sind nach Rspr.[6] und hM[7] auf das Versäumnisurteil nicht entsprechend anzuwenden, sodass die Einspruchsfrist bei fehlender oder unwirksamer Zustellung nicht mit Ablauf von fünf Monaten seit Verkündung des Versäumnisurteils zu laufen beginnt. Die früher häufig vertretene Gegenmeinung ist in jüngster Zeit noch einmal eingehend von *Rimmelspacher* verteidigt worden.[8] Ihm ist 3

---

[1] OLG Karlsruhe MDR 1994, 831.

[2] Diese Abkürzung der Frist ist mit dem Grundgesetz vereinbar, vgl. BVerfG NJW 1974, 847 (wobei nach damaligem Recht § 59 ArbGG eine Frist von drei Tagen vorsah!). Rechtspolitisch ist dieser Unterschied aber wenig überzeugend. Er erzeugt eine besondere Gefahr, Fristen zu versäumen.

[3] BGHZ 61, 310.

[4] BGHZ 104, 109 = NJW 1988, 2049; so auch BVerwG NJW 1970, 962; *Stein/Jonas/Bork* § 56 Rn. 2; *Baumbach/Lauterbach/Hartmann* § 56 Rn. 8; aA *Rosenberg/Schwab/Gottwald* § 44 IV 6; *Zöller/Vollkommer* § 52 Rn. 13; *Niemeyer* NJW 1976, 742; *Deubner* JuS 1998, 540.

[5] Vgl. AG Hamburg-Harburg NJW-RR 1998, 791.

[6] BGHZ 30, 300; BGH NJW 1976, 1940; BAG NJW 1957, 518; OLG Celle MDR 1957, 235.

[7] *Lüke,* FS Schiedermair, 1976, S. 381 f.; *Rosenberg/Schwab/Gottwald* § 107 V 2 c; *Stein/Jonas/Grunsky* Rn. 5; *Zöller/Herget* Rn. 1.

[8] *Rimmelspacher,* FS Karl-Heinz Schwab, 1990, S. 421 ff.

zuzugeben, dass sich erwägenswerte Gründe für einen solchen Fristenlauf bei Rechtsbehelfsfristen anführen lassen. Freilich darf nicht übersehen werden, dass die Regelung der §§ 516, 552 sich ausschließlich auf Rechtsmittel bezieht. Eine Anwendung auf den Rechtsbehelf des Einspruchs würde also eine Analogie voraussetzen. Die Begründung für eine solche Analogie kommt freilich nur in Betracht, wenn eine Gesetzeslücke dargetan ist. Der Nachweis einer Lücke ist aber bis heute nicht geführt.[9] Im Ergebnis ist daher mit der hM eine analoge Anwendung der §§ 516, 552 auf den Einspruch abzulehnen.

4 Das Gericht prüft die Einhaltung der Einspruchsfrist von Amts wegen (§ 341). Bei Zweifeln über die Fristwahrung trägt die (objektive) Beweislast für die Zulässigkeit des Rechtsbehelfs der Einspruchsführer.[10]

5 **3. Einlegung.** Der Einspruch muss grundsätzlich innerhalb der Frist eingelegt werden. Allerdings kommt auch eine Einlegung vor Zustellung des Urteils und damit vor Fristbeginn in Betracht, nicht jedoch vor der Verkündung der Entscheidung.[11] Im letzteren Fall kommt jedoch ein fristgerechter Einspruch zu Protokoll unter Bezugnahme auf den früheren Schriftsatz in Betracht[12] (s. § 340 Rn. 2). Möglich ist eine mehrfache Einlegung des Einspruchs innerhalb der Frist. Dies hat vor allem dann Bedeutung, wenn das Gericht einen der eingelegten Rechtsbehelfe für unzulässig erachtet.

6 **4. Einspruchsfrist beim schriftlichen Vorverfahren.** Ergeht ein Versäumnisurteil im schriftlichen Vorverfahren gemäß § 331 Abs. 3 iVm. § 276 Abs. 1 und Abs. 2, 310 Abs. 3 und wird gegen dieses Versäumnisurteil Einspruch eingelegt, so war früher umstritten, wann die Einspruchsfrist in diesem Falle zu laufen beginnt. Heute ist anerkannt, dass die Frist erst beginnt, wenn das Versäumnisurteil beiden Prozessparteien zugestellt worden ist. Denn beim Versäumnisurteil im schriftlichen Vorverfahren ersetzt gemäß § 310 Abs. 3 erst die letzte Zustellung die Verkündung. Erst ab diesem Zeitpunkt ist das Versäumnisurteil rechtlich existent, sodass nunmehr die Einspruchsfrist zu laufen beginnt.[13]

II. Zustellung im Ausland und öffentliche Zustellung

7 Kommt ausnahmsweise eine Zustellung des Versäumnisurteils im Ausland (§ 183)[14] oder eine öffentliche Zustellung (§§ 185 ff.)[15] in Betracht, so hat das Gericht die Einspruchsfrist von Amts wegen zu bestimmen (Abs. 2). Diese Bestimmung kann im Versäumnisurteil selbst oder nachträglich durch einen besonderen Beschluss ohne mündliche Verhandlung (vgl. § 128 Abs. 4) erfolgen. Fehlt es an einer Fristbestimmung durch das Gericht, so läuft die Einspruchsfrist nicht. Im umgekehrten Fall einer Fristbestimmung ohne Vorliegen der Voraussetzungen ist diese Frist jedoch zu beachten.[16] Enthalten das Versäumnisurteil und eine gemeinsam mit diesem zugestellte amtliche Belehrung unterschiedliche Angaben über den Fristumfang, ist die längere Frist maßgebend.[17]

8 Die Frist wird in jedem Falle durch das Gericht bestimmt (nicht durch den Vorsitzenden). Es handelt sich auch im Falle des Abs. 2 um eine Notfrist.[18] Als Dauer der Frist kommt die Bestimmung der gesetzlichen Frist des Abs. 1 oder eine längere Frist in Betracht. Die Bestimmung einer kürzeren Frist als zwei Wochen ist im Falle des Abs. 2 nach Sinn und Zweck ausgeschlossen.

---

[9] BGHZ 30, 299; *Lüke,* Festschrift für Schiedermair, 1976, S. 381 f.

[10] BGH NJW 1981, 2674.

[11] *Rosenberg/Schwab/Gottwald* § 107 V 2 c; *Musielak/Stadler* Rn. 1; aA *Stein/Jonas/Grunsky* Rn. 7.

[12] BGHZ 105, 197 = NJW 1989, 530.

[13] BGH NJW 1994, 3359; OLG Nürnberg NJW 1978, 832; OLG Frankfurt NJW 1981, 291; OLG München IPRax 1988, 164; *Rosenberg/Schwab/Gottwald* § 107 V 2 c; *Stein/Jonas/Grunsky* Rn. 1; *Zöller/Herget* Rn. 4; aA zu Unrecht *E. Schneider* NJW 1978, 832; LG Bückeburg NJW-RR 1986, 1508; *Rau* MDR 2001, 794.

[14] Allerdings kann die im Ausland wohnende Partei zur Benennung eines Zustellungsbevollmächtigten verpflichtet werden (vgl. § 184 Abs. 1), so daß im Normalfall durch Aufgabe zur Post zugestellt werden kann und damit § 339 Abs. 2 nicht anwendbar ist (Fall der Zustellung im Inland; vgl. BGH NJW 1992, 1701 f.; BGHZ 98, 266 = NJW 1987, 592). Zur Zustellung im Ausland kommt es also nur dann, wenn das Gericht von dieser Befugnis des § 184 Abs. 1 keinen Gebrauch macht. Darüber hinaus kommt eine Zustellung durch Aufgabe zur Post nicht in Betracht, wenn die säumige Partei keinen Zustellungsbevollmächtigten benannt hat. Dies könnte im Falle eines Versäumnisurteils im schriftlichen Vorverfahren gemäß § 331 Abs. 3 geschehen. Zu weiteren Einzelheiten vgl. *Hök* JurBüro 1989, 1217.

[15] Die öffentliche Zustellung des Versäumnisurteils setzt eine besondere Bewilligung voraus (vgl. § 186 Abs. 1 S. 1).

[16] RGZ 98, 139; vgl. auch BGH NJW 1992, 1700.

[17] BGH NJW 1992, 1700.

[18] Zur zulässigen Wiedereinsetzung bei Versäumnis der Frist vgl. BGH NJW 2000, 3284.

Die Bestimmung der Frist durch einen nachträglichen Beschluss ist ebenso unanfechtbar wie die Bestimmung im Versäumnisurteil. Der nachträgliche Beschluss zur Fristbestimmung ist der säumigen Partei zuzustellen (§ 329 Abs. 2 S. 2). Dem Antragsteller ist dieser Beschluss nach § 329 Abs. 2 S. 1 mitzuteilen, wenn er nicht verkündet worden ist. 9

§ 340 Einspruchsschrift

(1) Der Einspruch wird durch Einreichung der Einspruchsschrift bei dem Prozessgericht eingelegt.

(2) [1] Die Einspruchsschrift muss enthalten:

1. die Bezeichnung des Urteils, gegen das der Einspruch gerichtet wird;
2. die Erklärung, dass gegen dieses Urteil Einspruch eingelegt werde.

[2] Soll das Urteil nur zum Teil angefochten werden, so ist der Umfang der Anfechtung zu bezeichnen.

(3) [1] In der Einspruchsschrift hat die Partei ihre Angriffs- und Verteidigungsmittel, soweit es nach der Prozesslage einer sorgfältigen und auf Förderung des Verfahrens bedachten Prozessführung entspricht, sowie Rügen, die die Zulässigkeit der Klage betreffen, vorzubringen. [2] Auf Antrag kann der Vorsitzende für die Begründung die Frist verlängern, wenn nach seiner freien Überzeugung der Rechtsstreit durch die Verlängerung nicht verzögert wird oder wenn die Partei erhebliche Gründe darlegt. [3] § 296 Abs. 1, 3, 4 ist entsprechend anzuwenden. [4] Auf die Folgen einer Fristversäumung ist bei der Zustellung des Versäumnisurteils hinzuweisen.

Schrifttum: *Gounalakis,* Sanktionslose Verspätung durch Eintritt in das Versäumnisverfahren?, DRiZ 1997, 294; *dies.,* Die Flucht vor Präklusion bei verspätetem Vorbringen im Zivilprozeß, 1995, S. 76 ff.; *Meyer,* Richterlicher Hinweis auf die Möglichkeit einer „Flucht in das Versäumnisurteil" als Befangenheitsgrund, JurBüro 1994, 449.

I. Einlegung des Einspruchs

Der Einspruch ist der **ausschließliche Rechtsbehelf** der säumigen Partei gegen das Versäumnisurteil (s. § 338 Rn. 4 und § 330 Rn. 37). Er ist kein Rechtsmittel (s. § 338 Rn. 3), er ist aber wie Berufung und Revision durch Einreichung eines Schriftsatzes, der sog. Einspruchsschrift, beim Prozessgericht zu erheben (Abs. 1). Der Einspruch muss fristgerecht (§ 339) eingereicht oder mit einem Wiedereinsetzungsantrag verbunden sein (§ 236). 1

Der Einspruch muss **beim Landgericht** immer schriftlich und durch einen zur Rechtsanwaltschaft (§ 6 BRAO) zugelassenen Rechtsanwalt erfolgen. Eine Ausnahme hat der BGH[1] im Verfahren vor den Landgerichten dann zugelassen, wenn der Anwalt der säumigen Partei den Einspruch in der mündlichen Verhandlung zu richterlichem Protokoll erklärt und dabei auf einen zu den Gerichtsakten eingereichten Schriftsatz Bezug nimmt. Dem ist für diesen Sonderfall zuzustimmen. Die Möglichkeit, beim Landgericht generell durch die Erklärung des Einspruchs zu richterlichem Protokoll die schriftliche Einlegung des Einspruchs zu ersetzen, kann daraus nicht gefolgert werden und ist im Hinblick auf § 340 Abs. 1 abzulehnen. **Beim Amtsgericht** ist daneben auch die Erklärung zu Protokoll der Geschäftsstelle dieses Gerichts (§ 496) oder jedes Amtsgerichts (§ 129a Abs. 1) zulässig. Freilich muss im Fall des § 129a Abs. 1 das aufgenommene Protokoll rechtzeitig beim zuständigen Amtsgericht eingehen (§ 129a Abs. 2 S. 2). 2

Einreichung der Einspruchsschrift bedeutet im Einzelnen, dass das Schriftstück in die tatsächliche Verfügungsgewalt des Gerichts gelangt ist.[2] Eine Mitwirkungshandlung von Bediensteten des Gerichts ist dabei nicht erforderlich[3] Es genügt also das Einwerfen eines Briefes in den Tages- oder Nachtbriefkasten des Gerichts oder den gemeinsamen Briefkasten mehrerer Gerichte, ebenso das Einlegen in ein im Gerichtsgebäude befindliches Brieffach.[4] Der Einspruch kann aber auch mit Hilfe **moderner Kommunikationsmittel** (Telegramm, Fernschreiben, Telebrief, Telekopie) eingelegt werden. Dies ist heute für alle Rechtsmittel und Rechtsbehelfe anerkannt, auch wenn dabei die Erfordernisse der Schriftlichkeit und der eigenhändigen Unterschrift weitgehend zurückgedrängt werden.[5] 3

---

[1] BGHZ 105, 197 = NJW 1989, 530; zu weitgehend OLG Zweibrücken MDR 1992, 998.
[2] Zu den Einzelheiten vgl. § 270 Rn. 32 ff.
[3] BGHZ 80, 62 = NJW 1981, 1216; ferner § 270 Rn. 35.
[4] Im einzelnen s. § 270 Rn. 36 ff.
[5] Zu den Einzelheiten und Nachweisen s. § 129 Rn. 16 und (speziell für die Berufung) § 518 Rn. 3 ff., 6.

4 Die Einlegung des Einspruchs bei einem **unzuständigen Gericht** ist nur dann ausreichend, wenn der Einspruch vor Ablauf der Einspruchsfrist noch beim zuständigen Gericht eingeht.[6] Sind die Erfordernisse des § 340 Abs. 1 nicht innerhalb der Einspruchsfrist (§ 339) erfüllt, so ist der Einspruch unzulässig. Die Zustellung des Einspruchs richtet sich nach § 340a. Eine Einspruchsprüfung nimmt das Gericht von Amts wegen vor (vgl. § 341).

5 Vor den **Arbeitsgerichten** sind für den Einspruch die Sonderregelungen der §§ 59, 64 Abs. 7 ArbGG zu beachten. Im **Mahnverfahren** ist beim Einspruch gegen den Vollstreckungsbescheid § 340 mit Ausnahme von Abs. 3 anzuwenden (s. § 700 Rn. 12ff.).

II. Inhalt der Einspruchsschrift

6 **1. Notwendiger Inhalt. a) Bezeichnung des Urteils (Abs. 2 Nr. 1).** Durch einen in deutscher Sprache abgefassten Schriftsatz muss deutlich werden, gegen welche gerichtliche Entscheidung in welcher Sache sich der Rechtsbehelf richtet. Diese Bezeichnung muss so genau sein, dass die Identität des Rechtsstreits und des konkret angegriffenen Versäumnisurteils außer Zweifels steht. Dies ist jedenfalls immer dann der Fall, wenn das angegriffene Urteil nach Gericht, Parteien, Aktenzeichen und Verkündungsdatum bezeichnet ist. Allerdings sind formale Mängel bei der Bezeichnung der angegriffenen Entscheidung unschädlich, soweit die Einspruchsschrift fristgerecht zu den Verfahrensakten gelangt ist. Zu weiteren Einzelheiten kann die im Berufungsverfahren zu § 518 Abs. 2 Nr. 1 ergangene Rechtsprechung herangezogen werden, s. § 518 Rn. 9ff.

7 **b) Erklärung des Einspruchs (Abs. 2 Nr. 2).** Es ist nicht erforderlich, dass die Einspruchsschrift das Wort „Einspruch" enthält. Entscheidend ist vielmehr, dass der Säumige unzweideutig zum Ausdruck bringt, dass der Sache nach ein Angriff gegen das Versäumnisurteil und eine Fortsetzung des Verfahrens gewollt ist.[7] Daher ist anerkannt, dass der eingereichte Schriftsatz einer Auslegung zugänglich ist.[8] Auch eine Umdeutung eines unrichtigen Rechtsbehelfs kommt in Betracht, etwa im Falle eines verspäteten Widerspruchs gegen einen Mahnbescheid ist eine Umdeutung in einem Einspruch gegen den Vollstreckungsbescheid möglich; die Berufung gegen ein behauptetes Endurteil kann in einen Einspruch gegen ein Versäumnisurteil umgedeutet werden u. ä. Richtet sich ein Versäumnisurteil gegen mehrere säumige Streitgenossen, so muss die Einspruchsschrift klarlegen, für welche Partei der Einspruch gewollt ist.[9] Auch hier besteht für die Auslegung des Einspruchs ein weiter Spielraum. Zu weitgehend und daher unrichtig ist es allerdings, wenn der Einspruch eines nicht verurteilten Gesellschafters vom Gericht in einen wirksamen Einspruch der verurteilten Partei uminterpretiert wird.[10] Nicht möglich ist die Umdeutung eines Schriftsatzes in einen Einspruch auch dann, wenn die Partei keinerlei Kenntnis vom Vorliegen eines Versäumungsurteils hat.[11]

8 **c) Unterschrift.** Als bestimmender Schriftsatz muss die Einspruchsschrift von der Partei oder im Anwaltsprozess von einem zur Rechtsanwaltschaft (§ 6 BRAO) zugelassenen Rechtsanwalt eigenhändig unterschrieben werden. Eine maschinenschriftliche Unterzeichnung oder ein Faksimile-Stempel genügen ebenso wenig wie die Fotokopie eines Schreibens mit eigenhändiger Unterschrift.[12] Eine solche Unterschrift erfordert ein individuelles Schriftbild, ein bloßes Handzeichen oder eine Schlangenlinie genügen nicht.[13] Dieser von der Rspr. und der hM schon immer vertretenen strengen Auffassung kann gerade bei Rechtsmittel- und Rechtsbehelfsschriften wegen der Rechtsklarheit und Rechtssicherheit nicht entgegengehalten werden, etwaige Formmängel seien unschädlich, wenn der Formzweck erreicht sei.[14] Eine solche Argumentation würde letztlich die Unterschrift stets entbehrlich machen und den Unterschied zwischen einem Entwurf und einem endgültigen bestimmenden Schriftsatz verwischen. Der BGH hat diesen Grundsatz für den Einspruch gegen einen Vollstreckungsbescheid wiederum bekräftigt.[15] Die einzige Einschränkung von

---

[6] *Stein/Jonas/Grunsky* Rn. 1; ferner s. § 270 Rn. 32ff.

[7] BGH NJW-RR 1994, 1213; BGHZ 105, 200; LG Leipzig MDR 1996, 418; AG Dortmund MDR 1992, 413.

[8] Vgl. BGH NJW-RR 1999, 938.

[9] BGH VersR 1987, 989; OLG München VersR 1966, 42.

[10] BAG BB 1975, 842.

[11] LG Leipzig MDR 1996, 418; aA OLG Braunschweig FamRZ 1995, 237, das im Wege der Umdeutung vorgehen will. Da aber in diesen Fällen bereits die Bezeichnung des angegriffenen Versäumnisurteils fehlt, scheidet eine Umdeutung aus.

[12] Zu Einzelheiten s. § 129 Rn. 8ff.

[13] Weiteres s. § 129 Rn. 15.

[14] So aber *Vollkommer,* Formenstrenge und prozessuale Billigkeit, 1973, S. 126ff.; speziell für den Einspruch LG Heidelberg NJW-RR 1987, 1213; LG Karlsruhe VersR 1973, 852.

[15] BGHZ 101, 134 = NJW 1987, 2588.

diesem Grundsatz lassen Rechtsprechung und hM zu Recht im Falle der Benutzung moderner technischer Kommunikationsmittel (Telegramm, Fernschreiben, Telefax, Telebrief, Telekopie) zu.[16] Lässt man diese technischen Möglichkeiten (wie oben Rn. 3 dargestellt und wie nunmehr in § 130 Nr. 6 ausdrücklich vorgesehen) zu, so muss man hierbei konsequenterweise darauf verzichten, dass das zu den Gerichtsakten gelangte Schriftstück eine eigenhändige Unterschrift des Erklärenden trägt.[17] Daraus kann aber nicht der Schluss gezogen werden, der Einspruch sei generell ohne Unterschrift wirksam.[18]

d) Unterschied zur Klage. Nicht erforderlich sind alle Angaben, wie sie eine ordnungsgemäße Klageerhebung verlangt. So führt das Fehlen einer ladungsfähigen Anschrift des Einspruchsführers nicht zur Unzulässigkeit des Einspruchs.[19] 9

2. Einspruchsbegründung. Eine Einspruchsbegründung ist anders als bei den Rechtsmitteln (§§ 519b Abs. 1, 554a Abs. 1) **nicht erforderlich** (s. § 338 Rn. 12). Die in § 340 Abs. 3 vorgesehene und auch so genannte „Begründung“ (s. Abs. 3 Satz 2) ist in Wahrheit nur eine **Konkretisierung der Prozessförderungspflicht** der säumigen Partei. Ein Fehlen einer solchen Begründung kann sich also immer nur im Rahmen von § 296 und damit der Begründetheit der Endentscheidung auswirken. Niemals kann das Fehlen einer Begründung den Einspruch unzulässig machen. Dies ist nach anfänglichen Zweifeln heute wohl unbestritten.[20] 10

3. Beschränkung des Einspruchs. Schon seit langem war anerkannt, dass mit dem Einspruch ein Versäumnisurteil auch nur teilweise angefochten werden kann.[21] Der Gesetzgeber hat eine solche Teilanfechtung nunmehr ausdrücklich vorgesehen (§ 340 Abs. 2 S. 2). In diesem Falle wird aber verlangt, dass in der Einspruchsschrift oder in einer Erklärung im Termin unter Bezugnahme auf die Einspruchsschrift der Umfang der Anfechtung genau bezeichnet wird. Eine solche Beschränkung des Einspruchs kommt nur auf einen teilurteilsfähigen Teil des Versäumnisurteils in Betracht. Eine Beschränkung kann also insbesondere auf eine von mehreren verurteilten Streitgenossen erfolgen (s. Rn. 7). Soweit eine unzulässige Beschränkung des Einspruchs vorgenommen wird (zB beschränkt auf eine einzelne Rechtsfrage), ist der Einspruch nach dem zulässigerweise Gewollten auszulegen. Im Zweifel dürfte in solchen Fällen ein voller Einspruch gewollt sein. Soweit eine wirksame Teilanfechtung durch Einspruch vorliegt, wird der übrige Teil mit Ablauf der Einspruchsfrist rechtskräftig. 11

4. Mängel der Einspruchsschrift. Weist eine Einspruchsschrift Mängel oder Lücken beim notwendigen Inhalt (s. Rn. 6ff.) auf, so ist der Einspruch unzulässig (vgl. § 341 Abs. 1). Das Gericht muss freilich im Rahmen seiner Möglichkeiten auf solche Mängel und Lücken hinweisen (§ 139).[22] Innerhalb der Einspruchsfrist ist eine Behebung und damit Heilung von Mängeln ebenso möglich wie die Einlegung eines erneuten, nunmehr zulässigen Einspruchs. Deshalb kommt eine Verwerfung des Einspruchs als unzulässig immer erst nach Fristablauf in Betracht. 12

III. Das Vorbringen von Angriffs- und Verteidigungsmitteln gemäß Abs. 3

1. Normzweck. Sinn von Abs. 3 ist eine deutliche Verschärfung der Prozessförderungspflicht der säumigen Partei. Sie muss nunmehr alle Angriffs- und Verteidigungsmittel sowie alle Zulässigkeitsrügen vortragen, auch wenn ihr bisher keine Fristen iSv. § 296 Abs. 1 gesetzt waren. Es geht beim Vorbringen iSv. Abs. 3 also nicht um die Zulässigkeit des Einspruchs, sondern allein um die Begründetheit der Endentscheidung (s. Rn. 10). Soweit die säumige Partei ihrer Vortragspflicht nicht nachkommt, **muss**[23] das Gericht den verspäteten Parteivortrag nach § 340 Abs. 3 S. 3 iVm. § 296 Abs. 1 und Abs. 3 zurückweisen. 13

2. Umfang des Parteivortrags. Im Einzelnen hat die säumige Partei ihr gesamtes tatsächliches und rechtliches Vorbringen zur Zulässigkeit und zur Begründetheit der Klage mit dem Einspruch vorzutragen. Abs. 3 stimmt in seiner Regelung mit § 277 Abs. 1 sowie § 282 Abs. 1 und Abs. 3 überein. Die dortigen Überlegungen zum Umfang des Vorbringens gelten entsprechend.[24] Der 14

---

[16] Vgl. LG Köln MDR 2005, 234.
[17] Im einzelnen s. § 129 Rn. 16 sowie § 518 Rn. 29ff.
[18] AA AG Kerpen MDR 2004, 1079.
[19] OLG München NJW-RR 1995, 59; aA OLG Düsseldorf NJW-RR 1993, 1150.
[20] BGH NJW-RR 1992, 957; BGHZ 75, 138 = NJW 1979, 1988; BGH NJW 1981, 928; BGH NJW 1980, 1102; OLG Köln NJW-RR 1993, 1408; OLG Nürnberg NJW 1978, 2250; OLG München NJW 1977, 1972.
[21] Vgl. zur früheren Diskussion *Donau* MDR 1955, 22; ferner § 338 Rn. 15f.
[22] So auch *Stein/Jonas/Grunsky* Rn. 5; *Zöller/Herget* Rn. 6.
[23] S. § 296 Rn. 178; so nunmehr ausdrücklich auch *Stein/Jonas/Grunsky* Rn. 11 (gegen die Voraufl.).
[24] S. § 277 Rn. 4; § 282 Rn. 6ff. und 32ff.

konkrete Umfang des Vorbringens richtet sich dabei je nach der Lage, in der sich der Prozess befindet. Ist zB gegen den Beklagten im ersten Termin zur mündlichen Verhandlung oder im schriftlichen Vorverfahren ein Versäumnisurteil ergangen, so muss er nach § 340 Abs. 3 nunmehr eine vollständige Klageerwiderung als Einspruchsbegründung vorlegen.[25] Insbesondere müssen verzichtbare Zulässigkeitsrügen vorgetragen werden.[26] Umgekehrt kann die säumige Partei, soweit sie vor der Säumnis bereits vorgetragen hat, auf dieses Vorbringen Bezug nehmen. Allerdings ist der frühere Vortrag auch ohne ausdrücklichen Bezug in der Einspruchsbegründung zu berücksichtigen.

15 Aus der Tatsache, dass beim Erlass eines Versäumnisurteils gegen den Beklagten in einem sehr frühen Stadium des Prozesses die Einspruchsbegründung praktisch an die Stelle der Klageerwiderung tritt, ist der Schluss gezogen worden, dass anstelle der zweiwöchigen Einspruchsfrist nunmehr eine Mindestfrist von vier Wochen entsprechend § 276 Abs. 1 gelten müsse.[27] Diese Auffassung übersieht, dass § 340 Abs. 3 als lex specialis gegenüber § 296 eine eigenständige Präklusionsnorm mit besonderem Sanktionscharakter gegenüber der säumigen Partei ist. Gerade wegen ihrer Säumnis wird sie vom Gesetz gezwungen, nunmehr besondere Anstrengungen zur Beschleunigung des Verfahrens zu unternehmen. Es muss daher bei der Frist des § 339 verbleiben.

16 **3. Frist und Fristverlängerung. a) Frist.** Das Vorbringen des Abs. 3 muss innerhalb der Einspruchsfrist des § 339 erfolgen. Zwar formuliert das Gesetz, dass die Partei ihr Vorbringen „in der Einspruchsschrift" vorzutragen habe, andererseits kann aber selbst der notwendige Inhalt einer Einspruchsschrift innerhalb der Frist des § 339 nachgeholt werden (s. Rn. 12). In Ergänzung des Gesetzeswortlautes muss es daher möglich sein, auch Angriffs- und Verteidigungsmittel in einem weiteren Schriftsatz vorzubringen, wenn dieser innerhalb der Frist eingeht.

17 **b) Fristverlängerung.** Obwohl es sich bei der Frist des § 340 Abs. 3 um eine gesetzliche Frist handelt, hat der Gesetzgeber eine Fristverlängerung ausdrücklich vorgesehen (Satz 2). Die Fristverlängerung setzt einen Antrag der Partei voraus, der innerhalb der Einlegungsfrist des § 339 gestellt sein muss. Der vor Fristablauf gestellte Verlängerungsantrag kann auch noch nach Fristablauf positiv beschieden werden. Dagegen ist ein Antrag, der erst nach Ablauf der Einspruchsfrist bei Gericht eingeht, verspätet und kann nicht mehr zu einer Fristverlängerung führen. Im Übrigen stimmt Abs. 3 Satz 2 mit der Regelung in der Berufung (§ 519 Abs. 2 S. 3) überein. Sowohl zu den Voraussetzungen für eine Fristverlängerung wie zu den Einzelheiten der Form gilt das dort Ausgeführte (s. § 519 Rn. 14 ff.).

18 Die eigentliche Einspruchsfrist des § 339 ist eine **Notfrist** und kann nicht gemäß § 340 Abs. 3 S. 2 verlängert werden, der sich allein auf die Einspruchsbegründung bezieht. Allerdings ist aus der Verlängerungsmöglichkeit der Schluss gezogen worden, dass es sich auch bei der Einspruchsbegründungsfrist und der verlängerten Frist jeweils um eine Notfrist handelt.[28] Dagegen ist einzuwenden, dass Notfristen vom Gesetzgeber grundsätzlich als solche ausdrücklich bezeichnet werden. Auch führt die Versäumung der Frist zur Einspruchsbegründung gerade nicht zur Unzulässigkeit des Einspruchs. Schließlich ist auch die vergleichbare Frist im Berufungsrecht (§ 519 Abs. 2 S. 2 und 3) keine Notfrist. Im Ergebnis kann also weder die Einspruchsbegründungsfrist noch eine verlängerte Frist als Notfrist angesehen werden.[29]

19 **c) Belehrung.** Das Gesetz schreibt ausdrücklich eine Belehrung des Säumigen über seine Pflicht zum Vorbringen und die Folgen einer Versäumnis vor (Abs. 3 Satz 4). Diese Belehrung muss zusammen mit der Zustellung des Versäumnisurteils erfolgen. Ist die Belehrung unterblieben oder nicht ausreichend, so ist eine Zurückweisung gemäß § 296 Abs. 1 ausgeschlossen. Zu den Einzelheiten der Form und des Inhalts dieser Belehrung gelten die zu §§ 277, 296 entwickelten Grundsätze.[30]

20 **d) Folgen der Fristversäumung.** Ist innerhalb der Frist die Einspruchsbegründung der säumigen Partei nicht eingegangen, so muss das Gericht verspätetes Vorbringen unter den Voraussetzungen des § 296 Abs. 1 und Abs. 3 zurückweisen. Danach sind Zulässigkeitsrügen nur noch zuzulassen, wenn die Verspätung genügend entschuldigt wurde (s. § 296 Rn. 150 ff.). Angriffs- und Verteidigungsmittel sind nur noch zuzulassen, wenn nach der freien Überzeugung des Gerichts die Erledigung des Rechtsstreits nicht verzögert wird oder wenn die säumige Partei die Verspätung genügend entschuldigt (s. § 296 Rn. 41 ff.).

---

[25] Vgl. *Kramer* NJW 1977, 1657.

[26] Vgl. OLG München NJW-RR 1995, 127.

[27] So OLG Nürnberg NJW 1981, 2266.

[28] *Hartmann* NJW 1988, 2659; *Baumbach/Lauterbach/Hartmann* Rn. 10.

[29] Wie hier *Wedel* MDR 1989, 512; *Stein/Jonas/Grunsky* Rn. 13; *Zöller/Herget* Rn. 11; *Thomas/Putzo/Reichold* Rn. 5.

[30] S. § 277 Rn. 6 ff.; § 296 Rn. 70 f.

21 Wenn das Gericht entgegen § 340 Abs. 3 S. 3 und damit gesetzwidrig ein verspätetes Vorbringen noch zulässt, so ist dies unanfechtbar und auch für das Rechtsmittelgericht bindend.[31]

22 **4. Vorbringen beim Einspruch gegen den Vollstreckungsbescheid.** Ist der Einspruch gegen einen Vollstreckungsbescheid eingelegt worden, so kann gemäß § 700 Abs. 3 S. 3 die Regelung des § 340 Abs. 3 nicht angewendet werden. Eine besondere Prozessförderungspflicht kann daher im Mahnverfahren nicht bestehen. Der Grund für diese gesetzgeberische Entscheidung liegt darin, dass im Mahnverfahren noch keine ausreichende Klagebegründung des Antragstellers vorliegt, auf die die säumige Partei erwidern könnte (s. § 700 Rn. 14 und § 697 Rn. 2).

IV. Die Flucht in die Säumnis

23 Der Gesetzgeber hat mit der scheinbar so strengen Regelung des § 340 Abs. 3 ungewollt zugleich einen Fluchtweg geschaffen, um eine nach § 296 drohende Präklusion zu vermeiden.[32]

24 Dabei beschreitet die von der Präklusion bedrohte Partei **folgenden prozessualen Weg.** Sie erscheint oder verhandelt im Termin zur mündlichen Verhandlung nicht. Deshalb ergeht gegen sie ein Versäumnisurteil. Dagegen legt sie form- und fristgerecht Einspruch ein und zugleich mit diesem Einspruch trägt sie alle (bereits vor der Säumnis verspäteten) Angriffs- und Verteidigungsmittel vor, damit diese im Einspruchstermin vom Gericht berücksichtigt werden. Der Einspruch ist also zur zielgerechten Erreichung der Flucht in die Säumnis und damit der Vermeidung einer Präklusion erforderlich.[33]

25 Durch dieses Verhalten erwächst der säumigen Partei tatsächlich eine Chance, mit dem verspäteten Vorbringen noch gehört zu werden. Zwar wird der Prozess durch den Einspruch in die Lage zurückversetzt, in der er sich vor Eintritt der Versäumnis befand (§ 342). Damit werden alle früheren Prozesshandlungen oder Unterlassungen wieder erheblich.[34] Verspätete Angriffs- und Verteidigungsmittel, die im Zeitpunkt der Terminsäumnis verspätet waren, bleiben also verspätet. Hieran ändert die Flucht in die Säumnis nichts. Jedoch muss das Gericht nun seinerseits den erforderlichen Einspruchstermin sachgerecht vorbereiten und zeitlich so ansetzen, dass er eine umfassende Vorbereitung iSv. § 272 Abs. 1 ermöglicht.[35] Einer solchen Vorbereitung des Einspruchstermins kann nicht mit einer willkürlichen Abkürzung der Frist durch besonders kurzfristige Terminierung begegnet werden.[36] Der eigentliche Grund, warum in dieser Situation eine Berücksichtigung verspäteten Vorbringens in Betracht kommt, liegt darin, dass jede Präklusion neben der (hier gegebenen) Verspätung immer auch eine **Verzögerung des Rechtsstreits** voraussetzt (Ausnahme: § 296 Abs. 3). Da jedoch der Einspruchstermin (§ 341 a) in jedem Falle erforderlich ist, kann alles Parteivorbringen, was in diesem Termin Berücksichtigung findet, den Prozess nicht verzögern und muss damit Berücksichtigung finden.[37] Ein richterlicher Hinweis auf diesen Fluchtweg ist keine Aufklärung über einen Rechtsbehelf, sondern ein taktischer Rechtsrat, der nicht von § 139 gedeckt. Ein solcher richterlicher Hinweis führt deshalb zur Befangenheit.[38]

26 Es darf allerdings nicht übersehen werden, dass einer Partei, die diesen Fluchtweg beschreitet, auch **erhebliche Risiken und Nachteile** drohen:

(1) Die Rechtsprechung hat die sich aus § 273 ergebende Vorbereitungspflicht des Einspruchstermins in **zeitlicher Hinsicht** eng begrenzt. Danach ist es einem Gericht nicht zumutbar, den Einspruchstermin so weit hinauszuschieben, dass in diesem Termin das verspätete Vorbringen in vollem Umfang berücksichtigt werden kann.[39] Ein solches Vorgehen wäre nicht mit § 272 Abs. 3 vereinbar, wonach die mündliche Verhandlung so früh wie möglich stattfinden soll.

(2) Hinzu kommt, dass das **Vorbringen** der säumigen Partei umfangmäßig **in einem Termin zur mündlichen Verhandlung** zu erledigen sein muss. So vertritt die Rechtsprechung die Auffassung, dass eine umfangreiche Beweisaufnahme, bei der zahlreiche Zeugen gehört werden sollen

---

[31] BGH NJW 1981, 928.

[32] Zum folgenden s. § 296 Rn. 113 f.; *Prütting/Weth* ZZP 98 (1985), 134 ff.; *Gounalakis* DRiZ 1997, 294; *dies.*, Die Flucht vor Präklusion bei verspätetem Vorbringen im Zivilprozeß, 1995, S. 76 ff.

[33] BGH NJW 2002, 290.

[34] Dies ist heute anerkannt, vgl. BGH NJW 1981, 286.

[35] Vgl. dazu BGHZ 75, 142 = NJW 1979, 1988; BGHZ 76, 178 = NJW 1980, 1105; BGH NJW 1981, 286; 1984, 1967; OLG Düsseldorf MDR 2005, 1189.

[36] *Zöller/Herget* Rn. 8; aA *Deubner* NJW 1980, 294.

[37] Wie hier BGH NJW 1981, 286; *Leipold* ZZP 93 (1980), 251; *Lüke* JuS 1981, 505; *Fastrich* NJW 1979, 2598; aA LG Münster NJW 1978, 2558; LG Berlin NJW 1979, 374; sehr restriktiv auch *Gounalakis* DRiZ 1997, 294.

[38] OLG München NJW 1994, 60; aA *Meyer* JurBüro 1994, 449.

[39] BGH NJW 1981, 286.

oder bei der ein Streitstoff von erheblichem Ausmaß geklärt werden müsste, nicht zumutbar sei.[40] Für diese Fragen ist weiter zu berücksichtigen, inwieweit durch die neuen Behauptungen weitere beweisrechtlich relevanten Fragen entstehen, die zu Folgebeweisen führen. So müssten auch alle für einen solchen Folgebeweis relevanten Zeugen bereits zum Einspruchstermin geladen werden, um eine Verzögerung des Rechtsstreits zu verhindern.[41]

(3) Über die Frage des Umfangs von verspätet Vorgebrachtem hinaus ist vom Gericht auch zu berücksichtigen, ob und in welchem Umfang von der Gegenpartei auf das verspätete Vorbringen hin Gegenvorbringen und Gegenbeweismittel in den Prozess eingeführt werden.[42] Damit hat also die Gegenpartei eine Möglichkeit, die Zulassung verspäteten Vorbringens zu verhindern. Dies kann sie dadurch erreichen, dass sie gegenbeweislich eine große Zahl von Zeugen oder anderen Beweismitteln zum Vortrag der säumigen Partei benennt.

(4) Eine weitere Gefahr der Flucht in die Säumnis besteht (in begrenztem Umfang), wenn die Voraussetzungen für eine Entscheidung nach Lage der Akten (§ 331 a) vorliegen. In einem solchen Fall kann die Gegenpartei durch einen Antrag auf Entscheidung nach Lage der Akten die Flucht in die Säumnis vereiteln.

(5) Weitere (begrenzte) Nachteile einer Flucht in die Säumnis sind die kraft Gesetzes entstehenden Kostenfolgen (vgl. § 344) sowie das Entstehen eines vorläufig vollstreckbaren Urteils (§ 708 Nr. 2).

(6) Im **Ergebnis** muss vor einem prozesstaktischen Verhalten gewarnt werden, durch das im Wege der Flucht in die Säumnis drohende Präklusionen verhindert werden sollen. Ein solches prozesstaktisches Verhalten verzögert nur dann den Rechtsstreit nicht, wenn die vorgebrachten Beweise, die Gegenbeweise und die Folgebeweise im Einspruchstermin erhoben werden können und nicht ein weiterer Termin erforderlich wird. Daher ist es ein risikoreicher Weg.

§ 340 a Zustellung der Einspruchsschrift

[1]Die Einspruchsschrift ist der Gegenpartei zuzustellen. [2]Dabei ist mitzuteilen, wann das Versäumnisurteil zugestellt und Einspruch eingelegt worden ist. [3]Die erforderliche Zahl von Abschriften soll die Partei mit der Einspruchsschrift einreichen. [4]Dies gilt nicht, wenn die Einspruchsschrift als elektronisches Dokument übermittelt wird.

I. Normzweck

1 Mit der Norm soll der Gegner der säumigen Partei möglichst schnell über den Stand des Verfahrens informiert werden. Sie dient daher der Erleichterung und der Beschleunigung der Einspruchsprüfung (§ 341) sowie der Vorbereitung des Einspruchstermins (§ 341 a). Zugleich erfährt die Gegenpartei durch das Vorbringen des Säumigen im Rahmen von § 340 Abs. 3, welche Prozessförderungspflichten und speziell welche Pflichten zur Erwiderung nunmehr sie treffen werden. Im Übrigen entspricht § 340 a dem § 519 a für das Berufungsverfahren.

II. Zustellung

2 Ergeht ein Versäumnisurteil, so wird dieses gemäß § 317 Abs. 1 nur der säumigen und daher unterlegenen Partei zugestellt. Deshalb bedarf es einer Benachrichtigung der Gegenpartei, wann das Versäumnisurteil zugestellt worden ist und ob Einspruch eingelegt wurde. Daher ordnet § 340 a an, dass der Gegenpartei (also der nicht säumigen Partei) die Einspruchsschrift von Amts wegen (§ 270 Abs. 1) zuzustellen ist. Soweit auf der Gegenseite mehrere Streitgenossen stehen, ist die Einspruchsschrift also allen Streitgenossen zuzustellen. Die Zustellung erfolgt unverzüglich nach dem Eingang des Einspruchs, ohne dass dieser auf seine Zulässigkeit bereits geprüft wäre. Zuständig ist der Urkundsbeamte der Geschäftsstelle. Mit dieser Zustellung erfolgt zugleich die Mitteilung, wann das Versäumnisurteil zugestellt worden war. Insgesamt entspricht § 340 a dem § 519 a im Berufungsrecht. Für die Einzelheiten kann deshalb dorthin verwiesen werden (vgl. § 519 a Rn. 2 ff.).

3 Eine unterlassene oder mangelhafte Zustellung der Einspruchsschrift und der erforderlichen Mitteilungen kann auf die Zulässigkeit und die Wirkung des Einspruchs (vgl. § 342) keinen Einfluss ausüben.

---

[40] BGH NJW 1980, 1103; 1984, 1964 ff.
[41] BGHZ 86, 202 = NJW 1983, 1495.
[42] BGHZ 83, 312 = NJW 1982, 1535.

III. Abschriften

Zur Durchführung der vorgesehenen Zustellung bestimmt Satz 3, dass die Partei, die den Einspruch eingelegt hat, die erforderliche Zahl von Abschriften einreichen soll. Dabei sind keine beglaubigten Abschriften erforderlich; es genügen (**anders** als in § 519a) einfache Kopien. Die Verletzung dieser Vorschrift macht den Einspruch oder die Einspruchsschrift nicht mangelhaft. Vielmehr fertigt der Urkundsbeamte der Geschäftsstelle die fehlenden Kopien auf Kosten der Partei an (vgl. KV 1900 Nr. 1b). 4

§ 341 Einspruchsprüfung

(1) [1]Das Gericht hat von Amts wegen zu prüfen, ob der Einspruch an sich statthaft und ob er in der gesetzlichen Form und Frist eingelegt ist. [2]Fehlt es an einem dieser Erfordernisse, so ist der Einspruch als unzulässig zu verwerfen.

(2) Das Urteil kann ohne mündliche Verhandlung ergehen.

Schrifttum: *Griebeling,* Die Verwertung unzulässiger Einsprüche durch Urteil, NZA 2002, 1073.

I. Prüfung der Zulässigkeit

1. Grundsatz. Das Gericht prüft die Zulässigkeit des Einspruchs **von Amts wegen** und stets **vor** der Prüfung in der Hauptsache. Diese Zulässigkeitsprüfung hat in allen Instanzen zu erfolgen, selbst in der Revisionsinstanz ist diese Prüfung von Amts wegen vorzunehmen und es muss ggf. Beweis erhoben werden.[1] 1

2. Inhalt. Diese Zulässigkeitsprüfung umfasst folgende Fragen: 2

a) Statthaftigkeit. Der Einspruch muss **statthaft** sein (vgl. § 338). Er muss also von der säumigen Partei gegen ein echtes Versäumnisurteil eingelegt worden sein. Ferner darf er sich nicht gegen ein zweites Versäumnisurteil im technischen Sinn (§ 345) oder ein Versäumnisurteil im Verfahren über den Antrag auf Wiedereinsetzung (§ 238 Abs. 2 S. 2) wenden. Zum Grundsatz der Meistbegünstigung bei einer fehlerhaften Entscheidung s. § 338 Rn. 8ff. 3

b) Formvoraussetzungen. Es müssen die Formvoraussetzungen von § 340 Abs. 1 und Abs. 2 vorliegen. Das bedeutet im Einzelnen das Vorliegen einer Einspruchsschrift, die das angegriffene Versäumnisurteil genau bezeichnet, den Einspruch erklärt und die Unterschrift des Einspruchsführers bzw. seines Rechtsanwalts enthält. Dagegen fordert die Zulässigkeit des Einspruchs keinerlei Begründung (s. § 340 Rn. 10, 13). 4

c) Frist. Der Einspruch muss in der Frist des § 339 beim zuständigen Gericht eingegangen sein. 5

d) Verzicht, Rücknahme. Es dürfen weder Verzicht noch Rücknahme des Einspruchs gegeben sein (vgl. § 346). Ein Verzicht **vor** Erlass des Versäumnisurteils ist in § 346 iVm. § 515 nicht geregelt. Durch Vertrag ist aber auch dieser Verzicht zulässig und er führt bei Geltendmachen durch eine Partei ebenfalls zur Unzulässigkeit des Einspruchs (im Einzelnen s. § 346 Rn. 4). 6

3. Beweislast. Die (objektive) Beweislast für die Zulässigkeit des Einspruchs trägt die säumige Partei, die den Einspruch eingelegt hat.[2] Dies entspricht dem allgemeinen Grundsatz, wonach diejenige Partei, die ein Rechtsmittel oder einen Rechtsbehelf einlegt, dessen Zulässigkeit beweisen muss.[3] Eine Ausnahme von diesem Grundsatz macht die Rechtsprechung allerdings dann, wenn gerichtsinterne Vorgänge im Streit sind, von denen der Einspruchsführer keinerlei Kenntnis haben kann.[4] Dem ist im Ergebnis zuzustimmen, auch wenn es sich dabei in Wahrheit wohl nicht um eine Abweichung von der objektiven Beweislastverteilung, sondern um eine Frage richterlicher Würdigung handelt. Für die Überzeugungsbildung des Gerichts gilt § 286. Bloße Glaubhaftmachung der Zulässigkeit genügt nicht.[5] 7

II. Verfahren

Das Gericht kann nach seinem Ermessen frei entscheiden, ob es über den Einspruch mündlich verhandelt und daher einen Einspruchstermin gemäß § 341a ansetzt oder ob es nach der Gewäh- 8

[1] BGH NJW 1976, 1940; OLG Braunschweig MDR 1998, 621 m. weit. Nachw.
[2] BGH NJW 1981, 1674f.; 1985, 1782; VersR 1980, 90f.
[3] Vgl. *Prütting,* Gegenwartsprobleme der Beweislast, 1983, S. 41.
[4] BGH NJW 1981, 1673; 1985, 1782.
[5] OLG Braunschweig MDR 1998, 621.

rung rechtlichen Gehörs[6] über den Einspruch gemäß Abs. 2 durch Urteil entscheidet. Allerdings kommt eine Entscheidung ohne mündliche Verhandlung durch Urteil nur in Betracht, wenn der Einspruch unzulässig ist.

III. Entscheidung bei zulässigem Einspruch

9 Da im Falle der Zulässigkeit des Einspruchs eine Entscheidung ohne mündliche Verhandlung durch Beschluss nicht in Betracht kommt, wird und muss das Gericht auf Grund mündlicher Verhandlung durch Urteil entscheiden. In Betracht kommt entweder ein **Zwischenurteil** nach § 303 oder eine Entscheidung **in den Gründen des späteren Endurteils** gemäß § 343. Zur Anfechtung dieser Entscheidungen s. Rn. 17 ff.

10 Wie sich aus § 341 a ergibt, kann eine positive Feststellung der Zulässigkeit des Einspruchs nicht durch Beschluss erfolgen.[7] In diesem Fall muss vielmehr zwingend ein Einspruchstermin (§ 341 a) angesetzt werden. Die weitere Folge des zulässigen Einspruchs ist die Hemmung der Rechtskraft (§ 705 S. 2), also der sog. Suspensiveffekt, ohne dass das Versäumnisurteil selbst beseitigt würde (vgl. § 343 Rn. 1). Die wichtigste Folge des zulässigen Einspruchs ist die Zurückversetzung des Prozesses in die Lage, in der er sich vor Eintritt der Versäumnis befand (im Einzelnen s. § 342).

11 Soweit es nach zulässigem Einspruch im Einspruchstermin zu einer **erneuten Versäumnis** durch eine Partei kommt, ist zu unterscheiden: Ist nunmehr der Gegner der ursprünglich säumigen Partei säumig, so kann gegen ihn ein Versäumnisurteil nach den §§ 330, 331 ergehen. Ist der Einspruchsführer selbst wiederum säumig, so ergeht gegen ihn ein zweites Versäumnisurteil im technischen Sinn (zu den Einzelheiten s. § 345).

IV. Entscheidung bei unzulässigem Einspruch

12 **1. Entscheidung nach mündlicher Verhandlung.** Bei Entscheidung nach mündlicher Verhandlung muss sofort ein kontradiktorisches Endurteil ergehen. In diesem Endurteil ist der Einspruch als unzulässig zu verwerfen. Die Entscheidung ergeht immer durch den gesamten Spruchkörper, nicht durch den Vorsitzenden allein.[8] Dieses Urteil ist in jedem Falle ein streitiges (kontradiktorisches) Prozessurteil, selbst dann wenn im Einspruchstermin eine Partei säumig ist.

13 Eine Entscheidung, wonach das Versäumnisurteil aufrechterhalten wird, ist nicht möglich, weil sie einen zulässigen Einspruch voraussetzt (vgl. § 343).[9]

14 Streitig ist, wie bei Versäumnis einer Partei im Einspruchstermin über den unzulässigen Einspruch zu entscheiden ist. Hier muss der allgemeine Grundsatz gelten, dass ein echtes Versäumnisurteil (also ein Sachurteil!) die Zulässigkeit der Klage bzw. des vorangegangenen Rechtsbehelfs voraussetzt. Im Falle eines unzulässigen Einspruchs kann daher weder ein erstes Versäumnisurteil gegen den Gegner der ursprünglich säumigen Partei noch ein zweites Versäumnisurteil im technischen Sinn (§ 345) gegen den wiederum säumigen Einspruchsführer erlassen werden.[10] Schon der Wortlaut von § 341 und allgemeine systematische Erwägungen sprechen gegen dieses Ergebnis.[11] Demgegenüber hat insbesondere *Bötticher*[12] darauf hingewiesen, dass eine Prüfung der Zulässigkeit des Einspruchs im Falle weiterer Versäumnis zu einem unbilligen Ergebnis führe, denn es stelle einen Säumigen schlechter, der einen zulässigen Einspruch eingelegt hat. Demgegenüber sei derjenige begünstigt, dessen Einspruch als unzulässig beurteilt worden ist. Tatsächlich ist nicht zu leugnen, dass es Fälle geben mag, in denen ein unzulässiger Einspruch aus prozesstaktischen Gründen der Anfechtbarkeit einer Entscheidung für die Partei günstiger ist. Allerdings stellt dieses Ergebnis keine Besonderheit des Versäumnisverfahrens dar. Auch in jedem anderen Verfahren kann bezüglich des Umfangs der Rechtskraft oder der Möglichkeiten der Anfechtung ausnahmsweise eine unzulässige Klage oder ein unzulässiges Rechtsmittel zu einem für die Partei günstigeren Ergebnis führen (man denke etwa an den Fall des § 547). Im Ergebnis vermögen also die Überlegungen von *Bötticher* die Gegenauffassung nicht zu stützen.

---

[6] Vgl. BGH VersR 1975, 899; 1982, 246.

[7] *Demharter* NJW 1986, 2754.

[8] LAG Baden-Wütttemberg NZA 1992, 83; LAG Köln NZA 2004, 871; *Griebeling* NZA 2002, 1076.

[9] AA *Baumbach/Lauterbach/Hartmann* Rn. 9; LAG Frankfurt BB 1982, 1925.

[10] AA ArbG Kassel AuR 1962, 183; *Bötticher* AP 1952 Nr. 32, 33, 34; *ders.* SAE 1957, 99 f.; *Hövel* NJW 1997, 2864; *Blunck* MDR 1973, 472; wie hier BGH NJW 1995, 1561; LAG Berlin LAGE § 341 Nr. 1; LAG Hamburg NJW 1975, 952; *Stein/Jonas/Grunsky* Rn. 11 und 21; *Zöller/Herget* Rn. 9; *Musielak/Stadler* Rn. 2; *Thomas/Putzo/Reichold* Rn. 6; *Prütting* JuS 1975, 150. Ferner s. § 345 Rn. 6.

[11] Vgl. *Prütting* JuS 1975, 152 f.

[12] *Bötticher* (Fn. 10).

Das den Einspruch als unzulässig verwerfende Urteil ist gemäß § 708 Nr. 3 ohne Sicherheitsleistung für vorläufig vollstreckbar zu erklären. Für die Kosten ist § 97 Abs. 1 analog heranzuziehen. 15

2. Entscheidung ohne mündliche Verhandlung. Ohne mündliche Verhandlung kann der unzulässige Einspruch ebenfalls durch Urteil verworfen werden (Abs. 2). Vor dieser Entscheidung muss allerdings das Gericht den Parteien Gelegenheit zur Stellungnahme geben,[13] andernfalls wäre Art. 103 Abs. 1 GG verletzt. Das Urteil ist mit Gründen zu versehen, da gegen es Rechtsmittel nach allgemeinen Regeln (also Berufung oder Revision) möglich sind. Die (fehlende) Verkündung des Urteils wird durch seine Zustellung an die Parteien ersetzt (vgl. § 310 Abs. 3 Satz 2 iVm. Satz 1). 16

V. Rechtsmittel

1. Entscheidung über zulässigen Einspruch. Gegen die Entscheidung, durch die ein Einspruch für **zulässig** erklärt oder als zulässig behandelt worden ist, kommt eine selbstständige Anfechtung nicht in Betracht. Sowohl ein Zwischenurteil nach § 303 als auch eine Entscheidung in den Gründen des späteren Endurteils kann im Rahmen der Berufung oder Revision gegen das Endurteil angefochten werden. Soweit das Rechtsmittelgericht im Rahmen dieser Berufung oder Revision zu dem Ergebnis kommt, dass der Einspruch entgegen der Auffassung des Untergerichts unzulässig war, muss es das angefochtene Endurteil aufheben und den Einspruch als unzulässig verwerfen. 17

2. Entscheidung über unzulässigen Einspruch. Gegen die Entscheidung, durch die ein Einspruch für **unzulässig** erklärt worden ist, können dagegen nach allgemeinen Regeln selbstständige Rechtsbehelfe ergriffen werden. Wird der unzulässige Einspruch durch ein Endurteil verworfen, so kommt dagegen nach allgemeinen Regeln Berufung oder Revision in Betracht. Eine Entscheidung durch Beschluss sieht das Gesetz seit 2002 nicht mehr vor.[14] Ergeht dennoch (entgegen Abs. 2) eine Entscheidung durch Beschluss, so ist nach dem Prinzip der Meistbegünstigung dagegen auch die sofortige Beschwerde gegeben, soweit gegen dieselbe Entscheidung, wäre sie nach mündlicher Verhandlung durch Urteil ergangen, Berufung oder Revision zulässig wäre. Wird die sofortige Beschwerde eingelegt, ist das Verfahren nach der korrekten Verfahrensart, also als Berufungs- oder Revisionsverfahren weiterzuführen.[15] 18

Soweit gegen ein Urteil kein Rechtsmittel statthaft wäre, ist auch der entgegen Abs. 2 ergangene Beschluss über die Verwerfung des Einspruchs unanfechtbar.[16] 19

VI. Rechtskraft

Wird ein Einspruch innerhalb der Frist des § 339 nicht eingelegt oder wird der eingelegte Einspruch als unzulässig verworfen und ist die dagegen statthafte Berufung oder Revision nicht fristgemäß eingelegt worden, so erwächst das Versäumnisurteil in formelle und materielle Rechtskraft (im Einzelnen s. oben § 330 Rn. 38). 20

VII. Gebühren

1. Gebühren des Gerichts. Das Versäumnisverfahren und ein Versäumnisurteil gegen die säumige Partei sind durch die allgemeinen Gerichtsgebühren mit abgegolten. Auch die Einlegung des Einspruchs und das Verfahren nach Einspruch ist davon mit umfasst. Ergeht auf den Einspruch hin ein Endurteil, so löst dieses eine Urteilsgebühr nach allgemeine Regeln aus. 21

2. Gebühren des Rechtsanwalts. Der Rechtsanwalt erhält eine volle Prozessgebühr und eine halbe Verhandlungsgebühr für den Antrag auf Erlass eines Versäumnisurteils (§ 33 Abs. 1 BRAGO), soweit nach allgemeinen Regeln nicht schon eine volle Verhandlungsgebühr verdient ist. Wird der Einspruch gegen ein Versäumnisurteil zurückgenommen oder verworfen, so gilt das Verfahren über den Einspruch als besondere Angelegenheit. Die Prozessgebühr des bisherigen Verfahrens wird jedoch auf die gleiche Gebühr des Verfahrens über den Einspruch angerechnet (§ 38 Abs. 1 BRAGO). Wird nach Einspruch zur Hauptsache verhandelt, so erhält der Rechtsanwalt, der das Versäumnisurteil erwirkt hat, die Gebühr für die Verhandlung, soweit auf diese das Versäumnisurteil ergangen ist, besonders (§ 38 Abs. 2 BRAGO). 22

---

[13] OLG Köln NJW-RR 1996, 1151.
[14] So auch OLG Celle NJW-RR 2003, 647.
[15] *Stein/Jonas/Grunsky* Rn. 11; *Schenkel* MDR 2003, 136; LAG Köln MDR 2003, 953.
[16] *Stein/Jonas/Grunsky* Rn. 11.

§ 341 a Einspruchstermin

Wird der Einspruch nicht als unzulässig verworfen, so ist der Termin zur mündlichen Verhandlung über den Einspruch und die Hauptsache zu bestimmen und den Parteien bekanntzumachen.

I. Einspruchstermin

1 Die Regelung des § 341 a beruht darauf, dass nach Einlegung eines Einspruchs in der Regel eine Fortsetzung der mündlichen Verhandlung veranlasst ist. Nur wenn der Einspruch **unzulässig** ist, kommt eine Entscheidung ohne mündliche Verhandlung durch Urteil in Betracht (s. § 341 Rn. 16). Will also das Gericht den Einspruch in der mündlichen Verhandlung prüfen oder hält es ihn für zulässig, so muss es den Einspruchstermin bestimmen und ihn den Parteien bekannt geben. Dieser Termin dient regelmäßig der Verhandlung über den Einspruch **und** die Hauptsache, wie dies der Gesetzeswortlaut vorsieht. Das Gericht kann aber die Verhandlung gemäß § 146 zunächst auf den Einspruch beschränken. In diesem Fall kommt der Erlass eines Zwischenurteils gemäß § 303 in Betracht, nicht jedoch ein Zwischenurteil nach § 280, das sich nur auf die Zulässigkeit der **Klage** bezieht.[1]

II. Terminsbestimmung

2 Eine Terminsbestimmung ist wegen der Wirkung des Einspruchs (vgl. § 342) **zwingend erforderlich,** soweit der Einspruch zulässig ist (vgl. § 216 Abs. 1). Der Vorsitzende bestimmt den Termin von Amts wegen (§ 216 Abs. 1). Er muss den Termin unverzüglich bestimmen (§ 216 Abs. 2) und ihn auf den nächsten freien Terminstag ansetzen, da die mündliche Verhandlung so früh wie möglich stattfinden soll (vgl. § 272 Abs. 3).[2] Im Rahmen der Terminsbestimmung ist weiterhin zu beachten, dass das Gericht eine Verpflichtung zur Vorbereitung der mündlichen Verhandlung, also auch des speziellen Einspruchstermins, hat.[3] Dies bedeutet freilich nicht, dass das Gericht selbst bei einem verspäteten Vortrag den Termin so weit hinausschieben müsste, dass eine Verzögerung in jedem Fall abgewendet werden kann.[4] Im Einzelfall sind also die erforderlichen Maßnahmen, insbesondere gemäß § 273 Abs. 2 zu ergreifen. Insbesondere hat das Gericht zum Einspruchstermin vorsorglich Zeugen zu laden, auf die sich eine Partei auch im Rahmen von verspätetem Vorbringen bezogen hat (§ 273 Abs. 2 Nr. 4).

III. Bekanntmachung

3 **1.** Das Gesetz spricht davon, dass der **Einspruchstermin** den Parteien **bekanntzumachen** ist. Diese Bekanntmachung entspricht einer Ladung beider Parteien zum Termin, sodass also die Ladungsfrist (§ 217) für **beide Parteien** (und eventuelle Streithelfer) zu beachten ist.[5] Spätestens im Zeitpunkt dieser Ladung ist dem Einspruchsgegner auch die Einspruchsschrift zuzustellen (§ 340 a). Die Ladung erfolgt durch den Urkundsbeamten der Geschäftsstelle (§ 274 Abs. 1) von Amts wegen (§ 270) im Wege der Zustellung. Beim Amtsgericht kommt im Falle des Einspruchs zu Protokoll auch eine mündliche Bekanntmachung in Betracht (§ 497 Abs. 2).

4 **2. Mängel der Bekanntmachung.** In der Terminsbestimmung ist auch eine Angabe des Verhandlungsgegenstandes enthalten. Soweit eine solche Angabe („Verhandlung über den Einspruch und die Hauptsache") fehlt, ist dies unschädlich und führt nicht zu besonderen verfahrensrechtlichen Konsequenzen. Die Parteien müssen dann davon ausgehen, dass über den Einspruch und die Hauptsache verhandelt wird.[6] Soweit ein echter Mangel der Bekanntmachung vorliegt oder diese gänzlich unterlassen ist, gilt für den Einspruchstermin § 335 Abs. 1 Nr. 2.

---

[1] Das war früher streitig; nunmehr wohl einhellige Auffassung, vgl. *Musielak/Stadler* Rn. 1; *Zöller/Herget* Rn. 3 (gegen Voraufl.); vgl. dazu näher § 280 Rn. 3.

[2] OLG Köln MDR 2005, 1188.

[3] Im einzelnen s. § 340 Rn. 25 ff.

[4] S. § 340 Rn. 26; wie hier BGH NJW 1981, 286; *Baumbach/Lauterbach/Hartmann* Rn. 3; *Stein/Jonas/Grunsky* Rn. 2; aA OLG Hamm NJW 1980; 293; OLG München OLGZ 1979, 481; wohl auch LAG Berlin DB 1989, 1632 („keine sachwidrig kurze Terminierung"); AK-ZPO/*Pieper* §§ 341, 341 a Rn. 8; *Zöller/Herget* Rn. 2.

[5] OLG München OLGZ 1974, 241.

[6] Zum Ganzen BGH NJW 1982, 888.

IV. Familiensachen

5 Bei einer Entscheidung im Verband von Scheidungs- und Folgesachen (§§ 622ff.) ergeht eine einheitliche Entscheidung durch Urteil, wenn dem Scheidungsantrag stattzugeben ist und gleichzeitig über die Folgesachen entschieden wird (§ 629 Abs. 1). Eine solche einheitliche Entscheidung kann teilweise auch ein Versäumnisurteil sein (s. § 629 Rn. 7ff.). Soll in einem solchen Falle das gesamte Urteil angefochten werden, so muss dagegen teilweise der Einspruch und im Übrigen die Berufung (bzw. die Revision) eingelegt werden. Für einen solchen Fall regelt § 629 Abs. 2 S. 2, dass über den Einspruch vorrangig zu verhandeln und zu entscheiden ist.

§ 342 Wirkung des zulässigen Einspruchs

Ist der Einspruch zulässig, so wird der Prozess, soweit der Einspruch reicht, in die Lage zurückversetzt, in der er sich vor Eintritt der Versäumnis befand.

I. Norminhalt

1 § 342 beschreibt die Folge eines zulässigen Einspruchs, nämlich dass der Prozess in die Lage zurückversetzt wird, in der er sich vor Eintritt der Versäumnis befand. Diese Folge tritt **kraft Gesetzes** und ohne jeden richterlichen Ausspruch ein.[1] Das bedeutet, dass beim Einspruch nicht zwischen Zulässigkeit und Begründetheit (wie bei den Rechtsmitteln) zu trennen ist, sondern nur zwischen Zulässigkeit und gesetzlicher Wirkung.[2] Eine Überprüfung des Versäumnisurteils findet also auf Grund des Einspruchs nicht statt.

2 Für das Verständnis und die praktische Einschätzung des gesamten Versäumnisverfahrens ist § 342 zusammen mit der regelmäßig eröffneten Möglichkeit, den Einspruch gegen ein echtes Versäumnisurteil einzulegen (s. § 338 Rn. 1, 4), von **zentraler Bedeutung.**

II. Die Wirkungen des zulässigen Einspruchs

3 **1. Hemmung der formellen Rechtskraft.** Gemäß der ausdrücklichen Anordnung des § 705 S. 2 hemmt der Einspruch den Eintritt der formellen Rechtskraft. Der Einspruch besitzt also den Suspensiveffekt. Da andererseits dem Einspruch kein Devolutiveffekt zukommt (s. § 338 Rn. 3), er also den Rechtsstreit nicht in eine höhere Instanz hebt, bildet die Rechtskrafthemmung die Grundlage für eine Fortsetzung des Prozesses im gleichen Rechtszug.

4 **2. Zurückversetzung des Prozesses.** Zentrale Wirkung des zulässigen Einspruchs ist die Zurückversetzung des Prozesses in die Lage vor dem Eintritt der Säumnis. Damit werden alle früheren Prozesshandlungen der Parteien und des Gerichts, die infolge der Versäumnis bedeutungslos geworden waren, wieder erheblich, so etwa ein früheres Geständnis, Anerkenntnis, Verzicht, eine bereits durchgeführte Beweiserhebung oder ein Beweisbeschluss. Streitig ist, welches Schicksal den Prozesshandlungen zukommt, die das Gericht oder der erschienene Gegner der säumigen Partei im Säumnistermin vornehmen. Die Entscheidung dieser Frage hängt davon ab, in welchem Zeitpunkt die Säumnis eintritt, in welche konkrete Prozesslage also das Verfahren gemäß § 342 zurückversetzt wird. Während insbesondere die Rechtsprechung[3] als Zeitpunkt der Säumnis den Aufruf zur Sache und damit den **Beginn des Verhandlungstermins** ansieht, muss man mit der hM in der Literatur[4] richtigerweise davon ausgehen, dass die Terminsversäumnis erst mit dem **Schluss der mündlichen Verhandlung** bejaht werden kann, in der die Partei ausgeblieben ist. Dieses Ergebnis lässt sich sehr deutlich aus dem Gesetz ablesen (§ 220 Abs. 2), zeigt sich aber ebenso klar auch dann, wenn eine Partei beim Aufruf zur Sache nicht anwesend war, aber noch erscheint, bevor das Gericht das beantragte Versäumnisurteil erlassen hat. In diesem Fall kann unstreitig ein Versäumnisurteil nicht mehr ergehen. Wird somit der Prozess auf den Schluss der mündlichen Verhandlung des Säumnistermins zurückversetzt, dann entfällt insbesondere nicht die Wirkung einer Einlassung der erschienenen Partei zur Hauptsache (vgl. §§ 39, 267, 269 Abs. 1, 516 Abs. 1), die etwa der erschienene Beklagte bereits durch seinen Sachantrag ausgelöst hatte. Die erschienene Partei kann zB auch

---

[1] Zur Wirkung von § 342 vgl. grundsätzlich *Münzberg,* Die Wirkungen des Einspruchs im Versäumnisverfahren, 1959, passim.

[2] *Prütting* JuS 1975, 152.

[3] BGHZ 4, 340; BGH ZZP 94 (1981), 330 = NJW 1980, 2313; BGH NJW 1993, 861; RGZ 167, 295; ferner *Thomas/Putzo/Reichold* Rn. 2.

[4] *Göppinger* ZZP 66 (1953), 284; *Theuerkauf* MDR 1964, 467; *Münzberg,* Die Wirkungen des Einspruchs im Versäumnisverfahren, 1959, S. 44ff.; *Stein/Jonas/Grunsky* Rn. 1; *Rosenberg/Schwab/Gottwald* § 107 V 3c.

nach § 295 Abs. 1 gewisse Verfahrensrügen nicht mehr erheben, im Falle eines Anerkenntnisses kann sie § 93 nicht mehr in Anspruch nehmen und sie verliert uU ein Ablehnungsrecht (§ 43).

5 Bei einem Versäumnisurteil im **schriftlichen Vorverfahren** (§ 331 Abs. 3) tritt der Zeitpunkt der Versäumnis und damit der Zurückversetzung gemäß § 342 mit dem Ablauf der Frist des § 276 Abs. 1 S. 1 (Anzeige der Verteidigungsbereitschaft) ein.[5]

6 Die gesetzliche Wirkung der Zurückversetzung des Prozesses in die Lage vor der Versäumnis führt auch dazu, dass alle Fehler und Verspätungen einer Partei im Rahmen ihrer Prozessführung bestehen bleiben. Weder die zwischenzeitliche Versäumnis noch der Einspruch und der daraufhin anzusetzende Einspruchstermin vermögen daran etwas zu ändern.[6] Dass dennoch mit Hilfe eines Einspruchs und des Vortrags verspäteter Tatsachen im Einspruchstermin eine **„Flucht in die Säumnis"** in gewissen Grenzen möglich ist, beruht allein auf der insoweit nicht bestehenden Verzögerung des Rechtsstreits.[7]

7 Die Fortsetzung der mündlichen Verhandlung erfolgt ohne Rücksicht auf das Versäumnisurteil, dessen **Bindungswirkung** gemäß § 318 nunmehr entfallen ist, obwohl das Versäumnisurteil als solches bestehen bleibt (s. Rn. 8).

8 **3. Keine Beseitigung des Versäumnisurteils.** Wie sich aus § 343 ergibt, beseitigt der zulässige Einspruch nicht das Versäumnisurteil, über dessen Schicksal erst nach neuer Verhandlung entschieden wird. Auch die vorläufige Vollstreckbarkeit des Versäumnisurteils (§ 708 Nr. 2) wird durch den Einspruch nicht beseitigt. Zu beachten ist allerdings § 719 Abs. 1. Danach ist eine Einstellung der Zwangsvollstreckung gegen Sicherheitsleistung möglich. Der zulässige Einspruch suspendiert allerdings die sachlichen Wirkungen des Versäumnisurteils. Dies eröffnet den Parteien die Möglichkeit zur Verfügung über den Streitgegenstand, zB dem Berufungskläger die Rechtsmittelrücknahme.[8]

III. Teilanfechtung

9 Ein Versäumnisurteil kann mit dem Einspruch auch nur teilweise angefochten werden (§ 340 Abs. 2 S. 2). In diesem Fall erfolgt auch die Zurückversetzung des Prozesses und die Beseitigung der Säumnisfolgen nur in dem Umfang, in dem das Versäumnisurteil angefochten war. Die nicht angefochtenen Teile des Versäumnisurteils erwachsen mit dem Ablauf der Einspruchsfrist (§ 339) in Rechtskraft. Wird ein Urteil mit dem Einspruch angegriffen, das nur zum Teil Versäumnisurteil und zum Teil streitiges Urteil ist, so wird der streitige Teil des Urteils von der Einlegung des Einspruchs nicht berührt.[9]

§ 343 Neue Entscheidung

[1]Insoweit die Entscheidung, die auf Grund der neuen Verhandlung zu erlassen ist, mit der in dem Versäumnisurteil enthaltenen Entscheidung übereinstimmt, ist auszusprechen, dass diese Entscheidung aufrechtzuerhalten sei. [2]Insoweit diese Voraussetzung nicht zutrifft, wird das Versäumnisurteil in dem neuen Urteil aufgehoben.

I. Anwendungsbereich

1 Die Entscheidung gemäß § 343 setzt einen zulässigen Einspruch und mindestens das Erscheinen der Partei voraus, die den Einspruch eingelegt hat. Über den Regelungsbereich von § 343 hinaus sind nach Einlegung eines Einspruchs aber insgesamt sechs **verschiedene Entscheidungsmöglichkeiten** denkbar (dazu im Einzelnen s. Rn. 4 ff.).

2 Da ein einmal wirksam erlassenes Versäumnisurteil solange bestehen bleibt, bis ein anderes Urteil (insbesondere ein Endurteil) an seine Stelle tritt[1] oder das Versäumnisurteil durch eine sonstige Verfahrensbeendigung entfällt (vgl. Rn. 19), kommt nicht jedes Urteil als Entscheidung iSv. § 343 in Betracht. Möglich ist eine Aufhebung des Versäumnisurteils in jedem Fall durch ein neues Endurteil oder durch ein neues Versäumnisurteil. In Betracht kommt auch ein Vorbehaltsurteil (§§ 303, 599). Bei einem Grundurteil (§ 304) ist zu differenzieren. Folgt das Grundurteil auf ein Versäum-

---

[5] OLG Düsseldorf NJW 1981, 2264; *Rosenberg/Schwab/Gottwald* § 107 V 3 c; *Stein/Jonas/Grunsky* Rn. 1.

[6] BGH NJW 1981, 286; BGHZ 76, 173; *Leipold* ZZP 93 (1980), 251; *Rosenberg/Schwab/Gottwald* § 107 V 3 c; aA *E. Schneider* MDR 1979, 712; ferner s. § 340 Rn. 25.

[7] Zu den Einzelheiten s. § 340 Rn. 23 ff., 25.

[8] *BGH MDR 2006, 1303.*

[9] BGH NJW-RR 1986, 1326.

[1] OLG Hamm NJW-RR 1986, 1509.

nisurteil gegen den Kläger, kann es anstelle des ursprünglichen Versäumnisurteils treten, nicht dagegen kann ein Grundurteil das Versäumnisurteil gegen den Beklagten aufheben. In diesem Fall bleibt die Entscheidung gemäß § 343 dem späteren Betragsverfahren vorbehalten.

Dagegen ist § 343 auf Zwischenurteile (vgl. §§ 280, 303; ebenso §§ 71, 135 Abs. 3, 387 Abs. 3) 3 und auf Verweisungsbeschlüsse (§ 281) nicht anwendbar.

II. Möglichkeiten der Entscheidung

Wird gegen ein Versäumnisurteil der Einspruch eingelegt, so ist zunächst zu fragen, ob der Ein- 4 spruch zulässig ist (s. § 341 Rn. 1 ff.). Soweit ein zulässiger Einspruch gegeben ist, wird nicht über diesen Einspruch, sondern über die geltend gemachte Klage entschieden. Das Gericht ist im Rahmen der neuen Verhandlung frei in seiner Entscheidung. Ein Verbot der reformatio in peius gibt es hier nicht.[2] Allerdings muss das Gericht bei der Tenorierung der neuen Entscheidung darauf Rücksicht nehmen, dass das ursprüngliche Versäumnisurteil wirksam geblieben ist und erst durch die nunmehr zu erlassende neue Entscheidung ersetzt wird. Im Einzelnen sind **sechs verschiedene Konstellationen zu trennen:**

1. Einspruch als unzulässig zu verwerfen. Der Einspruch ist unzulässig. Hier ist der Ein- 5 spruch gemäß § 341 Abs. 1 S. 2 als unzulässig zu verwerfen (s. § 341 Rn. 12 ff.).

2. Zweites Versäumnisurteil im technischen Sinn. Der Einspruch ist zulässig, aber die ihn 6 einlegende Partei ist im Einspruchstermin wiederum säumig. In diesem Fall kann keine Entscheidung gemäß § 343 ergehen. Hier kommt vielmehr ein zweites Versäumnisurteil im technischen Sinn in Betracht (§ 345).

3. Erneutes Versäumnisurteil. Der Einspruch ist zulässig, im Einspruchstermin ist jedoch die 7 Gegenpartei des Einspruchsführers säumig. In diesem Fall kann auf Antrag des Einspruchsführers wiederum ein Versäumnisurteil ergehen. Dies ist allerdings ein erstes Versäumnisurteil im technischen Sinn; das bedeutet, dass es auf Grund der Voraussetzungen der §§ 330, 331 ergeht und selbst wiederum mit einem Einspruch angegriffen werden kann.

4. Aufrechterhaltung des Versäumnisurteils. Der Einspruch ist zulässig, im Einspruchster- 8 min erscheinen beide Parteien und das Gericht kommt auf Grund der neuen Verhandlung zu dem Ergebnis, dass das zu erlassende Endurteil inhaltlich mit dem bestehenden Versäumnisurteil übereinstimmt. In diesem Fall wird das Versäumnisurteil aufrechterhalten (Satz 1; i. e. s. Rn. 11 f.).

5. Aufhebung des Versäumnisurteils. Der Einspruch ist zulässig, im Einspruchstermin er- 9 scheinen beide Parteien und die neue streitige Verhandlung führt zu einem vom Inhalt des Versäumnisurteils abweichenden Ergebnis. Hier ist das Versäumnisurteil aufzuheben und anderweitig zu entscheiden (Satz 2; i. e. s. Rn. 13).

6. Verweisung des Rechtsstreits. Der Einspruch ist zulässig, beide Parteien erscheinen im 10 Einspruchstermin und es wird in der neuen Verhandlung ein Antrag auf Verweisung des Rechtsstreits nach § 281 gestellt. In diesem Fall greift § 343 nicht ein, sondern es ist durch Beschluss gemäß § 281 zu entscheiden. Das ursprüngliche Versäumnisurteil hat dann weiterhin Bestand.

III. Entscheidungsinhalt

1. Hauptsache. a) Der Fall des § 343 S. 1. Von ausschlaggebender Bedeutung für die neue 11 Entscheidung ist es, ob das zu erlassende Endurteil inhaltlich mit dem Versäumnisurteil übereinstimmt. Auf die Frage, ob das frühere Versäumnisurteil zulässig war und prozessual ordnungsgemäß ergangen ist, kommt es nunmehr nicht mehr an. Durch das neue Urteil wird ausgesprochen, dass das Versäumnisurteil aufrechtzuerhalten ist.[3] Dies muss auch für ein weiteres zu erlassendes Versäumnisurteil gelten, sofern es sich nicht um einen Fall des § 345 handelt. Die Entscheidung gemäß § 343 S. 1 hat insbesondere Bedeutung für die vorläufige Vollstreckbarkeit und die Aufrechterhaltung von Vollstreckungsmaßnahmen (dazu s. Rn. 16 f.).

Trotz der strikten Anweisung des § 343 S. 1 halten Rspr. und Lit. es in Ausnahmefällen für zu- 12 lässig, bei drohenden Unklarheiten wegen eventueller Ergänzungen eines an sich fortbestehenden Versäumnisurteils eine völlig neue Streitentscheidung zu treffen.[4] Dem ist aus Gründen der Rechtsklarheit zuzustimmen. Im Rahmen der Neufassung des Tenors einer solchen Entscheidung muss allerdings deutlich werden, dass das ursprüngliche Versäumnisurteil in seinem Bestand fortbesteht.

---

[2] *Kapsa,* Das Verbot der reformatio in peius im Zivilprozeß, 1976, S. 81 ff.; ebenso *Stein/Jonas/Grunsky* Rn. 1.

[3] Dies gilt auch im Falle eines Vollstreckungsbescheids und auch nach einer Verweisung der Sache ins WEG-Verfahren, vgl. BayObLG ZMR 1986, 321.

[4] Vgl. OLG Köln NJW 1976, 113; *Stein/Jonas/Grunsky* Rn. 5.

Sodann ist der neue Tenor unter Zusammenfassung der bisherigen Entscheidung und Einbeziehung eventueller Ergänzungen neu zu formulieren.

13 **b) Der Fall des § 343 S. 2.** Soweit das Gericht auf Grund der neuen Verhandlung zu einem Ergebnis gelangt, das inhaltlich von dem Versäumnisurteil abweicht, wird nunmehr das Versäumnisurteil durch neues Urteil aufgehoben und anderweitig entschieden. Hat das Gericht im Rahmen der neuen Entscheidung übersehen, das Versäumnisurteil aufzuheben, so ist eine Berichtigung gemäß § 319 zulässig. Mit der Aufhebung des Versäumnisurteils entfällt auch seine vorläufige Vollstreckbarkeit (§ 717 Abs. 1).

14 **c) Entscheidung bei teilweise abweichendem Prozessergebnis.** Stimmt das auf Grund neuer mündlicher Verhandlung erzielte richterliche Ergebnis zum Teil mit dem Versäumnisurteil überein und weicht es im Übrigen davon ab, so ist die neue Entscheidung ebenfalls gemäß § 343 abzufassen. Das bedeutet im Einzelnen, dass das Versäumnisurteil in der neuen Entscheidung teilweise aufrechtzuerhalten ist, soweit es inhaltlich mit dem neuen Prozessergebnis übereinstimmt. Im Übrigen muss das Versäumnisurteil (teilweise) aufgehoben werden und es bedarf über diesen weiteren Teil einer neuen eigenen Sachentscheidung. Eine völlige Aufhebung des Versäumnisurteils und Neuentscheidung in der Sache ist nicht zulässig. § 343 stellt zwingendes Recht dar und seine Verletzung hat insbesondere vollstreckungsrechtliche Konsequenzen. Soweit zB die ursprünglich obsiegende Partei aus dem Versäumnisurteil vollstreckt hat, so können nach einer Aufhebung des Versäumnisurteils die einzelnen Vollstreckungsmaßnahmen aufgehoben werden (vgl. §§ 776, 775 Nr. 1). Bei einer neuen Vollstreckungsmaßnahme droht der Partei dann ein Rangverlust, falls in der Zwischenzeit eine anderweitige Pfändung erfolgt ist. Auch ein Schadensersatzanspruch gemäß § 717 Abs. 2 droht im Falle der Aufhebung der Entscheidung der Partei, die ursprünglich aus dem Versäumnisurteil vollstreckt hatte.[5]

15 **2. Kosten.** Bei der Entscheidung über die Kosten ist zwischen § 343 S. 1 und 2 zu unterscheiden. Wird das Versäumnisurteil gemäß Satz 2 aufgehoben, so ist in dem neuen Urteil über die **gesamten Kosten** gemäß der §§ 91 ff. unter Berücksichtigung von § 344 zu entscheiden. Wird dagegen gemäß Satz 1 das Versäumnisurteil aufrechterhalten, so trägt der bereits durch das Versäumnisurteil Verurteilte in jedem Falle die gesamten Kosten nach § 91. Dennoch bedarf es auch hier einer Kostenentscheidung in dem neuen Urteil wegen der **weiteren Kosten.** Soweit eine Kostenentscheidung unterblieben ist, ist nach § 321 zu verfahren.

16 **3. Vorläufige Vollstreckbarkeit.** Wird durch die neue Entscheidung das Versäumnisurteil gemäß Satz 1 aufrechterhalten, so bestimmt § 709 S. 2 nunmehr, dass in dem neuen Urteil auszusprechen ist, dass die Vollstreckung aus dem Versäumnisurteil nur gegen Leistung der Sicherheit fortgesetzt werden darf. Diese Entscheidung wirkt allerdings nur für künftige Vollstreckungsmaßnahmen. Für bereits durchgeführte Vollstreckungshandlungen ist eine Nachleistung der Sicherheit nicht erforderlich. Eine Ausnahme von dem Fall des § 709 S. 2 gilt dann, wenn die neue Entscheidung selbst wiederum unter den Tatbestand des § 708 (vorläufige Vollstreckbarkeit ohne Sicherheitsleistung) fällt, also zB selbst wiederum ein Versäumnisurteil ist (§ 708 Nr. 2). In diesem Falle ist § 709 S. 2 nicht anzuwenden. Eine weitere Ausnahme von § 709 S. 2 gilt für die Entscheidung über die weiteren Kosten. Hier ist eine vorläufige Vollstreckung nach allgemeinen Regeln möglich (vgl. § 708 Nr. 11).[6]

17 Wird das Versäumnisurteil aber durch die neue Entscheidung gemäß Satz 2 aufgehoben, so richtet sich die vorläufige Vollstreckbarkeit nunmehr nach den allgemeinen Vorschriften der §§ 708 ff., also insbesondere nach § 708 Nr. 11 oder § 709 S. 1.

18 **4. Entscheidung entgegen § 343 S. 1.** Hebt das Gericht auf Grund der neuen Verhandlung das Versäumnisurteil auf und entscheidet neu, obwohl das Verfahrensergebnis mit dem Versäumnisurteil übereinstimmt, so stellt dies einen in der Hauptsache freilich nicht angreifbaren Verfahrensverstoß gegen § 343 S. 1 dar. Fraglich ist allerdings, ob in diesem Fall Vollstreckungsmaßnahmen, die auf Grund des vorläufig vollstreckbaren Versäumnisurteils ergangen waren, nunmehr gemäß § 776 iVm. § 775 Nr. 1 aufgehoben werden müssen. Dies ist zu verneinen, weil sich bei einer Auslegung der neuen Entscheidung ergibt, dass das Versäumnisurteil der Sache nach vollständig aufrechterhalten worden war.[7] Freilich muss eine solche Auslegung in der Praxis auf größte Schwierigkeiten stoßen, da dem Vollstreckungsorgan nur eine Ausfertigung des Urteils zur Verfügung steht, die weder den Tatbestand noch die Entscheidungsgründe enthält (vgl. § 317 Abs. 2 S. 2).[8]

---

[5] Vgl. OLG Köln NJW 1976, 113.
[6] Vgl. *Mertins* DRiZ 1983, 228.
[7] *Stein/Jonas/Grunsky* Rn. 4.
[8] Vgl. OLG Köln NJW 1976, 114.

IV. Verfahrensabschluss ohne Gerichtsentscheidung

Aufgrund der neuen mündlichen Verhandlung ist es möglich, dass das Verfahren ohne eine Entscheidung in der Hauptsache endet. Dies ist insbesondere der Fall, wenn die Parteien nunmehr einen Vergleich schließen oder der Kläger die Klagerücknahme oder die Erledigung der Hauptsache erklärt. In allen diesen Fällen gibt es eine Entscheidung des Gerichts, in der zugleich die Aufhebung des Versäumnisurteils ausgesprochen werden könnte, nur dann, wenn das Gericht eine besondere Entscheidung für den Fall des Streits zwischen den Parteien über die Klagerücknahme oder die Erledigung der Hauptsache oder über den Bestand und die Wirksamkeit des Prozessvergleichs zu treffen hat. In allen übrigen Fällen wird das Versäumnisurteil wirkungslos, ohne dass es einer ausdrücklichen Aufhebung bedarf. Dies hat das Gesetz für den Fall der Klagerücknahme in § 269 Abs. 3 S. 1 2. Halbs. ausdrücklich geregelt. Die Vorschrift kann analog aber auch auf den hier zu entscheidenden Fall angewendet werden.[9] Im Übrigen eröffnet die Analogie zu § 269 Abs. 3 die weitere Möglichkeit, auf Antrag der ursprünglich säumigen Partei die Wirkungslosigkeit des Versäumnisurteils durch Beschluss auszusprechen (§ 269 Abs. 3 S. 3).[10] 19

Hatte bei Säumnis des Beklagten der Kläger in einer früheren mündlichen Verhandlung die Hauptsache für erledigt erklärt und zugleich ein Versäumnisurteil bezüglich der Kosten gegen den säumigen Beklagten erwirkt, so ist nunmehr nach zulässigem Einspruch des säumigen Beklagten gegen dieses Versäumnisurteil wiederum über die Kosten gemäß § 343 durch Urteil zu entscheiden. Auch dieses Urteil muss unter Beachtung der Grundsätze von § 343 S. 1 oder S. 2 ergehen. Da das nunmehr zu erlassende Urteil eine Entscheidung auf der Grundlage von § 91 a trifft, soll dagegen in analoger Anwendung von § 91 a die sofortige Beschwerde gegeben sein.[11] 20

V. Familiensachen

Für den Fall, dass eine Entscheidung im Verbund von Scheidungs- und Folgesachen einheitlich durch Urteil ergeht, obwohl es sich bei diesem Urteil teilweise um ein Versäumnisurteil handelt, ist die Sondervorschrift des § 629 Abs. 2 zu beachten. Danach muss bei einer Anfechtung des gesamten Urteils durch Einspruch und Berufung gemäß § 629 Abs. 2 S. 2 über den Einspruch vorrangig verhandelt und entschieden werden. 21

§ 344 Versäumniskosten

Ist das Versäumnisurteil in gesetzlicher Weise ergangen, so sind die durch die Versäumnis veranlassten Kosten, soweit sie nicht durch einen unbegründeten Widerspruch des Gegners entstanden sind, der säumigen Partei auch dann aufzuerlegen, wenn infolge des Einspruchs eine abändernde Entscheidung erlassen wird.

I. Normzweck

§ 344 stellt eine Ausnahme vom Grundsatz des § 91 dar. Die säumige Partei soll gewisse Kosten tragen müssen, obgleich sie im Ergebnis obsiegt. Damit durchbricht § 344 (ähnlich wie § 93 oder § 281 Abs. 3 S. 2) die Regel, dass der Unterliegende die Kosten zu tragen hat. Zugleich ist § 344 ein Fall der **Kostentrennung.** Denn es werden die durch die Versäumnis veranlassten Kosten ausgesondert und abweichend von den übrigen Kosten behandelt. 1

§ 344 stellt somit für die säumige Partei einen der wenigen **Nachteile** dar (ähnlich der vorläufigen Vollstreckbarkeit), die bestehen bleiben, wenn durch den Einspruch die Wirkung des § 342 eingetreten und damit die Versäumnissituation bereinigt ist (s. § 330 Rn. 2). 2

II. Anwendungsbereich

1. Anwendbarkeit. § 344 gilt nur bei zulässigem Einspruch gegen ein (echtes) Versäumnisurteil und nachfolgender Entscheidung gemäß § 343 S. 2. Allein bei voller oder teilweiser Aufhebung des ursprünglichen Versäumnisurteils muss nämlich eine neue Kostenentscheidung unter Berücksichtigung von § 344 getroffen werden. 3

2. Keine Anwendbarkeit. Dagegen ist § 344 in folgenden Fällen nicht anzuwenden: a) Unzulässigkeit des Einspruchs. Der eingelegte Einspruch ist unzulässig; hier ist nach § 341 4

---

[9] So auch *Stein/Jonas/Grunsky* Rn. 11; *Thomas/Putzo/Reichold* Rn. 7.
[10] Vgl. dazu § 269 Rn. 37.
[11] OLG Hamburg MDR 1956, 430; ebenso auch *Zöller/Herget* Rn. 6.

zu verfahren, das angegriffene Versäumnisurteil bleibt also bestehen und die in ihm enthaltene Kostenentscheidung gilt weiterhin.

5 **b) Anwendungsbereich des § 345.** Der **Einspruch** wird gemäß § 345 wegen erneuter Versäumnis des Einspruchsführers **verworfen;** auch hier bleibt das angegriffene Versäumnisurteil bestehen und die in ihm enthaltene Kostenentscheidung gilt weiter.

6 **c) Aufrechterhaltung des Versäumnisurteils.** Das Versäumnisurteil wird auf den zulässigen Einspruch hin nach mündlicher Verhandlung aufrechterhalten gemäß § 343 S. 1. Unabhängig davon, aus welchem Grund hier das Versäumnisurteil aufrechterhalten wird, bedeutet dies, dass die weiterhin bestehende Verurteilung des Säumigen auch bezüglich der Kosten fort gilt und eine zusätzliche Kostenbelastung iSv. § 344 nicht in Betracht kommt. Die Kostentragung ergibt sich hier insgesamt aus § 91. Dies ist freilich in der neuen Entscheidung besonders auszusprechen. Eine fehlende Kostenentscheidung kann gemäß § 321 ergänzt werden. Darüber hinaus hält *Grunsky*[1] eine Auslegung der ursprünglichen Kostenentscheidung in dem Sinne für möglich, dass sie sich auch auf die weiteren Kosten erstreckt. Dies mag zweckmäßig sein, ist aber nicht zulässig.[2] Anderenfalls würde eine Kostenentscheidung Kosten umfassen, die bei ihrem Erlass noch gar nicht entstanden waren.

7 **d) Versäumnisurteil nicht in gesetzlicher Weise ergangen.** Weiterhin kommt eine Kostenentscheidung iSv. § 344 nicht in Betracht, wenn das angegriffene **Versäumnisurteil nicht in gesetzlicher Weise ergangen** ist (s. Rn. 14).

8 **e) Beendigung des Verfahrens ohne Urteil.** Schließlich ist für § 344 in der Regel kein Raum, wenn das **Verfahren** nach einem zulässigerweise eingelegten Einspruch in der neuen mündlichen Verhandlung **ohne Urteil endet** (s. § 343 Rn. 19). Ist also zB das Verfahren durch die Rücknahme der Klage beendet worden, so kommt allein eine Kostenfolge gemäß § 269 Abs. 3 S. 2 in Betracht.[3] Dies ist allerdings seit der Kostennovelle von 1994 besonders umstritten.[4] Im Falle eines Verfahrensabschlusses durch Prozessvergleich ist § 98 lex specialis gegenüber § 344. Im Übrigen muss hier in erster Linie eine vereinbarte Kostenregelung beachtet werden.[5] Dagegen kann im Rahmen einer Erledigung der Hauptsache für die Kostenentscheidung gemäß § 91 a der Sonderfall des § 344 berücksichtigt werden.

III. Die Kostenentscheidung

9 **1. Grundsatz.** Der Fall des § 343 S. 2 impliziert, dass nunmehr die nichtsäumige Partei teilweise oder voll unterliegt. Insoweit muss sie nach allgemeinen Regeln (§§ 91 ff.) die Kosten tragen. In dieser Situation greift also § 344 ein, indem er anordnet, dass die Kosten der Versäumnis und des Einspruchs auszusondern sind. Eine **Tenorierung** kann in diesem Fall folgendermaßen aussehen: (1) Das Versäumnisurteil vom (Datum) wird aufgehoben. (2) Die Klage wird abgewiesen. (3) Der Kläger trägt die Kosten des Verfahrens mit Ausnahme der durch die Säumnis veranlassten Kosten, die der Beklagte zu tragen hat. (4) Das Urteil ist vorläufig vollstreckbar.

10 **2. Die besondere Kostenentscheidung.** Ist die besondere Kostenentscheidung gemäß § 344 vom Gericht **übersehen** worden, so kann sie gemäß § 321 durch ein Ergänzungsurteil nachgeholt werden. Solange dies nicht geschehen ist, bindet die (unrichtige) Kostenentscheidung die Beteiligten im Kostenfestsetzungsverfahren.[6] Eine Korrektur einer solchen Kostenentscheidung im Kostenfestsetzungsverfahren ist nicht zulässig.[7]

11 **3. Unbegründeter Widerspruch des Gegners.** Eine Ausnahme von der besonderen Kostenentscheidung nach § 344 gilt dann, wenn die besonderen Kosten der Versäumnis durch einen unbegründeten Widerspruch des Gegners entstanden sind. Der Einspruchsführer darf also zB nicht mit den Kosten einer Beweisaufnahme belastet werden, die durch die unbegründete Behauptung des Einspruchsgegners notwendig wurde, dass der Einspruch unzulässig sei. Soweit weitere durch die Versäumnis veranlasste Kosten entstanden sind, muss im Urteil im Wege der Kostentrennung je-

---

[1] *Stein/Jonas/Grunsky* Rn. 2.

[2] Wie hier *Baumbach/Lauterbach/Hartmann* Rn. 4; *Zöller/Herget* Rn. 1.

[3] OLG Düsseldorf MDR 1983, 64 und OLGZ 1989, 250; OLG Hamm MDR, 233; OLG Bremen NJW 1976, 632; OLG Stuttgart MDR 1976, 51; KG NJW 1970, 1799; aA OLG Köln VersR 1993, 722; LG Aachen MDR 1991, 451; *Habel* NJW 1997, 2357, 2359 f. m. weit. Nachw.

[4] Dazu insbes. *Habel* NJW 1997, 2357, 2359 f.

[5] Vgl. OLG Düsseldorf MDR 1980, 233; OLG München Rpfleger 1979, 345.

[6] Vgl. (im Hinblick auf § 281) OLG Koblenz MDR 1987, 681; KG MDR 1976, 405; OLG Hamburg MDR 1965, 495.

[7] So aber (im Hinblick auf § 281) OLG Frankfurt MDR 1988, 869; OLG Saarbrücken NJW 1975, 982.

weils ausdrücklich eine Entscheidung getroffen werden. Dagegen ist es im Kostenfestsetzungsverfahren nicht mehr möglich, die einzelnen Veranlassungsgründe für die jeweils entstandenen Kosten zu prüfen.[8]

12 **4. Zwingende Kostenentscheidung.** Im Falle der Aufhebung des angegriffenen Versäumnisurteils gemäß § 343 S. 2 muss eine Kostenentscheidung nach § 344 in jedem Falle ergehen, auch wenn noch unklar ist, ob überhaupt besondere Kosten entstanden sind, die der säumigen Partei aufzuerlegen wären. Die Feststellung der im Einzelnen entstandenen besonderen Kosten erfolgt erst im anschließenden Kostenfestsetzungsverfahren.

13 **5. Mögliche besondere Kosten.** Als Kosten iSv. § 344, die durch die Versäumnis veranlasst sind, kommen insbesondere in Betracht: Reisekosten für die Wahrnehmung des Einspruchstermins durch den Einspruchsgegner; Kosten für eine zusätzliche oder nochmalige Ladung von Zeugen sowie deren eventuelle Kosten für einen Verdienstausfall.[9] Dagegen gehören insbesondere nicht zu den Kosten iSv. § 344 die Gerichtsgebühren und die Prozessgebühr des Anwalts des Einspruchsgegners.[10] Keine Kosten der Säumnis sind ferner die Kosten der Vollstreckung aus dem Versäumnisurteil sowie die Kosten der Zustellung des Versäumnisurteils.[11] Auch die Kosten im Rahmen einer Verweisung[12] sind nicht infolge der Säumnis entstanden. Ebenso haben früher die Rspr. und die hM in der Literatur im Falle einer Klagerücknahme entschieden.[13] Nunmehr haben sich der BGH vom 13. 5. 2004 und die neuere Lit. auch im Hinblick auf die gesetzlichen Klarstellungen anders entschieden.[14] Daher sind dem säumigen Beklagten die durch die Säumnis veranlassten Kosten gemäß § 344 aufzuerlegen, auch wenn der Kläger die Klage zurücknimmt und damit die Kostenfolge des § 269 Abs. 3 Satz 2 auflöst. Dem ist im Hinblick auf § 296 Abs. 3 S. 2 letzter Satzteil zuzustimmen (aA Vorauflage).

IV. Das in gesetzlicher Weise ergangene Versäumnisurteil

14 Die Kostenentscheidung nach § 344 setzt voraus, dass das Versäumnisurteil in gesetzlicher Weise ergangen ist. Dies bedeutet, dass aus einer rein objektiven Sicht zu prüfen ist, ob bei Erlass der Versäumnisentscheidung alle prozessualen und sachlichen Voraussetzungen des erlassenen Urteils vorlagen. Hier sind also insbesondere die Voraussetzungen der §§ 330, 331 zu prüfen, ebenso aber auch die §§ 335 und 337. Das Vorliegen aller Voraussetzungen ist von Amts wegen zu prüfen.[15] Die Prüfung aus einer objektiven Sicht bedeutet, dass es nicht auf dem Gericht vorwerfbare Fehler ankommt und dass die Frage der Erkennbarkeit der Fehler nicht von Bedeutung ist.[16]

V. Gebühren

15 Für das Versäumnisurteil wird eine eigene Urteilsgebühr nicht erhoben. Das weitere Verfahren nach Einlegung des Einspruchs gegen das Versäumnisurteil ist zusammen mit dem Verfahren bis zum Erlass des Versäumnisurteils als eine einheitliche Instanz anzusehen.

16 Dagegen erhält der Rechtsanwalt für den Antrag auf Erlass eines Versäumnisurteils eine halbe Verhandlungsgebühr (Nr. 3105 VV zum RVG), sofern nicht bereits aus anderen Gründen eine volle Terminsgebühr entstanden ist (vgl. Nr. 3104 VV zum RVG). Die frühere Sonderregelung des § 38 BRAGO ist ersatzlos entfallen.

§ 345 Zweites Versäumnisurteil

Einer Partei, die den Einspruch eingelegt hat, aber in der zur mündlichen Verhandlung bestimmten Sitzung oder in derjenigen Sitzung, auf welche die Verhandlung vertagt ist, nicht erscheint oder nicht zur Hauptsache verhandelt, steht gegen das Versäumnisurteil, durch das der Einspruch verworfen wird, ein weiterer Einspruch nicht zu.

---

[8] KG MDR 1974, 149.
[9] OLG Stuttgart MDR 1989, 269.
[10] OLG München Rpfleger 1981, 495; ferner s. Rn. 15 f.
[11] OLG Frankfurt Rpfleger 1975, 260; OLG München Rpfleger 1974, 368.
[12] Hier ist § 281 Abs. 3 S. 2 lex specialis; vgl. *Zöller/Greger* § 281 Rn. 22.
[13] § 269 Abs. 3 S. 2 galt als lex specialis; vgl. OLG Düsseldorf MDR 1983, 64; OLG Frankfurt MDR 1979, 1029; OLG Hamm MDR 1977, 233. Weitere umfangreiche Nachweise bei BGH NJW 2004, 2309.
[14] BGH NJW 2004, 2309 m. weit. Nachw.; zustimmend *Timme* JuS 2005, 705.
[15] Das ergibt sich aus § 308 Abs. 2; wie hier *Stein/Jonas/Grunsky* Rn. 6; *Thomas/Putzo/Reichold* Rn. 5.
[16] BGH NJW 1961, 2207; BAG NJW 1971, 957.

Schrifttum: *Boemke,* Das einspruchsverwerfende Versäumnisurteil, ZZP 106 (1993), S. 371; *Braun,* Die Berufung gegen das zweite Versäumnisurteil, ZZP 93 (1980), 443; *Hövel,* Die Säumnis des Einspruchsführers nach verfristetem Einspruch gegen ein Versäumnisurteil, NJW 1997, 2864; *Hoyer,* Das technisch zweite Versäumnisurteil, 1980; *Lehmann,* Die Berufung gegen das technisch zweite Versäumnisurteil, Diss. Köln 1989; *Löwe,* Bindung des Richters an die Schlüssigkeitsprüfung des Rechtspflegers im Mahnverfahren im Falle des § 345 ZPO?, ZZP 83 (1970), 266; *Prütting,* Das zweite Versäumnisurteil im technischen Sinn, JuS 1975, 150; *ders.,* Das Versäumnisverfahren im deutschen und europäischen Recht, Liber Amicorum Paul Meijknecht, 2000, S. 217; *Stahlhacke,* Probleme des zweiten Versäumnisurteils, Festschrift für E. Schneider, 1997, S. 109. Vgl. ferner die Literatur vor § 330.

Übersicht

I. Normzweck

1 § 345 enthält die Regelung des zweiten Versäumnisurteils im technischen Sinn. Damit ist allein dasjenige Urteil bezeichnet, das nach einer zweimaligen Versäumnis derselben Partei in unmittelbarer Folge ergeht. Ein solches zweites Versäumnisurteil kann sich sowohl gegen den Kläger wie gegen den Beklagten richten. Es ist streng abzutrennen von all denjenigen Situationen, in denen im Laufe eines Verfahrens ein zweites oder späteres Versäumnisurteil ergeht, ohne dass dies iSd. § 345 ein zweites Versäumnisurteil im technischen Sinn wäre.

2 Im Einzelnen sind folgende **von § 345 abweichende Situationen** zu unterscheiden. Es kann nach Erlass eines Versäumnisurteils gegen eine Partei im Einspruchstermin oder später die Gegenpartei säumig sein. In diesem Fall ergeht gegen diese Gegenpartei nach den §§ 330ff. ausnahmslos ein erstes Versäumnisurteil im technischen Sinn. Durch dieses Versäumnisurteil wird das frühere Versäumnisurteil aufgehoben. Gegen das neue Versäumnisurteil steht der säumigen und deshalb verurteilten Partei nunmehr wiederum der Einspruch (§ 338) zu.

3 Möglich ist es auch, dass die säumige Partei nach Einlegung eines zulässigen Einspruchs nunmehr erscheint und zur Hauptsache verhandelt, dass dieselbe Partei aber in einem späteren Termin zur mündlichen Verhandlung wiederum säumig ist. Dann kann gegen die säumige Partei zum wiederholten Male ein Versäumnisurteil in der gleichen Instanz ergehen, ohne dass ein Fall des § 345 vorläge. Es ist also möglich, dass gegen ein und dieselbe Partei in einer Instanz mehrere erste Versäumnisurteile im technischen Sinne erlassen werden. Da in einem solchen Fall das spätere Versäumnisurteil mit dem ursprünglichen übereinstimmen wird, ist das ursprüngliche Versäumnisurteil gemäß § 343 S. 1 aufrechtzuerhalten. Gegen das spätere Versäumnisurteil steht der säumigen Partei in jedem Fall wiederum der Einspruch zu.[1] Ist ein erlassenes erstes Versäumnisurteil mangels Zustellung nicht existent, so kann ebenfalls ein zweites Versäumnisurteil iS von § 345 nicht ergehen.[2]

4 Die dargestellten unterschiedlichen Situationen zeigen, dass den Parteien durch Terminsversäumnis in nicht unerheblichem Umfange die Möglichkeit offensteht, das Verfahren zu **verzögern.** Im Allgemeinen kann einer solchen Verzögerung durch mehrfache Säumnis nur mit Hilfe eines

[1] Vgl. BGH VersR 1984, 288.
[2] OLG Dresden OLG-NL 1996, 143.

Antrags auf Entscheidung nach Lage der Akten (§ 331 a) entgegengetreten werden. Eine wichtige Ausnahme stellt allerdings § 345 dar. Er sieht für den Fall zweimaliger aufeinanderfolgender Säumnis einer Partei eine **strenge Sanktion** gegen die säumige Partei vor. Diese besondere Sanktion ergibt sich aus dem Zusammenwirken von § 345 mit §§ 513 Abs. 2, 566. Danach ist nämlich ein weiterer Einspruch gegen das zweite Versäumnisurteil im technischen Sinne generell ausgeschlossen und eine Berufung bzw. Revision gegen dieses Urteil steht nur noch unter ganz engen Beschränkungen offen (s. § 513 Rn. 11 ff.). § 345 stellt also eine strikte gesetzgeberische **Begrenzung** für die Möglichkeiten der **Prozessverschleppung** dar. Freilich hat gerade die strikte Sanktionswirkung der §§ 345 und 513 Abs. 2 in neuerer Zeit eine umfangreiche Kontroverse darüber ausgelöst, ob der teilweise als allzu streng empfundene Sanktionscharakter dieser Normen nicht durch die Gesichtspunkte der Billigkeit und der Gerechtigkeit im Einzelfalle aufgelockert werden könne (i. e. vgl. Rn. 9 ff.). Der Meinungsstreit hierüber stellt das wohl schwierigste und umstrittenste Problem des Versäumnisverfahrens dar.

II. Voraussetzungen

1. Vorliegen eines ersten Versäumnisurteils. Es muss gegen dieselbe Partei im selben Verfahren bereits ein erstes Versäumnisurteil oder ein Vollstreckungsbescheid (s. Rn. 30) ergangen sein. 5

2. Zulässiger Einspruch. Gegen dieses Versäumnisurteil muss die Partei einen zulässigen[3] Einspruch eingelegt haben. Dagegen wird ein unzulässiger Einspruch gemäß § 341 verworfen. Eine heute nur noch selten vertretene Gegenauffassung[4] wollte das zweite Versäumnisurteil gemäß § 345 ohne jede Prüfung der Zulässigkeit des Einspruchs (als Prozessurteil) erlassen, weil anderenfalls die Gefahr bestünde, dass derjenige Säumige, der einen zulässigen Einspruch eingelegt hat, schlechter stehe als derjenige, dessen Einspruch als unzulässig beurteilt worden sei. Dieser Begründung kann allerdings nicht gefolgt werden (i. e. dazu § 341 Rn. 14). 6

3. Erneute Säumnis des Einspruchsführers. Der Einspruchsführer ist iSv. § 345 säumig, wenn er im Einspruchstermin (§ 341 a) nicht erscheint oder nicht zur Hauptsache verhandelt (§ 333). Der Säumnis im Einspruchstermin steht es gleich, wenn der Einspruchsführer in einem weiteren Termin säumig ist, auf den die Verhandlung vertagt wurde, ohne dass nach Erlass des ersten Versäumnisurteils zur Hauptsache verhandelt worden wäre. Ein solches Verhandeln zur Hauptsache ist zu bejahen, wenn der Einspruchsführer in der Zwischenzeit einen Versäumnisantrag gegen den Gegner gestellt hat[5] oder wenn er über die Zulässigkeit der Klage verhandelt hat.[6] Ein bloßes Verhandeln über die Zulässigkeit des Einspruchs genügt dagegen nicht.[7] Ferner liegt kein Verhandeln zur Hauptsache vor, wenn der Einspruchsführer ausschließlich einen Ablehnungs- und Vertagungsantrag oder vergleichbare Prozessanträge gestellt hat.[8] Dagegen ist es ausreichend für ein Verhandeln, wenn nach Erörterung von Streitfragen ein Verweisungsantrag gemäß § 281 gestellt wird.[9] 7

4. Prüfung der §§ 335 Abs. 1 Nr. 2, 337. Der Erlass eines zweiten Versäumnisurteils im technischen Sinn setzt voraus, dass die säumige Partei zu dem neuen Termin ordnungsgemäß geladen war (§ 335 Abs. 1 Nr. 2) und **sie nicht ohne ihr Verschulden am Erscheinen verhindert** war (§ 337).[10] Diese Voraussetzungen erlangen besondere Bedeutung für den Fall, dass ein zweites Versäumnisurteil im technischen Sinn erlassen wurde und nunmehr mit der Berufung angefochten wird (näher dazu § 514 Rn. 16 ff.). Die Frage, ob die Partei ein Verschulden trifft, ist ebenso wie in § 233 und § 337 zu beurteilen.[11] 8

---

[3] So die ganz hM; *Stein/Jonas/Grunsky* Rn. 4; *Zöller/Herget* Rn. 3; *Baumbach/Lauterbach/Hartmann* Rn. 4 (unklar demgegenüber § 341 Rn. 9); *Thomas/Putzo/Reichold* Rn. 1; *Musielak/Stadler* Rn. 2; *Zimmermann* Rn. 1; AK-ZPO/*Pieper* Rn. 2; *Prütting* JuS 1975, 152; wohl auch BGH NJW 1995, 1561 = MDR 1995, 629; OLG Düsseldorf MDR 2001, 833, das die Auffassung des BGH ebenfalls in diesem Sinne deutet.

[4] *Bötticher* AP 1952 Nr. 32, 33, 34; *ders.* SAE 1957, 99 f.; *Löwe* ZZP 83 (1970), 269; *Blunck* MDR 1973, 472; ArbG Kassel AuR 1962, 183; zuletzt *Hövel* NJW 1997, 2864.

[5] LAG Bremen NJW 1966, 1678.

[6] BGH NJW 1967, 728; LG Kiel NJW 1963, 661.

[7] *Münzberg* ZZP 80 (1967), 484; *Baumbach/Lauterbach/Hartmann* Rn. 4; *Stein/Jonas/Grunsky* Rn. 5 m. weit. Nachw.

[8] BGH NJW-RR 1986, 1252.

[9] OLG Dresden NJW-RR 2001, 792.

[10] BGH NJW 1998, 3125; BGH ZIP 2007, 885.

[11] BGH NJW 1998, 3125; BGH NJW 1999, 2120; BGH ZIP 2007, 885, 886.

9 **5. Nicht: Prüfung der Gesetzmäßigkeit des ersten Versäumnisurteils.** Entgegen einer verbreiteten Auffassung[12] setzt der Erlass eines zweiten Versäumnisurteils im technischen Sinn jedoch nicht die Überprüfung der Gesetzmäßigkeit des vorangegangenen ersten Versäumnisurteils voraus. Es sind nach richtiger Ansicht[13] also weder die Zulässigkeit der Klage noch ihre Schlüssigkeit oder weitere Voraussetzungen für das Vorliegen des ersten Versäumnisurteils (wie zB das Vorliegen einer Versäumnis vor Erlass des ersten Versäumnisurteils) nochmals zu prüfen.[14]

10 Die Gegenmeinung will vor allem einer materiell gerechten Entscheidung im Einzelfalle zum Sieg verhelfen und argumentiert mit Gesichtspunkten der Schutzwürdigkeit und der materiellen Richtigkeitsgewähr, ohne zu sehen, dass einem solchen (de lege ferenda durchaus wünschenswerten) Ergebnis die geltende Gesetzeslage eindeutig entgegensteht.[15]

Insbesondere die anerkannten Arten der Gesetzesauslegung stützen die hier vertretene Auffassung:

11 **a) Wortlaut.** Schon der Wortlaut von § 345 spricht für die hier vertretene Auffassung.[16] Jedenfalls wird im deutschen Zivilprozessrecht streng zwischen der Verwerfung (ein Begehren bleibt aus formellen Gründen ohne Erfolg) und der Abweisung bzw. Zurückweisung (ein Begehren bleibt aus sachlichen Gründen ohne Erfolg) unterschieden.[17] Sowohl das Wort „verwerfen" als auch der auffallende Unterschied in der Tenorierung zwischen § 343 S. 1 und § 345 sowie die Formulierung des Relativsatzes („durch das der Einspruch verworfen wird") legen die hier vertretene Auffassung zumindest sehr nahe.[18] Immerhin sei eingeräumt, dass der Wortlaut für sich genommen kein zwingendes Argument darstellen mag. Hinzu kommt freilich, dass § 345 nach seinem Wortlaut nicht zwischen dem Kläger und dem Beklagten differenziert, sondern auf beide gleichermaßen anwendbar ist. Dagegen zwingt die hier abgelehnte Gegenauffassung zu einer solchen Differenzierung, weil eine erneute Schlüssigkeitsprüfung nur im Falle des Beklagten in Betracht kommen kann und eine erneute Prüfung der Zulässigkeit der Klage ebenfalls nur beim Versäumnisurteil gegen den Beklagten sinnvoll erscheint.

12 **b) Historische Auslegung.** Die hier vertretene Auffassung lässt sich durch eine historische Auslegung stützen. Es kann als gesichert gelten, dass dem heutigen § 345 (= § 300 des Entwurfs einer CPO = 310 CPO 1877 = § 345 CPO 1898) die Auffassung zugrunde lag, vor Erlass eines zweiten Versäumnisurteils sei lediglich das Nichterscheinen des Einspruchsführers im Termin zu prüfen.[19] In diesem Sinne ist auch die Norm fast 100 Jahre einhellig verstanden worden. Auch der Gesetzgeber der Vereinfachungsnovelle 1976 ging eindeutig von dieser Auffassung aus (s. Rn. 15).

13 **c) Systematische Auslegung.** Auch eine systematische Auslegung der §§ 338 ff. stützt die hier vertretene Auffassung. Aus der vom Gesetzgeber angeordneten unterschiedlichen Tenorierung in § 343 S. 1 und § 345 lässt sich entnehmen, dass die Wirkung des § 342 im Rahmen einer zweiten

---

[12] So BAGE 23, 92 = NJW 1971, 1198; BAGE 25, 475 = NJW 1974, 1103 = MDR 1974, 609; BAG NZA 1994, 1102 = JZ 1995, 523; LAG Hamm BB 1975, 745; NJW 1981, 887; OLG Stuttgart MDR 1976, 51; OLG Celle FamRZ 1993, 1120; LAG Frankfurt NZA 1993, 816; OLG Bremen OLG Report 1995, 62; *Stein/Jonas/Grunsky* Rn. 7; *Zöller/Herget* Rn. 4; *Thomas/Putzo/Reichold* Rn. 4; *Rosenberg/Schwab/Gottwald* § 107 VI, AK-ZPO/*Pieper* Rn. 3; *Vollkommer* ZZP 94, 91; *ders.* AP Nr. 3 und AP § 513 Nr. 6; *Hoyer* S. 124 ff.; *Braun* ZZP 93 (1980), 460; *ders.* JZ 1995, 525; *Elser* JuS 1994, 965; *Orlich* NJW 1973, 1350; *ders.* NJW 1980, 1782; *E. Schneider* MDR 1985, 376 f.; *Peters* JZ 1986, 860.

[13] Wie hier *Musielak/Stadler* Rn. 4; *Baumbach/Lauterbach/Hartmann* Rn. 6; *Zimmermann* Rn. 3; *Jauernig* § 67 II 3; *Heinrich* S. 118 f.; *Stadler/Jarsumbek* JuS 2006, 134 f.; *Lehmann* S. 111 ff.; *Greger* ZZP 112 (1999), 495; *Boemke* ZZP 106 (1993), 371; *Stahlhacke,* FS E. Schneider, S. 119 f.; *Schreiber* ZZP 105 (1992), 79; *Jacobsen/Keim/Waas* MDR 1977, 631; *Marcelli* NJW 1981, 2558; *Blunck* NJW 1971, 2040; *Schwab* ZZP 96 (1983), 156; *Löwe* ZZP 83 (1970), 269; *Prütting* JuS 1975, 150.

[14] In der Rechtsprechung hat erst die Entscheidung des BGH v. 6. 5. 1999 Klarheit gebracht, BGH NJW 1999, 2599 = ZZP 112 (1999), 491 m. Anm. *Greger;* offen geblieben war die Frage in BGHZ 73, 87 = NJW 1979, 658 und BGHZ 97, 341 = NJW 1986, 2113 sowie BGH NJW 1991, 43; die in diesen Urteilen entschiedenen Sonderfälle ließen aber schon damals vermuten, daß der BGH der hier vertretenen Auffassung zuneigt. Zustimmend aus der Rspr. KG MDR 2000, 293; OLG Rostock MDR 1999, 1084; OLG Düsseldorf MDR 1985, 1034; OLG Hamm NJW 1991, 1067; siehe Rn. 19.

[15] Vgl. BGH NJW 1999, 2599 = ZZP 112 (1999), 491 m. Anm. *Greger* („Die gegenteilige Auffassung findet keine Stütze im Gesetz"); ebenso eindeutig auch *Stahlhacke,* Festschrift für E. Schneider, S. 127.

[16] So auch BGH NJW 1999, 2599 = ZZP 112 (1999), 491 m. Anm. *Greger.*

[17] Der Hinweis des BAG (NJW 1971, 1198) auf die Terminologie im Strafverfahren ist hierbei nicht hilfreich.

[18] *Lehmann* S. 123 ff.; *Jauernig* § 67 II 3; *Prütting* JuS 1975, 153; aA BAG, NJW 1971, 1198; *Vollkommer* AP Nr. 3 (II 2 a).

[19] *Hahn,* Die Materialien zu den Reichsjustizgesetzen II, S. 298; vgl. weiter *von Wilmowski/Levy,* CPO, 6. Aufl. 1892, § 310 Anm. 3; *Seuffert/Walsmann* ZPO, 12. Aufl. 1932, § 345 Anm. 1 a; wie hier nunmehr auch BGH NJW 1999, 2599 = ZZP 112 (1999), 491 m. Anm. *Greger;* BGH NJW 1991, 43.

Säumnis iSv. § 345 nicht eintreten kann. Anderenfalls hätte auch der Tenor in § 345 auf Aufrechterhaltung des Versäumnisurteils lauten müssen.[20]

d) Teleologische Auslegung. Das Ergebnis wird durch eine teleologische Auslegung bestätigt. § 345 hat unstreitig einen Sanktionscharakter und soll der Prozessverschleppung bei unmittelbar aufeinanderfolgender zweimaliger Säumnis strikt Einhalt gebieten (s. Rn. 4). Es entspricht zwar einer modernen Tendenz, die Wirkung von Normen mit Sanktionscharakter abzuschwächen zugunsten von Billigkeits- und Schutzwürdigkeitsüberlegungen. Darüber mag man im Einzelfall streiten, festzuhalten ist jedoch, dass die Auslegung von § 345 solche Tendenzen nicht deckt. Die dabei angestellten Überlegungen könnten nur de lege ferenda oder im Rahmen einer eventuellen Rechtsfortbildung Bedeutung erlangen. **14**

e) Umkehrschluss zu § 700 Abs. 6. Neben den bisher angeführten Gesichtspunkten der Auslegung lässt sich das hier vertretene Ergebnis aber auch eindeutig aus einem Umkehrschluss zu § 700 Abs. 6 begründen.[21] Dies wird zwar immer wieder bestritten,[22] lässt sich aber aus den Materialien zur Vereinfachungsnovelle 1976 eindeutig belegen. Der Gesetzgeber hat damals nach einer intensiven Diskussion über eine im Mahnverfahren bestehende rechtsstaatlich bedenkliche Lücke, die vor allem *Löwe*[23] nachgewiesen hatte, eine ganz bewusste Ergänzung des Gesetzes vorgenommen, die im Mahnverfahren im Gegensatz zu § 345 für nötig gehalten wurde. Den Materialien ist zu entnehmen, dass die Schlüssigkeitsprüfung bei zweiter Säumnis in dem Sonderfall des Mahnverfahrens „**nachgeholt** werden" muss.[24] Der Gesetzgeber wollte also unzweifelhaft in § 700 eine von § 345 abweichende Regelung treffen. Dagegen wäre nach der hier bekämpften Auffassung die vom Gesetzgeber vorgenommene Einfügung nur eine an sich unnötige Wiederholung eines allgemeinen Grundsatzes.[25] Die Einfügung einer solchen nur verdeutlichenden Norm im Jahre 1976 widerspricht neben den erklärten Hinweisen aus den Gesetzesmaterialien auch der Logik. Es ist daher ein Irrtum zu glauben, der im konkreten Fall zwingend erforderliche Umkehrschluss aus § 700 Abs. 6 sei ein rein formales Argument. In Wahrheit ist in dieser Argumentation der klare Wille des Gesetzes erkennbar. Nunmehr hat sich der Gesetzgeber im Rechtspflege-Vereinfachungsgesetz vom 17. 12. 1990 wiederum mit § 700 befasst und trotz der bekannten und anhaltenden Diskussion keinen Grund zu einer inhaltlichen Veränderung gesehen. Dies muss die These verstärken, dass aus § 700 Abs. 6 ein **Umkehrschluss zwingend** ist (vgl. zum neuen § 700 Abs. 6 auch BT-Drucks. 11/3621 S. 50).[26] **15**

f) Rechtliches Gehör. Eindeutig unrichtig ist demgegenüber die gegen das hier erzielte Ergebnis geltend gemachte Behauptung, der Umkehrschluss aus § 700 Abs. 6 führe zu einem mit dem **Grundsatz des rechtlichen Gehörs** (Art. 103 Abs. 1 GG) unvereinbaren Ergebnis.[27] Dabei wird verkannt, dass die säumige Partei im Einspruchstermin ausreichende Gelegenheit zur Äußerung hatte. Bereits dies schließt eine Verletzung von Art. 103 Abs. 1 GG aus. Darüber hinaus hatte die Partei im Rahmen des ersten Versäumnisurteils trotz unschlüssiger Klage auch im ursprünglichen Termin zur mündlichen Verhandlung, in dem sie erstmals säumig war, Gelegenheit zur Äußerung. Das in einem solchen Fall vom Gericht zu Unrecht erlassene erste Versäumnisurteil mag ein Fehlurteil gewesen sein, das rechtliche Gehör der Partei ist dadurch jedenfalls noch nicht tangiert.[28] **16**

---

[20] Zu den Überlegungen im einzelnen vgl. insbesondere *Lehmann* S. 125 ff.; *Prütting* JuS 1975, 153; zustimmend BGH NJW 1999, 2599 = ZZP 112 (1999), 491 m. Anm. *Greger*; ferner wie hier *Baumbach/Lauterbach/Hartmann* Rn. 6; *Musielak/Stadler* Rn. 4; *Zimmermann* Rn. 3; *Jauernig* § 67 II 3; aA *Stein/Jonas/Grunsky* Rn. 7; *Thomas/Putzo/Reichold* Rn. 4.

[21] Wie hier *Musielak/Stadler* Rn. 4; *Baumbach/Lauterbach/Hartmann* Rn. 6; *Zimmermann* Rn. 3; *Jauernig* § 67 II 3; *Lehmann* S. 146 ff.; auch für BGH NJW 1999, 2599 ist dies offenkundig ein zentrales Argument.

[22] *Stein/Jonas/Grunsky* Rn. 8; *Thomas/Putzo/Reichold* Rn. 4; *Zöller/Herget* Rn. 4; *Vollkommer* JZ 1991, 830; *Gottwald* JZ 1983, 520;

[23] *Löwe* ZZP 83 (1970), 266 ff.

[24] BT-Drucks. 7/2729 S. 103.

[25] Dies betont zu Recht auch BGH NJW 1999, 2599 = ZZP 112 (1999), 491 m. Anm. *Greger*.

[26] Angesichts der geschilderten Situation und der gesetzgeberischen Aktivitäten im Rahmen der Novellen 1976 und 1990 kann man nur staunen, mit welcher Sicherheit einige Stimmen noch in neuerer Zeit einen gegenteiligen Standpunkt einnehmen, ohne die hier vorgetragenen Argumente insbesondere zum Umkehrschluß aus § 700 Abs. 6 überhaupt zu würdigen; vgl. etwa *Hager* KTS 1992, 326 (die Differenzierung überzeuge nicht); *Braun* JZ 1995, 526 f. (die Argumentation sei nicht besonders konsequent, es werde ein „seltsames" Ergebnis erzielt, das nicht einmal den Intentionen des Gesetzgebers gerecht werde); *Elser* JuS 1994, 966 (das Problem sei in § 345 gar nicht geregelt).

[27] So *Zöller/Herget* Rn. 4; gegen diese Auffassung nunmehr ausdrücklich auch *Musielak/Stadler* Rn. 4, *Boemke* ZZP 106 (1993), 375 ff.; wie hier auch BGH NJW 1999, 2599.

[28] Vgl. zum Ganzen *Waldner,* Der Anspruch auf rechtliches Gehör, 2. Aufl. 2000, Rn. 340, 343, 344; *Schwab/Gottwald,* Verfassung und Zivilprozeß, 1984, S. 56.

17 **g) Versäumnisbegriff.** Ein anderer Weg, die hier abgelehnte Auffassung zu stützen, besteht darin, das Merkmal der Schlüssigkeit und andere Voraussetzungen eines Versäumnisurteils zum Versäumnisbegriff zu ziehen und auf diese Weise bei Fehlen einer Voraussetzung die Versäumnis als solche zu verneinen.[29] Das kann nicht überzeugen. Nach allen anerkannten Auslegungskriterien gehört die Schlüssigkeit der Klage sicherlich nicht zum Versäumnisbegriff.[30]

18 **h) Richtigkeitsgewähr.** Angesichts der bisherigen Überlegungen zur Gesetzeslage dürfte bereits deutlich sein, dass die von der Gegenauffassung in den Vordergrund gerückten Überlegungen zur Schutzwürdigkeit der säumigen Partei und zur Richtigkeitsgewähr des Urteils („Der Richter darf nicht sehenden Auges Unrecht sprechen") keine Legitimation dafür bieten, die eindeutige Gesetzeslage abzuändern. Man kann sich sogar fragen, ob nicht die Gegenauffassung schon durch die Vereinfachungsnovelle 1976 widerlegt worden ist.[31] Hinzu kommt, dass von der Gegenauffassung immer wieder verkannt wird, dass selbst eine durchgeführte **Schlüssigkeitsprüfung keine Richtigkeitsgewähr** leisten kann. Denn bei der Schlüssigkeitsprüfung handelt es sich um eine reine Rechtskontrolle.[32] Wie wenig selbst eine unrichtige Schlüssigkeitsprüfung vor Erlass des ersten Versäumnisurteils über die bestehende materielle Rechtslage aussagt, zeigt sich daran, dass es ohne weiteres denkbar ist, dass auch der Kläger durch eine Ergänzung seines Vorbringens zur Schlüssigkeit seinen Prozesssieg uU legitimieren kann. Es ist ihm nicht vorzuwerfen, dass er angesichts des vom Gericht erlassenen ersten Versäumnisurteils zunächst keinen Anlass hatte, seinen Vortrag zur Schlüssigkeit zu ergänzen.

19 **i) Rechtsprechung des BGH.** Angesichts der umfangreichen Kontroverse über die hier behandelte Frage bestand in der **Praxis der Zivilgerichte** seit langer Zeit große Unsicherheit. Diese Unsicherheit hat der BGH mit seiner Entscheidung vom 6. 5. 1999 nunmehr beendet.[33] Schon früher hatte der BGH in seiner Entscheidung vom 25. 10. 1990[34] erstmals deutlich zu erkennen gegeben, dass er der hier vertretenen Auffassung zustimmt. Der BGH hatte in dieser Entscheidung über den Umfang einer Nachprüfung des zweiten Versäumnisurteils durch die Berufung gemäß § 514 Abs. 2 zu entscheiden. Er hat diesen Umfang der Überprüfung dadurch festgelegt, dass er eine strikte Parallelität der Prüfungspflicht (im Falle des § 345) und der Rechtsmittelfähigkeit (also dem Fall des § 514 Abs. 2) angenommen hat. Zu Recht meint der BGH, § 514 Abs. 2 sei auf das engste mit § 345 verknüpft.[35] Verbindet man diese Auffassung des BGH mit der früheren Entscheidung vom 16. 4. 1986,[36] in der der BGH die Möglichkeit einer **Berufung** gegen ein zweites Versäumnisurteil mit der Behauptung, das **erste** Versäumnisurteil sei nicht rechtmäßig ergangen, abgelehnt hatte, so ließ dies schon damals nur den Schluss zu, dass der BGH die gleiche Auffassung auch im Rahmen des § 345 vertreten wird.

20 **k) Gegenauffassung.** Regelmäßig übersehen wird von der Gegenauffassung auch die Tatsache, dass sich § 345 unzweifelhaft sowohl gegen den Kläger wie gegen den Beklagten richten kann (siehe Rn. 1, 11). Die von der Gegenauffassung geforderte erneute Schlüssigkeitsprüfung ist aber nur im Falle der zweiten Säumnis des Beklagten möglich. Deshalb müsste die Gegenauffassung im Rahmen einer Säumnis gemäß § 345 bei der Rechtsfolge **systemwidrig danach trennen,** ob es sich um einen säumigen Kläger oder einen säumigen Beklagten handelt.

21 **l) Gleichlauf von Prüfungsumfang und Prüfungspflicht.** In dem Streit um die Auslegung von § 345 wird von vielen Vertretern der beiden konträren Meinungen zu Recht darauf hingewiesen, dass es zwischen der Beurteilung im Falle des § 345 und der Berufung im Falle des § 514 Abs. 2 einen Gleichlauf von Prüfungsumfang und Prüfungspflicht geben müsse. Alle anerkannten Auslegungsmethoden untermauern die Forderung nach einem solchen Gleichlauf der Prüfungspflichten.[37] Allerdings

---

29 So *Braun* ZZP 93 (1980), 459 ff.; wohl auch *Grunsky* AP Nr. 4.

30 Vgl. *Lehmann* S. 52 ff., 134 ff.; ferner § 330 Rn. 10 ff.

31 So *Greger* ZZP 112 (1999), 495, der der Gegenauffassung Prozeßromantik und ein antiquiertes Prozeßrechtsverständnis vorwirft.

32 Im einzelnen *Prütting/Weth,* Rechtskraftdurchbrechung bei unrichtigen Titeln, 2. Aufl. 1994, Rn. 58 ff., 215.

33 BGH NJW 1999, 2599 = MDR 1999, 1017 = ZZP 112 (1999), 491 m. Anm. *Greger.*

34 BGH NJW 1991, 43 = JZ 1991, 826 m. Anm. *Vollkommer;* entgegen der hier vertretenen Auffassung will *Vollkommer* der BGH-Entscheidung vom 25. 10. 1990 entnehmen, in deren Konsequenz liege eine Zustimmung zur Gegenansicht. Das vermag nicht zu überzeugen und ist nun auch vom BGH zurückgewiesen worden, vgl. BGH, NJW 1999, 2599, 2600.

35 BGH NJW 1991, 43, 44; wie hier auch § 513 Rn. 16 ff.

36 BGHZ 97, 341 = NJW 1986, 2113; dieser Auffassung ist auch das BAG, vgl. AP § 513 Nr. 6, das zu § 345 aber die Gegenauffassung vertritt (s. Fn. 8).

37 Vgl. dazu BGH NJW 1999, 2599; BGH NJW 1991, 42; *Stein/Jonas/Grunsky* § 513 Rn. 8; *Zöller/Gummer* § 513 Rn. 7 a; *Braun* ZZP 93 (1980), 449; *Stahlhacke,* FS E. Schneider, S. 109, 113 f.

hatte gerade das BAG, das die Kontroverse um § 345 ausgelöst hat (siehe Fn. 12), in seinen Entscheidungen den weithin geforderten Gleichlauf zwischen § 345 und § 514 Abs. 2 nicht gewährleistet.[38] Das hat ihm scharfe Kritik aus den „eigenen" Reihen eingetragen.[39] Angesichts der klaren Rechtslage in § 514 Abs. 2 kann nur die hier vertretene Auffassung den weithin geforderten Gleichlauf wahren.

m) Zweimalige Säumnis. Zu wenig berücksichtigt wird von der Gegenauffassung auch, dass eine Partei, gegen die ein Versäumnisurteil ergangen ist, sich in einer besonders heiklen Lage befindet. Sie weiß, dass sie nicht erneut säumig werden darf und kann gerade **nicht mehr darauf vertrauen,** dass das erkennende Gericht in dem auf den Einspruch bestimmten Termin zur mündlichen Verhandlung die Schlüssigkeit der Klage nunmehr anders beurteilen werde. Es wäre daher absurd, in einer Zeit, in der der Gesetzgeber mit dem ZPO-ReformG ab 1. 1. 2002 den Umfang der Rechtsmittel deutlich verkürzt hat, bei zweimaliger Säumnis in einer Instanz die Sanktionsfolge des § 345 als ungerecht anzusehen. 22

III. Entscheidung

1. Wesen des zweiten Versäumnisurteils. Ob das zweite Versäumnisurteil im technischen Sinn ein Prozessurteil[40] oder ein Sachurteil[41] darstellt, ist streitig. Beide vertretenen Auffassungen können freilich nicht überzeugen. Die üblicherweise vorgenommene Aufspaltung von Entscheidungen in Prozessurteile und Sachurteile bezieht sich auf die Trennung von Zulässigkeit und Begründetheit des jeweiligen Parteibegehrens. Demgegenüber ist beim Einspruch gemäß § 338 zwischen der Zulässigkeit und der gesetzlichen Wirkung zu trennen, der Einspruch kennt also keine „Begründetheit" im üblichen Sinne. Dementsprechend führt die Entscheidung über den Einspruch nicht direkt zu einer Sachentscheidung, sondern es tritt bei zulässigem Einspruch nur die gesetzliche Folge des § 342 ein. Daher stellt auch ein Urteil, das (anstelle der Wirkung des § 342) den an sich zulässigen Einspruch nur im Hinblick auf die erneute Säumnis des Einspruchsführers gemäß § 345 verwirft, weder ein Prozessurteil dar (über die Zulässigkeit der Klage wurde nicht entschieden, die Zulässigkeit des Einspruchs wurde inzident bejaht), noch stellt es ein Sachurteil dar (es ist keinerlei Entscheidung in der Sache ergangen, vielmehr bleibt mit der Verwerfung des Einspruchs weiterhin allein das erste Versäumnisurteil als Sachentscheidung bestehen und maßgeblich). Daher muss das Urteil nach § 345 als eine **Entscheidung sui generis** gegenüber dem Prozess- und dem Sachurteil angesehen werden, die freilich dem Sachurteil näher steht als dem Prozessurteil.[42] 23

2. Verwerfung des Einspruchs. Liegen die Voraussetzungen für ein zweites Versäumnisurteil im technischen Sinn vor, so wird der Einspruch nach der ausdrücklichen Anordnung des Gesetzes durch das Urteil verworfen. Dabei handelt es sich nicht um eine Verwerfung als unzulässig, sondern um eine reine Sanktion als Folge der wiederholten Säumnis. Auch eine Tenorierung iSv. § 343 S. 1, dass das frühere Versäumnisurteil aufrechtzuerhalten sei, kommt nicht in Betracht. Das ergehende Urteil muss als zweites Versäumnisurteil bezeichnet werden. 24

3. Abweichende Entscheidung. Liegen die Voraussetzungen des § 345 vor, so kommt eine von dieser Norm abweichende Entscheidung nur dann in Betracht, wenn der Einspruchsgegner im Termin gemäß § 341 a seine Klage in einer Form abändert, sodass nach seinem eigenen Antrag das ursprüngliche Versäumnisurteil nicht mehr bestehen bleiben kann. Dies ist insbesondere der Fall bei einem Antrag auf Klageänderung (§ 263) und speziell der einseitigen Erklärung der Erledigung der Hauptsache. Im Falle einer Klageerweiterung ist aber ein zweites Versäumnisurteil über den ursprünglich geltend gemachten Betrag möglich.[43] Auch ein nach Erlass des ersten Versäumnisurteils erhobener weiterer Anspruch (§ 261 Abs. 2) oder eine Widerklage können nicht in das zweite Versäumnisurteil einbezogen werden. 25

4. Entscheidung gemäß § 343? Nach der hier abgelehnten Gegenauffassung (s. Rn. 9 mit Fn. 12 und Rn. 10) soll die Zulässigkeit und die Schlüssigkeit der Klage trotz Versäumnis nochmals geprüft werden. Die Folge wäre dann, dass bei unzulässiger oder unschlüssiger Klage gemäß § 343 S. 2 das Versäumnisurteil aufzuheben und die Klage abzuweisen wäre. Nach dieser Auffassung könnte also entgegen dem Sanktionscharakter von § 345 eine Partei, gegen die bereits ein Versäumnisurteil ergangen war, im Einspruchstermin wiederum säumig bleiben, ohne dass sie bei korrekter Entscheidung des Gerichts Nachteile hinnehmen müsste. 26

---

[38] Vgl. BAG NZA 1994, 1102 = JZ 1994, 523; BAG AP § 513 Nr. 6.
[39] Vgl. nur *Braun* JZ 1994, 525 ff.
[40] So insbesondere *Löwe* ZZP 83 (1970), 269.
[41] So *Stein/Jonas/Grunsky* Rn. 7 a; *Hoyer* S. 127 ff.; *Vollkommer* AP Nr. 3.
[42] Zustimmend *Stadler/Jarsumbek* JuS 2006, 135; *Heinrich* Rn. 175.
[43] OLG Köln NJW-RR 1988, 701.

IV. Rechtsbehelfe

27 **1. Gegen das zweite Versäumnisurteil.** Gegen das zweite Versäumnisurteil im technischen Sinn steht der Partei nach der ausdrücklichen Anordnung des § 345 ein Einspruch nicht mehr zu. Würde die Partei gegen ein Urteil gemäß § 345 einen weiteren Einspruch einlegen, so wäre dieser nach § 341 durch streitiges Endurteil **als unzulässig** zu verwerfen. Die Rechtsmittelfrist läuft in diesem Fall unabhängig von dem unzulässigen Einspruch.[44]

28 Das Gesetz hat aber der Partei gegen das Urteil gemäß § 345 eine eingeschränkte Möglichkeit eröffnet, Berufung bzw. Revision gemäß §§ 514 Abs. 2, 565 einzulegen. Zu den Einzelheiten s. § 514 Rn. 11ff. Es muss eine fehlende schuldhafte Säumnis im Einspruchstermin vorgetragen sein.[45] Eine Ausnahme bildet § 700 Abs. 6, wonach bei einem dem zweiten Versäumnisurteil vorausgegangenen Vollstreckungsbescheid eine Schlüssigkeitsprüfung nachzuholen ist. Zu den Überlegungen, gegen ein Versäumnisurteil mit der Klage aus § 826 BGB vorzugehen, vgl. § 331 Rn. 19 und § 338 Rn. 2.

29 **2. Rechtsbehelf gegen ein unrichtiges Urteil.** Ist ein Urteil zu Unrecht als zweites Versäumnisurteil iSv. § 345 bezeichnet worden oder ist ein Urteil gemäß § 345 ergangen und unrichtig in anderer Weise bezeichnet worden, so steht der Partei nach dem Grundsatz der Meistbegünstigung wahlweise der formal zutreffende oder der inhaltlich korrekte Rechtsbehelf zu.[46]

V. Versäumnis nach Vollstreckungsbescheid

30 Gemäß § 700 Abs. 1 steht der Vollstreckungsbescheid einem für vorläufig vollstreckbar erklärten Versäumnisurteil gleich. § 700 Abs. 1 bezieht sich dabei ausschließlich auf ein erstes Versäumnisurteil im technischen Sinn gegen den Beklagten (Fall des § 331). Die Folge aus dieser Gleichstellung in § 700 ist, dass als Rechtsbehelf gegen den Vollstreckungsbescheid ausschließlich der Einspruch nach den §§ 338ff. zur Verfügung steht (zu den Einzelheiten s. § 700 Rn. 10ff.). Hat in diesem Falle der Antragsgegner (Beklagte) einen zulässigen Einspruch eingelegt und erscheint er im Termin zur mündlichen Verhandlung über den Einspruch und die Hauptsache nicht, so ist gegen ihn ebenfalls § 345 anzuwenden. Da aber ein zweites Versäumnisurteil iSv. § 345 nur noch unter sehr engen Bedingungen angefochten werden kann (s. Rn. 4, 25f.), könnte hier das schwierige Problem entstehen, dass ein rechtskräftiger Titel vorhanden wäre, ohne dass jemals der Richter auch nur die Schlüssigkeit des Vorbringens des Antragstellers geprüft hätte.[47] Der Gesetzgeber hat dieses Problem im Rahmen der Vereinfachungsnovelle 1976 beseitigt, indem seither nach § 700 Abs. 6 (früher Abs. 3 S. 3) ein zweites Versäumnisurteil nur ergehen darf, wenn das Gericht nunmehr eine Schlüssigkeitsprüfung des Antrags gemäß § 331 vornimmt (zu den Einzelheiten s. § 700 Rn. 28). Die vom Gesetzgeber ganz bewusst für den Spezialfall des Vollstreckungsbescheids eingefügte nachträgliche Schlüssigkeitsprüfung lässt wichtige Schlüsse auf die Auslegung von § 345 zu (s. Rn. 15).

VI. Gebühren

31 Für das zweite Versäumnisurteil fällt wie bei allen Versäumnisurteilen gegen die säumige Partei keine eigene Urteilsgebühr an.

32 Für den Rechtsanwalt fällt im Falle der Verwerfung des Einspruchs ausnahmsweise eine besondere Terminsgebühr gemäß Nr. 3105 VV zum RVG an. Bei Erwirkung des ersten und des zweiten Versäumnisurteils wird die Gebühr nicht kumuliert. In der Praxis wird vielfach die Auffassung vertreten, es sei stattdessen die allgemeine Terminsgebühr der Nr. 3104 VV zum RVG heranzuziehen.[48]

§ 346 Verzicht und Rücknahme des Einspruchs

Für den Verzicht auf den Einspruch und seine Zurücknahme gelten die Vorschriften über den Verzicht auf die Berufung und über ihre Zurücknahme entsprechend.

---

[44] BAG AP Nr. 1.
[45] KG MDR 2007, 49.
[46] BGH NJW 1997, 1448 m. weit. Nachw.; BGH VersR 1984, 288; OLG Brandenburg NJW-RR 1998, 1286; zum Grundsatz der Meistbegünstigung im Einzelnen s. Vor §§ 511ff. Rn. 47.
[47] Zu diesem Problem und zur Rechtslage vor 1976 umfassend *Löwe* ZZP 83 (1970), 266ff.
[48] Vgl. *Ebert* BRAK-Mitt. 2005, 272.

I. Norminhalt

Aus § 346 ergibt sich, dass Verzicht und Rücknahme wie im Rechtsmittelrecht auch für den Einspruch nach allgemeinen Regeln zulässig sind. Heranzuziehen sind die Regeln des Berufungsverfahrens (§§ 515, 516). 1

Verzicht und Rücknahme sind **Prozesshandlungen,** müssen also deren Regeln folgen und können deshalb zB nicht angefochten werden. Ein Widerruf ist nur unter den Voraussetzungen des § 580 möglich, nicht aber wegen eines Irrtums.[1] Von den Prozesshandlungen zu trennen sind die außergerichtlichen und vor Urteilserlass abgegebenen Erklärungen. Hierbei handelt es sich im Grundsatz um rechtsgeschäftliche Erklärungen (i. e. dazu § 515 Rn. 14ff.), die vor Gericht einredeweise geltend zu machen sind. 2

II. Verzicht

1. Nach Erlass des Versäumnisurteils ist ein Verzicht auf den Einspruch generell zulässig. Er kann formlos gegenüber dem Gericht oder dem Gegner erklärt werden.[2] Damit wird ein eventuell schon eingelegter Einspruch unzulässig und eine weitere Möglichkeit, Einspruch einzulegen, endgültig abgeschnitten. Das Versäumnisurteil erwächst in **Rechtskraft.** Die Erklärung des Verzichts muss nach Einlegung eines Einspruchs von Amts wegen zugestellt werden. Bei Willensmängeln usw. scheidet eine Anfechtung aus, ein Widerruf ist wegen der bindenden Rechtslage nur unter den engen Voraussetzungen des Wiederaufnahmerechts möglich (§ 580). 3

2. Vor Erlass des Versäumnisurteils ist der Verzicht in vertraglicher Form nach ganz herrschender und richtiger Auffassung zulässig.[3] Zweifelhaft ist dagegen die Wirksamkeit eines **einseitigen** Verzichts vor Erlass des Versäumnisurteils.[4] Die Frage wird nicht durch die §§ 346, 515 entschieden, weil dort eine Regelung des Verzichts vor Urteilserlass nicht enthalten ist. Die historische Betrachtung und der erforderliche Schutz der Parteien sprechen aber klar gegen die Anerkennung eines einseitigen Verzichts.[5] 4

III. Rücknahme

Im Gegensatz zum Verzicht bezieht sich die Rücknahme des Einspruchs immer nur auf einen bereits eingelegten Einspruch. Dabei führt die Rücknahme nicht zur Rechtskraft des Versäumnisurteils, wenn sie innerhalb der Einspruchsfrist erfolgt, sondern nur zum Verlust des konkret eingelegten Einspruchs (vgl. § 516 Abs. 3 S. 1). Der Einspruch kann in diesem Falle also wiederholt werden. 5

Die Rücknahme ist eine **Prozesshandlung.** Davon zu trennen ist eine (zulässige) vertragliche Verpflichtung zur Rücknahme des Einspruchs (Einspruchsrücknahmeversprechen). Die Rücknahme muss dem Gericht gegenüber erklärt werden (vgl. § 516 Abs. 2 S. 1), und zwar in der mündlichen Verhandlung oder durch Einreichung eines Schriftsatzes. Ohne Einwilligung der Gegenseite ist sie nur bis zum Beginn der mündlichen Verhandlung durch den Gegner zulässig (vgl. § 516 Abs. 1). Wie der Verzicht ist auch die Rücknahme nicht anfechtbar und unwiderruflich, außer bei Vorliegen eines Restitutionsgrundes (§ 580). 6

§ 347 Verfahren bei Widerklage und Zwischenstreit

(1) Die Vorschriften dieses Titels gelten für das Verfahren, das eine Widerklage oder die Bestimmung des Betrages eines dem Grunde nach bereits festgestellten Anspruchs zum Gegenstand hat, entsprechend.

(2) [1]War ein Termin lediglich zur Verhandlung über einen Zwischenstreit bestimmt, so beschränkt sich das Versäumnisverfahren und das Versäumnisurteil auf die Erledigung dieses Zwischenstreits. [2]Die Vorschriften dieses Titels gelten entsprechend.

---

[1] OLG Düsseldorf JR 1984, 1586.

[2] BGH NJW 1974, 1248.

[3] *Rosenberg/Schwab/Gottwald* § 107 V 2 d; *Zöller/Herget* Rn. 1; *Stein/Jonas/Grunsky* Rn. 2; aA *Häsemeyer* ZZP 85 (1972), 225; *Habscheid* NJW 1965, 2375.

[4] Für wirksam halten ihn *Baumbach/Lauterbach/Hartmann* Rn. 3; *Stein/Jonas/Grunsky* Rn. 2; aA ist die hM; vgl. *Rimmelspacher* JuS 1988, 955; *Zöller/Herget* Rn. 1; *Rosenberg/Schwab/Gottwald* § 107 V 2 d; ferner s. § 515 Rn. 22 f.

[5] Dazu insbesondere *Rimmelspacher* JuS 1988, 956.

I. Anwendungsbereich

1 § 347 spricht von „Vorschriften dieses Titels". Damit wird zum Ausdruck gebracht, dass sowohl das Versäumnisverfahren wie die Entscheidung nach Lage der Akten (§ 331 a) entsprechend anzuwenden sind im Falle einer Widerklage (s. Rn. 2 ff.) im Verfahren über den Betrag und vergleichbaren Fällen (s. Rn. 5 ff.) sowie in bestimmten Fällen eines Zwischenstreits (s. Rn. 8 ff.).

II. Die Regelung des Abs. 1

2 **1. Widerklage.** Abs. 1 stellt die Widerklage auch im Bereich des Versäumnisverfahrens und der Aktenlageentscheidung der Klage gleich. Zu beachten ist allerdings, dass eine Widerklage sowohl durch Zustellung eines Schriftsatzes nach allgemeinen Regeln (§ 253 Abs. 2) als auch durch Geltendmachen des Anspruchs in der mündlichen Verhandlung gemäß § 297 Abs. 1 erhoben werden kann (vgl. § 261 Abs. 2). Ist die Widerklage durch Zustellung eines Schriftsatzes erfolgt, sind die §§ 330 ff. ohne weiteres anwendbar. Wird die Widerklage erstmals in der mündlichen Verhandlung erhoben, so ist zu differenzieren. Ein Fall des § 330 ist hierbei nicht möglich, weil er die Säumnis des Widerklägers voraussetzen würde. Ist dagegen der Kläger und Widerbeklagte säumig, so wäre an sich gegen ihn ein Versäumnisurteil nach § 331 möglich. Hierbei ist allerdings zu beachten, dass es bei einer Erhebung der Widerklage in der mündlichen Verhandlung an der rechtzeitigen Mitteilung des Antrags durch einen Schriftsatz gemäß § 335 Abs. 1 Nr. 3 fehlt.

3 Es zeigt sich also, dass ein Versäumnisurteil gegen den Widerkläger nach § 330 in jedem Falle eine wirksame Erhebung der Widerklage iSv. § 261 Abs. 2 voraussetzt. Ein Versäumnisurteil gegen den Widerbeklagten gemäß § 331 verlangt demgegenüber in jedem Falle, dass die Widerklage durch einen Schriftsatz rechtzeitig iSv. § 335 Abs. 1 Nr. 3 mitgeteilt war.

4 Möglich ist schließlich auch ein Versäumnisurteil, wenn beide Parteien zwar erschienen sind, eine Partei aber über die Widerklage insgesamt nicht verhandelt (§ 333).

5 **2. Verfahren über den Betrag.** § 347 Abs. 1 erklärt die Regeln über das Versäumnisverfahren auch dann für anwendbar, wenn ein Grundurteil gemäß § 304 ergangen ist und es nunmehr zum Betragsverfahren kommt. Aufgrund der Besonderheiten dieses Urteils als eines Zwischenurteils, das den erhobenen Anspruch auch noch nicht teilweise erledigt hat, müssen die unterschiedlichen Situationen bei Erlass des Grundurteils und im Betragsverfahren unterschieden werden. Ist ein Grundurteil noch nicht ergangen und kommt es zur Säumnis des Klägers in der mündlichen Verhandlung, so kann nicht nach § 304 Abs. 1 verfahren werden. Hier muss in jedem Falle das Versäumnisurteil gegen den Kläger gemäß § 330 über die gesamte Klage erlassen werden. Liegt ein Grundurteil gemäß § 304 noch nicht vor und kommt es zur Versäumnis des Beklagten, so ist auch in diesem Falle der Erlass eines Grundurteils nach den Versäumnisvorschriften nicht möglich, weil § 331 eine Entscheidung über den gesamten Anspruch voraussetzt und ermöglicht.

6 Ist ein Grundurteil bereits ergangen und kommt es zu einer Terminsversäumnis im Rahmen des Betragsverfahrens, so ist bei einer Säumnis des Klägers zu beachten, dass der Rechtsstreit trotz Vorliegens des Grundurteils insgesamt noch nicht erledigt ist. Damit ist auch die mündliche Verhandlung im Betragsverfahren ein Verhandlungstermin iSv. § 332 und es ergeht ein Versäumnisurteil gegen den Kläger nach § 330 über seinen gesamten Klageanspruch. Das Grundurteil verliert in diesem Falle seine Bedeutung. Ist dagegen im Betragsverfahren der Beklagte säumig, so steht die Leistungspflicht des Beklagten dem Grunde nach fest und auch das Gericht ist hieran gebunden (vgl. § 318). In diesem Fall wird über den Betrag gemäß § 331 entschieden.

7 **3. Vergleichbare Fälle.** § 347 Abs. 1 bezieht sich ausdrücklich nur auf den Fall der Widerklage und des Betragsverfahrens nach erlassenem Grundurteil. Es ist aber anerkannt, dass die §§ 330 ff. in entsprechender Anwendung auch im Falle einer Säumnis im Nachverfahren nach ergangenem Vorbehaltsurteil (vgl. §§ 302, 599, 600) sowie im Falle des Verfahrens über eine Stufenklage (vgl. § 254) anwendbar sind.

III. Zwischenstreit nach Abs. 2

8 Abs. 2 betrifft nicht den Zwischenstreit der Parteien mit einem Dritten (vgl. zB §§ 71, 387). In diesen Fällen kommt ein Versäumnisurteil nicht in Betracht, weil die jeweiligen Entscheidungen ausschließlich der sofortigen Beschwerde und nicht dem Einspruch unterliegen. Soweit ein Zwischenstreit zwischen den Parteien gegeben ist (vgl. zB §§ 146, 280), kommt nach Abs. 2 ein Versäumnisurteil nur dann in Betracht, wenn der Termin allein zur Verhandlung über den Zwischenstreit unter den Parteien vom Gericht ausdrücklich bestimmt war. Ausgeschlossen ist also ein Zwischenurteil als Versäumnisurteil, wenn das Gericht ohne vorherige ausdrückliche Bestimmung ein Zwischenurteil nach § 303 oder ein Grundurteil nach § 304 erlassen könnte.

9 Soweit nach Abs. 2 ein Versäumnisurteil in einem Zwischenstreit in Betracht kommt, ergeht ein auf diesen Zwischenstreit beschränktes Versäumnisurteil. Zur Hauptsache kann in diesem Fall erst nach Ablauf der Einspruchsfrist oder nach Erledigung des Einspruchs gegen das Versäumnisurteil über den Zwischenstreit verhandelt werden.

10 Ist danach ein Versäumniszwischenurteil möglich, so gilt als Kläger iSv. § 330 die Partei, die das Zwischenurteil beantragt, als Beklagte iSv. § 331 ist die Gegenpartei anzusehen.

Titel 4. Verfahren vor dem Einzelrichter

§ 348 Originärer Einzelrichter

(1) [1]Die Zivilkammer entscheidet durch eines ihrer Mitglieder als Einzelrichter. [2]Dies gilt nicht, wenn

1. das Mitglied Richter auf Probe ist und noch nicht über einen Zeitraum von einem Jahr geschäftsverteilungsplanmäßig Rechtsprechungsaufgaben in bürgerlichen Rechtsstreitigkeiten wahrzunehmen hatte oder

2. die Zuständigkeit der Kammer nach dem Geschäftsverteilungsplan des Gerichts wegen der Zuordnung des Rechtsstreits zu den nachfolgenden Sachgebieten begründet ist:

a) Streitigkeiten über Ansprüche aus Veröffentlichungen durch Druckerzeugnisse, Bild- und Tonträger jeder Art, insbesondere in Presse, Rundfunk, Film und Fernsehen;

b) Streitigkeiten aus Bank- und Finanzgeschäften;

c) Streitigkeiten aus Bau- und Architektenverträgen sowie aus Ingenieurverträgen, soweit sie im Zusammenhang mit Bauleistungen stehen;

d) Streitigkeiten aus der Berufstätigkeit der Rechtsanwälte, Patentanwälte, Notare, Steuerberater, Steuerbevollmächtigten, Wirtschaftsprüfer und vereidigten Buchprüfer;

e) Streitigkeiten über Ansprüche aus Heilbehandlungen;

f) Streitigkeiten aus Handelssachen im Sinne des § 95 des Gerichtsverfassungsgesetzes;

g) Streitigkeiten über Ansprüche aus Fracht-, Speditions- und Lagergeschäften;

h) Streitigkeiten aus Versicherungsvertragsverhältnissen;

i) Streitigkeiten aus den Bereichen des Urheber- und Verlagsrechts;

j) Streitigkeiten aus den Bereichen der Kommunikations- und Informationstechnologie;

k) Streitigkeiten, die dem Landgericht ohne Rücksicht auf den Streitwert zugewiesen sind.

(2) Bei Zweifeln über das Vorliegen der Voraussetzungen des Absatzes 1 entscheidet die Kammer durch unanfechtbaren Beschluss.

(3) [1]Der Einzelrichter legt den Rechtsstreit der Zivilkammer zur Entscheidung über eine Übernahme vor, wenn

1. die Sache besondere Schwierigkeiten tatsächlicher oder rechtlicher Art aufweist,

2. die Rechtssache grundsätzliche Bedeutung hat oder

3. die Parteien dies übereinstimmend beantragen.

[2]Die Kammer übernimmt den Rechtsstreit, wenn die Voraussetzungen nach Satz 1 Nr. 1 oder 2 vorliegen. [3]Sie entscheidet hierüber durch Beschluss. [4]Eine Zurückübertragung auf den Einzelrichter ist ausgeschlossen.

(4) Auf eine erfolgte oder unterlassene Vorlage oder Übernahme kann ein Rechtsmittel nicht gestützt werden.

Übersicht

I. Änderung

1 § 348 wurde neu gefasst durch Art. 2 Abs. 1 Nr. 54 ZPO-RG vom 27. 7. 2001 (BGBl. I S. 1887). Durch die Neufassung wurde die Übertragung zur Entscheidung auf den Einzelrichter durch die Kammer durch die originäre Zuständigkeit des Einzelrichters ersetzt.

II. Normzweck

2 Die Vorschrift soll zur Erhöhung der Einzelrichterquote führen. Die Erfahrungen mit § 348 aF haben gezeigt, dass das Haupthindernis für das vom Gesetzgeber gewollte Ausschöpfen der „Binnenressourcen“ durch den Einsatz von Einzelrichtern in der oft sehr eingeschränkten Übertragungsbereitschaft der Zivilkammern lag. Der Wechsel von der übertragenen zur originären Zuständigkeit behebt dieses Hemmnis. Er hat dazu geführt, dass 2004 an den Landgerichten 79,04% der erstinstanzlichen Zivilsachen von Einzelrichtern erledigt worden sind.[1] Die Zielvorstellungen des Gesetzgebers sind damit voll erreicht.

3 Die Erhöhung der Einzelrichterquote durch Abs. 1 S. 1 ist von besonderer Bedeutung, weil sie in die Rechtsmittelverfahren hineinwirkt und die personelle Leistungsfähigkeit der Gerichte auch in diesen Verfahrensabschnitten steigert. Die in § 526 Abs. 1 für das Berufungsverfahren vorgesehene Übertragung des Rechtsstreits zur Entscheidung auf einen Einzelrichter setzt voraus, dass die angefochtene Entscheidung durch einen Einzelrichter erlassen worden ist. § 568 S. 1 sieht für das Beschwerdeverfahren sogar die Entscheidung durch einen originären Einzelrichter vor, wenn die Entscheidung eines Einzelrichters angefochten wird.

4 Es ist verwunderlich, dass die originäre Entscheidungsbefugnis des Einzelrichters in Abs. 1 S. 2 Nr. 2 durch einen umfänglichen Ausnahmenkatalog eingeschränkt und insoweit durch die in § 348a Abs. 1 geregelte obligatorische Übertragung zur Entscheidung ersetzt wird. Überzeugende Gründe dafür, bei den im Katalog genannten Streitigkeiten die Kammer zu einer Vorprüfung ihrer Zuständigkeit einzuschalten, bestehen nicht. Davon ist auch der Gesetzgeber ausgegangen. Wäre es anders, hätte er den Ausschluss der originären Zuständigkeit des Einzelrichters nur davon abhängig gemacht, dass die Kammer mit einer Katalogstreitigkeit befasst wird. Das ist aber nicht geschehen. Zu der Befassung mit einer Katalogstreitigkeit muss hinzukommen, dass die Zuständigkeit der Kammer dadurch begründet ist, dass ihr die Bearbeitung der Streitigkeit wegen ihrer Eigenart durch den Geschäftsverteilungsplan des Gerichts zugewiesen ist. Fehlt es an einer solchen Zuweisung, **ist die Kammer** also **nicht Spezialkammer** für die zu bearbeitende Katalogstreitigkeit, **bleibt es bei der Zuständigkeit des originären Einzelrichters.**

5 Das hat mit einer sachgerechten Regelung der Einzelrichterzuständigkeit nichts zu tun. Die in der Begründung des Regierungsentwurfs hervorgehobenen Schwierigkeiten der Katalogstreitigkeiten hätten eher dann eine Einschränkung der originären Zuständigkeit des Einzelrichters gefordert, wenn sie nicht zu einer Spezialkammer gelangen. Die **gesteigerte Sachkunde,** die sich bei den Mitgliedern einer Spezialkammer einstellt, **gleicht** nämlich die **generelle Schwierigkeit der Spezialsachen** wieder **aus.** Der Vorwurf, die Regelung des Abs. 1 S. 2 Nr. 2 sei willkürlich, ist nur dann auszuschließen, wenn man mit Hinweisen in den Gesetzesmaterialien davon ausgeht, dem Gesetzgeber sei es darum gegangen, die Bildung von Spezialkammern zu fördern.[2] Für diese bei der Aufstellung von Geschäftsverteilungsplänen keineswegs leichte Aufgabe hat er als Anreiz die Stärkung des Kammerprinzips gesetzt.

---

[1] *Musielak/Wittschier* Rn. 2.

[2] BT-Drucks. 14/4722, S. 87; *Schnauder* JuS 2002, 68, 71; *Gehrlein,* Zivilprozessrecht nach der ZPO-Reform 2002, 2001, S. 18.

III. Entscheidungsbefugnis des originären Einzelrichters

1. Umfassende Entscheidungsbefugnis. Die Worte „die Zivilkammer entscheidet durch eines ihrer Mitglieder als Einzelrichter" stellen klar, dass die der Zivilkammer im Zivilprozess zugewiesenen Entscheidungsbefugnisse durch den originären Einzelrichter ausgeübt werden. **Alle den Landgerichten im Zivilprozess zugewiesenen Befugnisse stehen kraft Gesetzes dem Einzelrichter zu.** Fragen des Umfangs der Übertragung wie im früheren Recht[3] ergeben sich nicht mehr. 6

Alle eingehenden Sachen, die nach dem Geschäftsverteilungsplan der Kammer einem Richter zur Bearbeitung zugewiesen sind, werden diesem direkt vorgelegt. Eine irgendwie geartete **Mitwirkung der Kammer** (praktisch des Vorsitzenden) ist **nicht vorgesehen.** Soweit nicht die Ausnahmetatbestände des Abs. 1 S. 2 erfüllt sind, existiert die Kammer für den Einzelrichter nur noch als Adressat für die gem. Abs. 3 gebotenen Vorlagen und nach der hM[4] als Spruchorgan für die Entscheidung über gegen den Einzelrichter gerichtete Ablehnungsanträge. 7

2. Zuständigkeit bei verwiesenen Sachen. Originär zuständig ist der Einzelrichter auch für Sachen, die von einem anderen Landgericht, wo für sie ein originärer Einzelrichter nicht zuständig war, weil sie von Abs. 1 S. 2 erfasst wurden, verwiesen werden. Die Zuständigkeitsfrage ist eben stets nach der Rechtslage bei dem entscheidenden Gericht zu beurteilen. 8

Die Zuständigkeit der Kammer ist nur dann durch eine Entscheidung verbindlich bejaht, wenn die verweisende Kammer die Sache auf Vorlage ihres Einzelrichters übernommen hatte. Die vor der Verweisung erfolgte Übernahme bleibt, da das Verfahren trotz der Verweisung ein einheitliches Verfahren bildet, wirksam, und das angewiesene Gericht muss durch die Kammer entscheiden. 9

IV. Übernahme durch die Kammer

1. Voraussetzungen der Übernahme. Die Grundregel des § 348 aF, dass Sachen von besonderer Schwierigkeit und grundsätzlicher Bedeutung durch die Kammer entschieden werden sollen, hat der Gesetzgeber bei der Einführung des originären Einzelrichters beibehalten. Da ein direkter Zugriff der Kammer auf die genannten Sachen durch die Zuständigkeit des originären Einzelrichters ausgeschlossen wird, musste **der Einzelrichter in das Auswahlverfahren eingeschaltet werden.** Das Gesetz hat sich hierbei in Abs. 3 für eine bloße Vorentscheidung des Einzelrichters – Vorlage an die entscheidende Kammer – an Stelle der etwa in § 568 S. 2 vorgesehenen Übertragung durch den Einzelrichter entschieden. 10

a) **Besondere Schwierigkeiten tatsächlicher oder rechtlicher Art** weist ein Rechtsstreit auf, wenn seine Bearbeitung und Entscheidung an den bearbeitenden Richter Anforderungen stellt, die weit über das übliche Maß hinausgehen. Das folgt aus der in der Formulierung der Nr. 1 verwandten **doppelten Steigerung.** Den Sachverhalt zu erfassen, ihn festzustellen, soweit er bestritten ist, und aus ihm die rechtlichen Folgerungen zu ziehen, hat der Richter in jedem Prozess. Die genannten Aufgaben gehören damit zur Alltagsarbeit der Gerichte, und von Schwierigkeiten bei ihrer Bewältigung kann daher erst dann gesprochen werden, wenn sie im Einzelfall an die Richter Anforderungen stellen, die über die üblichen hinausgehen. Aus dem Kreis der schwierigen Sachen werden dann vom Übertragungsgebot nur diejenigen erfasst, bei denen die Schwierigkeit in erheblichem Maße gesteigert ist. Wann das der Fall ist, lässt sich nicht abstrakt, sondern nur von Fall zu Fall bestimmen.[5] Schwierigkeiten dieser Art können gleichermaßen beim Erfassen des Sachverhalts, bei der Erhebung der Beweise, bei ihrer Würdigung und bei der Rechtsanwendung auftreten. Es gibt aber keine Sachen, bei denen besondere Schwierigkeit in der einen oder der anderen Hinsicht grundsätzlich zu bejahen sind.[6] 11

Unmaßgeblich für die Beurteilung als besonders schwierig ist der **Umfang der Arbeit,** die in einem Rechtsstreit zu leisten ist.[7] Der Zeitaufwand, mag er nun für die Sachaufklärung oder die Durcharbeit umfangreicher Rechtsprechung und Literatur erforderlich werden, steigert nämlich nicht die Anforderungen an die geistige Leistung, die vom Richter zu erbringen ist. Sog. **Punktesachen** (Bauprozesse, Abrechnungsstreitigkeiten), bei denen eine Vielzahl einzelner Streitpunkte zu 12

---

[3] Dazu 2. Aufl. § 348 aF Rn. 10–18.

[4] So jetzt auch BGH NJW 2006, 2492, 2493.

[5] *Thomas/Putzo/Reichold* Rn. 11; *Baumbach/Lauterbach/Hartmann* Rn. 39.

[6] So aber OLG Köln VersR 1987, 164. Aus BGH NJW 1994, 801, 802 läßt sich für diese These nichts herleiten, weil sich diese Entscheidung mit den Befugnissen des vorbereitenden Einzelrichters gem. § 524 II aF befasst.

[7] BT-Drucks. 7/1550 S. 5; BT-Drucks. 13/6398 S. 28.

klären ist, die als solche keine besonders gesteigerten Anforderungen an den bearbeitenden Richter stellen, sind daher nicht der Kammer zur Übernahme vorzulegen.

13 Ob eine Sache besondere Schwierigkeiten aufweist, kann auch von den Rechtskenntnissen und dem **Erfahrungsstand** des mit ihr betrauten Richters abhängen.[8] Ist eine Kammer ständig mit bestimmten Sachen befasst (zB Wettbewerbssachen, Arzthaftungssachen, Versicherungssachen), so können dabei auftretende Tat- und Rechtsfragen, die an einen nicht auf sie spezialisierten Richter gesteigerte Anforderungen stellen würden, für den Spezialisten Routinearbeiten sein.

14 Die Vorlage ist bereits dann geboten, wenn in einem der in Abs. 3 Nr. 1 genannten Bereiche besondere Schwierigkeiten auftreten. Die genannten Voraussetzungen stehen alternativ nebeneinander.

15 **b) Grundsätzliche Bedeutung der Rechtssache** setzt voraus, dass die Entscheidung über die Regelung der Rechtsbeziehung der Parteien hinaus für eine unbestimmte Vielzahl von Fällen von Bedeutung ist. Das folgt aus dem Wortlaut des Gesetzes. Dieses nennt anders als die §§ 511 Abs. 4 S. 1 Nr. 1, 543 Abs. 2 S. 1, 574 Abs. 2, die neben der grundsätzlichen Bedeutung weitere Rechtsmittelvoraussetzungen anführen, keine Kriterien, die zu einer einschränkenden Auslegung des Begriffs der „grundsätzlichen Bedeutung" herangezogen werden könnten. Grundsätzliche Bedeutung kommt also nicht nur Rechtsstreitigkeiten zu, bei denen eine entscheidungserhebliche Rechtsfrage höchstrichterlich noch nicht geklärt, klärungsbedürftig und klärungsfähig ist und das abstrakte Interesse der Allgemeinheit berührt, weil sie sich in einer unbestimmten Vielzahl von Fällen stellen kann, sondern etwa auch dann, wenn das Gericht mit seiner Entscheidung von der Rechtsprechung eines anderen Gerichts (vor allem eines obersten Bundesgerichts) abweichen will. Das entspricht auch der Rechtsprechung des BGH,[9] nach der der **Begriff der grundsätzlichen Bedeutung im Einzelrichterrecht** neben der grundsätzlichen Bedeutung im engeren Sinne die im Rechtsmittelzulassungsrecht genannten Fälle der Rechtsfortbildung und der Sicherung einer einheitlichen Rechtsprechung umfasst.

16 Die grundsätzliche Bedeutung muss sich nicht aus der **Entscheidung einer Rechtsfrage** ergeben. Sie kann auch Folge einer Tatsachenfeststellung sein, auf der die Entscheidung eines Rechtsstreits beruht. Abs. 3 will **Entscheidungen, die über den Einzelfall hinaus wirken,** der Kammer vorbehalten, und in der Tatsacheninstanz kann die Bedeutung einer Entscheidung für eine unbestimmte Vielzahl von Fällen sehr wohl auch auf der Klärung einer Tatsachenfrage beruhen.

17 Eine **zeitliche oder sonstige Schranke für die Vorlage besteht nicht.** Gelangt der Einzelrichter erst nach Beginn der Bearbeitung der Sache, etwa nachdem bereits im Haupttermin zur Sache verhandelt oder gar schon die gesamte Beweisaufnahme durchgeführt worden ist, zu der Überzeugung, dass die Vorlegungsvoraussetzungen gegeben sind, muss er die Sache vorlegen. Die Vorlagepflicht des Einzelrichters wird durch die in Abs. 3 genannten Voraussetzungen begründet und besteht daher, solange diese gegeben sind. Sie können bereits bei Beginn des Verfahrens vorliegen (das dürfte die häufigste Variante sein), im Verlauf des Verfahrens entstehen (etwa durch neues Vorbringen oder Klageerweiterung) oder im Verlauf des Verfahrens entfallen (ein zunächst sehr kontroverser Sachvortrag der Parteien wird unstreitig).

18 Der **übereinstimmende Antrag der Parteien verpflichtet** den Einzelrichter zur **Vorlage,** auch wenn er der Ansicht ist, dass die Voraussetzungen des Abs. 3 S. 1 Nr. 1 oder 2 nicht erfüllt sind. Die Parteien, die auf das Unterlassen einer gem. Abs. 3 S. 1 Nr. 1 oder 2 gebotenen Vorlage ein Rechtsmittel nicht stützen können (Abs. 4), erhalten so die Möglichkeit, durch ihre Anträge eine Entscheidung der Kammer über ihre Zuständigkeit zu erzwingen.

19 Der Antrag auf Vorlage der Sache an die Kammer ist schriftsätzlich oder in der mündlichen Verhandlung zu stellen. Er kann, solange die Vorlage nicht erfolgt ist, zurückgenommen werden und zwar auch dann, wenn ein entsprechender Antrag von der anderen Partei gestellt ist. Prozessuale Anträge sind, wenn das Gesetz es nicht anders bestimmt, frei rücknehmbar, solange nicht durch sie eine prozessgestaltende Wirkung herbeigeführt worden ist, und das ist erst der Fall, wenn der Einzelrichter auf die Anträge hin die Sache der Kammer zur Entscheidung über eine Übernahme vorgelegt hat.

20 Der Antrag einer einzelnen Partei, die Sache vorzulegen, ist für den Einzelrichter lediglich eine Anregung, die Vorlagefrage zu prüfen. Da auf ein Unterlassen der Vorlage ein Rechtsmittel nicht gestützt werden kann (Abs. 4), braucht der Antrag nicht beschieden zu werden.

21 **2. Form der Vorlage.** Die **Vorlage** ist **keine Entscheidung.** Sie schafft lediglich eine Voraussetzung für die Entscheidung durch die Kammer. Die Vorlage erfolgt daher durch eine Verfügung des Einzelrichters, nicht durch einen Beschluss. Der Einzelrichter braucht vor der Vorlage die

---

[8] So auch BT-Drucks. 13/6398 S. 28; *Müller* DRiZ 1977, 305.
[9] BGHZ 154, 200, 201 = NJW 2003, 1254, 1255; NJW 2003, 3712; NJW 2004, 223.

Parteien nicht zu hören. Die Parteien müssen lediglich von der erfolgten Vorlage unterrichtet werden, weil sie ein Recht darauf haben, über den Ablauf des Verfahrens informiert zu werden. Auf Grund dieser Information haben sie dann Gelegenheit, gegenüber der Kammer zur Frage der Übernahme Stellung zu nehmen, und damit ist ihnen in ausreichender Weise rechtliches Gehör gewährt.

3. Verfahren der Kammer. Nach Abs. 3 S. 2 hat die Kammer zu prüfen ob die Sache besondere Schwierigkeiten tatsächlicher oder rechtlicher Art aufweist oder die Rechtssache grundsätzliche Bedeutung hat. Bejaht sie das, hat sie den Rechtsstreit zur Entscheidung zu übernehmen. Verneint die Kammer die Voraussetzungen des Abs. 3 S. 1 Nr. 1 und 2, hat sie die Übernahme abzulehnen. Die Formulierung „die Kammer übernimmt" begründet eindeutig eine Übernahmepflicht und begrenzt zugleich auch ihre Übernahmebefugnis. Die Kammer hat also hinsichtlich der Übernahme und ihrer Ablehnung keinen Ermessensspielraum. Dass die Unbestimmtheit der Übernahmevoraussetzungen der Kammer bei deren Feststellung faktisch doch wieder ein Ermessen einräumt, steht auf einem anderen Blatt. 22

Übereinstimmende Anträge der Parteien, die Sache der Kammer zur Übernahme vorzulegen, **zwingen** die Kammer **nicht zu einer Übernahme.**[10] Sie geben ihr aber auch nicht die Befugnis dazu. Das folgt aus Abs. 3 S. 2, der der Übernahme lediglich für die Fälle des Abs. 3 S. 1 Nr. 1 oder 2 vorsieht. Diese Vorschrift ist eindeutig und einer erweiternden Auslegung nicht fähig. Eine Verpflichtung der Kammer zur Übernahme, wenn beide Parteien das beantragen, würde zudem den Parteien das Recht einräumen, die Zuständigkeit der Kammer durch Parteierklärungen zu begründen, und damit ein der Einzelrichterregelung bislang unbekanntes Rechtsinstitut einführen. 23

Die Kammer entscheidet gem. Abs. 3 S. 3 durch Beschluss. **Vor der Entscheidung sind die Parteien zu hören.** Das wird in Abs. 3 S. 3 anders als in § 348a Abs. 2 S. 3 nicht angeordnet. Die Bedeutung der Entscheidung macht aber eine Anhörung erforderlich (Art. 103 Abs. 1 GG). Die Entscheidung geht dahin, dass die Sache übernommen oder die Übernahme abgelehnt wird. Eine Begründung des Beschlusses wird im Gesetz nicht vorgeschrieben. Sie ist aber erforderlich, wenn die Sache entgegen den Anträgen der Parteien nicht übernommen wird, um den Parteien die Prüfung zu ermöglichen, ob ihr Vorbringen von der Kammer erwogen worden ist. 24

4. Folgen der Übernahme. Mit der Übernahme tritt die Kammer an die Stelle des Einzelrichters. Ist der Einzelrichter vor der Übernahme bereits im Verfahren tätig geworden, wird er praktisch zum vorbereitenden Einzelrichter. Die Kammer darf die von ihm erhobenen Beweise verwerten, soweit sie diese auch ohne unmittelbaren Eindruck von dem Verlauf der Beweisaufnahme sachgemäß zu würdigen vermag. 25

Eine **Zurückübertragung** auf den Einzelrichter **ist ausgeschlossen** (Abs. 3 S. 4). Die Ablehnung der Übernahme beseitigt für den Einzelrichter die Zweifel an seiner Zuständigkeit, und er hat das Verfahren fortzusetzen. Er hat aber die **Sache** der Kammer **erneut zur Übernahme vorzulegen,** wenn sich aus einer nach der Ablehnung eintretenden wesentlichen Änderung der Prozesslage besondere Schwierigkeiten der Sache oder ihre grundsätzliche Bedeutung ergeben oder wenn die Parteien die Vorlage übereinstimmend beantragen. Insoweit ist § 348a Abs. 2 entsprechend anzuwenden. Die Ablehnung der Übernahme, die die Zuständigkeit des Einzelrichters feststellt, ist einer Übertragung durch die Kammer vergleichbar, und die erneute Vorlage sichert, dass nach dem Grundprinzip der Einzelrichterregelung besonders schwierige und grundsätzliche Verfahren durch die Kammer entschieden werden. 26

Die praktische Bedeutung der Übernahmeregelung sollte nicht überschätzt werden. Die Kammer erhält durch sie nicht die Möglichkeit, ohne Mitwirkung des Einzelrichters Sachen an sich zu ziehen oder auch nur die Vorlage zur Übernahme irgendwie zu fördern. Abs. 2 ist bei Zweifeln über eine Vorlagepflicht, des Einzelrichters nicht entsprechend anwendbar. Er greift nach seinem klaren Wortlaut nur bei Zweifeln über die Voraussetzungen des Abs. 1, also über die originäre Zuständigkeit der Kammer oder des Einzelrichters, ein. Zutreffend spricht sich der Bundesgerichtshof daher für eine entsprechende Anwendung des Abs. 2 aus, wenn im Beschwerdeverfahren Zweifel entstehen, ob gem. § 568 S. 1 der originäre Einzelrichter oder die Kammer zur Entscheidung über die sofortige Beschwerde gegen einen Beschluss des Vorsitzenden einer Kammer f. Handelssachen zuständig ist.[11] 27

---

[10] So auch BT-Drucks. 14/6036, S. 122; *Musielak/Wittschier* § 348a Rn. 18; *Hannich/Meyer-Seitz* §§ 348, 348a Rn. 51; *Gehrlein* (Fn. 2) S. 18; *Kroiß,* Das neue Zivilprozessrecht, 2001, § 2 Rn. 74; aA *Baumbach/Lauterbach/Hartmann* Rn. 43f.

[11] BGH NJW 2003, 3636, 3637. Der Hinweis des BGH auf § 568 S. 2 Nr. 1 u. 2 sowie die Bemerkung, dass insoweit eine dem Abs. 2 entsprechende Regelung fehle und eine Gesetzeslücke entstanden sei, ist ein Fehlgriff, weil es gar nicht um ein Übertragungsproblem geht.

28 Übereinstimmende Anträge auf Vorlage zur Übernahme werden eher selten sein. § 139 Abs. 4 S. 1 zwingt den Einzelrichter, seine Sicht der Prozesschancen möglichst früh offen zu legen, und die Partei, der die Auffassung des Einzelrichters günstig ist, wird kaum bereit sein, den Einzelrichter zur Vorlage zu zwingen. Die **Vorlagebereitschaft der Einzelrichter** dürfte **gering** sein. Die Bejahung einer besonderen Schwierigkeit tatsächlicher oder rechtlicher Art kann als ansehensminderndes Eingeständnis der Inkompetenz gedeutet werden, und Vorteile bei der Erledigung der Sache sind für den Einzelrichter mit einer Übernahme durch die Kammer nicht verbunden. Wird der Einzelrichter, wie das bei einer Übernahme durch die Kammer zumeist den Fall sein wird, zum Berichterstatter im Kammerverfahren, bleibt der Arbeitsaufwand (er muss das Urteil absetzen) zumindest gleich, eher wird er größer. Der Einzelrichter kann zusätzlich in eine zeitaufwändige Beratung eingebunden werden und muss überdies noch mit Kritik an dem von ihm geschriebenen Urteil durch den Vorsitzenden rechnen. Die Gefahr, bei Nichtvorlage dem Vorwurf einer Rechtsverletzung ausgesetzt zu sein, ist gering. Die Grenze zwischen Schwierigkeiten und besonderen Schwierigkeiten, die erst zur Vorlage zwingen, ist flüssig und auch vom Leistungsstand des Einzelrichters abhängig. Der Vorwurf einer Rechtsverletzung ist eher zu besorgen, wenn es um die grundsätzliche Bedeutung einer Sache geht. Eine Abweichung der Entscheidung des Einzelrichters von der Rechtsprechung des Bundesgerichtshofs etwa ist unschwer zu belegen.

V. Die Grenzen der Zuständigkeit des originären Einzelrichters

29 **1. Richter auf Probe.** Originärer Einzelrichter kann gem. Abs. 1 S. 2 Nr. 1 nicht sein, wer Richter auf Probe ist und noch nicht über einen Zeitraum von einem Jahr geschäftsplanmäßig Rechtsprechungsaufgaben in bürgerlichen Rechtsstreitigkeiten wahrzunehmen hatte. Wer Richter auf Probe ist, ergibt sich aus § 12 Abs. 1 DRiG.

30 Der Zeitraum, der den Richter auf Probe zum originären Einzelrichter qualifiziert, beginnt, wenn er nach seiner Ernennung durch den Geschäftsverteilungsplan eines Amtsgerichts oder Landgerichts einer Zivilabteilung oder einer Zivilkammer als Richter zugeteilt wird. Ob er dabei auf einer Planstelle eingesetzt wird oder den Stelleninhaber zu vertreten hat, ist unerheblich.[12] In beiden Fällen hat er gleichermaßen geschäftsverteilungsplanmäßig Rechtsprechungsaufgaben in bürgerlichen Rechtsstreitigkeiten wahrzunehmen.

31 Das Gesetz fordert nicht, dass der Richter auf Probe nur mit Rechtsprechungsaufgaben in bürgerlichen Rechtsstreitigkeiten betraut wird. Die Jahresfrist des Abs. 1 S. 2 Nr. 1 läuft daher auch dann, wenn der Richter auf Probe etwa nur mit der Hälfte seiner Arbeitskraft mit der Bearbeitung bürgerlicher Rechtsstreitigkeiten betraut wird und im Übrigen Strafsachen zu bearbeiten hat.

32 Erforderlich ist, dass der Richter auf Probe über den Zeitraum von einem Jahr Rechtsprechungsaufgaben in bürgerlichen Rechtsstreitigkeiten wahrzunehmen hatte. **Dass er das auch tatsächlich getan hat, ist dagegen nicht notwendig.** Es genügt vielmehr das Bestehen der durch den Geschäftsverteilungsplan begründeten Pflicht. Durch Urlaubs- und Krankentage sowie sonstige Dienstverhinderungen wird die Pflicht nicht aufgehoben. Die durch sie bedingte Verkürzung der Ausübung der richterlichen Tätigkeit ist daher unerheblich.[13]

33 Das kann bei längeren Krankheitszeiten dazu führen, dass die ausgeübte **richterliche Tätigkeit wesentlich kürzer ist als ein Jahr.** Das hat der Gesetzgeber aber in Kauf genommen, indem er die Qualifikation zum originären Einzelrichter nicht von der Dauer der Ausübung der richterlichen Tätigkeit, sondern von der des geschäftsverteilungsplanmäßigen Einsatzes als Zivilrichter abhängig gemacht hat, um Berechnungsprobleme bei Urlaubs- und Krankheitszeiten zu vermeiden.

34 Dass es dem Gesetzgeber darum ging, Probleme bei der Fristberechnung zu vermeiden, zeigt auch die Anlehnung an die Einschränkung des Proberichtereinsatzes im familiengerichtlichen Verfahren (§ 23b Abs. 3 S. 2 GVG) und in Schöffensachen (§ 29 Abs. 1 S. 2 GVG).[14] In beiden Fällen wird die Qualifikation des Proberichters lediglich davon abhängig gemacht, dass seit seiner Ernennung ein Jahr verstrichen ist. Anforderungen an seine Tätigkeit in dieser Zeit werden dagegen nicht gestellt.

35 Das Argument der Qualifikation darf zudem nicht überbewertet werden. Da die **Einschränkung** in Abs. 1 S. 2 Nr. 1 **eindeutig auf den Richter auf Probe bezogen** ist, gilt sie nicht für andere Fälle, in denen der Einzelrichter aus anderen Gründen nicht in zivilrichterliche Praxis eingeübt ist, was etwa bei Richtern kraft Auftrags (§ 14 DRiG) und bei Richtern, die jahrelang in Strafsachen tätig waren, der Fall sein kann. Bei ihnen wird oft eine wesentlich größere „Zivilrechts-

---

[12] *Baumbach/Lauterbach/Hartmann* Rn. 11.

[13] BT-Drucks. 14/4722, S. 87; *Baumbach/Lauterbach/Hartmann* Rn. 12; *Hannich/Meyer-Seitz* §§ 348, 348 a Rn. 18; *Gehrlein* (Fn. 2), S. 17.

[14] BT-Drucks. 14/4722, S. 87.

ferne" bestehen als bei Richtern auf Probe, die kurz nach dem Bestehen des Assessorexamens mit richterlichen Aufgaben betraut werden. – Schließlich hat der Gesetzgeber beim Einsatz des originären Einzelrichters im Beschwerdeverfahren (§ 568 S. 1) auf eine dem Abs. 1 S. 2 Nr. 1 entsprechende Einschränkung verzichtet.[15]

Ein zusammenhängender Zeitraum von einem Jahr wird vom Gesetz nicht gefordert. Es genügt daher, wenn der Richter auf Probe mit Unterbrechungen insgesamt ein Jahr als Zivilrichter eingesetzt war. 36

2. Zugewiesene Spezialzuständigkeit. Die originäre Zuständigkeit des Einzelrichters entfällt weiterhin, soweit die Zuständigkeit der Kammer dadurch begründet ist, dass ihr im Geschäftsverteilungsplan Streitigkeiten aus einem der in Abs. 1 S. 2 Nr. 2 aufgezählten Sachgebiete zur Entscheidung zugewiesen sind. Die Kammer wird also für die Sachen originär zuständig, die ihr im Geschäftsverteilungsplan ihrer Art nach zugewiesen werden (Spezialkammer) und im Katalog des Abs. 1 S. 2 Nr. 2 enthalten sind. Fällt eine der im Katalog genannten Streitigkeiten bei einer Kammer an, die nicht auf sie spezialisiert ist, bleibt dagegen die originäre Zuständigkeit des Einzelrichters bestehen. 37

Der Umfang der originären Zuständigkeit des Einzelrichters hängt demnach davon ab, in welchem Maße die Präsidien der Landgerichte von ihrer Befugnis aus § 21e Abs. 1 GVG, bei der Aufstellung des Geschäftsverteilungsplans Spezialkammern zu bilden, Gebrauch machen. **Abs. 1 S. 2 Nr. 2 greift in die Entscheidung über die Art der Geschäftsverteilung nicht ein.** Ein Präsidium kann also ohne weiteres auf die Einrichtung von Spezialkammern vollständig verzichten oder nur einen Teil der Katalogstreitigkeiten einer oder mehreren Spezialkammern zuweisen. Bei der Bildung von Spezialkammern besteht keine Bindung an den Katalog. Es kann etwa nur für einen Teil der Streitigkeiten einer Kataloggruppe eine Spezialkammer eingerichtet oder die Streitigkeiten einer Kataloggruppe ihrer Art nach oder nach sonstigen Merkmalen auf verschiedene Spezialkammern verteilt werden. Um die Zuständigkeit des originären Einzelrichters auszuschließen, muss die Zuständigkeit der Kammer für die Katalogsache aber stets gerade durch ihre Eigenschaft als Spezialkammer begründet sein. 38

3. Prüfung der Kammerzuständigkeit. Ist ein Mitglied der Kammer Richter auf Probe, ist sein Status iS des Abs. 1 S. 2 Nr. 1 zu klären. Solange er nicht ein Jahr lang geschäftsverteilungsplanmäßig Zivilsachen zu bearbeiten hatte, bleiben die nach der Geschäftsverteilung der Kammer ihm zugewiesenen Sachen in der originären Zuständigkeit der Kammer. Probleme hinsichtlich der Anwendbarkeit der Nr. 1 dürften, wenn man Urlaubs- und Krankenzeiten voll anrechnet,[16] nicht entstehen. Ergibt sich die Kammerzuständigkeit bereits aus Nr. 1, bedarf es keiner Prüfung der Katalogzuständigkeit. 39

Unterliegt das Kammermitglied, das die Sache zu bearbeiten hat, nicht der Beschränkung als Richter auf Probe, ergeben sich Probleme nur, wenn nach dem Geschäftsverteilungsplan des Gerichts eine Spezialzuständigkeit den Kammer begründet ist. Dann ist zu klären, ob die Zuständigkeitsregelung im Geschäftsverteilungsplan eine der im Katalog aufgeführten Streitigkeiten erfasst und der konkrete Prozess diesen zuzurechnen ist. Ergeben sich hierbei Zweifel, so entscheidet nach Abs. 2 darüber die Kammer durch unanfechtbaren Beschluss. 40

Wird die Sache wegen ihrer Katalognähe der Kammer vorgelegt, ist die Bejahung der Kammerzuständigkeit, wenn die Sache gem. § 348a Abs. 1 auf den obligatorischen Einzelrichter übertragen wird, eine Vorentscheidung für den Übertragungsbeschluss. Ihr Ergebnis braucht daher nicht separat ausgesprochen zu werden. **Verneint die Kammer die Kammergebundenheit,** ist die Sache formlos an den originären Einzelrichter abzugeben. In diesem Fall **ist ein Beschluss gem. Abs. 2 geboten,** um die Zuständigkeit des Einzelrichters verbindlich festzustellen. Der Kammer ist es verwehrt, in einer vorweggenommenen Übernahme gem. Abs. 3 S. 2 die Sache zu behalten, wenn sie nach ihrer Ansicht besondere Schwierigkeiten aufweist oder von grundsätzlicher Bedeutung ist. Eine Übernahme setzt stets die Vorlage durch den dafür zuständigen originären Einzelrichter voraus. 41

Wird die Sache nach Eingang dem originären Einzelrichter vorgelegt, und hat dieser Zweifel, ob nicht einer der Ausnahmetatbestände des Abs. 1 S. 2 erfüllt ist, legt er die Sache der Kammer zur Entscheidung vor. 42

Ist **eine der Parteien der Ansicht, dass die Sache vor ein anderes Spruchorgan** der Zivilkammer gehört als das, das die Bearbeitung übernommen hat, **kann sie** zum Zweck den Klärung der Zuständigkeit eine **Entscheidung gem. Abs. 2 beantragen.** 43

---

15 Gegen eine entsprechende Anwendung des Abs. 1 S. 2 Nr. 1 in den Fällen des § 568 S. 1 BGH NJW 2003, 1875, 1876f.

16 S. o. Rn. 32f.

44 **4. Der Zuständigkeitskatalog. a) Grundfragen.** Der Katalog in Abs. 1 S. 2 Nr. 2 umfasst elf Sachgebiete. Die für ihre Auswahl angegebenen Gründe, die sich auf die Bedeutung der Materie, ihre besondere Schwierigkeit und die Notwendigkeit besonderer Sachkunde des Gerichts reduzieren lassen, treffen gleichermaßen auf zahlreiche im Katalog nicht genannte Rechtsgebiete zu. Man kann daher davon ausgehen, dass der Katalog von dem Wunsch bestimmt ist, die Bildung entsprechender Spezialkammern zu fördern.[17]

45 Die im Katalog genannten Sachgebiete überschneiden sich vielfach. Daraus ergeben sich aber keine Probleme. Deckt sich die einer Kammer durch die Geschäftsverteilung zugewiesene Zuständigkeit für bestimmte Sachgebiete mit einer Katalogzuständigkeit, so ist die primäre Zuständigkeit der Kammer für die darunter fallenden Streitigkeiten gegeben. Dass eine Streitigkeit sich auch einem anderen Katalogbereich zuordnen lässt, ändert daran nichts. Konkurrenzprobleme entstehen erst, wenn für sich überschneidende Katalogmaterien – etwa für lit. b) und für lit. f) – verschiedene Spezialkammern eingerichtet werden. Die Abgrenzung der Zuständigkeit der Spezialkammern ist Sache des Geschäftsverteilungsplans. Soweit es zu negativen Kompetenzkonflikten der Kammern kommt, sind diese nach hM vom Präsidium zu entscheiden.[18]

46 Nicht angesprochen wird in Abs. 1 S. 2 Nr. 2 die Frage, wer primär zuständig ist, wenn ein Anspruch mit kataloggebundenen und nicht gebundenen rechtlichen Gesichtspunkten begründet wird sowie die Verbindung vom Katalog erfasster und nicht erfasster Ansprüche im Wege der objektiven Klagehäufung (§ 260). Ausgehend vom **Vorrang der Kammer,** der in Abs. 2 und Abs. 3 seinen Niederschlag gefunden hat und unter dem Gesichtspunkt der größeren Sachkompetenz der Kammer gerechtfertigt ist, ist in den genannten Fällen die Kammer primär zuständig.

47 Wird durch eine **nachträgliche objektive Klagenhäufung** oder durch **Widerklage** in einen primär dem Einzelrichter zugewiesenen Prozess eine **Katalogsache zur Entscheidung gestellt,** bleibt die **Zuständigkeit des Einzelrichters** bestehen. Das entspricht dem vom Gedanken der Prozessökonomie getragenen Grundsatz, dass nachträgliche Änderungen eine einmal begründete Zuständigkeit nicht beseitigen (vgl. § 261 Abs. 3 Nr. 2). Außerdem gewährleistet Abs. 3, dass Sachen von besonderer Schwierigkeit und grundsätzlicher Bedeutung, die von der Kammer entschieden werden sollen, an die Kammer gelangen. Das nachträgliche Einführen von Kataloganspruchen kann also nur dann zu einer Änderung der Zuständigkeit führen, wenn es die Vorlagevoraussetzungen des Abs. 3 eintreten lässt und der Rechtsstreit vom Einzelrichter der Kammer zur Übernahme vorgelegt wird.

48 **b) Die Katalogzuständigkeiten im Einzelnen.** Lit. a) erfasst alle Streitigkeiten, in denen der Kläger seinen Anspruch aus Veröffentlichungen durch Druckerzeugnisse, Bild- und Tonträger jeder Art herleitet. Die Art des Anspruchs ist gleichgültig. Es kann sich also um gesetzliche Ansprüche aller Art und vertragliche Ansprüche handeln. Es geht nicht nur um Ansprüche, die durch Eingriffe in eine fremde Rechtssphäre mittels Veröffentlichung entstehen, sondern auch um solche aus einer vertraglichen Verpflichtung zur Veröffentlichung. Presse, Rundfunk, Film und Fernsehen werden als Beispiele genannt. Erfasst werden daher auch andere Publikationsformen, etwa das Internet. – Die in der Begründung des Regierungsentwurfs genannten Fälle werden eindeutig vom Wortlaut des Gesetzes erfasst.

49 Bank- und Finanzgeschäfte (lit. b) sind die in § 1 Abs. 1, 1 a und 3 KWG genannten Betätigungen. Der Begriff des Finanzgeschäfts wird dort zwar nicht verwandt. Er ist aber, um ihm gewisse Konturen zu geben, als eine verkürzende Bezeichnung für Finanzdienstleistungen und die Tätigkeit der Finanzunternehmen (§ 1 Abs. 3 KWG) zu verstehen. Bank- und Finanzgeschäfte setzen begrifflich eine Beteiligung der in § 1 KWG genannten Unternehmen nicht voraus. Da diese aber typischerweise mit ihnen beschäftigt sind, wird man ihre Beteiligung an den Geschäften zur Qualifikation als Bank- oder Finanzgeschäft fordern müssen. Ein von einem Privatmann gewährtes Darlehen oder eine von ihm übernommene Bürgschaft sind daher nicht unter b) einzuordnende Bankgeschäfte.

50 Bauverträge (lit. c) sind Verträge, in denen die eine Partei sich verpflichtet, Leistungen zu erbringen, die der Herstellung oder Wiederherstellung eines Bauwerks dienen. Zur Bestimmung des Begriffs „Bauwerk" ist auf die Rechtsprechung zu § 638 BGB aF und § 634 a Abs. 1 Nr. 2 BGB zurückzugreifen. Architektenverträge sind alle Verträge, in denen die Verpflichtung übernommen wird, die berufstypischen Leistungen eines Architekten zu erbringen. Ingenieurverträge stehen im Zusammenhang mit Bauleistungen, wenn sie die Verpflichtung enthalten, durch Planung, Leitung oder Überwachung von Leistungen zur Herstellung oder Wiederherstellung eines Bauwerks beizutragen.

---

[17] BT-Drucks. 14/4722, S. 87.
[18] U. 2. Aufl. § 21 e GVG Rn. 46 f.

Maßgeblich ist bei Architekten- und Ingenieurverträgen die zu erbringende Leistung, nicht die persönliche Qualifikation des Verpflichteten. Lit. c) greift daher auch dann ein, wenn etwa ein Nichtarchitekt die Verpflichtung zur Bauplanung oder Bauleitung übernommen hat. 51

Erfasst werden, da es um Streitigkeiten aus Verträgen geht, alle vertraglichen Ansprüche. Zu ihnen gehören auch Ansprüche, die sich bei der Anbahnung des Vertrages ergeben. Auch Ansprüche aus Rückabwicklung aus ungerechtfertigter Bereicherung sind den vertraglichen Ansprüchen zuzurechnen, weil sie als Folge des vertraglichen Leistungsaustausches entstehen. Nicht mehr unter lit. c) sind Ansprüche aus unerlaubten Handlungen einzuordnen, die bei der Vertragsabwicklung begangen worden sind. 52

Aus der Berufstätigkeit der in lit. d) genannten Personen ergibt sich eine Streitigkeit, wenn ihr Anlass in einer berufstypischen Vertragsbeziehung oder in der Amtstätigkeit eines Notars liegt. Vertragsbeziehungen, die lediglich die Berufstätigkeit ermöglichen oder erleichtern, gehören nicht hierher. Sie sind zwar durch die Berufstätigkeit veranlasst. Die durch sie verursachten Streitigkeiten stammen aber nicht aus der Berufstätigkeit. Zutreffend werden daher in der Begründung des Regierungsentwurfs Vergütungsansprüche der Angehörigen der rechts-, steuer- und wirtschaftsberatenden Berufe und Schadensersatzansprüche aus ihrer Berufstätigkeit als Gegenstand der Regelung genannt. 53

Ansprüche iS von lit. e) sind alle vertraglichen und gesetzlichen Ansprüche, die sich aus einer Heilbehandlung ergeben. Maßgeblich ist die Qualifikation der den Anspruch auslösenden Tätigkeit. Auf bestimmte Qualifikationen der sie ausübenden Personen kommt es nicht an, auch nicht darauf, ob die als Heilbehandlung zu qualifizierende Tätigkeit selbstständig oder in einem Abhängigkeitsverhältnis ausgeübt worden ist. Der in der Begründung des Regierungsentwurfs genannte Personenkreis (Ärzte, Zahnärzte, Heilpraktiker, Psychologen, Psychotherapeuten und Physiotherapeuten) kann erweitert werden. Die anspruchsbegründende Tätigkeit muss nicht als Beruf ausgeübt werden. Die Ansprüche müssen sich nicht notwendig gegen die die Heilbehandlung ausübende Person richten. Auch deren Ansprüche, sei es auf Honorar oder Schadensersatz werden von lit. e) erfasst. 54

Der Kreis der in lit. f) genannten Handelssachen iS des § 95 GVG ist durch Rechtsprechung und Lehre geklärt.[19] Da es von den Parteien abhängt, ob eine Handelssache vor der Kammer für Handelssachen verhandelt wird (vgl. §§ 96, 98 GVG), kommt die Einrichtung einer Zivilkammer als Spezialkammer für Handelssachen auch dann in Betracht, wenn bereits eine oder mehrere Kammern für Handelssachen bestehen. 55

Rechtsstreitigkeiten aus Fracht-, Speditions- und Lagergeschäften sind nur Handelssachen, wenn sie aus Geschäften herrühren, die für beide Teile Handelsgeschäfte sind (§ 95 Abs. 1 Nr. 1 GVG). Sie werden daher nicht in jedem Fall von lit. f) erfasst. 56

Lit. h) erfasst Streitigkeiten über Ansprüche zwischen Versicherern auf der einen und Versicherungsnehmern, Versicherten und Bezugsberechtigten auf der anderen Seite. 57

Lit. i) betirfft Streitigkeiten, bei deren Entscheidung Rechtsfragen aus dem Urheber- und Verlagsrecht zu beantworten sind. Die Art des Anspruchs, über den zu entscheiden ist, ist unerheblich. Er braucht auch nicht im Urheber- oder Verlagsrecht geregelt zu sein. 58

Durch die unter lit. j) aufgeführten Sachgebiete sollen nach der Begründung des Regierungsentwurfs[20] Streitigkeiten – vor allem aus Verträgen und unerlaubter Handlung einschließlich der Produkthaftung – hinsichtlich Datenverarbeitungsprogrammen und Computern erfassen; daneben sollen auch etwaige gesetzliche Neuerungen auf dem Gebiet des telekommunativen Vertragswesens und Handels erfasst sein. Damit wird der Zuständigkeitsbereich des lit. j) aber über seinen Wortlaut hinaus ausgedehnt. Datenverarbeitungsprogramme und Computer dienen nicht nur der Kommunikation, der Verbindung zwischen zwei oder mehreren Partnern, und der Information, der Verschaffung von Wissen. Es steht aber zu erwarten, dass sich im Hinblick auf die Unanfechtbarkeit von Entscheidungen gem. Abs. 2 die Vorstellungen des Regierungsentwurfs in der Praxis durchsetzen werden. 59

Lit. k) greift auf klare gesetzliche Vorentscheidungen zurück. Erfasst werden alle Streitigkeiten, die den Landgerichten ohne Rücksicht auf die Höhe des Streitwerts zur Entscheidung zugewiesen sind. Eine solche Zuweisung erfolgt, wenn für die Entscheidung einer bestimmten Streitigkeit die Zuständigkeit der Landgerichte angeordnet wird (vgl. §§ 246 Abs. 3 AktG, 61 Abs. 3 GmbHG, 51 Abs. 3 GenG).[21] Nicht erforderlich ist, dass dabei wie in § 71 Abs. 2 Nr. 2 GVG ausdrücklich darauf hingewiesen wird, dass die Landgerichte ohne Rücksicht auf die Höhe des Streitwerts zuständig sein sollen. 60

---

[19] Näher hierzu 2. Aufl. § 95 GVG Rn. 4–23.
[20] BT-Drucks. 14/4722, S. 89.
[21] S. u. 2. Aufl. § 71 GVG Rn. 12–27.

VI. Rechtsmittel

61 **1. Verhalten der Kammer.** Die in § 348 vorgesehenen Entscheidungen der Kammer werden durch die Abs. 2 und 4 der Anfechtung entzogen. Sie können daher weder mit der sofortigen Beschwerde angegriffen noch im Berufungs- oder Revisionsverfahren überprüft werden.

62 Abs. 2 betrifft die Entscheidung der Kammer darüber, ob die Voraussetzungen des Abs. 1 vorliegen, also den Beschluss, in dem die Kammer ihre originäre Zuständigkeit oder die des Einzelrichters feststellt. Dieser Beschluss wird für unanfechtbar erklärt. Er wird damit der **Anfechtung mit der sofortigen Beschwerde** und über § 512 auch der **Überprüfung im Berufungsverfahren** entzogen.

63 Der Fall, dass die Kammer eine Sache, in der die Voraussetzungen des Abs. 1 S. 2 nicht gegeben sind, und für die folglich der Einzelrichter originär zuständig ist, nicht an diesen weitergibt und ohne einen Beschluss gem. Abs. 2 selber entscheidet, ist im Gesetz nicht ausdrücklich geregelt. Auf eine zu Unrecht unterlassene Abgabe einer Sache an den originären Einzelrichter kann ein Rechtsmittel aber gleichfalls nicht gestützt werden. Aus Abs. 2, Abs. 4 und § 348a Abs. 4 folgt, dass das Gesetz, um Streit über Zuständigkeitsfragen zu vermeiden, bewusst die Sachentscheidung durch ein unzuständiges Spruchorgan der Zivilkammer hinnimmt. Für das Beschwerdeverfahren folgt der Bundesgerichtshof dieser Ansicht nicht. Er sieht, wenn die Kammer statt des originären Einzelrichters entscheidet – die Kammer wandte zu Unrecht im Beschwerdeverfahren § 348 Abs. 1 S. 2 Nr. 1 entsprechend an –, das Beschwerdegericht nicht vorschriftsmäßig besetzt und hebt die Entscheidung der Kammer auf.[22]

64 Für den Beschluss der Kammer über eine Vorlage des Einzelrichters gem. Abs. 3, er kann auf Übernahme der Sache durch die Kammer oder auf Ablehnung der Übernahme lauten, bestimmt Abs. 4, dass auf eine erfolgte oder unterlassene Übernahme ein Rechtsmittel nicht gestützt werden kann. Diese Formulierung schließt die sofortige Beschwerde – bei Anträgen der Parteien wäre § 567 Abs. 1 Nr. 2 erfüllt – und die Rüge eines Verfahrensverstoßes im Berufungs- und Revisionsverfahren aus.

65 **2. Verhalten des Einzelrichters.** Entscheidungen des Einzelrichters hinsichtlich der Zuständigkeit sind im Gesetz nicht vorgesehen. Bei Sachen von besonderer Schwierigkeit und grundsätzlicher Bedeutung, die von der Kammer entschieden werden sollen, ist seine Befugnis auf die Vorlage bei der Kammer reduziert (Abs. 3 S. 1). Legt er zu Unrecht vor, ist das irrelevant. Sein Verstoß wird durch die Ablehnung der Übernahme seitens der Kammer korrigiert oder durch die unanfechtbare Übernahme durch die Kammer geheilt. Relevant ist das Unterlassen der Vorlage entgegen Abs. 3 S. 1. In diesen Fällen verbleibt die Sache zu Unrecht beim Einzelrichter. Dieser Verfahrensverstoß kann in den Rechtsmittelverfahren nicht gerügt werden, da nach Abs. 4 auf eine unterlassene Vorlage ein Rechtsmittel nicht gestützt werden kann.

66 Entscheidet der Einzelrichter, weil er irrtümlich annimmt, er sei originär zuständig, obwohl eine der Voraussetzungen des Abs. 1 S. 2 erfüllt ist, kann hierauf ein Rechtsmittel nicht gestützt werden. Auch hier gilt der **Grundsatz, dass Entscheidungen eines unzuständigen Spruchorgans hingenommen werden,** um Streit über Zuständigkeitsfragen zu vermeiden.

67 **3. Grenzen des Rechtsmittelausschlusses.** Die Vorschriften der Abs. 2 und 4 greifen nicht mehr, wenn das Verhalten der Kammer oder des Einzelrichters Grundrechte verletzt. Die Parteien können dann, wenn gegen das Verhalten die Beschwerde statthaft ist, diese einlegen, oder, wenn das nicht möglich ist, den Verstoß im Berufungs- oder Revisionsverfahren rügen. **Rechtsmittelbeschränkungen,** die der Konzentration des Verfahrens dienen, **müssen** dort **weichen, wo sie** die Parteien **auf den zeitraubenden Weg der Verfassungsbeschwerde abdrängen würden.** Auch nach Ansicht des Bundesgerichtshofs kann es nicht Sinn des § 568 S. 3, einer den Abs. 2 und 4 entsprechenden Norm, sein, bei der Verletzung des Verfahrensgrundrechts auf den gesetzlichen Richter eine anderenfalls nur im Wege der Verfassungsbeschwerde mögliche Überprüfung durch das Rechtsbeschwerdegericht auszuschließen.[23]

---

[22] BGH NJW 2003, 1875, 1876f. Den Gedanken, dass § 568 S. 3 eine Grundsatzentscheidung enthält, greift er nicht auf. Unvereinbar mit BGH NJW 2003, 3636, 3637, wo zur Klärung der originären Zuständigkeit im Beschwerdeverfahren die entsprechende Anwendung des Abs. 2 gefordert wird.

[23] Der vom Bundesgerichtshof mehrfach als objektiv willkürlich gerügte Widerspruch zwischen Bejahung der grundsätzlichen Bedeutung der Sache durch den Einzelrichter und Unterlassung der Abgabe an die Kammer (BGHZ 154, 200, 203 = NJW 2003, 1254, 1256; NJW 2003, 3712, NJW 2004, 223; NJW-RR 2004, 1717) führte zwar nur zu einer Erweiterung der Kontrolle im Rechtsbeschwerdeverfahren. Der hierzu entwickelte Gedanke trägt aber auch die Aufhebung der Einschränkung anderer Rechtsmittel. So jetzt BGH NJW 2007, 1466, 1467 für die Revision bei verfassungskonformer Auslegung des § 526 III.

Eine nicht mehr verständliche oder offensichtlich unhaltbare Missachtung der Zuständigkeitsnormen durch den Einzelrichter, wie sie die Anwendung des Art. 102 Abs. 1 S. 2 GG voraussetzt, ist, wenn es um die Vorlage einer Sache gem. Abs. 3 geht, bei einer Verneinung der besonderen Schwierigkeit nur schwer vorstellbar,[24] anders bei der Frage der grundsätzlichen Bedeutung. Weicht etwa der Einzelrichter mit seiner Entscheidung von der Rechtsprechung des Bundesgerichtshofs, auf die er von einer der Parteien hingewiesen worden ist, ab, statt die Sache der Kammer wegen grundsätzlicher Bedeutung vorzulegen, ist eine objektiv willkürliche Entscheidung kaum zu verneinen. 68

VII. Inkrafttreten; Übergangsvorschriften

Die Vorschrift ist am 1. 1. 2002 in Kraft getreten. Nach § 26 Nr. 2 EGZPO sind auf Verfahren, die am 1. 1. 2002 anhängig waren, die Vorschriften über das Verfahren im ersten Rechtszug vor dem Einzelrichter in der am 31. 12. 2001 geltenden Fassung anzuwenden. Für die genannten Verfahren gilt also weiterhin § 348 aF. 69

§ 348 a Obligatorischer Einzelrichter

(1) Ist eine originäre Einzelrichterzuständigkeit nach § 348 Abs. 1 nicht begründet, überträgt die Zivilkammer die Sache durch Beschluss einem ihrer Mitglieder als Einzelrichter zur Entscheidung, wenn

1. die Sache keine besonderen Schwierigkeiten tatsächlicher oder rechtlicher Art aufweist,

2. die Rechtssache keine grundsätzliche Bedeutung hat und

3. nicht bereits im Haupttermin vor der Zivilkammer zur Hauptsache verhandelt worden ist, es sei denn, dass inzwischen ein Vorbehalts-, Teil- oder Zwischenurteil ergangen ist.

(2) [1]Der Einzelrichter legt den Rechtsstreit der Zivilkammer zur Entscheidung über eine Übernahme vor, wenn

1. sich aus einer wesentlichen Änderung der Prozesslage besondere tatsächliche oder rechtliche Schwierigkeiten der Sache oder die grundsätzliche Bedeutung der Rechtssache ergeben oder

2. die Parteien dies übereinstimmend beantragen.

[2]Die Kammer übernimmt den Rechtsstreit, wenn die Voraussetzungen nach Satz 1 Nr. 1 vorliegen. [3]Sie entscheidet hierüber nach Anhörung der Parteien durch Beschluss. [4]Eine erneute Übertragung auf den Einzelrichter ist ausgeschlossen.

(3) Auf eine erfolgte oder unterlassene Übertragung, Vorlage oder Übernahme kann ein Rechtsmittel nicht gestützt werden.

I. Änderung

§ 348 a wurde eingefügt durch Art. 2 Abs. 1 Nr. 54 ZPO-RG vom 27. 7. 2001 (BGBl. I S. 1887). Er betrifft die Sachen, in denen die Zuständigkeit des originären Einzelrichters nach § 348 Abs. 1 S. 1 nicht gegeben ist. 1

II. Normzweck

Die Vorschrift soll die von § 348 Abs. 1 S. 2 geschaffene **Lücke in der Regelung der Zuständigkeit** des entscheidenden Einzelrichters **schließen.** Hierzu hat der Gesetzgeber mit gewissen sachlichen und redaktionellen Änderungen § 348 aF übernommen. Die Änderungen zielen vor allem darauf, das Grundprinzip der Abgrenzung der Zuständigkeit von Kammer und Einzelrichter – Entscheidung der besonders schwierigen und grundsätzlichen Sachen durch die Kammer, aller anderen durch den Einzelrichter – besser zu verwirklichen, als das durch § 348 aF geschehen war. 2

---

[24] Bezeichnenderweise rügt das OLG Karlsruhe NJW-RR 2006, 205, 206 zwar die Zurückweisung eines Prozesskostenhilfegesuchs in einem Arzthaftungsprozess durch den Einzelrichter wegen der besonderen Schwierigkeit der Sache als fehlerhaft, nimmt das aber nicht zum Anlass, den angefochtenen Beschluss aufzuheben.

III. Übertragungspflicht

3 Abs. 1 verpflichtet die Kammer, einem ihrer Mitglieder die Sache zur Entscheidung zu übertragen. Als Ersatz für die in § 348 aF verwandte wenig erfolgreiche Formulierung „die Zivilkammer soll in der Regel den Rechtsstreit einem ihrer Mitglieder als Einzelrichter zur Entscheidung übertragen" – aus ihr wurde in der Praxis immer wieder zu Unrecht eine Ermessensbefugnis der Kammer herausgelesen – wird in Abs. 1 mit den Worten „überträgt die Kammer" unmissverständlich eine Übertragungspflicht begründet. Das Gesetz lässt der Kammer, wenn nicht einer der in Abs. 1 genannten Ausnahmetatbestände vorliegt, keine andere Handlungsmöglichkeit. Der Ausschluss jeglichen Ermessen wird zudem durch die Überschrift „obligatorischer Einzelrichter" unterstrichen.

IV. Gegenstand und Wirkung der Übertragung

4 **1. Umfassende Übertragung.** Die Übertragung der Sache auf den Einzelrichter erfolgt zur Entscheidung. Entscheidung ohne Einschränkungen und Zusätze bedeutet die abschließende Entscheidung. Die in Abs. 1 vorgesehene Übertragung hat also zur Folge, dass der Einzelrichter an die Stelle der Kammer tritt. Damit gehen **sämtliche Befugnisse,** die bislang der Kammer zustanden, auf den Einzelrichter über. Dieser wird von der Übertragung an zum gesetzlichen Richter.[1] Er hat sämtliche Verrichtungen zu erledigen, die zur Endentscheidung führen. Er hat die Endentscheidung zu treffen und sämtliche Verrichtungen zu erledigen, die der Endentscheidung nachfolgen, insbesondere ist er als Prozessgericht auch Vollstreckungsorgan in den Fällen der §§ 887, 888, 890.[2] Was auch immer an richterlichen Maßnahmen und Entscheidungen nach der Übertragung anfällt, ist vom Einzelrichter zu erledigen. **Entscheidungen durch die Kammer,** auch wenn der Einzelrichter an ihnen mitwirkt, sind unzulässig.[3]

5 **2. Änderungen des Streitgegenstandes.** Nachträgliche Änderungen und Erweiterungen des Streitgegenstandes (dazu gehören auch Widerklagen) sowie Parteiänderungen[4] lassen die Zuständigkeit des Einzelrichters unberührt. Sie ändern die **Identität des Verfahrens** nicht. Die genannten Rechtsinstitute dienen gerade dem Zweck, geänderte Intentionen der Parteien in einem bereits anhängigen Rechtsstreit aufzufangen. Ihre Auswirkungen auf den Prozess werden zudem von dem in Abs. 2 S. 1 Nr. 1 verwandten Begriff der „wesentlichen Änderung der Prozesslage" erfasst, und nur eine solche verpflichtet den Einzelrichter, wenn durch sie die Sache besonders schwierig wird oder grundsätzliche Bedeutung erlangt, zur Vorlage an die Kammer zwecks Übernahme (Abs. 2 S. 1). Damit wird klargestellt, dass eine Änderung der Prozesslage im Übrigen die Entscheidungszuständigkeit des Einzelrichters nicht berührt.

6 **3. Nebenverfahren.** Aus dem Grundsatz der **umfassenden Übertragung** folgt, dass auch **Nebenverfahren,** die im Verlauf des Rechtsstreits anhängig werden, vom Einzelrichter zu entscheiden sind. Er ist Prozessgericht in den Fällen des § 117 Abs. 1 (Prozesskostenhilfe) und des § 486 Abs. 1 (selbstständiges Beweisverfahren), Gericht der Hauptsache bei Arrestanträgen (§ 919) und Anträgen auf Erlass von einstweiligen Verfügungen (§ 937 Abs. 1).[5]

7 Wird vor der Einreichung einer Klage ein Antrag auf Gewährung von **Prozesskostenhilfe** gestellt, so kann die Kammer auch dieses Verfahren dem Einzelrichter zur Entscheidung übertragen. Aus der Befugnis, das Hauptverfahren dem Einzelrichter zu übertragen, ergibt sich mit einem Schluss a maiore ad minus die Befugnis, auch Verfahren von geringerer Bedeutung zu übertragen, wenn diese nicht bereits als Nebenverfahren von der Übertragung des Rechtsstreits auf den Einzelrichter erfasst werden. Die Kammer kann aus dem gleichen Grunde auch **Arrestverfahren, Verfahren auf Erlass einstweiliger Verfügungen** und selbstständige Beweisverfahren, die vor dem Hauptverfahren anhängig werden, dem Einzelrichter zur Entscheidung übertragen.

8 In den im vorstehenden Absatz genannten Fällen **beschränkt sich die Übertragung auf das Nebenverfahren.** Das Hauptverfahren fällt wieder bei der Kammer an, und über seine Übertragung ist erneut zu entscheiden. Entscheidungen, die einen Rechtsstreit betreffen, können erst getroffen werden, wenn dieser anhängig geworden ist. Diese Einschränkung der Übertragungsbefugnis ist auch deswegen geboten, weil sich ein Verfahren erst dann sicher beurteilen lässt, wenn es anhängig geworden ist.

---

[1] OLG Karlsruhe VersR 1986, 663; OLG Köln NJW 1977, 1159; *Baumbach/Lauterbach/Hartmann* Rn. 6; *Musielak/Wittschier* Rn. 4.
[2] OLG Frankfurt MDR 1981, 504; OLG München MDR 1983, 499.
[3] OLG München MDR 1983, 498; OLG Koblenz Rpfleger 1978, 329.
[4] AA für den Fall der Parteierweiterung OLG München NJW-RR 1992, 123.
[5] *Baumbach/Lauterbach/Hartmann* Rn. 6.

4. Gesamtübertragung. Werden mit einer Klage mehrere Ansprüche geltend gemacht oder wird eine Widerklage erhoben, bevor der Rechtsstreit auf den Einzelrichter übertragen worden ist, so umfasst die Übertragung den **Rechtsstreit als Ganzes.** Die Übertragung einzelner Ansprüche ist ausgeschlossen. Abs. 1 sieht nur die Übertragung „der" Sache vor, und damit ist, wenn in ihm mehrere Ansprüche geltend gemacht werden, der Rechtsstreit als Gesamtheit gemeint. Im Ergebnis wird aber nur eine **Prozesstrennung durch Teilübertragung** ausgeschlossen. Erfolgt eine Prozesstrennung gem. § 145 Abs. 1, so entstehen selbstständige Prozesse, und dann kann für jeden von ihnen getrennt darüber entschieden werden, ob er auf den Einzelrichter übertragen wird oder nicht. Soweit eine Trennung möglich ist – sie steht im freien Ermessen des Gerichts –, kann sie auch zu dem Zweck erfolgen, die Übertragung eines der Prozesse auf den Einzelrichter zu ermöglichen. Das widerspricht nicht dem Wortlaut des Abs. 1 und kann der von ihm bezweckten Verfahrensbeschleunigung dienen. 9

5. Bestandskraft der Übertragung. Die Übertragungswirkung bleibt bestehen, wenn der Rechtsstreit vom Einzelrichter gem. § 281 Abs. 1 S. 1 verwiesen wird.[6] Das Verfahren vor dem im Verweisungsbeschluss bezeichneten Gericht ist eine Fortsetzung des Verfahrens vor dem verweisenden Gericht, und **verfahrensbestimmende Maßnahmen** wie die Übertragung auf den Einzelrichter wirken daher fort. Die Übertragung wirkt auch dann fort, wenn das Berufungsgericht ein Urteil des Einzelrichters aufhebt und die Sache zurückverweist (§ 538).[7] Eine Ausnahme gilt nur dann, wenn das Berufungsgericht auch den Übertragungsbeschluss aufhebt. An diese Entscheidung ist das Gericht erster Instanz ohne Rücksicht darauf, ob sie zutrifft oder nicht, gebunden. 10

Die Übertragung auf den Einzelrichter nimmt der Kammer und dem Vorsitzenden jede Möglichkeit, den weiteren Prozessablauf zu beeinflussen und zwar auch dann, wenn der Einzelrichter an der Entscheidung der Kammer mitwirkt.[8] Die Kammer kann die einmal vorgenommene Übertragung weder rückgängig machen noch für die Zukunft aufheben. 11

Die Übertragung auf den Einzelrichter bleibt auch dann wirksam, wenn die **Geschäftsverteilung** des Gerichts geändert wird. Wird eine auf den Einzelrichter übertragene Sache einer anderen Kammer zugewiesen, ist sie auch dort von dem nach der Geschäftsverteilung zuständigen Einzelrichter zu entscheiden.[9] Wird der Einzelrichter abgelehnt (§ 42 Abs. 1), so hat die Kammer über die **Ablehnung** zu entscheiden. Sie ist das Gericht, dem der abgelehnte Richter angehört (§ 45 Abs. 1).[10] 12

V. Grenzen der Übertragbarkeit

Die Übertragbarkeit der bei der Kammer eingehenden Sachen ist die Regel. Die Übertragbarkeit ist nur in bestimmten Fällen aus sachlichen Gründen (Abs. 1 Nr. 1 und 2) oder wegen des Vefahrensstandes (Abs. 1 Nr. 3) ausgeschlossen. In den Fällen des Abs. 1 Nr. 1 und 2 erfolgt der Ausschluss, weil die größere Sachkompetenz der Kammer zum Tragen kommen soll. Das ist ein überzeugendes Argument, weil in der Regel die Entscheidung der Kammer eine höhere Richtigkeitsgarantie bietet. Die Übertragung nach der Verhandlung zur Hauptsache (Abs. 1 Nr. 3) ist ausgeschlossen worden, um Verzögerungen in der Erledigung von Rechtsstreitigkeiten zu verhindern. 13

1. Sachliche Grenzen der Übertragbarkeit. Die in Abs. 1 Nr.1 und 2 festgelegten Grenzen der Übertragbarkeit entsprechen den in § 348 Abs. 3 Nr. 1 und 2 dem originären Einzelrichter gesetzten Übertragungsvoraussetzungen. Es wird insoweit auf die Ausführungen in IV zu § 348 verwiesen. 14

Liegt die Annahme besonderer Schwierigkeiten oder einer grundsätzlichen Bedeutung der Sache zwar nahe, ist die Kammer von ihrem Vorliegen aber nicht voll überzeugt, muss sie die Sache auf den Einzelrichter übertragen. Wird der originäre Einzelrichter mit einem solchen Zweifelsfall befasst, verbleibt er bei ihm, da er **nur dann die** Sache der Kammer **vorlegen muss, wenn die Vorlagevoraussetzungen erfüllt sind.** § 348 und § 348a müssten daher an sich zum gleichen Ergebnis führen. Zu unterschiedlichen Ergebnissen gelangt man erst dann, wenn die Kammern die Voraussetzungen des Abs. 1 Nr. 1 und 2 großzügiger bejahen als die originären Einzelrichter die gleichlautenden Vorlagevoraussetzungen. Davon ist der Gesetzgeber aber ausgegangen. Nur dann kann nämlich § 348 Abs. 1 S. 2 Nr. 2 einen Anreiz zur Bildung von Spezialkammern geben.[11] 15

---

[6] OLG Koblenz MDR 1986, 153; *Baumbach/Lauterbach/Hartmann* Rn. 6.

[7] OLG Köln NJW 1976, 1101, 1102; OLG Schleswig SchlHA 1978, 69; *Baumbach/Lauterbach/Hartmann* Rn. 6; aA OLG Karlsruhe Justiz 1979, 15.

[8] OLG Stuttgart AnwBl. 1979, 22; OLG Koblenz Rpfleger 1978, 329; OLG München MDR 1983, 498.

[9] So auch mit eingehender Begründung *Stanicki* DRiZ 1979, 342.

[10] So jetzt auch BGH NJW 2006, 2492 mit eingehender Darstellung des Meinungsstandes.

[11] S. dazu § 348 Rn. 5.

16 **2. Einschränkung der Übertragungsbefugnis durch den Verfahrensstand.** Eine Sache darf nicht mehr auf den Einzelrichter übertragen werden, wenn im Haupttermin vor der Zivilkammer verhandelt worden ist (Abs. 1 Nr. 3). Die Übertragungsbefugnis erlischt aber nicht endgültig. Sie lebt wieder auf, sobald ein Vorbehalts-, Teil- oder Zwischenurteil ergangen ist. Diese Regelung soll Verfahrensverzögerungen vorbeugen. Ob im konkreten Fall bei einer Übertragung eine Verzögerung eintreten würde, ist aber nicht zu prüfen. Das Übertragungsverbot besteht nach dem klaren Wortlaut des Gesetzes auch dann, wenn der Einzelrichter ebenso schnell oder gar schneller entscheiden könnte als die Kammer.

17 Haupttermin ist der umfassend vorbereitete Termin zur mündlichen Verhandlung in dem oder auf dessen Grundlage die Sache erledigt werden soll (§ 272 Abs. 1). Ob ein Termin zur mündlichen Verhandlung Haupttermin ist, hängt also allein von der **Art seiner Vorbereitung** ab. Keinesfalls darf aus dem Gegensatzpaar „früher erster Termin" (§ 272 Abs. 2) und Haupttermin gefolgert werden, dass jeder Termin, der auf den ersten Termin zur mündlichen Verhandlung folgt, bereits ein Haupttermin ist.[12]

18 Das gilt auch dann, wenn zur Vorbereitung des Haupttermins nicht ein früher erster Termin bestimmt, sondern ein **schriftliches Vorverfahren gem.** § 276 angeordnet worden ist. Dass dem Gesetzgeber bei der Vorbereitung durch einen frühen ersten Termin die Erledigung des Rechtsstreits in zwei Terminen und beim Einsatz des schriftlichen Vorverfahrens in einem Termin vorgeschwebt hat, macht den zweiten bzw. ersten Termin noch nicht zu Hauptterminen. Das widerspricht der klaren Begriffsbestimmung in § 272 Abs. 1, auf der Abs. 1 Nr. 3 aufbaut. Nach dem frühen ersten Termin bzw. dem Abschluss des schriftlichen Vorverfahrens können eine Reihe von Terminen stattfinden, die nicht umfassend vorbereitet sind, wie das für den Haupttermin erforderlich ist. Ein schriftliches Vorverfahren gem. § 276 kann genauso erfolglos bleiben wie ein früher erster Termin, und deswegen muss der nach einem schriftlichen Vorverfahren anberaumte Termin keineswegs stets ein Haupttermin sein.[13] Dass das den Absichten des Gesetzgebers widerstreiten kann (etwa dann, wenn eine Sache grundlos von Termin zu Termin geschoben wird), führt nicht zum Erlöschen der Übertragungsbefugnis. Abs. 1 Nr. 3 will der Beschleunigung des Verfahrens dienen, und die kann auch dann noch möglich sein, wenn eine Sache nach mehrfacher Vertagung endlich dem Einzelrichter übertragen wird, der sie kurzfristig entscheidet. Auf keine Fall dient Abs. 1 Nr. 3 dazu, Richter für eine gesetzeswidrige Verfahrensverschleppung mit der **Sanktion** zu belegen, gemeinsam entscheiden zu müssen.

19 Unerheblich ist auch die **Bezeichnung eines Termins** durch den Vorsitzenden.[14] Wird ein Termin, der nicht nach umfassender Vorbereitung zur Entscheidung führen soll, als Haupttermin bezeichnet, so bleibt die Übertragungsbefugnis bestehen. Der Vorsitzende kann die vom Gesetz bestimmten Übertragungsschranken nicht ändern.

20 Umfassend vorbereitet iSd. § 272 Abs. 1 ist ein Termin, wenn die Parteien (uU nach Hinweisen des Gerichts) alle erheblichen Tatsachen vorgetragen haben (das umfasst auch die Stellungnahme zum Vorbringen des Gegners) und das Gericht dafür gesorgt hat, dass im Termin alle erforderlichen Beweise erhoben werden können. Die **Vorbereitung einer Beweisaufnahme** ist aber nur ein typisches Merkmal dafür, dass ein Haupttermin stattfinden soll, notwendig ist sie dafür nicht. Ist eine Beweiserhebung nicht erforderlich, kann sich die umfassende Vorbereitung auch darin erschöpfen, dass die Parteien zu dem Vortrag, der die Entscheidungsreife ergibt, veranlasst werden.

21 Da Beweisaufnahmen regelmäßig durch einen Beweisbeschluss vorbereitet werden, ist der **Erlass eines Beweisbeschlusses** die signifikanteste Vorbereitungsmaßnahme. Der Termin, in dem der erste Beweisbeschluss ergeht, kann daher nur dann Haupttermin sein, wenn er sofort ausgeführt wird, dh. gestellte Zeugen oder durch Ladungsverfügung gem. § 273 Abs. 2 Nr. 4 geladene Zeugen betrifft.[15] Ob ein vorbereitender Beweisbeschluss in der ersten mündlichen Verhandlung oder erst nach einer ganzen Reihe von Verhandlungen ergeht, ist ohne Belang. Wird die Sache dem Einzelrichter in einem Beweisbeschluss übertragen, so ist die Übertragung unter dem Gesichtspunkt des Abs. 1 Nr. 3 regelmäßig nicht zu beanstanden.[16] Das gilt auch dann, wenn in einem **schrift-**

---

[12] So aber OLG Schleswig NJW 1988, 69, 70, das verkennt, dass der Begriff des Haupttermins nicht durch § 275 Abs. 2 und § 278 aF, sondern durch § 272 Abs. 1 bestimmt wird.

[13] AA *Seidel* ZZP 99 (1986), 64, 70f.; *Stein/Jonas/Grunsky* Rn. 8; OLG Hamm NJW-RR 1993, 830.

[14] AA wohl OLG Düsseldorf JMBlNRW 1979, 116, 117; MDR 1980, 943.

[15] Unrichtig daher OLG Düsseldorf NJW 1981, 352 und JMBlNRW 1979, 15, 16; OLG Oldenburg MDR 1982, 856.

[16] Daß der Einzelrichter damit „ausführendes Organ für die vorher im Kollegium getroffene Weichenstellung" wird, schließt entgegen OLG Köln NJW-RR 1995, 512 die Übertragung nicht aus. Ein solches Verfahren mag wenig sinnvoll sein. Der Wortlaut des Abs. 1 Nr. 3 verbietet es aber, daraus ein Übertragungshindernis abzuleiten.

lichen Vorverfahren kein Beweisbeschluss gem. § 358a ergangen ist und der Erlass eines echten (vorbereitenden) Beweisbeschlusses in einer mündlichen Verhandlung nachgeholt wird. Ob ein solches Verfahren den Intentionen der Vereinfachungsnovelle entspricht oder nicht, ist unerheblich.

Ob eine Vorbereitung umfassend, d.h. geeignet ist, den Rechtsstreit zur Entscheidungsreife zu führen, hängt aber nicht allein von der **Vornahme von Vorbereitungsmaßnahmen** ab, sondern wird durch **Prozesslage** in dem für die abschließende Verhandlung vorgesehenen Termin bestimmt. Stellt sich in ihm heraus, dass die Sache weiterer Vorbereitung bedarf, so ist eine umfassende Vorbereitung nicht erreicht, und es handelt sich nicht um einen Haupttermin. Wird etwa durch **neuen Sachvortrag** eine Beweisaufnahme erforderlich (der Beklagte bestreitet in dem für die abschließende Verhandlung vorgesehenen Termin erstmals das Klagevorbringen und die Kammer weist das Bestreiten nicht als verspätet zurück), so kann in dem nunmehr ergehenden Beweisbeschluss oder auch danach die Sache auf den Einzelrichter übertragen werden. 22

Anders ist der Fall zu beurteilen, in dem sich nicht die **Prozesslage** verändert, sondern nur ein **Beweismittel** nicht zur Verfügung steht (ein Teil der geladenen Zeugen erscheint nicht). Hier bleibt die Vorbereitung umfassend, und wenn sich die Kammer entschließt, den Termin durchzuführen, wird von der Antragstellung an[17] im Haupttermin verhandelt (§ 137 Abs. 1), und eine Übertragung auf den Einzelrichter ist von diesem Zeitpunkt an gem. Abs. 1 Nr. 3 ausgeschlossen. Verzichtet die Kammer vor der Antragstellung auf die Durchführung des Termins und vertagt die Sache, bleibt die Übertragungsbefugnis bestehen. Ein solches Vorgehen ist nicht als Missbrauch prozessualer Gestaltungsmöglichkeiten unzulässig. Es kann im Interesse der Verfahrensbeschleunigung angezeigt sein, etwa dann, wenn der Einzelrichter kurzfristiger terminieren kann als die Kammer. 23

Zum Haupttermin kann auch ein **früher erster Termin** werden. Werden zu ihm gem. § 273 Abs. 2 Nr. 4 oder auf Grund eines gem. § 358a erlassenen Beweisbeschlusses die erforderlichen Beweismittel herbeigeschafft, so ist er für eine abschließende Entscheidung umfassend vorbereitet. Abgesehen von derartigen Fällen genügt das Verhandeln im frühen ersten Termin nicht, um die Übertragungsbefugnis der Kammer zu beenden.[18] Sie besteht auch nach dem Erlass eines Versäumnisurteils fort. Wird Einspruch eingelegt, kann die Sache auf den Einzelrichter übertragen werden.[19] 24

Wird, wie es der Gesetzeswortlaut fordert, bei der Auslegung des Abs. 1 Nr. 3 die Begriffsbestimmung für den Haupttermin aus § 272 Abs. 1 entnommen, wird sein Anwendungsbereich erheblich eingeschränkt. Das entspricht der Zweckbestimmung des Abs. 1 Nr. 3. Verfahrensverzögerungen infolge einer Übertragung auf den Einzelrichter drohen typischerweise allenfalls dann, wenn ein **umfassend vorbereiteter Kammertermin** von der Kammer begonnen aber nicht durchgeführt, sondern die Sache auf den Einzelrichter übertragen wird. Zu solchen Übertragungen wird es aber in der Praxis selten kommen. 25

b) Entscheidungsreife der Sache. Eine Übertragung auf den Einzelrichter ist weiterhin dann ausgeschlossen, wenn sich in einem Kammertermin die Sache als entscheidungsreif erweist. Im frühen ersten Termin lässt etwa der Beklagte sein bisheriges Bestreiten fallen und verteidigt sich nur noch mit dem Hinweis auf die Unschlüssigkeit der Klage. Hier verbietet sich eine Übertragung auf den Einzelrichter, weil § 300 Abs. 1 dem Gericht eine **sofortige Entscheidung** zur Pflicht macht. 26

Wird die Entscheidungsreife einer Sache nicht erkannt und die Sache vertagt, so hat die Kammer zwar gegen § 300 Abs. 1 verstoßen. Sie büßt damit aber nicht die Befugnis ein, den Rechtsstreit auf den Einzelrichter zu übertragen. § 348a schränkt für einen solchen Fall die Übertragungsbefugnis nicht ein, und Abs. 1 Nr. 3 kann nicht entsprechend angewendet werden. Diese Vorschrift will die Durchführung der Verhandlung vor der Kammer gewährleisten, wenn ein bestimmter Verfahrensstand (Verhandlung zur Hauptsache im Haupttermin) erreicht ist, weil sich eine Übertragung auf den Einzelrichter dann regelmäßig verzögernd auswirken soll. Für eine andere Verfahrensgestaltung kann daher der Übertragungsausschluss nicht übernommen werden. Wird eine entscheidungsreife Sache im Termin nicht entschieden, sondern auf den Einzelrichter übertragen, so liegt der Verfahrensverstoß im **Unterlassen der gebotenen Entscheidung,** nicht in der Übertragung auf den Einzelrichter. Diese ist daher nicht fehlerhaft. 27

VI. Übertragungsverfahren

Über die Übertragung einer Sache auf den Einzelrichter hat die Zivilkammer zu entscheiden.[20] Die Kammer darf diese Befugnis nicht auf eines ihrer Mitglieder übertragen. Erst recht ist es den 28

---

[17] *Baumbach/Lauterbach/Hartmann* Rn. 9.
[18] OLG Düsseldorf MDR 1980, 343; OLG München MDR 1985, 679 u. NJW 1986, 1001.
[19] LG Frankfurt a.M. NJW-RR 1995, 1211, 1212; *Deubner* JuS 1994, 1050.
[20] OLG Düsseldorf NJW 1976, 114; OLG Frankfurt NJW 1977, 301; *Zöller/Greger* Rn. 4; *Musielak/Wittschier* Rn. 15; *Thomas/Putzo/Reichold* Rn. 3.

einzelnen Mitgliedern der Kammer verwehrt, ohne eine solche Ermächtigung einen Rechtsstreit auf sich selber oder ein anderes Mitglied der Kammer zu übertragen.

29 **1. Zeitpunkt und Inhalt der Entscheidung.** Die Entscheidung erfolgt durch Beschluss. Ob dieser bereits vor dem frühen ersten Termin oder der Anordnung eines schriftlichen Vorverfahrens (§ 276) oder zu einem anderen Zeitpunkt vor der Grenze des Abs. 1 Nr. 3 ergeht, steht im Ermessen der Kammer. Dass mit dem Voranschreiten des Verfahrens sich immer verlässlicher beurteilen lässt, ob einer der Ausschlusstatbestände des Abs. 1 vorliegt, zwingt nicht zu einer Verlagerung der Entscheidung in einen möglichst späten Verfahrensabschnitt. § 277 Abs. 1 S. 2, der dem Beklagten aufgibt, sich in der Klageerwiderung dazu zu äußern, ob einer Übertragung der Sache auf den Einzelrichter Gründe entgegenstehen, spricht deutlich für die Absicht des Gesetzgebers, eine **möglichst frühe Übertragung des Rechtsstreits auf den Einzelrichter** zu erreichen.[21] Sie ist am besten geeignet, den Ablauf des Verfahrens zu beschleunigen und die anderen Mitglieder der Kammer zu entlasten.

30 Vor der Übertragung ist den Parteien rechtliches Gehör zu gewähren. Dazu bedarf es nicht eines Hinweises an die Parteien, dass das Gericht eine Übertragung erwägt. Für die Gewährung rechtlichen Gehörs reicht es aus, dass **den Parteien die Möglichkeit eingeräumt wird,** zu den Voraussetzungen einer Entscheidung Stellung zu nehmen. Diese Voraussetzung ist erfüllt, wenn mit der getroffenen Entscheidung zu rechnen war, die Parteien sie also in ihre Überlegungen einbeziehen konnten und vor der Entscheidung ausreichend Zeit vorhanden war, eine Stellungnahme abzugeben. Die Übertragung der Sache auf den Einzelrichter gehört zu den Entscheidungen, mit denen die Parteien bereits zu Beginn des Verfahrens rechnen müssen (s. § 253 Abs. 3). Nach dem Eingang der Klageerwiderung ist daher beiden Parteien rechtliches Gehör gewährt. Der Inhalt der Klageerwiderung wird der Kammer auch meist eine hinreichend verlässliche Beurteilung der Frage ermöglichen, ob Ausschlussgründe gem. Abs. 1 vorliegen.

31 In dem **Beschluss der Kammer** ist lediglich auszusprechen, dass der Rechtsstreit auf den Einzelrichter übertragen wird. Der Zusatz, dass die Übertragung zur Entscheidung erfolgt, ist überflüssig, da sich der Umfang der Übertragung aus dem Gesetz ergibt.

32 Die **Person des Einzelrichters** ist im Übertragungsbeschluss nicht zu bezeichnen.[22] Welches Kammermitglied als Einzelrichter zuständig ist, ergibt sich aus der gem. § 21g GVG getroffenen Geschäftsverteilung für die Kammer. Die Zuständigkeit als Einzelrichter geht auf den nach der Geschäftsverteilung berufenen Vertreter über, wenn das zunächst berufene Kammermitglied verhindert ist, und auf den Nachfolger, wenn die Geschäftsverteilung geändert wird.

33 Der Übertragungsbeschluss ist nur in begrenztem Umfang zu begründen.[23] Im Gesetz ist eine **Begründung** nicht vorgeschrieben. Der Beschluss ist überdies unanfechtbar (Abs. 3), sodass eine Begründung nicht notwendig ist, um den Parteien zu ermöglichen, über die Frage einer Anfechtung zu entscheiden. Eine **Begründung kann daher unterbleiben,** wenn die Parteien der Übertragung zugestimmt, ihr nicht widersprochen oder überhaupt nicht Stellung genommen haben. Erhebt eine Partei **Einwendungen gegen die Übertragung** der Sache auf den Einzelrichter, ist der Beschluss zu begründen. Das Gericht hat in einem solchen Fall darzulegen, warum es die Einwendungen für unbegründet hält. Unterbleibt eine solche Begründung, ist davon auszugehen, dass der nicht erwähnte Vortrag bei der Entscheidung nicht in Erwägung gezogen und folglich Art. 103 Abs. 1 GG verletzt worden ist.[24] Für die insoweit erforderliche Begründung genügt, wie das in § 313 Abs. 3 für Urteile vorgeschrieben ist, eine kurze Zusammenfassung der Erwägungen des Gerichts.

34 Für die Übertragung der Entscheidung auf den Einzelrichter ist ein **gesonderter Beschluss** nicht vorgeschrieben. Sie kann daher auch zusammen mit anderen Anordnungen erfolgen. Erfolgt sie in einem Beweisbeschluss, liegt in der Beweisanordnung keine Weisung an den Einzelrichter. Er ist, anders als ein beauftragter Richter, nicht an Weisungen der Kammer gebunden. Er kann daher den Beweisbeschluss aufheben oder abändern, wenn er ihn ganz oder teilweise für überflüssig hält.

35 Erfolgt die Übertragung auf den Einzelrichter auf Grund einer **mündlichen Verhandlung,** ist der Beschluss zu verkünden (§ 329 Abs. 1). Außerhalb einer mündlichen Verhandlung ergehende Übertragungsbeschlüsse sind gem. § 329 Abs. 2 S. 1 den Parteien formlos mitzuteilen.

36 **2. Anträge der Parteien.** Nach der Konzeption des Gesetzes beschränkt sich die **Mitwirkung der Parteien** am Übertragungsverfahren auf das Vorbringen von Argumenten für die vom Gericht von Amts wegen zu treffende Entscheidung. Anträge der Parteien auf Entscheidung durch die

---

[21] So jetzt auch *Zöller/Greger* Rn. 4.

[22] OLG Düsseldorf MDR 1980, 943; *Zöller/Greger* Rn. 4; *Musielak/Wittschier* Rn. 15; aA *Baumbach/Lauterbach/Hartmann* Rn. 10, der die Bezeichnung des geschäftsplanmäßig zuständigen Kammermitglieds fordert.

[23] *Seidel* ZZP 99 (1986), 64, 65 f.; *Stein/Jonas/Grunsky* Rn. 12; *Baumbach/Lauterbach/Hartmann* Rn. 10.

[24] BVerfGE 47, 182, 189 = NJW 1978, 989; OLG Köln OLGZ 1987, 495, 496.

Kammer oder auf Übertragung auf den Einzelrichter sind im Gesetz nicht vorgesehen. Werden derartige Anträge gestellt, sind sie ihrer Wirkung nach **Anregungen an die Kammer,** in dem beantragten Sinne zu entscheiden.

VII. Rückübernahme durch die Kammer

Mit der Übertragung der Sache auf den obligatorischen Einzelrichter sind für diesen die Übertragungshindernisse des Abs. 1 verbindlich verneint. Er muss auch dann entscheiden, wenn er die Übertragung für verfehlt hält oder sie sich im Verlauf des Verfahrens als unzutreffend erweist. Von der **permanenten Prüfungspflicht,** die den originären Einzelrichter nach § 348 Abs. 3 trifft,[25] ist der obligatorische Einzelrichter **zunächst befreit.** Eine Prüfungspflicht trifft ihn erst dann, wenn sich die Prozesslage nach der Übertragung wesentlich ändert. Ergeben sich daraus besondere tatsächliche oder rechtliche Schwierigkeiten der Sache oder die grundsätzliche Bedeutung der Rechtssache, hat der Einzelrichter den Rechtsstreit der Zivilkammer zur Entscheidung über eine Übernahme vorzulegen (Abs. 2 S. 1 Nr. 1). Die gleiche Pflicht trifft den Einzelrichter unabhängig von einer Änderung der Prozesslage, wenn die Parteien übereinstimmend die Vorlage beantragen. 37

Eine **Änderung der Prozesslage** liegt vor, wenn sich die Gegebenheiten, die die Kammer bei der Übertragungsentscheidung gem. Abs. 1 berücksichtigt hat oder hätte berücksichtigen müssen, **nach der Übertragung** auf den Einzelrichter **geändert haben.** Es kann sich dabei um neues Vorbringen der Parteien (Sachvortrag und Beweisantritte) zum Streitgegenstand, um eine Klageänderung,[26] aber auch um neue Rechtsprechung handeln, durch die der beabsichtigten Entscheidung des Rechtsstreits grundsätzliche Bedeutung zuwächst. 38

Wesentlich ist eine Änderung der Prozesslage, wenn die bei der Prüfung der Vorlagevoraussetzungen des Abs. 2 S. 1 Nr. 1 zu würdigenden Gegebenheiten sich in erheblichem Maße von denen unterscheiden, die die Kammer vor der Übertragung geprüft hat oder hätte prüfen können. Dieses Erfordernis soll verhindern, dass der Einzelrichter mit der Vorlage letztlich nur Bedenken gegen die Übertragungsentscheidung geltend macht. 39

Hat sich die Prozesslage wesentlich geändert, hat der Einzelrichter auf der Grundalge der bisherigen und der neuen Gegebenheiten zu prüfen, ob die Voraussetzungen des Abs. 2 S. 1 Nr. 1 erfüllt sind und, wenn er das bejaht, die Sache der Kammer vorzulegen. 40

Die Vorlagevoraussetzungen des Abs. 2 entsprechen in ihrem Inhalt denen des § 348 Abs. 3 S. 1. Das Gleiche gilt für das Vorlage- und Übernahmeverfahren. Die geringfügigen Unterschiede im Aufbau der beiden Vorschriften sind unerheblich. Es wird daher insoweit auf die Ausführungen in IV zu § 348 verwiesen. 41

3. Wirkung der Rückübernahme. Mit der Rückübernahme geht die Zuständigkeit in vollem Umfang auf die Kammer über. Sie tritt an die Stelle des Einzelrichters und wird wieder zum Prozessgericht. Das Verfahren ist, da der Einzelrichter bis zur Rückübernahme zuständig war, in dem Zustand fortzusetzen, den es vor dem Einzelrichter erreicht hat. Die von den Parteien abgegebenen Erklärungen und das Ergebnis einer Beweisaufnahme bleiben für das Verfahren vor der Kammer wirksam. Vom Einzelrichter erlassene Urteile sind gem. § 318 für die Kammer verbindlich. 42

Die **Rückübernahme** ist endgültig. Eine erneute Übertragung der Sache auf den Einzelrichter – die Kammer gelangt zu dem Ergebnis, dass die Sache doch nicht von grundsätzlicher Bedeutung ist – ist ausgeschlossen (Abs. 2 S. 4). Der bisherige Einzelrichter darf aber im Rahmen des gesetzlich Zulässigen als beauftragter Richter eingesetzt werden. 43

VIII. Rechtsmittel

Beim Rechtsmittelausschluss folgt Abs. 3 der Regelung des § 348 Abs. 4. Den getroffenen oder unterlassenen Entscheidungen der Kammer und dem Unterlassen der Vorlage durch den Einzelrichter wird die Eignung abgesprochen, ein Rechtsmittel begründen zu können. Damit wird, soweit die Voraussetzungen des § 567 Abs. 1 Nr. 2 erfüllt sind, die sofortige Beschwerde, im Übrigen die Prüfung der Richtigkeit einer erfolgten Entscheidung oder ihrer Unterlassung im Berufungs- und Revisionsverfahren ausgeschlossen. Für willkürliche Rechtsverletzungen gelten die gleichen Grundsätze wie bei § 348. 44

Wird im Rechtsmittelverfahren eine **Zurückverweisung** erforderlich (§ 538 Abs. 2), so hat diese stets **an den zuständigen Spruchkörper** zu erfolgen.[27] Das wird meist der Spruchkörper 45

---

[25] S. § 348 Rn. 17.

[26] *Zöller/Greger* Rn. 8; *Thomas/Putzo/Reichold* Rn. 12; *Baumbach/Lauterbach/Hartmann* Rn. 14.

[27] OLG Köln NJW 1976, 1101, 1102; OLG Schleswig SchlHA 1978, 68, 69; 1982, 198; aA OLG Karlsruhe Justiz 1979, 15; *Thomas/Putzo/Reichold* Rn. 6; *Musielak/Wittschier* Rn. 23.

(Kammer oder Einzelrichter) sein, der entschieden hat. An einen anderen Spruchkörper darf nur zurückverwiesen werden, wenn der entscheidende sich die Entscheidungsbefugnis angemaßt hat. Der Einzelrichter hat ohne Übertragungsbeschluss der Kammer, die Kammer trotz eines solchen entschieden. Eine Aufhebung von Übertragungsbeschlüssen, die zur Zurückverweisung an den übertragenden, also nicht den entscheidenden Spruchkörper führen müsste, kommt im Berufungsverfahren nicht in Betracht.

§ 349 Vorsitzender der Kammer für Handelssachen

(1) [1]In der Kammer für Handelssachen hat der Vorsitzende die Sache so weit zu fördern, dass sie in einer mündlichen Verhandlung vor der Kammer erledigt werden kann. [2]Beweise darf er nur insoweit erheben, als anzunehmen ist, dass es für die Beweiserhebung auf die besondere Sachkunde der ehrenamtlichen Richter nicht ankommt und die Kammer das Beweisergebnis auch ohne unmittelbaren Eindruck von dem Verlauf der Beweisaufnahme sachgemäß zu würdigen vermag.

(2) Der Vorsitzende entscheidet

1. über die Verweisung des Rechtsstreits;
2. über Rügen, die die Zulässigkeit der Klage betreffen, soweit über sie abgesondert verhandelt wird;
3. über die Aussetzung des Verfahrens;
4. bei Zurücknahme der Klage, Verzicht auf den geltend gemachten Anspruch oder Anerkenntnis des Anspruchs;
5. bei Säumnis einer Partei oder beider Parteien;
6. über die Kosten des Rechtsstreits nach § 91 a;
7. im Verfahren über die Bewilligung der Prozesskostenhilfe;
8. in Wechsel- und Scheckprozessen;
9. über die Art einer angeordneten Sicherheitsleistung;
10. über die einstweilige Einstellung der Zwangsvollstreckung;
11. über den Wert des Streitgegenstandes;
12. über Kosten, Gebühren und Auslagen.

(3) Im Einverständnis der Parteien kann der Vorsitzende auch im übrigen an Stelle der Kammer entscheiden.

(4) Die §§ 348 und 348 a sind nicht anzuwenden.

I. Normzweck

1 § 349 regelt die **Befugnisse des Vorsitzenden** der Kammer für Handelssachen, indem er ihn kraft Gesetzes zum vorbereitenden Einzelrichter beruft. Er vermeidet aber diese Bezeichnung und verwendet das Wort „Vorsitzender", um Verwechslungen mit dem entscheidenden Einzelrichter des § 348 zu vermeiden.[1] Im Vergleich zu § 349 aF werden die Befugnisse des Vorsitzenden teils erweitert, teils eingeschränkt. Eingeschränkt wird seine Befugnis zur Erhebung von Beweisen, erweitert werden seine Befugnisse zur Alleinentscheidung. Dadurch soll die Erledigung der Verfahren vor den Kammern für Handelssachen beschleunigt und gleichzeitig die **Sachkunde der Handelsrichter** im Entscheidungsprozess stärker zur Geltung gebracht werden. Da die Sachkunde der Handelsrichter dem Interesse der Parteien dient, wird es diesen aber gestattet, auf die Entscheidung der Kammer zu verzichten und den Vorsitzenden zum entscheidenden Einzelrichter zu bestimmen (Abs. 3).

II. Vorbereitung des Haupttermins

2 Der Vorsitzende hat gem. Abs. 1 S. 1 den Haupttermin vor der Kammer vorzubereiten. Das Gesetz verwendet zwar nicht den Begriff „Haupttermin". Mit der Erledigung der Sache in einer mündlichen Verhandlung vor der Kammer ist aber der Haupttermin iSd. § 272 Abs. 1 gemeint. Der Vorsitzende darf daher alle Maßnahmen durchführen, die zur Vorbereitung des Haupttermins erforderlich sind. Er hat vor allem dafür zu sorgen, dass die Parteien rechtzeitig und vollständig vortragen (§ 139 Abs. 1) und im Haupttermin die erforderlichen Beweismittel zur Verfügung stehen. Er hat hierzu die Möglichkeiten der §§ 275, 276, 273 Abs. 2 auszuschöpfen. Der Vorsitzende

[1] BT-Drucks. 7/2769 S. 13.

hat auch einen erforderlichen **Beweisbeschluss** zu erlassen und zwar auch bezüglich der Beweise, die er nicht gem. Abs. 1 S. 2 allein erheben darf. Die im Gesetzgebungsverfahren vertretene Gegenmeinung[2] ist abzulehnen. Wenn der Vorsitzende die Sache soweit zu fördern hat, dass sie in einer Verhandlung vor der Kammer erledigt werden kann, müssen ihm auch die dafür erforderlichen Befugnisse zustehen, und zu diesen gehört gerade der Erlass eines umfassenden Beweisbeschlusses.

Bei der ihm durch Abs. 1 S. 1 zugewiesenen Tätigkeit handelt der **Vorsitzende als Prozessgericht.**[3] Soweit das Gesetz bestimmte Maßnahmen dem Gericht zuweist (zB die Fristsetzungen gem. § 275 Abs. 3 und 4), erfolgen diese durch den Vorsitzenden mit Wirkung für die spätere Verhandlung vor der Kammer. 3

Entgegen dem Wortlaut des Gesetzes, das mit dem Wort „hat“ dem Vorsitzenden allein die Pflicht zur Vorbereitung des Haupttermins aufbürdet, steht es diesem frei, bei der Vorbereitung auch die Kammer einzuschalten, etwa einen **frühen ersten Termin vor der Kammer**[4] anzuberaumen mit der Folge, dass auch der für den Haupttermin erforderliche Beschweisbeschluss von der Kammer erlassen wird. 4

III. Beweiserhebung durch den Vorsitzenden

1. Voraussetzungen. Die **Beweiserhebung** ist, wie ein Gegenschluss aus Abs. 1 S. 2 ergibt, grundsätzlich **Sache der Kammer** und soll in dem vom Vorsitzenden vorbereiteten Haupttermin durchgeführt werden. Der Vorsitzende darf bei der ihm obliegenden Vorbereitung des Haupttermins, da er insoweit als Prozessgericht fungiert, gem. § 355 Abs. 1 S. 2 in den vom Gesetz bestimmten Fällen (§§ 372 Abs. 2, 375 Abs. 1, 402, 434, 451) sich selbst als beauftragten Richter einsetzen, dh., wenn er es für erforderlich hält, die Beweisaufnahme zur Vorbereitung des Haupttermins durchführen. Darüber hinaus darf[5] er Beweise nur erheben, wenn die in Abs. 1 S. 2 beschriebenen Ausnahmetatbestände erfüllt sind. Um die Befugnis des Vorsitzenden zur Beweisaufnahme zu begründen, müssen **beide** im Gesetz genannten **Voraussetzungen** gegeben sein („und“). Auf die **besondere Sachkunde** der Handelsrichter kommt es an, wenn die aufzuklärenden Vorgänge einem Lebensbereich zuzuordnen sind, mit dem beide oder auch nur einer der Handelsrichter beruflich zu tun haben, wenn also zu erwarten steht, dass sie Fragen stellen werden, auf die der Vorsitzende mangels Sachkunde nicht verfällt, oder dass sie den Vorsitzenden auf Zusammenhänge hinweisen werden, die ihm nicht geläufig sind. Ohne **unmittelbaren Eindruck** von dem Verlauf der Beweisaufnahme kann ein Beweisergebnis nur dann sachgemäß gewürdigt werden, wenn es lediglich auf den Inhalt der Aussage, nicht aber auch auf die Glaubwürdigkeit des Zeugen ankommt. Die verbreitete, fast als übliche zu bezeichnende Praxis, dass die gesamte Beweisaufnahme vom Vorsitzenden durchgeführt und ihr Ergebnis den Beisitzern bei der Beratung vorgetragen wird (Aktenkenntnis der Handelsrichter ist wünschenswert, im Gesetz aber nicht vorgeschrieben[6] und praktisch nur in Einzelfällen zu erreichen, da die aus dem Kreis der Führungskräfte der Wirtschaft ausgewählten Handelsrichter meist durch ihre Berufstätigkeit bis an die Grenzen ihrer Leistungsfähigkeit ausgelastet sind),[7] widerspricht damit eindeutig Abs. 1 S. 2. Dass sie im Interesse einer schnellen Verfahrenserledigung liegt und die dadurch der Wahrheitsfindung drohenden Gefahren gering sind, weil die Sachverhaltsermittlung in den Händen eines Richters bleibt, der die Akten kennt und ein starkes Interesse an der Sachaufklärung hat (ganz anders als ein ersuchter Richter), ändert daran nichts. Die vorstehenden Überlegungen hätten Anlass für den Gesetzgeber sein sollen, dem Vorsitzenden die Beweiserhebung in weiterem Umfang zu übertragen. Der Gesetzgeber hat aber die entgegen gesetzte Tendenz verfolgt.[8] Seine Regelung ist eindeutig und damit einer erweiternden Auslegung entzogen. 5

---

[2] BT-Drucks. 7/2769 S. 13; wie hier *Stein/Jonas/Grunsky* Rn. 8; *Musielak/Wittschier* Rn. 2; *Baumbach/Lauterbach/Hartmann* Rn. 7, wo für Ausnahmefälle eine Beratung der Kammer über den Beweisbeschluss gefordert wird. AA *Zöller/Greger* Rn. 3.

[3] *Bergerfurth* NJW 1975, 331, 335; *Stein/Jonas/Grunsky* Rn. 1; *Baumbach/Lauterbach/Hartmann* Rn. 1.

[4] *Bergerfurth* NJW 1975, 331, 332; *Musielak/Wittschier* Rn. 2.

[5] Diese Mussvorschrift soll sicherstellen, dass die vorgesehene Einschränkung der Beweiserhebung durch den Vorsitzenden auch eingehalten wird. Vgl. BT-Drucks. 7/2769 S. 13.

[6] Sie wird nicht von Art. 103 Abs. 1 GG gefordert. Für die hiernach erforderliche Kenntnisnahme des Parteivortrags genügt die Kenntnisnahme durch den Vorsitzenden, der das zur Kenntnis genommene in der Beratung den Handelsrichtern zu unterbreiten hat.

[7] Hierzu *Bergerfurth* NJW 1975, 331, 332.

[8] Wie BT-Drucks. 7/2769 S. 13 zeigt, ohne sich über die Problematik der getroffenen Regelung Gedanken zu machen.

6 **2. Folgen der Überschreitung seiner Befugnisse durch den Vorsitzenden.** Hält der Vorsitzende die ihm gezogenen Schranken nicht ein, so verstößt er gegen Verfahrensvorschriften,[9] und das Urteil, das auf einem solchen Verstoß beruht, ist fehlerhaft. Der Verfahrensverstoß kann von den Parteien nicht verhindert werden. Geht ein Vorsitzender über seine Befugnisse hinaus, ist ein Rechtsmittel dagegen nicht gegeben. Der Vorsitzende wird durch das **Gesetz** zur vorbereitenden Tätigkeit **befugt,** nicht durch eine Entscheidung, und Rechtsbehelfe sind gegen Entscheidungen, nicht aber gegen die Ausübung von Tätigkeiten gegeben. Mit einem Rechtsmittel kann, wenn eine Tätigkeit gegen Verfahrensvorschriften verstößt, immer nur ihr in einer Entscheidung bestehender Erfolg einer Kontrolle unterworfen werden. Führt der Vorsitzende die Beweisaufnahme über die ihm durch Abs. 1 S. 2 gezogenen Grenze hinaus allein durch, kann also erst das auf die Beweisaufnahme gestützte Urteil mit der Begründung angefochten werden, dass es auf einem Verfahrensverstoß beruhe. § 512 steht dem nicht entgegen. § 355 Abs. 2 ist nicht entsprechend anzuwenden.[10] Es geht nicht um die Übertragung einzelner Beweiserhebungen, sondern um die weitaus bedeutsamere Übernahme der gesamten Beweisaufnahme oder doch wesentlicher Teile der Beweisaufnahme. Mit Erfolg kann eine **Überschreitung der Beweisaufnahmebefugnis** im Berufungsverfahren aber nur dann angegriffen werden, wenn der Berufungskläger den Verstoß im Verfahren erster Instanz rechtzeitig gerügt hat (§ 295 Abs. 1).[11] Abs. 1 S. 2 gehört zu den Vorschriften, auf deren Beachtung die Parteien wirksam verzichten können. Er regelt die Art und Weise der Tatsachenfeststellung. Die Frage, von welchem Sachverhalt das Gericht bei seiner Entscheidung auszugehen hat, wird von den Parteien bestimmt. Sie können den Vortrag von Tatsachen unterlassen und vom Gegner vorgetragene Tatsachen durch Nichtbestreiten oder Zugestehen zur Entscheidungsgrundlage machen. Werden die Parteien im Wirkungsbereich der Verhandlungsmaxime in dieser Weise zu Herren des Sachverhalts gemacht, muss es ihnen auch gestattet sein, das zur Wahrheitsfindung vorgesehene Beweisverfahren zu modifizieren. Die Parteien sind daher befugt, auf die **Einhaltung von Beweisvorschriften,** die die Wahrheitsfindung garantieren sollen, zu verzichten und sich mit einem Beweisverfahren zu begnügen, das eine geringere Garantie für eine zuverlässige Wahrheitsfindung bietet.[12]

7 Da Abs. 1 S. 2 nicht zu den unverzichtbaren Verfahrensnormen gehört, kann der Vorsitzende die Beweiserhebung beliebig weit ausdehnen und die **Beweiserhebung vor der Kammer** zu einer seltenen **Ausnahme** machen ohne sein Urteil zu gefährden. Die Überschreitung der durch Abs. 1 S. 2 gezogenen Grenzen wird von den Parteien regelmäßig nicht gerügt. Die Parteivertreter wissen, dass dieses Verfahren die Erledigung des Verfahrens beschleunigt (eine Beweiserhebung vor einem Kollegium dauert meist länger als die vor einem einzelnen Richter, und der Vorsitzende kann für sich allein wesentlich elastischer terminieren als für die Kammer), und sie befürchten keine Nachteile durch die Einschränkung des Unmittelbarkeitsprinzips. Rügt eine Partei die Verletzung des Abs. 1 S. 2, kann der Vorsitzende die Beweisaufnahme unschwer vor die Kammer verlegen.

IV. Entscheidung durch den Vorsitzenden

8 **1. Entscheidungsbefugnis kraft Gesetzes.** In Abs. 2 werden in einem Katalog bestimmte Entscheidungen oder die Entscheidungen in bestimmten Verfahren und Verfahrensabschnitten dem Vorsitzenden zugewiesen. Durch diese Zuweisung tritt der Vorsitzende an die Stelle der Kammer. Er hat daher nicht nur allein zu entscheiden, sondern auch allein alle **der Entscheidung vorangehenden** und die zu ihrem Wirksamwerden erforderlichen **Maßnahmen** durchzuführen. Er hat daher, wenn eine ihm zugewiesene Entscheidung eine Beweiserhebung erforderlich macht, diese zu erledigen, ohne an die Einschränkungen des Abs. 1 S. 2 gebunden zu sein und auch Nebenentscheidungen zu treffen, die nicht in Abs. 2 erwähnt sind. Ist etwa für einen Kostenfestsetzungsbeschluss die öffentliche Zustellung anzuordnen, so folgt die Zuständigkeit des Vorsitzenden unmittelbar aus Abs. 2 Nr. 12.[13]

9 **a) Einzelfälle des Katalogs. Nr. 1** erfasst Verweisungen wegen **örtlicher und sachlicher Unzuständigkeit** gem. § 281, Verweisungen an die Zivilkammer gem. §§ 97, 99 GVG und

---

[9] *Baumbach/Lauterbach/Hartmann* Rn. 8; *Stein/Jonas/Grunsky* Rn. 6.

[10] AA wohl *Bergerfurth* NJW 1975, 331, 333; *Baumbach/Lauterbach/Hartmann* Rn. 8.

[11] BGHZ 40, 179 = NJW 1964, 108; *Zöller/Greger* Rn. 3; *Baumbach/Lauterbach/Hartmann* Rn. 8; aA *Werner/Pastor* NJW 1975, 329, 331; bei regelmäßiger Durchführung der gesamten Beweisaufnahme auch *Thomas/Putzo/Reichold* Rn. 4 mit § 355 Rn. 6.

[12] Wenn die Parteien die Entscheidungsbefugnis der besonders sachkundigen Kammer ausschließen können (Abs. 3), muss es ihnen auch gestattet sein, auf die Mitwirkung der Handelsrichter bei der Beweiserhebung zu verzichten.

[13] OLG Frankfurt MDR 1987, 414.

Rechtswegverweisungen gem. § 17 a GVG. Ob die Verweisung mit oder ohne mündliche Verhandlung erfolgt, ist unerheblich.

Nr. 2 befugt den Vorsitzenden durch Endurteil (Abweisung der Klage) oder Zwischenurteil (Feststellung der Zulässigkeit der Klage; Feststellung der Verpflichtung zur Sicherheitsleistung für die Prozesskosten) über die Zulässigkeit der Klage zu entscheiden. Ob eine **Zulässigkeitsvoraussetzung** von Amts wegen oder nur auf Rüge einer Partei zu berücksichtigen ist, ist unerheblich. Unerheblich ist es auch, ob bei von Amts wegen zu berücksichtigenden Zulässigkeitsvoraussetzungen sich eine Partei auf ihr Fehlen berufen hat und ob gem. § 280 Abs. 1 eine abgesonderte Verhandlung angeordnet worden ist. Die Entscheidung über die Zulässigkeit der Klage ist dem Vorsitzenden zugewiesen worden, weil es für die Beurteilung der hier maßgeblichen prozessrechtlichen Fragen auf die Sachkunde der Handelsrichter nicht ankommt, und diese Voraussetzung für die Alleinentscheidungsbefugnis des Vorsitzenden ist davon unabhängig, ob sich eine Partei gegen die Zulässigkeit der Klage wendet und ob die abgesonderte Entscheidung über die Zulässigkeit angeordnet worden ist. Eine Anordnung gem. § 280 Abs. 1 ist überdies vom Vorsitzenden zu treffen.[14] 10

Nr. 3 überträgt dem Vorsitzenden die Befugnis, in allen Fällen zu entscheiden, in denen in der ZPO oder anderen Gesetzen eine **Aussetzung des Verfahrens** vorgesehen ist. Das gilt auch für die Aussetzung nach Art. 100 Abs. 1 GG. Hier tritt zwar zur Anordnung des zeitweiligen Verfahrensstillstandes (Aussetzung) noch die Anordnung der Vorlage an das Bundesverfassungsgericht, aber auch diese Entscheidung ist vom Vorsitzenden zu treffen. Bei ihr sind lediglich Rechtsfragen zu beurteilen, für die es auf die Sachkunde der Handelsrichter nicht ankommt. Es besteht daher kein Anlass, eine Entscheidung durch die Kammer zu fordern. – Die Aufhebung der Aussetzung gem. § 155 steht in engem Zusammenhang mit der Aussetzung und wird daher von Nr. 3 erfasst. Das gilt auch für die der Aussetzung vergleichbaren Anordnung des Ruhens des Verfahrens gem. § 251. 11

Nr. 4 betrifft zunächst die in § 269 Abs. 4 vorgesehenen Entscheidungen. Der Vorsitzende hat auch dann zu entscheiden, wenn darüber gestritten wird, ob eine **Klagerücknahme** erklärt worden ist. Dabei kommt es nicht darauf an, ob ein solcher Streit im Verfahren gem. § 269 Abs. 4 oder durch ein Urteil zu entscheiden ist.[15] In beiden Fällen handelt es sich um die Klärung der Voraussetzungen für eine Entscheidung gem. § 269 Abs. 4, und mit einer bestimmten Entscheidung wird auch die Vorfragenkompetenz übertragen. Nr. 4 erfasst auch die Entscheidungen, die bei einer **entsprechenden Anwendung des § 269 Abs. 4** im Falle einer Parteiänderung erforderlich werden und die bei Rücknahme eines Einspruchs gem. §§ 346, 516 Abs. 3 S. 2 zu treffenden Entscheidungen. Weiterhin wird dem Vorsitzenden durch Nr. 4 der Erlass von Verzichts- und Anerkenntnisurteilen (§§ 306, 307) zugewiesen. 12

Nr. 5 weist dem Vorsitzenden alle Entscheidungen zu, die im Zusammenhang mit der **Säumnis einer Partei** oder beider Parteien erforderlich werden. Dazu gehören echte (§§ 330, 331 Abs. 2 und 3) und unechte (§ 331 Abs. 2) Versäumnisurteile, Entscheidungen nach Lage der Akten (§§ 251 a, 331 a) und die Zurückweisung von Anträgen auf Erlass eines Versäumnisurteils oder einer Entscheidung nach Lage der Akten gem. § 335. Im Zusammenhang mit der Säumnis stehen weiterhin Entscheidungen über den Einspruch der säumigen Partei (§ 341) und über Anträge der Wiedereinsetzung wegen der Versäumung der Einspruchsfrist (§§ 233, 238). 13

Nr. 6 betrifft die gem. § 91 a Abs. 1 zu treffende **isolierte Kostenentscheidung,** nachdem beide Parteien die Hauptsache für erledigt erklärt haben. Hat nur der Kläger die Hauptsache für erledigt erklärt und begehrt er die Feststellung der Erledigung, muss die Kammer entscheiden. Soll die Erledigung der Hauptsache durch ein **Unzulässigwerden der Klage** eingetreten sein (ein in der Praxis seltener Fall), sind nur Fragen der Zulässigkeit zu beurteilen, und gem. Nr. 2 ist der Vorsitzende zur Feststellung der Erledigung berufen. 14

Nr. 7 umfasst alle Entscheidungen, die in einem Verfahren gem. §§ 114 ff. anfallen können. 15

Nr. 8 gilt nur für **Wechsel- und Scheckprozesse** (§§ 602, 605 a), nicht dagegen für **sonstige Urkundenprozesse.** Die im Gesetzgebungsverfahren angestellte Überlegung, dass die Sachkunde der Handelsrichter für die Auslegung einer Urkunde von Bedeutung sein könne, während sie sich im formellen Wechsel- und Scheckverfahren nicht auswirken könne,[16] ist zwar wenig überzeugend, kann doch durch einen Antrag auf Parteivernehmung des Klägers (§ 595 Abs. 2) auch im Wechsel- und Scheckprozess die gesamte Einwendungsproblematik in die Erörterung einbezogen werden. Die klare Begrenzung in Nr. 8 setzt aber der Auslegung Schranken. Im Nachverfah- 16

---

[14] Überlegungen zu den Einzeltatbeständen des in Abs. 2 enthaltenen Zuständigkeitskatalogs fehlen in den BT-Drucks. 7/1550, 7/2729, 7/2769.

[15] S. etwa *Rosenberg/Schwab/Gottwald* § 129 V; *Thomas/Putzo/Reichold* § 269 Rn. 23.

[16] BT-Drucks. 7/2769 S. 13.

ren (§ 600) und nach Abstandnahme vom Urkundenprozess (§ 596) hat die Kammer zu entscheiden.

17 **Nr. 9** befugt den Vorsitzenden zur Entscheidung über die **Art einer angeordneten Sicherheit.** Es geht hier um die sich aus § 108 ergebenden Befugnisse. Eine Sicherheitsleistung anordnen kann der Vorsitzende nur, wenn diese mit einer ihm zugewiesenen Entscheidung verbunden ist.

18 **Nr. 10** weist Entscheidungen über die **einstweilige Einstellung der Zwangsvollstreckung** gem. §§ 707, 719, 769 dem Vorsitzenden zu. Die sich hieraus ergebende Entscheidungsbefugnis umfasst auch die Bestimmung der Art der Sicherheitsleistung, sodass sich insoweit die Anordnungen der Nr. 9 und der Nr. 10 überschneiden.

19 **Nr. 11** betrifft die Festsetzung des **Zuständigkeitsstreitwerts** gem. §§ 2, 3 und die des **Gebührenstreitwerts** gem. § 63 GKG.

20 **Nr. 12** befugt den Vorsitzenden zu allen Entscheidungen, die Kosten, Gebühren und Auslagen betreffen und vom Richter zu treffen sind. Entscheidungen über die Kostenerstattungspflicht gehören hierzu nur, soweit sie nicht zusammen mit einer Entscheidung der Kammer ergehen.

21 **b) Erweiterungsfähigkeit des Katalogs.** Die Aufzählung in Abs. 2 ist nur ihrer Formulierung nach abschließend.[17] Die Entscheidungsbefugnis des Vorsitzenden ist auf sämtliche Fälle auszudehnen, in denen es auf die besondere Sachkunde der Handelsrichter nicht ankommt. In ihnen entfällt das **Bedürfnis für eine Entscheidung durch die Kammer,** und die Forderung nach einer zügigen Abwicklung des Verfahrens, die durch eine Entscheidung des Vorsitzenden am besten gewährleistet wird, tritt in den Vordergrund. Dass dadurch die Entscheidungsbefugnis des Vorsitzenden nicht unerheblich erweitert wird, widerspricht nicht den Absichten des Gesetzgebers. Dieser wollte die Befugnisse, die im früheren Recht vermisst wurden und unbedenklich dem Vorsitzenden übertragen werden können, dem Vorsitzenden zuweisen.[18]

22 Nach diesen Grundsätzen entscheidet der Vorsitzende u. a. über:

Anträge auf Anordnung eines selbstständigen Beweisverfahrens (§§ 485, 486). Die uneingeschränkte Zuständigkeit des Vorsitzenden gilt aber nur für die Anordnung des Verfahrens. Bei der Ausführung der Beweisanordnung, die die Beweiserhebung im Prozess vorwegnimmt (§ 493 Abs. 1), ist Abs. 1 S. 2 zu beachten.

Verbindung und Trennung von Prozessen (§§ 147, 145) sowie die Beschränkung der Verhandlung auf einzelne Angriffs- und Verteidigungsmittel (§ 146).

Zwischenstreitigkeiten mit Dritten (§§ 71, 135 Abs. 2, 387). Anträge auf Durchführung der **Zwangsvollstreckung** bei vertretbaren (§ 887) und unvertretbaren Handlungen (§ 888) sowie die Erzwingung von Unterlassungen und Duldungen (§ 890).

23 Unabhängig von der in Abs. 2 getroffenen Regelung ist auch der Vorsitzende der Kammer für Handelssachen gem. § 944 befugt, in dringenden Fällen über Anträge auf den **Erlass eines Arrests oder einer einstweiligen Verfügung** zu entscheiden, wenn eine mündliche Verhandlung nicht erforderlich ist.

24 **2. Entscheidungsbefugnis durch Einverständnis der Parteien.** Das Einverständnis der Parteien befugt den Vorsitzenden gem. Abs. 3 „auch im Übrigen" an Stelle der Kammer zu entscheiden. Der Vorsitzende erhält damit die **Entscheidungsbefugnis der Kammer** in vollem Umfang und wird zum Prozessgericht. Die Worte „im Übrigen" erfassen alle Entscheidungen die im konkreten Prozess anfallen. Der Vorsitzende kann daher auch dann entscheiden, wenn der Streitgegenstand geändert oder erweitert wird.[19] Dabei bedingt es keinen Unterschied, ob das durch Klageänderung oder Widerklage geschieht.

25 Die **Einverständniserklärungen** können von den Parteien schriftsätzlich oder in der mündlichen Verhandlung abgegeben werden.[20] Die in der Praxis auch gegenüber Kammern für Handelssachen gar nicht seltene Erklärung, dass gegen eine Übertragung auf den Einzelrichter keine Bedenken bestehen, ist noch keine Einverständniserklärung iSv. Abs. 3. Es handelt sich um eine irrtümliche (routinebedingte) Meinungsäußerung zu einer vom Gericht vermeintlich zu treffenden Entscheidung, nicht aber um eine prozessuale Bewirkungshandlung. – Die Einverständniserklärung ist als Prozesshandlung unwiderruflich. Die Möglichkeit eines Widerrufs ist nicht vorgesehen, und

---

[17] HM; *Bergerfurth* NJW 1975, 331, 334; *Stein/Jonas/Grunsky* Rn. 28; *Zöller/Greger* Rn. 17; *Thomas/Putzo/Reichold* Rn. 5; *Musielak/Wittschier* Rn. 18; *Baumbach/Lauterbach/Hartmann* Rn. 14.

[18] BT-Drucks. 7/2769 S. 13.

[19] AA OLG Nürnberg MDR 1978, 323; *Rosenberg/Schwab/Gottwald* § 106 Rn. 40; *Stein/Jonas/Grunsky* Rn. 36; *Musielak/Wittschier* Rn. 19; *Baumbach/Lauterbach/Hartmann* Rn. 19.

[20] Nach *Rosenberg/Schwab/Gottwald* § 106 Rn. 41 soll eine schriftliche Zustimmung nur im Fall des § 128 Abs. 2 möglich sein.

§ 128 Abs. 2 S. 1 ist nicht entsprechend anwendbar.[21] Es geht nicht um die Wahl einer bestimmten Verfahrensart, sondern um die Entscheidung für einen bestimmten Spruchkörper.

Sind an einem Prozess **Streitgenossen** beteiligt, so muss jeder mit der Entscheidung durch den Vorsitzenden einverstanden sein. Erklärt ein Streitgenosse sein Einverständnis nicht, so darf der Vorsitzende nur dann allein entscheiden, wenn die Sache, an der die nicht einverstandene Partei beteiligt ist, abgetrennt worden ist. Für Streithelfer gilt § 67. Sie können also das Einverständnis mit der Entscheidung des Vorsitzenden erklären, wenn die Hauptpartei nicht widerspricht. 26

Die **Abgabe der Einverständniserklärung** steht im freien Belieben der Parteien. Schranken wegen der Art des Prozesses bestehen nicht. Dem Vorsitzenden steht es frei anzuregen, dass die Parteien sich mit einer Entscheidung durch ihn einverstanden erklären. Auch er ist hierbei an keinerlei Vorbedingungen gebunden. Ob er es tut, um das Verfahren zu beschleunigen, die Handelsrichter zu entlasten oder weil es auf die Sachkenntnis der Handelsrichter nicht ankommt,[22] ist seinem Belieben überlassen. Derartige Anregungen sind erfahrungsgemäß meist erfolgreich und können zu einer erheblichen **Beschleunigung der Verfahren** beitragen. 27

3. Entscheidung nach Ermessen. Soweit dem Vorsitzenden durch das Gesetz oder durch das Einverständnis der Parteien die Befugnis zur Entscheidung zugewiesen wird, kann er allein entscheiden. Er muss es aber nicht tun. Die **Entscheidungsbefugnis der Kammer** wird nicht aufgehoben. Ergibt sich etwa die Notwendigkeit, eine der in Abs. 2 genannten Entscheidungen in einem Kammertermin zu treffen, so kann die Kammer entscheiden. Die Formulierung „der Vorsitzende entscheidet" kann zwar als Verpflichtung zur Alleinentscheidung verstanden werden. Die Zuweisung der Entscheidungsbefugnis erfolgt aber im Interesse einer zügigen Abwicklung des Verfahrens, und dieser Zielsetzung entspricht es, die Kammer entscheiden zu lassen, wenn ihre Entscheidung zu einer schnelleren Erledigung des Verfahrens führt. Dass das Einverständnis der Parteien den Vorsitzenden nicht zur Alleinentscheidung zwingt, kommt in der Wendung „kann ... entscheiden" unmissverständlich zum Ausdruck. Dem Vorsitzenden steht daher, wenn das Einverständnis der Parteien gem. Abs. 3 erklärt ist, ein **Wahlrecht** zu, allein oder mit der Kammer zu entscheiden. Er verliert dieses Wahlrecht nicht, wenn er den Prozess zunächst vor sich verhandelt und auch allein (über die Grenzen des Abs. 1 S. 2 hinaus) die Beweise erhebt. Ebenso bleibt ihm das Wahlrecht erhalten, wenn er die Sache zunächst vor der Kammer verhandelt, und es sich dann als zweckmäßig erweist, den Prozess allein weiterzuführen. Das Wahlrecht des Vorsitzenden ergibt sich, weil das Gesetz ihm eine Entscheidungsmöglichkeit einräumt, ohne diese irgendwie zu beschränken. Eine Grenze für das Wahlrecht ergibt sich nur aus § 300. Erreicht der Rechtsstreit in einer Verhandlung **Entscheidungsreife,** so muss der gerade mit ihm befasste Spruchkörper entscheiden. 28

V. Vorsitzender und Kammer

Der Vorsitzende ist **kraft Gesetzes vorbereitender Einzelrichter.** Er hat daher den Haupttermin ohne einen Auftrag der Kammer vorzubereiten. Hat er diese Aufgabe erledigt, so ist eine Übertragung der Sache auf die Kammer durch eine Entscheidung nicht erforderlich. Der Vorsitzende kann daher die Sache durch Beschluss oder Verfügung an die Kammer abgeben, er kann sich aber auch damit begnügen, ohne eine solche Entscheidung einen Termin vor der Kammer zu bestimmen. 29

Die Abgabe an die Kammer begründet **keine endgültige Zuständigkeit der Kammer.** Die Kammer kann daher die Sache jederzeit wieder an den Vorsitzenden zur weiteren Vorbereitung abgeben. Der gesetzliche Auftrag, die Entscheidung der Kammer vorzubereiten, bleibt auch nach der Abgabe an die Kammer bestehen. Der Vorsitzende kann daher auch von sich aus vorbereitende Maßnahmen, etwa eine Beweiserhebung, durchführen. Er kann auch, da er neben der Kammer das Gericht repräsentiert, Kammertermine verlegen, aufheben und neu anberaumen. Das Fehlen jeder Zäsur zwischen der Tätigkeit des Vorsitzenden und der Kammer ist kein Fehler,[23] sondern ein Vorteil, der es ermöglicht, den Verfahrensablauf jederzeit den Gegebenheiten anzupassen. 30

§ 350 Rechtsmittel

Für die Anfechtung der Entscheidungen des Einzelrichters (§§ 348, 348a) und des Vorsitzenden der Kammer für Handelssachen (§ 349) gelten dieselben Vorschriften wie für die Anfechtung entsprechender Entscheidungen der Kammer.

---

[21] AA für den vergleichbaren Fall des § 527 Abs. 4 BGHZ 105, 270, 274 = NJW 1989, 299; *Thomas/Putzo/Reichold* Rn. 18.

[22] So *Bergerfurth* NJW 1975, 331, 334 f.

[23] AA *de Boor,* Einzelrichter und Kollegium im italienischen und deutschen Zivilprozeß, 1953, S. 66.

1 Die Vorschrift ist überflüssig. Aus den §§ 348, 348a, 349 ergibt sich hinreichend deutlich, dass der Einzelrichter und der Vorsitzende der Kammer für Handelssachen an Stelle der Kammer entscheiden. Daraus folgt ohne weiteres, dass ihre Entscheidungen genauso anzufechten sind, als ob sie von der Kammer erlassen worden wären. Die Bedeutung des § 350 beschränkt sich darauf, im Hinblick auf die Vorschriften der §§ 140, 573 klarzustellen, dass der **Einzelrichter und der Vorsitzende** nicht als Mitglied der Kammer für diese, sondern an Stelle der Kammer handeln und folglich nicht der Kontrolle durch die Kammer unterworfen sind.

2 Von der **Vorordnung der Kammer** zu unterscheiden ist die Tatsache, dass mit einer Übertragung der Sache auf die Kammer auch die dem Einzelrichter bzw. dem Vorsitzenden der Kammer für Handelssachen zustehende Befugnis, eigene Entscheidungen zu ändern (soweit § 318 dem nicht entgegensteht), auf die Kammer übergeht. In gleicher Weise können aber auch der Einzelrichter und der Vorsitzende Entscheidungen der Kammer ändern, wenn sie eine bislang vor der Kammer verhandelte Sache weiterführen.

§§ 351 bis 354 (weggefallen)

Titel 5. Allgemeine Vorschriften über die Beweisaufnahme

Schrifttum (siehe auch die Nachweise zu § 363): *Balzer,* Beweisaufnahme und Beweiswürdigung im Zivilprozess, 2. Aufl. 2005; *Bernhardt,* Die Aufklärung des Sachverhalts im Zivilprozeß, Festg. für Rosenberg, 1949, S. 9; *Bosch,* Grundsatzfragen des Beweisrechts, 1963; *Engel,* Beweisinterlokut und Beweisbeschluß im Zivilprozeß, 1992; *Englisch,* Elektronisch gestützte Beweisführung im Zivilprozeß, Diss. Regensburg 1999; *Haus,* Übernahme von Prozeßergebnissen, insbesondere einer Beweisaufnahme, bei Verweisung eines Rechtsstreites an ein Gericht des gleichen oder eines anderen Rechtszuges, Diss. Regensburg 1971; *Heinrich,* Die Beweislast bei Rechtsgeschäften, Diss. Passau 1996; *Höffmann,* Die Grenzen der Parteiöffentlichkeit, insbesondere beim Sachverständigenbeweis, Diss. Bonn 1989; *Hohlfeld,* Die Einholung amtlicher Auskünfte im Zivilprozeß, Diss. Konstanz 1994; *Katzenmeier,* Aufklärungs-/Mitwirkungspflicht der nicht beweisbelasteten Partei, JZ 2002, 533; *Kersting,* Der Schutz des Wirtschaftsgeheimnisses im Zivilprozeß, 1995; *Kietke,* Auskunft und sekundäre Behauptungslast – Anspruchsdurchsetzung bei ungeklärten Sachverhalten, MDR 2003, 781; *Koch/Steinmetz,* Möglichkeiten und Grenzen des Freibeweises im Zivilprozeß, MDR 1980, 901; *Koukouselis,* Die Unmittelbarkeit der Beweisaufnahme im Zivilprozeß, insbesondere bei der Zeugenvernehmung, 1990; *Krönig,* Die Kunst der Beweiserhebung, 3. Aufl. 1959; *Lang,* Die Aufklärungspflicht der Parteien des Zivilprozesses vor dem Hintergrund der europäischen Rechtsvereinheitlichung, Diss. Berlin 1999; *Lindacher,* Unmittelbarkeit der Beweisaufnahme im zivilprozessualen Regelverfahren und im Eheprozeß, FamRZ 1967, 195; *ders.,* Beweisrisiko und Aufklärungslast der nicht risikobelasteten Partei in Wettbewerbssachen, WRP 2000, 950; *Maaß,* Anwaltstätigkeit im Beweisverfahren der Zivilprozessordnung, Diss. Bielefeld 2002; *Müller, Klaus,* Der Sachverständige im gerichtlichen Verfahren, 3. Aufl. 1988; *Müller, Paul,* Beweisaufnahme vor dem beauftragten Richter, DRiZ 1977, 305; *Musielak/Stadler,* Grundfragen des Beweisrechts, 1984; *Nassall,* Die Grenzen des Ermessens des Berufungsgerichts bei der Anordnung der Wiederholung einer erstinstanzlichen Zeugenvernehmung, ZZP 98 (1985), 313; *Olzen,* Die Wahrheitspflicht der Parteien im Zivilprozeß, ZZP 98 (1985), 403; *Pantle,* Die Beweisunmittelbarkeit im Zivilprozeß, 1991; *Peters,* Der sogenannte Freibeweis im Zivilprozeß, 1962; *ders.,* Beweisarten im Zivilprozeß, JA 1981, 65; *Pieper,* Richter und Sachverständiger im Zivilprozeßrecht, ZZP 84 (1971), 1; *Ploch/Kumpf,* Der Schutz von Unternehmensgeheimnissen im Zivilprozeß unter besonderer Berücksichtigung ihrer Bedeutung in der Gesamtrechtsordnung, 1996; *Prütting,* Geheimnisschutz im Zivilprozeß, FS Kigawa, Bd. 3, 1994, S. 88; *ders.,* Informationsbeschaffung durch neue Urkundenvorlagepflichten, FS Nemeth, 2003, S. 701; *Reichel,* Die Unmittelbarkeit der Beweisaufnahme in der Zivilprozeßordnung, Diss. Gießen 1971; *Rohwer,* Materielle Unmittelbarkeit der Beweisaufnahme – Ein Prinzip der StPO wie der ZPO?, Diss. Kiel 1972; *Sass,* Die Folgen der versäumten Zahlung des Auslagenvorschusses nach § 379 ZPO – Zugleich ein Beitrag zur Auslegung des § 356 ZPO, MDR 1985, 96; *Schiedermair,* Die Anordnung der erst künftig durchführbaren erbbiologischen Untersuchung durch Beweisbeschluß des Prozeßgerichts, FamRZ 1955, 282; *Schmidt, Burkhard,* Richterwegfall und Richterwechsel im Zivilprozeß, Diss. Hannover 1993; *Schnapp,* Parteiöffentlichkeit bei Tatsachenfeststellungen durch den Sachverständigen, FS Menger, 1985, S. 557; *Schneider,* Die Ablehnung von Beweisanträgen im Zivilprozeß unter besonderer Berücksichtigung der höchstrichterlichen Rechtsprechung, ZZP 75 (1962), 173; *ders.,* Die Tatsachenfeststellung, MDR 1964, 643, 817; *ders.,* Die Pflicht des Berufungsgerichts zur erneuten Zeugenvernehmung, NJW 1974, 841; *ders.,* Die Stellung des beauftragten Richters im Verhältnis zum Prozeßgericht, DRiZ 1977, 13; *ders.,* Beweis und Beweiswürdigung, 4. Aufl. 1987; *Schöpflin,* Die Beweiserhebung von Amts wegen im Zivilprozeß, Diss. Hamburg 1991; *Schultze,* Der Streit um die Übertragung der Beweisaufnahme auf den beauftragten Richter, NJW 1977, 409; *Späth,* Die Parteiöffentlichkeit des Zivilprozesses, Diss. Hamburg 1995; *Stadler, Astrid,* Der Schutz des Unternehmensgeheimnisses im deutschen und US-amerikanischen Zivilprozeß und im Rechtshilfeverfahren, Diss. Konstanz 1989; *Störmer,* Beweiserhebung, Ablehnung von Beweisanträgen und Beweisverwertungsverbote, JuS 1994, 238; *Stürner,* Die Aufklärungspflicht im

Zivilprozeß, 1976; *ders.*, Parteipflichten bei der Sachverhaltsaufklärung im Zivilprozeß, ZZP 98 (1985), 237; *Teplitzky*, Der Beweisantrag im Zivilprozeß und seine Behandlung durch die Gerichte, JuS 1968, 71; *ders.*, Keine Ladungsfrist bei Beweisterminen vor dem beauftragten oder ersuchten Richter?, NJW 1973, 1675; *Tilmann/Schreibauer*, Beweissicherung vor und im Patentverletzungsprozess, FS Erdmann, 2002, S. 901; *Tropf*, Die erweiterte Tatsachenfeststellung durch den Sachverständigen im Zivilprozeß, DRiZ 1985, 87; *Walker*, Zur Problematik beweisrechtlicher Geheimverfahren an einem Beispiel aus dem Arbeitsgerichtsprozeß, FS Egon Schneider, 1997; *Wellmann*, Der Sachverständige in der Praxis, 7. Aufl. 2004; *Werner/Pastor*, Der Grundsatz der „Unmittelbarkeit der Beweisaufnahme" nach der Änderung der ZPO, NJW 1975, 329; *Werp*, Beweisaufnahme vor dem Revisionsgericht in Zivilsachen, DRiZ 1975, 278; *Weth*, Der Grundsatz der Unmittelbarkeit der Beweisaufnahme, JuS 1991, 34; *Yoshida*, Die Informationsbeschaffung im Zivilprozess, Diss. Regensburg 2001; *Zuleger*, Der Beweisbeschluß im Zivilprozeß, Diss. Regensburg 1989.

§ 355 Unmittelbarkeit der Beweisaufnahme

(1) [1]Die Beweisaufnahme erfolgt vor dem Prozessgericht. [2]Sie ist nur in den durch dieses Gesetz bestimmten Fällen einem Mitglied des Prozessgerichts oder einem anderen Gericht zu übertragen.

(2) Eine Anfechtung des Beschlusses, durch den die eine oder die andere Art der Beweisaufnahme angeordnet wird, findet nicht statt.

Übersicht

I. Normzweck

1 Die in Absatz 1 Satz 1 getroffene Anordnung, dass die Beweisaufnahme vor dem Prozessgericht zu erfolgen hat, ist Ausdruck des Grundsatzes der **Unmittelbarkeit** des Verfahrens.[1] Dies gilt jedoch ausschließlich **im formellen Sinn** des Begriffes, der – bezogen auf die Beweisaufnahme – zum Inhalt hat, dass die Beweise vom erkennenden Gericht selbst ohne ein Dazwischentreten von Mittelspersonen zu erheben sind.[2] **Die materielle Unmittelbarkeit,** die sich auf die Forderung bezieht, von allen verfügbaren Beweismitteln dasjenige zu wählen, welches die Erkenntnis der erheblichen Tatsachen am unmittelbarsten ermöglicht,[3] ist ebenso wenig durch § 355 erfasst wie die Unmittelbarkeit in einem zeitlichen Sinn, die das Gebot betrifft, die erhobenen Beweise im unmittelbaren Anschluss an die Beweisaufnahme zu würdigen.[4] Insoweit ist allerdings die durch § 370 Abs. 1 ausgesprochene Anordnung zu beachten, dass im Anschluss an die Beweiserhebung über ihr Ergebnis zu verhandeln

[1] Vgl. Mat. II 1 S. 304.

[2] *Rosenberg/Schwab/Gottwald* § 80 Rn. 1.

[3] *Stein/Jonas/Berger* Rn. 4; *Reichel* S. 66 f. Ob in der ZPO das Prinzip der materiellen Unmittelbarkeit gilt, ist umstritten; bejahend BAG AuR 1969, 61, 62 (Unzulässigkeit eines „Beweises vom Hörensagen"); *Rohwer* S. 47 ff., 63 ff.; *Bruns* Rn. 87; verneinend *Reichel* S. 67 ff.; *Tropf* DRiZ 1985, 87, 88; *Prütting/Weth* DB 1989, 2273, 2276; *Musielak/Stadler* Rn. 5; *Stadler* ZZP 110 (1997), 135, 145; *Stein/Jonas/Berger* Rn. 28; AK-ZPO/*Rüßmann* Rn. 6; *Musielak/Stadler* BwR Rn. 43; *Hohlfeld* S. 129 f.; zweifelnd *Schilken* SAE 1993, 308, 309; *Ahrens* JZ 1996, 738, 740; zum Meinungsstand vgl. auch *Pantle* S. 26 ff.

[4] *Reichel* S. 33; *Koukouselis* S. 79 ff.; aA *Schönke/Kuchinke* § 58 III 3.

ist (§ 370 Rn. 1). Das nicht mit Verfassungsrang[5] ausgestattete Gebot der (formellen) Unmittelbarkeit der Beweisaufnahme schafft die geeignete **Grundlage für die Beweiswürdigung** durch den Richter. Regelmäßig vermag nämlich nur derjenige am Besten über den Wert und Erfolg eines Beweises zu urteilen, der bei dessen Erhebung anwesend ist, also den Zeugen, den Sachverständigen oder die zu vernehmende Partei hören und fragen kann, Einsicht in die vorgelegte Urkunde nimmt oder das Augenscheinsobjekt bewertet. Die Überlegenheit der unmittelbaren Beweisaufnahme gegenüber einer bloß mittelbaren ist so offenkundig,[6] dass dieses Prinzip niemals – weder bei Entstehung der ZPO noch danach – ernsthaft in Frage gestellt worden ist. Allerdings hatte die Praxis zeitweilig so großzügig von den gesetzlich normierten Ausnahmemöglichkeiten Gebrauch gemacht, dass entgegen der Absicht des Gesetzgebers die Ausnahme einer mittelbaren Beweisaufnahme zur Regel verkehrt wurde.[7] Daraufhin wurden diese Bestimmungen durch Gesetz vom 27. Oktober 1933 neu gefasst, um den Grundsatz der Unmittelbarkeit der Beweisaufnahme in der Praxis besser durchzusetzen.[8] Durch Gesetz vom 20. 12. 1974 wurden die Aufgaben des Einzelrichters in den erstinstanzlichen Verfahren vor dem Landgericht neu geordnet und ihm die Entscheidung des Rechtsstreits selbst, nicht nur – wie zuvor – dessen Vorbereitung, übertragen. Dadurch wurde die Zahl der Ausnahmen vom Grundsatz der Unmittelbarkeit weiter verringert. Dies verdeutlicht die Absicht des Gesetzgebers der ZPO, nur in den „dringendsten Fällen“[9] die Beweisaufnahme nicht vor dem Prozessgericht stattfinden zu lassen. Die Vereinfachungsnovelle von 1976 hat diese Tendenz noch verstärkt, indem sie die Beweisaufnahme zum wesentlichen Bestandteil des Haupttermins gemacht hat (§ 278 Abs. 2 aF).[10] Dem entspricht die Änderung des § 375 im Rahmen des Rechtspflege-Vereinfachungsgesetzes von 1990, durch welche die Voraussetzungen für eine Zeugenvernehmung – und dadurch zugleich auch wegen der in §§ 402, 451 ausgesprochenen Verweisung für die Vernehmung von Sachverständigen und Parteien – durch den beauftragten oder ersuchten Richter präzisiert und teilweise verschärft worden sind. Damit erfuhr der Grundsatz der Unmittelbarkeit der Beweisaufnahme eine noch stärkere Betonung. Demgegenüber dienen die durch dasselbe Gesetz geschaffenen Erweiterungen nach § 375 Abs. 1a, der die Aufnahme des Zeugenbeweises durch ein Mitglied des Prozessgerichts ermöglicht, sowie § 377 Abs. 3, welcher eine schriftliche Beantwortung der Beweisfrage durch einen Zeugen erlaubt, praktischen und prozessökonomischen Gründen. Der Grundsatz der Unmittelbarkeit der Beweisaufnahme verlangt, dass von diesen Möglichkeiten zurückhaltend Gebrauch gemacht wird und die dafür zu erfüllenden Voraussetzungen restriktiv interpretiert werden.[11] Abgesehen davon kommt aufgrund der Änderungen durch das ZPO-RG von 2001,[12] die zu einer grundsätzlichen Zuständigkeit des Einzelrichters geführt haben (§ 348), der erstgenannten Möglichkeit ohnehin nur noch eine eingeschränkte Bedeutung zu.[13] Die Einführung des § 128a durch das ZPO-RG mit der in dessen Abs. 2 in Bezug genommenen Möglichkeit der Vernehmung per Videokonferenz fördert die moderne Kommunikationstechnologie,[14] indem auf die körperlicher Anwesenheit des Zeugen, Sachverständigen oder einer Partei verzichtet wird. Mit dieser Änderung geht eine Einschränkung des § 375 Abs. 1 Nr. 2, 3 und damit Stärkung des Unmittelbarkeitsprinzips einher, wird doch häufig durch das Prozessgericht die Vernehmung im Wege der Videokonferenz eher in Erwägung zu ziehen sein als eine kommissarische Beweisaufnahme durch den beauftragten oder ersuchten Richter.[15] Die Bedenken, dass mit § 128a Abs. 2 zugleich eine Einschränkung des Unmittelbarkeitsprinzips vorgenommen worden ist,[16] betreffen vornehmlich die von § 355 nicht erfasste materielle

[5] BVerfGE 1, 418, 429.

[6] Vgl. Bericht 1961, S. 241: „Gegenüber der Bedeutung, die die unmittelbare Beweisaufnahme für eine gerechte Entscheidung hat, wiegen die möglichen Nachteile einer strengeren Durchführung dieses Grundsatzes gering.“

[7] *Nikisch* § 49 IV 2; *Peters* S. 101. Zu dieser Entwicklung vgl. *Reichel* S. 87f.; *Koukouselis* S. 15ff.

[8] Vgl. die Allgemeine Verfügung des Reichsjustizministers v. 11. 11. 1935 (DJ 1935, 1655f.). Der Erfolg dieser gesetzgeberischen Maßnahme wird unterschiedlich beurteilt, vgl. *Nikisch* § 49 IV 2 (Beweisaufnahme vor dem erkennenden Gericht zu 90%); *Bosch* S. 105 (Laufende Zuwiderhandlung); *Reichel* S. 13f. (Grundsatz der Unmittelbarkeit wird permanent ad absurdum geführt); Bericht 1961, S. 241 (Ziel nur unvollkommen erreicht).

[9] Mat. II 1 S. 304; vgl. auch die Allgemeine Verfügung des Reichsjustizministers v. 11. 11. 1935 (DJ 1935, 1655f.): „Unmittelbarkeit der Beweisaufnahme ist strengstes Gebot“, sowie den Bericht 1961, S. 242: „Die Kommission schlägt danach als gesetzgeberische Richtlinie vor: Der Grundsatz der Unmittelbarkeit der Beweisaufnahme ist streng durchzuführen …“.

[10] Aufgrund des Art. 2 ZPO-RG v. 27. 7. 2001 (BGBl. I S. 1887) nunmehr § 279 Abs. 2.

[11] Großzügiger *Musielak/Stadler* Rn. 5.

[12] BGBl. I S. 1887.

[13] *Rosenberg/Schwab/Gottwald* § 80 Rn. 4.

[14] *Musielak/Stadler* § 128a Rn. 1.

[15] *Musielak/Stadler* § 128a Rn. 7.

[16] Zur vergleichbaren Regelung des § 255a StPO *Diemer* NJW 1999, 1667, 1668.

Unmittelbarkeit. In diesem Zusammenhang sind aufgrund der technischen Eigenheiten geringfügige Wahrnehmungsverluste mangels deckungsgleicher Intensität des Sinneseindrucks unter dem Gesichtspunkt der Effektivität des Verfahrens hinzunehmen. Notwendig ist jedoch eine zeitgleiche wechselseitige[17] vollumfängliche Bild- sowie Tonübertragung zwischen Sitzungs- und Vernehmungsraum, damit ein unmittelbarer persönlicher Eindruck des Prozessgerichts gewährleistet ist (vgl. § 128 a Rn. 5).[18]

II. Anwendungsbereich

1. Allgemeines. Die Vorschrift gilt für die förmliche Beweisaufnahme in Verfahren der ZPO (Strengbeweisverfahren), also auch im selbständigen Beweisverfahren nach §§ 485 ff.[19] Damit kommt § 355 dann zur Anwendung, wenn die Sachverhaltsaufklärung aufgrund eines Beweisbeschlusses oder einer entsprechenden Anordnung unter Beschränkung auf die Beweismittel Augenschein (§§ 371 ff.), Zeugen (§§ 373 ff.), Sachverständige (§§ 402 ff.), Urkunden (§§ 415 ff.) oder Parteivernehmung (§§ 445 ff.) erfolgt. Sofern ein Beweisbeschluss (§ 358 Rn. 1 f.) ergeht, der die eine oder andere Art der Beweisaufnahme anordnet, also bestimmt, dass die Beweisaufnahme vor dem Prozessgericht oder einem verordneten Richter stattfindet, ist dieser nach Abs. 2 weder in seiner ursprünglichen noch in einer veränderten (§ 360) Fassung anfechtbar (Rn. 19).[20] 2

2. Arbeitsgerichtliches Verfahren. Im arbeitsgerichtlichen Verfahren ist der Grundsatz der Unmittelbarkeit der Beweisaufnahme strenger durchgeführt als nach der Regelung des § 355. Gemäß § 58 Abs. 1 S. 1 ArbGG muss die Beweisaufnahme in der ersten Instanz vor dem erkennenden Gericht stattfinden, wenn sie „an der Gerichtsstelle“, dh. im Gerichtsgebäude,[21] möglich ist. Ist dies nicht der Fall, dann kann die Beweisaufnahme auf den Vorsitzenden übertragen werden, § 58 Abs. 1 S. 2 ArbGG. Anstelle einer Beweisaufnahme durch den Vorsitzenden kann nach §§ 13 Abs. 1, 58 Abs. 1 S. 2 ArbGG auch ein anderes Arbeitsgericht oder ein Amtsgericht ersucht werden, diese vorzunehmen. Soll die Beweisaufnahme im Wege der Rechtshilfe von einem anderen Gericht durchgeführt werden, dann kommt es darauf an, ob sich am Ort der Beweisaufnahme der Sitz eines anderen Arbeitsgerichtes befindet. Ist das der Fall, dann muss dieses Arbeitsgericht um Durchführung der Beweisaufnahme ersucht werden, andernfalls das örtlich zuständige Amtsgericht, § 13 Abs. 1 S. 2 ArbGG iVm. § 58 Abs. 1 S. 2 ArbGG. In der Berufungsinstanz gilt nach § 64 Abs. 7 ArbGG die Vorschrift des § 58 ArbGG entsprechend. 3

3. Verfahren der Freiwilligen Gerichtsbarkeit. Wird in einem Verfahren der Freiwilligen Gerichtsbarkeit eine förmliche Beweisaufnahme (Strengbeweis) durchgeführt, dann gilt der Grundsatz der Unmittelbarkeit mit der Folge, dass regelmäßig die Beweisaufnahme vor dem erkennenden Gericht durchzuführen ist.[22] Denn § 355 steht in einem untrennbaren Zusammenhang mit den nach § 15 FGG[23] entsprechend anzuwendenden Beweisvorschriften der ZPO.[24] Im Rahmen des Strengbeweises darf deshalb die Vernehmung eines Zeugen durch einen beauftragten Richter lediglich unter den in § 375 genannten Voraussetzungen vorgenommen werden.[25] Soweit allerdings formlose Ermittlungen (Freibeweis) zulässig sind, ist das Gericht nicht an den Unmittelbarkeitsgrundsatz gebunden.[26] 4

---

[17] *Musielak/Stadler* § 128 a Rn. 7; *Stein/Jonas/Leipold* § 128 a Rn. 21; aA *Schultzky* NJW 2003, 313, 315.

[18] Vgl. *Schultzky* NJW 2003, 313; *Baumbach/Lauterbach/Hartmann* § 128 a Rn. 6 ff.; zweifelnd *Musielak/Stadler* § 128 a Rn. 6; *Rosenberg/Schwab/Gottwald* § 79 Rn. 57.

[19] *Baumbach/Lauterbach/Hartmann* Übers. § 355 Rn. 3; OLG Celle NZM 1998, 160; KGR Berlin 2005, 557.

[20] *Steinert/Theede* 7. Kap. Rn. 12.

[21] *Grunsky* § 58 ArbGG Rn. 22; *Schwab/Weth/Schwab* § 58 ArbGG Rn. 6.

[22] BGH NJW 1959, 1323, 1324; BayObLG MDR 1984, 324; FamRZ 1988, 422, 423; Rpfleger 1988, 240; ZIP 1994, 1767, 1769; WoM 1998, 49; OLG Düsseldorf NJW 1967, 454; OLG Köln MDR 1983, 326, 327; FamRZ 1992, 200; OLG Zweibrücken MDR 1989, 643; OLG Karlsruhe FGPrax 1998, 77, 78; *Zimmermann* FG S. 19 f.; *Keidel/Kuntze/Winkler* § 15 Rn. 7; *Bosch* S. 119; *Habscheid* FG § 19 III 2; *Musielak/Stadler* Rn. 4; *Pohlmann* ZZP 106 (1993), 181, 185 f.

[23] Zwar verweist § 15 FGG nicht auf die Vorschriften der ZPO über den Beweis durch Urkunden und durch Parteivernehmung, jedoch sind auch diese Bestimmungen entsprechend anzuwenden; vgl. *Keidel/Kuntze/Winkler* § 15 Rn. 2, 44 bis 46 m. weit. Nachw.

[24] *Keidel/Kuntze/Winkler* § 15 Rn. 7; *Bassenge/Herbst* § 15 FGG Rn. 5.

[25] BayObLG NJW-RR 1998, 301, 302; OLG Stuttgart MDR 1980, 1030, 1031; OLG Köln OLGZ 1982, 1, 2; MDR 1983, 326, 327; *Keidel/Kuntze/Winkler* § 15 Rn. 7; *Bassenge/Herbst* § 15 FGG Rn. 5; unklar BayObLGZ 1956, 300 (Freibeweis?); aA *Zimmermann* FG S. 15; *Hampel* FamRZ 1964, 125, 129.

[26] *Habscheid* FG § 19 III 2; *Keidel/Kuntze/Winkler* § 15 Rn. 7; *Blomeyer* § 66 II 3 (allg. zum Freibeweis); vgl. auch OLG Stuttgart MDR 1980, 1030, 1031.

III. Beweisaufnahme vor dem Prozessgericht

5 **1. Begriff des Prozessgerichts.** Das Prozessgericht iSv. § 355 Abs. 1 ist der Spruchkörper, der zur Entscheidung des einzelnen Rechtsstreits berufen ist. Bei einem Kollegialgericht ist es daher nicht möglich, dass nur ein Mitglied des Gerichts die Beweisaufnahme vornimmt und die übrigen zur Entscheidung berufenen Richter formlos über seine persönlichen Eindrücke unterrichtet.[27] Dementsprechend scheidet auch die Beweiserhebung durch den Vorsitzenden und den Berichterstatter in Abwesenheit des zweiten Beisitzers aus.[28] Wird nach § 348 Abs. 1 S. 1 der Rechtsstreit von dem originär zuständigen Einzelrichter verhandelt und entschieden oder die Sache gemäß §§ 348a Abs. 1, 526 Abs. 1 einem Einzelrichter übertragen, dann ist dieser Prozessgericht.[29] Das Gleiche gilt, wenn der Vorsitzende der Kammer für Handelssachen oder der Einzelrichter in der Berufungsinstanz im Einverständnis der Parteien den Rechtsstreit entscheidet, §§ 349 Abs. 3, 527 Abs. 4.[30] Dagegen bedeutet es eine (zulässige) Durchbrechung des Unmittelbarkeitsgrundsatzes, wenn der Vorsitzende der Kammer für Handelssachen iSd. § 349 Abs. 1 S. 2 oder der Einzelrichter in der Berufungsinstanz nach § 527 Abs. 2 S. 2 Beweise erhebt. Im Übrigen darf nur unter den Voraussetzungen der §§ 372 Abs. 2, 375, 402, 434, 451 eine Beweisaufnahme durch ein Mitglied des Prozessgerichts vorgenommen werden (Rn. 14ff.).[31]

6 **2. Richterwechsel.** Ein Richterwechsel nach der Beweisaufnahme zwingt nicht zu ihrer Wiederholung.[32] Wie die Rechtsinstitute des beauftragten und ersuchten Richters (§§ 361, 362) zeigen, ist die Trennung von Beweiserhebung und Beweiswürdigung – wenn auch als Ausnahme vom Unmittelbarkeitsgrundsatz – der ZPO nicht fremd. Dem entspricht es, wenn vom Berufungsgericht die Ergebnisse der Beweisaufnahme erster Instanz selbständig gewürdigt werden (Rn. 8). Allerdings darf bei einer Entscheidung nur berücksichtigt werden, was auf eigener Wahrnehmung aller Richter beruht oder was aktenkundig und der Stellungnahme durch die Parteien zugänglich ist.[33] Dies bedingt bei einem Richterwechsel, dass die zu würdigenden Beweise in der Sitzungsniederschrift festgehalten sind sowie dass nach § 285 Abs. 2 das Ergebnis der Beweisaufnahme von den Parteien vorgetragen (vgl. aber § 137 Abs. 3) und auf diese Weise zum Gegenstand der mündlichen Verhandlung vor dem (neu besetzten) Gericht gemacht worden ist.[34] Folglich kann der **persönliche Eindruck des Richters** über die Glaubwürdigkeit eines Zeugen bei einem Richterwechsel nur verwertet werden, wenn entsprechende Angaben im Protokoll niedergelegt und in die Verhandlung eingeführt wurden.[35] Hieraus ist allerdings nicht zu schließen, dass stets Ausführungen über die Glaubwürdigkeit eines Zeugen in das Protokoll aufgenommen werden müssen, um bei einem Richterwechsel die Wiederholung der Zeugenvernehmung zu vermeiden. Denn fehlen entsprechende Hinweise im Protokoll, dann ist davon auszugehen, dass bei den vernehmenden Richtern Zweifel an der Glaubwürdigkeit des Zeugen nicht aufgekommen sind. Will das (neu besetzte) Gericht die Glaubwürdigkeit des Zeugen anders beurteilen, dann muss die Zeugenvernehmung wiederholt werden, um dem neu hinzutretenden Richter die Möglichkeit eigener Beurteilung zu geben.[36]

7 Gleiche Grundsätze gelten, wenn der **Einzelrichter** den Rechtsstreit nach §§ 348 Abs. 3, 348a Abs. 2, 526 Abs. 2 zur Entscheidung über eine Übernahme der Zivilkammer vorlegt und diese denselben übernimmt. In einem solchen Fall bleiben die Prozesshandlungen des Einzelrichters und damit auch die Ergebnisse einer von ihm durchgeführten Beweisaufnahme grundsätzlich wirksam

---

[27] BGH NJW 1995, 1292m. weit. Nachw.; 1997, 1586; 2000, 2024; OLG Koblenz NVersZ 1998, 123.

[28] BGHZ 32, 233, 237 = NJW 1960, 1252; *Musielak/Stadler* Rn. 6; *Baumbach/Lauterbach/Hartmann* Rn. 6; aA *Wieczorek/Wieczorek* Anm. B II a 1.

[29] BGHZ 40, 179, 182 = NJW 1964, 108; BGH NJW-RR 1997, 506; OLG Hamm MDR 1993, 1235; *Musielak/Stadler* Rn. 6.

[30] *Zöller/Greger* § 349 Rn. 19; *Musielak/Ball* § 524 Rn. 10.

[31] BGH NJW 2000, 2024; *Thomas/Putzo/Reichold* Rn. 2.

[32] BGHZ 32, 233, 234 = NJW 1960, 1252; BGH VersR 1967, 25, 26; BGHZ 53, 245, 256f. = NJW 1970, 946; BGH NJW 1972, 1202; 1979, 2518; 1991, 1302; *Musielak/Stadler* BwR Rn. 48; *Schellhammer* Rn. 445; zweifelnd dagegen *Grunsky* Grundlagen § 42 I 1 (S. 437).

[33] BGH MDR 1961, 312, 313; BGHZ 53, 245, 257; BGH NJW 1991, 1180; 1992, 1966; 1995, 1292, 1293; 2856, 2857; 1997, 1586, 1587; MDR 1992, 777; NJW-RR 1994, 1537; 1997, 506; OLG Düsseldorf NJW 1992, 187, 188; OLGR 1993, 328, 329; *Gusy* JuS 1990, 712, 718.

[34] *Reichel* S. 97, 103; *Stein/Jonas/Leipold* § 285 Rn. 6; *Rosenberg/Schwab/Gottwald* § 119 Rn. 53.

[35] BGH VersR 1967, 25, 26; BGHZ 53, 245, 257; BGH NJW 1991, 1302f.; 1997, 1586, 1587; *B. Schmidt* S. 44f.; aA *Reichel* S. 125ff., der auch dann einen Verstoß gegen den Unmittelbarkeitsgrundsatz erblickt, wenn dieser im Protokoll festgehaltene persönliche Eindruck verwertet wird.

[36] BGH MDR 1999, 699; OLG Schleswig MDR 1999, 761; *Leipold* ZGR 1985, 112, 123; *Weth* JuS 1991, 34, 35.

(§ 348 Rn. 25). Dementsprechend muss die Zivilkammer die Beweisaufnahme nur dann erneut durchführen, wenn es für eine sachgemäße Beweiswürdigung auf den unmittelbaren Eindruck von dem Verlauf der Beweisaufnahme ankommt (arg. §§ 349 Abs. 1 S. 2, 527 Abs. 2 S. 2).[37]

IV. Verwertung von Beweisergebnissen anderer Gerichte

1. Berufungsinstanz. Im Hinblick auf die erstinstanzlich durchgeführte Beweisaufnahme ist in der Berufungsinstanz aufgrund der durch das ZPO-RG geänderten Fassung des § 529 zu unterscheiden. Nach dieser Vorschrift ist entgegen der Regelung des § 525 aF, welcher eine umfänglich neue Verhandlung als Grundlage für die Berufungsentscheidung erforderte, das Berufungsgericht grundsätzlich nur noch auf eine **Fehlerkontrolle und -beseitigung** beschränkt.[38] Folglich ist das Gericht in der Berufungsinstanz regelmäßig an die Tatsachenfeststellungen und damit auch die Ergebnisse von Beweisaufnahmen des Erstrichters gebunden und hat sie seiner Verhandlung und Entscheidung zugrunde zu legen, § 529 Abs. 1 Nr. 1 Halbs. 1.[39] Soweit jedoch **konkrete Anhaltspunkte** Zweifel an der Richtigkeit oder Vollständigkeit der entscheidungserheblichen Feststellungen iSd. § 529 Abs. 1 Nr. 1 Halbs. 2 begründen, hat das Berufungsgericht (unbeschadet neuer Angriffs- und Verteidigungsmittel, §§ 529 Abs. 1 Nr. 2, 531 Abs. 2) von Amts wegen selbst Tatsachenfeststellungen zu treffen und die notwendigen Beweise zu erheben, § 538 Abs. 1 (ausf. § 529 Rn. 4 ff.).[40] Dies gilt über § 64 Abs. 6 S. 1 ArbGG auch für das arbeitsgerichtliche Berufungsverfahren.[41] 8

2. Verweisung. Wird ein **Rechtsstreit nach § 281 Abs. 1** an ein anderes Gericht **verwiesen,** dann behalten die bisherigen Prozesshandlungen ihre Gültigkeit, weil das Verfahren vor dem verweisenden Gericht und vor dem Gericht, an das verwiesen wird, als einheitliches anzusehen ist. Infolgedessen haben auch die Ergebnisse einer vom verweisenden Gericht durchgeführten Beweisaufnahme weiterhin Bestand.[42] Ob die Beweisaufnahme dennoch wiederholt wird, steht im Ermessen des neuen Gerichts (vgl. § 398 Abs. 1 iVm. §§ 402, 451). Eine Pflicht zur Wiederholung ergibt sich nur aus den gleichen Gründen wie in der Berufungsinstanz (Rn. 8). Nach § 285 Abs. 2 haben die Parteien das Ergebnis der Beweisaufnahme in der mündlichen Verhandlung vor dem neuen Gericht vorzutragen, wobei eine (stillschweigende) Bezugnahme genügt (§ 137 Abs. 3). Bei Verweisungen außerhalb des Geltungsbereichs des § 281, also bei **Verweisungen an Gerichte eines anderen Rechtsweges,** müssen bestehende Unterschiede zwischen den Verfahrensordnungen beachtet werden. Eine Übernahme des Ergebnisses einer Beweisaufnahme vor dem verweisenden Gericht kommt nur in Betracht, soweit sich die Beweismittel und die Regeln des Beweisverfahrens entsprechen.[43] Ist dies der Fall, dann ist ebenso zu verfahren wie bei Verweisungen innerhalb der streitigen ordentlichen Gerichtsbarkeit. 9

3. Beweisaufnahmen in anderen Verfahren. Die Ergebnisse der Beweisaufnahme eines anderen Verfahrens können im Wege des Urkundenbeweises verwertet werden,[44] so beispielsweise die eines Strafverfahrens[45] oder eines Verfahrens auf Bewilligung von Prozesskostenhilfe.[46] Verwertbar sind nicht nur die **Protokolle über Beweisaufnahmen,** sondern auch die in einem Urteil getroffenen tatsächlichen Feststellungen.[47] Die Verwertung ist nicht davon abhängig, dass der Gegner des Beweisführers zustimmt.[48] Stellt er jedoch den Antrag,[49] den Zeugen zu vernehmen, dann darf dieser Antrag nicht mit der Begründung abgelehnt werden, dass die Niederschrift über die Bekundungen dieser Person vorliegt und den Gegenstand eines Urkundenbeweises 10

---

[37] *Rosenberg/Schwab/Gottwald* § 106 Rn. 25.

[38] BT-Drucks. 14/4722 S. 61, 64.

[39] Kritisch *Schneider* NJW 2001, 3757; vgl. auch *Rimmelspacher* NJW 2002, 1900; *Fellner* MDR 2003, 721.

[40] BGH NJW 2004, 1876 m. zust. Anm. *Fellner* MDR 2004, 957; BGH NJW 2005, 1583, 1584 f.; *Manteuffel* NJW 2005, 2963; LAG Frankfurt NZA-RR 2005, 312 (LS); krit. *Lechner* NJW 2004, 3593, 3597.

[41] LAG Frankfurt NZA-RR 2005, 312 (LS).

[42] BGH LM § 648 Nr. 2; *Haus* S. 49; *Stein/Jonas/Leipold* § 281 Rn. 36.

[43] Eingehend dazu *Haus* S. 168 ff.

[44] BGH NJW-RR 1996, 638; *Wussow* VersR 1960, 582; *Musielak/Stadler* Rn. 9.

[45] BGH VersR 1970, 375, 376; 1981, 1127; NJW 1985, 1470, 1471; 1995, 2856, 2857; NJW-RR 1992, 1214, 1215.

[46] BGH NJW 1960, 862, 864 = LM Nr. 4.

[47] BGH WM 1973, 560, 561; vgl. auch BGH MDR 1961, 312, 313: Ist die Zeugenaussage nicht im Protokoll, sondern im Urteil festgehalten, dann darf sie im Wege des Urkundenbeweises nur mit Zustimmung der Parteien verwertet werden.

[48] BGH VersR 1970, 322, 323; 1983, 667, 668; NJW 1985, 1470, 1471; KG VersR 1976, 474 (LS); *Musielak/Huber* § 373 Rn. 4; *Thomas/Putzo/Reichold* § 286 Rn. 11.

[49] Zum taktischen Vorgehen *Huber* JuS 2003, 907.

bildet.[50] Der insofern zunächst im JuMoG vorgesehene neue § 374, welcher eine Verwertung der durch einen Richter vorgenommenen Vernehmungsniederschriften von Zeugen vorsah,[51] wurde nicht übernommen. Damit bildet wie bisher den maßgebenden Gesichtspunkt nicht die Erwägung, dass die Vernehmung des Zeugen als unmittelbare Beweiserhebung Vorrang vor dem Urkundenbeweis beanspruchen könne.[52] Da es sich auch bei einem Urkundenbeweis um einen unmittelbaren Beweis handelt, kann es nämlich allenfalls um die Frage der materiellen Unmittelbarkeit gehen (vgl. Rn. 1). Diese Frage ist aber hier nicht entscheidend, sondern die dem Gericht obliegende Wahrheitserforschungspflicht, die es ihm aufgibt, geeignete Beweise zur Aufklärung des streitigen Sachverhalts zu erheben und entsprechende Beweisanträge nicht ohne triftigen Grund abzulehnen.[53] Insbesondere macht der Urkundenbeweis die beantragte Beweiserhebung nicht überflüssig, weil das Gericht nicht ohne weiteres davon ausgehen darf, dass die beantragte Vernehmung des Zeugen – und das gleiche gilt für eine beantragte Augenscheinseinnahme[54] – zu demselben Ergebnis führt wie der Urkundenbeweis. Insoweit weist der BGH[55] zutreffend darauf hin, dass der persönliche Eindruck des Aussagenden und die Möglichkeit, ihm Fragen zu stellen und Vorhalte zu machen, durch die Auswertung eines Protokolls nicht ersetzt werden kann. Davon zu unterscheiden ist in diesem Zusammenhang ein in einem früheren Rechtsstreit eingeholtes Sachverständigengutachten, welches bisher in einem späteren Prozess nur als Urkundenbeweis dienen konnte.[56] Die Einfügung des § 411 a durch das JuMoG hat insofern eine Veränderung gebracht, als es für nach dem 1. September 2004 anhängige Verfahren möglich ist, ein verfahrensfremdes Gutachten als **Sachverständigenbeweis** zu verwerten. Die Vorschrift räumt dem erkennenden Gericht ein (pflichtgemäß auszuübendes) Ermessen ein, ob es der Einholung eines neuen Gutachtens den Vorzug gibt, das bereits erstattete verfahrensfremde Sachverständigengutachten verwerten[57] oder etwa eine teilweise Verwertung des Sachverständigenbeweises und ergänzend eine neue Beauftragung[58] vornehmen will. Dabei können die zuvor genannten Gesichtspunkte ermessensleitend sein (ausf. § 411 a Rn. 4). Ergeben sich **Bedenken gegen die Überzeugungskraft** eines urkundlich eingeführten Beweisergebnisses aus einem anderen Verfahren, worauf das Gericht gegebenenfalls nach § 139 Abs. 2 hinzuweisen hat,[59] dann kann die beweisführungsbelastete Partei noch nachträglich die Erhebung des entsprechenden Beweises, also etwa die persönliche Anhörung des Zeugen beantragen, ohne sich dem Vorwurf der Verfahrensverzögerung auszusetzen.[60] Wurde zunächst von einer Partei die Vernehmung eines bestimmten Zeugen beantragt, dann aber der Verwertung der Strafakte zugestimmt, ist durch das Gericht gemäß § 139 aufzuklären, ob darin ein Verzicht auf die Zeugenvernehmung liegt.[61] Beschränken sich die Parteien zunächst darauf, einen Beweis aufgrund von Protokollen aus anderen Verfahren zu führen, so kann allein darin noch kein Verzicht auf die Anhörung des Zeugen oder Sachverständigen gesehen werden, dessen Aussage in dem Protokoll niedergelegt worden ist. Wird ein solcher Verzicht ausgesprochen, dann ist regelmäßig davon auszugehen, dass die Partei ihn (stillschweigend) auf die Instanz beschränken will, in der er erklärt wird.[62]

V. Tatsachenfeststellungen durch Sachverständige

11 **1. Grundsatz.** Die Tatsachen, die dem Gutachten eines gerichtlichen Sachverständigen zugrunde gelegt werden, die sog. **Anschlusstatsachen,** sind grundsätzlich durch das Gericht selbst festzulegen.[63] Damit die Tatsachen festgestellt werden, auf die es für die Begutachtung ankommt, kann bei der entsprechenden Tatsachenermittlung der Richter den Sachverständigen hinzuziehen und

---

[50] BGHZ 7, 116, 122 = NJW 1952, 1171; BGH LM § 445 Nr. 3 (Bl. 3); VersR 1971, 177, 178; NJW-RR 1992, 1214, 1215; NJW 1995, 2856; 1997, 3096 f.; 2000, 3072, 3073; OLG Frankfurt OLGR 1992, 178.

[51] BT-Drucks. 15/1508 S. 5; dazu *Huber* ZRP 2003, 268, 270.

[52] So aber BGH LM § 445 Nr. 3 (Bl. 3).

[53] *Reichel* S. 102 f. Zum Umfang der Beweisaufnahme und zur Ablehnung von Beweisanträgen vgl. *Stein/Jonas/Leipold* § 284 Rn. 51 ff.; *Musielak/Foerste* § 284 Rn. 14 ff.; *Musielak/Stadler* BwR Rn. 35 ff.

[54] BGH LM § 445 Nr. 3 (Bl. 3).

[55] Vgl. BGHZ 7, 116, 122 = NJW 1952, 1171; BGH ZIP 2000, 635, 637 = NJW 2000, 1420, 1421.

[56] OLG München NJW 1986, 263 m. insoweit zust. Anm. *Vollkommer.*

[57] BT-Drucks. 15/1508 S. 20.

[58] *Musielak/Huber* § 411 a Rn. 9.

[59] *Musielak/Huber* § 373 Rn. 4.

[60] BGH NJW 1983, 999, 1000 = LM § 528 Nr. 23.

[61] OLG Hamm NJW-RR 2002, 1653.

[62] BGH NJW 1960, 862, 864; JR 1962, 183, 184.

[63] BGHZ 23, 207, 213 = NJW 1957, 906 m. Anm. *Bruns;* BGHZ 37, 389, 394 = NJW 1962, 1770; BGH NJW 1970, 1919, 1921; 1997, 1446, 1447; OLG Stuttgart Justiz 1975, 273 (LS); *Musielak/Stadler* Rn. 7; *Musielak/Huber* § 404 a Rn. 4.

ihm ein Fragerecht einräumen (§ 404a Rn. 8).[64] Ist der zu begutachtende Sachverhalt zwischen den Parteien streitig, dann hat das Gericht dem Sachverständigen mitzuteilen, von welchen Tatsachen er ausgehen soll, § 404a Abs. 3. Gegebenenfalls sind ihm Sachverhaltsalternativen anzugeben, die er sachverständig zu würdigen hat.[65]

2. Fälle zulässiger Tatsachenfeststellungen durch Sachverständige. Soweit es sich allerdings um Tatsachen handelt, die nur mit Hilfe besonderer Sachkunde festgestellt werden können, sog. **Befundtatsachen,** ist es dem Sachverständigen gestattet, solche zu ermitteln und in seinem Gutachten zu verwerten. Das Gericht hat dann zu bestimmen, in welchem Umfang der Sachverständige zur Aufklärung der Beweisfrage befugt ist (§ 404a Abs. 4). Bei dieser Entscheidung hat sich das Gericht von der Erwägung leiten zu lassen, dass nur solche Ermittlungen dem Sachverständigen zu übertragen sind, die der Richter selbst mangels der dafür erforderlichen Sachkunde nicht mit gleichem Erfolg durchführen kann.[66] So kann es zugelassen werden, dass ein Sachverständiger, der zu Baumängeln oder Unfallschäden gutachtlich Stellung nehmen soll, durch Besichtigung und Inaugenscheinnahme des Gebäudes oder Kraftfahrzeuges tatsächliche Feststellungen trifft, die für sein Gutachten erforderlich sind.[67] Ein Arzt, der den Gesundheitszustand einer Person zu klären hat, muss die zur Diagnose notwendigen Fragen stellen dürfen.[68] Die Befragung anderer Personen ist jedoch dem Sachverständigen nur insoweit zu erlauben, als dies in einem untrennbaren Zusammenhang mit der ihm übertragenen Untersuchung steht. Ansonsten ist die Vernehmung von Parteien und Zeugen dem Gericht vorzubehalten,[69] und zwar auch dann, wenn es für die Vernehmung auf eine besondere Sachkunde ankommt. Der Richter muss sich dann vom Sachverständigen beraten lassen, damit er die richtigen Fragen stellt und die Aussagen zu würdigen vermag. Benötigt der Sachverständige zur Vertiefung seiner Sachkunde zusätzliche Informationen wie Auskünfte von Behörden oder von anderen Sachverständigen, dann ist es nicht zu beanstanden, dass er solche Auskünfte einholt und sie in seinem Gutachten verwendet.[70] Notwendig ist es jedoch, dass er kenntlich macht, woher seine Informationen stammen.[71] Ebenso ist es einem Sachverständigen erlaubt, zur Überprüfung seiner Meinung die Ansicht anderer Sachverständiger einzuholen;[72] allerdings darf die Ansicht eines anderen Sachverständigen, die im Gutachten dem Gericht mitgeteilt wird, nicht von diesem als selbständige gutachtliche Stellungnahme im Rechtsstreit verwertet werden.[73] Der Grundsatz der Unmittelbarkeit der Beweisaufnahme ist ebenso verletzt, wenn das Gericht eine Begutachtung durch **mehrere Sachverständige** anordnet, jedoch nur einen von ihnen vernimmt und sich hinsichtlich der Begutachtung durch die übrigen Sachverständigen mit der Wiedergabe ihrer Beurteilung durch den vernommenen Sachverständigen begnügt.[74] Ist das **Gericht aus tatsächlichen Gründen** nicht in der Lage, die **Anschlusstatsachen** zu beschaffen, so zB, wenn tatsächliche Feststellungen auf einem steilen Dach zu treffen sind, welches der Richter nicht betreten kann, dann kann der Sachverständige auch mit der entsprechenden Tatsachenermittlung betraut werden.[75] Der Sachverständige wird in diesem Fall als Augenscheinsgehilfe des Richters tätig, es sei denn, die Tatsachenfeststellung selbst verlangt eine besondere dem Sachverständigen eigene Sachkunde; in diesem Fall handelt es sich um einen Sachverständigenbeweis.[76] Der Grundsatz der Unmittelbarkeit steht nicht entgegen, wenn der Sachverständige bei Erstellung eines demoskopischen Gutachtens eine größere Zahl von Personen befragt.[77] Eine derartige Befragung ist keine mittelbare Zeugenvernehmung, denn die Befragten sind keine Zeugen.[78] 12

---

64 *Zöller/Greger* Rn. 2; *Stein/Jonas/Berger* Rn. 23.

65 *Schnapp,* FS Menger, S. 557, 563f.; AK-ZPO/*Rüßmann* § 404 Rn. 5.

66 BGHZ 37, 389, 393 = NJW 1962, 1770; BGH NJW 1974, 1710 = LM § 138 Nr. 14; *Pieper* ZZP 84 (1971) 1, 10; *Schnapp,* FS Menger, S. 557, 564; *Musielak/Huber* § 404a Rn. 5; *Zöller/Greger* Rn. 2.

67 *Jessnitzer* DB 1973, 2497, 2498.

68 *Schnapp,* FS Menger, S. 557, 564; *Höffmann* S. 31; vgl. auch BGH VersR 1960, 998, 999.

69 BGH NJW 1955, 671; VersR 1960, 999; RGZ 156, 334, 338; *Schnapp,* FS Menger, S. 557, 564; *Musielak/Stadler* Rn. 7.

70 OLG Köln NJW 1962, 2161 m. weit. Nachw.; vgl. auch RGZ 151, 349, 356f.

71 BGH VersR 1960, 999; OLG München Rpfleger 1983, 319, 320.

72 BGHZ 40, 239, 246 = NJW 1964, 447; RGZ 151, 349, 356f.

73 BGHZ 40, 239, 246 = NJW 1964, 447. Zulässig soll jedoch die Verwertung einer dem Gericht mitgeteilten schriftlichen Meinungsäußerung eines anderen Sachverständigen als Urkundenbeweis sein, so RGZ 151, 357.

74 BGH NJW 1959, 1323 = LM Nr. 2.

75 *Stein/Jonas/Berger* Rn. 24; *Pohle* AP § 402 Nr. 1 (Bl. 102 R); *Höffmann* S. 43; aA *Weth* JuS 1991, 34.

76 Vgl. *Rosenberg/Schwab/Gottwald* § 120 Rn. 34.

77 OLG Hamburg NJW 1959, 106; *Stein/Jonas/Leipold* Vor § 402 Rn. 23; vgl. auch BGH NJW 1962, 2149 = LM UWG § 3 Nr. 56.

78 BGH LM Nr. 3.

13 **3. Folgen unzulässiger Tatsachenfeststellungen durch Sachverständige.** Hat der Sachverständige (unzulässigerweise) Tatsachen ermittelt und seinem Gutachten zugrunde gelegt, dann muss das Gericht nachträglich selbst die Richtigkeit dieser Tatsachen feststellen und die dafür erforderlichen Beweise erheben.[79] Eine solche Notwendigkeit besteht selbstverständlich nicht, wenn die vom Sachverständigen ermittelten Tatsachen von den Parteien nicht in Zweifel gezogen werden, also unstreitig sind.[80] Wenn aber die Richtigkeit tatsächlicher Feststellungen durch den Sachverständigen bestritten wird und die Partei Beweisanträge stellt, dann darf das Gericht solche Beweise nicht mit der Begründung ablehnen, dass die Partei der Tatsachenfeststellung durch den Sachverständigen zugestimmt habe.[81] Eine Partei, welche die vom Sachverständigen festgestellten Tatsachen nicht bestreitet und keine Beweisanträge stellt, verliert jedoch das Recht, der Verwertung dieser Tatsachen deshalb zu widersprechen, weil sie nicht das Gericht, sondern der Sachverständige ermittelte, § 295 Abs. 1.[82]

VI. Übertragung der Beweisaufnahme (Abs. 1 S. 2)

14 **1. Beweisaufnahme durch den beauftragten oder ersuchten Richter.** Als Ausnahme von dem im Abs. 1 S. 1 festgelegten Grundsatz kann das Prozessgericht (Rn. 5, § 361 Rn. 4, § 362 Rn. 4) die Beweisaufnahme in den im Gesetz bezeichneten Fällen einem Mitglied des Prozessgerichts als beauftragtem Richter iSd. § 361 oder dem Richter eines anderen Gerichts als ersuchtem Richter nach § 362 übertragen. Im Einzelnen kann ein beauftragter oder ersuchter Richter bei der Erhebung von Beweisen in folgenden **Fällen** tätig werden: Augenscheinseinnahme gemäß § 372 Abs. 2; Zeugenvernehmung (§ 375 Abs. 1, 1a, vgl. auch § 382 Abs. 1, 2); Ernennung und Vernehmung von Sachverständigen, § 375 Abs. 1, 1a iVm. § 402, § 405; Vorlegung von Urkunden nach § 434; Vernehmung einer Partei iSd. § 375 Abs. 1, 1a iVm. § 451 sowie Abnahme von Eiden, § 479. Außerdem kann ein ersuchter Richter noch mit der Vernehmung eines Ehegatten als Partei in Ehesachen gemäß § 613 Abs. 1 S. 3 und mit der Vernehmung einer Partei in Kindschaftssachen nach § 613 Abs. 1 S. 3 iVm. § 640 Abs. 1 betraut werden. Schließlich kann ein beauftragter oder ersuchter Richter noch mit der Durchführung eines Güteversuchs befasst werden, § 278 Abs. 5 S. 1.

15 **Beauftragter Richter** kann nur ein Mitglied des erkennenden Spruchkörpers sein, und zwar auch ein Handelsrichter (vgl. § 112 GVG),[83] dagegen nicht der Beisitzer eines Arbeitsgerichts, vgl. § 58 Abs. 1 S. 2 ArbGG.[84] Die Übertragung der Beweisaufnahme auf zwei Richter des erkennenden Gerichts ist unzulässig.[85] Der **ersuchte Richter** ist derjenige, welcher als Einzelrichter am Amtsgericht die Funktion des Rechtshilfegerichts ausübt. Zuständiges Amtsgericht ist dasjenige, in dessen Bezirk die Amtshandlung vorgenommen werden soll, § 157 GVG.

16 Bei der **Würdigung** der vom verordneten Richter erhobenen **Beweise** durch das Prozessgericht dürfen **persönliche Eindrücke** des beauftragten oder ersuchten Richters nur insoweit berücksichtigt werden, als sie im Protokoll niedergelegt sind.[86] Das Prozessgericht darf auch Wertungen, die auf solchen persönlichen Eindrücken beruhen, nicht abweichend treffen, also zB die Glaubwürdigkeit nicht anders als der verordnete Richter beurteilen. Will das Prozessgericht in der Einschätzung der Glaubwürdigkeit dem kommissarischen Richter nicht folgen, dann muss es die Vernehmung wiederholen; es gelten insoweit die gleichen Regeln wie bei einem Richterwechsel (Rn. 6) und wie bei Verwertung von Beweisergebnissen anderer Gerichte (Rn. 8f.).[87]

17 **2. Sonstige Fälle.** Nach § 349 Abs. 1 S. 2 kann der Vorsitzende der **Kammer für Handelssachen** unter den in dieser Vorschrift genannten Voraussetzungen allein Beweise erheben. Es handelt sich hierbei im Gegensatz zu einer Entscheidung des Vorsitzenden im Einverständnis der Parteien nach § 349 Abs. 3 um eine (zulässige) Durchbrechung des Unmittelbarkeitsgrundsatzes der Beweisaufnahme, weil Prozessgericht die Kammer ist (Rn. 5). In der **Berufungsinstanz** kann ein **Einzel-**

---

[79] BGHZ 37, 394, 398; BGH VersR 1960, 998, 999.

[80] BGH VersR 1960, 998, 999.

[81] BGHZ 23, 207, 215 = NJW 1957, 906; einschränkend *Tropf* DRiZ 1985, 87, 90.

[82] BGHZ 23, 207, 214f.; *Tropf* DRiZ 1985, 87, 90; *Musielak/Huber* § 404a Rn. 5; aA *Bruns* NJW 1957, 906. BGH VersR 1977, 1124, 1125, weist darauf hin, dass § 295 Abs. 1 auch auf eine Verletzung des Beibringungsgrundsatzes anwendbar ist.

[83] *Stein/Jonas/Berger* Rn. 15; *Musielak/Stadler* Rn. 10.

[84] *Wieczorek/Wieczorek* Anm. B II a 1.

[85] BGHZ 32, 233, 237f. = NJW 1960, 1252; *Brüggemann* JZ 1952, 172; *Stein/Jonas/Berger* Rn. 15; *Baumbach/Lauterbach/Hartmann* Rn. 6; aA *Wieczorek/Wieczorek* Anm. B II a 1.

[86] BGHZ 32, 233, 237 = NJW 1960, 1252; BGH NJW 1991, 3284; NJW-RR 1995, 1210; RG JW 1939, 650.

[87] *Musielak/Stadler* Rn. 10.

richter mit der Vorbereitung der Entscheidung betraut werden und zu diesem Zweck auch Beweise erheben (§ 527 Abs. 2 S. 2). In allen anderen Fällen darf die Durchführung einer Beweisaufnahme einem Mitglied des Prozessgerichts nicht übertragen werden. Insbesondere wäre es unzulässig, den Berichterstatter als beauftragten Richter mit der Beweisaufnahme außerhalb der im Gesetz genannten Fälle zu betrauen.[88] Zur Durchführung einer **Beweisaufnahme im Ausland** im Wege der Rechtshilfe siehe die Erl. zu §§ 363, 364.

VII. Rechtsfolgen einer Verletzung des Unmittelbarkeitsprinzips

1. Heilung nach § 295 Abs. 1. Die Verletzung des Grundsatzes der Unmittelbarkeit der Beweisaufnahme stellt einen Verfahrensfehler dar, der – soweit er nicht geheilt wird – dazu führt, dass ein dadurch gewonnenes Beweisergebnis nicht verwertet werden darf und eine darauf beruhende Entscheidung aufgehoben werden muss.[89] Zu berücksichtigen ist die Vorschrift des § 295 Abs. 1,[90] so dass der Mangel geheilt wird, wenn die Partei auf die Rüge verzichtet oder es unterlässt, sie rechtzeitig zu erheben. Werden jedoch die verfahrensfehlerhaften Feststellungen erst durch das Urteil selbst offen gelegt, dann ist kein Raum für eine Heilung des Mangels, weil dann der betroffenen Partei keine Möglichkeit bleibt, den Fehler zu rügen.[91] Wird die Durchführung der Beweisaufnahme einem **beauftragten Richter übertragen,** ohne dass die dafür im Gesetz genannten Voraussetzungen erfüllt sind, dann wird von einer Gegenauffassung darin ein unheilbarer Mangel iSd. § 295 Abs. 2[92] gesehen, weil in diesen Fällen der grundgesetzlich verbürgte Anspruch auf den gesetzlichen Richter (Art. 101 Abs. 1 S. 2 GG) verletzt sei.[93] Ferner komme dem Prinzip der Unmittelbarkeit der Beweisaufnahme im Zivilprozess eine so überragende Bedeutung zu, dass die Parteien auf seine Durchführung nicht verzichten könnten.[94] Doch sind die genannten Gründe nicht stichhaltig (aA § 295 Rn. 19 ff.).[95] Der gesetzliche Richter ist und bleibt in diesen Fällen das Prozessgericht; die rechtswidrige Übertragung der Beweisaufnahme auf einen beauftragten Richter ändert daran nichts. Der Verfahrensmangel besteht darin, dass ein außerhalb des Prozessgerichts erhobener Beweis verwertet wird, ohne dass die dafür notwendigen Voraussetzungen erfüllt sind. Es wird also das Unmittelbarkeitsprinzip verletzt.[96] Dieses Prinzip stellt zwar einen wichtigen Prozessgrundsatz dar, gehört aber nicht zu den im öffentlichen Interesse liegenden, der Parteidisposition entzogenen Maximen des Prozessrechts.[97] Dies zeigt sich insbesondere in den vielen Ausnahmen, die im Gesetz vom Grundsatz der Unmittelbarkeit der Beweisaufnahme zugelassen werden. Die Anwendung des **§ 295 Abs. 1** bei Verstößen gegen das Unmittelbarkeitsprinzip ist unabhängig davon zu bejahen, ob es sich um ein Verfahren handelt, in dem der Untersuchungsgrundsatz gilt,[98] oder ob das Prozessgericht entgegen der gesetzlichen Regelung regelmäßig eines seiner Mitglieder mit der Erhebung von Beweisen betraut und damit systematisch den Grundsatz der Unmittelbarkeit der Beweisaufnahme verletzt.[99] Denn die Beurteilung der Qualität eines Verfahrensverstoßes muss auf das 18

---

[88] BGH NJW 1979, 2518; 1992, 1966; OLG Düsseldorf NJW 1976, 1103; *Seidel* ZZP 99 (1986), 64, 74; *Werner/Pastor* NJW 1975, 329.

[89] BGH JZ 1984, 186, 187 f.; NJW 2000, 2024, 2025; *Schönke/Kuchinke* § 8 IV 8; *Stein/Jonas/Berger* Rn. 30.

[90] BGHZ 40, 179, 183 f. = NJW 1964, 108 f.; BGH NJW 1979, 2518; BGHZ 86, 105, 113 ff. = NJW 1983, 1793; BGH NJW 1991, 1180; BayObLG FamRZ 1988, 422, 423; OLG Köln NJW 1976, 2218; MDR 1978, 321; OLG Düsseldorf NJW 1977, 813 (LS), 2320; VersR 1977, 1131; OLG Frankfurt NJW 1977, 301; KG VersR 1980, 653; OLG Hamm MDR 1978, 676; 1993, 1235, 1236; *Nagel* DRiZ 1977, 321, 322; *Dinslage* NJW 1976, 1509, 1510; *Rasehorn* NJW 1977, 789, 792; *Schultze* NJW 1977, 409, 411 f.; *Schlosser,* Einverständliches Parteihandeln im Zivilprozeß, 1968, S. 41 f.; *Bosch* S. 121; *Musielak/Stadler* Rn. 12; *Musielak/Stadler* BwR Rn. 47; *Zuleger* S. 53; *Höffmann* S. 53 ff.; aA AK-ZPO/*Rüßmann* Rn. 5; *Weth* JuS 1991, 34, 36.

[91] BGH MDR 1992, 777 f.; NJW-RR 1992, 1966, 1967; 1997, 506; OLG Düsseldorf NJW 1992, 187, 188.

[92] OLG Köln NJW 1976, 1101; *Werner/Pastor* NJW 1975, 329, 331; *Müller* DRiZ 1977, 305, 306; *Schneider* DRiZ 1977, 13, 15; *ders.* NJW 1977, 301, 302; *Koukouselis* S. 30 f.

[93] OLG Köln NJW 1976, 1101; *Schneider* DRiZ 1977, 13, 15.

[94] *Müller* DRiZ 1977, 305, 306; *Werner/Pastor* NJW 1975, 329, 331.

[95] Für die Anwendung des § 295 Abs. 1 auch BGH NJW 1979, 2518; 1996, 2734, 2735.

[96] OLG Köln MDR 1978, 321, 322; *Musielak/Stadler* Rn. 12; *Zuleger* S. 43 ff.

[97] KG VersR 1980, 654; *Lindacher* FamRZ 1967, 195; *Goldschmidt,* Zivilprozeßrecht, 2. Aufl. 1932, § 53 1 b; *Schlosser* Rn. 318.

[98] AA für Ehesachen OLG Schleswig SchlHA 1967, 183 m. teilw. abl. Anm. *Hagen; Lindacher* FamRZ 1967, 195, will im Eheprozess nur § 295 Abs. 1 Alt. 1, dagegen nicht Alt. 2 (Nichtrüge) anwenden. Ablehnend für Verfahren nach dem FGG OLG Köln OLGZ 1982, 1, 2.

[99] OLG Köln MDR 1978, 321, 322; KG VersR 1980, 653, 654; *Dinslage* NJW 1976, 1509, 1510; *Rasehorn* NJW 1977, 789, 792; im gleichen Sinn auch OLG Frankfurt NJW 1977, 301; aA dagegen die wohl hM, vgl. OLG Düsseldorf NJW 1976, 1103, 1105; OLG Köln OLGZ 1977, 491, 493; *Seidel* ZZP 99 (1986), 64, 75 f.; nicht eindeutig dagegen BGHZ 40, 179, 184 = NJW 1964, 108, 109; BGH NJW 1979, 2518, wenn das Ge-

einzelne Verfahren bezogen werden, in dem er vorkommt.[100] Da die Vorschrift des § 295 nicht als Sanktion richterlichen Fehlverhaltens zu begreifen ist, kann es für die Anwendung dieser Vorschrift nicht darauf ankommen, ob der Verfahrensfehler ein einmaliges „Versehen" des Gerichts darstellt oder ob er in einer langen Kette ähnlicher Vorkommnisse steht. Dagegen stellt die **Verwertung nichtprotokollierter Zeugenaussagen im Falle eines Richterwechsels** (Rn. 6) keinen unter die Vorschrift des § 295 Abs. 1 fallenden Verfahrensmangel dar, der durch Verzicht der Parteien geheilt werden könnte. Vielmehr führt eine solche Rechtsverletzung bei Anfechtung des Urteils zu seiner Aufhebung, wenn es darauf beruht.[101]

19 **2. Rechtsmittel.** In § 355 Abs. 2 ist ausdrücklich festgelegt, dass der Beschluss, die Beweisaufnahme entweder vor dem Prozessgericht oder vor dem verordneten Richter stattfinden zu lassen, nicht anfechtbar ist. Begründet wird die Unanfechtbarkeit mit der Erwägung, dass diese Entscheidung „vom diskretionären Ermessen des Gerichts abhängig ist".[102] Diesem Ermessen wird jedoch – wie in § 355 Abs. 1 betont ist – nur insoweit Raum gegeben, als das Gesetz die Übertragung der Beweisaufnahme auf einen Richterkommissar zulässt. Die Vorschrift des § 355 Abs. 2 steht jedoch weder nach ihrem Wortlaut noch nach dem von ihr verfolgten Zweck einer Anfechtung entgegen, die nicht damit begründet wird, dass das Gericht das ihm eingeräumte Ermessen bei der Entscheidung über die Unmittelbarkeit der Beweisaufnahme nicht richtig ausgeübt habe, sondern für die andere Gründe maßgebend sind. Deshalb kann die Entscheidung, die Vernehmung eines Zeugen durch ein Mitglied des Prozessgerichts vornehmen zu lassen, etwa angefochten werden, wenn keiner der in § 375 Abs. 1 genannten Gründe in Betracht kommen kann.[103] Dagegen verhindert § 355 Abs. 2 eine Überprüfung, bei der es um die Frage geht, ob im Einzelfall einer der in § 375 Abs. 1 genannten Gründe tatbestandlich erfüllt ist, ob also zB die Vernehmung des Zeugen an Ort und Stelle „dienlich erscheint" (§ 375 Abs. 1 Nr. 1).[104]

20 Soweit danach eine Anfechtung in Betracht kommt, muss entschieden werden, ob der Beweisbeschluss selbständig durch Beschwerde anzufechten ist oder ob dies zusammen mit dem Endurteil durch Berufung bzw. Revision zu geschehen hat. In Betracht kommt nur eine der beiden Möglichkeiten, §§ 512, 557 Abs. 2.[105] Hierbei ist zu berücksichtigen, dass die Anordnung der Beweisaufnahme, auch wenn sie nicht formlos, sondern durch einen **Beweisbeschluss** iSv. § 359 ausgesprochen wird,[106] grundsätzlich **nicht selbständig angefochten** werden kann,[107] weil dadurch keine abschließende Entscheidung, sondern nur ein Akt der Prozessleitung vorgenommen wird (§ 359 Rn. 9).[108] Zwar könnte erwogen werden, eine Beschwerde wegen „greifbarer Gesetzwidrigkeit" (§ 567 Rn. 9 f.) zuzulassen,[109] wenn etwa eine Beweisaufnahme dem Richterkommissar ohne jede gesetzliche Grundlage übertragen wird.[110] Im Zuge der Neuordnung der zivilprozessualen Rechtsmittel durch das ZPO-RG fand jedoch eine solche Beschwerde keine Berücksichtigung durch den Gesetzgeber. Ebenso lehnt die Rechtsprechung die Zulässigkeit einer „Ausnahmebeschwerde" im Falle „greifbarer Gesetzeswidrigkeit" ab.[111] Deshalb kommt nur eine **Berufung**

---

richt (als rechtspolitische Forderung?) erklärt, die Anwendung des § 295 Abs. 1 in diesen Fällen dürfe nicht dazu führen, „daß die vom Gesetz nicht vorgesehene Form der Beweisaufnahme zur Regel wird".

[100] OLG Köln MDR 1978, 322; *Zuleger* S. 50.

[101] BGH ZZP 65 (1952), 267 f. = LM BGB § 1421 Nr. 1; BGH VersR 1967, 25, 26; RG JW 1938, 1538; RG DR 1941, 1739, 1740.

[102] Mat. II 1 S. 305.

[103] Vgl. OLG Düsseldorf NJW 1976, 1103, 1104; OLG Köln NJW 1977, 249, 250 (jedenfalls dann, wenn „in ganz unvertretbarer Weise vorgegangen ist"); *Bosch* S. 113; *Müller* DRiZ 1977, 305, 306; *Teplitzky* JuS 1968, 71, 76; *Rosenberg/Schwab/Gottwald* § 115 Rn. 24; *Johannsen* LM Nr. 7 (bei bewusstem Verstoß gegen § 375); aA *Wieczorek/Wieczorek* Anm. B III; *Deubner* AcP 167 (1967), 455, 460.

[104] So auch RGZ 11, 377; 149, 287, 290; 159, 235, 241 f.; aA dagegen *Müller* DRiZ 1977, 305, der auch eine Überprüfung der Frage, ob im Einzelfall einer der Ausnahmefälle des § 375 Abs. 1 gegeben ist, bejaht und dem (nicht nachprüfbaren) Ermessen des Gerichts nur vorbehalten will, ob in einem solchen Ausnahmefall dennoch das Prozessgericht selbst den Zeugen vernimmt.

[105] *Baumbach/Lauterbach/Hartmann* § 512 Rn. 4, § 548 Rn. 4; *Rosenberg/Schwab/Gottwald* § 115 Rn. 25.

[106] Vgl. *Musielak/Stadler* BwR Rn. 1 ff.

[107] OLG Köln Rpfl. 1990, 353; LAG Köln NZA-RR 2006, 435; OLG Hamm Rpfl. 1989, 61. Bei erheblichem Eingriff in die Rechte eines Beteiligten in FGG-Verfahren wird ausnahmsweise die isolierte Anfechtbarkeit angenommen von: BayObLG NJW-RR 1996, 782, WuM 2000, 565; OLG Düsseldorf NJW 2005, 3731 jew. m. weit. Nachw.

[108] *Bruns* Rn. 175 a; *Blomeyer* § 74 III 2; *Nikisch* § 85 II 2; OLG Karlsruhe Justiz 2003, 225.

[109] IdS LAG Köln NZA-RR 2006, 435, OLG Koblenz MDR 2007, 736.

[110] *Seidel* ZZP 99 (1986), 64, 84; zweifelnd *Musielak/Stadler* Rn. 11 Fn. 50.

[111] BGH NJW 2002, 1577; dazu *Lipp* NJW 2002, 1700; OLG Karlsruhe OLGR 2003, 225; OLG Celle ZIP 2002, 2058, 2059; vgl. *Rosenberg/Schwab/Gottwald* § 115 Rn. 25, § 145 Rn. 12.

oder Revision in Betracht, die dann Erfolg haben muss, wenn die unzulässige Beweisaufnahme bei der Entscheidung verwertet und der Verfahrensfehler nicht nach § 295 Abs. 1 geheilt wurde (Rn. 18).[112] Das Berufungsgericht kann dann die Sache nach § 538 Abs. 2 an das erstinstanzliche Gericht zurückverweisen.[113]

Soweit die Sperre des § 355 Abs. 2 reicht – nach der hier vertretenen Auffassung: soweit also die Übertragung der Beweisaufnahme auf einen beauftragten oder ersuchten Richter in das Ermessen des Prozessgerichts gestellt ist – kann die vom Gericht getroffene **Entscheidung** nicht in der **Berufungs- oder Revisionsinstanz überprüft** werden (§§ 512, 557 Abs. 2).[114] Die in § 355 Abs. 2 ausgesprochene Unanfechtbarkeit muss auch gelten, wenn die Verletzung des § 286 mit der Begründung gerügt wird, durch den Verstoß gegen den Grundsatz der Unmittelbarkeit der Beweisaufnahme sei zugleich auch gegen eine sachgerechte Beweiswürdigung verstoßen worden.[115] 21

§ 356 Beibringungsfrist

Steht der Aufnahme des Beweises ein Hindernis von ungewisser Dauer entgegen, so ist durch Beschluss eine Frist zu bestimmen, nach deren fruchtlosem Ablauf das Beweismittel nur benutzt werden kann, wenn nach der freien Überzeugung des Gerichts dadurch das Verfahren nicht verzögert wird.

I. Normzweck

Grundsätzlich hat das Gericht entsprechend der ihm obliegenden Wahrheitserforschungspflicht die von den Parteien angetretenen Beweise zu erschöpfen.[1] Andererseits verlangt aber ein wirksamer Rechtsschutz nicht nur die gründliche Aufklärung des Tatsachenstoffes, sondern auch eine rasche Durchsetzung des Rechts.[2] Es ist deshalb „durch die Rücksicht auf den Prozessgegner geboten, daß durch Beweisantretungen, deren Erledigung ungewiss oder doch von ungewisser Dauer ist, die Beendigung des Rechtsstreits nicht nach dem Belieben des Beweisführers in das Unbegrenzte hinaus verzögert werden darf".[3] Die Vorschrift des § 356 dient dementsprechend in verfassungsrechtlich zulässiger Weise[4] dem **Ausgleich** zwischen dem **Interesse der Beweis führenden Partei** an Berücksichtigung auch solcher Beweise, die zur Zeit nicht erhoben werden können, und dem **Interesse des Gegners** an einer zügigen Erledigung und Entscheidung des Rechtsstreits.[5] Auf die Gründe, die einer sofortigen Beweisaufnahme entgegenstehen, kommt es nicht an. Die Vorschrift des § 356 ist nicht als Sanktion auf ein dem Beweisführer vorwerfbares Verhalten zu verstehen, sondern bestimmt, welche Folgen bei einem fruchtlosen Ablauf einer Frist eintreten, die bei rechtzeitig gestellten Beweisanträgen vom Gericht für die Beweiserhebung gesetzt wurde.[6] Dies unterscheidet die Norm von den in §§ 296, 530, 531 getroffenen Regelungen.[7] Die zuvor in Satz 2 enthaltene Bestimmung, dass die Frist ohne mündliche Verhandlung bestimmt werden kann, wurde entbehrlich, nachdem durch das ZPO-Reformgesetz v. 27. 7. 2001[8] mit § 128 Abs. 4 eine allgemeine Vorschrift eingefügt worden ist. Danach können Entscheidungen des Gerichts, die nicht Urteile sind, grundsätzlich ohne mündliche Verhandlung ergehen. 1

---

112 BGH NJW 1964, 108, 109; *Stein/Jonas/Berger* Rn. 30; *Musielak/Stadler* Rn. 11 m. weit. Nachw.

113 Vgl. OLG Düsseldorf NJW 1976, 1103, 1106; *Seidel* ZZP 99 (1986), 64, 89; *Thomas/Putzo/Reichold* Rn. 7.

114 *Musielak/Stadler* Rn. 11; weitergehend *Stein/Jonas/Berger* Rn. 30: Überprüfung der Entscheidung auf Ermessensmissbrauch; ebenso OLG Düsseldorf NJW 1976, 1103, 1104; AK-ZPO/*Rüßmann* Rn. 4.

115 Zust. *Stein/Jonas/Berger* Rn. 30; aA *Schneider* DRiZ 1977, 13, 15.

1 *Kollhosser,* FS Stree und Wessels, 1993, S. 1029, 1031; *Störmer* JuS 1994, 238, 240f.; *Stein/Jonas/Leipold* § 284 Rn. 51 m. weit. Nachw.

2 *Rosenberg/Schwab/Gottwald* § 81 Rn. 1.

3 Mat. II 1 S. 305.

4 BVerfG NJW 1985, 3005; vgl. auch BVerfG NJW 1994, 700.

5 BGH NJW 1972, 1133, 1134; 1993, 1926, 1928; *Gerhardt* ZZP 86 (1973), 64; *Stein/Jonas/Berger* Rn. 1; *Deubner* JuS 1988, 221, 222.

6 BGH NJW 1992, 621, 622.

7 BGH NJW 1989, 227, 228; 1993, 1926, 1928; *Rixecker* NJW 1984, 2135, 2136; aA *Sass* MDR 1985, 96, 98f.

8 BGBl. I S. 1887.

II. Bestimmung einer Beibringungsfrist

2 **1. Voraussetzungen. a) Zulässiger und notwendiger Beweis.** Die Setzung einer Beibringungsfrist ist nach dem Zweck der Vorschrift (Rn. 1) nur dann zulässig, wenn die dadurch im Regelfall bewirkte Verzögerung der Entscheidung des Rechtsstreits im Interesse der beweisführungsbelasteten Partei hingenommen werden muss. Deshalb kommt eine solche Fristsetzung nur in Betracht, wenn es sich um einen Beweis handelt, dessen Erhebung zur Klärung beweisbedürftiger Tatsachen erforderlich ist und kein Grund besteht, einen entsprechenden Beweisantrag abzulehnen. Solche Ablehnungsgründe können sich zB aus § 296[9] oder aus dem Verbot ergeben, rechtswidrig erlangte Beweismittel zu verwerten.[10] Vor einer Fristsetzung hat das Gericht auch zu prüfen, ob es nicht eine andere, gleichwertige Möglichkeit zur Tatsachenfeststellung gibt. Ist dies der Fall, dann muss diese Möglichkeit gewählt werden. Bei der Verhinderung eines Sachverständigen ist deshalb keine Frist nach § 356 zu setzen, sondern ein anderer Sachverständiger zu beauftragen.[11]

3 **b) Hindernis.** Der Begriff des Hindernisses erfasst jeden Umstand, welcher die Erhebung des Beweises vereitelt, aber in absehbarer Zeit von der Beweis führenden Partei beseitigt werden kann.[12] Dazu gehören etwa die fehlende Entbindung von der ärztlichen Schweigepflicht eines Sachverständigen,[13] die Verweigerung einer angeordneten und zumutbaren ärztlichen Untersuchung[14] oder zB die fehlende Anschrift eines Zeugen.[15] Stets muss es sich um ein **behebbares** Hindernis handeln.[16] Denn steht fest, dass auch nach Ablauf einer Frist der Beweis nicht erhoben werden kann, gibt es keinen Grund, die Entscheidung des Rechtsstreits durch eine Fristsetzung zu verzögern. Ist es zweifelhaft, ob das Hindernis innerhalb einer angemessenen Frist behoben sein wird, kann das Gericht von der beweisführungsbelasteten Partei die Angabe triftiger Gründe verlangen, die für einen Wegfall des Hindernisses sprechen. Erscheint es sehr unwahrscheinlich, dass innerhalb angemessener Frist das Hindernis beseitigt sein wird, hat das Gericht von einer Fristsetzung abzusehen. Im Urteil sind die Gründe für diese Entscheidung anzugeben.

4 Steht fest, wann das Hindernis beseitigt sein wird, ist seine **Dauer** also **gewiss,** dann kommt es darauf an, ob dem Gegner der beweisführungsbelasteten Partei billigerweise zugemutet werden kann, die Behebung des Hindernisses abzuwarten. Ist dies zu bejahen, dann ist die Beweisaufnahme zum frühestmöglichen Zeitpunkt anzuberaumen.[17] Anderenfalls ist der Beweisantrag wegen Unerreichbarkeit des Beweismittels abzulehnen.[18] Kann in Kindschaftssachen ein Gutachten wegen des Alters des Kindes derzeit noch nicht erstattet werden, ist § 640f zu beachten (Aussetzung des Verfahrens bis zur Erstattung des Gutachtens).

5 Die Frage, ob § 356 auch bei einem von der beweisführungsbelasteten Partei **selbst verschuldeten Hindernis** angewendet werden kann, lässt sich nicht allgemein beantworten. Vielmehr muss dabei in Abhängigkeit von den jeweiligen Gründen, die einer Beweisaufnahme entgegenstehen, differenziert werden. Hat zB der Beweisführer fahrlässig die Anschrift eines Zeugen verloren oder ein Augenscheinsobjekt verlegt, dann ist durchaus die Setzung einer Beibringungsfrist zulässig und auch geboten, wenn die übrigen Voraussetzungen dafür erfüllt sind. Denn grundsätzlich schließt ein Verschulden der beweisführungsbelasteten Partei die Anwendung des § 356 nicht aus.[19] Hat aber der Beweisführer das Hindernis bewusst in der Absicht geschaffen, die Beweisaufnahme zu verhindern, dann kann ihm kein schutzwürdiges Interesse daran zugebilligt werden, die Entscheidung des Rechtsstreits aufzuschieben, um die derzeit nicht mögliche Beweisaufnahme später nachholen zu können. Dem Zweck der Vorschrift (Rn. 1) würde es widersprechen, in derartigen Fällen eine Frist nach § 356 zu setzen. Verhindert beispielsweise die beweisführungsbelastete Partei die Erstattung eines medizinischen Gutachtens dadurch, dass sie ihre notwendige Mitwirkung verweigert und sich

---

[9] *Baumbach/Lauterbach/Hartmann* Rn. 1; *Thomas/Putzo/Reichold* Rn. 1.

[10] Vgl. *Stein/Jonas/Leipold* § 284 Rn. 56; *Musielak/Stadler* BwR Rn. 32.

[11] BGH NJW 1972, 1133, 1134; *Baumbach/Lauterbach/Hartmann* Rn. 7; *Musielak/Stadler* Rn. 1.

[12] *Musielak/Stadler* Rn. 3; *Gerhard* ZZP 86 (1973), 63, 64; enger *Baumbach/Lauterbach/Hartmann* Rn. 2, wonach nur dann ein Hindernis im Sinne der Vorschrift besteht, wenn der Umstand vom Beweisführer nicht verschuldet wurde.

[13] LAG Köln MDR 2003, 462, 463.

[14] BGH NJW 1972, 1133; OLG Hamm MDR 2003, 1373; OLG Düsseldorf VersR 1985, 457.

[15] BGH NJW 1974, 188; vgl. BVerfG NJW 2000, 945; OLG Düsseldorf NZBau 2004, 553.

[16] *Stephan* AP § 373 Nr. 1; *Stein/Jonas/Berger* Rn. 6; *Zöller/Greger* Rn. 3.

[17] OLG Braunschweig JZ 1952, 530, 531 f.; *Stein/Jonas/Berger* Rn. 8.

[18] *Stein/Jonas/Leipold* § 284 Rn. 64f.

[19] So auch – allerdings undifferenziert – die hM, vgl. BGH NJW 1972, 1133, 1134; 1974, 188; 1981, 1319 = LM Nr. 3; NJW 1993, 1926, 1928; 1989, 227; OLG Braunschweig NJW-RR 1992, 124; *Musielak/Stadler* Rn. 3; *Zöller/Greger* Rn. 2; *Wieczorek/Wieczorek* Anm. C II; aA *Baumbach/Lauterbach/Hartmann* Rn. 2.

nicht vom Sachverständigen untersuchen lässt oder das für die Verwertung von Untersuchungsergebnissen und Röntgenaufnahmen notwendige Einverständnis ablehnt, dann hat das Gericht aus diesem Verhalten im Rahmen der freien Beweiswürdigung seine Schlüsse zu ziehen, ohne zuvor eine Frist nach § 356 zu setzen.[20] Deshalb ist auch nicht der Auffassung zu folgen, dass § 356 analog in den Fällen anzuwenden sei, in denen die beweisführungsbelastete Partei zu Unrecht für einen bestimmten Zeitraum die zur Durchführung der Beweiserhebung erforderliche Mitwirkung verweigert, um auf dieser Rechtsgrundlage die Partei mit dem Beweismittel ausschließen zu können, wenn dadurch die Erledigung des Rechtsstreits verzögert wird.[21] Einer solchen Analogie, die zudem an einer fehlenden Ähnlichkeit des in § 356 geregelten Tatbestandes mit dem ungeregelten scheitern würde, bedarf es bei einer grundlosen Verweigerung nicht, um dieses Ergebnis zu rechtfertigen (vgl. Rn. 4).

Im gleichen Sinne ist auch die streitige Frage zu entscheiden, ob eine Beibringungsfrist gesetzt 6
werden muss, wenn die beweisführungsbelastete Partei nicht den Namen einer von ihr als **Zeugen** angegebenen Person nennt, sondern sie nur **mit „N. N."** oder „X" **bezeichnet.** Das Gericht muss dann klären, warum die Partei nicht den Namen und die Anschrift des Zeugen mitteilt.[22] Besteht der Grund darin, dass die Partei über die erforderlichen Informationen nicht verfügt, dann ist ihr für die Beschaffung eine Frist nach § 356 einzuräumen. Allerdings muss die Partei Hinweise auf die Person haben, die es ihr ermöglichen, sie innerhalb einer angemessenen Frist zu finden und dem Gericht eine ladungsfähige Anschrift mitzuteilen.[23] Gleichermaßen stellt die individualisierte Benennung eines Zeugen ohne Angabe einer ladungsfähigen Anschrift einen Beweisantritt iSd. § 373 dar; auch insofern kommt nicht die Anwendung des § 296 Abs. 2, sondern nur eine Fristsetzung gemäß § 356 in Betracht.[24] Hat dagegen die Partei keine genaueren Vorstellungen, wer als Zeuge in Betracht kommen könnte, und ist es deshalb sehr unwahrscheinlich, dass innerhalb einer angemessenen Frist ein Zeuge benannt wird, dann ist von der Setzung einer Beibringungsfrist abzusehen (Rn. 3).[25] Bezeichnet die Partei den Zeugen lediglich mit „N. N.", weil sie seinen Namen und seine Anschrift noch zurückhalten will, dann handelt es sich nur um die Ankündigung eines entsprechenden Beweisantrages, dessen Rechtzeitigkeit, wenn er später gestellt wird, nach §§ 296, 531 zu beurteilen ist; erforderlichenfalls ist die Partei hierauf nach § 139 hinzuweisen.[26] In einem derartigen Fall ist eine Frist nach § 356 nicht zu setzen.[27]

Streitig ist die Frage, ob auch die entgegen § 379 **nicht geleistete Zahlung eines Auslagen-** 7
vorschusses ein Hindernis darstellt, das zu einer Fristsetzung nach § 356 Anlass geben kann.[28] Diese Frage ist zu verneinen. Nach dem Normzweck des § 356 (Rn. 1) kann es ein solches vom Beweisführer selbst geschaffenes Hindernis nicht rechtfertigen, die Entscheidung des Rechtsstreits durch die Setzung einer Beibringungsfrist zu verzögern. Die Gründe, weshalb die Zahlung des Vorschusses unterbleibt, sind unerheblich. Siehe auch § 379 Rn. 10.

Besteht das Hindernis darin, dass ein **Dritter** die **erforderliche Mitwirkung an der Beweiser-** 8
hebung ablehnt, dann kommt es darauf an, ob der beweisführungsbelasteten Partei ein Rechtsan-

---

[20] LG Hamburg NJW-RR 1994, 204, 205; aA BGH NJW 1972, 1133; OLG Braunschweig JZ 1952, 530, 531 f.; *Gerhardt* ZZP 86 (1973), 66, der in diesen Fällen die Setzung einer sehr knappen Frist empfiehlt.

[21] OLG Karlsruhe OLGZ 1990, 241, 243.

[22] BAG NJW 1977, 727, 728; AK-ZPO/*Rüßmann* Rn. 2; BGH NJW 1989, 227 will danach unterscheiden, ob ein solcher Beweisantrag als „beachtlich" anzusehen sei und hält bejahendenfalls eine Fristsetzung nach § 356 für erforderlich. Die Gründe, die für die Beachtlichkeit eines solchen Beweisantrages sprechen können, werden indes nicht genannt. Der Hinweis auf BGH NJW 1983, 1905, 1908 hilft nicht weiter, weil dort ein solcher Beweisantrag „grundsätzlich" für nicht ausreichend erklärt wird. Vgl. zu diesem Fragenbereich *Reinecke* MDR 1990, 767.

[23] BGH NJW 1998, 2368; ähnlich OLG Koblenz AnwBl. 1990, 327, das nur dann das Gericht für verpflichtet hält, dem Beweisantrag nachzugehen und ggf. eine Frist nach § 356 zu setzen, wenn der Sachvortrag der Partei erkennen läßt, warum der Zeuge noch nicht namentlich genannt werden konnte. LG Frankfurt MDR 1976, 851 verlangt die Angabe objektiver Merkmale, die eine Individualisierung des gemeinten Zeugen ermöglichen.

[24] BVerfG NJW 2000, 945, 946; OLG Düsseldorf NZBau 2004, 553 m. weit. Nachw.; vgl. auch BGH NJW 2000, 945, 946.

[25] *Stephan* AP § 373 Nr. 1; *Zöller/Greger* Rn. 4; *Musielak/Stadler* Rn. 4. Vgl. dazu auch *Schneider* MDR 1998, 1115, der die Pflicht des Gerichts betont, die Partei über die Rechtsfolgen einer bloßen Beweisankündigung zu belehren.

[26] *Gottschalk* NJW 2004, 294; *Musielak/Stadler* Rn. 3 f.; vgl. BVerfG NJW 2000, 945, 946; aA *Zöller/Greger* Rn. 4.

[27] AA wohl (jedoch ohne die erforderliche Differenzierung) BGH NJW 1974, 188 = LM Nr. 2; BGH MDR 1998, 855; ähnlich wie hier *Rixecker* NJW 1984, 2135, 2136 (keine Fristsetzung bei prozessual nachlässigem Verhalten).

[28] So *Schneider* ZZP 76 (1963), 188, 193; *Zöller/Greger* Rn. 2; *Musielak/Stadler* Rn. 4; aA *Bachmann* DRiZ 1984, 401, 403; offen gelassen von BGH NJW 1998, 761, 762; vgl. auch BVerfG NJW-RR 2004, 1150, 1151.

spruch gegen den Dritten auf Mitwirkung zusteht oder nicht.[29] Hat die Partei ein entsprechendes Recht, dann ist ihr eine Frist zur Klageerhebung zu setzen und der Rechtsstreit gegebenenfalls bis zur Entscheidung über die Klage auszusetzen (§ 148).[30] Die Rechtsgrundlage für dieses Vorgehen des Gerichts ergibt sich aus § 431, wenn es sich um eine Urkunde im Besitz eines Dritten handelt. In anderen Fällen ist die Fristsetzung auf eine analoge Anwendung der §§ 356, 431 zu stützen.[31] Steht dagegen der beweisführungsbelasteten Partei kein Anspruch gegen den Dritten auf Mitwirkung zu, dann ist das Beweismittel nicht verfügbar und ein Vorgehen nach § 356 ist ausgeschlossen (Rn. 3).

9 Haben die Parteien vereinbart, dass vor einer Anrufung der Gerichte ein Dritter vermöge seiner Sachkunde Tatsachen zu ermitteln und festzustellen hat, die für gegenseitige Ansprüche der Parteien maßgebend sein sollen (Schiedsgutachtenvertrag),[32] und wird Klage erhoben, bevor eine **Schiedsbegutachtung** stattgefunden hat, ist die Klage abzuweisen,[33] ohne vorher eine Frist zur Beibringung des Schiedsgutachtens zu setzen. Die Gegenauffassung,[34] die in analoger Anwendung der §§ 356, 431 Abs. 1 eine solche Fristsetzung für erforderlich ansieht, ist abzulehnen.[35] Die Vereinbarung der Parteien bezweckt regelmäßig, durch Einschaltung des Schiedsgutachters einen Rechtsstreit zu vermeiden.[36] Erhebt dennoch eine Partei Klage ohne vorherige Anrufung des Schiedsgutachters, dann ergibt sich eine grundlegend andere Situation als in den Fällen des § 356. Ein berechtigtes Interesse der beweisführungsbelasteten Partei, Gelegenheit zu erhalten, ein bestehendes Hindernis auszuräumen und den erforderlichen Beweis führen zu können, ist schon deshalb nicht anzuerkennen, weil sich der Kläger entgegen der von ihm getroffenen Vereinbarung über das Schiedsgutachten verhält und dadurch dem Zweck dieser Vereinbarung, nach Möglichkeit einen Rechtsstreit zu vermeiden, zuwiderhandelt.[37]

10 **2. Zuständigkeit und Verfahren.** Sind die Voraussetzungen für die Bestimmung einer Beibringungsfrist (Rn. 2ff.) erfüllt, dann ist das Gericht verpflichtet, der beweisführungsbelasteten Partei[38] eine solche Frist zu setzen, ohne dass dafür ein Antrag erforderlich ist. Ein Ermessen ist dem Gericht insoweit nicht eingeräumt.[39] Zuständig für die Fristsetzung ist das Prozessgericht, dh. das Kollegium, nicht der Vorsitzende allein (§ 355 Rn. 5).[40] Eine mündliche Verhandlung ist nicht erforderlich (§ 128 Abs. 4). Die Entscheidung ist in der Form eines Beschlusses zu treffen,[41] der gemäß § 329 Abs. 2 S. 2 förmlich zuzustellen ist.[42]

11 Die **Frist** ist so zu **bemessen,** dass die beweisführungsbelastete Partei voraussichtlich das Hindernis beheben und das Beweismittel benutzen kann.[43] Jedoch darf nicht einseitig das Interesse des Beweisführers berücksichtigt und die Frist zu großzügig angesetzt werden, denn auch das Interesse des Gegners an einer raschen Entscheidung des Prozesses ist zu beachten. Ist nicht zu erwarten, dass innerhalb einer für den Gegner zumutbaren Frist das Hindernis beseitigt werden kann, dann fehlt es

---

[29] Handelt es sich um eine Untersuchung zur Feststellung der Abstammung, ist § 372a zu beachten, aus dem sich eine Duldungspflicht ergibt (vgl. die Erl. zu dieser Vorschrift).

[30] OLG Nürnberg MDR 1983, 942.

[31] *Schellhammer* Rn. 580; für direkte Anwendung des § 356 in diesen Fällen OLG Nürnberg MDR 1983, 942; *Blomeyer* § 76 4a.

[32] Vgl. *Sieg* NJW 1992, 2292f.; *Rosenberg/Schwab/Gottwald* § 173 Rn. 15ff.; *Blomeyer* § 123 I 3.

[33] Streitig ist, ob als derzeit unbegründet oder als unzulässig; vgl. dazu *Wittmann,* Struktur und Grundprobleme des Schiedsgutachtenvertrages, 1978, S. 67ff. m. Nachw.; *Walchshöfer,* FS K. H. Schwab, 1990, S. 521, 528; *Sieg* NJW 1992, 2292f.

[34] OLG Düsseldorf VersR 1962, 705, 706; LG Göttingen NJW 1954, 560; *Wittmann,* Struktur und Grundprobleme des Schiedsgutachtenvertrages, 1978, S. 67, 73f.; *Schlosser,* Einverständliches Parteihandeln im Zivilprozeß, 1968, S. 88; *Dahlen* NJW 1971, 1756, 1757; *Bruns* Rn. 335e; AK-ZPO/*Röhl* Vor § 1025 Rn. 50. Auch der BGH (NJW-RR 1988, 1405) meint, es liege im Ermessen des Gerichts, eine Frist in Analogie zu §§ 356, 431 zu setzen; im gleichen Sinne BGH NJW 1994, 587, 588; insoweit wohl zustimmend *Walter* JZ 1988, 1083, 1084; *Braxmeier* WM 1990, 573, 583.

[35] *Rosenberg/Schwab/Gottwald* § 173 Rn. 26; *Walchshöfer,* FS K. H. Schwab, 1990, S. 521, 529.

[36] OLG Düsseldorf NJW-RR 1986, 1061.

[37] OLG Düsseldorf NJW-RR 1986, 1061; *Walchshöfer,* FS K. H. Schwab, 1990, S. 521, 529; im Ergebnis ebenso, ohne sich allerdings mit der Gegenauffassung auseinanderzusetzen, BGH LM § 1025 Nr. 15; RG SeuffA 57 Nr. 227; OLG Zweibrücken NJW 1971, 943, 944; OLG Oldenburg VersR 1981, 369; OLG Frankfurt VersR 1982, 759 (jedoch nur auf Einrede des Gegners); OLG Frankfurt MDR 1985, 150; vgl. auch OLG Celle NJW 1971, 288.

[38] Vgl. *Wieczorek/Wieczorek* Anm. D II; BGH NJW 1984, 2039 = LM § 363 Nr. 4.

[39] BGH DB 1973, 425, 426 = LM BGB § 823 (Dc) Nr. 89.

[40] *Baumbach/Lauterbach/Hartmann* Rn. 9; *Stein/Jonas/Berger* Rn. 11; *Musielak/Stadler* Rn. 7.

[41] OLG Köln OLGR 1993, 63; *Zöller/Greger* Rn. 6m. weit. Nachw.

[42] Vgl. BGH NJW 1989, 227, 228.

[43] Vgl. OLG Nürnberg MDR 1983, 942.

an einer wichtigen Voraussetzung für die Fristsetzung nach § 356 (Rn. 3) und sie muss folglich unterbleiben.[44]

III. Fristablauf

12 **1. Voraussetzungen.** Der Beschluss, welcher eine Frist nach § 356 enthält, muss nach § 329 Abs. 2 S. 2 der Partei zugestellt werden (Rn. 10). Sofern dies nicht geschieht, wird die Frist nicht wirksam in Gang gesetzt. Die Beibringungsfrist nach § 356 ist eine richterliche;[45] für ihre Berechnung gelten gemäß § 222 Abs. 1 die §§ 187 bis 189 BGB. Nach § 224 kann die Frist verkürzt oder verlängert werden. Für den Ablauf der Frist ist es unerheblich, aus welchen Gründen die beweisführungsbelastete Partei das einer Beweisaufnahme entgegenstehende Hindernis nicht beseitigen konnte. Ein Nichtverschulden der Partei ist entsprechend dem Normzweck (Rn. 1) hierbei unbeachtlich.[46]

13 **2. Wirkung.** Ist die Beibringungsfrist abgelaufen, ohne dass die beweisführungsbelastete Partei den Beweis angetreten hat, dann ist sie im Grundsatz mit diesem Beweis – allerdings beschränkt auf die Instanz[47] – ausgeschlossen (§ 230), ohne dass die Rechtsfolge vom Gericht angedroht werden muss, § 231 Abs. 1. Dies gilt – wie in § 356 aE ausdrücklich klargestellt worden ist – nur dann nicht, wenn die Beweiserhebung nach Fristablauf das Verfahren nicht verzögert (zum Begriff § 296 Rn. 74ff.). Kommt beispielsweise ein Zeuge zur mündlichen Verhandlung, für dessen Benennung eine nach § 356 gesetzte Frist ergebnislos verstrichen ist, dann ist dieser Zeuge zu vernehmen. Da es für den Fristablauf nicht auf ein Verschulden der Partei ankommt (Rn. 12), besteht für die Partei auch nicht die Möglichkeit, die Erhebung eines ausgeschlossenen Beweises trotz Verzögerung des Rechtsstreits dadurch zu erreichen, dass sie triftige Entschuldigungsgründe für die Fristversäumung vorträgt.[48] Wegen des zwischen den Regelungen bestehenden grundsätzlichen Unterschieds (Rn. 1) kann die bei §§ 296, 531 Abs. 2 mögliche Exkulpation nicht im Wege einer Gesamtrechtsanalogie für § 356 zugelassen werden.[49] Wäre jedoch die Verzögerung durch zumutbare und damit prozessual gebotene richterliche Maßnahmen der Verfahrensleitung wie etwa rechtzeitige entsprechende Hinweise an die Partei vermeidbar gewesen, stellt sich die Präklusion als mit dem Anspruch auf Gewährung rechtlichen Gehörs nicht vereinbar dar.[50] Wird entgegen der Vorschrift des § 356 ein Beweis erhoben, dann hat das Gericht die dadurch festgestellten Tatsachen seiner Entscheidung zugrundezulegen, denn § 356 enthält kein Beweisverwertungsverbot.[51]

IV. Rechtsmittel

14 Der Beschluss, durch den eine Beibringungsfrist gesetzt wird, kann weder von der beweisführungsbelasteten Partei, etwa mit der Begründung, dass die Frist zu kurz bemessen sei, noch von dem Gegner angefochten werden.[52] Ausnahmsweise ist jedoch eine Beschwerde in Analogie zu § 252 statthaft, wenn die gesetzte Frist so lang bemessen wird, dass dies praktisch die Aussetzung des Verfahrens bewirkt.[53] Gegen die Entscheidung, die eine Fristsetzung nach § 356 ablehnt, ist sofortige Beschwerde nach § 567 Abs. 1 Nr. 2 gegeben, weil weder § 355 Abs. 2 noch § 360 greifen.[54] Wird ein Beweis wegen eines Hindernisses nicht erhoben, ohne vorher eine nach § 356 gebotene Beibringungsfrist zu setzen, dann rechtfertigt ein solcher Verfahrensfehler eine Anfechtung des Ur-

---

[44] BGH NJW 1989, 227, 228 = LM Nr. 4.

[45] BVerfG NJW 1985, 3005, 3006; *Baumbach/Lauterbach/Hartmann* Rn. 8.

[46] BGH NJW 1987, 893, 894; 1989, 227, 228; OLG München NJW 1967, 684; OLG Celle OLGR 1994, 287; *Gerhardt* ZZP 86 (1973), 63, 64; *Rosenberg/Schwab/Gottwald* § 115 Rn. 8f.; *Zöller/Greger* Rn. 7; aA *Sass* MDR 1985, 96, 98; vgl. dazu *Zuleger* S. 81f.

[47] OLG Karlsruhe NJW-RR 1994, 512.

[48] Ganz hM; vgl. nur BGH NJW 1989, 227, 228; *Zöller/Greger* Rn. 7; *Musielak/Stadler* Rn. 8; *Baumbach/Lauterbach/Hartmann* Rn. 11.

[49] So aber *Sass* MDR 1985, 96, 99.

[50] BVerfG NJW 2000, 945, 946 m. weit. Nachw.; vgl. auch BGH NJW 2007, 2122; OLG Düsseldorf NZBau 2004, 553.

[51] Vgl. *Schneider* MDR 1964, 817, 818; *Wieczorek/Wieczorek* Anm. E II.

[52] *Baumbach/Lauterbach/Hartmann* Rn. 12; *Stein/Jonas/Berger* Rn. 15; *Thomas/Putzo/Reichold* Rn. 6.

[53] OLG Braunschweig JZ 1952, 530, 531; OLG Köln FamRZ 1960, 409, 410; OLG Celle MDR 1967, 134; OLG Bremen NJW 1969, 1908, 1909; *Musielak/Stadler* Rn. 9; *Stein/Jonas/Berger* Rn. 15; aA OLG Frankfurt NJW 1963, 912, 913.

[54] *Musielak/Stadler* Rn. 9; *Thomas/Putzo/Reichold* Rn. 6; aA OLG Celle NJW-RR 2000, 1166; *Zöller/Greger* Rn. 6.

teils.[55] Das gleiche gilt, wenn die Beibringungsfrist zu kurz bemessen wird und deshalb die beweisführungsbelastete Partei nicht in der Lage ist, das Hindernis rechtzeitig zu beseitigen.[56] In einer mit § 356 unvereinbaren Nichtberücksichtigung von Beweisanträgen kann ein Verstoß gegen den Anspruch auf rechtliches Gehör (Art. 103 Abs. 1 GG) liegen, der eine Verfassungsbeschwerde begründet.[57]

§ 357 Parteiöffentlichkeit

(1) Den Parteien ist gestattet, der Beweisaufnahme beizuwohnen.

(2) [1]Wird die Beweisaufnahme einem Mitglied des Prozessgerichts oder einem anderen Gericht übertragen, so ist die Terminsbestimmung den Parteien ohne besondere Form mitzuteilen, sofern nicht das Gericht die Zustellung anordnet. [2]Bei Übersendung durch die Post gilt die Mitteilung, wenn die Wohnung der Partei im Bereich des Ortsbestellverkehrs liegt, an dem folgenden, im Übrigen an dem zweiten Werktage nach der Aufgabe zur Post als bewirkt, sofern nicht die Partei glaubhaft macht, dass ihr die Mitteilung nicht oder erst in einem späteren Zeitpunkt zugegangen ist.

I. Normzweck

1 Der im Zivilprozessrecht geltende **Grundsatz der Parteiöffentlichkeit,** der den Parteien das Recht gibt, von allen Handlungen des Gerichts und des Gegners unterrichtet zu werden, Einsicht in die Gerichtsakten zu erhalten sowie an der mündlichen Verhandlung teilzunehmen,[1] wird durch § 357 Abs. 1 für die Beweisaufnahme bestätigt. Das Prinzip der Parteiöffentlichkeit der Beweisaufnahme leitet sich aus dem Anspruch auf rechtliches Gehör (Art. 103 Abs. 1 GG) ab.[2] Durch das Recht auf Teilnahme an der Beweisaufnahme wird den Parteien nämlich die Möglichkeit eingeräumt, Kenntnis von den erhobenen Beweisen zu erlangen und an der Feststellung des für den Rechtsstreit maßgebenden Tatsachenstoffs durch Fragen, Stellungnahmen und Anregungen mitzuwirken.[3] Aus dem in Absatz 1 aufgestellten Grundsatz werden in Absatz 2 die formellen Folgerungen gezogen und bei einer Beweisaufnahme durch den beauftragten oder ersuchten Richter das Gericht verpflichtet, die Terminsbestimmungen den Parteien mitzuteilen, damit sie den Zeitpunkt der Beweisaufnahme kennen und an ihr teilnehmen können.

II. Anwendungsbereich

2 **1. Allgemeines.** Das Teilnahmerecht der Parteien bezieht sich auf jede Art von Beweisaufnahme, gleichgültig ob sie vor dem Prozessgericht innerhalb oder außerhalb des Gerichtsgebäudes (§ 219), vor dem beauftragten gemäß § 361 oder ersuchten Richter iSd. § 362 stattfindet, und schließt die Beeidigung der Gegenpartei nach § 452 ein.[4] Die Vorschrift des § 357 gilt auch für Beweisaufnahmen im Beschwerdeverfahren.[5]

3 **2. Verfahren der Freiwilligen Gerichtsbarkeit.** Wenn auch durch das FGG die Anwendung des § 357 in Verfahren der Freiwilligen Gerichtsbarkeit nicht ausdrücklich vorgeschrieben ist, so folgt schon aus dem auch in diesen Verfahren geltenden Anspruch auf rechtliches Gehör,[6] dass die Verfahrensbeteiligten berechtigt sind, einer förmlichen Beweisaufnahme beizuwohnen.[7] Zusätzlich lässt sich ein solches Recht auch noch aus den durch § 15 Abs. 1 FGG für entsprechend anwendbar

---

[55] BGH NJW 1974, 188, 189; 1989, 227, 228; *Musielak/Stadler* Rn. 9; *Wieczorek/Wieczorek* Anm. D III.
[56] OLG Nürnberg MDR 1983, 942; *Thomas/Putzo/Reichold* Rn. 6.
[57] BVerfG NJW 1984, 1026; 1985, 3005; NJW-RR 1994, 700; NJW 2000, 945, 946; NJW-RR 2004, 1150.
[1] *Schnapp,* FS Menger, S. 557, 561; *Rosenberg/Schwab/Gottwald* § 21 Rn. 19f.; *Schönke/Kuchinke* § 8 V 4.
[2] *Schnapp,* FS Menger, S. 557, 561; *Blomeyer* § 22 III; *Stadler* S. 233; *Kürschner* NJW 1992, 1804; BVerwG NJW 1980, 900; OLG Hamm MDR 1986, 766; OLG Schleswig NJW 1991, 303, 304; LSG Rheinland-Pfalz NJW 2006, 1547.
[3] *Grunsky* § 42 I 1; *Hohlfeld* S. 131f.
[4] *Stein/Jonas/Berger* Rn. 7.
[5] *Rosenberg/Schwab/Gottwald* § 146 Rn. 28.
[6] BVerfGE 19, 49, 51 = NJW 1965, 1267; *Keidel/Kuntze/Winkler* § 12 Rn. 105, § 15 Rn. 8 m. weit. Nachw.
[7] BayObLGZ 1967, 137, 146f. = NJW 1967, 1867; BayObLG FamRZ 1981, 595, 596; KG FamRZ 1968, 605 = OLGZ 1969, 88, 89; OLG Hamm Rpfleger 1973, 172; *Habscheid* FG § 19 IV 2; *Zimmermann* FG S. 14.

erklärten §§ 397 und 402 ableiten, weil das in diesen Vorschriften den Verfahrensbeteiligten eingeräumte Fragerecht ein Recht auf Teilnahme an der Beweisaufnahme voraussetzt.[8] Eine früher vertretene gegenteilige Auffassung[9] kann heute als überholt angesehen werden. Auch soweit formlose Ermittlungen (Freibeweis) zulässig sind, gilt der Grundsatz der Parteiöffentlichkeit.[10] Denn dieser Grundsatz erschöpft sich nicht in dem in § 357 Abs. 1 genannten Recht, der Beweisaufnahme beizuwohnen (Rn. 1). Ist wie beispielsweise bei schriftlichen Auskünften eine persönliche Anwesenheit der Verfahrensbeteiligten bei der Beweisaufnahme ausgeschlossen, dann hat das Gericht eine andere Form der Beteiligung zu wählen und zB die Verfahrensbeteiligten über die erhobenen Beweise zu unterrichten und ihnen Einsicht in die Gerichtsakten zu gestatten.[11]

3. Arbeitsgerichtliches Verfahren. Die Vorschrift des § 357 gilt gemäß § 46 Abs. 1, Abs. 2 S. 1 ArbGG, § 495 Abs. 1 in arbeitsgerichtlichen Verfahren entsprechend.[12] Die Parteien können folglich der Beweisaufnahme auch dann beiwohnen, wenn das Gericht die Öffentlichkeit nach § 52 S. 2, 3 ArbGG ausschließt. 4

4. Schiedsrichterliches Verfahren. Da auch im schiedsrichterlichen Verfahren den Parteien ein Anspruch auf rechtliches Gehör zusteht, § 1042 Abs. 1 S. 2, muss ihnen auch das Recht zugebilligt werden, bei der Beweiserhebung anwesend zu sein und durch Fragen, Anregungen sowie Stellungnahmen daran mitzuwirken.[13] Eine ein solches Recht ausschließende Parteivereinbarung wäre wegen Verstoßes gegen einen unabdingbaren Rechtsgrundsatz iSd. § 1042 Abs. 3 nichtig. 5

III. Teilnahme an der Beweisaufnahme

1. Partei. Nicht nur der Partei und ihrem Prozessbevollmächtigten, sondern auch einem Nebenintervenienten nach §§ 66ff. ist es gestattet, an der Beweisaufnahme teilzunehmen.[14] Soweit bei einer Beweisaufnahme Fragen bedeutsam werden, zu deren Beurteilung besondere Kenntnisse, zB technischer oder betriebswirtschaftlicher Art, erforderlich sind, darf es einer Partei nicht verwehrt werden, zu ihrer Beratung weitere **sachkundige Personen** hinzuzuziehen.[15] Im Anwaltsprozess gemäß § 78 kann zwar die Partei selbst an der Beweisaufnahme teilnehmen und sich zu Wort melden, für die Ausübung der Parteirechte, wie zB der Ausübung des Fragerechts (§§ 397, 402, 451), ist jedoch die Anwesenheit des Anwalts erforderlich, weil der Partei nur „neben dem Anwalt" das Wort zu gestatten ist, § 137 Abs. 4. Insofern ist jedoch die Ausnahme vom Anwaltszwang nach § 78 Abs. 5 für Prozesshandlungen bei der Erledigung eines Beweisbeschlusses vor dem beauftragten oder ersuchten Richter gemäß §§ 361, 362 zu beachten. 6

2. Geheimhaltungspflicht. Hat das Gericht nach § 174 Abs. 3 GVG wegen Gefährdung der Staatssicherheit oder eines privaten Geheimnisses iSv. § 172 Nr. 2 und 3 GVG die bei der Beweisaufnahme anwesenden Personen zur Geheimhaltung verpflichtet, dann ist es auch dem **Prozessvertreter** untersagt, die Partei von Tatsachen zu unterrichten, die durch die Verhandlung zu seiner Kenntnis gelangt sind.[16] Die Gegenauffassung,[17] die offenbar aus dem Recht der Partei zur Anwesenheit an der Beweisaufnahme auch im Falle des Ausschlusses der Öffentlichkeit folgert, dass der zum Schweigen verpflichtete Prozessbevollmächtigte seiner Partei Mitteilung machen darf, berücksichtigt nicht, dass die Partei in diesem Fall – anders als bei einer Teilnahme an der Beweisaufnahme – von dem vom Gericht verhängten Geheimhaltungsgebot nicht erfasst wird. Sie könnte also dann dem Sinn und Zweck der Geheimhaltungsverpflichtung zuwiderlaufend die ihr vom Prozessvertreter mitgeteilten Tatsachen weitergeben, ohne eine Sanktionierung nach § 353d Nr. 2 StGB befürchten zu müssen. 7

3. Feststellung durch Sachverständige. Die hM bejaht ein Recht der Parteien, auch bei Ermittlungen von Tatsachen durch einen Sachverständigen anwesend zu sein, und schränkt dieses 8

---

[8] BayObLGZ 1967, 137, 147.

[9] OLG Frankfurt FamRZ 1962, 173, 174 m. weit. Nachw.

[10] *Habscheid* FG § 19 IV 2; *Bassenge/Herbst* § 12 FGG Rn. 5; *Kollhosser* ZZP 93 (1980), 265, 279; aA *Pohlmann* ZZP 106 (1993), 181, 186 m. weit. Nachw.; *Zimmermann* FG S. 14.

[11] Vgl. *Koch/Steinmetz* MDR 1980, 901, 903.

[12] *Grunsky* § 58 ArbGG Rn. 20; *Schwab/Weth/Schwab* § 58 ArbGG Rn. 5.

[13] *Musielak/Voit* § 1042 Rn. 1; *Zöller/Geimer* § 1024 Rn. 9f.

[14] *Stein/Jonas/Berger* Rn. 4; *Baumbach/Lauterbach/Hartmann* Rn. 5; AK-ZPO/*Rüßmann* Rn. 1.

[15] OLG Düsseldorf MDR 1979, 409; OLG München NJW-RR 1988, 1534, 1535; *Musielak/Stadler* Rn. 1; vgl. auch OLG München NJW 1984, 807, 808 sowie LSG Rheinland-Pfalz NJW 2006, 1547.

[16] OLG Rostock JW 1928, 745; *Leppin* GRUR 1984, 695, 697; *Kersting* S. 286ff.

[17] *Stein/Jonas/Berger* Rn. 6; *Rosenberg/Schwab/Gottwald* § 21 Rn. 20.

Recht nur ein, wenn eine Teilnahme unmöglich oder unzumutbar ist (§ 404a Rn. 11).[18] Die Begründung für diese Auffassung fällt jedoch unterschiedlich aus.[19] Die Tatsachenermittlung des Sachverständigen ist nicht als „Beweisaufnahme" iSv. § 357 Abs. 1 anzusehen.[20] Deshalb lässt sich auch nicht unmittelbar aus dieser Vorschrift ein Recht der Partei auf Teilnahme an Tatsachenfeststellungen des Sachverständigen ableiten. Dennoch ergibt sich aus § 357 der allgemeine Rechtsgedanke, die Parteien an der Sammlung und Sichtung rechtserheblicher Tatsachen im Zivilprozess stets dann teilhaben zu lassen, wenn nicht zwingende Gründe entgegenstehen. Der durch das Rechtspflege-Vereinfachungsgesetz[21] eingefügte § 404a bestimmt in seinem Absatz 4, dass das Gericht bei Erforderlichkeit zu bestimmen hat, wann der Sachverständige den Parteien die Teilnahme an seinen Ermittlungen zu gestatten hat. Damit knüpft die Vorschrift an eine entsprechende Berechtigung der Partei an und verdeutlicht, dass eine Teilnahme der Parteien an den Ermittlungen des Sachverständigen aus dem Grundsatz der Parteiöffentlichkeit der Beweisaufnahme herrührt.[22] Die Teilnahme an Ortsbesichtigungen werden Sachverständige daher regelmäßig zu gestatten haben. In anderen Fällen, etwa bei Laborarbeiten oder ärztlichen Untersuchungen, kommt eine Teilnahme der Parteien zB aufgrund entgegenstehenden Persönlichkeitsrechts der zu untersuchenden Person kaum in Betracht.[23] Insofern ist aber das Hinzuziehen eines sachkundigen Beraters etwa eines Arztes zur Befunderhebung denkbar.[24]

IV. Ausnahmen vom Teilnahmerecht der Parteien

9 Das Recht der Parteien, an der Beweisaufnahme teilzunehmen, kann ausnahmsweise durch gerichtliche Anordnungen und Maßnahmen aufgehoben werden. So kann das Gericht nach § 177 GVG zur Aufrechterhaltung der Ordnung in der Sitzung Parteien aus dem Sitzungszimmer entfernen lassen.[25] Besteht die ernsthafte Gefahr, dass ein Zeuge in Gegenwart einer Partei keine wahrheitsgemäße Aussage machen werde, dann kann das Gericht nach dem entsprechend heranzuziehenden **Rechtsgedanken des § 247 StPO** anordnen, dass während der Vernehmung des Zeugen die Partei den Sitzungsraum zu verlassen hat.[26] Das Gericht hat in einem solchen Fall die Partei über den Inhalt der Zeugenaussage umfassend zu unterrichten und ihr auch das Recht zu gewähren, an den Zeugen zu richtende Fragen zu stellen (§ 397).[27] Eine gesetzlich zugelassene Durchbrechung des Grundsatzes der Parteiöffentlichkeit bedeutet es auch, wenn das Gericht nach § 377 Abs. 3 anordnet, dass ein Zeuge die Beweisfrage schriftlich beantworten kann. Dagegen kann das grundgesetzlich verbürgte Recht auf Teilnahme an der Beweisaufnahme (Rn. 1) den Parteien nicht deshalb verwehrt werden, weil das Interesse der Gegenpartei anzuerkennen ist, **Geschäfts- und Betriebsgeheimnisse** im Rahmen des Beweisverfahrens nicht dem Prozessgegner offenbaren zu müssen. Eine Art Geheimverfahren im Zivilprozess, um Unternehmensgeheimnisse zu wahren,[28] ist zumindest mit dem geltenden Zivilprozessrecht unvereinbar.[29] Es bleibt deshalb nur die unter be-

---

[18] BGH LM § 406 Nr. 5; OLG Celle OLGR 1997, 138, 139; *K. Müller* Rn. 554ff.; *Baumbach/Lauterbach/Hartmann* § 407a Rn. 15; *Musielak/Stadler* Rn. 2; *Höffmann* S. 71; *Ploch/Kumpf* S. 183ff.; einschr. *Späth* S. 2, 146ff. (Anwesenheitsrecht nur in Einzelfällen); vgl. ferner LSG Rheinland-Pfalz NJW 2006, 1547.

[19] Vgl. *Höffmann* S. 69f.

[20] OLG München Rpfleger 1983, 319; NJW 1984, 807; *Stein/Jonas/Berger* Rn. 8; AK-ZPO/*Rüßmann* Rn. 3; *Späth* S. 146f.

[21] Vom 17. 12. 1990 (BGBl. I S. 2847).

[22] BT-Drucks. 11/3621 S. 40.

[23] BT-Drucks. 11/3621 S. 40; OLG München NJW-RR 1991, 896; OLG Köln NJW 1992, 1568; vgl. LSG Rheinland-Pfalz NJW 2006, 1547.

[24] *Stein/Jonas/Berger* Rn. 10.

[25] Vgl. auch § 157 Abs. 2 S. 1, nach dem das Gericht einer Partei den weiteren Vortrag untersagen kann, wenn ihr die Fähigkeit dazu fehlt.

[26] *Stein/Jonas/Berger* Rn. 15; *Zöller/Greger* Rn. 5; *Wieczorek/Wieczorek* Anm. B III; AK-ZPO/*Rüßmann* Rn. 6; *Musielak/Stadler* Rn. 4; vgl. auch OLG Frankfurt FamRZ 1994, 1400, 1401; aA *Baumbach/Lauterbach/Hartmann* Rn. 2f.; *Späth* S. 118; einschränkend *Höffmann* S. 101ff. (nur in Verfahren mit Amtsermittlungsgrundsatz ist § 247 StPO analog anzuwenden).

[27] OLG Frankfurt OLGR 2003, 130; *Stein/Jonas/Berger* Rn. 15; *Zöller/Greger* Rn. 5; AK-ZPO/*Rüßmann* Rn. 6.

[28] Vgl. *Stadler* S. 239ff.; *dies.* NJW 1989, 1202; *Baumgärtel,* FS Habscheid, 1989, S. 1; jeweils m. weit. Nachw.

[29] OLG Köln NJW-RR 1996, 1277; OLG Nürnberg CR 1987, 197; *Prütting* ZZP 106 (1993), 427, 461; *Prütting/Weth* NJW 1993, 576; *dies.* DB 1989, 2273, 2276f.; *Zeuner* NJW 1993, 845; *ders.,* FS Gaul, 1997, S. 845, 853ff.; *Kürschner* NJW 1992, 804; *Walker,* FS E. Schneider, 1997, S. 147ff.; *Baumbach/Lauterbach/Hartmann* Rn. 6; vgl. auch BGHZ 116, 47, 58 = NJW 1992, 1817; aA *Stadler* S. 239ff.; *Musielak/Stadler* Rn. 4;

stimmten Voraussetzungen gerichtlich anzuordnende Schweigepflicht (Rn. 7) oder der – nicht unbedenkliche – Weg des mittelbaren Beweises. Insofern wird etwa zur Wahrung schutzwürdiger Belange (Geheimhaltung der Gewerkschaftszugehörigkeit gegenüber dem Arbeitgeber) zugelassen, dass eine Aussage gegenüber einem Notar abgegeben wird, der dann als Zeuge über die Erklärung berichtet oder dessen Aufzeichnung als Urkundenbeweis verwendet wird.[30]

V. Verhinderung der Parteiöffentlichkeit durch eine Partei oder einen Dritten

Verbietet eine Partei bei einer Augenscheinseinnahme durch das Gericht in ihrer Wohnung oder auf ihrem Grundstück der Gegenpartei oder deren Prozessbevollmächtigten die Anwesenheit, dann hat das Gericht von dieser Beweisaufnahme abzusehen. Gleiches gilt, wenn ein Dritter die Parteiöffentlichkeit einer Augenscheinseinnahme dadurch verhindert, dass er den Zutritt zu einem seinem Hausrecht unterliegenden Raum einer Partei verweigert. Hat der Gegner der beweisführungsbelasteten Partei die Durchführung der Augenscheinseinnahme auf diese Weise unmöglich gemacht, dann stellt sich sein Verhalten als ein Fall der Beweisvereitelung dar (dazu § 286 Rn. 80 ff.).[31] Lehnt ein Zeuge, der in seiner Wohnung vernommen werden soll, unter Berufung auf sein Hausrecht die Anwesenheit einer Partei ab, dann ist dieses Verhalten als Aussageverweigerung zu werten (§ 390).[32] Ebenso ist zu entscheiden, wenn eine in ihrer Wohnung zu vernehmende Partei ihrem Gegner den Zutritt verweigert, vgl. §§ 371 Abs. 3, 446, 454.[33] 10

VI. Mitteilung der Terminsbestimmung

Die Parteien können ihr Recht auf Anwesenheit bei der Beweisaufnahme nur ausüben, wenn ihnen deren Zeitpunkt und Ort bekannt ist. Deshalb ist das Gericht verpflichtet, den Parteien oder im Falle der Bestellung eines Prozessbevollmächtigten diesem gemäß § 172 Abs. 1 S. 1 rechtzeitig die Terminsbestimmung mitzuteilen.[34] Die Mitteilung ist von Amts wegen zuzustellen, wenn die Terminsbestimmung nicht verkündet wird, § 329 Abs. 2 S. 2. Für diese Benachrichtigung schafft § 357 Abs. 2 eine erleichterte Form, wenn die Beweisaufnahme vor dem beauftragten oder ersuchten Richter stattfindet. Die **Ladungsfrist des § 217** ist jedoch auch in diesem Fall einzuhalten.[35] Die Gegenauffassung,[36] die eine solche Ladungsfrist für entbehrlich ansieht, führt zu einer Einschränkung des Anwesenheitsrechts der Parteien und ist deshalb mit diesem aus dem Anspruch auf rechtliches Gehör abzuleitenden Recht (Rn. 1) unvereinbar. Sind Zeit und Ort der Beweisaufnahme in einem den Parteien nach § 329 Abs. 1 oder 2 verkündeten oder zugestellten Beweisbeschluss genannt, dann ist eine Ladung gemäß § 218 entbehrlich.[37] 11

VII. Rechtsfolgen eines Verstoßes gegen § 357

1. Verletzung des Anwesenheitsrechts. Tatsächliche Feststellungen des Gerichts, die unter Verletzung des Rechts der Parteien auf Teilnahme an der Beweisaufnahme getroffen werden, dürfen grundsätzlich nicht verwertet werden.[38] Eine Partei, die einen Verstoß gegen § 357 und damit 12

Wagner ZZP 108 (1995), 193, 210 ff.; *Kersting* S. 281 ff., jeweils m. weit. Nachw. Ob die Einführung eines solchen Verfahrens de lege ferenda möglich ist oder am Anspruch auf rechtliches Gehör scheitern muss, wird unterschiedlich beurteilt; vgl. dazu die in Fn. 28 Zitierten.

[30] Vgl. BAG NJW 1993, 612; zust. *Musielak/Stadler* Rn. 18; *Zöller/Greger* Rn. 1; krit. *Prütting/Weth* NJW 1993, 576; *Ahrens* JZ 1996, 738; *Walker,* FS E. Schneider, S. 147, 155 ff.; *Ploch/Kumpf* S. 178 ff.; vgl. auch *Schilken* SAE 1993, 308. Dass gegen das vom BAG angewendete Verfahren keine verfassungsrechtlichen Bedenken bestehen, bestätigt BVerfG NJW 1994, 2347.

[31] Vgl. OLG Nürnberg BayJMBl. 1961, 30 = MDR 1961, 62 (LS); OLG Koblenz NJW 1968, 897; *Musielak/Stadler* Rn. 3; *Stein/Jonas/Berger* Rn. 2; *Baumbach/Lauterbach/Hartmann* Rn. 7; AK-ZPO/*Rüßmann* Rn. 2.

[32] *Zöller/Greger* Rn. 1; AK-ZPO/*Rüßmann* Rn. 2; *Baumbach/Lauterbach/Hartmann* Rn. 7; aA *Jankowski* NJW 1997, 3347, 3349; *Musielak/Stadler* Rn. 3.

[33] *Zöller/Greger* Rn. 1; *Musielak/Stadler* Rn. 3.

[34] *Baumbach/Lauterbach/Hartmann* Rn. 8; *Thomas/Putzo/Reichold* Rn. 2; AK-ZPO/*Rüßmann* Rn. 4.

[35] OLG Köln MDR 1973, 856 (LS); *Teplitzky* NJW 1973, 1675; *Wieczorek/Wieczorek* Anm. C I a; *Baumbach/Lauterbach/Hartmann* Rn. 8; *Zöller/Greger* Rn. 4; *Stein/Jonas/Berger* Rn. 12.

[36] RG JW 1932, 1137; *Thomas/Putzo/Reichold* § 361 Rn. 1.

[37] *Zöller/Greger* Rn. 4; *Baumbach/Lauterbach/Hartmann* Rn. 8.

[38] BGH VersR 1984, 946, 947; RGZ 136, 299, 300; RG JW 1938, 3255, 3256; OLG Köln VersR 1974, 1089 (LS); *Musielak/Stadler* Rn. 8; AK-ZPO/*Rüßmann* Rn. 5; *Stein/Jonas/Berger* Rn. 21; *Rosenberg/Schwab/Gottwald* § 115 Rn. 43 ff.

die Verletzung ihres Anspruchs auf rechtliches Gehör (Rn. 1) geltend macht, muss jedoch darlegen, dass die von ihr angefochtene Entscheidung auf diesem Mangel beruhen kann, mithin dass sie möglicherweise anders ausgefallen wäre, wenn das Gericht ihr Anwesenheitsrecht beachtet hätte.[39] An diesen Vortrag der Partei dürfen aber keine hohen Anforderungen gestellt werden. Denn das Unvermögen der Partei, überzeugende Gründe dafür vorzutragen, warum bei ihrer Anwesenheit das Ergebnis der Beweisaufnahme anders ausgefallen wäre, wird häufig gerade auf der fehlenden Kenntnis aller Einzelheiten der Beweisaufnahme beruhen. Deshalb darf keinesfalls von der die Verletzung ihres Anwesenheitsrechts rügenden Partei der Beweis dafür gefordert werden, dass ihre Teilnahme an der Beweisaufnahme deren Ergebnis beeinflusst hätte.[40] Nur wenn das Gericht mit Sicherheit feststellen kann, dass das Fehlen der Partei bei der Beweisaufnahme für deren Ergebnis unerheblich geblieben ist, darf es von einer Wiederholung der Beweisaufnahme absehen und den unter Verstoß gegen § 357 ermittelten Tatsachenstoff seiner Entscheidung zugrunde legen. Weil sich jedoch die Folgen der fehlenden Abwesenheit der Partei nur selten mit hinreichender Sicherheit feststellen lassen werden, wird ein Verstoß gegen § 357 im Regelfall das Gericht zu einer erneuten Beweisaufnahme zwingen.[41]

13 **2. Heilung nach § 295 Abs. 1.** Die Parteien können auf die Befolgung des § 357 verzichten.[42] Dementsprechend ist die Vorschrift des § 295 Abs. 1 anwendbar.[43] In dem Verzicht auf die Mitteilung der Terminsbestimmung liegt dabei regelmäßig der Verzicht auf das Recht zur Anwesenheit bei der Beweisaufnahme.[44]

14 **3. Rechtsmittel.** Die Verletzung des § 357 kann nur mit dem Rechtsmittel gerügt werden, das gegen das Urteil gegeben ist, welches auf die rechtswidrig gewonnenen Tatsachen gestützt wird.[45] Die Berufung oder Revision muss dann Erfolg haben, wenn der Verfahrensfehler nicht nach § 295 Abs. 1 geheilt ist (Rn. 13) und wenn nicht ausnahmsweise feststeht, dass auch bei Anwesenheit der Partei das gleiche Beweisergebnis erzielt worden wäre (Rn. 12).

VIII. Kosten

15 Die Kosten, die einer Partei durch die Teilnahme an der Beweisaufnahme entstehen, sind grundsätzlich für eine zweckentsprechende Rechtsverfolgung oder Rechtsverteidigung iSd. § 91 notwendig und deshalb erstattungsfähig.[46] Nur wenn für die an der Beweisaufnahme teilnehmende Partei vorher feststeht, dass ihre Anwesenheit nicht zu einer besseren Klärung der zu ermittelnden Tatsachen führen werde und deshalb als überflüssig angesehen werden muss, ist die Notwendigkeit dieser Kosten zu verneinen.[47]

§ 357 a (weggefallen)

§ 358 Notwendigkeit eines Beweisbeschlusses

Erfordert die Beweisaufnahme ein besonderes Verfahren, so ist es durch Beweisbeschluss anzuordnen.

I. Normzweck

1 Die Parteien haben zumindest bei dem im Zivilprozess regelmäßig geltenden Verhandlungs- oder Beibringungsgrundsatz dem Gericht ihre Sicht des entscheidungserheblichen Tatsachenstoffes, ihr „Sachverhaltsbild",[1] mitzuteilen. Soweit diese von den Parteien gegebenen Sachverhaltsdarstel-

---

[39] BGHZ 31, 43, 46ff. = NJW 1959, 2213; BGH VersR 1984, 947; *Jauernig* § 29 III m. weit. Nachw.; abl. *Musielak/Stadler* Rn. 8.

[40] RGZ 136, 299, 301; *Baumbach/Lauterbach/Hartmann* Rn. 9; *Zöller/Greger* Rn. 2.

[41] AK-ZPO/*Rüßmann* Rn. 5; *Schnapp,* FS Menger, S. 557, 568, hält deshalb diese Einschränkung für praktisch bedeutungslos; für eine Wiederholung in jedem Fall *Stein/Jonas/Berger* Rn. 21.

[42] Vgl. *Stein/Jonas/Berger* Rn. 22; *Musielak/Stadler* Rn. 8.

[43] BGH VersR 1984, 946, 947; *Schnapp,* FS Menger, S. 557, 569; *Höffmann* S. 81 f.; *Musielak/Stadler* Rn. 8.

[44] *Baumbach/Lauterbach/Hartmann* Rn. 8; *Thomas/Putzo/Reichold* Rn. 2.

[45] *Musielak/Stadler* Rn. 8; *Stein/Jonas/Berger* Rn. 23; *Thomas/Putzo/Reichold* Rn. 3.

[46] OLG München NJW 1964, 1480; OLG Koblenz MDR 1977, 673; 1986, 764; OLG Frankfurt MDR 1972, 617; 1980, 500; *Baumbach/Lauterbach/Hartmann* § 91 Rn. 33ff.

[47] OLG Frankfurt MDR 1980, 500, 501.

[1] *Bruns* Rn. 153b.

lungen divergieren, muss das Gericht feststellen, welche Darstellung es seiner Entscheidung zugrunde legt. Zu diesem Zweck sind die zwischen den Parteien streitigen Tatsachen im Rahmen der Beweisaufnahme zu klären. Es liegt auf der Hand, dass das Gericht entscheiden muss, welche Tatsachen klärungsbedürftig sind.[2] Deshalb hat jeder Beweisaufnahme eine entsprechende **Anordnung des Gerichts** voranzugehen; nur die Form dieser Anordnung kann unterschiedlich ausfallen. Als **förmlicher Beweisbeschluss** mit einem nach § 359 genau festgelegten Inhalt **oder** als **formlose Beweisanordnung,** deren Inhalt nur durch ihren Zweck bestimmt wird.[3] Die Regelung des § 358 verlangt nur dann einen förmlichen Beweisbeschluss, wenn ein „besonderes Verfahren", dh. die Anberaumung eines neuen Termins zur Beweiserhebung (Rn. 2) erforderlich ist. Nur in diesem Fall wird dem Gericht aufgegeben, bei Anordnung der Beweisaufnahme bestimmte Formalien zu beachten. Damit wird zugleich auch bewirkt, dass sich das Gericht noch einmal über Notwendigkeit und Zweck der angeordneten Beweisaufnahme klar werden muss. Hinzu kommt eine – wenn auch nur in weiten Grenzen, vgl. § 360 – bewirkte Festlegung der Prozesssituation. Insoweit ergeben sich gewisse Parallelen zum gemeinrechtlichen Beweis-Interlocut, als dessen Überbleibsel sich der förmliche Beweisbeschluss darstellt.[4]

II. Anwendungsbereich

1. Allgemeines. Die Regelung des § 358 bestimmt, dass ein (förmlicher) Beweisbeschluss, also ein Beschluss mit dem in § 359 vorgeschriebenen Inhalt, erlassen werden muss, wenn die Beweisaufnahme ein „besonderes Verfahren" erfordert. Das heißt ein entsprechender Beschluss muss ergehen, wenn der angeordnete Beweis nicht sofort (in demselben Termin, in dem die Anordnung ergeht) erhoben werden kann, sondern eine Vertagung notwendig wird.[5] So ist beispielsweise stets ein förmlicher Beweisbeschluss notwendig, wenn ein schriftliches Sachverständigengutachten angefordert werden soll oder wenn die Beweisaufnahme dem beauftragten oder ersuchten Richter (§§ 361, 362) übertragen wird.[6] Wird in den Fällen der §§ 251 a und 331 a ein Beweisbeschluss nach Lage der Akten erlassen, dann hat er mit dem Inhalt des § 359 zu ergehen, weil dann für die Beweisaufnahme ein „besonderes Verfahren" durchgeführt werden muss.[7] Die Vernehmung einer Partei muss nach § 450 Abs. 1 S. 1 ebenfalls durch einen förmlichen Beweisbeschluss angeordnet werden, ferner die Vorlegung einer Urkunde nach § 425. Eines solchen Beschlusses bedarf es weiter, wenn das Gericht schon vor der mündlichen Verhandlung eine Beweiserhebung nach § 358 a bestimmt (vgl. zur Abgrenzung von den Anordnungen nach § 273 Abs. 2 die Erl. zu § 358 a) oder wenn die Beweisaufnahme im Ausland durchgeführt werden soll (§ 363 Rn. 2, 7). 2

Ist dagegen in der mündlichen Verhandlung das Beweismittel präsent und kann deshalb die Beweisaufnahme sofort vollzogen werden, dann kann das Gericht regelmäßig nach seinem Ermessen zwischen einem formlosen und einem förmlichen Beweisbeschluss wählen.[8] Sofern eine Beweiserhebung im Verfahren des Freibeweises zulässig ist, ist ein förmlicher Beweisbeschluss nicht erforderlich, jedoch schadet sein Erlass nicht.[9] 3

2. Verfahren der Freiwilligen Gerichtsbarkeit. Sind in einem Verfahren der Freiwilligen Gerichtsbarkeit formlose Ermittlungen (Freibeweis) zugelassen, dann muss die Beweiserhebung nicht durch einen förmlichen Beweisbeschluss angeordnet werden.[10] Ob dagegen bei einem Strengbeweis der Erlass eines förmlichen Beweisbeschlusses geboten ist, wird unterschiedlich beur- 4

---

[2] Die Antwort auf die Frage, auf welche streitigen Tatsachen es für die Entscheidung ankommt, und somit auch, welche der streitigen Tatsachen beweisbedürftig sind, ergibt sich aus dem Gesetz, und zwar aus den vom Richter anzuwendenden Rechtssätzen; zu den dabei erforderlichen Überlegungen des Gerichts *Heinrich* S. 31 f. Auf die sich für die Beweisfrage ergebende Bindung für das Gericht wird ausdrücklich in der Begründung des Entwurfs der ZPO in Bezug auf den Beweisbeschluss verwiesen (vgl. Mat. II 1 S. 134).

[3] *Musielak/Stadler* BwR Rn. 2.

[4] Vgl. *Bruns* Rn. 175; zur historischen Entwicklung *Engel* S. 1 ff.

[5] OLG Brandenburg FamRZ 2001, 294; *Baumbach/Lauterbach/Hartmann* Rn. 4; *Stein/Jonas/Berger* Rn. 1; AK-ZPO/*Rüßmann* Rn. 1; *Rosenberg/Schwab/Gottwald* § 115 Rn. 31; *Engel* S. 142; aA *Zöller/Greger* Rn. 2.

[6] RGZ 10, 370, 371; *Musielak/Stadler* Rn. 2.

[7] *Baumbach/Lauterbach/Hartmann* Rn. 4; *Furtner* S. 431.

[8] OLG Frankfurt AnwBl. 1978, 69. Zu den Vorteilen einer formlosen Beweisanordnung vgl. *Musielak/Stadler* BwR Rn. 2.

[9] *Thomas/Putzo/Reichold* Rn. 3; *Musielak/Stadler* BwR Rn. 1.

[10] *Musielak/Stadler* BwR Rn. 1; vgl. *Koch/Steinmetz* MDR 1980, 901 Fn. 10; *Peters,* Der sogenannte Freibeweis im Zivilprozeß, 1962, S. 185.

teilt.[11] Da jedoch die Anwendung des § 358 im FGG nicht vorgeschrieben wird, ist es auch bei einem Strengbeweis dem Ermessen des Gerichts überlassen, ob es einen förmlichen Beweisbeschluss oder eine formlose Beweisanordnung erlässt.

5 **3. Arbeitsgerichtliches Verfahren.** Im arbeitsgerichtlichen Verfahren gilt nach § 46 Abs. 1, Abs. 2 S. 1 ArbGG iVm. § 495 Abs. 1 die Vorschrift des § 358 entsprechend. Folglich ist unter den gleichen Voraussetzungen wie im Zivilprozess (Rn. 2) ein förmlicher Beweisbeschluss zu erlassen.[12]

III. Verfahren

6 Ergeht der (förmliche) **Beweisbeschluss aufgrund einer mündlichen Verhandlung**, dann muss er verkündet werden, § 329 Abs. 1 S. 1. Dies kann auch in einem gesonderten Verkündungstermin geschehen,[13] etwa wenn das Gericht nach der streitigen Verhandlung die Beweiserheblichkeit der streitigen Tatsachenbehauptungen noch einmal überprüfen will und deshalb von einem sofortigen Erlass des Beweisbeschlusses absieht. Ebenso ist der förmliche Beweisbeschluss bei einer Entscheidung nach Lage der Akten gemäß § 251 a und im schriftlichen Verfahren iSd. § 128 Abs. 2 zu verkünden (§ 329 Rn. 6).

IV. Rechtsmittel

7 Wird ein förmlicher Beweisbeschluss nicht erlassen, obwohl dies geboten ist, dann kann dies nur im Rahmen des Rechtsmittels gegen das Urteil gerügt werden, das auf die nicht ordnungsgemäß angeordnete Beweiserhebung gestützt wird;[14] eine selbständige Anfechtung scheidet aus.[15] Ein Verstoß gegen die Regelung des § 358 ist jedoch nach § 295 heilbar.[16] Soweit ein Beweisbeschluss faktisch den Auswirkungen einer Aussetzung gleich kommt, kann § 252 entsprechend Anwendung finden.[17] Insofern kann der zum Verfahrensstillstand führende Beweisbeschluss separat mit der sofortigen Beschwerde angefochten werden.[18]

V. Kosten

8 Aufgrund einer (förmlichen oder nicht förmlichen) Beweisanordnung entstehen keine besonderen **Gerichtskosten.** Dies gilt sowohl hinsichtlich eines Beweisbeschlusses als auch für das Verfahren der Beweisaufnahme. Durch das Kostenrechtsmodernisierungsgesetz erfolgte eine wesentliche Änderung in der Gebührenstruktur der Rechtsanwaltsvergütung gegenüber der bisherigen Regelung der Bundesgebührenordnung für Rechtsanwälte. Eine gesonderte **Rechtsanwaltsgebühr** für die Vertretung durch den Prozessbevollmächtigten im Beweisverfahren (Beweisgebühr) in bürgerlichen Rechtsstreitigkeiten ist nach dem RVG nicht vorgesehen.

§ 358 a Beweisbeschluss und Beweisaufnahme vor mündlicher Verhandlung

[1]Das Gericht kann schon vor der mündlichen Verhandlung einen Beweisbeschluss erlassen. [2]Der Beschluss kann vor der mündlichen Verhandlung ausgeführt werden, soweit er anordnet

1. eine Beweisaufnahme vor dem beauftragten oder ersuchten Richter,
2. die Einholung amtlicher Auskünfte,
3. eine schriftliche Beantwortung der Beweisfrage nach § 377 Abs. 3,
4. die Begutachtung durch Sachverständige,
5. die Einnahme eines Augenscheins.

---

[11] Bejahend *Habscheid* FG § 21 II 1; verneinend *Keidel/Kuntze/Winkler* § 15 Rn. 5; *Bassenge/Herbst* § 15 FGG Rn. 3.
[12] *Grunsky* § 58 ArbGG Rn. 19; *Schwab/Weth/Schwab* § 58 ArbGG Rn. 31.
[13] *Musielak/Stadler* Rn. 3; krit. dazu wegen der verfahrensverzögernden Wirkung *Greger* FamRZ 1994, 288, 289.
[14] OLG Brandenburg FamRZ 2001, 294; OLG Koblenz DS 2005, 33, 34; *Stein/Jonas/Berger* Rn. 5.
[15] OLG Karlsruhe OLGR 2003, 225; *Baumbach/Lauterbach/Hartmann* Rn. 6; *Musielak/Stadler* Rn. 3.
[16] BGH MDR 1959, 638 (LS); *Baumbach/Lauterbach/Hartmann* Rn. 5; *Zöller/Greger* § 295 Rn. 6.
[17] *Zöller/Greger* § 252 Rn. 1 a; *Musielak/Stadler* § 252 Rn. 2.
[18] OLG Bremen NJW 1969, 1908; *Zöller/Greger* § 252 Rn. 1 a.

I. Normzweck

1 Um einen Rechtsstreit möglichst rasch und konzentriert durchzuführen und zu entscheiden, hat der Gesetzgeber durch die Vereinfachungsnovelle von 1976 eine Reihe von Vorschriften in die ZPO eingefügt, welche dem Gericht und den Parteien aufgeben, jeder Verzögerung des Verfahrens nach Möglichkeit entgegenzuwirken und eine rasche Entscheidung zu fördern. Um der in § 272 Abs. 1 ausgesprochenen Idealvorstellung des Gesetzgebers möglichst zu entsprechen und den Rechtsstreit in einem umfassend vorbereiteten Termin zur mündlichen Verhandlung zu erledigen, muss das Gericht die dafür erforderlichen Vorkehrungen treffen. Ergänzend zu § 358 gehört hierzu die durch § 358 a geschaffene Möglichkeit, bereits vor einer mündlichen Verhandlung einen förmlichen Beweisbeschluss zu erlassen und in den Fällen des § 358 a S. 2 Nr. 1 bis 5 auch vor Beginn der mündlichen Verhandlung für die Aufnahme solcher Beweise zu sorgen. Hierdurch lassen sich Verzögerungen vermeiden, die sonst durch eine der mündlichen Verhandlung später nachfolgende Beweisaufnahme eintreten würden. Aufgrund der Vorschrift des § 358 a kann also eine wesentliche Beschleunigung des Verfahrens erreicht und damit der Prozessökonomie gedient werden.[1]

II. Anwendungsbereich

2 **1. Erlass des Beweisbeschlusses durch das Gericht.** Zuständig für den Erlass des nach § 358 a vorgeschriebenen (förmlichen) Beweisbeschlusses (vgl. § 358 Rn. 2) ist beim Kollegialgericht das Kollegium, nicht der Vorsitzende allein.[2] Dies gilt grundsätzlich auch für die Kammer für Handelssachen. Inwieweit deren Vorsitzender allein einen Beweisbeschluss erlassen und ausführen darf, richtet sich nach § 349.[3] Auch dem Einzelrichter nach §§ 348 Abs. 1, 348 a Abs. 1, 526 Abs. 1, 568 S. 1 als Prozessgericht (§ 355 Rn. 5) stehen die Befugnisse nach § 358 a zu.[4] Dagegen ist das „Gericht“ iSv. § 358 a nicht der Einzelrichter, dem nach § 527 Abs. 1 eine Berufungssache zur Vorbereitung der Entscheidung zugewiesen worden ist, sondern dies bleibt weiterhin das Kollegium.[5] Nach § 527 Abs. 2 S. 2 kann aber der Einzelrichter unter den in dieser Vorschrift genannten Voraussetzungen Beweisbeschlüsse erlassen und Beweise erheben.

3 Die einen Termin **vorbereitenden Maßnahmen nach § 273 Abs. 2,** die vom Vorsitzenden oder von einem von ihm bestimmten Mitglied des Prozessgerichts zu treffen sind, umfassen nicht auch die Anordnung und Erhebung von Beweisen. Insoweit setzt § 358 a den Kompetenzen des Vorsitzenden hinsichtlich vorbereitender Maßnahmen eine klare Grenze. Für die Anordnung oder Durchführung einer Beweiserhebung vor der mündlichen Verhandlung ist nämlich das Gericht, nicht der Vorsitzende zuständig, und die Anordnungen nach § 358 a dürfen entgegen den Maßnahmen des § 273 Abs. 2 nicht durch formlose Verfügung, sondern müssen in der Form eines (förmlichen) Beweisbeschlusses erlassen werden.[6]

4 **2. Vor der mündlichen Verhandlung.** Die Vorschrift des § 358 a gibt im Interesse der Beschleunigung und Konzentration des Rechtsstreits (Rn. 1) dem Gericht nach dessen Ermessen[7] die Möglichkeit, einen Beweisbeschluss zu erlassen und unter bestimmten Voraussetzungen auch auszuführen, bevor ein mündliches Verfahren stattgefunden hat. Diese Vorschrift ist folglich aufgrund der Einheit der mündlichen Verhandlung nur anzuwenden, solange noch kein Termin, auch nicht ein früher erster Termin (§ 275 Abs. 1), abgehalten wurde.[8] Nach diesem Zeitpunkt gelten für die Anordnung einer Beweiserhebung die allgemeinen Regeln (vgl. § 358). Der Beschluss nach § 358 a S. 1 kann unmittelbar nach Eingang der Klage bei Gericht, also schon vor Zustellung der Klage an den Beklagten, erlassen werden.[9] Jedoch empfiehlt es sich regelmäßig, zunächst die Erwiderung des Beklagten auf die Klageschrift abzuwarten, weil vorher nicht mit Sicherheit feststeht, ob sich der Beklagte verteidigen will und welche Tatsachen unter den Parteien streitig sind.[10] Der Beweisbe-

---

[1] *Walchshöfer* ZZP 94 (1981), 179, 185; *Hartmann* NJW 1978, 1457, 1463; *Stein/Jonas/Berger* Rn. 3; *Zuleger* S. 84 ff.; vgl. auch *Balzer* DRiZ 2007, 88 ff.

[2] BGHZ 86, 104, 112 = NJW 1983, 1793.

[3] *Zöller/Greger* Rn. 2; *Stein/Jonas/Berger* Rn. 22.

[4] *Musielak/Stadler* Rn. 4; *Zöller/Greger* Rn. 2; *Musielak/Stadler* BwR Rn. 3; aA *Baumbach/Lauterbach/Hartmann* Rn. 1.

[5] *Musielak/Stadler* Rn. 4.

[6] KG JurBüro 1988, 471 m. Anm. *Mümmler*; vgl. auch zur Abgrenzung des § 273 Abs. 2 und des § 358 a *Schneider* MDR 1980, 177; *Stein/Jonas/Leipold* § 273 Rn. 4; *Musielak/Stadler* BwR Rn. 2; *Schellhammer* Rn. 423.

[7] Vgl. OLG Koblenz NJW 1979, 374; *Musielak/Stadler* Rn. 2; *Stein/Jonas/Berger* Rn. 15, 27.

[8] *Musielak/Stadler* Rn. 2; aA *Stein/Jonas/Berger* Rn. 7, 10; *Thomas/Putzo/Reichold* Rn. 1 (vor jedem Termin).

[9] *Baumbach/Lauterbach/Hartmann* Rn. 4; *Musielak/Stadler* Rn. 2.

[10] *Stein/Jonas/Berger* Rn. 6; *Zuleger* S. 87; *Baumbach/Lauterbach/Hartmann* Rn. 4, jeweils mit dem Hinweis, dass bereits mit Erlass des Beweisbeschlusses unabhängig von dessen Ausführung Kosten entstehen können.

schluss nach § 358a ist den Parteien formlos mitzuteilen, sofern er nicht eine Terminsbestimmung enthält, § 329 Abs. 2 S. 1. Für seine Änderung, die ebenfalls bereits vor der mündlichen Verhandlung zulässig ist, gelten die Einschränkungen des § 360 S. 2 nicht (§ 360 Rn. 11).[11]

5 **3. Sonstige Verfahren.** Im Gegensatz zu § 358a gibt die Vorschrift des § 55 Abs. 4 ArbGG dem Vorsitzenden einer Kammer des **Arbeitsgerichts** und des **Landesarbeitsgerichts** gemäß § 64 Abs. 7 ArbGG allein[12] das Recht, vor der streitigen Verhandlung einen Beweisbeschluss zu erlassen und auszuführen. Jedoch wird diese Befugnis in § 55 Abs. 4 ArbGG nicht auch auf die Fälle der Begutachtung durch Sachverständige und der Einnahme eines Augenscheins erstreckt. Für diese Fälle ist § 358a S. 2 Nr. 4 und 5 entsprechend heranzuziehen.[13] Dies bedeutet, dass ein die Begutachtung durch Sachverständige oder die Einnahme eines Augenscheins bestimmender Beweisbeschluss sowohl vom Gericht angeordnet als auch gegebenenfalls von ihm ausgeführt werden muss. In Verfahren der **Freiwilligen Gerichtsbarkeit** kann § 358a entsprechend angewendet werden.[14]

III. Ausführung des Beweisbeschlusses

6 In welchen Fällen ein nach § 358a S. 1 erlassener Beweisbeschluss schon vor der mündlichen Verhandlung ausgeführt werden darf, ist in § 358a S. 2 Nr. 1 bis 5 bestimmt. Die für das Beweisverfahren und für die einzelnen Beweismittel geltenden Vorschriften sind dabei selbstverständlich zu beachten. So gilt bei einer Beweisaufnahme durch den beauftragten oder ersuchten Richter (zu den Fällen, in denen sie zulässig ist, § 355 Rn. 14) oder bei einer vom Prozessgericht nach § 358a S. 2 Nr. 5 durchgeführten Augenscheinseinnahme der Grundsatz der Parteiöffentlichkeit nach § 357 Abs. 1 (§ 357 Rn. 2). Die in der ZPO mehrfach erwähnte[15] aber nicht näher geregelte Einholung amtlicher Auskünfte nach § 358a S. 2 Nr. 2 ist als eigenständiges Beweismittel einzuordnen,[16] welches die Zeugen- und Sachverständigenvernehmung bzw. den Urkundenbeweis ersetzt.[17] Um amtliche Auskünfte handelt es sich insofern bei Mitteilungen von Behörden über ihnen amtlich bekannte, regelmäßig schriftlich festgehaltene Tatsachen.[18] Da entsprechend dem Beibringungsgrundsatz eine Beweisaufnahme von Amts wegen grundsätzlich unzulässig ist,[19] setzt in Abgrenzung von einer bloß ergänzenden oder beweisvorbereitenden Einholung von amtlichen Auskünften (vgl. § 273 Rn. 22) ein entsprechender Beschluss nach § 358a S. 2 Nr. 2 regelmäßig zumindest ein hinreichend konkretes Vorbringen der Partei voraus.[20] Unter welchen Voraussetzungen schriftliche Auskünfte von Zeugen angeordnet werden dürfen, ist in § 377 Abs. 3 geregelt.

IV. Rechtsmittel

7 Eine im Widerspruch zu § 358a stehende Maßnahme kann nicht selbständig angefochten werden, sondern nur zusammen mit dem Urteil, das auf einem verbotswidrig erhobenen Beweis beruht (§ 355 Rn. 19). Zu beachten ist, dass ein die Vorschrift des § 358a verletzender Verfahrensfehler nach § 295 geheilt werden kann. Dies gilt auch dann, wenn an Stelle des Prozessgerichts der Vorsitzende einen Beweisbeschluss erlässt.[21] Die Gegenauffassung führt an, dass in diesem Fall das Gericht nicht ordnungsgemäß besetzt sei.[22] Jedoch handelt es sich nicht um einen nicht heilbaren Mangel in der ordnungsgemäßen Besetzung des Gerichts, sondern um verfahrensfehlerhaft beschaffte Beweise, zu deren Verwertung die Parteien zustimmen können.[23]

---

[11] *Zöller/Stephan* § 360 Rn. 3; aA *Stein/Jonas/Berger* Rn. 6.

[12] *Lakies* BB 2000, 669; *Stein/Jonas/Berger* Rn. 47.

[13] *Grunsky* § 55 ArbGG Rn. 13; *Stein/Jonas/Berger* Rn. 47; aA *Baumbach/Lauterbach/Hartmann* Rn. 10; *Eich* DB 1977, 909, 910, allerdings beschränkt auf die Augenscheinseinnahme mit der Begründung, dass die Beisitzer nicht von dieser Beweisaufnahme ausgeschlossen werden dürfen; dies ist aber gerade bei einer entsprechenden Anwendung des § 358a S. 2 Nr. 5 nicht der Fall.

[14] Vgl. *Keidel/Kuntze/Winkler* § 15 Rn. 5.

[15] Neben § 358a u. a. in §§ 273 Abs. 2 Nr. 2, 437 Abs. 2.

[16] BGH BB 1976, 480; NJW 1964, 107; *Musielak/Stadler* Rn. 9; *Thomas/Putzo/Reichold* § 273 Rn. 7.

[17] BGH BB 1976, 480; *Musielak/Stadler* Rn. 9; *Baumbach/Lauterbach/Hartmann* Übers. § 373 Rn. 32.

[18] *Hohlfeld* S. 53 ff., 63; *Musielak/Stadler* Rn. 8.

[19] *Zöller/Greger* § 273 Rn. 7; *Hohlfeld* S. 136 f.; aA *Schöpflin* S. 310 ff., 317 ff.

[20] *Musielak/Foerste* § 273 Rn. 11.

[21] *Zöller/Greger* Rn. 4; *Musielak/Stadler* Rn. 5.

[22] *Stein/Jonas/Berger* Rn. 40; *Baumbach/Lauterbach/Hartmann* Rn. 11.

[23] Vgl. *Stein/Jonas/Leipold* § 295 Rn. 18.

V. Kosten

Der durch den Erlass und die Ausführung eines Beweisbeschlusses nach § 358 a verursachte Aufwand des Gerichts wird durch die Verfahrensgebühr mitabgegolten; zusätzliche **Gerichtsgebühren** entstehen dadurch nicht. Hinsichtlich der **Gebühren des Rechtsanwalts** ist die im Vergleich zur BRAGO geänderte Gebührenstruktur des nunmehr geltenden Rechtsanwaltsvergütungsgesetzes zu beachten. Eine gesonderte Rechtsanwaltsgebühr für die Vertretung durch den Prozessbevollmächtigten im Beweisverfahren (Beweisgebühr) in bürgerlichen Rechtsstreitigkeiten ist danach nicht vorgesehen. 8

§ 359 Inhalt des Beweisbeschlusses

Der Beweisbeschluss enthält:

1. die Bezeichnung der streitigen Tatsachen, über die der Beweis zu erheben ist;
2. die Bezeichnung der Beweismittel unter Benennung der zu vernehmenden Zeugen und Sachverständigen oder der zu vernehmenden Partei;
3. die Bezeichnung der Partei, die sich auf das Beweismittel berufen hat.

I. Normzweck

Die Vorschrift des § 359 betrifft den (förmlichen) Beweisbeschluss, den das Gericht zwar stets erlassen kann, aber nur unter bestimmten Voraussetzungen auch erlassen muss (§ 358 Rn. 2 ff.). Anhand eines Beweisbeschlusses wird den Parteien ersichtlich wie das Gericht deren Vortrag würdigt, insbesondere welche Tatsachen es für erheblich und beweisbedürftig erachtet sowie in welcher Weise die Beweise erhoben werden sollen.[1] Daneben ist für den Fall, dass etwa die Besetzung des Gerichts wechselt, die Beweisaufnahme nicht vor dem Prozessgericht stattfindet (§§ 361, 362) oder Verzögerungen bis zur Beweisaufnahme eintreten, durch einen Beweisbeschluss deren prozesswirtschaftliche Durchführung gewährleistet.[2] In anderen Fällen bedarf zwar die Beweisaufnahme auch einer Anordnung durch das Gericht, jedoch genügt eine formlose Beweisanordnung, die nicht den durch § 359 vorgeschriebenen Inhalt aufzuweisen braucht. Für die formlose Beweisanordnung fehlt eine gesetzliche Regelung. Entsprechend der von ihr zu erfüllenden Funktion wird sie den Gegenstand der Beweiserhebung im Sinne einer ungefähren Bestimmung des Themas und das Beweismittel zu bezeichnen haben.[3] 1

II. Rechtsnatur des Beweisbeschlusses

Der (förmliche) Beweisbeschluss stellt eine prozessleitende Anordnung dar,[4] durch die ausgesprochen wird, welche Beweisfragen mit welchen Beweismitteln geklärt werden sollen. Durch den Beweisbeschluss wird keine dem Urteil vorgreifende Entscheidung über die Erheblichkeit bestimmter Tatsachen für die Beantwortung der sich stellenden Rechtsfragen und über die Beweislastregelung getroffen.[5] Aus der Rechtsnatur des Beweisbeschlusses folgt, dass das Gericht nicht daran gehindert ist, einen von ihm erlassenen Beweisbeschluss aufzuheben. Dies kommt regelmäßig dann in Betracht, wenn eine nachträgliche Änderung des Streitstandes ergibt, dass es nicht mehr auf die unter Beweis gestellten Tatsachen für die Entscheidung ankommt und deshalb die Beweiserhebung überflüssig geworden ist (vgl. zur Frage der Bindung des erlassenden Gerichts an den Beweisbeschluss die Erl. zu § 360).[6] Grundsätzlich ist es auch zulässig, Beweisbeschlüsse unter einer **Bedingung** zu erlassen, zB unter der aufschiebenden Bedingung, dass die Parteien einen ihnen vom Gericht gemachten Vergleichsvorschlag nicht annehmen.[7] Da jedoch das Gericht – wie ausgeführt – zur Aufhebung eines Beweisbeschlusses befugt ist, sollte stets geprüft werden, ob eine Bedingung überhaupt erforderlich ist. 2

III. Inhalt des Beweisbeschlusses

1. Notwendiger Inhalt. Als notwendiger Inhalt eines (förmlichen) Beweisbeschlusses nennt § 359 das Beweisthema (Nr. 1), das Beweismittel (Nr. 2) und den Beweisführer (Nr. 3). Hinzu- 3

---

[1] *Stein/Jonas/Berger* Rn. 1; *Baumbach/Lauterbach/Hartmann* Rn. 2.
[2] *Baumbach/Lauterbach/Hartmann* Rn. 3; vgl. *Rosenberg/Schwab/Gottwald* § 115 Rn. 37.
[3] Vgl. *Musielak/Stadler* BwR Rn. 2; *Engel* S. 169 ff.
[4] RGZ 150, 330, 336; *Zöller/Greger* Rn. 1; *Stein/Jonas/Berger* Rn. 1.
[5] *Engel* S. 166; *Musielak/Stadler* Rn. 1.
[6] RGZ 150, 330, 336.
[7] OLG Hamburg MDR 1965, 57; *Teplitzky* JuS 1968, 71, 76.

kommen muss noch die Bestimmung, wo die Beweiserhebung stattfinden soll (zB vor dem Prozessgericht oder vor einem beauftragten oder ersuchten Richter) sowie ggf. die Bestimmung des Termins für die Beweisaufnahme und die Anordnung eines Auslagenvorschusses (Rn. 8).[8] Dagegen ist eine Begründung für die Beweisanordnung weder erforderlich noch üblich.[9]

4 **2. Beweisthema.** Es versteht sich von selbst, dass nur solche Tatsachen ein Beweisthema bilden können, die entscheidungserheblich und beweisbedürftig sind.[10] Dabei hat das Gericht auch die Beweislastverteilung zu beachten, weil nach hM eine Beweisanordnung unstatthaft ist, wenn die beweisführungsbelastete Partei keinen Beweis angetreten hat.[11] Welche Anforderungen an die Formulierung des Beweisthemas zu stellen sind, richtet sich nach dem Zweck und der Funktion des Beweisbeschlusses. Die Prozessbeteiligten, insbesondere etwa ein mit der Beweiserhebung betrauter anderer Richter, müssen erkennen können, welche Tatsachen klärungsbedürftig sind und um welche tatsächlichen Feststellungen es geht. Feste Regeln für die Beantwortung der Frage, **wie konkret die zu beweisenden Tatsachen bezeichnet werden müssen,** gibt es nicht. Wird die Beweisaufnahme vom Prozessgericht selbst durchgeführt, dann wird auf eine eingehende Präzisierung der Beweisfragen eher zu verzichten sein, als wenn damit ein anderes Gericht befasst wird. Bei einer Übertragung der Beweisaufnahme auf den **ersuchten Richter** iSd. § 362 sollte das Beweisthema möglichst ausführlich beschrieben werden. Dabei kann es sich empfehlen, auch solche in Betracht kommenden Zusatzfragen zu nennen, die das Prozessgericht aufgrund seiner genaueren Kenntnis des Rechtsstreits besser zu formulieren vermag als der ersuchte Richter.[12] Insofern ist es jedoch nicht erforderlich, die Beweisfragen so zu fassen, dass der ersuchte Richter ohne jede Aktenkenntnis zur Erhebung des Beweises in der Lage ist.[13] Dieser muss sich vielmehr durch Aktenstudium in einem zumutbaren Rahmen mit dem Sach- und Streitstand vertraut machen.[14] Seine Grenze findet dies selbstverständlich darin, dass der Beweisbeschluss nicht so formuliert werden darf, dass dem ersuchten Richter die Feststellung überlassen bleibt, welche Tatsachen streitig sind und welche Sachfragen geklärt werden müssen.[15] Bei der **Formulierung des Beweisthemas** ist insbesondere in Fällen einer Zeugenvernehmung darauf zu achten, dass nicht dem **Zeugen** eine Antwort bereits suggeriert wird.[16] Nicht selten besteht nämlich in der Praxis die Übung, bei der Zeugenladung die Formulierungen des Beweisbeschlusses zu übernehmen, ohne zu berücksichtigen, dass beide unterschiedlichen Zwecken dienen.[17] Das Beweisthema im Beweisbeschluss durch **Bezugnahme auf** einen **Schriftsatz oder** ein **Protokoll** festzulegen, ist zulässig, wenn dadurch für alle Prozessbeteiligten klargestellt ist, über welche streitigen Tatsachen Beweis erhoben werden soll.[18] Bei Anordnung eines Sachverständigengutachtens hat das Gericht dem Sachverständigen im Beweisbeschluss mitzuteilen, von welchen Anschlusstatsachen er auszugehen hat. Sofern es erforderlich ist, sind ihm Sachverhaltsalternativen anzugeben, die er zu würdigen hat (§ 355 Rn. 11).

5 **3. Beweismittel.** Das Beweismittel ist so genau zu bezeichnen, dass keine Zweifel aufkommen können, um welches es sich handelt. Bei **Personen,** die als Zeugen, Sachverständige oder als Partei aussagen sollen, muss die **Identität** zweifelsfrei festgelegt werden. Dies geschieht bei Zeugen und Sachverständigen regelmäßig durch Angabe des Namens, Berufs und Wohnortes (ladungsfähige An-

---

[8] *Stein/Jonas/Berger* Rn. 11; *Zöller/Greger* Rn. 6.

[9] *Musielak/Stadler* Rn. 3.

[10] *Musielak* GK ZPO Rn. 395.

[11] *Blomeyer* § 69 IV 1; *Rosenberg/Schwab/Gottwald* § 114 Rn. 44; *Stein/Jonas/Leipold* § 286 Rn. 29 (beschränkt auf den Gegenbeweis) m. weit. Nachw.; aA *Jauernig* § 50 III 1 (bei Beweisen, die von Amts wegen erhoben werden dürfen).

[12] *Reinecke* MDR 1990, 1061 f.; vgl. auch BAG NJW 1991, 1252. Zur Formulierung der Beweisfrage in EDV-Sachen vgl. *Bergmann/Streitz* NJW 1992, 1726, 1729.

[13] OLG Frankfurt JurBüro 1982, 1576, 1577; einschränkend *Engel* S. 154 ff. (substantiierte Angabe des Beweisthemas).

[14] BGHR Nr. 1 (Rechtshilfe 1); OLG Düsseldorf OLGZ 1973, 492, 493; OLG Köln OLGZ 1966, 40, 42; OLG Frankfurt NJW-RR 1995, 637.

[15] BGHR Nr. 1 (Rechtshilfe 1); OLG Köln OLGZ 1966, 40, 42; OLG Koblenz NJW 1975, 1036.

[16] Deshalb tritt *Bruns* Rn. 175 b für eine Fassung der Beweisfragen ein, die im Umfang eines Tatbestandsmerkmals das zu erhebende Tatsachenmaterial in seiner ganzen Variationsbreite anspricht; ebenso *Bender/Belz/Wax,* Das Verfahren nach der Vereinfachungsnovelle und vor dem Familiengericht, 1977, Rn. 25; vgl. auch *Krönig,* Die Kunst der Beweiserhebung, 3. Aufl. 1959, S. 21; *Musielak/Stadler* BwR Rn. 4 f. Allerdings dürfen nicht anstelle von Tatsachen die vom Gericht zu entscheidenden Rechtsfragen selbst zum Beweisthema erhoben werden; vgl. LG Stuttgart ZZP 68 (1955), 82.

[17] Vgl. *Engel* S. 156.

[18] OLG Colmar OLGZ 11, 179; OLG Hamburg OLGZ 35, 85; *Zöller/Greger* Rn. 3; *Thomas/Putzo/Reichold* Rn. 2; *Baumbach/Lauterbach/Hartmann* Rn. 8.

schrift).[19] Das Prozessgericht kann allerdings den beauftragten oder ersuchten Richter nach § 405 ermächtigen, selbst einen Sachverständigen auszuwählen, der ein Gutachten erstatten soll oder bei der Einnahme des Augenscheins hinzugezogen wird, § 372 Abs. 2. Im Beweisbeschluss darf nicht offen gelassen werden, ob eine Person als Zeuge oder als Sachverständiger zu hören ist. An die entsprechende Entscheidung des Prozessgerichtes ist ein ersuchtes Gericht gebunden.[20] Bei einer **Parteivernehmung** muss im Falle einer Streitgenossenschaft gemäß § 449 vom Prozessgericht auch bestimmt werden, welche Streitgenossen zu vernehmen sind. Ist eine Partei nicht prozessfähig, dann muss das Prozessgericht angeben, ob ihr gesetzlicher Vertreter nach § 455 Abs. 1 oder sie selbst iSd. § 455 Abs. 2 vernommen werden soll. Hat eine Partei die Vernehmung eines Zeugen beantragt (§ 373), jedoch keine ladungsfähige Anschrift mitgeteilt, dann kann das Gericht im Beweisbeschluss der Partei die Auflage machen, die Zeugenanschrift anzugeben und ihr zur Beibringung eine Frist nach § 356 setzen (vgl. dazu die Erl. zu § 356).

4. Beweisführer. Die Angabe des Beweisführers, dh. der Partei, die sich auf das Beweismittel berufen hat, ist einmal deshalb bedeutsam, weil grundsätzlich der Beweisführer verpflichtet ist, einen Auslagenvorschuss einzuzahlen (Rn. 8). Zum anderen ist dies erforderlich wegen der Regelung des § 399, nach der beim Zeugenbeweis der Beweisführer auf die Vernehmung des von ihm benannten Zeugen verzichten kann. Dabei ist es grundsätzlich unerheblich, ob der Beweisführer auch beweisführungsbelastet ist.[21] Wenn ein Beweismittel von beiden Parteien benannt wird, dient jedoch die Angabe, welche Partei den Haupt- und welche den Gegenbeweis führt, der Klarstellung. Denn insofern bestimmt die Beweislast, welche der Parteien zur Zahlung des Auslagenvorschusses verpflichtet ist.[22] Sofern eine Beweisaufnahme von Amts wegen erfolgt, sollte der Beweisbeschluss dies ebenfalls deutlich machen.[23] 6

IV. Verfahren

1. Mitteilung des Beweisbeschlusses. Die aufgrund einer mündlichen Verhandlung ergehenden Beweisbeschlüsse müssen verkündet werden, § 329 Abs. 1 S. 1. Dies gilt ferner in den Fällen des § 128 Abs. 2.[24] Wird der Beweisbeschluss ohne mündliche Verhandlung erlassen (vgl. dazu § 358a Rn. 4), dann ist er den Parteien nach § 329 Abs. 2 S. 1 formlos mitzuteilen, es sei denn, er enthält eine Terminsbestimmung. In diesem Fall muss der Beschluss gemäß § 329 Abs. 2 S. 2 zugestellt werden. 7

2. Auslagenvorschuss. Das Gericht kann die Ladung eines Zeugen nach § 379 oder eines Sachverständigen gemäß § 379 iVm. § 402 ebenso wie die Einholung eines schriftlichen Gutachtens iSd. § 379 iVm. §§ 402, 411 davon abhängig machen, dass der Beweisführer einen hinreichenden Vorschuss zur Deckung der Auslagen zahlt. Für die Erhebung anderer Beweise, die mit Auslagen verbunden sind, gilt § 17 Abs. 1 GKG. Danach hat derjenige, der die Handlung beantragt, einen zur Deckung der Auslagen hinreichenden Vorschuss zu zahlen. Keine Vorschusspflicht besteht, wenn Prozesskostenhilfe bewilligt wurde (ggf. auch für den Gegner, vgl. § 122 Abs. 2) oder wenn das Gericht die Beweiserhebung von Amts wegen anordnet.[25] 8

V. Rechtsmittel

Da es sich bei dem (förmlichen) Beweisbeschluss um eine prozessleitende Anordnung handelt (Rn. 2), kann er grundsätzlich nicht selbständig angefochten werden (§ 355 Rn. 19f.). Mängel des Beweisbeschlusses können deshalb nur mit dem Rechtsmittel gegen das Urteil geltend gemacht werden, das dem Beweisbeschluss nachfolgt (§§ 512, 557 Abs. 2).[26] Die Vorschrift des § 295 ist zu beachten. Ausnahmsweise ist jedoch **entsprechend** dem **Rechtsgedanken des § 252** eine **Anfechtung der Beweisbeschlüsse** von Amtsgerichten und Landgerichten, dagegen nicht von Oberlandesgerichten, § 567 Abs. 1, statthaft, wenn die im Beschluss angeordnete Beweiserhebung erst längere Zeit später durchgeführt werden kann und dadurch die Beweisanordnung praktisch zu 9

[19] *Musielak/Stadler* Rn. 4.
[20] OLG Köln OLGZ 1966, 188, 189.
[21] *Baumbach/Lauterbach/Hartmann* Rn. 10; *Musielak/Stadler* Rn. 5.
[22] BGH NJW 1999, 2823; *Zöller/Greger* § 379 Rn. 4; *Schwanitz/Aengenvoort* NZBau 2007, 212; aA *Bachmann* DRiZ 1984, 401; OLG Köln MDR 1993, 807.
[23] *Stein/Jonas/Berger* Rn. 9; *Zöller/Greger* Rn. 5.
[24] *Thomas/Putzo/Reichold* Rn. 1; *Musielak/Stadler* Rn. 2.
[25] Vgl. *Musielak/Huber* § 379 Rn. 3; *Zöller/Greger* § 379 Rn. 3; BGH FamRZ 1969, 477.
[26] *Stein/Jonas/Berger* Rn. 5; *Baumbach/Lauterbach/Hartmann* Rn. 12.

einer Aussetzung des Verfahrens führt.[27] Die hM beschränkt jedoch die Prüfung des Beschwerdegerichts in diesen Fällen auf die Prüfung der verfahrensrechtlichen Voraussetzungen, während die Frage nach der sachlichen Rechtfertigung der Beweisbeschlüsse dem Beschwerdegericht entzogen sein soll (vgl. auch § 355 Rn. 19f.).[28]

VI. Kosten

10 Eine besondere Gebühr für das **Gericht** entsteht bei Erlass eines Beweisbeschlusses nicht (vgl. § 358 Rn. 8). Der zum Prozessbevollmächtigten bestellte **Rechtsanwalt** erhält nach der Neuordnung der Gebührenstruktur durch das Rechtsanwaltsvergütungsgesetz für die Vertretung im Beweisverfahren in bürgerlichen Rechtsstreitigkeiten keine gesonderte Vergütung.

§ 360 Änderung des Beweisbeschlusses

[1]Vor der Erledigung des Beweisbeschlusses kann keine Partei dessen Änderung auf Grund der früheren Verhandlungen verlangen. [2]Das Gericht kann jedoch auf Antrag einer Partei oder von Amts wegen den Beweisbeschluss auch ohne erneute mündliche Verhandlung insoweit ändern, als der Gegner zustimmt oder es sich nur um die Berichtigung oder Ergänzung der im Beschluss angegebenen Beweistatsachen oder um die Vernehmung anderer als der im Beschluss angegebenen Zeugen oder Sachverständigen handelt. [3]Die gleiche Befugnis hat der beauftragte oder ersuchte Richter. [4]Die Parteien sind tunlichst vorher zu hören und in jedem Fall von der Änderung unverzüglich zu benachrichtigen.

I. Normzweck

1 In der ursprünglichen Fassung bestand § 360 nur aus dem ersten Satz. Damit wurde die grundsätzliche Unanfechtbarkeit eines Beweisbeschlusses nur noch einmal ausdrücklich bestätigt (§ 355 Rn. 19f.). Dementsprechend wurde in der Begründung des Gesetzentwurfs betont, die Bestimmung rechtfertige sich durch die Erwägung, dass die Erledigung des Beweisbeschlusses als einer richterlichen prozessleitenden Verfügung nicht durch Abänderungsanträge gestört und verzögert werden dürfe.[1] Die durch die Novelle von 1924 hinzugefügten weiteren Sätze behandeln dagegen die Befugnis des Gerichts zur Änderung eines von ihm erlassenen Beweisbeschlusses. Diese Frage hielt der Gesetzgeber der ZPO zunächst nicht für regelungsbedürftig. In der Begründung des Gesetzentwurfs wird lediglich die Möglichkeit erwähnt, den Beweisbeschluss überhaupt nicht oder nicht vollständig auszuführen, und diese Befugnis des Gerichts aus der Natur des Beweisbeschlusses „als eines prozessleitenden, jederzeit abänderlichen Dekrets" gefolgert.[2] Die Ergänzung des § 360 schafft demgegenüber nur insoweit eine Neuerung, als unter den in dieser Vorschrift genannten Voraussetzungen eine Änderung des Beweisbeschlusses auch ohne eine erneute mündliche Verhandlung für zulässig erklärt wird. Die sich aus der Rechtsnatur des Beweisbeschlusses ableitende Befugnis des Gerichts, den Beweisbeschluss nicht oder nicht vollständig auszuführen (Rn. 2) oder ihn aufzuheben (Rn. 3), wurde aufgrund dieser Gesetzesnovellierungen nicht berührt.[3] Die durch § 358a geschaffene Möglichkeit, einen Beweisbeschluss ohne mündliche Verhandlung zu erlassen, wird durch § 360 nicht eingeschränkt (Rn. 11). Die Kommission für das Zivilprozessrecht hatte sich dafür ausgesprochen, das Prozessgericht von den Einschränkungen zu befreien, die nach § 360 einer Änderung des Beweisbeschlusses ohne mündliche Verhandlung entgegenstehen. Sie hielt eine entsprechende Gesetzesänderung im Interesse der Prozessbeschleunigung für geboten.[4]

---

[27] OLG Bamberg FamRZ 1955, 217; OLG Hamm FamRZ 1958, 379; OLG Köln FamRZ 1960, 409; OLG Köln NJW 1975, 2349; OLG Celle MDR 1967, 134; OLG Bremen NJW 1969, 1908, 1909; OLG Brandenburg FamRZ 2001, 294; *Zuleger* S. 65ff.; *Musielak/Stadler* § 252 Rn. 2; *Stein/Jonas/Berger* Rn. 5; aA OLG Frankfurt NJW 1963, 912, 913; LG Berlin JR 1964, 185. Die meisten der zitierten Entscheidungen ergingen zu Beweisbeschlüssen, durch die ein erst nach geraumer Zeit einzuholendes erbbiologisches Gutachten angeordnet wurde. Zu dieser Frage vgl. nunmehr § 640f.

[28] OLG Hamm FamRZ 1958, 379; OLG Celle MDR 1967, 134; OLG Bremen NJW 1969, 1908, 1909; *Stein/Jonas/Berger* Rn. 5 Fn. 9; *Zöller/Greger* § 252 Rn. 6; dagegen wollen OLG Köln NJW 1975, 2349 sowie LG Bonn NJW 1962, 1626 auch eine Prüfung auf sachliche Ermessensfehler zulassen.

[1] Mat. II 1 S. 306.

[2] Mat. II 1 S. 306.

[3] Vgl. *Seuffert/Walsmann,* Kommentar zur ZPO, 12. Aufl. 1932/33, § 360 Anm. 1.

[4] Vgl. Bericht 1977, S. 128, 334.

II. Die Befugnisse des Prozessgerichts vor einer (erneuten) mündlichen Verhandlung

1. Nichtausführung des Beweisbeschlusses. Wie bereits in der Begründung des Entwurfs der ZPO festgestellt worden ist (Rn. 1), folgt aus der Rechtsnatur des Beweisbeschlusses als einer prozessleitenden Anordnung (§ 359 Rn. 2), dass das Prozessgericht befugt ist, von der Ausführung des Beweisbeschlusses – auch ohne vorherige mündliche Verhandlung[5] – abzusehen.[6] Ergeben sich zB für das Gericht neue rechtliche Gesichtspunkte, welche die angeordnete Beweiserhebung überflüssig erscheinen lassen, dann ist das Gericht nicht etwa gehalten, dennoch die Beweise zu erheben. Vielmehr muss das Gericht wegen des nunmehr feststehenden Fehlens der Beweiserheblichkeit davon Abstand nehmen. Der Beweisbeschluss führt also nicht zu einer Selbstbindung des Gerichts, eine Beweiserhebung durchzuführen.[7] Das Gericht kann den Beweisbeschluss auch nur zum Teil unausgeführt lassen, wenn beispielsweise die bisher erhobenen Beweise zu einem Ergebnis geführt haben, das gegen die weitere Durchführung des Beweisbeschlusses spricht.[8] Freilich darf das Gericht aber nicht die (nicht erhobenen) Beweise vorweg würdigen und deshalb von ihrer Erhebung absehen. In Fällen, in denen das Gericht einen Beweisbeschluss nicht ausführt, hat es regelmäßig den Parteien in einer mündlichen Verhandlung Gelegenheit zu geben, zu der unterlassenen Beweiserhebung Stellung zu nehmen.[9] Dies folgt schon aus dem Anspruch auf rechtliches Gehör (vgl. auch § 139 Abs. 3). 2

2. Aufhebung des Beweisbeschlusses. Das Prozessgericht ist auch nicht gehindert, einen einmal erlassenen, nicht ausgeführten Beweisbeschluss formell aufzuheben, ohne dass zwischen Erlass und Aufhebung eine mündliche Verhandlung stattfinden muss.[10] Die Gegenauffassung[11] leugnet zu Unrecht, dass zwischen der Änderung und der Aufhebung eines Beweisbeschlusses kein Unterschied besteht. Bei einer Änderung des Beweisbeschlusses tritt der korrigierte Beschluss an die Stelle des bisherigen. Der Sache nach macht es keinen Unterschied, ob der bisherige Beschluss (nur) geändert oder durch einen neuen ersetzt wird. Der Erlass eines Beweisbeschlusses ist aber regelmäßig nur aufgrund einer mündlichen Verhandlung möglich. Bei der Aufhebung des Beweisbeschlusses tritt dagegen kein neuer Beschluss an die Stelle des bisherigen, sondern dieser wird beseitigt und damit eine Rechtslage geschaffen, als wäre der Beweisbeschluss nie erlassen worden. Vor Änderung des § 360 durch die Novelle von 1924 (Rn. 1) wurde allgemein zwischen der Änderung eines Beweisbeschlusses, die nur aufgrund einer mündlichen Verhandlung zulässig war, und der jederzeit möglichen Aufhebung von Amts wegen unterschieden.[12] Die Ergänzung des § 360 durch die neuen Sätze 2 bis 4 sollte daran nichts ändern, sondern nur eine gegen das Mündlichkeitsprinzip verstoßende Praxis legalisieren und die Änderung eines Beweisbeschlusses in bestimmten Grenzen ohne erneute mündliche Verhandlung zulassen.[13] Zu berücksichtigen ist auch, dass im praktischen Ergebnis der Fall einer Nichtdurchführung des Beweisbeschlusses und der seiner formellen Aufhebung übereinstimmen. Im ersten Fall wird aber ganz überwiegend eine vorherige mündliche Verhandlung nicht für erforderlich angesehen (Rn. 2). Nicht zu überzeugen vermag auch der Einwand, die Aufhebung eines Beweisbeschlusses müsse aufgrund einer erneuten mündlichen Verhandlung vorgenommen werden, weil sonst der Grundsatz des rechtlichen Gehörs verletzt werde.[14] Der Grundsatz des rechtlichen Gehörs verlangt nur, dass den Parteien Gelegenheit gegeben wird, zur Entscheidung des Gerichts Stellung zu nehmen. Dies kann auch außerhalb einer mündlichen Verhandlung und notfalls noch nach Aufhebung des Beweisbeschlusses (Rn. 14) geschehen. 3

---

[5] Unklar LG Hamburg MDR 1973, 942.

[6] RG JW 1910, 191, Nr. 16; RGZ 97, 126, 127; *Musielak/Stadler* Rn. 2; *Stein/Jonas/Berger* Rn. 18; vgl. auch BVerwG NJW 1965, 413.

[7] Vgl. RGZ 150, 330, 336; *Zöller/Greger* Rn. 1.

[8] RGZ 97, 126, 127.

[9] OLG Köln NJW-RR 1992, 719; *Stein/Jonas/Berger* Rn. 18; *Zöller/Greger* Rn. 1; vgl. auch BVerwG NJW 1965, 413.

[10] RG HRR 1930, 1765; BayObLGZ 50/51, 35, 36; *Teplitzky* JuS 1968, 71, 76; *Musielak/Stadler* Rn. 2; *Baumbach/Lauterbach/Hartmann* Rn. 4.

[11] *Stein/Jonas/Berger* Rn. 15; *Wieczorek/Wieczorek* Anm. A I a; AK-ZPO/*Rüßmann* Rn. 1.

[12] Vgl. *Seuffert/Walsmann,* Kommentar zur ZPO, 12. Aufl. 1932/3, § 360 Anm. 1. Die in diesem Zusammenhang häufig zitierte Entscheidung des RG v. 8. 11. 1919 (RGZ 97, 126) betrifft nicht die Aufhebung, sondern die Nichtdurchführung eines Beweisbeschlusses (dazu Rn. 2).

[13] Vgl. *Goldschmidt,* Die neue Zivilprozeßordnung, 1924, Anm. 1; *Volkmar,* Verordnung über das Verfahren in bürgerlichen Rechtsstreitigkeiten vom 13. Februar 1924, 1924, Anm. 2.

[14] AK-ZPO/*Rüßmann* Rn. 1.

4 **3. Änderung und Berichtigung des Beweisbeschlusses.** Wie ausgeführt (Rn. 2f.), darf grundsätzlich ein Beweisbeschluss nur aufgrund einer erneuten mündlichen Verhandlung geändert werden. Als Ausnahme von diesem Grundsatz lässt § 360 S. 2 eine Änderung des Beweisbeschlusses auch ohne eine vorhergehende mündliche Verhandlung in folgenden Fällen zu:

5 **a) Bei Zustimmung der Parteien.** Jede Änderung des Beweisbeschlusses ist zulässig, wenn sie **von einer Partei beantragt** wird **und die andere** der Änderung **zustimmt.** Ob jedoch das Gericht die Änderung trotz eines entsprechenden Antrages und der Zustimmung der Gegenpartei vornimmt, ist in sein Ermessen gestellt. Insofern stellt § 360 S. 1 ausdrücklich fest, dass ein Anspruch der Partei auf Änderung nicht besteht.

6 Bei der **Zustimmung** der Gegenpartei handelt es sich um eine **Parteiprozesshandlung,** deren Gültigkeit u. a. von der Parteifähigkeit, der Prozessfähigkeit und der Postulationsfähigkeit des diese Vornehmenden abhängt. Folglich kann, soweit Anwaltszwang besteht, die Zustimmung nicht von der Partei selbst, sondern nur von ihrem Prozessbevollmächtigten erklärt werden.[15] Die Zustimmung ist gegenüber dem Prozessgericht, gegebenenfalls gegenüber dem beauftragten oder ersuchten Richter abzugeben und wird regelmäßig schriftlich erteilt. Die Schriftform ist jedoch nicht vorgeschrieben, so dass auch eine mündliche Erklärung Wirksamkeit entfaltet.[16]

7 **b) Von Amts wegen.** Nach hM ist auch jede **Änderung** des Beweisbeschlusses **von Amts wegen** zulässig, wenn **beide Parteien zustimmen.**[17] Der Wortlaut des Gesetzes trägt diese Auffassung nicht, sondern ist insofern unklar. Wenn in der Vorschrift von einem „Gegner" gesprochen wird, so legt dies die Annahme nahe, dass der Gesetzgeber nur den Fall einer Änderung auf Antrag meinte. Eine Änderung von Amts wegen würde auf die Fälle beschränkt, bei denen es sich „um die Berichtigung oder Ergänzung der im Beschluss angegebenen Beweistatsachen oder um die Vernehmung anderer als der im Beschluss angegebenen Zeugen oder Sachverständigen handelt".[18] Jedoch ist der hM folgend eine solche Differenzierung wenig sachgerecht. Es kann nicht darauf ankommen, ob die Initiative zur Änderung von einer Partei ausgeht, sondern entscheidend muss sein, ob beide Parteien mit der Änderung einverstanden sind.

8 **c) Ohne Zustimmung der Parteien.** Auch **ohne Zustimmung der Parteien** darf das Gericht **von Amts wegen** die im Beschluss angegebenen „Beweistatsachen", dh. die zu beweisenden Tatsachen, berichtigen oder ergänzen. Bei der Berichtigung geht es um die Korrektur von versehentlich verursachten Unrichtigkeiten. Anders als bei § 319 Abs. 1 muss die Unrichtigkeit nicht offenbar sein. Im Rahmen der Ergänzung der „Beweistatsachen" darf nicht das Beweisthema völlig verändert und es dürfen keine neuen Tatsachen hinzugefügt werden, die mit den bisherigen nicht in Zusammenhang stehen.[19] Teilweise wird die Ergänzung durch einen angetretenen, bisher nicht berücksichtigten Gegenbeweis für zulässig gehalten.[20] Dem kann jedoch nur für den direkten, dagegen nicht für den indirekten Gegenbeweis zugestimmt werden.[21] Als eine zulässige Ergänzung ist ferner die Präzisierung und Vervollständigung des bisherigen Beweisthemas durch neue Tatsachen anzusehen.[22]

9 Mit unterschiedlichen Begründungen wird es für zulässig gehalten, dass das Prozessgericht die **Bestimmung, wer die Beweisaufnahme durchführen soll** (Prozessgericht selbst, beauftragter oder ersuchter Richter), **nachträglich** ohne mündliche Verhandlung und ohne Zustimmung der Parteien **ändert.**[23] Hierbei handelt es sich um eine Verfahrensfrage, deren Entscheidung allein im Ermessen des Prozessgerichts liegt und zu der die Parteien nicht vorher gehört werden müssen. Deshalb ist dieser Ansicht zuzustimmen. Ergeben sich Gründe für eine Korrektur dieser Entscheidung, dann kann sie vorgenommen werden, ohne dass deshalb zuvor eine mündliche Verhandlung stattfinden muss. Die Regelung des § 360 S. 2, der die Möglichkeit einer Änderung des Beweisbeschlusses ohne die sonst erforderliche mündliche Verhandlung schafft, betrifft diesen Fall nicht.

---

[15] *Musielak/Stadler* Rn. 4.

[16] *Rosenberg/Schwab/Gottwald* § 115 Rn. 34; *Musielak/Stadler* Rn. 4; AK-ZPO/*Rüßmann* Rn. 2; aA *Baumbach/Lauterbach/Hartmann* Rn. 6; *Thomas/Putzo/Reichold* Rn. 2.

[17] *Stein/Jonas/Berger* Rn. 8; *Thomas/Putzo/Reichold* Rn. 2; *Baumbach/Lauterbach/Hartmann* Rn. 6; *Wieczorek/Wieczorek* Anm. A II a; AK-ZPO/*Rüßmann* Rn. 2.

[18] So *Volkmar,* Verordnung über das Verfahren in bürgerlichen Rechtsstreitigkeiten vom 13. Februar 1924, 1924, Anm. 2.

[19] *Musielak/Stadler* Rn. 6; *Thomas/Putzo/Reichold* Rn. 3; AK-ZPO/*Rüßmann* Rn. 2; *Wieczorek/Wieczorek* Anm. A II b 1.

[20] *Wieczorek/Wieczorek* Anm. A II b 1.

[21] *Musielak* GK ZPO Rn. 439.

[22] Gegen die Erstreckung auf neue Tatsachen *Zöller/Greger* Rn. 4.

[23] *Stein/Jonas/Berger* Rn. 11; *Musielak/Stadler* Rn. 8; *Zöller/Greger* Rn. 4; *Wieczorek/Wieczorek* Anm. A II b 4.

d) Andere Zeugen und Sachverständige. Schließlich kann das Prozessgericht nachträglich den Beweisbeschluss von Amts wegen dahingehend ändern, dass andere als die im Beschluss angegebenen Zeugen oder Sachverständige gehört werden sollen. Hat beispielsweise ein **anderer als der im Beweisbeschluss genannte Sachverständige** ein schriftliches **Gutachten erstattet,** dann kann das Gericht dieses Gutachten verwerten, wenn es in Abänderung des ursprünglichen Beweisbeschlusses den Verfasser des Gutachtens anstelle der bisher im Beschluss genannten Person zum gerichtlichen Sachverständigen bestellt.[24] Dass abweichend vom Regelfall zunächst das Gutachten erstattet worden ist, bevor das Gericht dessen Verfasser zum Sachverständigen ernannt hat, stellt keinen Hinderungsgrund dar.[25] Wenn auch die Ernennung zum Sachverständigen bestimmte Pflichten begründet, die vom Gesetz insbesondere im Interesse einer unparteiischen und objektiven Begutachtung aufgestellt worden sind[26] und auf die das Gericht den Sachverständigen nach § 407 a Abs. 5 hinzuweisen hat, muss doch eine entsprechende Verpflichtung nicht bereits vor Beginn der Gutachtertätigkeit formal übernommen werden. Vielmehr genügt es, dass der Sachverständige mit seiner Bestellung hinsichtlich des bereits fertig gestellten Gutachtens eine gleiche Verpflichtung eingeht, wie sie sonst für ein erst zu erstellendes Gutachten übernommen wird. Das Gericht muss einen Wechsel des Gutachters den Parteien zu erkennen geben, damit sie ihre prozessualen Rechte wahrnehmen können (Rn. 14).[27] Die Bestimmung des § 360 S. 2 ist entsprechend anzuwenden, wenn das Gericht bei einer Parteivernehmung die **Anordnung gemäß § 449, welche Streitgenossen vernommen werden sollen**, nachträglich ändern will.[28] Streitig ist die Frage, ob in Fällen, in denen die Ausführung eines Beschlusses über die **Parteivernehmung nach § 450 Abs. 2 ausgesetzt** wird, gemäß § 360 S. 2 vom Gericht ohne mündliche Verhandlung die Vernehmung von Zeugen beschlossen werden kann, die nach Erlass des Beweisbeschlusses benannt worden sind.[29] Da § 360 S. 2 die Auswechslung von Zeugen und Sachverständigen ohne mündliche Verhandlung zulässt, muss dies auch angesichts der Subsidiarität der Parteivernehmung erst recht im Verhältnis zwischen Partei und Zeugen gelten. Außerdem ist eine vorhergehende mündliche Verhandlung auch der Sache nach nicht erforderlich. Die Parteien müssen nur Gelegenheit erhalten, zur Änderung des Beweismittels Stellung zu nehmen, § 360 S. 4. 10

4. Beweisbeschluss nach § 358 a. Die Regelung des § 360 S. 2 ist auf einen vor der mündlichen Verhandlung nach § 358 a erlassenen Beweisbeschluss nicht anzuwenden.[30] Denn diese Vorschrift geht von dem Regelfall aus, dass ein Beweisbeschluss nur aufgrund einer mündlichen Verhandlung zu erlassen und somit auch zu ändern ist (Rn. 4). Die erst durch die Vereinfachungsnovelle geschaffene Regelung des § 358 a wird dagegen in § 360 nicht berücksichtigt. Kann aber unter den in § 358 a genannten Voraussetzungen ein Beweisbeschluss auch ohne mündliche Verhandlung erlassen werden, dann muss dies auch für seine nachträgliche Änderung gelten. Teilweise wird § 360 für überholt gehalten, weil die durch § 358 a geschaffene Möglichkeit, einen Beweisbeschluss ohne mündliche Verhandlung neu zu erlassen, eine Änderung (als ein Weniger gegenüber dem Erlass) miterfassen müsste.[31] Dieser Auffassung kann nicht zugestimmt werden, weil der entscheidende Unterschied darin besteht, dass in den Fällen des § 358 a im Gegensatz zu denen des § 360 (Rn. 3) eine mündliche Verhandlung überhaupt noch nicht stattgefunden hat.[32] 11

III. Die Befugnisse des Prozessgerichts nach einer (erneuten) mündlichen Verhandlung

Dass der Beweisbeschluss vom Prozessgericht nach einer erneuten mündlichen Verhandlung ganz oder teilweise geändert werden kann, ist eine selbstverständliche Folge seiner Rechtsnatur als einer prozessleitenden Anordnung (Rn. 2). Das Recht, den Beweisbeschluss aufzuheben oder seine Ausführung auszusetzen, steht dem Gericht stets auch ohne mündliche Verhandlung zu (Rn. 2 f.). 12

---

[24] Vgl. BGH VersR 1978, 1105, 1106; NJW 1985, 1399, 1400.

[25] AA BSG NJW 1965, 368; *Friederichs* VersR 1979, 661.

[26] Hierauf verweist insbesondere das BSG NJW 1965, 368.

[27] BGH VersR 1978, 1105, 1106; *Giesen* JZ 1986, 244, 246.

[28] *Wieczorek/Wieczorek* Anm. A II b 2; *Zöller/Greger* § 449 Rn. 2; *Thomas/Putzo/Reichold* § 449 Rn. 1; *Stein/Jonas/Leipold* § 449 Rn. 4; *Baumbach/Lauterbach/Hartmann* § 449 Rn. 5.

[29] Bejahend *Wieczorek/Wieczorek* Anm. A II b 2; *Thomas/Putzo/Reichold* § 450 Rn. 2; aA *Stein/Jonas/Leipold* § 450 Rn. 10.

[30] AK-ZPO/*Rüßmann* Rn. 4; *Musielak/Stadler* Rn. 1.

[31] *Thomas/Putzo/Reichold* Rn. 7.

[32] Vgl. *Zuleger* S. 31 f.; *Zöller/Greger* Rn. 2; *Musielak/Stadler* Rn. 1.

IV. Die Rechte des verordneten Richters

13 Die durch § 360 S. 2 dem Prozessgericht gewährten Rechte, einen Beweisbeschluss auch ohne erneute mündliche Verhandlung zu ändern, sind nach Satz 3 dieser Vorschrift ausdrücklich dem beauftragten oder ersuchten Richter eingeräumt worden. Von dieser rechtspolitisch nicht unbedenklichen Vorschrift[33] sollte ein Richter nur zurückhaltend Gebrauch machen[34] und sich auf solche Änderungen beschränken, die im Interesse eines sachgerechten Verfahrens notwendig sind. In Betracht kommen insofern etwa Berichtigungsfälle wie zB eine Personenverwechslung des im Beweisbeschluss benannten Zeugen.[35]

V. Anhörung der Parteien

14 Nicht nur bei einer Änderung des Beweisbeschlusses ohne erneute mündliche Verhandlung – wie dies ausdrücklich in § 360 S. 4 bestimmt ist –, sondern auch bei der Aufhebung (Rn. 3) und bei einer Aussetzung der Durchführung des Beschlusses ohne mündliche Verhandlung (Rn. 2) hat das Gericht die Parteien davon so früh wie möglich zu unterrichten und ihnen Gelegenheit zur Stellungnahme zu geben. Diese Pflicht des Gerichtes ergibt sich aus dem Anspruch der Parteien auf rechtliches Gehör.[36] In aller Regel wird das Gericht **vor seiner Entscheidung** die Parteien zu hören haben. Nur wenn dies aus zwingenden Gründen nicht möglich ist, kann das Gericht ohne Anhörung der Parteien entscheiden. Das kommt in Betracht etwa im Falle der Aussetzung des Beweisbeschlusses, weil sonst die Beweisaufnahme durchgeführt werden muss, oder bei einer Änderung, weil der Beweisbeschluss sofort einer veränderten Situation anzupassen ist. In diesem Zusammenhang hat das Gericht jedoch mit der Benachrichtigung den Parteien die Möglichkeit einzuräumen, noch **nachträglich** eine **Stellungnahme** abzugeben,[37] weil nur dadurch dem Anspruch auf rechtliches Gehör genügt wird. Für die Anhörung ist keine Form vorgeschrieben. Regelmäßig wird eine Benachrichtigung und Stellungnahme der Parteien schriftlich vorzunehmen sein, wenn keine mündliche Verhandlung stattfindet. Nur in dem Fall, dass das Gericht offensichtliche Irrtümer im Beweisbeschluss berichtigt, ist eine vorherige oder nachfolgende Anhörung der Parteien entbehrlich.[38]

VI. Rechtsmittel

15 Da die Parteien keinen Anspruch auf Änderung eines Beweisbeschlusses haben (§ 360 S. 1), steht ihnen auch kein Rechtsmittel gegen die Ablehnung eines Antrages auf Änderung eines Beweisbeschlusses zu.[39] Ebenso ist eine vom Gericht vorgenommene Aufhebung, Änderung oder Aussetzung des Beweisbeschlusses nicht selbständig anfechtbar.[40] Die Änderung eines Beweisbeschlusses ohne eine dafür notwendige mündliche Verhandlung und das Unterlassen einer gebotenen Benachrichtigung oder Anhörung der Parteien kann aber ein Rechtsmittel gegen das Urteil begründen, das auf dem Mangel beruht. Zu beachten ist insofern, dass eine Heilung der genannten Mängel nach § 295 Abs. 1 möglich ist.[41]

§ 361 Beweisaufnahme durch beauftragten Richter

(1) Soll die Beweisaufnahme durch ein Mitglied des Prozessgerichts erfolgen, so wird bei der Verkündung des Beweisbeschlusses durch den Vorsitzenden der beauftragte Richter bezeichnet und der Termin zur Beweisaufnahme bestimmt.

(2) Ist die Terminsbestimmung unterblieben, so erfolgt sie durch den beauftragten Richter; wird er verhindert, den Auftrag zu vollziehen, so ernennt der Vorsitzende ein anderes Mitglied.

---

[33] So schon *Goldschmidt,* Die neue Zivilprozessordnung, 1924, Anm. 3; vgl. auch *Mertens* MDR 2001, 671.
[34] *Musielak/Stadler* Rn. 10; *Stein/Jonas/Berger* Rn. 20.
[35] *Musielak/Stadler* Rn. 10; *Zöller/Greger* Rn. 6.
[36] Vgl. BGH VersR 1978, 1105, 1106; NJW 1985, 1399, 1400.
[37] BVerwGE 17, 172, 173; BVerwG NJW 1965, 413; *Baumbach/Lauterbach/Hartmann* Rn. 12; vgl. auch BGH VersR 1978, 1105, 1106; NJW 1985, 1399, 1400.
[38] *Stein/Jonas/Berger* Rn. 21; *Musielak/Stadler* Rn. 12.
[39] OLG Karlsruhe OLGR 2003, 225; OLG Brandenburg FamRZ 2001, 294; *Musielak/Stadler* Rn. 13.
[40] OLG Zweibrücken 2005, 460 (LS).
[41] Vgl. BGH VersR 1978, 1105, 1106; *Baumbach/Lauterbach/Hartmann* Rn. 12; *Thomas/Putzo/Reichold* Rn. 6.

I. Normzweck

1 Grundsätzlich ist die Beweisaufnahme vor dem Prozessgericht durchzuführen, § 355 Abs. 1 S. 1. Nur in bestimmten Fällen ist nach § 355 Abs. 1 S. 2 eine Übertragung auf ein Mitglied des Prozessgerichts oder ein anderes Gericht möglich. Die Vorschrift des § 361 bezweckt insofern die Regelung einiger technischer Fragen, die sich bei Durchführung einer Beweisaufnahme durch den beauftragten Richter ergeben. So wird bestimmt, wer diesen Richter – auch in dem Fall, dass der ursprünglich ernannte Richter an der Durchführung des ihm erteilten Auftrages verhindert ist – auszuwählen hat. Ferner wird festgelegt, wer den Termin zur Beweisaufnahme bestimmt. Die Regelung ist unvollständig, weil das Verhältnis des beauftragten Richters zum Prozessgericht und seine Befugnisse weitgehend ungeklärt bleiben.

II. Anwendungsbereich

2 Neben den **Verfahren der ZPO** kommt auch eine Anwendung in **arbeitsgerichtlichen Verfahren,** § 46 Abs. 2 S. 1 ArbGG, in Betracht. Insofern ist jedoch kein Raum für die Beauftragung eines Richters mit der Durchführung der Beweisaufnahme durch den Vorsitzenden. In Fällen, in denen die Beweisaufnahme nicht vor dem erkennenden Gericht stattfinden muss, kann sie zwar nach § 58 Abs. 1 S. 2 ArbGG dem Vorsitzenden übertragen werden (§ 355 Rn. 3), jedoch ist diese Übertragung vom Kollegium, also unter Mitwirkung der ehrenamtlichen Richter, auszusprechen.[1] Soweit in Verfahren der **Freiwilligen Gerichtsbarkeit** die Beweisaufnahme einem beauftragten Richter übertragen werden darf (§ 355 Rn. 4), ist die Vorschrift des § 361 entsprechend anwendbar.

III. Beauftragter Richter

3 **1. Begriff.** Der beauftragte Richter ist stets Mitglied des prozessgerichtlichen Kollegiums, dh. es kann ihn also nur bei Kollegialgerichten geben. Nicht erforderlich ist es jedoch, dass der beauftragte Richter an der Entscheidung des Rechtsstreits mitwirkt.[2] Ihm können nur bestimmte **Aufgaben** aus dem Geschäftsbereich des Kollegiums zur Erledigung übertragen werden, und zwar nach § 355 Abs. 1 S. 2 Alt. 1 die Beweisaufnahme in den im Gesetz bezeichneten Fällen (§ 355 Rn. 14) und die Güteverhandlung nach § 278 Abs. 5 S. 1. Dagegen kann die Terminsvorbereitung oder die Entscheidung des Rechtsstreits nicht zur Aufgabe eines beauftragten Richters gemacht werden. Dies unterscheidet ihn von dem Mitglied des Prozessgerichts, das vom Vorsitzenden iSd. § 273 Abs. 2 zur Terminsvorbereitung bestimmt wird, sowie vom Einzelrichter nach §§ 348, 348a.

4 **2. Beauftragung und Auswahl.** Die Entscheidung, ob von der Ausnahmemöglichkeit des § 355 Abs. 1 S. 2 iVm. § 361 Abs. 1 im Einzelfall Gebrauch zu machen ist, obliegt dem **Prozessgericht.** Deshalb muss das Kollegium in einem Beweisbeschluss anordnen, dass die Beweisaufnahme nicht von ihm selbst, sondern von einem beauftragten Richter vorzunehmen ist.[3] Dies ist nach § 358a auch schon vor der mündlichen Verhandlung möglich und kann nachträglich durch Änderung des Beweisbeschlusses (§ 360 Rn. 9) geschehen.[4] Nur die Auswahl unter den Richtern des Kollegiums ist nach § 361 Abs. 1 dem Vorsitzenden vorbehalten. Bei Verkündung des die Beweisaufnahme durch den beauftragten Richter anordnenden Beweisbeschlusses hat der **Vorsitzende** zur Wahrung des gesetzlichen Richters nach Art. 101 Abs. 1 S. 2 GG den von ihm ausgewählten Richter so genau zu bezeichnen, dass feststeht, welches Mitglied des Prozessgerichts die Beweisaufnahme durchführen soll. Hierfür ist jedoch nicht erforderlich, dass der Richter namentlich genannt wird.[5] Es genügt eine hinreichende Bestimmbarkeit; zB legt die Übertragung auf den „Berichterstatter" mit ausreichender Bestimmtheit fest, wer beauftragt ist.[6] Wird im Beweisbeschluss selbst nicht nur die Durchführung der Beweisaufnahme durch einen beauftragten Richter angeordnet, sondern auch dieser Richter bezeichnet, also entgegen der in § 361 Abs. 1 getroffenen Vorschrift diese Auswahl nicht vom Vorsitzenden allein, sondern vom Prozessgericht getroffen, dann ist dies unschädlich und rechtfertigt keine Rüge.[7] Dies ist darauf zurückzuführen, dass die Zuständigkeit des Vorsitzenden in diesem Fall allein der Erleichterung des Geschäftsbetriebes dient und sich keine

---

1 *Grunsky* § 58 ArbGG Rn. 22; *Schwab/Weth/Schwab* § 58 ArbGG Rn. 7.
2 *Wieczorek/Wieczorek* Anm. A unter Hinweis auf BayObLGZ 56, 300, 303.
3 BGHZ 86, 104, 111 f. = NJW 1983, 1793; *Rosenberg/Schwab/Gottwald* § 20 Rn. 38; *Musielak/Stadler* Rn. 2.
4 *Thomas/Putzo/Reichold* Rn. 1; *Rosenberg/Schwab/Gottwald* § 115 Rn. 42.
5 AA *Baumbach/Lauterbach/Hartmann* Rn. 4; *Zöller/Greger* Rn. 2.
6 *Stein/Jonas/Berger* Rn. 4; AK-ZPO/*Rüssmann* Rn. 1.
7 *Wieczorek/Wieczorek* Anm. A I b.

Nachteile für die Parteien dadurch ergeben können, dass an Stelle des Vorsitzenden das Kollegium entscheidet. Ist der **beauftragte Richter verhindert,** die Beweisaufnahme durchzuführen, dann hat der Vorsitzende ein anderes Mitglied des Prozessgerichtes mit der Wahrnehmung dieser Aufgabe zu betrauen, § 361 Abs. 2 Halbs. 2.[8] Eine solche Ernennung ist im Fall der Verhinderung des zunächst Beauftragten stets erforderlich. Keinesfalls ist ohne eine entsprechende Anordnung des Vorsitzenden der Vertreter oder Amtsnachfolger legitimiert, die Beweisaufnahme durchzuführen. Die Gegenauffassung[9] verkennt den klaren Wortlaut des § 361 Abs. 2 Halbs. 2 und führt zu einer unzulässigen Beschränkung der nach § 361 Abs. 1 bestehenden Entscheidungsbefugnis des Vorsitzenden. Der beauftragte Richter kann zur sachgemäßen Erledigung des Beweisbeschlusses gemäß **§ 365** den Auftrag, die Beweisaufnahme durchzuführen, an ein anderes Gericht **weitergeben.**

5 **3. Befugnisse. a) Terminsbestimmung.** Der Termin für die Beweisaufnahme kann sowohl vom Vorsitzenden als auch von dem beauftragten Richter bestimmt werden. Allerdings kommt eine Terminsbestimmung durch den beauftragten Richter nur dann in Betracht, wenn sie nicht bereits vom Vorsitzenden vorgenommen wurde.[10] Kann der vom Vorsitzenden bestimmte Termin aus einem triftigen Grund, zB wegen Erkrankung eines Beteiligten, nicht durchgeführt werden, muss der beauftragte Richter einen neuen Termin anberaumen, § 229 iVm. § 216 Abs. 2. Für die **Mitteilung** der Terminsbestimmung schafft § 357 Abs. 2 eine erleichterte Form. Die Ladungsfrist gemäß § 217 ist jedoch einzuhalten (streitig, vgl. § 357 Rn. 11).[11]

6 **b) Anordnung eines Auslagenvorschusses.** Die Anordnung eines Auslagenvorschusses obliegt dem Prozessgericht. Deshalb ist der beauftragte Richter nur dann zur Anordnung eines solchen Vorschusses berechtigt, wenn er die Befugnisse des Prozessgerichts ausübt. Dies ist der Fall, wenn das Prozessgericht ihn gemäß § 405 zur Ernennung der Sachverständigen ermächtigt. In anderen Fällen ist es dem beauftragten Richter grundsätzlich nicht erlaubt, eine Entscheidung nach § 379 iVm. § 402 zu treffen.[12] Jedoch kommt insofern eine Ermächtigung des kommissarischen Richters durch das Prozessgericht in Betracht.[13]

7 **c) Güteversuch.** Der beauftragte Richter hat den ihm erteilten Auftrag genau zu beachten. Deshalb ist es nicht zulässig, dass er ohne einen entsprechenden Beschluss des Prozessgerichts nach § 278 Abs. 5 S. 1 einen Termin zum Güteversuch bestimmt und zu diesem Zweck das persönliche Erscheinen der Parteien anordnet.[14] Wenn sich jedoch die anwesenden Parteien vergleichsbereit zeigen, ist es dem beauftragten Richter nicht verwehrt, auch ohne einen entsprechenden Auftrag des Prozessgerichts Vergleichsverhandlungen vorzunehmen.[15] Die Ablehnung einer solchen Befugnis des beauftragten Richters wäre als zu formal gedacht und der Prozessökonomie widersprechend mit dem in § 278 Abs. 5 ausgesprochenen Gütegedanken unvereinbar. Da in Verfahren vor dem beauftragten Richter kein Anwaltszwang besteht, § 78 Abs. 5, gilt dies auch, wenn vor ihm ohne Beteiligung des Prozessbevollmächtigten ein Vergleich geschlossen wird.[16]

8 **4. Verfahren vor dem beauftragten Richter.** Die Beweisaufnahme vor dem beauftragten Richter findet in einer nichtöffentlichen Verhandlung statt. Den Parteien und ihren Prozessbevollmächtigten ist jedoch nach § 357 Abs. 1 die Teilnahme gestattet (§ 357 Rn. 6). Die Befugnisse, die dem Vorsitzenden hinsichtlich der Bestimmung von Terminen und Fristen iSd. §§ 214f. zustehen, fallen gemäß § 229 dem beauftragten Richter zu. Er ist auch befugt, Maßnahmen zur Aufrechterhaltung der Ordnung in der Sitzung und bei der Vornahme von Amtshandlungen außerhalb der Sitzung zu treffen, § 180 GVG iVm. §§ 176ff. GVG.

---

8 *Wieczorek/Wieczorek* Anm. A II a.

9 *Stein/Jonas/Berger* Rn. 4; *Musielak/Stadler* Rn. 2; einschränkend *Baumbach/Lauterbach/Hartmann* Rn. 4 („… soweit der Vorsitzende nichts anderes bestimmt.").

10 *Schneider* DRiZ 1977, 13, 14; *Zöller/Greger* Rn. 2; *Musielak/Stadler* Rn. 3; *Rosenberg/Schwab/Gottwald* § 70 Rn. 3; aA *Thomas/Putzo/Reichold* Rn. 1 (allerdings ohne Begründung); *Baumbach/Lauterbach/Hartmann* Rn. 5 (die dort befürwortete Interpretation des Absatzes 1 ist mit dem klaren Wortlaut des Absatzes 2: „Ist die Terminsbestimmung unterblieben, …" unvereinbar).

11 OLG Köln MDR 1973, 856; *Teplitzky* NJW 1973, 1675; *Zöller/Greger* Rn. 1; aA *Thomas/Putzo/Reichold* Rn. 1.

12 *Zöller/Greger* Rn. 2, § 379 Rn. 6; *Musielak/Stadler* Rn. 1; aA *Baumbach/Lauterbach/Hartmann* Rn. 5.

13 *Stein/Jonas/Berger* § 379 Rn. 3; *Wieczorek/Wieczorek* § 379 Anm. A.

14 *Schneider* DRiZ 1977, 13, 14; *Stein/Jonas/Leipold* § 279 Rn. 10; *Zöller/Greger* Rn. 2.

15 *Stein/Jonas/Leipold* § 279 Rn. 10.

16 BGHZ 77, 264, 272f. = NJW 1980, 2307; BayObLG NJW 1965, 1276, 1277; OLG Düsseldorf NJW 1975, 2298 m. zust. Anm. *Jauernig*; OLG Koblenz NJW 1971, 1043, 1044f.; *Bergerfurth* NJW 1961, 1237; *Zöller/Stöber* § 794 Rn. 7; *Stein/Jonas/Leipold* § 279 Rn. 9; *Musielak/Weth* § 78 Rn. 30; *Rosenberg/Schwab/Gottwald* § 129 Rn. 41; aA OLG Celle Rpfleger 1974, 319; *Schneider* NJW 1971, 1043, 1044.

5. Rechtsbehelfe. Wird die Änderung einer Entscheidung des beauftragten Richters verlangt, so ist im Wege der **Erinnerung nach § 573 Abs. 1** die Entscheidung des Prozessgerichts zu beantragen. Die Erinnerung ist jedoch zunächst dem beauftragten Richter vorzulegen, der zur Abhilfe berechtigt ist, §§ 573 Abs. 1 S. 3, 572 Abs. 1. Nur wenn er nicht abhilft, hat das Prozessgericht, also das Kollegium, dem der beauftragte Richter angehört, zu entscheiden (ausführlich dazu § 573 Rn. 2 ff.). Gegen die Entscheidung des Gerichts ist gemäß § 573 Abs. 2 die sofortige Beschwerde nach Maßgabe des § 567 statthaft. Verhängt der beauftragte Richter **Ordnungsmittel** nach §§ 178, 180 GVG, dann kann dagegen unmittelbar Beschwerde nach § 181 GVG eingelegt werden, über die das Oberlandesgericht zu entscheiden hat.[17] 9

IV. Kosten

Durch das Kostenrechtsmodernisierungsgesetz erfolgte eine wesentliche Änderung in der Gebührenstruktur der Rechtsanwaltsvergütung gegenüber der bisherigen Regelung der Bundesgebührenordnung für Rechtsanwälte. Insofern ist zu berücksichtigen, dass eine gesonderte Rechtsanwaltsgebühr für die Vertretung durch den Prozessbevollmächtigten im Beweisverfahren nach dem RVG nicht vorgesehen ist. Hinsichtlich der Tätigkeiten des Rechtsanwalts im Verfahren vor dem beauftragten Richter gelten diese als mit dem Verfahren zusammenhängend iSd. § 19 Abs. 1 Nr. 4 RVG. Zum Verfahren gehören nach § 19 Abs. 1 Nr. 5 RVG auch die Tätigkeiten, welche sich auf ein Verfahren auf Änderung einer Entscheidung des beauftragten Richters gemäß § 573 Abs. 1 (Erinnerung) beziehen. 10

§ 362 Beweisaufnahme durch ersuchten Richter

(1) Soll die Beweisaufnahme durch ein anderes Gericht erfolgen, so ist das Ersuchungsschreiben von dem Vorsitzenden zu erlassen.

(2) Die auf die Beweisaufnahme sich beziehenden Verhandlungen übermittelt der ersuchte Richter der Geschäftsstelle des Prozessgerichts in Urschrift; die Geschäftsstelle benachrichtigt die Parteien von dem Eingang.

I. Normzweck

Die Norm regelt einige technische Fragen, die sich stellen, wenn die Beweisaufnahme nicht vor dem Prozessgericht gemäß § 355 Abs. 1 S. 1 bzw. einem Mitglied desselben iSd. § 361 stattfindet, sondern einem anderen inländischen Gericht übertragen wird. Sofern das in § 362 in Bezug genommene Ersuchen des Vorsitzenden umfassend und klar gefasst wird sowie die erforderlichen Unterlagen vollständig übersandt werden, dient die Norm der Beschleunigung des Verfahrens und damit der Prozessökonomie.[1] In gleicher Weise wie § 361 (ebenda Rn. 1) enthält § 362 keine abschließende Regelung des Verhältnisses zwischen dem Prozessgericht und dem „ersuchten Richter" (zum Begriff Rn. 3). 1

II. Anwendungsbereich

Neben den **Verfahren der ZPO** kommt auch eine Übertragung der Beweisaufnahme sowohl in Verfahren der **Freiwilligen Gerichtsbarkeit** (§ 2 FGG) als auch in **arbeitsgerichtlichen Verfahren** (§ 13 ArbGG) in Betracht (vgl. aber § 355 Rn. 3 f.). Die Fragen, wer in solchen Fällen das Ersuchungsschreiben zu erlassen hat und in welcher Form das Ergebnis der Beweisaufnahme vom ersuchten Richter zu ermitteln ist, werden für diese Verfahren nicht ausdrücklich entschieden. Die Vorschrift des § 362 kann deshalb insoweit entsprechend angewendet werden.[2] In arbeitsgerichtlichen Verfahren ist § 53 Abs. 1 S. 2 ArbGG zu beachten. Danach hat der Vorsitzende allein die Amtshandlungen zu treffen, die aufgrund eines Rechtshilfeersuchens vorzunehmen sind. 2

III. Ersuchter Richter

1. Begriff. Das gemäß Absatz 1 „andere Gericht", dem das Prozessgericht die Beweisaufnahme überträgt, ist stets ein inländisches Amtsgericht, das im Rahmen der Rechtshilfe tätig wird, § 157 Abs. 1 GVG. Örtlich zuständig ist das Amtsgericht, in dessen Bezirk die Beweisaufnahme vorge- 3

---

[17] *Zöller/Gummer* § 181 GVG Rn. 4; *Rosenberg/Schwab/Gottwald* § 20 Rn. 40.
[1] *Baumbach/Lauterbach/Hartmann* Rn. 2.
[2] Vgl. *Keidel/Kuntze/Winkler* § 15 Rn. 7; *Grunsky* § 46 ArbGG Rn. 30.

nommen werden soll. Der durch den Geschäftsverteilungsplan des Amtsgerichts zur Erledigung des Rechtshilfeersuchens bestimmte Richter wird in § 362 Abs. 2 als der „ersuchte Richter" bezeichnet. Die Übertragung der Beweisaufnahme auf den ersuchten Richter stellt in gleicher Weise wie die Befassung des beauftragten Richters mit dieser Aufgabe (§ 361 Rn. 4) eine Durchbrechung des Grundsatzes der Unmittelbarkeit der Beweisaufnahme dar, die nach § 355 Abs. 1 S. 2 nur in den gesetzlich bestimmten Fällen (§ 355 Rn. 14) zulässig ist.

4 **2. Übertragung der Beweisaufnahme.** Soll die Beweisaufnahme durch ein anderes Gericht durchgeführt werden, dann hat das Prozessgericht diese Entscheidung in einem Beweisbeschluss zu treffen, der nach § 358a auch schon vor der mündlichen Verhandlung erlassen und ausgeführt werden kann. Eine entsprechende Anordnung kann ebenso nachträglich durch Änderung eines bereits erlassenen Beweisbeschlusses nach § 360 getroffen werden (§ 360 Rn. 9). Das Prozessgericht hat bei der **Formulierung des Beweisthemas** im Beweisbeschluss auf eine präzise Beschreibung zu achten (§ 359 Rn. 4). Nur so vermag der mit der Beweiserhebung betraute Richter zu erkennen, welche Tatsachen klärungsbedürftig sind und um welche tatsächlichen Feststellungen es geht. Es empfiehlt sich, in Betracht kommende **Zusatzfragen** ebenfalls zu nennen, weil dem Prozessgericht aufgrund seiner genaueren Kenntnisse des Rechtsstreits die Stellung solcher Fragen wesentlich leichter fällt als dem ersuchten Richter.[3] Aufgrund des Beweisbeschlusses, durch den die Beweisaufnahme dem ersuchten Richter übertragen wird, ist dann das **Ersuchungsschreiben** an das nach § 157 GVG örtlich zuständige Amtsgericht zu richten (wegen einer Durchführung der Beweisaufnahme im Ausland siehe §§ 363, 364 und die Erl. zu diesen Vorschriften). Das Ersuchungsschreiben stellt eine prozessleitende Verfügung[4] dar und ist bei Kollegialgerichten durch den Vorsitzenden zu verfassen. Ob insofern dem Ersuchungsschreiben nur der Beweisbeschluss oder ein Auszug davon beigefügt wird oder ob die **Prozessakten** ebenfalls zu übersenden sind, entscheidet der Vorsitzende bzw. der Einzelrichter nach eigenem Ermessen.[5] Maßgebend sollte dabei sein, ob das Beweisthema im Beweisbeschluss so genau die festzustellenden Tatsachen beschreibt, dass ein zusätzliches Aktenstudium überflüssig erscheint. Im Zweifel sollten die Akten dem ersuchten Richter zur Verfügung gestellt werden. Allerdings enthebt diese Möglichkeit nicht das Prozessgericht der Verpflichtung, das Beweisthema möglichst ausführlich zu beschreiben. Zwar müssen Beweisfragen nicht so gefasst sein, dass der ersuchte Richter ohne jede Aktenkenntnis zur Erhebung des Beweises in der Lage ist, jedoch ist ihm andererseits auch nicht zuzumuten, eine ungenau formulierte Beweisfrage erst aus den Akten zu präzisieren (§ 359 Rn. 4).[6]

5 **3. Ausführung des Beweisbeschlusses.** Der ersuchte Richter ist grundsätzlich verpflichtet, das Ersuchen auf Durchführung der Beweisaufnahme entsprechend dem vom Prozessgericht erlassenen Beweisbeschluss zu befolgen, § 158 Abs. 1 GVG. Handelt es sich bei dem ersuchenden Gericht nicht um ein im Rechtszug dem Rechtshilfegericht vorgesetztes Gericht, dann ist das Ersuchen gemäß § 158 Abs. 2 S. 1 GVG abzulehnen, wenn die vorzunehmende Handlung rechtlich nicht zulässig ist. Als unzulässig in diesem Sinne kann etwa dann ein **Gesuch abzulehnen** sein, wenn der zugrunde liegende Beweisbeschluss entgegen § 359 Nr. 1 die streitige Tatsache, über die Beweis erhoben werden soll, nicht genügend bezeichnet.[7] Streitig ist die Frage, ob der ersuchte Richter deshalb die Ausführung eines Beweisbeschlusses ablehnen darf, weil er zu einem **Ausforschungsbeweis** führt. Die Auffassung, die dies in Fällen eines offensichtlichen Ausforschungsbeweises bejaht,[8] dürfte sich im praktischen Ergebnis kaum von der Ansicht unterscheiden, die dies stets ablehnt.[9] Der ersuchte Richter wird nämlich regelmäßig nicht in der Lage sein, zweifelsfrei zu erkennen, ob der Beweis offensichtlich Ausforschungszwecken dient.[10] Eine solche Feststellung ist jedoch erforderlich, wenn das Rechtshilfeersuchen nach § 158 Abs. 2 S. 1 GVG abgelehnt werden soll.[11] Keinesfalls darf der ersuchte Richter von einer Rechtshilfe deshalb Abstand nehmen, weil er die von ihm durchzuführende Beweisaufnahme für

---

[3] *Reinecke* MDR 1990, 1061 f.; vgl. auch BAG NJW 1991, 1252. Zur Formulierung der Beweisfrage in EDV-Sachen vgl. *Bergmann/Streitz* NJW 1992, 1726, 1729.

[4] *Musielak/Stadler* Rn. 3; *Baumbach/Lauterbach/Hartmann* Rn. 4.

[5] *Zöller/Greger* Rn. 2; *Stein/Jonas/Berger* Rn. 2; AK-ZPO/*Rüßmann* Rn. 2; *Koukouselis* S. 39 f.

[6] BGH Nr. 1 (Rechtshilfe 1); OLG Köln OLGZ 1966, 40, 42; OLG Koblenz NJW 1975, 1036.

[7] OLG Köln OLGZ 1966, 40, 41; OLG Düsseldorf OLGZ 1973, 492, 493; OLG Koblenz NJW 1975, 1036; OLG Frankfurt JurBüro 1982, 1576, 1577.

[8] BGH LM GVG § 158 Nr. 2; OLG Freiburg JZ 1953, 229; OLG Düsseldorf NJW 1959, 298, 299; OLG München NJW 1966, 2125, 2126.

[9] OLG Frankfurt MDR 1970, 597 (LS); NJW-RR 1995, 637; *Berg* MDR 1962, 787, 788.

[10] Vgl. BGH JZ 1953, 230; FamRZ 1960, 399; OLG München NJW 1966, 2125, 2126; s. auch OLG Karlsruhe FamRZ 1968, 536, 537.

[11] RGZ 162, 316, 320; OLG München NJW 1966, 2125, 2126; vgl. zum Ganzen auch die Erl. zu § 158 GVG.

unzweckmäßig hält[12] oder eine andere Rechtsauffassung vertritt als das ersuchende Gericht.[13] Unter den in § 360 genannten Voraussetzungen kann der ersuchte Richter den **Beweisbeschluss ändern** (§ 360 Rn. 13). Nach § 365 kann der ersuchte Richter das **Rechtshilfeersuchen** auch an ein anderes Gericht **weitergeben** (§ 365 Rn. 2f.).

4. Verfahren. Der ersuchte Richter bestimmt den **Termin** für die Beweisaufnahme und macht den Parteien davon formlos Mitteilung, § 357 Abs. 2. Dabei ist die Ladungsfrist des § 217 einzuhalten (§ 357 Rn. 11). Die Beweisaufnahme vor dem ersuchten Richter findet in einer nichtöffentlichen Verhandlung statt, wobei die Parteien jedoch nach § 357 Abs. 1 ein Recht auf Teilnahme haben (§ 357 Rn. 6ff.). In Verfahren vor dem ersuchten Richter besteht nach § 78 Abs. 5 **kein Anwaltszwang.** Dies gilt auch, wenn ein Vergleich geschlossen wird.[14] Hinsichtlich eines Güteversuchs durch den ersuchten Richte gelten die Ausführungen für den beauftragten Richter entsprechend (§ 361 Rn. 7). Der ersuchte Richter darf nur ausnahmsweise einen Auslagenvorschuss anordnen, nämlich dann, wenn er die Befugnisse des Prozessgerichts ausübt (§ 361 Rn. 6). Das über die Beweisaufnahme nach § 159 aufzunehmende **Protokoll** ist vom ersuchten Richter gemäß § 362 Abs. 2 Halbs. 1 der Geschäftsstelle des Prozessgerichts in Urschrift zu übersenden. Die Geschäftsstelle ist nach § 362 Abs. 2 Halbs. 2 verpflichtet, die Parteien von dessen Eingang unverzüglich zu benachrichtigen. Die Parteien können das Protokoll einsehen und sich durch die Geschäftsstelle Abschriften erteilen lassen, § 299 Abs. 1. In welchen Fällen ein **ersuchter Richter** kraft Gesetzes **ausgeschlossen** ist, bestimmt § 41 Nr. 6. Dementsprechend ist etwa ein beauftragter oder ersuchter Richter nicht deshalb ausgeschlossen, weil er in einem früheren Rechtszug oder im schiedsgerichtlichen Verfahren beim Erlass der angefochtenen Entscheidung mitgewirkt hat.[15] 6

IV. Rechtsbehelfe

Sofern das Ersuchen abgelehnt oder der Vorschrift des § 158 Abs. 2 GVG zuwider dem Ersuchen stattgegeben wird (Rn. 5), können die Parteien und das ersuchende Gericht die Entscheidung des örtlich zuständigen OLG beantragen, § 159 Abs. 1 GVG. Gegen sonstige Entscheidungen des ersuchten Richters ist im Wege der **Erinnerung** nach **§ 573 Abs. 1** die Entscheidung des Prozessgerichts zu beantragen. Die Erinnerung ist jedoch zunächst dem ersuchten Richter vorzulegen, der zur Abhilfe berechtigt ist, §§ 573 Abs. 1 S. 3, 572 Abs. 1. Gegen die Entscheidung des Gerichts ist gemäß § 573 Abs. 2 die sofortige Beschwerde nach Maßgabe des § 567 statthaft. Ausführlich dazu § 573 Rn. 2ff. 7

V. Kosten

Zu berücksichtigen ist, dass eine gesonderte Rechtsanwaltsgebühr für die Vertretung durch den Prozessbevollmächtigten im Beweisverfahren nach dem RVG nicht vorgesehen ist. Die Tätigkeiten des Rechtsanwalts im Zusammenhang mit dem Verfahren vor dem ersuchten Richter gelten als mit dem Verfahren zusammenhängend iSd. § 19 Abs. 1 Nr. 4 RVG. Zum Verfahren gehören nach § 19 Abs. 1 Nr. 5 RVG ferner die Tätigkeiten, welche sich auf ein Verfahren auf Änderung einer Entscheidung des ersuchten Richters gemäß § 573 Abs. 1 (Erinnerung) beziehen. 8

§ 363 Beweisaufnahme im Ausland

(1) Soll die Beweisaufnahme im Ausland erfolgen, so hat der Vorsitzende die zuständige Behörde um Aufnahme des Beweises zu ersuchen.

(2) Kann die Beweisaufnahme durch einen Bundeskonsul erfolgen, so ist das Ersuchen an diesen zu richten.

(3) [1]Die Vorschriften der Verordnung (EG) Nr. 1206/2001 des Rates vom 28. Mai 2001 über die Zusammenarbeit zwischen den Gerichten der Mitgliedstaaten auf dem Gebiet der Beweisaufnahme in Zivil- oder Handelssachen (Abl. EG Nr. L 174 S. 1) bleiben unberührt. [2]Für die Durchführung gelten die §§ 1072 und 1073.

Schrifttum: *Blanchard,* Die prozessualen Schranken der Formfreiheit: Beweismittel und Beweiskraft im EG-Schuldvertragsübereinkommen in deutsch-französischen Vertragsfällen, Diss. Heidelberg 2002; *Blaschczok,* Das

[12] BGH NJW 1990, 2936, 2937; OLG Frankfurt Rpfleger 1979, 426; BAG NJW 2001, 2196; *Rosenberg/Schwab/Gottwald* § 22 Rn. 5f. m. weit. Nachw.; *Zöller/Greger* Rn. 1.
[13] OLG München OLGZ 1976, 252.
[14] Str.; vgl. § 361 Rn. 7 und die dort (Fn. 16) Zitierten.
[15] *Musielak/Heinrich* § 41 Rn. 13.

Haager Übereinkommen über die Beweisaufnahme im Ausland in Zivil- oder Handelssachen, Diss. Hamburg 1986; *Beckmann,* Das Haager Beweisübereinkommen und seine Bedeutung für die pretrial-discovery, IPRax 1990, 201; *Berger,* Die EG-Verordnung über die Zusammenarbeit der Gerichte auf dem Gebiet der Beweisaufnahme in Zivil- und Handelssachen, IPRax 2001, 522; *v. Bodungen/Jestaedt,* Deutsche Bedenken gegen „Discovery" mit extraterritorialen Wirkungen im US-Prozeß, FS Stiefel, 1987, S. 65; *Böckstiegel/Schlafen,* Die Haager Reformübereinkommen über die Zustellung und die Beweisaufnahme im Ausland, NJW 1978, 1073; *Böhmer,* Spannungen im deutsch-amerikanischen Rechtsverkehr in Zivilsachen, NJW 1990, 3049; *Bosch,* Das Bankgeheimnis im Konflikt zwischen US-Verfahrensrecht und deutschem Recht, IPRax 1984, 127; *Brentrup,* Entscheidung des US Supreme Court im Fall Aerospatiale über den Anwendungsbereich des Haager Beweisübereinkommens, VersR 1987, 971; *Bülow/Böckstiegel/Geimer/Schütze,* Der internationale Rechtsverkehr in Zivil- und Handelssachen, Loseblattsammlung, Bd. I und II, Stand: März 2005; *Coester-Waltjen,* Internationales Beweisrecht, 1983; *Cohn,* Beweisaufnahme im Wege der zivilprozessualen Rechtshilfe durch das englische Gericht, ZZP 80 (1967), 230; *Collins,* The Hague Evidence Convention and discovery: A serious misunderstanding?, International and Comparative Law Quarterly 1986, 765; Deutsche Denkschrift zum Haager Beweisübereinkommen, BT-Drucks. 7/4892 S. 38 ff., ebenfalls abgedruckt bei *Wieczorek/Schütze,* ZPO, 5. Bd.: EGZPO, GVG, EGGVG – Internationales Zivilprozeßrecht, 2. Aufl. 1980 (zitiert: Denkschrift); *Daoudi,* Extraterritoriale Beweisbeschaffung im Deutschen Zivilprozess, Diss. Münster 2000; *Eschenfelder,* Beweiserhebung im Ausland und ihre Verwendung im inländischen Zivilprozess – Zur Bedeutung des US-amerikanischen Discovery-Verfahrens für das deutsche Erkenntnisverfahren, Diss. Heidelberg 2002; *Frei,* Schweizerische Unternehmen in den USA als Diener zweier Herren: Amerikanische Verfahrenspflichten und schweizerische Geheimhaltung, SJZ 82 (1986), 73; *Geimer, Ewald,* Internationale Beweisaufnahme, Diss. Regensburg 1997 (zit. *Geimer* Beweisaufnahme); *Geimer, Gregor,* Neuordnung des internationalen Zustellungsrechts, Diss. Regensburg 1998 (zit. *Geimer* Zustellungsrecht); *Geimer, Reinhold,* Konsularische Beweisaufnahme, FS Matscher, 1993, S. 133; *ders.,* Internationales Zivilprozeßrecht, 5. Aufl. 2005 (zit. *Geimer* Rn.); *Geimer/Schütze,* Europäisches Zivilverfahrensrecht, 2. Aufl. 2004; *Gerber,* Extraterritorial Discovery and the Conflict of Procedural Systems: Germany and the United States, American Journal of Comparative Law 1986, 745; *Gottwald,* Grenzen zivilgerichtlicher Maßnahmen mit Austauschwirkung, FS Habscheid, 1989, S. 119; *Greger,* Discovery am Amtsgericht?, ZRP 1988, 164; *Habscheid* (Herausgeber), Der Justizkonflikt mit den Vereinigten Staaten von Amerika, Berichte von Rolf Stürner, Dieter G. Lange und Yasuhei Taniguchi, 1986; *Hau,* Gerichtssachverständige in Fällen mit Auslandsbezug, RIW 2003, 822; *Heck,* Die Haager Konvention über die Beweisaufnahme im Ausland aus der Sicht der amerikanischen Prozeßgerichte sowie der amerikanischen Regierung, ZVglRWiss. 84 (1985), 208; *ders.,* Entscheidung des Obersten Gerichtshofs der Vereinigten Staaten zum Haager Übereinkommen über die Beweisaufnahme im Ausland, NJW 1987, 2128; *Heidenberger,* Neue Interpretation des Haager Beweisübereinkommens durch die US-Regierung, RIW 1984, 841; *ders.,* Ein Beispiel amerikanischer Rechtsprechung zum Haager Beweisaufnahmeübereinkommen, RIW 1985, 270; *ders.,* Haager Beweisübereinkommen und Urkundenvorlage deutscher Parteien in USA, RIW 1985, 437; *ders.,* U. S. Supreme Court wird über die Anwendung des Haager Beweisübereinkommens entscheiden, RIW 1986, 489; *ders.,* US-Supreme Court zum Haager Beweisübereinkommen, RIW 1987, 50; *ders.,* Entscheidung des US-Supreme Court über die Anwendung des Haager Beweisübereinkommens, RIW 1987, 540; *ders.,* Die Supreme Court-Entscheidung zum Haager Beweisübereinkommen, RIW 1987, 666; *ders.,* Fall Anschütz an Prozeßgericht zurückverwiesen, RIW 1988, 310; *Heß/Müller,* Die Verordnung 1206/01/EG zur Beweisaufnahme im Ausland, ZZPInt. 6 (2001), 149; *v. Hülsen,* Vorlage von Dokumenten für US-Zivilprozesse (Pre Trial Discovery), AWD 1974, 315; *ders.,* Gebrauch und Mißbrauch US-amerikanischer „pre-trial discovery" und die internationale Rechtshilfe, RIW 1982, 225; *ders.,* Kanadische und Europäische Reaktionen auf die US „pre-trial discovery", RIW 1982, 537; *Jacoby,* Das Erforschungsverfahren im Amerikanischen Zivilprozeß, Vorschläge für eine Reform der ZPO, ZZP 74 (1961), 145; *Jastrow,* Europäische Zustellung und Beweisaufnahme 2004 – Neuregelungen im deutschen Recht und konsularische Beweisaufnahme, IPRax 2004, 11; *Jayme,* Extraterritoriale Beweisverschaffung für inländische Verfahren und Vollstreckungshilfe durch ausländische Gerichte, FS Reinhold Geimer, 2002, S. 375; *Jessnitzer,* Sachverständigentätigkeit im innerstaatlichen und im internationalen Rechtsverkehr, Rpfleger 1975, 344; *Junker,* Der lange Arm amerikanischer Gerichte: Gerichtsgewalt, Zustellung und Jurisdictional Discovery, IPRax 1986, 197; *ders.,* Die faktische Geschäftsführung („gérance de fait") in Frankreich und ihre Gefahren für deutsche Unternehmer, RIW 1986, 337; *ders.,* Discovery im deutsch-amerikanischen Rechtsverkehr – Entwicklungslinien und Perspektiven, RIW 1987, 1; *ders.,* Discovery im deutsch-amerikanischen Rechtsverkehr, 1987 (zitiert: *Junker* Discovery); *ders.,* Justizkonflikt mit den USA, RIW 1987, 1752; *ders.,* Der deutsch-amerikanische Rechtshilfeverkehr in Zivilsachen – Zustellungen und Beweisaufnahmen, JZ 1989, 121; *Kaufmann-Kohler,* Conflits en matière d'obtention de preuves a l'étranger, Schweizerisches Jahrbuch für Internationales Recht XLI (1985), 110; *Koch,* Zur Praxis der Rechtshilfe im amerikanisch-deutschen Prozeßrecht – Ergebnisse einer Umfrage zu den Haager Zustellungs- und Beweisübereinkommen, IPRax 1985, 245; *ders.,* US-Supreme Court hält Haager Beweisübereinkommen nur für fakultativ, IPRax 1987, 328; *Lange,* Justizkonflikt (s. *Habscheid,* Der Justizkonflikt mit den Vereinigten Staaten von Amerika); *ders.,* Zur ausschließlichen Geltung des Haager Beweisaufnahmeübereinkommens bei Rechtshilfeersuchen aus den USA, RIW 1984, 504; *Linke,* Internationales Zivilprozessrecht, 4. Aufl. 2006; *Lorenz,* Die Neuregelung der pre-trial-Discovery im US-amerikanischen Zivilprozeß – Inspiration für den deutschen und europäischen Zivilprozeß?, ZZP 111 (1998), 35; *Lowenfeld,* Discovery-Verfahren und internationale Rechtshilfe, IPRax 1984, 51; *Mann,* Prozeßhandlungen gegenüber ausländischen Staaten und Staatsorganen, NJW 1990, 618; *Martens,* Erfahrungen mit Rechtshilfeersuchen aus den USA nach dem Haager Beweisaufnahme-Übereinkommen, RIW 1981, 725; *Meilicke,* Beweissicherungsverfahren bei Auslandssachverhalten, NJW 1984, 2017; *Mentz,* Das „Pre-Trial-Discovery" Verfahren im US-amerikanischen Zivilprozeßrecht, RIW 1981, 73; *Mössle,* Extraterritoriale Beweisverschaffung im internationalen Wirtschaftsrecht, Diss. Tübingen 1990; *Müller, Achim,* Grenzüberschreitende Beweisaufnahme im Europäischen Justizraum, Diss. Tübingen 2004; *Musielak,* Beweiserhebung bei auslandsbelegenen Beweismitteln, FS Reinhold Geimer, 2002, S. 761; *Nagel,* Nationale und internationale Rechtshilfe im Zivilprozeß, das europäische Modell, 1971 (zitiert: *Nagel* Rechtshilfe); *ders.,* Sachverständigenbeweis im Rahmen internationaler Rechtshilfe, IPRax 1981, 47; *ders.,* Zur Erledigung von Rechtshilfeersuchen im Wege der internationalen Rechtshilfe, IPRax 1982, 138; *ders.,* Richterliche Unabhängigkeit und Justizverwaltung bei der internationalen Rechtshilfe, IPRax 1984, 239; *Nagel/Bajons,* Beweis – Preuve – Evidence – Grundzüge des zivilprozessualen Beweisrechts in Europa, 2003; *Nagel/Gottwald,* Internationales Zivilprozessrecht, 6. Aufl. 2007; *Paulus,* Discovery, Deutsches Recht und Haager Beweisübereinkommen, ZZP 104 (1991), 397; *Pfeil/Kammerer,* Deutsch-amerikanischer Rechtshilfeverkehr in Zivilsachen, 1987; *Schaaff,* Discovery und andere Mittel der Sachverhaltsaufklärung im englischen Pre-Trial-Verfahren im Vergleich zum deutschen Zivilprozeß, Diss. Köln 1983; *Schabenberger,* Der Zeuge im Ausland im deutschen Zivilprozeß, Diss. Freiburg 1996; *Schack,* Internationale Zuständigkeit als Strafe für die Nichtbefolgung von discovery-Befehlen, IPRax 1984, 168; *ders.,* Internationales Zivilverfahrensrecht, 4. Aufl. 2006; *Schlosser,* Internationale Rechtshilfe und rechtsstaatlicher Schutz von Beweispersonen, ZZP 94 (1981), 369; *ders.,* Internationale Rechtshilfe und richterliche Unabhängigkeit, Gedächtnisschrift für Constantinesco, 1983, S. 653; *ders.,* Der Justizkonflikt zwischen den USA und Europa, 1985 (zit. *Schlosser* Justizkonflikt); *ders.* EU-Zivilprozessrecht, 2. Aufl. 2003; *Schütze,* Deutsches Internationales Zivilprozeßrecht, 1985; *ders.,* Rechtsverfolgung im Ausland, Probleme des ausländischen und internationalen Zivilprozessrechts, 3. Aufl. 2002; *ders.,* Zur Verteidigung im Beweiserhebungsverfahren in US-amerikanischen Zivilprozessen, WM 1986, 633; *ders.,* Die Anerkennung und Vollstreckungserklärung US-amerikanischer Schadensersatzurteile in Produkthaftungssachen in der Bundesrepublik Deutschland, FS Nagel, 1987; *ders.,* Deutsch-amerikanische Urteilsanerkennung, 1992; *Schurtmann/Walter,* Der amerikanische Zivilprozeß, Ein Überblick für die Praxis, 1978; *Soltész,* Der Begriff der Zivilsache im Europäischen Zivilprozeßrecht, Diss. Freiburg 1998; *Späth,* Die Parteiöffentlichkeit des Zivilprozesses, Diss. Hamburg 1995; *Stadler, Astrid,* Der Schutz des Unternehmensgeheimnisses im deutschen und US-amerikanischen Zivilprozeß und Rechtshilfeverfahren, Diss. Konstanz 1988; *dies.,* Schriftliche Zeugenaussagen und pre-trial discovery im deutschen Zivilprozeß, ZZP 110 (1997), 137; *dies.,* Die Europäisierung des Zivilprozesses, Festgabe 50 Jahre BGH, 2000, S. 645; *dies.,* Grenzüberschreitende Beweisaufnahme in der europäischen Union, FS Reinhold Geimer, 2002, S. 1281; *Stiefel,* „Discovery" – Probleme und Erfahrungen im Deutsch-Amerikanischen Rechtshilfeverkehr, RIW 1979, 509; *Stiefel/Petzinger,* Deutsche Parallelprozesse zur Abwehr amerikanischer Beweiserhebungsverfahren?, RIW 1983, 242; *Stürner,* Rechtshilfe nach dem Haager Beweisübereinkommen für Common Law-Länder, JZ 1981, 521; *ders.,* Die Gerichte und Behörden der USA und die Beweisaufnahme in Deutschland, ZVglRWiss. 81 (1982), 159; *ders.,* Das ausländische Beweissicherungsverfahren, IPRax 1984, 299; *ders.,* Justizkonflikt (s. *Habscheid,* Der Justizkonflikt mit den Vereinigten Staaten von Amerika); *Trittmann,* Anwendungsprobleme des Haager Beweisübereinkommens im Rechtshilfeverkehr zwischen der Bundesrepublik und den Vereinigten Staaten von Amerika, Diss. Frankfurt am Main 1988; *Trittmann/Leitzen,* Haager Beweisübereinkommen und pre trial discovery, IPRax 2003, 7; *Thümmel,* Einstweiliger Rechtsschutz im Auslandsrechtsverkehr, NJW 1996, 1930; *Unterreitmayer,* Der Rechtshilfeverkehr mit dem Ausland in Zivil- und Handelssachen, Rpfleger 1972, 117; *Veltins,* Anwendung der Regeln des Haager Beweisübereinkommens in internationalen Gerichtsverfahren mit den USA nur noch in Ausnahmefällen, DB 1987, 2396; *Volken,* Die internationale Rechtshilfe in Zivilsachen, 1996; *Wazlawik,* Der Anwendungsbereich des Haager Beweisübereinkommens und seine Beachtung im Rahmen der pre-trial discovery durch US-amerikanische Gerichte, IPRax 2004, 396; *v. Westphalen,* „Punitive Damages" in US-amerikanischen Produkthaftungsklagen und der Vorbehalt des Art. 12 EGBGB, RIW 1981, 141; *Wussow,* Zur Sachverständigentätigkeit im Ausland bei anhängigen (deutschen) Beweissicherungsverfahren, FS Korbion, 1986, S. 493.

I. Normzweck

Auch wenn sich ein Beweismittel im Ausland befindet, soll im **Grundsatz** die Beweisaufnahme **vor dem Prozessgericht** durchgeführt und das Beweismittel zu diesem Zweck herbeigeschafft werden, § 355 Abs. 1 S. 1.[1] Nur wenn dies nicht möglich ist und auch das Prozessgericht selbst oder ein beauftragter Richter iSd. § 361 aus tatsächlichen oder rechtlichen Gründen[2] die Beweisaufnahme im Ausland nicht durchführen kann, muss im Wege der Rechtshilfe die dafür zuständige Behörde (Rn. 12) um Aufnahme der Beweise im Ausland ersucht werden. Die Vorschrift des § 363 trifft für diesen Fall einige (ergänzungsbedürftige) Regeln und schafft damit eine Ausnahme vom Grundsatz der Unmittelbarkeit des Verfahrens (§ 355 Rn. 1).[3] Für Rechtshilfeersuchen sind insbesondere das **Haager Übereinkommen** über die Beweisaufnahme im Ausland in Zivil- oder Handelssachen vom 18. 3. 1970 und das Haager Übereinkommen über den Zivilprozess vom 1. 3. 1954 sowie die Gesetze zur Ausführung dieser Übereinkommen zu beachten. Die genannten Übereinkommen werden ergänzt und teilweise auch modifiziert durch bilaterale Verträge, die von der Bundesrepublik Deutschland mit anderen Staaten geschlossen wurden,[4] oder zwischenstaatliches 1

[1] Ausführlich *Musielak,* FS Reinhold Geimer, S. 761 f.; *Geimer* Rn. 380.

[2] Die Tätigkeit eines deutschen Gerichts im Ausland ohne die Einwilligung des betroffenen Staates verletzt dessen Souveränität und muss deshalb unterbleiben; vgl. BGH IPRax 1981, 57, 58; *Geimer* Rn. 120, 442; *Musielak/Stadler* Rn. 1 m. weit. Nachw.

[3] *Leipold* ZZP 105 (1992), 507, 509 f.; *Musielak/Stadler* Rn. 1.

[4] Vgl. Erl. zu Art. 31, 32 HBewÜ.

gegenseitiges Entgegenkommen. Seit dem 1. Januar 2004 sind die Haager Übereinkommen und entsprechende bilaterale oder multilaterale Übereinkünfte nur noch subsidiär anwendbar im Rahmen der Beweisaufnahme in einem EU-Mitgliedstaat gemäß der **Verordnung (EG) Nr. 1206/2001** vom 28. 5. 2001 über die Zusammenarbeit zwischen den Gerichten der Mitgliedstaaten auf dem Gebiet der Beweisaufnahme in Zivil- oder Handelssachen (EG-BeweisVO),[5] Art. 21 Abs. 1 der Verordnung. Gegenüber Dänemark kommt diese Verordnung nicht zur Anwendung.[6] Die EG-BeweisVO räumt den Mitgliedstaaten einen Gestaltungsspielraum ein, weshalb zur konkreten Durchführung und Ergänzung in der Bundesrepublik Deutschland das **EG-Beweisaufnahmedurchführungsgesetz** verabschiedet worden ist.[7] Im Zuge dessen ist neben der Schaffung des 11. Buches der ZPO (§§ 1067–1075) der Vorschrift des § 363 ein Absatz 3 angefügt worden, welcher zum 1. Januar 2004 in Kraft getreten ist. Im Hinblick auf die Abwicklung des Rechtshilfeverkehrs aufgrund europäischen Gemeinschaftsrechts, den Haager Übereinkommen oder sonstigen vertraglichen sowie vertragslosen Übereinkünften[8] sind die **Bestimmungen der Rechtshilfeordnung für Zivilsachen (ZRHO)** vom 19. Oktober 1956 zu beachten. Dabei handelt es sich um von Bund und Ländern erlassene und laufend geänderte Verwaltungsvorschriften, die nicht die Unabhängigkeit des Richters in der Sache berühren.[9]

II. Beschaffung auslandsbelegener Beweismittel

2 **1. Allgemeines.** Die Beweisaufnahme findet im Ausland statt, wenn der Beweis dort erhoben wird. Dabei ist zunächst zu überlegen, ob unter dem Gesichtspunkt der Unmittelbarkeit der Beweisaufnahme (Rn. 1, § 355 Rn. 1) ein auslandsbelegenes Beweismittel unmittelbar besorgt und dessen Verwendung im Inland erfolgen kann oder ob die Beschaffung von Beweismitteln für das inländische Verfahren aus dem Ausland nicht möglich ist, weil sonst etwa unter Missachtung völkerrechtlicher Grundsätze in die Souveränität eines anderen Staates eingegriffen würde.[10] Während im erstgenannten Fall der Beweis vom Prozessgericht selbst erhoben wird, ist im zweiten Fall der Weg über § 363 zu gehen und unter Berücksichtigung der einschlägigen bilateralen oder multilateralen Übereinkünfte Rechtshilfe in Anspruch zu nehmen. In diesem Zusammenhang ist zu berücksichtigen, dass die Parteien des Rechtsstreites unabhängig von ihrer Staatsangehörigkeit und dem Aufenthaltsort der lex fori unterliegen, so dass die Regelungen der §§ 141, 445 ff. gelten und das Prozessgericht Beweis durch Parteivernehmung erheben kann.[11] Im Anwendungsbereich der Verordnung (EG) Nr. 1206/2001 ist deren Art. 17 zu beachten, welcher dem Prozessgericht eine unmittelbare Beweisaufnahme in einem anderen Mitgliedstaat ermöglicht, § 1072 Nr. 2 (hinsichtlich der einzuhaltenden Form siehe § 40 a ZRHO). Sofern das Gericht eine solche unmittelbare Beweisaufnahme durch (förmlichen) Beweisbeschluss anordnet, ist § 363 nicht mehr anwendbar.[12] Zur Beweisaufnahme nach der EG-BeweisVO siehe die Kommentierung der §§ 1072 ff.

3 **2. Zeugenbeweis.** Das Prozessgericht kann eine schriftliche Beantwortung der Beweisfrage nach § 377 Abs. 3 gegenüber dem im Ausland befindlichen Zeugen anordnen (§ 377 Rn. 14) und dieses ohne Zwangsandrohung formlos auf postalischen Wege mitteilen.[13] Insofern wird dann der Beweis vom Prozessgericht selbst erhoben, so dass es sich nicht um eine „Beweisaufnahme im Ausland" handelt und auch keine Rechtshilfe iSv. § 363 in Anspruch genommen werden muss. Dagegen spricht auch nicht, dass es sich bei einer solchen Vorgehensweise um eine unzulässige Einwirkung auf das Hoheitsgebiet eines fremden Staates und damit um eine Souveränitätsverletzung handle.[14] Diese bisher

---

[5] ABl. Nr. L 174 v. 27. 6. 2001 S. 1 ff.; dazu *Berger* IPRax 2001, 522 ff.

[6] Vgl. ABl. Nr. L 174 v. 27. 6. 2001 S. 3.

[7] Gesetz zur Durchführung gemeinschaftsrechtlicher Vorschriften über die grenzüberschreitende Beweisaufnahme in Zivil- oder Handelssachen in den Mitgliedstaaten v. 4. 11. 2003, BGBl. I S. 2166.

[8] Vgl. die Auflistung der entsprechenden zwischenstaatlichen Vereinbarungen in § 3 Abs. 2 ZRHO.

[9] BGH NJW 1983, 2769; *Musielak,* FS Reinhold Geimer, S. 761, 768.

[10] Ausführlich dazu *Musielak,* FS Reinhold Geimer, S. 761, 762; *Daoudi* S. 57; vgl. auch *Nagel/Gottwald* § 8 Rn. 120.

[11] *Stein/Jonas/Berger* Rn. 9, 11; *Nagel/Gottwald* § 8 Rn. 128; *Musielak,* FS Reinhold Geimer, S. 761, 776.

[12] *Heß/Müller* ZZP Int. 2000, 149, 162; *Schlosser* EU-ZPR Art. 17 EuBVO Rn. 1; *Stadler,* FS Reinhold Geimer, S. 1281, 1297; *Jastrow* IPRax 2004, 11, 12.

[13] *Musielak,* FS Reinhold Geimer, S. 761, 769; OLG Frankfurt NJW-RR 1996, 575; *Schabenberger* S. 198 f.; *Schlosser* Justizkonflikt S. 28; *ders.* EU-ZPR Art. 1 HBÜ Rn. 7; *Linke* Rn. 310; *Geimer* Rn. 437, 2384; *Mann* NJW 1990, 618, 619; *Schack* Rn. 721; *Zöller/Geimer* Rn. 5; *Nagel/Gottwald* § 8 Rn. 122. Eine unmittelbare schriftliche Befragung von Zeugen im Ausland durch deutsche Gerichte halten für unzulässig: BGH NJW 1984, 2039 (obiter dictum); OLG Hamm NJW-RR 1988, 703; *Stürner* JZ 1987, 44, 45; *Stein/Jonas/Berger* Rn. 13; *Musielak/Stadler* Rn. 10; *Thomas/Putzo/Reichold* Rn. 5; *Wieczorek/Wieczorek* Anm. A I.

[14] So aber *Musielak/Stadler* Rn. 10; *Wieczorek/Wieczorek* Anm. A I; *Stein/Jonas/Berger* Rn. 13.

auch vom BGH[15] geteilte Ansicht stützte sich u.a. auf die nach früherem Recht vorgesehene, jetzt aber nicht mehr bestehende Pflicht des Zeugen zur eidesstattlichen Versicherung der Richtigkeit seiner Aussage.[16] Das hoheitliche Tätigwerden erschöpft sich nunmehr in der gerichtlichen Anordnung nach § 377 Abs. 3 am deutschen Gerichtssitz, während die Mitteilung durch einfachen Postbrief bloße Kenntnisverschaffung für die im Ausland befindliche Auskunftsperson ist, ohne dass sich für diese daraus irgendwelche Rechtsfolgen ergeben.[17] Das gilt auch für eine unter Verzicht auf die Androhung von Zwangsmaßnahmen formlos übersandte Ladung an den im Ausland befindlichen Zeugen.[18] Jedoch muss bei den beschriebenen Verfahrensweisen berücksichtigt werden, inwieweit völkerrechtliche Regeln und Vereinbarungen einer Vernehmung ausländischer Zeugen durch deutsche Gerichte entgegenstehen, wenn zB Organe fremder Staaten gehört werden sollen, die Immunität genießen.[19] Zudem können ausländische Staaten aufgrund eines unterschiedlichen Rechtsverständnisses in einer unmittelbaren Befragung von Zeugen bzw. deren Ladung durch deutsche Gerichte einen Eingriff in ihre Hoheitsrechte sehen. Zwar greift § 39 Abs. 1 S. 3 ZRHO nicht in die zur Unabhängigkeit des Richters gehörende Entscheidungsbefugnis ein,[20] ob er den Weg des Rechtshilfeersuchens geht (Rn. 1 aE), jedoch sieht die Vorschrift aus den genannten Gründen eine unmittelbare Befragung nicht vor und verweist auf den Weg der Rechtshilfe. Erfolgt dementsprechend durch das Gericht keine unmittelbare Befragung oder Ladung von Zeugen, dann können jedoch durch die beweisbelastete Partei beigebrachte schriftliche Äußerungen der zu Befragenden vom Gericht als Urkundsbeweis verwertet werden (§ 355 Rn. 10)[21] oder auf formlose Bitte der beweisbelasteten Partei freiwillig erschienene Zeugen vernommen werden.[22] Wenn der geladene Zeuge nicht erscheint, ist es jedoch aus verfassungsrechtlicher Sicht nicht möglich, ohne Inanspruchnahme von Rechtshilfe analog § 244 Abs. 3 StPO einen Beweisantrag der Partei mit dem Argument abzulehnen, dass das Gericht nur im Rahmen einer persönlichen Vernehmung des Zeugen Vorhalte machen und die Glaubwürdigkeit beurteilen könne.[23]

3. Sachverständigenbeweis. Wie beim Zeugenbeweis (Rn. 3) ist auch nach § 404 Abs. 1 S. 1 die Einschaltung eines Sachverständigen, der zur Ermittlung von Befundtatsachen (zum Begriff § 355 Rn. 12) auf ausländischem Territorium tätig wird, zulässig. Auch insoweit geht der Verweis der Gegenansicht auf § 40 ZRHO fehl,[24] weil diese Verwaltungsvorschrift keine Bindungswirkung gegenüber dem Richter entfaltet.[25] Dagegen spricht ferner nicht, dass es sich um eine völkerrechtswidrige Souveränitätsverletzung[26] handle. Zwar kommt insofern die Besonderheit zum Tragen, dass der Sachverständige nach § 404a Abs. 1 weisungsabhängig tätig wird und deshalb das Verhältnis zwischen Gericht und Sachverständigen einen öffentlich-rechtlichen Charakter aufweist (§ 404a Rn. 2). Jedoch tritt der Sachverständige nach allgM gegenüber den Parteien oder Dritten nicht in hoheitlicher Funktion, sondern als Privater auf.[27] Damit unterscheidet sich die rechtliche Qualität der Kenntnisverschaffung im Vergleich zum Zeugen nicht; der im Auftrag des Gerichts im Ausland Informationen sammelnde Sachverständige wird nicht hoheitlich tätig und verletzt daher nicht die Souveränität des fremden Staates.[28] Ebenso ist es zulässig, wenn im Ausland ansässige Sachverständige ohne Zwangsandrohung formlos um die Gutachtenerstellung gebeten werden.[29] Ist ein schriftliches 4

---

[15] BGH NJW 1984, 2039 (obiter dictum).

[16] *Musielak/Huber* § 377 Rn. 2.

[17] *Musielak,* FS Reinhold Geimer, S. 761, 769.

[18] *Musielak,* FS Reinhold Geimer, S. 761, 770; *Musielak/Huber* § 377 Rn. 2; *Schack* Rn. 715; *Geimer* Rn. 2388f.; *Nagel/Gottwald* § 8 Rn. 122; *Linke* Rn. 310; aA *Musielak/Stadler* Rn. 10; *Stein/Jonas/Berger* Rn. 13; *Nagel* IPRax 1992, 301; OLG Hamm NJW-RR 1988, 703.

[19] Vgl. BVerwG NJW 1989, 678, 679; *Mann* NJW 1990, 618, 619; jeweils m. Nachw.

[20] *Musielak,* FS Reinhold Geimer, S. 761, 768 m. weit. Nachw.

[21] BGH NJW 1984, 2039; *Musielak/Stadler* Rn. 10; *Nagel/Gottwald* § 8 Rn. 122.

[22] *Musielak/Stadler* Rn. 10; *Geimer* Rn. 2389; *Nagel/Gottwald* § 8 Rn. 121; *Schlosser* EU-ZPR Art. 1 HBÜ Rn. 7.

[23] *Zöller/Geimer* Rn. 3a; aA OLG Saarbrücken WM 2001, 2055; NJW-RR 1998, 1685.

[24] So aber *Musielak/Stadler* Rn. 11.

[25] *Schlosser* EU-ZPR Art. 1 HBÜ Rn. 9; *Musielak,* FS Reinhold Geimer, S. 761, 771f.; *Geimer* Rn. 2387 Fn. 226; *Nagel/Gottwald* § 8 Rn. 125.

[26] *Stadler* S. 276; *Hau* RIW 2003, 822, 824; *Musielak/Stadler* Rn. 14; *Ahrens,* FS Schütze, 1999, S. 1, 5.

[27] *Musielak,* FS Reinhold Geimer, S. 761, 771f.; *Stein/Jonas/Berger* Rn. 22; *Friedrichs* DRiZ 1973, 113; *Rosenberg/Schwab/Gottwald* § 120 Rn. 56; *Bertele,* Souveränität und Verfahrensrecht, 1998, S. 434.

[28] *Musielak,* FS Reinhold Geimer, S. 761, 772; *Nagel/Gottwald* § 8 Rn. 124f.; *Geimer* Rn. 445, 2387; *Junker* Discovery S. 402; *Daoudi* S. 108f.; *Wussow,* FS Korbion, S. 493, 495f.; aA *Musielak/Stadler* Rn. 11, 14; *Hau* RIW 2003, 822, 824; *Ahrens,* FS Schütze, 1999, S. 1, 5; *Stadler* S. 276.

[29] *Geimer* Rn. 441, 445; *Schlosser* EU-ZPR Art. 1 HBÜ Rn. 9; *Musielak,* FS Reinhold Geimer, S. 761, 772; aA *Musielak/Stadler* Rn. 11.

Gutachten erstattet worden und beantragt eine Partei gemäß § 411 Abs. 4, dem Sachverständigen Fragen zu seinem Gutachten vorzulegen, dann steht es im Ermessen des Gerichts, ob es mittels einfachen Postbriefs um unmittelbare (mündliche oder schriftliche) Erläuterung bittet oder, wenn dies nicht erfolgversprechend oder angemessen erscheint, um Rechtshilfe ersucht (§ 411 Rn. 14).[30] Zu berücksichtigen ist aber auch in diesem Zusammenhang die Gefahr, dass bei entsprechenden Aufträgen um Erstattung eines Gutachtens der jeweilige Staat dies als Verletzung seiner Hoheitsrechte werten könnte (vgl. Rn. 3).[31] Deshalb empfiehlt es sich idR wie in § 40 ZRHO vorgesehen, auch solche Sachverständigengutachten mit Auslandsbezug im Wege der Rechtshilfe einzuholen.

5 **4. Urkundsbeweis.** Grundsätzlich ist es Aufgabe der beweisbelasteten Prozesspartei, vorzulegende Urkunden, unabhängig davon, wo sie sich befinden, zu beschaffen (§§ 142 Abs. 1, 420, 643 Abs. 1). Deshalb berühren Anordnungen des Gerichts zur Vorlage einer Urkunde nur das inländische Prozessrechtsverhältnis zu der Partei und greifen nicht in die Souveränität ausländischer Staaten ein.[32] Soweit der Gegner iSd. §§ 421, 422, 423 zur Vorlage verpflichtet ist und er der Anordnung des Gerichts, die auslandsbelegene Urkunde vorzulegen, nicht nachkommt, kommt die Vorschrift des § 427 zur Anwendung. Im Hinblick auf die nach § 142 Abs. 1, 2, §§ 428, 429 bestehende Vorlegungspflicht Dritter gilt bei deren Aufenthalt im Ausland entsprechend den Ausführungen zum Zeugenbeweis (Rn. 3), dass die Anordnung ohne Zwangsandrohung durch einfachen Brief mitzuteilen ist.[33]

6 **5. Augenscheinsbeweis.** Ein unmittelbares Tätigwerden des Gerichts auf dem Gebiet eines anderen Staates stellt ohne dessen Zustimmung einen Verstoß gegen Völkerrecht dar und muss daher auch im Rahmen der Einnahme eines Augenscheins ausscheiden.[34] In Betracht kommt jedoch der Einsatz eines Augenscheinsmittlers, welcher ohne Zeuge oder Sachverständiger zu sein an Stelle des Gerichts den gegenwärtigen Zustand einer Person oder Sache wahrnehmen soll.[35] Ein solcher Augenscheinsgehilfe ist nicht Teil des Gerichts,[36] was dafür spricht, wie bei der Bestellung eines Sachverständigen vorzugehen (Rn. 4).[37] Jedoch würde dabei der maßgebliche Unterschied nicht berücksichtigt, dass der Sachverständige im Ausland nur Fakten sammelt und damit lediglich die Vorarbeit für das im Inland zu erstellende Gutachten erledigt, während der Augenscheinsgehilfe gleichsam als tatsächlicher Vertreter des Gerichts unmittelbar zur Erhebung des Augenscheinsbeweises tätig wird und die gesammelten Fakten direkt vom Gericht verwertet werden.[38] Deshalb ist die Einnahme eines Augenscheins im Ausland durch einen Augenscheinsgehilfen als hoheitliche Handlung auf fremden Staatsgebiet einzuordnen und ohne Zustimmung dieses Staates völkerrechtswidrig und damit unzulässig.[39] Sofern die Vorlage von Augenscheinsobjekten durch Partei oder Dritte in Rede steht, gelten die Ausführungen zum Urkundenbeweis entsprechend (Rn. 5). Die Untersuchung zur Feststellung der Abstammung gemäß § 372 a kann unter Androhung von Zwang unabhängig von deren Staatsangehörigkeit gegen Personen im Inland angeordnet werden.[40] Dies gilt auch gegenüber der Prozesspartei, die sich im Ausland aufhält, aufgrund ihrer Einbindung in das deutsche Prozessrechtsverhältnis (Rn. 2).[41] Gegenüber im Ausland ansässigen Dritten ist abgesehen vom Weg über die Rechtshilfe, unter Verzicht auf eine Zwangsandrohung die Mitteilung von der gerichtlichen Anordnung denkbar.[42]

III. Beweisaufnahme im Ausland

7 **1. Allgemeines.** Sofern eine Beschaffung auslandsbelegener Beweismittel für das Verfahren im Inland (Rn. 2 ff.) ausscheidet, ist im Wege der Rechtshilfe die dafür zuständige Behörde (Rn. 12)

---

[30] BGH MDR 1980, 931; aA *Musielak/Stadler* Rn. 11 (nur Rechtshilfe oder konsularische Vernehmung).
[31] *Jessnitzer* Rpfleger 1975, 344.
[32] *Musielak,* FS Reinhold Geimer, S. 761, 773; *Nagel/Gottwald* § 8 Rn. 127; *Daoudi* S. 87, 92 ff.; *Geimer* Rn. 440, 2386; *Linke* Rn. 316 f.; *Schlosser* EU-ZPR Art. 1 HBÜ Rn. 6.
[33] *Geimer* Rn. 440, 2364; *Musielak,* FS Reinhold Geimer, S. 761, 774; *Nagel/Gottwald* § 8 Rn. 127.
[34] *Mössle* S. 319; *Musielak,* FS Reinhold Geimer, S. 761, 774; *Stein/Jonas/Berger* Rn. 8.
[35] *Rosenberg/Schwab/Gottwald* § 117 Rn. 23.
[36] *Stein/Jonas/Berger* Vor § 371 Rn. 16; *Musielak,* FS Reinhold Geimer, S. 761, 774.
[37] *Daoudi* S. 117; *Nagel/Gottwald* § 8 Rn. 126.
[38] Ausführlich *Musielak,* FS Reinhold Geimer, S. 761, 774 f.
[39] *Musielak,* FS Reinhold Geimer, S. 761, 775; aA *Nagel/Gottwald* § 8 Rn. 126; *Daoudi* S. 111 ff.
[40] *Nagel/Gottwald* § 8 Rn. 126; *Musielak,* FS Reinhold Geimer, S. 761, 775 f.
[41] BGH NJW 1986, 2371, 2372 (Anordnung gegenüber dem Beklagten zur Blutentnahme im Ausland) m. abl. Anm. *Stürner* JZ 1987, 44; *Schlosser* EU-ZPR Art. 1 HBÜ Rn. 6; *Bertele,* Souveränität und Verfahrensrecht, 1998, S. 448; *Daoudi* S. 116; *Musielak,* FS Reinhold Geimer, S. 761, 776; aA *Musielak/Stadler* Rn. 13; *Stein/Jonas/Berger* § 372 a Rn. 31.
[42] *Nagel/Gottwald* § 8 Rn. 126; *Musielak,* FS Reinhold Geimer, S. 761, 776; *Daoudi* S. 116 f.

um Aufnahme der Beweise im Ausland zu ersuchen (vgl. § 364 Rn. 1). Ähnlich wie bei § 362 (ebenda Rn. 4) ist auch in den Fällen des § 363 zwischen der Entscheidung, die Beweisaufnahme im Ausland stattfinden zu lassen, und dem diese Entscheidung umsetzenden Ersuchungsschreiben zu unterscheiden. Die Entscheidung über die Beweisaufnahme ist vom Prozessgericht durch einen (förmlichen) **Beweisbeschluss** zu treffen,[43] der nach dem Rechtsgedanken des § 358a (ebenda Rn. 1) auch schon vor der mündlichen Verhandlung erlassen und ausgeführt werden kann.[44]

2. Ersuchungsschreiben. Das Ersuchungsschreiben ist nach § 363 Abs. 1 bei Kollegialgerichten vom Vorsitzenden zu fertigen. Hinsichtlich der Fassung des Ersuchens, der beizufügenden Anlagen und der Beförderungswege im Rechtshilfeverkehr ist die **ZRHO** (Rn. 1) zu berücksichtigen. Das Ersuchen ist nach § 16 Abs. 1 S. 1 ZRHO grundsätzlich in deutscher Sprache abzufassen. Wird das Ersuchen an eine ausländische Behörde gerichtet, ist regelmäßig eine beglaubigte Übersetzung beizufügen. Das gleiche gilt hinsichtlich der Anlagen, vgl. § 25 Abs. 1 ZRHO. In dem Ersuchen ist gemäß § 19 Abs. 1 S. 1 ZRHO der Gegenstand des Rechtshilfebegehrens vollständig und deutlich zu bezeichnen sowie nach Satz 2 eine klare und leicht verständliche Darstellung des Sachverhalts vorzunehmen. Ferner sind die Beschlüsse und Verfügungen, die den Anlass zu dem Ersuchen geben, also insbesondere der Beweisbeschluss, nicht in Abschrift mitzuteilen, sondern iSd. § 19 Abs. 2 ZRHO inhaltlich in das Ersuchen aufzunehmen, wobei Bezugnahmen auf die ZRHO oder Anordnungen der Justizverwaltungsbehörden nicht vorzunehmen sind. 8

Im Rechtshilfeverkehr, der aufgrund **zwischenstaatlicher Vereinbarungen** durchgeführt wird, können hinsichtlich Form und Inhalt des Ersuchens besondere Regelungen gelten. So enthält Art. 3 HBewÜ eine Aufzählung der Angaben, die ein Rechtshilfeersuchen auf der Grundlage dieses Abkommens zum Inhalt haben muss, und Art. 4 HBewÜ ebenso wie Art. 10 HZPÜ 1954 regelt die Sprachenfrage (vgl. Art. 4 HBewÜ Rn. 1f. und Erl. zu den Art. 8–16 HZPÜ 1954 Rn. 6). 9

In bestimmten Fällen ist zur Übermittlung des Ersuchens ein **Begleitschreiben** beizufügen, und zwar dann, wenn eine Auslandsvertretung der Bundesrepublik Deutschland oder eine besondere ausländische Empfangsstelle im unmittelbaren Verkehr iSd. § 6 Abs. 1 Nr. 1 ZRHO[45] das Rechtshilfeersuchen an die ersuchte Behörde leiten soll, § 7 Nr. 1 lit. a ZRHO. In dieses Begleitschreiben sind neben der Bitte, das Ersuchen an die zuständige Behörde weiterzugeben, die Angaben aufzunehmen, die für die Feststellung der zuständigen Behörde von Bedeutung sein können. Ferner können darin gemäß § 22 Abs. 2 ZRHO etwaige Sonderwünsche für die Art und Weise der Erledigung geäußert werden, soweit diese nicht in das Ersuchen selbst aufzunehmen sind. In dem Begleitschreiben an eine Auslandsvertretung der Bundesrepublik Deutschland ist nach § 22 Abs. 2 S. 3 ZRHO alles anzugeben, was über die Staatsangehörigkeit der zu vernehmenden Person bekannt ist, weil es regelmäßig von der Staatsangehörigkeit abhängt, ob und unter welchen Voraussetzungen dieser Weg der Erledigung eines Rechtshilfeersuchens zugelassen ist (vgl. Art. 15 und 16 HBewÜ und die Erl. dazu). Soll das Ersuchen von der Auslandsvertretung der Bundesrepublik Deutschland in eigener Zuständigkeit erledigt werden,[46] ist ein Begleitschreiben ebenso wenig erforderlich wie in dem Fall, dass das Rechtshilfeersuchen der ersuchten ausländischen Behörde selbst im unmittelbaren Verkehr übersandt wird.[47] Soweit Zustellungsanträge nach der EG-Zustellungsverordnung, dem HZÜ sowie nach der EG-BeweisVO in Rede stehen, ist gemäß § 22 Abs. 1 S. 3 ZRHO ein Begleitschreiben ebenfalls grundsätzlich nicht notwendig. In bestimmten Fällen ist die Fertigung eines **Begleitberichts**[48] iSd. §§ 7 Nr. 2, 23 ZRHO und einer **Denkschrift**[49] nach §§ 7 Nr. 3, 24 ZRHO vorgesehen. 10

Wie stets in Fällen, in denen eine Beweisaufnahme im Wege der Rechtshilfe anderen Stellen übertragen wird, muss sorgfältig darauf geachtet werden, das **Beweisthema** so präzise zu fassen, dass der mit der Beweiserhebung Betraute zu erkennen vermag, welche Tatsachen klärungsbedürftig sind und um welche tatsächlichen Feststellungen es geht (vgl. § 19 Abs. 1 S. 2 ZRHO; siehe auch § 362 Rn. 4). Sind für die Würdigung einer Zeugenaussage bestimmte Einzelheiten wesent- 11

---

[43] *Stein/Jonas/Berger* Rn. 68; *Geimer* Rn. 2397.

[44] BGH NJW 1980, 1848, 1849 = LM § 273 Nr. 2 lässt die Frage nach der Zulässigkeit einer Anordnung der Beweisaufnahme im Ausland vor der mündlichen Verhandlung unentschieden.

[45] Durch Zusatzabkommen zum HBewÜ (Art. 31 HBewÜ Rn. 2) und zum HZPÜ 1954 (Erl. zu den Art. 8–16 HZPÜ 1954 Rn. 6) ist für die Erledigung von Rechtshilfeersuchen der unmittelbare Verkehr zwischen deutschen und ausländischen Behörden vereinbart worden.

[46] Vgl. Art. 15 bis 22 HBewÜ Rn. 2; Erl. zu den Art. 8–16 HZPÜ 1954 Rn. 6.

[47] *Bülow/Böckstiegel/Geimer/Schütze* G 1 Fn. 31.

[48] Ein Begleitbericht ist vorgeschrieben in § 14 Abs. 1 und 2, §§ 27, 42 Abs. 4, 44 Abs. 1, 46 Abs. 1, 47 Abs. 4 ZRHO.

[49] Eine Denkschrift kommt in den Fällen der §§ 27, 35, 44 Abs. 1, 46 und § 47 Abs. 4 ZRHO in Betracht.

lich, dann muss in dem Ersuchungsschreiben darauf verwiesen werden.[50] Soll ein Sachverständiger im Ausland befragt werden, dann ist es jedoch nicht erforderlich, dass das Prozessgericht bestimmte Fragen formuliert. Es genügt vielmehr, dass der Vernehmende ausreichend darüber informiert wird, in welche Richtung der Sachverständige befragt werden soll.[51] Anders als im innerstaatlichen Rechtshilfeverkehr ist die **Übersendung von Akten** zur Erläuterung des Ersuchens **nicht zulässig** (§ 19 Abs. 1 S. 3 ZRHO).

12 **3. Zuständige Behörde.** Zuständig für die Erledigung des Rechtshilfeersuchens sind entweder die Auslandsvertretungen der Bundesrepublik Deutschland oder ausländische Behörden. Die Bestimmung der Zuständigkeit richtet sich nach zwischenstaatlichen Vereinbarungen oder – wenn solche nicht bestehen – nach dem ausländischen Recht. Kann danach die Beweisaufnahme durch einen **deutschen Konsul** (§ 15 Abs. 1 KonsG) vorgenommen werden, dann ist gemäß § 363 Abs. 2 das Ersuchen vorrangig[52] an diesen zu richten. Im zweiten Teil der ZRHO (Länderteil) wird angegeben, ob ausnahmsweise Auslandsvertretungen der Bundesrepublik Deutschland Rechtshilfeersuchen in eigener Zuständigkeit erledigen können, vgl. § 13 Abs. 1 S. 1 ZRHO. Hierbei ist zu beachten, dass nach § 19 Abs. 1 KonsG nur Berufskonsularbeamte mit Befähigung zum Richteramt Vernehmungen und Anhörungen, durch die richterliche Vernehmungen ersetzt werden sollen, vornehmen und Eide abnehmen dürfen. Andere Berufskonsularbeamte bedürfen hierfür gemäß § 19 Abs. 2 S. 2 KonsG einer besonderen Ermächtigung vom Auswärtigen Amt. Aufschluss gibt ein entsprechendes Verzeichnis, welches den Landesjustizverwaltungen vorliegt. Im Zweifelsfall sollte vor Übersendung eines Vernehmungsersuchens beim Auswärtigen Amt angefragt werden, ob den Anforderungen des § 19 KonsG genügt wird, § 13 Abs. 4 ZRHO. Hinsichtlich der Vorgehensweise bei Vernehmungen und Anhörungen durch den Konsularbeamten ist § 15 KonsG zu berücksichtigen. Das Rechtshilfeersuchen ist nach § 27 ZRHO stets den **Prüfungsstellen** zuzuleiten, die insbesondere festzustellen haben, ob die Bestimmungen des maßgeblichen europäischen Gemeinschaftsrechts, der einschlägigen Staatsverträge und der ZRHO beachtet sind, § 28 Abs. 1 S. 1 ZRHO. Prüfungsstellen sind gemäß § 9 Abs. 2 ZRHO für die Amts- und Landgerichte die Präsidenten der Landgerichte, an deren Stelle für ihren Geschäftsbereich die Präsidenten der Amtsgerichte treten, wenn sie die Dienstaufsicht über ein Amtsgericht ausüben. Für die Oberlandesgerichte nehmen die Präsidenten dieser Gerichte die Aufgaben der Prüfungsstelle wahr. Die Prüfungsstelle leitet das Ersuchen gegebenenfalls nach Behebung von Mängeln nach Maßgabe des § 29 ZRHO weiter.

IV. Verfahren bei der Beweisaufnahme

13 **1. Anzuwendendes Recht.** Bei der Frage, welche Rechtsvorschriften bei der Beweisaufnahme im Ausland zu beachten sind, ist zu unterscheiden: Wird die Beweisaufnahme durch einen Konsul oder eine andere Auslandsvertretung der Bundesrepublik Deutschland in eigener Zuständigkeit durchgeführt, sind die Vorschriften der ZPO anzuwenden (für Vernehmungen durch Konsularbeamte gilt § 15 Abs. 3 S. 1 KonsG, Art. 21 lit. d HBewÜ).[53] Wird eine ausländische Behörde tätig, dann wendet sie regelmäßig die für sie geltenden Vorschriften ihres Staates an; die Beachtung deutschen Rechts kann weder erwartet noch verlangt werden.[54] Im Rechtshilfeverkehr auf der Grundlage des Haager Übereinkommens ist nach dessen Art. 9 Abs. 2 dem Antrag der ersuchenden Behörde, nach einer besonderen Form zu verfahren, zu entsprechen, wenn diese Form mit dem Recht des ersuchten Staates vereinbar und die verlangte Form nicht nach der gerichtlichen Übung des ersuchten Staates oder wegen tatsächlicher Schwierigkeiten unmöglich ist.[55] Ähnliches gilt im Anwendungsbereich der EG-BeweisVO gemäß deren Art. 10 Abs. 3 (siehe Kommentierung zu den §§ 1072 ff.). Zu der Frage nach den Rechtsfolgen bei Verfahrensverstößen durch die ausländische Behörde siehe die Erl. zu § 369.

14 **2. Teilnahme von Parteien und Richtern des Prozessgerichts.** Nach deutschem Prozessrecht ist es den Parteien gestattet, an der Beweisaufnahme teilzunehmen (§ 357 Abs. 1), und es muss ihnen der Termin der Beweisaufnahme mitgeteilt werden, wenn ein anderes Gericht die Be-

---

[50] BGH NJW 1984, 2039; *Geimer* Rn. 2413.

[51] BGH MDR 1981, 1014, 1015 = LM § 411 Nr. 16.

[52] *Klatt* NVwZ 2007, 51 f.

[53] *Musielak/Stadler* Rn. 5; *Stein/Jonas/Berger* Rn. 47; jeweils m. weit. Nachw.

[54] *Stein/Jonas/Berger* Rn. 62; *Baumbach/Lauterbach/Hartmann* Rn. 8. Zu den sich ergebenden Schwierigkeiten bei der Abgrenzung von beweisrechtlichen Regelungen, die sich aus der lex causae ergeben, vgl. *Geimer* Rn. 2260 ff.

[55] Vgl. Art. 9 Abs. 2 HBewÜ Rn. 3; idS auch Art. 14 Abs. 2 HZPÜ 1954.

weisaufnahme durchführt (§ 357 Abs. 2). Ob auch die Parteien bei einer Beweisaufnahme im Ausland anwesend sein dürfen, richtet sich im Grundsatz nach dem dort geltenden Recht. Regelmäßig sehen ausländische Rechtsordnungen – wie das deutsche Recht – einen Anspruch auf Teilnahme an der Beweisaufnahme für die Parteien vor, wenn auch die Einwirkungsmöglichkeiten der Parteien im Vergleich zum deutschen Recht zT erheblich eingeschränkt sein können. Bei Geltung der **Haager Übereinkommen** wird das Prozessgericht auf sein Verlangen hin von dem Zeitpunkt und dem Ort der Beweisaufnahme benachrichtigt, damit die beteiligten Parteien und gegebenenfalls ihre Vertreter anwesend sein können.[56] Nach **§ 38 ZRHO** ist bei der Vorbereitung des Ersuchens zu klären, ob die Beteiligten der Beweisaufnahme beiwohnen möchten und auf eine Benachrichtigung von dem Beweistermin Wert legen. Die Beteiligten sollen darauf hingewiesen werden, dass die Benachrichtigung von dem Termin die Erledigung des Ersuchens in der Regel erheblich verzögert und dass es daher zweckmäßig ist, die Benachrichtigung nur dann zu verlangen, wenn die Absicht besteht, den Termin wahrzunehmen. Die Beteiligten sollten veranlasst werden, Erklärungen abzugeben, ob sie unter diesen Umständen auf eine Terminsnachricht verzichten. Ein derartiger Verzicht ist zu vermerken und im Ersuchen ist anzugeben, dass eine Mitteilung des Termins zur Beweisaufnahme nicht erforderlich ist. Der Anspruch auf rechtliches Gehör wird in Fällen, in denen die Parteien nicht an der Beweisaufnahme im Ausland teilnehmen, durch Einsicht in das Vernehmungsprotokoll gewahrt.[57] **Unterbleibt** eine (gebotene) **Benachrichtigung der Partei** vom Termin der Beweisaufnahme und kann deshalb die Partei an der Beweisaufnahme nicht teilnehmen, dann steht es im Ermessen des Prozessgerichts, ob es das Ergebnis dieser Beweisaufnahme seiner Entscheidung zugrunde legen will (arg. § 364 Abs. 4 S. 2).[58] Im Rahmen dieser Ermessensentscheidung ist insbesondere zu erwägen, ob es der Partei bei Anwesenheit möglich gewesen wäre, durch Fragen, Vorhaltungen oder in anderer Weise die Klärung der Beweisfrage zu fördern.[59] Ergeben sich Zweifel an der Glaubwürdigkeit eines im Ausland vernommenen Zeugen und lassen sich diese Zweifel nicht durch das dem deutschen Gericht zur Verfügung stehende Vernehmungsprotokoll klären, dann muss das deutsche Gericht versuchen, durch eigene Vernehmung des Zeugen diese Zweifel auszuräumen.[60] Erscheint dann der Zeuge nicht vor dem deutschen Gericht, muss eine erneute Vernehmung im Rechtshilfeweg veranlasst werden, wobei in dem Ersuchen auf die Gründe hinzuweisen ist, die Anlass für die Zweifel an der Glaubwürdigkeit des Zeugen ergeben.[61] Nach der Durchführung der Beweisaufnahme iSd. § 363 Abs. 1 oder Abs. 2 und Eintreffen des ausländischen Beweisprotokolls sind die Parteien entsprechend § 362 Abs. 2 darüber zu informieren.

15 Die **Teilnahme deutscher Richter** an einer Beweisaufnahme im Ausland bedarf nach § 38a ZRHO der Genehmigung der Bundesregierung und des Staates, in dem die Beweisaufnahme stattfinden soll. Die Genehmigung der Bundesregierung ist auch dann einzuholen, wenn aufgrund einer Erklärung nach Art. 8 HBewÜ eine Genehmigung des ausländischen Staates für die Teilnahme von Richtern an der Beweisaufnahme nicht erforderlich ist.

V. Kosten

16 Nach Nummer 200 des Gebührenverzeichnisses zur Justizverwaltungskostenordnung (Anlage zu § 2 Abs. 1 dieser Verordnung) wird in Zivilsachen und in Angelegenheiten der Freiwilligen Gerichtsbarkeit für die Prüfung von Ersuchen nach dem Ausland durch die **Prüfungsstellen** (§ 9 ZRHO) eine **Gebühr** zwischen 10 und 50 Euro erhoben. Nach § 50 Abs. 2 ZRHO soll dabei im Regelfall eine Gebühr von 30 Euro festgesetzt werden. Dieser Satz soll nur überschritten werden, wenn es sich um eine Sache von außergewöhnlichem Umfang, mit hohem Streitwert oder von besonderer Bedeutung handelt. Die Vorschriften der §§ 8, 11ff. JVEG regeln die Erstattung von etwaig anfallenden Übersetzungskosten. Welche **sonstigen Gebühren oder Auslagen** verlangt werden können, richtet sich im Rechtshilfeverkehr aufgrund zwischenstaatlicher Vereinbarungen nach den in diesen Vereinbarungen getroffenen Regelungen[62] und im vertragslosen Rechtshilfeverkehr nach dem Recht des Staates, der Rechtshilfe leistet. Hinzukommen können Gebühren und

---

56 Vgl. Art. 7 HBewÜ; ebenso Art. 11 Abs. 2 HZPÜ 1954.

57 *Späth* S. 137.

58 BGHZ 33, 63, 64f. = NJW 1960, 1950; LG Göttingen IPRspr. 1983 Nr. 170; *Späth* S. 136; *Geimer* Rn. 2399 m. weit. Nachw.

59 Vgl. BGHZ 33, 63, 64f. = NJW 1960, 1950; LG Göttingen IPRspr. 1983 Nr. 170; *Schneider* ZZP 74 (1961), 87, 88.

60 OLG Saarbrücken ZfS 2002, 587.

61 BGH NJW 1990, 3088, 3090; *Musielak/Stadler* Rn. 7.

62 Zu den Haager Übereinkommen vgl. Art. 14 HBewÜ, Art. 16 HZPÜ 1954 und die Erl. dazu.

Auslagen, die deutschen Auslandsvertretungen nach dem Auslandskostengesetz[63] und der Auslandskostenverordnung[64] zustehen.

17 Der zum Prozessbevollmächtigten bestellte **Rechtsanwalt** erhält nach der Neuordnung der Gebührenstruktur durch das Rechtsanwaltsvergütungsgesetz für die Vertretung im Beweisverfahren in bürgerlichen Rechtsstreitigkeiten keine gesonderte Vergütung.[65]

§ 364 Parteimitwirkung bei Beweisaufnahme im Ausland

(1) Wird eine ausländische Behörde ersucht, den Beweis aufzunehmen, so kann das Gericht anordnen, dass der Beweisführer das Ersuchungsschreiben zu besorgen und die Erledigung des Ersuchens zu betreiben habe.

(2) Das Gericht kann sich auf die Anordnung beschränken, dass der Beweisführer eine den Gesetzen des fremden Staates entsprechende öffentliche Urkunde über die Beweisaufnahme beizubringen habe.

(3) [1]In beiden Fällen ist in dem Beweisbeschluss eine Frist zu bestimmen, binnen der von dem Beweisführer die Urkunde auf der Geschäftsstelle niederzulegen ist. [2]Nach fruchtlosem Ablauf dieser Frist kann die Urkunde nur benutzt werden, wenn dadurch das Verfahren nicht verzögert wird.

(4) [1]Der Beweisführer hat den Gegner, wenn möglich, von dem Ort und der Zeit der Beweisaufnahme so zeitig in Kenntnis zu setzen, dass dieser seine Rechte in geeigneter Weise wahrzunehmen vermag. [2]Ist die Benachrichtigung unterblieben, so hat das Gericht zu ermessen, ob und inwieweit der Beweisführer zur Benutzung der Beweisverhandlung berechtigt ist.

I. Normzweck

1 Grundsätzlich ist die Beweisaufnahme auch in Fällen, in denen sich ein Beweismittel im Ausland befindet, iSd. § 355 vor dem Prozessgericht durchzuführen (§ 363 Rn. 1). Folglich steht es nicht im freien Ermessen des Gerichts, der Beweis führenden Partei nach § 364 einzuräumen, die Beweise im Ausland zu besorgen.[1] Ist es dem Gericht nicht möglich, die Beweisaufnahme selbst durchzuführen, dann hat es unter Beachtung der dafür getroffenen Regelungen den Weg der Rechtshilfe zu beschreiten. Sowohl nach der Verordnung (EG) Nr. 1206/2001 vom 28. 5. 2001 über die Zusammenarbeit zwischen den Gerichten der Mitgliedstaaten auf dem Gebiet der Beweisaufnahme in Zivil- oder Handelssachen (EG-BeweisVO),[2] den beiden Haager Übereinkommen von 1954 und 1970 als auch aufgrund bilateraler Rechtshilfeverträge ist der in § 364 Abs. 1 genannte Weg, den Beweisführer das Ersuchungsschreiben besorgen und die Erledigung des Ersuchens betreiben zu lassen, nicht vorgesehen. Anders als im Rahmen des HZPÜ 1954, welches ein Vorgehen iSd. § 364 ausschließt,[3] können jedoch nach Art. 27 HBewÜ[4] die Vertragsstaaten oder im Rahmen des Art. 21 Abs. 2 EG-BeweisVO die Mitgliedsstaaten durch einseitige Erklärung gestatten, dass Privatpersonen bei der Beweisaufnahme im Ausland entsprechend mitwirken können (vgl. Erl. zu Art. 24 bis 30 HBewÜ Rn. 4). Teilweise wird auch ohne eine derartige Erklärung eine Anordnung nach § 364 Abs. 1 bezüglich der Länder, die Vertragsstaaten der Haager Übereinkommen sind, für zulässig gehalten.[5] Jedoch kommt wohl regelmäßig eine solche Anordnung nur dann in Betracht, wenn der ausländische Staat dies durch eine entsprechende Erklärung wie etwa über Art. 27 HBewÜ oder Art. 21 Abs. 2 EG-BeweisVO erlaubt, oder, wenn keine vertragliche Vereinbarung[6] oder völkerrechtliche Übung besteht, aufgrund früherer Erfahrungen oder anderer Umstände damit gerechnet werden kann, dass die Beweisaufnahme auf Betreiben der Partei stattfindet.[7] In diesem Zusam-

[63] V. 21. 2. 1978 (BGBl. I S. 301), zuletzt geändert durch KostRModG v. 5. 5. 2004 (BGBl. I S. 718).
[64] IdF v. 20. 12. 2001 (BGBl. I S. 4161 und BGBl. 2002 I S. 750).
[65] *Hartung/Römermann* Vergütungsverzeichnis Teil 3 Rn. 18.
[1] BGH NJW-RR 1989, 160, 161; *Musielak/Stadler* Rn. 1; *Junker* Discovery S. 225; aA *Zöller/Geimer* Rn. 1.
[2] ABl. Nr. L 174 v. 27. 6. 2001 S. 1 ff.
[3] *Bülow/Böckstiegel/Geimer/Schütze* G 1, 900.34 Fn. 131.
[4] Vgl. Denkschrift III B, zu Art. 2.
[5] OLG Köln NJW 1975, 2349, 2350.
[6] *Wieczorek/Wieczorek* Anm. A I, B.
[7] IdS BGH NJW-RR 1989, 160, 161; OLG Hamm NJW-RR 1988, 703. Wesentlich großzügiger gegenüber der Möglichkeit, nach § 364 zu verfahren, dagegen LG Neubrandenburg MDR 1996, 1186 (pflichtgemäßes Ermessen des Gerichts); ebenso *Zöller/Geimer* Rn. 1; *Schabenberger* S. 121.

menhang sollte jedoch beachtet werden, dass die Erledigung von Rechtshilfeersuchen, die eine Partei bei ausländischen Behörden unmittelbar betreibt, sehr häufig auf Schwierigkeiten stößt und dass deshalb dieser Weg selten empfehlenswert erscheint.

II. Anordnung nach Abs. 1 oder 2

Der Wortlaut der Vorschrift sieht vor, dass sich die Anordnung an den Beweisführer richtet. Davon unabhängig ist, ob die Partei, die sich auf das betreffende Beweismittel berufen hat, auch die **Beweisführungslast** trägt.[8] In dem Beweisbeschluss, durch den eine Anordnung nach § 364 Abs. 1 oder 2 getroffen wird, ist nach Absatz 3 dieser Vorschrift dem Beweisführer eine **Frist** zu setzen, innerhalb derer er die Urkunde über die Beweisaufnahme im Ausland auf der Geschäftsstelle des Prozessgerichts niederzulegen hat. Die Frist ist so zu bemessen, dass der Beweisführer bei ihm zumutbaren Anstrengungen die geforderte Urkunde voraussichtlich beizubringen vermag. Für den Ablauf der Frist und die Folgen ihrer Versäumung gelten die gleichen Regeln wie für die Beibringungsfrist nach § 356 (ebenda Rn. 12f.).[9] Ist **zunächst** die zuständige ausländische Behörde um Aufnahme des Beweises nach **§ 363 Abs. 1** ersucht worden und wird dem Ersuchungsschreiben nicht innerhalb einer angemessenen Zeit entsprochen, **dann** kann das Prozessgericht eine Anordnung nach **§ 364 Abs. 1 oder 2** treffen, wenn dieser Weg Aussicht auf Erfolg verspricht.[10] Die dafür erforderlich werdende Änderung des Beweisbeschlusses kann ohne vorherige mündliche Verhandlung und ohne Zustimmung der Parteien vollzogen werden (§ 360 Rn. 9).[11] 2

Ist die nach **§ 364 Abs. 4 vorgesehene Mitteilung** unterblieben, dann steht es nach Satz 2 dieser Vorschrift im Ermessen des Prozessgerichts, ob es das Ergebnis der Beweisaufnahme seiner Entscheidung zugrunde legen will. Im Rahmen dieser Ermessensentscheidung muss erwogen werden, ob es dem Gegner des Beweisführers bei Anwesenheit möglich gewesen wäre, durch Fragen, Vorhaltungen oder in anderer Weise die Klärung der Beweisfrage zu fördern (§ 363 Rn. 14). Das Prozessgericht wird insbesondere darauf zu achten haben, dass der Grundsatz des rechtlichen Gehörs und derjenige der Waffengleichheit beider Parteien nicht verletzt werden.[12] Auf jeden Fall muss dem Gegner des Beweisführers im Rahmen der Verhandlung über das Ergebnis der Beweisaufnahme (§ 285 Abs. 1) ausreichend Gelegenheit gegeben werden, etwaige Bedenken gegen Art und Inhalt der Beweisaufnahme vorzutragen. 3

III. Rechtsmittel

Grundsätzlich ist ein Beweisbeschluss, der eine Beweisaufnahme im Ausland anordnet, auch in den Fällen des § 364 Abs. 1 und 2 selbständig nicht anfechtbar (vgl. § 355 Rn. 19f.). Wird jedoch die nach Absatz 3 zu setzende Frist so lange bemessen, dass dies praktisch die Aussetzung des Verfahrens bewirkt, dann ist ausnahmsweise eine Beschwerde in Analogie zu § 252 statthaft.[13] Wird die Frist zu kurz bemessen, so dass die beweisführungsbelastete Partei nicht in der Lage ist, rechtzeitig die Urkunden auf der Geschäftsstelle niederzulegen, dann rechtfertigt dies eine Anfechtung des Urteils (§ 356 Rn. 14). Sofern eine Verwertung der Beweisaufnahme bei fehlender Benachrichtigung des Gegners unter dem Gesichtspunkt der Wahrung der Waffengleichheit der Parteien sowie des Anspruchs auf rechtliches Gehör auszuscheiden hat (Rn. 3), kommt eine erfolgreiche Anfechtung des Urteils mit der Berufung oder Revision aufgrund dennoch erfolgter Berücksichtigung der Beweisverhandlung nur in Betracht, wenn der Verfahrensfehler nicht nach § 295 Abs. 1 geheilt ist.[14] 4

IV. Kosten

Die einer Partei durch die **Teilnahme an der Beweisaufnahme entstehenden Kosten** sind grundsätzlich für eine zweckentsprechende Rechtsverfolgung oder Rechtsverteidigung iSd. § 91 notwendig und deshalb erstattungsfähig. Dies gilt auch dann, wenn die Beweisaufnahme im Aus- 5

---

[8] *Baumbach/Lauterbach/Hartmann* Rn. 4; *Musielak/Stadler* Rn. 5; BGH NJW 1984, 2039 = LM § 363 Nr. 4.

[9] *Musielak/Stadler* Rn. 5; *Baumbach/Lauterbach/Hartmann* Rn. 4; *Schabenberger* S. 125.

[10] Vgl. BGH NJW 1984, 2039 = LM § 363 Nr. 4.

[11] *Stein/Jonas/Berger* Rn. 7 für den umgekehrten Fall einer Änderung von § 364 auf § 363.

[12] *Baumbach/Lauterbach/Hartmann* Rn. 4; *Thomas/Putzo/Reichold* Rn. 2. Zu weit geht es jedoch, aus diesen Erwägungen verallgemeinernd die Verwertung der Beweise in der Regel für unzulässig anzusehen (so aber *Thomas/Putzo/Reichold* Rn. 2; ebenso *Musielak/Stadler* Rn. 6).

[13] OLG Köln NJW 1975, 2349; aA LG Neubrandenburg MDR 1996, 1186; vgl. auch LG Aachen NJW-RR 1993, 1407 (Beschwerde bei Verzögerung über zwei Jahre).

[14] *Musielak/Stadler* Rn. 6; *Stein/Jonas/Berger* Rn. 14.

land stattfindet.[15] Nur wenn feststeht, dass die Anwesenheit der Partei nicht zur besseren Klärung der zu ermittelnden Tatsachen beitragen wird, ist die Notwendigkeit solcher Kosten zu verneinen (§ 357 Rn. 15). Der zum Prozessbevollmächtigten bestellte **Rechtsanwalt** erhält nach der Neuordnung der Gebührenstruktur durch das Rechtsanwaltsvergütungsgesetz für die Vertretung im Beweisverfahren in bürgerlichen Rechtsstreitigkeiten keine gesonderte Vergütung.[16]

§ 365 Abgabe durch beauftragten oder ersuchten Richter

[1]Der beauftragte oder ersuchte Richter ist ermächtigt, falls sich später Gründe ergeben, welche die Beweisaufnahme durch ein anderes Gericht sachgemäß erscheinen lassen, dieses Gericht um die Aufnahme des Beweises zu ersuchen. [2]Die Parteien sind von dieser Verfügung in Kenntnis zu setzen.

I. Normzweck

1 Die Vorschrift des § 365 S. 1 führt zur Beschleunigung und Erleichterung des Verfahrens, dient also auch der Prozessökonomie. Der beauftragte oder ersuchte Richter muss nicht zunächst die Entscheidung des Prozessgerichts herbeiführen, sondern kann selbst ein anderes Gericht um die Aufnahme des Beweises ersuchen, wenn es sachgemäß erscheint, dass dieses an seiner Stelle die Beweisaufnahme durchführt. Satz 2 bezweckt in Ergänzung des § 357 die Wahrung der Parteiöffentlichkeit.[1]

II. Weiterübertragung der Beweisaufnahme

2 **1. Gründe für die Weitergabe.** Die Gründe, die es sachgemäß erscheinen lassen, den Beweis nicht durch den beauftragten oder ersuchten Richter aufnehmen zu lassen, sondern diese Aufgabe einem anderen Gericht zu übertragen, müssen nicht notwendigerweise erst nach Erlass des Beweisbeschlusses durch das Prozessgericht eingetreten sein. Es genügt, dass diese Gründe nachträglich bekannt werden,[2] zB wenn das Prozessgericht durch die falsche Adresse eines Zeugen veranlasst wurde, das für den irrtümlich angenommenen Wohnort des Zeugen zuständige Amtsgericht um die Vernehmung zu ersuchen. Dagegen ist es nicht zulässig, dass der verordnete Richter ein anderes Gericht um die Beweisaufnahme ersucht, weil er die dem Prozessgericht bekannten Gründe anders beurteilt.[3] Denn der beauftragte oder ersuchte Richter ist zur Durchführung der Beweisaufnahme verpflichtet und eine Ablehnung ist dem ersuchten Richter nur aus den Gründen des § 158 Abs. 2 GVG gestattet (§ 362 Rn. 5).[4] In Fällen, in denen der ersuchte Richter aus tatsächlichen oder rechtlichen Gründen (vgl. §§ 41, 42) an der Durchführung der Beweisaufnahme gehindert ist, findet nicht § 365, sondern § 36 Nr. 1 Anwendung. Insofern hat dann das dem ersuchten Richter übergeordnete Gericht zu bestimmen, welches Gericht Beweis zu erheben hat.[5]

3 **2. Ersuchtes Gericht.** Das Gericht, das der beauftragte oder ersuchte Richter um die Aufnahme der Beweise ersucht, kann nach § 157 Abs. 1 GVG nur das Amtsgericht sein, in dessen Bezirk Beweis erhoben werden soll. Ein **ausländisches Gericht** kann ebenso wenig wie eine deutsche Auslandsvertretung vom verordneten Richter um die Erhebung von Beweisen ersucht werden. Dies begründet sich dadurch, weil die Entscheidung, die Beweisaufnahme im Ausland stattfinden zu lassen, dem Prozessgericht vorbehalten bleibt (§ 363 Rn. 2).[6] Sofern eine ausländische Behörde ein an sie gerichtetes Ersuchen an eine andere Behörde weitergibt, gelten nicht die Vorschriften des § 365, sondern die Regelungen in den einschlägigen Verträgen über die internationale Rechtshilfe[7] und die lex fori.[8] Hält sich ein deutsches Gericht für die Ausführung eines von einer ausländischen

---

[15] OLG Koblenz ZIP 1986, 1407. Zur Erstattung von Reisekosten eines deutschen Verkehrsanwalts, die durch eine Reise zu der im Ausland wohnenden Partei entstehen, vgl. OLG Stuttgart RIW 1990, 65.

[16] *Hartung/Römermann* Vergütungsverzeichnis Teil 3 Rn. 18.

[1] *Baumbach/Lauterbach/Hartmann* Rn. 2; *Musielak/Stadler* Rn. 1.

[2] *Musielak/Stadler* Rn. 2; *Stein/Jonas/Berger* Rn. 2; *Zöller/Greger* Rn. 2.

[3] *Seuffert/Walsmann* Kommentar zur ZPO, 12. Aufl. 1932/33, § 365 Anm. 1; *Musielak/Stadler* Rn. 2; vgl. auch *Kissel/Mayer* § 158 GVG Rn. 24 ff.

[4] *Stein/Jonas/Berger* Rn. 3; *Kissel/Mayer* § 158 GVG Rn. 24.

[5] RGZ 44, 394 (ersuchter Richter ist zugleich Zeuge); ausführlich zum Bestimmungsverfahren *Musielak/Heinrich* § 36 Rn. 6 ff.

[6] *Musielak/Stadler* Rn. 1; *Stein/Jonas/Berger* Rn. 1.

[7] Vgl. Art. 6, 9 Abs. 1 HBewÜ; Art. 12, 14 Abs. 1 HZPÜ 1954; Art. 7 Abs. 2 EG-BeweisVO.

[8] *Baumbach/Lauterbach/Hartmann* Rn. 5; *Wieczorek/Wieczorek* Anm. B; AK-ZPO/*Rüßmann* Rn. 3.

Behörde stammenden Ersuchens auf Beweisaufnahme örtlich für unzuständig, dann gibt es gemäß § 58 Abs. 1 ZRHO das Ersuchen unmittelbar an das zuständige Gericht ab und erteilt Abgabenachricht. Diese Abgabenachricht ist nach § 9 ZRHO stets der Prüfungsstelle zuzuleiten.[9] Geht bei einem deutschen Gericht ein ausländisches Ersuchen um Rechtshilfe unmittelbar ein, dann ist § 57 ZRHO zu beachten. Das Ersuchen ist nach dessen Abs. 2 ebenfalls der Prüfungsstelle vorzulegen.

3. Mitteilung von der Weitergabe. Vor einer Weitergabe des Auftrages oder Ersuchens durch den verordneten Richter müssen die Parteien nicht gehört werden; § 360 S. 4 gilt nicht.[10] Die Parteien sind jedoch nach § 365 S. 2 von der Weitergabe formlos[11] in Kenntnis zu setzen. Auch das Prozessgericht ist von der Weitergabe zu unterrichten.[12] 4

4. Rechtsbehelf. Soweit keine Ausnahme vom Ablehnungsverbot iSd. § 158 Abs. 2 GVG eingreift, liegt in der Weitergabe des Ersuchens seine Ablehnung, weshalb die Abgabeverfügung nach Maßgabe des § 159 GVG anfechtbar ist (§ 159 GVG Rn. 3).[13] Die Entscheidung ergeht ohne mündliche Verhandlung auf Antrag der Beteiligten oder des ersuchenden Gerichts, § 159 Abs. 2 GVG.[14] Zuständig ist das Oberlandesgericht, zu dessen Bezirk das ersuchte Gericht gehört. 5

§ 366 Zwischenstreit

(1) Erhebt sich bei der Beweisaufnahme vor einem beauftragten oder ersuchten Richter ein Streit, von dessen Erledigung die Fortsetzung der Beweisaufnahme abhängig und zu dessen Entscheidung der Richter nicht berechtigt ist, so erfolgt die Erledigung durch das Prozessgericht.

(2) Der Termin zur mündlichen Verhandlung über den Zwischenstreit ist von Amts wegen zu bestimmen und den Parteien bekannt zu machen.

I. Normzweck

Bei Streitigkeiten über die Fortsetzung der Beweisaufnahme etwa aufgrund einer Zeugnis- oder Gutachtenverweigerung ist zu unterscheiden, ob der beauftragte bzw. der ersuchte Richter oder das Prozessgericht zur Entscheidung berufen ist. Die Vorschrift des § 366 Abs. 1 bestätigt die grundsätzliche vor allem durch §§ 360 S. 2, 387 Abs. 1, 389 Abs. 2, 397 Abs. 3, 434, 479 normierte Entscheidungsbefugnis des Prozessgerichts im Hinblick auf ebensolche Streitigkeiten. Daneben können sich im Rahmen der Durchführung der Beweisaufnahme durch einen verordneten Richter jedoch auch Fragen ergeben, welche die Art und Weise der Erledigung des Auftrags oder Ersuchens betreffen, wie etwa sitzungspolizeiliche Angelegenheiten oder solche der Ordnungsgewalt.[1] Die Befugnis des Richterkommissars, in diesem eigenen Wirkungskreis selbst Entscheidungen zu treffen, bleibt von § 366 Abs. 1 unberührt. 1

II. Entscheidung durch das Prozessgericht

Die Vorschrift des § 366 knüpft an die grundsätzliche Aufteilung in der Entscheidungszuständigkeit (Rn. 1) an und trifft in Absatz 1 die (selbstverständliche) Anordnung, dass immer dann, wenn der Richterkommissar zur Entscheidung des Zwischenstreits nicht berechtigt ist, das Prozessgericht darüber zu entscheiden hat. Der **verordnete Richter** ist zur Entscheidung jener Streitigkeiten berufen, die seiner ureigenen Gerichtsgewalt unterliegen. Handelt es sich dementsprechend um die Bestimmung von Terminen und Fristen gemäß § 229, mit Ausnahme einer Fristsetzung nach § 356 (ebenda Rn. 10), um die Änderung des Beweisbeschlusses iSv. § 360 S. 3, eine Entscheidung über die Weitergabe des Auftrages oder des Ersuchens gemäß § 365, um die Ernennung eines Sachverständigen in Fällen, in denen im Sinne des § 372 Abs. 2 oder § 405 das Prozessgericht den verordneten Richter zu dieser Ernennung ermächtigt hat, um Verfügungen oder Anordnungen nach § 400, Entscheidungen über das gegen einen Sachverständigen gerichtete Ablehnungsgesuch im Falle des § 405 (vgl. § 406 Abs. 4), um Maßnahmen zur Aufrechterhaltung der Ordnung, §§ 176 ff. 2

---

[9] Vgl. *Bülow/Böckstiegel/Geimer/Schütze* G 1, 900.49 Fn. 192.
[10] *Wieczorek/Wieczorek* Anm. A III; *Musielak/Stadler* Rn. 2.
[11] *Musielak/Stadler* Rn. 2; *Stein/Jonas/Berger* Rn. 4.
[12] *Zöller/Greger* Rn. 1; *Baumbach/Lauterbach/Hartmann* Rn. 5.
[13] *Stein/Jonas/Berger* Rn. 5; *Musielak/Stadler* Rn. 3; enger *Baumbach/Lauterbach/Hartmann* Rn. 5; aA *Zöller/Greger* Rn. 1.
[14] *Wieczorek/Wieczorek* Anm. A III a; AK-ZPO/*Rüßmann* Rn. 3.
[1] *Baumbach/Lauterbach/Hartmann* Rn. 4; *Thomas/Putzo/Reichold* Rn. 4.

GVG, sowie sonstige Entscheidungen, die Art und Weise der Ausführung des Auftrages oder Ersuchens betreffen,[2] dann liegt die Zuständigkeit bei dem beauftragten oder ersuchten Richter. **In anderen Fällen** hat das **Prozessgericht** (zum Begriff § 355 Rn. 5) zu entscheiden. So befindet es insbesondere über die Rechtmäßigkeit einer Zeugnisverweigerung (vgl. §§ 387, 389), über die Zulässigkeit von Fragen, welche die Parteien unmittelbar an Zeugen richten wollen, §§ 397 Abs. 3, 398 Abs. 2, oder die Beantwortung schriftlicher Fragen nach § 377 Abs. 3. Ferner gehören Streitigkeiten hinsichtlich der Beeidung gemäß § 391 hierher, weil nur das Prozessgericht zur Prüfung von deren Voraussetzungen befugt ist (aA § 391 Rn. 7).[3]

III. Verfahren

3 Hat das Prozessgericht den Zwischenstreit zu entscheiden, dann erledigt der beauftragte oder ersuchte Richter die Beweisaufnahme, soweit dies unabhängig von dem Zwischenstreit möglich ist, und legt dann die Akten mit einer Darstellung des Zwischenstreites dem Prozessgericht zur Entscheidung vor.[4] Das Prozessgericht hat sodann nach Absatz 2 Termin zur mündlichen Verhandlung über den Zwischenstreit zu bestimmen und diesen Termin den Parteien und den übrigen am Zwischenstreit Beteiligten bekannt zu geben.[5] Die Entscheidung des Prozessgerichts ergeht durch ein **Zwischenurteil** iSd. § 303, wenn der verordnete Richter die Beweisaufnahme fortsetzen soll. Ebenso muss stets ein Zwischenurteil ergehen, soweit auch Dritte (Zeugen oder Sachverständige) beteiligt sind.[6] Beschließt dagegen das Prozessgericht in Abänderung des Beweisbeschlusses die Beweisaufnahme selbst fortzusetzen und betrifft die Streitigkeit nur die Parteien, dann kann von einem Zwischenurteil abgesehen und der Zwischenstreit in den Gründen des Endurteils entschieden werden.[7] Wird beim Zwischenstreit unter den Parteien (ohne Beteiligung Dritter) der Termin versäumt, gilt § 347 Abs. 2.

IV. Rechtsbehelfe

4 Wird die Änderung einer Entscheidung begehrt, die der beauftragte oder ersuchte Richter getroffen hat, dann ist im Wege der **Erinnerung iSv. § 573 Abs. 1** die Entscheidung des Prozessgerichts nachzusuchen, gegen die nach §§ 573 Abs. 2, 567 Abs. 1 Nr. 1 im ersten Rechtszug sofortige Beschwerde eingelegt werden kann (§ 361 Rn. 9, § 362 Rn. 7). Gegen die vom verordneten Richter nach §§ 178, 180 GVG verhängten Ordnungsmittel ist Beschwerde gemäß § 181 Abs. 1 GVG statthaft, über die das Oberlandesgericht entscheidet, § 181 Abs. 3 GVG. Gegen das vom Prozessgericht erlassene Zwischenurteil ist grundsätzlich ein selbständiges Rechtsmittel nicht gegeben (§ 303 Rn. 7). Nur ausnahmsweise ist das Zwischenurteil, mit dem über die Rechtmäßigkeit der Zeugnisverweigerung iSd. § 387 Abs. 1 oder der Gutachtenverweigerung nach § 408 Abs. 1 entschieden wird, mit der sofortigen Beschwerde anfechtbar, §§ 387 Abs. 3, 402.

§ 367 Ausbleiben der Partei

(1) Erscheint eine Partei oder erscheinen beide Parteien in dem Termin zur Beweisaufnahme nicht, so ist die Beweisaufnahme gleichwohl insoweit zu bewirken, als dies nach Lage der Sache geschehen kann.

(2) Eine nachträgliche Beweisaufnahme oder eine Vervollständigung der Beweisaufnahme ist bis zum Schluss derjenigen mündlichen Verhandlung, auf die das Urteil ergeht, auf Antrag anzuordnen, wenn das Verfahren dadurch nicht verzögert wird oder wenn die Partei glaubhaft macht, dass sie ohne ihr Verschulden außerstande gewesen sei, in dem früheren Termin zu erscheinen, und im Falle des Antrags auf Vervollständigung, dass durch ihr Nichterscheinen eine wesentliche Unvollständigkeit der Beweisaufnahme veranlasst sei.

---

[2] Vgl. *Stein/Jonas/Berger* Rn. 2; *Thomas/Putzo/Reichold* Rn. 4; *Musielak/Stadler* Rn. 2.

[3] *Rosenberg/Schwab/Gottwald* § 119 Rn. 30; *Musielak/Huber* § 391 Rn. 3; *Thomas/Putzo/Reichold* § 391 Rn. 2; aA *Baumbach/Lauterbach/Hartmann* § 391 Rn. 9; *Stein/Jonas/Berger* § 391 Rn. 21.

[4] *Baumbach/Lauterbach/Hartmann* Rn. 5; *Musielak/Stadler* Rn. 5.

[5] Vgl. *Stein/Jonas/Berger* Rn. 5; *Musielak/Stadler* Rn. 6.

[6] *Musielak/Stadler* Rn. 6; *Wieczorek/Wieczorek* Anm. B II c.

[7] *Wieczorek/Wieczorek* Anm. B II b 1, 2; *Musielak/Stadler* Rn. 6.

I. Normzweck

Im Sinne der Prozessförderung und Prozessökonomie bezweckt die Vorschrift in Absatz 1, selbst bei Abwesenheit der Parteien die Beweisaufnahme zum anberaumten Termin zu bewirken, um etwa ein wiederholtes Erscheinen von Zeugen oder Sachverständigen weitgehend zu vermeiden.[1] Die Beweisaufnahme ist trotz Ausbleibens einer Partei auch durchzuführen, wenn im Anschluss an die Beweisaufnahme die mündliche Verhandlung fortgesetzt (§ 370 Abs. 1) und gegen die nicht erschienene Partei ein **Versäumnisurteil** erlassen wird. Denn im Falle eines Einspruchs gegen das Versäumnisurteil erhält die Beweisaufnahme ihre Bedeutung und macht die erneute Ladung von Zeugen und Sachverständigen überflüssig.[2] Die Regelung des Absatzes 2 ermöglicht der unverschuldet ausgebliebenen Partei die Wahrnehmung ihres Rechts auf Teilnahme an der Beweisaufnahme (§ 357 Rn. 1)[3] und dient damit der sachlichrechtlichen Gerechtigkeit,[4] indem auf Antrag deren Nachholung oder Vervollständigung angeordnet werden kann. 1

II. Durchführung der Beweisaufnahme

Sind den Parteien der Zeitpunkt und Ort der Beweisaufnahme ordnungsgemäß mitgeteilt worden (§ 357 Rn. 11, § 361 Rn. 5, § 362 Rn. 6),[5] dann ist die Beweisaufnahme auch durchzuführen, wenn eine oder beide Parteien im Termin zur Beweisaufnahme nicht erscheinen. Diese Bestimmung des Absatzes 1 gilt für jede Beweisaufnahme, gleichgültig ob sie vor dem Prozessgericht oder vor einem beauftragten oder ersuchten Richter (§§ 361, 362) stattfindet. Wenn jedoch das **Ausbleiben der beweisführungsbelasteten Partei** die Erhebung des Beweises verhindert, beispielsweise weil sie ein Augenscheinobjekt vorlegen sollte, dann ist sie vorbehaltlich der in Absatz 2 getroffenen Regelung mit dem Beweis ausgeschlossen. Anderenfalls hat das Gericht die Gründe für das Nichterscheinen der Partei zu werten und insbesondere festzustellen, ob ihr Verhalten als beweisvereitelnd anzusehen ist.[6] Sollte die nicht erschienene Partei vernommen oder beeidet werden, dann ist § 454 zu beachten. 2

Umstritten ist, ob das Gericht dann, wenn es Zeugen oder Sachverständige nach § 273 Abs. 2 Nr. 4 zur mündlichen Verhandlung geladen und die Parteien gemäß § 273 Abs. 4 S. 1 davon unterrichtet hat, trotz Ausbleibens letzterer iSd. **§ 251 a Abs. 1** oder aus **§ 331 a** eine Beweisaufnahme nach Aktenlage anordnen und dann die präsenten Zeugen oder Sachverständigen mit den Rechtsfolgen nach § 367 für die abwesende Partei vernehmen kann. Mit der hM[7] ist diese Frage zu bejahen, weil ein Beweisbeschluss nach Lage der Akten auch in der ersten mündlichen Verhandlung möglich ist. Dass die Parteien zuvor von der Entscheidung des Gerichts in Kenntnis gesetzt werden müssten und deshalb die sofortige Beweisaufnahme zu unterbleiben habe,[8] ergibt sich nicht aus dem Gesetz und ist deshalb nicht zwingend geboten. Ferner begibt sich die nicht erschienene Partei aufgrund ihrer Säumnis des Rechts auf Anwesenheit bei der Beweisaufnahme.[9] 3

III. Nachholung oder Vervollständigung der Beweisaufnahme

Die im Rahmen der Nachholung oder Vervollständigung einer Beweisaufnahme zu berücksichtigenden Voraussetzungen des § 367 Abs. 2 gelten nur, wenn die **Parteien** ordnungsgemäß eine **Mitteilung vom Termin** der Beweisaufnahme erhalten haben (Rn. 2).[10] Ist dies nicht geschehen und dennoch eine Beweisaufnahme durchgeführt worden, ist diese auf Rüge einer Partei zu wiederholen.[11] Das Rügerecht kann jedoch nach § 295 Abs. 1 verloren gehen.[12] Insofern kann unter den Voraussetzungen des § 367 Abs. 2 nur noch die Vervollständigung der Beweisaufnahme verlangt werden.[13] 4

---

[1] Vgl. *Baumbach/Lauterbach/Hartmann* Rn. 1 f.; *Stein/Jonas/Berger* Rn. 1.
[2] AK-ZPO/*Rüßmann* Rn. 1; *Stein/Jonas/Berger* Rn. 1.
[3] *Jankowski* NJW 1997, 3347.
[4] *Baumbach/Lauterbach/Hartmann* Rn. 2.
[5] RGZ 6, 353; *Stein/Jonas/Berger* Rn. 1.
[6] Vgl. *Musielak/Stadler* Rn. 4; AK-ZPO/*Rüßmann* Rn. 3.
[7] *Musielak/Stadler* Rn. 3; *Zimmerman* Rn. 1; *Baumbach/Lauterbach/Hartmann* Rn. 4; *Stein/Jonas/Berger* Rn. 2; vgl. auch BGH NJW 2002, 301.
[8] So *Wieczorek/Wieczorek* Anm. A II.
[9] *Stein/Jonas/Berger* Rn. 1; *Thomas/Putzo/Reichold* Rn. 2.
[10] Vgl. RGZ 6, 351, 353; *Zöller/Greger* Rn. 1.
[11] RG JW 1907, 392; *Stein/Jonas/Berger* Rn. 7; *Wieczorek/Wieczorek* Anm. A I a.
[12] BGH LM StVO § 13 Nr. 7; *Thomas/Putzo/Reichold* Rn. 4.
[13] BGH LM StVO § 13 Nr. 7; *Stein/Jonas/Berger* Rn. 7 Fn. 3; *Musielak/Stadler* Rn. 6.

5 Die Nachholung oder Vervollständigung einer Beweisaufnahme ist gemäß § 367 Abs. 2 zulässig, wenn dadurch das Verfahren nicht verzögert wird oder wenn die nichterschienene Partei ein **fehlendes Verschulden** an ihrem Ausbleiben im Termin glaubhaft zu machen vermag. Der Begriff der **Verzögerung** ist im gleichen Sinne wie in § 296 Abs. 1 und 2 zu verstehen (ausführlich § 296 Rn. 74 ff.). Dementsprechend wird das Verfahren verzögert, wenn wegen der nachzuholenden oder zu vervollständigenden Beweisaufnahme ein weiterer Termin, der sonst nicht stattfinden müsste, anzuberaumen ist.[14] Ist danach eine Verzögerung anzunehmen, dann kommt es darauf an, ob die Partei iSd. § 294 Abs. 1 glaubhaft zu machen vermag (§ 294 Rn. 24), dass ihr **Nichterscheinen** auf Gründen beruht, die sie und ihr Prozessbevollmächtigter (§ 85 Abs. 2) auch bei Anwendung der gebotenen Sorgfalt **nicht hätten vermeiden können.** Diesbezüglich ist eine substantiierte Darstellung des Sachverhalts seitens der Partei erforderlich.[15] Eingehend darzulegen und im Sinne einer überwiegenden Wahrscheinlichkeit glaubhaft zu machen ist, dass die durchgeführte Beweisaufnahme aufgrund der **Abwesenheit** der Partei **zu einem unvollständigen Beweisergebnis** geführt hat, die Unvollständigkeit wesentlich und deshalb zu beheben ist. Hierzu gehört auch, dass die Partei mitteilt, welche Fragen sie einem Zeugen oder Sachverständigen vorgelegt hätte, die in der Beweisaufnahme nicht gestellt worden sind.[16]

6 Nach überwiegender Meinung[17] ist auch in der **Einwilligung der Gegenpartei** ein ausreichender Grund für die Nachholung oder Vervollständigung der Beweisaufnahme zu sehen. Dieser Auffassung ist als der angestrebten Verfahrensbeschleunigung zuwiderlaufend nicht zuzustimmen.[18] Nur wenn die in § 367 Abs. 2 genannten Voraussetzungen erfüllt sind, ist das Gericht verpflichtet, eine Beweisaufnahme nachzuholen oder zu vervollständigen. Ein entsprechendes Einverständnis beider Parteien kann gegenüber dem Gericht keine Bindungswirkung entfalten, weil diese insoweit nicht dispositionsbefugt sind.

7 Die Partei muss den **Antrag** auf Nachholung oder Vervollständigung der Beweisaufnahme beim Prozessgericht (zum Begriff § 355 Rn. 5) stellen.[19] Der **beauftragte oder ersuchte Richter** ist zu einer Entscheidung nach § 367 Abs. 2 nicht befugt (§ 366 Rn. 2).[20] Dies hindert den kommissarischen Richter jedoch nicht, eine Beweisaufnahme wegen des Ausbleibens einer Partei als nicht erschöpfend anzusehen und deshalb zur sachgemäßen Erledigung des Beweisbeschlusses einen nochmaligen Beweistermin anzuberaumen (§ 368 Rn. 1).[21] Die wiederholte Vernehmung eines Zeugen oder Sachverständigen iSd. §§ 398 Abs. 1, 402 ist in das Ermessen des Prozessgerichts (nicht des verordneten Richters)[22] gestellt.

8 Gibt das Prozessgericht dem Antrag statt, dann ordnet es die Beweisaufnahme durch Beweisbeschluss an.[23] Die Entscheidung ergeht nach mündlicher Verhandlung.[24] Die **Ablehnung des Antrages** kann durch Zwischenurteil nach § 303 oder in den Gründen des Endurteils geschehen.[25] Die Entscheidung des Gerichts kann in beiden Fällen nur zusammen mit dem Endurteil angefochten werden.[26]

§ 368 Neuer Beweistermin

Wird ein neuer Termin zur Beweisaufnahme oder zu ihrer Fortsetzung erforderlich, so ist dieser Termin, auch wenn der Beweisführer oder beide Parteien in dem früheren Termin nicht erschienen waren, von Amts wegen zu bestimmen.

---

[14] Vgl. *Baumbach/Lauterbach/Hartmann* Rn. 5; *Musielak/Huber* § 296 Rn. 13.

[15] AK-ZPO/*Rüßmann* Rn. 2.

[16] *Baumbach/Lauterbach/Hartmann* Rn. 5; AK-ZPO/*Rüßmann* Rn. 2.

[17] *Zöller/Greger* Rn. 2; *Baumbach/Lauterbach/Hartmann* Rn. 5; *Stein/Jonas/Berger* Rn. 11; *Thomas/Putzo/Reichold* Rn. 3.

[18] Ablehnend auch *Musielak/Stadler* Rn. 6; *Wieczorek/Wieczorek* Anm. C II a 2.

[19] *Stein/Jonas/Berger* Rn. 13; *Zöller/Greger* Rn. 2; *Seuffert/Walsmann,* Kommentar zur ZPO, 12. Aufl. 1932/33, § 367 Anm. 3 b.

[20] OLG Nürnberg OLGZ 1976, 480, 481 f.

[21] *Stein/Jonas/Berger* Rn. 13.

[22] *Musielak/Stadler* Rn. 6; aA *Thomas/Putzo/Reichold* Rn. 5.

[23] *Zöller/Greger* Rn. 2; *Musielak/Stadler* Rn. 6; *Thomas/Putzo/Reichold* Rn. 6; aA *Seuffert/Walsmann,* Kommentar zur ZPO, 12. Aufl. 1932/33, § 367 Anm. 3 b für den Fall, dass der Gegner widerspricht, stets Zwischenstreit.

[24] *Baumbach/Lauterbach/Hartmann* Rn. 5; *Thomas/Putzo/Reichold* Rn. 6.

[25] *Musielak/Stadler* Rn. 6; *Thomas/Putzo/Reichold* Rn. 6; *Zöller/Greger* Rn. 2.

[26] *Baumbach/Lauterbach/Hartmann* Rn. 6; *Zöller/Greger* Rn. 2; *Stein/Jonas/Berger* Rn. 14.

I. Normzweck

1 Die Vorschrift bezweckt die Aufrechterhaltung des **Grundsatzes der Parteiöffentlichkeit der Beweisaufnahme** iSd. § 357 (ebenda Rn. 1). Das Gericht, welches die Beweisaufnahme durchführt, also auch der beauftragte oder ersuchte Richter, hat nach seinem Ermessen darüber zu befinden, ob eine Beweisaufnahme den Beweisbeschluss sachgemäß erledigt hat oder ob ein neuer Termin zur Beweisaufnahme anberaumt werden muss. Sofern ein neuer Termin zur Beweisaufnahme oder ihrer Fortsetzung notwendig ist, ordnet deshalb § 368 in Ergänzung zu § 367 an, dass dieser **von Amts wegen** zu bestimmen ist. Dies gilt unter Berücksichtigung von § 367 Abs. 2 auch dann, wenn eine der oder beide Parteien im Termin zur Beweisaufnahme nicht erschienen sind und in diesem Zusammenhang das Gericht einen weiteren Termin zur Beweisaufnahme für erforderlich hält (§ 367 Rn. 7).[1]

II. Terminsbestimmung

2 Wird der von Amts wegen zu bestimmende neue Termin zur Beweisaufnahme verkündet, dann ist eine Ladung der Parteien nach § 218 nicht erforderlich, wenn sie ordnungsgemäß zu dem Verkündungstermin geladen worden sind. Wird der Termin nicht verkündet, dann ist er den Parteien mitzuteilen. Die Mitteilung ist gemäß § 329 Abs. 2 S. 2 von Amts wegen zuzustellen. Insofern greifen §§ 251a, 330ff. im Bezug auf die Fortsetzung der mündlichen Verhandlung iSd. §§ 279 Abs. 3, 285, 370 Abs. 1 nach der Erledigung des bestimmten Beweisaufnahmetermins ein (§ 370 Rn. 3). Findet der Beweistermin vor einem beauftragten oder ersuchten Richter statt, dann genügt nach § 357 Abs. 2 S. 1 eine formlose Mitteilung (§ 357 Rn. 11), sofern nicht das Gericht die Zustellung anordnet. Die Ladungsfrist des § 217 ist jedoch in jedem Fall einzuhalten.[2] Sollte im früheren Termin die nicht erschienene Partei vernommen werden, dann ist § 454 zu beachten.

§ 369 Ausländische Beweisaufnahme

Entspricht die von einer ausländischen Behörde vorgenommene Beweisaufnahme den für das Prozessgericht geltenden Gesetzen, so kann daraus, dass sie nach den ausländischen Gesetzen mangelhaft ist, kein Einwand entnommen werden.

I. Normzweck

1 Die Regelungen der §§ 363, 364 bestimmen, dass im Wege der Rechtshilfe die dafür zuständige Behörde um Aufnahme der Beweise im Ausland ersucht werden kann. Die für die **formellen Anforderungen** bei der Durchführung dieser Beweisaufnahme maßgebenden Vorschriften leiten sich regelmäßig aus der **lex fori** ab. Dies wird durch § 369 in Übereinstimmung mit den Haager Beweisübereinkommen bestätigt, wenn auch nach letzteren die Möglichkeit besteht, auf Antrag der ersuchenden Behörde bei Aufnahme der Beweise nach einer anderen Form zu verfahren (vgl. Art. 9 HBewÜ, Art. 14 HZPÜ 1954 und die Erl.). Ebenso ist nach Art. 10 Abs. 2 der Verordnung (EG) Nr. 1206/2001 **(EG-BeweisVO)** die Beweisaufnahme grundsätzlich nach dem für das ersuchte Gericht geltenden Recht zu erledigen und nur auf gesonderten Antrag des ersuchenden Gerichts das Recht seines Mitgliedstaates anwendbar. Wird die Beweisaufnahme durch eine Behörde im Ausland nach ausländischen Gesetzen durchgeführt, bestimmt § 369 die Verwertbarkeit der dabei gewonnenen Ergebnisse.

II. Beweiswürdigung

2 Nach deutschem Recht beurteilt sich, welche Folgerungen das Prozessgericht aus den von einer ausländischen Behörde erhobenen Beweisen für die Entscheidung des Rechtsstreits zieht, ob also insbesondere aufgrund dieser Beweise eine Tatsache als festgestellt angesehen werden kann.[1*] Das **anzuwendende Beweismaß** ist folglich dem **deutschen Recht** zu entnehmen. Kommt es für die richterliche Feststellung einer Tatsache entscheidend auf die Beurteilung der Glaubwürdigkeit eines

---

[1] *Musielak/Stadler* Rn. 1; *Baumbach/Lauterbach/Hartmann* Rn. 4; aA *Wieczorek/Wieczorek* Anm. A, der § 368 auf Fälle beschränkt, in denen ein Beweis wegen Ausbleibens eines Zeugen oder aus ähnlichen Gründen nicht erhoben werden konnte.

[2] Str., wie hier *Wieczorek/Wieczorek* Anm. B; vgl. auch § 357 Rn. 11 m. weit. Nachw.

[1*] *Stein/Jonas/Berger* Rn. 1; *Musielak/Stadler* Rn. 4; *Seuffert/Walsmann,* Kommentar zur ZPO, 12. Aufl. 1932/33, § 369 Anm. 1.

Zeugen an, dann kann sich demgemäß für das Gericht die aus § 286 Abs. 1 folgende Verpflichtung ergeben, zusätzlich zu dem im Wege des Urkundenbeweises zu verwertenden Protokoll über die Vernehmung des Zeugen durch einen ausländischen Richter zu versuchen, den Zeugen selbst zu hören, um einen persönlichen Eindruck gewinnen zu können.[2] Wie die protokollierte Aussage des vom ausländischen Gericht vernommenen Zeugen zu würdigen ist, muss der deutsche Prozessrichter entscheiden, wobei das Berufungsgericht aufgrund der durch das ZPO-RG geänderten Fassung des § 529 nur noch im Rahmen der Fehlerkontrolle und -beseitigung von der Beurteilung des erstinstanzlichen Richters abweichen kann (vgl. § 355 Rn. 8). Eine Wiederholung der Vernehmung des Zeugen durch das ausländische Rechtshilfegericht kann dann unterbleiben, wenn davon keine neuen Erkenntnisse zu erwarten sind.[3] Bei einer mangelhaften Ausführung eines Rechtshilfeersuchens durch die ausländische Behörde muss das erkennende Gericht versuchen, die Mängel selbst zu beseitigen, ehe es einen Beweis für gescheitert erklärt.[4]

III. Formelle Verwertbarkeit

3 Hinsichtlich der **Durchführung der Beweisaufnahme** durch eine ausländische Behörde auf Ersuchen eines deutschen Gerichts ist zwischen **drei verschiedenen Kategorien von Verstößen gegen Verfahrensregeln** zu unterscheiden:

1. Die ausländische Behörde verletzt bei der Beweisaufnahme eine Vorschrift des von ihr anzuwendenden Rechts, die im deutschen Recht keine Entsprechung findet, so dass die Beweisaufnahme als ordnungsgemäß zu bewerten ist, wenn deutsches Recht dieser Bewertung zugrunde gelegt wird.
2. Die ausländische Behörde beachtet das für sie geltende Recht, das jedoch vom deutschen abweicht, und auf der Grundlage des deutschen Rechts wäre die Beweisaufnahme fehlerhaft.
3. Die von der ausländischen Behörde durchgeführte Beweisaufnahme ist sowohl nach dem anzuwendenden ausländischen Recht als auch nach deutschem Recht fehlerhaft.

4 Die Bestimmung des § 369 regelt nur den **ersten Fall** und stellt klar, dass die Beweisaufnahme nicht deshalb bemängelt werden kann, weil gegenüber dem deutschen Recht strengere Vorschriften der lex fori verletzt wurden. Dies muss auch im **zweiten** genannten (umgekehrten) **Fall** gelten. Denn wenn die Beweisaufnahme nach ausländischem Recht durchzuführen ist, dann kann auch nur dieses Recht für die Frage maßgebend sein, ob die Beweise ordnungsgemäß erhoben wurden.[5] Daran ändert sich nichts, wenn ausländisches und deutsches Prozessrecht in wesentlichen Punkten voneinander abweichen.[6] In solchen Fällen wird das Prozessgericht allerdings den Wert der erhobenen Beweise und die Frage, ob auf ihrer Grundlage die streitige Tatsache als festgestellt anzusehen ist, besonders kritisch zu würdigen haben. Dass die ausländische Verfahrensordnung den nach deutscher Rechtsauffassung zu stellenden Mindestanforderungen an ein geordnetes, rechtsstaatliches Verfahren widerspricht und dass deshalb nach dem deutschen ordre public das Ergebnis dieser Beweisaufnahme nicht verwertbar ist, dürfte ohnehin regelmäßig nicht vorkommen.

5 Im **dritten Fall,** bei einem Verstoß gegen die lex fori und zugleich auch gegen das deutsche Prozessrecht, ist selbstverständlich die Beweisaufnahme fehlerhaft und muss wiederholt werden. Jedoch findet in diesem Fall die Heilungsmöglichkeit nach § 295 Abs. 1 Anwendung, so dass dennoch eine Verwertbarkeit nach § 369 besteht.[7] Die überwiegende Meinung[8] hält das Gericht für berechtigt, auch bei rechtzeitiger Rüge des Verfahrensverstoßes, das Ergebnis einer mangelhaften Beweisaufnahme iSd. § 286 frei zu würdigen, wenn diese Beweisaufnahme nicht mehr wiederholt werden kann. Diese auch zu fehlerhaften Beweisaufnahmen vor deutschen Gerichten vertretene Auffassung[9] beruht darauf, dass das Ergebnis einer solchen Beweisaufnahme vom Prozessgericht nicht völlig zu ignorieren sei. Jedoch ist größte Zurückhaltung geboten, weil damit dem Grundsatz der Unverwertbarkeit einer gerügten mangelhaften Beweisaufnahme zuwider §§ 295, 369 unterlaufen werden.[10] Sofern eine freie Beweiswürdigung befürwortet wird, sind hinsichtlich des Beweis-

---

[2] BGH NJW 1990, 3088, 3089 f.

[3] OLG Karlsruhe NJW-RR 1990, 191, 192.

[4] OLG Celle NJW-RR 1994, 830.

[5] RGZ 2, 371, 373; *Grunsky* ZZP 89 (1976), 241, 243; *Schönke/Kuchinke* § 58 III 6; *Musielak/Stadler* Rn. 5; *Stein/Jonas/Berger* Rn. 1 f.

[6] AA *Wieczorek/Wieczorek* Anm. A III.

[7] RG JW 1893, 135; *Musielak/Stadler* Rn. 6; *Thomas/Putzo/Reichold* Rn. 1.

[8] *Stein/Jonas/Berger* Rn. 2; *Baumbach/Lauterbach/Hartmann* Rn. 5; AK-ZPO/*Rüßmann* Rn. 1; *Thomas/Putzo/Reichold* Rn. 1; aA *Wieczorek/Wieczorek* Anm. B; *Musielak/Stadler* Rn. 6.

[9] *Stein/Jonas/Leipold* § 286 Rn. 17.

[10] *Musielak/Stadler* Rn. 6; *Musielak/Stadler* BwR Rn. 58.

wertes der fehlerhaft erhobenen Beweise zumindest Art und Schwere des Verfahrensverstoßes zu berücksichtigen und es ist insbesondere darauf zu achten, dass die Grundsätze einer fairen Verfahrensführung und der Waffengleichheit nicht verletzt werden. Ebenso ist in die Bewertung einzubeziehen, welche rechtlichen Folgen das ausländische Prozessrecht an den Verfahrensverstoß knüpft.[11]

§ 370 Fortsetzung der mündlichen Verhandlung

(1) Erfolgt die Beweisaufnahme vor dem Prozessgericht, so ist der Termin, in dem die Beweisaufnahme stattfindet, zugleich zur Fortsetzung der mündlichen Verhandlung bestimmt.

(2) [1]In dem Beweisbeschluss, der anordnet, dass die Beweisaufnahme vor einem beauftragten oder ersuchten Richter erfolgen solle, kann zugleich der Termin zur Fortsetzung der mündlichen Verhandlung vor dem Prozessgericht bestimmt werden. [2]Ist dies nicht geschehen, so wird nach Beendigung der Beweisaufnahme dieser Termin von Amts wegen bestimmt und den Parteien bekanntgemacht.

I. Normzweck

1 Die Vorschrift des § 355 Abs. 1 bestimmt, dass grundsätzlich die Beweisaufnahme vor dem Prozessgericht durchgeführt werden soll. Die in § 370 Abs. 1 getroffene Regelung, dass in Fällen, in denen die Beweisaufnahme vor dem Prozessgericht stattfindet, der Termin zur Beweisaufnahme zugleich zur Fortsetzung der mündlichen Verhandlung bestimmt ist, ergänzt dieses Prinzip der Unmittelbarkeit der Beweisaufnahme (§ 355 Rn. 1). Solange noch Richter und Parteien das Ergebnis der Beweisaufnahme gegenwärtig in Erinnerung haben, soll auch erschöpfend darüber verhandelt werden.[1] In Fällen, in denen Beweise im Rahmen eines Verhandlungstermins erhoben werden, wie dies durch § 279 Abs. 2, 3 für den Haupttermin vorgeschrieben ist, hat § 370 Abs. 1 nur deklaratorische Bedeutung.[2] Absatz 2 enthält Regelungen zur Bestimmung des Termins zur Fortsetzung der mündlichen Verhandlung für den Fall, dass die Beweisaufnahme vor dem kommissarischen Richter (§§ 361, 362) durchgeführt wird. Damit wird wie auch durch Absatz 1 dem Gericht zugleich die Förderung des Prozesses auferlegt und eine Beschleunigung des Verfahrens erreicht.

II. Termin zur Fortsetzung der mündlichen Verhandlung

2 **1. Verbindung von Beweis- und Verhandlungstermin.** Jeder Termin, der zur Beweisaufnahme vor dem Prozessgericht anberaumt wird, ist aufgrund der Vorschrift des § 370 Abs. 1, also kraft Gesetzes, zugleich zur Fortsetzung der mündlichen Verhandlung bestimmt. Eine entsprechende Anordnung des Gerichts wirkt lediglich deklaratorisch,[3] kann sich aber empfehlen, um die Parteien auf diese gesetzliche Regelung hinzuweisen. Auch wenn der Beweistermin vom Prozessgericht außerhalb der Gerichtsstelle als sog. Lokaltermin iSd. § 219 Abs. 1 abgehalten wird, gilt dieser Grundsatz einer Verbindung von Beweis- und Verhandlungstermin.[4] Das Gericht kann jedoch aus triftigem Grund in allen Fällen diese **Verbindung aufheben.**[5] Dies bietet sich insbesondere an, wenn wegen der Kompliziertheit des Beweisthemas und des Beweisergebnisses, zB bei Darlegungen von Sachverständigen oder Aussagen sachverständiger Zeugen, der Partei eine Stellungnahme nur nach eingehender Vorbereitung möglich oder etwa eine Rücksprache des Prozessvertreters mit der Partei aufgrund eines unerwarteten Ergebnisses nötig ist.[6] Das Gleiche gilt ferner, wenn eine Beweisaufnahme neue Tatsachen ergibt, zu der eine Partei erst nach Erkundigungen Stellung zu nehmen vermag.[7] In solchen Fällen kann die Vertagung der Verhandlung nach Beendigung der Beweisaufnahme zur ausreichenden Gewährung des rechtlichen Gehörs erforderlich werden.[8] Fehlt

---

[11] LG Frankfurt IPRax 1981, 218.

[1] *Jauernig* § 51 V; vgl. auch RG JW 1937, 2222; BGH MDR 1978, 46; *Stein/Jonas/Berger* Rn. 2.

[2] Vgl. *Wieczorek/Wieczorek* Anm. A.

[3] *Musielak/Stadler* BwR Rn. 4 Fn. 21.

[4] *Baumbach/Lauterbach/Hartmann* Rn. 4; *Zöller/Greger* Rn. 1; *Wieczorek/Wieczorek* Anm. A I.

[5] OLG Düsseldorf OLGZ 71, 186; *Musielak/Stadler* Rn. 1; *Stein/Jonas/Berger* Rn. 1; *Zöller/Greger* Rn. 1; aA *Seuffert/Walsmann,* Kommentar zur ZPO, 12. Aufl. 1932/33, § 370 Anm. 1 m. weit. Nachw. zum älteren Schrifttum.

[6] OLG Koblenz NJW-RR 1991, 1087; OLG Düsseldorf OLGZ 71, 186; vgl. auch BGH MDR 1978, 46.

[7] *Musielak/Stadler* Rn. 2; *Stein/Jonas/Berger* Rn. 2.

[8] BGH MDR 1978, 46; *Thomas/Putzo/Reichold* Rn. 1; *Musielak/Stadler* Rn. 2; AK-ZPO/*Rüßmann* Rn. 1.

jedoch ein begründeter Anlass für eine Vertagung, dann hat das Gericht an der durch § 370 Abs. 1 angeordneten Verbindung von Beweis- und Verhandlungstermin festzuhalten.

3 **2. Beendigung der Beweisaufnahme.** Die mündliche Verhandlung wird erst fortgesetzt, wenn die Beweisaufnahme abgeschlossen ist.[9] Dies ist der Fall, wenn die in einem Beweisbeschluss angeordnete Beweiserhebung **vollständig ausgeführt** wurde. Ferner ist die Beweisaufnahme beendet, wenn sie undurchführbar ist, das Gericht von einer Durchführung des Beweisbeschlusses absieht (§ 360 Rn. 2) oder diesen aufhebt (§ 360 Rn. 3).[10] Kann die Beweisaufnahme nur deshalb nicht abgeschlossen werden, weil ein Zeuge oder Sachverständiger nicht erschienen ist, dann ist jedoch nach § 368 ein neuer Termin zur Beweisaufnahme oder zu deren Fortsetzung von Amts wegen zu bestimmen (§ 368 Rn. 1), an den sich die mündliche Verhandlung dann anschließt.[11]

4 **3. Fortsetzung der mündlichen Verhandlung.** Kraft Gesetzes (Rn. 2) wird nach Beendigung der Beweisaufnahme die mündliche Verhandlung fortgesetzt. Daher muss, wie dies ausdrücklich in § 285 Abs. 1 bestimmt wird, den Parteien Gelegenheit gegeben werden, nach der Beweisaufnahme über ihr Ergebnis zu verhandeln. Gibt das Prozessgericht nach Abschluss der Beweisaufnahme den Parteien nicht Gelegenheit, zu verhandeln und Stellung zu nehmen, dann wird zwar gegen die Vorschrift des § 285 Abs. 1 verstoßen.[12] Diese Vorschrift hat aber keinen zwingenden Charakter, so dass auf ihre Einhaltung verzichtet werden kann und Heilung nach § 295 Abs. 1 möglich ist.[13]

5 **4. Versäumnisurteil.** Da es eine Voraussetzung für den Erlass eines Versäumnisurteils bildet, dass eine Partei im Termin zur mündlichen Verhandlung nicht erscheint (§§ 330, 331 Abs. 1), kann ein solches Urteil nicht ergehen, solange nicht die Beweisaufnahme abgeschlossen ist. Wird also die Beweisaufnahme trotz Abwesenheit einer Partei iSd. § 367 Abs. 1 durchgeführt, dann kommt ein Versäumnisurteil erst in Betracht, wenn die Partei auch in der gemäß § 370 Abs. 1 sich anschließenden mündlichen Verhandlung nicht erscheint.[14] In einem solchen Fall stellt sich dann die Frage, ob das **Ergebnis** der trotz Abwesenheit der Partei durchzuführenden **Beweisaufnahme** (§ 367 Rn. 2) bei der Entscheidung über den Erlass eines Versäumnisurteils zu berücksichtigen ist. Insofern müsste bei entsprechendem Beweisergebnis eine nach dem Vortrag des Klägers schlüssige Klage auch dann abgewiesen werden, wenn der Kläger gegen den nicht erschienenen Beklagten den Erlass eines Versäumnisurteils beantragt und die übrigen Voraussetzungen dafür erfüllt sind. Im Rahmen der Geständnisfiktion (zum Begriff § 331 Rn. 10ff., § 288 Rn. 16ff., 36) des § 331 Abs. 1 ist dieser Ansatz jedoch abzulehnen.[15] Fingiert wird nämlich das Geständnis des Beklagten, dass das tatsächliche mündliche Vorbringen des Klägers wahr ist, weshalb das tatsächliche Vorbringen nicht mehr beweisbedürftig ist (§ 331 Rn. 10). Daher sind auch die behaupteten Tatsachen als zugestanden anzusehen, deren Gegenteil das Gericht als bewiesen ansieht,[16] und es muss konsequenterweise ein Versäumnisurteil ergehen. Überwiegend wird jedoch zu Recht verlangt, dass bei bewusstem Verstoß des Klägers gegen seine Wahrheitspflicht nach § 138 Abs. 1 etwas anderes gelten muss. Erkennt das Gericht aufgrund der erhobenen Beweise das Klägervorbringen als bewusst unwahr, dann darf das Beweisergebnis bei der Entscheidung über den Erlass eines Versäumnisurteils berücksichtigt werden.[17] Dies ist auf die Verhandlungsmaxime zurückzuführen, die ergänzt durch § 138 Abs. 1 ein Verbot von Behauptungen wider besseres Wissen begründet und dem Gericht zur Durchsetzung der Wahrheitspflicht die Nichtberücksichtigung solchen Vorbringens ermöglicht. Sofern das Gericht gemäß §§ 251a, 311a nach **Lage der Akten** entscheidet, ist aber unter Berücksichtigung des Ergebnisses der vollständig durchgeführten Beweisaufnahme (arg. §§ 367, 368) zu entscheiden.[18]

III. Terminsbestimmung nach Abs. 2

6 **1. Abs. 2 S. 1.** Regelmäßig kommt die Bestimmung des Termins zur Fortsetzung der mündlichen Verhandlung im Zeitpunkt des Beweisbeschlusses nicht in Betracht, weil die Erledigung der

---

[9] *Stein/Jonas/Berger* Rn. 3; AK-ZPO/*Rüssmann* Rn. 2; *Zimmermann* Rn. 1.

[10] *Musielak/Stadler* Rn. 3; *Thomas/Putzo/Reichold* Rn. 2.

[11] *Baumbach/Lauterbach/Hartmann* Rn. 6; *Stein/Jonas/Berger* Rn. 4.

[12] BGH NJW 1990, 121; *Wieczorek/Wieczorek* Anm. A II; *Rosenberg/Schwab/Gottwald* § 115 Rn. 41.

[13] BGH VersR 1960, 321, 322; BGHZ 63, 94, 95 = NJW 1974, 2322; *Baumbach/Lauterbach/Hartmann* § 285 Rn. 9m. weit. Nachw.

[14] BGH NJW 2002, 301; OLG Frankfurt OLGR 1992, 226, 227.

[15] *Musielak/Stadler* Rn. 5; *Baumbach/Lauterbach/Hartmann* Rn. 6.

[16] AA *Nikisch* S. 263; *Bernhardt,* Festg. für Rosenberg, 1949, S. 9, 34.

[17] AK-ZPO/*Rüßmann* Rn. 3; *Musielak/Stadler* Rn. 6; *Wieczorek/Wieczorek* Anm. B II a 1; *Henckel* JZ 1992, 645, 649; *Olzen* ZZP 98 (1985), 403, 421f.; aA *Stein/Jonas/Berger* Rn. 6; *Thomas/Putzo/Reichold* Rn. 3, § 288 Rn. 7.

[18] BGH NJW 2002, 301, 302.

kommissarischen Beweisaufnahme nicht absehbar ist. Nur in Ausnahmefällen ist daher denkbar, dass in dem Beschluss, der die Beweisaufnahme vor dem beauftragten oder ersuchten Richter vorsieht, zugleich ein Termin zur Fortsetzung der mündlichen Verhandlung bestimmt wird.

2. Abs. 2 S. 2. In Fällen, in denen im Beweisbeschluss, der die Beweisaufnahme vor einem beauftragten oder ersuchten Richter anordnet, Termin zur Fortsetzung der mündlichen Verhandlung noch nicht festgesetzt worden ist, muss dieser nach § 329 Abs. 2 S. 2 später von Amts wegen bestimmt und zugestellt werden. Die Ladungsfrist gemäß § 217 ist einzuhalten.[19] In der mündlichen Verhandlung haben die Parteien das Ergebnis der Beweisaufnahme vorzutragen, § 285 Abs. 2. 7

Titel 6. Beweis durch Augenschein

§ 371 Beweis durch Augenschein

(1) [1]Der Beweis durch Augenschein wird durch die Bezeichnung des Gegenstandes des Augenscheins und durch die Angabe der zu beweisenden Tatsachen angetreten. [2]Ist ein elektronisches Dokument Gegenstand des Beweises, wird der Beweis durch Vorlegung oder Übermittlung der Datei angetreten.

(2) [1]Befindet sich der Gegenstand nach der Behauptung des Beweisführers nicht in seinem Besitz, so wird der Beweis außerdem durch den Antrag angetreten, zur Herbeischaffung des Gegenstandes eine Frist zu setzen oder eine Anordnung nach § 144 zu erlassen. [2]Die §§ 422 bis 432 gelten entsprechend.

(3) Vereitelt eine Partei die ihr zumutbare Einnahme des Augenscheins, so können die Behauptungen des Gegners über die Beschaffenheit des Gegenstandes als bewiesen angesehen werden.

Schrifttum: *Jungermann,* Ein Redaktionsversehen des Gesetzgebers und die Bedeutung des § 371 ZPO für elektronische Dokumente, CR 2001, 868; *Girnth,* Der Augenscheinsmittler und seine Einordnung in die Beweismittel des Strengbeweises, MittdtPatA 2000, 46; *Roßnagel/Wilke,* Die rechtliche Bedeutung gescannter Dokumente, NJW 2006, 2145.

Übersicht

I. Normzweck

1 Der Augenschein ist ein Beweismittel; das war im 19. Jahrhundert nicht allgemein anerkannt.[1] Damit unterscheidet sich der Augenschein von der bloßen Besichtigung zu Informationszwecken (§ 144),[2] also zum besseren Verständnis des Gerichts, die nicht den Regeln der §§ 355 ff. unterliegt.[3] Die Absätze 2 Satz 1 und 3 wurden durch das ZPO-Reformgesetz v. 27. 7. 2001 angefügt, Abs. 1 Satz 2 eingefügt durch das SchuldrechtsmodernisierungsG v. 26. 11. 2001.

[19] RGZ 81, 321, 323; *Musielak/Stadler* Rn. 6.

[1] Vgl. *Endemann,* Das deutsche Zivilpozeßrecht, 1868 u. Nachdruck 1969, S. 704.

[2] LG Berlin MDR 1952, 558; *Stein/Jonas/Berger* Vor § 371 Rn. 2.

[3] Bedenken dagegen, soweit § 357 nicht angewandt wird: *Stein/Jonas/Berger* Vor § 371 Rn. 2; differenzierend OLG München Rpfleger 1983, 319.

II. Einzelerläuterungen

2 **1. Abs. 1 (Beweisantritt). a) Begriff.** Augenschein ist jede Wahrnehmung von beweiserheblichen Tatsachen durch ein Gericht. Augenschein ist damit nicht nur die Sinneswahrnehmung durch die Augen, sondern jede Sinneswahrnehmung, also auch solche durch Gehör, Gefühl, Geschmack und Geruch. Die Wahrnehmung kann unmittelbar, zB durch Ortsbesichtigung oder auch mittelbar, zB anhand von Fotografien, erfolgen. Die Sinneswahrnehmung kann sich auf Sachen, zB Übersichtlichkeit einer Kurve, Menschen, zB Größe einer Narbe,[4] oder Vorgänge, zB Geschwindigkeit eines Fahrzeugs anhand polizeilicher Fotos mit Radareinblendung,[5] beziehen. Auch Urkunden können Augenscheinsobjekt sein, solange es nicht um ihren gedanklichen Inhalt geht; dieser ist nicht als Augenscheins-, sondern als Urkundenbeweis verwertbar. Die Wahrnehmung kann auch insofern mittelbar sein, dass zur Wahrnehmung Messgeräte oder ähnliches verwandt werden, zB bei einer Phonmessung.

3 **b) Beweisantritt (Abs. 1 S. 1).** Angetreten wird der Beweis durch Bezeichnung des Gegenstandes, der vom Gericht wahrgenommen werden soll, und durch Angabe der zu beweisenden Tatsache. Dem ist nicht genüge getan, wenn nur behauptet wird, eine Ortsbesichtigung diene der Verdeutlichung des Parteivortrags.[6] Daneben besteht für das Gericht auch die Möglichkeit, den Augenscheinsbeweis **von Amts wegen** einzunehmen (§ 144), wozu auch eine Anregung der Partei Anlass geben mag. Der Beweisantrag (im erstgenannten Fall) darf nur nach den allgemeinen Regeln **abgelehnt werden**[7] (vgl. § 284 Rn. 90ff.), die Anregung zur amtswegigen Augenscheinseinnahme (im zweitgenannten Fall) bedarf nicht einmal der gerichtlichen Verbescheidung, weil sie ganz im Ermessen des Gerichts steht.[8] Eine Besonderheit ergibt sich für den Fall, dass die Örtlichkeit fotografiert ist: hat das Gericht die **Fotos** in Augenschein genommen, so kann die Besichtigung der Örtlichkeit solange abgelehnt werden, als nicht vom Foto abweichende Merkmale behauptet werden.[9] Der Augenschein kann bereits zur Vorbereitung der mündlichen Verhandlung eingenommen werden, da § 273 Abs. 2 nur eine Aufzählung von besonders geeigneten Vorbereitungsmaßnahmen enthält („insbesondere").[10] Die Augenscheinstatsachen können – wenn sie zutreffen – das Tatbestandsmerkmal einer Norm ausfüllen (Beispiel: Überhang eines Baumes; § 910 BGB), sie können aber auch nur Hilfstatsachen, Indizien, sein dh. den Schluss auf eine beweiserhebliche Tatsache ermöglichen. Für die Wiederholung der Augenscheinseinnahme gilt § 398 entsprechend.[11]

4 **c) Augenscheinsobjekt, insbesondere Tonband, Scan.** Augenscheinsobjekt kann alles sein, was man sinnlich wahrnehmen kann. Zweifelhaft war, ob man das, was von einem Tonband oder **Schallplatte** aufgenommen ist, und was man durch Abspielen hörbar macht, als Augenscheinsbeweis oder als Urkundenbeweis[12] ansieht. Das Festhalten einer Erklärung auf dem Tonband ist zwar mit einer Aufnahme in eine Urkunde vergleichbar; aber der Vergleich versagt bereits bei Lärm oder Musik, die aufgenommen sind. Zudem fehlt dem Tonband die Verkehrsfähigkeit einer Urkunde, auf der die Bevorzugung des Urkundenbeweises, zB im Urkundenprozess, beruht. Auch ist hier die Gefahr der Verfälschung größer als bei Urkunden. Deshalb sind heute Tonband- und Schallplattenaufnahmen mit der hM als Augenscheinsobjekt anzusehen.[13] Das nämliche gilt für **Computerbänder, Videobänder,** und **Disketten.** Ob „Computer-Bescheide" dem Urkunden- oder dem Augenscheinsbeweis hinsichtlich ihres Inhalts zugänglich sind, blieb in der Rechtsprechung offen.[14] Werden Schriftstücke **gescannt** und dann vernichtet (früher hat man microverfilmt), dann ist der Scan (auf dem Bildschirm oder ausgedruckt) nur noch Objekt des Augenscheins.[15] So verfahren häufig Banken (zB mit Schecks) und Versicherungen (zB mit Versicherungsanträgen). Da sie das Originaldokument nicht mehr vorlegen können, gehen sie Beweisrisiken ein (Fälschung des Originaldokuments ist auf dem Scan uU nicht erkennbar).

---

[4] Vgl. OLG Frankfurt AnwBl. 1988, 110.
[5] Vgl. OLG Frankfurt AnwBl. 1983, 183.
[6] BGH VersR 1963, 192, 193; BGH VersR 1959, 30; RGZ 170, 264.
[7] RG JW 1937, 3325; BGH VersR 1961, 801, 802; 1963, 192, 193.
[8] BGHZ 66, 63, 68 = NJW 1976, 715; BGHZ 5, 302, 307 = NJW 1952, 741; BGH VersR 1959, 30; RGZ 170, 264.
[9] BGH NJW-RR 1987, 1237.
[10] *Zöller/Greger* § 358a Rn. 3.
[11] RG nach *Wieczorek* Anm. D IV.
[12] *Siegert* NJW 1957, 689.
[13] BGH NJW 1982, 277: BGHSt. NJW 1960, 1582; *Baumbach/Lauterbach/Hartmann* Vor § 371 Rn. 11 m. weit. Nachw.
[14] BGH MDR 1976, 304. Für Urkundenbeweis *Rüßmann* JurPC 1995, 3212.
[15] *Roßnagel/Wilke* NJW 2006, 2145.

d) Echtheit und Unverfälschtheit des Objekts. Das Augenscheinsobjekt muss im Zeitpunkt der Beweisaufnahme echt und unverfälscht[16] sein, dh. es muss identisch sein mit dem behaupteten Objekt und darf auch nicht verändert sein. Besteht über diese Fragen Streit, so trägt der Beweisführer (s. § 379 Rn. 3) die Beweislast für diese Hilfstatsachen der Echtheit und Unverfälschtheit;[17] bei amtswegigem Augenschein trifft die Beweislast den Beweisführer. Die Entscheidung über die Echtheit und Unverfälschtheit trifft das erkennende Gericht, also zB nicht der ersuchte oder beauftragte Richter. 5

e) Unzulässigkeit einer Augenscheinseinnahme. aa) Grundsatz. Der Augenscheinsbeweis ist unzulässig, wenn das Augenscheinsobjekt rechtswidrig erlangt ist. In Betracht kommt hier insbesondere die ohne Willen des Betroffenen, insbesondere die **heimliche Tonbandaufnahme**[18] einer nichtöffentlichen Rede, deren Herstellung ebenso wie deren Zugänglichmachen nach § 201 StGB strafbar ist. Die Fertigung von **Fotografien, Filmen, Videoaufnahmen von Personen**[19] ohne deren Zustimmung ist zwar nicht unter Strafe gestellt, sie verstößt aber gegen das allgemeine Persönlichkeitsrecht;[20] aus diesem Grunde können die genannten Augenscheinsobjekte auch grundsätzlich nicht dem Beweis dienen; es kann in einem gesonderten Rechtsstreit auf Vernichtung geklagt werden (anders als bei der Zeugenaussage; vgl. § 373 Rn. 23).[21] Wo indes §§ 23, 24 KUG von 1907 die Veröffentlichung erlauben, dort ist auch die Aufnahme und Herstellung und damit auch die Verwertung als Augenscheinsobjekt möglich, sofern die Aufnahmen nicht heimlich gefertigt wurden.[22] Auch dann scheidet eine Verwertung von Augenscheinsobjekten aus, wenn diese zwar nicht widerrechtlich entstanden aber widerrechtlich erlangt sind und eine Vorlagepflicht der Partei (s. Rn. 9) nicht besteht; Beispiel: das vom Privatdetektiv gestohlene Fotoalbum; die vom Arzt unberechtigt weitergegebene Röntgenaufnahme (vgl. § 203 StGB). Ist der Augenscheinsbeweis danach unzulässig, so scheidet auch die Zeugenvernehmung über deren Inhalt wegen Umgehung des Verbotes aus (BayObLG NJW 1990, 197). 6

bb) Ausnahmen. Ausnahmsweise kann auch ein rechtswidrig erlangtes Augenscheinsobjekt als Beweismittel verwertet werden, wenn unter den besonderen Umständen des Falles bei Abwägung der widerstreitenden Interessen sowie mit Rücksicht auf die generelle Bedeutung der betroffenen Schutzgüter die Rechtsverwirklichung, der das Augenscheinsobjekt dienen soll, Vorrang vor dem Schutz des Persönlichkeitsrechts haben muss.[23] Allerdings muss für die Feststellung solcher „notwehrähnlichen Lage“ auf Grund einer Güterabwägung das Interesse an der Wahrheitsfindung das Schutzanliegen des allgemeinen Persönlichkeitsrechts deutlich übersteigen. Insoweit hat sich die Interessen- und Güterabwägung an den in § 34 StGB besonders normierten allgemeinen Grundsätzen auszurichten, nach denen dem Interesse des einen Schutzguts ein anderes nur zu weichen hat, wenn jenes im konkreten Fall wesentlich überwiegt und auf anderem Wege nicht geschützt werden kann.[24] 7

f) Elektronisches Dokument (Abs. 1 S. 2). Satz 2 verwendet den Begriff **„elektronisches Dokument“** und nimmt damit nicht nur Bezug auf §§ 126a und 126b BGB, sondern auch auf §§ 130a, 371a ZPO. Alle technisch möglichen elektronischen Dokumente unterliegen also gem. § 371 Abs. 1 S. 1 ZPO den Regeln des Augenscheinbeweises und nicht denen des Urkundenbeweises.[25] 8

aa) Eine **Datei** – in der Praxis häufig auch als „file“ bezeichnet – ist eine strukturierte Ansammlung von Daten und damit ein Objekt, das sowohl als ganzes angesprochen, be- oder verarbeitet werden kann, als auch in seinen Teilen, also in seinem Inneren. Eine Datei befindet sich aus technischer Sicht zunächst im Arbeitsspeicher eines Computers, auf einem Datenträger oder in einem physikalischen (meist elektromagnetischen) Signal im Rahmen einer Datenübertragung. Für die 9

---

[16] Ausdruck nach: *Bruns* § 34 IV 3.

[17] *Thomas/Putzo/Reichold* Rn. 3; *Bruns* § 34 V; *Rosenberg/Gottwald* § 121 II 4.

[18] MünchKommBGB/*Schwerdtner* § 12 Rn. 227; *Soergel/Zeuner* § 823 Rn. 71, jeweils m. Nachw.; s. auch BGH NJW 1988, 329.

[19] Das Fotografieren einer Sache ist kein Eingriff in das Persönlichkeitsrecht ihres Inhabers; vgl. *Baumgärtel,* FS Klug, 1983, S. 477, 487; BGH NJW 1989, 2251 (betr. Haus); aA LG Düsseldorf NJW 1959, 629 betr. die Wohnung.

[20] BGH NJW 1966, 2353; BGHZ 24, 200, 208 = NJW 1957, 213 = JZ 1957, 751 m. Anm. *Hubmann;* BGH NJW 1975, 2075; OLG Karlsruhe NStZ 1982, 123; KG NJW 1980, 894; aA *Haberstroh* JR 1983, 314; OLG Schleswig NJW 1980, 352: im Bereich der Arbeit erlaubt.

[21] BGH NJW 1988, 1016.

[22] BGHZ 24, 200, 208 = NJW 1957, 213 = JZ 1957, 751 m. Anm. *Hubmann.*

[23] BGH NJW 1982, 277 = LM BGB § 823 (Ah) Nr. 75; *Schwab,* FS Hubmann, 1985, S. 421, 428.

[24] BGH NJW 1982, 277 = LM BGB § 823 (Ah) Nr. 75.

[25] Früher umstritten, vgl. *Berger* NJW 2005, 1016.

Praxis des § 371 wird jedoch in erster Linie die auf einem Datenträger – meist einer Festplatte – befindliche Datei relevant sein. Unter „Datei" sind nicht nur solche mit Schriftstücken zu verstehen.[26]

10 **bb)** Die **Vorlage** erfolgt durch Vorlage des Datenträgers selbst oder durch Vorlage eines anderen Datenträgers, auf den die Datei kopiert wurde. Datenträger sind neben der vorerwähnten Festplatte, zB Diskette, CD-ROM, CD-recordable, DVD oder Magnetband (häufig „tape" genannt).

11 **cc)** Die **Übermittlung** einer Datei erfolgt als physikalisches, meist elektronmagnetisches Signal in einem Übermittlungskanal (Kabel oder Funk) unter Zugrundelegung eines für den Absender und Empfänger identischen sog. Übermittlungsprotokolls (zB das im Internet verwendete Hyper-Text-Transfer-Protocoll-http). In typischer Weise erfolgt die Übermittlung jedoch als Anlage (häufig als „attachment" bezeichnet) einer e-Mail.

12 **dd)** Dateien sind alle mehr oder weniger leicht **manipulierbar,** was sowohl deren Inhalt als auch die innere und die äußere Struktur der Datei angeht. Wenn aber die Datei dem Signaturgesetz und damit auch der Signaturverordnung vom 16. 11. 2001 (BGBl. I S. 3074) entspricht, kann zunächst davon ausgegangen werden, dass jegliche Manipulation an oder in der Datei erkennbar ist.

13 **ee)** Dass das Gericht selbst die **Datei öffnen** kann, ist nicht erforderlich; der Augenschein kann auch vermittels eines Sachverständigen eingenommen werden (s. § 372), was sich nach dem eben Gesagten durchaus nicht selten empfehlen wird. Sinngemäß muss aber die Partei auch die Zugangsschlüssel zur Datei (Passworte etc.) mitteilen.[27]

14 **2. Abs. 2 (Besitz am Beweisgegenstand). a)** Der Gegenstand des Augenscheins befindet sich nach der Behauptung des Beweisführers in **Besitz des Beweisgegners.** Bei elektronischen Dokumenten kommt es für den „Besitz" darauf an, wer die Verfügungsgewalt über den Datenbestand hat.[28] Dann muss der Beweisführer zusätzlich („außerdem") zu den Anforderungen nach Abs. 1 (Bezeichnung des Gegenstandes und Angabe der zu beweisenden Tatsache) noch zwischen der 1. oder der 2. Alt. des Abs. 2 S. 1 wählen und den entsprechenden Antrag stellen.

15 **aa)** Wählt der Beweisführer die 1. Alt. (**Frist zur Herbeischaffung** des Gegenstandes), dann sind §§ 422–427 gem. Abs. 2 S. 3 entsprechend anwendbar. **§ 422** entspr.: Es muss eine materiellrechtliche Verpflichtung des Prozessgegners zur Vorlage oder Herausgabe des Augenscheingegenstandes bestehen. Oder: **§ 423** entspr.: Der Gegner muss im Prozess den Augenscheinsgegenstand als Beweismittel erwähnt haben. **§ 426** entspr.: Bestreitet der Gegner den Besitz des Augenscheinsgegenstandes, so ist er über dessen Verbleib zu vernehmen. In der Ladung muss er aufgefordert werden, über den Verbleib des Gegenstandes sorgfältig nachzuforschen. Für das Verfahren über die Vernehmung gelten die **§§ 459–454** (Parteivernehmung) entsprechend. Wenn das Gericht zur Überzeugung gelangt, dass der Gegner in Besitz des Augenscheinsgegenstandes ist, so ordnet es die Vorlage an. Anderenfalls weist es den Vorlegungsantrag durch Beschluss, Zwischenurteil (§ 303) oder in den Gründen des Enturteils zurück. **§ 427** (Folgen der Nichtvorlegung durch den Gegner) ist nicht entsprechend anwendbar, denn § 371 Abs. 3 enthält eine ähnliche Regelung und ist daher spezieller.

16 **bb)** Wählt der Beweisführer die 2. Alternative (Antrag auf **Anforderung nach § 144**), dann sind die §§ 422–427 nach dem Gesetzaufbau des § 371 Abs. 2 Satz 3 zwar auch entsprechend anzuwenden, aber die Entsprechung fehlt in entscheidenden Punkten. **§ 422** ist nicht entsprechend anwendbar. Die an den Prozessgegner gerichtete Anordnung nach § 144 setzt nicht voraus, dass diesem eine materiell-rechtliche Verpflichtung dem Beweisführer gegenüber zur Vorlage besteht.[29] **§ 423** ist aus demselben Grund ebenfalls nicht entsprechend anwendbar. **§ 426** entspr.: wie oben Rn. 15. Bestreitet der Gegner den Besitz des Augenscheinsgegenstandes, so ist er über dessen Verbleib zu vernehmen. In der Ladung muss er aufgefordert werden, über den Verbleib des Gegenstandes sorgfältig nachzuforschen. Für das Verfahren über die Vernehmung gelten die **§§ 459–454** (Parteivernehmung) entsprechend. Wenn das Gericht zur Überzeugung gelangt, daß der Gegner in Besitz des Augenscheinsgegenstandes ist, so ordnet es die Vorlage an. Anderenfalls weist es den Vorlegungsantrag durch Beschluss, Zwischenurteil (§ 303) oder in den Gründen des Enturteils zurück. **§ 427** (Folgen der Nichtvorlegung) ist nicht entsprechend anwendbar; die ähnliche Vorschrift des § 371 Abs. 3 ist spezieller. Zwangsmittel zur Vorlegung des Augenscheingegenstandes oder der Duldung des Augenscheins gibt es nicht. § 144 Abs. 2 ist auf den Gegner des Beweisführers nicht anwendbar. **§ 144 Abs. 3 ist entsprechend** anwendbar: Das Verfahren über eine Anordnung des

---

[26] *Berger* NJW 2005, 1016/1017.
[27] *Berger* NJW 2005, 1016/1020.
[28] *Berger* NJW 2005, 1016/1017.
[29] Begr. des ZPO-RegE BT-Drucks. 14/4722, S. 90.

Augenscheins richtet sich nach § 371 Abs. 2 S. 2; dieser verweist wiederum auf die entsprechende Anwendung der §§ 422–432; eine doppelte Verweisung.

b) Der Gegenstand des Augenscheins befindet sich nach der Behauptung des Beweisführers im **Besitz eines Dritten.** Dann muss der Beweisführer zusätzlich („außerdem") zu den Anforderungen nach Abs. 1 (Bezeichnung des Gegenstandes und Angabe der zu beweisenden Tatsache) noch zwischen der 1. und der 2. Alt. des Abs. 2 S. 1 wählen und einen entsprechenden Antrag stellen. 17

aa) Nach dem Wortlaut der Verweisung des Abs. 2 könnte der Beweisführer die 1. Alt. (**Frist zur Herbeischaffung** des Gegenstandes) wählen, dann wären die §§ 428–432 entsprechend anwendbar. Diese Vorschriften sind auf den *Beweisgegner* nicht anwendbar. Die Bestimmung einer Frist zur Herbeischaffung des Gegenstandes, der im Besitz des Dritten ist, richtet sich gegen den *Beweisführer* selbst. Dieser erreicht damit praktisch eine Aussetzung des Verfahrens für die entsprechende Dauer der First. Innerhalb dieser Zeit muss der Beweisführer dann nötigenfalls gegen den Dritten auf Herausgabe oder Vorlegung des Augenscheinsgegenstandes klagen. 18

bb) Wählt der Beweisführer die 2. Alt. **(Anordnung nach § 144 Abs. 1 S. 1),** so sind die §§ 428–432 zwar entsprechend anwendbar, die Entsprechung ist aber nicht sehr groß. **§ 428** ist nicht entsprechend anwendbar, da nicht der Beweisführer den Augenscheinsgegenstand vom Dritten einfordert, sondern das Gericht. **§ 429** ist nicht entsprechend anwendbar, denn die Anordnung zur Vorlegung kann gegen den Dritten auch dann ergehen, wenn keine der Parteien einen materiell-rechtlichen Anspruch auf Herausgabe oder Vorlegung hat. **§§ 430,** 424 Nr. 1–3 sind entsprechend anwendbar; ebenso §§ 431, 432. **§ 144 Abs. 1 S. 2 u. 3 entsprechend:** Das Gericht wird dem Dritten eine Frist zur Vorlegung des Augenscheingegenstandes setzen. Das Gericht kann die Duldung des Augenscheins – außer bei einer Wohnung – anordnen. Befindet sich das Augenscheinsobjekt in einer Wohnung, kann aber daraus in zumutbarer Weise entfernt werden, zB mit Hilfe von Möbelträgern, so ist die Wohnung nicht betroffen im Sinne der Vorschrift. **§ 144 Abs. 2 entsprechend:** Der Dritte, der im Besitz des Augenscheingegenstandes ist, ist grundsätzlich zur Vorlegung oder Duldung des Augenscheins verpflichtet. Er kann die Verpflichtung nur verneinen, wenn ihm die Vorlage der Sache oder die Duldung des Augenscheins nicht zuzumuten ist oder er zur Verweigerung des Zeugnisses (§§ 383–385) berechtigt ist. **§ 144 Abs. 3 entsprechend:** Das Verfahren über eine Anordnung des Augenscheins richtet sich nach § 371 Abs. 2 S. 2; dieser verweist wiederum auf die entsprechende Anwendung der §§ 422–432. 19

Behauptet der Dritte, den Augenscheinsgegenstand **nicht zu besitzen,** obgleich der Beweisführer dies glaubhaft gemacht hat, dann ist er darüber zu vernehmen (§§ 144 Abs. 3, 371 Abs. 2 S. 2, 426 entspr.). Wenn das Gericht nach dem Ergebnis der Anhörung nicht vom Besitz des Dritten überzeugt ist, ist der Antrag des Beweisführers, eine Vorlage zur Augenscheinseinnahme anzuordnen, zurückzuweisen; dem Beweisführer bleibt es unbenommen, nun zu beantragen, ihm eine Frist zur Vorlegung gem. §§ 371 Abs. 2 S. 1, 1. Alt., 428 zu bestimmen. 20

Wenn der Dritte – für den Beweisgegner gilt das nicht – sich auf die **Unzumutbarkeit** beruft (§ 386), so ist durch Zwischenurteil darüber zu befinden (§ 387). 21

Erklärt der Dritte sich nicht über die Weigerung der Augenscheins oder wurde seine Weigerung rechtskräftig zurückgewiesen, dann verwendet das Gericht **Zwangsmittel** entsprechend § 390 (Ordnungsgeld, Ordnungshaft) an. Die Augenscheinseinnahme kann nicht durch unmittelbaren Zwang, zB durch Eindringen in den Garten mit Hilfe des Gerichtsvollziehers, durchgesetzt werden. Der Dritte ist in die durch die Verweigerung der Augenscheinseinnahme verursachten Kosten von Amts wegen zu verurteilen. Auch wird man § 390 als ein Schutzgesetz im Sinne des § 823 Abs. 2 BGB ansehen müssen, was für den Beweisführer bedeutsam sein kann. 22

cc) Entstehen dem Dritten durch die Vorlegung des Augenscheinsgegenstandes **Kosten,** so soll das Gericht gem. § 17 GKG die an den Dritten gerichtete Anordnung über die Einnahme des Augenscheins erst erlassen, wenn ein hinreichender **Vorschuss** gezahlt ist. 23

dd) Der Dritte, der den Augenscheinsgegenstand dem Gericht vorlegt, ist zwar kein Zeuge oder Sachverständiger; aber er ist gegebenenfalls **als Zeuge nach dem JVEG zu entschädigen.** 24

3. Abs. 3 (Möglichkeit der Wahrnehmung). Die Möglichkeit der Wahrnehmung. a) Grundsätzliches. Die Einnahme des Augenscheins setzt voraus, dass **dem Gericht die Wahrnehmung möglich** ist. Daran kann es fehlen, weil der Gegner der Partei, die den Augenschein beantragt hat, sich widersetzt; die Einnahme eines amtswegigen Augenscheins kann daran scheitern, dass der Beweisführer sich widersetzt; schließlich kann auch die Weigerung eines Dritten der Augenscheinseinnahme entgegenstehen. 25

b) Widersetzt sich eine Partei der von ihr selbst beantragten Augenscheinseinnahme, so bleibt diese insoweit beweisfällig (§ 230). Der Grund für die Weigerung ist unerheblich. 26

27 **c) Widersetzt sich die Gegenpartei** bei einem beantragten oder der **Beweisführer** bei einem amtswegigen Augenschein dessen Einnahme ohne triftigen Grund, so kann das Gericht hieraus in freier Beweiswürdigung (§ 286) auf die Wahrheit des Vorbringens der anderen Partei schließen (s. § 357 Rn. 10). Das stellt Abs. 3 klar. Dass eine **zivilrechtliche Pflicht** zur Duldung oder Mitwirkung beim Augenschein besteht, zB gem. §§ 495 Abs. 2; 809, 810 BGB, § 418 HGB, ist also aus heutiger Sicht nicht erforderlich.

28 **d)** Ein **triftiger Grund zur Verweigerung des Augenscheins** besteht dann, wenn die Schwere des mit dem Augenschein verbundenen Eingriffs außer Verhältnis zur Bedeutung des Streitgegenstandes steht. Während die Verweigerung der Augenscheinseinnahme bezüglich eines Grundstückes höchst selten mit triftigem Grund verweigert werden kann, ist dies bei einer Wohnung schon anders (vgl. Art. 13 GG). Kleine, schmerzlose, ambulante ärztliche Untersuchungen sind fast immer zu dulden,[30] gewichtigere, wie zB die Entnahme von Rückenmarksflüssigkeit, nur in wichtigen Streitsachen.[31] Besteht gar eine erwähnenswerte Wahrscheinlichkeit für einen Gesundheitsschaden, so besteht ein triftiger Grund für die Verweigerung der Augenscheinseinnahme.[32] Eine Weigerung, sich auf den Geisteszustand untersuchen zu lassen, wurde früher von der Rechtsprechung stets als berechtigt angesehen;[33] neuerdings hat die Weigerung uU Prozessnachteile zur Folge.[34] Ein triftiger Grund, die Einnahme des Augenscheins zu verweigern, besteht, wenn die Offenbarung eines nicht mit dem Prozess im Zusammenhang stehenden Betriebsgeheimnisses unvermeidbar wäre.[35] Ist der Augenscheinsbeweis mit Schäden verbunden, müssen zB Wände aufgeschlagen werden, dann ist die Verweigerung der Beweisaufnahme unberechtigt, wenn der Antragsteller für die Schäden Sicherheit geleistet hat; der Rechtsgedanke aus § 811 Abs. 2 BGB findet Anwendung;[36] nach aA sind §§ 302, 379 Abs. 1 entsprechend anwendbar.[37]

29 **e) Verweigerung der Augenscheinsnahme durch Dritte.** Ein **Dritter** kann die Einnahme des Augenscheins grundsätzlich nach Gutdünken verweigern; die gerichtliche Anordnung desselben verpflichtet ihn nicht zur Duldung;[38] seine Weigerung ist auch keine Ungebühr gegenüber dem Gericht.[39] Anders als die Zeugnispflicht (vgl. § 380) sehen §§ 372, 373 keine öffentlich-rechtliche Pflicht zur Duldung des Augenscheins vor. Auch wo eine zivilrechtliche Pflicht zur Duldung des Augenscheins besteht, folgt daraus noch keine Pflicht dem Gericht gegenüber. Besteht eine solche zivilrechtliche Pflicht der Partei gegenüber, die den Augenschein beantragt hat, so hat diese zu klagen und aus dem Urteil die Zwangsvollstreckung gem. §§ 883, 888, 890 zu betreiben; das Gericht hat entsprechend § 431 zu verfahren.[40] Ausnahmsweise besteht eine öffentlich-rechtliche Pflicht zur Duldung des Augenscheins gem. § 372 a; diese Ausnahme bestätigt die Regel. Scheitert die Augenscheinseinnahme an der Weigerung des Dritten, so ist das Beweismittel ungeeignet. Handelt der Dritte bei der Weigerung auf Veranlassung einer Partei, so ist diese so zu behandeln, als habe sie selbst die Augenscheinseinnahme verweigert.[41]

30 **4. Augenscheinseinnahme im Ausland.** Ist im Ausland ein Augenschein einzunehmen, so muss dieser durch die zuständige ausländische Behörde erfolgen (§ 363). Darf mit dem Augenschein auch ein Sachverständiger beauftragt werden (s. § 372 Rn. 3), so ist es zulässig, auch einen inländischen Sachverständigen damit zu beauftragen; es handelt sich dann um eine inländische Beweisaufnahme.[42] Der Sachverständige wird nämlich nicht hoheitlich tätig.[43]

31 **5. Auslagenvorschuss und Gebühren.** Die Einnahme eines beantragten Augenscheins soll von der Zahlung eines Auslagenvorschusses abhängig gemacht werden (§ 17 Abs. 1 S. 2 GKG). Beim amtswegigen Augenschein kann eine Vorschusszahlung zur Deckung der Auslagen verlangt

---

[30] *Stürner,* Die Aufklärungspflicht der Parteien des Zivilprozesses, 1976, S. 141.
[31] Vgl. OLG Hamm MDR 2003, 1373.
[32] OLG Düsseldorf VersR 1985, 457.
[33] BGH NJW 1962, 1510, 1511; BGH NJW 1952, 1215.
[34] BGH NJW 1972, 1131; *Stürner* (Fn. 30) S. 141; aA noch das überwiegende Schrifttum, das sich auf die überholte Rspr. bezieht.
[35] *Stein/Jonas/Schumann* 21. Aufl. Vor § 371 Rn. 34. Vgl. *Leppin* GRUR 1984, 552.
[36] *Wussow* NJW 1969, 1401, 107.
[37] *Stürner* (Fn. 30) S. 138; ohne Begründung: RGZ 63, 408, 410.
[38] OLG Koblenz NJW 1658, 897; vgl. BVerfG NJW 1987, 2500.
[39] OLG Nürnberg MDR 1961, 62.
[40] *Baumbach/Lauterbach/Hartmann* Vor § 371 Rn. 10; aA *Rosenberg/Gottwald* § 120 II 2; *Thomas/Putzo/Reichold* Vor § 371 Rn. 5; vgl. *Jankowski* NJW 1997, 3347.
[41] RGZ 101, 197, 198.
[42] *Wieczorek* Anm. F; *Geimer* Rn. 445; *Meilicke* NJW 1984, 2017; *Wussow,* FS Korbion, 1986, S. 493.
[43] BGHZ 59, 310 = NJW 1973, 554; vgl. § 402 Rn. 12; § 404 Rn. 2.

werden, die Augenscheinseinnahme aber nicht von der Zahlung abhängig gemacht[44] werden (§ 17 Abs. 3 GKG). Gerichtsgebühren werden für die Augenscheinseinnahme nicht erhoben. Für den Rechtsanwalt fällt seit 1. 7. 2004 (Aufhebung der BRAGO) für die Vertretung bei der Augenscheinseinnahme keine Gebühr mehr an; zum Ausgleich wurden Verfahrens- und Terminsgebühr erhöht.

§ 371 a Beweiskraft elektronischer Dokumente

(1) [1]Auf private elektronische Dokumente, die mit einer qualifizierten elektronischen Signatur versehen sind, finden die Vorschriften über die Beweiskraft privater Urkunden entsprechende Anwendung. [2]Der Anschein der Echtheit einer in elektronischer Form vorliegenden Erklärung, der sich auf Grund der Prüfung nach dem Signaturgesetz ergibt, kann nur durch Tatsachen erschüttert werden, die ernstliche Zweifel daran begründen, dass die Erklärung vom Signaturschlüssel-Inhaber abgegeben worden ist.

(2) [1]Auf elektronische Dokumente, die von einer öffentlichen Behörde innerhalb der Grenzen ihrer Amtsbefugnisse oder von einer mit öffentlichem Glauben versehenen Person innerhalb des ihr zugewiesenen Geschäftskreises in der vorgeschriebenen Form erstellt worden sind (öffentliche elektronische Dokumente), finden die Vorschriften über die Beweiskraft öffentlicher Urkunden entsprechende Anwendung. [2]Ist das Dokument mit einer qualifizierten elektronischen Signatur versehen, gilt § 437 entsprechend.

Schrifttum: *Becker,* Elektronische Dokumente als Beweismittel im Zivilprozess, 2004; *Berger,* Beweisführung mit elektronischen Dokumenten, NJW 2005, 1015; *Schemmann,* Die Beweiswirkung elektronischer Signaturen und die Kodifizierung des Anscheinsbeweises in § 371 a Abs. 1 S. 2 ZPO, ZZP 2005, 161; *Roßnagel/Fischer-Dieskau,* Elektronische Dokumente als Beweismittel, NJW 2006, 806; *Roßnagel/Wilke,* Die rechtliche Bedeutung gescannter Dokumente, NJW 2006, 2145; *Makoski,* E-Mail-Disclaimer, K & R 2007, 246.

1. Reform. § 371 a wurde eingefügt durch das JustizkommunikationsG v. 22. 3. 2005 (BGBl. 2005, 837); § 292 wurde dabei einbezogen und daher aufgehoben. 1

2. Abs. 1 (private elektronische Dokumente). Zum Begriff vgl. § 371 Rn. 8. Ob das Dokument mit einer ausrechenden Signatur versehen ist, richtet sich nach dem Signaturgesetz vom 16. 5. 2001 (BGBl. 2001, 876), insbesondere § 2 Nr. 3 SigG. Eine Signaturkarte erhält ein Rechtsanwalt zB von der Rechtsanwaltskammer, bei der er Mitglied ist. Das Grundprinzip des Signierens beruht auf asymmetrischer Verschlüsselung. Der Absenden eine Dokumentes besitzt zwei mathematische Schlüssel, von denen einer geheim gehalten und der andere veröffentlicht wird. Inhalte, die mit dem privaten Schlüssel signiert werden, können nur mit dem dazugehörigen öffentlichen Schlüssel überprüft werden. Eine Zertifizierungsstelle identifiziert die Person und stellt für ihren öffentlichen Schlüssel ein Zertifikat aus. Zertifikate gibt es je nach dem Identifizierungsaufwand in verschiedenen Qualitätsstufen; § 371 a lässt nur qualifizierte elektronische Signaturen genügen; sie erscheinen ausreichend geeignet, die Identität des Schlüsselinhabers, sicher zu stellen. Solche Signaturen sind derzeit noch kaum verbreitet. 2

a) Satz 1 stellt klar, dass auf solche Dokumente die Vorschriften über den Urkundenbeweis (§§ 416 ff.) entsprechende Anwendung finden. 3

b) Satz 2 stellt die gesetzliche Normierung eines **Anscheinsbeweises** dar.[1] Das passt nicht recht.[2] Die Prüfung nach dem Signaturgesetz muss das Gericht nicht selbst vornehmen; zweckmäßigerweise wird man hier Sachverständige hinzuziehen. Tatsachen, die „ernstliche Zweifel" begründen, sind zB technische Mängel wie falsche Zuordnung von Zertifikaten, unterlassene Sperrung von Zertifikaten, fehlerhafte Identifizierung von Personen. Bedeutsam wird ferner der Einwand sein, die Signaturkarte sei gestohlen worden und die für die Nutzung erforderliche Pin (Persönliche Identifikations-Nummer) ausgespäht.[3] 4

Oft werden Originalunterlagen **gescannt** und dann *vernichtet.* Das spart Platz und Transportkosten, schmälert aber die Beweismöglichkeiten, weil Fälschungen des Originals nicht mehr nachgewiesen werden können (es ist keine Untersuchung des Papiers, des Alters der Tinte bzw. Kugelschreiberpaste, von Fingerabdrücken, von Radierungen etc. mehr möglich). Das hat der zu vertreten, der 5

---

[44] BGH MDR 1976, 396.

[1] BT-Drucks. 14/4987 S. 23, 46, 49. Über Sicherheitslücken vgl. *Armgardt/Spalke* K & R 2007, 26.

[2] *Schemmann* ZZP 2005, 161/169: es handele sich um den Fall einer erleichtert entkräftbaren gesetzlichen Vermutung.

[3] *Schemmann* ZZP 2005, 161/172, 173.

das Originaldokument vernichtete. Enthält das gescannte Dokument eine qualifiziert signierte Erklärung der scannenden Stelle, dass Ausgangs- und Zieldokument übereinstimmen, wird lediglich diese Erklärung von Abs. 1 S. 2 erfasst, nicht das Zieldokument.[4]

6 **3. Abs. 2 (öffentliche elektronische Dokumente). a) Satz 1** wiederholt bezüglich der Definition den § 415 Abs. 1. Sodann verweist S. 1 auf die Beweiskraft öffentlicher Urkunden, also auf §§ 415, 417 ff. **b) Satz 2:** Ist das Dokument mit einer qualifizierten elektronischen Signatur (vgl. Abs. 1) versehen, hat das Dokument die Vermutung der Echtheit für sich (§ 437).[5]

§ 372 Beweisaufnahme

(1) Das Prozessgericht kann anordnen, dass bei der Einnahme des Augenscheins ein oder mehrere Sachverständige zuzuziehen seien.

(2) Es kann einem Mitglied des Prozessgerichts oder einem anderen Gericht die Einnahme des Augenscheins übertragen, auch die Ernennung des zuzuziehenden Sachverständigen überlassen.

Schrifttum: *Druschke,* Das Anwesenheitsrecht der Verfahrensbeteiligten bei den tatsächlichen Ermittlungen des Sachverständigen im gerichtlichen Verfahren, Diss. Münster 1989; *Girnth,* Augenscheinsmittler, Diss. Bonn 1997; *Lent,* Zur Abgrenzung des Sachverständigen vom Zeugen im Zivilprozeß, ZZP 60 (1936/37), 9; *Schmidhäuser,* Zeuge, Sachverständiger und Augenscheinsgehilfe, ZZP 72 (1959), 365; *Tropf,* Die erweiterte Tatsachenfeststellung durch den Sachverständigen im Zivilprozeß, DRiZ 1985, 87; *Berger,* Beweisführung mit elektronischen Dokumenten, NJW 2005, 1016.

I. Normzweck

1 Die Vorschrift will klarstellen, dass das Gericht befugt ist, Sachverständige bei der Augenscheinseinnahme zuzuziehen. Die Grenzen der Übertragung der Augenscheinseinnahme werden festgelegt.

II. Einzelerläuterungen

2 **1. Abs. 1 (Zuziehung von Sachverständigen).** Grundsätzlich nimmt das Gericht selbst den Augenschein ein (§ 355). Es kann nach eigenem Ermessen dazu einen oder mehrere Sachverständige hinzuziehen; es wird von dieser Möglichkeit insbesondere Gebrauch machen, wenn das Ergebnis des Augenscheins voraussichtlich Grundlage eines Sachverständigengutachtens sein wird.

3 **2. Augenscheinseinnahme durch Sachverständigen. a)** Das Gericht darf dem Sachverständigen die Augenscheinseinnahme nur überlassen, wenn **besonderer Sachverstand** dazugehört, den zu beobachtenden Zustand überhaupt zu erkennen;[1] es wäre nämlich bloßer Formalismus, müsste sich das Gericht neben den untersuchenden Sachverständigen stellen, ohne den Vorgang intellektuell zu erfassen. Ferner muss das Gericht die Augenscheinseinnahme einem Dritten überlassen, wenn es sich selbst nicht an den Ort, wo diese einzunehmen ist, begeben kann; Beispiel: Besichtigung eines Wracks durch einen Taucher oder Besichtigung von Narben am Unterleib einer Frau (vgl. § 81 d StPO). Wo das Gericht auch nur teilweise in der Lage ist, den Augenschein einzunehmen, muss es neben dem Sachverständigen daran mitwirken;[2] wo dieser den Augenschein schon eingenommen hat, muss das Gericht ihn dennoch „nochmals" einnehmen. Überlässt das Gericht, die aufgezeigten Grenzen überschreitend, dem Sachverständigen die Einnahme des Augenscheins und sind die Parteien damit einverstanden, so können sie später diesen Verfahrensmangel nicht rügen (§ 295).[3]

4 **b)** Die Übertragung der Augenscheinseinnahme auf Dritte als sog. **Augenscheinsgehilfen** oder **Augenscheinsmittler** ist deshalb nicht unproblematisch, weil die Grenzen des eigentlichen Augenscheins überschritten werden; der Augenscheinsmittler berichtet schriftlich oder mündlich über das, was er gesehen hat (im Beispiel Zustand des Wracks, Befinden der Narben) und ähnelt dadurch dem Zeugen; nur soweit er anschließend als Gutachter Schlüsse aus den mitgeteilten Tatsachen

---

[4] *Roßnagel/Wilke* NJW 2006, 2145/8.

[5] Technische Einzelheiten vgl. *Roßnagel/Fischer-Dieskau* NJW 2006, 806.

[1] BGHZ 37, 389, 394 = NJW 1962, 1770; vgl. BGH NJW 1964, 1179; BGH NJW 1974, 1710.

[2] BGHZ 37, 389, 394 = aaO; RG JW 1937, 3325; *Wieczorek* § 286 Anm. C III c 1.

[3] BGHZ 23, 207, 213 = NJW 1957, 906 m. abl. Anm. *Bruns;* weitergehend *Zöller/Greger* § 355 Rn. 2: mit Einverständnis der Parteien kann die Augenscheinseinnahme auf den Sachverständigen übertragen werden.

zieht, ist er reiner Sachverständiger. Die Zeugenfunktion tritt noch stärker zutage, wenn die Augenscheinseinnahme nicht wiederholbar ist, zB weil das Wrack versandet ist. Mit der hM muss daher in einem solchen Fall den Besonderheiten solchen Augenscheins dadurch Rechnung getragen werden, dass bestimmte Vorschriften über den Zeugenbeweis Anwendung finden.[4] Das bedeutet: soweit es darum geht, den Augenschein erst noch einzunehmen, ist § 404a anwendbar. Die Anordnung kann von Amts wegen erfolgen (§ 144), da es sich um Augenscheinsbeweis, nicht um Zeugenbeweis, handelt.[5] Ist der Augenschein einmal eingenommen, der Befund gemacht worden, so kommt eine Ablehnung des Sachverständigen wegen Befangenheit gem. § 406 dann nicht mehr in Betracht, wenn es sich um eine unvertretbare Wahrnehmung handelt, dh. eine Wiederholung ausscheidet;[6] freilich wirkt sich der Ablehnungsgrund auf die Würdigung der Aussage, die dann als Zeugenaussage zu werten ist, aus. Der Eid des Sachverständigen ist als Zeugeneid auszugestalten, wenn es nur um den Befund geht. Soll der Eid Befund und Gutachten bekräftigen, so deckt der Sachverständigeneid auch den Befund, weil eine Doppelbeeidigung untunlich ist.[7] Das überwiegende Schrifttum befürwortet eine Differenzierung zwischen einem Augenscheinsmittler, der wegen seiner Sachkunde ausgewählt wird, und einem Augenscheinsmittler, der aus anderen Gründen tätig wird, Beispiel: Taucher. Auf den Letztgenannten soll § 407 nicht anwendbar sein, sodass er nur bei Freiwilligkeit eingesetzt werden kann; auch sei er stets als Zeuge zu vereidigen und ebenso zu entschädigen. Diese Differenzierung wird hier abgelehnt, weil sie einmal überflüssig erscheint und weil zum anderen für die Auswahl des Augenscheinsmittlers auch in den genannten Fällen eine gewisse Sachkunde maßgeblich ist.

c) Das Gericht muss das **Ergebnis seiner Augenscheinseinnahme** im gerichtlichen Protokoll festhalten (§ 160 Abs. 3 Nr. 5; Ausnahme: § 161 Abs. 1 Nr. 1). Nimmt ein Augenscheinsgehilfe den Augenschein ein, so muss er das Ergebnis seiner Ermittlungen und die Verfahrensweise, mit der er vorgegangen ist, nachprüfbar offenlegen.[8] Bei einem **Richterwechsel** kann das Augenscheinsprotokoll im Wege des Urkundsbeweises verwertet werden; Ergebnisse und Eindrücke, die nicht ins Protokoll aufgenommen sind, können nicht verwendet werden (s. § 355 Rn. 6).[9] 5

3. Abs. 2. Die Vorschrift erweitert die Möglichkeit, die Augenscheinseinnahme einem beauftragten oder ersuchten Richter zu übertragen, im Vergleich zum Zeugenbeweis (§ 375), es steht in seinem pflichtgemäßen Ermessen, die Durchführung der Augenscheinseinnahme einem beauftragten oder ersuchten Richter zu übertragen.[10] Die Blutentnahme nach § 372a ist auch Augenscheinseinnahme i. Sinne des § 372 Abs. 2.[11] Die Hinzuziehung eines Sachverständigen steht dann im Ermessen des beauftragten oder ersuchten Richters, wenn nicht das Prozessgericht seinerseits bereits die Hinzuziehung angeordnet hat.[12] 6

§ 372a Untersuchungen zur Feststellung der Abstammung

(1) Soweit es in den Fällen der §§ 1600c und 1600d des Bürgerlichen Gesetzbuches oder in anderen Fällen zur Feststellung der Abstammung erforderlich ist, hat jede Person Untersuchungen, insbesondere die Entnahme von Blutproben zum Zwecke der Blutgruppenuntersuchung, zu dulden, soweit die Untersuchung nach den anerkannten Grundsätzen der Wissenschaft eine Aufklärung des Sachverhalts verspricht und dem zu Untersuchenden nach der Art der Untersuchung, nach den Folgen ihres Ergebnisses für ihn oder einen der im § 383 Abs. 1 Nr. 1 bis 3 bezeichneten Angehörigen und ohne Nachteil für seine Gesundheit zugemutet werden kann.

(2) [1]Die Vorschriften der §§ 386 bis 390 sind entsprechend anzuwenden. [2]Bei wiederholter unberechtigter Verweigerung der Untersuchung kann auch unmittelbarer Zwang angewendet, insbesondere die zwangsweise Vorführung zum Zwecke der Untersuchung angeordnet werden.

---

[4] RG HRR 1939 Nr. 385; *Schmidhäuser* ZZP 72 (1959), 365ff.; *Lent* ZZP 60 (1936/37), 9, 34ff.; *Pohle* AP § 402 Nr. 1 Anm.; *Pieper* ZZP 84 (1971), 1, 10; vgl. auch BGH MDR 1963, 485.

[5] BGHZ 5, 302, 306 = NJW 1952, 741.

[6] BGHSt. 20, 222 = NJW 1965, 1492; vgl. BGH MDR 1974, 382; *Zöller/Greger* Rn. 2.

[7] *Schmidhäuser* ZZP 72 (1959), 365, 372; *Stein/Jonas/Leipold* § 410 Rn. 6 m. Nachw. der älteren Rspr.; vgl. auch BGHZ 5, 302, 306 = NJW 1952, 741.

[8] BGH VersR 1960, 998, 999; MDR 1963, 830 = LM § 144 Nr. 4; BayObLG FamRZ 1986, 726, 727.

[9] BGH WM 1992, 1712, 1713.

[10] BGH NJW 1990, 2936 m. abl. Anm. *Zender* NJW 1991, 2947.

[11] OLG Naumburg NJW-RR 1994, 1551 = FamRZ 1993, 1099; a A *Zender* NJW 1991, 2947.

[12] *Wieczorek* Anm. B I.

Schrifttum: *Bosch,* Von der richtigen Grenzziehung zwischen Pflicht und Freiheit, DRiZ 1951, 107, 137; *Brosius/Gersdorf,* Vaterschaftstest, 2006; *Eichberger,* Aktuelle Probleme der Feststellung der Abstammung (§ 372a ZPO), Diss. Regensburg 1988; *Frank,* Die zwangsweise körperliche Untersuchung zur Feststellung der Abstammung, FamRZ 1995, 975; *Hausmann,* Internationale Rechtshilfe in Abstammungsprozessen und Beweisvereitelung im Ausland, FamRZ 1972, 302; *Herlan,* Durchführung von Blutentnahmen in Vaterschaftsprozessen bei den Angehörigen der Nato-Streitkräfte, ZfJ 1991, 38 u. 117; *Hummel/Mutschler,* Zum Umfang der Beweisaufnahme bei gerichtlicher Vaterschaftsfeststellung, NJW 1991, 2929; *Kretschmer,* Eingriffe in die körperliche Integrität im Zivilprozeß, dargestellt an § 372a ZPO, Diss. Würzburg 1976; *Mutschler,* Können Richtlinien für die Abstammungsbegutachtung die Wahrheitsfindung in gerichtlichen Verfahren erleichtern?, FamRZ 1995, 841; *Orgis,* Neue Richtlinie für die Erstattung von Abstammungsgutachten und die Konsequenzen für den Kindschaftsprozeß, FamRZ 2002, 1157; *Reichelt/Schmidt/Schmidtke,* Zulässigkeit und gerichtliche Verwertbarkeit privat veranlaßter Abstammungsgutachten, FamRZ 1995, 777; *Sautter,* Die Pflicht zur Duldung von Körperuntersuchungen nach § 372a ZPO, AcP 161 (1962), 215; *Selbherr,* Der Gedanke der Zumutbarkeit im Zivilprozeß unter besonderer Berücksichtigung der Untersuchungsduldungspflicht (§ 372a), Diss. Tübingen 1962; *Weber,* Körperliche Untersuchung Dritter im Abstammungsprozeß, NJW 1963, 574.

Übersicht

I. Normzweck

1 In Anlehnung an § 81a StPO,[1] der im November 1933 eingeführt worden war, brachte das Gesetz zur Änderung und Ergänzung familienrechtlicher Vorschriften von 1938[2] eine erzwingbare zivilprozessuale Pflicht für Parteien und Dritte, als Augenscheinsobjekt zu dienen. Auch vor 1938 wurden Parteien und Dritte körperlich untersucht, sei es, dass diese sich nicht ausdrücklich gegen eine solche Anordnung wehrten und ihr – sie als gerichtlichen Befehl missverstehend – nachkamen,[3] sei es, dass sie der Untersuchung ausdrücklich zustimmten.[4] Die Vorschrift wurde mehrfach geändert[5] und 1950 (Gesetz zur Wiederherstellung der Rechtseinheit)[6] endgültig in die ZPO übernommen. § 372a ist verfassungsgemäß.[7] In Konsequenz der Entstehungsgeschichte bezieht sich auch heute die höchstrichterliche Rechtsprechung nur dann auf § 372a, wenn eine Partei oder Dritte einer Anordnung zur Untersuchung nicht nachkommen wollen.

---

[1] Vgl. DJ 1938, 619, 621; s. auch *Weber* DJ 1939, 1264, 1265.
[2] Art. 3 § 9 Ges. v. 12. 4. 1938 (RGBl. I S. 380).
[3] Vgl. *Kretschmer* S. 43.
[4] Vgl. KG JW 1930, 1605; 1935, 1891; 1936, 1220; 1936, 2463; 1936, 3067; OLG München JW 1937, 2043; OLG München ZAkDR 1938, 170; *Kretschmer* S. 88.
[5] § 7 VO v. 6. 2. 1943 (RGBl. I S. 80); Art. 1 § 372a ZPO VO v. 17. 6. 1947 VOBl. Britische Zone S. 93.
[6] Art. 2 § 372a ZPO Ges. v. 12. 9. 1950 (BGBl. S. 455).
[7] BVerfGE 5, 13 = NJW 1956, 986; dazu kritisch *Henrichs* FamRZ 1956, 274.

II. Abs. 1

2 **1. Anwendungsbereich der Vorschrift. a) Anwendbar** ist § 372a in allen zivilprozessualen Verfahren und auf Grund der Verweisung des § 15 FGG auch in Verfahren der freiwilligen Gerichtsbarkeit, bei denen die Feststellung der Abstammung erforderlich ist; die Vorschrift ist also nicht nur in Statusverfahren der §§ 640ff., sondern auch in allen anderen Verfahren anwendbar, zB wenn es im Unterhaltsprozess, Erbrechtsstreit oder Streit um die Namensführung auf die Abstammung ankommt. Es kann auch die Entnahme einer Blutprobe oder sonstiger Teile an einer **Leiche** angeordnet werden,[8] auch die Exhumierung hierzu.[9] Ob die Abstammung Streitgegenstand oder bloße Vorfrage ist, spielt aber bei grundsätzlicher Anwendbarkeit von § 372a doch für die Frage der Erforderlichkeit (s. Rn. 4) und die Zumutbarkeit (s. Rn. 13) eine Rolle.

3 **b) Unanwendbar** ist § 372a, wenn sich eine Partei ein neues außergerichtliches Gutachten iSv. § 641i, insbesondere wegen neuer wissenschaftlicher Untersuchungsmethoden, besorgen will;[10] auch §§ 810ff. BGB sind in diesem Fall nicht analog anwendbar.[11] Wenn sich jemand bereit erklärt, sich freiwillig einer außergerichtlichen Abstammungsuntersuchung zu unterziehen, hält der BGH[12] dies nur für eine (unverbindliche) Absichtserklärung.

4 **2. Die Erforderlichkeit der Untersuchung. a) Unklarheit der Abstammung.** Erforderlich ist der Augenschein gem. § 372a zur Feststellung der Abstammung dann, wenn von ihr die Entscheidung des Rechtsstreits abhängt und wenn sie bestritten ist oder wenn im Verfahren mit Untersuchungsmaxime das Gericht (noch) nicht von ihrem Bestehen oder Nichtbestehen überzeugt ist. Da das richterliche Ermessen über die Reihenfolge der Beweiserhebungen entscheidet,[13] gebührt der körperlichen Untersuchung als dem heute beweiskräftigsten Beweismittel bei Abstammungsfragen oftmals der Vorrang. Dabei wird es zwar in der Regel zweckmäßig sein, zunächst die Mutter als Zeugin zu vernehmen; aber auch ohne diese Beweiserhebung kann klar sein, welche Männer in die Blutgruppenuntersuchung einzubeziehen sind. Abgelehnt wird hier die Auffassung,[14] die aus dem Begriff der Erforderlichkeit die Notwendigkeit ableitet, vor der körperlichen Untersuchung erst alle anderen Beweismöglichkeiten auszuschöpfen.[15] Die Erforderlichkeit fehlt auch nicht deshalb, weil eine Partei keinen ausdrücklichen Beweisantrag stellt.

5 **b) Substantiierung der Behauptung wie des Bestreitens der Abstammung.** Zwar müssen **Behauptung wie Bestreiten der Abstammung** grundsätzlich **substantiiert** sein; aber die Praxis macht von diesem Grundsatz zu Recht entscheidende Abstriche, weil auf der einen Seite oftmals größte Schwierigkeiten bestehen, den geschlechtlichen Umgang anderer Personen zu ermitteln (also vielfach eine Substantiierung unmöglich ist) und deshalb schon insoweit Behauptungen ins Blaue hinein gemacht werden müssten, und weil auf der anderen Seite heute erbbiologische und DNA-Gutachten vielfach über die Abstammung und noch häufiger über die Nicht-Abstammung mit Sicherheit Auskunft geben. Wenn man insoweit eine Substantiierung verlangen würde, müssten häufig körperliche Merkmale als Unterscheidungskriterien erfunden werden. Ob indes das bloße Bestreiten der Vaterschaft genügt, um alle möglichen Untersuchungen durchzuführen, ist noch umstritten, weil die Grenze zum Ausforschungsbeweis schwer zu ziehen ist. Die neuere Rechtsprechung des BGH differenziert: für die beweisbelastete Partei verlangt sie die Angabe von Gründen, warum die Vaterschaft behauptet oder bestritten wird.[16] Nach hiesiger Ansicht ist das nicht erforderlich,[17] weil Behauptungen wie: „das Kind sei unähnlich" oder „einem Dritten ähnlich" oder „die Mutter sei leicht zugänglich gewesen" auch nicht weiterhelfen. Für die Untersuchung Dritter als Mehrverkehrszeugen müssen indes irgendwelche Verdachtsgründe für deren intime Beziehungen zur Mutter als Mindestmaß einer Substantiierung angegeben werden,[18] zB mehrere

---

[8] OLG Dresden MDR 2002, 1070 = FPR 2002, 570.

[9] OLG München FamRZ 2001, 126.

[10] LG Berlin FamRZ 1978, 835, 836; OLG Stuttgart FamRZ 1982, 193; *Damrau* FamRZ 1970, 285, 287.

[11] *Roth/Stielow,* Der Abstammungsprozeß, 2. Aufl. 1978, Rn. 237; *Gaul,* FS Bosch, 1976, S. 241, 262; aA *Odersky,* Kommentar zum Nichtehelichengesetz, 4. Aufl. 1978, § 641i Anm. II 4.

[12] BGH NJW 2007, 912.

[13] Vgl. *Musielak/Stadler,* Grundfragen des Beweisrechts, 1984, Rn. 50.

[14] *Bosch* DRiZ 1951, 107, 110; *Zöller/Greger* Rn. 3; einschränkend: *Thomas/Putzo/Reichold* Rn. 2.

[15] *Sauter* AcP 161 (1962), 213, 223.

[16] BGH FamRZ 1998, 955. Über heimliche DNA-Gutachten § 402 Rn. 9.

[17] BGHZ 40, 367, 375 = FamRZ 1964, 150, 152; BGH NJW 1964, 1179; OLG Frankfurt FamRZ 1971, 383; OLG Nürnberg FamRZ 1971, 590; KG FamRZ 1972, 200; NJW 1974, 608; OLG Hamburg FamRZ 1975, 107.

[18] OLG Stuttgart NJW 1972, 2226; OLG Karlsruhe Justiz 1972, 357 = FamRZ 1973, 48 (LS); strenger: *Musielak/Huber* Rn. 6.

männliche Mitglieder einer Wohngemeinschaft.[19] Bei der Restitutionsklage (§ 641 i) muss ein „neues Gutachten“ bereits vorliegen.[20] Die Weigerung der Mutter, in einem **außergerichtlichen Vaterschaftstest** einzuwilligen, begründet nach Meinung des BGH[21] keinen Anfangsverdacht, der eine Anfechtungsklage schlüssig machen würde.

6 **c) Aussicht auf Klärung der Abstammung.** Die Erforderlichkeit der Abstammungsuntersuchung hängt weiter davon ab, ob sie nach den anerkannten Grundsätzen der Wissenschaft eine Aufklärung des Sachverhalts verspricht. Ob eine Untersuchungsmethode diesen Anforderungen entspricht, darüber soll nach hM das Gericht zu befinden haben (§ 286), nicht etwa das Urteil der Sachverständigen oder das des Bundesgesundheitsamtes.[22] Dabei steht außer Frage, dass auch (noch) nicht anerkannte Verfahren Beweiswert haben können.[23] Nur darf die Frage nach dem Beweiswert nicht mit der Frage verwechselt werden, ob ein Augenschein gem. § 372 a zwangsweise durchgesetzt werden kann. Dass auf freiwilliger Basis beliebige Personen sich zur Feststellung der Abstammung einer körperlichen Untersuchung unterziehen können, war bereits vor Einführung des § 372 a anerkannt (vgl. Rn. 1). Bezeichnenderweise nimmt deshalb auch der BGH in der genannten Entscheidung nicht auf § 372 a Bezug.[24] Darauf, ob eine Untersuchungsperson bereits einmal untersucht worden ist, kommt es ebenso wenig an, wie darauf, ob für sie schon rechtskräftig entschieden ist, dass sie nicht Vater ist.[25]

7 **d) Reihenfolge der Untersuchungen.** In Betracht kommen heute folgende anerkannte wissenschaftliche Methoden zur Feststellung oder zum Ausschluss der Abstammung: DNA-Analyse, Blutgruppenuntersuchung; serostatistische Zusatzberechnung (Essen-Möller-Verfahren); erbbiologische Untersuchung; Tragezeitbestimmung; Zeugungsunfähigkeitsprüfung. Die Bestimmung der Reihenfolge der Untersuchungen steht zwar im Ermessen des Gerichts (s. Rn. 4); es empfiehlt sich indes heute allein die **DNA-Analyse.**[26]

8 **e) Die Untersuchungsmethoden.** Die **DNS-Analyse.** Die DNS (Desoxyribonucleinsäure) ist der alleinige Träger aller unserer Erbinformationen. Jede kernhaltige Zelle in unserem Körper enthält eine Kopie dieser Erbsubstanz. Alle Erbanlagen sind in Form des genetischen Codes als sehr lange Abfolge dieser Bausteine in den DNS gespeichert. Die Sequenz dieser chemischen Bausteine ist in manchen Abschnitten sehr variabel. Die Sichtbarmachung bestimmter sehr variabler Abschnitte hat wegen der Einzigartigkeit dieser DNS-Muster zu der Bezeichnung „Genetischer Fingerabdruck“ geführt. Die DNS eines Kindes stammt je zur Hälfte von seiner Mutter und von seinem Vater. Dies gilt genauso für als sogenannte Banden sichtbargemachte DNS-Fragmente. Banden des Kindes, die bei seiner Mutter nicht nachweisbar sind, müssen zwangsläufig von seinem Vater stammen. Wenn ein Mann an mindestens zwei unabhängigen DNS-Abschnitten diese väterlichen Banden nicht besitzt, kann er zweifelsfrei als Erzeuger ausgeschlossen werden. Können jedoch diese väterlichen Banden alle nicht von den Banden eines Mannes unterschieden werden, so kommt dieser Mann als Erzeuger in Betracht. Mit der sogenannten „Essen-Möller-Formel“ kann die Vaterschaftswahrscheinlichkeit berechnet werden. Im Normalfall liegt die Vaterschaftswahrscheinlichkeit beim Nichtausschluss deutlich über 99,99%. Mit der DNS-Analyse kann bei der Vaterschaftsbegutachtung mit einer einzigen Methode ein sicheres und zweifelfreies Ergebnis erzielt werden. Das führt zur Verkürzung der Begutachtung und meist auch zu einer Verbilligung; allerdings darf die Kostenhöhe bei der existentiellen Frage der Abstammung keine Rolle spielen.

9 Die **Blutgruppenuntersuchung** beruht darauf, dass bestimmte Bluteigenschaften entsprechend der Mendel'schen Vererbungslehre von den Eltern auf die Kinder übergehen, also von Alter,[27] Geschlecht und Umwelt unabhängig sind. Die Methode eignet sich zum sicheren Ausschluss der Vaterschaft.[28] Hat das Kind Blutmerkmale, die nicht von der Mutter herstammen, so müssen sie vom Vater herrühren. Hat der Mann, von dem behauptet wird, er wäre Vater des Kindes, diese Merkmale nicht, so kann er auch nicht der Vater sein. Bei dieser Untersuchungsmethode kann durch

---

[19] KG NJW 1987, 2311 m. abl. Anm. *Mutschler* DAVorm. 1988, 61.

[20] OLG Celle FamRZ 2000, 1510. Zu heimlichen Gutachten vgl. *Mutschler* FamRZ 2003, 74.

[21] BGH NJW 2005, 497; bedenklich.

[22] So das Schrifttum unter Berufung auf BGH NJW 1976, 1793. Aufschlussreich hier der Streit um die Richtlinien, Fn. 26.

[23] BGH NJW 1976, 1793.

[24] Ebenso geht das OLG München FamRZ 1969, 655 nicht auf § 372 a ein; es räumt dem nicht anerkannten vergleichenden Wirbelsäulengutachten nach der Methode *Kühn* einen Beweiswert ein.

[25] OLG Düsseldorf NJW 1958, 265; *Wieczorek* Anm. B III; aA OLG München NJW 1977, 341.

[26] Richtlinien des Robert-Koch-Instituts vgl. FamRZ 2002, 1159 (kritisch dazu *Martin/Muche/Zang* FamRZ 2003, 76), ergänzende Leitlinien FamRZ 2003, 81. Vgl. *Rittner/Rittner* NJW 2002, 1745.

[27] Mindestalter 8 Monate: BGA Richtlinie Nr. 212.

[28] BGH NJW 1964, 1179 = LM § 641 Nr. 1.

Ausdehnung der Untersuchung auf Familienangehörige (Eltern, Geschwister, Kinder) auch dann ein Gutachten erstattet werden, wenn die Mutter oder der mutmaßliche Vater gestorben oder unerreichbar sind. Im Zusammenhang mit der Blutentnahme hat der Betroffene zu dulden, dass zur Sicherung seiner Identität **Fingerabdrücke** und Fotos gemacht werden.[29]

Die **serostatistische Zusatzberechnung** findet statt, wenn im konkreten Fall ein Mann auf Grund der Blutgruppenuntersuchung nicht als Vater ausgeschlossen werden kann. Die Untersuchungsmethode beruht darauf, dass die einzelnen serologischen Merkmale des Blutes verschieden häufig in der Bevölkerung verteilt sind. Unterschiede ergeben sich indes nach Ländern – so ist zB die Blutgruppe A auf den Fidschi-Inseln weitaus häufiger als in Mitteleuropa – und bestehen mit Einschränkungen auch zwischen verschiedenen Landschaften in Mitteleuropa. Konsequenzen ergeben sich daraus unter Umständen bei Abstammung von Ausländern. Ist die serologische Verteilung der Merkmale statistisch festgestellt, dann kann daraus errechnet werden, mit welcher Wahrscheinlichkeit ein Mann Vater eines Kindes ist. *Essen-Möller* hat dafür 1938 eine in der Praxis verwertete mathematische Formel entwickelt. Die Wahrscheinlichkeitsstufen sind: unter 90% – Vaterschaft unentschieden; 90 bis 94% – Vaterschaft wahrscheinlich; 90 bis 98,9% – Vaterschaft sehr wahrscheinlich; 99 bis 99,7% – Vaterschaft höchstwahrscheinlich; ab 99,8% – Vaterschaft praktisch erwiesen.[30] Im Zusammenhang mit anderen unstreitigen oder bewiesenen Umständen in Bezug auf die Abstammung kann auch bei geringerer Wahrscheinlichkeit die Vaterschaft als bewiesen angesehen werden; Beispiel: Ist der Geschlechtsverkehr in der Empfängniszeit unstreitig und sind Mehrverkehrszeugen als Väter ausgeschlossen, so kann die Vaterschaft auch bei weniger als 99,8% Wahrscheinlichkeit nach dem Essen-Möller-Verfahren angenommen werden; eine erbbiologische Untersuchung kann dann entfallen, weil sie keine weitere Aufklärung des Sachverhalts verspricht (vgl. Rn. 6). Umgekehrt berechtigt eine sehr hohe Wahrscheinlichkeit nicht dazu, einen Gegenbeweis (Zeugungsunfähigkeit, Mehrverkehr) abzulehnen.[31] 10

Die **erbbiologischen Gutachten** beruhen auf der Erkenntnis, dass Kinder ihren Eltern ähneln, jedenfalls mehr ähneln als beliebigen Dritten, wobei sie zuweilen mehr dem einen oder anderen Elternteil „nachschlagen". Diese Gemeinplätze deuten schon an, dass erbbiologische Gutachten nicht den gleichen hohen Grad an Gewissheit erreichen wie Blutgruppengutachten, da Merkmale geprüft werden, die nicht völlig frei sind von subjektiver Wertung und deren Erbgang nicht in gleicher Weise gesichert ist. Einander widersprechende Gutachten sind hier demgemäß nicht ausgeschlossen. Eine Wahrscheinlichkeitsskala hat sich nicht allgemein durchgesetzt. Den Gutachten kommt Beweiskraft zur Feststellung der Abstammung wie für die Feststellung der Unmöglichkeit der Vaterschaft zu; praktisch dient das erbbiologische Gutachten – wegen der höheren Zuverlässigkeit der Blutgruppenuntersuchungen zum Ausschluss der Vaterschaft – meist zu ihrer positiven Feststellung. Merkmale, die messbar und deren Erbgang bekannt ist, sind: Kopfform, Gesichtsform, Augengegend, Höhe und Breite der Nase, Mund- und Kinngegend, Ohrform, Hauptlinien der Fingerbeeren, erbliche Krankheiten. 11

Das **Tragezeitgutachten** beruht auf statistischen Werten über die Dauer der menschlichen Tragezeit, indem es diese vergleicht mit den konkreten Reifemerkmalen des Kindes. Daraus ergibt sich eine größere oder auch geringere Wahrscheinlichkeit über den Zeitpunkt der Zeugung, der wiederum Rückschlüsse auf die Vaterschaft zulässt. Steht der Zeitpunkt des Geschlechtsverkehrs mit der Mutter fest, so kann das Tragezeitgutachten „schwerwiegende Zweifel" (§ 1600 d BGB) an der Vaterschaft begründen. Positiv kann das Tragezeitgutachten allein den Vaterschaftsbeweis nicht liefern; aber zusammen mit einer serostatistischen oder erbbiologischen Untersuchung (Additionsbeweis) kann es zum Vaterschaftsnachweis führen[32] oder die Vaterschaft ausschließen.[33] Der Beweiswert[34] hängt einmal von der Feststellung des Zeitpunkts des Geschlechtsverkehrs und vom Menstruationstermin der Mutter ab; zum anderen von der Feststellung der Reifemerkmale des Kindes bei der Geburt (Länge, Gewicht, Kopfumfang, Hautfarbe, Fettpolster unter der Haut, Knorpel an Ohren und Nase, Ausbildung der Geschlechtsteile des Kindes). Die **Zeugungsunfähigkeitsprüfung** ist deshalb unsicher, weil fast stets bis zu dieser Prüfung ein Jahr oder mehr seit dem mutmaßlichen Zeugungszeitpunkt vergangen sind.[35] Ob eine nachgewiesene Zeugungsunfähigkeit 12

[29] AG Hohenstein-Ernstthal FamRZ 2006, 1769.

[30] Vgl. BGHZ 61, 165 = NJW 1973, 1924.

[31] BGHZ 61, 165, 172 = NJW 1973, 1924; BGH NJW 1974, 1428.

[32] Vgl. LG Hagen DAVorm. 31 (1958/59), 119, 120.

[33] Vgl. OLG Neustadt MDR 1958, 241.

[34] *Beitzke* weist auf widersprechende Gutachten hin: *Beitzke/Hosemann/Dahr/Schade,* Vaterschaftsgutachten für die gerichtliche Praxis, 3. Aufl. 1978, S. 28.

[35] Vgl. AG Sinsheim DAVorm. 45 (1972), 32.

zum Zeitpunkt des Prozesses „schwerwiegende Zweifel" iSd. § 1600 d BGB an der Vaterschaft begründen, hängt vom Einzelfall ab.[36]

13 **3. Die Zumutbarkeit der Untersuchung. a) Grundsatz.** Zumutbar muss die Untersuchung für den zu Untersuchenden sein,[37] und zwar sowohl nach der Art der Untersuchung wie auch nach den Folgen ihres Ergebnisses (für den zu Untersuchenden selbst und für seine Angehörigen); auch muss die Untersuchung ohne Nachteil für die Gesundheit des zu Untersuchenden sein. Eine **allgemeine Zumutbarkeitsprüfung** über die hier genannten Fälle hinaus ist nach dem Gesetzeswortlaut nicht vorgesehen und ist auch abzulehnen, weil sie den Anwendungsbereich der Vorschrift, ohne dass dies vom Gesetzgeber gewollt wäre, einschränken würde.[38] So ist für die nichteheliche Mutter im Vaterschaftsfeststellungsprozess die Blutentnahme nicht schon deshalb unzumutbar, weil ihr Ehemann das Kind zu adoptieren beabsichtigt.[39]

14 **b)** Die **Art der Untersuchung** soll unzumutbar sein, wo die Abstammung nicht Streitgegenstand, sondern bloße Vorfrage ist.[40] Diese Ansicht wird hier abgelehnt, weil es insoweit nicht um die Art der Untersuchung geht und weil diese Auslegung auf eine prinzipielle Beschränkung des § 372 a hinausliefe (vgl. Rn. 13). Dasselbe gilt von einem geringen Streitwert sowie von der Kombination Vorfrage und geringer Streitwert.[41] Beispiel einer unzumutbaren Art der Untersuchung im Hinblick auf Art. 1 GG ist die (unfreiwillige) ejaculatio seminis.[42] Bei Zeugen Jehovas ist die Blutabnahme als zumutbar angesehen worden.[43] Allgemein wird man sagen können, dass ein Eingriff in die körperliche Integrität seiner Art nach unzumutbar ist, solange eine weit weniger in die körperliche Integrität eingreifende Untersuchung, die den Sachverhalt ähnlich gut aufzuklären verspricht, noch nicht versucht ist.

15 **c) Nach den Folgen ihres Ergebnisses** ist eine Begutachtung unzumutbar, wenn ihr mögliches Ergebnis höherwertige Interessen des zu Untersuchenden oder seiner Angehörigen (§ 383 Abs. 1 bis 3) verletzen kann. Der Fall, in dem solche Verletzung höherwertiger Interessen vorkommen kann, ist indes selten. Wie die ausdrückliche Nennung von § 1600 c BGB im Gesetzeswortlaut zeigt, macht ein möglicher Verlust von Unterhaltsansprüchen und Erbrecht wegen fehlender Abstammung die Untersuchung nicht unzumutbar; ebenso wenig können dies andere vermögensrechtliche Nachteile sein.[44] Die Feststellung der Abstammung ist auch nicht deshalb unzumutbar, weil ihr Ergebnis den ehelichen Frieden stören[45] oder die Scheidung einer Ehe auslösen kann.[46] Umgekehrt zeigt der Hinweis des Gesetzes auf § 1600 d BGB, dass ein Mann nicht die Abstammungsuntersuchung als unzumutbar verweigern kann, weil diese Unterhaltsverpflichtungen zur Folge haben kann. Dadurch, dass Absatz 2 nicht auf § 384 verweist, bringt das Gesetz zum Ausdruck, dass auch strafrechtliche Folgen für den zu Untersuchenden oder dessen Angehörige nicht die Untersuchung unzumutbar machen.[47] Also gerade anders als nach § 81 c StPO geben die Zeugnisverweigerungsgründe nicht das Recht, die Untersuchung – also den Augenschein – zu verweigern.[48] Dabei ist zu beachten, dass die Konfliktsituation durch eine Falschaussage selbst herbeigeführt wurde, obgleich in aller Regel das Recht zur Verweigerung der Aussage bestanden hat. Auch liegt keine Umgehung des § 81 c StPO vor, weil diese Vorschrift nicht bezweckt, jegliche strafrechtliche Konsequenz auszuschließen. Für die Kindesmutter wurde eine Begutachtung nicht schon deshalb als unzumutbar angesehen, weil die Untersuchung zu dem Ergebnis führen konnte, dass das Kind einer Inzest-Verbindung entstammt; der Inzest-Verdacht war bereits einem größeren Personenkreis bekannt.[49] Erst recht muss der Beklagte die Untersuchung dann dul-

---

[36] Vgl. *Beitzke* (Fn. 29) S. 25; BGH NJW 1974, 1428.

[37] BGH NJW 2007, 912.

[38] So aber wohl: *Stein/Jonas/Berger* Rn. 8, 11; *Baumbach/Lauterbach/Hartmann* Rn. 23.

[39] OLG Nürnberg FamRZ 1996, 1155 = NJW-RR 1996, 645.

[40] *Bosch* DRiZ 1951, 107, 110.

[41] *Bosch* DRiZ 1951, 107, 110; *Baumbach/Lauterbach/Hartmann* Rn. 23.

[42] *Sautter* AcP 161 (1962), 215, 235; vgl. *Kalkhoff* DAVorm. 47 (1974), 85, 90.

[43] OLG Düsseldorf FamRZ 1976, 51.

[44] OLG Köln NJW 1955, 149.

[45] OLG Nürnberg NJW-RR 1996, 645 = FamRZ 1996, 1155.

[46] LG Stuttgart MDR 1953, 370; OLG Nürnberg FamRZ 1961, 493; aA OLG Hamburg NJW 1953, 1873 (obiter dictum), wenn mit dem Verlust des Berufes und strafrechtlichen Folgen verbunden.

[47] BGHZ 41, 318, 326 = NJW 1964, 1469, 1471 (beiläufig); OLG Frankfurt NJW 1979, 1257; KG NJW 1969, 2208; OLG München JZ 1952, 426 m. teilw. abl. Anm. *Dünnebier;* einschränkend OLG Hamburg NJW 1953, 1873; *Wieczorek* Anm. D II a; *Stein/Jonas/Berger* Rn. 11; aA *Sieg* MDR 1980, 24; *Sautter* AcP 161 (1962), 215, 260; *Bosch* DRiZ 1951, 107, 109.

[48] OLG Frankfurt NJW 1979, 1257; KG NJW 1969, 2208; OLG Hamburg NJW 1953, 1873; aA *Meyer* DRiZ 1951, 34.

[49] OLG Karlsruhe FamRZ 1992, 334.

den, wenn die Mutter des Kindes seine eigene Tochter ist.[50] Soweit ersichtlich hat die Rechtsprechung nur einmal die Abstammungsuntersuchung mit Rücksicht auf die Folgen ihres Ergebnisses für unzumutbar erklärt, und zwar als sie ausschließlich vorgenommen werden sollte, um im Scheidungsprozess (nach früherem Recht) gerade den Ehebruch der Mutter zu beweisen.[51]

d) Ohne Nachteil für die Gesundheit ist die Untersuchung nur dann, wenn nennenswerte Schäden praktisch ausgeschlossen werden können. Leidet jemand unter einer Spritzenphobie, die so stark ist, dass im Falle einer (zwangsweisen) Injektion (trotz Vollnarkose) mit wesentlichen psychischen Schäden zu rechnen ist, so liegt ein gesundheitlicher Nachteil vor.[52] 16

4. Die Duldungspflicht. Die Untersuchungen sind zu dulden. Dieser Wortlaut darf nicht dahingehend missverstanden werden, der zu Untersuchende dürfe sich völlig passiv verhalten; ein gewisses Mindestmaß an Aktivität wird von ihm verlangt. Es muss sich zur Untersuchungsstelle, zB eine entfernte Klinik, begeben; er muss an der **Identitätsprüfung** teilnehmen, seinen Pass oder Personalausweis vorzeigen, seine Unterschrift leisten,[53] seinen Fingerabdruck machen (Rn. 9) oder sich sogar zu einem Foto zurecht stellen. Er muss bei der Untersuchung selbst die verlangte **Körperhaltung** einnehmen, also beim erbbiologischen Gutachten neben anderen Männern, die als Vater in Betracht kommen, den Kopf von der Seite betrachten und fotografieren lassen. Er muss die ausdrücklich genannte Blutentnahme ermöglichen und sich messen lassen. Die Verletzung der genannten Pflichten ist ebenso wie Verweigerung der Untersuchung zu behandeln. Eine Pflicht, Fotographien der Eltern oder eigene zur Verfügung zu stellen, kann aber nicht aus § 372a hergeleitet werden;[54] ebenso wenig eine Pflicht, Angaben zB über erbliche Krankheiten, zu machen.[55] 17

5. Die betroffenen Personen. Jede Person muss die Untersuchung dulden, also Parteien, Zeugen und erforderlichenfalls auch Eltern[56] und Großeltern des Mehrverkehrszeugen; Tote (Rn. 2). Ein Deutscher unterliegt auch dann der Untersuchungspflicht, wenn er im **Ausland** wohnt (s. Rn. 32). Im Ausland ist diese nicht stets durchsetzbar. Gegenüber Ausländern, die sich im Ausland aufhalten, besteht die Pflicht nur, wenn das ausländische Prozessrecht solche Pflicht anerkennt. 18

6. Die Anordnung der Untersuchung zur Feststellung der Abstammung hat durch dass Prozessgericht zu erfolgen, während die Durchführung der Untersuchung gem. § 372 Abs. 2 einem anderen Gericht übertragen werden kann (s. § 372 Rn. 6).[57] Die Anordnung erfolgt auf Antrag gem. § 371 oder von Amts wegen gem. § 144. Eine Anordnung der Abstammungsuntersuchung von Amts wegen soll aber nur im Statusprozess (§§ 640 bis 641 h) zulässig sein; in anderen Prozessen soll es bei Fehlen eines Beweisantrages an der Erforderlichkeit fehlen. Dem kann nicht zugestimmt werden, da eine Erforderlichkeit der Abstammungsuntersuchung auch dann vorliegen kann, wenn die Parteien an sie nicht gedacht haben. Eine Anordnung der Untersuchung vor der mündlichen Verhandlung gem. § 358a ist unzulässig, da erst in der mündlichen Verhandlung sich die Erforderlichkeit entscheidet;[58] sie fehlt zB bei einem Anerkenntnis oder wenn das schriftsätzliche Bestreiten nicht aufrecht erhalten wird. Gegen die Anordnung der Untersuchung ist ein **Rechtsmittel** nicht gegeben (vgl. § 355 Abs. 2).[59] 19

III. Abs. 2

1. Problematik der Verweisung auf §§ 386 bis 390. Als unglücklich hat sich die Verweisung auf §§ 386 bis 390 erwiesen; sie hat zu einer kontroversen, sehr unübersichtlichen Rechtsprechung der Oberlandesgerichte geführt. Während beim Zeugen unterschieden wird zwischen dem Nichterscheinen (§ 380) und der Aussageverweigerung (§ 390), begnügt sich § 372a mit der bloßen Verweisung auf § 390, obgleich auch dort faktisch zwischen dem Nichterscheinen (im Untersuchungstermin) und der Verweigerung der Untersuchung unterschieden werden muss. 20

2. Lösungsansatz. Die rechtliche Lösung muss einmal sicherstellen, dass über benannte Gründe für die Verweigerung der Untersuchung in einem Verfahren entsprechend § 387 entschieden wird; 21

---

[50] OLG Hamm NJW 1993, 474 = FamRZ 1993, 76.
[51] BGHZ 45, 356, 360 = NJW 1966, 1913.
[52] OLG Koblenz NJW 1976, 379; aA *Zöller/Greger* Rn. 10.
[53] OLG Köln FamRZ 1976, 548.
[54] OLG Schleswig SchlHA 1953, 207.
[55] AA *Baumbach/Lauterbach/Hartmann* Rn. 20.
[56] LG Göttingen NdsRpfl. 1953, 180.
[57] BGH NJW 1990, 2936 m. abl. Anm. *Zender* NJW 1991, 2947.
[58] *Zöller/Greger* Rn. 12; *Musielak/Huber* Rn. 4.
[59] AA nur OLG Stuttgart FamRZ 1992, 971.

sie muss zum anderen erreichen, dass das Erste unberechtigte Scheiternlassen der Untersuchung ebenso wie das Scheiternlassen der Untersuchung ohne Angabe von Gründen die Folgen des § 390 Abs. 1 auslöst und das nochmalige unberechtigte Scheiternlassen der Untersuchung (2. Untersuchung) dazu führt, dass die Untersuchungsperson zum 3. Untersuchungstermin vorgeführt werden kann (§ 372a Abs. 2 S. 2). **Voraussetzung** ist, dass eine gerichtliche Ladung[60] und nicht nur die des Sachverständigen, vorliegt.

22 **3. Verweigerung der Untersuchung. a) Verweigerung mit Gründen (§ 386).** Die Verweigerung der Untersuchung kann **entsprechend § 386** schriftlich oder mündlich zu Protokoll der Geschäftsstelle des erkennenden Gerichts geschehen. Dies zeigt, dass bloßes Nichtstun, also zB Nichterscheinen im Untersuchungstermin, keine Verweigerung ist.[61] Die zu untersuchende Person – sei sie eine Partei oder ein Dritter – hat dabei die Umstände, auf die sie die Weigerung gründet, anzugeben und glaubhaft zu machen. Etwaige Kosten der Glaubhaftmachung, zB eine ärztliche Untersuchung, werden dem Weigernden entsprechend § 7 JVEG erstattet, wenn sich seine Weigerung als berechtigt erweist.[62] Die Verweigerung der Untersuchung kann auf die Unzumutbarkeit der Art der Untersuchung (Rn. 14), die Unzumutbarkeit der Folgen ihres Ergebnisses (Rn. 15) sowie auf gesundheitliche Nachteile (Rn. 16) gestützt werden. Der Beweisbeschluss, der die Abstammungsuntersuchung anordnet, kann als solcher nicht angefochten werden (§ 355 Abs. 2); nach heute wohl hM kann die Verweigerung indes auch darauf gestützt werden, dass die Abstammungsuntersuchung **nicht erforderlich** sei (Rn. 4 ff.).[63] Dies wird mit dem Eingriff in die körperliche Unversehrtheit (Art. 2 GG) begründet; der Gesetzgeber habe gerade deren Schutz gewollt, wie der (sonst überflüssige) Hinweis auf die Erforderlichkeit zeige. Die aA stimmt dem nicht zu,[64] weil Beweisbeschlüsse unanfechtbar sind und ihre Überprüfung erst mit dem Endurteil erfolgt. Eine Pflicht des Gerichts, Parteien und Dritte über das Recht, die Untersuchung zu verweigern, zu belehren, besteht nicht, § 383 Abs. 2 ist nicht entsprechend anwendbar.[65]

23 **b) Verfahren bei Verweigerung (§ 387).** Begründet der zu Untersuchende seine Weigerung, so ist **§ 387 entsprechend anwendbar.** Da die Untersuchung als Augenschein auch von Amts wegen angeordnet werden kann, kann entsprechend die Durchführung des Zwischenstreits – gerade anders als bei einer Zeugnisverweigerung (§ 387 Rn. 4) – dann auch nicht vom Antrag oder der Rüge einer Partei abhängig sein (s. § 408 Rn. 2). Dieser Umstand macht die in § 387 vorgeschriebene mündliche Verhandlung indes nicht entbehrlich; zu dieser ist der zu Untersuchende von Amts wegen zu laden, ohne dass sein Fernbleiben indes Säumnisfolgen auslösen würde (s. § 387 Rn. 9). Gegner des zu Untersuchenden in diesem Zwischenverfahren ist die Partei, die der Weigerung widerspricht. Nimmt im Falle einer von Amts wegen angeordneten Untersuchung keine der Parteien zur Weigerung des Zeugen Stellung (s. § 387 Rn. 7), so ist das Verfahren dennoch durchzuführen. Der zu Untersuchende, wenn er nicht Partei ist, sondern Zeuge, bedarf auch im Anwaltsprozess keiner anwaltlichen Vertretung. In diesem Zwischenverfahren kann auch ein Zeuge als Beteiligter den Richter wegen Befangenheit ablehnen.[66]

24 **c)** Die Entscheidung ergeht durch **Zwischenurteil,** auch wenn das Gericht sie für berechtigt hält, nicht in den Gründen des Endurteils.[67] Unterliegt der zu Untersuchende in diesem Zwischenverfahren, so trägt er gem. § 91 die besonderen Kosten des Zwischenverfahrens; obsiegt der zu Untersuchende, so trägt sie die widersprechende Partei; hat keine Partei der Verweigerung widersprochen, so ist hinsichtlich der Kosten dahin zu erkennen, dass diese der Kostenentscheidung in der Hauptsache folgen. Eine Anordnung von Ordnungsgeld entsprechend § 390 Abs. 1 kann in dem Zwischenurteil, das die Zurückweisung der Weigerung ausspricht, nicht erfolgen, weil erst eine Weigerung nach rechtskräftiger Feststellung der Untersuchungspflicht diese Folge auslöst. Das Gleiche gilt für die Kosten, die durch die unbegründete Weigerung entstanden sind.

---

[60] OLG Brandenburg FamRZ 2001, 1010.

[61] AA OLG Nürnberg FamRZ 1964, 98 m. abl. Anm. *Bosch;* auf den Einzelfall stellen ab: OLG Karlsruhe FamRZ 1962, 395; OLG Düsseldorf FamRZ 1971, 666.

[62] *Baumbach/Lauterbach/Hartmann* Rn. 25.

[63] OLG Nürnberg FamRZ 2005, 728; OLG Hamm NJW-RR 2005, 231 (Exhumierung uU vorrangig); OLG Oldenburg NJW 1973, 1419; OLG München NJW 1977, 341; OLG Stuttgart FamRZ 1961, 490 m. zust. Anm. *Sautter;* OLG Stuttgart NJW 1972, 2226; *Bosch* DRiZ 1951, 107, 110; *Zöller/Greger* Rn. 13; *Weber* NJW 1963, 574.

[64] OLG München JZ 1952, 426; OLG Celle NJW 1955, 1037; OLG Düsseldorf NJW 1958, 265; OLG Karlsruhe FamRZ 1962, 395; *Niemeyer* MDR 1952, 199; *Wieczorek* Anm. E I.

[65] *Meyer* DRiZ 1951, 34; *Bosch* DRiZ 1951, 137, 139.

[66] BayObLG FamRZ 1992, 574.

[67] OLG Frankfurt NJW-RR 1988, 714; aA *Wieczorek* § 387 Anm. A III a; vgl. RG JW 1896, 130.

d) Rechtsmittel. Im Falle der Zurückweisung der Weigerung kann der sich Weigernde[68] gegen das Urteil **sofortige Beschwerde** einlegen (§ 387 Abs. 3); gegen das Zwischenurteil des Berufungsgerichts ist Rechtsbeschwerde zum BGH nur bei Zulassung möglich (§ 574). Wird die Weigerung im Zwischenurteil für berechtigt erklärt, so hat nur die Partei ein Beschwerderecht, die den Beweis angetreten hat; bei amtswegiger Anordnung der Untersuchung hat das Beschwerderecht der Beweisführer (s. § 387 Rn. 16).[69] Die Gegenansicht[70] scheint zu übersehen, dass die andere Partei nicht beschwert ist; nur für den Fall, dass in der Beschwerde zugleich ein Beweisantrag der anderen Partei zu sehen ist, steht dieser auch das Beschwerderecht zu (s. § 387 Rn. 16). Für die Beschwerde besteht entsprechend §§ 78 Abs. 5, 569 Abs. 3 kein Anwaltszwang für den verweigernden Dritten. 25

e) Werden **keine Gründe für die Weigerung** angegeben, so ist gegen die Untersuchungsperson entsprechend § 390 Abs. 1 durch Beschluss ein Ordnungsgeld zu verhängen und sind ihr zugleich die durch die Weigerung verursachten Kosten aufzuerlegen, wenn sie entweder im Untersuchungstermin nicht erscheint oder aber erscheint, aber die Untersuchung nicht vornehmen lässt. Ein Zwischenurteil, in dem die Weigerung für unerheblich erklärt wird, darf nicht ergehen.[71] Zu Recht macht aber die hM die Verhängung des Ordnungsmittels davon abhängig, dass der Betroffene zuvor über seine Pflichten aus § 372a und über die Folgen einer unberechtigten oder ohne Angabe von Gründen verweigerten Untersuchung **belehrt** worden ist. Dies wird mit einer Analogie zu § 141 Abs. 3 und § 380 iVm. § 377 Abs. 2 Nr. 3 begründet.[72] Wird die Untersuchung ein zweites Mal ohne Angabe von Gründen verweigert, so ist zu verfahren wie beim zweiten Nichterscheinen nach rechtskräftiger Zurückweisung der Weigerung (Rn. 28): Zwang gem. § 372a Abs. 2 S. 2. Wird gegen die Anordnung von Ordnungsgeld gem. § 390 Abs. 1 oder gegen die Anordnung von Beugehaft Beschwerde eingelegt und dahingehend begründet, es bestehe ein **Recht zur Verweigerung** der Untersuchung, so muss nunmehr über die Gründe der Weigerung auf Grund eines Zwischenstreits (s. Rn. 23) durch Zwischenurteil entschieden werden;[73] über die Beschwerde gegen das Ordnungsmittel ist durch Beschluss zu entscheiden; sie kann als Ungehorsamstrafe aufrecht erhalten werden, auch wenn ein Weigerungsrecht besteht, weil die Weigerung zunächst nicht begründet wurde. 26

4. Nichterscheinen der Untersuchungsperson. a) Erscheint der zu Untersuchende nicht im Untersuchungstermin, obgleich zuvor bereits eine **Verweigerung rechtskräftig** für **unerheblich erklärt** worden ist und ohne dass neue Gründe für die Verweigerung der Untersuchung genannt werden (s. § 387 Rn. 3), so ist entsprechend § 390 Abs. 1 S. 2 Ordnungsgeld zwischen Euro 5.– und 1000.– Euro (s. dazu § 380 Rn. 7) und – für den Fall, dass dieses nicht beigetrieben werden kann – Ordnungshaft zwischen 1 Tag und 6 Wochen (s. dazu § 380 Rn. 7) zu verhängen. Auch sind der nichterschienenen Untersuchungsperson entsprechend § 390 Abs. 1 S. 1 die durch das Nichterscheinen verursachten Kosten aufzulegen. Beides geschieht von Amts wegen, eines Parteiantrages bedarf es also nicht. Die Anordnung von Ordnungsgeld geschieht durch Beschluss, der mit einfacher Beschwerde, zB hinsichtlich der Höhe oder wegen unverschuldeten Fernbleibens im Untersuchungstermin, anfechtbar ist (§ 390 Abs. 3); Anwaltszwang besteht dafür nicht; der zu Untersuchende ist zwar nicht Zeuge, aber §§ 78 Abs. 5, 569 Abs. 3 sind entsprechend anzuwenden.[74] 27

b) Bei **wiederholtem Nichterscheinen,** also schon beim zweiten Ausbleiben nach rechtskräftiger Entscheidung über die Untersuchungspflicht, ist nach § 372a Abs. 2 S. 2 zu verfahren, also unmittelbarer Zwang anzuordnen. Es ist nicht erforderlich, dass Maßnahmen nach § 390 Abs. 1 verhängt und entweder vom Betroffenen erfüllt oder deren Vollstreckung versucht worden wäre (s. § 390 Rn. 10). Gem. § 390 Abs. 2 kann nicht verfahren werden, da § 372a Abs. 2 S. 2 die speziellere Vorschrift ist.[75] Der Beschluss über den unmittelbaren Zwang ist entsprechend § 390 Abs. 3 28

---

[68] Bei Entnahme aus einer Leiche der Totenfürsorgeberechtigte, OLG Dresden MDR 2002, 1070 = FPR 2002, 570.

[69] Vgl. *Wieczorek* Anm. E III b.

[70] *Stein/Jonas/Schumann* Rn. 23.

[71] OLG Köln FamRZ 1976, 548; OLG Zweibrücken FamRZ 1979, 1072; OLG Düsseldorf FamRZ 1979, 191; OLG Celle MDR 1960, 679; OLG Karlsruhe FamRZ 1962, 395; OLG Schleswig SchlHA 1963, 169; OLG Düsseldorf JMBlNRW 1964, 30; aA OLG Nürnberg FamRZ 1964, 98, das das Nichterscheinen regelmäßig als Weigerung behandelt.

[72] OLG Zweibrücken FamRZ 1979, 1072; OLG Köln FamRZ 1976, 548; OLG Koblenz FamRZ 1974, 384; OLG Schleswig SchlHA 1972, 205.

[73] Vgl. OLG Schleswig SchlHA 1963, 169; aA OLG Karlsruhe FamRZ 1962, 395; OLG Düsseldorf JMBlNRW 1964, 30, die (ohne jede Begründung) im Beschwerdeverfahren über Ordnungsgeld und unmittelbaren Zwang über das Untersuchungsverweigerungsrecht entschieden haben.

[74] OLG Düsseldorf JMBlNRW 1964, 30; OLG Düsseldorf FamRZ 1971, 666.

[75] *Wieczorek* Anm. E IV b.

mit Beschwerde anfechtbar, die gem. § 572 eine aufschiebende Wirkung hat. Anwaltszwang besteht dafür auch nicht (s. Rn. 27). Der unmittelbare Zwang wird durch den Gerichtsvollzieher – insbesondere durch Vorführung – ausgeübt, der für den Wohnort des zu Untersuchenden zuständig ist, auch wenn zum Zweck der Vorführung größere Entfernungen zurückzulegen sind.[76] Nötigenfalls bittet der Gerichtsvollzieher die Polizei um Amtshilfe.

29 c) Im Falle **bloßen Nichterscheinens im Untersuchungstermin,** und zwar ohne ausdrückliche Verweigerung der Untersuchung (dazu s. Rn. 26), ist § 380 nicht ausdrücklich für entsprechend anwendbar erklärt. Auch § 390 passt nach seinem Wortlaut nicht. Nach dem Wortlaut des § 372a Abs. 2 S. 2 kann auch nicht sogleich unmittelbarer Zwang angeordnet werden, da ein solcher eine unberechtigte Verweigerung des zu Untersuchenden voraussetzt. Eine ordnungsgemäße gerichtliche Ladung zum Untersuchungstermin beim Sachverständigen vorausgesetzt, in der auf die Folgen des Nichterscheinens hingewiesen ist (s. Rn. 26), muss man indes das Nichterscheinen wie eine Verweigerung der Untersuchung ohne die Angabe von Gründen behandeln, also § 390 Abs. 1 – wie es § 372a gebietet – entsprechend anwenden (s. Rn. 26), dh., dem Nichterschienenen sind die durch das Nichterscheinen entstandenen Kosten aufzuerlegen und es ist gegen ihn ein Ordnungsmittel zu verhängen, ohne dass es eines Zwischenurteils bedürfte.[77] Entschuldigt er sich nachträglich hinreichend, so kann **§ 381 entsprechend** angewandt werden, weil sich die Vorschrift zugunsten des Bestraften auswirkt. Begründet der Nichterschienene später sein Nichterscheinen mit einem Recht, die Untersuchung zu verweigern, so ist über das Ordnungsgeld einerseits und den Weigerungsgrund getrennt zu entscheiden (s. Rn. 26). Im Falle einer Wiederholung kann unmittelbarer Zwang (Abs. 2 S. 2) angewandt werden. Der Gegenansicht, im Falle des erstmaligen Nichterscheinens könne dem zu Untersuchenden kein Ordnungsgeld auferlegt werden, weil dem das strafrechtliche Analogieverbot entgegenstehe,[78] kann nicht beigepflichtet werden; einmal könnte dann auch im Wiederholungsfall kein Ordnungsmittel verhängt werden; zum anderen sind §§ 372a, 390 hinreichend klar als Grundlage für Ahndung als Ordnungswidrigkeit bestimmt, insbesondere wenn man bedenkt, dass sich auf der Ladung ein Hinweis auf die Folgen des Nichterscheinens findet (s. Rn. 26).

30 **5. Sonderfälle. a) Verweigert die Partei,** die die Untersuchung beantragt hat, später die Durchführung der Untersuchung, so kommt keine Anordnung von Ordnungsgeld oder ähnliches in Betracht. Vielmehr verbleibt es bei der allgemeinen Regel, dass diese Partei beweisfällig ist (s. § 371 Rn. 6); § 372a ist unanwendbar, weil diese Vorschrift sich auf den Zwang zur Untersuchung bezieht (vgl. Rn. 1).

31 **b) Minderjährige** können das Verweigerungsrecht selbst ausüben, wenn sie die erforderliche Verstandesreife haben, was mit etwa vierzehn Jahren angenommen werden kann (s. § 383 Rn. 8). Die §§ 106ff. BGB sind unanwendbar, da es sich bei der Verweigerung nicht um eine Willenserklärung handelt. Fehlt dem Minderjährigen die erforderliche Verstandesreife, so handelt sein gesetzlicher Vertreter für ihn;[79] diesem obliegt es also, entweder die Verweigerung auszusprechen oder den Minderjährigen der Untersuchung zuzuführen. Ist der gesetzliche Vertreter des Minderjährigen selbst Partei oder ist dessen Ehegatte oder Verwandter Partei, so kommt die Entziehung der Vertretungsmacht gem. § 1796 BGB und die Bestellung eines Ergänzungspflegers gem. § 1909 BGB in Betracht.[80] Ein automatischer Wegfall des Vertretungsrechts gem. §§ 1795, 1629 BGB kommt nicht in Betracht, weil der Minderjährige in diesem Falle nicht Partei ist. Das Prozessgericht wird in einem entsprechenden Fall dem Vormundschaftsgericht Mitteilung machen und es zum Tätigwerden anregen. Die Ordnungsmittel sind gegen den/die personensorgeberechtigten Vertreter zu richten (vgl. § 9 Abs. 1 Nr. 3 OWiG).[81]

32 **c) Scheidet die Anwendung von Zwang aus,** insbesondere weil die untersuchungspflichtige Partei sich **im Ausland** aufhält[82] und dort eine zwangsweise Untersuchung nicht durchsetzbar ist, so kommen die allgemeinen Grundsätze der Vereitelung des Augenscheins zur Anwendung (s. § 371 Rn. 6ff.); es muss sich also bei der untersuchungspflichtigen Partei um den Gegner einer beantragten

---

[76] LG Regensburg DGVZ 1980, 171.

[77] OLG Karlsruhe FamRZ 1962, 395, 396; OLG Köln FamRZ 1976, 548; *Zöller/Greger* Rn. 13; aA OLG Düsseldorf FamRZ 1971, 66: im Nichterscheinen liege mitunter eine Weigerung: dann Zwischenurteil; OLG Nürnberg FamRZ 1964, 98: im Nichterscheinen liege in der Regel eine Weigerung, über die durch Zwischenurteil zu entscheiden sei; OLG Celle MDR 1960, 679: nur bei unbegründeter Weigerung kann bestraft werden.

[78] OLG Neustadt NJW 1957, 1155.

[79] OLG Naumburg FamRZ 2000, 1290; OLG Karlsruhe FamRZ 1998, 563.

[80] *Soergel/Damrau* § 1796 BGb Rn. 4.

[81] OLG München FamRZ 1997, 1170.

[82] Im Fall OLG Hamm FamRZ 1973, 473 hatte der beklagte Mann Diplomatenstatus; im Fall BGH FamRZ 1993, 691 = NJW 1993, 1391 verhinderte Krankheit die Ausübung von Zwang.

Untersuchung handeln (zur anderen Partei s. Rn. 30).[83] Gefordert wird indes nach dem Rechtsgedanken des § 139 Abs. 2 (schon zur Vermeidung von Überraschungsentscheidungen) ein vorheriger Hinweis auf die Folgen des beweisvereitelnden Verhaltens unter Fristsetzung gem. § 356.[84]

d) Bei Ersuchen eines ausländischen Gerichts um die Durchführung einer Untersuchung im Wege der Rechtshilfe richtet sich die Verpflichtung zur Duldung nach deutschem Recht. Zur Entscheidung eines Zwischenstreits über die Rechtmäßigkeit der Weigerung ist in Abweichung von § 389 Abs. 2 das ersuchte deutsche Gericht berufen.[85] 33

Titel 7. Zeugenbeweis

§ 373 Beweisantritt

Der Zeugenbeweis wird durch die Benennung der Zeugen und die Bezeichnung der Tatsachen, über welche die Vernehmung der Zeugen stattfinden soll, angetreten.

Schrifttum: *Barfuß,* Die Stellung besonderer Vertreter gem. § 30 BGB in der zivilprozessualen Beweisaufnahme, NJW 1977, 1273; *Bosch,* Grundsatzfragen des Beweisrechts, 1963; *Bürck,* Der prozeßbevollmächtigte Rechtsanwalt als Zeuge im Zivilprozeß, NJW 1969, 906; *Findeisen,* Der minderjährige Zeuge im Zivilprozeß, 1992; *Gottschalk,* Der Zeuge N. N., NJW 2004, 2939; *Hauser,* Der Zeugenbeweis im Strafprozeß mit Berücksichtigung des Zivilprozesses, Zürich 1974; *Hohlfeld,* Die Einholung amtlicher Auskünfte im Zivilprozeß, 1994; *Hueck,* Die Vertretung von Kapitalgesellschaften im Prozeß, FS Bötticher, 1969, S. 107; *Jüntgen,* Zur Verwertung von Kronzeugenerklärungen in Zivilprozessen, WuW 2007, 128; *M. Koukouselis,* Die Unmittelbarkeit der Beweisaufnahme im Zivilprozeß, insbesondere bei der Zeugenvernehmung, 1990; *Müller,* Parteien als Zeugen, insbes. ein sog Zeugenschaffen und Zeugenausschalten, 1992; *G. Reinecke,* Der Zeuge N. N. in der zivil- und arbeitsgerichtlichen Praxis, MDR 1990, 767; *G. Reinecke,* Die Information des Zeugen über das Beweisthema, MDR 1990, 1061; *Schneider,* Der Streitgenosse als Zeuge, MDR 1982, 372; *Schabenberger,* Der Zeuge im Ausland, 1997; *Sonnemann,* Amtliche Auskunft und Behördengutachten im Zivilprozeß Diss. Hannover 1994; *Werner,* Zeugenvernehmung eines Rechtsanwalts, AnwBl. 1995, 113.

Weiteres Schrifttum: § 376 vor Rn. 1 (Vernehmung von Personen im öffentlichen Dienst); § 377 vor Rn. 1 (Schriftliche Zeugenaussage); § 381 vor Rn. 1 (Ausbleiben des Zeugen); § 383 vor Rn. 1 (Zeugnisverweigerungsrecht);§ 397 vor Rn. 1 (Fragerecht der Parteien); § 396 vor Rn. 1 (Vernehmung zur Sache); § 398 vor Rn. 1 (Wiederholte Vernehmung).

Übersicht

I. Normzweck

Die Vorschrift bestimmt, wie Zeugenbeweis angetreten wird. Es wird zugleich ausgesprochen, dass es keine Beschränkungen des Zeugenbeweises, wie man sie im 19. Jahrhundert kannte, mehr gibt.[1] 1

---

[83] AA BGH FamRZ 1993, 691 = NJW 1993, 1391.
[84] BGH NJW 1986, 2371 = JZ 1987, 42 m. Anm. Stürner, Erwiderung *Schröder* (S. 607) und Schlußwort *Stürner* (S. 607) = IPRax 1987, 176 m. Anm. *Schlosser* (S. 153).
[85] OLG Frankfurt NJW-RR 1988, 714.
[1] *Hahn* S. 269, 308.

II. Einzelerläuterungen

2 **1. Vergangene Tatsachen und Zustände. a) Gegenstand des Zeugenbeweises.** Der Zeuge ist ein Beweismittel, das über „Tatsachen oder Zustände" berichten soll, die in der **Vergangenheit** liegen (s. § 414); ausnahmsweise soll er auch über gegenwärtige Zustände und Vorkommnisse berichten, wenn nur er selbst darüber Bekundungen machen kann, zB über seine Schmerzen, die aus einer Verletzung herrühren, und die im Zeitpunkt seiner Vernehmung noch andauern[2] oder die eigene Sehfähigkeit.[3]

3 **b)** Die **tatsächlichen Vorgänge und Zustände,** über die der Zeuge berichten soll, stehen im Gegensatz zu Werturteilen, Rechtsbegriffen, Schlussfolgerungen. Beurteilungsfrei kann indes die Bekundung nahezu niemals sein; dabei darf es sich aber nur um einfache Denkvorgänge nach allgemein anerkannten Bewertungsmaßstäben handeln, die jeder normale Mensch nachvollziehen kann und von denen er auch als selbstverständlich ausgeht. Beispiele: jemand war angetrunken,[4] eine Person ist schwatzhaft[5] oder unglaubwürdig.[6] Auch **innere Vorgänge** können Tatsachen sein, zB ob der Zeuge sich geirrt hat, was er gewollt hat;[7] ferner auch hypothetische innere Tatsachen, zB was der Zeuge getan hätte, wenn er nicht geirrt hätte.[8] Vorgänge, über die der Zeuge berichten soll, können auch Äußerungen anderer Personen sein, wenn diese selbst nicht Beweistatsache sind, sondern sich nur auf Beweistatsachen beziehen **(Zeuge von Hörensagen).** Insbesondere bei inneren Tatsachen einer Person muss nicht diese als Zeuge benannt werden, es können vielmehr andere Personen als Zeugen (vom Hörensagen) benannt werden; dann muss schlüssig dargelegt werden, auf Grund welcher Umstände der Zeuge von der inneren Tatsache Kenntnis erlangt hat,[9] zB weil sich die fragliche Person über ihre Absichten, Vorstellungen, Wissen geäußert hat.[10]

4 **2. Abgrenzung zu Sachverständigem und Augenscheinsgehilfen. a)** Vom **Sachverständigen** unterscheidet sich der Zeuge dadurch, dass ersterer ersetzbar ist, weil er aus einem feststehenden Sachverhalt auf Grund seiner Sachkunde Schlussfolgerungen zieht, die auch eine andere Person mit gleicher Sachkunde ziehen kann; demgegenüber ist der Zeuge deshalb unersetzbar, weil die Zustände und Vorgänge, über die er berichtet, in der Vergangenheit liegen. Ermittelt der Sachverständige selbst den Sachverhalt, weil dazu besondere Sachkunde erforderlich ist, so vereinigt er in seiner Person bei der Tatsachenfeststellung den Augenscheinsgehilfen und hinsichtlich der Schlussfolgerungen aus seinen Feststellungen den Sachverständigen (s. § 372 Rn. 4). Ist der Sachverhalt, den der Sachverständige im Auftrage des Gerichts festgestellt hat, nicht wiederholbar, so handelt es sich insoweit nicht um eine Augenscheinsfunktion, die der Sachverständige ausgeübt hat, sondern insoweit ist er **sachverständiger Zeuge** und hinsichtlich der Schlussfolgerungen daraus wiederum Sachverständiger. Die Unterscheidung ist von Bedeutung, wenn der Sachverständige erfolgreich abgelehnt wird (s. § 414 Rn. 5) oder beim Eid (s. § 410 Rn. 2).

5 **b)** Vom **Augenscheinsgehilfen** (s. § 372 Rn. 4) unterscheidet sich der Zeuge dadurch, dass ersterer ersetzbar ist. Berichtet der Zeuge also über Zustände, die (noch) fortdauern, die also während des Prozesses auch von anderen Personen beobachtet werden könnten, zB über die Neigung einer Straße, so ist er insoweit Augenscheinsgehilfe. Wo der Vorgang nicht wiederholbar ist, weil zB die Straße inzwischen umgebaut ist, dort ist die Bekundung echter Zeugenbeweis, weil nunmehr der Berichtende nicht beliebig ersetzbar ist (s. § 372 Rn. 4). Die Unterscheidung ist deshalb bedeutsam, weil das Gericht einen beantragten Augenschein zwar durch einen Augenscheinsmittler einnehmen lassen kann, wenn dies sachdienlich ist, nicht aber diesen durch einen Zeugenbeweis ersetzen kann, wenn die Parteien damit nicht einverstanden sind (§ 295); anderenfalls würde gegen den Grundsatz der Unmittelbarkeit der Beweiserhebung (§ 355) verstoßen.

6 **3. Fähigkeit, Zeuge zu sein.** Sie ist an kein **Alter** oder **Geisteszustand** gebunden. Erforderlich ist nur die Verstandesreife, Wahrnehmungen zu machen, sie im Gedächtnis zu behalten und wiederzugeben, notfalls auf Befragen hin.[11] Die Frage, ob die als Zeuge vernommene Person diese

---

[2] *Löwe/Rosenberg/Dahs* Vor § 48 StPO Rn. 3.
[3] *Wieczorek* Anm. A II a.
[4] BGH nach *Holtz* MDR 1979, 807; BayObLG DRiZ 1929 Nr. 422.
[5] RG HRR 1933 Nr. 1059.
[6] RG JW 1930, 760.
[7] RGZ 32, 375, 376; RG JW 1901, 36; *Wieczorek* Anm. A II a.
[8] RG LZ 1910, 624; JW 1909, 464; RGZ 62, 415, 416; RG JW 1912, 76; Gruchot 54 (1910), 1148.
[9] BGH NJW 1992, 2489.
[10] BGH NJW 1992, 1899.
[11] *Stein/Jonas/Berger* Vor § 373 Rn. 3.

Fähigkeiten im konkreten Fall ganz oder teilweise besitzt, bleibt der Beweiswürdigung des Gerichts überlassen.[12] Von daher kann ein angebotener Zeugenbeweis nur abgelehnt werden, wenn keine Klärung der Beweisfrage durch den Zeugen zu erwarten ist. Ein Eignungsgutachten ist nicht möglich.[13] Zum **Glaubwürdigkeitsgutachten** s. § 395 Rn. 5. Zum **Lauschzeugen** s. § 396 Rn. 3.

4. Abgrenzung zur Parteivernehmung. a) Grundsatz. Zeuge kann sein, wer nicht als Partei vernommen werden kann (§§ 445 ff.). Die früher hM ging dahin, dass Zeuge sein kann, wer nicht Partei ist. Von dieser Auffassung ist man deshalb abgekommen, weil dann das Wissen bestimmter Personen nicht im Prozess verwertbar ist. Beispiel: Ein Siebzehnjähriger ist nicht zur Parteivernehmung zugelassen (§ 455 Abs. 1); da er Partei ist, konnte er nach der früher hM auch nicht als Zeuge vernommen werden. Nach heutiger Auffassung kann er aber als Zeuge vernommen werden, da er nicht zur Parteivernehmung zugelassen ist. 7

b) Prozessunfähige Partei. Die prozessunfähige Partei (§ 52), also die minderjährige oder geschäftsunfähige (§ 104 BGB) Partei, ist in ihrem eigenen Prozess Zeuge,[14] ausgenommen das Gericht vernimmt sie als Partei unter der Voraussetzung des § 455 Abs. 2; ist dies geschehen, so kann der gesetzliche Vertreter (s. Rn. 9) über dasselbe Thema als Zeuge vernommen werden.[15] Die einer prozessunfähigen Person gleichgestellte Person, die durch einen **Betreuer** oder Pfleger vertreten wird (§ 53), kann als Zeuge vernommen werden (s. Rn. 9). Zum Zeugnisverweigerungsrecht in diesen Fällen s. § 383 Rn. 4. 8

c) Gesetzlicher Vertreter einer Partei. Der gesetzliche Vertreter einer Partei kann dann Zeuge sein, wenn die prozessunfähige Partei durch einen Pfleger vertreten wird, weil der gesetzliche Vertreter insoweit die Vertretungsmacht nicht hat.[16] Beispiele: Die **nichteheliche Mutter** im Prozess ihres Kindes, wenn dieses durch das Jugendamt als Beistand vertreten wird (vgl. § 1716 BGB); sie hat zwar grundsätzlich die gesetzliche Vertretung (§ 1626 a Abs. 2 BGB), in einem Rechtsstreit indes, den der Beistand führt, ist sie von der Vertretung ausgeschlossen (§ 53 a), sodass sie Zeuge sein kann. Die Eltern (§ 1629 Abs. 1 BGB), denen zB die Vermögenssorge entzogen ist (§ 1666 BGB) und für die ein Pfleger bestellt ist (§ 1630 Abs. 1 BGB), können insoweit Zeugen im Prozess ihres Kindes sein. Die Eltern, die die Vermögenssorge nach § 1638 BGB nicht haben, können im Prozess ihres Kindes, der durch den **Pfleger** geführt wird (§ 1909 Abs. 1 BGB), Zeugen sein. Der **Vormund,** soweit dieser den Mündel nicht vertreten kann (§§ 1795, 1796, 1803 BGB), kann Zeuge im Prozess seines Mündels sein, da dieser durch einen Pfleger vertreten wird (§ 1794 BGB). Der **Gegenvormund** ist – anders als der Mitvormund – nicht gesetzlicher Vertreter und kann Zeuge im Prozess seines Mündels sein. **Unzulässig** ist es, dem gesetzlichen Vertreter die Vertretungsmacht partiell zu entziehen und insoweit einem Pfleger zu übertragen, um dem gesetzlichen Vertreter im Prozess die Stellung eines Zeugen zu verschaffen.[17] Wurde ein Wechsel in der Vertretung zu diesem Zweck vorgenommen, so ist der frühere gesetzliche Vertreter nicht als Zeuge zu vernehmen, eine bereits gemachte Aussage nicht zu verwerten.[18] Der gesetzliche Vertreter kann ferner insoweit Zeuge sein, als das Gericht von § 455 Abs. 2 Gebrauch macht und die prozessunfähige Partei selbst zu jenem Beweisthema als Partei vernimmt (s. Rn. 8). Der **gewillkürte Vertreter,** auch der Prozessbevollmächtigte,[19] ist Zeuge; Ausnahme im Falle des § 51 Abs. 3 bei einer Vorsorgevollmacht (§ 1896 BGB). 9

d) Gesellschafter als Zeuge. Nach dem **Gesellschaftsrecht** kann der **Kommanditist** im Prozess der KG Zeuge sein,[20] auch dann, wenn er Prokurist ist.[21] Der Gesellschafter einer **BGB-Gesellschaft** oder einer **OHG,** der durch den Gesellschaftsvertrag von der Vertretung der Gesellschaft ausgeschlossen ist, kann Zeuge sein.[22] Der Komplementär einer Gesellschaft, der nicht selbst **Liquidator** ist, kann Zeuge sein.[23] Der **Aktionär** im Prozess der AG kann Zeuge sein.[24] Ebenso 10

---

[12] BGHSt 2, 269, 270 = NJW 1952, 673, 674; RGSt 58, 396.
[13] *Findeisen,* Der Minderjährige Zeuge, 1992, S. 37.
[14] BGH NJW 2000, 289, 291; NJW 1965, 2253, 2254; aA *Wieczorek* Anm. B II a 1.
[15] *Zöller/Greger* § 455 Rn. 3.
[16] OLG Karlsruhe FamRZ 1973, 104.
[17] OLG Hamm Rpfleger 1984, 270, 271; KG OLGRspr. 46, 197; OLG Dresden JW 1931, 1380.
[18] Vgl. *Baumbach/Lauterbach/Hartmann* Vor § 373 Rn. 8; aA LG München JW 1921, 864 m. zust. Anm. *Rosenberg; Wieczorek* Anm. B II d 2: bei der Beweiswürdigung zu berücksichtigen.
[19] OLG Hamm MDR 1977, 143; vgl. auch *Werner* AnwBl. 1995, 113.
[20] BGH NJW 1965, 2253, 2254; BGHZ 42, 230 = NJW 1965, 106; aA noch RGZ 82, 131, 133.
[21] BAG BB 1980, 580.
[22] BGH NJW 1965, 2253; BGHZ 42, 230 = NJW 1965, 106; aA *Hueck,* Das Recht der offenen Handelsgesellschaft, 4. Aufl. 1971, S. 336.
[23] BGHZ 42, 230 = NJW 1965, 106.
[24] RG JW 1899, 673.

das Aufsichtsratsmitglied der AG,[25] es sei denn, es wäre ausnahmsweise zugleich gesetzlicher Vertreter der AG.[26] Der Gesellschafter einer **GmbH,** soweit er nicht Geschäftsführer ist.[27] Ebenso das Aufsichtsratsmitglied der GmbH, soweit es nicht ausnahmsweise besonderer Vertreter ist.[28] Ein früherer Gesellschafter kann Zeuge sein.[29]

11 **e) Vereinsmitglieder als Zeuge.** Im Prozess des eingetragenen **Vereins** sind die Vereinsmitglieder Zeugen, soweit sie nicht als Mitglieder des Vorstands den Verein vertreten. Bei einem Rechtsstreit gegen einen nichteingetragenen Verein, der gem. § 50 Abs. 2 verklagt werden kann, sind die Vereinsmitglieder, die nicht Vorstandsmitglieder sind, ebenfalls Zeugen.[30]

12 **f) Partei kraft Amtes.** Im Rechtsstreit der Parteien kraft Amtes sind die jeweiligen Rechtsinhaber Zeugen.[31] So ist der Erbe Zeuge im Prozess des Testamentsvollstreckers,[32] der Schuldner im Prozess des Insolvenzverwalters;[33] entsprechend ist der Erbe Zeuge im Rechtsstreit des Nachlassverwalters, der Eigentümer im Prozess des Zwangsverwalters. Etwas anderes gilt nur, wenn die entsprechenden Rechtsinhaber als streitgenössische Nebenintervenienten (§ 69) auftreten (s. Rn. 15).

13 **g) Prozessstandschafter. Materiell Beteiligte,** solange sie nicht formell Partei sind, sind als Zeugen zu vernehmen. Dies gilt für alle Fälle **gesetzlicher Prozessstandschaft** (s. vor § 50 Rn. 44). Beispiel: Gem. § 2039 BGB kann ein Miterbe eine Nachlassforderung dergestalt einklagen, dass Leistung an alle Miterben verlangt wird; die anderen Miterben sind Zeugen.[34] Ferner: der andere Ehegatte in den Fällen der §§ 1368, 1369 Abs. 3 BGB, das Kind im Falle des § 1629 Abs. 3 BGB; der andere Ehegatte bei der Klage des Alleinverwalters des Gesamtguts (§ 1422 BGB). Ferner in allen Fällen der **gewillkürten Prozessstandschaft** (s. Vor §§ 50ff. Rn. 55).[35] Da eine gewillkürte Prozessstandschaft nur unter bestimmten sachlichen Voraussetzungen (s. vor § 50 Rn. 55) zulässig ist, kann sie nur in Ausnahmefällen dazu dienen, dem Rechtsinhaber eine Zeugenstellung zu verschaffen; wo sie aber vorwiegend zu diesem Zweck vorgenommen wird, ist der Rechtsinhaber nicht als Zeuge zu vernehmen, eine bereits erfolgte Aussage nicht verwertbar (s. Rn. 9).[36]

14 **h) Rechtsvorgänger.** Der Rechtsvorgänger ist Zeuge im Prozess des Rechtsnachfolgers, auch bei nur treuhänderischer Übertragung, zB im Fall der Inkassozession. Bei einer Gesellschaft hat ein **Wechsel des Geschäftsführers,** bzw. des vertretungsberechtigten Gesellschafters zur Folge, dass die abgelöste Person die Zeugenstellung erlangt.[37] Etwas anderes gilt gem. § 138 BGB nur dann, wenn die **Zession** primär durchgeführt wurde, um dem Zedenten die Zeugenstellung zu verschaffen (s. Rn. 9).[38] Die Gegenansicht, die die Zeugenstellung anerkennt, aber die Umstände im Rahmen der freien Beweiswürdigung berücksichtigt,[39] bewertet schon die grundsätzlichen Unterschiede zwischen Zeugenvernehmung und Parteivernehmung zu gering[40] und erst Recht den Umstand, dass nach der hier vertretenen Ansicht der Zessionar gar nicht vernommen wird.[41]

15 **i) Streitgenossen.** Der einfache Streitgenosse (§ 60), soweit er als Partei nicht selbst betroffen ist, ist als Zeuge zu vernehmen.[42] Betroffen ist der Streitgenosse dann, wenn der Klage gegen ihn derselbe Sachverhalt zugrunde liegt wie der Klage, in der er als Zeuge benannt ist. Ist der Streitge-

---

[25] RGZ 83, 182, 183.
[26] *Barfuß* NJW 1977, 1273, 1274.
[27] *Barfuß* NJW 1977, 1273, 1274.
[28] *Hueck,* FS Bötticher, 1969, S. 197, 214.
[29] RGZ 49, 425.
[30] RG WarnR 1908 Nr. 679; OLG Karlsruhe BadRPrax. 1906, 121; *Stein/Jonas/Berger* Vor § 373 Rn. 6.
[31] AA *Wieczorek* Anm. B II a 1.
[32] RG JW 1901, 760; OLG Hamburg OLGRspr. 4, 122.
[33] RGZ 8, 406, 413; 29, 29.
[34] MünchKommBGB/*Heldrich* § 2039 Rn. 20; *Lange/Kuchinke* Erbrecht, 5. Aufl. 1989, § 43 III 4 d.
[35] BGH NJW 1972, 1580; *Frank* ZZP 92 (1979), 321, 325; aA *Rüßmann* AcP 172 (1972), 529, 545: Parteivernehmung.
[36] KG DJZ 1908, 597; *Frank* ZZP 92 (1979), 321, 326.
[37] BGH MDR 2003, 928, 929.
[38] RG JW 1906, 329 (obiter dictum).
[39] BGH NJW 2001, 826, 827; WM 1976, 424; RGZ 81, 160; LG München JW 1921, 864 m. zust. Anm. *Rosenberg.*
[40] S. dazu *Frank* ZZP 92 (1979), 321, 326 und *Rüßmann* AcP 172 (1972), 520, 543. Eingehend zum Problem des „Zeugen-Schaffen" und „Zeugen-Ausschalten" *J. Müller,* Parteien als Zeugen, 1992.
[41] Vgl. auch die Rspr., wonach eine Abtretung wie eine Einziehungsermächtigung nichtig sind, die dazu dienen, Ansprüche einer nicht armen Partei im Armenrecht zu verfolgen: BGH MDR 1959, 999 = LM BGB § 138 (Ca) Nr. 3 a; BGHZ 35, 180, 183 = NJW 1961, 1528.
[42] BGH NJW 1983, 2508 (LS); BAG MDR 1973, 169; KG OLGZ 1977, 244; OLG Düsseldorf MDR 1971, 56; aA RGZ 91, 37; *Wieczorek* Anm. B II a 3.

nosse, der als Beweismittel benannt ist, bereits durch Vergleich oder auf Grund rechtskräftigen Teilurteils endgültig aus dem Rechtsstreit ausgeschieden, so ist er als Zeuge zu vernehmen,[43] und zwar auch dann, wenn die Kostenentscheidung noch aussteht.[44] Allein das Kosteninteresse als mittelbares Vermögensinteresse gibt ihm nicht einmal ein Zeugnisverweigerungsrecht.[45] Ist das Teilurteil noch nicht rechtskräftig, schwebt ein anderer Teil des Rechtsstreits noch in der Berufungsinstanz, so ist der Streitgenosse im erstinstanzlichen Verfahren des anderen noch betroffen.[46] Hat der Streitgenosse seine Klage oder seine Berufung bereits zurückgenommen, steht nur noch der Beschluss über die Kosten aus (§§ 269 Abs. 3, 515 Abs. 3), so ist er bereits nicht mehr betroffen.[47] Trennt das Gericht die Verfahren, so ist jeder Streitgenosse im Verfahren des anderen Zeuge.[48] Der notwendige Streitgenosse (§ 62) kann nicht Zeuge sein. Anders verhält es sich mit dem einfachen Streithelfer (Nebenintervenient) (§ 67), er ist Zeuge;[49] anders der streitgenössische Nebenintervenient (§ 69), da er als Streitgenosse der Hauptpartei gilt und deshalb als Partei zu vernehmen ist.[50] Ein Streitverkündeter, der dem Rechtsstreit (noch) nicht als Nebenintervenient beigetreten ist, ist Zeuge.

j) Maßgeblicher Zeitpunkt der Vernehmung. Der Zeitpunkt, der maßgeblich dafür ist, ob jemand als Partei oder als Zeuge zu vernehmen ist, ist der der Vernehmung.[51] Dieser Zeitpunkt ist auch maßgeblich für die Frage, ob die Beweisaufnahme ordnungsgemäß erfolgt ist. Ändert das Beweismittel seinen Status zwischen der Anordnung des Beweises und der Vernehmung, so ist zu unterscheiden: eine angeordnete Parteivernehmung ist als Zeugenvernehmung durchzuführen; eine angeordnete Zeugenvernehmung ist aber deshalb nicht stets als Parteivernehmung durchzuführen, da die Parteivernehmung subsidiär ist;[52] es muss neu verhandelt werden. Ändert sich nach der Vernehmung des Zeugen dessen Stellung, dh. wäre das Beweismittel später anders zu vernehmen, tritt der Zeuge zB später in den Rechtsstreit ein, so bleibt die Aussage doch als solche – wie sie gemacht wurde – verwertbar; im Beispiel als die eines Zeugen.[53] Das Gericht kann die Änderung aber im Rahmen der Beweiswürdigung (§ 286) berücksichtigen.[54] Das Gleiche gilt umgekehrt, wenn eine Partei nach der Parteivernehmung aus dem Rechtsstreit ausscheidet.[55] Eine nochmalige Vernehmung – nunmehr als Zeuge – ist zwar denkbar aber nicht geboten.[56] 16

k) Verfahrensfehler. Wird ein **Zeuge als Partei vernommen** und umgekehrt, so handelt es sich um einen **Verfahrensmangel,** der gem. § 295 geheilt werden kann.[57] Die Aussage ist dann im Grundsatz als die zu würdigen, als die sie gemacht wurde.[58] Verweigert der zu Vernehmende die Aussage, was er als Zeuge nur in bestimmten Fällen kann und was jedenfalls aber andere Folgen hat als wenn er dies als Partei tut (s. § 446), so kann das Gericht trotz Einverständnisses der Parteien mit der gewählten Vernehmungsart die Frage nicht dahingestellt sein lassen. 17

5. Der Antrag. a) Bestimmtheit. Zeugenbeweis setzt grundsätzlich den Antrag einer Partei voraus. Der Antrag muss den Zeugen **namentlich benennen** und eine ladungsfähige Anschrift (s. § 377) angeben. Es genügt daher die Dienst- oder Geschäftsanschrift.[59] Das Fehlen von Name und/oder **Anschrift** berechtigt das Gericht nicht, nach §§ 282, 296 vorzugehen; vielmehr darf der Zeuge nur unter den Voraussetzungen des § 356 unberücksichtigt bleiben.[60] Entsprechendes gilt, wenn 18

---

[43] RGZ 91, 37, 38; RG Gruchot 63 (1919), 493, 494.

[44] OLG Koblenz NJW-RR 2003, 283; OLG Düsseldorf FamRZ 1975, 100, 101; aA RGZ 91, 37, 38; KG MDR 1981, 765; *Schneider* MDR 1982, 372; *Wieczorek* Anm. B II a 3.

[45] *Zöller/Greger* Rn. 5 a.

[46] BGH NJW 1983, 2508 (LS); aA OLG Karlsruhe BB 1992, 97: so kann der Zeugenausschaltung durch eine Widerklage vorgebeugt werden.

[47] KG MDR 1981, 765.

[48] RGZ 91, 37, 38.

[49] RGZ 46, 404, 405; *Rosenberg/Gottwald* § 119 Rn. 9; aA *Wieczorek* Anm. B II a 4.

[50] *Zöller/Vollkommer* § 69 Rn. 7.

[51] BGH MDR 1965, 287; RGZ 46, 318, 320; *Wieczorek* Anm. B II e 1.

[52] *Wieczorek* Anm. B II e 1.

[53] BGH NJW 1999, 2446; OLG Karlsruhe VersR 1979, 1033; aA RG HRR 1931 Nr. 1257; *Wieczorek* Anm. B II e 2.

[54] RG JW 1907, 263; RGZ 29, 343, 344; *Stein/Jonas/Berger* Vor § 373 Rn. 13.

[55] AA BGH nach *Wieczorek* Anm. B II e 2; *Wieczorek* Anm. B II e 2.

[56] *Stein/Jonas/Berger* Vor § 373 Rn. 12.

[57] BGH NJW 1965, 2253, 2254; BGH WM 1977, 1007; RG WarnR 1937 Nr. 129; aA RGZ 91, 37, 38.

[58] AA offenbar BGH ZZP 71 (1958), 114, wonach es kein Verfahrensfehler sein soll, eine Person entweder als Zeugen oder als Partei zu vernehmen, da beide Arten der Vernehmung nicht wesensverschieden seien; *Wieczorek* Anm. B II e 3.

[59] LG Berlin MDR 2001, 532.

[60] BGH NJW 1993, 1926; NJW 1998, 2368; *Gottschalk* NJW 2004, 2939, 2940.

nicht auf die Notwendigkeit eines Dolmetschers hingewiesen worden war (s. § 185 GVG). Die Person, die vernommen werden soll, muss nicht als „Zeuge" bezeichnet werden, es muss aber klar sein, dass sie als solche (und nicht als Partei) aussagen soll. Ausreichend ist eine Angabe „Beweis wie vor", wenn sich dies auf einen vorher ausformulierten Beweisantritt bezieht.[61] Der Antrag muss ferner die Tatsachen (s. Rn. 3) bezeichnen, über die der Zeuge aussagen soll. Die Tatsachen müssen – je nach Streitstand – hinreichend substantiiert sein. Das kann dazu führen, dass auch einfache Rechtsbegriffe, zB Kauf, Tausch, wie **Tatsachen** behandelt werden, aber nicht dann, wenn es gerade um die Rechtsnatur des Vertrages geht. Die Tatsachen müssen hinreichend konkretisiert sein,[62] wobei auch wieder der Einzelfall maßgeblich ist. Geht es zB um den Geisteszustand einer Person in einem gewissen Zeitraum, so genügt schon die Angabe, die Person habe sich geisteskrank verhalten.[63] Eine Ausforschung des Zeugen ist unzulässig (§ 284 Rn. 60 ff.). Gerade im Hinblick auf die in den genannten Richtungen schwierige Grenzziehung muss das Gericht dann, wenn es die Angabe nicht für ausreichend erachtet, gem. § 139 darauf hinweisen[64] und zur Behebung des Mangels eine Frist gem. § 356 setzen.[65] Zum Dolmetscher s. § 185 GVG.

19 **b) Umfang des Beweisantritts.** Der Beweisantritt erfordert nicht, dass Angaben darüber gemacht werden, woher der Zeuge sein Wissen hat.[66] Eine Ausnahme macht die Rechtsprechung lediglich dann, wenn der Zeuge über innere Tatsachen (s. Rn. 3) aussagen soll, die einen Dritten betreffen. Auch braucht die Partei nicht darzulegen, wie sie die Tatsachen erfahren hat, über die der Zeuge aussagen soll.[67] Auch genügt es, wenn die Partei den Vorgang nicht (mehr) genau kennt, dass sie Anhaltspunkte dafür vorträgt, dass der Zeuge das notwendige Wissen hat.[68]

20 **6. Ersetzung des Zeugenbeweises. a) Ersetzung durch Urkundenbeweis.** Der Beweisführer (s. § 379 Rn. 3) hat grundsätzlich die Wahl, mit welchem Beweismittel er seine Sachdarstellung beweisen will. Existiert eine **amtliche Urkunde** über die Aussage eines Zeugen, so kann er den Zeugenbeweis durch Urkundenbeweis ersetzen, da eine den § 250 StPO entsprechende Vorschrift fehlt.[69] Einer Zustimmung des Gegners bedarf es nicht, denn die Führung des Urkundenbeweises bedarf grundsätzlich nicht der Zustimmung der Gegenpartei;[70] eine Zustimmung hat keine Bindungswirkung im Sinne eines Verzichts auf unmittelbare Beweiserhebung.[71] In Betracht kommt solche Ersetzung insbesondere in den Fällen, in denen in einem anderen Verfahren (früherer Zivilrechtsstreit, Beweissicherungsverfahren,[72] polizeiliches Ermittlungsverfahren, Strafverfahren,[73] Verfahren zur Prozesskostenhilfe[74]) Geständnisse und Zeugenaussagen protokolliert sind. Daneben können aber auch **Privaturkunden** in Betracht kommen, zB Krankengeschichten[75] oder Briefe. Eine Ersetzung des Zeugenbeweises durch Privaturkunden schied bisher nach der Rspr. des BGH dort aus, wo die Urkunde zum Zwecke der Vorlage bei Gericht erstellt wurde; dies liefe auf eine Verletzung des Unmittelbarkeitsprinzips hinaus; etwas anderes galt aber auch bisher dann, wenn eine Zeugenvernehmung im Ausland auf solche Schwierigkeiten stieß, dass sie praktisch ausschied.[76] Heute ist die **Ersetzung des Zeugenbeweises** nach Änderung des § 377 Abs. 3 als zulässig anzusehen. Der Gegner muss sich heute mittelbaren Beweis durch die Urkunde grundsätzlich aufzwingen lassen; er kann zwar **die Vernehmung des Zeugen** beantragen, das Gericht wird dem Antrag aber nur entsprechen, wenn es dies zur Klärung der Beweisfrage für notwenig erachtet (s. § 377 Rn. 7). **Von Amts wegen** kommt eine Heranziehung der Urkunden nicht in Betracht, da §§ 142 bis 144 auf sie nicht anwendbar sind. Der Beweisführer kann nach Maßgabe des § 282[77] vom Urkundenbeweis auf den Zeugenbeweis übergehen und die Vernehmung des Zeugen be-

---

[61] OLG Celle NJW-RR 1992, 703.
[62] BGH MDR 2001, 1016.
[63] RG nach *Wieczorek* Anm. D I b 1.
[64] BGH NJW 1974, 1882.
[65] BVerfGE 69, 248 = NJW 1985, 3005, 3006.
[66] BGH FamRZ 1988, 1019, 1020; RG Gruchot 44 (1900), 1124; *Wieczorek* Anm. D I b 3.
[67] RG HRR 1931 Nr. 258; Gruchot 65 (1921), 495.
[68] BGH FamRZ 2003, 1741.
[69] RGZ 46, 410, 412; 102, 328, 330.
[70] BGH VersR 1983, 667; 1970, 322, 323.
[71] BGHZ 7, 116, 122 = NJW 1952, 1171; BGH VersR 1964, 70, 71; NJW 1969, 862, 864; RGZ 105, 219, 221.
[72] RGZ 28, 411.
[73] BGH ZZP 116(2003), 374.
[74] BGH NJW 1969, 862.
[75] RG HRR 1939 Nr. 1864.
[76] BGH MDR 1970, 135
[77] BGH NJW 1983, 999, 1000 m. Anm. *Deubner.*

antragen. Im Antrag auf Vernehmung ist kein solcher auf „wiederholte Vernehmung“ iSv. § 398 zu sehen,[78] über die das Gericht nach freiem Ermessen entscheiden kann. Deshalb darf das Gericht die Vernehmung nur ablehnen, wenn es die Zeugenvernehmung überhaupt ablehnen könnte, zB darf es die vom Kläger beantragte Vernehmung ablehnen, wenn es den Beweis bereits als durch Urkunden geführt ansieht (s. § 284 Rn. 94) oder wenn es die Vernehmung des Zeugen zur Klärung der Beweisfrage nicht notwendig erscheint (§ 377 Abs. 3). Stellt der Gegner der beweisbelasteten Partei den Antrag auf Vernehmung des Zeugen, so handelt es sich um einen **Gegenbeweis** gegen die Urkunde,[79] was zB für die Vorschusspflicht (§ 377) bedeutsam ist. Die Vernehmung des Zeugen schließt aber nicht aus, dass die Urkunde über die frühere Aussage als Urkundenbeweis verwertet wird.[80] Die Verwertung der Urkunde hängt nach der neueren Rspr. nicht davon ab, dass die Vernehmung des Zeugen entsprechend der Verfahrensart ordnungsgemäß durchgeführt wurde,[81] der Zeuge zB gem. § 55 Abs. 2 StPO über sein Recht zur Auskunftsverweigerung belehrt wurde, obgleich § 384 eine solche Belehrungspflicht nicht kennt. Kommt es indes zu einer Vernehmung des Zeugen im Zivilprozess, so dürfen ihm aus seiner früheren, verfahrenswidrig zustande gekommenen Vernehmung im anderen Verfahren Vorhalte gemacht werden (s. § 383 Rn. 41).[82] Einer Urkunde über eine frühere Vernehmung in einem anderen Verfahren soll im Allgemeinen ein geringerer Beweiswert zukommen als dem unmittelbaren Zeugenbeweis,[83] weil der persönliche Eindruck fehle. Gegen solche Verallgemeinerung spricht die größere zeitliche Nähe bei der früheren Vernehmung. Zum **Zeugen vom Hörensagen** s. Rn. 3; zum **Lauschzeugen** s. § 316 Rn. 3.

Der Urkundenbeweis unterliegt der **freien Beweiswürdigung,**[84] die Urkunde hat keinen zwingenden positiven Beweiswert, nicht einmal den der Vollständigkeit der Aussage des Zeugen, da es denkbar ist, dass dieser zwischenzeitlich weitere Erkenntnisse gewonnen hat.[85] Auf Bedenken hinsichtlich des Beweiswertes, insbesondere im Hinblick auf andere Urkunden und Zeugenaussagen, hat das Gericht den Beweisführer gem. §§ 139, 278 Abs. 3 hinzuweisen,[86] der dann Gelegenheit hat, die Vernehmung des Zeugen zu beantragen. 21

b) Ersetzung durch behördliche Auskunft. Die amtliche, behördliche Auskunft (s. §§ 273 Abs. 2 Nr. 2, 358a Nr. 2) ist selbstständiges Beweismittel,[87] unterliegt aber je nach ihrem Inhalt den Verfahrensvorschriften des Zeugen- oder Sachverständigenbeweises (s. § 402 Rn. 11). Sie kann also die Vernehmung eines Beamten als Zeugen ersetzen.[88] Da sie keinen Urkundenbeweis darstellt, kann sie sowohl auf einen Parteiantrag wie auch von Amts wegen eingeholt werden[89] – anders als der den Zeugenbeweis ersetzende Urkundenbeweis (s. Rn. 20). Die Voraussetzungen des § 377 Abs. 3 brauchen nicht erfüllt zu sein, die Einholung ist immer zulässig[90] und steht im Ermessen des Gerichts; ihrer Verwertung als Beweismittel kann nicht widersprochen werden.[91] Die Partei muss sich heute dann mit mittelbarem Zeugenbeweis[92] begnügen, wenn das Gericht die Vernehmung des Zeugen zur weiteren Klärung der Beweisfrage nicht für notwendig erachtet (§ 377 Abs. 3). Die Vernehmung des Beamten als Zeugen kann also nur verlangt werden, wenn die Voraussetzungen das § 377 Abs. 3 S. 3 nicht vorliegen.[93] 22

c) Ersetzung durch halbamtliche Auskunft. Amtswegige Auskünfte „halbamtlicher“ Stellen, wie zB von Banken, Sparkassen, Versicherungen oder **Privater,** zB Lohnauskünfte von Arbeitgebern, sind in der ZPO in Verfahren mit Verhandlungsmaxime – anders §§ 616, 643 – nicht vor- 23

---

78 BGH NJW-RR 1988, 1527; RGZ 46, 410, 413.

79 BGH VersR 1970, 322, 323; BAG NJW 1968, 957; RGZ 15, 335.

80 AA wohl BGH NJW 1995, 2856, 2857 (obiter dictum); dort auch zum Beweiswert.

81 BGH MDR 2003, 518 anders noch NJW 1985, 1470.

82 BGH NJW 1985, 1470; *Löwe/Rosenberg/Dahs* § 52 StPO Rn. 53.

83 BGH MDR 2003, 518.

84 RGZ 102, 328, 331.

85 *Zöller/Greger* Rn. 9.

86 BGH NJW 1983, 999, 1000; BGH VersR 1983, 667.

87 BGH WM 1957, 1193, 1195; BVerwG NVwZ 1986, 35, 36.

88 BGHZ 89, 114, 119 = NJW 1984, 438; BGH MDR 1964, 223; BGH NJW 1979, 266, 268; OLG Hamm MDR 1980, 65, 66

89 BGH WM 1957, 1193, 1195.

90 BGH NJW 1979, 266, 268; BVerwG NJW 1986, 3221; aA *Stein/Jonas/Berger* Vor § 373 Rn. 57.

91 BGH WM 1964, 202, 204.

92 Vgl. BGH WM 1957, 1193, 1195 (Freibeweis); ebenso: BVerwG NJW 1986, 3221; BVerwG NVwZ 1986, 35, 36.

93 Anders vor Neufassung des § 377 Abs. 3; vgl. BGH BB 1976, 480 (zum Sachverständigenbeweis); *Stein/Jonas/Berger* Vor § 373 Rn. 57; aA BVerwG NVwZ 1986, 35, 36 (zum Sachverständigenbeweis).

gesehen und deshalb grundsätzlich unzulässig,[94] ihre Einholung ist aber gem. § 295 heilbar.[95] Da es sich um Zeugenbeweis handelt, kommt schriftliche Beantwortung der Beweisfrage gem. § 377 Abs. 3 in Betracht. Sie setzt als Zeugenbeweis aber einen Antrag voraus.

24 **7. Die Pflicht, Zeugnis abzulegen. a)** Sie ist eine öffentlich-rechtliche Pflicht, die alle Staatsbürger sowie die im Inland sich aufhaltenden Ausländer und Staatenlosen trifft, ausgenommen Exterritoriale (s. § 377 Rn. 20). Von niemand kann verlangt werden, eine **bestimmte Aussage zu machen** oder nicht zu machen. Vertragliche Absprachen sind sittenwidrig (§ 138 BGB). Das Verlangen kann auch nicht damit begründet werden, dass eine andere Aussage nicht der (objektiven) Wahrheit (§§ 823 Abs. 2, 1004 BGB) entspricht. Der Zeuge soll seine Bekundungen frei von der Befürchtung machen können, als Zeuge mit einer **Widerrufs- oder Unterlassungsklage** überzogen zu werden. Ob die Zeugenaussage richtig ist, wird in dem Verfahren geprüft, in dem er als Zeuge vernommen wird; daneben ist ein Strafverfahren und die Wiederaufnahme des Verfahrens noch von Einfluss. Mit der Wahrung der schutzwürdigen Belange des Zeugen und mit den Erfordernissen eines sachgerechten Funktionierens der Rechtspflege wäre es unvereinbar, wenn diese Kompetenzregelung durch die Möglichkeit einer gesonderten Geltendmachung von Abwehransprüchen in einem separaten Prozess unterlaufen werden könnte. Deshalb fehlt in derartigen Fällen für eine solche Abwehrklage grundsätzlich das Rechtsschutzbedürfnis.[96] Zur Verpflichtung, als Zeuge gar nicht auszusagen, siehe § 384 Rn. 8.

25 **b)** Der **Zeuge ist verpflichtet,** an dem Ort, an den er geladen ist, pünktlich zu erscheinen (§ 380), zur Person (§ 395 Abs. 2) und zur Sache (§ 396) auszusagen und ggf. die Aussage zu beeiden (§ 391). Diese Zeugnispflicht erstreckt sich nicht darauf, sich durch **Nachforschungen** die Kenntnis der Umstände zu verschaffen, über die er als Zeuge aussagen soll.[97] Wohl aber ist er verpflichtet, sein Gedächtnis anhand der Ladung durch eine nicht ungewöhnliche, nicht Zeit raubende und nicht mühevolle Vorbereitung (vgl. § 378 Abs. 1) aufzufrischen Dazu gehört, dass der Zeuge bei seiner Vernehmung alle Gedächtnishilfen benutzt, die sich ihm bieten; er muss sich zB bei der Vernehmung am Unfallort anlässlich eines Augenscheintermins umblicken, ohne verpflichtet zu sein, den Vorgang nachzustellen, zB in einer bestimmten Weise Motorrad zu fahren (s. § 380 Rn. 2) Auf freiwilliger Basis kann der Zeuge auch Ermittlungen anstellen. Zum Recht des Zeugen, sich des Rats eines **Rechtsanwalts** zu bedienen, siehe § 384 Rn. 3.

§ 374 (weggefallen)

§ 375 Beweisaufnahme durch beauftragten oder ersuchten Richter

(1) Die Aufnahme des Zeugenbeweises darf einem Mitglied des Prozessgerichts oder einem anderen Gericht nur übertragen werden, wenn von vornherein anzunehmen ist, dass das Prozessgericht das Beweisergebnis auch ohne unmittelbaren Eindruck von dem Verlauf der Beweisaufnahme sachgemäß zu würdigen vermag, und

1. wenn zur Ausmittlung der Wahrheit die Vernehmung des Zeugen an Ort und Stelle dienlich erscheint oder nach gesetzlicher Vorschrift der Zeuge nicht an der Gerichtsstelle, sondern an einem anderen Ort zu vernehmen ist;

2. wenn der Zeuge verhindert ist, vor dem Prozessgericht zu erscheinen und eine Zeugenvernehmung nach § 128 a Abs. 2 nicht stattfindet;

3. wenn dem Zeugen das Erscheinen vor dem Prozessgericht wegen großer Entfernung unter Berücksichtigung der Bedeutung seiner Aussage nicht zugemutet werden kann und eine Zeugenvernehmung nach § 128 a Abs. 2 nicht stattfindet.

(1 a) Einem Mitglied des Prozessgerichts darf die Aufnahme des Zeugenbeweises auch dann übertragen werden, wenn dies zur Vereinfachung der Verhandlung vor dem Prozessgericht zweckmäßig erscheint und wenn von vornherein anzunehmen ist, dass das

---

[94] OLG Düsseldorf JurBüro 1988, 1005 u. Rpfleger 1987, 219; OLG Hamm NJW 1966, 1370, 1371; KG MDR 1975, 500; OLG Zweibrücken JurBüro 1982, 1846, 1847; *Schöpflin,* Beweiserhebung von Amts wegen, 1992, S. 311 ff.; aA *Brüggemann,* judex statutor, 1968, S. 403 (Gewohnheitsrecht).

[95] OGL Saarbrücken JurBüro 1981, 1354; *Pukall,* Zivilprozeß, 4. Aufl., Rn. 40; *Hahn,* Kooperationsmaxime, 1983, S. 229; *Bender/Belz/Wax,* Verfahren nach der Vereinfachungsnovelle, 1977, Rn. 20.

[96] BGH WM 1987, 1524; 1987, 1114; NJW 1986, 2502; BGH MDR 1999, 743; OLG Celle NJW-RR 1999, 385; anders bei Augenscheinsobjekten, zB Tonband, Video; BGH NJW 1988, 1016; vgl. § 371 Rn. 12.

[97] RGZ 48, 392, 395; OLG Köln NJW 1973, 1983.

Prozessgericht das Beweisergebnis auch ohne unmittelbaren Eindruck von dem Verlauf der Beweisaufnahme sachgemäß zu würdigen vermag.

(2) Der Bundespräsident ist in seiner Wohnung zu vernehmen.

I. Normzweck

Die Vorschrift ist eine Durchbrechung des früher bei der Zeugenvernehmung besonders wichtigen Grundsatzes[1] der Unmittelbarkeit der Beweisaufnahme (§ 355); sie wollte „unter möglichster Einschränkung“[2] Ausnahmefälle regeln. Die Ergänzung der Vorschrift durch Abs. 1 a ebenso wie die Änderung des Abs. 3 brachten eine wesentliche Lockerung des Unmittelbarkeitsprinzips. Die nunmehr zulässige Video-Vernehmung durch § 128 a kann man kaum als erneute Hinwendung zur Unmittelbarkeit deuten. 1

II. Einzelerläuterungen

1. Abs. 1 Nr. 1 (Vernehmung nicht an der Gerichtsstelle). a) Dem verordneten Richter (§§ 361, 362) darf gem. **1. Halbs.** eine Zeugenvernehmung übertragen werden, wenn es zum Zwecke der Wahrheitsfindung dienlich ist, die Vernehmung anderenorts vorzunehmen. Als solcher Ort kommt zB der Unfallort in Betracht oder der Ort, an dem ein anderer verhinderter Zeuge (s. Rn. 4) vernommen werden muss und mit dem eine Gegenüberstellung (§ 394 Abs. 2) erfolgen soll. 2

b) Abs. 1 Nr. 1 **2. Halbs.** Gesetzliche Fälle, nach denen Zeugen nicht an der Gerichtsstelle zu vernehmen sind, ergeben sich aus Abs. 2 und aus § 382. 3

2. Abs. 1 Nr. 2 (Verhinderung des Zeugen am Erscheinen). Eine Verhinderung ist insbesondere bei länger dauernder Krankheit, Haft, hohem Alter und Reiseunfähigkeit gegeben. Dabei ist nicht die absolute Reiseunfähigkeit erforderlich. Der Zeuge muss dem Gericht, den Parteien, deren Prozessbevollmächtigten sowie anderen Zeugen, die ihm gegenübergestellt werden sollen (§ 394 Abs. 2), den **Zutritt zu seiner Wohnung** gestatten, weil er in diesem Fall nur so seiner Zeugnispflicht genügt.[3] Fehlende Reisekosten sind kein Verhinderungsgrund; diese sind dem Zeugen notfalls vorzuschießen. Ist eine Vernehmung im Wege der Videokonferenz **(§ 128 a)** möglich, so verdient diese den Vorzug.[4] 4

3. Abs. 1 Nr. 3 (Große Entfernung). Ob man den Zeugen vor dem Prozessgericht oder durch den verordneten Richter vernehmen lässt, hängt nunmehr von der Größe der Entfernung und der mutmaßlichen Bedeutung der Aussage ab: ist die Bedeutung geringer, zB weil noch andere Zeugen zum gleichen Beweisthema zu vernehmen sind, so soll dem Zeugen keine unverhältnismäßig große Reise zugemutet werden. Im Gegensatz zur früheren Fassung der Nr. 3 ist der Kostenaufwand nunmehr kein Umstand mehr, der die Vernehmung durch den verordneten Richter rechtfertigt. Die Arbeitsbelastung des Gerichts, die für sich allein früher nicht die Vernehmung durch den verordneten Richter zum Zweck der Zeitersparnis rechtfertigte,[5] kann nunmehr im Rahmen des Abs. 1 a Berücksichtigung finden. Ist die Vernehmung des Zeugen im Rahmen einer Videokonferenz **(§ 128 a)** möglich, so verdient diese den Vorzug vor der Vernehmung durch einen beauftragten oder ersuchten Richter (s. Rn. 4).[6] 5

4. Abs. 1 a (Umfangreiche Beweisaufnahmen). Einem beauftragten Richter (§ 361) darf die Aufnahme des Zeugenbeweises dann übertragen werden, wenn dies zur Vereinfachung der Verhandlung vor dem Prozessgericht zweckmäßig erscheint; der Gesetzgeber[7] dachte daran, der Kammer die Durchführung umfangreicher Beweisaufnahmen mit ihren Verzögerungen und Erschwernissen zu ersparen, zB bei Bauprozessen. Weitere Voraussetzung ist indes auch hier, dass es auf den unmittelbaren Eindruck aller Mitglieder der Kammer nicht ankommt. 6

5. Abs. 2 (Vernehmung des Bundespräsidenten). Der Wortlaut der Vorschrift täuscht: der Bundespräsident kann auf das **Vorrecht** verzichten und um Vernehmung an seinem Dienstsitz bitten oder vor dem Prozessgericht erscheinen. Das Recht der Parteien, bei der Vernehmung des Zeugen zugegen zu sein (§ 357), bleibt unangetastet. 7

---

[1] *Hahn* S. 309.
[2] *Hahn* S. 209.
[3] AA *Stein/Jonas/Berger* Rn. 9.
[4] Vgl. BT-Drucks. 14/6036, S. 122.
[5] Vgl. *Hahn* S. 624 und S. 1114 ff.
[6] Vgl. BT-Drucks. 14/6036, S. 122.
[7] BT-Drucks. 11/8283 S. 47.

8 **6. Unanwendbarkeit der Vorschrift.** § 375 dient nicht der Abgrenzung der Kompetenzen zwischen Einzelrichter und Kammer, denn der Einzelrichter ist selbst Prozessgericht und nicht nur „Mitglied des Prozessgerichts". Vernimmt das Prozessgericht selbst den Zeugen außerhalb der Gerichtsstelle (vgl. § 219), zB am Ort des Augenscheins oder in dessen Wohnung oder außerhalb des Gerichtsbezirks in einem fremden Gerichtsgebäude oder anderenorts, zB Rathaus, so liegt ebenfalls kein Fall des § 375 vor.

9 **7. Verfahrensfehler.** Wird fehlerhaft die Zeugenvernehmung einem verordneten Richter übertragen, so kann der Beschluss nicht gesondert angefochten werden. Wird der Fehler in der Instanz gerügt, ist die nochmalige Vernehmung geboten (§ 398); § 295 ist anwendbar.[8] Der Fehler kann auch mit dem Rechtsmittel gerügt werden; er rechtfertigt eine Zurückverweisung.[9] Die Parteien können auf die Einhaltung der Vorschrift verzichten.

10 **8. Keine Öffentlichkeit.** Die auswärtige Zeugenvernehmung ist nicht öffentlich (vgl. § 169 GVG); die Parteien können an der Beweisaufnahme teilnehmen; sie sind zu dem Termin formlos zu laden (s. § 357 Rn. 11).

§ 376 Vernehmung bei Amtsverschwiegenheit

(1) Für die Vernehmung von Richtern, Beamten und anderen Personen des öffentlichen Dienstes als Zeugen über Umstände, auf die sich ihre Pflicht zur Amtsverschwiegenheit bezieht, und für die Genehmigung zur Aussage gelten die besonderen beamtenrechtlichen Vorschriften.

(2) Für die Mitglieder des Bundestages, eines Landtages, der Bundes- oder einer Landesregierung sowie für die Angestellten einer Fraktion des Bundestages oder eines Landtages gelten die für sie maßgebenden besonderen Vorschriften.

(3) Eine Genehmigung in den Fällen der Absätze 1, 2 ist durch das Prozeßgericht einzuholen und dem Zeugen bekanntzumachen.

(4) Der Bundespräsident kann das Zeugnis verweigern, wenn die Ablegung des Zeugnisses dem Wohl des Bundes oder eines deutschen Landes Nachteile bereiten würde.

(5) Diese Vorschriften gelten auch, wenn die vorgenannten Personen nicht mehr im öffentlichen Dienst oder Angestellte einer Fraktion sind oder ihre Mandate beendet sind, soweit es sich um Tatsachen handelt, die sich während ihrer Dienst-, Beschäftigungs- oder Mandatszeit ereignet haben oder ihnen während ihrer Dienst-, Beschäftigungs- oder Mandatszeit zur Kenntnis gelangt sind.

Schrifttum: *Feller,* Persönliche und gegenständliche Reichweite der Vorschriften über Verpflichtung zur Aussagegenehmigung, JZ 1961, 628; *Merkl,* Die Zeugenaussage nichtbeamteter Personen des öffentlichen Dienstes vor Zivil- und Strafgerichten, Diss. Regensburg 1973; *Nolte,* Aussagegenehmigung für Abgeordnete des Bundestages, MDR 1989, 514; *Stromberg,* Über das Zeugnisverweigerungsrecht und die Genehmigungsbedürftigkeit von Zeugenaussagen kirchlicher Bediensteter, MDR 1974, 892; *Rengier,* Die Zeugnisverweigerungsrechte im geltenden und künftigen Strafverfahrensrecht, 1979; *Ziegler,* Die gerichtliche Überprüfbarkeit des behördlichen Geheimnisbereichs – ein Beispiel der beamtenrechtlichen Genehmigung zur Aussage vor Gericht, DRiZ 1989, 11; *Ziegler,* Die Aussagegenehmigung im Beamtenrecht, 1989.

Übersicht

[8] BGH MDR 1996, 1140; NJW 1979, 2518; aA OLG Düsseldorf NJW 1976, 1103, 1105.
[9] OLG Düsseldorf NJW 1976, 1103; OLG Köln NJW 1977, 250.

I. Normzweck

1 Die Vorschrift will die Geheimhaltung von Umständen, die im öffentlichen Interesse geheimgehalten werden müssen,[1] sicherstellen, ohne selbst darüber zu entscheiden, welche Personen des öffentlichen Dienstes welche Vorgänge geheim zu halten haben. Es wird deshalb auf die speziellen Vorschriften verwiesen.[2] Auch wird es nicht – anders als zB gem. § 383 Abs. 1 Nr. 6 – in die Entscheidung des Zeugen gestellt, ob er etwas geheimhält oder nicht; die Entscheidung trifft die Aufsichtsbehörde. Bis zu deren Genehmigung besteht ein Vernehmungsverbot. **§ 54 StPO** hat den gleichen Wortlaut. Der Schutz von **Privatgeheimnissen** ist im Zivilprozess durch § 383 Abs. 1 Nr. 4 und 6 sowie durch § 384 hinreichend sichergestellt.

II. Einzelerläuterungen

2 **1. Absatz 1.** Die Vorschrift will nur Umstände erfassen, auf sie sich die Pflicht zur Amtsverschwiegenheit bezieht; sie beinhaltet also keine unbeschränkte Schweigepflicht der dort genannten Personen. Indes sagt Abs. 1 nicht, hinsichtlich welcher Umstände der Zeuge nicht vernommen werden darf; er wird vielmehr auf die **„besonderen beamtenrechtlichen Vorschriften"** verwiesen. Die Vorschrift muss weit ausgelegt werden: gemeint sind alle für den öffentlichen Dienst bestehenden Geheimhaltungsvorschriften, auch die nicht-beamtenrechtlichen.

3 **a) Richter** sind die in § 1 DRiG genannten Berufsrichter und ehrenamtlichen Richter des Bundes und der Länder. §§ 43, 45 Abs. 1 DRiG bestimmen deren Verschwiegenheitspflicht hinsichtlich Beratung und Abstimmung. Da diese Pflicht auch gegenüber dem Dienstvorgesetzten gewahrt werden muss, ist insoweit eine Erteilung einer Aussagegenehmigung seitens des Dienstvorgesetzten ausgeschlossen; der betroffene Richter muss daher selbst entscheiden.[3] Hinsichtlich sonstiger dienstlicher Belange besteht für die Berufsrichter im Landesdienst eine Verschwiegenheitspflicht nach den Landesrichtergesetzen, die auf die Landesbeamtengesetze verweisen; für Richter im Bundesdienst gilt gem. § 46 DRiG das BBG entsprechend. Für die Richter des BVerfG fehlt eine Regelung.[4] Das Beratungsgeheimnis von (privaten) **Schiedsrichtern** unterfällt § 383 Abs. 1 Nr. 6 (s. § 383 Rn. 39).

4 **b)** Für **Beamte** gilt der staatsrechtliche Beamtenbegriff (§ 2 Abs. 1 BRRG). Dienstherr können sein: der Bund, die Länder, Gemeinden, Gemeindeverbände sowie die Körperschaften, Stiftungen und Anstalten des öffentlichen Rechts. Erforderlich zur Begründung des Beamtenverhältnisses ist stets die Aushändigung einer Ernennungsurkunde (§ 5 BRRG). Die maßgeblichen Vorschriften für die Verschwiegenheitspflicht sind §§ 61, 62 BBG, § 39 BRRG sowie die entsprechenden Vorschriften der Landesbeamtengesetze.

5 **c)** Andere Personen des öffentlichen Dienstes sind einmal **Angestellte und Arbeiter des öffentlichen Dienstes** (vgl. § 11 Abs. 1 Nr. 2c und 4a StGB). Ihre Pflicht zur Verschwiegenheit ist nicht in „besonderen beamtenrechtlichen Vorschriften" festgelegt. Daraus wird zT gefolgert, dass auf Angestellte und Arbeiter des öffentlichen Dienstes § 376 nicht anwendbar sei; Tarifverträge, in denen eine Verschwiegenheitspflicht ausgesprochen ist (s. Rn. 19), würden nur für die Mitglieder der Gewerkschaft gelten und seien auch keine Rechtssätze.[5] Die Vertreter dieser Ansicht wollen den Angestellten und Arbeitern des öffentlichen Dienstes ein Zeugnisverweigerungsrecht gem. § 383 Abs. 1 Nr. 6 und § 384 Nr. 3 zubilligen.[6] Es wird aber von dieser Ansicht zu gering geachtet, dass diese Vorschriften nur anwendbar sind, wenn auf Grund einer Vertrauensstellung etwas bekannt wird (§ 384 Rn. 13), nicht aber wenn staatliche Geheimhaltungsinteressen zu wahren sind. In der StPO fehlen zudem vergleichbare Vorschriften. Würde man die mit § 376 gleichlautende Vorschrift des § 54 StPO so auslegen wie die Vertreter der genannten Ansicht dies vorschlagen,

---

[1] Vgl. *Rengier* S. 44 ff.
[2] *Merkl* S. 83.
[3] *Stein/Jonas/Berger* Rn. 26; *Löwe/Rosenberg/Dahs* § 54 StPO Rn. 5; aA *Schmidt-Räntsch,* Deutsches Richtergesetz, 5. Aufl. 1995, § 43 Rn. 13: das den Zeugen vernehmende Gericht entscheidet.
[4] Vgl. *Löwe/Rosenberg/Dahs* § 54 StPO Rn. 5.
[5] *Stein/Jonas/Berger* Rn. 37; *Merkl* S. 108.
[6] Vgl. *Stein/Jonas/Berger* Rn. 37.

dann gäbe es im Strafverfahren keinen Schutz für Amtsgeheimnisse.[7] Auch war mit der Gesetzesänderung im Jahre 1950 gerade bezweckt, die Amtsverschwiegenheit auch dort sicherzustellen, wo Nichtbeamte tätig sind, die auch nur mit Genehmigung der zuständigen Stelle Aussagen machen dürfen.[8] Die Anwendbarkeit von § 376 auch auf Arbeiter und Angestellte des öffentlichen Dienstes ergibt sich in der Tat entgegen der hM[9] nicht aus den Tarifverträgen, weil diese keine Rechtssätze sind und auch nicht für allgemein verbindlich erklärt wurden. Die Anwendbarkeit von § 376 auf Angestellte und Arbeiter des öffentlichen Dienstes ergibt sich vielmehr daraus, dass diese bei der Einstellung heute unter Bezugnahme auf das **Verpflichtungsgesetz** (s. Rn. 18), früher unter Bezugnahme auf die Verordnung gegen Bestechung und Geheimnisverrat (s. Verpflichtungsgesetz § 2), zur Geheimhaltung verpflichtet werden.[10] Die Verpflichtung stellt im Übrigen die Anordnung zur Verschwiegenheit dar, die in Abs. 1 aE der tarifvertraglichen Regelung erwähnt ist.

6 **d) Andere Personen des öffentlichen Dienstes,** die dem § 376 unterworfen sind, sind die für den öffentlichen Dienst besonders Verpflichteten (s. Verpflichtungsgesetz, Rn. 18); dazu zählen neben den Angestellten und Arbeitern des öffentlichen Dienstes (s. Rn. 5) auch die sog. V-Leute der Polizei und die Bediensteten der Unternehmen, die im Rüstungssektor tätig sind. Ferner sind zu nennen: die Mitglieder der Stadt- und Gemeinderäte,[11] Schiedsmänner,[12] die Bediensteten der öffentlich-rechtlichen Religionsgemeinschaften, da diese Körperschaften des Öffentlichen Rechts sind (Art. 140 GG, Art. 137 Abs. 5 Weimarer Reichsverfassung);[13] für Kirchenbeamte und Pfarrer ist die „besondere" beamtenrechtliche Vorschrift im Sinne des § 376 der § 46 Abs. 2 Kirchenbeamtengesetz; für Arbeiter und Angestellt im kirchlichen Dienst fehlt eine dem Verpflichtungsgesetz (s. Rn. 18) entsprechende Vorschrift.[14] auch aus den Tarifverträgen ergibt sich keine Genehmigungsbedürftigkeit (s. Rn. 5).[15] Andere Personen des öffentlichen Dienstes sind: die Datenschutzbeauftragten des Bundes und der Länder,[16] nicht aber die Abgeordneten des Bundestags, (§ 44 c AbgeordnetenGes), unabhängig von ihrem Zeugnisverweigerungsrecht nach Art. 47 GG.

7 **e)** Auch **Soldaten** sind Personen des öffentlichen Dienstes iSv. § 376. Ihre Schweigepflicht und die Entbindung davon ist spezialgesetzlich durch § 14 Soldatengesetz geregelt. Für den zivilen Ersatzdienst gilt § 28 Zivildienstgesetz.

8 **f) Nicht anwendbar ist § 376** auf **Notare,** Notarvertreter und Notarverweser; diese sind zwar Träger eines öffentlichen Amtes, aber nicht Beamte[17] (Ausnahme: OLG-Bezirk Karlsruhe (vgl. § 115 BNotO) und hinsichtlich der Bezirksnotare OLG-Bezirk Stuttgart (vgl. § 114 BNotO).[18] Sie unterfallen aber ausnahmslos nicht dem § 376, weil § 18 BNotO speziell die Pflicht zur Verschwiegenheit und die Entbindung davon regelt. Der Antrag auf Befreiung von der Schweigepflicht gem. § 18 Abs. 1 S. 2 2. Halbs. BNotO kann auch vom Prozessgericht gestellt werden.[19]

9 **g) Bedienstete der Europäischen Gemeinschaften** bedürfen gem. Art. 19 der Verordnung Nr. 31 (BGBl. 1962 II S. 953) zur Aussage über amtlich bekannt gewordene Tatsachen der Genehmigung. Bei **Angehörigen der Nato-Truppen** holt das Gericht, wenn es um Amtsgeheimnisse gehen könnte, die Genehmigung ein (Gesetz zum Nato-Truppenstatut, BGBl. 1961 II S. 1183, 1218).

10 **2. Abs. 2 (Mitglieder der Bundesregierung oder einer Landesregierung).** Für Mitglieder der Bundesregierung gilt das BundesministerG. Entsprechende Vorschriften gibt es für die Mitglieder der Landesregierungen. Die (Bundes-)Staatsminister sind zwar keine Mitglieder der Bundesregierung, für sie gilt aber das BundesministerG entsprechend (§ 4 Gesetz über die Rechtsverhältnisse parlamentarischer Staatssekretäre vom 24. 7. 1974, BGBl. I S. 1538). Zur Schweigepflicht der **Abgeordneten** und der Parlamentarischen Staatssekretäre s. Rn. 6.

11 **3. Abs. 3 (Verfahren).** Weiß das Prozessgericht, dass das Beweisthema sich auf ein Dienstgeheimnis bezieht oder hält das Prozessgericht dies immerhin für möglich, so verfährt es gem. Abs. 3

---

[7] Die Zeugen wären auch nicht strafbar mit Rücksicht auf ihre Zeugnispflicht.
[8] BT-Drucks. 1/530 Anl. II (Änderungsvorschläge des Deutschen Bundestages) S. 8.
[9] *Wieczorek* Anm. A I b 1; *Löwe/Rosenberg/Dahs* § 54 StPO Rn. 8; *Rengier* S. 43.
[10] BGH NJW 1980, 846; NStZ 1981, 70 (bejaht die Anwendbarkeit des § 54 StPO [mit § 376 gleichlautend] für Verpflichtete); teilweise aA *Zöller/Greger* Rn. 4.
[11] OVG Münster MDR 1955, 61; aA *Wieczorek* Anm. A I b 3.
[12] BVerwGE 18, 58 = NJW 1964, 1088; AG Werne MDR 1965, 599.
[13] *Rengier* S. 44; *Feller* JZ 1961, 628, 629; *Merkl* S. 28; *Stromberg* MDR 1974, 893.
[14] *Barth,* Zs für evangelisches Kirchenrecht, 1992, S. 263.
[15] AA ohne nähere Begr.: OLG Zweibrücken MDR 1995, 202 = FamRZ 1995, 679.
[16] Eingehend: *Löwe/Rosenberg/Dahs* § 54 StPO Rn. 10.
[17] BVerfGE 17, 371, 377 = NJW 1964, 1516; *Seybold/Schippel* BNotO, 7. Aufl. 1999, § 1 Rn. 10.
[18] Gem. § 20 Bad-Württ. FGG findet § 18 BNotO entsprechende Anwendung.
[19] Vgl. OLG Köln DNotZ 1981, 716.

und holt die Genehmigung zur Aussage ein. Der ersuchte Richter ist hierfür nicht zuständig, es sei denn, es handelt sich um ein Vernehmungsersuchen eines ausländischen Gerichts; in solchem Fall holt entweder die Justizverwaltung oder der ersuchte Richter gem. § 87 ZRHO die Genehmigung ein. Bis zu der Erteilung der Aussagegenehmigung besteht ein Vernehmungsverbot.

Weiß das Gericht nicht, dass das Beweisthema bei dem Zeugen ein Dienstgeheimnis betrifft, so obliegt es dem Zeugen, selbst darauf zu achten, dass er seiner Verschwiegenheitspflicht nachkommt; der Zeuge hat demgemäß die Aussage zu verweigern.[20] Der Zeuge kann in solchem Fall auch selbst um eine Aussagegenehmigung nachsuchen. Ein Recht, der Ladung nicht Folge zu leisten, gibt das Fehlen einer Aussagegenehmigung nicht, sodass in solchem Falle § 380 anwendbar bleibt,[21] nicht aber § 390. Hat der Zeuge schriftlich auf seine Pflicht, die Aussage zu verweigern, hingewiesen, so wird man § 386 Abs. 3 entsprechend anwenden. Die Meinung, das Prozessgericht sei befugt, die Aussageerlaubnis zu erteilen, sodass der Zeuge straf- und disziplinarrechtlich gedeckt ist,[22] kann ebenso wenig geteilt werden wie die Ansicht, bei Weigerung des Zeugen finde ein Zwischenverfahren entsprechend § 387 statt.[23] Nach der hier vertretenen Ansicht muss das Gericht die Aussagegenehmigung einholen; eine weitere Aussageverweigerung unterfällt dann dem § 390. 12

4. Umfang der Genehmigung. Wird die Genehmigung erteilt, so gilt sie für alle Rechtszüge.[24] Sie befreit den Zeugen nicht von Geheimhaltungspflichten im Einzelinteresse, sodass der Zeuge ggf. trotz der Aussagegenehmigung vom **Zeugnisverweigerungsrecht** gem. § 383 Abs. 1 Nr. 6 Gebrauch machen muss (vgl. § 353b StGB einerseits und § 203 Abs. 2 StGB andererseits).[25] 13

5. Versagung der Genehmigung. Die Erteilung wie die Versagung der Genehmigung sind Verwaltungsakte.[26] Gegen die Versagung kann das Gericht Gegenvorstellung erheben;[27] es muss dies tun, wenn es einen Fehler erkennt.[28]; eine Anfechtungsrecht hat es nicht.[29] Die Versagung der Genehmigung ist bei der Beweiswürdigung (§ 286) verwertbar. 14

Die Versagung der Aussagegenehmigung kann von demjenigen im Verwaltungsrechtsweg **angefochten** werden, der ein rechtliches Interesse an der Aussage hat.[30] Auf die Erteilung der Genehmigung besteht ein Rechtsanspruch, wenn die gesetzlichen Voraussetzungen für die Versagung nach den jeweiligen Bestimmungen nicht vorliegen. 15

6. Aussetzung des Rechtsstreits. Ein Anspruch auf Aussetzung des Rechtsstreits (§ 148) bis zur Rechtskraft der Entscheidung im Verwaltungsrechtsstreit über Erteilung der Aussagegenehmigung besteht nicht. Die Entscheidung steht vielmehr im Ermessen des Gerichts.[31] Bei der Ausübung des Ermessens wird das Gericht die Aussichten des Verwaltungsprozesses berücksichtigen. Das Beweismittel ist bis zur Erteilung der Genehmigung ungeeignet. Das Gericht muss nach § 356 der Partei eine Frist setzen.[32] 16

7. Aussage ohne erforderliche Genehmigung. Wird eine Aussage ohne Genehmigung gemacht, obgleich es einer Genehmigung bedurft hätte, so besteht kein Verbot, diese Aussage zu verwerten;[33] die Verwertbarkeit der Aussage besteht auch dann, wenn keine Genehmigung erteilt worden wäre. 17

III. Anhang

1. Verpflichtungsgesetz vom 2. 3. 1974 (BGBl. I S. 469, 547), geändert durch G vom 15. 8. 1974 (BGBl. I S. 1942) (Auszug): 18

§ 1 [Personenkreis; Vornahme der Verpflichtung]

(1) Auf die gewissenhafte Erfüllung seiner Obliegenheiten soll verpflichtet werden, wer, ohne Amtsträger (§ 11 Abs. 1 Nr. 2 des Strafgesetzbuches) zu sein,

---

[20] RG Recht 1918 Nr. 1639.
[21] AA *Wieczorek* Anm. B IIb 1: § 386 Abs. 3 analog.
[22] *Wieczorek* Anm. A IVb 4.
[23] *Wieczorek* Anm. B Ib.
[24] Vgl. BGH DB 1969, 703.
[25] RGZ 54, 1.
[26] BVerwG NJW 1983, 638; BVerwGE 18, 58 = NJW 1964, 1088; BVerwGE 34, 252.
[27] BVerfGE 57, 250, 288 = NJW 1981, 1719.
[28] Vgl. BGH StV 1989, 284.
[29] *Löwe/Rosenberg/Dahs* § 54 StPO Rn. 27.
[30] BVerwGE 34, 252, 254 = NJW 1971, 160.
[31] RG Recht 1911 Nr. 953; JW 1925, 372.
[32] OLG Hamm MDR 1977, 849.
[33] BGH NJW 1952, 151.

1. *bei einer Behörde oder bei einer sonstigen Stelle, die Aufgaben der öffentlichen Verwaltung wahrnimmt, beschäftigt oder für sie tätig ist,*
2. *bei einem Verband oder sonstigen Zusammenschluß, einem Betrieb oder Unternehmen, die für eine Behörde oder sonstige Stelle Aufgaben der öffentlichen Verwaltung ausführen, beschäftigt oder für sie tätig ist oder*
3. *als Sachverständiger öffentlich bestellt ist.*

(2) Die Verpflichtung wird mündlich vorgenommen. Dabei ist auf die strafrechtlichen Folgen einer Pflichtverletzung hinzuweisen.

(3) Über die Verpflichtung wird eine Niederschrift aufgenommen, die der Verpflichtete mit unterzeichnet. Er erhält eine Abschrift der Niederschrift; davon kann abgesehen werden, wenn dies im Interesse der inneren oder äußeren Sicherheit der Bundesrepublik Deutschland geboten ist.

(4) Welche Stelle für die Verpflichtung zuständig ist, bestimmt

1. *in den Fällen des Absatzes 1 Nr. 1 und 2 bei Behörden oder sonstigen Stellen nach Bundesrecht die jeweils zuständige oberste Dienstaufsichtsbehörde oder, soweit eine Dienstaufsicht nicht besteht, die oberste Fachaufsichtsbehörde,*
2. *in allen übrigen Fällen diejenige Behörde, die von der Landesregierung durch Rechtsverordnung bestimmt wird.*

§ 2 [Dem Personenkreis des § 1 gleichstehende Personen]

(1) Wer, ohne Amtsträger zu sein, auf Grund des § 1 der Verordnung gegen Bestechung und Geheimnisverrat nichtbeamteter Personen in der Fassung der Bekanntmachung vom 22. Mai 1943 (Reichsgesetzbl. I S. 351) förmlich verpflichtet worden ist, steht einem nach § 1 Verpflichteten gleich.

(2) Wer, ohne Amtsträger zu sein,

1. *als Arbeitnehmer des öffentlichen Dienstes nach einer tarifrechtlichen Regelung oder*
2. *auf Grund eines Gesetzes oder aus einem sonstigen Rechtsgrund zur gewissenhaften Erfüllung seiner Obliegenheiten verpflichtet worden ist, steht einem nach § 1 Verpflichteten gleich, wenn die Voraussetzungen des § 1 Abs. 2 erfüllt sind.*

19 **2. BAT und Tarifvertrag für Arbeiter des Bundes und der Länder. § 9 Bundes-Angestellten-Tarifvertrag** entspricht § 11 **Mantel-Tarifvertrag für Arbeiter des Bundes** (MTB II), der wiederum § 11 **Manteltarifvertag für Arbeiter der Länder** (MTL II):

(1) Der Angestellte hat über Angelegenheiten der Verwaltung oder des Betriebes, deren Geheimhaltung gesetzlich vorgesehen oder auf Weisung des Arbeitgebers angeordnet ist, Verschwiegenheit zu bewahren.

(2) Ohne Genehmigung des Arbeitgebers darf der Angestellte von dienstlichen Schriftstücken, Formeln, Zeichnungen, bildlichen Darstellungen, chemischen Stoffen oder Werkstoffen, Herstellungsverfahren, Maschinenteilen oder anderen geformten Körpern zu außerdienstlichen Zwecken weder sich noch einem anderen Kenntnis, Abschriften, Ab- oder Nachbildungen, Proben oder Probestücke verschaffen. Diesem Verbot unterliegen die Angestellten bezüglich der sie als persönlich betreffenden Vorgänge nicht, es sei denn, daß deren Geheimhaltung durch Gesetz oder dienstliche Anordnung vorgeschrieben ist.

(3) Der Angestellte hat auf Verlangen des Arbeitgebers dienstliche Schriftstücke, Zeichnungen, bildliche Darstellungen usw. sowie Aufzeichnungen über Vorgänge der Verwaltung oder des Betriebes herauszugeben.

(4) Der Angestellte hat auch nach Beendigung des Arbeitsverhältnisses über Angelegenheiten, die der Schweigepflicht unterliegen, Verschwiegenheit zu bewahren.

§ 377 Zeugenladung

(1) [1]Die Ladung der Zeugen ist von der Geschäftsstelle unter Bezugnahme auf den Beweisbeschluss auszufertigen und von Amts wegen mitzuteilen. [2]Sie wird, sofern nicht das Gericht die Zustellung anordnet, formlos übermittelt.

(2) Die Ladung muss enthalten:

1. **die Bezeichnung der Parteien;**
2. **den Gegenstand der Vernehmung;**
3. **die Anweisung, zur Ablegung des Zeugnisses bei Vermeidung der durch das Gesetz angedrohten Ordnungsmittel in dem nach Zeit und Ort zu bezeichnenden Termin zu erscheinen.**

(3) [1]Das Gericht kann eine schriftliche Beantwortung der Beweisfrage anordnen, wenn es dies im Hinblick auf den Inhalt der Beweisfrage und die Person des Zeugen für ausreichend erachtet. [2]Der Zeuge ist darauf hinzuweisen, daß er zur Vernehmung gela-

den werden kann. ³Das Gericht ordnet die Ladung des Zeugen an, wenn es dies zur weiteren Klärung der Beweisfrage für notwendig erachtet.

Übersicht

Schrifttum: *Koch,* Die schriftliche Zeugenaussage gem. § 377 Abs. III ZPO, Diss. Köln 1996; *Stadler,* Schriftliche Zeugenaussage und pre trial discovery im deutschen Zivilprozeß, ZZP 1997, 137.

I. Normzweck

Abs. 1 stellt klar, dass Zeugen von Amts wegen geladen werden, was bei Inkrafttreten der ZPO 1
1879 nicht selbstverständlich war, und dass dies (heute) im Regelfall formlos geschieht. Abs. 2 will sicherstellen, dass der Zeuge rechtzeitig weiß, zu welchem Thema er aussagen soll; das ermöglicht ihm eine gewisse geistige Vorbereitung(s. a. § 378); zugleich werden dem Zeugen die Folgen eines Nichterscheinens klargemacht. Abs. 3 – eingeführt durch das Rechtspflege-VereinfachungsG von 1990 – ermöglichen eine vereinfachte Form der Beweisaufnahme, die aber Zeugenbeweis bleibt und nicht Urkundenbeweis ist, sodass das Gericht sich nicht ohne Beweisantritt an einen „Zeugen" mit der Bitte um schriftliche Auskunft wenden darf.[1]

II. Einzelerläuterungen

1. Absatz 1. a) Ladung. Die Ladung ist die schriftliche Aufforderung an den Zeugen, zu seiner 2
Vernehmung an einen bestimmten Ort zu einer festgesetzten Zeit zu erscheinen oder, wo der Zeuge in seiner Wohnung vernommen wird (vgl. § 375 Abs. 1 Nr. 2 und Abs. 2, nicht aber § 382), sich zur Vernehmung bereitzuhalten. Die Ladung ist bewehrt mit einem Ordnungsmittel gem. § 380. Die Ladung des Zeugen ergeht von Amts wegen durch das Gericht (Geschäftsstelle). Eine Ladung durch eine Partei kennt die ZPO – anders als die StPO (§ 220 StPO) – nicht. Die Partei kann nur den Zeugen bitten, vor Gericht zu erscheinen; zu solcher Bitte kann das Gericht die Partei nicht verpflichten, noch weniger dazu, bei Verlust des Beweismittels den Zeugen mitzubringen.[2]

b) Versendungsform. Im Regelfall wird die Ladung dem Zeugen formlos, dh. mit **normaler** 3
Briefpost übersandt. Eine förmliche Zustellung der Ladung (§§ 208 ff.) erfolgt nur ausnahmsweise, wenn das Gericht – das Prozessgericht oder der verordnete Richter – dies anordnet; solche Anordnung wird ergehen, wenn die Besorgnis besteht, dass der Zeuge nicht im Termin erscheint und behauptet, die Ladung nicht erhalten zu haben (s. § 381 Rn. 3), insbesondere, wenn dies bereits einmal geschehen ist. Auch per **Einschreiben,** evtl. mit Rückschein, kann in solchen Fällen geladen werden.[3] Da das Gericht nicht gehindert werden kann, so zu verfahren, kann es auch auf der Mitteilung einer ladungsfähigen Anschrift des Zeugen seitens der Partei bestehen.[4]

---

[1] Vgl. KG JW 1936, 1309; *Wieczorek* Anm. C I.
[2] RG JW 1905, 28.
[3] *Baumbach/Lauterbach/Hartmann* Rn. 5.
[4] LG Hagen MDR 1984, 1034; *Baumbach/Lauterbach/Hartmann* Rn. 6.

4 **c) Minderjährige Zeugen.** Die ZPO hat keine Vorschriften über die Ladung minderjähriger Zeugen. Die Vorschrift des § 171 Abs. 1, die die Zustellung an eine noch nicht 18 Jahre alte Partei regelt, kann nicht einfach analog angewandt werden,[5] wie schon § 393 zeigt, wonach ein über 16 Jahre alter Zeuge sogar vereidigt werden kann. Es ist vielmehr darauf abzustellen, ob der Zeuge den Sinn der Ladung erfasst und aus eigenem Entschluss und ohne Begleitung erwachsener Personen der Ladung Folge leisten kann.[6] Als Regel ist davon auszugehen, dass ein 14-jähriger dies bei guten öffentlichen Verkehrsmitteln kann; er ist deshalb selbst zu laden. Unter 14 Jahren ist der gesetzliche Vertreter zu laden, mit der Aufforderung, das Kind zum Termin zu bringen.[7] In Zweifelsfällen wird es sich empfehlen, sowohl den Minderjährigen wie die Eltern zu laden.[8] Zum Zeugnisverweigerungsrecht der Minderjährigen s. § 383 Rn. 8; zum Fall des Fernbleibens des minderjährigen Zeugen s. § 380 Rn. 16.

5 **d) Zeugen im Ausland.** Hält sich der Zeuge im Ausland auf, so kann er direkt vom deutschen Gericht geladen werden Trotz vielfacher Erleichterungen im Zustellungswesen (vgl. §§ 183, 363) ist die Aufforderung, zur Vernehmung ins Inland zu kommen, immer noch praktisch, weil formloser und schneller. Sie erfolgt zulässigerweise durch normale Briefpost, [9] da diese Übermittlungsform keine Verletzung der Souveränität des ausländischen Staates durch einen hoheitlichem Zustellungsakt darstellt.[10] Handelt es sich bei dem im Ausland befindlichen Zeugen um einen **ausländischen Staatsangehörigen**, so erfolgt die nicht-förmliche Ladung vor das deutsche Gericht ohne Androhung eines Ordnungsmittels.[11] Der BGH verneint eine gerichtliche Pflicht zu solchem Vorgehen bei **deutschen Staatsangehörigen,**[12] ihnen gegenüber kann also auch ein Ordnungsmittel angedroht werden. Da aber gegen den Zeugen, der im Ausland die Ladung erhält und ihr nicht Folge leistet, nicht gem. § 380 vorgegangen werden kann,[13] wird die briefliche Ladung im Ausland befindlicher Zeugen vielfach (zu Unrecht) als unzweckmäßig bezeichnet.[14] Der Ladung vor das deutsche Gericht kommt aber Vorrang vor der Vernehmung durch das ausländische Gericht (s. § 363) zu.[15] Wenn die Voraussetzungen des Abs. 3 vorliegen, kann auch eine **schriftliche Vernehmung** des Zeugen im Ausland versucht werden (s. Rn. 14). Zum freien Geleit s. § 384 Rn. 10.

6 **2. Abs. 2 (Inhalt der Ladung).** Unverzichtbare Erfordernisse jeder Ladung, auch der nach § 273 Abs. 2 Nr. 4, bei deren Fehlen die Anordnung eines Ordnungsmittels gem. § 380 unterbleiben muss, sind die Angaben gem. Nr. 1 bis 3. Die **Partei** muss bezeichnet sein (vgl. § 253 Abs. 2 Nr. 1). Die Parteibezeichnung soll den Zeugen in die Lage versetzen, zu ersehen, ob er ein Zeugnisverweigerungsrecht hat. Unvollständigkeiten der Bezeichnung sind an diesem Maßstab zu messen. Der **Gegenstand der Vernehmung** ist die Beweisfrage; es genügt aber eine summarische Bezeichnung, wenn sie nur dem Zeugen kundtut, wozu er aussagen soll. Nicht erforderlich und vielfach unzweckmäßig ist die Mitteilung des Beweisbeschlusses. So kann der Zeuge sich auf die Aussage vor Gericht vorbereiten; er muss sein Gedächtnis auffrischen (s. § 373 Rn. 24) und ggf. in Unterlagen und Aufzeichnungen Einsicht nehmen (§ 378). Der Hinweis auf die **Säumnisfolgen** gem. § 380 muss so beschaffen sein, dass der Zeuge sowohl Ordnungsmittel wie Kostenfolge erkennt.

7 **3. Abs. 3 (Schriftliche Zeugenvernehmung). a) Voraussetzung der Anordnung.** Die schriftliche Beantwortung der Beweisfrage setzt einmal voraus, dass sich diese **zur schriftlichen Beantwortung eignet.** Ist der Sachverhalt kompliziert, wird dies in aller Regel schon zu verneinen sein. Weiterhin muss die schriftliche Beantwortung im Hinblick auf den Zeugen in Betracht kommen; schreib- und formulierungsungewandte Personen sind häufig nicht in der Lage, einfachste Sachverhalte darzustellen. Die schriftliche Vernehmung ist mit Rücksicht auf die Person des Zeugen in aller Regel schon dann „nicht ausreichend",[16] wenn Bindungen an die Partei, zB durch

---

[5] *Stein/Jonas/Berger* Rn. 3.

[6] *Stein/Jonas/Berger* Rn. 3.

[7] *Stein/Jonas/Berger* Rn. 3; *Löwe/Rosenberg/Dahs* § 48 StPO Rn. 11; aA *Schimmack* JW 1924, 1667: es ist das Kind zu laden.

[8] *Stein/Jonas/Berger* Rn. 3.

[9] BGH NJW 1990, 3088, 3090; NJW 1992, 1768, 1769; *Geimer* Rn. 416; *Schack,* Internationales Zivilverfahrensrecht, 2. Aufl. 1996 Rn. 716; aA BGH IPRax 1981, 57, 58; *Wieczorek* Anm. A I.

[10] *Schabenberger,* Der Zeuge im Ausland, 1997, S. 195/96.

[11] *Schack* (Fn. 9) Rn. 715; *Schabenberger* (Fn. 10) S. 192/93; aA *Geimer* Rn. 3281, der Ordnungsmittel auch gegen deutsche Staatsangehörige für unzulässig hält.

[12] BGH IPRax 1981, 57, 58; *Geimer* Rn. 381.

[13] Unstr. vgl. *Geimer* Rn. 2067.

[14] *Zöller/Greger* Rn. 1 a.

[15] *Schabenberger* (Fn. 10) S. 218 ff.

[16] OLG Koblenz OLGZ 1994, 460.

Verwandtschaft oder Freundschaft, bestehen; dann ist es zu Wahrheitserforschung besser, den Zeugen mündlich zu vernehmen, umso „Auge in Auge" ihm das Lügen zu erschweren. Eine schriftliche Aussage, die der Zeuge **vor Anordnung des Gerichts gefertigt** hat, wurde bisher als grundsätzlich unverwertbar angesehen (s. § 373 Rn. 20), weil die Beweisfrage noch nicht formuliert worden sei als die Aussage gefertigt wurde und weil es sich um eine Durchbrechung des Prinzips der Unmittelbarkeit handle.[17] Nach der Novellierung des § 377 durch das Rechtspflege-VereinfachungsG von 1990 ist das Prinzip der Unmittelbarkeit weit stärker als bisher durchbrochen; man kann nunmehr vorher gefertigte Aussagen als Urkundenbeweis verwerten (s. § 373 Rn. 20), wobei es auf die Zustimmung der Parteien nicht ankommt. Dass die Beweisfrage noch nicht vom Gericht formuliert wurde, steht dem nicht entgegen, denn von der Formulierung hängt es dann nicht ab, wenn der Zeuge alles mitteilt, was er zum Komplex weiß. Das Fragerecht nach § 397 bleibt unberührt.

b) Zusätzliche Fragen und Vorhalte. Das Gericht kann auch den Zeugen mündlich vernehmen und um schriftliche Beantwortung später aufgetauchter zusätzlicher Fragen ersuchen. Wenig sinnvoll[18] aber möglich erscheint es, nach einer mündlichen Vernehmung dem Zeugen im schriftlichen Verfahren Vorhalte zu machen. Zum Fragerecht der Parteien s. Rn. 13 u. § 397 Rn. 2. Zur wiederholten Vernehmung s. § 398 Rn. 2. 8

c) Ermessen des Gerichts. Ob das Gericht den Zeugen mündlich oder schriftlich vernimmt, steht im pflichtgemäßen Ermessen des Gerichts („kann"), vorausgesetzt, dass eine schriftliche Vernehmung nach Inhalt der Beweisfrage und Person des Zeugen überhaupt in Betracht kommt (s. Rn. 12). Der Zustimmung der Parteien bedarf es nicht. Das Gericht wird von einer schriftlichen Vernehmung absehen, wenn zu erwarten ist, dass eine Partei ihr Fragerecht ausüben wird (s. § 397 Rn. 2) oder wenn eine Gegenüberstellung erfolgen soll (s. § 394 Abs. 2). 9

d) Keine eidesstattliche Versicherung. Im Gegensatz zu § 377 Abs. 3 und 4 aF hat der Zeuge keine eidesstattliche Versicherung der Richtigkeit seiner Angaben zu machen; im Gesetzgebungsverfahren wurde von der Beibehaltung solcher Versicherung bewusst Abstand genommen, um den Zeugen bei einer späteren mündlichen Vernehmung nicht in eine Zwangslage zu bringen.[19] Diese kann insbesondere dann entstehen, wenn Frage oder Antwort missverständlich formuliert sind.[20] 10

e) Vernehmung zur Person; Ermahnung zur Wahrheit. Die schriftliche Vernehmung des Zeugen erstreckt sich auch auf die Vernehmung zur Person (§ 395 Abs. 2), nicht nur auf die Vernehmung zur Sache. Gerade die Ausweitung der schriftlichen Vernehmung durch die Änderung des § 377 spricht dafür, auch bei der schriftlichen Vernehmung (schriftlich) zur Wahrheit zu ermahnen (§ 395 Abs. 1), auch wenn keine eidesstattliche Versicherung der Richtigkeit der Angaben mehr verlangt wird (s. Rn. 10); § 395 wird also nicht durch § 377 Abs. 3 verdrängt, mag auch in § 377 Abs. 3 nur von der Beantwortung der Beweisfrage die Rede sein; die systematische Stellung der Vorschriften und der Sinn sprechen für die hiesige Ansicht. 11

f) Hinweis auf Zeugnisverweigerungsrecht. Die systematische Stellung des § 377 Abs. 3 ergibt auch, dass auf ein Zeugnisverweigerungsrecht gem. § 383 Abs. 1 Nr. 1 bis 3 gem. § 383 Abs. 2 hinzuweisen ist.[21] Auf ein Zeugnisverweigerungsrecht gem. § 383 Abs. 1 Nr. 4 bis 6 und gem. § 384 kann hingewiesen werden; gerade die Motive, die den Gesetzgeber bewogen haben, die eidesstattliche Versicherung bei schriftlichen Zeugenbefragungen abzuschaffen (s. Rn. 10), nämlich dem Zeugen Zwangslagen zu ersparen, sollten die Gerichte veranlassen, im Einzelfall auf die Möglichkeit der Zeugnisverweigerung hinzuweisen oder von der schriftlichen Vernehmung abzusehen. 12

g) Kein Einverständnis der Parteien. Nicht erforderlich ist das Einverständnis der Parteien zu der schriftlichen Vernehmung – anders als nach § 377 Abs. 4 aF. Dennoch wird das Gericht nur selten gegen den Willen der Parteien handeln, da diese gerade dann wohl häufig ihr **Fragerecht nach § 397** ausüben werden. Dieses kann nicht durch schriftliche Befragung gem. § 377 Abs. 3 erledigt werden (s. § 397 Rn. 2).[22] 13

h) Zeugen im Ausland. Hält sich der Zeuge im Ausland auf – wobei es auf dessen Staatsangehörigkeit nicht ankommt – so steht dies einer schriftlichen Vernehmung nicht entgegen (s. auch 14

---

[17] BGH MDR 1970, 135.
[18] AA BT-Drucks. 11/3621 S. 38.
[19] BT-Drucks. 11/8283 S. 47.
[20] BT-Drucks. 11/8283 S. 47.
[21] BT-Drucks. 11/3621 S. 38.
[22] Vorsichtig formuliert die Gesetzesbegründung: „Das Gericht wird den Zeugen auch zu laden haben, wenn die Parteien ihr Fragerecht nach § 397 ZPO ausüben wollen." BT-Drucks. 11/3621 S. 39.

Rn. 5).[23] Hoheitsrechte des ausländischen Staates werden nicht verletzt solange keine gesetzlich nicht vorgesehene (vgl. § 183) Zustellung im Ausland erfolgt und gegen ausländische Staatsangehörige kein Zwang angedroht wird (s. Rn. 5).

15 **4. Verfahren. a)** Die **Anordnung** der schriftlichen Vernehmung erlässt das **Prozessgericht** im Beweisbeschluss, nicht der verordnete Richter. Die schriftliche Zeugenbefragung kann gem. § 358a Nr. 3 schon vor dem Haupttermin angeordnet und durchgeführt werden. Zweckmäßigerweise wird die Anordnung mit einer **Frist,** binnen deren der Zeuge antworten kann, verbunden. Der **Zeuge kann nicht gezwungen werden,** schriftliche Auskunft zu erteilen, insbesondere darf gegen ihn kein Ordnungsmittel gem. § 380 oder § 390 angedroht oder verhängt werden. Geht die Aussage nicht fristgemäß, aber noch vor dem festgesetzten Termin zur Vernehmung des Zeugen ein, kann sie verwertet und der Zeuge abgeladen werden. Geht die Auskunft nicht fristgemäß ein oder lehnt der Zeuge die schriftliche Beantwortung ab, so muss er zum Zwecke der Vernehmung geladen werden; die Parteien werden hiervon in Kenntnis gesetzt.[24] Wenn der Zeuge voraussichtlich zu entschädigen ist (s. Rn. 18), so kann die schriftliche Vernehmung von einer **Vorschusspflicht** der Partei abhängig gemacht werden (§ 379).

16 **b)** Der Zeuge ist gem. Abs. 3 S. 2 darauf hinzuweisen, dass er **zur Vernehmung geladen** werden kann. Dieser Hinweis dient einmal dazu, beim Zeugen nicht den Irrtum aufkommen zu lassen, er müsse einer späteren Ladung nicht Folge leisten. Der Hinweis bezweckt weiter, dem Zeugen klarzumachen, dass er bei Nichtbefolgen der Bitte um schriftliche Beantwortung der Beweisfrage mit einer Ladung zu rechnen hat. Schließlich soll ihn der Hinweis auch anregen, die Beweisfrage gewissenhaft zu beantworten, um sich so die Zeit für eine mündliche Vernehmung zu ersparen. Das Unterbleiben des Hinweises hat keine prozessualen Folgen. Auch die **Ladung unter der Bedingung,** dass die schriftliche Auskunft nicht fristgemäß erteilt wird, ist zulässig.

17 **c)** Bei **Eingang der schriftlichen Vernehmung** wird diese den Parteien formlos mitgeteilt und unverzüglich (§ 216 Abs. 2) ein Termin zur mündlichen Verhandlung und zur Beweiserörterung (§ 285) bestimmt. Gem. Abs. 3 S. 3 ordnet das Gericht die Ladung des Zeugen an, wenn es dies zur weiteren Klärung der Beweisfrage für notwendig erachtet. Die Gesetzesformulierung darf nicht dahin missverstanden werden, dass das Gericht in jedem Fall einer notwendigen weiteren Klärung so verfahren muss; das Gericht kann auch noch um eine **schriftliche Ergänzung** oder nähere Erklärung unvollständiger, unklarer oder widersprüchlicher Punkte der schriftlichen Auskunft nachsuchen. Wie das Gericht verfährt, steht in seinem pflichtgemäßen Ermessen. Einem nicht näher begründeten Verlangen der Partei nach Ladung des Zeugen muss das Gericht nicht entsprechen.[25] Ein Recht, den Zeugen selbst um schriftliche Auskunft, um Ergänzung oder nähere Erläuterung der Auskunft zu bitten, haben die Parteien nicht.[26] Hat eine **Partei selbst** dennoch um solche Erklärung nachgesucht und ist sie sogar erfolgt, so darf das Gericht sie trotz Einverständnis des Gegners nach der älteren Rechtsprechung des BGH nicht zu Beweiszwecken verwerten;[27] hier wird nach der heutigen Rechtslage die gegenteilige Ansicht vertreten (s. Rn. 7).

18 **5. Entschädigung und Gebühren. a)** Die **Entschädigung des Zeugen** für Verdienstausfall ist auch bei schriftlicher Auskunft vorgesehen (vgl. § 2 Abs. 1 ZSEG aF). Lässt der Zeuge die Beantwortung der Beweisfrage gegen ein Honorar schreiben, so sind ihm die Auslagen gem. § 11 ZSEG zu ersetzen.

19 **b) Gebühren für die Ladung des Zeugen** entstehen nicht. **Auslagen** des Gerichts für die formlose Zusendung der Ladung sind nicht zu erstatten. Auslagen für die Ladung des Zeugen mit Zustellungsnachweis sind in Höhe der Postgebühren zu erstatten (GKG Kostenverzeichnis Nr. 9002); zu beachten ist der Grenzwert 100 DM pro Instanz. Die Partei, die den Zeugen benannt hat, ist auch hierfür – neben der Zeugenentschädigung gem. § 379 – gem. § 68 Abs. 1 GKG vorschusspflichtig. Soweit eine Partei keinen Auslagenvorschuss für die Zeugenentschädigung leisten muss (vgl. § 379 Rn. 4), genießt sie auch Auslagenfreiheit hinsichtlich der Kosten der förmlichen Ladung.

---

[23] *Geimer* Rn. 437 u. 2384; *Schack* (Fn. 9) Rn. 716; BGH LM Nr. 4; OLG Frankfurt NJW-RR 1996, 575; RG WarnR 1935 Nr. 37; *Schabenberger* (Fn. 10) S. 198 f.; aA BGH NJW 1984, 2029 (obiter dictum).

[24] AA OLG Koblenz MDR 1993, 410 ausnahmsweise für den Fall, daß nach einer Ladung zum schriftl. Verfahren übergangen wurde.

[25] *Zöller/Greger* § 397 Rn. 2; *Koch* NJW 1991, 1856, 1859; LG Gießen MDR 1996, 200; aA: *Stadler* ZZP 1997, 137, 160/61.

[26] BGH LM Nr. 5.

[27] BGH LM Nr. 5.

III. Anhang

1. Zur Ladung von Diplomaten[28] als Zeugen. Wiener Übereinkommen über diplomatische Beziehungen vom 18. 4. 1961, Gesetz vom 6. 8. 1964 (BGBl. 1964 II S. 957). 20

2. Zur Ladung konsularischer Vertreter als Zeugen. Wiener Übereinkommen über konsularische Beziehungen vom 24. 4. 1963, Gesetz vom 26. 8. 1969 (BGBl. 1969 II S. 1585). 21

3. Zur Ladung von Soldaten der Bundeswehr als Zeugen. Erlass über Zustellungen, Ladungen, Vorführungen und Zwangsvollstreckungen in der Bundeswehr idF vom 16. 3. 1982 (VMBl. S. 130), geändert durch Erlass vom 20. 6. 1983 (VMBl. S. 182) (Auszug): 22

17. In Verfahren vor sonstigen deutschen Gerichten werden Soldaten als Parteien, Beschuldigte, Zeugen oder Sachverständige in derselben Weise wie andere Personen geladen. Die Ladung wird ihnen also auf Veranlassung des Gerichtes oder der Staatsanwaltschaft zugestellt oder übersandt.

20. Militärdienstfahrkarten oder Reisekosten erhalten die vorgeladenen Soldaten nicht.

21. Soldaten, die von einem Gericht oder einer Justizbehörde als Zeugen oder Sachverständige vorgeladen sind, erhalten von der Stelle, die sie vernommen hat, Zeugen- oder Sachverständigenentschädigung.

22. Sind Soldaten, die von einem Gericht oder einer Justizbehörde als Zeugen oder Sachverständige vorgeladen sind, nicht in der Lage, die Kosten der Reise zum Terminort aufzubringen, können sie bei der Stelle, die sie vorgeladen hat, die Zahlung eines Vorschusses beantragen.

29. Soldaten, deren Vorführung von einem Gericht angeordnet worden ist, werden diesem nicht durch eine militärische Dienststelle, sondern durch die allgemeinen Behörden vorgeführt.

39. Die ZPO kennt eine nichtkriminelle Erzwingungshaft. Sie wird insbesondere gegen Schuldner verhängt, die sich weigern, eine eidesstattliche Versicherung nach §§ 807, 883 ZPO (Offenbarungsversicherung) abzugeben. Diese Haftart ist auf Grund richterlichen Haftbefehls auch gegen Soldaten zulässig. Verhaftet wird der Schuldner im Auftrag des Gläubigers durch den Vollstreckungsbeamten (Gerichtsvollzieher).

4. Zur Ladung von Angehörigen der Nato-Streitkräfte. Gesetz zum Nato-Truppenstatut und zu den Zusatzvereinbarungen vom 3. 8. 1959 (BGBl. 1961 II S. 1218) mit hier relevanter Änderung durch das Änderungsabkommen vom 18. 3. 1993 (BGBl. 1994 II S. 2594, 2598). 23

§ 378 Aussageerleichternde Unterlagen

(1) ¹Soweit es die Aussage über seine Wahrnehmungen erleichtert, hat der Zeuge Aufzeichnungen und andere Unterlagen einzusehen und zu dem Termin mitzubringen, wenn ihm dies gestattet und zumutbar ist. ²Die §§ 142 und 429 bleiben unberührt.

(2) Kommt der Zeuge auf eine bestimmte Anordnung des Gerichts der Verpflichtung nach Absatz 1 nicht nach, so kann das Gericht die in § 390 bezeichneten Maßnahmen treffen; hierauf ist der Zeuge vorher hinzuweisen.

I. Normzweck

Mit der 1990 geschaffenen Vorschrift soll der Zeuge dazu angehalten werden, sein Gedächtnis aufzufrischen, wenn er das anhand von Aufzeichnungen und Unterlagen kann. Er kann auch durch das Gericht dazu angehalten werden, diese zum Vernehmungstermin mitzubringen. 1

II. Einzelerläuterungen

1. Abs. 1. a) Grundsatz. Die Vorschrift macht es dem Zeugen zur **Pflicht,** unaufgefordert Aufzeichnungen und Unterlagen, soweit diese in einem erkennbaren Zusammenhang zu seiner Ladung und der darin mitgeteilten Beweisfrage stehen (s. § 377 Rn. 6), einzusehen und zum Termin mitzubringen. Nun mag es vorkommen, dass der Zeuge zwar weiß, dass es ihm zugängliche Unterlagen gibt, dass er aber gerade in diejenigen, die im Prozess von Bedeutung sind, noch nie hineingeschaut hat und über den Vorgang aus dem Gedächtnis heraus keinerlei Angaben machen kann. Beispiel: ein Bankangestellter, zB der Zweigstellenleiter, wird als Zeuge für die Behauptung benannt, zu einem bestimmten Zeitpunkt seien bestimmte Überweisungen erfolgt. Der Zweigstellenleiter kennt eine Partei, weiß aber nichts über den Vorgang, ja nicht einmal, welcher andere Angestellte damals Sachbearbeiter war; unschwer könnte er aber durch Einsicht in die Unterlagen die 2

---

[28] Zur Ladung von Mitgliedern ausländischer Regierungen als Zeugen s. BVerwG NJW 1989, 678.

Beweisfragen beantworten. Hat § 378 solche **Nachforschungspflicht,** die bisher stets verneint wurde (s. § 273 Rn. 24), gebracht? Die Frage muss weiterhin verneint werden:[1] die Nachforschungen in den Unterlagen dienen nicht der Erleichterung der Aussage, wie es Satz 1 sagt, sondern sie ermöglichen diese erst (vgl. § 373 Rn. 24).

3 **b) Zumutbarkeit.** Die Grenzen der Zumutbarkeit der Einsichtnahme sind abhängig von der Bedeutung des Rechtsstreits für die Parteien und von den Mühen, die die Sichtung dem Zeugen bereitet, obgleich der **Zeitaufwand** nach §§ 19 Abs. 1 Nr. 4, 20 JVEG zu entschädigen ist. Bejaht das Gericht im Gegensatz zum Zeugen die Zumutbarkeit, so kann es nach Abs. 2 verfahren und zunächst die Einsicht anordnen. Dasselbe gilt für die Beurteilung der Pflicht, Unterlagen mitzubringen; diese neu geschaffene Pflicht dürfte weitgehend unbekannt bleiben. Einfacher zu beurteilen mag es sein, wann es im Hinblick auf Umfang und Gewicht zumutbar ist, diese mitzubringen.

4 **c) Einverständnis Dritter.** Bei Unterlagen und Aufzeichnungen, die dem Zeugen nicht (allein) gehören und bei denen nicht feststeht, dass es dem Zeugen **gestattet** ist, sie einzusehen und sie mitzubringen, wird man aus Abs. 1 die Pflicht des Zeugen herleiten können, dass er um eine **Gestattung nachsuchen** muss.[2] Dies kann das Gericht auch anordnen (Abs. 2).

5 **d) Regelungsbereich des geänderten § 142.** Nach § 142 kann das Gericht anordnen, dass eine Partei oder ein Dritter die in seinem Besitz befindlichen Unterlagen und Urkunden vorlegen muss, wenn sich eine Partei darauf bezogen hat. Diese Pflicht wird durch die Zeugenpflicht nach § 378 nicht berührt. Die Vorlagepflicht nach § 142 geht insofern weiter als die Pflicht nach § 378 als sie auch außerhalb eines Vernehmungstermins besteht. Andererseits besteht die Pflicht nach § 378 Abs. 1 kraft Gesetzes, während § 142 eine Anordnung voraussetzt.:

6 **e) Regelungsbereich des § 429.** Satz 2 mit dem Hinweis darauf, dass § 429 unberührt bleibt, stellt klar, dass der Zeuge nicht auf Grund des § 378 Abs. 1 S. 1 verpflichtet ist, dem Gericht oder den Parteien die Aufzeichnungen und Unterlagen vorzulegen oder gar **auszuhändigen.** Solche Pflicht kann sich nur aus dem bürgerlichen Recht ergeben und muss dann durch selbstständige Klage gegen den Zeugen durchgesetzt werden (s. §§ 429, 422).

7 **2. Verfahren nach Abs. 2. a) Anordnung.** Eine Anordnung zur Einsichtnahme und/oder zum Mitbringen setzt nicht voraus, dass der Zeuge bereits im Vernehmungstermin erschienen war, ohne seiner Pflicht nach Abs. 1 nachgekommen zu sein. Das Gericht kann die Anordnung schon mit der Ladung des Zeugen vornehmen. Es muss in jedem Fall die Unterlagen oder Aufzeichnungen hinreichend klar bezeichnen. Auf den bloßen Verdacht hin, dass der Zeuge Unterlagen oder Aufzeichnungen besitzt, kann das Gericht zwar eine Anordnung erlassen, die entsprechend formuliert sein sollte („wenn Sie besitzen, dann …"), aber es darf daran keine Androhung eines Zwangsmittels gem. § 390 knüpfen, weil es an der **Bestimmtheit der Anordnung** fehlen würde. Die Anordnung sollte auch ggf. dahin gehen, um **Gestattung der Einsichtnahme** und des Mitbringens beim Verfügungsbefugten nachzusuchen und sie sodann einzusehen und mitzubringen; für den Fall, dass der Verfügungsbefugte seitens des Gerichts nicht bezeichnet werden kann, ist die Androhung eines Zwangsmittels gem. § 390 unzulässig, weil es an der Bestimmtheit der Anordnung fehlen würde.

8 **b) Hinweis auf die in § 380 bezeichneten Maßnahmen.** Der Hinweis auf die in § 390 bezeichneten Maßnahmen kann schon mit der ersten Anordnung verbunden werden. Während es nach § 390 Pflicht des Gerichts ist, von Amts wegen Zwangsmittel einzusetzen, ist es nach § 378 in das pflichtgemäße Ermessen gestellt, ob diese Mittel eingesetzt werden („kann"). Dies muss auch im Hinweis auf die Zwangsmittel berücksichtigt werden. Der Hinweis geht daher dahin, dass dem Zeugen im Falle, dass er der Anordnung nicht nachkommt, die dadurch verursachten Kosten auferlegt werden können, dass zugleich gegen ihn ein Ordnungsgeld und für den Fall, dass dieses nicht beigetrieben werden kann, Ordnungshaft festgesetzt werden kann.

9 **c) Durchsetzung der Anordnung.** Offenbart sich im Vernehmungstermin, dass der Zeuge der **Anordnung nicht nachgekommen** ist, so ist ihm vor Anordnung einer Zwangsmaßnahme **rechtliches Gehör zu gewähren** (s. § 390 Rn. 6). Zwar hat der Gesetzgeber in § 378 auf § 390 und nicht auf § 380 verwiesen, dennoch wird man **§ 381 entsprechend anwenden,** weil diese Vorschrift auf die Situation passt und § 390 insofern lückenhaft ist: eine schuldlose Zeugnisverweigerung, also ohne Angabe von Gründen oder trotz eines Grundes, der rechtskräftig für unerheblich erklärt wurde, ist kaum denkbar. Anders aber bei Unterlassen der Einsichtnahme oder des Mitbrin-

---

[1] Dies, obgleich die Begründung des Gesetzes davon spricht, es werde eine „Nachforschungspflicht des Zeugen hinsichtlich aufgezeichneter Tatsachen (§ 378) begründet"; BT-Drucks. 11/3621 S. 22.

[2] AA wohl *Baumbach/Lauterbach/Hartmann* Rn. 5.

gens. Der Zeuge kann entsprechend § 381 **Entschuldigungsgründe** glaubhaft machen (s. § 381 Rn. 5ff.). Auch wenn diese nicht ausreichen oder nicht glaubhaft gemacht sind, muss das Gericht nicht die angedrohten Zwangsmittel verhängen; es steht auch dann im **pflichtgemäßen Ermessen** des Gerichts, ob es die verursachten Kosten auferlegt und ein Ordnungsgeld und für den Fall, dass es nicht beigetrieben werden kann, Ordnungshaft festsetzt. Eines Parteiantrags bedarf es nicht.

d) Kosten. Als durch die Weigerung verursachte Kosten kommen faktisch nur besondere Auslagen in Betracht, zB Reisekosten anderer Zeugen (s. fernerhin § 380 Rn. 6). Bezüglich des **Ordnungsgeldes** wird auf § 380 Rn. 7 verwiesen. Die Partei kann nicht auf die Festsetzung verzichten (s. § 390 Rn. 8). Der **Beschluss** über Ordnungsmittel und Kostenfolge ist gem. § 329 Abs. 1 **zu verkünden** und dem Zeugen gem. § 329 Abs. 3 von Amts wegen zuzustellen. Den Parteien ist der Beschluss ebenfalls gem. § 329 Abs. 3 zuzustellen (vgl. § 390 Rn. 10), weil auch sie im Grundsatz, dh. nach einer Kostenfestsetzung (vgl. § 380 Rn. 8), aus dem Beschluss vollstrecken können. 10

e) Haftanordnung. Kommt der Zeuge trotz **nochmaliger Anordnung** in einem Vernehmungstermin dieser wiederum nicht nach, so kommt eine **Haftanordnung** in Betracht (§ 390 Abs. 2). Auch diese steht im Ermessen des Gerichts (s. Rn. 8), obgleich sie einen Antrag der Partei (§ 390 Abs. 2) voraussetzt. Wegen der weiteren Umstände wird auf § 380 Rn. 10ff. verwiesen. 11

f) Beschwerde. Der Zeuge hat gegen den Beschluss über Ordnungsmittel und Kostenfolge ebenso wie gegen die Haftanordnung die einfache Beschwerde gem. § 567 (vgl. § 390 Rn. 15), die eine aufschiebende Wirkung hat (§ 572). Für die Beschwerde besteht kein Anwaltszwang; sie ist schriftlich oder mündlich zu Protokoll des Urkundsbeamten der Geschäftsstelle zu erheben (§§ 569 Abs. 2, 78 Abs. 3). 12

g) Gesonderte Beschwerde oder Zwischenstreitverfahren? Bestreitet der Zeuge seine Pflicht zur Einsichtnahme und insbesondere zum Mitbringen der Aufzeichnungen, so kann er es auf eine Zwangsmittelanordnung ankommen lassen, gegen diese Beschwerde einlegen und in diesem Rahmen seine Pflicht überprüfen lassen. Kann er auch **gegen die Anordnung,** wenn diese mit dem Hinweis auf Zwangsmittel versehen ist, **Beschwerde** einlegen? Dem § 390 ist eine Antwort deshalb nicht zu entnehmen, weil er in der zweiten Alternative eine rechtskräftige Entscheidung über die Zeugnisverweigerung voraussetzt; von daher könnte man an ein parallel gelagertes Verfahren (§§ 386ff.) zur Überprüfung der Anordnung denken. Auf der anderen Seite wird die Pflicht, als Zeuge zu erscheinen, auch nicht in einem gesonderten Verfahren, sondern im Rahmen des Verfahrens über Zwangsmittel (gem. §§ 380, 381) entschieden. Da es hier nicht um eine absolut selbstständige Pflicht geht, sondern eine an die Erscheinens-, Aussage- und Beeidigungspflicht angehängte Pflicht des Zeugen, wird ein gesondertes Beschwerde- oder Zwischenstreitverfahren verneint. 13

§ 379 Auslagenvorschuss

[1]Das Gericht kann die Ladung des Zeugen davon abhängig machen, dass der Beweisführer einen hinreichenden Vorschuss zur Deckung der Auslagen zahlt, die der Staatskasse durch die Vernehmung des Zeugen erwachsen. [2]Wird der Vorschuss nicht innerhalb der bestimmten Frist gezahlt, so unterbleibt die Ladung, wenn die Zahlung nicht so zeitig nachgeholt wird, dass die Vernehmung durchgeführt werden kann, ohne dass dadurch nach der freien Überzeugung des Gerichts das Verfahren verzögert wird.

Schrifttum: *Bachmann,* Der Zeugen- und Sachverständigenvorschuß, DRiZ 1984, 401; *Gießler,* Vernehmung des nicht geladenen Zeugen, NJW 1991, 2885; *Heistermann,* Vorschußanordnung vor der Beweisaufnahme – Folgen der fehlerhaften Zahlung, MDR 2001, 1085; *Rixecker,* Vermeintliche Randprobleme der Beschleunigung des Zivilprozesses, NJW 1984, 2135; *Sass,* Die Folgen der versäumten Zahlung des Auslagenvorschusses nach § 379 ZPO – Zugleich ein Beitrag zur Auslegung des § 356 ZPO, MDR 1985, 96; *Schmid,* Die Vorschußpflicht nach § 379 ZPO, MDR 1982, 94; *Schneider,* Die Vorschußpflicht für Zeugen und Sachverständige, ZZP 76 (1963), 188; *Varrentrapp,* Die Widerruflichkeit der Entschädigungsverzichtserklärung des Zeugen, NJW 1962, 903; *Weber,* Zur Bedeutung des § 379 Satz 2 ZPO, MDR 1979, 799.

I. Normzweck

Die Vorschrift ist eine **Sonderregelung** gegenüber § 17 Abs. 1 GKG, der den bisherigen § 68 GKG ersetzt hat. Die Vorschusspflicht auf Grund der richterlichen Anordnung geht daher der gesetzlichen Vorschusspflicht nach § 17 GKG vor (vgl. § 10 GKG). § 379 bezweckt ebenso wie § 17 1

GKG die Sicherung der Ansprüche der Staatskasse.[1] Durch die Vereinfachungsnovelle[2] wurde das alte „kann“, das im Jahr 1933 durch „soll“ ersetzt worden war, wieder hergestellt.

II. Einzelerläuterungen

2 **1. Ermessen des Gerichts.** Es steht im Ermessen des Gerichts („kann“), ob es die Vorschussleistung anordnet. Dabei hat das Gericht einerseits zu berücksichtigen, ob und wie stark die Anordnung das Verfahren verzögert; es hat andererseits auch die fiskalischen Interessen des Staates zu bedenken, ob nämlich dieser die entstandenen Unkosten ersetzt bekommt (Zahlungsfähigkeit)[3] und ob die Beitreibung problemlos ist (Zahlungswilligkeit); es hat schließlich bei Beweisanträgen des Beklagten die Interessen des Klägers zu bedenken, denn dieser ist es, der das Verfahren beantragt hat, und der deshalb dem Staat als Kostenschuldner haftet (§ 22 GKG), wenn die Verfahrenskosten beim Beklagten, auch wenn dieser im Rechtsstreit unterlegen ist, nicht beigetrieben werden können.[4] Keine Bedeutung hat in diesem Zusammenhang die Frage der Beweisbedürftigkeit: diese muss gegeben sein, anderenfalls darf das Gericht unter keinen Umständen eine Beweisaufnahme anordnen. Umgekehrt darf das Gericht auch eine Beweisaufnahme nicht deshalb ablehnen, weil deren Kosten im Verhältnis zum Streitwert hoch sind; diese **„ökonomische“ Betrachtung** ist Sache der Parteien.[5] Auch die vorbereitende Ladung von Zeugen (§ 273 Abs. 2 Nr. 3) kann von der Zahlung eines Auslagenvorschusses abhängig gemacht werden (§ 273 Abs. 3 S. 2).

3 **2. Beweisführer.** Er ist der Schuldner der Vorauszahlung. Beweisführer ist die Partei, die den Beweis angetreten, also den Zeugen benannt hat. Wird der Zeuge also **gegenbeweislich** vom Beklagten benannt, so ist dieser Beweisführer (§ 359 Nr. 3).[6] Haben beide Parteien den Zeugen benannt, so ist die Partei Schuldner der Vorauszahlung, die die objektive Beweislast trägt;[7] denn wird der Beweis nicht erhoben, so geht dies ausschließlich zu deren Lasten. Soll der Zeuge, der vom Kläger und Beklagten benannt ist, zu mehreren Punkten mit **unterschiedlicher Beweislast** aussagen, so ist die Partei vorauszahlungspflichtig, deren Vortrag vorrangig ist, also Klägerstation vor Beklagtenstation.[8] Tritt ein Streithelfer Beweis an, so ist seine Partei Beweisführer.[9]

4 **3. Entfallen der Vorschusspflicht.** Keine Vorschusspflicht besteht für diejenigen, die Kostenfreiheit gem. § 2 GKG genießen. Ferner besteht keine Vorschlusspflicht für diejenigen, denen Prozesskostenhilfe bewilligt wurde (§ 122 Abs. 1 Nr. 1 lit. a); Zeugengebühren sind als Auslagen Teil der Gerichtskosten (vgl. GKG Kostenverzeichnis Nr. 9005). Wurde dem Kläger oder Berufungskläger PKH bewilligt, und ist nicht bestimmt worden, dass Zahlungen an die Staatskasse zu leisten sind, so ist auch der **Beklagte** gem. § 122 Abs. 2 nicht vorschusspflichtig, ausgenommen die Beweisaufnahme beträfe ausschließlich eine Widerklage.[10] „Verbürgt“ (Kostenübernahme gem. § 29 Nr. 2 GKG) sich ein **Rechtsanwalt** (auch mündlich) für die Auslagen, so wird das Gericht von einer Vorauszahlungsanordnung Abstand nehmen.[11]

5 Die Vorschusspflicht entfällt auch dann, wenn der Zeuge auf jede Entschädigung verzichtet. Ist die Vorschussleistung bereits angeordnet als der Zeuge den Verzicht erklärt, so beseitigt diese Erklärung die Vorschusspflicht.[12] Die **„Gebührenverzichtserklärung“** des Zeugen ist nicht frei widerruflich; nur in den Fällen der Täuschung, der Drohung, des Irrtums, des Fortfalls der Geschäftsgrundlage ist ein solcher Widerruf möglich.[13] Der Verzicht muss in diesen Fällen **entsprechend** dem aufgehobenen **§ 9 Abs. 5 S. 1 ZSEG** unverzüglich widerrufen werden. Der Verzicht kann unter der Bedingung, bei einem bestimmten Gericht vernommen zu werden, erfolgen.[14]

6 **4. Höhe des Vorschusses.** Sie richtet sich nach der voraussichtlichen Höhe der Zeugenentschädigung gem. dem JVEG. Die Vorauszahlung ist zu beziffern.

---

[1] *Hahn* S. 310.
[2] Vereinfachungsnovelle vom 3. 11. 1976 (BGBl. I S. 3281).
[3] Vgl. *Hahn* S. 310; RGZ 21, 395, 399; *Wieczorek* Anm. 4 III.
[4] Vgl. *Röbke* NJW 1986, 237; *Schmid* MDR 1982, 94, 95.
[5] BVerfGE 50, 32 = NJW 1979, 413; RGZ 21, 395, 399.
[6] RG JW 1933, 1243.
[7] BGH NJW 1999, 2823; NJW 2000, 1420, 1422; *Wieczorek* Anm. A IV.
[8] *Schneider* ZZP 76 (1963), 188, 199; aA OLG Düsseldorf MDR 1974, 321; OLG Zweibrücken Rpfleger 1989, 81; *Bachmann* DRiZ 1984, 401; *Schmid* MDR 1982, 94, 96.
[9] AA *Bachmann* DRiZ 1984, 401, 402: Der Streithelfer.
[10] RGZ 55, 268, 270; KG OLGZ 1971, 423, 424.
[11] OLG Düsseldorf AnwBl. 1991, 416.
[12] OLG München NJW 1975, 2108; vgl. BVerfGE 69, 141 = NJW 1986, 833.
[13] OLG München NJW 1975, 2108; *Varrentrapp* NJW 1962, 903, 904.
[14] OLG Düsseldorf MDR 1991, 66.

5. Anordnung der Vorschussleistung. Sie obliegt dem Prozessgericht. Mit der Anordnung wird die Frist für die Zahlung verbunden. Die **Frist** für die Zahlung sollte in Anwaltsprozessen drei Wochen betragen, zwölf Tage sind wohl zu kurz.[15] Anordnung und Fristsetzung sind jederzeit nachholbar. Ist der Zeuge schon geladen, dann stützt sich die Anordnung, Vorschuss zu zahlen, auf § 17 Abs. 3 GKG (s. Rn. 1), nicht auf § 379;[16] weil die Vernehmung des Zeugen Auslagen mit sich bringt. es ist also weder die Vernehmung noch die Ladung von der Vorschussleistung abhängig gemacht,[17] eine Fristsetzung ist dennoch nötig.[18] Stellt sich später, zB nach der Ladung des Zeugen, heraus, dass der angeordnete **Vorschuss nicht ausreicht,** der Zeuge muss zB aus dem Urlaub anreisen oder bedarf eines besonders teuren Transportmittels, so kann das Gericht den Vorschuss nachträglich erhöhen,[19] die Anordnung stützt sich auch in diesem Fall auf § 17 Abs. 3 GKG. Auch die Frist kann verlängert oder verkürzt werden (§ 224 Abs. 2). 7

6. Abhängigmachen der Ladung. Nur die Ladung darf von der Vorauszahlung abhängig gemacht werden, nicht die Terminsbestimmung[20] zur Vernehmung des Zeugen; auch darf nicht angedroht werden, dass im Falle des Unterbleibens der fristgerechten Vorauszahlung der **Termin aufgehoben wird** oder eine Entscheidung auf der Grundlage der Beweislast erfolgt.[21] Die Anordnung ergeht üblicherweise im Beweisbeschluss, kann aber auch besonders ergehen. Einer Begründung bedarf die Anordnung nicht. Die Anordnung ist entweder in der mündlichen Verhandlung zu verkünden oder dem Beweisführer gem. § 329 Abs. 2 S. 2 förmlich zuzustellen, da sie eine Frist enthält. 8

7. Rechtsmittel gegen die Anordnung. Ein solches gibt es nur in dem Ausnahmefall, dass die Anordnung trotz Prozesskostenhilfe erging (§ 127), weil in der Anordnung ein Widerruf der Bewilligung liegt.[22] In allen anderen Fällen fehlerhafter Anordnung kann das Gericht **von Amts wegen** seine Anordnung ändern und jede Partei kann dies durch Gegenvorstellung anregen. Darüber hinaus kann die Fehlerhaftigkeit der Anordnung mit dem Rechtsmittel gegen das Urteil gerügt werden,[23] was allerdings praktisch voraussetzt, dass die Vorauszahlung nicht erfolgt. 9

8. Folge der Fristversäumung. Die Fristversäumung bewirkt, dass der Zeuge nicht geladen wird. Einer besonderen Androhung dieses Nachteils bedarf es nicht.[24] Die Versäumung der Zahlungsfrist hat keine Ausschlusswirkung, wie schon Satz 2 zeigt; wird der Vorschuss gar nicht oder so spät gezahlt, dass der Zeuge nicht mehr geladen werden kann, so wird dennoch der **Beweisbeschluss nicht aufgehoben.**[25] Auch wird das Gericht den Termin zur Beweisaufnahme nicht aufheben, denn es besteht die Möglichkeit, dass der Zeuge, ohne von Seiten des Gerichts geladen worden zu sein, auf Betreiben der Partei im Termin zur Beweisaufnahme erscheint. Er ist in diesem Falle – obgleich kein Auslagenvorschuss geleistet wurde – zu vernehmen[26] und zu entschädigen, weil § 1 Abs. 1 Nr. 3 JVEG es auf die Heranziehung zu Beweiszwecken abstellt, nicht auf die Ladung.[27] Unterbleibt die Ladung des Zeugen, weil kein Vorschuss geleistet wurde, und erscheint dieser auch nicht im Termin zur Beweisaufnahme im ersten Rechtszug, so ist die Partei mit dem Beweismittel nicht automatisch **ausgeschlossen**[28] oder nach § 296 Abs. 1 auszuschließen;[29] es ist vielmehr nach der Rechtsprechung § 296 Abs. 2 anwendbar,[30] obgleich der Wortlaut dieser Norm die Präklusion nicht deckt. Dabei indiziert die Nicht-Zahlung nicht bereits grobe Nachlässigkeit.[31] 10

---

[15] OLG Frankfurt NJW 1986, 731.

[16] AA für Sachverständige: OLG Frankfurt OLGZ 1968, 436, 438.

[17] Vgl. *Oestreich/Winter/Hellstab* § 68 Rn. 14, 17.

[18] RG JW 1938, 3136.

[19] Vgl. für Sachverständige: RG JR 1925, Rspr. Nr. 1383; OLG München OLGZ 1978, 484 aA OLG Frankfurt OLGZ 1968, 436, 438.

[20] AA *Schneider* ZZP 76 (1963), 188, 193.

[21] OLG Düsseldorf NJW-RR 1997, 1085.

[22] RGZ 55, 268; KG OLGZ 1971, 423, 424.

[23] OLG Frankfurt Rpfleger 1973, 63.

[24] OLG Frankfurt OLGZ 1968, 436.

[25] OLG Jena JW 1938, 1271; *Wieczorek* Anm. B II a.

[26] BGH NJW 1980, 343, 344; OLG Frankfurt OLGZ 1968, 436, 438.

[27] OLG Stuttgart MDR 1964, 857; *Hartmann* § 11 JVEG Rn. 11.

[28] BGHZ 94, 92, 97 = NJW 1985, 1903, 1904.

[29] BVerfGE 69, 145, 149 = NJW 1985, 1150.

[30] BVerfGE 69, 145, 150 = NJW 1985, 1150; BGH NJW 1982, 2559, 2560 m. abl. Anm. *Deubner* BGH NJW 1998, 761; aA *Sass* MDR 1985, 96: § 356 anwendbar; aA *Rixecker* NJW 1984, 2135, 2137: die Erhebung des Beweises unterbleibt einfach; aA *Weber* MDR 1979, 799, 800; *Bachmann* DRiZ 1984, 401, 402: § 230 anwendbar.

[31] OLG Hamm NJW-RR 1995, 1151.

11 **9. Vorschusspflicht für Dolmetscher.** Erfordert die Vernehmung des Zeugen einen Dolmetscher oder Übersetzer, so bildet dessen Entschädigung einen Teil der Auslagen, die durch die Vernehmung des Zeugen erwachsen; die Vorauszahlungsanordnung wird diese also mit umfassen.[32]

§ 380 Folgen des Ausbleibens des Zeugen

(1) [1]Einem ordnungsgemäß geladenen Zeugen, der nicht erscheint, werden, ohne dass es eines Antrages bedarf, die durch das Ausbleiben verursachten Kosten auferlegt. [2]Zugleich wird gegen ihn ein Ordnungsgeld und für den Fall, dass dieses nicht beigetrieben werden kann, Ordnungshaft festgesetzt.

(2) Im Falle wiederholten Ausbleibens wird das Ordnungsmittel noch einmal festgesetzt; auch kann die zwangsweise Vorführung des Zeugen angeordnet werden.

(3) Gegen diese Beschlüsse findet die sofortige Beschwerde statt.

Schrifttum: *Bergerfurth,* Das Ausbleiben des Zeugen im Zivilprozeß, JZ 1971, 84; *Schmid,* Ordnungsmittel gegen einen nicht benötigten Zeugen? MDR 1980, 115; *Skupin,* Die Folgen beim Ausbleiben eines kindlichen oder jugendlichen Zeugen im Strafverfahren, MDR 1965, 865; *Winter,* Vollzug der Zivilhaft, 1987.

Übersicht

I. Normzweck

1 Gegen den ordnungsgemäß geladenen Zeugen, der seiner öffentlich-rechtlichen Pflicht, vor Gericht zu erscheinen, nicht nachkommt, wird ein Ordnungsmittel verhängt, und es werden ihm die durch sein Ausbleiben im Termin verursachten Kosten auferlegt. Im Wiederholungsfall kann der Zeuge auch vorgeführt werden. Die gesetzliche Androhung dieser Maßnahmen soll den Zeugen veranlassen, zum Beweisaufnahmetermin zu erscheinen. Rechtsstaatliche Gesichtspunkte gebieten es, dem Zeugen, aber auch den Parteien wegen ihrer durch das Ausbleiben des Zeugen verursachten Kosten, ein Rechtsmittel zu gewähren. Abs. 1 und 2 stimmen mit § 51 Abs. 1 StPO inhaltlich im Wesentlichen überein; indes ist nach § 51 Abs. 1 StPO die Anordnung der Vorführung schon nach dem ersten Ausbleiben möglich.

II. Abs. 1

2 **1. Voraussetzungen. a) Nichterscheinen.** Ein Zeuge ist nicht erschienen, wenn er zu dem Zeitpunkt, auf den er geladen ist, nicht dort anwesend ist, wohin er geladen ist. Sehr häufig wird er an die Gerichtsstelle geladen werden; der Zeuge hat aber auch dann zu erscheinen, wenn er an einen beliebigen Ort, zB den zur Einnahme des Augenscheins, geladen wird. Zur aktiven Mitwirkung beim Augenschein ist er indes nicht verpflichtet (s. § 373 Rn. 24). Auch ist es zuweilen zweckmäßig, Zeugen an einem dritten Ort, zB ein Rathaus, zu laden, wenn eine Vielzahl von Zeugen aus dem gleichen Ort, der nicht Gerichtsort ist, zu vernehmen sind. Der Zeuge muss

[32] *Oestreich/Winter/Hellstab* § 68 Rn. 6.

pünktlich sein, eine **Wartepflicht** des Gerichts von mehr als 5 bis 10 Minuten besteht nicht.[1] Der Zeuge muss – wenn er nicht vom Gericht um weiteres Zuwarten gebeten wird – längstens $^{3}/_{4}$ Stunde bis zu seiner Vernehmung warten;[2] entfernt er sich vorher, so wird er trotz ursprünglicher Pünktlichkeit als nichterschienen behandelt.[3] Erscheint der Zeuge verspätet, aber noch vor Verhängung des Ordnungsmittels gegen ihn, so soll dieses auch nicht mehr verhängt werden können;[4] dem ist nicht zuzustimmen, da die Frage, wann ein Ordnungsmittel verhängt wird, mit der Frage der **Verspätung** nichts zu tun hat.[5] Erscheint der Zeuge nach Verhängung eines Ordnungsmittels, so ist gem. § 381 zu verfahren.[6] Ist der Zeuge zwar rechtzeitig anwesend, befindet er sich aber schuldhaft in einem nicht vernehmungsfähigen Zustand, zB wegen **Trunkenheit** oder Rauschgift, so steht dies dem Nichterscheinen gleich.[7] Eine Ungebühr dem Gericht gegenüber (§ 178 GVG) liegt nicht vor.[8] Der Zeuge muss auch dann am Ladungsort erscheinen, wenn dieser von seinem Wohn- oder Aufenthaltsort weit entfernt ist; er kann in diesem Fall zwar bitten, durch einen ersuchten Richter vernommen zu werden (§ 362), ist er aber daraufhin nicht abbestellt worden, so besteht seine Erscheinenspflicht fort. § 380 ist auf den Zeugen, der nach § 377 Abs. 3 sich **schriftlich äußern** soll, nicht entsprechend anwendbar (s. Rn. 4). Wird der Termin zur Beweisaufnahme aufgehoben, so entfällt jedes Ordnungsmittel, da von einem „Nichterscheinen" keine Rede sein kann.[9] Der erschienene Zeuge muss anwesend bleiben bis er entlassen wird; bei eigenmächtiger vorheriger Entfernung ist der Zeuge als nicht-erschienen zu behandeln. Zur zwangsweisen Entfernung des Zeugen s. § 158.

b) Ordnungsmäßige Ladung. Anders als früher liegt heute eine ordnungsmäßige Ladung 3
eines Zeugen auch dann vor, wenn ihm diese nicht förmlich zugestellt, sondern formlos mit der Briefpost mitgeteilt ist (s. § 377 Abs. 1) und das Gericht also nur einen Vermerk über die Absendung der Ladung, aber keinerlei Beleg für den Zugang des Schreibens hat. Eine ordnungsgemäße Ladung setzt ferner voraus, dass diese inhaltlich dem § 377 Abs. 2 entspricht,[10] und zwar auch bei Zeugen, die gem. § 273 Abs. 2 Nr. 4 geladen werden.[11] Die Ladung muss an einen Zeugen gerichtet sein, der sich im **Inland** aufhält, mag dieser Deutscher oder Ausländer sein; auf den Wohnsitz kommt es nicht an (s. Rn. 4). Auch dann liegt eine ordnungsmäßige Ladung vor, wenn der Zeuge nach Kenntnis vom Termin dem Gericht gegenüber auf eine schriftliche Ladung verzichtet; einer erneuten (mündlichen) Mitteilung der Parteien, des Beweisthemas und der Folgen des Ausbleibens (§ 377 Abs. 2) bedarf es in diesem Fall nicht.[12] Da eine Ladungsfrist – anders als für Parteien (§ 217) – nicht vorgeschrieben ist, obliegt es dem Gericht zu beurteilen, ob dem Zeugen das Erscheinen zugemutet werden konnte, ob er **„rechtzeitig"** (s. § 381 Abs. 1) geladen war.[13] Der Zeuge wie auch sein Arbeitgeber müssen sich auf den Termin einstellen können. Ggf. muss dem Zeugen auch noch Zeit verbleiben, einen Reisekostenvorschuss (§ 3 JVEG) zu beantragen. § 357 Abs. 2 S. 2 kann für den Zeitpunkt des Erhalts der Ladung entsprechend angewandt werden.[14] Die Ladung muss das Beweisthema enthalten.[15]

c) Ausnahmen von der Pflicht zum Erscheinen bestehen nach §§ 375 Abs. 2, 382, 386 4
Abs. 3 kraft Gesetzes. Zu dem Fall, dass der Zeuge sich zu Unrecht auf die Ausnahme nach § 386 Abs. 3 beruft, s. § 386 Rn. 7. Die Möglichkeit einer Befreiung von der Erscheinenspflicht ist in

---

[1] *Löwe/Rosenberg/Dahs* § 51 StPO Rn. 5; aA OLG Bremen JurBüro 1979, 1898 wenn der Zeuge noch während des Termins erscheint, da es ein Ordnungsmittel wegen Unpünktlichkeit nicht gibt; ähnlich VGH Mannheim Justiz 1980, 162.

[2] Vgl. OLG Köln JR 1969, 264: $1^{1}/_{2}$stündiges Warten; *Schneider* MDR 1998, 1207: 1 Std.

[3] RG JW 1901, 37; OLG Köln JR 1969, 264; *Bergerfurth* JZ 1971, 84, 85.

[4] *Löwe/Rosenberg/Dahs* § 51 StPO Rn. 5; *Wieczorek* Anm. A II b 1.

[5] KG GoltdArch. 69 (1925), 230; KK-StPO/*Pelchen* § 51 Rn. 3; aA *Schneider* MDR 1998, 1205.

[6] OLG Bremen JurBüro 1979, 1898.

[7] *Kaiser* NJW 1968, 185, 188; *Bergerfurth* JZ 1971, 84, 85; *Wieczorek* Anm. A II b 2; *Löwe/Rosenberg/Dahs* § 51 StPO Rn. 5; BGHSt 23, 331, 334 = NJW 1970, 2253 für betrunkenen Angeklagten; obiter dictum für alle an der Verhandlung Beteiligten; Bedenken bei OLG Königsberg JW 1930, 2598 wegen des Strafcharakters, der einer entsprechenden Anwendung entgegenstehen könnte.

[8] *Michel* MDR 1992, 544; aA *Kaiser* NJW 1968, 188.

[9] *Wieczorek* Anm. 4 II; *Bergerfurth* JZ 1971, 84, 86.

[10] OLG Frankfurt MDR 1979, 236; KG NJW 1976, 719 (Angabe über den Gegenstand der Vernehmung fehlte); OLG Koblenz VersR 1974, 1230 (falsche bzw. unvollständige Belehrung).

[11] OLG Celle OLGZ 1977, 366.

[12] AA OLG Hamm NJW 1957, 1330.

[13] OLG Posen SeuffA 65 (1910) Nr. 150 = OLG Rspr. 23, 180; *Bergerfurth* JZ 1971, 84, 85.

[14] *Baumbach/Lauterbach/Hartmann* Rn. 4.

[15] OLG Celle OLGZ 1994, 286.

§ 377 Abs. 3 vorgesehen. Die Pflicht zum Erscheinen besteht auch dann nicht, wenn die als Zeuge geladene Person nicht (mehr) als Zeuge vernommen werden kann, weil sie als Partei zu vernehmen ist.[16] Die Erscheinenspflicht für einen Ausländer, der ordnungsmäßig geladen ist, entfällt nicht dadurch, dass er sich zum Zeitpunkt des Termins nicht mehr im Inland aufhält.[17] Äußert der um schriftliche Beantwortung der Beweisfrage gebetene Zeuge sich nicht, so ist er zum Termin zu laden; die Verhängung eines Ordnungsmittels scheidet aus (s. § 377 Rn. 15). Die Festsetzung eines Ordnungsmittels sowie die Auferlegung der Kosten entfallen, wenn der Zeuge sich rechtzeitig genügend entschuldigt (§ 381). Dass der Zeuge noch keine Aussagegenehmigung hat (§ 376), befreit ihn nicht von seiner Pflicht zu erscheinen.[18] **Sicheres Geleit** kann dem Zeugen auch im Zivilprozess analog. § 295 StPO gewährt werden[19]

5 **2. Rechtsfolgen. a) Pflicht, dem Zeugen die Kosten aufzuerlegen.** Das Gericht hat die Pflicht, dem Zeugen die Kosten aufzuerlegen, die durch sein Ausbleiben verursacht sind; darauf hat jede der Parteien einen Rechtsanspruch.[20] Dafür genügt der Vermerk über die Absendung der Ladung, ein Nachweis des Zugangs der Ladung ist nicht erforderlich. Auch ist gegen den nichterschienenen Zeugen ein **Ordnungsgeld** festzusetzen. Die nahe liegende Möglichkeit, dass der Zeuge sein Ausbleiben nachträglich entschuldigen wird (§ 381), rechtfertigt es nicht, von den durch § 380 gebotenen Entscheidungen Abstand zu nehmen; sie müssen spätestens zugleich mit der Entscheidung in der Hauptsache ergehen.[21] Ob das Ausbleiben des Zeugen für das Verfahren nachteilig ist oder nicht, darauf kommt es nicht an,[22] ausgenommen, der Termin war aufgehoben (s. Rn. 1). Auch die Partei, die den Zeugen benannt hat, kann das Gericht von seiner Pflicht, ein Ordnungsgeld festzusetzen, nicht befreien, auch nicht dadurch, dass sie **auf den Zeugen verzichtet** (§ 399).[23] Aber § 153 Abs. 1 StPO und § 47 OWiG sind entsprechend anwendbar,[24] weil das Ordnungsmittel seinem Wesen nach Ordnungswidrigkeit ist (s. § 390 Rn. 8): nach pflichtgemäßem Ermessen kann von der Festsetzung abgesehen werden. Vom Ausspruch über die Kostenfolge kann nicht abgesehen werden, da insoweit eine gerichtliche Ermessensausübung zu Lasten einer der Parteien nicht vorgesehen ist (s. § 390 Rn. 8). Die Kosten des Rechtsstreits und damit auch die durch das Ausbleiben des Zeugen verursachten Kosten stehen zwar zur Disposition der Parteien; da aber nicht feststeht, welche Partei die Kosten endgültig zu tragen hat, können nur beide Parteien gemeinsam das Gericht von der Pflicht, sie dem Zeugen auferlegen, entbinden.[25]

6 **b) Kostenfestsetzung.** Ebensowenig wie bei anderen Kostenentscheidungen sind diese **Kosten** in dem hier behandelten Beschluss **zu beziffern;** das Gericht prüft nicht einmal, ob durch das Ausbleiben besondere Kosten entstanden sind. Dies zu prüfen ist Platz im Verfahren zur Festsetzung der Kosten gegen den Zeugen gem. §§ 103, 104. In diesem Verfahren besteht auch die Möglichkeit der Kostenerinnerung und der anschließenden sofortigen Beschwerde (§ 104 Abs. 3), wenn die Voraussetzungen des § 567 Abs. 2 erfüllt sind. Die Vollstreckbarkeit der **Kostenfestsetzung** folgt aus § 794 Abs. 1 Nr. 2. Zu den Kosten des Ausbleibens des Zeugen zählen alle Kosten, die durch eine neuerliche Ladung des Zeugen und durch einen neuen Termin zu seiner Vernehmung erforderlich werden. Da im Kostenwesen nach Gebühren abgerechnet wird und durch einen neuen Termin weder neue Gerichts- noch neue Anwaltsgebühren entstehen,[26] kommen faktisch auf den Zeugen nur besondere Auslagen zu, zB Reisekosten der Parteien oder anderer Zeugen, die zum Zwecke der Gegenüberstellung (§ 394) noch einmal anreisen müssen, oder durch Reisekosten des Gerichts. Die Kostenfestsetzung gegen den Zeugen geschieht auf Betreiben der Partei, der zusätzliche Kosten oder Auslagen entstanden sind. Erst wenn die Uneinbringlichkeit dieser Kosten beim Zeugen glaubhaft gemacht ist, zB durch eine Pfandlosbescheinigung des Gerichtsvollziehers, können die Kosten gegen die in der Hauptsache unterlegene Partei festgesetzt werden; dieses Gesuch

---

[16] OLG Kalrsruhe FamRZ 1973, 104; *Bergerfurth* JZ 1971, 84.

[17] LG Göttingen JW 1930, 3833; aA OLG Hamburg MDR 1967, 686.

[18] *Wieczorek* Anm. A II c 1.

[19] BGH NJW 1991, 2500, 2501.

[20] BayVerfGE 18 II 134, 138 = JR 1966, 195, 197.

[21] BGHSt 10, 126 = NJW 1957, 550; dazu *Werny* NJW 1982, 2170.

[22] OLG Frankfurt OLGZ 1983, 458; OLG Frankfurt NJW 1957, 1725; *Schmid* MDR 1980, 115; *Bergerfurth* JZ 1971, 84, 86; aA OLG Frankfurt NJW 1972, 2093; *Thomas/Putzo/Reichold* Rn. 4; *Wieczorek* Anm. A II a.

[23] OLG Frankfurt OLGZ 1983, 458; aA *Wieczorek* Anm. A II a; *Musielak/Huber* Rn. 4.

[24] OLG Hamm JMBlNRW 1971, 282; ebenso das strafprozessuale Schrifttum und die Rechtsprechung vgl. *Löwe/Rosenberg/Dahs* § 51 StPO Rn. 20; *Grüneberg* MDR 1992, 325; aA OLG Frankfurt OLGZ 1983, 458; OLG Frankfurt NJW 1972, 2093.

[25] OLG Dresden SächsArch. 2 (1907), 89; aA *Bergerfurth* JZ 1971, 84, 86: auch vom Ordnungsmittel Entbindung möglich.

[26] AA wohl nur *Hahn* AnwBl. 1976, 122.

um Festsetzung muss von der obsiegenden Partei mit der Erklärung der Abtretung des Anspruchs der obsiegenden an die unterlegenen Gegner verbunden werden.[27]

7 **c) Ordnungsgeld.** Das Ordnungsgeld beträgt gem. Art. 6 Abs. 1 EGStGB mindestens Euro 5.–, höchstens Euro 1000.–; die für den Fall der Nichtbeitreibbarkeit festzusetzende Ordnungshaft ist nach Tagen zu berechnen und beträgt mindestens 1, höchstens 6 Wochen (Art. 6 Abs. 2 EGStGB). Bei der Festsetzung der Höhe kann das Gericht den erklärten oder mutmaßlichen Grund der Pflichtverletzung, die Bedeutung der Aussage für den Prozess[28] und die persönlichen und wirtschaftlichen Verhältnisse des Zeugen berücksichtigen.[29] Die **Vollstreckung** erfolgt von Amts wegen nach § 1 JBeitrO (vgl. § 890 Rn. 24).

8 **d) Verfahren.** Die **Parteien** sind vom Unterbleiben einer Verurteilung des Zeugen in die Kosten, die durch sein Ausbleiben verursacht sind, betroffen; deshalb hat das Gericht ihnen vor seiner Entscheidung **rechtliches Gehör** zu gewähren.[30] Verlangt der Zeuge die Geheimhaltung des vorgelegten Attestes, so geht dieses Verlangen analog § 117 Abs. 2 S. 2 dem rechtlichen Gehör der Parteien vor.[31] Durch **Beschluss** ist sowohl über die Verhängung des **Ordnungsmittels** wie auch über die Auferlegung der **Kosten** zu entscheiden – bei freigestellter mündlicher Verhandlung (§ 128). Wird die Entscheidung über die Auferlegung der Kosten nicht getroffen, so kann jede der Parteien des Rechtsstreits dies beantragen (s. Rn. 5); solange nicht feststeht, welche der beiden Parteien im Rechtsstreit obsiegt, ist nämlich jede Partei durch das Unterlassen des Gerichts beschwert. Wird versäumt, ersatzweise für das Ordnungsgeld Ordnungshaft festzusetzen, so ist gem. Art. 8 EGStGB vorzugehen. Der Beschluss über Ordnungsmittel und Kostenauferlegung ist zu verkünden, wenn eine mündliche Verhandlung stattgefunden hat (§ 329 Abs. 1). Sonst ist der Beschluss dem Zeugen förmlich zuzustellen, weil die Vollstreckung des Ordnungsmittels daraus erfolgt (§ 329 Abs. 3); den Parteien ist der Beschluss formlos mitzuteilen (§ 329 Abs. 2).

9 Durch **Beschluss** ist der Antrag jeder der Parteien, den Zeugen in die Kosten des Ausbleibens zu verurteilen,[32] zurückzuweisen, zB, weil das Gericht die vom Zeugen mitgeteilte Entschuldigung als rechtzeitig und genügend ansieht (s. Rn. 4 und § 381).

III. Abs. 2 (Wiederholtes Ausbleiben)

10 Beim zweiten Ausbleiben des Zeugen muss nochmals ein Ordnungsgeld festgesetzt werden. Die Höhe dieses Ordnungsgeldes muss nicht die gleiche sein wie bei der ersten Festsetzung; ersatzweise ist Ordnungshaft anzuordnen. Es steht im Ermessen des Gerichts, zugleich für den neuen Termin zur Vernehmung des Zeugen dessen zwangsweise **Vorführung** anzuordnen. Dass beim ersten Ausbleiben ein Ordnungsgeld festgesetzt worden wäre, wird dabei nicht vorausgesetzt; ebenso wenig hängt die Anordnung der Vorführung davon ab, dass wegen des ersten Ordnungsgeldes schon eine Beitreibung versucht wurde. Das kann äußerstenfalls dazu führen, dass ein Zeuge vorgeführt wird, der weder die erste noch die zweite Ladung erhalten hat.[33] Die durch das zweite Ausbleiben verursachten Kosten werden in Abs. 2 nicht erwähnt; sie sind vielmehr gem. Abs. 1 wiederum dem Zeugen aufzuerlegen. Beim dritten und jedem weiteren Ausbleiben kann nur dann erneut ein Ordnungsmittel festgesetzt werden, wenn – fälschlich – beim ersten oder zweiten Ausbleiben ein solches Ordnungsmittel nicht festgesetzt worden war.[34] Die gegenteilige Ansicht,[35] die mit der Entstehungsgeschichte argumentiert und eine mehrfache Wiederholung des Ordnungsmittels für zulässig hält, erachtet zu gering, dass es sich um eine Ordnungswidrigkeit handelt und unter Rücksicht auf § 1 StGB, § 3 OWiG eine am Wortlaut orientierte Sinnauslegung geboten ist. Zudem lässt der im Grundsatz strengere § 51 Abs. 1 StPO (vgl. Rn. 1) ausdrücklich nur die zweimalige Festsetzung von Ordnungsmitteln zu. Die zwangsweise Vorführung darf mehrfach angeordnet werden;[36] in die

---

[27] OLG München NJW 1968, 1727 (LS).

[28] BDH NJW 1960, 550.

[29] LG Mannheim WuM 1967, 123; *Bergerfurth* JZ 1971, 84, 86; aA LAG Schleswig-Holstein JurBüro 1976, 113 m. Anm. *Schallhorn:* im Regelfall DM 100.–.

[30] BayVerfGH 18 II 134, 138 = JR 1966, 195, 197; *Waldner,* Aktuelle Probleme des rechtlichen Gehörs im Zivilprozeß, Diss. Erlangen 1983, S. 185; vgl. OLG Dresden SächsArchR 2 (1907), 89.

[31] OLG München MDR 2000, 413; vgl. BVerfG NJW 1991, 2078.

[32] Vgl. RG SeuffA 46 (1890) Nr. 144.

[33] Das war auch zu Zeiten, als die Ladung noch zugestellt wurde, nicht anders; daher abzulehnen die Ansicht (*Bergerfurth* JZ 1971, 84, 86 Fn. 58), der erste Ordnungsstrafen-Beschluß müsse zugestellt sein, bevor die Vorführung angeordnet wird.

[34] OLG Celle OLGZ 1975, 372; OLG Karlsruhe NJW 1967, 2166; *Wieczorek* Anm. B II b 1.

[35] KG NJW 1960, 1726 = MDR 1960, 768.

[36] Vgl. OLG Köln MDR 2001, 109.

durch das Ausbleiben verursachten Kosten ist stets erneut zu verurteilen. Die Vorführung darf aber nur einmal erfolgen; das Unterbleiben einer Aussage regelt sich sodann nach § 390. Die Kosten der Vorführung sind Kosten des Ausbleibens.

IV. Abs. 3

11 **1. Rechtsmittel des Zeugen.** Dem Zeugen steht gegen den Beschluss die **sofortige Beschwerde** zu; ein Anwaltszwang besteht dafür in keinem Fall (§ 78). § 567 Abs. 2 (das Erfordernis einer Beschwerdesumme) ist unanwendbar, soweit sich der Zeuge gegen die Festsetzung eines Ordnungsmittels, zB dessen Höhe, wendet; soweit er sich hingegen gegen die Auferlegung der durch sein Ausbleiben verursachten Kosten wendet, handelt es sich um eine Kostenentscheidung, sodass dann die Beschwerdesumme erreicht sein muss. Zur Beschwerde gegen die Festsetzung der Kosten s. Rn. 6. Mit dem Rechtsmittel der sofortigen Beschwerde kann der Zeuge rügen, dass die Voraussetzungen für den Beschluss nach § 380 nicht vorlagen oder dass das Ordnungsgeld unangemessen hoch sei. Wegen des auch hier geltenden **Verschlechterungsverbots** ist eine Verschärfung des Ordnungsmittels in der Beschwerdeinstanz unzulässig (§§ 331, 358 Abs. 2 StPO entsprechend).[37] Die Beschwerde hat aufschiebende Wirkung (§ 570 Abs. 1). Für den Fall, dass der beauftragte oder **ersuchte Richter** entschieden hat, ist die sofortige Beschwerde als befristete Erinnerung mit dem Ziel der Entscheidung des Prozessgerichts anzusehen (§ 573),[38] die ihrerseits mit der sofortigen Beschwerde anfechtbar ist (§ 573 Abs. 2). Auch Entscheidungen der Landgerichte im Berufungsverfahren sind beschwerdefähig, nicht aber Entscheidungen der Oberlandesgerichte (§ 567).

12 **2. Rechtsmittel der Parteien.** Jede Partei kann eine sofortige Beschwerde darauf stützen, dass die Verurteilung des Zeugen in die durch sein Ausbleiben verursachten Kosten zurückgewiesen wurde (s. Rn. 9), zB im Hinblick auf eine rechtzeitige genügende Entschuldigung. Jede Partei kann auch sofortige Beschwerde einlegen, wenn das Prozessgericht seinen Beschluss, dem Zeugen die Kosten aufzuerlegen, gemäß § 381 Abs. 1 S. 3 aufhebt. Bleibt das Prozessgericht trotz des Antrags einer Partei, dem Zeugen die Kosten aufzuerlegen, untätig, so ist ihr auch ein Beschwerderecht zuzubilligen.[39] Das Unterbleiben der Verhängung eines Ordnungsmittels kann von keiner Partei angegriffen werden, weil sie dadurch nicht beschwert ist (s. Rn. 5). Die Verhängung eines Ordnungsmittels ist auch im Beschwerdeverfahren nicht (mehr) zulässig, da solches gegen den Grundsatz des Verschlechterungsverbotes verstoßen.[40] Für die Parteien besteht ggf. Anwaltszwang gem. § 78, wenn sie im Anwaltsprozess eingelegt wird.

13 **3. Die Kosten des Beschwerdeverfahrens.** Die Kosten einer **erfolgreichen Beschwerde** des Zeugen, zB auch der Anwaltskosten des Zeugen im Beschwerdeverfahren,[41] sind entsprechend § 46 OWiG, § 467 StPO der Staatskasse aufzuerlegen.[42] Nach anderer Ansicht[43] sind sie als notwendige Auslagen gem. §§ 7, 8 JVEG dem Zeugen zu erstatten, mit der Folge, dass die Partei, die im Rechtsstreit unterliegt, sie letztendlich zu tragen hat. Dem steht entgegen, dass keine Partei fehlerhaft gehandelt hat. Einer Kostenentscheidung im Beschwerdeverfahren bedarf es zur Klarstellung.[44] Für eine **erfolglose Beschwerde** wird eine Gerichtsgebühr gem. GKG Kostenverzeichnis Nr. 1811 erhoben. Der Rechtsanwalt erhält in diesem Falle eine $^{5}/_{10}$ Gebühr (RVG Vergütungsverzeichnis Nr. 3500). Daher muss auch im Falle einer erfolglosen Beschwerde die Entscheidung über die Kostenlast ergehen. Die Gebühren des Gerichtsvollziehers für die Vorführung regeln sich nach § 26 GVKostG; dessen Gebühren und Auslagen gelten als Kosten des gerichtlichen Verfahrens, die zu tragen vom Gericht angeordnet ist (§ 3 Abs. 3 GVKostG), sind also dem ausgebliebenen Zeugen aufzuerlegen (vgl. Rn. 6).

---

37 OLG Hamm MDR 1960, 946; *Löwe/Rosenberg/Dahs* § 51 StPO Rn. 29.

38 Vgl. BFH BStBl. 1974 II S. 660; *Bergerfurth* JZ 1971, 84, 87; *Wieczorek* Anm. B III; aA LG Frankenthal NJW 1961, 1363.

39 RG SeuffA 46 (1890) Nr. 144; *Wieczorek* Anm. B III; aA KG OLG Rspr. 25, 107.

40 OLG Dresden SächsArch. 2 (1907), 89.

41 Vgl. OLG Hamburg MDR 1971, 685; LG Mainz Rpfleger 1974, 74; LG Heidelberg Justiz 1965, 312; LG Gießen MDR 1981, 959 m. Anm. *Herfurth.*

42 BFH BStBl. 1986 II S. 270; OLG Braunschweig NdsRpfl. 1977, 232; OLG Hamm MDR 1980, 322; OLG Koblenz NJW 1967, 1240; OLG Bamberg MDR 1982, 585.

43 OLG Düsseldorf MDR 1985, 60; OLG Karlsruhe Justiz 1977, 97; OLG Celle JurBüro 1982, 1089; LAG Frankfurt MDR 1982, 612; OLG Frankfurt MDR 1984, 322 = Rpfleger 1984, 106; OLG Zweibrücken MDR 1996, 533.

44 AA diejenigen, die §§ 7, 8 JVEG (entsprechend § 11 ZSEG aF) anwenden.

V. Besonderheiten

1. Soldaten der Bundeswehr. Diese werden ebenso wie Zivilpersonen vom Gerichtsvollzieher vorgeführt (s. § 377 Rn. 22). 14

2. Angehörige der Nato-Streitkräfte. Diese und ihr ziviles Gefolge werden nicht vom Gerichtsvollzieher vorgeführt; es tragen vielmehr die entsprechenden Militärbehörden für das Erscheinen der Zeugen Sorge (s. § 377 Rn. 23). Gegen **Diplomaten** und **Konsuln** als Zeugen darf kein Zwang ausgeübt werden (s. § 377 Rn. 20 u. 21). 15

3. Minderjährige Zeugen. Wenn diese ausbleiben, können sie nicht mit einem Ordnungsmittel belegt werden, wenn sie nach § 19 StGB strafunmündig sind (unter 14 Jahre).[45] Deren gesetzlicher Vertreter kann nicht mit einem Ordnungsmittel belegt werden, weil dafür eine gesetzliche Grundlage fehlt.[46] Das gilt entsprechend auch für die durch das Ausbleiben verursachten Kosten.[47] Hingegen ist die Vorführung gem. Abs. 2 möglich, weil sie nicht die Ahndung eines Gesetzesbefehls darstellt.[48] Zuvor bietet es sich in aller Regel an, das Vormundschaftsgericht zum Tätigwerden im Hinblick auf die Eltern des Minderjährigen auf der Grundlage von § 1666 BGB zu bewegen.[49] In Betracht kommen: Ermahnung; Gebot, das Kind zum Gerichtstermin zu bringen; Anordnung von Zwangsgeld gem. § 33 FGG; Entzug des Aufenthaltsbestimmungsrecht. Vom 14. Lebensjahr an kann gegen den Minderjährigen ein Ordnungsmittel verhängt[50] und er auch in die durch sein Ausbleiben verursachten Kosten verurteilt werden.[51] Erweist sich, dass die Eltern den Jugendlichen von der Pflicht zum Erscheinen abhalten, so ist der Jugendliche entschuldigt (§ 381), gegen die Eltern sind die vormundschaftsgerichtlichen Maßnahmen zu ergreifen. Der Jugendliche kann selbstständig Beschwerde einlegen.[52] 16

4. Zwangsmaßnahmen bei Zeugenvernehmungen im Rechtshilfeverkehr. Bei Zeugenvernehmungen in der Bundesrepublik Deutschland im Wege der Rechtshilfe für ausländische Gerichte bietet die ZPO keine Handhabe zu Zwangsmaßnahmen (s. § 83 Abs. 1 S. 2 ZRHO); diese können sich aber aus völkerrechtlichen Verträgen und Übereinkommen ergeben.[53] 17

§ 381 Genügende Entschuldigung des Ausbleibens

(1) ¹Die Auferlegung der Kosten und die Festsetzung eines Ordnungsmittels unterbleiben, wenn das Ausbleiben des Zeugen rechtzeitig genügend entschuldigt wird. ²Erfolgt die Entschuldigung nach Satz 1 nicht rechtzeitig, so unterbleiben die Auferlegung der Kosten und die Festsetzung eines Ordnungsmittels nur dann, wenn glaubhaft gemacht wird, dass den Zeugen an der Verspätung der Entschuldigung kein Verschulden trifft. ³Erfolgt die genügende Entschuldigung oder die Glaubhaftmachung nachträglich, so werden die getroffenen Anordnungen unter den Voraussetzungen des Satzes 2 aufgehoben.

(2) Die Anzeigen und Gesuche des Zeugen können schriftlich oder zum Protokoll der Geschäftsstelle oder mündlich in dem zur Vernehmung bestimmten neuen Termin angebracht werden.

Schrifttum: *Bergerfurth,* Das Ausbleiben des Zeugen im Zivilprozeß, JZ 1971, 84; *Schmid,* Ordnungsmittel gegen einen nicht benötigten Zeugen? MDR 1980, 115; *Skupin,* Die Folgen beim Ausbleiben eines kindlichen oder jugendlichen Zeugen im Strafverfahren, MDR 1965, 865.

I. Normzweck

Abs. 1 stimmt nunmehr mit § 51 Abs. 2 StPO überein. Der Zeuge ist gehalten, sich rechtzeitig zu entschuldigen, wenn ihm dies möglich ist. So soll sichergestellt werden, dass das Gericht noch 1

---

[45] Heute hM; *Skupin* MDR 1965, 865; *Bosch,* Grundsatzfragen des Beweisrechts, 1963, S. 46; aA OLG Hamm NJW 1965, 1613.

[46] OLG Hamm NJW 1965, 1613; LG Bremen NJW 1970, 1429, 1430.

[47] *Löwe/Rosenberg/Dahs* § 51 StPO Rn. 4; OLG Hamm NJW 1965, 1613.

[48] OLG Düsseldorf FamRZ 1973, 547; KK-StPO/*Pelchen* § 51 Rn. 22; aA *Skupin* MDR 1965, 865.

[49] *Skupin* MDR 1965, 865, 868; *Löwe/Rosenberg/Dahs* § 51 StPO Rn. 4.

[50] *Stein/Jonas/Berger* Rn. 20; KK-StPO/*Pelchen* § 51 Rn. 22; *Skupin* MDR 1965, 865, 868 aA *Wieczorek* Anm. A I.

[51] *Skupin* MDR 1965, 865, 868; *Stein/Jonas/Berger* Rn. 20.

[52] LAG Nürnberg MDR 1999, 1342.

[53] *Geimer* Rn. 2017.

den Termin verlegen kann, um dadurch unnötige Kosten und Zeit zu ersparen. Gem. § 380 werden gegen den ausgebliebenen Zeugen, der sich nicht, nicht rechtzeitig oder nicht genügend entschuldigt, Ordnungsmittel festgesetzt und ihm die durch sein Ausbleiben verursachten Kosten auferlegt. § 381 eröffnet dem Zeugen aber die Möglichkeit, sein Ausbleiben ebenso wie die verspätete Nachricht hiervon nachträglich zu entschuldigen und damit die Aufhebung des Beschlusses über Ordnungsmittel und Kostenfolge nach § 380 zu erreichen.

II. Abs. 1

2 **1. Satz 1 (Genügende Entschuldigung). a) Grundsatz.** Entschuldbar kann das Ausbleiben des Zeugen trotz rechtzeitigen Zugangs der Ladung sein, wenn dieser von der Ladung keine Kenntnis hatte: zB Unkenntnis durch Ersatzzustellung; Abwesenheit vom Wohnort, da den Zeugen – jedenfalls bei Abwesenheit bis zu etwa 6 Wochen – keine Pflicht trifft, sich Post nachsenden zu lassen;[1] etwas anderes gilt dann, wenn der Zeuge Anlass hatte, mit seiner Ladung zu rechnen oder wenn er sich nur selten an seinem Wohnsitz aufhält.[2]

3 **b) Irrtum über Erscheinenspflicht.** Entschuldbar ist das Ausbleiben des Zeugen trotz Kenntnis von der Ladung bei entschuldbarem Irrtum über die Erscheinenspflicht: falsche Auskunft eines Rechtsanwalts oder seines Personals über die Erscheinenspflicht;[3] Schweigen des Gerichts auf die rechtzeitige Anzeige des Zeugen von seiner Verhinderung, die aber nicht ausreichend ist;[4] der Irrtum, wegen eines Zeugnisverweigerungsrechts nicht erscheinen zu müssen, ist meist ein vermeidbarer Irrtum und entschuldigt dann nicht.[5]

4 **c) Berufliche und private Verpflichtungen.** Die Zeugnispflicht geht grundsätzlich beruflichen und privaten Verpflichtungen vor.[6] Eine Ausnahme besteht dort, wo die Befolgung der Ladung unzumutbare Nachteile für den Zeugen mit sich bringt:[7] Die Verlegung des Urlaubs ist unzumutbar, wenn damit ein erheblicher Verlust von Ferientagen oder nennenswerte finanzielle Nachteile verbunden sind, weil diese finanziellen Belastungen nicht nach dem ZVEG ausgeglichen werden;[8] eine Unterbrechung des Urlaubs ist zumutbar, wenn die Entfernung zur Ladungsstelle nicht groß ist; unzumutbar ist das Erscheinen bei einem terminlich gebundenen Geschäftsabschluss;[9] unzumutbar ist dem Zeugen ein Erscheinen an einem religiösen Feiertag seiner Glaubensgemeinschaft.

5 **d) Unvorhersehbare Verhinderungen.** Unvorhersehbare Verhinderungen entschuldigen den Zeugen: Krankheit, Unfall, Streik; nicht aber die erfolglose Suche nach einem Parkplatz;[10] der Zeuge muss geringere Verzögerungen bei öffentlichen wie bei privaten Verkehrsmitteln von vornherein einkalkulieren,.[11] Nicht aber erhebliche, unvorhersehbare Staus.[12]

6 **e) Keine Entschuldigungsgründe.** Keine Entschuldigungsgründe sind: Vergessen des Termins;[13] Irrtum über den Terminstag;[14] ausnahmsweise gilt dann etwas anderes, wenn für das Vergessen eine schwere Krankheit oder der Tod naher Angehöriger oder sonstige außerordentlich wichtige Ereignisse maßgeblich sind;[15] bloße Arbeitsunfähigkeit, die nicht mit Reise- und Ver-

---

[1] KG Recht 1928 Nr. 464; *Wieczorek* Anm. A II a; *Löwe/Rosenberg/Dahs* § 51 StPO Rn. 11.

[2] OLG Düsseldorf NJW 1980, 2721; *Löwe/Rosenberg/Dahs* § 51 StPO Rn. 11; *Molketin* DRiZ 1981, 385; aA *Schmid* NJW 1981, 858, 859.

[3] OLG Bamberg MDR 1982, 585; OLG Stuttgart Justiz 1973, 180; OLG Oldenburg MDR 1976, 336; *Löwe/Rosenberg/Dahs* § 51 StPO Rn. 12; aA KG OLG Rspr. 20, 322: Pflicht zur Rückfrage beim Gericht.

[4] KG SeuffA 56 (1901) Nr. 18; *Löwe/Rosenberg/Dahs* § 51 StPO Rn. 12.

[5] *Molketin* DRiZ 1981, 385, 386; *Löwe/Rosenberg/Dahs* § 51 StPO Rn. 12.

[6] RG JW 1901, 37: Rechtsanwalt, der als Zeuge vernommen werden soll, muß für eigene Verhandlungstermine einen Vertreter beauftragen; anders in ähnlich gelagerten Fällen BFH DB 1981, 924; BFH NJW 1975, 1248; OLG Hamm MDR 1974, 330: Angst vor Partei/Angeklagten entschuldigt nicht; LAG Bremen DB 1958, 1332: kaum aufschiebbare Abladearbeiten bei Fernfahrern entschuldigen.

[7] OLG Posen SeuffA 65 (1910) Nr. 156: sofortige Unterbrechung einer begonnenen Geschäftsreise; OLG Bamberg SeuffA 70 (1915) Nr. 117: Ladung an einen entfernten Ort einen Tag vor dem Termin; *Löwe/Rosenberg/Dahs* § 51 StPO Rn. 13.

[8] OLG Koblenz VRS 70 (1986), 150, 152; *Löwe/Rosenberg/Dahs* § 51 StPO Rn. 13.

[9] KG JR 1971, 338 m. Anm. *Peters* (wichtige politische Gespräche).

[10] *Molketin* DRiZ 1981, 385, 386.

[11] OLG Schleswig MDR 1978, 323.

[12] Vgl. Berliner VerfGH NJW-RR 2000, 1451.

[13] OLG Karlsruhe Justiz 1986, 411.

[14] OLG München NJW 1957, 306.

[15] Vgl. BFH DB 1977, 2312.

handlungsunfähigkeit verbunden ist, entschuldigt nicht;[16] ebenso wenig der Verzicht auf den Zeugen (s. § 380 Rn. 5) und die Erübrigung der Vernehmung (s. § 380 Rn. 5).

7 **f) Rechts- oder Ermessensfrage.** Die Frage, ob eine Entschuldigung genügend ist, ist eine Rechtsfrage und keine Ermessensfrage.[17] Praktische Unterschiede können sich aus dem Meinungsstreit nicht ergeben, da das Beschwerdegericht gegebenenfalls eigenes Ermessen auszuüben hat. Bei **geringfügigem Verschulden** kann das Gericht analog § 47 OWiG vom Ordnungsmittel absehen, nicht aber vom Ausspruch hinsichtlich der Kosten, die das Ausbleiben des Zeugen verursacht hat (s. § 380 Rn. 5, § 390 Rn. 8).

8 **g) Glaubhaftmachen der Entschuldigungsgründe.** Dass der Zeuge die Entschuldigungsgründe glaubhaft machen muss, sagt das Gesetz nicht. Daher könnte man auch vollen Beweis der Zeugen der Gründe vom Zeugen verlangen. Das würde aber in einem gewissen Widerspruch zu Satz 2 stehen, weil für die Schuldlosigkeit an der Verspätung der Entschuldigung – wohl im Hinblick auf die Formlosigkeit der Ladung – nach Satz 2 nur die Glaubhaftmachung verlangt wird. Ein voller Beweis kann daher wohl auch nicht für die Entschuldigungsgründe gefordert werden.[18] Zur eidesstattlichen Versicherung (§ 294) ist der Zeuge zugelassen.

9 **2. Satz 1 (Rechtzeitigkeit der Entschuldigung).** § 381 verlangt die vorherige rechtzeitige Entschuldigung, umso ein „Platzen" des Termins zu vermeiden und unnötige Kosten ersparen. War also dem Zeugen eine vorherige Mitteilung seines Ausbleibens möglich und hat er sie schuldhaft unterlassen oder so spät übermittelt, dass der Termin „platzt", so ergehen auch dann die Anordnungen nach § 380, wenn der Grund für sein Ausbleiben selbst entschuldbar ist. Da der Zeuge den Gerichtsgang und die näheren Umstände seiner geplanten Vernehmung in aller Regel nicht kennen kann, ist Satz 1 dahin zu verstehen, dass der Zeuge unverzüglich nach dem Erkennen seiner Verhinderung diese dem Gericht mitteilt. Rechtzeitig ist eine unverzügliche Entschuldigung. Kennt der Zeuge die Verhinderung schon einige Zeit vor dem Termin, so ist er nicht entschuldigt, wenn er diese erst nach dem Termin mitteilt.[19] Der Zeuge entschuldigt sich also nicht rechtzeitig, wenn er nach dem Erkennen seiner Verhinderung noch ohne triftigen Grund einige Zeit zuwartet und eine Stunde vor der Verhandlung per e-mail seine Verhinderung mitteilt. Ist dann die Entschuldigung (zufällig) noch zeitig genug, kommt dieser Umstand freilich dem Zeugen zugute.

10 **3. Satz 2 (Glaubhaftmachen der unverschuldeten Verspätung der Entschuldigung).** Ist die genügende Entschuldigung des Zeugen nicht rechtzeitig erfolgt, so obliegt es gem. Abs. 1 S. 2 dem Zeugen, seine Verspätung zu entschuldigen, damit keine Anordnung nach § 380 gegen ihn ergeht. Es geht bei § 381 nicht um die Entschuldigung für eine Ordnungswidrigkeit,[20] weil kein Bußgeld verhängt wird, sodass eine Pflicht zu Lasten des Zeugen, seine Schuldlosigkeit durch Nachweis der unverzüglichen Mitteilung seiner Verhinderung zu beweisen, nicht aus ordnungswidrigkeits- oder aus strafrechtlicher Sicht **zu beanstanden ist**. Behauptet der Zeuge, die Ladung erst kurz vor dem Absenden der Entschuldigung erhalten zu haben, also selbst unverzüglich gehandelt zu haben, so muss er dies – zB durch eidesstattliche Versicherung – glaubhaft machen; es obliegt nicht dem Gericht, ihm den früheren Zugang nachzuweisen, was in aller Regel auch nicht möglich ist, weil formlos – dh. mit normaler Briefpost – geladen wird (§ 380).

III. Abs. 2 (Form der Anzeigen und Gesuche)

11 Die Entschuldigung des Zeugen kann schriftlich oder mündlich zu Protokoll der Geschäftsstelle oder mündlich in einem Vernehmungstermin erfolgen. Eine Entschuldigung vor dem Termin zur Vernehmung des Zeugen ist als Bitte um eine Terminsverlegung anzusehen. Wird daraufhin der Termin nicht verlegt (weil es dazu zu spät ist, weil die Parteien damit nicht einverstanden sind, weil die Gründe des Zeugen dies nicht rechtfertigen), so muss der Zeuge erscheinen oder einen Beschluss gem. § 380 hinnehmen. Eine Beschwerdemöglichkeit hat der Zeuge vor jenem Beschluss gem. § 380 nicht (s. auch § 227 Abs. 2 S. 2).[21] Dem Anwaltszwang unterliegt die Entschuldigung, auch wenn sie mit dem Antrag auf Aufhebung des Beschlusses über ein Ordnungsmittel und die Kostenauferlegung verbunden ist, nicht (§ 78). Eine **Frist** ist für die Anträge und Gesuche nicht vorgesehen.

---

[16] OLG Zweibrücken JurBüro 1976, 1256.
[17] *Löwe/Rosenberg/Dahs* § 51 StPO Rn. 8.
[18] *Löwe/Rosenberg/Dahs* § 51 StPO Rn. 8.
[19] OLG Karlsruhe FamRZ 1993, 1470.
[20] Vgl. OLG Hamm VRS 41 (1971), 283; *Göhler,* Ordnungswidrigkeitengesetz, 13. Aufl. 2002, vor § 1 Rn. 40 u. § 59 Rn. 66; *Winter* NStZ 1990, 373.
[21] *Wieczorek* Anm. B I.

IV. Verfahren

12 **1. Zuständigkeit.** Zuständig für die Entscheidung ist das Prozessgericht. Sollte die Vernehmung des Zeugen durch den beauftragten oder ersuchten Richter erfolgen (§ 400), so ist dieser auch für die Entscheidung nach § 381 zuständig; doch kann auch das Prozessgericht (die Kammer, der Einzelrichter, der Vorsitzende der Kammer für Handelssachen) dessen Beschluss über die Festsetzung des Ordnungsmittels und die Kostenauferlegung aufheben (§ 576).[22] Hebt der beauftragte Richter den Beschluss gem. § 380 nicht auf, so muss das Prozessgericht entscheiden (s. § 380 Rn. 11).

13 **2. Entscheidung bei genügender Entschuldigung der Verspätung und des Fernbleibens. a) Vor dem Beschluss nach § 380.** Die **Parteien** sind vom Unterbleiben einer Verurteilung des Zeugen in die Kosten, die durch dessen Ausbleiben verursacht sind, betroffen; deshalb hat das Gericht ihnen vor seiner Entscheidung **rechtliches Gehör** zu gewähren.[23] Die gerichtliche Entscheidung lautet bei rechtzeitiger und genügender Entschuldigung vor Erlass des Beschlusses gem. § 380, insbesondere also vor dem Vernehmungstermin, dahin, dass die Festsetzung eines Ordnungsmittels und die Auferlegung von Kosten für das Ausbleiben des Zeugen unterbleiben. Ein förmlicher Beschluss hierüber ist nur notwendig, wenn eine Partei beantragt, die Kosten dem Zeugen aufzuerlegen (s. § 380 Rn. 8, 12). Zum **Beschwerderech**t der Parteien s. § 380 Rn. 12.

14 **b) Nach dem Beschluss nach § 380 (Abs. 1 S. 3).** Die **Aufhebung des Beschlusses** über die Festsetzung des Ordnungsmittels und die Auferlegung der Säumniskosten, der gem. § 380 ergangen ist, hat zu erfolgen, wenn die genügende Entschuldigung des Nichterscheinens und der Verspätung der Mitteilung hiervon erst nach Erlass des Beschlusses gem. § 380 erfolgen. Die Aufhebung erfolgt ihrerseits durch Beschluss. Die Parteien sind zu dem Aufhebungsantrag zu hören, weil es auch um die ihnen entstandenen Kosten geht. Der Aufhebungsantrag hat bereits entsprechend § 570 Abs. 1 aufschiebende Wirkung.[24] Der Beschluss über die Aufhebung des Beschlusses nach § 380 muss eine **Kostenentscheidung** enthalten, schon weil dem Zeugen Kosten, zB einer ärztlichen Untersuchung oder anwaltlicher Vertretung im Entschuldigungsverfahren, entstanden sein können. Die Kosten sind der Staatskasse aufzuerlegen (s. § 380 Rn. 13). Besondere Gerichtsgebühren entstehen nicht; für die Parteien entstehen auch keine besonderen Gebühren für deren Rechtsanwälte. Die **Mitteilung** des Aufhebungsbeschlusses erfolgt auch an die Parteien (§ 329 Abs. 3), falls der Beschluss nicht verkündet wird (§ 329 Abs. 1). Zum **Beschwerderecht** der Parteien s. § 380 Rn. 12.

15 **3. Entscheidung bei Zurückweisung der Entschuldigung des Zeugen. a)** Ist noch **kein Beschluss nach § 380 ergangen**, so erfolgt die Zurückweisung der Entschuldigung des Zeugen in den Gründen des Beschlusses gemäß § 380, der mit sofortiger Beschwerde seitens des Zeugen (§ 380 Abs. 3) angefochten werden kann. Dieser Zurückweisungsbeschluss muss eine **Kostenentscheidung** enthalten, weil damit klar gestellt werden muss, dass der Zeuge die ihm entstandenen Kosten für das Entschuldigungsverfahren, zB Anwaltsgebühren (vgl. § 380 Rn. 11), zu tragen hat.[25]

16 **b)** Ist ein **Beschluss gemäß § 380 ergangen** und sieht das Gericht die nachträgliche Entschuldigung für das Nichterscheinen und/oder die Verspätung der Mitteilung hiervon als nicht genügend an, so ist der Antrag gemäß § 381 Abs. 1 S. 3, der auf Aufhebung des Beschlusses nach § 380 gerichtet ist, zurückzuweisen. Wird der Aufhebungsantrag als **Beschwerde** gegen den Beschluss über Ordnungsmittel und Kostenauferlegung deklariert, so ist er dennoch als Antrag nach § 381 zu behandeln (s. § 380 Rn. 11), wenn ihm entsprochen werden kann. § 381 sieht – anders als § 380 Abs. 3. – kein Rechtsmittel gegen die Ablehnung des Gesuchs um Aufhebung des Beschlusses nach § 380 vor. Man kann daher den Aufhebungsantrag zusätzlich als sofortige Beschwerde gegen den Beschluss nach § 380 auslegen; dabei ist die Einhaltung der Frist zur Einlegung der sofortigen Beschwerde von praktischer Bedeutung; ist sie verstrichen, ist die Beschwerde unzulässig. Ein Beschwerdeverfahren verursacht Kosten; um diese dem Zeugen in aussichtlosen Fällen zu ersparen, wird das Gericht anfragen, ob das Gesuch um Aufhebung des Beschlusses nach § 380 auch als sofortige Beschwerde behandelt werden soll.

17 **c) Die Beschwerde des Zeugen** bei Zurückweisung seiner Entschuldigung im Beschluss über ein Ordnungsmittel und die Kosten (s. Rn. 15) richtet sich nach § 380. Zur Beschwerde über die Zurückweisung des Antrags des Zeugen auf nachträgliche Aufhebung des Beschlusses nach § 380 s. Rn. 16.

---

[22] RGZ 68, 66.
[23] BayVerfGH 18 II 134, 138 = JR 1966, 195, 197; *Waldner,* Aktuelle Probleme des rechtlichen Gehörs im Zivilprozeß, Diss. Erlangen 1983, S. 185; vgl. OLG Dresden SächsArchR 2 (1907), 89.
[24] *Wieczorek* Anm. B II a.
[25] Vgl. RGZ 54, 430; RGZ 56, 79; OLG Hamburg OLGRspr. 37, 143.

§ 382 Vernehmung an bestimmten Orten

(1) Die Mitglieder der Bundesregierung oder einer Landesregierung sind an ihrem Amtssitz oder, wenn sie sich außerhalb ihres Amtssitzes aufhalten, an ihrem Aufenthaltsort zu vernehmen.

(2) Die Mitglieder des Bundestages, des Bundesrates, eines Landtages oder einer zweiten Kammer sind während ihres Aufenthaltes am Sitz der Versammlung dort zu vernehmen.

(3) Zu einer Abweichung von den vorstehenden Vorschriften bedarf es:
für die Mitglieder der Bundesregierung der Genehmigung der Bundesregierung,
für die Mitglieder einer Landesregierung der Genehmigung der Landesregierung,
für die Mitglieder einer der im Absatz 2 genannten Versammlungen der Genehmigung dieser Versammlung.

I. Normzweck

Die Vorschrift will sicherstellen, dass die politische Arbeit von Regierungsmitgliedern und Abgeordneten nicht durch die Pflicht, bei auswärtigen Gerichten zu erscheinen, beeinträchtigt wird. Die Vorschrift stimmt inhaltlich mit § 50 Abs. 1 bis 3 StPO überein. 1

II. Einzelerläuterungen

1. Absatz 1. Mitglieder der Bundesregierung sind der Bundeskanzler und die Bundesminister (Art. 62 GG). Die Staatssekretäre gehören nicht dazu, und zwar auch dann nicht, wenn sie die Bezeichnung „Staatsminister“ führen. 2

Die Vernehmung hat **am Amtssitz,** nicht **im** Amtssitz zu erfolgen; dass die Vernehmung in einem Gerichtsgebäude durchgeführt wird, ist nicht bestimmt und von der Sache her auch nicht geboten. Weilen die Regierungsmitglieder nicht an ihrem Amtssitz, so sind sie an ihrem Aufenthaltsort zu vernehmen. Befindet sich dort kein Gericht, so dürfen sie dennoch nicht zum nächsten Gericht geladen werden; sie sind vielmehr an ihrem Aufenthaltsort – der politischen Gemeinde – zu vernehmen.[1] 3

2. Absatz 2. Nachdem 1950 durch das Gesetz zur Wiederherstellung der Rechtseinheit[2] der Zusatz „während der Sitzungsperiode“ ersetzt wurde durch die Wendung „während ihres Aufenthaltes“, ist die Vorschrift wenig praktikabel; denn in Anbetracht der heutigen Mobilität der Abgeordneten weiß das Gericht selten, wo sie sich aufhalten. Eine entgegenstehende Praxis des Ausschusses für Wahlprüfungen, Immunität und Geschäftsordnung des Deutschen Bundestages, der die Anwesenheit der Abgeordneten in Bonn als nur während der Sitzungswochen des Bundestages für gegeben ansieht,[3] ist mit dem Gesetzestext nach dessen Änderung im Jahre 1950 nicht zu vereinbaren; dass die Änderung nicht bezweckt war, weil man die Vorschrift nur den geänderten staatsrechtlichen Verhältnissen anpassen wollte,[4] vermag an diesem Ergebnis nichts zu ändern. Praktisch verfährt das Gericht so, dass es den Abgeordneten fragt, wo er vernommen zu werden wünscht; oder das Gericht nützt den (bekanntgewordenen) gelegentlichen Aufenthalt an einem bestimmten Ort zur Vernehmung,[5] da es Ladungsfristen nicht gibt. Zu den Mitgliedern eines Landtages sind auch die Mitglieder der Bürgerschaften der Stadtstaaten zu zählen. Mitglieder kommunaler Körperschaften (Landkreise, Städte, Gemeinden) unterfallen nicht dem Abs. 2. 4

Die deutschen Abgeordneten des **Europäischen Parlaments** ebenso wie die deutschen Mitglieder der **Beratenden Versammlung des Europarates** genießen zwar Vorrechte und Befreiungen; da der Ort ihrer Versammlung jedoch im Ausland liegt und eine spezielle Regelung fehlt, kann § 382 Abs. 2 insoweit auch nicht entsprechend angewandt werden. Diese Parlamentarier sind daher an ihrem inländischen Aufenthaltsort (Abs. 1 entsprechend) zu vernehmen.[6] 5

3. Absatz 3. Ob es sich bei den Vorrechten gem. Abs. 1 und 2 um persönliche Vorrechte oder um ein Privileg des Parlaments, vergleichbar dem des Art. 46 GG, handelt, ist im Schrifttum um- 6

---

[1] *Löwe/Rosenberg/Dahs,* § 50 StPO Rn. 6.
[2] Ges. v. 12. 9. 1950, BGBl. S. 455.
[3] Vgl. *Löwe/Rosenberg/Dahs* § 50 StPO Rn. 10.
[4] BT-Drucks. I/530 Anlage I a (Begr.) S. 19.
[5] Vgl. BGH NStZ 1982, 158.
[6] *Löwe/Rosenberg/Dahs* § 50 StPO Rn. 2, der darüber hinaus Abs. 3 für entsprechend anwendbar hält.

stritten. Hält man die Vorrechte für persönliche Privilegien, so kann auch ohne Genehmigung gem. Abs. 3 darauf **verzichtet** werden.[7] Ist man gegenteiliger Auffassung, so darf keine Vernehmung stattfinden, selbst wenn der Betroffene vor dem Gericht erscheint.[8] Hier wird der erstgenannten Auffassung wegen ihrer Praktikabilität der Vorzug gegeben.

7 Der Ausschuss für Wahlprüfungen, Immunität und Geschäftsordnung des Deutschen Bundestages geht **in ständiger Praxis** davon aus, dass eine Genehmigung gem. Abs. 3 nicht erforderlich ist, wenn der Vernehmungstermin außerhalb der Sitzungswochen des Bundestages liegt. Die Praxis entbehrt gesetzlicher Grundlage (s. Rn. 4), zumal auch in den Parlamentsferien Ausschuss- und Sondersitzungen stattfinden.

8 Ob das Prozessgericht eine Genehmigung gem. Abs. 3 einholt, steht in seinem pflichtgemäßen Ermessen. Auch diejenigen Autoren, die in Abs. 1 und 2 Privilegien der Regierung und des Parlaments sehen, erachten eine Aussage, die unter **Verstoß gegen Abs. 3** gemacht wurde, nicht deshalb prozessual als unverwertbar.

9 Ob die Vernehmung durch das Prozessgericht, den beauftragten oder den ersuchten Richter durchgeführt wird, legt das Prozessgericht fest.

§ 383 Zeugnisverweigerung aus persönlichen Gründen

(1) Zur Verweigerung des Zeugnisses sind berechtigt:

1. der Verlobte einer Partei oder derjenige, mit dem die Partei ein Versprechen eingegangen ist, eine Lebenspartnerschaft zu begründen;

2. der Ehegatte einer Partei, auch wenn die Ehe nicht mehr besteht;

2a. der Lebenspartner einer Partei, auch wenn die Lebenspartnerschaft nicht mehr besteht;

3. diejenigen, die mit einer Partei in gerader Linie verwandt oder verschwägert, in der Seitenlinie bis zum dritten Grad verwandt oder bis zum zweiten Grad verschwägert sind oder waren;

4. Geistliche in Ansehung desjenigen, was ihnen bei der Ausübung der Seelsorge anvertraut ist;

5. Personen, die bei der Vorbereitung, Herstellung oder Verbreitung von periodischen Druckwerken oder Rundfunksendungen berufsmäßig mitwirken oder mitgewirkt haben, über die Person des Verfassers, Einsenders oder Gewährsmanns von Beiträgen und Unterlagen sowie über die ihnen im Hinblick auf ihre Tätigkeit gemachten Mitteilungen, soweit es sich um Beiträge, Unterlagen und Mitteilungen für den redaktionellen Teil handelt;

6. Personen, denen kraft ihres Amtes, Standes oder Gewerbes Tatsachen anvertraut sind, deren Geheimhaltung durch ihre Natur oder durch gesetzliche Vorschrift geboten ist, in Betreff der Tatsachen, auf welche die Verpflichtung zur Verschwiegenheit sich bezieht.

(2) Die unter Nummern 1 bis 3 bezeichneten Personen sind vor der Vernehmung über ihr Recht zur Verweigerung des Zeugnisses zu belehren.

(3) Die Vernehmung der unter Nummern 4 bis 6 bezeichneten Personen ist, auch wenn das Zeugnis nicht verweigert wird, auf Tatsachen nicht zu richten, in Ansehung welcher erhellt, dass ohne Verletzung der Verpflichtung zur Verschwiegenheit ein Zeugnis nicht abgelegt werden kann.

Schrifttum: *Baumann,* Die Auseinanderentwicklung der Prozeßrechte, dargestellt am Beispiel der Beachtung der Verschwiegenheitspflicht bei der Zeugenvernehmung (§§ 383 Abs. 3 ZPO, 53 StPO), FS Baur, 1981, S. 187; *Bosch,* Grundfragen des Beweisrechts, 1963; *Delitz,* Zweifelsfragen zum neuen strafprozessualen Zeugnisverweigerungsrecht der Presse, AfP 1976, 106; *Dillenberg/Pauly,* Zeugnisverweigerungsrecht für den Ehebruchszeugen?, MDR 1995, 340; *Fischedick,* Die Zeugnisverweigerungsrechte von Geistlichen und kirchlichen Mitarbeitern, 2006; *Heckart/Dendorfer,* Der Mediator zwischen Vertraulichkeit und Zeugnispflicht, MDR 2001, 786; *Hackel,* Drittgeheimnisse innerhalb der ärztlichen Schweigepflicht, NJW 1969, 2257; *Jansen,* Geheimhaltungsvorschriften im Prozeßrecht, Diss. Bochum 1989; *Kuchinke,* Ärztliche Schweigepflicht, Zeugniszwang und Verpflichtung zur Auskunft nach dem Tod des Patienten, GedS für Küchenhoff, 1987, S. 371; *Kühnl,* Zivilprozessuale Probleme der ärztlichen Schweigepflicht nach dem Tode des Patienten, JA 1995, 328; *Lenckner,* Aussagepflicht, Schweigepflicht und Zeugnisverweigerungsrecht, NJW 1965, 321; *Löffler,* Lücken und Mängel im

[7] *Wieczorek* Anm. B II.
[8] *Löwe/Rosenberg/Dahs* § 50 StPO Rn. 9.

neuen Zeugnisverweigerungsrecht und Beschlagnahmerecht von Presse und Rundfunk, NJW 1978, 913; *Rengier,* Die Zeugnisverweigerungsrechte im geltenden und künftigen Strafverfahrensrecht, 1979.

Übersicht

. Normzweck

1 **1. Abs. 1 Nr. 1 bis 3; Abs. 2.** Diese Zeugen sollen vor allem vor einer Konfliktsituation bewahrt werden: sie sollen nicht einerseits richtig und vollständig aussagen müssen (und wenn sie dies nicht tun, empfindlich bestraft werden) und andererseits dabei einen nahen Angehörigen eventuell belasten müssen. Dabei genügt das Vorhandensein einer Konfliktlage, dass der Zeuge diese so empfindet, ist bedeutungslos.[1] Deshalb besteht das Zeugnisverweigerungsrecht auch unabhängig davon, was Beweisthema ist (anders die Fälle Abs. 1 Nr. 4 bis 6) und selbst dann, wenn gerade die Partei den Zeugen benannt hat, zu der der Zeuge in einem Verhältnis gem. Abs. 1 Nr. 1 bis 3 steht.[2] Das Zeugnisverweigerungsrecht dient damit zugleich dem Zusammenhalt der Familie. Ob Schutzzweck zugleich die Wahrheitsfindung ist, ist äußerst streitig.[3] Abs. 2 deutet auf diesen Zweck hin.[4] Einmal soll der Zeuge sein Recht kennen; damit aber zugleich (kurz vor seiner Sachaussage) vor Augen geführt bekommen, dass er nicht im Familieninteresse eine Falschaussage leisten muss, sondern sich heraushalten kann. § 52 Abs. 1 StPO stimmt inhaltlich mit Abs. 1 Nr. 1 bis 3 überein; eine dem Abs. 2 entsprechende Regelung findet sich in § 52 Abs. 3 StPO. Für minderjährige Zeugen findet sich in § 52 Abs. 2 und 3 StPO eine besondere Regelung, die in der ZPO fehlt (s. Rn. 8).

2 **2. Abs. 1 Nr. 4 und 6; Abs. 3.** Die Befreiung vom Aussagezwang erspart diesen Zeugen im Einzelfall eine Pflichtenkollision: die Vertraulichkeit der Zeugnispflicht opfern zu müssen. Damit dient dieses Zeugnisverweigerungsrecht der Erleichterung der Berufsarbeit, denn der Rat, Hilfe und Unterstützung Suchende kann mit der Verschwiegenheit sogar vor Gericht rechnen. Im Ergebnis wird so ein Kernbereich der Privatsphäre des Einzelnen vor staatlichen Eingriffen geschützt.[5] Abs. 3 gebietet eine gerichtliche Mithilfe, vor versehentlichen Verletzungen der Verschwiegen-

[1] BGHSt 12, 235, 239 = NJW 1959, 445.
[2] Vgl. RGSt 20, 186, 187.
[3] Bejahend BGHSt 11, 213, 215 = NJW 1958, 557; zum Streitstand s. *Rengier* S. 56.
[4] Vgl. *Rengier* S. 63.
[5] Vgl. *Rengier* S. 12ff.

heitspflicht zu bewahren. Ein dem Abs. 1 Nr. 4 und 6 entsprechendes Zeugnisverweigerungsrecht aus beruflichen Gründen findet sich auch in § 53 Abs. 1 Nr. 1 bis 3b StPO; der Kreis der dort verweigerungsberechtigten Personen ist jedoch weitaus begrenzter.

3 **3. Abs. 1 Nr. 5. Abs. 1 Nr. 5** schützt zuvorderst die verfassungsrechtlich gewährleistete Freiheit von Presse und Rundfunk (Art. 5 Abs. 1 GG) und damit zugleich die Institution der freien Presse. Zugleich wird so – jedenfalls mittelbar – das Vertrauensverhältnis zwischen Informant und Journalist geschützt und auch der Journalist vor dem Konflikt bewahrt, zugunsten der Zeugnispflicht ein vielleicht abgegebenes Verschwiegenheitsversprechen zu brechen. Die Vorschrift stimmt wörtlich mit § 53 Abs. 1 Nr. 5 StPO überein. Zu **weiteren Gründen, die zur Zeugnisverweigerung** berechtigen, s. § 387 Rn. 2

II. Abs. 1 Nr. 1 bis 3

4 **1. Inhaber des Zeugnisverweigerungsrechts. a) Nicht die Partei.** Das Zeugnisverweigerungsrecht hat nur ein Zeuge und der Sachverständige, nicht die Partei. Dort, wo jemand zwar Partei ist, aber wegen Prozessunfähigkeit nicht als Partei, sondern nur als Zeuge vernommen werden kann (s. § 373 Rn. 8; § 455 Rn. 1), steht diesem über den Wortlaut des § 383 hinaus auch das Zeugnisverweigerungsrecht zu,[6] weil er anderenfalls in eigener Sache als Zeuge aussagen müsste. Kann umgekehrt die prozessunfähige Partei ausnahmsweise als Partei vernommen werden (§ 455 Abs. 2), so kann der **gesetzliche Vertreter der Partei** als Zeuge vernommen werden. Er hat aber in seiner Eigenschaft als gesetzlicher Vertreter kein Zeugnisverweigerungsrecht, sondern nur dann, wenn bei ihm persönlich die Voraussetzungen gegeben sind, zB, wenn der Vormund ein Onkel seines Mündels ist.

5 **b) Partei kraft Amtes.** Steht der Zeuge zu einer Partei kraft Amtes (§ 116), also Testamentsvollstrecker, Insolvenzverwalter, Nachlassverwalter und Zwangsverwalter, in einer Beziehung gem. Abs. 1 Nr. 1 bis 3, so fehlt es an der persönlichen Konfliktslage für den Zeugen (s. Rn. 1); in einschränkender Auslegung des § 383 Abs. 1 Nr. 1 bis 3 steht dem Zeugen dann kein Zeugnisverweigerungsrecht zu. Umgekehrt muss die Vorschrift ausdehnend ausgelegt werden, wenn der Zeuge in einem Rechtsstreit, der von einer Partei kraft Amtes geführt wird, zum Inhaber des behaupteten oder bestrittenen materiellen Rechts,[7] zB zum Insolvenzschuldner, in einer Beziehung gem. Abs. 1 Nr. 1 bis 3 steht.[8]

6 **c) Streitgenossenschaft.** Besteht die Partei aus mehreren Streitgenossen, von denen nicht alle in den persönlichen Beziehungen gem. Abs. 1 Nr. 3 zum Zeugen stehen, so hat der Zeuge nicht in jedem Fall ein Zeugnisverweigerungsrecht. Dieses besteht nur, wenn die Beweisfrage, der Sachverhalt, über den der Zeuge aussagen soll, auch den Rechtsstreit seines Angehörigen unmittelbar betrifft;[9] in den anderen Fällen – insbesondere in denen des § 60 – hat der Zeuge kein Zeugnisverweigerungsrecht, weil durch eine Trennung der Verfahren das Zeugnisverweigerungsrecht beseitigt werden könnte.[10]

7 **d) Streitgehilfen.** Steht der Zeuge zu einem Streitgehilfen (§ 66) einer der Parteien in einem Verhältnis gem. Abs. 1 Nr. 1 bis 3, so berechtigt ihn dies nicht zur Zeugnisverweigerung, da dieser nicht Partei ist und ihr auch nicht so weitgehend gleichgestellt ist, dass eine Analogie gerechtfertigt wäre. Im Übrigen macht die gegenteilige Ansicht[11] auch einen nicht zu rechtfertigenden Unterschied zum **Streitverkündeten** (§ 72): eine solche Beziehung gewährt unstreitig kein Zeugnisverweigerungsrecht.

8 **e) Minderjährige und verstandesunreife Zeugen.** Ein verstandesunreifer Zeuge, insbesondere ein minderjähriger Zeuge, darf nicht vernommen werden, wenn er ein Zeugnisverweigerungsrecht hat und **nicht aussagen** will.[12] Auf die Meinung des gesetzlichen Vertreters des Minderjährigen, auf dessen Ansicht, der Minderjährige solle aussagen, kommt es in diesem Fall

---

[6] Vgl. BGHZ 74, 379, 382 = NJW 1979, 1832; *Wieczorek* Anm. A III.

[7] Teilweise aA *Zöller/Greger* Rn. 2.

[8] *Lent* ZZP 52 (1927), 14, 17.

[9] AA RG JW 1899, 257: nur bei notwendiger Streitgenossenschaft besteht Zeugnisverweigerungsrecht; aA *Wieczorek* Anm. C I a 1; OLG Celle OLGRspr. 17, 160; OLG München OLGRspr. 19, 113: jedes Tangieren genügt.

[10] Vgl. BGHSt 32, 159 = MDR 1984, 334; BGHSt 30, 317 = MDR 1982, 337; BGH NJW 1992, 1116.

[11] AA *Wieczorek* Anm. C I a 2; *Walsmann,* Die streitgenössische Nebenintervention, 1905, S. 201.

[12] BGHSt 21, 303, 305 = NJW 1967, 2273; BGHSt 23, 221, 222 = NJW 1970, 766; BGHSt 14, 159, 161 = NJW 1960, 1396; BGH NJW 1967, 360; 1979, 1722; BayObLGZ 1966, 343 = NJW 1967, 206; OLG Düsseldorf FamRZ 1973, 547.

nicht an. Dies rechtfertigt sich aus der Überlegung, dass die verstandesunreife Person davor geschützt werden soll, mangels eigenen Verständnisses Nachteiliges für ihre Angehörigen zu sagen und sich dadurch am Ende belastet zu fühlen. Diese Erwägung der älteren Rechtsprechung kann heute auch durch einen Umkehrschluss aus § 52 Abs. 2 StPO gerechtfertigt werden;[13] die 1974 eingefügte Vorschrift[14] stellt auch insofern eine klarstellende Zusammenfassung der älteren Rechtsprechung dar.[15] Ist die verstandesunreife Person, also insbesondere der Minderjährige, **zur Aussage bereit,** obgleich ihr ein Zeugnisverweigerungsrecht zusteht, so muss der gesetzliche Vertreter des Zeugen darüber entscheiden, ob von dem Recht Gebrauch gemacht wird (entsprechend § 52 Abs. 2 StPO).[16] Bejaht das Gericht beim minderjährigen Zeugen die **Einsichtsfähigkeit** in das Wesen des Zeugnisverweigerungsrechts, dann kann dieser selbst entscheiden, ob er von seinem Zeugnisverweigerungsrecht Gebrauch machen will oder ob er auf dieses verzichten möchte; auf die Zustimmung des gesetzlichen Vertreters kommt es in diesem Falle nicht an.[17] Gibt es für den **volljährigen verstandesunreifen Zeugen** keinen gesetzlichen Vertreter, erstrecken sich zB die Befugnisse des **Betreuers** nicht auf das Zeugnis des Betreuten im Verfahren, so ist eine Betreuung einzurichten, bzw. die vorhandene zu erweitern. In Eilfällen kann das Vormundschaftsgericht selbst gem. §§ 1908 i, 1846 BGB entscheiden. Das Prozessgericht kann die Betreuerbestellung anregen.

Ob der Zeuge die **notwendige Verstandesreife** hat, muss das ihn vernehmende Gericht prüfen und entscheiden.[18] Zwar kann die Aussagetüchtigkeit (s. § 373 Rn. 6) nicht mit der Fähigkeit zur selbstverantwortlichen Ausübung eines Zeugnisverweigerungsrechts gleichgesetzt werden, aber es kann von dem Erfahrungssatz ausgegangen werden, dass ein aussagetüchtiger Zeuge regelmäßig imstande ist, ein ihm zustehendes Zeugnisverweigerungsrecht zu begreifen.[19] Verbleiben Zweifel, so hat das Gericht so zu verfahren, als fehle dem Zeugen die Reife, dh., die Einsichtsfähigkeit in das Wesen des Zeugnisverweigerungsrechts.[20] Feste Altersgrenzen bei minderjährigen Zeugen gibt es nicht.[21] Die Rechtsprechung hat die Reife bei einem 7jährigen Zeugen verneint,[22] hat sie bei einem 14jährigen Zeugen mit normaler Intelligenz bejaht.[23] 9

Eltern als gesetzliche Vertreter eines Minderjährigen sind **an einer Entscheidung über das Zeugnisverweigerungsrecht verhindert:** (1), wenn ein Elternteil selbst Partei ist (vgl. §§ 1629 Abs. 2, 1795 Abs. 2, 181 BGB, § 52 Abs. 2 S. 2 1. Halbs. StPO);[24] (2), erst recht sind die Eltern an der Entscheidung verhindert, wenn sie beide Partei sind, zB im Scheidungsverfahren (vgl. § 52 Abs. 2 S. 2 2. Halbs. StPO);[25] (3), wenn der Ehegatte eines Elternteils Partei ist, zB der neue Ehegatte des Elternteils, der die gesetzliche Vertretung des Minderjährigen – ausnahmsweise allein – innehat (§§ 1629 Abs. 2, 1795 Abs. 1 Nr. 1 BGB); (4), wenn ein Elternteil des gesetzlichen Vertreters Partei ist (§§ 1629 Abs. 2, 1795 Abs. 1 Nr. 1 BGB); (5), wenn Kinder des gesetzlichen Vertreters, also Geschwister und Halbgeschwister des Zeugen, Partei sind (§§ 1629 Abs. 2, 1795 Abs. 1 Nr. 1 BGB). In allen anderen Fällen, zB, wenn Geschwister, Onkel, Tanten, Nichten und Neffen des gesetzlichen Vertreters Partei sind, ist diesem nicht kraft Gesetzes die Vertretungsmacht entzogen; er hat damit im Grundsatz die Befugnis, über die Ausübung des Zeugnisverweigerungsrechts zu entscheiden. Entsteht hingegen beim Prozessgericht der Eindruck eines Interessenwiderstreits, so wird es die Bestellung eines Pflegers für die Frage, ob das Zeugnisverweigerungsrecht ausgeübt wird, gem. § 1796 beim Familien- bzw. Vormundschaftsgericht anregen. 10

---

[13] *Löwe/Rosenberg/Dahs* § 52 StPO Rn. 26.

[14] Erstes Gesetz zur Reform des Strafverfahrensrechts vom 9. 12. 1974, BGBl. I S. 3393.

[15] BT-Drucks. 7/551 Begr. S. 60.

[16] BGHSt 21, 303 = NJW 1967, 2273; BGHSt 23, 221 = NJW 1970, 766; BayObLGZ 1966, 343 = NJW 1967, 206, OLG Hamm OLGZ 1972, 157; nach Ansicht von *Findeisen,* Der minderjährige Zeuge im Zivilprozeß, 1992, S. 92 genügt es schon, wenn ein Elternteil für die Zeugnisverweigerung ist.

[17] BayObLGZ 1966, 343, 351 = NJW 1967, 206, 209; aA *Wieczorek* Anm. A IV b.

[18] BGHSt 13, 394, 397 = NJW 1960, 584; BGHSt 14, 159, 160 = NJW 1960, 1396; BayObLGZ 1966, 343, 352 = NJW 1967, 206, 209; OLG Stuttgart FamRZ 1985, 1154, OLG Hamm OLGZ 1972, 157, 158.

[19] BGH NJW 1967, 360.

[20] BGHSt 19, 85, 86 = NJW 1963, 2378; BGHSt 23, 221, 222 = NJW 1970, 766.

[21] *Löwe/Rosenberg/Dahs* § 52 StPO Rn. 28; aA *Bosch* S. 72: 14 Jahre.

[22] BGHSt 14, 159, 162 = NJW 1960, 1396.

[23] BGHSt 20, 234, 235 = NJW 1965, 1870; BGH VRS 36 (1969), 23: Fünfzehnjähriger; BGHSt 14, 21, 24 = NJW 1960, 586: Siebzehnjährige; BGH NJW 1967, 360: vierzehnjährige Schwachsinnige.

[24] KG JFG 1, 48, 5; *Soergel/Zimmermann* § 1795 BGB Rn. 8.

[25] OLG Stuttgart FamRZ 1965, 515; *Gernhuber/Coester-Waltjen,* Familienrecht 5. Aufl., § 57 Rn. 83; *Soergel/Straetz,* BGB, 12. Aufl., § 1629 Rn. 18; aA BayObLGZ 1966, 343, 352 = NJW 1967, 206, 209: die Vertretungsmacht ist gem. § 1796 BGB zu entziehen.

11 **f) Juristische Person als Partei.** Zwischen einer juristischen Person als Partei und einem Zeugen kann keine Beziehung iSd. Abs. 1 Nr. 1 bis 3 bestehen; besteht eine solche Beziehung zwischen dem Zeugen und einer Person, die wirtschaftlich an der juristischen Person wesentlich beteiligt ist, zB der **Alleingesellschafter** einer GmbH, so wird man dennoch § 383 nicht ausdehnend anwenden. Auch auf die Beziehungen zum Vertretungsorgan der juristischen Person, zB dem Geschäftsführer der GmbH, kommt es nach hiesiger Ansicht nicht an.[26]

12 **g) Gesellschaft des Handelsrechts als Partei.** Die Gesellschaften des Handelsrechts, also die OHG (§ 124 HGB), die KG (§ 161 HGB) und die Reederei (§ 493 HGB) sowie die **Partnerschaftsgesellschaft** und neuerdings die **BGB-Außengesellschaft**[27] sind als solche parteifähig (§ 50 Rn. 25), obgleich sie nicht voll rechtsfähig sind, sondern Träger der Rechte die Gesellschafter sind. Bestehen die Beziehungen des Abs. 1 Nr. 1 bis 3 zwischen dem Zeugen und einem Gesellschafter, so besteht kein Zeugnisverweigerungsrecht. Maßgeblich kann nicht die fehlende volle Rechtsfähigkeit der Gesellschaft sein, die dafür spräche, es auf die Beziehung zum Gesellschafter abzustellen; entscheidend muss vielmehr die Parteifähigkeit der Gesellschaft sein.[28] Man wird dem Zeugen auch dann kein Zeugnisverweigerungsrecht zubilligen, wenn er zu dem vertretungsberechtigten Gesellschafter in einer Beziehung gem. Abs. 1 Nr. 1 bis 3 steht; dies rechtfertigt sich auch aus der Parteifähigkeit der Gesellschaft.

13 **2. Abs. 1 Nr. 1 (Verlobte usw.).** Nach bürgerlichem Recht liegt ein **Verlöbnis** vor, wenn ein wechselseitiges wirksames Eheversprechen gegeben ist (§ 1297 BGB). Auf äußere Zeichen wie Ringe oder Verlöbnisanzeigen kommt es nicht an. Das Verlöbnis eines Minderjährigen ist ohne Zustimmung von dessen gesetzlichem Vertreter nach der hM im bürgerlichen Recht schwebend unwirksam.[29] Eine Person, die (noch) verheiratet ist, kann nach hM kein wirksames Eheversprechen abgeben, weil solches sittenwidrig und daher nichtig ist.[30] Nach dem Zweck der Nr. 1 – einander nahe stehende Menschen nicht in eine kaum lösbare Konfliktlage zu bringen – weitet das Prozessrecht im Ansatz schon lange den Verlöbnisbegriff aus;[31] so wird die **Verlobung eines Minderjährigen** als wirksam behandelt, solange ihr der gesetzliche Vertreter des Minderjährigen noch zustimmen kann.[32] Bei einem noch bestehenden Ehehindernis, wie z. B. dem der Verwandtschaft auf Grund Adoption, das beseitigt werden kann (§ 1308 BGB), wird die Verlobung bereits als wirksam behandelt. Heute erfüllt jedes ernstliche Eheversprechen hinreichend einsichtsfähiger Personen, das in absehbarer Zeit zur Ehe führen kann, die Voraussetzung eines Verlöbnisses. Damit scheitert das Verlöbnis Minderjähriger nicht mehr an der Ablehnung der Eltern,[33] ebenso wenig das Eheversprechen eines Verheirateten, der in zerrütteter Ehe lebt und einen Scheidungsantrag stellen kann (der nach der Reform des Scheidungsrechts (1977) Erfolg haben muss) (§ 1566 Abs. 3 BGB) oder gar schon gestellt hat.[34] Das Eheversprechen muss ernst gemeint sein; das Eheversprechen eines Heiratsschwindlers ist dies nicht.[35] Das Verlöbnis muss zurzeit der Vernehmung bestehen. War das Verlöbnis aufgelöst oder wird es während des Prozesses beendet, so ist der Zeuge zu vernehmen.[36] Wird ein Verlöbnis während des Prozesses begründet, so ist die Niederschrift über eine bereits durchgeführte Vernehmung verwertbar, eine neuerliche Vernehmung scheidet indes aus (s. Rn. 20).[37]

14 Über das **Bestehen des Verlöbnisses** befindet der vernehmende Richter;[38] die das Verlöbnis begründenden Tatsachen sind glaubhaft zu machen (§ 386 Abs. 1).

---

[26] AA *Zöller/Greger* Rn. 2.

[27] BGHZ 146, 341 = NJW 2001, 1056.

[28] Im Ergebnis ebenso: OLG Hamburg MDR 1967, 221; *Wieczorek* Anm. C I.

[29] *Soergel/Lange* BGB, 12. Aufl., § 1297 Rn. 3 m. Nachw.

[30] *Soergel/Lange* (Fn. 29) § 1297 Rn. 7 m. Nachw.

[31] *Soergel/Lange* (Fn. 29) § 1297 Rn. 9; *Geilen* FamRZ 1961, 147, 156.

[32] RGSt 38, 242; *Wieczorek* Anm. C II b 1.

[33] BGH LM StGB § 222 Nr. 25.

[34] OLG Schleswig SchlHA 1969, 198 (Ehegatte war im Krieg vermißt); LG Duisburg NJW 1950, 714; aA BGHSt 32, 32 = NStZ 1983, 564 m. krit. Anm. *Pelchen;* BGH VRS 36 (1969), 20 (solange Scheidung noch nicht betrieben wird und Aussicht auf Erfolg bietet); RG SeuffA 78 (1924) Nr. 191 (Ausnahmen denkbar); BayObLG NJW 1983, 831 = JR 1984, 125 m. abl. Anm. *Straetz;* OLG Celle MDR 1983, 1045; *Löwe/Rosenberg/Dahs* § 52 StPO Rn. 6; vgl. auch BVerfG NJW 1987, 2807.

[35] BGHSt 3, 215 = NJW 1952, 1422; BGHSt 29, 54, 57 = NJW 1979, 2055; RGSt 35, 49; RG HRR 1939 Nr. 1070; OLG Düsseldorf DRiZ 1934 Nr. 357; aA *Bruns* MDR 1953, 458, 460 und die ganz hM im bürgerlichen Recht (vgl. § 116 BGB), um den gutgläubigen Verlobten zu schützen (Schadensersatz § 1299 BGB); vgl. *Soergel/Lange* (Fn. 29) § 1297 Rn. 9.

[36] OGHSt 2, 173, 174; RGSt 31, 142; *Wieczorek* Anm. C II a.

[37] *Wieczorek* Anm. C II a.

[38] RG JW 1934, 3206 m. Anm. *Fraeb; Löwe/Rosenberg/Dahs* § 52 StPO Rn. 8.

Auf **Liebesverhältnisse,**[39] und Freundschaften ist Abs. 1 Nr. 1 nicht entsprechend anwendbar. Man wird die Vorschrift auch nicht entsprechend auf die **nichteheliche Lebensgemeinschaft** anwenden können, da der Gesetzgeber bewusst nicht jede Konfliktsituation entschärfen wollte, sondern es auf formale Kriterien abstellte[40] und sogar beim Verlöbnis schon gezögert hatte, ein Zeugnisverweigerungsrecht zu gewähren (s. auch § 181 Rn. 13).[41] 15

3. Abs. 1 Nr. 2 (Ehegatte) und Nr. 2 a (Lebenspartnerschaft). Die Vorschrift entspricht weitgehend § 52 Abs. 1 Nr. 2 und 2a StPO. Das Zeugnisverweigerungsrecht besteht auch dann, wenn die **Ehe bzw. Lebenspartnerschaft aufhebbar** ist (§ 1314 BGB),[42] also zB auch bei bigamischer Ehe,[43] und selbst dann, wenn die Ehe nach altem Recht (§ 23 EheG) rechtskräftig für nichtig erklärt ist, denn auch dann besteht sie „nicht mehr".[44] Handelt es sich um eine im Ausland geschlossene Ehe, die nach deutschem Internationalem Privatrecht nicht als gültig zu behandeln ist, eine sog. **„hinkende Ehe"**, so steht sie einer nicht mehr bestehenden Ehe iSd. Abs. 1 Nr. 2 gleich;[45] dasselbe gilt, wenn eine solche Ehe im Ausland aufgelöst ist. Die Vorschrift gilt aber nicht für Nicht-Ehen; dann aber muss – solange die Betroffenen zusammenleben – von einem noch bestehenden Verlöbnis ausgegangen werden.[46] Abs. 1 Nr. 2 und 2a kann nicht entsprechend auf die **nichteheliche Lebensgemeinschaft** angewandt werden (s. Rn. 15). 16

4. Abs. 1 Nr. 3 (Verwandte und Verschwägerte). Verwandtschaft und Schwägerschaft bestimmen sich nach dem BGB (Art. 51 EGBGB). Bei Verwandtschaft (§ 1589 BGB) in **gerader Linie** gibt es unabhängig vom Grad der Verwandtschaft stets ein Zeugnisverweigerungsrecht: Der Zeuge hat ein Zeugnisverweigerungsrecht, wenn seine Eltern, Großeltern usw. oder seine Kinder, Enkel usw. Partei sind. Auch die **Schwägerschaft** (§ 1590 BGB) in gerader Linie gibt unabhängig vom Grad der Schwägerschaft stets ein Zeugnisverweigerungsrecht: Der Zeuge hat ein Zeugnisverweigerungsrecht, wenn seines Ehegatten Eltern, Großeltern usw. oder Kinder, Enkel usw. Partei sind; ebenso bei den Ehegatten seiner Verwandten in gerader Linie, also dem Ehegatten von Kindern, Enkeln usw. oder von Eltern (zB die zweite Ehe des Vaters), Großeltern usw. Bei Verwandtschaft in der **Seitenlinie** gibt es das Zeugnisverweigerungsrecht nur bis zum dritten Grad: Der Zeuge hat das Verweigerungsrecht, wenn seine voll- und halbbürtigen Geschwister, Neffen und Nichten oder Onkel und Tante Partei sind. Bei Schwägerschaft in der Seitenlinie ist das Zeugnisverweigerungsrecht nur bis zum zweiten Grad gewährt: Der Zeuge hat das Verweigerungsrecht, wenn seines Ehegatten voll- oder halbbürtige Geschwister oder die Ehegatten seiner Geschwister Partei sind. **Nichteheliche Kinder** sind heute im Verhältnis zu ihrem Vater genauso verwandt wie eheliche Kinder. Für nichteheliche Kinder, die vor dem 1. 7. 1970 geboren sind, gilt dies ebenso, sofern nur die Vaterschaft anerkannt war oder ein Unterhaltstitel bestand (vgl. Nichtehelichengesetz vom 19. 8. 1969, BGBl. I S. 1243, Art. 12). Zwischen Mutter und Vater eines nichtehelichen Kindes besteht keine Schwägerschaft, von daher auch kein Zeugnisverweigerungsrecht.[47] **Schwippschwägerschaft,** die zwischen den jeweiligen Ehegatten von Geschwistern besteht, zB die Frau des Bruders im Verhältnis zum Mann der Schwester, ist keine Schwägerschaft im Rechtssinne und begründet kein Zeugnisverweigerungsrecht. Die **Adoption** eines Minderjährigen begründet heute volle Verwandtschaft zum Annehmenden (§ 1754 BGB); die Adoption eines Volljährigen erstreckt sich nicht so weit (§ 1770 BGB). Beachtung verdient das Übergangsrecht zum Adoptionsgesetz vom 2. 7. 1976, BGBl. I S. 1749) für Adoptionen vor dieser Zeit. Das Verhältnis **Pflegekind** – Pflegeeltern genießt zwar einen gewissen familienrechtlichen Schutz (s. § 1632 Abs. 4 BGB), gewährt aber kein Zeugnisverweigerungsrecht. 17

Das **Erlöschen der Verwandtschaft** und damit auch der Schwägerschaft führt nicht zum Erlöschen des Zeugnisverweigerungsrechts, da Abs. 1 Nr. 3 darauf abstellt, ob die Betroffenen verwandt oder verschwägert „waren". Es führt also die **Anfechtung der Ehelichkeit** (§ 1593 BGB), die Aufhebung des Adoptionsverhältnisses (§ 1764 BGB)[48] nicht zum Erlöschen des Zeugnisverweige- 18

---

[39] RGSt 24, 155, 156; RG JW 1928, 3047; *Löwe/Rosenberg/Dahs* § 52 StPO Rn. 6.

[40] *Soergel/Lange,* Anhang § 1588 Nichteheliche Lebensgemeinschaft Rn. 64; *Löwe/Rosenberg/Dahs* (Fn. 10) § 52 Rn. 6; aA *Straetz* FamRZ 1980, 301, 308.

[41] *Hahn* S. 312.

[42] BGHSt 9, 37 = NJW 1956, 679; RGSt 56, 427.

[43] RGSt 41, 113, 114.

[44] RG HRR 1930 Nr. 1059; BGHSt 9, 37 = NJW 1956, 679; RGSt 56, 427; 47, 286.

[45] AA *Löwe/Rosenberg/Dahs* § 52 StPO Rn. 9.

[46] Vgl. *Löwe/Rosenberg/Dahs* § 52 StPO Rn. 9.

[47] AA *Wieczorek* Anm. C II b 3.

[48] Die gegenteilige Ansicht BGHSt 23, 16 = NJW 1969, 1633 beruht auf den damaligen Wortlaut des § 52 Abs. 1 Nr. 3 StPO und steht deshalb der obigen Ansicht nicht entgegen.

rungsrechts; bei der Adoption führt das Erlöschen der Verwandtschaft des Angenommenen zu seiner früheren natürlichen Familie (§ 1755 BGB) ebenfalls nicht zum Erlöschen des Zeugnisverweigerungsrechts.

19 **5. Angabe der Gründe für die Zeugnisverweigerung.** Diese braucht der Zeuge nicht anzugeben; es genügt, dass er auf die Beziehungen gem. Abs. 1 Nr. 1 bis 3 hinweist,[49] notfalls sie beweist. Der Zeuge braucht also insbesondere nicht einmal anzudeuten, ob seine Zeugnisverweigerung seinem Angehörigen zum Vor- oder Nachteil dienen soll. Der Richter darf nicht einmal den Zeugen nach den Gründen fragen; **Motivforschung** ist verboten, das Gericht hat sich jeder Einwirkung auf die Entschließungsfreiheit zu enthalten.[50] Entsprechende Fragen einer Partei (§ 397 Abs. 1 und 2) darf das Gericht nicht zulassen (§ 397 Abs. 3).[51]

20 **6. Verzicht auf das Zeugnisverweigerungsrecht.** Auf das Recht zur Zeugnisverweigerung kann verzichtet werden. Dieser Verzicht kann vom Zeugen jederzeit widerrufen und die Aussage verweigert werden (vgl. § 52 Abs. 3 S. 2 StPO), zB während der Vernehmung oder bei erneuter Vernehmung.[52] Ein späteres Gebrauchmachen des Zeugnisverweigerungsrechts schließt die Verwertung von **Niederschriften** über das, was bis zur Zeugnisverweigerung bekundet wurde,[53] über frühere Vernehmungen, zB aus der ersten Instanz, oder die Vernehmung früherer Vernehmungspersonen, nicht aus (anders § 252 StPO).[54] Umgekehrt kann auch der Zeuge, der zunächst von seinem Zeugnisverweigerungsrecht Gebrauch gemacht hat, später sich anders entscheiden. Die **erneute Benennung** eines solchen Zeugen wird jedoch solange übergangen werden, bis die Partei den Sinneswandel des Zeugen dartut.[55] Verzichtet der Zeuge auf sein Zeugnisverweigerungsrecht, so bleibt er zur **Wahrheit** verpflichtet. Er darf insbesondere nicht wahrheitswidrig angeben, er wisse zur Sache nichts. Zum Verzicht im anderen Verfahren s. Rn. 43.

21 **7. Beweiswürdigung.** Aus dem Gebrauchmachen des Zeugnisverweigerungsrechts dürfen keine Schlüsse zum Nachteil der Partei gezogen werden, zu der der Zeuge in einer Beziehung gem. Abs. 1 Nr. 1 bis 3 steht.[56] Dies gilt auch dann, wenn der Zeuge zunächst zum Beweisthema aussagt, aber während der Vernehmung sich auf sein Zeugnisverweigerungsrecht beruft,[57] denn dies kann in Schonungsabsicht oder aber auch in der Absicht, der Partei zu schaden, geschehen sein.

III. Abs. 1 Nr. 4 bis 6

22 **1. Nr. 4 (Geistliche).** Geistliche sind nur die Seelsorger staatlich anerkannter Religionsgemeinschaften (Art. 140 GG, Art. 137 Abs. 5 Weimarer Reichsverfassung),[58] wobei es auf die Organisationsform (Körperschaft, Verein) nicht ankommt. Auch kirchenamtlich beauftragte Laien können Seelsorger sein.[59] Religionsdiener, die das Amt des Seelsorgers bei **nicht-anerkannten Religionsgemeinschaften** verrichten, haben nicht das Zeugnisverweigerungsrecht gem. Nr. 4, sondern allenfalls das gem. Nr. 6. Ob der Geistliche nach den Regeln seiner Religionsgemeinschaft oder nach staatlichem Recht das ihm Anvertraute oder ihm Bekanntgewordene weitergeben darf, ist für das Zeugnisverweigerungsrecht belanglos.[60]

23 Bei der **Ausübung der Seelsorge** ist dem Geistlichen dann etwas anvertraut, wenn ihm dies im vertraulichen Gespräch oder Schreiben mitgeteilt wurde. Eine vertrauliche Mitteilung ist notwendig, weil gerade in Abs. 1 Nr. 4 nur von „anvertrauen" die Rede ist, während die entsprechende Vorschrift der StPO (§ 53 Abs. 1 Nr. 1) lautet: „anvertraut worden oder bekanntgeworden

[49] RG JW 1901, 58; *Wieczorek* Anm. B Ib.
[50] BGH NJW 1989, 2403; 1984, 136; *Löwe/Rosenberg/Dahs* § 52 StPO Rn. 23.
[51] *Löwe/Rosenberg/Dahs* § 52 StPO Rn. 23.
[52] RG SeuffA 56 (1901) Nr. 187.
[53] BGHSt 2, 99, 107; BGH NStZ 1988, 35.
[54] OLG Braunschweig NdsRpfl. 1960, 162; *Baumbach/Lauterbach/Hartmann* Vor § 383 Rn. 4; aA *Wieczorek* Anm. B IIa und B IIb: kein Urkundenbeweis, solange der Zeuge existent ist, wegen des Unmittelbarkeitsprinzips.
[55] BGH NJW-RR 1987, 445; *Wiezorek* Anm. B Ib; aA OLG Köln NJW 1975, 2074: in der Regel schriftliche Erklärung des Zeugen notwendig.
[56] BGHSt 22, 113 = NJW 1968, 1246; teilweise aA OLG Hamm VersR 1983, 870; die in diesem Zusammenhang zitierte Entscheidung BGHZ 26, 391, 400 ist nicht einschlägig, da sie § 384 betrifft.
[57] BGH NJW 1980, 794; BGH JR 1981, 432 m. Anm. *Hanack; Wieczorek* Anm. B Ia; aA *Löwe/Rosenberg/Dahs* § 52 StPO Rn. 42.
[58] Das überw. Schrifttum zur StPO, vgl. *Löwe/Rosenberg/Dahs* § 53 StPO Rn. 23; aA *Kann* ZZP 37 (1908), 118, 142; *Haas* NJW 1990, 3235.
[59] BGH NJW 2007, 307; *Fischedick,* Die Zeugnisverweigerungsrechte von Geistlichen, 2006, S. 78 ff.
[60] *Dallinger* JZ 1953, 432, 436; *Lencker* NJW 1965, 321, 322; *Löwe/Rosenberg/Dahs* § 53 StPO Rn. 24.

ist."[61] Insofern muss der Begriff „anvertrauen" in Abs. 1 Nr. 4 anders ausgelegt werden als in Abs. 1 Nr. 6 (s. Rn. 33). Nicht erforderlich ist, dass es sich um Tatsachen handelt, die nicht auch anderen Personen bekannt sind. Auch auf die Tatsache des Anvertrauens selbst erstreckt sich das Zeugnisverweigerungsrecht, zB auf die Frage, ob jemand gebeichtet hat.[62] Von wem dem Zeugen etwas anvertraut wurde, von einer Partei oder von einem Dritten, ist für das Zeugnisverweigerungsrecht belanglos.[63] Was der Geistliche Dritten mitgeteilt hat, mag es auch Anvertrautes betreffen, unterliegt nicht dem Zeugnisverweigerungsrecht,[64] es sei denn, der Dritte wäre auch Seelsorger.

Keine Angelegenheiten der Seelsorge sind ausschließlich kirchenverwalterische, karitative und **erzieherische Tätigkeiten des Geistlichen.**[65] So unterliegt die Frage des Vermögenserwerbs der Kirche nicht dem Zeugnisverweigerungsrecht,[66] wohl aber die Frage, ob in einer Ehesache ein Sühneversuch stattgefunden hat.[67] 24

2. Nr. 5 (Presse und Rundfunk). a) Grundsatz. Bis zum Inkrafttreten des Gesetzes vom 25. 7. 1975 (BGBl. I S. 1973), durch das Nr. 5 (Zeugnisverweigerungsrecht von Presse und Rundfunk) in das Gesetz eingefügt wurde[68] – die ehemalige Nr. 5 wurde Nr. 6 – hatten die in Nr. 5 genannten Personen nur Zeugnisverweigerungsrechte gem. der heutigen Nr. 6 und gem. § 384 Nr. 3. Diese Zeugnisverweigerungsrechte genügten gem. dem „Spiegel"-Urteil des BVerfG[69] den Anforderungen des Art. 5 GG nicht. Presse und Rundfunk als unverzichtbare Kontrollorgane in einer Demokratie benötigen danach ein dem Redaktionsgeheimnis entsprechendes unverzichtbares Zeugnisverweigerungsrecht, durch das das Vertrauensverhältnis zwischen ihnen und ihren Informanten geschützt wird.[70] 25

b) Rundfunk, Fernsehen, Druckwerke. Es muss sich um Mitarbeiter des Rundfunks, wozu auch das **Fernsehen** zählt, oder von **periodischen Druckwerken** handeln. Zu den Letztgenannten zählen Zeitungen, Zeitschriften, Vereinsmitteilungen und Magazine; Bücher zählen nur dann hierher, wenn sie wiederholt erscheinen, also eine inhaltlich-sachliche Reihe bilden, mag der zeitliche Abstand, mit dem solche Bücher erscheinen, auch unregelmäßig sein,[71] wenn nur der Abstand nicht mehr als durchschnittlich sechs Monate beträgt, was sich aus dem Begriff des periodischen Druckwerks auf Grund des Landespresserechts ergibt.[72] Kein Zeugnisverweigerungsrecht nach Nr. 5 haben Mitarbeiter an einem einzelnen Flugblatt oder Buch, selbst wenn dieses schon in mehreren Auflagen erschienen ist.[73] Auf Mitarbeiter des **Bildschirmtextdienstes** ist Nr. 5 nicht zugeschnitten.[74] 26

c) Redaktioneller Teil. Nur bezüglich des **redaktionellen Teils** besteht das Zeugnisverweigerungsrecht, nicht hinsichtlich des Anzeigenteils und des Werbefunks, selbst wenn innerhalb derselben, zB in Anzeigen, informiert wird.[75] Ob der redaktionelle Teil politischer oder unterhaltender Art ist, ist belanglos. Zum redaktionellen Teil gehören auch **Leserbriefe.**[76] 27

d) Mitarbeiter und Autoren. Zeugnisverweigerungsberechtigt sind alle gegenwärtigen und früheren, beruflichen und nebenberuflichen **Mitarbeiter,** auch die sog. freien Mitarbeiter.[77] Dazu zählen alle Angehörigen des redaktionellen, kaufmännischen und technischen Personals wie Redakteure, Schriftleiter, Journalisten, Stenotypisten, Boten, Rechercheure, Drucker, Reporter, Kameraleute, Sendeleiter. Wer aber nur gelegentlich ein Manuskript einsendet, ist kein freier Mitarbeiter, 28

---

[61] BGH NJW 1990, 3283; *Wieczorek* Anm. C III b; *Löwe/Rosenberg/Dahs* § 53 StPO Rn. 14; aA *Zöller/Greger* Rn. 11.

[62] RG JW 1928, 2142 m. Anm. *Mezger.*

[63] RG LZ 1920, 929; *Löwe/Rosenberg/Dahs* § 53 StPO Rn. 16.

[64] RG JW 1883, 195; *Baumbach/Lauterbach/Hartmann* Rn. 5.

[65] OLG Nürnberg = FamRZ 1963, 260 m. abl. Anm. *Bosch; Dallinger* JZ 1953, 432, 436.

[66] *Sintenis* DJZ 1903, 120; *Stein/Jonas/Berger* Rn. 37; aA OLG Zweibrücken SeuffA 57 (1902) Nr. 253 (Geldschenkung zu Lasten des Pflichtteils).

[67] LG Nürnberg-Fürth FamRZ 1964, 513.

[68] Gleichlautend damit heute: § 53 Abs. 1 Nr. 5 StPO.

[69] BVerfGE 20, 162 = NJW 1966, 1603.

[70] BVerfG NJW 2002, 592.

[71] *Zöllner/Greger* Rn. 13; *Skibbe* DRiZ 1976, 159; aA *Löwe/Rosenberg/Dahs* § 53 StPO Rn. 39: die Bücher müssen gleichartig sein.

[72] *Löwe/Rosenberg/Dahs* § 53 StPO Rn. 39.

[73] AA *Skibbe* DRiZ 1976, 159.

[74] AA *Löwe/Rosenberg/Dahs* § 53 StPO Rn. 48: soweit die Tätigkeit ein „reiner" Nachrichten- und Informationsdienst ist.

[75] Vgl. BVerfGE 64, 116 = NJW 1984, 1101 (betrifft Chiffregeheimnis).

[76] KG JR 1983, 382; *Löwe/Rosenberg/Dahs* § 53 StPO Rn. 46.

[77] *Löffler* NJW 1978, 913; *Zöller/Greger* Rn. 14.

weil er nicht berufsmäßig handelt; er hat kein Zeugnisverweigerungsrecht.[78] Die **Informanten,**[79] Verfasser und Einsender selbst haben kein Zeugnisverweigerungsrecht, ebenso wenig die Autoren,[80] wenn sie nicht zum obengenannten Kreis der Mitarbeiter zählen; dies verstößt nicht gegen das Grundgesetz.[81]

29 **e) Umfang des Zeugnisverweigerungsrechts.** Das Zeugnisverweigerungsrecht ist begrenzt auf alle **Angaben zur Person des Verfassers,** Einsenders oder Gewährmanns sowie auf den **Inhalt von deren Mitteilungen.** Angaben über etwaige Honorare, Spesen usw., die für die Information aufgewandt wurden oder aufgewandt werden sollen, unterliegen nicht dem Zeugnisverweigerungsrecht.[82] Auch insoweit als der Journalist selbst recherchiert hat – sich also nicht auf Mitteilungen anderer stützt – besteht kein Zeugnisverweigerungsrecht,[83] es sei denn, die selbstrecherchierten Tatsachen stünden im untrennbaren Zusammenhang mit einer Information und ihre Bekanntgabe würde zur Enttarnung des Informanten führen.[84] Gibt der Journalist – erlaubt oder unerlaubt – den Namen des Informanten an, so kann er sich nicht auf das Zeugnisverweigerungsrecht berufen, wenn er zu den Angaben des Gewährsmannes gehört wird.[85] Dass die Information verwandt worden wäre oder noch verwendet werden soll, ist nicht erforderlich; auch wenn sie nur im **Archiv** gesammelt wird, bezieht sich auf sie das Zeugnisverweigerungsrecht.[86]

30 **f) Entbindung von der Schweigepflicht.** Ob der Mitarbeiter der Presse von seinem Zeugnisverweigerungsrecht **Gebrauch macht,** steht in seinem Ermessen.[87] Eine **Entbindung von einer Schweigepflicht** gibt es nicht. Ist der Informant und/oder das Material seitens der Presse schon offengelegt, so besteht das Zeugnisverweigerungsrecht insoweit nicht weiter fort.[88]

31 **3. Nr. 6 (Amts-, Stand- und Gewerbegeheimnis). a) Grundsatz.** Nr. 5 gewährt ein Zeugnisverweigerungsrecht auf Grund der Schweigepflicht, die auf einem **Amt, Stand oder Gewerbe** beruht; dabei kommt es nicht darauf an, ob diese Pflicht gesetzlich festgelegt ist, wie insbesondere in § 203 StGB, oder ob sie sich aus der Natur der Sache ergibt. Anders also als § 53 Abs. 1 Nr. 2 bis 3a StPO, der nicht jedem Verschwiegenheitspflichtigen ein Zeugnisverweigerungsrecht gibt, gewährt Nr. 6 jedem Verschwiegenheitspflichtigen das Zeugnisverweigerungsrecht; Nr. 6 gewährt darüber hinaus auch dort ein Zeugnisverweigerungsrecht, wo es eine mit Strafe bewehrte Verschwiegenheitspflicht nicht gibt, weil diese sich lediglich aus der Natur der Sache ergibt. Es erscheint zweifelhaft, ob dieser weite Umfang von Zeugnisverweigerungsrechten verfassungsrechtlicher Überprüfung standhält.[89] Das Zeugnisverweigerungsrecht gibt es dort nicht, wo es um Honoraransprüche der Verschwiegenheitspflichtigen geht, zB die Sprechstundenhilfe im Prozess gegen den Arzt.[90]

32 **b) Tatsachen.** Das Zeugnisverweigerungsrecht nach Nr. 6 besteht nur bezüglich der Tatsachen, auf die sich die Schweigepflicht bezieht. Dadurch, dass Nr. 6 anders als Nr. 4 von anvertrauten „Tatsachen" spricht, wird klargestellt, dass das Zeugnisverweigerungsrecht sich nicht nur auf schriftliche oder mündliche Mitteilungen erstreckt, sondern auch auf alle **Umstände,** die der Geheimnisträger auf Grund Amtes, Standes oder Gewerbes vertraulich erfährt. Zu diesen Tatsachen wird man ebenso eigene Handlungen des Zeugen zählen, soweit diese im engsten Zusammenhang mit dem geschützten Bereich stehen.[91]

33 **c) Anvertraut.** Anvertraut sind nicht nur Tatsachen, bei denen der Wunsch nach Vertraulichkeit ausdrücklich ausgesprochen wird; es genügt auch das **stillschweigende Verlangen nach Geheimhaltung.**[92] Dieses erstreckt sich auch auf Umstände, die der Geheimnisträger ohne besonde-

---

[78] *Löwe/Rosenberg/Dahs* § 53 StPO Rn. 52; *Löffler* NJW 1978, 913.

[79] *Wieczorek* Anm. F I; *Löwe/Rosenberg/Dahs* § 53 StPO Rn. 62.

[80] *Wieczorek* Anm. F I; *Löwe/Rosenberg/Dahs* § 53 StPO Rn. 44.

[81] Vgl. BVerfG NJW 1988, 329.

[82] BGHSt 28, 240, 255 = NJW 1979, 1212; aA *Baumbach/Lauterbach/Hartmann* Rn. 7.

[83] BVerfGE 56, 247; BGHSt 28, 240 = NJW 1979, 121; LG Bremen StV 1981, 15 m. Anm. *Baisch;* LG Hannover NStZ 1981, 154; krit.: *Löffler* NJW 1978, 913, 915.

[84] BGH NJW JR 1990, 431 m. abl. Anm. *Meyer.*

[85] BVerfG NJW 2002, 592.

[86] BGHSt 28, 240, 251 = NJW 1979, 121; OLG Bremen JZ 1977, 442, 444.

[87] BVerfG MDR 1982, 635, 636.

[88] BVerfG MDR 1982, 635, 636; BGHSt 28, 240, 243 = NJW 1979, 1212.

[89] Vgl. BVerfGE 33, 367, 383 = JZ 1973, 780 m. Anm. *Württemberger;* BVerfGE 38, 312, 321 = DÖV 1975, 637 m. Anm. *Bergmann.*

[90] OLG Brandenburg MDR 2002, 905/906.

[91] *Stein/Jonas/Berger* Rn. 90; aA OLG München MDR 1981, 853, 854.

[92] BGHZ 91, 392, 397 = NJW 1984, 2893, 2894; BGHZ 40, 288, 293 = NJW 1964, 449; OLG München MDR 1981, 853, 854; RGSt 66, 273, 274; RGZ 54, 360, 361; *Wieczorek* Anm. C IV c.

ren Vertrauensakt auf Grund seiner Vertrauensstellung oder im Zusammenhang damit erfährt.[93] Der anders geartete Wortlaut von § 53 Abs. 1 Nr. 3 StPO, wonach sich das Zeugnisverweigerungsrecht darauf erstreckt, „was ihnen in dieser Eigenschaft anvertraut worden oder bekannt geworden ist", hat nur eine klarstellende Funktion;[94] er kann daher hier bestätigend herangezogen werden. Der Wunsch nach Geheimhaltung besteht nicht nur dann, wenn der Geheimnisträger für den anderen Teil irgendwie tätig wurde, sondern auch dann, wenn der Geheimnisträger den anderen abgewiesen hat; geheimzuhaltende Tatsache ist dann das Aufsuchen des anderen.[95] Das Gleiche gilt für eigene Amtshandlungen, soweit daraus Rückschlüsse auf anvertraute Tatsachen möglich sind[96]. **Nicht anvertraut** ist alles das, was der Geheimnisträger als Teil der Öffentlichkeit wahrnimmt oder was ihm privat bekannt wird;[97] was ihm gelegentlich der Berufsausübung bekannt wird, ist nicht privat bekannt geworden.[98] Der Umstand, dass das Anvertraute auch anderen bekannt oder gar (inwieweit?) allgemein bekannt ist, entbindet den Geheimnisträger nicht.[99] Nicht gefordert ist, dass die **Geheimhaltungspflicht gerade einer Partei gegenüber** besteht;[100] auch § 385 Abs. 2 sagt nicht, dass nur die Partei von der Schweigepflicht entbinden könnte. Nicht anvertraut sind insbesondere auch Tatsachen, die dem Zeugen mitgeteilt wurden, damit dieser sie an Dritte, die als Zeugen kein Zeugnisverweigerungsrecht haben, weitergibt (vgl. § 203 Abs. 3 StGB).[101] Nicht anvertraut ist ferner alles, was einem Sachverständigen im Rahmen seiner **Gutachtenerstellung** bekannt wird, zB dem ärztlichen Sachverständigen die Mitteilungen und Befunde; er soll sie dem Gericht weitergeben; diese Weitergabebefugnis erstreckt sich aber nur auf das Verfahren, in dem der Sachverständige bestellt ist, nicht auf andere Verfahren (s. auch Rn. 37 aE).[102]

d) Angestellte des Geheimnisträgers. Auch Angestellte oder sonstige Gehilfen des Geheimnisträgers haben das Zeugnisverweigerungsrecht;[103] § 53 a StPO, der dasselbe ausspricht, nimmt für sich nur in Anspruch,[104] Umgehungen der Zeugnisverweigerung zu verhindern; er ist deshalb nicht Grundlage für einen Gegenteilsschluss, weil eine solche ausdrückliche gesetzliche Regelung in der ZPO fehlt. Keine Zeugnisverweigerungsrecht besteht im Honorarprozess.[105] 34

e) Rechtsnachfolger des Geheimnisträgers. Auch der Rechtsnachfolger des Geheimnisträgers unterliegt der Schweigepflicht (vgl. § 203 Abs. 3 S. 3 StGB) und hat demgemäß auch das Zeugnisverweigerungsrecht gem. Nr. 6.[106] 35

f) Tod des Vertrauensgebers. Beim Tod des Vertrauensgebers entfällt die Schweigepflicht nicht schlechthin,[107] es sei denn, dieser hätte etwas anderes bestimmt, was nicht unbedingt dem Geheimnisträger, sondern auch gegenüber einem Dritten geschehen sein kann.[108] Die Art der anvertrauten Tatsache kann aber dergestalt sein, dass es dem mutmaßlichen Willen entspricht, dass sie offengelegt werde,[109] sodass es auf eine Entbindung gem. § 385 Abs. 2 durch die Erben des Vertrauensgebers (s. § 385 Rn. 9) gar nicht mehr ankommt. Beispiele: der beurkundende **Notar** zum Willen des Erblassers;[110] der beratende Rechtsanwalt zum Willen des Erblassers;[111] der Steuerberater 36

---

93 BGH DNotZ 2005, 288; BGHZ 91, 392, 397 = NJW 1984, 2893, 2894; BGHZ 40, 288, 293 = NJW 1964, 449; BGH DB 1983, 1921.
94 BT-Drucks. 1/3713 Begr. S. 47.
95 RGZ 40, 253; 54, 360, 361; *Wieczorek* Anm. C IV b.
96 (OLG Köln MittRhNotK 1996, 361).
97 OLG Düsseldorf MDR 1951, 681; *Wieczorek* Anm. C IV c.
98 BayObLGZ 1966, 86, 90 = NJW 1966, 1664.
99 *Wieczorek* Anm. C IV b; aA BGHZ 40, 288, 292 = NJW 1964, 449.
100 RGZ 53, 315, 316; *Stein/Jonas/Berger* Rn. 95; *Wieczorek* Anm. C IV b; aA RGZ 67, 362; OLG Colmar OLGRspr. 25, 108; LG Oldenburg AnwBl. 1974, 48.
101 OLG Düsseldorf MDR 1975, 1025; OLG Colmar OLGRspr. 20, 324.
102 BGHZ 40, 288, 294 = NJW 1964, 449, 451; RGSt 61, 384; RGSt 66, 273, 274; BayObLG NJW 1973, 2251, 2252.
103 RGZ 54, 360, 361; KG HRR 1931 Nr. 145; OLG Bamberg OLGRspr. 17, 160; OLG Dresden OLG Rspr. 23, 180.
104 BT-Drucks. 1/3713 Begr. S. 48.
105 OLG Stuttgart MDR 1999, 192.
106 *Zöller/Greger* Rn. 17.
107 BGHZ 91, 392, 398 = NJW 1984, 2893 (Arzt); BayObLGZ 1966, 86, 90 = NJW 1966, 1664 (Rechtsanwalt); OLG Düsseldorf NJW 1959, 821 (Rechtsanwalt); OLG Stuttgart OLGZ 1983, 6 (Steuerberater); OLG Köln Rpfleger 1985, 494 (Rechtsanwalt); BayObLGZ 1986, 332 = NJW 1986, 1492 (Arzt); KG OLGRspr. 29, 118.
108 BDH NJW 1960, 550.
109 BGHZ 91, 392, 398 = NJW 1984, 2893; BayOblG NJW 1987, 1492.
110 OLG Köln OLGZ 1982, 1, 4.
111 BayObLG FamRZ 1991, 962; OLG Köln Rpfleger 1985, 494; BayObLG NJW-RR 1991, 6, 7.

zum Willen des Erblassers[112] der behandelnde **Arzt** zur Testierfähigkeit des Erblassers, weil es dessen mutmaßlichem Willen entspricht, Zweifel über die Testierfähigkeit auszuräumen. Das gilt sowohl dann, wenn der Erblasser testierfähig war, wie auch dann, wenn er es nicht war, damit die zum Schutz seines wirklichen Willens dienenden Vorschriften nicht unterlaufen werden.[113] Hinsichtlich juristischer Personen entfällt mit deren Auflösung die Verschwiegenheitspflicht.[114]

37 **g) Die Geheimnisträger im Einzelnen. Der Personenkreis** der Zeugnisverweigerungsberechtigten wird vor allem durch **§ 203 Abs. 1 und 2 StGB** bestimmt:

Abs. 1: *Wer unbefugt ein fremdes Geheimnis, . . ., offenbart, das ihm als*

1. *Arzt, Zahnarzt, Tierarzt, Apotheker oder Angehörigen eines anderen Heilberufs, der für die Berufsausübung oder die Führung der Berufsbezeichnung eine staatlich geregelte Ausbildung erfordert,*[115]
2. *Berufspsychologen mit staatlich anerkannter wissenschaftlicher Abschlussprüfung,*
3. *Rechtsanwalt,*[116] *Patentanwalt, Notar,*[117] *Verteidiger in einem gesetzlich geordneten Verfahren, Wirtschaftsprüfer, vereidigtem Buchprüfer, Steuerberater, Steuerbevollmächtigten oder Organ oder Mitglied eines Organs einer Rechtsanwalts-, Patentanwalts-, Wirtschaftsprüfungs-, Buchprüfungs- oder Steuerberatungsgesellschaft,*
4. *Ehe-, Familien-, Erziehungs- oder Jugendberater sowie Berater für Suchtfragen in einer Beratungsstelle, die von einer Behörde oder Körperschaft,*[118] *Anstalt oder Stiftung des öffentlichen Rechts anerkannt ist,*

4a. *Mitglied oder Beauftragten einer anerkannten Beratungsstelle nach den §§ 3 und 8 des Schwangerschaftskonfliktgesetzes,*

5. *staatlich anerkanntem Sozialarbeiter*[119] *oder staatlich anerkanntem Sozialpädagogen*[120] *oder*
6. *Angehörigen eines Unternehmens der privaten Kranken-, Unfall- oder Lebensversicherung*[121] *oder einer privatärztlichen Verrechnungsstelle*[122] *anvertraut worden oder sonst bekannt geworden ist, wird . . . bestraft.*

Abs. 2 Satz 1:

Ebenso wird bestraft, wer unbefugt ein fremdes Geheimnis, . . ., offenbart, das ihm als

1. *Amtsträger,*[123]
2. *für den öffentlichen Dienst besonders Verpflichteten (s. § 376 Rn. 22),*
3. *Person, die Aufgaben oder Befugnisse nach dem Personalvertretungsrecht wahrnimmt,*
4. *Mitglied eines für ein Gesetzgebungsorgan des Bundes oder eines Landes tätigen Untersuchungsausschusses, sonstigen Ausschusses oder Rates, das nicht selbst Mitglied des Gesetzgebungsorgans ist, oder als Hilfskraft eines solchen Ausschusses oder Rates,*[124]
5. *öffentlich bestelltem Sachverständigen, der auf die gewissenhafte Erfüllung seiner Obliegenheiten auf Grund eines Gesetzes förmlich verpflichtet worden ist, oder*
6. *Person, die auf die gewissenhafte Erfüllung ihrer Geheimhaltungspflicht bei der Durchführung wissenschaftlicher Forschungsvorhaben auf Grund eines Gesetzes förmlich verpflichtet worden ist,*

anvertraut worden oder sonst bekanntgeworden ist.

38 Ferner besteht eine **gesetzliche Geheimhaltungspflicht** gem. § 404 **AktG** für Mitglieder von Vorstand und Aufsichtsrat, für Abwickler und Prüfer. § 85 **GmbHG** enthält eine entsprechende Pflicht;[125] ferner § 151 **GenG,** §§ 79, 82, 83 BetrVerfG, § 138 VersicherungsaufsichtsG.

---

[112] BayObLG NJW-RR 1991, 6, 7.

[113] BGHZ 91, 392 = NJW 1984, 2893; BayObLG FamRZ 1991, 1461; LG Augsburg NJW 1964, 1186 m. abl. Anm. *Lenckner;* aA OLG Stuttgart OLGZ 1983, 6.

[114] Vgl. LG Bielefeld NJW-RR 2003, 1545.

[115] Hierher zählen Hebammen, Krankenschwestern, Krankenpfleger, med-techn. Assistenten, pharmazeutisch-techn. Assistenten, Logopäden, Masseure, med. Bademeister, Krankengymnasten, Wochenpflegerinnen; nicht erfaßt werden Heilpraktiker.

[116] Auch der Syndikus-Anwalt: LG München I AnwBl. 1982, 197; *Roxin* NJW 1992, 1129.

[117] Vgl. BGH NJW 2005, 1948.

[118] Dazu zählen auch die Kirchen; BVerfG NJW 1977, 1492.

[119] OLG Hamm FamRZ 1992, 201; aA OLG Köln OLGZ 1982, 1, 3; FamRZ 1986, 709; BayObLG FamRZ 1990, 1012, 1013.

[120] Nicht hierher gehören staatl. anerkannte Erzieher und Kindergärtnerinnen.

[121] *Pardey* Rpfleger 1990, 397, 400; aA OLG Köln FamRZ 1986, 708, 709 (obiter dictum), das übersieht, daß die ZPO keine Befugnis (iSv. § 203 StGB) erteilt, Geheimnisse zu offenbaren. Vgl. dazu AG Duisburg VersR 1993, 202.

[122] Bei öffentlich-rechtlichen Versicherungsträgern gilt § 203 Abs. 2 StGB.

[123] Gem. § 11 Abs. 1 Nr. 2 StGB sind Amtsträger: wer nach deutschem Recht a) Beamter oder Richter ist b) in einem sonstigen öffentlich-rechtlichen Amtsverhältnis steht oder c) sonst dazu bestellt ist, bei einer Behörde oder bei einer sonstigen Stelle oder in deren Auftrag Aufgaben der öffentlichen Verwaltung wahrzunehmen.

[124] Abgeordnete selbst haben ein Zeugnisverweigerungsrecht gem. Art. 47 GG, Landtagsabgeordnete nach der jeweiligen Landesverfassung (s. § 387 Rn. 2).

[125] OLG Koblenz NJW-RR 1987, 809; aA *Wieczorek* Anm. C III e.

Kraft Natur der Sache ist für folgende **Gewerbe** die Geheimhaltung geboten: Auskunfteien und Detektiven;[126] Banken;[127] Dolmetscher und Übersetzer, Verband zur Förderung von (gewerblichen) Interessen,[128] die privaten Schiedsgerichte bezüglich der Beratung,[129] wobei das Anvertrautsein sich auf die (Mit-) **Schiedsrichter** bezieht, nicht auf die Parteien, sodass diese auch keine Befreiung gem. § 385 Abs. 2 erteilen können.[130] Im Übrigen beurteilt der Richter, was Kraft Natur der Sache geheim zu halten ist; wobei Rücksicht zu nehmen ist auf die Verkehrssitte und die berechtigten Erwartungen der Parteien,[131] zB Gewerkschaftssekretär,[132] der Sachverständige im Mieterhöhungsprozess,[133] nicht aber Funktionäre einer politischen Partei,[134] der **Mediator.**[135] 39

IV. Abs. 2

1. Die Pflicht zur Belehrung. Sie besteht in den Fällen des Abs. 1 Nr. 1 bis 3. Dabei muss sich die Belehrung bei einem **minderjährigen Zeugen** ohne die erforderlichen Verstandesreife über die Ausübung des Zeugnisverweigerungsrechts einmal an diesen richten (Rn. 8) und, wenn dieser zur Aussage bereit ist, sodann (nochmals) an dessen gesetzlichen Vertreter, sofern dieser zur Entscheidung über die Ausübung des Zeugnisverweigerungsrecht befugt ist (s. Rn. 9) und kein Anlass besteht, ihm insoweit das Vertretungsrecht zu entziehen (s. Rn. 10). Darauf, dass ein Zeuge auch später noch von der Aussage zur Zeugnisverweigerung übergehen kann (s. Rn. 20), braucht nicht hingewiesen zu werden.[136] Die Belehrung kann schon in der Ladung erfolgen,[137] sie muss es, wenn eine **schriftliche Auskunft** erbeten wird (§ 377 Abs. 3). 40

2. Unterbleiben der Belehrung. Ist die Belehrung unterblieben, so ist die Aussage dennoch verwertbar, wenn der Fehler nicht rechtzeitig gem. § 295 gerügt wurde; wird der Fehler rechtzeitig gerügt, so kann die Aussage nicht verwertet werden.[138] Die Niederschrift über eine Aussage, die **in einem anderen Verfahren** gemacht wurde, bei dem eine nach den Regeln diesen Verfahrens vorgeschriebenen Belehrung unterblieben ist, kann nicht in einem Zivilprozess als **Urkundenbeweis** verwertet werden (s. § 373 Rn. 20). Im Übrigen scheitert die Verwertung der Urkunde im Zivilprozess nicht daran, dass der Zeuge sich nunmehr auf sein Zeugnisverweigerungsrecht beruft, denn eine dem § 252 StPO entsprechende Vorschrift gibt es für den Zivilprozess nicht.[139] Zur fehlerhaften Belehrung s. § 384 Rn. 3. 41

V. Abs. 3 (Beschränkung der Vernehmung)

Eine **Belehrung** über das Zeugnisverweigerungsrecht ist bei den Personen nach Nr. 4 bis 6 **entbehrlich,** aber das Gericht soll keine Fragen stellen, die der Zeuge, der nicht gem. § 385 Abs. 2 entbunden ist, nur unter Verletzung seiner Schweigepflicht machen kann. Hierdurch soll der Zeuge vor einer Verletzung seiner Pflicht bewahrt werden. Beachtet das Gericht seine Pflicht nach Abs. 3 nicht und **verletzt der Zeuge seine Verschwiegenheitspflicht,** so ist die Aussage dennoch verwertbar.[140] Auch wenn der Zeuge ungefragt unter Verletzung seiner Geheimhaltungspflicht eine Aussage macht, so ist diese verwertbar.[141] Nur durch Verzicht auf den Zeugen (§ 399) können die Parteien die Aussage des Zeugen unterbinden. Ebenso wie wegen eines höherwertigen Rechtsgutes 42

---

[126] RGZ 53, 15; OLG Bamberg OLGRspr. 17, 160; Hamburg OLGRspr. 27, 97; OLG München JW 1926, 618 m. Anm. *Oertmann;* OLG Kiel JW 1936, 2941.

[127] BGH BB 1953, 993 (in NJW 1954, 72 nicht abgedruckt); OLG Köln MDR 1968, 931; *Müller* NJW 1963, 833, 835; *Sichtermann,* Bankgeheimnis und Bankauskunft in der Bundesrepublik Deutschland sowie in wichtigen ausländischen Staaten, 3. Aufl. 1984, S. 215 f.

[128] OLG Stuttgart WRP 1977, 127, 128; KG HRR 1931 Nr. 145; LG Tübingen JZ 1960, 493 m. Anm. *Wieczorek.*

[129] Im Ergebnis: BGHZ 23, 138; RGZ 129, 15.

[130] *Schütze/Tscherning/Wais* Rn. 518.

[131] OLG Dresden OLG Rspr. 15, 137; *Stein/Jonas/Berger* Rn. 91.

[132] LAG Hamm BB 1995, 51.

[133] LG Bonn NJW-RR 1993, 1037.

[134] OVG Berlin OVGE Berlin 20, 216.

[135] *Eckardt/Dendorfer* MDR 2001, 786, 789; *Groth* NJW 2001, 338; aA *Wagner* NJW 2001, 1400.

[136] RG JW 1936, 3548 m. abl. Anm. *Rilk.*

[137] *Zöller/Greger* Rn. 21.

[138] BGH NJW 1985, 1158; *Gottwald* BB 1979, 1781.

[139] AA OLG Frankfurt MDR 1987, 151, das § 252 StPO analog anwendet.

[140] BGH NJW 1977, 1198; BGHSt 9, 59, 62 = NJW 1956, 599; BGHSt 15, 200, 202 = NJW 1961, 279; BayObLG NJW-RR 1991, 6, 7; aA *Gießler* NJW 1977, 1185.

[141] BGH NJW 1990, 1734, 1735; BGHSt 18, 146, 147 = NJW 1963, 723; *Gottwald* BB 1979, 1780, 1781.

die Schweigepflicht gebrochen werden kann, ist das Gericht verpflichtet, in solch einem Fall entsprechende Fragen zu stellen.[142]

VI. Zeugnisverweigerungsrecht und Vernehmung in anderen Verfahren

43 Grundsätzlich darf jede Partei sich auf Vernehmungen von Zeugen in anderen Verfahren zu Beweiszwecken beziehen (s. § 373 Rn. 20). Die Heranziehung der Vernehmungsniederschrift als **Urkundenbeweis** im Zivilprozess darf – anders § 252 StPO – auch dann geschehen, wenn der Zeuge im Zivilprozess die Aussage verweigert[143] und sogar dann, wenn der Zeuge in dem anderen Verfahren kein Zeugnisverweigerungsrecht hatte (s. Rn. 20), zB, weil es im Strafprozess weniger Zeugnisverweigerungsrechte gibt als im Zivilprozess (s. § 373 Rn. 20).[144] Umgekehrt nimmt auch ein Verzicht auf ein Zeugnisverweigerungsrecht in einem anderen Verfahren, zB im Strafverfahren, dem Zeugen nicht die Möglichkeit, im Zivilprozess das Zeugnis zu verweigern, soweit es um die Fälle Abs. 1 Nr. 1 bis 3 geht.[145] Sind in dem anderen Verfahren in öffentlicher Verhandlung von Zeugen Angaben gemacht worden, so handelt es sich insoweit nicht mehr um geheim zu haltende Tatsachen im Sinne der Fälle Abs. 1 Nr. 4 bis 6.[146]

§ 384 Zeugnisverweigerung aus sachlichen Gründen

Das Zeugnis kann verweigert werden:

1. **über Fragen, deren Beantwortung dem Zeugen oder einer Person, zu der er in einem der im § 383 Nr. 1 bis 3 bezeichneten Verhältnisse steht, einen unmittelbaren vermögensrechtlichen Schaden verursachen würde;**
2. **über Fragen, deren Beantwortung dem Zeugen oder einem seiner im § 383 Nr. 1 bis 3 bezeichneten Angehörigen zur Unehre gereichen oder die Gefahr zuziehen würde, wegen einer Straftat oder einer Ordnungswidrigkeit verfolgt zu werden;**
3. **über Fragen, die der Zeuge nicht würde beantworten können, ohne ein Kunst- oder Gewerbegeheimnis zu offenbaren.**

I. Normzweck

1 Kein Zeuge muss – um der öffentlich-rechtlichen Pflicht zur Aussage nachzukommen – sich selbst oder den nächsten Angehörigen Schaden zufügen (Nr. 1 und Nr. 3), oder sich selbst oder diese Angehörigen der Gefahr der Verfolgung wegen einer Straftat oder Ordnungswidrigkeit aussetzen; er kann selbst dann die Aussage verweigern, wenn ihn oder die Angehörigen die Aussage als unehrenhaft erscheinen ließe. Mit diesem Aussageverweigerungsrecht achtet und schützt das Gesetz die Persönlichkeit des Zeugen. Ob damit auch die Wahrheitsfindung bezweckt wird, der Zeuge vor einer Falschaussage bewahrt werden soll, ist streitig, aber wohl zu bejahen,[1] obgleich – anders als nach § 55 StPO – eine Belehrungspflicht nicht vorgesehen ist (vgl. § 383 Rn. 1). Nr. 1 und Nr. 3 haben keine Entsprechung in der StPO; der Nr. 2 entspricht hinsichtlich der Straftat und Ordnungswidrigkeit § 55 Abs. 1 StPO; ein eingeschränktes Aussageverweigerungsrecht bezüglich der Unehre findet sich in § 68 a StPO. Zum Zeugenschutz s. § 395 Rn. 3.

II. Allgemeines zu Nr. 1 bis 3

2 **1. Umfang des Aussageverweigerungsrechts.** Die Vorschrift gibt kein Recht, die gesamte Aussage zu verweigern, wie zB § 383 Abs. 1 Nr. 1 bis 3; nur hinsichtlich der in § 384 näher bezeichneten Bereiche kann der Zeuge die Aussage verweigern; es handelt sich um ein gegenständlich beschränktes Aussageverweigerungsrecht.[2] Je nach Beweisthema kann das Gebrauchmachen von diesem Auskunftsverweigerungsrecht aber dazu führen, dass der Zeuge zur Sache gar nicht aussagt.

---

[142] RGZ 89, 13; vgl. BGHSt 15, 200, 202 = NJW 1961, 279; *Kohlhaas* NJW 1953, 401; *Zöller/Greger* Rn. 22; aA *Löwe/Rosenberg/Dahs* § 53 StPO Rn. 11.

[143] OLG Köln VersR 1993, 335.

[144] AA *Wieczorek* Anm. B II; eingehend zum Fragenkreis: *Häcker,* Grenzen der Verwertbarkeit strafprozessualer Aussagen im Zivilprozeß, Diss. Tübingen 1994.

[145] BGHZ 40, 288, 293 = NJW 1964, 449.

[146] *Stein/Jonas/Berger* Rn. 94.

[1] OLG Hamburg OLGRspr. 20, 325; aA BGHSt 11, 213, 215 = NJW 1958, 557. Die Entscheidung steht der hier vertretenen Auffassung nicht unbedingt entgegen, weil sie sehr auf das Strafverfahren abstellt.

[2] BGH NJW 1994, 197.

Dabei darf der Zeuge nicht einfach, wenn er von dem Zeugnisverweigerungsrecht Gebrauch machen will, den entsprechenden Bereich weglassen. Er muss vielmehr sich auf sein Zeugnisverweigerungsrecht **berufen** (s. § 386).[3] Der Gesetzeswortlaut „Fragen" ist daher zu eng. Die Auskunftsverweigerung ist bis zum Abschluss der Vernehmung möglich;[4] der Zeuge kann dabei seine bisherigen Angaben zur Sache widerrufen.[5]

3 **2. Belehrungspflicht und fehlerhafte Belehrung.** Eine Belehrungspflicht besteht nicht; zweckmäßigerweise wird aber das Gericht vielfach den Zeugen belehren,[6] insbesondere bei minderjährigen Zeugen.[7] Eine falsche Belehrung, insbesondere die in der Praxis häufige, der Zeuge könne die Aussage nur verweigern, wenn er eine Straftat begangen habe, schadet nicht.[8] Ebensowenig schadet die falsche Belehrung über ein nicht bestehendes Zeugnisverweigerungsrecht, wenn der Zeuge (dennoch) aussagt.[9] Eine falsche Belehrung indes, die dazu führt, dass der Zeuge Fragen nicht beantwortet, ist wie das Übergehen eines Beweisantrags zu behandeln.[10] Der Zeuge kann sich **anwaltlich beraten** lassen, ob und wann er sein Zeugnisverweigerungsrecht ausüben soll.[11] Da es im Belieben des Zeugen steht, von seinem Zeugnisverweigerungsrecht Gebrauch zu machen oder auch nicht, können **Fragen von Seiten der Parteien** (§ 397), deren Beantwortung der Zeuge verweigern kann, nicht als unzulässig zurückgewiesen werden.[12]

4 **3. Nachteil für den Zeugen. Beweiswürdigung.** Entgegen dem Gesetzeswortlaut muss die wahrheitsgemäße **Beantwortung** nicht die in Nr. 1 bis 3 genannten Nachteile für den Zeugen haben; der Zeuge hat vielmehr das Recht, sich gar nicht zu äußern. Der Zeuge kann also auch dann das Zeugnis verweigern, wenn ihm die wahrheitsgemäße Antwort zB nicht zur Unehre gereicht. Beispiel: Auf die Frage, wie der Zeuge eine Sache erworben hat, ob er sie gestohlen habe, kann der Zeuge auch dann die Antwort verweigern, wenn weder er noch einer seiner Verwandten die Sache gestohlen hat. Diese Auslegung des § 384 ist geboten, weil anderenfalls in jeder Zeugnisverweigerung gem. § 384 ein schlüssiges Eingeständnis läge.[13] Dementsprechend ist der Schluss aus der Verweigerung des Zeugnisses auf das (aus der Sicht des Zeugen) Nachteilige im Rahmen der **Beweiswürdigung** auf Grund der Zeugnisverweigerung allein nicht möglich.[14] Nur in Verbindung mit anderen Ergebnissen des Verfahrens kann uU ein solcher Schluss zulässig sein.[15]

5 **4. Keine Glaubhaftmachung.** Die Entscheidung über das Zeugnisverweigerungsrecht trifft das Gericht auf Grund der Sachlage; einer Glaubhaftmachung seitens des Zeugen bedarf es nicht;[16] § 386 Abs. 1 ist insoweit nicht anwendbar. Der Zeuge braucht auch keine konkreten Angaben über den Weigerungsgrund zu machen, weil er anderenfalls zB das Betriebsgeheimnis aufdecken würde.

6 **5. Verhältnis des Zeugen zur Partei.** Dass ein **Angehöriger gem. § 383 Nr. 1 bis 3** Partei des Rechtsstreits wäre, wird in § 384 nicht vorausgesetzt. Gerade dann, wenn der Angehörige nicht Partei ist, wird die Vorschrift relevant, weil anderenfalls die gesamte Sachaussage auf Grund des § 383 verweigert werden kann. Aber auch im anderen Fall – wenn also der Angehörige Partei ist – ist § 384 von Bedeutung: Der Zeuge kann sich entscheiden, von welchem Recht er Gebrauch macht. Im Falle des § 383 ist die Ausübung des Zeugnisverweigerungsrechts bei der Beweiswürdigung anders zu verwerten (vgl. § 383 Rn. 7) als im Falle des § 384 (s. Rn. 4).[17]

III. Nr. 1 (Vermögensrechtlicher Schaden)

7 Ein **unmittelbarer Vermögensschaden** muss als Folge der Aussage drohen. Die bloße Möglichkeit eines Schadens, ebenso wie ein nur mittelbarer Schaden, zB wegen des Prozessausgangs,

---

[3] BVerfGE 38, 105, 113 = NJW 1975, 103; BGHSt 7, 127 = NJW 1955, 230; RGSt 57, 152; *Wieczorek* Anm. B II c.
[4] RGSt 63, 302; OLG Celle NJW 1958, 72, 74.
[5] BGH NStZ 1982, 431; RGSt 44, 44; *Löwe/Rosenberg/Dahs* § 55 StPO Rn. 17.
[6] OLG Köln OLGZ 1986, 59; *Klemp* BB 1976, 912, 914.
[7] Vgl. *Wieczorek* Anm. A III a.
[8] RG WarnR 1920 Nr. 212; vgl. BGHSt 1, 39 = NJW 1951, 368; RGSt 38, 320; *Wieczorek* Anm. A III b.
[9] BGH nach *Pfeiffer* NStZ 1981, 93; RGSt 48, 269, 270.
[10] BGH nach *Dallinger* MDR 1953, 402; RGSt 32, 157; OLG Celle NJW 1962, 2315.
[11] BVerfGE 38, 105, 113 = NJW 1975, 103.
[12] RG JW 1931, 3560 m. Anm. *Bohne;* RGSt 9, 426.
[13] BGHZ 26, 391 = FamRZ 1958, 169 m. Anm. *Bosch;* BGHZ 43, 368, 374 = NJW 1965, 1530; RG WarnR 1920 Nr. 212; JR 1927 Nr. 701; HRR 1933 Nr. 539; RGSt 36, 114.
[14] RG HRR 1933 Nr. 539; WarnR 1920 Nr. 212.
[15] Vgl. RG WarnR 1919 Nr. 143; BGH NJW 1994, 197, 198.
[16] RG JW 1896, 130; HRR 1933 Nr. 539; *Wieczorek* Anm. A II b.
[17] BGH NJW 1984, 136.

genügen nicht.[18] Beispiele für fehlenden Vermögensschaden: Verliert die Partei den Prozess, zB über eine dinglich gesicherte Forderung, so ist die Forderung des Zeugen wegen Zahlungsunfähigkeit der Partei gefährdet; die Aussage des Zeugen erleichtert die Geltendmachung einer Forderung gegen den Zeugen.[19] Ist der Zeuge Gesellschafter oder ges. Vertreter einer **juristischen Person,** und führt die Aussage zu deren Prozessverlust, so ist das kein unmittelbarer Nachteil.[20] Für einen Beamten ist es kein unmittelbarer Nachteil, zum Nachteil des Dienstherrn aussagen zu müssen, auch wenn dadurch Beförderungschancen verloren gehen.[21] Beispiele für unmittelbaren Vermögensschaden: Die Aussage ergibt einen Regressanspruch der Partei gegen den Zeugen. Der Zeuge ist an einer Gesellschaft des Handelsrechts, **OHG oder KG,** beteiligt; deren Prozessverlust mindert auch direkt seinen Gewinn,[22] obgleich sie eigene Rechtspersönlichkeit besitzt. Entsprechendes gilt für die **BGB-Außengesellschaft.** Der Zeuge käme auf Grund der Aussage als nichtehelicher Vater in Betracht und müsste Unterhalt zahlen.[23]

IV. Nr. 2 (Unehre oder strafgerichtliche Verfolgung)

8 **1. Unehre.** Die Aussage muss zur Unehre gereichen, dh. zu einer starken Herabsetzung des Ansehens. Die bloße Möglichkeit genügt hier – anders als bei der Strafverfolgung – nicht.[24] Dabei sind die örtlichen und gesellschaftlichen Verhältnisse zu berücksichtigen, nicht aber spezielle Anschauungen bestimmter Gruppen,[25] zB religiöser Sekten. Außerehelicher Geschlechtsverkehr gereicht verheirateten Personen zur Unehre,[26] unverheirateten Personen jedenfalls dann, wenn der Partner verheiratet ist. Dass der Angehörige gem. § 383 Nr. 1 bis 3 noch lebt, wird hier nicht vorausgesetzt; eine Witwe braucht deshalb nicht Unehrenhaftes über ihren verstorbenen Mann auszusagen.[27] Zur Unehre gereicht die Angabe über Vorstrafen.[28] Eine **ehrenwörtliche Schweigepflicht,** ebenso wie eine vertragliche Schweigepflicht (s. auch Rn. 13), gewähren deshalb kein Zeugnisverweigerungsrecht nach Nr. 2, weil nur der Inhalt der Aussage von Nr. 2 erfasst wird (s. Rn. 9);[29] ein Vertragsstrafeversprechen wäre unsittlich und ungesetzlich, weil gegen §§ 383 ff. verstoßend, sodass auch Nr. 1 nicht anwendbar ist.

9 **2. Straftat.** Die Gefahr der Verfolgung wegen einer Straftat muss aus den Angaben zum Beweisthema herrühren; sie darf nicht auf eine frühere Aussage zu diesem Thema gründen. Eine frühere wahrheitswidrige Aussage berechtigt also den Zeugen nicht dazu, bei einer neuerlichen Vernehmung das Zeugnis zu verweigern.[30] Möglichkeiten, von einer Strafe abzusehen, bestehen in diesem Fall nach §§ 157, 158 StGB. Müsste der Zeuge hingegen die Falschaussage eines Angehörigen gem. § 383 Nr. 1 bis 3 aufdecken, so hat er ein Zeugnisverweigerungsrecht.

10 **3. Gefahr der Strafverfolgung.** Nicht erforderlich ist, dass die sichere Erwartung einer Strafe besteht. Erforderlich und genügend ist vielmehr ein prozessual ausreichender Anfangsverdacht. Keine Gefahr der Strafverfolgung besteht, wenn der Zeuge ersichtlich Rechtfertigungs- oder Entschuldigungsgründe hat, wenn der Zeuge oder Angehörige bei der Begehung der Tat strafunmündig war, wenn bereits eine rechtskräftige Verurteilung erfolgt ist[31] oder wenn das Strafverfahren mit einem Freispruch endete und eine Wiederaufnahme des Verfahrens ausgeschlossen ist[32] (s. aber Rn. 8). Indes berechtigt ein schwebendes Strafverfahren nicht dazu, **den Zivilprozess** bis zum Abschluss des Strafverfahrens **auszusetzen,** um dann den Zeugen vernehmen zu können.[33]

---

[18] RGZ 32, 381; OVG Lüneburg NJW 1978, 1493, 1494.
[19] RGZ 32, 381; KG JW 1925, 1527; aA OLG Stuttgart NJW 1971, 945; OLG Celle NJW 1953, 426; *Stein/Jonas/Berger* Rn. 4; *Wieczorek* Anm. B II b 1.
[20] *Stein/Jonas/Berger* Rn. 4; *Wieczorek* Anm. B II a 2; aA *Baumbach/Lauterbach/Hartmann* Rn. 4.
[21] OLG Nürnberg BayJMBl. 1963, 10.
[22] *Wieczorek* Anm. B II b 2.
[23] OLG Karlsruhe NJW 1990, 2758.
[24] AA *Dillenburg/Pauly* MDR 1995, 340, 341.
[25] OVG Lüneburg NJW 1978, 1493; *Baumbach/Lauterbach/Hartmann* Rn. 5
[26] OLG Karlsruhe NJW 1994, 528.
[27] OLG Nürnberg MDR 1975, 937.
[28] BGHSt 5, 25 = NJW 1953, 1922.
[29] BayObLGZ 1956, 389, 392; OLG Nürnberg BayJMinBl. 1954, 66; OLG Dresden OLGRspr. 5, 69; KG JW 1920, 154 m. Anm. *Stein;* OLG Darmstadt JW 1928, 822 m. Anm. *Jonas; Wieczorek* Anm. B II b 3.
[30] *Zöller/Greger* Rn. 6: aA BGH nach *Dallinger* MDR 1953, 402; *Löwe/Rosenberg/Dahs* § 55 StPO Rn. 12.
[31] OLG Celle NStZ 1983, 377.
[32] *Löwe/Rosenberg/Dahs* § 55 StPO Rn. 14; s. auch OLG Celle NStZ 1983, 377; OLG Celle NJW-RR 1961, 62.
[33] KG MDR 1983, 139; *Zöller/Greger* Rn. 6.

Keine Gefahr der Strafverfolgung besteht ferner, wenn Verjährung oder Straffreiheit eingetreten sind.[34] Ob die Strafverfolgung im In- oder Ausland erfolgt, ist gleichgültig, ebenso, ob der Zeuge Deutscher oder Ausländer ist.[35] Analog § 295 StPO kann dem Zeugen **freies Geleit** zugesagt werden.[36]

4. Ordnungswidrigkeit. Auch die Gefahr der Verfolgung wegen einer Ordnungswidrigkeit berechtigt dazu, das Zeugnis zu verweigern. Die Regelung wurde 1968 eingeführt. Gegen sie bestehen im Ansatz verfassungsrechtliche Bedenken (vgl. § 383 Rn. 31); jedoch **verjähren** Ordnungswidrigkeiten relativ schnell (§ 31 OWiG), sodass deshalb das Zeugnisverweigerungsrecht vielfach nicht (mehr) besteht. 11

5. Dienststrafrechtliche Maßnahmen. Die Möglichkeit einer ehrengerichtlichen oder dienststrafrechtlichen Verfolgung begründet auch dann ein Zeugnisverweigerungsrecht, wenn die Aussage dem Zeugen nicht zugleich zur Unehre (s. Rn. 8) gereichen würde.[37] Dies folgt aus dem Grundsatz, dass niemand gezwungen werden darf, sich selbst zu belasten;[38] das rechtsstaatliche Interesse an der Wahrheitsfindung im Verfahren tritt hinter diesen Grundsatz zurück. 12

V. Nr. 3 (Geheimnisoffenbarung)

1. Schutzberechtigte. Schutzberechtigter muss der Zeuge selbst sein[39] oder ein Dritter, demgegenüber der Zeuge kraft Gesetzes oder kraft Vertrages, zB kraft Anstellungsvertrages,[40] zur Geheimhaltung verpflichtet ist;[41] es muss sich also um ein Geschäftsgeheimnis Dritter, nicht das einer Prozesspartei handeln. Der Schutzberechtigte kann, wenn die Geheimhaltungspflicht auf Vertrag beruht, auf sein Schutzrecht **verzichten,** womit das Zeugnisverweigerungsrecht entfällt;[42] § 385 Abs. 2 steht dem nicht entgegen, weil er insoweit nicht abschließend ist. Ist eine Partei schutzberechtigt, so besteht zB für deren Angestellten, der auf Grund seines Anstellungsvertrages zur Geheimhaltung verpflichtet ist, kein Zeugnisverweigerungsrecht; § 384 Nr. 3 ist nicht, auch nicht entsprechend, anwendbar.[43] Wird der Zeuge von seinem Vertragspartner, zB dem Arbeitgeber, benannt, so liegt darin ein Verzicht auf die Geheimhaltung. 13

2. Gewerbegeheimnis. Gewerbegeheimnis sind alle noch nicht allgemein bekannten technischen Arbeitsmittel und Methoden. Darüber hinaus stellen auch alle wirtschaftlichen Tatsachen ein Gewerbegeheimnis dar, wenn an diesen zurzeit der Vernehmung ein erhebliches, unmittelbares Interesse an der Nichtoffenbarung besteht.[44] Die Vorschrift wird auch insofern weit ausgelegt, dass auch Geheimnisse nicht gewerblich, sondern ideell handelnder Personen unter Nr. 3 subsumiert werden.[45] Beispiele: Bezugsquellen,[46] Einkaufspreis,[47] Preiskalkulation,[48] Kreditumfang,[49] Kreditgeber,[50] Teilhaber (soweit diese nicht im Handelsregister eingetragen sind), Bankverbindung, Kunden. Kein Gewerbegeheimnis stellen dar: Verkaufspreise, auch wenn diese nicht bei allen Kunden gleich sind,[51] Einkommen,[52] Einnahmen[53] und Vertragsbedingungen. 14

---

[34] BVerfG DB 1975, 1936; OLG Oldenburg NJW 1961, 1225; BGH nach *Dallinger* MDR 1958, 141.

[35] *Odenthal* NStZ 1985, 117; *Löwe/Rosenberg/Dahs* § 55 StPO Rn. 13.

[36] Eingehend *Bauer,* Das sichere Geleit, 2006, S. 186 ff.

[37] BGH NJW 1979, 324 (zur Standespflichtverletzung); *Baumann,* FS Kleinknecht, 1985, S. 19; aA OLG Hamburg MDR 1984, 335; *Wieczorek* Anm. B II c 2.

[38] BGH NJW 1979, 324.

[39] OLG Düsseldorf MDR 1978, 147 (persönlich haftender Gesellschafter der KG).

[40] RGZ 53, 40, 42; OLG Hamburg OLGRspr. 13, 160.

[41] OLG Hamburg MDR 1977, 761; OLG Stuttgart WRP 1977, 127, 129; *Stürner* JZ 1985, 453, 454; *Gottwald* BB 1979, 1780, 1781 (unter Anwendung des § 383 Abs. 1 Nr. 6); *Schlosser* ZZP 95 (1982), 364, 365; aA LG München ZZP 95 (1982), 362, 364.

[42] *Stürner* JZ 1985, 453, 454; *Wieczorek* § 385 Anm. B I b 4.

[43] *Stürner* JZ 1985, 453, 455 ff.

[44] RGZ 53, 40, 43; 54, 323, 325; OLG Hamburg MDR 1977, 761; OLG Stuttgart WRP 1977, 127, 128.

[45] OLG Stuttgart WRP 1977, 127, 128; vgl. KG HRR 1931 Nr. 145.

[46] OLG Hamburg OLGRspr. 33, 69.

[47] OLG Celle OLGRspr. 17, 162.

[48] OLG Hamburg OLGRspr. 21, 83.

[49] OLG Colmar OLGRspr. 13, 159; OLG Dresden OLGRspr. 40, 377.

[50] OLG Colmar OLGRspr. 13, 159.

[51] RGZ 53, 40, 43; *Stein/Jonas/Berger* Rn. 13.

[52] OLG Hamburg SeuffA 74 (1919) Nr. 217.

[53] OLG Hamburg JW 1918, 108.

§ 385 Ausnahmen von Zeugnisverweigerungsrecht

(1) In den Fällen des § 383 Nr. 1 bis 3 und des § 384 Nr. 1 darf der Zeuge das Zeugnis nicht verweigern:

1. über die Errichtung und den Inhalt eines Rechtsgeschäfts, bei dessen Errichtung er als Zeuge zugezogen war;
2. über Geburten, Verheiratungen oder Sterbefälle von Familienmitgliedern;
3. über Tatsachen, welche die durch das Familienverhältnis bedingten Vermögensangelegenheiten betreffen;
4. über die auf das streitige Rechtsverhältnis sich beziehenden Handlungen, die von ihm selbst als Rechtsvorgänger oder Vertreter einer Partei vorgenommen sein sollen.

(2) Die im § 383 Nr. 4, 6 bezeichneten Personen dürfen das Zeugnis nicht verweigern, wenn sie von der Verpflichtung zur Verschwiegenheit entbunden sind.

I. Normzweck

1 Ausnahmen vom Zeugnisverweigerungsrecht bestehen dort, wo sich dieses Recht nur auf die familienrechtlichen Beziehungen des Zeugen zu einer Partei oder auf eigene Interessen des Zeugen gründet und wo (1.) der Zeuge sich zur Errichtung des Rechtsgeschäfts hinzuziehen ließ; dann wäre es ein venire contra factum proprium, wenn er sich später auf sein Zeugnisverweigerungsrecht berufen könnte (Nr. 1), oder wo (2.) es um den Familienstand geht; dieser Bereich wird als wertneutral behandelt, zumindest aber wird der Interessenkonflikt dem Zeugen zugemutet (Nr. 2), oder wo (3.) „es in der Familie bleibt"; hinsichtlich der durch die Familie bedingten Vermögensverhältnisse muss der Zeuge den Interessenkonflikt hinnehmen, weil es an anderen Zeugen in der Regel mangelt[1] (Nr. 3), oder wo (4.) jemand selbst früher an einem Rechtsgeschäft mitgewirkt hat (Nr. 4). Ferner (Abs. 2) entfällt das Zeugnisverweigerungsrecht, wo dieses ausschließlich den Individualinteressen dient und die geschützte Person den Zeugen von seiner Verschwiegenheitspflicht entbunden und dadurch auf ihren Schutz verzichtet hat. Abs. 2 findet seine Entsprechung in § 53 Abs. 2 StPO.

II. Abs. 1

2 **1. Nr. 1 (Zuziehung als Zeuge des Rechtsgeschäfts).** Jemand ist als Zeuge zugezogen, wenn dies erfolgte, damit er im Falle eines späteren Streites über den Vorgang berichten soll. Der Zeuge muss sich bewusst gewesen sein – auf Grund ausdrücklicher Erklärung oder auch nach den Umständen –, dass er als Zeuge des Vorgangs fungiert.[2] Ein bloß zufälliges (teilnahmsloses) Dabeistehen genügt also nicht.[3] Bringt nur eine Partei einen Verwandten oder Verschwägerten (§ 383 Abs. 1 Nr. 1 bis 3) als Zeugen mit und zieht die andere Partei ihn nicht hinzu – toleriert also nur dessen Anwesenheit – so ist § 385 nicht anwendbar.[4] Der Zeugniszwang besteht nur hinsichtlich der Errichtung und des Inhalts des Rechtsgeschäfts, nicht hinsichtlich **sonstiger streitiger Umstände,** wenn das Rechtsgeschäft selbst unumstritten ist, also die Umstände nicht für die Frage des Zustandekommens oder der Auslegung des Rechtsgeschäfts von Bedeutung sind. Zur Errichtung des Rechtsgeschäfts gehören auch Vorverhandlungen, wenn der Zeuge zu diesen zugezogen war.[5] Scheitern die **Vorverhandlungen,** kommt es also nicht zu einem förmlichen Abschluss des Rechtsgeschäfts, so greift Nr. 1 nicht ein.[6] Verweigert der Zeuge die Aussage, so muss der Beweisführer (s. § 379 Rn. 3)[7] die Zuziehung als Zeugen beweisen. Dies geschieht dadurch, dass der Zeuge zunächst nur darüber vernommen wird, ob er als Zeuge zugezogen war.[8]

3 **2. Nr. 2 (Angelegenheit des Familienstandes).** Zu den Familienmitgliedern gehören alle durch Ehe, Verwandtschaft und Schwägerschaft verbundenen Personen (§§ 1589, 1590 BGB), nicht nur diejenigen, die zusammenleben (Kleinfamilie). Dass unter Familienmitgliedern hier nur

[1] RGZ 40, 345, 347; OLG Düsseldorf FamRZ 1980, 616.
[2] BayObLGZ 1984, 141 = MDR 1984, 1025.
[3] *Stein/Jonas/Berger* Rn. 2.
[4] RG nach *Wieczorek* Anm. B II b.
[5] AA *Stein/Jonas/Berger* Rn. 2.
[6] *Wieczorek* Anm. B II a.
[7] AA OLG Breslau OLGRspr. 20, 326: die der Zeugnisverweigerung widersprechende Partei (beide Parteien hatten den Zeugen benannt).
[8] OLG Breslau OLGRspr. 20, 326.

die Personen gem. § 383 Abs. 1 Nr. 1 bis 3 gemeint seien,[9] trifft nicht zu;[10] zwar hat der Zeuge nur ein Zeugnisverweigerungsrecht, wenn einer dieser Familienmitglieder Partei ist; aber in solch einem Rechtsstreit kann es auch auf Geburten usw. aus der weiteren Familie ankommen. Nur hinsichtlich der Geburten, Eheschließungen und Sterbefälle wird das Zeugnisverweigerungsrecht aufgehoben, nicht hinsichtlich von deren Umfeld: Verlobung, Todesursache, Scheidung,[11] Geschlechtsverkehr.[12] Der materiell-rechtliche Anspruch auf Benennung des Vaters hebt das Zeugnisverweigerungsrecht nicht auf.[13]

3. Nr. 3 (Durch das Familienverhältnis bedingte Vermögensangelegenheit). Hier ist ein Familienverhältnis des Zeugen zu einer Prozesspartei gemeint – insoweit anders als in Nr. 2.[14] Der Zeuge muss also **selbst Mitglied der Familie** sein (s. Rn. 1), wobei der Familienbegriff derselbe ist wie in Nr. 2, es gehört auch der geschiedene Ehegatte (s. § 383 Nr. 2) dazu.[15] Die Angelegenheit muss durch die Zugehörigkeit zur Familie **bedingt sein,** sie entfiele also, wären die Betroffenen im konkreten Fall nicht Familienmitglieder. Dadurch fallen zB auch Mietverträge unter Nr. 3, sofern das Verwandtschaftsverhältnis mitursächlich für deren Abschluss und nicht nur zufällig[16] war. Dass der Rechtsstreit irgendwie auf der Vermögensangelegenheit beruht, ist nicht erforderlich; es genügt, dass die familienbedingte Vermögensangelegenheit in einem tatsächlichen Zusammenhang mit dem Rechtsstreit steht.[17] Beispiele für familiäre Vermögensangelegenheiten im engsten Sinn: Fragen des Güterstandes und von Eheverträgen,[18] Mitgiftversprechen,[19] Erbrechtsangelegenheiten wie Annahme und Ausschlagung der Erbschaft,[20] Vermächtnisansprüche, Pflichtteilsansprüche,[21] Auseinandersetzungsvereinbarungen bezüglich des Nachlasses,[22] Erbverzicht und Abfindungen,[23] Altenteilsfragen,[24] Unterhaltsvereinbarungen und Unterhaltsansprüche.[25] Auch die Frage, welches Vermögen in die Ehe eingebracht wurde, zählt hierher;[26] ebenso die für den Unterhalt maßgeblichen Einkommens- und Vermögensverhältnisse.[27] Fragen um die **Vaterschaft** sind heute jedenfalls keine Vermögensangelegenheiten mehr, sondern Statussachen, trotz einer daraus resultierenden Unterhaltspflicht. Im Prozess auf Feststellung der Vaterschaft, ebenso wie im Prozess um die Anfechtung der **Ehelichkeit,** kann also die Mutter das Zeugnis, zB über Mehrverkehr, verweigern, weil es nicht um eine Vermögensangelegenheit nach Nr. 3 geht. Auch schon zu Zeiten der sog. Zahlvaterschaft, also vor Inkrafttreten des Nichtehelichengesetzes (1970), hat man § 385 Abs. 1 Nr. 3 nicht angewandt, sodass die Mutter im Prozess des Kindes auf Unterhalt gegen den nichtehelichen Vater zeugnisverweigerungsberechtigt war;[28] für Statussachen war dies unumstritten.[29] 4

4. Nr. 4 (Rechtsvorgänger oder Vertreter). Der Begriff „Handlung" wird weit ausgelegt und bezieht sich dementsprechend nicht nur auf die Begründung des Rechtsverhältnisses.[30] Wahrnehmungen werden indes hier nicht erfasst.[31] Rechtsvorgänger ist insbesondere der Zedent,[32] der Vermögensübertragende (§ 419 BGB aF), der Ehegatte vor Begründung der Gütergemeinschaft,[33] 5

[9] *Wieczorek* Anm. B III b.
[10] RG Recht 1910 Nr. 1785.
[11] AA *Wieczorek* Anm. B III a.
[12] RGZ 169, 48, 49; *Müller* FamRZ 1986, 635 (künstliche Insemination); aA *Wieczorek* Anm. B III a.
[13] *Stein/Jonas/Berger* Rn. 3.
[14] RG Recht 1910 Nr. 1785.
[15] OLG Nürnberg FamRZ 1992, 1316.
[16] RGZ 40, 345, 347; RG JW 1909, 319; SeuffA 64 (1909) Nr. 167; RG SeuffA 54 (1899) Nr. 117; JW 1898, 570; OLG Breslau OLGRspr. 21, 84; KG HRR 1929 Nr. 1879; aA OLG München OLGRspr. 21, 84.
[17] RG JW 1903, 24; BayObLGZ 8, 487; OLG Celle OLG Rspr. 17, 330; *Wieczorek* Anm. B IV b 2.
[18] RG Gruchot 56 (1912), 1059; BayObLGZ 7, 201.
[19] RGZ 40, 345.
[20] OLG Celle SeuffA 55 (1900) Nr. 243.
[21] OLG Celle OLGRspr. 17, 330.
[22] RG JW 1891, 179; SeuffA 54 (1899) Nr. 117.
[23] RG SeuffA 45 (1890) Nr. 52; JW 1895, 8.
[24] OLG Hamm OLGRspr. 37, 145.
[25] OLG Karlsruhe FamRZ 1989, 764; OLG Düsseldorf FamRZ 1980, 616; OLG Nürnberg FamRZ 1992, 1316.
[26] *Wieczorek* Anm. B IV a; aA RG SeuffA 51 (1896) Nr. 145.
[27] OLG Karlsruhe FamRZ 1989, 764.
[28] RGSt 61, 402.
[29] Vgl. RGZ 169, 48.
[30] RGZ 47, 430, 432.
[31] RGZ 53, 111, 112; OLG Hamburg OLGRspr. 17, 162; *Wieczorek* Anm. B V a 3; aA *Baumbach/Lauterbach/Hartmann* Rn. 6.
[32] OLG Dresden OLGRspr. 19, 112.
[33] Vgl. RGZ 13, 416, 417.

der Veräußerer (s. § 325 Rn. 20; § 265 Rn. 34ff.). Auch der Begriff „Vertreter" wird weit ausgelegt,[34] sodass auch der Inhaber der „Schlüsselgewalt", der Bote, der Geschäftsführer ohne Auftrag, der Helfer und Berater[35] sowie der gesetzliche Vertreter und der vertretungsberechtigte Gesellschafter – wo deren Vernehmung als Zeugen überhaupt in Betracht kommt – darunter verstanden werden. Ob die Handlung des Zeugen vor oder nach der Rechtsnachfolge erfolgt ist, ist hier gleichgültig.[36] Das Zeugnisverweigerungsrecht entfällt bereits auf Grund der Behauptung, der Zeuge habe als Vertreter oder Rechtsvorgänger gehandelt („sollen"); nicht erforderlich ist, dass die Handlung oder die Vertretereigenschaft zuvor bewiesen wird.[37] Verneint der Zeuge dann seine Vertreter- oder Rechtsvorgängereigenschaft, so kommt wieder das Zeugnisverweigerungsrecht zum Zuge.[38]

III. Entbindung von der Schweigepflicht (Abs. 2)

6 **1. Verweis auf § 383 Nr. 4.** Die Entbindung des **Geistlichen** (§ 383 Abs. 1 Nr. 4) von seiner Schweigepflicht führt dort nicht dazu, dass dieser als Zeuge aussagen muss, wo auf Grund anderer staatlicher Normen der Geistliche auch nach der Entbindung von der Schweigepflicht noch das Zeugnis verweigern darf (s. § 376 Rn. 6).

7 **2. Verweis auf § 383 Nr. 6. a) Geschützter Personenkreis.** Von der **Schweigepflicht kraft Amtes, Standes oder Gewerbes** (§ 383 Abs. 1 Nr. 6) kann grundsätzlich nur derjenige entbinden, zu dessen Gunsten die Pflicht besteht. Sind dies mehrere Personen, so müssen sie alle – nicht notwendigerweise gleichzeitig – die Entbindung erklären.[39] Dies ist nicht stets derjenige, der die geheimzuhaltende Tatsache anvertraut hat; Beispiel: die Ehefrau teilt dem Arzt Krankheitssymptome ihres Mannes mit. Von der Schweigepflicht entbinden kann auch in diesem Fall nur der Geschützte (Ehemann); einer zusätzlichen Entbindung durch den Anvertrauenden (Ehefrau) bedarf es nicht.[40] Bei **Hilfskräften** (s. § 383 Rn. 34) hat ebenfalls nicht der Geschäftsherr, sondern der Geschützte zu entbinden.[41] Die Entbindung erstreckt sich dann auf Geschäftsherr und Hilfskraft.

8 **b) Vermögensrechtliche Interessen.** Bezieht sich der Schutz auf vermögensrechtliche Interessen, so greifen auch die allgemeinen Regeln über die Vertretung bei der Entbindung ein. Beispiele: der Generalbevollmächtigte[42] und Insolvenzverwalter.[43] Da Vermögensrechte vererblich sind, ist es auch das Recht, von der Geheimhaltung vermögenswerter Interessen zu entbinden.[44] Für den **Minderjährigen** und für den **Betreuten** entscheidet dessen gesetzlicher Vertreter.

9 **c) Höchstpersönliche Angelegenheiten.** Bei Angelegenheiten **höchstpersönlicher Art** steht das Recht zur Entbindung grundsätzlich nur dem Betroffenen zu. Ist der Geschützte **minderjährig** und besitzt er die für das Zeugnisverweigerungsrecht nötige Einsichts- und Urteilsfähigkeit, so kann er selbst über die Entbindung von der Schweigepflicht entscheiden; ebenso wie über die Zeugnisverweigerung (vgl. § 383 Rn. 8f.) ist der Verzicht auf die Geheimhaltung prozessuales Handeln im weitesten Sinn, kein rechtsgeschäftliches Handeln.[45] Entsprechendes gilt für den **Betreuten:** hat er die Verstandeskraft, so kann er selbst entscheiden, anderenfalls der Betreuer, der ihn im Rechtsstreit vertritt. Beim Tod geht die Aussageermächtigung nicht auf die Erben über.[46] Der

---

[34] *Stein/Jonas/Berger* Rn. 8; *Zöller/Greger* Rn. 6; aA *Wieczorek* Anm. B V a 2.6.

[35] OLG Hamm OLGRspr. 40, 377; aA RG JW 1911, 489; OLG Köln NJW 1955, 1561; OLG Dresden OLGRspr. 15, 137, 138.

[36] OLG Celle SeuffA 36 (1881) Nr. 307.

[37] RG JW 1911, 489; RGZ 53, 111; OLG Marienwerder SeuffA 48 (1893) Nr. 222; OLG Kassel OLGRspr. 21, 83.

[38] OLG Celle SeuffA 51 (1896) Nr. 231.

[39] RGZ 50, 353, 355 (von beiden Parteien als Berater – nicht gem. § 385 Nr. 1 – zugezogener Rechtsanwalt); RGZ 59, 85 (beurkundender Notar muß von allen Vertragsparteien entbunden werden); RG JW 1906, 174; SeuffA 61 (1909) Nr. 186.

[40] OLG Karlsruhe NJW 1960, 1392.

[41] RG HRR 1928 Nr. 1361.

[42] OLG Celle NJW 1955, 1844.

[43] RGZ 59, 85; RG SeuffA 61 (1906) Nr. 186; OLG Nürnberg MDR 1977, 144; LG Hamburg WM 1988, 1008; OLG Düsseldorf OLGZ 1994, 461.

[44] OLG Stuttgart OLGZ 1983, 6; OLG Colmar OLGRspr. 27, 98; KG OLG Rspr. 29, 118; KG OLGRspr. 29, 120.

[45] BayObLGZ 1985, 53 = Rpfleger 1985, 192; aA *Stein/Jonas/Berger* Rn. 24: auch der gesetzliche Vertreter muß zustimmen; aA OLG München JW 1932, 2176; *Wieczorek* Anm. C I a 1: nur der gesetzliche Vertreter entscheidet.

[46] BGH nach *Holtz* MDR 1980, 815; RGSt 71, 21; OLG Stuttgart OLGZ 1983, 6; OLG Celle JR 1965, 107 m. Anm. *Kohlhaas;* OLG München AnwBl. 1975, 159, 161; LSG München NJW 1962, 1789, 1790 m. Anm. *Schmidt* NJW 1962, 1745; aA *Löwe/Rosenberg/Dahs* § 53 StPO Rn. 74: der Zeuge muß selbst entscheiden, ob er aussagen will.

Geschützte kann aber für den Fall seines Todes eine Person bestimmen, die eine Aussageermächtigung erteilen darf;[47] diese Bestimmung bedarf nicht der Testamentsform.[48] Auch kann der Geschützte für den Fall seines Todes ganz oder teilweise selbst auf die weitere Geheimhaltung verzichten (s. eingehend § 383 Rn. 36).

3. Die Befreiungserklärung. a) Adressat. Sie kann vor oder während des Prozesses gegenüber dem Gericht,[49] dem Zeugen[50] oder jeder Partei erfolgen. In der Benennung des Geheimnisträgers als Zeugen liegt nur dann eine Befreiungserklärung, wenn die Benennung von der geschützten Partei selbst ausgeht und nicht nur von ihrem Prozessbevollmächtigten;[51] das Gericht muss dies klären. 10

b) Widerruflichkeit. Vereinbarung über die Befreiung. Die Befreiungserklärung ist, wenn sie außerprozessual erfolgt, wie die Erteilung einer Vollmacht zu behandeln[52] und ist dann **frei widerruflich** analog § 168 S. 2 BGB. Wird sie im Prozess erklärt, dann ist sie zwar Prozesshandlung, aber dennoch auch widerruflich.[53] Wird die Befreiung von der Pflicht zur Geheimhaltung widerrufen und verweigert der Zeuge sodann das Zeugnis (vgl. § 383 Rn. 20), so sind seine bisherigen Angaben verwertbar.[54] Besteht eine **vertragliche Vereinbarung** über die Befreiung gem. § 385 Abs. 2, so ersetzt diese nicht die Befreiungserklärung selbst; es muss vielmehr – wenn die Befreiungsvereinbarung umstritten ist und der Zeuge deshalb das Zeugnis verweigert – zunächst in einem gesonderten Prozess auf Abgabe der Befreiungserklärung geklagt werden;[55] das Urteil ersetzt die Befreiungserklärung analog § 894.[56] Der **Nachweis der Befreiung** obliegt der Partei, die den Zeugen benannt hat.[57] Fehlt der Nachweis, so sollte das Gericht dennoch nicht die Ladung des Zeugen ablehnen (vgl. § 383 Rn. 20), obgleich es dies darf.[58] 11

4. Beweiswürdigung. Erteilt die geschützte Partei keine Befreiung von der Geheimhaltungspflicht, so ist eine ihr nachteilige Beweiswürdigung gem. § 286 möglich (s. § 286 Rn. 76 ff.);[59] darauf wird das Gericht hinweisen. 12

5. Kein Verweis auf § 383 Nr. 5 und § 384 Nr. 3. Keine Entbindung von der Schweigepflicht ist für **Presse und Rundfunk** (§ 383 Abs. 1 Nr. 5) vorgesehen, weil Schutzzweck nicht die Wahrung der Geheimhaltung des Anvertrauten, sondern das Pressegeheimnis an sich ist. Wird in einem solchen Falle dennoch die Entbindung von der Schweigepflicht ausgesprochen, so wird es immerhin für den Mitarbeiter von Presse und Rundfunk nahe liegen, vom Zeugnisverweigerungsrecht gem. § 383 Abs. 1 Nr. 5 keinen Gebrauch zu machen. Über die Fälle des § 383 Abs. 1 Nr. 4 und Nr. 6 hinaus kommt eine Entbindung von der Schweigepflicht im Falle des § 384 Nr. 3 **(Gewerbegeheimnis)** in Betracht (s. § 384 Rn. 13). 13

§ 386 Erklärung der Zeugnisverweigerung

(1) Der Zeuge, der das Zeugnis verweigert, hat vor dem zu seiner Vernehmung bestimmten Termin schriftlich oder zum Protokoll der Geschäftsstelle oder in diesem Termin die Tatsachen, auf die er die Weigerung gründet, anzugeben und glaubhaft zu machen.

(2) Zur Glaubhaftmachung genügt in den Fällen des § 383 Nr. 4, 6 die mit Berufung auf einen geleisteten Diensteid abgegebene Versicherung.

---

[47] BDH NJW 1960, 550.
[48] OLG München AnwBl. 1975, 159, 160.
[49] RG JW 1896, 586.
[50] OLG Hamburg OLGRspr. 19, 110.
[51] OLG München OLGRspr. 23, 182; aA *Wieczorek* Anm. C I b 1: stets.
[52] *Wieczorek* Anm. C I c.
[53] BGH NJW 1986, 3077, 3079 (in BGHZ 98, 32 nicht abgedruckt); BGHSt 18, 146, 149 = NJW 1963, 723; RGSt 57, 63, 66; OLG Hamburg NJW 1962, 689, 691; OLG Nürnberg NJW 1958, 272, 274 m. Anm. *Kaufmann;* OLG Celle NdsRpfl. 1962, 260; *Wieczorek* Anm. C I c 2; *Löwe/Rosenberg/Dahs* § 53 StPO Rn. 66; *Stein/Jonas/Berger* Rn. 27; aA das überwiegende zivilprozessuale Schrifttum; vgl. *Zöller/Greger* Rn. 11; BayObLGZ FamRZ 1990, 1013; dahingestellt geblieben: RG JW 1928, 1344.
[54] Vgl. BGHSt 18, 146 = NJW 1963, 723; *Löwe/Rosenberg/Dahs* § 53 StPO Rn. 66.
[55] *Wieczorek* Anm. C I c 1.
[56] OLG Hamburg OLGRspr. 6, 126; *Wieczorek* Anm. C I c 1; *Stein/Jonas/Schumann* Rn. 27.
[57] AA *Stein/Jonas/Berger* Rn. 27; *Wieczorek* Anm. C I d: der Beweisführer.
[58] RG WarnR 1912 Nr. 130; *Wieczorek* Anm. C I d.
[59] BGH MDR 1984, 48; BGH NJW 1967, 2012; *Stein/Jonas/Berger* Rn. 27; aA *Wieczorek* Anm. C I d: § 446 analog.

(3) Hat der Zeuge seine Weigerung schriftlich oder zum Protokoll der Geschäftsstelle erklärt, so ist er nicht verpflichtet, in dem zu seiner Vernehmung bestimmten Termin zu erscheinen.

(4) Von dem Eingang einer Erklärung des Zeugen oder von der Aufnahme einer solchen zum Protokoll hat die Geschäftsstelle die Parteien zu benachrichtigen.

I. Normzweck

1 Abs. 1 iVm. Abs. 3 gewährt dem Zeugen die Vergünstigung, nicht im Termin zur Beweisaufnahme erscheinen zu müssen, wenn er sich zuvor auf sein Zeugnisverweigerungsrecht beruft; dann können sich auch die Parteien darauf einstellen (Abs. 4). Außerdem gibt die Vorschrift dem Zeugen auf, seine Aussageverweigerung näher zu begründen. Nach § 56 StPO hat der Zeuge die Tatsachen, auf die er seine Verweigerung gründet, nur auf Verlagen des Gerichts glaubhaft zu machen.

II. Einzelerläuterungen

2 **1. Abs. 1 (Erklärung der Weigerung).** Der Zeuge hat die **Tatsachen anzugeben,** auf die er sein Zeugnisverweigerungsrecht stützt, zB das Verwandtschaftsverhältnis in den Fällen des § 383 Nr. 1 bis 3. Würde die Angabe der Tatsachen in den Fällen des § 384 dazu führen, dass damit das Zeugnisverweigerungsrecht ausgehöhlt würde, weil mit der Angabe der Tatsachen schon das Geheimzuhaltende teilweise aufgedeckt würde, so ist die Angabepflicht entsprechend beschränkt (s. § 384 Rn. 2). Das Gericht muss sich aber in etwa ein Bild machen können, worum es geht.[1] Zur Glaubhaftmachung, insbesondere zur eidesstattlichen Versicherung, s. § 294. Für den Zeugen besteht bei der Angabe der bezeichneten Tatsachen kein Anwaltszwang (§ 78 Abs. 3). Werden vom Zeugen zur Begründung des Zeugnisverweigerungsrechts im Termin **falsche Angaben** gemacht, so macht sich dieser nach § 153 StGB (falsche uneidliche Aussage) strafbar; werden die falschen Angaben schriftlich oder zu Protokoll der Geschäftsstelle gemacht, so ist der Zeuge nicht nach § 153 StGB strafbar.[2] Bei falscher Versicherung an Eides Statt liegt hingegen der Straftatbestand des § 156 StGB vor. Anwaltszwang besteht nicht (§ 387 Abs. 2).

3 **2. Zeugnisverweigerung ohne Angabe von Gründen.** Gibt der Zeuge keinerlei Gründe für die Aussageverweigerung an, so wird das Gericht ihn auf Abs. 1 hinweisen. Führt das nicht zu einer Änderung der Haltung des Zeugen, so hat das Gericht gem. § 380 zu verfahren, wenn der Zeuge die Weigerung schriftlich kundgetan hat und nicht erschienen ist. Verhält sich der Zeuge im Termin wie beschrieben, so verfährt das Gericht gem. § 390. Im Fall einer nicht ernstlichen oder abwegigen Begründung s. Rn. 6 und § 390 Rn. 2.

4 **3. Zeugnisverweigerung ohne substantiierte Begründung.** „Begründet“ der Zeuge seine Weigerung, aber macht er die zur näheren Begründung notwendigen Tatsachenangaben nicht, so wird das Gericht auch in diesem Fall den Zeugen auf § 386 Abs. 1 hinweisen; Beispiel: Der Zeuge verweigert die Sachaussage und beruft sich auf die Verwandtschaft zu einer Partei, sagt aber nichts Näheres über die Art und den Grad der Verwandtschaft; die entsprechende Partei ist im Termin nicht persönlich anwesend. Bleibt der Zeuge im Termin bei seinem Verhalten, so verstößt er zwar gegen seine Pflicht gem. Abs. 1, aber er kann nicht nach § 390 in eine Ordnungsstrafe genommen werden, weil er seine Weigerung immerhin begründet hat. Andererseits kann das Gericht auch nicht nach § 387 seine Weigerung für unberechtigt erklären, weil dieses Zwischenverfahren einen Antrag der Partei voraussetzt, die den Zeugen benannt hat. Es kommt also im geschilderten Fall darauf an, ob eine Partei auf der Vernehmung des Zeugen beharrt und dadurch die Zeugnisverweigerung rügt; dann hat das Gericht gem. § 387 zu verfahren. Gibt sich die Partei, die den Zeugen benannt hat, mit der Verweigerung des Zeugnisses zufrieden oder verhält sie sich unentschieden[3] – zum Gegner s. § 387 Rn. 5 – so bedarf es keiner Entscheidung des Gerichts, weil im Verhalten der Partei letztendlich ein Verzicht auf den Zeugen liegt.

5 **4. Verweigerung der Glaubhaftmachung.** Verweigert der Zeuge die Glaubhaftmachung im Termin, bzw. wird diese vom Gericht als nicht genügend angesehen, so kommt es für das weitere Verfahren auch auf das Verhalten der Partei an. Es ist so zu verfahren, als habe der Zeuge seine Weigerung nicht näher begründet (s. Rn. 4).

---

[1] Vgl. RGZ 54, 323, 326; RG JW 1903, 241; SeuffA 64 (1909) Nr. 204; OLG Bamberg SeuffA 60 (1905) Nr. 245; OLG Zweibrücken SeuffA 57 (1902) Nr. 253; OLG Hamburg OLGRspr. 20, 325; OLG Darmstadt SeuffA 66 (1911) Nr. 219.

[2] OLG München MDR 1968, 939; Leipziger Kommentar/*Ruß,* StGB, 11. Aufl., § 153 Rn. 4 und 8.

[3] AA *Wieczorek* § 387 Anm. A II a 2.

6 **5. Abs. 2 (Glaubhaftmachung).** Die Versicherung auf einen geleisteten Diensteid (vgl. § 155 Nr. 2 StGB) steht neben den anderen Mitteln zur Glaubhaftmachung, insbesondere der eidesstattlichen Versicherung.

7 **6. Abs. 3 (Befreiung von der Pflicht zum Erscheinen).** Die Vorschrift befreit den Zeugen von seiner Pflicht zum Erscheinen, wenn er seine Weigerung ordnungsgemäß nach Nr. 1 vor dem Termin schriftlich oder zu Protokoll der Geschäftsstelle erklärt hat. Weitere Voraussetzung ist, dass das Zeugnisverweigerungsrecht die gesamte Beweisfrage erfasst. Der Zeuge bleibt in diesem Falle von seiner Pflicht, vor Gericht zu erscheinen, solange befreit, bis rechtskräftig sein Verweigerungsgrund für unberechtigt erklärt und er sodann erneut als Zeuge geladen ist.[4] Es kommt also letztendlich nicht darauf an, ob die vom Zeugen angegebene Begründung wirklich zur Verweigerung des Zeugnisses berechtigt oder nicht, zunächst befreit sie ihn von der Erscheinenspflicht. Umfasst das Zeugnisverweigerungsrecht nicht die gesamte Beweisfrage, was in den Fällen des § 383 Abs. 1 Nr. 4 bis 6 und im Fall des § 384 vorkommen kann, so bleibt der Zeuge zum Erscheinen im Termin verpflichtet; im Falle seines Nichterscheinens ist nach § 380 zu verfahren. Dasselbe gilt, wenn der Zeuge keinerlei Begründung dafür angibt, warum es das Zeugnis verweigert (vgl. Rn. 3) und nicht erscheint; gibt der Zeuge jedoch eine auch noch so dürftige schriftliche Begründung für seine Zeugnisverweigerung, so kann gegen ihn, wenn er im Termin nicht erscheint, nicht nach § 380 vorgegangen werden; dann muss zunächst gem. § 387 über sein Zeugnisverweigerungsrecht entschieden werden (s. dazu Rn. 4). Dasselbe gilt, wenn er unzureichende Tatsachenangaben macht oder dieselben nicht glaubhaft macht (s. Rn. 5).[5] Eine Ausnahme ist dort aber zu machen, wo der Zeuge mit einer nicht ernst gemeinten oder einer abwegigen Begründung die Abgabe seines Zeugnisses verweigert und das Nichterscheinen rechtfertigt (vgl. § 390 Rn. 2); in diesem Falle greift § 380 ein.[6] Begründet der Zeuge sein Zeugnisverweigerungsrecht, versäumt er nur jede Glaubhaftmachung, so kann nicht nach § 380 verfahren werden; vielmehr muss das Gericht gem. § 387 zunächst über seine Zeugnisverweigerung entscheiden (s. dazu Rn. 4).

8 **7. Abs. 4 (Benachrichtigung der Parteien).** Die Vorschrift bestimmt eine Pflicht zur formlosen Benachrichtigung der Parteien. Diese sollen Gelegenheit haben, sich vor der Entscheidung gem. § 387 zur Zeugnisverweigerung zu äußern oder auch den Zeugen gem. § 385 Abs. 2 von dessen Geheimhaltungspflicht zu entbinden. Der Verstoß gegen die Benachrichtigungspflicht ist belanglos, wenn die Parteien nur vor der Entscheidung nach § 387 rechtliches Gehör haben. Eine erneute Benennung des Zeugen wird übergangen, wenn nicht die Partei den Sinneswandel des Zeugen dartut (vgl. § 383 Rn. 20).

§ 387 Zwischenstreit über Zeugnisverweigerung

(1) Über die Rechtmäßigkeit der Weigerung wird von dem Prozessgericht nach Anhörung der Parteien entschieden.

(2) Der Zeuge ist nicht verpflichtet, sich durch einen Anwalt vertreten zu lassen.

(3) Gegen das Zwischenurteil findet sofortige Beschwerde statt.

Übersicht

[4] RGZ 67, 343, 344; *Wieczorek* Anm. C I.

[5] AA *Baumbach/Lauterbach/Hartmann* Rn. 4: bei unzureichenden Angaben ist gem. § 380 zu verfahren.

[6] *Zöller/Greger* Rn. 2; *Baumbach/Lauterbach/Hartmann* Rn. 4.

I. Normzweck

1 § 387 regelt das Verfahren, in dem über die Berechtigung zur Zeugnisverweigerung entschieden wird, wenn eine Partei diese Berechtigung anzweifelt. Die Regelung ist auf die Verhandlungsmaxime zurückzuführen. Nur für den Ausnahmefall, dass im Verfahren mit Inquisitionsmaxime das Gericht selbst einen Zeugen heranzieht (vgl. § 616), der das Zeugnis verweigert, kommt ein Verfahren nach § 387 ohne Parteiantrag zustande;[1] Verfahrensgegner im Zwischenstreit sind dann beide Parteien. Mit welcher Begründung das Zeugnis verweigert wird, spielt keine Rolle, soweit sie nur ernst gemeint und nicht völlig abwegig ist.[2]

II. Einzelerläuterungen

2 **1. Zeugnisverweigerungsrechte. a)** Die **Weigerung des Zeugen,** auszusagen, kann sich auf **§§ 383, 384** sowie auf folgende Gründe stützen: Vom BVerfG ist anerkannt, dass ein (christliches) **Kreuz im Gerichtssaal** einen Angehörigen einer anderen Religion, zB Jude oder Hindu, berechtigt, die Aussage in diesem Raum zu verweigern, weil der Zeuge in seinem Grundrecht mach Art. 4 GG beeinträchtigt sei.[3] Konsequenterweise muss man auch einem Zeugen, der keiner Religionsgemeinschaft angehört, das Zeugnisverweigerungsrecht zuerkennen. Ein Zeugnisverweigerungsrecht kann sich auch aus § 34 StGB **(rechtfertigender Notstand)** herleiten (s. auch § 395 Rn. 3).[4] Es kann auch ausnahmsweise aus dem die **Intimsphäre** schützenden Grundrecht auf freie Entfaltung der Persönlichkeit (Art. 2 GG) ein Zeugnisverweigerungsrecht hergeleitet werden.[5] Nach Art. 47 GG sind **Bundestagsabgeordnete** berechtigt, über Personen, die ihnen in ihrer Eigenschaft als Abgeordnete oder denen sie in dieser Eigenschaft Tatsachen anvertraut haben, sowie über diese Tatsachen selbst das Zeugnis zu verweigern. Entsprechende Regelungen gelten nach den Länderverfassungen für die Abgeordneten der Landtage. Nach Art. 44 Abs. 3 des Wiener Übereinkommens über konsularische Beziehungen (s. § 377 Rn. 21) haben auch Mitglieder der **konsularischen Vertretungen** ein Zeugnisverweigerungsrecht. Auch für **Ausländer** gilt die lex fori, dh. er kann sich nicht darauf berufen, dass er nach seinem Heimat- oder Wohnsitzrecht nicht auszusagen braucht (s. Rn. 6; § 380 Rn. 3).[6] Eine Ausnahme besteht für Angehörige der Nato-Streitkräfte (s. § 377 Rn. 23).

3 **b) Mehrere Zeugnisverweigerungsrechte** muss der Zeuge nicht zugleich geltend machen;[7] er kann den nächsten Weigerungsgrund vortragen, wenn der vorherige rechtskräftig verworfen ist.

4 **2. Verfahren. a) Bezweifelt keine Partei das Zeugnisverweigerungsrecht,** dh. die Berechtigung des Zeugen, die Aussage zur Sache zu verweigern, oder verhandeln die Parteien nach Erklärung der Zeugnisverweigerung rügelos zur Hauptsache (§ 295),[8] so bedarf es keiner Entscheidung des Gerichts über die Berechtigung zur Zeugnisverweigerung; in dem rügelosen Verhalten der Partei, die den Zeugen benannt hat, liegt ein **Verzicht** auf den Zeugen (§ 399),[9] weshalb es

---

[1] Ähnlich *Zöller/Greger* Rn. 2: stets im Verfahren mit Untersuchungsgrundsatz; aA *Stein/Jonas/Berger* Rn. 2.

[2] OLG Bamberg BayJMBl. 1952, 237 (vorherige Zusage hinreichender Entschädigung); LG Bochum JW 1929, 1156 (Zeuge hält sich für Partei); OLG Naumburg OLGRspr. 29, 122 (Zeuge verweigert die Antwort, weil diese ein Gutachten darstellt).

[3] BVerfGE 35, 366 = NJW 1973, 2197; aA BayVerfGH DRiZ 1967, 275; OLG Nürnberg NJW 1966, 1926; aA *Zöller/Greger* § 383 Rn. 3: nur Juden haben Zeugnisverweigerungsrecht.

[4] BGH NStZ 1984, 31: Drohung, den Zeugen zu töten, wenn dieser aussagt, ohne Schutzmöglichkeit des Staates; *Löwe/Rosenberg/Dahs* § 70 StPO Rn. 5.

[5] BayObLGSt. 1978, 152 = NJW 1979, 2624 (Details geschlechtlicher Beziehungen; Zeugnisverweigerungsrecht wurde dennoch verneint, weil Beziehungen zu einer Prostituierten betreffend); *Löwe/Rosenberg/Dahs* § 70 StPO Rn. 5; vgl. OLG Hamm OLGZ 1989, 486.

[6] *Geimer* Rn. 2310.

[7] RG JW 1889, 169; KG OLGRspr. 19, 112; *Stein/Jonas/Berger* § 386 Rn. 6; *Wieczorek* § 386 Anm. B III b; aA KG JW 1928, 738 m. abl. Anm. *Striemer.*

[8] BGH LM § 295 Nr. 9; NJW-RR 1987, 445; RG Gruchot 40 (1896), 910, 915; JW 1899, 534; aA RG JW 1897, 208.

[9] *Hahn* S. 313; OLG Oldenburg OLGZ 1991, 451, 452.

auch nicht schadet, wenn die Zeugnisverweigerung auf einen offenbar sie nicht tragenden Grund gestützt wird. **Von Amts wegen** ergeht weder ein Beschluss noch ein Zwischenurteil über die Berechtigung oder Nichtberechtigung zur Zeugnisverweigerung(Ausnahme s. Rn. 1).[10] Eine Hinweispflicht des Gerichts gem. § 139 wird man indes bejahen müssen.

b) Nur wenn der **Beweisführer** (s. § 379 Rn. 3) die **Zeugnisverweigerung beanstandet,** dh. die Unzulässigkeit der Aussageverweigerung oder die fehlende Angabe von Tatsachen (s. § 386 Rn. 4) oder die mangelnde Glaubhaftmachung (s. § 386 Rn. 5) rügt oder förmlich eine Entscheidung darüber beantragt, kommt es zu dem Zwischenverfahren gem. § 387.[11] Beanstandet nur der Gegner, der den Zeugen nicht benannt hat, die Zeugnisverweigerung, so ist das Verhalten der Partei, die den Zeugen zunächst benannt hat, als Verzicht auf den Zeugen gem. § 399 1. Halbs. anzusehen und das Verhalten des beanstandenden Gegners nach § 399 2. Halbs. zu beurteilen.[12] 5

c) Zuständig für die Entscheidung des Zwischenstreits ist nur das **Prozessgericht,** auch der Einzelrichter (§ 348) und der Vorsitzende der Kammer für Handelssachen (§ 349 Abs. 1 S. 1), nie der beauftragte oder ersuchte Richter (vgl. § 389). Etwas anderes gilt nur für den Fall, dass es sich um ein **Rechtshilfeersuchen eines ausländischen Gerichts** handelt. Da nur ein deutsches Gericht über die Anwendbarkeit deutschen Verfahrensrechts entscheiden kann, muss für diesen Fall der ersuchte Richter entscheiden, gegen dessen Entscheidung die sofortige Beschwerde an das örtliche zuständige Landgericht gegeben ist.[13] 6

d) Parteien des Zwischenstreits sind der Zeuge auf der einen Seite und die Partei, die die Zeugnisverweigerung rügt, auf der anderen Seite; letzteres kann die Partei sein, die den Zeugen ursprünglich benannt hatte, es kann aber auch der Gegner sein (s. Rn. 5). Die jeweils andere Partei kann den Zeugen unterstützen; dann ist sie Streitgenosse des Zeugen im Zwischenstreit.[14] Widersprechen beide Parteien der Zeugnisverweigerung, so sind beide Parteien notwendige Streitgenossen des Zwischenstreits. Der Gegner der die Zeugnisverweigerung rügenden Partei kann auch untätig bleiben, insbesondere im Hinblick auf die Kostenfolge. Da beiden Parteien rechtliches Gehör gewährt werden muss (Abs. 1), ergibt sich aus der Anhörung eine eventuelle Parteistellung. Ist der Zeuge **minderjährig,** so wird er, weil er das Zeugnisverweigerungsrecht allein ausübt (s. § 383 Rn. 8), auch im Zwischenstreit nicht durch den gesetzlichen Vertreter vertreten.[15] 7

e) Anwaltszwang besteht für den Zeugen nicht (Abs. 2), aber der Zeuge kann sich auch im Zwischenverfahren vertreten lassen (s. § 384 Rn. 2); für die Parteien besteht dann Anwaltszwang für das Zwischenverfahren, wenn für den Hauptprozess Anwaltszwang besteht. 8

f) Eine **mündliche Verhandlung** findet statt, was sich aus § 389 Abs. 2 ergibt, jedoch kann weder gegen den Zeugen noch gegen die Partei, die nicht erschienen sind (dazu s. § 388), ein Versäumnisurteil ergehen. Eine Entscheidung im schriftlichen Verfahren darf nur ergehen, wenn auch der Zeuge dem zustimmt (§ 128 Abs. 2)[16] sowie im Fall des § 128 Abs. 3. Der Zeuge ist zur mündlichen Verhandlung gem. §§ 214, 218 zu laden, falls diese nicht sofort bei der Verweigerung des Zeugnisses im Termin, der gem. § 370 zugleich auch zur Fortsetzung der mündlichen Verhandlung bestimmt ist, erfolgt. Da die Parteien auch zu diesem Termin geladen sind, ist ihr rechtliches Gehör (s. Abs. 1) gewahrt. § 377 gilt für diese **Ladung des Zeugen** nicht, da der Zeuge im Zwischenstreit eine Parteistellung innehat.[17] Der Zeuge ist in der Ladung auf die Unschädlichkeit seines Ausbleibens in der mündlichen Verhandlung hinzuweisen, ferner darauf, dass er für seine Teilnahme keine Zeugenentschädigung aus der Staatskasse erhält (s. Rn. 14).[18] Unterbleiben solche Hinweise, so ist dies als Amtspflichtverletzung zu werten, wobei der Schaden dann entfällt, wenn der Zeuge obsiegt und von der unterliegenden Partei Ersatz seiner Unkosten erlangt. Im Falle einer fehlerhaften Ladung gem. § 377 darf keine Entscheidung im Zwischenstreit ergehen.[19] Der Zeuge hat in der mündlichen Verhandlung Gelegenheit, die Tatsachen, auf die er seine Zeugnisverweigerung gründet (vgl. § 386 Rn. 2), nachzutragen und glaubhaft zu machen. 9

---

[10] Grundsätzlich aA *Zöller/Greger* Rn. 98.

[11] RG Gruchot 30 (1886), 1128.

[12] Vgl. RGZ 20, 378, 379; OLG Hamburg FamRZ 1963, 652 (LS, m. Anm. *Bosch*); OLG Hamburg FamRZ 1965, 277; OLG Bamberg SeuffA 60 (1905) Nr. 245.

[13] Vgl. OLG Frankfurt NJW-RR 1988, 714; LG München ZZP 95 (1982), 362.

[14] RG nach *Wieczorek* Anm. A II b 1; OLG Köln JMBlNRW 1973, 209; aA OLG Hamburg FamRZ 1965, 277.

[15] *Stein/Jonas/Berger* Rn. 2; aA *Wieczorek* Anm. B I a.

[16] OLG Frankfurt OLGZ 1968, 290 = NJW 1968, 1240.

[17] RGZ 43, 409; RGZ 28, 437; RGZ 67, 343.

[18] *Zöller/Greger* Rn. 5.

[19] RGZ 67, 343; RG SeuffA 54 (1899) Nr. 258.

10 **g)** Die **Verhandlung zur Hauptsache** darf während des Zwischenstreits nicht fortgesetzt werden; während dieser Zeit ist also nur eine Fortsetzung der Beweisaufnahme möglich (s. auch Rn. 19). Zur fehlerhaften Verfahrensfortsetzung s. Rn. 13, 16.

11 **h)** Die **Entscheidung** ergeht von Amts wegen, auch wenn im Termin weder der Zeuge noch eine Partei erschienen waren; der Zwischenstreit ist nämlich Teil der Beweisaufnahme. Das Gericht entscheidet bei Ausbleiben aller Beteiligten auf Grund der Aktenlage. Die Beweisführungslast trägt der Zeuge, für Ausnahmetatbestände (§ 385) die Partei, die die Zeugnisverweigerung rügt.[20] Da für den Zeugen die Glaubhaftmachung genügt (§ 386 Abs. 1), muss Entsprechendes auch für die Partei gelten.[21]

12 **i)** Der **Zwischenstreit erledigt sich,** wenn der Zeuge bereit ist, auszusagen, oder wenn die Partei mit der Zeugnisverweigerung – sei es nach Angabe entsprechender Tatsachen, sei es nach Glaubhaftmachung – einverstanden ist, oder wenn die Genehmigung gem. § 385 Abs. 2 nachträglich erteilt wird. Die Erledigung des Zwischenstreits tritt auch mit Rechtskraft der Hauptsache ein, nicht aber durch die Beendigung der Instanz.[22]

13 **j)** Die Entscheidung ergeht in der Form eines **Zwischenurteils,** und zwar wird entweder festgestellt, dass der Zeuge berechtigt ist, die Aussage zu verweigern, oder es wird die Weigerung für unberechtigt erklärt. Eine Entscheidung im **Endurteil,** dass die Zeugnisverweigerung berechtigt sei, ist unstatthaft,[23] weil erst nach Schluss der Beweisaufnahme die mündliche Verhandlung fortgesetzt werden kann (§ 370), die Beweisaufnahme aber andererseits so lange fortdauert, bis die Entscheidung über die Zeugnisverweigerung ergangen ist (s. Rn. 10). Bei Erledigung des Zwischenstreits ergeht nur ein Beschluss s. Rn. 14.

14 **k)** Die **Kostenentscheidung** bezüglich der zusätzlichen Kosten des Zwischenstreites[24] ergeht nach § 91,[25] sei es zu Lasten des Zeugen bei unbegründeter Weigerung[26] oder zu Lasten der Partei bei begründeter Zeugnisverweigerung. Die Kosten sind sodann nach §§ 103 ff. festzusetzen.[27] Hat sich die andere Partei dem Zeugen oder der rügenden Partei angeschlossen (s. Rn. 7), so greift § 100 Abs. 1 ein.[28] Im Falle der **Erledigung** des Zwischenstreites (s. Rn. 12) ist § 91 a anwendbar. Bezieht sich die Zeugnisverweigerung auf mehrere Fragen, so kommt auch die Anwendung von § 92 in Betracht.[29] Aus der **Staatskasse** erhält der Zeuge nach dem JVEG für die Zeitversäumnis keine Entschädigung, weil er Partei des Zwischenstreits ist,[30] und zwar selbst dann nicht, wenn er obsiegt. § 91 ist auch maßgeblich dafür, ob dem Zeugen die Kosten für die Beauftragung eines **Rechtsanwalts** erstattet und sein Verdienstausfall für Teilnahme an der mündlichen Verhandlung ersetzt werden.[31] Sagt der Zeuge im Termin zur Verhandlung des Zwischenstreits noch zur Sache aus, nachdem der Zwischenstreit sich erledigt hat (s. Rn. 12) oder nachdem seine Weigerung rechtskräftig für unberechtigt erklärt ist, so kann er dennoch nicht aus der Staatskasse entschädigt werden;[32] überwiegend wären die Unkosten ohne die unberechtigte Weigerung vermieden worden und sie dürfen deshalb nicht der in der Sache selbst unterliegenden Partei zur Last fallen, sondern sind von dem zu tragen, der die Kosten des Zwischenstreits zu tragen hat.

15 **l)** Der Ausspruch über die **vorläufige Vollstreckbarkeit** bezieht sich nur auf die Kostenentscheidung.[33] Das verkündete Zwischenurteil (§ 310) ist dem Zeugen von Amts wegen **zuzustellen** (§ 317).[34]

---

[20] OLG Breslau OLGRspr. 20, 326.

[21] *Peters,* Der sogenannte Freibeweis im Zivilprozeß, 1962, S. 70 f.; *Stein/Jonas/Berger* Rn. 6.

[22] *Wieczorek* Anm. B III f. 1.

[23] RGZ 106, 57; RG JW 1896, 130.

[24] Vgl. OLG München RPfleger 1969, 358.

[25] OLG Hamburg OLGRspr. 33, 69, 70; 25, 109, 110; OLG Bamberg SeuffA 60 (1904) Nr. 245.

[26] RG JW 1899, 140, 141; *Wieczorek* Anm. B II a 2 unterscheidet zwischen unbegründeter und unzulässiger Weigerung.

[27] OLG Hamburg OLGRspr. 33, 69, 70.

[28] AA *Wieczorek* Anm. B II a 1: § 100 Abs. 4; aA *Zöller/Greger* Rn. 5: die Partei, die sich anschließt, ist Streithelfer und nicht Partei des Zwischenstreits.

[29] OLG Hamburg OLGRspr. 19, 110, 112; *Wieczorek* Anm. B II a 3.

[30] Vgl. RGZ 28, 437; OLG Hamburg OLGRspr. 33, 69, 70.

[31] OLG Kiel OLGRspr. 17, 106.

[32] RGZ 43, 409; 28, 437; *Zöller/Greger* § 389 Rn. 2; *Stein/Jonas/Berger* § 389 Rn. 3; aA *Wieczorek* § 389 Anm. B II a; *Baumbach/Lauterbach/Hartmann* § 389 Rn. 4; aA *Höver* (Fn. 27) § 1 Rn. 33.3: Entschädigung insoweit der Zeuge Mehraufwendungen durch die Vernehmung hat.

[33] *Wieczorek* Anm. B II b.

[34] OLG Frankfurt OLGZ 1968, 290 = NJW 1968, 1240.

m) Rechtsmittel gegen das Zwischenurteil ist die **sofortige Beschwerde (Abs. 3).** Gegen ein Zwischenurteil des Oberlandesgerichts ist kein Rechtsmittel gegeben (§ 567). Gegen ein Zwischenurteil des Landgerichts, das mit der Hauptsache als Berufungsgericht befasst ist, ist ebenfalls kein Rechtsmittel mehr möglich (567). Die Beschwerdefrist (§ 577 Abs. 2) beginnt mit der Zustellung des Zwischenurteils (s. Rn. 15). Zur Form der sofortigen Beschwerde s. § 569. Wird die Zeugnisverweigerung für unberechtigt erklärt, so ist nur der Zeuge **beschwerdeberechtigt,** nicht die Partei, die im Zwischenstreit Streitgenosse des Zeugen war, da sie die Aussage des Zeugen im Prozess nicht verhindern kann.[35] Wird die Zeugnisverweigerung für berechtigt erklärt, so ist die unterlegene Partei beschwerdeberechtigt. Auch die Partei, die sich im bisherigen Zwischenstreit neutral verhalten hat (s. Rn. 7), kann sofortige Beschwerde einlegen, wenn die Voraussetzungen des § 399 2. Halbs. erfüllt sind, also in der sofortigen Beschwerde zugleich eine Benennung als Zeuge zu erblicken ist.[36] Für den Zeugen als Beschwerdeführer besteht kein Anwaltszwang (§§ 569 Abs. 2, 78). **Rechtsbeschwerde nur bei Zulassung** (§ 574). Wurde **fälschlich im Endurteil** über die Zeugnisverweigerung entschieden – sie für begründet erklärt –, so ist das Endurteil in diesem Punkt auch mit der sofortigen Beschwerde anfechtbar,[37] es sei denn, es wäre das Urteil, wäre es als Zwischenurteil ergangen, nicht mit sofortiger Beschwerde anfechtbar.[38] 16

n) Die **Rechtskraft** des Zwischenurteils bezieht sich nur auf den geltend gemachten Zeugnisverweigerungsgrund (s. Rn. 3). Aufgrund der Rechtskraft ist es ausgeschlossen, das Endurteil in der Hauptsache mit der Begründung anzugreifen, zu Unrecht sei dem Zeugen ein Zeugnisverweigerungsrecht zugebilligt worden (vgl. § 548).[39] 17

o) Die **Fortsetzung der Verhandlung zur Hauptsache** erfolgt von Amts wegen (§§ 368, 370). Die Einlegung der sofortigen Beschwerde hat keine aufschiebende Wirkung (§ 570), aber es ist sachwidrig, sofort zur Hauptsache weiterzuverhandeln und ein Urteil zu erlassen, nachdem eine Zeugnisverweigerung für berechtigt erklärt wurde, solange die im Zwischenstreit unterlegene Partei noch ein Rechtsmittel gegen das Zwischenurteil hat; wenn die Partei nicht auf ihr Rechtsmittel verzichtet, ist es angezeigt, die Rechtskraft des Zwischenurteils abzuwarten. Bei unberechtigter Weigerung des Zeugen wird dieser nach Rechtskraft des Zwischenurteils erneut gem. § 377 geladen; für den Fall seines Nichterscheinens greift § 380 ein; für den Fall, dass der Zeuge weiterhin die Aussage verweigert, greift § 390 ein, es sei denn, der Zeuge würde einen anderen Weigerungsgrund geltend machen (s. Rn. 3). 18

p) Streitwert und Gebühren. Der Streitwert des Zwischenstreites über das Zeugnisverweigerungsrecht ist in der Regel der Streitwert der Hauptsache; für den Fall aber, dass sich die Beweisfrage nur auf einen Teil der Hauptsache bezieht, ist dessen Streitwert maßgeblich. Das Zwischenurteil ist gerichtsgebührenfrei. Das Beschwerdeverfahren ist nach Maßgabe des GKG Kostenverzeichnisses Nr. 1811 gerichtsgebührenpflichtig. Der Rechtsanwalt als Prozessbevollmächtigter der Partei in der Hauptsache erhält für die Vertretung im Zwischenstreit keine besondere Gebühr, weil die Vertretung der Partei insoweit Teil der Hauptsache ist; aber für das Beschwerdeverfahren erwächst ihm eine $^{5}/_{10}$-Gebühr (RVG Vergütungsverzeichnis N. 3500). Der Rechtsanwalt als Verfahrensbevollmächtigter des Zeugen im Zwischenstreit erhält die gleiche Gebühr, und zwar aus dem Streitwert des Zwischenstreites (s. o.). 19

§ 388 Zwischenstreit über schriftliche Zeugnisverweigerung

Hat der Zeuge seine Weigerung schriftlich oder zum Protokoll der Geschäftsstelle erklärt und ist er in dem Termin nicht erschienen, so hat auf Grund seiner Erklärungen ein Mitglied des Prozessgerichts Bericht zu erstatten.

I. Normzweck

Die Vorschrift stellt klar, dass es in dem Zwischenstreit zwischen dem Zeugen einerseits und der Partei andererseits über die Berechtigung, die Aussage zu verweigern, kein Säumnisverfahren gibt, obgleich der Zeuge in diesem Zwischenstreit die Stellung einer Partei hat (s. § 387 Rn. 7). 1

---

35 RGZ 20, 378; OLG Frankfurt MDR 1983, 236; BFH BB 1982, 1353; *Wieczorek* Anm. B III b 1.

36 Vgl. OLG Hamburg OLGRspr. 15, 138; OLG Celle OLGRspr. 15, 270; OLG Hamburg OLG Rspr. 25, 110; OLG Kassel SeuffA 69 (1914), 373; *Stein/Jonas/Berger* Rn. 13.

37 *Wieczorek* Anm. B III c.

38 RGZ 106, 57; RG JW 1928, 1344, 1345.

39 BGH MDR 1966, 915.

II. Einzelerläuterungen

2 Der Zeuge ist berechtigt, **im Termin zur Beweisaufnahme** nicht zu erscheinen (§ 386 Abs. 3), wenn er gem. § 386 Abs. 1 vorgegangen ist. Aber auch dann, wenn er die dort genannten Voraussetzungen für sein Recht zum Fernbleiben nicht vollständig erfüllt hat, sich aber mit einer (nicht unernsten und nicht völlig abwegigen – dazu s. § 387 Rn. 1) Begründung geweigert hat, auszusagen, und (deshalb) nicht im Termin zur Beweisaufnahme erschienen ist, kann nicht nach § 380 verfahren werden;[1] es ist vielmehr gem. § 387 zu verfahren, wenn eine Partei die Zeugnisverweigerung oder das Nichterscheinen rügt (s. § 387 Rn. 4).

3 In dem **Termin zur mündlichen Verhandlung über den Zwischenstreit** muss der Zeuge nicht erscheinen; er kann dazu auch nicht gem. § 380 Abs. 2 oder 390 Abs. 2 gezwungen werden. Es ist dann nach der Aktenlage zu entscheiden.

§ 389 Zeugnisverweigerung vor beauftragtem oder ersuchtem Richter

(1) Erfolgt die Weigerung vor einem beauftragten oder ersuchten Richter, so sind die Erklärungen des Zeugen, wenn sie nicht schriftlich oder zum Protokoll der Geschäftsstelle abgegeben sind, nebst den Erklärungen der Parteien in das Protokoll aufzunehmen.

(2) Zur mündlichen Verhandlung vor dem Prozessgericht werden der Zeuge und die Parteien von Amts wegen geladen.

(3) [1]Auf Grund der von dem Zeugen und den Parteien abgegebenen Erklärungen hat ein Mitglied des Prozessgerichts Bericht zu erstatten. [2]Nach dem Vortrag des Berichterstatters können der Zeuge und die Parteien zur Begründung ihrer Anträge das Wort nehmen; neue Tatsachen oder Beweismittel dürfen nicht geltend gemacht werden.

I. Normzweck

1 Die Vorschrift bestimmt, dass ein Zwischenstreit vor einem verordneten Richter stets durch das Prozessgericht zu entscheiden ist. Der verordnete Richter hat die tatsächlichen Grundlagen für diese Entscheidung zu schaffen.

II. Einzelerläuterungen

2 **1. Abs. 1. a)** Weigert sich der Zeuge gem. § 386 Abs. 1 – also schriftlich oder zu Protokoll der Geschäftsstelle **vor dem Termin zur Beweisaufnahme** – vor dem verordneten Richter zur Sache auszusagen, so wird der verordnete Richter im Hinblick auf § 386 Abs. 3 den Termin zur Beweisaufnahme aufheben; er muss diesen Termin nicht deshalb durchführen, damit die Parteien Gelegenheit haben, zur Zeugnisverweigerung Erklärungen abzugeben.[1*] Die Parteien sind gem. § 386 Abs. 4 vom Gericht über die Zeugnisverweigerung zu benachrichtigen.

3 **b)** Verweigert der Zeuge **im Termin zur Beweisaufnahme** vor dem beauftragten (§ 361) oder dem ersuchten (§ 362) Richter ganz oder teilweise die Aussage zur Sache, so muss sichergestellt werden, dass das Prozessgericht die Begründung des Zeugen erfährt. Gem. Abs. 1 ist deshalb der verordnete Richter gehalten, die Erklärungen des Zeugen in das Protokoll aufzunehmen. Geben die anwesenden Parteien Erklärungen ab, so sind auch diese zu Protokoll zu nehmen. Wird seitens des Zeugen gar keine Begründung für die Aussageverweigerung gegeben, so greifen §§ 400, 390 ein.

4 **c)** Gibt die im Termin **anwesende Partei keine Erklärung** zur Zeugnisverweigerung ab, so hat der Zwischenstreit auch noch nicht begonnen(vgl. § 387 Rn. 1). Entsprechend § 283 kann der verordnete Richter der Partei, die den Zeugen benannt hat, nachlassen, eine schriftsätzliche Erklärung abzugeben.[2] Auch wenn die Partei keinen Antrag gem. § 283 stellt, zB weil daran nicht gedacht wird, so liegt in dem Unterlassen einer Erklärung vor dem verordneten Richter kein Verzicht auf den Zeugen (§ 399);[3] vielmehr kann die Partei – nachdem der Prozessbevollmächtigte sich bei der Partei selbst erkundigt hat – bis zur nächsten mündlichen Verhandlung vor dem Prozessgericht die Rüge noch vornehmen, allerdings mit Einschränkungen hinsichtlich des Tatsachenmaterials

---

[1] *Baumbach/Lauterbach/Hartmann* § 386 Rn. 4.
[1*] *Wieczorek* Anm. B I a 1.
[2] *Wieczorek* Anm. B I c.
[3] *Wieczorek* Anm. B I c; *Stein/Jonas/Berger* Rn. 1.

(s. Rn. 6). Ist **keine Partei bei der Beweisaufnahme zugegen,** so können auch keine Erklärungen aufgenommen werden; die Parteien erfahren in diesem Fall durch die ihnen übersandte Protokollabschrift von dem Zeugnisverweigerung. Rügt die Partei, die den Zeugen benannt hat, nicht die Verweigerung der Aussage, bestehen aber seitens des Prozessgerichts Zweifel an der Berechtigung dazu, so wird das Gericht auf Grund des **§ 139** die Partei darauf hinweisen, dass eine Entscheidung über die Berechtigung zur Zeugnisverweigerung nicht von Amts wegen stattfindet, sondern eines Antrags bedarf (vgl. § 387 Rn. 1).

2. Abs. 2, Abs. 3 S. 1. Zur mündlichen Verhandlung und zur Ladung des Zeugen zu diesem Termin s. § 387 Rn. 9. Versäumt es das Prozessgericht, einen besonderen Termin zur mündlichen Verhandlung über die Berechtigung zur Zeugnisverweigerung anzuberaumen, so verliert die Partei die Möglichkeit, die Zeugnisverweigerung überprüfen zu lassen gem. § 295,[4] wenn sie Sachanträge stellt. 5

3. Abs. 3 S. 2. Die Vorschrift schließt alle neuen Tatsachen und Beweismittel zur Begründung des Zeugnisverweigerungsrechtes aus, die der Zeuge nicht schriftlich oder zu Protokoll der Geschäftsstelle vor dem Termin oder im Termin zu Protokoll gegeben hat. Nach dem Sinn der Regelung kann der Zeuge auch nicht schriftlich nach dem Termin zur Beweisaufnahme oder mündlich vor dem Bericht des Mitglieds des Prozessgerichts weitere Tatsachen und Beweismittel **nachschieben,** und zwar selbst dann nicht, wenn sie später entstanden oder bekannt geworden sind.[5] Der Zeuge kann aber die Zeugnisverweigerung auf neue rechtliche Gesichtspunkte stützen.[6] Die Rechtsprechung gestattet dem Zeugen auch, die Tatsachen näher zu erläutern.[7] Dasselbe gilt für die Parteien, die in dem Termin zur Beweisaufnahme anwesend waren.[8] Hat die im Termin anwesende Partei keine Erklärung abgegeben oder war sie im Termin zur Beweisaufnahme gar nicht anwesend, so kann sie also durch eine Rüge nur die rechtliche Prüfung der Berechtigung zur Zeugnisverweigerung auf Grund der vom Zeugen angegebenen Tatsachen erreichen. Trotz Abs. 3 S. 2 bleibt es dem Zeugen unbenommen, ein neues Zeugnisverweigerungsrecht vor dem Prozessgericht geltend zu machen; was der Zeuge nach rechtskräftiger Beendigung des Zwischenstreits tun darf (vgl. § 387 Rn. 3), das darf er auch schon vor der rechtskräftigen Entscheidung über das zunächst geltend gemachte Zeugnisverweigerungsrecht tun. 6

§ 390 Folgen der Zeugnisverweigerung

(1) [1]Wird das Zeugnis oder die Eidesleistung ohne Angabe eines Grundes oder aus einem rechtskräftig für unerheblich erklärten Grund verweigert, so werden dem Zeugen, ohne dass es eines Antrages bedarf, die durch die Weigerung verursachten Kosten auferlegt. [2]Zugleich wird gegen ihn ein Ordnungsgeld und für den Fall, dass dieses nicht beigetrieben werden kann, Ordnungshaft festgesetzt.

(2) [1]Im Falle wiederholter Weigerung ist auf Antrag zur Erzwingung des Zeugnisses die Haft anzuordnen, jedoch nicht über den Zeitpunkt der Beendigung des Prozesses in dem Rechtszug hinaus. [2]Die Vorschriften über die Haft im Zwangsvollstreckungsverfahren gelten entsprechend.

(3) Gegen die Beschlüsse findet die sofortige Beschwerde statt.

I. Normzweck

§ 380 befiehlt die Festsetzung von Ordnungsmitteln gegen einen Zeugen, der nicht erscheint; § 390 bestimmt, wie mit einem Zeugen zu verfahren ist, der erschienen ist, aber sich unberechtigt weigert, eine Aussage zu machen oder den Eid zu leisten. Abs. 1 und 2 stimmen inhaltlich mit § 70 Abs. 1 und 2 StPO zum Teil überein; es kann dort auch sofort zur Erzwingung des Zeugnisses Haft angeordnet werden. Abs. 1 hat im Übrigen als Ordnungsmittel Strafcharakter, während Abs. 2 Beugemittel festlegt. 1

II. Einzelerläuterungen

1. Abs. 1. a) Die Verweigerung **ohne Angabe eines Grundes** muss auch dann angenommen werden, wenn von dem Zeugen zur Begründung seiner Verweigerung eine nicht ernst gemeinte 2

---

[4] *Stein/Jonas/Berger* Rn. 4; aA RG JW 1896, 130; JW 1897, 207, 208.
[5] KG OLGRspr. 29, 121; aA RGZ 67, 362, 365.
[6] RG JW 1889, 169; OLG Kassel OLGRspr. 21, 83.
[7] RG JW 1902, 21.
[8] AA RGZ 67, 362, 364; *Stein/Jonas/Berger* Rn. 3; *Wieczorek* Anm. B II b 2: die Partei darf Tatsachen zum Ausschluß des Zeugnisverweigerungsrechts vortragen.

oder völlig abwegige Begründung abgegeben wird (s. § 387 Rn. 1);[1] die Beschränkung auf Gründe gem. §§ 383, 384 ist zu eng (s. § 387 Rn. 2). Eine Weigerung liegt auch dann vor, wenn der Zeuge seiner Pflicht zur Aussage auch nur teilweise nicht nachkommt, zB die Beantwortung einzelner Fragen begründungslos verweigert.[2] Der begründungslosen Verweigerung der Aussage steht schließlich auch die eigenmächtige **Entfernung des Zeugen** nach Beginn seiner Vernehmung gleich. Muss der Zeuge wegen **Ungebühr** während seiner Vernehmung entfernt werden (§§ 177, 178 GVG), so ist gem. § 390 die Aussage jedenfalls insoweit als verweigert anzusehen, dass ihm die Kosten auferlegt werden, die durch seine abgebrochene Vernehmung entstehen. Daneben mögen Maßnahmen nach §§ 177, 178 GVG treten. Entfernt sich der Zeuge vor seiner Vernehmung, so liegt ein Fall des § 380 vor (s. § 380 Rn. 2); bei Verweigerung unter Bezugnahme auf einen ernst gemeinten Verweigerungsgrund findet § 387 Anwendung (s. § 387 Rn. 2).

3 **b)** Ein rechtskräftig **für unerheblich erklärter Grund,** auf den sich der Zeuge zur Begründung seiner Aussageverweigerung beruft, liegt dann vor, wenn das Verfahren nach § 387 abgeschlossen ist und der Zeuge sich auf denselben Grund (nochmals) beruft, der Gegenstand jenes Verfahrens war. Beruft sich der Zeuge auf einen anderen Weigerungsgrund, so muss erst über diesen rechtskräftig entschieden werden (s. § 387 Rn. 3). Entsprechendes gilt für die Eidesverweigerung (s. § 391 Rn. 2).

4 **c)** Wird die **Weigerung vor dem Vernehmungstermin** schriftlich oder mündlich begründungslos geltend gemacht, so kann dies noch nicht sofort zu einem Beschluss gem. § 390 Abs. 1 führen.[3] Das Gericht wird den Zeugen auf den Mangel der Begründung und auf seine Pflicht, zu erscheinen, aufmerksam machen. Es kann sich nämlich herausstellen, dass der Zeuge – insbesondere belehrt über die Folgen seiner begründungslosen Weigerung (s. Rn. 5) – erscheint und aussagt bzw. den Eid leistet. Erscheint der Zeuge im Termin nicht, so greift § 380 ein; seine begründungslose Weigerung befreit ihn nicht von seiner Pflicht zum Erscheinen (s. § 386 Rn. 3). Erscheint der Zeuge, bleibt er aber bei seiner zuvor erklärten begründungslosen Weigerung, dann findet § 390 Anwendung. Ist die schriftliche Weigerung mangelhaft begründet, so ist nach § 388 zu verfahren.

5 **d) Ordnungsmäßigkeit der Ladung.** Weitere Voraussetzung für den Beschluss gem. § 390 Abs. 1 ist die ordnungsmäßige Ladung. Erscheint der Zeuge ohne ordnungsmäßig geladen zu sein (§ 377 Abs. 2), zB ohne Mitteilung des Beweisthemas, und beruft er sich im Vernehmungstermin als Grund für seine Weigerung hierauf, so können gegen ihn weder ein Ordnungsmittel festgesetzt noch ihm die Kosten auferlegt werden. Ohne ordnungsmäßige Ladung hätte der Zeuge nämlich nicht einmal erscheinen müssen (§ 380). Beruft sich der Zeuge nicht auf den Fehler bei seiner Ladung, wird dieser Fehler zB nur zufällig bekannt, verweigert vielmehr der Zeuge ohne Angabe von Gründen die Aussage, so ist der Ladungsfehler ohne Einfluss auf die Weigerung, sodass ein Beschluss gem. § 390 Abs. 1 ergehen kann.

6 **e)** Vor Erlass des Beschlusses gem. § 390 Abs. 1 muss dem Zeugen **rechtliches Gehör gewährt** werden; das Gericht muss dem Zeugen darlegen, dass seine Weigerung unzulässig ist und dass Ordnungsmittel und Kostenfolgen auf ihn zukommen.[4]

7 **f)** Das Gericht hat dem Zeugen die durch seine Weigerung **verursachten Kosten** aufzuerlegen und gegen ihn ein **Ordnungsgeld** festzusetzen. Wegen der Einzelheiten wird auf § 380 verwiesen.

8 **g)** Die Festsetzung des Ordnungsmittels und der Ausspruch über die Kostenfolge haben **von Amts wegen** zu erfolgen, ohne dass es des **Antrages einer Partei** bedürfte. Auch kann keine Partei auf die Festsetzung des Ordnungsmittels verzichten; es kann aber die Partei, die den Zeugen benannt hat, auf diesen **verzichten** (§ 399), sodass er nicht mehr aussagen muss, es sei denn, die andere Partei verlangte gem. § 399 2. Halbs. die Vernehmung. Ist bis zum Zeitpunkt des Verzichts auf den Zeugen noch kein Beschluss über Ordnungsmittel und Kosten ergangen, so wird dadurch die Weigerung des Zeugen weder ungeschehen gemacht noch ihre Rechtmäßigkeit hergestellt; da aber das Ordnungsmittel seinem materiellen Wesen nach Ordnungswidrigkeit ist (vgl. § 380 Rn. 10),[5] kann das Gericht analog § 47 OWiG von einer Festsetzung absehen.[6] Auf den Ausspruch

---

[1] *Thomas/Putzo/Reichold* Rn. 1: ohne ernstgemeinten Grund; *Stein/Jonas/Berger* Rn. 2: abwegiger Grund. Beispiel: Aussage nur bei doppelter Zeugengebühr.

[2] BGHSt 9, 362 = NJW 1956, 1807; RGSt 73, 31, 33; RG HRR 1935 Nr. 706; OLG Celle NJW 1958, 72, 73.

[3] AA offenbar *Stein/Jonas/Berger* Rn. 2: auch vorher.

[4] BGHSt 28, 240, 259 = NJW 1979, 1212; *Löwe/Rosenberg/Dahs* § 70 StPO Rn. 37.

[5] OLG Hamm VRS 41 (1971), 283; *Göhler,* Ordnungswidrigkeitengesetz, 14. Aufl. 2006, Vor § 1 Rn. 40 und § 59 Rn. 66; vgl. auch BVerfGE 20, 323, 331 = NJW 1967, 195, 196.

[6] *Dahs* NStZ 1983, 184.

der Kostenfolge kann keine Partei allein verzichten, da erst bei Rechtskraft des Urteils feststeht, welche Partei die Kosten des Rechtsstreits zu tragen hat, zu deren Lasten in solchem Falle dann auch die durch die Weigerung des Zeugen verursachten Kosten gehen (s. § 380 Rn. 5). Erfolgt der Verzicht auf den Zeugen nach Erlass des Beschlusses über Ordnungsgeld und Kosten, so hat der Verzicht keinen Einfluss auf die Vollstreckung des Ordnungsmittels; auch die Anordnung der Kostenfolge bleibt bestehen.[7]

h) Zugleich mit dem Beschluss über Ordnungsmittel und Kostenfolge ist ein **(neuer) Termin zur Fortsetzung der Beweisaufnahme** zu bestimmen (§ 368). Dass bis zu diesem Termin die Vollstreckung des Ordnungsmittels begonnen hätte, ist nicht Voraussetzung für dessen Abhaltung. Die bloße Verkündung des neuen Termins – auch in Anwesenheit des Zeugen – genügt nicht; der Zeuge ist zu laden (arg. e contrario aus § 218). Auch die **neuerliche Ladung** muss dem § 377 entsprechen. Erscheint der Zeuge zum neuen Termin nicht, so ist gem. § 380 zu verfahren,[8] denn § 380 und § 390 stehen unabhängig nebeneinander,[9] nicht etwa verbraucht § 380 Abs. 1 den § 390 Abs. 1. Erscheint der Zeuge im ersten Termin nicht und ergeht ein Beschluss gem. § 380 Abs. 1, erscheint er dann im zweiten Termin und verweigert begründungslos die Aussage, so kann nicht sogleich gem. § 390 Abs. 2 vorgegangen werden, vielmehr findet im zweiten Termin § 390 Abs. 1 Anwendung.[10] Auch gegen den zwangsweise vorgeführten Zeugen (§ 380 Abs. 2), der begründungslos die Aussage verweigert, muss gem. § 390 Abs. 1 vorgegangen werden;[11] er kann zum neuen Termin zur Beweisaufnahme (dem dritten) wiederum, dh. zum zweiten Mal, vorgeführt werden. 9

i) Der **Beschluss** über Ordnungsmittel und Kostenfolge ist gem. § 329 Abs. 1 **zu verkünden** und dem Zeugen gem. § 329 Abs. 3 von Amts wegen zuzustellen. Den Parteien ist der Beschluss ebenfalls gem. § 329 Abs. 3 zuzustellen,[12] weil auch sie im Grundsatz, dh. nach einer Kostenfestsetzung (vgl. § 380 Rn. 8), aus dem Beschluss vollstrecken können. 10

2. Absatz 2. a) Anordnung der Beugehaft. Bei der zweiten begründungslosen Aussageverweigerung oder der zweiten Aussageverweigerung des Zeugen trotz rechtskräftiger Zurückweisung seiner Begründung, darf Ordnungsgeld (und ersatzweise Ordnungshaft) nicht angeordnet werden. Vielmehr wird auf Antrag der Partei, die den Zeugen benannt hat, **Beugehaft** angeordnet. Es ist nicht erforderlich, dass bei der ersten Verweigerung ein Ordnungsmittel verhängt (s. § 380 Rn. 10) oder die Vollstreckung bereits versucht worden wäre (s. § 380 Rn. 10).[13] Von Amts wegen wird die Haft nicht angeordnet. Wird der **Haftantrag** nicht gestellt, so liegt darin ein Verzicht auf den Zeugen;[14] gem. § 399 2. Halbs. kann aber nunmehr der Gegner die Vernehmung verlangen und den Haftantrag stellen, wenn der Zeuge auch dann die Aussage begründungslos verweigert. Da es sich nicht um die Ordnungshaft gem. § 390 Abs. 1 handelt, auf die Art. 6 EGStGB Anwendung findet, sondern um Beugehaft, ist diese zeitlich nicht zu begrenzen.[15] Der Beschluss über die Haftanordnung ist gem. § 329 Abs. 2 zu verkünden und gem. § 329 Abs. 3 dem Zeugen zuzustellen.[16] Abs. 2 ist – ebenso wie § 76 Abs. 2 StPO – nicht anwendbar, wenn nur die Leistung des **Eides** verweigert wird. 11

b) Wiederholung der Haftanordnung. Eine Wiederholung der Haftanordnung kommt in Betracht, wenn der Zeuge in der zweiten Instanz über die gleiche Frage wiederum die Aussage oder Eidesleistung verweigert oder wenn er in der gleichen Instanz zu einem anderen Beweisthema[17] die Aussage begründungslos verweigert. Eine Vollstreckung der Haftanordnung ist nicht mehr möglich, wenn das Verfahren in der entsprechenden Instanz abgeschlossen ist. 12

c) Haft im Zwangsvollstreckungsverfahren. Die Vorschriften über die **Haft im Zwangsvollstreckungsverfahren** gelten entsprechend: §§ 904 bis 913. Hinzuweisen ist hier besonders auf § 908: Neben der Haftanordnung ist ein **Haftbefehl** zu erlassen. Die Verhaftung erfolgt durch den **Gerichtsvollzieher** (§ 909). Die frühere Vorschusspflicht gem. § 911 aF ist aufgehoben. Die Haft- 13

---

[7] *Stein/Jonas/Berger* Rn. 4; *Löwe/Rosenberg/Dahs* § 70 StPO Rn. 38.

[8] AA *Wieczorek* Anm. A I a 1: sein Verhalten ist ein Beharren auf der Weigerung, so daß gem. § 390 Abs. 2 vorgegangen werden muß.

[9] Vgl. auch zu §§ 51, 70 StPO *Löwe/Rosenberg/Dahs* § 70 StPO Rn. 1; KK-StPO/*Pelchen* § 70 Rn. 1.

[10] AA *Wieczorek* Anm. A I a 2.

[11] AA *Wieczorek* Anm. A I a 2.

[12] *Zöller/Greger* Rn. 5.

[13] AA OLG Frankfurt NJW-RR 1988, 714; *Wieczorek* Anm. B II a.

[14] *Stein/Jonas/Berger* Rn. 8.

[15] *Baumbach/Lauterbach/Hartmann* Rn. 7.

[16] AA *Stein/Jonas/Berger* Rn. 8: gem. § 750 zuzustellen.

[17] AA wohl *Baumbach/Lauterbach/Hartmann* Rn. 7.

dauer darf in einem Rechtsstreit,[18] mögen eine oder mehrere Haftanordnungen existieren, **sechs Monate** nicht überschreiten (§ 913). Da die Beugehaft gem. Abs. 2 nichts mit der Ordnungshaft des Abs. 1 zu tun hat, wird auf die Haft gem. Abs. 2 diejenige aus Abs. 1 niemals angerechnet. Die Haft endet mit der Aussage des Zeugen zu allen Beweisthemen, derentwegen die Haft angeordnet ist, oder damit, dass die Partei, die den Haftantrag gestellt hat, auf die Fortdauer der Haft oder auf die Vernehmung des Zeugen verzichtet. Haben beide Parteien die Haft beantragt, so müssen entsprechend beide Parteien auf die Vernehmung des Zeugen oder die Fortdauer der Haft verzichten.

14 **d) Aussetzung des Verfahrens während des Haftvollzugs.** Wenn der **Zeuge in Haft genommen** ist, so darf das Gericht keine Entscheidung treffen, die das Beweismittel übergeht; es handelt sich, da die Haftdauer auf längstens sechs Monate begrenzt ist (§§ 390 Abs. 2, 913) um ein Hindernis von begrenzter Dauer (§ 356); anderenfalls würde der Partei das Zwangsmittel genommen.[19] Dem steht Abs. 2 S. 1 („nicht länger als der Rechtszug dauert") nicht entgegen; die Wendung ist nämlich einschränkend dahin zu verstehen, dass die Haft nicht andauern darf, wenn der Rechtszug aus sonstigen Gründen endet. Notfalls ist also der **Rechtsstreit auszusetzen.**

15 **3. Absatz 3. a) Rechtsmittel des Zeugen.** Der **Zeuge** hat gegen den Beschluss über Ordnungsmittel und Kostenfolge ebenso wie gegen die Haftanordnung die sofortige **Beschwerde,** die eine aufschiebende Wirkung hat (§ 570). Für die Beschwerde besteht kein Anwaltszwang; sie ist schriftlich oder mündlich zu Protokoll des Urkundsbeamten der Geschäftsstelle zu erheben (§§ 569, 78). Die Beschwerde ist nicht statthaft, wenn das Berufungsgericht entschieden hat.

16 **b) Rechtsmittel der Partei.** Die **Partei** hat die **sofortige Beschwerde,** wenn die Kostenauferlegung unterblieben ist oder wenn der Beschluss, der dem Zeugen die Kosten auferlegt, seinerseits aufgehoben wird (vgl. § 380 Rn. 12). Wird die beantragte **Haftanordnung abgelehnt,** so steht der Partei ebenfalls die sofortige Beschwerde nach Abs. 3 zu;[20] da die Haft gerade nicht angeordnet ist, kann nicht gesagt werden, der Beschluss betreffe das Zwangsvollstreckungsverfahren, in dem die sofortige Beschwerde gem. § 793 zu erheben wäre. Wird die angeordnete Haft aufgehoben, so hat die Partei die sofortige Beschwerde gem. § 793. Für die Beschwerde besteht für die Partei bei Landgericht und Oberlandesgericht Anwaltszwang. Über die Beschwerde gegen Beschlüsse des beauftragten oder ersuchten Richters (§ 400) entscheidet das ersuchende Gericht, wenn dieser nicht abhilft.

17 **4. Gebühren.** Gebühren des Gerichts und des Rechtsanwalts entstehen für die Beschlüsse gem. Abs. 1 und Abs. 2 nicht. Bezüglich der Gebühren für ein Beschwerdeverfahren s. § 380 Rn. 13.

§ 391 Zeugenbeeidigung

Ein Zeuge ist, vorbehaltlich der sich aus § 393 ergebenden Ausnahmen, zu beeidigen, wenn das Gericht dies mit Rücksicht auf die Bedeutung der Aussage oder zur Herbeiführung einer wahrheitsgemäßen Aussage für geboten erachtet und die Parteien auf die Beeidigung nicht verzichten.

Schrifttum: *E. Schneider,* Die Beeidigung des Zeugen im Zivilprozeß, MDR 1969, 429; *H. Schneider,* Zeugeneid und Aufklärungspflicht des Gerichts, NJW 1966, 333.

I. Normzweck

1 Zurzeit des Inkrafttretens der CPO im Jahre 1879 war die Beeidigung der Aussage des Zeugen die Regel. Das wurde 1933 geändert, um den Eid im Zivilprozess aufzuwerten: Nicht mehr jede belanglose Aussage sollte eidlich bekräftigt werden. Durch den Eid erhält eine Aussage in der Regel einen höheren Beweiswert. Es kann sonach nicht gesagt werden, dass heute Zeugen „regelmäßig" uneidlich zu vernehmen seien,[1] mag dies auch der Praxis entsprechen. Im Strafprozess ist heute der Zeuge zu vereidigen, wenn das Gericht dies wegen der ausschlaggebenden Bedeutung der Aussage oder zur Herbeiführung der Wahrheit nach seinem Ermessen für notwendig erachtet (§ 59 StPO).

II. Einzelerläuterungen

2 **1. Die Pflicht zur Eidesleistung.** Sie besteht für jeden zur Aussage verpflichteten Zeugen, ausgenommen der Fall des § 393. Der Zeuge, der zur Aussageverweigerung berechtigt ist (s. § 387 Rn. 2), darf den Eid verweigern, auch wenn er auf sein **Zeugnisverweigerungsrecht** verzichtet

---

[18] *Wieczorek* Anm. B IV b 4.
[19] Vgl. *Löwe/Rosenberg/Dahs* § 70 StPO Rn. 29; aA *Stein/Jonas/Berger* Rn. 14; *Wieczorek* Anm. B IV b 1.
[20] AA *Zöller/Greger* Rn. 9; *Baumbach/Lauterbach/Hartmann* Rn. 7: § 793.
[1] So aber: *Musielak/Stadler,* Grundfragen des Beweisrechts, 1984, Rn. 104.

und zur Sache ausgesagt hat;[2] dies ergibt sich aus § 390 Abs. 1 S. 1. Eine Pflicht, den Zeugen dahingehend zu belehren, besteht nicht,[3] da eine dem § 63 2. Halbs. StPO entsprechende Vorschrift fehlt. Die Aussage, bezüglich deren der Zeuge die Eidesleistung verweigert hat, ist gem. § 286 vom Gericht frei zu würdigen.[4] Verweigert der Zeuge, der zur Sache ausgesagt hat, den Eid mit einer Begründung, so ist hierüber in einem Verfahren entsprechend § 387 zu entscheiden,[5] wenn eine Partei widerspricht, weil der Eid ein Annex zur Aussage ist. Nennt der Zeuge keinen Grund (vgl. § 390 Rn. 2), so ist er nach entsprechender Belehrung über die Konsequenzen (s. § 390 Rn. 6) gem. § 390 Abs. 1 mit einem Ordnungsmittel zu belegen.

2. Der Verzicht der Parteien auf die Beeidigung. Dieser hat zur Folge, dass das Gericht 3
den Zeugen nicht beeidigen darf. Der Verzicht bezieht sich nur auf die zuvor gemachte Aussage des Zeugen, nicht auf eine spätere ergänzende Aussage (s. § 398). Ein Verzicht auf die Beeidigung vor der Aussage des Zeugen ist unwirksam. Der Verzicht wirkt auch nur für die Instanz, in der erklärt wird; in der nächsten Instanz kann der Zeuge beeidigt werden, auch wenn er nicht erneut zur Sache vernommen wird.[6] Der Verzicht ist **widerruflich;** es ist zweckmäßiger, die Widerruflichkeit zu bejahen als die Frage der Beeidigung erst in der nächsten Instanz zu klären. Will das Gericht der unbeeidigten Aussage des Zeugen nicht glauben, so muss es gem. § 139 darauf hinweisen, damit die Parteien nicht durch einen Verzicht das Beweismittel verlieren.[7] Eine trotz Verzichts vorgenommene Beeidigung nimmt der Aussage des Zeugen weder die Verwertbarkeit noch ändert dies etwas an der Strafbarkeit einer eidlichen Falschaussage. Unbeachtlich ist der Verzicht gem. §§ 617, 640, also dort, wo das Gericht der Untersuchungsmaxime zu folgen hat. Stellt keine Partei einen Antrag auf Beeidigung, so liegt darin noch kein Verzicht (s. Rn. 8).

3. Die Entscheidung über die Vereidigung. a) Die Beeidigung steht im **pflichtgemäßen** 4
Ermessen des Prozessgerichts. Bei seiner Ermessensausübung hat das Gericht einmal die Bedeutung der Aussage des Zeugen zu berücksichtigen. Es hat weiter zu bedenken, dass der Eid auch der Herbeiführung einer wahrheitsgemäßen Aussage dient. Zur Berichtigung einer Falschaussage entschließt sich der Zeuge wegen der höhere Strafdrohung. Dem Zeugen wird die Berichtigung der Falschaussage durch § 158 StGB erleichtert; darauf sollte das Gericht hinweisen, wenn es eine Beeidigung zur Herbeiführung einer wahrheitsgemäßen Aussage plant.

b) Ist die **Aussage** des Zeugen **nicht entscheidungserheblich,** so ist nach Sinn und Zweck 5
des heutigen Gesetzes eine Beeidigung nicht angezeigt, mögen auch Zweifel an der Glaubwürdigkeit des Zeugen bestehen.[8] Dasselbe gilt, wo das Gericht schon aus den eidlichen Aussagen anderer Zeugen das Gegenteil der unglaubwürdigen Aussage entnehmen konnte.[9] Bei einer **entscheidungserheblichen Aussage** eines Zeugen, an dessen Glaubwürdigkeit Zweifel bestehen, ist dieser grundsätzlich zu beeidigen. Umgekehrt ist die Beeidigung entbehrlich, wenn die Aussage zwar entscheidungserheblich ist, aber Zweifel an der Glaubwürdigkeit des Zeugen nicht bestehen, und zwar selbst dann, wenn an der objektiven Richtigkeit der Darstellung gezweifelt werden kann.[10] Auch die Beeidigung eines Teiles der Aussage ist zulässig; sie wird sich anbieten, wenn der Zeuge zu verschiedenen Punkten Angaben unterschiedlichen Gewichts gemacht hat.

4. Zuständigkeit für die Entscheidung. a) Über die Beeidigung **entscheidet das Prozess-** 6
gericht. Dies kann auch der Einzelrichter sein; auch der Vorsitzende der Kammer für Handelssachen entscheidet im Rahmen seiner Beweiserhebungskompetenz (§ 349 Rn. 5). Auch wenn der Einzelrichter des Oberlandesgerichts oder der Vorsitzende der Kammer für Handelssachen dahin entscheiden, den Zeugen nicht zu beeidigen, so können der Senat, bzw. die Kammer diesen Beschluss abändern und die Beeidigung anordnen.

b) Der **beauftragte und der ersuchte Richter** (§§ 361, 362) sind auch ohne Anweisung des 7
Prozessgerichts befugt, den Zeugen zu beeidigen, wenn sie nach ihrem persönlichen Eindruck die Voraussetzungen des § 391 mit der Alternative, dass dies zur Wahrheitsfindung dienlich ist, für gegeben ansehen.[11] Auch diese Richter kennen die Akten und die Bedeutung der Aussage. Erachtet

---

[2] BGHZ 43, 368 = NJW 1965, 1530; RG JW 1901, 399.
[3] AA *Stein/Jonas/Berger* § 392 Rn. 7; *Baumbach/Lauterbach/Hartmann* Rn. 5: aus § 139.
[4] RGZ 90, 81: *Stein/Jonas/Berger* § 392 Rn. 9; aA *Wieczorek* Anm. A III; *Zöller/Greger* Rn. 1: die Aussage darf nicht berücksichtigt werden.
[5] AA *Zöller/Greger* Rn. 1.
[6] BGH NJW 1972, 584.
[7] *Baumbach/Lauterbach/Hartmann* Rn. 4; *Wieczorek* Anm. A II b.
[8] BGH NJW 1972, 584.
[9] BGHZ 43, 368 = ZZP 79 (1966), 140 m. Anm. *Grunsky*.
[10] BGH DRiZ 1967, 361; OLG Köln MDR 1971, 933 (LS).
[11] *Stein/Jonas/Berger* Rn. 22; *Wieczorek* Anm. B II a; aA *Zöller/Greger* Rn. 6.

das Prozessgericht nach Vernehmung des Zeugen durch einen verordneten Richter dessen Beeidigung für notwendig, so muss diese nachgeholt werden.

8 **5. Darlegung in den Entscheidungsgründen.** In den Entscheidungsgründen des Urteils muss das Prozessgericht darlegen, warum es den Zeugen, dessen Aussage entscheidungserheblich ist, nicht beeidigt hat.[12] Dies ist erforderlich, damit das Revisionsgericht einen Ermessensfehlgebrauch überprüfen kann. Dabei ist indes zu berücksichtigen, dass ein Ermessensfehlgebrauch durch Unterlassen einer Rüge – eine solche ist ein Antrag auf Beeidigung – gem. § 295 geheilt werden kann.[13] Dieser Fall kann indessen nur dann eintreten, wenn das Gericht – wie häufig – schon vor Urteilserlass einen **Beschluss** darüber erlässt, dass der Zeuge unbeeidigt bleibt.[14] Dass solcher Beschluss das Gericht nicht bindet,[15] steht dem nicht entgegen. Da es eines **Antrags der Parteien,** den Zeugen zu beeidigen, nicht bedarf, darf auch nicht umgekehrt die Nichtbeeidigung eines Zeugen mit dem Fehler eines Antrags der Parteien begründet werden.[16]

§ 392 Nacheid; Eidesnorm

[1]Die Beeidigung erfolgt nach der Vernehmung. [2]Mehrere Zeugen können gleichzeitig beeidigt werden. [3]Die Eidesnorm geht dahin, dass der Zeuge nach bestem Wissen die reine Wahrheit gesagt und nichts verschwiegen habe.

I. Normzweck

1 Die Vorschrift ordnet heute – ebenso wie § 59 S. 1 StPO – die nachträgliche Vereidigung des Zeugen an; die CPO in der Fassung von 1877 verlangte in der Regel den Voreid. Die Frage, ob der Vor- oder der Nacheid den Vorzug verdient, weil er eher eine wahrheitsgemäße Aussage bewirkt, war schon 1877 umstritten.[1] Ferner bestimmt § 392 den Inhalt des Eides; die Form der Eidesleistung bestimmen §§ 478 ff.

II. Einzelerläuterungen

2 Wenn das **Gericht die Vernehmung des Zeugen als beendet** ansieht, ist der Eid zu leisten. Die Aussage ist in der Regel abgeschlossen, wenn diese protokolliert ist (§ 160 Abs. 3 Nr. 4) und dem Zeugen vorgelesen wurde (§ 162). Die nähere Regelung über die Abnahme des Eides enthalten §§ 478 bis 484 und für Fremdsprachige § 188 GVG. Die Abnahme des Voreides schadet nicht, die Aussage ist auch dann beeidet,[2] auch in strafrechtlicher Hinsicht.[3] Mit dem Voreid darf nicht jener Fall verwechselt werden, dass dem Zeugen ein Nacheid abgenommen war, danach aber die Aussage noch ergänzt wurde; dieser Fall regelt sich nach § 398 Abs. 3.

§ 393 Uneidliche Vernehmung

Personen, die zur Zeit der Vernehmung das 16. Lebensjahr noch nicht vollendet oder wegen mangelnder Verstandesreife oder wegen Verstandesschwäche von dem Wesen und der Bedeutung des Eides keine genügende Vorstellung haben, sind unbeeidigt zu vernehmen.

I. Normzweck

1 Die mit § 60 Nr. 1 StPO gleichlautende Vorschrift zielt darauf ab, Zeugen nicht zu beeidigen, bei denen von vornherein nicht anzunehmen ist, dass der Beweiswert ihrer Aussage durch den Eid erhöht werden kann.

---

[12] *Schneider* NJW 1966, 333, 334; *Wieczorek* Anm. B III; *Zöller/Greger* Rn. 6: *Baumbach/Lauterbach/Hartmann* Rn. 8; unentschieden BGHZ 43, 368 = ZZP 79 (1960), 140 m. Anm. *Grunsky;* aA BGH NJW 1952, 384 (LS); vgl. auch RG Gruchot 63 (1919), 110.

[13] *Wieczorek* § 295 Anm. B II b 2.

[14] Vgl. *Wieczorek* Anm. A II a 2.

[15] RG JW 1902, 250; *Wieczorek* Anm. B IV.

[16] *Wieczorek* Anm. A II.

[1] *Hahn* S. 313, 314, 627 ff.

[2] RG nach *Wieczorek* Anm. A; *Zöller/Greger* Rn. 1; aA OLG Kassel OLGRspr. 23, 184; *Stein/Jonas/Berger* Rn. 1.

[3] RGSt 70, 366.

II. Einzelerläuterungen

Nicht **eidesunmündig sind** Personen unter sechzehn Jahren; entscheidend ist der Zeitpunkt der Vernehmung. Ferner sind nicht eidesunmündig diejenigen, die keine genügende Vorstellung von der Bedeutung des Eides haben, wenn dies auf Verstandesunreife oder Verstandesschwäche beruht. Ob diese Voraussetzungen gegeben sind, muss das Gericht nach pflichtgemäßem Ermessen[1] von Amts wegen prüfen,[2] wobei § 295 nicht eingreift. Beruht die mangelnde Vorstellung von der Bedeutung des Eides auf anderen Gründen, wie zB Unglauben, so greift § 393 nicht ein, wenn gleichen wohl in aller Regel eine Beeidigung unterbleiben wird. Insbesondere in den Fällen von **Betreuung** (§§ 1896 ff. BGB) wird das Gericht die Anwendbarkeit des § 393 überprüfen müssen. Bei nur vorübergehendem Mangel an Einsichtsfähigkeit, insbesondere bei **Trunkenheit,** fehlt in der Regel auch die Aussagefähigkeit; dann greift § 380 ein (s. § 380 Rn. 2). Die Aussage eines Eidesunmündigen ist gem. § 286 frei zu würdigen. Wird der Eidesunmündige entgegen § 393 beeidigt, so ist die Aussage nur als unbeeidigte zu werten,[3] obgleich es sich strafrechtlich um einen Meineid handelt.[4] Bleibt der Zeuge unbeeidigt, obgleich die Voraussetzungen des § 391 erfüllt sind, so muss das Gericht dies in den Entscheidungsgründen darlegen. 2

§ 394 Einzelvernehmung

(1) Jeder Zeuge ist einzeln und in Abwesenheit der später abzuhörenden Zeugen zu vernehmen.

(2) Zeugen, deren Aussagen sich widersprechen, können einander gegenübergestellt werden.

I. Normzweck

Durch die **Einzelvernehmung** der Zeugen und die Abwesenheit der später zu vernehmenden Zeugen (Abs. 1) erhofft sich der Gesetzgeber eine bessere Wahrheitsermittlung; die Zeugen bewahren ihre Unbefangenheit und die Selbstständigkeit ihrer Darstellung. Natürlich wird dadurch nicht verhindert, dass sich die auf ihre Vernehmung vor dem Gerichtssaal wartenden Zeugen unterhalten; dies zu verhindern ist aber auch nicht der Zweck des Gesetzes.[1*] Im Einverständnis mit den Parteien kann die Aussage auch anderweit gemacht und mit **Videokamera** in das Sitzungszimmer übertragen werden (§ 128 a). 1

Die **Gegenüberstellung** (Abs. 2) dient dem Zweck, Widersprüche zwischen den Aussagen der Zeugen aufzuklären; sie ist eine besondere Art der Vernehmung. In der StPO ist sie – anders als die Identifizierungsgegenüberstellung (§ 58 Abs. 2 StPO) – nicht besonders geregelt. 2

II. Einzelerläuterungen

1. Absatz 1. Die Vorschrift gilt für alle Zeugen, auch für sachverständige Zeugen (§ 414).[2*] Nach beendeter Aussage darf der Zeuge, der dann Teil der Öffentlichkeit ist, der Vernehmung der späteren Zeugen beiwohnen (§ 169 GVG). § 169 GVG setzt aber voraus, dass es sich um eine Vernehmung vor dem Prozessgericht handelt. Die Aussage des Zeugen ist erst beendet, wenn der **Zeuge entlassen** ist; bis dahin ist er nicht Teil der Öffentlichkeit. Dieser Umstand ermöglicht es dem Gericht, die später zu vernehmenden Zeugen in Abwesenheit der bereits vernommenen zu hören, was gerade im Hinblick auf Abs. 2 oftmals angezeigt ist. Vielfach lässt sich auch erst nach Anhörung aller Zeugen über die Frage einer Beeidigung (§ 391) entscheiden. Das Gericht wird in diesem Fall die Vernehmung des Zeugen zunächst abschließen, die Entscheidung über die Beeidigung zurückstellen, den Zeugen aber ausdrücklich nicht entlassen, sondern zum Warten außerhalb des Sitzungszimmers auffordern. Die Befugnis dazu ergibt sich aus §§ 176, 177 GVG; ein Recht des Zeugen, der Vernehmung späterer Zeugen beizuwohnen, gibt es nicht.[3*] Der Zeuge darf sich dann nicht entfernen, anderenfalls greift § 380 ein. Es handelt sich bei Abs. 1 um eine Ordnungsvor- 3

---

[1] BGHSt 22, 266, 268 = NJW 1969, 61.
[2] RG HRR 1932 Nr. 993.
[3] RG JW 1939, 88; *Zöller/Greger* Rn. 2; aA *Wieczorek* Anm. A.
[4] BGHSt 10, 142, 144 = NJW 1957, 756.
[1*] BGH NJW 1962, 260.
[2*] *Zöller/Greger* Rn. 1; *Baumbach/Lauterbach/Hartmann* Rn. 3; aA *Wieczorek* Anm. A II: gilt gewohnheitsrechtlich nicht für sachverständige Zeugen.
[3*] RGSt 48, 211.

schrift, auf deren **Verletzung** die Revision nicht gestützt werden kann;[4] auch wird die Vernehmung eines Zeugen, der jener anderer Zeugen beigewohnt hat, nicht unzulässig oder seine Aussage nicht unverwertbar.[5] Über den Wert der Aussage entscheidet vielmehr das Gericht in freier Würdigung unter Berücksichtigung möglicher Beeinflussung.[6]

4 **2. Absatz 2.** Auf die Gegenüberstellung hat kein Zeuge und keine Partei einen Rechtsanspruch; sie steht vielmehr im nicht nachprüfbaren Ermessen des Gerichts,[7] auch des verordneten Richters. Eine Gegenüberstellung bedeutet für den erstvernommenen Zeugen eine wiederholte Vernehmung (§ 398 Abs. 1). Das Gericht kann auch zulassen, dass sich die Zeugen wechselseitig unmittelbar befragen (vgl. § 397 Abs. 2).[8]

§ 395 Wahrheitsermahnung; Vernehmung zur Person

(1) Vor der Vernehmung wird der Zeuge zur Wahrheit ermahnt und darauf hingewiesen, dass er in den vom Gesetz vorgesehen Fällen unter Umständen seine Aussage zu beeidigen habe.

(2) [1]Die Vernehmung beginnt damit, dass der Zeuge über Vornamen und Zunamen, Alter, Stand oder Gewerbe und Wohnort befragt wird. [2]Erforderlichenfalls sind ihm Fragen über solche Umstände, die seine Glaubwürdigkeit in der vorliegenden Sache betreffen, insbesondere über seine Beziehungen zu den Parteien vorzulegen.

I. Normzweck

1 Abs. 1 bezweckt, den Zeugen zu einer richtigen und vollständigen Aussage zu bewegen; im Strafprozess (§ 57 StPO) erstreckt sich die Pflicht auf die Belehrung über die strafrechtlichen Folgen einer nicht wahrheitsgemäßen Aussage. Abs. 2 S. 1 will die Identität der Person klären;[1] die Feststellung des Alters dient der Klärung der Eidesmündigkeit. Abs. 2 S. 2 dient der Wahrheitsfindung; dem entsprechen §§ 68 S. 1, 68 a StPO inhaltlich teilweise.

II. Einzelerläuterungen

2 **1. Abs. 1 (Ermahnung zur Wahrheit).** Die Ermahnung des Zeugen zur Wahrheit ist – weil nicht verboten – zweckmäßigerweise zu verbinden mit einer Belehrung des Zeugen über die Strafbarkeit gem. §§ 153, 154 StGB, evtl. auch gem. § 263 StGB. Auch auf Schadensersatzfolgen sollte hingewiesen werden.[2] Wenn das Verwandtschaftsverhältnis ersichtlich ist, so ist der Zeuge sofort, sonst spätestens nach der Vernehmung zur Person gem. § 383 Abs. 2 über sein **Zeugnisverweigerungsrecht** zu belehren; evtl. kann auch entsprechend § 384 belehrt werden. Über das Recht zur Eidesverweigerung wird – wenn man eine Belehrungspflicht bejaht (aA § 391 Rn. 2) – erst nach dem Beschluss über die Beeidigung belehrt. Sind mehrere Zeugen geladen und zugleich erschienen, so können sie zusammen belehrt werden. Das Unterlassen einer Belehrung ist prozessual unerheblich, da Abs. 1 eine Ordnungsvorschrift ist.[3]

3 **2. Abs. 2 S. 1 (Personalien).** Die Angabe des Wohnortes gebietet nur die Angabe der politischen Gemeinde, nicht der Postanschrift; die Angabe des Dienstortes genügt nicht (vgl. aber § 373 Rn. 18).[4*] In den Fällen einer Gefährdung des Zeugen bei Angabe des Wohnortes ist § 68 S. 2 StPO analog anwendbar (s. auch § 387 Rn. 2).[5*] Auch hierauf erstreckt sich die Wahrheitspflicht iSv. §§ 153, 154 StGB und das Zeugnisverweigerungsrecht.[6*] Genießt ein Zeuge **Zeugenschutz** (vgl. Ges. v. 11. 12. 2001 BGBl. I S. 3510), so kann er die Angaben zur Person und zum Wohnsitz verweigern.

4 **3. Abs. 2 S. 2. a)** Fragen zur **Glaubwürdigkeit,** sog. **Generalfragen,** sind Ermessenssache.[7*] Fragen zu Vorstrafen, die der Feststellung der Glaubwürdigkeit des Zeugen in der konkreten Sache

---

[4] RG JW 1928, 1857 m. Anm. *Fischer;* OLG Köln FamRZ 1996, 310, 311.
[5] OGHSt 2, 19, 20.
[6] OLG Düsseldorf MDR 1979, 409; vgl. BGH NJW 1962, 260, 261.
[7] BAG NJW 1968, 566; BGH nach *Dallinger* MDR 1974, 724 und 1976, 17.
[8] RG JW 1931, 2818; *Löwe/Rosenberg/Dahs* § 58 StPO Rn. 11; *Wieczorek* § 396 Anm. B I a.
[1] BGHSt 32, 118, 128 = NStZ 1984, 36.
[2] *Zöller/Greger* Rn. 1.
[3] BAGE 6, 1.
[4*] OLG Celle NdsRpfl. 1988, 12.
[5*] Vgl. OLG Stuttgart NStZ 1991, 297.
[6*] RG JW 1911, 189; HRR 1928 Nr. 494.
[7*] Nach Ansicht des RG sind sie – „in begründetem Gegensatz zu einer weit verbreiteten Übung" – nur bei konkretem Anlaß zulässig; RGSt 45, 405, 406.

dienen, insbesondere Fragen nach Aussagedelikten, sind zulässig; der Zeuge kann die Beantwortung gem. § 384 verweigern. Auf keinen Fall erscheint es zulässig, im Zivilprozess Fragen zu stellen, die über zulässige Fragen gem. § 68 a StPO hinausgehen. Fragen nach der Zugehörigkeit zu einer Religionsgemeinschaft sind nur zulässig, soweit davon Rechte und Pflichten abhängen (Art. 140 GG, Art. 136 Abs. 3 Weimarer Reichsverfassung), sind also im Regelfall unzulässig, obgleich die Religionszugehörigkeit eventuell Rückschlüsse auf die Glaubwürdigkeit des Zeugen zulässt.[8] Zu den Glaubwürdigkeitsfragen gehören insbesondere die nach einem Verwandtschafts- oder Schwägerschaftsverhältnis, nach Freundschaft oder Feindschaft, Arbeitgebereigenschaft und nichtehelicher Lebensgemeinschaft.

b) Für ein **Gutachten zur Glaubwürdigkeit des Zeugen** sind diese Generalfragen neben der Sachaussage von besonderer Bedeutung,[9] da der Zeuge nicht verpflichtet ist, sich einer psychologischen, psychiatrischen oder medizinischen Untersuchung (Ausnahme: § 372 a) zu unterziehen.[10] Der Sachverständige kann auch selbst Fragen an den Zeugen richten (§ 402 Rn. 4). Obgleich die Zulässigkeit eines Glaubwürdigkeitsgutachtens heute fast außer Streit sein dürfte,[11] wird das Gericht seine Erstellung nur unter besonderer Berücksichtigung des Verhältnismäßigkeitsgrundsatzes anordnen, wobei die Bedeutung der Sache, die Erschöpfung der Beweismittel und die Schwere des Eingriffs in den Persönlichkeitsbereich des Zeugen zu berücksichtigen sind. Die Ansicht, das Gericht verfüge regelmäßig über hinreichende eigene Sachkunde, sodass entsprechende Gutachtenanträge der Parteien analog § 244 Abs. 4 StPO abgelehnt werden können,[12] wird hier nicht geteilt. Das Gericht kann Bundeszentralregisterauszüge für die Zeugen einholen und Vorstrafenakten beiziehen.[13] Der Ausschluss der Öffentlichkeit ist bei freiwilliger wie bei unfreiwilliger Begutachtung angezeigt. 5

§ 396 Vernehmung zur Sache

(1) Der Zeuge ist zu veranlassen, dasjenige, was ihm von dem Gegenstand seiner Vernehmung bekannt ist, im Zusammenhang anzugeben.

(2) Zur Aufklärung und zur Vervollständigung der Aussage sowie zur Erforschung des Grundes, auf dem die Wissenschaft des Zeugen beruht, sind nötigenfalls weitere Fragen zu stellen.

(3) Der Vorsitzende hat jedem Mitglied des Gerichts auf Verlangen zu gestatten, Fragen zu stellen.

Schrifttum: *Arntzen,* Vernehmungspsychologie, 1978; *Bender/Nack/Treuer,* Tatsachenfeststellung vor Gericht, 4. Aufl. 2007; *Bernhardt,* Die Aufklärung des Sachverhalts im Zivilprozeß, Festg. Rosenberg, 1949, S. 9, 42; *Hetzer/Pfeiffer,* Glaubwürdigkeit geistig behinderter Tatzeugen, NJW 1964, 441; *Krönig,* Die Kunst der Beweiserhebung, DRiZ 1960, 178; *Reinecke,* Die Krise der freien Beweiswürdigung im Zivilprozeß, oder über die Schwierigkeit, einem Zeugen nicht zu glauben, MDR 1986, 630; *Schneider,* Beweis und Beweiswürdigung, 4. Aufl. 1987, S. 241 ff.; *ders.,* Vernehmungskunst und Protokollierungstechnik, MDR 1965, 14 ff., 181 ff., 351 ff., 535 ff., 715 ff.

I. Normzweck

Abs. 1 bezweckt, die unbeeinflusste Aussage des Zeugen sicherzustellen;[1] die Vorschrift entspricht § 69 Abs. 1 S. 1 StPO. Abs. 2 entspricht fast wörtlich § 69 Abs. 2 StPO; Abs. 3 findet seine Entsprechung in § 240 Abs. 1 StPO; die Vorschriften bezwecken die Wahrheitsfindung. 1

II. Einzelerläuterungen

1. Absatz 1 (Darstellung im Zusammenhang). Der Zeuge soll sich zunächst möglichst ohne Zwischenfragen im Zusammenhang äußern dürfen; er hat ein Recht dazu.[2] Dabei kann er 2

---

[8] AA *Löwe/Rosenberg/Dahs* § 68 StPO Rn. 7.

[9] Entgegen § 395 Abs. 2 S. 2 halten *Stein/Jonas/Berger* vor § 373 Rn. 40 solche Fragen zum Zwecke eines Glaubwürdigkeitsgutachtens nicht für zulässig.

[10] Zu den Anforderungen an das Gutachten s. BGH NJW 1999, 2746 u. NJW 2000, 929.

[11] BGHSt 23, 1= JR 1970, 67 m. abl. Anm. *Peters;* aA OLG Hamm JMinBlNRW 1957, 45.

[12] *Musielak/Stadler,* Grundfragen des Beweisrechts, 1984, Rn. 102.

[13] *Musielak/Stadler* (Fn. 12) Rn. 103.

[1] RGSt 74, 35.

[2] Vgl. BVerfGE 38, 105, 112 = NJW 1975, 103; RGSt 74, 35.

eigene Notizen usw. benutzen.[3] Erst wenn diese Aussage des Zeugen üblicherweise zu Protokoll genommen ist, kommen die eigentlichen Fragemöglichkeiten seitens des Vernehmenden, seitens der anderen Mitglieder des Gerichts (Abs. 3) und seitens der Parteien (§ 397) in Betracht.[4] Gerade dadurch, dass zwischen der eigenen Erinnerung des Zeugen und Bekundungen auf Grund von Fragen des Gerichts und der Parteien unterschieden wird, ergibt sich der Beweiswert der Aussage.[5] Ebenso wie es also grundsätzlich unzulässig ist, dem Zeugen sofort Detailfragen vorzulegen, ist es ebenso unzulässig, nur eine schriftliche Zusammenfassung des Zeugen im Termin entgegenzunehmen, die dieser überreicht, mit dem Bemerken, er nehme darauf Bezug;[6] eine **schriftliche Darstellung** des Zeugen kommt nur im Falle des § 377 Abs. 3 in Betracht. Gewisse Ausnahmen werden dagegen zugelassen, wenn zumindest das Schriftstück verlesen wird.[7] Die Rechtsprechung hat aber eine solche Verlesung dann nicht zugelassen, wenn das Schriftstück nicht vom Zeugen selbst, sondern von der Partei oder von einem Dritten aufgesetzt war.[8] Der Zeuge darf zur Vernehmung anwaltliche Unterstützung hinzuziehen (s. § 384 Rn. 3); das berechtigt den **Anwalt** nicht, die Darstellung des Zeugen zu unterbrechen. Einwendungen gegen die Protokollierung richten sich nach §§ 160 Abs. 4, 164 Abs. 2. Abs. 1 ist nicht nur Ordnungsvorschrift;[9] seine Verletzung macht die Aussage unverwertbar.[10] Eine Heilung des Fehlers bei der Vernehmung des Zeugen findet gem. § 295 statt.[11]

3 **2. Absatz 2 (Fragen an den Zeugen).** Nachdem der Zeuge im Zusammenhang ausgesagt hat, und die Aussage üblicherweise protokolliert ist, stellt der Vorsitzende notfalls weitere Fragen zu Punkten, die der Zeuge zu knapp behandelt hat **(Aufklärung)** oder wo Lücken in der Darstellung sind **(Vervollständigung).** Die Vorschrift berechtigt das Gericht auch, dem Zeugen Fotos, Zeichnungen usw. mit der Bitte um Erläuterung vorzulegen. Das Gericht kann dem Zeugen auch die Bekundungen anderer Zeugen vorhalten, es ist nicht darauf angewiesen, eine **Gegenüberstellung** (§ 394 Abs. 2) vorzunehmen. In Abs. 2 wird weiter klarstellend darauf hingewiesen, dass – notfalls durch Fragen des Vorsitzenden – ermittelt werden muss, woher der **Zeuge sein Wissen (Wissenschaft)** hat, ob aus eigener Anschauung, vom Hörensagen oder gar aus eigener Phantasie.[12] Zulässig ist sonach auch die Vernehmung des **Zeugen vom Hörensagen** ebenso wie die des V-Mannes[13] und des **Lauschzeugen,** wobei in den beiden letztgenannten Fällen nach Ansicht des BVerfG[14] eine Interessen- und Güterabwägung im Einzelfall vorgenommen werden muss,[15] wobei nur eine notwehrähnliche Situation den Eingriff in das Persönlichkeitsrecht des Zeugen rechtfertigt. Dass dies zu eng ist, hat *Foerste* nachgewiesen.[16] Das **Mithören am Telefon** durch einen Verstärker ist daher auch im privaten Bereich ohne Information des anderen Gesprächsteilnehmers in der Regel unzulässig und die Kenntnis des Mithörers ist somit unverwertbar.[17] Das OLG Koblenz erblickt in Abs. 2 eine Spezialnorm zur allgemeinen Norm des § 139, sodass eine Verletzung der Pflicht aus § 396 Abs. 2 einen Verfahrensmangel darstellt, der Berufung und Revision rechtfertigen kann.[18]

4 **3. Absatz 3 (Fragerecht der Beisitzer).** Der Vorsitzende muss jedem Mitglied des Gerichts gestatten, selbst an den Zeugen Fragen zu stellen. Der Rahmen des **Beweisthemas** (vgl. § 359 Rn. 5) darf aber nicht mit Fragen überschritten werden, da ein amtswegiger Zeugenbeweis der ZPO fremd ist.[19] Werden **Fragen beanstandet,** sei es von einem Mitglied des Gerichts oder vom zu vernehmenden Zeugen selbst oder von einer Partei, so entscheidet über deren Zulässigkeit das Gericht (§§ 140, 397 Abs. 3).

---

[3] RG JW 1904, 363.
[4] BAG AP § 284 Nr. 3 m. Anm. *Baumgärtel.*
[5] BGHSt 3, 281, 283 = NJW 1953, 115.
[6] Hiergegen bereits: *Hahn* S. 315.
[7] RG JW 1928, 1857 m. Anm. *Fischer;* RG WarnR 1908 Nr. 418.
[8] RG Gruchot 62 (1918), 253; vgl. RG JW 1933, 1729.
[9] BGH NJW 1961, 2168; 1953, 35; RGSt 74, 35; aA RG JW 1928, 1857.
[10] BGH NJW 1961, 2168; 1953, 35; BFH 91, 385, 387; RGSt 74, 35.
[11] RG JW 1896, 656, 657; 1904, 363 (anders für Ehesachen).
[12] BPatG GRUR 1978, 358, 359.
[13] BGH NJW 1994, 2904.
[14] BVerfG NJW 2003, 3619, 3624 m. Anm. *Foerste* JZ 2003, 1111.
[15] BVerfG NJW 2003, 3619, 3624 m. Anm. *Foerste* JZ 2003, 1111; vgl. auch *Kiethe* MDR 2005, 965, 968
[16] *Foerste* JZ 2003, 1111.
[17] BGH NJW 2003, 1727 m. Anm. *Foerste* JZ 2003, 1111.
[18] OLG Koblenz NJW-RR 1991, 1471.
[19] *Stein/Jonas/Berger* Rn. 7; aA wohl *Baumbach/Lauterbach/Hartmann* Rn. 5.

§ 397 Fragerecht der Parteien

(1) Die Parteien sind berechtigt, dem Zeugen diejenigen Fragen vorlegen zu lassen, die sie zur Aufklärung der Sache oder der Verhältnisse des Zeugen für dienlich erachten.

(2) Der Vorsitzende kann den Parteien gestatten und hat ihren Anwälten auf Verlangen zu gestatten, an den Zeugen unmittelbar Fragen zu richten.

(3) Zweifel über die Zulässigkeit einer Frage entscheidet das Gericht.

Schrifttum: *v. Lanzenauer,* Das Fragerecht der Partei im Zivilprozeß, DRiZ 1966, 223; *Traumann,* Die Verletzung des Rechts des Anwalts auf Mitwirkung im Beweisverfahren durch Verweisung seiner Frageberechtigung an den Schluß der richterlichen Vernehmung, JW 1931, 2451; *ders.,* Darf der Richter im Beweisverfahren den Anwalt mit seinem Fragerecht an den Schluß der richterlichen Vernehmung verweisen?, JW 1932, 99.

I. Normzweck

Das Fragerecht der Parteien und ihrer Vertreter dient dazu, das Beweismittel zum Zwecke der Wahrheitserforschung auszuschöpfen. Abs. 1 und 2 ähneln dem § 240 Abs. 2 S. 1 StPO, Abs. 3 stimmt nahezu wörtlich mit § 242 StPO überein. 1

II. Einzelerläuterungen

1. Abs. 1 (Fragerecht der Parteien). a) Das Fragerecht der Parteien besteht nur im Termin zur Beweisaufnahme[1] und erst nachdem das Gericht sein Fragerecht ausgeübt hat (§ 396 Abs. 2 und 3). Beantragt die Partei später, den Zeugen nochmals zu laden, um Fragen stellen zu können, so liegt nicht § 397, sondern § 398 vor.[2] Im Falle **schriftlicher Zeugenvernehmung** (§ 377 Abs. 3) hat die hM bisher ein Fragerecht verneint; diese Auffassung nach Änderung des § 377 durch das Rechtspflege-VereinfachungsG von 1990 unhaltbar geworden. Darauf deutet auch die Gesetzesbegründung hin, wo es (vorsichtig) heißt: „Das Gericht wird den Zeugen auch zu laden haben, wenn die Parteien ihr Fragerecht nach § 397 ZPO ausüben wollen".[3] Das Fragerecht ist im Übrigen auch im Sinne einer **mündlichen Befragung** zu verstehen, nicht in dem Sinne, dass die Parteien Fragen stellen, die der Zeuge schriftlich beantworten könnte.[4] Zur Ausübung des Fragerechts nach schriftlicher Zeugenvernehmung ist der Zeuge zur mündlichen Vernehmung zu laden. Eine wiederholte Vernehmung i. Sinne von § 398 ist davon zu unterscheiden (s. § 398 Rn. 2). Die Vernehmung hat – wie in anderen Fällen der Zeugenvernehmung – vor dem Prozessgericht, dem beauftragten oder ersuchten Richter (§§ 361, 362) oder (bei schriftlicher Befragung des Zeugen im Ausland) im Wege der Rechtshilfe (§ 364) zu erfolgen. Das Fragerecht haben die Parteien persönlich, ebenso wie die Streithelfer, und zwar auch im Anwaltsprozess. Das Fragerecht hängt auch nicht davon ab, dass der Anwalt der Partei bei der Beweisaufnahme zugegen ist (s. § 367). **Das Fragerecht der Parteien** geht aber nur dahin, dass sie die **Vorlage von Fragen** verlangen können, dh., sie können nicht selbst die Frage an den Zeugen richten, sondern müssen diese erst dem Vorsitzenden mitteilen, der sie dann an den Zeugen weitergibt; anders Abs. 2. Die Möglichkeit, dem Zeugen Fragen vorzulegen, umfasst auch, diesem Vorhaltungen zu machen. Es steht im Ermessen des Gerichts, auch der Partei selbst zu gestatten, den Zeugen zu befragen. 2

b) Ergänzt wird das Fragerecht durch das Recht der Partei, sich persönlich zur Sache zu äußern (§ 137 Abs. 4). Es hängt vom einzelnen Fall ab, ob das Gericht die Gelegenheit zur Äußerung nach der Vernehmung eines jeden einzelnen Zeugen oder erst nach der Vernehmung aller Zeugen, zB im Rahmen der Beweiserörterung (§ 285), einräumt. 3

2. Abs. 2 (Unmittelbare Stellung von Fragen). Anwälte können vom Gericht verlangen, dass dieses ihnen gestattet, selbst Fragen an den Zeugen zu stellen. Der Vorsitzende kann in diesem Fall nicht darauf bestehen, dass ihm vorher mitgeteilt wird, welche Frage gestellt werden wird.[5] Es steht im Ermessen des Gerichts, auch der **Partei selbst** zu gestatten, den Zeugen zu befragen. 4

3. Abs. 3 (Zulässigkeit von Fragen). a) Unzulässig sind Fragen, die mit dem Beweisthema (§§ 359 Nr. 1, 377 Abs. 2 Nr. 2) nichts zu tun haben, insbesondere Ausforschungsfragen; ferner 5

---

[1] BGHZ 35, 370 = NJW 1961, 2308.
[2] OLG Düsseldorf FamRZ 1984, 699, 701.
[3] BT-Drucks. 11/3621 S. 39.
[4] LG Berlin NJW-RR 1997, 1289; aA *Baumbach/Lauterbach/Hartmann* Rn. 5.
[5] RGSt 18, 365; 38, 57.

zählen hierher Fragen, die nach § 383 Abs. 3 untersagt sind; ebenso Fragen an Richter und Beamten, die dem § 376 widersprechen. Von der Art der Fragestellung her sind **Suggestivfragen** nicht erlaubt. Ungebührliche Fragen unterfallen nicht dem Abs. 3, sondern sind gem. §§ 177, 178 GVG zurückzuweisen.

6 **b)** Bestehen **Meinungsverschiedenheiten** über die Zulässigkeit von Fragen, so entscheidet das Gericht, auch der Einzelrichter, durch Beschluss, der zu begründen ist. Dieser Beschluss kann nicht gesondert, sondern nur zusammen mit dem Urteil angefochten werden. Zum verordneten Richter s. § 398 Abs. 2. Eine wörtliche Protokollierung von Fragen, über die Meinungsverschiedenheiten bestehen, ist nicht vorgeschrieben (§ 160 Abs. 4), vielfach aber zweckmäßig.

§ 398 Wiederholte und nachträgliche Vernehmung

(1) Das Prozessgericht kann nach seinem Ermessen die wiederholte Vernehmung eines Zeugen anordnen.

(2) Hat ein beauftragter oder ersuchter Richter bei der Vernehmung die Stellung der von einer Partei angeregten Frage verweigert, so kann das Prozessgericht die nachträgliche Vernehmung des Zeugen über diese Frage anordnen.

(3) Bei der wiederholten oder der nachträglichen Vernehmung kann der Richter statt der nochmaligen Beeidigung den Zeugen die Richtigkeit seiner Aussage unter Berufung auf den früher geleisteten Eid versichern lassen.

Schrifttum: *Nasall,* Die Grenzen des Ermessens des Berufungsgerichts bei der Anordnung der Wiederholung einer erstinstanzlichen Zeugenvernehmung, ZZP 98 (1985), 313; *Pantle,* Die Pflicht des Berufungsgerichts zur Wiederholung einer erstinstanzlich durchgeführten Beweisaufnahme, NJW 1987, 3160; *ders.,* Erneute Zeugenvernehmung in der Berufungsinstanz, NJW 1988, 2027.

I. Normzweck

1 Vielfach wünschen die Parteien eine erneute Vernehmung von Zeugen, weil sie für sich davon ein günstigeres Ergebnis erhoffen; zuweilen ist eine erneute Vernehmung notwendig, weil bei der ersten Vernehmung Fehler unterlaufen sind. Andererseits ist jede Wiederholung der Vernehmung eine Beanspruchung von Zeuge[1] und Gericht. Statt einer eingehenden Kasuistik, wann die wiederholte Vernehmung angeordnet werden darf, wie dies die Vorgänger der ZPO taten, stellt die ZPO die wiederholte Vernehmung (Abs. 1) in das richterliche Ermessen.[2] Abs. 2 ist die Konsequenz daraus, dass bei Zweifeln über die Zulässigkeit von Fragen auch dann das Prozessgericht endgültig entscheidet, wenn der Streit darüber bei der Zeugenvernehmung durch einen verordneten Richter entstanden ist. Abs. 3 – der eine Entsprechung in § 67 StPO hat – will die unnötige Wiederholung der Feierlichkeit des Eides vermeiden und diesen dadurch aufwerten.

II. Einzelerläuterungen

2 **1. Abs. 1 (Wiederholte Vernehmung). a) Grundsatz.** Die wiederholte Vernehmung eines Zeugen ist nur dann gegeben, wenn dieser zu demselben Beweisthema (§§ 359 Nr. 1, 377 Abs. 2 Nr. 2)[3] im gleichen Verfahren bereits einmal ausgesagt hat, wobei bei Abweichungen des Vernehmungsgegenstandes vom Beweisbeschluss oder bei dessen Fehlen der Vernehmungsgegenstand maßgeblich ist.[4] Dass dies in einer **anderen Instanz** oder im selbstständigen Beweisverfahren (§§ 485 ff.) geschehen ist, steht dem nicht entgegen.[5] Es macht keinen Unterschied, ob die frühere oder die erneute Vernehmung vor dem Prozessgericht oder vor einem beauftragten oder ersuchten Richter erfolgt ist (§ 400). Bei einer **schriftlichen Zeugenvernehmung** gem. § 377 liegt im Antrag auf Ladung des Zeugen zur zusätzlichen mündlichen Vernehmung kein Antrag auf wiederholte Vernehmung des Zeugen gem. § 398, sondern im Zweifel die Ausübung des Fragerechts gem. § 397. Die frühere gegenteilige hM[6] ist jedenfalls seit Änderung des § 377 nicht mehr zutreffend (s.

---

[1] Vgl. OLG Schleswig OLGZ 1980, 58, 59.
[2] *Hahn* S. 315, 316.
[3] RGZ 48, 386.
[4] OLG Schleswig OLGZ 1980, 58.
[5] BGHZ 35, 370, 372 = NJW 1961, 2308; BGH NJW 1968, 1138; BGH NJW 1972, 584; BGH NJW 1970, 1919, 1920.
[6] Vgl. BGH MDR 1968, 132 (LS).

§ 397 Rn. 2).[7] Ein Antrag auf wiederholte Vernehmung bei schriftlicher Zeugenvernehmung liegt nur dann vor, wenn nach Ausübung des Fragerechts eine weitere Vernehmung zum gleichen Beweisthema beantragt wird. Kein Fall des § 398 Abs. 1 liegt also vor, wenn ein Zeuge in einem anderen Verfahren bereits ausgesagt hat, zB in einem **Strafverfahren,** und nunmehr beantragt wird, nicht die dort gefertigten Protokolle seiner Aussagen als Urkundenbeweis zu verwerten, sondern den Zeugen im Zivilprozess „erneut" zu vernehmen; das Gericht hat nicht das Ermessen nach § 398, sondern muss den Zeugen vernehmen, wenn die allgemeinen Voraussetzungen gegeben sind (s. § 373 Rn. 21). Ebensowenig liegt ein Fall des § 398 vor, wenn der Zeuge die Aussage verweigert hat, sich aber nunmehr bereit findet, auszusagen (s. § 383 Rn. 20), oder wenn der Zeuge zu neuen Tatsachen gehört werden soll.

b) Pflichtgemäßes Ermessen. Die wiederholte Vernehmung steht im pflichtgemäßen Ermessen des Gerichts; dessen Ermessensentscheidung kann auf Überschreitung oder Missbrauch im Rechtsmittelverfahren überprüft werden, nicht aber in einem selbstständigen Beschwerdeverfahren (§ 355 Abs. 2). Bei seiner Ermessensausübung wird das Gericht auch die Belange des Zeugen zu bedenken haben und nur bei begründetem Anlass die wiederholte Vernehmung anordnen.[8] Das Gericht kann die wiederholte Vernehmung des Zeugen auch im **schriftlichen Wege** gem. § 377 Abs. 3 durchführen (s. § 377 Rn. 8, 9). 3

c) Fälle notwendiger Wiederholung. Eine wiederholte Vernehmung ist notwendig, wenn die Voraussetzungen des § 367 erfüllt sind, wenn eine Gegenüberstellung erfolgen soll (§ 394 Abs. 2) oder wegen sich widersprechender Zeugenaussagen erfolgen muss, weil das Gericht nicht über die Glaubwürdigkeit befinden kann,[9] wenn der **Zeuge selbst** eine Ergänzung oder Berichtigung seiner Aussage für notwendig erachtet (vgl. § 344 Österr. ZPO), zB durch nachträgliche schriftliche Berichtigung der Aussage, wenn sich nach Vernehmung aller Zeugen herausstellt, dass ein Zeuge beeidigt werden muss (§ 391), wenn bei der ersten Vernehmung Fehler unterlaufen sind, die von den Parteien rechtzeitig (s. § 295) gerügt wurden, wenn die Aussage in Bezug auf wesentliche Punkte an Unklarheit, Unbestimmtheit oder Zweideutigkeit[10] leidet (vgl. § 344 Österr. ZPO), zB weil dem Zeugen nicht klargemacht wurde, worauf es ankommt,[11] wenn die Aussage mangelhaft protokolliert wurde (§ 161),[12] wenn der Dolmetscher nicht vereidigt war,[13] wenn wegen § 161 keine Protokollierung erfolgt ist und die Besetzung des Gerichts wechselte. 4

d) Weitere Fälle. Ferner ist eine **wiederholte Vernehmung notwendig,** wenn das Gericht eine (eidliche) protokollierte Aussage anders würdigen will als die Vorinstanz[14] – es sei denn, es handelte sich um eine Vernehmung im Wege der Rechtshilfe im Ausland – wenn das Gericht die Aussage, die die Vorinstanz als unerheblich oder gar nicht würdigte, anders würdigen will,[15] wenn das Gericht die Glaubwürdigkeit eines Zeugen anders beurteilen möchte als die **Vorinstanz**[16] oder wenn das Gericht der Aussage auch nur ein anderes Gewicht oder Tragweite oder vom Wortsinn abweichende Auslegung geben will oder wenn es die protokollierten Angaben des Zeugen für zu wage und präzisierungsbedürftig hält.[17] Auch ist eine Wiederholung notwendig, wenn das Gericht auf die Glaubwürdigkeit oder Unglaubwürdigkeit[18] eines Zeugen abstellen will, aber nicht alle Richter – zB nach einem Richterwechsel – an der Vernehmung teilgenommen haben[19] und eine aktenkundige und der Stellungnahme der Parteien zugängliche Beurteilung im Protokoll fehlt.[20] Die „informatorische Anhörung" eines in der Vorinstanz vernommenen Zeugen kann eine nach § 398 gebotene erneute Vernehmung nicht ersetzen.[21] Bei übereinstimmender Würdigung einer erstinstanzlichen Zeugenaussage durch das Berufungsgericht nötigt eine abweichende Auslegung 5

---

[7] Falsch daher: OLG Düsseldorf NJW-RR 1994, 1453.
[8] Vgl. OLG Nürnberg OLGZ 1976, 480.
[9] BGH NJW 1990, 3088.
[10] BGH NJW 1968, 1138; BGH MDR 1979, 481.
[11] BGH NJW-RR 1994, 511.
[12] BGH NJW 1982, 1052; BGH NJW-RR 1986, 285.
[13] BGH NJW 1994, 941; BGH NJW 1987, 261.
[14] BGH NJW 1999, 2972; BGH NJW 1974, 56.
[15] BGH NJW 1986, 2885; BGH NJW 1982, 108; BGH NJW 1994, 803 (zum Sachverständigen); aA noch BGH NJW 1972, 584.
[16] BGH NJW-RR 1993, 213; BGH NJW 1982, 2874; BGH NJW 1964, 2414; NJW 1976, 1742.
[17] BGH NJW-RR 2002, 1649 m. Nachw.; BVerfG NJW 2005, 1487.
[18] BGH NJW 1995, 1292.
[19] Zu weit daher OLG Düsseldorf NJW 1992, 187 (obiter dictum), das selbst bei einem beauftragten Richter die Wiederholung für notwendig hält.
[20] BGH NJW 1997, 1586.
[21] Vgl. BGH NJW-RR 1998, 1601.

der vom Zeugen bekundeten Willenserklärung nicht zu einer wiederholten Vernehmung;[22] indes ist diese nötig, wenn das Berufungsgericht der Aussage eine vom Wortsinn abweichende Auslegung geben will, auch wenn die erste Instanz zur Aussage nicht Stellung genommen hat,[23] oder wenn es auf die Glaubwürdigkeit bei widersprüchlichen Zeugenaussagen ankommt.[24] Zur nochmaligen Vernehmung wegen Richterwechsels s. § 355 Rn. 5.

6 **e) Anordnung.** Die Anordnung der wiederholten Vernehmung des Zeugen darf ohne mündliche Verhandlung ergehen (§ 360 S. 2 entsprechend). Das ermessenfehlerhafte Unterlassen einer wiederholten Vernehmung des Zeugen führt in der Revisionsinstanz zur Aufhebung und Zurückverweisung. Die ermessenfehlerhafte Anordnung einer wiederholten Vernehmung führt nicht dazu, dass die Aussage des Zeugen nicht berücksichtigt werden könnte.

7 **f) Entbehrlichkeit der wiederholten Vernehmung.** Eine wiederholte Vernehmung ist entbehrlich, wenn die Vernehmung unergiebig blieb,[25] wenn das Gericht die Aussage rechtlich anders werten will als die Vorinstanz, wenn das Gericht die Aussage entgegen der Auffassung des Erstrichters für nicht zur Beweisführung ausreichend erachten will.[26]

8 **2. Abs. 2 (Nachträgliche Vernehmung).** Die nachträgliche Vernehmung bezieht sich auf Fragen, die der beauftragte oder ersuchte Richter nicht zugelassen hat. Wenn das Prozessgericht (§ 397 Abs. 3) sie für zulässig erachtet – sei es auf eine Rüge hin, sei es von Amts wegen – so kann es eine nachträgliche Vernehmung anordnen, die das Gericht entweder selbst durchführt oder womit es den verordneten Richter betraut. Das Gericht hat auch die Möglichkeit, die nachträgliche schriftliche Beantwortung der Frage gem. § 377 Abs. 3 anzuordnen. Die Entscheidung über die nachträgliche Vernehmung ist unanfechtbar.

9 **3. Abs. 3 (Berufen auf den früheren Eid).** Über die Beeidigung der „wiederholten" oder „nachträglichen" Aussage entscheidet das Gericht gem. § 391. Wenn es sich für eine Vereidigung des Zeugen entscheidet, dann kann das Gericht nach seinem Ermessen entweder die Beeidigung durchführen oder den Zeugen die Richtigkeit seiner Aussage unter Berufung auf den früher geleisteten Eid versichern lassen (vgl. § 155 Nr. 2 StGB). Der bloße Hinweis des Gerichts auf den früher geleisteten Eid ersetzt die Versicherung nicht.[27] Entsprechend dem Nacheid (§ 392) muss die Versicherung des Zeugen der Aussage nachfolgen. Bei großem zeitlichen Abstand zwischen der ersten und der neuerlichen Aussage ist die nochmalige Beeidigung angezeigt.[28] Wird die schriftliche nachträgliche Vernehmung gem. § 377 Abs. 3 angeordnet, so kann diese nur uneidlich erfolgen, da § 377 Abs. 3 keine eidesstattliche Erklärung mehr vorsieht. Wenn der Zeuge zusätzlich zur wiederholten oder nachträglichen Aussage noch zu einem **anderen Thema** gehört wurde und das Gericht insoweit die Voraussetzung des § 391 bejaht, dann genügt die Versicherung der Richtigkeit der Aussage unter Berufung auf den früher geleisteten Eid nicht, dann muss vielmehr der Zeuge erneut vereidigt werden.[29] Unterläuft insoweit ein Verfahrensfehler, so verlieren die Parteien das Rügerecht gem. § 295.[30]

§ 399 Verzicht auf Zeugen

Die Partei kann auf einen Zeugen, den sie vorgeschlagen hat, verzichten; der Gegner kann aber verlangen, dass der erschienene Zeuge vernommen und, wenn die Vernehmung bereits begonnen hat, dass sie fortgesetzt werde.

I. Normzweck

1 Aus der grundsätzlich uneingeschränkten Verhandlungsmaxime hinsichtlich des Zeugenbeweises folgt, dass die Partei auf den Zeugen verzichten kann. 2. Halbs. bezweckt eine Vereinfachung und Beschleunigung des Verfahrens.[1]

---

[22] BGH NJW 1998, 384.
[23] BGH NJW-RR 1993, 893.
[24] BGH NJW 1995, 307, 308.
[25] OLG Schleswig OLGZ 1980, 58, 59.
[26] BGH NJW 1967, 2008; BGH LM BGB § 819 Nr. 5; NJW-RR 1986, 285.
[27] BGHSt 4, 140 = NJW 1953, 996; RG HRR 1953 Nr. 771; RGSt 58, 302; RG JW 1902, 361.
[28] *v. Schowingen* JZ 1955, 267.
[29] RG HRR 1934 Nr. 51.
[30] RGZ 48, 386; RG JW 1902, 361; WarnR 1917 Nr. 219.
[1] *Hahn* S. 316.

II. Einzelerläuterungen

1. Der Verzicht auf den Zeugen. Dieser ist der Widerruf des Beweisantritts. Dieser Widerruf ist zulässig bis zur Beendigung der Aussage des Zeugen gem. § 396 Abs. 1,[2] auch wenn diese noch nicht protokolliert ist.[3] Erfolgt solcher Verzicht, so ist die Vernehmung abzubrechen; dem Gericht ist die **Verwertung** einer bereits begonnenen Aussage untersagt.[4] Aber der Gegner kann gem. S. 2 die Fortsetzung der Vernehmung des Zeugen verlangen, was die gesamte Aussage verwertbar macht. Verzichtet die Partei auf den Zeugen und vernimmt das Gericht – ohne Verlangen des Gegners – diesen dennoch weiter, so ist die Aussage nicht verwertbar; der Verfahrensfehler kann aber nach § 295 geheilt werden. 2

2. Die Verzichtserklärung. Sie unterliegt im Anwaltsprozess dem Anwaltszwang (§ 78). Die Erklärung kann nicht nur in der mündlichen Verhandlung oder zu Protokoll des verordneten Richters, sondern auch schriftlich oder **mündlich** im Termin zur Beweisaufnahme erfolgen.[5] Die Verzichtserklärung muss nicht ausdrücklich erfolgen,[6] die widerspruchslose Hinnahme einer Aussageverweigerung genügt (§ 387 Rn. 4). Ein Verzicht kann auch darin liegen, dass die Partei keine Vernehmung eines anwesenden Zeugen verlangt;[7] oder, dass die Partei, die den noch nicht vernommenen Zeugen benannt hat, nach durchgeführter Beweisaufnahme ihren **Beweisantrag nicht wiederholt,** sondern nur den Sachantrag stellt; diese Schlussfolgerung auf einen Verzicht ist jedoch nur ausnahmsweise berechtigt, nämlich dann, wenn die Partei aus dem Prozessverlauf erkennen konnte, dass das Gericht mit der bisher durchgeführten Beweisaufnahme seine Aufklärungstätigkeit als erschöpft angesehen hat.[8] Im Zweifelsfall hat das Gericht nach § 139 aufzuklären. 3

3. Das Verlangen des Gegners auf Vernehmung des erschienenen Zeugen. Dieses Verlangen bzw. das auf Fortsetzung der Vernehmung kann nur sofort geäußert werden. Unterlässt der Gegner dies und benennt er den Zeugen später, so unterliegt diese Benennung der Beurteilung nach §§ 282, 296 Abs. 2, 528 (s. Rn. 1). 4

4. Die Wirkungen des Verzichts. Der Zeuge wird nicht geladen; ist die Ladung bereits erfolgt, so wird der Zeuge abgeladen; der erschienene Zeuge wird entlassen. Ein **Widerruf des Verzichts** durch die spätere Neubenennung des Zeugen ist bis zum Schluss der mündlichen Verhandlung zulässig;[9] diese Neubenennung unterliegt aber den §§ 282, 296 Abs. 2, 528. 5

§ 400 Befugnisse des mit der Beweisaufnahme betrauten Richters

Der mit der Beweisaufnahme betraute Richter ist ermächtigt, im Falle des Nichterscheinens oder der Zeugnisverweigerung die gesetzlichen Verfügungen zu treffen, auch sie, soweit dies überhaupt zulässig ist, selbst nach Erledigung des Auftrages wieder aufzuheben, über die Zulässigkeit einer dem Zeugen vorgelegten Frage vorläufig zu entscheiden und die nochmalige Vernehmung eines Zeugen vorzunehmen.

I. Normzweck

Die Vorschrift will die Befugnis des verordneten Richters nicht abschließend aufzählen, sondern nur für bestimmte Fälle eine Klarstellung vornehmen. 1

II. Einzelerläuterungen

1. Bei Ausbleiben des Zeugen. Dann kann der verordnete Richter gem. § 380 Ordnungsmittel festsetzen und sie gem. § 381 auch aufheben. Die letztgenannte Befugnis hat er auch dann, wenn sein Auftrag schon erledigt ist; hat aber bereits das Prozessgericht, das selbst ebenfalls eine Aufhebungsbefugnis hat (§ 576), entschieden,[1] so darf der verordnete Richter nicht mehr eingreifen.[2*] 2

---

[2] *Pohle* Anm. zu ArbG Stade AP § 163 a Nr. 1.
[3] *Wieczorek* Anm. A II.
[4] AA *Baumbach/Lauterbach/Hartmann* Rn. 3.
[5] *Wieczorek* Anm. A I.
[6] BGH NJW-RR 1987, 1403.
[7] BGH MDR 1969, 463; BGH MDR 1969, 746.
[8] BGH NJW 1994, 329.
[9] RG JW 1937, 1237.
[1] RGZ 68, 66; OLG Bamberg OLGRspr. 1, 241.
[2*] *Wieczorek* Anm. A II.

3 **2. Bei einer Zeugnisverweigerung** darf der verordnete Richter die Ordnungsmittel des § 390 anordnen; das ist aber nur zulässig, wenn die Zeugnisverweigerung nicht begründet wird oder wenn die Begründung des Zeugen schon rechtskräftig zurückgewiesen ist. Wird die Zeugnisverweigerung begründet, so muss der verordnete Richter die Akten dem Prozessgericht zurückreichen, damit dieses einen Zwischenstreit entscheidet, falls eine Partei die Verweigerung rügt. Zur Ausnahme beim ausländischen Rechtshilfeersuchen s. § 387 Rn. 6.

4 **3. Bei einem Streit über die Zulässigkeit von Fragen** entscheidet der verordnete Richter; die Entscheidung ist „vorläufig", weil in derselben Instanz noch die endgültige Entscheidung durch das Prozessgericht ergeht (§ 397 Abs. 3).

5 **4. Sonstige Befugnisse des verordneten Richters.** Darüberhinaus obliegt dem verordneten Richter: die Terminsbestimmung (§§ 361 Abs. 2, 362), die Veranlassung der Ladung (§ 377), die Ausübung der Sitzungspolizei (§§ 176 ff. GVG), die Vernehmung des Zeugen, die Durchführung einer angeordneten Beeidigung, die Anordnung und Durchführung der Beeidigung (s. § 391 Rn. 7), die Gegenüberstellung von Zeugen, die Entscheidung über das Fragerecht gem. § 397 Abs. 2, die Anordnung der wiederholten Vernehmung, die Anordnung einer nachträglichen Vernehmung solange er noch die Akten innehat,[3] (neben der Befugnis des Prozessgerichts, sie anzuordnen und durch den verordneten Richter durchführen zu lassen), die Festsetzung der Zeugengebühren. Nicht befugt ist der verordnete Richter, die schriftliche Beantwortung von Beweisfragen anzuordnen (§ 377).

6 **5. Rechtsbehelfe.** Gegen die genannten Entscheidungen gibt es den Rechtsbehelf der Anrufung des Prozessgerichts gem. § 576.

§ 401 Zeugenentschädigung

Der Zeuge wird nach dem Justizvergütungs- und -entschädigungsgesetz entschädigt.

I. Normzweck

1 Die mit § 71 StPO gleichlautende Vorschrift hat heute nur noch verweisenden Charakter.

II. Einzelerläuterungen

2 **1. Die „Zeugengebühren".** Sie sind begrifflich (heute) richtig formuliert Entschädigungen für Auslagen und Zeitverlust des Zeugen. Heute ist das JVEG vom 5. 5. 2004 (BGBl. I S. 718) maßgeblich.

3 **2. Der nichtgeladene Zeuge.** Auch dieser wird entschädigt, wenn er vernommen wurde; § 1 JVEG macht die Entschädigung nur davon abhängig, dass der Zeuge „herangezogen" wurde, nicht aber davon, dass die Partei, die ihn benannt hat, einen angeordneten Vorschuss geleistet hätte oder dass er geladen worden wäre (§ 379 Rn. 10).[1]

4 **3. Der geladene Zeuge.** Dieser wird entschädigt, auch wenn er nicht vernommen wird, denn auch dann liegt eine gerichtliche Heranziehung zu Beweiszwecken vor. Auch der Zeuge, der schriftlich die Beweisfrage beantwortet hat, wird „herangezogen" und demgemäß entschädigt (s. § 377 Rn. 14).

5 **4. Der Verzicht auf Entschädigung.** Der Zeuge kann auf seine Entschädigung aus der Staatskasse verzichten (s. § 379 Rn. 5). Dieser Verzicht erstreckt sich im Zweifel auch auf jede Entschädigung von Seiten der Partei, die ihn benannt hat.

6 **5. Entschädigung des Zeugen durch eine Partei.** Hat eine Partei den Zeugen entschädigt, so sind diese Unkosten gem. § 91 erstattungsfähig,[2] also nur dann, wenn die Partei obsiegt; dabei darf der Rahmen des JVEG nicht überschritten werden.

7 **6. Vorschuss für den Zeugen.** Dem geladenen Zeugen ist auf Antrag Vorschuss zu bewilligen, wenn er nicht über die Mittel für die Reise zum Vernehmungsort verfügt oder wenn ihm nicht zugemutet werden kann, diese aus eigenen Mitteln vorzuschießen (§ 3 JVEG).

---

[3] *Wieczorek* Anm. A I.

[1] OLG Koblenz NJW 1967, 1866 mit Einschränkungen.

[2] OLG Karlsruhe JurBüro 1991, 1514; KG NJW 1975, 1422, 1423 m. Nachw.; aA OLG Hamburg MDR 1972, 247; OLG Koblenz MDR 1973, 859 m. Nachw.

Titel 8. Beweis durch Sachverständige

§ 402 Anwendbarkeit der Vorschriften für Zeugen

Für den Beweis durch Sachverständige gelten die Vorschriften über den Beweis durch Zeugen entsprechend, insoweit nicht in den nachfolgenden Paragraphen abweichende Vorschriften enthalten sind.

Schrifttum: *Bayerlein,* Praxishandbuch Sachverständigenrecht, 3. Aufl. 2002; *Becker,* Das demoskopische Gutachten als zivilprozessuales Beweismittel, 2002; *Brückner/Lorenz,* Die Haftung des Sachverständigen nach neuem Delikts- und Werkvertragsrecht, MDR 2003, 906; *Canaris,* Die Haftung des Sachverständigen, JZ 1998, 603; *Broß,* Richter und Sachverständiger, ZZP 102 (1989), 413; *Daub,* Die Tatsachenerhebung durch den Sachverständigen, 1997; *Döhring,* Fachliche Kenntnisse der Richter und ihre Verwertung im Prozeß, JZ 1968, 641; *Druschke,* Das Anwesenheitsrecht der Verfahrensbeteiligten bei den tatsächlichen Ermittlungen des Sachverständigen im gerichtlichen Verfahren, Diss. Münster 1989; *Elborg,* Der Sachverständige als Schlichter, DS 2005, 170; *Franzki,* Der Sachverständige – Diener oder Herr des Richters?, DRiZ 1991, 314; *Höffmann,* Grenzen der Parteiöffentlichkeit, Diss. Bonn 1988; *Hau,* Gerichtssachverständige in Fällen mit Auslandsbezug, RiW 2003, 822; *Hau,* Der inlandsansässige Gerichtssachverständige im Ausland, DS 2004, 91; *Hau,* Der auslandsansässige Gerichtssachverständige, DS 2004, 127; *Hohlfeld,* die Einholung amtlicher Auskünfte, 1995; *Jessnitzer/Ulrich/Frieling,* Der gerichtliche Sachverständige, 12. Aufl. 2007; *Lent,* Zur Abgrenzung des Sachverständigen vom Zeugen im Zivilprozeß, ZZP 60 (1936/37), 9; *Musielak,* Beweiserhebung bei auslandsbelegenen Beweismitteln, in FS Geimer, 2002, S. 761; *Martin/Mücke/Zang,* Kritische Stellungnahme zu den neuen Richtlinien für die Erstattung von Abstammungsgutachten, FamRZ 2003, 76; *Müller,* Der Sachverständige im gerichtlichen Verfahren, 3. Aufl. 1988; *Neuhaus/Krause,* Die Auswahl des Sachverständigen im Zivilprozess, MDR 2006, 605; *Olzen,* Das Verhältnis von Richtern und Sachverständigen im Zivilprozeß unter besonderer Berücksichtigung des Grundsatzes der freien Beweiswürdigung, ZZP 93 (1980), 66; *Pantle,* Die Anhörung des Sachverständigen, MDR 1989, 312; *Pieper,* Richter und Sachverständiger im Zivilprozeß, ZZP 84 (1971), 1; *ders.,* Perspektiven des Gerichtsgutachtens, Wirtschaft und Verwaltung 1988, 47; *Schmidhäuser,* Zeuge, Sachverständiger und Augenscheinsgehilfe, ZZP 72 (1959), 365; *Schnapp,* Parteiöffentlichkeit bei Tatsachenfeststellungen durch den Sachverständigen? FS C. Menger, 1985, S. 557; *Schreiber,* Privatgutachten im Zivilprozeß, FS Kruse, 2001, S. 721; *Stegers,* Der Sachverständigenbeweis im Arzthaftungsrecht, 2002; *Sonnemann,* Amtliche Auskunft und Behördengutachten im Zivilprozeß, 1995; *Tiwisina,* Sachverständigenbeweis im deutschen und englischen Zivilprozeß; 2005; *Tropf,* Die erweiterte Tatsachenfeststellung durch den Sachverständigen im Zivilprozeß, DRiZ 1985, 87; *Volze,* Neues aus der Rechtsprechung zum Sachverständigenwesen, DS 2006, 379; *Weidhaas/Wellmann,* Der Sachverständige in der Praxis, 2004.

Übersicht

I. Normzweck

Die mit § 72 StPO gleichlautende Vorschrift beschränkt sich auf eine Verweisung. 1

II. Einzelerläuterungen

1. Begriff und Funktion. Der Sachverständige ist Beweismittel. Er soll dem Richter die diesem fehlende Kenntnis von Erfahrungssätzen vermitteln oder anhand solcher Erfahrungssätze auf Grund seiner Fachkunde aus einem feststehenden Sachverhalt Schlussfolgerungen ziehen. Zu seinen Aufgaben gehört auch die Feststellung von Tatsachen, wenn dazu besondere Sachkunde erforderlich ist (s. § 404a Rn. 7f.). Die mündliche oder schriftliche Aussage des Sachverständigen – auch soweit er über die Feststellung von Tatsachen berichtet – heißt Gutachten. Der Sachverständige ist Gehilfe des Richters,[1] ohne dass diese Beschreibung an seiner prozessualen Funktion als Beweis- 2

[1] *Hahn* S. 316.

mittel[2] etwas ändern würde, er ist – anders als der (fachkundige) Handelsrichter (§ 109 GVG) – nicht in das Gericht eingegliedert. Zu den Abgrenzungen des Sachverständigen vom Zeugen s. § 373 Rn. 4 und § 414, zum Augenscheinsgehilfen und Augenscheinsmittler s. § 372 Rn. 4.

3 **2. Entsprechende Anwendung der §§ 373 bis 401. a) §§ 373 bis 379.** § 373 ist nicht entsprechend anwendbar, da §§ 403, 404, 405 leges specialis sind. **§ 375** ist entsprechend anwendbar, wenn der Sachverständige sein Gutachten mündlich erstatten soll. **§ 376** ist nicht entsprechend anwendbar,[3] da § 408 Abs. 2 an seine Stelle tritt. Von **§ 377** sind die Abs. 1 und 2 entsprechend anwendbar; Abs. 3 wird durch § 411 verdrängt.[4] **§ 378:** ist nicht entsprechend anwendbar.[5] **§ 379:** Wird die Erhebung des Sachverständigenbeweises von Amts wegen angeordnet (§ 144), so hat die Anordnung einer Vorschussleistung zu unterbleiben.[6] Die Vorschrift ist also nur bei der Erhebung des Beweises auf Anregung einer Partei (s. § 403 Rn. 2) entsprechend anwendbar,[7] wenn keine Prozesskostenhilfe gewährt ist. Dass der Sachverständigenbeweis auch von Amts wegen erhoben werden kann, lässt die Vorschusspflicht also nicht entfallen.[8] Wird der Vorschuss nicht gezahlt, so steht es im Ermessen des Gerichts, nunmehr gem. § 144 von Amts wegen auch ohne Vorschuss die Beweiserhebung durchzuführen,[9] oder die Beauftragung des Sachverständigen zu unterlassen und nach § 296 Abs. 2 zu verfahren.[10] In diesem Fall kann die Zahlung des Auslagenvorschusses gem. § 17 Abs. 3 GKG angenommen werden, dh., er ist, ohne dass die Beweiserhebung davon abhängig wäre, vom Kostenschuldner beizutreiben.[11] Beziehen sich beide Parteien auf Sachverständigenbeweis, so ist die Partei vorschusspflichtig, die die Beweislast trägt (s. § 379 Rn. 3). Zur Abhängigkeit der Ladung zur mündlichen Erläuterung des Gutachtens von der Vorschusszahlung s. § 411 Rn. 16.

4 **b) §§ 380 bis 386. § 380** ist nicht entsprechend anwendbar, da § 409 spezieller ist. **§ 381** ist bei Anordnung einer mündlichen Gutachtenerstattung und bei Anordnung einer Erläuterung gem. § 411 Abs. 3, wie auch im Falle schriftlicher Begutachtung (§ 411 Abs. 1), entsprechend anwendbar, wenn die Frist oder Nachfrist gem. § 411 Abs. 2 nicht eingehalten wird.[12] **§ 382:** Zwar ist es kaum denkbar, dass Minister zu gerichtlichen Sachverständigen bestellt werden; dann aber ist die Vorschrift entsprechend anwendbar. **§ 383** wird in § 408 für entsprechend anwendbar erklärt, wenn gem. § 407 die Pflicht zu einer Gutachtenerstattung besteht. Der Sachverständige kann – entsprechend § 383 Abs. 1 bis 3 – die Sachverständigentätigkeit ablehnen, unbeschadet des Rechtes der Partei, ihn gem. § 406 als befangen abzulehnen. Sollte einmal eine Gutachtenerstattung nicht möglich sein, ohne Dinge zu offenbaren, die ein Zeuge gem. § 383 Abs. 1 Nr. 4 bis 6 nicht aufdecken müsste, dann kann auch der Sachverständige entsprechend die Gutachtenerstattung verweigern.[13] **§ 384:** Hier gilt das zu § 383 Gesagte sinngemäß. **§ 385:** Praktisch dürfte die entsprechende Anwendung über § 408 kaum werden.[14] **§ 386** ist entsprechend anwendbar.

5 **c) §§ 387 bis 391. §§ 387 bis 389** sind entsprechend anwendbar (s. § 408 Rn. 1). **§ 390** ist unanwendbar, da § 409 andere (weniger einschneidende) Maßnahmen vorsieht. **§ 391** ist entsprechend anwendbar. Die Beeidigung des Sachverständigen steht demgemäß im pflichtgemäßen Ermessen des Gerichts.[15] Dabei ist aber zu beachten, dass der Eid die Überzeugungskraft eines Gutachtens nicht erhöht. Bestehen in dieser Hinsicht Zweifel, so geht das Gericht gem. § 411 Abs. 3 oder gem. § 412 vor. Nur dort also ist die Vereidigung angezeigt: (1) wo Tatsachenermittlungen des Sachverständigen (s. § 404 a Rn. 11) in den Vordergrund treten, und dem Gutachten insgesamt eine erhöhte Bedeutung verschaffen;[16] (2) wo das Gericht Zweifel an der Sorgfalt des Sachverstän-

---

[2] Im strafprozessualen Schrifttum wird auch die Gegenansicht vertreten; vgl. *Löwe/Rosenberg/Dahs* Vor § 72 Rn. 3.

[3] *Wieczorek* Anm. C II a; aA *Zöller/Greger* Rn. 8; aA *Stein/Jonas/Leipold* § 408 Rn. 8: § 376 Abs. 3 ist entsprechend anwendbar.

[4] BGHZ 6, 398, 399 = NJW 1952, 1214; RG JW 1937, 2785; SeuffA 91 (1937), Nr. 124 = HRR 1937 Nr. 868; *Wieczorek* § 410 Anm. B II für § 377 Abs. 4.

[5] AA *Baumbach/Lauterbach/Hartmann* Rn. 1.

[6] BGH NJW 2000, 743; RGZ 109, 66, 67; SeuffA 79 (1925) Nr. 81 = JR 1925 Rspr. Nr. 42; KG MDR 1962, 744; OLGRspr. 15, 138; dahingestellt geblieben in RGZ 155, 37, 39.

[7] BGH FamRZ 1969, 477; RGZ 109, 66, 67.

[8] BGH MDR 1976, 396; *Zöller/Greger* § 379 Rn. 2; aA *Müller* Rn. 47.

[9] BGH MDR 1976, 396; RGZ 109, 66, 67; RG LZ 1933, 1032; OLG Düsseldorf MDR 1974, 321.

[10] OLG Köln NJW-RR 1997, 1291.

[11] BGH MDR 1976, 396.

[12] LG Bochum NJW 1986, 2890.

[13] LG Krefeld BB 1979, 190, 191.

[14] *Stein/Jonas/Leipold* Rn. 5; *Wieczorek* Anm. C II b; aA *Zöller/Greger* Rn. 8: unanwendbar.

[15] BGH NJW 1998, 3355, 3356; RG HRR 1939 Nr. 385 = DR 1939, 185.

[16] RG DR 1939, 185 = HRR 1939 Nr. 385.

digen hat, mag es sich um eine erforderliche Tatsachenfeststellung handeln oder um die umfassende Verwendung und Verwertung des Fachwissens gehen; (3) wo das Gericht Zweifel an der Objektivität des Sachverständigen hat.[17] Der Sachverständige bleibt in der Praxis in der Regel unvereidigt.[18]

d) §§ 392 bis 401. § 392 S. 1 und 3 sind nicht entsprechend anwendbar, da § 410 spezieller ist; 6
die entsprechende Anwendung von S. 2 ist denkbar. Die theoretisch mögliche entsprechende Anwendung von **§ 393** dürfte nicht praktisch sein. **§ 394** Abs. 1 ist nicht entsprechend anwendbar,[19] weil keine Gefahr der Beeinflussung besteht; soweit der Sachverständige zugleich Zeuge ist, gilt nichts anderes;[20] es wird das Gericht allenfalls entsprechende Maßnahmen treffen. § 394 Abs. 2 ist entsprechend anwendbar. **§ 395** Abs. 1: Die Ermahnung ist auch beim allgemein beeidigten Sachverständigen vorgeschrieben.[21] **§ 395 Abs. 2** ist entsprechend anwendbar.[22] **§ 396** ist entsprechend anwendbar. Zur entsprechenden Anwendung von **§ 397** s. § 411 Rn. 11. **§ 398** ist entsprechend anwendbar. **§ 399** gilt entsprechend. **§ 400** gilt entsprechend. **§ 401** wird durch § 413 verdrängt.

3. Fehlende Sachkunde des Gerichts. Die Hinzuziehung des Sachverständigen als Beweis- 7
mittel ist notwendig, wo dem Gericht die eigene Sachkunde fehlt. Abgesehen von Grenzbereichen, über die auch ein gebildeter Laie noch zu urteilen vermag, gibt es Gebiete, bei denen die Parteien mit der Sachkunde eines Gerichts nicht rechnen, zB im Bereich eines Facharztes. In Grenzbereichen oder bei spezieller **eigener Sachkunde** des Gerichts bedarf das Gericht keines Sachverständigen. Wenn das Gericht seine eigene Sachkunde für ausreichend erachtet und deshalb keinen Sachverständigenbeweis erheben will, muss es seine Sachkunde den Parteien darlegen, um diesen Gelegenheit zu geben, dazu Stellung zu nehmen;[23] im Urteil muss das Gericht für die Rechtsmittelinstanz nachprüfbar das Gleiche tun.[24] Die Quellen des Fachwissens müssen zwar nicht angegeben werden,[25] sind aber eventuell zur Darlegung des Fachwissens dienlich. Auch wenn das Gericht seine eigene Sachkunde bejaht, so muss es diese nicht einsetzen; ob es dies tut oder ob es Sachverständigenbeweis erhebt, steht in seinem Ermessen.[26] Die Sachkunde müssen nicht alle Mitglieder des Gerichts besitzen, es genügt wenn ein Richter sie hat;[27] er kann seine Überlegungen – ebenso wie ein Sachverständiger – den anderen Mitgliedern des Gerichts zur Kenntnis bringen. Die ermessensfehlerhafte Annahme eigener Sachkunde ist mit der Revision anfechtbar.

4. Ersetzung des Sachverständigenbeweises. a) Gutachten aus anderen Verfahren, zB 8
Strafverfahren, Verwaltungsprozess, aber auch Verwaltungsverfahren, können von Amts wegen oder auch auf Antrag beigezogen und verwertet werden, ohne dass es einer Zustimmung der Parteien bedarf.[28] Verfahrensrechtlich handelt es sich dabei – trotz des Inhalts – um Urkundenbeweis.[29] Das darf jedoch nicht dazu führen, dass den Parteien das ihnen zustehende Recht, dem Sachverständigen gem. §§ 402, 397 Fragen zu stellen (s. § 411 Rn. 11), verkürzt wird. Der Zivilrichter muss daher, wenn eine Partei einen ordnungsgemäßen Antrag stellt (s. § 411 Rn. 12), eine **zusätzliche mündliche oder schriftliche Begutachtung** anordnen,[30] dies muss das Gericht v. A. w. tun, wenn das Gutachten nicht geeignet ist, die von den Parteien gestellten aufklärungsbedürftigen Fragen zu beantworten.[31] Das Gericht muss seine Absicht, keinen Sachverständigenbeweis zu erhe-

---

[17] RG DR 1939, 185 = HRR 1939 Nr. 385.

[18] RG HRR 1937 Nr. 868; DR 1939, 185 = HRR 1939 Nr. 385; BayObLG FamRZ 1991, 618, 620.

[19] RGZ 8, 343, 346; RGSt. 2, 153, 158; 52, 161; *Zöller/Greger* Rn. 8.

[20] RGSt. 22, 434.

[21] BVerwG Rd L 1971, 70; *Müller* Rn. 636; *Stein/Jonas/Leipold* Rn. 5; aA RGSt. 56, 66; *Löwe/Rosenberg/Dahs* (Fn. 1) § 72 Rn. 11: zwecklose Förmlichkeit.

[22] *Baumbach/Lauterbach/Hartmann* Rn. 6; aA *Zöller/Greger* Rn. 8.

[23] BGH NJW-RR 2007, 357; MDR 1970, 321; BGH MDR 1967, 745; BVerwG NJW 1969, 2219 (LS); *Baumgärtel* VersR 1975, 677, 678.

[24] BGH NJW-RR 2007, 357; NJW 1962, 2149, 2152; BGH VersR 1976, 389, 390; NJW 1982, 2874; BGH NJW 1981, 2578; BVerwG NJW 1969, 2219.

[25] BGH MDR 1967, 745; *Baumgärtel* VersR 1975, 677, 678; aA BGH VersR 1958, 545; MDR 1970, 321.

[26] RGZ 110, 47, 49.

[27] BGHSt. 2, 164, 165 = NJW 1952, 554; BGHSt. 12, 18 = NJW 1958, 156; aA *Wieczorek* Anm. B III a 2.

[28] BGH VersR 1970, 322, 323; NJW 1982, 2874; BGH VersR 1956, 63; BGH VersR 1963, 195, 196; RG WarnR 1940 Nr. 127; JW 1931, 1477; aA RG JW 1937, 2226 für Gutachten aus Verfahren vor den Berufsgenossenschaften.

[29] RG JW 1931, 1477; WarnR 1918 Nr. 86; BGH NJW 1983, 121, 122= MDR 1982, 996; BGH VersR 1958, 340; OLG Koblenz VRS Bd. 105, 405; *Stein/Jonas/Leipold* § 411 a Rn. 1.

[30] BGH NJW 1983, 121, 122 = LM VVG § 23 Nr. 22; BGH VersR 1956, 63; BGH NJW 2002, 2324; FamRZ 1997, 1270; aA wohl OLG Köln VersR 1990, 311; OLG Oldenburg NJW-RR 1996, 406.

[31] BGH NJW 1998, 311; NJW 2000, 3072; NJW 1997, 3381.

ben, sondern das Gutachten aus dem anderen Verfahren zu verwerten, gem. § 278 Abs. 3 deutlich machen, sodass jede Partei entsprechend vorgehen kann.[32] Darüber hinaus hat keine Partei ein Recht auf die Erhebung eines Sachverständigenbeweises,[33] da ein mittelbarer Beweis im Zivilprozess – anders als im Strafprozess (§ 250 StPO) und bei Zeugenbeweis (s. § 373 Rn. 21) – nicht unzulässig ist. Gutachten aus bestimmten anderen Verfahren können ferner **in den Fällen des § 411 a** als Gutachten (nicht nur als Urkunde) verwertet werden.

9 **b) Privatgutachten** können die Parteien vorlegen; es handelt sich dann um (qualifiziertes) substantiiertes Parteivorbringen.[34] Keine Partei kann deshalb verlangen, dass der Privatgutachter in der mündlichen Verhandlung Gelegenheit erhält, sein Gutachten zu erläutern oder dass sie Gelegenheit erhält, an den Sachverständigen Fragen zu richten.[35] Da aber die mündliche Verhandlung parteiöffentlich ist, darf jede Partei ihren Privatgutachter mitbringen; da ferner jede Partei ein Fragerecht gegenüber dem gerichtlichen Sachverständigen hat (s. § 411 Rn. 11) und der Privatgutachter seiner Partei in der mündlichen Verhandlung die Fragen vorformulieren kann, steht es im Ermessen des Gerichts, auch dem Privatgutachter in der mündlichen Verhandlung das Wort zu erteilen, ohne dass dies eine Partei verhindern könnte.[36] Unstreitig ist, dass das Gericht das Privatgutachten seiner Entscheidung als Urkundenbeweis[37] zugrunde legen kann, wenn beide Parteien damit einverstanden sind.[38] **Heimlich erholte** (private) **DNA-Vaterschaftsanalysen** hält der BGH für nicht verwertbar.[39] Von einer Rechtsprechung, die tendenziell auch die Verwendung eines Privatgutachtens zu Beweiszwecken gegen den Willen einer Partei für zulässig hielt,[40] ist die Rechtsprechung in jüngster Zeit mehr und mehr zu Recht abgerückt,[41] wie schon die bisherige hM.[42] Bei sich widersprechenden Privatgutachten beider Parteien ist die Erhebung gerichtlichen Sachverständigenbeweises notwendig.[43] Auch darf der gerichtliche Sachverständige das Privatgutachten nicht einfach übergehen, sondern muss sich damit auseinandersetzen (s. § 411 Rn. 10).[44] Als Zeuge muss der Privatgutachter auf Antrag einer Partei gehört werden, wenn er seinem Gutachten einen Sachverhalt zugrunde gelegt hat, der zwischenzeitlich sich verändert hat, also nicht mehr durch einen anderen Sachverständigen in Augenschein genommen werden kann (s. § 372 Rn. 4); in diesem Fall ist der Privatgutachter allerdings nur über die Befund- und Zusatztatsache als sachverständiger Zeuge zu hören (s. § 414 Rn. 4),[45] nicht zu seinen gutachtlichen Schlussfolgerungen. Einen **Widerspruch** zwischen Privatgutachten und Gerichtsgutachten muss das Gericht aufklären (s. § 412 Rn. 4).

10 **c)** Gutachten im **selbstständigen Beweisverfahren** (§§ 485 ff.) sind Sachverständigenbeweis, also nicht dessen Ersetzung.[46]

11 **d)** Der Sachverständigenbeweis kann durch **amtliche, behördliche Auskunft** (§§ 273 Abs. 2, 358 a, 437 Abs. 2) ersetzt werden.[47] Die Auskunft ist ein selbstständiges Beweismittel (s. § 373

---

[32] BGH NJW 1993, 2382 (Privatgutachten aus einem anderen Verfahren).

[33] BGH VersR 1963, 463, 464; 1963, 195, 196; *Wieczorek* Anm. B IV; aA RG JW 1937, 2226; *Wieczorek* § 286 Anm. C III b 9.

[34] BGH NJW 1982, 2874, 2875; BGHZ 98, 32, 40 = NJW 1986, 3077; BGH NJW 1993, 2382; RG DR 1942, 905; *Gehrlein,* VersR 2003, 574.

[35] BGH VRS 26 (1964), 86; VersR 1962, 231, 232; 1967, 585; *Stein/Jonas/Leipold* § 411 Rn. 34.

[36] BGH VersR 1967, 585; OLG München MDR 1989, 71; OLG Karlsruhe VersR 1990, 53, 54.

[37] BGH VersR 1967, 585.

[38] RG WarnR 1935 Nr. 68 (keine Partei hatte dem Gutachten der jeweiligen Gegenpartei widersprochen).

[39] BGH NJW 2005, 497; FamRZ 2005, 342; dazu *Wellenhofer* FamRZ 2005, 665. Der BGH trägt der Beweisnot des Vaters nicht ausreichend Rechnung. Vgl. BGH NJW 2006, 3416; BVerfG NJW 2007, 753.

[40] BGH VersR 1962, 450, 451 (das Privatgutachten wurde zu Beweiszwecken verwandt; es war aber im Obergutachten berücksichtigt und gebilligt); BGH VersR 1963, 195, 196 (Privatgutachten war in den Strafakten; Privatgutachter war im Strafverfahren vernommen worden; beide Parteien hatten sich auf die Strafakten bezogen); BGH VersR 1967, 585 (obiter dictum); OLG Frankfurt WM 1975, 87, 88 (obiter dictum und Fehlzitate).

[41] BGH NJW-RR 1994, 255; VersR 1981, 576; BGHZ 98, 32, 40 = NJW 1986, 3077, 3079; in BGH NJW 1987, 2300 = ZSW 1988, 43 m. abl. Anm. *Müller* S. 52 wird nicht klargestellt, ob das Gutachten mit Einverständnis beider Parteien verwertet wurde.

[42] BAG AP § 412 Nr. 1 m. zust. Anm. *Wieczorek;* RG SeuffA 79 (1925) Nr. 155; JW 1924, 962; WarnR 1935 Nr. 68; JW 1910, 191; *Rosenberg/Schwab* § 124 II 4; *Stein/Jonas/Leipold* Vor § 402 Rn. 77; *Wieczorek* Anm. B III a 4 und B IV a 2; *Müller* ZSW 1988, 48, 52. AA *Schreiber,* FS Kruse, 2001, S. 721, 7.

[43] BGH NJW 1993, 2382.

[44] BGH NJW 2000, 77.

[45] BGH MDR 1974, 382.

[46] BGH NJW 1970, 1919, 1920.

[47] BGHZ 89, 114, 119 = NJW 1984, 438.

Rn. 22), unterliegt aber nach ihrem Inhalt den prozessualen Regeln des Sachverständigenbeweises,[48] oder denen des Zeugenbeweises (s. § 373 Rn. 22), damit die Parteien nicht schlechter gestellt werden. Eine Ablehnung des Verfassers der Auskunft wegen Befangenheit (§ 406) kommt also ebenso in Betracht[49] wie ein Anspruch der Parteien auf mündliche Erläuterung des Gutachtens (s. § 411 Rn. 11).[50] Die Einholung ihrer Auskunft ist auch ohne Zustimmung der Parteien stets zulässig,[51] ihrer Verwertung kann nicht widersprochen werden. Nur unter den Voraussetzungen des § 412 entsprechend kann jede Partei ein „neues" Gutachten verlangen; alle anderen Bedenken gegen die Richtigkeit der Auskunft berücksichtigt das Gericht im Rahmen der freien Beweiswürdigung (§ 286).[52]

5. Sachverständigenbeweis im Ausland. Muss Sachverständigenbeweis im Ausland erhoben werden, so kann damit ein deutscher Sachverständiger beauftragt werden (s. § 371 Rn. 30). Der vom deutschen Gericht beauftragte Sachverständige darf im Ausland ohne Zustimmung des fremden Staates tätig werden, weil er nicht hoheitlich tätig wird.[53] Anders ist es im Bereich der EU-Staaten mit Ausnahme Dänemark (Art. 17 VO-EG Nr. 1206/2001). Erscheint dies nicht zweckmäßig, so kann das Gericht sich auch direkt an einen ausländischen Sachverständigen wenden, um diesen auf freiwilliger Basis zur Gutachtenerstattung zu bewegen.[54] Daneben bleibt die Möglichkeit, gem. § 363 vorzugehen und ein ausländisches Gericht oder deutschen Konsul um die Ernennung zu ersuchen. Ein Zwang gegenüber einem ausländischen Sachverständigen – mag dieser vom Prozessgericht oder im Wege der Rechtshilfe (§ 363) beauftragt sein – kann das Prozessgericht nicht ausüben; so kann es auch den ausländischen Sachverständigen nicht dazu zwingen, vor dem Prozessgericht zu erscheinen, um sein Gutachten zu erläutern (§ 411 Rn. 14).[55] 12

6. Schadenersatzpflicht des Sachverständigen. Hier sind verschiedene Schadensarten zu unterscheiden. **a) Urteilsschaden.** Für Haftungsfälle ab 1. 8. 2002 gilt der neu eingefügte § 839a BGB (für Fälle bis 31. 7. 2002 vgl. Vorauflage): erstattet der Sachverständige vorsätzlich oder grob fahrlässig ein unrichtiges Gutachten, ist er zu Ersatz des Schadens verpflichtet, der einem Verfahrensbeteiligten durch eine gerichtliche Entscheidung entsteht, die auf diesem Gutachten beruht. Keine Haftung tritt ein bei einfacher oder leichter Fahrlässigkeit; oder wenn das Gericht nicht entscheidet, sondern die Parteien einen Prozessvergleich schließen; oder wenn es der Geschädigte unterlassen hat, den Schaden durch ein Rechtsmittel abzuwenden (§ 839a Abs. 2 BGB). **b) Begleitschaden.** Der Schaden wird hier nicht durch die gerichtliche Entscheidung ausgelöst, sondern entsteht unabhängig davon. Beispiel: im Unterbringungsverfahren traf der Sachverständige (Krankenhausarzt) eine falsche Diagnose, worauf der Betroffene finanziell nachteilige Vermögensdispositionen vornahm. Hier ist § 839a BGB nicht anwendbar, der Sachverständige haftet nach Amtshaftungsgrundsätzen.[56] **c) Gutachtensvorbereitungsschaden.** Hier ist nicht das Gutachten unrichtig, sondern der Sachverständige verursacht beispielsweise beim Ortstermin Schäden. Zwei Arten sind zu unterscheiden: **aa)** zwangsläufig eintretende Schäden, etwa wenn der Parkettboden aufgerissen werden muss, um festzustellen, ob der Estrich darunter fachgerecht ist. Die Reparaturkosten gehören zu den Gutachterkosten (§ 12 Abs. 1 Nr. 1 JVEG). **bb)** Gelegentlich der Begutachtung entstehende Schäden, etwa Sachbeschädigung bei der Augenscheinseinnahme (wenn der Sachverständige seinen Hammer versehentlich in die Glastüre fallen lässt); Verletzung der Partei oder eines Zeugen bei der Untersuchung. Hier und in sonstigen Fällen der Verletzung eines Rechtsguts im Sinne des § 823 Abs. 1 BGB haftet der Sachverständige nach § 823 BGB, § 839a BGB hat daran nichts geändert.[57] **d) Kostennachteile.** § 407a enthält eine Reihe von Pflichten des Sachverständigen: werden sie vom Sachverständigen verletzt, kann das Kostennachteile für ihn haben (§ 407a Rn. 3, 9, 10). 13

---

[48] BGH BB 1976, 480 (richtet sich nach dem Inhalt; hier Sachverständigenbeweis); aA noch BGH JZ 1957, 756 (Freibeweis); ferner BVerwG NJW 1986, 3221 (Freibeweis); BVerwG NVwZ 1986, 35, 36 (Freibeweis).

[49] BVerwG NJW 1988, 2491; NVwZ 1988, 1019, 1020; aA OLG Stuttgart NJW-RR 1987, 190.

[50] BGH BB 1976, 480; aA noch BGH LM Nr. 16 = WM 1964, 202, 204 (Berücksichtigung beim Beweiswert); ebenso BVerwG NVwZ 1986, 35, 36.

[51] BGH LM Nr. 16 = WM 1964, 202, 204.

[52] BVerwGE 73, 1.

[53] *Zöller/Geimer,* § 363 Rn. 5e; *Musielak,* FS Geimer, 2002, S. 772; aA *Hau* RIW 2003, 822.

[54] *Geimer* Rn. 2387. Im Einzelnen umstritten, vgl. *Hau,* DS 2004, 127.

[55] *Geimer* Rn. 2389.

[56] BGH NJW 1995, 2412; MünchKommBGB/*Wagner* § 839a Rn. 25.

[57] BGHZ 59, 310, 316 = NJW 1973, 554, 555; BGHZ 62, 54, 62 = NJW 1974, 312, 313; MünchKomm-BGB/*Wagner* § 839a Rn. 25.

§ 403 Beweisantritt

Der Beweis wird durch die Bezeichnung der zu begutachtenden Punkte angetreten.

Schrifttum: *Söllner,* Der Beweisantrag im Zivilprozeß, Diss. Erlangen 1972; *Burmann,* Der Sachverständigenbeweis im Haftpflichtprozess, ZfS 2003, 4.

I. Normzweck

1 Die Vorschrift will – nach heutigem Verständnis – nur klarstellen, wie eine Partei zu verfahren hat, wenn sie Sachverständigen-Beweis für geboten erachtet.[1]

II. Einzelerläuterungen

2 **1. Der „Antrag".** Der weitgehend mit § 373 übereinstimmende Wortlaut täuscht: Während es zum Zeugenbeweis nur kommt, wenn die Partei entsprechend § 373 verfährt, ist § 403 nicht mehr als eine Hilfestellung für die Partei (s. Rn. 1).[2] Sachverständigen-Beweis muss das Gericht nach pflichtgemäßem Ermessen von Amts wegen erheben (§§ 144, 287, 442),[3] wo die eigene Sachkunde zur Auswertung der Tatsachen nicht ausreicht. Es muss einen Sachverständigen hinzuziehen (§ 372), wenn es selbst nicht in der Lage ist, die Behauptungen der Parteien zu überprüfen (s. § 402 Rn. 7). Auch an die im Antrag genannte Person des Sachverständigen ist das Gericht nicht gebunden. Ein „Antrag" der Parteien wird dem Gericht aber Anlass sein, besonders sorgfältig die Notwendigkeit eines Sachverständigen-Beweises zu prüfen.

3 **2. Inhaltliche Bestimmtheit.** Für die Anregung der Partei, Sachverständigen-Beweis zu erheben, genügt die summarische Bezeichnung der zu begutachtenden Punkte; es ist – anders als für den Beweisbeschluss (§ 359 Rn. 5) – nicht erforderlich, dass die Tatsachen, die festgestellt werden sollen, genauer bezeichnet werden;[4] auch muss kein bestimmter Sachverständiger benannt werden,[5] da die Auswahl durch das Prozessgericht erfolgt (§ 404).

4 **3. Widerruf des Antrags.** Die Anregung ist widerruflich bis zur Abgabe des Gutachtens.[6] Zwar ist das Gericht daraufhin nicht gezwungen, von der Erhebung des Sachverständigen-Beweises Abstand zu nehmen, da es diesen von Amts wegen erheben kann. Es wird aber dort, wo der Streitstoff der Parteidisposition unterliegt, in aller Regel den Wunsch der Partei respektieren und notfalls nach der Beweislast entscheiden.

§ 404 Sachverständigenauswahl

(1) [1]Die Auswahl der zuzuziehenden Sachverständigen und die Bestimmung ihrer Anzahl erfolgt durch das Prozessgericht. [2]Es kann sich auf die Ernennung eines einzigen Sachverständigen beschränken. [3]An Stelle der zuerst ernannten Sachverständigen kann es andere ernennen.

(2) Sind für gewisse Arten von Gutachten Sachverständige öffentlich bestellt, so sollen andere Personen nur dann gewählt werden, wenn besondere Umstände es erfordern.

(3) Das Gericht kann die Parteien auffordern, Personen zu bezeichnen, die geeignet sind, als Sachverständige vernommen zu werden.

(4) Einigen sich die Parteien über bestimmte Personen als Sachverständige, so hat das Gericht dieser Einigung Folge zu geben; das Gericht kann jedoch die Wahl der Parteien auf eine bestimmte Anzahl beschränken.

Schrifttum: *Bleutge,* Der öffentlich bestellte und vereidigte Sachverständige, BB 1973, 1416; *Bleutge,* Die Hilfskräfte des Sachverständigen – Mitarbeiter ohne Verantwortung?, NJW 1985, 1185; *Finke,* Auswahl von Sachverständigen, FF-Sonderheft 2003, 78; *Friederichs,* Richter und Sachverständiger aus der Sicht der Sozialge-

---

[1] AA *Söllner* S. 5.
[2] AA *Wieczorek* Anm. A II b: echter Beweisantritt.
[3] AA *Wieczorek* Anm. A I a: Das Gericht könne, wenn kein Antrag auf Sachverständigen-Beweis gestellt ist, nach der Beweislast zur Sache entscheiden, ausgenommen die Fälle ausdrücklicher gegenteiliger Anordnung, zB § 655.
[4] BGH NJW 1995, 130, 131; RG JW 1899, 398; BVerwG NJW 1987, 970; *Wieczorek* Anm. B II.
[5] BayObLGZ 1967, 104, 110.
[6] *Wieczorek* Anm. A II a; *Stein/Jonas/Leipold* § 402 Rn. 7.

richtsbarkeit, ZZP 83 (1970), 394; *Friederichs,* Sachverständigengruppe und ihr Leiter, JZ 1974, 257; *Hanack,* Zum Problem der persönlichen Gutachterpflicht, insbesondere in Kliniken, NJW 1961, 2041; *Jessnitzer,* Gerichtliche Sachverständigengutachten von privaten Organisationen, NJW 1971, 1075; *Pieper,* Richter und Sachverständiger im Zivilprozeßrecht, ZZP 84 (1971), 1.

I. Normzweck

Abs. 1 überträgt die Auswahl des Sachverständigen dem Gericht. Abs. 2 ordnet die vorrangige Auswahl öffentlich bestellter Sachverständiger an, weil diese staatlich geprüft sind, deshalb die größere Garantie für ihre Tüchtigkeit gegeben ist und sie die größere forensische Erfahrung erwerben;[1] auch wird so der Gefahr vorgebeugt, dass mehr die Beziehungen des Gerichts zum Sachverständigen als dessen Tüchtigkeit den Ausschlag für die Auswahl geben.[2] Abs. 3 ist mehr zum Schutz der Partei gedacht als zur wirklichen Entlastung des Gerichts.[3] Abs. 4 ist „eine Konsequenz der Verhandlungsmaxime".[4] Abs. 1 und Abs. 2 finden eine Entsprechung in § 73 Abs. 1 S. 1 und Abs. 2 StPO. 1

II. Einzelerläuterungen

1. Die Person des Sachverständigen. a) Natürliche und juristische Personen. Ohne es ausdrücklich zu sagen, geht die ZPO davon aus, dass der Sachverständige eine **natürliche Person** ist. Nur diese, nicht etwa eine juristische Person des Privatrechts, kann ein Gutachtenverweigerungsrecht haben (§ 408) und einen Eid (§ 410) leisten. Es entspricht so durchaus hM, dass eine (Privat-)**Klinik,** ein **Verein** oder ein (privates) **Institut** – in welcher Rechtsform des Privatrechts diese auch organisiert sein mögen – nicht zum Sachverständigen ernannt werden können.[5] Soweit in der Rechtsprechung sich gegenteilige Äußerungen finden, handelt es sich teils um beiläufige Bemerkungen,[6] die nicht auf diesen Problemkreis eingehen und durchaus so verstanden werden können, als sei der Leiter eines Instituts gemeint. Zum anderen Teil behandelt die gegenteilige Rechtsprechung Fragen der Entschädigung solcher Institute, die zum Sachverständigen ernannt worden waren und Gutachten erstellt hatten.[7] Dass diese zu entschädigen sind, versteht sich (§ 8 JVEG); es darf aber nicht aus diesem Umstand der Schluss gezogen werden, die Ernennung solcher Institution zum Sachverständigen sei verfahrensfehlerfrei.[8] Gerade der Umstand, dass das damals einschlägige ZSEG in den genannten Entscheidungen nicht direkt sondern nur analog für anwendbar erklärt wurde, spricht für die Richtigkeit der hier vertretenen Auffassung. Schließlich ist auch die Anwendbarkeit von § 295 nicht von der Hand zu weisen.[9] **Auslandsfälle.** Auch ein im Ausland ansässiger Sachverständiger kann beauftragt werden; ein hiesiger Sachverständiger kann im Ausland tätig werden (§ 402 Rn. 12).[10] Zur Vergütung vgl. § 8 Abs. 4 JVEG. 2

b) Behörden. Zum Teil wird pauschal gesagt, dass **öffentliche Behörden zum Sachverständigen** ernannt werden könnten. Daran ist richtig, dass der Gesetzgeber der ZPO einige Spezialgesetze vorfand, wonach bestimmte Behörden sich auf Anfrage gutachtlich zu äußern haben. Es ist heute kaum umstritten, dass diese Behörden zum Sachverständigen bestellt werden können und deren Gutachten Sachverständigenbeweis und nicht Urkundenbeweis ist.[11] Dies folgt auch aus § 1 Abs. 2 JVEG. Soweit darüber hinaus verallgemeinernd gesagt wird, öffentliche Behörden könnten 3

---

[1] *Hahn* S. 637.
[2] *Hahn* S. 637.
[3] *Hahn* S. 317.
[4] *Hahn* S. 637.
[5] OLG Düsseldorf FamRZ 1989, 1101; OLG Karlsruhe MDR 1975, 670; OLG München NJW 1968, 202; BayObLGSt. 1955, 89; *Laufs* NJW 1976, 1121, 1124; *Stein/Jonas/Leipold* Rn. 12.
[6] BGH GRUR 1957, 426, 428 (Meinungsforschungsinstitut); RGZ 167, 171, 174 (Institut für Wirtschaftsbeobachtung); OLG Hamburg NJW 1969, 106 (Meinungsforschungsinstitut); BGH NJW 1963, 586, 587 (Apparate-GmbH); BayObLG FamRZ 1996, 1108 (Institut für Rechtsmedizin); KG Rpfleger 1987, 262 (Meinungsforschungsinstitut).
[7] OLG Nürnberg MDR 1968, 17; OLG Bamberg JurBüro 1967, 996; OLG München NJW 1967, 402; VGH München NJW 1967, 1529; KG VRS 43 (1972), 228.
[8] AA OLG Koblenz VersR 1998, 897 = MedR 1998, 421 (einem Institut könne der Gutachtensauftrag erteilt werden); *Brehmer* MDR 1968, 766.
[9] OLG München NJW 1968, 202; *Jessnitzer* NJW 1971, 1075, 1076.
[10] Vgl. *Hau* RIW 2003, 822.
[11] BGHZ 62, 93 = NJW 1974, 701; BGH NJW 1966, 502, 503; BGH NJW 1998, 3355 = MDR 1999, 112 = VersR 1999, 591 (Gemeindeprüfungsanstalt Baden-Württemberg als Sachverständige); *Stein/Jonas/Leipold* Rn. 12; *Jessnitzer* S. 40.

zum Sachverständigen bestellt werden,[12] ist dies nicht zutreffend,[13] weil eine dem § 83 Abs. 3 StPO entsprechende Vorschrift in der ZPO fehlt. Zwar sind alle Behörden den Gerichten zur Amtshilfe verpflichtet (Art. 35 GG); das bedeutet aber nicht, dass sie außerhalb spezialgesetzlicher Verpflichtung die Aufgabe hätten, als Sachverständiger tätig zu werden; sie werden mit **amtlichen Auskünften** tätig (s. § 402 Rn. 16), nicht aber als Sachverständige. Und auch diejenigen, die verallgemeinernd meinen, öffentliche Behörden könnten (stets) zum Sachverständigen bestellt werden, beziehen sich auf die spezialgesetzlich geregelten Fälle.[14] Zur halbamtlichen Auskunft s. § 372 Rn. 23.

4 Wo **spezialgesetzlich bestimmten Behörden** und Ämtern die Erstellung von Gutachten aufgegeben ist, können diese – ausnahmsweise (s. Rn. 3) – auch als Sachverständige im Zivilprozess tätig werden. Zu erwähnen sind hier:[15] § 1 Abs. 1 Ges. z. vorläufigen Regelung der Industrie- und Handelskammern; § 91 Abs. 1 Nr. 2 HandwO; § 58 MarkenG; § 67 Abs. 4 BNotO; § 73 Abs. 2 Nr. 8 BRAO, § 14 Abs. 2 RVG; § 76 Abs. 2 Nr. 7 StBerG; § 57 Abs. 2 WirtschaftsprüferO; § 192 BauGB.

5 **2. Abs. 1 (Auswahl der Sachverständigen). a) Ermessen des Gerichts.** Abs. 1 stellt die Auswahl des Sachverständigen in das pflichtgemäße Ermessen des Gerichts.[16] Die **Anhörung der Parteien** zur Person des Sachverständigen ist gesetzlich nicht vorgeschrieben. Wechselt das Gericht den Sachverständigen (§ 360 S. 2), so kann das Gericht gem. § 360 S. 4 hierzu die Parteien hören;[17] überflüssig ist zB die Anhörung, wenn die Auswechslung wegen Arbeitsüberlastung erfolgt. Ein **Ermessensfehlgebrauch** liegt zB vor, wenn ein Fachmann mit umfassender Sachkenntnis verfügbar ist, aber ein Sachverständiger mit bloßer Sachkunde für einen Teilbereich ausgewählt wird.[18] oder wenn ein fachlich unzuständiger Sachverständiger ernannt wird, zB ein Pädagoge zur Frage der Glaubwürdigkeit von Zeugen.[19] Wenn der Ermessensfehlgebrauch zugleich die Voraussetzungen für eine Ablehnung (§ 406) erfüllt, so kann der Ermessensfehlgebrauch nicht gerügt werden, wenn die Ablehnung nicht erfolgt oder ein sie zurückweisender Beschluss nicht angefochten worden ist.[20] Die **Ernennung** des Sachverständigen erfolgt durch den Beweisbeschluss.

6 **b)** Die **Auswahl des Sachverständigen** muss das Gericht treffen, es darf sie nicht einem Dritten, zB einem Institutsdirektor, überlassen.[21] Der vom Antragsteller benannte Sachverständige muss nicht bestellt werden.[22] Wird eine Behörde beauftragt, darf das Gericht nicht die Zuständigkeit des Behördenleiters und innerdienstliche Organisationsabläufe umgehen und einen intern unzuständigen Beamten beauftragen.[23] Um die richtige Auswahl des Sachverständigen zu treffen, muss sich das Gericht selbst so viel Sachkunde aneignen, insbesondere auch von Abs. 3 Gebrauch machen, um das Fachgebiet bestimmen zu können. Einen „Auswahlgutachter" darf das Gericht nicht einsetzen.[24] Mit der Erstattung des Gutachtens können nicht alternativ Gutachter beauftragt werden („Klinikdirektor X oder Oberarzt Y").[25] Ein vorprozessual tätig gewordener Privatgutachter kann ausnahmsweise zum Gerichtsgutachter bestellt werden.[26] Hat ein anderer Gutachter als der im Beweisbeschluss zum Gutachter bestellte das Gutachten erstellt („Oberarzt X anstatt Oberarzt Y"), kann er nachträglich zum gerichtlichen Gutachter bestellt werden.[27]

7 **3. Abs. 2 (Öffentlich bestellte Sachverständige). a)** Die **öffentliche Bestellung** von Sachverständigen ist in einigen Bundes- und Landesgesetzen vorgesehen. Diese Sachverständigen genießen eine Sonderstellung: Sie sollen gem. Abs. 2 bevorzugt seitens der Gerichte herangezogen werden; ihre Berufsbezeichnung wird durch § 132a Abs. 1 Nr. 3 StGB strafrechtlich geschützt;

---

[12] VGH München NVwZ-RR 1996, 328 = ZfBeamtR 1999, 355; *Stein/Jonas/Leipold* Rn. 12.
[13] *Zöller/Greger* § 402 Rn. 3.
[14] *Stein/Jonas/Leipold* Rn. 12; *Jessnitzer/Ulrich/Frieling* Rn. 73.
[15] Übersicht bei *Jessnitzer/Ulrich/Frieling* Rn. 77 ff.
[16] BGHZ 28, 303, 306; BayObLG FamRZ 1987, 917 (freies Ermessen).
[17] „So hat", BGH NJW 1985, 1399, 1400.
[18] BGH NJW 1953, 659. Bedenklich OLG Frankfurt NJW-RR 2007, 18.
[19] *Löwe/Rosenberg/Dahs,* StPO, 24. Aufl. 1988, § 73 Rn. 11.
[20] BGHZ 28, 303 = NJW 1959, 434.
[21] OLG München NJW 1968, 202; *Friederichs* NJW 1965, 1100; aA BVerwG NJW 1969, 1591 m. abl. Anm. *Friederichs* NJW 1970, 1991; OLG München NJW 1974, 611, 612; OLG Koblenz VersR 1998, 897 (die interne personelle Entscheidung könne dem Institut überlassen werden); *Hanack* NJW 1961, 2041.
[22] OLG Düsseldorf OLGZ 1994, 85.
[23] VGH München NVwZ-RR 1996, 328.
[24] OLG Koblenz VRS 36 (1969), 17, 18.
[25] OLG Frankfurt VersR 2003, 927 L = ZfS 2002, 133: Heilung nach § 295 möglich.
[26] OLG Köln r+s 2000, 130 (verlangt aber das Einverständnis beider Parteien).
[27] BayObLG NJW 2003, 216 = FamRZ 2003, 121; vgl. OLG Hamburg OLGReport Celle 2006, 128.

andererseits dürfen sie gem. § 407 Abs. 1 die Erstellung von Gutachten nicht ablehnen. Der öffentlich bestellte Sachverständige darf nicht verwechselt werden mit dem allgemein vereidigten Sachverständigen gem. § 410 Abs. 2. Die allgemeine Vereidigung setzt nicht notwendig voraus, dass es sich um einen öffentlich bestellten Sachverständigen handelt; umgekehrt muss nicht jeder öffentlich bestellte Sachverständige auch allgemein vereidigt sein, ist es aber in aller Regel. Die Verletzung der „Soll"-Vorschrift als einer reinen Ordnungsvorschrift hat für sich keine verfahrensrechtlichen Konsequenzen (vgl. auch Rn. 5).[28]

b) Vorschriften, die die **öffentliche Bestellung** von Sachverständigen für bestimmte Fachgebiete vorsehen,[29] sind nach Bundesrecht: (1) § 36 GewO. (2) § 91 Abs. 1 Nr. 8 HandwO. (3) §§ 2 Abs. 3, 129 Abs. 3 Wirtschaftsprüferordnung. Landesrechtliche Vorschriften: Bayerisches Gesetz über öffentlich bestellte und beeidigte Sachverständige v. 11. 10. 1950 (GVBl. S. 219); Bremische Verordnung über die öffentliche Bestellung und Vereidigung von Sachverständigen v. 9. 4. 1963 (GBl. S. 93). 8

4. Abs. 3 (Aufforderung zur Bezeichnung von Sachverständigen). Abs. 3 ist bloße Sollvorschrift;[30] ihre Nichtbeachtung allein stellt für sich noch keinen Ermessensfehlgebrauch (s. Rn. 5) dar.[31] 9

5. Abs. 4 (Einigung der Parteien). Die Einigung der Parteien auf einen oder mehrere bestimmt bezeichnete Personen als Sachverständige kann bis zur Erstattung des Gutachtens (§ 406 Abs. 2) erfolgen.[32] Schlägt eine Partei einen bestimmten Sachverständigen vor und schweigt die Gegenpartei dazu, liegt keine Einigung vor. Eine anderweitige Bestimmung im Beweisbeschluss ist gem. § 360 abzuändern. Für die Einigung der Parteien, die nicht gleichzeitig erfolgen muss, besteht Anwaltszwang gem. § 78. Bestimmen die Parteien mehrere Sachverständige, so kann das Gericht gem. Satz 2 die Zahl beschränken, während es hinsichtlich der Personen gebunden ist. Das Gericht kann nicht zugleich neben den vereinbarten Sachverständigen zusätzliche andere Sachverständige von Amts wegen ernennen,[33] weil dies dem mit Abs. 4 verfolgten Zweck, der Bevorzugung der Verhandlungsmaxime, widersprechen würde. Erst im Falle der Unergiebigkeit des Gutachtens greift die allgemeine Regel des § 144 wieder ein. Hat das Gericht die Zahl der Sachverständigen festgelegt und bestimmen die Parteien eine größere Anzahl, so soll das Gericht wieder freie Wahl haben;[34] diese Ansicht wird nicht geteilt, weil sie dem Zweck des Abs. 4 widerspricht: ein vereinbarter Sachverständiger muss gehört werden. 10

§ 404 a Leitung der Tätigkeit des Sachverständigen

(1) Das Gericht hat die Tätigkeit des Sachverständigen zu leiten und kann ihm für Art und Umfang seiner Tätigkeit Weisungen erteilen.

(2) Soweit es die Besonderheit des Falles erfordert, soll das Gericht den Sachverständigen vor Abfassung der Beweisfrage hören, ihn in seine Aufgabe einweisen und ihm auf Verlangen den Auftrag erläutern.

(3) Bei streitigem Sachverhalt bestimmt das Gericht, welche Tatsachen der Sachverständige der Begutachtung zugrunde legen soll.

(4) Soweit es erforderlich ist, bestimmt das Gericht, in welchem Umfang der Sachverständige zur Aufklärung der Beweisfrage befugt ist, inwieweit er mit den Parteien in Verbindung treten darf und wann er ihnen die Teilnahme an seinen Ermittlungen zu gestatten hat.

(5) Weisungen an den Sachverständigen sind den Parteien mitzuteilen. Findet ein besonderer Termin zur Einweisung des Sachverständigen statt, so ist den Parteien die Teilnahme zu gestatten.

Schrifttum: *Pieper,* Perspektiven des Gerichtsgutachtens, WuV. 1988, 47.

---

[28] BayObLG FamRZ 1991, 618.
[29] Übersicht bei *Stober,* Der öffentlich bestellte Sachverständige, 1991, S. 21 ff.
[30] BayObLGZ 1987, 10, 15; OLG München MDR 1971, 494 (LS).
[31] RGSt. 5, 78, 85; BayObLGZ 1987, 10, 15; *Bleutge* BB 1973, 1416, 1417.
[32] *Wieczorek* Anm. A I a und A I c; aA *Baumbach/Lauterbach/Hartmann* Rn. 6: bis zur Ernennung des Sachverständigen; aA *Stein/Jonas/Leipold* Rn. 35; *Zöller/Greger* Rn. 4: bis zur Verkündung des Beweisbeschlusses.
[33] *Wieczorek* Anm. A I; *P. Schlosser,* Einverständliches Parteihandeln im Zivilprozeß, 1968, S. 26 (es sei denn, die beweisbelastete Partei will für diesen Fall keinen Sachverständigenbeweis); aA *Zöller/Greger* Rn. 4.
[34] *Stein/Jonas/Leipold* Rn. 36; *Baumbach/Lauterbach/Hartmann* Rn. 6.

I. Normzweck

1 § 404 a, eingeführt durch das Rechtspflege-VereinfachungsG von 1990, enthält einen **Katalog der wesentlichen Pflichten des Gerichts** gegenüber dem Sachverständigen.[1] Die einzelnen Pflichten sind bereits durch Rechtsprechung und Lehre im Wesentlichen herausgebildet worden. Die Aufzählung der Pflichten im Gesetz selbst soll die Praxis des Sachverständigenbeweises vereinheitlichen, und den Blick des Prozessbeteiligten für die behandelten Probleme und Fehlerquellen schärfen; so wird der Einlegung von Rechtsmitteln wegen einer mangelhaften Beweiserhebung durch Sachverständige vorgebeugt.[2] Die Pflichten des Sachverständigen deklariert nunmehr § 407 a. Sieht man beide neuen Bestimmungen im Zusammenhang, so ist jedenfalls nunmehr der Grundsatz, dass „das Gericht der alleinige Herr des Sachverständigenbeweisverfahrens ist“[3] durchbrochen oder stark eingeschränkt, ohne dass schon eine gleichberechtigte Partnerschaft zwischen Gericht und Sachverständigem geschaffen worden wäre.[4]

II. Einzelerläuterungen

2 **1. Rechtsstellung des gerichtlichen Sachverständigen.** Der Sachverständige steht in keinerlei vertraglichen Beziehungen zum Gericht/Staat oder zu einer oder beiden Parteien, auch nicht im Falle des § 404 Abs. 3 und 4. Seine Verpflichtung zum Tätigwerden ist öffentlich-rechtlicher Natur,[5] ohne dass ein öffentlich-rechtlicher Vertrag vorläge, weil es auf das Einverständnis des Sachverständigen nicht ankommt (s. § 407).[6] Bei seiner Tätigkeit, insbesondere bei seinen Ermittlungen durch Augenscheinseinnahme, übt der Sachverständige keine hoheitliche Tätigkeit aus.[7] Wird der Sachverständige auf sein Gutachten vereidigt oder beruft er sich auf den allgemein geleisteten Eid (§ 410 Abs. 2), so ist er bei vorsätzlich falschem Gutachten gemäß § 154 oder § 155 StGB strafbar. Beruht das unrichtige Gutachten nur auf Fahrlässigkeit, so ist der Sachverständige gemäß § 163 StGB strafbar. Bleibt der Sachverständige unvereidigt und beruft er sich nicht auf Verlangen des Gerichts auf den allgemein geleisteten Eid, so ist er bei fahrlässig unrichtigem Gutachten nicht strafbar, sondern nur bei vorsätzlicher unrichtiger Begutachtung (§ 153 StGB).

3 **2. Abs. 1 (Leitungspflicht des Gerichts).** Die Vorschrift ist § 78 StPO nachgebildet. Die Leitung betrifft in erster Linie das, **was** der Sachverständige, nicht **wie** er es erforschen soll. Die Eigenverantwortlichkeit des Sachverständigen (s. § 407 a Rn. 5) wird deshalb durch § 404 a Abs. 1 nicht tangiert. Besondere Bedeutung messen die Gesetzesmotive der Vorschrift hinsichtlich von Anordnungen für den Umgang des Sachverständigen mit den Prozessbeteiligten zu, weil so Ablehnungsgründen vorgebeugt werden könne.[8] Praktische Bedeutung haben **Bauteilöffnungen.** Um feststellen zu können, ob die Wasserleitung ordnungsgemäß verlegt ist, muss zuvor die Mauer aufgeschlagen werden. Wer ist für das Öffnen und spätere Schließen der Mauer verantwortlich, der Sachverständige oder die Parteien? Grundsätzlich ist der Sachverständige nur dann verpflichtet, solche Öffnungen herstellen (und wieder verschließen) zu lassen, wenn das Gericht ihm dazu eine Weisung erteilt.[9] Die Beseitigung erfolgt, indem der Sachverständige entsprechende Werkverträge abschließt[10] und die Auslagen dafür dem Gericht in Rechnung stellt (§§ 7, 8 JVEG); ein entsprechender Vorschuss ist einzufordern (§§ 379, 402). Im Falle von PKH bzw. Insolvenz hat die Staatskasse das Schließen der Bauteile zu zahlen (§ 122 Abs. 1 Nr. 1 a).[11]

4 **3. Abs. 2 (Anhörung des Sachverständigen vor Gutachtenauftrag).** Nur in Ausnahmefällen (s. auch Rn. 12) wird das Gericht den Sachverständigen in einem Termin oder schriftlich in seine Aufgaben einweisen; umgekehrt kann der Sachverständige nur in ganz besonderen Fällen verlangen, dass ihm seine Aufgabe schriftlich oder in einem Termin erläutert wird. Im Normalfall

---

[1] BT-Drucks. 11/3621 S. 39.
[2] BT-Drucks. 11/3621 S. 22.
[3] *Müller,* Der Sachverständige im gerichtlichen Verfahren, 3. Aufl. 1988, Rn. 848.
[4] Vgl. *Pieper* WuV 1988, 47.
[5] BGH NJW 1976, 1154; BGHZ 59, 310, 311 = NJW 1973, 554; OLG München NJW 1979, 608, 609; OLG München NJW 1971, 258.
[6] *Stein/Jonas/Leipold* Vor § 402 Rn. 68.
[7] BGHZ 59, 310 = (Fn. 5).
[8] BT-Drucks. 11/3621 S. 39.
[9] OLG Jena ZfIR 2007, 253; OLG Brandenburg BauR 1996, 432; OLG Frankfurt NJW 1998, 2834; OLG Koblenz ZfIR 2002, 231; OLG Celle BauR 2005, 1358; 1998, 1281.
[10] AA OLG Bamberg BauR 2002, 829; OLG Rostock BauR 2003, 757: LG Limburg BauR 2005, 1670; *Dageförde* BauR 2006, 1202; sie verneinen eine solche Pflicht (Beweisführer könne Bauteilöffnung durchführen). AA *Henkel* BauR 2003, 1650: die Parteien müssten die Vor- und Nacharbeiten in Auftrag geben.
[11] OLG Koblenz ZFIR 2002, 231.

werden Gericht und Sachverständiger dann, wenn der Beweisbeschluss nicht ohne Rücksprache abgefasst werden kann oder wenn er dem Sachverständigen nicht völlig klar ist, das Problem telefonisch klären. Beide Möglichkeiten sollen dazu beitragen, dass die Beweisfrage vollständig abgefasst wird, der Sachverständige seinen Auftrag versteht und das Gericht später kein weiteres Gutachten einholen muss.[12] Muss der Sachverständige juristische Begriffe verstehen, um sein Gutachten erstatten zu können, dann darf das Gericht nicht es ihm überlassen, sich in diesem Punkt hinreichend sachkundig zu machen; das Gericht muss ihn mit den Begriffen vertraut machen.[13] Es ist unzweckmäßig, die Parteien vor Abfassung des Bew4eisbeschlusses zu hören.[14] Das Insolvenzgericht ist im Eröffnungsverfahren nicht befugt, den mit der Erstellung eines Gutachtens beauftragten Sachverständigen zum Betreten der Räume des Schuldners zu ermächtigen.[15]

4. Abs. 3 (Mitteilung der Anschluss- oder Anknüpfungstatsachen). Der dem Gutachten zugrunde zu legende Sachverhalt, die sog. **Anschluss- oder Anknüpfungstatsachen** muss das Gericht selbst ermitteln; dies folgt aus dem Grundsatz der Unmittelbarkeit der Beweiserhebung (§ 355).[16] Bei streitigem Sachvortrag genügt es nicht, dem Sachverständigen die Gerichtsakten zu überlassen; das Gericht muss dem Sachverständigen vielmehr mitteilen, was er dem Gutachten zugrunde zu legen hat.[17] Die Mitteilung der Anschlusstatsachen hat (soweit der Sachverhalt umstritten, aber wesentlich ist) im Beweisbeschluss zu erfolgen, da dieser die Fragen bezeichnen muss, zu denen ein Gutachten zu erstatten ist (§ 359 Nr. 1). Wurde dies versäumt, so kann die Mitteilung auch durch besonderen Beschluss erfolgen, der nach Abs. 5 den Parteien mitzuteilen ist, und ebenso wie der Beweisbeschluss keiner Begründung bedarf. Hat bereits eine Beweisaufnahme stattgefunden, sind zB Zeugen vernommen worden, so muss das Gericht den Sachverständigen wissen lassen, von welchen Begebenheiten es überzeugt ist.[18] Das Gericht kann indes auch den Sachverständigen anweisen, sein **Gutachten alternativ** zu erstellen, und ihm unterschiedliche Anknüpfungstatsachen mitteilen. Erscheint dem Sachverständigen das **Tatsachenmaterial zur Gutachtenerstattung nicht ausreichend** und kommen eigene Ermittlungen nicht in Betracht (s. Rn. 7), so muss ihm das Gericht – wenn weitere Beweiserhebung durch das Gericht nicht in Betracht kommt – mitteilen, von welchem Sachverhalt er nach den Regeln der Beweislast auszugehen hat. Es kann auch sachdienlich sein, den Sachverständigen bereits zur Einnahme des Augenscheins hinzuzuziehen (§ 372) oder den Zeugenbeweis in seiner Gegenwart zu erheben. Das Gericht kann dabei gewohnheitsrechtlich,[19] trotz Fehlens einer dem § 80 StPO entsprechenden Norm, dem Sachverständigen gestatten, selbst **Fragen an den Zeugen** zu richten.[20] Dem Sachverständigen kann gestattet werden, Tatsachen selbst zu ermitteln;[21] Rn. 7. 5

5. Abs. 4 (Feststellung des Sachverhalts durch den Gutachter). a) Grenzen der Ermittlungstätigkeit. Das Gericht soll nach dem 1. Teil des Satzes dem Sachverständigen im konkreten Fall sagen, in wieweit er den Sachverhalt, den er seinem Gutachten zugrunde zu legen hat, selbst aufklären darf und muss. Die Vorschrift darf nicht dahin missverstanden werden, dass es nunmehr in das Ermessen des Gerichts gestellt wäre, zu bestimmen, in wieweit der Sachverständige den Sachverhalt aufzuklären hat; an die durch Rechtsprechung und Schrifttum herausgearbeiteten Grenzen der Ermittlungstätigkeit des Sachverständigen (s. § 402 Rn. 8) sind Gericht und Sachverständiger gebunden; und Pflicht und Grenze sollen dem Sachverständigen im Einzelfall nur verdeutlicht werden. 6

Die Ermittlung des Sachverhalts darf dem Sachverständigen in der Regel (etwa im Arzthaftungsprozess, Rn. 5) nur überlassen werden – in Hinblick auf den Grundsatz der Unmittelbarkeit der Beweisaufnahme (§ 355) – wenn besonderer Sachverstand dazu gehört, den zu beobachtenden Zustand überhaupt zu erkennen (s. § 372 Rn. 3). Als Augenscheinsmittler muss der Sachverständige seine Ermittlungen nachprüfbar offenlegen (s. § 372 Rn. 5). 7

Tatsachen, die der Sachverständige in Ausführung des Gutachtenauftrags auf Grund seiner Sachkunde ermittelt, sind die sog. **Befundtatsachen.** Streng genommen handelt der Sachverständige 8

[12] BT-Drucks. 11/3621 S. 39.
[13] BGHZ 119, 263, 265 = NJW 1993, 202.
[14] AA *Thomas/Putzo/Reichold* Rn. 3.
[15] BGH NJW 2004, 2015.
[16] BGHZ 37, 389, 393 = NJW 1962, 1770.
[17] BGH NJW-RR 1996, 345 (von welcher Berufstätigkeit bei Berufsunfähigkeitsrente auszugehen ist); NJW 1997, 1446, 1447.
[18] BGHZ 23, 207, 213 = NJW 1957, 906 m. Anm. *Bruns.*
[19] *Wieczorek* § 396 Anm. B I a.
[20] AA *Müller* (Fn. 3) Rn. 584 a: der Sachverständige darf die Fragen des Gerichts vorformulieren.
[21] OLG Hamm MedR 2004, 60.

hier als Augenscheinsgehilfe des Gerichts und berichtet über das Wahrgenommene als Zeuge; da er aber sein Wissen im Rahmen des Gutachtens dem Gericht vermittelt, werden die Vorschriften über den Zeugenbeweis so lange nicht angewandt, so lange die Sachverständigenfunktion fortdauert; wird der Sachverständige aber abgelehnt, so kann er über sein Wissen nur als sachverständiger Zeuge berichten (§ 414). Hinsichtlich von Wahrnehmungen, die der Sachverständige zwar bei der Erledigung seines Gutachtenauftrags macht, zu deren Feststellung aber keine Sachkunde erforderlich ist, sog. **Zusatztatsachen,** sind hingegen die Zeugenvorschriften anwendbar. Die Unterscheidung – zum einen: Aussage als Sachverständiger, zum anderen: Aussage als Zeuge – spielt keine Rolle, so lange weder eine Beeidigung des Zeugen noch eine solche als Sachverständiger geboten ist (s. § 410 Rn. 2), auch nicht bezüglich der Entschädigung (s. § 414 Rn. 6).

9 **Ein Verstoß gegen den Grundsatz der Unmittelbarkeit** kann (muss aber nicht) darin bestehen, dass das Gericht dem Sachverständigen die Tatsachenfeststellung überlässt, obgleich keine Sachkunde dazu gehört (s. § 372 Rn. 3); er kann darin bestehen, dass der Sachverständige von sich aus solchen Augenschein einnimmt; er kann schließlich darin bestehen, dass er über den Rahmen notwendiger Erkundigungen, zB zulässige Fragen nach der Krankengeschichte,[22] hinausgeht und von sich aus Zeugen befragt,[23] zB die Eltern des zu untersuchenden Kindes, oder Urkunden beizieht, zB Pläne,[24] Krankenunterlagen anderer Ärzte, oder amtliche Auskünfte einholt[25] und verwertet. Zu beachten ist, dass Zeugen die Untersuchung – ausgenommen im Fall des § 372a – verweigern können. Diese Verstöße gegen das Unmittelbarkeitsprinzip rechtfertigen die Revision, unterliegen aber dem Rügeverzicht nach § 295 Abs. 1 (s. § 295 Rn. 17).[26] Das Einverständnis der Parteien mit solchem Vorgehen des Sachverständigen liegt bereits darin, dass zB die Befragung der Zeugen in ihrer Anwesenheit vorgenommen wird oder dass sie diese sogar beantragen. Zum vorweggenommenen Rügeverzicht s. § 295 Rn. 32.

10 **b) Zulässigkeit von Parteikontakten.** Nach dem 2. Teil des Satzes soll das Gericht dem Sachverständigen im konkreten Einzelfall sagen, ob und wie und zu welchem Zweck er **mit den Parteien** direkt **in Verbindung treten** darf oder gar muss. Auch hier gibt § 404a dem Gericht nicht die Macht, im Einzelfall die Grenzen zu bestimmen; das Gericht ist an die herausgearbeiteten Grenzen gebunden. So wird es angezeigt sein, dem Sachverständigen ausdrücklich zu gestatten, Unterlagen einer Partei in deren Räumen einzusehen, oder Schallmessungen wegen Lärmbeeinträchtigung ohne Information der Parteien durchzuführen,[27] umso einem Ablehnungsgesuch aus diesem Grunde und einer Manipulation vorzubeugen.

11 **c) Teilnahme der Parteien an Ermittlungstätigkeit.** Bei seinen Ermittlungen muss der Sachverständige beiden Parteien einschließlich ihrer sachkundiger Vertreter und Prozessbevollmächtigten,[28] **Gelegenheit zur Teilnahme** geben;[29] Ausnahme Rn. 10. Dies folgt weniger aus dem Gesichtspunkt der Parteiöffentlichkeit (§ 357), da es sich um keine gerichtliche Beweisaufnahme handelt,[30] sondern mehr aus dem Gesichtspunkt der Waffengleichheit[31] und vor allem mit Rücksicht darauf, dass anderenfalls der Sachverständige als befangen abgelehnt wird (§ 406) und auch jede Partei die Richtigkeit der Feststellungen des Sachverständigen bestreiten kann, mit der Folge, dass der Beweis nicht verwertet werden kann, sondern eine gerichtliche Beweisaufnahme erfolgen muss.[32] Umgekehrt kann das Gericht diese Beweisaufnahme aber nicht nur mit dem Hinweis, der Sachverständige habe die Tatsachen bereits festgestellt, ablehnen.[33] Die **Grenzen der Teilnahme** bei den Ermittlungen des Sachverständigen sind Unmöglichkeit, Unzumutbarkeit, Überflüssigkeit[34] und Untunlichkeit; letztere liegt insbesondere dann vor, wenn damit zu rechnen ist, dass am Untersuchungsobjekt Manipulationen angenommen werden, wenn der Sachverständige seinen Besuch unter den Parteien ankündigt (s. Rn. 10 u. § 357 Rn. 9). So ist die Teilnahme der Parteien und Parteivertreter bei der ärztlichen Untersuchung für den Patienten unzumutbar, auch

---

[22] BGH LM § 144 Nr. 3; VersR 1958, 512.
[23] BGH VersR 1960, 998, 999; BGHZ 23, 207, 213 = NJW 1957, 906 m. Anm. *Bruns.*
[24] BGH VersR 1960, 998, 999.
[25] AA OLG Köln NJW 1962, 2161.
[26] BGHZ 23, 207, 214 = NJW 1957, 906 m. Anm. *Bruns;* BGH VersR 1960, 998, 999.
[27] OLG Saarbrücken MDR 1998, 492.
[28] OLG Düsseldorf MDR 1979, 409; OLG München NJW 1984, 807.
[29] BGH NJW 1975, 1363; OLG Koblenz MDR 1978, 148; OLG Köln MDR 1974, 589.
[30] *Stein/Jonas/Leipold* Vor § 402 Rn. 54.
[31] OLG Dresden NJW-RR 1997, 1354.
[32] Vgl. BGHZ 23, 207, 214 = NJW 1957, 906; *Druschke,* Das Anwesenheitsrecht der Verfahrensbeteiligten, 1989, S. 31ff.
[33] BGHZ 23, 207, 215 = NJW 1957, 906 m. Anm. *Bruns;* BGH VersR 1960, 998, 999; LM § 144 Nr. 3.
[34] *Schnapp,* FS Menger, 1985, S. 557, 571.

wenn eine Partei selbst Arzt ist.[35] Wenn aber der Kläger, der ärztlich untersucht werden soll, die Teilnahme seines Arztes oder einer Vertrauensperson bei der Untersuchung wünscht, kann dies nicht untersagt werden.[36] Die Teilnahme bei Laboratoriumsuntersuchungen ist untunlich, eine Teilnahme bei den Befragungen im Rahmen eines demoskopischen Gutachtens unmöglich; bei der Einsicht in Geschäftsbücher sind beide Parteien hinzuzuziehen.[37]

6. Abs. 5 (Pflicht zur Information der Parteien). Die Vorschrift stellt sicher, dass die Parteien über die dem Sachverständigen erteilten Weisungen informiert sind und keine Fehlschlüsse aus dem Verhalten des Sachverständigen ziehen; insbesondere wird so dem Anschein der Befangenheit des Sachverständigen durch das Gericht vorgebeugt.[38] Auch können die Parteien, wohl informiert, zB durch Gegenvorstellungen und Anregungen, dazu beitragen, dass das Verfahren zweckmäßig fortgeführt wird. 12

§ 405 Auswahl durch den mit der Beweisaufnahme betrauten Richter

[1]Das Prozessgericht kann den mit der Beweisaufnahme betrauten Richter zur Ernennung der Sachverständigen ermächtigen. [2]Er hat in diesem Falle die Befugnisse und Pflichten des Prozessgerichts nach den §§ 404, 404 a.

I. Normzweck

Das Prozessgericht kann die Auswahl des Sachverständigen delegieren, weil der verordnete Richter unter Umständen die bessere Kenntnis der in Betracht kommenden Sachverständigen hat. In der Praxis wird von § 405 nicht Gebrauch gemacht. 1

II. Einzelerläuterungen

1. Die Anordnung, Sachverständigenbeweis zu erheben (§ 358) ist vom Prozessgericht zu treffen; der verordnete Richter (§§ 361, 362) ist dazu nicht befugt. Ob die Beweisaufnahme einem verordneten Richter übertragen werden darf, bestimmt sich nach §§ 402, 375. Nur die **Auswahl der Sachverständigen** darf das Prozessgericht dem verordneten Richter überlassen. Diese Entscheidung steht im pflichtgemäßem Ermessen des Prozessgerichts. Der verordnete Richter hat ebenso wie das Prozessgericht bei der Auswahl den Rahmen des § 404 zu beachten, insbesondere also auch § 404 Abs. 2; er entscheidet über die Ablehnung des Sachverständigen gem. § 406 Abs. 4. Der verordnete Richter hat auch die in § 404 a dargelegten gerichtlichen Befugnisse und Pflichten gegenüber dem von ihm ausgewählten Sachverständigen wahrzunehmen (Satz 2). Einigen sich die Parteien gem. § 404 Abs. 4 auf bestimmte Sachverständige, so ist auch der verordnete Richter insoweit gebunden; er kann die Zahl beschränken (§ 404 Abs. 4 2. Halbs.). Das Prozessgericht verliert durch die Anordnung gem. § 405 nicht die Befugnis, selbst auch Sachverständige zu ernennen.[1] 2

2. Auswahl durch ausländischen Richter. Auch diesem kann die Auswahl des (ausländischen) Sachverständigen übertragen werden. Der BGH hat es auch für zulässig gehalten, dem deutschen **Konsul** die Auswahl des Sachverständigen zu überlassen, wo dieser mit der Beweisaufnahme gem. § 363 Abs. 2 betraut ist,[2] da diese nicht unbedingt ein Richter vornehmen muss, wie § 404 Abs. 4 zeigt. Zur mündlichen Anhörung des ausländischen Sachverständigen s. § 411 Rn. 15. 3

3. Verfahren. Die Ermächtigung für den verordneten Richter ist im **Beweisbeschluss** oder im Änderungsbeschluss gem. § 360 S. 2 auszusprechen. Eine Anhörung der Parteien zur Frage, ob der verordnete Richter gem. § 405 ermächtigt werden soll, ist nicht zwingend vorgeschrieben. Die Entscheidung des Prozessgerichts ist unanfechtbar. Erfolgt die Ermächtigung durch einen Änderungsbeschluss, so sind die Parteien gem. § 360 S. 4 zu benachrichtigen. 4

---

[35] OLG Köln NJW 1992, 1568.

[36] LSG Rheinland-Pfalz NJW 2006, 1547.

[37] RG JW 1927, 2426; BAG AP Nr. 1 m. Anm. *Pohle;* aA OLG München ZSW 1988, 74 m. abl. Anm. *K. Müller,* OLG Dresden OLG-NL 1997, 91.

[38] BT-Drucks. 11/3621 S. 40.

[1] *Müller,* Der Sachverständige im gerichtlichen Verfahren, 3. Aufl. 1988, Rn. 165 c.

[2] BGH NJW (RzW) 1965, 466; 1967, 229.

§ 406 Ablehnung eines Sachverständigen

(1) [1]Ein Sachverständiger kann aus denselben Gründen, die zur Ablehnung eines Richters berechtigen, abgelehnt werden. [2]Ein Ablehnungsgrund kann jedoch nicht daraus entnommen werden, dass der Sachverständige als Zeuge vernommen worden ist.

(2) [1]Der Ablehnungsantrag ist bei dem Gericht oder Richter, von dem der Sachverständige ernannt ist, vor seiner Vernehmung zu stellen, spätestens jedoch binnen zwei Wochen nach Verkündung oder Zustellung des Beschlusses über die Ernennung. [2]Zu einem späteren Zeitpunkt ist die Ablehnung nur zulässig, wenn der Antragsteller glaubhaft macht, dass er ohne sein Verschulden verhindert war, den Ablehnungsgrund früher geltend zu machen. [3]Der Antrag kann vor der Geschäftsstelle zu Protokoll erklärt werden.

(3) Der Ablehnungsgrund ist glaubhaft zu machen; zur Versicherung an Eides statt darf die Partei nicht zugelassen werden.

(4) Die Entscheidung ergeht von dem im zweiten Absatz bezeichneten Gericht oder Richter durch Beschluss.

(5) Gegen den Beschluss, durch den die Ablehnung für begründet erklärt wird, findet kein Rechtsmittel, gegen den Beschluss, durch den sie für unbegründet erklärt wird, findet sofortige Beschwerde statt.

Schrifttum: *Fezer,* Die Folgen der Sachverständigenablehnung für die Verwertung seiner Wahrnehmungen, JR 1990, 397; *Kahlke,* Der Sachverständige in der Berufungsinstanz, ZZP 94 (1981), 50; *Lanz,* Zweiklassenrecht durch Gutachterkauf, ZRP 1998, 337; *Müller,* Der Sachverständige im gerichtlichen Verfahren, 3. Aufl. 1988, S. 126 ff.; *Schneider,* Befangenheitsablehnung eines Sachverständigen nach Einreichung des Gutachtens, MDR 1975, 353

Übersicht

I. Normzweck

1 Abs. 1 behandelt den Sachverständigen (als einen Richtergehilfen) bei Zweifeln hinsichtlich seiner Unparteilichkeit im Wesentlichen wie den Richter. Dem Abs. 1 entspricht § 74 Abs. 1 StPO. Abs. 2 bis 5 bezwecken, getrennt vom Hauptverfahren eine verbindliche Entscheidung über das Ablehnungsgesuch herbeizuführen. Auch soll das Nebenverfahren über die Ablehnung das Hauptverfahren möglichst wenig aufhalten; zugleich soll durch eine möglichst frühzeitige Ablehnung verhindert werden, dass Gutachten erstattet werden, die später nicht verwertet werden dürfen. Dem Abs. 3 1. Halbs. entspricht § 74 Abs. 3 1. Halbs. StPO.

II. Einzelerläuterungen

2 **1. Abs. 1 (Ablehnungsgründe). a) Die entsprechende Anwendung von § 41** stellt auf die persönlichen Beziehungen zwischen Sachverständigen und einer Partei ab. Sind die in § 41 genannten Voraussetzungen gegeben, so gilt der Sachverständige als befangen, ohne dass es auf die konkrete Befangenheit im Einzelfall ankäme **(absolute Befangenheitsgründe).** Aber auch dann kann der Sachverständige – anders als der Richter – tätig werden, solange er nicht ausdrücklich von einer

Partei abgelehnt wird.[1] Wird **dem Sachverständigen der Streit verkündet** und tritt der Sachverständige dem Rechtsstreit bei kann er wegen Befangenheit abgelehnt werden,[2] nach aA ist er von einer weiteren Mitwirkung als Sachverständiger ausgeschlossen.[3] Die bloße Streitverkündung an ihn macht ihn nicht befangen. Nach § 72 Abs. 2, eingefügt durch das 2. JuMoG vom 22. 12. 2006 (BGBl. I S. 3416), ist eine Streitverkündung gegen den gerichtlich bestellten Sachverständigen unzulässig. Von der entsprechenden Anwendung des § 41 Nr. 5 macht **Abs. 1 S. 1** eine Ausnahme: Während ein Richter kraft Gesetzes vom Richteramt ausgeschlossen ist, wenn er als Zeuge vernommen worden ist, kann ein Sachverständiger deshalb nicht abgelehnt werden. Umgekehrt kann ein erfolgreich abgelehnter Sachverständiger als **sachverständiger Zeuge** vernommen werden (s. § 414 Rn. 5).[4] Problematisch ist die entsprechende Anwendung von § 41 Nr. 6: kann ein Sachverständiger abgelehnt werden, wenn er in einem früheren Rechtszug bereits als Sachverständiger tätig gewesen ist? Die hM hält es für keinen Befangenheitsgrund, wenn der Sachverständige bereits früher, zB in einer früheren Instanz, im Beweissicherungsverfahren, oder im parallel laufenden Strafverfahren, als Sachverständiger tätig wurde (und sein Gutachten nicht gebilligt wurde);[5] § 41 Nr. 6 sei insoweit nicht anwendbar.[6] Hier wird der Gegenmeinung gefolgt, die § 41 Nr. 6 dann entsprechend anwendet, wenn es um die Überprüfung eines in erster Instanz erstatteten Gutachtens in der Berufungsinstanz geht: ein erstinstanzliches Gutachten darf nicht in der Rechtsmittelinstanz mit der Begründung verwertet werden, derselbe Sachverständige habe in der Rechtsmittelinstanz die Richtigkeit seines ersten Gutachtens bestätigt.[7]

Ist der **Sachverständige eine Behörde** (§ 404 Rn. 3), so scheidet – wörtlich genommen – eine Ablehnung gem. Abs. 1 S. 1 aus.[8] Aber auch die Behörde arbeitet mit Menschen, wobei derjenige, der das Gutachten ausarbeitet, im Gutachten zu nennen ist (§ 404 Rn. 12); auch diese Person, die vielfach nicht diejenige ist, die das Gutachten (verantwortlich) unterzeichnet (§ 411 Rn. 5), kann abgelehnt werden;[9] da fast stets erkennbar sein dürfte, wer die Parteien sind, sollte sich der Behördenangestellte in diesem Falle von vornherein jeder Mitwirkung am Gutachten enthalten. Aber auch der (verantwortlich) unterzeichnende Behördenleiter (s. § 411 Rn. 5) kann abgelehnt werden und sollte sich entsprechend bei der Unterzeichnung vertreten lassen. Bei kollegial organisierten Gutachterausschüssen, zB dem Vorstand der Rechtsanwaltskammer, kann das einzelne Mitglied des Ausschusses als befangen abgelehnt werden.[10] Solche Ablehnung scheidet dort aus, wo spezialgesetzlich eine andere Regelung getroffen wurde, wie zB für den Gutachterausschuss nach dem früheren BBauG (§ 139 Abs. 4).[11] §§ 21, 22 VwVfG sind indes keine solche spezielle Normen, weil diese nur bei Verwaltungsverfahren anwendbar sind, die Gutachtertätigkeit einer Behörde aber kein solches Verfahren darstellt (§ 9 VwVfG). Konsequenz: der Gutachterausschuss ist (teilweise) ablehnbar.[12] Liegen bei einer **Hilfskraft des Sachverständigen** Ablehnungsgründe vor, so kann weder die Hilfskraft, weil diese die Verantwortung nicht trägt, noch der Sachverständige selbst abgelehnt werden.[13] Zur Ablehnung bei behördlicher Auskunft s. § 402 Rn. 11. 3

b) Nach **§ 42** kann der Sachverständige wegen Befangenheit abgelehnt werden, wenn ein objektiver Grund gegeben ist, auf Grund dessen eine vernünftige Partei befürchten kann, der Sachverständige sei nicht unparteiisch **(relative Ablehnungsgründe).**[14] Nicht maßgebend ist, ob der Sachverständige sich selbst befangen fühlt.[15] Werden mehrere Gründe für die Ablehnung geltend 4

---

[1] RG JR Rspr. 1927 Nr. 1265.

[2] BGH NJW-RR 2006, 1221.

[3] OLG Frankfurt DS 2005, 30; zur Streitverkündung einer Partei an den Sachverständigen, der ein ungünstiges Gutachten erstattet hat, vgl. *Rickert/König* NJW 2005, 1829; *Böckermann* MDR 2002, 1348; *Bockholdt* NJW 2006, 122. Überholt für Neufälle durch § 72 Abs 2.

[4] BGH MDR 1974, 382; BGHSt. 20, 222 = NJW 1965, 1492; RGZ 59, 169, 170.

[5] BGH MDR 1961, 397; BGH nach *Dallinger* MDR 1972, 18; RG SeuffA 54 (1899) Nr. 62; RGSt. 33, 198; OLG Stuttgart MDR 1964, 63; VG Köln NJW 1986, 2207.

[6] OLG Karlsruhe BadRPrax 1901, 30; *Stein/Jonas/Leipold* Rn. 6.

[7] *Müller* Rn. 226 c; *Kahlke* ZZP 94 (1981), 50, 68.

[8] OLG Nürnberg NJW 1967, 401; OLG München MDR 1969, 667; OLG Frankfurt NJW 1965, 306 m. Anm. *Hönn* NJW 1965, 452.

[9] OLG Hamm GoldtArch. 71 (1927), 116; *Löwe/Rosenberg/Dahs* (Fn. 6) § 74 Rn. 3; *Stein/Jonas/Leipold* Rn. 3; aA *Zöller/Greger* Rn. 7; *Jessnitzer/Ulrich/Frieling* Der gerichtliche Sachverständige, Rn. 95.

[10] *Stein/Jonas/Leipold* Rn. 3; *Wieczorek* Anm. A I a; dahingestellt geblieben in OLG Nürnberg MDR 1967, 221; aA ohne Begr. OLG Stuttgart NJW-RR 1987, 190; OLG Hamm NJW-RR 1990, 1471.

[11] BGHZ 62, 93 = NJW 1974, 701; BFH BB 1981, 1825; KG NJW 1971, 1848.

[12] AA OLG Oldenburg FamRZ 1992, 451.

[13] OLG Zweibrücken MDR 1986, 417; aA OLG Karlsruhe Justiz 1980, 79.

[14] BGH NJW 1975, 1363.

[15] BGH nach *Dallinger* MDR 1952, 409.

gemacht, so sind sie nicht jeder für sich, sondern in ihrer Gesamtheit darauf zu prüfen, ob sie den Ablehnungsantrag rechtfertigen.[16]

5 **c) Beispiele begründeter Ablehnung,** wobei es auf den Einzelfall ankommt: jetziges oder früheres Anstellungsverhältnis bei einer Partei;[17] bestehende geschäftliche Beziehungen zu einer Partei;[18] Konkurrenzverhältnis zu einer Partei;[19] langdauernde ärztliche Behandlung;[20] Freundschaft oder Feindschaft zu einer Partei;[21] auch schon eine nähere Bekanntschaft auf gesellschaftlicher Ebene; Verwandtschaft oder Schwägerschaft, die nicht so nah ist, wie § 41 sie voraussetzt, wenn sie mit persönlichem Kontakt verbunden sind; Heranziehung zur Vorbereitung des Prozesses durch eine Partei durch Erstattung eines entgeltlichen oder unentgeltlichen Privatgutachtens in derselben Sache, ohne Rücksicht darauf, ob es im Prozess vorgelegt wurde oder nicht;[22] Tätigkeit für den Versicherer einer Partei anlässlich derselben Sache.[23] Grundsätzlich gilt das, was zum Verhältnis Partei-Sachverständiger gesagt ist, auch für das Verhältnis Prozessbevollmächtigter-Sachverständiger[24] und das Verhältnis Haftpflichtversicherer-Sachverständiger.[25] Unterlassen der Heranziehung einer, aber auch beider Parteien bei der Vorbereitung des Gutachtens;[26] jedes Verhalten des Sachverständigen während des Rechtsstreits, in dem ein besonderes Wohlwollen oder ein unsachliches Missfallen zum Ausdruck kommt;[27] wenn sich der Sachverständige von einer Partei gegen Entgelt mit weiterer Beweissicherung beauftragen lässt;[28] wenn eine Universitätsklinik verklagt wird und der Gutachter wissenschaftlicher Mitarbeiter des medizinischen Fachbereichs einer anderen Universität desselben Landes ist;[29] wenn der Sachverständige ohne Ermächtigung durch das Gericht Dritte befragt und so Anknüpfungstatsachen beschafft, ohne dies offen zu legen.[30] Eigenes (auch mittelbares) wirtschaftliches Interesse an der Sache, sei es positiver Art, sei es negativer Art, zB in Gestalt eines Regresses.[31] Wann besonders scharfe Angriffe einer Partei gegen den Sachverständigen einen Ablehnungsgrund bilden, ist schwer zu sagen; einerseits stellt es § 42 nicht auf ein Verschulden ab, andererseits darf es die Partei nicht in der Hand haben, auf diese Weise einen ihr nicht genehmen Sachverständigen loszuwerden. Auch die Reaktion des Sachverständigen auf den Angriff spielt eine bedeutende Rolle.[32] Werden die Angriffe erst nach Erstattung des Gutachtens gemacht, so kann auf Grund dessen ein Ablehnungsgrund für ein Zusatzgutachten bestehen, nicht aber für das bereits erstattete Gutachten hinsichtlich von dessen mündlicher Erläuterung.[33] Auch das Ablehnungsgesuch selbst kann eine Befangenheit verursachen, wenn der Sachverständige darauf persönlich verletzt reagiert;[34] dabei kommt es dann weniger auf den seitens der Partei vorgetragenen Ablehnungsgrund an als auf das Verhalten des Sachverständigen. **Ungenügend sind** in der Regel: angebliche Fehlerhaftigkeit des Gutachtens sowie Mangel an Sachkunde des Gutachters;[35] Mitgliedschaft in derselben Bezirksärztekammer;[36] übliche Kontakte im wissenschaftlichen Bereich wie Mitwirkung an Fachpublikationen;[37] gewerbliche Tätigkeit des Sachver-

---

[16] BGHSt. 8, 226 = NJW 1956, 271.

[17] Vgl. OLG Hamburg MDR 1983, 412.

[18] Vgl. BGH NJW 1972, 827; NJW-RR 1987, 893; LG Mönchengladbach NJW 1976, 1642.

[19] Vgl. RGZ 64, 429, 430; OLG Düsseldorf JurBüro 1980, 284; OLG München NJW-RR 1989, 1088 = MDR 1989, 828.

[20] Vgl. KG OLGRspr. 19, 114; OLG Köln OLGRspr. 25, 111; anders OLG Stuttgart MDR 1962, 910; OVG Berlin NJW 1970, 1390.

[21] Vgl. OLG Kiel OLGRspr. 41, 271, 272.

[22] Vgl. BGH NJW 1972, 1133, 1134; OLG München MDR 1971, 494; OLG Frankfurt BB 1987, 26; anders BGH VersR 1962, 450; OLG Koblenz MDR 1984, 675.

[23] Vgl. BGH NJW 1972, 1133, 1134; OLG Frankfurt MDR 1969, 225; anders OLG Karlsruhe VersR 1973, 865.

[24] Vgl. RG JW 1903, 67, OLG Köln NJW 1992, 762.

[25] Vgl. OLG München VersR 1968, 207.

[26] Vgl. BGH NJW 1975, 1363; OLG München NJW-RR 1998, 1687; KG MDR 1982, 762; OLG Hamm MDR 1973, 144; OLG Koblenz OLGZ 1978, 228 = MDR 1978, 148; anders OLG München OLGZ 1983, 355 = RPfleger 1983, 319; OLG Düsseldorf DB 1986, 1118; LG Berlin MDR 1964, 423.

[27] Vgl. BGH NJW 1981, 2009, 2010; OLG Düsseldorf MDR 1979, 409; OLG Hamm VersR 1973, 416; OLG Frankfurt FamRZ 1980, 931, 932; OLG Oldenburg NJW-RR 2000, 1166.

[28] OLG Düsseldorf MDR 2005, 474.

[29] OLG Nürnberg MDR 2006, 469.

[30] OLG Nürnberg OLGReport München 2006, 909.

[31] Vgl. KG OLGRspr. 19, 113, 114.

[32] LG Bochum DS 2004, 351; *Müller* Rn. 240.

[33] *Müller* Rn. 240.

[34] *Müller* Rn. 241.

[35] BGH NJW 2005, 1869.

[36] OLG Koblenz DS 2005, 33.

[37] OLG Düsseldorf MedR 2005, 42; OLG München NJW-RR 2007, 575.

ständigen auf demselben Gebiet wie eine Partei;[38] Ablehnung der Verlegung eines Ortstermins;[39] dass der Sachverständige dem beklagten Arzt keine Gelegenheit gibt, bei der körperlichen Untersuchung des klagenden Patienten anwesend zu sein;[40] dass der Sachverständige für die beklagte Versicherung als Privatgutachter tätig ist.[41]

d) Die **Ablehnung** eines Sachverständigen kann **frühestens** nach Ernennung des Sachverständigen durch den Beweisbeschluss oder den Änderungsbeschluss (§§ 360, 404 Abs. 1 S. 3) erfolgen.[42] Erfolgt eine Ablehnung vor diesem Zeitpunkt, so ist sie als Bitte, diesen Sachverständigen nicht zu ernennen, zu behandeln und bedarf nicht der förmlichen Verbescheidung gem. § 406. **Spätestens** hat die Ablehnung – wenn nicht die Ausnahme nach Abs. 2 S. 2 vorliegt – bei einem schriftlichen Gutachten binnen zweier Wochen nach Verkündung oder Zustellung des Beschlusses über die Ernennung des Sachverständigen zu erfolgen; diese Regelung dient durch die Befristung der Verfahrensbeschleunigung.[43] Bei einem mündlichen Gutachten muss die Ablehnung – wenn nicht die Ausnahme nach Abs. 2 S. 2 vorliegt – bis zur Vernehmung des Sachverständigen zur Sache erfolgen.[44] 6

2. Abs. 2 S. 2 (Rechtzeitigkeit der Ablehnung). Will eine Partei den Sachverständigen nach dem genannten Zeitpunkt (s. Rn. 6) ablehnen, dann muss sie vortragen, dass sie ohne Verschulden verhindert war, den Ablehnungsgrund früher geltend zu machen; vgl. § 233. Die Umstände des Einzelfalls sind also dafür maßgeblich, binnen welchen Zeitraums der Ablehnungsgrund vorzutragen ist; ergibt sich der Ablehnungsgrund aus dem **schriftlichen** Gutachten selbst, das komplizierte, umfangreiche und interpretationsbedürftige Ausführungen enthält, so ist der Zeitraum ungleich länger als bei Bekanntwerden eines offen zu Tage liegenden Ablehnungsgrunds. Sieben Wochen ab Zugang des Gutachtens können zu lang sein,[45] auch fünf Wochen.[46] Eine angemessene Zeit zur Überlegung und zur Rücksprache mit einem Rechtsanwalt steht der Partei in jedem Fall zur Verfügung.[47] Die Ansicht, das Ablehnungsrecht, das sich nur auf das schriftliche Gutachten selbst stützt, gehe entsprechend § 43 verloren, wenn sich die Partei in Kenntnis des Gutachtens zur Sache einlässt,[48] erscheint nach Änderung des Abs. 2 S. 2 durch das RechtspflegeVereinfachungsG nicht mehr haltbar, weil das Gesetz die Parteien gerade von der Pflicht einer sofortigen Mitteilung befreien und ihnen einen angemessenen Zeitraum zur Verfügung stellen will (BT-Drucks. 11/3621 S. 74); zudem ist § 43 nicht für entsprechend anwendbar erklärt. Ergibt sich der Grund zur Ablehnung des Sachverständigen wegen Besorgnis der Befangenheit aus dem Inhalt des schriftlichen Gutachtens, läuft im Allgemeinen die Frist zur Ablehnung des Sachverständigen gleichzeitig mit der **vom Gericht gesetzten Frist zur Stellungnahme** nach § 411 Abs. 4 ab, wenn sich die Partei zur Begründung des Antrags mit dem Inhalt des Gutachtens auseinandersetzen muss.[49] Die aA[50] meint, die Zweiwochenfrist gelte grds. auch hier, eine weitere aA[51] stellt auf den Einzelfall ab. Im Übrigen kann die Ablehnung noch nach Erlass des Sachurteils erfolgen, solange nur das Urteil noch nicht rechtskräftig geworden ist.[52] Haben sich die Parteien auf einen Sachverständigen geeinigt (§ 404 Abs. 4), so schließt dies die Ablehnung wegen danach bekanntgewordener Ablehnungsgründe nicht aus.[53] Eine Pflicht für die Parteien, Nachforschungen hinsichtlich der Unparteilichkeit des Sachverständigen anzustellen, bei deren Versäumung das Ablehnungsrecht verlorengeht, besteht nicht,[54] 7

---

[38] BGH MittdtPatA 2004, 234.

[39] LG Dessau DS 2004, 25.

[40] OLG Hamm MedR 2004, 60.

[41] OLG Celle NJW-RR 2003, 135. ME unzutreffend.

[42] BGH VRS 29 (1965), 26; RG SeuffA (1904), Nr. 45; OLG München NJW 1958, 1192; *Schneider* MDR 1975, 353.

[43] BT-Drucks. 11/3621 S. 69.

[44] AA OLG Düsseldorf MDR 1994, 620: bis zur Stellung der Sachanträge.

[45] OLG Celle MDR 2004, 709 = BauR 2004, 1186.

[46] OLG Brandenburg NJW-RR 2001, 1433.

[47] Vgl. BayObLGZ 1986, 186, 188 = FamRZ 1986, 829; OLG Köln MDR 1983, 412; OLG Köln VersR 1989, 210; vgl. RG HRR 1931 Nr. 584; siehe auch OLG Koblenz NJW-RR 1992, 1470.

[48] OLG Karlsruhe NJW 1958, 188; BB 1977, 1424; *Rosenberg/Schwab/Gottwald* § 123 III 2d; aA OLG Oldenburg MDR 1975, 408; *Werthauer* NJW 1962, 1235.

[49] BGH NJW 2005, 1869; dazu *Christopoulos/Weimann* MDR 2005, 1201.

[50] OLG Koblenz NJW-RR 1999, 72.

[51] OLG Nürnberg VersR 2001, 391; KG BauR 2005, 754; OLG Karlsruhe DS 2005, 110.

[52] OLG Düsseldorf MDR 1956, 305; OLG Hamburg NJW 1960, 874; KG JW 1926, 1597 = ZZP 52 (1927), 429 m. Anm. *Ludewig*.

[53] RG JW 1903, 385.

[54] OLG Stuttgart AG 2005, 304; OLG Potsdam NJW-RR 2001, 1433; *Müller* Rn. 254a; *Schneider* MDR 1975, 353, 354; aA OLG Oldenburg MDR 1978, 1028; RGZ 64, 429, 432; *Rosenberg/Schwab/Gottwald* § 123 III 2d.

auch nicht im Falle des § 404 Abs. 4;[55] die „fahrlässige" Unkenntnis vom Ablehnungsgrund steht der Kenntnis davon nicht gleich. Ein Nachschieben von Ablehnungsgründen (nach Fristablauf) ist unzulässig.[56] Zur Glaubhaftmachung s. Rn. 10.

8 **3. Verfahren. a) Abs. 2 S. 1.** Anzubringen ist das Ablehnungsgesuch beim **Prozessgericht,** und zwar auch dann, wenn die Vernehmung durch den verordneten Richter erfolgt oder wenn das Endurteil bereits erlassen ist, und selbst wenn der Rechtsstreit bereits in der Rechtsmittelinstanz schwebt.[57] Hat aber der verordnete Richter den Sachverständigen ernannt (§ 405), dann ist das Ablehnungsgesuch bei diesem anzubringen.[58]

9 **b) Abs. 2 S. 3.** Das **Gesuch** unterliegt nicht dem Anwaltszwang (§ 78 Abs. 3). Es muss bedingungsfrei sein, kann also nicht einmal an das Vorliegen einer innerprozessualen Bedingung geknüpft werden; so kann insbesondere keine Ablehnung unter der Bedingung erfolgen, dass das Gericht dem Gutachten folgt oder nicht folgt.[59] Das Gesuch berechtigt nicht dazu, bis zur rechtskräftigen Entscheidung darüber die Einlassung zur Hauptsache zu verweigern (s. aber Rn. 13).[60] Bis zum Eintritt der Rechtskraft der Entscheidung über das Gesuch kann es zurückgenommen werden, auch wenn es bereits für begründet erklärt ist.[61]

10 **c) Abs. 3.** Der Ablehnungsgrund ist **glaubhaft** zu machen (§ 294). Mit einer eigenen eidesstattlichen Versicherung kann die Partei dies nicht bewirken, wohl aber kann sie eine eidesstattliche Versicherung dritter Personen[62] vorlegen. Ferner sind alle anderen Beweismittel zulässig, sofern die Beweisaufnahme sofort möglich ist (§ 294 Abs. 2). Deshalb muss auch die Berufung auf den anwesenden Sachverständigen (als Zeugen) genügen;[63] aus dem Fehlen einer Verweisung auf § 44 kann nicht die Unzulässigkeit der Bezugnahme auf die Vernehmung des (anwesenden) Sachverständigen gefolgert werden. Genügend ist ferner die Berufung auf das Zeugnis des (abwesenden) Sachverständigen,[64] trotz § 294 Abs. 2, weil sonst in vielen Fällen (etwa über Äußerungen beim Augenschein) kein Nachweis möglich wäre. Die gegenteilige Ansicht, eine Bezugnahme auf das Zeugnis des Sachverständigen selbst sei in jedem Fall unzulässig, was sich aus den Gesetzesmotiven ergebe, sagt im Übrigen, dass das Gericht den Sachverständigen zum Ablehnungsgrund formlos anhören „kann", verzichtet also auf die Glaubhaftmachung und wendet die Regeln des sog. Freibeweises an.[65] Im Falle nachträglicher Ablehnung des Sachverständigen **(Abs. 2 S. 2)** sind die Umstände glaubhaft zu machen, aus denen sich ergibt, dass ohne Verschulden die Partei den Ablehnungsgrund nicht früher geltend machen konnte; dies kann durch eidesstattliche Versicherung der Partei geschehen, da Abs. 3 sich nicht auf den Fall des Abs. 2 S. 2 bezieht.[66]

11 **d) Abs. 4.** Im Verfahren über das Ablehnungsgesuch *muss* dem Sachverständigen kein **rechtliches Gehör** gewährt werden, da eine dem § 44 Abs. 3 entsprechende Vorschrift fehlt.[67] Zwar kann eine begründete Ablehnung zum Verlust des Entschädigungsanspruchs führen (s. § 413 Rn. 7); da sie dies aber nicht notwendigerweise tut, ist auch diese mögliche Folge kein Grund dafür, rechtliches Gehör im Ablehnungsverfahren zu gewähren,[68] wohl aber ggf. im Entschädigungsverfahren.[69] Das Gericht *kann* selbstverständlich den Sachverständigen zum Ablehnungsgesuch hören.[70] Nimmt der Sachverständige indes zum Ablehnungsgrund Stellung, so muss der ablehnenden Partei dazu rechtliches Gehör gewährt werden.[71] Der Prozessgegner der ablehnenden Partei wird

---

[55] *Zöller/Greger* Rn. 10; aA *Schneider* MDR 1975, 353, 354.
[56] OLG Düsseldorf NJW-RR 2001, 1434.
[57] OLG Düsseldorf MDR 1956, 305; OLG Hamburg NJW 1960, 874; aA OLG Köln MDR 1977, 57.
[58] RG JW 1903, 48.
[59] OLG Stuttgart NJW 1971, 1090.
[60] *Werthauer* NJW 1962, 1235; *Zöller/Greger* Rn. 11; aA KG NJW RzW 1962, 135.
[61] Vgl. RG JR Rspr 1927 Nr. 1265.
[62] Vgl. BGHSt 21, 334, 347 = NJW 1968, 710.
[63] AA RG JW 1886, 445 = SeuffA 42 (1887) Nr. 165; KG OLGRspr. 17, 331; *Wieczorek* Anm. B III 2 a.
[64] OLG Bamberg FamRZ 1993, 1097; *Zöller/Greger* Rn. 11.
[65] RG Recht 1928 Nr. 2034; SeuffA 42 (1887) Nr. 165; ablehnend *Peters,* Der sogenannte Freibeweis im Zivilprozeß, 1962, S. 48.
[66] *Wieczorek* Anm. B II b 2.
[67] RG JW 1899, 303; RG LZ 1915, 554; OLG München WRP 1976, 396; OLG München Rpfleger 1981, 73; OLG Schleswig SchlHA 1979, 23; *Stein/Jonas/Leipold* Rn. 61; aA OLG Karlsruhe OLGZ 1984, 104; *Zöller/Greger* Rn. 13; *Schultz* MDR 1985, 854: wenn die Ablehnung auf Umstände außerhalb des schriftlichen Gutachtens oder des Protokolls über die Vernehmung des Sachverständigen gestützt wird.
[68] AA OLG Karlsruhe OLGZ 1984, 104.
[69] *Baumbach/Lauterbach/Hartmann* Rn. 28.
[70] *Hahn,* Die gesamten Materialien zur Civilprozeßordnung, 1880, S. 1011.
[71] OLG Koblenz VersR 1977, 231 (LS); OLG Koblenz NJW 1977, 395 (LS).

zwar üblicherweise gehört; ein rechtliches Interesse hat er an der Person des Sachverständigen nicht, weshalb auch ihm rechtliches Gehör nicht gewährt werden muss (vgl. Rn. 18 aE).[72] Einer mündlichen Verhandlung bedarf es nicht.

4. Abs. 5 (Entscheidung und Rechtsmittel). a) Die **Entscheidung** ergeht **durch Beschluss** des Prozessgerichts oder im Falle des § 405 des verordneten Richters, der den Sachverständigen ernannt hat. In keinem Falle genügt die Zurückweisung des Ablehnungsgesuchs in den Urteilsgründen (s. aber Rn. 14 aE).[73] Der erforderliche Beschluss liegt auch nicht (stillschweigend) in der Anhörung des Sachverständigen, da es einen stillschweigenden Beschluss nicht gibt.[74] Der Beschluss ist, wenn darüber mündlich verhandelt wurde, zu verkünden (§ 329 Abs. 1); fand darüber keine mündliche Verhandlung statt und wird das Gesuch zurückgewiesen, so ist der Beschluss der ablehnenden Partei zuzustellen (§ 329 Abs. 3); in allen anderen Fällen ist er formlos den Parteien mitzuteilen. Ein Endurteil macht die Entscheidung über das Ablehnungsgesuch nicht entbehrlich; die Entscheidung ist auch noch nach Erlass des Endurteils seitens der Erstinstanz möglich – insbesondere, wenn dann erst die Ablehnungsgründe bekannt werden (vgl. Rn. 7), oder wenn die Entscheidung versäumt wurde.[75] Auch die Anhängigkeit der Hauptsache in der Rechtsmittelinstanz ändert weder die Zuständigkeit des Gerichts, bei dem das Ablehnungsgesuch anzubringen ist (s. Rn. 8), noch nimmt es diesem die Befugnis zur Entscheidung darüber (Abs. 4); das Ablehnungsgesuch unterliegt nämlich nicht der Beurteilung des Rechtsmittelgerichts (§ 512).[76] Erst der Eintritt der formellen Rechtskraft des Endurteils hindert das Gericht daran, über ein Ablehnungsgesuch zu entscheiden (s. Rn. 13). In aller Regel also muss die ablehnende Partei, wenn die Ablehnungsgründe erst nach Erlass des Urteils bekannt werden oder wenn die Entscheidung über die Zurückweisung des Ablehnungsgesuchs noch nicht rechtskräftig ist, als das Urteil ergeht, neben der sofortigen Beschwerde auch ein Rechtsmittel in der Hauptsache einlegen. Dass die untere Instanz noch Folgerungen aus einer Ablehnung des Sachverständigen ziehen kann, ist nicht notwendig.[77] Wird dem Ablehnungsgesuch stattgegeben und ist die Hauptsache im Rechtsmittelzug anhängig, so muss das erstinstanzliche Urteil – weil auf dem Gutachten beruhend – aufgehoben werden. 12

b) Es ist also **unzweckmäßig,** vor Eintritt der formellen Rechtskraft des die Ablehnung des Sachverständigen zurückweisenden Beschlusses zur Sache selbst zu entscheiden.[78] Denn wenn die ablehnende Partei mit der sofortigen Beschwerde Erfolg hat, beruht das Urteil auf einem Gutachten, das nicht verwertet werden durfte; das Urteil ist gegebenenfalls aufzuheben und die Sache an die Vorinstanz auf Grund des Rechtsmittels zurückzuverweisen (§ 538 Abs. 2), die einen neuen Sachverständigen zu beauftragen hat. Ist in der Sache selbst ein Rechtsmittel nicht mehr gegeben (Urteil des Landgerichts als Berufungsgericht), so wird durch ein Endurteil vor formell rechtskräftiger Entscheidung über das Ablehnungsgesuch der ablehnenden Partei die sofortige Beschwerde genommen, weil das Urteil selbst rechtskräftig ist und nicht mehr abgeändert werden kann. Solches Vorgehen widerspricht rechtsstaatlichen Grundsätzen und ist deshalb nicht nur unzweckmäßig, sondern unzulässig. 13

c) Wird das **Ablehnungsgesuch in den Gründen des Endurteils zurückgewiesen,** so ist das Urteil in der Rechtsmittelinstanz aufzuheben und die Sache (gegebenenfalls, § 538 Abs. 2) zurückzuverweisen;[79] das Urteil kann auf dem Verfahrensfehler beruhen, und zwar dann, wenn das Rechtsmittel gegen den Beschluss, durch den das Ablehnungsgesuch zurückgewiesen worden wäre, Erfolg gehabt hätte, der Sachverständige also erfolgreich abgelehnt worden wäre. Hat ein OLG das Ablehnungsgesuch durch Beschluss zurückgewiesen, ist Rechtsbeschwerde (§ 574) denkbar; erfolgte die Zurückweisung fälschlich in den Gründen des Endurteils, kann dieser Verfahrensfehler in der Revision gerügt werden.[80] Doch führt dies nicht zwingend zur Aufhebung, etwa wenn die Ableh- 14

---

[72] OLG München Rpfleger 1987, 332; *Baumbach/Lauterbach/Hartmann* Rn. 28; aA *Zöller/Greger* Rn. 13; *Stein/Jonas/Leipold* Rn. 60.

[73] BGH MDR 1979, 398; BAG AP Nr. 1 m. Anm. *Baumgärtel* = BB 1960, 864; BSG MDR 1976, 73; BFH BB 1987, 1593 = DB 1987, 1404; RGZ 60, 110; BayObLG RPfleger 1982, 433; OLG Köln OLGZ 1974, 480 = MDR 1974, 761; OLG Hamm RPfleger 1974, 193.

[74] *Stein/Jonas/Leipold* Rn. 63; aA RG JW 1911, 52; *Wieczorek* Anm. C II a.

[75] OLG Düsseldorf MDR 1956, 305; OLG Zweibrücken MDR 1966, 423; KG NJW 1965, 1086; JW 1926, 1597 = ZZP 52 (1927), 429 m. Anm. *Ludewig; Wieczorek* Anm. B IV.

[76] OLG Hamburg NJW 1960, 874; OLG Düsseldorf MDR 1956, 305; aA OLG Köln MDR 1977, 57.

[77] *Zöller/Greger* Rn. 13; aA OLG Köln MDR 1977, 57.

[78] RGZ 60, 110; OLG Schleswig SchlHA 1979, 23; OLG Düsseldorf JZ 1977, 564, 565; vgl. BayObLGZ 1994, 183 = FamRZ 1995, 425.

[79] AA *Wieczorek* Anm. C IV a für die Berufungsinstanz.

[80] *Zöller/Greger* Rn. 14 a; die ZPO-Reform (2001) hat die Rechtslage geändert.

nung des Sachverständigen offensichtlich verspätet erfolgte;[81] oder in der Sache nicht anders über den Ablehnungsantrag entschieden worden wäre.[82]

15 **d)** Das **Rechtsmittel** gegen den Beschluss, der das Ablehnungsgesuch zurückweist, ist die **sofortige Beschwerde.** Für sie besteht Anwaltszwang, wenn für das Verfahren Anwaltszwang besteht (s. § 569 Rn. 5 ff.).[83] Die sofortige Beschwerde hat keine aufschiebende Wirkung (vgl. § 570), es ist aber unzweckmäßig, vor Rechtskraft des Beschlusses, der die Ablehnung zurückweist, das Endurteil zu erlassen (s. Rn. 13). Die sofortige Beschwerde wird auch durch das Endurteil nicht gegenstandslos (s. Rn. 12), es sei denn, gegen dieses wäre ein Rechtsmittel nicht mehr gegeben. Gegen die Zurückweisung des Ablehnungsantrags durch das Berufungs- bzw. Beschwerdegericht ist (bei Zulassung) **Rechtsbeschwerde** zum BGH zulässig (§ 574), einlegbar nur durch einen beim BGH zugelassenen Rechtsanwalt (§ 78). In Familiensachen (§§ 606 ff.) entscheidet über die sofortige Beschwerde das OLG.[84] Hat der **verordnete Richter** über das Ablehnungsgesuch entschieden (Abs. 4), so ist zunächst um Entscheidung des Prozessgerichts nachzusuchen (§ 573), wenn das Ablehnungsgesuch zurückgewiesen wurde.[85] Wurde dem Ablehnungsgesuch stattgegeben, so ist weder die Anrufung des Prozessgerichts noch ein Rechtsmittel gegeben.

16 **e)** Bei **erfolgreicher Ablehnung** des Sachverständigen darf dessen Gutachten nicht verwertet werden. Das Gericht muss einen neuen Sachverständigen auswählen (§ 404 Abs. 1 S. 3). Der abgelehnte Sachverständige verliert den Vergütungsanspruch,[86] außer er hat die Ablehnung nur leicht fahrlässig verschuldet. Er kann als sachverständiger Zeuge vernommen werden (s. § 414 Rn. 5).

17 **5. Folgen der Zurückweisung und des Unterbleibens des Ablehnungsgesuchs.** Der **Verlust des Ablehnungsrechts** durch Verzicht, Nicht-Geltendmachen oder durch Zurückweisen wegen Verspätung betrifft den ganzen Rechtsstreit, auch in höherer Instanz;[87] wird also derselbe Sachverständige zB in der Berufungsinstanz erneut hinzugezogen, so kann er nur auf Grund neu zutage getretener Umstände abgelehnt werden; etwas anderes gilt nur, wenn der Sachverständige mit einem völlig neuen Gutachten beauftragt wird.[88] Aber bei **Unterbleiben der Ablehnung** trotz Vorhandenseins eines Ablehnungsgrundes oder bei **verspäteter Ablehnung,** die zur Zurückweisung des Gesuchs führte, bilden die Ablehnungsgründe Umstände, die gegen die Überzeugungskraft des Gutachtens sprechen können. Sie sind daher bei der **Beweiswürdigung** zu berücksichtigen.[89] Eventuell muss ein neues Gutachten eingeholt werden (§ 412). Bei **Zurückweisung des Ablehnungsgesuchs** kann der Ablehnungsgrund nicht mehr als Ermessensfehlgebrauch bei der Auswahl des Sachverständigen mit dem Rechtsmittel geltend gemacht werden (s. § 404 Rn. 5). Deshalb erübrigt es sich auch, in den Entscheidungsgründen bei der Beweiswürdigung auf die Zurückweisung des Ablehnungsgesuchs einzugehen.[90] Das Übergehen eines ordnungsgemäßen Ablehnungsgesuchs stellt einen Verfahrensmangel dar, der mit der Berufung, nicht aber mit der Revision[91] gerügt werden kann.

18 **6. Gebühren.** Für das Ablehnungsverfahren entstehen keine Gerichtsgebühren (s. § 1 GKG). Für das Beschwerdeverfahren entsteht eine Gebühr, wenn die Beschwerde erfolglos bleibt (GKG Kostenverzeichnis Nr. 1812). Die Höhe des **Beschwerdewerts** ist sehr umstritten: wie Hauptsache;[92] aA: Schätzung auf $^1/_{10}$ bis $^1/_3$ der Hauptsache,[93] was zutreffend ist; aA: nach § 23 Abs. 3 RVG (4000 Euro);[94] aA: Kosten des neuen Gutachtens.[95] Das Ablehnungsverfahren gehört für den **An-**

---

[81] OLG Karlsruhe BB 1977, 1424.

[82] BGH MDR 1979, 398; *Stein/Jonas/Leipold* Rn. 63.

[83] OLG Stuttgart Justiz 1963, 178.

[84] OLG Frankfurt FamRZ 1986, 1021.

[85] RGZ 64, 429, 431.

[86] OLG Oldenburg NdsRpfl 2004, 130; *Hartmann* § 8 JVEG Rn. 12; umstritten. Für Verlust der Vergütung auch bei einfacher Fahrlässigkeit OLG Koblenz MDR 2002, 1152.

[87] BayObLGZ 1986, 186 = FamRZ 1986, 830; aA RGZ 66, 277, da es sich bei der Berufungsinstanz um eine neue Verhandlung handelt.

[88] AA OLG Düsseldorf WM 1970, 1305.

[89] BGH NJW 1981, 2009, 2010; RGZ 64, 429, 434; 43, 399, 402; RG SeuffA 51 (1896) Nr. 233.

[90] RG JW 1937, 3325 m. zust. Anm. *Kisch.*

[91] BGH NJW 1959, 293; aA BAG JZ 1960, 606 m. zust. Anm. *Baumgärtel;* BSG MDR 1996, 94: zurückverweisen.

[92] BGH NJW 1968, 796; OLG Brandenburg NJW-RR 1999, 1291; OLG Nürnberg JurBüro 1966, 867; OLG München JurBüro 1980, 1055.

[93] OLG Koblenz VersR 1992, 1026; OLG Frankfurt MDR 1980, 145; OLG Hamburg NJW 1970, 1239; OLG Düsseldorf MDR 2004, 1083 ($^1/_3$).

[94] Vgl. OLG Köln ZSW 1981, 44 m. zust. Anm. *Müller;* OLG Köln MDR 1976, 322; *Schneider/Herget,* Streitwert-Kommentar für den Zivilprozeß, 10. Aufl., Rn. 93.

[95] OLG Düsseldorf BauR 2001, 835.

walt zur Instanz (§ 19 Abs. 1 S. 2 Nr. 3 RVG) und wird mit der Verfahrensgebühr abgegolten (3100 RVG VV). Für das Betreiben des Beschwerdeverfahrens erhält er eine $^{5}/_{10}$-Gebühr (3500 RVG VV). Ob der gegnerische Anwalt, der im Beschwerdeverfahren Stellung genommen hat, einen Gebührenanspruch (Erstattungsanspruch) hat, ist sehr umstritten, aber zu bejahen[96] (die aA behauptet, es handle sich um kein kontradiktorisches Verfahren). Der Sachverständige erhält für eine gerichtlich erbetene Stellungnahme keine Entschädigung.[97]

§ 407 Pflicht zur Erstattung des Gutachtens

(1) Der zum Sachverständigen Ernannte hat der Ernennung Folge zu leisten, wenn er zur Erstattung von Gutachten der erforderten Art öffentlich bestellt ist oder wenn er die Wissenschaft, die Kunst oder das Gewerbe, deren Kenntnis Voraussetzung der Begutachtung ist, öffentlich zum Erwerb ausübt oder wenn er zur Ausübung derselben öffentlich bestellt oder ermächtigt ist.

(2) Zur Erstattung des Gutachtens ist auch derjenige verpflichtet, der sich hierzu vor Gericht bereit erklärt hat.

I. Normzweck

Der Gesetzgeber glaubte, nicht stets Sachverständige für den Zivilprozess zu finden, wenn keinerlei Zwang zur Gutachtenerstattung besteht. Er hat deshalb für Ausnahmefälle eine Pflicht zur Gutachtertätigkeit aufgestellt. Der Wortlaut stimmt mit § 75 StPO überein. 1

II. Einzelerläuterungen

1. Abs. 1 (Pflicht zur Begutachtung wegen öffentlicher Bestellung). Zur Gutachtenerstattung verpflichtet sind die öffentlich bestellten Sachverständigen (s. § 404 Rn. 8). Ferner sind diejenigen verpflichtet, Gutachten zu erstatten, die sich der Allgemeinheit gegenüber („öffentlich") zur entgeltlichen Berufsausübung erbieten.[1] Der Begriff Gewerbe muss hier im weitesten Sinn verstanden werden,[2] nicht nur im Sinne der Gewerbeordnung, sodass auch das Handelsgewerbe, Fabrikanten, freie Berufe und Landwirte darunter zu verstehen sind. Dass der Beruf als Selbstständiger ausgeübt wird, ist nicht erforderlich,[3] sodass zB auch der angestellte Kaufmann oder Apotheker auf seinem Gebiet zum Sachverständigen ernannt werden kann. Nicht erfasst werden also diejenigen, die ihre Sachkenntnis nur aus Liebhaberei benutzen;[4] diese Personen können nur über Abs. 2 erfasst werden. Schließlich muss derjenige Gutachten erstatten, der zur Ausübung der Wissenschaft usw. öffentlich bestellt ist; hier ist also eine Berufsausübung nicht erforderlich; erfasst werden hier alle Beamte, wie zB Universitätsprofessoren[5] und die Beamten der Medizinal-, Forst- oder Bauverwaltung. Unter der öffentlichen Ermächtigung zur Ausübung der Wissenschaft usw. versteht das Gesetz vor allem die Lehrbefugnis und die Approbation,[6] sodass auch nicht praktizierende Ärzte herangezogen werden können. 2

2. Abs. 2 (Pflicht zur Begutachtung wegen Bereiterklärung). Zu Recht versteht vor allem[7] das strafprozessuale Schrifttum[8] unter der Bereiterklärung zur Erstattung „des" Gutachtens nur eine solche Erklärung, die für einen bestimmten Fall abgegeben ist, nicht schon ein allgemeines Angebot.[9] Die Erklärung muss nicht in der mündlichen Verhandlung „vor Gericht" abgegeben 3

---

[96] BGH NJW 2005, 2233; OLG Koblenz JurBüro 1991, 1509; OLG Hamburg MDR 1994, 522; OLG Stuttgart AnwBl. 1979, 22; OLG Frankfurt RPfleger 1981, 408; OLG Düsseldorf MDR 1985, 589; OLG Nürnberg MDR 1980, 1026; aA OLG München MDR 1994, 627 u. Rpfleger 1987, 332; OLG Düsseldorf RPfleger 1975, 257; OLG Hamm RPfleger 1984, 403; OLG Celle RPfleger 1983, 173; OLG Brandenburg MDR 2002, 1092.

[97] OLG Düsseldorf MDR 1994, 1050; OLG München Rpfleger 1995, 41; aA OLG Frankfurt Rpfleger 1993, 421; LSG Baden-Württemberg Die Justiz 2004, 277.

[1] RGZ 50, 391.

[2] *Hahn* S. 641.

[3] RGZ 50, 391.

[4] *Löwe/Rosenberg/Dahs* StPO, 24. Aufl. 1988, § 75 Rn. 3.

[5] BayObLGSt. 1978, 31 = JZ 1978, 482.

[6] LG Trier NJW 1987, 722, 723.

[7] Aber auch *Wieczorek* Anm. B.

[8] Vgl. *Löwe/Rosenberg/Dahs* (Fn. 4) § 75 Rn. 6 m. Nachw.

[9] AA *Stein/Jonas/Leipold* Rn. 5; *Baumbach/Lauterbach/Hartmann* Rn. 6; *Müller,* Der Sachverständige im gerichtlichen Verfahren, 3. Aufl. 1988, Rn. 330.

werden, es genügt vielmehr jede gegenüber dem Gericht erklärte Bereitschaft, die sonach unwiderruflich ist. Im Schweigen auf einen gerichtlichen Gutachtenauftrag hin ohne unverzügliche Ablehnung desselben sieht das zivilprozessuale Schrifttum eine Bereitschaftserklärung; diese Ansicht wird nicht geteilt (s. § 411 Rn. 6).[10] Wer nach § 407 zur Erstattung des Gutachtens verpflichtet ist, muss das Gutachten anfertigen, auch wenn er nur nach § 9 JVEG vergütet wird (also nicht nach § 13 JVEG mit einem höheren Stundensatz).[11]

§ 407 a Weitere Pflichten des Sachverständigen

(1) Der Sachverständige hat unverzüglich zu prüfen, ob der Auftrag in sein Fachgebiet fällt und ohne die Hinzuziehung weiterer Sachverständiger erledigt werden kann. Ist das nicht der Fall, so hat der Sachverständige das Gericht unverzüglich zu verständigen.

(2) Der Sachverständige ist nicht befugt, den Auftrag auf einen anderen zu übertragen. Soweit er sich der Mitarbeit einer anderen Person bedient, hat er diese namhaft zu machen und den Umfang ihrer Tätigkeit anzugeben, falls es sich nicht um Hilfsdienste von untergeordneter Bedeutung handelt.

(3) Hat der Sachverständige Zweifel an Inhalt und Umfang des Auftrags, so hat er unverzüglich eine Klärung durch das Gericht herbeizuführen. Erwachsen voraussichtlich Kosten, die erkennbar außer Verhältnis zum Wert des Streitgegenstandes stehen oder einen angeforderten Kostenvorschuss erheblich übersteigen, so hat der Sachverständige rechtzeitig hierauf hinzuweisen.

(4) Der Sachverständige hat auf Verlangen des Gerichts die Akten und sonstige für die Begutachtung beigezogene Unterlagen sowie Untersuchungsergebnisse unverzüglich herauszugeben oder mitzuteilen. Kommt er dieser Pflicht nicht nach, so ordnet das Gericht die Herausgabe an.

(5) Das Gericht soll den Sachverständigen auf seine Pflichten hinweisen.

Übersicht

I. Zweck der Vorschrift

1 Die Vorschrift wurde das Rechtspflege-VereinfachungsG von 1990 eingefügt. Sie enthält einen Katalog der wesentlichen Pflichten des vom Gericht beauftragten Sachverständigen. Diese Pflichten sind im Wesentlichen durch Rechtsprechung und Lehre erarbeitet worden. Ihre Aufnahme in das Gesetz soll u. a. der Einlegung von Rechtsmitteln wegen einer mangelhaften Beweiserhebung

[10] Differenzierend *Müller* (Fn. 9) Rn. 332.
[11] OLG München FamRZ 2002, 412.

durch Sachverständige vorbeugen.[1] Die Pflichten des Gerichts gegenüber dem Sachverständigen sind nunmehr in § 404a katalogisiert.

II. Einzelerläuterungen

1. Abs. 1. a) Unverzügliche Prüfung. Die Vorschrift verlangt vom Sachverständigen unverzügliche Prüfung, also eine Prüfung ohne schuldhaftes Zögern (s. § 121 Abs. 1 BGB). Offensichtlich geht § 407a Abs. 1 dabei von einem schriftlichen Gutachten aus. Eine unverzügliche Prüfung liegt nicht mehr vor, wenn der Sachverständige die eigene Kompetenz erst dann prüft, wenn er das Gutachten zu erstellen gedenkt, also erst nach Wochen. Für die Praxis empfehlenswert bleibt es, vor der Auftragserteilung mit dem Sachverständigen zu telefonieren. 2

b) Folgen schuldhafter Verzögerung. Bei schuldhafter Verzögerung der Prüfung der eigenen Kompetenz des Sachverständigen, die sich dann als nicht gegeben herausstellt: kann der Sachverständige **schadensersatzpflichtig** gemacht werden wegen seines Verstoßes gegen die gesetzliche Pflicht, auf die er gem. Abs. 5 aufmerksam gemacht worden war? Beim Justizfiskus ist kaum ein Vermögensschaden vorstellbar; anders bei den Parteien. Zu diesen steht der Sachverständige zwar nicht in vertraglichen Beziehungen (s. § 404a Rn. 2); die Frage ist aber, ob die Norm des § 407a Abs. 1 ein Schutzgesetz im Sinne des § 823 Abs. 2 BGB darstellt. Das setzt voraus, dass § 407a primär Individualinteressen schützen will und nicht nur den Schutz der Allgemeinheit.[2] Die Norm will den Prozessbetrieb vereinfachen, aber auch die Parteien schützen. Das Gericht trifft die Pflicht, darauf zu achten, dass sich der Sachverständige alsbald äußert (Fristsetzung, Monieren). 3

c) Feststellung des Fachgebiets. Der Sachverständige hat zu prüfen, ob der Auftrag in sein Fachgebiet fällt. Öffentlich bestellte Sachverständige (s. § 404 Rn. 8) sind für bestimmte Fachgebiete bestellt; von daher hat der Sachverständige zu prüfen, ob er die Gutachterfrage mit dem zum Gebiet gehörenden Fachwissen beantworten kann. Bei allen anderen Personen, die das Gericht nach seinem Ermessen als Sachverständigen auswählt (§ 404 Abs. 1), lässt sich nicht generell festlegen, wann der Auftrag in ihr Fachgebiet fällt; es muss von diesen so viel Objektivität erwartet werden, dass sie sich in Bezug auf die Gutachtenfrage nicht völlig überschätzen. Eine solche Fehleinschätzung läge zB vor, wenn ein Arzt für Allgemeinmedizin sich zum Gutachter für die Frage, ob eine Geisteskrankheit vorliegt, ob der Betroffene geschäftsunfähig ist, bestellen ließe.[3] Erstattet er dennoch das Gutachten, und ist allein deshalb ein weiteres Gutachten erforderlich, weil das Gericht nach Bekanntwerden der mangelnden Sachkunde zur Überprüfung des Gutachtens einen weiteren Sachverständigen bestellt, so entfällt der **Entschädigungsanspruch** (s. § 413 Rn. 5), selbst wenn sich herausstellt, dass das Gutachten nicht mangelhaft ist, zB weil der Arzt für Allgemeinmedizin sich auch ohne praktische Erfahrung bestens einzuarbeiten wusste. Der Zeitaufwand des Sachverständigen für die Vorprüfung wird jedenfalls in einfacher gelagerten Fällen nicht entschädigt.[4] 4

2. Abs. 2. a) Gem. **Satz 1** hat der Sachverständige das Gutachten **eigenverantwortlich zu erstatten;** es genügt nicht, dass er das Gutachten unterschreibt,[5] auch nicht mit dem Zusatz „einverstanden". Ungenügend sind auch Floskeln wie „Einverstanden auf Grund eigener Befunderhebung und Beurteilung",[6] weil dadurch nicht erkennbar wird, was der Sachverständige und was die Hilfskraft gemacht hat. Eine Vertretung ist ausgeschlossen;[7] sie würde die vom Gericht getroffene Auswahl des Sachverständigen aufheben; auch könnte der Vertretene kaum den Eid gem. § 410 – nach bestem Wissen begutachtet zu haben – leisten.[8] Der Sachverständige kann sich aber durch Hilfspersonal zuarbeiten lassen (vgl. § 12 Abs. 1 S. 1 Nr. 1 JVEG),[9] etwa der Chefarzt vom Oberarzt,[10] was an seiner alleinigen Verantwortlichkeit nichts ändert. Der Sachverständige trägt dementsprechend auch die Verantwortung für die sorgfältige Auswahl, Anleitung und Überwachung des Hilfspersonals. Von Hilfspersonal kann nicht mehr die Rede sein, wenn der Sachverständige selbst 5

---

[1] BT-Drucks. 11/3621 S. 22.
[2] MünchKommBGB/*Mertens* § 823 Rn. 143; *Soergel/Zeuner* § 823 BGB Rn. 252.
[3] BVerwG NJW 1984, 2645; OLG Frankfurt MDR 1983, 849.
[4] BGH MDR 1979, 754; OLG Braunschweig DS 2006, 159; OLG Koblenz MDR 2002, 1152.
[5] BSG VersR 1990, 992; OLG Frankfurt MDR 1983, 849.
[6] OLG Frankfurt VersR 2004, 1121; aA OLG Koblenz NVersZ 2002, 315, das die Formel „Einverstanden auf Grund eigener Untersuchung und Urteilsfindung" genügen lässt; aA OLG Zweibrücken VersR 2000, 605 (bloßes Zueigenmachen genüge).
[7] BSG NJW 1965, 368; OLG Frankfurt MDR 1983, 849.
[8] *Zöller/Greger* Rn. 1a; vgl. BSG NJW 1985, 1422.
[9] BGH VersR 1972, 927, 929; BSG NJW 1985, 1422; BVerwG NJW 1984, 2645. Über Hilfskräfte bei Insolvenzgutachten vgl. *Hofmann* ZIP 2006, 1080.
[10] OLG Frankfurt VersR 1994, 610.

die Arbeiten nicht mehr übersieht.[11] Ergibt sich – zB während der Arbeiten am Gutachten –, dass der Sachverständige mit Hilfspersonal im beschriebenen Sinne nicht auskommt, so muss er um Abänderung des Beweisbeschlusses und des Gutachtenauftrags nachsuchen; das Gericht kann dann mehrere Sachverständige ernennen und die gemeinschaftliche Erstellung des Gutachtens anordnen[12] oder auch einen Hauptauftrag und für Teilbereiche „Unteraufträge" erteilen.

6 **b) Satz 2** ergänzt das Verbot einer Delegation des Auftrags des Sachverständigen durch die Pflicht zur **Angabe der Mitarbeiter.** Auch muss er den Umfang ihrer Tätigkeit und – über den Wortlaut des § 407a Abs. 2 hinausgehend – deren Geeignetheit[13] zur Mitarbeit darlegen.[14] Auch diese Personen können gem. § 406 abgelehnt werden; auch ihnen gegenüber kann mangelnde Sachkunde geltend gemacht werden.[15] Ist eine **Behörde** zum Sachverständigen ernannt (s. § 404 Rn. 3), so hat deren Gutachten auch darzulegen, welche natürliche Person es verantwortlich erstellt hat[16] – unabhängig davon, wer das Gutachten für die Behörde unterzeichnet hat (s. § 411 Rn. 5); denn diese Person muss zur Erläuterung des Gutachtens geladen werden können; sie kann abgelehnt werden (s. § 406 Rn. 3).

7 **c)** Die **Abgrenzung** zwischen der Mitarbeit am Gutachten und **Hilfsdiensten von untergeordneter Bedeutung** kann nicht danach getroffen werden, dass große Unterschiede zwischen dem Sachverständigen und der Hilfskraft nach der fachlichen Qualifikation bestehen. Zwar braucht der ärztliche Gutachter nicht die medizinisch-technischen Assistentinnen im Gutachten zu nennen, wenn die von diesen durchgeführten Arbeiten beiläufig sind („man macht stets ein EKG"), anders aber bei Blutgruppenuntersuchungen zur Vaterschaftsfeststellung. Noch schwieriger wird es, wenn – im Beispiel – Ärzte ihm zuarbeiten, zB die Krankengeschichte aufnehmen.[17] Wer mit der Erstattung eines psychiatrischen Gutachtens beauftragt ist, darf seinen Mitarbeitern das explorierende Gespräch mit dem Patienten nicht vollständig übertragen.[18] Auf den **Umfang der Zuarbeit** kommt es nicht an, auch Mitarbeit im geringen Umfang ist anzugeben, solange sie nicht von untergeordneter Bedeutung ist. Aufgrund der negativen Formulierung der Ausnahme („wenn es sich nicht") lässt sich immerhin soviel sagen: im **Zweifel ist die Mithilfe** anzugeben.

8 **d) Verstöße des Sachverständigen gegen die Pflichten aus Abs. 2** können darin bestehen, dass der Sachverständige das Gutachten zwar wie ein Verantwortlicher unterschreibt, es aber nicht eigenverantwortlich erstellt hat, oder dass er zwar einige Teile eigenverantwortlich erstellt hat, andere aber von Mitarbeitern erstellt wurden, die nicht genannt sind, oder dass der Sachverständige zwar das Gutachten zu Recht eigenverantwortlich zeichnet, aber sich von Mitarbeitern hat zuarbeiten lassen, diese aber nicht genannt sind. Im letztgenannten Fall liegt solange nur ein Verstoß gegen eine formale Pflicht vor, als gegen die Person und die Sachkunde der Mitarbeiter keine Einwendungen bestehen. Sofern aber nicht völlig abwegige Einwendungen erhoben werden, wirkt sich das Unterlassen des Benennens dahin aus, dass Bedenken gegen Eignung als Sachverständiger bestehen. Da beide Parteien gleichermaßen benachteiligt sind, rechtfertigt der prozessuale Verstoß aus der Sicht der Partei aber nicht das subjektive Misstrauen gegen die Unparteilichkeit des Sachverständigen.[19] Dasselbe gilt, wenn die Eigenverantwortlichkeit nicht das ganze Gutachten deckt. Das Gericht wird erwägen, den Mitarbeiter zum Mit-Sachverständigen zu ernennen, sodass dieser nun auch nach außen die Verantwortung übernimmt.[20] Fehlen die Angaben über die Mitarbeiter und werden sie auf Anfordern nicht nachgereicht, kann dies zur Unverwertbarkeit des Gutachtens führen.[21]

9 Der **Verstoß gegen Abs. 2** rechtfertigt also keine Befangenheitsablehnung,[22] könnte aber **Schadensersatzansprüche** der Parteien nach § 823 Abs. 2 BGB auslösen. Auch hier stellt sich die Frage, ob § 407a Abs. 2 den Schutz der Parteien im Auge hat, also Schutzgesetz im Sinne des § 823 Abs. 2 BGB ist, oder ob primär durch ihn Interessen der Gesamtheit gefördert werden sollen. Da

---

[11] KG DS 2005, 152; *Müller,* Der Sachverständige im gerichtlichen Verfahren, 3. Aufl. 1988, Rn. 538f.; *Bleutge* NJW 1985, 1185, 1186.
[12] *Friederichs* ZZP 83 (1970), 394, 407.
[13] Vgl. BT-Drucks. 11/3621 S. 40.
[14] *Baumbach/Lauterbach/Hartmann* § 404 Rn. 8; vgl. BSG NJW 1985, 1422; BSG NJW 1973, 1438.
[15] BT-Drucks. 11/3621 S. 40; aA *Musielak/Huber* Rn. 3.
[16] *Stein/Jonas/Schumann* § 404 Rn. 11.
[17] Zulässig, vgl. OLG Frankfurt VersR 2004, 1121.
[18] BSG NZS 2004, 559.
[19] *Müller* (Fn. 11) Rn. 243.
[20] BGH NJW 1985, 1399, 1400.
[21] BSG SGb 2005, 131 (Kolmetz).
[22] OLG Jena MDR 2006, 1011.

die Übertragung des Gutachtenauftrags ebenso wie das Verschweigen der Mitarbeit anderer Personen nicht identisch ist mit der sachlichen Unrichtigkeit des Gutachtens, ist auch hier der Charakter eines Schutzgesetzes im Sinne des § 823 Abs. 2 BGB zu verneinen. Zum **Verlust des Entschädigungsanspruchs** s. § 413 Rn. 4.

3. Abs. 3. a) Nach **Satz 1** obliegt es dem Sachverständigen, bei aufkommenden Zweifeln an Inhalt und Umfang des Auftrags ohne schuldhaftes Zögern eine Klärung durch das Gericht herbeizuführen. Wie nun, wenn er keinen Zweifel hatte, obgleich er sich grob fahrlässig verhielt, indem ihm dieser sich nicht aufdrängte, und er in die falsche Richtung oder in falschem Umfang weiterarbeitete? Auch Abs. 3 ist keine Norm zum Schutz der Parteien, deren Verletzung **Schadensersatzverpflichtungen** zur Folge haben kann (§ 823 Abs. 2 BGB). Die Überschreitung des Auftrags führt aber zur Kürzung der Entschädigung (s. § 413a Rn. 6). Über **Bauteilöffnung und -schließung** vgl. § 404a Rn. 3. 10

b) Nach **Satz 2** hat der Sachverständige die Pflicht, auf Kosten, die außer Verhältnis zum Wert des Streitgegenstandes stehen oder die einen **Kostenvorschuss** erheblich übersteigen, rechtzeitig hinzuweisen.[23] Bei Vorliegen der letztgenannten Alternative soll das Gericht in die Lage versetzt werden, weiteren Vorschuss anzufordern, was wiederum für die Parteien bedeutet, darüber nachzudenken, ob sie den Prozess fortführen wollen. Die erstgenannte Alternative kommt vor, wenn Sachverständigen-Beweis vom Amts wegen angeordnet (§ 144) wurde (s. § 402 Rn. 3), und vor allem dann, wenn der beweispflichtigen Partei Prozesskostenhilfe gewährt wird, also der Auftrag an den Sachverständigen von keiner Vorschussleistung abhängig gemacht wurde. Gibt das Gericht die Mitteilung des Sachverständigen an die Partei weiter, so kann dies sehr wohl für diese Anlass sein, nochmals über die Weiterführung des Rechtsstreits nachzudenken, denn der verlierende Teil zahlt die Kosten. Bei einer Vorschussanordnung übersteigen die Kosten diesen **erheblich,** wenn sie 20% bis 25% höher[24] sein werden. **Außer Verhältnis** zum Wert des Streitgegenstandes stehen die Kosten nach hiesiger Ansicht, wenn sie 50% von dessen Wert übersteigen.[25] Die Mitteilung des Sachverständigen hat **rechtzeitig** zu erfolgen. Sechs Wochen vor Abgabe des Gutachtens können noch rechtzeitig sein.[26] Der Sachverständige muss bei der ersten wirklichen Befassung mit dem Gutachtenauftrag (s. Rn. 2) prüfen, ob aller Voraussicht nach ein Vorschuss ausreicht oder die Kosten im Verhältnis bleiben. Besondere Umstände rechtfertigen spätere Abweichungen von der ersten Kalkulation;[27] sobald klar ersichtlich, muss der Sachverständige diese dem Gericht mitteilen. Nicht sofort erkennbar ist die Kostenüberschreitung insbesondere in Fällen, in denen Mitarbeiter zugezogen sind.[28] Gegen **überhöhte Sachverständigenrechnungen** kann sich die Partei wehren durch Anregung nach § 4 JVEG; dann durch Erinnerung gegen die Kostenrechnung des Gerichts, § 66 GKG. 11

c) Verstößt der Sachverständige gegen die Pflichten aus Satz 2, indem er für das Gutachten erheblich mehr verlangt als das Gericht Vorschuss angefordert hatte oder indem seine Vergütung außer Verhältnis zum Wert des Streitgegenstandes steht, ohne zu irgendeinem Zeitpunkt etwas angezeigt zu haben, oder indem er die Mitteilung schuldhaft zu spät, dh. nach der Entstehung der Kosten, macht, so hat man ihm den Mehrbetrag abzusprechen (Beschluss gem. § 4 JVEG); die Vergütung wird aber nicht auf den Vorschuss gekürzt, sondern auf 120–125% des Vorschusses, denn eine solche Überschreitung wäre noch hingenommen worden.[29] Nach der neueren Rspr. hängt die Kürzung davon ab, ob bei verständiger Würdigung aller Umstände davon auszugehen ist, dass auch bei rechtzeitiger Anzeige die Tätigkeit des Sachverständigen weder eingeschränkt noch ihre Fortsetzung infolge Klagerücknahme, Klageverzicht usw. unterbunden worden wäre; dabei hat der Sachverständige das Risiko der Unaufklärbarkeit zu tragen.[30] Zwar steht keineswegs immer fest, 12

---

[23] Dies gilt auch für ein FGG-Verfahren, BayObLG FamRZ 1998, 1456 (§ 15 FGG).

[24] Vgl. BayObLGZ 1997, 353, 355; OLG Zweibrücken JurBüro 1997, 96, 97; OLG Celle NJW-RR 1997, 1295.

[25] Beispiele: OLG Koblenz FuR 1998, 188: Wert laut Klage 8000 DM, laut Klageerwiderung 18 000 DM, Gutachterkosten 4745 DM (tatsächlicher Wert: 170 DM). OLG Zweibrücken JurBüro 1997, 96: Vorschuß 1500 DM, Gutachterkosten 117 533 DM (!). Im Asylverfahren wenn doppelte Höhe des Gegenstandswerts überschritten wird, VG Schleswig DS 2004, 312.

[26] OLG Schleswig SchlHA 2002, 194.

[27] Vgl. KG FamRZ 2002, 411 (19 000 DM statt 7000 DM, trotzdem keine Vergütungskürzung).

[28] *Müller* (Fn. 11) Rn. 861 a; OLG Koblenz ZSW 1985, 106, 111.

[29] OLG Düsseldorf Beck RS 2005; 02256; für 120% OLG Nürnberg NJW-RR 2003, 791 = MDR 2003, 479; für 125% OLG Celle NJW-RR 1997, 1295.

[30] Vgl. OLG Nürnberg DS 2007, 77 = BauR 2006, 2096; BayObLGZ 1997, 353; OLG Schleswig SchlHA 1997, 190; OLG Zweibrücken JurBüro 1997, 96; LG Koblenz FamRZ 2000, 178 verlangt eine Prognose.

dass bei rechtzeitiger Mitteilung der Rechtstreit nicht weitergeführt worden wäre, weil ein Vergleich, Anerkenntnis, Klagerücknahme, Klageverzicht oder Erledigungserklärungen ihn beendet hätten oder dass die Parteien wenigstens auf die Klärung der strittigen Punkte verzichtet[31] oder jedenfalls eine Beschränkung der Aufklärung vereinbart[32] hätten. Es besteht auch keine tatsächliche Vermutung oder ein einwandfreier Beweis in einer der aufgezeigten Richtungen; aber in entsprechender Anwendung von § 650 BGB geht die Unaufklärbarkeit des hypothetischen Verhaltens der Parteien zu Lasten des Sachverständigen,[33] der schuldhaft seiner gesetzlichen Pflicht zur Anzeige nicht nachkam.

13 Die **Verwertung des Gutachtens** im vollen Umfang steht der Kürzung der Entschädigung des Sachverständigen nicht entgegen.[34] Die Berechtigung des Sachverständigen zum Rückruf seines Gutachtens unter Verzicht auf jede Entschädigung, die *Müller* dem Sachverständigen zuspricht,[35] erscheint nach der gesetzlichen Normierung seiner Hinweispflicht durch Einführung des § 407 a nicht mehr gegeben; maßgeblich ist dafür insbesondere die Verzögerung des Rechtsstreits, obgleich das Verschulden beim Sachverständigen liegt und nicht beim Gericht oder Parteien (s. auch Abs. 4).

14 **4. Abs. 4. a) Herausgabe von Gerichtsakten und Unterlagen.** Der Sachverständige hat **Gerichtsakten** und sonstige für die Begutachtung beigezogene **Unterlagen** dem Gericht auf Verlangen unverzüglich herauszugeben. Solche Unterlagen sind zB Krankengeschichten, Röntgenbilder, Fotos. Man muss die Vorschrift auf andere zur Begutachtung **überlassene fremde Sachen,** zB Edelsteine, die vom Sachverständigen auf ihre Qualität zu untersuchen sind, entsprechend anwenden. Ein irgendwie geartetes **Zurückbehaltungsrecht,** zB wegen zu geringer Entschädigung oder wegen fehlerhafter Befangenheitsablehnung oder wegen eines unberechtigten Ordnungsmittels, steht dem Sachverständigen nicht zu.[36]

15 **b) Herausgabe eigener Untersuchungsergebnisse.**[37] Der Sachverständige hat auch eigene Untersuchungsergebnisse unverzüglich herauszugeben, wenn das Gericht dies verlangt. Zweck der Regelung ist es, das Gericht in die Lage zu versetzen, einen anderen Sachverständigen ohne Zeitverlust mit der Fortführung des Gutachtens betrauen zu können und so ferner zeit- und kostspielige sowie eventuell die Parteien oder Dritte belastende Untersuchungen ersparen zu können.[38] Kann weder Gericht noch ein anderer Sachverständiger desselben Fachgebiets mit den Unterlagen etwas anfangen, weil sie zB in einer ungebräuchlichen Kurzschrift gefasst sind, so kann das Gericht auch die unverzügliche **Mitteilung** der Untersuchungsergebnisse verlangen.

16 **c)** Das **Herausgabeverlangen** wird zweckmäßigerweise dem Sachverständigen **zugestellt,** damit der Nachweis der Nichterfüllung erbracht werden kann. Man wird es mit einer **angemessenen Frist** (ca. zwei Wochen) versehen. Nicht ganz so kurz zu bemessen ist die Frist für die Herausgabe der Untersuchungsergebnisse; die Frist zur Mitteilung von Untersuchungsergebnissen muss aber länger sein, weil dies mehr Zeit des Sachverständigen selbst kostet. Nach dem Wortlaut des Abs. 4 verlangt das Gericht zunächst die Herausgabe (Satz 1), und wenn der Sachverständige dem nicht unverzüglich nachkommt, ordnet es (Satz 2) die Herausgabe bzw. Mitteilung an. Kann das Gericht auch **sofort die Herausgabe anordnen?** Dies hätte den Vorzug, dass das Gericht schneller Ordnungsmittel (s. § 409 Rn. 7) und Zwangsmaßnahmen (s. Rn. 20) einsetzen könnte. Abs. 4 kann nicht dahin verstanden werden, dass dem Sachverständigen erst der Vorzug eines einfachen Herausgabeverlangens zu gewähren ist – etwa im Sinne einer Schonung. Der Sachverständige hat die Pflicht zur Herausgabe, der er unverzüglich nachzukommen hat. Die Herausgabe kann daher auch sofort durch Beschluss angeordnet werden.

17 **d)** Das Gericht hat gem. **Satz 2** die **Herausgabe anzuordnen,** wenn der Sachverständige dem Verlangen des Gerichts auf unverzügliche Herausgabe nicht nachkommt. Ein Ermessen hat das Gericht nach dem Wortlaut der Vorschrift nicht; aber nach dem Sinn der Vorschrift entfällt solche Anordnungspflicht, wenn das Gericht der Gegenstände nicht mehr bedarf. Bei Akten kann das nicht vorkommen, wohl aber bei zu untersuchenden Sachen, wenn die Parteien sich zB verglichen haben und dadurch die Sachen, zB als Proben, wertlos geworden sind und die Parteien auf die

---

[31] OLG München RPfleger 1979, 158; *Müller* (Fn. 11) Rn. 865 b.

[32] OLG Hamburg VersR 1976, 450; *Müller* (Fn. 11) Rn. 865 b; LG Regensburg JurBüro 1979, 1343.

[33] OLG Koblenz ZSW 1985, 106, 111 = DB 1986, 32 (LS); OLG Hamburg JurBüro 1981, 410, 411; aA aufgrund der Rechtslage vor Erlaß des § 407 a *Müller* (Fn. 11) Rn. 865 ff. m. Nachw. der Gegenansicht.

[34] *Müller* (Fn. 11) Rn. 872 ff.

[35] *Müller* (Fn. 11) Rn. 877 f.

[36] BT-Drucks. 11/3621 S. 40.

[37] Über die Einsicht in die Handakten des Sachverständigen, wenn es um die Vergütung geht sowie darum, ob unzulässig Dritte eingeschaltet wurden, vgl. *Schikora* MDR 2002, 1033.

[38] BT-Drucks. 11/3621 S. 40.

Rückgabe verzichten. Die Herausgabeanordnung bezieht sich auch auf die **eigenen Untersuchungsergebnisse** des Sachverständigen, denn Satz 2 bezieht sich gem. allgemeiner Gesetzessystematik auf alle Fälle des Satzes 1; allerdings knüpft § 409 nach dem Wortlaut, bei dem die Untersuchungsergebnisse nicht erwähnt sind, an die Nichtbefolgung nicht die dort vorgesehenen Sanktionen. Kann auch die **Mitteilung von Untersuchungsergebnissen** angeordnet werden, wo eine Herausgabe ausscheidet? Dagegen spricht, dass von „Herausgabe" die Rede ist; andererseits heißt es umfassend „kommt er dieser Pflicht nicht nach", damit ist auch die Mitteilungspflicht gemeint. Nach hiesiger Ansicht ist der Ausdruck „Herausgabe" verkürzend gemeint, sodass auch die Mitteilung angeordnet werden kann.

e) Die **Herausgabeanordnung** ist ein Beschluss, der die Akten, Unterlagen und zu begutachtenden Sachen genau zu bezeichnen und anzugeben hat, wo die Dinge abzugeben sind. Sie setzt nicht voraus, dass dem Sachverständigen im Rückgabeverlangen (Satz 1) der Erlass einer Herausgabeanordnung angedroht wurde. 18

f) Gegen die Anordnung zur Herausgabe bzw. Mitteilung hat der Sachverständige **kein Rechtsmittel,** anders aber hinsichtlich eines Ordnungsmittels und die Auferlegung der durch das Zurückbehalten verursachten Kosten (s. § 409 Rn. 9). Diese bewusste Entscheidung des Gesetzgebers[39] erscheint wenig durchdacht und wenig sinnvoll (s. Rn. 21). Indes ist eine Beschwerde gem. § 567 unzulässig, da es an dem in § 567 geforderten Merkmal „ein das Verfahren betreffendes Gesuch" fehlt. 19

g) Die **Herausforderung** gem. Abs. 4 S. 2 ist ein **Vollstreckungstitel** gem. § 1 Abs. 1 Nr. 2b JBeitrO in der Fassung des Rechtspflege-VereinfachungsG von 1990. Die Aktenunterlagen und zu begutachtenden Sachen können gem. § 6 JBeitrO iVm. § 883 durch den Vollziehungsbeamten (nach Landesrecht: Gerichtsvollzieher) weggenommen werden. Allerdings kommt die Wegnahme nur bezüglich der Aktenunterlagen und der zur Begutachtung überlassenen Sachen in Betracht, nicht hinsichtlich der Untersuchungsergebnisse, da diese in der JBeitrO nicht erwähnt sind; s. zu diesem Problem die Ausführungen zu § 409 Rn. 5. Die **Durchsuchung der Räume** des Sachverständigen ohne dessen Einwilligung ist nur nach besonderer richterlicher Anordnung zulässig, die nicht schon in der Herausgabeanordnung liegt. Zwar kann die Vollstreckung sofort nach Erlass des Beschlusses über die Herausgabe beginnen, da damit spätestens der Herausgabeanspruch fällig ist (§ 5 Abs. 1 JBeitrO), allerdings „soll" der Sachverständige als Schuldner „vor Beginn der Vollstreckung zur Leistung innerhalb einer Woche schriftlich aufgefordert und nach vergeblichem Ablauf der Frist besonders gemahnt werden" (§ 5 Abs. 2 JBeitrO); das ist nicht zwingend. 20

h) Rechtsbehelf in der Herausgabevollstreckung ist zunächst die Vollstreckungserinnerung gem. § 766, der über § 6 Abs. 1 Nr. 1 JBeitrO entsprechend anwendbar ist. Beispiel: Dem Sachverständigen werden versehentlich nicht die in der Herausgabeanordnung bezeichneten Beiakten, sondern auch andere weggenommen. Behauptet der Sachverständige, die in der Herausgabeanordnung näher bezeichneten Beiakten oder Unterlagen nicht erhalten zu haben, so soll er sich gegen die Anordnung mit keinem Rechtsmittel wehren können (s. Rn. 19); ihm verbleibt nur eine Gegenvorstellung. Aber auch eine **Vollstreckungsabwehrklage** entsprechend § 767 ZPO – ohne eine Beschränkung nach § 767 Abs. 2 – (gegen das Land) ist ihm versagt, da § 6 Abs. 1 Nr. 1 JBeitrO diese Vorschrift nicht als entsprechend anwendbar erwähnt. Ebensowenig kann der Sachverständige mit diesem Rechtsbehelf geltend machen, er habe die Akten nach Anordnung der Herausgabe bereits an das Gericht zurückgegeben (wo sie zB fehlgeleitet wurden). Auch § 8 JBeitrO, der Einwendungen gegen den beizutreibenden Anspruch regelt, trifft die genannten Fälle nicht. Der Sachverständige muss es bis zur Offenbarungsversicherung kommen lassen, um dort anzugeben, die Akten nicht zu besitzen und auch nicht zu wissen, wo sie sich befinden (§ 6 JBeitrO iVm. § 883 Abs. 2). Auch eine sofortige Beschwerde gem. § 793 scheidet aus, weil keine Entscheidung im Zwangsvollstreckungsverfahren angegriffen wird. § 23 EGGVG ist unabwendbar, weil keine behördliche, sondern eine gerichtliche Maßnahme in Frage steht; dasselbe gilt für Art. 19 Abs. 4 GG. 21

5. Abs. 5. a) Das Gericht soll den Sachverständigen auf seine **Pflichten nach Abs. 1 bis 4 hinweisen,** obgleich es sich um gesetzliche Pflichten handelt. Die Belehrung ist entbehrlich, wenn der Sachverständige schon wiederholt anlässlich von Begutachtungen darauf hingewiesen wurde,[40] er also das Gesetz allein deshalb schon kennt. 22

b) Wenn das **Gericht den Hinweis unterlässt,** der Sachverständige die neue Vorschrift des § 407a nicht kennt und seinen Pflichten nicht nachkommt, so kann dies Schadensersatzverpflich- 23

---

[39] BT-Drucks. 11/3621 S. 40.
[40] BT-Drucks. 11/3621 S. 40.

tungen nicht auslösen (s. Rn. 3, 9 u. 10), wohl aber dazu führen, dass seine Sachverständigenentschädigung aberkannt oder gekürzt wird (s. § 413 Rn. 2ff.). Da die Pflichten aus § 407a schon seit längerer Zeit durch die Rechtsprechung herausgebildet waren, muss man im Regelfall Fahrlässigkeit annehmen, wenn der Sachverständige seine Pflichten nicht kennt, zumal Abs. 5 dem Gericht keine uneingeschränkte Hinweispflicht aufbürdet („soll", nicht „muss"). Diskutieren kann man allerdings ein mitwirkendes Verschulden des Gerichts, so wie ein Unterlassen eines Hinweises des Gerichts schon nach bisherigem Recht als Mitverschulden erörtert wurde.[41] Nach hiesiger Auffassung kommt aber nunmehr die Anwendung des § 254 BGB gerade deshalb nicht mehr in Betracht, weil vom Sachverständigen die Gesetzeskenntnis verlangt werden muss.

§ 408 Gutachtenverweigerungsrecht

(1) [1]Dieselben Gründe, die einen Zeugen berechtigen, das Zeugnis zu verweigern, berechtigen einen Sachverständigen zur Verweigerung des Gutachtens. [2]Das Gericht kann auch aus anderen Gründen einen Sachverständigen von der Verpflichtung zur Erstattung des Gutachtens entbinden.

(2) [1]Für die Vernehmung eines Richters, Beamten oder einer anderen Person des öffentlichen Dienstes als Sachverständigen gelten die besonderen beamtenrechtlichen Vorschriften. [2]Für die Mitglieder der Bundes- oder einer Landesregierung gelten die für sie maßgebenden besonderen Vorschriften.

(3) Wer bei einer richterlichen Entscheidung mitgewirkt hat, soll über Fragen, die den Gegenstand der Entscheidung gebildet haben, nicht als Sachverständiger vernommen werden.

I. Normzweck

1 Abs. 1 S. 1 hat eine klarstellende Funktion; ohne ihn würden §§ 383, 384 auf Grund der allgemeinen Verweisung des § 402 in den Fällen einer Gutachterpflicht entsprechend anwendbar sein, so wie es §§ 386, 387 (Verfahren bei der Zeugnisverweigerung) auf Grund des § 402 auch sind.[1] Satz 2 gibt dem Gericht eine weitgehende Befugnis, einen Sachverständigen von der Pflicht zur Gutachtenerstattung zu entbinden, da der Sachverständige – anders als der Zeuge – ersetzbar ist. Dem Abs. 1 entspricht § 76 Abs. 1 StPO. Abs. 2 sichert die Belange des öffentlichen Dienstes; ihm entspricht § 76 Abs. 2 StPO. Abs. 3 will die Bestellung eines Sachverständigen verhindern, der sich in der Sache schon festgelegt hat; die Vorschrift ist namentlich im Interesse der Beisitzer der Seeämter 1909 in die ZPO eingefügt worden.

II. Einzelerläuterungen

2 **1. Abs. 1 (Gutachtenverweigerungsrecht). a) Satz 1.** Derjenige, der nach § 407 zur Erstattung eines gerichtlichen Gutachtens verpflichtet ist, kann dies ablehnen, wenn bei ihm die Voraussetzungen der §§ 383, 384 in entsprechender Anwendung gegeben sind. Der Sachverständige ist entsprechend § 383 Abs. 2 zu belehren. Er muss das Verweigerungsrecht geltend machen (§ 386 Abs. 1) und die Gründe glaubhaft machen (§ 386 Abs. 2). Über seine Weigerung entscheidet das Prozessgericht (§ 387 Abs. 1),[2] ohne dass es eines Parteiantrags bedürfte;[3] da der Beweisantritt beim Sachverständigenbeweis überhaupt nicht die Benennung eines bestimmten Sachverständigen voraussetzt, kommt es – anders als beim Zeugenbeweis – nicht auf das Parteiverhalten an, ausgenommen der Fall des § 404 Abs. 4. Das Verfahren erübrigt sich, wenn das Prozessgericht oder der verordnete Richter im Falle des § 405 den Sachverständigen gem. §§ 404 Abs. 1 S. 2, 360 S. 3 durch einen anderen ersetzt oder ihn auf Grund von Abs. 1 S. 2 entbindet.

3 **b) Satz 2.** Das Gericht kann nach seinem Ermessen denjenigen, der nach § 407 zur Erstattung des Gutachtens verpflichtet ist, von dieser Pflicht entbinden. Auf einen Antrag des Sachverständigen kommt es nicht an, ebenso wenig auf die Zustimmung der Parteien, ausgenommen im Falle des § 404 Abs. 4.[4] Beispiele: fehlende Sachkunde, Arbeitsüberlastung, Alter, Befangenheit ohne Ableh-

---

[41] *Müller* (Fn. 11) Rn. 868ff.
[1] OLG Bamberg BayJMBl. 1952, 237, 238.
[2] AA *Baumbach/Lauterbach/Hartmann* Rn. 3.
[3] *Wieczorek* § 387 Anm. A I, III a; aA *Müller,* Der Sachverständige im gerichtlichen Verfahren, 3. Aufl. 1988, Rn. 372.
[4] *Müller* (Fn. 3) Rn. 465.

nung, verzögerte Gutachtenerstellung. Zuständig ist das Gericht, welches den Sachverständigen ernannt hat (§§ 404, 405), aber auch der verordnete Richter gem. § 360 S. 3.[5] Die Entscheidung ergeht durch unanfechtbaren Beschluss; §§ 386, 387 sind hier unanwendbar.

2. Abs. 2 (Sachverständigentätigkeit von Beamten und Richtern). Erfasst werden die Personen, die als Zeugen unter § 376 fallen. Ihre gutachterliche Tätigkeit erfolgt nicht in Ausübung des öffentlichen Dienstes. Die „besonderen beamtenrechtlichen Bestimmungen", auf die verwiesen wird, sind also einmal die Regelungen über die Nebentätigkeit öffentlicher Bediensteter, zum anderen aber auch die Vorschriften über die Pflicht zur Amtsverschwiegenheit, da auch diese durch die gutachtliche Äußerung berührt werden können.[6] Beispiele für die Genehmigungsbedürftigkeit einer Sachverständigentätigkeit: § 39 Abs. 3 S. 3 BRRG (s. § 376 Rn. 19), § 62 Abs. 2 BBG (s. § 376 Rn. 18), § 7 Abs. 2 BMinG (s. § 376 Rn. 26). Die Genehmigung für die Nebentätigkeit hat der Bedienstete selbst einzuholen; eine im Hinblick auf die Amtsverschwiegenheit erforderliche Genehmigung holt das Gericht gem. §§ 402, 376 Abs. 3 ein. 4

3. Abs. 3 (Frühere Richtertätigkeit). Wer als Berufsrichter oder ehrenamtlicher Richter an einer Entscheidung der staatlichen Gerichte, Schiedsgerichte, vor allem aber Seeämter – auch wenn diese heute nicht mehr als Gerichte angesehen werden – und Ehrengerichte oder Disziplinargerichte mitgewirkt hat, soll nicht zu den gleichen Fragen als Gutachter Stellung nehmen. Es kommt auf die Identität der Fragestellung, nicht auf die des Sachverhalts an.[7] 5

§ 409 Folgen des Ausbleibens oder der Gutachtenverweigerung

(1) [1]Wenn ein Sachverständiger nicht erscheint oder sich weigert, ein Gutachten zu erstatten, obgleich er dazu verpflichtet ist, oder wenn er Akten oder sonstige Unterlagen zurückbehält, werden ihm die dadurch verursachten Kosten auferlegt. [2]Zugleich wird gegen ihn ein Ordnungsgeld festgesetzt. [3]Im Falle wiederholten Ungehorsams kann das Ordnungsgeld noch einmal festgesetzt werden.

(2) Gegen den Beschluss findet sofortige Beschwerde statt.

I. Normzweck

Die Vorschrift tritt an die Stelle der §§ 380, 390 bei der Zeugenvernehmung. Sie unterscheidet sich von diesen darin, dass keine Ersatz-Ordnungshaft, keine Vorführung und keine Ordnungshaft vorgesehen sind. Von diesen Zwangsmitteln sah der Gesetzgeber ab, weil es ihm unangemessen erschien, sie zur Erzwingung geistiger Arbeit anzuwenden;[1] der Sachverständige ist im Übrigen ersetzbar. § 409 soll einerseits helfen, die Gutachtenerstattung zu sichern, und soll andererseits, wo dies schuldhaft unterbleibt, die dadurch verursachten Kosten von den Parteien auf den Sachverständigen überwälzen. Der Vorschrift entspricht § 77 Abs. 1 StPO. 1

II. Einzelerläuterungen

1. Zwangsmittel wegen Nichterscheinens. Es kann nur angeordnet werden, wenn der Sachverständige 1. zur Erstattung des Gutachtens gem. § 407 verpflichtet ist und wenn er 2. ordnungsgemäß zum Termin geladen war (§§ 402, 377)[2] und er 3. dennoch nicht erschienen ist und 4. sich auch nicht vorher genügend entschuldigt hat (§§ 402, 381). Die Erscheinenspflicht entfällt gem. §§ 402, 386 Abs. 3, wenn der Sachverständige seine Weigerung vor dem Termin schriftlich oder zu Protokoll der Geschäftsstelle erklärt hat. 2

2. Die Weigerung zur Erstattung des Gutachtens. Sie kann nur dann ein Zwangsmittel zur Folge haben, wenn der Sachverständige zur Gutachtenerstattung gem. § 407 verpflichtet ist und bei einem mündlichen Gutachten im Termin zwar erscheint, die Erstattung aber ohne jede Begründung ablehnt oder zwar mit Begründung (s. § 386 Rn. 2) ablehnt, diese Begründung aber bereits rechtskräftig zurückgewiesen wurde. Eine Weigerung zur schriftlichen Gutachtenerstattung liegt nicht vor bei bloßem Nichtstun des Sachverständigen; in diesem Falle greift § 411 ein. Es ist viel- 3

---

[5] *Baumbach/Lauterbach/Hartmann* Rn. 4.
[6] Vgl. RG GoldtArch. 53 (1906), 441.
[7] *Müller* (Fn. 3) Rn. 464b.
[1] *Hahn* S. 318.
[2] KGJ 52, 11, 13.

mehr eine erklärte begründungslose Ablehnung[3] oder eine Ablehnung nach rechtskräftiger Zurückweisung des Weigerungsgrundes Voraussetzung für das Ordnungsmittel. Zur Erstattung des Gutachtens gehört ggf. auch die Eidesleistung, sodass bei **Eidesverweigerung** auch § 409 eingreift.

4 **3. Zurückhalten von Akten und Unterlagen. a)** Gem. § 407a Abs. 4 hat der Sachverständige die Gerichtsakten, sonstige zur Begutachtung beigezogene Unterlagen oder ihm zu diesem Zweck überlassene Sachen (s. § 407a Rn. 14) unverzüglich auf Verlangen des Gerichts herauszugeben. Das Nichtstun des Sachverständigen auf das Verlangen des Gerichts bildet nach Ablauf einer gesetzten Frist (s. § 407a Rn. 17) ein Zurückhalten, sodass dann die Ordnungsmittel nach § 409 verhängt werden können. Auch wenn dem Sachverständigen keine Frist zur Herausgabe gesetzt wurde, liegt ein Zurückbehalten nach **Ablauf einer kurzen Frist** (s. § 407a Rn. 16), gerechnet ab Zustellung des gerichtlichen Herausgabeverlangens, vor, sodass von da an das Gericht nach § 409 vorgehen kann. Zur **Wegnahme** der Akten und Unterlagen s. § 407a Rn. 18ff.

5 **b)** § 407a Abs. 4 sieht neben der Herausgabe von Akten, Unterlagen und zur Begutachtung übergebenen Sachen auch die **Herausgabe oder Mitteilung der Untersuchungsergebnisse** vor (s. § 407a Rn. 16). § 409 – ebenso § 1 Abs. 1 Nr. 2b JBetrO (s. § 407a Rn. 18) – erwähnt demgegenüber die Untersuchungsergebnisse – anders als § 407a Abs. 4 – nicht. Knüpft sich deshalb an die Nicht-Herausgabe bzw. Nicht-Mitteilung der Untersuchungsergebnisse keine der in § 409 vorgesehenen Rechtsfolgen? Die Gesetzesbegründung[4] erstreckt die Rechtsfolgen des § 409 (Ordnungsmittel und Kostenauferlegung) auch auf das Zurückbehalten der Untersuchungsergebnisse. Was geht vor: der engere Gesetzeswortlaut oder die weitergehende Gesetzesbegründung? Da es sich beim Verhalten des Sachverständigen um eine Ordnungswidrigkeit handelt, ist mit Rücksicht auf § 1 StGB, § 3 OWiG eine an Wortlaut orientierte Sinnauslegung geboten (vgl. § 380 Rn. 10). Von daher ist der engere Gesetzeswortlaut maßgeblich: Beim Zurückbehalt von Untersuchungsergebnissen darf das Gericht weder Ordnungsmittel verhängen noch dem Sachverständigen die dadurch verursachten Kosten auferlegen. Auch eine **Herausgabevollstreckung** ist insoweit nicht zulässig (s. § 407a Rn. 18).

6 **4. Auferlegung von Kosten.** Das Gericht hat dem Sachverständigen im Falle des Nichterscheinens (s. Rn. 2), der Weigerung zur Erstattung des Gutachtens (s. Rn. 3) und des Zurückbehalts der Gerichtsakten, Unterlagen sowie Gutachtenssachen (s. Rn. 4) die durch sein Verhalten verursachten Kosten aufzuerlegen (s. § 380 Rn. 5 u. 6). Zur Wegnahme der Akten und Unterlagen s. § 407a Rn. 18. Wegen des Zurückbehaltens von Untersuchungsergebnissen ist die Auferlegung von Kosten nicht zulässig (s. Rn. 5).

7 **5. Ordnungsmittel.** Als solches ist gem. Art. 6 EGStGB (s. § 380 Rn. 7) eine Summe zwischen 5,– und 1000,– Euro festzusetzen. Das Ordnungsgeld kann noch ein zweites Mal festgesetzt werden.[5] Gegen die Auffassung, das Ordnungsmittel könne mehrfach verhängt werden,[6] spricht hier deutlich die Entstehungsgeschichte.[7] Die Kosten, die durch das Nichterscheinen oder die Weigerung des Sachverständigen entstanden sind, müssen von Amts wegen (neben dem Ordnungsmittel) dem Sachverständigen auferlegt werden (s. § 380 Rn. 5).

8 **6. Beschluss.** Er ist, wenn er auf Grund mündlicher Verhandlung ergeht, zu verkünden (§ 329 Abs. 1); fand keine mündliche Verhandlung statt, so ist er den Parteien formlos mitzuteilen, (§ 329 Abs. 2); dem Sachverständigen ist der Beschluss gem. § 329 Abs. 3 in jedem Fall zuzustellen; er ist zu begründen. Zuständig für den Beschluss ist das Prozessgericht oder auch der verordnete Richter (§§ 402, 400). Der Beschluss über die Auferlegung der Kosten und über Ordnungsmittel kann mit der Anordnung über die Herausgabe der Akten und Unterlagen (§ 407a Abs. 4 S. 2) äußerlich verbunden werden; inhaltlich gehen Anordnungen und Beschluss verschiedene Wege, insbesondere hinsichtlich von Rechtsmitteln, s. Rn. 6 und § 407a Rn. 19.

9 **7. Rechtsmittel.** Der Sachverständige hat das Rechtsmittel der sofortigen Beschwerde, die aufschiebende Wirkung hat (§ 570). Bereits die Androhung des Ordnungsgeldes soll beschwerdefähig sein.[8] Jede der beiden Parteien ist beschwerdeberechtigt, wenn der Kostenausspruch unterblieben ist; solange nicht feststeht, welche Partei in der Hauptsache unterliegt und deshalb auch nicht fest-

---

[3] AA wohl *Müller,* Der Sachverständige im gerichtlichen Verfahren, 3. Aufl. 1988, Rn. 419, der § 409 auch dann anwenden will, wenn der Sachverständige die Untersuchung zB als überflüssig ansieht.

[4] BT-Drucks. 11/3621 S. 41.

[5] KG NJW 1960, 1726; *Wieczorek* Anm. A IV; *Stein/Jonas/Leipold* Rn. 6; *Löwe/Rosenberg/Dahs* StPO, 24. Aufl. 1988, § 77 Rn. 14.

[6] *Müller* (Fn. 3) Rn. 434; *Zöller/Greger* Rn. 2; *Baumbach/Lauterbach/Hartmann* Rn. 4.

[7] OLG Dresden MDR 2002, 1088 (kein drittes Ordnungsgeld); *Hahn* S. 641, 642.

[8] OLG Köln VersR 2003, 1281.

steht, wer letztendlich die Prozesskosten zu tragen hat, muss man unabhängig von der Beweisführungslast beide Parteien für beschwerdeberechtigt ansehen (s. § 380 Rn. 12). Zum Rechtsmittel gegen die Anordnung der Herausgabe von Akten s. § 407 a Rn. 19.

§ 410 Sachverständigenbeeidigung

(1) [1]Der Sachverständige wird vor oder nach Erstattung des Gutachtens beeidigt. [2]Die Eidesnorm geht dahin, dass der Sachverständige das von ihm erforderte Gutachten unparteiisch und nach bestem Wissen und Gewissen erstatten werde oder erstattet habe.

(2) Ist der Sachverständige für die Erstattung von Gutachten der betreffenden Art im allgemeinen beeidigt, so genügt die Berufung auf den geleisteten Eid; sie kann auch in einem schriftlichen Gutachten erklärt werden.

Schrifttum: *E. Peters,* Sachverständigeneid ohne Gerichtsbeschluß, NJW 1990, 1832.

I. Normzweck

1 Ob der Sachverständige beeidigt wird, bestimmt sich nach §§ 402, 391 (s. § 402 Rn. 5).[1] § 410 bestimmt nur, wie zu verfahren ist, wenn der Sachverständige beeidigt werden soll. Die Regelung für den Strafprozess ist bis auf Abs. 1 S. 2, dem § 79 Abs. 2 2. Halbs. StPO entspricht, und Abs. 2 1. Halbs., dem § 79 Abs. 3 StPO entspricht, anders ausgestaltet.

II. Einzelerläuterungen

2 **1. Abs. 1 (Vereidigung des Sachverständigen).** In der Praxis **werden Sachverständige nicht vereidigt,** weil die Voraussetzungen des § 391 als nicht gegeben erachtet werden. Sollte ausnahmsweise eine Vereidigung erforderlich sein (Ermessensfrage[2]), dann gilt: Das Gericht hat die Wahl zwischen Voreid und Nacheid. Der Voreid deckt ein mündliches und ein späteres schriftliches Gutachten, einschließlich späterer Erläuterung.[3] Der Eid deckt auch die sog. **Befundtatsachen** (s. § 404 a Rn. 8).[4] Streng genommen handelt der Sachverständige hier als Augenscheinsgehilfe des Gerichts und berichtet über das Wahrgenommene als Zeuge; da er aber sein Wissen im Rahmen des Gutachtens dem Gericht vermittelt, wird der Zeugeneid insoweit als überflüssig (s. § 372 Rn. 4), nicht aber als unzulässig angesehen.[5] **Zusatztatsachen** (s. § 404 a Rn. 8) werden vom Sachverständigeneid hingegen nicht gedeckt.[6] Der Sachverständigeneid bezieht sich nach seinem Wortlaut auch nicht auf die sog. **Generalfragen** (s. § 395 Rn. 4),[7] also Fragen zB hinsichtlich der Sachkunde; sollen diese Angaben des Sachverständigen durch Eid abgesichert werden, so muss dieser zusätzlich zum Sachverständigeneid ebenfalls einen Zeugeneid leisten. Der Sachverständigeneid deckt nämlich keine Zeugenaussage (unstr.); umgekehrt deckt auch der Zeugeneid kein Gutachten.[8] Bei einem Verfahrensfehler ist die Aussage als uneidlich zu behandeln.

3 **2. Abs. 2 (Berufung auf den geleisteten Eid). a)** Die **allgemeine Vereidigung von Sachverständigen** ist nicht in der ZPO geregelt, diese bestimmt sich vielmehr nach sonstigem Bundes- oder Landesrecht. Im Allgemeinen erfolgt sie zusammen mit der öffentlichen Bestellung als Sachverständiger (s. § 404 Rn. 8). Dass der Eid vor einer Verwaltungsbehörde abgelegt ist, schadet nicht. Der Eid bezieht sich auf ein bestimmtes Fachgebiet, zuweilen auch nur für einen bestimmten regionalen Bezirk.

4 **b)** Der Sachverständige kann sich auf die allgemeine Vereidigung **berufen,** wo das Gutachten sich auf das Sachgebiet der Vereidigung erstreckt[9] und wenn das Gericht, das ihn bestellt, seinen Sitz in dem Bezirk hat, für den der Sachverständige vereidigt ist. Der Stempel eines Sachverständi-

---

[1] Vgl. RG DR 1939, 185.
[2] BGH NJW 1998, 3355 = MDR 1999, 112.
[3] OLG Jena SeuffA 66 (1911), 418; *Stein/Jonas/Leipold* Rn. 5.
[4] BGHSt. 9, 292 = NJW 1956, 1526; RGZ 9, 375, 378; RG Gruchot 46 (1902), 999, 1002; DR 1939, 185; *Stein/Jonas/Leipold* Rn. 6.
[5] OLG Hamm NJW 1969, 567.
[6] BGHSt. 13, 1, 2 = NJW 1959, 828; BGHSt. 22, 269, 271 = NJW 1969, 196; *Zöller/Greger* Rn. 2.
[7] RGSt. 20, 235; *Löwe/Rosenberg/Dahs* StPO, 24. Aufl. 1988, § 79 Rn. 16; aA RGSt. 6, 267; *Wieczorek* Anm. A II a.
[8] RGSt. 53, 269, 270; *Baumbach/Lauterbach/Hartmann* § 391 Rn. 8; *Stein/Jonas/Leipold* § 414 Rn. 6; aA BGH GoldtArch. 1976, 78; JR 1954, 271; RGSt. 55, 183.
[9] Vgl. BGHZ 92, 30 = NJW 1984, 2883.

gen „Öffentlich bestellter und vereidigter Sachverständiger“ oder ein entsprechender maschinenschriftlicher Zusatz auf einem schriftlichen Gutachten stellen dann keine Berufung iSv. Abs. 2 dar, wenn das Gericht keine Beeidigung angeordnet hat.[10] Kein Berufen auf die allgemeine Vereidigung liegt vor, wenn nur das Gericht den Hinweis macht, der Sachverständige sei allgemein vereidigt.[11] Wo sich der Sachverständige im schriftlichen Gutachten nicht auf die allgemeine Vereidigung beruft, kann er zur Nachholung aufgefordert, aber nicht gezwungen (s. § 409) werden; er ist dann zur mündlichen Verhandlung zu laden.[12]

§ 411 Schriftliches Gutachten

(1) Wird schriftliche Begutachtung angeordnet, soll das Gericht dem Sachverständigen eine Frist setzen, innerhalb derer er das von ihm unterschriebene Gutachten zu übermitteln hat.

(2) [1]Versäumt ein zur Erstattung des Gutachtens verpflichteter Sachverständiger die Frist, so kann gegen ihn ein Ordnungsgeld festgesetzt werden. [2]Das Ordnungsgeld muß vorher unter Setzung einer Nachfrist angedroht werden. [3]Im Falle wiederholter Fristversäumnis kann das Ordnungsgeld in der gleichen Weise noch einmal festgesetzt werden. [4]§ 409 Abs. 2 gilt entsprechend.

(3) Das Gericht kann das Erscheinen des Sachverständigen anordnen, damit er das schriftliche Gutachten erläutere.

(4) Die Parteien haben dem Gericht innerhalb eines angemessenen Zeitraums ihre Einwendungen gegen das Gutachten, die Begutachtung betreffende Anträge und Ergänzungsfragen zu dem schriftlichen Gutachten mitzuteilen. Das Gericht kann ihnen hierfür eine Frist setzen; § 296 Abs. 1, 4 gilt entsprechend.

Schrifttum: *Ankermann,* Das Recht auf mündliche Befragung des Sachverständigen; Keine Wende, NJW 1985, 1204; *Gehle,* Die Anhörung des Gutachters im Zivilprozeß, DRiZ 1984, 101; *Pantle,* Die Anhörung des Sachverständigen, MDR 1989, 312; *Schrader,* Die Ladung des Sachverständigen zur mündlichen Erläuterung seines Gutachtens, NJW 1984, 2806; *Westhoff/Möhler,* Beurteilung von Sachverständigengutachten durch Fachfremde, SVR 2006, 126.

Übersicht

I. Normzweck

1 Ob ein Gutachten mündlich oder schriftlich erstattet wird, das wird mit Abs. 1 in das Ermessen des Gerichts gestellt.[1] Abs. 1 S. 2 und Abs. 2 wurden 1924 in das Gesetz eingefügt, damit das Gericht auf eine Beschleunigung zur Abgabe des Gutachtens hinwirken kann; das war zuvor nicht

[10] OLG München VersR 1984, 590; OLG Oldenburg VersR 1989, 108.
[11] RGZ 9, 375, 377; RGSt. 3, 100, 102; 3, 326.
[12] LG Frankfurt MDR 1989, 75 = NJW-RR 1989, 574.
[1] *Hahn* S. 319.

möglich, außer der Sachverständige verweigerte die Gutachtenerstattung (§ 409).[2] Abs. 1 S. 1 wurde 2005 geändert („übermitteln" statt „niederzulegen"). Durch das 2. JuMoG v. 22. 12. 2006 (BGBl. S. 3416) wurde in Abs. 1 „kann" durch „soll" ersetzt, Sätze 1 und 2 wurden zusammengefasst; dadurch soll das Verfahren beschleunigt werden (BR-Drucks. 550/05 S. 77). Abs. 3 gibt dem Gericht die Befugnis, trotz seiner Entscheidung, ein schriftliches Gutachten einzuholen, den Sachverständigen zusätzlich mündlich erläuternd zu hören. Es wurde davon abgesehen, anzuordnen, dass dem schriftlichen Gutachten eine Begründung beigefügt wird, weil dies selbstverständlich ist; in jedem Fall aber kann das Gericht nach Abs. 3 die Angabe von Gründen verlangen.[3] Abs. 4 ist durch das Rechtspflege-VereinfachungsG von 1990 eingefügt. Er soll den Abschluss des Rechtsstreits nach Eingang des schriftlichen Gutachtens beschleunigen (BT-Drucks. 11/3621 S. 22, 41).

II. Einzelerläuterungen

1. Abs. 1 (Schriftliches Gutachten). a) Fristsetzung. Nachfristsetzung. Es steht im **pflichtgemäßen Ermessen**[4] des Gerichts, ob es von der als Regel (§§ 402, 394 ff.) vorgesehenen mündlichen Begutachtung absieht und eine schriftliche Begutachtung anordnet. Für seine Entscheidung gem. Abs. 1, ein schriftliches Gutachten einzuholen, bedarf das Gericht nicht analog § 377 Abs. 4 der Zustimmung der Parteien;[5] umgekehrt schließt die Zustimmung der Parteien zur schriftlichen Begutachtung nicht aus, dass diese später die Vorladung des Sachverständigen wirksam beantragen können (s. Rn. 11).[6] 2

b) Das **schriftliche Gutachten** wird regelmäßig dem mündlichen Gutachten vorgezogen, da der Sachverständige mehr Zeit hat, um anhand seiner Fachliteratur das Gutachten gründlich auszuarbeiten; auch können Parteien und Gericht anhand eines schriftlichen Gutachtens die Verhandlung über das Beweisergebnis (§ 285) besser vorbereiten als bei einem mündlichen Gutachten, bei dem der Termin zur Beweisaufnahme auch der Fortsetzung der mündlichen Verhandlung dient (§ 370) (s. auch Rn. 14). 3

c) Die **Anordnung zur schriftlichen Begutachtung** erfolgt dergestalt, dass ein Beweisbeschluss erlassen wird (§ 358): „Es wird ein schriftliches Sachverständigengutachten über folgende Behauptungen erholt …". Zugleich oder später wird angeordnet, wer das Gutachten erstatten soll, welcher Auslagenvorschuss bis wann von wem einzuzahlen ist. Im Ersuchensschreiben an den Sachverständigen wird eine Frist gesetzt, erfolgen Belehrungen, werden die Akten mitversandt. – Die Verwendung eines ohne gerichtliche Anordnung gefertigten Gutachtens ist Urkundsbeweis.[7] 4

d) Schriftlichkeit des Gutachtens bedeutet, dass der Sachverständige das Gutachten **eigenhändig unterzeichnen** muss. Ist eine Behörde Sachverständiger, so muss derjenige unterzeichnen, der für diese verantwortlich zu zeichnen hat, im Zweifel der Behördenleiter, unabhängig davon, welcher Behördenbedienstete das Gutachten erstellt hat. Die **Beeidigung** des schriftlichen Gutachtens erfolgt in der Praxis nicht, da § 391 nicht gegeben ist; sollte sie ausnahmsweise notwendig sein, dann gilt bei einem allgemein vereidigten Sachverständigen § 410 Abs. 2; bei einem anderen Sachverständigen müsste dieser entweder zur mündlichen Verhandlung geladen werden oder das Gericht müsste sich mit einer eidesstattlichen Versicherung, dem Rechtsgedanken des § 377 Abs. 3 folgend, begnügen.[8] 5

2. Abs. 2 (Säumnis des Sachverständigen). a) Fristsetzung. Nachfristsetzung. Besteht die Pflicht zur Gutachtertätigkeit gem. § 407 und **weigert sich der Sachverständige** ohne Angabe von Gründen oder nach deren rechtskräftiger Verwerfung, ein schriftliches Gutachten zu erstellen, dann ist es am einfachsten, den Sachverständigen zu entlassen (§ 408 Abs. 1 S. 2) und telefonisch einen anderen (schnelleren) Sachverständigen zu suchen. Andernfalls greift § 409 ein. Beschränkt sich der Sachverständige auf **bloßes Nichtstun,** dann muss nach § 411 Abs. 2 vorgegangen werden, um die Gutachtenerstattung zu erzwingen. Das Gericht muss dem Sachverständigen eine Frist zur Einreichung des schriftlichen Gutachtens setzen **(Abs. 1 S. 2),** wenn dies nicht bereits geschehen ist, zB auch in der Weise, dass der Sachverständige selbst das Gutachten **für einen bestimmten Termin zugesagt** hat. Nach deren Überschreitung kann das Gericht – nicht der 6

---

[2] KG OLGRspr. 41, 272.
[3] *Hahn* S. 319.
[4] RGZ 69, 371, 377.
[5] BGHZ 6, 398 = NJW 1952, 1214; RG JW 1937, 2785; aA RG HRR 1937 Nr. 868.
[6] BGHZ 6, 398 = NJW 1952, 1214.
[7] Vgl. BSG NJW 1965, 368; aA BGH NJW 1985, 1399, 1400.
[8] *Zöller/Greger* Rn. 4; aA *Stein/Jonas/Leipold* Rn. 8.

Vorsitzende allein[9] – dem Sachverständigen durch Beschluss eine **Nachfrist** setzen unter Androhung von Ordnungsgeld für den Fall von deren Nichteinhaltung; es genügt dabei die Angabe der gesetzlich zulässigen Höchstsumme. Da es sich bei der Nachfrist um eine richterliche Frist handelt, kann deren Verlängerung gem. § 225 Abs. 2 nur nach Anhörung der Parteien erfolgen; das Entsprechende gilt für deren Abkürzung, wobei der Sachverständige als Betroffener dem zustimmen muss.[10]

7 **b) Nach erfolglosem Ablauf der Nachfrist** kann gegen den Sachverständigen ein Ordnungsgeld festgesetzt werden, dessen Höhe sich nach Art. 6 EGStGB (s. § 380 Rn. 7) richtet; eine Ersatzordnungshaft ist ebenso unzulässig wie die Auferlegung der durch die Säumnis verursachten Kosten. Voraussetzung für die Festsetzung des Ordnungsgeldes ist entsprechend § 381[11] die **Schuldhaftigkeit** der Säumnis des Sachverständigen, wobei schon der nicht rechtzeitige Hinweis auf eine Fristüberschreitung, zB wegen Arbeitsüberlastung, als Verschulden anzusehen ist.[12] Die Festsetzung des Ordnungsgeldes kann mit dem Setzen einer zweiten Nachfrist mit erneuter Androhung von Ordnungsgeld verbunden werden; es ist nicht erforderlich, dass versucht wurde, das erste Ordnungsgeld beizutreiben.

8 **c)** Nach Ablauf der zweiten Nachfrist kann eine **dritte Nachfrist** zwar gesetzt werden, es darf aber weder Ordnungsgeld angedroht noch gegen den Sachverständigen festgesetzt werden (s. § 409 Rn. 4).[13] Eine **Gutachtenverweigerung** iSd. § 408 kann im Verstreichenlassen der Ersten oder zweiten Nachfrist nicht erblickt werden (s. Rn. 1),[14] was wegen des Ordnungsgeldes belanglos, aber im Hinblick auf die durch die Säumnis verursachten Kosten bedeutsam wäre. Die **Ersetzung des Sachverständigen** gem. §§ 404 Abs. 1, 360 unter Verlust der Vergütung (s. § 413 Rn. 4) ist nach Ablauf der zweiten Nachfrist das einzige Mittel, den Sachverständigen loszuwerden.

9 **d) Rechtsmittel des Sachverständigen.** Bereits die Nachfristsetzung zur Vorlage des Gutachtens ist seitens des Sachverständigen mit der **Beschwerde** anfechtbar;[15] es wäre nämlich für den Sachverständigen unzumutbar, erst die Festsetzung eines Ordnungsgeldes gegen sich hinnehmen zu müssen, um eine zu kurz bemessene Frist nebst Nachfristsetzung zu rügen. Die Festsetzung des Ordnungsgeldes ist gleichfalls mit der Beschwerde anfechtbar, zB hinsichtlich fehlenden Verschuldens oder Unangemessenheit der Höhe.

10 **3. Abs. 3 (Mündliche Erläuterung des Gutachtens). a)** Die **mündliche Erläuterung** des schriftlichen Gutachtens „kann" das Gericht nach seinem pflichtgemäßen Ermessen[16] anordnen. Das Ermessen ist gebunden. Es muss dahin ausgeübt werden, dass vorhandene Aufklärungsmöglichkeiten zur Beseitigung von Zweifeln und Unklarheiten des Gutachtens nicht ungenutzt bleiben dürfen;[17] statt mündlicher Anhörung kann es genügen, ein schriftliches Ergänzungsgutachten zu erholen.[18] Das Gleiche gilt, wenn das Berufungsgericht Ausführungen des Sachverständigen anders würdigen will als das Gericht erster Instanz (vgl. § 398 Rn. 5).[19] Das Gericht verletzt seine Ermessensfreiheit, wenn es bei einem unzulänglichen, unvollständigen,[20] widersprüchlichen, missverständlichen oder unverständlichen schriftlichen Gutachten nicht zunächst von der Möglichkeit der Anhörung des Sachverständigen Gebrauch macht.[21] Auch Widersprüche zu einem **Privatgutachten** müssen aufgeklärt werden.[22] Ein Antrag der beweispflichtigen Partei ist dazu nicht erforderlich; ebenso wenig steht der Anordnung nach § 411 Abs. 3 entgegen, dass die Partei ihr Antragsrecht wegen Verspätung verloren hat.[23] Die Anordnung des Erscheinens des Sachverständigen zum Zwecke der Erläuterung setzt keine vorherige mündliche Verhandlung voraus. Die Anhörung des Sachverständigen zur mündlichen Erläuterung seines Gutachtens ist auch im **selbstständigen Be-**

---

[9] OLG Neustadt MDR 1956, 175 (LS) = ZZP 69 (1956), 80; aA *Zöller/Greger* Rn. 6.

[10] *Müller,* Der Sachverständige im gerichtlichen Verfahren, 3. Aufl. 1988, Rn. 438; *Baumbach/Lauterbach/Hartmann* Rn. 4.

[11] *Müller* (Fn. 10) Rn. 439.

[12] OLG Celle NJW 1972, 1524; *Baumbach/Lauterbach/Hartmann* Rn. 6.

[13] AA *Müller* (Fn. 10) Rn. 443.

[14] AA *Müller* (Fn. 10) Rn. 443; *Thomas/Putzo/Reichold* Rn. 4; *Baumbach/Lauterbach/Hartmann* Rn. 7.

[15] OLG München MDR 1980, 1029; *Müller* (Fn. 10 Rn. 437; *Baumbach/Lauterbach/Hartmann* Rn. 8.

[16] BGH NJW-RR 1987, 339, 340; BGHZ 6, 398, 401 = NJW 1952, 1214; BGH NJW 1982, 2874, 2875; BGH NJW 1981, 2009, 2010; RG JW 1937, 2785; *Schrader* NJW 1984, 2806.

[17] BGH NJW 1992, 1459; VersR 1994, 1054.

[18] BGH NJW-RR 2002, 1147.

[19] BGH NJW 1993, 2380; NJW-RR 1994, 219.

[20] BGH NJW 2004, 2828; BGH NJW 1994, 219.

[21] BGH NJW-RR 1987, 339, 340; NJW 1981, 2009, 2010; BGH NJW 1982, 2874, 2875.

[22] BGH NJW 2000, 77.

[23] BGH NJW 1992, 1459; NJW-RR 1997, 1487.

weisverfahren nach § 485 Abs. 2 zulässig.[24] Verweigert der Sachverständige die mündliche Erläuterung, kommen Sanktionen nach § 409 in Frage oder die Entbindung vom Gutachtensauftrag.[25]

b) Unabhängig von § 411 Abs. 3 muss das Gericht auf einen **Antrag einer Partei** hin den Sachverständigen, der ein schriftliches Gutachten verfasst hat, zur mündlichen Anhörung laden; dies folgt aus §§ 402, 397.[26] Es kommt nicht darauf an, ob das Gericht noch **Erläuterungsbedarf** sieht oder ob ein solcher von einer Partei nachvollziehbar dargetan worden ist.[27] Die Partei hat einen Anspruch darauf, dass sie dem Sachverständigen die Fragen, die sie zur Aufklärung der Sache für erforderlich hält, zur mündlichen Beantwortung vorlegen kann.[28] Dem liegt die Auffassung zugrunde, nur Abs. 1 sei eine abweichende Regelung iSv. § 402, nicht auch Abs. 3;[29] es handele sich bei dieser Anhörung auch um keinen Fall der §§ 402, 398, sodass das Gericht einen Ermessensspielraum hätte;[30] auch eine frühere Zustimmung der Partei zum schriftlichen Gutachten nimmt dieser das Antragsrecht nicht (s. Rn. 2). Wurde dem Antrag in erster Instanz (fehlerhaft) nicht entsprochen, so muss die Berufungsinstanz ihm entsprechen.[31] Hat das Erstgericht dem Antrag nicht entsprochen, kann die Bindung des Berufungsgerichts an die festgestellten Tatsachen entfallen, das Berufungsgericht muss dem wiederholten Ladungsantrag entsprechen.[32] Ist der Sachverständige verstorben, so ist ein anderer zum Zwecke der mündlichen Erläuterung zu bestellen.[33] Zur Erläuterung einer **behördlichen Auskunft** s. § 402 Rn. 11. Dem Ladungsantrag ist auch in Arzthaftungssachen zu entsprechen.[34] 11

c) Der Antrag auf mündliche Erläuterung des schriftlichen Gutachtens einer Partei ist dahin zu überprüfen, ob er nicht **rechtsmissbräuchlich** gestellt ist.[35] Rechtsmissbrauch liegt vor, wenn die Notwendigkeit der Erörterung überhaupt nicht begründet wird,[36] oder wenn nur beweisunerhebliche Fragen angekündigt werden.[37] Dass das schriftliche Gutachten dem Gericht vollständig und überzeugungsfähig erscheint, genügt nicht.[38] Die an den Sachverständigen zu stellenden Fragen müssen nicht genauer genannt werden.[39] Es kann von der Partei, die einen Antrag auf Ladung des Sachverständigen stellt, nicht verlangt werden, dass sie die **Fragen,** die sie an den Sachverständigen zu richten beabsichtigt, **im Voraus konkret formuliert.** Es genügt, wenn sei allgemein angibt, in welcher Richtung sie durch ihre Fragen eine weitere Aufklärung herbeizuführen wünscht.[40] Der Ladungsantrag darf aber nicht verspätet gestellt werden.[41] 12

d) Auch bei einer **mündlichen Erläuterung eines schriftlichen Gutachtens** muss den Parteien **rechtliches Gehör** gewährt werden; je nach Umfang und Bedeutung der Erläuterung im Hinblick auf das schriftliche Gutachten muss den Parteien eine angemessene Frist zu einer weiteren Stellungnahme – nötigenfalls nach Rücksprache mit einem Privatgutachter (s. auch § 402 Rn. 9) – eingeräumt werden.[42] Erforderlichenfalls muss eine zweite mündliche Erläuterung auf einen Antrag der Partei oder von Amts wegen angeordnet werden.[43] 13

---

[24] BGH MDR 2006, 287 = BGHZ 164, 94. Gegen Ablehnung: sofortige Beschwerde, OLG Stuttgart Justiz 2003, 149.

[25] OLG Brandenburg MDR 2005, 1131.

[26] BGH NJW-RR 1987, 339, 340; BGHZ 6, 398, 400 = NJW 1952, 1214; BGH VersR 1972, 927, 928; BGHZ 24, 9, 14; BSG NJW 1961, 2087; BAG BB 1981, 54 = AP BAT 1975 §§ 22, 23 Nr. 29; BAG MDR 1968, 529 = AP BAT §§ 22, 23 Nr. 15; BVerwG NJW 1986, 3221; 1984, 2645, 2646.

[27] BGH NJW-RR 2007, 212; VersR 2006, 950; NJW-RR 2003, 208; MDR 2004, 699.

[28] BGH SVR 2006, 186 = BeckRS 2005, 14577.

[29] AA *Schrader* NJW 1984, 2806.

[30] BGHZ 35, 370, 373 = NJW 1961, 2308 = LM Nr. 4 (LS m. Anm. *Johannsen*).

[31] BGH NJW 1996, 788.

[32] BGH MDR 2005, 1308.

[33] BGH NJW 1978, 1633 (LS) = LM Nr. 12 = MDR 1978, 829.

[34] OLG Stuttgart Justiz 2003, 149.

[35] BGH NJW 2001, 1431; MDR 1998, 58; BGHZ 24, 9, 14; BGH NJW 1983, 340, 341; 1986, 2886, 2887; BGH NJW 1975, 2143.

[36] BVerwG NJW 1986, 3221; *Ankermann* NJW 1985, 1204, 1205.

[37] BVerfG NJW-RR 1996, 183; BSG NJW 1992, 455; BVerwG NJW 1996, 2318; OLG Hamm MDR 1985, 593; vgl. auch OLG Oldenburg MDR 1975, 408.

[38] BGH NJW-RR 1987, 339, 340; OLG Saarbrücken ZfS 2003, 594; aA zu Unrecht OLG Celle VersR 1993, 629.

[39] BVerwG NJW 1984, 2645, 2646; OLG Oldenburg OLGZ 1970, 481.

[40] BGH NJW-RR 2007, 212; VersR 2006, 950; ständige Rspr. des BGH.

[41] BGH NJOZ 2004, 2614; NJW-RR 2001, 1431.

[42] BGH NJW 1984, 1823 = LM § 136 Nr. 2.

[43] BGH NJW 1986, 2886 = LM Nr. 18.

14 **e)** Auch bei einem **ausländischen Sachverständigen** (s. § 402 Rn. 12) hat die Partei das Recht, eine mündliche Erläuterung seines schriftlichen Gutachtens zu beantragen.[44] Es steht dabei im Ermessen des Gerichts,[45] ob es den Sachverständigen bittet, vor dem Prozessgericht zu erscheinen; lehnt der Sachverständige dies ab oder erscheint dieses dem Gericht unangemessen, so hat die Erläuterung gem. § 363 im Wege der Rechtshilfe zu erfolgen.[46] Auch bei einem **Behördengutachten** kann die mündliche Erläuterung durch die Person, die das Gutachten erstellt hat, verlangt werden;[47] nur sie kann ggf. vereidigt werden, nicht der unterzeichnende Behördenchef (s. Rn. 5).[48]

15 **f)** Die Ladung des Sachverständigen zur mündlichen Erläuterung kann von der Leistung eines **Auslagenvorschusses** (§§ 402, 379) durch die Partei, die den Antrag gem. §§ 402, 397 gestellt hat, abhängig gemacht werden.[49] Diese Anordnung kommt nicht in Frage, wenn das schriftliche Gutachten von Amts wegen (§ 144) eingeholt worden war; sie kommt auch nicht in Betracht, wenn das Gericht die Erläuterung gem. § 411 Abs. 3 angeordnet hat (s. § 402 Rn. 3); dann aber kann gem. § 17 Abs. 3 GKG verfahren werden (s. § 402 Rn. 3).

16 **4. Abs. 4 (Parteipflichten nach Eingang des Gutachtens). a)** Nach Satz 1 haben die Parteien ihre Einwendungen und Anträge bezüglich des Gutachtens so **zeitig vorzubringen,** wie es nach der Prozesslage einer sorgfältigen und auf Förderung des Verfahrens bedachten Prozessführung entspricht.[50] Dabei brauchen nicht alle denkbaren **Einwendungen** und **Zusatzfragen** vorgebracht zu werden; es genügt, wenn die erläuterungsbedürftigen Punkte so eindeutig bezeichnet werden, dass alle Prozessbeteiligten sich darauf einstellen können; weitere Zusatzfragen, die sich erst aus den weiteren Ausführungen des Sachverständigen ergeben, sind also nicht unzulässig.[51] Als Antrag in Bezug auf das Gutachten kommt insbesondere der auf mündliche Erläuterung gem. §§ 402, 397 in Betracht (s. Rn. 11). Je nach Schwierigkeitsgrad und Materie muss der Partei eine Zeit zur Überprüfung des Gutachtens – evtl. durch einen Privatgutachter – zur Verfügung stehen. Meist genügen einige Wochen; drei Monate sind in der Regel bei einem **selbstständigen Beweisverfahren** zu lang.[52] Mit Ablauf dieser Zeitspanne oder einer gesetzten Frist endet ein selbstständiges Beweisverfahren.[53] Ist der Termin zur mündlichen Verhandlung über das Beweisergebnis sehr frühzeitig angesetzt (s. § 217), so muss das Gericht zur Wahrung des rechtlichen Gehörs auf Parteiantrag vorsorglich diesen Termin verlegen. Einem verspäteten Antrag (in der zweiten Instanz) muss aber dann entsprochen werden, wenn bei pflichtgemäßer Ermessensausübung der Sachverständige von Amts wegen zu laden ist (s. Rn. 10).[54]

17 **Werden nach Ablauf des angemessenen Zeitraums** Einwendungen, Ergänzungsfragen oder Anträge mitgeteilt, so liegt darin neben dem Verstoß gegen § 411 Abs. 4 S. 1 auch ein Verstoß gegen § 282 Abs. 1,[55] weil der Antrag auf mündliche Erläuterung des Gutachtens, ebenso wie sonstige Einwendungen, eine Beweiseinrede ist, sodass gem. § 296 Abs. 2 die Einwendungen und Anträge zurückgewiesen werden können, wenn ihre Zulassung nach der freien Überzeugung des Gerichts die Erledigung des Rechtsstreits verzögern würde und die Verspätung auf grober Nachlässigkeit beruht. Werden Zusatzfragen angekündigt, aber ihre Richtung gar nicht angegeben, so werden sie als rechtsmissbräuchlich behandelt (s. Rn. 12).

18 **b)** Gem. **Satz 2** kann das Gericht[56] den Parteien eine angemessene eindeutige Frist zur Mitteilung von Einwendungen gegen das Gutachten, Ergänzungsfragen und Anträgen setzen. Der Ablauf der Frist kann nur dann eine Präklusionswirkung auslösen, wenn die Partei auf die Folgen der Nichtbeachtung der Frist hingewiesen wurde.[57] Zur Angemessenheit der Frist s. Rn. 16. Mit dieser

---

[44] BGH MDR 1960, 659 = LM Nr. 3.
[45] BGH MDR 1980, 931 = LM Nr. 13.
[46] BGH MDR 1980, 931 = LM Nr. 13.
[47] *Stein/Jonas/Leipold* Rn. 37.
[48] *Stein/Jonas/Leipold* § 410 Rn. 3.
[49] BGH MDR 1964, 501, 502; OLG Schleswig SchlHA 1954, 188; OLG Schleswig Rpfleger 1957, 5; *Zöller/Greger* Rn. 5 a; *Stein/Jonas/Leipold* Rn. 13; aA *Wieczorek* Anm. A II b.
[50] BT-Drucks. 11/3621 S. 41.
[51] BT-Drucks. 11/3621 S. 41.
[52] OLG Schleswig SchlHA 1999, 135; OLG Düsseldorf MDR 2004, 1200; großzügiger OLG Celle MDR 2001, 108.
[53] BGH NJW 2002, 1640 = BGHZ 150, 55.
[54] BGH NJW-RR 1989, 1275 = VersR 1989, 378.
[55] Vgl. BGHZ 35, 370 = NJW 1961, 2308; BGH VersR 1972, 927, 928; BGHZ 24, 9, 14; BGH NJW 1975, 2142, 2143; BGH MDR 1964, 998; BGH BB 1969, 655; OLG Koblenz OLGZ 1975, 379; BGH NJW-RR 1987, 339, 340; *Ankermann* NJW 1986, 1204; *Rixecker* NJW 1984, 2135, 2138.
[56] Nach BGH NJW-RR 2001, 1431 nicht der Vorsitzende (praxisfremd!).
[57] BGH NJW-RR 2006, 428.

Frist läuft im Allgemeinen auch die Frist zur Ablehnung des Sachverständigen ab, wenn sich der Ablehnungsgrund aus dem Gutachten ergibt.[58] Nach Fristablauf eingehende Einwendungen usw. kann das Gericht gem. § 296 Abs. 1, also unter erleichterten Voraussetzungen verglichen mit § 296 Abs. 2 (s. Rn. 17), **zurückweisen.**

§ 411 a Verwertung von Sachverständigengutachten aus anderen Verfahren

Die schriftliche Begutachtung kann durch die Verwertung eines gerichtlich oder staatsanwaltschaftlich eingeholten Sachverständigengutachtens aus einem anderen Verfahren ersetzt werden.

Schrifttum: *Rath/Küppersbusch,* Erstes Justizmodernisierungsgesetz – § 411 a ZPO und seine Auswirkungen auf den Personenschadensprozess, VersR 2005, 890.

I. Normzweck

§ 411 a wurde durch das 1. JuMoG vom 24. 8. 2004 (BGBl. I S. 2004, 2198) eingefügt; durch das 2. JuMoG vom 22. 12. 2006 (BGBl. I S. 3416) wurden die Worte „oder einer Staatsanwaltschaft“ hinzugefügt. § 411 a gilt in der Urfassung für ab 1. 9. 2004 anhängig gewordene Verfahren (§ 29 Nr. 3 EGZPO), in der ergänzten Fassung ab 1. 1. 2007 (Art. 28). § 411 a soll überflüssige Gutachten ersparen sowie der Erleichterung und Beschleunigung des Verfahrens dienen. Gutachten aus anderen Verfahren konnten ohnehin bereits „als Urkunden“ verwertet werden (§ 402 Rn. 8), § 411 a gestattet daneben die Verwertung „als Gutachten“, was aber kaum zusätzlichen Wert hat. 1

II. Einzelerläuterungen

1. Voraussetzungen. a) Gerichtlich oder staatsanwaltschaftlich eingeholtes Gutachten. 2
Das bereits vorliegende Gutachten muss von einem Gericht bzw einer Staatsanwaltschaft eingeholt worden sein (so etwa aus anderen Verfahren vor einem Gericht der ordentlichen Gerichtsbarkeit, beispielsweise Zivilprozessen, Strafprozessen; aus FGG-Verfahren; Verfahren vor dem Arbeitsgericht, Verwaltungsgericht, Sozialgericht), das kann auch ein ausländisches Gericht gewesen sein. Die Gutachten müssen nach den Vorschriften der jeweiligen Verfahrensordnung erholt worden sein, zB §§ 15 FGG, 98 VwGO, 46 Abs. 2, 80 Abs. 2 ArbGG, § 82 FGO, § 118 SGG; sie können mündlich (zu Protokoll) oder schriftlich erstattet worden sein.

Beispiele: Verwertung von Gutachten aus dem Strafprozess (Verkehrsunfallanalyse, Arzthaftung) 3
im folgenden zivilrechtlichen Schadenersatzprozess; Verwertung von Gutachten aus dem Betreuungsverfahren in Verfahren, bei denen es um Geschäftsfähigkeit oder Testierfähigkeit geht; zivilprozessuales Gutachten aus einem Zivilprozess über Mietmängel in einem anderen Prozess, bei dem es um dieselben Mietmängel geht; Gutachten zur Zahlungsfähigkeit (§ 17 InsO) im späteren Anfechtungsprozess des Insolvenzverwalters (§§ 130, 131 InsO), falls es auf den Eintritt der Zahlungsunfähigkeit ankommt.[1] Ein Gericht oder eine Staatsanwaltschaft (§ 161 a StPO) muss Auftraggeber gewesen sein; nicht genügen deshalb im anderen Verfahren vorgelegte Privatgutachten oder ärztliche Zeugnisse. Nicht nach § 411 a verwertbar sind ferner Gutachten, die von der Polizei, oder von Behörden in einem Verwaltungsverfahren (§ 26 Abs. 1 Nr. 2 VwVfG) eingeholt wurden (diese Akten können aber u. U. als Urkunden verwertet werden, § 404 Rn. 8). Über die Verwertung von Gutachten aus einem selbstständigen Beweisverfahren vgl. § 493. Darüber hinaus sind Gutachten, die in einem selbstständigen Beweisverfahren erholt wurden, ebenfalls nach § 411 a verwertbar. § 411 a gilt auch im **FGG-Verfahren** (§ 15 FGG). Hat das Nachlassgericht ein Rechtsgutachten zum deutsch-spanischen Erbrecht erholt, kann es dieses in (vermeintlich) gleichgelagerten Erbfällen immer wieder verwenden.

b) Ermessensausübung.[2] Die Begutachtung „kann“ ersetzt werden, sie muss nicht. Die Verwer- 4
tung ist selten sinnvoll, vor allem bringt § 411 a keinen wesentlichen Gewinn gegenüber der Verwertung des früheren Gutachtens als Urkunde. (1) Ein Problem ist, wieweit die Parteien des jetzigen Verfahrens am früheren Verfahren beteiligt waren und ihre Rechte damals ausüben konnten. Ist im Verfahren K gegen B vom Sachverständigen ein Augenschein durchgeführt worden, kann die Verwertbarkeit des damaligen Gutachtens im Prozess K gegen C daran scheitern, dass C am früheren Augenschein nicht als Prozessbeteiligter mit den entsprechenden Rechten teilnahm. Ebenso ist es, wenn C weitere Unterlagen, wie etwa Privatgutachten, hat, dem Gutachter seinerzeit aber nicht zur Verfü-

[58] BGH NJW 2005, 1869.
[1] *Huber* JuS 2004, 873/876.
[2] Ermessenskriterien vgl *Musielak/Huber* Rn. 10.

gung stellen konnte, weil er nicht Prozessbeteiligter war. (2) Möglicherweise bestehen in den beiden Verfahren unterschiedliche Kausalitätslehren und Beweisgrundsätze, wie etwa im Ermittlungsverfahren wegen eines Straßenverkehrsdelikts und dem folgenden Personenschadenhaftpflichtprozess.[3] Dem Sachverständigen können unterschiedliche Anknüpfungstatsachen zur Verfügung gestanden haben. (3) Die Staatsanwaltschaft ist nicht unabhängig wie ein Gericht, sondern eine weisungsgebundene Behörde, eine „Partei". Das beeinträchtigt grundsätzlich die Gleichwertigkeit[4] eines von ihr im Ermittlungsverfahren eingeholten Gutachtens. – In allen derartigen Fällen kann es zweckmäßiger sein, denselben oder einen anderen Gutachter mit einem neuen Gutachten in der Zivilprozesssache zu beauftragen. Die richtige Ermessensausübung ist grundsätzlich im Rechtsmittelzug nachprüfbar.

5 **c) Keine Voraussetzung** ist, dass sich die Parteien decken und dass die Beweisfragen wenigstens teilweise identisch sind. Wenn sich die Beweisthemen nicht zumindest teilweise decken, hat aber die Verwertung wenig Sinn.[5]

6 **2. Verfahren. a) Vor Verwertung.** Die Kenntnis von einem früheren gerichtlichen Verfahren erlangt das Gericht durch Hinweise der Parteien, Zeugen, Gutachter oder von Amts wegen. In der Regel wird das Gericht dann die Akten des früheren Verfahrens erholen und überprüfen, ob das dortige Gutachten überhaupt geeignet sein kann, ein neues Gutachten zu ersetzen. Scheint dies möglich, ist vor Verwertung des Gutachtens den Parteien rechtliches Gehör zu gewähren. Dazu ist den Parteien das Gutachten in Abschrift zu übersenden[6] (ggf. mit Namens-Schwärzungen) und ihnen (zweckmäßig mit Fristsetzung) Gelegenheit zur Äußerung zu geben.

7 **b) Beweisbeschluss.** Will das Gericht das frühere Gutachten verwerten, ist es zweckmäßig, einen Beweisbeschluss des Inhalts zu erlassen, dass die Begutachtung durch einen Sachverständigen durch die Verwertung des Gutachtens aus dem Verfahren … ersetzt wird. Ein Begründung des Beschlusses ist nicht erforderlich, eine Kostenentscheidung entfällt, eine Vorschussanforderung (§§ 379, 402) entfällt nur, wenn keine weiteren Kosten entstehen. Anstelle eines förmlichen Beweisbeschlusses genügt auch eine Beweisanordnung, oder überhaupt eine Verwertungshandlung.

8 **c) Verwertung.** Das Gutachten wird in der mündlichen Verhandlung nach §§ 279 Abs. 3, 285 Abs. 1 erörtert. Eine Ladung des Sachverständigen zur Erläuterung (§ 411 Abs. 3) ist zulässig; dann ist ein Vorschuss anzufordern (§§ 379, 402). Ein neues Gutachten kann nur gemäß § 412 Abs. 1 eingeholt werden.

9 **d) Urteilsgründe.** Hat sich eine Partei gegen die Verwertung ausgesprochen und hat das Gericht gleichwohl das frühere Gutachten nach § 411 a verwertet, sollten die Umstände, die für die Ermessensausübung maßgebend waren, in den Gründen dargelegt werden.[7]

10 **3. Stellung der Parteien. a) Rechtliches Gehör.** Vor Verwertung (zB vor Erlass des Beweisbeschlusses ist den Parteien rechtliches Gehör zu gewähren; das Gutachten ist ihnen in Abschrift zu übersenden (Rn. 6) mit der Aufforderung, sich zur Verwertung zu äußern. Wollen die Parteien nun die Akten des Verfahrens vollständig einsehen, in welchem das frühere Gutachten erstellt wurde und an dem sie beide (oder eine) nicht beteiligt waren, richtet sich dies nach § 299 Abs. 2. Sind beide Parteien des jetzigen Prozesses mit der Verwertung des früheren Gutachten nicht einverstanden ist das Gericht daran nicht gebunden; im Rahmen der Ermessensausübung sollte dann aber in der Regel ein neues Gutachten erholt werden. Auch wenn beide Parteien mit der Verwertung einverstanden sind oder nur eine Partei und die andere nicht, besteht keine Bindung des Gerichts. Entscheidend ist immer, was aus der Sicht des Gerichts sachgerecht ist.

11 **b) Ladungsantrag der Partei.** Auf Antrag einer Partei ist das Gericht regelmäßig verpflichtet, den Sachverständigen zur mündlichen Erläuterung seines schriftlichen Gutachtens zu laden;[8] § 411 Abs 3.

12 **c) Anfechtung.** Will das Gericht das frühere Gutachten entgegen einem gestellten Antrag nicht verwerten, sondern ein neues Gutachten in Auftrag geben, erfolgt keine förmliche Zurückweisung des Antrags, weil es sich um eine prozessleitende Anordnung des Gerichts handelt, die in seinem Ermessen steht und daher trotz § 567 Abs. 1 Nr. 2 unanfechtbar ist. Der Beschluss, der die Verwer-

---

[3] Deshalb halten *Rath/Küppersbusch* VersR 2005, 890 in solchen Fällen meist im Zivilprozess ein Ergänzungsgutachten für erforderlich.

[4] AA BR-Drucks. 550/06 S. 78.

[5] Nach *Fölsch* MDR 2004, 1029/1030 ist ein gewisses Maß an Deckungsgleichheit der beiden Verfahren erforderlich; hieran könne es wegen unterschiedlicher Verfahrenzwecke fehlen. Ebenso *Knauer/Wolf* NJW 2004, 2857/2862.

[6] *Huber* JuS 2004, 873/876. Bedenken dagegen bei *Stein/Jonas/Leipold* Rn. 16.

[7] Nach aA *Huber* JuS 2004, 873/876 ist die Darlegung zwingend.

[8] BR-Drucks. 550/06 S. 79; vgl. BGH NJW-RR 2001, 1431.

tung anordnet, ist ebenfalls nicht mit Beschwerde anfechtbar (§ 355); die Ersetzung kann aber im Rechtsmittelverfahren nachgeprüft werden.[9]

d) Ab Verwertung. Da das frühere Gutachten wie ein im jetzigen Verfahren erholtes Gutachten behandelt wird, sind darauf §§ 404 ff. anzuwenden: Die Mitwirkungs- und Beteiligungsrechte der Parteien werden dadurch nicht eingeschränkt.[10] Der Sachverständige kann abgelehnt werden (§ 406), zur mündlichen Erläuterung geladen werden (§ 411 Abs. 3); falls es notwendig erscheint, kann er beeidigt werden (§ 410). Da nach den Gesetzesmotiven die Rechte der Parteien durch § 411 a nicht eingeschränkt werden sollen, wird man davon ausgehen müssen, dass die Ablehnungsfrist des § 406 Abs. 2 S. 1 erneut beginnt, nämlich mit Mitteilung der Verwertung nach § 411 a. 13

4. Stellung der Sachverständigen. a) Information des Sachverständigen. Der Beschluss, der die Verwertung anordnet, muss dem Sachverständigen nicht mitgeteilt werden;[11] eine entsprechende Bestimmung fehlt. 14

b) Widerspruchsrecht. Zweifelhaft ist, ob der Sachverständige der nochmaligen Verwertung des Gutachtens widersprechen kann (etwa durch einen entsprechenden Zusatz im ursprünglichen Gutachten oder wenn er zufällig Kenntnis vom zweiten Verfahren erlangt); da eine entsprechende Vorschrift fehlt ist das meines Erachtens nicht der Fall; denn auch dann, wenn das Gutachten als Urkunde verwertet wird kann der Sachverständige dies nicht verweigern. Dies gilt auch im Falle des § 408 (zB Aussageverweigerungsrecht wegen naher Verwandtschaft mit einer Partei).[12] Die aA[13] billigt dem Sachverständigen unter den Voraussetzungen des § 408 ein Widerspruchsrecht zu. Beispiel: im Prozess K gegen B hat der Sachverständige ein Gutachten über Mängel des Hauses des K erstattet; nun soll das Gutachten im Prozess K gegen C (jetzige Ehefrau des Sachverständigen) verwertet werden. Hier hat der Gutachter kein Widerspruchsrecht; denn § 408 (in Verb. mit § 383) gestattet nur, dass in bestimmten Fällen die Erstellung des Gutachtens verweigert wird; ist es einmal vorhanden hat der Sachverständige kein Mitspracherecht mehr. Auch die Berufung auf sein eventuelles Urheberrecht am Gutachten hilft dem Sachverständigen nicht, weil jedenfalls nach § 407 Abs. 2 mit Ablieferung des früheren Gutachtens Gutachterpflicht eingetreten ist und § 411 a die Doppelverwertung gestattet; deshalb stehen auch § 17 Abs. 1 UrhG (Verbreitungsrecht) und § 35 UrhG (Einräumung weiterer Nutzungsrechte) nicht entgegen. Zwar muss man dem Sachverständigen ein Rückrufrecht wegen gewandelter Überzeugung gestatten (§ 42 UrhG): hält er sein früheres Gutachten nun für falsch und teilt dies dem Gericht mit, ist es ohnehin nicht mehr geeignet, die Überzeugung des Gerichts zu begründen; doch ist das keine urheberrechtliche Frage. Bei der mündlichen Erläuterung des Gutachtens dagegen könnte sich der Sachverständige auf sein Verweigerungsrecht nach §§ 408, 383 ff. berufen.[14] 15

c) Der Sachverständige erhält für die nochmalige Verwertung seines Gutachtens **keine zusätzliche Vergütung,**[15] weil das JVEG dies nicht vorsieht (der Sachverständige wird nach seinem Stundenaufwand bezahlt, §§ 8, 9 JVEG; dieser erhöht sich nicht); anders ist es natürlich, wenn zusätzliche Stunden anfallen, etwa weil der Sachverständige zur Erläuterung des Gutachtens geladen wird. Erst recht kann der Sachverständige seine Zustimmung zur nochmaligen Verwertung nicht von einer zusätzlichen Zahlung abhängig machen. 16

d) Haftung. Ein Sachverständiger haftet uU nach § 839 a BGB für sein Gutachten, wenn es unrichtig war und zur seinerzeitigen Fehlentscheidung führte (§ 402 Rn. 13). Bei nunmehriger Verwertung des seinerzeitigen Gutachtens als Urkunde wurde der Sachverständige nicht vom jetzigen Zivilgericht „ernannt“, haftet also grundsätzlich nicht nach § 839 a BGB.[16] Bei Verwertung des seinerzeitigen Gutachtens als Gutachten nach § 411 a wird er als vom jetzigen Zivilgericht ernannt fingiert (der Beweisbeschluss stellt die Ernennung dar); da §§ 402 ff. uneingeschränkt gelten, gilt auch § 406 Abs. 2, der von „Ernennung“ spricht. Der Sachverständige haftet daher auch im neuen Verfahren nach § 839 a BGB,[17] wenn sein Gutachten unrichtig ist usw. Zwar steigt dadurch die 17

---

[9] *Zöller/Greger* § 411 a Rn. 3.
[10] BT-Drucks 15/1508 S. 20.
[11] AA *Zöller*/Greger Rn. 4.
[12] *Fölsch* MDR 2004, 1029/1030.
[13] *Zöller/Greger* § 411 a Rn. 5; *Huber* ZRP 2003, 268/270.
[14] *Fölsch* MDR 2004, 1029/1030; aA *Zöller/Greger* Rn. 4.
[15] *Stein/Jonas/Leipold* Rn. 11, 28; AG Berlin-Hohenschönhausen IPRax 2006, 607. Bedenken bei *Jayme* IPRax 2006, 587.
[16] *Musielak/Huber* Rn. 15.
[17] Ebenso im Grundsatz *Musielak/Huber* Rn. 15, der es aber für „sehr zweifelhaft“ hält, ob eine Ernennung vorliegt. *Zöller/Greger* spricht Rn. 5 von einem „gesteigerten Haftungsrisiko“, bejaht also wohl eine Haftung. *Stein/Jonas/Leipold* Rn. 29 lehnt eine Haftung ab.

Haftungsgefahr betragsmäßig, aber die Vergütung nach dem JVEG stellt nur auf die vom Sachverständigen geleisteten Stunden ab, nicht auf sein Haftungsrisiko. Die Richtigkeit des Gutachtens hat mit der betragsmäßigen Höhe der Haftungsgefahr nichts zu tun; ein Gutachten darf nicht deshalb unrichtig sein, weil es „nur" um einen Kleinbetrag oder ein Strafverfahren ging, weshalb der Sachverständige nicht schutzwürdig ist.

§ 412 Neues Gutachten

(1) Das Gericht kann eine neue Begutachtung durch dieselben oder durch andere Sachverständige anordnen, wenn es das Gutachten für ungenügend erachtet.

(2) Das Gericht kann die Begutachtung durch einen anderen Sachverständigen anordnen, wenn ein Sachverständiger nach Erstattung des Gutachtens mit Erfolg abgelehnt ist.

I. Normzweck

1 Schon aus § 404 ergibt sich das Recht, mehrere Sachverständige zu bestellen; diese Befugnis wird durch § 412 Abs. 1 nicht eingeschränkt,[1] es soll vielmehr nur klargestellt werden, dass ein ungenügendes Gutachten im Allgemeinen dazu zwingt, eine neue Begutachtung anzuordnen. Die Pflicht des Gerichts, den streitigen Sachverhalt aufzuklären, bleibt von § 412 ebenso unberührt wie die freie Beweiswürdigung (§ 286). Abs. 1 stimmt wörtlich, Abs. 2 sinngemäß mit § 83 Abs. 1 und 2 StPO überein.

II. Einzelerläuterungen

2 **1. Abs. 1 (Ungenügendes Gutachten). a)** Ein Gutachten, ist **ungenügend,**[2] wenn es a) mangelhaft (unvollständig, widersprüchlich, nicht überzeugend) ist; b) wenn es von unzutreffenden Anschlusstatsachen (s. § 402 Rn. 7) ausgeht; c) wenn der Sachverständige nicht die erforderliche Sachkunde hat; d) wenn die Anschlusstatsachen sich durch neuen Parteivortrag geändert haben; e) wenn es neue wissenschaftliche Erkenntnisse zur Lösung der Frage gibt.

3 **b)** Es steht im **Ermessen** des Gerichts **(„kann"),** ob es, wenn ein schriftliches Gutachten ungenügend ist, gem. § 411 Abs. 3 verfährt oder ob es eine neue Begutachtung anordnet. Maßgeblich für seine Entscheidung wird sein, was es sich von der mündlichen Erläuterung verspricht. Bei seiner Entscheidung muss es substantiierte Einwendungen gegen das Gutachten vonseiten der Parteien, insbesondere auf Grund eines **Privatgutachtens,** berücksichtigen.[3] Eine Begründung dafür, warum es ein neues Gutachten einholt, braucht das Gericht nicht zu geben.[4] Das Gericht **muss ein weiteres Gutachten** einholen, weil es anderenfalls ermessensfehlerhaft handeln würde, wenn die Sachkunde des Gutachters zweifelhaft ist (s. § 404 Rn. 5; § 407 a Rn. 2 bis 4), wenn das Gutachten von unzutreffenden tatsächlichen Voraussetzungen (s. § 407 a Rn. 5) ausgeht, wenn es Widersprüche enthält, wenn der neue Sachverständige über Forschungsmittel verfügt, die denen des früheren Gutachters überlegen erscheinen,[5] oder wenn es vom Gutachten abweichen will, aber keine eigene Sachkunde hat.[6] Bei zwei Sachverständigen (zB Orthopäde und HNO) muss ggf. der eine zum Gutachten des anderen Stellung nehmen.[7] **Eigene Sachkunde** hat der Richter im Urteil nachzuweisen[8] (was wo wann studiert?). Eines Parteiantrages auf Anordnung einer neuen Begutachtung bedarf es nicht. Stellt eine Partei einen **Antrag** auf Erstattung eines neuen Gutachtens, so ist dieser nach §§ 402, 398 zu beurteilen.[9] Die Ablehnung der Einholung eines weiteren Gutachtens ist nicht anfechtbar.[10]

4 **c)** Liegen **widersprechende Gutachten**, die das Gericht erster oder/und zweiter Instanz eingeholt haben, vor, so darf das Gericht den Streit nicht dadurch entscheiden, dass es ohne einleuch-

---

[1] BayObLG NJW 1956, 1001.
[2] Vgl. *Zöller/Greger* Rn. 1.
[3] BGH NJW 1986, 1928, 1930; BGH VersR 1981, 752; NJW-RR 1988, 763; NJW 1992, 1459.
[4] BGH NJW 1992, 2291.
[5] BGHZ 53, 245, 258 = NJW 1970, 949; BGH DRiZ 1967, 166; BayObLGZ 1971, 147; BayObLGZ 1986, 145, 148; OLG München NJW-RR 1986, 1142; KG VersR 2004, 1193.
[6] BGH NJW-RR 1988, 1235.
[7] BGH VersR 2007, 376.
[8] BGH VersR 2007, 1008; NJW 1997, 1446.
[9] *Zöller/Greger* Rn. 4.
[10] OLG Schleswig SchlHA 2003, 169; OLG Hamm NVersZ 2001, 384.

tende und logisch nachvollziehbare Begründung einem der Gutachten den Vorzug gibt;[11] es zwingt dieser Widerspruch allein allerdings auch das Gericht noch nicht zur Einholung eines weiteren Gutachtens (ein **„Obergutachten"** kennt die ZPO nicht; nicht der „Obergutachter", sondern das Gericht entscheidet, welchem Gutachten es folgt).[12] Vielmehr hat das Gericht festzustellen, ob die Sachverständigen von denselben tatsächlichen Grundlagen ausgehen; ist das nicht der Fall, so muss der Tatrichter weiter aufklären und die Anknüpfungstatsachen in prozessual verbindlicher Weise feststellen; bei ergebnisloser Ausschöpfung der Beweismittel hat er die Beweislastverteilung klarzulegen. Soweit dann noch Differenzen zwischen den Gutachtern verbleiben, die auf **unterschiedlichen Wertungen** beruhen, muss auch nicht stets ein weiteres Gutachten eingeholt werden, sondern es ist § 244 Abs. 4 StPO rechtsähnlich anzuwenden;[13] danach darf die Anhörung eines weiteren Sachverständigen dann abgelehnt werden, wenn das erste Gutachten bereits das Gegenteil der behaupteten Tatsache erwiesen hat, was bei Zeugenaussagen nicht zulässig wäre. Aufgrund seiner freien Beweiswürdigung (§ 286) kann das Gericht sich einem Gutachten anschließen, wenn es dies für überzeugend hält,[14] es muss in einem solchen Fall in den Entscheidungsgründen darlegen, warum es nicht dem anderen Gutachten folgt.[15] Soweit der Tatrichter keiner der gutachtlich vertretenen Ansichten den Vorzug zu geben vermag, und auch ein weiteres Gutachten keine besseren Aufschlüsse verspricht, hat das Gericht die Sachverständigenfrage zu ungunsten der beweisbelasteten Parteien zu entscheiden.[16] Die vorgenannten Grundsätze gelten auch für **Widersprüche zwischen Privatgutachten** und Gutachten von gerichtlich bestellten Sachverständigen[17] (hier muss in der Regel zumindest eine ergänzende Stellungnahme des Gerichtsgutachters erholt werden) und erst recht bei Widersprüchen innerhalb desselben Gutachtens.[18]

d) Die **Anordnung** einer weiteren Begutachtung kann ohne vorhergehende mündliche Verhandlung durch Beschluss des Prozessgerichts erfolgen; der verordnete Richter ist auch im Falle des § 405 nicht für die Anordnung zuständig, da ihm keine Beweiswürdigung obliegt. Der Beschluss ist nicht gesondert anfechtbar; ein fehlerhaftes Unterbleiben erneuter Begutachtung ist ein revisibler Verfahrensfehler. Der Auftrag zur neuen Begutachtung kann davon abhängig gemacht werden, dass der Beweisführer einen erneuten **Auslagenvorschuss** leistet, es sei denn, die Beweiserhebung wäre von Amts wegen erfolgt (s. § 402 Rn. 3). 5

2. Abs. 2 (Neue Begutachtung). Das Gericht **„kann"** eine erneute Begutachtung anordnen, wenn der Sachverständige erfolgreich abgelehnt wurde; es muss dies in aller Regel tun; etwas anderes gilt nur, wenn das Gericht zwischenzeitlich eigene Sachkunde erworben hat, die aber nicht überwiegend aus dem Gutachten des abgelehnten Sachverständigen herrühren darf,[19] oder wenn mehrere Sachverständige bestellt waren und das Gutachten des abgelehnten verzichtbar erscheint.[20] Der verordnete Richter ist, wenn die Voraussetzungen des § 405 vorliegen, in diesem Fall zuständig. Der abgelehnte Sachverständige kann Zeuge sein (s. § 406 Rn. 2 u. 16). 6

§ 413 Sachverständigenvergütung

Der Sachverständige erhält eine Vergütung nach dem Justizvergütungs- und -entschädigungsgesetz.

Schrifttum: *Hartmann,* Kostengesetze, 37. Aufl. 2007; *Zimmermann Peter,* JVEG (Kommentar), 2005; *Meyer/Höver/Bach,* Die Vergütung und Entschädigung von Sachverständigen usw. (Kommentar), 23. Aufl. 2005; *Weglage/Pawliczek,* Die Vergütung des Sachverständigen usw, 2005; *Binz/Dörndorfer/Petzold/Zimmermann,* GKG, JVEG, 2007.

I. Normzweck

Die mit § 84 StPO gleichlautende Vorschrift hat heute nur noch verweisenden Charakter. 1

[11] BGH NJW 1992, 2291.
[12] Vgl. *Hahn* S. 643, 644.
[13] BGHZ 53, 245, 258 = NJW 1970, 946, 949; BayObLGZ 1971, 147.
[14] BGH MDR 1980, 662 = VersR 1980, 533.
[15] BGH VersR 1986, 467; BGH NJW 1997, 1446.
[16] BGH ZSW 1988, 40 m. Anm. *K. Müller* = NJW 1987, 442.
[17] BGH NJW 2002, 1651; NJW-RR 1993, 1022; NJW 1996, 1597.
[18] BGH VersR 1993, 245, 247; NJW 1996, 1597.
[19] *Löwe/Rosenberg/Dahs,* StPO, 24. Aufl. 1988, § 74 Rn. 32.
[20] *Löwe/Rosenberg/Dahs* (Fn. 19) § 83 Rn. 8.

II. Der Verlust des Entschädigungsanspruchs

2 **1. Grundsätzliches.** Das Verhältnis zwischen Sachverständigem und Gericht ist öffentlich-rechtlicher Natur (§ 404a Rn. 2). Als abschließende Regelung ist für die Vergütung des Sachverständigen das JVEG maßgebend;[1] über dieses hinaus steht dem Sachverständigen grundsätzlich keinerlei Anspruch gegen den Staat oder gegen eine Partei zu.[2] Jede Partei kann aber von sich aus dem Sachverständigen eine private Zusatzvergütung versprechen; solche Vereinbarung ist nicht sittenwidrig, macht aber den Sachverständigen, wenn die andere Partei dem nicht mindestens zustimmt, im Regelfall befangen (§ 406 Rn. 5). Der Vergütungsanspruch ist nach den Regeln des JVEG geltend zu machen, der ordentliche Rechtsweg ist ausgeschlossen.[3]

3 **2. Fehlen einer näheren gesetzlichen Regelung. a)** Der Verlust des Vergütungsanspruchs ist gesetzlich nicht geregelt; insbesondere sind weder die Regeln des Dienst- noch die des Werkvertrages direkt anwendbar, da es sich zwischen Sachverständigen und Gericht um eine öffentlich-rechtliche Beziehung handelt (s. Rn. 2). Aus dem **Grundsatz von Treu und Glauben,** der auch das öffentliche Recht beherrscht, haben sich folgende Regeln[4] herausgebildet:

4 **b)** Wenn das **Gutachten nicht erstattet wird,** sei es ganz oder teilweise, so ist der Sachverständige hinsichtlich seiner Auslagen und seines Zeitaufwandes dennoch zu vergüten, wenn er die Nichtfertigstellung nicht zu vertreten hat,[5] zB wegen Tod, Krankheit, Rücknahme des gerichtlichen Auftrags. Auf die Verwertbarkeit einer Teilleistung kommt es sonach nicht an. Eine Vergütung für die noch nicht erbrachten Leistungen (als entgangener Gewinn) steht dem Sachverständigen nicht zu.[6] Unterbleibt die Fertigstellung auf Grund Verschuldens des Sachverständigen, so entfällt der Vergütungsanspruch,[7] es sei denn, die Teilleistung wäre für das Gericht verwertbar.[8] Keine Vergütung steht jemand für die Prüfung der Frage zu, ob er zur Erstellung eines Gutachtens in der Lage ist.[9]

5 **c)** Ist das **Gutachten mangelhaft** und beruht dies auf einem Verschulden des Sachverständigen, wobei leichte Fahrlässigkeit genügt, so entfällt der Vergütungsanspruch. Das Verschulden kann darin liegen, dass der Sachverständige das Gutachten trotz nicht ausreichender Sachkunde übernimmt (s. § 407a Rn. 4).[10] Verschuldete Mangelhaftigkeit wird in der Regel vorliegen, wenn der Sachverständige vom Auftrag des Gerichts abweicht,[11] wenn er das Gutachten entgegen § 407a Abs. 2 (s. § 407a Rn. 5) nicht selbst erstellt hat[12] oder wenn das Gutachten unverständlich und daher unverwertbar ist.[13] Mängel des Gutachtens, die unverschuldet sind, berühren den Vergütungsanspruch nicht.[14]

6 **d)** Die **Überschreitung des Gutachtenauftrags** (s. § 407a Abs. 3) führt zu entsprechenden Kürzungen (s. § 407a Rn. 10),[15] es sei denn, das Gericht billigt sie anschließend.[16] Das **Überziehen des Auslagenvorschusses** führt dann zu Kürzungen, wenn es wesentlich ist (ca. 20–25%) und der Sachverständige nicht rechtzeitig das Gericht davon benachrichtigt hat (s. § 407a Rn. 12).

7 **e)** Die **erfolgreiche Ablehnung** des Sachverständigen macht das Gutachten unverwertbar, führt aber nur dann zum Verlust des Vergütungsanspruchs, wenn ein Verschulden des Sachverständigen vorliegt. Es genügt einfache Fahrlässigkeit, wenn das Verschulden darin liegt, dass der Sachverständige einen ihm erkennbar vorhandenen Ablehnungsgrund dem Gericht nicht mitteilt. Ablehnungsgründe, die nach Übernahme des Gutachtens entstanden sind, führen nur dann zum

---

[1] BGH NJW 1979, 1939; BGH NJW 1984, 870, 871.
[2] OLG München Rpfleger 1979, 358.
[3] OLG München NJW 1979, 608, 609.
[4] OLG München NJW 1971, 258; LG Bremen NJW 1977, 2126.
[5] OLG Hamm Rpfleger 1963, 314; *Meyer/Höver/Bach* § 8 JVEG Rn. 8.24; *Zöller/Greger* Rn. 3.
[6] OLG München Rpfleger 1978, 272; OLG Celle JurBüro 1969, 754.
[7] OLG Köln MDR 1970, 855.
[8] OLG Hamm Rpfleger 1963, 314.
[9] BGH NJW 2002, 2253.
[10] *Hesse* NJW 1969, 2263, 2266; *Zöller/Greger* Rn. 4.
[11] *Zöller/Greger* Rn. 4.
[12] Vgl. OLG Frankfurt Rpfleger 1977, 382.
[13] OLG Hamm MDR 1984, 964; OLG Köln RPfleger 1967, 98; *Zöller/Greger* Rn. 5; OLG Koblenz BB 1993, 1975.
[14] *Zöller/Greger* Rn. 5.
[15] KG Rpfleger 1957, 28; OLG Koblenz Rpfleger 1981, 248; LG Bochum Rpfleger 1976, 32; OLG Hamm NJW 1970, 1240; *Meyer/Höver/Bach* § 8 JVEG Rn. 8.31; *Zöller/Greger* Rn. 4.
[16] OLG Hamm Rpfleger 1962, 421, 422.

Verlust des Vergütungsanspruchs, wenn der Sachverständige den Ablehnungsgrund grob fahrlässig oder durch bewusste Pflichtwidrigkeit herbeigeführt hat.[17]

f) Bei der **gerichtlichen Festsetzung** der Vergütung (§ 4 JVEG) ist eine gebotene Kürzung zu berücksichtigen oder das Entfallen jeder Vergütung auszusprechen. Die **Partei,** die die Kosten des Rechtsstreits zu tragen hat, kann nur gem. §§ 19, 66 GKG geltend machen, dass dem Sachverständigen keine Vergütung zusteht; die Partei hat nicht das Recht, eine Schadensersatzforderung gegen den Sachverständigen direkt geltend zu machen.[18] 8

§ 414 Sachverständige Zeugen

Insoweit zum Beweise vergangener Tatsachen oder Zustände, zu deren Wahrnehmung eine besondere Sachkunde erforderlich war, sachkundige Personen zu vernehmen sind, kommen die Vorschriften über den Zeugenbeweis zur Anwendung.

Schrifttum: *Lent,* Zur Abgrenzung des Sachverständigen vom Zeugen im Zivilprozeß, ZZP 60 (1936/37), 9; *Löwe/Rosenberg/Dahs,* StPO, 24. Aufl., § 85 Rn. 1 ff.; *Müller,* Der Sachverständige im gerichtlichen Verfahren, 3. Aufl. 1988, Rn. 502 ff.; *Schmidhäuser,* Sachverständiger und Augenscheinsgehilfe, ZZP 72 (1959), 365.

I. Normzweck

Die Vorschrift stellt außer Zweifel, dass Zeugen, welche vergangene Tatsachen oder Zustände bekunden sollen, deren Wahrnehmung eine besondere Sachkunde voraussetzt, wahre Zeugen sind. Die Vorschrift stimmt fast wörtlich mit § 85 StPO überein. 1

II. Einzelerläuterungen

1. Der sachverständige Zeuge. Er ist echter Zeuge, der sich vom normalen Zeugen indes dadurch unterscheidet, dass er seine Wahrnehmungen nur machen konnte, weil er sachkundig ist. Wo ein Laie nur viel Blut sieht, sieht ein Arzt, ob es sich um eine verletzte Vene oder Arterie handelt. Für den sachverständigen Zeugen kommen die §§ 373 bis 401 zur Anwendung;[1] insbesondere ist eine Ablehnung (§ 406) nicht möglich;[2] das Gericht darf seine Vernehmung nicht mangels Sachkunde ablehnen, vielmehr ist ein Sachverständiger dazu zu hören, zB ob die behauptete Beobachtung des Zeugen überhaupt möglich ist.[3] Beim sachverständigen Zeugen ist besonderes Augenmerk darauf zu lenken, dass dieser nur über Wahrnehmungen berichtet und nicht Schlussfolgerungen – über die notwendigen und üblichen hinaus (s. § 373 Rn. 3)[4] – und Wertungen in seine Schilderungen aufnimmt. 2

2. Abgrenzung sachverständiger Zeuge – Sachverständiger. a) Ob eine Person im Einzelfall sachverständiger Zeuge oder Sachverständiger ist, richtet sich danach, ob diese im Rahmen ihrer Vernehmung als Sachverständiger oder als **Zeuge berichtet.** Es kommt also nicht darauf an, ob die Person als Sachverständiger oder als Zeuge geladen ist.[5] Es kommt auch nicht darauf an, wie sie im Beweisbeschluss bezeichnet ist, wenngleichen dieses natürlich Indizien sind. Hält die Person sich nicht an die gerichtliche Anweisung, als sachverständiger Zeuge oder als Sachverständiger zu berichten, und billigt das Gericht dieses indem es die Anhörung bei der Vernehmung nicht unterbricht oder indem es entsprechende Fragen stellt oder indem es später im Urteil entsprechende Ausführungen verwertet, so ist die Person sowohl Sachverständiger wie auch (sachverständiger) Zeuge.[6] 3

---

[17] BGH NJW 1976, 1154 = LM ZSEG Nr. 4; OLG München NJW 1971, 258; OLG Stuttgart Rpfleger 1976, 189; OLG Frankfurt NJW 1977, 1502; OLG Hamburg MDR 1978, 237; OLG Hamm MDR 1979, 942; *Zöller/Greger* Rn. 7; OLG Frankfurt DS 2005, 118; OLG Düsseldorf NJW-RR 1997, 1353; aA OLG Hamburg MDR 1965, 755.

[18] BGH NJW 1984, 870.

[1] Vgl. RG WarnR 1913 Nr. 345.

[2] BGH MDR 1974, 382; RGZ 59, 169.

[3] RG Gruchot 30 (1886), 1024, 1028.

[4] AA OLG Frankfurt NJW 1952, 717: es kommt darauf an, ob die Wiedergabe der unmittelbaren Wahrnehmung oder die sachverständige Beurteilung überwiegt.

[5] OLG Koblenz DS 2005, 110.

[6] OLG Düsseldorf VersR 1983, 544; OLG Hamm NJW 1972, 2003; OLG Düsseldorf Rpfleger 1987, 40; OLG Hamburg JurBüro 1975, 82, 83; OLG Hamm VersR 1980, 855; aA OLG Frankfurt NJW 1952, 717: entscheidend ist, was überwiegt.

4 **b)** Aussagen über **Wahrnehmungen,** die **ohne gerichtlichen Auftrag,** aber auf Grund der Sachkunde gemacht werden, sind Zeugenaussagen. Die Bekundungen können mit Schlussfolgerungen aus dem Wahrgenommenen verquickt werden. Insoweit handelt es sich dann um gutachtliche Äußerungen eines Sachverständigen (s. Rn. 3). Im Falle einer Vereidigung ist der Zeugeneid zu leisten und wenn es sich um gutachtliche Äußerungen handelt, zusätzlich noch der Sachverständigeneid (s. § 410 Rn. 2).

5 **c)** Wurden **Wahrnehmungen im gerichtlichen Auftrag** gemacht, so handelt es sich um eine Sachverständigentätigkeit, wobei der Sachverständigeneid die Wahrnehmungen deckt, die auf Grund besonderer Sachkunde gemacht wurden **(Befundtatsachen)** (s. § 404 a Rn. 8); hinsichtlich anderer Feststellungen (Zusatztatsachen) ist der Sachverständige nur Zeuge (s. § 404 a Rn. 8) und ist ggf. als solcher zu vereidigen (§ 410 Rn. 2). Wird der Sachverständige erfolgreich abgelehnt (§ 406), so kann er hinsichtlich der Befund- wie der Zusatztatsachen als Zeuge vernommen werden.[7] Kann der Befund erneut erhoben werden, so sollte das Gericht nach Fühlungnahme mit der ablehnenden Partei einen neuen Sachverständigen damit beauftragen. In jedem Fall kann das Gericht die Ablehnung des früheren Sachverständigen und nunmehrigen sachverständigen Zeugen im Rahmen der freien Beweiswürdigung berücksichtigen.[8]

6 **d)** Ob die **Entschädigung der Auskunftsperson** als Zeuge oder als Sachverständiger erfolgt, richtet sich ebenfalls nicht nach der Ladung oder dem Beweisbeschluss, sondern vielmehr nach der Art der Vernehmung (s. Rn. 3): Wurde die Auskunftsperson auch als Sachverständiger vernommen, so ist er als solcher zu entschädigen; dabei ist nicht erforderlich, dass die Person nur als Sachverständiger vernommen wurde, da eine Trennung zwischen dem einem und dem Aussageteil zeitlich in aller Regel nicht möglich ist.[9] Wurde die Person nur als Zeuge vernommen, wenn auch als sachverständiger Zeuge, so hat die Sachkunde noch nicht die erhöhte Entschädigung als Sachverständiger zur Folge,[10] ausgenommen der Fall des § 10 Abs. 1 JVEG (Arzt als sachverständiger Zeuge).

Titel 9. Beweis durch Urkunden

§ 415 Beweiskraft öffentlicher Urkunden über Erklärungen

(1) Urkunden, die von einer öffentlichen Behörde innerhalb der Grenzen ihrer Amtsbefugnisse oder von einer mit öffentlichem Glauben versehenen Person innerhalb des ihr zugewiesenen Geschäftskreises in der vorgeschriebenen Form aufgenommen sind (öffentliche Urkunden), begründen, wenn sie über eine vor der Behörde oder der Urkundsperson abgegebene Erklärung errichtet sind, vollen Beweis des durch die Behörde oder die Urkundsperson beurkundeten Vorganges.

(2) Der Beweis, dass der Vorgang unrichtig beurkundet sei, ist zulässig.

Schrifttum: *Ahrens,* Elektronische Dokumente und technische Aufzeichnungen als Beweismittel, Zum Urkunden- und Augenscheinsbeweis der ZPO, FS Geimer, 2002, S. 1 ff.; *Baltzer,* Elektronische Datenverarbeitung in der kaufmännischen Buchführung und Prozeßrecht, GedS Bruns, 1980, S. 73; *Becker,* Elektronische Dokumente als Beweismittel im Zivilprozess, 2004; *Bolgiano,* Beweis durch Urkunden, ZZP 24 (1898), 129; *Britz,* Urkundenbeweisrecht und Elektroniktechnologie, 1996; *Hahn* (Hrsg.), Materialien zur Zivilprozeßordnung, 1. und 2. Abteilung, 2. Aufl. 1881; *Reithmann,* Allgemeines Urkundenrecht – Begriffe und Beweisregeln, 1972; *Schemmann,* Die Beweiswirkung elektronischer Signaturen und die Kodifizierung des Anscheinsbeweises in § 371 a Abs. 2 Satz 2 ZPO, ZZP 118 (2005), 161; *Schreiber,* Die Urkunde im Zivilprozeß, 1982; *Siegel,* Die Vorlegung von Urkunden im Prozeß, 1904; *Steeger,* Die zivilprozessuale Mitwirkungspflicht der Parteien beim Urkunden- und Augenscheinsbeweis, Diss. Berlin 1981.

---

[7] BGH MDR 1974, 382; BGHSt. 20, 222 = NJW 1965, 1492; RGZ 59, 169, 170.

[8] BGH MDR 1974, 382.

[9] OLG Stuttgart JurBüro 1978, 1727; vgl. OLG Düsseldorf VersR 1983, 544; OLG Düsseldorf MDR 1975, 326.

[10] OLG Hamm MDR 1988, 418; OLG Hamm NJW 1972, 2003; OLG München JurBüro 1981, 1699; *Zöller/Greger* Rn. 3; aA *Wieczorek* § 413 Anm. A II.

Übersicht

I. Zweck der Beweisregeln

„Urkunden werden regelmäßig in der Absicht errichtet, Rechtsverhältnisse sicherzustellen. Dieser Zweck kann mit Zuverlässigkeit nur erreicht werden, wenn bei der Errichtung der Urkunde bekannt ist, welche Eigenschaften der Richter von derselben fordern werde, um sie als beweiskräftig anzusehen, wenn ferner die Sicherheit besteht, dass der Richter die bestimmten Erfordernissen entsprechende Urkunde auch wirklich als beweiskräftig betrachten werde".[1] Die Mittel dazu, diese Absicht zu verwirklichen, stellt die ZPO in den §§ 415 bis 418 iVm. § 286 Abs. 2, 437, 440 Abs. 2 bereit: Nach §§ 437, 440 Abs. 2 ist die **Echtheit einer Urkunde** zu vermuten,[2] nach §§ 415 bis 418 ist – auf der Echtheit der Urkunde aufbauend – in den dort abgesteckten Grenzen von der **inhaltlichen Wahrheit der Urkunde** auszugehen. Das Verhalten des Richters ist deshalb abschätzbar, und die Parteien können die Urkunde den Anforderungen anpassen, welche die Beweisregeln und die Echtheitsvermutungen an sie stellen. 1

II. Entstehungsgeschichte der Beweisregeln

Die Beweisregeln der §§ 415 bis 418 sind historisch bedingt und deswegen aus ihrer Geschichte erklärbar. Sie sind Relikte der gesetzlichen **Beweistheorie,** wie sie namentlich im gemeinen Prozess galt. Der Beweiswert der Beweismittel war dort im einzelnen vorab bestimmt, der Weg zu einer freien Beweiswürdigung durch den Richter versperrt. Öffentliche und private Urkunden, die eine Erklärung verkörperten (Augenscheinsurkunde, Tatbestandsurkunde, dispositiv oder auch wirkende Urkunde[3] – heute §§ 416, 417 –), erbrachten vollen Beweis für ihren Inhalt. Dieselbe Wirkung hatten Urkunden, die außerhalb ihrer selbst liegende Umstände bezeugten (Zeugnisurkunde, bezeugende oder berichtende Urkunde – heute §§ 415, 418 –) nur dann, wenn es sich um öffentliche Urkunden handelte. Private Zeugnisurkunden hingegen bewiesen grundsätzlich nichts;[4] sie erbrachten über den Bereich der bewirkenden Urkunden hinaus vollen Beweis überhaupt nur noch in der Form der Geständnisurkunde, und selbst dies nur gegenüber dem Gestehenden und wenigen anderen, eng mit ihm Verbundenen.[5] 2

Dieses Prinzip des Alles-oder-Nichts machte den **Wert der Urkunden** im Prozess einerseits abschätzbar, führte aber andererseits zu Zweifeln, „ob sie (scil.: die vollbeweisenden öffentlichen Urkunden) beweisen, weil sie öffentliche sind, oder ob sie öffentliche heißen, weil sie beweisen müssen."[6] Waren konkret „Bescheinigungen von Ärzten, Advokaten, Konsulen und von allen den niederen und niedersten öffentlichen Dienern, bei denen der Weg von dem Mittelpunkt der Gewalt bis zu ihrer öffentlichen Stellung soweit, und deren Amt so beschaffen ist, dass eigentlich nicht viel öffentlicher Charakter mehr auf sie zu fallen scheint",[7] öffentliche Urkunden? So einfach also 3

---

[1] Motive bei *Hahn* S. 275 f.

[2] Gegen das im Übrigen einhellige Verständnis der §§ 437, 440 Abs. 2 als Vermutung *Rosenberg*, Beweislast, 5. Aufl. 1965, S. 221 Fn. 1.

[3] Zur Terminologie *Rosenberg/Schwab/Gottwald* § 118 II 2.

[4] *Wetzell*, System des ordentlichen Zivilprozesses, 3. Aufl. 1878, S. 229 ff.

[5] *Wetzell* (Fn. 4) S. 202, 223, mit Beispielen für die Geständnisurkunde.

[6] *Endemann*, Die Beweislehre des Zivilprozesses, 1860, S. 308, 309.

[7] *Endemann* (Fn. 6) S. 309 Fn. 12.

die Handhabung der urkundlichen Beweisregeln auf den ersten Blick zu sein schien, weil sie die Unzulänglichkeiten der Beweisquotenbestimmung vermieden, so schwierig konnte es sein, die Voraussetzungen für die volle Beweiskraft der in Frage stehenden Urkunde zu ermitteln.

III. Prozessuale Relevanz der Beweisregeln

4 Soweit die Beweisregeln reichen, steht das Beweisergebnis fest. Im **Bereich des Verhandlungsgrundsatzes** hat das zur Folge, dass die Vorschriften über den Urkundenbeweis im Übrigen ihre Bedeutung verlieren. Denn nach Vorlage der Urkunde wird die durch sie zu beweisende Tatsache regelmäßig unstreitig oder gar zugestanden (§ 288). Weiteres Bestreiten wäre offenbar sinnlos. Entfällt aber die Beweisbedürftigkeit und kommt es infolgedessen nicht zur Beweiserhebung über die urkundlich beweisbare Tatsache, so kommen die Vorschriften des Urkundenbeweises nicht zur Anwendung. Die Beweisregeln wirken so gesehen zurück auf das **Stadium der Parteibehauptungen.** Der Urkundenbeweis macht sich also oft selbst überflüssig.[8]

IV. Begriff der Urkunde

5 **1. Schriftlichkeit.** Urkunde iSd. Zivilprozessrechts ist die schriftliche Verkörperung einer Gedankenerklärung durch Lautzeichen, die aus sich heraus ohne weiteres verständlich sind.[9] Die Definition der hM[10] geht weiter. Sie lässt es bei der **Schriftform,** der Verkörperung durch übliche oder vereinbarte Wortzeichen, bewenden. Dem ist im Ansatz zu folgen. Die §§ 415 bis 418 messen der Urkunde besondere Beweiskraft zu, weil sie ein sicheres Beweismittel ist. Diese Sicherheit aber folgt gerade aus der Verwendung von Lautzeichen, namentlich von Buchstaben (vgl. § 419). Denn Manipulationen an Schriftstücken sind vergleichsweise leicht festzustellen. Nachträglich eingefügte Buchstaben oder Wörter fallen schon vom äußeren Bild der Urkunde her auf. Dasselbe gilt etwa für Radierungen.[11] Auch macht eine beabsichtigte sinnentstellende Veränderung oft die Änderung ganzer Passagen notwendig; sie ist in der Regel offensichtlich.[12] Allerdings ist eine **Konkretisierung erforderlich.** Denn Wortzeichen finden sich etwa auf einer Grammophonplatte. Sie deswegen als Urkunde anzusehen, geht aber zu weit.[13] Der besondere Wert der Urkunde beruht auch auf der Möglichkeit, sich ihres Inhalts jederzeit problemlos zu vergewissern. Das zeigen die Bestimmungen der §§ 131, 134, 142, 273 Abs. 2 Nr. 5 ebenso wie die Vorschriften über den Beweisantritt (§§ 420, 421, 428, 432). Danach kann grundsätzlich allein der offengelegte Urkundeninhalt das Parteivorbringen ergänzen, erläutern und beweisen. Daraus ergibt sich zum einen, dass die **Schrift** allgemein oder dem Gericht **verständlich** sein muss[14] oder doch verständlich gemacht werden kann (durch Hinzuziehung von Sachverständigen, Übersetzern usw.).[15] **Keine Urkundenqualität** haben deshalb Geheimschriften,[16] Zahlenschriften, chiffrierte Mitteilungen[17] sowie Striche, Farbkleckse und Löcher, sofern sie überhaupt eine Erklärung verkörpern.[18] Geläufige Kurzschriften,[19] die Blindenschrift[20] sowie eine fremdsprachig abgefasste Schrift[21] reichen demgegenüber für eine Urkunde aus.

6 **2. Lesbarkeit.** Unabhängig von der Verständlichkeit der Schrift ist dem Schrifterfordernis nur genügt, wenn die **Erklärung** durch Wahrnehmung der Lautzeichen ermittelbar, sie also lesbar

---

[8] *Schreiber* S. 16; *Jauernig* § 55 IV, VII; ebenso *Musielak/Stadler*, Grundfragen des Beweisrechts, 1984, Rn. 126; *Grunsky* Rn. 190; *Zeiss/Schreiber* Rn. 472; anders *Lüke* Rn. 310; *A. Blomeyer* § 77 I 3.

[9] Vgl. *Schreiber* S. 19 ff., 42.

[10] Vgl. BGHZ 65, 300, 301 = NJW 1976, 294; *Stein/Jonas/Leipold* Vor § 415 Rn. 1; *Thomas/Putzo/Reichold* Vor § 415 Rn. 1; *Zöller/Geimer* Vor § 415 Rn. 2; *Jauernig* § 55 I; *Rosenberg/Schwab/Gottwald* § 118 I; *Schlosser* Bd. I Rn. 352; *Zeiss/Schreiber* Rn. 472; *Mankowski/Tarnowski* JuS 1992, 826, 827.

[11] RG Gruchot 61, 489, 490.

[12] Ähnlich *Bruns* JZ 1957, 489, 493, der deswegen den Urkundencharakter von Tonbändern verneint.

[13] RGSt. 47, 223, 224 für die Grammophonplatte. Ebenso, aber abwegig, weil von einer falschen Aufnahmetechnik ausgehend, für das Tonband *Kohlhaas* DRiZ 1955, 83; *ders.* NJW 1957, 83; *Scupin* DÖV 1957, 554; *Siegert* NJW 1957, 691.

[14] *Krause*, Zum Urkundenbeweis im Strafprozeß, 1966, S. 117.

[15] Vgl. *Rosenberg/Schwab/Gottwald* § 118 I 1; anders *Wieczorek* § 415 Anm. A I a; *A. Blomeyer* § 77 I 1; *Britz* S. 126.

[16] *Schreiber* S. 28; *Blomeyer* § 77 I 1; *Wieczorek* Anm. A I a.

[17] *Schreiber* S. 27, 28 Fn. 56; *Nikisch* § 88 I 1.

[18] Dazu *Puppe* Jura 1980, 18.

[19] *Bernhardt* § 38 I; *Nikisch* § 88 I 1; *Schönke/Kuchinke* § 64 I.

[20] *Lang*, Ton- und Bildträger, 1960, S. 94.

[21] *Jauernig* § 55 I; differenzierend danach, ob die Sprache dem Gericht bekannt ist (dann Urkunde), *Wieczorek* Anm. A I b; *A. Blomeyer* § 77 I 1; ebenso wohl RGZ 162, 282, 287.

ist.[22] Hieran fehlt es bei den Tonträgern wie Tonband,[23] Tonplatte,[24] Schallplatte,[25] Tonwalze.[26] Aus demselben Grund sind Zeichnungen keine Urkunden;[27] zumeist fehlt es hier auch schon an einer hinter den Zeichen stehenden Gedankenerklärung.[28] Gleiches gilt für die sog. **Beweiszeichen.**[29] Sie sind zwar geeignet, eine Gedankenerklärung mitzuteilen, so etwa der Strich auf dem Bierfilz,[30] der Waldhammerschlag, Kerbhölzer[31] , der Fleischbeschaustempel. Sie genügen dem Schriftlichkeitserfordernis aber sämtlich nicht. Bei der einen Gruppe von ihnen fehlt es schon an der Lesbarkeit (Striche, Kerben, Löcher).[32] Die andere Gruppe ist zwar lesbar,[33] aber isoliert betrachtet ohne Aussagewert; deswegen sind auch die ihr zugehörigen Beweiszeichen mangels schriftlicher Verkörperung einer Gedankenerklärung keine Urkunden. So ist etwa der Fleischbeschaustempel aussagekräftig nur auf dem für tauglich befundenen Fleisch, der Waldhammerschlag auf dem gekennzeichneten Holz. Der jeweilige Erklärungsträger ist somit Teil der Erklärung. Er aber ist Augenscheinsobjekt.

3. Verkehrsfähigkeit. Der technische Fortschritt hat es mit sich gebracht und wird es wei- 7
ter mit sich bringen, dass herkömmliche Materialien wie Erz, Stein, Holz, Wachs, Pergament, Papier, Schiefer, Stoff oder Metall als Schriftträger zugunsten anderer an Bedeutung verlieren. **Elektronische Datenträger, Mikrofilme, Ampexbänder** (Mylarbänder),[34] **audiovisuelle Bänder** („Videobänder") usw. treten an ihre Stelle. Auch soweit sie, wie der Mikrofilm, Schriftzeichen enthalten, also lesbar sind, sind sie keine Urkunden.[35] Denn die Urkunde erlangt ihren besonderen Stellenwert im Zivilprozess infolge ihrer Verkehrsfähigkeit, der jederzeitigen Verfügbarkeit ihres Inhalts.[36] Sie aber ist hier nicht gegeben. Vielmehr ist der Einsatz oft aufwendiger technischer Hilfsmittel erforderlich, um den Inhalt jener Dokumentationen sichtbar zu machen. Zudem ist keine von ihnen derart zuverlässig wie ein Schriftstück. Diese Zuverlässigkeit, insbesondere der Schutz vor Fälschungen, ist aber ferner der Grund für die Heraushebung der Urkunde aus den übrigen Beweismitteln.[37] Wie Tonbandaufnahmen sind auch elektronische Dokumente[38] durch die Einspeicherung neuer Daten unschwer zu fälschen. Der Einsatz kryptographischer Verfahren zum Schutz vor Fälschungen ändert am Ergebnis nichts.[39] Anderes gilt für digitalsignierte elektronische Erklärungen.[40] Denn die nach Maßgabe des SigG[41] hergestellten Signaturen gelten als sicher. Allerdings fehlt es diesen Erklärungen[42] am Merkmal der Schriftlichkeit.[43] Dazu Rn. 5.

---

[22] *Roggemann,* Das Tonband im Verfahrensrecht, 1962, S. 71.

[23] *Dilcher* AcP 158 (1959/60), 469, 494; *Pleyer* ZZP 69 (1959), 321, 322; *Schreiber* S. 35 f.; *Ahrens,* FS Geimer, S. 11; *Stein/Jonas/Berger* Vor § 371 Rn. 6, *Stein/Jonas/Leipold* Vor § 415 Rn. 1; *Thomas/Putzo/Reichold* Vor § 371 Rn. 6; *A. Blomeyer* § 71 I 2b; *Rosenberg/Schwab/Gottwald* § 109 III 1.

[24] *Thomas/Putzo/Reichold* Vor § 371 Rn. 6.

[25] *Schreiber* S. 35 f.

[26] KG JW 1924, 912.

[27] *Nikisch* § 88 I 1; *Rosenberg/Schwab/Gottwald* § 118 I 2.

[28] Einzelheiten bei *Schreiber* S. 34.

[29] Dazu *Schreiber* S. 39 ff.

[30] *Bruns* Rn. 192.

[31] *Musielak/Huber* Rn. 5.

[32] Für das Strafrecht *Binding,* Lehrbuch des Gemeinen Deutschen Strafrechts, Bd. II 2, 2. Aufl. 1904, S. 184/185 Fn. 4: „Das Loch als Urkunde ist wol der tiefste Punkt, bis zu welchem deren Verkennung herabsinken kann."

[33] Der Waldhammerschlag ist die Kenntlichmachung eines Baumstammes durch eine Zahl, ein Namenszeichen o. ä., der Fleischbeschaustempel ist der Tauglichkeitsvermerk auf Schlachtfleisch.

[34] Dazu *Lang* (Fn. 20) S. 12 f.

[35] Ebenso für elektronische Datenträger *Redeker* NJW 1984, 2390, 2394; *Geis* CR 1993, 653; *Ahrens,* FS Geimer, S. 12; *Borges,* Verträge im elektronischen Geschäftsverkehr, 2003, S. 432; *Roßnagel/Wilke* NJW 2006, 2145, 2148; *Rosenberg/Schwab/Gottwald* § 118 I 2; anders *Becker* S. 54 ff.; 83 ff.; 120; *Jöstlein* DRiZ 1973, 409, 412; *Kilian* BuD 1993, 606, 609.

[36] *Schreiber* S. 28, 36; *A. Blomeyer* § 71 I 2b.

[37] OLG Köln NJW 1992, 1774, 1775; *Bruns* JZ 1957, 489, 493.

[38] Zu den Erscheinungsformen *Becker* S. 10 ff.

[39] Vgl. *Schreiber* S. 38 Fn. 115; *Geis* CR 1993, 653, 654.

[40] Zur digitalen Signatur *Geis* NJW 1997, 3000 ff.; ferner *Rüßmann,* Moderne Elektroniktechnologie und Informationsbeschaffung im Zivilprozeß, Veröffentlichungen der Wissenschaftlichen Vereinigung für Internationales Verfahrensrecht e. V., Bd. 8, 1996 S. 137 ff., 150; dort (S. 153 ff.) auch zu elektronischen Signaturen.

[41] Gesetz über Rahmenbedingungen für elektronische Signaturen idF v. 16. 5. 2001, BGBl. I S. 876.

[42] Dazu *Malzer* DNotZ 1998, 96, 109.

[43] Zu den elektronischen Dokumenten vgl. §§ 130a, 130b und die Anmerkungen dort.

8 **4. Vervielfältigungen.** Fotokopien (auch Fernkopien [Papier-Telefax] [44]), Hektographien, Durchschriften, Abschriften und sonstige Vervielfältigungen sind demgegenüber differenziert zu betrachten. Soweit es sich überhaupt um die Wiedergabe von Lautzeichen, zumeist also von Schriftstücken handelt, kann man ihnen die Urkundeneigenschaft nicht von vornherein und pauschal absprechen[45] oder zubilligen.[46] Vielmehr ist es durchaus möglich, dass Vervielfältigungen selbst die Gedankenerklärung verkörpern und nicht nur eine andernorts, nämlich in der Original-Urkunde, verkörperte Erklärung wiedergeben. Ob jenes der Fall ist, muss im Einzelfall ermittelt werden.[47] Entscheidend ist, dass die Reproduktion des Originals entweder kraft Gesetzes oder im gesetzlich zulässigen Rahmen vom Aussteller dazu bestimmt ist, das Original zu vertreten.[48] Nur auf diese Weise wird der anwaltlichen Praxis Rechnung getragen. Sie geht mehr und mehr dahin, anstelle der Urschrift davon gefertigte Abschriften und Fotokopien von bestimmenden Schriftsätzen bei Gericht einzureichen. Das ist zu billigen, soweit die Reproduktion insbesondere durch die eigenhändige Unterschrift des Anwalts für den Verkehr bestimmt ist.[49] Diese Reproduktion muss alsdann aber notwendigerweise dem Original gleichstehen, also selbst zB die Erklärung verkörpern, klagen oder ein Rechtsmittel einlegen zu wollen. Der bloße Hinweis auf ein zurückgehaltenes Original würde insoweit nicht ausreichen. Wo das Gesetz die Einreichung des Originals verlangt, kann es durch eine Vervielfältigung allerdings nicht ersetzt werden. Hier ist die Reproduktion somit nicht Urkunde.[50] Zu denken ist insoweit an die §§ 420 ff., ferner an die §§ 131, 134, 135, 142, 273 Abs. 2 Nr. 2, 5, 593 Abs. 2 S. 1.[51]

9 **5. Computerausdrucke.** Nicht von vornherein aus dem Kreis der Urkunden herausgenommen ist der einfache Computerausdruck, also der Ausdruck der auf einem elektronischen Datenträger gespeicherten Daten.[52] Handelt es sich bei ihm um eine Gedankenerklärung, fehlt zur Erlangung der Urkundenqualität zunächst die Schriftlichkeit. Sobald sie – nach dem Ausdruck – gegeben ist, ist der Computerausdruck Urkunde, wenn er die Originalerklärung ersetzen soll. Eben weil die gespeicherte Erklärung sonst nicht sichtbar ist, wird das im größeren Umfang als bei der Vervielfältigung sichtbar vorhandener Erklärungen regelmäßig der Fall sein (Ausnahme: Der Ausdruck erfolgt, um sich über die gespeicherte Erklärung zu informieren, nicht aber, um sie im Rechtsverkehr zu verwenden).[53] Demnach ist es wie bei den Vervielfältigungen im gesetzlich zulässigen Rahmen[54] möglich, gespeicherte Klage- oder Rechtsmittelschriften nach Einfügung der individuellen Daten in der Form des Computerausdrucks bei Gericht einzureichen. Anders ist es, wenn der Bescheid selbsttätig vom Computer durch die Verarbeitung eingespeicherter Daten zusammengesetzt wird. Lohn- und Gehaltsabrechnungen sowie Steuerbescheide[55] sind darum keine Urkunden.[56]

10 **6. Beweiswert.** Anders als im Strafrecht[57] kommt es auf die **beweisrechtliche Relevanz** der Urkunde für deren Feststellung nicht an.[58] Denn die ZPO kennt nicht nur **Beweisurkunden,** sondern auch **Tatsachenurkunden,** mittels derer der Parteivortrag ergänzt oder erläutert wird. Darum ist etwa die Echtheit eines Schriftstücks Voraussetzung zwar für dessen formelle Beweiskraft, nicht aber schon für das Vorliegen einer Urkunde schlechthin.[59] Zu den Merkmalen der Urkunde

---

44 Dazu teilweise anders OLG Köln NJW 1992, 1774, 1775; *Britz* S. 154; *Tschentscher* CR 1991, 141, 149; *Zoller* NJW 1993, 429; *Laghzaoui/Wirges* MDR 1996, 230.

45 So aber BGHZ 65, 300 = NJW 1976, 294 (für die Photographie); NJW 1992, 829, 830; *Zöller/Geimer* Vor § 415 Rn. 2.

46 So aber FG Berlin NJW 1977, 2232; *Stein/Jonas/Leipold* Vor § 415 Rn. 3.

47 *Baumbach/Lauterbach/Hartmann* Vor § 415 Rn. 6.

48 *Schreiber* S. 28 ff.; ebenso jetzt *Jauernig* § 55 I; *Zoller* NJW 1993, 429; anders *Britz* S. 118.

49 *Vollkommer* S. 260 ff.; *Schreiber* JR 1986, 157.

50 BGH NJW 1980, 1047, 1048; *Baumbach/Lauterbach/Hartmann* § 420 Rn. 4.

51 Einzelheiten bei *Schreiber* S. 31.

52 Zu dem iSd. § 416 a qualifizierten Ausdruck von elektronischen Dokumenten s. dort Rn. 2 ff. Zu den Datenträgern vgl. Rn. 6.

53 *Borges* (Fn. 35) S. 433, ferner S. 441 ff., *Baumbach/Lauterbach/Hartmann* Vor § 415 Rn. 7; *Bruns* Rn. 192 Fn. 3 (§ 37); aA *Baltzer*, GedS Bruns, S. 80, 82; *Geis* CR 1993, 653, 654; NJW 1997, 3000, 3001; *Zöller/Geimer* Vor § 415 Rn. 2; diff. *v. Sponeck* CR 1991, 269, 270, 272.

54 S. Rn. 7.

55 Ferner *Baltzer,* Gedächtnisschrift für Bruns, S. 80, 81 Fn. 17.

56 AA *Britz* S. 111.

57 Vgl. BGHSt. 3, 82, 84, 85; *Schönke/Schröder/Cramer* § 267 StGB Rn. 8; *Mankowski/Tarnowski* JuS 1992, 826, 830.

58 Zum Problemkreis ausführlich *Schreiber* S. 20 ff.; *Britz* S. 111.

59 *von Sponeck* CR 1991, 269, 270.

gehören ferner nicht deren Beweiskraft, die Erkennbarkeit oder die Unterschrift[60] des Ausstellers sowie deren Beweisbestimmung.[61]

V. Die Voraussetzungen vollen Beweises

1. Allgemein. Die Urkunde erbringt **vollen Beweis.** Soweit die Beweiskraft reicht,[62] unterliegt die Urkunde nicht der freien Beweiswürdigung (§ 286 Abs. 1 und 2). Zweifel an der Richtigkeit des danach Bewiesenen sind bis zum Beweis der falschen Beurkundung[63] zurückzustellen: Es war die Absicht des Gesetzgebers, durch die Beibehaltung von Beweisregeln[64] „die richterliche Machtvollkommenheit durch Formen heilsam einzuschränken".[65] 11

2. Beweiskraft iSd. § 415. Die Beweiskraft iSd. § 415 kommt zu: 12
- Urkunden,
- die von einer öffentlichen Behörde oder von einer mit öffentlichem Glauben versehenen Urkundsperson erstellt worden sind,
- wobei diese innerhalb ihrer Amtsbefugnisse bzw. ihres Geschäftskreises gehandelt haben;
- ferner muss die Urkunde formgerecht sein,
- und sie muss inhaltlich eine vor der Behörde oder Urkundsperson abgegebene Erklärung umfassen (Zeugnisurkunde).[66]

a) Urkundenbegriff. Zum Urkundenbegriff s. Rn. 5 bis 10. 13

b) Behörde. Behörde ist nach der Legaldefinition des § 1 Abs. 4 VwVfG jede Stelle, die Aufgaben der öffentlichen Verwaltung wahrnimmt. Dieser Begriff gilt so in der ZPO nicht, weil er von organisationsrechtlichen Erfordernissen absieht und auch natürliche und juristische Personen des Privatrechts erfasst. Sie indessen können keine amtliche Erklärung der in § 417 genannten Art abgeben – eine Fähigkeit, die in dieser Bestimmung als für die Behörde wesentlich vorausgesetzt wird. Zudem lassen sich mit dem weiten Behördenbegriff des § 1 Abs. 4 VwVfG die Anwendungsbereiche der §§ 415, 416 nicht hinreichend sicher abgrenzen. **Behörde iSd. ZPO** ist vielmehr ein in den allgemeinen Organismus der Behörden eingefügtes Organ der Staatsgewalt, das dazu berufen ist, unter öffentlicher Autorität für die Erreichung der Zwecke des Staates oder der von ihm geförderten Zwecke tätig zu sein, gleichviel, ob das Organ unmittelbar vom Staate oder einer dem Staate untergeordneten Körperschaft zunächst für deren eigene Zwecke bestellt ist, sofern die Angelegenheiten zugleich in den Bereich der bezeichneten Zwecke fallen.[67] Dazu gehören auch öffentliche Sparkassen sowie die Postbank.[68] Als Behörde in diesem Sinne ist ferner die Deutsche Post AG anzusehen.[69] Sie ist mit dem Recht beliehen, Schriftstücke nach den Regeln des Prozess- und Verfahrensrechts förmlich zuzustellen (vgl. § 168 Abs. 1 S. 2; § 33 Abs. 1 PostG). Die so erreichte Gleichbehandlung der Deutsche Post AG mit anderen Amtsträgern verbietet eine Differenzierung im Rahmen des § 415.[70] 14

§ 438 zeigt, dass ausländische Behörden ebenfalls öffentliche Urkunden iSd. § 415 erstellen können.[71] Wie sonst auch (§§ 437 bis 443) ist allerdings die formelle Beweiskraft von der Echtheit der Urkunde abhängig. Wegen der Einzelheiten vgl. die Komm. zu § 438. 15

c) Zuständigkeiten. Ob eine Behörde innerhalb der Grenzen ihrer **Amtsbefugnisse,** eine Urkundsperson innerhalb ihres **Geschäftskreises** handelt, richtet sich im Einzelfall nach dem Um- 16

---

[60] *Baumbach/Lauterbach/Hartmann* Vor § 415 Rn. 5; *Wieczorek* Anm. A II a 1; *Jauernig* § 55 I.

[61] Insoweit aA *Pinner,* Das Recht des Briefes in rechtsvergleichender Darstellung, 1934, S. 14; wie hier *Musielak/Huber* Rn. 4; *Stein/Jonas/Leipold* Vor § 415 Rn. 2; *Schlosser* Bd. I Rn. 352.

[62] S. Rn. 27.

[63] S. Rn. 28–30.

[64] Anders *Bruns* Rn. 194, der die Terminologie nicht historisch erklärt.

[65] Motive bei *Hahn* S. 115.

[66] Zu der öffentlichen Urkunde im französischen Recht und in anglo-amerikanischen Rechtsordnungen *Coester-Waltjen,* Internationales Beweisrecht, 1983, S. 314 ff.

[67] BGHZ 40, 225, 228 = NJW 1964, 299 m. weit. Nachw.; BGH NJW 1992, 2947; zum VwVfG *Meyer/Borgs* VwVfG § 1 Rn. 22 ff.

[68] BayObLG NJW 1993, 2947.

[69] BVerfG NJW-RR 2002, 1008.

[70] Ebenso im Ergebnis BVerfG NStZ-RR 1997, 70; 1998, 73 LS 2; OLG Frankfurt/M. NJW 1996, 3159; LG Bonn ZIP 1998, 401; LG Köln MDR 1997, 381, 382; NdsFG DStR 1997, 367, 368; *Messtorff* DStR 1997, 860; aA VG Frankfurt/M. NJW 1997, 3329 f.; *Seltmann* AnwBl. 1996, 403, 404; *Späth* NJW 1997, 2155 ff.; *Löwe/Löwe* ZIP 1997, 2002, 2003.

[71] BGH RIW 2007, 382; LM § 418 Nr. 3; RG JW 1927, 1096, 1097; *Rosenberg/Schwab/Gottwald* § 118 II 1; offengelassen in BGHZ 37, 389, 395 = NJW 1962, 1770.

fang der ihr gesetzlich zugewiesenen Aufgaben.[72] Diese sind regelmäßig vom Gegenstand her bestimmt, ohne zugleich die Befugnisse auf einen räumlich begrenzten Bereich zu beschränken. Deshalb ist grundsätzlich die Feststellung richtig, dass allein die Beachtung der **sachlichen Zuständigkeit** über den Charakter der Urkunde als öffentliche entscheidet.[73]

17 Innerhalb der Grenzen ihrer Amtsbefugnisse handelt die Behörde nur, soweit sie von ihren Amtsbefugnissen Gebrauch macht. Das ist der Fall, wenn die Tätigkeit der Behörde **öffentlichen Zwecken** dient.[74] Lediglich zu innerdienstlichen Zwecken angefertigte Urkunden (Beurteilungen, Berichte an vorgesetzte Stellen, Arbeitsplatzbeschreibungen;[75] nicht aber Abiturzeugnisse und Übungsscheine der Universitäten) fallen daher nicht in den Kreis der öffentlichen Urkunden.[76] Demgegenüber kommt es auf den öffentlich-rechtlichen Charakter des in der Urkunde bezeugten Vorgangs nicht an. Das folgt daraus, dass die Behörde zur Wahl der Handlungsform berechtigt ist: Öffentliche Aufgaben können auch durch privatrechtliche Geschäfte erfüllt werden. Deshalb liegt eine öffentliche Urkunde zB bei den Urkunden des Bahn- und Postwesens selbst dann vor, wenn sich aus ihnen der Abschluss eines dem Zivilrecht zuzuordnenden Vertrages ergibt.[77]

18 Wegen der umfassenden Beurkundungszuständigkeit der **Notare**[78] sind von ihnen errichtete inländische notarielle Urkunden stets öffentliche Urkunden. Weil die notarielle Zuständigkeit seit dem Inkrafttreten des BeurkG am 1. 1. 1970 (§ 71 BeurkG) eine nahezu ausschließliche ist (vgl. § 56 BeurkG),[79] bleibt für Beurkundungen durch andere Stellen nur wenig Raum. Für einzelne Beurkundungen sachlich zuständig sind aber noch die Amtsgerichte sowie Postbedienstete (zB Art. 79 WG; § 182) und Gerichtsvollzieher (zB §§ 192ff., 817).[80] Nehmen diese Stellen Beurkundungen außerhalb der ihnen zugewiesenen Sachgebiete vor, sind die Urkunden bloße Privaturkunden. Ihre Beweiskraft bestimmt sich nach § 416, wenn sie den weiteren Voraussetzungen dieser Bestimmung genügen. Im Übrigen sind sie frei zu würdigen (§ 286 Abs. 1). Das schließt selbstverständlich nicht aus, dass das Gericht auch den Urkunden, die nicht den Erfordernissen des § 416 entsprechen, einen dieser Vorschrift gleichkommenden Beweiswert zumisst.[81] Diese Beweiswürdigung freilich unterliegt der Überprüfung in der höheren Instanz; insoweit stehen die hier genannten Urkunden hinter den volle Beweiskraft entfaltenden Urkunden iSd. § 416 zurück.

19 Bei Beurkundungen führen **Verletzungen der örtlichen Zuständigkeit** durchweg nicht zur Unwirksamkeit der Beurkundung (vgl. § 7 FGG; für die Überschreitung der Amtsbezirks- oder Landesgrenzen durch den Notar § 2 BeurkG, § 11 Abs. 3 BNotO, durch andere Stellen §§ 1 Abs. 2, 2 BeurkG). Weil der Kreis der zugewiesenen Geschäfte zudem regelmäßig nach sachlichen Kriterien bestimmt ist, ist die Verletzung der örtlichen Zuständigkeit grundsätzlich ohne Einfluss auf den öffentlichen Charakter einer Urkunde.

20 Urkunden, die **von einem deutschen Notar im Ausland** erstellt werden, sind demgegenüber keine öffentlichen Urkunden. Solche Beurkundungen sind unwirksam, § 2 BeurkG gilt nicht.[82] Denn die Beurkundung ist Teil der vorsorgenden Rechtspflege. Aus ihr resultiert demgemäß letztendlich die Befugnis, Urkunden mit öffentlichem Glauben zu errichten. Weil die vorsorgende Rechtspflege aus der Staatsgewalt abgeleitet ist, endet diese Befugnis somit an den deutschen Grenzen.[83] Für die Amtsbefugnisse bzw. den Geschäftskreis von Urkundspersonen kann nichts anderes gelten.[84] Sie sind nicht

---

[72] *Struckmann/Koch* Anm. 2, 3.

[73] Vgl. KG OLGZ 17, 331; BayObLGZ 1979, 232, 237; *Musielak/Huber* Rn. 8; *Stein/Jonas/Leipold* Rn. 5; *Thomas/Putzo/Reichold* Rn. 2; *Rosenberg/Schwab/Gottwald* § 118 II 1 a; anders aber die ältere Kommentarliteratur, etwa *Förster/Kann* Anm. 1 b bb.

[74] S. o. Rn. 14.

[75] BAG AP BAT §§ 22, 23 Nr. 68.

[76] BGHZ 6, 304, 309 = NJW 1952, 1211; BayObLGZ 1954, 322, 329; 1975, 227, 229; *Baumbach/Lauterbach/Hartmann* Rn. 3; aA *Stein/Jonas/Leipold* Rn. 5.

[77] Unzutreffend *Wieczorek* Anm. C III b, C III b 1–4, dort auch zahlreiche Beispiele aus der älteren Rechtsprechung. Wie hier BGHZ 6, 304, 307 = NJW 1952, 1211; BGHZ 45, 362, 366 = NJW 1966, 1608; BGH NJW 1963, 1630, 1631 (Sparkassenbuch); BayObLGZ 1954, 322, 329 (Sparkassenbuch); *Zöller/Geimer* Rn. 3; aA RG JW 1927, 1352, 1353; vgl. ferner *Stein/Jonas/Leipold* Rn. 5.

[78] BGH NJW 1994, 320, 321; BayObLG NJW-RR 2000, 456, 457; *Habscheid* FG § 59 II.

[79] *Habscheid* FG § 59 II 1, dort (sub. 2) zur alleinigen sachlichen Zuständigkeit des Bürgermeisters nach § 2249 BGB bei Beurkundung eines Nottestaments. Wird der Notar tätig, handelt es sich um ein ordentliches Testament, für dessen Beurkundung der Notar zuständig ist (§ 2231 BGB).

[80] *Winkler* BeurkG § 1 Rn. 38 bis 54.

[81] RG SeuffA 54 Nr. 119.

[82] HM; vgl. statt vieler *Jansen* Bd. III, § 2 BeurkG Rn. 6 m. weit. Nachw.

[83] *Jansen* (Fn. 82).

[84] Anders die hM, die einen Zusammenhang zwischen der Wirksamkeit des Urkundsakts und dem Urkundencharakter verneint; vgl. KG OLGZ 17, 331; *Stein/Jonas/Leipold* Rn. 5; *Baumbach/Lauterbach/Hartmann* Rn. 4.

mehr als ein Sektor der Staatsgewalt, ihre Macht kann deshalb nicht über sie hinausgehen. Der zugewiesene Geschäftskreis namentlich von Notaren ist also beschränkt auf das deutsche Staatsgebiet. Außerhalb dessen aufgenommene notarielle Urkunden sind keine öffentlichen Urkunden.[85] Die Begründung dieses Ergebnisses ist von untergeordneter Bedeutung. Weil es sich um einen Konflikt über Kompetenzen in räumlicher Hinsicht (Konsul/Notar) handelt, erscheint es naheliegend, von einem ausnahmsweise beachtlichen Verstoß gegen die Regeln der örtlichen Zuständigkeit auszugehen.[86]

d) Urkundenform. Nur **formgerechte Urkunden** sind auch öffentliche Urkunden. Die zu wahrende Form ergibt sich aus den zwingenden Vorschriften, die das im Einzelfall zu beurteilende Schriftstück betreffen. Zu ihnen zählen die Bestimmungen des BeurkG (§§ 8ff.) betreffend die Form notarieller Urkunden wie auch solcher, auf die das BeurkG entsprechend anwendbar ist.[87] Danach gehören zu den Voraussetzungen einer öffentlichen Urkunde die persönliche Entgegennahme der Erklärung,[88] die Verlesung der Niederschrift,[89] deren Genehmigung durch die Beteiligten, deren eigenhändige Unterschrift[90] (§ 13 BeurkG, beachte dort aber Abs. 1 S. 3), die Unterschrift und die Siegelung durch den zuständigen[91] Beamten[92] sowie die Verbindung mehrerer Blätter mit Schnur und Prägesiegel.[93] Zwingende Formvorschriften finden sich in der ZPO, zB in §§ 159ff. (Sitzungsprotokoll[94]), § 182 (Zustellungsurkunde), § 195 (Empfangsbekenntnis), § 183 (Rückschein bzw. Nachweis der Auslandszustellung), §§ 313, 315, 317 (Urteile und Urteilsausfertigungen), § 329 (Beschlüsse), § 725 (Vollstreckungsklausel), § 762 (Vollstreckungsprotokoll), darüber hinaus in Art. 80ff. WG, Art. 55 Abs. 3 ScheckG, § 17 KonsularG. Nicht hierher gehört das **notarielle Testament** (§§ 2231ff. BGB).[95] Die Nichtbeachtung der bürgerlich-rechtlichen Bestimmungen hat zwar die Unwirksamkeit der letztwilligen Verfügung zur Folge (§ 125 BGB), berührt aber nicht den Charakter der nach §§ 8ff., 30 BeurkG errichteten Niederschrift: Sie ist eine öffentliche Urkunde. Das amtlich verwahrte Testament hingegen ist, wie auch andere in öffentliche Verwahrung gegebene Privaterklärungen, eine Privaturkunde; ihr kommt unter den Voraussetzungen des § 416[96] die dort angeordnete Beweiskraft zu. 21

Auch durch die **Beglaubigung** (§§ 39ff. BeurkG; § 169 Abs. 2) wird die private Urkunde nicht zu einer öffentlichen. Öffentliche Urkunde ist aber der formgerechte Beglaubigungsvermerk selbst.[97] Auf ihn ist § 415 jedoch nur anwendbar, wenn der Vermerk die Anerkennung einer Unterschrift bezeugt (vgl. § 40 Abs. 1 und 3 BeurkG). Denn nur dann liegt die nach § 415 weiter erforderliche Erklärung einer Person vor. Die öffentliche Beglaubigung des Unterschriftsvollzuges hingegen reicht nicht.[98] 22

Die **Beachtung der Formvorschriften** muss ohne Zuhilfenahme äußerer Umstände allein aus der Urkunde ersichtlich sein. Der Einordnung eines Schriftstücks als öffentliche Urkunde steht die Nichtbeachtung bloßer **Sollvorschriften** nicht im Wege.[99] Ihre Abgrenzung von den einzuhaltenden **zwingenden Regelungen** kann allerdings schwierig sein.[100] Fehlt es im Einzelfall an einer besonderen Formvorschrift, so sind die Bestimmungen des BeurkG nach Maßgabe von § 1 Abs. 2 BeurkG ergänzend heranzuziehen.[101] 23

e) Urkundeninhalt. Zu den öffentlichen Urkunden des § 415 gehören die aufgeführten Urkunden nur, soweit sie über eine vor der Behörde oder der Urkundsperson abgegebene **Erklärung** 24

---

[85] Ebenso *Förster/Kann* Anm. 1 C. Zur allgemeinen Beurkundungsbefugnis der Konsularbeamten § 10 Abs. 1 KonsG (idF v. 11. 9. 1974 BGBl. I S. 2317).

[86] So wohl *Habscheid* FG § 59 II 3 betreffend die Wirksamkeit der Beurkundung; anders (Verletzung zwingender Formvorschrift) *Förster/Kann* (Fn. 85).

[87] Dazu Rn. 18.

[88] BGH NJW 1963, 1010, 1012.

[89] Einschränkend BayObLGZ 1973, 213, 216: soweit beurkundungsbedürftig.

[90] RGSt. 60, 152, 153; 66, 124, 125; *Zöller/Geimer* Rn. 2.

[91] Vgl. *Zöller/Geimer* Rn. 2.

[92] *Baumbach/Lauterbach/Hartmann* Rn. 4.

[93] OLG Schleswig DNotZ 1972, 556, 557; aA *Wieczorek* Anm. D II a.

[94] Dazu § 418 Rn. 6.

[95] AA *Wieczorek* Anm. C 4 a.

[96] Dazu auch Rn. 18.

[97] BGHZ 37, 79, 86 = NJW 1962, 1149; BGH MDR 1980, 299, 300; NJW 1980, 1000, 1001; RG JW 1901, 582, 583; *Wieczorek* Anm. C III c.

[98] RGZ 86, 385, 390; allgM.

[99] BGH NJW 1960, 2336; 1963, 1010, 1012, 1630, 1631; 1966, 1808, 1809f.; BayObLGZ 1954, 322, 329; 1973, 213, 217; *Bruns* Rn. 193a Fn. 16; *Stein/Jonas/Leipold* Rn. 6.

[100] Einzelheiten bei *Schreiber* DNotV 1911, 495, 583.

[101] *Wieczorek* Anm. C IV a 1; aA *Stein/Jonas/Leipold* Rn. 6.

Dritter errichtet sind; die Beweiskraft von sonstigen öffentlichen Zeugnisurkunden, in denen die Wahrnehmung anderer Vorgänge (zB das Sitzungsprotokoll, soweit es das Ergebnis einer Augenscheinseinnahme wiedergibt, § 160 Abs. 3 Nr. 5) oder Handlungen des Urkundenausstellers (zB das Vollstreckungsprotokoll, § 762) bezeugt werden, bestimmt sich nach § 418. Öffentliche Urkunden, die eigene Erklärungen der Behörde beinhalten (bewirkende Urkunden), unterfallen demgegenüber § 417. Die Dokumente des Bundesbeauftragten für die Unterlagen des Ministeriums für Staatssicherheit der ehemaligen DDR (BStU) fallen in keine dieser Kategorien.[102]

25 Mit den in § 415 angesprochenen Erklärungen Dritter sind **Erklärungen aller** Art gemeint.[103] Bei den bezeugten Erklärungen kann es sich um Willenserklärungen (vgl. § 160 Abs. 3 Nr. 1: Vergleich)[104] handeln, ferner um Wissenserklärungen anderer (vgl. § 160 Abs. 3 Nr. 4), um bloße Wunscherklärungen[105] und um Verfahrenserklärungen im Bereich streitiger oder freiwilliger Gerichtsbarkeit (streitige Gerichtsbarkeit: zB § 160 Abs. 3 Nr. 1 bis 3, 8, 9; freiwillige Gerichtsbarkeit: zB Anmeldungen und Eintragungsanträge zu Registern (§ 12 HGB, § 1560 BGB) oder zum Grundbuch (§ 13 GBO)). Zum Beglaubigungsvermerk s. Rn. 22.

VI. Rechtsfolge

26 **1. Formelle Beweiskraft.** Die öffentliche Urkunde über Erklärungen beweist voll. Soweit die Beweiskraft reicht, darf der Urkundeninhalt somit nicht frei gewürdigt, müssen Zweifel an seiner Richtigkeit zurückgestellt werden.[106] § 415 betrifft **nur** die **formelle Beweiskraft.** Soweit die Vorschrift reicht, ist also der danach bewiesene Urkundeninhalt der Tatsachenfeststellung zugrunde zu legen. Eine andere Frage ist die nach der Entscheidungsrelevanz des Urkundeninhalts: Soll etwa das Zustandekommen eines Vertrages bewiesen werden und enthält die vorgelegte Urkunde nicht mehr als den Antrag (vgl. § 128 BGB), so ist der Richter in der Beweiswürdigung jedenfalls insoweit frei, als es um die Annahme des Antrags geht. Hier steht die **materielle Beweiskraft** der Urkunde in Frage, die Beziehung zwischen Urkundeninhalt und Beweisthema.[107] Diese Beziehung herzustellen ist allerdings erforderlich und zulässig nur dort, wo der Urkundeninhalt nicht mehr als eine Indizwirkung für die Richtigkeit der unter Beweis gestellten Behauptung hat. Erbringt hingegen der Urkundeninhalt unmittelbar Beweis, stellt sich die Frage nach der materiellen Beweiskraft einer Urkunde nicht.[108]

27 **2. Umfang der Beweiskraft.** Nach dem **Wortlaut** der Vorschrift ist formell bewiesen nicht nur die abgegebene Erklärung, sondern der gesamte beurkundete Vorgang. Diese Formulierung geht über den **Regelungszweck** hinaus. § 415 ist demgemäß restriktiv zu interpretieren. Bewiesen ist, dass die Erklärung, wie in der Urkunde bezeugt, abgegeben worden ist.[109] Danach erfasst die Beweiskraft die Erklärung selbst, also ihren Inhalt, ferner deren Vollständigkeit, deren Abgabe vor der beurkundenden Stelle sowie die Zeit und den Ort der Erklärung.[110] Bewiesen ist auch, dass die Erklärung von der bestimmten, in der Urkunde namentlich bezeichneten Person stammt.[111] Ob sich die Beweiskraft darüber hinaus auf die **Identität** des Erklärenden mit dem Namensträger erstreckt, ist streitig. Die Frage wird **bejaht** für die Urkunde in der freiwilligen Gerichtsbarkeit,[112] die heute in der Regel eine notarielle Urkunde ist und in der der Notar auch die Identität des/der Beteiligten anzugeben hat (§ 10 BeurkG),[113] ferner für die Unterschriftsbeglaubigung,[114] dagegen

---

[102] VG Meiningen LKV 1995, 298, 299 f.; VG Greifswald DtZ 1995, 455.

[103] Beispiel von *Stein/Jonas/Leipold* Vor § 415 Rn. 2: Brief; anders (nur Willenserklärung, Rechtsgeschäft) *A. Blomeyer* § 77 III 2 b; *Schellhammer* Rn. 585 (Willenserklärungen und Prozesshandlungen).

[104] Zur Rechtsnatur etwa *Zeiss/Schreiber* Rn. 517.

[105] Beispiel von *Reithmann* S. 47 Fn. 83 für eine testamentarische Erklärung des Erblassers: „Ich wünsche, daß meine Kinder immer einig sind."

[106] Zum Begriff des vollen Beweises anders *Bruns* Rn. 194: Verhältnis zwischen erklärtem und beabsichtigtem Urkundeninhalt.

[107] Ebenso *Stein/Jonas/Leipold* Vor § 415 Rn. 10; *Jauernig* § 55 IV, V; *Rosenberg/Schwab/Gottwald* § 118 III 3. Begrifflich anders *Zöller/Geimer* Vor § 415 Rn. 6; *Bruns* Rn. 194.

[108] *Stein/Jonas/Leipold* Vor § 415 Rn. 9 ff.; § 415 Rn. 12. Beispiel: Beweisthema ist lediglich die Abgabe der beurkundeten Erklärung.

[109] Vgl. *Hahn* S. 647.

[110] BGH NJW 1996, 679; OLG Hamm VersR 2000, 1219, 1220; *Stein/Jonas/Leipold* Rn. 11; einschränkend A. *Blomeyer* § 77 III 2 a; KG KGJ 44, 208, 212; 45, 187, 192.

[111] BGH NJW 2001, 448, 449; *Baumbach/Lauterbach/Hartmann* Rn. 10; aA *Thomas/Putzo/Reichold* Rn. 5.

[112] KG KGJ 52, 110, 112; BayObLGZ 1952, 52, 57.

[113] *Stein/Jonas/Leipold* Rn. 11.

[114] OLG Hamm JMBlNRW 1964, 53, 54.

verneint für das Verhandlungsprotokoll (§§ 159 ff.)[115] und für Sparbücher.[116] Indessen fällt die Identitätsfeststellung auch dann nicht in den Anwendungsbereich des § 415, wenn sie zum vorgeschriebenen Urkundeninhalt gehört (zB § 10 BeurkG). Denn ebenso wie durch die Feststellung der Geschäftsfähigkeit (§§ 11, 28 BeurkG) sollen durch die Identitätsfeststellung Zweifel an der Wirksamkeit der beurkundeten Erklärung – im letzteren Fall deren Wirkung für und gegen den Namensträger – ausgeräumt werden. Materiell-rechtliche Aspekte sind aber nicht Gegenstand der formellen Beweiskraft iSd. § 415.[117] Hinzu kommt, dass die Urkundsstelle, auch der Notar, mit den Feststellungen nach §§ 10, 11, 28 BeurkG (ggf. iVm. § 1 Abs. 2 BeurkG) das Ergebnis eigener Wahrnehmungen in die Urkunde aufnimmt. Derartige Zeugnisse können allenfalls Inhalt öffentlicher Zeugnisurkunden nach § 418 sein;[118] im Übrigen ist die Identität nach § 286 Abs. 1 zu beurteilen. **Sonderregeln** über die formelle Beweiskraft enthalten §§ 165, 314, ferner § 65 S. 2 BeurkG, §§ 60, 66 PStG.[119]

VII. Beweis der unrichtigen Beurkundung

Hinsichtlich jedes einzelnen Gegenstandes der formellen Beweiskraft[120] ist der **Beweis der Falschbeurkundung** nach Abs. 2 zulässig. Das gilt für Zeit und Ort der Beurkundung[121] ebenso wie für die Person des Urkundsbeamten[122] und die Abgabe der Erklärung mangels Verlesung (vgl. § 13 BeurkG).[123] Anders ist der Fall zu beurteilen, in dem der Erklärende beim Verlesen einen von ihm nicht gewollten Passus überhört und die Willenserklärung insgesamt genehmigt.[124] Denn hier hat die Erklärung ihrem objektiven Wert entsprechend in der Urkunde ihren Niederschlag gefunden. Die Beurkundung ist also richtig. Dem Erklärenden bleibt die bürgerlich-rechtliche Irrtumsanfechtung (§ 119 Abs. 1 BGB). Sie kann zwar nicht die formelle Beweiskraft beseitigen, wohl aber den Beweiswert der Urkunde vernichten:[125] Mag die Erklärung – richtiger: ihr Schein – auch bewiesen werden, so ist sie jedenfalls nichtig (§ 142 Abs. 1 BGB); war die Willenserklärung Beweisthema, geht der Beweis folglich ins Leere. 28

Der Mangel in der Identität des Erklärenden gehört nicht hierher.[126] Auch die Verletzung einer wesentlichen Formvorschrift unterfällt nicht Abs. 2; alsdann fehlt es vielmehr schon an einer öffentlichen Urkunde iSd. Abs. 1.[127] 29

Einigkeit besteht über die **Anforderungen,** die an den Beweis zu stellen sind. Sie entsprechen denen des **Hauptbeweises.** Notwendig ist danach der volle Nachweis der Falschbeurkundung, das bloße Erwecken von Zweifeln reicht nicht.[128] Dies ist nach allgemeinen Grundsätzen folgerichtig, wenn der Beweis iSd. Abs. 2 Beweis des Gegenteils[129] ist. Das jedoch wird überwiegend geleugnet. Statt dessen ist die Rede vom Gegenbeweis,[130] der wegen § 445 Abs. 2 nicht durch Parteivernehmung geführt werden kann.[131] Dem ist zuzustimmen. Zum einen sind die Beweisregeln der §§ 415 ff. keine gesetzlichen Vermutungen (§ 292). Sie repräsentieren vielmehr den „Schatz an Erfahrungen",[132] der sich im Laufe der Jahrhunderte angesammelt hatte. Ihnen kommt der Beweiswert tatsächlicher Vermutungen zu,[133] sie sind folglich dem **Gegenbeweis** zugänglich. Die an ihn 30

---

[115] RGSt. 39, 346 f.; LG Berlin DNotZ 1963, 250, 251.

[116] BGH NJW 1963, 1630, 1631.

[117] BGH WM 1979, 1157, 1158; *Baumbach/Lauterbach/Hartmann* Rn. 11.

[118] Wie hier BGH NJW 1963, 1010, 1012; *Zöller/Geimer* § 418 Rn. 1 bis 3 (anders § 415 Rn. 5).

[119] IdF v. 8. 8. 1957 (BGBl. I S. 1125); BGHZ 6, 304, 315 = NJW 1952, 1211; BGHZ 16, 217, 223 = NJW 1955, 625.

[120] Vgl. Rn. 26 sowie BGH NJW 1994, 320, 321.

[121] RGZ 74, 421, 424 f.; OLG Hamm VersR 2000, 1219, 1220.

[122] RGZ 61, 95, 99.

[123] BGH Rpfleger 1957, 110, 112.

[124] BGHZ 71, 260, 262 = NJW 1978, 1480 = LM Nr. 4 (Anm. *Linden*); *Zöller/Geimer* Rn. 5 ff.; aA BGH LM Nr. 3; RGZ 50, 420, 422 f.; *Wieczorek* Anm. E I.

[125] *Musielak/Huber* Rn. 11; *Wieczorek* Anm. E I b.

[126] S. Rn. 27.

[127] AA RGZ 161, 378, 381 f.

[128] BVerfG NJW-RR 2002, 1008 (zu § 418); BGHZ 16, 217, 227 = NJW 1955, 625; BGH NJW 1965, 1714; Rpfleger 1957, 110, 112; RGZ 131, 284, 288; 161, 378, 382; *Musielak/Huber* Rn. 12; *Zöller/Geimer* Rn. 6.

[129] Vgl. *Zeiss/Schreiber* Rn. 432.

[130] *Baumbach/Lauterbach/Hartmann* Rn. 11; *Schlosser* Bd. I Rn. 353; anders (Hauptbeweis, Beweis des Gegenteils) *Wieczorek* Anm. E I; *Schellhammer* Rn. 585.

[131] BGH NJW 1965, 1714; RGZ 131, 284, 288; vgl. aber BGH NJW 1978, 1480, 1481; *Rosenberg/Schwab/Gottwald* § 118 III 2 a; aA *Schellhammer* Rn. 585.

[132] *Planck* KrVjschr. 4, 250 ff.

[133] Vgl. *A. Blomeyer* § 77 III 2 a.

zu stellenden **Anforderungen** sind allerdings höher, als dies gewöhnlich der Fall ist.[134] Denn der Richter ist durch die Anordnung des vollen Beweises gehindert, vorhandenen Zweifeln an der formellen Richtigkeit des Urkundeninhalts Raum zu geben. Dabei ist einerlei, wodurch diese Zweifel geweckt wurden. Eine Parteiinitiative – Beweisführung nach Maßgabe des Abs. 2 –, die den Richter nicht in vollem Umfang überzeugt, reicht von daher nicht aus. Anders als vereinzelt angenommen,[135] ist somit nicht aus den Folgen auf die Beweisart zu schließen, sondern sind die Folgen des Gegenbeweises hier andere, weitergehende als üblich.

§ 416 Beweiskraft von Privaturkunden

Privaturkunden begründen, sofern sie von den Ausstellern unterschrieben oder mittels notariell beglaubigten Handzeichens unterzeichnet sind, vollen Beweis dafür, dass die in ihnen enthaltenen Erklärungen von den Ausstellern abgegeben sind.

I. Zweck und Bedeutung der Beweisregeln; Entstehungsgeschichte

1 Zum Zweck der Beweisregeln, zu ihrer Entstehungsgeschichte und ihrer prozessualen Relevanz vgl. § 415 Rn. 1 bis 4.

II. Die Voraussetzungen vollen Beweises

2 Die volle formelle Beweiskraft[1] iSd. § 416 kommt zu
– privaten Urkunden,[2]
– die von den Ausstellern unterschrieben oder mittels notariell beglaubigten Handzeichens[3] unterzeichnet sind
– und Erklärungen enthalten.

3 **1. Private Urkunden**. Das sind alle Urkunden, die nicht zu den öffentlichen gehören. Hierzu zählen einmal die von einer Privatperson erstellten Urkunden. Hierher gehören aber auch die Urkunden, die von einer der in § 415 genannten Urkundsstellen errichtet worden sind, soweit diese Stelle außerhalb ihrer Amtsbefugnisse bzw. ihres Geschäftskreises gehandelt hat[4] oder zwingende Formvorschriften verletzt worden sind.[5]

4 **2. Erkennbarkeit der Urheberschaft.** Notwendig ist die **Unterzeichnung** – auch die Unterschrift (vgl. § 126 Abs. 1 BGB) – **durch den Aussteller.** Das ist derjenige, der die Erklärung abgibt, sie also willentlich verlautbart.[6] Ob die Erklärung nach den Vorschriften des materiellen Rechts für und gegen den Aussteller wirkt, ist bedeutungslos. Handelt allein ein Vertreter, stellt demgemäß dieser, nicht aber der Vertretene die Urkunde aus.[7] Auch auf materiell-rechtliche Wirksamkeitserfordernisse (zB §§ 104 ff. BGB) kommt es nicht an. Ob ihnen genügt ist, mag für die materielle Beweiskraft[8] bedeutsam sein; die formelle Beweiskraft, um die es hier allein geht, bleibt davon unberührt.[9] Die Urkunde ist zu unterzeichnen.[10] Unterschrift oder Handzeichen müssen so angeordnet sein, dass aufgrund dessen der Urkundentext dem Aussteller zurechenbar ist. Das ist idR nur dann der Fall, wenn die Unterzeichnung die Erklärung räumlich abschließt (vgl. auch § 440 Abs. 2).[11] Soweit die Urkun-

---

[134] BayObLG FamRZ 1994, 980.
[135] *Schellhammer* Rn. 585.
[1] Dazu § 415 Rn. 26.
[2] Zum Urkundenbegriff § 415 Rn. 5 ff. – Dazu, daß allein aufgrund einer Parteivereinbarung nicht die Beweiswirkung des § 416 herbeigeführt werden kann, *Hoeren* CR 1995, 513, 514 ff.; *Geis* NJW 1997, 3000, 3003.
[3] Zur notariellen Beglaubigung § 415 Rn. 22.
[4] Vgl. § 415 Rn. 16 ff.
[5] Dazu § 415 Rn. 21, 23; ebenso für das formunwirksame öffentliche Testament BGHZ 37, 90 = NJW 1962, 1152.
[6] BGHZ 47, 68, 71 = NJW 1967, 1124; BGH NJW 1981, 1900, 1901; *Holzhauer,* Die eigenhändige Unterschrift, 1973, S. 239 ff.; *Köhler,* FS Schippel, 1996, S. 209 ff.
[7] Wie hier *Förster/Kann* Anm. 1 b aa; *Zöller/Geimer* Rn. 2; ebenso für § 126 BGB RGZ 76, 191; 96, 288; MünchKommBGB/*Förschler* § 126 Rn. 20; aA *Musielak/Huber* Rn. 2; *Stein/Jonas/Leipold* Rn. 3; ebenso wohl *Thomas/Putzo/Reichold* Rn. 2; für die Vertretung in der Unterschrift auch *Zöller/Geimer* Rn. 2.
[8] § 415 Rn. 26.
[9] BGH NJW 1993, 1379, 1380.
[10] Zum Begriff bei Fn. 6.
[11] Einzelheiten bei MünchKommBGB/*Förschler* § 126 Rn. 17. Zu den Sparkassenüberweisungsformularen („Oberschrift") BGHZ 113, 48, 50 f. = NJW 1991, 487 (dazu *Weber* JuS 1991, 543) sowie BGH NJW 1992, 829, 830 („Nebenschrift").

de nachträglich ergänzt ist, entscheidet der Standort des Nachtrags über dessen formelle Beweiskraft: Unterhalb der Unterschrift stehende Zusätze nehmen an der formellen Beweiskraft grundsätzlich ohnehin nicht teil; Einschaltungen oberhalb der Unterschrift können von dieser gedeckt sein. Ob das der Fall ist, entscheidet das Gericht im Einzelfall nach freier Überzeugung (§ 419).[12] Sofern es nicht um die Beweiskraft nachträglicher Zusätze geht, ist der Zeitpunkt der Unterzeichnung ohne Bedeutung. Die Urkunde kann also vor der Formulierung der Erklärung blanko unterzeichnet sein.[13]

3. Form der Unterzeichnung. Nicht erforderlich ist, dass die **Unterzeichnung eigenhändig** erfolgt. Das zeigt sich an der unterschiedlichen Fassung von § 416 und § 126 BGB. Folglich genügt den Anforderungen des § 416[14] eine solche Urkunde, die nach telefonischem Diktat von einem Gehilfen aufgesetzt und von diesem mit dem Namen des Diktierenden, dem Aussteller der Urkunde, unterschrieben wird. Ebenso kann ein Dritter Hilfe bei der Unterzeichnung leisten, sofern es mit der bloßen Hilfestellung sein Bewenden hat und die Authentizität der Erklärung gewährleistet ist. Um die Unterschrift des Ausstellers handelt es sich aber nicht mehr, wenn sie nicht unter dessen Herrschaft und Leitung vollzogen wird.[15] Umgekehrt reicht es aus, wenn ein Dritter die Urkunde erstellt und sie von dem personenverschiedenen Aussteller unterzeichnet wird.[16] Weil bei einer Stellvertretung nicht der Vertretene, sondern der Vertreter die Urkunde ausstellt, muss auch die Unterzeichnung von ihm stammen. Ob er mit seinem Namen oder dem des Vertretenen[17] unterschreibt, ist einerlei. Hierbei geht es allein um inhaltliche Erfordernisse, denen die Urkunde genügen muss; diese Frage darf nicht mit der nach der Identität von Aussteller und Unterzeichnendem verwechselt werden.[18] 5

Streitig ist, ob die **Unterzeichnung handschriftlich** vorzunehmen ist. Bejaht man die Frage,[19] so scheiden mechanisch hergestellte Unterschriften (Schreibmaschine, Faksimilestempel) aus dem Kreis des § 416 ebenso aus wie Vervielfältigungen[20] von unterschriebenen Schriftstücken,[21] wenn nicht auch die Vervielfältigung eigens unterschrieben ist. Handschriftliche Unterzeichnung ist indessen nicht erforderlich.[22] Die gegenteilige Ansicht ist wenig praxisgerecht, trägt der unterschiedlichen Fassung von § 126 BGB und § 416 keine Rechnung und steht im Widerspruch zu der Ratio des § 416. Zum einen entspricht es heute landläufiger Übung, sich den technischen Fortschritt zunutze zu machen und etwa auf umständlich zu erstellende, zudem mit steigender Anzahl zunehmend undeutlicher werdende Durchschläge von Schreibmaschinenoriginalen zu verzichten und maschinell gefertigte Reproduktionen der Urschrift an deren Stelle in den Verkehr zu bringen.[23] Das lässt es zu, diese weiteren Originalerklärungen als Urkunden anzusehen. Ihnen gleichwohl die Beweiswirkung des § 416 abzusprechen, hieße auf halbem Weg stehen bleiben. Zum anderen rechtfertigt es das Merkmal der Eigen**händigkeit** (§ 126 BGB), zur Wahrung der Schriftform die **hand**schriftliche Unterzeichnung zu fordern;[24] im Rahmen des § 416 ist von dieser Voraussetzung abgesehen worden. Schließlich zeigt die Möglichkeit, durch die notarielle Beglaubigung eines Handzeichens der Privaturkunde die Beweiswirkung des § 416 beizumessen, den Grund für die formelle Beweiswirkung auf. Er besteht allein darin, dass sich jemand als Urheber der Erklärung bezeichnet.[25] Das kann auch dadurch geschehen, dass ein anderwärts geleistetes Handzeichen vor dem Notar anerkannt wird (§ 40 Abs. 1 und 6 BeurkG). Für die wirkliche Urheberschaft ist damit allenfalls ein Indiz geschaffen, das für die formelle Beweiskraft ausreicht, obwohl es doch hinter der Indizwirkung, zB einer abgelichteten Unterschrift, zurückbleibt.[26] 6

---

[12] In concreto verneint von BGH NJW 1966, 1657; bejaht von BGH NJW 1974, 1083.

[13] Vgl. BGHZ 22, 128, 132 = NJW 1957, 137; RGZ 57, 66; 64, 406; *Stein/Jonas/Leipold* Rn. 13; zum Gegenbeweis Rn. 11.

[14] Nicht des § 126 BGB (RGZ 58, 387, 388; MünchKommBGB/*Förschler* § 126 Rn. 20 m. weit. Nachw.).

[15] OLG Marienwerder SeuffA 50 Nr. 239.

[16] *Zöller/Geimer* Rn. 2; OLG Karlsruhe NJW-RR 1993, 489, 490.

[17] Zulässig nach BGHZ 45, 193, 195 = NJW 1966, 1069; RGZ 74, 69; zweifelnd *Soergel/Hefermehl* § 126 BGB Rn. 18; abl. *Holzhauer* S. 15 ff.

[18] Vgl. aber *Zöller/Geimer* Rn. 2.

[19] *Zöller/Geimer* Rn. 1; *Wieczorek* Anm. A I b 1, B I a; aA *Baumbach/Lauterbach/Hartmann* Rn. 5; *Stein/Jonas/Leipold* Rn. 4; *Thomas/Putzo/Reichold* Rn. 2.

[20] BGH ZZP 73 (1960), 121; *Bruns* Rn. 193 c.

[21] Zu deren Urkundenqualität § 415 Rn. 7.

[22] Zu Einschränkungen Rn. 6.

[23] Vgl. OLG Düsseldorf NJW-RR 1995, 737.

[24] Vgl. *Palandt/Heinrichs* § 126 BGB Rn. 7.

[25] Motive bei *Hahn* S. 323: Das Unterschriftserfordernis sollte zur Erleichterung des Rechtsverkehrs „bedenkliche Skripturen" wie Notizen, Traktate, Vermerke in Hausbüchern von der Beweisregel ausschließen.

[26] Dazu *Bruns* Rn. 194 c.

7 **4. Inhalt der Unterzeichnung.** Die Unterschrift muss inhaltlich so beschaffen sein, dass der Aussteller aus ihr erkennbar ist. Denn nur so ist die Authentizität der Erklärung gewährleistet. Allgemeine Grundsätze lassen sich nicht aufstellen. Regelmäßig wird die Benutzung des Familiennamens ausreichen. Bei Allerweltsnamen (Müller, Meier usw.) kann das anders sein. Hier mag sich die Person des Ausstellers aus dem Urkundentext ergeben. Ist das nicht der Fall, so muss der Aussteller handschriftlich unterzeichnen.[27] Denn nur die Individualität, die Einmaligkeit und die charakteristischen Merkmale der Handschrift weisen alsdann in hinreichender Weise auf den Aussteller hin. Wo dessen Identifizierung durch die Verwendung allein eines Vornamens,[28] eines Pseudonyms, des Künstler-[29] oder Spitznamens[30] möglich ist, können auch sie verwendet werden. Kaufleute können mit ihrer Firma zeichnen (§ 17 Abs. 1 HGB). Möglich ist auch die Unterzeichnung mit einem firmenartigen Kollektivnamen.[31] Anders als § 126 BGB verlangt § 416 keine Namensunterschrift.[32] Sie ist auch vom Zweck der Vorschrift her nicht notwendig: Es reicht aus, wenn sich unter Zuhilfenahme der Unterschrift die Person des Ausstellers ermitteln lässt. Darum genügen für die Privaturkunde hier[33] Familienbezeichnungen („Dein Vater" usw.), ebenso Titel, Amts- und Berufsbezeichnungen, Abkürzungen, Initialen, Verweisungen,[34] wenn sich der Aussteller jeweils in Verbindung mit dem übrigen Urkundeninhalt ermitteln lässt.

8 **5. Inhalt der Erklärung. Jede** in der Urkunde enthaltene **Erklärung** reicht aus, um die Rechtsfolge des § 416 zu begründen. Es kommt insoweit weder auf den Rechtscharakter der Erklärung noch auf deren Inhalt an.[35] Deshalb beweisen auch private Zeugnisurkunden.[36] Sie aus dem Geltungsbereich des § 416 herauszunehmen ist weder vom Wortlaut noch vom Zweck des § 416 zu begründen. Zudem wird andernfalls der Unterschied zwischen formeller und materieller Beweiskraft[37] verkannt: Allein diese bleibt bei Zeugnisurkunden hinter der materiellen Beweiskraft von Tatbestandsurkunden regelmäßig zurück.[38] Denn die Tatbestandsurkunde ist „Träger einer rechtlichen Disposition";[39] wo allein die Abgabe der Willenserklärung Beweisthema ist, ist der Beweis somit erbracht.[40] Dass eine Person von Vorgängen berichtet hat, wird demgegenüber über eine Indizwirkung nur selten hinausgehen; deswegen kann der Zeugnisurkunde die formelle Beweiskraft aber nicht abgesprochen werden.

III. Rechtsfolge

9 Formell voll bewiesen ist die **Abgabe** der in der Urkunde enthaltenen Erklärung.[41] Der Umstand, dass der Aussteller die Erklärung willentlich in den Verkehr gebracht hat,[42] unterliegt somit nicht der freien Beweiswürdigung (§ 286 Abs. 2). Vom Umfang her bleibt die Beweiskraft hinter der des § 415[43] zurück. Insbesondere erstreckt sich die Beweiskraft nicht auf den Inhalt der Erklärung,[44] ebenso wenig auf den in der Urkunde ggf. angegebenen Ort und Zeit-

---

[27] Umgekehrt im Falle des § 126 BGB: Weil dort handschriftliche Unterzeichnung erforderlich ist, genügt die Verwendung des Allerweltsnamens (*Staudinger/Hertel* § 126 BGB Rn. 137).

[28] RGZ 137, 213.

[29] RG Gruchot 31, 902, 904.

[30] BayObLG Rpfleger 1979, 336, 337 m. weit. Nachw.

[31] „Frères Tacchi" für eine Künstlertruppe: RG Gruchot 31, 902.

[32] Vgl. Protokolle bei *Hahn* S. 647; im Ergebnis aA *Förster/Kann* Anm. 1 b bb.

[33] Anders für § 126 BGB – eine Bestimmung, welche die Namensunterschrift ausdrücklich fordert – zB RGZ 134, 308; MünchKommBGB/*Förschler* § 126 Rn. 26.

[34] „Der Obige"; *Förster/Kann* (Fn. 32).

[35] Motive bei *Hahn* S. 320; *Stein/Jonas/Leipold* Vor § 415 Rn. 2; aA *A. Blomeyer* § 77 III 2 a; *Jauernig* § 55 V 4, 5; *Schellhammer* Rn. 590.

[36] *Stein/Jonas/Leipold* Rn. 9; *Rosenberg/Schwab/Gottwald* § 118 III 2 c; aA *A. Blomeyer* § 77 III 2 a, b; *Jauernig* § 55 V 5.

[37] § 415 Rn. 26.

[38] *Schlosser* Bd. I Rn. 353; vgl. aber auch *Bruns* Rn. 195 d.

[39] Motive bei *Hahn* S. 320.

[40] S. § 415 Rn. 26.

[41] BGH NJW 1990, 2125; NJW-RR 2003, 384, 385; LG Frankfurt/Oder NJW 1997, 201; KG ZMR 2004, 110, 111; differenzierend *Reithmann* S. 20.

[42] S. Rn. 3; aA *Britz,* Urkundenbeweisrecht und Elektroniktechnologie, 1996, S. 154; ZZP 110 (1997), 61, 83 ff.; *Ahrens,* FS Geimer, S. 10 f.

[43] S. § 415 Rn. 27.

[44] RGZ 73, 276, 279 f.; BGH FamRZ 1995, 799; NJW 2002, 2707; BayObLGZ 1982, 445, 448; NJW-RR 1990, 210, 211; OLG Köln JMBlNRW 1993, 153; OLG Düsseldorf NJW-RR 1996, 361; LG Karlsruhe MDR 1978, 667; *Stein/Jonas/Leipold* Rn. 8.

die „fortgeschrittene elektronische Signatur“ (§ 2 Nr. 2 SigG; zB Signaturen ohne besonders sichere Signaturerstellungsorganisation) genügen also nicht.

3. Beglaubigungs- oder Transfervermerk. Für den Beglaubigungsvermerk ist die Behörde oder Stelle zuständig, die auch eine öffentliche Urkunde iSd. § 415 Abs. 1 errichten könnte (vgl. dort Rn. 14 ff.). Einzelheiten des gerichtlichen Transfervermerks sind in § 298 Abs. 2 geregelt (vgl. die Anm. dort). 5

4. Echtheit des Dokuments. Da § 416 a an § 371 a Abs. 2 anknüpft, ist hier wie dort erforderlich, dass das öffentliche elektronische Dokument echt ist. Dafür streitet die Vermutung des § 371 a Abs. 2 S. 2. Hat das Gericht Bedenken gegen die Echtheit, kann es nach § 435 vorgehen (vgl. dort Rn. 3). Der Beweisführer muss also ggf. das elektronische Dokument präsentieren oder die Tatsachen angeben und glaubhaft machen, aus denen sich ein Vorlegungshindernis ergibt. 6

§ 416 a kommt nur zur Anwendung, wenn der Beglaubigte oder mit einem Transfervermerk versehene Ausdruck eine Abschrift des originären elektronischen Dokuments darstellt. Stellt das elektronische Dokument seinerseits die Abschrift eines Originals dar, weil zB ein Schriftstück eingescannt und abgespeichert wurde, ist § 416 a nicht anzuwenden. Alsdann gelten die Vorschriften über die Vorlage der beglaubigten Abschrift einer öffentlichen Urkunde unmittelbar (dazu § 435). 7

III. Rechtsfolgen

Der Ausdruck steht einer öffentlichen Urkunde in beglaubigter Abschrift gleich. Demzufolge gelten insoweit die allgemeinen Vorschriften. Dies sind für den Ausdruck eines öffentlichen elektronischen Dokuments die §§ 415, 417, 418 sowie für den Ausdruck eines gerichtlichen elektronischen Dokuments die §§ 165, 314. 8

§ 417 Beweiskraft öffentlicher Urkunden über amtliche Anordnung, Verfügung oder Entscheidung

Die von einer Behörde ausgestellten, eine amtliche Anordnung, Verfügung oder Entscheidung enthaltenden öffentlichen Urkunden begründen vollen Beweis ihres Inhalts.

I. Zweck und Bedeutung der Beweisregeln; Entstehungsgeschichte

Zum Zweck der Beweisregeln, zu ihrer Entstehungsgeschichte und ihrer prozessualen Relevanz vgl. § 415 Rn. 1 bis 4. 1

II. Die Voraussetzungen vollen Beweises

Die formelle Beweiskraft iSd. § 417 kommt zu 2
- öffentlichen Urkunden,[1]
- die von einer Behörde ausgestellt sind
- und eine Erklärung der Behörde enthalten.

1. Geltungsbereich. § 417 erfasst die wirkenden öffentlichen Urkunden. Sie enthalten Anordnungen, Verfügungen oder Entscheidungen der Behörde selbst, nicht berichten sie über Tatsachen.[2] Eine **öffentliche Urkunde** liegt nur vor, wenn die Behörde innerhalb der Grenzen ihrer Amtsbefugnisse handelt. Hier geht es nicht darum, ob die Behörde für die Erklärung zuständig ist. Maßgebend ist vielmehr, dass sie die **Beurkundungszuständigkeit** hat. Das ist hier – anders als bei der Beurkundung fremder Erklärungen[3] – stets der Fall:[4] Weil die Anordnung, Verfügung oder Entscheidung erlassen worden ist, darf die Behörde sie in Urkundsform umsetzen. Das folgt nicht zuletzt aus dem beschränkten Umfang der formellen Beweiskraft. Denn die Urkunde iSd. § 417 besagt weder etwas über die sachliche Richtigkeit der Erklärung noch generell etwas über deren – ggf. durch die Verletzung von Zuständigkeitsvorschriften beeinträchtigte – Wirksamkeit. Demgegenüber handelt es sich um öffentliche Urkunden wiederum[5] nur, soweit die Behörde öffentliche Zwecke verfolgt. Innerbehördliche Maßnahmen („Verfügungen“ betreffend die Aktenführung) gehören somit nicht hierher. Ob die Behörde sich darüber hinaus eines öffentlich-rechtlichen Mittels 3

---

[1] Zum Begriff § 415 Rn. 13 ff.
[2] Wiedergabe fremder Erklärungen: § 415; Bericht über sonstige Vorgänge: § 418.
[3] S. § 415 Rn. 16 ff.
[4] AA wohl *Wieczorek* Anm. A I.
[5] S. § 415 Rn. 24, 25.

wie etwa eines Verwaltungsaktes bedient, ist bedeutungslos, sofern die Behörde zwischen den Rechtsformen des privaten und des öffentlichen Rechts wählen darf.[6] Auch kann nur die **formgerechte** Urkunde eine öffentliche Urkunde sein. Soweit man etwa Zivilurteile überhaupt zu den wirkenden Urkunden zählt,[7] sind demzufolge die §§ 313, 315 zu beachten.

4 **2. Beweiskraft.** Anders als im Rahmen von § 415 kommt nach dem Wortlaut des § 417 nur **behördlichen** Urkunden Beweiskraft zu. Von einer öffentlichen Urkundsperson (Notar) ausgestellte Urkunden scheiden danach aus. Würde etwa der **Notar** die vollstreckbare Ausfertigung einer notariellen Urkunde erteilen(§ 797 Abs. 2), so würde ihr die formelle Beweiskraft fehlen: Weil die öffentliche Urkunde eine Entscheidung enthält, kann sie nur nach § 417 beweiskräftig sein; beschränkte man den Kreis der Urkunden hier auf die behördlichen, so fiele eine notarielle Urkunde dieses Inhalts aus dem Kreis der Beweisregeln gänzlich hinaus. Das indessen ist unzutreffend. Denn der Grund des § 417 liegt darin, „daß die Urkunde selbst in authentischer Form die amtliche Anordnung, Verfügung, Entscheidung darstellt".[8] Die Urkunde iSd. § 417 beweist also kraft ihrer Augenscheinsqualität.[9] Diese kommt aber auch notariellen Urkunden zu. § 417 ist folglich auf sie ebenfalls anzuwenden.[10]

5 Die Aufzählung von Anordnung, Verfügung, Entscheidung ist untechnisch. § 417 erfasst insoweit **jede auf Außenwirkung gerichtete (Willens-)Erklärung** einer Behörde.[11] Sie ist sicherlich in der Urkunde enthalten, wenn die Anordnung, Verfügung, Entscheidung nur in Urkundenform, also schriftlich,[12] ergehen kann; das ist der Fall etwa bei der vollstreckbaren Ausfertigung (vgl. § 725). Zu den in einer Urkunde enthaltenen Erklärungen gehören aber auch diejenigen, welche mündlich abgegeben und in einer Urkunde lediglich wiedergegeben werden.[13] Denn die Authentizität der Erklärung wird durch deren bloße Reproduktion in einer Urkunde nicht gemindert. Auch so wird die Erklärung in urkundlicher Form „dargestellt".[14] Öffentliche Tatbestandsurkunden sind der Erbschein,[15] das Negativattest des Finanzamts,[16] die Bestellung eines gesetzlichen Vertreters,[17] die Todeserklärung,[18] die Festsetzung der Vergütung für den Nachlasspfleger.[19]

III. Rechtsfolge

6 Die formelle Beweiskraft erstreckt sich darauf, dass die Anordnung, Verfügung oder Entscheidung mit dem Inhalt getroffen worden ist, der sich aus der Urkunde ergibt. Bewiesen ist aber nicht nur der Erklärungsinhalt, sondern der **Inhalt der Urkunde insgesamt.** Nur dieses Ergebnis entspricht dem Wortlaut des § 417, der dem **Urkunden**-Inhalt Beweiskraft zumisst. Nur so ist überdies der Einklang mit der Beweisregel des § 415 hergestellt.[20] Der freien Beweiswürdigung unterliegen somit nicht Ort und Zeit der Erklärung,[21] auch nicht die Angabe der teilnehmenden Personen sowie die Datumsangaben.[22] **Nicht** zum **Urkundeninhalt** gehören demgegenüber die Motive der Erklärung[23] sowie deren inhaltliche Richtigkeit[24] im Tenor, in der Beurteilung rechtlicher Vorfragen[25] und in der Feststellung von Tatsachen.[26]

---

[6] Dazu *Erichsen/Ehlers*, Allg. Verwaltungsrecht, 12. Aufl. 2002, § 2 Rn. 33, 34.
[7] S. Rn. 4.
[8] Motive bei *Hahn* S. 323.
[9] *Bruns* Rn. 194b.
[10] AA *Skonietzki/Gelpke*, ZPO, 1. Bd., 1911, Anm. 1.
[11] AllgM; vgl. *Zöller/Geimer* Rn. 1; *Baumbach/Lauterbach/Hartmann* Rn. 1.
[12] S. § 415 Rn. 4.
[13] AA *Förster/Kann* Anm. zu § 417, für die Urteile in Zivil- und Strafsachen (womit aber die Bedeutung der §§ 313, 315 unterschätzt wird).
[14] Motive bei *Hahn* S. 323.
[15] BGH NJW 1964, 558.
[16] OLG Neustadt NJW 1964, 2162, 2163.
[17] *Wieczorek* Anm. A II.
[18] BayObLGZ 1955, 73.
[19] OLG Koblenz Rpfleger 1985, 442, 443.
[20] Dort Rn. 26, 27.
[21] RGZ 146, 133, 143; *Rosenberg/Schwab/Gottwald* § 118 III 2a; *Schellhammer* Rn. 586; *Schlosser* Bd. I Rn. 353; *Baumbach/Lauterbach/Hartmann* Rn. 3; aA *A. Blomeyer* § 77 III 2a (tatsächliche Vermutung); *Seuffert/Walsmann*, 12. Aufl. 1932/34, Anm. 1.
[22] OLG Koblenz Rpfleger 1985, 442, 443; *Musielak/Huber* Rn. 2.
[23] BGH NJW 1964, 558; OLG Neustadt NJW 1964, 2162, 2163.
[24] BayObLG SeuffA 47, 241; OLG Stettin OLGRspr. 12, 67, 68; OLG Neustadt NJW 1964, 2162, 2163; OLG Frankfurt/M. NStZ 1996, 234, 235; *Stein/Jonas/Leipold* Rn. 2.
[25] OLG Neustadt NJW 1964, 2162, 2163.
[26] BGH NJW 1964, 558; OLG Frankfurt/M. NStZ 1996, 234, 235; *Stein/Jonas/Leipold* Rn. 2.

IV. Gegenbeweis

Soweit die formelle Beweiskraft reicht, ist der **Gegenbeweis unzulässig.**[27] Das ist die Folge daraus, dass bei wirkenden Urkunden – sie enthalten die Erklärung selbst – die Gefahr einer Falschbeurkundung nicht besteht. Eine korrigierende Beseitigung der formellen Beweiskraft durch Zulassung des Gegenbeweises ist darum nicht erforderlich. Insoweit ist die Konstellation hier der des § 416 eher vergleichbar als der des § 415.[28] – Nur außerhalb dieser Grenzen sind Beweis und Gegenbeweis möglich. 7

§ 418 Beweiskraft öffentlicher Urkunden mit anderem Inhalt

(1) Öffentliche Urkunden, die einen anderen als den in den §§ 415, 417 bezeichneten Inhalt haben, begründen vollen Beweis der darin bezeugten Tatsachen.

(2) Der Beweis der Unrichtigkeit der bezeugten Tatsachen ist zulässig, sofern nicht die Landesgesetze diesen Beweis ausschließen oder beschränken.

(3) Beruht das Zeugnis nicht auf eigener Wahrnehmung der Behörde oder der Urkundsperson, so ist die Vorschrift des ersten Absatzes nur dann anzuwenden, wenn sich aus den Landesgesetzen ergibt, dass die Beweiskraft des Zeugnisses von der eigenen Wahrnehmung unabhängig ist.

I. Zweck und Bedeutung der Beweisregeln; Entstehungsgeschichte

Zum Zweck der Beweisregeln, zu ihrer Entstehungsgeschichte und ihrer prozessualen Relevanz vgl. § 415 Rn. 1 bis 4. 1

II. Die Voraussetzungen vollen Beweises

Die formelle Beweiskraft iSd. § 418 kommt zu 2
- öffentlichen Urkunden,
- in denen über Vorgänge berichtet wird,
- die grundsätzlich (Ausnahme § 418 Abs. 3) von der Behörde oder der Urkundsperson selbst wahrgenommen worden sein müssen.

1. Öffentliche Urkunde. Anders als in § 417[1] wird hier der Begriff der öffentlichen Urkunde, wie er in § 415 definiert ist,[2] in vollem Umfang übernommen. Schon nach dem Wortlaut der Bestimmung sind danach nicht nur behördliche, sondern auch etwa von einem Notar erstellte Urkunden beweiskräftige öffentliche Urkunden. 3

2. § 418 erfasst die öffentliche **Zeugnisurkunde.** Öffentliche Urkunden über fremde Erklärungen unterfallen § 415, auf solche mit Erklärungen einer Behörde (oder einer Urkundsperson) findet § 417 Anwendung. – Die Art des bezeugten Vorgangs ist für die Beweiskraft des § 418 ohne Belang. Die Urkunde kann also über fremde Handlungen ebenso berichten wie über eigene der Behörde oder der Urkundsperson. 4

3. Voraussetzung der Beweiskraft ist grundsätzlich die **eigene Wahrnehmung des Bezeugten.** Insoweit reicht es bei einer behördlichen Zeugnisurkunde aus, dass die Wahrnehmung von einem Amtsträger innerhalb der Behörde gemacht worden ist. Identität zwischen wahrnehmendem und bescheinigendem Amtsträger ist also nicht erforderlich.[3] Anderen öffentlichen Zeugnisurkunden kommt die Beweiskraft nur zu, wenn kraft Gesetzes von diesem Erfordernis abgesehen wird. Bei diesen Gesetzen kann es sich um Reichsgesetze (§ 13 Abs. 1 EGZPO), Bundesgesetze[4] oder gem. § 418 Abs. 3 um Landesgesetze handeln.[5] Als einschlägiges Bundesgesetz kommt namentlich das Personenstandsgesetz[6] in Betracht. Denn der danach (§§ 60, 66 PStG) von den Personenstands- 5

[27] RGZ 146, 133, 143; *Stein/Jonas/Leipold* Rn. 3; *Thomas/Putzo/Reichold* Rn. 2; *Wieczorek* Anm. B; *Zöller/Geimer* Rn. 2; aA *Baumbach/Lauterbach/Hartmann* Rn. 3.
[28] Anders *Baumbach/Lauterbach/Hartmann* Rn. 3: Sachliche Gleichartigkeit von § 415 und § 417.
[1] Vgl. aber dort Rn. 3.
[2] Vgl. dazu § 415 Rn. 13 ff.
[3] OGH-BritZ v. 16. 6. 1951 – II ZS 221/49 –, zit. nach *Wieczorek* Anm. B.
[4] BGH LM EGZPO § 13 Abs. 1 Nr. 3; VGH Mannheim NVwZ-RR 1992, 152.
[5] OLG Saarbrücken VersR 1997, 863, 865 f.
[6] IdF v. 8. 8. 1957 (BGBl. I S. 1125).

büchern erbrachte Beweis gilt nicht nur für die vor dem Standesbeamten vorgenommene Eheschließung, sondern auch für den Gegenstand fremder Wahrnehmung wie Geburt und Tod.[7] Landesgesetze haben hier nur geringe Bedeutung. Sie betreffen die Zeit vor dem Inkrafttreten des einheitlichen Personenstandsrechts am 1. 1. 1876[8] und dort insbesondere den öffentlichen Glauben von Eintragungen in Kirchenbüchern (etwa §§ 481 ff. II 11 ALR)[9] oder Zeugnisse von Zivilstandsbeamten.[10]

6 **4. Rechtsprechungsbeispiele** für öffentliche Zeugnisurkunden sind Eingangsvermerke (Eingangsstempel),[11] (Post-)Zustellungsurkunden (§ 182),[12] der Niederlegungsvermerk nach § 181,[13] gesetzlich zulässige Empfangsbekenntnisse,[14] Protokolle,[15] auch der Genehmigungsvermerk (§ 162),[16] der Urteilstatbestand,[17] die amtliche Auskunft,[18] das Notfrist- und Rechtskraftzeugnis,[19] der Denaturierungskontrollbericht eines öffentlich bestellten und vereidigten Sachverständigen[20] sowie – als Zeugnis einer Urkundsperson – die Identitätsfeststellung in einer notariellen Urkunde gem. § 10 BeurkG.[21] Auch gehören hierher Zeugnisse einer Behörde etwa gem. §§ 33, 34, 36, 37 GBO, ferner der Wechsel- oder Scheckprotest und die Unterschriftsbeglaubigung sowie Sparbücher.[22]

III. Rechtsfolge

7 Die Urkunde beweist wie im Falle des § 415[23] **alle** in ihr **bezeugten Tatsachen.** Denn sie stehen wie dort „unter der Autorität des öffentlichen Glaubens."[24] Formell bewiesen sind also generell Ort und Zeit der Urkundenausstellung wie insbesondere bei der Unterschriftsbeglaubigung die Echtheit der Unterschrift[25] sowie der in den Beglaubigungsvermerk aufgenommene Familienstand des Unterzeichnenden.[26] Bei Eingangsvermerken ist die Zeit des Eingangs, bei Zustellungsurkunden sind Zustellungsart, -zeit und -ort bewiesen.[27] Auf die Ergebnisse rechtlicher Beurteilung erstreckt sich die Beweiskraft dagegen nicht. Hierher zählt die notarielle Feststellung der Testierfähigkeit[28] oder der Geschäftsfähigkeit, ferner die vom Konsulat erteilte Bescheinigung über die Staatsangehörigkeit einer Person.[29] Auch ist durch den Niederlegungsvermerk (§ 181) nicht der tatsächliche Zugang eines Schriftstücks bewiesen.[30]

---

[7] §§ 16 ff., 32 ff. PStG. Die Beweiskraft bezüglich der notwendigen Anzeigen (vgl. §§ 16, 32 PStG) bestimmt sich hingegen nach § 415; *Hahn* Rpfleger 1996, 228 ff.

[8] Zur Geltung des PStG 1957 für ältere Register (ab 1. 1. 1876) s. AusfVO zum PStG idF v. 25. 2. 1977 (BGBl. I S. 377).

[9] Zu Beurkundungen des Pfarramtes RG JW 1938, 1538.

[10] Vgl. Motive bei *Hahn* S. 323.

[11] BGH VersR 1973, 186, 187; 1982, 652; 1985, 142, 143; NJW 1996, 679; 1998, 461; 2000, 18721873; RGZ 131, 284; BVerwG NJW 1969, 1730; BFH NJW 1996, 679; KG VersR 1976, 887; OLG Bautzen LKV 1994, 336.

[12] BVerfG NJW-RR 2002, 1008; BGH LM § 341 Nr. 2; VersR 1984, 81, 82, 442, 443; NJW 1992, 1963; RG LZ 1933, 591; HRR 1935, 1695; BVerwG NJW 1985, 1180; 1986, 2127, 2128; BSG NJW 1966, 1382; BFH BB 1981, 230; OLG Düsseldorf VRS 87 (1994), 441, 442; SchlHOLG SchlHA 1994, 287; OLG Hamm NJW-RR 1995, 223, 224; KG VRS 83 (1992), 52. – Zur Postzustellungsurkunde s. § 415 Rn. 12; *Musielak/Huber* Rn. 2.

[13] BGH VersR 1977, 152; 1986, 787; BVerwG NJW 1986, 2127; 1996, 2514, 2515.

[14] BVerfG NJW 2001, 1563, 1564; RGZ 51, 163, 164; 79, 197, 199.

[15] Pfändungsprotokoll des Gerichtsvollziehers: RG WarnR 1913 Nr. 350; Zwangsversteigerung: BGH NJW 1963, 1061, 1062; Sitzungsprotokoll: BGH FamRZ 1994, 300, 302; BayObLG FamRZ 1994, 530, 531.

[16] RGZ 108, 397, 398.

[17] RGZ 149, 312, 316.

[18] OLG Hamm FamRZ 1981, 915, 916; RGZ 46, 357, 360.

[19] BGH LM Nr. 1; OLG Hamm FamRZ 1982, 508, 509.

[20] BVerwG BayVBl. 1985, 347; VGH Kassel AWD 1983, 608.

[21] BGH NJW 1963, 1012.

[22] BayObLG NJW 1993, 2947.

[23] Vgl. dort Rn. 26, 27.

[24] Motive bei *Hahn* S. 323.

[25] RG HRR 1934, 1242.

[26] KGJ 52, 110, 112.

[27] BVerfG NJW-RR 2002, 1008; OVG Münster NJW 1991, 3167, 3168; *Baumbach/Lauterbach/Hartmann* Rn. 6.

[28] OGHZ 2, 45, 54; BayObLG DNotZ 1975, 555.

[29] RG WarnR 1918 Nr. 145.

[30] BGH NJW 1992, 1963; OLG Hamm MDR 1982, 501.

IV. Gegenbeweis

Wiederum wie bei § 415 ist hinsichtlich des gesamten formell bewiesenen Urkundeninhalts der Beweis zulässig, dass das bezeugte mit dem tatsächlichen Geschehen nicht übereinstimmt (§ 418 Abs. 2). Dieser Beweis ist Gegenbeweis, hat aber den an den **Hauptbeweis** zu stellenden **Anforderungen** zu genügen. Notwendig ist damit grundsätzlich der volle Beweis der Urkundenunrichtigkeit;[31] er kann wegen § 445 Abs. 2 nicht durch Parteivernehmung geführt werden.[32] Wo das Gesetz **Glaubhaftmachung** genügen lässt,[33] reicht dieser geringere Wahrscheinlichkeitsgrad auch gegen die Beweisregel aus.[34] 8

Die Möglichkeit des Gegenbeweises nach Abs. 2 steht unter dem Vorbehalt sie ausschließender oder beschränkender Regelungen des Landesrechts. Dieser Vorbehalt erfasst allerdings nur die Urkunden, deren Errichtung landesgesetzlich geregelt ist.[35] Der Beweis gegen die Richtigkeit von Urkunden, die nach bundesgesetzlichen Bestimmungen (zB PStG) errichtet werden, ist ebenfalls möglich. Das folgt aus § 13 Abs. 1 EGZPO.[36] Einschlägige Vorschriften finden sich in §§ 165 S. 2, 314 S. 2. Zu Abs. 3 oben Rn. 3. 9

§ 419 Beweiskraft mangelbehafteter Urkunden

Inwiefern Durchstreichungen, Radierungen, Einschaltungen oder sonstige äußere Mängel die Beweiskraft einer Urkunde ganz oder teilweise aufheben oder mindern, entscheidet das Gericht nach freier Überzeugung.

I. Normzweck

Die Beweisregeln der §§ 415 bis 418 sind geschaffen worden, um die Erreichung des Zweckes zu gewährleisten, den der Aussteller mit der Urkunde verfolgt: Sie wird „regelmäßig in der Absicht errichtet, Rechtsverhältnisse sicherzustellen".[1] Diese Absicht wird im Prozess verwirklicht, indem die Beweiswirkung von Urkunden detailliert festgelegt ist. Ergeben sich aber aus der Urkunde Zweifel daran, dass deren Inhalt dem Ausstellerwillen entspricht, so kann nach dem Grundgedanken der Beweisregeln einer solchen Urkunde jene formelle Beweiskraft nicht zukommen. – Dieser Zweck des § 419 kommt im Wortlaut der Vorschrift nicht hinreichend zum Ausdruck. Danach scheint es, als bleibe es im Grundsatz bei der formellen Beweiskraft und sei mit der freien Beweiswürdigung unter mehreren denkbaren Alternativen (gänzliche Minderung der Beweiskraft sowie deren teilweise Aufhebung oder Minderung) auch die Möglichkeit geboten, die formelle Beweiskraft als in vollem Umfang beseitigt anzusehen.[2] Das ist indessen unzutreffend. Vielmehr gebietet es die Ratio der Bestimmung, eine „verdächtige", weil äußerlich mangelbehaftete Urkunde aus dem Anwendungsbereich der §§ 415 bis 418 von vornherein auszunehmen. Ist eine Urkunde iSd. § 419 mangelhaft, so unterliegt sie **in vollem Umfang der freien Beweiswürdigung.**[3] 1

II. Mängel der Urkunde

§ 419 gilt für **öffentliche und private Urkunden.** Deren äußerliche Mängel können auf natürlichen Veränderungen (Flecke, Risse, völliges Verblassen der Schrift) beruhen. Wie auch die 2

---

31 BGHZ 16, 217, 227, 228 = NJW 1955, 625; BGH VersR 1985, 142, 143; 1986, 60; 1995, 1467, 1468; NJW 1996, 2038; 1997, 1312f.; RGZ 85, 120, 125; 92, 68, 71; 131, 284, 288; BVerwG NJW 1986, 2128; OVG Münster NVwZ-RR 1995, 623, 624; OLG Köln NJW-RR 1986, 863; NJW-RR 1997, 894; *Zöller/Geimer* Rn. 4.

32 Eingehend § 415 Rn. 26; für § 418 wie hier BGH MDR 1965, 818; RGZ 85, 120, 125; 131, 284, 288; OLG Köln NJW-RR 1986, 863; *Thomas/Putzo/Reichold* Rn. 5; *Zöller/Geimer* Rn. 4; im Ergebnis ebenso *Baumbach/Lauterbach/Hartmann* Rn. 9ff.; aA wohl *Wieczorek* Anm. B II; für den Gegenbeweis des § 60 Abs. 2 PStG wie hier BayObLGZ 1979, 326, 328, 332; aA *Habscheid FG* § 52 II 6.

33 Vgl. § 294.

34 BGH MDR 1983, 749; VersR 1985, 142, 143; 1973, 186, 187; BFH BB 1978, 245; LAG Mannheim JZ 1983, 620, 621 m. zust. Anm. *Braun*.

35 *Wieczorek* Anm. B III a.

36 BGH LM EGZPO § 13 Abs. 1 Nr. 3; VGH Mannheim NVwZ-RR 1992, 152.

1 Motive bei *Hahn* S. 275.

2 So früher *Struckmann/Koch*, ZPO, 1. Bd., 8. Aufl. 1901, Anm. 1.

3 BAG NZA 2004, 670, 673; BGH DB 1965, 1665; MDR 1966, 835; NJW 1994, 2768; RGZ 29, 430; 108, 397f.; 129, 165, 167; JW 1917, 106; *Baumbach/Lauterbach/Hartmann* Rn. 4; *Stein/Jonas/Leipold* Rn. 1; *Wieczorek* Anm. B; *Zöller/Geimer* Rn. 2.

Aufzählung zeigt, kommen aber vor allem Einwirkungen von Menschenhand wie Durchstreichungen,[4] Änderung von Zahlen,[5] Einschübe[6] und Auffälligkeiten in Schriftbild und Format[7] in Betracht.

3 § 419 ist nur anzuwenden, wenn sich die **Veränderung aus der Urkunde selbst** ergibt.[8] Sie muss allerdings nicht sicher feststehen; die Möglichkeit nachträglicher Ergänzungen reicht insoweit aus,[9] weil schon dann der Rechtsverkehr nicht den durch die Beweisregeln bezweckten Schutz verdient. Fehlt es in der Urkunde an jedem Anhaltspunkt für deren Veränderung, so greift § 419 nicht ein. Das gilt auch dann, wenn die Veränderung zwischen den Parteien unstreitig ist.[10] Denn andernfalls läge es in deren Händen, Urkunden dem Anwendungsbereich der §§ 415 bis 418 zu entziehen. Das wäre nur hinzunehmen, wenn die Aufstellung von Beweisregeln allein dem Schutz des Urkundenausstellers diente. Das aber ist nicht der Fall. Umgekehrt liegt bei einer **Privaturkunde** (§ 416) kein äußerer Mangel der Urkunde vor, wenn die Parteien die Veränderung genehmigt haben und dies der Urkunde zu entnehmen ist.[11] Hier ist dem Grundgedanken der Beweisregel genügt. So wie die Parteien eine neue Urkunde mit der Beweiskraft des § 416 ausstellen können, muss ihnen die Herbeiführung dieser Wirkung durch die einfache spätere Änderung der vorhandenen Urkunde möglich sein; wegen der Erkennbarkeit der Genehmigung nimmt zudem der Rechtsverkehr keinen Schaden. Keine Einschaltungen iSd. § 419 sind die **Änderungen öffentlicher Urkunden,** die nach Maßgabe des Gesetzes stattfinden (vgl. §§ 12, 22, 29 PStG);[12, 13] dasselbe gilt für zulässige Ergänzungen wie die Einsetzung des Datums.[14]

III. Rechtsfolge

4 Ist die Urkunde mit einem äußerlichen Mangel der dargestellten Art behaftet, ist sie insgesamt frei zu würdigen.[15] Das hindert freilich nicht, der Urkunde im Einzelfall die in den §§ 415 bis 418 vorgeschriebene Beweiswirkung beizumessen.[16] Anders als dort[17] unterliegt die Beweisführung hier aber keinen Einschränkungen. Der Gegenbeweis ist also auch gegen mangelbehaftete private Urkunden (§ 416) und gegen mangelbehaftete öffentliche Tatbestandsurkunden (§ 417) zulässig, wenn das Gericht sie für beweiskräftig gehalten hat. Anders als bei §§ 415, 418 braucht der Gegenbeweis auch nicht den Anforderungen des Hauptbeweises zu genügen. Durch Parteivernehmung kann er wegen § 445 Abs. 2 aber, wie auch sonst, nicht geführt werden.

§ 420 Vorlegung durch Beweisführer; Beweisantritt

Der Beweis wird durch die Vorlegung der Urkunde angetreten.

I. Beweisantritt

1 Der **Beweisantritt** beim Urkundenbeweis ist **unterschiedlich** je nachdem, ob sich die Urkunde in den Händen des Beweisführers (§ 420), des Gegners (§ 421), einer Behörde bzw. eines Beamten (§ 432) oder im Besitz eines Dritten (§ 428) befindet. In den drei letztgenannten Fällen erfolgt der Beweisantritt jeweils durch einen an das Gericht zu richtenden Antrag. Demgegenüber ist im ersten Fall die Vorlegung der Urkunde durch den Beweisführer erforderlich.

2 **„In den Händen"** hat die Urkunde derjenige, der die **tatsächliche Verfügungsgewalt** ausübt.[1] Das ist in bürgerlich-rechtlicher Terminologie zum einen der unmittelbare Besitzer, und zwar

---

4 RGZ 129, 165, 167.

5 BGH VersR 1968, 309.

6 BGH NJW 1966, 1658; 1994, 2768; RG Gruchot 61, 489; OLG Koblenz DNotZ 1977, 46, 48.

7 BGH NJW 1980, 893; OLG Düsseldorf NJW-RR 1995, 737.

8 RGZ 47, 66, 68.

9 BGH NJW 1966, 1657, 1658; 1980, 893.

10 RGZ 95, 70, 72; aA *Wieczorek* Anm. A III; offengelassen von BGH NJW 1966, 1657, 1658.

11 Vgl. BGH NJW 1974, 1083, 1084; ebenso *Wieczorek* Anm. B; aA pauschal *Stein/Jonas/Leipold* Rn. 1; *Thomas/Putzo/Reichold* Rn. 1.

12 Zu Änderungen notarieller Urkunden vgl. § 30 Abs. 3 DONot (BT-Drucks. 5/3282, S. 38).

13 BGH DNotZ 1956, 643, 644 f.; NJW 1966, 1747; 1974, 1083, 1084; OLG Koblenz DNotZ 1977, 46, 48; einschränkend *Stein/Jonas/Leipold* Rn. 2; *Wieczorek* Anm. A III.

14 BGH VersR 1986, 371, 372.

15 Vgl. Rn. 1.

16 BGH NJW 1980, 893.

17 Vgl. § 415 Rn. 28 ff.; § 416 Rn. 11; § 417 Rn. 7; § 418 Rn. 7 f.

1 *Schreiber* S. 123 ff. m. zahlr. Nachw.; zum Begriff des Besitzes in § 428 dort Rn. 1.

auch dann, wenn er lediglich Besitzmittler ist.[2] Das sind aber auch der Besitzdiener[3] sowie das Organ einer juristischen Person. Fehlt dem Besitzer die Sachherrschaft, weil er nur mittelbarer Besitzer oder aber unmittelbarer Besitzer ohne Gewahrsam ist – die Urkunde befindet sich im Gewahrsam eines Besitzdieners (§ 855 BGB) oder der Besitzer ist Besitzerbe (§ 857 BGB) –, so ist entscheidend, dass der unmittelbare Besitzer **auf die Urkunde zugreifen kann.**[4] Weil es nicht auf die Besitzverhältnisse, sondern allein auf die Verfügungsmacht über die Urkunde ankommt,[5] hat eine Urkunde auch derjenige in den Händen, der außerhalb eines Besitzmittlungsverhältnisses die Möglichkeit des Zugriffs auf die Urkunde hat.[6]

Die Urkunde ist **vorzulegen.** Die in der Praxis häufige **Ankündigung** der Urkundenvorlegung 3
im Termin ist also kein Beweisantritt. Soll der Beweis durch eine Privaturkunde geführt werden, so ist Objekt der Vorlegungspflicht grundsätzlich das **Urkundenoriginal;**[7] die Vorlegung einer Abschrift reicht aus, wenn der Gegner des Beweisführers die Echtheit der Urkunde und die Übereinstimmung von Abschrift und Urschrift nicht bestreitet.[8] Demgegenüber lässt bereits das Gesetz (§ 435) die Vorlegung der beglaubigten Abschrift einer öffentlichen Urkunde genügen.[9] Über die bloße Vorlegung hinausgehende Anforderungen sind an den Beweisantritt zu stellen, falls der Beweis mit **Urkundensammlungen oder umfangreichen Urkunden** geführt werden soll. Hier obliegt es dem Beweisführer, die einzelne Urkunde oder die beweisenden Urkundenstellen etwa mit Blatt- oder Seitenzahl konkret zu bezeichnen.[10] Genügt das Verhalten des Beweisführers diesen Anforderungen nicht, muss das Gericht den Beweisführer zum Beweisantritt auffordern (§ 139).[11]

II. Verfahren

Die Vorlegung hat grundsätzlich **vor dem Prozessgericht,** auf dessen Anordnung hin vor 4
einem beauftragten oder ersuchten Richter zu erfolgen (§ 434). Die Urkunde ist spätestens bis zum **Schluss der mündlichen Verhandlung,**[12] auf gerichtliche Anordnung (§§ 134, 142, 273 Abs. 2 Nr. 5; §§ 258ff. HGB) hin auch schon früher vorzulegen.[13] Versäumt der Beweisführer die Vorlegung in der mündlichen Verhandlung, so ist er nach §§ 296 Abs. 2, 282 Abs. 1 präkludiert. War jene Vorlegungsanordnung mit einer Fristsetzung verbunden (§§ 273 Abs. 2 Nr. 5, 356), so kann Präklusion nach §§ 273 Abs. 2 Nr. 5, 296 Abs. 1[14] oder nach § 356[15] eintreten. – Die **Beweisaufnahme** erfolgt durch Einsichtnahme in die Urkunde.[16] Sie ist auch dem Beweisgegner zu gestatten.[17]

III. Kosten

Gerichtsgebühren und Rechtsanwaltsgebühren entstehen nicht. 5

§ 421 Vorlegung durch den Gegner; Beweisantritt

Befindet sich die Urkunde nach der Behauptung des Beweisführers in den Händen des Gegners, so wird der Beweis durch den Antrag angetreten, dem Gegner die Vorlegung der Urkunde aufzugeben.

---

[2] *Schreiber* S. 124ff.; *Stein/Jonas/Leipold* § 421 Rn. 5; *Wieczorek* § 421 Anm. A I b.
[3] AA *Wieczorek* § 131 Anm. A I b; s. auch RG SeuffA 58 Nr. 180.
[4] *Schreiber* S. 133; *Baumbach/Lauterbach/Hartmann* § 421 Rn. 1; *Stein/Jonas/Leipold* § 421 Rn. 5; *Zöller/Geimer* § 421 Rn. 1; ebenso für § 131: *Wieczorek* § 131 Anm. A I b (anders aber § 421 Anm. A II).
[5] Zur historischen Entwicklung *Schreiber* S. 127ff.
[6] AA RG SeuffA 58 Nr. 180; *Stein/Jonas/Leipold* § 421 Rn. 5; *Zöller/Geimer* § 421 Rn. 1.
[7] BGH NJW 1980, 1047, 1048; DB 1986, 798; NJW-RR 1993, 1379, 1380.
[8] OLG Köln DB 1983, 104, 105; zu den Gründen § 435 Rn. 1.
[9] Zum Begriff § 415 Rn. 12ff.; zu den Einzelheiten § 435 Rn. 1.
[10] AllgM; vgl. nur BGH DRiZ 1963, 60, 61.
[11] BGH NJW 1986, 428, 429.
[12] BGH NJW 1986, 428, 429.
[13] BGH NJW 1986, 428, 429; *Baumbach/Lauterbach/Hartmann* Rn. 4.
[14] *Zöller/Geimer* Rn. 3.
[15] Dazu BVerfG NJW 1985, 3005, 3006.
[16] OLG Schleswig SchlHA 1979, 183; *Stein/Jonas/Leipold* Rn. 6.
[17] RG HRR 1933 Nr. 1466; *Musielak/Huber* Rn. 3.

I. Beweisantritt

1 Die tatsächliche Verfügungsgewalt über die Urkunde entscheidet über die Modalitäten des Beweisantritts.[1] Für den Fall, dass der Gegner des Beweisführers eine Urkunde in den Händen hat,[2] lässt § 421 den Antrag genügen, dem Gegner die Vorlegung der Urkunde aufzugeben. Bei Erfüllung geringer Voraussetzungen[3] kann der Beweisführer also die Vorlage der Urkunde durch den Herausgabepflichtigen erwirken (§§ 422, 423). Für eine **Herausgabeklage** fehlt deshalb regelmäßig das Rechtsschutzinteresse.[4] Im Aktenlageverfahren (§§ 251 a, 331 a) und im schriftlichen Verfahren (§ 128 Abs. 2, 3) kann der **Antrag schriftsätzlich** gestellt werden. Die Ankündigung des Vorlegungsantrags im vorbereitenden Schriftsatz (§§ 129 Abs. 1, 130 Nr. 5) sollte deshalb in jenem Verfahren als Beweisantritt ausreichen.[5] Im Übrigen ist die Vorlegungsanordnung in der mündlichen Verhandlung zu beantragen (§ 282 Abs. 1). Der Antrag ist Prozessantrag, § 297 gilt deshalb nicht.[6]

2 Der Beweisantritt in Form des Vorlegungsantrags ist **unzulässig** im Urkunden- und Wechselprozess (vgl. § 595 Abs. 3). Demgegenüber steht § 617 der Zulässigkeit des Vorlegungsantrags nicht entgegen. Auch beschränkt § 617 den Vorlegungsantrag in seinen Wirkungen nicht.[7] Jene Vorschrift enthält Einschränkungen der Parteiherrschaft, die im Rahmen des § 427 ohnehin nicht besteht: Danach **kann** eine Abschrift als richtig angesehen werden, sie **muss** es keinesfalls. Zudem regelt § 617 expressis verbis die Folge der unterlassenen Erklärung über die Urkundenechtheit. Sie ist obligatorisch in § 439 Abs. 3 vorgesehen. Weder Wortlaut noch Zweck des § 617 hindern somit eine uneingeschränkte Anwendung der §§ 421 bis 427. – Zur entsprechenden Anwendung der §§ 421 bis 426 bei der Schriftvergleichung vgl. § 441 Abs. 3 S. 2.

II. Beweisführer, Beweisgegner

3 Der Vorlegungsantrag ist vom Beweisführer gegen den Beweisgegner zu richten. Dies sind die gegenwärtigen **Prozessparteien** mit ihren jeweiligen **Streitgenossen;** auf Seiten des Beweisführers wird der **Streithelfer** wegen dessen unterstützender Funktion (§ 66 Abs. 1) darüber hinaus ebenfalls für antragsbefugt gehalten.[8] Damit kann es indes nicht sein Bewenden haben. Denn der Erfolg des Vorlegungsantrags ist weiter davon abhängig, dass der Antragsgegner die Urkunde in den Händen hat. Würde man den Anwendungsbereich auf die Parteien im Sinne des formellen Parteibegriffs[9] beschränken, liefe § 421 bei Weitergabe der Urkunde an einen allein verfügungsbefugten Dritten[10] leer – das selbst dann, wenn dieser etwa als gesetzlicher Vertreter der Partei am Prozess beteiligt wäre. **Beweisgegner** iSd. § 421 ist darum jeder, der kraft seiner **prozessualen Beteiligung** Prozesshandlungen wirksam vornehmen kann.[11] Hierher gehören der Prozessvertreter,[12] der Prozessstandschafter und der Streithelfer.[13] – Der **Vorlegungsgrund** (§§ 422, 423) ist grundsätzlich im Verhältnis des jeweiligen Antragstellers zum jeweiligen Antragsgegner zu prüfen; der Streithelfer ist darüber hinaus auch aus Gründen in der Person der unterstützten Hauptpartei antragsbefugt.[14]

§ 422 Vorlegungspflicht des Gegners nach bürgerlichem Recht

Der Gegner ist zur Vorlegung der Urkunde verpflichtet, wenn der Beweisführer nach den Vorschriften des bürgerlichen Rechts die Herausgabe oder die Vorlegung der Urkunde verlangen kann.

---

[1] Vgl. § 420 Rn. 1.
[2] Zum Begriff § 420 Rn. 2.
[3] Zum Antragsinhalt vgl. § 424 und dort Rn. 2.
[4] OLG Frankfurt MDR 1980, 228: Umdeutung der (Wider-)Klage in einen Antrag gemäß § 421.
[5] Ebenso *Stein/Jonas/Leipold* Rn. 4.
[6] RG HRR 1933 Nr. 1466; AK/*Rüßmann* Rn. 2; *Zöller/Geimer* Rn. 2.
[7] AA hinsichtlich § 427 *Zöller/Geimer* Rn. 4.
[8] *Baumbach/Lauterbach/Hartmann* Rn. 3; *Stein/Jonas/Leipold* Rn. 2.
[9] S. § 50 Rn. 2.
[10] S. § 420 Rn. 2.
[11] *Schreiber* S. 45 ff., 72; einschr. *Musielak/Huber* Rn. 3.
[12] Anders *Stein/Jonas/Leipold* Rn. 3.
[13] *Wieczorek* Anm. A III; aA *Baumbach/Lauterbach/Hartmann* Rn. 3; *Förster/Kann* Anm. 3; *Stein/Jonas/Leipold* Rn. 3; *Thomas/Putzo/Reichold* Rn. 3.
[14] *Baumbach/Lauterbach/Hartmann* Rn. 3; *Förster/Kann* Anm. 2 b.

I. Vorlegungspflicht

1. Herausgabe-, Vorlegungsanspruch. Der Antrag auf Erlass einer Vorlegungsanordnung[1] hat Erfolg, wenn der Beweisgegner den vom Beweisführer behaupteten Gewahrsam an der Beweisurkunde einräumt (andernfalls § 426) und den Beweisgegner eine Vorlagepflicht[2] nach Maßgabe der §§ 422, 423 trifft. Erforderlich ist also ein materiell-rechtlicher **Herausgabe- oder Vorlegungsanspruch** (§ 422) oder die **Bezugnahme** des Beweisgegners auf eine in seinen Händen befindliche Urkunde (§ 423).[3] Eine **darüber hinausgehende Vorlegungspflicht** der nichtbeweisbelasteten Partei lässt sich jedenfalls in diesem Bereich aus deren prozessualer Aufklärungs-, Mitwirkungs- und Förderungspflicht nicht herleiten.[4] 1

Die prozessuale Vorlegungspflicht nach § 422 basiert auf einem privatrechtlichen Herausgabe-, Vorlegungs- oder Rechnungslegungsanspruch (vgl. § 259 Abs. 1 BGB) gegen den Beweisgegner.[5] Öffentlich-rechtliche Befugnisse gegenüber Behörden oder Gerichten (zB §§ 299, 915; § 12 GBO, § 9 Abs. 1 HGB) reichen nicht aus. Haben Behörden als unbeteiligte Dritte Beweisurkunden „in ihren Händen", bestimmt sich das Beweisverfahren nach §§ 432ff. Ist hingegen der Prozess-/Beweisgegner ein Träger öffentlicher Gewalt und ergibt sich der **Herausgabe- oder Vorlegungsanspruch aus dem öffentlichen Recht,** wird man § 422 analog anwenden können.[6] 2

2. Durchsetzbarkeit des Anspruchs. Der materiell-rechtliche Anspruch gegen den Beweisgegner ist Grundlage der Vorlegungspflicht. Soweit dem Anspruch **Einwendungen**[7] und **Einreden**[8] entgegenstehen, darf also keine Vorlegungsanordnung ergehen. Im Übrigen ist die prozessuale Vorlegungspflicht von dem materiell-rechtlichen Anspruch zu unterscheiden. So ist das Vorlegungsverlangen des Beweisführers an das Gericht zu richten und ist der Beweisgegner dem Gericht aufgrund der Vorlegungsanordnung zur Vorlegung verpflichtet. Hebt das Gericht die Anordnung (Beweisbeschluss)[9] auf, entfällt somit die Vorlegungspflicht. 3

3. Inhalt der Verpflichtung. Inhaltlich richtet sich die Verpflichtung darauf, die Urkunde dem Prozessgericht (Ausnahme: § 434) zur Einsichtnahme vorzulegen.[10] Das gilt auch, wenn der Anspruch des Beweisführers auf Herausgabe an ihn gerichtet ist oder die Vorlage nach materiell-rechtlichen Bestimmungen an einem anderen Ort erfolgen könnte (vgl. § 811 BGB). Deswegen braucht der Beweisführer auch kein besonderes Interesse an der Vorlegung darzutun (vgl. aber § 810 BGB); es reicht vielmehr die Beweiserheblichkeit der Urkunde aus.[11] 4

4. Grenzen der Pflicht zur Vorlegung einer Urkunde.[12] Sie ergeben sich aus einer analogen Anwendung der §§ 383 Abs. 1, 384.[13] Soweit diese Regelungen eingreifen, steht der Geltendmachung des materiell-rechtlichen Anspruchs der Einwand unzulässiger Rechtsausübung (§ 242 BGB) entgegen.[14] Demgemäß scheidet der Anspruch als Grundlage der Vorlegungsanordnung aus. Wie auch sonst ist ein **Ausforschungsbeweis** grundsätzlich unzulässig.[15] Bei ihm geht es u. a. darum, aus der Beweisaufnahme die Fakten für neue Behauptungen zu gewinnen. Unter diesem Aspekt kann hier ausnahmsweise eine **andere Beurteilung** geboten sein. Denn die materiell-rechtlichen Ansprüche auf Urkundenvorlegung dienen vor allem dem Ziel, Kenntnisdefizite oder Unsicherheiten des Anspruchsinhabers zu beseitigen. Weil die Vorlegungspflicht gem. § 422 auf diesen Ansprüchen beruht, sind Unsicherheiten im Tatsächlichen hier geradezu typisch. Die Anforderungen an die Behauptungen des Beweisführers dürfen darum keine anderen sein als diejenigen, die das materielle Recht für das Entstehen zB des Rechnungslegungsanspruchs (§ 259 BGB) aus- 5

---

[1] Dazu § 421 Rn. 1, 2.
[2] *Prütting,* Gegenwartsprobleme der Beweislast, 1983, S. 137 Fn. 85.
[3] Zum Urkundenbegriff § 415 Rn. 4ff.
[4] AA *Stürner,* Die Aufklärungspflicht der Parteien des Zivilprozesses, 1976, S. 92ff.; AK/*Rüßmann* Rn. 4; wie hier *Arens* ZZP 96 (1983), 1; *Prütting* S. 137ff.; *Rosenberg/Schwab/Gottwald* § 118 IV 1 m. zahlr. Nachw.
[5] Zur Vorlegung von Unterlagen aufgrund eines Auskunftsanspruchs BGH DB 1971, 1416 = LM BGB § 810 Nr. 5.
[6] So wohl auch *Wieczorek* Anm. A II a.
[7] Vgl. Rn. 5.
[8] AA *Siegel,* Die Vorlegung von Urkunden im Prozeß, 1904, S. 127.
[9] Vgl. § 425 Rn. 2.
[10] *Siegel* S. 112, 124f.; *Stein/Jonas/Leipold* Rn. 6; zum ganzen *Förster/Kann* Anm. 2a bis d.
[11] OLG Frankfurt JW 1933, 530, 531; *Baumbach/Lauterbach/Hartmann* Rn. 4; *Stein/Jonas/Leipold* Rn. 4; aA OLG Braunschweig OLGRspr. 27, 98.
[12] Gedächtnishilfen und Notizen sind keine Urkunden. Sie sind schon deshalb nicht vorzulegen (BGHZ 60, 275, 292 = NJW 1973, 1278; RGZ 32, 370, 371; 69, 401, 405; 152, 213, 217).
[13] *Schreiber* S. 180f.
[14] *Schreiber* S. 181.
[15] OLG Düsseldorf VersR 1980, 270.

reichen lässt.[16] So lässt § 1698 Abs. 2 BGB den bloßen Verdacht pflichtwidriger Verwendung der Nutzungen des Kindesvermögens genügen;[17] die Ausforschung zur Erhärtung des Verdachts muss hier in Kauf genommen werden.

II. Materiell-rechtliche Ansprüche; Beispiele

6 Herausgabeansprüche betreffend Urkunden ergeben sich aus den allgemeinen Bestimmungen wie § 985 iVm. § 952 BGB, ferner aus § 402 BGB; Vorlegungsansprüche folgen aus §§ 716, 810, 896, 1145 Abs. 1 S. 2, 1799 Abs. 2 BGB, Rechnungslegungsansprüche (vgl. § 259 Abs. 1 BGB) aus §§ 666, 675, 681 S. 2, 687 Abs. 2 S. 1, 713, 1698, 1890, 2130 Abs. 2, 2218 Abs. 1 BGB.[18] Erklärt sich der Beweisgegner mit der Vorlegung einverstanden, so folgt die Vorlegungspflicht aus §§ 311 Abs. 1, 241 Abs. 1 BGB (Vorlegungsvertrag).[19]

III. Folgen der Nichtvorlegung

7 Genügt der Beweisgegner seiner Vorlegungspflicht aus § 422 nicht, ergeben sich die Folgen aus § 427. Neben der Vorlegungsanordnung, die auf §§ 422, 423, 425 gestützt wird, stehen dem Gericht die Befugnisse aus §§ 131, 134, 142, 273 Abs. 2 Nr. 5 zu. Legt der hiernach zur Vorlegung Aufgeforderte die Urkunde nicht vor, so ist § 427 entsprechend anzuwenden; § 286 Abs. 1 (Berücksichtigung im Wege der Beweiswürdigung) gilt hier nicht.[20]

§ 423 Vorlegungspflicht des Gegners bei Bezugnahme

Der Gegner ist auch zur Vorlegung der in seinen Händen befindlichen Urkunden verpflichtet, auf die er im Prozess zur Beweisführung Bezug genommen hat, selbst wenn es nur in einem vorbereitenden Schriftsatz geschehen ist.

I. Prozessuale Vorlegungspflicht

1 Anders als § 422 begründet § 423 eine vom materiellen Recht losgelöste, ausschließlich prozessuale Vorlegungspflicht. Sie entsteht dadurch, dass der Beweisgegner auf eine in seinem Gewahrsam[1] befindliche Urkunde Bezug nimmt. Um eine **Bezugnahme** in diesem Sinne handelt es sich, wenn der Beweisgegner auf die Urkunde hinweist und dieser Hinweis von dem Willen getragen ist,[2] die Urkunde zu Beweiszwecken zu benutzen.[3] Dieser Wille ist bei Erwähnung einer Urkunde zu vermuten, er braucht also nicht jeweils festgestellt zu werden.[4] **Notwendig ist die Bezugnahme auf die Urkunde als Beweismittel.**[5] Der Hinweis auf den Urkundeninhalt zwecks Erläuterung oder Ergänzung des Tatsachenvorbringens reicht nicht aus. Andererseits lässt ein späterer Verzicht auf die Urkunde die einmal begründete Vorlegungspflicht nicht entfallen. Die Vorlegungspflicht trifft den bezugnehmenden Beweisgegner. Das sind auch ein Streitgenosse und ein Streithelfer,[6] das ist aber nicht ein Zeuge.[7]

2 Die Vorlegungspflicht aus § 423 unterliegt nicht den **Grenzen,** die für die Pflicht aus § 422 gelten.[8] Insbesondere hat der Gegner kein überwiegendes Geheimhaltungsinteresse, das eine Analogie zu den §§ 383 Abs. 1, 384 rechtfertigt. Denn durch die Bezugnahme hat er sein Interesse daran, den Urkundeninhalt geheim zu halten, dem Interesse an einer materiell richtigen Entscheidung untergeordnet.

---

[16] Ebenso *Stein/Jonas/Leipold* Rn. 5.
[17] *Erman/Michalski* BGB § 1698 Rn. 9.
[18] *Reischl* JR 1997, 404.
[19] RGZ 151, 203, 208; aA *Wieczorek* Anm. A IV (zu §§ 305, 241 BGB aF).
[20] *Schreiber* S. 146 ff., 149; *Wieczorek* Anm. B II; gegen eine Anwendung des § 286 auch *Zöller/Geimer* Rn. 3; aA RGZ 69, 20, 23.
[1] S. § 420 Rn. 2.
[2] Für eine subjektive Komponente auch RGZ 35, 105, 109; *Siegel* S. 92, 96 f.
[3] Zum Ganzen *Schreiber* S. 97 ff.
[4] *Schreiber* S. 98.
[5] RGZ 35, 105, 109; 69, 401, 405 f.; HRR 1933 Nr. 1466; *Baumbach/Lauterbach/Hartmann* Rn. 1; *Stein/Jonas/Leipold* Rn. 1; *Zöller/Geimer* Rn. 1.
[6] *Baumbach/Lauterbach/Hartmann* Rn. 1; *Zöller/Geimer* Rn. 1.
[7] BayObLG SeuffA 60, 124, 125.
[8] S. dort Rn. 5.

II. Folgen der Nichtvorlegung

Die Folgen der Nichtvorlegung sind wie in den Fällen des § 422[9] der Bestimmung des § 427 zu entnehmen. Für eine Anwendung des § 286 ist kein Raum. 3

§ 424 Antrag bei Vorlegung durch Gegner

[1]Der Antrag soll enthalten:

1. die Bezeichnung der Urkunde;
2. die Bezeichnung der Tatsachen, die durch die Urkunde bewiesen werden sollen;
3. die möglichst vollständige Bezeichnung des Inhalts der Urkunde;
4. die Angabe der Umstände, auf welche die Behauptung sich stützt, dass die Urkunde sich in dem Besitz des Gegners befindet;
5. die Bezeichnung des Grundes, der die Verpflichtung zur Vorlegung der Urkunde ergibt.

[2]Der Grund ist glaubhaft zu machen.

I. Bedeutung der Vorschrift

Der für den Beweisantritt bei Gewahrsam des Beweisgegners genügende[1] Antrag hat den Anforderungen des § 424 zu entsprechen. Sind die Voraussetzungen auch nach richterlichem Hinweis (§ 139) nicht erfüllt, ist der Antrag durch Beschluss, ggf. durch Zwischenurteil[2] (§ 303) oder in den Gründen des Endurteils[3] zurückzuweisen. § 424 ist entgegen dem Wortlaut **Mussvorschrift.** Der Antrag ist Prozessantrag, § 297 gilt nicht.[4] 1

II. Einzelerfordernisse

Nr. 1, 3. Die vorzulegende Urkunde ist nach ihren äußeren Merkmalen wie Aussteller, Ort, Datum (Nr. 1) und nach ihrem Inhalt (Nr. 3) so genau zu bezeichnen, wie es dem Antragsteller möglich ist; da der Beweisführer sich nicht im Besitz der Urkunde befindet, wird man die nur in Nr. 3 genannte Einschränkung der Konkretisierungspflicht auch für Nr. 1 gelten lassen müssen.[5] 2

Nr. 2 schafft die Voraussetzungen dafür, dass das Gericht die Beweiserheblichkeit der durch die Urkunde unter Beweis gestellten Behauptungen beurteilen kann (vgl. § 425).[6] 3

Nr. 4. Wegen der weitreichenden Sanktionen des § 427 reicht die bloße Behauptung des gegnerischen Urkundenbesitzes nicht aus. Vielmehr sollen dem Gegner Tatsachen zur Kenntnis gebracht werden, die es ermöglichen, seinen Gewahrsam an der Urkunde substantiiert zu bestreiten (Folge: § 426). Glaubhaftmachung ist nicht erforderlich. 4

Nr. 5. Die Bestimmung verlangt die Bezeichnung und die Glaubhaftmachung (§ 294) des Vorlegungsgrundes. Insoweit ist für die Vorlegungspflicht aus § 423 restriktiv zu verfahren, eine Glaubhaftmachung also nicht zu fordern. Denn die Bezugnahme auf die Urkunde (§ 423) ist dem Gericht bekannt. Ebenso ist die Glaubhaftmachung überflüssig, wenn der Gegner nicht bestreitet (§ 138 Abs. 3) oder zugesteht (§ 288).[7] 5

§ 425 Anordnung der Vorlegung durch Gegner

Erachtet das Gericht die Tatsache, die durch die Urkunde bewiesen werden soll, für erheblich und den Antrag für begründet, so ordnet es, wenn der Gegner zugesteht, dass die Urkunde sich in seinen Händen befinde, oder wenn der Gegner sich über den Antrag nicht erklärt, die Vorlegung der Urkunde an.

---

[9] S. dort Rn. 7.
[1] Zu den Voraussetzungen der Vorlegungspflicht vgl. §§ 422, 423.
[2] RG JW 1909, 729, 730.
[3] RG HRR 1933 Nr. 1466.
[4] Zu Einzelheiten § 421 Rn. 6.
[5] RGZ 166, 240, 242; *Baumbach/Lauterbach/Hartmann* Rn. 5; *Musielak/Huber* Rn. 2; *Wieczorek* Anm. A II a 1.
[6] Einschränkend *Wieczorek* Anm. A II a 2.
[7] *Wieczorek* Anm. A II a 5.

I. Systematik

1 Die **§§ 425, 426** sind im **Zusammenhang** zu lesen. Sie machen das gerichtliche Vorgehen vom Verhalten des Beweisgegners abhängig:

1. Gesteht der Beweisgegner den Besitz zu (§ 288) oder erklärt er sich nicht (§ 138 Abs. 3), muss das Gericht den Gewahrsam des Gegners an der Urkunde als gegeben erachten und die Urkundenvorlegung anordnen.
2. Bestreitet der Beweisgegner seinen Urkundenbesitz,[1] ist nach § 426 zu verfahren.

II. Voraussetzungen, Entscheidung

2 Voraussetzung der Vorlegungsanordnung ist in jedem Fall, dass die unter Beweis gestellte Tatsache **beweiserheblich** und der **Vorlegungsantrag zulässig** ist;[2] Unterschiede zum Beweisverfahren im allgemeinen bestehen nicht. Hinzu kommen muss hier, dass der Antrag begründet ist, er also den Voraussetzungen der §§ 422, 423, 424 genügt. Kommt es insoweit zum (Zwischen-)Streit[3] und hält das Gericht den Antrag für begründet,[4] so ist die Vorlegung durch Beweisbeschluss (§ 359) anzuordnen.[5] Diese Entscheidung ist entweder in einem Zwischenurteil (§ 303) oder im Endurteil zu begründen. Eine isolierte Anfechtung der Vorlegungsanordnung ist unzulässig. – Bei Säumnis gilt § 347 Abs. 2. Das Versäumniszwischenurteil ist durch Einspruch (§ 338) anfechtbar.

§ 426 Vernehmung des Gegners über den Verbleib

[1]Bestreitet der Gegner, dass die Urkunde sich in seinem Besitz befinde, so ist er über ihren Verbleib zu vernehmen. [2]In der Ladung zum Vernehmungstermin ist ihm aufzugeben, nach dem Verbleib der Urkunde sorgfältig zu forschen. [3]Im Übrigen gelten die Vorschriften der §§ 449 bis 454 entsprechend. [4]Gelangt das Gericht zu der Überzeugung, dass sich die Urkunde im Besitz des Gegners befindet, so ordnet es die Vorlegung an.

I. Bedeutung der Vorschrift

1 Bis zur Nov. 1933[1*] sah § 426 den **Editionseid** vor. Er war von dem Beweisgegner, der den Besitz an der Urkunde bestritt, dahin zu leisten, dass er die Urkunde nicht besitze, sie nicht in Beweisvereitelungsabsicht beiseite geschafft habe und auch nicht wisse, wo die Urkunde sich befinde. Mit der Eidesleistung war bewiesen, dass der Beweisgegner die Urkunde nicht besaß. Bei Verweigerung der Eidesleistung kam § 427 zur Anwendung. § 426 ist heute weniger stringent, weil nicht die Vorlegungsvernehmung als solche, sondern deren **Ergebnis** über den Erlass der Vorlegungsanordnung oder das Eingreifen des § 427 entscheidet.

II. Voraussetzungen der Vorlegungsvernehmung

2 Zu den Voraussetzungen der Vorlegungsanordnung im Allgemeinen und im Besonderen s. § 425 Rn. 2. Darüber hinaus kommt eine Vorlegungsanordnung nicht in Betracht, wenn zweifelhaft ist, ob die vom Beweisführer bezeichnete Urkunde (§ 424 Nr. 1) überhaupt je errichtet worden ist. Denn die Vernehmung dient nicht dazu, dem Gericht Klarheit über die **Existenz der Urkunde** zu verschaffen.[2*] Anders ist es, wenn die Errichtung der Urkunde feststeht, aber unklar ist, ob sie noch existiert oder vielleicht vom Beweisgegner beseitigt wurde. Insoweit verspricht die Vorlegungsvernehmung durchaus Nutzen. Steht nämlich letzteres fest, kommen die Grundsätze der Beweisvereitelung (§§ 427, 444)[3*] zur Anwendung.[4*]

---

[1] Dazu § 420 Rn. 2.
[2] Dazu § 424 Rn. 2ff.
[3] Anders, wenn der (materiell-rechtliche) Vorlegungsanspruch Streitgegenstand ist; vgl. BGH ZZP 92 (1973), 362 m. Anm. *Gottwald.*
[4] Zum anderen Fall § 424 Rn. 1.
[5] Ebenso *Stein/Jonas/Leipold* Rn. 3; *Zöller/Geimer* Rn. 2.
[1*] RGBl. I S. 780.
[2*] RGZ 44, 422, 425; 92, 222, 225; *Baumbach/Lauterbach/Hartmann* Rn. 3; *Zöller/Geimer* Rn. 1.
[3*] BGH NJW 1963, 389, 390.
[4*] Dazu *Thomas/Putzo/Reichold* § 286 Rn. 17.

III. Vorlegungsvernehmung

Der Gegner des Beweisführers[5] ist über den Verbleib der Urkunde zu vernehmen. Dazu gehören jedenfalls Angaben darüber, ob er die Urkunde in seinem **Gewahrsam** hatte und ob er weiß, wo sich die Urkunde befindet.[6] Bei fehlender Schilderung der Besitzverhältnisse ist die Vernehmung nicht stets darauf auszudehnen, welche **Nachforschungen** der Beweisgegner angestellt hat.[7] Denn Nachforschungen sind ihm zumutbar nur, falls er die Urkunde je in seinen Händen hatte oder er für ihren Verlust ursächlich geworden ist; dementsprechend handelt es sich bei Satz 2 entgegen dem Wortlaut lediglich um eine **Soll-Vorschrift.**[8] 3

IV. Verfahren

Das Verfahren bestimmt sich nach §§ 449 bis 454 in entsprechender Anwendung. Die Vernehmung erfolgt aufgrund eines Beweisbeschlusses (§ 450 Abs. 1 S. 1) vor dem Prozessgericht, ausnahmsweise vor einem beauftragten oder ersuchten Richter (§§ 451, 375). Verweigert die Partei die Auskunft oder erscheint sie zur Vernehmung nicht, kann das Gericht die behauptete Tatsache für erwiesen ansehen (§§ 453 Abs. 2, 454 Abs. 1, 446). 4

V. Entscheidung

Ist das Gericht nach der Vernehmung vom Urkundenbesitz des Beweisgegners überzeugt, ordnet es die Vorlegung an (§ 426 S. 4);[9] leistet der Beweisgegner der Anordnung keine Folge, gilt § 427. Ebenso greift diese Vorschrift ein bei unsorgfältigen Forschungen des Beweisgegners nach dem Verbleib der Urkunde (§§ 426 S. 2, 427 S. 1). Führt die Vorlegungsvernehmung hingegen zu dem Ergebnis, dass der Beweisgegner nicht Besitzer der Urkunde ist, wird der Vorlegungsantrag des Beweisführers durch Beschluss, Zwischenurteil (§ 303) oder in den Gründen des Endurteils[10] zurückgewiesen. 5

§ 427 Folgen der Nichtvorlegung durch Gegner

[1]Kommt der Gegner der Anordnung, die Urkunde vorzulegen, nicht nach oder gelangt das Gericht im Falle des § 426 zu der Überzeugung, dass er nach dem Verbleib der Urkunde nicht sorgfältig geforscht habe, so kann eine vom Beweisführer beigebrachte Abschrift der Urkunde als richtig angesehen werden. [2]Ist eine Abschrift der Urkunde nicht beigebracht, so können die Behauptungen des Beweisführers über die Beschaffenheit und den Inhalt der Urkunde als bewiesen angenommen werden.

I. Bedeutung der Vorschrift

§ 427 beruht auf dem **Grundsatz des Verbots der Beweisvereitelung** und bestimmt die Sanktionen für den Fall, dass der Beweisgegner der Anordnung zur Urkundenvorlegung oder der Pflicht zur Nachforschung nicht genügt. Jene Sanktionen bestehen in fakultativen Beweiserleichterungen für den Beweisführer. Die Bindungswirkung des § 426 S. 1 aF – eine beigebrachte Abschrift war als richtig anzusehen –[1] ist damit insgesamt zugunsten freier Beweiswürdigung beseitigt. 1

II. Voraussetzungen

Die Vorlegungsanordnung, an deren Nichtbefolgung § 427 Folgen knüpft, beruht auf § 425 oder auf § 426 S. 4. Die Nachforschungspflicht folgt aus § 426 S. 2. Wie diese Bestimmungen[2] sollte § 427 dahin verstanden werden, dass der Beweisgegner, der die Urkunde nie besessen hat oder für ihren Verlust nicht ursächlich geworden ist, zur **Nachforschung** nicht verpflichtet ist. Denn von einer Beweisvereitelung, auf die § 427 reagieren will, kann in diesen Fällen keine Rede sein. 2

---

[5] Dazu § 423 Rn. 1.

[6] *Wieczorek* Anm. A III in Anlehnung an den Editionseid (Rn. 1); dazu die Motive bei *Hahn* S. 326, wonach letzteres „unbestreitbar zur Erleichterung der Zwecke des Editionsverfahrens (dient)".

[7] So aber *Musielak/Huber* Rn. 2; *Stein/Jonas/Leipold* Rn. 5; *Thomas/Putzo/Reichold* Rn. 3; *Wieczorek* Anm. A III.

[8] *Wieczorek* Anm. A III.

[9] Dazu § 425 Rn. 1.

[10] S. auch § 424 Rn. 1.

[1] Bis zur Nov. 1933 (RGBl. I S. 780); s. § 426 Rn. 1.

[2] S. § 426 Rn. 3.

III. Wirkungen

3 Das Gericht hat unter den Voraussetzungen zu II. die Befugnis zur **freien Beweiswürdigung** im Hinblick auf die Beschaffenheit und den Inhalt der nicht vorgelegten Urkunde. Die Vorlegung einer Urkundenabschrift ist nicht einmal notwendig (Satz 2); erfolgt sie dennoch[3] (Satz 1), wird die Beweiswürdigung umso eher zugunsten des Beweisführers ausgehen. Vertritt die Abschrift das Urkundenoriginal im Rechtsverkehr, kommt der Abschrift volle formelle Beweiskraft zu.[4] Alsdann ist für eine freie Beweiswürdigung kein Raum. Aber auch im Übrigen gilt die Vorschrift des § 427 nur für Urkundenbeschaffenheit (zB öffentlich/private Urkunden) und -inhalt (zB wirkende/bewirkende Urkunde).[5] Deren Echtheit[6] und ihre Bedeutung für das Beweisthema sind zusätzlich festzustellen. Insoweit gelten die allgemeinen Prinzipien des § 286 Abs. 1.[7] Der Gegenbeweis ist zulässig (vgl. aber § 445 Abs. 2).[8]

§ 428 Vorlegung durch Dritte; Beweisantritt

Befindet sich die Urkunde nach der Behauptung des Beweisführers im Besitz eines Dritten, so wird der Beweis durch den Antrag angetreten, zur Herbeischaffung der Urkunde eine Frist zu bestimmen oder eine Anordnung nach § 142 zu erlassen.

I. Anwendungsbereich

1 Die §§ 428 bis 431 regeln das Verfahren für den Fall, dass die als Beweismittel benannte Urkunde sich **im Besitz**[1] eines Dritten befindet und dieser die Urkunde **nicht freiwillig** vorlegt. Bei freiwilliger Vorlage genügt die Bezugnahme der Parteien auf die vorgelegte Urkunde.[2] Grundlage der Vorlegungspflicht des Dritten ist u. a. ein gegen ihn gerichteter materiell-rechtlicher Herausgabe- oder Vorlegungsanspruch. Herausgabeansprüche finden sich zB in den §§ 402, 985 BGB, Vorlegungsansprüche folgen etwa aus §§ 716, 810, 896 BGB. Der in § 428 aF verwendete Begriff des In-den-Händen-Habens[3*] ist den materiell-rechtlichen Bestimmungen fremd. Dort ist stattdessen vom Besitz des Anspruchsgegners die Rede (vgl. §§ 402, 896, 985 BGB). Daran lehnt sich § 428 nunmehr an. Deswegen gelten hier jetzt ebenfalls die Grundsätze, die bei der Auslegung jener bürgerlich-rechtlichen Bestimmungen zu beachten sind. Aus diesem Grund ist Besitz im Sinne des § 428 nicht nur der unmittelbare, sondern auch der mittelbare Besitz.[4*] Anders als nach § 428 aF kommt es auf die Verfügungsmacht über die Urkunde nicht mehr an. Da allein der Besitz maßgebend ist, reicht die Stellung als Besitzdiener (§ 855 BGB) nicht aus.[5*] **Dritter** im Sinne dieser Bestimmungen ist, wer nicht Beweisgegner ist (zu ihm § 421 Rn. 3). Nicht anwendbar sind die §§ 428 bis 431 im **Urkundenprozess,** da dort gem. § 595 Abs. 3 der Urkundenbeweis nur durch Vorlegung der Urkunde (vgl. § 420) angetreten werden kann.

II. Verfahren

2 Der Beweisführer kann den Urkundenbeweis durch **Antrag auf Fristsetzung** zur Herbeischaffung der Urkunde antreten (§ 428 Alt. 1). Die Beschaffung der Urkunde ist Sache des Beweisführers. Unter den Voraussetzungen der §§ 430, 431 ist ihm eine Frist zu gewähren, in der er selbst die Urkunde vom Dritten – notfalls durch Klage (§ 429) – herbeizuschaffen hat. Der Antrag kann **in der mündlichen Verhandlung** gestellt werden. Auch ein vorheriger **schriftlicher Antrag** ist möglich, weil gem. § 431 Abs. 1 die Frist durch Beschluss bestimmt werden kann. Er unterliegt den Vorschriften über die Zurückweisung wegen Verspätung. Ein Antrag auf Ladung des Dritten als Zeugen mit der Auflage, die Urkunde mitzubringen, oder ein bloßer Antrag auf Herbeischaffung der Urkunde durch das Gericht ist idR unzureichend; er ist jedoch unter Umständen in einen Antrag auf Fristsetzung umdeutbar.[6*]

---

[3] Vgl. BGH DB 1985, 1020.
[4] § 415 Rn. 8.
[5] S. § 415 Rn. 2.
[6] *Förster/Kann* Anm. 2 a.
[7] RG JW 1910, 68; *Thomas/Putzo/Reichold* Rn. 2; zur materiellen Beweiskraft s. § 415 Rn. 26.
[8] Dazu § 415 Rn. 20.
[1] Dazu § 420 Rn. 2.
[2] Vgl. § 422 Rn. 6.
[3*] Bis zum Inkrafttreten des ZPO-ReformG am 1. 1. 2002. – Anders nach wie vor §§ 421 ff., 432, 441 Abs. 3, 4.
[4*] Vgl. *Palandt/Heinrichs* § 402 BGB Rn. 3; *Palandt/Bassenge* § 985 BGB Rn. 7.
[5*] Vgl. aber § 420 Rn. 2.
[6*] RGZ 135, 123, 131.

III. Anordnung nach § 142

Der Beweisführer kann den Beweis durch einen Antrag auf Erlass einer Anordnung nach § 142 antreten (§ 428 Alt. 2). Insoweit ist ebenfalls erforderlich, dass sich der Dritte nach der Behauptung des Beweisführers im Besitz der Urkunde befindet (vgl. Rn. 1). Das Gericht muss dem Antrag entsprechen, wenn sich nach seiner Überzeugung die Urkunde im Besitz des Dritten befindet, die besonderen Voraussetzungen des § 142 Abs. 2 (Zumutbarkeit, Zeugnisverweigerungsrecht) und die allgemeinen Erfordernisse für die Beachtlichkeit eines Beweisantritts (Beweiserheblichkeit und -eignung) gegeben sind.[7] 3

§ 429 Vorlegungspflicht Dritter

[1]Der Dritte ist aus denselben Gründen wie der Gegner des Beweisführers zur Vorlegung einer Urkunde verpflichtet; er kann zur Vorlegung nur im Wege der Klage genötigt werden. [2]§ 142 bleibt unberührt.

I. Vorlegungspflicht des Dritten

Der Dritte ist **nicht uneingeschränkt** zur Vorlage der Urkunde verpflichtet. Seine Vorlegungspflicht besteht nur unter den Voraussetzungen, die auch für eine Vorlegungspflicht des Beweisgegners erfüllt sein müssen. Wie dort[1] ist ein materiell-rechtlicher Herausgabe- oder Vorlegungsanspruch gegen den Dritten Grundlage der Vorlegungspflicht; § 422 findet also ohne weiteres Anwendung. Demgegenüber besteht eine Vorlegungspflicht nach § 423 nur, wenn der Bezugnehmende Dritter, also **nicht** selbst **Beweisgegner** ist. Solange der Bezugnehmende als Partei, Streitgenosse oder Streithelfer[2] am Prozess beteiligt ist, richtet sich seine Vorlegungspflicht somit nicht nach § 429 iVm. § 423, sondern allein nach § 423.[3] Die Vorlegungspflicht eines ausgeschiedenen Beweisgegners sowie die einer von vornherein nicht am Prozess beteiligten Person (zB ein Zeuge) hingegen bestimmt sich allein nach § 429. Diese Unterscheidung ist deswegen wichtig, weil nur die Weigerung des Beweisgegners, die Urkunde vorzulegen, die Folgen des § 427 nach sich zieht, während die Vorlegungspflicht des Dritten gemäß § 429 realisiert werden muss. 1

II. Erzwingung der Vorlegung

Ist der Dritte nicht freiwillig zur Vorlegung der Urkunde bereit, kann er gemäß S. 1 **vom Beweisführer durch Klage** und Zwangsvollstreckung dazu gezwungen werden. Kläger ist grundsätzlich der Beweisführer, auch wenn der Streitgehilfe für ihn den Fristsetzungsantrag gestellt hat.[4] Der Streitgehilfe kann nur dann selbst klagen, wenn er einen eigenen Vorlegungsanspruch gegen den Dritten hat. Beitreten kann er der Vorlegungsklage des Beweisführers unter den Voraussetzungen des § 66, deren Vorliegen in dem neuen Prozess gesondert geprüft werden muss. Sie ergeben sich nicht automatisch aus der zulässigen Streithilfe im anhängigen Verfahren, da der Streitgehilfe nur ein rechtliches Interesse am Obsiegen der Partei im Hauptverfahren, nicht aber notwendigerweise auch an der Vorlage der Urkunde hat. Für die Klage auf Vorlegung gibt es **keinen besonderen Gerichtsstand.** Die Klage ist auf Vorlegung der Urkunde vor dem Prozessgericht bzw. bei Anordnung nach § 434 auf Vorlegung vor dem beauftragten oder ersuchten Richter zu richten. Es sind alle Beweismittel zulässig. Eine Vernehmung nach § 426 ist nicht möglich, da diese Vorschrift nur für das Urkundenbeweisverfahren gilt, nicht jedoch für den Beweis des Vorlegungsanspruchs. Die Zwangsvollstreckung aus dem Vorlegungsurteil erfolgt nach § 883.[5] Bleiben Klage und Zwangsvollstreckung ohne Erfolg, ist der im Hauptprozess angetretene Urkundenbeweis gescheitert. 2

Im laufenden Prozess gibt es kein Zwangsmittel des Gerichts gegen den Dritten. Dies ist anders, wenn der Beweis durch den Antrag auf Erlass einer Anordnung nach § 142 angetreten wird. Kommt der Dritte dieser Anordnung nicht nach, so kann gegen ihn ein Ordnungsgeld und ggf. Ordnungshaft festgesetzt werden (§§ 429 S. 2, 142 Abs. 2 S. 2, 390). Auch im Übrigen bestimmen sich die Voraussetzungen und Grenzen der Vorlegungspflicht nach § 142. Insbesondere ist ein Dritter nicht zur Vorlegung verpflichtet, soweit ihm die Vorlegung nicht zumutbar oder er zur Zeugnisverweigerung (§§ 383–389) berechtigt ist. 3

---

[7] Begründung des RegE ZPO-ReformG, BT-Drucks. 14/4722, S. 92.
[1] § 422 Rn. 2 bis 6.
[2] AA *Stein/Jonas/Leipold* Rn. 1.
[3] § 423 Rn. 1.
[4] Wie hier *Stein/Jonas/Leipold* Rn. 4; aA *Wieczorek* Anm. A.
[5] Vgl. OLG Hamm NJW 1974, 653.

§ 430 Antrag bei Vorlegung durch Dritte

Zur Begründung des nach § 428 zu stellenden Antrages hat der Beweisführer den Erfordernissen des § 424 Nr. 1 bis 3, 5 zu genügen und außerdem glaubhaft zu machen, dass die Urkunde sich in den Händen des Dritten befinde.

1 Wegen der Form und des Inhalts des Antrags verweist § 430 auf § 424 Nr. 1 bis 3 sowie Nr. 5.[1] Der Beweisführer muss daher in seinem Antrag unter anderem den Vorlegungsgrund, im Falle der §§ 429, 422 also den Vorlegungsanspruch gegen den Dritten bezeichnen. Dieser **Anspruch** muss bereits **bestehen.** Der Vortrag, der Vorlegungsanspruch eines anderen werde dem Beweisführer demnächst abgetreten, reicht nicht aus.[2] Zudem muss der Beweisführer die Umstände vortragen, aus denen sich der Besitz[3] des Dritten ergibt. Insoweit tritt die Bestimmung des § 430 an die Stelle des § 424 Nr. 4. Der Beweisführer hat den Vorlegungsgrund und den Besitz des Dritten glaubhaft zu machen (§ 294). Die **Glaubhaftmachung** erübrigt sich, wenn die Vorlegungspflicht des Dritten aus §§ 429, 423 folgt; sie ist ferner überflüssig, wenn der Dritte seine Verpflichtung nicht bestreitet (§ 138 Abs. 3) oder zugesteht (§ 288).[4]

§ 431 Vorlegungsfrist bei Vorlegung durch Dritte

(1) Ist die Tatsache, die durch die Urkunde bewiesen werden soll, erheblich und entspricht der Antrag den Vorschriften des vorstehenden Paragraphen, so hat das Gericht durch Beschluss eine Frist zur Vorlegung der Urkunde zu bestimmen.

(2) Der Gegner kann die Fortsetzung des Verfahrens vor dem Ablauf der Frist beantragen, wenn die Klage gegen den Dritten erledigt ist oder wenn der Beweisführer die Erhebung der Klage oder die Betreibung des Prozesses oder der Zwangsvollstreckung verzögert.

I. Normzweck

1 Ist ein Dritter im Besitz der Urkunde und legt er diese nicht freiwillig dem Gericht vor, ist es Sache des Beweisführers, die Urkunde zu beschaffen, zumeist mittels Klage gegen den Dritten. Die Durchführung einer solchen Klage benötigt Zeit. Um dem Beweisführer überhaupt die tatsächliche Möglichkeit zu verschaffen, die Urkunde nach Durchführung der Vorlegungsklage noch in den Prozess einführen zu können, ist es erforderlich, dass der Prozess während der zur Beschaffung der Urkunde benötigten Zeit nicht weiterläuft und ggf. zuvor zum Abschluss kommt. Demgemäß bestimmt § 431, dass bei Erheblichkeit der durch die Urkunde zu beweisenden Tatsache das Gericht dem Beweisführer auf seinen Antrag hin eine Frist zur Herbeischaffung der Urkunde setzt. Während des Laufs dieser Frist wird das **Verfahren nicht fortgeführt.** Dadurch wird es dem Beweisführer ermöglicht, die Urkunde herbeizuschaffen und sich ihrer sodann als Beweismittel zu bedienen.

II. Voraussetzungen, Entscheidung

2 Der Antrag auf Fristsetzung muss in Form und Inhalt den **Erfordernissen des § 430** genügen. Fehlt es daran, zB an einer erforderlichen Glaubhaftmachung des Besitzes des Dritten oder des Vorlegungsgrundes, ist der Antrag unzulässig und zurückzuweisen. Die mittels der zu beschaffenden Urkunde zu beweisende Tatsache muss **entscheidungserheblich** und **beweisbedürftig** sein. Andernfalls ist der Antrag unbegründet und abzuweisen. Ist der Antrag zulässig und begründet, hat das Gericht durch Beschluss eine Frist zur Vorlegung der Urkunde zu bestimmen. Der Beschluss kann ohne vorherige mündliche Verhandlung ergehen (§ 128 Abs. 4). Er ist **kein Beweisbeschluss,** da er die Beweisaufnahme nicht anordnet, sondern erst vorbereitet. Die Frist ist so zu bemessen, dass sie voraussichtlich zur Durchführung des Prozesses gegen den Dritten ausreichend ist. Da es sich um eine richterliche Frist handelt, bestimmen sich Verkürzungen oder Verlängerungen nach §§ 224 ff.

---

[1] Zu den Einzelheiten § 424 Rn. 2, 3, 5.
[2] RGZ 135, 123, 131.
[3] Dazu § 428 Rn. 1.
[4] Vgl. § 424 Rn. 5 (zu Nr. 5).

III. Rechtsmittel

Gegen die Fristsetzung ist **grundsätzlich kein Rechtsmittel** gegeben. Ist die gesetzte Frist zu lang oder wird der Fortsetzungsantrag nach Abs. 2 abgelehnt, läuft dies praktisch auf eine Aussetzung des Verfahrens, auf dessen zeitweisen Stillstand hinaus; deswegen ist hiergegen eine sofortige **Beschwerde** zulässig (§ 252 analog).[1] Gegen den Beschluss, mit dem eine Fristsetzung abgelehnt wird, findet ebenfalls sofortige Beschwerde (§ 567 Abs. 1 Nr. 2) statt. Das Beschwerdegericht ist auf die Prüfung der formellen Voraussetzungen des Fristsetzungsantrags (§§ 430, 431) beschränkt. Über die Erheblichkeit und die Beweisbedürftigkeit der durch die Urkunde unter Beweis gestellten Tatsachen kann es nicht befinden.[2] Denn andernfalls würde es in die Sachkompetenz des Prozessgerichts eingreifen. 3

IV. Fortsetzung des Verfahrens

Die Fortsetzung des Verfahrens erfolgt auf den Antrag einer der Parteien hin. Das Gericht bestimmt den Termin alsdann von Amts wegen (§ 216). Nach Ablauf der nach § 431 Abs. 1 bestimmten Frist kann der Beweisgegner den **Fortsetzungsantrag** jederzeit stellen; vor Fristablauf sind die Voraussetzungen des Abs. 2 zu beachten. – Der Beweisführer kann den Antrag jederzeit stellen. 4

§ 432 Vorlegung durch Behörden oder Beamte; Beweisantritt

(1) Befindet sich die Urkunde nach der Behauptung des Beweisführers in den Händen einer öffentlichen Behörde oder eines öffentlichen Beamten, so wird der Beweis durch den Antrag angetreten, die Behörde oder den Beamten um die Mitteilung der Urkunde zu ersuchen.

(2) Diese Vorschrift ist auf Urkunden, welche die Parteien nach den gesetzlichen Vorschriften ohne Mitwirkung des Gerichts zu beschaffen imstande sind, nicht anzuwenden.

(3) Verweigert die Behörde oder der Beamte die Mitteilung der Urkunde in Fällen, in denen eine Verpflichtung zur Vorlegung auf § 422 gestützt wird, so gelten die Vorschriften der §§ 428 bis 431.

I. Normzweck

Die Heranziehung von Urkunden und Akten, die sich in der Verfügungsgewalt[1*] einer Behörde oder eines Beamten befinden, zu Beweiszwecken wird durch die Einschaltung des Gerichts **erleichtert.** Denn nach § 432 ist zum einen die Heranziehung auch dann möglich, wenn der beweisführenden Partei **kein Vorlegungsanspruch** gegen die Behörde iSd. § 422 zusteht. Zum anderen wird die Beweisführung dadurch vereinfacht, dass das Gericht die Behörde im Wege der **Amtshilfe** um Vorlage der Urkunde ersuchen darf, der Beweisführer somit nicht auf den Weg der Vorlegungsklage gegen die Behörde etc. angewiesen ist, wenn diese die Urkunde nicht freiwillig vorlegt. 1

II. Anwendungsbereich

1. Voraussetzungen. Die Urkunde muss in der Verfügungsgewalt einer öffentlichen Behörde[2*] oder eines öffentlichen Beamten in deren **dienstlicher Eigenschaft** sein. Privater Gewahrsam des Beamten reicht nicht aus. Beamter ist jeder Bedienstete des Bundes, der Länder, der Gemeinden oder Gemeindeverbände sowie der Körperschaften, Stiftungen und Anstalten des öffentlichen Rechts, der nach den Beamtengesetzen des Bundes und der Länder zum Beamten auf Lebenszeit, auf Probe, auf Zeit oder auf Widerruf ernannt ist. Darüber hinaus dürften auch **Notare,** in deren Amtsbesitz sich die Urkunde befindet, zu den Beamten iSd. § 432 zu zählen sein.[3] Handelt es sich 2

---

[1] HM; vgl. statt vieler *Baumbach/Lauterbach/Hartmann* Rn. 4; aA *Thomas/Putzo/Reichold* Rn. 2.

[2] So auch *Zöller/Geimer* Rn. 1; vgl. zum gleichgelagerten Fall der Anordnung einer Beweisaufnahme, die zu faktischem Verfahrensstillstand führt, OLG Hamm FamRZ 1958, 379 ff.; OLG Celle MDR 1967, 134; LG Hamburg MDR 1964, 848 f.

[1*] Dazu § 420 Rn. 2.

[2*] Dazu § 415 Rn. 14, 15.

[3] *Heldmann* ZZP 82 (1912), 79, 80.

um eine erst zu schaffende Urkunde, so zB um einen Auszug aus öffentlichen Registern oder Büchern, findet § 432 entsprechende Anwendung.

3 Die Behörde etc. muss **Dritter** iSd. § 428 sein. Handelt es sich um den Prozessgegner, erfolgt der Beweisantritt nach § 421. Nur in letzterem Fall finden die §§ 421 bis 427 Anwendung. Im Urkunden- und Wechselprozess ist § 432 nicht anwendbar, da gem. § 595 Abs. 3 dort die Beweisführung nur durch Vorlegung der Urkunde seitens des Beweisführers möglich ist.

4 **2. Ausschluss nach Abs. 2.** Der Weg der Urkundenbeiziehung durch Ersuchen des Gerichts ist nach Abs. 2 versperrt, wenn der Beweisführer – nicht: der Beweisgegner – sich die fraglichen Urkunden nach den gesetzlichen Vorschriften von der Behörde etc. **selbst verschaffen kann.** Denn die Partei soll das Gericht dann nicht bemühen, wenn sie die Urkunde einfacher und rascher erlangen kann. Insoweit reicht es bei einer öffentlichen Urkunde aus, dass die Partei einen Anspruch auf Erteilung einer Ausfertigung oder einer beglaubigten Abschrift hat. Denn deren Beweiskraft steht hinter derjenigen der Urschrift in der Regel nicht zurück (§ 435).

5 Der Beweisführer ist nur dann in der Lage, sich die Urkunde selbst zu beschaffen, wenn die Behörde etc. aufgrund gesetzlicher Vorschriften (zur Definition vgl. § 12 EGZPO) **verpflichtet ist,** Ausfertigungen, beglaubigte Abschriften (vgl. § 435), Auszüge usw. aus öffentlichen Büchern, Registern und Akten an die Beteiligten oder an jedermann zu erteilen. Steht die Erteilung im **Ermessen** der Behörde, gilt Abs. 2 nicht.[4] Ein Anspruch auf Erteilung von Auszügen oder beglaubigten Abschriften besteht zB nach §§ 34, 78, 85, 162 FGG, § 12 Abs. 2 GBO, §§ 299, 792, 896 ZPO, § 9 HGB, § 61 PStG, § 179 Abs. 3 S. 1 InsO. Verweigert die Behörde etc. pflichtwidrig die Mitteilung der Urkunde gegenüber dem Beweisführer, so muss dieser nicht von einem ihm zustehenden Rechtsbehelf Gebrauch machen, bevor er die Hilfe des Gerichts nach § 431 Abs. 1 in Anspruch nehmen darf.[5] Die gegenteilige Auffassung steht mit dem Zweck des Abs. 2, den einfachsten Weg zur Urkundenmitteilung einzuschlagen, nicht im Einklang.

III. Verfahren

6 **1. Antrag.** Der Antrag nach § 432 ist als Beweisantrag **in der mündlichen Verhandlung** zu stellen.[6] Zwar muss er in Form und Inhalt nicht den Erfordernissen der §§ 430, 424 entsprechen, doch sind in ihm die Tatsachen, die durch die Urkunde bewiesen werden sollen, und Anhaltspunkte für den Besitz der Behörde anzugeben. Die Urkunde ist so genau zu bezeichnen, dass die ersuchte Behörde sie auffinden kann. Dazu reicht die **inhaltliche Bezeichnung** aus, da die Angabe von Blattzahlen etc. dem Beweisführer idR unmöglich sein dürfte. Ein Antrag auf Beiziehung ganzer Akten genügt nicht den Erfordernissen eines ordnungsgemäßen Beweisantrags, da diese eine Zusammenfassung von verschiedenen Urkunden, internen Aufzeichnungen und sonstigen Anlagen sind[7] und es nicht Aufgabe des Gerichts ist, sich daraus das Wesentliche herauszusuchen. Zumeist dürfte ein solcher Antrag auf Beiziehung ganzer Akten ohne nähere Bezeichnung einer darin enthaltenen speziellen Urkunde lediglich zur Ausforschung von Beweismitteln dienen und damit unzulässig sein.

7 **2. Entscheidung. a) Beweisbeschluss.** Erachtet das Gericht die zu beweisende Tatsache für erheblich und entspricht der Antrag den o. g. Voraussetzungen, ordnet das Gericht durch **Beweisbeschluss** (§ 358) das Ersuchen an die Behörde oder den Beamten an, wenn kein anderer Ablehnungsgrund besteht. Streitig ist insoweit, ob der Antrag schon dann abzulehnen ist, wenn das Gericht erkennt, dass die beizuziehenden Urkunden den Parteien zB aufgrund des **Datenschutzes** unzugänglich sind,[8] oder ob der Antrag nur abgelehnt werden kann, wenn die Urkunden im Verhältnis Gericht – Behörde nicht vorgelegt werden dürfen.[9] Im Hinblick darauf, dass das Gericht Urkunden, die von den Parteien nicht eingesehen werden dürfen, nicht zum Gegenstand der mündlichen Verhandlung machen und somit diese Urkunden nicht als Beweismittel nutzen kann,[10] dürfte schon in der Unzulässigkeit der Urkundenbenutzung durch die Parteien ein Grund zur Ablehnung des Beweisantrags zu sehen sein, da ansonsten vom Gericht ein nicht verwertbares und damit überflüssiges Beweismittel beschafft werden müsste.

8 **b)** Die **Ablehnung des Beweisantrags** erfolgt erst in den Urteilsgründen. Eine sofortige Ablehnung durch Beschluss ist nicht erforderlich. Ergeht dieser dennoch, kann die Ablehnung nur zu-

---

[4] Vgl. RGZ 84, 142, 143.
[5] So *Arnold* NJW 1953, 1283; *Heldmann* (Fn. 3) S. 82; aA *Stein/Jonas/Leipold* Rn. 18.
[6] *Teplitzky* JuS 1968, 71.
[7] Vgl. BGH DRiZ 1963, 60; NJW 1994, 3295.
[8] So *Baumbach/Lauterbach/Hartmann* Rn. 4.
[9] So *Stein/Jonas/Leipold* Rn. 6.
[10] Vgl. *Schneider* MDR 1984, 108, 109.

sammen mit dem Urteil angefochten werden. Eine Anfechtung des das Ersuchen an die Behörde anordnenden Beschlusses ist nach § 355 Abs. 2 nicht zulässig. – Der Beschluss wird ausgeführt, indem der Vorsitzende bzw. der Einzelrichter das Ersuchungsschreiben an die Behörde erlässt.

IV. Das Verhalten der Behörde; weiteres Verfahren

Die Mitteilung der Urkunde durch die ersuchte Behörde an das Gericht erfolgt im Wege der **Amtshilfe** (Art. 35 GG). Die Behörde prüft nach dem für sie geltenden Verfahrensrecht, ob die Urkunde übersandt werden darf oder muss (vgl. § 168 GVG). Zumeist steht die Entscheidung im pflichtgemäßen **Ermessen** der Behörde, eine analoge Anwendung von § 99 VwGO ist nicht möglich.[11] Der Mitteilung der Urkunde können Vorschriften, wie zB § 39 PostG (Postgeheimnis) oder § 30 AO (Steuergeheimnis), entgegenstehen. Auch kann die Geheimhaltung aus Gründen des Gemeinwohls oder wegen berechtigter Interessen Dritter gerechtfertigt sein. 9

Hat die Behörde die Urkunden (Akten) mit der **Auflage** übersandt, sie den Parteien nicht zugänglich zu machen, darf sich das Gericht nicht darüber hinwegsetzen. Den Parteien nicht zugängliche Akten sind, auch wenn sie dem Gericht übersandt wurden, nicht verwertbar, da sie in der mündlichen Verhandlung nicht vorgelegt und somit nicht Entscheidungsgrundlage des Gerichts werden können. Die Entscheidung der Behörde ist für das Gericht **bindend.** Entspricht die ersuchte Behörde dem Ersuchen nicht oder nur mit Einschränkungen, kann das Gericht lediglich durch Gegenvorstellung, Dienstaufsichtsbeschwerde oder einem sonst zulässigen Verfahren auf eine Aufhebung der von der ersuchten Behörde getroffenen Entscheidung hinwirken.[12] Der Beweisführer kann gegen die **Ablehnung** verwaltungsgerichtliche Klage erheben, wenn ihm ein öffentlich-rechtlicher Anspruch auf Vorlegung zusteht (Fristsetzung nach § 356), oder kann, wenn er einen bürgerlich-rechtlichen Vorlegungsanspruch nach § 422 hat, Fristsetzung nach §§ 428 bis 431 beantragen und gegen die Behörde auf Vorlegung klagen. Die Gerichtsgeschäftsstelle hat die Parteien sowohl vom Eingang der Urkunde als auch von der Ablehnung des Ersuchens seitens der Behörde zu unterrichten (entsprechend § 362 Abs. 2, 2. Halbs.). **Im schriftlichen Verfahren** (§ 128 Abs. 2) und bei Entscheidung nach Lage der Akten (§§ 251 a, 331 a) ist die Urkunde nach der Benachrichtigung der Parteien ohne weiteres verwendbar; findet eine mündliche Verhandlung statt, ist die Urkunde in dieser vorzulegen und den Parteien die Möglichkeit zur Einsichtnahme zu gewähren. 10

V. Gebühren

Gerichtsgebühren entstehen nicht. Für den Rechtsanwalt fallen nach dem RVG ebenfalls keine Gebühren an: Wird der Antrag im Termin gestellt, so ist die Tätigkeit durch die Terminsgebühr gemäß VV 3104 abgegolten. Außerhalb des Termins wird die Antragstellung von der Verfahrensgebühr gemäß VV 3100 umfasst. 11

§ 433 (weggefallen)

§ 434 Vorlegung vor beauftragtem oder ersuchtem Richter

Wenn eine Urkunde bei der mündlichen Verhandlung wegen erheblicher Hindernisse nicht vorgelegt werden kann oder wenn es bedenklich erscheint, sie wegen ihrer Wichtigkeit und der Besorgnis ihres Verlustes oder ihrer Beschädigung vorzulegen, so kann das Prozessgericht anordnen, dass sie vor einem seiner Mitglieder oder vor einem anderen Gericht vorgelegt werde.

I. Anwendungsbereich

Als **Ausnahme vom Grundsatz der Unmittelbarkeit** der Beweisaufnahme (§ 355 Abs. 1) sieht die Bestimmung die Möglichkeit vor, die Urkundenvorlegung vor einem kommissarischen Richter anzuordnen. Beispiele: Unentbehrlichkeit von Handelsbüchern für den Geschäftsbetrieb, Unzulässigkeit der Herausgabe von Grund-, Register- und Nachlassakten, falls es ausnahmsweise auf die Originale ankommt und die Einreichung einer beglaubigten Abschrift (§ 435) nicht genügt. – Die Modalität des Beweisantritts[1] ist unerheblich. 1

---

[11] BVerwG MDR 1969, 75; OVG Münster MDR 1966, 83.
[12] BGH NJW 1952, 305, 306.
[1] Dazu § 420 Rn. 1.

II. Entscheidung; Verfahren

2 Die Entscheidung ergeht – auch ohne förmlichen Antrag – durch **Beweisbeschluss** (§ 358); möglich ist auch die nachträgliche Abänderung eines bereits ergangenen Beweisbeschlusses (§ 360). Voraussetzung der Entscheidung ist ein Vorbringen, aus dem sich ein Hindernis der in § 434 bezeichneten Art ergibt. Dieser Vortrag kann von jedem stammen, der eine Urkunde vorlegen soll; denn § 434 findet **in allen Varianten** des Urkundenbeweises Anwendung.[2] Anstelle des kommissarischen Richters kann das Prozessgericht an Ort und Stelle Einsicht in die Urkunde nehmen (§ 219 Abs. 1). Da hoher Geschäftsanfall in der Regel genügt, um statt eines Lokaltermins die Inanspruchnahme eines beauftragten oder ersuchten Richters als dienlich iSd. § 375 erscheinen zu lassen, dürfte dies auch hinreichend sein, um eine Urkundenvorlegung nach § 434 anordnen zu können. – Die Entscheidung ist nach § 355 Abs. 2 **nicht selbstständig anfechtbar.** Die Beweisaufnahme erfolgt durch **Einsichtnahme** in die Urkunde.[3] Regelmäßig ist die Urkunde dem Vorlegenden sogleich zurückzugeben. Um es dem Prozessgericht zu ermöglichen, sich selbst ein Bild von der Urkunde zu machen, sollte der beauftragte oder ersuchte Richter eine beglaubigte Abschrift der vorgelegten Urkunden zu den Akten nehmen und im Protokoll die Umstände festhalten, die für den Beweiswert und die Echtheit der Urkunden erheblich sind; vorgeschrieben ist die Errichtung eines Protokolls indessen nicht.[4]

§ 435 Vorlegung öffentlicher Urkunden in Urschrift oder beglaubigter Abschrift

[1] Eine öffentliche Urkunde kann in Urschrift oder in einer beglaubigten Abschrift, die hinsichtlich der Beglaubigung die Erfordernisse einer öffentlichen Urkunde an sich trägt, vorgelegt werden; das Gericht kann jedoch anordnen, dass der Beweisführer die Urschrift vorlege oder die Tatsachen angebe und glaubhaft mache, die ihn an der Vorlegung der Urschrift verhindern. [2] Bleibt die Anordnung erfolglos, so entscheidet das Gericht nach freier Überzeugung, welche Beweiskraft der beglaubigten Abschrift beizulegen sei.

I. Normzweck

1 Urkunden sind zu Beweiszwecken grundsätzlich in Urschrift vorzulegen. Von diesem Grundsatz macht § 435 für **öffentliche Urkunden** eine Ausnahme, indem er die Vorlage einer öffentlich beglaubigten Abschrift für ausreichend erklärt, wenn das Gericht nicht ausnahmsweise die Vorlage des Originals anordnet. Der **Grund** für diese Ausnahme von der Pflicht zur Vorlage des Originals besteht darin, dass sich die Urschrift zumeist in amtlicher Verwahrung befindet und daher zum einen die Partei keinen unmittelbaren Zugriff auf die Urkunde hat, zum anderen aber aufgrund der amtlichen Verwahrung die Übereinstimmung von Urschrift und Abschrift leichter feststellbar ist.[1] Bei **Privaturkunden** ist dagegen grundsätzlich die Vorlage des Originals erforderlich, weil nur so die Echtheit (§ 439) und die Fehlerfreiheit (§ 419) der Urkunde mit hinreichender Sicherheit festgestellt werden kann.[2*] Dagegen reicht dann die Vorlage einer **Abschrift** einer Privaturkunde aus, wenn der Gegner die Echtheit der Urkunde und die Übereinstimmung der Abschrift mit der Urschrift nicht bestreitet.[3*]

II. Voraussetzungen

2 Zum **Begriff der öffentlichen Urkunde** vgl. § 415 Rn. 12ff., dort (Rn. 20) auch dazu, dass Abschriften im Einzelfall durchaus Urkundenqualität zukommen kann. Öffentlich verwahrte oder beglaubigte Urkunden gehören nicht zu den öffentlichen Urkunden. Sie sind nach wie vor Privaturkunden; lediglich der formgerechte Beglaubigungsvermerk selbst ist öffentliche Urkunde.[4*] Abschriften einer öffentlichen Urkunde bleiben selbst dann lediglich Abschriften, wenn sie im Rechtsverkehr die Urschrift ersetzen sollen (Ausfertigungen). Die vorgelegte Abschrift selbst muss hinsichtlich ihrer Übereinstimmung mit der Urschrift **beglaubigt** sein. Die Fotokopie einer be-

---

[2] *Stein/Jonas/Leipold* Rn. 1.
[3] § 420 Rn. 4.
[4] BGH DB 1962, 1438.
[1] BGH NJW 1980, 1047, 1048.
[2*] BGH (Fn. 1).
[3*] OLG Köln DB 1983, 104, 105.
[4*] Vgl. § 415 Rn. 22.

glaubigten Abschrift genügt den Anforderungen des § 435 deshalb nicht. Auch ist es nicht ausreichend, dass eine beglaubigte Abschrift einer ihrerseits beglaubigten Abschrift vorgelegt wird.[5] Hier verbleibt es bei dem Grundsatz, wonach Urkunden in Urschrift vorzulegen sind, weil der Grund für die Ausnahme – die Partei kann die Urschrift aufgrund der amtlichen Verwahrung nicht erlangen – in der Regel nicht zutrifft. – Die öffentliche **Beglaubigung** muss **ordnungsgemäß** sein. Sie kann von der ausstellenden Behörde,[6] einem Notar (§§ 39, 42 BeurkG), dem Urkundsbeamten der Geschäftsstelle (§ 299) oder einer sonstigen zur öffentlichen Beglaubigung zuständigen Stelle stammen. Die Beglaubigung durch den Rechtsanwalt genügt nicht. Für **Auszüge** aus öffentlichen Urkunden gelten keine Besonderheiten. Spezielle Regelungen sind in die ZPO im Interesse der Vermeidung kasuistischer Bestimmungen nicht aufgenommen worden.[7] Solche Urkundenteile unterliegen daher den Beweisregeln der §§ 415 bis 418, 435.

III. Vorlegung des Originals

Bei Bedenken gegen die Echtheit kann das Gericht im Beweisbeschluss (§ 358) oder nachträglich 3
(§ 360) die Anordnung nach Satz 1 2. Halbs. treffen und damit anordnen, dass der Beweisführer die **Urschrift vorlegt** oder die Tatsachen angibt und glaubhaft macht (§ 294), aus denen sich ein Vorlegungshindernis ergibt. Erst wenn die Anordnung in beiden Alternativen erfolglos bleibt, kann das Gericht nach Satz 2 in freier Beweiswürdigung (§ 286 Abs. 1) über die Beweiskraft der vorgelegten beglaubigten Abschrift entscheiden.[8]

§ 436 Verzicht nach Vorlegung

Der Beweisführer kann nach der Vorlegung einer Urkunde nur mit Zustimmung des Gegners auf dieses Beweismittel verzichten.

I. Verzicht vor der Vorlegung

Bis zur Vorlegung der Urkunde kann der Beweisführer **einseitig** auf dieses Beweismittel ver- 1
zichten. Dieser Verzicht wird jedoch häufig folgenlos bleiben. Denn der Gegner, der selbst im Besitz der Urkunde ist, kann diese vorlegen und damit selbst den Beweis durch diese Urkunde antreten (§ 420). Befindet sich die Urkunde in den Händen[1] des Verzichtenden, so kann dessen Gegner den Beweis nach §§ 421, 423 führen; denn in der Vorlegungsankündigung liegt regelmäßig eine **Bezugnahme,**[2] deren Folge (§ 423) durch den einseitigen Verzicht nicht rückgängig gemacht wird.[3] Gegen einen Dritten kann der Gegner des ursprünglichen Beweisführers nach §§ 428 ff. nur vorgehen, wenn er selbst einen Vorlegungsanspruch hat.

II. Verzicht nach der Vorlegung

Nach der Vorlegung der Urkunde[4] ist der Verzicht nur noch mit **Zustimmung des Gegners** 2
zulässig. Verzicht und Zustimmung sind unwiderruflich. Ein neuerlicher Beweisantritt ist freilich möglich, er unterliegt allerdings der Zurückweisungsmöglichkeit der §§ 282, 296, 530. Das Gericht ist durch die übereinstimmenden Erklärungen der Parteien nicht gehindert, die Vorlegung der Urkunde nach §§ 142, 143 anzuordnen.[5*] Diese Ansicht lässt sich bereits mit dem Wortlaut des § 142 Abs. 1 dann begründen, wenn die Vorlegung von der Partei verlangt wird, welche die Urkunde zuvor in Bezug genommen hat. Denn auch insoweit entfallen die Folgen der Bezugnahme (hier § 142 Abs. 1) durch den nachträglichen Verzicht oder die Zustimmung dazu nicht.[6*]

---

[5] Ebenso *Stein/Jonas/Leipold* Rn. 6; aA *Wieczorek* Anm. A I b.
[6] LG Duisburg Rpfleger 1984, 97, 98.
[7] Motive bei *Hahn* S. 327.
[8] Vgl. BVerwG NJW 1987, 1159.
[1] Dazu § 420 Rn. 2. § 428 (dort Rn. 1) ist nicht einschlägig, weil der Beweisführer nicht Dritter ist (vgl. auch § 429 Rn. 1).
[2] Dazu § 423 Rn. 1.
[3] *Stein/Jonas/Leipold* Rn. 1.
[4] Zur Vorlegung § 420 Rn. 3.
[5*] AA *Thomas/Putzo/Reichold* Rn. 1; wie hier *Stein/Jonas/Leipold* Rn. 2; *Wieczorek* Anm. B II; einschränkend *Zöller/Geimer* Rn. 1.
[6*] Vgl. Rn. 1.

§ 437 Echtheit inländischer öffentlicher Urkunden

(1) Urkunden, die nach Form und Inhalt als von einer öffentlichen Behörde oder von einer mit öffentlichem Glauben versehenen Person errichtet sich darstellen, haben die Vermutung der Echtheit für sich.

(2) Das Gericht kann, wenn es die Echtheit für zweifelhaft hält, auch von Amts wegen die Behörde oder die Person, von der die Urkunde errichtet sein soll, zu einer Erklärung über die Echtheit veranlassen.

I. Normzweck

1 Die formelle Beweiskraft der §§ 415 bis 418 kommt nur **echten Urkunden** zu. Eine Urkunde ist echt, wenn sie von demjenigen ausgestellt ist, von welchem sie nach der Behauptung des Beweisführers ausgestellt sein soll;[1] außerhalb des Beibringungsgrundsatzes tritt an die Stelle des Beweisführers die durch den Inhalt der Urkunde begünstigte Partei. **Aussteller** ist derjenige, der die Erklärung abgibt, sie also willentlich verlautbart.[2] Eigenhändige Niederschrift oder Unterschrift sind demgemäß nicht erforderlich.[3] Damit unterscheidet sich der Echtheitsbegriff der ZPO von dem des Strafrechts, der erfordert, dass der wirkliche Aussteller mit dem aus der Urkunde erkennbaren übereinstimmt.[4] Die §§ 437 bis 442 befassen sich mit dem **Beweis der Echtheit** von Urkunden. An diesen Beweis werden je nachdem, ob es sich um inländische oder ausländische öffentliche Urkunden oder um Privaturkunden handelt, unterschiedliche Anforderungen gestellt. Insoweit ist die Stellung der inländischen öffentlichen Urkunden am stärksten. Sie haben nach § 437 Abs. 1 die Vermutung der Echtheit für sich.

II. Voraussetzungen

2 Zum **Begriff der öffentlichen Urkunde** vgl. § 415 Rn. 12ff. Zu den öffentlichen Urkunden iSd. § 437 gehören auch die sog. **Eigenurkunden** eines Notars, in denen dieser im Namen und aufgrund ausdrücklicher Vollmacht eines Beteiligten eine Willens- oder Verfahrenserklärung abgibt.[5] Anders als § 415[6] erfasst § 437 also nicht nur die Zeugnisurkunden.

3 **Inländische** öffentliche Urkunden sind solche, die von Behörden oder mit öffentlichem Glauben versehenen Personen im Geltungsbereich des § 1 Gesetz betreffend die Beglaubigung öffentlicher Urkunden (vom 1. 5. 1878[7]) errichtet wurden. Zu diesem Bereich zählen die Bundesrepublik Deutschland, Ost- und Westberlin sowie abgetretene Gebiete. Dort zur Zeit des Deutschen Reiches errichtete Urkunden bleiben inländische. Dem Anwendungsbereich des § 437 unterfallen auch Urkunden, die von Behörden oder Urkundspersonen der DDR errichtet wurden. Denn mindestens aus verfahrensrechtlicher Sicht war die DDR kein Ausland; der Grundlagenvertrag vom 21. 12. 1972[8] hat daran nichts geändert.[9]

III. Rechtsfolge

4 § 437 Abs. 1 stellt die gesetzliche **Vermutung der Echtheit** von inländischen Urkunden auf.[10] Die Vermutung erstreckt sich nur auf die Herkunft der Urkunde, also darauf, dass die Urkunde mit ihrem gegenwärtigen Inhalt von dem behaupteten Aussteller stammt. Sie erstreckt sich nicht auf die Zuständigkeit der ausstellenden Behörde oder die Richtigkeit des Inhalts. Die inhaltliche Beweiskraft der Urkunde wird durch § 415 geregelt. – Der **Beweis des Gegenteils** (Hauptbeweis) ist zulässig. Der Beweis darf mit allen zulässigen Beweismitteln, nach § 292 auch durch Parteivernehmung geführt werden.[11]

---

[1] *Britz,* Urkundenbeweisrecht und Elektroniktechnologie, 1996, S. 102.
[2] Vgl. § 416 Rn. 4.
[3] *Stein/Jonas/Leipold* Rn. 1.
[4] BGHSt. 3, 82, 85 = NJW 1951, 886.
[5] BGH DNotZ 1981, 118, 120; *Reithmann* DNotZ 1983, 438, 439 m. weit. Nachw.; aA *Hornig* DNotZ 1954, 467.
[6] Vgl. § 415 Rn. 2.
[7] RGBl. I S. 89.
[8] BGBl. I S. 423.
[9] Vgl. BVerfGE 36, 1, 15ff., 29ff. = NJW 1973, 1539; BVerfGE 37, 57, 64 = NJW 1974, 893; BGHZ 84, 17, 18 = NJW 1982, 1947 m. weit. Nachw.
[10] *Rosenberg,* Die Beweislast, S. 221 Fn. 1.
[11] AA VGH Mannheim NVwZ-RR 1992, 152, 154; *Rosenberg* (Fn. 10).

IV. Zweifel an der Echtheit

5 Zweifelt das Gericht an der Echtheit der Urkunde, muss es von Amts wegen die als Aussteller erscheinende Behörde oder Urkundsperson zur **Erklärung über die Echtheit** auffordern. Der insoweit missverständliche Wortlaut („kann veranlassen") räumt dem Gericht keinen Ermessensspielraum ein, sondern ist im Sinne eines „darf veranlassen", also einer Ermächtigungszuweisung, zu verstehen. Zur Abgabe der Erklärung ist die aufgeforderte Behörde nach Art. 35 Abs. 1 GG verpflichtet. – Wird die Unechtheit der Urkunde, sei es durch Führung des Gegenbeweises seitens des Beweisgegners, sei es durch Einholung der Erklärung von Amts wegen nicht erwiesen, bleibt es bei der Echtheitsvermutung des Abs. 1.

§ 438 Echtheit ausländischer öffentlicher Urkunden

(1) Ob eine Urkunde, die als von einer ausländischen Behörde oder von einer mit öffentlichem Glauben versehenen Person des Auslandes errichtet sich darstellt, ohne näheren Nachweis als echt anzusehen sei, hat das Gericht nach den Umständen des Falles zu ermessen.

(2) Zum Beweis der Echtheit einer solchen Urkunde genügt die Legalisation durch einen Konsul oder Gesandten des Bundes.

I. Normzweck

1 Auf **ausländische öffentliche Urkunden** ist § 437 nicht anwendbar; sie haben also nicht die Vermutung der Echtheit für sich. Der Gesetzgeber hat diese Unterscheidung getroffen, weil „die äußeren Merkmale der Echtheit und hierauf sich beziehenden Einrichtungen des Auslandes dem inländischen Richter nicht immer bekannt sein werden".[1] Das hindert indessen nicht, **im Einzelfall** ausländische öffentliche Urkunden als echt anzusehen. Umgekehrt kann das Gericht die Echtheit einer Urkunde auch dann in Zweifel ziehen, wenn keine Partei die Echtheit bestreitet.[2] Die Gegenansicht[3] ist abzulehnen, weil nach § 439 Abs. 1 eine Erklärungspflicht der Parteien nur für Privaturkunden besteht.

II. Voraussetzungen

2 Ausländische öffentliche Urkunden sind solche Urkunden, die von ausländischen Behörden oder Urkundspersonen errichtet worden sind. Auf den Ort der Errichtung kommt es nicht an, so dass auch im Inland etwa durch diplomatische oder konsularische Vertretungen ausländischer Staaten errichtete Urkunden in den Anwendungsbereich des § 438 fallen. Problematisch ist, ob die **Behörden internationaler Organisationen** als ausländische Behörden anzusehen sind. Dies ist jedenfalls dann zu bejahen, wenn die Bundesrepublik Deutschland dieser Organisation nicht angehört. Ist hingegen die Bundesrepublik Deutschland Mitglied der Organisation und bestimmt der ratifizierte Vertrag, dass deren Urkunden inländischen Urkunden gleichzustellen sind,[4] liegt die Anwendung des § 437 nahe. – Zu den Urkunden der DDR vgl. § 437 Rn. 3.

III. Legalisation

3 Als Nachweis der Echtheit genügt nach Abs. 2 die Legalisation der Urkunde.[5] Sie erfolgt durch den deutschen Konsul oder Gesandten, in dessen Bezirk die ausländische öffentliche Urkunde errichtet wurde. Die Legalisation ist, wie Abs. 1 zeigt, im deutschen Zivilprozessrecht kein Echtheitserfordernis, sondern nur eine vereinfachte **Möglichkeit des Echtheitsnachweises.** Diese Bestimmung stellt insoweit eine Beweisregel dar.[6] Durch die Legalisation werden die Echtheit der Unterschrift und die Eigenschaft bestätigt, in welcher der Unterzeichner der Urkunde gehandelt hat, sowie ggf. die Echtheit des Siegels (vgl. § 13 Abs. 2 KonsularG vom 11. 9. 1974),[7] nicht aber die Einhaltung der Formvorschriften und die Zuständigkeit der handelnden Stelle; soweit eine Be-

---

[1] Motive bei *Hahn* S. 328.
[2] HM; vgl. statt aller *Stein/Jonas/Leipold* Rn. 1.
[3] *Wieczorek* § 415 Anm. C I b 1.
[4] *Stein/Jonas/Leipold* Rn. 3.
[5] Dazu *Bindseil* DNotZ 1992, 275, 276.
[6] Vgl. *Bülow* DNotZ 1955, 9, 40.
[7] BGBl. I S. 2317.

stätigung auch in dieser Hinsicht möglich ist (Legalisation im weiteren Sinne; § 13 Abs. 4 KonsularG vom 11. 9. 1974), kann sie vom Gericht nach Abs. 2 nicht gefordert werden.[8]

4 In **Staatsverträgen** ist die Legalisation vielfach für entbehrlich erklärt worden. Die ausländischen öffentlichen Urkunden, die diesen Verträgen unterfallen, stehen inländischen öffentlichen Urkunden gleich. Für sie gilt § 437 anstelle des § 438. Zu diesen Übereinkommen gehören unter anderem das Haager Übereinkommen zur Befreiung ausländischer Urkunden von der Legalisation (vom 5. 10. 1961)[9] und das Europäische Übereinkommen zur Befreiung der von diplomatischen oder konsularischen Vertretern errichteten Urkunden von der Legalisation (vom 7. 6. 1968).[10] Ferner hat die Bundesrepublik Deutschland eine große Anzahl bilateraler Verträge geschlossen, in denen allgemein oder für bestimmte Sachgebiete die Legalisation für entbehrlich erklärt worden ist.[11]

IV. Rechtsfolge

5 Wird die Urkunde als echt angesehen, entspricht ihre Beweiskraft der einer inländischen öffentlichen Urkunde; es gelten die §§ 415, 417, 418.[12] Der Gegenpartei steht der Nachweis offen, dass die Urkunde oder die Legalisation unecht ist. Da § 438 **keine Echtheitsvermutung** aufstellt, braucht der Beweis hier[13] nicht den Anforderungen zu genügen, die an den Beweis des Gegenteils zu stellen sind.[14] Es genügt vielmehr die Führung des **Gegenbeweises.**

§ 439 Erklärung über die Echtheit von Privaturkunden

(1) Über die Echtheit einer Privaturkunde hat sich der Gegner des Beweisführers nach der Vorschrift des § 138 zu erklären.

(2) Befindet sich unter der Urkunde eine Namensunterschrift, so ist die Erklärung auf die Echtheit der Unterschrift zu richten.

(3) Wird die Erklärung nicht abgegeben, so ist die Urkunde als anerkannt anzusehen, wenn nicht die Absicht, die Echtheit bestreiten zu wollen, aus den übrigen Erklärungen der Partei hervorgeht.

I. Normzweck, Anwendungsbereich

1 Bei **Privaturkunden** gibt es im Gegensatz zu inländischen öffentlichen Urkunden (§ 437)[1] keine generelle Vermutung der Echtheit. Nach Abs. 1 unterliegt die Echtheit der Privaturkunden vielmehr der **Parteidisposition.** Die Vorlage der Privaturkunde durch den Beweisführer stellt die Behauptung ihrer Echtheit dar. Zu dieser Behauptung hat der Gegner sich zu erklären. Beweisführer ist ohne Rücksicht auf die Beweislast diejenige Partei, die durch Vorlage der Urkunde den Beweis angetreten hat.

II. Inhalt, Zeitpunkt der Erklärung

2 Die Erklärung ist bei nicht unterschriebenen Urkunden auf den Urkundentext, bei unterschriebenen Urkunden nach Abs. 2 auf die Unterschrift zu richten. Unterschrift ist nicht nur die handschriftliche Unterschrift.[2] Hierher gehören vielmehr ebenso **mechanisch hergestellte Unterschriften** (Schreibmaschine, Faksimilestempel).[3] Dies folgt aus dem Zusammenspiel von § 437 und § 440 Abs. 2. Die Beweisvermutung dort ist Folge der erhöhten Individualisierbarkeit der Unterschrift, die deshalb nur so beschaffen sein muss, dass der Aussteller aus ihr erkennbar wird.[4] Die Erklärung kann bis zum Schluss der letzten mündlichen Verhandlung vor dem Prozessgericht abge-

[8] *Luther* MDR 1986, 10.
[9] BGBl. 1965 II S. 875; dazu eingehend *Bülow/Böckstiegel/Schmidt* Bd. II, D II 1, 761.1 ff.; ferner OLG Hamm NJW-RR 1995, 469, 472.
[10] BGBl. 1971 II S. 85; dazu *Baumbach/Lauterbach/Hartmann* Rn. 7.
[11] Dazu die Auflistung bei *Bülow/Böckstiegel/Schmidt* Bd. II, D III und IV 770.1 ff. und die Staatenübersicht D V, 789.1 ff.
[12] BVerwG NJW 1987, 1159.
[13] Vgl. aber § 437 Rn. 4.
[14] *Langhein* Rpfleger 1996, 45, 47; aA offenbar *Baumbach/Lauterbach/Hartmann* Rn. 3.
[1] Zu den Begriffen § 415 Rn. 12 ff.
[2] Ebenso *Stein/Jonas/Leipold* Rn. 3, § 416 Rn. 4.
[3] Vgl. ausführlich § 416 Rn. 6.
[4] Dazu § 416 Rn. 7.

geben werden. Die Nachholung ist noch in der Berufungsinstanz möglich.[5] Auch ist im Nachverfahren (§ 600) ein Bestreiten der Echtheit zulässig, selbst wenn es im vorausgegangenen Urkundenprozess unterblieben ist.[6] Eine **vorprozessuale Erklärung** hindert ein Bestreiten im Prozess nicht, kann jedoch im Wege der Beweiswürdigung berücksichtigt werden. – Das Gericht soll im Rahmen der richterlichen Aufklärungspflicht nach § 139 auf die Abgabe der Erklärung hinwirken. Im amtsgerichtlichen Verfahren muss der Richter nach § 510 in jedem Fall zur Erklärung auffordern.

III. Rechtsfolgen

Bestreitet der Gegner des Beweisführers die Echtheit der Urkunde, gilt § 440 Abs. 1; der Beweisführer hat demnach die Echtheit zu beweisen. **Erkennt** der Gegner die Echtheit ausdrücklich **an,** so hat dies die Folgen des Geständnisses iSd. §§ 288ff. Die Erklärung bindet (§ 290), die Echtheit der Urkunde ist nicht mehr beweisbedürftig. Eine **Ausnahme** hiervon sieht § 617 (iVm. § 640 Abs. 2) für die Verfahren in Familien- und Kindschaftssachen vor. Dort ist die Echtheit der Privaturkunde der Parteiherrschaft entzogen, die Echtheit trotz Zugeständnisses von Gerichts wegen zu prüfen. 3

Erklärt sich der Gegner **nicht,** so gilt die Echtheit der Urkunde nach § 439 Abs. 3 als anerkannt. Die Regelung ist entbehrlich, weil andernfalls die Vorschriften der §§ 439 Abs. 1, 138 Abs. 3 eingreifen würden. In Ehe- und Kindschaftsverfahren gilt auch Abs. 3 nicht (s. Rn. 3). Erklärt sich der Gegner mit Nichtwissen zur Echtheit der Urkunde, so ist dies nur zulässig, wenn es sich um keine eigene oder in Gegenwart des Erklärungspflichtigen ausgestellte Urkunde handelt (Abs. 1 iVm. § 138 Abs. 4). 4

§ 440 Beweis der Echtheit von Privaturkunden

(1) Die Echtheit einer nicht anerkannten Privaturkunde ist zu beweisen.

(2) Steht die Echtheit der Namensunterschrift fest oder ist das unter einer Urkunde befindliche Handzeichen notariell beglaubigt, so hat die über der Unterschrift oder dem Handzeichen stehende Schrift die Vermutung der Echtheit für sich.

I. Anwendungsbereich

§ 440 regelt den Echtheitsbeweis betreffend **Privaturkunden.** Im Gegensatz zu öffentlichen Urkunden gibt es **keine generelle Echtheitsvermutung.** Die Echtheit einer nicht anerkannten Privaturkunde ist zu beweisen. Ist die Urkunde anerkannt, erübrigt sich der Beweis, da die Echtheit zwischen den Parteien unstreitig und damit, soweit sie der Parteidisposition unterliegt, der Überprüfbarkeit durch das Gericht entzogen ist. – Zu den Ausnahmen vgl. § 439 Rn. 3, 4. 1

II. Echtheitsbeweis

Die Echtheit der Unterschrift und bei nicht unterschriebenen Urkunden die Echtheit des Textes unterliegt nach Abs. 1 der **freien Beweiswürdigung** des Gerichts.[1] Der Beweis ist von demjenigen zu führen, der sich zu Beweiszwecken auf die Urkunde beruft. Der Beweisführer (zum Begriff § 439 Rn. 1) trägt insoweit die Beweislast.[2] Zulässig sind **alle Arten von Beweismitteln,** also sowohl Augenschein, Zeugen, Sachverständige, Urkunden als auch Parteivernehmung. Hinzu kommt die Schriftvergleichung nach §§ 441, 442. Das Gericht kann auch aufgrund **Indizienbeweises** zur Überzeugung der Echtheit gelangen, so zB wenn sich das vorgelegte, nicht anerkannte Handelsbuch nach Form und Inhalt als korrekt darstellt.[3] Ebenso kann ein vorgerichtliches Anerkenntnis der Urkundenechtheit als ein solches Indiz gewertet werden. – Eine Beschränkung der Beweismittel ergibt sich im Urkundenprozess aus § 595 Abs. 2. Dort ist der Echtheitsbeweis nur mittels Urkundenbeweises und Antrags auf Parteivernehmung möglich, wenn das Gericht nicht aufgrund der Würdigung des gesamten Sach- und Streitstands im Wege der freien Beweiswürdigung ohne Beweisaufnahme zur Überzeugung der Echtheit gelangt ist.[4] 2

---

[5] RGZ 97, 162, 164; BGH VersR 1963, 530, 531.
[6] Vgl. BGHZ 82, 115, 119 = NJW 1982, 183.
[1] OLG Köln DB 1983, 104, 105; BGH NJW 1995, 1683.
[2] BGH NJW 1995, 1683; OLG Köln (Fn. 1).
[3] RGZ 72, 290, 292.
[4] Vgl. OLG Köln (Fn. 1).

III. Echtheitsvermutung

3 Nach Abs. 2 wird die Echtheit der über der Unterschrift oder dem Handzeichen stehenden Schrift vermutet, wenn die Echtheit der Unterschrift feststeht oder das Handzeichen beglaubigt ist. Nach hM handelt es sich bei der Vermutung des Abs. 2 um eine **gesetzliche Vermutung.** Der Beweis des Gegenteils ist zulässig und kann mit allen Beweismitteln einschließlich des Antrags auf Parteivernehmung geführt werden.[5]

4 **1. Voraussetzungen.** Eine **Unterschrift** im Sinne des Abs. 2 liegt nicht nur bei handschriftlicher Unterzeichnung vor. Ein gestempelter, gedruckter oder maschinenschriftlicher Namenszug reicht aus, wenn die auf mechanischem Weg vorgenommene Unterzeichnung hinreichend genau individualisierbar ist (vgl. auch § 416 Rn. 5, 6; § 439 Rn. 2). Die Echtheit der Unterschrift steht fest, wenn sie erwiesen oder anerkannt ist, sei es ausdrücklich, sei es nach § 439 Abs. 3 durch Nichtbestreiten. Ist die Unterschrift **beglaubigt,** ist ihre Echtheit nach § 418 Abs. 1 bewiesen.[5] Wegen der Beweisfunktion der Beglaubigung nach § 418 Abs. 1 ist das beglaubigte Handzeichen in § 440 Abs. 2 der echten Unterschrift gleichgesetzt. Die Unterschrift muss **unter dem Urkundentext** stehen, dh. sie muss den Text decken. Der Unterschrift nachstehende Textteile werden von § 440 Abs. 2 nicht erfasst. Unerheblich ist, ob die Unterschrift zeitlich früher erfolgte als der von ihr gedeckte Text. Deshalb gilt Abs. 2 auch für den Fall der Blankounterschrift.[6]

5 **2. Wirkung.** Zeigt die Urkunde keine schwerwiegenden äußeren Mängel iSd. § 419, geht die Vermutung des Abs. 2 dahin, dass der über der Unterzeichnung stehende Text mit dem **Willen des Unterzeichners** dort steht. Damit wird weder vermutet, dass der Unterzeichner den Text selbst geschrieben hat,[7] noch dass eine Begebung der Urkunde erfolgt ist, wenn diese nach materiellem Recht erforderlich ist. Für die Tatsache der Begebung der Urkunde kann jedoch die Vermutung des § 1006 Abs. 1 S. 1 BGB sprechen, wenn der Beweisführer im Besitz der Urkunde ist. Der Gegner des Beweisführers kann die Unechtheit des Textes beweisen durch Erbringen des (Haupt-)Beweises des Gegenteils.

6 **3. Beweislast bei Ergänzungen des Textes.** Weist das Schriftbild **erhebliche Mängel** im Sinne des § 419 auf, entscheidet das Gericht über die Echtheit nach freier Überzeugung. Die Vermutung des Abs. 2 gilt nicht. Sind keine so erheblichen Mängel vorhanden, muss der Gegner des Beweisführers, der behauptet, gegen oder ohne Vereinbarung seien nach der Unterschriftsleistung Ergänzungen des Textes eingefügt, die nachträgliche Einfügung beweisen.[8] Bis zum Erbringen dieses Beweises gilt die Vermutung des Abs. 2. Steht die **nachträgliche Einfügung** fest, sei es, dass sie zugestanden, sei es, dass sie erwiesen wurde, gilt die Vermutung des Abs. 2 nicht. Der Beweisführer trägt dann die Beweislast dafür, dass die Einfügung mit Willen des Urkundenausstellers erfolgte.[9] Die Echtheit unterliegt der freien Beweiswürdigung. Bei einer Blankounterschrift gilt, obwohl eine nachträgliche Ergänzung vorliegt, die Vermutung des Abs. 2. Dem Gegner des Beweisführers steht der Beweis des Gegenteils offen. Er hat die abredewidrige Ausfüllung zu beweisen.[10]

§ 441 Schriftvergleichung

(1) Der Beweis der Echtheit oder Unechtheit einer Urkunde kann auch durch Schriftvergleichung geführt werden.

(2) In diesem Fall hat der Beweisführer zur Vergleichung geeignete Schriften vorzulegen oder ihre Mitteilung nach der Vorschrift des § 432 zu beantragen und erforderlichenfalls den Beweis ihrer Echtheit anzutreten.

(3) [1]Befinden sich zur Vergleichung geeignete Schriften in den Händen des Gegners, so ist dieser auf Antrag des Beweisführers zur Vorlegung verpflichtet. [2]Die Vorschriften der §§ 421 bis 426 gelten entsprechend. [3]Kommt der Gegner der Anordnung, die zur Vergleichung geeigneten Schriften vorzulegen, nicht nach oder gelangt das Gericht im Falle des § 426 zu der Überzeugung, dass der Gegner nach dem Verbleib der Schriften nicht sorgfältig geforscht habe, so kann die Urkunde als echt angesehen werden.

---

[5] BayObLG Rpfleger 1985, 105.
[6] Vgl. RGZ 64, 406, 408; BGH WM 1965, 1063; NJW 2000, 1179, 1181; ferner § 416 Rn. 4; zu den Sparkassenüberweisungsformularen BGH NJW 1991, 487; *Weber* JuS 1991, 543.
[7] Vgl. RGZ 64, 406, 407.
[8] OLG Düsseldorf VersR 1979, 626, 627.
[9] Vgl. BGH DB 1965, 1665; BayObLG DNotZ 1985, 220, 222 m. Anm. *Winkler* 227 f.
[10] BGH WM 1965, 1062; NJW 1986, 3086, 3087; OLG Hamm WM 1984, 829.

(4) Macht der Beweisführer glaubhaft, dass in den Händen eines Dritten geeignete Vergleichungsschriften sich befinden, deren Vorlegung er im Wege der Klage zu erwirken imstande sei, so gelten die Vorschriften des § 431 entsprechend.

I. Anwendungsbereich

Abs. 1 sieht zum Beweis der Echtheit oder Unechtheit einer Urkunde[1] die Schriftvergleichung vor. Sie dient dazu, die Übereinstimmung verschiedener Schriftproben festzustellen. Sie ist **Augenscheinsbeweis,**[2] folgt jedoch hinsichtlich der Beschaffung der Vergleichsschriften und des Nachweises ihrer Echtheit nach Abs. 2 bis 4 den Regeln des Urkundenbeweises. Deshalb gelten die §§ 144, 372 Abs. 2 nicht. Ob es sich bei der Schriftvergleichung um ein gegenüber den anderen Beweismitteln besseres[3] Beweismittel handelt, erscheint angesichts der insbesondere bei der Schriftvergleichung von Maschinenschriften und bloßen Handzeichen[4] auftretenden Identifizierungsschwierigkeiten fraglich. Die Schriftvergleichung ist bei öffentlichen Urkunden und bei Privaturkunden zulässig und kann sich sowohl auf den **Urkundentext** als auch auf die **Unterschrift** beziehen. Das Gericht muss dem Antrag auf Schriftvergleichung nachkommen und darf ihn zB nicht mit dem Hinweis auf ein Gutachten in einem anderen Verfahren ablehnen.[5] 1

II. Beweisführung

Die Modalitäten des Beweisantritts sind abhängig davon, in wessen Händen sich die Vergleichsurkunden befinden.[6] Er erfolgt nach Abs. 2 durch Vorlage der Vergleichsschriften seitens des Beweisführers, wenn er sie in seinen Händen hat. Die Zustimmung des Urkundenausstellers ist nicht erforderlich.[7] Ist die Vergleichsschrift im Besitz einer öffentlichen Behörde, hat der Beweisführer nach Abs. 2 zu beantragen, dass das Gericht die Behörde gem. § 432 zur Mitteilung der Urkunde auffordert. Befinden sich Vergleichsschriften bereits in den Akten des Gerichts, werden sie formlos beigezogen. Eine Beiziehung von Amts wegen ist unzulässig.[8] Das Gericht darf die Heranziehung der Vergleichsschriften lediglich **anregen.** Die Vergleichsschriften müssen **Gegenstand der mündlichen Verhandlung** sein, und den Parteien muss Gelegenheit gewährt werden, sich darüber zu erklären.[9] 2

Abs. 3 regelt den Fall, dass geeignete Vergleichsschriften sich **in Händen des Gegners** befinden. Der Beweis wird angetreten, indem der Beweisführer beantragt, dem Gegner die Vorlage der Vergleichsschrift aufzugeben. Die §§ 421 bis 426 gelten entsprechend für die Vorlage der Vergleichsschrift. Aus der Verweisung auch auf §§ 422, 423 folgt, dass ein Vorlagegrund im Sinne dieser Vorschriften gegeben sein muss. § 441 Abs. 3 gewährt keinen darüber hinausreichenden Vorlegungsgrund.[10] Kommt der Gegner der Vorlegungsanordnung nicht nach, kann das Gericht deshalb nach Abs. 3 S. 3 nur dann im Wege der freien Beweiswürdigung von der zu beweisenden Echtheit der Urkunde ausgehen, wenn ein Vorlegungsgrund nach §§ 422, 423 bzgl. der Vergleichsschriften besteht. Abs. 3 S. 3 stellt eine **Beweiswürdigungsregel** dar.[11] Der **Gegenbeweis** ist zulässig, darf aber nach § 445 Abs. 2 nicht durch Parteivernehmung geführt werden. 3

Ist die Vergleichsschrift **in der Verfügungsgewalt eines Dritten,** bei dem es sich nicht um eine Behörde handelt – in diesem Fall gilt § 441 Abs. 2 iVm. § 432 –, hat das Gericht nach **Abs. 4** auf Antrag des Beweisführers eine Frist zu bestimmen, in der der Beweisführer die Vergleichsschrift von dem Dritten erlangen kann. Voraussetzung für die Anordnung ist, dass der Beweisführer den Grund, aus dem sich die Vorlagepflicht des Dritten ergibt, den Besitz des Dritten und die Geeignetheit der Vergleichsurkunde zur Schriftvergleichung glaubhaft macht. 4

III. Herstellung von Vergleichsschriften

Die Anfertigung einer bisher nicht vorhandenen Vergleichsschrift kann vom Beweisführer nicht verlangt werden. Wird deren Herstellung vom Gegner aber ohne hinreichenden Grund verweigert, 5

---

[1] Zu Einzelheiten § 437 Rn. 1.
[2] Vgl. BAG BB 1982, 117; aA *Britz,* Urkundenbeweisrecht und Elektroniktechnologie, 1996, S. 123.
[3] So *Zöller/Geimer* Rn. 1.
[4] Vgl. § 439 Rn. 2; § 416 Rn. 6, 7.
[5] RG JW 1892, 217 Nr. 15; OLG Celle NJW 1974, 616.
[6] Vgl. § 420 Rn. 1, 2; zu Besitz und Verfügungsgewalt eines Dritten vgl. ferner Rn. 4 sowie § 428 Rn. 1.
[7] Vgl. BAG BB 1982, 117.
[8] AA *Stein/Jonas/Leipold* Rn. 7.
[9] Vgl. RG JW 1916, 964; 1932, 944 m. Anm. *Levis.*
[10] Vgl. *Peters* ZZP 82 (1969), 200, 205, 206; aA *Wieczorek* Anm. B II.
[11] *Gerhardt* AcP 169 (1969), 288, 295 f.

kann das Gericht im Wege der freien Beweiswürdigung (§ 286 Abs. 1) für ihn nachteilige Schlüsse aus diesem Verhalten ziehen.[12] Auch ein Dritter kann im Prozess grundsätzlich nicht zur **Errichtung einer Vergleichsschrift** gezwungen werden. Sie unterfällt insbesondere nicht seiner Zeugnispflicht. Eine Pflicht zur Anfertigung kann jedoch gem. § 432 bestehen, wenn der Dritte eine Behörde ist.

IV. Echtheitserfordernis

6 Um als Vergleichsstück zum Beweis durch Schriftvergleichung tauglich zu sein, muss die **Echtheit der Vergleichsschrift** feststehen. Die Echtheit richtet sich nach den Vorschriften des Urkundenbeweises. Die §§ 437 ff. sind anwendbar. Demzufolge gilt für inländische öffentliche Urkunden die Echtheitsvermutung des § 437 Abs. 1, bei Privaturkunden die Erklärungspflicht des § 439.[13] Die **Vermutungen** der §§ 437 und 440 Abs. 2 sind jedoch insoweit **nur eingeschränkt** anwendbar, als es hier um die Frage geht, ob ein bestimmter Beamter die Unterschrift unter der öffentlichen Urkunde geleistet hat oder ob bei der Privaturkunde Text und Unterschrift von derselben Person stammen; die Beweisrichtung der gesetzlichen Vermutungen richtet sich auf diese Beweisthemen nicht.

§ 442 Würdigung der Schriftvergleichung

Über das Ergebnis der Schriftvergleichung hat das Gericht nach freier Überzeugung, geeignetenfalls nach Anhörung von Sachverständigen, zu entscheiden.

1 Das Ergebnis der Schriftvergleichung unterliegt der freien Beweiswürdigung.[1] § 442 wiederholt insoweit nur den Grundsatz des § 286 Abs. 1. Die Hinzuziehung eines Sachverständigen, die zumeist zweckmäßig ist, steht im pflichtgemäßen Ermessen des Gerichts. Es ist insoweit **nicht an Parteianträge gebunden,** muss jedoch die genügende eigene Sachkunde darlegen.[2] Das Gericht kann unter Darlegung seiner Sachkunde von den Ergebnissen des Sachverständigengutachtens abweichen.[3] Divergierende Gutachten haben zumeist keinen Beweiswert.[4] Auch Sachverständigengutachten beinhalten aufgrund der Schwierigkeit der Feststellungen Unsicherheiten.[5] Da die Vornahme der **Schriftvergleichung Beweisaufnahme** ist, haben die Parteien nach § 357 ein Anwesenheitsrecht.[6]

§ 443 Verwahrung verdächtiger Urkunden

Urkunden, deren Echtheit bestritten ist oder deren Inhalt verändert sein soll, werden bis zur Erledigung des Rechtsstreits auf der Geschäftsstelle verwahrt, sofern nicht ihre Auslieferung an eine andere Behörde im Interesse der öffentlichen Ordnung erforderlich ist.

I. Normzweck; Anwendungsbereich

1 Vorgelegte Urkunden werden grundsätzlich nicht Bestandteil der Gerichtsakten und müssen in der Regel nicht mit diesen verwahrt werden (in der Praxis geschieht dies jedoch unabhängig von § 443 häufig). Nach § 134 besteht nur die Pflicht einer Partei, die Urkunde zwecks Einsichtnahme durch den Gegner kurzfristig auf der Geschäftsstelle niederzulegen, bzw. das Gericht kann nach § 142 Abs. 1 und 2 die Vorlegung der Urkunden und ihr Verbleiben auf der Geschäftsstelle für bestimmte Zeit anordnen. Mit der Verwahrungspflicht soll der **jederzeitige Zugriff** des Gerichts auf „verdächtige" Urkunden gesichert werden. Die Vorschrift gilt für **alle Arten von Urkunden,** unabhängig davon, ob sie von den Parteien oder von einem Dritten vorgelegt wurden.

---

[12] Vgl. *Baumbach/Lauterbach/Hartmann* Rn. 5; *Zöller/Geimer* Rn. 3.
[13] Vgl. RG Gruchot 29, 1103.
[1] BGH NJW 1982, 2874 m. weit. Nachw.
[2] BGH NJW 1982, 2874; RG HRR 1929 Nr. 162; JW 1892, 217 Nr. 15.
[3] Vgl. BGH NJW 1982, 2874.
[4] Vgl. BGH NJW 1970, 1924, 1925.
[5] Vgl. *Deitigsmann* JZ 1953, 494; *Langenbruch* JR 1950, 212.
[6] Vgl. RG JW 1916, 964.

II. Voraussetzungen

2 Die Verwahrungspflicht erstreckt sich nur auf Urkunden, deren Echtheit bestritten ist oder deren Inhalt verändert worden sein soll. Die Pflicht zur Abgabe an eine andere Behörde richtet sich danach, ob dies im Interesse der **öffentlichen Ordnung** erforderlich ist. Hauptbeispiel: Urkunden, hinsichtlich derer Fälschungsverdacht besteht, sollen zwecks Einleitung eines Ermittlungsverfahrens an die Staatsanwaltschaft abgegeben werden. – Eine **Verletzung** der Aufbewahrungspflicht ist nicht mit Rechtsmitteln angreifbar. Werden Urkunden aber zu Unrecht ausgehändigt, können die Rechtsmittelgerichte deren Rückschaffung veranlassen, wenn die Urkunden für den Rechtsstreit weiterhin erheblich sind.

§ 444 Folgen der Beseitigung einer Urkunde

Ist eine Urkunde von einer Partei in der Absicht, ihre Benutzung dem Gegner zu entziehen, beseitigt oder zur Benutzung untauglich gemacht, so können die Behauptungen des Gegners über die Beschaffenheit und den Inhalt der Urkunde als bewiesen angesehen werden.

I. Normzweck

1 § 444 ist ein gesetzlich besonders geregelter Fall der **Beweisvereitelung.** Der Regelung liegt der Gedanke zugrunde, dass keine Partei Vorteile aus ihrem Verhalten ziehen soll, wenn sie mit dem Verhalten dem Gegner arglistig seine Beweisführung vereitelt. Vereitelt oder erschwert eine Partei der anderen arglistig die Führung des Urkundenbeweises durch Beseitigung oder Untauglichmachung der Urkunde, so kann das Gericht im Wege der **freien Beweiswürdigung** die Behauptungen des Gegners über die Beschaffenheit und den Inhalt der Urkunde als erwiesen ansehen. § 444 betrifft damit nur die **formelle Beweiskraft** der Urkunde.[1]

II. Voraussetzungen

2 Eine Partei hat eine Urkunde beseitigt oder zur Beweisführung untauglich gemacht; die Partei, welche die Urkunde beseitigt hat, muss **zur Vorlage** der Urkunde nach §§ 422, 423 oder § 432 **verpflichtet** gewesen sein, weil sonst von einer Entziehung der Benutzung nicht gesprochen werden kann.[2] Unerheblich ist, ob der Beweisgegner Eigentümer der Urkunde und damit zur Vernichtung berechtigt war. Notwendig ist **Vorsatz,** lediglich fahrlässiges Verhalten reicht nicht aus. Vorsatz ist zB anzunehmen, wenn jemand ein Schriftbild, insbesondere seine Unterschrift, bewusst in einer so großen Vielfalt und Variationsbreite gestaltet, dass der Fälschungseinwand mit Hilfe eines Sachverständigengutachtens nicht widerlegt werden kann.[3]

3 Die Urkundenbeseitigung „von einer Partei" ist nicht in dem Sinne zu verstehen, dass allein eine eigenhändige Urkundenbeseitigung den Tatbestand des § 444 erfüllen könnte.[4] Es reicht vielmehr aus, dass ein Dritter im kollusiven Zusammenwirken mit der Partei auf deren Anordnung oder mit deren Einverständnis die Urkunde beseitigt. Auch die Handlungen des Rechtsvorgängers der Partei sind dieser zuzurechnen.[5]

4 Zu welchem **Zeitpunkt** die Urkundenbeseitigung stattgefunden hat – schon vor dem Prozess oder erst während des Prozesses –, ist unerheblich. Der Beweis arglistiger Urkundenbeseitigung vor dem Prozess ist jedoch häufig schwieriger zu führen als derjenige der Vernichtung der Urkunde während des Prozesses. – Die Voraussetzungen des § 444 sind nach den **allgemeinen Beweisregeln** nachzuweisen. Diejenige Partei, die den Beweis mit der Urkunde führen wollte, muss sowohl die Beseitigung der Urkunde durch den Gegner als auch dessen Arglist beweisen. Vielfach werden sich diese Voraussetzungen schon aufgrund der nach § 426 durchgeführten Vernehmung des Gegners zum Verbleib der Urkunde ergeben.[6]

III. Rechtsfolge

5 Das Gericht kann die vom Beweisführer aufgestellten Behauptungen über Inhalt und Beschaffenheit der Urkunde als erwiesen, eine eventuell vorgelegte Abschrift als richtig ansehen.

---

[1] Vgl. § 415 Rn. 26.
[2] Vgl. *Peters* ZZP 82 (1969), 200, 205.
[3] BGH NJW 2004, 222.
[4] Vgl. RGZ 101, 197, 198.
[5] RGZ 101, 197, 198; OGH-BritZ NJW 1949, 146.
[6] Vgl. auch OLG Düsseldorf MDR 1973, 592.

Es handelt sich insoweit um eine **Beweiswürdigungsregel** im Rahmen der freien Beweiswürdigung.[7]

IV. Beweisvereitelung im Allgemeinen

6 Über den Anwendungsbereich des § 444 hinaus ist im Grundsatz anerkannt, dass eine schuldhafte Beweisvereitelung durch eine Partei nicht ohne Folgen bleiben kann.[8] Dieses Prinzip gilt für jede Art des Beweises, sei es Zeugen-, Sachverständigen-, Augenscheins-, Urkundenbeweis oder Parteivernehmung. Zur Beweisvereitelung § 426 Rn. 2.

Titel 10. Beweis durch Parteivernehmung

Schrifttum: *Born,* Antrag auf Vernehmung des Beweisgegners zugleich Einwilligung auf Vernehmung der beweispflichtigen Partei?, JZ 1981, 775; *Coester-Waltjen,* Parteiaussage und Parteivernehmung am Ende des 20. Jahrhunderts, ZZP 113 (2000), S. 269; *Gehrlein,* Warum kaum Parteibeweis im Zivilprozeß?, ZZP 110 (1997), S. 451; *Hülsmann,* Kein Geständnis während der Parteivernehmung?, NJW 1997, 617; *Kollhosser,* Parteianhörung und Parteivernehmung im deutschen Zivilprozeß, FS Beys, 2003, S. 755; *Krönig,* Die Bedeutung der Beweislast für die Parteivernehmung und -vereidigung, MDR 1949, 735; *Kwaschik,* Die Parteivernehmung und der Grundsatz der Waffengleichheit im Zivilprozess, 2004; *Lange,* Parteianhörung und Parteivernehmung, NJW 2002, 476; *Müller,* Parteien als Zeugen, Diss. Frankfurt am Main 1991; *Münks,* Vom Parteieid zur Parteivernehmung in der Geschichte des Zivilprozesses, Diss. Köln 1991; *Nagel,* Kann die Subsidiarität der Parteivernehmung in der deutschen ZPO noch vertreten werden?, FS Habscheid, 1989, S. 195; *Oberhammer,* Parteiaussage, Parteivernehmung und freie Beweiswürdigung am Ende des 20. Jahrhunderts, ZZP 113 (2000), S. 295; *Oepen,* Bericht über die Diskussion zum Thema „Parteiaussage und Parteivernehmung am Ende des 20. Jahrhunderts“, ZZP 113 (2000), S. 347; *Polyzogopoulos,* Parteianhörung und Parteivernehmung in ihrem gegenseitigen Verhältnis, 1976 (Bespr. *Kollhosser* ZZP 91 [1978], S. 102); *Reinkenhof,* Parteivernehmung und „Vier-Augen-Gespräch“, JuS 2002, 645; *Wittschier,* Die Parteivernehmung in der zivilprozessualen Praxis, 1989.

§ 445 Vernehmung des Gegners; Beweisantritt

(1) Eine Partei, die den ihr obliegenden Beweis mit anderen Beweismitteln nicht vollständig geführt oder andere Beweismittel nicht vorgebracht hat, kann den Beweis dadurch antreten, dass sie beantragt, den Gegner über die zu beweisenden Tatsachen zu vernehmen.

(2) Der Antrag ist nicht zu berücksichtigen, wenn er Tatsachen betrifft, deren Gegenteil das Gericht für erwiesen erachtet.

I. Allgemeines

1 **1. Normzweck.** Der Gesetzgeber hat durch die Aufnahme der Parteivernehmung in die Reihe der Beweismittel dem Umstand Rechnung getragen, dass die Parteien über die sie und ihr Verhältnis zueinander betreffenden Vorgänge zumeist am besten informiert sind. Die Parteivernehmung ist zugleich ein **vortreffliches**[1] wie auch ein **unzuverlässiges**[2] Beweismittel: Einerseits kann die vernommene Partei Informationen gleichsam „aus erster Hand“ geben, und zwar mit einem herausragenden Glaubwürdigkeitswert, wenn sie sich selbst belastet;[3] andererseits besteht immer die Gefahr, dass Sachverhalte in einem dem eigenen Interesse entsprechenden günstigen Licht geschildert werden.

2 **2. Abgrenzung zur Parteianhörung.** Parteianhörung (§§ 118, 141) und Parteivernehmung sind streng voneinander zu trennen: Die Parteianhörung ist bevorzugtes Mittel zur Erfüllung der in § 139 normierten Aufklärungspflicht. In den Grenzen dieser Vorschrift hat der Richter durch die Parteianhörung den Sachvortrag der Parteien durch Beseitigung von Lücken, Unklarheiten und Widersprüchen aufzuhellen.[4] Während die Parteianhörung mithin der **Stoffsammlung**[5] unter be-

---

[7] So auch *A. Blomeyer* AcP 158 (1959/1960), 97, 98; aA *Nikisch* Zivilprozeßrecht § 82 VI 3, S. 324, der als Rechtsfolge eine Beweislastumkehr wie bei gesetzlichen Vermutungen befürwortet.
[8] Vgl. BSG MDR 1994, 723, 724.
[1] *Rosenberg/Schwab/Gottwald* § 122 I 1.
[2] *Musielak/Stadler,* Beweisrecht, 1984, Rn. 155; *Schneider,* Beweis und Beweiswürdigung, 5. Aufl. 1994, Rn. 1498.
[3] *Zöller/Greger* Rn. 1; vgl. auch BGHZ 8, 235 = NJW 1953, 621.
[4] BGH MDR 1967, 834; KTS 1975, 111, 113; OLG Stuttgart JZ 1978, 689, 690.
[5] *Rosenberg/Schwab/Gottwald* § 122 I 2. Weitergehend *Lange* NJW 2002, 476, 477 f. (Aufklärung).

sonderer Berücksichtigung der streitigen Tatsachen dient, ist die Parteivernehmung ein Mittel, um das Gericht von der Wahrheit oder Unwahrheit eben dieser Tatsachen zu überzeugen. Aus dieser unterschiedlichen Aufgabenstellung folgen notwendigerweise Abweichungen in der praktischen Handhabung. Beide Anordnungen bedürfen zwar eines **Beschlusses;** der die Vernehmung bestimmende muss jedoch alle Merkmale eines Beweisbeschlusses (zB § 359) aufweisen. Das persönliche Erscheinen einer Partei im Termin zur Anhörung ist erzwingbar, Vertretung ist zulässig. Die Parteivernehmung kann das Gericht hingegen nicht erzwingen.

Verfahrensfehlerhaft ist es wegen der besonderen Zulässigkeitsvoraussetzungen der Parteivernehmung (unten Rn. 4ff.), die im Rahmen einer Anhörung nach § 141 gemachte Äußerung als Beweismittel anzusehen.[6] Vielmehr kann es sich bei diesen Angaben um Prozesserklärungen wie Bestreiten, Geständnis, Widerruf handeln. Andererseits dient die **Parteivernehmung nur dem Beweis** und ist nicht gleichzeitig Prozesshandlung. Demzufolge kommt der für die Partei ungünstigen Aussage keine Geständniswirkung iSd. § 288 zu.[7] Auch unterliegt eine Berichtigung der Aussage nicht den strengen Bindungen des § 290. Bei der Entscheidungsfindung wird dieser Streit kaum von Bedeutung sein, da die Beweiswürdigung in der Regel zum gleichen Ergebnis wie das Geständnis führen wird. – Verwertbar ist eine Aussage auch dann, wenn offen bleibt, ob die Person als Zeuge oder als Partei vernommen wurde.[8] In diesem Fall ist aber eine besonders sorgfältige Beweiswürdigung vonnöten. 3

II. Zulässigkeit der Parteivernehmung

1. Partei. Der Parteivernehmung untersteht jeder Prozessfähige, der im konkreten Rechtsstreit **Kläger** oder **Beklagter** ist, sowie der Vertreter der prozessunfähigen Partei (vgl. § 455 Abs. 1). Alle anderen Personen – auch die geschäfts-/prozessunfähige (§ 52) Partei – kommen grundsätzlich als Zeugen in Betracht. Zum Parteibegriff § 50 Rn. 2. In der Praxis – insbesondere in Verkehrsunfallprozessen – wird die Möglichkeit nicht immer beachtet, den (einfachen) Streitgenossen einer Partei über solche Tatsachen als Zeugen zu vernehmen, die ausschließlich andere Streitgenossen betreffen.[9] Maßgeblicher Zeitpunkt für die Beurteilung der Frage, in welcher Funktion eine Person vernommen werden darf, ist die Vernehmung.[10] Die bereits ausgeschiedene Partei kann unabhängig von einer noch ausstehenden, nichtstreitigen Kostenentscheidung nunmehr Zeuge sein.[11] Ebenso bleibt die frühere Zeugenaussage einer später in den Prozess eintretenden Partei Zeugenbeweis.[12] Den besonderen Umständen ist im Rahmen der Beweiswürdigung Rechnung zu tragen. Wird versehentlich eine Person als Zeuge anstatt als Partei (oder als Partei anstatt als Zeuge) vernommen,[13] so liegt darin ein durch Rügeverzicht (§ 295) heilbarer Verfahrensfehler. 4

2. Tatsachen. Wie jedes Beweismittel ist auch die Parteivernehmung nur zur Ermittlung des Wahrheitsgehaltes von **Tatsachenbehauptungen**[14] erlaubt. Unzulässig ist dagegen eine Befragung zu Erfahrungssätzen, Rechtsfragen und fachspezifischen, die Tatsachen betreffenden Urteilen. Sog. juristische Tatsachen (zB „Miete", „Kauf") müssen ihrer rechtlichen Komponente entkleidet und auf ihren Tatsachenkern zurückgeführt werden. Zu Wahrnehmungen, die nur bei besonderer Sachkunde richtig erfolgen können, kann die Partei aber vernommen werden. Insoweit ist die **sachverständige Partei** denkbar (vgl. auch § 414). Eine Begrenzung auf eine bestimmte Art von Tatsachen gibt es nicht. Zulässig ist die Parteivernehmung also auch über negative[15] und hypothetische sowie über subjektive Tatsachen; eine Beweisaufnahme ist daher möglich über Kenntnisse, Überzeugungen, Absichten, Zweifel oder zur Frage, wie eine Partei gehandelt haben würde.[16] Ob die Handlungen und Wahrnehmungen, die den Beweisgegenstand bilden, eigene oder fremde sind, ist unerheblich. Im letzten Fall ist jedoch der Beweiswert wie beim Zeugen vom Hörensagen deutlich gemindert. 5

---

[6] BGH MDR 1967, 834; RGZ 149, 63; BAG NJW 1963, 2340.

[7] HM; BGHZ 129, 108, 109f. = JR 1996, 65f. m. Anm. *Preuß* = LM § 288 ZPO Nr. 11 m. Anm. *Wax*; OLG Köln VersR 2000, 1302; *Musielak/Huber* Rn. 3; *Stein/Jonas/Leipold* Vor § 445 Rn. 7; *Zöller/Greger* § 288 Rn. 3b; *Lent* NJW 1953, 621; *Rosenberg/Schwab/Gottwald* 122 I 3; kritisch *Hülsmann* NJW 1997, 617, 620f.

[8] BGH LM § 373 Nr. 3.

[9] BGH NJW 1983, 2508 (LS) = WM 1983, 729, 730; BAG JZ 1973, 58, 59; OLG Düsseldorf MDR 1971, 56; vgl. auch *Schneider* MDR 1982, 372; aA *Wieczorek* § 449 Anm. A, § 373 Anm. B II a 3.

[10] BGH MDR 1965, 287; LM § 448 Nr. 4.

[11] KG MDR 1981, 765.

[12] OLG Karlsruhe VersR 1979, 1033, 1034.

[13] BGH WM 1977, 1007, 1008.

[14] Zum Begriff vgl. BGH NJW 1981, 1562.

[15] BGH VersR 1966, 1021.

[16] *Stein/Jonas/Leipold* Rn. 4.

6 **3. Subsidiarität.** Die Parteivernehmung ist als Beweismittel in dem in Abs. 1 bezeichneten Umfang subsidiär.[17] Sie soll erst dann erfolgen, wenn entweder der bislang erhobene Beweis noch nicht zur vollen Überzeugung des Gerichts ausgereicht oder wenn die Partei andere Beweismittel nicht vorgebracht hat. Das Gesetz trägt insoweit dem Dilemma der zu vernehmenden Partei Rechnung, einerseits zur wahrheitsgemäßen Aussage (vgl. aber § 446) verpflichtet zu sein und sich andererseits durch eben diese Erklärung schaden zu können. Weitere Einschränkungen im Anwendungsbereich gibt es nicht. Insbesondere ist nicht erforderlich, dass bereits eine **gewisse Wahrscheinlichkeit** für die Richtigkeit der unter Beweis gestellten Tatsache besteht (so aber im Fall des § 448).[18] Die Partei darf daher auch Tatsachen behaupten, von denen sie keine genaue Kenntnis haben kann, die sie aber nach Lage der Dinge für zutreffend hält.[19]

7 Der Partei steht es frei, **andere Beweismittel** vorzubringen. Der Beweisführer ist also gem. § 445 nicht gehalten, zB zunächst ihm bekannte Zeugen zu nennen. Insoweit kann er daher die subsidiäre Stellung der Parteivernehmung ausschalten, setzt sich jedoch der Gefahr der späteren Zurückweisung anderer Beweisangebote aus (§§ 282 Abs. 1, 296 Abs. 2, 531 Abs. 2). Nicht gestattet ist eine Zurückweisung nach diesen Vorschriften, wenn sich der Beweisbelastete zunächst auf die Angabe anderer Beweismittel beschränkt und erst nach deren Erhebung den Antrag auf Parteivernehmung stellt. Bietet die Partei andere Beweismittel an, so muss das Gericht zunächst diese ausschöpfen. Ausnahmsweise darf nach dem Ermessen[20] des Gerichts hier auch der **Gegenbeweis** durch Zeugen, Sachverständige, Urkunden oder Augenschein **vor** dem **Hauptbeweis** durch Parteivernehmung erhoben werden. Ein Anspruch des Gegners des Beweisbelasteten, zunächst den Ausgang der übrigen Beweisaufnahme abwarten zu dürfen, bevor er selbst aussagt, besteht nicht.[21] Hat die Partei neben dem Angebot anderer Beweismittel auch schon den Antrag auf Parteivernehmung gestellt, so muss sie diesen nach Erhebung anderer Beweise wiederholen.[22] Zumindest wenn die Prozessbeteiligten nicht anwaltlich vertreten sind, ist das Gericht wegen § 139 zu einer entsprechenden Frage verpflichtet.[23] Wird unter Verstoß gegen die Subsidiaritätsklausel der Gegner des Beweispflichtigen vor einem gleichzeitig benannten Zeugen gehört, so lässt sich auf diesen Fehler kein Rechtsmittel stützen. Wegen des Grundsatzes der freien Beweiswürdigung hat keiner der Prozessbeteiligten durch die Umkehrung der Vernehmungsreihenfolge einen Nachteil.

8 **4. Bedeutung der Beweislast.** Nur die Partei, die den „ihr obliegenden Beweis" nicht erbracht hat, also der **beweisbelastete Prozessbeteiligte,** kann Vernehmung des Gegners verlangen. Beweisbelastet ist auch derjenige, der sich gegen eine gesetzliche Vermutung wendet (vgl. § 292). Die Frage der Beweislast ist wegen ihrer besonderen Bedeutung von dem Gericht sorgfältig zu prüfen.[24] Wird dennoch die falsche Partei vernommen, so ist ihre Aussage grundsätzlich unverwertbar.[25] Eine Beeidigung vermag hieran nichts zu ändern.[26] Der Verstoß begründet die Revision.

9 Soweit die die Beweislast regelnde Vorschrift, wie regelmäßig, nicht dem Verfahrensrecht angehört,[27] tritt eine Heilung durch Rügeverzicht gem. § 295 nicht ein.[28] Der **Verfahrensfehler** besteht im Verhältnis zu allen Prozessbeteiligten.[29] Die Gegenansicht[30] – kein Verfahrensfehler zum Nachteil der nichtbeweispflichtigen Partei – geht zu Unrecht von der Prämisse aus, der Beweisantrag der nichtbeweispflichtigen Partei enthalte ihr Einverständnis (vgl. § 447) mit der Vernehmung des Gegners.[31] Schon wegen der Begünstigung, einen Beweis durch eigene Aussage erbringen zu

---

[17] Für die Aufgabe des Subsidiaritätsgrundsatzes *Coester-Waltjen* ZZP 113 (2000), 269 ff.; ähnlich *Oberhammer* ZZP 113 (2000), 295 ff.

[18] BGHZ 33, 63, 66 = NJW 1960, 1950; BGH NJW 1983, 2033, 2034.

[19] Anders, wenn das Vorliegen eines bestimmten Sachverhaltes willkürlich „aufs Geratewohl" oder „ins Blaue hinein" behauptet wird; vgl. hierzu BGH NJW-RR 2002, 1419, 1420 f. (Insolvenzanfechtung); ZIP 2003, 1596, 1597 (Bürgschaft); dazu *Kiethe* MDR 2003, 1325.

[20] *Stein/Jonas/Leipold* Rn. 16; aA *Wieczorek* Anm. D III b.

[21] Zu Recht weisen *Musielak/Huber* Rn. 8 auf § 450 Abs. 2 hin.

[22] RGZ 154, 228, 229.

[23] Richtigerweise auch im Anwaltsprozess; restriktiv in anderem Zusammenhang jedoch BGH NJW 1984, 310.

[24] *Baumbach/Lauterbach/Hartmann* Rn. 6; *Krönig* MDR 1949, 735; *Born* JZ 1981, 775, 778.

[25] Ebenso *Baumbach/Lauterbach/Hartmann* Rn. 6; *Zöller/Greger* Rn. 7; *Wieczorek* Anm. D I a 1, b 2; für die beweispflichtige Partei auch *Stein/Jonas/Leipold* Rn. 10; aA *Rosenberg/Schwab/Gottwald* § 122 II 6.

[26] *Born* JZ 1981, 779.

[27] *Wieczorek* Anm. D I a 1; § 282 Anm. E II.

[28] *Wieczorek* (Fn. 27); aA *Baumbach/Lauterbach/Hartmann* Rn. 6; *Stein/Jonas/Leipold* Rn. 10.

[29] *Wieczorek* (Fn. 27); *Born* JZ 1981, 779.

[30] *Stein/Jonas/Schumann/Leipold* (19. Aufl.) Anm. III 4; aA 21. Aufl. *(Leipold)* Rn. 10.

[31] So auch OLG Hamburg MDR 1964, 414; *Stein/Jonas/Leipold* Rn. 10; *Born* JZ 1981, 777; *Volkmar* JW 1933, 2885; vgl. auch OLG Stuttgart VersR 1958, 649 f.; *Schneider* (Fn. 2) Rn. 1518.

können, wird man im Rahmen des § 447 jedoch ein **ausdrückliches, klares Einverständnis** verlangen müssen und nicht einen Antrag auf Parteivernehmung entsprechend umdeuten können.[32] Die Bedeutung der Beweislast zeigt sich auch an den Konsequenzen, die das Gesetz an eine Verweigerung von Vernehmung, Aussage oder Beeidigung (§§ 446, 453 Abs. 2)[33] knüpft.

III. Unzulässigkeit der Parteivernehmung

Bereits aus Abs. 1 folgt, dass die Parteivernehmung zur **Führung des Gegenbeweises** nicht erlaubt ist. Denn der nichtbelasteten Partei „obliegt" der Beweis nicht. Ebenso wie im Fall des Abs. 2 sollen Beweismittel, die für sich genommen bereits einen Beweis erbringen, nicht durch das von Interessenkonflikten geprägte Beweismittel Parteivernehmung entkräftet werden können.[34] Abs. 2 enthält eine ausdrückliche Regelung für den Fall, dass das Gericht vom Gegenteil der beweisbedürftigen Tatsache bereits durch andere Umstände **überzeugt** ist. Die bloße Wahrscheinlichkeit des Gegenteils oder die mutmaßliche Aussichtslosigkeit der Parteivernehmung reicht nicht aus.[35] Das Gegenteil kann durch Würdigung anderer Beweise (§ 286), infolge Offenkundigkeit (§ 291) oder einer gesetzlichen Beweisregel (vgl. §§ 415 bis 418) feststehen. § 292 S. 2 lässt die Parteivernehmung auch zum Beweis des Gegenteils einer gesetzlichen Vermutung zu. Wegen des Ausnahmecharakters dieser Vorschrift ist sie nicht auf gesetzliche Beweisregeln ausdehnbar, so dass insbesondere der **Beweis einer unrichtigen Beurkundung gem.** § 415 nicht durch Parteivernehmung geführt werden kann.[36] Unzulässig ist die Parteivernehmung in all ihren Formen (§§ 445, 447, 448) im Prozesskostenhilfeverfahren.[37] § 118 gestattet lediglich die Anhörung der Parteien. Dem Antrag auf Parteivernehmung darf ferner nicht stattgegeben werden im Urkundenprozess zum Beweis der anspruchsbegründenden Tatsachen (vgl. §§ 592, 595 Abs. 2), im Restitutionsverfahren zum Beweis des Wiederaufnahmegrundes (§ 581 Abs. 2). Parteivernehmung von Amts wegen (§ 448) kann jedoch möglich sein.[38] Für das Verfahren in Familiensachen enthält § 613 eine eigenständige Regelung. 10

IV. Verfahren

1. Antrag. Die Parteivernehmung des § 445 erfolgt nur auf Antrag der beweisbelasteten Partei. Dieser Antrag muss die Erklärung, dass der Gegner vernommen werden soll, und die in sein Wissen gestellte Tatsache enthalten. – Der Antrag ist auf Vernehmung des Gegners zu richten. Dessen namentliche Bezeichnung ist nicht erforderlich. Fehlt die Benennung und stehen auf der Gegenseite mehrere Streitgenossen, so kann das Gericht wählen, ob es einzelne oder alle Streitgenossen vernimmt (§ 449). Die **zu beweisende Tatsache** muss im Antrag genau bestimmt sein. Allgemeinplätze oder die bloße Wiedergabe des abstrakten gesetzlichen Tatbestandsmerkmals reichen nicht aus. Ebenso ist die Ausforschung des Prozessgegners unzulässig. Nicht zum Erfolg führen darf beispielsweise der Antrag, der Gegner möge sich vor dem erkennenden Gericht einer Fachprüfung durch einen Sachverständigen unterziehen.[39] Wie auf einen Zeugen verzichtet werden kann (§ 399), so kann der Antrag auf Parteivernehmung **zurückgenommen** werden. Wiederholung ist in den Grenzen der Verspätungsvorschriften möglich.[40] Das bloße Nichtstellen des Antrages in der mündlichen Verhandlung ist keine Rücknahme, sofern der Antrag im Schriftsatz angekündigt worden ist.[41] **Antragsberechtigt** sind neben der Partei deren Prozessbevollmächtigter und der Nebenintervenient, sofern er sich nicht in Widerspruch zu der Partei setzt (§ 67). Den Antrag kann auch jeder Streitgenosse stellen. 11

2. Gerichtliches Verfahren. Hält das Gericht den Antrag für zulässig, so ordnet es die Vernehmung durch förmlichen Beschluss an (§ 450). Wegen des mit der Parteivernehmung verbundenen Risikos für den Beweisführer ist die **Begrenzung des Beweisthemas** genau zu beachten (§ 359). Unabhängig vom Ergebnis ist die Aussage des Gegners ohne Einschränkungen verwertbar.[42] Die 12

---

32 So mit eingehender Begründung *Born* JZ 1981, 775 ff.
33 *Baumbach/Lauterbach/Hartmann* Rn. 6.
34 OLG Düsseldorf MDR 1995, 959; *Stein/Jonas/Leipold* Rn. 8.
35 BGHZ 33, 63, 66 = NJW 1960, 1950.
36 BGHZ 104, 172, 177 = NJW 1988, 2741 = WuB VII A § 416 1, 88 m. Anm. *Soehring*. Näher § 415 Rn. 26.
37 OLG Koblenz JurBüro 2002, 376; OLG Köln MDR 1997, 105, 106.
38 BGHZ 30, 62, 63 = NJW 1959, 1369.
39 BGH LM Nr. 3 a = LM HGB § 109 Nr. 3.
40 BAG NJW 1974, 1349, 1350.
41 BGH NJW-RR 1996, 1459, 1460.
42 OLG Stuttgart VersR 1958, 649.

Vernehmung ohne den erforderlichen Beweisbeschluss stellt einen Verfahrensverstoß dar, der jedoch durch Rügeverzicht (§ 295 Abs. 1) geheilt wird. Protokollierung ist in § 160 Abs. 3 Nr. 4 vorgeschrieben. Aus der Art der Protokollierung lassen sich im Zweifelsfall entscheidende Indizien für die Einstufung einer Parteibefragung als Beweis oder als Anhörung (§§ 118 Abs. 1, 141) gewinnen.[43] Die Anordnung der Beweiserhebung ist – wie auch sonst – nur zusammen mit dem Endurteil anfechtbar. Sieht das Gericht den Antrag als unzulässig an, so bescheidet es den Beweisführer in den Gründen des Endurteils. Anzugeben sind im Fall des § 445 Abs. 2 insbesondere die Tatsachen, aufgrund derer das Gericht vom Gegenteil überzeugt ist.

V. Kosten

13 Eine gesonderte Gebühr für die Beweiserhebung fällt nach dem RVG nicht an. Gerichtskosten werden nicht erhoben.

§ 446 Weigerung des Gegners

Lehnt der Gegner ab, sich vernehmen zu lassen, oder gibt er auf Verlangen des Gerichts keine Erklärung ab, so hat das Gericht unter Berücksichtigung der gesamten Sachlage, insbesondere der für die Weigerung vorgebrachten Gründe, nach freier Überzeugung zu entscheiden, ob es die behauptete Tatsache als erwiesen ansehen will.

I. Normzweck

1 Anders als dem Zeugen steht es nach § 446 dem Prozessgegner grundsätzlich frei, ob er sich zur Aussage entschließt. Das Gesetz verfolgt einen **Mittelweg zwischen** der für den Fall der Weigerung zwingenden **Wahrunterstellung** der beweisbedürftigen Tatsache im früheren Beweisrecht und der nur auf den möglichen Interessenkonflikt abstellenden völligen **Sanktionslosigkeit.** § 446 nimmt insoweit den hinter § 444 stehenden allgemeinen Rechtsgedanken, dass auch prozessuales Verhalten der Parteien bei der Beweiswürdigung berücksichtigt werden kann, wieder auf.

II. Weigerung der zu vernehmenden Partei

2 Der Gegner, im Falle des § 445 also die nichtbeweispflichtige Partei,[1] kann auf zwei Arten seiner Vernehmung Widerstand entgegensetzen. Er kann eine Vernehmung durch ausdrückliche Erklärung verweigern oder schlicht untätig bleiben. Im letzteren Falle bedarf es einer **Aufforderung des Gerichts** zur Erklärung, wenn das Schweigen Folgen haben soll. Die Erklärung des zur Vernehmung berufenen Prozessbeteiligten darf nicht unter eine Bedingung gestellt werden. Insbesondere darf das Einverständnis nicht nur für den Fall abgegeben werden, dass zunächst über die erhobenen Einwendungen gegen die Zulässigkeit der Parteivernehmung entschieden wird. Demgegenüber ist die Erklärung, zur Vernehmung bereit zu sein, ebenso wie deren Verweigerung bis zum Schluss der mündlichen Verhandlung erster Instanz **frei widerruflich.**[2] Die einschränkende Bestimmung des § 533 ist auf die Besonderheiten des Berufungsverfahrens zugeschnitten und im Verfahren erster Instanz nicht anwendbar.[3] Nach vollständiger Aussage ist ein Widerruf der Bereiterklärung unwirksam.[4] Die Erklärung kann grundsätzlich von der Partei selbst oder ihrem Prozessbevollmächtigten abgegeben werden, in Anwaltsprozessen jedoch nur von letzterem. Davon zu unterscheiden ist die Aussageverweigerung (vgl. § 453 Abs. 2); diese kann nur durch die Partei selbst erfolgen. Die Erklärung muss bis zum Schluss der mündlichen Verhandlung abgegeben sein; Anerbieten in früheren Schriftsätzen haben ankündigenden Charakter. Nur bei Entscheidungen ohne mündliche Verhandlung bzw. nach Aktenlage (§§ 251 a, 331 a) entfaltet bereits die schriftliche Äußerung Wirkung.

III. Konsequenzen

3 Die Aussage der Partei ist wie jedes andere Beweismittel frei zu würdigen (§ 453 Abs. 1). Die Weigerung der zu vernehmenden Partei unterliegt ebenfalls der freien Beweiswürdigung. Dies gilt

[43] BAG NJW 1963, 2340.
[1] § 445 Rn. 8.
[2] *Wieczorek* Anm. A I b; aA *Baumbach/Lauterbach/Hartmann* Rn. 4 (§ 533 entsprechend); *Stein/Jonas/Leipold* Rn. 11; vgl. auch OLG Hamburg MDR 1964, 414.
[3] AA *Stein/Jonas/Leipold* Rn. 11; *Baumbach/Lauterbach/Hartmann* Rn. 4.
[4] OLG Hamburg MDR 1964, 414.

auch dann, wenn keine Gründe für die Weigerung vorgebracht werden. In diesem Fall werden regelmäßig für die sich der Wahrheitsfindung widersetzende Partei nachteilige Schlüsse zu ziehen sein.[5] Immer ist die **gesamte Sachlage** in die Bewertung einzubeziehen; die von der Partei vorgebrachten Weigerungsgründe sind besonders sorgsam abzuwägen. Zur Weigerung berechtigen können – je nach Lage des Einzelfalls – insbesondere die andernfalls erforderliche Offenlegung ehrenrühriger oder strafbarer Vorgänge, die Aufdeckung von Betriebs- oder Geschäftsgeheimnissen oder die Gefahr außerprozessualer Nachteile. Letztlich wird ein **strenger Maßstab** anzulegen sein. Aus der Weigerung können dann keine nachteiligen Schlüsse gezogen werden, wenn die Zulässigkeitsvoraussetzungen der Parteivernehmung nicht vorlagen.

IV. Verfahren

Die **Erklärung** ist beim Amtsgericht gem. § 510a zu **protokollieren,** im Übrigen gem. § 160 Abs. 3 Nr. 3. Erklärt die Partei sich nicht von selbst, so hat das Gericht sie hierzu aufzufordern. Zwangsmittel stehen dem Gericht nicht zur Verfügung (vgl. §§ 453 Abs. 2, 454 Abs. 1). Eine Belehrungspflicht in Bezug auf das Verweigerungsrecht besteht nicht.[6] Verweigert aber die Partei die Vernehmung, so wird das Gericht gem. § 139 auf die möglichen **Folgen hinzuweisen** haben. Erforderlich ist insbesondere der Hinweis, dass dem Anliegen der Partei möglicherweise auch dadurch Rechnung getragen werden kann, dass sie nur zu einzelnen Punkten keine Aussage macht, ohne insgesamt die Vernehmung zu verweigern. 4

§ 447 Vernehmung der beweispflichtigen Partei auf Antrag

Das Gericht kann über eine streitige Tatsache auch die beweispflichtige Partei vernehmen, wenn eine Partei es beantragt und die andere damit einverstanden ist.

I. Verhältnis zu § 445

§ 447 erlaubt als Ausnahme zur Grundregel des § 445, wonach nur die Vernehmung des Gegners der beweisbelasteten Partei beantragt werden kann, auch die Vernehmung der beweispflichtigen Partei. Wegen der damit für die nichtbeweisbelastete Partei verbundenen Gefahr muss sie sich mit dieser Vorgehensweise **ausdrücklich** einverstanden erklären. Selbst auf den Wunsch beider Prozessbeteiligten hin ist das Gericht jedoch nicht zur Vernehmung gezwungen, sondern kann sich nach freiem, nur in seinen äußeren Grenzen nachprüfbarem **Ermessen** entscheiden.[1] In der Regel wird das Gericht jedoch keinen Grund haben, sich dem Willen der Parteien zu widersetzen.[2] – Im übrigen müssen die sonstigen Zulässigkeitsvoraussetzungen des § 445 erfüllt sein. 1

II. Antrag und Einverständnis

§ 447 verlangt den Antrag der einen und das Einverständnis der anderen Partei. Von welcher Seite der Antrag ausgeht, ist ohne Bedeutung. Beide Erklärungen müssen ausdrücklich erfolgen. Das bloße **Schweigen** enthält im allgemeinen keine Zustimmung.[3] Auch die Einverständniserklärung ist Prozesshandlung und unterliegt als solche dem **Anwaltszwang** nach § 78. Der Antrag kann bis zur Beweisaufnahme frei zurückgenommen werden, das Einverständnis ist bis dahin widerruflich.[4] Dies folgt aus § 399, der seinem Rechtsgedanken nach hier Anwendung findet. Nach der Beweisaufnahme sind **Rücknahme und Widerruf** ausgeschlossen.[5*] Vor der Beweisaufnahme ist eine Lösung von der Einverständniserklärung auch dadurch möglich, dass weitere Beweismittel vorgebracht werden. Nach deren Verwertung ist das frühere Einverständnis entfallen und müsste neu erklärt werden. Kein Einverständnis ist in einem Antrag auf Vernehmung des Gegners gem. § 445 zu sehen, wenn sich der Antragsteller irrtümlich für beweispflichtig hält.[6*] Die 2

---

[5] OLG Düsseldorf WM 1981, 369, 370. Vgl. auch BGH NJW 1991, 2500, 2501.

[6] OLG Celle VersR 1977, 361.

[1] HM; *Stein/Jonas/Leipold* Rn. 4; *Zöller/Greger* Rn. 1; *Born* JZ 1981, 778; aA *Wieczorek* Anm. A unter Hinw. auf § 450 aF.

[2] *Stein/Jonas/Leipold* Rn. 4.

[3] LG Krefeld VersR 1979, 634.

[4] *Gehrlein* ZZP 110 (1997), 451, 459. AA *Stein/Jonas/Leipold* Rn. 2; *Wieczorek* Anm. A II (nur in den Grenzen des § 290); *Zöller/Greger* Rn. 3; *Rosenberg/Schwab/Gottwald* § 122 II 4b.

[5*] OLG Hamburg MDR 1964, 414; *Baumbach/Lauterbach/Hartmann* Rn. 4, 5.

[6*] Ausführlich *Born* JZ 1981, 775ff.

Einverständniserklärung ist zu protokollieren und zu verlesen (§§ 160 Abs. 3 Nr. 3, 510a, 162). Wegen der großen Gefahr für die Partei, die durch ihr Einverständnis mit der Vernehmung des Beweispflichtigen eine prozessual vorteilhafte Position gefährdet, ist in aller Regel eine umfängliche Belehrung über die Beweislast erforderlich (§ 139).

III. Vernehmung

3 Wenn sich das Gericht zur Vernehmung der beweispflichtigen Partei entschlossen hat, bleibt es gleichwohl in der **Beweiswürdigung frei.** Das Fehlen eines Einverständnisses darf das Gericht nicht durch sachwidrige Anwendung des § 448 unterlaufen. Eine Einverständniserklärung nach § 447 ist jedoch als Anregung der Partei zu verwerten, sie nach § 448 zu vernehmen. – Es empfiehlt sich, die vernommene beweispflichtige Partei zu beeidigen, um den ansonsten geringen Beweiswert zu erhöhen.

§ 448 Vernehmung von Amts wegen

Auch ohne Antrag einer Partei und ohne Rücksicht auf die Beweislast kann das Gericht, wenn das Ergebnis der Verhandlungen und einer etwaigen Beweisaufnahme nicht ausreicht, um seine Überzeugung von der Wahrheit oder Unwahrheit einer zu erweisenden Tatsache zu begründen, die Vernehmung einer Partei oder beider Parteien über die Tatsache anordnen.

I. Normzweck

1 Die Parteivernehmung von Amts wegen dient der Ergänzung einer noch nicht abgeschlossenen gerichtlichen Überzeugungsbildung. § 448 stellt eine **Ausnahme vom Verhandlungsgrundsatz** dar, der jedoch im Beweisrecht uneingeschränkt ohnehin nur für Zeugen gilt (§ 273 Abs. 2 Nr. 4).[1] Als Ausnahmevorschrift ist von § 448 schon nach allgemeinen Grundsätzen nur zurückhaltend Gebrauch zu machen;[2] wegen der konfliktträchtigen Situation[3] des Prozessführenden als Partei und als Beweismittel ist besondere Sorgfalt bei der Prüfung der Voraussetzungen dieser Vorschrift angeraten. Die Amtsvernehmung ist wie die Parteivernehmung auf Antrag (§§ 445, 447) **reines Beweismittel,** also nur zur Ermittlung des Wahrheitsgehaltes streitiger Tatsachenbehauptungen vorgesehen. Eine strikte Abgrenzung zur Parteianhörung (§§ 118, 141) hat darum auch hier zu erfolgen. Wegen der Einzelheiten vgl. § 445 Rn. 2. Der Verhandlungsgrundsatz tritt nur hinsichtlich der Beweisanordnung zurück; eine Vernehmung zur Aufklärung des Sachverhalts darf im Rahmen dieser Vorschrift nicht erfolgen.[4] Die Vernehmung des Beweispflichtigen unabhängig von den besonderen Voraussetzungen des § 448 erlaubt § 287 Abs. 1 S. 3.

II. Voraussetzungen

2 **1. Subsidiarität der Parteivernehmung.** Die Subsidiarität der Parteivernehmung tritt in § 448 in einer besonderen Ausprägung wieder hervor. Vor einer amtswegigen Parteivernehmung hat das Gericht **alle angebotenen Beweise,** soweit diese für die Entscheidung von Bedeutung sind, zu erheben.[5] Dies gilt auch dann, wenn die unter Beweis gestellten Einzeltatsachen nur ein allein nicht ausreichendes Indiz für die Richtigkeit eines umfassenden Sachvortrags abgeben. In diesem Fall ist zunächst über das Indiz Beweis zu erheben und erst danach zu entscheiden, ob aus dem bewiesenen Indiz eine gewisse Wahrscheinlichkeit für die Haupttatsache folgt. Vorrangig ist auch die **Parteivernehmung nach §§ 445, 447.**[6] Tritt eine Partei einen ihr **zumutbaren Zeugenbeweis** nicht an, so ist für die Parteivernehmung von Amts wegen kein Raum.[7]

3 **2. Unzureichender bisheriger Verfahrensverlauf.** Sowohl das Ergebnis einer etwaigen Beweisaufnahme als auch die bisherige mündliche Verhandlung hat das Gericht umfassend zu würdi-

---

[1] *Zeiss/Schreiber* Rn. 178.

[2] *Baumbach/Lauterbach/Hartmann* Rn. 1; *Zöller/Greger* Rn. 1; weitergehend *Wieczorek* Anm. A, der die Vorschrift für rechtspolitisch verfehlt, weil gegen den Grundsatz der Gerechtigkeit verstoßend, hält. *Kocher* NZA 2003, 1314, 1316f. fordert eine Neuinterpretation der Norm. *Gehrlein* ZZP 110 (1997), 451, 469ff. äußert sogar verfassungsrechtliche Bedenken; dazu vgl. BVerfG NJW 1998, 1938, 1939; 2001, 2531, 2532.

[3] Vgl. § 445 Rn. 1.

[4] BGH VersR 1977, 1124, 1125.

[5] BGH VersR 1984, 665, 666; aA *Münks* S. 191ff.

[6] *Wieczorek* Anm. A Ib.

[7] BGH NJW 1997, 1988; OLG Koblenz NVersZ 2001, 363, 364; *Römer* NJW 1996, 2329, 2331.

gen. Neben den in erster Linie heranzuziehenden Beweisen sind das bisherige Prozessverhalten der Parteien, die allgemeinen Erfahrungssätze, die Persönlichkeit der Parteien[8] und die unstreitigen Indizien in die Wertung einzubeziehen. Nur wenn diese **Gesamtwürdigung** einerseits dem Richter keine volle Überzeugungsbildung verschaffen kann, andererseits jedoch eine **gewisse Wahrscheinlichkeit** für die streitige Tatsachenbehauptung spricht, ist Raum für die Parteivernehmung nach § 448.[9] Zumindest einige Umstände müssen im Zeitpunkt der Parteivernehmung[10] den streitigen Tatsachenvortrag stützen. Liegen dagegen weder Beweisangebote noch beweiskräftige Indizien vor oder verläuft eine Beweisaufnahme negativ, so liegt nicht einmal der allein erforderliche geringe Wahrscheinlichkeitsgrad vor.[11] Eine Amtsvernehmung wäre in diesem Fall Willkür und ist daher unzulässig. Gleiches gilt, wenn in der Beweisaufnahme teilweise der eine, teilweise der andere Vortrag – etwa durch sich widersprechende Zeugenaussagen – bestätigt wird und das Gericht letztlich keinem Beweismittel einen höheren Überzeugungswert beimisst.[12] Allerdings wird das Gericht hier zunächst besonders sorgfältig das Beweisergebnis abzuwägen haben, bevor es von der Möglichkeit des § 448 Gebrauch macht. Die Würdigung des bisherigen Verhandlungs- und Beweisergebnisses erfolgt im Grundsatz unabhängig von der Frage der Beweislast.[13] Daher darf das Gericht die Parteivernehmung auch zur **Vervollständigung des Gegenbeweises** anordnen.[14] Auch Feststellungen in einem Strafverfahren können als Indiz Beweis für die Richtigkeit der Tatsachenbehauptung erbringen.[15] Ferner können Aussagen der zu vernehmenden Partei in einem **früheren Rechtsstreit** die notwendige Wahrscheinlichkeit vermitteln.[16] Der Sinn des § 448 steht dem nicht entgegen, weil die frühere Aussage ein unter Umständen urkundenbeweislich zu bewertendes Indiz für die Richtigkeit der jetzigen Tatsachenbehauptung abgibt, ohne bereits einen unzulässigen Vorgriff auf die mögliche Aussage in dem aktuellen Prozess zu bedeuten. Eine Parteivernehmung von Amts wegen kann ferner im Falle der **Beweisnot** einer Partei unter dem Gesichtspunkt der **prozessualen Waffengleichheit** in Betracht kommen[17] – etwa wenn einer Vertragsseite ein Repräsentant als Zeuge im Verfahren zur Seite steht, die andere Vertragspartei sich hingegen auf eigene Beweismittel nicht stützen kann (Vier-Augen-Gespräch). Das Gericht kann dann dem Grundsatz der Waffengleichheit allerdings auch dadurch genügen, dass die durch ihre prozessuale Stellung bei der Aufklärung des Vier-Augen-Gesprächs benachteiligte Partei nach § 141 persönlich angehört wird.[18] Denn das Gericht ist nicht gehindert, einer solchen Parteianhörung den Vorzug vor den Bekundungen eines Zeugen zu geben.[19]

3. Überzeugungswert der Parteivernehmung. Nicht eigens erwähnt, weil selbstverständlich, ist, dass das Gericht sich einen Überzeugungswert von der amtswegigen Parteivernehmung versprechen muss.[20] Können etwa beide Parteien mangels Kenntnis über die streitige Tatsache nichts aussagen oder sind die Parteien erwiesenermaßen unglaubwürdig, wäre eine Parteivernehmung offenbar verfehlt. 4

III. Auswahl der Partei

Die Bestimmung der zu vernehmenden Partei steht ohne Bindung an die Beweislast[21] im gerichtlichen **Ermessen.** Da die Parteivernehmung streng von der Parteianhörung (s. Rn. 1) zu tren- 5

---

[8] OLG Celle VersR 1982, 500.

[9] BGH NJW 1994, 320, 321; 1999, 363, 364; 2002, 2247, 2249; NZM 1998, 449; BAG NZA 2000, 208, 211; NJW 2002, 2196, 2198 ; OLG München NJW-RR 1996, 958, 959; OLG Brandenburg VersR 2003, 344; OLG Köln NVersZ 2002, 83; *Wittschier* DRiZ 1997, 247, 248 ff.; *Zwanziger* DB 1997, 776, 777; aA *Stein/Jonas/Leipold* Rn. 22; *Gehrlein* ZZP 110 (1997), 451, 474; *Kluth/Böckmann* MDR 2002, 616, 621; anders wegen der Entscheidung des EGMR vom 27. 10. 1993 (NJW 1995, 1413) auch *Schlosser* NJW 1995, 1404, 1406; *Schöpflin* NJW 1996, 2134, 2136; *Roth* ZEuP 1996, 490, 497.

[10] BGH MDR 1965, 287.

[11] BGH VersR 1969, 220, 221; 1976, 587, 588 = JZ 1976, 214.

[12] BGH MDR 1965, 287; OLG Saarbrücken OLGZ 1984, 122, 123.

[13] BGH VersR 1959, 199, 200 = LM Nr. 3.

[14] *A. Blomeyer* § 80 III.

[15] OLG Hamburg MDR 1982, 340, 341.

[16] *Stein/Jonas/Leipold* Rn. 6.

[17] BGH NJW 1999, 352; 1999, 363, 364; 2002, 2247, 2249; 2003, 3636. Vgl. dazu auch EGMR NJW 1995, 1413 („Dombo Bekeer") und BVerfG NJW 2001, 2531 f.

[18] BGH VersR 1999, 994, 995; NJW 2003, 3636; Sächsisches LAG MDR 2000, 724; *Musielak/Huber* Rn. 7; aA *Kluth/Böckmann* (Fn. 9); kritisch *Baumbach/Lauterbach/Hartmann* Rn. 1.

[19] BGH (Fn. 18).

[20] BGH WM 1968, 406, 407.

[21] BGH VersR 1959, 199, 200 = LM Nr. 3; RGZ 145, 271, 273.

nen ist, wird die Auswahl der Partei von den Gesichtspunkten bestimmt, die für die Beweiskraft von Bedeutung sind. Maßgebende Kriterien sind neben dem mutmaßlichen Wissen der Partei von den zu beweisenden Tatsachen insbesondere die bisher ersichtliche Wahrscheinlichkeit ihrer Behauptung und das aus dem bisherigen Prozessverlauf zu ersehende Maß ihrer Vertrauenswürdigkeit.[22] Arglistiges Verhalten in dem anhängigen Rechtsstreit kann die Glaubwürdigkeit erschüttern. Die die Vertrauenswürdigkeit betreffenden Hilfstatsachen sind vorab zu klären. Soweit es das Ergebnis dieser umfassenden Prüfung rechtfertigt, kann im Einzelfall auch zB der Verletzte zum Unfallhergang[23] vernommen werden oder der Beklagte zu seiner Verteidigung.[24] **Nicht** vernommen werden darf der **Gegner der beweisbelasteten Partei,** wenn für deren Behauptung nichts spricht. Hier fehlt es bereits an der notwendigen Wahrscheinlichkeit (Rn. 3). Im Übrigen würde andernfalls die nichtbeweispflichtige Partei unzulässig mit dem Gegenbeweis für eine unbewiesene Behauptung belastet. – § 448 gestattet die **Vernehmung beider Parteien.** Dies ermöglicht eine genaue Kontrastierung der unterschiedlichen Positionen und die Filterung der eigentlichen Differenzpunkte,[25] wenn Handlungen und Wahrnehmungen beider Parteien unterschiedlich vorgetragen sind. Auch unter dem Gesichtspunkt der Waffengleichheit wird die Heranziehung beider Parteien häufig zweckmäßig sein.[26] Jedenfalls gegenüber der Vernehmung nur der beweisbelasteten Partei ist die Vernehmung beider vorzuziehen.[27] Zwar ist nach § 452 Abs. 1 S. 2 die Beeidigung beider Parteien über dieselbe Tatsache unzulässig. Gesichtspunkte gegen die Zweckmäßigkeit der Vernehmung beider Parteien lassen sich daraus aber nicht gewinnen.[28]

IV. Gerichtliches Verfahren

6 Das Gericht hat über die Anordnung der Parteivernehmung von Amts wegen nach seinem pflichtgemäßen[29] Ermessen zu entscheiden. Bevor eine Partei für beweisfällig erklärt wird, muss das Gericht zwingend die Möglichkeit einer Vernehmung von Amts wegen prüfen.[30] Zuständig ist auch der **Einzelrichter** im Fall des § 348, wegen der erforderlichen Würdigung von Verhandlung und Beweisaufnahme aber nicht der Einzelrichter nach § 526 oder der Vorsitzende nach § 349.[31] Die Anordnung der Parteivernehmung hat stets durch **Beweisbeschluss** zu erfolgen (§ 450 Abs. 1). Der Beweisbeschluss muss klar erkennen lassen, dass Beweis erhoben werden soll und nicht nur eine Anhörung nach § 141 beabsichtigt ist.[32] Wegen des Ausnahmecharakters der Parteivernehmung ist eine genaue und strenge **Eingrenzung des Beweisthemas** erforderlich. Erlaubt sind allerdings auch Fragen zu nicht unmittelbar erheblichen Tatsachen, soweit hieraus auf die Glaubwürdigkeit geschlossen werden soll. Im **Urteil** ist die Zulässigkeit der Amtsvernehmung zu begründen. Wird von der Möglichkeit der amtswegigen Vernehmung abgesehen, so sind die Gründe dafür jedenfalls dann darzulegen, wenn eine Partei einen entsprechenden Antrag gestellt hat, für beweisfällig erklärt wird[33] oder sich die amtswegige Parteivernehmung aus anderen Gründen aufdrängte.[34]

V. Ermessensüberprüfung

7 Das **Berufungsgericht** prüft die Ausübung des Ermessens in vollem Umfang nach.[35] In der **Revisionsinstanz** stehen dagegen nur die rechtlichen Voraussetzungen und die Grenzen der Ermessensausübung zur Überprüfung.[36] Begründet ist die Revision insbesondere dann, wenn die

[22] BGH WM 1968, 406, 407.
[23] BGH (Fn. 12).
[24] Vgl. BGHZ 30, 60 = NJW 1959, 1369 (zu § 581 Abs. 2).
[25] Ähnlich *Stein/Jonas/Leipold* Rn. 15.
[26] Im Ergebnis auch *Rosenberg/Schwab/Gottwald* § 122 II 6; für den Fall der Schaffung der formalen Zeugenstellung durch Abtretung ebenso BGH WM 1980, 1071, 1073; *Thomas/Putzo/Reichold* Rn. 4.
[27] OLG Hamburg MDR 1970, 58; *Musielak/Huber* Rn. 8.
[28] AA *Baumbach/Lauterbach/Hartmann* Rn. 11.
[29] HM; BGH VersR 1975, 155, 156; 1976, 587, 588; 1999, 994, 995; WM 1968, 406, 407; 1994, 1545, 1548; NJW 1983, 2033, 2034; *Baumbach/Lauterbach/Hartmann* Rn. 7; *Stein/Jonas/Leipold* Rn. 10, 14; *Thomas/Putzo/Reichold* Rn. 4; aA *Wieczorek* Anm. B I.
[30] BGH NJW 1986, 1541, 1542.
[31] *Stein/Jonas/Leipold* Rn. 24.
[32] BAG NJW 1963, 2340.
[33] BGH NJW 1983, 2033; RGZ 144, 321.
[34] BGH FamRZ 1987, 152.
[35] BGH VersR 1975, 155, 156; NJW 1983, 2033, 2034; OLG Saarbrücken OLGZ 84, 122, 123.
[36] BGH WM 1968, 406, 407; 1994, 1545, 1547; NJW 1983, 2033, 2034; NJW-RR 2001, 1431, 1432; MDR 1965, 287 = LM Nr. 4; BAGE 14, 266 = AP Nr. 1 m. zust. Anm. *Pohle* NJW 2002, 2196, 2198.

untere Instanz erkennbar § 448 nicht einmal erwogen hat.[37] Aus dem **Schweigen der Urteilsgründe** in diesem Punkt allein lässt sich aber noch kein solcher Schluss ziehen, da regelmäßig davon ausgegangen werden kann, dass sich der Tatrichter seines Ermessens bewusst war.[38] Eine zusätzliche Begründung des Ermessensverstoßes ist daher erforderlich.[39]

§ 449 Vernehmung von Streitgenossen

Besteht die zu vernehmende Partei aus mehreren Streitgenossen, so bestimmt das Gericht nach Lage des Falles, ob alle oder nur einzelne Streitgenossen zu vernehmen sind.

I. Auswahlbefugnis des Gerichts

§ 449 betrifft von vornherein nur die Fälle, in denen Streitgenossen als Partei zu vernehmen sind. 1
Soweit bei einfacher Streitgenossenschaft (§§ 59, 60) das Beweisthema nicht den zu vernehmenden, sondern ausschließlich die anderen Streitgenossen betrifft,[1] greift die Vorschrift nicht ein. Ist der **Streitgenosse als Partei** zu vernehmen, gilt die Vorschrift für die einfache (§ 61) und notwendige (§ 62) Streitgenossenschaft sowie die streitige Nebenintervention (§ 69). Die **Auswahlbefugnis** steht dem Gericht uneingeschränkt nur bei der Parteivernehmung von Amts wegen (§ 448) zu. In den Fällen der §§ 445 und 447 ist zu unterscheiden, ob die Vernehmung eines bestimmten Streitgenossen verlangt wurde oder nicht. Wird pauschal Vernehmung der Partei beantragt oder werden alle Streitgenossen gleichermaßen benannt, so steht dem Gericht das Bestimmungsrecht gem. § 449 zu.

Für den Fall, dass mit dem Antrag die **Vernehmung bestimmter Streitgenossen** erreicht 2
werden soll, bedarf es einer einschränkenden Auslegung der Norm. Aus dem Verhandlungsgrundsatz folgt, dass dem Beweisführer in den Fällen der beantragten Parteivernehmung die Bestimmung der Beweisperson vorbehalten werden muss.[2] Allerdings kann das Gericht auch den nicht benannten Streitgenossen hören, wenn zusätzlich die Voraussetzungen des § 448 gegeben sind. Soweit das Gericht danach ein Bestimmungsrecht hat, steht die Auswahl, wie viele und welche Streitgenossen es vernehmen will, in seinem pflichtgemäßen Ermessen. Die Bestimmung wird in erster Linie davon abhängig sein, welcher Streitgenosse von der zu beweisenden Tatsache das beste Wissen hat. Ergibt sich nach dem Beweisbeschluss, dass die Vernehmung anderer oder weiterer Streitgenossen erforderlich ist, so darf das Gericht seine Anordnung ohne vorherige mündliche Verhandlung entsprechend § 360 S. 2 ändern.

II. Folgen der Aussage

Das Gericht **würdigt** die Aussage des vernommenen Streitgenossen **frei** (§ 453 Abs. 1), aber 3
einheitlich gegenüber allen Streitgenossen. Dies gilt auch für die Verweigerung der Aussage oder des Eides (§ 453 Abs. 2) bzw. das Unterlassen der Erklärung gem. § 446.

§ 450 Beweisbeschluss

(1) [1]Die Vernehmung einer Partei wird durch Beweisbeschluss angeordnet. [2]Die Partei ist, wenn sie bei der Verkündung des Beschlusses nicht persönlich anwesend ist, zu der Vernehmung unter Mitteilung des Beweisbeschlusses von Amts wegen zu laden. [3]Die Ladung ist der Partei selbst mitzuteilen, auch wenn sie einen Prozessbevollmächtigten bestellt hat; der Zustellung bedarf die Ladung nicht.

(2) [1]Die Ausführung des Beschlusses kann ausgesetzt werden, wenn nach seinem Erlass über die zu beweisende Tatsache neue Beweismittel vorgebracht werden. [2]Nach Erhebung der neuen Beweise ist von der Parteivernehmung abzusehen, wenn das Gericht die Beweisfrage für geklärt erachtet.

---

[37] BGH VersR 1975, 155, 156; 1976, 587, 588.
[38] BGH LM Nr. 2.
[39] BAG (Fn. 36).
[1] BGH NJW 1983, 2508 (LS) = WM 1983, 729, 730; BAG JZ 1973, 58, 59; OLG Düsseldorf MDR 1971, 56; *Musielak/Huber* Rn. 1; vgl. auch *Schneider* MDR 1982, 372f.; aA *Wieczorek* Anm. A; § 373 Anm. B II a 4.
[2] AK/*Rüßmann* Rn. 2; *Stein/Jonas/Leipold* Rn. 2; *Zöller/Greger* Rn. 1; aA *Wieczorek* Anm. A II a.

I. Beweisbeschluss

1 Jede Form der Parteivernehmung erfordert einen förmlichen Beweisbeschluss nach Maßgabe des § 359. Damit ist für alle Beteiligten – wegen der unterschiedlichen Konsequenzen – herausgestellt, dass nicht nur eine Anhörung iSd. § 141 stattfindet. Ferner soll deutlich werden, ob die Anordnung auf der Grundlage der §§ 445, 447 oder des § 448 erfolgt. Der Verstoß ist durch **Rügeverzicht gem.** § 295 Abs. 1 heilbar.[1] Der Beweisbeschluss muss insbesondere das Beweisthema exakt eingrenzen, damit das in dem Antrag auf Vernehmung des Gegners liegende Beweisrisiko für den Beweisführer überschaubar bleibt. Der Beweisbeschluss ist zu verkünden. Eine Abänderung ist wie sonst möglich (§ 360 S. 2). Die bei der Verkündung des Beschlusses persönlich **anwesende Partei** soll möglichst sofort vernommen werden.[2] Ist dies ausnahmsweise untunlich, wird ein Termin zur Vernehmung verkündet, sofern er vor dem Prozessgericht stattfinden soll.

II. Ladung

2 Eine schriftliche Ladung zum Beweistermin ist in der Regel nur erforderlich, wenn die zu vernehmende Partei bei Verkündung des Beweisbeschlusses nicht persönlich anwesend war. Ausnahmsweise bedarf es einer Ladung auch bei **Anwesenheit der Parteien,** wenn der Termin zur Beweisaufnahme noch nicht bekanntgegeben wurde. Die nicht anwesende Partei ist persönlich unter Mitteilung des Beweisbeschlusses zu laden. Ausreichend ist auch, wenn der Beschluss seinem wesentlichen Inhalt nach mitgeteilt wird. Unabdingbar ist allerdings, dass aus der Ladung ersichtlich ist, worüber die Partei vernommen werden soll, dass es sich um eine Beweisaufnahme und ob es sich um eine beantragte oder amtswegige Vernehmung handelt. Eine Zustellung der Ladung ist seit dem ZPO-RG nicht mehr erforderlich. Sie ist allerdings im Zweifel ratsam, um Sicherheit für die Anwendung der §§ 446, 454 zu schaffen.[3] Die Ladung über den Prozessbevollmächtigten reicht nicht aus (Abs. 1 S. 3).

III. Aussetzung des Beweisbeschlusses

3 Abs. 2 trägt der Subsidiarität der Parteivernehmung auch nach Erlass des Beweisbeschlusses Rechnung. Hiernach kann das Gericht – unabhängig von der Rechtsgrundlage der beabsichtigten Parteivernehmung (§§ 445, 447, 448) – nachträglich angebotene **andere Beweismittel zunächst** ausschöpfen (Satz 1). Die Verspätungsvorschriften (zB § 296) sind anwendbar. Bestehen von daher gegen die Zulässigkeit der neuen Angriffs- oder Verteidigungsmittel keine Bedenken, so steht es gleichwohl im pflichtgemäßen Ermessen des Gerichts, ob es die Parteivernehmung zunächst aussetzen will. Versprechen jedoch die neuen Beweisangebote Erfolg und würde durch sie die Parteivernehmung überflüssig, so reduziert sich das Ermessen auf die eine Entscheidung, zunächst die neuen Beweise zu erheben.[4] Tragen die Parteien schriftlich **neue Beweisangebote** vor, wird das Gericht darüber ohne mündliche Verhandlung (§ 360) entscheiden. Soweit die begehrte Beweiserhebung einen Beweisbeschluss (§ 358 Abs. 1) erfordert, kann dieser indessen nicht ohne mündliche Verhandlung erlassen werden. Von der Parteivernehmung ist zwingend[5] und endgültig abzusehen, wenn die zwischenzeitlich erhobenen anderen Beweise zu einer Klärung der Beweisfrage geführt haben (Satz 2). Die Aussetzung sollte im Interesse der Nachvollziehbarkeit der gerichtlichen Anordnungen durch **Beschluss** erfolgen. Allerdings können die Gründe, welche die Parteivernehmung nach Ansicht des Gerichts überflüssig machten, auch in den Urteilsgründen dargelegt werden. **Rügen** betreffend Anordnungen oder Unterlassungen des Gerichts im Hinblick auf § 450 sind durch Anfechtung des Endurteils zu erheben (§ 355 Abs. 2).

§ 451 Ausführung der Vernehmung

Für die Vernehmung einer Partei gelten die Vorschriften der §§ 375, 376, 395 Abs. 1, Abs. 2 Satz 1 und der §§ 396, 397, 398 entsprechend.

---

[1] BGH LM Nr. 1; LM BGB § 516 Nr. 3; FamRZ 1965, 212, 213.

[2] OLG Stuttgart JZ 1978, 689, 690.

[3] *Musielak/Huber* Rn. 2; *Zöller/Greger* Rn. 2; Begründung RegE ZPO-ReformG, BT-Drucks. 14/4722, S. 92.

[4] Ähnlich *Baumbach/Lauterbach/Hartmann* Rn. 6; aA *Thomas/Putzo/Reichold* Rn. 2; *Stein/Jonas/Leipold* Rn. 9; *Wieczorek* Anm. B I; *Zöller/Greger* Rn. 3.

[5] BGH NJW 1974, 56 = LM § 398 Nr. 7.

I. Anwendbare Vorschriften

1 Die Vorschrift erklärt eine Reihe von Regelungen aus dem Recht des Zeugenbeweises für entsprechend anwendbar. Im einzelnen handelt es sich um folgende Normen:

2 **1. § 375.** Die Beweisaufnahme hat grundsätzlich unmittelbar vor dem erkennenden **Spruchkörper** zu erfolgen. Im Rahmen der in Abs. 1 Nr. 1 bis 3 geregelten Ausnahmen ist jedoch auch eine Vernehmung durch den beauftragten oder ersuchten Richter zulässig. Ein Verstoß gegen den Grundsatz der Unmittelbarkeit der Beweisaufnahme begründet die Revision, jedoch ist der Verstoß heilbar (§ 295). Die Rüge muss in der nächsten mündlichen Verhandlung erfolgen.[1]

3 **2. § 376.** Die der Verpflichtung zur Amtsverschwiegenheit unterliegenden Personen bedürfen auch für ihre Vernehmung als Partei einer **Aussagegenehmigung.** Das Gericht hat eine Versagung der Genehmigung frei zu würdigen. Die Versagung darf nicht ohne weiteres stets der Verweigerung der Aussage (§ 453) gleichgesetzt werden. Andererseits besteht regelmäßig keine Veranlassung, die Gegenpartei schlechter zu stellen, weil der anderen Partei von der zuständigen Behörde die Aussage nicht gestattet wird.

4 **3. § 395.** Die Vorschrift ist nicht im ganzen anwendbar. Es gilt die Ermahnungspflicht zur Wahrheit und die Hinweispflicht betreffend eine mögliche Beeidigung (Abs. 1). Auf ein **Aussageverweigerungsrecht** muss nicht hingewiesen werden.[2] Abs. 2 S. 1 verlangt auch von der Partei die Angabe der üblichen Personaldaten. Abs. 2 S. 2 wird nicht für entsprechend anwendbar erklärt. Jedoch wird man hieraus nicht den Umkehrschluss ziehen können, dass reine Unglaubwürdigkeitsfragen stets unzulässig seien.[3] Durch die Nichtaufnahme von Abs. 2 S. 2 in den Katalog des § 451 wird vielmehr dem Gericht freie Hand gelassen.

5 **4. §§ 396, 397.** Die Aussage erfolgt zunächst im Zusammenhang. Erst nach dieser geschlossenen Darstellung besteht das **Fragerecht** des Gerichts (§ 396 Abs. 2 und 3), der Prozessbevollmächtigten und der Parteien (§ 397 Abs. 1 und 2). Auch der Prozessbevollmächtigte der zu vernehmenden Partei darf Fragen an diese richten.

6 **5. § 398.** Hinsichtlich einer **wiederholten oder nachträglichen Vernehmung** gelten keine Abweichungen gegenüber dem Zeugen.[4] Will das Rechtsmittelgericht eine beeidigte Aussage anders als die Vorinstanz würdigen, so bedarf es zunächst einer erneuten Vernehmung dieser Partei.[5]

Die Aussage der Partei ist grundsätzlich zu **protokollieren** (§§ 160 Abs. 3 Nr. 4, 162; Ausnahme: § 161).

II. Nicht anwendbare Vorschriften

7 § 451 enthält eine grundsätzlich abschließende Aufzählung der aus dem Bereich des Zeugenbeweises anwendbaren Vorschriften. Die hier nicht genannten Bestimmungen gelten daher für die Parteivernehmung nicht. So ist es insbesondere der Partei nicht möglich, sich schriftlich zu äußern (vgl. aber § 377 Abs. 2 und 3); auch ist die Ladung der zu vernehmenden Partei durch § 450 abweichend geregelt.

§ 452 Beeidigung der Partei

(1) [1]Reicht das Ergebnis der unbeeidigten Aussage einer Partei nicht aus, um das Gericht von der Wahrheit oder Unwahrheit der zu erweisenden Tatsache zu überzeugen, so kann es anordnen, dass die Partei ihre Aussage zu beeidigen habe. [2]Waren beide Parteien vernommen, so kann die Beeidigung der Aussage über dieselben Tatsachen nur von einer Partei gefordert werden.

(2) Die Eidesnorm geht dahin, dass die Partei nach bestem Wissen die reine Wahrheit gesagt und nichts verschwiegen habe.

(3) Der Gegner kann auf die Beeidigung verzichten.

(4) Die Beeidigung einer Partei, die wegen wissentlicher Verletzung der Eidespflicht rechtskräftig verurteilt ist, ist unzulässig.

---

[1] BGHZ 40, 179 = NJW 1964, 108, 109; BGH NJW 1979, 2518.
[2] OLG Celle VersR 1977, 361.
[3] Ähnlich *Baumbach/Lauterbach/Hartmann* Rn. 3; *Musielak/Huber* Rn. 1; *Zöller/Greger* Rn. 1; aA *Stein/Jonas/Leipold* Rn. 15; *Wieczorek* Anm. B II a.
[4] BAG NJW 2002, 2196, 2198.
[5] BGH LM § 398 Nr. 7 = NJW 1974, 56.

I. Beeidigung

1 Jede Parteivernehmung erfolgt zunächst uneidlich. Die Beeidigung darf anschließend nur dann erfolgen, wenn das Gericht von der Wahrheit oder Unwahrheit der streitigen Tatsache noch nicht überzeugt ist. Ob das Gericht zur Beeidigung der Partei schreiten will oder nicht, steht in seinem pflichtgemäßen **Ermessen.**[1] Allgemein sollte von der Möglichkeit der Beeidigung im Vergleich zum Zeugenbeweis in verstärktem Maße Gebrauch gemacht werden, da die unbeeidigte falsche Parteiaussage als solche nicht strafbar ist (vgl. § 153 StGB) und nur die eidliche Falschaussage ohne weiteres einen Restitutionsgrund gibt (§ 580 Nr. 1; bei der uneidlichen falschen Aussage liegt jedoch möglicherweise ein Prozessbetrug vor). Darüber hinaus macht die Eidesleistung der Partei unmissverständlich den Unterschied zur bloßen Parteianhörung deutlich. Reicht schon die uneidliche Bekundung zur richterlichen Überzeugungsbildung aus, so fehlt es bereits an den Voraussetzungen einer Beeidigung, so dass insoweit kein Ermessen besteht. Soweit die **Aussage** der vernommenen Partei **ungünstig** ist, besteht regelmäßig kein Anlass zur Beeidigung. Auch bei der für die Partei günstigen Aussage wird das Gericht von einer Beeidigung in der Regel absehen, wenn es die Aussage für unglaubwürdig hält und durch die Beeidigung keine Abänderung zu erwarten ist. Da die Anordnung der Beeidigung im Ermessen des Gerichts steht, ist es auch befugt, die Eidesleistung auf einzelne **Aussageabschnitte** zu begrenzen. Wegen der Gefahr fahrlässiger Falscheide empfiehlt sich gerade bei umfänglichen Aussagen eine solche Beschränkung auf den entscheidungserheblichen Teil.[2]

2 Abs. 1 S. 2 schränkt das Ermessen insoweit ein, als nur eine der beiden vernommenen Parteien beeidigt werden darf. Mehrere Streitgenossen können jedoch zur Eidesleistung herangezogen werden. Welche Partei ihre Aussage beschwören soll, ist auch hier im Grundsatz unabhängig von der Beweislast zu entscheiden (s. § 448 Rn. 5). Maßgebend ist das bessere Wissen von den bekundeten Tatsachen, die höhere Wahrscheinlichkeit der Angaben und insgesamt die größere persönliche Glaubwürdigkeit. Bei gleicher Vertrauenswürdigkeit wird letztlich der nichtbeweisbelasteten Partei der Vorzug zu geben sein.[3] Lehnt die Partei den Schwur ab, so kann die Beeidigung der anderen angeordnet werden,[4] jedoch darf das Gericht gem. § 453 Abs. 2 auch das Gegenteil des Bekundeten für wahr halten.[5] Im **Berufungsrechtszug** kann gem. § 533 Abs. 2 unter den dortigen Voraussetzungen der Gegner der in erster Instanz beeidigten Partei zur Eidesleistung aufgefordert werden. Zur Begründung und zur Überprüfung der Ermessensentscheidung § 448 Rn. 7.

II. Gerichtliches Verfahren

3 Die Anordnung der Eidesleistung erfolgt durch **ergänzenden Gerichtsbeschluss.** Sie ist dem erkennenden Gericht in seiner Gesamtheit vorbehalten. Dem bei der Vernehmung der Partei nicht anwesenden Gegner ist rechtliches Gehör zu gewähren, jedoch kann bei seiner Abwesenheit die Anordnung entsprechend § 360 auch ohne mündliche Verhandlung erlassen werden. Ein Absehen von der Beeidigung ist ohne besonderen Beschluss möglich. Die Eidesleistung unterscheidet sich im Übrigen nicht von der des Zeugen, allerdings ist nur der **Nacheid** zulässig. Zum Wortlaut vgl. § 452 Abs. 2.

III. Unzulässigkeit der Beeidigung

4 Eine Beeidigung darf nicht erfolgen, wenn der **Gegner** darauf **verzichtet** (Abs. 3). Die Bekundung ist dann wie eine eidliche zu werten.[6] Nicht zur Eidesablegung aufgefordert werden darf derjenige, der wegen eines vorsätzlichen Eidesdelikts rechtskräftig bestraft ist (Abs. 4).[7] Eine fahrlässige Eidesstraftat reicht nicht aus („wissentlich"). Für die Parteivernehmung fehlt eine spezielle Vorschrift über die **Eidesmündigkeit.** § 393 findet keine Anwendung (vgl. § 451). Hieraus lässt sich schließen, dass im Grundsatz jede prozessfähige Partei unabhängig von ihrem Alter beeidigt werden kann. Jedoch wird in diesen Fällen wie auch bei der Vernehmung der prozessunfähigen Partei gem. § 455 Abs. 2 die pflichtgemäße Ermessensausübung häufig zu einem Absehen von der Eidesab-

---

[1] BGH NJW 1964, 1027 = LM Nr. 1 = MDR 1964, 490, 491; *Musielak/Huber* Rn. 1; *Zöller/Greger* Rn. 2; aA *Wieczorek* Anm. A I a: „freies Ermessen".

[2] *Rosenberg/Schwab/Gottwald* § 122 III 1; im Ergebnis auch *Wieczorek* Anm. A I a 1.

[3] *Rosenberg/Schwab/Gottwald* § 122 III 2.

[4] ArbG Marburg AP § 448 Nr. 2 = BB 1965, 988; aA *Wieczorek* Anm. A II b 3.

[5] *Rosenberg/Schwab/Gottwald* (Fn. 3); *Wieczorek* (Fn. 4); vgl. auch OLG Koblenz NJW-RR 2002, 630, 631.

[6] *Wieczorek* Anm. A I b 2.

[7] AA *Stein/Jonas/Leipold* Rn. 13, der Abs. 4 wegen der Aufhebung des entsprechenden § 161 StGB als obsolet ansieht.

nahme führen. Das Gericht hat auch die beeidigte Aussage **frei zu würdigen** (§ 453 Abs. 1).[8] Die Eidesleistung zwingt das Gericht nicht, von der Richtigkeit der beschworenen Angaben auszugehen.[9] Da die Frage der Glaubwürdigkeit jedoch bereits vor der Anordnung der Eidesleistung zu prüfen ist (o. Rn. 1), dürften regelmäßig nur nach dem Schwur bekannt gewordene Umstände Veranlassung geben, der vernommenen Partei keinen Glauben zu schenken.[10] Wegen der Folgen der Eidesverweigerung vgl. § 453 Abs. 2.

§ 453 Beweiswürdigung der Parteivernehmung

(1) Das Gericht hat die Aussage der Partei nach § 286 frei zu würdigen.

(2) Verweigert die Partei die Aussage oder den Eid, so gilt § 446 entsprechend.

I. Freie Beweiswürdigung

1 Abs. 1 hat nur **deklaratorischen Charakter.** Wegen der Einzelheiten s. § 286 und die Erläuterungen dort. Gegenüber dem bis dahin geltenden Recht des Parteieides mit der Bindung an formelle Beweisregeln wollte die Novelle 1933 die Befugnis des Prozessgerichts zur freien Beweiswürdigung auch bei der Parteivernehmung herausstellen. Im Bereich der Parteivernehmung kommt es im verstärkten Maße auf den persönlichen Eindruck des Gerichts von der Glaubwürdigkeit einer Partei an. Die Parteivernehmung muss daher grundsätzlich vor dem gesamten Spruchkörper erfolgen. Hat die Beweisaufnahme vor einem beauftragten oder ersuchten Richter stattgefunden oder ist ein Richterwechsel eingetreten, so können die Aussage und der persönliche Eindruck nur insoweit verwertet werden, als sie protokolliert worden sind. Regelmäßig wird jedoch eine **Wiederholung der Vernehmung** durch das Prozessgericht zur Erlangung eines umfassenden, unmittelbaren persönlichen Eindrucks unverzichtbar sein.[1]

II. Folgen der Aussageverweigerung

2 Die Partei ist anders als der Zeuge weder zur Aussage noch zur Eidesleistung verpflichtet. Zwangsmittel dürfen gegen sie daher nicht eingesetzt werden. Andererseits stehen der Partei weder spezielle Aussage- noch Eidesverweigerungsrechte zu. Abs. 2 erlaubt dem Gericht darum die **freie Würdigung** der Weigerung der Partei. Zu den Einzelheiten vgl. § 446 und die Erläuterungen dort. Durch Abs. 2 werden Eidesverweigerung und Aussageverweigerung gleichgestellt. Aus diesem Grund darf eine Aussage dann nicht zugunsten der vernommenen Partei gewürdigt werden, wenn diese anschließend die Eidesleistung abgelehnt hat.

§ 454 Ausbleiben der Partei

(1) Bleibt die Partei in dem zu ihrer Vernehmung oder Beeidigung bestimmten Termin aus, so entscheidet das Gericht unter Berücksichtigung aller Umstände, insbesondere auch etwaiger von der Partei für ihr Ausbleiben angegebener Gründe, nach freiem Ermessen, ob die Aussage als verweigert anzusehen ist.

(2) War der Termin zur Vernehmung oder Beeidigung der Partei vor dem Prozessgericht bestimmt, so ist im Falle ihres Ausbleibens, wenn nicht das Gericht die Anberaumung eines neuen Vernehmungstermins für geboten erachtet, zur Hauptsache zu verhandeln.

I. Normzweck

1 § 454 ist den in der ZPO verstreuten Regelungen über die **Beweisvereitelung** zuzuordnen.[1*] Die in dieser Vorschrift getroffene Bestimmung ist vor dem Hintergrund der Tatsache zu sehen, dass eine Partei nicht zum Erscheinen in einem für ihre Vernehmung oder Beeidigung bestimmten Termin gezwungen werden kann. Ordnungsmittel stehen dem Gericht anders als bei der Parteianhörung (§ 141 Abs. 3) nicht zur Verfügung. Das Gesetz sieht auch keinen Kostennachteil der aus-

---

[8] *A. Blomeyer* § 80 V 3.
[9] AA *Nagel* S. 196 f.
[10] *Rosenberg/Schwab/Gottwald* § 122 III 1.
[1] BGH NJW 1974, 56, 57.
[1*] BGH DB 1985, 1019, 1020.

bleibenden Partei vor.[2] § 38 und § 95 GKG sind mangels Aussagepflicht nicht anwendbar.[3] Da die Säumnis der Partei aber nicht zu einem Stillstand des Prozesses führen darf, hat das Gericht die Möglichkeit – nicht die Verpflichtung –, das **Nichterscheinen als Aussageverweigerung** zu werten.

II. Voraussetzungen der Säumnis

2 Die Vorschrift setzt voraus, dass die zu vernehmende Partei nach Aufruf bis zum Schluss des Termins (§ 220 Abs. 2) nicht erscheint. Erforderlich ist ein zur förmlichen Vernehmung oder Beeidigung **gesetzmäßig vorgesehener Termin.**[4] Der Vernehmungstermin muss entweder in der vorausgegangenen Verhandlung in Anwesenheit der Parteien bekannt gegeben worden sein, oder die Partei selbst – nicht ihr Prozessbevollmächtigter – muss gem. § 450 Abs. 1 S. 2 im Wege förmlicher Zustellung geladen worden sein. Die Einhaltung der **Ladungsfrist** (§ 217) ist in diesem Fall zwingend. Nicht ausreichend ist eine Ladung im Sinne der §§ 141, 273 Abs. 2, 278 Abs. 3.[5]

III. Verfahren

3 Liegen die zuvor genannten Voraussetzungen der Säumnis nicht vor, so muss ein neuer Termin bestimmt werden. Ein neuer Termin muss gleichfalls angesetzt werden, wenn die genannten Voraussetzungen zwar vorliegen, das Gericht das Ausbleiben aber für entschuldigt hält. Sofern die Partei – wozu sie berechtigt ist – sich nicht selbst entschuldigt hat, kann auch ihr im Termin anwesender Prozessbevollmächtigter genügend Gründe für das Ausbleiben vorbringen. Liegen danach keine Anhaltspunkte für ein absichtliches Fernbleiben vor, darf die Aussage nicht als verweigert angesehen werden. Fehlt eine Entschuldigung oder hält das Gericht die Entschuldigung nicht für ausreichend – insbesondere weil sie nur ein Vorwand für eine beabsichtigte Aussageverweigerung ist –, so wird es die Aussage oder den Eid als verweigert ansehen und im Regelfall zur Hauptsache verhandeln lassen. Das erstmalige Ausbleiben der Partei allerdings wird regelmäßig einen solchen Schluss nicht rechtfertigen.

§ 455 Prozessunfähige

(1) [1]Ist eine Partei nicht prozessfähig, so ist vorbehaltlich der Vorschrift im Absatz 2 ihr gesetzlicher Vertreter zu vernehmen. [2]Sind mehrere gesetzliche Vertreter vorhanden, so gilt § 449 entsprechend.

(2) [1]Minderjährige, die das 16. Lebensjahr vollendet haben, können über Tatsachen, die in ihren eigenen Handlungen bestehen oder Gegenstand ihrer Wahrnehmung gewesen sind, vernommen und auch nach § 452 beeidigt werden, wenn das Gericht dies nach den Umständen des Falles für angemessen erachtet. [2]Das Gleiche gilt von einer prozessfähigen Person, die in dem Rechtsstreit durch einen Betreuer oder Pfleger vertreten wird.

I. Vernehmung des gesetzlichen Vertreters

1 § 455 Abs. 1 S. 1 stellt klar, dass für den Bereich der Parteivernehmung grundsätzlich der gesetzliche Vertreter eines Prozessunfähigen (dazu §§ 51 ff. und die Erläuterungen dort) an dessen Stelle tritt. Die **Vernehmung** einer nicht prozessfähigen Partei **als Zeuge** bleibt deswegen aber weiterhin möglich. Im Prozess einer OHG sind die nach §§ 125 ff. HGB zur Vertretung berufenen Gesellschafter als Partei zu vernehmen. Auch kann im Rechtsstreit einer KG der Kommanditist als Zeuge vernommen werden.[1] Bei mehreren gesetzlichen Vertretern ist gem. § 455 Abs. 1 S. 2 nach § 449 zu verfahren. Das Gericht prüft somit nach pflichtgemäßem Ermessen, ob es alle oder nur einzelne der gesetzlichen Vertreter vernehmen will. Ist im Falle der §§ 445, 447 der Antrag erkennbar auf **Vernehmung bestimmter gesetzlicher Vertreter** gerichtet, so hat das Gericht diese zu vernehmen.

---

[2] OLG Oldenburg Rpfleger 1965, 316, 317.
[3] *Zöller/Greger* Rn. 8; *Musielak/Huber* Rn. 4; aA *Stein/Jonas/Leipold* Rn. 7; *Baumbach/Lauterbach/Hartmann* Rn. 4.
[4] *Baumbach/Lauterbach/Hartmann* Rn. 3.
[5] *Thomas/Putzo/Reichold* Rn. 1; *Zöller/Greger* Rn. 3.
[1] BGH NJW 1965, 2253.

II. Vernehmung der prozessunfähigen Partei

2 Anstelle des gesetzlichen Vertreters oder neben ihm kann das Gericht nach Abs. 2 die prozessunfähige Partei vernehmen. Deren Vernehmung kommt nur in Betracht über **eigene Handlungen oder Wahrnehmungen.** Damit scheidet die Vernehmung über Handlungen des Gegners, des Rechtsvorgängers oder des Vertreters der Partei aus.[2] Die minderjährige Partei muss das 16. Lebensjahr vollendet haben; eine prozessfähige Partei muss für diesen Rechtsstreit einem Betreuer oder Pfleger unterstellt sein. Eine **entsprechende Anwendung** von § 455 Abs. 2 auf andere prozessunfähige Personen ist nicht möglich.[3] Die Entscheidung über die Vernehmung der prozessunfähigen Partei steht im Ermessen des Gerichts. Auch wenn die Voraussetzungen des Abs. 2 vorliegen, darf sich das Gericht mit der Vernehmung des gesetzlichen Vertreters begnügen. Beeidigt dürfen die in Abs. 2 genannten Personen nur dann werden, wenn dies nach Würdigung aller Umstände, insbesondere auch ihrer Einsichtsfähigkeit und Zuverlässigkeit, den Umständen des Falles nach angemessen ist. Wird die prozessunfähige Partei als Partei vernommen, so kann der Vertreter Zeuge sein.

§§ 456 bis 477 (weggefallen)

Titel 11. Abnahme von Eiden und Bekräftigungen

§ 478 Eidesleistung in Person

Der Eid muss von dem Schwurpflichtigen in Person geleistet werden.

I. Anwendungsbereich

1 Die Regelungen des 11. Titels gelten für alle zivilprozessualen Eide. Das sind Eide der Parteien (§§ 452, 426), der Zeugen (§§ 391, 392), der Sachverständigen (§ 410) sowie der Dolmetscher (§ 189 GVG). Die §§ 478 bis 480, 483 sind gem. §§ 807 Abs. 2 S. 2, 883 Abs. 4, 889 Abs. 1 S. 2 auch auf die Abgabe der **eidesstattlichen Versicherung** anwendbar. Die Vorschriften gelten ferner in Angelegenheiten der freiwilligen Gerichtsbarkeit (§§ 15 Abs. 1 S. 1, 79 S. 4 FGG), auch beim sog. Affidavit,[1] darüber hinaus im Verwaltungsprozessrecht (§ 98 VwGO) und im Verfahren vor den Arbeitsgerichten (§§ 46 Abs. 2, 58, 80 Abs. 2 ArbGG).

II. Schwurpflicht

2 Schwurpflichtig sind gem. §§ 393, 455 Abs. 2 diejenigen Personen, die das sechzehnte Lebensjahr vollendet haben, die geistig in der Lage sind, Wesen und Bedeutung des Eides zu erkennen, denen kein Verweigerungsrecht gem. §§ 383ff. zusteht und die durch das Gericht zur Eidesabgabe aufgefordert werden. Die Schwurpflicht ist **höchstpersönlich.** Eine Vertretung bei der Eidesleistung ist deshalb unzulässig. Der gesetzliche Vertreter ist selbst zur Schwurabgabe verpflichtet (§ 455). Demgemäß muss die Identität des Schwurpflichtigen vor der Eidesleistung festgestellt werden, sofern dies nicht bereits aufgrund der §§ 395 Abs. 2 S. 1, 402, 451 geschehen ist.

III. Eidesverweigerung

3 Verweigert der Schwurpflichtige den Eid, so kann bei Zeugen Zwang ausgeübt werden (§ 390). Bei Sachverständigen gilt § 409 entsprechend.[2*] Für die Parteien vgl. § 453 Abs. 2, für den Zwangsvollstreckungsschuldner §§ 888, 889 Abs. 2. Für Dolmetscher existiert keine dem § 409 vergleichbare Vorschrift. Wegen des strafähnlichen Charakters des § 409 ist eine entsprechende Anwendung dieser Vorschrift auf Dolmetscher ausgeschlossen (Art. 103 Abs. 2 GG).[3*] Zur Eidesverweigerung aus Glaubens- und Gewissensgründen s. § 484.

---

[2] *Baumbach/Lauterbach/Hartmann* Rn. 5.

[3] *Thomas/Putzo/Reichold* Rn. 2.

[1] *Brambring* DNotZ 1976, 726, 737, dort auch zum Begriff und zur Rechtsnatur des Affidavits.

[2*] *Zöller/Greger* § 410 Rn. 2.

[3*] BVerfGE 20, 323, 331ff. = NJW 1967, 195 (zu § 890 Abs. 1); LG Nürnberg-Fürth MDR 1978, 508f. (zu § 77 Abs. 1 StPO).

§ 479 Eidesleistung vor beauftragtem oder ersuchtem Richter

(1) Das Prozessgericht kann anordnen, dass der Eid vor einem seiner Mitglieder oder vor einem anderen Gericht geleistet werde, wenn der Schwurpflichtige am Erscheinen vor dem Prozessgericht verhindert ist oder sich in großer Entfernung von dessen Sitz aufhält und die Leistung des Eides nach § 128 a Abs. 2 nicht stattfindet.

(2) Der Bundespräsident leistet den Eid in seiner Wohnung vor einem Mitglied des Prozessgerichts oder vor einem anderen Gericht.

I. Regelungsbereich

1 Wegen der Unmittelbarkeit der Beweisaufnahme erfolgt die Eidesleistung des Schwurpflichtigen **grundsätzlich vor dem Prozessgericht.** Hat das Prozessgericht gem. §§ 375, 402, 451 die Beweiserhebung dem beauftragten oder ersuchten Richter übertragen, obliegt dem Prozessgericht nach wie vor die Entscheidungsbefugnis bei einem Zwischenstreit über die Frage einer Beeidigung (§ 366).[1] § 479 erfasst demgemäß nur den Fall, dass zwar die Beweisaufnahme vor dem Prozessgericht erfolgt, die Eidesleistung aber vor einem Richterkommissar durchgeführt wird.

2 Nach § 128 a ist seit dem ZPO-ReformG auch die Videokonferenz ein Medium des Zivilprozesses. Hieraus zieht § 479 Abs. 1 aE die Konsequenz, indem die Vorschrift die Eidesleistung vor einem beauftragten oder ersuchten Richter nur dann zulässt, wenn sie nicht innerhalb der Videokonferenz erfolgt. Denn der Eidesleistung vor dem Prozessgericht per Videokonferenz gebührt wegen ihrer größeren Unmittelbarkeit der Vorzug vor der Eidesleistung vor dem kommissarischen Richter.[2]

II. Voraussetzungen der Anordnung

3 Die Voraussetzungen des Abs. 1 entsprechen denen des § 375 Abs. 1 Nr. 2 und 3. Ein **„anderes Gericht"** ist gem. § 157 GVG das **Amtsgericht,** in dessen Bezirk der Eid zu leisten ist. Für die Entscheidung ist es ohne Bedeutung, ob der Eid im Inland oder im Ausland zu leisten ist;[3] § 479 erfasst beide Möglichkeiten. Eine Beschränkung auf im Inland zu leistende Eide ist vom Wortlaut der Vorschrift her nicht zu begründen. Die Entscheidung des Prozessgerichts ergeht aufgrund mündlicher Verhandlung oder ohne mündliche Verhandlung[4] durch Beschluss. Dieser **Beschluss** ist gem. § 355 Abs. 2 **unanfechtbar,**[5] aber im Rahmen des § 360 abänderbar. Wird der Beschluss nicht verkündet, ist er entsprechend § 360 S. 4 den Parteien von Amts wegen zuzuleiten. Die Parteien haben das Recht, bei der Beeidigung anwesend zu sein.

III. Eidesleistung des Bundespräsidenten

4 Abs. 2 beinhaltet eine zwingende Regelung für die Vereidigung des Bundespräsidenten. Die Wohnung des Bundespräsidenten ist entweder der Amtssitz oder jede von ihm gewählte Privatwohnung. Entsprechend gilt Abs. 2 auch für Exterritoriale bei Immunitätsverzicht aufgrund des Art. 32 des Wiener Übereinkommens vom 18. 4. 1961[6] und bei ausländischen Konsuln (vgl. §§ 18, 19 GVG), soweit sich diese zu einer Aussage bereit erklärt haben und das Privileg genießen, in ihrer Wohnung vernommen zu werden.[7]

§ 480 Eidesbelehrung

Vor der Leistung des Eides hat der Richter den Schwurpflichtigen in angemessener Weise über die Bedeutung des Eides sowie darüber zu belehren, dass er den Eid mit religiöser oder ohne religiöse Beteuerung leisten kann.

---

[1] Ebenso *Zöller/Geimer* § 366 Rn. 2.
[2] Begründung des Rechtsausschusses, BT-Drucks. 14/6036, S. 122.
[3] RGZ 46, 366, 367 f.
[4] RGZ 16, 411, 412 f.
[5] RGZ 46, 366, 367.
[6] BGBl. 1964 II S. 957 ff.
[7] Vgl. dazu *Stein/Jonas/Berger* § 377 Rn. 24.

I. Belehrungspflicht

Die Belehrung über die Bedeutung des Eides erfolgt durch den Richter. Die Ermahnung durch eine Partei ersetzt die Richterbelehrung nach dem ausdrücklichen Wortlaut des § 480 nicht.[1] Die Belehrung hat in **angemessener Weise** zu erfolgen. Der Richter muss sie daher dem Bildungsstand, der Intelligenz und Verständigkeit des Schwurpflichtigen anpassen. Es kommt also stets auf die Person des Eidesleistenden an. Der gesamte Ablauf der Beeidigung einschließlich der Belehrung ist gem. § 160 Abs. 2 zu **protokollieren.** 1

II. Sinn und Umfang

Dem Schwurpflichtigen sollen durch die Belehrung Bedeutung und Tragweite seiner Aussage vor Augen geführt werden. Er erhält so die Möglichkeit, über seine Aussage zu reflektieren und sie ggf. zu revidieren. Demgemäß sollte der **Hinweis auf die Strafbarkeit gem.** §§ 153f. StGB erfolgen, wenngleich er nicht zwingend vorgeschrieben ist. Der Schwurpflichtige ist auf die Möglichkeit, den Eid mit religiöser Beteuerung oder ohne sie zu leisten, hinzuweisen. Ob eine Pflicht besteht, den Eidesleistenden auf die Möglichkeit der **eidesgleichen Bekräftigung gem.** § 484 hinzuweisen, ist nicht ausdrücklich gesagt. Die Frage wird durchweg verneint.[2] Ein solcher Hinweis sollte jedoch erfolgen, da andernfalls eine Weigerung des Schwurpflichtigen sanktionslos bleiben müsste.[3] 2

III. Verstöße

Fehler des Gerichts bei der Belehrung können einen Verfahrensverstoß darstellen; gleichwohl ist der geleistete Eid grundsätzlich gültig. Bei **falscher oder unterlassener Belehrung** ist ein Verfahrensverstoß anzunehmen, wenn aufgrund dieses Umstandes der Schwurpflichtige veranlasst wird, etwas zu schwören, was er in diesem Zusammenhang gar nicht schwören wollte; denn in diesem Fall ist die Eidesleistung als solche fehlerhaft.[4] 3

§ 481 Eidesleistung; Eidesformel

(1) Der Eid mit religiöser Beteuerung wird in der Weise geleistet, dass der Richter die Eidesnorm mit der Eingangsformel:

„Sie schwören bei Gott dem Allmächtigen und Allwissenden"

vorspricht und der Schwurpflichtige darauf die Worte spricht (Eidesformel):

„Ich schwöre es, so wahr mir Gott helfe."

(2) Der Eid ohne religiöse Beteuerung wird in der Weise geleistet, dass der Richter die Eidesnorm mit der Eingangsformel:

„Sie schwören"

vorspricht und der Schwurpflichtige darauf die Worte spricht (Eidesformel):

„Ich schwöre es."

(3) Gibt der Schwurpflichtige an, dass er als Mitglied einer Religions- oder Bekenntnisgemeinschaft eine Beteuerungsformel dieser Gemeinschaft verwenden wolle, so kann er diese dem Eid anfügen.

(4) Der Schwörende soll bei der Eidesleistung die rechte Hand erheben.

(5) Sollen mehrere Personen gleichzeitig einen Eid leisten, so wird die Eidesformel von jedem Schwurpflichtigen einzeln gesprochen.

I. Eidesbestandteile

1. Allgemeines. Der Eid besteht aus drei Teilen: Der **Eingangsformel,** der **Eidesnorm** und der **Eidesformel.** Zunächst spricht der Richter die Eingangsformel mit der jeweiligen Eidesnorm vor. Der Wortlaut der Eingangsformel richtet sich danach, ob der Eid mit der religiösen Beteue- 1

---

[1] RGZ 76, 101, 103.

[2] *Baumbach/Lauterbach/Hartmann* Rn. 3; *Wieczorek* Anm. C; *Zöller/Greger* Rn. 1 lässt die Frage offen, weist aber darauf hin, dass ohne Hinweis der Schwurpflichtige den Eid ohne nachteilige Folgen verweigern könne; vgl. auch § 484 Rn. 1.

[3] BVerfGE 33, 23ff. = NJW 1972, 1183ff.; s. auch *Zöller/Greger* (Fn. 2).

[4] OLG Hamburg SeuffA 52, 223ff.

rungsformel (Abs. 1) oder ohne sie (Abs. 2) geleistet werden soll. Die Eidesnorm ist geregelt für Zeugen in § 392, für Sachverständige in § 410, für die Partei in § 452 Abs. 2, für Dolmetscher in § 189 GVG, für die eidesstattliche Versicherung in § 889 und §§ 807 Abs. 2, 883 Abs. 2 und 3. Der Schwurpflichtige spricht sodann die Eidesformel „Ich schwöre es" nach seiner Wahl mit der religiösen Beteuerungsformel (Abs. 1), ohne diese (Abs. 2) oder mit einer Beteuerungsformel seiner Religions- oder Bekenntnisgemeinschaft (Abs. 3).

2 **2. Besonderheiten** Schwurpflichtige, die der deutschen Sprache nicht mächtig sind, haben den Eid in der ihnen geläufigen **Fremdsprache** zu leisten (§ 188 GVG). Notfalls ist ein Dolmetscher hinzuzuziehen (§ 185 GVG). Kennt der Dolmetscher den Wortlaut des vom Schwurpflichtigen zu leistenden Eides, so ist ein vorheriger Vorspruch in deutscher Sprache durch den Richter nicht erforderlich.[1] – Der Ausspruch der Worte „Ich schwöre es" ist zwingend erforderlich. Da die Eidesformeln festgelegt sind, ist eine **Abänderung von Teilen** innerhalb dieser Formel **unzulässig.** Der Schwurpflichtige (zu den Ausnahmen aus Glaubens- und Gewissensgründen vgl. § 484) kann lediglich zwischen den Möglichkeiten der Abs. 1, 2 oder 3 wählen. Während das Gericht den Schwurpflichtigen auf die Wahlmöglichkeit der Abs. 1 und Abs. 2 von sich aus hinweisen muss, verdeutlicht der Wortlaut des Abs. 3, dass eine Belehrung über die Möglichkeit einer **Beteuerungsformel** nur zu erfolgen hat, wenn der Schwurpflichtige angibt, er wolle eine derartige Zusatzformel verwenden. Die Behauptung des Schwurpflichtigen, er gehöre einer bestimmten Religions- oder Bekenntnisgemeinschaft an, sowie die Richtigkeit der angegebenen Beteuerungsformel durch den Eidesleistenden darf das Gericht nicht überprüfen, und zwar auch dann nicht, wenn eventuelle Zweifel an der Wahrhaftigkeit der Behauptung des Schwurpflichtigen möglich sind.[2] Eine andere Auffassung wäre mit dem Wortlaut des Abs. 3 nicht vereinbar, da die Zusatzmöglichkeit gerade im Belieben des Eidesleistenden steht. Hat demgemäß der Schwurpflichtige hierüber selbst zu entscheiden, so darf eine Änderungsmöglichkeit durch das Gericht nicht gegeben sein. Hiervon zu trennen ist jedoch die Frage, welche Zusätze grundsätzlich zulässig oder unzulässig sind. Die Entscheidung über die Zulässigkeit des gewählten Zusatzes obliegt dem Gericht und ist im jeweiligen Einzelfall zu treffen. Es sollten sowohl Beteuerungsformeln religiöser wie auch weltlicher Bekenntnisgemeinschaften einschließlich eventueller Gebräuche zugelassen werden. Das Gericht sollte hierbei großzügig verfahren. Ein Begehren ist nur dann abzulehnen, wenn der Zusatz offensichtlich eine Missachtung des Gerichts oder eine Ungebühr des Schwurpflichtigen (vgl. § 178 GVG) darstellt.[3]

II. Aufheben der Hand

3 Das Heben der rechten Hand bei der Eidesformel des Abs. 1 oder Abs. 2 folgt nach dem Wortlaut des Abs. 4 lediglich aus einer **Ordnungsvorschrift** und ist damit für die Gültigkeit des Eides ohne Relevanz.

III. Eidesleistung mehrerer Personen

4 Die gleichzeitige Beeidigung von mehreren Personen ist nach § 392 Abs. 2 für Zeugen und nach §§ 402, 392 für Sachverständige **möglich.** Bei Dolmetschern und Parteien sowie bei Offenbarungsversicherungen dürfte sie nicht zulässig sein, da eine entsprechende Anwendung des § 392 S. 2 mangels einer dem § 402 vergleichbaren Verweisungsnorm sowie wegen der Bedeutung und Tragweite der Eidesleistung nicht gerechtfertigt ist.[4]

§ 482 (weggefallen)

§ 483 Eidesleistung sprach- oder hörbehinderter Personen

(1) [1]Eine hör- oder sprachbehinderte Person leistet den Eid nach ihrer Wahl mittels Nachsprechens der Eidesformel, mittels Abschreibens und Unterschreibens der Eides-

[1] RGSt 45, 304 f.

[2] AA *Baumbach/Lauterbach/Hartmann* Rn. 4.

[3] Zum Schwur bei Mohammedanern *Jünemann* MDR 1970, 725, 727; *Leisten* MDR 1980, 636 f.; zu weltlichen Bekenntnisgemeinschaften *Heimann/Trosien* JZ 1973, 609, 612 f.; zur Zulässigkeit von konfessionellen Zusätzen RGSt. 10, 181, 182 f.; zum Recht der Eidesverweigerung unter einem Kreuz im Gerichtssaal BVerfG NJW 1973, 2196 ff.

[4] AA *Stein/Jonas/Leipold* Rn. 9; für getrennte Aufnahme bei Offenbarungsversicherungen *Baumbach/Lauterbach/Hartmann* Rn. 6.

formel oder mit Hilfe einer die Verständigung ermöglichenden Person, die vom Gericht hinzuzuziehen ist. [2]Das Gericht hat die geeigneten technischen Hilfsmittel bereitzustellen. [3]Die hör- oder sprachbehinderte Person ist auf ihr Wahlrecht hinzuweisen.

(2) Das Gericht kann eine schriftliche Eidesleistung verlangen oder die Hinzuziehung einer die Verständigung ermöglichenden Person anordnen, wenn die hör- oder sprachbehinderte Person von ihrem Wahlrecht nach Absatz 1 keinen Gebrauch gemacht hat oder eine Eidesleistung in der nach Absatz 1 gewählten Form nicht oder nur mit unverhältnismäßigem Aufwand möglich ist.

I. Normzweck

Die Bestimmung erweitert den Anwendungsbereich des § 483 aF hinaus auf Taube und Schwerhörige. Der Gesetzgeber wollte insoweit vornehmlich die Verpflichtung des Gerichts betonen, von der Möglichkeit einer direkten Verständigung zB durch Zeichen- oder Gebärdensprache Gebrauch zu machen.[1] 1

II. Wahlrecht des Eidesleistenden

§ 483 erfasst wie § 483 aF nur Hör- und Sprachbehinderungen. Geistige Behinderungen bleiben ausgeklammert.[2] Dies ist Folge der §§ 393, 455 Abs. 2. Danach sind diejenigen Personen nicht schwurpflichtig, die geistig nicht in der Lage sind, Wesen und Bedeutung des Eides zu erkennen. Deshalb wäre eine Regelung gegenstandslos, die darauf angelegt ist, vorhandene Verständigungsdefizite zu beheben. 2

Abs. 1 Satz 1 benennt die Alternativen der Eidesleistung. Sie kann danach durch schriftliche oder mündliche Verständigung oder die Heranziehung einer Person erfolgen, mit deren Hilfe die Verständigung mit der zu beeideten Partei möglich ist. Hierbei handelt es sich zunächst um Gebärden-, Schrift- und Oraldolmetscher. Nach Abs. 1 Satz 1 ist darüber hinaus aber jede eine die Verständigung ermöglichende Person vom Gericht hinzuzuziehen. Zu diesem Personenkreis gehören nicht nur die Dolmetscher iS der §§ 185, 189 ff. GVG, sondern auch solche Personen, die mit individuell zugeschnittenen Methoden eine Verständigung mit dem Behinderten ermöglichen.[3] 3

Da der Zweck des § 483 insgesamt dahin geht, eine direkte Verständigung mit einer behinderten Person zu ermöglichen[4], versteht sich die Regelung in Abs. 1 Satz 2 von selbst: Je nach Art der gewählten Verständigung ist das Gericht verpflichtet, geeignete technische Hilfsmittel bereit zu stellen. Zu diesen Kommunikationshilfen gehören zB spezielle Tonübertragungseinrichtungen oder Vorrichtungen, mit denen zur Verständigung mit Taubblinden das gesprochene Wort in Punktschrift übertragen werden kann.[5] 4

Der behinderten Person steht das Recht zu, zwischen den in Abs. 1 Satz 1 vorgesehenen Verständigungsmöglichkeiten zu wählen. Auf dieses Wahlrecht hat das Gericht hinzuweisen. Für diesen Hinweis gilt als allgemeine Regel § 186 GVG. Die dort vorgesehenen Verständigungsmöglichkeiten entsprechen denen des § 483. 5

III. Gerichtliche Anordnung

Macht die behinderte Person von ihrem Wahlrecht nach Abs. 1 Gebrauch, so ist diese Wahl für das Gericht grundsätzlich verbindlich. Ausnahmen von diesem Prinzip enthält Abs. 2 aE. Unmöglich iS dieser Vorschrift ist eine Eidesleistung dann, wenn eine ausreichende Verständigung nicht erfolgen kann. Dies ist ebenso Frage des Einzelfalles wie die Feststellung, eine Eidesleistung sei nur mit unverhältnismäßigem Aufwand möglich. Angesichts des Zwecks der Vorschrift, eine direkte Verständigung mit der eidesleistenden Person zu ermöglichen, und wegen der weit reichenden Verpflichtung des Gerichts aus Abs. 1 Satz 2 dürfte die Unverhältnismäßigkeit aber nur in seltenen Fällen zu bejahen sein.[6] 6

Ist danach die von der behinderten Person getroffene Wahl des Verständigungsmittels nicht verbindlich oder hat diese Person von ihrem Wahlrecht nach Abs. 1 keinen Gebrauch gemacht, ordnet 7

---

[1] Bericht des Rechtsausschusses, BT-Drucks. 14/9266, S. 68 f. (zu § 186 GVG in der Fassung des Entwurfs).
[2] *Musielak/Huber* Rn. 2.
[3] Bericht des Rechtsausschusses, BT-Drucks. 14/9266, S. 69: „… dem behinderten Menschen vertraute Personen, die zB lautsprachbegleitende Gebärden, das Lormen oder die Methode der ‚gestützten Kommunikation' beherrschen."
[4] S. o. Rn. 2.
[5] Bericht des Rechtsausschusses, BT-Drucks. 14/9266, S. 70.
[6] Bericht des Rechtsausschusses, BT-Drucks. 14/9266, S. 70 f.

das Gericht entweder eine schriftliche Eidesleistung oder die Hinzuziehung einer Person an, mit deren Hilfe eine Verständigung möglich ist.[7] Welche der beiden Alternativen das Gericht wählt, steht in seinem Ermessen. Darüber hinaus ist es auch möglich, unter den in Abs. 2 genannten Voraussetzungen den Eid mittels Nachsprechens der Eidesformel (Abs. 1 Satz 1 1. Alternative) leisten zu lassen. Dies zeigt eine Gesamtbetrachtung der §§ 483 ZPO, 186 GVG. Denn danach erfolgt die Verständigung mit einer entsprechend behinderten Person mündlich, schriftlich oder mit Hilfe eines Sprachmittlers. § 483 Abs. 2, 186 Abs. 2 GVG gehen davon aus, dass eine mündliche Verständigung nicht in Betracht kommt, und erlauben den Wechsel zu den anderen Varianten. Wählt die behinderte Person aber etwa die Alternative der schriftlichen Verständigung und ist sie zB unverhältnismäßig aufwändig, ein Nachsprechen der Eidesformel aber durchaus möglich, so sollte auf diese Alternative zugegriffen werden können.[8]

§ 484 Eidesgleiche Bekräftigung

(1) [1]Gibt der Schwurpflichtige an, dass er aus Glaubens- oder Gewissensgründen keinen Eid leisten wolle, so hat er eine Bekräftigung abzugeben. [2]Diese Bekräftigung steht dem Eid gleich; hierauf ist der Verpflichtete hinzuweisen.

(2) Die Bekräftigung wird in der Weise abgegeben, dass der Richter die Eidesnorm als Bekräftigungsnorm mit der Eingangsformel:
„Sie bekräftigen im Bewusstsein Ihrer Verantwortung vor Gericht"
vorspricht und der Verpflichtete darauf spricht:
„Ja".

(3) § 481 Abs. 3, 5, § 483 gelten entsprechend.

I. Eidesverweigerung aus Glaubens- und Gewissensgründen

1 Das BVerfG hat in seinem Beschluss vom 11. 4. 1972[1] festgestellt, dass wegen des grundsätzlichen Vorranges des Art. 4 GG niemand zur Eidesleistung unter Anrufung Gottes gezwungen werden dürfe. Demgemäß wurde § 484 durch Art. 2 des Gesetzes zur Ergänzung des Ersten Gesetzes zur Reform des Strafverfahrensrechts vom 20. 12. 1974[2] neu gefasst und dem Schwurpflichtigen ein Wahlrecht eingeräumt. Aufgrund dieser **Neuregelung** ist es nunmehr jedermann gestattet, den Eid aus Glaubens- oder Gewissensgründen zu verweigern. Der Wortlaut („gibt der Schwurpflichtige an") besagt, dass zwar einerseits eine Pflicht des Gerichts besteht, auf die Möglichkeit der eidesgleichen Bekräftigung hinzuweisen, andererseits es aber dem Gericht **verwehrt** ist, die vom Schwurpflichtigen angegebenen **Gründe** für seine Weigerung auf ihren Wahrheitsgehalt hin **zu überprüfen.** Der Gegenansicht,[3] wonach bei begründeten Zweifeln an der Richtigkeit der angegebenen Gründe grundsätzlich dem Gericht ein Prüfungsrecht einzuräumen ist, kann nicht gefolgt werden. Sie ist vom Wortlaut der Vorschrift nicht gedeckt.

II. Hinweispflicht

2 Nach Abs. 1 S. 2 muss der Schwurpflichtige auf die Gleichwertigkeit von eidesgleicher Bekräftigung und Eid hingewiesen werden, so auch auf die strafrechtliche Gleichstellung nach § 155 Abs. 1 StGB. Der Hinweis muss in für den Schwurpflichtigen verständlicher Form erfolgen.[4] Eine Verweigerung auch der eidesgleichen Bekräftigung ist **wie eine Eidesverweigerung** zu behandeln.[5]

III. Bekräftigungsarten

3 Die eidesgleiche Bekräftigung erfolgt in der Weise, dass der Richter die Eingangsformel „Sie bekräftigen im Bewusstsein Ihrer Verantwortung vor Gericht" mit der jeweiligen Bekräftigungsnorm (vgl. § 481) vorspricht und der Schwurpflichtige mit „Ja" antwortet. Nach Abs. 3 kann der Verpflichtete gem. § 481 Abs. 3 seinem „Ja" eine Beteuerungsformel anfügen. Eine Pflicht, die rechte Hand zu heben, besteht für den Schwurpflichtigen hier nicht, da Abs. 3 auf § 481 Abs. 4 nicht

[7] Dazu o. Rn. 3.
[8] Anders wohl der Bericht des Rechtsausschusses, BT-Drucks. 14/9266, S. 70.
[1] BVerfGE 33, 23 ff. = NJW 1972, 1183 ff.
[2] BGBl. I S. 3686 ff., 3689.
[3] Vgl. *Baumbach/Lauterbach/Hartmann* Rn. 4; s. auch § 481 Rn. 2.
[4] Vgl. § 480 Rn. 1, 2.
[5] Vgl. § 478 Rn. 3.

verweist. Stumme und ihnen gleichgestellte Personen leisten gem. Abs. 3 die eidesgleiche Bekräftigung in der Form des § 483.

Titel 12. Selbständiges Beweisverfahren

Schrifttum: *Cuypers,* Das selbstständige Beweisverfahren in der gerichtlichen Praxis, NJW 1994, 1985; *Koeble,* Gewährleistung und selbstständiges Beweisverfahren bei Bausachen, 2. Aufl. 1993; *Kroppen/Heyers/Schmitz,* Beweissicherung im Bauwesen, 1982; *Maaß,* Anwaltstätigkeit im Beweisverfahren der Zivilprozessordnung, Diss. Aachen 2002; *Schilken,* Grundlagen des Beweissicherungsverfahrens, ZZP 92 (1979), 238; *Schreiber,* Das selbstständige Beweisverfahren, NJW 1991, 2600; *Sturmberg,* Die Beweissicherung, 2004; *Ulrich,* Grundzüge des selbstständigen Beweisverfahrens, AnwBl 2003, 26, 78, 144; *Weise,* Praxis des selbstständigen Beweisverfahrens, 1994; *Weller,* Selbständiges Beweisverfahren und Drittbeteiligung, Diss. Bonn 1994; *Werner/Pastor,* Der Bauprozess, 11. Aufl. 2005 [Das Beweissicherungsverfahren Rn. 1 bis 147]; *Wussow,* Das gerichtliche Beweissicherungsverfahren in Bausachen, 2. Aufl. 1981; *Zwanziger,* Das selbstständige Beweisverfahren in der Arbeitsgerichtsbarkeit, ZZP 109 (1996), 79.

§ 485 Zulässigkeit

(1) Während oder außerhalb eines Streitverfahrens kann auf Antrag einer Partei die Einnahme des Augenscheins, die Vernehmung von Zeugen oder die Begutachtung durch einen Sachverständigen angeordnet werden, wenn der Gegner zustimmt oder zu besorgen ist, dass das Beweismittel verloren geht oder seine Benutzung erschwert wird.

(2) [1] Ist ein Rechtsstreit noch nicht anhängig, kann eine Partei die schriftliche Begutachtung durch einen Sachverständigen beantragen, wenn sie ein rechtliches Interesse daran hat, dass

1. der Zustand einer Person oder der Zustand oder Wert einer Sache,
2. die Ursache eines Personenschadens, Sachschadens oder Sachmangels,
3. der Aufwand für die Beseitigung eines Personenschadens, Sachschadens oder Sachmangels

festgestellt wird. [2] Ein rechtliches Interesse ist anzunehmen, wenn die Feststellung der Vermeidung eines Rechtsstreits dienen kann.

(3) Soweit eine Begutachtung bereits gerichtlich angeordnet worden ist, findet eine neue Begutachtung nur statt, wenn die Voraussetzungen des § 412 erfüllt sind.

Übersicht

I. Normzweck

Das **selbstständige Beweisverfahren** ist durch das Rechtspflege-VereinfachungsG seit dem 1. 4. 1991 in die ZPO eingeführt. Es hat das **Beweissicherungsverfahren** abgelöst. Bereits das Verfahren zur Sicherung der Beweise (probatio ad perpetuam rei memoriam, Beweis zum ewigen Gedächtnis) war eine vorweggenommene Beweisaufnahme und dazu bestimmt, einer Partei ein gefährdetes Beweismittel für einen künftigen oder bereits anhängigen, aber noch nicht bis zur Anordnung der konkreten Beweisaufnahme fortgeschrittenen Prozess zu erhalten. Das Beweissiche- 1 rungsverfahren war demgemäß zulässig, wenn zu besorgen war, dass das Beweismittel verloren ging oder seine Benutzung erschwert wurde. Darüber hinaus war ein „gewillkürtes" Beweissicherungsverfahren vorgesehen: Wenn der Gegner zustimmte, war das Beweissicherungsverfahren ebenfalls einzuleiten. Diese Möglichkeiten kennt Abs. 1 nach wie vor. Hinzugekommen ist das schriftliche Sachverständigengutachten im Falle des Abs. 2. Der mit dieser Vorschrift verfolgte **Zweck** geht dahin, **Prozesse zu vermeiden,** wenn sich die Parteien wie zB in Bauprozessen (Punktensachen), Straßenverkehrs- und Arzthaftungsprozessen vor allem über Fragen tatsächlicher Art streiten.[1] Dementsprechend sieht § 492 Abs. 3 einen Vergleich im selbstständigen Beweisverfahren vor. Hinzu kommt der Aspekt der **Prozessbeschleunigung.** In der mündlichen Verhandlung können sich Gericht und Parteien, wenn die tatsächlichen Streitpunkte schon Gegenstand einer Beweisaufnahme waren, auf die Beweiswürdigung und die rechtlichen Fragen konzentrieren. Die Grundlage für einen Vergleichsvorschlag ist tragfähiger, und in vielen Fällen dürfte der Prozess entscheidungsreif sein, ohne dass eine weitere Beweisaufnahme oder mündliche Verhandlung stattfinden muss. – Obwohl nicht notwendig kontradiktorisch[2] (unter den Voraussetzungen der §§ 491 Abs. 2, 494 kann das Verfahren auch ohne einen bestimmten Gegner durchgeführt werden), gehört das selbstständige Beweisverfahren zur streitigen Gerichtsbarkeit.[3]

II. Anwendungsbereich

2 Gegenständlich ist das selbstständige Beweisverfahren auf Augenschein, Zeugen und Sachverständige beschränkt.[4] Urkunden können jedoch Gegenstand des Augenscheins sowie einer Zeugen- oder Sachverständigenvernehmung sein, um zB die Echtheit festzustellen.[5] Sachlich gelten die §§ 485ff. unmittelbar für alle Rechtsstreitigkeiten, für die der Rechtsweg zu den ordentlichen Gerichten (§ 13 GVG) eröffnet ist, ohne dass der Rechtsstreit anhängig sein muss. Eine entsprechende Anwendung dieser Vorschriften in den anderen Zweigen der Gerichtsbarkeit ist teils über eine Analogie, teils über eine gesetzliche Verweisung geboten.

3 Das **FGG** sieht außer in § 164 FGG **kein selbstständiges Beweisverfahren** vor. § 15 Abs. 1 FGG erklärt nur einige Vorschriften über die Beweismittel und das Verfahren bei der Abnahme von Eiden für entsprechend anwendbar, nicht aber die §§ 485ff. Deshalb wird teilweise eine Anwendung dieser Bestimmungen im Verfahren der freiwilligen Gerichtsbarkeit abgelehnt.[6] Andere erwägen für die **echten Streitsachen** der freiwilligen Gerichtsbarkeit und die **Familiensachen** die entsprechende Anwendung.[7] Dieser Ansicht ist zuzustimmen. Das Verfahren der freiwilligen Gerichtsbarkeit wird durch ein vorgeschaltetes Beweisverfahren nicht beeinträchtigt. Eher das Gegenteil ist der Fall: Streiten die Parteien im Wesentlichen über tatsächliche Fragen, kann ein Verfahren vermieden oder zumindest beschleunigt werden (Rn. 1). Die Vorschriften über die Beweissicherung sind im arbeitsgerichtlichen Verfahren gem. § 46 Abs. 2 ArbGG, im verwaltungsgerichtlichen Verfahren gem. § 98 VwGO, im finanzgerichtlichen Verfahren gem. § 82 FGO und im Verfahren vor dem Bundespatentgericht gem. § 99 Abs. 1 PatG entsprechend anwendbar. Unterschiede zur ZPO ergeben sich für das verwaltungs-, finanz- und sozialgerichtliche Verfahren insoweit, als das selbstständige Beweisverfahren wie bisher regelmäßig nur zum Zwecke der Beweissicherung möglich sein wird. Das Sozialgerichtsgesetz enthält ein eigenständiges Verfahren (§ 76 Abs. 1 SGG); die §§ 487, 490 bis 494 sind jedoch gem. § 76 Abs. 3 SGG entsprechend anwendbar. Für die Verwaltungs- und Finanzgerichte folgt die Beibehaltung des Beweissicherungscharakters daraus, dass die Sachverhaltsermittlung außerhalb eines anhängigen Gerichtsverfahrens eben nicht Aufgabe der Gerichte, sondern der am späteren Prozess beteiligen Behörde ist.[8]

III. Voraussetzungen

4 **1. Antrag.** Das selbstständige Beweisverfahren kommt nur auf Antrag einer Partei in Gang. Die Zuständigkeit sowie Form und Inhalt des Gesuchs sind in den §§ 486, 487 geregelt. Für den Antrag

---

[1] Begründung RegE, BT-Drucks. 11/3621, S. 23.

[2] AA *Musielak/Huber* Rn. 5.

[3] OLG Karlsruhe MDR 1982, 1026, 1027; *Schilken* ZZP 92 (1979), 238, 239ff.; *Stein/Jonas/Leipold* Vor § 485 Rn. 2.

[4] OLG Hamm MDR 1994, 307; *Baumbach/Lauterbach/Hartmann* Rn. 3; *Zöller/Herget* Vor § 485 Rn. 5.

[5] *Baumbach/Lauterbach/Hartmann* Rn. 3.

[6] *Jansen* FGG Bd. I § 15 Rn. 79.

[7] BayObLG NJW-RR 1996, 528; BayObLG ZMR 2001, 641, 642; *Keidel/Schmidt* § 15 FGG Rn. 67; *Bassenge/Herbst/Roth* § 15 FGG Rn. 45; *Kissel/Mayer* § 23b GVG Rn. 49; so jetzt auch *Bumiller/Winkler* § 15 FGG Rn. 30.

[8] Begründung RegE, BT-Drucks. 11/3621, S. 24; *Schreiber* NJW 1991, 2600, 2601.

besteht kein Anwaltszwang (§§ 78 Abs. 5 2. Hs., 486 Abs. 1), während in einer eventuellen mündlichen Verhandlung über das Gesuch anwaltliche Vertretung geboten ist (§ 78 Abs. 1 und 2). Der Antrag kann jederzeit ohne Zustimmung des Gegners **zurückgenommen** werden.

2. Zustimmung des Antragsgegners (Abs. 1). Liegt sie vor, sind keine weiteren Voraussetzungen zu beachten. Die Zustimmungserklärung ist eine Prozesshandlung und als solche grundsätzlich **unwiderruflich und nicht anfechtbar.**[9] Sie gleich einem Geständnis entsprechend § 290 zu widerrufen,[10] ist nicht möglich, da es sich bei dem Geständnis um eine Wissens- und nicht um eine Willenserklärung handelt.[11] Demgegenüber können Arglist oder das Vorliegen von Restitutionsgründen zur Beseitigung der Zustimmungserklärung führen.[12] Die Zustimmung kann von dem Gegner gegenüber dem Gericht mündlich, schriftlich oder zu Protokoll der Geschäftsstelle erklärt werden. Die Erklärung kann aber auch dem Antragsteller gegenüber abgegeben werden. Aus ihrem Charakter als Prozesshandlung folgt nicht zwingend die Notwendigkeit der Abgabe ausschließlich gegenüber dem Gericht.[13] Dies folgt aus dem Fehlen einer entsprechenden Anordnung in der ZPO (vgl. aber § 269 Abs. 2 S. 1). Stimmt der Gegner schriftlich zu, muss sich aus dem Inhalt der Erklärung eindeutig ergeben, dass er gerade mit dem beantragten selbstständigen Beweisverfahren einverstanden ist.[14] Die Zustimmung als Zulässigkeitserfordernis ist entsprechend § 487 Nr. 4 **glaubhaft zu machen.**[15] Stützt der Antragsteller sein Gesuch ausschließlich auf die Zustimmung des Gegners, ohne sie dem Gericht vorzulegen oder glaubhaft zu machen, kann das Gericht den Antrag zurückweisen. Um jedoch Rechtsmittel oder ein neues Gesuch zu vermeiden, ist es aus prozessökonomischen Gründen geboten, dem Gegner den Antrag mit Fristsetzung zuzuleiten, damit er ggf. seine Zustimmung erklären kann.[16] Die Zustimmung kann auch in einem Gegenantrag (u. Rn. 24) enthalten sein, soweit er inhaltlich das Beweisthema nicht einschränkt oder nur das weitere Verfahren betrifft.[17] 5

3. Zustimmung eines unbekannten Gegners. Sie kann nicht durch die Erklärung eines vom Gericht gem. § 494 Abs. 2 bestellten Vertreters ersetzt werden, da nach dieser Vorschrift ein gem. § 494 Abs. 1 zulässiger Antrag vorliegen muss.[18] Im Gegensatz zu den beiden anderen Alternativen (Abs. 1 2. Alt., Abs. 2) enthält die erste Alternative des § 485 Abs. 1 keine inhaltlichen Grenzen; daher wird der Umfang des Antrages und der Beweisaufnahme nur durch die Zustimmung des Gegners begrenzt.[19] 6

4. Verlust und Erschwernis der Beweismittel (Abs. 1). Nach der zweiten Alternative des Abs. 1 ist ein selbstständiges Beweisverfahren zulässig infolge der **Besorgnis,** dass das Beweismittel **verloren** geht oder seine **Benutzung erschwert** wird. Auf die Erheblichkeit der zu beweisenden Tatsachen kommt es nicht an.[20] Maßgeblich sind die Umstände zum Zeitpunkt der Anordnung.[21] 7

a) Zeugen. Als in der Person eines Zeugen begründete Umstände kommen in Betracht: eine gefährliche Erkrankung,[22] eine längere Auslandsreise des Zeugen[23] (nicht aber jeder Aufenthaltswechsel[24]), eine bevorstehende Auswanderung[25] und hohes Alter,[26] letzteres jedenfalls bei schlechtem Gesundheitszustand.[27] Unzulässig ist ein Antrag mit dem Ziel, den im Hauptprozess unbeeidigt 8

---

[9] BGH NJW 1954, 676; *Wussow* NJW 1969, 1401 f.; *Schilken* ZZP 92 (1979), 238, 260 f.; *Pauly* JR 1996, 269, 271 jeweils m. weit. Nachw.

[10] *Wieczorek* Anm. B III b 1.

[11] *Schilken* ZZP 92 (1979), 238, 260; *Pauly* MDR 1997, 1087, 1090; *Weise* Rn. 171.

[12] *Schilken* ZZP 92 (1979), 238, 260 f.; *Stein/Jonas/Leipold* Rn. 8.

[13] *Schilken* ZZP 92 (1979), 238, 260, 266; *Wussow* NJW 1969, 1401.

[14] *Werner/Pastor* Rn. 11.

[15] HM; vgl. *Baumbach/Lauterbach/Hartmann* Rn. 5; *Thomas/Putzo/Reichold* § 487 Rn. 4; *Zöller/Herget* Rn. 2; *Werner/Pastor* Rn. 14 m. weit. Nachw.

[16] *Weise* Rn. 83 sowie *Werner/Pastor* Rn. 11 nehmen eine entsprechende Pflicht des Gerichts an und verneinen damit indirekt die Möglichkeit der Zurückweisung.

[17] Vgl. *Zöller/Herget* Rn. 3.

[18] Vgl. *Werner/Pastor* Rn. 12; aA *Stein/Jonas/Leipold* § 494 Rn. 2; *Schmitz* BauR 1981, 40.

[19] *Kroppen/Heyers/Schmitz* Rn. 545.

[20] BGH NJW 2000, 960, 961; *Stein/Jonas/Leipold* Rn. 9.

[21] *Baumbach/Lauterbach/Hartmann* Rn. 6.

[22] *Baumbach/Lauterbach/Hartmann* Rn. 6; *Thomas/Putzo/Reichold* Rn. 3.

[23] *Thomas/Putzo/Reichold* Rn. 3.

[24] KG OLGRspr. 15, 145.

[25] *Stein/Jonas/Leipold* Rn. 9.

[26] KG JurBüro 1977, 1627; OLG Nürnberg MDR 1997, 594; *Baumbach/Lauterbach/Hartmann* Rn. 6.

[27] OLG Nürnberg BayJMBl. 1953, 36; KG OLGRspr. 15, 145; *Zöller/Herget* Rn. 5.

vernommenen Zeugen zu vereidigen,[28] denn dies würde wegen § 391 eine im selbstständigen Beweisverfahren unzulässige Erheblichkeitsprüfung voraussetzen.

9 **b) Augenschein und Sachverständigengutachten.** Verlust oder Erschwernis der Beweismittel Augenschein und Sachverständigengutachten sind zu besorgen, wenn die zu besichtigende oder zu begutachtende Sache unterzugehen oder verändert zu werden droht. Beispiele sind der Verderb einer Sache[29] oder der Fortschritt der Bauarbeiten.[30] Hierunter fällt nicht der zu befürchtende Verlust einer Urkunde zB durch Papierzersetzung, da ihr Inhalt durch eine beglaubigte Abschrift oder Fotokopie erhalten werden kann.[31] Anders ist indes zu entscheiden, wenn die Echtheit der Urkunde in Frage steht.[32] Hat der Antragsteller keine Möglichkeit, die Veränderung oder den Untergang des Beweismittels zu verhindern, ist das selbstständige Beweisverfahren ohne weitere Voraussetzungen zulässig.[33] Dasselbe gilt, wenn der Antragsteller die Verlust- oder Veränderungssituation aus eigenem Entschluss herbeiführen will oder muss, um weitere Schäden zu verhindern oder um einen unhaltbaren Zustand zu beseitigen.[34]

10 **c) Interesse des Antragstellers.** Eine **Abwägung des Interesses** des Antragstellers an der Durchführung des selbstständigen Beweisverfahrens gegen die Belastung des Antragsgegners, die teilweise für alle Fälle der zweiten Alternative des Abs. 1 gefordert wird,[35] kommt nur in Betracht, wenn der Antragsteller die Möglichkeit hat, sich das Beweismittel unter zumutbaren Bedingungen zu erhalten.[36] Die **Grenzen der Zumutbarkeit** werden aber unterschiedlich weit gezogen: Gefordert wird zum einen eine weitherzige Auslegung des Zumutbarkeitserfordernisses[37] in dem Sinne, dass letztlich nur ein eindeutiger Rechtsmissbrauch zur Unzulässigkeit des Antrags führe,[38] zum anderen die Darlegung, dass die Erhaltung des Beweismittels mit erheblichen Nachteilen, Kosten, Schäden oder Behinderungen verbunden sei und dass gewichtige Gründe gegen eine sofortige Klageerhebung sprächen.[39] Zur Begründung der letztgenannten Auffassung wird einmal auf die Erwägung des Gesetzgebers zu der ersten Alternative des Abs. 1 verwiesen,[40] wonach ein berechtigtes Interesse an der Beweissicherung/dem selbstständigen Beweisverfahren auch dann bestehe, wenn die Erhaltung des Beweismittels hohe Kosten verursache.[41] Wegen der Zustimmung des Gegners könne auf die Darlegung solcher Voraussetzungen im Gegensatz zu der hier vorliegenden Situation verzichtet werden.[42] Darüber hinaus bestehe ein Interesse des Antragsgegners, nicht außerhalb des normalen Prozesses in ein gerichtliches Verfahren einbezogen zu werden, zumal er Gefahr laufe, mit Einwendungen gegen das Beweisergebnis ausgeschlossen zu werden, die er schuldhaft oder arglistig nicht geltend gemacht habe.[43] Die besseren Argumente sprechen für die erste Ansicht: Zunächst gibt es **kein besonderes schutzwürdiges Interesse,** nicht in ein gerichtliches Verfahren einbezogen zu werden. Die Interessen des Gegners werden durch das Verfahrensrecht geschützt. So auch hier: Will der Antragsteller ein Beweismittel vernichten, muss er, damit sein Antrag nicht wegen Rechtsmissbrauchs oder Fehlens des Rechtsschutzinteresses zurückgewiesen wird, nachvollziehbare Gründe für das beabsichtigte Vorgehen vortragen. Außerdem würde durch die zweite Ansicht die Zulässigkeit des selbstständigen Beweisverfahrens nach der zweiten Alternative praktisch auf die Fallgruppe der Gefahr weiterer Schäden beschränkt.[44]

11 **d) Verjährung.** Auch bei drohender Verjährung soll der Verlust oder die erschwerte Benutzung eines Beweismittels zu besorgen sein.[45] Dem kann nicht gefolgt werden. Nicht das Beweismittel

---

[28] OLG Nürnberg BayJMBl. 1953, 36; *Stein/Jonas/Leipold* Rn. 11.
[29] *Thomas/Putzo/Reichold* Rn. 3; *Baumbach/Lauterbach/Hartmann*, Rn. 6.
[30] *Thomas/Putzo/Reichold* Rn. 3.
[31] *Wieczorek* Anm. B III a 2; s. auch § 415 Rn. 7.
[32] *Baumbach/Lauterbach/Hartmann* Rn. 3; *Wieczorek* Anm. B III a 2.
[33] OLG Düsseldorf BauR 1980, 506, 507; OLG Köln JurBüro 1994, 629; *Wussow* NJW 1969, 1401, 1402; *Hesse* BauR 1984, 23 f.
[34] *Hesse* BauR 1984, 23, 24.
[35] *Baumbach/Lauterbach/Hartmann* Rn. 6.
[36] LG Heilbronn BauR 1980, 93, 94; *Wussow* NJW 1969, 1401, 1402; *Werner/Pastor* Rn. 19.
[37] OLG Düsseldorf BauR 1978, 506, 507; OLG Köln JurBüro 1994, 629; *Werner/Pastor* Rn. 19; *Hesse* BauR 1984, 23, 27.
[38] *Werner/Pastor* Rn. 21; *Hesse* BauR 1984, 23, 28; *Weyer* BauR 1992, 313 f.
[39] *Wussow* NJW 1969, 1401, 1402; *Schilken* ZZP 92 (1979), 238, 263.
[40] *Schilken* ZZP 92 (1979), 238, 262.
[41] Protokolle bei *Hahn* S. 680, 681.
[42] *Schilken* ZZP 92 (1979), 238, 262 f.
[43] *Schilken* ZZP 92 (1979), 238, 262 f.
[44] *Hesse* BauR 1984, 23, 24; *Weise* Rn. 191.
[45] *Baumbach/Lauterbach/Hartmann* Rn. 6.

selbst kann nicht mehr benutzt werden; es kann lediglich seine Bedeutung verlieren, wenn sich der Antragsgegner auf den Eintritt der Verjährung beruft.[46] Der Eintritt der Verjährung ist nur eine rechtliche Veränderung, die nicht zwangsläufig zur tatsächlichen Erschwernis oder zum Verlust des Beweismittels führt.[47] Wird zB mit der verjährten Forderung gem. § 215 BGB aufgerechnet, kann es zu einer entsprechenden Beweisaufnahme kommen. Die bevorstehende Verjährung erfüllt daher nicht die Voraussetzungen der zweiten Alternative des § 485 Abs. 1.[48]

e) Abschließende Regelung. In Teilen umstritten war der **Umfang eines Beweissicherungsverfahrens** im Rahmen der zweiten Alternative des Abs. 1. Im Einzelnen ging es um die Fragen, inwieweit neben einer reinen Tatsachenfeststellung Ursachen,[49] die Verantwortlichkeit mehrerer Beteiligter,[50] notwendige Beseitigungsmaßnahmen sowie die dabei anfallenden Kosten[51] festgestellt werden können. Seit Einführung des selbstständigen Beweisverfahrens handelt es sich hierbei um die Regelungskomplexe des Abs. 2 (vgl. Rn. 14 ff.). Kann oder soll mit dem Beweismittel, das unterzugehen oder dessen Benutzung erschwert zu werden droht, etwa der Zustand einer Person (Abs. 2 Nr. 1), die Ursache eines Personenschadens (Abs. 2 Nr. 2) oder der Aufwand für dessen Beseitigung (Abs. 2 Nr. 3) bewiesen werden, so ist ein selbstständiges Beweisverfahren nur noch unter den Voraussetzungen des Abs. 2 und in dem dort geregelten Umfang (schriftliche Begutachtung durch einen Sachverständigen) zulässig. Die durch das Rechtspflege-Vereinfachungsgesetz geschaffene **Neuregelung (vgl. Rn. 1) ist insoweit abschließend.** 12

5. Rechtliches Interesse (Abs. 2). In den Fällen des Abs. 2 Nr. 1 bis 3 kommt als Beweismittel des selbstständigen Beweisverfahrens nur die schriftliche Begutachtung durch einen Sachverständigen in Betracht.[52] Das Beweisverfahren hängt insoweit davon ab, dass der Antragsteller ein rechtliches Interesse an der Feststellung hat. Es ist stets gegeben, wenn die Feststellung der **Vermeidung eines Rechtsstreits** dienen kann (Satz 2).[53] Im übrigen ist die Voraussetzung umstritten. Der Begriff des rechtlichen Interesses ist nach teilweise vertretener Ansicht weit zu fassen[54] oder sogar grundsätzlich zu bejahen.[55] Es liege stets vor, wenn der Zustand der Sache die Grundlage eines Anspruchs des Antragstellers oder eines anderen gegen ihn bilden könne.[56] Dieses Verständnis würde indessen die Alternativen des Abs. 1 leer laufen lassen.[57] Denn mit jeder glaubhaften Darlegung anspruchsbegründender Tatsachen wäre die Zulässigkeit eines Beweissicherungsverfahrens gem. Abs. 2 gegeben. Auslegungskriterien ergeben sich statt dessen aus der Konzeption des selbstständigen Beweisverfahrens als vorläufigem Eilverfahren.[58] Ebenso wie bei den Alternativen des Abs. 1 vor allem der Ausnahmecharakter im Vordergrund steht, muss dies auch bei Abs. 2 gelten: Zulässig ist demnach ein Beweissicherungsverfahren dann, wenn es um die Feststellung einer anspruchsbegründenden Tatsache zu einem bestimmten Zeitpunkt geht. Als Beispiele seien genannt das Vorhandensein von Mängeln im Zeitpunkt der Übergabe der Kaufsache (§ 434 BGB) oder der Übergabe der Mietsache (§ 536 BGB).[59] – Einen Sonderfall des rechtlichen Interesses stellt die **drohende Verjährung** dar. In diesen Fällen (vgl. Rn. 19) wird überwiegend das rechtliche Interesse ohne weiteres bejaht.[60] Zwingend erscheint dies nicht: Etwa zwischen dem gegenwärtigen Zustand einer Sache und der drohenden Verjährung lässt sich eine unmittelbare rechtliche Verbindung nicht herstellen.[61] Dennoch ist dieser Meinung zuzustimmen. Das BGB sieht in § 204 Abs. 1 Nr. 7 die Möglichkeit vor, durch die Einleitung eines vorweggenommenen Beweisverfahrens die 13

[46] *Pauly* JR 1996, 269, 272; *Kroppen/Heyers/Schmitz* Rn. 144.
[47] LG Amberg BauR 1984, 93, 94.
[48] HM; vgl. LG Amberg BauR 1984, 93, 94; *Kroppen/Heyers/Schmitz* Rn. 144; *Zöller/Herget* Rn. 5.
[49] Vgl. hierzu ausführlich *Hesse* BauR 1984, 23 ff.
[50] Ablehnend zB LG Tübingen BauR 1985, 359 f.
[51] Vgl. *Werner/Pastor* Rn. 23 m. weit. Nachw.
[52] OLG München NJW-RR 2001, 1652.
[53] OLG Hamm NJW-RR 2002, 1674.
[54] BGH NJW 2004, 3488; OLG Stuttgart MDR 2005, 347 f.; *Weyer* BauR 1992, 313, 318; *Koeble* S. 107; *Baumbach/Lauterbach/Hartmann* Rn. 8; *Thomas/Putzo/Reichold* Rn. 7; *Zöller/Herget* Rn. 7 a.
[55] *Werner/Pastor* Rn. 34; *Wussow* S. 27.
[56] Vgl. die Nachw. Fn. 54, 55.
[57] Vgl. *Schilken* ZZP 92 (1979), 238, 264; *Schreiber* NJW 1991, 2600, 2601; Anm. zu LG Ellwangen WuM 1997, 299, 301.
[58] Daran hat das Rechtspflege-VereinfachungsG (s. o. Rn. 1) nichts geändert. Vgl. Begründung RegE BT-Drucks. 11/3621, S. 23.
[59] Vgl. *Thomas/Putzo/Reichold* Rn. 8; s. auch OLG Oldenburg MDR 1995, 47 f.
[60] *Pauly* JR 1996, 269, 273; *Wieczorek* Anm. B III c 2; *Zöller/Herget* Rn. 7 a; *Werner/Pastor* Rn. 35; aA LG Amberg BauR 1984, 93, 94.
[61] LG Amberg BauR 1984, 93, 94.

Verjährung zu hemmen. Diese Konsequenz des Antrags auf Durchführung des selbstständigen Beweisverfahrens wurde anerkannt, um eine Klage überflüssig zu machen. Die großzügige Zulassung des selbstständigen Beweisverfahrens steht also mit dem Gesetzeszweck der §§ 485 ff. gerade im Einklang.[62]

14 **a) Feststellung eines Zustandes.** Nach **Abs. 2 Nr. 1** ist ein selbstständiges Beweisverfahren zwecks Feststellung des Zustandes einer Person und einer Sache oder des Werts einer Sache möglich. Teilweise wird vertreten, die Feststellung des Zustandes einer Sache sei auf den sich dem Sachverständigen äußerlich erkennbaren Zustand beschränkt, weil andernfalls die strengeren Zulässigkeitskriterien des Abs. 1 gegenstandslos würden.[63] Hiergegen ist zu Recht eingewandt worden, dass der Zustand einer Sache nicht allein durch seine äußerlich erkennbaren Merkmale bestimmt wird.[64] So sind etwa feuchte Stellen an einer Wand nicht immer allein ausschlaggebend. Für den augenscheinlichen Zustand einer Sache mitbestimmend ist vielmehr die Ursache der Feuchtigkeit. So ist zB ein defektes Wasserrohr weniger bedeutsam als eine Undichtigkeit der (Außen-)Wand. **Auch versteckte Mängel** können daher im Rahmen des Abs. 2 Nr. 1 von einem Sachverständigen festgestellt werden.[65]

15 **b) Feststellung einer Ursache.** Nach **Abs. 2 Nr. 2** kann das selbstständige Beweisverfahren nunmehr (vgl. aber Rn. 12) auch der Feststellung von Ursachen dienen. Ursache in diesem Sinne kann **jedes Geschehen,** auch ein nur teilweise, mittelbar oder zusammen mit anderen wirkendes sein.[66] Allerdings muss sich die Feststellung der Ursächlichkeit durch den Sachverständigen auf die Ursächlichkeit im Sinne der Äquivalenztheorie beschränken. Wertende Betrachtungen, wie sie Gegenstand etwa der Adäquanztheorie sind,[67] sind dem Richter vorbehalten.

16 **c) Feststellung eines Beseitigungsaufwandes.** Während das Beweissicherungsverfahren alten Rechts (o. Rn. 1) sich nicht auf die Feststellung des Aufwands erstreckte, der für den Ausgleich von Schäden und Mängeln zu erbringen war,[68] gilt nach **Abs. 2 Nr. 3** für das selbstständige Beweisverfahren anderes. Aufwand sind allerdings nicht nur die anfallenden Kosten. Hierzu gehört vielmehr **jede Leistung in Geld oder Zeit,** und zwar auch eine Leistung Dritter. Ob die Leistung notwendig oder ratsam war, ist nicht vom Sachverständigen im Rahmen des selbstständigen Beweisverfahrens festzustellen.[69] Hierbei geht es vielmehr um die Frage, inwieweit der Aufwand Gegenstand eines Ersatzanspruchs des Antragstellers oder eines Dritten sein kann. Dies zu klären ist aber Aufgabe des Hauptprozesses.

IV. Prozessuale Wirkungen

17 Das selbstständige Beweisverfahren gehört seiner Eingliederung in die ZPO nach zu den Verfahren vor den Landgerichten, obwohl es sich, wie schon die Zuständigkeitsregel des § 486 zeigt, um ein eigenständiges Verfahren mit wechselnden Zuständigkeiten handelt. Inwieweit die auf das Urteilsverfahren zugeschnittenen prozessualen Konsequenzen zum Tragen kommen, ist fraglich. Die Ausgestaltung als streitiges Verfahren mit uU erheblichen Konsequenzen für den Antragsgegner begründet ein rechtliches Interesse des Gegners, sich zu dem Antrag auf Durchführung des selbstständigen Beweisverfahrens äußern zu können.[70] Zwar kann gem. § 490 Abs. 1 iVm. § 128 Abs. 4 über das Gesuch ohne mündliche Verhandlung entschieden werden; dennoch gilt auch im selbstständigen Beweisverfahren das Verfassungsgebot (Art. 103 Abs. 1 GG) der **Gewährung rechtlichen Gehörs.**[71] Es steht indes im Ermessen des Gerichts, in welcher Form es rechtliches Gehör gewährt. Das Gericht kann einen Termin zur mündlichen Verhandlung oder aber Gelegenheit zur schriftlichen Stellungnahme geben.[72] Da das Gericht jederzeit seinen stattgebenden Beschluss ergänzen, abändern oder aufheben darf,[73] kann rechtliches Gehör **auch nach Erlass einer Entscheidung** gewährt werden.[74]

---

[62] *Schreiber* NJW 1991, 2600, 2601.
[63] *Wussow* NJW 1969, 1401, 1403; *Th. Schmitz* BauR 1981, 40, 42.
[64] *Pauly* JR 1996, 269, 272; *Weyer* NJW 1969, 2233.
[65] Vgl. *Kroppen/Heyers/Schmitz* Rn. 617.
[66] *Baumbach/Lauterbach/Hartmann* Rn. 12.
[67] Vgl. *Palandt/Heinrichs* Vor § 249 BGB Rn. 54 ff.; dazu *Schreiber* NJW 1991, 2600, 2602.
[68] HM; *Schilken* ZZP 92 (1979), 238, 264; *Kroppen/Heyers/Schmitz* Rn. 616 m. weit. Nachw.
[69] *Schreiber* NJW 1991, 2600, 2602; *Weise* Rn. 222; *Baumbach/Lauterbach/Hartmann* Rn. 13.
[70] OLG Karlsruhe MDR 1982, 1026 f.; vgl. *Schilken* ZZP 92 (1979), 238, 239 ff.
[71] OLG Karlsruhe OLGZ 1980, 62, 63.
[72] OLG Karlsruhe MDR 1982, 1026, 1027.
[73] *Schilken* ZZP 92 (1979), 238, 257.
[74] OLG Karlsruhe MDR 1982, 1026, 1027.

18 Obwohl der Antrag materiell-rechtliche Konsequenzen hat (vgl. Rn. 19), führt dies nicht zu einer Rechtshängigkeit des potentiellen „Hauptanspruchs". Es spricht jedoch einiges dafür, eine **Rechtshängigkeit** des konkreten Beweisverfahrens mit der Folge anzunehmen, dass entsprechend § 261 Abs. 3 Nr. 1 keine Partei den betreffenden Antrag anderweitig anhängig machen darf.[75] Ist Beweis erhoben oder ist die Beweiserhebung angeordnet, soll wohl aus den gleichen Gründen die Durchführung eines selbstständigen Beweisverfahrens unzulässig sein.[76] Dem kann nicht gefolgt werden. Das selbstständige Beweisverfahren ist etwas anderes als die durchgeführte oder angeordnete Beweisaufnahme. Bei schon **durchgeführter** Beweisaufnahme ist ein erneutes selbstständiges Beweisverfahren ausgeschlossen, soweit sich der Beweisbeschluss und das Gesuch auf Durchführung des Beweisverfahrens decken (vgl. einerseits § 359 Nr. 1 und 2, andererseits § 487 Nr. 2 und 3: Bezeichnung der – streitigen – Tatsachen und die Bezeichnung der Beweismittel). Denn nur in diesen Fällen ist das Verbot des „ne bis in idem" berührt. Ist die Beweisaufnahme **angeordnet,** spricht grundsätzlich nichts gegen ein selbstständiges Beweisverfahren: Gerade bei den nicht selten großen Zeiträumen zwischen Beweisbeschluss und Beweisaufnahme kann der Verlust des Beweismittels drohen und ist ein rechtliches Interesse für ein selbstständiges Beweisverfahren denkbar. Andererseits entfällt das Rechtsschutzbedürfnis für ein selbstständiges Beweisverfahren, wenn mit Zustimmung des Gegners auf diese Weise die Beweisaufnahme vorgezogen werden soll. Ähnliche Probleme birgt auch die **Rechtskraft** der Entscheidung über den Antrag auf Durchführung des selbstständigen Beweisverfahrens. Wegen Unanfechtbarkeit (§ 490 Abs. 2 Satz 2) wird der stattgebende Beschluss mit Erlass **formell rechtskräftig,** der ablehnende nach Abschluss des Beschwerdeverfahrens.[77] Darüber hinaus sind die Beschlüsse im selbstständigen Beweisverfahren im Gegensatz zu Beweisbeschlüssen auch der **materiellen Rechtskraft** fähig, da sie nicht nur prozessinterne Wirkungen entfalten, sondern auch darüber entscheiden, ob der Antragsteller die angestrebte Maßnahme verlangen kann und die darauf beruhende Beweisaufnahme zur Grundlage weiterer Verfahrenshandlungen im Hauptprozess werden kann.[78] Daraus folgt, dass ein zweites Verfahren zur Wiederholung der Beweisaufnahme in der Regel unzulässig ist.[79] Zu Recht werden aber wegen des summarischen Verfahrens Ausnahmen zugelassen: Da die Voraussetzungen des selbstständigen Beweisverfahrens glaubhaft zu machen sind (§ 487 Nr. 4), kann das Gesuch mit verbesserter Glaubhaftmachung wiederholt werden, wenn es zunächst an insoweit vorhandenen Mängeln gescheitert ist.[80]

V. Materiell-rechtliche Wirkungen

19 Im Hinblick auf die materiell-rechtlichen Wirkungen des selbstständigen Beweisverfahrens sind die Änderungen des BGB durch das Schuldrechtsmodernisierungsgesetz[81] zu beachten. Früher ergaben sich lediglich im Gewährleistungsrecht Konsequenzen. Hier wurde die Unterbrechung der Verjährung angeordnet in § 477 Abs. 2 BGB aF und durch Verweisung auf diese Vorschrift in §§ 480 Abs. 1; 481 iVm. § 490 Abs. 1 S. 2; 493; 515; 524 Abs. 2 S. 3; 639 Abs. 1; 651 Abs. 1 BGB aF und § 382 HGB (Viehhandelskauf). Das gilt gem. Art. 229 § 6 Abs. 2 EGBGB auch weiterhin für alle vor dem 1. 1. 2002 eingereichten Anträge.[82] Ab diesem Zeitpunkt wird die Verjährung gem. § 204 Abs. 1 Nr. 7 BGB mit der **Zustellung** des Antrags auf Durchführung eines selbstständigen Beweisverfahrens **gehemmt**. Diese Wirkung kann alle der Verjährung unterworfenen Ansprüche erfassen.[83] Nach altem Recht reichte ein **unzulässiger,** aber nicht als unstatthaft zurückgewiesener Antrag aus, um die Unterbrechungswirkung herbeizuführen.[84] Denn nach dem über § 477 Abs. 2 BGB aF anwendbaren § 212 Abs. 1 BGB aF galt die Unterbrechung als nicht erfolgt, wenn die Klage (bzw. der Antrag) rechtskräftig als unzulässig abgewiesen worden war.[85] Dementsprechend entfiel die Unterbrechungswirkung, wenn der Antrag auf Durchführung des selbstständigen Beweisverfahrens aus prozessualen Gründen zurückgewiesen wurde.[86] Heute gibt es im Verjäh-

---

[75] *Schilken* ZZP 92 (1979), 238, 251; *Werner/Pastor* Rn. 74; *Stein/Jonas/Leipold* § 486 Rn. 17 (s. dort Fn. 30); *Weise* Rn. 229.

[76] *Wieczorek* Anm. B II a.

[77] *Rosenberg/Schwab/Gottwald* § 149.

[78] Vgl. hierzu *Schilken* ZZP 92 (1979), 238, 258.

[79] *Schilken* ZZP 92 (1979), 238, 258; *Wieczorek* Anm. B II b 3.

[80] *Schilken* ZZP 92 (1979), 238, 258.

[81] Gesetz zur Modernisierung des Schuldrechts v 26. 11. 2001 BGBl. I S. 3138.

[82] *Werner/Pastor* Rn. 99.

[83] *Musielak/Huber* § 485 Rn. 4.

[84] Vgl. BGH NJW 1983, 1901; 1998, 1305, 1306; *Werner/Pastor* Rn. 104 jeweils m. weit. Nachw.

[85] BGHZ 78, 1, 5 = NJW 1980, 2461.

[86] BGH NJW 1983, 1901.

rungsrecht keine dem § 212 BGB aF entsprechende Vorschrift mehr. Die Hemmungswirkung bleibt daher in jedem Falle bestehen[87] und endet gem. § 204 Abs. 2 S. 1 BGB sechs Monate nach Beendigung des selbstständigen Beweisverfahrens. Die Bestimmung dieses Zeitpunktes bereitet bisweilen Schwierigkeiten. Im Grundsatz endet das Verfahren, wenn die Feststellungen des selbstständigen Beweisverfahrens den Parteien zugehen.[88] Nach § 160 Abs. 3 Nr. 4 und 5 sind die Aussagen der Zeugen, das Sachverständigengutachten, das Ergebnis des Augenscheins im Protokoll festzuhalten. Mit Verlesung oder Vorlage zur Durchsicht gem. § 162 Abs. 1 ist das Verfahren beendet[89] und damit auch die Hemmung (bzw. Unterbrechung alten Rechts) der Verjährung. Ein schriftliches Gutachten ist gem. §§ 492, 411 Abs. 1 S. 1 vom Sachverständigen auf der Geschäftsstelle niederzulegen. Hier endet das Verfahren mit Mitteilung des Gutachtens an die Parteien.[90] Muss das Gericht auf Antrag (§ 411 Abs. 3) die mündliche Erläuterung des Gutachtens anordnen,[91] ist das selbstständige Beweisverfahren solange nicht beendet, wie der Antrag in einem engen zeitlichen Zusammenhang mit der Zustellung des Gutachtens steht.[92] Im übrigen endet das Verfahren mit Zurückweisung oder mit Zurücknahme des Gesuchs. Ein Antrag mit der Bitte, ihm zunächst nicht stattzugeben, hemmt die Verjährung nicht.[93] Die Hemmungswirkung (Unterbrechungswirkung alten Rechts) erstreckt sich nur auf Umstände, die auch Gegenstand des selbstständigen Beweisverfahrens waren.[94]

VI. Anwendbare Vorschriften

20 Aufgrund des kontradiktorischen Charakters des selbstständigen Beweisverfahrens sind **grundsätzlich die ZPO-Vorschriften** (zB Termine und Ladungen betreffend) anwendbar, soweit sie nicht dem Zweck des Verfahrens entgegenstehen (zB Unterbrechung, Aussetzung und Ruhen).[95]

21 **1. Kostenrecht.** Für das selbstständige Beweisverfahren entsteht eine volle Gerichtsgebühr nach Nr. 1610 des Kostenverzeichnisses zum GKG. Für die Tätigkeit des Rechtsanwalts muss wegen des KostModG unterschieden werden. Für Verfahren, die vor dem 1. 7. 2004 einem Rechtsanwalt in Auftrag gegeben wurden, fallen die Gebühren des § 31 BRAGO an (§ 48 BRAGO). Nach dem 30. 6. 2004 sind die Nrn. 3100 ff. VV RVG maßgeblich. Darüber hinaus findet sich im Kostenrecht eine Vielzahl ungelöster Fragen. Die §§ 114 ff. über die Bewilligung von Prozesskostenhilfe werden teils für generell nicht anwendbar gehalten. Sie gingen erkennbar von einem Rechtsstreit aus, der erfolgversprechend sein müsse; Erfolgsaussichten im selbstständigen Beweisverfahren würden aber gerade nicht geprüft. Jedenfalls müsse der Hauptprozess anhängig sein.[96] Der hM ist jedoch dahin zu folgen, dass **Prozesskostenhilfe auch im selbstständigen Beweisverfahren** bewilligt werden kann.[97] Die Möglichkeit, Prozesskostenhilfe zu beantragen, besteht grundsätzlich für jedes selbstständige Verfahren, also auch für dieses Beweisverfahren.[98] Allein dessen Zulässigkeit (§ 485) ist zu prüfen.[99] Andernfalls wäre die prozessuale Waffen- und Chancengleichheit des jeweiligen Rechtsuchenden nicht mehr sichergestellt. Denn er müsste eine schlüssige Klagebegründung und damit mehr vorbringen als derjenige, der ohne Prozesskostenhilfe die Beweissicherung beantragt.[100] Außerdem würden die materiell-rechtlichen Vorschriften, wonach die Verjährung ohne Klage gehemmt (bzw. unterbrochen) werden kann (Rn. 19), unterlaufen. **Kostenerstattung und Kostenentscheidung** bilden einen weiteren umstrittenen Fragenkreis. Die Kosten des selbstständigen Be-

---

[87] *Werner/Pastor* Rn. 104; *Weyer* BauR 2001, 1807, 1812.
[88] BGHZ 150, 55 = NJW 2002, 1640; vgl. dazu *Schreiber* JR 2004, 201 f.
[89] Vgl. BGHZ 60, 212, 213 = NJW 1973, 698; *Wussow* S. 104 f. m. weit. Nachw.
[90] BGHZ 120, 329, 331 = NJW 1993, 851; BGHZ 150, 55, 59 = NJW 2002, 1640.
[91] Vgl. hierzu *Baumbach/Lauterbach/Hartmann* § 411 Rn. 10; *Zöller/Greger* § 411 Rn. 5 a, jeweils m. ausführlichen Nachw.
[92] Str.; wie hier KG BauR 2000, 1371; OLG Köln OLGR 2002, 128, 129; ThürOLG BauR 2003, 581; *Werner/Pastor* Rn. 113; aA *Wussow* S. 104 jeweils m. weit. Nachw.; weitergehend *Kroppen/Heyers/Schmitz* Rn. 1056.
[93] RGZ 66, 412, 414 (für die Unterbrechung).
[94] BGHZ 66, 138, 140 = NJW 1976, 956; BGHZ 120, 329, 331 = NJW 1993, 851 (jeweils für die Unterbrechung); *Werner/Pastor* Rn. 100 m. weit. Nachw.
[95] KG NJW-RR 1996, 1086; *Thomas/Putzo/Reichold* Vor § 485 Rn. 2; *Wieczorek* Rn. C III a; *Werner/Pastor* Rn. 6.
[96] LG Bonn MDR 1985, 415; *Wussow* S. 142 f.
[97] OLG Oldenburg MDR 2002, 910; OLG Celle BauR 2004, 1659; LG Köln MDR 1985, 1033; *Baumbach/Lauterbach/Hartmann* Übers. v. § 485 Rn. 5, § 114 Rn. 38; *Thomas/Putzo/Reichold* § 114 Rn. 1; *Zöller/Philippi* § 114 Rn. 2; *Zöller/Herget* § 490 Rn. 5.
[98] *Zöller/Philippi* § 114 Rn. 2.
[99] OLG Celle BauR 2004, 1659, 1660; LG Köln MDR 1985, 1033.
[100] OLG Oldenburg MDR 2002, 910, 911; LG Köln MDR 1985, 1033.

weisverfahrens gehören zu den Kosten der Hauptsache. Über sie ergeht grundsätzlich keine gesonderte Kostenentscheidung.[101] Wird dem Gesuch stattgegeben und wird später der Hauptprozess durchgeführt, entstehen keine grundsätzlichen Probleme. Das Gericht muss gem. § 308 Abs. 2 im Kostenausspruch des Urteils ausdrücklich über die Kosten und damit auch über die Kosten des selbstständigen Beweisverfahrens entscheiden (ansonsten Antrag auf Ergänzungsentscheid nach § 321 Abs. 2).[102] Voraussetzung ist, dass die Parteien in beiden Verfahren identisch sind[103] – was auch bei einer wirksamen Rechtsnachfolge der Fall ist[104] – und die Streitgegenstände übereinstimmen.[105] Wenn das selbstständige Beweisverfahren nur einen bestimmten Teil des Gegenstandes des Hauptsacheverfahrens betrifft, werden die Kosten auch nur entsprechend ihrem Anteil im Hauptprozess Kosten des Rechtsstreits.[106] Gleiches gilt, wenn die Beteiligten der beiden Verfahren nur zum Teil identisch sind.[107] Im Falle der **Klagerücknahme** gehören die Kosten eines vom Beklagten durchgeführten selbstständigen Beweisverfahrens nicht zu den Kosten des Rechtsstreits, da keine Entscheidung getroffen worden und die Sache so anzusehen ist, als habe der Kläger keine Klage erhoben.[108] Ein klageabweisendes Urteil ist aber eine ausreichende Grundlage für einen Kostenerstattungsanspruch des Beklagten, und zwar auch dann, wenn die Klage wegen Unzulässigkeit abgewiesen wurde.[109] Sind die **Ergebnisse** des selbstständigen Beweisverfahrens für den Hauptprozess völlig **nutzlos,** so sind die Kosten gem. § 96 in jedem Fall dem Antragsteller aufzuerlegen.[110] Wird der Antrag auf Durchführung des selbstständigen Beweisverfahrens zurückgewiesen, so trägt der Antragsteller die Kosten entsprechend § 91.[111]

Kein Raum für eine Kostenentscheidung ist grundsätzlich in den Fällen, in denen es nicht zu einer Hauptsacheentscheidung kommt. Ist das selbstständige Beweisverfahren durchgeführt worden, so ist wegen des Fehlens einer streitigen Entscheidung § 91 nicht entsprechend anwendbar.[112] – Eine Kostenentscheidung soll auch dann nicht ergehen dürfen, wenn das **Gesuch des Antragstellers zurückgewiesen** wird.[113] In diesem Fall ist jedoch eine selbstständige Kostenentscheidung zulässig.[114] Denn im Gegensatz zum stattgebenden Beschluss liegt in der Zurückweisung eine streitige und rechtsmittelfähige (Beschwerde-)Entscheidung iSv. § 91.[115] Zudem kann es bei rechtskräftiger Ablehnung des Antrags nicht zu irgendeiner Einflussnahme auf das Hauptsacheverfahren kommen. De facto bleibt das Beweisverfahren ein selbstständiges Verfahren. Es hat sachlich nichts mit dem Hauptsacheverfahren zu tun. Gewichtig ist ferner, dass der Gegner andernfalls in ein gerichtliches Verfahren mit der damit unter Umständen verbundenen Kostenlast gezwungen würde, ohne diese Kosten erstattet bekommen zu können.[116] Bei dieser Sachlage hat aus verfassungsrechtlichen Gründen (Art. 3 Abs. 1 GG) eine Kostenentscheidung gem. § 91 zu ergehen.[117] Ohne sie kommt eine Kostenerstattung in entsprechender Anwendung des § 91 in einem eigenständigen Verfahren nicht 22

[101] BGHZ 20, 4, 15 = NJW 1956, 785 BGHZ 132, 96, 97 = NJW 1996, 1749; BGH NJW-RR 2004, 1005; OLG Brandenburg BauR 1996, 584; *Baumbach/Lauterbach/Hartmann* § 91 Rn. 193; *Werner/Pastor* Rn. 125 m. weit. Nachw.

[102] *Zöller/Herget* § 490 Rn. 7; *Zöller/Vollkommer* § 308 Rn. 1.

[103] BGH BauR 2004, 1809; OLG München NJW-RR 2001, 719; OLG Koblenz MDR 2004, 840; vgl. auch *Werner/Pastor* Rn. 123 m. weit. Nachw.

[104] OLG Düsseldorf MDR 1985, 1032; OLG Frankfurt/M. MDR 1984, 238; KG MDR 1981, 940.

[105] OLG Nürnberg JurBüro 1996, 35f.; OLG Hamm MDR 2000, 790; OLG Frankfurt/M. BauR 2000, 296, 297.

[106] OLG Koblenz NJW-RR 2000, 1239; OLG Hamm BauR 2005, 140, 141.

[107] OLG Hamm BauR 2005, 140, 141; anders OLG Hamburg MDR 1986, 591, 592 (anteilige Kostentragung der Beteiligten).

[108] OLG München NJW-RR 1998, 1078; OLG Koblenz NJW 2003, 3281, 3282; OLG Köln BauR 2003, 290, 291; SchlHOLG JurBüro 1995, 36; vgl. *Zöller/Herget* § 91 Rn. 13 „Selbständiges Beweisverfahren" m. weit. Nachw.; aA OLG Frankfurt/M. NJW-RR 2004, 70.

[109] BGHZ 4, 15 (fehlende Passivlegitimation); KG NJW-RR 1997, 960 (fehlende Prozessführungsbefugnis); *Werner/Pastor* Rn. 124; aA OLG Hamburg AnwBl. 1973, 81.

[110] OLG Düsseldorf NJW-RR 1998, 358, 359; *Werner/Pastor* Rn. 126 m. weit. Nachw.; aA OLG Koblenz JurBüro 1996, 34; KG BauR 2000, 1903, 1904.

[111] OLG Stuttgart BauR 1995, 278; OLG Frankfurt/M. MDR 1998, 128; OLG Karlsruhe MDR 2000, 975.

[112] BGH NJW-RR 2004, 1005; *Werner/Pastor* Rn. 125

[113] OLG Düsseldorf NJW 1972, 295; *Kroppen/Heyers/Schmitz* Rn. 930; *Wussow* S. 111; *Baumbach/Lauterbach/Hartmann* § 91 Rn. 193 m. weit. Nachw.

[114] BGH NJW 1983, 284; OLG Schleswig JurBüro 1975, 824; OLG Frankfurt/M. MDR 1998, 128; OLG Karlsruhe MDR 2000, 975f.; LG Aachen AnwBl. 1983, 526; *Altenmüller* NJW 1976, 92, 97; *Zöller/Herget* § 91 Rn. 13 „Selbständiges Beweisverfahren".

[115] *Altenmüller* NJW 1976, 92, 97.

[116] Vgl. BGH NJW 1983, 284; OLG Karlsruhe MDR 2000, 975, 976.

[117] Offengelassen in BGH NJW 1983, 284.

in Betracht.[118] Deswegen ist dem Gegner des Antragstellers zu empfehlen, für den Fall der Zurückweisung des Antrags zu beantragen, dem Antragsteller die Kosten gem. § 91 aufzuerlegen. – Wegen der vergleichbaren Lage ist bei einer **Antragsrücknahme** über die Kosten grundsätzlich gem. § 269 Abs. 3 S. 2[119] und bei **Erledigung gem.** § 91 a[120] zu entscheiden. Bei einer Antragsrücknahme erfasst die Kostenentscheidung gemäß § 269 Abs. 3 S. 2 aber dann nicht die Kosten des selbstständigen Beweisverfahrens, wenn es zur Zeit der Antragsrücknahme noch nicht abgeschlossen war.[121]

23 **2. Streitverkündung.** Streitig ist, ob Dritte im Wege der Streitverkündung gem. §§ 72ff. in das selbstständige Beweisverfahren einbezogen werden können.[122] Die Zulässigkeit der Streitverkündung und damit auch der Nebenintervention wird im wesentlichen damit begründet, dass auch das selbstständige Beweisverfahren ein streitiges Verfahren sei[123] und ein praktisches Bedürfnis für die Zulässigkeit der Streitverkündung bestehe.[124] – Demgegenüber wird eingewandt, das Beweisverfahren sei kein Rechtsstreit iSd. §§ 72ff., die **Streitverkündung** daher **unzulässig.**[125] Dem ist zuzustimmen. Denn das wesentliche Element von Streitverkündung und Nebenintervention ist der innere Zusammenhang mit dem Entscheidungsprozeß des Gerichts (vgl. § 68).[126] Dieser Gedanke lässt sich nicht auf das selbstständige Beweisverfahren übertragen. In der Praxis ist die Streitverkündung auch nicht erforderlich: Da bis auf den Fall der Zustimmung (§ 485 S. 2 1. Alt.) keine Zulässigkeitserfordernisse auf seiten des Gegners vorliegen müssen, können ohne weiteres in Betracht kommende Gegner benannt werden.

VII. Rechte des Gegners

24 Gegen den stattgebenden Beschluss ist **kein Rechtsmittel** gegeben (§ 490 Abs. 2 S. 2).[127] Dennoch bleiben dem Antragsgegner ausreichend Möglichkeiten, Gegenrechte geltend zu machen.[128] Zunächst kann er die Zulässigkeit des Verfahrens rügen. Entsprechend § 487 Nr. 4 sind seine Einwendungen ggf. glaubhaft zu machen.[129] Da das Gericht jederzeit seinen Beschluss aufheben kann (Rn. 17), kann der Antragsgegner gegen den stattgebenden Beschluss eine **Gegenvorstellung** erheben.[130] Er kann ferner einen **Gegenantrag** stellen[131] mit der Folge, dass auch in seiner Person die Zulässigkeitsvoraussetzungen vorliegen müssen.[132]

§ 486 Zuständiges Gericht

(1) Ist ein Rechtsstreit anhängig, so ist der Antrag bei dem Prozessgericht zu stellen.

(2) [1]Ist ein Rechtsstreit noch nicht anhängig, so ist der Antrag bei dem Gericht zu stellen, das nach dem Vortrag des Antragstellers zur Entscheidung in der Hauptsache

---

[118] Vgl. BGH NJW 1983, 284 m. weit. Nachw.

[119] BGH BauR 2005, 133, 134; OLG Frankfurt/M. BauR 1998, 891, 892; OLG Zweibrücken BauR 2004, 541; *Werner/Pastor* Rn. 135; aA OLG Koblenz NJW-RR 1996, 384

[120] OLG München NJW-RR 2001, 1580, 1582; OLG Dresden BauR 2003, 1608, 1609; *Werner/Pastor* Rn. 135; aA OLG Hamburg MDR 1998, 242, 243; KG BauR 2001, 1951, 1952.

[121] BGH IBR 2006, 1048.

[122] Vgl. die Nachw. zum Streitstand bei *Werner/Pastor* Rn. 46ff.

[123] OLG Koblenz OLGZ 1994, 231f.; *Mickel* BB 1984, 438, 441f.; *Baden* BauR 1984, 306f.; *Kunze* NJW 1997, 1290, 1291.

[124] BGHZ 134, 190, 192 = NJW 1997, 859 (Bespr. *Kunze* NJW 1997, 1290) = JZ 1998, 260 (Anm. *Gottwald/Malterer*) = LM § 209 BGB Nr. 86 (Anm. *Schilken*); OLG Köln BauR 1993, 249f.; OLG Düsseldorf BauR 2004, 1657, 1658; *Eibner* BauR 1998, 497, 500; *Hoeren* ZZP 108 (1995), 343ff.; *Kunze* NJW 1996, 102, 103; *Thomas* BauR 1992, 299f.; *Vygen* Anm. zu LG Stuttgart BauR 1992, 267, 268; *Koeble* S. 112; *Weise* Rn. 336; *Weller* S. 171; *Wussow* S. 95f.; *Werner/Pastor* Rn. 48.

[125] OLG Hamm OLGR 1992, 113, 114; LG Bremen MDR 1984, 237; LG Köln BauR 1980, 97; LG Stuttgart BauR 1992, 267; *Cypers* NJW 1994, 1985, 1991; *Postelt* BauR 1980, 33; *Kroppen/Heyers/Schmitz* Rn. 378ff.; *Baumbach/Lauterbach/Hartmann* Einführung vor § 72 bis 74 Rn. 3.

[126] *Kroppen/Heyers/Schmitz* Rn. 394.

[127] OLG Brandenburg BauR 2001, 1143.

[128] Vgl. hierzu *Werner/Pastor* Rn. 95ff.; *Wussow* NJW 1969, 1401, 1403ff.; *ders.* S. 47ff.

[129] *Wussow* S. 47.

[130] Vgl. *Wussow* S. 51.

[131] OLG Düsseldorf BauR 1995, 430; ZMR 2000, 522; OLG Jena MDR 1997, 1160 (bis zur Durchführung des Ortstermins des Sachverständigen); OLG Hamburg MDR 2001, 1012; LG Konstanz NJW-RR 2003, 1379, 1380; *Pauly* JR 1996, 269, 274; *Kroppen/Heyers/Schmitz* Rn. 349ff.; *Wussow* S. 51; *Zöller/Herget* Rn. 3; aA OLG Köln VersR 1992, 1152; OLG München BauR 1993, 365; *Koeble* S. 134; *Baumbach/Lauterbach/Hartmann* Rn. 4, § 487 Rn. 8 m. weit. Nachw.

[132] *Weise* Rn. 318ff.; *Wussow* S. 52.

berufen wäre. ²In dem nachfolgenden Streitverfahren kann sich der Antragsteller auf die Unzuständigkeit des Gerichts nicht berufen.

(3) In Fällen dringender Gefahr kann der Antrag auch bei dem Amtsgericht gestellt werden, in dessen Bezirk die zu vernehmende oder zu begutachtende Person sich aufhält oder die in Augenschein zu nehmende oder zu begutachtende Sache sich befindet.

(4) Der Antrag kann vor der Geschäftsstelle zu Protokoll erklärt werden.

I. Antrag

Form und Inhalt des Antrags sind in § 487 geregelt. Der Antrag kann im Falle des Abs. 1 in der mündlichen Verhandlung angebracht, alsdann und im übrigen auch schriftlich gestellt oder zu Protokoll der Geschäftsstelle erklärt werden (Abs. 4). 1

II. Normzweck; Zuständigkeit

1. Zuständigkeit bei anhängigem Rechtsstreit. Bei **Anhängigkeit** der Hauptsache bei einem Gericht – nicht Rechtshängigkeit[1] – ist dieses Gericht unabhängig von seiner eigenen Zuständigkeit örtlich und sachlich für die Durchführung des Beweisverfahrens zuständig.[2] Mit dieser Regelung soll die Unmittelbarkeit der Beweisaufnahme durch das Prozessgericht gewährleistet werden.[3] Deshalb ist auch niemals das Revisionsgericht, sondern statt dessen, wie in der Berufungsinstanz, das Berufungsgericht zuständig.[4] Ein **Rechtsstreit** iSd. Vorschrift ist nur ein Hauptsacheprozess, nicht ein vorläufiges Eilverfahren (einstweilige Verfügung, Arrest).[5] Die spätere Klagerücknahme berührt die einmal begründete Zuständigkeit nicht, kann aber das rechtliche Interesse beseitigen.[6] 2

2. Zuständigkeit außerhalb eines Streitverfahrens. Das selbstständige Beweisverfahren wird durch das Gericht angeordnet, das nach dem Vortrag des Antragstellers für die Hauptsache zuständig oder nach § 36 als zuständig bestimmt[7] ist. Diese Zuständigkeit des Prozessgerichts bei nicht anhängigem Streitverfahren vermeidet Zuständigkeitskonflikte zwischen Beweissicherungsgericht und Hauptsachegericht im Falle späterer Anhängigkeit.[8] 3

Abs. 2 dient insgesamt dazu, die **Unmittelbarkeit der Beweisaufnahme** zu gewährleisten. Dieses Ziel wird auch mit Satz 2 verfolgt. Denn der Antragsteller kann sich im nachfolgenden Streitverfahren nicht mehr auf die Unzuständigkeit des im selbstständigen Beweisverfahren angerufenen Gerichts berufen. 4

3. Zuständigkeit bei dringender Gefahr. Bei dringender Gefahr ist neben dem Prozessgericht das Amtsgericht sachlich zuständig. Entsprechend dem Verfahren der einstweiligen Verfügung (§§ 937, 942) ist die Zuständigkeit des Amtsgerichts auch im selbstständigen Beweisverfahren auf besondere Ausnahmefälle beschränkt.[9] Örtlich zuständig ist das Amtsgericht, in dessen Bezirk sich das Beweismittel befindet oder die zu vernehmende Person sich aufhält. Zu dem letztgenannten Personenkreis gehört nach der Intention des Gesetzgebers nicht der Sachverständige.[10] Bei **mehrfachen Zuständigkeiten** (zB Zeugen mit Wohnsitzen in verschiedenen Amtsgerichtsbezirken) soll gem. § 36 Nr. 3 das zuständige Amtsgericht durch das Landgericht bestimmt werden.[11] Im Einzelfall mag ein solches Vorgehen sinnvoll sein; im Regelfall aber erscheint es systemwidrig, die Eilzuständigkeit des § 486 Abs. 3 durch die entsprechende Anwendung des § 36 Nr. 3 praktisch wieder aufzuheben.[12] Bei mehreren nach Abs. 3 zuständigen Gerichten kann daher bei jedem von ihnen ein Antrag gestellt werden.[13] In diesen Fällen kann der Antragsteller zwischen zwei Möglichkeiten wählen. Er kann entweder einen **umfassenden Beweissicherungsantrag** bei einem der in 5

---

1 OLG Frankfurt/M. NJW 1965, 306; VersR 1978, 159 f. m. weit. Nachw.
2 *Thomas/Putzo/Reichold* Rn. 4 und § 919 Rn. 3.
3 BGHZ 17, 117 = NJW 1955, 908; *Musielak/Huber* Rn. 1; *Kroppen/Heyers/Schmitz* Rn. 75.
4 BGHZ 17, 117 f. = NJW 1955, 908; BVerwG NJW 1961, 1228; *Zöller/Herget* Rn. 3.
5 OLG Frankfurt/M. NJW 1985, 811; *Werner/Pastor* Rn. 71.
6 KG OLGZ 43, 146, 147; *Zöller/Herget* Rn. 3.
7 BayObLG NJW-RR 1998, 209.
8 Vgl. zur alten Regelung OLG München OLGZ 1982, 200, 201.
9 Begründung RegE, BT-Drucks. 11/3621, S. 42.
10 Ebenso im Erg. *Werner/Pastor* Rn. 73; *Baumbach/Lauterbach/Hartmann* Rn. 10.
11 RGZ 164, 307, 308; OLG München Rpfleger 1986, 263, 264; *Baumbach/Lauterbach/Hartmann* Rn. 11; *Thomas/Putzo/Reichold* Rn. 6.
12 *Kroppen/Heyers/Schmitz* Rn. 85.
13 Vgl. auch *Musielak/Huber* Rn. 6; *Zöller/Herget* Rn. 6.

Betracht kommenden zuständigen Amtsgerichte stellen **oder mehrere Anträge** bei den bzgl. der einzelnen Beweismittel jeweils zuständigen Gerichten. Die Eilzuständigkeit des Abs. 3 setzt gegenüber § 485 ein höheres Maß an Dringlichkeit voraus, die nur dann gegeben ist, wenn vom Gericht der Hauptsache eine sofortige Beweisaufnahme nicht zu erwarten ist.[14]

6 **4. Sonstige Zuständigkeiten. a)** Eine im **Ausland durchzuführende Beweisaufnahme** richtet sich nach den §§ 363f. Bis zur Neuregelung (o. § 485 Rn. 1) war unklar, ob der Antrag in Fällen dringender Gefahr (Abs. 3) beim Amtsgericht oder beim Hauptsachegericht anzubringen war.[15] Diese Unsicherheit ist durch Abs. 2 beseitigt: Das **Gericht der Hauptsache** ordnet das **selbstständige Beweisverfahren** an.

7 **b)** Ist der **ordentliche Rechtsweg gem. § 13 GVG nicht gegeben,** wird die Vorschrift in anderen Verfahrensordnungen aber für entsprechend anwendbar erklärt, ist nach Abs. 1 und 2 grundsätzlich das Hauptsachegericht des jeweiligen Rechtszugs für die Anordnung zuständig. Fraglich ist, ob nach Abs. 3 in Fällen besonderer Dringlichkeit eine Zuständigkeit des Amtsgerichts begründet wird. Teils wird generell das erstinstanzliche Gericht des jeweiligen Rechtswegs anstelle des Amtsgerichts für zuständig gehalten,[16] teils wird die Zuständigkeit des Amtsgerichts nur im Arbeitsgerichtsverfahren angenommen.[17] – Es ist kein Grund ersichtlich, in diesen Fällen die Zuständigkeit des Amtsgerichts zu verneinen. Der Rechtsweg ist nicht betroffen, da im selbstständigen Beweisverfahren keine Entscheidung in der Sache gefällt wird. Auch ist das Amtsgericht in den meisten Fällen besser zu erreichen, da in den anderen Gerichtszweigen die Gerichtsbezirke größer sind. Die Vorteile der Amtsgerichtszuständigkeit würden insgesamt durch die Zuständigkeit der Gerichte in den anderen Gerichtszweigen praktisch zunichte gemacht. Im Instanzenzug der übrigen Gerichtsbarkeiten gibt es kein dem Amtsgericht entsprechendes Gericht, so dass von daher auch eine entsprechende Anwendung ausscheidet. Hinzu kommt, dass in vielen Fällen das Amtsgericht gar nicht zu entscheiden vermag, ob der ordentliche Rechtsweg gegeben ist. Soll zB ein Zeuge vernommen werden, kann das Beweisthema zu einem Arbeitsgerichtsprozess gehören oder auch zu einem Verfahren vor dem ordentlichen Gericht. Sind die Voraussetzungen der §§ 485ff. erfüllt, hat das Amtsgericht in diesem Fall keine weiteren Prüfungskompetenzen. – Nach der hier vertretenen Ansicht ist das Amtsgericht in den Eilfällen des Abs. 3 **in allen Verfahren zuständig,** in denen diese Bestimmung kraft Verweisung gilt.

§ 487 Inhalt des Antrages

Der Antrag muss enthalten:

1. **die Bezeichnung des Gegners;**
2. **die Bezeichnung der Tatsachen, über die Beweis erhoben werden soll;**
3. **die Benennung der Zeugen oder die Bezeichnung der übrigen nach § 485 zulässigen Beweismittel;**
4. **die Glaubhaftmachung der Tatsachen, die die Zulässigkeit des selbständigen Beweisverfahrens und die Zuständigkeit des Gerichts begründen sollen.**

I. Form

1 Eine besondere Form des Antrags ist **nicht** vorgeschrieben. Anwaltszwang besteht nicht für den Antrag (§ 78 Abs. 5 2. Hs.), sondern nur bei einer mündlichen Verhandlung in den Fällen des § 78 Abs. 1, 2.[1] Soll die Verjährung gehemmt werden, so muss der Antrag vom Antragsteller oder seinem Prozessbevollmächtigten unterschrieben werden.[2] Wird als Bevollmächtigter kein Anwalt tätig, ist die Vollmacht vorzulegen (§ 88 Abs. 2). Das Gesuch kann beim zuständigen Gericht gestellt und zu Protokoll bei jedem Amtsgericht erklärt werden (§ 129a).

II. Inhalt

2 Die in Nr. 1 bis 4 geforderten Angaben sind Zulässigkeitsvoraussetzungen. Werden sie nicht beachtet, muss der Antrag zurückgewiesen werden.

---

[14] *Zöller/Herget* Rn. 5.
[15] Zur früheren Rechtslage *Stürner* IPrax 1984, 299, 300.
[16] BVerwGE 12, 363, 364; *Kroppen/Heyers/Schmitz* Rn. 96.
[17] LAG Frankfurt/M. NJW 1953, 1079, 1080.
[1] *Bergerfurth* NJW 1961, 1237, 1239; aA *Kroppen/Heyers/Schmitz* Rn. 177f.
[2] RGZ 66, 368 (für die Unterbrechung); vgl. auch § 485 Rn. 19.

Nr. 1. Die Bezeichnung des Gegners erfolgt nach den gleichen Grundsätzen, wie sie bei § 253 Abs. 2 Nr. 1 gelten. Die Bezeichnung des Gegners entscheidet, in welchem Verhältnis die Hemmung der Verjährung eintritt.[3] 3

Nr. 2. Welche Anforderungen an die Bezeichnung des Beweisthemas zu stellen sind, ist weitgehend umstritten.[4] Einigkeit besteht darin, dass der Ausforschungsbeweis ausgeschlossen ist.[5] Im Übrigen sollen nach einer weit gehenden Meinung im selbstständigen Beweisverfahren die gleichen Anforderungen wie im normalen Beweisverfahren gelten.[6] Demgegenüber wird zutreffend darauf hingewiesen,[7] dass sich aus dem besonderen Charakter des selbstständigen Beweisverfahrens und den mit ihm verfolgten Zwecken (§ 485 Rn. 1) andere, niedrigere[8] Anforderungen an die Darlegungslast ergeben. Ob ihnen genügt ist, ist durch Heranziehung des gesamten Parteivortrags zu ermitteln.[9] – So vorzugehen ist auch deshalb gerechtfertigt, weil der Antragsteller allein das Risiko des Verfahrens trägt. Eine streitige Entscheidung, die den Gegner belasten könnte, ergeht nicht; die Kosten des Beweisverfahrens hat der Antragsteller im isolierten Beweisverfahren von vornherein, im Hauptsacheprozess auch dann zu tragen, wenn aufgrund mangelhafter Darlegung im selbstständigen Beweisverfahren das Ergebnis dieses Verfahrens nicht verwertet werden kann und deshalb das selbstständige Beweisverfahren nicht notwendig iSv. § 91 war (vgl. § 485 Rn. 21, 22). 4

Nr. 3. Entsprechend dem Hauptverfahren hat der Antragsteller **Zeugen** zu benennen und die zulässigen Beweismittel – Einvernahme des **Augenscheins,** Begutachtung durch einen **Sachverständigen** (vgl. § 485) – zu bezeichnen. Das Auswahl- und Ernennungsrecht des Sachverständigen ist dem Gericht vorbehalten (§ 492 iVm. § 404).[10] 5

Nr. 4. Die Bestimmung stellt klar, dass alle Tatsachen glaubhaft zu machen (§ 294) sind, welche die **Zulässigkeit** des selbstständigen Beweisverfahrens und die **Zuständigkeit des Gerichts** nach §§ 485, 486 begründen.[11] Dazu gehören die Zustimmung des Gegners (§ 485 Abs. 1), die Besorgnis, das Beweismittel könne verlorengehen oder seine Benutzung könne erschwert werden (§ 485 Abs. 1), das rechtliche Interesse des Antragstellers (§ 485 Abs. 2) sowie die Anhängigkeit des Hauptverfahrens (§ 486 Abs. 1 und 2) oder die dringende Gefahr (§ 486 Abs. 3). 6

§§ 488 und 489 (weggefallen)

§ 490 Entscheidung über den Antrag

(1) Über den Antrag entscheidet das Gericht durch Beschluss.

(2) [1]In dem Beschluss, durch welchen dem Antrag stattgegeben wird, sind die Tatsachen, über die der Beweis zu erheben ist, und die Beweismittel unter Benennung der zu vernehmenden Zeugen und Sachverständigen zu bezeichnen. [2]Der Beschluss ist nicht anfechtbar.

I. Verfahren

Die Entscheidung über den Antrag ergeht durch Beschluss nach freigestellter mündlicher Verhandlung (§ 128 Abs. 4). Zweckmäßig ist es, vor der Entscheidung dem Gegner rechtliches Gehör zu gewähren (vgl. § 485 Rn. 17).[1] 1

---

[3] BGH NJW 1980, 1458; OLG Köln VersR 1971, 378 (jeweils für die Unterbrechung).

[4] Vgl. die ausführliche Darstellung bei *Kroppen/Heyers/Schmitz* Rn. 549 ff. m. weit. Nachw.

[5] OLG Köln MDR 2000, 226, 227; *Kroppen/Heyers/Schmitz* Rn. 576; *Wussow* S. 32; *Baumbach/Lauterbach/Hartmann* Rn. 1; *Zöller/Herget* Rn. 4; aA OLG Frankfurt/M. NJW-RR 1995, 831.

[6] LG Berlin MDR 1961, 152; *P. Schmitz* BauR 1980, 96.

[7] *Kroppen/Heyers/Schmitz* Rn. 569, 573 f.

[8] OLG Hamburg MDR 1978, 845; *Th. Schmitz* BauR 1981, 40, 41; *Wussow* S. 32; *Baumbach/Lauterbach/Hartmann* Rn. 5.

[9] OLG Hamburg MDR 1978, 845; LG Heilbronn BauR 1980, 93; *Kroppen/Heyers/Schmitz* Rn. 575.

[10] Anders früher zum Beweissicherungsverfahren etwa RGZ 49, 388, 390 f.; OLG München VersR 1977, 939; *Kroppen/Heyers/Schmitz* Rn. 732; *Wussow* S. 59; *Werner/Pastor* Rn. 59; *Th. Schmitz* BauR 1981, 40, 42; *Stein/Jonas/Leipold* Rn. 4 mit Nachweisen der Gegenansicht.

[11] Begründung RegE, BT-Drucks. 11/3621, S. 42.

[1] *Zöller/Herget* Rn. 1.

II. Entscheidung

2 Der dem Gesuch stattgebende Beschluss ist ein **Beweisbeschluss** iSv. § 359.[2] Weicht der stattgebende Beschluss vom Antrag ab, ist er zu begründen.[3] Bei zulässigem Gegenantrag ist auch die Anordnung des Gegenbeweises zulässig.[4] Ein zurückweisender Beschluss ergeht, wenn die Zulässigkeitsvoraussetzungen der §§ 485, 487 nicht vorliegen oder wenn die Beweisaufnahme unzulässig ist.[5] Da gegen den ablehnenden Beschluss die Beschwerde gegeben ist (§ 567 Abs. 1 Nr. 2 iVm. § 490 Abs. 1), ist dieser stets zu begründen.[6] Verkündung und Zustellung des Beschlusses richten sich nach § 329. – Der stattgebende Beschluss ist nicht anfechtbar (Abs. 2 S. 2), sofern nicht gesetzeswidrig.[7] Wegen des gleichen Regelungsgehaltes gilt dies auch für den Beschluss, mit dem die beantragte Aufhebung einer angeordneten Beweisaufnahme abgelehnt worden ist.[8] Die Beschwerde des Antragsgegners gegen die Anordnung ist unzulässig, aber in einen Antrag auf Aufhebung umzudeuten.[9] Zu den Gegenrechten s. auch § 485 Rn. 24, zu den Kosten § 485 Rn. 21 f.

§ 491 Ladung des Gegners

(1) Der Gegner ist, sofern es nach den Umständen des Falles geschehen kann, unter Zustellung des Beschlusses und einer Abschrift des Antrags zu dem für die Beweisaufnahme bestimmten Termin so zeitig zu laden, dass er in diesem Termin seine Rechte wahrzunehmen vermag.

(2) Die Nichtbefolgung dieser Vorschrift steht der Beweisaufnahme nicht entgegen.

1 Die Ladung soll es dem Gegner ermöglichen, seine Rechte gem. §§ 357, 397, 402 ff. wahrzunehmen. Dementsprechend sollte die Ladungsfrist bemessen sein.[1] Ist wegen der Anordnung eines schriftlichen Gutachtens kein Termin notwendig, genügt die formlose Mitteilung des Beweisbeschlusses.[2*] Im Hinblick auf § 493 Abs. 2 sollte aber auch in diesen Fällen immer förmlich zugestellt werden.[3*] Gem. § 214 erfolgt die **Ladung von Amts wegen.** Nach Abs. 2 steht die fehlende Ladung ebenso wie nach § 367 das Fernbleiben des Gegners der Durchführung der Beweisaufnahme nicht entgegen. Beide Umstände können aber nach § 493 Abs. 2 die **Benutzung im Hauptprozess** ausschließen, so dass der Antragsteller vor der Beweisaufnahme die Ladung des Gegners prüfen sollte.

§ 492 Beweisaufnahme

(1) Die Beweisaufnahme erfolgt nach den für die Aufnahme des betreffenden Beweismittels überhaupt geltenden Vorschriften.

(2) Das Protokoll über die Beweisaufnahme ist bei dem Gericht, das sie angeordnet hat, aufzubewahren.

(3) Das Gericht kann die Parteien zur mündlichen Erörterung laden, wenn eine Einigung zu erwarten ist; ein Vergleich ist zu gerichtlichem Protokoll zu nehmen.

Anwendbare Vorschriften

1 Gemäß Abs. 1 erfolgt die Beweisaufnahme nach den allgemeinen Vorschriften der §§ 355 bis 371 sowie für den Augenschein nach §§ 371 bis 372a, für den Zeugenbeweis nach §§ 373 bis 401 und für den Sachverständigenbeweis nach §§ 402 bis 414. Insbesondere gilt § 411 Abs. 3 über die Ladung des Sachverständigen zur Erläuterung des Gutachtens; einem entsprechenden Antrag im

---

[2] *Zöller/Herget* Rn. 2.
[3] *Zöller/Herget* Rn. 2; aA *Baumbach/Lauterbach/Hartmann* Rn. 7 (nicht nur bei Abweichung, sondern in aller Regel zu begründen).
[4] *Zöller/Herget* Rn. 2.
[5] *Baumbach/Lauterbach/Hartmann* Rn. 7.
[6] *Baumbach/Lauterbach/Hartmann* Rn. 7.
[7] LG Berlin NJW-RR 1997, 585.
[8] OLG Frankfurt/M. BauR 1996, 587; LG Mannheim MDR 1978, 323.
[9] OLG Karlsruhe MDR 1982, 1026 f.
[1] Vgl. *Teplitzky* NJW 1973, 1675, 1676; *Baumbach/Lauterbach/Hartmann* Rn. 4.
[2*] BGH NJW 1970, 1919, 1921.
[3*] Vgl. *Zöller/Herget* Rn. 1.

selbstständigen Beweisverfahren muss stattgegeben werden.[1] Dafür spricht nicht nur der Wortlaut von Abs. 1, sondern auch, dass die erhobenen Beweise möglichst Bestand haben sollen.[2] – Aus der Eilzuständigkeit des Amtsgerichts (§ 486 Abs. 3) wird vereinzelt abgeleitet, dass **§ 375 nicht gelte.**[3] Entgegen der hM,[4] die diese Auffassung pauschal ablehnt, ist zu **differenzieren:** Führt das Prozessgericht das Beweissicherungsverfahren durch (§ 486 Abs. 1 und 2), muss § 375 beachtet werden; denn es besteht kein Grund, in diesen Fällen vom Prinzip der Unmittelbarkeit der Beweisaufnahme abzuweichen. – Anders ist in den Fällen des § 486 Abs. 2 zu entscheiden. Durch diese Zuständigkeitsregel wird auch das Prinzip der Unmittelbarkeit der Beweisaufnahme durchbrochen, da die Beweisaufnahme nicht vor dem Prozessgericht stattfindet. § 375 ist hier nicht anwendbar. Das nach § 486 Abs. 2 zuständige Gericht kann daher ohne weiteres die Zeugenvernehmung einem anderen Gericht übertragen. Auch die **schriftliche Beantwortung** einer Beweisfrage durch einen Zeugen (§ 377 Abs. 3) ist zulässig.[5] Hierfür spricht bereits die Verweisung in Abs. 1, ferner der Umstand, dass die schriftliche Beantwortung nur eine besondere Form der Aussage darstellt und sie nur unter engen Voraussetzungen möglich ist.[6]

Abs. 3 entspricht der Regelung des § 118 Abs. 1. Im selbstständigen Beweisverfahren ist es danach möglich, **Vergleiche zu Protokoll** zu nehmen. Die Parteien können so schon in diesem Stadium zu einem vollstreckbaren Titel gelangen (§ 794 Abs. 1 Nr. 1). Das dient dem Ziel, eine gütliche Streitbeilegung zu fördern und die Gerichte zu entlasten.[7] 2

§ 493 Benutzung im Prozess

(1) Beruft sich eine Partei im Prozess auf Tatsachen, über die selbständig Beweis erhoben worden ist, so steht die selbständige Beweiserhebung einer Beweisaufnahme vor dem Prozessgericht gleich.

(2) War der Gegner in einem Termin im selbständigen Beweisverfahren nicht erschienen, so kann das Ergebnis nur benutzt werden, wenn der Gegner rechtzeitig geladen war.

I. Beweisverfahren und Prozess

Die Vorschrift ist durch das Rechtspflege-VereinfachungsG (vgl. § 485 Rn. 1) neu gefasst. Während die Verwertung der Beweisergebnisse früher von der Initiative einer Partei abhing, steht es den Parteien heute nicht mehr frei, sich auf die im selbstständigen Beweisverfahren durchgeführte Beweisaufnahme zu berufen. Vielmehr ist das hier erzielte Beweisergebnis bei streitigem Tatsachenvortrag wie ein im Hauptprozess gewonnenes zu behandeln. Damit werden **Verzögerungen vermieden,** die entstehen konnten, weil die Parteien sich im Hauptprozess auf andere Beweismittel als die bereits erhobenen beriefen.[1*] Die Partei kann neue oder andere Beweismittel nur im Rahmen der §§ 360, 368, 398, 412 einführen. 1

II. Verwertung

Verwertbar ist nur das Ergebnis eines gem. **§§ 485 ff.** – ggf. iVm. § 363 im Ausland – **durchgeführten selbstständigen Beweisverfahrens,** nicht jedoch das Ergebnis eines von einem ausländischen Gericht angeordneten und durchgeführten.[2*] Letzteres kann aber im Wege des Urkundenbeweises verwertet werden. Das gleiche gilt – schon wegen Abs. 2 – bei fehlender Identität der Parteien beider Verfahren.[3*] Stellt sich heraus, dass das Verfahren gem. §§ 485 ff. unzulässig 2

---

[1] HM; vgl. Begründung RegE, BT-Drucks. 11/3621, S. 42; BGHZ 163, 94, 96 f.; OLG Düsseldorf BauR 1993, 637 f.; OLG Düsseldorf OLGR 2000, 293; OLG Saarbrücken NJW-RR 1994, 787 f.; OLG Köln BauR 1996, 754, 755; VersR 1997, 511; KG NJW-RR 1998, 144; *Baumbach/Lauterbach/Hartmann* Rn. 5; offengelassen von BGH NJW 1970, 1919, 1920; aA LG Köln WuM 1998, 110; *Thomas/Putzo/Reichold* § 485 Rn. 5; *Zöller/Herget* § 485 Rn. 8; *Wieczorek* Anm. A II.

[2] Vgl. BGHZ 163, 94, 96 f.

[3] *Thomas/Putzo/Reichold* Rn. 1.

[4] *Kroppen/Heyers/Schmitz* Rn. 670; *Baumbach/Lauterbach/Hartmann* Rn. 4; *Zöller/Herget* Rn. 1.

[5] *Thomas/Putzo/Reichold* Rn. 1; aA *Kroppen/Heyers/Schmitz* Rn. 671 ff.

[6] Wie hier *Wussow* S. 39.

[7] Begründung RegE, BT-Drucks. 11/3621, S. 24.

[1*] Begründung RegE, BT-Drucks. 11/3621, S. 24.

[2*] OLG Köln NJW 1983, 2779; *Musielak/Huber* Rn. 2; aA *Meilicke* NJW 1984, 2017 f.

[3*] OLG Frankfurt/M. MDR 1985, 853.

war, kann das Ergebnis gleichwohl verwertet werden, wenn die Beweisaufnahme selbst mangelfrei war.[4]

3 Gemäß Abs. 2 ist die Benutzung der Beweisverhandlung eingeschränkt, wenn der Gegner im Termin zur Beweisaufnahme nicht erschienen war. Kann die rechtzeitige Ladung festgestellt werden, gibt es keine Beschränkung. Der Gegner muss entsprechende Mängel spätestens in der mündlichen Verhandlung des Hauptsacheverfahrens, in der das Ergebnis des Beweisverfahrens eingeführt wird, rügen (§ 295 Abs. 1). Auf Abs. 2 kann sich der Gegner nicht berufen, wenn das Verfahren ohne ihn gem. § 494 durchgeführt worden ist.[5]

§ 494 Unbekannter Gegner

(1) Wird von dem Beweisführer ein Gegner nicht bezeichnet, so ist der Antrag nur dann zulässig, wenn der Beweisführer glaubhaft macht, dass er ohne sein Verschulden außerstande sei, den Gegner zu bezeichnen.

(2) Wird dem Antrag stattgegeben, so kann das Gericht dem unbekannten Gegner zur Wahrnehmung seiner Rechte bei der Beweisaufnahme einen Vertreter bestellen.

I. Anwendungsbereich

1 § 494 enthält eine **Ausnahme** von § 487 Nr. 1, weil die Ermittlung des Gegners in den Eilfällen des selbstständigen Beweisverfahrens unmöglich sein kann.[1] Hat der Antragsteller zumutbare Nachforschungspflichten verletzt, ist der Antrag unzulässig.[2] Wegen der Gefahr des Missbrauchs und der erheblichen Beeinträchtigung der gegnerischen Rechte sind **hohe Anforderungen** an die Zumutbarkeit der Nachforschung zu stellen.[3]

II. Bestellung eines Vertreters

2 Nach Abs. 2 kann das Gericht dem unbekannten Gegner einen Vertreter bestellen. Dieser ist sein **gesetzlicher Vertreter** iSv. § 51.[4*] Der Bestellte ist zur Übernahme nicht verpflichtet.[5*] Die **Vergütung** ist vom Antragsteller, nicht von der Staatskasse zu zahlen.[6] Abs. 2 ist entsprechend anzuwenden, wenn die Partei gestorben ist oder sie keinen gesetzlichen Vertreter mehr hat.[7]

§ 494 a Frist zur Klageerhebung

(1) Ist ein Rechtsstreit nicht anhängig, hat das Gericht nach Beendigung der Beweiserhebung auf Antrag ohne mündliche Verhandlung anzuordnen, dass der Antragsteller binnen einer zu bestimmenden Frist Klage zu erheben hat.

(2) [1]Kommt der Antragsteller dieser Anordnung nicht nach, hat das Gericht auf Antrag durch Beschluss auszusprechen, dass er die dem Gegner entstandenen Kosten zu tragen hat. [2]Die Entscheidung unterliegt der sofortigen Beschwerde.

I. Normzweck

1 Abs. 1 entspricht der Regelung des § 926 für Arrest und einstweilige Verfügung (§§ 936, 926). Das selbstständige Beweisverfahren ist nicht kostenfrei (vgl. § 485 Rn. 21). Eine **Kostenentscheidung** wird in diesem Verfahren aber nicht getroffen. Sie ist vielmehr dem Hauptverfahren vorbehalten. Demgemäß hätte der Antragsgegner des Beweisverfahrens keinen prozessualen Kostenerstattungsanspruch gegen den Antragsteller, wenn dieser kein Hauptverfahren initiiert.[1*] Dieses unbillige Ergebnis wird durch § 494 a verhindert: Der Antragsgegner wird nach antragsgemäßer Anordnung

---

[4] *Wussow* NJW 1969, 1401, 1403, 1404; *Werner/Pastor* Rn. 118.
[5] BGH NJW 1980, 1458.
[1] Vgl. *Baumbach/Lauterbach/Hartmann* Rn. 1.
[2] *Zöller/Herget* Rn. 1.
[3] *Baumbach/Lauterbach/Hartmann* Rn. 4; *Zöller/Herget* Rn. 1.
[4*] *Baumbach/Lauterbach/Hartmann* Rn. 5; *Thomas/Putzo/Reichold* Rn. 2.
[5*] *Weise* Rn. 107; *Baumbach/Lauterbach/Hartmann* Rn. 5.
[6] *Baumbach/Lauterbach/Hartmann* Rn. 5; *Zöller/Herget* Rn. 2.
[7] *Baumbach/Lauterbach/Hartmann* Rn. 5.
[1*] Anders *Ende* MDR 1997, 123, 125: Ggfs. § 91 a analog. Vgl. ferner *Notthoff/Buchholz* JurBüro 1996, 5, 7 ff.; *Notthoff* JurBüro 1998, 61 f.

(Abs. 1) und Fristversäumnis so gestellt, als habe er obsiegt (Abs. 2).[2] **Nach Klageerhebung** durch den Antragsteller des Beweisverfahrens ist für eine Anwendung von § 494a kein Raum mehr. Von diesem Zeitpunkt an gelten die allgemeinen Regeln über die Kostentragungspflicht, so etwa § 269 Abs. 3 S. 2 bei Klagerücknahme und § 91 bei Klageabweisung.[3]

II. Anordnung der Klageerhebung (Abs. 1)

1. Voraussetzungen. § 494a schließt an § 486 an und kommt nur **vor Anhängigkeit** eines 2
Rechtsstreits (§ 486 Abs. 2 und 3) zur Anwendung (vgl. § 486 Rn. 2). Diese Voraussetzung versteht sich vom Normzweck der Vorschrift her. Denn die Kosten des selbstständigen Beweisverfahrens gehören zu den Kosten des Rechtsstreits. Demzufolge sind sie durch die Kostenentscheidung im Hauptverfahren miterfasst. Sobald ein Rechtsstreit zwischen den Parteien des Beweisverfahrens über dessen Gegenstand anhängig ist, bedarf es des Weges über § 494a nicht. Konsequenterweise kommt die Anordnung nach Abs. 1 auch dann nicht in Betracht, wenn vor Beendigung des Beweisverfahrens bereits Klage erhoben ist.[4] – Die Anordnung ergeht nur auf **Antrag.** Für ihn besteht Anwaltszwang gem. § 78. Das Gegenteil folgt nicht aus §§ 486 Abs. 4, 78 Abs. 5 2. Hs. bzw. §§ 24 Abs. 2 Nr. 3, 13 RpflG. Danach unterliegt nur diejenige Prozesshandlung dem Anwaltszwang nicht, für welche die Befreiung angeordnet ist. Das Verfahren im übrigen bleibt davon unberührt. Soweit das selbstständige Beweisverfahren nicht vor dem Amtsgericht stattfindet, ist der Antragsgegner also nicht postulationsfähig.[5]

2. Entscheidung, Rechtsbehelfe. Die Entscheidung ergeht durch **Beschluss.** Er ist dem An- 3
tragsteller des Beweisverfahrens zuzustellen, wenn in ihn eine Frist zur Klageerhebung gesetzt wird (§ 329 Abs. 2 S. 2); andernfalls genügt die formlose Mitteilung (§ 329 Abs. 2 S. 1). Dem Antragsteller des Verfahrens nach Abs. 1 steht die sofortige **Beschwerde** zu (§ 567 Abs. 1 Nr. 2, § 128 Abs. 4), wenn sein Antrag zurückgewiesen wird. Im anderen Fall – dem Antrag wird stattgegeben – fehlt es insgesamt an den Voraussetzungen des § 567 Abs. 1, so dass auch der Antragsgegner des Verfahrens nach Nr. 1 (noch) keine Beschwerdemöglichkeit hat.

III. Kostenentscheidung (Abs. 2)

1. Voraussetzungen. Auch die Kostenentscheidung ergeht nur auf (erneuten) **Antrag.** Zu sei- 4
nen Erfordernissen Rn. 2. Die Entscheidung setzt voraus, dass die Frist zur Klageerhebung (Abs. 1) abgelaufen ist. Reicht der Antragsteller des Beweisverfahrens die Klage zwar verfristet, gleichwohl aber vor Wirksamwerden der Kostenentscheidung (Rn. 3) ein, so ist die Kostenentscheidung nach § 494a Abs. 2 nicht mehr zulässig. Das folgt aus dem Normzweck der Vorschrift (dazu Rn. 1).

2. Entscheidung, Rechtsbehelfe. Die Kostenentscheidung ergeht durch **Beschluss.** Er ist 5
Vollstreckungstitel (§ 794 Abs. 1 Nr. 3 iVm. § 494a Abs. 2 S. 2) und sowohl Antragsteller als auch Antragsgegner zuzustellen (§ 329 Abs. 3). Beiden Seiten steht die **sofortige Beschwerde** zu (Abs. 2 S. 2).

---

[2] Bericht des Rechtsausschusses, BT-Drucks. 11/8283, S. 48

[3] *Schreiber* NJW 1991, 2600, 2602; ebenso *Hansens* NJW 1991, 953, 958; anders der Bericht des Rechtsausschusses, BT-Drucks. 11/8283, S. 48.

[4] *Baumbach/Lauterbach/Hartmann* Rn. 4.

[5] OLG Zweibrücken NJW-RR 1996, 573; *Zöller/Herget* Rn. 6; aA OLG Schleswig BauR 1996, 590, 591; Thür. OLG MDR 2000, 783; *Schmitz* BauR 1996, 340, 341; *Werner/Pastor* Rn. 128; *Baumbach/Lauterbach/Hartmann* Rn. 5.

Abschnitt 2. Verfahren vor den Amtsgerichten

§ 495 Anzuwendende Vorschriften

(1)* Für das Verfahren vor den Amtsgerichten gelten die Vorschriften über das Verfahren vor den Landgerichten, soweit nicht aus den allgemeinen Vorschriften des Buches 1, aus den nachfolgenden besonderen Bestimmungen und aus der Verfassung der Amtsgerichte sich Abweichungen ergeben.

I. Normzweck

1 Vor den Amtsgerichten werden, da mit der Ausnahme des § 78 Abs. 2 (Verfahren vor den Familiengerichten) eine Vertretung durch Rechtsanwälte nicht vorgeschrieben ist, zahlreiche Prozesse von den Parteien selber oder von nicht rechtskundigen Prozessbevollmächtigten geführt. Dabei besteht die Gefahr, dass die im Prozess gebotenen Möglichkeiten zum Vorbringen (Sachvortrag und Beweisangebote) nicht oder nicht vollständig genutzt werden und die Parteien dadurch Nachteile erleiden.[1] Dem vorzubeugen ist Aufgabe **der Vorschriften über das Verfahren vor den Amtsgerichten.** Der entscheidende Beitrag hierzu wird allerdings durch § 139 geleistet.[2] Die in ihm geregelte Aufklärungs- und Hinweispflicht des Gerichts wird für das amtsgerichtliche Verfahren nur in den §§ 499, 504, 510 geringfügig erweitert. Das hat seinen Grund darin, dass der frühere § 502 Abs. 1, der eine erhebliche Erweiterung der Aufklärungs- und Hinweispflicht für das amtsgerichtliche Verfahren vorsah, bereits 1924 in den § 139 Abs. 1 übernommen worden ist.[3] Die sich aus den vorgenannten Vorschriften ergebenden Möglichkeiten reichen aus, die Parteien durch das Eingreifen des Gerichts vor den Risiken eines Fehlverhaltens im Prozess zu schützen. Dafür ist nicht einmal ihre extensive Interpretation erforderlich. Die Problematik der richterlichen Aufklärungs- und Hinweispflicht ergibt sich nicht aus dem Inhalt der gesetzlichen Regelung, sondern allein daraus, dass sie in erheblichem Umfang nicht erfüllt wird.[4] An diesem Zustand könnte durch eine Änderung des Inhalts der einschlägigen Normen nur wenig geändert werden. Die Bereitschaft der Richter, die durch § 139 gegebenen Möglichkeiten auszuschöpfen, kann nur durch eine Verminderung ihrer Belastung gefördert werden, die ihnen ausreichend Zeit für die Erledigung des einzelnen Prozesses gibt. Aufklärende Hinweise und die Durchführung zusätzlicher Termine, um das auf die Hinweise erfolgende Vorbringen aufzuarbeiten, erfordern Zeit, und wo diese infolge der gerade für die Amtsgerichte typischen Überlastung fehlt, ist die Versuchung für den Richter groß, scheinbare Entscheidungsreife[5] nicht durch aufklärende Hinweise zu zerstören.

II. Regelungsinhalt

2 § 495 gibt selber keine **Verfahrensregeln.** Er bestimmt vielmehr den Kreis der für das Verfahren vor den Amtsgerichten anzuwendenden Vorschriften.

3 **1. Geltung der Vorschriften für das Verfahren vor den Landgerichten.** Hiermit sind die im ersten Abschnitt des zweiten Buchs enthaltenen Bestimmungen der §§ 253 bis 494a gemeint. Ihre ausdrückliche Übernahme für das Verfahren vor den Amtsgerichten war erforderlich. Es wird in ihnen zwar der Ablauf des Verfahrens in der ersten Instanz geregelt. Ihre Geltung wird aber durch die Abschnittsüberschrift auf das Verfahren vor den Landgerichten beschränkt.

4 Die Vorschriften für das Verfahren vor den Landgerichten gelten auch, soweit sie typischerweise die Gefahr einer **Benachteiligung** anwaltlich nicht vertretener Parteien erhöhen. Ihre Geltung

---

* Absatzzähler amtlich.

1 Zu den tatsächlichen Gegebenheiten des Verfahrens vor den Amtsgerichten *Steinbach/Kniffka,* Strukturen des amtsgerichtlichen Zivilprozesses, Methoden und Ergebnisse einer rechtstatsächlichen Aktenuntersuchung, 1982; *Kniffka* DRiZ 1982, 13.

2 Die Bedeutung der richterlichen Hinweispflicht für das Verfahren vor den Amtsgerichten heben hervor: *Laumen,* Das Rechtsgespräch im Zivilprozeß, 1983, S. 97ff.; *Baumbach/Lauterbach/Hartmann* Vor § 495 Rn. 3; *Musielak/Wittschier* Rn. 1; *Thomas/Putzo/Reichold* Rn. 3; *Zöller/Herget* Rn. 3.

3 Durch die VO über das Verfahren in bürgerlichen Rechtsstreitigkeiten v. 13. 2. 1924 (RGBl. I S. 135). Dazu *Peters,* Richterliche Hinweispflichten und Beweisinitiativen im Zivilprozeß, 1983, S. 42f.

4 *E. Schmidt,* Demokratie und Recht, 1984, 24, 37f.; *Deubner,* FS Schiedermair, 1976, S. 79, 87ff.

5 Sie ergibt sich bei unsubstantiiertem Vorbringen und beim Unterbleiben von Vorbringen.

wird in den §§ 495 ff. nur durch wenige Spezialvorschriften eingeschränkt, und das lässt den Rückgriff auf den Gedanken des Benachteiligungsschutzes mit dem Ziel einer weitergehenden Einschränkung ihrer Anwendbarkeit nicht zu. Anwendbar bleiben daher die Vorschriften über die **Zurückweisung von Vorbringen** wegen der Versäumung von Fristen (vor allem der Klageerwiderungsfrist) in § 296 Abs. 1 und das schriftliche Vorverfahren, die für das gleichfalls als Parteiprozess ausgestaltete arbeitsgerichtliche Verfahren nicht übernommen worden sind (§ 46 Abs. 2 S. 2 ArbGG). Im amtsgerichtlichen Verfahren bleibt dem Richter daher nur die Möglichkeit, auf die Setzung von Klageerwiderungsfristen, die dazu führen können, dass ein Prozess bereits durch das Verhalten vor der mündlichen Verhandlung verloren wird,[6] zu verzichten.

2. Abweichende Bestimmungen. Von den allgemeinen Vorschriften des Ersten Buchs enthalten § 45 Abs. 2 (Ablehnung des Amtsrichters), § 79 (Vertretung der Partei), § 83 Abs. 2 (Vollmacht für einzelne Prozesshandlungen), § 87 Abs. 1 (Erlöschen der Vollmacht), § 88 Abs. 2 (Prüfung der Vollmacht von Amts wegen), § 90 (Zulassung von Beiständen), § 129 Abs. 2 (keine obligatorische Vorbereitung durch Schriftsätze), § 163 Abs. 2 S. 1 (Protokollunterschrift durch den Urkundsbeamten bei Verhinderung des Richters), § 217 (Verkürzung der Ladungsfrist) Sondervorschriften für das Verfahren vor dem Amtsgericht. Diese ändern aber nicht Vorschriften des Ersten Abschnitts des Zweiten Buchs. Die Formulierung des § 495 ist daher verfehlt. 5

Abweichungen aus der **Verfassung der Amtsgerichte** ergeben sich daraus, dass den Amtsgerichten Einzelrichter vorstehen. Der Amtsrichter nimmt daher zugleich die Funktionen des Vorsitzenden und die des Gerichts wahr. 6

§ 495 a Verfahren nach billigem Ermessen

[1]Das Gericht kann sein Verfahren nach billigem Ermessen bestimmen, wenn der Streitwert sechshundert Euro nicht übersteigt. [2]Auf Antrag muss mündlich verhandelt werden.

Übersicht

I. Normzweck

Die Vorschrift[1] will bei Sachen mit **geringerem Streitwert** eine Vereinfachung und Beschleunigung des Verfahrens erreichen und damit die Leistungsfähigkeit der Amtsgerichte steigern. 1

Ob dieses Ziel erreicht worden ist, ja überhaupt erreicht werden kann, ist zweifelhaft. Es soll zwar nach Erfahrungsberichten aus der Praxis eine Entlastungswirkung eingetreten sein.[2] Anderer- 2

[6] S. hierzu *Deubner* NZA 1985, 113 f.

[1] Eingeführt durch das Rechtspflege-VereinfachungsG v. 17. 12. 1990, BGBl. 1990 I S. 2847 und danach mehrfach geändert.

[2] *Leutheuser-Schnarrenberger* NJW 1995, 2441, 2447; BT-Drucks. 12/3832 S. 29.

seits wird aber festgestellt, dass von den Amtsgerichten eine merkliche Arbeitserleichterung durch die Einführung des § 495a nicht vermeldet werde[3] und gerügt, dass Parlament, Bundesjustizministerium und einzelne Justizministerien bislang kein Interesse bekundet hätten, die Auswirkungen des § 495a hinsichtlich einer möglichen Entlastung oder Vereinfachung zu untersuchen.[4] Die Chancen dafür, dass durch § 495a eine Beschleunigung des Verfahrens erreicht wird, stehen eher schlecht. Die Ermessensfreiheit des Amtsrichters ist durch die Verfahrensprinzipien des Grundgesetzes in der Ausprägung durch die Rechtsprechung des Bundesverfassungsgerichts so eingeengt (dazu näher Rn. 17 bis 23), dass ihre Beachtung zu einem Verfahren führt, das von den allgemeinen Vorschriften kaum abweicht. Die oft schwierige und zeitraubende Aufgabe der Sachverhaltsfeststellung und die rechtliche Würdigung des Sachverhalts lassen sich zudem durch Verfahrensvorschriften nicht vereinfachen.

3 Eine **Arbeitserleichterung** für den Amtsrichter wird durch § 313a Abs. 1 erreicht.[5]

II. Anwendungsvoraussetzungen

4 **1. Geltungsbereich.** § 495a gilt, wie sich aus seiner Einordnung in den 2. Abschnitt des 2. Buchs ergibt, nur für das Verfahren vor den Amtsgerichten.[6] Eine entsprechende Anwendung auf das Verfahren vor den Landgerichten ist wegen der Eindeutigkeit der gesetzlichen Regelung ausgeschlossen.

5 Die Vorschrift gilt für **alle Verfahren vor dem Amtsgericht,** die nach den Vorschriften der ZPO abgewickelt werden. Einschränkungen, die sich aus der Art des Streitgegenstandes ergeben, sind in § 495a nicht vorgesehen.

6 Für **Sonderverfahren** (Urkunden-, Wechsel- und Scheckprozess, Arrest- und einstweiliges Verfügungsverfahren, Mahnverfahren) gilt § 495a mit der Einschränkung, dass ihre Spezialvorschriften nicht durch die Gestaltungsfreiheit des Richters außer Kraft gesetzt werden dürfen.[7] Auch diese Vorschriften dienen der Vereinfachung und Beschleunigung des Verfahrens. Soweit sich aber der Ablauf der Sonderverfahren über ihre eigenen Regeln hinaus vereinfachen lässt, ist der Rückgriff auf § 495a zulässig. Bei einer gem. § 595 Abs. 2 zulässigen Parteivernehmung kann etwa nach billigem Ermessen von der Vorschrift des § 450 abgewichen werden. Es besteht kein Anlass, hinsichtlich der Technik der Wahrheitsfindung an die genannten Verfahren höhere Anforderungen zu stellen als an das Nachverfahren.

7 § 495a gilt auch dann, wenn das angerufene Amtsgericht örtlich nicht zuständig ist. Der in derartigen Fällen gebotene **Verweisungsbeschluss** oder ein **klagabweisendes Urteil** können in einem Verfahren nach billigem Ermessen erlassen werden. Es entspricht dem Sinn der Vorschrift, auch weniger weitgehende Entscheidungen in einem vereinfachten Verfahren zu erlassen.

8 **2. Streitwertgrenze.** Der Streitwert darf 600 Euro nicht übersteigen. Für die Bestimmung des Streitwerts gelten gem. § 2 die §§ 3ff. Maßgeblich ist danach der Wert im Zeitpunkt der Einreichung der Klage (§ 4 Abs. 1). Eine Erhöhung oder Verringerung des Wertes des Streitgegenstandes (ohne Veränderung des Streitgegenstandes) im Verlauf des Verfahrens ist daher unerheblich. Erheblich ist dagegen die Veränderung des Streitwerts durch eine **Änderung des Streitgegenstandes.** Sinkt der Streitwert infolge einer Klagerücknahme unter 600 Euro oder steigt er infolge einer Klageerweiterung (Antragserhöhung oder Einführung eines zusätzlichen Anspruchs) oder einer auswechselnden Klageänderung über 600 Euro, so wird § 495a anwendbar oder unanwendbar.[8] Die **Erhebung einer Widerklage** macht wegen § 5 2. Halbs. § 495a erst dann unanwendbar, wenn ihr Wert 600 Euro übersteigt. In den letztgenannten Fällen wird durch eine Parteihandlung die Bemessungsgrundlage verändert, und diese Tatsache muss berücksichtigt werden.

9 Ordnet das Gericht eine **Prozesstrennung** gem. § 145 an, so ist die Anwendbarkeit des § 495a für jedes der nunmehr verselbstständigten Verfahren gesondert zu prüfen. Verbindet das Gericht mehrere Prozesse (§ 147), so wird § 495a unanwendbar, wenn der Streitwert der verbundenen Verfahren 600 Euro übersteigt.

---

[3] *Städing* NJW 1996, 691, 692.

[4] *Rottleuthner* NJW 1996, 2473, 2474.

[5] Das Absetzen des Tatbestands ist oft auch für den geübten Richter eine äußerst zeitraubende Tätigkeit.

[6] *Kunze,* Das amtsgerichtliche Bagatellverfahren nach § 495a ZPO, 1995, S. 73; *Musielak/Wittschier* Rn. 1; *Thomas/Putzo/Reichold* Rn. 1.

[7] So auch *Zöller/Herget* Rn. 4; *Musielak/Wittschier* Rn. 1; *Fischer* MDR 1994, 978, 979; aA *Bergerfurth* NJW 1991, 961, 962; *Baumbach/Lauterbach/Hartmann* Rn. 7. Eingehend zu dieser Frage *Kunze* (Fn. 6) S. 74–80.

[8] *Kunze* (Fn. 6) S. 82ff.; *Fischer* MDR 1994, 978, 979; *Zöller/Herget* Rn. 5; *Baumbach/Lauterbach/Hartmann* Rn. 5.

Entfallen die Voraussetzungen für das vereinfachte Verfahren, so dürfen die in ihm gewonnenen Verfahrensergebnisse für das weitere Verfahren verwandt werden.[9] Sie sind Früchte eines rechtmäßigen Verfahrens, und die auch im Verfahren gem. § 495a uneingeschränkt geltenden verfassungsrechtlichen Verfahrensregeln bieten eine die Fortgeltung rechtfertigende Richtigkeitsgewähr. 10

III. Wahl der Verfahrensform

Das Gericht kann sein Verfahren nach billigem Ermessen bestimmen. Ob es das tut oder nicht, ist seiner **freien Entscheidung** überlassen. Regeln für diese Entscheidung stellt das Gesetz nicht auf. Die Mitwirkungsrechte der Parteien beschränken sich darauf, dass auf ihren Antrag mündlich verhandelt werden muss (S. 2). 11

Eine Anordnung des vereinfachten Verfahrens schreibt § 495a nicht vor. Das Bundesverfassungsgericht[10] leitet aber aus Art. 103 Abs. 1 GG eine dahingehende Pflicht des Gerichts ab, da den Parteien sonst die Möglichkeit genommen werde, einen Antrag auf mündliche Verhandlung gem. S. 2 zu stellen. In der Anordnungsverfügung ist darzulegen, in welcher Weise das Gericht beabsichtigt, vom ordentlichen Verfahren abzuweichen.[11] **Die Wahl** des vereinfachten Verfahrens **bindet das Gericht nicht** an die gewählte Verfahrensart. Hält das Gericht es für angebracht, zum ordentlichen Verfahren zurückzukehren, so steht ihm das jederzeit frei. 12

IV. Grenzen des Ermessens

1. Einschränkung durch den Gesetzeswortlaut. Mit dem Begriff „sein Verfahren" ist das Vorgehen des Gerichts in den bei ihm anhängig werdenden Rechtsstreitigkeiten gemeint. Es wird durch § 495a also nicht die Anwendbarkeit sämtlicher Normen der ZPO zur Disposition des Gerichts gestellt, sondern nur die Anwendbarkeit der Vorschriften, die seine Tätigkeit regeln.[12] Es geht daher nicht um die Verfahrensvoraussetzungen, die Einleitung des Verfahrens und seine Folgen. Die diese Bereiche regelnden Vorschriften bleiben unverändert in Kraft. Dem Ermessen des Gerichts bleibt lediglich überlassen, wie es das Vorbringen der Parteien zur Kenntnis nimmt (schriftliches oder mündliches Verfahren), wie es den Sachverhalt klärt und seine Entscheidungen bekannt macht. Das vereinfachte Verfahren besteht damit im Wesentlichen in einer Freistellung des Gerichts von der Bindung an die Vorschriften der §§ 355 bis 455. 13

2. Bindung an das materielle Recht. Aus der Beschränkung des billigen Ermessens auf die Gestaltung des Verfahrens folgt, dass § 495a die Verpflichtung des Gerichts, das materielle Recht anzuwenden, nicht berührt.[13] 14

3. Uneingeschränkte Wahrheitsermittlung. Aus der Beschränkung des Ermessens auf die Gestaltung des Verfahrens ergibt sich weiter, dass das Gericht auch im vereinfachten Verfahren die Aufgabe hat, sich voll von der **Richtigkeit der Tatsachen** zu überzeugen,[14] auf die es die Anwendung der materiellen Rechtsnormen stützen will. Hätte der Gesetzgeber den Gerichten gestatten wollen, sich für die Rechtsanwendung mit einem geringeren Grad von Wahrscheinlichkeit zu begnügen, hätte er das anordnen müssen, wie es etwa für das Arrest- und einstweilige Verfügungsverfahren geschehen ist. 15

4. Bindung an die Beweislastregeln. Gelingt es dem Gericht unter Ausschöpfung der vorhandenen Beweismittel nicht, sich von der Richtigkeit der entscheidungserheblichen Tatsachen zu überzeugen, so hat es nach den **Regeln der Beweislast** zu entscheiden. Diese bleiben **uneingeschränkt verbindlich.** Sie regeln nicht das Verfahren des Gerichts (die Sachverhaltsermittlung), sondern die Folgerungen, die aus dem Ergebnis der Sachverhaltsermittlung zu ziehen sind. 16

5. Gewährung rechtlichen Gehörs. Das Gericht muss den Grundsatz der Gewährung rechtlichen Gehörs beachten.[15] Als Verfassungsnorm (Art. 103 Abs. 1 GG) kann er vom Gesetz nicht 17

---

[9] *Zöller/Herget* Rn. 3; *Baumbach/Lauterbach/Hartmann* Rn. 5.

[10] NJW-RR 1994, 254, 255.

[11] *Städing* NJW 1996, 691, 696; *Kuschel/Kunze* DRiZ 1996, 193, 195 mit dem Beispiel einer Verfahrensverfügung; *Thomas/Putzo/Reichold* Rn. 2.

[12] AA *Kunze* (Fn. 6) S. 88 ff.; *Fischer* MDR 1994, 978, 979; *Zöller/Herget* Rn. 2; *Baumbach/Lauterbach/Hartmann* Rn. 11.

[13] LG Baden/Baden NJW-RR 1994, 1088; *Bergerfurth* NJW 1991, 961; *Musielak/Witschier* Rn. 5; *Baumbach/Lauterbach/Hartmann* Rn. 13.

[14] BT-Drucks. 11/4155 S. 11.

[15] BVerfG NJW-RR 1994, 254, 255; NJW 2006, 2248, 2249; eingehend zur Frage wann ein Verstoß gegen ZPO-Vorschriften zugleich den Grundsatz rechtlichen Gehörs verletzt *Zuck* NJW 2006, 3753 ff.

eingeschränkt werden. Der Gesetzgeber kann den Richter zwar von der Bindung an die Vorschriften der ZPO lösen. Er bleibt aber doch in vielen Fällen im Ergebnis an sie gebunden, weil sich unmittelbar aus Art. 103 Abs. 1 GG Verfahrensregeln gleichen Inhalts ergeben. Die **Entscheidungen des Bundesverfassungsgerichts,** die sich mit der Auslegung des Art. 103 Abs. 1 GG befassen, werden im vereinfachten Verfahren zur Prozessordnung. Das Ermessen des Gerichts wird dadurch in erheblichem Umfang eingeschränkt.

18 **a) Recht auf Äußerung.** Das Gericht muss den Parteien Gelegenheit geben, sich zur Sache in tatsächlicher und rechtlicher Hinsicht **verfahrensgerecht zu äußern.**[16] Dazu gehört auch die Stellungnahme zum Vorbringen des Gegners, zu den Ergebnissen einer Beweisaufnahme und zu den Erklärungen des Gerichts.

19 Verfahrensgerecht äußern kann sich eine Partei oft nur dann, wenn sie die Informationsquellen im Prozess nutzen kann. Zur Gewährung rechtlichen Gehörs gehört es daher auch, dass den Parteien ermöglicht wird, vom Gericht herangezogene **Auskunftspersonen** (Zeugen, Sachverständige, Parteien, auskunfterteilende Stellen) **zu befragen.**

20 Um den Parteien verfahrensgerechtes Vorbringen zu ermöglichen, muss das Gericht ihnen seine **Bedenken gegen** die **Schlüssigkeit oder Erheblichkeit ihres Vorbringens** offenlegen. Das Recht zur Äußerung ist daher oft nur dann gewahrt, wenn das Gericht seine Pflichten aus § 139 erfüllt hat.

21 **b) Recht auf Information.** Das Gericht muss den Parteien alle Informationen, die es erhält oder über die es bereits verfügt, zugänglich machen. Dazu gehören etwa die Äußerungen des Gegners[17] nebst sämtlichen Anlagen,[18] allgemeinkundige Tatsachen, soweit sie einer Partei möglicherweise nicht bekannt sind, und von Amts wegen eingeführte Tatsachen. Erhält das Gericht **mündliche Mitteilungen,** die von den Parteien nicht mitgehört werden, müssen diese den Parteien in vollem Umfang mitgeteilt werden. Verkürzungen der Information, wie sie bei der Protokollierung von Aussagen üblich sind, sind unzulässig. Ihre Rechtfertigung im Hinblick auf Art. 103 Abs. 1 GG liegt allein darin, dass die Parteien zumindest die Möglichkeit haben, Aussagen mitzuhören.

22 **c) Recht auf Berücksichtigung.** Art. 103 Abs. 1 GG verpflichtet das Gericht, das Vorbringen der Parteien einschließlich ihrer Beweisangebote zur Kenntnis nehmen und in Erwägung zu ziehen.[19] Das Gericht muss also den Sachvortrag auf seine Erheblichkeit prüfen und, soweit die Erheblichkeit bejaht wird und der Gegner den Sachverhalt bestreitet, die angebotenen Beweise erheben. Im vereinfachten Verfahren haben die Parteien daher in gleichem Umfang wie im ordentlichen Verfahren einen **Anspruch auf erschöpfende Berücksichtigung ihrer Beweisanträge.**[20] Das Gericht darf also auch im vereinfachten Verfahren die Anhörung weiterer Zeugen erst dann einstellen, wenn es das Beweisthema als bestätigt ansieht.

23 **d) Präklusion von Vorbringen.** Die Präklusion von Vorbringen kann in Ausübung des dem Gericht eingeräumten billigen Ermessens nicht erweitert werden. Das Gericht bleibt also auch im vereinfachten Verfahren an die Vorschriften des § 296 Abs. 1 und 2 gebunden. Die unrichtige Anwendung der Präklusionsnormen stellt zwar nicht stets eine Verletzung des Art. 103 Abs. 1 GG dar. Die Zurückweisung von Vorbringen greift aber in den Schutzbereich dieser Vorschrift ein und das darf, da Art. 103 Abs. 1 GG keinen Gesetzesvorbehalt enthält, nur auf Grund **immanenter Grundrechtsschranken** geschehen, deren Klarstellung Sache des Gesetzgebers ist. Eine Zurückweisung von Vorbringen bedarf daher einer gesetzlichen Grundlage, die für das Verfahren erster Instanz in § 296 Abs. 1 und 2 gegeben ist.[21] Das Einräumen der Befugnis, das Verfahren nach billigem Ermessen zu gestalten, stellt nicht Grundrechtsschranken klar, sondern überlässt es dem Gericht, die Schranken zu bestimmen. Das ist unzulässig.

V. Gestaltung des Verfahrens

24 **1. Einleitung des Verfahrens.** Im Geltungsbereich des vereinfachten Verfahrens wird das Verfahren nach den allgemeinen Regeln eingeleitet. Insoweit geht es nicht um das Verfahren (Vorgehen) des Gerichts (Rn. 13), und nur dessen Gestaltung ist in das billige Ermessen des Gerichts gestellt.

---

[16] BVerfGE 69, 145, 148 = NJW 1985, 1150.
[17] BVerfGE 55, 95, 99.
[18] BVerfGE 50, 280, 284.
[19] BVerfGE 60, 247, 249; 70, 288, 293f.
[20] So auch *Musielak/Wittschier* Rn. 5; *Baumbach/Lauterbach/Hartmann* Rn. 42; aA wohl *Städing* NJW 1996, 691, 694.
[21] BVerfG NJW 1993, 1319.

2. Einführung des Parteivorbringens. Dem Gericht steht es frei, ohne mündliche Verhandlung zu entscheiden, das Vorbringen der Parteien also schriftlich entgegenzunehmen. Der schriftlichen Erklärung steht die Erklärung zu Protokoll gleich (§ 496 Rn. 3 f.). 25

Entscheidet sich das Gericht für ein **schriftliches Verfahren,**[22] muss es den Parteien seine dahingehende Absicht und den Zeitpunkt mitteilen, bis zu dem die Parteien ihr Vorbringen in den Prozess einführen können (vgl. Rn. 12). 26

3. Fristen zum Vorbringen. Das Gericht kann den Parteien Fristen zum Vorbringen setzen. Fristwidriges Vorbringen darf aber nur dann nach Maßgabe des § 296 Abs. 1 zurückgewiesen werden, wenn die Anwendungsvoraussetzungen dieser Vorschrift erfüllt sind (vgl. Rn. 23). 27

Fristen sind gem. Art. 103 Abs. 1 GG so zu bemessen, dass die Parteien ausreichende Gelegenheit haben, ihr Vorbringen dem Gericht zu unterbreiten. Da die hierfür erforderliche Zeit von den jeweiligen, dem Gericht meist unbekannten Gegebenheiten abhängt, sind gesetzlich vorgesehene Mindestfristen – diese beruhen auf Erfahrungswerten – nicht zu unterschreiten. Das rechtliche Gehör ist nur gesichert, wenn eher zu lange Fristen festgesetzt werden. 28

Die **Prozessförderungspflicht der Parteien** (§ 282 Abs. 1) besteht auch im schriftlichen Verfahren. Ihre Verletzung, die sich auch aus der Versäumung angemessener gerichtlicher Fristen ergeben kann, macht § 296 Abs. 2 anwendbar. 29

Dem Gericht ist im vereinfachten Verfahren nur die Erweiterung der Zurückweisungsbefugnis versagt. Da es, soweit es die Ermessensgrenzen (vgl. Rn. 13 ff.) nicht überschreitet, sein Verfahren nach billigem Ermessen gestalten darf, kann es zugunsten einer säumigen Partei auch zwingende **Präklusionsvorschriften unberücksichtigt lassen.** Auch in den Fällen des § 296 Abs. 1 steht daher die Zurückweisung in seinem Ermessen. 30

4. Bindung an Anträge und Vorbringen. Das Gericht ist auch im vereinfachten Verfahren gem. § 308 Abs. 1 an die Anträge der Parteien gebunden. Es geht insoweit nicht um die Gestaltung des gerichtlichen Verfahrens, sondern um seinen Gegenstand. Dieser ist aber (vgl. Rn. 13) der Gestaltung durch das Gericht entzogen. Das gilt auch für den Sachvortrag. Das Gericht darf daher nicht von Amts wegen ihm bekannte Tatsachen in das Verfahren einbeziehen. 31

5. Beweisaufnahme. a) Voraussetzungen. Die Durchführung einer Beweisaufnahme setzt wie im ordentlichen Verfahren **Erheblichkeit und Beweisbedürftigkeit** der zu klärenden Tatsache voraus. An der Beweisbedürftigkeit fehlt es auch im vereinfachten Verfahren immer dann, wenn eine Tatsache nicht bestritten ist. Dem Gericht auch in diesem Fall eine Überprüfung der Richtigkeit der Tatsache zu gestatten, ist mit der Zweckbestimmung des § 495 a, das Verfahren zu vereinfachen, unvereinbar. 32

b) Beweismittel. Zur Einleitung einer Beweisaufnahme ist ein Beweisbeschluss nicht erforderlich. 33

Das Gericht kann sich das **Wissen von Informationspersonen** (Zeugen, Sachverständige, Parteien) nicht nur durch Vernehmung oder schriftliche Gutachten, sondern auf jede andere Weise verfügbar machen, etwa durch schriftliche oder telefonische Befragung, bei Parteien ohne Bindung an die §§ 445 ff. sowie durch die Verwertung beigezogener Akten.[23] 34

Wird in das Wissen eines Zeugen eine andere Tatsache gestellt als die, die der Zeuge bei einer früheren Vernehmung bestätigt hat, so ist eine **Beschränkung auf die Verwertung des Protokolls** nicht zulässig. Es liegt ein neuer Beweisantrag vor, dessen Nichtberücksichtigung des Anspruch der Partei auf rechtliches Gehör verkürzen würde. 35

Der Inhalt der vom Gericht gewonnenen Information ist, wenn nicht eine Vernehmung in Gegenwart der Parteien stattgefunden hat, den Parteien in vollem Umfang bekanntzugeben. Das gilt gleichermaßen für schriftliche und fernmündliche Informationen. 36

Die Parteien behalten, wie auch immer das Gericht seine Informationen gewinnt, das Recht, an die Informationsperson Fragen zu stellen. Das Gericht bestimmt nach billigem Ermessen, in welcher Weise die Parteien ihr **Fragerecht** auszuüben haben. Es kann die Informationsperson zur Befragung laden oder den Parteien anheimstellen, schriftliche Fragen zu formulieren und diese dann der Informationsperson vorlegen. Wegen des unentziehbaren Fragerechts (vgl. Rn. 19) wird in der Regel die Vernehmung von Zeugen in einem Termin vor dem Prozessgericht die einfachste Verfahrensweise sein.[24] 37

---

[22] Teils wird gefordert, immer zu versuchen, den Rechtsstreit ohne mündliche Verhandlung zu entscheiden (*Städing* NJW 1996, 691, 693). Dagegen *Kuschel/Kunze* DRiZ 1996, 193, 195, die bei nicht anwaltlich vertretenen Parteien zumeist eine mündliche Verhandlung für sachdienlich halten. S. auch § 495 Rn. 1.

[23] Vgl. hierzu BT-Drucks. 11/4155 S. 11.

[24] So auch *Zöller/Herget* Rn. 10, wo vor einem „telefonisch/schriftlichen Beweisaufnahmezwitter" gewarnt wird.

38 **6. Antrag auf mündliche Verhandlung.** Auf Antrag einer Partei muss mündlich verhandelt werden (S. 2). Der Antrag kann, da irgendwelche Einschränkungen nicht gemacht sind, jederzeit im Verlauf des Verfahrens gestellt werden. Das Verfahren und damit die Antragsberechtigung endet mit der Verkündung oder der sonstigen Bekanntgabe der Entscheidung.

39 Das **Antragsrecht** darf durch das Gericht nicht eingeschränkt werden. Als Einschränkung wäre auch eine **Fristsetzung für die Antragstellung** durch das Gericht zu werten. Das Bedürfnis, mündlich zu verhandeln, kann für die Parteien je nach Lage des Prozesses zu den verschiedensten Zeitpunkten entstehen. Dass damit den Parteien auch ein Mittel an Hand gegeben wird, den Ablauf des Verfahrens zu verzögern, hat der Gesetzgeber mit der Einführung des Antragsrechts in Kauf genommen.

40 Der Antrag ist schriftlich oder zu Protokoll zu stellen. Das Gericht hat auf den Antrag hin einen Termin anzuberaumen, in dem den Parteien Gelegenheit gegeben werden muss, ihren **Sachvortrag und** ihren **Rechtsstandpunkt** dem Gericht darzulegen. Für die Verhandlung gelten die §§ 169ff. GVG.

41 Die Parteien können nur die Durchführung eines Verhandlungstermins fordern. Sie haben keinen Anspruch darauf, dass auch die **Beweisaufnahme im Rahmen der mündlichen Verhandlung** durchgeführt wird. Ist eine Beweisaufnahme erforderlich und will das Gericht diese nicht in der mündlichen Verhandlung durchführen, ist die mündliche Verhandlung auf einen Zeitpunkt nach Abschluss der Beweisaufnahme anzuberaumen. Nur so wird der anspruchstellenden Partei gewährleistet, dass ihre Sache, wie Art. 6 Abs. 1 MRK es fordert,[25] in billiger Weise vor Gericht öffentlich gehört wird. Das Ergebnis der Beweisaufnahme ist Teil ihrer Sache und muss daher in die Anhörung einbezogen werden. Ergibt sich auf Grund der mündlichen Verhandlung die Notwendigkeit, weitere Beweise zu erheben, muss auch über ihr Ergebnis mündlich verhandelt werden. Dem Gericht steht es aber auch in einem solchem Falle frei, die Beweise außerhalb der mündlichen Verhandlung zu erheben.

VI. Entscheidungen

42 **1. Streitiges Urteil.** Der Rechtsstreit ist durch Urteil zu entscheiden.[26] Die Ermessensklausel befugt das Gericht nicht, die Entscheidungsform zu wählen und den Rechtsstreit etwa durch Beschluss zu entscheiden. Das freigestellte Verfahren betrifft den Weg zur Entscheidung, nicht aber deren Form. Es bleibt daher auch ohne besondere Anordnung bei der Grundregel des § 300 Abs. 1.

43 Davon ist auch der Gesetzgeber ausgegangen. Mit der Übernahme der im früheren Abs. 2 für die Urteile im vereinfachten Verfahren vorgesehenen Bestimmungen, in denen auch die Entscheidung durch Urteil angeordnet wurde, für sämtliche unanfechtbaren Urteile[27] brachte der Gesetzgeber zum Ausdruck, dass diese Vorschriften auch weiterhin für das vereinfachte Verfahren gelten, dieses also durch Urteil entschieden werden soll.

44 Gleichzeitig stellt diese Regelung klar, dass die in §§ 313, 313a normierten Anforderungen an Inhalt und Umfang des Urteils auch für das vereinfachte Verfahren gelten, hier also keine Sonderregeln bestehen. Sie müssen daher so begründet werden, dass erkennbar wird, dass das Gericht sich mit den für die Entscheidung wesentlichen Gesichtspunkten auseinandergesetzt hat. Formelhafte Bezugnahmen auf das Parteivorbringen und Rechtsausführungen einer Partei widersprechen dem Anspruch der Parteien auf rechtliches Gehör.[28]

45 **2. Versäumnisurteil.** Wird ein vereinfachtes Verfahren schriftlich durchgeführt, kommen Versäumnisurteile nicht in Betracht. Das Gericht kann aus dem Nichtreagieren der Parteien Schlussfolgerungen ziehen (§ 138 Abs. 3), die ein kontradiktorisches Urteil ermöglichen. Ein Hinweis darauf ist nicht erforderlich, weil dieses Verfahren vom schriftlichen Regelverfahren nicht abweicht. Wird mündlich verhandelt – gleich ob von Amts wegen oder auf Antrag –, gelten uneingeschränkt die §§ 330ff.[29] Ein kontradiktorisches Urteil gegen die säumige Partei würde dieser ihr Recht auf mündliche Verhandlung nehmen. In der Säumnis liegt kein Verzicht auf die mündliche Verhandlung.

46 **3. Sonstige Entscheidungen.** Die Regeln des ordentlichen Verfahrens gelten auch für sonstige Entscheidungen im vereinfachten Verfahren. Auch bei ihnen geht es wie beim Urteil um Reaktio-

---

[25] Dieser Vorschrift soll durch das Antragsrecht der Parteien Geltung verschafft werden. Vgl. BT-Drucks. 11/4155 S. 11.

[26] *Thomas/Putzo/Reichold* Rn. 3; *Musielak/Wittschier* Rn. 8; *Baumbach/Lauterbach/Hartmann* Rn. 22.

[27] § 313a Abs. 1.

[28] LG München I NJW-RR 2004, 353; BayVerfGH NJW 2005, 3771, 3772.

[29] So auch *Peglau* NJW 1997, 2222, 2223; *Thomas/Putzo/Reichold* Rn. 2; aA AG Ahrensburg NJW 1996, 2516; *Baumbach/Lauterbach/Hartmann* Rn. 75.

nen auf bestimmte Verfahrenssituationen, und diese Reaktionen sind nicht in das Ermessen des Gerichts gestellt.

4. Verlautbarung von Urteilen. Das Gericht ist im vereinfachten Verfahren nicht gehalten, seine Urteile zu verkünden. Es steht dem Gericht vielmehr frei, seine Urteile durch **Zustellung an die Parteien** zu erlassen. 47

VII. Rechtsmittel

1. Streitige Urteile. Die im vereinfachten Verfahren ergangenen Urteile sind im Hinblick auf den Grenzstreitwert von 600 Euro regelmäßig nicht berufungsfähig (§ 511 Abs. 2 Nr. 1). Die §§ 511 Abs. 2 Nr. 2 und 514 Abs. 2 gelten aber auch für das vereinfachte Verfahren. 48

2. Versäumnisurteile und sonstige Entscheidungen. Für die Anfechtung der genannten Entscheidungen gelten die Vorschriften des ordentlichen Verfahrens. Die Rechtsmittelverfahren gehören nicht zu dem Verfahrensbereich, der vom Amtsgericht nach seinem billigen Ermessen gestaltet werden darf. Die Ansicht, dass das Gericht die Frist für den Einspruch frei festsetzen könne, findet im Gesetz keine Stütze. 49

§ 496 Einreichung von Schriftsätzen; Erklärungen zu Protokoll

Die Klage, die Klageerwiderung sowie sonstige Anträge und Erklärungen einer Partei, die zugestellt werden sollen, sind bei dem Gericht schriftlich einzureichen oder mündlich zum Protokoll der Geschäftsstelle anzubringen.

I. Normzweck

Die Zulassung von Anträgen und Erklärungen zu Protokoll soll die Lage anwaltlich nicht vertretener Parteien verbessern.[1] Die schriftliche Formulierung einer Klage, einer Klageerwiderung oder einer sonstigen Eingabe im Verlauf eines Prozesses kann erhebliche Schwierigkeiten bereiten, ein **Schriftzwang** wie im landgerichtlichen Verfahren sogar dazu führen, dass eine Partei eine Rechtsverfolgung oder Rechtsverteidigung unterlässt. 1

II. Erklärungsformen

1. Schriftliche Erklärungen. Der kurze Hinweis auf die Möglichkeit, Klagen, Klageerwiderungen, Anträge und Erklärungen schriftlich einzureichen, stellt klar, dass ein Prozess vor dem Amtsgericht in gleicher Weise geführt werden kann wie ein Prozess vor dem Landgericht. Er ändert nichts an den Anforderungen, die an schriftliche Erklärungen zu stellen sind. Sie müssen den §§ 253, 130, 131, 133 genügen. Der Hinweis ist im Grunde überflüssig. Wäre er im Gesetz nicht enthalten, wäre nach den für das landgerichtliche Verfahren geltenden Regeln ebenso zu verfahren. 2

2. Protokollierung. a) Voraussetzungen. Das Gesetz nennt nur den Gegenstand der Protokollierung, nicht dagegen Voraussetzungen für sie. Daraus folgt, dass jedermann das Recht hat, die Möglichkeit zur Protokollierung von Erklärungen in Anspruch zu nehmen. Es kommt insbesondere nicht darauf an, dass die Partei aus finanziellen Gründen nicht in der Lage ist, anwaltliche Hilfe in Anspruch zu nehmen. Auch einer anwaltlich vertretenen Partei steht es frei, eine Erklärung nicht durch ihren Rechtsanwalt einreichen zu lassen, sondern sie zu Protokoll zu erklären. Protokolliert werden können neben Klagen und Klageerwiderungen sämtliche Anträge und Erklärungen. Es ist nicht erforderlich, dass sie zu denen gehören, die gem. § 270 S. 1 zugestellt werden müssen. Zustellung in § 496 ist iSv. Bekanntmachung an den Prozessgegner zu verstehen. Nur so kann die Benachteiligung nicht schriftgewandter Parteien im Verfahren vor den Amtsgerichten bestmöglich behoben werden. Es können daher auch Erklärungen zu Protokoll abgegeben werden, die in Schriftsatzform dem Gegner ohne besondere Form mitzuteilen wären. Die **Protokollierung** ist somit ein **voller Schriftsatzersatz.** Ausgeschlossen von der Protokollierung sind lediglich Erklärungen, die erkennbar nicht der Förderung des Prozesses dienen, wie Erklärungen mit widersinnigem oder beleidigendem Inhalt. 3

Das Recht, Anträge und Erklärungen zu Protokoll anzubringen, kann durch **richterliche Anordnung gem. § 129 Abs. 2** nicht beseitigt werden. § 496 stellt im Interesse der Rechtsschutzsuchenden beide Erklärungsmöglichkeiten einander gleich, und § 129 Abs. 2 kann nicht entnommen 4

---

[1] BT-Drucks. 7/2729 S. 56; *Musielak/Wittschier* Rn. 1.

werden, dass die Gerichte befugt sein sollen, diese Gleichstellung aufzuheben.[2] Sein Wortlaut ist vielmehr dahin zu verstehen, dass die Anordnung der Vorbereitung der mündlichen Verhandlung den Parteien beide Möglichkeiten zur Wahl stellt.

5 **b) Durchführung.** Zuständig für die Entgegennahme von Anträgen und Erklärungen zu Protokoll der Geschäftsstelle ist **jedes Amtsgericht** (§ 129 a), also nicht nur das Amtsgericht, vor dem der Prozess geführt werden soll oder bereits geführt wird. Die Organisation der Geschäftsstelle, vor allem die Einrichtung besonderer Rechtsantragsstellen obliegt den Justizverwaltungen.[3] Es muss aber gewährleistet sein, dass die zur Entgegennahme von Erklärungen zuständigen Bediensteten den Rechtsschutzsuchenden während der gesamten Dienstzeit zur Verfügung stehen.[4] Aus der Zuweisung der Zuständigkeit ergibt sich die Verpflichtung, Anträge und Erklärungen entgegenzunehmen. Gegen die Weigerung, tätig zu werden, ist die Dienstaufsichtsbeschwerde gegeben. Die Erinnerung gem. § 573 oder gem. § 11 Abs. 2 RpflG ist nicht statthaft, weil die Weigerung, eine Verrichtung vorzunehmen, keine Entscheidung ist.[5]

6 Klagen (dazu gehören auch Widerklagen), Klageerwiderungen sowie Anträge und Erklärungen, die nach Schwierigkeit und Bedeutung den Klagen und Klageerwiderungen vergleichbar sind (das dürfte für die meisten Eingaben in einem Zivilprozess zu bejahen sein), sollen durch einen **Rechtspfleger** aufgenommen werden (§ 24 Abs. 2 Nr. 2 und 3 RpflG). Die Aufnahme durch eine weniger qualifizierte Urkundsperson stellt die Wirksamkeit der Niederschrift aber nicht in Frage.

7 **Vorschriften über die Aufnahme von Anträgen** und Erklärungen enthält das Gesetz nicht. Es genügt, dass die Niederschrift die aufnehmende Stelle, den aufnehmenden Bediensteten, den Erklärenden und den Inhalt des Antrags oder der Erklärung festhält und von dem Aufnehmenden unterschrieben wird. Ratsam – auch im Interesse des Aufnehmenden – ist es, den Erklärenden die Niederschrift unterschreiben zu lassen.[6] Die Erklärungen müssen in Gegenwart des Aufnehmenden abgegeben werden. Die telefonische Entgegennahme einer Erklärung ist unzulässig.[7]

8 **c) Aufgabe der Protokollierung.** Der Aufnehmende hat nicht nur die ihm gegenüber abgegebenen Erklärungen schriftlich niederzulegen. Er hat den Erklärenden auch zu beraten. Er hat darauf hinzuwirken, dass sachgerechte Anträge und Erklärungen abgegeben werden. Der Aufnehmende wird damit zum **Rechtsbeistand des Erklärenden.** Diese bereits früher anerkannte Erweiterung des Pflichtenkreises gegenüber der bloßen Aufnahme einer Niederschrift[8] entspricht der Zielsetzung des § 129 a, Barrieren vor dem Zugang zu den Gerichten abzubauen.[9] Bei der Aufnahme einer Klage muss der Aufnehmende etwa für die korrekte Bezeichnung der Parteien, die richtige Formulierung des Antrags und eine schlüssige Begründung des Antrags sorgen (erforderlichenfalls durch Erörterung der Sache) und den Kläger auf Bedenken gegen die Schlüssigkeit hinweisen. Er darf aber nicht mit der Begründung, dass eine Klage aussichtslos sei, die Protokollierung ablehnen.[10] Bei der Aufnahme einer Klageerwiderung müssen mit dem Beklagten auf der Grundlage der Klageschrift die Verteidigungsmöglichkeiten erörtert und der Beklagte auch auf solche Verteidigungsmöglichkeiten hingewiesen werden, die er nicht gesehen hat. Eine Verletzung der Beratungspflicht kann zu einer Haftung gem. Art. 34 GG führen.[11]

9 Die Aufgabe, für den Erklärenden beratend tätig zu sein, endet für den Aufnehmenden mit der Fertigstellung der Niederschrift und ihrer Weitergabe an den entscheidenden Richter (ggf. durch Weiterleitung an ein anderes Amtsgericht, § 129 a Abs. 2 S. 1). Erweist sich die protokollierte Erklärung als ergänzungsbedürftig, so sind gem. § 139 gebotene Hinweise der Partei zu erteilen, und es ist deren Sache, diese schriftlich oder durch erneute Inanspruchnahme der Protokollierungsmöglichkeit vor einem beliebigem Amtsgericht zu erfüllen.

10 **3. Fristprobleme.** Erfolgt eine **Protokollierung beim Prozessgericht,** so ist der protokollierte Antrag und eine protokollierte Erklärung mit der Niederschrift beim Gericht eingegangen. Wird vor einem anderen Gericht protokolliert, so hat dieses gem. § 129 a Abs. 2 S. 1 das Protokoll unverzüglich an das Gericht zu übersenden, an das die Erklärung gerichtet ist. Die Wirkung der in

---

[2] *Stein/Jonas/Leipold* § 129 Rn. 39; aA *Zöller/Herget* § 496 Rn. 1.
[3] *Kissel/Mayer* § 153 GVG Rn. 3 f.
[4] OLG Düsseldorf NJW 1988, 1923, 1924; *Stein/Jonas/Leipold* § 129 Rn. 1.
[5] *Stein/Jonas/Leipold* § 129 a Rn. 15.
[6] *Stein/Jonas/Leipold* § 129 a Rn. 14.
[7] BGHSt. 30, 64 = NJW 1981, 1627 m. weit. Nachw.
[8] RGZ 101, 428; OLG Schleswig SchlHA 1980, 73; *Kissel/Mayer* § 153 Rn. 17; *Stein/Jonas/Leipold* § 129 Rn. 13.
[9] BT-Drucks. 7/2729 S. 56.
[10] RG JW 1925, 2779; *Kissel/Mayer* § 153 Rn. 17.
[11] *Stein/Jonas/Leipold* § 129 a Rn. 15.

der Niederschrift enthaltenen Prozesshandlung tritt frühestens mit dem **Eingang des Protokolls** bei diesem Gericht ein (§ 129a Abs. 2 S. 2). Sind von der Partei Erklärungsfristen zu wahren (insbesondere die Klageerwiderungsfrist durch den Beklagten), so muss das Protokoll innerhalb der Frist beim Prozessgericht eingehen. Das gilt auch für die Vorverlegung der Zustellungswirkung gem. § 167, die eine Wirkung der protokollierten Prozesshandlung ist. Die Protokollierung bei dem für die Erledigung des Antrags nicht zuständigen Amtsgericht ist noch nicht die „Anbringung des Antrags" iSv. § 167.

4. Kosten. Die Protokollierung von Anträgen und Erklärungen löst **keine Gebühren** aus. Ein 11
Gebührentatbestand ist für sie im GKG nicht vorgesehen.

§ 497 Ladungen

(1) [1]Die Ladung des Klägers zu dem auf die Klage bestimmten Termin ist, sofern nicht das Gericht die Zustellung anordnet, ohne besondere Form mitzuteilen. [2]§ 270 Satz 2 gilt entsprechend.

(2) [1]Die Ladung einer Partei ist nicht erforderlich, wenn der Termin der Partei bei Einreichung oder Anbringung der Klage oder des Antrages, auf Grund dessen die Terminsbestimmung stattfindet, mitgeteilt worden ist. [2]Die Mitteilung ist zu den Akten zu vermerken.

I. Normzweck

Die Vorschrift soll das Ladungsverfahren vereinfachen. Ladungen zu einem Termin (die 1
Aufforderung zum Termin zu erscheinen) sind grundsätzlich zuzustellen. Das wird zwar in § 214 nicht ausdrücklich angeordnet. Angeordnet wird die Zustellung lediglich für die Terminsbestimmung, die in einer nicht verkündeten Entscheidung erfolgt (§ 329 Abs. 2 S. 2). Da die Ladung, die Aufforderung zum Termin zu erscheinen, üblicherweise mit der Mitteilung der Bestimmung des Termins verbunden wird, erstreckt sich der Zwang zur Zustellung regelmäßig auch auf die Ladung. Abs. 1 verzichtet auf die Zustellung, Abs. 2 sogar auf die Ladung und begnügt sich mit der bloßen Mitteilung von der Bestimmung des Termins.

II. Vereinfachung der Ladung

1. Durchführung der Ladung. Abs. 1 hebt für die Ladung des Klägers zu dem auf die Klage 2
bestimmten Termin – nach der Konzeption des Gesetzes ist das der frühe erste Termin iSv. § 272 Abs. 2 – jegliche Formbindung auf. Die Ladung zu diesem Termin kann danach auch mündlich (telefonisch) wirksam erfolgen, wird aber üblicherweise mit einfachem Brief übersandt.

Die Vereinfachung der Ladung gilt nur für den **auf die Klage bestimmten Termin.** Wird 3
dieser aufgehoben und ein neuer Termin anberaumt oder wird im weiteren Verlauf des Prozesses ein Termin außerhalb der mündlichen Verhandlung bestimmt (bei der Verkündung im Termin gilt § 218), so ist die Ladung zuzustellen.[1]

2. Nachweis des Zugangs. Abs. 1 S. 2 gibt durch die Verweisung auf § 270 S. 2 dem Gericht 4
eine Handhabe für das weitere Verfahren. Es kann ohne weitere Prüfung von dem sich aus § 270 S. 2 ergebenden Zugangszeitpunkt ausgehen. Eine **Zugangsvermutung** zu Lasten des Klägers wird durch die genannte Vorschrift entgegen ihrem Wortlaut nicht begründet.[2] Gelingt es dem Kläger nicht glaubhaft zu machen, dass ihm die Ladung nicht oder später als in § 270 S. 2 angenommen zugegangen ist, darf das Gericht bei einer Entscheidung gegen den Kläger (etwa bei einer Kostenentscheidung gem. § 344) nicht davon ausgehen, dass die gesetzliche Annahme zutrifft, solange es sich nicht von der Richtigkeit dieser Annahme überzeugt hat. Es geht insoweit darum, ob dem Kläger **rechtliches Gehör** gewährt worden ist, und von der Beachtung dieses Verfahrensgrundrechts darf das Gericht nur ausgehen, wenn es davon voll überzeugt ist.[3] Wo es um die Beachtung von Verfassungsrechten geht, ist eine Beweislastumkehr zu Lasten des Berechtigten unzulässig, weil jede Beweislastumkehr dazu führt, dass eine bestimmte Zahl von Verletzungen des Rechts in Kauf genommen werden muss. Um die Beweisbarkeit des Zugangs sicherzustellen, empfiehlt es sich daher, dem Empfänger eine Empfangsbestätigung abzuverlangen.[4] Ein Absendevermerk ist ungeeignet, den Zugang der abgesandten Ladung nachzuweisen.

---

[1] AA für den Fall der Terminsverlegung *Zöller/Herget* Rn. 2.
[2] So auch *Stein/Jonas/Leipold* Rn. 4.
[3] BVerfGE 36, 85, 86 = NJW 1974, 133.
[4] Das wird vom BVerfG (Fn. 3) gefordert.

III. Terminsmitteilung

5 Die Ersetzung der Ladung durch die schlichte Mitteilung des Termins ist nur möglich, wenn sie **bei Einreichung** (Übergabe) oder **bei der Protokollierung** (Anbringung) einer Klage oder eines sonstigen terminauslösenden Antrags erfolgt. Sie muss also erfolgen, wenn die Partei zu den vorgenannten Zwecken das Gericht aufgesucht hat. Erscheinen beide Parteien (was in der Praxis kaum vorkommen dürfte), so kann die ladungsersetzende Mitteilung des Termins an beide erfolgen.[5] Eine später erfolgende Mitteilung ist unbeachtlich.[6] Sie vermag die Ladung nicht zu ersetzen.

6 Die ladungsersetzende Mitteilung kann außer an die Partei auch an Personen erfolgen, an die eine Ladung zugestellt werden kann. Das sind gesetzliche Vertreter (§ 170) und Prozessbevollmächtigte. Mitteilungen an Boten der Parteien oder der vorgenannten Personen ersetzen eine Ladung nicht.

7 Der in Abs. 2 S. 2 vorgeschriebene Vermerk ist von dem zu fertigen, der den Termin mitgeteilt hat. Der Vermerk muss den Tag der Mitteilung und den Empfänger bezeichnen. Er ist von dem Mitteilenden zu unterschreiben.

8 Der Vermerk über die Mitteilung ist nicht Voraussetzung für die Wirksamkeit der Mitteilung. Ohne ihn kann aber der Nachweis der Mitteilung nicht geführt werden. Erscheint der Mitteilungsempfänger nicht, kann daher ein Versäumnisurteil gegen ihn nicht ergehen.

§ 498 Zustellung des Protokolls über die Klage

Ist die Klage zum Protokoll der Geschäftsstelle angebracht worden, so wird an Stelle der Klageschrift das Protokoll zugestellt.

1 Die Vorschrift ist überflüssig. Die zu Protokoll angebrachte Klage hat die gleiche Funktion wie die schriftlich eingereichte. Es ist daher selbstverständlich, dass an Stelle der Klageschrift dem Beklagten das die Klage enthaltende Protokoll zugestellt wird.

2 § 498 regelt nur, was zugestellt werden soll. Die an eine Klage zu stellenden Anforderungen, die auch für das Klageprotokoll gelten (vgl. § 496 Rn. 8), werden durch § 498 nicht berührt. Weist das Protokoll Mängel auf, so ist es trotzdem zuzustellen. Das Gericht hat im weiteren Verlauf gem. § 139 auf die Behebung der Mängel hinzuwirken.

§ 499 Belehrungen

(1) Mit der Zustellung der Klageschrift oder des Protokolls über die Klage ist der Beklagte darüber zu belehren, dass eine Vertretung durch einen Rechtsanwalt nicht vorgeschrieben ist.

(2) Mit der Aufforderung nach § 276 ist der Beklagte auch über die Folgen eines schriftlich abgegebenen Anerkenntnisses zu belehren.

I. Normzweck

1 Die Vorschrift verfolgt, nach der Erweiterung durch Abs. 1[1] in doppelter Hinsicht, ein Grundanliegen der Sonderregeln für das Verfahren vor den Amtsgerichten: die Beseitigung von Informationslücken bei den Parteien, hier auf der Beklagtenseite. Es ist sicherlich nicht jedem Beklagten bekannt, dass mit wenigen Ausnahmen vor den Amtsgerichten kein Anwaltszwang besteht und dass bei einem schriftlich abgegebenen Anerkenntnis gem. § 307 S. 2 ein Anerkenntnisurteil ohne mündliche Verhandlung ergehen kann.

II. Belehrung gem. Abs. 2

2 **1. Zeitpunkt.** Die Belehrung hat zusammen mit der Aufforderung gem. § 276 Abs. 1 S. 1 zu erfolgen. Diese Verbindung soll eine möglichst **frühzeitige Belehrung** sicherstellen und bei einer Bereitschaft des Beklagten, den Klageanspruch anzuerkennen, zu einem schnellen Verfahrensabschluss führen. Sie ist aber nicht Voraussetzung für die Wirksamkeit der Belehrung. Diese kann daher nachgeholt werden.[2]

---

[5] AA LG Tübingen MDR 1956, 431; *Stein/Jonas/Leipold* Rn. 6.
[6] *Stein/Jonas/Leipold* Rn. 6; aA *Baumbach/Lauterbach/Hartmann* Rn. 8.
[1] Art. 1 Nr. 5 EG-Vollstreckungstitel-DG vom 18. 8. 2005 (BGBl. I, 2477).
[2] So auch *Stein/Jonas/Leipold* Rn. 6; *Musielak/Wittschier* Rn. 3.

2. Unterbleiben der Belehrung. Ist eine Belehrung des Beklagten unterblieben, darf, wenn der Beklagte ein schriftliches Anerkenntnis abgibt, ein Anerkenntnisurteil nicht ergehen.[3] Das wird im Gesetz zwar nicht ausdrücklich angeordnet – anders § 335 Abs. 1 Nr. 4 für den Fall des Unterbleibens einer Belehrung gem. § 276 Abs. 2 –, entspricht aber dem Wesen des § 499 als einer **Schutznorm zugunsten des Beklagten.** Nur auf diese Weise lassen sich nachteilige Folgen des Verfahrensverstoßes für den Geschützten vermeiden. Auch für die Verletzung der Belehrungspflicht aus § 277 Abs. 2, für die Folgen im Gesetz nicht bestimmt sind, ist anerkannt, dass sie den Eintritt der Rechtsfolge, über die zu belehren ist (Zurückweisung gem. § 296 Abs. 1), ausschließt.[4] 3

Gibt der Beklagte, ohne zuvor belehrt worden zu sein, schriftlich ein Anerkenntnis ab, ist das Gericht nicht gezwungen, eine mündliche Verhandlung anzuberaumen, um zu klären, ob der Beklagte in dieser sein Anerkenntnis wiederholt. Das Gericht kann den Beklagten vielmehr auf die Möglichkeit eines Anerkenntnisurteils ohne mündliche Verhandlung hinweisen und den Beklagten zu einer Erklärung darüber auffordern, ob er sein Anerkenntnis aufrechterhalte. Wird das vom Beklagten bestätigt, darf gegen ihn ein Anerkennungsurteil ergehen. 4

Ohne Bedeutung für das Bestehen der Belehrungspflicht ist die **Vertretung** des Beklagten **durch einen Rechtsanwalt.** § 499 stellt nicht auf ein konkretes Schutzbedürfnis des Beklagten ab. Ohne vorherige Belehrung über die Möglichkeit einer Entscheidung gem. § 307 darf also ein Anerkenntnisurteil auch dann nicht ergehen, wenn der Beklagte anwaltlich vertreten ist. 5

Da das **Unterbleiben der Belehrung** den Erlass eines Anerkenntnisurteils im schriftlichen Verfahren ausschließt, ist ein wirksames Anerkenntnis erst in der mündlichen Verhandlung möglich. Dieses ist daher ein „sofortige Anerkenntnis" iSv. § 93[5] und ermöglicht, wenn der Beklagte keinen Anlass zur Erhebung der Klage gegeben hat, eine Kostenentscheidung gegen den Kläger. 6

III. Inhalt, Form und Zuständigkeit

1. Inhalt der Belehrung. Zu belehren ist der Beklagte über die Folgen eines schriftlich abgegebenen Anerkenntnisses. Diese bestehen darin, dass der Beklagte ohne mündliche Verhandlung gem. seinem Anerkenntnis verurteilt werden kann. Auf diese Möglichkeit ist der Beklagte daher hinzuweisen. Weitere Hinweise sind nach dem klaren Wortlaut der Vorschrift zur Erfüllung der Hinweispflicht aus § 499 nicht erforderlich.[6] Sonstige Hinweise, etwa auf die Anwendbarkeit des § 93[7] stehen im Ermessen des Gerichts.[8] 7

2. Form der Belehrung. Die Form der Belehrung ist im Gesetz nicht geregelt. Aus der in § 499 angeordneten Verbindung der Belehrung mit der Aufforderung gem. § 276 Abs. 1 S. 1 ergibt sich aber, dass sie schriftlich erfolgen kann und auch üblicherweise erfolgen wird. Eine mündliche Belehrung ist zulässig, dürfte aber kaum praktisch werden. 8

Die Belehrung hat so zu erfolgen, dass der Empfänger in der Lage ist, sie zu verstehen. Richtet sie sich an einen Rechtsunkundigen, darf sie sich folglich nicht in einem Hinweis auf die Anwendbarkeit des § 307 S. 2 erschöpfen. Der Inhalt der genannten Vorschrift ist vielmehr in einer für Laien **gut verständlichen Sprache** mitzuteilen. 9

Die **Belehrung** hat **durch den Richter** zu erfolgen. Formblätter, die die Belehrung enthalten, müssen daher in eine richterliche Verfügung einbezogen werden, oder es muss in der richterlichen Verfügung, der sie beigefügt werden, auf sie verwiesen werden. 10

IV. Belehrung gem. Abs. 1

Der Hinweis darauf, dass die Vertretung durch einen Rechtsanwalt nicht vorgeschrieben ist, hat bei der Zustellung der Klage zu erfolgen. Er soll die vom Beklagten nach der Zustellung zu treffende Entscheidung, ob er einen Rechtsanwalt beauftragen soll, beeinflussen und verliert später seinen Sinn. 11

Ein Unterbleiben des Hinweises wirkt sich auf das Verfahren nicht aus. Der Hinweis ist für das Verhalten des Gerichts und das der Parteien im Verfahren ohne Bedeutung. Mit dem Unterlassen des Hinweises wird allerdings eine Amtspflicht gegenüber dem Beklagten verletzt. Das kann zu 12

---

[3] *Stein/Jonas/Leipold* Rn. 7; *Zöller/Herget* Rn. 2; *Bender/Belz/Wax,* Das Verfahren nach der Vereinfachungsnovelle und vor dem Familiengericht, 1977, Rn. 156; aA *Baumbach/Lauterbach/Hartmann* Rn. 5.

[4] BVerfG NJW 1982, 1453, 1454; BGH NJW 1986, 133.

[5] So auch *Stein/Jonas/Leipold* Rn. 8.

[6] *Stein/Jonas/Leipold* Rn. 4.

[7] Hierzu BGH NJW 2006, 2490, 2491 f.

[8] *Bischof,* Der Zivilprozeß nach der Vereinfachungsnovelle, 1980, S. 86; *Stein/Jonas/Leipold* Rn. 4.

Amtshaftungsansprüchen führen, wenn der Beklagte in der irrigen Annahme, er müsse anwaltlich vertreten sein, einen Rechtsanwalt mandatiert hat.

§§ 499 a bis 503 (weggefallen)

§ 504 Hinweis bei Unzuständigkeit des Amtsgerichts

Ist das Amtsgericht sachlich oder örtlich unzuständig, so hat es den Beklagten vor der Verhandlung zur Hauptsache darauf und auf die Folgen einer rügelosen Einlassung zur Hauptsache hinzuweisen.

I. Normzweck

1 Die Vorschrift sollte den Beklagten davor schützen, dass er in Unkenntnis der Unzuständigkeit des Gerichts oder der Folgen einer rügelosen Einlassung die Rechte einbüßte, die ihm aus der Unzuständigkeit erwachsen. Die Gefahr eines Rechtsverlusts ist für eine anwaltlich nicht vertretene Partei dort besonders groß, wo, wie das in § 39 S. 1 der Fall ist, Rechtsfolgen nicht an eine sie bezweckende Erklärung, sondern an ein Verhalten geknüpft werden, das keinen erkennbaren Erklärungsgehalt hat. Die Verpflichtung des Amtsgerichts zu einem Hinweis auf seine Unzuständigkeit und die Folgen der rügelosen Einlassung ließe sich daher in vielen Fällen bereits aus § 139 Abs. 1 entnehmen.[1] § 504 erweitert die Hinweispflicht auf alle Fälle und schließt Zweifel aus, die sich bei der Anwendung der Generalklausel des § 139 Abs. 1 ergeben können. Durch § 39 S. 2,[2] der im amtsgerichtlichen Verfahren die Prorogation durch rügeloses Verhandeln bis zu einer Belehrung gem. § 504 ausschließt, hat die Vorschrift im Geltungsbereich des § 39 S. 2 ihren Schutzcharakter verloren. Die **Belehrung des Beklagten dient nunmehr dazu, die Sperre des § 39 S. 2 zu lösen.** Sie zwingt den Beklagten im Interesse des Klägers dazu, sich bis zur Antragstellung hinsichtlich der Ausübung seiner Rechte aus der Unzuständigkeit des Gerichts zu entscheiden. Eine Schutzfunktion für den Beklagten entfaltet § 504 nur noch außerhalb des Schutzbereichs des § 39 S. 2.

II. Voraussetzungen der Hinweispflicht

2 **1. Sachliche und örtliche Unzuständigkeit.** Die Formulierung des Gesetzes erfasst die sachliche und örtliche Unzuständigkeit, ohne Einschränkungen zu machen. Die Hinweispflicht besteht daher auch dann, wenn ein anderes Gericht ausschließlich zuständig ist[3] und rügeloses Verhandeln des Beklagten auch nach erfolgter Belehrung folgenlos bleibt (§ 40 Abs. 2 S. 2). Eine Hinweispflicht besteht nur in den Fällen nicht, in denen der Beklagte bereits vor seiner Belehrung die Unzuständigkeit gerügt und damit klargestellt hat, dass Hinweise gem. § 504 nicht mehr erforderlich sind.

3 Unerheblich ist auch, ob die sachliche oder örtliche Zuständigkeit bereits bei der Erhebung der Klage fehlt oder sich erst in Folge einer **Erweiterung der Klage** oder einer **Widerklage** ergibt.[4] Das folgt bereits aus dem Wortlaut des § 504. Das Wort „ist" bezieht sich auf den Zeitpunkt, in dem sich die Frage der Unzuständigkeit des Amtsgerichts stellt und besagt folglich nichts darüber, wann dieser eingetreten sein muss. Unzuständig ist das Amtsgericht also auch dann, wenn erst eine Erweiterung der Klage oder eine Widerklage die Unzuständigkeit auslösen. Auch auf die Frage, ob in den Fällen des nachträglichen Unzuständigwerdens § 39 S. 2 eingreift (vgl. dazu § 506 Rn. 8), kommt es nicht an. Ist der Hinweis nicht zur Lösung der Sperre des § 39 S. 2 notwendig, ist er gem. der ursprünglichen Zweckbestimmung des § 504 zum Schutz der beklagten Partei (Beklagter oder Widerbeklagter) erforderlich.

4 **2. Internationale Zuständigkeit.** Hinzuweisen ist auch auf das Fehlen der internationalen Zuständigkeit,[5] und zwar auch im Anwendungsbereich des EuGVO. Diese Fälle werden zwar vom Wortlaut des § 504 nicht erfasst. Das Fehlen der internationalen Zuständigkeit ist für den Beklagten

---

[1] Vgl. *Stein/Jonas/Leipold* Rn. 1; *Laumen,* Das Rechtsgespräch im Zivilprozeß, 1984, S. 151 ff.

[2] Diese Vorschrift ist durch das Gesetz zur Änderung der ZPO v. 21. 3. 1974 (BGBl. I S. 753) eingeführt worden und gilt seit dem 1. 4. 1974.

[3] *Stein/Jonas/Leipold* Rn. 2.

[4] So auch LG Hannover MDR 1985, 772; *H. Müller* MDR 1981, 11; *ders.* JuS 1986, 135, 138; *Laumen* (Fn. 1) S. 152; *Stein/Jonas/Leipold* Rn. 2; *Zöller/Herget* § 506 Rn. 3; aM LG Hamburg MDR 1978, 940.

[5] *Stein/Jonas/Leipold* Rn. 4; *Musielak/Wittschier* Rn. 2.

aber keineswegs von geringerer Bedeutung als das der sachlichen oder örtlichen Zuständigkeit. Der Schutzweck des § 504 fordert daher seine **entsprechende Anwendung.**

3. Uneingeschränkte Hinweispflicht. Die Vertretung des Beklagten durch einen Rechtsanwalt lässt die Hinweispflicht des Amtsgerichts nicht entfallen. Das Gesetz unterscheidet in § 504 – wie auch in § 139 – nicht zwischen unvertretenen und anwaltlich vertretenen Parteien. § 504 gilt daher auch dort, wo im Verfahren vor dem Amtsgericht Anwaltszwang besteht (§ 78 Abs. 2).[6] 5

III. Inhalt, Form und Zeitpunkt der Belehrung

1. Inhalt. Der Inhalt des dem Beklagten zu erteilenden Hinweises wird durch den Wortlaut des § 504 bestimmt. Er ist demnach auf die fehlende Befugnis des Gerichts zur Entscheidung in der Sache (Unzuständigkeit), im Geltungsbereich des § 39 S. 1 und des Art. 24 EuGVO auf das **endgültige Zuständigwerden des Gerichts bei rügeloser Verhandlung** zur Hauptsache und bei ausschließlicher Zuständigkeit eines anderen Gerichts auf den Fortbestand der Unzuständigkeit hinzuweisen. Ein Hinweis auf die Rechtsfolgen, die sich bei einer Rüge der Unzuständigkeit ergeben (Abweisung der Klage als unzulässig oder Verweisung der Sache), ist dagegen nicht erforderlich.[7] Er steht dem Gericht frei und sollte erfolgen, weil er dem Beklagten eine sachgerechte Entscheidung darüber ermöglicht, ob er die Unzuständigkeit rügen soll oder nicht. Sein Unterbleiben stellt aber die Erfüllung der Hinweispflicht aus § 504 und damit die Lösung der Sperre des § 39 S. 2 nicht in Frage. 6

2. Form. Die Hinweise können in der **mündlichen Verhandlung** oder als vorbereitende Maßnahme gem. § 273 Abs. 1 **schriftlich** erteilt werden. Schriftliche Erteilung ist auch im Verfahren gem. § 128 Abs. 2 erforderlich. Bei schriftlicher Belehrung rechtsunkundiger Parteien muss jedoch in geeigneter Weise geklärt werden, ob die Belehrung verstanden worden ist. Der Hinweis soll den Beklagten davor schützen, dass er ungewollt die Zuständigkeit des Gerichts begründet, und folglich ist er erst dann mit lösender Wirkung iSd. § 39 S. 2 erteilt, wenn er vom Beklagten verstanden worden ist. – Die Erteilung der Hinweise ist ein wesentlicher Vorgang der Verhandlung und als solcher gem. § 160 Abs. 2 in das **Protokoll** aufzunehmen.[8] 7

3. Zeitpunkt. Die Belehrung des Beklagten hat **vor der Verhandlung zur Hauptsache** zu erfolgen, im schriftlichen Verfahren vor der schriftlichen Einlassung des Beklagten, die der mündlichen Verhandlung zur Hauptsache gleichsteht.[9] Das wird vom Gesetz gefordert, um sicherzustellen, dass das **Verhandlungsergebnis** nicht in einem späteren Stadium des Prozesses durch eine Rüge des Beklagten und einen sich daran anschließenden Verweisungsantrag **gegenstandslos gemacht wird.** Erfolgen die Hinweise später – sie bleiben bis zum Schluss der mündlichen Verhandlung möglich –, so wird die Sperre des § 39 S. 2 erst von diesem Zeitpunkt an aufgehoben, und das angerufene Gericht wird durch ein rügeloses Weiterverhandeln des Beklagten zuständig. Wird die Unzuständigkeit erst nach Schluss der mündlichen Verhandlung (etwa beim Absetzen des Urteils) bemerkt, **muss gem. § 156 Abs. 2 Nr. 1 erneut in die mündliche Verhandlung eingetreten werden,** damit die Hinweise gem. § 504 nachgeholt werden können. § 504 ist auch eine Vorschrift zugunsten des Klägers, der ein Interesse daran hat, dass der Beklagte zu einer Entscheidung darüber veranlasst wird, ob er die Unzuständigkeit rügt oder die Zuständigkeit des Gerichts durch rügeloses Verhandeln begründet. 8

§ 505 (weggefallen)

§ 506 Nachträgliche sachliche Unzuständigkeit

(1) Wird durch Widerklage oder durch Erweiterung des Klageantrages (§ 264 Nr. 2, 3) ein Anspruch erhoben, der zur Zuständigkeit der Landgerichte gehört, oder wird nach § 256 Abs. 2 die Feststellung eines Rechtsverhältnisses beantragt, für das die Landgerichte zuständig sind, so hat das Amtsgericht, sofern eine Partei vor weiterer Verhandlung zur Hauptsache darauf anträgt, durch Beschluss sich für unzuständig zu erklären und den Rechtsstreit an das zuständige Landgericht zu verweisen.

(2) Die Vorschriften des § 281 Abs. 2, Abs. 3 Satz 1 gelten entsprechend.

---

[6] OLG Stuttgart FamRZ 1980, 384 385; *Stein/Jonas/Leipold* Rn. 1; *Baumbach/Lauterbach/Hartmann* Rn. 4.
[7] AM *Stein/Jonas/Leipold* Rn. 7.
[8] So auch *Musielak/Wittschier* Rn. 2. – Die Protokollierung ist nicht lediglich ratsam, wie *Stein/Jonas/Leipold* Rn. 6 und *Baumbach/Lauterbach/Hartmann* Rn. 6 meinen.
[9] Vgl. *Baumbach/Lauterbach/Hartmann* § 39 Rn. 9.

I. Normzweck

1 Die Vorschrift erweitert die in § 281 Abs. 1 vorgesehene Verweisungsmöglichkeit, um eine **einheitliche Entscheidung zusammenhängender Verfahren** durch das sachlich zuständige Landgericht zu erreichen. § 281 gilt, wie sich aus § 495 ergibt, für das Verfahren vor den Amtsgerichten, und zwar auch dann, wenn nachträglich ein Anspruch geltend gemacht wird, der nicht zur sachlichen Zuständigkeit des Amtsgerichts gehört, gleichgültig ob das durch Widerklage, Klageerweiterung oder durch eine echte (den bisherigen Streitgegenstand austauschende) Klageänderung geschieht. In diesen Fällen ist, wenn die beklagte Partei (Beklagter und Widerbeklagter) die Unzuständigkeit des Amtsgerichts rügt (sonst greift § 39 ein), auf Grund der Vorschriften über die sachliche Zuständigkeit die Unzuständigkeit des Gerichts auszusprechen und auf Antrag der klagenden Partei der Rechtsstreit an das Landgericht zu verweisen. Bei Widerklage und bei Klageerweiterung wäre, da weder eine Widerklage noch ein zusätzlicher Klageanspruch die Zuständigkeit des Amtsgerichts für den bereits rechtshängigen Anspruch aufzuheben vermag (§ 261 Abs. 3 Nr. 2), nur der neu erhobene Anspruch zu verweisen. Hier greift die **Spezialvorschrift des § 506** ein. Sie **hebt,** indem sie die Verweisung des Rechtsstreits (also des gesamten Rechtsstreits) ermöglicht, für ihren Wirkungsbereich **die sog. perpetuatio fori auf.** Sie nimmt weiterhin der beklagten Partei die ihr von § 281 Abs. 1 S. 1 belassene uneingeschränkte Möglichkeit, die Sache durch rügeloses Verhandeln am Amtsgericht festzuhalten, denn die klagende Partei kann nach § 506 die Verweisung unabhängig von einer Zuständigkeitsrüge beantragen. Schließlich gibt § 506 auch der beklagten Partei das § 281 Abs. 1 unbekannte Recht, die Verweisung zu beantragen. Soweit Widerklagen, Klageerweiterungen und durch echte Klageänderung eingeführte Ansprüche von § 506 nicht erfasst werden, gelten der von ihm ergänzte (nicht aber verdrängte) § 281[1] und § 261 Abs. 3 Nr. 2. Eine Ausdehnung des § 506 auf diese Fälle widerspricht seiner Eigenschaft als Spezialvorschrift.[2] Außerdem vermag allenfalls das Interesse an einer einheitlichen Entscheidung über zusammenhängende Ansprüche den in § 506 enthaltenen Eingriff in das kostenrechtliche Veranlassungsprinzip zu rechtfertigen. Die Verweisung des Abs. 2 erfasst nämlich nicht den § 281 Abs. 3 S. 2, sodass die unterliegende beklagte Partei auch die durch die Anrufung des letztendlich unzuständigen Amtsgerichts entstandenen Mehrkosten zu tragen hat.

II. Voraussetzungen der Verweisung

2 **1. Erhebung einer Widerklage.** Die Widerklage muss, auch wenn § 506 eine entsprechende Einschränkung nicht erwähnt, mit dem in der Klage geltend gemachten Anspruch oder mit einem gegen ihn vorgebrachten Verteidigungsmittel in Zusammenhang stehen (§ 33).[3] Bei der Klage wird, wie die Bezugnahme auf §§ 264 Nr. 2 und 3, 256 Abs. 2 ergibt, ein **enger Sachzusammenhang** des neuen Anspruchs mit dem bereits erhobenen vorausgesetzt, und es ist kein Grund ersichtlich, dieses Erfordernis bei der Widerklage aufzugeben. Außerdem ist § 33 die einzige Vorschrift, die sich mit Voraussetzungen der Widerklage befasst, und es liegt daher nahe, dass § 506 Abs. 1 die dort beschriebenen Widerklagevoraussetzungen übernimmt. Widerklagen, bei denen der in § 33 beschriebene Zusammenhang fehlt, können nur gem. § 281 Abs. 1 isoliert verwiesen werden.

3 Der mit der Widerklage geltend gemachte Anspruch muss als solcher zur Zuständigkeit der Landgerichte gehören, also den Wert von 5000 Euro übersteigen, da bei der Zuständigkeitsbestimmung der Wert von Klage und Widerklage nicht zusammengerechnet werden (§ 5 2. Halbs.).

4 **2. Klageerweiterung.** Neben den im Gesetz erwähnten Fällen der §§ 264 Nr. 2 und 3,[4] 256 Abs. 2 ist § 506 auch dann anzuwenden, wenn nachträglich ein in ihm nicht genannter Anspruch erhoben wird, der im Zusammenhang mit dem bereits erhobenen steht, etwa ein weiterer Anspruch aus dem gleichen Rechtsverhältnis in den Prozess eingeführt wird. Auch in diesen Fällen besteht ein erhebliches Interesse an einer einheitlichen Entscheidung nach Verweisung der Sache an das Landgericht. – Bei der Klageerweiterung wird wegen der von § 5 1. Halbs. angeordneten Zusammenrechnung der Ansprüche das Landgericht bereits dann zuständig, wenn der bisherige Antrag und der zusätzliche Antrag nur zusammen die Zuständigkeitsgrenze übersteigen.

---

[1] So auch *Stein/Jonas/Leipold* Rn. 4.

[2] Dafür aber *Rosenberg* ZZP 53 (1928), 397; *Hellwig* S. 135, 110. Für eine eingeschränkte entsprechende Anwendung des § 506 *Frank,* Anspruchsmehrheiten im Streitwertrecht, 1986, S. 132 ff.

[3] So auch *Frank* (Fn. 2) S. 278 ff.; aA *Stein/Jonas/Leipold* Rn. 2 Fn. 2.

[4] § 264 Nr. 3 betrifft einen Fall der echten (ersetzenden) Klageänderung, bei dem sich das Problem der perpetuatio fori nicht stellt, da der zunächst erhobene Anspruch nicht weiterverfolgt wird.

3. Nicht erfasste Fälle. Anträge auf Verurteilung zum Schadensersatz oder zur Herausgabe einer ungerechtfertigten Bereicherung in den Fällen der §§ 717 Abs. 2 und 3, 302 Abs. 4, 600 Abs. 2 sind zwar ihrem Wesen nach Widerklagen und stehen in engem Zusammenhang mit der Klage. Sie sind aber, wie das Gesetz vorschreibt, im anhängigen Verfahren geltend zu machen und lassen daher die Zuständigkeit – ohne Rücksicht auf die Höhe des Streitwerts – unberührt. Das Gleiche gilt für den Ersatzanspruch in den Fällen des § 510b (hierzu § 510b Rn. 28).[5] 5

Unanwendbar ist § 506 auch bei der **Verbindung mehrerer Teilklagen.** Dadurch kann sich die sachliche Zuständigkeit nicht ändern, weil bereits für jede Teilklage über § 261 Abs. 3 Nr. 2 die unabänderliche Zuständigkeit des Amtsgerichts begründet worden ist.[6] § 506 wird auch dann nicht anwendbar, wenn man bei willkürlicher Aufspaltung, um die Zuständigkeit des Amtsgerichts zu erschleichen, bei Verbindung das Landgericht zuständig werden lässt. Dieser Fall wird vom Wortlaut des § 506 nicht erfasst. Es besteht auch kein Anlass, einen dolos handelnden Kläger durch die entsprechende Anwendung des § 506 zu privilegieren. Eine Verweisung der verbundenen Prozesse an das Landgericht kommt daher nur dann in Frage, wenn der Beklagte die Unzuständigkeit des Amtsgerichts rügt und der Kläger nunmehr Verweisung beantragt (§ 281 Abs. 1). 6

4. Verweisungsantrag. Der Antrag auf Verweisung kann **von jeder Partei** gestellt werden, vom Kläger (Widerkläger) unabhängig davon, ob der Beklagte (Widerbeklagte) die Unzuständigkeit des Amtsgerichts gerügt hat. Widerklage und Klageerweiterung können also mit dem Ziel verfolgt werden, die Sache vor das Landgericht zu bringen. 7

Der Verweisungsantrag muss vor der weiteren Verhandlung zur Hauptsache, also der Verhandlung über die weitere Klage bzw. die Widerklage, gestellt werden. Wird der Antrag nicht gestellt, so erlischt mit der weiteren Verhandlung zur Hauptsache das Antragsrecht aus § 506 Abs. 1. Eine **Belehrung über das Antragsrecht** ist nicht Voraussetzung für sein Erlöschen. Eine dem § 39 S. 2 entsprechende Vorschrift fehlt in § 506. Das Recht der beklagten Partei, die Unzuständigkeit des Amtsgerichts zu rügen, bleibt aber gem. § 39 S. 2 bestehen, solange sie nicht nach § 504 belehrt worden ist und danach rügelos zur Hauptsache verhandelt hat. Macht sie davon Gebrauch, kann die klagende Partei einen Verweisungsantrag gem. § 281 Abs. 1 S. 1 stellen. Die Pflicht, gem. § 504 zu belehren, besteht auch bei nachträglichem Unzuständigwerden (dazu § 504 Rn. 3), und die Erweiterung der Parteirechte durch § 506 lässt die Grundregeln für die Rüge der Unzuständigkeit unberührt. 8

Auch wenn nur noch auf Rüge der beklagten Partei hin verwiesen werden kann (§ 281 Abs. 1), ist der gesamte Rechtsstreit (also auch der schon anhängige Teil) an das Landgericht zu verweisen. Die Aufhebung der Wirkung des § 261 Abs. 3 Nr. 2 dient nicht nur den Interessen der Parteien, sondern auch einer sinnvollen Prozesserledigung, die im allgemeinen Interesse liegt. 9

III. Entscheidung des Gerichts

1. Umfang der Prüfung. Stellt eine Partei einen Verweisungsantrag gem. Abs. 1, hat das Amtsgericht lediglich zu prüfen, ob nachträglich ein Begehren in den Prozess eingeführt worden ist, das zu den in Rn. 2 bis 4 bezeichneten gehört und der Verweisungsantrag rechtzeitig (Rn. 8) gestellt worden ist. Ob die ursprüngliche Klage zulässig war oder nicht, hat offen zu bleiben.[7] Ist die eigene Zuständigkeit zu verneinen, müssen alle weiteren Entscheidungen dem zuständigen Gericht überlassen werden. 10

2. Entscheidungen. Sind die Voraussetzungen des § 506 erfüllt, hat sich das Amtsgericht durch Beschluss für unzuständig zu erklären und den gesamten Rechtsstreit an das **zuständige Landgericht** zu verweisen. Das kann, wenn das Amtsgericht auch örtlich unzuständig ist, ein anderes Landgericht als das im Instanzenzug vorgeordnete sein. Diese Befugnis des Amtsgerichts wird durch die Formulierung „an das zuständige Landgericht" in Abs. 1 klargestellt.[8] – Der Beschluss ist unanfechtbar und verbindlich (Abs. 2, § 281 Abs. 2). 11

Wird das **neue Begehren nicht von Abs. 1 erfasst,** kann eine Verweisung nur gem. § 281 Abs. 1 erfolgen. Ein **Verweisungsantrag** kann also **nur von der klagenden Partei** und auch nur dann gestellt werden, wenn die beklagte Partei die Zuständigkeitsrüge erhebt. Die Verweisung erfasst in diesen Fällen nur die Widerklage oder den durch die Klageerweiterung eingeführten Anspruch, da die Zuständigkeit für den ursprünglichen Antrag gem. § 261 Abs. 3 Nr. 2 beim Amtsgericht verbleibt. Der im Wege der Klageerweiterung eingeführte Anspruch muss – wie ja auch die Widerklage – als solcher zur Zuständigkeit des Landgerichts gehören. Der Streitwert des gem. 12

---

[5] *Stein/Jonas/Leipold* Rn. 4; *Thomas/Putzo/Reichold* Rn. 2.

[6] So auch *Frank* (Fn. 2) S. 54 f.

[7] *Stein/Jonas/Leipold* Rn. 9.

[8] So auch *Musielak/Wittschier* Rn. 3. Nach *Stein/Jonas/Leipold* Rn. 9 soll für die sog. Diagonalverweisung auf § 281 zurückgegriffen werden.

§ 261 Abs. 3 Nr. 2 beim Amtsgericht verbleibende Antrag wird nicht gem. § 5 1. Halbs. hinzugerechnet, da sonst ein nicht zur Zuständigkeit des Landgerichts gehörender Anspruch an dieses verwiesen werden würde.

13 Erweist sich ein Verweisungsantrag als nicht begründet, so wird nicht der Antrag zurückgewiesen.[9] In der Regel wird vom Amtsgericht die auf Grund seiner Zuständigkeit gebotene Entscheidung getroffen und die Unbegründetheit des Verweisungsantrags lediglich in den Entscheidungsgründen erwähnt. Das Amtsgericht kann aber auch gem. § 280 Abs. 1 verfahren und seine Zuständigkeit in einem Zwischenurteil feststellen.

IV. Verweisung im Berufungsverfahren

14 Widerklage, Klageerweiterung und echte Klageänderung (§ 533 u. §§ 525, 264 Nr. 3 u. 3, 256 Abs. 2) können auch im Berufungsverfahren erfolgen. Die in § 533 vorgesehenen Einschränkungen – bedeutsam vor allem die dort in Ziff. 2 vorgesehene Einschränkung berücksichtigungsfähiger Tatsachen – gelten nach der Rechtsprechung des Bundesgerichtshofs[10] nicht für die Fälle des § 264 Nr. 2 u. 3.

15 Führen die in Abs. 1 beschriebenen Antragsänderungen dazu, dass für das Klagebegehren das Landgericht sachlich zuständig wird, ist nach Ansicht des Bundesgerichtshofs[11] § 506 nicht anwendbar, weil er nur für das Verfahren vor den Amtsgerichten gelten soll. Das Berufungsgericht habe daher auch über das erweiterte Begehren zu entscheiden. Eine Verweisung komme nicht in Betracht. Dieses Ergebnis wird an anderer Stelle[12] auch mit der Überlegung begründet, dass es in der 2. Instanz keine sachliche Zuständigkeit mehr gebe, sondern nur noch eine funktionelle.

16 Die Gegenmeinung[13] sieht die sachliche Zuständigkeit des Landgerichts als Berufungsgericht auf den Zuständigkeitsbereich des Amtsgerichts beschränkt. Sie wendet § 506 an und lässt, wenn ein Verweisungsantrag gestellt wird, die Berufungskammer den Rechtsstreit verweisen. Nach einer Ansicht soll die Verweisung nach Aufhebung der angefochtenen Entscheidung an die erstinstanzlich zuständige Kammer des Landgerichts, nach einer anderen[14] an das zuständige Oberlandesgericht als Berufungsgericht erfolgen. Für die Verweisungslösung spricht, dass das Berufungsgericht an die Stelle des Gerichts erster Instanz tritt und seine Entscheidungskompetenz folglich auf dessen Zuständigkeitsbereich beschränkt ist.

17 Das entscheidende Argument für die Verweisungslösung, die Vereitelung des dreistufigen Instanzenzugs durch die Entscheidung des Berufungsgerichts über den erweiterten Antrag, ist durch die Änderung des Revisionsrechts entfallen. Das Landgericht als Berufungsgericht kann wie das Oberlandesgericht, das bei der Verweisungslösung zum Berufungsgericht wird, die Revision zulassen, und gegen die Verweigerung der Zulassung kann in gleicher Weise Nichtzulassungsbeschwerde erhoben werden. Die Praxis sollte daher dem Bundesgerichtshof folgen.

V. Folgen der Verweisung

18 **1. Bindungswirkung und Unanfechtbarkeit.** Durch Abs. 2 wird klargestellt, dass die gem. Abs. 1 ausgesprochene Verweisung für das in der Verweisungsentscheidung bestimmte Gericht bindend ist (§ 281 Abs. 2 S. 4) und die Entscheidung von den Parteien nicht angefochten werden kann (§ 281 Abs. 2 S. 2). Die für die direkte Anwendung des § 281 entwickelten Einschränkungen gelten auch für die entsprechende Anwendung gem. Abs. 2. Das verweisende Gericht muss also insbesondere darauf achten, dass vor der Verweisung den Parteien rechtliches Gehör gewährt wird. – Ein Kompetenzkonflikt zwischen der verweisenden Berufungskammer und der erstinstanzlichen Kammer des gleichen Gerichts ist nach Ansicht des Bundesgerichtshofs[15] nicht nach § 36 Abs. 1 Nr. 6, sondern nach Maßgabe des Geschäftsverteilungsplans und gegebenenfalls durch das Präsidium des Gerichts zu entscheiden.

19 **2. Problem der Mehrkosten.** Die Verweisung des Abs. 2 erfasst nicht § 281 Abs. 3 S. 2. Die Mehrkosten die dem Beklagten (Widerbeklagten) infolge der Verweisung gem. Abs. 1 entstehen,

---

[9] AA *Stein/Jonas/Leipold* Rn. 11.

[10] NJW 2004, 2152, 2154 ff.

[11] NJW-RR 1996, 891. Ebenso RGZ 119, 379, 382 ff.; LG Zweibrücken NJW-RR 1994, 1087; KG NJW-RR 2000, 804; *Butzer* NJW 1993, 2649, 2049; *Schneider* MDR 1997, 221.

[12] *Butzer* NJW 1993, 2649, 2651; *Thomas/Putzo/Reichold* Rn. 5.

[13] OLG Oldenburg NJW 1973, 810; LG Stuttgart NJW-RR 1990, 704; LG Kassel NJW-RR 1996, 1340; LG Aachen NJW-RR 1999, 143; LG Hamburg NJW-RR 2001, 932; *Rosenberg* ZZP 53 (1928), 385, 396 bis 401.

[14] *Rimmelspacher* JZ 1996, 976 ff.; u. § 533 Rn. 18.

[15] NJW 2000, 80, 81.

sind daher nicht ohne Rücksicht auf Obsiegen oder Unterliegen dem Kläger (Widerkläger) aufzuerlegen. Es ist vielmehr uneingeschränkt § 91 anzuwenden. Das ist zwar sachlich nicht gerechtfertigt, da die Mehrkosten auch in den von Abs. 1 geregelten Fällen vom Kläger oder Widerkläger veranlasst sind und damit – wie im Falle des § 281 Abs. 3 S. 2 – das Grundprinzip der Kostenverteilung, das Veranlassungsprinzip, dafür spricht, ihnen auch im Falle ihres Obsiegens die Mehrkosten aufzuerlegen. Der eindeutige Wortlaut des Gesetzes setzt hier aber der Auslegung Schranken. Das gilt auch dann, wenn eine sog. Diagonalverweisung, eine Verweisung an ein anderes als das vorgeordnete Landgericht, erfolgt.

Ein gewisser Ausgleich kann nur dadurch erreicht werden, dass dem obsiegenden Kläger (Widerkläger) im Kostenfestsetzungsverfahren die Erstattung seiner Mehrkosten wegen fehlender Notwendigkeit versagt wird.[16] Von ihren eigenen Mehrkosten kann die unterlegene Partei im Erstattungsverfahren nicht entlastet werden. 20

§§ 507 bis 509 (weggefallen)

§ 510 Erklärung über Urkunden

Wegen unterbliebener Erklärung ist eine Urkunde nur dann als anerkannt anzusehen, wenn die Partei durch das Gericht zur Erklärung über die Echtheit der Urkunde aufgefordert ist.

I. Normzweck

Die Vorschrift soll die Parteien davor schützen, dass sie in Unkenntnis des § 439 Abs. 3 Privaturkunden, die sie für unecht halten, als echt anerkennen. Rechtsunkundige Parteien werden nämlich häufig nicht wissen, dass das Unterlassen einer Erklärung vom Gesetz als Anerkennung gewertet wird. **§ 510 konkretisiert,** da durch die von ihm vorgeschriebene Aufforderung der Gegner der die Urkunde vorlegenden Partei zu prozessgerechtem Verhalten veranlasst werden soll, **die richterliche Hinweispflicht** aus § 139 Abs. 1.[1] Es ist ein Mangel der Vorschrift, dass dem Richter nicht auch hinsichtlich des Tatsachenvortrags im Hinblick auf § 138 Abs. 3 eine entsprechende Aufforderung zur Pflicht gemacht wird. Die Geständnisfiktion des § 138 Abs. 3 ist nämlich in der Praxis weitaus bedeutsamer als die des § 439 Abs. 3. Der Richter sollte daher in Anwendung des § 139 Abs. 1 auch zur Erklärung über unbestrittenen Parteivortrag auffordern. 1

II. Inhalt, Form und Wirkung der Aufforderung

1. Inhalt. Das Gericht hat den Gegner der die Urkunde vorlegenden Partei aufzufordern zu erklären, ob er die Urkunde für echt oder unecht hält. Diese Verpflichtung ist unabhängig davon, ob die Partei anwaltlich vertreten ist oder nicht. – Ein **Hinweis auf die Folgen des Unterbleibens einer Erklärung** (§ 439 Abs. 3) wird dem Gericht nicht vorgeschrieben. Es sollte aber, wenn die Partei auf seine Aufforderung hin eine Erklärung nicht abgibt, auf die Folgen hinweisen, um Irrtümer auszuschließen. Insoweit greift § 139 Abs. 1 ergänzend ein, der es dem Gericht zur Pflicht macht, auf ein prozessgerechtes Verhalten der Parteien hinzuwirken, also nach Möglichkeit eine prozessgerechtes Verhalten zu erreichen.[2] 2

2. Form. Die Aufforderung kann in der mündlichen Verhandlung oder schriftlich erfolgen. Eine schriftliche Aufforderung ist bei einer Entscheidung im schriftlichen Verfahren geboten. Sie kann aber auch vor einer mündlichen Verhandlung durch eine vorbereitende Verfügung gem. § 273 Abs. 2 Nr. 1 erfolgen. Diese Form der Aufforderung verschafft der Partei eine oft sehr sinnvolle Überlegungsfrist. – Erfolgt die Aufforderung in der mündlichen Verhandlung, so ist sie gem. § 160 Abs. 2 in das **Protokoll aufzunehmen.**[3] Es handelt sich – wie bei der Belehrung gem. § 504 (vgl. § 504 Rn. 7) – um die Ausübung der richterlichen Hinweispflicht und damit um **einen wesentlichen Verfahrensvorgang.**[4] Für die Aufnahme in das Protokoll spricht auch § 139 Abs. 4. 3

---

[16] OLG Koblenz MDR 1987, 681.

[1] So auch *Baumbach/Lauterbach/Hartmann* Rn. 1; *Zöller/Herget* Rn. 2.

[2] Näher hierzu *Deubner,* FS Schiedermair, 1976, S. 84f.

[3] Lediglich eine Feststellung im Tatbestand des Urteils halten für erforderlich: *Stein/Jonas/Leipold* Rn. 1; *Baumbach/Lauterbach/Hartmann* Rn. 1; *Zöller/Herget* Rn. 2.

[4] OLG Zweibrücken Rpfleger 1978, 107, 108; OLG Hamm OLGZ 1988, 64, 71; *Baumbach/Lauterbach/Hartmann* § 160 Rn. 7; *Musielak/Wittschier* Rn. 2.

4 **3. Wirkung.** § 510 übt zunächst eine **Sperrwirkung** aus, indem er § 439 Abs. 3 außer Funktion setzt. Diese **Sperre** wird durch die Aufforderung an die Partei, sich über die Echtheit der Urkunde zu erklären, **aufgehoben.** Rechtstechnisch entspricht diese Lösung der für die Prorogation durch rügeloses Verhandeln in den §§ 39 S. 2, 504 (vgl. § 504 Rn. 1).

§ 510 a Inhalt des Protokolls

Andere Erklärungen einer Partei als Geständnisse und Erklärungen über einen Antrag auf Parteivernehmung sind im Protokoll festzustellen, soweit das Gericht es für erforderlich hält.

I. Normzweck

1 Die Vorschrift hat eine **bloße Appellfunktion.** Sie begründet keine zusätzlichen Pflichten für das Gericht und gibt ihm keine zusätzlichen Befugnisse. Ihre Wirkung erschöpft sich darin, dem Gericht nahezulegen, von der Möglichkeit der Protokollierung von Parteierklärungen Gebrauch zu machen.[1] § 510 a lässt § 160, der den Inhalt des Protokolls regelt, unberührt.[2] Was nach § 160 zu protokollieren ist, ist also auch im Verfahren vor den Amtsgerichten zu protokollieren, und nach § 160 Abs. 2 sind alle wesentlichen Vorgänge der Verhandlung in das Protokoll aufzunehmen.[3]

2 § 160 begrenzt die Befugnis des Gerichts, Geschehnisse in das Protokoll aufzunehmen, nicht. Der **Protokollinhalt steht** damit **im Ermessen des Gerichts.** Den Parteien ist gegen die Aufnahme von Erklärungen in das Protokoll ein Einspruchsrecht nicht gegeben. Das Gericht kann demnach ohnehin nach seinem Belieben Erklärungen in das Protokoll aufnehmen.

II. Anwendungsvoraussetzungen

3 Regeln, wann Parteierklärungen im Protokoll festzustellen sind, lassen sich § 510 a nicht entnehmen. Was zu protokollieren ist, ergibt sich allein aus der konkreten Prozesssituation. Ist das Verfahren nicht durch Schriftsätze oder Erklärungen zu Protokoll vorbereitet, sollte das Protokoll in Anbetracht der Begrenztheit des menschlichen Gedächtnisses **allen entscheidungserheblichen Sachvortrag** in der mündlichen Verhandlung **festhalten.**

§ 510 b Urteil auf Vornahme einer Handlung

Erfolgt die Verurteilung zur Vornahme einer Handlung, so kann der Beklagte zugleich auf Antrag des Klägers für den Fall, dass die Handlung nicht binnen einer zu bestimmenden Frist vorgenommen ist, zur Zahlung einer Entschädigung verurteilt werden; das Gericht hat die Entschädigung nach freiem Ermessen festzusetzen.

Übersicht

[1] So auch *Musielak/Wittschier* Rn. 1.
[2] *Stein/Jonas/Leipold* Rn. 1.
[3] *Baumbach/Lauterbach/Hartmann* Rn. 1: was „erforderlich" ist, fällt ohnehin unter § 160 Abs. 2.

I. Normzweck

§ 510b soll die nach den allgemeinen Vorschriften nur unter engen Voraussetzungen zulässige Verbindung der Klagen auf Erfüllung und auf Schadensersatz wegen Nichterfüllung bei **Ansprüchen auf Vornahme von Handlungen** uneingeschränkt ermöglichen. Mit einer Klage auf Erfüllung kann zwar stets der Antrag verbunden werden, dem Beklagten im Urteil die im materiellen Recht für die Umwandlung des Erfüllungsanspruchs in einen Ersatzanspruch vorgesehene Frist zu setzen (§ 255 Abs. 1). Der erst nach dem fruchtlosen Ablauf der Frist entstehende Schadensersatzanspruch oder sonstige Anspruch kann aber vor diesem Zeitpunkt nur dann klageweise geltend gemacht werden, wenn die Besorgnis gerechtfertigt ist, dass sich der Schuldner der rechtzeitigen Leistung entziehen werde (§ 259). § 510b lässt in seinem Geltungsbereich die **Verurteilung zur Zahlung einer Entschädigung** auch schon vor dem Ablauf der gesetzten Frist **ohne jede weitere Voraussetzung** zu. Er erleichtert und beschleunigt damit die Durchsetzung von Schadensersatzansprüchen. Der Kläger, der hiervon Gebrauch macht, erleidet im Interesse der Verfahrensbeschleunigung allerdings auch einen Nachteil: bereits vor dem Ablauf der gesetzten Frist verliert er nach § 888a die Möglichkeit, den Erfüllungstitel zu vollstrecken. 1

II. Anwendungsvoraussetzungen

1. Erfasste Ansprüche. Mit der Klage muss ein Anspruch auf Vornahme einer Handlung geltend gemacht werden. Der Begriff der Handlung iSd. § 510b darf nicht aus dem Gegensatz von Handlung und Unterlassung abgeleitet werden. Er ist vielmehr den §§ 887, 888 zu entnehmen.[1] In diesen Vorschriften wird die Vollstreckung von Ansprüchen auf Vornahme von Handlungen geregelt, und nur ihre Anwendung wird durch § 888a ausgeschlossen, wenn der Beklagte gem. § 510b zur Zahlung einer Entschädigung verurteilt worden ist. Ansprüche auf Herausgabe und Lieferung von Sachen (§§ 883 bis 885) sowie auf Abgabe von Willenserklärungen, die in weiterem Sinne auch auf die Vornahme von Handlungen gerichtet sind, werden von § 510b also nicht erfasst.[2] Ansprüche auf Abgabe einer eidesstattlichen Versicherung (zB § 259 Abs. 2 BGB) sind iSd. § 510b auf Vornahme einer Handlung gerichtet.[3] § 889 Abs. 1 regelt lediglich die Zuständigkeit für die Abnahme der Erklärung. Für die Erzwingung der Erklärung gilt über § 889 Abs. 2 § 888. 2

Zur Entscheidung kann der Anspruch gestellt werden, der bei **Nichterfüllung** der Pflicht zu Vornahme der Handlung entsteht. § 510b spricht zwar von „Entschädigung". Er trifft aber keine eigenständige materiellrechtliche Regelung, sondern schafft nur die Möglichkeit, einen **im materiellen Recht geregelten Anspruch** auf Schadensersatz durchzusetzen.[4] § 510b gilt für den gesamten Anspruch auf Schadensersatz wegen Nichterfüllung. Seine Beschränkung auf den unmittelbaren Schaden ist mit dem Zweck der Vorschrift, das Verfahren zu vereinfachen und zu beschleunigen, nicht zu vereinbaren.[5] Der Kläger wird dadurch auch nicht unbillig belastet. Ist die Höhe des Schadens oder die weiterer Schadensfolgen im Zeitpunkt der Klage nicht oder nur schwer abzuschätzen, steht es dem Kläger frei, den Anspruch auf Schadensersatz nicht oder nur teilweise geltend zu machen. Für den Verzögerungsschaden (§ 280 Abs. 2 BGB), der neben der Erfüllung gefordert werden kann, gilt § 510b nicht.[6] 3

Unerheblich ist, ob die **anspruchswandelnde Fristsetzung** nur das Bestehen des Anspruchs auf Vornahme einer Handlung oder noch weitere Voraussetzungen erfordert. § 510b spricht diese Frage nicht an, und auch § 255 Abs. 1 macht die Fristsetzung nur davon abhängig, dass dem Kläger durch den Ablauf der Frist ein Anspruch auf Schadensersatz wegen Nichterfüllung ein Recht auf Aufhebung eines Vertrages erwächst. 4

2. Antrag des Klägers. Der Antrag kann mit der Klage auf Vornahme der Handlung verbunden oder im Verlauf des Verfahrens in der mündlichen Verhandlung, durch Einreichung eines Schriftsatzes oder zu Protokoll der Geschäftsstelle (§ 496) angebracht werden. Er muss das Begehren enthalten, dem Beklagten für die Erfüllung der Primärverbindlichkeit eine Frist zu setzen. § 255 (allgemeine Vorschrift) und § 510b (Spezialvorschrift) laufen insoweit parallel. Die **Länge der Frist** muss der Kläger 5

---

[1] *Stein/Jonas/Leipold* Rn. 3; *Musielak/Wittschier* Rn. 2.

[2] OLG Köln MDR 1950, 432; OLG Köln OLGZ 1976, 477, 478; BAGE 5, 75, 78 (für den insoweit gleichlautenden § 61 Abs. 4 S. 1 – jetzt Abs. 2 S. 1 – ArbGG; *Bunte* JuS 1967, 206, 207; *Stein/Jonas/Leipold* Rn. 3; *Zöller/Herget* Rn. 2; *Baumbach/Lauterbach/Hartmann* Rn. 1; *Germelmann/Matthes/Prütting* § 61 ArbGG Rn. 26.

[3] Es geht nicht um die Abgabe einer Willenserklärung, die gem. § 894 zu vollstrecken wäre.

[4] *Lüke,* FS E. Wolf, 1985, S. 468f.; *Stein/Jonas/Leipold* Rn. 11; *Thomas/Putzo/Reichold* Rn. 9; *Baumbach/Lauterbach/Hartmann* Rn. 6; *Musielak/Wittschier* Rn. 4.

[5] AA für § 61 Abs. 2 ArbGG *Lüke* (Fn. 4) S. 469.

[6] So auch *Lüke* (Fn. 4) S. 469.

nicht bezeichnen. Tut er das doch, darf das Gericht keine kürzere Frist setzen.[7] Dem Gläubiger steht es nach Belieben frei, seinem Schuldner auch eine längere Frist einzuräumen als die angemessene. Hält das Gericht eine längere Frist als die vorgeschlagene für angemessen, setzt es diese fest.

6 Da er die Grundlage für ein Urteil über den durch Fristablauf entstehenden Anspruch bildet, muss der Antrag ein **bestimmtes Begehren** (ein unbezifferter Antrag ist nach den allgemeinen Grundsätzen zulässig) und, soweit sich dieser nicht bereits aus dem bisherigen Vortrag ergibt, den anspruchsbegründenden Sachverhalt enthalten. § 510 b ist kein Hinweis darauf zu entnehmen, dass für das den Folgeanspruch betreffende Verfahren nicht § 308 Abs. 1 und der Beibringungsgrundsatz gelten.

7 Der Antrag stellt einen zusätzlichen Anspruch zur Entscheidung und führt damit zu einer **objektiven Klagenhäufung iSd. § 260.**[8] Er ist kein Inzidentantrag. Er ist nicht auf Klärung von Fragen gerichtet, die in prozessualer oder materieller Hinsicht für die Entscheidung über die Klage auf Vornahme der Handlung bedeutsam sind.

8 Der Antrag hat **das gleiche Rechtsschutzziel** wie eine auf die **§§ 255, 259 gestützte Zusatzklage.** Der Kläger hat daher beim Anbringen des Antrags nicht anzugeben, ob er nach § 510 b oder nach §§ 255, 259 vorgehen will. Ob die allgemeinen Vorschriften oder erst die Spezialvorschrift des § 510 b zum Ziel führen, hängt allein davon ab, ob die Voraussetzungen des § 259 erfüllt sind. Das Gericht hat, da nur ein Anspruch zur Entscheidung steht, die für den Kläger günstigere Norm anzuwenden, und das ist der § 259, da eine Verurteilung in Anwendung dieser Vorschrift nicht zum Verlust von Vollstreckungsmöglichkeiten gem. § 888 a führt. Diese sind für den Kläger von erheblichem Interesse, da zwischen dem Urteil des Amtsgerichts und dem Erlöschen des Erfüllungsanspruchs infolge des Ablaufs der gesetzten Frist ein erheblicher Zeitraum liegen kann, vor allem dann, wenn gegen das Urteil erster Instanz Berufung eingelegt wird. – Dem Kläger steht es frei, sein Begehren lediglich auf §§ 255, 259 zu stützen, um sich bis zum Ablauf der vom Gericht bestimmten Frist die Möglichkeit der Vollstreckung gem. §§ 887, 888 zu erhalten. Auf die Anwendung einer zu ihren Gunsten geschaffenen Spezialnorm, mit der andererseits erhebliche Nachteile verbunden sind, kann eine Partei verzichten.

III. Verfahren

9 **1. Entscheidungspflicht und Entscheidungsermessen.** Das Gericht hat vorab zu klären, ob die Voraussetzungen des § 259 erfüllt sind. Ist das der Fall, so muss es über den Zweitanspruch entscheiden. Kommt nur § 510 b zur Anwendung, steht die Entscheidung über den Zweitantrag im Ermessen des Gerichts.[9] Dass mit dem Wort „kann" dem Gericht ein Ermessen eingeräumt wird, zeigt die Parallelvorschrift des § 61 Abs. 2 ArbGG, nach der der Beklagte auf Antrag zu verurteilen „ist". Das Ermessen des Gerichts ist aber nicht frei. Das Gericht darf nur dann von einer Entscheidung über den Zweitanspruch absehen, wenn durch sie die Entscheidung über den Primäranspruch verzögert werden würde (zB Erforderlichkeit einer umfangreichen Beweisaufnahme über das Bestehen oder die Höhe des Zweitanspruchs). § 510 b soll der **beschleunigten Erledigung** des gesamten Streitstoffes dienen, und das Gericht darf daher nur dann auf seine Anwendung verzichten, wenn dieses Ziel nicht zu erreichen ist. Das Gericht ist – auch das eine Folge des ihm eingeräumten Ermessens – in derartigen Fällen aber nicht verpflichtet, eine Entscheidung über den Zweitanspruch abzulehnen. Es darf auch eine zeitraubende Beweisaufnahme über den Zweitanspruch durchführen, um über beide Ansprüche entscheiden zu können.

10 **2. Verfahrensregeln.** Die Befugnis, die Entschädigung nach freiem Ermessen festzusetzen, entbindet das Gericht nicht von der Verpflichtung, bei der Entscheidung über den Zweitanspruch die sonst geltenden Verfahrensregeln zu beachten. Es handelt sich insoweit lediglich um eine Verweisung auf die dem Gericht gem. § 287 zustehenden Befugnisse.[10] Es bedingt also auch hier keinen Unterschied, ob § 259 oder § 510 b angewandt wird.

IV. Entscheidungen

11 **1. Hilfsnatur des Zweitantrags.** Über den Zweitantrag – Fristsetzung und den durch fruchtlosen Fristablauf entstehenden Anspruch – soll das Gericht nach dem Willen des Klägers nur ent-

---

[7] *K. Schmidt* ZZP 87 (1974), 49, 66; *Stein/Jonas/Schumann* § 255 Rn. 12.

[8] *Lüke* (Fn. 4) S. 467 f. (zu § 61 ArbGG); *Germelmann/Matthes/Prütting* § 61 ArbGG Rn. 32; *Musielak/Wittschier* Rn. 3; *Thomas/Putzo/Reichold* Rn. 5; aA (Inzidentantrag) *Stein/Jonas/Leipold* Rn. 5; *Baumbach/Lauterbach/Hartmann* Rn. 4.

[9] *Stein/Jonas/Leipold* Rn. 8; *Zöller/Herget* Rn. 4; *Musielak/Wittschier* Rn. 5; *Thomas/Putzo/Reichold* Rn. 6; aA *Baumbach/Lauterbach/Hartmann* Rn. 5.

[10] *Stein/Jonas/Leipold* Rn. 15; *Thomas/Putzo/Reichold* Rn. 9; *Baumbach/Lauterbach/Hartmann* Rn. 6; *Lüke* (Fn. 4) S. 468 f. (zu § 61 ArbGG); *Grunsky* § 61 ArbGG Rn. 14.

scheiden, wenn es den Primäranspruch bejaht. Er ist also nur für diesen Fall erhoben und folglich gegenstandslos, wenn das Gericht dem Primäranspruch nicht stattgibt. Wird dieser als unzulässig oder unbegründet abgewiesen, ist über den Zweitantrag nicht zu entscheiden. Er ist vielmehr als nicht erhoben zu behandeln.

2. Fristsetzung. Wird der Primäranspruch bejaht, so ist, wenn die Voraussetzungen des § 255 Abs. 1 erfüllt sind, die nach dem materiellen Recht vorgesehene Frist zu bestimmen. Unerheblich ist, ob auch § 259 oder § 510b in vollem Umfang anwendbar sind. Die Anwendungsvoraussetzungen des § 255 Abs. 1 umfassen auch die in § 510b genannten Voraussetzungen für eine Fristbestimmung, und § 255 Abs. 1 ist unabhängig von § 259 anzuwenden. 12

Durch den Antrag auf Fristbestimmung überträgt der Kläger die ihm zustehenden Befugnisse auf das Gericht, und dieses ist bei der Fristbestimmung an die Vorschriften des bürgerlichen Rechts gebunden. Die Frist darf daher mit dem Erlass des Urteils über den Primäranspruch beginnen.[11] 13

3. Ablehnung einer Entscheidung. Lehnt das Gericht eine Entscheidung über den durch den Fristablauf entstehenden Anspruch (vgl. Rn. 3) ab, so kann das in den Entscheidungsgründen des Urteils über den Primäranspruch oder in dessen Tenor ausgesprochen werden. Ein Ausspruch in den Gründen ist zulässig, weil keine Aussage über den Zweitanspruch erfolgt. 14

4. Entscheidungen über den Zweitanspruch. a) Zulässigkeit. Der durch den Ablauf der gesetzten Frist entstehende Anspruch ist als **unzulässig abzuweisen,** wenn die Voraussetzungen des § 259 nicht gegeben sind und der Primäranspruch nicht iSd. § 510b auf Vornahme eines Handlung gerichtet ist (vgl. Rn. 2). 15

b) Begründetheit. Sind die Voraussetzungen des § 259 oder die des § 510b erfüllt, ergibt sich aber, dass dem Kläger durch die Nichterfüllung des Primäranspruchs ein Ersatzanspruch oder ein sonstiger Anspruch nicht entstehen wird, ist der Zweitanspruch als unbegründet abzuweisen. Das gilt auch dann, wenn sich die Entstehung des Zweitanspruchs im Zeitpunkt der Entscheidung lediglich nicht mit der erforderlichen Sicherheit feststellen lässt. Ist der nach Ablauf der zu setzende Frist entstehende Anspruch nur bedingt entscheidungsreif, sollte der Kläger daher darauf verzichten, ihn zusammen mit dem Primäranspruch geltend zu machen. 16

c) Tenor; Durchsetzung. Erweist sich der Zweitanspruch als zulässig und begründet, ist der Beklagte gem. seinem Inhalt zu verurteilen. Der **Tenor** ist dahin zu fassen, dass die nach dem Zweitanspruch geschuldete **Leistung nach Ablauf der** gem. §§ 255, 510b **gesetzten Frist** zu erfolgen hat. Nach den Vorschriften des materiellen Rechts (vgl. § 281 Abs. 1 S. 1 BGB) kann der Kläger den Zweitanspruch nach Fristablauf geltend machen. Verfehlt ist es, Fristsetzung und Urteil über den Zweitanspruch miteinander zu verbinden.[12] Dadurch entsteht der unrichtige Eindruck, die Vollstreckung des Urteils hänge davon ab, dass der Kläger nachweist (vgl. § 726 Abs. 1), dass der Beklagte innerhalb der Frist nicht erfüllt hat. Der Kläger kann aber nach Fristablauf ohne weiteres vollstrecken. Die Erfüllung innerhalb der im Urteil gesetzten Frist ist als Einwendung gegen das Urteil vom Beklagten gem. § 767 Abs. 1 geltend zu machen.[13] 17

Der Zweitanspruch richtet sich auf Ersatz des Schadens, der durch die **Nichterfüllung des Primäranspruchs** entsteht. Ist dieser auf Auskunft, Rechnungslegung oder Abgabe einer eidesstattlichen Versicherung gerichtet, darf die Höhe des Schadens also nicht an dem Anspruch gemessen werden, dessen Durchsetzung durch den Primäranspruch vorbereitet werden soll.[14] 18

Primär- und Zweitanspruch müssen, wenn § 510b angewandt wird, in einem Urteil zugesprochen werden. Eine **Entscheidung** über den Primäranspruch **durch Teilurteil** ist **unzulässig.**[15] Das folgt aus dem Wortlaut des Gesetzes („zugleich") und der Notwendigkeit, das Fehlen der Vollstreckbarkeit des Urteils über den Primäranspruch (§ 888a) klarzustellen. Diese Beschränkungen gelten nicht, wenn über den Zweitanspruch gem. § 259 entschieden werden kann. 19

---

[11] Die Ansicht von *Stein/Jonas/Schumann* § 255 Rn. 14, eine im Urteil gesetzte Frist beginne stets erst mit dessen Rechtskraft, berücksichtigt nicht, daß mit dem Antrag das Fristsetzungsrecht der Parteien auf das Gericht übertragen wird. Beispiele für Entscheidungsformeln bei *Furtner* S. 247 u. *K. Schmidt* ZZP 87 (1974), 49, 68.

[12] So auch *Ascher* DJZ 1929, 1188; *K. Schmidt* ZZP 87 (1974), 49, 68 Fn. 135. Unrichtig daher das Muster eines stattgebenden Urteils nach § 510b bei *Furtner* S. 247.

[13] *Birmanns* DGVZ 1980, 147, 148; *Stein/Jonas/Leipold* Rn. 19; *Zöller/Herget* Rn. 11; *Baumbach/Lauterbach/Hartmann* Rn. 9; *Musielak/Wittschier* Rn. 8.

[14] So auch *Germelmann/Matthes/Prütting* § 61 ArbGG Rn. 36. Verfehlt daher die Praxis des BAG zu § 61 ArbGG, den Schadensersatz für die Nichterfüllung von Auskunftsansprüchen nach der voraussichtlichen Höhe des durch ihn vorbereiteten Zahlungsanspruchs abzüglich 20% zu bemessen (BAG AP TVG § 1 Nr. 67 Tarifverträge: Bau; AP ArbGG 1979 § 61 Nr. 7).

[15] *Stein/Jonas/Leipold* Rn. 8; *Zöller/Herget* Rn. 4.

20 **d) Vorläufige Vollstreckbarkeit.** Das den Primäranspruch zusprechende Urteil ist, wenn über den Zweitanspruch nur gem. § 510b entschieden werden kann, im Hinblick auf § 888a nicht für vorläufig vollstreckbar zu erklären.[16] Die Anordnung der vorläufigen Vollstreckbarkeit hat zu unterbleiben, wenn ein Urteil keinen vollstreckungsfähigen Inhalt hat oder seine **Vollstreckbarkeit ausgeschlossen** ist. Ein Hinweis auf das Fehlen der Vollstreckbarkeit, das sich nur aus den Entscheidungsgründen ergibt (§ 510b oder § 259), ist im Tenor nicht erforderlich, da in den Fällen der §§ 887, 888, um die es geht, das Prozessgericht Vollstreckungsorgan ist.

21 Das **Urteil über den Zweitanspruch** ist, wenn die gesetzte Frist nicht erst mit der Rechtskraft des Urteils beginnt, bereits bei seinem Erlass für vorläufig vollstreckbar zu erklären.[17] Die Vollstreckbarkeitserklärung kommt aber entsprechend dem Inhalt des Tenors erst nach dem Ablauf der im Urteil gesetzten Frist zum Tragen.

V. Berufungsfragen

22 **1. Entscheidung über den Zweitanspruch.** Der Kläger kann gegen die **Ablehnung der Entscheidung** über den Zweitanspruch Berufung einlegen. Dabei kann er rügen, dass das Amtsgericht gem. § 259 zur Entscheidung verpflichtet sei oder dass es sein Ermessen aus § 510b unrichtig ausgeübt habe. Im letztgenannten Fall hat das Berufungsgericht, auf das die Entscheidungsbefugnis des Amtsgericht in vollem Umfang übergeht, nach seinem Ermessen über die Zulassung des Zweitanspruchs zu befinden.[18] Es kann daher über den Zweitanspruch auch dann entscheiden, wenn das Ermessen vom Amtsgericht nicht fehlerhaft ausgeübt worden ist.

23 Der Kläger kann, wenn er eine zulässige Berufung eingelegt hat, im Berufungsverfahren erstmals Fristsetzung gem. §§ 255, 510b begehren und den **infolge der Fristsetzung entstehenden Anspruch** geltend machen. Auch insoweit wirkt sich der Umstand aus, dass die Entscheidungsbefugnis des Amtsgerichts in vollem Umfang auf das Berufungsgericht übergegangen ist.[19]

24 Der Beklagte kann sich gegen die **Zulassung des Zweitanspruchs** nicht mit der Berufung wenden. § 268 ist auf diesen Fall entsprechend anzuwenden.

25 **2. Fristsetzung.** Entscheidungen über den Antrag auf Fristsetzung unterliegen grundsätzlich der Berufung. Die für eine Berufung **erforderliche Beschwer** dürfte aber nur erreicht werden, wenn der Kläger die Ablehnung der Fristsetzung bzw. der Beklagte die erfolgte Fristsetzung angreifen. Durch die Bemessung der Dauer der Frist werden die Parteien nur geringfügig beschwert.

VI. Streitwert

26 **1. Berücksichtigung des Zweitantrags.** Primär- und Zweitantrag sind nicht zusammenzurechnen, da sie sich wirtschaftlich gesehen auf den gleichen Gegenstand richten. Ist der Wert des Zweitanspruchs höher, so ist sein Wert maßgebend. Für den Gebührenstreitwert ergibt sich das aus § 45 Abs. 1 S. 3 GKG. Entgegen der Ansicht von *E. Schneider*[20] ergeben sich daraus keine Probleme bei der Kostenentscheidung für den Fall, dass der Beklagte innerhalb der ihm gesetzten Frist den Primäranspruch erfüllt. Der Beklagte hat, da er diesen zunächst nicht erfüllt hat, Veranlassung zur Klage gem. § 510b oder §§ 255, 259 gegeben und muss folglich die dadurch entstehenden Kosten auch dann tragen, wenn er später den Primäranspruch doch noch erfüllt.

27 **2. Kein Zuständigkeitswechsel.** Übersteigt der Wert des Zweitanspruchs 5000 Euro bleibt die Zuständigkeit des Amtsgerichts bestehen.[21] § 510b sieht eine gemeinsame Entscheidung über Primär- und Zweitanspruch vor und bringt damit zum Ausdruck, dass das für den Primäranspruch zuständige Amtsgericht auch über den Zweitanspruch entscheiden soll.

§ 510 c (weggefallen)

---

[16] So auch *Furtner* S. 247 f. Wird das Urteil über den Primäranspruch der hL (*Stein/Jonas/Leipold* Rn. 16; *Zöller/Herget* Rn. 10; *Musielak/Wittschier* Rn. 7) folgend für vorläufig vollstreckbar erklärt, bleibt diese Entscheidung wegen § 888a wirkungslos.

[17] Beginnt die gesetzte Frist erst mit der Rechtskraft des Urteils, hat eine Vollstreckbarkeitsentscheidung zu unterbleiben (*Furtner* S. 248).

[18] *Stein/Jonas/Leipold* Rn. 9; *Zöller/Herget* Rn. 1; *Thomas/Putzo/Reichold* Rn. 6.

[19] Die Berücksichtigung des Antrags darf daher nicht von der Zustimmung des Gegners oder einer Sachdienlichkeitsprüfung abhängig gemacht werden; so aber *Stein/Jonas/Leipold* Rn. 9.

[20] MDR 1984, 853 f.

[21] Im Ergebnis allgM: *Stein/Jonas/Leipold* Rn. 5; *Baumbach/Lauterbach/Hartmann* Rn. 4; *Thomas/Putzo/Reichold* Rn. 5.